IL NUOVO
DIZIONARIO
ITALIANO
GARZANTI

IL NUOVO DIZIONARIO ITALIANO GARZANTI

REDAZIONI GARZANTI

Prima edizione: febbraio 1984
Ristampa: maggio 1988

ISBN 88-11-50432-5

L'opera è stata realizzata dalle Redazioni Grandi Opere Garzanti dirette da Silvio Riolfo Marengo.

Redazione e coordinamento: Donata Schiannini.

Redattori: Franco Bastianello, Giuseppe Beretta, Josepha Bignardi Tescari, Giuliana Centanni Revel, Nelda de Zuccato Sesler, Paola Francioli, Giovanna Gronda, Pierluciano Guardigli, Ester Negro, Giovanni Papini, Giovanna Polezzo Susto, Quirino Principe, Giovanna Sanna, Eugenia Scarpellini, Mario Stefanoni, Bruna Teli, Carla Valentini, Milene Vicini Di Gioia • Tavole di nomenclatura: Franco Caramanti.

Consulenti: Luciano Agostiniani, Sandro Bajini, Giuseppe Clerico, Antonio Damico, Mario Grasso, Aurelio Mauro.

Consulenti didattici: Amelia Alesina, Orestina Damico Boggio, Ivana Tanzi.

Redazione iconografica: Roberto Magrini.

Segreteria redazionale e iconografica: Piera Barsanti.

Disegni a cura di Guido Villa.

Revisione delle bozze: Fernando Scala • Gino Blasi, Maurizio Pinciroli, Adele Pizzi.

Impostazione e realizzazione grafica: Guido Villa. All'impaginazione ha collaborato Gian Piero Scurati.

Vent'anni fa usciva il Dizionario Garzanti della Lingua Italiana, il primo dizionario di proporzioni minori che non fosse la riduzione di un'opera maggiore, ma un'opera originale, ed ebbe un'affermazione che fu nuova nella storia dell'editoria.

Oggi l'opera riappare non solo ampiamente riveduta, ma registrata sullo stato attuale della lingua e quindi arricchita di oltre seimila vocaboli entrati in uso in questi anni, compresi gli apporti essenziali di lingue straniere al nostro lessico.

Quest'opera, che usa caratteri di maggior rendimento grafico per l'apporto della fotocomposizione e offre quindi maggior chiarezza di lettura, si affianca ora alla recentissima Nuova Enciclopedia Universale: insieme formano un'unità di base, la cui funzione, prevista anche dai nuovi orientamenti della didattica ufficiale, precede e accompagna quella di ogni testo scolastico, ed è preziosa in ogni tipo di studio.

Di ogni parola si danno informazioni grammaticali e di pronuncia; di molte si indicano ambito d'uso o registro stilistico, i principali sinonimi, i contrari. Gli esempi sono stati scelti per chiarire meglio i significati o le possibilità di costruzione grammaticale.

Le centoventicinque illustrazioni (nelle quali sono raffigurati e denominati più di duemila oggetti e particolari) sono di tipo rigorosamente lessicografico: scelta dei soggetti e struttura della tavola sono subordinate all'esigenza di offrire nomenclature che facciano da supporto alla consultazione delle voci. Così le trentasette tavole di nomenclatura, nelle quali sono sistematicamente organizzati oltre tredicimila termini legati a discipline scientifiche, ad ambiti tecnici, a centri d'interesse tradizionali e attuali.

A questi strumenti, particolarmente studiati per l'utilizzazione didattica, si aggiungono quattro appendici: *Nomi di luoghi italiani*, *Nomi italiani di persona*, *Locuzioni d'autore*, capaci di soddisfare molte curiosità del lettore occasionale ma soprattutto di stimolare la curiosità di studenti e di giovani per l'aspetto evolutivo del linguaggio, la sua storia, le sue radici; *Mille sigle*, di straordinaria utilità pratica.

È riportata tra parentesi quadre, subito dopo il lemma, un'indicazione pratica di pronuncia che comprende: l'accento tonico dei polisillabi non piani (cioè non accentati sulla penultima sillaba) e inoltre di quelli che, per la presenza di dittonghi in ultima o penultima sede, potrebbero dar luogo a dubbi; il suono di *e, o* aperta (è, ò) o chiusa (é, ó) in posizione tonica; il suono di *s, z* sonora (ʃ, ʒ); alcune indicazioni più complesse per parole di grafia particolare che potrebbero presentare difficoltà.

Per le parole straniere sono riportate, sempre tra parentesi quadre, la lingua di appartenenza e un'indicazione pratica di pronuncia ottenuta utilizzando i segni dell'alfabeto italiano con qualche semplice accorgimento. Il plurale è indicato nei rari casi nei quali è d'uso comune, altrimenti le parole straniere sono da considerare come invariabili.

Di sostantivi e aggettivi sono riportati i plurali quando il singolare termina in *-co, -go* o in *-cia, -gia* e quando il singolare maschile termina in *-a*; i plurali dei nomi composti quando siano diversi dal normale plurale grammaticale; tutti i plurali irregolari; i femminili dei nomi in *-tore* e gli altri che si discostino dal normale femminile grammaticale. Tutti i nomi invariabili al plurale sono segnalati come tali.

Dei verbi si riportano la prima persona dell'indicativo presente quando presenti particolarità di accento non rilevabili dalla forma dell'infinito (sillaba tonica non penultima; *e, o* tonica aperta o chiusa); la prima e la seconda persona quando la prima termini in *-co, -go, -sco*; tutte le forme che presentino irregolarità grammaticale.

Abbreviazioni

abbr.	abbreviato, abbreviazione	*fil.*	filosofia	*ord.*	ordinale
a.C.	avanti Cristo	*filol.*	filologia	*ott.*	ottica
ACCR.	accrescitivo	*fin.*	finanza	*pass.*	passato
aer.	aeronautica	*fis.*	fisica	*pass.rem.*	passato remoto
agg.	aggettivo	*fot.*	fotografia	*p.at.*	peso atomico
agr.	agricoltura	*franc.*	francese; francesismo	*p.e.*	per esempio
anat.	anatomia	*fut.*	futuro	PEGG.	peggiorativo
ant.	antico	*geogr.*	geografia	*pers.*	personale
antiq.	antiquato	*geom.*	geometria	*pitt.*	pittura
arald.	araldica	*ger.*	gerundio	*pl.*	plurale
arc.	arcaico	*gerg.*	gergale	*poet.*	poetico
arch.	architettura	*giorn.*	giornalismo	*pol.*	politica
archeol.	archeologia	*gr.*	greco; grecismo	*pop.*	popolare
art.	articolo	*gramm.*	grammatica	*poss.*	possessivo
assol.	assoluto	*ill.*	illustrazione	*p.pass.*	participio passato
astr.	astronomia	*imp.*	imperativo	*p.pres.*	participio presente
aut.	automobilismo	*imperf.*	imperfetto	*pr.*	pronuncia
avv.	avverbio, avverbiale	*impers.*	impersonale	*prep.*	preposizione,
biol.	biologia	*ind.*	industria		prepositivo
bot.	botanica	*indef.*	indefinito	*pres.*	presente
burocr.	burocratico	*indet.*	indeterminato	*prob.*	probabilmente
ca	circa	*indic.*	indicativo	*pron.*	pronome;
card.	cardinale	*inf.*	infinito		pronominale
chim.	chimica	*ing.*	ingegneria	*propr.*	propriamente
chir.	chirurgia	*ingl.*	inglese; inglesismo	*prov.*	proverbio
cinem.	cinematografia	*inter.*	interiezione,	*psic.*	psicologia, psicanalisi
cogn.	cognome		interiettivo	*qlco.*	qualcosa
com.	comune, comunemente	*interr.*	interrogativo	*qlcu.*	qualcuno
comm.	commercio	*intr.*	intransitivo	*rad.*	radiofonia
compar.	comparativo	*invar.*	invariabile	*rar.*	raro, raramente
compl.	complemento	*iron.*	ironico	*rec.*	reciproco
cond.	condizionale	*irr.*	irregolare	*region.*	regionale
cong.	congiunzione;	*ital.*	italiano	*rel.*	relativo
	congiuntivo	*lat.*	latino; latinismo	*relig.*	religione
CONTR.	contrario	*lett.*	letterario	*ret.*	retorica
cuc.	cucina	*lit.*	liturgia	*rifl.*	riflessivo
deriv.	derivato, derivati	*locuz.*	locuzione	*s.*	sostantivo
det.	determinativo	*m.*	maschile	*scherz.*	scherzoso
dial.	dialetto, dialettale	*mar.*	marineria	*scient.*	scientifico
dif.	difettivo	*mat.*	matematica	*scult.*	scultura
DIM.	diminutivo	*mecc.*	meccanica	*sec., secc.*	secolo, secoli
dir.	diritto	*med.*	medicina	SIN.	sinonimo
ecc.	eccetera	*mediev.*	medievale	*sing.*	singolare
eccl.	ecclesiastico	*metall.*	metallurgia	*sogg.*	soggetto
econ.	economia	*meteor.*	meteorologia	*sott.*	sottinteso
edil.	edilizia	*mil.*	militare	*spagn.*	spagnolo;
elettr.	elettricità, elettrotecnica	*min.*	mineralogia		spagnolismo
estens.	estensione, estensivo	*mit.*	mitologia	*spec.*	specialmente
etim.	etimologia	*mus.*	musica	*spreg.*	spregiativo
f.	femminile	*n.*	nome	*st.*	storia
fam.	familiare; famiglia	*n.at.*	numero atomico	*suff.*	suffisso
farm.	farmacia	*num.*	numerale	*superl.*	superlativo
ferr.	ferrovia	*ogg.*	oggetto	*teatr.*	teatro
fig.	figurato	*onom.*	onomatopeico	*tec.*	tecnologia

N.B. I nomi brevettati sono contrassegnati con ®.

Indice delle tavole di nomenclatura

Indice delle illustrazioni

A

a¹ *s.f.* e *m.* **1** prima lettera dell'alfabeto, vocale / *dall'a alla z*, dal principio alla fine **2** *A*, nel gioco delle carte, indica l'asso.

a² *prep.* (nello scritto, *ad* davanti a vocale, spec. davanti ad *a*, non davanti al gruppo iniziale *ad* e a *h* aspirata dei nomi stranieri; si unisce agli art. determ. *il, lo, la, i, gli, le* formando le prep. articolate *al, allo, alla, ai, agli, alle*) serve alla formazione di sintagmi preposizionali complementi della frase **1** compl. di termine: *lo chiesi a te; lo diedi a tuo fratello; presentarsi a qlcu.; rivolgersi a degli amici* **2** compl. di moto a luogo (anche *fig.*); spesso indica passaggio da un luogo all'altro, da una condizione all'altra: *andare all'estero; venire a un accordo, a patti; elevare alla ennesima potenza; promosso da colonnello a generale; trasferirsi da Torino a Milano* / con ellissi del verbo: *al diavolo!; alla salute!* **3** compl. di stato in luogo (anche *fig.*): *abito a Genova; a lato, a fianco; al principio, alla fine di un discorso, di un paragrafo ecc.* **4** compl. di distanza: *a un'ora di cammino; mi fermai a cento metri da lui* **5** compl. di tempo: *a mezzanotte; al mio arrivo; a Natale; a settembre; alle tre; alla sera; al giovedì* **6** compl. di età: *a dodici anni entrò in collegio* **7** introduce espressioni con valore attributivo: *animali a sangue caldo* **8** compl. di fine: *destinato a grandi imprese; teste a carico; andare a caccia; uscire a passeggio* // indica inclinazione, attitudine: *tendenza all'ozio, allo studio* **9** compl. di vantaggio o svantaggio: *questa cosa è utile a tutti; le uova fanno male al fegato* **10** compl. di pena: *fu condannato a due anni di carcere, all'ergastolo, a morte* **11** compl. di mezzo: *barca a motore; andare a cavallo; giocare al calcio, a palla; carne ai ferri* **12** compl. di prezzo: *l'ho comperato a mille lire* **13** compl. di limitazione: *a nostro avviso; capire al primo sguardo; riconoscere all'accento* **14** compl. predicativo: *lo elessero a giudice* **15** compl. di paragone: *simile a noi* **16** compl. distributivo: *a due a due (due a due); uno alla volta; 50 km all'ora; tre pasti al giorno; vendere a dozzine* **17** compl. di modo: *a caso; alla cieca; a occhi chiusi; andare al passo; corse al trotto; gnocchi alla romana; pollo alla cacciatora; vestire alla marinara; comperare a credito; vendere all'ingrosso; spaghetti al sugo; uova al burro* **18** compl. di causa: *a quelle parole rise* **19** seguita da verbi all'infinito introduce prop. causali: *ho fatto male a mangiare tanto;* condizionali: *a dire il vero non ne sono sicuro;* finali: *mandare a lavorare* (tipiche del linguaggio commerciale sono le espressioni del tipo *terreno a vendere* invece di *terreno da vendere*); temporali: *al calar della sera* // in espressioni con valore limitativo, precedendo un infinito, dà ad esso significato passivo: *cosa facile a dire* // **20** forma molte locuz. avv.: *a mano a mano, a poco a poco, a goccia a goccia* (è diffusa la tendenza a sopprimere la prima *a*); *a caso; a digiuno; a bizzeffe; alla rinfusa; a ritroso* **21** dà luogo a diverse prep. composte e locuz. prep.: *a causa di; a favore di; di faccia a; in mezzo a; oltre a; sino a; a mezzo di; a nome di; a nome: un tale a nome Ugo.*

a-¹ [dal gr. *a-*, che indica privazione] prefisso usato in parole di origine greca o formate modernamente; indica negazione, mancanza, privazione (*acattolico, acefalo, apodo, anormale*); davanti a vocale, *an-* (*analfabeta*).

a-² [dal lat. *ad*] prefisso che indica, in genere, avvicinamento; raddoppia la consonante iniziale della parola cui si appone (*affluire*).

abacà *s.f.invar.* fibra tessile che si ricava dalle foglie di un albero delle Filippine.

abaco [à-] *s.m.* [pl. *-chi*] **1** parte superiore del capitello, sulla quale poggia l'architrave o l'arco [*ill. Architettura*] **2** → **abaco**.

ab aeterno [*lat.; pr.* ab etèrno = *dall'eternità*] *locuz.* che significa «da tempi remoti, da sempre».

ab antiquo [*lat.; pr.* ab antìquo = *da antico tempo*] *locuz.* che significa «dai tempi antichi».

abate *s.m.* **1** superiore di un monastero o di una badia / che chi si dava, spec. nel sec. XVIII, ai sacerdoti: *l'— Parini.*

abat-jour [*franc.; pr.* aba-jùr] *s.m.* paralume; il lume munito di paralume.

abbacchiare *v.tr.* [*io abbàcchio ecc.*] **1** → **bacchiare** **2** (*fig.*) vendere a poco prezzo // **-arsi** *v.rifl.* abbattersi, avvilirsi.

abbacchiato *agg.* abbattuto, avvilito.

abbacchiatura *s.f.* operazione, tempo, effetto dell'abbacchiare.

abbacinamento [-mén-] *s.m.* **1** atto, effetto dell'abbacinare **2** perdita temporanea o permanente della vista per esposizione a una forte sorgente luminosa.

abbacinare *v.tr.* [*io abbàcino ecc.*] **1** accecare accostando agli occhi un bacino rovente (antico supplizio) **2** offendere la vista con una luce troppo viva e intensa; (*fig.*) offuscare la mente, ingannare. SIN. *abbagliare.*

abbaco [àb-] *s.m.* [pl. *-chi*] **1** libretto che tratta i primi elementi di aritmetica; tavola pitagorica **2** arte di fare i conti.

abbagliamento [-mén-] *s.m.* atto, effetto dell'abbagliare.

abbagliante *agg.* che abbaglia (anche *fig.*) // *s.m.* nei fari dell'automobile, il fascio di luce proiettato alla massima profondità.

abbagliare *v.tr.* [*io abbàglio ecc.*] **1** offendere la vista con luce troppo viva. SIN. *abbarbagliare, abbacinare* **2** (*fig.*) affascinare, incantare **3** (*fig.*) ingannare, illudere.

abbaglio [-bà-] *s.m.* errore, svista: *prendere un —.*

abbaiare *v.intr.* [*io abbàio ecc.*] **1** gridare (detto del cane) / *prov.: can che abbaia non morde*, chi molto strepita, spesso non nuoce **2** gridare scosideratamente — *al vento, alla luna*, gridare contro chi non se ne cura.

abbaino *s.m.* **1** piccola costruzione sopra il tetto, con una finestra per accedere al tetto stesso e per dare luce al sottotetto **2** soffitta abitabile.

abbaio [-bà-] *s.m.* l'abbaiare.

abballare *v.tr.* (*rar.*) avvolgere oggetti in balle; imballare.

abballinare *v.tr.* (*region.*) avvolgere le materasse a mo' di balle per dare aria al letto.

abbandonare *v.tr.* [*io abbandóno ecc.*] **1** lasciare definitivamente: — *la casa paterna* / — *qlcu. a sé stesso*, non prendersi più cura di lui **2** rinunziare a, desistere da un'impresa: — *una gara, una lotta* **3** allentare: — *le briglie* **4** piegare, reclinare, lasciar cadere: — *il capo sul petto* // **-arsi** *v.rifl.* **1** perdersi d'animo, non aver

abbigliamento

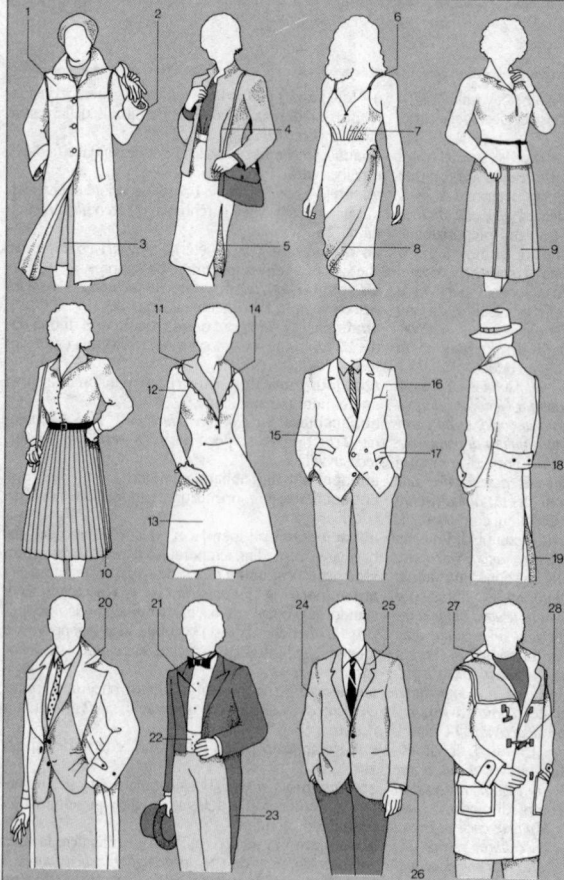

1 *sprone o carré*, 2 *risvolto*,
3 *sfondo a piega*, 4 *pince*,
5 *spacco*, 6 *spallina*,
7 *arricciatura*,
8 *drappeggio*, 9 *cannone*,
10 *plissé o pieghettato*,
11 *collo a scialle*,
12 *raglan*, 13 *godet*,
14 *volante*, 15 *doppio petto*,
16 *taschino*, 17 *tasca*,
18 *martingala*, 19 *falda*,
20 *bavero*, 21 *sparato*,
22 *gilé*, 23 *coda di rondine*,
24 *manica*, 25 *colletto*,
26 *polsino*, 27 *cappuccio*,
28 *alamaro*, 29 *ghette*,
30 *cappelletto*, 31 *soletta*,
32 *calcagno*,
33 *giarrettiera*, 34 *sciarpa*,
35 *frangia*, 36 *cintura*,
37 *fibbia*, 38 *ardiglione*,
39 *passante*, 40 *borchie*,
41 *berretto*, 42 *visiera*,
43 *soggolo*, 44 *basco*,
45 *cuffia*, 46 *colbacco*,
47 *fascia*, 48 *falda o tesa*,
49 *calotta*, 50 *mascherina*,
51 *tomaia*, 52 *stringa*,
53 *linguetta*, 54 *quartiere*,
55 *suola*, 56 *fiosso*,
57 *tacco*, 58 *pianella*,
59 *pantofola*.

---

più cura di sé **2** lasciarsi andare: — *alla corrente* **3** (*fig.*) cedere, non resistere: — *ai ricordi, alle passioni.*

abbandono [-dó-] *s.m.* **1** il lasciare definitivamente qlco., qlcu. **2** trascuratezza **3** rilassamento.

abbarbagliamento [-mén-] *s.m.* l'abbarbagliare.

abbarbagliare *v.tr.* [*io abbarbàglio ecc.*] abbagliare intensamente o all'improvviso. SIN. *abbacinare.*

abbarbicare *v.intr.* [*io abbàrbico, tu abbàrbichi ecc.*] **-arsi** *v.rifl.* **1** attaccarsi con radici al terreno, a un muro (detto di piante) **2** (*fig.*) avvinghiarsi, attaccarsi saldamente a qlco., a qlcu. **3** (*fig.*) prendere saldamente dimora, stabilirsi in un luogo.

abbarcare *v.tr.* [*io abbarco, tu abbarchi ecc.*] (*rar.*) accatastare, ammassare; incurvare.

abbaruffare *v.tr.* arruffare, scompigliare // **-arsi** *v.rifl.* e *rifl.rec.* venire alle mani, accapigliarsi.

abbaruffio [-fi-] *s.m.* grande scompiglio.

abbassalingua [-lìn-] *s.m.invar.* (*med.*) strumento usa-

to per tener bassa la lingua nell'esplorazione della cavità orale.

abbassamento [-mén-] *s.m.* l'abbassare, l'abbassarsi. CONTR. *innalzamento.*

abbassare *v.tr.* **1** portare, mettere qlco. più in basso / — *un primato, un record,* (*sport*) migliorarlo conseguendo un risultato di maggior rilievo. SIN. *calare.* CONTR. *alzare* **2** diminuire in altezza, in intensità: — *un muro, un prezzo, la luce, la radio.* CONTR. *alzare* **3** chinare, volgere in basso: — *il capo* / — *le armi,* arrendersi / — *le orecchie, la cresta,* (*fig.*) cedere, piegarsi **4** (*fig.*) umiliare.

abbasso *avv. di luogo* in giù, di sotto, in basso luogo: scenderemo — // *inter.* espressione di odio e di rivolta: — *i tiranni!*

abbastanza *avv.* **1** a sufficienza; quanto basta / *averne* —, essere stufo di qlcu. o qlco. **2** alquanto: è — *superbo.*

abbattere [-bàt-] *v.tr.* **1** far cadere, gettare a terra: *l'uragano abbatté due alberi.* SIN. *atterrare* **2** demolire (anche *fig.*). SIN. *distruggere, diroccare* **3** colpire a morte, uccidere: — *un bue, un fagiano* **4** eliminare sostanze inquinanti, spec. fumi scaricati nell'aria // **-ersi** *v. rifl.* (*fig.*) avvilirsi, prostrarsi.

abbattimento [-mén-] *s.m.* **1** atto, effetto dell'abbattere; demolizione; uccisione: — *della selvaggina* **2** (*fig.*) stato di chi è depresso nel fisico o nel morale. SIN. *avvilimento, prostrazione, depressione* **3** eliminazione di sostanze inquinanti: — *dei fumi* **4** riduzione convenzionale dell'imponibile fiscale in base a diverse considerazioni (costo dei mezzi di sussistenza, carico familiare ecc.).

abbattuta *s.f.* **1** zona di bosco in cui sono stati abbattuti gli alberi **2** (*mar.*) movimento di rotazione che una nave a vela compie lasciando l'ormeggio per prendere il vento.

abbattuto *agg.* depresso, avvilito.

abbazia [-zì-] *s.f.* **1** comunità di religiosi retta da un abate **2** grado, dignità di abate **3** l'insieme degli edifici di una comunità monastica **4** chiesa che fu monastica e mantiene il vecchio nome.

abbecedario [-dà-] *s.m.* libretto per imparare a leggere; sillabario.

abbellimento [-mén-] *s.m.* **1** atto dell'abbellire; ornamento **2** (*mus.*) note che si aggiungono a una melodia per ornarla.

abbellire *v.tr.* [*io abbellisco, tu abbellisci ecc.*] far diventare o far sembrare più bello: — *una terrazza con fiori;* — *la verità con parole dolci.*

abbeveraggio [-ràg-] *s.m.* l'abbeverare.

abbeverare *v.tr.* [*io abbévero ecc.*] far bere il bestiame // **-arsi** *v.rifl.* bere, dissetarsi.

abbeverata *s.f.* l'abbeverare.

abbeveratoio [-tó-] *s.m.* vasca per abbeverare il bestiame.

abbicare *v.tr.* [*io abbico, tu abbichi ecc.*] ammucchiare, ammassare.

abbiccì *s.m.invar.* **1** alfabeto **2** (*fig.*) insieme dei principi elementari di una materia, di una dottrina **3** sillabario.

abbiente [-bièn-] *agg.* e *s.m.* e *f.* che o chi possiede (detto di chi dispone di una certa ricchezza). SIN. *benestante.*

abbietto [-bièt-] *agg.* e *deriv.* → **abietto** e *deriv.*

abbigliamento [-mén-] *s.m.* il modo di abbigliarsi; insieme delle cose usate per abbigliarsi.

abbigliare *v.tr.* [*io abbiglio ecc.*] vestire con cura, con raffinatezza.

abbinamento [-mén-] *s.m.* atto, effetto dell'abbinare; accoppiamento.

abbinare *v.tr.* mettere insieme due cose.

abbinata *s.f.* → **accoppiata.**

abbindolamento [-mén-] *s.m.* l'abbindolare.

abbindolare *v.tr.* [*io abbindolo ecc.*] raggirare, imbrogliare, ingannare.

abbiosciare *v.intr.,* **-arsi** *v.rifl.pron.* [*io mi abbiòscio ecc.*] lasciarsi cadere, accasciarsi, avvilirsi.

abbisciare *v.tr.* [*io abbiscio ecc.*] avvolgere a spire catene, cavi ecc.

abbisognare [-ʃo-] *v.intr.* [*io abbisógno ecc.*] aver bisogno: — *d'aiuto, di consiglio.*

abboccamento [-mén-] *s.m.* colloquio, spec. se importante o riservato.

abboccare *v.intr.* [*io abbócco, tu abbócchi ecc.*] **1** af-

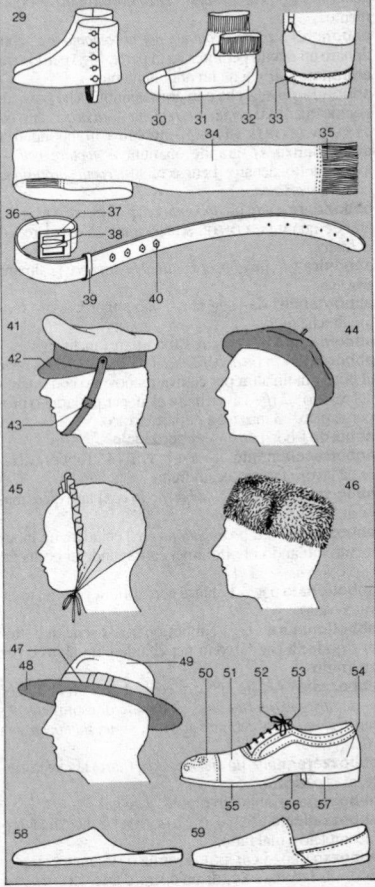

ferrare con la bocca: *il pesce abbocca all'amo* **2** (*fig.*) cadere in un inganno **3** (*tecn.*) combaciare, detto di tubi, canali e simili // *v.tr.* **1** far combaciare **2** (*rar.*) prendere con la bocca: — *l'amo* // **-arsi** *v.rifl.* e *rifl.rec.* avere un abboccamento.

abboccato *agg.* si dice di vino che tende al dolce // *s.m.* il sapore abboccato del vino: *questo vino ha dell'*—.

abboccatura *s.f.* **1** atto, effetto dell'abboccare **2** tratto in cui due imposte o altri infissi combaciano.

abboffarsi *v.rifl.* → **abbuffarsi.**

abbonacciare *v.tr.* [*io abbonàccio ecc.*] rendere tranquillo, placare, calmare (anche *fig.*) // **-arsi** *v.rifl.* calmarsi: *il mare si abbonaccia.*

abbonamento [-mén-] *s.m.* **1** pagamento globale anticipato e ridotto di un servizio differito nel tempo **2** il prezzo di tale servizio; la tessera comprovante l'avvenuto pagamento.

abbonare[1] *v.tr.* [*io abbòno ecc.*] fare un abbonamento per conto di qlcu. // **-arsi** *v.rifl.* contrarre un abbonamento.

abbonare² *v.tr.* [*io abbuòno, noi abboniamo ecc.*] condonare un debito per intero o in parte; (*fig.*) perdonare.

abbonato *s.m.* chi ha un abbonamento.

abbondante *agg.* che è in gran quantità; che possiede grande quantità: *acqua —; regione — di acque.* SIN. *copioso, ricco.* CONTR. *scarso* // **-mente** *avv.* in abbondanza.

abbondanza *s.f.* grande quantità / *nuotare nell' —*, avere molto denaro, beni ecc. SIN. *copia, profusione.* CONTR. *scarsezza.*

abbondare *v.intr.* [*io abbóndo ecc.*] **1** essere o avere in grande quantità. CONTR. *scarseggiare* **2** eccedere: *— in cautele.*

abbonire *v.tr.* [*io abbonisco, tu abbonisci ecc.*] calmare, placare.

abbordabile [-dà-] *agg.* che si può abbordare con facilità (anche *fig.*).

abbordaggio [-dàg-] *s.m.* l'abbordare (anche *fig.*).

abbordare *v.tr.* [*io abbórdo ecc.*] **1** accostare una nave al bordo di un'altra per cattiva manovra o con intento aggressivo **2** (*fig.*) avvicinare qlcu. per parlargli o proporgli qlco. **3** iniziare a parlare di qlco.

abbordo [-bór-] *s.m.* → **abbordaggio**.

abborracciamento [-mén-] *s.m.* **1** l'abborracciare **2** lavoro fatto male, in fretta.

abborracciare *v.tr.* [*io abborràccio ecc.*] fare qlco. male, in fretta: *— un discorso.*

abbottonare *v.tr.* [*io abbottóno ecc.*] chiudere un indumento infilando i bottoni nei corrispondenti occhielli: *— la giacca.*

abbottonato *agg.* **1** chiuso con bottoni **2** (*fig.*) riservato, cauto.

abbottonatura *s.f.* **1** l'abbottonare **2** serie di bottoni e occhielli che servono per chiudere un abito o per guarnirlo.

abbozzare¹ *v.tr.* [*io abbòzzo ecc.*] **1** fare un abbozzo: *— un disegno, un racconto* **2** tentare di esprimere: *una risposta* **3** accennare appena: *— un saluto, un sorriso.*

abbozzare² *v.intr.* [*io abbòzzo ecc.*] (*fam.*) lasciar correre, aver pazienza.

abbozzata *s.f.* abbozzo rapido: *dare un'—*.

abbozzaticcio [-tic-] *agg.* e *s.m.* (*rar.*) si dice di lavoro incompleto e mal fatto.

abbozzo [-bóz-] *s.m.* prima forma o stesura incompleta di un lavoro, spec. di un'opera d'arte. SIN. *schizzo, bozzetto.*

abbozzolarsi *v.rifl.* [*io mi abbòzzolo ecc.*] **1** farsi il bozzolo (detto di bachi da seta) **2** agglomerarsi (detto di farina).

abbracciare *v.tr.* [*io abbràccio ecc.*] **1** cingere con le braccia **2** (*fig.*) comprendere, contenere: *il mare abbraccia molte terre*: *— con lo sguardo* **3** seguire, accettare; dedicarsi a qlco.: *— una fede, una professione* // **-arsi** *v.rifl.pron.* stringersi a qlco., a qlcu.

abbraccio [-bràc-] *s.m.* l'abbracciare.

abbrancare *v.tr.* [*io abbranco, tu abbranchi ecc.*] **1** afferrare con le branche **2** (*fig.*) prendere con rapidità e tener saldo // **-arsi** *v.rifl.* attaccarsi con forza.

abbreviamento [-mén-] *s.m.* atto, effetto dell'abbreviare.

abbreviare *v.tr.* [*io abbrèvio ecc.*] rendere breve o più breve. SIN. *accorciare, ridurre.*

abbreviativo *agg.* che abbrevia.

abbreviatura *s.f.*, **abbreviazione** [-zió-] *s.f.* **1** l'abbreviare una parola scritta per risparmio di spazio e di tempo o per segretezza **2** la parola abbreviata.

abbrivare *v.tr.* mettere in movimento una nave; accelerarne il moto.

abbrivio [-bri-] *s.m.*, **abbrivo** *s.m.* **1** velocità che un natante (e per estens. qualsiasi altro veicolo o oggetto) acquista appena iniziata la spinta dei suoi mezzi di propulsione / *— residuo*, moto residuo quando sia cessata la spinta **2** (*fig.*) avvio deciso; proseguimento per inerzia: *prendere l'— nel parlare.*

abbronzante [-3an-] *agg.* e *s.m.* si dice di prodotti cosmetici destinati a favorire l'abbronzatura della pelle.

abbronzare [-3a-] *v.tr.* [*io abbrónzo ecc.*] dare il colore del bronzo // *v.intr.*, **-arsi** *v.rifl.* diventare scuro per effetto dei raggi solari.

abbronzatura [-3a-] *s.f.* effetto dell'abbronzare.

abbruciacchiare *v.tr.* [*io abbruciàcchio ecc.*] bruciare leggermente.

abbrunare *v.tr.* **1** rendere bruno **2** mettere un segno di lutto: *— bandiere.*

abbrunire *v.tr.* [*io abbrunisco, tu abbrunisci ecc.*] **1** render bruno, spec. la pelle **2** sottoporre a brunitura oggetti metallici.

abbrustolimento [-mén-] *s.m.* l'abbrustolire.

abbrustolire *v.tr.* [*io abbrustolisco, tu abbrustolisci ecc.*] **1** scottare qlco. in superficie tenendola per breve tempo sulla fiamma **2** tostare: *— il caffè.*

abbrutimento [-mén-] *s.m.* effetto dell'abbrutire, dell'abbrutirsi; abiezione.

abbrutire *v.tr.* [*io abbrutisco, tu abbrutisci ecc.*] rendere simile a bruto // *v.intr.*, **-irsi** *v.rifl.* ridursi al livello di un bruto.

abbuffarsi *v.rifl.* (*region.*) mangiare voracemente e in abbondanza.

abbuiare *v.tr.* [*io abbùio ecc.*] rendere buio // **-arsi** *v. rifl.pron.* **1** divenire buio, cupo **2** (*fig.*) farsi serio, cupo in volto.

abbuono [-buò-] *s.m.* **1** ribasso sul prezzo stabilito **2** ciò che si detrae da un conto o da una partita all'atto della liquidazione o del pagamento **3** riduzione del tempo impiegato a coprire un percorso concessa ai primi arrivati in corse ciclistiche a tappe.

abburattamento [-mén-] *s.m.* operazione consistente nel cernere la farina dalla crusca.

abburattare *v.tr.* separare la farina dalla crusca col buratto.

abdicare *v.intr.* [*io àbdico, tu àbdichi ecc.*] **1** rinunciare volontariamente al potere sovrano **2** (*fig.*) rinunciare: *— a un diritto.*

abdicatario [-tà-] *agg.* che abdica o ha abdicato.

abdicazione [-zió-] *s.f.* l'abdicare (anche *fig.*).

abducente [-cèn-], **abduttore** [-tó-] *agg.* si dice di muscolo che determina i movimenti di abduzione [*ill. Occhio*].

abduzione [-zió-] *s.f.* movimento di allontanamento di un arto o di una sua parte dalla linea mediana del corpo.

abelmosco [-mò-] *s.m.* pianta erbacea tropicale i cui semi, dall'odore di muschio, sono usati in profumeria e liquoreria (*fam.* Malvacee).

aberrare *v.intr.* [*io abèrro ecc.*] allontanarsi dal vero, dal giusto, dalla norma; deviare.

aberrazione [-zió-] *s.f.* **1** l'aberrare **2** (*astr.*) spostamento apparente della posizione osservata di un astro dovuto alla combinazione della velocità della luce proveniente da esso con quella della Terra che la riceve.

abetaia [-tà-] *s.f.* bosco d'abeti.

abete [-bé-] *s.m.* albero di alto fusto, resinoso, a chioma piramidale, con foglie aghiformi, sempreverdi: fornisce legno da costruzione (*fam.* Pinacee) [*ill.* Piante].

abetella [-tèl-] *s.f.* tronco di abete o di altra conifera mondato dei rami e della corteccia.

abetina *s.f.* bosco di abeti spec. di piantagione.

abiatico [-bià-] *s.m.* [pl. -ci] (*dial.*) figlio del figlio o della figlia.

abicì *s.m.invar.* → **abbiccì**.

abiettezza [-téz-] *s.f.* bassezza d'animo, viltà.

abietto [-bièt-] *agg.* spregevole, vile.

abiezione [-zió-] *s.f.* **1** l'essere abietto; bassezza d'animo **2** condizione di avvilimento.

abigeato *s.m.* furto di bestiame in branco.

abigeo [-bi-] *s.m.* colpevole di abigeato.

abile [à-] *agg.* **1** che esercita bene un'arte, un ufficio ecc.; esperto, adatto. SIN. *destro, capace, bravo*. CONTR. *inetto* **2** dotato d'intelligenza, astuzia **3** fatto con intelligenza, astuzia ecc.: *un — discorso* **4** (*mil.*) idoneo al servizio. CONTR. *inabile //* **-mente** *avv.* con abilità.

abilità *s.f.invar.* l'essere abile. SIN. *destrezza, capacità, bravura, attitudine*. CONTR. *inettitudine*.

abilitare *v.tr.* [io abilito ecc.] **1** rendere abile **2** riconoscere legalmente idoneo a una funzione, una professione: — *un impianto;* — *all'insegnamento //* **-arsi** *v. rifl.* conseguire l'abilitazione.

abilitato *agg. e s.m.* che o chi ha un'abilitazione.

abilitazione [-zió-] *s.f.* riconoscimento ufficiale della capacità di svolgere determinate funzioni.

abiogenesi [-gènefi] *s.f.invar.* (*biol.*) generazione spontanea di esseri viventi da materia non vivente.

abiotico [-bió-] *agg.* [pl.m. -ci] che non consente la vita e lo sviluppo di animali e piante: *condizioni abiotiche*.

abissale *agg.* **1** che si riferisce alle grandi profondità oceaniche: *fauna —,* animali che vivono negli abissi marini **2** (*fig.*) profondo, totale: *ignoranza —*.

abissino *agg.* dell'Abissinia *// s.m.* abitante dell'Abissinia.

abisso *s.m.* **1** profondità grandissima; baratro, burrone: *gli abissi del mare, delle Alpi / essere sull'orlo dell'—,* della rovina, anche morale **2** (*fig.*) quantità immensa: — *di pene* **3** (*fig.*) enorme differenza.

abitabile [-tà-] *agg.* che si può abitare.

abitabilità *s.f.invar.* l'essere abitabile.

abitacolo [-tà-] *s.m.* **1** in vari tipi di veicolo, la parte destinata a ospitare guidatore ed equipaggio **2** (*mar.*) custodia, su piedistallo, della bussola.

abitante *s.m. e f.* chi abita in un luogo.

abitare *v.intr. e tr.* [io àbito ecc.] vivere in un luogo. SIN. *alloggiare, dimorare, risiedere*.

abitativo *agg.* di, per abitazione: *uso —*.

abitato *agg.* popolato, frequentato *// s.m.* complesso di case o edifici che costituiscono un villaggio, una città: *fuori dell'—*.

abitatore [-tó-] *s.m.* [f. -trice] → **abitante**.

abitazione [-zió-] *s.f.* edificio o parte di esso, in cui si abita. SIN. *casa, dimora*.

abito [à-] *s.m.* **1** vestito / *taglio d'—,* stoffa necessaria per fare un vestito **2** modo di vestire che denota una condizione o una professione: — *talare / vestir l'—,* abbracciare la vita religiosa / *prov.:* l'— *non fa il monaco,* non bisogna giudicare dalle apparenze **3** abitudine, disposizione morale: — *mentale*.

abituale *agg.* che si fa per abitudine; che è tale per abitudine: *delinquente —*. SIN. *consueto, solito //* **-mente** *avv.* d'abitudine.

abituare *v.tr.* [io abituo ecc.] far prendere un'abitudine. SIN. *assuefare, avvezzare*. CONTR. *disabituare //* **-arsi** *v.rifl.* prendere un'abitudine.

abitudinario [-nà-] *agg. e s.m.* che, chi è attaccato alle proprie abitudini. SIN. *consuetudinario*.

abitudine [-tù-] *s.f.* inclinazione acquisita con la ripetizione degli stessi atti; consuetudine, assuefazione: *lo fa per —; d'— non bevo*.

abituro *s.m.* abitazione piccola e miserevole.

abiura *s.f.* ripudio pubblico e ufficiale di una religione o di una dottrina.

abiurare *v.tr.* compiere l'atto dell'abiura.

ablativo *agg. e s.m.* sesto caso della declinazione latina che indica origine, separazione, causa, mezzo, modo, luogo, tempo ecc., spesso retto da preposizioni.

ablazione [-zió-] *s.f.* **1** processo di livellamento della superficie terrestre o di un ghiacciaio dovuto ad asportazione di materiale da parte di agenti naturali **2** (*med.*) asportazione di una parte malata da quella sana.

abluzione [-zió-] *s.f.* lavaggio, aspersione del corpo o di una parte di esso a scopo di purificazione religiosa o per motivi igienici.

abnegazione [-zió-] *s.f.* rinuncia al piacere e all'utile proprio per senso del dovere o per amore; dedizione disinteressata.

abnorme [-nòr-] *agg.* che esce dalla norma.

abolire *v.tr.* [io abolisco, tu abolisci ecc.] togliere vita a un istituto o vigore a una norma; sopprimere: — *una legge*.

abolizione [-zió-] *s.f.* atto dell'abolire; provvedimento che abolisce; soppressione.

abolizionismo [-ʃmo] *s.m.* movimento tendente ad abolire una legge o una consuetudine (p.e. la schiavitù, l'uso degli alcolici).

abolizionista *agg. e s.m. e f.* [pl.m. -i] che, chi sostiene l'abolizionismo.

abomaso [-bòmaʃo] *s.m.* l'ultima delle quattro sacche dello stomaco dei ruminanti.

abominare *v.tr.* [io abòmino ecc.] detestare, disapprovare: — *il peccato*.

abominazione [-zió-] *s.f.* → **abominio**.

abominevole [-né-] *agg.* che merita abominio, disprezzo / l'— *uomo delle nevi,* essere di tipo umano, gigantesco e mostruoso, che si vuole viva fra le nevi dell'Himalaia.

abominio [-mì-] *s.m.* **1** grande disprezzo **2** cosa, atto spregevole, da abominare.

aborigeno [-rì-] *s.m.* indigeno; impropriamente, primitivo, selvaggio.

aborrimento [-mén-] *s.m.* l'aborrire; ripugnanza.

aborrire *v.tr.* [io aborrisco o abòrro, tu aborrisci o abòrri ecc.] avere in orrore; detestare, esecrare // *v.intr.* rifuggire con orrore da qlco.: — *dal sangue*.

abortire *v.intr.* [io abortisco, tu abortisci ecc.] **1** (con ausiliare *avere*) interrompere la gravidanza nei primi sei mesi **2** (*fig.*, con ausiliare *essere*) fallire, non riuscire.

abortista *agg. e s.m. e f.* [pl.m. -i] **1** che, chi è favorevole all'aborto volontario **2** che, chi è favorevole alla legalizzazione dell'aborto: *medico, infermiera —,* che si presta alla sua attuazione.

abortivo *agg.* che provoca l'aborto.

aborto [-bòr-] *s.m.* **1** interruzione della gravidanza nei primi sei mesi **2** (*fig.*) persona o cosa fatta male, imperfetta; mostro.

ab ovo [*lat.*; *pr.* ab òvo = *dall'uovo*] *locuz.* che significa «dalle origini, dagli inizi».

abracadabra *s.m.invar.* parola magica che si scriveva su amuleti triangolari cui si attribuiva la proprietà di guarire da malattie.

abrasione [-ʃió-] *s.f.* **1** (*tecn.*) asportazione superficiale di materiale per azione meccanica **2** (*geogr.*) processo di demolizione, trasporto e sedimentazione dovuta spec. all'acqua **3** (*med.*) escoriazione, lesione superficiale della cute.

abrasivo [-ʃi-] *s.m.* qualunque sostanza dura e granulosa atta a levigare e lucidare per abrasione.

abrogare *v.tr.* [*io* àbrogo, *tu* àbroghi ecc.] annullare, revocare una legge, un decreto.

abrogativo *agg.* che ha il fine di abrogare una legge o simili: *referendum* —.

abrogazione [-zió-] *s.f.* atto, effetto dell'abrogare.

abrotano [-brò-] *s.m.* pianta erbacea aromatica dalle foglie vellutate e frastagliate (*fam.* Composite).

abruzzese [-zé-] *agg.* dell'Abruzzo // *s.m.* abitante dell'Abruzzo; dialetto dell'Abruzzo.

absidale *agg.* dell'abside: *mosaico* —.

abside [àb-] *s.f.* parte della chiesa, a pianta semicircolare o poligonale, con cui termina la navata centrale e che contiene il coro [*ill. Chiesa*].

abulia [-li-] *s.f.* **1** mancanza, debolezza della volontà; irresolutezza **2** (*med.*) forma patologica di mancanza di volontà.

abulico [-bù-] *agg.* [pl.m. *-ci*] privo di volontà; passivo, pigro, irresoluto. CONTR. *volitivo*.

abusare [-ʃa-] *v.intr.* **1** usare male e senza misura di qlco.: — *dell'alcool* **2** approfittare: — *della fiducia di qlcu.*

abusivo [-ʃi-] *agg.* che è fatto o che agisce con abuso, senza avervi diritto: *pascolo* —; *posteggiatore* — // -**mente** *avv.* in modo abusivo.

abuso [-ʃò] *s.m.* **1** uso sbagliato o eccessivo: — *del cibo* **2** uso di un diritto o di un potere per fini diversi da quelli previsti; uso di un diritto che non si ha.

acacia [-cà-] *s.f.* [pl. *-cie*] pianta arborea, spinosa, con foglie imparipennate e fiori bianchi, profumati, in grappolo (*fam.* Leguminose).

acagiù *s.m.invar.* albero tropicale dai frutti saporiti; fornisce legno rosso per mobili (*mogano*).

acanto *s.m.* pianta erbacea dalle foglie larghe, intagliate, che suggerirono il motivo del capitello corinzio (*fam.* Acantacee).

acapnia [-nì-] *s.f.* (*med.*) diminuzione dell'anidride carbonica nel sangue.

acariasi [-riaʃi] *s.f.invar.* malattia della pelle, nell'uomo e negli animali, prodotta da acari.

acaro [à-] *s.m.* aracnide con corpo piccolo e tondeggiante costituito da un unico segmento; ne esistono molte specie parassite di piante e animali (anche dell'uomo).

acattolico [-tò-] *agg.* e *s.m.* [pl.m. *-ci*] non cattolico.

acaule [-càu-] *agg.* si dice di pianta con stelo così poco sviluppato da sembrarne priva.

acca *s.f.invar.* nome dell'ottava lettera dell'alfabeto, che non rappresenta nessun suono / *non capire, non valere un'*—, non capire, non valere nulla.

accademia [-dè-] *s.f.* **1** la scuola filosofica fondata da Platone **2** società costituita da studiosi con lo scopo di incrementare lo studio delle lettere, delle arti e delle scienze: *Accademia della Crusca* **3** istituto d'insegnamento superiore: — *militare* / — *di belle arti*, scuola dove si insegnano il disegno, la pittura e la scultura **4** trattenimento in cui si esibiscono variamente gli allievi di un collegio **5** (*sport*) dimostrazione di stile, spec. riferita a riunioni di ginnastica e di scherma **6** (*scult. e pitt.*) studio o abbozzo fatto per esercizio copiando un modello **7** virtuosismo, esercitazione scolastica o retorica spesso fine a sé stessa; costruzione teorica, astratta.

accademico [-dè-] *agg.* [pl.m. *-ci*] **1** di accademia, relativo a un'accademia: *consiglio, socio* — **2** che si riferisce all'università: *anno, corpo* — **3** retorico; teorico; non legato alla realtà: *discorso* — // *s.m.* **1** filosofo seguace delle dottrine di Platone **2** membro di un'accademia artistica o scientifica // -**mente** *avv.* tanto per fare, tanto per parlare.

accademista *s.m.* e *f.* [pl.m. *-i*] allievo di un'accademia, spec. militare.

accadere [-dé-] *v.intr.* e *intr.impers.* [coniugato come *cadere*] capitare, succedere, avvenire, per lo più per caso: *accadono cose incredibili; accade che s'incontrarono.*

accaduto *s.m.* ciò che è avvenuto; caso, evento: *raccontò l'*—.

accagliare *v.tr.* [*io* accàglio ecc.] far coagulare // *v. intr.*, -**arsi** *v.rifl.* coagularsi.

accalappiacani *s.m.invar.* agente del servizio comunale addetto al sequestro di cani randagi o senza museruola.

accalappiamento [-mén-] *s.m.* **1** l'accalappiare **2** (*fig.*) inganno.

accalappiare *v.tr.* [*io* accalàppio ecc.] **1** prendere col calappio o laccio; acchiappare **2** (*fig.*) ingannare. SIN. *intrappolare, infinocchiare.*

accalcare *v.tr.* [*io* accalco, *tu* accalchi ecc.] riunire molta gente in uno spazio limitato; stipare // -**arsi** *v.rifl.* affollarsi, far ressa.

accaldarsi *v.rifl.pron.* prendere molto caldo; accendersi in volto per la fatica.

accaldato *agg.* che ha preso molto caldo; rosso in faccia, sudato.

accalorare *v.tr.* [*io* accalóro ecc.] riscaldare (anche *fig.*) // -**arsi** *v.rifl.* infervorarsi.

accalorato *agg.* pieno di fervore animato.

accampamento [-mén-] *s.m.* **1** alloggiamento di truppe sotto apposite tende **2** l'accamparsi.

accampare *v.tr.* **1** mettere in campo truppe **2** far alloggiare truppe sotto tende o all'aperto **3** (*fig.*) produrre, mettere innanzi: — *motivi, pretese* // -**arsi** *v. rifl.* **1** disporsi in campo (di truppe) **2** porre l'accampamento, attendarsi; per estens., alloggiare provvisoriamente.

accanimento [-mén-] *s.m.* **1** odio o rancore persistente; odio intenso **2** applicazione ostinata, tenacia: *studiare con* —.

accanirsi *v.rifl.pron.* [*io mi* accanisco, *tu ti* accanisci ecc.] **1** inferire con rabbia contro qlcu. **2** applicarsi con ostinazione, perseverare a ogni costo in un'attività.

accanito *agg.* **1** furioso, violento: *odio* — **2** ostinato, tenace: *fumatore, lavoratore* — // -**mente** *avv.* con accanimento.

accanto *avv.* di luogo vicino, presso, di fianco: *Carlo abita qui* — // *prep.impropria* si unisce a un nome per mezzo della prep. *a*; *siedi* — *a me.*

accantonamento [-mén-] *s.m.* **1** l'accantonare; somma accantonata **2** alloggiamento temporaneo di truppe in baracche o edifici coperti.

accantonare *v.tr.* [*io* accantóno ecc.] **1** lasciar da parte, rinviare: — *un problema* **2** metter da parte come riserva: — *una somma* **3** sistemare le truppe in un accantonamento.

accaparramento [-mén-] *s.m.* l'accaparrare.

accaparrare *v.tr.* **1** acquistare prodotti in gran quantità per speculare sul probabile aumento di prezzo **2** fissare un acquisto mediante versamento di caparra; (*fig.*) assicurare, procurare: *accaparrarsi la fiducia del capufficio.*

accaparratore [-tó-] *s.m.* [f. *-trice*] chi accaparra.

accapezzare *v.tr.* [*io accapézzo ecc.*] sbozzare pietre per pavimentazione stradale in modo che possano combaciare tra loro.

accapigliarsi *v.rifl.* e *rifl.rec.* [*io mi accapiglio ecc.*] prendersi per i capelli, azzuffarsi, litigare.

accappatoio [-tó-] *s.m.* cappa o veste, per lo più di spugna, che si indossa dopo il bagno.

accapponare *v.tr.* [*io accappóno ecc.*] castrare un pollo // **-arsi** *v.rifl.* irruvidirsi, incresparsi della pelle per paura, freddo.

accarezzare *v.tr.* [*io accarézzo ecc.*] **1** fare carezze, lisciare con la mano, spesso in segno d'affetto: — *un cane*; *accarezzarsi la barba // — con gli occhi*, guardare con compiacimento **2** pensare con speranza, vagheggiare: — *un proposito.*

accartocciamento [-mén-] *s.m.* l'accartocciare, l'accartocciarsi.

accartocciare *v.tr.* [*io accartòccio ecc.*] avvolgere a forma di cartoccio.

accartocciato *agg.* **1** avvolto a cartoccio **2** (*arald.*) si dice dello scudo avente i lembi arrotolati su sé stessi a guisa di cartoccio.

accasare *v.tr.* far sposare, sistemare con un matrimonio // **-arsi** *v.rifl.* metter su casa, sposarsi.

accasato *agg.* **1** che ha messo su casa, sposato **2** (*fig.*) che fa parte di un gruppo, di una squadra (detto spec. di corridori ciclisti).

accasciamento [-mén-] *s.m.* l'accasciarsi; lo stato di chi è accasciato.

accasciare *v.tr.* [*io accàscio ecc.*] spossare, abbattere fisicamente o moralmente // **-arsi** *v.rifl.* **1** cadere pesantemente al suolo **2** (*fig.*) avvilirsi, abbattersi.

accasciato *agg.* spossato, abbattuto.

accasermare *v.tr.* [*io accasèrmo ecc.*] alloggiare i soldati in caserma.

accatastamento [-mén-] *s.m.* **1** l'accatastare **2** mucchio, ammasso disordinato.

accatastare *v.tr.* **1** fare una catasta **2** disporre disordinatamente le cose una sull'altra (anche *fig.*): — *libri*; — *argomenti.*

accattabrighe *s.m.* e *f.invar.* chi per natura va in cerca di liti, di questioni.

accattare *v.tr.* **1** cercare di ottenere con insistenza e senza dignità: — *un aiuto* / *assol.* chiedere l'elemosina. SIN. *mendicare, elemosinare* **2** (*spreg.*) prendere a prestito, copiare: — *idee, parole altrui.*

accattivare *v.tr.* → **cattivare**.

accatto *s.m.* **1** l'accattare **2** questua.

accattonaggio [-nàg-] *s.m.* pratica di chi va accattando; mendicità.

accattone [-tó-] *s.m.* persona che vive di accattonaggio. SIN. *mendicante, mendico.*

accavallamento [-mén-] *s.m.* l'accavallare, l'accavallarsi.

accavallare *v.tr.* mettere una cosa a cavallo di un'altra, sovrapporre (anche *fig.*): — *le gambe*; — *argomenti* / — *una maglia*, nel lavoro ai ferri, incrociare una maglia con quella seguente già lavorata // **-arsi** *v.rifl.* addensarsi.

accecamento [-mén-] *s.m.* **1** l'accecare **2** (*fig.*) offuscamento.

accecare *v.tr.* [*io accièco, tu accièchi, noi accechiamo ecc.*] **1** render cieco, privare della vista **2** (*fig.*) offuscare, ottenebrare: *non lasciarti — dall'ira.* **3** chiudere un'apertura: — *una finestra // v.intr.* divenire cieco.

accedere [-cè-] *v.intr.* [*io accèdo ecc.*] **1** entrare, avere accesso **2** (*fig.*) aderire, acconsentire.

acceleramento [-mén-] *s.m.* l'accelerare; accelerazione. CONTR. *rallentamento.*

accelerare *v.tr.* [*io accèlero ecc.*] rendere più celere: — *l'andatura.* CONTR. *rallentare* / *assol.* aumentare progressivamente la velocità: *il treno stava accelerando.* CONTR. *decelerare.*

accelerato *agg.* affrettato: *polso* — / *moto* —, moto di velocità non costante *// s.m.* vecchia denominazione di treni analoghi a quelli ora detti *locali.*

acceleratore [-tó-] *s.m.* [f. *-trice*] **1** si dice di qualsiasi elemento o comportamento che contribuisca ad accelerare un fenomeno: — *dell'inflazione* **2** (*aut.*) sistema di leve comandate da un pedale che, agendo sulla valvola del carburatore, regola l'afflusso del carburante nel motore, determinando accelerazioni o decelerazioni dell'autoveicolo **3** (*fis.*) apparecchio per accelerare particelle subatomiche.

accelerazione [-zió-] *s.f.* **1** l'accelerare **2** (*fis.*) variazione della velocità nell'unità di tempo.

accendere [-cèn-] *v.tr.* [pres. *io accèndo ecc.*; pass.rem. *io accési, tu accendésti ecc.*; p.pass. *accéso*] **1** comunicare il fuoco, per servirsene: — *la legna, la candela, la sigaretta, la stufa, il termosifone.* CONTR. *spegnere* **2** trasmettere energia elettrica a un apparecchio o dispositivo per farlo funzionare: — *la radio, la luce, il televisore.* CONTR. *spegnere* **3** (*fig.*) eccitare, agitare; fomentare, suscitare: — *una guerra, una disputa* **4** far cominciare: — *un conto, un mutuo // -ersi v.rifl.* **1** prendere fuoco, incendiarsi anche per caso: *la legna, il bosco si accese* **2** cominciare a funzionare elettricamente: *la lampada, la stufa si è accesa* **3** (*fig.*) infiammarsi, eccitarsi: — *d'ira.*

accendigas [-gàs] *s.m.invar.* strumento elettrico o elettronico per accendere fornelli a gas.

accendino *s.m.*, **accendisigaro** [-sì-] *s.m.* macchinetta a benzina o a gas liquido per accendere sigarette o sigari.

accenditoio [-tó-] *s.m.* canna che reca in cima uno stoppino per accendere candele o lumi.

accenditore [-tó-] *s.m.* [f. *-trice*] **1** chi accende **2** dispositivo che serve per accendere.

accennare *v.intr.* [*io accénno ecc.*] **1** fare un cenno, indicare con cenni: — *di sì col capo*; *mi accennò di seguirlo* **2** (*fig.*) alludere, riferirsi a: *a chi accennava con quel discorso?* **3** (*fig.*) far atto di, minacciare: *il tempo accenna a piovere // v.tr.* **1** indicare qlco. o qlcu.: additare, mostrare **2** abbozzare (un disegno): — *un motivo*, intonarne alcune note.

accenno [-cén-] *s.m.* **1** cenno; avvertimento **2** leggero indizio, traccia **3** allusione.

accensione [-sió-] *s.f.* **1** l'accendere; l'accendersi **2** nei motori a scoppio, l'insieme dei dispositivi che producono l'esplosione della miscela aria-benzina **3** (*dir.*) atto del contrarre un debito: — *di un'ipoteca.*

accentare *v.tr.* [*io accènto ecc.*] segnare l'accento su una parola per indicare la sillaba tonica.

accentato *agg.* che ha il segno dell'accento.

accentazione [-zió-] *s.f.* maniera di porre gli accenti sulle parole: *regole dell'*—.

accento [-cèn-] *s.m.* **1** particolare intensità che la voce assume su una sillaba nella parola (— *tonico*) o nel verso (— *ritmico*) / *porre l'* — *su qlco.*, metterla bene in evidenza **2** segno di scrittura che si mette a volte sulla vocale della sillaba tonica o sulle vocali *e* ed *o* per indicare la pronuncia aperta (— *grave* [']) o chiusa (— *acuto* [']); nell'ortografia bisogna segnare l'accento: sulle parole tronche che finiscono in vocale (*bontà, virtù, perché*); su alcuni monosillabi per distinguerli da altri (avv. *là*, art. *la*; pron. *sé*, cong. *se*; su monosillabi con dittongo (*piè, più, può*) **3** intonazione, intensità, ecc. nel modo di parlare di qlcu.: *parla l'italiano con* — *inglese*; *aveva un* — *umile*.

accentramento [-mén-] *s.m.* **1** l'accentrare, l'accentrarsi **2** la prevalente riunione di poteri al vertice dello stato o di altri enti.

accentrare *v.tr.* [*io accèntro ecc.*] **1** radunare insieme in un luogo, concentrare **2** far convergere intorno a un unico centro (anche *fig.*): *il presidente vuole* — *tutte le attività* **3** riunire i poteri al vertice dello stato.

accentratore [-tó-] *s.m.* [f. *-trice*] chi accentra a sé.

accentuare *v.tr.* [*io accèntuo ecc.*] **1** dare risalto a una parola o frase nel discorso, dicendola con più forte accento **2** dare maggior rilievo, rendere più marcato: *i contorni di un disegno* **3** accrescere, aumentare: *la crisi si è accentuata* **4** accentare.

accentuato *agg.* messo in evidenza, rilevato.

accerchiamento [-mén-] *s.m.* **1** l'accerchiare **2** manovra offensiva di truppe tendente a circondare il nemico tagliandogli la via della ritirata; (*fig.*) azione di chi tende a indebolire l'avversario circondandolo con propri alleati e isolandolo.

accerchiare *v.tr.* [*io accérchio ecc.*] chiudere in un cerchio, circondare: — *una fortezza*.

accertabile [-tà-] *agg.* che si può accertare.

accertabilità *s.f.invar.* possibilità di essere accertato: — *dei redditi*.

accertamento [-mén-] *s.m.* **1** l'accertare; verifica, riconoscimento **2** determinazione da parte della pubblica autorità dell'esistenza di una situazione di fatto o di diritto.

accertare *v.tr.* [*io accèrto ecc.*] **1** rendere certo qlcu. di qlco., assicurare **2** verificare, riconoscere come certo: — *l'esattezza di una notizia* // **-arsi** *v.rifl.* rendersi certo. CONTR. *spento*.

acceso [-cé-] *agg.* **1** che brucia; che è in funzione: *un forno* —; *a motore* —. CONTR. *spento* **2** (*fig.*) entusiasmato, eccitato: — *dall'amore, dall'ira* **3** intenso, di vivo colore: *rose di un bel rosso* —. CONTR. *spento*.

accessibile [-si-] *agg.* **1** di facile accesso: *un'altura* —. SIN. *raggiungibile*. CONTR. *inaccessibile* **2** alla mano, cordiale (detto di persona): *il sindaco è un uomo* — **3** che si capisce con facilità (detto di un concetto).

accessibilità *s.f.invar.* l'essere accessibile. CONTR. *inaccessibilità*.

accessione [-sió-] *s.f.* **1** l'accedere, l'unirsi **2** adesione da parte di uno stato a un trattato internazionale in precedenza concluso fra altri stati.

accesso [-cès-] *s.m.* **1** l'accedere; entrata, ingresso (anche *fig.*): *divieto di* — *ai veicoli*; — *a una professione* **2** (*med.*) insorgere improvviso **3** (*fig.*) impulso, impeto: — *di follia*.

accessorio [-só-] *agg.* **1** secondario, complementare: *questioni accessorie* **2** *nervi accessori*, (*anat.*) l'undicesimo paio di nervi cranici ♦ *s.m.* ciò che serve a completare qlco. senza essere strettamente necessario: *accessori dell'abbigliamento*.

accestimento [-mén-] *s.m.* fase vegetativa propria di molte piante erbacee, durante la quale la pianta assume la forma di cespo o cespuglio.

accestire *v.intr.* [*io accestisco, tu accestisci ecc.*] far cesto (si dice di piante erbacee che moltiplicano i rami alla base del fusto): *il grano accestisce*.

accetta [-cét-] *s.f.* attrezzo, e anticamente arma da taglio, costituita da un ferro trapezoidale con un bordo tagliente inserito in un manico di legno [*ill. Agricoltura*] / *tagliato con l'*—, si dice di lavoro fatto male o di persona grossolana.

accettabile [-tà-] *agg.* che si può accettare. CONTR. *inaccettabile*.

accettante *agg.* e *s.m.* e *f.* **1** che, chi accetta **2** (*dir.*) che, chi compie un atto di accettazione.

accettare *v.tr.* [*io accètto ecc.*] **1** acconsentire a ricevere: — *un invito*. CONTR. *rifiutare* **2** ammettere, approvare: — *per buono* **3** seguire: — *un'idea* **4** accogliere, acconsentire a inserire: — *in un circolo* **5** non rifiutare: — *battaglia, una sfida* **6** (*dir.*) prestare il proprio consenso a determinati rapporti obbligazionari: — *una tratta*.

accettazione [-zió-] *s.f.* **1** l'accettare. CONTR. *rifiuto* **2** ufficio o sala in cui si accettano domande o altri documenti, o si ricevono persone **3** (*dir.*) l'atto del prestare il proprio consenso a determinati rapporti obbligazionari.

accetto [-cèt-] *agg.* gradito, caro.

accezione [-zió-] *s.f.* ciascuno dei diversi significati che può assumere un vocabolo.

acchetare *v.tr.* [*io acchéto ecc.*] → **acquietare**.

acchiappafarfalle *s.m.invar.* reticella o altro arnese per prendere le farfalle.

acchiappamosche [-mó-] *s.m.invar.* **1** dispositivo per prendere o uccidere le mosche **2** nome comune di piante che invischiano gli insetti.

acchiappare *v.tr.* afferrare d'improvviso; prendere con forza (anche *fig.*). SIN. *acciuffare, aguantare*.

acchitare *v.tr.* nel biliardo, mandare con la stecca la propria palla o il pallino in un punto qualsiasi, spec. all'inizio del gioco.

acchito *s.m.* nel biliardo, posizione che assumono la palla e il pallino per effetto dell'acchitare / *di primo* —, al primo tentativo, a tutta prima.

accia [àc-] *s.f.* [pl. *-ce*] filo greggio in matassa.

acciabattare *v.tr.* (*rar.*) fare un lavoro in fretta e con trascuratezza.

acciaccare *v.tr.* [*io acciacco, tu acciacchi ecc.*] sformare una cosa comprimendola o battendola; ammaccare: — *un cappello*.

acciaccatura *s.f.* **1** atto, effetto dell'acciaccare **2** (*mus.*) nota che viene eseguita rapidamente sottraendo il suo valore ritmico alla successiva.

acciacco *s.m.* [pl. *-chi*] malattia; disturbo fisico per lo più cronico.

acciaiare *v.tr.* [*io acciàio ecc.*] **1** ridurre il ferro ad acciaio **2** rivestire di acciaio.

acciaiatura *s.f.* l'acciaiare.

acciaieria [-rì-] *s.f.* complesso industriale in cui si produce o si lavora l'acciaio.

acciaio [-cià-] *s.m.* lega di ferro e carbonio dotata di elevata durezza ed elasticità, di colore grigio metallico.

acciambellarsi *v.rifl.* [*io mi acciambèllo ecc.*] avvolgersi a forma di ciambella.

acciarino *s.m.* **1** piccolo strumento d'acciaio da battere sulla pietra focaia per accendere l'esca **2** cane nei fucili e nelle pistole antiche **3** pezzo di ferro infilato nel mozzo della ruota perché essa non esca dalla sala.

acciarpare *v.tr.* (*rar.*) eseguire male.

accidempoli [-dèm-] *inter.fam.* → **accidenti**.

accidentale *agg.* **1** casuale, fortuito: *disgrazia —* **2** (*fil.*) non essenziale, accessorio: *qualità accidentali // -mente avv.* per caso.

accidentalità *s.f.invar.* l'essere accidentale; casualità.

accidentato *agg.* irregolare: *terreno —*.

accidente [-dèn-] *s.m.* **1** avvenimento non previsto e per lo più spiacevole: *gli accidenti della vita / per —*, per caso **2** colpo apoplettico; malessere improvviso **3** persona molto vivace e attiva: *quel bimbo è un — / corre come un —*, fortissimo **4** (*fil.*) qualsiasi carattere non necessario di un essere, che non appartiene alla sua essenza **5** (*mus.*) segno particolare che si premette a una nota per indicarne l'alterazione tonale ascendente o discendente.

accidenti [-dèn-] *inter. impropria* espressione di meraviglia, ira, dispetto.

acciderba [-dèr-] *inter.fam.* → **accidenti**.

accidia [-cì-] *s.f.* **1** avversione all'operare unita a tedio. SIN. *pigrizia, ignavia, indolenza, inerzia* **2** (*teol.*) uno dei sette peccati capitali: lentezza nell'operare il bene.

accidioso [-dió-] *agg.* **1** che pecca di accidia. SIN. *pigro, ignavo, indolente* **2** fatto di mala voglia; determinato da accidia.

accigliarsi *v.rifl.pron.* [*io mi acciglio ecc.*] aggrottare le sopracciglia per sdegno, preoccupazione o riflessione.

accigliato *agg.* sdegnato, preoccupato, pensieroso.

accingersi [-cìn-] *v.rifl.* [*pres. io mi accingo, tu ti accingi ecc.*; pass.rem. *io mi accinsi, tu ti accingésti ecc.*; p.pass. *accinto*] prepararsi a fare una cosa: *si accingeva a parlare.*

acciocché *cong. subordinativa finale* (*antiq.*) al fine che, affinché.

acciottolare *v.tr.* [*io acciòttolo ecc.*] selciare, pavimentare con ciottoli: *— un cortile.*

acciottolato *s.m.* selciato fatto di ciottoli.

acciottolio [-li-] *s.m.* rumore continuo di stoviglie o altri oggetti che cozzano.

accipicchia [-pic-] *inter.fam.* → **accidenti**.

accipitridi [-pi-] *s.m.pl.* famiglia di uccelli rapaci diurni caratterizzati da becco robusto e arcuato (*rostro*), piedi con forti artigli, vista acutissima (p.e. *aquila, falco ecc.*).

accisa [-ʃa] *s.f.* tributo indiretto che colpisce determinate produzioni (p.e. imposta di fabbricazione).

acciuffare *v.tr.* afferrare, prendere con violenza; arrestare: *l'ho acciuffato!; — un ladro.* SIN. *acchiappare, agguantare.*

acciuga *s.f.* piccolo pesce di mare con corpo affusolato di color grigio argenteo; commestibile, si conserva sotto sale o sott'olio (*fam. Engraulidi*).

acciugata *s.f.* salsa d'acciughe.

acclamare *v.tr.* **1** approvare ad alta voce, applaudire: *— un artista, una proposta //* anche *intr.*: *— a una proposta* **2** eleggere con grida e applausi di consenso: *fu acclamato presidente.*

acclamazione [-zió-] *s.f.* l'acclamare; grida di consenso.

acclimare *v.tr.*, **acclimatare** *v.tr.* [*io acclimato ecc.*] abituare persone, animali, piante a vivere in luoghi diversi da quelli di origine (anche *fig.*).

acclimatazione [-zió-] *s.f.*, **acclimazione** [-zió-] *s.f.* assuefazione di animali e vegetali a vivere in luoghi diversi da quelli di origine.

accline *agg.* (*lett.*) incline, proclive.

acclive *agg.* (*lett.*) in salita, ripido, erto.

accludere [-clù-] *v.tr.* [pass.rem. *io acclusi, tu accludésti ecc.*; p.pass. *accluso*] chiudere dentro insieme; includere, unire.

accluso [-ʃo] *agg.* allegato, messo insieme.

accoccare *v.tr.* [*io accòcco, tu accòcchi ecc.*] **1** adattare la cocca della freccia alla corda dell'arco **2** appioppare: *— uno schiaffo.*

accoccolarsi *v.rifl.* [*io mi accòccolo ecc.*] piegarsi sulle ginocchia fin quasi a sedersi sulle calcagna.

accodare *v.tr.* [*io accòdo ecc.*] mettere le bestie una in coda all'altra; per estens., disporre cose una dietro l'altra // **-arsi** *v.rifl.* mettersi in fila dietro altri / *— a uno*, seguirlo.

accogliente [-glièn-] *agg.* ospitale: *una stanza —*.

accoglienza [-glièn-] *s.f.* **1** l'accogliere **2** modo di accogliere: *riservare una buona —.*

accogliere [-cò-] *v.tr.* [coniugato come *cogliere*] **1** fare accoglienza; ricevere: *mi ha accolto molto freddamente* **2** accettare, gradire **3** (*fig.*) approvare, seguire: *ho accolto le tue idee.*

accoglimento [-mén-] *s.m.* accettazione.

accolito [-cò-] *s.m.* **1** chi ha ricevuto il quarto degli ordini minori ecclesiastici (accolitato) **2** accompagnatore, seguace.

accollare *v.tr.* [*io accòllo ecc.*] **1** addossare, attribuire: *— una responsabilità, una spesa* **2** mettere sul collo **3** caricare il carro nella parte anteriore in modo che il peso gravi sul collo della bestia da tiro.

accollata *s.f.* nel medioevo, colpo dato di piatto con la spada sul collo del nuovo cavaliere, nella cerimonia dell'investitura.

accollato *agg.* si dice di abito chiuso fino al collo e di scarpa che arrivi al collo del piede.

accollatura *s.f.* parte del vestito che si chiude attorno al collo.

accollo [-còl-] *s.m.* (*dir.*) assunzione di un debito da parte di persona diversa dall'originario debitore.

accolta [-còl-] *s.f.* (*lett.*) riunione di persone.

accoltellare *v.tr.* [*io accoltèllo ecc.*] ferire a colpi di coltello.

accoltellato *s.m.* muro o pavimento di mattoni disposti a coltello, di taglio.

accoltellatore [-tó-] *s.m.* [f. *-trice*] chi accoltella o ha accoltellato.

accomandante *s.m. e f.* socio di società in accomandita che non partecipa alla gestione ed è responsabile nei limiti del capitale versato.

accomandare *v.tr.* (*lett.*) raccomandare // *v.intr.* investire denaro in un'accomandita.

accomandatario [-tà-] *s.m.* socio di società in accomandita che partecipa alla gestione e ha responsabilità illimitata.

accomandita [-màn-] *s.f.* contratto per il quale si instaura una società ad apporti e responsabilità varie.

accomiatare *v.tr.* dare commiato, licenziare, congedare // **-arsi** *v.rifl.* prender commiato, salutare per andarsene: *— da qlcu.*

accomodamento [-mén-] *s.m.* **1** l'accomodare **2** accordo a cui giungono due parti in contrasto.

accomodante *agg.* **1** accondiscendente, conciliante **2** che si adatta, per tornaconto, alle circostanze; opportunista.

accomodare *v.tr.* [*io accòmodo ecc.*] **1** mettere o rimettere in ordine, in buono stato: *— una strada, un vestito.* SIN. *aggiustare, riparare* **2** appianare, comporre:

— *una lite* // **-arsi** *v.rifl.* **1** prender posto, sedersi; mettersi a proprio agio: *si accomodi!* **2** adattarsi: *non c'è una stanza per tutti, ma si accomoderanno* **3** mettersi d'accordo: *sul prezzo ci accomoderemo.*

accomodatura *s.f.* **1** l'accomodare **2** riparazione.

accomodazione [-zió-] *s.f.* adattamento involontario e riflesso del potere di rifrazione dell'occhio per cui si possono percepire distintamente gli oggetti sia vicini che lontani.

accompagnamento [-mén-] *s.m.* **1** l'accompagnare; scorta, seguito **2** pratica dell'arte musicale per la quale uno strumento esegue una parte adatta a sostenere e ad accompagnare un altro strumento o una o più voci.

accompagnare *v.tr.* **1** andare insieme, seguire (per amicizia, cortesia o rispetto); scortare: *ti accompagnerò al treno* **2** unire, mettere insieme una cosa a un'altra: — *il dono con dei fiori* **3** (*mus.*) eseguire un accompagnamento: — *un cantante al pianoforte.*

accompagnatore [-tó-] *s.m.* [f. *-trice*] **1** chi accompagna, chi fa da guida o da scorta **2** (*mus.*) chi esegue l'accompagnamento.

accompagno *s.m.* nel linguaggio burocratico e commerciale, accompagnamento: *lettera di* —.

accomunamento [-mén-] *s.m.* l'accomunare, l'accomunarsi.

accomunare *v.tr.* mettere in comune, rendere comune // **-arsi** *v.rifl.* unirsi, considerarsi insieme; affratellarsi.

acconciare *v.tr.* [*io accóncio ecc.*] **1** accomodare con arte o eleganza: — *i capelli* **2** preparare; disporre: — *l'animo a una novità* // **-arsi** *v.rifl.* prepararsi, adattarsi.

acconciatura *s.f.* **1** modo di acconciare o di ornare i capelli; pettinatura fatta con arte **2** ornamento femminile del capo.

acconcio [-cón-] *agg.* opportuno; idoneo.

accondiscendere [-scén-] *v.intr.* [*io accondiscéndo ecc.*] acconsentire, aderire; condiscendere.

acconsentimento [-mén-] *s.m.* l'acconsentire.

acconsentire *v.intr.* [*io acconsènto ecc.*] dare il proprio consenso: — *a una richiesta.* SIN. *consentire, assentire.*

accontentare *v.tr.* [*io accontènto ecc.*] rendere contento; soddisfare, appagare: *lo accontentano in tutti i suoi desideri* // **-arsi** *v.rifl.* essere pago, soddisfatto; spec., essere soddisfatto di poco.

acconto [-cón-] *s.m.* pagamento parziale anticipato di un dato prezzo.

accoppare *v.tr.* [*io accòppo ecc.*] colpire a morte; uccidere / — *di botte,* picchiare, percuotere brutalmente.

accoppiamento [-mén-] *s.m.* **1** l'accoppiare, l'accoppiarsi **2** congiungimento sessuale.

accoppiare *v.tr.* [*io accòppio ecc.*] congiungere, unire in coppia; appaiare // **-arsi** *v.rifl.* e *rifl.rec.* disporsi a coppia; congiungersi; unirsi sessualmente.

accoppiata *s.f.* (*ippica*) scommessa che si effettua su due cavalli della stessa corsa per la vittoria di uno e il secondo posto dell'altro.

accoramento [-mén-] *s.m.* stato di chi è accorato. SIN. *afflizione, tristezza.*

accorare *v.tr.* [*io accòro ecc.*] addolorare profondamente. SIN. *affliggere, rattristare.*

accorato *agg.* profondamente addolorato. SIN. *afflitto, triste* // **-mente** *avv.* con accoramento.

accoratoio [-tó-] *s.m.* ferro aguzzo usato per uccidere i maiali trafiggendone il cuore.

accorciamento [-mén-] *s.m.* l'accorciare. CONTR. *allungamento.*

accorciare *v.tr.* [*io accórcio ecc.*] rendere più corto; abbreviare. CONTR. *allungare.*

accordare *v.tr.* [*io accòrdo ecc.*] **1** mettere d'accordo: — *due avversari.* SIN. *conciliare* **2** armonizzare: — *i colori* **3** concedere: — *un permesso* **4** (*mus.*) tendere le corde di uno strumento per ottenere l'altezza tonale desiderata o prestabilita // **-arsi** *v.rifl.* e *rifl.rec.* **1** mettersi d'accordo, convenire: — *su un prezzo* **2** essere conforme, armonizzarsi.

accordato *agg.* **1** convenuto, concesso **2** (*mus.*) che è stato ridotto a giusta intonazione.

accordatore [-tó-] *s.m.*[f. *-trice*] chi accorda strumenti musicali, spec. pianoforti.

accordatura *s.f.* (*mus.*) l'atto, l'effetto dell'accordare.

accordo [-còr-] *s.m.* **1** unione simultanea di più suoni **2** concordia; consonanza di volontà, di sentimenti / *andare d'amore e d'—*, in perfetto accordo. CONTR. *disaccordo* **3** incontro di due o più volontà per dar vita a un successivo rapporto giuridico; patto: — *fra le parti; venire a un —.*

accorgersi [-còr-] *v.rifl.pron.* [pres. *io mi accòrgo, tu ti accòrgi ecc.*; pass.rem. *io mi accòrsi, tu ti accorgesti ecc.,* p.pass. *accòrto*] **1** cominciare a vedere; scorgere, avvedersi: *non mi accorsi di voi* **2** cominciare a capire; rendersi conto: *mi accorsi di avere sbagliato.*

accorgimento [-mén-] *s.m.* **1** provvedimento di persona accorta; espediente **2** avvedutezza, intuito.

accorpamento [-mén-] *s.m.* l'accorpare; riunificazione, fusione, unione.

accorpare *v.tr.* [*io accòrpo ecc.*] riunire cose, strutture, organizzazioni prima separate; fondere, unificare: — *due uffici.*

accorrere [-cór-] *v.intr.* [coniugato come *correre*] **1** correre verso un luogo **2** correre in aiuto.

accortezza [-téz-] *s.f.* qualità di chi è accorto. SIN. *astuzia, avvedutezza, cautela.*

accorto [-còr-] *agg.* che vede e prevede; perspicace, scaltro. SIN. *avveduto, astuto, cauto.*

accosciarsi *v.rifl.* [*io mi accòscio ecc.*] abbassarsi piegandosi sulle cosce.

accostamento [-mén-] *s.m.* l'accostare, l'accostarsi; avvicinamento, spec. intenzionale: — *di colori.*

accostare *v.tr.* [*io accòsto ecc.*] avvicinare: *mi accostò per parlarmi;* — *la mano alla bocca* // *v.intr.* far mutare di direzione la prora di una nave; avvicinare il fianco di una nave a quello di un'altra o alla banchina // **-arsi** *v.rifl.* avvicinarsi, appressarsi / — *a una dottrina,* aderirvi almeno in parte / — *ai sacramenti,* riceverli.

accostata *s.f.* (*mar.*) la manovra dell'accostare.

accostevole [-sté-] *agg.* affabile, alla mano (detto di persona). SIN. *accessibile.* CONTR. *scostante.*

accosto [-cò-] *avv.* di luogo vicino, da presso, a lato / *farsi* —, accostarsi, avvicinarsi // *prep. impropria* si unisce a un nome per mezzo della prep. *a: l'oleandro è — al muro.*

accostumare *v.tr.* (*rar.*) avvezzare, assuefare.

accotonare *v.tr.* [*io accotóno ecc.*] (*ind. tessile*) arricciare il pelo ai pannilani / — *i capelli,* trattarli col pettine per gonfiare l'acconciatura.

account executive [*ingl.; pr.* ecàunt ecsèchiutìf] *s.m.* chi, in un'agenzia di pubblicità, tiene i rapporti con i clienti e ne interpreta le esigenze.

accovacciarsi *v.rifl.* [*io mi accovàccio ecc.*] mettersi rannicchiato, con le gambe piegate.

accozzaglia [-zà-] *s.f.* **1** insieme di persone spregevoli **2** massa confusa e disordinata di cose.

accozzamento [-mén-] *s.m.* l'accozzare, l'accozzarsi.

accozzare *v.tr.* [*io accòzzo ecc.*] mettere insieme senza ordine persone o cose.

accozzo [-còz-] *s.m.* l'accozzare; l'insieme delle cose accozzate.

accreditamento [-mén-] *s.m.* accredito.

accreditare *v.tr.* [*io accrèdito ecc.*] **1** dare credito, avvalorare: — *una notizia, un'opinione* **2** provvedere un agente diplomatico di lettere credenziali: — *un ambasciatore presso un governo* **3** ascrivere a credito.

accreditato *agg.* **1** che gode credito e fiducia: *notizie accreditate* **2** munito di lettere credenziali // *s.m.* chi ha un credito bancario aperto; chi apre un credito a favore di qlcu.

accredito [-cré-] *s.m.* l'ascrivere a credito. CONTR. *addebito.*

accrescere [-cré-] *v.tr.* [coniugato come *crescere*] render maggiore di quantità o di numero, ampliare. SIN. *aumentare.*

accrescimento [-mén-] *s.m.* **1** ingrandimento; incremento: — *di un'azienda.* SIN. *aumento* **2** (*biol.*) sviluppo, crescita.

accrescitivo *agg.* atto ad accrescere // *s.m.* (*gramm.*) forma alterata di un sostantivo o di un aggettivo ottenuta mediante l'aggiunta di un suffisso indicante accrescimento: m. *-óne,* f. *-óna* (p.e. *libro-librone, casa-casona*); a volte con cambiamento di genere (p.e. *la stanza-lo stanzone*).

accrochage [*franc.; pr.* acrosciàj] *s.m.* (*sport*) urto fra due imbarcazioni in gara.

accucciarsi *v.rifl.* [*io mi accùccio ecc.*] **1** mettersi nella cuccia; mettersi giù, accovacciarsi (detto di cani o altri animali) **2** rannicchiarsi.

accudire *v.intr.* [*io accudisco, tu accudisci ecc.*] attendere con cura a un lavoro; prendersi cura di una persona: — *i bambini.*

acculare *v.tr.* far indietreggiare (spec. un animale); di un carro, appoggiarlo sulla parte posteriore con le stanghe in alto // *-arsi v.rifl.* mettersi come a sedere, poggiando la parte anteriore del corpo sulle zampe davanti (detto di animali).

acculturazione [-zió-] *s.f.* processo, spesso forzoso, di adattamento di un popolo o di un gruppo sociale a una cultura dominante.

accumulare *v.tr.* [*io accùmulo ecc.*] **1** mettere in cumulo; mettere più cose una sull'altra **2** (*fig.*) raccogliere in quantità, conservare: — *denaro.* SIN. *ammassare, ammucchiare.*

accumulatore [-tó-] *s.m.* [f. *-trice*] **1** chi accumula **2** apparecchio capace di accumulare energia elettrica, meccanica o termica [*ill. Automobile*].

accumulazione [-zió-] *s.f.* azione, effetto dell'accumulare o dell'accumularsi: *l'— dei capitali.*

accuratezza [-téz-] *s.f.* **1** attenzione scrupolosa **2** esecuzione diligente. SIN. *cura, diligenza.* CONTR. *trascuratezza.*

accurato *agg.* **1** fatto con cura, con attenzione **2** che opera con diligenza e precisione. SIN. *diligente.* CONTR. *trascurato* // *-mente avv.* in modo accurato.

accusa [-ʃa] *s.f.* atto dell'addebitare una colpa; imputazione / *capo d'—,* elencazione dei reati per cui l'imputato è citato in giudizio / *pubblica* — (o soltanto *accusa*), il magistrato che sostiene in un processo il ruolo di accusatore per conto dello stato.

accusare [-ʃa-] *v.tr.* **1** muovere un'accusa a qlcu.; imputare, incolpare **2** denunciare: — *alla magistratu-*

ra **3** dichiarare di percepire, manifestare: *accusava un forte dolore al capo / — il colpo,* restare in difficoltà per effetto di un colpo ricevuto (spec. *fig.*) / — *ricevuta di qlco.,* dichiarare di averla ricevuta **4** nel gioco delle carte, dichiarare: — *tre assi.*

accusativo [-ʃa-] *agg. e s.m.* quarto caso della declinazione latina, greca e di alcune lingue moderne; esprime generalmente il complemento oggetto.

accusato [-ʃa-] *s.m.* chi è in stato di accusa.

accusatore [-ʃató-] *s.m.* [f. *-trice*] **1** chi accusa **2** magistrato di pubblica accusa.

accusatorio [-ʃató-] *agg.* che accusa, che contiene un'accusa: *discorso* —.

ace [*ingl.; pr.* és] *s.m.* nel tennis, battuta di servizio imprendibile.

acefalia [-lì-] (*med.*) mancanza congenita della testa.

acefalo [-cè-] *agg.* senza testa / *manoscritto* —, mancante della prima o delle prime pagine / *discorso* —, che manca di basi, di presupposti.

acerbità *s.f.invar.* **1** l'essere acerbo **2** asprezza.

acerbo [-cèr-] *agg.* **1** non maturo (anche *fig.*): *è troppo* — *per questi studi.* SIN. *immaturo.* CONTR. *maturo* **2** aspro (anche *fig.*).

acero [à-] *s.m.* albero di alto fusto, con foglie palmate, fiori verdognoli e frutti alati; il legno è usato in falegnameria e nell'industria della carta (*fam.* Aceracee).

acerrimo [-cèr-] *agg.* [superl. di *acre*] fiero, accanito: *è il suo — nemico.*

acescenza [-scèn-] *s.f.* inacidimento, per fermentazione, del vino quando è poco alcolico.

acetabolo [-tà-] *s.m.* (*anat.*) cavità ossea cui s'innesta la testa di un altro osso.

acetato *s.m.* **1** sale che risulta dalla reazione tra l'acido acetico e una base **2** filato artificiale molto flessibile e lucido, che imita la seta.

acetico [-cè-] *agg.* [pl.m. *-ci*] dell'aceto: *acido* —, (*chim.*) liquido incoloro, caustico, di odore pungente, che si trova libero nell'aceto.

acetilcellulosa [-ló-] *s.f.* estere della cellulosa con acido acetico, usato anche per produrre fibre tessili.

acetile *s.m.* parte della molecola dell'acido acetico.

acetilene [-lè-] *s.m.* (*chim.*) idrocarburo gassoso, incoloro, che brucia con fiamma luminosa; serve come combustibile per la saldatura autogena e per l'illuminazione.

acetilsalicilico [-ci-] *agg.* [pl.m. *-ci*] si dice dell'acido, risultante dalla reazione dell'anidride acetica con l'acido salicilico, che costituisce l'aspirina e i farmaci affini.

acetimetro [-ti-] *s.m.* strumento per misurare il grado di concentrazione acida dell'aceto.

aceto [-cè-] *s.m.* prodotto della fermentazione del vino o di altri liquidi alcolici / — *aromatico,* miscela di aceto, canfora ed essenze, usata come farmaco.

acetone [-tó-] *s.m.* (*chim.*) liquido incoloro, infiammabile, volatile; ottimo solvente.

acetonemia [-mì-] *s.f.* (*med.*) presenza di acetone nel sangue.

acetonuria [-nù-] *s.f.* (*med.*) sintomo di malattia caratterizzato dalla presenza di acetone nell'urina.

acetosa [-tó-] *s.f.* pianta erbacea con foglie a saetta di sapore acido, fiori verdi e rossi raccolti in pannocchia (*fam.* Poligonacee).

acetosella [-sèl-] *s.f.* pianta erbacea con foglie simili a quelle del trifoglio, di sapore acido, da cui si estrae il *sale di acetosella,* usato in tintoria e per togliere le macchie di ruggine e d'inchiostro (*fam.* Oxalidacee).

acetoso [-tó-] *agg.* che sa di aceto.

achenio [-chè-] *s.m.* frutto secco indeiscente, con pericarpo sottile, racchiudente un unico seme [*ill. Frutti*].

achilia [-lì-] *s.f.* (*med.*) assenza di succo gastrico nello stomaco, per mancata secrezione.

achillea [-lè-] *s.f.* pianta erbacea con numerosi capolini bianchi o rosa e foglie finemente suddivise (*fam.* Composite).

aciclico [-cì-] *agg.* [pl.m. *-ci*] (*fis.*) si dice di fenomeno che non presenta caratteri di periodicità.

acidificante *agg.* e *s.m.* si dice di additivi chimici, come l'acido citrico, usati per fare acidificare spec. prodotti alimentari.

acidificare *v.tr.* [*io acidìfico, tu acidìfichi ecc.*] rendere acido.

acidimetria [-tri-] *s.f.* branca dell'analisi chimica che determina la quantità di sostanze acide mediante soluzioni a titolo noto di acidi.

acidità *s.f.invar.* **1** l'essere acido (anche *fig.*) / — *di stomaco*, eccesso di acido cloridrico nel succo gastrico. SIN. *asprezza*, *agrezza*, *acredine* **2** (*chim.*) quantità di ioni idrogeno presenti in una soluzione a contenuto acido.

acido [à-] *agg.* **1** di sapore aspro, pungente. SIN. *agro*, *acre*, *brusco* **2** (*fig.*) mordace, duro e malevolo: *giudizio* — // *s.m.* (*chim.*) sostanza solida, liquida o gassosa, di sapore pungente, che in soluzione libera cationi idrogeno e che combinandosi con una base dà un sale.

acidosi [-dòʃi] *s.f.* intossicazione dell'organismo per cui il sangue presenta una reazione acida.

acidulo [-cì-] *agg.* leggermente acido.

acino [à-] *s.m.* **1** chicco dell'uva o di frutto simile **2** (*anat.*) piccola ghiandola elementare costitutiva di organi o ghiandole più grosse.

acinoso [-nó-] *agg.* ricco di acini; che ha la forma di acino.

aclassismo [-ʃmo] *s.m.* teoria e azione politica che prescinde dalla contrapposizione delle classi.

acloridria [-dri-] *s.f.* (*med.*) assenza di acido cloridrico nel succo gastrico, per mancata secrezione.

acme *s.f.* **1** punto culminante **2** stadio più acuto di una malattia.

acne *s.f.* malattia della pelle caratterizzata dalla formazione di piccole pustole.

acondroplasia [-ʃi-] *s.f.* malattia che impedisce lo sviluppo degli arti e determina nanismo.

aconfessionale *agg.* indipendente dalla influenza di ogni chiesa e confessione.

aconitina *s.f.* (*farm.*) alcaloide velenosissimo estratto dall'aconito, usato come calmante e antinevralgico.

aconito [-cò-] *s.m.* pianta erbacea, velenosa, medicinale, con fiori di colore azzurro cupo, riuniti in grappolo (*fam.* Ranuncolacee).

acoro [à-] *s.m.* pianta erbacea palustre, con foglie a forma di spada, fusto triangolare e fiori piccoli verdastri (*fam.* Aracee).

acotiledone [-lè-] *agg.* e *s.f.* si dice di pianta i cui semi mancano di cotiledoni.

acqua *s.f.* **1** liquido trasparente, incoloro, inodoro e insaporo, costituito di ossigeno e idrogeno, indispensabile alla vita animale e vegetale: — *minerale, potabile* / — *pesante*, composto chimico che differisce dall'acqua per contenere deuterio invece di idrogeno; è usato nelle pile atomiche / — *regia*, miscela degli acidi nitrico e cloridrico atta a sciogliere il platino e l'oro / *questa bar-*

ca fa —, ha una falla / — *in bocca!*, mantieni il segreto! / *aver l'* — *alla gola,* (*fig.*) essere in estreme difficoltà / *mettere a pane e* —, castigare lasciando come unici alimenti pane e acqua **2** pioggia: *rovescio d'*—, acquazzone / — *a catinelle*, pioggia fitta e abbondante **3** raccolta di acqua: — *dolce*, di fiume e di lago: — *salata*, di mare: — *stagnante*, di palude / *a fior d'*—, alla superficie / *fare un buco nell'*—, operare senza frutto / *prov.*: — *cheta rovina i ponti*, si dice di chi, apparentemente innocuo, produce gravi danni; — *passata non macina più*, non serve rivangare il passato **4** *pl.* distesa d'acqua: *acque territoriali* / *trovarsi in cattive acque*, essere nei guai, in difficoltà economiche **5** *pl.* sorgenti termali; cure termali.

acquaforte [-fòr-] *s.f.* [pl. *acqueforti*] **1** nome antico dell'acido nitrico **2** stampa ottenuta per mezzo di una lastra di rame ricoperta di vernice resistente all'acido nitrico, incisa con una punta e immersa nell'acido che corrode il metallo nei tratti così scoperti **3** la tecnica usata per ottenere tali stampe.

acquafortista *s.m.* e *f.* [pl.m. *-i*] chi esegue incisioni all'acquaforte.

acquaio [-quà-] *s.m.* vaschetta con condotto di scolo adibita alla lavatura di piatti e stoviglie.

acquaiolo [-iò-] *agg.* che vive nell'acqua: *uccello* — // *s.m.* venditore o portatore d'acqua.

acquamarina *s.f.* [pl. *acquemarine*] pietra preziosa di colore azzurrino; varietà del berillo.

acquaplaning [-plà-] *s.m.invar.* in automobilismo, slittamento dei pneumatici sul velo d'acqua dell'asfalto bagnato.

acquaplano *s.m.* sorta di largo sci sul quale ci si regge in equilibrio mentre esso viene trainato a forte velocità da un motoscafo.

acquaragia [-rà-] *s.f.* liquido costituito da essenza di trementina greggia, di odore aromatico caratteristico, usato come solvente.

acquario [-quà-] *s.m.* **1** vasca o sistema di vasche in cui si tengono in vita animali o piante acquatici **2** *Acquario,* (*astr.*) uno dei dodici segni dello zodiaco [*ill. Zodiaco*].

acquartieramento [-mén-] *s.m.* alloggiamento di truppe nei quartieri.

acquartierare *v.tr.* [*io acquartièro ecc.*] alloggiare le truppe nei quartieri // **-arsi** *v.rifl.* prendere alloggio nei quartieri (detto di truppe).

acquasanta *s.f.* acqua benedetta.

acquasantiera [-tiè-] *s.f.* pila o secchiello per l'acqua benedetta.

acquata *s.f.* **1** getto d'acqua; rovescio di pioggia breve e improvviso **2** (*mar.*) provvista di acqua dolce.

acquatico [-quà-] *agg.* [pl.m. *-ci*] che nasce o vive nell'acqua: *piante acquatiche.*

acquatinta *s.f.* [pl. *acquetinte*] **1** stampa ottenuta per mezzo di incisione su rame con processo analogo a quello dell'acquaforte, che permette di realizzare una ricca gradazione di chiari e scuri **2** la tecnica usata per ottenere tali stampe.

acquattarsi *v.rifl.* appiattarsi per non farsi vedere; nascondersi.

acquavite *s.f.* nome generico di bevande fortemente alcoliche ottenute mediante distillazione di sostanze vegetali fermentate.

acquazzone [-zó-] *s.m.* breve e impetuoso rovescio di pioggia.

acquedotto [-dót-] *s.m.* **1** conduttura d'acqua; insieme di opere murarie che servono per trasportare l'acqua da una località a un'altra **2** (*anat.*) il canale che fa comunicare il terzo col quarto ventricolo cerebrale (propriamente *di Silvio*).

acqueo [àc-] *agg.* di acqua, della stessa natura dell'acqua: *vapore* —.

acquerellare *v.tr.* [*io acquerèllo ecc.*] dipingere all'acquerello.

acquerellista *s.m.* e *f.*[pl.m. *-i*] artista che dipinge all'acquerello.

acquerello [-rèl-] *s.m.* **1** dipinto ottenuto con una tecnica basata sulla diluizione dei colori in acqua e gomma **2** la tecnica stessa.

acquerugiola [-rù-] *s.f.* pioggia minuta.

acquidoccio [-dóc-] *s.m.* fossa che serve a ricevere le acque di sgrondo dei campi.

acquiescente [-scèn-] *agg.* che non si oppone, che accetta la volontà altrui. SIN. *consenziente, arrendevole.*

acquiescenza [-scèn-] *s.f.* l'essere acquiescente. SIN. *arrendevolezza.*

acquietare *v.tr.* [*io acquièto ecc.*] rendere quieto; calmare, placare: — *un dolore* // **-arsi** *v.rifl.* calmarsi.

acquifero [-qui-] *agg.* (*scient.*) che porta acqua; che consente il passaggio dell'acqua.

acquirente [-rèn-] *s.m.* e *f.* chi acquista. SIN. *compratore.*

acquisire [-ʃi-] *v.tr.* [*io acquisìsco, tu acquisìsci ecc.*] venire in possesso di qlco., acquistare (spec. *fig.*): — *diritti, esperienza.*

acquisito [-ʃi-] *agg.* **1** che è stato acquistato, che ormai è consolidato: *diritto* — **2** che non è ereditario né congenito; che non è istintivo: *malattia acquisita; tendenza acquisita.*

acquisizione [-ʃizió-] *s.f.* atto, effetto dell'acquisire.

acquistare *v.tr.* **1** ottenere mediante acquisto, venire in possesso di qlco.: — *una casa.* SIN. *comprare* **2** (*fig.*) conseguire, procacciarsi: — *fama* / — *tempo*, indugiare, temporeggiare // *v.intr.* progredire, profittare; migliorare: *al mare acquistò in salute.*

acquisto *s.m.* **1** l'acquistare **2** la cosa acquistata. SIN. *compera.*

acquitrino *s.m.* terreno ricoperto di acqua stagnante.

acquitrinoso [-nó-] *agg.* si dice di terreno in cui ristagni acqua; paludoso.

acquolina *s.f.* saliva che si raccoglie in bocca, al pensiero o alla vista di un cibo appetitoso: *far venire l'— in bocca*, eccitare la gola, o (*fig.*) altri desideri.

acquosità *s.f.invar.* stato di ciò che è acquoso.

acquoso [-quó-] *agg.* **1** che contiene acqua: *frutto* — **2** simile all'acqua **3** acquitrinoso.

acre *agg.* [superl. *acerrimo*] **1** di sapore piccante, pungente. SIN. *aspro, agro, acido* **2** (*fig.*) mordace, malevolo: *parole acri.*

acredine [-crè-] *s.f.* **1** l'essere acre. SIN. *asprezza, agrezza, acidità* **2** (*fig.*) acrimonia, livore.

acridio [-cri-] *s.m.* (*zool.*) locusta con antenne corte.

acrilico [-cri-] *agg.* [pl.m. *-ci*] si dice di un acido insaturo liquido ottenuto da idrocarburi / *filato* —, ottenuto dalla polimerizzazione di tale acido / *resina acrilica*, ottenuta dai suoi esteri.

acrimonia [-mò-] *s.f.* l'essere acre, in senso fig. SIN. *acredine, asprezza.*

acrimonioso [-nió-] *agg.* pieno di acrimonia.

acro *s.m.* unità di superficie in uso nei paesi anglosassoni, equivalente a 4000 mq ca.

acro- [dal gr. *àcros = che si trova al sommo o in fine; estremo*] primo elemento di parole composte dotte e

scientifiche; significa «punto estremo, più alto» (*acropoli, acrocoro*).

acrobata [-crò-] *s.m.* e *f.* [pl.m. *-i*] chi compie esercizi al trapezio o sulle funi.

acrobatica [-bà-] *s.f.* arte di compiere acrobazie, per lo più a scopo spettacolare.

acrobatico [-bà-] *agg.* [pl.m. *-ci*] di, da acrobata.

acrobatismo [-ʃmo] *s.m.* **1** professione dell'acrobata **2** esercizio acrobatico (anche in senso *fig.*).

acrobazia [-zì-] *s.f.* **1** esercizio di acrobata **2** atto o manovra che presenti difficoltà eccezionali (anche *fig.*): *acrobazie aeree*, evoluzioni compiute da un aereo a scopo di esibizione.

acrocianosi [-nòʃi] *s.f.invar.* (*med.*) disturbo circolatorio per cui le mani e i piedi assumono colorazione bluastra.

acrocoro [-cò-] *s.m.* altopiano circondato da versanti scoscesi; complesso di altipiani e di massicci montuosi.

acromatico [-mà-] *agg.* [pl.m. *-ci*] si dice di sistema ottico che non rivela i colori dell'iride.

acromatopsia [-psi-] *s.f.* (*med.*) incapacità di percepire e riconoscere i colori.

acromegalia [-li-] *s.f.* (*med.*) esagerato sviluppo dello scheletro, in particolare degli arti e del viso, dovuto a un eccesso di funzione del lobo anteriore dell'ipofisi.

acronimo [-crò-] *s.m.* parola formata dalle lettere o dalle parti iniziali di altre parole (p.e. BOT = buono ordinario del tesoro; *colf* = collaboratrice familiare).

acropoli [-crò-] *s.f.* la parte più alta e fortificata di una città antica, comprendente anche edifici religiosi: *l'— di Atene.*

acrostico [-crò-] *s.m.* [pl. *-ci*] **1** componimento poetico nel quale le iniziali dei singoli versi, lette di seguito, formano un nome o una frase di senso compiuto **2** gioco enigmistico consistente nel ricavare da una parola data altre parole formate con alcune sue lettere e tali che le loro iniziali riformino la parola madre.

acroterio [-tè-] *s.m.* (*archeol.*) piedistallo per elementi ornamentali (vasi, statue ecc.) posto alla sommità e alle estremità del frontone di un tempio; anche l'ornamento stesso [*ill. Architettura*].

actinomicosi [-còʃi] *s.f.invar.* malattia dell'uomo e degli animali (bovini) determinata dal fungo microscopico *actinomyces.*

acuire *v.tr.* [*io acuìsco, tu acuìsci ecc.*] rendere acuto, penetrante; aguzzare (spec. *fig.*).

aculeati *s.m.pl.* insetti dell'ordine degli imenotteri aventi l'addome unito, mediante un peduncolo, al torace e provvisti, nelle femmine, di aculeo velenifero (p.e. le api).

aculeo [-cù-] *s.m.* **1** organo pungente, talora in rapporto con ghiandole velenifere, di alcuni animali (p.e. le vespe) **2** spina (di rosa, pruno ecc.); punta aguzza (anche *fig.*).

acume *s.m.* acutezza (di un ragionamento); vivacità d'ingegno.

acuminare *v.tr.* [*io acùmino ecc.*] rendere acuto, appuntito; aguzzare.

acuminato *agg.* appuntito. SIN. *acuto.*

acustica [-cù-] *s.f.* parte della fisica che studia la generazione e la propagazione del suono.

acustico [-cù-] *agg.* [pl.m. *-ci*] **1** relativo all'udito o al suono: *meato* —, canale interno dell'orecchio [*ill. Orecchio*]; *cornetto* —, strumento a forma di corno che i sordi accostano all'orecchio per udire meglio **2** detto di strumenti musicali, si contrappone a *elettrico* o *elet-*

tronico per distinguere gli strumenti tradizionali: *piano —, chitarra acustica*.

acutangolo [-tàn-] *agg*. si dice di triangolo avente tutti gli angoli acuti.

acutezza [-téz-] *s.f.* **1** l'essere acuto: *— visiva*, facoltà che ha l'occhio di vedere distintamente gli oggetti **2** (*fig.*) acume, perspicacia: *— d'ingegno*. CONTR. *ottusità*.

acutizzare [-tiʒʒa-] *v.tr.* rendere acuto *// -arsi v. rifl.pron.* passare allo stadio acuto (detto di malattia).

acuto *agg*. **1** che ha la punta sottile. SIN. *aguzzo, acuminato, appuntito* **2** (*fig.*) perspicace. CONTR. *ottuso* **3** (*geom.*) si dice di ogni angolo inferiore a un angolo retto. CONTR. *ottuso* **4** si dice di accento posto sulle vocali *e* ed *o* toniche per indicarne la pronuncia chiusa *// -mente avv*. con acutezza (anche *fig.*).

adagiare *v.tr.* [*io adàgio ecc.*] collocare, posare con riguardo *// -arsi v.rifl.* distendersi, mettersi comodo (anche *fig.*).

adagio[1] [-dà-] *avv*. piano, lentamente: *camminare — / — —*, con molta lentezza; *a poco a poco // s.m.* indicazione dinamica di un brano musicale, p.e. il tempo di una sonata o di una sinfonia.

adagio[2] [-dà-] *s.m.* proverbio; massima, sentenza.

adamantino [-à-] *agg*. **1** duro come diamante **2** (*fig.*) saldo, fermo; incorruttibile.

adamitico [-mì-] *agg*. [pl.m. *-ci*] di Adamo */ in costume —*, (*scherz.*) nudo.

Adamo *s.m.* secondo il racconto biblico, il primo uomo */ costume d'—*, (*scherz.*) la nudità */ da — in qua*, da sempre, dai tempi antichi */ i figli d'—*, gli uomini */ pomo d'—*, sporgenza della cartilagine anteriore della laringe, sulla parte anteriore del collo.

adattabile [-tà-] *agg*. che si può adattare.

adattabilità *s.f.invar.* l'essere adattabile.

adattamento [-mén-] *s.m.* **1** atto, effetto dell'adattare o dell'adattarsi **2** capacità di accettare uno stato di cose: *spirito di —*.

adattare *v.tr.* **1** rendere adatto a un uso o a uno scopo: *— una camera a laboratorio* **2** adeguare una cosa a un'altra: *— gli occhiali al naso // -arsi v.rifl.pron.* essere adatto, convenire */ v.rifl.* rassegnarsi, conformarsi: *la casa è piccola, ma ci adatteremo*.

adatto *agg*. che ha i requisiti necessari per un determinato uso o scopo. SIN. *atto, idoneo, opportuno, adeguato*.

addebitare *v.tr.* [*io addébito ecc.*] **1** ascrivere a debito una somma **2** incolpare, mettere a carico di qlcu.

addebito [-dé-] *s.m.* **1** attribuzione a debito **2** imputazione, assegnazione a carico.

addendo [-dèn-] *s.m.* ogni termine di una somma.

addensamento [-mén-] *s.m.* l'addensare, l'addensarsi; la cosa addensata.

addensare *agg*. e *s.m.* si dice di sostanza che aggiunta a un'altra la rende più densa.

addensare *v.tr.* rendere denso *// -arsi v.rifl.* divenire denso; ammassarsi, affollarsi.

addentare *v.tr.* [*io addènto ecc.*] **1** afferrare con i denti, mordere (detto, per estens., anche di tenaglie, morse ecc.).

addentatura *s.f.* **1** l'addentare; il segno lasciato dai denti **2** parte sagomata di un legno che si incastra nell'intaccatura di un altro.

addentellare *v.tr.* [*io addentèllo ecc.*] munire di dentelli; fare l'addentellato a un muro per collegarlo a un altro.

addentellato *agg*. (*rar.*) dentellato *// s.m.* **1** insieme di risalti che si lasciano sul lato di un muro per poterlo collegare con un altro **2** (*fig.*) appiglio, legame tra argomenti, rapporto tra persone.

addentrare *v.tr.* [*io addéntro ecc.*] mandare dentro: *l'albero addentra le radici nella terra // -arsi v.rifl.* penetrare, inoltrarsi (anche *fig.*).

addentro [-dén-] *avv. di luogo* molto dentro, nell'interno, interiormente: *scavare più — // prep. impropria* si unisce ai nomi per mezzo della prep. *in*: *è molto — nelle questioni politiche*.

addestramento [-mén-] *s.m.* l'addestrare, l'addestrarsi. SIN. *esercitazione, allenamento*.

addestrare *v.tr.* [*io addèstro ecc.*] rendere abile; ammaestrare. SIN. *esercitare, allenare*.

addetto [-dét-] *agg*. **1** che è assegnato a un ufficio, a un lavoro: *è — alla segreteria* **2** destinato a un particolare uso */ s.m.* persona assegnata a un ufficio; in diplomazia, chi assolve compiti di una particolare rappresentanza: *— commerciale*; *— stampa*.

addì *locuz.* che sta per «nel giorno»; si usa solo nel linguaggio burocratico per indicare la data.

addiaccio [-diàc-] *s.m.* **1** luogo allo scoperto, cinto da una rete, in cui i pastori chiudono il bestiame di notte **2** alloggiamento per terra e allo scoperto (di truppe, alpinisti ecc.) */ dormire all'—*, dormire all'aperto: *dopo il terremoto molti dormirono all' —*.

addietro [-diè-] *avv. di luogo* a tergo, dietro, indietro */ tirarsi —*, indietreggiare, rifiutare */ dare —*, indietreggiare */ lasciarsi — qlcu.*, superarlo *// avv. di tempo* in passato, prima */ in —*, in passato.

addio [-dì-] *locuz.inter.* usata come espressione di saluto (spec. in un definitivo commiato), di rammarico o di rimpianto: *non dirmi —, ma arrivederci; se non sarò promosso, — vacanze! // s.m.* saluto, distacco: *l'— fu molto triste / dare l'— alle scene*, ritirarsene.

addirittura *avv*. **1** direttamente, senz'altro: *vieni — alla stazione* **2** perfino, anche (spesso con valore enfatico): *ti sei portato — il cronometro!*

addirizzare *v.tr.* e *deriv*. → **raddrizzare** e *deriv*.

addirsi *v.rifl.pron.dif.* [coniugato come *dire*; si usano solo la terza persona sing. e pl. del pres. e imperf.indic. e cong.] (*lett.*) confarsi, convenire: *questo comportamento non si addice a un pubblico ufficiale*.

additare *v.tr.* **1** indicare con il dito **2** (*fig.*) mostrare, esporre: *— le ragioni di un fatto*.

additivo *s.m.* composto chimico di varia natura che si aggiunge a materiali diversi onde conferir loro o esaltarne certe proprietà.

addivenire *v.intr.* [coniugato come *venire*] venire, giungere: *— a un accordo*.

addizionale *agg*. che si aggiunge; accessorio *// s.f.* imposta applicata con proprie aliquote alla base imponibile di un tributo già esistente.

addizionare *v.tr.* [*io addizióno ecc.*] aggiungere; fare l'addizione. SIN. *sommare*. CONTR. *sottrarre*.

addizionatrice *s.f.* macchina calcolatrice per eseguire addizioni e sottrazioni.

addizione [-zió-] *s.f.* **1** aggiunta **2** operazione aritmetica che serve a calcolare la somma di due o più numeri.

addobbare *v.tr.* [*io addòbbo ecc.*] **1** adornare con paramenti; parare a festa: *— una chiesa* **2** (*scherz.*) vestire con abiti solenni o ricercati.

addobbo [-dòb-] *s.m.* l'atto, l'effetto dell'addobbare; paramento.

addolcimento [-mén-] *s.m.* l'atto, l'effetto dell'addolcire.

addolcire *v.tr.* [*io addolcisco, tu addolcisci ecc.*] **1** render dolce: *— una bevanda / — l'acciaio*, renderlo dolce, più malleabile **2** (*fig.*) attenuare, mitigare // **-irsi** *v. rifl.pron.* diventare più dolce, più mite.

addolcitore [-tó-] *s.m.* sostanza o dispositivo capace di rendere l'acqua più dolce, cioè più povera di sali.

addolorare *v.tr.* [*io addolóro ecc.*] dare, procurare dolore (in senso morale). SIN. *affliggere, rattristare* // **-arsi** *v.rifl.pron.* provare dolore.

addolorato *agg.* che prova dolore; afflitto.

addome [-dò-] *s.m.* parte inferiore del tronco, dal diaframma al bacino, in cui sono contenuti l'apparato digerente e gli organi della riproduzione [*ill. Corpo*]; la parte corrispondente nel corpo degli animali [*ill. Insetti*].

addomesticabile [-cà-] *agg.* che si può addomesticare (anche *fig.*).

addomesticare *v.tr.* [*io addomèstico, tu addomèstichi ecc.*] **1** rendere domestico un animale selvatico; (*rar.*) ammaestrare un animale domestico **2** (*fig.*) rendere più trattabile, ammansire (detto di persone).

addomesticato *agg.* **1** domestico (detto di animale) **2** (*fig.*) preparato ad arte, con inganno: *assemblea addomesticata.*

addominale *agg.* dell'addome.

addormentare *v.tr.* [*io addormènto ecc.*] **1** far dormire: — *un bimbo; quel libro addormenta,* annoia. CONTR. *svegliare* **2** (*fig.*) svigorire, intorpidire // **-arsi** *v.rifl. pron.* **1** prendere sonno **2** intorpidirsi (detto di parti del corpo) **3** (*fig.*) procedere con lentezza e senza energia.

addormentato *agg.* **1** che ha preso sonno **2** fiacco; inetto.

addossare *v.tr.* [*io addòsso ecc.*] **1** mettere addosso, appoggiare una cosa a un'altra: — *un mobile alla parete* **2** (*fig.*) mettere a carico; affidare: — *una colpa, una spesa, un ufficio; addossarsi una responsabilità,* assumerla su di sé // **-arsi** *v.rifl.* accostarsi, appoggiarsi.

addossato *agg.* (*arald.*) si dice di animali o figure poste dosso contro dosso.

addosso [-dòs-] *avv. di luogo* **1** sulla persona, sulle spalle (anche *fig.*): *che cosa porti —? / avere —,* indossare / *levarsi i panni d' —,* spogliarsi / *levarsi uno d' —,* liberarsene / *avere la sfortuna —,* esserne perseguitati / *avere la maledizione —,* essere maledetti / *avere l'argento vivo —,* essere indemoniato (anche *fig.*) / *avere il diavolo —,* si dice di ragazzi che non stanno mai fermi **3** a carico: *ho tutta la famiglia —* // *prep. impropria* si unisce ai nomi per mezzo della prep. *a* **1** assai vicino, molto accosto: *la casa è — alla stazione* **2** sulle spalle, sopra: *sei caduto — a me / tagliare i panni — a qlcu,* parlarne male, criticarlo dietro le spalle / *mettere le mani — a uno,* afferrarlo; picchiarlo / *mettere gli occhi — a uno,* fissarlo, non perderlo di vista **3** contro: *piombare — ai nemici / dare — a uno,* assalirlo.

addottorare *v.tr.* [*io addottóro ecc.*] conferire il titolo di dottore // **-arsi** *v.rifl.* divenire dottore, laurearsi.

addottrinamento [-mén-] *s.m.* atto, effetto dell'addottrinare.

addottrinare *v.tr.* ammaestrare in una dottrina o in un'arte, istruire.

adducibile [-ci-] *agg.* che si può addurre: *prova —.*

addurre *v.tr.* [*pres. io adduco, tu adduci ecc.*; *fut. io addurrò ecc.*; *pass.rem. io addussi, tu adducésti ecc.*; *cond. pres. io addurrèi ecc.*; *p.pass. addótto*] **1** produrre, allegare, presentare, citare: — *un pretesto, una prova, un documento* **2** (*poet.*) condurre.

adduttore [-tó-] *agg.* si dice di muscolo che determina i movimenti di adduzione.

adduzione [-zió-] *s.f.* movimento di avvicinamento di un arto o di parte di esso alla linea mediana del corpo.

Ade *s.m.* nella religione greco-romana, il mondo sotterraneo dell'oltretomba.

adeguamento [-mén-] *s.m.* l'atto, l'effetto dell'adeguare.

adeguare *v.tr.* [*io adéguo ecc.*] rendere uguale, pareggiare; rendere adatto, proporzionare // **-arsi** *v.rifl.* conformarsi.

adeguato *agg.* conveniente, proporzionato. SIN. *adatto, idoneo.* CONTR. *inadeguato.*

adempiere [-dém-] *v.tr.* [*io adémpio o adempisco, tu adémpi o adempisci ecc.*; *p.pass. adempito o adempiuto*] **1** compiere, eseguire: — *un dovere* **2** esaudire: — *una preghiera* // **-ersi** *v.rifl.pron.* compiersi, avverarsi.

adempimento [-mén-] *s.m.* **1** l'adempiere; compimento **2** (*dir.*) l'atto del compiere la prestazione cui si è giuridicamente tenuti.

adempire *v.tr.* → **adempiere**.

adenite *s.f.* (*med.*) infiammazione di ghiandole linfatiche.

adenoide [-nòi-] *s.f.spec.pl.* escrescenza poliposa che ottunde cavità del naso o della faringe.

adenoideo [-dè-] *agg.* (*med.*) che riguarda le adenoidi // *agg.* e *s.m.* che, chi soffre di adenoidi.

adenoidismo [-ʃmo] *s.m.* stato morboso caratterizzato dalla formazione di adenoidi.

adenoma [-nò-] *s.m.* [pl. *-i*] tumore benigno di derivazione e di struttura ghiandolari.

adepto [-dèp-] *s.m.* **1** chi segue una dottrina religiosa, politica e simili **2** (*spreg.*) accolito; sgherro.

aderente [-rèn-] *agg.* che aderisce: *abito — (al corpo)* // *s.m.* chi partecipa a un'iniziativa, aderisce a un'organizzazione.

aderenza [-rèn-] *s.f.* **1** l'essere aderente **2** *spec.pl.* amicizie, appoggi: *avere delle aderenze* **3** (*mecc.*) forza che si oppone allo strisciamento tra due corpi in contatto **4** (*med.*) formazione fibrosa anormale collegante organi o tessuti normalmente disgiunti.

adergere [-dèr-] *v.tr.* [coniugato come *ergere*] (*poet.*) sollevare, innalzare // **-ersi** *v.rifl.pron.* elevarsi.

aderire *v.intr.* [*io aderisco, tu aderisci ecc.*] **1** essere strettamente unito a qlco.: *la tappezzeria aderisce alla parete* **2** accogliere con favore, appoggiare o partecipare a un'organizzazione, a un'iniziativa: — *a una manifestazione.*

adescamento [-mén-] *s.m.* l'atto dell'adescare.

adescare *v.tr.* [*io adésco, tu adéschi ecc.*] attirare qlcu. con lusinghe.

adescatore [-tó-] *s.m.* [f. *-trice*] chi adesca.

adesione [-ʃió-] *s.f.* **1** atto dell'aderire; appoggio, favore: *un'— spontanea* **2** (*dir.*) l'associarsi, consentendovi, a un testo contrattuale predeterminato da altri **3** (*fis.*) mutua attrazione fra corpi che si trovano a contatto.

adesivo [-ʃi-] *agg.* atto ad attaccare, a fare aderire: *nastro —* // *s.m.* **1** materiale che serve per attaccare **2** lo stesso che *autoadesivo.*

adespoto [-dè-] *agg.* **1** si dice di nome proprio di persona che non esista nel calendario **2** si dice di libro o scritto di cui non si conosca l'autore.

adesso [-dès-] *avv. di tempo* in questo momento, al presente, ora; da pochissimo o tra pochissimo tempo: *sono arrivato —; — arriva il custode / per —,* per il momento / *da — in poi*, da questo momento in poi / —, proprio in questo momento.

ad hoc [*lat.*; *pr.* ad òc = *per questo*] *locuz.* che si usa per designare cosa o persona perfettamente adatta a determinate situazioni o compiti.

ad honorem [*lat.*; *pr.* ad onòrem = *a onore*] *locuz.* che significa «per onorare», e si dice di cariche, titoli ecc. dati a qlcu. per meriti particolari.

adiabatico [-bà-] *agg.* [pl.m. *-ci*] si dice di processo di un sistema termodinamico che avvenga senza scambio di calore con l'esterno.

adiacente [-cèn-] *agg.* **1** che sta vicino, che si trova vicino (detto spec. di luogo). SIN. *contiguo, limitrofo* **2** (*geom.*) si dice di angolo avente un lato comune ad altro angolo.

adiacenza [-cèn-] *s.f.* spec. *pl.* l'essere adiacente: *nelle immediate adiacenze del giardino*, in prossimità di esso.

adiatermano *agg.* (*fis.*) non trasparente al calore.

adibire *v.tr.* [*io adibisco, tu adibisci ecc.*] riservare a un determinato uso.

adinamia [-mì-] *s.f.* (*med.*) stato di estremo indebolimento dell'organismo; astenia.

adipe [à-] *s.m.* grasso del corpo.

adiposità *s.f.invar.* abnorme accumulo di grasso variamente distribuito nel corpo.

adiposo [-pó-] *agg.* ricco di adipe; grasso: *tessuto —*.

adirarsi *v.rifl.pron.* lasciarsi prendere dall'ira, montare in collera.

adirato *agg.* preso dall'ira; sdegnato.

adire *v.tr.* [*io adisco, tu adisci ecc.*] (*dir.*) intraprendere un'attività giuridicamente rilevante: *— le vie legali*, presentare una domanda a un organo giurisdizionale; *— una successione*, entrarne in possesso mediante l'accettazione.

adito [à-] *s.m.* ingresso, entrata, accesso.

ad libitum [*lat.*; *pr.* ad lìbitum = *a piacere*] *locuz.* che significa «a piacere, a volontà».

adocchiare *v.tr.* [*io adòcchio ecc.*] **1** scorgere con un'occhiata **2** guardare con compiacenza.

adolescente [-scèn-] *agg.* e *s.m.* e *f.* che o chi è nell'adolescenza. SIN. *giovinetto, ragazzo, giovincello.*

adolescenza [-scèn-] *s.f.* età intermedia fra la fanciullezza e la giovinezza, fra i dodici e i diciotto anni.

adolescenziale *agg.* dell'adolescenza; da adolescente: *caratteristiche adolescenziali.*

adombrare *v.tr.* [*io adómbro ecc.*] **1** coprire con l'ombra: *il monte adombrava tutta la valle* **2** nascondere, dissimulare; lasciar intendere // **-arsi** *v.rifl.pron.* **1** offendersi **2** spaventarsi (detto di cavalli).

adone [-dó-] *s.m.* (*iron.*) giovane bellissimo e fatuo.

adonio [-dò-] *s.m.* si dice di verso greco o latino composto di un dattilo e di uno spondeo.

adontarsi *v.rifl.pron.* [*io mi adónto ecc.*] reputarsi offeso, sdegnarsi.

adoperare *v.tr.* [*io adòpero ecc.*], **adoprare** [*io adòpro ecc.*] fare uso, servirsi di qlco. SIN. *usare, impiegare, utilizzare* // **-arsi** *v.rifl.* ingegnarsi, affaticarsi, fare il possibile per un fine.

adorabile [-rà-] *agg.* degno di essere adorato; grazioso, amabile: *è una ragazza —.*

adorare *v.tr.* [*io adóro ecc.*] **1** onorare la divinità con atti di culto **2** stimare molto, amare con grande affetto; gradire, avere passione per qlco.

adoratore [-tó-] *s.m.* [f. *-trice*] chi adora.

adorazione [-zió-] *s.f.* **1** atto dell'adorare; sentimento di chi adora **2** amore grandissimo.

adornamento [-mén-] *s.m.* **1** l'adornare **2** ciò che serve ad adornare.

adornare *v.tr.* [*io adórno ecc.*] rendere più bello con ornamenti; ornare.

adorno [-dór-] *agg.* che ha ornamenti; ornato.

adottante *s.m.* chi, nelle forme legali, assume come figlio proprio un figlio altrui.

adottare *v.tr.* [*io adòtto ecc.*] **1** assumere in forma legale come figlio proprio un figlio altrui **2** (*fig.*) prendere, scegliere, seguire: *— un sistema di vita.*

adottato *s.m.* chi è assunto in qualità di figlio adottivo da persona diversa dal padre e dalla madre.

adottivo *agg.* relativo, conseguente all'adozione.

adozione [-zió-] *s.f.* l'atto, l'effetto dell'adottare.

adragante *agg.* si dice della secrezione gommosa di alcune leguminose, usata nell'industria farmaceutica, nella preparazione di appretti e nell'industria delle pelli: *gomma —.*

adrenalina *s.f.* (*med.*) principio attivo delle ghiandole surrenali; preparata anche sinteticamente, è usata spec. come vaso costrittore.

adrone [-dró-] *s.m.* (*fis.*) termine generale per indicare le particelle elementari soggette a interazione forte, cioè i barioni e i mesoni.

aduggiare *v.tr.* [*io adùggio ecc.*] **1** (*arc.*) nuocere con troppa ombra **2** (*fig.*) intristire, infastidire.

adulare *v.tr.* [*io adùlo o adùlo ecc.*] lodare eccessivamente e falsamente per fini interessati o vili. SIN. *lusingare, piaggiare, lisciare.*

adulatore [-tó-] *s.m.* [f. *-trice*] chi adula. SIN. *piaggiatore, cortigiano.*

adulatorio [-tò-] *agg.* che è frutto di adulazione, che la esprime: *espressioni adulatorie.*

adulazione [-zió-] *s.f.* **1** l'atto dell'adulare **2** le parole con cui si adula. SIN. *lusinga, piaggeria, cortigianeria.*

adulterare *v.tr.* [*io adùltero ecc.*] **1** mutare la natura di cibi o bevande aggiungendovi sostanze in genere nocive **2** corrompere, guastare. SIN. *alterare.*

adulterazione [-zió-] *s.f.* l'atto, l'effetto dell'adulterare.

adulterino *agg.* relativo, conseguente all'adulterio: *figlio —* **2** (*fig.lett.*) falso, adulterato, contraffatto.

adulterio [-tè-] *s.m.* violazione della fedeltà coniugale.

adultero [-dùl-] *agg.* e *s.m.* si dice di chi compie adulterio.

adulto *agg.* **1** che ha raggiunto un completo sviluppo fisico, e, nella specie umana, anche psichico: *persona adulta* **2** (*fig.*) maturato, sviluppato, progredito: *ingegno —* // *s.m.* chi ha raggiunto l'età adulta: *un film per adulti.*

adunanza *s.f.* **1** concorso di persone in un luogo per discutere e deliberare su argomenti di interesse comune: *sciogliere l'—*. SIN. *riunione, adunata, assemblea,* **2** le persone adunate.

adunare *v.tr.* **1** raccogliere in adunata, riunire: *— i soldati in campo* **2** raccogliere insieme, comprendere: (*antiq.*) *— in sé i peggiori vizi* // **-arsi** *v.rifl.pron.* raccogliersi in adunata, riunirsi.

adunata *s.f.* **1** adunanza **2** raccolta dei militari nei propri reparti in un luogo prestabilito: *sonare l'—.*

adunco *agg.* [pl.m. *-chi*] ricurvo a guisa di uncino: *becco, naso —.*

adunghiare *v.tr.* [*io adùnghio ecc.*] (*rar.*) afferrare con le unghie.

adunque *cong. coordinativa conclusiva* → **dunque**.

adusare [-ʃa-] *v.tr.* (*lett.*) abituare, avvezzare.

adusto *agg.* **1** arso dal sole o dal fuoco **2** magro, secco.

ad valorem [*lat.*; *pr.* ad valòrem = *secondo il valore*] *locuz.* che si usa per designare l'imposta indiretta la cui aliquota è commisurata al valore monetario del bene scambiato o trasferito.

aedo [-è-] *s.m.* nella Grecia antica, cantore; poeta.

aer [à-] *s.m.invar.* → **aere**.

aerare *v.tr.* [*io àero ecc.*] dare aria, arieggiare; ventilare.

aerato *agg.* arieggiato, ventilato.

aeratore [-tó-] *s.m.* apparecchio che serve a favorire la circolazione dell'aria in ambienti chiusi.

aerazione [-zió-] *s.f.* l'atto, l'effetto dell'aerare.

aere [à-] *s.m.* (*poet.*) aria.

aereo [-è-] *agg.* **1** dell'aria **2** che vive o sta nell'aria; per estens., che sta molto in alto: *cime aeree* **3** relativo alla navigazione aerea: *flotta aerea* **4** (*fig.*) lieve; inconsistente // *s.m.* denominazione corrente dell'aeroplano: *viaggiare in —; un — da guerra.*

aereonavale *agg.* → **aeronavale**.

aeriforme [-fór-] *agg.* **1** che ha caratteristiche analoghe a quelle dell'aria **2** (*chim.*) che è allo stato gassoso.

aero-[1] [à-] [dal gr. *aèr, aèros*, lat. *aër, aëris = aria*] primo elemento di molti composti scientifici nei quali significa «aria» (*aerodinamica*).

aero-[2] [à-] [*abbr.* di *aeroplano*] primo elemento di parole composte che si riferiscono alla navigazione aerea (*aeroporto, aerotrasportare*).

aerobico [-rò-] *agg.* [pl.m. *-ci*] **1** relativo ad aerobiosi **2** denominazione di un tipo di danza-ginnastica che secondo i suoi sostenitori ossigenerebbe l'organismo.

aerobio [-rò-] *s.m.* microrganismo che per vivere ha bisogno dell'aria.

aerobiosi [-òʃi] *s.f.invar.* (*biol.*) condizione per cui la vita, in particolare quella degli esseri unicellulari, è possibile soltanto in presenza di ossigeno.

aerobrigata *s.f.* gruppo di aerei da combattimento costituito in unità operativa.

aeroclub [-clùb] *s.m.invar.* associazione, e sua sede, di diportisti aerei.

aerodina *s.f.* qualsiasi mezzo aereo che si sostenga in volo principalmente per forze aerodinamiche.

aerodinamica [-nà-] *s.f.* parte della meccanica relativa allo studio del moto dei corpi aeriformi e delle forze che l'aria esercita sui corpi in movimento in essa.

aerodinamico [-nà-] *agg.* [pl.m. *-ci*] **1** costruito in modo da offrire scarsa resistenza all'aria, consentendo così maggiore velocità, slanciato, affusolato: *una linea aerodinamica* **2** che sfrutta la forza del vento: *elica aerodinamica.*

aerodromo [-rò-] *s.m.* distesa di terreno o specchio d'acqua destinato al decollo, all'atterraggio o all'ammaraggio di velivoli.

aerofagia [-gì-] *s.f.* deglutizione d'aria che causa dilatazione di stomaco ed eruttazione.

aerofaro *s.m.* sistema di segnalazioni luminose per l'agibilità notturna degli aeroporti.

aerofono [-rò-] *s.m.* apparecchio che consente di localizzare a distanza una sorgente di rumore.

aerofotografia [-fi-] *s.f.* **1** tecnica dell'esecuzione di fotografie da un aereo **2** fotografia così ottenuta.

aerofotogramma *s.m.* [pl. *-i*] fotografia del suolo per aerofotogrammetria.

aerofotogrammetria [-tri-] *s.f.* procedimento di rilievo topografico del terreno mediante fotografie riprese da aerei.

aerografo [-rò-] *s.m.* apparecchio ad aria compressa per verniciare a spruzzo ampie superfici.

aerogramma *s.m.* [pl. *-i*] lettera o cartolina spedita per via aerea.

aerolinea [-lì-] *s.f.* → **aviolinea**.

aerolite, aerolito [-rò-] *s.m.* meteorite costituito da materiale pietroso.

aeromarittimo [-rit-] *agg.* si dice di attività o di operazione a cui partecipino aerei e navi.

aerometro [-rò-] *s.m.* (*fis.*) strumento atto a misurare la densità dell'aria.

aereo

1 *cabina di pilotaggio,*	5 *fusoliera,* 6 *deriva,*	10 *bagagliaio,*	16 *cabina di prima classe,*
2 *antenna radio,*	7 *timone di direzione,*	11 *ipersostentatore,*	17 *turboreattore,*
3 *serbatoio carburante,*	8 *stabilizzatore,*	12 *alettoni,* 13 *radar,*	18 *gondola,* 19 *alula,*
4 *cabina di classe turistica,*	9 *equilibratore,*	14 *carrello,* 15 *portello,*	20 *luce di posizione.*

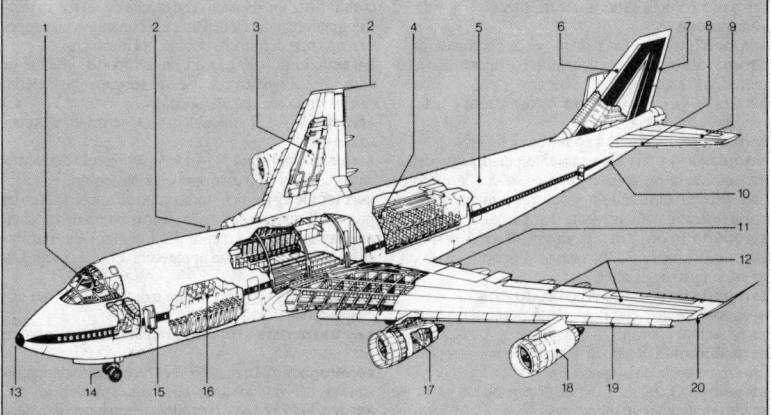

Aeronautica e cosmonautica

■ TIPI DI AEREO: aeromobile, aeronave, aeroplano, aereo, aerostato, aliante, anfibio, autogiro, dirigibile, elicottero, idrovolante, pallone, reattore, veleggiatore • monoplano, biplano; monomotore, bimotore, trimotore, quadrimotore; monoreattore, bireattore, plurireattore; ipersonico, transonico; jumbo, quadrigetto; da caccia, da assalto, cacciabombardiere, cacciareattore, bombardiere, aerosilurante, ricognitore; da trasporto, da turismo.

■ PARTI E CARATTERISTICHE: elica, razzo, termoreattore, turboreattore, endoreattore, turboelica, ali *(centine, longherone)*, alettoni, freno aerodinamico, alette di compensazione, carlinga, fusoliera, abitacolo, cabina di pilotaggio, sedile eiettabile, carrello, galleggianti, scafo, travi di coda, impennaggi; radiotrasmittente, radioricevente, radiogoniometro, radar; pedaliera, cloche, volantino, bussola magnetica, radiobussola, altimetro, machmetro, venturimetro, pilota automatico; velocità, autonomia, carico alare, apertura alare, superficie alare, ipersostentazione.

■ PERSONE: equipaggio, dirigibilista, pilota, aeronauta, aerostiere, aviatore, osservatore, motorista, marconista, armiere, istruttore di volo, ufficiale di rotta, hostess (assistente di volo), steward.

■ MANOVRE: rullare, decollare, librarsi, cabrare, picchiare, planare, virare, accostare, dirottare, scivolare d'ala, derapare, rientrare alla base, atterrare, ammarare; rullaggio, decollo, cabrata, picchiata, planata, virata, accostata, scivolata d'ala, linea di volo, atterraggio, ammaraggio, vite, looping, tonneau; bang.

■ VARIE: aeroporto, air terminal (terminale), check-in (registrazione), metal detector, idroscalo, eliporto, campo d'aviazione, aerodromo, campo d'atterraggio, base aerea, pista di volo, aviorimessa, manica a vento, torre di controllo, radiofaro, corridoio aereo, radioassistenza □ aviazione, aviolinee, aerotaxi, charter, brevetto, aeroclub, avioraduno, formazione di volo, pattuglia, stormo, navigazione aerea, paracadute, volo radiocomandato, vuoto d'aria.

■ MISSILISTICA, COSMONAUTICA: astronave, navicella, lem (modulo lunare), shuttle (navetta), retrorazzo, multistadio, razzo vettore, volo simulato, simulatore, count down (conto alla rovescia), allunaggio, splash down, soft landing (atterraggio morbido), ufo, extraterrestre, astronauta, cosmonauta.

---

aeromobile [-mò-] *s.m.* veicolo che può sostenersi e muoversi nell'aria.

aeromodellismo [-ʃmo] *s.m.* attività di chi progetta e costruisce piccoli modelli di aerei, spec. per diletto.

aeromodellista *s.m.* e *f.* [pl.m. *-i*] chi si occupa di aeromodellismo.

aeromodello [-dèl-] *s.m.* modello in dimensioni ridotte di veicolo aereo, con o senza motore funzionante.

aeronauta [-nàu-] *s.m.* [pl. *-i*] chi conduce un aeromobile o è addetto ai servizi di bordo.

aeronautica [-nàu-] *s.f.* **1** scienza e arte del moto nell'atmosfera e della produzione dei mezzi per il volo **2** → **aviazione**.

aeronautico [-nàu-] *agg.* [pl.m. *-ci*] dell'aeronautica.

aeronavale *agg.* si dice di attività o di operazione a cui partecipino aerei e navi.

aeronave *s.f.* **1** veicolo per la navigazione aerea o spaziale **2** dirigibile.

aeronavigazione [-zió-] *s.f.* navigazione aerea.

aeroplano *s.m.* macchina volante più pesante dell'aria, mossa da un sistema propulsivo che le imprime una velocità sufficiente a sollevarla e mantenerla sospesa nell'aria; comunemente detto *aereo*.

aeroporto [-pòr-] *s.m.* aerodromo dotato di speciali attrezzature per la manutenzione, il ricovero, il decollo e l'atterraggio degli aerei.

aeroportuale *agg.* di, dell'aeroporto: *zona —*.

aeropostale *agg.* che riguarda la posta aerèa // *s.m.* aereo adibito al trasporto della posta.

aerosilurante *s.m.* tipo di aereo che come armamento principale porta uno o più siluri.

aerosol [-sòl] *s.m.* stato di fine dispersione di particelle solide o liquide in un mezzo gassoso.

aerosolterapia [-pì-] *s.f.* terapia per la quale il medicamento liquido viene somministrato allo stato di aerosol attraverso le vie respiratorie.

aerospaziale *agg.* **1** che riguarda la navigazione nello spazio **2** dell'aerospazio.

aerospazio [-spà-] *s.m.* spazio aereo.

aerostatica [-stà-] *s.f.* scienza che studia le condizioni di equilibrio dell'aria e di un corpo immerso in essa.

aerostatico [-stà-] *agg.* [pl.m. *-ci*] relativo all'aerostatica e agli aerostati / *pallone —*, l'aerostato.

aerostato [-rò-] *s.m.* mezzo aereo più leggero dell'aria, costituito da un involucro che racchiude un gas di densità inferiore a quella dell'aria e da una navicella appesa a una rete di funi che abbraccia l'involucro.

aerostazione [-zió-] *s.f.* in un aeroporto, insieme di edifici in cui hanno sede i servizi (dogana, biglietteria, sale di attesa ecc.) [*ill. Aeroporto*].

aerostiere [-stiè-] *s.m.* addetto agli aerostati, a un aerostato.

aerotassì, aerotaxi [-tà-] *s.m.invar.* piccolo aereo privato che fa servizio di trasporto di passeggeri.

aerotecnica [-tèc-] *s.f.* studio volto all'applicazione dei principi di aerodinamica alla costruzione di mezzi aerei.

aeroterapia [-pì-] *s.f.* cura degli organi della respirazione eseguita mediante apparecchi ad aria compressa o rarefatta.

aeroterrestre [-rè-] *agg.* d'aria e di terra (spec. nel linguaggio militare).

aerotrasportare *v.tr.* [io aerotrasporto ecc.] trasportare per via aerea.

aerotropismo [-ʃmo] *s.m.* (biol.) movimento di organismi vegetali sotto lo stimolo dell'aria atmosferica.

aerovia [-vì-] *s.f.* (neol.) corridoio aereo lungo il quale è assicurato agli aeroplani il continuo collegamento radio con le basi.

afa *s.f.* caldo opprimente; aria soffocante.

afasia [-fì-] *s.f. (med.)* disturbo del linguaggio di origine nervosa: consiste nell'impossibilità di articolare o di comprendere le parole.

afelio [-fè-] *s.m.* il punto dell'orbita di un pianeta del sistema solare più distante dal Sole.

aferesi [-fèreʃi] *s.f.invar.* **1** caduta della vocale o sillaba iniziale di una parola (p.e. *verno* per *inverno*) **2** in enigmistica, il gioco per cui, togliendo a una parola la lettera iniziale, se ne ottiene una seconda di altro significato.

affabile [-fà-] *agg.* che tratta con familiarità e cortesia. SIN. *cordiale, amabile, cortese* // **-mente** *avv.* in modo affabile.

affabilità *s.f.invar.* l'essere affabile. SIN. *cordialità, amabilità, cortesia.*

affaccendare *v.tr.* [*io affaccèndo ecc.*] dare da fare, occupare in faccende // **-arsi** *v.rifl.* darsi molto da fare, occuparsi attivamente.

affaccendato *agg.* che è molto occupato.

affacciare *v.tr.* [*io affàccio ecc.*] **1** accostare, mettere alla finestra; porre in vista **2** (*fig.*) mettere innanzi, esporre: — *un dubbio* // **-arsi** *v.rifl.* **1** accostarsi a una finestra, a una porta ecc. per farsi vedere; mostrarsi **2** (*fig.*) presentarsi alla mente: *mi si affacciò alla mente un sospetto.*

affamare *v.tr.* ridurre alla fame; per estens., impoverire, privare di risorse: — *un popolo.*

affamato *agg.* **1** che ha fame, che soffre la fame. SIN. *famelico.* CONTR. *sazio* **2** (*fig.*) avido: — *di onori* // *s.m.* chi ha fame; miserabile.

affamatore [-tó-] *s.m.* [f. *-trice*] chi affama.

affannare *v.tr.* dare, procurare affanno // **-arsi** *v.rifl.* provare affanno; affaticarsi (spec. *fig.*).

affanno *s.m.* **1** difficoltà di respiro dovuta a fatica eccessiva o a malattia **2** sofferenza morale, angoscia. SIN. *ansia, ambascia, travaglio, pena.*

affannoso [-nó-] *agg.* **1** di affanno, che ha affanno: *respiro —* **2** penoso. SIN. *angoscioso.*

affardellare *v.tr.* [*io affardèllo ecc.*] **1** ridurre, avvolgere qlco. in un fardello **2** (*mil.*) disporre nel modo regolamentare oggetti o capi del corredo individuale: *zaino affardellato.*

affare *s.m.* **1** operazione commerciale, spec. se proficua: *uomo d'affari; ho fatto un grosso —* **2** cosa da compiere, compito, impegno, problema: *affari di stato; ministro degli affari esteri.* SIN. *faccenda* **3** questione riguardante qlcu.; scandalo, processo: *tutti i giornali parlano dell'—* **4** (*spreg.*) cosa che genera fastidio o disprezzo: *ma che — è questo?*

affarismo [-ʃmo] *s.m.* mentalità, attività d'affarista.

affarista [-ʃmo] *s.m.* [pl. *-i*] chi pensa solo agli affari; chi opera negli affari senza troppi scrupoli.

affaristico [-rì-] *agg.* [pl.m. *-ci*] che è proprio degli affari o dell'affarista.

affarsi *v.rifl.dif.* [coniugato come *fare*; si usa solo la terza pers.sing. del pres. e dell'imperf.indic. e dell'imperf. cong.] confarsi, convenire, essere adatto.

affascinante *agg.* seducente, attraente, incantevole.

affascinare *v.tr.* [*io affàscino ecc.*] **1** sedurre, attrarre: *è una storia che affascina.* SIN. *ammaliare, incantare* **2** avvincere con magia.

affastellamento [-mén-] *s.m.* l'atto, l'effetto dell'affastellare.

affastellare *v.tr.* [*io affastèllo ecc.*] **1** riunire in fastelli **2** ammucchiare confusamente.

affaticamento [-mén-] *s.m.* **1** l'affaticarsi, l'essere affaticato **2** (*tecn.*) riduzione della resistenza dei metalli dopo ripetute sollecitazioni.

affaticare *v.tr.* [*io affatico, tu affatichi ecc.*] imporre a qlcu. una fatica; stancare // **-arsi** *v.rifl.* **1** sottoporsi a fatica, stancarsi **2** darsi da fare, adoperarsi per qlco.

---

aeroporto: 1 *luci del sistema di avvicinamento,*
2 *pista di volo,* 3 *pista di rullaggio,* 4 *torre di controllo,*

5 *piazzali di sosta,* 6 *aerostazione,* 7 *aviorimessa e officina,* 8 *spiazzi per controllo motori,* 9 *raccordi stradali.*

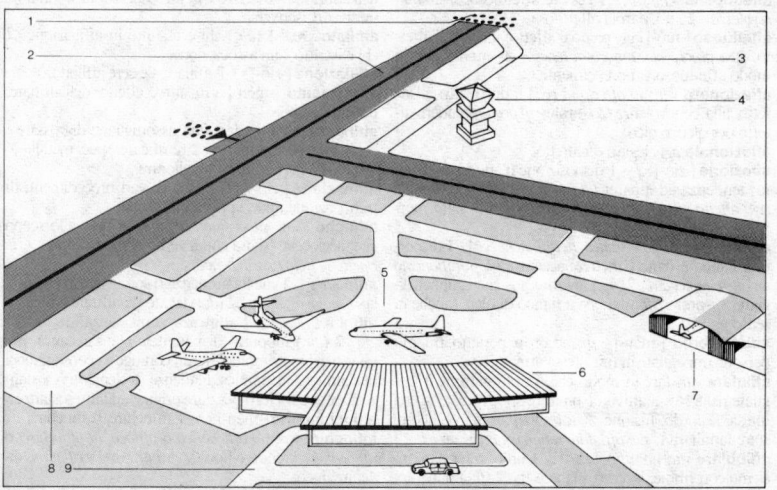

affaticato *agg.* reso debole dalla fatica, stanco.

affatto *avv.* *di quantità* **1** del tutto, interamente: *è un uomo — sordo / niente —*, niente del tutto, proprio niente **2** spesso è impropriamente usato nelle risposte senza negazione al posto di *no* («*Hai fame?*» «*Affatto.*»).

affatturare *v.tr.* **1** ammaliare con una fattura, con magie **2** alterare, sofisticare, spec. cibi.

afferente [-rèn-] *agg.* (*scient.*) **1** che porta verso qlco. CONTR. *deferente* **2** che riguarda, che si riferisce a qlco.

affermare *v.tr.* [*io affèrmo ecc.*] asserire, dare per certo, sostenere con fermezza / *assol.* dire di sì // **-arsi** *v.rifl.* imporsi, avere successo, farsi un nome.

affermativo *agg.* che afferma, che approva. CONTR. *negativo* // **-mente** *avv.* in modo affermativo: *rispondere —*.

affermazione [-zió-] *s.f.* **1** l'affermare **2** parola o frase affermativa. CONTR. *negazione* **3** successo; vittoria: *un'— sportiva*.

afferrare *v.tr.* [*io affèrro ecc.*] **1** prendere e tenere con forza **2** capire con prontezza: *un'idea, un concetto* // **-arsi** *v.rifl.* attaccarsi con forza a qlco.; appigliarsi (anche *fig.*).

affettare[1] *v.tr.* [*io affètto ecc.*] tagliare a fette: *— il salame, il pane*.

affettare[2] *v.tr.* [*io affètto ecc.*] ostentare qualità o attitudini che non si possiedono.

affettato[1] *s.m.* salume tagliato a fette.

affettato[2] *agg.* artefatto, ostentato. SIN. *manierato, ricercato*.

affettatrice *s.f.* macchina per affettare salumi.

affettazione [-zió-] *s.f.* artificiosa ostentazione nel parlare e nel comportarsi. SIN. *ricercatezza, ostentazione*.

affettività *s.f.invar.* disposizione agli affetti; l'insieme degli affetti; vita affettiva.

affettivo *agg.* che riguarda gli affetti.

affetto[1] [-fèt-] *s.m.* **1** sentimento di viva benevolenza verso una persona o una cosa. SIN. *affezione, amore, tenerezza* **2** sentimento, moto istintivo dell'animo: *il mondo degli —*.

affetto[2] [-fèt-] *agg.* colpito da malattia.

affettuosità *s.f.invar.* **1** l'essere affettuoso. SIN. *amorevolezza* **2** atto, parola affettuosa.

affettuoso [-tuó-] *agg.* pieno d'affetto; incline all'affetto. SIN. *amorevole, amoroso, tenero* // **-mente** *avv.* in modo affettuoso, amorevolmente.

affezionare *v.tr.* [*io affezióno ecc.*] indurre altri all'affetto, alla benevolenza // **-arsi** *v.rifl.pron.* prendere affetto per qlcu. o qlco.

affezionato *agg.* legato da affetto.

affezione [-zió-] *s.f.* **1** disposizione d'animo affettuosa; tendenza ad amare: *ha molta — per i suoi fratelli*. SIN. *affetto, attaccamento* **2** (*med.*) morbo, stato morboso.

affiancare *v.tr.* [*io affianco, tu affianchi ecc.*] **1** disporre a fianco a fianco, mettere accanto: *gli fu affiancato un altro impiegato* **2** (*fig.*) favorire, sostenere, fiancheggiare // **-arsi** *v.rifl.* mettersi a fianco di qlcu. (anche in senso *fig.*).

affiatamento [-mén-] *s.m.* accordo perfetto fra più persone impegnate in una stessa attività.

affiatare *v.tr.* fare in modo che fra più persone impegnate nella stessa attività (sonatori, sportivi ecc.) si crei intesa, accordo, fusione // **-arsi** *v.rifl.* e *rifl.rec.* acquistare familiarità: *si è affiatato subito coi nuovi amici*.

affibbiare *v.tr.* [*io affìbbio ecc.*] **1** unire o fermare insieme con fibbie, lacci, stringhe ecc. **2** (*fig.*) dare, appioppare, assestare; attribuire: *— un ceffone; — un soprannome*.

affibbiatura *s.f.* **1** l'affibbiare **2** la fibbia stessa o la parte dov'è la fibbia.

affiche [*franc.*; *pr.* afisc'] *s.f.* manifesto, spec. pubblicitario, che si affigge ai muri.

affidabile [-dà-] *agg.* che dà affidamento; che dà garanzie per l'ottenimento di un risultato.

affidabilità *s.f.invar.* la qualità di chi, di ciò che è affidabile.

affidamento [-mén-] *s.m.* garanzia, assicurazione; assegnamento, fiducia: *un impianto che non dà —*.

affidare *v.tr.* dare, consegnare qlco. alla custodia di qlcu. in cui si abbia fiducia: *gli ho affidato tutti i miei risparmi / — alla memoria*, imparare a mente o consegnare al ricordo // **-arsi** *v.rifl.* abbandonarsi alla protezione, alla benignità di qlcu.; aver fiducia.

affidavit [*lat.*; *pr.* affidàvit = *affidò*] *s.m.* dichiarazione di una banca che attesta il possesso, l'origine di determinati titoli, oppure dichiarazione di possesso di titoli esteri.

affievolimento [-mén-] *s.m.* l'affievolire o l'affievolirsi.

affievolire *v.tr.* [*io affievolisco, tu affievolisci ecc.*] rendere fievole, indebolire // **-irsi** *v.rifl.pron.* diventare debole (detto spec. di suoni).

affiggere [-fìg-] *v.tr.* [*pres. io affiggo, tu affiggi ecc.*; *pass.rem. io affissi, tu affiggésti ecc.*; *p.pass. affisso*] fissare, attaccare; apporre in luogo pubblico / *— gli occhi*, guardare fissamente.

affilare *v.tr.* **1** rendere taglienti o appuntiti utensili metallici (p.e. coltelli, forbici ecc.) **2** (*fig.*) assottigliare, far dimagrire.

affilato *agg.* **1** molto tagliente, sottile **2** (*fig.*) magro, esile: *volto —; mani affilate*.

affilatrice *s.f.* macchina dotata di mole rotanti per l'affilatura degli utensili.

affilatura *s.f.* atto, effetto dell'affilare.

affiliante *s.m.* (*dir.*) chi opera un'affiliazione.

affiliare *v.tr.* [*io affilio ecc.*] **1** (*dir.*) assumere qlcu. nella propria famiglia con effetti simili ma minori di quelli dell'adozione **2** iscrivere in un'associazione e simili // **-arsi** *v.rifl.* iscriversi.

affiliato *s.m.* **1** (*dir.*) chi è assunto in affiliazione **2** chi è iscritto a un'associazione.

affiliazione [-zió-] *s.f.* l'affiliare, l'essere affiliato.

affinamento [-mén-] *s.m.* atto, effetto dell'affinare, dell'affinarsi.

affinare *v.tr.* **1** rendere fine, assottigliare; digrossare / *— lo stile*, perfezionarlo **2** purificare, spec. metalli // **-arsi** *v.rifl.* perfezionarsi, migliorare.

affinazione [-zió-] *s.f.* si dice di vari procedimenti di purificazione, spec. applicati a metalli.

affinché *cong. subordinativa finale* al fine, allo scopo che; acciocché (si usa con il verbo al modo cong.): *te lo ripeto — tu lo ricordi bene*.

affine *agg.* **1** che ha attinenza o somiglianza con qlco. SIN. *analogo, simile* **2** (*dir.*) legato da affinità a qlcu.

affinità *s.f.invar.* **1** attinenza, somiglianza. SIN. *analogia* **2** (*dir.*) rapporto di parentela che s'instaura, per effetto del matrimonio, fra un coniuge e i consanguinei dell'altro **3** in chimica, tendenza di elementi o sostanze a reagire fra loro per dare origine ad altre sostanze.

affiochimento [-mén-] *s.m.* l'affiochire, l'affiochirsi.

affiochire *v.tr.* [*io affiochisco o affiòco, tu affiochisci o affiòchi ecc.*] rendere fioco // *v.intr.*, **-irsi** *v.rifl.pron.* divenire fioco.

affioramento [-mén-] *s.m.* parte di roccia che viene a giorno sulla superficie terrestre.

affiorare *v.intr.* [*io affióro ecc.*] **1** apparire alla superficie, emergere: *scogli affioranti* **2** (*fig.*) essere, diventare chiaro, riconoscibile: *la verità affiora solo oggi*.

affisare [-ʃa-] *v.tr.* (*ant.*) fissare intensamente.

affissione [-sió-] *s.f.* l'affiggere avvisi o annunzi che si vogliono portare a pubblica notizia.

affisso *s.m.* **1** avviso o manifesto che si affigge in luogo pubblico **2** elemento accessorio che serve a chiudere vani (p.e. le imposte) **3** in linguistica, denominazione comune ai *prefissi* e ai *suffissi*.

affittacamere [-cà-] *s.m.* e *f.invar.* chi dà in affitto camere in case private.

affittare *v.tr.* **1** dare in affitto. SIN. *appigionare* **2** prendere in affitto: — *una camera* **3** impropriamente, ma com., si usa per *noleggiare*.

affitto *s.m.* **1** cessione temporanea del godimento di un bene immobile, urbano o rustico, col corrispettivo di un canone **2** prezzo convenuto per l'affitto. SIN. *fitto, pigione*.

affittuario [-tuà-] *s.m.* chi ha in affitto un bene immobile.

afflato *s.m.* (*lett.*) **1** alito, soffio (anche *fig.*) **2** ispirazione poetica: — *lirico*.

affliggere [-flìg-] *v.tr.* [pres. *io affliggo, tu affliggi ecc.*; pass.rem. *io afflissi, tu affliggésti ecc.*; p.pass. *afflitto*] **1** dare, procurare dolore: *la sua morte mi afflisse molto.* SIN. *rattristare, addolorare, accorare* **2** tormentare // **-ersi** *v.rifl.* rattristarsi, addolorarsi.

afflitto *agg.* che soffre, che prova dolore. SIN. *triste, addolorato, abbattuto, accorato.*

afflizione [-zió-] *s.f.* stato di grande abbattimento. SIN. *tristezza, dolore, accoramento.*

afflosciare *v.tr.* [*io afflòscio* o *afflosciscо, tu afflòsci* o *afflosciscì ecc.*] rendere floscio (anche *fig.*) // *v.intr.*, **-arsi** *v.rifl.* diventare floscio.

affluente [-èn-] *s.m.* torrente o fiume che immette le sue acque in altro fiume maggiore. SIN. *confluente, tributario.*

affluenza [-èn-] *s.f.* **1** l'affluire **2** (*fig.*) grande concorso di persone: *alla festa ci fu molta* —.

affluire *v.intr.* [*io affluisco, tu affluisci ecc.*] **1** scorrere verso un luogo (detto spec. di liquidi): *l'acqua affluiva alla piscina; le merci affluiscono sul mercato.* CONTR. *defluire* **2** (*fig.*) convenire in gran numero in un luogo.

afflusso *s.m.* l'affluire verso un dato luogo, spec. di liquidi (anche *fig.*). CONTR. *deflusso.*

affogare *v.tr.* [*io affógo, tu affóghi ecc.*] **1** far morire togliendo il respiro con l'immergere in acqua o altro liquido; soffocare / — *una delusione nel vino,* (*fig.*) ubriacarsi per dimenticarla. SIN. *annegare* **2** (*fig.*) opprimere, annoiare // *v.intr.* **1** morire per soffocamento in acqua o altro liquido: *cadde in Arno e affogò* / — *in un bicchiere d'acqua,* perdersi di fronte alle più piccole difficoltà / *o bere o* —, dover scegliere fra due cose ugualmente fastidiose **2** sentirsi soffocare; (*fig.*) essere oppresso: — *dal caldo;* — *nei debiti* // **-arsi** *v.rifl.* togliersi la vita per annegamento.

affollamento [-mén-] *s.m.* atto, effetto dell'affollare, dell'affollarsi; gran folla.

affollare *v.tr.* [*io affòllo ecc.*] riempire di folla: — *un locale* // **-arsi** *v.rifl.pron.* concorrere in folla in un luogo: — *in una piazza.*

affollato *agg.* pieno, fitto di folla, di gente.

affondamento [-mén-] *s.m.* l'affondare.

affondare *v.tr.* [*io affóndo ecc.*] **1** far penetrare profondamente: — *la vanga nel terreno* / — *il dito nella piaga,* insistere su un argomento penoso **2** colare a picco: — *una nave* // *v.intr.* andare a fondo; penetrare fino in fondo.

affondatore [-tó-] *agg.* e *s.m.* [f. *-trice*] che o chi affonda (detto spec. di navi da guerra).

affondo [-fón-] *s.m.* nella scherma, azione veloce di attacco.

afforestamento [-mén-] *s.m.* costituzione o ricostituzione di foreste; forestazione.

affossamento [-mén-] *s.m.* l'atto, l'effetto dell'affossare.

affossare *v.tr.* [*io affòsso ecc.*] **1** (*rar.*) seppellire **2** (*fig.*) mandare a monte, far fallire: — *un'iniziativa* **3** scavare con fosse: — *un campo.*

affossatore [-tó-] *s.m.* **1** chi scava le fosse, spec. in un cimitero **2** (*fig.*) chi manda a monte un'impresa, un'iniziativa.

affrancamento [-mén-] *s.m.* l'affrancare, l'affrancarsi; liberazione.

affrancare *v.tr.* [*io affranco, tu affranchi ecc.*] **1** rendere franco, liberare (anche *fig.*): — *uno schiavo;* — *dall'ignoranza* **2** (*dir.*) rendere libero da pesi o oneri un determinato bene **3** applicare il francobollo su corrispondenza // **-arsi** *v.rifl.* liberarsi (anche *fig.*).

affrancatrice *s.f.* macchina per l'affrancatura automatica della corrispondenza.

affrancatura *s.f.* apposizione di un francobollo o di una stampigliatura sulla corrispondenza per attestare l'avvenuto pagamento della tassa postale.

affrancazione [-zió-] *s.f.* l'affrancare, l'affrancarsi; liberazione.

affranto *agg.* **1** rotto da fatica. SIN. *spossato, sfinito, prostrato* **2** abbattuto dal dolore.

affratellamento [-mén-] *s.m.* atto, effetto dell'affratellare, dell'affratellarsi.

affratellare *v.tr.* [*io affratèllo ecc.*] rendere come fratelli, unire in stretta amicizia: *la stessa sorte ci affratella* // **-arsi** *v.rifl.* e *rifl.rec.* unirsi in stretta amicizia, fraternizzare.

affrescare *v.tr.* [*io affrésco, tu affréschi ecc.*] dipingere ad affresco.

affresco [-fré-] *s.m.* [pl. *-chi*] pittura eseguita con colori sciolti in acqua sull'intonaco ancor fresco di una parete.

affrettare *v.tr.* [*io affrétto ecc.*] compiere o far compiere qlco. con maggiore sollecitudine, accelerare: — *un lavoro;* — *il passo* **-arsi** *v.rifl.* **1** far presto: *affrettiamoci!* **2** farsi premura: *si affrettò a darci la notizia.*

affrettato *agg.* fatto in fretta, con poca cura: *lavoro* — // **-mente** *avv.* con fretta, in modo affrettato.

affrontare *v.tr.* [*io affrónto ecc.*] **1** andare incontro a qlcu., spec. con intento aggressivo (anche *fig.*) **2** muovere arditamente verso qlcu., esporsi a qlco.: — *un pericolo* **3** disporsi, cominciare a fare, a trattare qlco. // **-arsi** *v.rifl.* e *rifl.rec.* scontrarsi; venire alle mani.

affrontato *agg.* (*arald.*) si dice di animali o figure posti l'uno di fronte all'altro.

affronto [-frón-] *s.m.* atto o parola che offende. SIN. *offesa, ingiuria.*

affumicare *v.tr.* [*io affùmico, tu affùmichi ecc.*] **1** riempire di fumo, annerire: — *la cucina* **2** esporre al fumo sostanze alimentari, spec. carni e pesci, a scopo di conservazione o per dar loro un sapore particolare.

affumicato *agg.* **1** annerito dal fumo: *una pentola affumicata* **2** sottoposto ad affumicatura, spec. di carni e pesci: *prosciutto* — **3** colorato in bruno (detto di vetri e simili): *occhiali affumicati.*

affumicatoio [-tó-] *s.m.* luogo attrezzato per l'affumicatura.

affumicatura *s.f.* atto, effetto dell'affumicare.

affusolare *v.tr.* [*io affúsolo ecc.*] dare forma di fuso, assottigliare all'estremità.

affusolato *agg.* **1** sottile e ben tornito: *dita affusolate* **2** si dice di abito diritto e stretto.

affusto *s.m.* sostegno di una bocca da fuoco che permette di manovrarla e trasportarla [*ill. Cannone*].

afgano, afghano *agg.* dell'Afghanistan // *s.m.* abitante dell'Afghanistan.

aficionado [*spagn.; pr.* afisionàdo] *s.m.* acceso ammiratore; tifoso.

afidi [à-] *s.m.pl.* insetti emitteri, detti comunemente *gorgoglioni* o *pidocchi delle piante*, con corpo piccolo e molle, con o senza ali.

afillo *agg.* (*bot.*) privo di foglie: *piante afille*.

afnio [àf-] *s.m.* elemento chimico metallico (Hf; *n.at.* 72; *p.at.* 178,5).

afonia [-nì-] *s.f.* perdita parziale o totale della voce.

afono [à-] *agg.* senza voce, che ha perduto la voce.

aforisma [-ĵma] *s.m.* [pl. *-i*] breve massima enunciante una regola pratica o una verità.

afoso [-fó-] *agg.* soffocante, opprimente, pesante.

africano *agg.* dell'Africa // *s.m.* **1** abitante dell'Africa **2** dolce fatto con pasta di mandorle o altri ingredienti e ricoperto di cioccolata.

afro *agg.* (*lett.*) africano.

afroamericano *agg.* che riguarda la popolazione nera americana di origine africana, e in particolare la sua cultura.

afrocubano *agg.* che riguarda la popolazione nera cubana di origine africana, e in particolare la sua cultura.

afrodisiaco [-ĵì-] *agg.* e *s.m.* [pl.m. *-ci*] si dice di tutto ciò che stimola o aumenta il desiderio sessuale.

afrore [-fró-] *s.m.* odore forte e sgradevole (del sudore, dell'uva in fermentazione).

afta piccola ulcera della bocca / — *epizootica*, malattia infettiva molto contagiosa che colpisce buoi, pecore, maiali ecc.

agamia [-mì-] *s.f.* (*biol.*) forma di riproduzione asessuata di molti animali inferiori e di molti vegetali.

agamico [-gà-] *agg.* [pl.m. *-ci*] si dice di riproduzione che avviene per agamia.

agapanto *s.m.* pianta erbacea ornamentale con fiori azzurri riuniti in ombrella e foglie lineari (*fam.* Gigliacee).

agape [à-] *s.f.* fraterno convito dei primi cristiani; per estens., convito fra amici.

agar-agar [à-] [à-] *s.m.* gelatina che si ottiene da alghe marine, usata nella preparazione di farmaci e, in batteriologia, per colture di microrganismi.

agarico [-gà-] *s.m.* [pl. *-ci*] genere di funghi cui appartengono il prataiolo e l'ovolo / — *bianco*, fungo parassita delle conifere; usato in farmacia (*fam.* Agaricacee).

agata [à-] *s.f.* pietra semitrasparente, traslucida, dalle colorazioni varie, usata per ornamento.

agave [à-] *s.f.* pianta con foglie carnose, rigide, spinose e fiori giallicci raccolti in una pannocchia (*fam.* Amarillidacee).

agemina [-gè-] *s.f.* tecnica di lavorazione dei metalli che consiste nell'intarsio di lamine d'oro o d'argento su lastre di rame, acciaio.

agenda [-gèn-] *s.f.* **1** tipo di diario nel quale si annotano giorno per giorno appunti vari **2** elenco di questioni da discutere in una riunione spec. politica.

agente [-gèn-] *s.m.* e *f.* **1** chi compie determinati servizi per conto di altri / — *di cambio*, chi è autorizzato ad acquistare e vendere valori in borsa / — *di commercio*, chi tratta affari e stipula contratti per conto di terzi / — *provocatore*, chi eccita qlcu. a compiere reati al fine di comprometterlo / — *delle tasse*, chi accerta il reddito dei cittadini per l'imposizione delle tasse / *complemento di* —, quello che in una proposizione passiva indica la persona che fa l'azione (p.e. quel ragazzo è stimato *da tutti*) **2** il grado più basso nella polizia, un tempo denominato *guardia* / — *di custodia*, guardia carceraria **3** fattore chimico, fisico o biologico capace di determinare una certa azione: — *chimico*, — *patogeno*; *gli agenti atmosferici*.

agenzia [-zì-] *s.f.* **1** impresa che assume e tratta affari come intermediaria: — *immobiliare*, che tratta la compra-vendita e l'affitto di immobili **2** ufficio staccato che stabilmente cura gli interessi dell'ufficio principale; filiale **3** ufficio che offre determinati servizi: — *d'informazioni*, che raccoglie notizie e le fornisce a pagamento ai giornali.

agerato [-gè-] *s.m.* pianta erbacea ornamentale con piccoli fiori di color viola pallido riuniti in capolini (*fam.* Composite).

ageusia [-ĵì-] *s.f.* (*med.*) incapacità di percepire i sapori.

agevolare *v.tr.* [*io agévolo ecc.*] **1** rendere agevole, facile. SIN. *facilitare* **2** aiutare.

agevolazione [-zió-] *s.f.* **1** atto, effetto dell'agevolare **2** aiuto, trattamento di favore. SIN. *facilitazione*.

agevole [-gè-] *agg.* che non offre difficoltà. SIN. *facile, comodo.* CONTR. *disagevole* // **-mente** *avv.* con facilità.

agganciamento [-mén-] *s.m.* atto, effetto dell'agganciare (anche *fig.*).

agganciare *v.tr.* [*io aggàncio ecc.*] **1** unire con gancio: — *due carri ferroviari* **2** sospendere a un gancio, appendere **3** (*fig.*) fermare qlcu. per parlargli; entrare in contatto con qlcu.

aggancio [-gàn-] *s.m.* l'agganciare (anche *fig.*); contatto, rapporto: *avere un* — *negli ambienti politici*.

aggeggio [-gég-] *s.m.* oggetto di modesto valore, di cui poco si comprende o si sa definire l'uso.

aggettare *v.intr.* [*io aggètto ecc.*] sporgere in fuori (detto di elementi architettonici).

aggettivale *agg.* di aggettivo: *funzione* —.

aggettivazione [-zió-] *s.f.* uso degli aggettivi; modo, capacità di usare gli aggettivi.

aggettivo *s.m.* parte del discorso che unita a un sostantivo, col quale si accorda in genere e numero, lo qualifica o lo determina; si parla quindi di aggettivo *qualificativo* (*timido, pesante*), *dimostrativo* (*questa casa, quel libro*), *possessivo* (*il mio vestito*), *indefinito* (*qualunque treno*), *numerale* (*tre uomini, il terzo anno*) / — *verbale*, il participio.

aggetto [-gèt-] *s.m.* elemento architettonico sporgente (p.e. cornice, mensola, balcone).

agghiacciante *agg.* spaventoso.

agghiacciare *v.tr.* [*io agghiàccio, tu agghiacci ecc.*] **1** rendere di ghiaccio, gelare **2** (*fig.*) terrorizzare, paralizzare dal terrore; smorzare: — *l'entusiasmo di qlcu.* // *v.intr.*, **-arsi** *v.rifl.* diventare di ghiaccio; raffreddarsi; (*fig.*) spaventarsi.

agghindare *v.tr.* vestire con eleganza ricercata.

aggio [àg-] *s.m.* **1** maggior valore che assume una moneta rispetto a un'altra a parità di valore nominale; differenza di valore fra la moneta metallica e quella cartacea **2** retribuzione speciale spettante agli esattori dopo la riscossione dei cespiti.

aggiogare *v.tr.* [*io aggiógo, tu aggióghi ecc.*] **1** porre sotto il giogo: — *una coppia di tori* **2** (*fig.*) soggiogare.

aggiornamento [-mén-] *s.m.* **1** l'aggiornare; il rinnovare le cognizioni tecniche di qlcu.: *corso di* — *per medici* **2** rinvio ad altra data, differimento: — *di un processo.*

aggiornare *v.tr.* [*io aggiórno ecc.*] **1** mettere a giorno, adeguare a nuove necessità: — *un'enciclopedia*; — *la propria cultura* **2** differire, rinviare ad altra data: — *la seduta* // *v.intr.impers.* (*rar.*) farsi giorno // **-arsi** *v.rifl.* completare e rinnovare la propria preparazione professionale; per estens., adeguarsi ai tempi.

aggiotaggio [-tàg-] *s.m.* (*fin.*) manovra tendente a provocare movimenti artificiosi nei titoli di borsa per trarne illeciti profitti.

aggiramento [-mén-] *s.m.* l'aggirare.

aggirare *v.tr.* **1** circondare, accerchiare: — *una posizione nemica* **2** (*fig.*) ingannare // **-arsi** *v.rifl.* **1** andare attorno (anche *fig.*): *si aggirava per le vie*; *i suoi discorsi si aggirano sempre intorno allo stesso argomento* **2** esser vicino, approssimarsi: *il deficit si aggira sul miliardo.*

aggiudicare *v.tr.* [*io aggiùdico, tu aggiùdichi ecc.*] assegnare una cosa a qlcu. per sentenza di un giudice, per concorso, asta ecc.

aggiudicatario [-tà-] *s.m.* (*dir.*) colui al quale si aggiudica qlco.

aggiudicazione [-zió-] *s.f.* l'atto dell'aggiudicare.

aggiungere [-giùn-] *v.tr.* [coniugato come *giungere*] **1** unire, metter qlco. o qlcu. in più: *a quelli che ho comprato aggiungete questi due libri.* CONTR. *togliere* **2** soggiungere, nel discorso: «*E non verrò solo,*» aggiunse // **-ersi** *v.rifl.* e *rifl.pron.* unirsi.

aggiunta *s.f.* quello che si aggiunge.

aggiuntare *v.tr.* riunire, attaccare insieme pezzi di una stessa cosa; giuntare.

aggiuntatura *s.f.* operazione dell'aggiuntare; la cosa aggiuntata; il punto dove i pezzi di qlco. sono stati uniti insieme.

aggiuntivo *agg.* che si aggiunge / *congiunzioni aggiuntive*, quelle di tipo coordinativo che uniscono, mettendolo in evidenza, un termine a un altro (anche *ancora, pure, neanche, nemmeno, neppure, inoltre*).

aggiunto *agg.* e *s.m.* che, chi aiuta o sostituisce qlcu. in un ufficio: *segretario* —; — *di segreteria.*

aggiustaggio [-stàg-] *s.m.* rifinitura di elementi meccanici, eseguita per lo più a mano.

aggiustamento [-mén-] *s.m.* **1** atto, effetto dell'aggiustare **2** correzione dei dati di tiro e del puntamento delle armi a tiro indiretto.

aggiustare *v.tr.* rimettere qlco. in grado di funzionare, in buono stato, in ordine: — *un motore, un vestito, i capelli* / — *uno per le feste*, conciando male / — *il tiro*, operare l'aggiustamento; (*fig.*) precisare meglio gli obiettivi di un'operazione e i mezzi per raggiungerli. SIN. *accomodare, riparare.* CONTR. *rompere* // **-arsi** *v.rifl.* venire a un accordo: *sul prezzo ci aggiusteremo.*

aggiustatore [-tó-] *s.m.* [f. *-trice*] chi aggiusta; operaio addetto all'aggiustaggio.

aggiustatura *s.f.* operazione dell'aggiustare, riparazione; il prezzo della riparazione.

agglomeramento [-mén-] *s.m.* **1** agglomerare **2** assembramento di cose o persone.

agglomerare *v.tr.* [*io agglòmero ecc.*] ammassare, ammucchiare unendo insieme.

agglomerato *s.m.* **1** insieme di edifici che formano un centro abitato: — *urbano* **2** (*geol.*) ammasso compatto di frammenti rocciosi.

agglomerazione [-zió-] *s.f.* l'effetto dell'agglomerare, dell'agglomerarsi: — *di cellule.*

agglutinante *agg.* **1** si dice delle lingue in cui le parole non hanno desinenze polivalenti, ma per ogni categoria grammaticale o funzione aggiungono al tema un affisso diverso. CONTR. *flessivo* **2** che ha la proprietà di agglutinare o di agglutinarsi.

agglutinare *v.tr.* [*io agglùtino ecc.*] unire con il glutine o, in genere, con sostanze adesive // **-arsi** *v.rifl.* far presa insieme.

agglutinazione [-zió-] *s.f.* **1** unione con adesivi; per estens., unione stretta, mescolanza **2** (*biol.*) fenomeno per cui, in presenza di anticorpi, le cellule (batteri, corpuscoli del sangue) aderiscono le une alle altre formando piccoli ammassi **3** la struttura delle parole nelle lingue agglutinanti.

agglutinina *s.f.* (*biol.*) denominazione di tutti gli anticorpi che provocano agglutinazione.

aggobbire *v.tr.* [*io aggobbisco, tu aggobbisci ecc.*] far diventare gobbo; ingobbire // *v.intr.* diventare gobbo: — *per il troppo studio.*

aggomitolare *v.tr.* [*io aggomitolo ecc.*] avvolgere in forma di gomitolo // **-arsi** *v.rifl.* (*fig.*) piegarsi ritraendo il capo e le estremità, rannicchiarsi: — *su una poltrona.*

aggottare *v.tr.* [*io aggòtto ecc.*] (*mar.*) togliere l'acqua dal fondo di un'imbarcazione; sgottare.

aggradare *v.intr.dif.* [si usa solo la terza persona sing. del pres.indic.] (*lett.*) far piacere, riuscir gradito: *fate come vi aggrada.*

aggraffare *v.tr.* (*tecn.*) unire due lamiere metalliche mediante aggraffatura.

aggraffatrice *s.f.* macchina automatica usata per l'aggraffatura rapida delle lamiere.

aggraffatura *s.f.* (*tecn.*) unione di due lamiere sottili eseguita sovrapponendone i lembi e ripiegandoli due volte assieme.

aggranchire *v.tr.* e *intr.* [*io aggranchisco, tu aggranchisci ecc.*] rattrappire, intirizzire.

aggrappare *v.tr.* unire, attaccare con forza // **-arsi** *v.rifl.* appiglarsi con forza (anche *fig.*): — *alla corda*; — *a un pretesto.*

aggravamento [-mén-] *s.m.* peggioramento di una situazione, e spec. di una malattia.

aggravante *agg.* che aggrava: *circostanza* — (o soltanto *aggravante, s.f.*), particolare del reato che produce un inasprimento della pena.

aggravare *v.tr.* render peggiore, più grave; appesantire // **-arsi** *v.rifl.pron.* divenire peggiore, più grave.

aggravio [-grà-] *s.m.* danno o incomodo imposto a qlcu. o a qlco.

aggraziare *v.tr.* [*io aggràzio ecc.*] rendere più attraente, armonioso e gradevole.

aggraziato *agg.* **1** pieno di grazia e d'armonia, proporzionato. SIN. *grazioso, bello,* CONTR. *sgraziato* **2** di belle maniere. SIN. *garbato.* CONTR. *sgraziato.*

aggredire *v.tr.* [*io aggredisco, tu aggredisci ecc.*] **1** assalire, spec. d'improvviso (*fig.*) affrontare con ingiurie o minacce.

aggregamento [-mén-] *s.m.* l'aggregare, l'aggregarsi; aggregazione.

aggregare *v.tr.* [*io aggrègo, tu aggrèghi ecc.*] unire a un gruppo, a una serie, a una compagnia // **-arsi** *v.rifl.* e *rifl.rec.* unirsi.

aggregato *agg.* **1** unito a un gruppo, a una serie **2** si dice di funzionario o militare comandato presso un ufficio o un corpo di cui non fa propriamente parte // *s.m.* **1** unione di parti, insieme **2** (*mat.*) insieme di un numero finito o infinito di elementi.

aggregazione [-zió-] *s.f.* **1** atto, effetto dell'aggregare **2** attrazione molecolare dalla quale dipende lo stato fisico (solido, liquido, gassoso) della materia.

aggressione [-sió-] *s.f.* l'aggredire: — *militare*.

aggressività *s.f.* tendenza a prevalere o ad aggredire; violenza, irruenza.

aggressivo *agg.* proprio di chi aggredisce, di chi ha aggressività: *carattere —*. SIN. *impetuoso, irruente, violento* // *s.m.* (*chim.*) liquido o gas tossico usato in guerra come mezzo d'offesa.

aggressore [-só-] *s.m.* [f. *aggreditrice*] chi aggredisce o ha aggredito.

aggricciare *v.tr.* [*io aggriccio ecc.*] increspare // **-arsi** *v.rifl.* rabbrividire (per il freddo o lo spavento).

aggrinzire *v.tr.* [*io aggrinzisco o aggrinzo, tu aggrinzisci o aggrinzi ecc.*] rendere grinzoso // *v.intr.*, **-irsi** *v.rifl.* divenire grinzoso.

aggrondare *v.tr.* [*io aggróndo ecc.*] aggrottare la fronte, le sopracciglia // *v.rifl.* corrucciarsi, accigliarsi.

aggrottare *v.tr.* [*io aggròtto ecc.*] increspare, corrugare le sopracciglia per esprimere minaccia, severità.

aggrovigliare *v.tr.* [*io aggrovìglio ecc.*] fare un groviglio, intrecciare // **-arsi** *v.rifl.pron.* diventare un groviglio.

aggrumarsi *v.rifl.pron.* coagularsi; formare dei grumi.

aggruppamento [-mén-] *s.m.* l'atto, l'effetto dell'aggrupparsi.

aggruppare *v.tr.* mettere, unire in gruppo; raggruppare o dell'aggrupparsi.

agguagliare *v.tr.* [*io agguàglio ecc.*] (*lett.*) **1** rendere uguale, pareggiare: — *la siepe* **2** mettere alla pari, confrontare **3** essere, diventare uguale o pari a qlcu.

agguantare *v.tr.* prendere con prontezza e con violenza, afferrare: *lo agguantò per il collo*. SIN. *acchiappare, acciuffare* // **-arsi** *v.rifl.* afferrarsi con forza a qlco.

agguato *s.m.* insidia che si tende a un nemico per prenderlo alla sprovvista.

agguerrire *v.tr.* [*io agguerrisco, tu agguerrisci ecc.*] preparare, allenare alle fatiche e ai rischi della guerra, e, per estens., a tensioni e pericoli in genere // **-irsi** *v.rifl.* prepararsi alle difficoltà.

agguerrito *agg.* forte, preparato.

aghetto [-ghét-] *s.m.* cordoncino con punta di metallo per allacciare le scarpe; stringa.

aghifoglie [-fò-] *s.f.pl.* piante con foglie a forma di aghi (p.e. pino, abete).

aghiforme [-fór-] *agg.* (*scient.*) che ha forma di ago (p.e. le foglie dei pini); molto sottile.

agiatezza [-téz-] *s.f.* condizione di benessere, di vita comoda. SIN. *prosperità.*

agiato *agg.* **1** che ha agi: *una vita agiata* **2** che vive nell'agiatezza. SIN. *benestante.* CONTR. *disagiato.*

agibile [-gì-] *agg.* che ha agibilità; utilizzabile, praticabile.

agibilità *s.f.invar.* **1** l'insieme dei requisiti che la legge prescrive perché un edificio o un impianto possa essere utilizzato per un dato scopo; anche, il riconoscimento formale di essi **2** la possibilità di utilizzare un edificio, una struttura, un'organizzazione: *l' — politica dell'università.*

agile [à-] *agg.* **1** che si muove con scioltezza e disinvoltura. SIN. *snello, lesto, sciolto.* CONTR. *goffo* **2** (*fig.*) vivace, pronto; *intelligenza —* // **-mente** *avv.* con agilità.

agilità *s.f.invar.* l'essere agile; facilità nei movimenti

(anche *fig.*): *quell'atleta possiede grande —*; — *di mente*, capacità di passare con sveltezza da un argomento a un altro. SIN. *sveltezza, lestezza, scioltezza.* CONTR. *goffaggine.*

agio [à-] *s.m.* **1** comodità: *stare a proprio —*; *lavora pure a tuo —*, senza fretta **2** opportunità, possibilità: *sistemerò tutto quando avrò —* // *pl.* le comodità della vita, benessere: *vivere fra gli agi* **4** interstizio lasciato tra due pezzi meccanici perché possano muoversi.

agiografia [-fì-] *s.f.* letteratura relativa alla vita dei santi; lo studio di tale letteratura.

agiografico [-grà-] *agg.* [pl.m. *-ci*] **1** che si riferisce all'agiografia **2** che esprime lode ed esaltazione.

agiografo [-giò-] *s.m.* scrittore di vite di santi.

agire *v.intr.* [*io agisco, tu agisci ecc.*] **1** fare, operare: *agiscono sempre insieme*; *è tempo di —* **2** comportarsi: *agisce da delinquente* **3** esercitare un'azione, operare su qlco.

agitare *v.tr.* [*io àgito ecc.*] **1** muovere, scuotere con energia: — *una bottiglia* **2** commuovere, turbare: *quei sogni gli agitavano la fantasia* **3** spronare all'azione, istigare: — *le masse* **4** considerare, dibattere, pensare intensamente: — *un problema, un'idea nella mente* // **-arsi** *v.rifl.* **1** muoversi con vivacità, con irrequietezza, con violenza: *il mare cominciava ad —* **2** essere turbato, inquieto: *non è il caso di — per così poco* **3** prendere posizione in appoggio a rivendicazioni politiche o sociali.

agitato *agg.* **1** turbato, mosso: *mare —*, tempestoso. SIN. *scosso* **2** inquieto, ansioso; smanioso, furioso (detto di ammalato, spec. psichico).

agitatore [-tó-] *s.m.* [f. *-trice*] **1** chi agita; chi spinge il popolo ad azioni di protesta e rivendicazione **2** strumento usato per agitare miscugli.

agitazione [-zió-] *s.f.* **1** atto, effetto dell'agitare o dell'agitarsi **2** stato di inquietudine di un ammalato, spec. di chi è affetto da malattie mentali **3** movimento di popolo originato da rivendicazioni politiche e sociali **4** stato di moto disordinato delle molecole dei corpi, e spec. dei gas.

agit-prop [-git] [pròp] (*abbr.* di *agitazione* e *propaganda*] *s.m.invar.* agitatore politico, spec. in organizzazioni di sinistra.

agli *prep. articolata* composta da *a* e *gli*; si usa davanti ai vocaboli che cominciano per vocale, *s* impura, *gn*, *ps*, *x*, *z* e si può apostrofare davanti a *i*: *agli sterpi*; *agli zii*; *agli amici*; *agl'ingegni*; *agl'italiani.*

agliaceo [-glià-] *agg.* si dice di odore e sapore simile a quello dell'aglio.

aglio [à-] *s.m.* pianta erbacea con foglie lineari, bulbo diviso in spicchi, usata come condimento e come rimedio popolare contro le infezioni da vermi (*fam.* Gigliacee).

agnatizio [-tì-] *agg.* che riguarda l'agnazione.

agnato *s.m.* congiunto in linea maschile.

agnazione [-zió-] *s.f.* parentela in linea maschile.

agnello [-gnèl-] *s.m.* **1** il nato della pecora fino all'età di un anno / — *di Dio*, Cristo, simboleggiato nell'agnello. DIM. *agnellino, agnelletto* **2** (*fig.*) persona mite, inoffensiva **3** pelle di agnello conciata a pelliccia.

agnizione [-zió-] *s.f.* in un'azione drammatica, il riconoscimento sulla scena dell'identità, prima sconosciuta, di uno o più personaggi.

agnocasto *s.m.* arbusto con fiori violacei e foglie vellutate (*fam.* Verbenacee).

agnolotto [-lòt-] *s.m.* spec. *pl.* involucro di pasta all'uovo di forma rotonda, con ripieno di vari ingredienti tra i quali carne cotta e tritata.

agnosticismo [-ʃmo] *s.m.* **1** noncuranza; deliberata astensione dal prender posizione di fronte a problemi religiosi, politici ecc. **2** atteggiamento filosofico che afferma l'impossibilità di conoscere Dio pur senza negarne l'esistenza.

agnostico [-gnò-] *agg.* [pl.m. *-ci*] relativo all'agnosticismo // *agg.* e *s.m.* **1** indifferente; noncurante **2** seguace della dottrina dell'agnosticismo.

Agnus Dei [*lat., pr.* àgnus dèi = *Agnello di Dio*] *s.m.* preghiera che inizia con queste parole, nella messa.

ago *s.m.* [pl. *aghi*] asticciola d'acciaio appuntita da un lato e fornita dall'altro di un foro attraverso il quale si fa passare il filo per cucire / — *torto,* uncinetto / — *da siringa,* quello cavo usato per iniettare liquidi / — *della bussola,* piccolo ferro calamitato rivolto costantemente verso il nord magnetico.

agognare *v.tr.* [*io agógno* ecc.] desiderare ardentemente e avidamente, bramare.

agone[1] [-gó-] *s.m.* (*lett.*) lotta, gara: — *letterario.*

agone[2] [-gó-] *s.m.* pesce di lago, commestibile; ha corpo argenteo con macchie nere sul dorso e spine robuste sul ventre (*fam.* Clupeidi).

agonia [-nì-] *s.f.* **1** stato angoscioso che precede la morte **2** (*fig.*) stato di viva ansia.

agonico [-gò-] *agg.* [pl.m. *-ci*] di agonia.

agonismo [-ʃmo] *s.m.* grande impegno posto da atleti e squadre nello svolgere una gara.

agonistico [-nì-] *agg.* [pl.m. *-ci*] che si riferisce all'agonismo; che si riferisce alle gare, alle competizioni, spec. sportive: *sport* —; *spirito* —.

agonizzante [-niʒʒan-] *agg.* e *s.m.* e *f.* che, chi è in agonia (anche in senso *fig.*).

agonizzare [-niʒʒa-] *v.intr.* **1** essere in agonia **2** (*fig.*) vivere a stento, stare per finire.

agopuntura *s.f.* pratica medica di origine orientale che consiste nell'infiggere aghi in punti particolari della superficie corporea.

agorafobia [-bì-] *s.f.* malattia nervosa caratterizzata da paura ossessiva nell'attraversare piazze o larghe vie.

agoraio [-rà-] *s.m.* astuccio o cuscinetto per gli aghi.

agostiniano *agg.* e *s.m.* che si riferisce a sant'Agostino; che o chi appartiene a un ordine che professa la regola di sant'Agostino.

agosto [-gó-] *s.m.* ottavo mese dell'anno.

agrafia [-fì-] *s.f.* (*med.*) incapacità di scrivere, per lesione cerebrale che ha abolito il ricordo dei movimenti a ciò necessari.

agraria [-grà-] *s.f.* insieme delle scienze e delle pratiche che si riferiscono all'agricoltura.

agrario [-grà-] *agg.* che riguarda l'agricoltura // *s.m.* proprietario di terre.

agreement [*ingl.; pr.* egrìiment] *s.m.* accordo, e in particolare accordo non scritto, sulla fiducia.

agreste [-grè-] *agg.* di campagna; rustico; campestre.

agretto [-grét-] *s.m.* sapore agro.

agrezza [-gréz-] *s.f.* l'essere agro (anche *fig.*); sapore agro. SIN. *acidità, acredine.*

agricolo [-grì-] *agg.* che concerne l'agricoltura: *macchine agricole; attrezzi agricoli.*

agricoltore [-tó-] *s.m.* [f. *-trice*] **1** chi lavora la terra. SIN. *contadino* **2** chi possiede terre e direttamente si interessa della loro cura.

agricoltura *s.f.* arte di coltivare la terra per ricavarne prodotti utili all'uomo.

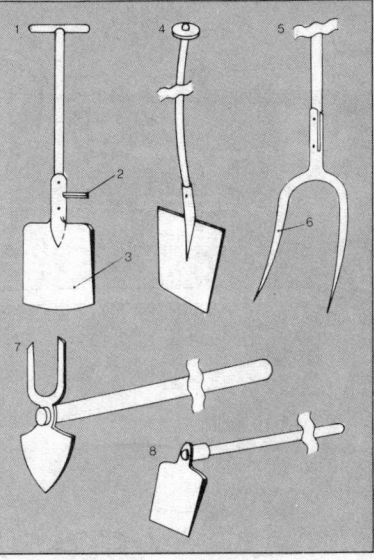

agricoltura e giardinaggio (attrezzi)

1 *vanga,* 2 *vangile,* 3 *lama,* 4 *badile,* 5 *forca,* 6 *rebbio,* 7 *zappa con lama cuoriforme e bidente,* 8 *zappa a lama quadrata,* 9 *rastrello,* 10 *telaio,* 11 *denti,* 12 *raschiatoio,* 13 *sarchiello,* 14 *trapiantatoio,* 15 *foraterra.*

→

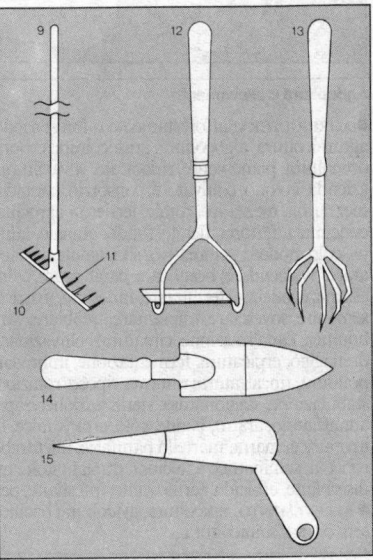

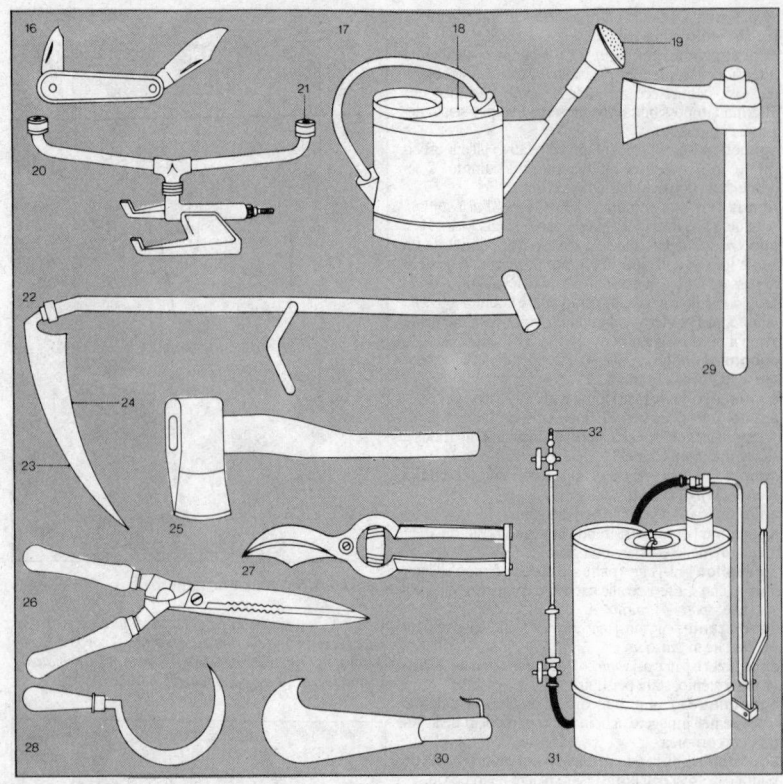

Agricoltura e allevamento

■ AGRICOLTURA: afforestamento o forestazione, agraria, agrimensura, agriturismo, agronomia, agrumicoltura, algocoltura, aridocoltura, erboristeria, floricoltura, frutticoltura, idroponica, orticoltura, piano verde, risicoltura, silvicoltura, viticoltura, zootecnia • agrario, agricoltore, azienda, colono, coltivatore, consorzio, contadino, dominicale, fattore, fittavolo, fondiario, mezzadria, mezzadro, rurale, terriero • agrocittà, aia, campo, cantina, casa colonica, cascina, concimaia, fattoria, fienile, fondo, granaio, latifondo, letamaio, maggese, marcita, pagliaio, pascolo, podere, seminativo, silo, tenuta, vivaio
arare, avvicendare, bonificare, capitozzare, colmare, coltivare, concimare, dissodare, erpicare, estirpare, falciare, fertilizzare, innestare, irrigare, mietere, piantare, potare, rincalzare, sarchiare, seminare, sovesciare, trapiantare, trebbiare, vangare, zappare • alternanza, ammendamento, bonifica, canalizzazione, cimatura, coltivazione, colturamento, diradamento, dissodamento, drenaggio, erpicatura, fermentazione, imbrigliatura, irrigazione, mietitura, miglioria, monocoltura, potatura, rincalzatura, rinnovo, riposo, rotazione, scolmatura, selezione, solforatura, sovescio, stabulazione, stagionatura, sterilizzazione, trapianto, turno, vendemmia
annaffiatoio, aratro, badile, cote, erpice, falce, falciatrice, forbici da potatore, forca, innestatoio, irroratrice, marra, martello battifalce, mietitrebbiatrice, motofalciatrice, pennato, rastrello, roncola, seminatrice a falcioni, trapiantatoio, trattore, vanga, zappa • antiparassitario, concime, diserbante, erbicida, fertilizzante, infestante, pesticida, piretrina.
■ ALLEVAMENTO: apicoltura, avicoltura, bachicoltura, colombicoltura, coniglicoltura, pollicoltura, sericoltura, suinicoltura

←

16 *innestatoio*,
17 *annaffiatoio*, 18 *tettino*,
19 *bocchetta*, 20 *irrigatore a bracci rotanti*, 21 *ugello spruzzatore*, 22 *falce*,
23 *costola*, 24 *taglio*,
25 *scure*, 26 *forbici da siepe*, 27 *cesoie per potatura*, 28 *falcetto*,
29 *ascia*, 30 *roncola*,
31 *pompa a zaino*,
32 *ugello spruzzatore*

agricoltura e giardinaggio
(macchine)

1 *aratro*, 2 *leva per il sollevamento*, 3 *viti di regolazione*, 4 *versoio*,
5 *vomere*, 6 *coltro*, 7 *bure*,
8 *seminatrice*,
9 *tramoggia del seme*,
10 *solcatori*, 11 *tubi adduttori*, 12 *erpice*,
13 *telaio*, 14 *denti*,
15 *motosega*, 16 *catena con denti*.

→

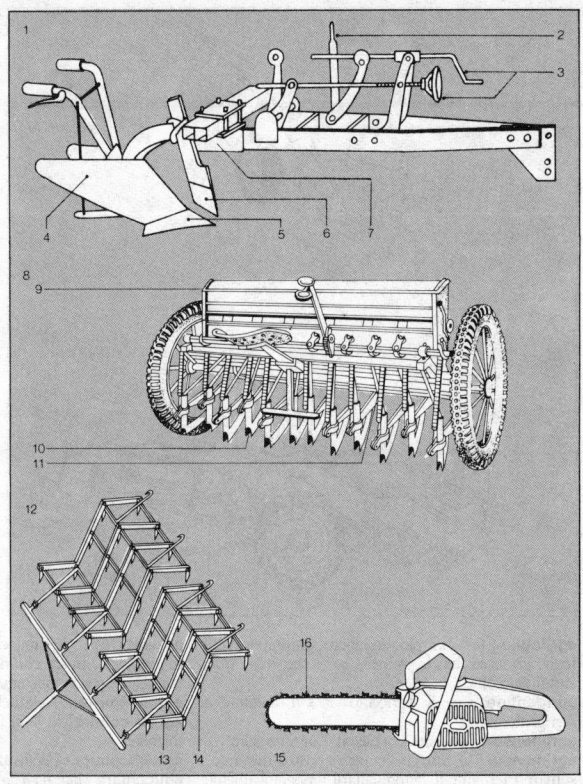

ape, cacchione, fuco, operaia, regina, sciame; apina, apiterapia; alveare, apiario, melario, arnia, favo, bugno, cella, opercolo; polline, pappa reale, miele, cera, propoli; ronzio • smielatura, smielare • abbeveratoio, affumicatore, foglio cereo, torchio
baco da seta, bombice del gelso, bozzolo, galletta, crisalide, ninfa, metamorfosi o muta, letargo, farfalla; bava, bavella, ragna • graticcio, seme bachi, filiera, bosco, gelso, sbozzolatore, carta da bachi, aspo, teletta • sbozzolatura, stufatura; sbozzolare, stufare, sfarfallare, andare in frasca
bue, toro, torello, manzo, vacca, vitello, vitella, vitellone; bestiame, mandria, armento; mandriano, bovaro, vaccaro; stalla, mangiatoia, greppia, foraggio, abbeveratoio, mungitrice, giogo, mattatoio, macello; accoppiamento, incrocio, castrazione, marchiatura, marchio, mungitura, macellazione; governare, abbeverare, aggiogare, castrare, marcare, mungere, macellare; afta epizootica, brucellosi, carbonchio, cisticercosi, coccidiosi, estro bovino, tubercolosi
cavallo, purosangue, mezzosangue, ronzino, puledro, stallone, fattrice; scuderia, stalliere; domare, ferrare, imbrigliare, incavezzare, scavezzare, sellare; bolsaggine, trichinosi, tripanosomiasi
maiale, verro, porco, lattonzolo, magrone, scrofa; figliare, figliata; porcile, trogolo; peste suina
pollame, gallinacei, gallo, gallina, pulcino, pollo, pollastra, cappone; ruspante; cova, covata, covare, uova, ovaiola, sperauovo, sperare le uova, fecondazione artificiale, incubatrice, incubazione, imbeccare, mangime, raspare, razzolare, capponare; stia, gabbia, pollaio
capra, pecora, montone, agnello, capretto, gregge; pastore, pecoraio, capraio, pastura, pascolare, brucare, tosare, tosatura, lana, ovile
cane, pedigree, canile; cimurro, idrofobia, rabbia, rogna, scabbia
colombo, piccione, colombaia, piccionaia • coniglio, conigliera.

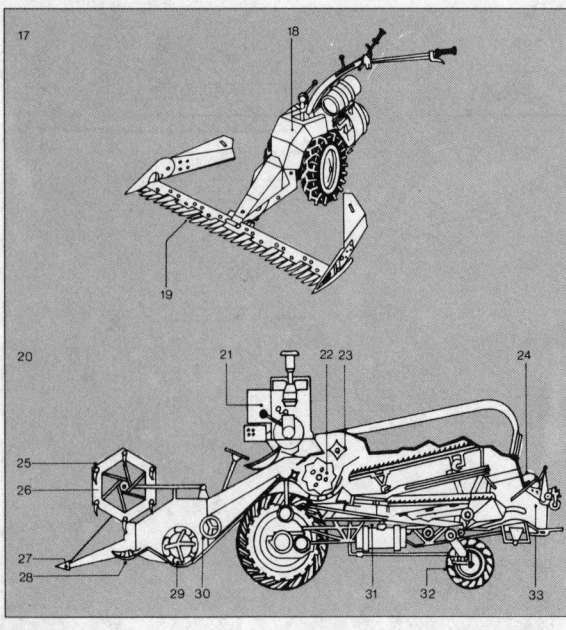

←

17 *falciatrice,*
18 *motocoltivatore,*
19 *lama o sega,*
20 *mietitrebbiatrice,*
21 *motore,* 22 *cilindro trebbiatura,*
23 *convogliatore della paglia,* 24 *alimentatore paglia,* 25 *aspo,* 26 *rebbio,*
27 *sparticampo,*
28 *elevatore spighe,*
29 *alimentatore,*
30 *convogliatore,*
31 *collettore del grano,*
32 *ruota direttrice,*
33 *pressa della paglia.*

agrifoglio [-fò-] *s.m.* piccolo albero sempreverde con foglie coriacee, lucide, spinose e bacche rosse (*fam.* Aquifoliacee).

agrigentino *agg.* di Agrigento // *s.m.* abitante di Agrigento.

agrimensore [-só-] *s.m.* chi esercita l'agrimensura.

agrimensura *s.f.* arte che ha per oggetto il misurare e stimare i terreni e il rappresentarli topograficamente; la tecnica relativa.

agriturismo [-ʃmo] *s.m.* forma di turismo collegato con attività agricole stagionali, organizzato presso fattorie o simili.

agro[1] *agg.* **1** di sapore aspro. SIN. *acido, acre* **2** acerbo: *quest'arancia è agra* **3** (*fig.*) pungente, severo, malevolo: *le sue parole furono agre* // *s.m.* **1** sapore agro **2** succo di agrumi.

agro[2] *s.m.* campagna intorno a una città.

agroalimentare *agg.* che riguarda l'agricoltura e l'industria di trasformazione dei suoi prodotti in generi alimentari.

agrocittà *s.f.invar.* città progettata per essere il centro abitativo di una zona agricola.

agrodolce [-dól-] *agg.* misto di agro e di dolce.

agronomia [-mì-] *s.f.* scienza che studia la coltivazione razionale delle piante agrarie.

agronomo [-grò-] *s.m.* studioso, specialista di agronomia.

agropastorale *agg.* che si basa sull'agricoltura e sull'allevamento di bestiame: *civiltà, economia —.*

agrostide [-grò-] *s.f.* pianta erbacea usata come foraggio (*fam.* Graminacee).

agrumeto [-mé-] *s.m.* terreno in cui si coltivano agrumi; insieme di piante di agrumi.

agrumi *s.m.pl.* **1** piante che danno frutti dalla buccia rugosa, divisi in spicchi, di sapore acido **2** i frutti di tali piante (p.e. limoni, arance).

agrumicolo [-mì-] *agg.* dell'agrumicoltura.

agrumicoltore [-tó-] *s.m.* [f. *-trice*] chi lavora nell'agrumicoltura.

agrumicoltura *s.f.* coltivazione degli agrumi.

agucchiare *v.intr.* [*io agùcchio ecc.*] lavorare con l'ago, ma senza troppo impegno o per passare il tempo.

aguglia [-gù-] *s.f.* pesce di mare di grandi dimensioni, commestibile, con muso aghiforme e corpo sottile.

agugliata *s.f.* → **gugliata**.

agugliotto [-gliòt-] *s.m.* uno dei cardini, allineati verticalmente, mediante i quali il timone è applicato allo scafo [*ill. Barca*].

aguti *s.m.invar.* (*zool.*) piccolo roditore commestibile simile alla cavia; vive nell'America meridionale (*fam.* Dasiprottidi).

aguzzare *v.tr.* **1** rendere aguzzo **2** (*fig.*) stimolare: *— l'appetito; la necessità aguzza l'ingegno,* spinge a usarlo per risolvere i problemi / *— la vista,* renderla più penetrante. SIN. *acuire.*

aguzzino [-guʒʒi-] *s.m.* **1** sorvegliante di condannati, severo e spietato **2** (*per estens.*) persona eccessivamente severa; persecutore.

aguzzo *agg.* che finisce a punta: *palo —.* SIN. *acuto, acuminato, appuntito.*

ah *inter.* esprime vari sentimenti, dolore, meraviglia, ira, sdegno, sorpresa, minaccia; è sempre seguita dal punto esclamativo: *—, che terribile notizia!; —, che briccone!*

ahi *inter.* esprime dolore; è sempre seguita dal punto esclamativo: *—, che male!*

ahimè *inter.* esprime compassione, dolore, rimpianto; è sempre seguita dal punto esclamativo; è di uso *lett.* oppure *iron.*: —, *la vita è difficile!*

ai *prep. articolata* composta da *a* e *i*; si usa davanti ai vocaboli comincianti per consonante, che non sia *s impura, gn, ps, x, z*: *ai libri; ai palazzi; ai platani; ai soldati; ai suoceri.*

aia [à-] *s.f.* spazio piano situato davanti alla casa colonica, usato per diversi lavori agricoli.

aigrette [*franc.*; *pr.* egrèt] *s.f.* → **asprì**.

ailanto *s.m.* albero ad alto fusto con foglie pennate di odore sgradevole e fiori giallastri riuniti in pannocchie (*fam.* Simarubacee).

aio [à-] *s.m.* (*ant.*) precettore.

aiola [-iò-] *s.f.* piccolo tratto di terreno coltivato a scopo ornamentale.

aire [-i-] *s.m.* spinta, rincorsa: *dare l'*—.

airone [-ró-] *s.m.* grosso uccello acquatico, cenerino sul dorso, bianco sul ventre, con lungo becco e collo incurvato a S (*fam.* Ardeidi).

air terminal [*ingl.*; *pr.* ea tóminl] *s.m.* terminale a terra di una o più linee aeree.

aita [-i-] *s.f.* (*poet.*) aiuto.

aitante *agg.* robusto, gagliardo: *giovane* —.

aiutante *s.m.* chi aiuta, assiste o sostituisce qlcu.

aiutare *v.tr.* **1** dare, prestare aiuto; soccorrere, assistere: *aiutami a finire il compito* **2** rendere agevole, favorire: — *la digestione* // **-arsi** *v.rifl.* ingegnarsi / *prov.*: *aiutati che il ciel t'aiuta.*

aiuto *s.m.* **1** opera o servigio che si presta a qlcu.; soccorso **2** persona che presta aiuto in un lavoro o in un ufficio; sostituto, vice: — *regista.*

aizzare *v.tr.* incitare all'offesa o alla violenza; istigare, provocare: — *il popolo alla rivolta.*

al *prep. articolata* composta da *a* e *il*; si usa davanti ai vocaboli comincianti per consonante, che non sia *s impura, gn, ps, x, z*: *al balcone; al suolo; al tramonto.*

ala *s.f.* [*pl.* *ali*; anche *ale*, spec. *fig.*] **1** organo del volo negli uccelli, nei pipistrelli e in alcuni insetti: *battere le ali*, volare / *in un batter d'ali*, in un attimo / *avere le ali ai piedi*, correre assai velocemente / *raccogliersi sotto le ali di qlcu.*, affidarsi alla sua protezione / *tarpare le ali*, frenare la libera espressione o attività **2** ciascuna delle due superfici di sostentamento che sono a destra e a sinistra dell'aeroplano **3** parte laterale, ciò che si estende ai lati dell'asse: — *di un edificio* **4** ciascuna delle due estremità di uno schieramento: *l'*— *destra dell'esercito* / *fare* — *a qlcu.*, disporsi da una parte e dall'altra per permettergli il passaggio **5** nel calcio e in altri giochi di squadra, il giocatore che occupa la posizione all'estremità destra o sinistra d'attacco [*ill.* Calcio].

alabarda *s.f.* antica arma costituita da una lunga asta con una punta e una lama da scure.

alabardiere [-diè-] *s.m.* soldato armato di alabarda.

alabastrino *agg.* **1** di alabastro **2** (*fig.*) chiaro e traslucido come l'alabastro: *viso* —.

alabastro *s.m.* pietra calcarea, spesso traslucida, di colore per lo più bianco o giallognolo, usata per lavori ornamentali.

alacre [à-] *agg.* **1** pronto, svelto nell'operare. SIN. *solerte, sollecito* **2** (*fig.*) vivace: *ingegno* — // **-mente** *avv.* con alacrità.

alacrità *s.f.invar.* prontezza e dinamicità nell'operare. SIN. *solerzia, sollecitudine.*

alaggio [-làg-] *s.m.* **1** manovra del rimorchiare a terra un'imbarcazione contro corrente, lungo un corso d'acqua **2** operazione del trarre in secco, su apposito scalo, un'imbarcazione, per pulirla e raddobbarla.

alalà *inter.* esclamazione di esultanza, per lo più guerresca, fatta propria dal fascismo nel grido: *eia, eia, —!*

alamaro *s.m.* **1** allacciatura costituita da un cordoncino a cappio in una parte e da un bottone nell'altra [*ill.* Abbigliamento] **2** ricamo di vario colore che fa da mostrina ad alcune specialità dell'esercito.

alambicco *s.m.* [*pl.* -*chi*] apparecchio di vetro o di metallo per distillare [*ill.* Chimico, laboratorio].

alano *s.m.* cane da guardia e da caccia; grande, robusto, con pelo corto, orecchie brevi, muso tozzo, incisivi superiori sporgenti.

alare[1] *s.m.* arnese che serve a tenere sollevata la legna sul focolare perché bruci meglio.

alare[2] *agg.* dell'ala o delle ali: *apertura* —.

alare[3] *v.tr.* **1** (*mar.*) tirare un cavo, una gomena **2** compiere la manovra di alaggio.

alato *agg.* **1** provvisto di ali **2** (*fig.*) sublime, ispirato: *poesia alata.*

alba *s.f.* **1** la prima luce che compare in cielo fra il termine della notte e l'aurora; l'ora dell'alba **2** (*fig.*) inizio: *l'*— *del secolo.*

albagia [-gì-] *s.f.* superbia derivante da esagerata stima di sé; boria.

albana *s.f.* vino aromatico e frizzante, di colore dorato, di media gradazione alcolica, prodotto con l'uva dei vitigni omonimi.

albanese [-né-] *agg.* dell'Albania // *s.m.* e *f.* abitante dell'Albania.

albaspina *s.f.* (*lett.*) biancospino.

albatro[1] *s.m.* uccello oceanico, dai piedi palmati, ottimo nuotatore e volatore (*fam.* Procellaridi).

albatro[2] [àl-] *s.m.* → **corbezzolo**.

albedo [-bè-] *s.f.invar.* (*astr.*) rapporto fra la quantità di luce riflessa da un pianeta e quella ricevuta dal Sole.

albeggiare *v.intr.impers.* [*albèggia, albeggiava* ecc.] spuntare (detto dell'alba): *albeggiava, quando uscimmo* // *v.intr.* (*fig.*) essere agli inizi.

alberare *v.tr.* [*io àlbero* ecc.] **1** piantare ad alberi un terreno **2** munire di alberi una nave.

alberata *s.f.* fila di alberi lungo una strada o un corso d'acqua.

alberatura *s.f.* l'insieme degli alberi e dei pennoni di un'imbarcazione a vela.

alberello [-rèl-] *s.m.* vaso di maiolica cilindrico, che serviva di solito come vaso di farmacia.

alberese [-ré-] *s.m.* calcare marnoso di colore grigio o giallognolo, usato per la fabbricazione di calce e cementi idraulici.

albergare *v.tr.* [*io albèrgo, tu albèrghi* ecc.] (*lett.*) **1** dare albergo, ospitare **2** (*fig.*) ricevere dentro di sé, coltivare nel proprio animo // *v.intr.* alloggiare.

albergatore [-tó-] *s.m.* [f. -*trice*] proprietario o gestore di un albergo.

alberghiero [-ghiè-] *agg.* che si riferisce agli alberghi.

albergo [-bèr-] *s.m.* **1** edificio nel quale si dà alloggio o anche vitto a pagamento / *casa* —, albergo residenziale destinato a determinate categorie di persone (studenti, dipendenti di un'impresa ecc.) / — *della gioventù*, organizzato in modo da alloggiare con poca spesa i giovani che viaggiano **2** (*lett.*) rifugio, ricovero.

albero [àl-] *s.m.* **1** pianta con fusto alto, legnoso, provvisto di rami nella parte superiore: — *da frutto* / — *di Natale*, abete che a Natale si addobba con lumi e ornamenti diversi e al quale si appendono doni / —

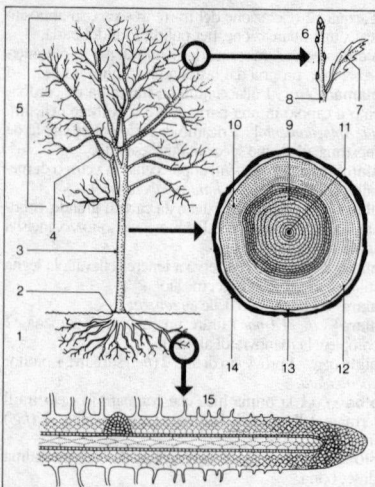

albero

1 *radici,* 2 *colletto,* 3 *fusto o tronco,* 4 *rami,* 5 *chioma,*
6 *apice vegetativo,* 7 *foglia,* 8 *nodo,* 9 *durame,*
10 *alburno,* 11 *midollo,* 12 *cambio,* 13 *libro,*
14 *corteccia,* 15 *apice radicale.*

genealogico, rappresentazione grafica della discendenza di una famiglia **2** (*mar.*) antenna che regge i pennoni con le vele e tutta l'attrezzatura [*ill. Barca*] **3** (*mecc.*) parte rotante, generalmente cilindrica, che, in una macchina, ha la funzione di trasmettere potenza meccanica da un organo a un altro: *— a gomito; — motore,* che serve alla trasmissione del moto da un motore a ruote, eliche o simili [*ill. Motore*].

albicocca [-còc-] *s.f.* frutto dell'albicocco.

albicocco [-còc-] *s.m.* [pl. *-chi*] albero con frutti dolci e saporosi di color arancio, foglie cuoriformi e fiori bianchì o rosa (*fam.* Rosacee).

albinismo [-ʃmo] *s.m.* mancanza congenita, totale o parziale, della pigmentazione (quindi del colore) di pelle, peli, piume, squame, iride negli animali o nell'uomo; mancanza di pigmentazione in organi delle piante (foglie, fiori).

albino *agg.* e *s.m.* che o chi è caratterizzato da albinismo.

albite *s.f.* minerale di colore biancastro, componente essenziale di molte rocce.

albo *s.m.* **1** quadro per l'affissione di atti o avvisi di carattere pubblico: *— scolastico; — comunale* **2** (*dir.*) elenco ufficiale degli appartenenti a un'associazione, degli abilitati a esercitare una professione, o simili **3** fascicolo contenente storie illustrate per ragazzi: *gli albi di Topolino.*

albore [-bó-] *s.m.* **1** il primo biancheggiare della luce dell'alba **2** spec. *pl.* (*fig.*) i primi inizi: *gli albori del risorgimento.*

alborella [-rèl-] *s.f.* piccolo pesce d'acqua dolce, argenteo (*fam.* Ciprinidi).

album *s.m.invar.* quaderno o volume rilegato, in cui si raccolgono fotografie, firme, francobolli, dischi ecc.

albume *s.m.* **1** il bianco dell'uovo **2** (*bot.*) riserva nutritiva, contenuta nel seme di alcune piante, necessaria allo sviluppo dell'embrione.

albumina *s.f.* sostanza organica proteica, ricca di fosforo e zolfo, importantissimo componente dei tessuti animali e vegetali.

albuminoide [-nòi-] *s.m.* sostanza che ha aspetto o proprietà simili all'albumina.

albuminoso [-nó-] *agg.* **1** ricco di albumina **2** simile all'albumina.

albuminuria [-nù-] *s.f.* (*med.*) presenza di albumina nelle urine.

alburno *s.m.* (*bot.*) tessuto che ogni anno si forma tra il legno e la corteccia degli alberi, convertendosi poi in legno [*ill. Albero*].

alcaico [-cài-] *agg.* [pl.m. *-cí*] si dice di un metro della lirica classica introdotto dal poeta greco Alceo (secc. VII-VI a.C.).

alcali [àl-] *s.m.invar.* idrossido metallico (p.e. *soda* e *potassa*) con azione caustica e comportamento proprio di una base.

alcalinità *s.f.invar.* (*chim.*) qualità degli alcali; comune anche ad altre sostanze.

alcalino *agg.* che possiede alcalinità: *metallo —.*

alcaloide [-lòi-] *s.m.* (*chim.*) sostanza organica naturale chimicamente simile a un alcali, con spiccate proprietà medicamentose.

alcalosi [-lòʃi] *s.f.invar.* (*med.*) condizione di accentuata alcalinità del sangue.

alcanna *s.f.* piccolo albero con fiori profumati e foglie ovate; dà un colorante rosso (*fam.* Borraginacee).

alcazar *s.m.invar.* (*spagn.*) fortezza, palazzo fortificato: *l'— di Toledo.*

alce *s.m* grosso ruminante delle regioni nordiche con pelo lungo, muso lungo, corna palmate (*fam.* Cervidi).

alchechengi [-chèn-] *s.m.invar.* pianta erbacea con bacche di color arancio racchiuse in un involucro membranaceo, commestibile (*fam.* Solanacee).

alchermes [-chèr-] *s.m.invar.* liquore di colore rosso vivo, di sapore dolce.

alchimia [alchìmia *o* alchimìa] *s.f.* **1** antica scienza empirica, progenitrice della chimica; ricercava farmachi miracolosi e pretendeva di convertire i metalli in oro mediante la pietra filosofale **2** (*fig.*) dosaggio attento, accordo di minimi particolari.

alchimista *s.m.* [pl. *-i*] chi esercitava l'alchimia.

alcione [-ció-] *s.m.* (*poet.*) uccello marino, che si suole identificare con il martin pescatore.

alcole [àl-] *s.m.* [pl. *-i*] → **alcool.**

alcolemia [-mì-] *s.f.* (*med.*) presenza di alcool etilico nel sangue.

alcolicità *s.f.invar.* percentuale di alcool presente in un liquido.

alcolico [-cò-] *agg.* [pl.m. *-ci*] che contiene alcool // *s.m.* bevanda contenente alcool (vino o liquore).

alcolismo [-ʃmo] *s.m.* l'abuso di bevande alcoliche e l'intossicazione dell'organismo che ne deriva.

alcolista *s.m.* e *f.* [pl.m. *-i*], **alcolizzato** [-liʒʒa-] *agg.* e *s.m.* che, chi è affetto da alcolismo cronico.

alcolometro [-lò-] *s.m.* strumento che misura la quantità di alcool contenuta in un liquido.

alcool [àl-] *s.m.invar.* (*chim.*) composto organico contenente uno o più ossidrili / *— etilico o spirito di vino* (o, più semplicemente, *alcool*), liquido incolore, combustibile, volatile; si trova nel vino, nei liquori, nella birra; si usa in medicina e nell'industria / *dedito all' —,* al bere / — *denaturato*, alcool etilico industriale reso non commestibile mediante l'aggiunta di alcune sostanze coloranti e tossiche.

alcova [-cò-] *s.f.* parte di una stanza, spec. se chiusa da tendaggi, ove si pone il letto; il letto stesso.

alcunché *pron.indef.m.* (*lett.*) alcuna cosa, qualche cosa: *c'è — di sospetto.*

alcuno *agg.indef.* [si tronca in *alcun* davanti ai nomi maschili singolari comincianti per vocale o consonante che non sia *s impura*, *gn*, *ps*, *x*, *z*: *alcun amico*, *alcun libro*, *alcun soldato*; — *scolaro*, — *zio*] indica quantità indeterminata di persone, animali o cose: *alcuni viaggiatori sono morti*; *ho visitato alcune città*; nel singolare è spesso sostituito da *qualche*; nelle frasi negative può essere sostituito da *nessuno*: *non ho alcun* (o *nessun*) *bisogno*; *senza alcuna* (o *nessuna*) *difficoltà* // *pron.indef.* si riferisce sempre a persona: *ho visto alcuni di voi*; nel singolare è frequentemente sostituito da *qualcuno*: *qualcuno di noi* (piuttosto che — *di noi*) *è ricco*; nelle frasi negative è sempre sostituito da *nessuno*: *non c'era nessuno* (e non *non c'era* —) *a quella conferenza.*

aldeide [-dèi-] *s.f.* (*chim.*) composto organico prodotto per ossidazione di taluni alcool.

aldilà *s.m.invar.* ciò che è dopo la morte, l'oltretomba: *fantasma venuto dall'—.*

aldino *agg.* di Aldo Manuzio (1450-1515), celebre tipografo: *carattere —.*

alé *inter.* forza, avanti!

alea [à-] *s.f.* **1** gioco di eventualità, coincidenza di possibilità: *correre l'—*, tentare la sorte. SIN. *rischio*, *azzardo* **2** (*dir.*) casualità da cui si fa dipendere l'esistenza di un'obbligazione o la sua entità.

aleatorio [-tò-] *agg.* che è soggetto alla sorte, incerto / *contratto —*, (*dir.*) quello nel quale le parti non sanno, mentre lo stipulano, se ed in quale misura vi sarà equivalenza di prestazioni. SIN. *rischioso*, *azzardato.*

aleggiare *v.intr.* [*io aléggio ecc.*] **1** battere le ali leggermente **2** (*fig.*) essere nell'aria; alitare: *nella stanza aleggiava un grato profumo.*

alesaggio [-fàg-] *s.m.* diametro interno del cilindro nei motori a scoppio.

alesare [-ʃa-] *v.tr.* [*io alèso ecc.*] (*tecn.*) levigare la superficie interna di un foro o di un cilindro.

alesatore [-ʃató-] *s.m.* **1** [f. *-trice*] operaio addetto all'alesatura **2** utensile per alesare.

alesatrice [-ʃa-] *s.f.* macchina per alesare.

alesatura [-ʃa-] *s.f.* operazione dell'alesare.

alessandrinismo [-ʃmo] *s.m.* **1** carattere della civiltà alessandrina **2** eccessiva raffinatezza.

alessandrino[1] *agg.* di Alessandria (Piemonte) // *s.m.* abitante di Alessandria.

alessandrino[2] *agg.* di Alessandria d'Egitto / *età alessandrina*, l'età della storia greca tra la morte di Alessandro Magno e la conquista romana // *s.m.* verso di quattordici sillabe; settenario doppio.

alessia [-sì-] *s.f.* (*med.*) incapacità di leggere, per lesione cerebrale che ha abolito la comprensione dei segni grafici.

aletta [-lét-] *s.f.* espansione della superficie esterna di una macchina o di un attrezzo, destinata a particolari funzioni: negli apparecchi termici, p.e., le alette favoriscono il raffreddamento / *alette di compensazione*, negli aeroplani, piccole ali connesse alle superfici mobili di governo, che servono a diminuire lo sforzo del pilota nella manovra.

alettone [-tó-] *s.m.* nell'ala di un aeroplano, parte mobile e manovrabile che serve a regolare l'inclinazione laterale di esso.

aleurone [-ró-] *s.m.* (*biol.*) sostanza proteica contenuta nelle cellule vegetali.

alfa[1] *s.f.* **1** prima lettera dell'alfabeto greco / — *privativa*, la vocale *a* che dà senso negativo alle parole cui è prefissa (p.e. *acefalo*) / *dall'— all'omega*, dal principio alla fine **2** *raggi* —, (*fis.*) corpuscoli a carica positiva emessi dai nuclei degli atomi radioattivi.

alfa[2] *s.f.* pianta erbacea tropicale usata per fare cordami, stuoie e pasta da carta (*fam.* Graminacee).

alfabetico [-bè-] *agg.* [pl.m. *-ci*] **1** dell'alfabeto **2** disposto secondo l'ordine dell'alfabeto.

alfabeto [-bè-] *s.m.* **1** serie di segni costanti, disposti in un ordine preciso, ciascuno dei quali rappresenta un suono vocalico o consonantico di una determinata lingua **2** (*fig.*) l'insieme degli elementi più semplici ed essenziali di una disciplina.

alfanumerico [-mè-] *agg.* [pl.m. *-ci*] si dice di codice o carattere, spec. in informatica, composto di lettere dell'alfabeto e di numeri.

alfiere[1] [-fiè-] *s.m.* **1** portabandiera **2** (*fig.*) chi sostiene per primo e con più impegno una dottrina **3** in alcuni stati, grado militare che corrisponde a quello di sottotenente.

alfiere[2] [-fiè-] *s.m.* uno dei pezzi del gioco degli scacchi, che si muove solo in senso diagonale [*ill.* Scacchi].

alfine *avv.* di tempo (*lett.*) alla fine, finalmente.

alga *s.f.* pianta inferiore fornita di clorofilla, con tallo formato da una o più cellule, che vive nell'acqua o in ambienti umidi.

algebra [àl-] *s.f.* parte della matematica che concerne lo studio letterale delle operazioni di somma, sottrazione, moltiplicazione, divisione, elevamento a potenza ed estrazione di radice.

algebrico [-gè-] *agg.* [pl.m. *-ci*] dell'algebra.

algerino *agg.* dell'Algeria // *s.m.* abitante dell'Algeria.

algesia [-ʃi-] *s.f.* (*med.*) sensibilità al dolore.

algido [àl-] *agg.* (*poet.*) freddo, gelato.

alginato *s.m.* sale dell'acido alginico, usato spec. nell'industria alimentare.

algicoltura *s.f.* la coltura delle alghe, spec. per scopo alimentare.

algol [àl-] [*ingl.*; *algorithmic oriented language*] *s.m. invar.* linguaggio di programmazione utilizzato sui calcolatori più potenti.

algologia [-gì-] *s.f.* disciplina medica che studia le cause e le terapie del dolore.

algologo [-gò-] *s.m.* [pl. *-gi*] medico specialista in algologia.

algoritmo *s.m.* (*mat.*) nome generico per designare un procedimento sistematico di calcolo.

algoso [-gó-] *agg.* pieno, ricoperto di alghe.

aliante *s.m.* velivolo senza motore che si regge nell'aria sfruttando le correnti.

alias [à-] *avv.* (*lat.*) altrimenti detto: *Giuseppe Balsamo, — Cagliostro.*

alibi [à-] *s.m.invar.* (*dir.*) argomento di difesa con il quale l'accusato prova la sua presenza fisica in luogo diverso da quello del reato nel momento in cui questo fu commesso.

alice *s.f.* → **acciuga**.

alidada *s.f.* regolo mobile che, scorrendo sul cerchio graduato di un goniometro, permette di misurare l'apertura di un angolo.

alienamento [-mén-] *s.m.* (*dir.*) l'atto dell'alienare.

alienante *agg.* che provoca alienazione, estraneità: *lavoro ripetitivo e —; città —*.

alienare *v.tr.* [*io alièno ecc.*] **1** (*dir.*) trasmettere ad altri la titolarità di un bene o di un diritto **2** togliere, far perdere **3** rendere psicologicamente estraneo a sé stesso, alla propria attività, all'ambiente: *un tipo di lavoro che aliena l'uomo*.

alienato *agg.* **1** (*dir.*) che è stato oggetto di alienazione **2** che soffre di alienazione; che viene sentito come estraneo: *operaio —; lavoro —* // *s.m.* persona affetta da alienazione mentale; pazzo.

alienazione [-zió-] *s.f.* **1** (*dir.*) trasferimento ad altri della titolarità di un bene o di un diritto **2** — *mentale*, l'essere fuori di senno; pazzia **3** sensazione di estraneità provocata dal lavoro industriale, dalla vita delle città, da condizionamenti materiali e psichici.

alienista *s.m.* e *f.* [pl.m. *-i*] medico specialista di malattie mentali.

alieno [-iè-] *agg.* **1** che appartiene ad altri; estraneo **2** non disposto; contrario **3** nella fantascienza, appartenente ad altri mondi, diverso e incomprensibile // *s.m.* essere vivente extraterrestre.

alighiero [-ghiè-] *s.m.* (*mar.*) asta lunga da due a quattro metri, provvista di un gancio metallico a ciascuna estremità, usata per l'attracco delle imbarcazioni.

alimentare[1] *v.tr.* [*io aliménto ecc.*] **1** fornire alimento, nutrire (anche *fig.*): — *un bambino*; — *l'odio* **2** fornire a una macchina o a un congegno l'energia necessaria per il funzionamento: — *una radio con pile*.

alimentare[2] *agg.* che serve al nutrimento, che riguarda il nutrimento: *sostanza —* // *s.m.pl.* generi di alimentazione.

alimentarista *s.m.* e *f.* [pl.m. *-i*] commerciante al minuto di generi alimentari; esperto di tecniche alimentari.

alimentatore [-tó-] *s.m.* apparecchio che serve a regolare l'afflusso di combustibile, acqua o altri materiali in caldaie, serbatoi, macchine.

alimentazione [-zió-] *s.f.* **1** l'alimentare, l'alimentarsi: *scienza dell'—*; *migliorare la propria —* **2** somministrazione di materiali o di energia destinati al funzionamento delle macchine: — *del carburatore* **3** (*mil.*) insieme di operazioni necessarie per il caricamento di un'arma.

alimento [-mén-] *s.m.* **1** quanto serve a mantenere in vita e a far crescere animali e vegetali (anche *fig.*): — *spirituale*. SIN. *cibo, nutrimento, vivanda, vitto* **2** *pl.* (*dir.*) mezzi di sussistenza dovuti per legge a qlcu.

alinea [-lì-] *s.m.* e *f.invar.* capoverso, paragrafo.

aliquota [-lì-] *s.f.* **1** una delle porzioni uguali di una quantità **2** percentuale di imposta in ragione del reddito imponibile.

aliscafo *s.m.* natante che si muove sul pelo dell'acqua a forte velocità, sfruttando la spinta esercitata dall'acqua su alette poste sotto la carena.

aliseo [-fè-] *s.m.spec.pl.* vento costante che spira fra i tropici e l'equatore: *zona degli alisei*.

alitare *v.intr.* [*io àlito ecc.*] respirare; soffiare lievemente: *il vento alita tra le foglie*.

alito [à-] *s.m.* fiato, respiro; lieve soffio.

alla *prep.articolata* composta da *a* e *la*; si apostrofa davanti a vocale: *all'uscita*.

allacciamento [-mén-] *s.m.* **1** atto, effetto dell'allacciare **2** collegamento: — *telefonico*.

allacciare *v.tr.* [*io allàccio ecc.*] **1** stringere con lacci; legare insieme: — *le scarpe*; — *due funi* / — *una vena*, fasciarla strettamente per impedire l'emorragia **2** col-

legare, unire (anche *fig.*): — *due centri con una linea telegrafica*.

allacciatura *s.f.* **1** l'allacciare **2** chiusura o fermatura di un abito con lacci o fermagli.

allagamento [-mén-] *s.m.* atto, effetto dell'allagare.

allagare *v.tr.* [*io allago, tu allaghi ecc.*] coprire d'acqua, inondare.

allampanato *agg.* si dice di persona secca e magrissima.

allantoide [-tò-] *s.f.* (*biol.*) struttura annessa all'embrione, che negli uccelli ha funzione respiratoria mentre nei mammiferi partecipa alla costituzione della placenta e del cordone ombelicale.

allappare *v.tr.* legare la lingua al palato, allegare i denti (detto spec. di frutti acerbi).

allargamento [-mén-] *s.m.* atto, effetto dell'allargare.

allargare *v.tr.* [*io allargo, tu allarghi ecc.*] **1** rendere più largo; dilatare: — *un fossato* / — *il cuore*, consolare, rallegrare. CONTR. *stringere* **2** estendere i limiti di qlco.: — *le ricerche*.

allargatura *s.f.* **1** l'allargare **2** il punto in cui una cosa è stata o si è allargata.

allarmante *agg.* che suscita allarme, apprensione: *notizia —*.

allarmare *v.tr.* mettere in allarme, in apprensione; spaventare.

allarme *s.m.* **1** ordine gridato ai soldati di prendere le armi **2** grido o segnale di pericolo immediato: — *aereo* **3** (*fig.*) timore, ansia.

allarmismo [-fmo] *s.m.* **1** tendenza ad allarmarsi e ad allarmare senza fondamento **2** stato di allarme diffuso, dovuto a notizie infondate.

allarmista *s.m.* e *f.* [pl.m. *-i*] chi diffonde notizie che destano allarme.

allarmistico [-mi-] *agg.* [pl.m. *-ci*] che allarma, spec. se senza fondamento: *voci allarmistiche*.

allato *avv.* (*rar.*) a lato, accanto.

allattamento [-mén-] *s.m.* l'allattare; l'essere allattato.

allattare *v.tr.* nutrire col proprio latte, o anche con latte animale variamente preparato.

alle *prep. articolata* composta da *a* e *le*: *alle amiche; alle zie*.

alleanza *s.f.* **1** patto di unione tra più stati. SIN. *lega* **2** accordo, unione.

allearsi *v.rifl.* [*io mi allèo ecc.*] fare alleanza.

alleato *agg.* e *s.m.* che o chi ha stretto un patto di alleanza.

allegagione [-gió-] *s.f.* il passaggio del fiore a frutto.

allegare *v.tr.* [*io allégo, tu allèghi ecc.*] **1** produrre dei documenti a corredo di una pretesa, in una richiesta, di una comunicazione; accludere **2** produrre una sensazione spiacevole per cui sembra di avere i denti legati (detto spec. di frutti acerbi, ma anche di rumori striden-ti): *quest'uva mi allega i denti* // *v.intr.* maturare bene, detto di un frutto che dopo la fioritura si avvia alla maturazione, attaccato al ramo.

allegato *s.m.* documento accluso a una pratica, a una scrittura.

alleggerimento [-mén-] *s.m.* atto, effetto dell'alleggerire / — *fiscale*, sgravio fiscale.

alleggerire *v.tr.* [*io alleggerisco, tu alleggerisci ecc.*] **1** rendere leggero o più leggero; (*fig.*) rendere più sopportabile: — *un dolore* **2** sgravare in parte qlcu. di un carico o di un compito oneroso / — *uno dei quattrini*, (*scherz.*) derubarlo // *-irsi* *v.rifl.* indossare indumenti più leggeri.

allegoria [-rì-] *s.f.* **1** figura retorica consistente in una descrizione o narrazione che abbia un senso riposto, diverso da quello espresso letteralmente dalle parole   **2** quadro o statua che raffigura un'idea astratta.

allegorico [-gò-] *agg.* [pl.m. *-ci*] relativo all'allegoria, che contiene allegoria: *poema* — // **-mente** *avv.* in modo allegorico, simbolico.

allegretto [-grét-] *s.m.* indicazione dinamica di un brano musicale più lento dell'*allegro* ma più mosso dell'*andante*.

allegrezza [-gréz-] *s.f.* (*lett.*) sentimento di viva e spontanea letizia che traspare negli atti e nelle parole. SIN. *contentezza, gioia, gaudio.* CONTR. *tristezza.*

allegria [-grì-] *s.f.* viva e spontanea letizia. SIN. *contentezza, gaiezza, giocondità.* CONTR. *tristezza.*

allegro [-lé-] *agg.* **1** che è pieno di allegria / *prov.: gente allegra, il ciel l'aiuta.* SIN. *contento, gaio, giocondo, gioioso.* CONTR. *triste* **2** che dà allegria: *musica allegra* // indicazione dinamica di un brano musicale che si voglia eseguito con movimento veloce, ma non rapido.

alleluia [-lù-] *s.m.* **1** nella liturgia, esclamazione di giubilo **2** (*fig.*) espressione, canto di gioia.

allenamento [-mén-] *s.m.* **1** l'allenare, l'allenarsi. SIN. *addestramento, esercitazione* **2** abitudine, conseguita attraverso una particolare preparazione, allo sforzo muscolare e alla competizione sportiva; il periodo di tale preparazione: *essere in* —.

allenare *v.tr.* [*io alléno ecc.*] **1** rendere adatto, con l'esercizio, a determinate prove. SIN. *esercitare, addestrare* **2** (*sport*) preparare a una competizione // **-arsi** *v.rifl.* **1** tenersi in esercizio **2** (*sport*) prepararsi a una competizione.

allenatore [-tó-] *s.m.* [f. *-trice*] (*sport*) chi per professione allena atleti o animali da competizione.

allentamento [-mén-] *s.m.* l'allentare, l'allentarsi.

allentare *v.tr.* [*io allènto ecc.*] **1** rendere più lento, meno teso: — *una corda, le redini* **2** (*fig.*) rendere meno rigido; mitigare: — *la disciplina* **3** (*fam.*) affibbiare: — *un calcio.*

allergene [-gè-] *s.m.* (*med.*) qualsiasi sostanza che determini allergia.

allergia [-gì-] *s.f.* (*med.*) ipersensibilità verso certe sostanze estranee, di varia natura, che si manifesta con reazioni esagerate e anormali (p.e. orticaria, starnuti, difficoltà respiratorie).

allergico [-lèr-] *agg.* [pl.m. *-ci*] **1** che ha attinenza con l'allergia **2** che soffre di allergia.

allergologia [-gì-] *s.f.* disciplina medica che studia i fenomeni allergici.

allergologo [-gò-] *s.m.* [pl. *-gi*] specialista in allergologia.

allerta [-lér-] *avv.* in allarme, con attenzione: *stare* —; — *!*, grido di avvertimento di sentinelle // *s.m.* segnale di allarme.

allesso [-lés-] *avv.* a lesso: *pollo* —.

allestimento [-mén-] *s.m.* l'atto, l'effetto dell'allestire: *curare l'* — *di uno spettacolo.*

allestire *v.tr.* [*io allestisco, tu allestisci ecc.*] mettere in pronto, approntare: — *una cena* / — *una nave*, armarla e provvederla delle attrezzature necessarie per la navigazione. SIN. *preparare, apprestare, apparecchiare.*

allettamento [-mén-] *s.m.* **1** l'atto, l'effetto dell'allettare **2** cosa che alletta, che attrae.

allettante *agg.* che alletta. SIN. *attraente.*

allettare[1] *v.tr.* [*io allètto ecc.*] attirare, adescare con lusinghe o promesse; lusingare.

allettare[2] *v.tr.* [*io allètto ecc.*] (*rar.*) **1** costringere a letto (detto spec. di malattia) **2** piegare a terra: *la tempesta ha allettato il grano.*

allettatore [-tó-] *agg.* e *s.m.* [f. *-trice*] che o chi alletta; adescatore.

allevamento [-mén-] *s.m.* **1** l'allevare **2** ogni sistema di cure tendenti a favorire la riproduzione di animali utili all'uomo **3** il luogo e gli impianti in cui si allevano animali.

allevare *v.tr.* [*io allèvo ecc.*] **1** far crescere in modo corretto e regolare (spec. bambini, animali): — *un gregge, una nidiata* **2** preparare alla vita, educare: — *i figli.*

allevatore [-tó-] *s.m.* [f. *-trice*] chi alleva animali.

alleviamento [-mén-] *s.m.* atto, effetto dell'alleviare.

alleviare *v.tr.* [*io allèvio ecc.*] rendere più lieve, mitigare, attenuare: — *una pena.*

allibire *v.intr.* [*io allibisco, tu allibisci ecc.*] restare sbalordito: *a quella vista allibì.*

allibito *agg.* sbalordito, stupito.

allibramento [-mén-] *s.m.* registrazione su un libro, o trascrizione da un libro a un altro, di un'operazione finanziaria: — *di un debito.*

allibrare *v.tr.* registrare su un libro.

allibratore [-tó-] *s.m.* chi, negli ippodromi, accetta scommesse per le corse, registrandole.

allietare *v.tr.* [*io allièto ecc.*] (*lett.*) rendere lieto. SIN. *rallegrare.*

ailievo [-liè-] *s.m.* chi è allevato, educato, ammaestrato in un'arte o dottrina.

alligatore [-tó-] *s.m.* (*zool.*) grosso rettile con corpo allungato coperto di scudi ossei e cornei, coda compressa, zampe corte e muso lungo, bocca ampia con dentatura robusta; vive nei fiumi dell'America settentrionale (*fam.* Coccodrilli).

allignare *v.intr.* mettere le radici, attecchire (anche *fig.*): *la palma alligna nei paesi caldi.*

allineamento [-mén-] *s.m.* **1** atto, effetto dell'allineare **2** (*mar.*) rotta che le navi devono seguire in prossimità della costa per evitare incagli e bassifondi pericolosi **3** (*tip.*) operazione che consente di allineare a piede caratteri tipografici di corpo diverso **4** in politica e in economia, parificazione, avvicinamento, ristabilimento di un rapporto proporzionale: — *salariale*; — *delle parità nei cambi monetari.*

allineare *v.tr.* [*io allineo ecc.*] disporre in fila sulla stessa linea: — *i soldati per la sfilata* // **-arsi** *v.rifl.* **1** mettersi in fila **2** equipararsi, adeguarsi, mettersi sulle stesse posizioni, spec. politiche.

allineato *agg.* che è in linea (anche *fig.*): *paesi non allineati*, che non fanno parte di una delle due grandi alleanze legate agli Stati Uniti e all'Unione Sovietica.

allitterazione [-zió-] *s.f.* ripetizione di lettere e sillabe uguali in due o più parole successive, e spec. all'inizio di ciascuna (p.e. *tanti terribili tiranni*).

allo *prep.* articolata composta da *a* e *lo*; si usa davanti ai vocaboli che cominciano per vocale, *s impura, gn, ps, x, z* e si apostrofa davanti a vocale: *allo zoo; allo studio; allo gnomo; all'armadio.*

allo- [dal gr. *àllos = altro, diverso*] primo elemento compositivo che significa «altro, differente, diverso», in parole derivate dal greco o coniate modernamente (*alloglotto, allogeno*).

allocazione [-zió-] *s.f.* ripartizione, spec. in alcune scienze e tecniche: — *dei canali radio*, suddivisione per accordi internazionali.

allocco [-lòc-] *s.m.* uccello rapace notturno con occhi frontali, piumaggio bruno, coda corta e arrotondata (*fam.* Strigidi).

alloctono [-lòc-] *agg.* si dice di rocce che non si sono formate nel luogo ove sono ritrovate, ma vi sono state spinte da forze tettoniche.

allocutore[-tó-]*s.m.* [f. *-trice*](*rar.*)chi fa un'allocuzione.

allocuzione [-zió-] *s.f.* discorso solenne tenuto in un'adunanza: — *inaugurale*.

allodiale *agg.* appartenente all'allodio; libero da vincoli feudali: *terreno* —.

allodio [-lò-] *s.m.* nel medioevo, territorio di piena proprietà, libero da vincoli e tributi feudali.

allodola [-lò-] *s.f.* piccolo uccello canoro, commestibile, color terra, con ali lunghe, becco appuntito, dito posteriore fornito di lunghissima unghia (*fam.* Alaudidi).

allogare *v.tr.* [*io allògo, tu allòghi ecc.*] **1** collocare in luogo opportuno, in un impiego: — *qlcu. come portiere* **2** ospitare.

allogeno [-lò-] *agg.* e *s.m.* che o chi appartiene ad un gruppo etnico diverso da quello della maggioranza degli abitanti dello stato in cui vive: *gli allogeni tedeschi dell'Alto Adige*.

alloggiamento [-mén-] *s.m.* **1** l'alloggiare **2** (*mil.*) il luogo e gli alloggi in cui prendono dimora i soldati; spec. l'accampamento **3** (*tecn.*) incavo, foro o scanalatura appositamente predisposto affinché vi trovi spazio un organo meccanico.

alloggiare *v.tr.* [*io allòggio ecc.*] dare alloggio a qlcu.: — *i parenti in casa propria*. SIN. *ospitare, albergare* // *v.intr.* prendere alloggio, essere ospitato / *prov.*: *chi tardi arriva male alloggia*. SIN. *abitare, dimorare*. CONTR. *sloggiare*.

alloggio [-lòg-] *s.m.* luogo in cui si dimora; abitazione, anche temporanea; albergo.

alloglotto [-glòt-] *agg.* e *s.m.* che o chi parla una lingua diversa da quella o da quelle ufficiali dello stato in cui vive: *gli alloglotti della Valle d'Aosta*.

allontanamento [-mén-] *s.m.* atto, effetto dell'allontanare o dell'allontanarsi. CONTR. *avvicinamento*.

allontanare *v.tr.* **1** mettere, mandare lontano. SIN. *scostare, separare*. CONTR. *avvicinare* **2** dimettere, esonerare da un incarico // **-arsi** *v.rifl.* andare lontano. SIN. *scostarsi, assentarsi*. CONTR. *avvicinarsi*.

allopatia [-tì-] *s.f.* pratica medica che prescrive di curare le malattie con rimedi contrari alla natura e ai sintomi di esse.

allora [-ló-] *avv. di tempo* **1** in quel momento, in quel tempo: — *c'incontravamo spesso* / — *sì che* (rafforzato): — *sì che mi godevo la vita* / *d'*—, di quel tempo: *dove sono andati gli amici d'*—? / — —, proprio in quel momento, da pochissimo tempo: — *come* —, in quella congiuntura: — *come* — *non si poteva fare di più* / *per* —, in quel momento **2** in tal caso, in questo caso: *non ci sono più treni,* — *resteremo!*

allorché *cong. subordinativa temporale* (*lett.*) quando, nel momento che, nel tempo che; si usa per introdurre proposizioni temporali con il verbo al modo indicativo: — *l'incontrò, stava parlando con un'altra persona*.

alloro [-lò-] *s.m.* albero sempreverde con foglie coriacee, aromatiche, usate per decorazione e in cucina (*fam.* Lauracee).

allorquando *cong. subordinativa temporale* (*lett.*) → **allorché**.

allotropia [-pì-] *s.f.* **1** (*chim.*) proprietà particolare degli allotropi **2** in linguistica, esistenza di parole diverse per forma ma dallo stesso etimo.

allotropo [-lò-] *s.m.* **1** (*chim.*) elemento o composto che può assumere forme diverse e manifestare proprietà fisiche e chimiche diverse **2** parola che ha lo stesso etimo di un'altra, pur avendo forma diversa.

all right [*ingl.*; *pr.* óol ràit] *locuz.* che significa «tutto bene» e indica approvazione.

alluce [àl-] *s.m.* il primo e più grosso dito del piede.

allucinante *agg.* che provoca impressioni violente, allucinazioni: *visione* —.

allucinare *v.tr.* [*io allùcino ecc.*] abbagliare, impressionare violentemente sino a provocare allucinazioni.

allucinato *s.m.* chi soffre di allucinazioni // *agg.* che sembra un'allucinazione; che mostra sofferenza allucinante: *sguardo* —.

allucinazione [-zió-] *s.f.* stato per cui si percepisce come reale ciò che è solo immaginario.

allucinogeno [-nò-] *agg.* e *s.m.* si dice di sostanze che provocano allucinosi, in particolare di droghe come l'acido lisergico o LSD.

allucinosi [-nòʃi] *s.f.invar.* stato psicopatologico caratterizzato da allucinazioni.

alludere [-lù-] *v.intr.* [pass.rem. *io allusi, tu alludésti ecc.*; p.pass. *alluso*] riferirsi a qlco. o a qlcu. in modo velato.

allumare *v.tr.* conciare le pelli con l'allume.

allume *s.m.* (*chim.*) miscela di due solfati metallici; alcuni sono usati come astringenti in medicina, conceria, tintoria ecc.

alluminare *v.tr.* [*io allùmino ecc.*] (*ant.*) miniare.

alluminio [-mì-] *s.m.* elemento chimico molto diffuso in natura (Al; *n.at.* 13; *p.at.* 26,98); è un metallo grigio argenteo, leggerissimo, duttile e malleabile, molto usato nell'industria.

allunaggio [-nàg-] *s.m.* la discesa di un veicolo spaziale sul suolo lunare.

allunare *v.intr.* discendere sul suolo lunare.

allungabile [-gà-] *agg.* che si può allungare. CONTR. *accorciabile*.

allungamento [-mén-] *s.m.* l'allungare, l'allungarsi. CONTR. *accorciamento*.

allungare *v.tr.* [*io allungo, tu allunghi ecc.*] **1** rendere lungo o più lungo: — *il vestito* / — *il collo*, protenderlo / — *gli orecchi*, ascoltare con attenzione / — *le gambe*, stenderle / — *il passo*, affrettarsi / — *uno schiaffo*, appiopparlo / — *la strada*, percorrere la via più lunga. SIN. *prolungare*. CONTR. *accorciare* **2** (*fam.*) porgere stendendo il braccio: *allungami quel libro* **3** nel gioco del calcio, passare la palla a un compagno avanzato **4** protrarre, aumentare la durata di qlco.: — *le vacanze* **5** diluire, annacquare // **-arsi** *v.rifl.* **1** farsi, diventare più lungo **2** crescere di statura.

allungatura *s.f.* **1** l'atto dell'allungare **2** la parte che si aggiunge per allungare.

allungo *s.m.* nel ciclismo e nella corsa atletica, progressivo aumento di velocità operato dal corridore; nel calcio, passaggio della palla in avanti; nel pugilato, il colpo vibrato direttamente tendendo il braccio.

allusione [-ʃió-] *s.f.* **1** l'alludere **2** le parole con cui si allude. SIN. *cenno, accenno, riferimento*.

allusivo [-ʃi-] *agg.* che allude, che contiene allusione: *discorso* —.

alluvionale *agg.* si dice di terreno formato dai depositi lasciati dai fiumi.

alluvionato *agg.* colpito da alluvione: *territorio* — // *s.m.* chi è vittima di un'alluvione.

alluvione [-vió-] *s.f.* **1** vasto allagamento prodotto da un fiume straripato **2** (*geol.*) deposito di materiali solidi formato dalla corrente fluviale.

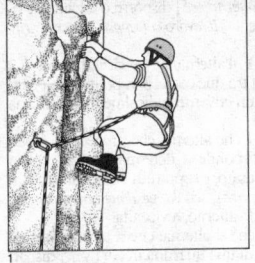
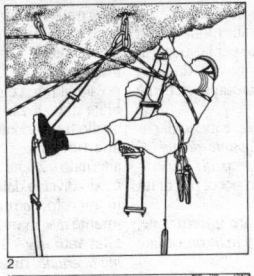

alpinismo: 1 *arrampicata libera*,
2 *arrampicata in artificiale*,
3 *discesa a corda doppia*,
4 *assicurazione*, 5 *corda fissa*,
6 *imbragatura*, 7 *piccozza*,
8 *martello da roccia*, 9 *pugnale da ghiaccio*, 10 *chiodo da roccia*,
11 *chiodo da ghiaccio*,
12 *moschettone*, 13 *moschettone a vite*, 14 *rampone*, 15 *scarpone con rampone*, 16 *bicuneo con cordino*,
17 *staffa*, 18 *ghette*, 19 *casco*,
20 *corda*, 21 *discensore*, 22 *occhiali da ghiaccio*, 23 *scarpette da roccia*.

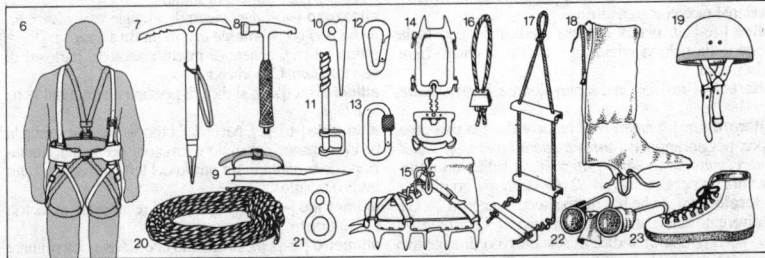

alma *s.f.* (*poet.*) anima.

almanaccare *v.intr.* [*io almanacco, tu almanacchi ecc.*] fare castelli in aria, fantasticare. SIN. *arzigogolare, mulinare*.

almanacco *s.m.* [pl. -*chi*] pubblicazione annuale, contenente la successione dei giorni e dei mesi, le festività, i principali fenomeni astronomici / — *di Gotha*, annuario genealogico-araldico degli stati del mondo. SIN. *calendario, lunario, effemeride*.

almeno [-mé-] *avv. di quantità* se non altro, se non di più (restringe un'espressione ai minimi termini): *vorrei — essere avvertito*.

almo *agg.* (*poet.*) che dà vita, che alimenta.

alno *s.m.* → **ontano**.

aloe [àloe *o* aloè] *s.m.* pianta tropicale con foglie carnose, spesso aculeate, da cui si estrae un succo amaro, medicinale (*fam.* Gigliacee).

alofite [-lò-] *s.f.pl.* piante che vivono in terreni ricchi di sali.

alogeno [-lò-] *s.m.* (*chim.*) ognuno dei quattro metalloidi (fluoro, cloro, bromo, iodio) che, combinandosi con metalli, danno sali e con idrogeno acidi forti.

alone [-ló-] *s.m.* cerchio luminoso che si forma talvolta intorno al disco del Sole o della Luna per effetto della rifrazione; ogni consimile effetto luminoso (anche *fig.*): *un — di rispettabilità*.

alopecia [alopecìa *o* alopècia] *s.f.* mancanza di capelli o di peli in zone normalmente pilifere.

alosa [-lòfa] *s.f.* grosso pesce marino commestibile dal corpo quasi ovale, verde azzurro, con macchie nerastre sul dorso (*fam.* Clupeidi).

alpaca *s.m.invar.* **1** ruminante domestico di taglia media, con pelo giallastro; vive sulle Ande (*fam.* Camelidi) **2** filato o tessuto di lana assai morbida.

alpacca *s.m.* e *f.* lega di rame, zinco e nichelio, simile all'argento: *posate di* —.

alpe *s.f.* **1** (*lett.*) zona di alta montagna **2** pascolo naturale d'alta montagna.

alpeggio [-pég-] *s.m.* pascolo estivo del bestiame in alta montagna.

alpenstock *s.m.invar.* (*ted.*) bastone da montagna con punta ferrata.

alpestre [-pè-] *agg.* proprio dell'alpe, della montagna.

alpigiano *agg.* e *s.m.* che o chi abita le Alpi; montanaro.

alpinismo [-ĵmo] *s.m.* sport di montagna il cui fine è la scalata delle pareti rocciose e la conquista delle vette.

alpinista *s.m.* e *f.* [pl.m. *-i*] chi pratica l'alpinismo.

alpino *agg.* che appartiene alle Alpi o alle montagne in genere / *truppe alpine*, corpo addestrato per la guerra in montagna / *razza bruna alpina*, razza bovina da latte, originaria della Svizzera // *s.m.* soldato appartenente alle truppe alpine italiane.

alquanto *agg.indef.* (*rar.*) più di un poco e meno di parecchio: *mangiò — pane*; *c'erano alquante donne* // *pron.indef.* (*rar.*) sempre seguito dalla prep. *di*: *ho bevuto — di vino* // *avv.indef.* di quantità un poco, più di un poco: *ho camminato —*.

alt *inter.* espressione usata per ordinare interruzione, sospensione o arresto di un'azione // *s.m.invar.* ordine di arresto.

altalena [-lé-] *s.f.* **1** gioco che si fa stando seduti o in piedi su una tavola che oscilla attaccata a due funi pendenti dall'alto oppure in bilico su un fulcro; anche la tavola stessa **2** (*fig.*) alterna vicenda.

altana *s.f.* terrazza coperta su un tetto.

altare *s.m.* monumento religioso sul quale si offrono sacrifici alla divinità; nelle chiese cattoliche, la tavola su cui si celebrano la messa e altre funzioni / *— maggiore*, quello principale di una chiesa, posto nell'abside / *il sacrificio dell'—*, la messa / *andare all'—*, sposarsi; *condurre all'—*, prendere in moglie / *elevare, porre sugli altari*, proclamare beato o santo; (*fig.*) esaltare con grandi lodi.

altarino *s.m.* piccolo altare; un tempo anche usato come balocco di fanciulli / *scoprire gli altarini*, (*scherz.*) svelare i piccoli segreti altrui.

altea [-tè-] *s.f.* pianta erbacea medicinale, con foglie coperte da peluria grigiastra e fiori rosa chiaro (*fam.* Malvacee).

alterabile [-rà-] *agg.* che si può alterare. CONTR. *inalterabile*.

alterare *v.tr.* [*io àltero ecc.*] rendere diversa una cosa, spec. peggiorandola: *l'umidità altera i colori*. SIN. *adulterare, guastare* // **-arsi** *v.rifl.pron.* **1** subire un mutamento, un peggioramento **2** (*fig.*) turbarsi, adirarsi.

alterato *agg.* **1** che ha subito alterazione: *vino —*, che è diventato acido. SIN. *adulterato, guasto* **2** turbato: *viso —* **3** (*gramm.*) si dice di sostantivo o di aggettivo derivato da un altro mediante un suffisso che non ne modifica il significato nella sostanza, ma nella qualità, nella quantità, nel tono (p.e. *gatto - gattaccio - gattone - gattino; piccolo - piccolino*).

alterazione [-zió-] *s.f.* **1** l'atto, l'effetto dell'alterare **2** (*chim.*) mutamento intrinseco di un prodotto naturale o artificiale a causa di agenti esterni (calore, umidità ecc.) **3** (*mus.*) accidente.

altercare *v.intr.* [*io altèrco, tu altèrchi ecc.*] scambiarsi male parole. SIN. *litigare*.

alterco [-tèr-] *s.m.* [pl. *-chi*] l'altercare. SIN. *lite, litigio, diverbio*.

alter ego [*lat.*; *pr.* àlter ègo = *un altro me stesso*] *locuz.* usata per indicare un sostituto o una persona che fa le veci di un'altra.

alterezza [-réz-] *s.f.* l'essere altero. SIN. *alterigia, fierezza, superbia*.

alterigia [-rì-] *s.f.* considerazione eccessiva di sé. SIN. *alterezza, arroganza, superbia*.

alterità *s.f.invar.* l'essere altro, diversità: *— culturale*.

alternanza *s.f.* **1** l'alternare, l'alternarsi: *— di partiti al governo* **2** (*agr.*) il succedersi alternato e preordinato delle varie colture sullo stesso terreno in una serie di anni.

alternare *v.tr.* [*io altèrno ecc.*] disporre o eseguire a vicenda; avvicendare: *— il lavoro col riposo* // **-arsi** *v.rifl.* avvicendarsi.

alternativa *s.f.* **1** l'alternarsi; avvicendamento **2** possibilità di scelta tra due cose **3** in politica, la possibilità di realizzare un governo diverso da quello tradizionale.

alternativo *agg.* **1** che alterna, che procede in modo alternato **2** che risponde a determinate esigenze in modo diverso dall'usato, che è diverso da quanto è stato imposto: *consumo —; scuola, gestione alternativa* // **-mente** *avv.* in modo alterno, a vicenda.

alternato *agg.* **1** che si alterna, che si avvicenda / *rima alternata*, rima di una quartina in cui i versi dispari rimano con i dispari e i pari con i pari **2** (*fis.*) si dice di fenomeno o grandezza periodici nel tempo.

alternatore [-tó-] *s.m.* (*elettr.*) macchina generatrice di corrente alternata [*ill.* Elettrica, energia].

alterno [-tèr-] *agg.* che si alterna, che si ripete a intervalli: *movimento —*.

altero [-tè-] *agg.* che ha un'alta opinione di sé. SIN. *fiero, altezzoso, superbo*.

altezza [-téz-] *s.f.* **1** dimensione di un corpo dalla base al vertice. CONTR. *bassezza* **2** (*fig.*) nobiltà, grandezza / *Altezza*, titolo dei principi di sangue reale **3** (*geom.*) distanza di un punto da una retta o da un piano assunti come base **4** (*fis.*) misura della frequenza di vibrazione di un suono **5** (*tip.*) distanza tra il piede e l'occhio del carattere di stampa.

altezzoso [-zó-] *agg.* pieno di alterigia. SIN. *altero, superbo, borioso* // **-mente** *avv.* in modo altezzoso.

altica [àl-] *s.f.* genere di insetti coleotteri, parassiti di vegetali (*fam.* Crisomelidi).

alticcio [-tic-] *agg.* si dice di persona alterata dal bere. SIN. *brillo*.

altimetria [-trì-] *s.f.* parte della topografia che studia la conformazione del suolo e i metodi per la determinazione della quota di un punto del terreno rispetto a un livello stabilito.

altimetrico [-mè-] *agg.* [pl.m. *-ci*] relativo all'altimetria o all'altimetro.

altimetro [-ti-] *s.m.* strumento che serve a determinare la quota di un punto sul livello del mare.

altipiano *s.m.* → **altopiano**.

altisonante *agg.* che ha suono ampio e solenne: *parole altisonanti*.

altitudine [-tù-] *s.f.* quota di una località rispetto al livello medio del mare.

alto *agg.* [*compar. più alto* o *superiore*; *superl. altissimo* o *supremo* o *sommo*] **1** che si eleva verticalmente dal suolo o da un altro piano di riferimento: che eccelle, che si trova in posizione elevata (anche *fig.*): *le alte montagne; un tessuto — 70 cm; un bambino molto —*, di statura superiore alla media; *la parte alta del villaggio; il sole è — sull'orizzonte / giorno —*, fatto, inoltrato / *andare a testa alta*, avere la coscienza tranquilla / *tenere — il morale*, rincorare, infondere coraggio. DIM. *altino*. CONTR. *basso* **2** si dice di regione situata a settentrione, o di regione montagnosa; di corso d'acqua vicino alla sorgente: *l'alta Italia; — tedesco; l'— Nilo / — medioevo*, il medioevo dei primi secoli. CONTR. *basso* **3** profondo (anche *fig.*): *acqua alta / essere in — mare*, lontano dalla riva; (*fig.*) ancora lontano dalla soluzione di un problema; *— silenzio*. CONTR. *basso* **4** acuto, elevato, detto di nota o suono. CONTR. *basso* **5** grande, elevato, detto di numero o di ciò che si può misurare mediante numeri: *prezzi alti*; *alta pressione*, superiore alla normale. CONTR. *basso* **6** (*fig.*) nobile, grande, illustre: *sotto l'—patrocinio*; *avere un—concetto di sé*; *tenere—il proprio nome*, onorarlo con una condotta esemplare / *alta società, alta moda, alta finanza / camera alta*, il senato. SIN. *sublime, eccelso* **7** si dice di festività mobile quando cada più tardi del solito: *la Pasqua è alta quest'anno* **8** arduo, difficile, imperscrutabile: *è immerso in problemi troppo alti per noi* // *avv.* in su, in luogo elevato, acutamente: *mirare, tirare—* / *s.m.* la parte più alta di qlco.; il cielo: *Dio ci guarda dall'—* / *gli alti e bassi*, (*fig.*) le alterne vicende, i miglioramenti e i peggioramenti / *far cadere una cosa dall'—*, (*fig.*) concederla esagerandone l'importanza / *guardare dall'—in basso*, con disprezzo / *in—*, verso l'alto (anche *fig.*): *mani in—!* // **-mente** *avv.* **1** grandemente: *una persona—qualificata* **2** nobilmente: *sentire—*.

altoatesino *agg.* dell'Alto Adige // *s.m.* abitante dell'Alto Adige.

altocumulo [-cù-] *s.m.* ammasso di nubi a notevole altezza dal suolo [*ill. Nubi*].

altoforno [-fór-] *s.m.* [pl. *altifórni*] forno in forma di torre che, riempito a strati alterni di carbone coke e di minerale ferroso, serve per la produzione della ghisa.

altolocato *agg.* che occupa un'alta posizione sociale.

altoparlante *s.m.* apparecchio che converte un segnale elettrico in un segnale acustico udibile a distanza [*ill. Suono*].

altopiano *s.m.* [pl. *altipiani*] zona pianeggiante notevolmente elevata sul livello del mare.

altorilievo [-liè-] *s.m.* scultura nella quale le figure emergono dal fondo con molto stacco.

altostrato *s.m.* nube a forma di strato fibroso a notevole altezza dal suolo [*ill. Nubi*].

altresì *avv.* (*lett.*) anche, ancora, inoltre.

altrettale *agg.indef.correlativo* (*lett.*) tale e quale, simile.

altrettanto *agg.indef.correlativo* quanto l'altro, nella stessa misura o quantità: *c'erano venti uomini e altrettante donne* // *pron.indef.correlativo* quanto l'altro, nella stessa misura o maniera: *di quella stoffa ci sono rimasti dieci metri, di questa altrettanti; tu ti sei comportato bene, io farò—* // *avv.* di quantità nella stessa misura, né più né meno.

altri *pron.indef.m.invar.* **1** un'altra persona; si riferisce solo a persona sing.: *—dirà; non desiderare la roba d'—* / *non—che*, nessun altro **2** alcuno, taluno: *taluno dice questa cosa, —un'altra*.

altrimenti [-mén-] *avv.* di modo **1** in altro modo, diversamente: *devi agire—* **2** in caso contrario: *fai presto, —perdi il treno.*

altro *agg.indef.* **1** diverso, differente (preceduto dall'art. indeterminativo): *eleggeremo un—deputato; prenderemo un'altra strada* **2** restante, rimanente (preceduto dall'art. determinativo): *che ne fai dell'altra lana?; restai, mentre gli altri ospiti se ne andarono* **3** nuovo; secondo: *ripetilo un'altra volta* **4** con riferimento al tempo, significa scorso, precedente o anche immediatamente anteriore a quello precedente: *l'altr'anno; l'—giorno; ieri l'—*; prossimo, venturo, seguente: *l'—lunedì; domani l'—; quest'altr'anno* **5** unito ad aggettivo e pronome ha valore rafforzativo: *chiunque—; noi altri; qualcun—; quest'—* **6** in correlazione con uno: *l'una e l'altra volta* // *pron.indef.* altra persona o cosa (al singolare è preceduto dall'art. indeterminativo): *un—avrebbe fatto così; ho letto questo libro, puoi darmene un —?; lo daremo ad altri; non badare a ciò che pensano gli*

altri / *è una ragione come un'altra* / *pare un—* // con valore partitivo: *ne vuoi dell'—?* // *pron. correlativo* si usa in correlazione con *uno, alcuno*: *in un modo o nell'—; uno legge, l'—gioca; gli uni acconsentirono, gli altri rifiutarono* // *pron. reciproco* esprime un rapporto di reciprocità ed è preceduto dall'art. determinativo: *si aiutavano l'un l'—* / con valore di sostantivo sta per *altra cosa* ed è usato anche in frasi correlative: *che—ti manca?; non fa—che piangere; pensavo ad—; —è dire, —è fare* / *bugiardo che non sei—! / ci vuole—! / dell'—*, ancora / *ha piovuto dell'—* / *per—* (*o peraltro*), del resto, però / *più che—*, soprattutto / *senz'—*, certamente; senza indugio / *se non—*, almeno / *—che* (non com. *altroché*), nelle risposte affermative ha più forza del semplice *sì*: «*Sei bravo in latino?*» «*Altro che!*».

altronde [-trón-] *avv.* di moto da luogo (*lett.*) da altro luogo / *d'—*, del resto, a ogni modo, d'altra parte, per altro: *mi spiace, d'—non posso farci nulla.*

altrove [-tró-] *avv.* di luogo in altro luogo.

altrui *agg.poss.invar.* di altri, degli altri; indica possesso riferendosi a possessore o possessori indeterminati: *non immischiatevi nei fatti—* // *pron.indef.m.* altri; si riferisce a persona e sostituisce il pron. *altri* nelle funzioni di compl.; il suo uso è spec.lett. // *s.m.* [solo sing.] la roba d'altri.

altruismo [-ìmo] *s.m.* amore, dedizione agli altri. CONTR. *egoismo.*

altruista *s.m.* e *f.* [pl.m. *-i*] chi opera con altruismo; persona generosa. CONTR. *egoista.*

altruistico [-i-] *agg.* [pl.m. *-ci*] che è proprio dell'altruista. CONTR. *egoistico.*

altura *s.f.* luogo più elevato della media; colle.

alula [à-] *s.f.* → **ipersostentatore.**

alunno *s.m.* **1** allievo; discepolo, scolaro / *alunni delle Muse*, i poeti **2** qualifica di certi impiegati che non hanno ancora ricevuto la nomina relativa.

alveare *s.m.* **1** abitazione naturale delle api **2** cassetta costruita per allevarvi le api; arnia **3** (*fig.*) abitazione molto affollata.

alveo [àl-] *s.m.* letto naturale o artificiale di fiume o di torrente [*ill. Fiume*].

alveolare *agg.* di alveolo, che si riferisce all'alveolo.

alveolo [-vè-] *s.m.* **1** cavità della mascella dove hanno sede le radici dei denti **2** piccola cavità del polmone in cui avvengono gli scambi gassosi tra sangue e aria.

alvo *s.m.* **1** (*lett.*) ventre; cavità **2** (*med.*) intestino.

alzabandiera [-diè-] *s.m.invar.* cerimonia dell'alzare solennemente la bandiera.

alzaia [-zà-] *s.f.* **1** fune per rimorchiare dalla riva i natanti lungo un corso d'acqua **2** l'argine dal quale si effettua tale rimorchio.

alzare *v.tr.* **1** portare in alto (anche *fig.*): *—il capo / —le carte*, all'inizio del gioco, sollevarne alcune dalla parte superiore del mazzo e porle sotto le altre / *—le mani su qlcu.*, fare atto di percuoterlo / *—i prezzi*, aumentarli / *—le spalle*, mostrare noncuranza o disprezzo / *—la voce*, gridare / *—il gomito*, bere smodatamente / *—i tacchi*, scappare, fuggire. SIN. *innalzare, sollevare, elevare.* CONTR. *abbassare* **2** costruire; rialzare (un edificio ecc.). SIN. *erigere* // **-arsi** *v.rifl.* e *rifl.pron.* **1** levarsi in piedi da seduto o sdraiato; in particolare, levarsi dal letto **2** sorgere; spostarsi più in alto: *si è alzato il sole; la nebbia si alza.*

alzata *s.f.* **1** l'alzarsi / *votare per—e seduta*, chi approva si alza, chi disapprova rimane seduto / *—d'ingegno*, (spec. *iron.*) trovata geniale / *—di scudi*, ribellione morale di vaste proporzioni / — *di testa*, capriccio, puntiglio **2** vassoio a più ripiani, per frutta, dolci ecc. **3** parte rialzata, spec. di un mobile.

alzato *s.m.* rappresentazione verticale delle parti esterne di un edificio.

alzavola [-zà-] *s.f.* uccello di palude con piedi palmati, simile all'anitra, ma più piccolo (*fam.* Anatidi).

alzo *s.m.* tacca di mira mobile che consente di far assumere a un'arma da fuoco elevazioni diverse con il variare della distanza del bersaglio [*ill. Cannone*].

amabile [-mà-] *agg.* **1** degno di essere amato **2** piacevole, gradevole; garbato, simpatico **3** si dice di vino in cui si percepisce un gusto dolce.

amabilità *s.f.invar.* l'essere amabile (nei significati 1 e 2). SIN. *affabilità, piacevolezza*.

amaca *s.f.* tipo di giaciglio pensile costituito da una rete o da un telo sospesi a sostegni.

amadriade[1] [-drì-] *s.f.* (*mit.*) ninfa dei boschi.

amadriade[2] [-drì-] *s.f.* grossa scimmia con lunga criniera e muso canino (*fam.* Cercopitecidi).

amalfitano [-tà-] *agg.* di Amalfi // *s.m.* abitante di Amalfi.

amalgama [-màl-] *s.m.* [pl. *-i*] **1** (*chim.*) lega di uno o più metalli con mercurio **2** miscuglio, impasto (anche *fig.*).

amalgamare *v.tr.* [*io amàlgamo ecc.*] **1** (*chim.*) fare una lega di uno o più metalli con il mercurio **2** mescolare, impastare **3** accostare, mettere insieme // **-arsi** *v.rifl.pron.* fondersi, legare con qlco.; accordarsi.

amamelide [-mè-] *s.f.* arbusto del Nord America le cui foglie e la cui corteccia sono usate in farmacia (*fam.* Amamelidacee).

amanita *s.f.* nome di diversi funghi della famiglia Agaricacee, con alcune specie commestibili e altre velenosissime (— *falloide*).

amante *agg. e s.m. e f.* **1** chi è legato da amore, spesso illecito, a una persona di sesso diverso **2** che, chi ama: — *della musica*.

amanuense [-nuèn-] *s.m.* **1** nel medioevo, copista di manoscritti **2** copista, scrivano.

amaraco [-mà-] (*rar.*) *s.m.* maggiorana.

amaranto *s.m.* pianta erbacea con infiorescenze a spiga color rosso porpora o verde (*fam.* Amarantacee) **2** il colore rosso dei fiori di tale pianta.

amarasca *s.f.* varietà di ciliegia di sapore acidulo.

amare *v.tr.* **1** provare amore per qlcu., volere bene a qlcu.: — *i genitori, i figli.* CONTR. *odiare* **2** essere particolarmente attirati verso qlco., considerare con simpatia: — *la musica, la solitudine, gli animali.* CONTR. *odiare* **3** preferire: *l'orso bianco ama i climi freddi.*

amareggiare *v.tr.* [*io amaréggio ecc.*] rendere amaro (spec. *fig.*).

amarena [-rè-] *s.f.* frutto dell'amareno.

amareno [-rè-] *s.m.* varietà di ciliegio dai frutti di sapore amarognolo (*fam.* Rosacee).

amaretto [-rét-] *s.m.* biscotto di forma semisferica schiacciata, a base di zucchero, bianco d'uovo e pasta di mandorle (specialità di Saronno).

amarezza [-réz-] *s.f.* **1** (*rar.*) la qualità, la caratteristica di ciò che è amaro. CONTR. *dolcezza* **2** (*fig.*) episodio che amareggia; tristezza profonda: *l'infelice parlava con —.* SIN. *dispiacere, mestizia* **3** (*fig.*) rancore.

amarilli *s.f.invar.*, **amarillide** [-rìl-] *s.f.* pianta erbacea ornamentale con grandi fiori a imbuto dai colori vivaci (*fam.* Amarillidacee).

amaro *agg.* **1** che è di sapore contrario al dolce, p.e.

come il caffè: *caffè, cacao* —, al naturale, senza aggiunta di zucchero; — *come il fiele / avere la bocca amara*, avere cattivo sapore in bocca; (*fig.*) essere triste, deluso. CONTR. *dolce* **2** (*fig.*) spiacevole, sgradevole: *è stato un — risveglio; un'amara sorpresa.* CONTR. *dolce* **3** (*fig.*) penoso, doloroso: *è una vita amara; mi dici parole amare.* CONTR. *lieto.* SIN. *triste* // *s.m.* **1** sapore amaro (anche *fig.*) **2** (*fig.*) rancore: *c'è dell'— in quello che dici.*

amarognolo [-ró-] *agg.* che ha sapore tendente all'amaro, ma non sgradevole: *liquore* —. CONTR. *dolciastro.*

amarra *s.f.* corda da ormeggio.

amarrare *v.tr.* ormeggiare con l'amarra.

amatore [-tó-] *s.m.* [f.-*trice*] **1** (*rar.*) chi ama; amante, innamorato **2** chi si diletta di un'arte e ne raccoglie gli esemplari: — *della pittura francese.*

amatorio [-tò-] *agg.* che riguarda l'amore, che lo stimola: *filtro* —.

amaurosi [-ròſi] *s.f.* forte indebolimento o perdita della vista per la malattia del nervo ottico.

amazzone [-màʒʒo-] *s.f.* **1** donna che pratica l'arte del cavalcare / *cavalcare all'*—, con entrambe le gambe da un lato della sella **2** lungo abito femminile per andare a cavallo.

amazzonite [-maʒʒo-] *s.f.* minerale di color verde; varietà di ortoclasio.

ambage *s.f.spec.pl.* lungo e tortuoso preambolo o giro di parole; circonlocuzione / *senz'ambagi*, in modo chiaro.

ambasceria [-rì-] *s.f.* complesso di persone inviate da un sovrano o da uno stato per compiere una missione diplomatica.

ambascia [-bà-] *s.f.* [pl. *-sce*] **1** difficoltà e fatica nel respirare. SIN. *affanno* **2** (*fig.*) dolore gravissimo. SIN. *affanno, travaglio, angoscia.*

ambasciata *s.f.* **1** rappresentanza diplomatica di uno stato presso un altro; residenza della medesima: *l'— britannica in Italia* **2** ciò che si manda a dire a un altro.

ambasciatore [-tó-] *s.m.* [f. -*trice*, che indica la moglie dell'ambasciatore; per donna con funzioni d'ambasciatore, si preferisce usare la forma maschile] **1** rappresentante diplomatico di uno stato presso un altro: *l'— di Francia a Roma* **2** chi porta un'ambasciata / *prov.: ambasciator non porta pena.*

ambata *s.f.* nel lotto, sistema consistente nel giocare una serie di ambi lasciando invariato uno dei due numeri.

ambedue *agg.num.* tutti e due; è seguito dall'art.det.: — *le sorelle* // *pron.* tutti e due: *uscirono — dalla stanza.*

ambidestrismo [-ſmo] *s.m.* capacità di usare, con la stessa abilità, gli arti di entrambi i lati del corpo.

ambidestro [-dè-] *agg.* che si serve di ambedue le mani con uguale abilità.

ambientale *agg.* che è proprio dell'ambiente.

ambientamento [-mén-] *s.m.* l'ambientare, l'ambientarsi.

ambientare *v.tr.* [*io ambiènto ecc.*] **1** adattare all'ambiente **2** collocare in un ambiente: *lo scrittore ha ambientato i suoi personaggi in Toscana* // **-arsi** *v.rifl.* adattarsi, accomodarsi ad un ambiente.

ambientazione [-zió-] *s.f.* **1** atto, effetto dell'ambientare o dell'ambientarsi **2** in un'opera letteraria o in un film, la collocazione di una vicenda, di un personaggio nel loro ambiente storico e sociale, nel loro clima.

ambiente [-bièn-] *s.m.* **1** lo spazio geografico, il luogo in cui si vive; in particolare, il complesso di condizioni climatiche, fisiche, chimiche e biologiche nelle quali ogni organismo vive **2** l'insieme delle persone e cose con le quali si è a contatto: — *favorevole allo studio* **3** stanza, locale.

ambiguità *s.f.invar.* l'essere ambiguo. SIN. *equivocità*.

ambiguo [-bì-] *agg.* **1** che ha un doppio senso, o un senso poco chiaro. SIN. *equivoco* **2** poco sincero, che non dà fiducia.

ambio [àm-] *s.m.* andatura naturale di certi quadrupedi (p.e. cavalli, giraffe, cammelli) nella quale si muovono contemporaneamente la gamba anteriore e quella posteriore dello stesso lato.

ambire *v.tr.* [*io ambisco, tu ambisci ecc.*] desiderare ardentemente, bramare.

ambito [àm-] *s.m.* spazio limitato e ben definito (anche *fig.*): *nell'* — *dei suoi poteri*.

ambivalente [-lèn-] *agg.* che ha in sé ambivalenza; che può servire a due usi diversi.

ambivalenza [-lèn-] *s.f.* esistenza simultanea di emozioni o sentimenti contraddittori.

ambizione [-zió-] *s.f.* **1** volontà di affermare energicamente la propria personalità; anche la cosa così ambita. SIN. *smania, brama* **2** vanità, fatuità: *l'* — *di essere elegante*.

ambizioso [-zió-] *agg.* **1** che ha ambizione, che agisce per ambizione **2** vanitoso, fatuo.

ambliopia [-pì-] *s.f.* (*med.*) denominazione generica di condizioni di diminuita acutezza visiva.

ambliopico [-ò-] *agg.* e *s.m.* [pl.m. *-ci*] si dice di chi è affetto da ambliopia: *scuola per ambliopici*.

ambo *s.m.* nel lotto, combinazione di due numeri che, se estratti nella stessa ruota, danno diritto a un premio; nella tombola, estrazione di due numeri nella stessa fila di una cartella.

ambone [-bó-] *s.m.* pulpito, tribuna per lo più di marmo, tipica delle chiese paleocristiane.

ambra *s.f.* resina fossile di color giallo, trasparente: *collana, bocchino d'* — / — *grigia*, sostanza grigia d'origine animale (si ricava dal capodoglio); usata in profumeria.

ambrato *agg.* che ha il colore o il profumo dell'ambra: *vino* —.

ambrosia[1] [-bròʃa] *s.f.* mitico cibo degli dei.

ambrosia[2] [-bròʃa] *s.f.* pianta annua di odore aromatico (*fam.* Composite).

ambrosiano [-ʃia-] *agg.* **1** si dice di rito, canto liturgico che prende nome da sant'Ambrogio **2** milanese: *tradizioni ambrosiane*.

ambulacro *s.m.* corridoio o salone destinato al passeggio (in palazzi, teatri ecc.).

ambulante *agg.* e *s.m.* e *f.* che si sposta, che non ha sede fissa; girovago: *venditore* —; *l'associazione degli ambulanti*.

ambulanza *s.f.* **1** veicolo per il trasporto urgente di malati o feriti **2** infermeria mobile destinata al soccorso di combattenti feriti.

ambulatorio [-tò-] *s.m.* luogo e organizzazione medica per la visita di pazienti, la medicazione, il pronto soccorso.

amburghese [-ghé-] *agg.* di Amburgo // *s.m.* e *f.* abitante di Amburgo.

ameba [-mè-] *s.f.* (*zool.*) protozoo unicellulare che vive nelle acque e nei terreni umidi e cambia continuamente forma, emettendo prolungamenti temporanei (*pseudopodi*); alcune specie sono parassiti intestinali.

amebeo [-bè-] *agg.* *canto* —, componimento poetico con versi alternati a domanda e risposta, tipico del genere pastorale.

amebiasi [-biaʃi] *s.f.invar.* malattia infettiva e contagiosa, causata dalla presenza di amebe nell'intestino, dove si hanno ulcerazioni ed emorragie.

ameboide [-bò-] *agg.* (*biol.*) si dice di movimento analogo a quello delle amebe, in cui si ha emissione di appendici corporee (*pseudopodi*) che trascinano il resto del corpo.

amen [*ebraico, pr.* àmen = *in verità*] espressione della liturgia cristiana, a conclusione della preghiera; significa «così è, così sia» // *s.m.: in un* —, in un attimo.

aménagement [*franc.; pr.* amenajmà(n)] *s.m.* organizzazione dei diversi aspetti della gestione di un territorio (assetto idrogeologico, attività economiche, insediamento umano, trasporti ecc.).

amenità *s.f.invar.* **1** l'essere ameno. SIN. *vaghezza, gaiezza* **2** cosa o detto piacevole, divertente.

ameno [-mè-] *agg.* piacevole, spec. alla vista; divertente: *lettura amena* / *capo* —, tipo bizzarro. SIN. *vago, gaio, ridente, dilettevole*.

amenorrea [-rè-] *s.f.* (*med.*) mancanza di mestruazioni nell'età nella quale normalmente si hanno.

amento [-mèn-] *s.m.* tipo di infiorescenza a spiga pendula, con asse fiorale flessibile [*ill. Fiore*].

americana *s.f.* gara ciclistica a coppie, in cui i corridori di ogni coppia si danno il cambio alternandosi in pista.

americanata *s.f.* (*iron.*) azione, impresa grandiosa.

americanismo [-ʃmo] *s.m.* modo di vivere, abitudine tipica degli abitanti degli Stati Uniti d'America.

americanizzare [-niʒʒa-] *v.tr.* adattare agli usi e ai costumi americani.

americano *agg.* dell'America // *s.m.* **1** abitante dell'America; in particolare, degli Stati Uniti d'America **2** aperitivo a base di vermut e di amaro.

americio [-rì-] *s.m.* elemento chimico artificiale (*Am; n.at.* 95).

amerindio [-rìn-] *agg.* degli indiani d'America // *s.m.* indigeno d'America.

amerindo *agg.* e *s.m.* forma errata per *amerindio*.

ametista *s.f.* pietra preziosa di colore violetto; varietà del quarzo.

ametropia [-pì-] (*med.*) *s.f.* condizione di irregolare potere di rifrazione dell'occhio, per cui i raggi luminosi non si concentrano sulla retina ma davanti a essa (*miopia*) o dietro a essa (*ipermetropia*).

amfetamina *s.f.* farmaco stimolante il sistema nervoso centrale, con azione simile a quella del sistema simpatico, e capace di determinare tossicomania.

amianto *s.m.* minerale biancastro, flessibile e filamentoso; incombustibile, è impiegato per tessuti e rivestimenti antincendio.

amichevole [-ché-] *agg.* da amico: *offerta* — / *incontro* —, competizione sportiva effettuata a scopo di allenamento o spettacolo, non valida per il conseguimento di un titolo. CONTR. *ostile* // **-mente** *avv.* con amicizia.

amicizia [-cì-] *s.f.* **1** legame sentimentale basato su affinità di idee e reciproca stima. SIN. *dimestichezza, familiarità*. CONTR. *inimicizia* **2** in senso concreto, amico, e spec. persona potente, che può aiutare: *ha delle amicizie al ministero*. SIN. *appoggio, aggancio*.

amico *agg.* [pl.m. *-ci*] **1** animato da amicizia, benevolo: *una parola amica; un viso* — **2** (*fig.*) che sente inclinazione verso qlco.: — *delle arti, della tranquillità* // *s.m.* **1** chi ha legami di amicizia con altra persona. CONTR. *nemico* / *prov.*: *chi trova un* —, *trova un tesoro; dagli amici mi guardi Dio, che dai nemici mi guardo io; chi cade in povertà, perde ogni* — **2** amante.

amidaceo [-dà-] *agg.* che contiene amido.

amidatura *s.f.* procedimento consistente nell'impregnare di sostanze amidacee o gommose i tessuti di cotone.

amido [à-] *s.m.* materiale di riserva di molti vegetali, chimicamente analogo agli zuccheri; si presenta come polvere biancastra poco solubile; assai usato nell'industria anche per le sue proprietà collanti e come appretto nella stiratura.

amigdala [-mig-] *s.f.* **1** ghiandola del retrobocca, a forma di mandorla **2** utensile preistorico di pietra, a forma di mandorla.

amilaceo [-là-] *agg.* → **amidaceo.**

amilasi [-ʃi] *s.f.invar.* fermento che trasforma l'amido in zucchero.

aminoacido [-à-] *s.m.* → **amminoacido.**

amiostenia [-ni-] *s.f.* (*med.*) forte indebolimento della forza muscolare.

amiotonia [-ni-] *s.f.* (*med.*) insufficienza della tensione (tono) muscolare.

amiotrofia [-fi-] *s.f.* malattia caratterizzata da riduzione del volume e flaccidità dei muscoli.

amistà *s.f.invar.* [o con il pl. *amistadi*] (*poet.*) amicizia.

amitto *s.m.* pannolino quadrato che il sacerdote, quando si para, si pone sulle spalle prima di indossare il camice [*ill. Chiesa*].

ammaccare *v.tr.* [io *ammacco*, tu *ammacchi* ecc.] produrre un incavo, una deformazione, un segno sulla superficie di un corpo colpendolo o premendolo.

ammaccatura *s.f.* **1** effetto dell'ammaccare **2** punto in cui un corpo è ammaccato. SIN. *contusione.*

ammaestramento [-mén-] *s.m.* atto, effetto dell'ammaestrare; insegnamento, precetto.

ammaestrare *v.tr.* [io *ammaèstro* ecc.] **1** istruire; insegnare il modo di comportarsi; dare precetti di morale **2** addestrare un animale a compiere certi atti o esercizi.

ammaestratore [-tó-] *s.m.* [f. *-trice*] **1** chi ammaestra **2** → **mostratore.**

ammagliare *v.tr.* [io *ammàglio* ecc.] legare con funi incrociate a forma di rete.

ammainabandiera [-diè-] *s.m.invar.* cerimonia dell'ammainare la bandiera.

ammainare *v.tr.* [io *ammàino* o *ammaino* ecc.] far scendere una vela, una bandiera, mediante un cavo / — *le vele,* (*fig.*) desistere da un'impresa, ritirarsi.

ammalare *v.intr.,* **-arsi** *v.rifl.pron.* contrarre una malattia, cader malato.

ammalato *agg.* e *s.m.* che o chi ha contratto una malattia. SIN. *malato, infermo.* CONTR. *sano.*

ammaliamento [-mén-] *s.m.* atto, effetto dell'ammaliare.

ammaliare *v.tr.* [io *ammàlio* ecc.] **1** far la malia a qlcu. **2** (*fig.*) sedurre, incantare. SIN. *affascinare.*

ammaliatore [-tó-] *s.m.* [f. *-trice*] chi ammalia.

ammaliziare *v.tr.* [io *ammalìzio* ecc.], **ammalizzire** *v.tr.* [io *ammalizzisco, tu ammalizzisci* ecc.] (*rar.*) rendere malizioso, scaltro // *v.intr.* diventare malizioso, scaltro.

ammanco *s.m.* [pl. *-chi*] mancanza, spec. di denaro, in seguito a errore o appropriazione indebita.

ammanettare *v.tr.* [io *ammanétto* ecc.] mettere le manette; per estens., arrestare.

ammannire *v.tr.* [io *ammannisco, tu ammannisci* ecc.] **1** preparare, allestire, spec. cibi **2** compiere un lavoro preparatorio in vista di un altro definitivo.

ammansire *v.tr.* [io *ammansisco, tu ammansisci* ecc.] **1** addomesticare, rendere mansueto **2** calmare, rabbonire.

ammantare *v.tr.* **1** avvolgere in un manto **2** (*fig.*) ricoprire, rivestire.

ammanto *s.m.* (*lett.*) → **manto.**

ammaraggio [-ràg-] *s.m.* l'azione di ammarare.

ammarare *v.intr.* discendere e posarsi sul mare (detto di un idrovolante).

ammassamento [-mén-] *s.m.* atto, effetto dell'ammassare, dell'ammassarsi.

ammassare *v.tr.* radunare in massa; raccogliere insieme (anche *fig.*). SIN. *accumulare, ammucchiare* // **-arsi** *v.rifl.* affollarsi in gran numero.

ammassicciare *v.tr.* [io *ammassìccio, tu ammassicci* ecc.] ridurre in massa dura, solida e compatta: — *un metallo.*

ammasso *s.m.* **1** insieme disordinato di cose sovrapposte: — *di macerie.* SIN. *mucchio, cumulo* **2** deposito obbligatorio di generi di prima necessità, soprattutto alimentari, amministrati dallo stato in periodo di guerra o in funzione di una determinata politica economica: — *del grano.*

ammattimento [-mén-] *s.m.* ciò che dà tanta noia da fare ammattire: *quelle bambine sono un vero* —!

ammattire *v.intr.* [io *ammattisco, tu ammattisci* ecc.] diventare matto; (*fig.*) perdere la testa: *questo rumore mi fa* —. SIN. *impazzire.*

ammattonare *v.tr.* [io *ammattóno* ecc.] lastricare con mattoni: — *un corridoio.*

ammattonato *s.m.* pavimento di mattoni.

ammazzamento [-mén-] *s.m.* uccisione.

ammazzare *v.tr.* **1** privare della vita in modo violento e brutale: *li ammazzarono come cani* / — *il tempo,* fare qlco. per non annoiarsi. SIN. *uccidere* **2** (*fig.*) mortificare, indebolire; deprimere: *facciamo un lavoro che ammazza* // **-arsi** *v.rifl.* togliersi la vita: *si ammazzò cadendo in un burrone* // *v.rifl.pron.* **1** perdere la vita **2** (*fig.*) affaticarsi eccessivamente.

ammazzasette [-sèt-] *s.m.invar.* chi ostenta forza e brutalità; smargiasso, bravaccio.

ammazzatoio [-tó-] *s.m.* luogo in cui si macellano gli animali: — *equino.*

ammencire *v.tr.* rendere floscio e molle // *v.intr.* diventare floscio, avvizzire.

ammenda [-mèn-] *s.f.* **1** somma di denaro che il colpevole di determinate infrazioni è tenuto a pagare quale pena **2** (*fig.*) riparazione di un male commesso: *ti converrà fare* —.

ammendamento [-mén-] *s.m.* miglioramento di un terreno agricolo con mezzi fisici e meccanici.

ammennicolo [-ni-] *s.m.* **1** scusa, cavillo: *trova mille ammennicoli per non venire* **2** piccola entità aggiunta: *sommati gli ammennicoli vari, raggiunsero una discreta cifra.*

ammettenza [-tèn-] *s.f.* in un circuito elettrico a corrente alternata, il rapporto fra l'intensità di corrente efficace e la forza elettromotrice efficace.

ammettere [-mét-] *v.tr.* [coniugato come *mettere*] **1** lasciar entrare, accogliere, introdurre, ricevere; accettare: — *alla presenza di qlcu.*; — *agli esami*; — *una domanda* **2** permettere, riconoscere valido, supporre: *non sono ammesse discussioni*; *è una verità ammessa da tutti / ammesso che,* concesso che, posto che.

ammezzare [-meʒʒa-] *v.tr.* [io *ammèzzo* ecc.] **1** ridurre a metà **2** eseguire a metà, lasciare a mezzo.

ammezzato [-meʒʒa-] *s.m.* piano a soffitto basso, situato tra il piano terreno e il primo piano della casa; mezzanino.

ammiccare *v.intr.* [*io ammicco, tu ammicchi ecc.*] fare cenni con gli occhi, per lo più di soppiatto.

ammina *s.f.* (*chim.*) composto derivato dall'ammoniaca per sostituzione dell'idrogeno con radicali organici.

amminicolo [-nì-] *s.m.* → **ammennicolo**.

amministrare *v.tr.* prendersi cura di attività pubbliche o private, per il migliore raggiungimento dei fini loro propri: — *lo stato*; — *una casa* / — *la giustizia*, esercitare le funzioni di giudice / — *i sacramenti*, impartirli.

amministrativo *agg.* relativo all'amministrazione, spec. a quella finanziaria.

amministratore [-tó-] *s.m.* [f. -*trice*] chi amministra qlco. / — *delegato*, chi ha la delega per amministrare una società per azioni.

amministrazione [-zió-] *s.f.* **1** attività di chi amministra **2** il complesso degli amministratori e degli impiegati amministrativi **3** gli uffici in cui si svolge l'attività degli amministratori.

amminoacido [-à-] *s.m.* (*chim.*) composto organico azotato, costituente delle proteine, avente proprietà sia di acido sia di ammina.

ammirabile [-rà-] *agg.* degno di ammirazione. SIN. *mirabile, ammirevole.*

ammiraglia [-rà-] *agg.* e *s.f.* si dice di nave sulla quale si trova imbarcato un ammiraglio e del quale essa batte l'insegna.

ammiragliato *s.m.* **1** sede degli uffici e residenza di un ammiraglio **2** in alcune nazioni, ministero della marina.

ammiraglio [-rà-] *s.m.* comandante di flotta militare o di una parte di essa con grado equivalente a quello di generale dell'esercito o dell'aviazione.

ammirare *v.tr.* **1** guardare con ammirazione, con meraviglia **2** stimare, apprezzare.

ammirativo *agg.* che denota ammirazione o meraviglia: *discorso —*.

ammiratore [-tó-] *s.m.* [f. -*trice*] **1** chi ammira una personalità pubblica, un attore ecc. **2** corteggiatore, innamorato.

ammirazione [-zió-] *s.f.* **1** sentimento che si prova nei riguardi di cosa bella o straordinaria. SIN. *meraviglia* **2** stima.

ammirevole [-rè-] *agg.* degno di ammirazione. SIN. *ammirabile, mirabile.*

ammissibile [-sì-] *agg.* che si può ammettere.

ammissione [-sió-] *s.f.* atto, effetto dell'ammettere o dell'essere ammesso / *esame d'—*, quello che si deve sostenere per accedere a una scuola, a un impiego e simili.

ammobiliamento [-mén-] *s.m.* **1** l'atto, l'effetto dell'ammobiliare **2** l'insieme dei mobili di un ufficio, di una stanza ecc.

ammobiliare *v.tr.* [*io ammobilio ecc.*] fornire di mobili: — *una stanza.*

ammodernamento [-mén-] *s.m.* l'ammodernare.

ammodernare *v.tr.* [*io ammodèrno ecc.*] rendere moderno, modificare qlco. in senso più moderno; rammodernare, modernizzare.

ammodo [-mò-] *avv.* per bene, come si deve: *fare le cose —*. DIM. *ammodino* // *agg.* che ha buone maniere: è *una persona —*. SIN. *perbene, garbato.*

ammogliare *v.tr.* [*io ammòglio ecc.*] dare moglie a qlcu. // **-arsi** *v.rifl.* prendere moglie.

ammogliato *agg.* e *s.m.* che o chi ha preso moglie.

ammollamento [-mén-], **ammollo** [-mòl-] *s.m.* l'ammollare, spec. il tenere a bagno la biancheria prima di lavarla.

ammollare[1] *v.tr.* [*io ammòllo ecc.*] rendere molle bagnando nell'acqua o in altro liquido: — *il pane nel latte* // *v.intr.,* **-arsi** *v.rifl.* bagnarsi, spec. sotto la pioggia.

ammollare[2] *v.tr.* [*io ammòllo ecc.*] **1** allentare: — *una fune* **2** (*fig.*) appioppare, mollare: *gli ammollò due ceffoni.*

ammollimento [-mén-] *s.m.* atto, effetto dell'ammollire.

ammollire *v.tr.* [*io ammollisco, tu ammollisci ecc.*] **1** rendere molle, morbido; ammorbidire; (*fig.*) intenerire, raddolcire **2** (*fig.*) indebolire, rendere fiacco.

ammoniaca [-nì-] *s.f.* (*chim.*) gas incolore, di odore pungente, composto di azoto e idrogeno, solubile in acqua; usato nell'industria chimica, dei fertilizzanti, del freddo ecc.

ammoniacale *agg.* (*chim.*) di ammoniaca.

ammonimento [-mén-] *s.m.* atto, effetto dell'ammonire.

ammonio [-mò-] *s.m.* (*chim.*) radicale derivante dall'ammoniaca.

ammonire *v.tr.* [*io ammonisco, tu ammonisci ecc.*] **1** rimproverare: *fu ammonito per la cattiva condotta.* SIN. *riprendere, sgridare* **2** infliggere un ammonimento (detto di autorità amministrative, di polizia ecc.) **3** consigliare con autorità, essere di ammaestramento. SIN. *esortare, consigliare.*

ammonite *s.f.* [pl. -*i*] mollusco fossile dalla conchiglia a spirale; caratteristico dell'era secondaria.

ammonizione [-zió-] *s.f.* **1** rimprovero. SIN. *riprensione* **2** sanzione amministrativa consistente nella formulazione di un rimprovero scritto; provvedimento di polizia nei riguardi di vagabondi e oziosi al fine di indurli a mutar condotta **3** consiglio autoritario. SIN. *esortazione, monito.*

ammonizzazione [-niʒʒazió-] *s.f.* trasformazione, a opera di microrganismi, della riserva azotata organica del terreno in composti ammoniacali che possono in tal modo essere assimilati dalle piante.

ammontare[1] *v.intr.* ascendere, assommare: *il capitale ammonta a un milione* // *v.tr.* riunire, ammucchiare alla rinfusa.

ammontare[2] *s.m.* l'insieme totale, spec. di denaro: *l'— delle spese fu superiore al previsto.*

ammonticchiare *v.tr.* [*io ammontìcchio ecc.*] ammucchiare, accumulare.

ammorbare *v.tr.* [*io ammòrbo ecc.*] rendere infetto, appestare.

ammorbidente [-dèn-] *s.m.* additivo per il bucato a macchina che evita l'indurirsi dei capi lavati.

ammorbidimento [-mén-] *s.m.* atto, effetto dell'ammorbidire.

ammorbidire *v.tr.* [*io ammorbidisco, tu ammorbidisci ecc.*] **1** rendere morbido. CONTR. *indurire* **2** (*fig.*) lenire, mitigare.

ammortamento [-mén-] *s.m.* procedimento contabile per il quale un costo pluriennale viene imputato per quote alla formazione del reddito di due o più esercizi successivi: — *di prestiti*, pagamento rateale di debiti, per capitale e interessi, a determinate scadenze.

ammortare *v.tr.* [*io ammòrto ecc.*] estinguere un debito mediante l'ammortamento.

ammortire *v.tr.* [*io ammortisco, tu ammortisci ecc.*] **1** rendere come morto, intorpidire **2** (*fig.*) smorzare, attutire: — *i colori.*

ammortizzamento [-tiʒʒamén-] *s.m.* → **ammortamento**.

ammortizzare [-tiʒʒa-] *v.tr.* **1** → **ammortare 2** (*mecc.*) attutire urti o vibrazioni, per lo più mediante ammortizzatore.

ammortizzatore [-tiʒʒató-] *s.m.* (*mecc.*) dispositivo che serve ad attutire urti o vibrazioni; nei veicoli con funzionamento idraulico o a frizione, provvede a smorzare le oscillazioni della sospensione [*ill. Automobile; ill. Motocicletta*].

ammorzare *v.tr.* [*io ammòrzo ecc.*] smorzare, sminuire; attutire: — *la collera*.

ammosciare *v.tr.* [*io ammóscio ecc.*] rendere moscio.

ammostare *v.tr.* [*io ammòsto ecc.*] pigiare l'uva per ricavarne il mosto // *v.intr.* diventare mosto, produrre mosto.

ammostatoio [-tó-] *s.m.* strumento di legno che serve per ammostare l'uva nel tino.

ammostatura *s.f.* operazione con cui si separa il mosto dalle parti solide del grappolo dell'uva.

ammucchiamento [-mén-] *s.m.* l'atto, l'effetto dell'ammucchiare.

ammucchiare *v.tr.* [*io ammùcchio ecc.*] mettere, riunire in mucchio (anche *fig.*). SIN. *accumulare, ammassare* // **-arsi** *v.rifl.* stiparsi, ammassarsi.

ammuffire *v.intr.* [*io ammuffisco, tu ammuffisci ecc.*] **1** prendere la muffa, guastarsi per la muffa: *la frutta è tutta ammuffita* **2** per estens., invecchiare; (*fig.*) non rinnovarsi, essere isolato (detto spec. di persone).

ammuffito *agg.* **1** muffo **2** (*fig.*) privo di vitalità, incapace di rinnovarsi, fossilizzato (detto spec. di persone, ambienti, idee).

ammusare [-ʃa-] *v.intr.*, **-arsi** *v.rifl.* stare muso a muso, toccarsi muso con muso.

ammutinamento [-mén-] *s.m.* rifiuto di obbedienza agli ordini dei superiori da parte di appartenenti alle forze armate, di un equipaggio, di carcerati; per estens., ribellione.

ammutinare *v.tr.* [*io ammùtino ecc.*] (*rar.*) spingere all'ammutinamento // **-arsi** *v.rifl.* fare atto di sedizione contro i superiori.

ammutinato *agg.* e *s.m.* che, chi si ammutina.

ammutolire *v.intr.* [*io ammutolisco, tu ammutolisci ecc.*] **1** tacere d'improvviso **2** (*rar.*) diventare muto // *v.tr.* (*rar.*) far tacere.

amnesia [-ʃi-] *s.f.* **1** perdita della memoria, parziale o totale **2** dimenticanza.

amnio [àm-] *s.m.* (*biol.*) membrana avvolgente l'embrione e contenente un liquido detto comunemente *acqua*.

amniocentesi [-cènteʃi] *s.f.invar.* (*med.*) puntura del sacco amniotico che consente il prelievo di liquido amniotico per il riconoscimento di caratteristiche fisiologiche (sesso) o di malattie del nascituro.

amniotico [-niò-] *agg.* [pl.m. *-ci*] relativo all'amnio: *sacco —, liquido —*.

amnistia [-stì-] *s.f.* provvedimento di clemenza col quale si estinguono determinati reati.

amnistiare *v.tr.* [*io amnistio o amnistio ecc.*] concedere un'amnistia.

amnistiato *agg.* e *s.m.* che, chi beneficia di un'amnistia.

amo *s.m.* piccolo uncino d'acciaio sul quale viene infilata l'esca e che, legato a un filo detto *lenza*, serve per catturare i pesci [*ill. Pesca*].

amomo [-mò-] *s.m.* pianta tropicale con radice e semi aromatici (*fam. Zinziberacee*).

amorale *agg.* **1** privo di senso morale; fuori dalle regole morali **2** (*fil.*) che non ha relazione con la morale, che è indipendente da essa.

amoralità *s.f.invar.* l'essere amorale.

amorazzo *s.m.* (*spreg.*) rapporto amoroso superficiale, passeggero.

amore [-mó-] *s.m.* **1** sentimento di affetto vivo, trasporto dell'animo verso una persona o una cosa; profonda tenerezza; devozione: — *filiale; — paterno, materno; sentire, provare — per qlcu.* / *per — o per forza*, con le buone o con le cattive, a ogni costo / *per — di qlcu.*, per fargli piacere / *per amor di qlco.*, per causa, a cagione di / *per amor del cielo!*, esclamazione di meraviglia / *per amor di Dio!*, invocazione supplichevole: *aiutami, per amor di Dio!*; col significato di «gratuitamente, per carità»: *fare una cosa per amor di Dio* / *d— e d'accordo*, in perfetto accordo, senza contrasti / *amor proprio*, sentimento e cura della propria dignità, desiderio dell'approvazione altrui, orgoglio legittimo. CONTR. *odio* **2** sentimento e istinto naturale che lega due persone di sesso diverso; passione: — *romantico, languido e sentimentale; lettera d'— / patire il mal d'—*, essere fortemente innamorato fino a soffrirne / *fare l'—, fare all'—*, amoreggiare; avere rapporti sessuali / *l'— è cieco* / *il primo — non si scorda mai* // al *pl.*, amoreggiamenti, vicende amorose: *gli amori di Paolo e Francesca.* DIM. *amoretto, amoruccio* (con senso *spreg.*). SPREG. *amorazzo* **3** in senso spirituale, aspirazione dell'uomo al bene, a Dio; Dio stesso: *l'eterno, il sommo, il divino —*, Dio / — *platonico*, impulso che spinge l'uomo verso la bellezza sensibile e da questa lo fa ascendere verso un mondo ideale; più comunemente, l'amore che prescinde dagli aspetti materiali **4** carità verso il prossimo, volontà di fare il bene: — *cristiano, del prossimo* **5** desiderio di ottenere, di possedere un oggetto; attaccamento a qlco.; avidità: — *del denaro*; — *del potere* **6** aspirazione, tendenza, vivo interesse per qlco.; passione: — *del sapere*; — *allo studio*; — *di patria* / *con —*, volentieri, accuratamente, con zelo: *studiare, lavorare con —* **7** ciò che è oggetto dell'amore, predilezione; per estens., persona o cosa graziosa, gentile, civettuola: *il suo — sono i cavalli* / *che — di bambina!* **8** personificazione mitologica dell'amore: *Amore e Psiche*.

amoreggiamento [-mén-] *s.m.* l'amoreggiare.

amoreggiare *v.intr.* [*io amoréggio ecc.*] **1** fare all'amore **2** avere un rapporto amoroso poco impegnativo e non duraturo.

amoretto [-rét-] *s.m.* amore breve o poco sentito.

amorevole [-ré-] *agg.* che dimostra amore o affetto o benevolenza. SIN. *affettuoso* // **-mente** *avv.* con amorevolezza.

amorevolezza [-léz-] *s.f.* l'essere amorevole; benevolenza, tenerezza. SIN. *affettuosità*.

amorfo [-mòr-] *agg.* **1** informe, privo di forma determinata; (*fig.*) privo di personalità, debole di carattere: *persona amorfa* **2** si dice di un minerale privo di forma cristallina.

amorino *s.m.* **1** bambino alato, raffigurazione mitologica dell'amore **2** → **reseda**.

amoroso [-ró-] *agg.* **1** che prova amore: *figlio —*. SIN. *affettuoso* **2** ispirato da amore; che coinvolge l'amore: *parole amorose; una vicenda amorosa* // *s.m.* (*pop.*) innamorato, amante, fidanzato // **-mente** *avv.* con amore.

amovibile [-vì-] *agg.* che si può rimuovere; che si può

anagogia

trasferire dal posto che occupa. SIN. *rimovibile, trasferibile.* CONTR. *inamovibile.*

amovibilità *s.f.invar.* l'essere amovibile. CONTR. *inamovibilità.*

amperaggio [-ràg-] *s.m.* valore dell'intensità di una corrente elettrica.

ampere [ampèr] *s.m.invar.* unità di misura dell'intensità di una corrente elettrica.

amperometro [-rò-] *s.m.* strumento per misurare l'intensità di una corrente elettrica.

amperora [-ró-] *s.m.* unità tecnica di misura di carica elettrica; carica trasportata in 1 ora da una corrente di 1 ampère.

amperspira *s.m.* (*elettr.*) unità di misura di forza magnetomotrice.

ampex [àmpecs] *s.m.invar.* tipo di registratore magnetico usato nella tecnica audiovisiva ®.

ampiezza [-piéz-] *s.f.* **1** l'essere ampio. SIN. *vastità, estensione, spaziosità* **2** (*geom.*) misura di un angolo **3** (*fis.*) il massimo valore assoluto di una grandezza oscillante.

ampio [àm-] *agg.* [superl. *amplissimo*] **1** largo e lungo: *valle ampia; vestito —.* SIN. *vasto, esteso, spazioso* **2** (*fig.*) copioso, abbondante // **-mente** *avv.* largamente, diffusamente.

amplesso [-plès-] *s.m.* (*lett.*) abbraccio.

ampliamento [-mén-] *s.m.* atto, effetto dell'ampliare.

ampliare *v.tr.* [*io àmplio ecc.*] rendere più ampio; accrescere (anche *fig.*): *— le proprie cognizioni.* SIN. *aumentare, estendere.*

amplificare *v.tr.* [*io amplìfico, tu amplìfichi ecc.*] **1** ingrandire, ampliare **2** (*tecn.*) moltiplicare il valore di una grandezza fisica: *— un suono* **3** (*fig.*) magnificare con parole: *non — le sue virtù.*

amplificato *agg.* **1** che è il risultato di una amplificazione: *suono —* **2** di uno strumento musicale, dotato di dispositivi elettrici di amplificazione: *chitarra amplificata.*

amplificatore [-tó-] *s.m.* dispositivo che moltiplica, in un rapporto noto, il valore di una grandezza fisica (in particolare, di un suono) [*ill.* Suono].

amplificazione [-zió-] *s.f.* l'operazione dell'ingrandire, secondo un rapporto noto, una data grandezza fisica.

amplissimo [-plìs-] *superl.* di → **ampio.**

ampolla [-pól-] *s.f.* vasetto di vario materiale, spec. vetro, a collo stretto e ventre largo, spesso con piccolo manico e beccuccio.

ampolliera [-liè-] *s.f.* arnese, spesso di metallo, che sostiene le ampolle, spec. quelle dell'olio e dell'aceto che si portano in tavola.

ampollina *s.f.* nella liturgia cattolica, ciascuna delle due piccole ampolle che contengono l'acqua e il vino per la messa.

ampollosità *s.f.invar.* gonfiezza, eccessiva ricercatezza nello stile: *ha pronunciato un discorso pieno di —.* SIN. *tronfiezza, magniloquenza.*

ampolloso [-ló-] *agg.* gonfio, eccessivamente ricercato: *stile —.* SIN. *tronfio, magniloquente.*

amputabile [-tà-] *agg.* che si può amputare.

amputare *v.tr.* [*io àmputo ecc.*] **1** asportare chirurgicamente un arto o un organo o una loro parte **2** (*fig.*) togliere parti importanti da qlco.: *— un testo, un progetto.*

amputazione [-zió-] *s.f.* operazione dell'amputare.

amuleto [-lè-] *s.m.* oggetto che si porta addosso perché si ritiene possieda virtù contro mali o pericoli.

ana-¹ [dal gr. *anà = sopra, in alto*] prefisso usato in parole di origine greca o di formazione moderna col significato di «su, sopra» (*anabasi, anagogia*).

ana-² [dal gr. *ana,* che indica inversione] prefisso che significa «contro» o indica inversione (*anacronismo, anagramma*).

anabattista *agg.* e *s.m.* e *f.* [pl.m. *-i*] si dice di chi, di ciò che segue la setta protestante che negava validità al battesimo dei neonati e perciò ribattezzava gli adulti.

anabbagliante *agg.* si dice di qualsiasi schermo atto a diminuire l'intensità di una sorgente luminosa // *s.m.* nei fari dell'automobile, il fascio di luce rivolto verso il basso per evitare l'abbagliamento.

anabiosi [-biòʃi] *s.f.invar.* ripresa di funzioni vitali temporaneamente sospese.

anabolico [-bò-] *agg.* [pl.m. *-ci*] di anabolismo, relativo all'anabolismo.

anabolismo [-ʃmo] *s.m.* complesso dei processi chimici e chimico-fisici che trasformano gli alimenti in parti integranti della materia vivente; è la prima fase del metabolismo.

anacardio [-càr-] *s.m.* → **acagiù.**

anacoluto *s.m.* figura sintattica consistente nel susseguirsi, in uno stesso periodo, di due diverse costruzioni, delle quali la prima rimane incompiuta.

anaconda [-còn-] *s.m.invar.* grosso serpente non velenoso, ma capace di stritolare anche grossi animali, che vive in luoghi ricchi di acqua nell'America meridionale.

anacoreta [-rè-] *s.m.* [pl. *-i*] **1** chi si ritirava a vivere nel deserto per pregare e far penitenza **2** (*fig.*) chi vive appartato, solo.

anacoretico [-rè-] *agg.* [pl.m. *-ci*] di, da anacoreta.

anacreontica [-òn-] *s.f.* piccola ode di intonazione amorosa o bacchica composta a imitazione di quelle del poeta greco Anacreonte (secc. V-VI a.C.).

anacronismo [-ʃmo] *s.m.* **1** uso o atteggiamento che sembra appartenere a un tempo diverso dal proprio, e spec. a un tempo precedente **2** erronea valutazione cronologica; spostamento arbitrario di datazione.

anacronistico [-nì-] *agg.* [pl.m. *-ci*] che costituisce anacronismo; antiquato; disusato.

anacrusi [-ʃi] *s.f.invar.* **1** sillaba finale di un verso ipermetro che, staccata da esso, si unisce nella lettura al verso successivo **2** (*mus.*) frase melodica con accento debole che si appoggia all'accento forte della battuta successiva.

anaerobico [-rò-] *agg.* [pl.m. *-ci*] che riguarda gli anaerobi, che li utilizza: *fermentazione anaerobica dei rifiuti.*

anaerobio [-rò-] *s.m.* microbio che agisce solo in assenza di aria.

anaerobiosi [-biòʃi] *s.f.invar.* condizione per cui la vita è possibile soltanto in assenza di aria.

anafase *s.f.* (*biol.*) la terza fase della cariocinesi cellulare.

anafilassi *s.f.invar.* (*med.*) aumento di sensibilità dell'organismo, in seguito all'introduzione in esso di certe sostanze.

anafilattico [-làt-] *agg.* [pl.m. *-ci*] attinente l'anafilassi: *shock —.*

anafora [-nà-] *s.f.* figura retorica consistente nel ripetere in principio di un verso o di un periodo la parola o le parole con cui iniziano il verso o il periodo precedente.

anafrodisia [-ʃi-] *s.f.* (*med.*) assenza o forte diminuzione dello stimolo sessuale.

anaglifo [-nà-] *s.m.* oggetto intagliato, cesellato e scolpito in rilievo.

anagogia [-gì-] *s.f.* interpretazione di una scrittura in senso mistico e divino.

anagogico [-gò-] *agg.* [pl.m. *-ci*] di anagogia.

anagrafe [-nà-] *s.f.* **1** registro della popolazione di un comune **2** ufficio in cui si tiene tale registro: *ufficiale di —* **3** per estens., registro, elenco di persone o cose che si trovano in una determinata condizione; schedario: *— degli emigrati / — tributaria*, che raccoglie tutti i dati fiscali relativi a persone o imprese.

anagrafico [-grà-] *agg.* [pl.m. *-ci*] dell'anagrafe.

anagramma *s.m.* [pl. *-i*] gioco enigmistico consistente nell'ottenere con le stesse lettere di una parola o di una frase altre parole o frasi di senso diverso (p.e. *realtà - altare*).

anagrammare *v.tr.* fare l'anagramma di una parola, di una frase.

anagrammatico [-mà-] *agg.* [pl.m. *-ci*] di anagramma.

analcolico [-cò-] *agg.* e *s.m.* [pl.m. *-ci*] si dice di ciò che non contiene alcool: *bibite analcoliche*.

anale *agg.* (*med.*) che ha attinenza all'ano.

analettico [-lèt-] *s.m.* [pl. *-ci*] farmaco attivatore delle funzioni circolo-respiratorie.

analfabeta [-bè-] *s.m.* e *f.* [pl.m. *-i*] chi non ha appreso a leggere e a scrivere / *— di ritorno*, chi, avendo imparato a leggere e a scrivere, per mancanza di esercizio ha poi disimparato.

analfabetismo [-ʃmo] *s.m.* **1** condizione di chi è analfabeta **2** il fenomeno sociale, la presenza degli analfabeti: *l'— è in regresso*.

analgesia [-ʃi-] *s.f.* (*med.*) attenuazione o soppressione della sensibilità dolorifica.

analgesico [-gèʃi-] *agg.* e *s.m.* [pl.m. *-ci*] si dice di farmaco che toglie o lenisce il dolore.

analisi [-nàliʃi] *s.f.invar.* **1** divisione di un tutto nelle parti o elementi che lo costituiscono, per ragioni di studio e come metodo di ricerca / *— chimica*, insieme dei metodi di ricerca qualitativa e quantitativa degli elementi o aggruppamenti caratteristici che costituiscono le sostanze / *— grammaticale*, scomposizione della proposizione in ogni sua singola parola al fine di indicarne la natura grammaticale / *— logica*, scomposizione del periodo o della proposizione nei singoli elementi al fine di riconoscerne la funzione sintattica / *— matematica*, relativa allo studio del calcolo differenziale e integrale. CONTR. *sintesi* **2** studio accurato, indagine / *in ultima—*, insomma, in sostanza.

analista *s.m.* e *f.* [pl.m. *-i*] **1** chi fa analisi, spec. analisi chimiche, o studia analisi matematica **2** chi è addetto all'analisi dei problemi che devono essere risolti con sistemi di informatica.

analitica [-lì-] *s.f.* scienza dell'analisi.

analitico [-lì-] *agg.* [pl.m. *-ci*] di analisi, fondato sull'analisi: *metodo — / indice —*, elenco alfabetico dei nomi e degli argomenti trattati in un libro. CONTR. *sintetico*.

analizzare [-liʒʒa-] *v.tr.* **1** fare l'analisi, dividere un tutto nelle sue parti o elementi per ragioni di studio. CONTR. *sintetizzare* **2** esaminare accuratamente, punto per punto: *— un libro*.

analogia [-gì-] *s.f.* **1** relazione di somiglianza tra due o più cose per alcune caratteristiche comuni. SIN. *affinità, somiglianza* **2** influenza assimilatrice che alcune forme linguistiche esercitano su altre.

analogico [-lò-] *agg.* [pl.m. *-ci*] **1** che procede per analogia, che si fonda sull'analogia **2** si dice di uno dei due tipi fondamentali di calcolatore elettronico, il cui funzionamento è fondato non sull'elaborazione di dati numerici (come nel tipo *digitale*) ma sul confronto di grandezze (fisiche, meccaniche, chimiche ecc.).

analogo [-nà-] *agg.* [pl.m. *-ghi*] che ha analogia, che somiglia a un'altra cosa. SIN. *affine, simile* // **-mente** *avv.* in modo analogo, similmente.

anamnesi [-nàmneʃi] *s.f.invar.* raccolta degli antecedenti familiari, fisiologici e patologici di un ammalato a scopo diagnostico.

anamorfosi [-fòʃi] *s.f.invar.* rappresentazione di una scena in deformazione prospettica, la cui visione corretta può avvenire solo da un determinato punto di vista, che non è mai quello frontale.

ananas [à-] *s.m.invar.*, **ananasso** *s.m.* **1** pianta arbustacea dalle foglie lunghe, strette, aculeate (*fam.* Bromeliacee) **2** il frutto di tale pianta, simile a una grossa pigna di color giallognolo; la polpa è assai gradevole al gusto.

anapesto [-pè-] *s.m.* nella metrica greca e latina, un piede composto da due sillabe brevi e una lunga.

anaplasia [-ʃi-] *s.f.* (*med.*) lo stato delle cellule tumorali maligne, che hanno perso le loro caratteristiche specifiche e assunto un aspetto indifferenziato e atipico.

anarchia [-chi-] *s.f.* **1** situazione di disordine conseguente alla mancanza o alla insufficienza dei poteri governativi **2** dottrina politica che ha per scopo l'abolizione di ogni potere costituito, al fine di consentire alle energie individuali di espandersi liberamente.

anarchico [-nàr-] *agg.* [pl.m. *-ci*] relativo alla situazione o alla dottrina dell'anarchia // *s.m.* sostenitore della dottrina dell'anarchia.

anarchismo [-ʃmo] *s.m.* atteggiamento anarchico; tendenza all'anarchia, in entrambi i significati.

anarcoide [-còi-] *agg.* e *s.m.* che o chi ha tendenze anarchiche o è insofferente dei vincoli.

anasarca *s.m.* [pl. *-chi*] stato patologico caratterizzato dal passaggio di liquido dal sangue nel tessuto sottocutaneo di tutte le parti del corpo; edema generalizzato.

anastatico [-stà-] *agg.* [pl.m. *-ci*] si dice del procedimento litografico atto a decalcare una stampa, dopo opportuno trattamento, su lastra di pietra o di metallo.

anastigmatico [-mà-] *agg.* [pl.m. *-ci*] (*ott.*) esente da astigmatismo: *obiettivo —*.

anastomizzare [-miʒʒa-] *v.tr.* effettuare, mediante operazione chirurgica, il collegamento tra due organi.

anastomosi [-mòʃi] *s.f.invar.* collegamento anche chirurgico tra nervi, arterie, vene, organi cavi.

anastrofe [-nà-] *s.f.* (*ret.*) inversione dell'ordine naturale o abituale delle parole di un discorso.

anatema [-tè-] *s.m.* [pl. *-i*] **1** scomunica **2** (*fig.*) maledizione, riprovazione violenta.

anatemizzare [-miʒʒa-] *v.tr.* colpire con anatema.

anatidi [-nà-] *s.m.pl.* famiglia di uccelli acquatici, dal becco largo e dalle gambe corte con piedi palmati, cui appartiene l'anitra.

anatocismo *s.m.* il computo dell'interesse sugli interessi che, non pagati, si sono aggiunti al capitale.

anatomia [-mì-] *s.f.* **1** scienza che mediante la dissezione e altri metodi di ricerca studia gli organismi viventi nella loro forma esteriore e nella loro intima struttura **2** analisi minuziosa.

anatomico [-tò-] *agg.* [pl.m. *-ci*] che riguarda l'anatomia // *s.m.* studioso di anatomia // **-mente** *avv.* per mezzo dell'anatomia, dal punto di vista dell'anatomia.

anatomista *s.m.* e *f.* [pl.m. *-i*] chi studia o insegna l'anatomia.

anatomizzare [-miʒʒa-] *v.tr.* **1** sezionare organismi animali per studiarne la struttura **2** sottoporre qlco. a minuziosa analisi.

Anatomia

anatomista, dissezione, autopsia, vivisezione; testa (*faccia, cranio*), tronco (*torace, mediastino, addome, petto, dorso, ventre*), arti superiori (*spalla, braccio, gomito, avambraccio, mano*), arti inferiori (*anca, femore, ginocchio, gamba, piede*).

■ SISTEMA CUTANEO: epidermide, ghiandole sudorifere, ghiandole sebacee, peli, unghie, ghiandole lacrimali, dacriocisti, ghiandole salivari, papille tattili.

■ SISTEMA OSSEO: tessuto osseo (*midollo, periostio*), ossa lunghe (*diafisi, epifisi*), ossa piatte, ossa corte, articolazioni, diartrosi, sinovia, sutura, troclea, ossa del cranio (*osso frontale, osso malare, parietali, temporali, occipitale, sfenoide, etmoide*), ossa della faccia (*lacrimali, nasali, mascellari superiori, palatine, zigomatiche, vomere, mascellare inferiore o mandibola, ioide*), ossa del tronco (*gabbia toracica, colonna vertebrale o spina dorsale, vertebre, epistrofeo, atlante, osso sacro, coccige, coste, sterno, xifoide, pube, ischio, ileo*), ossa delle estremità superiori (*scapola, clavicola, omero, radio, ulna, cubito, carpo, semilunare, metacarpo, pisiforme, scafoide, falange, falangina, falangetta*), ossa delle estremità inferiori (*femore, trocantere, rotula, tibia, perone, tarso, metatarso, falange, falangina, falangetta*).

■ SISTEMA MUSCOLARE: fibre muscolare, aponeurosi, tendini, sesamoide, abduttori, adduttori, costrittori, dilatatori, elevatori, estensori, flessori, rotatori, volontari o striati, involontari o lisci, muscoli del collo e del tronco (*sternocleidomastoideo, gran pettorale, trapezio, muscoli intercostali*), muscoli degli arti superiori (*deltoide, bicipite, tricipite*), muscoli degli arti inferiori (*glutei, bicipite, tricipite, tendine d'Achille*).

■ SISTEMA NERVOSO: fibre nervose, cilindrasse, tessuto di sostegno o glia, nevroglia, encefalo (*meningi, leptomeningi, cervello, diencefali, acquedotto, talamo, corteccia cerebrale, emisferi centrali, circonvoluzioni cerebrali, lobi, epifisi o corpo pineale, ipofisi o corpo pituitario, cervelletto, bulbo, ponte di Varolio*), midollo spinale, nervi cranici o encefalici (*accessori, olfattivi, ottici, trigemini, ipoglossi, uditivi*), chiasma ottico, sistema del gran simpatico (*gangli, plesso cardiaco, plesso solare*).

■ APPARATO DIGERENTE: bocca, faringe, esofago, diaframma, stomaco (*piloro, succo gastrico*), intestino (*circonvoluzioni intestinali, mucose, villi, succo enterico*), intestino tenue (*duodeno, digiuno, ileo*), intestino crasso (*cieco, colon, sigma, retto, ano*), fegato (*lobi, cistifellea, coledoco*), pancreas (*succo pancreatico*).

■ APPARATO RESPIRATORIO: naso, laringe, trachea, bronchi (*albero bronchiale*), polmoni (*pleura, apici, lobi, alveoli*).

■ SISTEMA CARDIOCIRCOLATORIO: circolazione (*arteriosa, venosa, linfatica*), sangue (*plasma, globuli rossi o emazie, globuli bianchi o leucociti, piastrine*), cuore (*sistole, diastole, pericardio, miocardio, endocardio, orecchiette o atrii, ventricoli, valvole, endotelio*), arterie (*aorta, glomo aortico, coronaria, succlavia, lume arterioso, carotide, glomo carotideo*), vene (*vena cava superiore, giugulare, succlavia, vena cava inferiore, coronaria, vena porta*), circolazione linfatica (*linfa, milza, gangli linfatici*), ghiandole endocrine (*tiroide, paratiroidi, timo, capsule surrenali, ipofisi; linfoghiandola*).

■ APPARATO GENITALE: gonade, gonadostimolina, ovaia, salpinge o tuba, utero, endometrio, parametrio, muso di tinca, vagina, fornice (*vaginale*), vulva, imene, clitoride; perineo; testicolo, epididimo, dotto deferente, prostata, pene, scroto, glande, prepuzio.

■ APPARATO URINARIO: reni, bacinetto renale, uretere, vescica, uretra.

---

anatossina *s.f.* (*med.*) tossina batterica che, conservando le proprietà immunizzanti, è stata privata del suo potere tossico.

anatra [à-] *s.f.* → **anitra**.

anatroccolo [-tròc-] *s.m.* il piccolo dell'anitra.

anca *s.f.* fianco; propriamente, il segmento superiore della gamba [*ill. Corpo*].

ancella [-cèl-] *s.f.* (*lett.*) serva; cameriera.

ancestrale *agg.* che si riferisce agli antenati, che è trasmesso dagli antenati; avito / organo —, (*biol.*) organo presente in fossili, che nelle specie viventi è atrofizzato.

anche *cong. coordinativa copulativa* **1** serve ad aggiungere qlco. a quanto si è detto: — *oggi piove*; — *questa volta mi sono sbagliato*; *c'ero anch'io*; «*L'hai letto?*» «*Sì*» «*E tu?*» «*Anche*» **2** in proposizioni ipotetiche rafforza il concetto di possibilità: *potrebbe — succedere* **3** con valore di *persino*: — *tu mi hai tradito!*; *ho aspettato — troppo* **4** seguita da gerundio ha valore

concessivo: — *pregandolo, non verrebbe* / — *a*, introduce una proposizione concessiva con il verbo all'infinito: — *a pagarlo il doppio, non si adatterebbe a quel genere di lavoro* / — *se*, ammesso pure che; introduce una proposizione concessiva con il verbo al congiuntivo: — *se partissi subito, non arriverei in tempo* // *avv.* (*ant.lett.*) ancora.

ancheggiare *v.intr.* [*io anchéggio ecc.*] muovere le anche in modo ondeggiante, nel camminare, nel ballare.

anchilosarsi [-ſar-] *v.rifl.pron.* detto di un arto, irrigidirsi per anchilosi.

anchilosato [-ſa-] *agg.* **1** che è colpito da anchilosi: *braccio* — **2** che ha le articolazioni, i muscoli indolenziti per stanchezza.

anchilosi [-lòſi] *s.f.invar.* (*med.*) abolizione o limitazione dei movimenti di un'articolazione.

anchilostoma [-lò-] *s.m.* [pl. *-i*] piccolo verme nematode cilindrico con l'estremità cefalica appuntita e la bocca munita di uncini; è un parassita intestinale (*ordine* Stringiloidi).

anchina *s.f.* tessuto di cotone giallastro.

ancia [àn-] *s.f.* [pl. *-ce*] lamella flessibile di metallo o di legno che, posta all'imboccatura di taluni strumenti a fiato, vibra al passaggio dell'aria e produce suono [*ill. Musicali, strumenti*].

ancillare *agg.* (spec. *scherz.*) che riguarda la domestica: *crisi —; amori ancillari.*

ancipite [-ci-] *agg.* **1** duplice, ambiguo, incerto **2** nella metrica classica, si dice di sillaba che alla fine di un verso può essere considerata breve o lunga.

anco *cong. coordinativa copulativa* (*lett.*) → **anche**.

ancona [-có-] *s.f.* tavola dipinta o scolpita posta a decorazione di un altare [*ill. Chiesa*].

anconetano, anconitano *agg.* di Ancona // *s.m.* abitante di Ancona.

ancora[1] [àn-] *s.f.* **1** pesante arnese di ferro o acciaio che, facendo presa sul fondo, serve all'ormeggio di un'imbarcazione: *gettar l'— / — di salvezza,* punto d'appoggio (anche *fig.*) **2** (*tecn.*) denominazione di oggetti o parti di macchine che ricordano un'ancora per la forma o per la funzione; in particolare, sbarretta di ferro dolce che serve a chiudere o aprire un circuito elettrico.

ancora[2] [-có-] *avv. di tempo* **1** indica la continuità di un'azione nel presente, nel passato, nel futuro: *mi ami —?; stavo — scrivendo; ci vedremo —* **2** fin qui, finora, fino adesso: *tuo fratello non è — arrivato* **3** una seconda volta, un'altra volta: *tentai — di convincerlo.*

ancoraggio [-ràg-] *s.m.* **1** l'ancorare, l'ancorarsi **2** specchio d'acqua in cui le navi possono ormeggiarsi con sicurezza mediante ancore **3** somma pagata da una nave per ormeggiarsi in un porto.

ancorare *v.tr.* [*io àncoro* ecc.] **1** dar fondo a una o più ancore per ormeggiare un'imbarcazione **2** attaccare (anche *fig.*): *— la corda alla roccia.*

ancorché *cong. subordinativa concessiva* (*lett.*) benché, quantunque, sebbene; introduce una proposizione concessiva con il verbo al cong.: *— non l'avesse mai visto di persona, tuttavia capì che era lui.*

ancoretta [-rét-] *s.f.* tipo di amo, munito di tre bracci ricurvi.

andalusite [-ſi-] *s.f.* minerale in cristalli grigi o rosei, usato, se trasparente, come gemma.

andaluso [-ſo] *agg.* dell'Andalusia // *s.m.* abitante dell'Andalusia.

andamento [-mén-] *s.m.* modo di procedere; svolgimento, tendenza: *l'— delle trattative.*

andana *s.f.* **1** striscia di terreno fra due filari d'alberi **2** *ormeggiarsi in —,* si dice di navi affiancate parallelamente in un porto con gli scafi perpendicolari alla banchina.

andante *s.m.* indicazione dinamica di un brano musicale, più lento dell'*allegretto* ma più mosso del *moderato* // *agg.* (*region.*) di qualità mediocre; ordinario: *una tela —.*

andare *v.intr.* [*pres. io vado* o *vo* (con la *o* aperta), *tu vai, egli va, noi andiamo, voi andate, essi vanno;* imperf. *io andavo* (antiq. *andava*) ecc.; fut. *io andrò* (pop. *anderò*) ecc.; cong.pres. *io vada* ecc., *noi andiamo, voi andiate, essi vàdano;* cond. *io andrèi* (pop. *anderèi*) ecc.; imp. *va* o *va'* o *vai, andate;* le altre forme, dal tema *and-,* sono regolari] **1** muoversi da un luogo verso un altro; recarsi, portarsi; camminare: *— da Roma a Milano; — a piedi, in treno; — di trotto; — a passo lento; — a pe-*

sca; — per funghi / il fiume va verso sud / questa strada va a Roma / — dentro, finire in carcere / *— a fondo, a picco,* di navi, inabissarsi, affondare; (*fig.*) rovinarsi / *— per mare,* navigare / *— soldato,* a fare il soldato / *— in cerca,* in traccia di qlcu., ricercarlo / *— pazzo di qlco.,* esserne innamorato / *— pazzo per qlco.,* apprezzarla particolarmente / *— per la propria strada,* (*fig.*) tendere al proprio scopo senza badare ad altro / *— con i piedi di piombo,* (*fig.*) procedere con molta oculatezza / *— di male in peggio, di bene in meglio,* peggiorare, migliorare progressivamente / *— di, per traverso,* si dice del boccone che entra nella laringe provocando tosse; (*fig.*) di faccenda andata male / *— per le lunghe,* dilungarsi / *— di mezzo,* essere coinvolto, subire conseguenze spiacevoli / *— a buon fine,* aver esito positivo / *— all'altro mondo,* morire / *— a male,* guastarsi / *— a gara,* gareggiare / *— a fuoco,* incendiarsi, bruciare / *— a rischio,* correre il rischio / *— in prescrizione,* (*dir.*) cadere sotto la prescrizione / *— a vuoto,* non avere esito / *— d'accordo,* concordare / *— troppo oltre,* (*fig.*) esagerare / *— per la maggiore,* essere molto reputato, essere in voga / *va per i quindici anni,* si avvicina a tale età / *— col pensiero a qlco.,* pensarci / *— a finire,* finire; concludersi: *— a finire nel fosso; — a finire / — a finire la storia?* / *— in macchina,* detto del giornale quando viene stampato / *— in onda,* detto di trasmissione televisiva o radiofonica allorché viene diffusa / *va da sé che,* ne consegue, è ovvio, è logico che / *— con qlcu.,* frequentarlo: (*prov.*) *chi va con lo zoppo impara a zoppicare; dimmi con chi vai e ti dirò chi sei* / *— su,* salire (anche *fig.*) / *— giù,* scendere, (*fig.*) deperire; in espressioni negative, non essere gradito: *quel tipo non mi va giù / questo lavoro non va,* non è ben fatto / *ne va della vita,* è in gioco, in pericolo la vita / *andarsene,* andar via / *vada per questa volta!,* con senso concessivo / *lasciar — qlco.,* trascurarlo / *lasciarsi —,* abbandonarsi; (*fig.*) scoraggiarsi, trascurarsi / *un libro che va,* che si vende bene / *il bianco va molto,* è di moda / *va' là!; andiamo, su!,* per esortare, per incoraggiare / *prov.: chi va piano va sano e va lontano.* CONTR. *venire* **2** essere: *— superbo* **3** diventare, trasformarsi: *— in cenere,* incenerirsi / *— in fumo,* (*fig.*) essere reso inutile, essere perduto, svanire; *— a pezzi,* in frantumi, rompersi / *prov.: la farina del diavolo va tutta in crusca* **4** procedere, funzionare: *gli affari vanno a gonfie vele,* benissimo; *come va?,* per chiedere come procedano gli affari, la salute; *non gli andò liscia; — a naso,* affidarsi all'istinto; *il mio orologio non va; quell'autocarro va a nafta* **5** dileguarsi, consumarsi, sparire, spegnersi, svanire: *la neve non se ne va; la mia memoria se ne va; quel poveretto se ne andava a poco a poco,* moriva **6** piacere, essere gradito: *questo comportamento non mi va; ti va di andare a giocare?* **7** valere, aver corso legale: *queste banconote non vanno più* **8** succedere, accadere: *come va che sei sempre stanco?* **9** essere necessario, opportuno: *qui ci andrebbe ancora un chiodo* // unito a un participio passato, significa *dover essere: il prodotto va conservato in luogo fresco; questo non va preso alla lettera* **10** calzare, essere adatto: *i tuoi guanti mi vanno stretti; mi va a pennello,* perfettamente **11** unito al gerundio di un verbo, indica la continuità e frequenza dell'azione di tale verbo: *andava dicendo a tutti; il male va peggiorando* // *s.m.* atto e modo dell'andare; andatura / *con l'andar del tempo,* progressivamente, a poco a poco.

andata *s.f.* l'andare: *viaggio di — e ritorno / dare l'—,* lasciare libero / *girone d'—,* nel gioco del calcio o simili, il primo di due gruppi di partite, durante il quale le squadre s'incontrano una prima volta.

andatura s.f. modo di camminare, di correre (detto anche di veicoli) o di navigare: — veloce, regolare; l'— dei ciclisti.

andazzo s.m. usanza seguita da molte persone, ma che si ritiene non buona e si presume di breve durata: c'è un — che non mi piace.

andicappare v.tr., **andicappato** agg. e s.m. → **handicappare, handicappato**.

andino agg. delle Ande.

andirivieni [-viè-] s.m.invar. l'andare e venire continuo di molte persone in un luogo.

andito [àn-] s.m. breve corridoio che consente l'accesso indipendente a stanze diverse.

andro- [dal gr. anèr, andròs = uomo] primo elemento di composti dotti nei quali significa «uomo, maschio» (androide, androgeno).

androceo [-cè-] s.m. **1** (bot.) complesso degli stami di un fiore **2** nella Grecia antica, la parte della casa riservata ai soli uomini. CONTR. gineceo.

androgeno [-drò-] agg. e s.m. si dice di un gruppo di ormoni steroidi a effetto mascolinizzante, secreti dal testicolo o dalla corteccia surrenale.

androgino [-drò-] agg. e s.m. **1** che o chi è fornito di organi di entrambi i sessi; ermafrodito **2** si dice di donna dall'aspetto un po' mascolino.

androide [-dròi-] s.m. automa che imita il più possibile funzioni e comportamenti umani.

andrologia [-gi-] s.f. branca della medicina che studia e cura l'apparato sessuale dell'uomo.

androne [-dró-] s.m. andito di comunicazione tra il cortile interno di un edificio e la strada.

androsterone [-ró-] s.m. ormone sessuale maschile del gruppo degli androgeni, prodotto dalla corteccia surrenale, che favorisce nel maschio la comparsa dei caratteri sessuali secondari.

anecoico [-còi-] agg. [pl.m. -ci] si dice di ambienti in cui le pareti assorbono completamente il suono eliminando ogni rimbombo.

aneddotica [-dò-] s.f. tradizione di aneddoti riferiti a un personaggio storico.

aneddotico [-dò-] agg. [pl.m. -ci] che contiene o riguarda aneddoti: volume —.

aneddotista s.m. e f. [pl.m. -i] narratore o scrittore di aneddoti.

aneddoto [-nèd-] s.m. episodio marginale, della storia o della vita privata di un personaggio importante.

anelante agg. affannoso, ansante: arrivò tutto —.

anelare v.intr. [io anèlo ecc.] **1** respirare affannosamente **2** bramare ardentemente.

anelastico [-là-] agg. [pl.m. -ci] (fis.) si dice di un corpo che dopo essere stato deformato non ritorna alla condizione iniziale.

anelito [-nè-] s.m. **1** respiro affannoso **2** desiderio ardente: —di gloria.

anellidi [-nèl-] s.m.pl. tipo di vermi a corpo cilindroide diviso in segmenti detti anelli.

anello [-nèl-] s.m. **1** cerchietto di metallo che si porta al dito / — matrimoniale, anello per lo più d'oro, simbolo del vincolo coniugale **2** oggetto di forma circolare o affine, o elemento di forma circolare in un oggetto: l'— di una catena; — delle forbici; l'— del fungo [ill. Funghi] / anelli di Saturno, cerchi di materia cosmica rotanti intorno a quel pianeta **3** pl.m. anelli, attrezzo sportivo per ginnastica, composto di due cerchi di le-

gno sospesi a due funi **4** pl.f. anella, (poet.) riccioli, capelli inanellati.

anelo [-nè-] agg. (poet.) anelante, bramoso.

anemia [-mì-] s.f. (med.) diminuzione del numero dei globuli rossi nel sangue, dovuta a malattie del midollo osseo o infettive.

anemico [-nè-] agg. [pl.m. -ci] che soffre di anemia.

anemizzare [-miʒʒa-] v.tr. rendere anemico.

anemo- [à-] [dal gr. ànemos = vento] primo elemento compositivo di parole dotte nelle quali significa «vento» (anemometro, anemoscopio).

anemofilo [-mò-] agg. si dice di piante in cui l'impollinazione avviene per opera del vento.

anemografo [-mò-] s.m. strumento che registra la direzione e la velocità del vento.

anemometro [-mò-] s.m. strumento che misura la velocità del vento.

anemone [-nè-] s.m. pianta erbacea ornamentale con fiori rossi, violacei o bianchi e foglie frastagliate (fam. Ranuncolacee) / — di mare, (zool.) attinia.

anemoscopio [-scò-] s.m. strumento che indica in forma approssimativa e non scientifica la direzione del vento (p.e. una banderuola).

aneroide [-ròi-] agg. si dice di qualsiasi barometro metallico, cioè senza liquido.

anestesia [-ʃi-] s.f. soppressione parziale o totale della sensibilità al dolore, praticata spec. in vista di un intervento chirurgico: — totale (o generale); — locale.

anestesiologia [-ʃiologi-] s.f. specialità della medicina che concerne l'anestesia e l'assistenza al paziente durante l'intervento chirurgico.

anestesista [-ʃi-] s.m. e f. [pl.m. -i] medico specialista in anestesiologia.

anestetico [-stè-] s.m. [pl. -ci] (farm.) sostanza atta ad abolire la sensibilità.

anestetizzare [-tiʒʒa-] v.tr. provocare l'anestesia; (fig.) rendere insensibile moralmente.

aneto [-nè-] s.m. pianta erbacea annua con semi aromatici, molto simile al finocchio (fam. Ombrellifere).

aneurisma [-ʃma] s.m. [pl. -i] (med.) **1** dilatazione di un tratto d'arteria in cui continui a circolare il sangue **2** rottura di un'arteria dilatata.

anfetamina s.f. → **amfetamina**.

anfi- [dal gr. amfi = da ambo le parti, intorno] prefisso di parole dotte e scientifiche che significa «intorno» (anfiteatro), oppure «doppio, da due parti» (anfibio).

anfibio [-fi-] agg. che può vivere o operare sulla terra e nell'acqua: un essere — // s.m. **1** pl. (zool.) classe di vertebrati di piccole dimensioni, con pelle nuda e viscida; nel periodo giovanile vivono in acqua dolce e da adulti, escluse alcune specie, vivono sulla terra **2** mezzo navale atto a navigare e a muoversi su terra o a trasportare truppe e veicoli terrestri dal mare aperto alla costa **3** velivolo munito di ruote e galleggianti che può decollare e posarsi su terra o su acqua **4** spec. pl. scarpa robusta e impermeabile, di tipo militare.

anfibolo [-fì-] s.m. minerale di colore scuro; per lo più è un silicato di magnesio e di calcio.

anfibologia [-gi-] s.f. ambiguità del discorso, derivante dall'uso di termini di senso equivoco.

anfimissi s.f.invar. (biol.) momento della fecondazione in cui i nuclei dei due gameti, maschile e femminile, confluiscono l'uno nell'altro.

anfiosso [-òs-] s.m. animaletto dei cefalocordati, simile a un pesciolino, con corpo bianchiccio a forma di lancetta; vive nel fango marino.

anfiteatro *s.m.* **1** teatro romano all'aperto di forma ovale o circolare, costituito da un'arena attorniata da una gradinata per gli spettatori **2** aula scolastica con diversi ordini di banchi degradanti e disposti a semicerchio: — *di anatomia* **3** terreno che ha una disposizione naturale ad anfiteatro.

anfitrione [-ó-] *s.m.* chi offre una ricca ospitalità.

anfora [àn-] *s.f.* grande vaso di terracotta con collo stretto e con due anse.

anfratto *s.m.* luogo stretto e scosceso.

anfrattuosità *s.f.invar.* **1** l'essere anfrattuoso **2** cavità anfrattuosa, anfratto.

anfrattuoso [-ó-] *agg.* pieno di anfratti.

angariare *v.tr.* [*io angàrio ecc.*] fare angherie.

angelica [-gè-] *s.f.* pianta erbacea aromatica con foglie pennate e fiori verdastri, usata in liquoreria (*fam.* Ombrellifere).

angelico [-gè-] *agg.* [pl.m. -ci] **1** di angelo **2** che ha bellezza o bontà d'angelo.

angelo [àn-] *s.m.* **1** puro spirito creato da Dio e suo ministro presso gli uomini / — *cattivo, del male, delle tenebre*, il demonio / *il pane degli angeli*, l'eucaristia **2** (*fig.*) persona di grande bellezza e bontà **3** *pesce* —, pesce cartilagineo marino con corpo depresso di forma rombica (*ordine* Squaliformi).

Angelus [Àn-] *s.f.invar.* (*lat.*) preghiera alla Madonna, recitata al mattino, a mezzogiorno e alla sera.

angheria [-rì-] *s.f.* prepotenza, sopruso.

angina *s.f.* (*med.*) affezione infiammatoria delle tonsille / — *pectoris*, insieme di sintomi che appaiono in certe malattie di cuore.

angiocolite *s.f.* (*med.*) infiammazione delle vie biliari.

angiografia [-fì-] *s.f.* procedimento radiografico che mette in evidenza lo stato e il decorso di un vaso sanguigno (arteria o vena).

angiolo [àn-] *s.m.* → **angelo**.

angiologia [-gì-] *s.f.* parte dell'anatomia che descrive gli organi dei sistemi vascolare, sanguigno, linfatico.

angiologico [-lò-] *agg.* [pl.m. -ci] che riguarda l'angiologia: *esame* —.

angiologo [-giò-] *s.m.* [pl. -gi] studioso di angiologia.

angioma [-giò-] *s.m.* [pl. -i] (*med.*) alterazione tumorale dei vasi del sistema sanguigno.

angiosperme [-spèr-] *s.f.pl.* piante fanerogame che hanno gli ovuli racchiusi nell'ovario e quindi i semi racchiusi nel frutto [*ill. Fiore*].

angiporto [-pòr-] *s.m.* stradetta angusta, vicolo cieco.

anglicanesimo [-néʃi-] *s.m.*, **anglicanismo** [-ʃmo] *s.m.* la dottrina della chiesa d'Inghilterra.

anglicano *agg.* e *s.m.* che o chi appartiene alla chiesa d'Inghilterra.

anglicizzare [-ciʒʒa-] *v.tr.* (*lett.*) rendere inglese, simile agli inglesi.

anglico [àn-] *agg.* [pl.m. -ci] **1** dell'antica popolazione degli angli **2** (*lett.*) inglese.

anglismo [-ʃmo] *s.m.* parola o costrutto derivato dall'inglese.

anglofilo [-glò-] *agg.* e *s.m.* che o chi simpatizza per gli inglesi.

anglofobo [-glò-] *agg.* e *s.m.* che o chi ha avversione per gli inglesi.

angolano *agg.* dell'Angola // *s.m.* abitante dell'Angola.

angolare *agg.* relativo a un angolo; fatto ad angolo; posto in angolo / *velocità* — *di un punto*, variazione dell'angolo descritto dal raggio vettore del punto nell'unità di tempo / *pietra* —, quella posta nell'angolo di un edificio per sostenere due muri; (*fig.*) il fondamento di qlco. // *s.m.* ferro sagomato usato spec. nelle costruzioni edili e meccaniche.

angolazione [-zió-] *s.f.* (*cinem.*) ripresa di una scena da un determinato angolo visuale.

angolo [àn-] *s.m.* **1** (*geom.*) la parte di piano compresa tra due semirette uscenti da uno stesso punto **2** lo spazio compreso tra due piani che si intersecano; cantonata; spigolo: *l'* — *della strada, dell'armadio* **3** luogo appartato, nascosto: *ho cercato quell'oggetto in tutti gli angoli* **4** nel gioco del calcio, ognuno dei quattro angoli del rettangolo di terreno in cui si disputa la partita / *calcio d'*— (o *angolo*), punizione contro la squadra i cui giocatori hanno mandato la palla oltre la linea di fondo della propria metà campo.

angoloso [-ló-] *agg.* **1** che ha molti angoli **2** (*fig.*) intrattabile, bisbetico: *carattere* —.

angora [àn-] *agg.* e *s.m.* e *f.* (dall'antico nome della città di Ankara) denominazione di alcune razze di capre, conigli e gatti dal pelo lungo e soffice, e della lana da essi ricavata.

angoscia [-gò-] *s.f.* [pl. -sce] **1** doloroso stato d'ansia dovuto a dubbio o paura. SIN. *ambascia, affanno, tormento* **2** (*psic.*) disturbo neurotico caratterizzato da apprensione di fronte a pericoli immaginari.

angosciare *v.tr.* [*io angòscio ecc.*] dare angoscia, tormentare.

angoscioso [-sció-] *agg.* **1** che dà angoscia: *una situazione angosciosa*. SIN. *affannoso, tormentoso* **2** che è pieno d'angoscia, che la esprime: *un gemito* —.

angostura *s.f.* piccolo albero del Venezuela dalla corteccia aromatica di sapore amaro; se ne estrae un'essenza tonica usata in liquoreria (*fam.* Rutacee).

ångström [*svedese*; *pr.* ònstrom] *s.m.* unità di misura pari a un decimilionesimo di millimetro, usato per la misura della lunghezza d'onda delle radiazioni.

anguilla *s.f.* **1** pesce commestibile, serpentiforme, viscido, verde-olivastro, con pinna caudale formante un nastro continuo con la dorsale e l'anale; nasce nel mare e vive, da adulto, nei fiumi (*ordine* Anguilliformi) **2** (*fig.*) persona che compie movimenti agili e scattanti; persona che sfugge di fronte alle responsabilità.

angulinervio [-nèr-] *agg.* (*bot.*) si dice di foglia le cui nervature si ramificano ad angolo acuto.

anguria [-gù-] *s.f.* → **cocomero**.

angustia [-gù-] *s.f.* **1** strettezza, scarsità: *trovarsi in angustie*, in difficoltà finanziarie **2** ansia: *era in* —.

angustiare *v.tr.* [*io angùstio ecc.*] causare sofferenza // *-arsi v.rifl.pron.* preoccuparsi, essere angosciato.

angustiato *agg.* preoccupato.

angusto *agg.* stretto, limitato (anche *fig.*): *idee anguste*.

ani *s.m.invar.* uccello brasiliano che si nutre di parassiti dei mammiferi (*fam.* Cuculidi).

anice [à-] *s.m.* denominazione comune di due piante diverse (*fam.* Ombrellifere e Magnoliacee) i cui frutti aromatici sono usati in farmacia e in liquoreria.

anidride *s.f.* (*chim.*) composto, costituito da metalloide e ossigeno, che con acqua dà un acido.

anidro [à-] *agg.* privo di acqua.

anilina *s.f.* (*chim.*) composto organico azotato, liquido, incoloro, presente nel catrame di carbon fossile; usato nell'industria farmaceutica e chimica.

anima [à-] *s.f.* **1** principio vitale degli esseri viventi: *regger l'*— *coi denti*, essere malandato di salute / *la pubblicità è l'*— *del commercio*, è ciò che dà vita e impulso al commercio / *è stato l'*— *della festa*, ha dato brio e

Voci degli animali

■ ANIMALI: allodola (*fischia, canta, trilla*), anatra (*grida, schiamazza, stride*), ape (*ronza*), aquila (*grida*), asino (*raglia*), assiolo (*chiurla, fischia*), beccaccino (*fischia*), bue (*muggisce, mugghia*), bufalo (*soffia, mugghia*), calabrone (*ronza*), canarino (*trilla, canta, gorgheggia*), cane (*abbaia, guaiola, guaisce, latra, mugola, ringhia, uggiola, ulula, ustola, urla*), cane da caccia (*squittisce*), capinera (*cinguetta*), capra (*bela*), cavalletta (*stride*), cavallo (*nitrisce, sbuffa, soffia*), cervo (*bramisce*), chioccia (*chioccia*), chiurlo (*chiurla*), cicala (*canta, frinisce, stride*), cicogna (*schiamazza*), cigno (*sibila*), cinciallegra (*cinguetta*), cinghiale (*grugnisce, ringhia, ruglia*), civetta (*squittisce, stride*), colombo (*geme, tuba*), coniglio (*ziga, squittisce*), cornacchia (*gracchia, stride*), corvo (*gracchia, stride*), elefante (*barrisce*), faina (*stride*), falco (*squittisce, stride*), fringuello (*chioccola*), gallina (*canta, crocchia, schiamazza, stride*), gallo (*canta*), gatto (*fa le fusa, gnaula, miagola, ronfa, soffia, ustola*), gazza (*gracchia, stride*), ghiandaia (*gracchia, stride*), grillo (*canta, stride*), gru (*gracchia*), gufo (*soffia*), iena (*ulula*), leone (*mugghia, ruggisce*), lupo (*abbaia, mugola, ruglia, ulula, urla*), maiale (*grugnisce*), merlo (*chioccola, canta, fischia, zirla*), mosca (*ronza*), moscone (*ronza*), mucca (*muggisce*), mulo (*raglia*), oca (*gracida, schiamazza, stride*), orso (*bramisce, grugnisce, ringhia, ruglia*), pappagallo (*garrisce, parla, squittisce*), passero (*cinguetta*), pavone (*stride, grida*), pecora (*bela*), pernice (*stride, schiamazza*), pettirosso (*chioccola*), pipistrello (*stride*), pulcino (*pigola*), quaglia (*stride*), rana (*gracida, canta*), rondine (*squittisce, garrisce*), rospo (*gracida*), sciacallo (*urla*), scimmia (*grida, urla*), serpente (*fischia, sibila, soffia, zufola*), topo (*squittisce, stride, zirla*), tordo (*fischia, zirla*), tortora (*geme, tuba*), uccelli cantatori (*cantano, cinguettano, gorgheggiano, trillano*), uccelli notturni di rapina (*gridano*), uccellini di nido (*pigolano*), usignolo (*canta, gorgheggia, trilla*), vespa (*ronza*), volpe (*abbaia, guaiola, guaisce, squittisce*), zanzara (*ronza, zufola*).

■ VOCI: abbaiare (*cane, lupo, volpe*), barrire (*elefante*), belare (*pecora, capra*), bramire (*cervo, orso*), cantare (*cicala, gallo, gallina, grillo, rana, uccelli cantatori, usignolo*), chiocciare (*chioccia*), chioccolare (*fringuello, merlo, pettirosso*), chiurlare (*chiurlo, assiolo*), cinguettare (*passero, capinera, cinciallegra ed altri uccelli cantatori*), crocchiare (*gallina*), fischiare (*assiolo, beccaccino, serpente, merlo, tordo, allodola*), frinire (*cicala*), fare le fusa (*gatto*), garrire (*rondine, pappagallo*), gemere (*tortora, colombo*), gnaulare (*gatto*), gorgheggiare (*usignolo ed altri uccelli cantatori*), gracchiare (*corvo, cornacchia, gazza, ghiandaia, gru*), gracidare (*rana, rospo, oca*), gridare (*anatra, aquila, pavone, scimmia, uccelli notturni di rapina*), grugnire (*maiale, cinghiale, orso*), guaiolare (*cane, volpe*), guaire (*cane, volpe*), latrare (*cane*), miagolare (*gatto*), mugghiare (*bue, bufalo, leone*), muggire (*bue, mucca*), mugolare (*cane, lupo*), nitrire (*cavallo*), parlare (*pappagallo*), pigolare (*pulcino, uccelli di nido*), ragliare (*asino, mulo*), ringhiare (*cane, cinghiale, orso*), ronfare (*gatto*), ronzare (*ape, vespa, calabrone, mosca, moscone, zanzara*), ruggire (*leone*), rugliare (*cinghiale, lupo, orso*), sbuffare (*cavallo*), schiamazzare (*oca, anatra, cicogna, gallina, pernice*), sibilare (*serpente, cigno*), soffiare (*bufalo, cavallo, gatto, gufo, serpente*), squittire (*coniglio, falco, rondine, volpe, topo, pappagallo, civetta, cane da caccia*), stridere (*cavalletta, cicala, grillo, pipistrello, topo, faina, cornacchia, corvo, gazza, ghiandaia, falco, quaglia, pernice, pavone, civetta, oca, anatra, gallina*), trillare (*usignolo, canarino ed altri uccelli cantatori*), tubare (*colombo, tortora*), uggiolare (*cane*), ululare (*cane, iena, lupo*), urlare (*cane, lupo, sciacallo, scimmia*), ustolare (*cane, gatto*), zigare (*coniglio*), zirlare (*topo, tordo, merlo*), zufolare (*serpente, zanzara*).

vivacità alla festa **2** secondo molte religioni, parte immateriale e immortale dell'uomo, per cui egli pensa, vuole e agisce, concepita come sostanza distinta dal corpo: *l'immortalità dell'—; pregare per le anime dei defunti / dedicarsi a qlco. — e corpo*, completamente / *render l'— a Dio, esalare l'—,* morire **3** sede degli affetti e dei sentimenti: *amare qlcu. con tutta l'—,* amarlo profondamente / *toccar l'— a qlcu.,* risvegliare i suoi affetti, la sua sensibilità / *anime gemelle,* due persone di gusti, idee, sentimenti affini **4** persona, individuo: *città di centomila anime / non c'è — viva,* non c'è nessuno **5** parte interna di un oggetto: *l'— del bottone.*

animale[1] *s.m.* **1** ogni organismo vivente dotato di sensi e di movimento spontaneo: *— acquatico, esotico* **2** bestia, bruto, contrapposto all'uomo **3** (*fig.*) persona grossolana, ignorante, volgare.

animale[2] *agg.* che è proprio degli animali: *calore —; regno —.*

animaleria [-rì-] *s.f.* **1** azione degna di un animale **2** errore grossolano.

animalesco [-lé-] *agg.* [pl.m. *-chi*] che è proprio di un animale. SIN. *bestiale, brutale, bruto.*

animare *v.tr.* [*io ànimo ecc.*] **1** infondere il principio vitale, dare l'anima, il movimento: *— un congegno* **2** dare vivacità, brio, espressione **3** infondere coraggio, energia.

animato *agg.* **1** dotato di anima: *l'uomo e gli altri esseri animati / bastone —,* che racchiude una lama **2** dotato di movimento; vivace, movimentato: *una scena animata // s.m.* indicazione dinamica di un brano musicale, un po' meno mosso dell'allegro // **-mente** *avv.* in modo animato, con vivacità.

animatore [-tó-] *s.m.* [f. *-trice*] **1** chi anima **2** chi fa lavoro di animazione: *— teatrale.*

animazione [-zió-] *s.f.* **1** atto, effetto dell'animare **2** vivacità, calore **3** attività organizzata per ottenere risultati di ricreazione o di spettacolo da un gruppo di persone: — *teatrale*, — *di piazza*.

animella [-mèl-] *s.f.* spec. *pl.* pancreas e timo dell'agnello o del vitello macellati.

animismo [-ʃmo] *s.m.* **1** tendenza, tipica della religiosità primitiva, a credere tutte le cose animate da spiriti con poteri superiori all'uomo **2** dottrina che spiega tutti i fenomeni della vita come originati dall'anima, principio della vita e del pensiero.

animista *s.m.* e *f.* [pl.m. *-i*] seguace dell'animismo.

animistico [-mi-] *agg.* [pl.m. *-ci*] che riguarda l'animismo.

animo [à-] *s.m.* **1** sede e principio degli affetti e della volontà: — *volgare*; *forza d'*— / *avere qlcu. nell'*—, pensarci con intenso affetto / *mettersi l'— in pace*, rassegnarsi **2** pensiero, mente: *ho sempre nell'*— *quella vicenda / mettersi in — di fare qlco.*, proporsi di farla / *aver l'*— *altrove*, pensare ad altro **3** intendimento, proposito: *con quelle parole scoprì chiaramente il suo* — **4** coraggio / *perdersi d'*—, scoraggiarsi.

animosità *s.f.invar.* malanimo. SIN. *ostilità*.

animoso [-mó-] *agg.* **1** coraggioso, audace: *un giovane* —; *un'impresa animosa* **2** focoso (detto di animali): *un cavallo* — **3** ostile **/ -mente** *avv.* con animosità, con coraggio.

anione [-nió-] *s.m.* ione dotato di carica negativa.

anisetta [-ʃèt-] *s.f.* liquore dolce con aroma di anice.

anisocitosi [-ʃocitóʃi] *s.f.invar.* (*med.*) presenza, fisiologica o patologica, nel sangue, di globuli rossi aventi diversa dimensione.

anisocoria [-ʃocorì-] *s.f.* (*med.*) fenomeno, non necessariamente patologico, per cui le pupille dei due occhi presentano diametro disuguale.

anisotropia [-ʃotropì-] *s.f.* caratteristica dei cristalli di variare le loro proprietà (durezza, conducibilità elettrica ecc.) a seconda della direzione.

anisotropo [-ʃò-] *agg.* che presenta anisotropia.

anitra [à-] *s.f.* grosso uccello commestibile, con corpo largo sostenuto da zampe corte poste molto all'indietro, piedi palmati atti al nuoto, becco largo e appiattito; alcune razze sono domestiche (*fam.* Anatidi).

annacquamento [-mén-] *s.m.* l'annacquare (spec. in senso *fig.*): — *del capitale*, emissione del capitale sociale di una società senza corresponsione equivalente di moneta.

annacquare *v.tr.* [*io annàcquo ecc.*] **1** aggiungere acqua a un liquido; allungare: — *il latte, il vino* **2** bagnare, annaffiare **3** (*fig.*) temperare, mitigare.

annacquata *s.f.* **1** l'annacquare un poco, leggermente: *ho dato un'* — *ai gerani* **2** pioggerella.

annaffiare *v.tr.* [*io annàffio ecc.*] bagnare con l'acqua: *ho annaffiato le rose del giardino.*

annaffiata *s.f.* **1** l'annaffiare un poco: *ho dato un'*— *all'orto* **2** pioggia breve e leggera.

annaffiatoio [-tó-] *s.m.* recipiente di latta, di plastica o di altro materiale con un manico e un beccuccio, di solito fornito di un cappuccio traforato, che serve per annaffiare.

annali *s.m.pl.* **1** narrazione storica che registra gli eventi nel loro ordine cronologico, anno per anno **2** (*fig.*) storia in genere, memorie storiche: *è un fatto che resterà negli* —.

annalista *s.m.* e *f.* [pl.m. *-i*] scrittore di annali.

annalistico [-li-] *agg.* [pl.m. *-ci*] scritto alla maniera degli annali, cronologicamente.

annaspare *v.intr.* **1** agitare le braccia come chi cerca qlco. senza vedere **2** gesticolare con vivacità **3** (*fig.*) affaticarsi inutilmente intorno a qlco. **//** *v.tr.* avvolgere il filo sull'aspo per fare la matassa.

annata *s.f.* **1** lo spazio di un anno, spec. con riferimento al tempo e ai raccolti; il raccolto di un anno **2** bilancio di una certa attività di un anno: *l'*— *ciclistica non è stata positiva per i corridori italiani* **3** importo per un anno di affitto, di stipendio e simili **4** insieme dei numeri di un periodico usciti in un anno.

annebbiamento [-mén-] *s.m.* atto, effetto dell'annebbiarsi (anche *fig.*).

annebbiare *v.tr.* [*io annébbio ecc.*] offuscare con nebbia, oscurare, ottenebrare (anche *fig.*): *le sofferenze annebbiano l'intelletto* **// -arsi** *v.rifl.pron.* offuscarsi per nebbia, oscurarsi (anche *fig.*).

annegamento [-mén-] *s.m.* atto, effetto dell'annegare: *morire per* —.

annegare *v.tr.* [*io annégo, tu annéghi ecc.*] far morire togliendo il respiro con l'immersione in acqua o altro liquido / — *i dispiaceri nel vino*, bere per dimenticarli. SIN. *affogare* **/** *v.intr.* **1** morire per soffocazione in acqua o altro liquido: *scivolò in acqua e annegò* **2** (*fig.*) sprofondare, essere oppresso: — *nel lavoro, nei problemi*. SIN. *affogare* **// -arsi** *v.rifl.* togliersi la vita per annegamento.

annerimento [-mén-] *s.m.* atto, effetto dell'annerire.

annerire *v.tr.* [*io annerìsco, tu annerisci ecc.*] far diventare nero, tingere di nero **//** *v.intr.*, **-irsi** *v.rifl.pron.* divenire nero.

annessione [-sió-] *s.f.* **1** unione stretta, complementare, di una cosa con un'altra **2** (*dir.*) unione, conseguente a conquista o spontaneamente decisa, di uno stato o di parte di esso ad altro stato.

annessionismo [-ʃmo] *s.m.* tendenza o attività politica di uno stato volta ad annettersi altri stati o regioni.

annessite *s.f.* (*med.*) infiammazione generalizzata degli annessi uterini.

annesso [-nès-] *agg.* unito in stretto rapporto, congiunto **/** *s.m.* **1** parte secondaria di una costruzione **2** *pl.* (*anat.*) gli organi che, con l'utero, formano l'apparato genitale femminile (essenzialmente, salpinge e ovaio).

annettere [-nèt-] *v.tr.* [pres. *io annètto ecc.*; pass.rem. *io annettéi* o *annèssi, tu annettésti ecc.*; p.pass. *annèsso*] **1** unire, allegare: *la qui annessa ricevuta* / — *importanza a una cosa*, riconoscerla, attribuirla **2** estendere la propria sovranità su altri territori (detto di stati).

annichilare *v.tr.* [*io annìchilo ecc.*] → **annichilire**.

annichilazione [-zió-] *s.f.* **1** l'annichilire, l'annichilirsi **2** (*fis.*) fenomeno per cui una coppia di elettroni, positivo e negativo, si autodistrugge trasformandosi in radiazione elettromagnetica.

annichilimento [-mén-] *s.m.* l'annichilire. SIN. *annientamento*.

annichilire *v.tr.* [*io annìchilo* o *annichilìsco, tu annìchili* o *annichilìsci ecc.*] **1** ridurre al nulla, distruggere completamente. SIN. *annientare* **2** (*fig.*) abbattere, avvilire: *la mia dimostrazione lo annichilì* **// -irsi** *v.rifl.* **1** ridursi al nulla, distruggersi **2** umiliarsi.

annidarsi *v.rifl.* **1** fare il nido: *i topi si sono annidati in cantina* **2** (*fig.*) nascondersi in un luogo: *i nemici si annidarono nel bosco.*

annientamento [-mén-] *s.m.* l'annientare.

annientare *v.tr.* [*io anniènto ecc.*] ridurre al niente, distruggere, abbattere (anche *fig.*). SIN. *annullare, annichilire.*

anniversario [-sà-] *agg.* che ricorre ogni anno // *s.m.* **1** annuale ricorrenza di un giorno degno di essere ricordato **2** compleanno.

anno *s.m.* **1** tempo impiegato dal Sole per il suo ritorno apparente all'equinozio di primavera (*anno solare* o *tropico*), uguale a 365 giorni, 5 ore, 48 minuti, 46 secondi / — *sidereo* o *astrale*, tempo necessario alla Terra per compiere il suo giro intorno al Sole, uguale a 365 giorni, 6 ore, 9 minuti, 9 secondi / — *civile*, corrisponde all'anno solare senza le frazioni di giorno / — *luce*, la distanza percorsa dalla luce in un anno tropico, pari a 9464 miliardi di km **2** spazio di dodici mesi, non in coincidenza con l'anno civile, in cui si svolge una data attività: — *scolastico* / — *commerciale*, di 360 giorni, in cui ogni mese è composto di 30 giorni **3** corso di studi: *è iscritto al terzo — di medicina* **4** periodo di tempo che ricorre a intervalli fissi e in cui si svolgono particolari celebrazioni: — *santo*, quello del giubileo **5** periodo di dodici mesi in genere.

annodare *v.tr.* [*io annòdo ecc.*] **1** legare con uno o più nodi. CONTR. *snodare* **2** (*fig.*) stringere: — *relazioni*.

annodatura *s.f.* operazione dell'intrecciare, del legare con nodi; il nodo e il punto dove il nodo è stato fatto.

annoiare *v.tr.* [*io annòio ecc.*] recar noia, provocare una sensazione di molestia. SIN. *tediare, seccare* // **-arsi** *v. rifl.pron.* provare, sentir noia.

annoiato *agg.* che prova un senso di fastidio, infastidito; che denota noia.

annona [-nò-] *s.f.* **1** organismo pubblico che sovrintende ai rifornimenti di generi alimentari, ai controlli sulla qualità e sui prezzi di essi **2** viveri necessari all'approvvigionamento di una popolazione in un anno.

annonario [-nà-] *agg.* che riguarda l'annona.

annoso [-nó-] *agg.* che esiste da molti anni.

annotare *v.tr.* [*io annòto ecc.*] **1** prendere nota di qlco. **2** fare le note a un testo. SIN. *glossare, chiosare, postillare, commentare.*

annotatore [-tó-] *s.m.* [f. *-trice*] chi fa le note a un testo.

annotazione [-zió-] *s.f.* **1** nota, appunto **2** postilla, commento.

annottare *v.intr.impers.* [*annòtta*] farsi notte.

annoverare *v.tr.* [*io annòvero ecc.*] **1** esporre in ordine, enumerare **2** considerare nel numero: *lo annovero tra i miei più cari amici.*

annuale *agg.* **1** di ogni anno, che accade ogni anno: *festività —; rata —* **2** che ha la durata di un anno: *contratto —* // **-mente** *avv.* ogni anno.

annualità *s.f.invar.* versamento effettuato annualmente per un certo periodo di tempo.

annuario [-nuà-] *s.m.* libro pubblicato annualmente che registra e descrive gli avvenimenti di un anno, p.e. l'attività di un ente.

annuire *v.intr.* [*io annuisco, tu annuisci ecc.*] fare cenno di assenso. SIN. *assentire.*

annullamento [-mén-] *s.m.* **1** l'annullare **2** (*dir.*) sentenza che annulla un atto o contratto e i suoi effetti: — *del matrimonio.*

annullare *v.tr.* **1** ridurre a nulla. SIN. *annientare* **2** (*dir.*) dichiarare privo di valore un atto o contratto affetto da vizi di forma o di sostanza, con effetto retroattivo (a differenza dello *scioglimento*) **3** (*mat.*) porre o rendere uguale a zero **4** obliterare un francobollo o simili mediante annullo.

annullo *s.m.* timbro o altro contrassegno apposto sul francobollo o simili per indicarne l'avvenuta utilizzazione.

annunciare *v.tr.* [*io annùncio ecc.*] **1** dare una notizia, informare di qlco.: — *la fine delle ostilità* **2** lasciar prevedere, dar segni rivelatori **3** dar notizia della visita di qlcu.

annunciatore [-tó-] *s.m.* [f. *-trice*] **1** chi dà un annuncio **2** chi per professione legge annunci alla radio e alla televisione.

annunciazione [-zió-] *s.f.* l'annuncio dell'incarnazione di Dio dato dall'angelo a Maria Vergine; la festa religiosa che lo celebra (25 marzo); la sua raffigurazione artistica.

annuncio [-nùn-] *s.m.* **1** atto, effetto dell'annunciare **2** indizio, presagio **3** insieme delle parole con cui si annuncia qlco.: avviso.

annunziare *v.tr.* e *deriv.* → **annunciare** e *deriv.*

annunziata *s.f.* **1** appellativo di Maria Vergine in quanto destinataria dell'annunciazione **2** la festa dell'annunciazione.

annuo [àn-] *agg.* compreso nel periodo di un anno; della durata di un anno.

annusare *v.tr.* **1** aspirare dal naso per sentire un odore. SIN. *fiutare* **2** (*fig.*) intuire, aver sentore di qlco.: *annusò il tranello.*

annuvolamento [-mén-] *s.m.* atto, effetto dell'annuvolarsi.

annuvolare *v.tr.* [*io annùvolo ecc.*] **1** coprire di nuvole **2** (*fig.*) annebbiare, offuscare: *la stanchezza gli annuvola le idee* // **-arsi** *v.rifl.pron.* **1** coprirsi di nuvole **2** (*fig.*) rabbuiarsi: *il suo viso si annuvolò.*

ano [à-] *s.m.* orifizio terminale esterno dell'intestino retto.

anobio [-nò-] *s.m.* insetto coleottero piccolo, bruno, con elitre a righe punteggiate, le cui larve forano il legno (*tarlo dei mobili*), il pane ecc. (*fam.* Annobiidi).

anodico [-nò-] *agg.* [pl.m. *-ci*] (*fis.*) relativo all'anodo.

anodino [-nò-] *agg.* **1** (*med.*) che toglie il dolore, calmante **2** (*fig.*) palliativo **3** (*fig.*) debole, senza carattere: *un uomo —.*

anodo [à-] *s.m.* (*fis.*) elettrodo positivo di una pila o di un accumulatore.

anofele [-nò-] *s.m.* zanzara che inocula, con la sua puntura, i germi della malaria (*fam.* Culicidi).

anolino *s.m.* spec. *pl.* agnolotto di piccole dimensioni (specialità emiliana).

anomalia [-lì-] *s.f.* **1** deviazione dalla norma. SIN. *irregolarità, anormalità, eccezione* **2** (*med.*) irregolarità di un organo o di una parte del corpo.

anomalo [-nò-] *agg.* non conforme alla norma. SIN. *irregolare, anormale, eccezionale.*

anona [-nò-] *s.f.* albero tropicale con frutti commestibili dalla polpa bianca e dolce (*fam.* Anonacee).

anonimo [-nò-] *agg.* senza nome; non firmato: *libro —, lettera anonima* o *società anonima*, vecchio tipo di società commerciale in cui la responsabilità dei soci era limitata al capitale sottoscritto // *s.m.* **1** persona, e spec. autore, il cui nome è ignoto **2** persona poco nota, individuo qualsiasi **3** scritto di autore sconosciuto.

anoressia [-sì-] *s.f.* (*med.*) mancanza di appetito.

anormale *agg.* **1** che è al di fuori della norma. SIN. *anomalo, irregolare, eccezionale.* CONTR. *normale* **2** (*med.*) che non è psichicamente normale.

anormalità *s.f.invar.* **1** l'essere anormale; cosa o fatto anormale. SIN. *anomalia, irregolarità, eccezione.* CONTR. *normalità* **2** (*med.*) irregolarità di un organo o di una funzione.

anosmia [-ʃmì-] *s.f.* (*med.*) incapacità di percepire gli odori.

anossia [-sì-] *s.f.* (*biol.*) mancanza o insufficienza di ossigeno.

ansa *s.f.* **1** parte ricurva del vaso o del bicchiere che si prende in mano; appiglio (anche *fig.*) **2** forte sinuosità di un corso d'acqua **3** curva dell'intestino.

ansante *agg.* che respira con affanno.

ansare *v.intr.* [*io anso ecc.*] ansimare.

anseriformi [-fór-] *s.m.pl.* ordine di uccelli acquatici dal becco generalmente piatto con lamelle cornee interne, dal tronco robusto sorretto da zampe di solito brevi, dai piedi palmati e dalle ali ben sviluppate.

ansia [àn-] *s.f.* **1** agitazione dell'anima motivata da incertezza, trepidazione o desiderio affannoso. SIN. *ansietà, affanno* **2** respiro affannato, ansimante.

ansietà *s.f.invar.* turbamento dell'anima causato da dubbio, preoccupazione o desideri contrastanti: *sono in — per l'esito del concorso.*

ansimare *v.intr.* [*io ànsimo ecc.*] respirare affannosamente.

ansiolitico [-li-] *agg.* e *s.m.* [pl.m. *-ci*] si dice di farmaco che agisce sul sistema nervoso centrale attenuando gli stati di ansia; tranquillante.

ansioso [-sió-] *agg.* agitato, impaziente // **-mente** *avv.* con ansietà, con vivo desiderio.

anta *s.f.* **1** battente di finestra che si apre internamente; sportello di mobile: *armadio a quattro ante* **2** sportello laterale, dipinto, di un politttico.

antagonismo [-ʃmo] *s.m.* rivalità.

antagonista *s.m.* e *f.* [pl.m. *-i*] chi compete con altri // anche *agg.: posizione —.*

antagonistico [-nì-] *agg.* [pl.m. *-ci*] di antagonismo, che è in antagonismo: *posizione antagonistica.*

antalgico [-tàl-] *agg.* e *s.m.* [pl.m. *-ci*] si dice di farmaco che allevia il dolore.

antartico [-tàr-] *agg.* [pl.m. *-ci*] concernente la regione che si stende intorno al polo sud della Terra: *polo —.*

ante- [dal lat. *ante* = *avanti*] prefisso usato in parole derivate dal latino o di formazione moderna per indicare precedenza nel tempo (*anteguerra, anteporre, antefatto*).

antecedente [-dèn-] *agg.* e *s.m.* che o ciò che viene prima, che precede; anteriore, precedente.

antecessore [-só-] *s.m.* chi ha ricoperto una carica prima di un altro.

antefatto *s.m.* **1** ciò che è avvenuto prima **2** nelle opere teatrali o narrative, l'insieme dei fatti che si presuppongono avvenuti prima di quelli rappresentati o narrati.

antefissa *s.f.* nei templi greci, etruschi e romani, elemento ornamentale in pietra o terracotta collocato lungo la linea di gronda.

anteguerra [-guèr-] *s.m.invar.* [anche con valore di *agg.*] periodo di tempo anteriore a una guerra: *la moda dell'—; prezzi —.*

antelucano *agg.* (*lett.*) che precede la luce diurna: *bagliori antelucani.*

antemurale *s.m.* molo esterno destinato a proteggere la bocca di un porto o l'insenatura di una spiaggia.

antenato *s.m.* progenitore, ascendente remoto.

antenna [-tén-] *s.f.* **1** lunga asta di legno, trasversale all'albero della nave, che sostiene le vele **2** (*rad.*) conduttore o sistema di conduttori elettrici predisposti per ricevere e trasmettere radioonde [*ill. Aereo*] **3** (*zool.*) appendice articolata presente in numero pari sul capo di molti artropodi, sede dei sensi del tatto e dell'olfatto [*ill. Insetti*].

antennula [-tén-] *s.f.* (*zool.*) ciascuna antenna del primo paio, nei crostacei [*ill. Crostacei*].

anteporre [-pór-] *v.tr.* [coniugato come *porre*] porre avanti (solo *fig.*), preferire.

anteprima *s.f.* presentazione di uno spettacolo cinematografico o teatrale a un gruppo di invitati, prima della rappresentazione pubblica.

antera [-tè-] *s.f.* (*bot.*) parte terminale e ingrossata di uno stame, in cui è racchiuso il polline [*ill. Fiore*].

anteriore [-rió-] *agg.* che si trova davanti, che precede nello spazio o nel tempo; precedente // **-mente** *avv.* prima, davanti.

anteriorità *s.f.invar.* l'essere anteriore.

antesignano *s.m.* chi precorre e avvia un movimento: *fu un — del socialismo.*

anti-[1] [dal lat. *ante* = *avanti*] prefisso che indica precedenza nello spazio e nel tempo (*antiveggenza, anticamera*).

anti-[2] [dal gr. *antì* = *contro*] prefisso usato in parole di origine dotta per indicare opposizione, contrasto, impedimento (*antidemocratico, antinevralgico, antiaereo*).

antiabbagliante *agg.* → **anabbagliante**.

antiabortista *agg.* e *s.m.* e *f.* [pl.m. *-i*] che, chi è contro l'aborto volontario, o contro la sua legalizzazione.

antiaccademico [-dè-] *agg.* [pl.m. *-ci*] indipendente dai modelli culturali ufficialmente trasmessi; culturalmente anticonformista.

antiacido [-à-] *agg.* e *s.m.* (*chim.*) si dice di sostanza capace di neutralizzare un acido.

antiaereo [-è-] *agg.* atto a contrastare le incursioni aeree: *artiglieria antiaerea.*

antialcolico [-cò-] *agg.* [pl.m. *-ci*] che si prefigge di combattere l'alcolismo, o in generale l'uso di bevande alcoliche: *lega antialcolica.*

antiallergico [-lèr-] *agg.* e *s.m.* [pl.m. *-ci*] si dice di trattamento o medicamento che combatte le manifestazioni allergiche.

antiappannante *agg.* e *s.m.* si dice di sostanza o di apparecchiatura con la quale si cerca di evitare l'appannamento di vetri.

antiatomico [-tò-] *agg.* [pl.m. *-ci*] **1** che può proteggere da esplosioni atomiche: *rifugio —* **2** che si oppone all'uso delle armi atomiche: *manifestazione antiatomica.*

antiautoritario [-tà-] *agg.* che si oppone all'autoritarismo, che confida nella coscienza e nella responsabilità dei singoli piuttosto che nell'autorità imposta.

antibatterico [-tè-] *agg.* [pl.m. *-ci*] (*med.*) che combatte o previene le affezioni batteriche.

antibiotico [-biò-] *agg.* e *s.m.* [pl. *-ci*] (*med.*) si dice di sostanze prodotte da certi microrganismi (muffe, batteri) capaci di ostacolare l'azione patogena di altri, e dell'azione stessa.

anticaglia [-cà-] *s.f.* (*spreg.*) oggetto antico o passato di moda: *negozio di anticaglie.*

anticamera [-cà-] *s.f.* la prima stanza di un appartamento o di un ufficio, per la quale si accede a quella di ricevimento / *fare —*, attendere a lungo prima di essere ricevuti / *non mi passa neppure per l'— del cervello*, (*fig.*) sono ben lontano dal pensarlo.

anticarro *agg.invar.* che serve ad impedire l'avanzata dei carri armati: *mine —.*

anticatodo [-cà-] *s.m.* (*fis.*) elemento metallico opposto al catodo nei tubi a vuoto per la produzione di raggi X.

antichità *s.f.invar.* **1** l'essere antico: *un edificio notevo-*

le per — **2** l'età antica, più propriamente quella classica: *gli eroi dell'* — **3** spec. *pl.* cose antiche: *una collezione di* —.

anticiclone [-cló-] *s.m.* (*meteor.*) zona in cui l'alta pressione genera moti vorticosi e centrifughi delle masse d'aria.

anticiclonico [-clò-] *agg.* [pl.m. *-ci*] che è proprio dell'anticiclone: *area anticiclonica.*

anticipare *v.tr.* [*io anticipo ecc.*] **1** fare una cosa prima del tempo stabilito: — *di mezz'ora una riunione / assol.* essere in anticipo. CONTR. *posticipare* **2** pagare una somma prima che si usufruisca del corrispettivo di essa: — *due settimane di salario.*

anticipato *agg.* che è fatto o dato prima del tempo: *pagamento* — // **-mente** *avv.* prima del tempo stabilito, prima di avere il corrispettivo.

anticipazione [-zió-] *s.f.* **1** atto, effetto dell'anticipare. CONTR. *posticipazione* **2** prestito che una banca concede a un cliente sulla base di merci o titoli depositati a garanzia **3** (*mus.*) nella scienza dell'armonia, una nota emessa prima che si sia udito l'accordo a cui appartiene.

anticipo [-ti-] *s.m.* **1** parte di una somma di denaro che viene corrisposta prima che sia obbligatorio pagare il tutto **2** regolazione del dispositivo d'accensione del motore a scoppio, per cui si fa scoccare la scintilla prima che il pistone raggiunga il punto morto superiore del cilindro.

anticlericale *agg. e s.m.* che o chi si oppone all'influenza del clero.

anticlericalismo [-ʃmo] *s.m.* l'azione e le idee proprie degli anticlericali.

anticlinale *s.f.* (*geol.*) strato della crosta terrestre piegato e convesso verso l'alto.

antico *agg.* [pl.m. *-chi*] del passato, di molto tempo addietro; dell'antichità, spec. classica: *una casa antica*; *gli scrittori antichi / un uomo all'antica*, semplice e di corretti costumi. CONTR. *moderno* // **-mente** *avv.* in passato, nei tempi andati.

anticomunismo [-ʃmo] *s.m.* ostilità verso il comunismo.

anticomunista *agg. e s.m. e f.* [pl.m. *-i*] che o chi si oppone al comunismo.

anticoncezionale *agg. e s.m.* si dice di qualsiasi mezzo con cui si impedisce che il rapporto sessuale determini il concepimento.

anticonformismo [-ʃmo] *s.m.* l'indipendenza da opinioni e costumi prevalenti.

anticonformista *agg. e s.m. e f.* [pl.m. *-i*] che, chi non segue le opinioni correnti.

anticonformistico [-mi-] *agg.* di, dell'anticonformismo; da anticonformista.

anticongelante *agg. e s.m.* (*chim.*) si dice di una sostanza che, aggiunta a un liquido, ne abbassa il punto di congelamento.

anticorpo [-còr-] *s.m.* (*med.*) sostanza prodotta dal sangue, dotata di azione immunizzante contro i germi delle malattie infettive.

anticostituzionale *agg.* che è contrario alla costituzione dello stato: *legge* —.

anticresi [-crèʃi] *s.f.invar.* (*dir.*) cessione a un creditore del godimento di un immobile appartenente al debitore, al fine di estinguere il debito.

anticristo *s.m.* il nemico di Cristo, che, secondo la profezia, combatterà il cristianesimo alla fine del mondo; (*fig.*) uomo malvagio e demoniaco.

anticrittogamico [-gà-] *agg. e s.m.* [pl.m. *-ci*] si dice di

trattamento o preparato usato per combattere i parassiti vegetali delle piante.

antidatare *v.tr.* segnare su un documento una data anteriore a quella reale.

antidemocratico [-crà-] *agg. e s.m.* [pl.m. *-ci*] che, chi non rispetta o non applica i principi della democrazia, o anche opera per abbatterla.

antidetonante *agg. e s.m.* si dice di composto chimico atto a impedire l'accensione prematura della miscela di aria carburata nei motori a combustione interna.

antidifterico [-tè-] *agg.* [pl.m. *-ci*] (*med.*) che previene o combatte la difterite: *siero* —.

antidiluviano *agg.* **1** che esisteva prima del diluvio: *un rettile* — **2** (*fig.*) vecchissimo: *aereo* —.

antidogmatico [-mà-] *agg.* [pl.m. *-ci*] si dice di atteggiamento culturale critico che privilegia le libere convinzioni respingendo le affermazioni di principio non dimostrate.

antidoping *agg. e s.m.invar.* si dice di procedimento di medicina sportiva con cui, mediante analisi chimiche effettuate sui liquidi organici, si rivela se un atleta (o un cavallo) ha assunto sostanze capaci di migliorare la prestazione agonistica o comunque di turbare il normale stato biochimico e fisiologico.

antidoto [-ti-] *s.m.* sostanza che neutralizza l'azione dei veleni.

antieconomico [-nò-] *agg.* [pl.m. *-ci*] contrario alle leggi dell'economia o all'utilità economica.

antielettrone [-tró-] *s.m.* (*fis.*) antiparticella dell'elettrone, detta anche *positrone.*

antielmintico [-mìn-] *agg. e s.m.* [pl.m. *-ci*] (*med.*) si dice di farmaco che serve a liberare l'intestino dagli elminti.

antiemetico [-mè-] *agg. e s.m.* [pl.m. *-ci*] si dice di farmaco che previene e combatte il vomito.

antiestetico [-stè-] *agg.* [pl.m. *-ci*] contrario alle leggi dell'estetica; brutto, sgraziato.

antifascismo [-ʃmo] *s.m.* corrente di opposizione al fascismo.

antifascista *agg. e s.m. e f.* [pl.m. *-i*] che, chi si oppone o si oppone al fascismo.

antifecondativo *agg. e s.m.* → **anticoncezionale.**

antifemminismo [-ʃmo] *s.m.* **1** concezione politica e culturale che considera la donna inferiore all'uomo **2** opposizione al femminismo organizzato.

antifemminista *agg. e s.m. e f.* [pl.m. *-i*] che, chi sostiene o pratica l'antifemminismo.

antiflogistico [-gi-] *agg. e s.m.* [pl.m. *-ci*] (*med.*) si dice di farmaco che combatte le infiammazioni.

antifona [-tì-] *s.f.* **1** (*mus.*) canto alternativo di due cori che si rispondono **2** (*lit.*) breve versetto che si canta prima del salmo / *capire l'*—, intendere il significato di un discorso allusivo.

antifonario [-nà-] *s.m.* (*lit.*) libro che raccoglie tutte le antifone; più gener., libro che contiene tutti i canti dell'ufficio divino e della messa.

antifrasi [-tìfraʃi] *s.f.invar.* figura retorica che consiste nell'usare un termine o una locuzione nel significato opposto a quello suo proprio (p.e. *è un genio*, per dire *è uno sciocco*).

antifrizione [-zió-] *agg.invar.* si dice di leghe metalliche resistenti all'usura, adoperate per rivestire parti di macchina soggette a sfregamento.

antifurto *agg. e s.m.invar.* si dice di dispositivo o congegno che serve a impedire il furto di veicoli, l'entrata di estranei in appartamenti ecc.

antigas [-gàs] *agg.invar.* si dice di ogni mezzo con cui ci si protegge dagli effetti dei gas nocivi.

antigelo [-gè-] *agg.* e *s.m.invar.* si dice di sostanza che aggiunta a un liquido ne abbassa il punto di congelamento.

antigene [-tì-] *s.m.* (*med.*) qualunque sostanza, generalmente di natura proteica, che penetrata nell'organismo determina la formazione di anticorpi.

antigienico [-giè-] *agg.* [pl.m. *-ci*] contrario ai principi dell'igiene, dannoso alla salute. CONTR. *igienico*.

antigrandine [-gràn-] *agg.* e *s.m.* e *f.invar.* si dice di dispositivo usato per impedire o diminuire la caduta di grandine, a difesa dell'agricoltura: *cannoni* —.

antilope [-tì-] *s.f.* [pl. *-i*] genere di mammiferi ruminanti dei paesi caldi, di diversa forma e mole, snelli e agilissimi nella corsa, con occhi grandi, pelo liscio, corna di varia foggia, indole mansueta (*fam.* Bovidi).

antimagnetico [-gnè-] *agg.* [pl.m. *-ci*] che non si magnetizza in modo sensibile: *orologio* —.

antimateria [-tè-] *s.f.* (*fis.*) materia ipotetica costituita da antinucleoni e antielettroni.

antimeridiano *agg.* che accade prima di mezzogiorno: *visite antimeridiane* // -*a s.m.* la metà del circolo massimo passante per i poli, che è situata dalla parte opposta rispetto al meridiano dato.

antimilitarismo [-fmo] *s.m.* corrente d'opinione o movimento politico che avversa le istituzioni militari in quanto strumento di violenza e di guerra.

antimilitarista *agg.* e *s.m.* e *f.* [pl.m. *-i*] che, chi sostiene l'antimilitarismo.

antimissile [-mìs-] *agg.* si dice di apparecchiatura bellica o di difesa civile capace di distruggere i missili o di neutralizzarne gli effetti.

antimonio [-mò-] *s.m.* elemento chimico solido, fragilissimo, di colore argenteo (Sb; *n.at.* 51; *p.at.* 121,75); si usa come indurente in leghe metalliche.

antincendio [-cèn-] *agg.invar.* che serve a evitare o a spegnere gli incendi.

antinebbia [-néb-] *agg.* e *s.m.invar.* si dice di dispositivo illuminante che ha luce atta a traversare la nebbia: *faro* —.

antineutrino *s.m.* (*fis.*) antiparticella del neutrino.

antineutrone [-tró-] *s.m.* (*fis.*) antiparticella del neutrone.

antinevralgico [-vràl-] *agg.* e *s.m.* [pl.m. *-ci*] si dice di farmaco che combatte la nevralgia.

antinfluenzale *agg.* e *s.m.* si dice di farmaco che previene o combatte l'influenza: *vaccino* —.

antinfortunistico [-nì-] *agg.* [pl.m. *-ci*] relativo alle misure per la prevenzione degli infortuni.

antinomia [-mì-] *s.f.* compresenza, in un ragionamento, di due soluzioni finali reciprocamente esclusive e contraddittorie, entrambe ugualmente dimostrabili.

antinucleare *agg.* che si oppone all'uso di armi nucleari e anche, per ragioni politiche e ambientali, alla produzione di energia con centrali nucleari: *movimento*, *manifestazione* —.

antinucleone [-ó-] *s.m.* (*fis.*) antiparticella del nucleone.

antiofidico [-fi-] *agg.* [pl.m. *-ci*] che combatte i serpenti o il loro veleno: *siero* —, medicamento che rende innocuo il veleno dei serpenti, in particolare della vipera.

antiopa [-tì-] *s.f.* vistosa farfalla diurna dei nostri climi, con ali di color castano bordate di giallo (*fam.* Ninfalidi).

antiorario [-rà-] *agg.* si dice di moto che avviene in senso contrario a quello delle lancette dell'orologio.

antipapa *s.m.* [pl. *-i*] papa non legittimo, eletto in contrapposizione a quello legittimo.

antiparassitario [-tà-] *agg.* e *s.m.* si dice di prodotto usato per evitare o per eliminare l'infestazione di animali o piante da parte di parassiti.

antiparticella [-cèl-] *s.f.* (*fis.*) particella elementare che si annulla scontrandosi con una particella di massa uguale ma di carica, o altra proprietà, opposta.

antipastiera [-stiè-] *s.f.* vassoio a scompartimenti sul quale si servono gli antipasti.

antipasto *s.m.* piatto che si serve all'inizio di un pasto, come per stuzzicare l'appetito.

antipatia [-tì-] *s.f.* moto istintivo di avversione verso persone o cose. SIN. *repulsione, ripugnanza*. CONTR. *simpatia*.

antipatico [-pà-] *agg.* [pl.m. *-ci*] che suscita antipatia. SIN. *spiacevole, inviso*. CONTR. *simpatico*.

antipiretico [-rè-] *agg.* e *s.m.* [pl.m. *-ci*] (*med.*) si dice di farmaco che svolge azione antifebbrile.

antipodi [-tì-] *s.m.pl.* luoghi della superficie terrestre situati in punti diametralmente opposti rispetto al centro / *essere agli* —, (*fig.*) essere di idee opposte.

antipolio [-pò-] *agg.* e *s.f.* e *s.m.invar.* si dice di ciò che immunizza contro la poliomielite.

antiprotone [-tó-] *s.m.* (*fis.*) antiparticella del protone, detta anche *protone negativo*.

antipsichiatra *s.m.* e *f.* [pl.m. *-i*] chi cura le malattie mentali secondo i principi dell'antipsichiatria.

antipsichiatria [-trì-] *s.f.* movimento scientifico-culturale che contesta i principi della psichiatria tradizionale, tanto da porsi come negazione della scienza psichiatrica stessa.

antiquaria [-quà-] *s.f.* **1** scienza che studia l'antichità **2** commercio di oggetti antichi.

antiquariato *s.m.* commercio di oggetti antichi; gli oggetti stessi.

antiquario [-quà-] *agg.* relativo all'antichità // *s.m.* chi commercia oggetti antichi.

antiquato *agg.* caduto dall'uso corrente; legato a idee, abitudini, mode del passato. SIN. *disusato, superato*.

antirabbico [-ràb-] *agg.* e *s.m.* [pl.m. *-ci*] (*med.*) si dice di ciò che previene e combatte la rabbia: *siero* —.

antireumatico [-mà-] *agg.* e *s.m.* [pl.m. *-ci*] (*med.*) si dice di farmaco che agisce contro le affezioni reumatiche.

antiruggine [-rùg-] *agg.* e *s.m.invar.* si dice di trattamento o sostanza atti a impedire l'arrugginimento di materiali a base di ferro.

antisemita *agg.* e *s.m.* e *f.* [pl.m. *-i*] che o chi è ostile agli ebrei.

antisemitico [-mì-] *agg.* ostile agli ebrei.

antisemitismo [-fmo] *s.m.* atteggiamento di ostilità e intolleranza nei riguardi degli ebrei.

antisepsi [-sèp-] *s.f.invar.* (*med.*) il complesso dei provvedimenti con cui si ostacola lo sviluppo dei microrganismi.

antisettico [-sèt-] *agg.* e *s.m.* [pl.m. *-ci*] (*med.*) si dice di ciò che agisce contro le infezioni.

antisismico [-si∫mi-] *agg.* [pl.m. *-ci*] che resiste, che ha lo scopo di resistere al terremoto: *edificio* —.

antisociale *agg.* **1** contrario all'ordine sociale **2** che non accetta, non ama i rapporti sociali; individualista.

antispastico [-spà-] *agg.* e *s.m.* [pl.m. *-ci*] (*med.*) si dice di farmaco che calma ed elimina gli spasmi della muscolatura.

antisportivo *agg.* che è contrario alle regole o allo spirito dello sport: *comportamento* —.

antistaminico [-mì-] *agg.* e *s.m.* [pl.m. *-ci*] si dice di farmaco che inattiva l'istamina e combatte i disturbi allergici.

antistante *agg.* che si trova davanti: *l'edificio — la scuola*.

antistatico [-stà-] *agg.* e *s.m.* [pl.m. *-ci*] si dice di sostanza capace di eliminare o ridurre le cariche elettriche statiche, prodotte in genere per strofinamento.

antistoricismo [-ʃmo] *s.m.* atteggiamento di pensiero che non tiene conto dell'importanza dello sviluppo storico nella cultura e nella vita politica e sociale.

antistorico [-stò-] *agg.* [pl.m. *-ci*] **1** che trascura gli aspetti storici dei problemi **2** che tende a fermare l'evoluzione storica dei rapporti politici e sociali, del costume, della cultura: *un provvedimento —; mentalità antistorica*.

antistrofe [-ti-] *s.f.* nell'antico coro greco, i versi cantati in risposta alla strofe, con lo stesso metro e la stessa melodia.

antitarmico [-tàr-] *agg.* e *s.m.* [pl.m. *-ci*] si dice di prodotto che si usa per tenere lontane le tarme.

antitesi [-ti-] *s.f.invar.* **1** figura retorica consistente nel contrapporre parole o concetti al fine di farne meglio risaltare le qualità **2** (*fil.*) proposizione filosofica opposta ad altra assunta come tesi **3** (*fig.*) opposizione, contrasto netto.

antitetanico [-tà-] *agg.* e *s.m.* [pl.m. *-ci*] si dice di ciò che immunizza contro il tetano.

antitetico [-tè-] *agg.* [pl.m. *-ci*] che è in antitesi.

antitossina *s.f.* (*med.*) sostanza che si forma nell'organismo per neutralizzare la corrispondente tossina batterica.

antitrust [*ingl.; pr.* antitràst] *agg.* che ha lo scopo di combattere la concentrazione monopolistica delle imprese: *leggi —*.

antitubercolare *agg.* che previene e combatte la tubercolosi: *campagna —*.

antiurto *agg.* e *s.m.invar.* si dice di protezioni aventi lo scopo di evitare gli effetti dannosi degli urti, e di ciò che è dotato di tali protezioni: *orologio —*.

antivigilia [-gi-] *s.f.* giorno che precede la vigilia.

antologia [-gi-] *s.f.* raccolta di scritti scelti di uno o più autori. SIN. *florilegio, crestomazia.*

antologico [-lò-] *agg.* [pl.m. *-ci*] di, da antologia.

antonomasia [-màʃia] *s.f.* figura retorica che consiste nel sostituire a un nome comune un nome proprio o a un nome proprio un termine generico, che ne sintetizzi una qualità peculiare (p.e. *mecenate* per *protettore di artisti; il Còrso* per *Napoleone*).

antrace *s.m.* (*med.*) aggregato di foruncoli.

antrachinone [-nó-] *s.m.* (*chim.*) composto organico ossigenato, cristallino, da cui si ottengono sostanze coloranti.

antracite *s.f.* varietà di carbon fossile nero e lucente, il più ricco di carbonio e quindi molto calorifico.

antro *s.m.* **1** cavità profonda e oscura che si apre sul fianco di un monte. SIN. *caverna, spelonca, grotta* **2** (*fig.*) ambiente buio e squallido; stamberga.

antropico [-trò-] *agg.* [pl.m. *-ci*] (*scient.*) dell'uomo.

antropo- [àn-] [dal gr. *àntropos = uomo*] primo elemento di composti dotti; significa «uomo» (*antropologia, antropofago*).

antropofagia [-gi-] *s.f.* costume di mangiare carne umana. SIN. *cannibalismo.*

antropofago [-pò-] *agg.* e *s.m.* [pl.m. *-gi*] che o chi mangia carne umana. SIN. *cannibale.*

antropogeografia [-fi-] *s.f.* geografia antropica, quella

cioè che studia i rapporti dell'uomo e della sua attività con l'ambiente geografico.

antropologia [-gi-] *s.f.* scienza che studia l'uomo come entità biologica.

antropologo [-pò-] *s.m.* [pl. *-gi*] studioso di antropologia.

antropometria [-tri-] *s.f.* tecnica della misurazione del corpo umano e delle sue parti.

antropometrico [-mè-] *agg.* [pl.m. *-ci*] che riguarda l'antropometria.

antropometro [-pò-] *s.m.* strumento per le misurazioni antropometriche.

antropomorfismo [-ʃmo] *s.m.* il concepire Dio con attributi umani.

antropomorfo [-mòr-] *agg.* che ha forma d'uomo, simile all'uomo: *scimmie antropomorfe*, orango, scimpanzé, gorilla; *divinità antropomorfe*, immaginate con aspetto e sentimenti umani.

anulare *agg.* a forma di anello // *s.m.* quarto dito della mano.

anuri *s.m.pl.* anfibi senza coda allo stato adulto, respiranti per mezzo dei polmoni dopo la metamorfosi (p.e. rane, rospi).

anuria [-nù-] *s.f.* (*med.*) cessazione della secrezione delle urine.

anzi *cong.* coordinativa avversativa invece, all'opposto: *non ti odio, — ti voglio bene* // *cong.* coordinativa correttiva e accrescitiva di più, inoltre: *hai parlato male, — malissimo / — che no*, (*scherz.*) piuttosto: *è una ragazza carina — che no* // *prep.* (*lett.*) prima: *— tempo*.

anzianità *s.f.invar.* **1** l'essere anziano **2** periodo di tempo trascorso in un ufficio.

anziano *agg.* **1** di età avanzata **2** che ricopre una carica da molto tempo: *consigliere —* **3** studente universitario dei corsi superiori, dal quarto anno in poi.

anziché *cong.* coordinativa piuttosto che, invece che: *ho preso la corriera — il treno*.

anzidetto [-dèt-] *agg.* che è stato detto prima.

anzitempo [-tèm-] *avv.* di tempo **1** prima del tempo: *sei venuto —* **2** prematuramente.

anzitutto *avv.* prima di tutto.

aoristo [-rì-] *s.m.* (*gramm.*) tempo della coniugazione greca.

aorta [-òr-] *s.f.* l'arteria più grossa e più importante del corpo umano, che nasce dal ventricolo sinistro del cuore [*ill. Cuore*].

aostano *agg.* di Aosta // *s.m.* abitante di Aosta.

apartheid [*afrikaans; pr.* apàrtheit] *s.m.* o *f.* segregazione razziale applicata dalla minoranza bianca a danno dei neri nel Sudafrica; per estens., qualsiasi rigida separazione tra razze, sessi, strati sociali.

apartitico [-tìtico] *agg.* [pl.m. *-ci*] che non è legato ad alcun partito.

apatia [-tì-] *s.f.* indifferenza abituale dello spirito. SIN. *indolenza.*

apatico [-pà-] *agg.* [pl.m. *-ci*] soggetto ad apatia, che dimostra apatia. SIN. *indolente.*

apatite *s.f.* minerale ricco di fosforo, dalla lucentezza vitrea o grassa.

apatura *s.f.* genere di farfalle di cui l'— *iris* è comune nell'Europa centrale.

ape *s.f.* insetto imenottero sociale, produttore di cera e miele, con corpo nero dorato, antenne corte, mandibole atte a masticare, addome con aculeo velenifero nella femmina (*fam.* Apidi).

aperiodico [-rió-] *agg.* [pl.m. *-ci*] (*scient.*) non periodico: *fenomeno —*.

aperitivo *s.m.* bevanda, alcolica o analcolica, atta a stimolare l'appetito.

aperto [-pèr-] *agg.* **1** non chiuso: *non lasciare la porta aperta / lettera aperta*, resa nota attraverso la stampa / *vocale aperta*, che si pronuncia larga / *accogliere a braccia aperte*, con grande affetto / *rimanere a bocca aperta*, stupirsi, meravigliarsi / *tenere gli occhi aperti*, stare attento, in guardia. CONTR. **chiuso 2** ampio, esteso, spazioso: *abito in aperta campagna* **3** (*fig.*) chiaro, evidente, non ambiguo: *è una sfida* — **4** (*fig.*) sveglio, perspicace; di ampie vedute; disposto a confrontarsi con nuove realtà: *mente aperta* **5** (*fig.*) sincero, schietto: *viso* —; *parlare a cuore* —, con sincerità // **-mente** *avv.* in modo aperto; con schiettezza, francamente.

apertura *s.f.* **1** l'atto, l'effetto dell'aprire o dell'aprirsi / — *alare*, la distanza fra le estremità delle ali di un uccello o di un aeroplano / — *mentale*, (*fig.*) ampiezza di vedute **2** fenditura, soluzione di continuità: *praticare un'— in una parete* **3** (*fot.*) diametro della lente frontale di un obiettivo: — *utile*, luminosità **4** confronto, ed eventualmente accordo e collaborazione, con forze politiche di diversa ideologia e tendenza: — *a sinistra*.

apetalo [-pè-] *agg.* (*bot.*) senza petali.

apiario [-pià-] *s.m.* gruppo di alveari; luogo dove si tengono gli alveari e si allevano le api.

apice [à-] *s.m.* **1** punta, cima, estremità; (*fig.*) il sommo grado **2** specie di accento segnato in alto a destra di una lettera e usato come segno diacritico o come simbolo matematico.

apicoltore [-tó-] *s.m.* chi alleva le api.

apicoltura *s.f.* allevamento delle api.

apina *s.f.* il veleno delle api.

apinterapia [-pì-] *s.f.* → **apiterapia**.

apiressia [-sì-] *s.f.* (*med.*) assenza di febbre.

apiretico [-rè-] *agg.* [pl.m. *-ci*] (*med.*) si dice di persona che non ha, o non ha più, febbre.

apiterapia [-pì-] *s.f.* cura di alcune malattie con inoculazione di veleno di api.

aplasia [-ʃì-] *s.f.* (*med.*) sviluppo incompleto di un organo o di un tessuto.

aploide [-plòi-] *agg.* si dice del gamete nel quale il numero di cromosomi è ridotto alla metà rispetto a quello (*diploide*) di tutte le altre cellule.

apnea [-nè-] *s.f.* sospensione volontaria degli atti respiratori: *immersione in* —.

apo- [dal gr. *apò* = *indietro, lontano*] prefisso che indica separazione, perdita, allontanamento (*apocope, apostasia, apogeo*).

apocalisse *s.f.* titolo dell'ultimo libro del Nuovo Testamento, in cui l'apostolo Giovanni narra la visione da lui avuta sulle ultime vicende dell'umanità e del mondo; (*fig.*) distruzione immane, catastrofe.

apocalittico [-lìt-] *agg.* [pl.m. *-ci*] **1** riguardante l'apocalisse **2** (*fig.*) catastrofico, terrificante.

apocope [-pò-] *s.f.* caduta di una o più lettere alla fine di parola e spec. caduta della vocale finale (p.e. *fior* per *fiore*); si scrive di solito senza apostrofo, a differenza dell'*elisione*.

apocrifo [-pò-] *agg.* si dice di uno scritto falsamente attribuito a un autore.

apodi [à-] *s.m.pl.* (*zool.*) ordine di anfibi, viventi nei terreni umidi, dal corpo vermiforme diviso in segmenti, senza arti, con occhi piccoli ricoperti di pelle (p.e. cecilia).

apodittico [-dìt-] *agg.* [pl.m. *-ci*] **1** (*fil.*) che esclude ogni contraddizione: *giudizio* — **2** chiaro, evidente.

apodosi [-pòdoʃi] *s.f.invar.* proposizione principale del periodo ipotetico, che esprime la conseguenza della condizione posta nella protasi (p.e. *se pioverà* [protasi], *non potrò venire* [apodosi]).

apofisi [-pòfiʃi] *s.f.invar.* (*anat.*) parte sporgente di un osso.

apofonia [-nì-] *s.f.* alternanza vocalica in parole che hanno lo stesso etimo e sillaba radicale affine (p.e. lat. *tego-toga*).

apoftegma [-tèg-] *s.m.* [pl. *-i*] sentenza breve e arguta di carattere proverbiale.

apogeo [-gè-] *s.m.* **1** (*astr.*) punto dell'orbita in cui la Luna o un pianeta sono più lontani dalla Terra **2** (*fig.*) punto culminante, massimo sviluppo.

apografo [-pò-] *agg.* si dice di manoscritto che è copia diretta dell'originale.

apolide [-pò-] *agg.* e *s.m.* e *f.* si dice di chi è privo di ogni cittadinanza.

apolitico [-lì-] *agg.* [pl.m. *-ci*] che non ha rapporto con la politica.

apollineo [-lì-] *agg.* di Apollo, degno di Apollo; di bellezza perfetta.

apollo[1] [-pòl-] *s.m.* uomo di grande bellezza.

apollo[2] [-pòl-] *s.m.* farfalla diurna alpina dalle grandi ali bianche, con macchie nere sul primo paio, rosse sul secondo (*fam.* Papilionidi).

apologetica [-gè-] *s.f.* complesso di dottrine teologiche che mirano alla difesa e all'esaltazione del cristianesimo.

apologetico [-gè-] *agg.* [pl.m. *-ci*] di, da apologetica.

apologia [-gì-] *s.f.* discorso scritto o pronunciato in difesa di sé o di altri, o di una dottrina o fede.

apologista *s.m.* e *f.* [pl.m. *-i*] chi fa un'apologia.

apologo [-pò-] *s.m.* [pl. *-ghi*] favola allegorica con scopo morale in cui si introducono a parlare animali o cose inanimate.

aponeurosi [-ròʃi] *s.f.invar.* (*anat.*) fascia connettivale che avvolge i muscoli o che, in forma di lamina fibrosa, ne è la continuazione.

apoplessia [-sì-] *s.f.* (*med.*) istantaneo arresto delle funzioni cerebrali causato da emorragia, con effetti paralizzanti.

apoplettico [-plèt-] *agg.* [pl.m. *-ci*] che deriva da apoplessia: *colpo* —.

apostasia [-ʃì-] *s.f.* rinnegamento pubblico e solenne della propria religione o anche delle proprie opinioni.

apostata [-pò-] *s.m.* e *f.* [pl.m. *-i*] chi fa apostasia.

apostatare *v.intr.* [*io apòstato ecc.*] commettere apostasia.

a posteriori [*lat.*; *pr.* a posteriòri = da ciò che è dopo] *locuz.* con cui ci si riferisce a giudizi e opinioni espressi partendo dalla considerazione concreta delle cose, dei fatti e risalendo quindi dagli effetti alle cause.

apostolato *s.m.* **1** attività di un apostolo: — *di san Pietro* **2** opera di chi si dedica con passione a un'attività morale o civile.

apostolico [-stò-] *agg.* [pl.m. *-ci*] **1** proprio degli apostoli: *tempi apostolici* **2** proprio del Pontefice: *benedizione apostolica / nunzio* —, l'ambasciatore del Papa.

apostolo [-pò-] *s.m.* **1** ciascuno dei dodici discepoli scelti da Cristo come continuatori della sua opera e predicatori del Vangelo **2** chi si dedica con ardore alla diffusione di un'idea.

apostrofare[1] *v.tr.* [*io apòstrofo ecc.*] segnare una parola con l'apostrofo.

apostrofare[2] *v.tr.* [*io apòstrofo ecc.*] rivolgere a qlcu. il discorso improvvisamente e direttamente.

apostrofe [-pò-] *s.f.* figura retorica che consiste nel rivolgere improvvisamente il discorso a persona, anche assente, o a cosa inanimata.

apostrofo [-pò-] *s.m.* segno ortografico che indica l'elisione di una vocale o il troncamento di una sillaba (p.e. *l'anima, un po'*).

apotema [-tè-] *s.m.* [pl. *-i*] (*mat.*) segmento di perpendicolare abbassata dal centro di un poligono regolare su uno dei suoi lati; per analogia, il segmento di perpendicolare abbassata dal vertice di una piramide su un lato della base e dal vertice di un cono circolare retto sulla circonferenza di base.

apoteosi [-òʃi] *s.f.invar.* **1** nelle antiche religioni, solenne cerimonia con cui un uomo è innalzato a onori divini **2** (*fig.*) esaltazione, celebrazione.

appagamento [-mén-] *s.m.* atto, effetto dell'appagare.

appagare *v.tr.* [*io appago, tu appaghi ecc.*] rendere pago, esaudire i desideri di qlcu. SIN. *contentare, soddisfare*.

appaiare *v.tr.* [*io appàio ecc.*] unire insieme due cose o persone per formarne un paio.

appallottolare [*io appallòttolo ecc.*] ridurre in pallottole: *— un foglietto di carta*.

appaltare *v.tr.* dare o prendere in appalto.

appaltatore [-tó-] *agg.* e *s.m.* [f. *-trice*] che, chi dà o prende in appalto.

appalto *s.m.* **1** contratto con cui una persona assume un'impresa affidatale da un'altra o da un ente (p.e. lo stato) dietro pagamento di una somma proporzionale all'opera **2** rivendita di generi di monopolio dello stato.

appannaggio [-nàg-] *s.m.* **1** stipendio assegnato ai sovrani o capi di stato e ai membri delle famiglie regnanti **2** (*fig.*) prerogativa.

appannamento [-mén-] *s.m.* atto, effetto dell'appannare, dell'appannarsi (anche *fig.*).

appannare *v.tr.* **1** rendere opaca una cosa lucida: *il vapore appanna i vetri* **2** (*fig.*) rendere meno chiaro; offuscare, peggiorare: *il tempo appanna la memoria*.

apparato *s.m.* **1** complesso dei preparativi o delle disposizioni necessarie a un certo scopo: *perfetto — militare / — critico*, (*lett.*) indicazioni delle varianti in un'edizione critica **2** dispositivo, insieme di congegni che servono a un unico scopo: *— refrigeratore; — d'illuminazione* **3** (*biol.*) insieme di organi destinati a una medesima funzione: *— digerente; — respiratorio; — di Golgi* [*ill. Cellula*].

apparecchiare *v.tr.* [*io apparécchio, tu apparécchi ecc.*] **1** (*lett.*) mettere in ordine, preparare. SIN. *apprestare, allestire, approntare* **2** assol. preparare la tavola per il pasto. CONTR. *sparecchiare // -arsi v.rifl.* (*lett.*) prepararsi.

apparecchiatura *s.f.* dispositivo, insieme di congegni: *— meccanica*.

apparecchio [-rèc-] *s.m.* **1** allestimento o disposizione di cose: *— di un esercito schierato* **2** congegno, dispositivo: *— radio* **3** aeroplano.

apparentamento [-mén-] *s.m.* collegamento in una sola lista elettorale di due o più partiti politici, per evitare dispersione di voti.

apparentare *v.tr.* [*io apparènto ecc.*] legare con parentela // *-arsi v.rifl.* entrare in parentela o in familiarità con qlcu.; collegarsi insieme, detto spec. di partiti politici.

apparente [-rèn-] *agg.* che pare in un certo modo, ma forse non è: *calma — // -mente avv.* **1** a quel che sembra: *— qui non c'è nessuno* **2** a prima vista; esteriormente, superficialmente.

apparenza [-rèn-] *s.f.* quello che appare ma può anche

non essere; esteriorità: *egli è severo soltanto in — / salvare le apparenze*, comportarsi bene solo esteriormente.

apparire *v.intr.* [pres. *io appàio* o *apparisco, tu appari* o *apparisci, egli appare* o *apparisce, noi appariamo, voi apparite, essi appàiono* o *apparìscono*; pass.rem. *io apparvi* o *apparii* o *apparsi, tu apparisti ecc.*; cong.pres. *io appàia* o *apparisca, noi appariamo, voi appariate, essi appàiano* o *appariscano*; p.pres. *apparènte*; p.pass. *apparso*] **1** mostrarsi all'improvviso e per lo più causando stupore (detto di persone): *mi è apparso in sogno il nonno* **2** mostrarsi allo sguardo (detto di cose): *il sole appariva all'orizzonte* **3** sembrare, parere, aver l'apparenza.

appariscente [-scèn-] *agg.* che ha bella o vistosa apparenza: *un vestito molto —*.

appariscenza [-scèn-] *s.f.* l'essere appariscente.

apparizione [-zió-] *s.f.* l'apparire, spec. di cose soprannaturali o fantastiche.

appartamento [-mén-] *s.m.* insieme di stanze che costituiscono un'abitazione indipendente dal resto della casa. DIM. *appartamentino*.

appartare *v.tr.* mettere da parte // *-arsi v.rifl.* separarsi dagli altri.

appartato *agg.* che è fuori mano, solitario; lontano dagli altri: *vita appartata*.

appartenenza [-nèn-] *s.f.* **1** l'appartenere **2** accessorio: *la casa padronale e le sue appartenenze*.

appartenere [-né-] *v.intr.* [coniugato come *tenere*] **1** essere legittima proprietà di qlcu.: *questa terra appartiene a mio padre* **2** spettare: *non appartiene a me giudicare queste cose* **3** essere iscritto, far parte.

appassimento [-mén-] *s.m.* atto, effetto dell'appassire.

appassionare *v.tr.* [*io appassióno ecc.*] destare passione, forte interesse o anche compassione // *-arsi v.rifl.pron.* esser preso al vivo interesse per qlco.

appassionato *agg.* e *s.m.* che o chi è preso da passione, interesse: *— della fotografia*.

appassire *v.intr.* [*io appassisco, tu appassisci ecc.*] perdere turgore e freschezza per carenza d'acqua (detto di piante o parti di esse); languire, peggiorare (anche *fig.*).

appassito *agg.* che ha perso turgore e freschezza; sfiorito; (*fig.*) invecchiato, svigorito.

appeal [*ingl.*; *pr.* epìl] *s.m.* attrattiva del messaggio pubblicitario studiata con riferimento a specifici destinatari.

appellabile [-là-] *agg.* (*dir.*) che permette il ricorso: *sentenza —*.

appellante *agg.* e *s.m.* (*dir.*) che o chi si appella contro una sentenza ritenuta sfavorevole.

appellare *v.tr.* [*io appèllo ecc.*] (*lett.*) chiamare // *-arsi v.rifl.pron.* **1** rivolgersi per aiuto: *si appellò alla sua magnanimità* **2** (*dir.*) formulare, nei modi di legge, una protesta contro una sentenza che si ritiene favorevole e chiederne la modifica.

appellativo *s.m.* soprannome, epiteto.

appello [-pèl-] *s.m.* **1** il chiamare, la chiamata; il tempo della convocazione: *esami in primo —; l'insegnante fece l'—; fare — al proprio coraggio* **2** (*dir.*) dichiarazione con la quale chi si ritiene leso da una sentenza richiede l'emanazione di una nuova, diversa sentenza.

appena [-pèn-] *avv. di modo* **1** a stento, a fatica: *riesco — a muovermi* **2** poco, quasi: *— freddo // avv. di tempo* da pochissimo tempo, subito prima, allora allora: *un vestito — comprato / — che, non —*, subito dopo che.

appendere [-pèn-] *v.tr.* [pres. *io appèndo ecc.*; pass.rem. *io appési, tu appendésti ecc.*; p.pass.

appéso] **1** attaccare, sospendere: *ho appeso tutti i qua-dri alle pareti* **2** impiccare.

appendice *s.f.* **1** parte che sta a sé, per lo più al termine di una cosa **2** aggiunta alla fine di un libro / *romanzo di —*, pubblicato a puntate, generalmente in fondo a una delle ultime pagine di un giornale; per estens., romanzo di poco valore, superficiale; storia intricata, ad effetto **3** (*anat.*) prolungamento vermiforme dell'intestino cieco [*ill. Intestino*].

appendicectomia [-mì-] *s.f.* asportazione chirurgica dell'appendice.

appendicite *s.f.* (*med.*) infiammazione acuta o cronica dell'appendice.

appendicolare *agg.* (*med.*) dell'appendice.

appesantire *v.tr.* [*io appesantisco, tu appesantisci ecc.*] rendere pesante. SIN. *caricare* // **-irsi** *v.rifl.pron.* diventare pesante o più pesante.

appestare *v.tr.* [*io appèsto ecc.*] **1** (*rar.*) infettare di peste, e per estens., di altre malattie **2** riempire di cattivo odore **3** (*fig.*) contaminare, corrompere.

appetire *v.tr* [*io appetisco, tu appetisci ecc.*] desiderare vivamente: *— la gloria.*

appetito *s.m.* **1** impulso naturale dell'uomo verso ciò che soddisfa i sensi **2** desiderio di cibo / *prov.: l'appetito vien mangiando*, quanto più si ha, tanto più si desidera avere.

appetitoso [-tó-] *agg.* **1** che stimola l'appetito. SIN. *gustoso* **2** attraente. SIN. *allettante.*·

appetto [-pèt-] *prep. impropria* (*antiq.*) **1** in confronto, a paragone **2** a petto, di fronte, dirimpetto.

appezzamento [-mén-] *s.m.* terreno di piccola estensione, parte di un podere.

appianare *v.tr.* **1** rendere piano **2** (*fig.*) rimuovere un ostacolo o una difficoltà; risolvere, comporre: *— una lite.*

appiattare *v.tr.* nascondere // **-arsi** *v.rifl.* nascondersi, spec. rannicchiandosi.

appiattimento [-mén-] *s.m.* atto, effetto dell'appiattire (anche *fig.*); schiacciamento, livellamento: *— polare*; *— retributivo.*

appiattire *v.tr* [*io appiattisco, tu appiattisci ecc.*] **1** rendere piatto, schiacciare **2** (*fig.*) ravvicinare valori prima distanti; livellare: *— la scala salariale* // **-irsi** *v. rifl.pron.* schiacciarsi, diventar piatto (anche *fig.*).

appiccare *v.tr.* [*io appicco, tu appicchi ecc.*] **1** attaccare: *— il fuoco* **2** appendere: *— un quadro al muro* **3** impiccare.

appiccicare *v.tr.* [*io appiccico, tu appiccichi ecc.*] **1** unire, attaccare con sostanza viscosa: *— un'etichetta* **2** (*fig.*) appioppare, affibbiare // *v.intr.* essere attaccaticcio // **-arsi** *v.rifl.* attaccarsi, incollarsi (anche *fig.*).

appiccicaticcio [-tic-] *agg.* che appiccica, che si appiccica; viscoso; (*fig.*) importuno, insistente // *s.m.* ciò che appiccica.

appiccicoso [-có-] *agg.* che appiccica o si appiccica (anche *fig.*): *è un uomo —*, importuno.

appiedare *v.tr.* [*io appièdo ecc.*] **1** far scendere i soldati da veicoli o da cavallo **2** costringere qlcu. a scendere da un veicolo.

appieno [-piè-] *avv.* completamente, interamente.

appigionare *v.tr.* [*io appigióno ecc.*] (*rar.*) dare a pigione.

appigliarsi *v.rifl.pron.* [*io mi appiglio ecc.*] attaccarsi, aggrapparsi a qlco. o a qlcu. (anche *fig.*).

appiglio [-pì-] *s.m.* **1** punto d'appoggio o di sostegno **2** (*fig.*) addentellato, occasione; pretesto: *cercava*

ogni — per difendersi **3** in alpinismo, ogni sporgenza della roccia cui appoggiare mani e piedi.

appiombo [-piòm-] *s.m.* direzione verticale, come di filo a piombo.

appioppare *v.tr.* [*io appiòppo ecc.*] attribuire, affibbiare: *— un ceffone*; *— un soprannome.*

appisolarsi [-ſo-] *v.rifl.pron.* [*io mi appìsolo ecc.*] assopirsi.

applaudire *v.tr.* e *intr.* [*io applàudo* o *applaudisco, tu applàudi* o *applaudisci ecc.*] **1** esprimere consenso o entusiasmo mediante battimani, grida ecc.: *— un cantante*; *— a uno spettacolo* **2** giudicare favorevolmente, approvare. SIN. *lodare, elogiare.*

applauso [-plàuſo-] *s.m.* **1** l'applaudire. SIN. *plauso, battimano* **2** approvazione. SIN. *lode, elogio.*

applausometro [-ſò-] *s.m.* apparecchio per misurare approssimativamente intensità e durata degli applausi in pubblici spettacoli.

applicare *v.tr.* [*io àpplico, tu àpplichi ecc.*] **1** porre una cosa su un'altra in modo da farle aderire: *— un francobollo a una lettera* / *— la mente allo studio*, rivolgerla intensamente ad esso **2** attribuire; imporre: *— un titolo a qlcu.* **3** mettere in atto, in vigore: *— una legge, una regola* // **-arsi** *v.rifl.* dedicarsi con passione e diligenza a qlco.

applicato *agg.* si dice di scienza i cui principi vengono adattati a scopi specifici o alla soluzione di problemi pratici // *s.m.* in certi uffici, impiegato di categoria inferiore.

applicazione [-zió-] *s.f.* **1** atto, effetto dell'applicare **2** attenta cura, studio.

applique [*franc.*; *pr.* aplìk] *s.f.* tipo di portalampada fissata alla parete.

appoderamento [-mén-] *s.m.* l'appoderare.

appoderare *v.tr.* [*io appodéro ecc.*] frazionare un terreno in poderi di dimensioni adatte per una famiglia di coltivatori.

appoggiare *v.tr.* [*io appòggio ecc.*] **1** avvicinare una cosa a un'altra che la sorregga: *— una scala a una parete* **2** (*fig.*) aiutare, favorire: *lo appoggio nelle elezioni* // *v.intr.*, **-arsi** *v.rifl.* **1** reggersi su qlco., sostenersi a qlco. **2** (*fig.*) basarsi sull'aiuto di qlcu.

appoggiatura *s.f.* (*mus.*) abbellimento consistente in una nota che sottrae una parte di valore a quella successiva.

appoggio [-pòg-] *s.m.* **1** cosa che serve a sostenere un'altra; sostegno **2** (*fig.*) aiuto, favore **3** attrezzo di legno a forma di zoccolo usato per esercizi ginnastici.

appollaiarsi *v.rifl.* [*io mi appollàio ecc.*] **1** posarsi dei polli o di altri uccelli su un sostegno per riposare **2** accovacciarsi, sistemarsi in luogo alto.

appontaggio [-tàg-] *s.m.* (*mar.* e *aer.*) l'appontare.

appontare *v.intr.* [*io appónto ecc.*] (*mar.* e *aer.*) discendere di un aereo sul ponte di volo di una nave portaerei.

apporre [-pór-] *v.tr.* [coniugato come *porre*] porre accanto, mettere sopra o sotto: aggiungere.

apportare *v.tr.* [*io appòrto ecc.*] **1** portare **2** causare, provocare: *— danni alle colture* **3** citare: *— un esempio.*

apporto [-pòr-] *s.m.* **1** l'atto dell'apportare; la cosa apportata **2** (*dir.*) contributo di un socio alla costituzione del capitale di una società.

apposito [-pòſi-] *agg.* fatto espressamente, predisposto per uno scopo. SIN. *appropriato, adatto, acconcio* // **-mente** *avv.* in modo da rispondere a uno scopo.

apposizione [-ſizió-] *s.f.* **1** atto, effetto dell'apporre **2** (*gramm.*) sostantivo che si unisce a un altro per determinarlo nella sua particolare natura (p.e. il *fiume* Arno).

apposta [-pò-] *avv.* di proposito, deliberatamente.

appostamento [-mén-] *s.m.* **1** l'appostare, l'appostarsi **2** riparo che permette a uno o a pochi soldati di tenersi nascosti per sorprendere il nemico.

appostare *v.tr.* [*io appòsto ecc.*] spiare qlcu. per tendergli un agguato, scrutare stando nascosto: — *la selvaggina* // **-arsi** *v.rifl.* nascondersi per tendere un agguato, per osservare le mosse di qlcu.

apprendere [-prèn-] *v.tr.* [coniugato come *prendere*] **1** imparare **2** venire a sapere.

apprendimento [-mén-] *s.m.* atto, modo dell'apprendere.

apprendista *s.m.* e *f.* [pl.m. *-i*] chi lavora imparando intanto un mestiere.

apprendistato *s.m.* **1** condizione di chi lavora come apprendista **2** periodo di addestramento di un apprendista **3** categoria degli apprendisti.

apprensione [-siò-] *s.f.* ansiosa aspettativa di un evento che si teme. SIN. *inquietudine, timore, ansia*.

apprensivo *agg.* che sta in ansia facilmente: *ha un carattere* —.

appressamento [-mén-] *s.m.* l'appressare, l'appressarsi.

appressare *v.tr.* [*io apprèsso ecc.*] mettere vicino, accostare // **-arsi** *v.rifl.* avvicinarsi.

appresso [-près-] *avv.* **1** presso, vicino, accosto **2** dietro, dopo, in seguito **3** in confronto.

apprestare *v.tr.* [*io apprèsto ecc.*] **1** mettere in atto. SIN. *preparare, approntare, apparecchiare, allestire* **2** porgere, apportare // **-arsi** *v.rifl.* accingersi, prepararsi.

apprettare *v.tr.* [*io apprètto ecc.*] dare l'appretto ai tessuti.

apprettatura *s.f.* l'operazione dell'apprettare.

appretto [-prèt-] *s.m.* sostanza gommosa usata per conferire ai tessuti migliore aspetto e consistenza.

apprezzabile [-zà-] *agg.* che si può apprezzare; notevole: *offerta* —; *differenza* —.

apprezzamento [-mén-] *s.m.* **1** giudizio sul valore di qlcu. o qlco. SIN. *valutazione, stima* **2** aumento del valore delle attività (impianti, edifici ecc.) d'un'impresa.

apprezzare *v.tr.* [*io apprèzzo ecc.*] **1** riconoscere il prezzo di una cosa o il pregio di una persona; stimare.

approccio [-pròc-] *s.m.* contatto che si cerca di stabilire con una persona per conoscerla o per entrare con essa in determinati rapporti.

approdare[1] *v.intr.* [*io appròdo ecc.*] **1** avvicinarsi alla costa, giungere alla riva o alla battigia (detto di imbarcazione) **2** (*fig.*) raggiungere uno scopo, una certezza.

approdare[2] *v.intr.* [*io appròdo ecc.*] (*rar.*) giovare, esser utile: *ciò non mi approda*.

approdo [-prò-] *s.m.* **1** l'approdare **2** luogo dove si può approdare; (*fig.*) meta finale, punto d'arrivo.

approfittare *v.intr.* trarre vantaggio: — *dell'occasione* // **-arsi** *v.rifl.pron.* trar profitto per sé, abusare, sfruttare.

approfondimento [-mén-] *s.m.* l'approfondire.

approfondire *v.tr.* [*io approfondisco, tu approfondisci ecc.*] **1** rendere profondo: — *uno scavo* **2** (*fig.*) studiare a fondo.

approntare *v.tr.* [*io apprónto ecc.*] allestire. SIN. *apprestare, preparare, apparecchiare.*

appropinquare *v.intr.*, **-arsi** *v.rifl.* (*ant.*) avvicinare; avvicinarsi.

appropriare *v.tr.* [*io appròprio ecc.*] adattare, rendere proprio, conveniente // **-arsi** *v.pron.* o *rifl.* impadronir-

si di qlco., fare proprio ciò che è di altri: — *una cosa* (o *di una cosa*).

appropriato *agg.* adatto, conveniente.

appropriazione [-zió-] *s.f.* atto, effetto dell'appropriarsi / — *indebita*, reato di chi dispone in modo illecito e a proprio profitto di una cosa affidatagli per un uso preciso.

approssimare *v.tr.* [*io appròssimo ecc.*] fare prossimo, avvicinare. SIN. *accostare* // **-arsi** *v.rifl.* avvicinarsi: — *al vero, alla vecchiaia.*

approssimativo *agg.* **1** che si avvicina al vero **2** inesatto, improprio: *giudizio* —.

approssimato *agg.* che si avvicina alla misura esatta: — *per eccesso, per difetto.*

approssimazione [-zió-] *s.f.* **1** atto, effetto dell'approssimare e dell'approssimarsi; avvicinamento **2** avvicinamento a un valore che non si può o vuole determinare con esattezza **3** imprecisione, inesattezza.

approvare *v.tr.* [*io appròvo ecc.*] **1** giudicare in modo positivo, considerare buono. CONTR. *disapprovare* **2** ratificare, sancire col voto.

approvazione [-zió-] *s.f.* **1** atto dell'approvare, consenso. CONTR. *disapprovazione* **2** (*dir.*) assenso motivato all'operato o alla proposta di altri: — *dei bilanci.*

approvvigionamento [-mén-] *s.m.* **1** l'atto, l'effetto dell'approvvigionare **2** vettovaglie, insieme dei viveri di prima necessità **3** complesso dei materiali necessari alle truppe per il sostentamento e l'azione bellica.

approvvigionare *v.tr* [*io approvvigióno ecc.*] fornire dei viveri di prima necessità.

appuntamento [-mén-] *s.m.* accordo di ritrovarsi in un luogo convenuto e in un tempo determinato: *prendere un* —; *recarsi a un* —.

appuntare[1] *v.tr.* **1** fare la punta a qlco.; aguzzare: — *una matita* **2** fermare, fissare qlco.: *si appuntò un fiore sul petto* **3** rivolgere qlco. verso una determinata direzione.

appuntare[2] *v.tr.* annotare.

appuntato *s.m.* militare dell'arma dei Carabinieri e della Guardia di finanza, di grado corrispondente a quello di caporal maggiore; un tempo, il grado superiore alla guardia nella polizia, ora denominato *assistente.*

appuntino *avv.* di modo in maniera estremamente precisa: *eseguire una cosa* —.

appuntire [*io appuntisco, tu appuntisci ecc.*] *v.tr.* → **appuntare**[1].

appuntito *agg.* fatto a punta, che finisce in punta. SIN. *acuto, aguzzo.*

appunto[1] *s.m.* **1** annotazione fatta per aiutare la memoria **2** osservazione, biasimo.

appunto[2] *avv.* di modo **1** esattamente, precisamente; puntualmente: *desidero* — *voi* **2** proprio, certamente (usato come affermazione recisa); «*È il nuovo ragioniere?*» «*Appunto.*» / *per l'*—, forma intensiva.

appurare *v.tr.* ricercare la verità di una cosa, controllarne l'esattezza.

appuzzare *v.tr.* riempire di puzzo.

aprassia [-si-] *s.f.* (*med.*) impossibilità di compiere i movimenti necessari a realizzare un atto volontario anche semplice come pettinarsi, portarsi il bicchiere alla bocca ecc.

apribile [-prì-] *agg.* che si può aprire.

apribottiglie [-ti-] *s.m.invar.* arnese per aprire le bottiglie con tappo a chiusura ermetica.

aprico *agg.* [pl.m. *-chi*] (*lett.*) esposto all'aria e al sole; solatìo.

aprile *s.m.* quarto mese dell'anno / *prov.*: —, *dolce dormire*; —, *ogni goccia un barile*.

a priori [*lat.*; *pr.* a priòri = *da ciò che è prima*] *locuz.* usata a proposito di giudizi, opinioni ecc. espressi senza seria cognizione di causa; in filosofia, indica ciò che la ragione trae da sé, indipendentemente dall'esperienza.

aprioristico [-rì-] *agg.* [pl.m. -*ci*] (*fil.*) che si fonda su un'argomentazione a priori.

apripista *s.m.invar.* **1** mezzo meccanico per rimuovere ostacoli aprendo un passaggio **2** sciatore che prima di una gara percorre la pista, affinché questa sia ufficialmente dichiarata aperta.

aprire *v.tr.* [pass.rem. *io aprìi* o *apèrsi, tu apristi* ecc.: p. pass. *apèrto*] **1** dischiudere, disserrare, allargare, dissuggellare: — *una porta, le braccia, una lettera* / — *bocca*, parlare / — *gli occhi a uno*, farlo accorto di qlco. / — *le braccia a qlcu.*, accoglierlo affettuosamente / *apriti cielo!*, esclamazione di sdegno, ira improvvisa. CONTR. *chiudere* **2** scoprire, manifestare, palesare: — *il proprio animo a un amico* **3** iniziare, cominciare: — *un corteo, le trattative* / — *il fuoco*, cominciare a sparare **4** avviare un dispositivo: — *la radio, la luce* // **-irsi** *v.rifl.* **1** allargarsi **2** spaccarsi; screpolarsi, fendersi **3** confidarsi: *mi aprìi con lui.*

apriscatole [-scà-] *s.m.invar.* arnese di varia foggia usato per aprire scatole metalliche contenenti cibi in conserva.

aquila [à-] *s.f.* **1** grosso uccello rapace diurno, vivente sulle alte montagne, con piumaggio scuro, becco adunco, vista acutissima, robusti artigli (*fam.* Accipitridi) / *non è un'—*, non è molto intelligente **2** (*st.*) insegna della legione romana.

aquilano *agg.* dell'Aquila // *s.m.* abitante dell'Aquila.

aquilino *agg.* da aquila, proprio dell'aquila / *naso —*, adunco, simile al becco di un'aquila.

aquilone[1] [-ló-] *s.m.* vento proveniente da nord e nord-est; tramontana.

aquilone[2] [-ló-] *s.m.* balocco di carta che si fa sollevare e librare nell'aria.

aquilotto [-lòt-] *s.m.* il piccolo dell'aquila.

ara[1] *s.f.* altare, spec. quello destinato, nelle religioni dell'antichità classica, ai sacrifici.

ara[2] *s.f.* misura metrica decimale di superficie usata in agrimensura; corrisponde a 100 m^2.

ara[3] *s.f.* grosso pappagallo dell'America meridionale, con coda lunghissima e piumaggio rosso, azzurro e verde (*fam.* Psittacidi).

arabescare *v.tr.* [*io arabésco, tu arabéschi* ecc.] ornare con arabesco; (*fig.*) coprire di ghirigori, di figure bizzarre.

arabesco [-bé-] *s.m.* [pl. -*chi*] decorazione lineare a disegno, a rilievo o a graffito, con complessi motivi geometrici o vegetali.

arabico [-rà-] *agg.* [pl.m. -*ci*] dell'Arabia / *cifre arabiche*, quelle attualmente in uso nel sistema numerico / *gomma arabica*, resina contenuta nel lattice di alcune specie di acacie.

arabile [-rà-] *agg.* che può essere arato: *terreno —.*

arabo [à-] *agg.* dell'Arabia // *s.m.* abitante, nativo dell'Arabia; lingua degli arabi / *parlare —*, in modo incomprensibile.

arachide [-rà-] *s.f.* pianta erbacea con frutti oblunghi a forma di bozzolo, che maturano sotto terra e che contengono semi ricchi di sostanza oleosa, commestibili (*fam.* Leguminose).

aracnidi [-ràc-] *s.m.pl.* (*zool.*) classe di artropodi aventi

il capo saldato al torace, otto zampe, occhi semplici (p.e. ragno, scorpione, acaro).

aracnoide [-nòi-] *s.f.* (*anat.*) la seconda meninge.

aragonese [-né-] *agg.* dell'Aragona // *s.m.* e *f.* abitante dell'Aragona.

aragosta [-gó-] *s.f.* crostaceo marino commestibile, dei decapodi, con tegumento rosso violaceo, cinque paia di zampe, addome allungato, antenne lunghe, corazza ricoprente capo e torace [*ill.* Crostacei].

araldica [-ràl-] *s.f.* scienza del blasone, che studia e regola la composizione degli stemmi gentilizi.

araldico [-ràl-] *agg.* [pl.m. -*ci*] che si riferisce all'araldica.

araldista *s.m.* e *f.* [pl.m. -*i*] studioso di araldica.

araldo *s.m.* **1** (*st.*) pubblico ufficiale, presso le corti dei sovrani e dei grandi feudatari, incaricato, fra l'altro, di regolare lo svolgimento dei tornei **2** messaggero.

aralia [-rà-] *s.f.* pianta ornamentale dalle foglie palmate e lucide (*fam.* Araliacee).

aranceto [-cé-] *s.m.* terreno piantato ad aranci.

arancia [-ràn-] *s.f.* frutto dell'arancio.

aranciata *s.f.* bevanda fatta con succo d'arancia.

aranciera [-cié-] *s.f.* serra nella quale si custodiscono, d'inverno, le piante di agrumi.

arancio[1] [-ràn-] *s.m.* albero sempreverde con frutti sferici, dalla polpa dolce succosa, giallo-rossigna e fiori bianchi, di profumo delicato (*fam.* Rutacee) / *fiori d'—*, simbolo di nozze.

arancio[2] [-ràn-] *agg.invar.* colore dell'arancia.

arancione [-ció-] *agg.invar.* di colore simile a quello dell'arancia, ma più intenso.

arar *s.m.invar.* pianta mediterranea che dà una resina detta *sandracca* (*fam.* Cupressacee).

arare *v.tr.* **1** rivoltare, dissodare la terra con l'aratro **2** strisciare dell'ancora sul fondo.

arativo *agg.* si dice di terreno che si presta all'aratura.

aratore [-tó-] *s.m.* [f. -*trice*] chi ara.

aratro *s.m.* strumento per arare il terreno, costituito dal vomere, per il taglio e il rovesciamento della terra, e dalla bure, per la trazione [*ill.* Agricoltura].

aratura *s.f.* l'atto, l'effetto dell'arare.

araucaria [-cà-] *s.f.* albero tropicale con foglie pungenti di color verde scuro (*fam.* Araucariacee).

arazzeria [-rì-] *s.f.* **1** arte di fare gli arazzi **2** insieme di arazzi.

arazziere [-zziè-] *s.m.* chi fabbrica o vende arazzi.

arazzo *s.m.* panno tessuto su telaio a mano, con disegno figurativo.

arbitraggio [-tràg-] *s.m.* **1** l'arbitrare **2** complesso di compra e vendita di merci, titoli e simili su piazze diverse, allo scopo di ricavare un guadagno dalla differenza delle quotazioni.

arbitrale *agg.* degli arbitri.

arbitrare *v.intr.* [*io àrbitro* ecc.] risolvere o prevenire una vertenza in qualità di arbitro // *v.tr.* dirigere un incontro sportivo in qualità di arbitro: — *una partita.*

arbitrario [-trà-] *agg.* fatto ad arbitrio.

arbitrato *s.m.* risoluzione di una controversia da parte di un arbitro.

arbitrio [-bi-] *s.m.* **1** facoltà di valutare e operare secondo la propria volontà / *ad — di qlcu.*, a suo piacere / *libero —*, (*fil.*) facoltà della volontà umana di decidere liberamente **2** abuso, illegalità: *commettere arbitri.*

arbitro [àr-] *s.m.* **1** chi è libero di scegliere: *sono — delle mie azioni* **2** chi domina o detta legge: *è l'— della moda* (*dir.*) chi, designato dalle parti, risolve una controversia sulla base delle norme **4** chi dirige una competizione sportiva perché ne siano osservate le norme regolamentari.

arboreo [-bò-] *agg.* di albero; a forma d'albero.

arborescente [-scèn-] *agg.* simile ai rami d'un albero.

arboricoltura *s.f.* scienza e tecnica della coltivazione degli alberi.

arboscello [-scèl-] *s.m.* piccolo albero.

arbusto *s.m.* pianta legnosa, di breve fusto, ramificata fin dalla base.

arca *s.f.* **1** sarcofago monumentale di marmo o pietra **2** cassa o cofano in legno / — *di Noè*, l'imbarcazione costruita dal patriarca Noè / — *di scienza*, si dice di uomo molto dotto.

arcade [àr-] *s.m.* **1** membro dell'accademia di Arcadia **2** (*fig.*) scrittore manierato.

arcadico [-cà-] *agg.* [pl.m. *-ci*] **1** di Arcadia; idillico, agreste **2** dell'accademia di Arcadia, fondata a Roma nel 1690 **3** (*fig.*) lezioso e manierato.

arcaico [-cài-] *agg.* [pl.m. *-ci*] di remota antichità: *stile — / era arcaica*, la più antica era geografica, senza tracce di vita.

arcaismo [-ʃmo] *s.m.* parola, locuzione antiquata.

arcangelo [-càn-] *s.m.* spirito celeste di grado più elevato di un angelo.

arcano *agg.* misterioso, occulto // *s.m.* enigma, mistero: *mi aiuterai a svelare un* —.

arcata *s.f.* **1** apertura a forma d'arco nelle parti verticali di una costruzione **2** ordine di archi sorretti da colonne o piedritti costituente un motivo architettonico **3** serie di oggetti disposti ad arco: — *dentaria* [*ill. Bocca*].

archeggiare *v.intr.* [*io archéggio ecc.*] sonare uno strumento con l'archetto.

archeggio [-chég-] *s.m.* atto, effetto dell'archeggiare.

archeo- [-chèo-] [dal gr. *arcàios = antico*] primo elemento adoperato nella composizione di parole dotte nelle quali significa «antico, primitivo» (*archeologia*).

archeologia [-gì-] *s.f.* scienza che studia le civiltà antiche considerandone i monumenti, le iscrizioni e gli oggetti venuti alla luce spec. con gli scavi.

archeologico [-lò-] *agg.* [pl.m. *-ci*] che si riferisce all'archeologia.

archeologo [-ò-] *s.m.* [pl. *-gi*] studioso di archeologia.

archeopteryx [-òp-] *s.m.invar.* animale preistorico, probabile forma intermedia fra uccello e rettile.

archetipo [-chè-] *s.m.* ciò che è all'inizio e funge da modello.

archetto [-chét-] *s.m.* **1** (*arch.*) piccolo arco, spec. di finestra **2** l'arco del violino.

archi- [dal gr. *archi-*, tema del verbo *arco = essere il primo, a capo*] prefisso che indica superiorità, comando (*archiatro, archiginnasio*).

archiacuto *agg.* che è ad arco acuto.

archiatra *s.m.* [pl. *-i*], **archiatro** *s.m.* il medico principale, spec. della corte pontificia.

archibugiata *s.f.* colpo o ferita d'archibugio.

archibugiere [-giè-] *s.m.* soldato armato di archibugio.

archibugio [-bù-] *s.m.* antica arma da fuoco portatile con canna lunga.

archidiocesi [-diòceʃi] *s.f.invar.* diocesi retta da un arcivescovo.

archiginnasio [-nàʃio] *s.m.* università; antico titolo delle università di Roma e Bologna.

archilocheo [-chè-] *agg.* si dice di un metro della lirica classica, introdotto dal poeta greco Archiloco (sec. VII a.C.).

archimandrita *s.m.* [pl. *-i*] capo di un ordine religioso o di un monastero di rito cristiano orientale.

archipendolo [-pèn-] *s.m.* squadra a bracci uguali dal cui vertice pende un filo a piombo; serve a verificare se un piano è orizzontale.

architettare *v.tr.* [*io architétto ecc.*] **1** ideare il progetto di una costruzione **2** (*fig.*) concepire, ordinare, macchinare: — *un piano*.

architetto [-tét-] *s.m.* **1** chi esercita l'architettura **2** (*fig.*) ideatore.

architettonico [-tò-] *agg.* [pl.m. *-ci*] che è proprio dell'architettura.

architettura *s.f.* **1** arte di ideare e costruire edifici **2** struttura, schema.

Architettura e edilizia

■ EDIFICI: abbazia, acropoli, alcazar, anfiteatro, antemurale, arena, arengario, auditorium, baracca, basilica, battistero, campanile, capanna, capannone, cappella, casa, casamento, caseggiato, castello, catacomba, cattedrale, cavalcavia, chiesa, ciminiera, cinema, cittadella, diga, dolmen, duomo, edificio, fabbrica, fabbricato, fontana, galleria, gradinata, grattacielo, mausoleo, megalite, menhir, minareto, moschea, muraglia, muraglione, nuraghe, obelisco, padiglione, pagoda, palafitta, palazzina, palazzo, piramide, piscina, ponte, propilei, silo, sinagoga, spalto, stabile, stabilimento, stadio, stalla, teatro, tempio (*prostilo*), terme, torre, torrione, trullo, tunnel, viadotto, villa.

■ PARTI DI OPERE EDILI E DI SISTEMI ARCHITETTONICI: abbaino, abside, ala, ambulacro, arcata, arco, atrio, attico, avancorpo, balaustrata, balcone, ballatoio, barbacane, bastione, bertesca, camino, campata, capriata (*catena, ometto, saettone*), cavedio, catino, centina, chiostro, colonna, contrafforte, controscarpa, copertura (*listello, tavola*), cortile, cripta, cupola, cuspide, deambulatorio, doccione, edicola, facciata, finestra, fondamenta, fondazione, guglia, iconostasi, imposta, lastricato, loggia, lucernario, lunetta, mansarda, massicciata, mastio, matroneo, mensola, merlo, merlatura, montante, muro, nartece, navata, nervatura, nicchia, orditura, palanca, palo, parapetto, piedritto, pilastro, pilone, pinnacolo, platea, portale, portico, presbiterio, pronao, protiro, puntello, quadriportico, sacello, scala, scalone, scarpa, selciato, sguancio, soffitto, solaio, soletta, sotterraneo, sottofondazione, sottopassaggio, sottoscarpa, sovrapporta, spalla, sperone, stipite, strombo, strombatura, superattico, tavolato, terrapieno, tetto (*colmo, compluvio, falda, gronda, spiovente*), tettoia, tiburio, tramezzo, transetto, travata, travatura, trave, tribuna, vespaio,

                      →

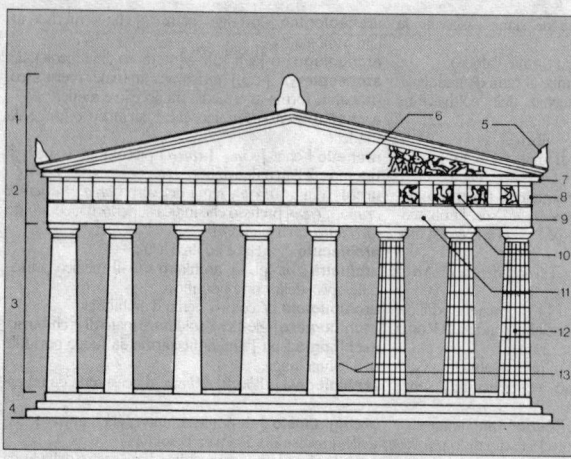

architettura

Tempio: 1 *frontone,*
2 *trabeazione,* 3 *colonnato,*
4 *basamento,* 5 *acroterio,*
6 *timpano,* 7 *cornice,*
8 *fregio,* 9 *triglifo,*
10 *metopa,* 11 *architrave,*
12 *colonna,*
13 *intercolumnio.*

Ordini: 14 *dorico,*
15 *tuscanico,* 16 *ionico,*
17 *corinzio,* 18 *composito.*

Colonna: 19 *capitello,*
20 *abaco,* 21 *echino,*
22 *fusto,* 23 *entasi,*
24 *base,* 25 *plinto.*

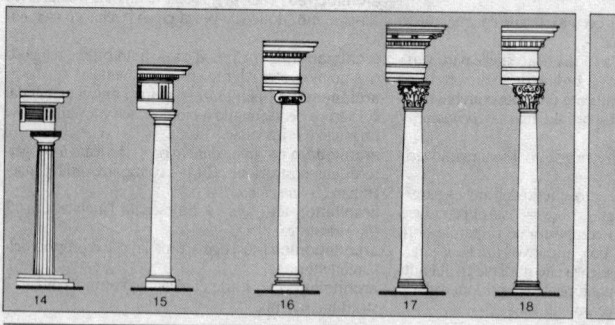

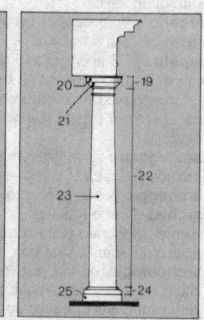

→

vestibolo, volta • acroterio, aggetto, anta, antefissa, archetto, architrave, archivolto, base, basamento, battiscopa, bifora, bugna, bugnato, calotta, cariatide, cassettone, cassonetto, chiave di volta, cimasa, colonna (*abaco, acanto, astragalo, capitello, echino, entasi, gola, plinto, rastremazione, tondino, voluta*), colonnato, contromuro, cornice, cornicione, costolone, crociera, estradosso, fastigio, fornice, fregio, frontone, ghiera, glifo, imbotte, intercolumnio, intradosso, lacunare, lesena, membratura, metopa, modanatura, ogiva, ogivale, parasta, peduccio, pennacchio, piattabanda, polistilo, pulvino, quadrifora, rosone, scanalatura, scossalina, sesto, sottarco, spiovente, sporto, tamburo, telamone, timpano, trabeazione, trifora, triglifo, vela, zoccolo.
■ ORDINI E STILI: barocco, barocchetto, bizantino, classico, composito, corinzio, dorico, floreale, funzionale, gotico (*fiorito, fiammeggiante*), ionico, liberty, moresco, neoclassico, paleocristiano, plateresco, postmoderno, razionale, rinascimentale, rococò, romanico, tuscanico.
■ MATERIALI: alabastro, arenaria, breccia, ghiaia, ghiaietta, pietra, pietrisco, pomice, rena, sabbia • argilla, calce, calcina, cemento, creta, gesso, grassello, scagliola; calcestruzzo, cemento armato, gres, intonaco, macadam, malta, rinzaffo, stucco, vetrocemento • bozza, bugna, clinker, cotto, embrice, fibrocemento, marmetta, marsigliese, mattone, mattonella, piastrella, quadrello, tavella, tegola, volterrana • cartonfeltro, cartongesso, granulato di sughero, fonoisolante, lana di vetro, polistirolo termoisolante • asfalto, bitume, cartone bitumato, pece navale • beola, ceppo, concio, diorite, granito, marmo, porfido, quarzite, serpentino, sienite, trachite, travertino • compensato, legno, listello, tavola, travetto.
■ CARPENTERIA: angolare, cardine, chiavarda, chiave, grappa, paraspigolo, profilato, putrella, staffa, tirante, tondino.

Strutture verticali: 1 *pilastro,*
2 *colonna,* 3 *lesena.*

Struttura di copertura: 4 *cupola,*
5 *pennacchi.*

Strutture murarie (palazzo sec.
XV): 6 *cornicione,* 7 *archetto,*
8 *bifora,* 9 *bugnato,* 10 *portale,*
11 *zoccolo.*

Archi e volte: 12 *contrafforte a*
muro, 13 *contrafforte ad arco,*
14 *guglia,* 15 *arco rampante,*
16 *chiave di volta,* 17 *vela,* 18 *arco,*
19 *costolone,* 20 *intradosso,*
21 *estradosso,* 22 *arco a tutto sesto,*
23 *arco a sesto acuto,* 24 *arco*
ribassato, 25 *arco scemo.*

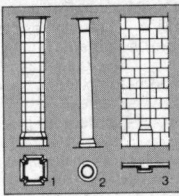
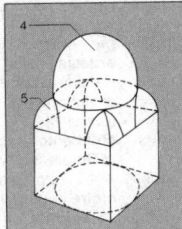

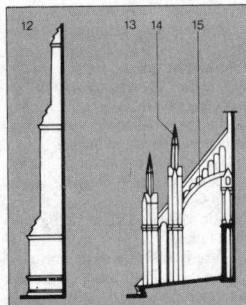
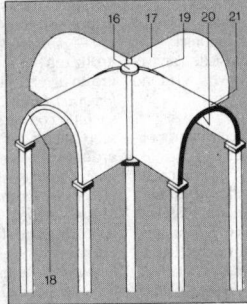
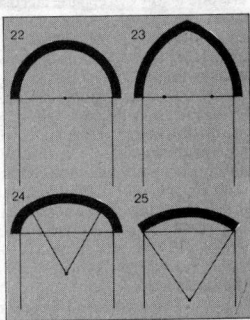

■ ATTREZZI: archipendolo, argano, battola, battipalo, berta, betoniera, carriola, cassaforma, cassero, cazzuola, draga, escavatore, filo a piombo, frettazzo, gru, impalcatura, incastellatura, livella, livellatrice, marra, martello, martello pneumatico, mazzeranga, mestola, pala, perforatore, piccone, pillo, ponteggio, regolo, rullo, ruspa, scalpello, spianatrice, squadro, taglia, trivella, vaglio, verricello.

■ OPERAZIONI: appaltare, armare, arricciare, asfaltare, catramare, cementare, centinare, cilindrare, climatizzare, collaudare, condizionare, costruire, cubare, demolire, deumidificare, disarmare, dragare, gettare, imbiancare, impermeabilizzare, incavare, insonorizzare, interrare, intonacare, lastricare, livellare, lottizzare, murare, palificare, pavimentare, piastrellare, prefabbricare, progettare, prosciugare, puntellare, recintare, restaurare, rialzare, riarmare, ricostruire, rinzaffare, ruspare, scalpellare, scalzare, scanalare, scavare, scoperchiare, scrostare, selciare, smantellare, soffittare, spianare, stuccare, tinteggiare, traforare, trivellare, umidificare, vagliare.

■ PERSONE: appaltatore, archeologo, architetto, asfaltista, assistente edile, capomastro, carpentiere, costruttore edile, geometra, gruista, imbianchino, ingegnere, manovale, muratore, perito, piastrellista, progettista, restauratore, scalpellino, sterratore, stuccatore.

■ VARIE: abitativo alzato, appalto, armatura, archeologia, architettura, architettonico, cantiere, cantieristico, capitolato, carico, cedimento, collaudo, compressione, condotta dei lavori, controsoffittatura, costruzione, deformazione, flessione, modulo, monumento, monumentale, pianta, pilotis, planimetria, plastico, portante, prefabbricato, prefabbricazione, progetto, prospettiva, prospetto, restauro, scenografia, sezione, sforzo, sollecitazione, sovraccarico, spaccato, spinta, stabilità, trazione.

architrave *s.m.* in un edificio, trave orizzontale sostenuta da colonne, pilastri o stipiti [*ill. Architettura*].

archiviare *v.tr.* [*io archivio ecc.*] mettere in archivio un documento già utilizzato.

archivio [-chi-] *s.m.* luogo in cui si conservano documenti pubblici o privati: — *scolastico*.

archivista *s.m. e f.* [pl.m. *-i*] chi sovrintende o è addetto a un archivio.

archivolto [-vòl-] *s.m.* fascia decorativa che si svolge frontalmente lungo la curva di un arco.

arci- prefisso (variante di → **archi-**) usato in parole di tradizione popolare per indicare superiorità, primato, abbondanza, eccesso (*arcivescovo, arcivecchio*).

arcidiacono [-dià-] *s.m.* il primo canonico del capitolo di una cattedrale.

arciduca *s.m.* [pl. *-chi*] titolo di duchi di particolare autorità, spec. dei membri della casa d'Austria.

arciducato *s.m.* dignità, dominio dell'arciduca.

arciduchessa [-chés-] *s.f.* consorte o figlia di arciduca; principessa della casa d'Austria.

arciere [-ciè-] *s.m.* **1** tiratore d'arco **2** soldato armato d'arco.

arcigno *agg.* sdegnato e malevolo.

arcione [-ció-] *s.m.* la parte alta della sella, a forma di arco / *montare in —*, salire a cavallo.

arcipelago [-pè-] *s.m.* gruppo di molte isole.

arciprete [-prè-] *s.m.* titolo di parroci o canonici.

arcivescovado *s.m.* **1** palazzo dove risiede l'arcivescovo **2** ufficio, dignità dell'arcivescovo; territorio sotto la sua giurisdizione.

arcivescovile *agg.* dell'arcivescovo.

arcivescovo [-vè-] *s.m.* vescovo di diocesi metropolitana e capo di una provincia ecclesiastica.

arco *s.m.* [pl. *-chi*] **1** arma costituita da una bacchetta flessibile che, tesa da una corda legata alle due estremità, permette il lancio di una freccia quando si rilascia la tensione **2** bacchetta di legno flessibile tesa da una fascia di crini di cavallo bianchi e usata per mettere in vibrazione le corde del violino, della viola, del violoncello e del contrabbasso [*ill. Musicali, strum.*] / *archi*, l'insieme degli strumenti ad arco; *orchestra d'archi* **3** (*arch.*) struttura curva impostata agli estremi su due piedritti e applicata a finestre, ponti, viadotti ecc. [*ill. Architettura*] **4** (*fig.*) qualsiasi cosa che sia curva; *l'— della schiena* **5** (*fig.*) serie ampia: — *di forze politiche* / — *costituzionale*, l'insieme dei partiti politici che contribuirono a creare la costituzione italiana **6** (*mat.*) parte di una curva compresa fra due suoi punti **7** — *voltaico*, (*fis.*) passaggio di corrente elettrica fra due elettrodi immersi in atmosfera gassosa.

arcobaleno [-lé-] *s.m.* arco varicolore che appare in cielo dopo la pioggia a causa della rifrazione della luce solare attraverso le gocce d'acqua.

arcocoseno [-sé-] *s.m.* (*mat.*) funzione inversa della funzione coseno; angolo o arco il cui coseno ha un valore assegnato.

arcolaio [-là-] *s.m.* strumento in legno o metallo, di varie forme, per dipanare matasse.

arconte [-cón-] *s.m.* ciascuno dei nove supremi magistrati dell'antica Atene.

arcoseno [-sé-] *s.m.* (*mat.*) funzione inversa della funzione seno; angolo o arco il cui seno ha un valore assegnato.

arcotangente [-gèn-] *s.f.* (*mat.*) funzione inversa della funzione tangente; angolo o arco la cui tangente ha un valore assegnato.

arcuare *v.tr.* [*io àrcuo ecc.*] piegare ad arco.

arcuato *agg.* piegato ad arco, ricurvo.

ardente [-dèn-] *agg.* **1** che arde; infocato. SIN. *cocente*. CONTR. *gelido* **2** (*fig.*) acceso, vivace; desideroso, impetuoso. SIN. *veemente, appassionato*. CONTR. *indifferente*.

ardere [àr-] *v.tr.* [pass.rem. *io arsi, tu ardésti ecc.*; p. pass. *arso*] **1** bruciare, consumare col fuoco: *i ribelli arsero il palazzo reale* **2** inaridire, seccare: *il sole ardeva la pianura // v.intr.* **1** ardere a fuoco, bruciare: *la casa arde* **2** accendersi e rimanere acceso: *ardevano i ceri* **3** essere inaridito, dissecato: *i campi ardevano al sole d'agosto* **4** (*fig.*) essere infiammato: — *d'ira* **5** (*fig.*) svolgersi gagliardamente: *arde la lotta*.

ardesia [-dèʃ́ia] *s.f.* roccia argillosa grigio-nerastra che si sfalda in lastre sottilissime.

ardiglione [-glió-] *s.m.* puntale della fibbia [*ill. Abbigliamento*].

ardimento [-mén-] *s.m.* l'ardire. SIN. *baldanza*.

ardimentoso [-tó-] *agg.* **1** che ha coraggio: *soldato* — **2** che richiede coraggio: *attacco* —.

ardire *v.intr.dif.* [pres. *io ardisco, tu ardisci, egli ardisce, noi ardiamo, voi ardite, essi ardiscono*; p.pass. *ardito*; manca il p.pres.] aver coraggio, arrischiarsi: *non ardiva* (*di*) *parlare*. SIN. *osare, attentarsi*. CONTR. *esitare*.

ardire *s.m.* coraggio spesso temerario; impudenza: *ebbe l'— di rispondermi*.

arditezza [-téz-] *s.f.* l'essere ardito. SIN. *baldanza*.

ardito *agg.* **1** pieno di ardire, coraggioso. SIN. *audace, impavido, baldanzoso, baldo*. CONTR. *esitante* **2** rischioso, fatto con coraggio // *s.m.* soldato dei reparti d'assalto istituiti durante la prima guerra mondiale.

ardore [-dó-] *s.m.* **1** forte, intenso calore: *l'— dell'estate* **2** intenso e vivo affetto, brama **3** vigore, alacrità, impeto: *lavorare con —*.

arduo [àr-] *agg.* **1** ripido, difficile a salire **2** (*fig.*) difficile, che esige sforzo e fatica.

area [à-] *s.f.* **1** superficie circoscritta di terreno / — *fabbricabile*, zona destinata a costruzioni **2** misura dell'estensione di una superficie **3** regione in cui si verifica un dato fenomeno (fisico, linguistico ecc.): — *ciclonica* **4** nel calcio e in altri giochi di squadra, la zona davanti alla porta delimitata da linee bianche: — *di porta, di rigore*.

areca [-rè-] *s.f.* palma coltivata in India dai cui semi si ricava un masticatorio detto *betel*.

arena[1] [-ré-] *s.f.* sabbia, spec. del deserto o della spiaggia marina: *granelli d'—*.

arena[2] [-rè-] *s.f.* teatro scoperto, anfiteatro, circo / *scendere nell'—*, avviarsi a una lotta.

arenaria [-nà-] *s.f.* roccia sedimentaria costituita da sabbia cementata.

arenarsi *v.rifl.pron.* [*io mi aréno ecc.*] **1** rimanere in secco sulla spiaggia (detto di imbarcazione) **2** (*fig.*) essere impedito, non poter proseguire: *il progetto si è arenato*.

arengario [-gà-] *s.m.* nel palazzo municipale del comune medievale, sorta di pulpito o balcone da cui si arringava il popolo.

arengo [-rèn-] *s.m.* [pl. *-ghi*] nel comune medievale, l'assemblea della popolazione; anche il luogo in cui essa si teneva.

arenile *s.m.* distesa di sabbia, spiaggia.

arenoso [-nó-] *agg.* ricco di arena: *terreno* —.

areola [-rè-] *s.f.* (*scient.*) piccola area, zona limitata; (*anat.*) zona di colorito scuro, circostante il capezzolo.

areometro [-ò-] *s.m.* strumento graduato per determinare il peso specifico di liquidi e solidi.

areopago [-ò-] *s.m.* [pl. *-ghi*] **1** supremo tribunale di Atene antica **2** (*fig.*) consesso autorevole.

aretino *agg.* di Arezzo // *s.m.* abitante di Arezzo.

argano [àr-] *s.m.* macchina che serve per sollevare o trascinare pesi, costituita da un tamburo rotante che girando avvolge intorno a sé una fune.

argentana *s.f.* → **alpacca**.

argentare *v.tr.* [*io argènto ecc.*] rivestire d'argento, inargentare.

argentatura *s.f.* copertura di un oggetto con uno strato di argento.

argenteo [-gèn-] *agg.* d'argento; del colore dell'argento.

argenteria [-ri-] *s.f.* insieme di oggetti d'argento, spec. stoviglie e vasellame.

argentiere [-tiè-] *s.m.* chi lavora l'argento o vende oggetti d'argento.

argentina *s.f.* maglia di foggia sportiva, a collo chiuso e maniche lunghe.

argentino[1] *agg.* che ha il timbro limpido e squillante dell'argento percosso: *riso* —.

argentino[2] *agg.* dell'Argentina // *s.m.* abitante dell'Argentina.

argento [-gèn-] *s.m.* elemento chimico (Ag; *n.at.* 47; *p.at.* 107,87); metallo nobile, prezioso, bianco lucente, molto duttile e malleabile, ottimo conduttore del calore e dell'elettricità / *nozze d'*—, il venticinquesimo anniversario di matrimonio / — *vivo*, il mercurio / *avere l'*— *vivo*, non stare mai fermo.

argentone [-tó-] *s.m.* lega di zinco, nichel e rame.

argilla *s.f.* roccia sedimentaria formata dal consolidamento di fanghiglie marine o lacustri; molto plastica, è usata per fabbricare mattoni, vasi ecc.

argilloso [-ló-] *agg.* ricco di argilla: *falda argillosa*.

arginare *v.tr.* [*io àrgino ecc.*] **1** difendere con argini: — *un campo* **2** contenere, limitare con argini (anche *fig.*): — *l'inondazione*; — *la pressione della destra*.

arginatura *s.f.* complesso degli argini di difesa.

argine [àr-] *s.m.* **1** rialzo, in terra o muratura, costruito lungo la riva di un corso d'acqua o del mare per contenerne le piene o inondazioni **2** (*fig.*) ostacolo, riparo, difesa.

argirismo [-ʃmo] *s.m.* (*med.*) avvelenamento cronico da sali di argento.

argo *s.m.* elemento chimico (Ar; *n.at.* 18; *p.at.* 39,94); gas nobile, presente in piccola quantità nell'atmosfera; è usato per riempire i bulbi delle lampade elettriche.

argomentare *v.intr.* [*io argoménto ecc.*] ragionare, addurre argomenti: — *con sagacia* // *v.tr.* dedurre per via d'argomenti.

argomentazione [-zió-] *s.f.* l'argomentare; insieme di argomenti a sostegno di una tesi.

argomento [-mén-] *s.m.* **1** prova addotta a sostegno di una tesi **2** motivo: *ha preso* — *dalle tue parole per agire in quel modo* **3** tema, ciò di cui si tratta: *l'* — *del libro è interessante*.

argon *s.m.invar.* → **argo**.

argonauta [-nàu-] *s.m.* **1** *Argonauti*, i navigatori della mitica nave Argo, che Giasone guidò alla conquista del vello d'oro **2** (*zool.*) mollusco cefalopodo marino con otto tentacoli, la cui femmina ha due tentacoli dilatati e una conchiglia incubatrice bianca a forma di barchetta.

argot [*franc.*; *pr.* argó] *s.m.* gergo, spec. quello della malavita di Parigi.

arguire *v.tr.* [*io arguisco, tu arguisci ecc.*] trarre una conclusione da certi indizi.

argutezza [-téz-] *s.f.* **1** l'essere arguto **2** parola, frase arguta.

arguto *agg.* **1** che dimostra ingegno vivace, che ha uno spirito penetrante; brioso. SIN. *faceto, lepido, spiritoso* **2** che dimostra, rivela arguzia: *risposta arguta*.

arguzia [-gù-] *s.f.* **1** acutezza e vivacità di ingegno, brio nell'esprimersi **2** parola, espressione spiritosa. SIN. *facezia*.

aria [à-] *s.f.* **1** miscuglio di più gas, soprattutto azoto e ossigeno, che avviluppa la Terra costituendone l'atmosfera, indispensabile alla vita animale e vegetale: — *viziata*, quella che si forma negli ambienti chiusi / *colpo d'*—, indisposizione provocata da un flusso d'aria fredda / *corrente d'*—, quella provocata da due aperture corrispondenti / *parole campate in* —, vuote, infondate / *far castelli in* —, sognare cose difficili, impossibili; fantasticare / *mandare all'*— *un progetto*, farlo fallire, rinunciarvi **2** clima: *cambiare* —, trasferirsi in un altro luogo **3** massa d'aria, vento / *tira un'*— *pericolosa*, (*fig.*) l'atmosfera non è favorevole, si prevedono guai **4** (*fig.*) espressione del volto; atteggiamento, piglio: *cos'è quell'*— *preoccupata?*; *ha l'*— *di una persona perbene* / *ha l'*— *di voler nevicare*, sembra che debba nevicare **5** brano musicale, generalmente vocale, eseguito da un solista.

arianesimo [-néʃi-] *s.m.* eresia di Ario (sec. IV).

ariano[1] *agg.* che si riferisce all'arianesimo // *s.m.* seguace dell'arianesimo.

ariano[2] *agg.* e *s.m.* che, chi appartiene alla stirpe indoeuropea: *lingue ariane*.

aridità *s.f.invar.* **1** l'essere arido; secchezza: — *del suolo* **2** (*fig.*) scarsezza, povertà di sentimenti, di fantasia.

arido [à-] *agg.* **1** secco, asciutto: *clima* —, con scarsissime precipitazioni. SIN. *riarso*. CONTR. *umido* **2** sterile, infecondo: *terreno* — **3** (*fig.*) povero di idee; privo di sentimento.

aridocoltura, aridocultura *s.f.* tecnica agraria di coltivazione senza irrigazione in terreni aridi.

arieggiare *v.tr.* [*io ariéggio ecc.*] **1** somigliare: *il paesaggio arieggia quello di Toscana* **2** dare aria a qlco.: — *le stanze* // *v.intr.* atteggiarsi.

ariete [-riè-] *s.m.* **1** maschio della pecora dalle caratteristiche corna a spirale **2** *Ariete* (*astr.*) uno dei dodici segni dello zodiaco [*ill. Zodiaco*] **3** antica macchina d'assedio usata per sfondare mura o porte.

arimanno *s.m.* (*st.*) il longobardo al quale erano state assegnate terre coltivabili nei territori di interesse strategico.

aringa *s.f.* pesce marino commestibile, dal corpo di medie dimensioni, affusolato e compresso, con grandi squame verdastre sul dorso, argentee sul ventre (*fam.* Clupeidi).

aringo *s.m.* **1** il campo in cui venivano fatti tornei, giostre, corse di cavalli **2** (*fig.*) gara in generale.

arioso [-rió-] *agg.* pieno di aria, largo, spazioso // *s.m.* stile di un brano musicale che sta a mezzo tra l'*aria* e il *recitativo*.

arista[1] *s.f.* (*bot.*) prolungamento filiforme della glumetta inferiore di alcune graminacee.

arista[2] [à-] *s.f.* schiena del maiale macellato comprendente la lombata con le costole.

aristocratico [-crà-] *agg.* [pl.m. *-ci*] **1** che appartiene all'aristocrazia **2** signorile.

aristocrazia [-zì-] *s.f.* **1** governo esercitato dai nobili per nascita o per potenza **2** classe dei nobili **3** insieme dei nobili di un luogo: *era amico di tutta l'— cittadina* **4** la parte eletta, l'insieme di coloro che eccellono per facoltà intellettuali: *— della cultura.*

aristolochia [-lò-] *s.f.* pianta erbacea con foglie cuoriformi e fiori gialli (*fam.* Aristolochiacee).

aristotelico [-tè-] *agg.* [pl.m. *-ci*] di Aristotele, conforme al pensiero di Aristotele.

aristotelismo [-ˈfmo] *s.m.* (*fil.*) la corrente di pensiero che fa capo al filosofo greco Aristotele (sec. IV a.C.).

aritmetica [-mè-] *s.f.* ramo della matematica concernente lo studio del concetto di numero e le operazioni ad esso relative.

aritmetico [-mè-] *agg.* [pl.m. *-ci*] relativo all'aritmetica, numerico.

aritmia [-mì-] *s.f.* (*med.*) irregolarità del ritmo cardiaco.

aritmico [-rìt-] *agg.* [pl.m. *-ci*] privo di ritmo; (*med.*) che non ha il ritmo normale: *polso* —.

arlecchinata *s.f.* gesto, detto da arlecchino; buffonata.

arlecchinesco [-né-] *agg.* [pl.m. *-chi*] proprio d'Arlecchino; buffonesco.

Arlecchino *s.m.* **1** maschera della commedia dell'arte, con vestito a losanghe di vari colori; tipo di servo ignorante ma provvisto di una rozza astuzia **2** (*fig.*) buffone, persona poco seria, che manca di parola.

arma *s.f.* [pl. *armi*, ant. *arme*] **1** qualunque oggetto usato dall'uomo per offendere o difendersi, spec. se fabbricato apposta / *armi bianche*, che feriscono di punta o taglio (spada, pugnale ecc.) / *armi classiche*, *convenzionali*, il complesso delle armi tradizionali, non basate sull'energia nucleare / *armi atomiche*, *nucleari*, il complesso degli ordigni a scopo militare basati sull'energia nucleare / *affilare le armi*, prepararsi a una lotta (anche *fig.*) / *passare per le armi*, far giustizia sommaria **2** (*fig.*) qualsiasi mezzo, anche non materiale, con cui si può offendere o difendersi: *l'— della maldicenza* / *— a doppio taglio*, cosa che può recare danno anche a chi la usa in proprio favore **3** *pl.* l'attività militare; gli esercizi militari / *piazza d'armi*, luogo ampio per le esercitazioni militari / *chiamare alle armi*, a fare il servizio militare / *essere sotto le armi*, fare il servizio militare / *essere alle prime armi*, essere all'inizio di una professione; essere inesperto **4** corpo dell'esercito: *— del genio.*

armacollo [-còl-] solo nella locuz.avv. *ad armacollo*, indicante la maniera di portare un'arma attaccata a una cinghia che, attraversando il petto, passi su una spalla e scenda al fianco opposto.

armadillo *s.m.* mammifero sdentato americano, con corpo di medie dimensioni, ricoperto da una corazza di grosse squame cornee articolate, che gli permettono di avvolgersi a palla (*fam.* Dasipodidi).

armadio [-mà-] *s.m.* mobile di legno o di metallo, chiuso da uno o più sportelli, con ripiani o cassetti interni; serve a contenere indumenti e oggetti vari: *— a muro*, ricavato nello spessore di una parete.

armaiolo [-iò-] *s.m.* chi fabbrica o vende armi.

armamentario [-tà-] *s.m.* (spesso *scherz.*) insieme degli oggetti necessari per compiere un lavoro.

armamento [-mèn-] *s.m.* **1** insieme dei mezzi necessari per mettere un esercito o una nazione in condizioni di combattere **2** dotazione di armi per un combattente, un reparto di soldati ecc. **3** l'insieme dei materiali necessari a far funzionare una macchina, un motore ecc.; in ferrovia, l'insieme degli oggetti (rotaie, traversi-

ne ecc.) che formano la via ferrata **4** il complesso dei materiali e dei marinai occorrenti a mettere una nave in condizioni di navigare.

armare *v.tr.* **1** fornire, dotare di armi / *— la mano di qlcu.*, fornirgli armi e altri aiuti per un'impresa delittuosa **2** destinare a un'arma o a un'imbarcazione gli uomini necessari **3** provvedere una nave di quanto le occorra per navigare **4** attrezzare una nave a vela: *bastimento armato a brigantino* **5** mettere puntelli a sostegno delle pareti di una galleria o di una parte di edificio pericolante **6** mettere in condizione di poter funzionare: *— il fucile*; *— i remi*, (*mar.*) porli negli scalmi.

armata *s.f.* **1** esercito, grande compagine guerresca; propriamente, l'insieme di più corpi d'armata alle dipendenze di un solo comandante / *corpo d'—*, unità militare composta di più divisioni **2** complesso delle navi da guerra di una nazione **3** insieme di due o più squadre navali comprendenti navi d'ogni tipo.

armato *agg.* **1** fornito d'armi / *a mano armata*, con le armi in pugno / *le forze armate*, l'esercito, l'aviazione e la marina **2** (*tecn.*) che ha un'armatura per rendere più resistenti le strutture // *s.m.spec.pl.* soldato.

armatore [-tó-] *s.m.* la persona o la compagnia che allestisce una nave per viaggi o traffici mercantili.

armatura *s.f.* **1** complesso di armi difensive che indossavano i guerrieri antichi (elmo, corazza ecc.) **2** struttura provvisoria in legno o in ferro che serve a sostenere una galleria o una parte di edificio pericolante **3** ossatura metallica nelle strutture in cemento armato **4** in un condensatore elettrico, ciascuna delle due superfici conduttrici a contatto con il dielettrico interposto.

arme *s.f.* (*arald.*) lo scudo considerato unitamente alle pezze araldiche e agli smalti.

armeggiare *v.intr.* [io *arméggio* ecc.] **1** maneggiare armi; fare spettacoli d'armi, come giostre e tornei **2** (*fig.*) darsi da fare, operare confusamente **3** (*fig.*) intrigare.

armeggio [-gì-] *s.m.* **1** il darsi da fare, l'operare confusamente **2** l'agire con impegno per fini non sempre buoni, l'intrigare.

armeggione [-giò-] *s.m.* intrigante.

armellino *s.m.* **1** (*arald.*) pelliccia bianca cosparsa di macchie nere disposte simmetricamente **2** ermellino.

armeno [-mè-] *agg.* dell'Armenia // *s.m.* abitante dell'Armenia.

armento [-mèn-] *s.m.* branco di grossi quadrupedi domestici da pascolo (buoi, cavalli ecc.).

armeria [-rì-] *s.f.* **1** luogo dove si custodiscono le armi dei corpi militari **2** collezione di armi, spec. antiche.

armiere [-miè-] *s.m.* (*aer.*) aviere addetto alle armi di bordo.

armigero [-mì-] *s.m.* guerriero scelto; guardia del corpo.

armilla *s.f.* braccialetto portato da uomini e donne in Roma antica.

armillare *agg.* a forma di armilla / *sfera —*, sfera formata di anelli metallici graduati, usata dagli antichi astronomi per rappresentare taluni cerchi massimi della sfera celeste.

armistizio [-stì-] *s.m.* accordo per la sospensione delle ostilità tra due o più belligeranti, in vista di trattative di pace.

armo *s.m.* equipaggio di un'imbarcazione che gareggia nelle regate.

armonia [-nì-] *s.f.* **1** consonanza di voci, di strumenti o di suoni che producono un effetto gradevole all'udito **2** (*mus.*) scienza che studia l'uso degli accordi **3** accordo di più elementi o parti; proporzione: *— di colori*; *— di stile*. CONTR. *disarmonia* **4** (*fig.*) unione, consonanza di sentimenti o di idee. SIN. *concordia*.

armonica [-mò-] *s.f.* strumento musicale composto da bicchieri, coppe o lamelle di vetro, messe in vibrazione con lo sfregamento delle dita umide o con un martellino / *— a bocca*, strumento costituito da una piccola scatola contenente una serie di ance libere che si fanno vibrare col fiato [*ill. Musicali, strum.*].

armonico [-mò-] *agg.* [pl.m *-ci*] **1** relativo all'armonia; conforme alle leggi dell'armonia: *scala armonica* **2** che produce armonia: *cassa armonica*, in alcuni strumenti, spec. a corda, la parte che sfrutta il fenomeno della risonanza amplificando e migliorando il suono **3** ben proporzionato, equilibrato; concorde.

armonio [-mò-] *s.m.* (*mus.*) strumento a tastiera nel quale una corrente d'aria, prodotta da mantici a pedale, mette in vibrazione delle ance libere.

armonioso [-nió-] *agg.* **1** che produce armonia: *voce armoniosa* **2** (*fig.*) ben proporzionato, armonico.

armonium [-mò-] *s.m.invar.* → **armonio**.

armonizzare [-niʒʒa-] *v.tr.* **1** (*mus.*) corredare di accordi una melodia secondo le leggi dell'armonia **2** (*fig.*) proporzionare; mettere d'accordo // *v.intr.* essere in armonia, accordarsi.

armonizzazione [-niʒʒazió-] *s.f.* atto, effetto dell'armonizzare.

arnese [-né-] *s.m.* **1** utensile; attrezzo o strumento da lavoro: *gli arnesi del falegname* **2** qualsiasi oggetto che non si sappia o non si voglia determinare: *a che serve quell'—? / quell'uomo è un pessimo —*, è un tipo poco raccomandabile **3** abito, vestimento; maniera di vestire (anche *fig.*) / *essere bene, male in —*, trovarsi in buone, cattive condizioni fisiche o economiche.

arnia [àr-] *s.f.* cassa per l'allevamento delle api.

arnica [àr-] *s.f.* pianta erbacea montana con fiori color giallo arancione simili a margherite (*fam.* Composite).

arnione [-nió-] *s.m.* rene di animali, rognone.

aro *s.m.* → **gigaro**.

aroma [-rò-] *s.m* [pl. *-i*] **1** sostanza odorosa e di sapore gradevole, d'origine vegetale (p.e. le spezie) **2** il profumo emanato da simili sostanze: *l'— del caffè*.

aromatico [-mà-] *agg.* [pl.m. *-ci*] che ha profumo e sapore d'aroma / *piante aromatiche*, che producono aromi.

aromatizzare [-tiʒʒa-] *v.tr.* profumare con aromi.

arpa *s.f.* strumento musicale formato di corde metalliche o di minugia tese sopra un telaio triangolare; si suona pizzicandolo con le dita [*ill. Musicali, strum.*].

arpeggiare *v.intr.* [*io arpéggio ecc.*] **1** suonare l'arpa e, per estens., altri strumenti a corda **2** fare arpeggi.

arpeggio [-pég-] *s.m.* l'eseguire le note di un accordo musicale una dopo l'altra anziché tutte insieme.

arpese [-pé-] *s.m.* grappa di ferro per tenere insieme pietre nelle costruzioni.

arpia [-pì-] *s.f.* **1** (*mit.*) mostro favoloso con corpo di uccello e volto di donna, avidissimo e rapace **2** (*fig.*) persona avara oppure brutta, collerica e intrattabile.

arpicordo [-còr-] *s.m.* antico strumento simile al clavicembalo; spinetta.

arpionare *v.tr.* [*io arpióno ecc.*] colpire, ferire con l'arpione.

arpione [-piò-] *s.m.* **1** ferro uncinato che si conficca nel muro ed in cui entrano le bandelle degli usci e delle imposte **2** grossa fiocina usata nella caccia ai cetacei.

arpista *s.m.* e *f.* [pl.m. *-i*] chi suona l'arpa.

arra *s.f.* **1** somma di denaro anticipata a garanzia di una obbligazione futura **2** (*fig.*) pegno: *— di pace*.

arrabattarsi *v.rifl.pron.* darsi da fare in ogni modo per riuscire in una cosa.

arrabbiare *v.intr.* [*io arràbbio ecc.*] **1** essere preso dalla rabbia (detto di cani) **2** (*fig.rar.*) esser preda della collera, d'istinti o passioni tormentose / *fare — qlcu.*, farlo andare in collera // **-arsi** *v.rifl.pron.* andare in collera.

arrabbiato *agg.* **1** affetto dalla rabbia: *cane —*. SIN. *rabbioso, idrofobo* **2** incollerito: *Carlo è molto —*. SIN. *rabbioso, adirato, furioso* **3** accanito: *un tifoso —*.

arrabbiatura *s.f.* atto, effetto dell'arrabbiarsi.

arraffare *v.tr.* afferrare, prendere con violenza; rubare.

arrampicare *v.intr.* (*non com.*), **arrampicarsi** *v.rifl.pron.* [*io mi arràmpico, tu ti arràmpichi ecc.*] **1** salire per luoghi scoscesi aiutandosi con le mani / *— sugli specchi, sui vetri*, cercar di sostenere a tutti i costi una tesi con ragioni non convincenti **2** in alpinismo, fare un'arrampicata **3** (*fig.*) cercare di innalzare la propria posizione economica e sociale.

arrampicata *s.f.* **1** l'arrampicarsi (anche *fig.*): *— alla fune* ascensione alpina su roccia o su ghiaccio / *— libera*, compiuta senza mezzi artificiali; *— in artificiale*, compiuta con l'impiego prevalente di mezzi artificiali (chiodi, staffe ecc.).

arrampicatore [-tó-] *s.m.* [f.*-trice*] (*sport*) l'alpinista che compie ascensioni su roccia o su ghiaccio; il corridore ciclistico versato nella gara in salita / *— sociale*, chi si dà da fare, anche senza scrupoli, per raggiungere una posizione sociale preminente.

arrancare *v.intr.* [*io arranco, tu arranchi ecc.*] **1** andare avanti con fatica **2** vogare a tutta forza.

arrangiamento [-mén-] *s.m.* orchestrazione sommaria delle composizioni di jazz e di musica leggera.

arrangiare *v.tr.* [*io arràngio ecc.*] **1** sistemare, aggiustare alla meglio **2** fare un arrangiamento musicale // **-arsi** *v.rifl.pron.* **1** mettersi d'accordo **2** darsi da fare, superare ostacoli alla meglio; approfittarsi di certe occasioni per il proprio tornaconto.

arrangiatore [-tó-] *s.m.* [f. *-trice*] chi fa arrangiamenti musicali.

arrapare *v.tr.* eccitare sessualmente; per estens., eccitare, entusiasmare, interessare molto.

arrecare *v.tr.* [*io arrèco, tu arrèchi ecc.*] **1** recare, portare **2** (*fig.*) cagionare, provocare.

arredamento [-mén-] *s.m.* **1** l'arredare **2** l'insieme di mobili e attrezzature con cui si sistema per l'uso un'abitazione o un locale pubblico [*ill. a pag. seguente*].

arredare *v.tr.* [*io arrèdo ecc.*] fornire di arredamento.

arredatore [-tó-] *s.m.* [f. *-trice*] chi fa progetti, disegni per arredamenti.

arredo [-rè-] *s.m.* oggetto o insieme di oggetti d'arredamento o anche d'ornamento / *arredi sacri*, oggetti usati per il culto (paramenti del sacerdote, calice ecc.).

arrembaggio [-bàg-] *s.m.* assalto a una nave nemica; per estens., tentativo di arraffare, di procurarsi qlco. prima di altri e con ogni mezzo.

arrembare *v.tr.* [*io arrèmbo ecc.*] assalire una nave.

arrendersi [-rèn-] *v.rifl.* [coniugato come *rendere*] cedere, darsi per vinto.

arrendevole [-dé-] *agg.* che si arrende, che cede facilmente. SIN. *acquiescente, docile.*

arrendevolezza [-léz-] *s.f.* l'essere arrendevole; pieghevolezza. SIN. *acquiescenza, docilità.*

arrestare *v.tr.* [*io arrèsto ecc.*] **1** fermare qlco. che sia

arredamento

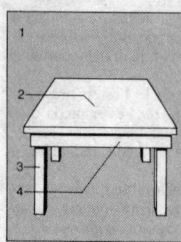

1 *tavolo*, 2 *piano*, 3 *gambe*,
4 *fascia intelaiata*,
5 *armadio*, 6 *ripiano*,
7 *divisorio*, 8 *fondo*,
9 *sportello o anta*,
10 *fiancata*, 11 *piedi*,
12 *cassetto*

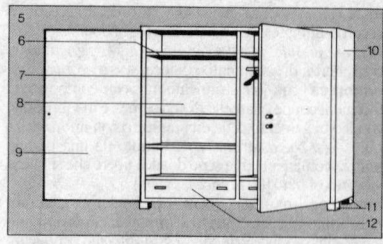

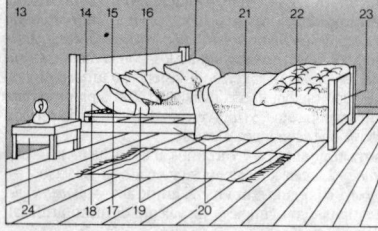

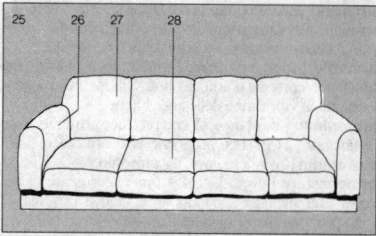

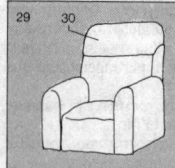

13 *letto*, 14 *testata*,
15 *cuscino o guanciale*,
16 *federa*, 17 *materasso*,
18 *rete metallica*,
19 *lenzuolo*, 20 *sponda*,
21 *coperta*, 22 *piumino*,
23 *spalliera*, 24 *comodino*,
25 *divano*, 26 *bracciolo*,
27 *schienale*, 28 *cuscino*,
29 *poltrona*,
30 *poggiatesta*,
31 *scaffale*, 32 *montante*,
33 *ripiano*, 34 *lampadario*,
35 *paralume*, 36 *lampada
da tavolo*, 37 *piantana*,
38 *stelo*, 39 *base*,
40 *lampada da studio*,
41 *bracci*.

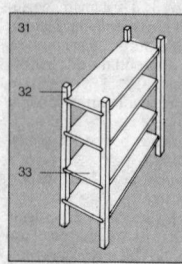

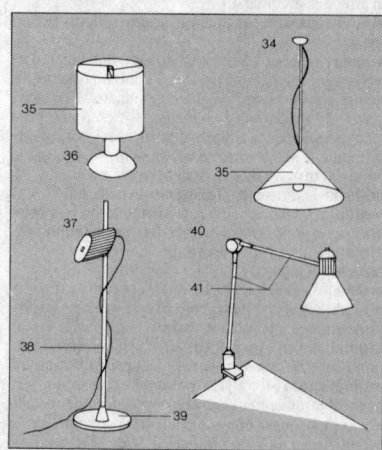

in movimento (anche *fig.*): — *l'infezione* **2** catturare; trattenere in arresto // **-arsi** *v.rifl.* fermarsi.

arrestato *agg.* (*arald.*) si dice dell'animale fermo sulle quattro zampe.

arresto [-rè-] *s.m.* **1** il fermare, il fermarsi: *è proibito scendere prima dell'* — *del treno / linea di* —, limite su cui si debbono fermare i veicoli a un segnale di stop **2** limitazione della libertà personale (atto di polizia o pena) **3** *pl.* punizione militare inflitta agli ufficiali: *mettere agli arresti* **4** dispositivo atto a impedire che un organo di una macchina, dotato di movimento, superi una determinata posizione.

arretramento [-mén-] *s.m.* l'arretrare (anche *fig.*).

arretrare *v.tr.* [*io arrètro ecc.*] collocare più indietro: — *i reticolati di confine* // *v.intr.* tirarsi indietro, indietreggiare (anche *fig.*).

arretratezza [-téz-] *s.f.* situazione di chi, di ciò che è arretrato, superato, non moderno: — *culturale*, — *delle strutture economiche*.

arretrato *agg.* che è rimasto indietro: *un paese arretrato / lavoro* —, che non è stato fatto nei tempi previsti / *numero* —, di una pubblicazione periodica, pubblicato in precedenza / *aree arretrate*, zone rimaste a uno stadio di sviluppo economico, civile, politico, insufficiente e inferiore a quello dei paesi più evoluti // *s.m.* credito non riscosso alla scadenza dovuta.

arri *voce onom.* grido d'incitamento a bestie da soma.

arricchimento [-mén-] *s.m.* **1** l'arricchire, l'arricchirsi: — *illecito* **2** nella tecnica mineraria, lavorazione del materiale greggio al fine di separare i minerali utili dalla ganga: *officina di* —.

arricchire *v.tr.* [*io arricchisco, tu arricchisci ecc.*] **1** far

diventare ricco (anche *fig.*): — *la propria cultura.* CONTR. *impoverire* **2** rendere più vistoso; ornare: — *una casa con oggetti d'arte //* v.intr. diventare ricco: — *in seguito a un'eredità.* CONTR. *impoverire.*

arricchito agg. **1** che è diventato ricco di recente (anche *s.m.*) **2** *uranio* —, (*fis.*) in cui è stata aumentata la concentrazione dell'isotopo avente numero di massima 235.

arricciaburro s.m. attrezzo di cucina per fare riccioli di burro.

arricciare v.tr. [*io arriccio ecc.*] **1** piegare a mo' di riccio o a ricci: — *i capelli / — il naso,* raggrinzarlo per disgusto o insoddisfazione **2** stendere su un muro il primo strato di calcina: — *una parete //* **-arsi** v.rifl. accartocciarsi.

arricciato agg. piegato a forma di riccio o a ricci: *capelli arricciati / gonna arricciata,* il cui tessuto è raccolto in pieghe fitte e non stirate.

arricciatura s.f. **1** atto, effetto dell'arricciare **2** serie di piccole pieghe non stirate che danno ampiezza a un abito per comodità o per ornamento.

arricciolare v.tr. [*io arricciolo ecc.*] dar forma di ricciolo a qlco.: — *il burro.*

arridere [-rì-] v.intr. [coniugato come *ridere*] essere favorevole: *la sorte ci arrideva.*

arringa s.f. discorso importante pronunciato in pubblico, spec. in tribunale.

arringare v.tr. [*io arringo, tu arringhi ecc.*] pronunciare un'arringa: — *la folla.*

arrischiare v.tr. [*io arrischio ecc.*] mettere a repentaglio, in pericolo: — *la vita per salvare qlcu. //* **-arsi** v.rifl. avventurarsi.

arrischiato agg. **1** pieno di pericoli e di incognite **2** imprudente, temerario.

arrivare v.intr. **1** portarsi o essere portato a un luogo stabilito: *siamo arrivati ieri; il treno arriva alle 8 / — fino al generale, al ministro,* (*fig.*) riuscire a farsi ricevere e appoggiare da loro. CONTR. *partire* **2** giungere a un determinato punto o livello (di quantità, età, grado ecc.): *il pane non arriva a due chilogrammi; quell'uomo non arriverà ai sessant'anni; per i tuoi meriti arriverai a colonnello / non arrivarci,* non riuscire a capire qlco. **3** assol. conquistare la fama, il successo: *uno scrittore smanioso di —* **4** giungere al punto di: — *a tradire i benefattori.*

arrivato agg. si dice di persona che ha avuto successo, che si è affermata nella professione o ha ottenuto ciò che voleva.

arrivederci [-dér-] inter. impropria usata come espressione di saluto (spec. nel commiato): — *a presto! //* s.m. saluto che presuppone o auspica un nuovo incontro a breve scadenza.

arrivismo [-ʃmo] s.m. tendenza e attività dell'arrivista.

arrivista s.m. e f. [pl.m. *-i*] chi vuole raggiungere il successo ad ogni costo.

arrivo s.m. l'arrivare; il luogo dove si arriva.

arroccamento [-mén-] s.m. **1** la mossa di arroccare, negli scacchi **2** linea di difesa; (*fig.*) chiusura mentale.

arroccare v.tr. [*io arròcco, tu arròcchi ecc.*] nel gioco degli scacchi, muovere simultaneamente il re e la torre // **-arsi** v.rifl. sistemarsi in una posizione protetta; (*fig.*) chiudersi in un'idea, rifiutare il dialogo.

arrochire v.tr. [*io arrochisco, tu arrochisci ecc.*] far diventare roco // v.intr. diventare roco.

arrogante agg. che ha arroganza. SIN. *prepotente, tracotante, superbo, insolente.*

arroganza s.f. opinione esagerata dei propri meriti, presunzione; asprezza di modi. SIN. *tracotanza, alterigia, insolenza.*

arrogare v.tr. [*io arrògo, tu arròghi ecc.*] usato nella costruzione *arrogare a sé, arrogarsi,* attribuire a sé qlco. senza merito o diritto.

arrossamento [-mén-] s.m. l'arrossare, l'arrossarsi.

arrossare v.tr. [*io arròsso ecc.*] far diventare rosso // v.intr. diventar rosso.

arrossire v.intr. [*io arrossisco, tu arrossisci ecc.*] **1** divenir rosso, spec. in volto **2** (*fig.*) vergognarsi.

arrostimento [-mén-] s.m. **1** atto, effetto dell'arrostire o dell'arrostirsi **2** riscaldamento di minerali in presenza d'aria allo scopo di eliminare alcune sostanze.

arrostire v.tr. [*io arrostisco, tu arrostisci ecc.*] **1** cuocere la carne al fuoco vivo (p.e. allo spiedo); per estens., riscaldare molto **2** riscaldare minerali a contatto dell'aria per liberarli di alcune sostanze.

arrosto [-rò-] s.m. carne cotta mediante diretta esposizione al fuoco di legna o di carbone ovvero nel forno / *molto fumo e poco —,* molta apparenza e poca sostanza // avv. a modo di arrosto: *questa carne la farò —.*

arrotare v.tr. [*io arròto ecc.*] **1** rendere affilata, tagliente una lama **2** urtare, investire con un veicolo: *ha arrotato un pedone.*

arrotatura s.f. atto, effetto, modo dell'arrotare: *l'— dei coltelli.*

arrotino s.m. chi arrota per mestiere coltelli, forbici, lame in generale.

arrotolare v.tr. [*io arròtolo ecc.*] ridurre a rotolo.

arrotondamento [-mén-] s.m. atto, effetto dell'arrotondare.

arrotondare v.tr. [*io arrotóndo ecc.*] **1** dare forma rotonda o più rotonda a qlco. **2** (*mat.*) sostituire un numero dato con un altro approssimato per eccesso o per difetto / — *lo stipendio,* integrarlo con altre fonti di guadagno // **-arsi** v.rifl.pron. diventare rotondo; farsi più grasso in volto o nel corpo.

arrovellarsi v.rifl. [*io mi arrovèllo ecc.*] **1** arrabbiarsi **2** darsi da fare con accanimento per conseguire qlco.

arroventare v.tr. [*io arrovènto ecc.*] rendere rovente.

arroventato agg. rovente, infocato; caldissimo (spec. *fig.*).

arroventatura s.f. l'arroventare.

arrovesciare v.tr. [*io arrovèscio ecc.*] (*lett.*) **1** rivoltare, metter fuori quello che era all'interno **2** volgere, lasciar andare indietro.

arrovesciatura s.f. atto, effetto dell'arrovesciare.

arruffapopoli [-pò-] s.m.invar. (*spreg.*) agitatore; chi sobilla le masse per interesse proprio o di parte.

arruffare v.tr. **1** mettere in disordine, scompigliare **2** (*fig.*) imbrogliare, complicare.

arruffato agg. disordinato; confuso.

arruffianare v.tr. (*volg.*) procurare ad altri, per denaro o per altro interesse, una donna; per estens., procurare vantaggi, onori ecc. per via di intrighi // **-arsi** v.rifl. darsi da fare senza dignità per ottenere favori.

arruffio [-fì-] s.m. disordine, scompiglio.

arruffone [-fó-] s.m. chi opera senza ordine.

arrugginire v.intr. [*io arrugginisco, tu arrugginisci ecc.*] **1** prendere la ruggine **2** intorpidire, perdere la scioltezza dei muscoli // v.tr. far prendere la ruggine.

arruolamento [-mén-] s.m. l'arruolare, l'arruolarsi.

arruolare v.tr. [*io arruòlo ecc.*] iscrivere nei ruoli dell'esercito, chiamare alle armi // **-arsi** v.rifl. iscriversi volontariamente nei ruoli dell'esercito.

arsella [-sèl-] *s.f.* nome popolare di varie specie di molluschi bivalvi marini commestibili.

arsenale *s.m.* **1** il complesso delle officine in cui si costruiscono e si riparano le navi da guerra **2** fabbrica, deposito d'armi **3** deposito, magazzino in cui si raccolgono oggetti di disparata natura.

arsenalotto [-lòt-] *s.m.* operaio che lavora in un arsenale marittimo.

arsenicato *agg.* che contiene arsenico, che è preparato con arsenico.

arsenico [-sè-] *s.m.* elemento chimico (As; *n.at.* 33; *p.at.* 74,92); metalloide bianco, lucente, fragile, ottenibile da vari minerali; serve come indurente per leghe metalliche; dà composti usati in medicina.

arsi *s.f.* la parte forte del piede nella metrica classica, quella su cui cade l'accento nella lettura moderna.

arsiccio [-sìc-] *agg.* bruciacchiato, riarso: *terreno —*.

arsione [-sió-] *s.f.* senso di aridità che si avverte in gola per effetto della sete, della febbre.

arsura *s.f.* **1** calore insopportabile dell'atmosfera: *— estiva* **2** sensazione di aridità e di bruciore nella gola per effetto della sete, della febbre o del caldo eccessivo.

artatamente [-mén-] *avv.* artificiosamente.

art director [*ingl.*; *pr.* àat dirècta] *s.m.* il responsabile per la parte tecnico-grafica di un ufficio o agenzia di pubblicità.

arte *s.f.* **1** attività umana volta a creare opere di valore estetico: *questo dipinto è una vera opera d'— / belle arti*, poesia, musica, canto, danza, pittura, scultura, architettura **2** ogni attività umana che si compia con l'ingegno e secondo regole dettate dall'esperienza e dallo studio: *— del pasticciere; — dello scrivere / arti liberali*, anticamente, quelle proprie dell'uomo libero, che esigono un'applicazione dello spirito / *arti meccaniche*, quelle che richiedono un'abilità prevalentemente manuale **3** nel medioevo, corporazione professionale **4** artificio, astuzia, mezzo ingegnoso per raggiungere uno scopo.

artefatto *agg.* modificato con artificio. SIN. *artificiale*. CONTR. *naturale*.

artefice [-té-] *s.m.* **1** chi svolge un lavoro che esiga ingegno e abilità **2** autore.

artemisia [-miſia] *s.f.* pianta erbacea aromatica, con foglie frastagliate e piccoli fiori verdi (*fam.* Composite).

arteria [-tè-] *s.f.* **1** (*anat.*) canale membranoso elastico che porta il sangue dal cuore alle varie parti del corpo: *— polmonare* [*ill. Cuore*] **2** importante via di comunicazione: *— del traffico cittadino*.

arteriografia [-fi-] *s.f.* (*med.*) procedimento radiografico che mette in evidenza lo stato e il decorso delle arterie.

arteriopatia [-ti-] *s.f.* (*med.*) qualsiasi processo patologico localizzato in un'arteria.

arteriosclerosi [-ròſi] *s.f.* indurimento delle arterie, frequente nell'età avanzata.

arteriosclerotico [-rò-] *agg.* [pl.m. *-ci*] che riguarda l'arteriosclerosi // *agg. e s.m.* che, chi soffre di arteriosclerosi; per estens., rimbambito, rincretinito.

arterioso [-rió-] *agg.* delle arterie: *sangue —*.

arterite *s.f.* (*med.*) infiammazione di un'arteria.

artesiano [-ſia-] *agg.* si dice di pozzo situato al disotto del livello della sorgente di una falda freatica racchiusa fra due strati impermeabili.

artico [àr-] *agg.* [pl.m. *-ci*] concernente la regione che si stende intorno al polo Nord della Terra: *polo —*.

articolare[1] *v.tr.* [*io artìcolo ecc.*] **1** muovere gli arti del corpo attorno alle giunture: *— un dito* **2** pronunziare

in modo chiaro e distinto suoni o parole: *impaurito, non articolò parola* **3** svolgere in più parti distinte: *articolò il trattato in due sezioni*.

articolare[2] *agg.* delle articolazioni: *dolore —*.

articolato[1] *agg.* **1** libero di muoversi (detto di parti del corpo) **2** si dice di una parte di macchina composta di vari elementi fra loro snodati **3** che ha agilità, scioltezza (detto di uno scritto, di un discorso) **4** pronunziato distintamente: *suono —* **5** (*fig.*) composto di diverse parti, o realizzato in diverse fasi; differenziato, non uniforme: *una politica estera assai articolata / sciopero —*, che avviene in tempi diversi per zone territoriali o per reparti di un'impresa.

articolato[2] *agg.* (*gramm.*) si dice *articolata* la preposizione che è legata, congiunta con l'articolo (p.e. *al*, *del*, *col*).

articolazione [-zió-] *s.f.* connessione di due ossa fra loro; punto in cui si connettono.

articolista *s.m. e f.* [pl.m. *-i*] chi scrive articoli di giornale.

articolo [-tì-] *s.m.* **1** parte del discorso che determina e distingue, precedendolo, un nome o un pronome (p.e. *la* madre, *una* madre, *l'*uomo, *gli* uomini, *un* bel ragazzo, *il* mio, *il* tuo) **2** parte, contrassegnata da un numero, di un testo giuridico (legge, contratto) **3** parte fondamentale di una dottrina religiosa: *— di fede*, verità di fede **4** scritto di vario argomento, ma di carattere non strettamente informativo e cronistico, pubblicato in un quotidiano o in una rivista / *— di apertura*, quello, di tema spec. politico, pubblicato nella prima pagina del giornale, talvolta in sostituzione dell'articolo di fondo; *— di fondo*, di commento su tema politico, pubblicato nella parte superiore sinistra della prima pagina del giornale; *— di spalla*, su temi di attualità, pubblicato nella parte superiore destra della prima pagina del giornale **5** tipo di oggetto posto in vendita.

artiere [-tiè-] *s.m.* soldato del genio addetto a lavori di edilizia, falegnameria ecc.

artificiale *agg.* fatto con artificio; non naturale. SIN. *artefatto*, *finto*. CONTR. *naturale* // *-mente* *avv.* con artificio, in modo artificiale.

artificiere [-ciè-] *s.m.* **1** persona, e spec. militare, addetto alla preparazione e alla custodia degli esplosivi o al disinnesco di ordigni inesplosi **2** chi prepara fuochi di artificio.

artificio [-fi-] *s.m.* **1** accorgimento studiato per ottenere un effetto determinato **2** ricercatezza, affettazione: *in quell'opera c'è molto —* **3** *fuochi d'—*, fuochi di vari colori realizzati con polvere pirica e altre sostanze a scopo spettacolare.

artificiosità *s.f.invar.* l'essere artificioso.

artificioso [-ció-] *agg.* **1** fatto con artificio; artefatto **2** manierato, convenzionale.

artifizio [-fì-] *s.m.* → **artificio**.

artigianale *agg.* dell'artigianato; fatto da artigiani.

artigianato *s.m.* **1** stato e condizione dell'artigiano **2** categoria degli artigiani **3** insieme di oggetti prodotti dagli artigiani.

artigiano *agg.* relativo all'artigiano o all'artigianato: *industria artigiana* // *s.m.* chi esercita un'attività volta alla trasformazione dei beni col lavoro esclusivo o prevalente proprio e della propria famiglia.

artigliare *v.tr.* [*io artìglio ecc.*] afferrare con gli artigli.

artigliere [-gliè-] *s.m.* soldato d'artiglieria.

artiglieria [-ri-] *s.f.* **1** il complesso delle armi da fuoco pesanti a lunga gittata, montate su affusto **2** arma dell'esercito.

artiglio [-tì-] *s.m.* **1** unghia adunca di animali predatori, quali gli uccelli rapaci e i felini **2** (*fig.*) mano di persona avida o violenta.

artiodattili [-dàt-] *s.m.pl.* (*zool.*) ordine di mammiferi ungulati con dita in numero pari.

artista *s.m.* e *f.* [pl.m. *-i*] **1** chi si dedica a una delle belle arti **2** chi è abilissimo in qualche attività, anche manuale.

artistico [-tì-] *agg.* [pl.m. *-ci*] che riguarda l'arte, conforme ai canoni dell'arte; da artista // **-mente** *avv.* in modo artistico, per quanto concerne il valore artistico.

arto *s.m.* membro articolato del corpo: *arti superiori*, le braccia; *arti inferiori*, le gambe.

artrite *s.f.* (*med.*) infiammazione delle articolazioni.

artritico [-trì-] *agg.* [pl.m. *-ci*] dell'artrite // *agg.* e *s.m.* che o chi è affetto da artrite.

artro- [dal gr. *àrtron = articolazione*] primo elemento di composti scientifici nei quali significa «articolazione, arto» (*artropodi*).

artrodesi [-dè∫i] *s.f.invar.* intervento chirurgico con il quale si fissano l'uno all'altro i capi ossei di un'articolazione, rendendola immobile.

artropatia [-ti-] *s.f.* (*med.*) qualsiasi processo patologico localizzato nelle articolazioni.

artroplastica [-plà-] *s.f.* intervento chirurgico con il quale si sostituiscono con protesi interne i capi ossei di un'articolazione.

artropodi [-trò-] *s.m.pl.* (*zool.*) tipo di invertebrati con corpo rivestito da uno strato di chitina e diviso in segmenti diversi tra loro, ciascuno con appendici locomotorie e prensili articolate (p.e. crostacei e insetti).

artrosi [-tròʃi] *s.f.invar.* (*med.*) affezione cronica e degenerativa di un'articolazione.

aruspice [-rù-] *s.m.* indovino che presso gli etruschi e i romani prediceva il futuro, spec. esaminando le viscere delle vittime.

arvicola [-vì-] *s.f.* piccolo topo di campagna dannoso alle coltivazioni (*fam.* Cricetidi).

arzente [-ʒèn-] *s.m.* cognac.

arzigogolare [-ʒ-] *v.intr.* [io argigògolo ecc.] **1** fantasticare, almanaccare **2** cavillare.

arzigogolato [-ʒì-] *agg.* complicato, ricercato.

arzigogolo [-ʒigò-] *s.m.* **1** fantasticheria **2** cavillo.

arzillo [-ʒil-] *agg.* vivace, vispo; si dice spec. di persone anziane che si mostrano ancora vigorose o di chi ha ecceduto nel bere.

asbesto [-bè-] *s.m.* → **amianto**.

asbestosi [-stòʃi] *s.f.invar.* (*med.*) malattia professionale provocata da inalazioni di polvere d'amianto.

ascaride [-scà-] *s.m.* verme dal corpo cilindrico, parassita dell'intestino.

ascaro [à-] *s.m.* soldato indigeno delle ex-colonie italiane di Eritrea e Somalia.

ascella [-scèl-] *s.f.* cavità che sta sotto il braccio nel punto in cui si articola con la spalla.

ascellare *agg.* dell'ascella.

ascendente [-dèn-] *s.m.* **1** autorità morale, influenza che si ha sugli altri: *godere di un forte —* spec. *pl.* antenato.

ascendenza [-dèn-] *s.f.* **1** autorevolezza **2** gli ascendenti, gli antenati.

ascendere [-scén-] *v.intr.* [coniugato come *scendere*] **1** salire molto in alto (anche *fig.*): *Gesù ascese al cielo* **2** sommare, ammontare.

ascensionale *agg.* che sale o tende a salire: *corrente — / forza —*, quella che permette a un corpo di sollevarsi.

ascensione [-sió-] *s.f.* salita in montagna, se vi si debbano impiegare attrezzi speciali.

Ascensione [-sió-] *s.f.* festa religiosa che ricorda la salita di Cristo al cielo (quaranta giorni dopo Pasqua).

ascensore [-só-] *s.m.* cabina azionata automaticamente che serve al trasporto delle persone da un piano all'altro negli edifici e nelle miniere.

ascensorista *s.m.* [pl. *-i*] persona addetta a un ascensore.

ascesa [-scé-] *s.f.* salita (spec. *fig.*): *— al trono*.

ascesi [-scèʃi] *s.f.invar.* esercizio dello spirito che tende, attraverso la mortificazione degli istinti e delle passioni, alla perfezione morale e all'esaltazione mistica.

ascesso [-scès-] *s.m.* (*med.*) raccolta di pus localizzata in una qualunque parte del corpo in seguito ad infiammazione purulenta.

asceta [-scè-] *s.m.* [pl. *-i*] chi con la penitenza, la preghiera e la contemplazione, ricerca la perfezione cristiana; (*fig.*) chi vive con austerità.

ascetico [-scè-] *agg.* [pl.m. *-ci*] di, da asceta.

ascetismo [-ʃmo] *s.m.* sistema di vita fondato sull'ascesi.

ascia [à-] *s.f.* [pl. *-ce*] attrezzo costituito da un ferro tagliente e ricurvo inserito perpendicolarmente su un manico di legno.

ascialia [-li-] *s.f.* (*med.*) mancanza di saliva.

asciolvere [-sciòl-] *s.m.* (*lett.*) colazione, merenda.

ascissa *s.f.* (*mat.*) il numero che nelle coordinate cartesiane indica la distanza di un punto dall'asse delle ordinate.

ascite *s.f.* (*med.*) raccolta di liquido sieroso libero nella cavità addominale.

asciugacapelli *s.m.invar.* apparecchio elettrico che produce un getto di aria calda; detto anche *fón* (o *phön*).

asciugamano *s.m.* panno di tela, cotone o altro che serve per asciugarsi dopo essersi lavati.

asciugare *v.tr.* [io asciugo, tu asciughi ecc.] togliere l'umidità alle cose bagnate (con un panno o con esposizione a una fonte di calore o al vento). CONTR. *bagnare* // *v.intr.* diventare asciutto.

asciugatoio [-tó-] *s.m.* panno di tela o altro per asciugarsi dopo il bagno.

asciuttezza [-téz-] *s.f.* l'essere asciutto (spec. *fig.*).

asciutto *agg.* **1** privo di umidità, non bagnato / *pasta asciutta*, senza brodo / *a occhi asciutti*, senza piangere / *a piedi asciutti*, senza bagnarseli / *rimanere a bocca asciutta*, senza aver conseguito ciò che si desiderava. SIN. *secco, arido.* CONTR. *bagnato* **2** (*fig.*) magro: *un uomo —*; *un viso —.* SIN. *scarno* **3** (*fig.*) di poche parole, brusco: *è un uomo di modi asciutti* // *s.m.* terreno non bagnato; clima secco / *essere all'—*, senza quattrini.

asclepiadeo [-dè-] *agg.* si dice di un metro della lirica classica introdotto dal poeta greco Asclepiade (sec. III a.C.).

asco *s.m.* [pl. *-chi*] organo riproduttore di alcuni funghi (*ascomiceti*) contenente le spore.

ascoltare *v.tr.* [io ascólto ecc.] **1** udire con attenzione **2** dar retta **3** esaudire.

ascoltatore [-tó-] *s.m.* [f. *-trice*] chi ascolta.

ascolto [-scól-] *s.m.* atto dell'ascoltare: *stare in — / posto d'—*, centro di utilizzazione didattica di trasmissioni radio-televisive.

ascomiceti [-cè-] *s.m.pl.* funghi provvisti di aschi.

ascondere [-scón-] *v.tr.* [pres. *io ascóndo ecc.*; pass. rem. *io ascósi, tu ascondésti ecc.*; p.pass. *ascóso*] (*lett.*) nascondere, occultare, celare.

ascorbico [-scòr-] *agg.* si dice dell'acido che esercita un'azione contro lo scorbuto e che si trova spec. negli agrumi.

ascoso [-scó-] *agg.* (*lett.*) nascosto.

ascrivere [-scrì-] *v.tr.* [coniugato come *scrivere*] **1** attribuire, imputare: — *a biasimo, a lode* **2** annoverare, scrivere nel numero, aggiungere: — *nel numero dei partecipanti.*

asepsi [-sèp-] *s.f.invar.* (*chir.*) insieme delle pratiche intese a sterilizzare il materiale chirurgico allo scopo di evitare infezioni.

asessuale *agg.* (*biol.*) si dice di riproduzione che avviene senza il concorso degli organi di sesso.

asessuato *agg.* mancante dei caratteri sessuali secondari; per estens., mancante dei segni esteriori della differenza sessuale, come pettinatura, abbigliamento ecc.; anche, indipendente dal sesso: *un linguaggio —.*

asettico [-sèt-] *agg.* [pl.m. -*ci*] **1** si dice di materiale sanitario sterilizzato **2** (*fig.*) generico, non impegnativo, non compromettente: *comportamento —; un testo —.*

asfaltare *v.tr.* ricoprire con asfalto.

asfaltatura *s.f.* l'operazione, l'effetto dell'asfaltare.

asfaltista *s.m. e f.* [pl.m. -*i*] operaio addetto all'asfaltatura.

asfalto *s.m.* agglomerato di frammenti di roccia calcarea intrisi di bitume, usato per la pavimentazione delle strade.

asfissia [-sì-] *s.f.* impedimento delle normali funzioni respiratorie.

asfissiante *agg.* **1** che provoca asfissia, che soffoca **2** (*fig.*) noioso, fastidioso.

asfissiare *v.tr.* [*io asfissio ecc.*] **1** provocare asfissia **2** (*fig.*) annoiare, infastidire // *v.intr.* esser colto da asfissia, sentirsi soffocare.

asfittico [-sfit-] *agg.* [pl.m. -*ci*] dell'asfissia; che è colpito da asfissia.

asfodelo [-dè-] *s.m.* pianta erbacea con fiori bianchi raccolti in racemo e foglie lineari (*fam.* Gigliacee).

asiatico [-fià-] *agg.* [pl.m. -*ci*] dell'Asia / *febbre asiatica*, febbre provocata da un virus influenzale, originaria dell'Asia.

asilo [-ʃi-] *s.m.* **1** rifugio, protezione / *diritto d'—,* diritto d'immunità concesso un tempo a chi si rifugiava in chiese e conventi **2** luogo in cui vengono accolte persone bisognose di particolare assistenza e aiuto / — *d'infanzia* (o *infantile*) istituto a cui si mandano i fanciulli in età prescolastica.

asimmetria [-trì-] *s.f.* mancanza di simmetria.

asimmetrico [-mè-] *agg.* [pl.m. -*ci*] non simmetrico.

asinaio [-nà-] *s.m.* chi guida l'asino.

asinata *s.f.* **1** azione, discorso che rivela ignoranza e grossolanità **2** sproposito.

asincrono [-sìn-] *agg.* (*mat. e fis.*) non sincrono.

asindeto [-sìn-] *s.m.* figura retorica che consiste nel sopprimere le congiunzioni per dare maggiore rapidità ed enfasi al discorso: *veni, vidi, vici* (Cesare).

asinergia [-gì-] *s.f.* (*med.*) mancanza di coordinazione nei movimenti.

asineria [-rì-] *s.f.* atto, discorso da sciocco.

asinesco [-né-] *agg.* [pl.m. -*chi*] da asino, da sciocco.

asinino *agg.* di, da asino.

asinità *s.f.invar.* ignoranza da asino; discorso, atto che rivela ignoranza e grossolanità.

asino [à-] *s.m.* quadrupede da basto e da soma, con testa grande, orecchie lunghe e diritte, mantello grigio più o meno scuro e un fiocco di peli all'estremità della coda / *sei un —,* un ignorante / *qui casca l'—,* qui è la difficoltà / *legare l'—* *dove vuole il padrone,* obbedire docilmente, per quieto vivere, a chi comanda / *prov.: meglio un — vivo che un dottore morto,* non bisogna, per studiare, rovinarsi la salute.

asintotico [-tò-] *agg.* [pl.m. -*ci*] (*mat.*) si dice di valore che tende ad approssimarsi il più possibile a un altro senza mai coincidere con esso.

asintoto [-sìn-] *s.m.* (*mat.*) retta a cui una curva si avvicina indefinitamente senza mai raggiungere il contatto.

asma [-ʃma] *s.f.* (nell'uso scientifico *s.m.*) malattia caratterizzata da accessi di respirazione difficile.

asmatico [-ʃmà-] *agg.* e *s.m.* [pl.m. -*ci*] dell'asma; che o chi soffre d'asma.

asociale *agg.* che rifiuta di conformarsi al modo di vita organizzato della società.

asola [àʃo-] *s.f.* occhiello.

asparago [-spà-] *s.m.* [pl. -*gi*] pianta erbacea a foglioline finissime, lineari, dal cui rizoma spuntano germogli carnosi e commestibili (*fam.* Gigliacee).

aspatura *s.f.* operazione con la quale un filato di fibra tessile è avvolto in matasse.

aspecifico [-ci-] *agg.* (*scient.*) che non riguarda la specie; si dice di tutto ciò che ha attinenza con una qualsiasi realtà, senza caratterizzarla in maniera sua propria; generico.

aspergere [-spèr-] *v.tr.* [pres. *io aspèrgo, tu aspèrgi ecc.*; pass.rem. *io aspèrsi, tu aspergésti ecc.*; p.pass. *aspèrso*] annaffiare, spruzzare, bagnare leggermente.

aspergillo *s.m.* genere di fungo microscopico patogeno.

aspergillosi [-lóʃi] *s.f.invar.* (*med.*) micosi determinata da aspergilli: — *polmonare,* malattia tipica dei paesi tropicali.

asperità *s.f.invar.* irregolarità, ruvidità (anche *fig.*).

asperrimo [-spèr-] *agg.superl.* di → **aspro**.

aspersione [-sió-] *s.f.* atto, effetto dell'aspergere o dell'aspergersi: — *dell'acqua benedetta.*

aspersorio [-sò-] *s.m.* arredo sacro che serve per aspergere con l'acquasanta.

aspettare *v.tr.* [*io aspètto ecc.*] avere l'animo preparato all'arrivo di qlcu. o al compiersi di qualche avvenimento / — *un bambino,* si dice di donna incinta.

aspettativa *s.f.* **1** l'aspettare qlco., spec. utile e piacevole **2** ciò che si aspetta: *hai superato ogni —* **3** situazione in cui un impiegato che sia esentato temporaneamente dal prestare servizio: *chiedere otto mesi di —.*

aspettazione [-zió-] *s.f.* (*lett.*) l'aspettare.

aspetto[1] [-spèt-] *s.m.* l'aspettare; attesa: *sala d'—.*

aspetto[2] [-spèt-] *s.m.* **1** apparenza esteriore, sembianza **2** punto di vista.

aspide [à-] *s.m.* serpente velenoso con dorso bruno, ventre bianco e macchie scure sparse per tutto il corpo (*fam.* Colubridi).

aspidistra *s.f.* pianta erbacea ornamentale con grandi foglie erette di color verde cupo (*fam.* Gigliacee).

aspirante *agg.* **1** che aspira, spec. liquidi: *pompa —* **2** che desidera vivamente: *gli scolari aspiranti al diploma* // *s.m.* chi desidera ottenere un impiego o un grado / — *ufficiale.*

aspirapolvere [-pól-] *s.m.invar.* apparecchio elettrico che aspira la polvere.

aspirare *v.tr.* **1** trarre a sé il fiato immettendo nei polmoni aria, fumo, profumi: — *una sigaretta* **2** trarre a sé, detto di apparecchi che risucchino gas, liquidi e simili **3** pronunciare un suono con aspirazione // *v. intr.* desiderare vivamente.

aspiratore [-tó-] *s.m.* strumento che aspira aria, liquidi e simili.

aspirazione [-zió-] *s.f.* **1** l'aspirare **2** desiderio vivissimo, spec. di cosa bella e nobile.

aspirina *s.f.* acido acetilsalicilico usato come rimedio farmaceutico contro influenze e raffreddori ®.

aspo *s.m.* **1** strumento di legno costituito da un manico con due traverse in croce, che serve per avvolgere il filo in matassa **2** organo della mietitrebbiatrice che raccoglie gli steli sul trasportatore [*ill. Agricoltura*].

asportabile [-tà-] *agg.* che si può asportare.

asportare *v.tr.* [*io aspòrto ecc.*] **1** portare via da un luogo **2** togliere, levare.

asportazione [-zió-] *s.f.* l'asportare.

aspretto [-sprét-] *s.m.* sapore leggermente aspro, spec. del vino.

asprezza [-spréz-] *s.f.* **1** l'essere aspro **2** ruvidezza, scabrosità **3** (*fig.*) severità; durezza: — *di carattere*. SIN. *acredine, acidità, acrimonia* **4** (*fig.*) difficoltà: *le asprezze della vita*.

asprì *s.m.invar.* pennacchio di penne lunghe e sottili, usato per ornare cappelli da donna e, un tempo, anche copricapi militari.

asprigno *agg.* di sapore tendente all'aspro.

aspro *agg.* [superl. *aspèrrimo* o *asprìssimo*] **1** di sapore simile a quello della frutta acerba. SIN. *brusco, agro* **2** di odore pungente e penetrante **3** ruvido al tatto. SIN. *scabro* **4** (*fig.*) severo, duro, pungente: *modi aspri* **5** (*fig.*) difficile: *l'— cammino della virtù* // **-mente** *avv.* in modo aspro.

assafetida [-fè-] *s.f.* sostanza resinosa amara ricavata dalle radici di una pianta asiatica; si usa in medicina.

assaggiare *v.tr.* [*io assàggio ecc.*] gustare un cibo o una bevanda in quantità molto piccola, quanto basta per avvertirne il sapore.

assaggiatore [-tó-] *s.m.* [f. *-trice*] chi, per professione, assaggia vini per determinarne la qualità.

assaggio [-sàg-] *s.m.* **1** l'assaggiare **2** ciò che si assaggia; piccola quantità di un cibo o d'una bevanda.

assai *avv.* di quantità **1** a sufficienza, abbastanza: *ho mangiato e bevuto —* **2** molto: *sei — pigro / so — io!*, (*iron.*) non ne so nulla // *agg.invar.* molto: *c'erano — persone.*

assale *s.m.* asse della ruota di un veicolo.

assalire *v.tr.* [pres. *io assalgo* o *assalisco, tu assali* o *assalisci, noi assaliamo ecc.*; pass.rem. *io assalii* o *assalsi, tu assalisti ecc.*; p.pass. *assalito*] assaltare, investire con impeto, aggredire, sorprendere (anche *fig.*): — *i nemici, una banca; mi assale un dubbio*.

assalitore [-tó-] *s.m.* [f. *-trice*] chi assale.

assaltare *v.tr.* assalire con violenza o con le armi: — *una fortezza*.

assaltatore [-tó-] *s.m.* [f. *-trice*] chi assalta.

assalto *s.m.* **1** l'assaltare **2** azione di attacco negli incontri di scherma.

assaporare *v.tr.* [*io assapóro ecc.*] gustare un cibo o una bevanda tenendoli a lungo in bocca per meglio goderne il sapore.

assassinare *v.tr.* **1** uccidere per odio o per rapina, spec. a tradimento **2** (*fig.*) danneggiare in modo grave; eseguire male.

assassinio [-sì-] *s.m.* uccisione (anche *fig.*).

assassino *s.m.* chi assassina (anche *fig.*) // *agg.* **1** che assassina: *mano assassina* **2** che seduce: *sguardo, occhi assassini*.

asse¹ *s.f.* [pl. *-i*] tavola di legno: — *da stirare / — di*

equilibrio, sbarra di legno su cui si compiono esercizi ginnastici [*ill. Palestra*].

asse² *s.m.* **1** organo rotante di macchina, di forma cilindrica: — *della ruota* **2** retta o segmento di retta dotato di particolari proprietà di simmetria in un sistema geometrico o fisico / — *di simmetria*, rispetto al quale si nota una corrispondenza di parti / — *stradale*, che divide la carreggiata in due **3** linea immaginaria che unisce i due poli passando per il centro della Terra e attorno alla quale la Terra ruota.

asse³ *s.m.* **1** antica unità di peso e misura; antica moneta romana divisibile in dodici once **2** — *ereditario*, (*dir.*) il complesso patrimoniale del quale si è aperta la successione.

assecondare *v.tr.* [*io assecóndo ecc.*] aiutare, favorire: *i suoi piani vanno assecondati*. SIN. *secondare, compiacere*. CONTR. *avversare*.

assediare *v.tr.* [*io assèdio ecc.*] **1** circondare con truppe una località fortificata per costringere i difensori alla resa **2** (*fig.*) accalcarsi intorno a qlcu.

assedio [-sè-] *s.m.* l'assediare (anche *fig.*) / *stato d'—*, provvedimento limitante la libertà, che vien preso quando il potere civile passa ai militari.

assegnamento [-mén-] *s.m.* **1** l'assegnare; la somma assegnata e la rendita che ne deriva **2** fiducia, speranza: *fa — sul fratello*, conta sul suo aiuto.

assegnare *v.tr.* [*io asségno ecc.*] attribuire, stabilire; concedere; destinare.

assegnatario [-tà-] *s.m.* colui al quale viene assegnato qlco.

assegnazione [-zió-] *s.f.* l'atto, l'effetto dell'assegnare.

assegno [-sé-] *s.m.* **1** somma assegnata a qlcu. per prestazioni di lavoro o altro / *assegni familiari*, somma corrisposta a un lavoratore in aggiunta allo stipendio secondo il numero dei familiari a carico **2** titolo di credito che contiene l'ordine dato a una banca da pagare una determinata somma alla persona iscritta sul titolo stesso o a chi da essa lo abbia ricevuto / *spedire contro —*, spedire una merce differendone il pagamento al momento in cui la riceve il committente.

assemblaggio [-blàg-] *s.m.* il complesso delle operazioni per assemblare macchine, strutture.

assemblare *v.tr.* [*io assémblo ecc.*] mettere insieme le varie parti di una macchina, di una struttura; montare.

assemblea [-blè-] *s.f.* riunione organizzata per discutere determinati problemi. SIN. *adunanza, adunata*.

assembleare *agg.* dell'assemblea, che avviene in assemblea: *riunione —, dibattito —*.

assemblearismo [-ʃmo] *s.m.* tendenza politica a gestire il potere direttamente tramite decisioni assembleari, anziché attraverso rappresentanti eletti.

assembramento [-mén-] *s.m.* riunione, affollamento di persone.

assembrare *v.tr.* [*io assémbro ecc.*] riunire, adunare in folla.

assennatezza [-téz-] *s.f.* l'essere assennato.

assennato *agg.* che ha, che dimostra senno. SIN. *giudizioso, prudente, savio*. CONTR. *dissennato*.

assenso [-sèn-] *s.m.* atto, effetto dell'assentire. SIN. *consenso*.

assentarsi *v.rifl.pron.* [*io mi assènto ecc.*] allontanarsi per un breve periodo di tempo.

assente [-sèn-] *agg.* e *s.m.* che o chi è lontano // *agg.* che pensa ad altre cose, distratto.

assenteismo [-ʃmo] *s.m.* **1** la percentuale media di assenti sul totale dei lavoratori; per un lavoratore, la percentuale dei giorni di assenza su quelli lavorativi **2** la tendenza ad assentarsi dal lavoro per motivi validi (nocività ambientale, mancanza di servizi sociali) o per leggerezza e disonestà (il termine è spesso usato solo con quest'ultimo riferimento, quindi in senso negativo) **3** disinteresse di proprietari terrieri per il proprio fondo, lasciato incolto o mal coltivato **4** disinteresse nei confronti di particolari doveri, spec. civici.

assenteista *s.m.* e *f.* [pl.m. *-i*] **1** chi per consuetudine si disinteressa della vita sociale e politica **2** chi si assenta dal lavoro frequentemente, anche senza validi motivi.

assentimento [-mén-] *s.m.* l'assentire.

assentire *v.intr.* [*io assènto ecc.*] approvare. SIN. *acconsentire*, *consentire*, *annuire*.

assenza [-sèn-] *s.f.* **1** l'esser lontano da un luogo dove si dovrebbe essere o si è abitualmente **2** mancanza: *sulla Luna c'è — d'aria*.

assenziente [-zièn-] *agg.* che assentisce, che approva.

assenzio [-sèn-] *s.m.* pianta erbacea medicinale dalle foglie frastagliate di color argenteo (*fam.* Composite).

asserire *v.tr.* [*io asserisco, tu asserisci ecc.*] affermare una cosa come vera.

asserragliarsi *v.rifl.* [*io mi asserràglio ecc.*] barricarsi in un luogo chiuso; per estens., rifugiarsi in luoghi riparati e fortificati.

asserto [-sèr-] *s.m.* (*lett.*) asserzione.

assertore [-tó-] *s.m.* [f. *-trice*] **1** chi asserisce **2** propugnatore, propagatore di un principio o di una dottrina: *— della libertà di pensiero*.

asservimento [-mén-] *s.m.* l'asservire, l'essere asservito.

asservire *v.tr.* [*io asservisco, tu asservisci ecc.*] rendere soggetto, servo; sottomettere.

asserzione [-zió-] *s.f.* l'atto dell'asserire; la cosa asserita: *confutare un'—*.

assessorato *s.m.* **1** carica dell'assessore **2** durata dell'incarico **3** luogo dove l'assessore svolge le sue funzioni.

assessore [-só-] *s.m.* membro di una giunta comunale, provinciale o regionale, chiamato a collaborare all'azione di determinati organi amministrativi.

assestamento [-mén-] *s.m.* **1** atto, effetto dell'assestare, dell'assestarsi (anche *fig.*) **2** cedimento subito da una costruzione senza che la sua stabilità ne venga compromessa.

assestare *v.tr.* [*io assèsto ecc.*] **1** mettere in ordine: *— i libri* **2** regolare con cura, adattare con precisione: *— la mira / — un colpo*, darlo con precisione // **-arsi** *v. rifl.* mettersi a posto; (*fig.*) raggiungere una situazione stabile, un equilibrio, un accordo durevole.

assestatezza [-tèz-] *s.f.* l'essere assestato.

assetare *v.tr.* [*io assèto ecc.*] **1** provocare la sete **2** (*fig.*) invogliare, suscitare desiderio.

assetato *agg.* **1** che ha sete **2** (*fig.*) avido, bramoso: *animo — di gloria*.

assettare *v.tr.* [*io assètto ecc.*] ordinare, sistemare convenientemente // **-arsi** *v.rifl.* mettersi in ordine, abbigliarsi.

assetto [-sèt-] *s.m.* **1** l'atto di assettare; adeguata disposizione, buon ordine: *mettere in — l'ufficio / in — di guerra*, preparato per il combattimento **2** (*mar.*) equilibrata distribuzione dei pesi interni di una nave.

asseverare *v.tr.* [*io assèvero ecc.*] (*lett.*) affermare con sicurezza.

asseverativo *agg.* che assevera.

asseverazione [-zió-] *s.f.* affermazione decisa.

assiale *agg.* che è in direzione di un asse.

assicurare *v.tr.* **1** mettere al sicuro: *— qlco. da un pericolo* **2** rendere sicuro; garantire qlco. a qlcu. **3** fissare, fermare saldamente: *— una persiana* **4** rassicurare, tranquillizzare una persona riguardo a qlco. / *assol.* affermare con sicurezza: *assicurò che sarebbe venuto* **5** stipulare un contratto di assicurazione: *— contro gli incendi* // **-arsi** *v.rifl.* rendersi certo, accertarsi di qlco.

assicurativo *agg.* che riguarda l'assicurazione e le imprese che la gestiscono: *settore —*.

assicurato *agg.* e *s.m.* che, chi ha stipulato un contratto di assicurazione.

assicuratore [-tó-] *s.m.* [f. *-trice*] chi esercita attività assicurativa.

assicurazione [-zió-] *s.f.* **1** l'assicurare, l'assicurarsi; ciò che assicura **2** contratto per il quale l'*assicurato*, mediante versamento anticipato di un premio, trasferisce il rischio del verificarsi di un evento incerto e dannoso all'*assicuratore* che si obbliga al risarcimento del danno qualora accada l'evento previsto: *— sulla vita* **3** *assicurazioni sociali*, sistema previdenziale pubblico per la ripartizione collettiva di rischi del singolo lavoratore (malattia, disoccupazione ecc.).

assideramento [-mén-] *s.m.* l'essere assiderato.

assiderare *v.tr.* [*io assìdero ecc.*] esporre al freddo acuto; far gelare // *v.intr.*, **-arsi** *v.rifl.pron.* intirizzire per il freddo.

assidersi [-sì-] *v.rifl.pron.* [pass.rem. *io mi assisi, tu ti assidésti ecc.*; p.pass. *assiso*] (*lett.*) mettersi a sedere con solennità.

assiduità *s.f.invar.* l'essere assiduo.

assiduo [-sì-] *agg.* **1** che continua sempre, senza interruzioni: *il tuo — lavoro merita un premio*. SIN. *incessante* **2** che si applica con diligenza e costanza a qlco. SIN. *zelante* **3** che frequenta molto spesso un luogo o una persona // **-mente** *avv.* in modo assiduo, con assiduità.

assieme [-siè-] *avv.* indica compagnia: *vorrei che uscissimo —* // *prep. impropria* si unisce a un nome per mezzo della prep. *a*: *un uomo passeggiava — a un cane* // *s.m.* complesso, gruppo di cose o persone in cui ci sia accordo e coesione: *un — strumentale*.

assiepare *v.tr.* [*io assièpo ecc.*] circondare con una siepe (spec. *fig.*) // **-arsi** *v.rifl.pron.* affollarsi intorno a qlco.

assillante *agg.* che assilla; molesto, fastidioso.

assillare *v.tr.* molestare di continuo con richieste insistenti o altro.

assillo *s.m.* pensiero continuo e molesto; stimolo incessante: *sono sotto l'— degli esami*.

assimilare *v.tr.* [*io assìmilo ecc.*] **1** rendere simile o considerare simile **2** (*biol.*) trasformare le sostanze di cui ci si nutre in parti integranti del proprio organismo / *— concetti, nozioni*, impadronirsene pienamente.

assimilativo *agg.* che ha facoltà di assimilare.

assimilazione [-zió-] *s.f.* atto, effetto dell'assimilare o dell'assimilarsi.

assiolo [-siò-] *s.m.* piccolo uccello rapace, notturno, di color bruno-rossiccio, con due ciuffetti di penne ai lati della testa (*fam.* Strigidi).

assioma [-siò-] *s.m.* [pl. *-i*] verità evidente per sé stessa, che non ha bisogno di dimostrazione.

assiomatico [-mà-] *agg.* [pl.m. *-ci*] che è certo ed evidente come un assioma: *verità assiomatica*.

assisa [-*f*a] *s.f.* (*lett.*) abito da cerimonia; uniforme.

assise [-*f*e] *s.f.pl.* propriamente *corte d'assise*, l'organo giurisdizionale competente a giudicare dei reati più gravi, composto da due magistrati ordinari e sei giudici popolari.

assisiate [-ʃia-] *agg.* di Assisi // *s.m.* e *f.* abitante di Assisi.

assistentato *s.m.* l'ufficio di assistente; la durata d'esso.

assistente [-stèn-] *s.m.* e *f.* **1** chi aiuta il titolare o responsabile di qualche attività / — *ai lavori*, chi sorveglia gli operai nel lavoro / — *di volo*, hostess / — *ecclesiastico*, sacerdote che opera nelle associazioni cattoliche per la formazione spirituale dei soci / — *sociale*, persona che studia l'ambiente sociale e collabora con gli enti di assistenza / — *ospedaliero*, il terzo livello del personale medico, subordinato a primario e aiuto **2** nella polizia, il grado superiore all'agente, un tempo denominato *appuntato*.

assistenza [-stèn-] *s.f.* **1** atto dell'assistere; l'essere presente **2** soccorso, aiuto prestato a qlcu. che ne abbia bisogno.

assistenziale *agg.* **1** che ha per scopo l'assistenza pubblica: *ente* — **2** che pecca di assistenzialismo.

assistenzialismo [-ʃmo] *s.m.* atteggiamento politico che tende a risolvere i problemi sociali ricorrendo a forme di assistenza pubblica senza affrontarne le cause.

assistere [-sì-] *v.intr.* [pass.rem. *io assistèi* o *assistètti*, *tu assistésti* ecc.; p.pass. *assistito*] essere presente // *v.tr.* stare vicino a qlcu. per soccorrerlo; aiutare, favorire.

assito *s.m.* tavolato di assi connesse tra loro, usato come pavimento, tramezza o riparo.

asso *s.m.* **1** nel gioco delle carte, nome della prima carta di ogni seme: — *di picche* / *aver l'* — *nella manica*, avere buone probabilità di riuscire in qlco. **2** persona di rilevanti capacità; chi si distingue in qualche attività **3** *piantare in* —, lasciare qlcu. solo d'un tratto e quando meno se l'aspetta.

associare *v.tr.* [*io associo* ecc.] **1** ammettere qlcu. come socio, far partecipare qlcu. a un'attività, impresa ecc. **2** mettere insieme, riunire (anche *fig.*): *riusciva ad* — *anche idee contrarie* // **-arsi** *v.rifl.* **1** unirsi a qlcu. per compiere un'attività **2** farsi socio di una organizzazione **3** prender parte: — *al lutto*.

associativo *agg.* **1** di associazione, delle associazioni; sociale: *spirito* — **2** di associazione mentale **3** *proprietà associativa*, proprietà matematica secondo la quale il risultato di un'operazione non cambia se a due o più elementi si sostituisce il risultato dell'operazione stessa applicata a quei soli elementi.

associazione [-zió-] *s.f.* **1** atto di associare o di associarsi **2** riunione di più persone in vista di uno scopo comune, lecito o illecito **3** il collegarsi nella mente, secondo certe affinità, di sensazioni e immagini.

associazionismo [-ʃmo] *s.m.* **1** la tendenza a riunirsi in associazioni; l'insieme delle associazioni di un certo tipo: *l'* — *culturale, democratico* **2** teoria psicologica basata sull'analisi delle associazioni mentali.

associazionistico [-ni-] *agg.* [pl.m. *-ci*] di associazione, di associazionismo: *l'attività associazionistica*.

assodamento [-mén-] *s.m.* atto, effetto dell'assodare o dell'assodarsi.

assodare *v.tr.* [*io assòdo* ecc.] **1** rendere sodo **2** (*fig.*) dare vigore: — *l'intelligenza* **3** (*fig.*) accertare: — *la verità di una notizia* // **-arsi** *v.rifl.pron.* **1** divenire sodo: *il terreno s'è assodato* **2** prendere vigore.

assoggettamento [-mén-] *s.m.* atto, effetto dell'assoggettare o dell'assoggettarsi.

assoggettare *v.tr.* [*io assoggètto* ecc.] rendere soggetto, sottomettere.

assolato *agg.* esposto al sole; molto soleggiato.

assoldare *v.tr.* [*io assòldo* ecc.] raccogliere soldati, sicari, spie e simili, pagando loro un compenso.

assolo [-só-] *s.m.invar.* brano di musica eseguito da un solo strumento o da una sola voce, isolata, con accompagnamento o senza.

assolutezza [-téz-] *s.f.* l'essere assoluto.

assolutismo [-ʃmo] *s.m.* dottrina o sistema politico secondo cui al potere dello stato non sono posti limiti e il cittadino non ha diritti politici.

assolutista *s.m.* e *f.* [pl.m. *-i*] **1** fautore dell'assolutismo **2** chi impone a tutti la sua volontà.

assolutistico [-tì-] *agg.* [pl.m. *-ci*] proprio dell'assolutismo.

assoluto *agg.* **1** che non è limitato da nessuna legge; che è libero da ogni condizione; che non comporta eccezioni: *potere* —; *verità assoluta*. SIN. *illimitato, incondizionato*. CONTR. *relativo* **2** (*fil.*) ciò che non è ordinato ad altra cosa o ad altro termine, ma esiste di per sé e ha in sé stesso la propria perfezione: *l'ente* — (o *l'Assoluto*), Dio **3** *valore* —, (*mat.*) di una grandezza, il valore numerico a prescindere dal segno // **-mente** *avv.* **1** in modo assoluto **2** del tutto, affatto; sicuramente.

assoluzione [-zió-] *s.f.* **1** l'atto dell'assolvere **2** (*dir.*) dichiarazione del giudice che libera l'imputato dalle imputazioni mossegli **3** atto e formula con cui il sacerdote rimette i peccati confessati.

assolvere [-sòl-] *v.tr.* [pres. *io assòlvo* ecc.; pass.rem. *io assolvéi* o *assolvètti* o *assòlsi*, *tu assolvésti* ecc.; p.pass. *assòlto*] **1** (*dir.*) prosciogliere da un'accusa con una sentenza **2** perdonare, rimettere i peccati **3** liberare da un obbligo **4** portare a compimento.

assolvimento [-mén-] *s.m.* compimento.

assomigliare *v.intr.* [*io assomiglio* ecc.] essere simile: *assomiglia al padre* // *v.tr.* **1** paragonare una cosa a un'altra **2** render simile.

assommare *v.tr.* [*io assómmo* ecc.] mettere insieme // *v.intr.* ammontare.

assonanza *s.f.* tipo di rima imperfetta consistente nell'eguaglianza delle vocali finali di due o più parole (a cominciare dalla vocale accentata) restando differenti le consonanti (p.e. *cavàllo-fànno, córto-mólto*).

assonnato *agg.* che ha gran sonno.

assonometria [-trì-] *s.f.* sistema grafico per rappresentare le cose in modo che in una sola figura siano riunite le tre proiezioni ortogonali.

assopimento [-mén-] *s.m.* l'assopire, l'assopirsi.

assopire *v.tr* [*io assopisco, tu assopisci* ecc.] **1** dar sopore. SIN. *addormentare* **2** calmare: — *il dolore* // **-irsi** *v.rifl.pron.* **1** esser preso da sopore **2** calmarsi.

assorbente [-bèn-] *agg.* che assorbe: *carta* — // *s.m.* pannolino per l'igiene intima, spec. femminile: *assorbenti igienici*.

assorbimento [-mén-] *s.m.* **1** atto, effetto dell'assorbire **2** (*chim.*) azione che certe sostanze solide (p.e. carbone in polvere) o liquide esercitano su altri corpi liquidi o gassosi catturandoli e penetrandosene **3** (*fis.*) fenomeno per cui una certa quantità di radiazioni che investe un corpo non viene né riflessa né trasmessa ma viene ceduta al corpo stesso sotto altra forma di energia.

assorbire *v.tr.* [*io assorbisco* o *assòrbo, tu assorbisci* o *assòrbi* ecc.] **1** attrarre dentro di sé, imbeversi, impregnarsi di liquidi o gas: *la terra assorbe la pioggia*; *certe sostanze assorbono il calore* **2** assimilare: *i romani assorbirono la cultura greca* **3** consumare: *le spese vo-*

luttuarie assorbono gran parte del suo stipendio **4** tenere occupato: *lo studio mi assorbe tutto.*

assorbitore [-tó-] *s.m.* chi, ciò che assorbe; nel reattore nucleare, sostanza che cattura i neutroni spegnendo la reazione a catena.

assordamento [-mèn-] *s.m.* atto, effetto dell'assordare.

assordante *agg.* che rende sordo, che stordisce: *rumore —.*

assordare *v.tr.* [*io assórdo ecc.*] far diventare sordo; stordire con un rumore eccessivo o molesto // *v.intr.* diventare sordo.

assordimento [-mén-] *s.m.* → **assordamento**.

assordire *v.tr.* e *intr.* [*io assordisco, tu assordisci ecc.*] → **assordare**.

assorgere [-sòr-] *v.intr.* [pres. *io assórgo, tu assórgi ecc.*; pass.rem. *io assórsi, tu assorgésti ecc.*; p.pass. *assórto*] → **assurgere**.

assortimento [-mèn-] *s.m.* insieme di cose, per lo più oggetto di compravendita, che costituiscono una serie: *un — di cravatte.*

assortire *v.tr.* [*io assortisco, tu assortisci ecc.*] disporre insieme più cose di uno stesso genere ma di qualità varie.

assorto [-sòr-] *agg.* intento, vivamente attento.

assottigliamento [-mén-] *s.m.* atto, effetto dell'assottigliare o dell'assottigliarsi.

assottigliare *v.tr.* [*io assottìglio ecc.*] **1** rendere sottile **2** diminuire, ridurre: *— le scorte* **3** (*fig.*) acuire, affinare: *— la mente //* **-arsi** *v.rifl.pron.* **1** diventar sottile, dimagrire **2** diminuire di numero.

assuefare *v.tr.* [coniugato come *fare*] far prendere un'abitudine. SIN. *abituare, avvezzare //* **-arsi** *v.rifl.* abituarsi.

assuefazione [-zió-] *s.f.* **1** atto, effetto dell'assuefarsi **2** (*med.*) abitudine che l'organismo fa a un farmaco, così che l'efficacia ne risulta ridotta o annullata.

assumere [-sù-] *v.tr.* [pass.rem. *io assunsi, tu assumésti ecc.*; p.pass. *assunto*] **1** prendere alle proprie dipendenze: *ho assunto due segretarie* **2** prendere su di sé, addossarsi: *ho assunto un nuovo incarico* **3** prendere un atteggiamento, un modo di fare: *assunse un'aria sdegnosa* **4** innalzare a una dignità.

Assunta *s.f.* **1** la Madonna, in quanto si ritiene che sia stata elevata in corpo e anima al cielo **2** la festa dell'Assunzione.

assunto *s.m.* ciò che uno si propone di fare o di dimostrare.

assuntore [-tó-] *s.m.* chi assume in appalto un lavoro, un servizio pubblico o simili.

assunzione [-zió-] *s.f.* **1** atto, effetto dell'assumere **2** elevazione di una persona in corpo e anima al cielo / *Assunzione*, festa religiosa che ricorda l'assunzione della Madonna (15 agosto).

assurdità *s.f.invar.* **1** l'essere assurdo: *l'— di una conclusione* **2** cosa o giudizio assurdo. SIN. *controsenso, paradosso, incongruenza.*

assurdo *agg.* contrario al buon senso, alla ragione. SIN. *illogico, impossibile //* *s.m.* ciò che contravviene alle regole della logica / *dimostrazione per —*, quella che prova la verità di una tesi mostrando le conseguenze assurde cui conduce una tesi opposta.

assurgere [-sùr-] *v.intr.* [pres. *io assurgo, tu assurgi ecc.*; pass.rem. *io assursi, tu assurgésti ecc.*; p.pass. *assurto*] (*lett.* e *poet.*) levarsi in alto, innalzarsi: *assurse ai fastigi della gloria.*

asta *s.f.* **1** barra lunga e diritta di materiale vario / *— di presa*, pertica di una motrice elettrica / *— di arma-*

mento, asta metallica che in alcune armi da fuoco portatili serve a introdurre il proiettile nella canna **2** attrezzo atletico usato per un tipo di salto **3** antica arma offensiva di legno con punta di ferro; lancia **4** linea verticale delle lettere di una scrittura: *l'— della p* **5** vendita pubblica al maggior offerente.

astante *s.m.* e *f.* chi è presente.

astanteria [-rì-] *s.f.* sezione di un ospedale in cui si sistemano i malati in attesa di assegnarli a un reparto.

astato [à-] *s.m.* elemento chimico artificiale, instabile, simile agli alogeni (At; *n.at.* 85).

astemio [-stè-] *agg.* e *s.m.* che o chi non beve mai vino o altre bevande alcoliche.

astenersi [-nér-] *v.rifl.* [coniugato come *tenere*] **1** tenersi lontano da qlco.; evitare: *— dal fumo* **2** non dare il proprio voto nelle elezioni.

astenia [-nì-] *s.f.* mancanza di energia, debolezza.

astenopia [-pì-] *s.f.* (*med.*) affaticamento della vista.

astensione [-sió-] *s.f.* l'astenersi, spec. dal votare.

astensionismo [-ʃmo] *s.m.* il tenersi lontano dalla politica o da determinati atti politici.

astensionista *s.m.* e *f.* [pl.m. *-i*] chi pratica l'astensionismo.

astenuto *agg.* e *s.m.* che, chi non ha espresso il voto in una o più votazioni: *il gruppo degli astenuti.*

aster *s.m.invar.* pianta erbacea ornamentale, con infiorescenze a capolino, di vario colore, simili a crisantemi (*fam.* Composite).

astergere [-stèr-] *v.tr.* [*io astèrgo, tu astèrgi ecc.*] pulire soffregando leggermente.

asterisco *s.m.* [pl. *-chi*] **1** segno tipografico a forma di stella **2** breve articolo di giornale, di contenuto per lo più leggero.

asteroide [-ròi-] *s.m.* ciascuno dei piccoli pianeti che ruotano intorno al Sole fra Marte e Giove.

astersione [-sió-] *s.f.* atto, effetto dell'astergere.

asticciola [-ciò-] *s.f.* impugnatura della penna o del pennello.

astice [à-] *s.m.* grosso crostaceo marino commestibile dei decapodi, di color turchino cupo.

asticella [-cèl-] *s.f.* nel salto in alto o nel salto con l'asta, l'ostacolo delimitante la misura che l'atleta deve superare [*ill. Atletica*].

astigiano *agg.* di Asti // *s.m.* abitante di Asti.

astigmatico [-mà-] *agg.* [pl.m. *-ci*] affetto da astigmatismo.

astigmatismo [-ʃmo] *s.m.* difetto della vista per cui una sorgente luminosa puntiforme dà un'immagine non puntiforme, simile a una macchia.

astinente [-nèn-] *agg.* che pratica l'astinenza.

astinenza [-nèn-] *s.f.* volontaria astensione dai cibi più raffinati e dai piaceri materiali, spesso motivata da ragioni morali e religiose. SIN. *continenza.*

astio [à-] *s.m.* avversione mista a rancore. SIN. *odio, livore, malanimo.*

astiosità *s.f.invar.* l'essere astioso.

astioso [-stió-] *agg.* pieno di astio.

astore [-stó-] *s.m.* uccello rapace diurno, grigio-bruno sul dorso, bianco con strisce color ruggine sul ventre, fornito di ali che arrivano a mezzo della coda (*fam.* Accipitridi).

astracan [-càn] *s.m.invar.* pregiata pelliccia nera, ondulata e ricciuta, fornita dagli agnelli del Volga.

astragalo [-strà-] *s.m.* **1** (*anat.*) osso del tarso, posto fra le ossa della gamba e il calcagno **2** dado usato nell'antichità, fatto con l'osso del tarso di alcuni animali **3** modanatura che separa il fusto della colonna dal capitello e dalla base.

astrale *agg.* proprio degli astri: *influsso* —.

astrarre *v.tr.* [coniugato come *trarre*] separare con la mente; allontanare, distogliere: — *l'universale dal particolare* // *v.intr.* prescindere, non tener conto, non considerare // **-arsi** *v.rifl.* separarsi, distrarsi.

astrattezza [-tèz-] *s.f.* l'essere astratto. CONTR. *concretezza*.

astrattismo [-ʃmo] *s.m.* movimento artistico che rifiuta la rappresentazione figurativa della realtà.

astrattista *s.m.* [pl. *-i*] seguace dell'astrattismo // anche *agg.*: *movimento* —.

astratto *agg.* **1** che è frutto di astrazione: *un concetto* —. CONTR. *concreto* **2** (*gramm.*) si dice di un sostantivo che indica un concetto e non un oggetto: «*amicizia*» è *un sostantivo* —. CONTR. *concreto* **3** distratto **4** che segue l'astrattismo: *pittore* — // *s.m.* qualità considerata per sé stessa prescindendo dagli oggetti sensibili in cui si manifesta.

astrazione [-zió-] *s.f.* **1** atto, effetto dell'astrarre **2** concetto universale o generico che esiste solo nel pensiero e non nella realtà sperimentabile.

astringente [-gèn-] *agg.* (*med.*) si dice di sostanza che restringe i tessuti dell'organismo con cui viene a contatto.

astringere [-strìn-] *v.tr.* [coniugato come *stringere*] **1** (*lett.*) costringere **2** (*scient.*) restringere.

astro *s.m.* **1** corpo celeste / *l'* — *del giorno*, il Sole / *l'* — *della notte*, la Luna **2** (*fig.*) chi eccelle in un campo **3** (*pop.*) → **aster**.

astrofisica [-fiʃi-] *s.f.* scienza che studia la natura fisica degli astri.

astrografo [-strò-] *s.m.* cannocchiale astronomico adattato per la fotografia di zone celesti.

astrolabio [-là-] *s.m.* antico strumento che misurava l'altezza apparente degli astri sull'orizzonte; da esso deriva il moderno sestante.

astrologare *v.tr.* [*io astròlogo, tu astròloghi ecc.*] prevedere mediante l'astrologia.

astrologia [-gì-] *s.f.* lo studio, un tempo ritenuto scientifico, degli astri per conoscerne l'influsso sulle vicende umane e prevedere così il futuro.

astrologico [-lò-] *agg.* [pl.m. *-ci*] che concerne l'astrologia: *calendario* —.

astrologo [-strò-] *s.m.* [pl. *-gi* e *-ghi*] chi studia e professa l'astrologia: per estens., chi fa previsioni / *crepi l'*—!, (*scherz.*) si dice a chi fa previsioni spiacevoli.

astronauta [-nàu-] *s.m.* e *f.* [pl.m. *-i*] navigatore degli spazi interplanetari.

astronautica [-nàu-] *s.f.* scienza che studia i mezzi per attuare la navigazione interplanetaria; la tecnologia, l'organizzazione relativa.

astronautico [-nàu-] *agg.* [pl.m. *-ci*] dell'astronautica, degli astronauti.

astronave *s.f.* macchina ideata per la navigazione interplanetaria.

astronomia [-mì-] *s.f.* scienza che studia l'aspetto, il moto e la natura degli astri.

astronomico [-nò-] *agg.* [pl.m. *-ci*] **1** che concerne l'astronomia: *osservatorio, atlante* — **2** grandissimo, altissimo: *cifre astronomiche*.

astronomo [-strò-] *s.m.* chi studia l'astronomia.

astruseria [-ʃerì-] *s.f.* **1** qualità di ciò che è astruso **2** cosa astrusa: *dici sempre astruserie!*

astruso [-ʃo] *agg.* che è difficile a capirsi e complicato. SIN. *oscuro, enigmatico, sibillino.*

astuccio [-stùc-] *s.m.* scatola in cui si ripongono oggetti diversi, generalmente foderata all'interno e sagomata secondo la forma dell'oggetto: — *del violino.*

astuto *agg.* **1** che ha astuzia: *un uomo* —. SIN. *furbo,*

Astronomia

astrofisica, astronautica, cosmogonia, cosmografia, cosmologia, meccanica celeste, radioastronomia, selenologia, teoria della relatività.

■ big bang, universo, cosmo, sfera celeste, poli celesti, equatore celeste, cielo, luce, luce zodiacale, raggi cosmici, nube cosmica, astro, stella (*gigante, nana, doppia, multipla, variabile, nova, supernova, pulsar, quasar*), spazio (*intergalattico, interstellare*), costellazione (*zodiacale, boreale, australe*), ammasso stellare, Galassia o Via Lattea, galassia, radiogalassia, nebulosa (*extragalattica, luminosa, oscura*).

■ CORPI CELESTI: pianeta (*Mercurio, Venere, Terra, Marte, pianetini, Giove, Saturno, Urano, Nettuno, Plutone*), satellite, asteroide, cometa (*periodica, aperiodica*), meteora, aurora boreale, stella cadente, bolide, meteorite, aerolito, radiosorgente, radiostella, red-shift • Sole (*nucleo, fotosfera, macchie, cromosfera, corona, coronale, eliaco*), Terra (*asse, polo, equatore, meridiano, parallelo, tropico, circolo polare, emisfero, zona torrida, zona temperata, zona polare*); atmosfera, magnetosfera, mesosfera, ozonosfera, perturbazione, mari, correnti, marea; Luna (*cratere, alone; fasi, novilunio, primo quarto, plenilunio, ultimo quarto*).

■ MOVIMENTI E FENOMENI: coluro, orizzonte, zenit, nadir, coordinata, azimut, altezza, culminazione, declinazione, angolo orario; elongazione, parallasse, parsec • anno-luce, rifrazione, assorbimento; sistema (*solare, eliocentrico, geocentrico, stellare*), orbita, ellisse, eccentricità, raggio vettore, periodo, inclinazione, ciclo, epiciclo, eclittica, attrazione, gravitazione, massa, afelio, perielio, parelio • rotazione, rivoluzione, traslazione, aberrazione, precessione degli equinozi, nutazione, latitudine, longitudine, notte, dì, fuso orario, stagione, equinozio, solstizio; lunazione, apogeo, perigeo, fase, ottante, epatta; eclisse, congiunzione, opposizione, orientamento, punto cardinale.

■ STRUMENTI: specola, cupola, telescopio, radiotelescopio, cannocchiale, riflettore, rifrattore, eliometro, spettroscopio, fotometro, radiosonda, sestante, astrolabio, alidada, meridiana, gnomone, clessidra, bussola, sfera armillare, atlante, effemeride, cronografo; osservatorio.

scaltro, sagace, accorto, avveduto **2** ideato, fatto con astuzia: *stratagemma —*.

astuzia [-stù-] *s.f.* **1** capacità di comportarsi abilmente per raggiungere uno scopo anche non buono. SIN. *furberia, scaltrezza, sagacità, accortezza, avvedutezza* **2** idea, azione di persona astuta. SIN. *accorgimento, raggiro, stratagemma*.

atarassia [-si-] *s.f.* (*fil.*) imperturbabilità.

atassia [-si-] *s.f.* (*med.*) mancanza di coordinazione dei movimenti volontari.

atavico [-tà-] *agg.* [pl.m. *-ci*] si dice di carattere fisico o psichico ereditato dagli antenati.

atavismo [-ʃmo] *s.m.* trasmissione, dagli antenati ai discendenti, di caratteri fisici o psichici.

ateismo [-ʃmo] *s.m.* l'atteggiamento di chi nega l'esistenza di Dio.

ateista *s.m.* e *f.* [pl.m. *-i*] chi fa professione di ateismo.

ateistico *agg.* [pl.m. *-ci*] che si riferisce all'ateismo o all'ateista.

atelettasia [-ʃi-] *s.f.* (*med.*) incompleta dilatazione dei polmoni o di una parte di essi, per mancato afflusso di aria.

atelier [*franc.*; *pr.* at(e)lié] *s.m.* **1** studio di artista **2** laboratorio di confezioni femminili.

atellana *s.f.* antica farsa popolare romana.

ateneo [-nè-] *s.m.* università.

ateniese [-nié-] *agg.* di Atene // *s.m.* e *f.* abitante di Atene.

ateo [à-] *agg.* e *s.m.* che, chi nega l'esistenza di Dio.

atermico [-tèr-] *agg.* [pl.m. *-ci*] che non ha, o che non trasmette calore; si dice in particolare di vetri speciali con un alto potere di riflessione della luce e un basso coefficiente di trasmissione del calore.

ateroma [-rò-] *s.m.* (*med.*) lesione fondamentale della parete interna di un'arteria, da cui prende sviluppo l'arteriosclerosi.

atesino [-ʃi-] *agg.* dell'Adige, della valle dell'Adige.

atimia [-mì-] *s.f.* (*med.*) assenza di affettività e di sentimenti, tipica della schizofrenia.

atipicità *s.f.invar.* la caratteristica di chi, di ciò che è atipico; originalità.

atipico [-tì-] *agg.* [pl.m. *-ci*] non tipico; che non presenta i caratteri pertinenti al tipo consueto: *polmonite atipica*.

atlante[1] *s.m.* raccolta di carte geografiche o di altre tavole figurate: *— di anatomia*.

atlante[2] *s.m.* (*anat.*) la prima vertebra.

atlantico[1] [-tlàn-] *agg.* [pl.m. *-ci*] che ha formato di atlante: *il codice — di Leonardo*.

atlantico[2] [-tlàn-] *agg.* [pl.m. *-ci*] **1** dell'oceano Atlantico: *fauna atlantica* **2** che si riferisce all'alleanza atlantica, patto militare tra gli Stati Uniti e un gruppo di paesi europei a struttura economica capitalistica; che ne condivide i principi e le finalità: *spirito —*; *fedeltà atlantica*.

atlantismo [-ʃmo] *s.m.* lo spirito di difesa della società occidentale di tipo liberale-capitalistico, che sta alla base dell'alleanza atlantica.

atleta [-tlè-] *s.m.* [pl. *-i*] **1** chi pratica qualsiasi sport **2** persona di grande forza e destrezza fisica **3** (*rar.*) chi difende con ardore una causa nobile.

atletica [-tlè-] *s.f.* l'insieme delle attività e gare sportive di corsa, salto, lancio, lotta e sollevamento pesi: *— leggera*.

atletico [-tlè-] *agg.* [pl.m. *-ci*] che si riferisce o appartiene all'atletica o all'atleta; da atleta: *un fisico —*.

atmosfera [-sfè-] *s.f.* **1** l'involucro d'aria che circonda

la Terra o anche altri pianeti: *gli alti strati dell'—*; *la Luna manca di —* **2** unità di misura della pressione dei gas: *una pressione di 80 atmosfere* **3** (*fig.*) ambiente, clima psicologico: *l'— mistica di una chiesa*.

atmosferico [-sfè-] *agg.* [pl.m. *-ci*] dell'atmosfera.

atollo [-tòl-] *s.m.* isolotto corallino a forma di anello con una laguna interna.

atomico [-tò-] *agg.* [pl.m. *-ci*] che concerne l'atomo / *bomba atomica*, arma esplosiva di enorme potenza che sfrutta gli effetti della scissione nucleare dell'atomo / *numero —*, numero dei protoni contenuti nel nucleo dell'atomo.

atomismo [-ʃmo] *s.m.* ogni dottrina filosofica che considera il mondo costituito dalla combinazione di particelle indivisibili in perpetuo movimento.

atomista *s.m.* e *f.* [pl.m. *-i*] sostenitore dell'atomismo.

atomistica [-mi-] *s.f.* parte della chimica che studia la composizione atomica dei corpi.

atomistico [-mì-] *agg.* [pl.m. *-ci*] che si riferisce all'atomismo: *Democrito fu un filosofo —*.

atomizzare [-miʒʒa-] *v.tr.* **1** ridurre un liquido in piccolissime goccioline **2** (*rar.*) distruggere con la bomba atomica.

atomizzato [-miʒʒa-] *agg.* ridotto in particelle minutissime.

atomizzatore [-miʒʒató-] *s.m.* apparecchio per disperdere un liquido in piccolissime goccioline, a scopo di disinfezione e simili.

atomo [à-] *s.m.* **1** (*chim.*) la particella più piccola di un elemento capace di conservarne le caratteristiche chimiche **2** (*fig.*) particella o quantità piccolissima: *l'uomo è un — in mezzo all'universo*.

atonalità *s.f.invar.* concezione dell'arte musicale tendente a considerare ogni suono non più inquadrato in una tonalità ma autonomo.

atonia [-nì-] *s.f.* (*med.*) indebolimento, diminuita funzionalità di un tessuto o di un organo.

atono [à-] *agg.* privo di accento.

atossico [-tòs-] *agg.* [pl.m. *-ci*] che non è velenoso: *medicamento —*.

atout [*franc.*; *pr.* atù] *s.m.* nel gioco delle carte, il seme che si è dichiarato di comando e che dà vantaggi nelle prese / *avere degli —*, avere buone possibilità di riuscita.

ATP [*ingl.*; *Adenosine TriPhosphate*] *s.m.* (*biol.*) adenosintrifosfato, sostanza essenziale per la contrazione muscolare.

atresia [-ʃi-] *s.f.* situazione anatomica anormale, caratterizzata dalla mancata formazione di orifizi: *— boccale*; *— anale*.

atrio [à-] *s.m.* **1** in un edificio, l'ambiente cui si accede direttamente dall'esterno e dal quale si entra nelle altre stanze **2** (*archeol.*) cortile centrale dell'antica casa romana **3** ognuna delle due cavità superiori del cuore [*ill. Cuore*].

atro *agg.* (*poet.*) nero, tenebroso.

atroce [-tró-[*agg.* che provoca dolore violentissimo, paura o raccapriccio: *ho un — mal di denti*: *un — delitto*. SIN. *feroce, efferato, tremendo* // **-mente** *avv.* terribilmente, con pena molto intensa: *soffre —*.

atrocità *s.f.invar.* **1** qualità di ciò che è atroce: *un delitto di incredibile —* **2** cosa, azione, fatto atroce. SIN. *efferatezza, orrore, crudeltà*.

atrofia [-fì-] *s.f.* (*med.*) diminuzione di volume di un organo o di una parte del corpo per mancanza o scarsità di nutrizione.

atrofico [-trò-] *agg.* [pl.m. *-ci*] affetto da atrofia.

91

atletica leggera

1 *campo di atletica,*
2 *pista,* 3 *pedana di salto
in alto,* 4 *pedana di salto
in lungo e triplo,* 5 *pedana
di salto con l'asta,*
6 *pedana di lancio del
giavellotto,* 7 *pedana di
lancio del peso,* 8 *pedana
di lancio del disco,*
9 *pedana di lancio del
martello,* 10 *buca per la
corsa a siepi,* 11 *partenza
delle corse veloci,*
12 *blocchi di partenza,*
13 *corsa piana,*
14 *staffetta,* 15 *testimone,*
16 *corsa a ostacoli,*
17 *salto in lungo,* 18 *asse
di battuta o tavoletta,*
19 *salto in alto,*
20 *asticella,* 21 *ritto,*
22 *salto con l'asta,*
23 *lancio del peso,*
24 *lancio del disco,*
25 *lancio del martello,*
26 *testa,* 27 *filo,*
28 *impugnatura,* 29 *lancio
del giavellotto.*

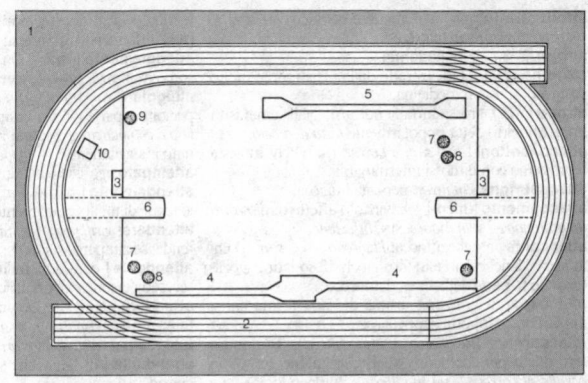

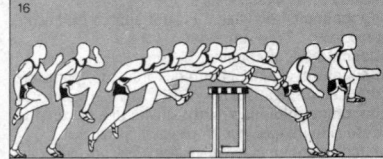

atrofizzare [-fìʒʒa-] *v.tr.* rendere atrofico // **-arsi** *v. rifl.pron.* divenire atrofico.

atropa [à-] *s.f.* → **belladonna**.

atropina *s.f.* alcaloide estratto dalla belladonna; molto velenoso, si usa in medicina.

atropo [à-] *s.f.* grossa farfalla notturna gialla e nerastra (*fam.* Sfingidi) detta popolarmente *testa di morto*.

attaccabottoni [-tó-] *s.m.* e *f.invar.* (*fam.*) chi molesta il prossimo con discorsi interminabili.

attaccabrighe *s.m.invar.* persona litigiosa.

attaccamento [-mén-] *s.m.* vincolo affettivo: *dimostra un profondo — alla madre.* SIN. *affezione.*

attaccante *agg.* che attacca: *l'esercito —* // *s.m.* **1** chi attacca **2** nel calcio e in altri giochi di squadra, giocatore che fa parte della linea d'attacco.

attaccapanni *s.m.invar.* arnese di varia forma cui si appendono cappotti, cappelli ecc.

attaccare *v.tr.* [*io attacco, tu attacchi ecc.*] **1** unire fra loro due o più cose; farle aderire strettamente: *— un cavallo al carro; — un manifesto* **2** appendere: *— un quadro* **3** assalire (anche *fig.*); avversare: *— una città, il governo* **4** dare inizio a qlco.: *— lite; — battaglia; — un brano musicale* / *assol.* andare all'attacco (anche in senso sportivo) **5** trasmettere un'affezione, una passione ecc.: *mi ha attaccato il morbillo* // *v.intr.* **1** aderire: *questa carta gommata non attacca* **2** (*fig.*) prendere terreno, trovare consenso: *le tue idee non attaccano* / *non attacca!*, si dice per respingere una proposta o un'affermazione // **-arsi** *v.rifl.* **1** aderire **2** appigliarsi (anche *fig.*) **3** comunicarsi per contagio (detto di malattia ecc.) **4** affezionarsi.

attaccaticcio [-tìc-] *agg.* **1** che si attacca facilmente, appiccicoso **2** (*fig.*) importuno.

attaccato *agg.* affezionato.

attaccatura *s.f.* atto, effetto dell'attaccare; punto nel quale una cosa s'attacca a un'altra: *— della manica.*

attacchinaggio [-nàg-] *s.m.* l'attività di attaccare manifesti ai muri, spec. per propaganda ideologica.

attacchinare *v.intr.* nel linguaggio degli attivisti politici e sindacali, attaccare manifesti.

attacchino *s.m.* chi, per mestiere, attacca manifesti.

attacco *s.m.* **1** il punto in cui due cose si congiungono; collegamento / *— dello sci*, congegno che fissa lo scarpone allo sci, di solito automaticamente sganciabile in caso d'emergenza **2** presa, congegno che serve a innestare un apparecchio elettrico nella linea di corrente: *— della lampadina* **3** assalto, azione offensiva: *— aereo* **4** accesso, improvvisa manifestazione di una malattia: *— febbrile* **5** inizio dell'esecuzione di un pezzo musicale; momento in cui qualche strumento entra nell'esecuzione; per estens., inizio, avvio, spec. di un discorso **6** la linea più avanzata di una squadra di calcio, in cui i giocatori svolgono un'azione offensiva nei riguardi dell'avversario; in alpinismo, il punto d'inizio di un'arrampicata.

attaché [*franc.*; *pr.* atascé] *s.m.* addetto diplomatico o militare.

attagliarsi *v.rifl.pron.* [*io m'attàglio ecc.*] essere adatto, convenire.

attanagliare *v.tr.* [*io attanàglio ecc.*] **1** stringere con tenaglie **2** stringere con forza, serrare **3** (*fig.*) tormentare.

attardarsi *v.rifl.pron.* [*io mi attardo ecc.*] indugiare, procedere lentamente.

attecchimento [-mén-] *s.m.* atto, effetto dell'attecchire.

attecchire *v.intr.* [*io attecchisco, tu attecchisci ecc.*]

mettere radici, dopo il trapianto (detto di piante) **2** (*fig.*) diffondersi, affermarsi: *qui l'eresia non poté —.*

atteggiamento [-mén-] *s.m.* modo di disporre la persona; movenza, gesto (anche *fig.*).

atteggiare *v.tr.* [*io attéggio ecc.*] muovere, disporre la persona o parte di essa in un determinato modo: *— il viso a compunzione* // **-arsi** *v.rifl.* ostentare un determinato atteggiamento: *— a poeta.*

attempato *agg.* che è avanti negli anni.

attendamento [-mén-] *s.m.* luogo dove si dispongono le tende di un accampamento.

attendarsi *v.rifl.pron.* [*io mi attèndo ecc.*] innalzare le tende, accamparsi.

attendente [-dèn-] *s.m.* militare di truppa assegnato al servizio personale di un ufficiale.

attendere [-tèn-] *v.tr.* [coniugato come *tendere*] aspettare: *attendo risposta* // *v.intr.* dedicarsi, applicarsi a qlco.: *attende a studi letterari.*

attendibile [-di-] *agg.* che si può credere, che merita considerazione: *notizia —.* SIN. *credibile.* CONTR. *inattendibile.*

attenere *v.intr.* [coniugato come *tenere*] concernere, riguardare // **-ersi** *v.rifl.* **1** appoggiarsi: *— al braccio* **2** aderire, regolarsi in conformità: *— ai principi, alla norma.*

attentare *v.intr.* [*io attènto ecc.*] **1** compiere un attentato contro qlcu. o qlco.: *— alla vita di qlcu*, tentare di ucciderlo **2** (*fig.*) cercare di offendere o di danneggiare: *attentarono al suo onore* // **-arsi** *v.rifl.pron.* azzardarsi, osare. SIN. *azzardare.*

attentato *s.m.* **1** tentativo criminoso di recare offesa alla vita o all'incolumità altrui **2** (*fig.*) atto di violenza, offesa grave.

attentatore [-tó-] *s.m.* [f. *-trice*] chi compie un attentato.

attenti [-tèn-] *s.m.invar.* posizione eretta a talloni uniti e con le braccia tese e appoggiate lungo i fianchi, che assumono spec. soldati, alunni, ginnasti e simili in attesa di un ordine o per segno di rispetto: *dare l'—; mettersi sull'—* // *inter. impropria* comando rivolto a soldati o ad alunni perché si mettano in tale posizione.

attento [-tèn-] *agg.* **1** che presta attenzione, vigile. CONTR. *disattento* **2** fatto con attenzione, diligente // **-mente** *avv.* in modo attento.

attenuamento [-mén-] *s.m.* l'atto, l'effetto dell'attenuare o dell'attenuarsi.

attenuante *agg.* e *s.f.* (*dir.*) si dice di circostanza che rende meno grave la colpa dell'imputato: *concedere le attenuanti.*

attenuare *v.tr.* [*io attènuo ecc.*] **1** rendere più tenue: *— un colpo, una sofferenza* **2** (*fig.*) diminuire di gravità o d'importanza.

attenuazione [-zió-] *s.f.* l'atto, l'effetto dell'attenuare (anche *fig.*).

attenzione [-zió-] *s.f.* **1** il concentrarsi della mente su un determinato oggetto distogliendosi momentaneamente da ogni altro pensiero. CONTR. *disattenzione* **2** premura, sollecitudine: *è pieno di attenzioni; certe piccole attenzioni.*

atterraggio [-ràg-] *s.m.* **1** manovra con cui l'aeroplano prende contatto con il terreno / *— di fortuna*, quello compiuto quando, per un'avaria, un velivolo è costretto ad atterrare in un terreno a ciò non preparato **2** complesso delle operazioni che una nave compie per approdare.

atterramento [-mén-] *s.m.* l'atto, l'effetto dell'atterrare.

atterrare *v.tr.* [*io attèrro ecc.*] **1** gettare, stendere a terra: — *un nemico*. SIN. *abbattere* **2** (*fig.*) prostrare, umiliare // *v.intr.* compiere un atterraggio con aereo o nave.

atterrire *v.tr.* [*io atterrìsco, tu atterrìsci ecc.*] incutere terrore, spaventare.

attesa [-té-] *s.f.* l'attendere; il tempo che trascorre nell'attendere: *l'— fu lunga e penosa.*

attestare[1] *v.tr.* [*io attèsto ecc.*] rendere testimonianza di qlco., certificare.

attestare[2] *v.tr.* [*io attèsto ecc.*] mettere due cose testa a testa: — *due travi*; — *un ponte alla riva*, fissare le due testate alla riva // **-arsi** *v.rifl.* (*mil.*) occupare temporaneamente una posizione.

attestato *s.m.* certificato, dichiarazione scritta: — *di buona condotta.*

attestazione [-zió-] *s.f.* **1** l'atto, l'effetto dell'attestare **2** documento che attesta, attestato **3** (*fig.*) dimostrazione o dichiarazione di un sentimento: *ricevere un'— di stima.*

atticciato *agg.* robusto e tarchiato.

attico [àt-] *s.m.* [pl. *-ci*] **1** rialzo a parete piena o a balaustri eretto a scopo decorativo sopra il cornicione di un edificio **2** piano abitabile costruito al di sopra della cornice di coronamento.

attiguo [-ti-] *agg.* vicino, adiacente.

attillarsi *v.rifl.* vestirsi con cura, in modo che gli abiti aderiscano bene al corpo.

attillato *agg.* **1** si dice di abito aderente, che si adatta bene alla persona, facendone risaltare le forme **2** vestito con cura, con ricercatezza (detto di persona).

attimo [àt-] *s.m.* brevissimo spazio di tempo; istante / *in un —*, in un istante.

attinente [-nèn-] *agg.* relativo a qlco.

attinenza [-nèn-] *s.f.* relazione, connessione logica.

attingere [-tin-] *v.tr.* [*pres. io attingo, tu attingi ecc.*; p.pass. *attinto*] **1** prendere l'acqua da un pozzo, da una sorgente **2** (*fig.*) ricavare: — *informazioni* **3** (*fig.*) raggiungere, conseguire // *v.intr.* raggiungere.

attinia [-tì-] *s.f.* animale marino dell'ordine dei celenterati, fisso agli scogli, con corpo molle a sacco e tentacoli urticanti intorno alla bocca che lo rendono simile a un fiore dai bei colori.

attinico [-tì-] *agg.* [pl.m. *-ci*] si dice dei raggi ultravioletti e di ciò che li riguarda.

attinio [-tì-] *s.m.* elemento chimico metallico, radioattivo (Ac; *n.at.* 89).

attinoterapia [-pì-] *s.f.* cura medica con raggi attinici.

attirare *v.tr.* tirare qlco. verso di sé (anche *fig.*): *la calamita attira il ferro.*

attitudinale *agg.* che si riferisce all'attitudine / *selezione —*, valutazione, a scopo di orientamento professionale, delle attitudini di una persona.

attitudine [-tù-] *s.f.* **1** disposizione naturale per qlco. **2** atteggiamento, posizione del corpo.

attivare *v.tr.* rendere attivo o più attivo.

attivazione [-zió-] *s.f.* atto, effetto dell'attivare.

attivismo [-ʃmo] *s.m.* **1** tendenza ad accentuare il lato dinamico e creativo della vita **2** partecipazione attiva alla vita di un'organizzazione politica o sindacale; anche, l'insieme degli attivisti: *mobilitare l'—.*

attivista *s.m. e f.* [pl.m. *-i*] chi svolge sistematica attività di propaganda politica.

attivistico [-vì-] *agg.* [pl.m. *-ci*] dell'attivismo, degli attivisti: *spirito, movimento —.*

attività *s.f.invar.* **1** l'essere attivo: *la fabbrica è in piena —.* SIN. *operosità, energia.* CONTR. *inattività* **2** lavoro, occupazione **3** l'attivo di un bilancio. CONTR. *passività.*

attivizzare [-viʒʒa-] *v.tr.* (*neol.*) rendere attivo, spec. in senso politico ed economico.

attivo *agg.* **1** che agisce, che può agire; laborioso, instancabile. SIN. *operoso, energico.* CONTR. *inattivo* **2** (*gramm.*) si dice di verbo transitivo la cui azione è compiuta dal soggetto della proposizione (p.e. *il padre ama i figli*). CONTR. *passivo* // *s.m.* **1** (*gramm.*) complesso delle forme di un verbo transitivo attivo: *l'— del verbo «temere».* CONTR. *passivo* **2** (*econ.*) complesso dei beni economici acquisiti da un ente e di cui l'ente stesso dispone in un determinato momento. CONTR. *passivo* **3** riunione di attivisti sindacali, politici: *l'— dei delegati; convocare l'—* // **-mente** *avv.* in modo attivo.

attizzare *v.tr.* **1** ravvivare la combustione: — *il fuoco* **2** (*fig.*) aizzare, eccitare.

attizzatoio [-tó-] *s.m.* arnese con cui si attizza il fuoco.

atto[1] *s.m.* **1** azione: *compiere un — generoso / mettere in —*, realizzare / *fare — di presenza*, presenziare solo per poco / *all'— pratico*, in realtà / *nell'—*, nel momento stesso **2** atteggiamento, movimento del viso o del corpo: *gesto, segno* **3** (*fig.*) espressione di un sentimento, di un modo di essere: — *di fede*; — *di coraggio* **4** (*fil.*) momento in cui si realizzano completamente le possibilità di un essere **5** scrittura che produce effetti giuridici, documento con valore legale: *atti notarili*; — *di nascita* **6** pl. documento contenente le memorie di accademie o di assemblee: *gli atti del convegno; gli atti del parlamento / mettere agli atti*, archiviare; (*fig.*) dimenticare **7** ciascuna delle parti principali in cui si divide un'opera teatrale.

atto[2] *agg.* idoneo, abile. SIN. *adatto.*

attonito [-tò-] *agg.* stupefatto, sbalordito.

attorcere [-tòr-] *v.tr.* [coniugato come *torcere*] avvolgere una cosa su sé stessa o più cose fra loro.

attorcigliare *v.tr.* [*io attorcìglio ecc.*] attorcere più volte // **-arsi** *v.rifl.* avvolgersi su sé stesso o attorno a un oggetto.

attorcigliato *agg.* contorto, avvolto.

attore [-tó-] *s.m.* [f. *-trice*] **1** chi recita a teatro, al cinema, alla radio, alla televisione **2** chi prende parte attiva a una vicenda reale **3** (*dir.*) chi intraprende un'azione giudiziaria.

attorniare *v.tr.* [*io attòrnio ecc.*] **1** circondare: *fu attorniato da ammiratori* **2** circuire.

attorno [-tór-] *avv. di luogo* in cerchio, in giro, intorno: — *non c'era nessuno / levarsi d'— qlcu.*, disfarsene / *darsi d'—*, affaccendarsi // *prep. impropria* si unisce ai nomi con la prep. *a*: *correvano — alla casa / stare — a qlcu.*, stargli sempre vicino per qualche scopo.

attossicare *v.tr.* [*io attòssico, tu attòssichi ecc.*] **1** avvelenare **2** (*fig.*) amareggiare.

attraccare *v.intr.* l'avvicinarsi col fianco di una nave o di un'imbarcazione ad un altro natante o alla banchina: — *al molo.*

attracco *s.m.* [pl. *-chi*] **1** l'attraccare **2** il luogo in cui si attracca.

attraente [-èn-] *agg.* piacevole, affascinante.

attrarre *v.tr.* [coniugato come *trarre*] attirare, tirare a sé **2** (*fig.*) allettare; dilettare.

attrattiva *s.f.* **1** capacità di attrarre su di sé l'interesse; fascino: *il tuo amico ha un'— singolare* **2** cosa attraente: *un'— irresistibile.*

attraversamento [-mén-] *s.m.* **1** l'attraversare **2** il luogo dove si può attraversare **3** incrocio di due vie di comunicazione poste allo stesso livello / — *pedonale*, l'area, contrassegnata da strisce bianche, nella quale è riconosciuto al pedone diritto di precedenza rispetto a tutti i veicoli.

attraversare v.tr. [io attravèrso ecc.] **1** passare da una parte all'altra, percorrere, varcare: *ha attraversato tutta l'Italia*; — *le Alpi* / — *un periodo difficile*, (fig.) trovarsi in un momento difficile **2** mettere attraverso: — *una cosa a un'altra*, incrociarle **3** (fig.) ostacolare: *gli attraversa sempre i piani*.

attraverso [-vèr-] avv. di luogo (non com.) di traverso, per traverso; obliquamente, in direzione obliqua / *andare, rimanere* —, si dice di cibo o bevanda che non si riesca a deglutire // avv. di modo non rettamente, a rovescio, male: *mi va tutto* — / *prendere una cosa* —, interpretarla male // prep. impropria **1** in direzione obliqua; si unisce ai nomi sia direttamente sia per mezzo della prep. *a*: *saliva* — *la costa* (o — *alla costa*) **2** da parte a parte: *la fune era tesa* — *la strada* (o — *alla strada*).

attrazione [-zió-] s.f. **1** atto, effetto dell'attrarre **2** (fig.) capacità di attrarre su di sé l'attenzione; attrattiva, fascino **3** numero sensazionale in spettacoli di varietà **4** forza esistente fra due enti fisici che tende a diminuire la loro distanza.

attrezzare v.tr. [io attrézzo ecc.] **1** fornire di attrezzi: — *una nave*, fornirla di alberi, pennoni, vele ecc. **2** rifornire del necessario.

attrezzatura s.f. insieme di attrezzi, di utensili o di macchinari indispensabili per una determinata attività: — *industriale*.

attrezzeria [-ri-] s.f. insieme di attrezzi, magazzino degli attrezzi; in teatro, l'insieme degli oggetti portatili necessari sulla scena.

attrezzista s.m. e f. [pl.m. -i] **1** atleta che esegue esercizi con attrezzi da ginnastica **2** addetto all'attrezzeria.

attrezzo s.m. **1** qualsiasi arnese adatto a un determinato uso: — *di cucina* **2** strumento da lavoro di uso manuale adatto a compiere un'operazione semplice su legno, metallo ecc.: *gli attrezzi del fabbro* **3** pl. (sport) strumenti usati per esercizi atletici e ginnici (p.e. disco, giavellotto, sbarra).

attribuire v.tr. [io attribuisco, tu attribuisci ecc.] **1** dare in proprietà, riconoscere come proprio di qlcu. o qlco. **2** ascrivere, aggiudicare; imputare.

attributivo agg. **1** che serve ad attribuire **2** (gramm.) che ha la funzione di attributo.

attributo s.m. **1** qualità che è propria di qlcu. o di qlco.: *gli attributi di Dio* **2** simbolo, elemento caratteristico: *il tridente era l'* — *di Nettuno* **3** (gramm.) l'aggettivo qualificativo nella sua funzione sintattica di riferirsi a un sostantivo con il quale concorda in genere e numero (p.e. un vestito *bianco*, case *moderne*).

attribuzione [-zió-] s.f. **1** atto, effetto dell'attribuire: *quadro d'incerta* —, di cui non si riesce a identificare con certezza l'autore **2** pl. le funzioni e i doveri di una persona, di un ufficio.

attristare v.tr. → **rattristare**.

attrito s.m. **1** resistenza passiva che ostacola il movimento di un corpo su di un altro e provoca una dissipazione di energia **2** (fig.) urto, contrasto di sentimenti o di idee; discordia.

attrizione [-zió-] s.f. (teol.) dolore imperfetto dei peccati commessi, causato soltanto dal timore della pena.

attuale agg. **1** che esiste o è in funzione oggi, al tempo presente: *le attuali leggi*; *l'* — *presidente*; *l'* — *struttura geologica delle Alpi* **2** (fil.) che è in atto, che è passato dalla possibilità all'effettiva realtà / *peccato* —, quello che l'uomo commette per sua volontà, a differenza del peccato originale // **-mente** avv. adesso, ora, ai nostri tempi.

attualismo [-ʃmo] s.m. dottrina filosofica che pone il principio assoluto della realtà nello spirito come atto puro.

attualità s.f.invar. **1** qualità di ciò che è attuale; interesse attuale, carattere di contemporaneità **2** insieme, gruppo di notizie attuali: *documentario di* —, breve film contenente riprese degli avvenimenti del giorno.

attualizzare [-liʒʒa-] v.tr. rendere attuale, moderno.

attuare v.tr. [io àttuo ecc.] mettere in atto, rendere reale: — *un progetto*.

attuariale agg. si dice di quella parte della matematica che studia la tecnica delle assicurazioni alla luce delle statistiche.

attuatore [-tó-] s.m. (tecn.) tipo di trasduttore che produce effetti meccanici.

attuazione [-zió-] s.f. l'atto, l'effetto dell'attuare o dell'attuarsi.

attutire v.tr. [io attutisco, tu attutisci ecc.] rendere meno intenso, attenuare, smorzare.

aucuba s.f. pianta ornamentale sempreverde dalle foglie lanceolate a macchie bianche (fam. Cornacee).

audace agg. **1** che ha spiccato coraggio; che si espone senza riserve: *un* — *navigatore*; *un artista* — *nelle sue creazioni*. SIN. *ardito, coraggioso, intrepido*. CONTR. *timido* **2** che richiede audacia per essere compiuto: *un'* — *impresa* **3** straordinario, geniale: *un progetto* — **4** sfrontato, invereconde.

audacia [-dà-] s.f. **1** coraggio spinto fino al disprezzo del pericolo **2** ardimento eccessivo, temerarietà **3** novità, genialità **4** sfrontatezza.

audience [ingl.; pr. òdiens] s.f. l'insieme delle persone alle quali si può far giungere un messaggio, spec. pubblicitario.

audio [àu-] s.m.invar. l'insieme dei congegni che costituiscono l'apparato sonoro in un televisore / *spegnere l'* —, (scherz.) non ascoltare più.

audiofrequenza [-quèn-] s.f. frequenza di un'onda acustica.

audiometro [-diò-] s.m. apparecchio per accertare le varie forme di sordità.

audiovisivo [-ʃi-] agg. che permette contemporaneamente la visione e il suono / *mezzi audiovisivi*, il cinematografo e la televisione.

audit [àu-] s.m.invar. sistema di revisione contabile e amministrativa.

auditivo agg. che si riferisce all'udito.

auditorio [-tò-] s.m., **auditorium** [-tò-] s.m.invar. sala dotata di particolari caratteristiche acustiche, in cui si tengono concerti o si svolgono i programmi delle trasmissioni radiofoniche o televisive.

audizione [-zió-] s.f. atto, effetto dell'udire.

auge [àu-] s.m. [solo sing.] punto più alto, culmine, vertice: *essere in* —, essere al culmine della gloria, della notorietà.

augello [-gèl-] s.m. (poet.) uccello.

augite s.f. minerale di vario colore, costituito essenzialmente da silicati.

augurale agg. che contiene auguri; che è di buon augurio.

augurare v.tr. [io àuguro ecc.] fare auguri, manifestare il desiderio che ad altri accada una cosa piacevole: — *buona Pasqua*; — *tanta felicità* // **-arsi** v.rifl. sperare.

augure [àu-] *s.m.* chi nell'antichità prediceva il futuro studiando il volo degli uccelli, i sogni, i fenomeni atmosferici o altri indizi.

augurio [-gù-] *s.m.* **1** desiderio manifestato a qlcu. che gli accada un evento piacevole **2** (*lett.*) previsione, vaticinio, divinazione.

augusto[1] *agg.* sacro, maestoso, regale.

augusto[2] *s.m.* nel circo equestre, il clown che agisce e veste in modo goffo e ridicolo.

aula [àu-] *s.f.* **1** stanza per le lezioni scolastiche: — *di disegno* **2** sala di edifici pubblici adibita a riunioni di particolare solennità.

aulico [àu-] *agg.* [pl.m. *-ci*] **1** di corte: *poeta* — **2** di linguaggio e di tradizioni letterarie; illustre, nobile.

aulire *v.intr.dif.* [si usa solo il pres.indic. *io aulisco, tu aulisci* ecc.; l'imperf.indic. *io aulivo* ecc.; il p.pres. *aulénte*] (*poet.*) olezzare, mandare odore, odorare.

aumentare *v.tr.* [*io auménto* ecc.] **1** rendere più grande, più intenso o più numeroso; accrescere. SIN. *ampliare, ingrandire*. CONTR. *diminuire* **2** nel lavoro ai ferri, aggiungere una o più maglie a quelle già in lavorazione. SIN. *crescere*. CONTR. *diminuire, calare* // *v.intr.* diventare più grande, più intenso o più numeroso; crescere. CONTR. *diminuire*.

aumento [-mén-] *s.m.* atto, effetto dell'aumentare. SIN. *accrescimento*. CONTR. *diminuzione*.

aura [àu-] *s.f.* (*poet.*) venticello, brezza.

aureo [àu-] *agg.* **1** d'oro, che ha il colore dell'oro **2** eccellente, pregiato, pregevole: *libro* — / *sezione aurea*, la parte di un segmento che è media proporzionale tra l'intero segmento e la parte restante.

aureola [-rèo-] *s.f.* cerchio splendente posto attorno al capo delle figure di santi.

aureomicina *s.f.* antibiotico efficace in molte malattie infettive.

aurico [àu-] *agg.* si dice di vela di taglio trapezoidale fissata a due pennoni e all'albero sul lato verticale [*ill. Barca*].

auricolare *agg.* dell'orecchio, che si riferisce all'orecchio: *padiglione* — // *s.m.* dispositivo che consente di ascoltare la radio o altre emittenti sonore attraverso piccoli amplificatori applicati all'orecchio, senza che il suono sia udito all'esterno [*ill. Suono*].

aurifero [-rì-] *agg.* che contiene oro: *minerale* —.

auriga *s.m.* presso gli antichi, chi guidava il carro di guerra o il cocchio.

aurora [-rò-] *s.f.* **1** il chiarore che precede a oriente, dopo l'alba, il sorgere del Sole / — *boreale*, fenomeno luminoso dell'atmosfera, spec. frequente nelle regioni polari; di natura elettromagnetica, si manifesta in forme diverse: raggi, corone, cortine di luce ecc. **2** (*fig.*) primo inizio: *l'* — *della civiltà*.

aurorale *agg.* **1** dell'aurora **2** (*fig.*) iniziale.

auscultare *v.tr.* (*med.*) effettuare l'auscultazione.

auscultazione [-zió-] *s.f.* (*med.*) esame che si compie appoggiando l'orecchio o lo stetoscopio al torace per esplorare i suoni del cuore e dei polmoni.

ausiliare [-ʃi-] *agg.* che dà, che può dare aiuto: *milizie ausiliari* / *verbo* — (o *ausiliare*), verbo che serve a formare i tempi composti degli altri verbi unendosi al loro participio passato (in italiano i verbi *essere* e *avere*).

ausiliaria [-ʃilià-] *s.f.* donna arruolata in un esercito con mansioni spec. assistenziali.

ausiliario [-ʃilià-] *agg.* ausiliare, che aiuta: *motore* —.

ausiliatrice [-ʃi-] *s.f.* colei che reca aiuto (si dice della Madonna).

ausilio [-ʃi-] *s.m.* aiuto.

auspicabile [-cà-] *agg.* che si può, che si deve auspicare: *è* — *che ciò avvenga*.

auspicare *v.tr.* [*io àuspico, tu àuspichi* ecc.] prender gli auspici, augurare; desiderare vivamente.

auspice [àu-] *s.m.* **1** presso gli antichi, chi traeva pronostici dall'esame del volo degli uccelli **2** (*fig.*) chi sostiene e incoraggia qualche iniziativa.

auspicio [-spi-] *s.m.* **1** presagio che gli antichi traevano dall'esame del volo degli uccelli **2** (*fig.*) augurio, presagio, pronostico: *ciò è di buon* — **3** (*fig.*) protezione, favore.

austerità *s.f.invar.* **1** l'essere austero. SIN. *severità, rigore, serietà, gravità* **2** comportamento collettivo di limitazione dei consumi e di eliminazione degli sprechi (si contrappone a *consumismo*).

austerity [*ingl.*; pr. ostériti] *s.f.* parola comunemente usata prima che si diffondesse la traduzione italiana *austerità*, nel senso economico.

austero [-stè-] *agg.* rigoroso nell'osservanza del dovere; severo, rigido. SIN. *serio, grave*.

australe *agg.* riferito a ciò che è situato nell'emisfero meridionale della Terra.

australiano *agg.* dell'Australia // *s.m.* abitante dell'Australia.

austriaco [-strì-] *agg.* dell'Austria // *s.m.* abitante dell'Austria.

austro [àu-] *s.m.* **1** vento che soffia da sud **2** il Sud.

aut [*lat.*; *pr.* àut = *o*] *cong.* usata in logica e in matematica con valore di esclusione, di alternativa assoluta.

autarchia [-chi-] *s.f.* **1** capacità di autogovernarsi **2** indipendenza del mercato nazionale dai mercati esteri per l'approvvigionamento delle materie prime e dei prodotti industriali.

autarchico [-tàr-] *agg.* [pl.m. *-ci*] dell'autarchia.

aut aut *s.m.* scelta forzata tra due cose.

autenticare *v.tr.* [*io auténtico* ecc.] dichiarare o dimostrare autentico: — *una fotografia*, dichiarare che la persona ritratta è quella che ha sottoscritto; — *un'opera d'arte*, testimoniare autorevolmente che l'opera appartiene ad un determinato artista.

autenticazione [-zió-] *s.f.* dichiarazione di autenticità di un documento, di una firma.

autenticità *s.f.invar.* l'essere autentico, veritiero.

autentico [-tèn-] *agg.* [pl.m. *-ci*] che è vero ed è dimostrato come tale: *un documento* —.

autiere [-tiè-] *s.m.* soldato assegnato ai servizi automobilistici.

autismo [-ʃmo] *s.m.* (*med.*) situazione psichica di totale chiusura in sé stessi, di mancanza di rapporto con il mondo esterno, tipica degli schizofrenici.

autista[1] *s.m.* e *f.* [pl.m. *-i*] chi conduce autoveicoli, spec. professionalmente.

autista[2] *agg.* e *s.m.* [pl.m. *-i*] che, chi soffre di autismo.

auto [à-] *s.f.invar.abbr.* di → **automobile**.

auto-[1] [à-] [dal gr. *autòs* = *stesso*] primo elemento di parole composte derivate dal greco o formate modernamente sul modello greco; significa «di sé stesso, da sé, spontaneamente» (*autodidatta, autocombustione*).

auto-[2] [à-] [*abbr.* di *automobile*] primo elemento di parole composte che designano veicoli a motore o che si riferiscono comunque alla motorizzazione (*autocisterna, autorimessa*).

autoaccensione [-sió-] *s.f.* **1** autocombustione **2** in certi tipi di motore a scoppio, l'accensione del combustibile ottenuta per surriscaldamento a forte compressione.

autoadesivo [-ʃi-] *agg.* e *s.m.* si dice di oggetti che hanno una o più superfici ricoperte di sostanza adesiva: *pannello —, etichetta autoadesiva; autoadesivi pubblicitari,* etichette di varia foggia, con marchi e brevi slogan, da attaccare a vetrine o simili.

autoambulanza *s.f.* veicolo con cui si trasportano feriti o ammalati.

autoarticolato *s.m.* automezzo pesante formato da una motrice senza spazi per carico e da un lungo rimorchio.

autobiografia [-fi-] *s.f.* narrazione che ha per oggetto la vita dell'autore.

autobiografico [-grà-] *agg.* [pl.m. *-ci*] che riguarda l'autobiografia.

autoblindo *s.m.* autocarro con corazza leggera, armato con mitragliatrice e un cannoncino.

autobotte [-bót-] *s.f.* → **autocisterna**.

autobus [àu-] *s.m.invar.* grosso autoveicolo per il trasporto urbano di persone.

autocarro *s.m.* autoveicolo adibito al trasporto di merci.

autocisterna [-stèr-] *s.f.* autoveicolo fornito di serbatoio per il trasporto di liquidi.

autocivetta [-vét-] *s.f.* automobile privata utilizzata da agenti in borghese per sorprendere meglio i trasgressori della legge.

autoclave *s.f.* apparecchio metallico cavo, a chiusura ermetica, che permette di compiere operazioni o reazioni chimiche a pressione superiore a quella atmosferica; è usato come sterilizzatore.

autocolonna [-lón-] *s.f.* colonna di autoveicoli.

autocombustione [-stió-] *s.f.* processo di combustione spontaneo.

autoconsumo *s.m.* l'utilizzazione diretta di prodotti da parte dei produttori: *economia di —,* nella quale si produce ciò che si consuma, senza esportare né importare.

autocontrollo [-tròl-] *s.m.* controllo di sé stessi.

autocorrettivo *agg.* si dice di procedimenti didattici basati sull'autocorrezione: *test —.*

autocorrezione [-zió-] *s.f.* la correzione, individuale o collettiva, dei propri errori, spec. come tecnica didattica: *schede per —.*

autocorriera [-riè-] *s.f.* autoveicolo per il trasporto interurbano di passeggeri.

autocoscienza [-scièn-] *s.f.* **1** coscienza di sé **2** pratica psicologica e politica per acquisire la coscienza delle proprie difficoltà e dei propri valori umani.

autocrate [-tò-] *s.m.* chi esercita la propria autorità in modo assoluto.

autocratico [-crà-] *agg.* [pl.m. *-ci*] che è proprio di un autocrate: *governo —,* assoluto.

autocritica [-crì-] *s.f.* critica del proprio operato.

autocritico [-crì-] *agg.* [pl.m. *-ci*] che riguarda l'autocritica; che la pratica.

autoctono [-tòc-] *agg.* **1** nativo del luogo: *popolazione autoctona* **2** (*geol.*) si dice di rocce formatesi nello stesso luogo dove affiorano. CONTR. *alloctono*.

autodafè *s.m.invar.* **1** (*st.*) sentenza e condanna dell'inquisizione di Spagna **2** il bruciare gli eretici sul rogo; per estens., linciaggio (anche in senso *fig.*).

autodecisione [-jió-] *s.f.*, **autodeterminazione** [-zió-] *s.f.* facoltà delle persone e dei popoli di volere e agire liberamente.

autodenuncia [-nùn-] *s.f.* la denuncia di sé stesso come autore di un reato, spec. a scopo di provocazione e propaganda politica: *firmare un' — collettiva.*

autodidatta *s.m.* e *f.* [pl.m. *-i*] chi, senza aver seguito studi regolari, si è istruito da sé.

autodifesa [-fé-] *s.f.* **1** il difendersi, spec. da aggressioni: *tecniche di —* **2** discorso o scritto nel quale si spiega e giustifica il proprio comportamento.

autodisciplina *s.f.* disciplina che ci si impone da sé, avendone compreso i motivi.

autodromo [-tò-] *s.m.* pista per le competizioni automobilistiche.

autoemoteca [-tè-] *s.f.* automezzo attrezzato per il prelievo di sangue da donatori e la sua prima conservazione.

autoferrotranviario [-vià-] *agg.* che riguarda i pubblici trasporti delle tre categorie insieme, autobus e filobus, ferrovie, tranvie.

autoferrotranvieri [-viè-] *s.m.pl.* coloro che lavorano nelle imprese di trasporto pubblico automobilistico, ferroviario e tranviario, considerati nel loro insieme.

autofertilizzante [-liʒʒan-] *agg.* si dice di reattore nucleare che nella combustione del materiale fissile produce altro materiale fissile utilizzabile.

autofilettante *agg.* si dice di vite che penetrando nel legno si fa da sé la madrevite.

autofilotranviario [-vià-] *agg.* che riguarda autobus, filobus, tram insieme.

autofinanziamento [-mén-] *s.m.* (*econ.*) il finanziamento degli investimenti di un'impresa mediante i suoi stessi profitti; per estens., il finanziarsi da sé, senza ricorrere ad aiuti esterni.

autofinanziato *agg.* (*econ.*) basato sull'autofinanziamento; per estens., che si finanzia da sé: *un giornale —.*

autofurgone [-gó-] *s.m.* automezzo attrezzato a furgone.

autogeno [-tò-] *agg.* che si produce da sé / *saldatura autogena,* operata con la semplice fusione delle parti, senza impiego di stagno.

autogestione [-stió-] *s.f.* (*econ.*) gestione di un'impresa attraverso la partecipazione diretta dei dipendenti; per estens., gestione collettiva di un'attività, di un'istituzione.

autogestito *agg.* (*econ.*) basato sull'autogestione; per estens., governato collettivamente da soci, utenti o simili: *fabbrica, scuola autogestita.*

autogiro *s.m.* aeromobile la cui sostentazione è ottenuta da una o più eliche, con assi verticali, la cui rotazione è assicurata dalla velocità di traslazione, impressa da un normale motore ad elica; oggi è sostituito dall'elicottero.

autogol [-gòl] *s.m.* → **autorete**.

autogonfiabile [-fià-] *s.m.* si dice di canotto di salvataggio dotato di dispositivo per il gonfiamento automatico immediato.

autogoverno [-vèr-] *s.m.* **1** facoltà data a un gruppo sociale di provvedere direttamente alla propria amministrazione **2** particolare forma di governo ottenuta da paesi ex coloniali in vista dell'attribuzione della piena sovranità.

autografo [-tò-] *agg.* scritto dall'autore: *manoscritto —.* // *s.m.* **1** scritto, o anche la sola firma, di persona celebre: *un — di Mazzini* **2** il manoscritto originale di un'opera.

autogrill, auto-grill *s.m.invar.* luogo di ristoro per gli automobilisti e di rifornimento e assistenza per i veicoli, lungo autostrade e grandi strade ®.

autoinduzione [-zió-] *s.f.* (*elettr.*) fenomeno dell'induzione di un circuito su sé stesso.

autolesionismo [-ʃioniʃmo] *s.m.* atto dell'infliggersi scientemente un danno fisico.

autolesionista [-ʃio-] *s.m.* e *f.* [pl.m. *-i*] chi compie un atto di autolesionismo.

autolettiga *s.f.* automobile attrezzata per il trasporto di malati, feriti.

autolinea [-li-] *s.f.* linea interurbana percorsa da automezzi pubblici.

automa [-tò-] *s.m.* [pl. *-i*] **1** macchina simile all'uomo e capace di imitarne i movimenti **2** persona che agisce meccanicamente **3** dispositivo controllato da un calcolatore elettronico, programmato per eseguire operazioni anche complesse senza intervento umano.

automatico [-mà-] *agg.* [pl.m. *-ci*] **1** che funziona senza l'intervento diretto dell'uomo: *congegno — / armi automatiche,* armi che si ricaricano senza l'intervento di chi le maneggia, per l'azione su appositi congegni della forza dei gas prodotti dalla carica di lancio / *bottone —* (o *automatico*), composto da due tondini metallici che si incastrano l'uno nell'altro mediante una leggera pressione **2** (*fig.*) che si compie meccanicamente, senza intervento attivo di persone o della volontà.

automatismo [-ʃmo] *s.m.* **1** l'effettuarsi di qlco. in maniera automatica **2** dispositivo automatico: *l'impianto è dotato di diversi automatismi.*

automatizzare [-tiʒʒa-] *v.tr.* rendere automatico; far funzionare per mezzo di automatismi; sottoporre ad automazione: *— lo scarico delle merci; — un ufficio.*

automazione [-zió-] *s.f.* processo produttivo meccanico, guidato da congegni elettronici, in cui l'opera dell'uomo è ridotta al minimo.

automedonte [-dón-] *s.m.* (*scherz.*) cocchiere; automobilista.

automezzo [-mèz-] *s.m.* → **autoveicolo.**

automobile [-mò-] *s.f.* autoveicolo adibito al trasporto di un numero limitato di persone su strada [*ill. a pag. seguente*].

automobilismo [-ʃmo] *s.m.* lo sport e la tecnica dell'automobile.

automobilista *s.m.* e *f.* [pl.m. *-i*] chi guida l'automobile o pratica l'automobilismo.

automobilistico [-li-] *agg.* [pl.m. *-ci*] che riguarda l'automobile o l'automobilismo: *patente automobilistica.*

automontato *agg.* montato su automezzi: *reparti automontati.*

automotrice *s.f.* veicolo ferroviario o tranviario provvisto di apparato motore diesel o elettrico.

automutilazione [-zió-] *s.f.* il mutilare sé stessi; reato consistente nel procurarsi diminuzioni dell'integrità fisica al fine di sottrarsi al servizio militare o di lucrare un premio di assicurazione.

autonoleggio [-lég-] *s.m.* noleggio di automobili; azienda che gestisce tale noleggio.

autonomia [-mì-] *s.f.* **1** capacità di dare a sé stessi le leggi cui ci si sottomette; indipendenza: *— di pensiero,* capacità di pensare senza subire influssi o pressioni di sorta; *concedere l'— amministrativa,* concedere l'indipendenza nel campo amministrativo **2** la distanza che

---

Automobile

berlina, campagnola, camper, convertibile (cabriolet), caravan, coupé, da corsa, dragster, furgonato, diesel, familiare, fuoristrada, giardinetta, gippone, gran turismo, jeep, kart, limousine, pulmino, rally, roulotte, spider, sportiva, turbo, utilitaria; ambulanza, autoambulanza, civetta, gazzella, pantera, radiotaxi, taxi.

■ PARTI: scocca, carrozzeria, sportello, portiera, sedile, cofano, paraurti, parafanghi, parabrezza, specchio retrovisore, tergicristallo, faro (*abbagliante, anabbagliante, antinebbia o fendinebbia*), fanale, fanalino posteriore, tromba, claxon, indicatore di direzione (*freccia, lampeggiatore*), capote, tetto, portabagagli, lunotto, antiappannante, spoiler • autotelaio, telaio, sospensione, ammortizzatore, assale, ponte, ruota, pneumatico (*camera d'aria, copertone, mescola*), volante, bloccasterzo, frizione, freno, freno a mano, cambio, acceleratore, avviamento, anticipo, cruscotto, check panel, indicatore di benzina, contachilometri, motore, cilindro, stantuffo, biella, albero a manovella, bronzina, volano, albero di distribuzione, valvola, coppa dell'olio, filtro dell'olio, radiatore, silenziatore, scappamento o marmitta di scarico, carburatore, trasmissione, marcia, overdrive, retromarcia, folle, trasmissione idraulica, giunto cardanico, albero di trasmissione, differenziale, dinamo, batteria, spinterogeno, candela, chiavetta d'accensione, motorino d'avviamento, autoaccensione, autostarter, optional.

■ MANOVRE: accelerare, accelerazione, acquaplaning, battere in testa, bloccare i freni, cannibalizzare, climatizzare, crash, decelerare, decelerazione, derapare, fare il pieno, fondere le bronzine, frenare, grippaggio, grippare, guidare, imballare il motore, mettere in folle, personalizzare, rimanere in panna, rallentare, ripresa, rodaggio, sbandare, shimmy, silenziare, sorpassare, sottosterzante, sovrasterzante, speronamento, sterzare, tamponamento, tamponare, testa-coda.

■ VARIE: quattrotempi, cilindrata, cavallo, miscela, ottano, anticongelante o antigelo, multigrado, grassaggio, lubrificazione, autorimessa, carrozzeria, autosalone, garage, stazione di servizio, bilanciatura, collaudo, immatricolazione, targhe, licenza di circolazione, patente di guida, foglio rosa, foglio matricolare, bollo, automobilista, autista, carburatorista, garagista, gommista, posteggio, autosilo, rimessaggio.

■ AUTOMOBILISMO: gran premio, rally, formula (*uno, due, tre*), pista, circuito, curva parabolica, chicane, andatura, tenuta, giri, box, acquaplaning, derapage, minigonna, commissario, costruttore, direttore di gara, pilota, sponsor, starter.

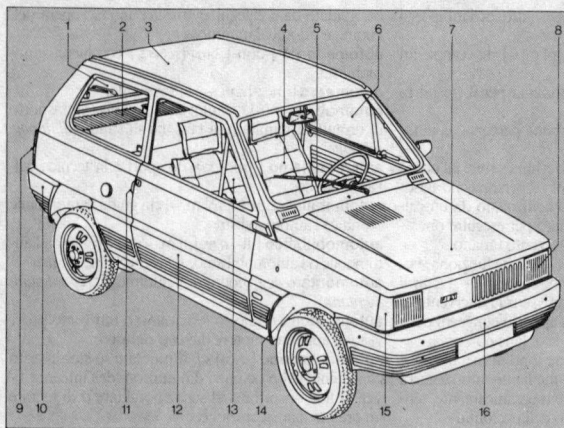

automobile

1 *lunotto*, 2 *portabagagli*,
3 *padiglione*, 4 *sedile
anteriore*, 5 *tergicristallo*,
6 *parabrezza*, 7 *cofano
motore*, 8 *proiettore*,
9 *fanale posteriore*,
10 *paraurti posteriore*,
11 *maniglia*, 12 *portiera*,
13 *deflettore*,
14 *parafango*,
15 *indicatore di direzione*,
16 *paraurti anteriore*

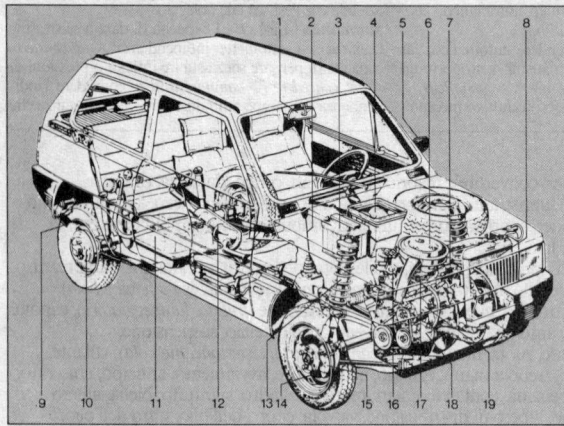

1 *specchio retrovisore
interno*, 2 *leva del cambio*,
3 *accumulatore o batteria*,
4 *impianto di
riscaldamento*, 5 *specchio
retrovisore esterno*, 6 *filtro
dell'aria*, 7 *carburatore*,
8 *radiatore*, 9 *balestra*,
10 *tamburo del freno*,
11 *serbatoio*,
12 *silenziatore*,
13 *ammortizzatore*,
14 *disco del freno*,
15 *ganascia*,
16 *bocchettone
rifornimento olio*,
17 *spinterogeno*, 18 *pompa
dell'acqua*, 19 *generatore
di corrente*.

una macchina può percorrere senza rifornirsi di carburante / — *di volo*, il periodo di volo durante il quale un aeroplano può rimanere senza rifornimento **3** l'ideologia e l'organizzazione dei gruppi di estrema sinistra detti autonomi: *l'area dell'* —; *è passato all'* —.
autonomismo [-ʃmo] *s.m.* atteggiamento di chi aspira all'autonomia politica o amministrativa.
autonomista *s.m. e f.* [pl.m. *-i*] chi sostiene e promuove l'autonomia.
autonomo [-tò-] *agg.* **1** che gode dell'autonomia **2** che partecipa alla lotta politica senza riconoscersi nei partiti, nei sindacati, nelle istituzioni esistenti: *gruppi operai autonomi* // *s.m.* chi aderisce all'ideologia di gruppi dell'estrema sinistra che teorizzano il rifiuto totale delle istituzioni e la lotta politica illegale, anche armata.
autoparco *s.m.* [pl. *-chi*] **1** spazio riservato alla sosta di autoveicoli. SIN. *posteggio* **2** insieme di automezzi adibiti a un servizio.
autopiano *s.m.* strumento musicale costituito da un

pianoforte la cui tastiera è azionata da un meccanismo elettrico o a pedali; pianola.
autopilota [-lò-] *s.m.* [pl. *-i*] complesso di dispositivi che permette di mantenere automaticamente un aeromobile nell'assetto di navigazione voluto.
autopista *s.f.* pista praticabile da piccole auto, di solito elettriche, per divertimento; anche modellino di pista con le relative macchine in miniatura.
autopompa [-póm-] *s.f.* autocarro munito di una pompa per spegnere gli incendi, azionata dal motore del veicolo stesso.
autopropulsione [-sió-] *s.f.* azione di spinta che agisce su di un corpo qualsiasi per effetto di sviluppo e di trasformazione di energia all'interno del corpo stesso.
autopsia [-sì-] *s.f.* (*med.*) sezione ed esame di un cadavere per lo studio anatomico o per scoprire le cause del decesso.
autoptico [-tòp-] *agg.* [pl.m. *-ci*] di autopsia: *esame* —.
autopullman *s.m.invar.* torpedone per gite turistiche.
autopunizione [-zió-] *s.f.* (*psic.*) processo per cui un

individuo è portato inconsciamente a cercare il proprio danno per appagare un sentimento di colpa.

autoradio [-rà-] *s.f.* **1** automobile dotata di impianto radio per ricevere e trasmettere segnali anche durante il movimento **2** apparecchio radioricevente che può essere installato a bordo degli autoveicoli.

autoraduno *s.m.* raduno di automobili, spec. come manifestazione sportiva.

autore [-tó-] *s.m.* [f. *-trice*] **1** chi è origine, ragione di qlco.; creatore, promotore: *Dio è il supremo* — **2** chi crea col proprio ingegno un'opera letteraria, artistica, scientifica: *è una statua di* — *ignoto* / *è un'opera d'* —, *di artista eccellente* / *fuori l'*—*!*, espressione di entusiasmo del pubblico a teatro / *diritto d'*—, diritto di proprietà spettante all'autore di opere letterarie, scientifiche o musicali; il compenso che ne deriva.

autoreattore [-tó-] *s.m.* → **statoreattore**.

autoreparto *s.m.* reparto di truppe trasportate con automezzi.

autorespiratore [-tó-] *s.m.* congegno per la respirazione subacquea senza collegamenti con l'esterno, costituito da una maschera di gomma con valvola di erogazione e una o due bombole ad aria compressa con riduttore di pressione.

autorete [-ré-] *s.f.* nel gioco del calcio, il punto a sfavore segnato da un giocatore che ha inviato erroneamente la palla nella propria porta.

autorevole [-ré-] *agg.* **1** che possiede autorità, che è tenuto in grande stima: *un personaggio* — **2** che proviene da persona importante: *un consiglio* —.

autorevolezza [-léz-] *s.f.* qualità di ciò che è autorevole.

autoriduttore [-tó-] *s.m.* [f. *-trice*] chi pratica l'autoriduzione.

autoriduzione [-zió-] *s.f.* pagamento ridotto di un servizio, spettacolo o simili, da parte degli utenti come forma di protesta.

autorimessa [-més-] *s.f.* edificio per il ricovero e per il servizio di manutenzione degli autoveicoli.

autorità *s.f.invar.* **1** facoltà legittima di comandare; potere di prendere provvedimenti vincolanti per i destinatari: *l'*— *dello stato deve essere rispettata dai cittadini* **2** influenza esercitata dalla volontà di una persona sulla volontà o l'azione di altre: *non abusare della tua* —; *godere di molta* — **3** persona o ente investito di una carica pubblica o di potere legittimo; (*fig.*) persona competente: *palco riservato alle* —; *è un'*— *nel campo della medicina* **4** stima, credito derivante dall'età, dall'esperienza, dalle virtù di una persona; prestigio: *dobbiamo riconoscere l'*— *di quel professore*.

autoritario [-tà-] *agg.* che usa smodatamente della propria autorità: *è un tipo* —.

autoritarismo [-fmo] *s.m.* sistema politico basato sull'imposizione dell'autorità e non sul consenso; per estens., tendenza a imporre l'autorità nell'organizzazione didattica, aziendale, nella famiglia.

autoritratto *s.m.* ritratto di sé stesso eseguito da un pittore o da uno scultore; per estens., descrizione di sé stesso in prosa o in versi.

autorizzare [-riʒʒa-] *v.tr.* **1** consentire, concedere; permettere il compimento di una determinata attività a chi senza tale permesso non avrebbe il diritto di compierla: *la vendita di un prodotto* **2** giustificare.

autorizzazione [-riʒʒazió-] *s.f.* l'atto, l'effetto dell'autorizzare.

autosalone [-ló-] *s.m.* salone per esposizione e vendita di autoveicoli.

autoscala *s.f.* automezzo dotato di scala estensibile, usato spec. per operazioni di soccorso.

autoscatto *s.m.* congegno dell'apparecchio fotografico che permette lo scatto di fotografie senza intervento dell'operatore [*ill. Fotografia*].

autoscontro [-scón-] *s.m.* autopista nella quale il divertimento consiste nel cercare lo scontro tra le piccole auto che vi circolano.

autoscuola [-scuò-] *s.f.* scuola in cui si insegna la guida dell'automobile.

autoservizio [-vì-] *s.m.* servizio autorizzato di trasporto pubblico per mezzo di autocorriere.

autosilo *s.m.* parcheggio per autoveicoli sviluppato in verticale, su molti piani.

autosnodato [-ſno-] *s.m.* automezzo pesante, di solito per il trasporto di persone, formato da motrice e rimorchio collegati da uno snodo coperto che li rende reciprocamente accessibili dall'interno.

autostarter [-stàr-] *s.m.invar.* starter automatico.

autostazione [-zió-] *s.f.* stazione per le linee automobilistiche di servizio pubblico.

autostello [-stèl-] *s.m.* luogo di ristoro con alloggio per gli automobilisti e con servizio di assistenza per le autovetture.

autostop [-stòp] *s.m.invar.* sistema di fermare automezzi in transito per farsi condurre in qualche luogo gratuitamente.

autostoppista *s.m. e f.* [pl.m. *-i*] chi chiede passaggi, chi pratica l'autostop.

autostrada *s.f.* strada riservata agli autoveicoli, con tracciato prevalentemente rettilineo, separato da ogni altra arteria di traffico, ed accessi e uscite obbligati in apposite stazioni di controllo.

autostradale *agg.* che concerne le autostrade.

autosufficiente [-cièn-] *agg.* che basta a sé stesso.

autosuggestione [-stió-] *s.f.* processo psicologico per cui l'individuo esercita una suggestione su sé stesso.

autotassazione [-zió-] *s.f.* sistema di pagamento dell'imposta sul reddito nel quale il contribuente calcola la propria imposta e la versa allo stato tramite banca.

autotelaio [-là-] *s.m.* telaio di autoveicolo, e spec. di autovettura.

autotomia [-mì-] *s.f.* amputazione spontanea di una parte del proprio corpo, compiuta da alcuni animali a scopo di difesa.

autotrasportatore [-tó-] *s.m.* [f. *-trice*] imprenditore nel settore degli autotrasporti; anche, lavoratore del settore (spec. *pl.*).

autotrasporto [-spòr-] *s.m.* trasporto effettuato per mezzo di autoveicoli.

autotreno [-trè-] *s.m.* autocarro con uno o più rimorchi, per trasporto di merci.

autotrofo [-tò-] *agg.* si dice di organismo vegetale fornito di clorofilla, capace di trasformare l'anidride carbonica in composti organici.

autoveicolo [-vei-] *s.m.* mezzo di trasporto a quattro ruote azionato da motore proprio e viaggiante su strada.

autovettura *s.f.* → **automobile**.

autunnale *agg.* dell'autunno.

autunno *s.m.* stagione dell'anno compresa fra l'estate e l'inverno; inizia il 23 settembre.

auxina *s.f.* (*bot.*) ormone vegetale che presiede all'accrescimento degli apici vegetativi.

auxologia [-gì-] *s.f.* disciplina delle scienze biologiche che si occupa dell'accrescimento degli organismi, in particolare di quello umano.

avallare v.tr. 1 (dir.) assumersi la responsabilità di obbligazioni altrui 2 (fig.) garantire; confermare.

avallo s.m. (dir.) assunzione di responsabilità per obbligazioni altrui.

avambraccio [-bràc-] s.m. la parte del braccio che va dal gomito all'articolazione della mano.

avamporto [-pòr-] s.m. struttura portuale, per manovra o sosta o per accogliere le navi più grandi, che precede, anche a una certa distanza, l'entrata di un porto.

avamposto [-pó-] s.m. posto avanzato di uno schieramento militare, con compiti di difesa e di osservazione.

avana s.m.invar. 1 tipo di tabacco, originario dell'Avana, con cui si confezionano i sigari omonimi 2 color bruno-nocciola.

avancarica [-cà-] solo nella locuz.avv. ad avancarica: armi ad —, che si caricano dalla volata.

avanguardia [-guàr-] s.f. 1 reparto che precede le truppe in marcia per garantirle da attacchi di sorpresa / d'—, che professa idee nuove / essere all'—, professare idee nuove 2 movimento letterario e artistico che sostiene nuove poetiche, spesso contro quelle tradizionali 3 (pol.) gruppo o persona che è, o si ritiene, su posizioni politiche avanzate rispetto a quelle delle masse.

avanguardismo [-fmo] s.m. tendenza a voler fare dell'avanguardia, dello sperimentalismo.

avanguardista s.m. [pl. -i] membro delle organizzazioni giovanili paramilitari fasciste.

avannotto [-nòt-] s.m. l'individuo appena nato di pesci d'acqua dolce come trote, barbi ecc.

avanscoperta [-pèr-] s.f. ricognizione militare tendente a scoprire le posizioni e i movimenti del nemico.

avanspettacolo [-tà-] s.m. spettacolo teatrale, per lo più di rivista, presentato come complemento di un programma cinematografico.

avanti avv. di luogo innanzi: andate — / tirare —, campare la vita / mandare — la famiglia, provvedere al suo mantenimento / essere — negli studi, essere a buon punto del loro corso / farsi —, presentarsi con risolutezza // avv. di tempo prima: — che, prima che / da qui —, d'ora in —, d'ora in poi / prep. impropria (antiq.) 1 innanzi, davanti (nello spazio); si unisce ai nomi per mezzo della prep. a: camminava — a lui 2 alla presenza; si unisce ai nomi per mezzo della prep. a: si comportò benissimo — ai superiori 3 prima (nel tempo): gli scrisse — di tutti / — Cristo, prima di Cristo / — giorno, prima dell'alba // inter.impropria invito rivolto a chi chiede di entrare // s.m.invar. nel calcio e in altri giochi di squadra, ogni giocatore della linea d'attacco.

avantieri [-tiè-] avv. il giorno prima di ieri.

avantreno [-trè-] s.m. complesso delle ruote e delle sospensioni anteriori di un autoveicolo.

avanzamento [-mén-] s.m. 1 atto, effetto dell'avanzare 2 progresso: — delle idee 3 promozione, nell'ambito di una carriera gerarchica: — di grado.

avanzare[1] v.intr. 1 procedere, andare avanti (anche fig.) 2 sporgere: la gonna avanza dal cappotto // v.tr. 1 superare, precedere, sovrastare: nella corsa avanza tutti 2 promuovere: — di grado 3 portare in avanti: — lo steccato 4 presentare, porgere: — richiesta.

avanzare[2] v.tr. 1 essere creditore: — mille lire da qlcu. 2 risparmiare, mettere da parte // v.intr. 1 restare: è avanzato del pane 2 essere in più, abbondare.

avanzata s.f. atto dell'avanzare; (anche fig.) movimento in avanti, progresso.

avanzato agg. 1 che si trova avanti; spinto innanzi:

reparto — 2 audace, innovatore: idee avanzate 3 che è già in buona parte trascorso; maturo: età avanzata.

avanzo s.m. 1 ciò che rimane, residuo: gli avanzi del pranzo / averne d'—, averne a sufficienza, in sovrappiù / — di galera, delinquente 2 rudere, vestigio 3 eccedenza delle entrate in un bilancio commerciale 4 nelle operazioni aritmetiche, il resto.

avaria [-ri-] s.f. 1 danno derivante alla nave o al carico da sinistro marittimo 2 danno subito da una merce durante il trasporto, deterioramento 3 guasto meccanico che impedisce il funzionamento regolare di una macchina.

avariare v.intr. guastarsi, rovinarsi.

avariato agg. che ha subito danno; deteriorato; guasto: merci avariate; cibo —.

avarizia [-ri-] s.f. 1 ritegno eccessivo nello spendere. SIN. grettezza, taccagneria, spilorceria, tirchieria, pitoccheria. CONTR. prodigalità 2 scarsa produttività; chiusura di carattere.

avaro agg. 1 che ha eccessivo ritegno nello spendere. SIN. gretto, taccagno, spilorcio, tirchio, pitocco. CONTR. prodigo 2 che non dà, che dà poco e malvolentieri: uno scrittore —, che scrive poco; — di sé, che non si confida // s.m. chi non spende, chi non dà.

ave inter. saluto degli antichi romani // s.f. abbr. di **avemmaria**.

avellana s.f. 1 nocciola 2 (arald.) figurazione composta da quattro nocciole riunite in forma di croce.

avellinese [-né-] agg. di Avellino // s.m. e f. abitante di Avellino.

avello [-vèl-] s.m. (lett.) sepolcro, tomba.

avemmaria [-ri-] s.f. 1 preghiera alla Madonna / sapere una cosa come l'—, saperla molto bene a mente 2 suono delle campane al tramonto per invitare i fedeli a pregare la Madonna; l'ora in cui suona l'avemmaria 3 ciascuno dei grani piccoli del rosario.

avena [-vé-] s.f. pianta erbacea, simile al grano, con fiori pendenti raccolti in pannocchia e cariossidi allungate (fam. Graminacee) [ill. Cereali].

aventinismo [-fmo] s.m. atteggiamento di chi, per protesta, si estrania dalle istituzioni politiche anziché difendere le proprie posizioni all'interno di esse.

avere[1] [-vé-] v.tr. [pres. io ho, tu hai, egli ha, noi abbiamo, voi avéte, essi hanno; fut. io avrò, tu avrai ecc.; pass.rem. io èbbi, tu avésti, egli èbbe, noi avémmo, voi avéste, essi èbbero; cong.pres. io àbbia, noi abbiamo, voi abbiate, essi àbbiano; cond.pres. io avrèi, tu avrésti ecc.; imp. abbi, abbiate; p.pres. avènte; p.pass. avuto; come verbo AUSILIARE forma i tempi composti dei verbi transitivi attivi, di quelli intransitivi che esprimono un'attività fisica e morale e di alcuni intransitivi di moto] 1 possedere; provare, sentire; reputare, stimare: io ho una villa al mare; — paura, compassione; — uno per disonesto / — a vile, tenere in nessun conto, disprezzare / — in odio, odiare / — in sospetto, sospettare / — a cuore, gradire / — a cuore una cosa, occuparsene con interesse / — a mente una cosa, ricordarsene / aversela a male, ritenersi offeso / avercela con uno, serbare rancore a uno / — in animo, avere l'intenzione / — del, partecipare delle qualità di: quell'uomo ha del disonesto 2 portare addosso, indossare: ho la giacca, il cappello 3 acquistare, comprare: ho avuto quel libro per mille lire 4 conseguire, ottenere: — una carica, un premio 5 dovere, e significati analoghi (quando è seguito dalla prep. da e da un verbo all'infinito): — da dire, da fare qlco. / — da, avere di che: non ho niente da mangiare.

avere[2] [-vè-] *s.m.* **1** ricchezza, patrimonio **2** credito, profitto: *il dare e l'—*, in contabilità, i debiti e i crediti.

averla [-vèr-] *s.f.* uccello predatore di modeste dimensioni, con dorso rosso-bruno, petto bianco-rossiccio, testa e groppa cenerine, coda nera, becco forte e ricurvo (*fam.* Laniidi).

averroismo [-ʃmo] *s.m.* dottrina filosofica che si rifà all'interpretazione di Aristotele data dall'arabo Averroè.

aviatore [-tó-] *s.m.* [f. *-trice*] chi pilota un aeroplano o fa parte dell'equipaggio di esso.

aviatorio [-tò-] *agg.* che si riferisce all'aviazione.

aviazione [-zió-] *s.f.* complesso di attività concernenti il volo con mezzi più pesanti dell'aria.

avicolo [-vì-] *agg.* che riguarda l'avicoltura.

avicoltore [-tó-] *s.m.* [f. *-trice*] che alleva uccelli.

avicoltura *s.f.* allevamento di uccelli.

avidità *s.f.invar.* desiderio ardente e smodato. SIN. *brama, cupidigia*.

avido [à-] *agg.* che brama qlco. con intensità e senza misura. SIN. *bramoso, cupido, voglioso* // **-mente** *avv.* con avidità.

aviere [-viè-] *s.m.* militare d'aviazione.

avifauna [-fà-] *s.f.* l'insieme degli uccelli di una regione.

avio- [à-] [da *aviazione*] primo elemento di composti che si riferiscono alla navigazione aerea (*aviogetto, aviolinea, aviotrasportare*).

aviogetto [-gèt-] *s.m.* aereo con motore a reazione.

aviolinea [-lì-] *s.f.* linea percorsa da aerei adibiti a servizio civile.

avioraduno *s.m.* raduno di aerei, spec. come manifestazione sportiva.

aviorazzo *s.m.* razzo trasportato e lanciato da aerei.

aviorimessa [-més-] *s.f.* capannone che serve al ricovero degli aeroplani (*ill. Aeroplano*).

aviotrasportare *v.tr.* [*io aviotraspòrto ecc.*] trasportare con mezzi aerei.

aviotrasportato *agg.* trasportato mediante un mezzo aereo: *truppe aviotrasportate*.

avitaminosi [-nòʃi] *s.f.invar.* malattia derivata da insufficienza o assenza di vitamine.

avito *agg.* degli avi: *castello —*.

avo *s.m.* [f. *-a*] **1** nonno paterno o materno **2** *pl.* antenati.

avocado *s.m.invar.* albero tropicale che produce frutti di grato sapore (*fam.* Lauracee).

avocare *v.tr.* [*io àvoco, tu àvochi ecc.*] richiamare a sé, detto spec. dell'azione con la quale organi giurisdizionali e amministrativi assumono una questione di competenza di organi inferiori; confiscare: *— a sé il diritto di decidere*, stabilire di decidere da sé.

avocazione [-zió-] *s.f.* l'atto dell'avocare.

avorio [-vò-] *s.m.* **1** sostanza dura di origine naturale (zanne di elefante, semi di alcune palme) o artificiale, usata per palle da biliardo, tasti di pianoforte ecc.: *statuetta d'—* **2** nome di un particolare tono di bianco.

avulso *agg.* che è staccato: *— dal contesto*.

avvalersi [-lèr-] *v.rifl.pron.* [coniugato come *valere*] servirsi, usare: *— dei propri diritti*.

avvallamento [-mén-] *s.m.* atto, effetto dell'avvallarsi; abbassamento: *un — del terreno*.

avvallarsi *v.rifl.pron.* abbassarsi.

avvalorare *v.tr.* [*io avvalóro ecc.*] dare valore, forza; comprovare.

avvampare *v.intr.* **1** accendersi, ardere vivamente (anche *fig.*) **2** tingersi di rosso; arrossire.

avvantaggiare *v.tr.* [*io avvantàggio ecc.*] arrecare van-

taggio, profitto // **-arsi** *v.rifl.* **1** trarre vantaggio, profitto **2** guadagnare tempo o spazio; prender vantaggio.

avvedersi [-dèr-] *v.rifl.pron.* [coniugato come *vedere*; p. pass. *avveduto*] accorgersi.

avvedutezza [-téz-] *s.f.* prudenza, accortezza; furberia.

avveduto *agg.* accorto; furbo.

avvelenamento [-mén-] *s.m.* stato patologico dovuto all'ingestione di sostanze velenose.

avvelenare *v.tr.* [*io avveléno ecc.*] **1** propinare il veleno, uccidere col veleno **2** rendere velenoso (un cibo, una bevanda ecc.) **3** (*fig.*) amareggiare; rovinare // **-arsi** *v.rifl.* ingerire sostanze velenose; uccidersi con il veleno.

avvelenato *agg.* **1** ucciso dal veleno **2** velenoso (anche *fig.*) / *avere il dente —*, nutrire risentimento.

avvelenatore [-tó-] *s.m.* [f. *-trice*] chi avvelena.

avvenente [-nén-] *agg.* bello, leggiadro.

avvenenza [-nèn-] *s.f.* bellezza, leggiadria.

avvenimento [-mén-] *s.m.* fatto di una certa importanza. SIN. *evento*.

avvenire[1] *v.intr.impers.* [coniugato come *venire*] accadere, succedere, capitare.

avvenire[2] *agg.invar.* futuro // *s.m.* **1** il futuro, ciò che avverrà **2** il benessere, la prosperità futura: *un giovane senza —*.

avvenirismo [-ʃmo] *s.m.* tendenza a proiettare le proprie idee nel futuro, ad anticipare il futuro con progetti e realizzazioni.

avvenirista *agg. s.m. e f.* [pl.m. *-i*] che, chi tende all'avvenirismo; chi ha fiducia nel progresso futuro: *architetto —; una politica —*.

avveniristico [-rì-] *agg.* [pl.m. *-ci*] che nasce da avvenirismo; che anticipa il futuro: *veicolo —*.

avventare *v.tr.* [*io avvènto ecc.*] scagliare, lanciare con violenza / *— giudizi*, pronunziarli senza riflettere // **-arsi** *v.rifl.* gettarsi con impeto contro qlcu. o qlco. (anche *fig.*).

avventatezza [-téz-] *s.f.* **1** l'agire e il parlare senza riflettere. SIN. *sventatezza, imprudenza, sconsideratezza* **2** atto, detto avventato.

avventato *agg.* **1** che agisce o parla senza riflettere **2** fatto, detto senza riflettere. SIN. *sventato, imprudente, sconsiderato*.

avventista *agg. e s.m. e f.* [pl.m. *-i*] che, chi ha fede nell'imminente ritorno di Cristo sulla terra (come alcune sette protestanti, spec. del mondo anglosassone).

avventizio [-ti-] *agg.* instabile, provvisorio / *impiegato —* (o *avventizio*), quello che non è di ruolo, privo cioè di stabilità.

avvento [-vèn-] *s.m.* **1** venuta, arrivo **2** assunzione ad alta carica: *— al pontificato* **3** periodo iniziale dell'anno liturgico, prima del Natale.

avventore [-tó-] *s.m.* [f. (rar.) *-trice*] cliente di un negozio o di un locale pubblico.

avventura *s.f.* **1** avvenimento curioso o straordinario; impresa singolare / *per —*, per caso **2** (*scherz.*) relazione amorosa di poco impegno: *da giovane ebbe molte avventure*.

avventurare *v.tr.* esporre a rischio qlco. per averne vantaggi // **-arsi** *v.rifl.* esporsi a un pericolo; arrischiarsi (anche *fig.*).

avventuriero [-riè-] *s.m.* chi va in cerca di fortuna anche con mezzi poco leciti.

avventurina *s.f.* pietra pregiata di colore variabile, ricca di inclusioni lucenti di mica.

avventurismo [-ʃmo] *s.m.* in politica, attività spregiudicata e rischiosa, condotta senza averne verificato le possibilità di riuscita.

avventurista *agg.* e *s.m.* e *f.* [pl.m. *-i*] che, chi in politica fa dell'avventurismo.

avventuroso [-rò-] *agg.* che abbonda di avventure; che ama le avventure: *gita avventurosa; viaggiatore —.*

avverare *v.tr.* [*io avvèro ecc.*] rendere vero, reale // **-arsi** *v.rifl.pron.* diventar vero: *le previsioni s'avverarono.*

avverbiale *agg.* dell'avverbio: *locuzione —,* che svolge funzione d'avverbio.

avverbio [-vèr-] *s.m.* parte invariabile del discorso che serve a determinare un verbo, un aggettivo o un altro avverbio (p.e. sto *bene, poco* intelligente, *troppo* crudamente).

avversare *v.tr.* [*io avvèrso ecc.*] osteggiare: *— i progetti di qlcu.* CONTR. *assecondare.*

avversario [-sà-] *agg.* e *s.m.* che o chi si oppone in una contesa o lotta.

avversativo *agg.* che serve ad avversare: *congiunzione avversativa,* introduce una proposizione che si oppone ad un'altra.

avversatore [-tó-] *agg.* e *s.m.* [f. *-trice*] che o chi avversa.

avversione [-sió-] *s.f.* **1** disposizione d'animo ostile; forte antipatia: *nutro — per alcune persone, per i gatti.* SIN. *odio, malanimo* **2** ripugnanza. SIN. *repulsione, disgusto.* CONTR. *propensione.*

avversità *s.f.invar.* l'essere avverso; ciò che è avverso; disgrazia, calamità.

avverso [-vèr-] *agg.* che si oppone, sfavorevole.

avvertenza [-tèn-] *s.f.* **1** l'essere avvertito; prudenza, cautela. CONTR. *inavvertenza* **2** discorso con cui si avverte o ammonisce qlcu.; consiglio, avviso **3** *pl.* istruzioni per l'uso.

avvertimento [-mén-] *s.m.* l'avvertire; avviso.

avvertire *v.tr.* [*io avvèrto ecc.*] **1** volgere l'attenzione di qlcu. su una determinata circostanza: *vi avvertiamo che domani arriverà lo zio.* SIN. *avvisare* **2** notare; sentire: *— un rumore; — un dolore alla spalla.*

avvezzare *v.tr.* [*io avvézzo ecc.*] far prendere un'abitudine. SIN. *abituare, assuefare.* CONTR. *disavvezzare.*

avvezzo [-véz-] *agg.* abituato, assuefatto.

avviamento [-mén-] *s.m.* **1** atto, effetto dell'avviare o dell'avviarsi: *l'— di un motore* **2** nel vecchio ordinamento scolastico italiano, scuola che seguiva quella elementare per i giovani da avviare al piccolo impiego nell'industria o nel commercio **3** (*econ.*) quella parte del valore di un'impresa che si può attribuire al fatto di essere già organizzata e in attività.

avviare *v.tr.* [*io avvio, tu avvii ecc.*] **1** mettere su una via, indirizzare (anche *fig.*): *— i treni ai rispettivi binari; — un figlio agli studi classici* **2** dare inizio a qlco., mettere in moto: *— una costruzione; — un'industria; — il motore / — un lavoro a maglia,* iniziare il lavoro formando col filo intorno a un ferro una serie di anelli che servono da base a tutta la maglia // **-arsi** *v.rifl.* mettersi su una via, incamminarsi (anche *fig.*): *— all'uscita.*

avviato *agg.* che è già incominciato; bene incamminato, progredito.

avvicendamento [-mén-] *s.m.* atto, effetto dell'avvicendare o dell'avvicendarsi.

avvicendare *v.tr.* [*io avvicèndo ecc.*] alternare periodicamente // **-arsi** *v.rifl.* succedersi, darsi il cambio.

avvicinamento [-mén-] *s.m.* atto, effetto dell'avvicinare o dell'avvicinarsi. CONTR. *allontanamento.*

avvicinare *v.tr.* **1** mettere una cosa vicino ad un'altra: *— la sedia al tavolo.* SIN. *accostare,* approssimare.

CONTR. *allontanare* **2** farsi vicino a qlcu.; fare la sua conoscenza // **-arsi** *v.rifl.* **1** farsi vicino: *la nave si avvicina al porto; i nostri due pareri si sono avvicinati.* SIN. *accostarsi, approssimarsi.* CONTR. *allontanarsi* **2** assomigliare.

avvilente [-lèn-] *agg.* che avvilisce: *situazione —.*

avvilimento [-mén-] *s.m.* **1** atto, effetto dell'avvilire **2** situazione di chi è avvilito, depresso, scoraggiato: *il tuo — mi sembra esagerato.* SIN. *abbattimento, prostrazione, depressione.*

avvilire *v.tr.* [*io avvilisco, tu avvilisci ecc.*] **1** (*lett.*) rendere vile, spregevole **2** scoraggiare, abbattere // **-irsi** *v.rifl.* abbattersi, esser preso da scoraggiamento.

avvilito *agg.* depresso, scoraggiato.

avviluppare *v.tr.* **1** fare viluppo di qlco.; ingarbugliare, imbrogliare (anche *fig.*) **2** avvolgere; ricoprire.

avvinazzato *agg.* che ha bevuto troppo vino; brillo, ubriaco.

avvincente [-cèn-] *agg.* che avvince: *lettura —.*

avvincere [-vìn-] *v.tr.* [coniugato come *vincere*] (*lett.*) stringere, legare; (*fig.*) affascinare.

avvinghiare *v.tr.* [*io avvìnghio ecc.*] stringere, avvolgere con forza.

avvio [-vì-] *s.m.* avviamento, inizio.

avvisaglia [-ʃà-] *s.f.* **1** scontro tra pochi armati, scaramuccia **2** primo sintomo, cenno.

avvisare [-ʃà-] *v.tr.* **1** dare avviso di qlco.: *— un amico del proprio arrivo.* SIN. *avvertire, informare* **2** ammonire: *ti avviso di star calmo! / prov.: uomo avvisato, mezzo salvato,* si dice per disuadere qlcu. dal fare qlco.

avvisatore [-ʃató-] *s.m.* [f. *-trice*] **1** chi avvisa **2** qualsiasi apparecchio che dia segnali d'avvertimento: *— acustico,* che dà segnali acustici (p.e. il clacson).

avviso [-ʃo] *s.m.* **1** avvertimento che si fa a voce o per iscritto: *ho un — importante per voi* **2** foglio, spec. a carattere ufficiale, che contiene notizie o intimazioni di varia natura: *— di concorso, di sfratto, di chiamata alle armi; — di reato,* informazione che viene notificata a chi è inquisito per un reato **3** parere, opinione: *a nostro — tu sbagli.*

avvistamento [-mén-] *s.m.* atto, effetto dell'avvistare.

avvistare *v.tr.* vedere da lontano.

avvitamento [-mén-] *s.m.* atto, effetto dell'avvitare o dell'avvitarsi.

avvitare *v.tr.* **1** stringere come si fa con una vite: *— una lampadina.* CONTR. *svitare* **2** fissare con viti: *— una targhetta alla porta* // **-arsi** *v.rifl.* muoversi con moto elicoidale; in particolare, precipitare in picchiata rotando su sé stesso (detto di un aeroplano).

avviticchiare *v.tr.* [*io avvitìcchio ecc.*] stringere intorno strettamente, come fanno i viticci // **-arsi** *v.rifl.* avvolgersi, avvinghiarsi: *l'edera si era avviticchiata alla colonna.*

avvivare *v.tr.* (*non com.*) dare la vita; rendere vivo (anche *fig.*); ravvivare: *— una festa con il proprio brio.*

avvizzimento [-mén-] *s.m.* l'avvizzire; l'essere avvizzito (anche *fig.*).

avvizzire *v.intr.* [*io avvizzisco, tu avvizzísci ecc.*] diventare vizzo, appassire, seccare; (*fig.*) invecchiare; diventare inattuale.

avvizzito *agg.* appassito, sfiorito (anche *fig.*): *un fiore —; un volto —.*

avvocata *s.f.* protettrice (appellativo della Madonna).

avvocatesco [-té-] *agg.* [pl.m. *-chi*] (*spreg.*) da avvocato: *linguaggio —.*

avvocatessa [-tès-] *s.f.* **1** donna che esercita la professione di avvocato **2** (*fig.*) donna ciarliera e intrigante.

avvocato *s.m.* **1** chi sostiene in un processo le ragioni di una delle due parti / *parlare come un* —, parlare in modo sciolto e convincente; parlare in termini legali, burocratici / — *del diavolo*, chi avanza ogni sorta d'obiezioni per infirmare una tesi accettata dai più / — *delle cause perse*, *(scherz.)* chi difende una tesi manifestamente insostenibile **2** *(fig.)* difensore, protettore.

avvocatura *s.f.* **1** professione dell'avvocato **2** l'insieme degli avvocati di un luogo: *l'*— *di Torino* / — *dello stato*, complesso degli avvocati dei quali si serve stabilmente la pubblica amministrazione.

avvolgere [-vòl-] *v.tr.* [coniugato come *volgere*] **1** arrotolare, volgere intorno; coprire circondando, avviluppare. CONTR. *svolgere* **2** *(fig.)* implicare.

avvolgibile [-gì-] *agg.* che si può avvolgere // *s.m.* persiana, saracinesca o simili che si alza o si abbassa avvolgendola attorno a un rullo.

avvolgimento [-mén-] *s.m.* **1** l'avvolgere o l'avvolgersi; l'essere avvolto **2** *(fig.)* giro di parole **3** *(mil.)* manovra tendente a superare un'ala dello schieramento avversario per investirlo alle spalle **4** insieme di conduttori facenti parte di uno stesso circuito elettrico.

avvoltoio [-tó-] *s.m.* nome comune di vari uccelli rapaci diurni, grandi e voraci, con testa piccola, generalmente senza piume, becco lungo e ricurvo all'estremità, unghie poco uncinate *(fam.* Accipitridi).

avvoltolare *v.tr.* [*io avvòltolo ecc.*] avvolgere disordinatamente // **-arsi** *v.rifl.* rotolarsi avvolgendosi.

ayatollah [-làh] *s.m.invar.* maestro e capo religioso tra i musulmani sciiti.

azalea [-zalè-] *s.f.* pianta ornamentale dai fiori bianchi e rosei *(fam.* Ericacee).

azienda [-zièn-] *s.f.* complesso industriale o commerciale: — *agricola*.

aziendale [-zien-] *agg.* dell'azienda: *mensa* —.

aziendalismo [-zien-da-lì-ʃmo] *s.m.* tendenza a privilegiare gli interessi delle aziende, o di una azienda.

azimut [àʒi-] *s.m.invar.* *(astr.)* angolo che il piano verticale passante per l'astro forma col piano meridiano del luogo d'osservazione.

azionare *v.tr.* [*io azióno ecc.*] mettere in azione, far funzionare: — *il motore*.

azionario [-nà-] *agg.* di azione, formato da azioni (quote del capitale di una società).

azione [-zió-] *s.f.* **1** l'agire: *uomo d'*—; *passare all'*— **2** atto, gesto (considerato nel suo valore morale): — *commettere una cattiva* — / *avere il coraggio delle proprie azioni* / *prov.: ognuno è figliolo delle sue azioni*, le conseguenze di un'azione ricadono su chi l'ha compiuta **3** movimento: *macchina in* — **4** effetto di una forza fisica o spirituale: *l'*— *dell'acqua* **5** *(teatr.)* in un'opera drammatica, l'insieme delle vicende: *l'*— *di una tragedia* **6** scontro, combattimento, operazione militare: *un'*— *partigiana* **7** *(sport)* manovra di offesa, spec. negli sport di squadra **8** *(dir.)* richiesta volta ad ottenere dagli organi giurisdizionali la tutela di un diritto: *processo: intentare un'* — *giudiziaria* **9** titolo di credito che rappresenta una quota del capitale di una società.

azionista *s.m.* e *f.* [pl.m. *-i*] chi possiede azioni di una società commerciale.

azoospermia [-ʒoospermì-] *s.f.* *(med.)* mancanza di spermatozoi nel liquido seminale.

azotato [-ʒo-] *agg.* che contiene azoto.

azotemia [-ʒotemì-] *s.f.* *(med.)* tasso dell'azoto ureico presente nel sangue.

azoto [-ʒò-] *s.m.* elemento chimico gassoso, incoloro,

inodoro, costituente principale dell'aria (N; *n.at.* 7; *p.at.* 14,006); è presente in molti composti chimici assai importanti.

azza *s.f.* arma bianca formata da un'asta sulla cui cima è fissato un ferro da una parte appuntito e dall'altra a forma di martello.

azzannare *v.tr.* afferrare con le zanne, addentare: *il leone azzannò il cacciatore.*

azzardare [aʒʒar-] *v.tr.* mettere a rischio, tentare: — *un'ipotesi*, avanzare un'ipotesi senza troppa convinzione // **-arsi** *v.rifl.* avventurarsi, osare: *non azzardarti a ritornare!*

azzardato [aʒʒar-] *agg.* imprudente, temerario: *impresa azzardata*; *giudizio* —. SIN. *rischioso, aleatorio.*

azzardo [aʒʒar-] *s.m.* possibilità di incerta realizzazione; avventura pericolosa: *quest'impresa è un* — / *giochi d'*—, quelli in cui il risultato dipende soltanto dalla sorte, dal caso, e che sono vietati dalla legge salvo particolare autorizzazione. SIN. *rischio, alea.*

azzardoso [aʒʒardó-] *agg.* **1** che si espone facilmente al rischio **2** che contiene rischi e incertezze.

azzeccagarbugli *s.m.invar.* avvocato da strapazzo; persona intrigante.

azzeccare *v.tr.* [*io azzécco, tu azzécchi ecc.*] colpire nel segno (anche *fig.*); indovinare.

azzeramento [aʒʒeramén-] *s.m.* l'azzerare; annullamento, ripresa dall'inizio.

azzerare [-aʒʒe-] *v.tr.* [*io azzèro ecc.*] *(fis.* e *mat.)* **1** ridurre a zero una grandezza variabile; portare a zero l'indice della scala graduata di uno strumento **2** per estens., annullare, eliminare, e anche, far ripartire da zero: — *l'anzianità degli operai*; — *le prove d'esame.*

azzimare [aʒʒi-] *v.tr.* [*io àzzimo ecc.*] abbigliare con ricercatezza.

azzimato [aʒʒi-] *agg.* vestito e pettinato con ricercatezza; agghindato.

azzimo [àʒʒi-] *agg.* si dice del pane non lievitato.

azzittire *v.tr.* [*io azzittisco, tu azzittisci ecc.*] far tacere, ingiungere il silenzio.

azzonamento [aʒʒonamén-] *s.m.* suddivisione in zone, organizzazione per zone, spec. sul piano amministrativo o burocratico.

azzoppire [*io azzoppisco, tu azzoppisci ecc.*] rendere zoppo // **-irsi** *v.rifl.pron.* diventare zoppo.

azzuffarsi *v.rifl.* fare zuffa, venire alle mani, accapigliarsi: *si azzuffarono per un nonnulla.*

azzurrabile [aʒʒurrà-] *agg.* nel gergo sportivo, si dice di atleta che ha la probabilità di far parte della squadra nazionale italiana.

azzurraggio [aʒʒurràg-] *s.m.* *(chim.)* operazione con cui si tenta di dare a sostanze giallicce (p.e. allo zucchero) un colore perfettamente bianco aggiungendo ad esse una sostanza di colore azzurro (complementare del giallo).

azzurrare [aʒʒur-] *v.tr.* colorare d'azzurro.

azzurrino [aʒʒur-] *agg.* di colore azzurro pallido.

azzurrite [aʒʒur-] *s.f.* minerale di colore azzurro violaceo, derivato dall'alterazione dei depositi del rame.

azzurro [aʒʒur-] *agg.* che ha il colore del cielo sereno (nella gradazione compresa tra il celeste e il turchino) // *s.m.* **1** colore azzurro: *l'*— *del cielo* **2** si dice degli atleti che rappresentano l'Italia in una competizione sportiva, e per estens. di tutto ciò che riguarda lo sport italiano sul piano internazionale.

azzurrognolo [aʒʒurró-] *agg.* di colore tendente all'azzurro.

B

b *s.f.* e *m.* [*bi*] seconda lettera dell'alfabeto, consonante.

babà *s.m.invar.* dolce di pasta soffice, lievitata, intrisa di rum.

babau [-bàu] *s.m.invar.* mostro immaginario che si nomina ai bambini per spaurirli.

babbeo [-bè-] *agg.* e *s.m.* sciocco, sempliciotto, tonto.

babbo *s.m.* (*fam.*) padre; papà. DIM. *babbino.*

babbuccia [-bùc-] *s.f.* calzatura turca dal calcagno alto; scarpetta da casa di stoffa o pelle morbida.

babbuino *s.m.* **1** scimmia africana addomesticabile, con muso canino, pelame verdognolo, coda lunga, occhi cerchiati di chiaro (*fam.* Cercopitecidi) **2** (*fig.*) persona sciocca.

babele [-bè-] *s.f.*, **babilonia** [-lò-] *s.f.* confusione, frastuono, disordine.

babirussa *s.m.invar.* mammifero di Celebes, simile al cinghiale; nel maschio i canini superiori s'incurvano a semicerchio verso l'alto.

babordo [-bór-] *s.m.* il fianco sinistro dell'imbarcazione vista da poppa, detto più propriamente *sinistra* o *manca, mancina.*

baby [*ingl.; pr.* bébi] *s.m.* (*scherz.*) bambino, pupo, ragazzo.

baby-doll [*ingl.; pr.* bébi-dòl] *s.m.* indumento femminile da notte composto da camiciola corta e mutandine.

baby-sitter [*ingl.; pr.* bèibi sità] *s.f.* o *m.* chi bada a uno o più bambini durante l'assenza dei genitori.

bacare *v.tr.* [*io baco, tu bachi ecc.*] guastare, rovinare fisicamente o moralmente // **-arsi** *v.rifl.pron.* guastarsi per opera di bachi.

bacato *agg.* **1** guastato dai bachi: *frutto —* **2** (*fig.*) moralmente corrotto; debole di intelligenza.

bacca *s.f.* frutto tondeggiante, polposo, con più semi, proprio di alcune piante, quali il mirtillo, il ribes ecc.

baccalà *s.m.invar.* **1** merluzzo essiccato e conservato sotto sale **2** (*fig.*) persona molto magra, asciutta **3** (*fig.*) persona stupida, maldestra.

baccanale *s.m.* **1** (*st.*) rito orgiastico in onore di Bacco **2** (*fig.*) gozzoviglia, orgia.

baccano *s.m.* strepito assordante fatto da più persone che parlano a voce alta; schiamazzo, chiasso eccessivo. SIN. *fracasso.*

baccante *s.f.* (*st.*) sacerdotessa di Bacco, che celebrava riti orgiastici in onore del dio.

baccarà *s.m.* (*franc.*) gioco d'azzardo fatto con le carte.

baccelliere [-liè-] *s.m.* nel medioevo, studente che, conseguito il primo grado accademico, entrava nel secondo anno di studi universitari.

baccello [-cèl-] *s.m.* frutto secco allungato, a due valve contenenti più semi (p.e. pisello, fagiolo).

bacchetta [-chét-] *s.f.* bastoncino diritto di legno o di altro / — *del direttore d'orchestra*, per battere il tempo e indicare gli attacchi ai singoli esecutori / — *del fucile*, per caricare i fucili ad avancarica / — *magica*, dei prestigiatori e dei maghi / *bacchette*, quelle con cui si suonano alcuni strumenti a percussione [*ill. Musicali, strumenti*] / *comandare a —*, con autorità.

bacchettare *v.tr.* [*io bacchétto ecc.*] battere con una bacchetta.

bacchettata *s.f.* colpo di bacchetta.

bacchettone [-tó-] *s.m.* chi assolve i propri doveri religiosi più attraverso l'osservanza eccessiva scrupolosa delle pratiche che per intima fede; bigotto.

bacchiare *v.tr.* [*io bàcchio ecc.*] battere i rami delle piante con il bacchio per farne cadere i frutti.

bacchiatura *s.f.* il bacchiare; stagione in cui si bacchiano i frutti.

bacchico [bàc-] *agg.* [pl.m. *-ci*] di Bacco, in onore di Bacco: *feste bacchiche.*

bacchio [bàc-] *s.m.* lungo bastone per bacchiare.

bacheca [-chè-] *s.f.* **1** cassetta con coperchio di vetro spesso inclinato, nella quale si espongono cose preziose, libri rari e simili **2** spazio o pannello a muro per l'affissione di comunicati, stampa o simili.

bachelite *s.f.* resina artificiale, insolubile, infusibile, non conduttrice di elettricità e calore, usata per la fabbricazione di oggetti, vernici e come isolante.

bacherozzo [-róz-] *s.m.* **1** piccolo bruco che serve come esca per i pesci o come cibo che si dà agli uccelli **2** (*region.*) scarafaggio.

bachicoltore [-tó-] *s.m.* [f. *-trice*] chi alleva i bachi da seta.

bachicoltura *s.f.* allevamento razionale del baco da seta.

baciamano *s.m.* atto del baciare la mano a qlcu. in segno di rispetto.

baciapile *s.m.* e *f.invar.* persona bigotta e ipocrita, che ostenta devozione.

baciare *v.tr.* [*io bàcio ecc.*] **1** toccare con le labbra qlcu. o qlco., in segno di affetto, riverenza, amore o umiltà: — *la mano* **2** lambire, toccare lievemente: *l'acqua bacia la riva.*

bacile *s.m.* grande vassoio concavo adibito un tempo a vari usi, soprattutto per lavarsi.

bacillo *s.m.* organismo microscopico unicellulare, a forma di bastoncino diritto o ricurvo / — *del Rossi*, insetto ortottero di corpo cilindrico, senza ali.

bacinella [-nèl-] *s.f.* piccolo bacino, catinella, catino.

bacinetto [-nét-] *s.m.* **1** piccolo bacino **2** in anatomia, la zona membranosa (propriamente — *renale*) che raccoglie l'urina a livello del rene e dà inizio alle vie urinarie [*ill. Rene*].

bacino *s.m.* **1** recipiente di forma concava, per lo più di metallo, usato per contenere acqua **2** depressione naturale o artificiale del terreno in cui si raccolgono le acque / — *idrografico*, regione che manda le sue acque a un fiume **3** regione nel cui sottosuolo si trovano determinati minerali: — *carbonifero* **4** regione, zona amministrativa: — *d'utenza*, zona servita da un servizio pubblico (p.e. scuola, trasporti pubblici) **5** (*mar.*) grande vasca in muratura che serve ad accogliere navi in costruzione o in riparazione **6** (*anat.*) la parte inferiore del tronco costituita da un'ampia cavità formata dalle due ossa iliache, dal sacro e dal coccige.

bacio[1] [bà-] *s.m.* atto del baciare, manifestazione di affetto: *dare un —* / — *di Giuda*, lusinga che nasconde il tradimento. DIM. *bacino, bacetto.*

bacio[2] [-cì-] *agg.* (*rar.*) esposto a tramontana, non esposto al sole. CONTR. *solatio.*

background [*ingl.; pr.* bechgràun] *s.m.* retroterra, nel senso *fig.*; l'insieme di risorse, di conoscenze, di capacità sulle quali indirettamente una persona può contare, o per le quali un risultato può verificarsi.

...chi] **1** insetto che compie la meta... ...ando per il triplice stadio di bruco, crisali... ...ta **2** nome generico dato a ogni tipo di bruco ...sita della frutta e ai vermi parassiti intestinali / ... ...seta, farfalla notturna bianchiccia, con corpo pesan-te e ali appena festonate; allo stato di larva, produce la seta, con la quale costruisce un bozzolo ovale, dove si racchiude, divenendo crisalide e quindi insetto perfetto (*fam.* Bombicidi).

bacologia [-gì-] *s.f.* scienza che si occupa dell'allevamento dei bachi da seta.

bacon [*ingl.; pr.* béicon] *s.m.* ventresca di maiale affumicata.

bada *s.f.* solo nella locuz. *tenere a —* qlcu., trattenerlo, per fargli perdere tempo o per tenerlo tranquillo.

badare *v.intr.* **1** sorvegliare, aver cura di qlcu. o qlco.: *— ai bambini* **2** occuparsi attivamente di qlco.: *egli bada solo ai suoi studi* **3** fare attenzione nel compiere qlco.

badessa [-dés-] *s.f.* superiora in un monastero.

badge [*ingl.; pr.* bèg'] *s.m.* targhetta applicabile all'abito con una spilla, con il nome, la qualifica di chi la porta o con ritratti, simboli, slogan di solito politici o musicali.

badia [-dì-] *s.f.* → **abbazia**.

badiana *s.f.* piccolo albero della Cina i cui frutti, disposti a stella, contengono essenze usate in farmacia e liquoreria (*fam.* Magnoliacee).

badilante *s.m.* e *f.* persona addetta a lavori di sterro col badile.

badile *s.m.* attrezzo di ferro con manico di legno, simile alla pala, usato per rimuovere la terra o altro materiale.

baedeker [*ted.; pr.* bedècher] *s.m.* guida turistica redatta in varie lingue.

baffo *s.m.* **1** *spec.pl.* peli che crescono sul labbro superiore dell'uomo e di certi animali / *ridere sotto i baffi*, ridere di nascosto, con malizia / *mi fa un —, me ne faccio un —*, non me ne importa niente **2** macchia.

baffuto *agg.* provvisto di baffi.

bagagliaio [-glià-] *s.m.* vagone adibito al trasporto dei bagagli; nelle automobili, aerei ecc., scomparto per sistemarvi i bagagli.

bagaglio [-gà-] *s.m.* insieme degli oggetti che un viaggiatore reca con sé / *andarsene con armi e bagagli*, portare via con sé tutto ciò che si possiede / *— di cognizioni*, tutte le cose che uno sa, la sua cultura.

bagarinaggio [-nàg-] *s.m.* il fare incetta di biglietti d'ingresso a spettacoli allo scopo di rivenderli a prezzi maggiorati.

bagarino *s.m.* chi esercita il bagarinaggio.

bagarre [*franc.; pr.* bagàr] *s.f.* la volata finale in gruppo di una gara ciclistica; per estens., qualunque finale tumultuoso e affollato.

bagattella [-tèl-] *s.f.* **1** cosa da nulla, inezia: *queste spese sono bagattelle* **2** (*mus.*) pezzo musicale di struttura formale semplice e di breve durata.

baggianata *s.f.* atto o detto da baggiano.

baggiano *s.m.* chi parla o agisce da sciocco; babbeo.

baglio [bà-] *s.m.* (*mar.*) trave di legno o metallo disposta trasversalmente nella costruzione di una nave per connettere tra loro le murate e sostenere il fasciame dei ponti [*ill. Barca*].

bagliore [-glió-] *s.m.* luce improvvisa che abbaglia (anche *fig.*).

bagnante *s.m.* e *f.* chi fa il bagno in acque naturali o artificiali.

bagnare *v.tr.* **1** cospargere qlco. o qlcu. con un liquido o immergervelo. CONTR. *asciugare* **2** toccare una costa, una città ecc. (detto di mari, fiumi) **3** (*scherz.*) festeggiare bevendo vino o liquori: *— una promozione* // **-arsi** *v.rifl.* **1** esporsi all'acqua, al contatto con acqua o altri liquidi **2** immergersi in acqua, fare il bagno: *— in mare*.

bagnarola [-rò-] *s.f.* tinozza per bagno; (*fig.*) piccolo specchio d'acqua.

bagnasciuga *s.m.* **1** linea di galleggiamento di uno scafo, bagnata o asciutta secondo il carico imbarcato o lo stato del mare **2** tratto della spiaggia dove arriva il flusso delle onde; battigia.

bagnato *agg.* cosparso di acqua o altro liquido / *piovere sul —*, si dice di cose, buone o cattive, che vengono a chi ne ha già abbastanza. SIN. *zuppo, fradicio, mollo*. CONTR. *asciutto*.

bagnatura *s.f.* l'atto, l'effetto del bagnare o del bagnarsi.

bagnino *s.m.* chi assiste e vigila i bagnanti negli stabilimenti balneari o termali.

bagno *s.m.* **1** immersione di un corpo in un liquido; immersione in acqua a scopo igienico, curativo, ricreativo; esposizione di un corpo agli agenti fisici: *— di luce*; *stagione dei bagni*, quella in cui ci si reca al mare a fare i bagni; *fare il — / costume da —*, indumento succinto, in uno o due pezzi, che si indossa per il bagno **2** acqua che serve all'immersione: *il — era molto caldo* **3** stanza con vasca da bagno e altri servizi igienici; vasca in cui si fa il bagno **4** (*fot.*) soluzione chimica in cui si immergono i negativi o le copie per lo sviluppo, il fissaggio e altri processi fotografici **5** antica denominazione degli stabilimenti carcerari e i condannati a vita.

bagnolo [-gnò-] *s.m.* applicazione di pezze inzuppate d'acqua o di sostanze medicamentose a scopo curativo.

bagnomaria [-rì-] *s.m.* modo di riscaldare qlco. per immersione in acqua bollente; recipiente contenente l'acqua per tale operazione.

bagolaro *s.m.* albero ornamentale a fusto eretto, con foglie ovato-lanceolate; il legno, duro e flessibile, è usato per attrezzi agricoli (*fam.* Ulmacee).

bagordo [-gór-] *s.m.* il bere e mangiare abbondantemente.

bah *inter.* esprime rassegnazione, incertezza.

baia¹ [bà-] *s.f.* insenatura marina o lacustre larga al centro e stretta all'imboccatura [*ill. Costa*].

baia² [bà-] *s.f.* scherzo, canzonatura.

baiadera [-dè-] *s.f.* danzatrice indiana.

baicolo [-ì-] *s.m.* biscotto secco, sottile, profumato con acqua di fior d'arancio.

bailamme *s.m.invar.* grande confusione e baccano: *in quel — non resistevo più*.

baio [bà-] *agg.* e *s.m.* si dice di cavallo dal mantello rosso-bruno, con criniera e coda nere.

baiocco [-iòc-] *s.m.* [pl. *-chi*] **1** antica moneta dello Stato Pontificio / *non vale un —*, non val nulla **2** *pl.* soldi, quattrini.

baionetta [-nét-] *s.f.* arma bianca da punta che si innestava sul fucile nei combattimenti a corpo a corpo: *assalto alla —*.

baita [bài-] *s.f.* piccola costruzione di sassi o di legno usata come ricovero in alta montagna.

balalaica [-lài-] *s.f.* strumento ucraino a corde con cassa triangolare.

balanino *s.m.* piccolo insetto coleottero dal lungo rostro ricurvo sul capo, la cui larva è parassita di nocciole, ghiande, castagne (*fam.* Curculionidi).

balanite *s.f.* (*med.*) infiammazione della mucosa del glande.

balascio [-là-] *s.m.* pietra preziosa, varietà di rubino di color rosso violaceo.

balausta *s.f.* frutto e fiore del melograno.

balaustra, balaustrata *s.f.* parapetto di balaustri collegati tra loro da una base e da una cimasa [*ill. Chiesa*].

balaustrino *s.m.* compasso di precisione per tracciare circonferenze di raggio molto piccolo [*ill. Disegno, strumenti*].

balaustro *s.m.* colonnetta di forma varia impiegata a scopo ornamentale in parapetti, scale e simili.

balbettamento [-mén-] *s.m.* atto del balbettare; la parola pronunciata balbettando.

balbettare *v.intr.* [*io balbétto ecc.*] parlare articolando in modo difettoso le sillabe per imperfezione naturale o per stimoli emotivi // *v.tr.* pronunciare parole in modo stentato e faticoso per cause emotive.

balbettio [-ti-] *s.m.* il balbettare ripetuto.

balbo *agg.* (*lett.*) balbuziente.

balbutire *v.intr.* [*io balbutisco, tu balbutisci ecc.*] (*rar.*) balbettare.

balbuzie [-bù-] *s.f.* difetto del linguaggio, causato da spasmo intermittente della muscolatura dell'apparato fono-articolatorio.

balbuziente [-zièn-] *agg.* e *s.m.* e *f.* che o chi ha il difetto di balbettare.

balconata *s.f.* **1** balcone allungato sul quale si aprono diverse finestre **2** (*teatr.*) parte della sala sovrastante la platea, costituita da una gradinata, sulla quale sono disposti a file i sedili.

balcone [-có-] *s.m.* finestra con vano aperto fino al pavimento e con aggetto in pietra o cemento armato circondato da un parapetto.

baldacchino *s.m.* **1** drappo quadrangolare, ornato di fregi e frange pendenti ai lati, sostenuto da quattro o più aste, sotto il quale si porta in processione il sacramento; quello che sta fisso sopra i troni e che un tempo faceva da coronamento ai letti **2** coronamento in marmo o pietra di edicole e tombe medievali.

baldanza *s.f.* ferma fiducia che nasce da sicurezza di sé, da presunzione o da spensieratezza. SIN. *arditezza, ardimento, sicurezza, coraggio, spavalderia.*

baldanzoso [-zó-] *agg.* che ha, che mostra baldanza. SIN. *baldo, ardito, coraggioso, spavaldo.*

baldo *agg.* (*antiq.*) che dimostra franchezza e sicurezza di sé: — *giovane.* SIN. *baldanzoso, ardito, fiero, spavaldo.*

baldoria [-dò-] *s.f.* **1** allegria rumorosa, spensierata di più persone; festa chiassosa **2** falò acceso in determinate feste.

balena [-lé-] *s.f.* gigantesco mammifero cetaceo dei mari artici, dal corpo pisciforme, la cui testa misura un terzo della lunghezza totale, con arti anteriori a forma di pinne, posteriori rudimentali, mascella superiore munita di lunghe lamine cornee dette *fanoni* (*fam.* Balenidi) [*ill. Cetacei*].

balenare *v.intr.* [*io baléno ecc.*] apparire improvvisamente illuminando come un baleno (anche *fig.*): *mi è balenata un'idea* // *v.intr.impers.* lampeggiare: *balenò per tutta la notte.*

baleniera [-niè-] *s.f.* **1** nave attrezzata per la caccia delle balene e per l'immediata macellazione e lavorazione **2** imbarcazione a remi riservata al trasporto di alti ufficiali sulle navi.

baleniere [-niè-] *s.m.* marinaio di baleniera; cacciatore di balene.

balenio [-nì-] *s.m.* balenare continuo e frequente.

baleno [-lé-] *s.m.* **1** luce improvvisa e intensa prodotta da scariche elettriche nell'atmosfera, lampo **2** luce improvvisa, guizzo luminoso e istanteneo provocato dalla riflessione della luce su di una superficie lucida / *in un —,* in un attimo.

balenottera [-nòt-] *s.f.* mammifero marino simile alla balena, da cui differisce per una lunga pinna dorsale e numerose pieghe longitudinali sulla gola e sul petto [*ill. Cetacei*].

balenotto [-nòt-] *s.m.* balena giovane.

balestra [-lè-] *s.f.* **1** antica arma per scagliare frecce, costituita da un arco metallico saldato a un fusto di legno **2** (*aut.*) molla che sospende elasticamente le ruote all'autotelaio [*ill. Automobile*].

balestrare *v.tr.* [*io baléstro ecc.*] **1** scagliare o colpire con la balestra **2** (*fig.*) mandare lontano.

balestriere [-striè-] *s.m.* soldato o cacciatore armato di balestra.

balestruccio [-strùc-] *s.m.* uccello simile alla rondine ma più piccolo (*fam.* Irundinidi).

bali *s.m.invar.* → **balivo**.

balia[1] [bà-] *s.f.* donna che allatta i bambini altrui per compenso / *prendere a —,* allattare / *— asciutta,* donna che cura i bambini altrui senza allattarli / *aver bisogno della —,* si dice di persona impacciata e incapace di iniziativa.

balia[2] [-li-] *s.f.* **1** potere assoluto, signoria (anche *fig.*): *lo stato era in — di pochi tiranni; essere in — delle onde,* in mare, non riuscire a governare la nave, o a nuotare **2** (*st. e dir.*) potere giurisdizionale anticamente esercitato da magistrati unici o collegiali.

baliatico [-lià-] *s.m.* [*pl. -ci*] **1** compito della balia e salario ad essa corrisposto **2** il bambino dato a balia.

balipedio [-pè-] *s.m.* (*mil.*) spazio di terreno per esercitazioni dell'artiglieria.

balista *s.f.* antica macchina da guerra simile a una grossa balestra, capace di scagliare pietre, dardi o materiale infuocato.

balistica [-lì-] *s.f.* scienza che studia il moto dei gravi lanciati nello spazio.

balistico [-lì-] *agg.* [pl.m. -*ci*] che si riferisce al moto dei proiettili: *perizia balistica.*

balistite *s.f.* polvere da sparo senza fumo, costituita da nitroglicerina e nitrocellulosa.

balivo *s.m.* **1** (*st. e dir.*) nel medioevo, alto magistrato con poteri locali (p.e. giudice) **2** negli ordini cavallereschi, grado superiore a commendatore.

balla[1] *s.f.* grosso involto di merci.

balla[2] *s.f.* (*volg.*) grossa bugia, fandonia.

ballabile [-là-] *s.m.* composizione musicale scritta per accompagnare il ballo.

ballare *v.intr.* **1** muovere il corpo e spec. i piedi secondo il ritmo di una data musica / — *come un orso,* goffamente. SIN. *danzare* **2** scuotersi, oscillare, non essere fermo // *v.tr.* eseguire ballando: *— un tango.*

ballata *s.f.* **1** nell'antica poesia italiana, componimento lirico di tono popolare collegato con la danza e col canto **2** nella poesia romantica, componimento narrativo di contenuto epico-leggendario **3** (*mus.*) composizione per pianoforte o per voce e pianoforte, di forma libera, molto frequente in età romantica.

ballatoio [-tó-] *s.m.* terrazzino, con ringhiera o balaustra, che si sviluppa lungo il perimetro interno o esterno di un edificio.

ballerina *s.f.* **1** donna che balla per professione o per diletto **2** scarpetta bassa dalla suola flessibile, simile a quelle usate dalle ballerine **3** uccello canoro insettivoro, con becco lungo, coda lunga, rapido nel volo e nella corsa (*fam.* Motacillidi).

ballerino *s.m.* chi esercita la professione della danza o balla bene e frequentemente.

balletto [-lét-] *s.m.* **1** rappresentazione teatrale realizzata da un gruppo di ballerini e accompagnata dalla musica **2** corpo di ballo di un teatro **3** (*fig.*) movimento complesso e rapido, che nasconde problemi reali: *un — di ministri.*

ballista *s.m. e f.* [pl.m. *-i*] (*volg.*) chi racconta balle, frottole: *il tuo amico è proprio un —.*

ballo *s.m.* **1** l'atto o l'arte di ballare: *mi piace il —; ha disposizione per il —* **2** particolare ritmo di musica ballabile: *il valzer è un — più veloce del minuetto* **3** tempo di durata di una musica ballabile, giro di ballo: *ieri sera non ho perduto un —* **4** festa da ballo: *un — in maschera; il — dell'ambasciata* **5** insieme dei ballerini di un teatro **6** (*fig.*) situazione difficile o di particolare impegno: *essere in —, non potersi più ritirare da un impegno / è in — la mia carriera, è questione che riguarda la mia carriera / tirare in — qlcu.,* fare di qlcu. oggetto di discussione.

ballon d'essai [*franc.; pr.* balòn d'esè] *s.m.* notizia o commento pubblicato da un giornale per saggiare le reazioni dell'opinione pubblica su una data questione.

ballonzolare *v.intr.* [*io* ballónzolo *ecc.*] ballare senza grazia e svogliatamente; saltellare.

ballottaggio [-tàg-] *s.m.* seconda votazione per decidere quale, fra i due candidati con maggior numero di voti, debba essere eletto.

balneabile [-à-] *agg.* nel linguaggio burocratico, si dice di acque pubbliche nelle quali è consentito dalle autorità sanitarie fare il bagno.

balneare *agg.* di bagni: *stagione —.*

balneazione [-zió-] *s.f.* nel linguaggio burocratico, il fare il bagno: *divieto di —.*

balneoterapia [-pi-] *s.f.* (*med.*) qualsiasi cura effettuata mediante bagni.

baloccare *v.tr.* [*io* balòcco, *tu* balòcchi *ecc.*] divertire con balocchi, far giocare // **-arsi** *v.rifl.* **1** giocare 2 gingillarsi, perder tempo.

balocco [-lòc-] *s.m.* [pl. *-chi*] giocattolo.

balordaggine [-dàg-] *s.f.* **1** l'essere balordo. SIN. *grullaggine, storditaggine* **2** detto o atto da balordo. SIN. *grulleria, sciocchezza.*

balordo [-lór-] *agg.* **1** tardo di mente; che mostra una certa stoltezza negli atteggiamenti / *sentirsi —,* non sentirsi bene di salute. SIN. *grullo, sciocco, stordito* **2** si dice di cosa sciocca o senza valore: *ragionamenti balordi.*

balsa *s.f.* legno molto leggero fornito da un albero dell'America centrale; usato per galleggianti e nell'aeromodellismo.

balsamico [-sà-] *agg.* [pl.m. *-ci*] **1** si dice di medicamento, di sostanza avente le proprietà di un balsamo **2** (*fig.*) salubre: *aria balsamica.*

balsamina *s.f.* pianta erbacea ornamentale con fiori variamente colorati e foglie lanceolate (*fam.* Balsaminacee).

balsamo [bàl-] *s.m.* **1** sostanza oleo-resinosa, profumata, che si ricava da alcune piante e che ha generalmente particolari doti medicinali **2** bevanda o cibo profumato e di squisito sapore **3** straordinario rimedio contro il dolore (*fig.*) conforto, sollievo.

balteo [bàl-] *s.m.* cinturone di cuoio, spesso ornato,

che i soldati romani e di altri popoli antichi portavano ad armacollo per appendervi la spada.

baluardo *s.m.* **1** bastione; fortificazione militare **2** (*fig.*) riparo, difesa.

baluginare *v.intr.* [*io* balùgino *ecc.*] **1** apparire e sparire d'un tratto, come un baleno **2** apparire in modo incerto.

balza *s.f.* **1** luogo scosceso e dirupato **2** stretto ripiano aperto su un dirupo **3** striscia di stoffa, a volte increspata o di diverso colore, posta per ornamento in fondo a vesti, tende e simili **4** striscia bianca all'estremità delle zampe del cavallo.

balzana *s.f.* balza del cavallo.

balzano *agg.* **1** si dice di cavallo con striscia bianca a una o più zampe **2** (*fig.*) stravagante: *cervello —.*

balzare *v.intr.* **1** saltar su, con elasticità e rapidamente **2** sussultare: *il cuore mi balza in petto* **3** apparire d'un tratto con evidenza e chiarezza.

balzellare *v.intr.* [*io* balzèllo *ecc.*] avanzare a piccoli balzi.

balzello [-zèl-] *s.m.* (*spreg.*) tributo, pedaggio.

balzelloni [-ló-] *avv.* a balzi, balzellando.

balzo *s.m.* **1** il balzare / *cogliere la palla al —,* cogliere il momento opportuno per fare qlco. **2** balza, terreno dirupato.

bambagia [-bà-] *s.f.* cotone di scarto; cascame della filatura del cotone / *tenere nella —,* con eccessive cure e riguardi.

bambinaia [-nà-] *s.f.* donna di servizio che bada ai bambini.

bambinata *s.f.* azione, discorso da bambini.

bambinesco [-né-] *agg.* [pl.m. *-chi*] puerile; che è proprio di un bambino: *discorsi bambineschi.*

bambino *s.m.* **1** l'uomo nell'età che va dalla nascita all'inizio della fanciullezza (sesto-settimo anno); indica spesso, genericamente, maschio e femmina: *ha cinque bambini; allevare un —.* SIN. *fanciullo, marmocchio, piccolo, ragazzino / è proprio un — !,* è immaturo, si comporta come un bambino pur essendo adulto / *fare il —,* comportarsi in modo poco serio.

bambinone [-nó-] *s.m.* (*iron.*) adulto che si comporta come un bambino.

bambocciata *s.f.* azione da bamboccio.

bamboccio [-bòc-] *s.m.* **1** bambino grassoccio **2** uomo sciocco e goffo.

bambola [bàm-] *s.f.* **1** fantoccio di varia materia in forma di bambina **2** fanciulla o ragazza dal viso bello ma inespressivo **3** (*scherz.*) donna giovane di bellezza superficiale e un po' artefatta.

bamboleggiare *v.intr.* [*io* bamboléggio *ecc.*] **1** agire, comportarsi da bambini **2** prendere atteggiamenti affettati e sdolcinati.

bambolotto [-lòt-] *s.m.* bambola con vesti maschili.

bambù *s.m.invar.* gigantesca pianta sempreverde, propria dei paesi caldi, dal fusto diritto, nodoso, simile alla canna (*fam.* Graminacee).

banale *agg.* si dice di ciò che è comune, non originale, volgare.

banalità *s.f.invar.* **1** qualità di ciò che è banale **2** atto o detto banale: *quante — si sentono!*

banalizzare [-liʒʒa-] *v.tr.* rendere banale, involgarire.

banana *s.f.* frutto del banano.

bananiera [-niè-] *s.f.* nave da carico veloce attrezzata per il trasporto delle banane.

banano *s.m.* pianta tropicale molto alta con foglie grandissime e frutti gialli, di forma allungata, saporosi (*fam.* Musacee).

Banca e borsa

■ BANCA: istituto di emissione, banca nazionale, istituto di credito, banca popolare, cassa di risparmio, monte dei pegni • credito (*agrario, commerciale, fondiario, industriale, mobiliare*), off-shore, stand-by • banchiere, bancario, cassettista, cassiere, correntista, agente di cambio, cambiavalute • moneta, monetare, numerario, banconota, biglietto di banca, mazzetta, assegno, carta assegni, chèque, traveller's cheque, carta di credito, divisa, eurodivisa, eurodollaro, euromercato, valuta, fixing, corso legale, corso forzoso, riserva aurea, convertibilità, liquidità, cash • accreditamento, addebitamento, fido, estratto conto, castelletto, interesse (*semplice, composto*), tasso (*d'interesse, di sconto*), prime-rate, cambio (*corso del cambio*) • deposito (*in conto corrente, a risparmio; fruttifero, infruttifero; a vista, vincolato; nominativo, al portatore*), vaglia cambiario, assegno circolare, anticipo, scoperto di conto, sconto, mutuo, lettera di credito • cassetta di sicurezza, caveau, cassa, cassa continua, cassa automatica prelievi, sportello, sportello automatico • cambiale, effetto, pagherò, tratta, protesto, risconto, standing, swap, trassato.

■ BORSA: azione, buono del tesoro (*ordinario, poliennale*), cartella fondiaria, obbligazione, bond, titolo, affidavit, deporto, disaggio, titolo di stato; dividendo, cedola, cedolare, opzione; quotazione, listino; rialzista, ribassista, speculazione, arbitraggio, aggiotaggio, corbeille.

---

banca *s.f.* **1** istituto di credito che, con debite garanzie, presta capitali avuti in deposito: *depositare i soldi in* — **2** per analogia, istituzione che cura la raccolta di tessuti del corpo umano per trapianti e interventi vari **3** — *dei dati*, archivio di dati memorizzati in un centro di elaborazione elettronica per poterli richiamare in caso di necessità.

bancarella [-rèl-] *s.f.* banco o carretto dei venditori ambulanti di libri o altre merci.

bancario [-cà-] *agg.* di banca, che si riferisce alla banca / *assegno* —, titolo per il quale chi ha somme di denaro depositate presso una banca può disporre a favore proprio o di terzi // *s.m.* impiegato di banca.

bancarotta [-ròt-] *s.f.* insolvenza dolosa o colposa dell'imprenditore commerciale dichiarato fallito.

bancarottiere [-tiè-] *s.m.* chi fa bancarotta.

banchettare *v.intr.* [*io banchétto ecc.*] far banchetto, partecipare a banchetti; mangiare e bere lautamente.

banchetto [-chét-] *s.m.* lauto pranzo con molti convitati.

banchiere [-chiè-] *s.m.* persona singola o società di persone a cui appartenga una banca.

banchina *s.f.* **1** terreno rialzato e pavimentato lungo i porti e i binari delle stazioni ferroviarie per il movimento dei passeggeri e delle merci [*ill. Porto*] **2** striscia di terreno nelle strade camionabili tra la zona pavimentata e la scarpa della massicciata, solitamente riservata ai pedoni e ai ciclisti **3** trave ad appoggio continuo che serve per ripartire i carichi sulle murature.

banchisa [-ſa] *s.f.* nelle regioni polari, ampia distesa di lastroni di ghiaccio galleggianti vicino alle coste.

banco *s.m.* [*pl. -chi*] **1** mobile a forma di sedile: — *dei rematori*, tavola di legno su cui siedono i rematori; — *di scuola*, sedile con tavolino su cui scrivere **2** mobile a forma di tavolo allungato che nei negozi separa i venditori dai compratori **3** tavolo di officina sul cui piano sono fissate le morse e le piccole macchine utensili / — *di prova*, impianto per il collaudo di macchine e strumenti; (*fig.*) prova importante **4** istituto di credito / — *lotto*, botteghino per le giocate al lotto / *tenere il* —, nei giuochi di carte, ricevere le puntate e guidare il gioco **5** ammasso sabbioso o strato roccioso spesso più di 50 cm che emerge durante la bassa marea.

bancone [-có-] *s.m.* tipo di mobile a forma di tavolo lungo e alto, chiuso fino a terra da una parte; negli uffici ed esercizi pubblici separa il pubblico dagli impiegati o dai venditori.

banconota [-nò-] *s.f.* moneta cartacea.

band [*ingl.*; *pr.* bènd] *s.f.* orchestra o gruppo di musica jazz, rock o folk.

banda[1] *s.f.* **1** complesso di armati che fanno la guerriglia o esercitano il brigantaggio **2** complesso di sonatori di strumenti a fiato e a percussione **3** orchestra o gruppo di musica jazz, rock o folk.

banda[2] *s.f.* **1** striscia di stoffa applicata a un abito, quasi sempre di colore diverso **2** striscia colorata che appare negli spettri di emissione o assorbimento dei gas poliatomici **3** in vari linguaggi tecnici, striscia, nastro: — *stagnata*, quella con cui si confezionano le lattine o scatolette per conserve alimentari; — *perforata*, quella di carta usata nei centri meccanografici.

banda[3] *s.f.* (*arald.*) pezza onorevole posta diagonalmente nello scudo dal cantone superiore destro all'inferiore sinistro.

banda[4] *s.f.* parte: *accorrono da ogni* —.

bandato *agg.* (*arald.*) si dice delle pezze e delle figure coperte di bande // *s.m.* (*arald.*) scudo coperto di sei bande alternate di smalto differente.

bandeau [*franc.*; *pr.* bandò] *s.m.* striscia: *a* —, si dice di acconciatura femminile in cui i capelli ricadono in due bande.

bandella [-dèl-] *s.f.* sbarra di metallo terminante ad anello che si fissa alle imposte per innestarle nei cardini.

banderuola [-ruò-] *s.f.* piccola bandiera, spesso a due punte, posta in cima alle antenne dei bastimenti o alle lance; bandiera in metallo che ruota intorno a un perno e serve a indicare la direzione del vento / *è una* —, è mutevole nelle sue opinioni.

bandiera [-diè-] *s.f.* **1** drappo, per lo più rettangolare, variamente colorato e attaccato a un'asta, simbolo di uno stato, di un'associazione e simili / — *bianca*, segno di resa / — *a mezz'asta*, segno di lutto / — *italiana, francese ecc.*, si dice di navi che innalzino tali simboli / *mutar* —, cambiare opinione **2** gioco fra due squadre di ragazzi che ha come scopo la conquista di una bandiera.

bandierina *s.f.* piccola bandiera, usata nel gioco del calcio o in altri sport.

bandinella [-nèl-] *s.f.* asciugamano lungo girevole attorno a due rulli fissati al muro.

bandire *v.tr.* [*io bandisco, tu bandisci ecc.*] **1** annunciare ufficialmente: *il ministero bandì un concorso* **2** porre al bando, esiliare / *sono parole da* —, da non usare.

bandista *s.m.* e *f.* [pl.m. *-i*] chi suona in una banda.

bandistico [-dì-] *agg.* di banda, delle bande musicali: *musica bandistica*.

bandita *s.f.* territorio nel quale, per pubblico bando, sono proibiti la caccia, la pesca e il pascolo.

banditismo [-ſmo] *s.m.* attività criminosa dei banditi; il fenomeno sociale costituito dai banditi.

bandito *s.m.* chi è stato messo al bando; fuorilegge, criminale.

banditore [-tó-] *s.m.* [f.*-trice*] **1** anticamente, chi portava a conoscenza del pubblico, leggendoli, avvisi di interesse generale; oggi, nelle aste pubbliche, chi grida i prezzi di base, le offerte, le aggiudicazioni **2** (*fig.*) chi si fa promotore e divulgatore di idee, dottrine: — *della verità*.

bando *s.m.* **1** ordine scritto delle autorità: — *di concorso* **2** condanna all'esilio, cacciata / — *agli scrupoli!*, metteteli da parte.

bandoliera [-liè-] *s.f.* larga striscia di cuoio con una o due tasche per munizioni che i soldati mettono a tracolla con le tasche sul petto / *a* —, a tracolla.

bandolo [bàn-] *s.m.* il capo della matassa / *perdere il* —, confondersi.

bandone [-dó-] *s.m.* **1** lamiera di ferro o d'altro metallo **2** saracinesca.

bang [*ingl.*; *pr.* bèn] *voce onom.* imita il rumore di una esplosione, e spec. di un colpo d'arma da fuoco // *s.m.* tale rumore / — *sonico*, quello che si sente da terra quando un aereo supera la velocità del suono.

bangio [bàn-] *s.m.* forma italianizzata di → **banjo**.

banjo [*ingl.*; *pr.* bèngio] *s.m.* strumento musicale a pizzico, tipico della tradizione nordamericana e del jazz, con cassa armonica pergamenacea [*ill. Musicali, strumenti*].

baobab [-bàb] *s.m.invar.* albero tropicale di dimensioni enormi il cui frutto, detto *pane delle scimmie*, è commestibile (*fam.* Bombacacee).

bar¹ *s.m.invar.* **1** locale pubblico in cui si consumano caffè, bibite, liquori ecc. **2** mobile che contiene i liquori e le altre bevande da servire in casa.

bar² *s.m.invar.* (*fis.*) unità meteorologica di pressione.

bara *s.f.* cassa, per lo più di legno, per trasportare una salma; cassa da morto.

barabba *s.m.invar.* briccone.

baracca *s.f.* **1** piccola casa, per lo più in legno, per il ricovero provvisorio di uomini, animali o merci: *le maestranze del cantiere sono alloggiate in baracche* **2** (*fig.*) casa, famiglia, amministrazione, faccenda male organizzata / *piantar* — *e burattini*, abbandonare tutto / *far* —, far baldoria.

baraccamento [-mén-] *s.m.* insieme di baracche.

baracchino *s.m.* **1** piccola baracca; chioschetto **2** nel gergo dei radioamatori, il ricetrasmettitore.

baraccone [-có-] *s.m.* grande baracca, spec. per spettacoli nelle fiere / *un fenomeno da* —, (*scherz.*) una persona con caratteristiche fisiche fuori del comune.

baraccopoli [-cò-] *s.f.invar.* agglomerato di baracche adibite ad abitazione, spec. in situazioni di emergenza: *le* — *dei terremotati*.

barancio [-ràn-] *s.m.* nome del *mugo* nella zona dolomitica.

baraonda [-ón-] *s.f.* **1** confusione di persone; disordinato vociare di persone **2** insieme di oggetti sparsi o ammucchiati alla rinfusa.

barare *v.intr.* truffare nei giochi d'azzardo; per estens., truffare, imbrogliare.

baratro [bà-] *s.m.* luogo profondo e oscuro, abisso (anche *fig.*): *il* — *della follia*.

barattare *v.tr.* scambiare una cosa con un'altra: — *una macchina fotografica con un televisore* / — *parola*, (*fig.*) chiacchierare, discorrere.

baratteria [-rì-] *s.f.* (*ant.*) il trarre profitti illeciti da un pubblico ufficio.

barattiere [-tiè-] *s.m.* (*spreg.*) colpevole di baratteria; trafficante, intrallazzatore.

baratto *s.m.* **1** scambio di beni con altri beni **2** (*fig.spreg.*) compromesso illecito, cedimento morale in cambio di beni o favori.

barattolo [-ràt-] *s.m.* vaso di vetro, latta o altro materiale, di forma per lo più cilindrica, per conservare sostanze di vario genere.

barba¹ *s.f.* **1** insieme dei peli delle guance e del mento; per estens., i peli del muso di alcuni animali, come le capre: *fare la* —, raderla / *servire uno di* — *e capelli*, (*fig.*) conciarlo per le feste / *la* — *non fa il filosofo* / *farla in* — *a uno*, agire a suo dispetto / *una* — *d'uomo*, una persona autorevole / *che* —!, che noia! DIM. *barbetta*. ACCR. *barbone* **2** filamento delle radici; radice: *metter le barbe*, mettere le radici (anche *fig.*).

barba² *s.m.* (*dial.*) zio.

barbabietola [-biè-] *s.f.* pianta erbacea a radice carnosa, color rosso sanguigno; la varietà a radice bianca fornisce zucchero (*fam.* Chenopodiacee).

barbacane [-cà-] *s.m.* **1** muratura di rinforzo **2** nei castelli, bassa costruzione difensiva eretta all'esterno delle mura.

barbagianni *s.m.invar.* **1** uccello rapace notturno, simile alla civetta ma più grande, cacciatore di topi, con morbido piumaggio fulvo chiaro macchiettato di grigio (*fam.* Strigidi) **2** (*rar.*) persona sciocca.

barbaglio [-bà-] *s.m.* **1** abbagliamento della vista causato da una luce intensa, spec. riflessa **2** bagliore intenso.

barbaresco [-ré-] *agg.* [pl.m *-chi*] dei barbari.

barbaricino *agg.* della Barbagia // *s.m.* abitante della Barbagia.

barbarico [-bà-] *agg.* [pl.m. *-ci*] da barbaro, dei barbari: *usanze barbariche*.

barbarie [-bà-] *s.f.* **1** condizione di popolo barbaro **2** atto da barbaro, crudeltà.

barbarismo [-ſmo] *s.m.* (*spreg.*) forestierismo.

barbaro [bàr-] *agg.* **1** incivile, selvaggio, primitivo. CONTR. *civile* **2** crudele, inumano **3** di cattivo gusto: *moda barbara* **4** scorretto (di stile, linguaggio): *scrivi in modo* — / *metrica barbara*, nome dato da Carducci alla metrica che intendeva riprodurre in versi italiani l'armonia di quelli latini senza tener conto della quantità.

barbassore [-só-] *s.m.* (*ant.*) persona di grande autorità e sapienza; (*scherz.*) chi si dà molte arie, saccentone.

barbata, **barbatella** [-tèl-] *s.f.* rampollo d'albero o talea di vite, interrati per poi trapiantarli quando abbiano messo le barbe.

barbazzale *s.f.* catenella che passa dietro la barbozza e che si attacca per i capi al morso del cavallo.

barbecue [*ingl.*; *pr.* bàbichiu] *s.f.* fornello con griglia per cuocere sulla brace; anche, ricevimento o locale nel quale si servono cibi così cucinati.

barbera [-bè-] *s.f.* o *m.* vino rosso, asciutto, tipico della provincia di Asti.

barbero [bàr-] *s.m.* cavallo per correre il palio.

barbetta [-bét-] *s.f.* (*mar.*) cavo per ormeggio o rimorchio.

barbiere [-biè-] *s.m.* chi taglia, per mestiere, la barba e i capelli.

barbieria [-rì-] *s.f.* negozio di barbiere.

barbino *agg.* si dice di cosa fatta in maniera meschina senza abilità: *una figura barbina*, una figuraccia.

barbitonsore [-só-] *s.m.* (*scherz.*) barbiere.

barbiturico [-tù-] *agg.* e *s.m.* [pl. *-cì*] si dice di medicamento ipnotico e sedativo.

barbo *s.m.* pesce di fiume, commestibile, con quattro tentacoli pendenti dalla mascella superiore (*fam.* Ciprinidi).

barbogio [-bò-] *agg.* si dice di persona vecchia rimbecillita dall'età.

barbone [-bó-] *s.m.* **1** varietà di cane dal pelo lungo e riccio, color nero, bianco o marrone **2** (*dial.*) vagabondo, accattone.

barboso [-bó-] *agg.* noioso, pesante: *discorso —*.

barbozza [-bòz-] *s.f.* la parte posteriore del labbro inferiore del cavallo, intorno a cui gira il barbazzale.

barbugliare *v.intr.* [*io barbùglio ecc.*] parlare in maniera confusa, non articolando bene le parole.

barbuta *s.f.* elmo antico senza cimiero, con visiera abbassabile.

barbuto *agg.* provvisto di barba abbondante.

barca *s.f.* piccola imbarcazione a remi, vela o motore / *mandare avanti la —*, (*fig.*) gli affari, la bottega, la famiglia / *essere nella stessa —*, avere gli stessi interessi.

barcaccia [-càc-] *s.f.* in un teatro, il palco grande che sta agli estremi dei vari ordini di palchi vicino al proscenio [*ill. Teatro*].

barcaiolo [-iò-] *s.m.* chi possiede o conduce una barca; traghettatore.

barcamenarsi *v.rifl.pron.* [*io mi barcaméno ecc.*] destreggiarsi abilmente senza compromettersi.

barcarizzo *s.m.* apertura nel fianco della nave, per la quale si accede all'interno.

barcarola [-rò-] *s.f.* composizione musicale di ritmo ternario e di forma libera, modellata su antiche canzoni di gondolieri.

barchetta [-chét-] *s.f.* **1** piccola barca da diporto **2** involucro di lamiera sotto la chiglia dei sommergibili, contenente la zavorra.

barcollamento [-mén-] *s.m.* atto, effetto del barcollare.

barcollante *agg.* che barcolla.

barcollare *v.intr.* [*io barcòllo ecc.*] **1** non reggersi bene in piedi, ondeggiare **2** (*fig.*) perdere prestigio.

barcollio [-lì-] *s.m.* un barcollare continuato.

barcolloni [-ló-] *avv.* in modo barcollante.

barcone [-có-] *s.m.* **1** grossa imbarcazione per il trasporto di merci **2** barca piatta impiegata per la costruzione di ponti.

barda *s.f.* sorta di armatura che serviva a proteggere i cavalli in battaglia.

bardana *s.f.* pianta erbacea con piccoli fiori roseo-porporini, raccolti in capolini sferici, muniti di squamette uncinate (*fam.* Composite).

bardare *v.tr.* **1** mettere i finimenti a un cavallo **2** (*scherz.*) vestire in modo vistoso e ricercato // **-arsi** *v. rifl.* (*scherz.*) vestirsi, adornarsi con vistosa ricercatezza.

bardatura *s.f.* **1** l'atto del bardare **2** l'insieme dei finimenti di un cavallo **3** (*scherz.*) abbigliamento solenne, vistoso.

bardiglio [-dì-] *s.m.* varietà di marmo di color grigio scuro, tipico delle Alpi Apuane.

bardo *s.m.* poeta cantore presso gli antichi celti.

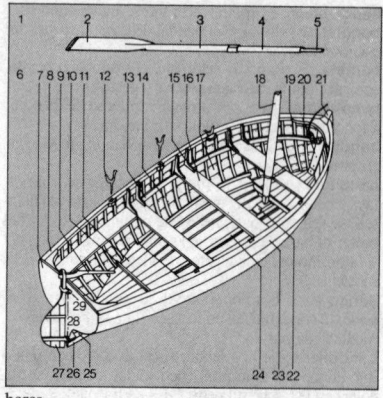

barca

1 *remo*, 2 *pala*, 3 *ginocchio*, 4 *girone*, 5 *impugnatura*, 6 *barca*, 7 *specchio di poppa*, 8 *falchetta*, 9 *barra di timone*, 10 *traversino*, 11 *pagliolo*, 12 *scalmo*, 13 *corrente*, 14 *baglio*, 15 *bracciolo*, 16 *banco*, 17 *ordinata*, 18 *albero*, 19 *palchetto di prua*, 20 *controdritto di prua*, 21 *dritto di prua*, 22 *scassa d'albero*, 23 *incinta*, 24 *paramezzale*, 25 *massiccio di poppa*, 26 *chiglia*, 27 *timone*, 28 *agugliotti del timone*, 29 *femminelle del timone*, 30 *barca a vela*, 31 *drizza della randa*, 32 *tavoletta*, 33 *albero*, 34 *attacco delle sartie*, 35 *drizza dello spinnaker*, 36 *drizza del fiocco*, 37 *attacco dello strallo*, 38 *strallo di poppa*, 39 *stecche*, 40 *strallo di prua*, 41 *ferzi*, 42 *crocetta*, 43 *randa*, 44 *fiocco*, 45 *trapezio e sartia*, 46 *tangone dello spinnaker*, 47 *passascotte scorrevole del fiocco*, 48 *boma*, 49 *passascotte dello spinnaker*, 50 *scotta della randa*, 51 *bitta*, 52 *deriva*, 53 *scotta del fiocco*, 54 *ritenuta del boma*, 55 *vele*, 56 *quadra*, 57 *latina*, 58 *al terzo*, 59 *aurica*, 60 *bermudiana o Marconi*.

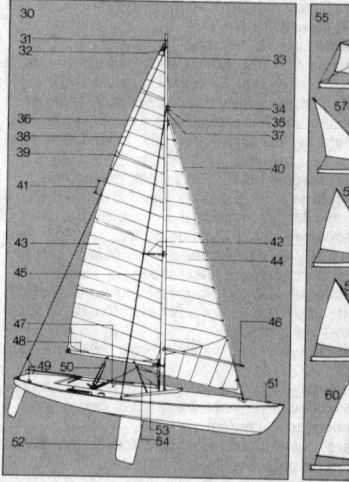

bardolino *s.m.* vino tipico della località omonima in provincia di Verona, rosso chiaro, di sapore secco.

bardotto [-dòt-] *s.m.* animale ibrido risultante dall'incrocio del cavallo con l'asina.

barella [-rèl-] *s.f.* **1** lettuccio impiegato per il trasporto di malati o feriti **2** larga tavola con stanghe infisse ai lati, sorretta a braccia da due persone, usata per trasportare sassi, terra e materiali simili.

barellare *v.tr.* [*io baréllo ecc.*] portare con la barella.

barena [-ré-] *s.f.* bassofondo o dosso sabbioso delle lagune che emerge dall'acqua con la bassa marea.

bareno [-rè-] *s.m.* (*mecc.*) grande macchina per alesare.

barese [-ré-] *agg.* di Bari // *s.m.* e *f.* abitante di Bari.

bargello [-gèl-] *s.m.* **1** magistrato che nei comuni medievali era preposto al comando della polizia; capo dei birri **2** palazzo in cui risiedeva tale magistrato e si trovavano le carceri.

bargiglio [-gì-] *s.m.* escrescenza carnosa allungata che pende dalla mandibola inferiore o superiore di alcuni uccelli e pesci.

baria [-rì-] *s.f.* (*fis.*) unità di pressione; equivale a una dina per centimetro quadrato.

baricentro [-cèn-] *s.m.* (*fis.*) punto di un sistema materiale in cui, senza variazione del comportamento meccanico, può immaginarsi concentrato tutto il suo peso; (*fig.*) punto centrale, più importante.

barile *s.m.* **1** recipiente cilindrico, rigonfio nel mezzo, fatto di doghe tenute assieme da cerchi di ferro / *fare a scarica barili*, addossare la colpa ad altri **2** misura di capacità; in particolare, misura internazionale usata per il petrolio, equivalente a 158,990 l.

barilotto [-lòt-] *s.m.* **1** piccolo barile **2** (*mus.*) in alcuni strumenti a fiato, la parte più vicina dell'imboccatura [*ill. Musicali, strumenti*].

bario [bà-] *s.m.* elemento chimico (Ba; *n.at.* 56; *p.at.* 137,34); metallo pesante alcalino-terroso, bianco argenteo; alcuni suoi sali sono usati in pirotecnia per ottenere colori verdi; il solfato è usato in radioscopia, nell'industria della carta, in pittura ecc.

barione [-rió-] *s.m.* (*fis.*) termine generale per indicare tutte le particelle elementari di massa eguale o superiore al protone e al neutrone.

barisfera [-sfè-] *s.f.* parte interna della Terra formata da materiale a densità, pressione e temperatura elevate.

barista *s.m.* e *f.* [pl.m. *-i*] chi serve in un bar.

baritonale *agg.* voce profonda, come di baritono.

baritono [-rì-] *s.m.* voce intermedia tra tenore e basso // *agg.* si dice di sillaba non accentata o di parola la cui ultima sillaba non è accentata.

barlume *s.m.* **1** luce debole **2** (*fig.*) parvenza.

barman [*ingl.*; *pr.* bàrmen] *s.m.* barista.

barnabita *s.m.* [pl. *-i*] chi appartiene all'ordine religioso fondato a Milano nel 1530 da sant' Antonio Maria Zaccaria.

baro *s.m.* chi bara al gioco; per estens., truffatore.

baro- [dal gr. *bàros* = *peso*] primo elemento di parole composte scientifiche che si riferiscono alla pressione atmosferica (*barometro*).

barocchetto [-chét-] *s.m.* stile architettonico derivante dal barocco per alleggerimento delle masse e arricchimento della decorazione.

barocchismo [-ʃmo] *s.m.* maniera barocca; tendenza al barocco, spec. in senso deteriore.

barocco [-ròc-] *s.m.* gusto artistico-letterario sorto nel Seicento, caratterizzato dall'uso frequente di metafore e nelle arti figurative dalla ricerca dello scenografico e del monumentale // *agg.* [pl.m. *-chi*] si dice di opera letteraria, artistica o musicale che appartenga all'epoca e allo stile barocco, o che abbia uno stile ampolloso o artificioso.

barografo [-rò-] *s.m.* barometro registratore.

barolo [-rò-] *s.m.* vino tipico della provincia di Cuneo, rosso, asciutto.

barometrico [-mè-] *agg.* [pl.m. *-ci*] relativo al barometro.

barometro [-rò-] *s.m.* strumento che serve a misurare la pressione atmosferica.

baronale *agg.* che è proprio del barone.

barone [-ró-] *s.m.* **1** titolo che, nella gerarchia nobiliare, precede quello di semplice nobile e segue quello di visconte e di conte **2** (*fig.spreg.*) chi detiene un grande e non molto controllato potere economico, spec. illecito, o politico.

baronesco [-né-] *agg.* [pl.m. *-chi*] di, da barone.

baronessa [-nés-] *s.f.* colei che è investita del titolo baronale; consorte del barone.

baronetto [-nét-] *s.m.* in Gran Bretagna, titolo nobiliare ereditario concesso dal sovrano.

baronia [-nì-] *s.f.* **1** dignità di barone **2** territorio costituente il dominio di un barone **3** (*fig.spreg.*) potere incontrollato e per lo più illecito.

barra *s.f.* **1** asta di legno o di metallo; organo di comando a forma di leva: — *del timone* [*ill. Barca*] **2** profilato metallico a sezione tonda o poligonale: — *d'oro, d'argento*, lingotto **3** verga del morso del cavallo **4** nei tribunali, transenna che separa il pubblico dai giurati **5** lineetta diagonale usata come segno grafico.

barracano *s.m.* veste caratteristica dell'Africa settentrionale, comune a uomini e donne; è una pezza di lana o di tela drappeggiata intorno al corpo.

barracuda *s.m.invar.* → **sfirena**.

barramina *s.f.* lunga asta d'acciaio con punta tagliente per praticare i fori da mina.

barrato *agg.* segnato con barra / *assegno* —, si dice di assegno che può essere riscosso solo dalla persona cui è intestato.

barricadiero [-diè-] *agg.* e *s.m.* che, chi vuole fare le barricate (anche in senso *fig.*).

barricare *v.tr.* [*io bàrrico, tu bàrrichi ecc.*] chiudere un passaggio con barricate: *i patrioti barricarono le vie di Milano* // **-arsi** *v.rifl.* proteggersi con barricate (anche *fig.*).

barricata *s.f.* sbarramento, formato da materiali vari, per impedire il passaggio ai nemici / *far le barricate*, insorgere, o anche protestare duramente, senza accettare dialogo.

barriera [-riè-] *s.f.* ostacolo, impedimento (anche *fig.*): *le Alpi sono la* — *naturale d'Italia* / — *ferroviaria, doganale*, il limite posto nelle stazioni o nei posti di dogana per il controllo dei biglietti o delle merci.

barrire *v.intr.* [*io barrisco, tu barrisci ecc.*] emettere barriti.

barrito *s.m.* **1** la voce dell'elefante **2** (*fig.*) voce potente e sgraziata: *i barriti di un tenore*.

barrocciaio [-cià-] *s.m.* chi guida un barroccio.

barroccio [-ròc-] *s.m.* carro a due o quattro ruote che serve per trasportare materiali.

bartolinite *s.f.* infiammazione delle ghiandole vulvari, dette *ghiandole di Bartolino*.

baruffa *s.f.* azzuffamento con gran confusione e grida; litigio. SIN. *zuffa, rissa, tafferuglio*.

barzelletta [-ʒellét-] *s.f.* motto scherzoso, raccontino breve e spiritoso.

basale [-ʃa-] *agg.* di base, che è relativo alla base.

basaltico [-fàl-] *agg.* [pl.m. *-ci*] si dice di rocce con la struttura e la composizione chimica del basalto.

basalto [-fal-] *s.m.* roccia scura formata dalla solidificazione di lava molto fluida.

basamento [-famén-] *s.m.* **1** la parte inferiore, a contatto del suolo, del piedistallo di una colonna, di un monumento e simili [*ill. Architettura*] **2** (*aut.*) → **monoblocco**.

basare [-fa-] *v.tr.* mettere sulla base; fondare (anche *fig.*): *la villa è basata sulla roccia*.

basca *s.f.* falda di stoffa, dalla vita in giù, nei vestiti e nelle giacche femminili.

basco *s.m.* [pl. *-chi*] berretto tondo e floscio.

basculla *s.f.* bilancia a ponte per pesare oggetti molto grossi e pesanti [*ill. Bilancia*].

base [-fe] *s.f.* **1** la parte inferiore della colonna a contatto del suolo o del piedistallo **2** qualsiasi cosa che serva di sostegno a un'altra / *la — del cranio* **3** fondamento: *queste sono le basi dell'accordo / in — a*, sul fondamento, sulla scorta di: *in — alle ultime informazioni, i superstiti del naufragio sono pochi* **4** luogo ove si raccolgono forze militari e da cui si muove per qualche impresa / *— di lancio*, località dotata di attrezzature necessarie per il lancio di missili **5** (*geom.*) di regola, il lato più lungo di una figura geometrica che si suole disegnare in senso orizzontale, contrapposto all'altezza **6** (*chim.*) composto che con acidi dà sali e che in soluzione possiede reazione alcalina (p.e. idrossidi metallici, ammoniaca) **7** la massa dei sostenitori di un partito, di un sindacato, di un'organizzazione; i rappresentati, gli iscritti, gli iscritti **8** *— monetaria*, (*econ.*) l'insieme delle attività finanziarie che gli istituti di credito possono impiegare come riserva obbligatoria a fronte dei propri depositi; anche, l'offerta di moneta della banca centrale.

baseball [*ingl.*; *pr.* béisbol] *s.m.* gioco nel quale la palla è giocata con mazza e guantone, tra due squadre di nove giocatori su un campo sul quale è tracciato un rombo, i cui vertici si chiamano basi.

basetta [-fèt-] *s.f.* **1** piccola striscia di capelli che scende verso la guancia lungo l'orecchio **2** in elettronica, lastra di materiale isolante sulla quale si realizzano i circuiti elettrici.

basic [bàfic] *s.m.invar.* linguaggio di programmazione assai semplice, utilizzato sui piccoli calcolatori elettronici.

basicità [-fi-] *s.f.invar.* (*chim.*) alcalinità; capacità di neutralizzare gli acidi / *— di un acido*, il numero di atomi di idrogeno sostituibili con metalli.

basico [bàfi-] *agg.* [pl.m. *-ci*] **1** (*chim.*) che ha proprietà di base **2** (*min.*) si dice di rocce di colore scuro relativamente povere di silicio.

basidiomiceti [-fidiomicè-] *s.m.pl.* funghi della classe degli eumiceti, comprendenti la maggior parte dei funghi commestibili e diversi parassiti vegetali [*ill. Funghi*].

basilare [-fi-] *agg.* che serve di base; fondamentale, principale: *i principi basilari di una dottrina*.

basilese [-lè-] *agg.* di Basilea // *s.m.* e *f.* abitante di Basilea.

basilica [-fi-] *s.f.* **1** (*archeol.*) edificio a pianta rettangolare, diviso per mezzo di colonnati in tre o cinque navate, dove i romani amministravano la giustizia e trattavano gli affari **2** grandioso tempio cristiano con struttura architettonica derivante dall'antica basilica dei romani; chiesa di importanza particolare e con privilegi speciali.

basilicale [-fi-] *agg.* relativo a una basilica.

basilico [-fi-] *s.m.* pianta erbacea con fiori bianchi raccolti in spighe e foglie aromatiche, usate per condimento (*fam.* Labiate).

basilisco [-fi-] *s.m.* [pl. *-chi*] **1** grosso rettile innocuo dell'America centro-meridionale, munito di lunghissima coda, con una cresta a corona sul capo e una sul dorso (*fam.* Iguanidi) **2** animale delle leggende medievali che dava la morte con lo sguardo.

basire [-fi-] *v.intr.* [*io basisco, tu basisci ecc.*] sentirsi venir meno, svenire.

basket [*ingl.*; *pr.* bàscht], **basketball** [*ingl.*; *pr.* bàschibòl] *s.m.* pallacanestro.

basofilo [-fò-] *s.m.* denominazione della varietà di globuli bianchi granulociti i cui granuli si colorano elettivamente con coloranti a reazione basica.

bassa *s.f.* nome che contraddistingue le zone più depresse della pianura padana, in contrapposizione a quelle più elevate.

bassetta [-sèt-] *s.f.* antico gioco di carte.

bassezza [-séz-] *s.f.* **1** l'essere basso. CONTR. altezza **2** (*fig.*) abiettezza, viltà; azione abietta.

bassista *s.m.* e *f.* [pl.m. *-i*] chi suona il basso, in particolare la chitarra basso.

basso *agg.* [compar. *più basso* o *inferiore*; superl. *bassissimo* o *infimo*] **1** poco elevato dal suolo o relativamente ad altro livello: *questa sedia è troppo bassa / un prezzo, uno stipendio —*, esiguo, modesto / *tenere gli occhi bassi*, chini verso terra / *fare man bassa in un luogo, di qlco.*, rubare, spazzare via tutto. CONTR. alto **2** di statura al di sotto della media: *un uomo — e robusto*. SIN. piccolo. CONTR. alto **3** situato a mezzogiorno (detto di regione); vicino alla foce (detto di fiume): *la bassa Italia*, l'Italia meridionale; *il — Nilo*. CONTR. alto **4** poco profondo (detto di massa liquida) / *trovarsi in basse acque*, in cattive condizioni economiche. CONTR. alto **5** si dice di temperatura o pressione al di sotto della normale. CONTR. alto **6** non acuto; tenue, sommesso (riferito spec. a suono): *parlare a voce bassa / Messa bassa*, letta e non cantata **7** (*fig.*) abietto, immorale: *i suoi bassi propositi mi disgustano*. SIN. volgare, vile **8** umile, modesto: *gente di — rango*, di modeste origini // *s.m.* **1** la parte più bassa di qlco.: *il — di una partita / cadere in —*, perdere ricchezza, prestigio o reputazione **2** (*mus.*) il cantante che ha la voce del registro più grave; lo strumento che esegue la parte più grave di una composizione; in particolare, in un complesso, la chitarra elettrica cui è affidata la parte più grave [*ill. Musicali, strumenti*] // **-mente** *avv.* in modo basso, spregevole.

bassofondo [-fón-] *s.m.* [pl. *bassifondi*] **1** zona poco profonda di mare, pericolosa per la navigazione **2** *pl.* (*fig.*) i quartieri abitati o frequentati dalla malavita o da gente emarginata socialmente.

bassopiano *s.m.* [pl. *bassipiani*] pianura poco elevata sul livello del mare.

bassorilievo [-liè-] *s.m.* [pl. *bassorilievi*] scultura nella quale le figure emergono dal fondo con poco stacco.

bassotto [-sòt-] *agg.* piuttosto basso: *un ragazzo —* // *s.m.* cane da caccia dal corpo lungo e basso, quasi di pelo, con testa e muso grossi, denti robusti, schiena arcuata, zampe storte e cortissime.

bassura *s.f.* luogo basso; bassopiano.

basta¹ *s.f.* piega interna fatta a sottane o maniche per accorciarle o guarnirle.

basta² *inter. impropria* insomma, per farla breve; si usa per imporre silenzio o per troncare un discorso o un'attività: —, *smettetela di parlare!*; —, *abbiamo finito* / — *che*, purché.

bastante *agg.* sufficiente.

bastantemente *avv.* (*antiq.*) a sufficienza.

bastardo *agg.* e *s.m.* si dice di persona di nascita illegittima; animale o pianta nati da incrocio di razze // *agg.* (*fig.*) corrotto, alterato.

bastare *v.intr.* **1** essere sufficiente: *mi bastano pochi soldi per vivere* / — *a sé stesso*, non aver bisogno d'altri / *mi basta l'animo di fare una cosa*, ho il coraggio di farla **2** durare: *questo paio di scarpe ti deve — per tutto l'inverno* // *v.intr.impers.* essere sufficiente.

bastevole [-sté-] *agg.* sufficiente.

bastia [-stì-] *s.f.* fortificazione intorno a città o accampamento.

bastimento [-mén-] *s.m.* termine generico per indicare una nave, per lo più da trasporto.

bastione [-stió-] *s.m.* fortificazione in terra e muratura a rinforzo delle mura di un castello o a difesa di una città.

basto *s.m.* rozza sella di legno, cui si attaccano i carichi delle bestie da soma; peso: *portare il —*, sobbarcarsi a una fatica dura.

bastonare *v.tr.* [*io bastóno ecc.*] **1** percuotere, colpire con un bastone / — *di santa ragione*, picchiare con energia **2** maltrattare, strapazzare. SIN. *legnare, randellare* // **-arsi** *v.rifl.* scambiarsi bastonate.

bastonata *s.f.* **1** colpo di bastone. SIN. *legnata, randellata* **2** (*fig.*) danno rilevante.

bastonatura *s.f.* atto, effetto del bastonare.

bastoncino *s.m.* **1** piccolo bastone / *bastoncini da sci*, coppia di attrezzi che lo sciatore impugna e con i quali si aiuta puntandoli sulla neve [*ill. Sci*] **2** panino di forma allungata **3** (*arch.*) elemento decorativo della colonna.

bastone [-stó-] *s.m.* **1** ramo d'albero lavorato, munito spesso di pomo e di puntale, usato come appoggio o arma: — *da passeggio* / — *di maresciallo*, insegna di comando / *mettere il — tra le ruote*, frapporre ostacoli **2** pane di forma allungata **3** *pl.* uno dei quattro semi delle carte da gioco napoletane **4** carattere tipografico ad asta uniforme e senza grazie [*ill. Stampa*].

batacchio [-tàc-] *s.m.* **1** grosso bastone, usato spec. per picchiare **2** battaglio di campana.

batata *s.f.* pianta erbacea dell'America centrale, coltivata per i tuberi simili a patate, dolci, commestibili, detta comunemente *patata americana* (*fam.* Convolvulacee).

batea [-tè-] *s.f.* bacinella usata dai cercatori d'oro per lavare le sabbie aurifere.

batimetria [-tri-] *s.f.* studio della profondità e della struttura dei fondali marini.

batiscafo *s.m.* scafo metallico robustissimo dotato di apparecchiature e strumenti per l'esplorazione del fondo del mare.

batisfera [-sfè-] *s.f.* sfera di acciaio usata per esplorazioni sottomarine.

batista *s.f.* tela di lino finissima.

batocchio [-tòc-] *s.m.* **1** grosso e rozzo bastone **2** battaglio delle campane.

batolite *s.m.* massiccio di roccia cristallina a forma di cupola, situato in profondità nella crosta terrestre.

batoscopico [-scò-] *agg.* [pl.m. *-ci*] che serve all'esplorazione marina di profondità: *sfera batoscopica*, batisfera.

batosta [-tò-] *s.f.* percossa; perdita, danno; sconfitta clamorosa.

batraci *s.m.pl.* (*zool.*) anfibi.

battage [*franc.*; *pr.* batàj] *s.m.* campagna di propaganda condotta attraverso la stampa e altri mezzi di diffusione per presentare una manifestazione, un prodotto, o per sostenere un'idea.

battaglia [-tà-] *s.f.* **1** scontro fra truppe di eserciti opposti / *cavallo di —*, pezzo forte di un artista, di un cantante; quello che una persona fa meglio o più volentieri **2** lotta, campagna: — *elettorale*.

battagliare *v.intr.* [*io battàglio ecc.*] far battaglia; lottare. SIN. *combattere*.

battagliero [-gliè-] *agg.* che ama combattere; aggressivo: *indole battagliera*.

battaglio [-tà-] *s.m.* **1** grosso ferro pendente al centro della campana, che serve a farla risonare; batacchio **2** martello per bussare fissato alla porta di una casa.

battagliola [-gliò-] *s.f.* parapetto disposto all'orlo dei ponti scoperti delle navi.

battaglione [-glió-] *s.m.* unità tattica fondamentale della fanteria, costituita da diverse compagnie.

battelliere [-lliè-] *s.m.* chi conduce un battello.

battello [-tèl-] *s.m.* **1** piccola imbarcazione impiegata a servizio di bordo o di porto / — *pneumatico*, battello di gomma riempito d'aria; canotto, gommone **2** piroscafo o motonave adibiti alla navigazione lacustre.

battente [-tèn-] *s.m.* **1** ciascuna delle due metà di una porta o di una finestra [*ill. Porta*] **2** oggetto a forma di martello che batte su una superficie, p.e. in un orologio o in un campanello elettrico **3** parte del telaio che sostiene il pettine e, oscillando, lo fa battere contro la trama in modo da serrarne i fili.

battere [bàt-] *v.tr.* **1** picchiare, colpire, percuotere con le mani o con un arnese; urtare con forza; muovere rapidamente qlco.: — *un chiodo col martello*; *il padre batteva il bimbo*; — *la testa nello stipite* / — *i denti*, per il freddo o per la paura / — *a macchina una lettera* / — *moneta*, coniarla / — *bandiera*, innalzare la bandiera di un determinato paese / — *il tempo*, (*mus.*) indicare il ritmo e l'andamento dinamico di un brano musicale / *non saper dove* — *il capo*, non sapere a chi ricorrere / *non* — *ciglio*, stare attentissimo // *assol.*: — *in ritirata*, *battersela*, fuggire, svignarsela / *a tamburo battente*, senza nessun indugio / — *in testa*, si dice del motore a scoppio che produce un rumore caratteristico quando l'accensione della miscela non si verifica in coincidenza con la fine della fase di compressione **2** vincere, sconfiggere; superare in una competizione: *i francesi furono duramente battuti* // *v.intr.* **1** cadere o essere proiettato con forza; colpire, percuotere: *la pioggia batte sui vetri*; *cadendo battè contro uno spigolo* **2** pulsare: *il suo cuore non batteva più* // **-ersi** *v.rifl.* e *rifl.rec.* lottare, combattere: — *all'ultimo sangue*.

batteria [-rì-] *s.f.* **1** (*mil.*) unità fondamentale dell'artiglieria, costituita da quattro bocche da fuoco del medesimo calibro **2** (*elettr.*) insieme di più pile o accumulatori o condensatori collegati elettricamente **3** (*mus.*) complesso di strumenti a percussione usato spec. nelle orchestre jazz e rock [*ill. Musicali, strumenti*] **4** insieme di attrezzi necessari per uno scopo determinato: — *da cucina* **5** (*sport*) gara eliminatoria di qualificazione a prove successive.

battericida *agg.* e *s.m* [pl.m. *-i*] si dice di sostanza che ha la capacità di uccidere i batteri (in genere disinfettanti e antibiotici).

batterio [-tè-] *s.m.* microrganismo vegetale unicellulare privo di clorofilla; colonie di batteri intervengono in varie fermentazioni e malattie.

batteriofago [-rìo-] *s.m.* [pl. *-gi*] virus capace di infettare i batteri, utilizzato in laboratorio.

batteriologia [-gì-] *s.f* parte della microbiologia che studia i batteri.

batteriologo [-rìo-] *s.m.* [pl. *-gi*] chi studia la batteriologia.

batteriostatico [-stà-] *agg.* e *s.m.* [pl.m. *-ci*] si dice di farmaco che impedisce la riproduzione dei batteri.

batterioterapia [-pì-] *s.f.* terapia basata su iniezioni di batteri innocui.

batterista *s.m.* e *f.* [pl.m. *-i*] chi suona la batteria.

battesimale [-ʃi-] *agg.* che si riferisce al battesimo.

battesimo [-téʃi-] *s.m.* **1** il primo dei sacramenti, amministrato versando acqua sul capo del ricevente; con esso si entra a far parte della chiesa / *tenere a —*, far da padrino o da madrina **2** (*fig.*) cerimonia con cui si inaugura o consacra qlco.: *— di una nave / ricevere il — del fuoco*, partecipare per la prima volta a un combattimento.

battezzando [-teʒʒan-] *s.m.* chi deve essere battezzato.

battezzare [-teʒʒa-] *v.tr.* [*io battézzo* ecc.] **1** amministrare il battesimo / *— il vino*, (*scherz.*) annacquarlo **2** dare il nome; definire, chiamare: *lo abbiamo battezzato «il barbuto»*.

battibaleno [-lé-] *s.m.* si usa solo nella locuz.avv. *in un battibaleno*, in un attimo, rapidamente.

battibecco [-béc-] *s.m.* [pl. *-chi*] litigio, scambio di aspre parole per motivi futili. SIN. *diverbio*.

batticarne *s.m.invar.* arnese pesante, per assottigliare le fette di carne prima di cuocerla.

batticuore [-cuò-] *s.m.* battito frequente del cuore causato per lo più da intensa emozione (anche *fig.*): *ho il — per lo spavento*.

battifianco *s.m.* [pl. *-chi*] stanga orizzontale che nelle scuderie separa i cavalli tra loro.

battigia [-tì-] *s.f.* striscia di spiaggia battuta dalle onde.

battilardo *s.m.invar.* tagliere di legno per battere il lardo o la carne.

battiloro [-lò-] *s.m.invar.* operaio che riduce i metalli preziosi in sottili lamine o foglie.

battimano *s.m.* spec. *pl.* approvazione manifestata battendo le mani. SIN. *applauso*.

battimare *s.m.invar.* a poppa delle navi, il riparo che si oppone all'irrompere delle onde.

battimento [-mén-] *s.m.* **1** atto, effetto del battere **2** (*fis.*) oscillazione dell'ampiezza di un moto periodico risultante dalla composizione di due moti armonici aventi periodi di poco differenti.

battipalo *s.m.* macchina a maglio usata per infiggere nel terreno i pali per fondazioni.

battipanni *s.m.invar.* arnese per battere i panni e farne uscire la polvere.

battipista *s.m.invar.* persona o mezzo meccanico che batte una pista innevata per renderla meglio sciabile.

battiscopa [-scó-] *s.m.invar.* zoccolino che protegge le pareti interne lungo il margine inferiore.

battistero [-stè-] *s.m.* **1** edificio sacro, per lo più a pianta circolare o poligonale, costruito in prossimità della chiesa per amministrarvi il battesimo **2** parte della chiesa in cui si trova il fonte battesimale.

battistrada *s.m.invar.* **1** chi precede qlco. per guidarlo o annunziarne l'arrivo **2** chi è in testa durante una corsa sportiva **3** (*aut.*) parte esterna del pneumatico.

battito [bàt-] *s.m.* il battere, spec. del cuore, del polso, delle arterie.

battitore [-tó-] *s.m.* [f. *-trice*] **1** chi, durante la caccia, è incaricato di battere i cespugli e far rumore per spingere la selvaggina in una data parte **2** chi batte il grano **3** nelle aste, chi descrive e aggiudica l'oggetto al miglior offerente **4** nel tennis, il giocatore che batte la palla per primo / *— libero*, nel calcio, difensore aggiunto.

battitrice *s.f.* macchina per battere il grano; trebbiatrice.

battitura *s.f.* **1** percossa **2** l'operazione del battere il grano; il tempo in cui si effettua detta operazione.

battola [bàt-] *s.f.* **1** tavoletta di legno con maniglie mobili di ferro che serve nelle funzioni religiose della settimana santa quando è proibito l'uso delle campane **2** assicella di legno con manico, usata per spianare la superficie dei getti di cemento.

battona [-tó-] *s.f.* (*region.*) prostituta di strada.

battuta *s.f.* **1** l'atto, l'effetto del battere **2** ciascun colpo che si dà col dito sui tasti della macchina da scrivere o di altre macchine a tastiera **3** battito: *il suo polso aveva settanta battute al minuto* **4** (*mus.*) porzione di rigo musicale compresa tra due linee verticali che contiene le unità di tempo espresse da una frazione all'inizio della composizione / *essere alle prime battute*, all'inizio di un lavoro / *in poche battute*, in poco tempo **5** intervento parlato di un attore sulla scena o in un film; per estens. frase, e spec. frase breve e divertente **6** caccia a cui partecipano numerosi cacciatori, coadiuvati dai battitori; l'azione dei battitori durante la caccia **7** (*sport*) nel tennis, il colpo di chi mette in gioco la palla; in atletica, il battere del piede sulla pedana per effettuare il salto; nel canottaggio, il movimento del remo in acqua; nel nuoto, il singolo movimento verticale di un braccio o di una gamba.

battuto *agg.* **1** percosso; colpito / *ferro —*, lavorato col martello / *sentiero —*, molto frequentato / *a spron —*, subito, senza indugio **2** (*fig.*) sconfitto, vinto // *s.m.* **1** (*cuc.*) mescolanza tritata o pestata di ingredienti vari usata come condimento **2** pavimento costituito da uno strato di pietruzze battute e cemento.

batuffolo [-tùf-] *s.m.* piccolo ammasso o involto soffice di lana, bambagia ecc.

bau bau *voce onom.* imita l'abbaiare del cane.

baule *s.m.* cassa da viaggio in legno, cuoio o altra fibra, con coperchio per lo più convesso, per il trasporto di abiti, biancheria ecc. / *fare il —*, riempirlo della roba da portare in viaggio / *fare i bauli*, andarsene da un luogo.

bauletto [-lét-] *s.m.* borsetta a forma di piccolo baule; cofanetto per gioielli, spille e simili.

bautta *s.f.* **1** mantellina di seta nera con cappuccio e mascherina, in voga a Venezia nel sec. XVIII **2** mascherina di seta o velluto che ricopre la parte superiore del volto lasciando libera la bocca.

bauxite *s.f.* minerale di alluminio, in masse terrose bianco-giallastre o rosso-brune.

bava *s.f.* **1** umore schiumoso emesso dalla bocca di bambini, di vecchi e di alcuni animali, in condizioni di collera o in particolari stati fisici / *avere la — alla bocca*, essere fuori di sé dalla rabbia **2** filo di sostanza serica prodotto dal baco da seta e che avvolge il bozzolo **3** *— di vento*, leggero soffio di vento.

bavaglino *s.m.* piccolo tovagliolo che si lega al collo dei bambini.

bavaglio [-và-] *s.m.* fazzoletto o striscia di stoffa che si applica alla bocca di persone aggredite per impedire loro di gridare e di invocare aiuto / *mettere il — a qlcu.* (*fig.*) impedirgli di esprimere liberamente la propria opinione.

bavarese [-ré-] *agg.* della Baviera // *s.m.* abitante, nativo della Baviera // *s.f.* **1** dolce semiduro a base di crema di latte, uova, panna e pan di Spagna **2** bevanda a base di latte e cioccolato.

bavella [-vèl-] *s.f.* **1** filo sottilissimo di seta che si ricava dallo strato esterno dei bozzoli immersi in acqua bollente **2** il tessuto fatto con questo filo.

bavero [bà-] *s.m.* parte del mantello o del vestito che sta intorno al collo e si porta per lo più ripiegata / *prendere per il — qlcu.*, minacciarlo duramente; prenderlo in giro.

bavetta [-vèt-] *s.f.* **1** sbavatura dei metalli **2** *pl.* pasta alimentare a forma di sottili nastrini.

bavoso [-vó-] *agg.* che perde la bava; per estens., vecchio, malato, malridotto.

bazar [-ʒàr] *s.m.invar.* **1** tipico mercato orientale **2** negozio in cui si vendono le merci più svariate, per lo più a prezzo fisso.

bazooka [*ingl.*; *pr.* baʃùca] *s.m.* arma anticarro, leggera e maneggevole, che lancia proiettili a razzo con alto potere dirompente.

bazza¹ [baʒʒa] *s.f.* mento molto pronunciato.

bazza² [baʒʒa] *s.f.* fortuna, guadagno: *è una —.*

bazzana [baʒʒa-] *s.f.* pelle di pecora conciata che si usa in legatoria.

bazzecola [baʒʒè-] *s.f.* cosa da nulla, di poco valore; impresa d'irrisoria facilità.

bazzica [bàz-] *s.f.* **1** gioco di carte simile alla scopa **2** gioco di biliardo.

bazzicare *v.tr.* e *intr.* [*io* bàzzico, *tu* bàzzichi ecc.] frequentare assiduamente.

bazzotto [baʒʒòt-] *agg.* si dice di uovo cotto col guscio, tra sodo e tenero.

be' *inter.* [troncamento di «bene»] orsù, suvvia: *—, ti muovi sì o no?*

beante *agg.* (*scient.*) aperto; dilatato; si dice soprattutto in medicina di orifizi o di strutture cave: *arteria —.*

beare *v.tr.* [*io* bèo ecc.] rendere beato, felice // **-arsi** *v.rifl.* godere, compiacersi: *— di uno spettacolo.*

beat [*ingl.*; *pr.* bit] *agg.* e *s.m.* si dice di una generazione letteraria americana (anni Cinquanta) dalla filosofia irrazionale e talora disperata; delle persone, spec. giovani, influenzate da essa, e del loro stile di vita; di una generazione musicale inglese (anni Sessanta) caratterizzata dal *sound* di gruppo e dall'amplificazione elettronica // *s.m.* nella musica jazz, pulsazione ritmica; nei generi musicali più recenti, la particolare sostanza ritmica di un complesso o di un esecutore.

beatificare *v.tr.* [*io* beatifico, *tu* beatifichi ecc.] **1** riempire di gioia, di beatitudine **2** (*eccl.*) proclamare beato.

beatificazione [-zió-] *s.f.* l'atto e la solenne funzione religiosa con cui il papa dichiara beato un servo di Dio, autorizzandone il culto pubblico.

beatifico [-tì-] [pl.m. *-ci*] (*lett.*) che dà beatitudine.

beatitudine [-tù-] *s.f.* **1** felicità intensa, perfetta e assoluta. SIN. *serenità, contentezza, letizia* **2** nella religione cristiana, la felicità soprannaturale derivante all'anima dalla visione di Dio nell'aldilà.

beato *agg.* **1** che gode perfetta felicità: *vivere — e contento — te!, — lui!,* per indicare la buona sorte di qlcu. / *prov.: beati gli ultimi se i primi son discreti,* detto scherzosamente per servirsi a tavola. SIN. *contento, lieto,*

sereno **2** che dà gioia: *un giorno — / prov.: poca brigata, vita beata,* in pochi si sta meglio. SIN. *sereno, lieto* **3** (*teol.*) che fruisce della visione beatifica di Dio: *gli spiriti beati //* *s.m.* chi, per avere in vita praticato le virtù cristiane in sommo grado, è elevato dalla chiesa agli altari e venerato con culto pubblico, pur non essendo ancora canonizzato.

beauty-case [*ingl.*; *pr.* biùti-cheis] *s.m.* bauletto da viaggio per oggetti da toeletta femminile.

bebè *s.m.invar.* (*franc.*) bambino piccolo.

be-bop [*ingl.*; *pr.* bi-bòp] *s.m.* → **bop**.

beccaccia [-càc-] *s.f.* uccello di palude, commestibile, di color bruno rossiccio a linee trasversali giallognole, con becco lungo e sottile, zampe corte (*fam.* Scolopatidi).

beccaccino *s.m.* **1** uccello di palude, commestibile, simile alla beccaccia, ma più piccolo (*fam.* Scolopatidi) **2** leggera barca a vela da regata.

beccafico *s.m.* [pl. *-chi*] uccellino canoro, di colore bigio, con becco diritto e sottile; commestibile; è dannoso all'agricoltura, perché si ciba di frutti (*fam.* Silvidi).

beccaio [-cà-] *s.m.* **1** (*ant.* o *region.*) macellaio **2** (*spreg.*) chirurgo maldestro.

beccamorti [-mòr-] *s.m.invar.* (*spreg.*) necroforo.

beccapesci [-pé-] *s.m.invar.* uccello marino con piedi palmati neri, becco nero, parte superiore del capo nera, corpo color cenere superiormente, bianco inferiormente (*fam.* Laridi).

beccare *v.tr.* [*io* bécco, *tu* bécchi ecc.] **1** afferrare con il becco per mangiare o colpire **2** (*fam.*) cogliere; prendere **3** guadagnare: *beccarsi un raffreddore, una sberla; è uno che becca un bello stipendio* **4** disapprovare con prontezza e vivacità sbagli o sbagli di attori, cantanti o conferenzieri: *in quella romanza lo hanno beccato varie volte dal loggione.*

beccastrina *s.m.* zappa lunga e stretta per cavar sassi.

beccata *s.f.* colpo di becco; quantità di cibo che l'uccello piglia col becco.

beccatello [-tèl-] *s.m.* mensoletta che si pone come sostegno sotto terrazzini, travi e simili [*ill.* Castello].

beccatoio [-tó-] *s.m.* recipiente che serve a contenere il becchime nelle gabbie degli uccelli.

beccatura *s.f.* l'atto del beccare; il segno lasciato sulla pelle dal becco degli uccelli.

beccheggiare *v.intr.* [*io* becchéggio ecc.] oscillare di una nave in senso longitudinale, per effetto delle onde.

beccheggio [-chég-] *s.m.* **1** il beccheggiare della nave **2** movimento di oscillazione sull'asse longitudinale che si manifesta nelle autovetture durante le frenate e le accelerazioni.

beccheria [-rì-] *s.f.* (*ant.* o *region.*) macelleria.

becchettare *v.tr.* [*io* becchétto ecc.] beccare fitto e rapido.

becchettio [-tì-] *s.m.* il batter fitto che fanno col becco gli uccelli.

becchime *s.m.* il cibo che si dà ai polli, agli uccelli.

becchino *s.m.* chi, per mestiere, seppellisce i morti.

becco¹ [béc-] *s.m.* guaina cornea e prominente, che costituisce l'estremità della bocca degli uccelli / *metter — in qlco.*, immischiarsi senza esser richiesti in qualche affare / *restare a — asciutto,* restare esclusi dal godimento di qlco. / *bagnare il —,* bere / *ecco fatto il — all'oca,* si dice per indicare che un lavoro è terminato / *— d'oca,* lo stesso che *beccuccio* 2.

becco² [béc-] *s.m.* **1** il maschio della capra, caprone **2** (*fig.*) marito tradito.

beccuccio [-cùc-] *s.m.* **1** appendice sporgente, leggermente adunca, di ampolle, anfore ecc., per cui si versa il liquido **2** pinzetta per mantenere arricciati i capelli.

beccuto *agg.* fornito di becco.

becero [bé-] *s.m.* uomo triviale, di modi insolenti.

becerume *s.m.* accozzaglia, marmaglia.

béchamel [*franc.*; *pr.* besciamèl] *s.f.* → **besciamella**.

bechico [bè-] *agg.* e *s.m.* [pl.m. *-ci*] si dice di medicamento che favorisce l'espettorazione.

beduino *s.m.* **1** voce che in tutto il mondo arabo designa i nomadi del deserto **2** (*fig.*) persona incivile, dall'aspetto incolto.

bee bee [bè-][bè-] *voce onom.* imita il belato della pecora.

befana *s.f.* personaggio fantastico in figura di vecchia, che i bambini credono scenda dalla cappa del camino a portar loro i doni la notte dell'Epifania.

beffa [bèf-] *s.f.* parola o atto di scherno / *farsi* —, prendersi gioco. SIN. *burla, canzonatura.*

beffardo *agg.* **1** che si compiace di beffare **2** cinico, ironico: *risata beffarda.*

beffare *v.tr.* [*io béffo ecc.*] mettere in ridicolo; prendersi gioco di qlcu. SIN. *burlare, canzonare, gabbare //* **-arsi** *v.rifl.pron.* ridersi di qlcu. o di qlco.; dimostrare disprezzo o noncuranza: — *di una legge.*

beffeggiare *v.tr.* [*io beffeggio ecc.*] beffare con insistenza.

bega [bè-] *s.f.* bisticcio, faccenda preoccupante e fastidiosa.

beghina *s.f.* **1** nelle Fiandre, donna che, pronunziati temporaneamente i voti di castità e ubbidienza, si ritira a vivere in una comunità religiosa cattolica **2** (*spreg.*) bacchettona, bigotta.

begliuomini [-uò-] *s.m.pl.* (*pop.*) → **balsamina.**

begonia [-gò-] *s.f.* pianta erbacea ornamentale con foglie eleganti e fiori variamente colorati (*fam.* Begoniacee).

beguine [*franc.*; *pr.* beghìn] *s.f.* ballo moderno dal ritmo piuttosto lento, in quattro tempi, originario delle isole caraibiche.

begum *s.f.* principessa, in India e altri paesi.

behaviorismo [-fmo] *s.m.* termine semi-inglese (da *behaviour* = comportamento) per *comportamentismo.*

beige [*franc.*; *pr.* bèj] *agg.* si dice di colore tra il nocciola e l'avana.

bel [bèl] *s.m.invar.* (*fis.*) unità di sensazione uditiva; due suoni differiscono di 1 *bel* quando le loro intensità fisiche sono nel rapporto di 10 a 1.

belare *v.intr.* [*io bèlo ecc.*] **1** emettere belati; fare la voce delle pecore o delle capre (*iron.*) piagnucolare come fanno i bambini; lamentarsi per commuovere qlcu.

belato *s.m.* la voce che mandan fuori le pecore o le capre.

belemniti *s.m.pl.* molluschi cefalopodi fossili dell'era secondaria.

belga [bèl-] *agg.* [pl.m. *-gi*] del Belgio // *s.m.* e *f.* abitante del Belgio.

bella [bèl-] *s.f.* **1** donna bella: *le belle di Spagna /* — *di giorno*, pianta erbacea con fiori azzurri a campanula che si aprono al mattino e si chiudono la sera (*fam.* Convolvulacee) / — *di notte*, pianta erbacea ornamentale con fiori di color giallo, rosso o bianco, che si aprono la sera e si chiudono all'alba (*fam.* Nictaginacee) **2** innamorata, fidanzata, amante **3** in molti giochi e sport, la partita che designa il vincitore fra concorrenti che si sono aggiudicati un ugual numero di incontri.

belladonna [-dòn-] *s.f.* pianta erbacea medicinale con fiori di color bruno, bacche nere e foglie lanceolate che contengono alcaloidi (*fam.* Solanacee).

belletta [-lét-] *s.f.* (*lett.*) fanghiglia, mota.

belletto [-lét-] *s.m.* **1** cosmetico usato per abbellire e dare colore al volto **2** (*fig.*) artificio.

bellezza [-léz-] *s.f.* **1** qualità di ciò che è bello: *la* — *della natura*, *donna di grande* —. SIN. beltà, venustà, avvenenza, vaghezza, grazia, leggiadria. CONTR. *bruttezza* **2** persona o cosa bella: *le bellezze naturali.*

bellicismo [-fmo] *s.m.* tendenza alla guerra; la politica degli stati che mirano alla guerra.

bellico[1] [bèl-] *agg.* [pl.m. *-ci*] che riguarda la guerra.

bellico[2] *s.m.* (*region.*) ombelico.

bellicoso [-có-] *agg.* **1** che ama la guerra, la lotta **2** che esprime aggressività: *atteggiamento, discorso* —.

belligerante *agg.* e *s.m.* che o chi è in stato di guerra.

belligeranza *s.f.* condizione giuridica di uno stato che si trova in guerra / *non* —, condizione di uno stato che non è neutrale, ma neppure belligerante.

bellimbusto *s.m.* uomo di eleganza ricercata che fa il galante con le donne.

bello [bèl-] *agg.* [sing.m. *bèl*, pl.m. *bèi* dinanzi a consonante che non sia *s* impura, *gn, ps, x* e *z*; sing.m. *bèll'*, pl.m. *bègli* dinanzi a vocale; *bèllo* e *bèlli* se posposto al nome; f. regolare] **1** si dice di ciò che, visto o udito, produce un sentimento di ammirazione e di piacere: *un bell'uomo, una bella musica.* SIN. *avvenente, grazioso, leggiadro.* CONTR. *brutto* **2** che piace per qualità non esteriori: *ha una bella cultura, un bel carattere / uomo di belle maniere / fare una bella figura / compiere un bel gesto* **3** indica rafforzamento d'intensità, anche in senso negativo: *sei un bel pezzo d'asino*; *non ti dico un bel niente / nel bel mezzo di qlco.*, proprio nel mezzo / *questa è bella*, questa non me l'aspettavo / *l'hai fatta bella*, hai combinato un grosso guaio / *te ne dirò delle belle*, ti dirò cose inattese / *passeggiare bel* —, senza fretta / *lavoro fatto alla bell'e meglio*, senza cura, imperfettamente — *s.m.* **1** tutto ciò che produce ammirazione estetica; l'insieme delle cose belle: *avere il senso del* — **2** innamorato, fidanzato: *è andata al cinema col suo* — **3** punto culminante, decisivo, elemento essenziale: *sul più* —, nel momento culminante / *il* — *è che*, il fatto strano è che // **-mente** *avv.* **1** cortesemente (spesso *iron.*): *lo misero* — *alla porta* **2** comodamente, tranquillamente: *dormiva* —.

belloccio [-lòc-] *agg.* che è di bellezza grossolana e non perfetta.

belluino *agg.* che è proprio di una belva: *furore* —.

bellumore [-mó-] *s.m.* [pl. *bègli umóri*] uomo allegro e scherzoso, mattacchione.

bellunese [-né-] *agg.* di Belluno // *s.m.* e *f.* abitante di Belluno.

belluria [-lù-] *s.f.* bellezza più esteriore che sostanziale; ornamento ricercato.

belogradese [-dé-] *agg.* di Belgrado // *s.m.* e *f.* abitante di Belgrado.

beltà *s.f.invar.* (*lett.*) bellezza.

belva [bèl-] *s.f.* **1** animale feroce **2** persona crudele, o soltanto di cattivo carattere.

belvedere [-dé-] *s.m.invar.* luogo elevato da cui si scorge un piacevole spettacolo naturale / *vela di* —, in un veliero, vela quadra dell'albero di mezzana.

bemolle [-mòl-] *s.m.* (*mus.*) segno di alterazione che posto davanti a una nota indica che essa va abbassata di mezzo tono.

benarrivato *agg.* e *s.m.* → **benvenuto.**

benché *cong. subordinativa concessiva* sebbene, quantunque, ancorché; si usa di preferenza con il verbo di modo congiuntivo per introdurre proposizioni concessive: — *lo desiderassi, non potei partire per Roma* / *il* — *minimo, anche il più piccolo*.

benda [bèn-] *s.f.* striscia o fascia di garza o stoffa che si usa nelle medicazioni di ferite o fratture, o si avvolge intorno agli occhi di qlcu. per impedirgli di vedere, o intorno al capo come ornamento / *mi è caduta la* — *dagli occhi*, (*fig.*) ora conosco finalmente la verità.

bendaggio [-dàg-] *s.m.* **1** atto, effetto del bendare; fasciatura **2** (*sport*) la fasciatura effettuata dal pugile a protezione delle mani.

bendare *v.tr.* [*io* bèndo *ecc.*] coprire o fasciare con bende, spec. gli occhi / *la dea bendata*, la fortuna.

bendatura *s.f.* atto, effetto del bendare.

bendisposto [-spó-] *agg.* che è favorevole a qlcu. o qlco.: *il tenente è* — *verso quel soldato*.

bene [bè-] *avv.* [compar. mèglio; superl. benissimo o ottimamente] **1** in modo conveniente e buono, secondo giustizia e ragione: *agire* —; *sarà* — *andare*; *comportati* —! CONTR. *male* **2** felicemente, piacevolmente, regolarmente: *ho passato* — *la domenica*; *stai* —?; *ora mi sento* —. CONTR. *male* **3** completamente, affatto, assolutamente: *dovevo* — *capirlo!* **4** indica approvazione: *sta* —, *va* —; anche da solo: —, *potete andare* // *s.m.* **1** il fine a cui tende l'azione e che deve soddisfare un bisogno o un desiderio; vantaggio, utilità; benessere: *l'ho fatto per il suo* —); *salvaguardare il* — *pubblico* / *far* —, giovare: *il mare fa* — *ai bambini* / *non aver* —, non aver pace / *amato* —, (*scherz.*) persona amata **2** qualità di ciò che è buono; bontà: *i filosofi insegnano la via del* —; *la lotta tra il* — *e il male*. CONTR. *male* **3** opera buona: *fare del* — *ai poveri* **4** spec. *pl.* ricchezza, proprietà, prodotto: *un* — *durevole*; *compravendita di beni immobili* **5** affetto, amore: *voler* —, *volere un gran* — *a qlcu.* CONTR. *male* // *inter. impropria* **1** modo di approvare o applaudire: —! *bravo! sei davvero insuperabile* **2** modo d'introdurre o troncare il discorso: —! *che volete da me?*

benedettino *agg.* di san Benedetto; che appartiene a un ordine monastico di san Benedetto // *s.m.* monaco che segue la regola di san Benedetto.

benedetto [-dét-] *agg.* **1** che ha ricevuto la benedizione. CONTR. *maledetto* **2** santo, sacro: *la memoria benedetta del padre* **3** ricco, fertile, prospero come per una particolare benedizione divina: *una terra benedetta*. CONTR. *maledetto* **4** (*fam.*) per eufemismo, esprime rimprovero o noia, impazienza: — *figliolo!*; *questo treno ha sempre ritardo*.

benedire *v.tr.* [imperf. *io* benedicévo o benedivo *ecc.*; pass.rem. *io* benedissi o benedii, *tu* benedicésti o benedisti *ecc.*; imp. *benedici*; nelle altre forme è coniugato come *dire*] **1** invocare, da parte di sacerdoti o di laici, la protezione di Dio su qlcu. o qlco.: *il padre benedisse il figlio; il sacerdote benedice i fedeli al termine della messa* / *andare, mandare a farsi* —, andare, mandare via, o andare, mandare in malora. CONTR. *maledire* **2** lodare, esaltare, ricordare con gratitudine e amore: *sempre benedirò quel giorno*. CONTR. *maledire* **3** da parte di Dio, aiutare, custodire, largire grazie: *Dio li benedica sempre*.

benedizione [-zió-] *s.f.* **1** insieme degli atti e delle parole con cui si benedicono persone o cose **2** favore, grazia concessa da Dio **3** funzione religiosa che termina con la benedizione dei fedeli **4** (*fig.*) ciò che arreca gioia, benessere e simili: *quel ragazzo era la* — *della sua famiglia*. CONTR. *maledizione*.

benefattore [-tó-] *s.m.* [f. -*trice*] chi fa del bene ad altri moralmente o materialmente: *il* — *degli orfani*.

beneficare *v.tr.* [*io* benèfico, *tu* benèfichi *ecc.*] far del bene agli altri, sia sotto l'aspetto morale che materiale.

beneficentissimo [-tìs-] *superl.* di → **benefico**.

beneficenza [-cèn-] *s.f.* atto del beneficare, opera benefica: *fare* —. SIN. *carità*.

beneficiare *v.intr.* [*io* benefìcio *ecc.*] trarre vantaggio: — *di un'amnistia*.

beneficiario [-cià-] *agg.* e *s.m.* **1** che, chi trae vantaggio da un beneficio **2** si dice della persona o ente a favore della quale si rilascia una cambiale o un assegno.

beneficiata *s.f.* **1** spettacolo dato a beneficio di uno o più attori della compagnia **2** (*fig.*) seguito di circostanze favorevoli (anche *iron.*): *oggi è la mia* —.

beneficio [-fì-] *s.f.* **1** atto compiuto per far del bene ad altri **2** utilità, vantaggio, comodità; *i benefici di un clima salubre* **3** vantaggio che una disposizione legislativa dà a chi si trovi in una determinata situazione / — *d'inventario*, possibilità che ha l'erede di procedere all'inventario dei beni prima di accettare l'eredità / — *ecclesiastico*, complesso dei beni di proprietà della chiesa con i proventi dei quali si sostenta il sacerdote.

benefico [-nè-] *agg.* [pl.m. -*ci*; superl. *beneficentissimo*] che benefica; vantaggioso, utile.

benefizio [-fì-] *s.m.* → **beneficio**.

benemerenza [-rèn-] *s.f.* atto che rende benemerito.

benemerito [-mè-] *agg.* e *s.m.* che, chi si è acquistato meriti con opere buone o utili: *cittadino* — / *la benemerita*, l'arma dei carabinieri.

beneplacito [-plà-] *s.m.* **1** approvazione, consenso, permesso: *dare il* —; *con il* — *dei superiori* **2** volere: *agirà a suo* —.

benessere [-nès-] *s.m.invar.* **1** prospero stato di salute **2** florida condizione economica privata o collettiva.

benestante *agg.* e *s.m.* che o chi vive nel benessere economico, nell'agiatezza. SIN. *agiato, abbiente*.

benestare *s.m.invar.* autorizzazione, approvazione da parte dell'ufficio o della persona competente.

beneventano *agg.* di Benevento // *s.m.* abitante di Benevento.

benevolentissimo [-tìs-] *superl.* di → **benevolo**.

benevolenza [-lèn-] *s.f.* **1** buona disposizione di animo. SIN. *benignità, bontà, carità*. CONTR. *malevolenza* **2** indulgenza del superiore verso l'inferiore.

benevolo [-nè-] *agg.* che dimostra benevolenza. SIN. *benigno, buono*. CONTR. *malevolo*.

bengala *s.m.invar.* **1** fuoco d'artificio che produce luci di vario colore **2** razzo per segnalazione o illuminazione.

bengalino *agg.* del Bengala // *s.m.* **1** abitante del Bengala **2** uccello tropicale, allevato in gabbia in Europa, con becco rosso e piumaggio dai colori vivacissimi (*fam.* Fringillidi).

bengodi [-gò-] *s.m.invar.* nome di un paese immaginario di allegria e d'abbondanza.

beniamino *s.m.* il figlio prediletto; per estens., la persona preferita tra i suoi pari: *il* — *del pubblico*.

benignità *s.f.invar.* **1** naturale disposizione a fare del bene. SIN. *benevolenza, bonarietà, bontà*. CONTR. *malignità* **2** affabilità, cortesia: *trattare con* — **3** mitezza (detto del clima).

benigno *agg.* **1** naturalmente disposto a fare del bene. SIN. *benevolo, bonario, buono*. CONTR. *maligno* **2** affabile, cortese: *sorriso* — **3** mite (detto del clima) **4** di natura non grave (detto di un morbo): *tumore* —.

benintenzionato *agg.* che ha buone intenzioni. CONTR. *malintenzionato*.

beninteso [-té-] *avv.* certamente, naturalmente, senza dubbio (usato nelle risposte o nelle precisazioni con senso affermativo): *ci vedremo dopo la scuola, —!*

benna [bèn-] *s.f.* apparecchio formato da due valve incernierate, che, retto da una gru, serve per lo scavo, il carico e il trasporto di materiale incoerente (sabbia, ghiaia ecc.).

bennato *agg.* che possiede buone doti naturali; bene educato: *individuo —.*

benpensante *s.m.* chi pensa nella maniera reputata più giusta dalla maggioranza, o nella maniera tradizionale, senza spirito critico.

benservito *s.m.* attestato che si rilascia a chi abbandona un lavoro, per comprovare che ha servito bene / *dare il —,* licenziare.

bensì *cong.* coordinativa avversativa ma, piuttosto: *non ho voglia di ascoltare della musica, — di andare al cinema.*

benthos [bèn-] *s.m.invar.* il complesso degli organismi marini che vivono a contatto con il fondo, sia fissi, sia mobili su questo.

bentonite *s.f.* tipo di argilla di origine vulcanica.

bentornato *agg.* e *s.m.* si dice a persona il cui ritorno è gradito; indica quindi il saluto con cui si accoglie tale persona.

bentos [bèn-] *s.m.invar.* → **benthos**.

benvenuto *agg.* e *s.m.* si dice a persona il cui arrivo è gradito; indica quindi il saluto con cui si accoglie tale persona / *gli diedero il — a fucilate,* lo accolsero in tal modo.

benvisto *agg.* che è visto con simpatia; gradito, simpatico. CONTR. *malvisto.*

benvolere[1] [-lé-] *v.tr.dif.* usato solo nelle espressioni: *farsi — da qlcu.,* ispirargli simpatia; *prendere a — qlcu.,* averlo in simpatia.

benvolere[2] [-lé-] *s.m.* benevolenza, simpatia.

benvoluto *agg.* che è oggetto di benevolenza; benvisto, gradito. CONTR. *malvoluto.*

benzedrina [-3e-] *s.f.* farmaco simile all'efedrina, che ha azione vasocostrittrice sulle vie respiratorie e in forma di solfato è eccitante del sistema nervoso.

benzene [-3è-] *s.m.* → **benzolo**.

benzina [-3i-] *s.f.* liquido trasparente, volatile, infiammabile, di odore caratteristico e di composizione variabile, ottenuto dal petrolio, usato come carburante e solvente.

benzinaio [-3inà-] *s.m.*, **benzinaro** [-3i-] *s.m.* (*region.*) addetto a un distributore di benzina.

benzocaina [-3o-] *s.f.* farmaco ad azione anestetica locale®.

benzoico [-3òi-] *agg.* [pl.m. *-ci*] (*chim.*) che si riferisce al benzoino / *acido —,* solido bianco, cristallino, usato in medicina.

benzoino [-3o-] *s.m.* resina profumata estratta da piante asiatiche, ricca di acido benzoico; usata in medicina e profumeria.

benzolismo [-3olifmo] *s.m.* intossicazione, acuta o cronica, provocata dal benzolo.

benzolo [-3ò-] *s.m.* (*chim.*) idrocarburo liquido, incoloro, volatile, infiammabile, tossico, di odore aromatico; ottenuto dal carbon fossile, è usato come solvente, carburante ed è materia prima nell'industria chimica.

beola [bè-] *s.f.* roccia di tipo granitico molto usata per pavimentazione.

beone [-ó-] *s.m.* chi ha il vizio di bere alcolici, e spec. vino.

beota [-ò-] *s.m.* e *f.* [pl. *-i*] **1** abitante, nativo della

Beozia **2** (*fig.*) persona incolta, di mente tarda // *agg.* da beota; sciocco: *un riso —.*

bequadro *s.m.* (*mus.*) segno di alterazione che annulla l'effetto di altre alterazioni precedenti, riportando la nota al valore originario.

berbero [bèr-] *agg.* si dice di una razza di cavalli // *s.m.* abitante, nativo della Barberia.

berceuse [*franc.*; *pr.* bersëf] *s.f.* breve componimento musicale ispirato alle ninnenanne popolari.

berciare *v.intr.* [*io* bèrcio *ecc.*] urlare in modo sguaiato.

bere [bé-] *v.tr.* [*pres. io* bévo *ecc.*; *imperf. io* bevévo *ecc.*; *fut. io* berrò *ecc.*; *pass.rem. io* bévvi *o* bevètti*, tu* bevésti *ecc.*; *cong.pres. io* béva *ecc.*; *cong.imperf. io* bevéssi *ecc.*; *imp.* bévi*,* bevéte; *ger.* bevèndo; *p.pres.* bevènte; *p.pass.* bevuto] **1** mandar giù un liquido per la bocca: *— l'acqua, il caffè, la medicina; — al fiasco, a sorsi, a garganella, in un fiato / — un bicchiere, una tazza, una bottiglia,* berne il contenuto / *— come una spugna,* bere molto, e spec. alcolici / *o — o affogare,* non c'è alternativa **2** assorbire: *la terra arida beveva l'acqua piovana* **3** (*fig.*) ascoltare con grande attenzione; credere facilmente: *è uno che le beve tutte / darla a —,* darla a intendere.

bergamasco *agg.* di Bergamo // *s.m.* abitante di Bergamo.

bergamotta [-mòt-] *s.f.* specie di pera dal profumo di cedro.

bergamotto [-mòt-] *s.m.* varietà di arancia, non commestibile, dalla cui buccia si estrae un'essenza.

bergère [*franc.*; *pr.* berjèr] *s.f.* tipo di poltrona da riposo, ampia e comoda.

beriberi [-bè-], **beri-beri** *s.m.invar.* malattia causata da carenza di vitamina B_1, propria dei paesi dell'Estremo Oriente in cui l'alimentazione è a base di riso brillato.

berillio [-ril-] *s.m.* elemento chimico, metallo raro (Be; *n.at.* 4; *p.at.* 9,01); grigio, duro, leggero, è usato per indurire leghe.

berillo *s.m.* minerale in cristalli a forma di prismi esagonali di color verde chiaro; varietà preziose sono lo smeraldo e l'acquamarina.

berkelio [-kè-] *s.m.* elemento chimico transuranico artificiale (Bk; *n.at.* 97).

berlina[1] *s.f.* pena che consisteva nell'esporre un condannato, in catene o altrimenti immobilizzato, al disprezzo del pubblico; il luogo della pena / *mettere alla —,* esporre allo scherno di tutti.

berlina[2] *s.f.* **1** carrozza di gala, a quattro posti **2** autovettura a carrozzeria chiusa, con posti anteriori e posteriori e bagagliaio separato.

berlinese [-né-] *agg.* di Berlino // *s.m.* e *f.* abitante di Berlino.

berlingozzo [-gòz-] *s.m.* sorta di ciambella.

bermuda *s.m.invar.* calzoni lunghi fin sopra il ginocchio, per lo più larghi, con o senza risvolto.

bermudiana *s.f.* tipo di vela triangolare inferita anteriormente all'albero, detta anche *marconi* [*ill. Barca*].

bernesco [-né-] *agg.* [pl.m. *-chi*] satirico, burlesco.

bernese [-né-] *agg.* di Berna // *s.m.* e *f.* abitante di Berna.

bernoccolo [-nòc-] *s.m.* **1** protuberanza, soprattutto sul capo, causata da un colpo **2** (*fig.*) disposizione naturale a fare qlco.: *avere il — del commercio.*

bernoccoluto *agg.* che ha bernoccoli.

berretta [-rét-] *s.f.* copricapo di vario tipo e spec. quello rigido a tre spicchi e nappina sul centro portato dai preti: *— rossa,* quella dei cardinali.

berretto [-rét-] *s.m.* copricapo di varie forme, per lo più con tesa sulla fronte.

bersagliare *v.tr.* [*io bersàglio ecc.*] **1** colpire ripetutamente, come tenendo a bersaglio **2** (*fig.*) perseguitare: *sono bersagliato dalla sfortuna.*

bersagliere [-glie-] *s.m.* soldato di una specialità della fanteria italiana impiegata come truppa celere / *alla bersagliera*, alla maniera dei bersaglieri; con prontezza, con energia.

bersaglieresco [-re-] *agg.* [pl.m. *-chi*] da bersagliere; pronto, energico (a volte *iron.*).

bersaglio [-sà-] *s.m.* **1** ciò che si deve colpire con le armi, nelle esercitazioni o in guerra **2** (*fig.*) persona o cosa presa di mira: *è il — di tutte le critiche.*

bersò *s.m.invar.* pergola, pergolato.

berta[1] [bèr-] *s.f.* (*antiq.*) baia, scherno: *dar la —*, schernire.

berta[2] [bèr-] *s.f.* uccello marino di color cinerino sul dorso, bianco sul ventre, con piedi palmati, ali lunghe, vista acuta, volo rapido (*fam.* Puffinidi).

berta[3] [bèr-] *s.f.* (*mecc.*) → **battipalo**.

berteggiare *v.tr.* (*lett.*) [*io bertéggio ecc.*] burlare, schernire.

bertesca [-té-] *s.f.* opera difensiva annessa alle antiche fortificazioni (*ill. Castello*).

bertuccia [-tùc-] *s.f.* **1** piccola scimmia grigio giallognola, con testa tondeggiante, palmo delle mani, pianta dei piedi e natiche prive di peli; è l'unica scimmia vivente allo stato libero in Europa (Gibilterra) (*fam.* Cercopitecidi) **2** (*fig.*) bambina o donna brutta, piccola e magra.

besciamella [-mèl-] *s.f.* salsa a base di burro, farina e latte.

bestemmia [-stém-] *s.f.* **1** espressione ingiuriosa contro Dio o i santi **2** grosso sproposito.

bestemmiare *v.tr.* e *intr.* [*io bestémmio ecc.*] **1** pronunciar bestemmie; imprecare: *— come un turco*, pronunciare bestemmie orribili **2** (*scherz.*) parlare in modo incomprensibile: *— un poco di tedesco.*

bestemmiatore [-tó-] *s.m.* [f. *-trice*] chi ha l'abitudine di bestemmiare.

bestia [bé-] *s.f.* **1** nome generico che indica tutti gli animali, tranne l'uomo / *bestie da soma*, che servono a portare carichi / *bestie da tiro*, che servono a tirare carri / *bestie feroci*, fiere, animali selvaggi / *bestie da macello*, che si allevano per essere macellate / *l'avarizia è una brutta —*, un pessimo difetto / *il latino è la sua —nera*, la materia in cui assolutamente non riesce **2** (*fig.*) uomo sciocco e ignorante, rozzo, maleducato, di modi e costumi bestiali / *andare, entrare, montare in —*, irritarsi, infuriarsi, imbestialirsi. SIN. *bruto.*

bestiale *agg.* **1** da bestia. SIN. *animalesco* **2** crudele, feroce. SIN. *brutale* **3** (*fam.scherz.*) eccezionale, strano.

bestialità *s.f.invar.* **1** l'essere bestiale **2** atto o parola di persona ignorante.

bestiame *s.m.* (*rar.* al *pl.*) l'insieme degli animali allevati per l'agricoltura e l'alimentazione: *— grosso*, mucche, buoi: *— minuto*, capre, pecore, conigli, pollame.

bestiario[1] [-stià-] *s.m.* schiavo romano addestrato a combattere con le belve nel circo.

bestiario[2] [-stià-] *s.m.* titolo generico di opere didascaliche medievali che, con intento più morale che scientifico, trattavano delle qualità degli animali.

best seller [*ingl.*; *pr.* bèst sèla(r)] *s.m.* si dice di un libro o di altri prodotti, di grande successo.

beta [bè-] *s.m.* **1** seconda lettera dell'alfabeto greco **2** *raggi —*, (*fis.*) corpuscoli a carica negativa emessi dai nuclei di atomi radioattivi.

betatrone [-tró-] *s.m.* (*fis.*) acceleratore elettromagnetico di elettroni.

betel [bè-] *s.m.invar.* pianta rampicante dell'India (*fam.* Piperacee); anche il bolo da masticare preparato, secondo l'uso indomalese, con una foglia di tale pianta nella quale si avvolgono un pezzo di noce di areca, calce viva e qualche aroma.

betonica [-tò-] *s.f.* pianta erbacea medicinale, con foglie rugose e fiori porporini in spighe (*fam.* Labiate) / *conosciuto più della —*, conosciuto da tutti.

betoniera [-niè-] *s.f.* macchina rotante per l'impasto del calcestruzzo [*ill. Edilizia*].

betta [bét-] *s.f.* piccola nave militare adibita al trasporto di materiale o di persone.

bettola [bét-] *s.f.* osteria di infimo ordine.

bettolina *s.f.* galleggiante di ampie dimensioni adibito a trasporto spec. su acque interne.

betulla *s.f.* albero dai rami sottili, con foglie a forma di rombo; dalla corteccia biancastra si ricava un olio balsamico, resine e tannino (*fam.* Betulacee).

beuta [bèu-] *s.f.* recipiente conico di vetro, molto usato nei laboratori chimici [*ill. Chimico, laboratorio*].

BeV [*ingl.*; *Billion ecletron Volt*] *s.m.invar.* un miliardo di elettronvolt, negli Stati Uniti (in Europa *GeV*).

bevanda *s.f.* qualsiasi liquido da bere.

beveraggio [-ràg-] *s.m.* bevanda, spec. quella che si dà alle bestie.

beverino *s.m.* piccolo recipiente di terracotta o di vetro per mettere l'acqua da bere nelle gabbie degli uccelli.

beverone [-ró-] *s.m.* **1** bevanda per le bestie **2** (*spreg.*) bevanda abbondante e scipita.

bevitore [-tó-] *s.m.* [f. *-trice*] chi beve abitualmente, spec. alcolici e spec. in abbondanza: *un forte —*; *un — di latte.*

bevuta *s.f.* il bere; la quantità di liquido bevuta in una volta.

bey [bèy] *s.m.invar.* titolo che designava i sovrani di stati vassalli della Turchia.

bezzo [bèz-] *s.m.* **1** antica moneta veneziana **2** *pl.* denari in genere.

bi- [dal lat. *bis = due volte*] prefisso che significa «due, che ha due, due volte» (*bisillabo, bicamerale, bidente, bimensile*).

biacca *s.f.* carbonato basico di piombo; è una polvere bianca, pesante, velenosa, usata per vernici e in pittura.

biacco *s.m.* [pl. *-chi*] serpente non velenoso, piuttosto lungo, con macchie gialle e nere, comune in Italia (*fam.* Colubridi).

biada *s.f.* **1** nome generico delle piante graminacee, usate come foraggio per gli animali **2** *pl.* le messi.

bianca *s.f.* (*tip.*) la faccia del foglio che viene stampata per prima.

biancastro *agg.* di colore quasi bianco.

biancheggiare *v.intr.* [*io bianchéggio ecc.*] apparire bianco; diventare bianco / *il mare biancheggia*, si copre di schiume bianche, quando è molto agitato.

biancheria [-rì-] *s.f.* il complesso dei panni, tradizionalmente bianchi o di colore chiaro, di tessuto leggero, per uso domestico (lenzuola, tovaglie, asciugamani ecc.) o personali (camicie, indumenti intimi e da notte).

bianchetto [-chét-] *s.m.* **1** sostanza imbiancante, a base di biacca, che, in varie combinazioni, serve come cosmetico o prodotto sbiancante per il bucato e la pulizia delle scarpe bianche **2** *pl.* giovanissime acciughe o sardine commestibili, quasi trasparenti, e che prendono colore bianchiccio dopo la cottura.

bianchezza [-chéz-] *s.f.* l'essere bianco; candore.

bianchiccio [-chìc-] *agg.* di colore che tende al bianco.

bianco *agg.* [pl.m. *-chi*] **1** si dice di colore che risulta dalla sintesi dei sette colori dell'iride; può essere di varie gradazioni: — *come la neve, i gigli, il latte ecc.*; *un foglio* —, su cui non è stato scritto nulla / *bandiera bianca*, segno di resa / *globuli bianchi*, i leucociti / *libro* —, quello in cui sono raccolti documenti ufficiali / *mosca bianca*, cosa molto rara / *voci bianche*, quelle dei bambini / *dar carta bianca a uno*, dargli la facoltà di operare a suo arbitrio **2** che ha colore chiaro, in contrapposizione ad altra varietà più scura: *pane* —; *vino* — / *razza bianca* (o *i bianchi*), gli europoidi / — *come un panno lavato*, di persona pallida per emozione, paura ecc. // *s.m.* **1** il colore bianco / *mangiare in* —, mangiare cibi non conditi con droghe o sughi / *non distinguere il* — *dal nero*, far confusione tra cose decisamente diverse / *ci corre quanto fra il* — *e il nero*, di cose diversissime **2** la parte bianca, o più chiara, di qlco.: *il* — *dell'uovo*, l'albume **3** foglio su cui non è scritto nulla / *cambiale, assegno in* —, firmati, ma senza indicazione dell'importo / *mettere nero su* —, scrivere / *lasciare in* — *una parola*, non scriverla / *di punto in* —, all'improvviso.

biancone [-có-] *s.m.* grosso uccello rapace diurno, con piumaggio bruno sul dorso e bianco nelle parti inferiori (*fam.* Accipitridi).

biancore [-có-] *s.m.* candore; luce bianca, diffusa.

biancospino *s.m.* arboscello a rami spinosi e fiori bianchi raccolti in corimbi; comune nelle siepi (*fam.* Rosacee).

biasciccare *v.tr.* [*io biàscico* o *biàscio, tu biàscichi* o *biasci ecc.*] **1** mangiare qlco. senza masticarla e con abbondanza di saliva (come fa chi non ha denti); mangiare di mala voglia **2** pronunciare male e a stento.

biasimare [-ʃi-] *v.tr.* [*io biàsimo ecc.*] criticare aspramente. SIN. *riprendere, riprovare, rimproverare, censurare*. CONTR. *lodare*.

biasimevole [-ʃimé-] *agg.* meritevole di biasimo. SIN. *reprensibile, riprovevole*. CONTR. *lodevole*.

biasimo [biàʃi-] *s.m.* disapprovazione; critica aspra: *riportare, meritare* —. SIN. *riprensione, censura, rimprovero*. CONTR. *lode*.

Bibbia [Bìb-] *s.f.* **1** l'insieme dei libri sacri, ritenuti ispirati da Dio, dell'Antico e Nuovo Testamento **2** per estens., testo di base, insieme di regole fondamentali e indiscusse.

biberon [*franc.*; *pr.* bib(e)ròn] *s.m.* poppatoio; bottiglia con poppatoio.

bibita [bì-] *s.f.* bevanda dissetante.

biblico [bi-] *agg.* [pl.m. *-ci*] **1** della Bibbia: *racconto* — **2** che riguarda la Bibbia: *studi biblici* **3** solenne, grandioso, tragico, come certi episodi della Bibbia: *un esodo* —, *una catastrofe biblica*.

biblio- [bi-] [dal gr. *biblìon = libro*] primo elemento di parole composte, derivate dal greco o coniate modernamente, nelle quali significa «libro» (*biblioteca, bibliografia*).

bibliofilia [-lì-] *s.f.* amore per i libri, spec. antichi e rari.

bibliofilo [-bliò-] *s.m.* chi ama i libri, spec. antichi.

bibliografia [-fì-] *s.f.* **1** scienza della descrizione e catalogazione dei libri **2** elenco degli scritti apparsi su un argomento, o di quelli consultati per la stesura di un'opera.

bibliografo [-bliò-] *s.m.* studioso di bibliografia.

bibliomane [-bliò-] *s.m.* chi ha la mania di posseder libri, spec. rari.

bibliomania [-nì-] *s.f.* mania di raccogliere libri.

biblioteca [-tè-] *s.f.* **1** istituzione che raccoglie e ordina libri, a disposizione di chi studia **2** raccolta di libri **3** scaffale o locale in cui sono collocati i libri **4** collezione di libri dello stesso genere e formato, di un medesimo editore.

bibliotecario [-cà-] *s.m.* chi è addetto a una biblioteca o ad essa soprintende.

biblioteconomia [-mì-] *s.f.* scienza che studia la costituzione, l'ordinamento e il funzionamento delle biblioteche.

bibulo [bì-] *agg.* (*rar.*) che assorbe: *carta bibula*.

bica *s.f.* mucchio di covoni di grano.

bicamerale *agg.* (*pol.*) che ha due camere / *regime* —, quello in cui la sovranità è esercitata da una camera dei deputati e da un senato.

bicarbonato *s.m.* (*chim.*) sale acido dell'acido carbonico / — *di sodio*, sale usato per le acque effervescenti e come medicinale.

bicchierata *s.f.* bevuta, fatta in comitiva, per festeggiare qlcu.

bicchiere [-chiè-] *s.m.* piccolo recipiente, solitamente di vetro, usato per bere; la quantità di liquido in esso contenuto: *bere un* — *di vino* / *fondo di* —, brillante falso / *affogare in un* — *d'acqua*, confondersi per cose da nulla. DIM. *bicchierino*.

bicefalo [-cè-] *agg.* che ha due teste.

bici *s.f.invar.abbr.* di → **bicicletta**.

bicicletta [-clét-] *s.f.* veicolo a due ruote spinto a pedali.

bicilindrico [-lin-] *agg.* [pl.m. *-ci*] che ha due cilindri: *motore* —.

bicipite [-cì-] *agg.* che ha due capi: *aquila* —, (*arald.*) aquila a due teste, di cui l'una rivolta verso il fianco destro dello scudo e l'altra verso il fianco sinistro (stemma della Casa d'Austria) / *muscolo* — (o *bicipite*), muscolo del braccio e della gamba umani [*ill. Corpo*].

bicocca [-còc-] *s.f.* **1** piccola rocca in cima a un'altura **2** catapecchia.

bicolore [-ló-] *agg.* **1** che ha due colori **2** in politica, formato da due partiti: *governo, giunta* —.

biconcavo [-còn-] *agg.* concavo da entrambi i lati, detto spec. di lente (lente divergente).

biconvesso [-vès-] *agg.* convesso da entrambi i lati, detto spec. di lente (lente convergente).

bicorne [-còr-] *agg.* che ha due corna, due punte.

bicornia [-còr-] *s.f.* incudine d'acciaio con due estremità a forma di corno.

bicorno [-còr-] *s.m.* cappello da prete di forma antica, con falde arrotolate.

bicromia [-mì-] *s.f.* procedimento di stampa a due colori sovrapposti.

bicuneo [-cù-] *s.m.* in alpinismo, ciascuno degli oggetti metallici che si incastrano nelle fessure della roccia come sostegni, analogamente ai chiodi da roccia [*ill. Alpinismo*].

bicuspide [-cù-] *agg.* che ha due cuspidi, che termina in due punte / *valvola* —, valvola del cuore che mette in comunicazione l'atrio sinistro col ventricolo corrispondente.

bidè *s.m.invar.* recipiente di forma stretta e allungata, generalmente fisso, usato per lavarsi le parti inferiori.

bidello [-dèl-] *s.m.* chi attende alla custodia e pulizia delle scuole.

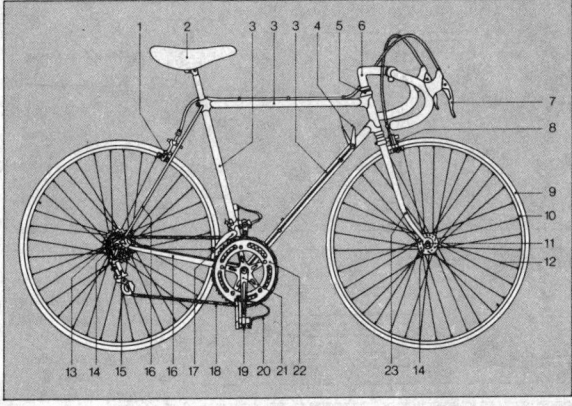

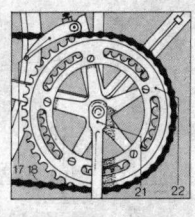

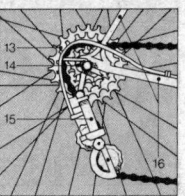

bicicletta

1 *freno posteriore,*
2 *sella,* 3 *telaio,*
4 *leve del cambio,*
5 *pipa,*

6 *manubrio,*
7 *leva del freno,*
8 *freno anteriore,*
9 *pneumatico o tubolare,*
10 *cerchione,*
11 *mozzo,*

12 *raggio,*
13 *pignone,*
14 *forcellino,*
15 *cambio,*
16 *forcelle posteriori,*
17 *deragliatore,*

18 *catena,*
19 *pedale,*
20 *fermapiedi,*
21 *pedivella,*
22 *moltiplica,*
23 *forcella anteriore.*

bidente [-dèn-] *s.m.* arnese agricolo con lungo manico di legno e due denti metallici (*rebbi*) che serve a rompere la terra.

bidimensionale *agg.* che ha due sole dimensioni (spec. contrapposto a *tridimensionale*): *visione —.*

bidirezionale *agg.* che ha, che consente due direzioni.

bidone [-dó-] *s.m.* **1** grosso recipiente di latta che serve a contenere per lo più liquidi **2** (*fig.*) imbroglio, truffa; appuntamento a vuoto: *fare un —.*

bidonvia [-vì-] *s.f.* funivia nella quale i passeggeri sono alloggiati in piccole cabine cilindriche.

bidonville [*franc.*; *pr.* bidonvìl] *s.f.* agglomerato di abitazioni costruite con mezzi di fortuna alla periferia di una grande città, dove vivono recenti immigrati o strati di popolazione emarginata.

bieco [biè-] *agg.* [pl.m. *-chi*] **1** obliquo, torvo (si dice per lo più di sguardo) **2** (*fig.*) malvagio.

biedermeier [*ted.*; *pr.* bidermàier] *s.m.* stile di arredamento assai diffuso in Germania nel sec. XIX, derivante dallo stile impero.

biella [bièl-] *s.f.* asta di collegamento tra due parti di una macchina, alle quali è incernierata [*ill. Ferrovia, Motore*].

biennale *agg.* che dura due anni; che si verifica ogni due anni // *s.f.* manifestazione che si organizza ogni due anni.

biennio [bièn-] *s.m.* tempo di due anni.

bieticoltore [-tó-] *s.m.* chi coltiva barbabietole.

bieticoltura *s.f.* coltivazione delle barbabietole.

bietola [biè-] *s.f.* varietà di barbabietola di cui si mangiano le foglie (*fam.* Chenopodiacee).

bietolone [-ló-] *s.m.* **1** pianta erbacea con foglie triangolari, simili a quelle dello spinacio, commestibili (*fam.* Chenopodiacee) **2** (*fig.*) credulone, sempliciotto.

bietta [bièt-] *s.f.* **1** cuneo per fendere un legno **2** (*mecc.*) sorta di cuneo o spina conica usata nelle macchine per serrare due parti a contatto **3** (*mus.*) pezzo di ebano incastrato nell'impugnatura dell'arco di violini e simili [*ill. Musicali, strumenti*].

bifase [-ʃe] *agg.* (*fis.*) che ha due fasi.

biffa *s.f.* **1** asta che reca in cima un segno ben visibile, usata per operazioni di livellamento **2** segnale posto alle crepe dei muri per controllare se si allargano.

biffare *v.tr.* metter le biffe in un muro.

bifido [bì-] *agg.* diviso in due, biforcuto.

bifolco [-fól-] *s.m.* [pl. *-chi*] **1** chi lavora la terra con l'aiuto dei buoi **2** (*fig.*) uomo rozzo, villano.

bifora *s.f.* finestra a due aperture divise da una colonnetta o da un pilastro [*ill. Architettura*].

biforcare *v.tr.* [*io bifórco ecc.*] dividere qlco. in due come una forca // **-arsi** *v.rifl.pron.* dividersi in due: *la via si biforca.*

biforcazione [-ziò-] *s.f.* il biforcare, il biforcarsi; spec. il punto in cui una strada si biforca.

biforcuto *agg.* che ha due punte, che è diviso in due: *il piede — del demonio* / *lingua biforcuta,* di chi parla in modo ingannevole.

biforme [-fór-] *agg.* che ha in sé due forme diverse: *il centauro è un essere —.*

bifronte [-frón-] *agg.* **1** che ha due facce, due fronti **2** (*fig.*) si dice di uomo sleale e ambiguo.

big [*ingl.*; *pr.* big] *s.m.* e *f.* personaggio importante, influente, potente: *i — della finanza; in politica è un —.*

biga *s.f.* cocchio a due ruote tirato da due cavalli, usato dagli antichi romani.

bigamia [-mì-] *s.f.* (*dir.*) il contrarre matrimonio essendo già legato da vincolo matrimoniale.

bigamo [bì-] *agg.* e *s.m.* che, chi si è sposato due volte; per estens., che, chi ha due legami amorosi entrambi stabili.

bigatto *s.m.* baco da seta o bruco delle farfalle.

big bang [*ingl.*; *pr.* big bèn] *s.m.* secondo la teoria cosmologica oggi più attendibile, l'esplosione con la quale ha avuto inizio l'universo.

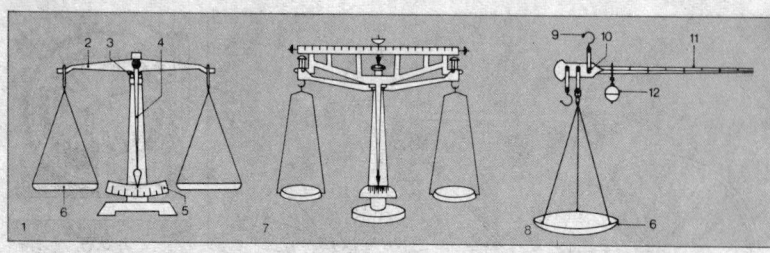

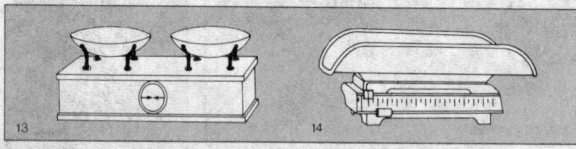

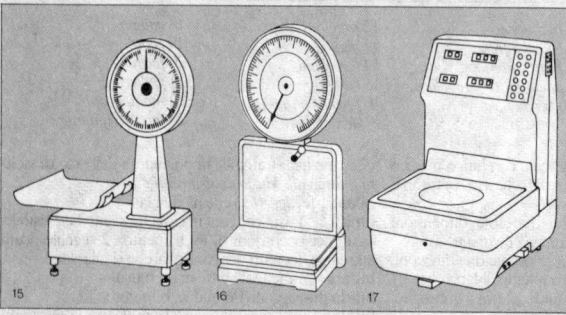

bilancia

1 *bilancia a piatti*, 2 *giogo*, 3 *coltello*, 4 *indice*, 5 *scala graduata*, 6 *piatto*, 7 *bilancia di precisione*, 8 *stadera*, 9 *gancio di sospensione*, 10 *fulcro*, 11 *stilo*, 12 *romano*, 13 *bilancia di Roberval*, 14 *bilancia pediatrica*, 15 *bilancia automatica*, 16 *basculla*, 17 *bilancia elettronica*.

bigello [-gèl-] *s.m.* sorta di grosso panno ruvido di color grigiastro.

bighellonare *v.intr.* [*io bighellóno ecc.*] andare in giro oziando; non aver voglia di far nulla.

bighellone [-ló-] *s.m.* chi perde il tempo senza far nulla, vagabondo. SIN. *fannullone*.

bigiare *v.tr.* [*io bigio ecc.*] (*region.*) marinare la scuola.

bigino *s.m.* (*region.*) libretto con la traduzione letterale degli autori classici.

bigio [bì-] *agg.* 1 di colore grigio come la cenere 2 (*fig.*) incerto, spec. in senso politico.

bigiotteria [-rì-] *s.f.* 1 insieme di gioielli falsi o altri ninnoli di ornamento femminile 2 la bottega dove si vendono.

biglia [bì-] *s.f.* → **bilia**.

bigliardo *s.m.* → **biliardo**.

bigliettaio [-tà-] *s.m.* chi vende i biglietti per il treno, il tram, gli spettacoli e simili.

biglietteria [-rì-] *s.f.* in stazioni ferroviarie, teatri, cinematografi e simili, il locale adibito alla vendita dei biglietti.

biglietto [-gliét-] *s.m.* 1 cartoncino o foglietto usato per brevi scritti di comunicazione e di saluto / — *di* (o *da*) *visita*, cartoncino con nome e cognome, eventuali qualifiche e talvolta l'indirizzo, usato spec. come presentazione. DIM. *bigliettino* 2 foglietto o cartoncino che attesta un pagamento e dà quindi diritto a usufruire di un servizio o a entrare in un luogo 3 moneta di

carta, circolante in sostituzione dell'oro, a cui lo stato riconosce valore legale; banconota.

bignè *s.m.invar.* dolce di pasta cotta in forno, ripieno di crema, zabaione e simili.

bignonia [-gnò-] *s.f.* arbusto rampicante, ornamentale, con fiori color rosso salmone, imbutiformi (*fam.* Bignoniacee).

bigodino *s.m.* piccolo cilindro su cui si avvolgono i capelli per metterli in piega.

bigoncia [-gón-] *s.f.* [*pl.* -*ce*] recipiente di legno fatto a doghe, spec. usato in viticoltura.

bigoncio [-gón-] *s.m.* recipiente assai simile alla bigoncia, ma più basso e più largo.

bigotteria [-rì-] *s.f.* detto o azione da bigotto.

bigottismo [-ʃmo] *s.m.* l'essere bigotto.

bigotto [-gòt-] *agg.* e *s.m.* si dice di persona che bada alle pratiche esterne della religione più che allo spirito d'essa.

bijou [*franc.*; *pr.* bijú] *s.m.* gioiello, gingillo di valore / *è un* —, grazioso, delizioso.

bikini *s.m.invar.* costume da bagno per donna, in due pezzi succinti.

bilancella [-cèl-] *s.f.* piccola barca da pesca.

bilancia [-làn-] *s.f.* [*pl.* -*ce*] 1 strumento per pesare: — *a piatti*; — *automatica* / *mettere sulla* —, (*fig.*) confrontare, valutare a confronto / *pesare con la* — *del farmacista*, (*fig.*) valutare con scrupolosa esattezza / *in* —, in equilibrio 2 *Bilancia* (*astr.*) uno dei dodici segni dello zodiaco [*ill.* *Zodiaco*] **3** rete quadrata da pesca, tenuta aperta da due aste ricurve e munita di una pertica [*ill.* *Pesca*] **4** rapporto tra due valori contrapposti: — *dei pagamenti*, (*econ.*) rapporto tra le importazioni e le esportazioni di un paese.

bilanciare *v.tr.* [*io bilàncio ecc.*] **1** mettere, tenere in equilibrio **2** essere di pari valore **3** valutare due o più cose paragonandole.

bilanciatura *s.f.* l'atto, l'effetto del bilanciare: — *delle ruote*, operazione con la quale si verificano ed eventualmente si correggono squilibri di peso nelle ruote di autoveicoli.

bilanciere [-ciè-] *s.m.* asta diritta o curva ruotante, per effetto di forze applicate alle sue estremità, intorno ad un perno situato lungo il suo asse: — *dell'orologio*.

bilancino *s.m.* **1** traversa di legno a cui si attaccano le tirelle del cavallo fuori delle stanghe **2** cavallo da tiro che si attacca fuori delle stanghe a rinforzo di quelli già attaccati.

bilancio [-làn-] *s.m.* **1** valutazione dello stato patrimoniale e finanziario di un ente, di un'azienda ecc.; il documento che lo rappresenta / — *consuntivo*, rendiconto alla fine di un esercizio; — *preventivo*, previsione dei risultati di un periodo di attività futura **2** (*fig.*) rapporto tra gli aspetti positivi e negativi di una cosa o di una situazione: *fare il* — *della propria vita*.

bilaterale *agg.* **1** che riguarda ambedue i lati: *pleurite* — **2** che concerne due parti.

bile *s.f.* liquido giallo-verdastro secreto dal fegato.

bilharzia [-hàr-] *s.f.* → **schistosoma.**

bilharziosi [-ziòʃi] *s.f.invar.* → **schistosomiasi.**

bilia [bì-] *s.f.* **1** palla d'avorio per giocare al biliardo; ciascuna delle buche in cui si mandano le palle **2** pallina di vetro o coccio con cui giocano i bambini.

biliardino *s.m.* biliardo di dimensioni ridotte, spesso munito di dispositivi meccanici per azionare le bilie.

biliardo *s.m.* **1** gioco che consiste nel colpire, con apposite stecche e secondo determinate regole, delle bilie d'avorio che si fanno correre su un tavolo rettangolare delimitato da sponde e ricoperto di panno verde **2** il tavolo su cui si pratica tale gioco.

biliare *agg.* della bile, relativo alla bile: *vescichetta*, *o vescicola* —, la cistifellea.

bilico [bì-] *s.m.* [pl. *-chi*] posizione di equilibrio instabile propria di un corpo che si appoggia a un altro toccandolo in un solo punto: *stare*, *tenere in* —, (*fig.*) in uno stato di incertezza, di dubbio, di rischio.

bilingue [-lìn-] *agg.* scritto in due lingue: *testo* — // *agg.* e *s.m.* e *f.* che, chi parla o usa correntemente due lingue / *zona* —, dove sono parlate o comprese due lingue.

bilinguismo [-ʃmo] *s.m.* **1** l'uso o la capacità di parlare correntemente due lingue **2** divisione di uno stato o di una zona in due gruppi linguistici: *il* — *del Belgio*.

bilione [-lió-] *s.m.* unità monetaria che in Italia, Francia e Stati Uniti vale mille milioni, cioè un miliardo, in Inghilterra e Germania vale un milione di milioni.

bilioso [-lió-] *agg.* **1** pieno di bile **2** (*fig.*) collerico. SIN. *fegatoso*, *irascibile*, *irritabile*, *stizzoso*.

bilirubina *s.f.* pigmento organico che si trova nella bile e nel siero del sangue.

bilustre *agg.* (*lett.*) di due lustri.

bimbo *s.m.* bambino. DIM. *bimbetto*.

bimensile *agg.* che si tiene, si pubblica, si paga ecc. due volte al mese.

bimestrale *agg.* che dura due mesi; che ricorre ogni due mesi.

bimestre [-mè-] *s.m.* periodo di tempo di due mesi.

bimetallismo [-ʃmo] *s.m.* sistema monetario alla cui base sono monete d'oro e d'argento.

bimotore [-tó-] *agg.* che ha due motori // *s.m.* aeroplano fornito di due motori.

binario¹ [-nà-] *agg.* **1** costituito da due elementi **2** si dice di sistema numerico di due sole cifre (zero e uno), che costituisce la base per le elaborazioni di un calcolatore elettronico.

binario² [-nà-] *s.m.* rotaie o guide parallele atte ad essere percorse da treni, tram ecc.: — *morto*, tronco, che non prosegue [*ill.* *Ferrovia*].

binato *agg.* accoppiato, abbinato, doppio: *colonnine binate.*

binda *s.f.* macchina da sollevamento azionata a mano.

bindella [-dèl-] *s.f.* lista di acciaio del fucile da caccia; posta fra le due canne, porta il mirino [*ill.* *Fucile*].

bindello [-dèl-] *s.m.* fascia di latta stretta e sottile che chiude ermeticamente il coperchio di scatole di prodotti alimentari.

bindolo [bìn-] *s.m.* **1** macchina per sollevare acqua a scopo di prosciugamento o irrigazione **2** aspo, arcolaio **3** (*fig.*) raggiro, truffa.

binocolo [-nò-] *s.m.* strumento ottico, costituito da due cannocchiali gemelli, che consentono la visione di oggetti a distanza con entrambi gli occhi [*ill.* *Cannocchiale*] / *non lo vede neanche col* —, (*fam.*) non può averlo, è fuori dalle sue possibilità.

binoculare *agg.* si dice di visione ottenuta mediante tutti e due gli occhi.

binomio [-nò-] *s.m.* termine algebrico per indicare la somma di due monomi.

bio- [dal gr. *bíos* = *vita*] primo elemento compositivo che significa «vita, essere vivente»; è usato spec. nella formazione di parole scientifiche (*biografia*, *biologia*, *biofisica*).

bioccolo [biòc-] *s.m.* fiocco di lana, prima della filatura; oggetto di aspetto simile: — *di neve*.

biocenosi [-nòʃi] *s.f.invar.* vita in comune di esseri diversi, sia animali sia vegetali, in uno stesso ambiente.

biochimica [-chì-] *s.f.* scienza che studia la composizione chimica degli organismi viventi e i fenomeni chimici e chimico-fisici che in essi si svolgono.

biochimico [-chì-] *agg.* [pl.m. *-ci*] che riguarda la biochimica.

bioclimatologia [-gì-] *s.f.* scienza che studia i rapporti fra clima e esseri viventi.

biodegradabile [-dà-] *agg.* si dice di qualsiasi materiale che, abbandonato nell'acqua o nel terreno, subisce l'azione di processi chimici e biologici che lo trasformano.

biodegradabilità *s.f.invar.* la qualità di ciò che è biodegradabile.

biodo [biò-] *s.m.* erba palustre, usata per impagliare fiaschi.

biofisica [-fìʃi-] *s.f.* scienza che studia i fenomeni della vita applicando mezzi e principî fisici.

biofisico [-fìʃi-] *agg.* [pl.m. *-ci*] che riguarda la biofisica.

biogas [-gàs] *s.m.invar.* gas combustibile prodotto dalla fermentazione di materiale organico come letame, residui vegetali ecc.

biogenesi [-gèneʃi] *s.f.invar.* l'origine della vita.

biogenetico [-nè-] *agg.* [pl.m. *-ci*] che concerne l'origine e l'evoluzione degli esseri viventi.

biogeografia [-fi-] *s.f.* scienza che studia la distribu-

Biologia

biochimica, biofisica, biometria, bioingegneria, biostatistica, bionica, biometeorologia, biogeografia, idrobiologia, radiobiologia, genetica, citologia, citogenetica, embriologia, fisiologia, ecologia, desmologia, etologia, immunologia, parassitologia, microbiologia in vitro • regno, tipo, classe, ordine, famiglia, genere, specie, razza; sistema • organismo, microrganismo, microbo, micrococco, bacillo, enzima, batterio, virus, sporozoo, batteriofago; apparato, funzione, organo, tessuto, tissutale, stroma; aerobio, aerobiosi, anaerobio, anaerobiosi, eterotermo, omeotermo, stenotermo, termoregolatore; epidemico, endemico, vita, vegetativo, zoofito, zoomorfosi, dimorfismo, polimorfismo, aerotropismo, anossia, fototropismo.

■ EVOLUZIONE: ereditarietà, consanguineità, atavismo, generazione, ibridismo, incrocio, selezione, recessività, dominanza, gene, variabilità, mutazione, mutageno, mutante, soma, somatico, aploide, diploide, genico, genoma, genotipo, fenotipo, albino, crossing-over, darviniano, darvinista, mendeliano; drosofila.

■ VITA CELLULARE: cellula (*citoplasma, cromatina, cromosoma, nucleo, nucleolo, protoplasma, mitocondrio, citocromo, desossiribonucleico, DNA, neutrofilo, ribonucleico*), fagocito, endocellulare, secreto, increto, acellulare, unicellulare, pluricellulare; profase, anafase, metafase, telofase, ameboide, parenchimatico.

■ RIPRODUZIONE: accoppiamento, proliferazione, clonazione, clone, chimera, strobilazione, fecondazione, autofecondazione, agamia, partenogenesi, spora, sporogonia, sporulazione, anfimissi, gemmazione, segmentazione, scissione, cariocinesi, metagenesi, concepimento, incubazione, meiosi, sincizio, endogenesi, esogamia, endogamia, isogamia; sesso, sessuale, sessuato, asessuato, intersessualità, ermafrodito, ginandromorfismo, monoicismo, femmina, maschio, sterile, sterilità • gamete, zigote, gametogenesi, spermatogenesi, germinale, nemasperma, omozigote, eterozigote; embriogenesi, embrione, blastomero, blastula, morula, gastrula, ectoderma, endoderma, mesoderma, ooblasto, vitello, gemelli (*monozigoti, eterozigoti*), placenta, allantoide; ormonale, androgeno, androsterone, testosterone, ooforo, ovarico, luteo, luteina, progesterone, gonadostimolina, gonadotropina, estrogeno, estro • evoluzione, involuzione, accrescimento, reviviscenza, regressione, estinzione, biogenesi, ontogenesi, filogenesi, brachitipo, longitipo, normotipo.

■ NUTRIZIONE: anabolismo, metabolismo, catabolismo, nutrizione, autotrofo, eterotrofo, biosintesi, ricambio, tossina, rigetto, antitossina, agglutinazione, agglutinina, sensibilizzazione, inibitore; aleurone, citozima, creatina, creatinina, lisozima, maltasi, peptide, proteasi, invertasi, paratormone, provitamina, transaminasi, fosfatasi, fosfolipide, ialuronidasi, lattasi.

■ RAPPORTI AMBIENTALI: biosfera, abiogenesi, biogenesi, acclimatazione, adattamento, ambiente, habitat, biotipo, biotico, abiotico, biomassa, associazione, simbiosi, parassitismo, mutualismo, commensalismo, organizzazione, plancton, benthos, necton, mimetismo, biodegradabile, biodegradabilità, eutrofizzazione.

---

zione degli esseri viventi sulla Terra in relazione all'ambiente.

biografia [-fi-] *s.f.* narrazione della vita di una persona.

biografico [-grà-] *agg.* [pl.m. *-ci*] della biografia.

biografo [biò-] *s.m.* autore di biografie.

bioingegneria [-rì-] *s.f.* disciplina che applica nozioni biologiche nella realizzazione di strumenti che vengono utilizzati soprattutto in medicina.

biolca [biòl-] *s.f.* misura agraria di superficie, in uso in Emilia, corrispondente a 2000 o 3000 mq.

biologia [-gì-] *s.f.* scienza che studia i fenomeni della vita e le leggi che li governano.

biologico [-lò-] *agg.* [pl.m. *-ci*] che concerne la biologia.

biologo [biò-] *s.m.* [pl. *-gi*] studioso di biologia.

biomassa *s.f.* (*scient.*) **1** quantità totale di esseri viventi di una data zona **2** materiale proteico ottenuto, per azione di batteri, da diverse sostanze.

biometeorologia [-gì-] *s.f.* scienza biologica che studia l'influsso delle condizioni meteorologiche sugli esseri viventi.

biometria [-trì-] *s.f.* disciplina che studia e definisce i fenomeni biologici sul piano matematico e statistico.

bionda [bión-] *s.f.* **1** donna dai capelli biondi. DIM.

biondina **2** nel gergo dei contrabbandieri, sigaretta: *un carico di bionde*.

biondastro *agg.* che tende al biondo.

biondeggiare *v.intr.* [*io biondéggio ecc.*] cominciare a esser biondo; essere biondo.

biondiccio [-dic-] *agg.* che tende al biondo.

biondo [bión-] *agg.* di colore tra il giallo oro e il castano chiaro, in varie gradazioni (si dice di capelli, peli ecc.) // *s.m.* **1** il colore stesso **2** persona dai capelli biondi.

bionica [biò-] *s.f.* disciplina che applica all'elettronica modelli presi dal mondo biologico (p.e. il cervello).

bionico [biò-] *agg.* [pl.m. *-ci*] ottenuto con applicazioni della bionica: *uomo —*, essere simile all'uomo, ma artificiale; *automa biologico*.

biopsia [-sì-] *s.f.* (*med.*) prelievo dal vivente, a scopo diagnostico, di un pezzo di tessuto per esaminarlo.

bioptico [biòp-] *agg.* [pl.m. *-ci*] di biopsia: *esame —*.

bioritmo *s.m.* naturale ritmo biologico.

biosfera [-sfè-] *s.f.* la parte della Terra (comprese l'atmosfera e l'idrosfera) occupata da forme di vita.

biosintesi [-sintési] *s.f.invar.* complesso dei fenomeni biologici per cui un essere vivente fabbrica le sostanze di cui ha bisogno.

biossido [biòs-] *s.m.* (*chim.*) composto formato da un atomo di un metallo o metalloide e due di ossigeno: — *d'idrogeno*, l'acqua ossigenata.

biostatistica [-ti-] *s.f.* statistica applicata ai fenomeni biologici.

biostatistico [-tì-] *agg.* [pl.m. *-ci*] relativo alla biostatistica.

biostratigrafia [-fi-] *s.f.* studio cronologico della successione delle rocce sedimentarie, fatto in base ai fossili.

bioterapia [-pì-] *s.f.* trattamento curativo che si basa su sieri e vaccini.

biotico [biò-] *agg.* [pl.m. *-ci*] che riguarda la vita; biologico (spec. in ecologia).

biotipo *s.m.* complesso dei caratteri, ereditari e no, che fanno parte del patrimonio costituzionale di un individuo.

biotipologia [-gì-] *s.f.* scienza che studia i vari tipi di individui umani.

biotite *s.f.* varietà di mica in lamelle nere.

bipartitico [-tì-] *agg.* [pl.m. *-ci*] che è composto o realizzato da due partiti politici: *sistema* —.

bipartitismo [-ʃmo] *s.m.* sistema politico bipartitico.

bipartito *agg.* e *s.m.invar.* si dice di entità politica formata da due partiti: *governo* —.

bipartizione [-ziò-] *s.f.* divisione in due parti.

bipede [bi-] *agg.* che è fornito di due piedi // *s.m.* animale che ha due piedi.

bipennato *agg.* si dice di foglia munita di un picciolo comune che porta tanti piccioli minori terminanti in foglioline.

bipenne [-pèn-] *s.f.* scure a due tagli.

biplano *s.m.* velivolo dotato di due piani alari sovrapposti.

bipolare *agg.* **1** (*fis.*) si dice di un sistema o di una macchina avente due poli **2** (*pol.*) che si basa su due poli, su due punti di aggregazione.

bipolarità *s.f.invar.* **1** caratteristica di un sistema fisico bipolare **2** situazione politica bipolare, sul piano internazionale (due blocchi contrapposti) o interno (due partiti dominanti).

biposto [-pó-] *agg.invar.* si dice di mezzo di locomozione a due posti.

birba *s.f.* **1** persona scioperata e scaltra che vive in modo disonesto **2** ragazzo molto vivace e furbo.

birbante *s.m.* **1** uomo poco onesto e molto astuto **2** ragazzo scapestrato.

birbanteria [-rì-] *s.f.* **1** qualità di chi è birbante **2** azione da birbante.

birbantesco [-té-] *agg.* [pl.m. *-chi*] che è proprio di un birbante.

birbo *agg.* e *s.m.* che o chi è astuto e poco onesto.

birbonata *s.f.* azione da birbone.

birbone [-bó-] *s.m.* uomo astuto e poco onesto // *agg.* rafforza il significato di alcuni sostantivi: *tira un vento* — / *tiro* —, azione malvagia e astuta.

birboneria [-rì-] *s.f.* l'essere birbone; atto da birbone.

bireattore [-tó-] *s.m.* aeroplano azionato da due reattori.

bireme [-rè-] *s.f.* antica nave con due ordini di remi.

birichinata *s.f.* azione da birichino.

birichino *s.m.* ragazzo vivace e impertinente: *quel* — *di tuo nipote* // *agg.* proprio di un birichino; malizioso, vivace: *occhi birichini*.

birifrangenza [-gèn-] *s.f.* (*fis.*) fenomeno per cui un raggio di luce che cade su certi cristalli è rifratto in due raggi distinti che hanno caratteristiche diverse.

birignao *s.m.invar.* il parlare stracciato e nasale degli attori che esagerano la propria dizione.

birillo *s.m.* **1** colonnina di legno o d'avorio che nel gioco del biliardo o delle bocce si dispone in fila con altre simili e si tenta di abbattere con palle o bilie **2** *pl.* gioco infantile che consiste nell'abbattere con una palla più cilindri di legno di media grandezza.

birmano *agg.* della Birmania // *s.m.* abitante della Birmania.

biro *s.f.invar.* penna a sfera, in cui il pennino è sostituito da una piccola sfera rotante che trasporta un inchiostro grasso semifluido ®.

biroccio [-ròc-] *s.m.* → **barroccio**.

birra *s.f.* bevanda alcolica, ottenuta dalla fermentazione dell'orzo e aromatizzata con il luppolo / *a tutta* —, con la maggior vigoria o velocità possibile.

birraio [-rà-] *s.m.* chi fabbrica o vende la birra.

birreria [-rì-] *s.f.* luogo di vendita e di mescita della birra.

birro *s.m.* guardia di polizia di un tempo, spesso invisa per i modi autoritari; sbirro.

birth-control [*ingl.*; *pr.* bèrs contròl] *s.m.* espressione usata in italiano per *controllo delle nascite*.

bis *s.m.invar.* a teatro, la ripetizione, a richiesta del pubblico, di una tirata, di una romanza, di un brano musicale e simili // *avv.* per la seconda volta.

bis-¹ [dal lat. *bis* = *due volte*] prefisso che significa «due volte» e simili (*biscotto*), oppure indica parentela più lontana (*bisnonno, bisnipote*).

bis-² [etimo incerto] prefisso con significato peggiorativo (*bistrattare*).

bisaccia [-ʃàc-] *s.f.* [pl. *-ce*] grossa borsa floscia da portare a tracolla o appesa alla sella delle bestie da soma.

bisante [-ʃan-] *s.m.* **1** antica moneta aurea dell'impero bizantino **2** in araldica, figura tonda, d'oro o argento, simile a una moneta senza alcun conio.

bisavo [-ʃa-] *s.m.* [f. *-a*], **bisavolo** [-ʃà-] *s.m.* [f. *-a*] bisnonno; per estens., antenato.

bisbetico [-bè-] *agg.* [pl.m. *-ci*] di umore vario, incontentabile: *uomo* —. SIN. *brontolone*.

bisbigliare [-bi-] *v.intr.* [*io bisbiglio ecc.*] **1** parlare sommessamente **2** sparlare // *v.tr.* dire sottovoce. SIN. *mormorare, sussurrare*.

bisbiglio [-ʃbi-] *s.m.* il bisbigliare, il rumore di chi bisbiglia. SIN. *mormorio, sussurro, brusio*.

bisboccia [-ʃbòc-] *s.f.* allegra mangiata e bevuta in compagnia.

bisbocciare [-ʃboc-] *v.intr.* [*io bisbòccio ecc.*] far bisboccia.

bisca *s.f.* locale nel quale si gioca d'azzardo.

biscaglina *s.f.* (*mar.*) scaletta di bordo, costituita da due cavi paralleli, nei quali sono inseriti gradini di materiale rigido.

biscazziere [-ziè-] *s.m.* chi tiene una bisca; anche, chi frequenta le bische.

bischero [bi-] *s.m.* legnetto del manico del violino o di altri strumenti a corda che serve a fissare, tirare o allentare le corde stesse [*ill. Musicali, strumenti*].

biscia [bi-] *s.f.* [pl. *-ce*] (*pop.*) serpente non velenoso, in genere // — *d'acqua*, serpente nostrale non velenoso, di color verdiccio a macchie nere, talora con un collare bianco e nero (*fam.* Colubridi).

biscottare *v.tr.* [*io biscòtto ecc.*] cuocere qlco. come un biscotto: — *il pane*.

biscotteria [-rì-] *s.f.* fabbrica, negozio di biscotti.

biscottiera [-tiè-] *s.f.* vaso coperto o scatola per contenere i biscotti.

biscottificio [-fì-] *s.m.* fabbrica di biscotti.

biscotto [-scòt-] *s.m.* piccola pasta secca, per lo più dolce, di varia forma, a base di farina, zucchero, grassi, cotta in forno. DIM. *biscottino*.

biscroma [-scrò-] *s.f.* (*mus.*) valore di una nota o di una pausa corrispondente a 1/32 dell'intero.

biscuit [*franc.; pr.* bisqüì] *s.m.* **1** porcellana cotta due volte e non verniciata **2** gelato semifreddo.

bisdrucciolo [-fdrùc-] *agg.* si dice di parola accentata sulla quart'ultima sillaba (p.e. *dìtemelo*).

bisecante *s.f.* retta o semiretta che divide in due parti uguali un ente geometrico.

bisecare *v.tr.* [*io biseco, tu bisechi ecc.*] dividere in due parti uguali un ente geometrico.

bisecolare *agg.* di due secoli, che dura da due secoli.

bisegolo [-sè-] *s.m.* arnese da calzolaio, di bosso o di metallo, che serve a levigare e lucidare le suole e i tacchi.

bisenso [-sèn-] *s.m.* **1** parola che ha due significati **2** gioco enigmistico basato su una parola avente due significati (p.e. *cane*, animale e parte del fucile).

bisessuale *agg.* **1** che ha i caratteri di ambo i sessi; in botanica, si dice dei fiori che hanno stami e pistilli **2** che ha comportamento omosessuale ed eterosessuale.

bisestile [-sè-] *agg.* si dice degli anni (nel calendario gregoriano, uno ogni quattro) in cui il mese di febbraio è di 29 giorni.

bisettimanale *agg.* che avviene due volte la settimana: *pubblicazione —*.

bisettrice *s.f.* retta o semiretta che divide un angolo in due parti uguali.

bisezione [-ziò-] *s.f.* divisione in due parti uguali di un ente geometrico.

bisillabo [-sìl-] *agg.* si dice di parola che ha due sillabe (p.e. *pa-dre*).

bislaccheria [-flaccherì-] *s.f.* azione o idea bislacca, stravagante. SIN. *stramberia, bizzarria*.

bislacco [-flac-] *agg.* [pl.m. *-chi*] stravagante, strampalato. SIN. *strambo, bizzarro*.

bislungo [-flun-] *agg.* più lungo che largo, oblungo.

bismuto [-fmu-] *s.m.* elemento chimico (Bi; *n.at.* 83; *p.at.* 208,98); metallo bianco-roseo, fragile, lucente, usato per leghe flessibili; i suoi composti sono usati in farmacia.

bisnipote [-fnipò-] *s.m.* e *f.* pronipote, figlio o figlia del nipote.

bisnonno [-fnòn-] *s.m.* [f. *-a*] padre del nonno o della nonna; per estens., antenato.

bisogna [-fò-] *s.f.* (*lett.*) faccenda; necessità.

bisognare [-fo-] *v.intr.* [usato solo alla terza persona sing. e pl. *bisógna, bisógnano*] essere necessario o conveniente o utile o comodo; occorrere, necessitare: *ci bisognerebbe il tuo aiuto // v.intr.impers.* occorrere, essere necessario: *bisogna partire.*

bisognevole [-fognè-] *agg.* (*antiq.*) **1** necessario **2** bisognoso // *s.m.* ciò che strettamente bisogna: *mancare del —.*

bisogno [-fò-] *s.m.* **1** mancanza di qlco.; necessità materiale o morale, più o meno impellente: *— urgente; non ho — di nulla / lavorare per —*, per provvedere al proprio sostentamento **2** la cosa che occorre; quanto è necessario: *provvedere ai bisogni dei figli* **3** grande povertà, miseria: *trovarsi nel —.*

bisognoso [-fognó-] *agg.* e *s.m.* **1** che o chi ha bisogno di qlco.: *— di aiuto* **2** che, chi vive nel bisogno; povero.

bisonte [-fòn-] *s.m.* grosso ruminante selvatico con fronte larghissima e convessa armata di piccole corna nere arcuate, mento barbuto, pelame bruno che, nella parte anteriore del corpo, forma un manto (*fam.* Bovidi).

bissare *v.tr.* a teatro, eseguire il bis.

bisso *s.m.* **1** presso gli antichi, nome di una tela finissima di lino; oggi, tela finissima da ricamo **2** filo corneo, sericeo, che i mitili secernono per attaccarsi ai corpi sottomarini; può essere tessuto ed è incombustibile.

bissona [-sò-] *s.f.* grossa barca veneziana da parata.

bistecca [-stéc-] *s.f.* fetta di carne di manzo o vitello, tagliata dalla costa o dal lombo e cotta su griglia o piastra a fuoco vivo; *— al sangue*, poco cotta.

bisticciare *v.intr.* [*io bisticcio ecc.*] litigare con scambio di parole aspre // **-arsi** *v.rifl.* e *rifl.rec.* litigarsi, accapigliarsi.

bisticcio [-stic-] *s.m.* **1** litigio **2** gioco di parole consistente nell'accostare suoni simili.

bistrato *agg.* tinto con il bistro: *occhi bistrati.*

bistrattare *v.tr.* **1** tirare da una parte e dall'altra violentemente **2** (*fig.*) maltrattare.

bistro *s.m.* colore bruno di varia natura, usato in pittura e come cosmetico.

bisturi [bi-] *s.m.invar.* strumento usato in chirurgia per incidere e tagliare.

bisulco *agg.* [pl. *-chi*] diviso in due: *piede —*, quello dei ruminanti.

bisunto [-fun-] *agg.* molto unto; sudicio.

bit [*ingl.: binary digit*] *s.m.invar.* cifra binaria; informazione elementare riconoscibile e trattabile da un calcolatore elettronico.

bitorzolo [-tór-] *s.m.* piccolo rigonfiamento che si forma sulla pelle o su altra superficie; bernoccolo; foruncolo; bolla.

bitorzoluto *agg.* pieno di bitorzoli.

bitta *s.f.* bassa colonna metallica fissata su imbarcazioni o sulle banchine per avvolgervi cavi di ormeggio o catene [*ill. Barca, Porto*].

bitter *s.m.invar.* (*ingl.*) bevanda amara, alcolica o analcolica, che si beve come aperitivo o digestivo.

bitumare *v.tr.* ricoprire con uno strato di bitume: *— una strada.*

bitumatura *s.f.* operazione con cui si ricopre di bitume una strada o altra superficie.

bitume *s.m.* miscela combustibile di idrocarburi, solida o liquida, ottenuta da rocce asfaltiche o da petroli naturali; è usata per pavimentare le strade.

bituminoso [-nó-] *agg.* che contiene bitume.

bivaccare *v.intr.* [*io bivacco, tu bivacchi ecc.*] stare a bivacco; per estens., passare il tempo, stare a lungo in un luogo.

bivacco *s.m.* [pl. *-chi*] **1** pernottamento in montagna sotto una tenda o in un sacco a pelo durante un'escursione **2** luogo di stazionamento notturno di truppe in movimento **3** per estens., sistemazione provvisoria per passare la notte, o anche stazionamento prolungato in un luogo.

bivalente [-lèn-] *agg.* **1** che ha due possibilità di soluzione o di applicazione **2** (*chim.*) si dice di atomo o radicale che abbia due valenze libere e possa combinarsi con due atomi di idrogeno.

bivalenza [-lèn-] *s.f.* (*chim.*) proprietà degli atomi o dei radicali bivalenti.

bivalve *agg.* si dice di conchiglia di mollusco, formata da due parti (*valve*) unite da una specie di cerniera // **bivalvi** *s.m.pl.* → **lamellibranchi**.

bivio [bì-l *s.m.* **1** punto in cui una strada si biforca **2** (*fig.*) scelta, alternativa, momento decisivo.

bizantinismo [-ʒantiní∫mo] *s.m.* mentalità sottile e capziosa che si trastulla in dispute sterili; ragionamento di tal genere.

bizantino [-ʒan-] *agg.* **1** che si riferisce a Bisanzio e all'Impero Romano d'Oriente: *mosaico —* **2** (*fig.*) sottile, capzioso: *questioni bizantine.*

bizza [biʒʒa] *s.f.* capriccio stizzoso: *far le bizze*, strillare (detto dei bimbi).

bizzarria [biʒʒarrì-] *s.f.* **1** l'essere bizzarro. SIN. *eccentricità, estro* **2** atto o detto bizzarro. SIN. *capriccio, stramberia, bislaccheria.*

bizzarro [biʒʒar-] *agg.* **1** che ha qlco. di singolare, di stravagante, di originale. SIN. *capriccioso, eccentrico, estroso, strambo, bislacco* **2** focoso (detto di un cavallo).

bizzeffe [biʒʒèf-] solo nella locuz.avv. *a bizzeffe*, in grande abbondanza.

bizzoso [biʒʒó-] *agg.* che è incline a far le bizze. SIN. *capriccioso.*

bla-bla *s.m.invar.* discorso o discorsi inutili, vuoti: *il fastidio di un continuo —.*

black-out [*ingl.*; *pr.* blecàut] *s.m.* interruzione della corrente elettrica, con conseguente fermo di impianti e mancanza di illuminazione; (*fig.*) mancanza di notizie, di informazioni; silenzio stampa.

blandire *v.tr.* [*io blandisco, tu blandisci ecc.*] **1** accarezzare; lusingare **2** alleviare, lenire.

blandizie [-dì-] *s.f.pl.* (*lett.*) carezze; lusinghe, moine.

blando *agg.* **1** mite, temperato: *blande accuse* **2** che agisce a poco a poco (detto di un medicinale).

blasfemo [-sfè-] *agg.* che ha valore di bestemmia; per estens., irreligioso.

blasonare [-∫o-] *v.tr.* [*io blasóno ecc.*] descrivere un'arme seguendo le regole araldiche e usando la terminologia tecnica.

blasonato [-∫o-] *agg.* fornito di blasone; nobile.

blasone [-∫ó-] *s.m.* **1** arme, stemma gentilizio **2** scienza dell'arme e di tutto ciò che ha rapporto con l'araldica.

blasto-, -blasto [dal gr. *blastós* = *germe*] primo e secondo elemento compositivo di parole scientifiche che significa primitivo, embrionale (*blastomero*).

blastoma [-stò-] *s.m.* [pl. *-i*] (*med.*) tumore maligno.

blastomero [-stò-] *s.m.* (*biol.*) la cellula immediatamente derivante dalla segmentazione dell'uovo fecondato.

blastomiceti [-cè-] *s.m.pl.* funghi unicellulari, noti anche con il nome di *lieviti*, che producono la fermentazione dei liquidi zuccherini.

blastula [blà-] *s.f.* (*biol.*) primo stadio di sviluppo dell'embrione, a forma di palla cava, in cui le cellule della parete (*blastomeri*) delimitano una cavità centrale.

blaterare *v.intr.* e *tr.* [*io blàtero ecc.*] parlare molto, molestamente e a vanvera: *cosa vai blaterando?* SIN. *cianciare.*

blatta *s.f.* → **scarafaggio.**

blazer [*ingl.*; *pr.* bléi∫a] *s.m.* giacca simile a quella della divisa dei *colleges* inglesi, di panno blu o nero, a doppio petto, con bottoni metallici e stemma sul taschino.

blefarite *s.f.* (*med.*) infiammazione delle palpebre.

blefaroplastica [-plà-] *s.f.* intervento di chirurgia plastica mediante il quale si ricostruiscono o correggono le palpebre.

blenda [blèn-] *s.f.* minerale da cui si estrae lo zinco.

blenorragia [-gì-] *s.f.* (*med.*) affezione infiammatoria localizzata alle mucose dell'apparato urogenitale.

blesità [-∫i-] *s.f.invar.* imperfetta pronuncia di alcune consonanti (spec. *s, l, r,* e *c* palatale) dovuta a un difetto dell'apparato di fonazione.

bleso [blè∫o] *agg.* **1** che è pronunciato con blesità **2** che è affetto da blesità.

blindare *v.tr.* rivestire con corazza a scopo protettivo.

blindato *agg.* protetto da corazza: *treno —.*

blister [*ingl.*; *pr.* blista] *s.m.* confezione per la vendita nella quale l'oggetto, appoggiato su un fondo piano con scritte ed eventuali messaggi di propaganda, è in vista, sigillato con un foglio di materiale trasparente.

bloccaggio [-càg-] *s.m.* azione del bloccare.

bloccare *v.tr.* [*io blòcco, tu blòcchi ecc.*] **1** impedire l'accesso a una località, tagliando le vie di comunicazione: *— una città* **2** isolare: *la neve ha bloccato molti paesi* **3** arrestare in breve tempo un meccanismo in moto: *— il motore* **4** (*sport*) arrestare l'azione dell'avversario; fermare istantaneamente: *il portiere bloccò la palla* **5** porre un freno per disposizione di legge a un determinato fenomeno: *— i fitti.*

bloccasterzo [-stèr-] *s.m.invar.* dispositivo antifurto per auto e motoveicoli, che tiene bloccato lo sterzo finché non sia aperto a chiave.

blocchetto [-chét-] *s.m.* **1** piccolo blocco (anche nel senso di quaderno) **2** → **bicuneo.**

blocco¹ [blòc-] *s.m.* [pl. *-chi*] **1** massa compatta, notevole per dimensione, di un corpo solido o plastico: *— di marmo, blocchi di partenza*, sui quali l'atleta punta il piede per partire nelle gare di corsa [*ill. Atletica*] / *vendere, comprare in —*, vendere, comprare in massa un quantitativo di merce **2** quaderno formato di fogli staccabili: *— per appunti.* DIM. *blocchetto* **3** (*pol.*) unione stretta, alleanza.

blocco² [blòc-] *s.m.* [pl. *-chi*] **1** provvedimento consistente nell'interrompere con la forza le vie di comunicazione per impedire a uno stato il commercio con l'estero **2** congegno che serve ad arrestare il movimento di un meccanismo: *posto di —*, nelle ferrovie **3** limite imposto per legge ad un determinato fenomeno: *— dei fitti; — dei licenziamenti* **4** (*med.*) arresto di una funzione fisiologica: *— renale* **5** nella pallacanestro, uno dei movimenti difensivi.

block-notes [*pr.* blòk nòtes; incrocio del fr. *bloc-notes* con la grafia ingl. di *block*, che non ha però questo significato] *s.m.invar.* blocco, quaderno per appunti a fogli staccabili.

blu *agg.* azzurro scuro / *avere una fifa —*, (*fam.*) avere una terribile paura / *morbo —*, nome popolare della *tetralogia di Fallet*, l'insieme cioè di quattro malformazioni congenite del cuore e dei grandi vasi sanguigni a causa delle quali il sangue venoso, più scuro, circola nelle arterie dando alla pelle un colorito bluastro.

bluastro *agg.* di colore tendente al blu.

blue-jeans [*ingl.*; *pr.* blu-gìns] *s.m.pl.* calzoni lunghi di tela ruvida di colore azzurro, con grosse cuciture.

blues [*ingl.*; *pr.* blù∫] *s.m.* canto popolare dei neri degli Stati Uniti, di ritmo lento e melanconico.

bluff [*ingl.*; *pr.* blëf] *s.m.* l'atto del bluffare.

bluffare *v.intr.* **1** al gioco, fingere di avere buone carte per ingannare l'avversario **2** (*fig.*) fingere di avere cose o poteri che non si possiedono.

blusa [-∫a] *s.f.* sorta di camicia larga.

blusante [-∫an-] *agg.* si dice di camicia o indumento analogo, largo e raccolto in vita.

blusotto [-∫ót-] *s.m.* corto camiciotto con mezze maniche.

boa

boa¹ [bò-] *s.m.* **1** grosso serpente non velenoso dell'America tropicale, lungo circa tre metri, capace di stritolare la vittima tra le sue spire **2** striscia molto lunga e rotonda di pelliccia o di struzzo che le donne usavano avvolgersi al collo.

boa² [bò-] *s.f.* cassa galleggiante, ancorata per lo più al fondo, che si pone in prossimità delle spiagge e dei porti per segnalazione o per ormeggio.

boario [-à-] *agg.* che riguarda i buoi / *Foro Boario*, luogo dove si teneva il mercato del bestiame.

boaro *s.m.* chi conduce e governa i buoi.

boato *s.m.* rumore forte e cupo, rimbombo.

bob *s.m.invar.* slitta a due o quattro posti, con carrozzeria e pattini anteriori mobili, usata nelle gare di velocità su piste di neve; guidoslitta.

bobbista *s.m.* e *f.* [pl.m. *-i*] chi pratica lo sport del bob.

bobina *s.f.* **1** cilindro su cui si avvolgono pellicole, nastri, fili; anche, il materiale così arrotolato [*ill. Cinematografia*] **2** (*tip.*) rotolo di carta continua per le macchine rotative **3** (*elettr.*) avvolgimento di filo conduttore intorno ad un supporto generalmente cilindrico **4** (*aut.*) organo compreso nell'apparecchiatura d'accensione del motore a scoppio, che ha la funzione di trasformare la corrente da bassa ad alta tensione.

bocca [bóc-] *s.f.* **1** (*anat.*) cavità situata nella parte inferiore della faccia; il margine esterno di tale cavità, le labbra: *una — piccola*; *prendere una medicina per —* / *acqua in —*, silenzio su cosa da tenere segreta / *in — al lupo!*, augurio a chi va a caccia, a chi affronta un esame o si espone a un pericolo / *è sulla — di tutti*, ne parlano tutti / *ha quattro bocche da sfamare*, deve mantenere quattro persone / *restare a — aperta*, restare stupiti / *si leva il pane di — a*, si priva del necessario / *— di leone*, pianta ornamentale con foglie lanceolate e fiori di vari colori (*fam.* Scrofulariacee). DIM. *boccuccia, bocchino* **2** apertura di diverse cose: *— del forno; — dello stomaco; — di scarico / — da fuoco*, pezzo di artiglieria, cannone **3** breve passaggio di mare tra due terre: *le bocche di Bonifacio.*

boccaccesco [-cè-] *agg.* [pl.m. *-chi*] **1** che è proprio di G. Boccaccio (1313-1375) **2** erotico, licenzioso, sboccato: *una vicenda boccaccesca.*

boccaccia [-càc-] *s.f.* [pl. *-ce*] **1** persona maldicente **2** smorfia, alterazione del volto per scherzo o per disgusto: *fare le boccacce.*

boccaglio [-cà-] *s.m.* **1** parte estrema di scarico di un tubo in genere **2** l'estremità di uscita dell'ossigeno nel tubo degli autorespiratori; tubo mobile per la respirazione usato dai pescatori subacquei, in particolare l'estremità di esso che si tiene in bocca [*ill. Pesca*] **3** imboccatura del portavoce cui si applica la bocca.

boccale¹ *agg.* che riguarda la bocca, che ne fa parte: *apparato —* [*ill. Insetti*].

boccale² *s.m.* vaso non molto grande, per lo più di terracotta, con larga pancia, un manico e un beccuccio per versare il contenuto; anche, grande bicchiere con manico.

boccaporto [-pòr-] *s.m.* apertura quadrangolare praticata sul ponte delle navi, per accedere ai locali interni e alle stive.

boccascena [-scè-] *s.m.invar.* (*teatr.*) l'insieme delle quinte laterali e del telo orizzontale che incorniciano la scena.

boccata *s.f.* quantità che può stare nella bocca.

boccetta [-cét-] *s.f.* **1** bottiglietta **2** piccola palla d'avorio usata nel gioco del biliardo.

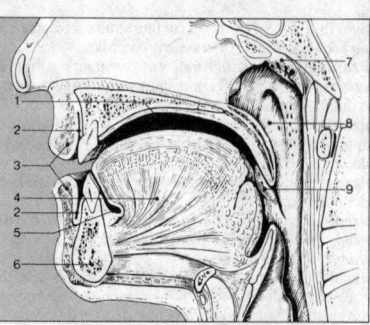

bocca e denti: 1 *palato*, 2 *gengiva*, 3 *labbra*, 4 *lingua*, 5 *caruncola*, 6 *mandibola*, 7 *tonsilla faringea*, 8 *velo palatino o palato molle*, 9 *tonsilla palatina*, 10 *velo pendulo*, 11 *arcata superiore*, 12 *arcata inferiore*, 13 *incisivi*, 14 *canino*, 15 *premolari*, 16 *molari*, 17 *corona*, 18 *colletto*, 19 *radice*, 20 *smalto*, 21 *dentina*, 22 *polpa*, 23 *canale radicolare*.

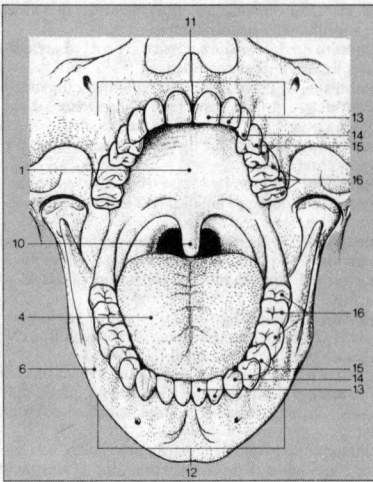

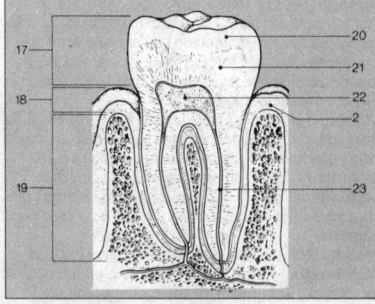

boccheggiare *v.intr.* [*io bocchéggio ecc.*] respirare con affanno, aprendo e chiudendo la bocca, come dei pesci fuor d'acqua.

bocchetta [-chét-] *s.f.* **1** imboccatura di recipiente, di tubo, di strumento a fiato: — *dell'innaffiatoio* **2** piastra o anello di metallo che guarnisce un'apertura: — *della serratura* / — *stradale*, chiusino.

bocchettone [-tó-] *s.m.* imboccatura dei serbatoi e delle tubazioni munita di tappo per la chiusura ermetica.

bocchino *s.m.* **1** piccolo cannello di legno o d'altro materiale nel quale s'infila la sigaretta o il sigaro per fumare; imboccatura della pipa **2** imboccatura degli strumenti a fiato [*ill. Musicali, strumenti*].

boccia [bòc-] *s.f.* [pl. *-ce*] **1** vaso panciuto con collo lungo, per contenere acqua o altro **2** palla di legno o di metallo usata per giocare: *gioco delle bocce*, si disputa tra due giocatori o due squadre; vince chi, con le proprie bocce, si avvicina di più al pallino **3** (*scherz.*) testa.

bocciare *v.tr.* [*io bòccio ecc.*] **1** respingere: *la sua proposta fu bocciata* **2** riprovare, non promuovere agli esami: *fu bocciato in italiano* **3** colpire con la propria un'altra boccia.

bocciata *s.f.* colpo dato con una boccia.

bocciatura *s.f.* atto, effetto del bocciare.

boccino *s.m.* nel gioco delle bocce, la palla più piccola, alla quale si cerca di accostare le altre per ottenere il punto.

boccio [bòc-] *s.m.* calice di fiore non ancora sbocciato: *rosa in —*.

bocciofilo [-ciò-] *agg.* che si riferisce al gioco delle bocce: *associazione bocciofila* // *s.m.* chi pratica il gioco delle bocce.

bocciolo [-ciò-] *s.m.* fiore non ancora sbocciato.

boccola [bóc-] *s.f.* **1** orecchino pendente, per lo più a goccia **2** (*mecc.*) scatola di ghisa o acciaio contenente i cuscinetti degli assi dei veicoli ferroviari o tranviari.

boccolo [bóc-] *s.m.* ricciolo pendente.

bocconcino *s.m.* **1** piccolo boccone: — *prelibato* **2** *pl.* (*cuc.*) sorta di spezzatino.

boccone [-có-] *s.m.* **1** la quantità di cibo che si può mettere in bocca in una sola volta / *mangiare un —*, mangiar poco e in fretta / *levarsi il — di bocca*, compiere grandi sacrifici **2** cibo prelibato, cosa appetitosa (anche *fig.*).

bocconi [-có-] *avv.* disteso con la faccia in giù.

bodoniano *agg.* ideato da G.B. Bodoni, sommo tipografo (1740-1813): *caratteri bodoniani*, caratteri dall'occhio rotondo incisi dal Bodoni, simili, nel maiuscolo, ai caratteri romani.

body [*ingl.*; *pr.* bòdi] *s.m.* indumento intimo femminile consistente in canottiera (o camicetta) e mutandine in un unico pezzo molto aderente.

body-art [*ingl.*; *pr.* bódi àat] *s.f.* forma d'arte sperimentale consistente nel dipingere o modificare in altro modo nell'aspetto un corpo vivente.

body copy [*ingl.*; *pr.* bòdi còpi] *s.m.* in un messaggio pubblicitario, la parte descrittiva del testo.

boero [-è-] *agg.* e. *s.m.* che o chi appartiene al popolo dei boeri // *s.m.* cioccolatino che racchiude una ciliegia sotto spirito.

bofonchiare *v.intr.* [*io bofónchio ecc.*] brontolare, borbottare sbuffando.

boga [bò-] *s.f.* piccolo pesce delle nostre acque costiere, di colore argenteo con tre fasce dorate longitudinali (*fam.* Sparidi).

boh *inter.* esprime ignoranza, incertezza.

bohème [*franc.*; *pr.* boèm] *s.f.* vita alla giornata di individui male inseriti nella società, e spec. di artisti.

bohémien [*franc.*; *pr.* boemièn] *s.m.* [f. *bohémienne*] chi fa vita di bohème.

boia [bò-] *s.m.invar.* **1** giustiziere, carnefice **2** ribaldo, mascalzone: *che faccia da —!*

boiata *s.f.* **1** azione indegna **2** (*fam.*) lavoro, spettacolo male eseguito: *quel libro è una —*.

boicottaggio [-tàg-] *s.m.* il boicottare.

boicottare *v.tr.* [*io boicòtto ecc.*] **1** astenersi dal comperare una merce, dall'eseguire un lavoro e simili; porre al bando qlcu., rifiutandosi di trattare con lui **2** ostacolare.

boiler [bòi-] *s.m.invar.* (*ingl.*) recipiente per riscaldare l'acqua ad uso domestico.

bolero [-lè-] *s.m.* **1** danza spagnola a tre tempi e di andamento moderatamente mosso **2** giacchino per signora che termina sopra la cintura.

boleto [-lè-] *s.m.* genere di funghi carnosi, con cappello munito di gambo centrale; comprende specie commestibili, come il porcino e specie velenose (*fam.* Poliporacee).

bolgia [bòl-] *s.f.* [pl. *-ge*] **1** (*arc.*) borsa, tasca molto grande **2** ciascuna delle dieci fosse dell'ottavo cerchio dantesco **3** (*fam.*) grande confusione.

bolide [bò-] *s.m.* **1** corpo solido proveniente dallo spazio interplanetario, che diventa incandescente quando attraversa l'atmosfera terrestre **2** oggetto che si muove a grande velocità (si dice spec. di automobile velocissima) **3** (*fam.*) persona corpulenta.

bolina *s.f.* (*mar.*) cavo applicato all'orlo di una vela quadra per tesarla e farle così prendere quanto più vento possibile / *andare di —*, stringendo il vento.

boliviano *agg.* della Bolivia // *s.m.* abitante della Bolivia.

bolla[1] [ból-] **1** rigonfiamento sferoidale gassoso che si forma nei liquidi per ebollizione o pressione in genere, / *bolle di sapone*, quelle che si formano, anche per gioco, con acqua saponata; (*fig.*) cose non durevoli, che finiscono in nulla **2** cavità che si produce nel vetro o nei metalli durante la fusione **3** rigonfiamento della pelle dovuto a scottatura o processi infiammatori.

bolla[2] [ból-] *s.f.* **1** lettera solenne del papa, autenticata col suo sigillo **2** documento / — *di consegna*, ricevuta che il destinatario di una merce firma per liberare dal peso di responsabilità il vettore.

bollare *v.tr.* [*io bóllo ecc.*] **1** contrassegnare con marchio d'infamia, infamare **2** apporre un bollo, contrassegnare per attestare la regolarità dell'oggetto bollato, la sua conformità a determinati modelli, o per attestare l'avvenuto pagamento di un diritto fiscale.

bollato *agg.* contrassegnato da bollo o marchio in genere / *carta bollata*, contrassegnata da bollo, emessa dallo stato e obbligatoria per determinati atti giuridici.

bollatura *s.f.* l'operazione del bollare.

bollente [-lèn-] *agg.* **1** caldissimo, rovente **2** (*fig.*) impulsivo, facile all'ira: *carattere —* **3** (*fig.*) complesso, movimentato, pericoloso: *una situazione —*.

bolletta [-lét-] *s.f.* biglietto, polizza che si dà come ricevuta di un pagamento: — *del telefono, del gas* / *essere in —*, non avere denaro.

bollettario [-tà-] *s.m.* registro con le pagine a madre e figlia, dalle quali vengono staccate le bollette di cui si conserva copia.

bollettino *s.m.* **1** pubblicazione ufficiale di comunicazioni e informazioni: — *meteorologico*; — *di guerra* / — *medico*, quello che informa sulle condizioni sanitarie di un malato illustre **2** bolletta di ricevuta.

bollilatte *s.m.invar.* recipiente con coperchio forato che impedisce la fuoruscita della schiuma prodotta dall'ebollizione del latte.

bollino *s.m.* piccolo tagliando.

bollire *v.intr.* [*io bóllo ecc.*] **1** si dice di liquidi che passando dallo stato liquido a quello gassoso emettono bolle per effetto del calore: *l'acqua bolle a 100 gradi* / *sapere quel che bolle in pentola*, conoscere progetti o intenzioni che solo pochi sanno **2** (*fig.*) agitarsi, spec. per ira o impazienza: — *di sdegno* // *v.tr.* far bollire: — *i ferri*, per sterilizzarli.

bollito *s.m.* carne lessata, bollita: — *di manzo*.

bollitore [-tó-] *s.m.* recipiente che serve a far bollire acqua o altri liquidi.

bollitura *s.f.* atto, effetto del bollire.

bollo [ból-] *s.m.* contrassegno o marchio imposto a determinati documenti o oggetti per garantirne l'autenticità o per attestare l'avvenuto pagamento di una tassa.

bollore [-ló-] *s.m.* **1** atto, effetto del bollire **2** (*fig.*) stato di eccitazione, passione: *i bollori di gioventù*.

bolo [bò-] *s.m.* cibo masticato che scende dalla bocca all'esofago.

bolognese [-gné-] *agg.* di Bologna // *s.m.* e *f.* abitante di Bologna.

bolsaggine [-sàg-] *s.f.* difficoltà di respirazione in alcuni animali, spec. nei cavalli.

bolscevico *agg.* e *s.m.* [pl.m. *-chi*] seguace del bolscevismo; comunista, spec. filosovietico.

bolscevismo [-ʃmo] *s.m.* **1** nel socialismo russo, la tendenza rivoluzionaria che guidò la rivoluzione del 1917; il sistema politico da essa instaurato **2** per estens., comunismo, spec. filosovietico.

bolscevizzare [-viʒʒa-] *v.tr.* conformare al bolscevismo; rendere comunista.

bolso [ból-] *agg.* si dice di cavallo con respirazione difficile, asmatico; per estens., di cavallo malandato.

bolzanino *agg.* di Bolzano // *s.m.* abitante di Bolzano.

boma [bò-] *s.m.invar.* (*mar.*) pennone inferiore, mobile in senso verticale e orizzontale, dell'albero di poppa; serve a tendere la vela di randa [*ill. Barca*].

bomba[1] [bóm-] *s.f.* **1** oggetto metallico cavo, per lo più tondeggiante, contenente esplosivo e dotato di un ordigno per esplodere al momento opportuno: — *a mano*; — *incendiaria, dirompente* / — *lacrimogena*, che esplodendo emette gas lacrimogeni / — *a orologeria*, che è fatta esplodere da un meccanismo a tempo / — *atomica*, che sfrutta gli effetti della scissione nucleare dell'atomo / — *H*, che sfrutta l'energia liberata dalla trasformazione di idrogeno in elio / *a prova di* —, si dice di cosa solidissima / — *al cobalto*, (*med.*) involucro sferico di metallo, per terapie a base di radiazioni **2** (*geol.*) massa di lava proiettata da un vulcano in eruzione **3** (*sport*) sostanza eccitante che l'atleta ingerisce per aumentare la propria efficienza **4** notizia sconvolgente; cosa o persona eccezionale, che crea eccitazione **5** (*cuc.*) pasta dolce lievitata a base di uova e farina, ripiena di crema o marmellata **6** pallottola di gomma che, masticata, produce bolle colorate.

bomba[2] [bóm-] *s.f.* in alcuni giochi di bambini, il punto da cui uno dei giocatori parte alla ricerca degli altri / *tornare a* —, ritornare con la conversazione a un argomento abbandonato in seguito a una digressione.

bombarda *s.f.* nome delle antiche bocche da fuoco.

bombardamento [-mén-] *s.m.* **1** atto, effetto del bombardare (anche *fig.*): — *aereo*; *un* — *di notizie* **2** (*fis.*) metodo di disintegrazione del nucleo atomico.

bombardare *v.tr.* **1** colpire con bombe **2** (*fig.*) subissare, colpire senza tregua: — *di pugni*; — *di domande*.

bombardiere [-diè-] *s.m.* aeroplano militare attrezzato per il lancio di bombe su determinati bersagli.

bombardino *s.m.* (*mus.*) strumento a fiato, di ottone, usato nelle bande.

bombardone [-dó-] *s.m.* (*mus.*) strumento a fiato, di ottone, simile al bombardino ma di suono più grave.

bomber [*ingl.*; *pr.* bòmba] *s.m.* nel gergo sportivo, calciatore abile nei tiri in porta; cannoniere.

bombetta [-bét-] *s.f.* cappello da uomo a cupola, duro e piuttosto basso.

bombice [bóm-] *s.m.* (*pop.*) nome delle farfalle notturne le cui larve fabbricano un bozzolo sericeo / — *del gelso*, baco da seta.

bombola [bóm-] *s.f.* recipiente cilindrico, resistente alla pressione e atto a contenere gas compressi.

bombolo [bóm-] *s.m.* (*scherz.*) persona piccola e grassa.

bombolone [-ló-] *s.m.* tipo di frittella dolce, ripiena di crema o marmellata.

bomboniera [-niè-] *s.f.* elegante contenitore per dolciumi, in particolare per confetti nuziali.

bompresso [-près-] *s.m.* (*mar.*) albero che sporge obliquamente oltre la prora dei velieri e su cui si distendono i tati inferiori dei fiocchi.

bonaccia [-nàc-] *s.f.* **1** calma di vento e di mare **2** (*fig.*) buona fortuna; serenità, tranquillità.

bonaccione [-ció-] *agg.* che denota buon cuore, animo semplice: *un'aria bonacciona*. SIN. *bonario* // *s.m.* persona di buon cuore, d'animo semplice.

bonaerense [-rèn-] *agg.* della provincia di Buenos Aires // *s.m.* e *f.* abitante della provincia di Buenos Aires.

bonarietà *s.f.invar.* naturale disposizione buona verso gli altri. SIN. *bontà, benignità, bonomia*.

bonario [-nà-] *agg.* ben disposto verso gli altri. SIN. *buono, benigno* // **-mente** *avv.* con bonarietà.

bonbon [*ingl.*; *pr.* bòn] *s.m.invar.* (*franc.*) dolcetto, chicca.

bond [*ingl.*; *pr.* bònd] *s.m.* (*fin.*) → **obbligazione**

bondiola [-diò-] *s.f.* salume da cuocere, di pasta grossa, insaccato in corti budelli.

bongos [bón-] *s.m.pl.* coppia di piccoli tamburi a una sola membrana, che si suonano con le mani.

bonifica [-nì-] *s.f.* **1** l'atto, l'effetto del bonificare (anche *fig.*) **2** il terreno bonificato.

bonificare *v.tr.* [*io bonifico, tu bonifichi ecc.*] **1** prosciugare artificialmente terreni paludosi o malsani per renderli adatti alla coltivazione **2** liberare da proiettili inesplosi campi minati o zone dove si sono svolte operazioni militari **3** risanare, ripulire anche moralmente: — *la pubblica amministrazione*; (*fin.*) eseguire, ordinare un bonifico.

bonificatore [-tó-] *s.m.* [f. *-trice*] chi compie opere di bonifica (anche *fig.*).

bonifico [-nì-] *s.m.* [pl. *-ci*] ordine di pagamento dato per telegrafo o per lettera da una banca ad altra banca corrispondente nazionale o estera.

bonomia [-mì-] *s.f.* bonarietà.

bontà *s.f.invar.* **1** l'essere buono; carattere buono; amore del bene: — *d'animo*; *atto di* — / *la Somma Bontà*, Dio. SIN. *benignità, bonarietà, benevolenza*. CONTR. *cattiveria* **2** buona disposizione d'animo verso gli altri; cortesia: *abbiate la* — *di ascoltarmi* **3** qualità eccellente; efficacia: *la — di un prodotto* **4** buon sapore, gusto gradevole **5** salubrità (detto di clima).

bonus-malus [*lat.*; *pr.* bònus màlus = *buono-cattivo*] *s.m.* clausola di una polizza di assicurazione per i danni provocati dalla propria automobile, in base alla quale il premio pagato dall'assicurato è ridotto o aumentato secondo se in un dato periodo ha provocato o no incidenti.

bonzo [bónʒo] *s.m.* **1** sacerdote di Budda **2** (*fig.*) personaggio importante o che si crede tale.

boogie-woogie [*ingl.*; *pr.* bùghi-ùghi] *s.m.* **1** stile pianistico del jazz che consiste nel sonare il blues in tempo più veloce **2** ballo derivato da tale forma musicale.

book-maker [*ingl.*; *pr.* buk-méica] *s.m.* allibratore.

boom [*ingl.*; *pr.* bùum] *voce onom.* imita il rumore di una grande esplosione // *s.m.* espansione rapida di una attività, spec. economica: *gli anni del —; il — del gioco elettronico.*

boomerang [*ingl.*; *pr.* bùmeran] *s.m.* **1** arma da getto, tipica dell'Australia: è una paletta ricurva che ha la proprietà di ritornare verso il lanciatore se non incontra ostacoli **2** (*fig.*) azione che si ritorce contro chi l'ha compiuta.

bop [*ingl.*; *pr.* bòp] *s.m.* forma jazzistica che fa largo uso di accordi dissonanti.

bora [bò-] *s.f.* vento freddo e impetuoso che spira d'inverno da nord-nord-est nel mare Adriatico settentrionale.

borace *s.m.* (*chim.*) sale del boro; polvere bianca di origine naturale o artificiale, usata nell'industria degli smalti e delle porcellane.

boracifero [-cì-] *agg.* che contiene borace / *soffione —*, getto violento di vapore acqueo contenente acido borico che scaturisce da un terreno vulcanico.

borato *s.m.* (*chim.*) sale dell'acido borico.

borbogliare *v.intr.* [*io* borbóglio *ecc.*] produrre un rumore simile al gorgoglio dell'acqua; borbottare: *l'intestino borboglia.*

borbonico [-bò-] *agg.* [pl.m. *-ci*] relativo ai Borboni; reazionario, retrogrado: *governo —.*

borborigmo *s.m.* gorgoglio spontaneo dell'intestino.

borbottare *v.intr.* [*io* borbòtto *ecc.*] **1** lamentarsi fra sé sottovoce di cosa che dispiaccia. SIN. *brontolare, mormorare* **2** fare un rumore sordo: *il tuono borbottava in lontananza* // *v.tr.* pronunciare indistintamente.

borbottio [-tì-] *s.m.* un borbottare continuato. SIN. *brontolio.*

borbottone [-tó-] *s.m.* (*scherz.*) chi borbotta per abitudine. SIN. *brontolone.*

borchia [bòr-] *s.f.* disco di varie dimensioni in metallo, avorio, plastica o altro materiale più o meno lavorato, che serve per ornare edifici, mobili, oppure cinture, borsette ecc.

bordare *v.tr.* [*io* bórdo *ecc.*] **1** mettere un bordo a qlco.; orlare **2** in marina, spiegare e distendere una vela così da farle prendere bene il vento.

bordata *s.f.* (*mar.*) tratto di percorso sulla stessa rotta che viene compiuto da un veliero per rimontare il vento a zig-zag.

bordatino *s.m.* robusto tessuto di cotone a piccole righe usato spec. per grembiuli e vestiti da bambini.

bordatura *s.f.* il bordare; bordo, e spec. orlatura di un indumento, eseguita per evitare la sfilacciatura del tessuto o per guarnizione.

bordeaux [*franc.*; *pr.* bordó] *agg.* e *s.m.* → **bordò**.

bordeggiare *v.intr.* [*io* bordèggio *ecc.*] navigare a zig-zag per risalire controvento (anche *fig.*).

bordeggio [-dég-] *s.m.* atto, effetto del bordeggiare.

borderò *s.m.invar.* **1** elenco, distinta **2** registro o foglio in cui le amministrazioni dei giornali tengono nota dei compensi per i collaboratori; bilancio giornaliero degli incassi e delle spese compilato dall'amministratore di una compagnia teatrale.

bordino *s.m.* **1** orlino, spighetta o cordoncino con cui si rifiniscono giacche e abiti in genere **2** (*ferr.*) risalto delle ruote dei veicoli ferroviari che trattiene le ruote stesse nei binari.

bordo [bór-] *s.m.* **1** ciascuno dei fianchi della nave o di qualsiasi altra imbarcazione; altezza del fianco emergente / *virar di —*, mutare direzione (anche *fig.*) / *gente d'alto —*, altolocata **2** la nave stessa: *salire a — * **3** filettatura o guarnizione con cui si orla un indumento o simili; parte terminale, margine di qlco.

bordò *agg.* e *s.m.invar.* di colore rosso scuro, come il vino di Bordeaux.

bordolese [-lé-] *agg.* di Bordeaux (Francia) // *agg.* e *s.f.* si dice di una miscela di solfato di rame e altre sostanze, usata per combattere malattie delle piante.

bordone[1] [-dó-] *s.m.* grosso bastone ricurvo usato un tempo dai pellegrini.

bordone[2] [-dó-] *s.m.* **1** suono fisso e continuo **2** registro d'organo con suono cupo e grave / *tener —*, accompagnare, aiutare in qlco.

bordura *s.f.* **1** orlo, margine **2** (*cuc.*) guarnizione di vari ingredienti per piatti di portata **3** (*arald.*) pezza che gira intorno a uno scudo.

borea [bò-] *s.f.* vento di settentrione (detto anche tramontana); per estens., il nord.

boreale *agg.* si dice di ciò che è relativo all'emisfero terrestre settentrionale.

borgata *s.f.* raggruppamento di case ai margini di una strada; a Roma, quartiere dell'estrema periferia.

borghese [-ghé-] *agg.* **1** che è legato alla vita e alla mentalità della borghesia: *atteggiamento —; idee borghesi* **2** civile, contrapposto a militare ed ecclesiastico / *essere in —*, indossare l'abito civile // *s.m.* **1** chi appartiene alla borghesia, al ceto medio: *è un piccolo —*, di modeste condizioni economiche e sociali **2** chi è legato alla mentalità della borghesia, e spec. agli aspetti negativi d'essa **3** chi non porta l'uniforme militare.

borghesia [-ʃìa] *s.f.* il ceto medio dei cittadini, che si contrappone da un lato all'aristocrazia e dall'altro al proletariato: *alta —*, quella formata dai capitalisti; *media e piccola —*, quella formata da professionisti, dirigenti, funzionari, artigiani, commercianti.

borgo [bór-] *s.m.* [pl. *-ghi*] grosso villaggio.

borgognone [-gnó-] *agg.* della Borgogna // *s.m.* e *f.* abitante della Borgogna.

borgomastro *s.m.* nei paesi tedeschi, il primo magistrato di una città.

boria [bò-] *s.f.* presuntuosa ostentazione dei propri meriti veri o falsi. SIN. *prosopopea, spocchia, vanagloria.*

boriarsi *v.rifl.pron.* [*io mi* bòrio *ecc.*] (*rar.*) mostrare boria, vantarsi, darsi delle arie.

borico [bò-] *agg.* [pl.m. *-ci*] (*chim.*) si dice di sostanza derivante dal boro: *acido —*/ *acqua borica*, usata come lenitivo al bruciore degli occhi e di altri organi delicati.

borioso [-rió-] *agg.* pieno di boria. SIN. *spocchioso, vanaglorioso.*

boro [bò-] *s.m.* elemento chimico (B; *n.at.* 5; *p.at.*

10,81); metalloide solido, giallo bruno, duro, usato come indurente per metalli.

borotalco *s.m.* [pl. *-chi*] polvere bianca composta di talco e acido borico, usata per l'igiene e la pulizia della pelle ®.

borra [bór-] *s.f.* cascame di pannilani o miscuglio di peli o crini animali, con cui si fanno imbottiture scadenti: — *per basti*.

borraccia [-ràc-] *s.f.* fiaschetta di solito infrangibile, usata spec. da soldati e alpinisti, in cui si conserva acqua o altre bevande.

borraccina *s.f.* muschio.

borrana *s.f.* pianta erbacea medicinale con foglie ovali ricoperte da peli ruvidi e fiori azzurri (*fam.* Borraginacee).

borrare *v.tr.* [*io bórro ecc.*] nel linguaggio dei minatori, intasare l'esplosivo nel foro di mina con carta, argilla, sabbia ecc.

borro [bór-] *s.m.* piccolo torrente o fosso dal letto profondo e scosceso.

borsa [bór-] *s.f.* **1** sacchetto di pelle o d'altro materiale flessibile per tenervi denaro, documenti o piccoli oggetti, oppure, di più grandi dimensioni, per provviste, indumenti ecc.: — *a tracolla*; — *da viaggio*; — *per la spesa* / *aver le borse sotto gli occhi*, avere le occhiaie gonfie per stanchezza / — *di pastore*, pianta erbacea con foglie allungate e fiori bianchi piccolissimi (*fam.* Crocifere) **2** (*lit.*) busta di stoffa per contenere il corporale [*ill. Chiesa*] **3** (*fig.*) denaro, ricchezze, spese: *ho pagato di mia* — / *essere di* — *larga*, essere prodigo, generoso / *guai a toccargli la* —!, si dice di persona buona in tutto ma col solo difetto dell'avarizia / — *di studio*, aiuto in denaro dato a studenti o studiosi meritevoli **4** *Borsa* luogo dove, legalmente disciplinate e sotto la sorveglianza di vari organi, si svolgono contrattazioni di titoli pubblici e privati (— *valori*) e merci (— *merci*): *listino di* —, elenco dei prezzi di ogni titolo / — *nera*, compravendita illegale e clandestina di generi razionati, p.e. olio, sigarette ecc. **5** (*sport*) compenso in denaro che i pugili ricevono per un combattimento **6** qualsiasi formazione anatomica a forma di sacchetto.

borsaiolo [-iò-] *s.m.* ladro che ruba abilmente dalle tasche o dalle borse delle persone senza che queste se ne accorgano.

borsanerista *s.m.* e *f.* [pl.m. *-i*] chi pratica la borsa nera.

borseggiare *v.tr.* [*io borséggio ecc.*] derubare con destrezza, compiere un borseggio.

borseggio [-sèg-] *s.m.* furto da borsaiolo.

borsellino *s.m.* portamonete.

borsello [-sèl-] *s.m.* borsa da uomo, di solito a tracolla.

borsetta [-sét-] *s.f.* borsa per signora.

borsista *s.m.* e *f.* [pl.m. *-i*] **1** chi fa speculazioni sui titoli di borsa **2** chi usufruisce di una borsa di studio.

borsite *s.f.* (*med.*) infiammazione delle borse sierose, con conseguente difficoltà di scorrimento dei muscoli.

boscaglia [-scà-] *s.f.* bosco incolto e intricato.

boscaiolo [-iò-] *s.m.* chi fa legna nei boschi.

boschereccio [-réc-] *agg.* (*lett.*) **1** del bosco, proprio del bosco **2** (*fig.*) semplice, rozzo.

boschivo *agg.* **1** piantato a bosco: *terreno* — **2** proprio del bosco: *piante boschive*.

bosco [bò-] *s.m.* **1** estensione di terreno coperto di alberi generalmente d'alto fusto; l'insieme degli alberi / — *ceduo*, da taglio, che si taglia periodicamente per ricavarne legna / *esser uccel di* —, essere libero. DIM. *boschetto* **2** (*fig.*) groviglio, intrico disordinato: — *di ca-*

pelli **3** in bachicoltura, il mucchio di frasche sul quale i bachi preparano il bozzolo.

boscoso [-scó-] *agg.* coperto di boschi.

bosone [-ʃó-] *s.m.* (*fis.*) denominazione di tutte le particelle descrivibili con la teoria statistica di Bose-Einstein.

boss [*ingl.*; *pr.* bòs] *s.m.* capo; in una organizzazione, il personaggio più potente (sempre con valore *spreg.* o *iron.*): *i* — *mafiosi*; *il* — *politico del paese*.

bossa nova [bòs-] [-nò-] *s.f.* ballo di origine brasiliana, la cui linea melodica deriva dal samba con sovrapposizione di elementi jazz.

bosso [bòs-] *s.m.* arboscello sempreverde con piccole foglie ovali, lucide, profumate, usato per formare siepi; il legno, durissimo, si lavora al tornio per ricavarne oggetti vari (*fam.* Buxacee).

bossolo [bòs-] *s.m.* **1** piccolo vaso di legno (per lo più di bosso) usato per contenere unguenti, per raccogliere le elemosine, nelle votazioni e nel gioco dei dadi **2** cilindro di ottone che contiene la carica esplosiva necessaria a espellere un proiettile d'arma da fuoco.

bostrico [bò-] *s.m.* piccolo insetto coleottero nero, parassita delle conifere (*fam.* Scolitidi).

BOT (o *Bot* o *bot*) [*Buono Ordinario del Tesoro*] *s.m. invar.* denominazione di titoli di credito a breve termine emessi dallo stato.

botanica [-tà-] *s.f.* scienza che studia e classifica i vegetali.

botanico [-tà-] *agg.* [pl.m. *-ci*] che riguarda la botanica / *orto* —, giardino nel quale vengono coltivate piante a scopo di studio ♦ *s.m.* studioso di botanica.

botola [bò-] *s.f.* apertura in un pavimento che mette in comunicazione il piano in cui è praticata con un vano sottostante.

botolo [bò-] *s.m.* **1** piccolo cane ringhioso, di forma tozza, con muso rincagnato **2** (*fig.*) uomo iroso, stizzoso, ma di poca forza.

botriocefalo [-cè-] *s.m.* tipo di tenia che, attraverso i pesci d'acqua dolce, può infestare l'intestino umano.

botro [bó-] *s.m.* fossato, valloncello scosceso dove scorre dell'acqua.

botta¹ [bòt-] *s.f.* **1** percossa, colpo violento dato con le mani, con un'arma, un bastone o altro; colpo che si riceve cadendo o urtando contro un corpo duro, e anche il segno che ne resta; (*fig.*) danno grave: *cadendo si prese una* — *in testa*; *questa è una* — *per la nostra economia* / *botte da orbi*, colpi all'impazzata **2** rumore di un corpo che cade o di un'esplosione: *udimmo la* — *della mina* **3** motto pungente, pronto e allusivo: *quella* — *era per te* / *botta e risposta*; (*fig.*) motto o fatto che segue prontissima la risposta o la reazione.

botta² [bòt-] *s.f.* sorta di rospo tra grigio e verde.

bottaccio¹ [-tàc-] *s.m.* bacino dove vengono raccolte le acque che alimentano i mulini.

bottaccio² [-tàc-] *s.m.* varietà di tordo.

bottaio [-tà-] *s.m.* chi fabbrica, accomoda o vende le botti.

botte [bót-] *s.f.* recipiente con doghe strette con cerchi di ferro, panciuto nel mezzo, che serve per il trasporto e la conservazione di liquidi, di pesci salati e simili: *spillare la* — / *in una* — *di ferro*, al sicuro contro ogni attacco / *dare un colpo al cerchio e uno alla* —, tra due persone in contrasto contentare un po' l'una un po' l'altra / *volta a* —, (*arch.*) volta che forma un mezzo tondo.

bottega [-té-] *s.f.* locale al piano terreno, per lo più aperto sulla strada, dove si vendono merci di ogni tipo; piccola officina dove lavorano gli artigiani / *aprire* —, mettersi a fare il venditore / *è ora di chiuder —*, è ora di smettere di fare quello che si sta facendo / *fondi di —*, roba di scarto. SIN. *negozio*.

bottegaio [-gà-] *s.m.* chi gestisce una bottega, spec. di generi alimentari. SIN. *negoziante*.

botteghino *s.m.* **1** biglietteria di una sala di spettacolo **2** banco del lotto; ufficio in cui si ricevono le giocate.

bottiglia [-ti-] *s.f.* recipiente di vetro, generalmente cilindrico e assottigliato al collo, che serve a contenere liquidi vari.

bottiglieria [-rì-] *s.f.* bottega di vini in bottiglia.

bottiglione [-glió-] *s.m.* grossa bottiglia.

bottinaio [-nà-] *s.m.* chi vuota i pozzi neri.

bottino[1] *s.m.* **1** preda di guerra **2** frutto di una rapina; (*fig.*) quanto si è preso, ottenuto.

bottino[2] *s.m.* fogna, pozzo nero.

botto *s.m.* **1** colpo, battuta: *ha dato un — contro lo spigolo* **2** rumore di un colpo / *di —*, di colpo, improvvisamente **3** (*region.*) fuoco d'artificio; petardo.

bottone[1] [-tó-] *s.m.* calice di fiore non ancora sbocciato / *— d'oro*, pianta erbacea con fiori di forma globosa color giallo oro (*fam. Ranuncolacee*).

bottone[2] [-tó-] *s.m.* **1** piccolo disco di forma e materia varie che, infilato in un occhiello, serve a tenere unite le parti di un abito; è usato anche solo per guarnizione / *attaccare un — a qlcu*, (*fam.*) trattenerlo con una lunga e noiosa chiacchierata **2** pulsante.

bottoniera [-niè-] *s.f.* **1** fila di bottoni **2** in molti apparecchi, quadro con pulsanti.

bottonificio [-fi-] *s.m.* fabbrica di bottoni.

botulinico [-li-] *agg.* [pl.m. *-ci*] inerente al bacillo botulino e alla intossicazione (*botulismo*) che questo determina: *tossina botulinica*.

botulino *s.m.* bacillo anerobico che determina il botulismo.

botulismo [-ʃmo] *s.m.* intossicazione da botulino, dovuta spec. all'ingestione di carni in scatola o salumi avariati.

bouclé [*franc.*; *pr.* buclé] *agg.* si dice di lana o fibra con pelo molto lungo e arricciato.

bouquet [*franc.*; *pr.* buché] *s.m.* mazzo o mazzolino di fiori, spec. quello che portano in mano le spose.

bourbon [*ingl.*; *pr.* bàbn] *s.m.* varietà americana di whisky.

boutade [*franc.*; *pr.* butàd] *s.f.* motto di spirito; paradosso.

boutique [*franc.*; *pr.* butìk] *s.f.* negozio di abbigliamento e accessori femminili.

bovaro *s.m.* chi ha cura dei buoi, dei bovini.

bove [bò-] *s.m.* → **bue**.

bovidi [bò-] *s.m.pl.* famiglia di mammiferi ruminanti, con due corna cave e dentatura incompleta; ad essa appartengono: bovini, capre, pecore, antilopi.

bovindo *s.m.* balcone chiuso da vetri, aggettante dall'edificio.

bovini *s.m.pl.* sottofamiglia dei bovidi (ruminanti), comprendente animali massicci (da lavoro, da carne, da latte), con corna ricurve, muso largo, collo corto con giogaia, coda terminante con un fiocco.

bovino *agg.* di bue, che riguarda il bue, i bovini.

bowling [*ingl.*; *pr.* bóulin] *s.m.* gioco di bocce e birilli praticato al coperto su apposite piste.

box [bòcs] *s.m.invar.* (*ingl.*) **1** suddivisione di un ampio locale ottenuta mediante tramezze **2** nelle scuderie, recinto per uno o più cavalli **3** nelle piste automobilistiche, posto di rifornimento di carburante o per ri-

parazioni meccaniche **4** autorimessa al piano terreno o seminterrato di un edificio per il ricovero di una sola autovettura **5** piccolo recinto dove si tengono i bambini che non sanno ancora camminare.

boxare *v.intr.* [*io bòxo ecc.*] (*franc.*) fare del pugilato.

boxe [*franc.*; *pr.* bòcs] *s.f.* pugilato.

boxer [bò-] *s.m.* cane da guardia dal mantello fulvo, con caratteri facciali simili a quelli de bulldog ma più attenuati.

boxeur [*franc.*; *pr.* bocsèr] *s.m.* pugilatore, pugile.

boy [*ingl.*; *pr.* bòi] *s.m.* ragazzo; in particolare, ballerino di fila in una rivista.

boy-scout [*ingl.*; *pr.* bòi-scaut] *s.m.* chi appartiene a un'associazione di giovani esploratori; (*scherz.*) chi fa buone azioni, chi agisce in modo disinteressato.

bozza [bòz-] *s.f.* **1** pietra sporgente da un muro; bugna **2** bernoccolo / *bozze frontali*, le protuberanze naturali della fronte **3** tiratura preliminare di una composizione tipografica che consente di apportare correzioni al testo.

bozzacchione [-chió-] *s.m.* il frutto del susino quando si deforma, per effetto di un fungo parassita, in una specie di borsa allungata.

bozzello [-zèl-] *s.m.* carrucola con una o più pulegge.

bozzettista *s.m. e f.* [pl.m. *-i*] chi fa bozzetti.

bozzetto [-zét-] *s.m.* **1** prima stesura o modello di un'opera d'arte. SIN. *abbozzo, schizzo* **2** piccolo quadro di genere; breve novella, generalmente descrittiva; scenetta che tratteggia un personaggio o un ambiente.

bozzima [bòʒʒi-] *s.f.* sostanza collosa usata per fissare provvisoriamente la torsione dei filati.

bozzo [bòz-] *s.m.* (*dial.*) → **bernoccolo**.

bozzolo [bòz-] *s.m.* involucro di seta costruito dalle larve di varie farfalle, spec. del baco da seta come ricovero protettivo durante le metamorfosi e da alcuni insetti per la protezione delle uova.

braca *s.f.* **1** ciascuna delle due parti che costituiscono i calzoni o le mutande **2** pl. (*fam.*) pantaloni / *calare le brache*, cedere per paura **3** allacciatura di cuoio o di altro materiale con cui si legano gli operai che lavorano in posizioni pericolose **4** finimento del cavallo [*ill. Cavallo*].

bracalone [-ló-] *s.m.* (*fam.*) persona trasandata.

braccare *v.tr.* [*io bracco, tu bracchi ecc.*] **1** inseguire la selvaggina (detto di cani o cacciatori) **2** (*fig.*) cercare insistentemente qlcu. che si nasconde: *— un ladro*.

braccetto [-cét-] solo nella locuz.avv. *a braccetto*, col braccio stretto al braccio di qlcu.

bracciale *s.m.* **1** ornamento o gioiello che cinge il braccio **2** striscia di stoffa che si porta al braccio come distintivo, per indicare l'appartenenza a un corpo o la delega a svolgere determinate funzioni **3** parte dell'armatura che difendeva il braccio.

braccialetto [-lét-] *s.m.* ornamento che cinge il braccio.

bracciantato *s.m.* condizione, categoria dei braccianti.

bracciante *s.m.* salariato addetto a lavori materiali non specializzati, spec. in agricoltura.

bracciata *s.f.* **1** quantità di roba che può essere racchiusa tra le braccia: *una — di fieno* **2** movimento regolare eseguito dal nuotatore con le braccia per avanzare.

braccio [bràc-] *s.m.* [pl.f. *-a*, in senso proprio e come unità di misura; pl.m. *-i*, negli altri casi] **1** (*anat.*) segmento dell'arto superiore compreso tra la spalla e il gomito; per estens., l'intero arto superiore, avambraccio compreso: *mi sono rotto un — / porto il libro sotto il — / incrociare le braccia*, rifiutarsi di lavorare, scioperare /

essere il — destro di qlcu., il suo migliore collaboratore / *sentirsi cascare le braccia*, perdersi d'animo / *a braccia*, a forza di braccia / *darsi in —*, affidarsi / *il — e la mente*, chi esegue e chi progetta **2** *pl.f.* braccianti, forza di lavoro: *questi poderi abbisognano di molte braccia* **3** (*fig.*) forza, potenza, autorità: *il — secolare*, l'autorità civile al servizio di quella ecclesiastica; per estens., esecutore materiale **4** per estens., parte lunga e stretta, sporgente, di qlco.: *— di croce, di lampada, di edificio*; *— del giradischi* [ill. *Suono*]; *— della gru*; *— del trapano* [ill. *Utensili*] **5** (*geogr.*) *— di mare*, stretto o canale marino; *— di fiume*, ramo laterale **6** (*fis.*) distanza della retta di applicazione di una forza dal centro fisso di rotazione di un sistema meccanico a tale forza soggetto **7** unità di misura lineare (0,55 m ca) usata spec. per misurare la stoffa.

bracciolo [-ciò-] *s.m.* **1** appoggio per le braccia, posto ai lati di poltrone, divani e simili **2** nella struttura della barca, parte di collegamento tra i bagli e le costole [ill. *Barca*].

bracco *s.m.* [pl. *-chi*] cane da caccia e da tartufi, dall'odorato finissimo, con orecchie pendenti e pelo corto colorato uniformemente o pezzato.

bracconaggio [-nàg-] *s.m.* il cacciare di frodo.

bracconiere [-niè-] *s.m.* cacciatore di frodo.

brace *s.f.* fuoco senza fiamma, prodotto da legna o carboni ardenti / *cadere dalla padella nella —*, incappare in un guaio maggiore del precedente / *farsi di —*, arrossire violentemente.

brachetta [-chét-] *s.f.* **1** la parte anteriore, abbassabile e abbottonata sui fianchi, di alcuni tipi di calzoni **2** *pl.* mutandine.

brachi- [dal gr. *brachys* = *corto*] primo elemento di parole composte, col significato di «corto, breve» (*brachilogia, brachicefalo*).

brachiale *agg.* (*anat.*) che appartiene, che si riferisce al braccio: *vena —.*

brachicefalia [-li-] *s.f.* conformazione del cranio in cui il diametro antero-posteriore è assai corto e si avvicina a quello trasversale.

brachicefalo [-cè-] *agg.* che presenta i caratteri della brachicefalia.

brachilogia [-gì-] *s.f.* brevità, concisione nel discorso.

brachiopodi [-chiò-] *s.m.pl.* animali marini aventi una conchiglia divisa in due valve, con peduncolo carnoso per fissarsi al fondo.

brachioradiale *agg.* e *s.m.* (*anat.*) si dice di un muscolo dell'arto superiore [ill. *Corpo*].

brachitipo *s.m.* tipo umano costituzionalmente caratterizzato da limitazione della statura e da una relativa prevalenza delle dimensioni orizzontali.

braciere [-ciè-] *s.m.* recipiente di metallo in cui si tiene la brace accesa per riscaldare l'ambiente.

braciola [-ciò-] *s.f.* fetta di carne da cuocere a fuoco vivo, sulla brace o in padella.

bradi- [dal gr. *bradys* = *lento*] primo elemento compositivo usato in parole scientifiche nelle quali significa «lento» (*bradisismo*).

bradicardia [-dì-] *s.f.* (*med.*) anormale diminuzione del ritmo delle contrazioni cardiache.

bradicardico [-càr-] *agg.* e *s.m.* [pl.m. *-ci*] di bradicardia; che, chi soffre di bradicardia.

bradipo [brà-] *s.m.* tozzo mammifero brasiliano; vive sugli alberi, appendendosi ai rami con le grosse unghie falcate, che gli rendono difficile l'andatura (*fam.* Bradipodidi).

bradisismo [-ʃmo] *s.m.* lento spostamento verticale della crosta terrestre in vicinanza delle coste.

brado *agg.* detto di bovini ed equini che vivono liberi allo stato quasi selvaggio.

braga *s.f.* (*region.*) → **braca**.

bragia [brà-] *s.f.rar.* → **brace**.

brago *s.m.* [pl. *-ghi*] (*lett.*) fango, melma.

bragozzo [-gòz-] *s.m.* grossa barca da pesca usata nell'Adriatico.

brahmanesimo [-néʃi-] *s.m.* → **bramanesimo**.

braille [*franc.*; *pr.* brài] *agg.* e *s.m.* si dice di un sistema di scrittura in rilievo per ciechi, inventato dal francese L. Braille (1809-1852).

brainstorming [*ingl.*; *pr.* breinstómin] *s.m.* tecnica di lavoro di gruppo che stimola la creatività separando la fase di proposta da quella di giudizio sulle idee esposte.

brama *s.f.* (*lett.*) desiderio intenso. SIN. *bramosia*.

bramanesimo [-néʃi-], **bramanismo** [-ʃmo] *s.m.* religione dell'India, caratterizzata dalla divisione in caste della popolazione.

bramano *s.m.* sacerdote del dio Brama, appartenente alla più alta delle caste indiane.

bramare *v.tr.* desiderare intensamente.

bramino *s.m.* → **bramano**.

bramire *v.intr.* [*io* bramisco, *tu* bramisci *ecc.*] urlare, detto di grossi animali selvatici e spec. del cervo.

bramito *s.m.* urlo di grossi animali selvatici.

bramosia [-sì-] *s.f.* desiderio ardente. SIN. *brama*.

bramoso [-mó-] *agg.* che prova un ardente desiderio, pieno di brama. SIN. *avido, voglioso, smanioso*.

branca *s.f.* **1** artiglio, zampa munita di artigli **2** *finire nelle branche di un imbroglione*, cadere nei suoi raggiri **3** parte di un attrezzo che serve ad afferrare e stringere **4** ramo di una scienza, settore di un'attività.

branchia [bràn-] *s.f.* organo per la respirazione in acqua (pesci, anfibi), capace di utilizzare l'ossigeno dell'aria sciolto nell'acqua [ill. *Pesci*].

branchiale *agg.* relativo alle branchie.

brancicare *v.tr.* [*io* bràncico, *tu* bràncichi *ecc.*] toccare, tastare senza garbo // *v.intr.* procedere stentatamente cercando di orientarsi.

branco *s.m.* [pl. *-chi*] **1** gruppo di animali della medesima specie: *un — di lupi* **2** (*spreg.*) gruppo di persone: *un — di incompetenti*.

brancolare *v.intr.* [*io* bràncolo *ecc.*] **1** procedere a tastoni, come è proprio dei ciechi o di chi si trova al buio **2** (*fig.*) operare con incertezza.

branda *s.f.* letto leggero e pieghevole o smontabile, usato spec. dai campeggiatori e dai militari; letto pensile e smontabile dei marinai, simile all'amaca.

brandeburghese [-ghé-] *agg.* del Brandeburgo // *s.m.* e *f.* abitante del Brandeburgo.

brandeggiare *v.tr.* [*io* brandéggio *ecc.*] rotare orizzontalmente, su un asse verticale, una bocca da fuoco.

brandello [-dèl-] *s.m.* brano di stoffa lacerata o di carne.

brand image [*ingl.*; *pr.* brènd imèig'] *s.f.* nel linguaggio della pubblicità, l'immagine di cui gode, presso i consumatori, una data merce.

brandire *v.tr.* [*io* brandisco, *tu* brandisci *ecc.*] afferrare, con propositi offensivi, un'arma o altro oggetto.

brando *s.m.* (*lett.*) spada.

brandy [*ingl.*; *pr.* brèndi] *s.m.* acquavite; in alcuni paesi, il distillato di vino di produzione nazionale, distinto da quello francese (*cognac*).

brano *s.m.* **1** pezzo lacerato da un tessuto, da un corpo **2** parte di un'opera musicale, letteraria, teatrale.

brigantaggio

branzino *s.m.* → **spigola**.

brasare [-ʃa-] *v.tr.* cuocere a fuoco lento.

brasato [-ʃa-] *s.m.* carne di manzo cotta in pezzo unico a fuoco lento.

brasile [-ʃi-] *s.m.* legno rosso sudamericano che serve a preparare coloranti.

brasiliano [-ʃi-] *agg.* del Brasile // *s.m.* abitante del Brasile.

brassica [bràs-] *s.f.* erba perenne con foglie indivise e fiori gialli o bianchi (*fam.* Crocifere).

brattea [bràt-] *s.f.* (*bot.*) piccola foglia che ricopre il fiore prima che sbocci.

bravaccio [-vàc-] *s.m.* uomo prepotente e millantatore.

bravata *s.f.* azione da bravaccio; stolta millanteria.

bravo *agg.* **1** che è abile ed esperto in ciò che fa, spec. nella professione e negli studi: *un — scolaro; un — avvocato* / *alla brava*, con rapidità e abilità. SIN. *valente*, *abile* **2** onesto, buono, perbene: *un — ragazzo* **3** coraggioso **4** rafforza scherzosamente i sostantivi: *ho dormito le mie brave otto ore* **5** si dice di bambini che si vuole stiano tranquilli: *se sarai —, ti farò un bel regalo* // *s.m.* (*st.*) sgherro // *inter.* impropria esclamazione d'approvazione o d'applauso, spec. a teatro: *—! bis!* // -**mente** *avv.* con tenacia e coraggio: *resistere —.*

bravura *s.f.* qualità di chi è bravo, abile in un'attività. SIN. *valentia, abilità, perizia.*

break [*ingl.; pr.* brèk] *s.m.* sosta, intervallo di riposo // *agg. e s.f.* si dice di autovettura tipo giardinetta // *inter.* nel pugilato, è l'ordine dell'arbitro ai pugili di staccarsi e riprendere a combattere a distanza.

break even point [*ingl.; pr.* brèk ivn pòin] *locuz.* usata come *s.m.* per indicare, in economia, il «punto di pareggio», cioè il momento della gestione di un'impresa in cui i ricavi unitari eguagliano i costi unitari.

breccia[1] [brèc-] *s.f.* varco aperto con mezzi offensivi in un'opera di difesa / *far — nell'animo di qlcu.*, fargli buona impressione / *essere, restare sulla —*, continuare ad adempiere il proprio dovere.

breccia[2] [brèc-] *s.f.* ghiaia ottenuta per frantumazione di pietre, usata per ricoprire strade.

brechtiano *agg.* di B. Brecht, scrittore tedesco (1898-1956); del suo teatro.

brefotrofio [-trò-] *s.m.* ospizio in cui si allevano i bambini abbandonati.

breitschwanz [*ted.; pr.* bràitsc'vanz] *s.m.* pelliccia pregiatissima, quasi liscia, lucida e leggera, fatta con pelli di agnellini di Persia uccisi durante la vita fetale.

brenna [brèn-] *s.f.* cavallo di poco valore, rozza.

brenta [brèn-] *s.f.* **1** bigoncia a forma di cono che si carica sulle spalle per trasportare vino **2** misura di capacità per vini, ancora in uso in Piemonte.

brentolo [brèn-] *s.m.* pianta simile all'erica, usata per fare scope (*fam.* Ericacee).

bresaola [-ʃà-] *s.f.* carne di manzo salata e seccata, tipico prodotto della Valtellina.

bresciano [-scià-] *agg.* di Brescia // *s.m.* abitante di Brescia.

bretella [-tèl-] *s.f.* **1** striscia di tessuto elastico, di cuoio ecc., che passa sopra le spalle e s'allaccia ai calzoni per sorreggerli **2** spallina **3** tratto di strada o di ferrovia che collega due diversi assi di traffico.

bretone [brè-] *agg.* della Bretagna // *s.m. e f.* abitante della Bretagna.

breva [brè-] *s.f.* (*dial.*) vento periodico dei laghi lombardi, che spira in direzione est-sud.

breve[1] [brè-] *agg.* **1** di poca durata: *un — periodo / in*

—, *in poco tempo / tra* —, tra poco tempo. SIN. *corto, effimero* **2** di poca estensione: *un — tragitto* **3** conciso nel parlare e nello scrivere. SIN. *stringato* **4** nella prosodia greca e latina, si dice di vocale che nella pronuncia ha durata minore della vocale lunga // -**mente** *avv.* **1** in breve tempo **2** concisamente.

breve[2] [brè-] *s.m.* lettera pontificia, meno solenne della bolla.

brevettare *v.tr.* [*io brevétto ecc.*] far riconoscere e garantire un'invenzione con brevetto.

brevetto [-vét-] *s.m.* **1** dichiarazione di un pubblico ufficio che attesta la paternità di un'invenzione e ne determina, entro certi limiti di tempo, l'esclusività di sfruttamento economico **2** patente di abilitazione alla guida di aeroplani.

breviario [-via-] *s.m.* **1** libro liturgico contenente l'ufficio divino che i sacerdoti devono recitare ogni giorno: *dire, recitare il* — **2** compendio, sommario: *— di estetica.*

brevilineo [-li-] *agg.* tarchiato, di corpo grosso e tozzo, brachitipo. CONTR. *longilineo.*

brevità *s.f.invar.* **1** l'essere breve. SIN. *cortezza* **2** concisione. SIN. *stringatezza.*

brezza [brèʒʒa] *s.f.* venticello fresco; propriamente il vento che lungo le coste spira il mattino e la sera alternamente da direzioni opposte.

briaco *agg.* (*region.*) → **ubriaco**.

brianzolo [-zò-] *agg.* della Brianza // *s.m.* abitante della Brianza.

briccica [bric-] *s.f.* briciola, inezia.

bricco *s.m.* [pl. *-chi*] piccolo vaso, solitamente di metallo, più largo in fondo, con un beccuccio: *il — del caffè.*

bricconata *s.f.* azione da briccone.

briccone [-cò-] *s.m.* persona scaltra, malvagia, senza scrupoli (anche *scherz.*).

bricconeria [-ri-] *s.f.* **1** qualità di chi è briccone **2** azione da briccone.

briciola [brì-] *s.f.* **1** piccolissimo frammento di pane **2** (*fig.*) quantità minima di qlco. / *ridurre in briciole,* (*scherz.*) annientare.

briciolo [brì-] *s.m.* frammento, pezzo minutissimo di qlco.: *non hai un — di buon senso!*

bricolage [*franc.; pr.* bricolàʒ] *s.m.* attività manuale, spec. di costruzione o riparazione di oggetti di uso domestico, svolta non professionalmente, per passatempo o per risparmio.

bricolla [-còl-] *s.f.* gerla o sacco portato a spalla dai contrabbandieri delle regioni alpine.

bridge [*ingl.; pr.* brig'] *s.m.* gioco di carte che richiede quattro giocatori accoppiati; chi ha determinate carte apre e dichiara che farà un certo numero di prese; vince chi mantiene l'impegno.

briefing [*ingl.; pr.* brìfin] *s.m.* il complesso di informazioni e di istruzioni con cui si affida un compito a un collaboratore.

briga *s.f.* **1** faccenda complicata e noiosa; seccatura, impaccio / *darsi la* —, occuparsi, preoccuparsi di qlco. **2** lite, contrasto.

brigadiere [-diè-] *s.m.* sottufficiale nell'arma dei Carabinieri e nella Guardia di finanza, corrispondente al sergente maggiore nelle altre armi; un tempo, il grado superiore all'appuntato nella polizia, ora denominato *sovrintendente.*

brigantaggio [-tàg-] *s.m.* **1** attività di brigante: *darsi al* — **2** le bande dei briganti; il fenomeno sociale costituito dai briganti, spec. nell'Italia meridionale nella seconda metà dell'Ottocento.

brigante *s.m.* **1** chi vive di rapine nelle campagne o sulle montagne; bandito **2** malvivente, tipaccio.

brigantino *s.m.* nave con due alberi a vele quadre e bompresso.

brigare *v.intr.* [io brigo, tu brighi ecc.] trafficare, darsi da fare per ottenere qlco., in modo non sempre onesto.

brigata *s.f.* **1** gruppo di persone che si riuniscono per lo più a scopo di divertimento: *un'allegra —* **2** (*mil.*) unità tattica della fanteria costituita da due reggimenti.

brigatista *agg.* e *s.m.* e *f.* [pl.m. *-i*] che, chi appartiene a una brigata; in particolare, chi fa parte del gruppo eversivo delle Brigate rosse; per estens., terrorista.

Brighella [-ghèl-] *s.m.* **1** maschera della commedia dell'arte che indossa una livrea bianca bordata di verde e maschera nera con barba: rappresenta il tipo del servo astuto e intrigante **2** (*fig.*) persona furba, abile.

brigidino *s.m.* dolce toscano di pasta dolce aromatizzata con anice.

briglia [brì-] *s.f.* **1** ciascuna delle strisce di cuoio che vengono attaccate al morso del cavallo per condurlo [*ill. Cavallo*]; (*fig.*) freno, guida: *allentare, tirare le briglie*; *a — sciolta*, velocemente; (*fig.*) senza limiti **2** costruzione muraria per frenare le acque di un torrente.

brillamento [-mèn-] *s.m.* il brillare: *— di mina*, accensione e scoppio della mina.

brillantare *v.tr.* **1** rendere brillante **2** ornare di lustrini o simili **3** rivestire i confetti e i dolci di un sottile strato di zucchero.

brillante *agg.* **1** che brilla: *pavimento —* **2** (*fig.*) che colpisce o suscita ammirazione: *esame —* **3** (*fig.*) che è pieno di spirito: *— conversatore; idea —*. SIN. *brioso, spiritoso* // *s.m.* **1** diamante sfaccettato; gioiello con brillanti **2** (*teatr.*) attore che recita in parti briose.

brillantezza [-téz-] *s.f.* l'essere brillante (anche *fig.*).

brillantina *s.f.* preparato, a base di olii, alcool e profumi per render lucidi e tenere composti i capelli.

brillantino *s.m.* tessuto di seta, cotone o fibra artificiale, molto leggero e operato in lucido.

brillare[1] *v.intr.* **1** splendere di luce viva e tremula: *Venere brillava nel cielo* / *le brillano gli occhi di soddisfazione* **2** (*fig.*) farsi notare: *brilla per il suo umorismo* **3** esplodere, detto delle mine: *far — una mina*.

brillare[2] *v.tr.* togliere l'involucro al riso o ad altri cereali.

brillatoio [-tó-] *s.m.* apparecchio per brillare il riso.

brillatura *s.f.* operazione con cui si brilla il riso.

brillo *agg.* alquanto alterato dal vino, ma non ubriaco. SIN. *alticcio*.

brina *s.f.* rugiada che si congela e cristallizza sul suolo nella stagione invernale / *un po' di — sui capelli*, alcuni capelli bianchi.

brinare *v.intr.impers.* formarsi la brina.

brinata *s.f.* il formarsi della brina; la brina stessa: *la — ha danneggiato gli ortaggi*.

brindare *v.intr.* bere alla salute di qlcu.

brindello [-dèl-] *s.m.* brandello, straccio.

brindellone [-ló-] *s.m.* persona trasandata, sciatta.

brindisi [brìndiʃi] *s.m.invar.* **1** saluto che si fa in omaggio a qlcu. o per auspicio di qlco. alzando o toccando i bicchieri prima di bere **2** breve ode conviviale.

brindisino *agg.* di Brindisi // *s.m.* abitante di Brindisi.

brio *s.m.* [solo *sing.*] vivacità d'animo che si manifesta in modi allegri e spigliati: *una donna, una musica piena di —*. SIN. *gaiezza*.

brioche [*franc.*; *pr.* briòsc'] *s.f.* dolce di pasta lievitata e soffice.

briofite *s.f.pl.* gruppo di piante che crescono in luoghi umidi e freschi; comprende le epatiche e i muschi.

briosità *s.f.invar.* l'essere brioso.

brioso [brió-] *agg.* pieno di brio. SIN. *vivace, gaio, brillante*.

briscola [brì-] *s.f.* **1** gioco di carte che si fa in due o quattro persone, distribuendo tre carte ciascuno e scoprendone una sul tavolo, che indica appunto il seme di briscola **2** ogni carta dello stesso seme di quella scoperta, che ha maggior valore delle altre / *valere come il due di —*, (*fig.*) non contar nulla, perché il due vale meno di tutte le altre briscole **3** (*fam.*) bussa, percossa: *ha preso le briscole da suo padre*.

bristol *s.m.invar.* (*ingl.*) cartoncino semilucido, usato spec. per biglietti da visita.

britannico [-tàn-] *agg.* [pl.m. *-ci*] **1** della Gran Bretagna, degli inglesi **2** dell'antica Britannia.

britanno *agg.* dell'antica Britannia; per estens., inglese // *s.m.* abitante dell'antica Britannia.

brivido [brì-] *s.m.* tremito che si prova per il freddo, la paura, l'emozione.

brizzolato *agg.* si dice di barba e capelli che incominciano a incanutire.

brocca [bròc-] *s.f.* recipiente di terracotta, vetro o metallo, a forma di vaso con manico e beccuccio per attingere o contenere l'acqua; quantità d'acqua in esso contenuta.

broccatello [-tèl-] *s.m.* **1** tessuto in seta e cotone che imita il broccato **2** marmo rosso, macchiettato di giallo, grigio e bianco.

broccato *s.m.* drappo pesante di seta, tessuto a fili arricciati e rilevati.

brocco[1] [bròc-] *s.m.* [pl. *-chi*] **1** stecco spinoso di una pianta **2** punta al centro di uno scudo o di un bersaglio.

brocco[2] [bròc-] *s.m.* [pl. *-chi*] (*spreg.*) **1** cavallo di qualità molto scadente **2** persona di nessun valore.

broccolo [bròc-] *s.m.* **1** varietà di cavolo dall'infiorescenza commestibile **2** *pl.* cime di rapa **3** (*fig.*) persona sciocca, incapace.

brochure [*franc.*; *pr.* brosciür] *s.f.* brossura.

broda [brò-] *s.f.* acqua in cui sono stati cotti legumi e simili; (*spreg.*) minestra, caffè o altro liquido di poco o cattivo sapore.

brodaglia [-dà-] *s.f.* broda.

brodetto [-dét-] *s.m.* sorta di zuppa di pesce tipica del litorale marchigiano e romagnolo.

brodo [brò-] *s.m.* cibo liquido che si ottiene dalla lenta cottura in acqua di carni o vegetali, conditi con sale, aromi e spezie / *lasciar cuocere qlcu. nel proprio —*, lasciarlo fare / *tutto fa —*, tutto serve.

brodoso [-dó-] *agg.* con molto brodo.

brogiotto [-giòt-] *agg.* si dice di una varietà di fico con grossa buccia.

brogliaccio [-gliàc-] *s.m.* registro su cui si annotano le varie operazioni commerciali, prima di ordinarle in scritture sistematiche; per estens., minuta, prima copia con correzioni.

brogliare *v.intr.* [io bròglio ecc.] brigare, imbrogliare, far brogli.

broglio [brò-] *s.m.* imbroglio, spec. nel campo elettorale o amministrativo.

broker [*ingl.*; *pr.* bròca] *s.m.* intermediario in affari: *— d'assicurazioni*.

brokeraggio [-ràg-] *s.m.* attività remunerata di intermediazione.

broletto [-lét-] *s.m.* nel medioevo, il palazzo municipale.

brolo [bròˈ-] *s.m.* (*ant.*) orto, giardino.

bromato *agg.* che contiene bromo // *s.m.* sale dell'acido bromico.

bromatologia [-gì-] *s.f.* branca della chimica che si occupa delle sostanze alimentari.

bromidrosi [-dròʃi] *s.f.invar.* fenomeno costituzionale per cui il sudore presenta un odore particolarmente acre.

bromo [bròˈ-] *s.m.* elemento chimico (Br; *n.at.* 35; *p.at.* 79,90); metalloide liquido, rosso bruno, tossico, di odore ripugnante, ottenuto dai bromuri delle acque marine; usato in medicina, in fotografia, nell'industria chimica.

bromuro *s.m.* sale dell'acido bromidrico usato in medicina e in fotografia.

bronchiale *agg.* dei bronchi.

bronchiectasia [-ʃia], **bronchiettasia** [-ʃia] *s.f.* dilatazione patologica dei bronchi nelle loro minute diramazioni nei polmoni.

bronchite *s.f.* infiammazione della mucosa dei bronchi.

broncio [bròn-] *s.m.* atteggiamento del volto che manifesta cruccio o malumore.

bronco[1] [brón-] *s.m.* [pl. *-chi*] ciascuno dei due canali che hanno origine dalla biforcazione della trachea e che penetrano nei polmoni, dove si ramificano in canali sempre più piccoli [*ill. Respiratorio, apparato*].

bronco[2] [brón-] *s.m.* [pl. *-chi*] ramo nodoso.

broncografia [-fi-] *s.f.* procedimento radiografico per l'esame dell'albero bronchiale.

broncopolmonare *agg.* (*med.*) che riguarda i bronchi e i polmoni: *infiammazione —*.

broncopolmonite *s.f.* processo d'infiammazione propagatasi dai bronchi ai polmoni.

broncoscopia [-pi-] *s.f.* procedimento endoscopico che consente l'esplorazione diretta delle pareti dei bronchi.

brontolare *v.intr.* [*io bróntolo ecc.*] **1** lamentarsi a voce più o meno bassa: *tu brontoli sempre* **2** fare un rumore sordo: *il tuono brontolava lontano.* SIN. *borbottare, mormorare* // *v.tr.* dire brontolando.

brontolio [-li-] *s.m.* un brontolare continuato. SIN. *borbottio.*

brontolone [-ló-] *s.m.* chi brontola per abitudine: *sei proprio un —! * SIN. *borbottone, bisbetico.*

brontosauro [-sàu-] *s.m.* gigantesco rettile preistorico.

bronzare [-ʒa-] *v.tr.* [*io brónzo ecc.*] dare il colore del bronzo: *— un metallo.*

bronzeo [brónʒe-] *agg.* di bronzo; simile a bronzo, del colore del bronzo.

bronzetto [-ʒét-] *s.m.* piccola scultura di bronzo.

bronzina [-ʒi-] *s.f.* (*aut.*) cuscinetto per bielle e albero motore, di bronzo o di acciaio.

bronzista [-ʒi-] *s.m.* e *f.* [pl.m. *-i*] chi lavora il bronzo.

bronzo [brónʒo] *s.m.* **1** lega costituita essenzialmente di rame e di stagno, usata per fabbricare statue, campane, cannoni ecc. / *faccia di —,* chi non si vergogna di nulla **2** opera d'arte fatta di bronzo / *sacri bronzi,* le campane.

brossura *s.f.* sorta di legatura di un libro ottenuta cucendo insieme i quinterni e ricoprendoli con un semplice cartoncino incollato.

browning [*ingl.; pr.* bràunin] *s.f.* tipo di pistola ®.

brr *voce onom.* esprime un brivido di freddo o di paura.

brucare *v.tr.* [*io bruco, tu bruchi ecc.*] di bestie, strappare l'erba a piccoli morsi per mangiarla.

brucellosi [-lòʃi] *s.f.invar.* malattia prodotta dal microrganismo detto di Bruce, detta anche *febbre maltese.*

bruciacchiare *v.tr.* [*io bruciàcchio ecc.*] bruciare superficialmente qua e là.

bruciacchiatura *s.f.* atto, effetto del bruciacchiare.

bruciapelo [-pé-] solo nella locuz.avv. *a bruciapelo,* da brevissima distanza; all'improvviso: *sparare a —; fare una domanda a —.*

bruciare *v.tr.* [*io brùcio ecc.*] **1** distruggere o danneggiare col fuoco: *— una lettera* / *— la carne,* per eccesso di cottura / *bruciarsi le cervella,* uccidersi sparandosi un colpo alla testa **2** seccare, inaridire, irritare (anche per freddo eccessivo): *il sole brucia i campi; il freddo ha bruciato il raccolto* **3** (*fig.*) consumare rapidamente; esporre a una sconfitta; screditare: *ha — la sua vita; — politicamente un candidato* / *— le tappe,* accelerare i tempi // *v.intr.* **1** scottare; (*fig.*) provocare un dolore intenso e scottante: *il sole brucia; l'offesa mi brucia* **2** ardere; (*fig.*) essere preso da un sentimento intenso // **-arsi** *v.rifl.pron.* scottarsi.

bruciata *s.f.* castagna arrostita.

bruciaticcio [-tic-] *s.m.* **1** rimasuglio di cosa bruciata **2** odore di cosa che brucia.

bruciato *agg.* **1** arso; incendiato **2** (*fig.*) consumato; screditato / *gioventù bruciata,* che spreca la propria vita, rifiutando ogni ideale e ogni scopo.

bruciatore [-tó-] *s.m.* apparecchio che immette nel focolare delle caldaie il combustibile, miscelandolo con l'aria comburente.

bruciatura *s.f.* atto, effetto del bruciare (anche *fig.*); scottatura.

bruciore [-ció-] *s.m.* sensazione dolorosa causata da eccesso di calore, infiammazione o simili (anche *fig.*).

bruco *s.m.* [pl. *-chi*] larva di qualunque insetto; propriamente la larva delle farfalle, dal corpo vermiforme, molle, diviso in segmenti, con zampe in numero variabile.

bruffolo [brùf-] *s.m.* (*dial.*) foruncoletto.

brughiera [-ghiè-] *s.f.* terreno ricoperto di eriche ed altri arbusti che gli conferiscono un aspetto brullo e incolto.

brugola [brù-] *s.f.* (*tecn.*) chiave maschio esagonale per viti a testa cava / *vite a —,* la vite corrispondente.

brulicame *s.m.* moltitudine d'insetti, o anche di persone, in movimento.

brulicante *agg.* che è in movimento continuo e confuso: *una massa —.*

brulicare *v.intr.* [*io brùlico, tu brùlichi ecc.*] muoversi confusamente, detto di una moltitudine di insetti o anche di persone; detto di un luogo, essere sede di un tale movimento: *la piazza brulicava di gente.*

brulichio [-chi-] *s.m.* il brulicare; vai e vieni.

brullo *agg.* spoglio di vegetazione, nudo, arido.

brulotto [-lòt-] *s.m.* battello carico di esplosivo che, lanciato contro navi nemiche, esplodeva appiccando il fuoco.

bruma *s.f.* **1** nebbia leggera **2** tempo freddo e umido.

brumaio [-mà-] *s.m.* nome del secondo mese del calendario rivoluzionario francese.

brumista *s.m.* [pl. *-i*] (*lombardo*) chi guidava una vettura a cavalli per servizio pubblico, vetturino.

brumoso [-mó-] *agg.* pieno di bruma, nebbioso.

brunire *v.tr.* [*io brunisco, tu brunisci ecc.*] **1** eseguire la brunitura di un oggetto metallico **2** dare il lustro, levigare.

brunitoio [-tó-] *s.m.* **1** strumento per eseguire la brunitura **2** ruota di legno usata dagli arrotini per la lucidatura delle lame dopo che sono state affilate.

brunitura *s.f.* **1** trattamento chimico della superficie dei metalli per evitarne l'ossidazione **2** operazione con cui si rende lustra e levigata una superficie metallica.

bruno *agg.* **1** di colore scuro, che si accosta al nero: *pane* —; *è di carnagione bruna* **2** (*di occhi, capelli*) castano scuro: *una ragazza bruna* // *s.m.* **1** il colore bruno: *il* — *non ti si addice* **2** uomo bruno: *ha sposato un bel* — **3** abito o segno di lutto.

brusca *s.f.* spazzola dura per pulire i cavalli.

bruschinare *v.tr.* spazzolare i cavalli.

bruschino *s.m.* brusca per cavalli.

brusco *agg.* [pl.m. *-chi*] **1** di sapore asprigno: *vino* —. SIN. *aspro, acido* **2** (*fig.*) burbero, sgarbato: *modi bruschi* **3** improvviso e violento: *una brusca frenata* // **-mente** *avv.* **1** in modo burbero **2** improvvisamente.

bruscolino *s.m.* **1** granellino, corpuscolo **2** spec. *pl.* seme di zucca abbrustolito e salato.

bruscolo [brù-] *s.m.* corpuscolo di materiale vario.

brusio [-ʃì-] *s.m.* rumore indistinto e sommesso di chiacchiere o di cose che si muovono leggermente. SIN. *ronzio, bisbiglio, mormorio.*

brusire [-ʃì-] *v.intr.* [*io brusisco, tu brusisci ecc.*] far brusio.

brusone [-ʃó-] *s.m.* (*pop.*) nome di varie malattie delle piante che provocano avvizzimenti o imbrunimenti simili a bruciacchiature.

brussellese [-lé-] *agg.* di Bruxelles // *s.m. e f.* abitante di Bruxelles.

brut [*franc.*; *pr.* brùt] *agg.* si dice di vini spumanti a cui non è stato aggiunto zucchero e che hanno quindi un sapore particolarmente asciutto; per estens., di profumi dalle analoghe caratteristiche.

brutale *agg.* **1** da bruto; feroce: *un* — *fatto di sangue*. SIN. *bestiale, animalesco, violento* **2** brusco, rozzo: *ha delle maniere brutali.*

brutalità *s.f.invar.* **1** l'essere brutale **2** atto o parola brutale. SIN. *violenza, crudeltà.*

bruto *agg.* violento e irrazionale: *forza bruta.* SIN. *bestiale, animalesco, violento* // *s.m.* **1** ogni animale, in quanto irragionevole **2** uomo rozzo e violento.

bruttare *v.tr.* (*lett.*) lordare, contaminare.

bruttezza [-téz-] *s.f.* **1** l'essere brutto. CONTR. *bellezza* **2** persona o cosa brutta. CONTR. *bellezza.*

brutto *agg.* **1** si dice di cosa o persona che produce un'impressione sgradevole per l'aspetto sgraziato, sproporzionato o difettoso in genere: *uomo, quadro, edificio* — / *avere una brutta cera*, avere un aspetto emaciato / *fare la brutta copia*, la minuta / *se l'è vista brutta*, si è trovato in grande difficoltà. SIN. *sgraziato, spiacevole.* CONTR. *bello* **2** moralmente riprovevole (detto di cosa): *brutta azione* **3** si dice di cosa dolorosa, cattiva, dannosa, inopportuna: *brutta malattia, notizia; brutta reputazione; arrivare in un* — *momento* **4** di tempo, piovoso, burrascoso: *un* — *inverno* **5** usato come rafforzativo di qualità negative: — *bugiardo* // *s.m.* ciò che suscita un'impressione sgradevole; l'insieme delle cose brutte: *il tempo volge al* —, peggiora.

bruttura *s.f.* **1** cosa materialmente e moralmente brutta **2** cosa sudicia.

bua *s.f.* nel linguaggio infantile, ogni piccolo dolore: *aver la* —, aver male.

buaggine [buàg-] *s.f.* balordaggine.

buana *s.m.invar.* appellativo di rispetto dato dai neri africani ai bianchi, nelle situazioni nelle quali questi godono di superiorità sociale.

bubbola¹ [bùb-] *s.f.* **1** fandonia, bugia: *non dir bubbole!* **2** cosa da niente.

bubbola² *s.f.* (*pop.*) → **upupa.**

bubbolare *v.intr.* [*io bùbbolo ecc.*] (*rar.*) **1** rumoreggiare (detto del tuono) **2** brontolare, tartagliare.

bubbolio [-lì-] *s.m.* il bubbolare.

bubbolo [bùb-] *s.m.* sonaglio per i finimenti dei cavalli.

bubbone [-bó-] *s.m.* tumefazione delle ghiandole linfatiche.

bubbonico [-bò-] *agg.* [pl.m. *-ci*] che si manifesta con bubboni: *peste bubbonica.*

buca *s.f.* **1** cavità irregolare del terreno, piuttosto profonda: *scavare una* — **2** apertura destinata a vari usi: — *delle lettere* / *buche del biliardo*, in cui vanno a cadere le bilie / — *cieca*, fossa coperta di erbe e frasche per pigliarvi animali nocivi / — *del golf*, piccola cavità praticata nel terreno, in cui i giocatori mandano le palline / — *del suggeritore*, apertura nel centro del palcoscenico, presso la ribalta, dove si colloca il suggeritore / — *sepolcrale*, fossa per seppellire i morti **3** affossamento, avvallamento.

bucaneve [-né-] *s.m.invar.* pianta erbacea con fiore bianco, pendulo e foglie lineari, che fiorisce in montagna, anche sotto la neve (*fam.* Amarillidacee).

bucaniere [-niè-] *s.m.* pirata che nel sec. XVII esercitava la guerra di corsa nel mar Caribico contro gli spagnoli.

bucare *v.tr.* [*io buco, tu buchi ecc.*] **1** praticare uno o più buchi: — *il muro, il foglio* / — *una gomma*, subire la foratura di un pneumatico. SIN. *forare* **2** pungere **3** (*fam.*) imbucare, fallire / **-arsi** *v.rifl.* nel gergo della droga, farsi iniezioni di eroina / *v.rifl.pron.* ricevere un buco: *si è bucata la gomma.*

bucarestese [-sté-] *agg.* di Bucarest // *s.m. e f.* abitante di Bucarest.

bucascatole [-scà-] *s.m.invar.* arnese di cucina per forare le scatole metalliche contenenti liquidi [*ill. Cucina*].

bucato *s.m.* **1** lavatura della biancheria con detersivi e acqua bollente: *lenzuola di* —, pulitissime; *bianchissime; fare il* — / *fare il* — *in famiglia*, (*fig.*) sistemare senza scandalo, nell'ambito familiare, i guai domestici **2** biancheria da lavare o già lavata.

bucatura *s.f.* atto, effetto del bucare, del bucarsi: *giunse in ritardo in seguito a una* —, *per aver bucato una gomma.*

bucchero [bùc-] *s.m.* vaso o altro oggetto etrusco di terracotta nera e lucida.

buccia [bùc-] *s.f.* [pl. *-ce*] **1** involucro dei frutti: — *di banana* / *fare, rivedere le bucce*, controllare con rigore **2** corteccia giovane delle piante **3** pelle di alcuni animali: — *di serpe* / *lasciarci la* —, (*fam.*) perdere la vita.

buccina [bùc-] *s.f.* in Roma antica, strumento da fiato simile al corno da caccia usato dai soldati.

bucefalo [-cè-] *s.m.* (*scherz.*) cavallo.

bucero [bù-] *s.m.* grosso uccello nero corvino con ventre e coda bianchi, con enorme becco ricurvo all'apice, avente un'appendice superiore simile a un corno rivolto in su (*fam.* Bucerotidi).

bucherellare *v.tr.* [*io bucherèllo ecc.*] fare molti piccoli buchi.

bucinare *v.tr.* [*io bùcino ecc.*] mormorare, andare dicendo in segreto.

bucintoro [-tò-] *s.m.* galea da parata, riccamente decorata, che veniva usata dal doge di Venezia in solenni cerimonie.

buco *s.m.* [pl. *-chi*] **1** apertura stretta, foro tondeggiante che penetra molto o passa da parte a parte: *un — nel muro*; *hai un — nella scarpa* / *non cavare un ragno da un —*, non concludere nulla / *fare un — nell'acqua*, fare uno sforzo inutile / *tappare un —*, saldare un debito / *un — di venti miliardi*, passivo, debito, ammanco di tale ammontare **2** nel gioco del calcio, fallito intervento sulla palla; (*fam.*) fallimento, insuccesso **3** — *nero*, (*astr.*) stadio finale dell'evoluzione di una stella, che si raccoglie in un volume infinitesimo con enorme gravità, che trattiene perfino la luce.

bucolica [-cò-] *s.f.* poesia pastorale.

bucolico [-cò-] *agg.* [pl.m. *-ci*] **1** di bucolica: *genere —* **2** (*fig.*) pastorale, idillico.

buddhismo [-ʃmo], **buddismo** [-ʃmo] *s.m.* la religione fondata da Buddha e attualmente diffusa in parte dell'India e nell'Estremo Oriente.

buddista *agg.* e *s.m.* e *f.* [pl.m. *-i*] che, chi segue il buddismo.

buddistico [-dì-] *agg.* [pl.m. *-ci*] che è proprio del buddismo o dei buddisti: *dottrina buddistica*.

budello [-dèl-] *s.m.* [pl.f. *budèlla*, gli intestini; pl.m. *budèlli*, in senso figurato] **1** intestino **2** (*fig.*) cosa lunga e stretta; vicolo, passaggio strettissimo.

budget [*ingl.*; *pr.* bàgit] *s.m.* bilancio preventivo; per estens., somma messa a disposizione per una data attività.

budgetario [-tà-] *agg.* di, del budget: *controllo —*.

budino *s.m.* composto molle, quasi sempre dolce, preparato con farinacei e altri ingredienti e cotto, in apposito stampo, al forno o a bagnomaria.

bue *s.m.* [pl. **buòi**] **1** bovino maschio castrato e addomesticato, con pelo corto, due corna cave, rotonde, lisce, coda terminante con un fiocco di peli; utilissimo all'uomo come animale da lavoro o da macello / *— muschiato*, grosso mammifero ruminante delle regioni artiche simile alla pecora, con pelo lungo e scuro e folta criniera (*fam.* Bovidi) / *lavorare come un —*, molto, senza concedersi riposo / *chiudere la stalla quando sono fuggiti i buoi*, ricorrere in ritardo a un rimedio / *mettere il carro davanti ai buoi*, fare prima qlco. che andrebbe fatto dopo **2** (*fig.*) uomo ottuso, stupido.

bufalo [bù-] *s.m.* grosso mammifero ruminante, con pelo ispido cinerino, testa corta, fronte convessa, corna rivolte all'indietro; vive per lo più allo stato selvatico (*fam.* Bovidi).

bufera [-fè-] *s.f.* **1** turbine di vento con pioggia, neve o grandine; tempesta, tormenta **2** (*fig.*) sconvolgimento: *la — delle passioni*.

buffa *s.f.* cappuccio che ricopre anche il viso, con due fori per gli occhi, in uso presso alcune confraternite.

buffet [*franc.*; *pr.* büfè] *s.m.* **1** armadio in cui si tengono cibi o stoviglie; credenza **2** banco, tavola su cui si dispone il necessario per un pasto freddo o per un rinfresco **3** caffè ristorante nelle stazioni ferroviarie.

buffetteria [-rì-] *s.f.spec.pl.* (*mil.*) l'insieme di borse, cinghie, giberne e altri oggetti di cuoio in dotazione alla truppa.

buffetto [-fét-] *s.m.* colpo dato leggermente con la mano o facendo schioccare un dito.

buffo¹ *agg.* **1** che suscita il riso; ridicolo **2** strano, singolare, curioso: *un caso —* **3** (*teatr.*) comico: *attore —*; *opera buffa*.

buffo² *s.m.* soffio di vento, folata; per estens., sbuffo di fumo, vapore e simili.

buffonata *s.f.* azione, detto da buffone; cosa che non merita seria considerazione.

buffone [-fó-] *s.m.* **1** chi viveva presso le antiche corti, con l'ufficio di rallegrare i signori **2** chi parla o agisce in modo da suscitare il riso **3** chi manca ai propri impegni per leggerezza.

buffoneggiare *v.intr.* [*io buffonéggio ecc.*] (*rar.*) comportarsi o parlare da buffone.

buffoneria [-rì-] *s.f.* atto, detto da buffone.

buffonesco [-né-] *agg.* [pl.m. *-chi*] di, da buffone.

buggerare *v.tr.* [*io bùggero ecc.*] (*volg.*) imbrogliare, ingannare.

bugia¹ [-gì-] *s.f.* cosa contraria alla verità e che si dice per ingannare qlcu. o per ricavarne un vantaggio: *una — pietosa*, detta disinteressatamente, per evitare a qlcu. un dolore / *prov.*: *le bugie hanno le gambe corte*, si scoprono in breve. SIN. *menzogna, frottola, fandonia*.

bugia² [-gì-] *s.f.* piccolo candeliere con la base a forma di piattello.

bugiarderia [-rì-] *s.f.* qualità di chi è bugiardo.

bugiardo *agg.* **1** che dice bugie. SIN. *menzognero* **2** che induce in inganno. SIN. *ingannevole* // *s.m.* chi dice bugie: *dare del — a qlcu.* SIN. *mentitore*.

bugigattolo [-gàt-] *s.m.* stanzino angusto e scomodo.

bugliolo [-gliò-] *s.m.* secchio usato dai marinai per le pulizie di bordo o dai carcerati per i bisogni corporali.

bugna *s.f.* ciascuna delle pietre lavorate che sporgono dalla facciata di un edificio.

bugnato *s.m.* (*arch.*) la parte di un edificio rivestita con bugne [*ill.* Architettura].

bugno *s.m.* alveare.

buio [bù-] *agg.* scuro, senza luce (anche *fig.*): *una stanza buia* / *— in volto*, preoccupato, aggrondato // *s.m.* mancanza o scarsità di luce, oscurità: *essere al —*.

bulbo *s.m.* **1** germoglio sotterraneo rigonfio del fusto di alcune piante: *— dell'aglio* **2** organo anatomico a forma di bulbo: *— arterioso, rachideo* / *— pilifero, capillifero*, la radice dei peli; dei capelli **3** oggetto a forma di bulbo / *— del termometro*, la parte rigonfia contenente mercurio / *— della lampadina*, la parte di vetro, cava, che contiene il filamento [*ill.* Elettrica, energia].

bulboso [-bó-] *agg.* fornito di bulbo.

bulgaro [bùl-] *agg.* della Bulgaria // *s.m.* **1** abitante, nativo della Bulgaria **2** la lingua della Bulgaria **3** varietà di cuoio rosso cupo, odoroso, per lavori fini di pelletteria.

bulimia [-mì-] *s.f.* (*med.*) aumento morboso della fame, causato da alterazioni nervose.

bulinare *v.tr.* incidere col bulino.

bulinatore [-tó-] *s.m.* [f. *-trice*] chi incide col bulino.

bulinatura *s.f.* incisione fatta col bulino.

bulino *s.m.* strumento di acciaio simile a uno scalpello per incidere metalli, cuoio o pelli.

bulldog *s.m.invar.* [*ingl.*; *pr.* buldòg] cane da guardia, tozzo e robustissimo, dal pelo rossastro, con muso rincagnato, con denti scoperti.

bulldozer [*ingl.*; *pr.* buldóʃa] *s.m.* macchina livellatrice, spianatrice.

bulletta [-lét-] *s.f.* piccolo chiodo a testa larga.

bullettame *s.m.* insieme di bullette di diversa grandezza e forma.

bullonare *v.tr.* [*io bullóno ecc.*] inchiodare con bulloni.

bullonatura *s.f.* applicazione dei bulloni a un prodotto meccanico.

bullone [-ló-] *s.m.* grossa vite costituita da una testa esagonale e un gambo cilindrico filettato, su cui si avvita un dado per collegare e stringere insieme due elementi metallici [*ill.* Utensili].

bum *voce onom.* imita il rumore di un'esplosione; si usa anche come esclamazione di incredulità.

bumerang [bù-] *s.m.invar.* forma italianizzata di **boomerang**.

bungalow [*ingl.*; *pr.* bàngalo] *s.m.* tipo di villa di campagna a grandi verande.

bunker *s.m.invar.* [*ingl.*] fortino sotterraneo.

buonalana *s.f.* [pl. *buonelane*] (*scherz.*) chi spesso commette marachelle.

buonanima [-nà-] *s.f.* [solo *sing.*] persona defunta che si ricorda con affetto e rispetto.

buonanotte [-nòt-], **buona notte** [buò-] [nòt-] formula di saluto o di augurio che si usa prima di andare a letto; (*scherz.*) basta, è tutto finito // anche *s.f.*: *dare la —*.

buonasera [-sé-], **buona sera** [buò-] [sé-] formula di saluto o di augurio usata nel pomeriggio o la sera // anche *s.f.*: *dare la —*.

buoncostume, **buon costume** [buòn] *s.m.* modo di comportarsi secondo la morale comune // *s.m.* (*gergale*) la squadra degli agenti di polizia che si occupano di reati contro la morale.

buongiorno [-giór-], **buon giorno** [buòn] [giór-] formula di saluto o di augurio usata nella mattina e, in alcune regioni, fino al calar della sera // anche *s.m.*: *dare il —*.

buongustaio [-stà-] *s.m.* chi ha buon gusto; in particolare, chi ama la buona tavola.

buongusto *s.m.* **1** facoltà di distinguere e apprezzare le cose belle o piacevoli: *una persona di —*; *vestire con — 2* senso di opportunità, discrezione: *abbiate almeno il — di non interrompere.*

buono¹ [buò-] *agg.* [*buon* dinanzi a consonante seguita da vocale o *l* o *r*; compar. *più buono* o *migliore*; superl. *buonìssimo* o *òttimo*] **1** che possiede le qualità adatte a un fine di bene; che ha cuore, mite (detto di persona): *una buona azione*; *un ragazzo — / — come il pane*, buonissimo / *tre volte —*, (iron.) sciocco / *è un buon diavolo*, una persona mite e innocua / *alla buona*, in modo semplice, non ricercato: *gente alla buona*, semplice, che tratta familiarmente / *di buon grado*, volentieri, senza opporre resistenza / *fare buon viso a cattivo gioco*, rassegnarsi, adattarsi con apparente serenità a situazioni spiacevoli / *guardare, vedere di buon occhio*, con simpatia, favorevolmente. CONTR. *cattivo* **2** ben disposto verso gli altri; gentile: *sei stato sempre — con me / tenersi — qlcu.*, cercare di conservarsi il suo favore per ottenerne eventuali benefici. SIN. *benigno, bonario, benevolo* **3** tranquillo, quieto: *state buoni, ragazzi!* **4** di qualità eccellente, di valore: *un buon terreno*; *un buon libro / essere in buone mani*, essere affidato con piena fiducia **5** rispettabile, benestante: *la buona società*, l'ambiente socialmente elevato; *una signorina di buona famiglia* **6** abile, capace (detto di persona): utile, efficace (detto di cosa): *un buon pianista*; *una buona madre*; *un — a nulla*, un inetto; *rimedio — per la tosse* **7** opportuno, idoneo; conveniente: *una buona idea*; *cogliere la buona occasione*, il momento opportuno **8** valido, consistente: *non è una buona ragione perché tu te ne vada* **9** che procura sensazioni piacevoli; gustoso, gradevole al palato: *un buon caffè*; *un buon profumo* **10** sereno (detto di tempo); salubre (detto di clima); favorevole, prospero: *la buona stagione*, la primavera e l'estate / *alla buon'ora!*, finalmente! / *buona fortuna!*; *buon viaggio!* / *Dio ce la mandi buona!*, si dice in previsione di pericoli o di situazioni difficili per invocare la provvidenza divina **11** con valore rafforzativo: *un buon tratto di strada / di buon mattino, di buon'ora*, la mattina presto / *una buona lavata di capo*, un aspro rimprovero / *mettersi di buzzo —*, impegnarsi a lavorare con lena, seriamente // *s.m.* **1** persona buona: *i buoni sono spesso ingannati* **2** cosa buona, qualità positiva: *a parte i difetti, c'è del — in lui / ci volle del bello e del — per convincerlo*, ci volle molta pazienza / *essere un poco di —*, una persona poco raccomandabile.

buono² [buò-] *s.m.* **1** documento equivalente a una determinata somma in denaro che dà diritto, all'atto della presentazione, al rilascio di merci o al godimento di servizi: *un — sconto di 100.000 lire*; *il blocchetto dei buoni-mensa* **2** titolo di obbligazione: *— del Tesoro*, titolo rappresentante un debito contratto dallo stato **3** ordine di pagamento; ricevuta: *— di consegna*, ordine scritto dato da chi ne abbia l'autorità al depositario di una cosa perché la consegni all'avente diritto.

buonsenso [-sèn-], **buon senso** [buòn] [sèn-] *s.m.* equilibrio istintivo di giudizio e di comportamento; senso pratico.

buontempone [-pó-] *s.m.* chi non pensa che a divertirsi, spec. in compagnia.

buonumore, **buon umore** [buòn] [-mó-] *s.m.* stato d'animo sereno e contento.

buonuomo [-nuò-], **buon uomo** [buòn] [-uò-] *s.m.* [pl. *buonuòmini* o *buonòmini*] uomo mite o ingenuo / come vocativo, si usava un tempo per rivolgersi a uno sconosciuto che non si voleva chiamare «signore».

buonuscita, buona uscita [buò-] *s.f.* sorta di compenso che si dà a chi lascia libero, spec. se prima della scadenza del contratto, un immobile preso in affitto, o a un dipendente che lascia un posto di lavoro.

burattare *v.tr.* → **abburattare**.

burattinaio [-nà-] *s.m.* chi muove i burattini nelle rappresentazioni; (fig.) chi agisce senza apparire.

burattinata *s.f.* **1** azione da burattino **2** (fig.) azione non degna di una persona seria; buffonata.

burattino *s.m.* **1** fantoccio in cui si infila come in un guanto la mano del burattinaio che lo muove **2** (fig.) uomo privo di carattere, incapace di tener fede alla parola data, e spec. influenzabile da altri.

buratto *s.m.* setaccio usato nella macinazione del grano, per separare la farina dalla crusca o per suddividere la farina secondo la finezza.

burbanza *s.f.* alterigia sprezzante e vanitosa. SIN. *boria*.

burbanzoso [-zó-] *agg.* pieno di burbanza. SIN. *borioso*.

burbera [bùr-] *s.f.* sorta di argano costituito da un cilindro orizzontale fatto girare a forza di braccia.

burbero [bùr-] *agg.* che ha modi scontrosi e bruschi.

burchiello [-chièl-] *s.m.* barca a remi o a vela, a fondo piatto, per trasporto su fiumi e laghi.

burchio [bùr-] *s.m.* barcone a fondo piatto per trasporto di merci o passeggeri su fiumi e laghi.

bure *s.f.* parte dell'aratro a forma di stanga che si attacca al giogo; la parte analoga dell'aratro meccanico [*ill. Agricoltura*].

bureau [*franc.*; *pr.* buró] *s.m.* **1** ufficio d'amministrazione di un albergo, e anche banco a cui si rivolgono i clienti **2** (antiq.) scrivania, scrittoio.

buretta [-rèt-] *s.f.* (chim.) tubo di vetro graduato per misurare le quantità dei liquidi [*ill. Chimico, laboratorio*].

burgravio [-grà-] *s.m.* (st.) titolo feudale in Germania.

buriana *s.f.* **1** temporale improvviso ma non violento **2** (fig.) confusione.

burla *s.f.* **1** scherzo fatto per ridere alle spalle altrui, senza offesa grave: *fare una — agli amici.* SIN. *beffa, canzonatura* **2** inezia: *vincere per lui è una —.*

burlare *v.tr.* mettere in burla: *— il prossimo / assol.* parlare, agire per burla: *non burla mai, è una persona seria.* SIN. *beffare, canzonare* // **-arsi** *v.rifl.pron.* prendersi gioco: *si burla dei tuoi rimproveri.*

burlesca [-lè-] *s.f.* (*mus.*) composizione strumentale di forma libera e di carattere brillante.

burlesco [-lé-] *agg.* [pl.m. *-chi*] di, da burla: *tono —; poema —,* poema di intonazione giocosa // *s.m.* modo, stile burlesco.

burletta [-lét-] *s.f.* scherzo, celia: *mettere una cosa in —,* metterla in ridicolo.

burlone [-ló-] *s.m.* chi burla spesso e volentieri.

burnus [-nùs] *s.m.invar.* ampio mantello di tela, di lana o cotone, spesso con cappuccio, portato da arabi e berberi dell'Africa settentrionale.

burocrate [-rò-] *s.m.* impiegato, per lo più della pubblica amministrazione; per estens., persona di mentalità gretta e formalista.

burocratico [-crà-] *agg.* [pl.m. *-ci*] della burocrazia, relativo alla burocrazia, ai burocrati.

burocratismo [-ʃmo] *s.m.* fenomeno per cui la burocrazia assume estensione e importanza sempre maggiori in uno stato.

burocratizzare [-tiʒʒa-] *v.tr.* assoggettare alla burocrazia.

burocratizzazione [-tiʒʒazió-] *s.f.* l'atto, l'effetto del burocratizzare.

burocrazia [-zì-] *s.f.* **1** l'amministrazione pubblica; il complesso degli impiegati, spec. quelli pubblici **2** pedanteria, grettezza, formalismo propri di certi uffici pubblici.

burrasca *s.f.* **1** violenta tempesta di mare o di vento / *— magnetica,* improvvisa alterazione del magnetismo terrestre **2** (*fig.*) sconvolgimento violento e disordinato.

burrascoso [-scó-] *agg.* che è in burrasca, in tempesta (anche *fig.*).

burrato[1] *s.m.* (*arc.*) burrone.

burrato[2] *agg.* imburrato, cosparso di burro.

burrificazione [-zió-] *s.f.* operazione con la quale si trasforma la panna del latte in burro.

burrificio [-fi-] *s.m.* fabbrica di burro.

burro *s.m.* sostanza grassa bianco-giallognola ottenuta dalla crema del latte: *riso al —; mangiare pane e — / — di cacao,* grasso contenuto nei semi del cacao, usato in medicina e cosmesi / *essere, diventare di —,* intenerirsi, diventare cedevole.

burrone [-ró-] *s.m.* luogo scosceso, dirupato e profondo.

burroso [-ró-] *agg.* **1** che contiene burro **2** morbido come il burro.

buscare *v.tr.* [io busco, tu buschi ecc.] trovare, procacciarsi, riuscire ad avere: *— da mangiare* / più comunemente *buscarsi: s'è buscato mille lire di premio; ti buscherai un bel malanno / guarda che ne buschi tante!,* bada che piglierai delle botte!

buscherare *v.tr.* [io bùschero ecc.] imbrogliare, truffare.

buscheratura *s.f.* imbroglio.

buscherio [-rì-] *s.m.* chiasso, baccano.

busecca [-sèc-] *s.f.* zuppa preparata con trippa di vitello, con o senza fagioli; specialità milanese.

bushel [*ingl.*; *pr.* bùscel] *s.m.* unità di misura per aridi e liquidi in uso nei paesi anglosassoni (variabile da 32 a 36 l).

busillis [-ʃil-] *s.m.invar.* difficoltà, imbroglio, problema di difficile soluzione: *qui sta il —!*

business [*ingl.*; *pr.* bisness] *s.m.* attività economica in generale: *mettersi nel —; il mondo del —.*

bussare *v.intr.* battere alla porta per farsi aprire: *senti come bussano!* / *— a quattrini,* chiedere soldi.

bussata *s.f.* **1** il bussare **2** batosta.

busse *s.f.pl.* percosse, colpi.

bussola[1] [bùs-] *s.f.* strumento per la determinazione dei punti cardinali; è provvisto di un ago calamitato che ha la proprietà di dirigersi sempre verso il Nord magnetico / *— giroscopica,* fondata sulla proprietà del giroscopio / *— topografica,* strumento per determinare gli azimut, dotato di ago magnetico, livella e cannocchiale / *perdere la —,* perdere il controllo di sé.

bussola[2] [bùs-] *s.f.* **1** sorta di portantina chiusa **2** riparo in legno, per lo più dietro le porte delle chiese, che evita le correnti d'aria **3** cameretta di legno in cui il papa ascolta le prediche.

bussolotto [-lòt-] *s.m.* recipiente a forma di bicchiere, in cui si pongono i dadi per gettarli.

busta *s.f.* **1** sorta di involucro di carta, per chiudervi lettere o altro **2** custodia per riporvi documenti o oggetti / *— paga,* la busta che contiene la retribuzione di un lavoratore dipendente; per estens., la distinta degli elementi che la compongono, e anche il salario o stipendio nominale al netto di imposte e contributi.

bustaia [-stà-] *s.f.* donna che fa o vende i busti.

bustarella [-rèl-] *s.f.* (*region.*) somma offerta di nascosto a chi sia in grado di facilitare il disbrigo di una pratica e simili.

bustina *s.f.* **1** piccola busta di carta confezionata per contenere polveri o altre sostanze minute: *— di zucchero, di the* **2** berretto militare che si può ripiegare come una busta.

bustino *s.m.* **1** parte superiore di un abito femminile **2** corpetto, armato di stecche, usato un tempo dalle donne per stringere i fianchi.

busto *s.m.* **1** la parte del corpo umano compresa tra il collo e i fianchi **2** scultura che rappresenta una figura umana dalla cintola in su, senza le braccia **3** fascia elastica, fornita di stecche, usata come sostegno ortopedico e per assottigliare la persona.

bustocco [-stòc-] *agg.* [pl.m. *-chi*] di Busto Arsizio // *s.m.* abitante di Busto Arsizio.

bustrofedico [-fè-] *agg.* [pl.m. *-ci*] si dice di un antico tipo di scrittura che cambia direzione a ogni riga.

butano *s.m.* (*chim.*) idrocarburo gassoso a quattro atomi di carbonio; liquefatto, viene usato come combustibile domestico.

butirroso [-ró-] *agg.* che è ricco di burro o ha la morbidezza del burro.

buttafuori [-fuò-] *s.m.invar.* **1** in teatro, chi avverte gli attori al momento di entrare in scena **2** (*mar.*) asta che sporge fuori bordo per reggere qlco.

buttare *v.tr.* **1** gettare, lasciare andare: *— in aria; — le braccia al collo / — all'aria,* scompigliare / *— via somme ingenti,* sprecarle / *l'influenza mi ha buttato giù,* mi ha fatto deperire / *— giù un edificio,* demolirlo / *— giù una persona,* screditarla / *— giù una pillola,* inghiottirla **2** emettere, lasciar uscire: *— fuoco, fumo / assol.* germogliare (di piante) // **-arsi** *v.rifl.* scagliarsi, lasciarsi cadere / *— nel fuoco per qlcu.,* affrontare ogni difficoltà o sacrificio.

buttasella [-sèl-] *s.m.invar.* comando militare di insellare i quadrupedi; l'insellamento stesso.

buttata *s.f.* nelle piante, l'atto, l'effetto del buttare.

butterato *agg.* coperto di segni del vaiolo o simili.

buttero[1] [bùt-] *s.m.* segno lasciato sulla pelle dalle pustole del vaiolo o da altre eruzioni cutanee.

buttero[2] [bùt-] *s.m.* guardiano a cavallo di mandrie di buoi o cavalli.

buyer [*ingl.*; *pr.* bàia] *s.m.* compratore; chi è addetto agli acquisti per conto di un'impresa.

buzzo [buʒʒo] *s.m.* (*rar.*) ventre / *di — buono*, di lena, con impegno.

buzzone [buʒʒó-] *s.m.* (*rar.*) pancione.

buzzurro [buʒʒur-] *s.m.* persona zotica; impennarsi.

by-night [*ingl.*; *pr.* bainàit] *locuz.* usata come *agg.* o come *avv.* con il significato di «notturno, di notte», spec. con riferimento agli ambienti di spettacolo e divertimento: *vedere la Parigi —*.

by-pass [*ingl.*; *pr.* baipàs] *s.m.* **1** in diverse tecniche, anche chirurgiche, collegamento secondario a fianco del principale usato per scavalcare un determinato punto di questo; per estens., deviazione, espediente per evitare un ostacolo **2** in elettronica, condensatore posto in parallelo tra due punti di un circuito.

C

c *s.f.* e *m.* [*ci*] **1** terza lettera dell'alfabeto, consonante **2** C, nei numeri romani, significa cento.

ca' *s.f.* troncamento di **casa**.

cabala [cà-] *s.f.* **1** arte che, per mezzo di numeri, lettere o segni, presume di indovinare il futuro **2** (*fig.*) intrigo, imbroglio.

cabaletta [-lét-] *s.f.* (*mus.*) aria breve e di movimento vivace; nell'opera lirica conclude spesso un duetto o un assolo.

cabalista *s.m.* e *f.* [pl.m. *-i*] chi con la cabala pretende di indovinare il futuro; per estens., fanfarone, confusionario.

cabalistico [-li-] *agg.* [pl.m. *-ci*] di cabala, attinente a cabala; per estens., oscuro, indecifrabile: *segni cabalistici*.

cabaret [*franc.*; *pr.* cabarè] *s.m.* locale notturno con spettacoli di varietà; lo spettacolo stesso.

cabila *s.f.* tribù nomade patriarcale dei beduini d'Arabia e dell'Africa settentrionale.

cabina *s.f.* **1** piccola stanza a uno o più letti a bordo delle navi, per i passeggeri e gli ufficiali; sugli aerei, piccolo locale chiuso per alloggiare l'equipaggio / *— spaziale*, quella parte dell'astronave in cui sono alloggiati gli astronauti **2** per estens., ambiente di dimensioni limitate destinato a vari usi: *— dell'ascensore* [*ill. Scala*]; *— di blocco, di manovra*, (*ferr.*) piccolo edificio per le manovre dei segnali e degli scambi; *— telefonica*, stanzetta con le pareti imbottite nella quale è installato un apparecchio telefonico di uso pubblico **3** piccolo vano destinato al personale di guida e manovra di macchinari e veicoli diversi [*ill. Aereo*] **4** capanna che serve da spogliatoio sulle spiagge.

cabinato *agg.* e *s.m.* si dice di imbarcazione, spec. da diporto, dotata di uno o più vani interni chiusi abitabili: *un — a vela*.

cabinovia [-vi-] *s.f.* funivia nella quale i passeggeri sono alloggiati in piccole cabine a uno o a pochi posti.

cablaggio [-blàg-] *s.m.* l'installazione di fili o cavi elettrici in un sistema che si possa inserire o rimuovere come una unità.

cablo *s.m.invar.* abbr. di → **cablogramma**.

cablogramma *s.m.* [pl. *-i*] telegramma trasmesso per mezzo di cavi sottomarini.

cabotaggio [-tàg-] *s.m.* navigazione costiera, di porto in porto, a scopo commerciale / *piccolo —*, con raggio d'azione limitato.

cabrare *v.intr.* (*aer.*) compiere la manovra della cabrata; impennarsi.

cabrata *s.f.* manovra che un aereo compie sollevandosi con la prua verso l'alto.

cabriolet [*franc.*; *pr.* cabriolè] *s.m.* **1** carrozza leggera a due ruote **2** (*aut.*) → **convertibile**.

cacao *s.m.* **1** albero tropicale con foglie ovali persistenti e frutto di forma allungata che racchiude semi simili a mandorle (*fam.* Ebenacee); il frutto di pianta **2** polvere ottenuta dai semi abbrustoliti del cacao, ingrediente essenziale della cioccolata.

cacare *v.intr.* e *tr.* [*io caco, tu cachi ecc.*] (*volg.*) → **cagare**.

cacarella [-rèl-] *s.f.* (*volg.*) **1** diarrea **2** (*fig.*) paura.

cacasenno [-sén-] *s.m.* (*volg.*) saputello.

cacata *s.f.* (*volg.*) **1** il cacare **2** gli escrementi.

cacatoa [-tò-] *s.m.invar.*, **cacatua** *s.m.invar.* nome di diverse specie di grossi pappagalli australiani e malesi variamente colorati, con un ciuffo di penne erigibili sul capo.

cacca *s.f.* nel linguaggio infantile, escremento, e per estens. cosa sudicia in genere.

cacchio [càc-] *s.m.* germoglio infruttifero di un albero coltivato e spec. della vite.

cacchione [-chió-] *s.m.* uovo o larva di insetto.

caccia [càc-] *s.f.* [pl. *-ce*] **1** ricerca e cattura di animali selvatici da parte dell'uomo o di un altro animale: *il gatto dà la — ai topi* / *— grossa*, quella che ha per oggetto le belve / *battuta di —*, la ricerca della selvaggina da parte di più cacciatori **2** (*fig.*) inseguimento; ricerca intensa e costante: *dar la — ai banditi*; *andare a — di un lavoro qualsiasi* **3** componimento poetico e musicale che descriveva scene di caccia in voga nel Trecento // *s.m.invar.* **1** aeroplano militare (propr. *aereo da —*) agile e veloce, con leggero armamento, atto spec. ad azioni di attacco contro aerei nemici **2** abbr. di → **cacciatorpediniere**.

cacciabombardiere [-diè-] *s.m.* aeroplano da caccia e da bombardamento.

cacciagione [-gió-] *s.f.* termine generico per indicare gli animali presi o uccisi da chi va a caccia.

cacciare *v.tr.* [*io càccio ecc.*] **1** dare la caccia, inseguire per prendere: *— il cervo* / *assol.* andare a caccia **2** mandare via con la forza o sgarbatamente **3** introdurre con violenza o sgarbatamente: *non — sempre le mani nella roba altrui!* **4** tirare fuori: *caccia subito i sol-*

Caccia

riserva, battuta, bandita, apertura, chiusura, licenza; migrazione, passo, ripopolamento, cattura, posta; rosa, padella • cacciatore, battitore, guardacaccia, bracconiere • cane da ferma, cane da seguito, bracco, segugio, spinone, pointer, setter, cocker.

■ OPERAZIONI E STRUMENTI: sentire, puntare, pedinare, frullare, marcare, impallinare; rimessa • canna (*cilindrica, strozzata; canne accoppiate, sovrapposte*); fucile automatico, calibro 12, calibro 16, fucile hammerless, carabina, spingarda • bossolo, capsula, cartucciera, cacciatora, calibratore, coltello da caccia, carniere, dosatrice, cartoncini, pallini, polvere senza fumo, richiamo; specchietto, civetta (*viva, meccanica*), gufo; rete (*verticale, orizzontale*), zimbello, rastrello, capanno, gabbia, palco, botte, cascinino, roccolo, quagliara.

■ SELVAGGINA: allodola, piccione selvatico, tortora, coturnice, pernice, starna, quaglia, fagiano, gallo cedrone, pavoncella, chiurlo, beccaccia, beccaccino, gallinella d'acqua, folaga, oca selvatica, anitra selvatica, tordo, merlo; cinghiale, coniglio selvatico, lepre.

di che mi hai rubato! // **-arsi** *v.rifl.* nascondersi: *dove ti eri cacciato?*

cacciareattore [-tó-] *s.m.* aereo militare da caccia, a reazione.

cacciasommergibili [-gì-] *s.m.invar.* piccola e veloce nave da guerra destinata a individuare e attaccare i sommergibili nemici.

cacciata *s.f.* **1** (*rar.*) atto, effetto del cacciare; partita di caccia **2** espulsione, allontanamento: *la — dei guelfi.*

cacciatora [-tó-] *s.f.* nella locuz. *alla cacciatora*, secondo l'uso dei cacciatori; si dice spec. di vestiti portati dai cacciatori e di carni cucinate con aglio, salvia, rosmarino, vino, aceto; *giacca alla* — (o *cacciatora*), comoda giacca, solitamente di velluto, con ampie tasche.

cacciatore [-tó-] *s.m.* [f. *-trice*] **1** chi va a caccia (anche *fig.*) **2** negli eserciti di un tempo, soldato armato alla leggera impiegato in avanscoperta o per operazioni particolari.

cacciatorpediniere [-niè-] *s.m.invar.* nave da guerra armata con cannoni e siluri, molto veloce, destinata alla caccia delle torpediniere e dei sommergibili e alla scorta dei convogli.

cacciavite *s.m.invar.* attrezzo di ferro con manico di legno e punta piatta che serve a stringere o allentare le viti [*ill. Utensili*].

cacciù *s.m.* → catecù.

cacciucco *s.m.* [pl. *-chi*] zuppa di pesce.

caccola [càc-] *s.f.* (*volg.*) **1** sterco di pecora o capra attaccato alla lana **2** per estens., sudiciume del naso o degli occhi formato dalle secrezioni.

cachemire [*franc.*; *pr.* casc'mìr] *s.m.* lana a pelo molto lungo ricavata da una razza di capre del Kashmir (India); il tessuto fatto con tale lana.

cachessia [-sì-] *s.f.* (*med.*) stato di alterazione generale dell'organismo per malattie croniche o gravi o per vecchiaia.

cachet [*franc.*; *pr.* cascè] *s.m.* **1** involucro di ostia o capsula di sostanza amidacea contenente polvere medicinale **2** prestazione non contrattuale a un attore o di una comparsa; retribuzione di volta in volta; gettone di presenza: *lavorare a —* **3** colorante leggero per capelli, che modifica appena il colore naturale.

cachi[1] *s.m.invar.* **1** albero con foglie lanceolate e frutti giallo-arancio, dolci e commestibili, originario del Giappone e della Cina settentrionale **2** il frutto di tale albero.

cachi[2] *agg. s.m.invar.* si dice di un colore giallo sabbia, tipico delle divise coloniali.

cacicco *s.m.* [pl. *-chi*] (*st.*) titolo d'autorità presso gli indigeni delle Antille e dell'America centro-meridionale al tempo dell'invasione spagnola.

cacio [cà-] *s.m.* latte di vacca, pecora o capra cagliato, salato e seccato in forma; formaggio / *alto quanto un soldo di —*, molto basso (detto di persona) / *essere, venire come il — sui maccheroni*, venire a proposito.

caciocavallo *s.m.* [pl. *cacicavalli*] formaggio duro, dolce e piccante, fatto con latte di vacca in forma di pera allungata; tipico dell'Italia meridionale.

caciola [-ciò-] *s.f.*, **caciotta** [-ciòt-] *s.f.* cacio tenero, di forma piccola e tonda, tipico dell'Italia centrale.

caco *s.m.* [pl. *-chi*] forma singolare impropriamente ricavata dal plurale dell'invariabile *cachi* (albero e frutto).

cacofonia [-nì-] *s.f.* suono sgradevole che nasce dall'incontro di parole che abbiano sillabe simili o di voci e strumenti discordanti. CONTR. *eufonia.*

cacofonico [-fò-] *agg.* [pl.m. *-ci*] di suono sgradevole.

cactacee [-tà-] *s.f.pl.* famiglia di piante, proprie dei paesi tropicali, dal fusto carnoso, sferico o cilindrico, foglie ridotte a spine uncinate spesso fornite di aculei e ciuffi di peli.

cactus *s.m.invar.* pianta tropicale spinosa con fusto carnoso.

cadauno *agg.* e *pron.indef.* (solo *sing.*) nel linguaggio commerciale, ciascuno: *le confezioni costano diecimila lire cadauna.*

cadavere [-dà-] *s.m.* il corpo umano dopo la morte; salma, spoglia / — *ambulante*, si dice di persona dall'aspetto macilento, sofferente.

cadaverico [-vè-] *agg.* [pl.m. *-ci*] **1** di cadavere: *rigidità cadaverica* **2** (*fig.*) pallido, sfinito.

caddie [*ingl.*; *pr.* chèdi] *s.m.* ragazzo che assiste i giocatori di golf, portando le mazze ecc.

cadente [-dèn-] *agg.* che cade, che sta per cadere (anche *fig.*): *casa —*, che sta per crollare; *vecchio —*, decrepito / *stella —*, meteora che attraversa lo spazio.

cadenza [-dèn-] *s.f.* **1** modulazione di un suono o della voce prima di una pausa **2** andamento ritmico di un passo, di una marcia, di un ballo **3** (*mus.*) passaggio a carattere virtuosistico che un solista esegue mentre tacciono le parti di accompagnamento.

cadenzare *v.tr.* [*io cadènzo ecc.*] dare, imprimere la cadenza.

cadenzato *agg.* che ha un particolare andamento ritmico: *passo —.*

cadere [-dé-] *v.intr.* [fut. *io cadrò ecc.*; pass.rem. *io caddi, tu cadésti ecc.*; cond.pres. *io cadrèi ecc.*] **1** andare giù, portato dal proprio peso, quando manchi un sostegno e si perda l'equilibrio; cascare (anche *fig.*): — *in* *un tranello;* — *in rovina, in contravvenzione / la fortezza è caduta,* ha capitolato / — *dalle nuvole,* meravigliarsi / — *in piedi,* non subire danno da una disgrazia / — *dalla padella nella brace,* di male in peggio / *la commedia è caduta,* ha fatto fiasco **2** (*fig.*) morire: *qui caddero molti soldati* **3** tramontare (anche *fig.*): *cade il sole; qui cadono tutte le mie speranze* **4** scendere: *i capelli mi cadono sulle spalle; cade la sera* — *bene,* scendere bene, detto di abito quando si adatta bene alla persona **5** ricorrere: *quest'anno il mio onomastico cade in giovedì* **6** capitare: *il discorso cadde su di te.*

cadetto [-dét-] *agg.* si dice di figlio maschio non primogenito o di un ramo collaterale di una famiglia nobile // *s.m.* **1** figlio maschio non primogenito **2** allievo di un'accademia militare **3** l'atleta di una squadra nazionale i cui giocatori hanno un limite d'età e che partecipa a competizioni di minor rilievo.

cadi *s.m.invar.* magistrato dei paesi musulmani.

caditoia [-tó-] *s.f.* (*st.*) apertura praticata negli sporti delle fortificazioni per gettare proiettili sugli assalitori.

cadmio [cad-] *s.m.* elemento chimico (Cd; *n.at.* 48; *p.at.* 112,4); metallo grigio argenteo, tenero, malleabile, usato per leghe a basso punto di fusione e in galvanostegia.

cadorino *agg.* del Cadore // *s.m.* abitante del Cadore.

caduceo [caducèo o caducéo] *s.m.* la verga del dio Mercurio, alata e con sei serpenti simmetricamente intrecciati; simbolo di pace oltre che insegna della medicina.

caducità *s.f.invar.* **1** l'essere caduco; (*fig.*) fragilità, transitorietà: *la* — *delle cose terrene* **2** (*dir.*) decadimento da un diritto.

caduco *agg.* [pl.m. -*chi*] destinato a cadere presto; (*fig.*) di poca durata / *denti caduchi,* quelli di prima dentizione / *foglie caduche,* non perenni / *mal* —, (*pop.*) epilessia. SIN. *precario, perituro.* CONTR. *permanente.*

caduta *s.f.* atto, effetto del cadere (anche *fig.*) / *la* — *di Adamo,* il peccato originale / — *dei gravi,* il precipitare dei corpi verso il centro della Terra / — *di tensione,* differenza di potenziale, espressa in volt, fra due punti di un circuito elettrico.

caduto *s.m.* chi è morto in guerra oppure in incidenti di lavoro.

caffè *s.m.invar.* **1** pianta tropicale sempreverde con fiori bianchi e frutti a bacche scarlatte contenenti ciascuna due chicchi verdognoli (*fam.* Rubiacee) **2** i chicchi della pianta di caffè e la bevanda che si ricava dai chicchi tostati, macinati e infusi in acqua bollente / — *espresso,* fatto in porzione singola con una speciale macchina **3** locale pubblico in cui, al banco o ai tavolini, si consumano caffè e altre bevande, gelati ecc. / — *concerto,* quello in cui la clientela è intrattenuta con numeri di musica, canto ecc.

caffeario [-à-] *agg.* del caffè: *mercato* —.

caffeina *s.f.* alcaloide contenuto nel caffè, con azione eccitante sul cuore e sul sistema nervoso.

caffellatte *s.m.invar.* bevanda mista di latte e caffè.

caffettano *s.m.* abito maschile turco, di lana o di seta spesso a righe colorate, simile a una veste da camera.

caffettiera [-tiè-] *s.f.* **1** bricco in cui si prepara o si serve il caffè **2** (*fig.*) vecchia locomotiva; automobile vecchia e sgangherata.

caffettiere [-tiè-] *s.m.* chi tiene bottega di caffè.

caffo *s.m.* numero dispari / *pari e* —, gioco simile alla morra.

cafonaggine [-nàg-] *s.f.* **1** l'essere cafone **2** azione da cafone.

cafonata *s.f.* azione da cafone.

cafone [-fó-] *s.m.* **1** uomo zotico, villano **2** nell'Italia meridionale, contadino.

cagare *v. intr.* [*io cago, tu caghi ecc.*] (*region.volg.*) andare di corpo, defecare / *cagarsi addosso,* aver paura.

cagionare *v.tr.* [*io cagióno ecc.*] esser cagione di qlco. SIN. *causare, provocare.*

cagione [-gió-] *s.f.* (*lett.*) ciò che dà origine a un effetto. SIN. *causa, occasione, motivo, ragione.*

cagionevole [-né-] *agg.* che è di costituzione debole e si ammala facilmente.

cagliare *v.intr.* [*io càglio ecc.*] coagularsi, rapprendersi per effetto del caglio (detto del latte).

cagliaritano *agg.* di Cagliari // *s.m.* abitante di Cagliari.

cagliata *s.f.* prodotto della coagulazione del latte per effetto del caglio.

caglio [cà-] *s.m.* **1** sostanza acida estratta dall'abomaso dei giovani vitelli e usata come coagulante del latte **2** ultima porzione dello stomaco dei ruminanti, abomaso **3** (*bot.*) pianta erbacea con foglie lineari e fiori gialli, profumati, raccolti in pannocchie.

cagna *s.f.* **1** la femmina del cane. DIM. *cagnetta* **2** (*antiq. volg.*) donna di facili costumi **3** (*fig.*) cantante stonata, di scarso valore.

cagnara *s.f.* **1** l'abbaiare confuso di molti cani **2** (*fig.*) frastuono, confusione.

cagnesco [-gné-] *agg.* di, da cane: *viso* — / *guardare in* —, con ostilità.

cagnotto [-gnòt-] *s.m.* **1** (*region.*) verme, larva spec. per pescare **2** (*rar.*) un tempo, bravo, scherano al servizio di un potente; genericamente, chi tiene mano per interesse ai soprusi di qlcu.

caiaco *s.m.* [pl. -*chi*] imbarcazione eschimese da pesca, con un solo posto, sospinta da una pagaia.

caicco *s.m.* [pl. -*chi*] battello leggero e sottile usato nel Levante per il trasporto di persone.

caimano *s.m.* grosso rettile acquatico dell'America centrale e meridionale, simile al coccodrillo (*fam.* Coccodrillidi).

cairota *agg.* [pl.m. -*i*] del Cairo // *s.m. e f.* abitante del Cairo.

cala¹ *s.f.* insenatura poco addentrata nella terraferma, adatta per l'approdo di piccole imbarcazioni.

cala² *s.f.* locale della nave in cui viene conservato il materiale di riserva e quello di consumo dei servizi di bordo.

calabrache *s.m.invar.* (*volg.*) persona vile e remissiva.

calabrese [-bré-] *agg.* della Calabria // *s.m.* abitante della Calabria.

calabrone [-bró-] *s.m.* **1** grossa vespa dalla puntura molto dolorosa (*fam.* Vespidi) **2** (*fam.*) corteggiatore importuno.

calafatare *v.tr.* stoppare e incatramare le fessure di una nave, per renderla impermeabile all'acqua; saldare elettricamente le lamiere delle navi con scafo metallico.

calafato *s.m.* operaio che calafata le navi.

calamaio [-mà-] *s.m.* **1** piccolo recipiente, di varia foggia e materiale, per contenervi l'inchiostro e intingervi la penna **2** (*zool.*) → **calamaro.**

calamaretto [-rét-] *s.m.* piccolo calamaro apprezzato come vivanda.

calamaro *s.m.* mollusco marino dei cefalopodi, commestibile, con corpo triangolare munito di tentacoli; in caso di pericolo emette una sostanza nera che intorbida le acque.

calamina *s.f.* minerale da cui si estrae lo zinco.

calamistro *s.m.* (*lett.*) ferro per arricciare i capelli.

calamita *s.f.* **1** minerale (*magnetite*) che ha la proprietà di attirare il ferro e altri metalli; anche corpo cui si conferisce artificialmente tale potere **2** (*fig.*) persona o cosa che attrae.

calamità *s.f.invar.* disgrazia, sventura, specialmente pubblica.

calamitare *v.tr.* comunicare le qualità della calamita: *ago calamitato*, quello della bussola.

calamitoso [-tó-] *agg.* (*lett.*) pieno di calamità.

calamo [cà-] *s.m.* **1** canna sottile di palude; parte del fusto di alcune piante, compresa tra nodo e nodo **2** (*lett.*) piccola canna, appuntita in cima, usata come penna dagli antichi; penna in genere **3** parte basale delle penne degli uccelli.

calanco *s.m.* [pl. -*chi*] solco dovuto all'erosione dell'acqua su terreni argillosi.

calandra[1] *s.f.* uccello canoro simile all'allodola, ma più grosso (*fam.* Alaudidi) / — *del grano*, insetto coleottero scuro, piccolo e cilindrico, le cui larve si nutrono della sostanza amidacea dei chicchi di grano (*fam.* Curculionidi).

calandra[2] *s.f.* macchina formata da più cilindri di materiale diverso, usata per la laminazione di metalli o materie plastiche e per la stiratura di tessuti e carta.

calandrare *v.tr.* lavorare alla calandra.

calandrella [-drèl-] *s.f.* uccello di piccole dimensioni dal piumaggio grigiastro (*fam.* Alaudidi).

calandro *s.m.* uccello dal piumaggio variegato simile alla pispola (*fam.* Motacillidi).

calante *agg.* che diminuisce: *luna* —, che va dal plenilunio al novilunio.

calappio [-làp-] *s.m.* **1** laccio per acchiappare uccelli o altri animali **2** (*fig.*) agguato, insidia.

calapranzi [-ʒi] *s.m.invar.* piccolo montacarichi per portare le vivande da una cucina a una sala da pranzo sita a un altro piano.

calare *v.tr.* **1** far scendere, di solito lentamente: — *le reti*; — *le vele*, ammainarle; *calarsi il cappello sugli occhi*. SIN. *abbassare* **2** nei lavori a maglia, fondere due maglie in una diminuendone così il numero complessivo // *v.intr.* **1** scendere gradatamente verso il basso; invadere: *le greggi calano al piano*; *i Lanzichenecchi calarono in Italia*. SIN. *abbassarsi* **2** diminuire di peso, volume, lunghezza, livello. SIN. *scemare* **3** tramontare (detto del Sole).

calastra *s.f.* **1** sostegno della botte **2** sostegno sui ponti delle navi per appoggiare le imbarcazioni di salvataggio.

calata *s.f.* **1** abbassamento; discesa: *la — del Sole*, il tramonto **2** invasione: *la — dei barbari* **3** banchina di un porto.

calaza [-ʒa] *s.f.* nell'uovo, ognuno dei due ispessimenti filamentosi dell'albume che mantengono in posizione il tuorlo [*ill. Uccello*].

calazio [-là-] *s.m.* noduletto che si sviluppa nelle palpebre, derivante dalla infiammazione cronica di una ghiandola sebacea.

calca *s.f.* fitta moltitudine di persone.

calcagno *s.m.* [pl.m. *calcagni*, nell'uso comune; pl.f. *calcagna*, solo in alcune frasi] **1** la parte posteriore del piede e l'osso maggiore del tarso / *menar le*

calcagna, fuggire / *stare alle calcagna di uno*, seguirlo da vicino / *avere uno alle calcagna*, essere da lui tallonato, seguito da vicino / *mostrare, voltar le calcagna*, (*scherz.*) fuggire **2** la parte posteriore della calza o della scarpa che ricopre il calcagno.

calcara *s.f.* forno da calce.

calcare[1] *v.tr.* [*io calco, tu calchi ecc.*] **1** premere forte, generalmente con i piedi; calpestare con forza / — *le scene*, fare l'attore, il cantante / — *le orme di qlcu.*, seguirne l'esempio / — *la mano*, esagerare in qlco. SIN. *comprimere, pigiare* **2** (*fig.*) opprimere, conculcare **3** passare sui contorni di un disegno con una punta per imprimere la traccia su di una superficie sottostante; ricalcare.

calcare[2] *s.m.* (*lett.*) sprone.

calcare[3] *s.m.* roccia ricca di carbonato di calcio, di natura sedimentaria; viene usata come pietra da costruzione e nell'industria del cemento.

calcareo [-cà-] *agg.* che contiene calcare.

calcatoio [-tó-] *s.m.* **1** strumento appuntito usato per calcare i disegni **2** arnese di forma cilindrica che serve per comprimere la carica di una mina.

calce[1] *s.f.* (*chim.*) ossido di calcio, detto comunemente *calce viva*; sostanza bianca ottenuta riscaldando in appositi forni il calcare; si usa come legante per malta da costruzione o per imbiancare muri / — *spenta*, calcina.

calce[2] solo nella locuz.avv. *in calce*, che significa «in fondo alla pagina»: *apporre la firma in — alla domanda*.

calcedonio [-dò-] *s.m.* varietà di quarzo usata come pietra ornamentale.

calcemia [-mì-] *s.f.* quantità di calcio presente nel sangue.

calcestruzzo *s.m.* conglomerato durissimo ottenuto mescolando sabbia, ghiaia e cemento con acqua; usato nelle costruzioni edili.

calciare *v.intr.* [*io càlcio ecc.*] tirar calci // *v.tr.* nel gioco del calcio, colpire il pallone col piede per eseguire un tiro.

calciatore [-tó-] *s.m.* l'atleta che pratica il gioco del calcio.

calciferolo [-rò-] *s.m.* altra denominazione della vitamina D, la cui azione è di fissare il calcio nelle ossa.

calcificare *v.tr.* [*io calcifico, tu calcifichi ecc.*] arricchire di calcio // **-arsi** *v.rifl.pron.* (*med.*) detto di tessuti, indurirsi per eccesso di calcio.

calcificazione [-zió-] *s.f.* (*med.*) il depositarsi di calcio nei tessuti.

calcina *s.f.* sostanza bianca pastosa ottenuta per estinzione, con acqua, della calce; viene usata come legante nella malta da costruzione.

calcinaccio [-nàc-] *s.m.* frammento di intonaco secco staccatosi da una superficie muraria.

calcinaio [-nà-] *s.m.* vasca a pareti impermeabili in cui viene spenta la calce viva.

calcinare *v.tr.* (*chim.*) sottoporre un solido a un processo di calcinazione o anche renderlo mediante un calore simile a calcina.

calcinatura *s.f.* atto, effetto del calcinare.

calcinazione [-zió-] *s.f.* (*chim.*) riscaldamento ad alta temperatura di sostanze solide per eliminare le sostanze volatili in esse combinate o contenute.

calcinoso [-nó-] *agg.* contenente calcina.

calcio[1] [càl-] *s.m.* **1** colpo dato con il piede: *cacciar via a calci*, in malo modo; *dare un — alla fortuna*, non

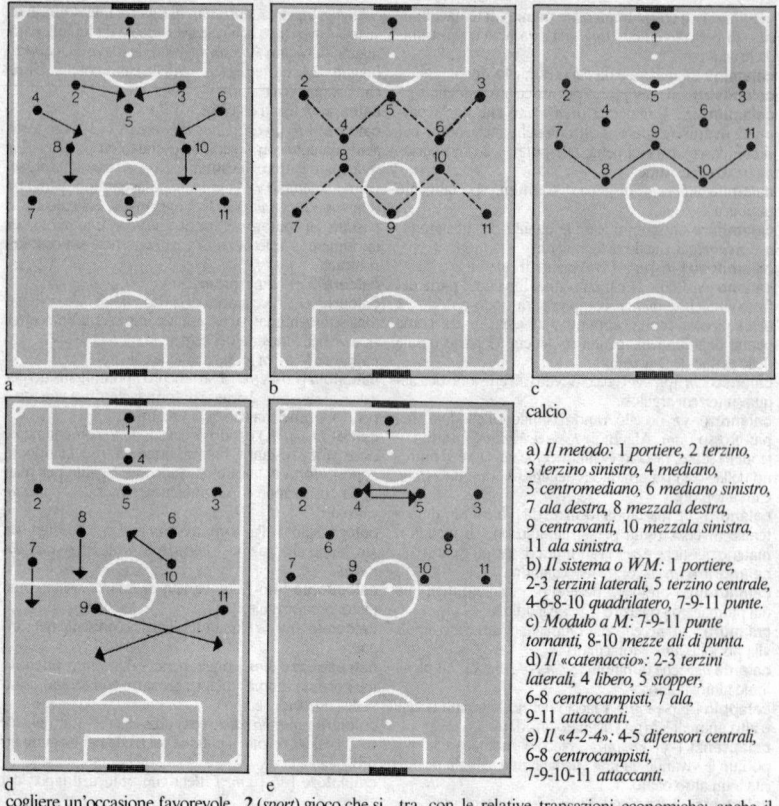

calcio

a) *Il metodo:* 1 *portiere,* 2 *terzino,*
3 *terzino sinistro,* 4 *mediano,*
5 *centromediano,* 6 *mediano sinistro,*
7 *ala destra,* 8 *mezza destra,*
9 *centravanti,* 10 *mezzala sinistra,*
11 *ala sinistra.*
b) *Il sistema o WM:* 1 *portiere,*
2-3 *terzini laterali,* 5 *terzino centrale,*
4-6-8-10 *quadrilatero,* 7-9-11 *punte.*
c) *Modulo a M:* 7-9-11 *punte*
tornanti, 8-10 *mezze ali di punta.*
d) *Il «catenaccio»:* 2-3 *terzini*
laterali, 4 *libero,* 5 *stopper,*
6-8 *centrocampisti,* 7 *ala,*
9-11 *attaccanti.*
e) *Il «4-2-4»:* 4-5 *difensori centrali,*
6-8 *centrocampisti,*
7-9-10-11 *attaccanti.*

cogliere un'occasione favorevole **2** (*sport*) gioco che si effettua fra due squadre di undici giocatori che mirano a far entrare un pallone nella rete avversaria, senza mai toccarlo con le mani.

calcio² [càl-] *s.m.* parte inferiore della cassa di un fucile [*ill. Fucile*]; parte terminale dell'affusto del cannone [*ill. Cannone*]; impugnatura della pistola; anche, della lancia.

calcio³ [càl-] *s.m.* elemento chimico (Ca; *n.at.* 20; *p.at.* 40,08); metallo alcalino-terroso, tenero, bianco, diffusissimo in natura come sale; è costituente di moltissime rocce e dello scheletro degli animali.

calcio-balilla [càl-] *s.m.* tavolo provvisto di figurine mobili riproducenti due squadre di calciatori con le quali è possibile giocare.

calciocianamide *s.f.* polvere grigiastra, costituita da calcio, carbonio, azoto; ottenuta industrialmente, è usata come concime chimico.

calciolo [-ciò-] *s.m.* piastra metallica, applicata alla base del calcio di alcune armi portatili, che permette di adattare meglio l'arma alla spalla quando si spara o di proteggerla da logoramento se la si appoggia al terreno [*ill. Fucile*].

calciomercato *s.m.* il complesso dei trasferimenti di giocatori professionisti di calcio da una squadra all'al-

tra, con le relative transazioni economiche; anche il luogo in cui si svolgono.

calcistico [-ci-] *agg.* [pl.m. *-ci*] che si riferisce al gioco del calcio.

calcite *s.f.* minerale costituito da carbonato di calcio in cristalli biancastri, trasparenti.

calcitrare *v.intr.* [*io càlcitro ecc.*] (*rar.*) → **recalcitrare**.

calco *s.m.* [pl. *-chi*] **1** impronta di un rilievo o scultura ottenuta calcando una materia duttile sul modello: — *di cera, di gesso* **2** copia di un disegno ottenuta ripassandone i contorni con una punta.

calcografia [-fi-] *s.f.* **1** incisione su rame **2** sistema di stampa in cui la matrice è incisa su rame.

calcografico [-grà-] *agg.* [pl.m. *-ci*] relativo alla calcografia.

calcografo [-cò-] *s.m.* chi esercita la calcografia.

calcola [càl-] *s.f.* ciascuno dei regoli di un telaio che, azionati dal piede del tessitore, aprono o chiudono le file dell'ordito [*ill. Telaio*].

calcolabile [-là-] *agg.* che si può calcolare.

calcolare *v.tr.* [*io càlcolo ecc.*] **1** determinare per mezzo di calcolo: — *il peso, la distanza* / *assol.* eseguire calcoli. **SIN.** *contare, computare* **2** prevedere razionalmente: *ha calcolato tutti i rischi dell'impresa.*

calcolatore [-tó-] *agg.* e *s.m.* [f. *-trice*] **1** che o chi cal-

caliginoso

cola / regolo —, strumento per eseguire calcoli (aritmetici, logaritmici ecc.) **2** (*fig.*) che o chi agisce solo per interesse // *s.m.* complesso strumento elettronico costituito da una parte materiale (*hardware*) e da una parte logica (*software*), utilizzato per elaborare automaticamente numeri e dati.

calcolatrice *s.f.* congegno meccanico, a funzionamento manuale o elettrico, atto ad eseguire calcoli.

calcolitografia [-fì-] *s.f.* processo di stampa da matrice di pietra o di zinco a sua volta ricavata da una matrice di rame.

calcolo[1] [càl-] *s.m.* **1** l'esecuzione di operazioni matematiche. SIN. *conto, computo, conteggio* **2** previsione: *fare i propri calcoli*, considerare il pro e il contro di una situazione / *far — su qlcu.*, fare assegnamento su di lui.

calcolo[2] [càl-] *s.m.* (*med.*) concrezione calcarea che si forma nella vescicola biliare, nei dotti epatici, nei reni, nella vescicola urinaria.

calcolosi [-lòȓi] *s.f.invar.* malattia provocata dalla formazione di calcoli nell'organismo.

calcomania [-nì-] *s.f.* → **decalcomania**.

calcopirite *s.f.* solfuro di rame e di ferro, da cui si estrae il rame.

calcotipia [-pì-] *s.f.* incisione su rame.

caldaia [-dà-] *s.f.* **1** grande recipiente metallico in cui si fa bollire qualche liquido: *la — del lavandaio, del tintore* **2** apparecchio per la produzione di vapore acqueo sotto pressione, composto da un focolare in cui viene bruciato il combustibile, da fasci di tubi in cui si genera il vapore e da un corpo cilindrico in cui questo si raccoglie prima della sua utilizzazione [*ill. Ferrovia*]; anche, apparecchio per il riscaldamento di liquidi da mettere poi in circolazione in un impianto.

caldana *s.f.* improvvisa vampata di calore al viso, dovuta a cause fisiche o psichiche.

caldano *s.m.* recipiente che contiene braci o carboni accesi e serve a scaldare i piedi; braciere.

caldarrosta [-rò-] *s.f.* castagna arrostita.

caldeggiare *v.tr.* [*io caldéggio ecc.*] favorire, sostenere: *— una proposta.*

calderaio [-rà-] *s.m.* chi fabbrica o ripara recipienti metallici.

calderone [-ró-] *s.m.* grossa caldaia; (*fig.*) gran massa di cose confuse.

caldo *agg.* **1** che ha un certo grado di calore; che dà una sensazione contraria a quella del freddo: *acqua calda; un piatto —* / *climi caldi / animali a sangue —*, quelli in cui la temperatura del corpo non dipende da quella dell'ambiente / *vi porto una notizia calda calda*, appena ricevuta. DIM. *caldino, calduccio.* CONTR. *freddo* **2** (*fig.*) dotato di calore, vivacità, intensità: *calda accoglienza; calde parole; — sentimento / tinta calda / è una testa calda*, è impetuoso, generoso / *pigliarsela calda*, impegnarsi a fondo in qlco. / *piangere calde lacrime*, disperatamente // *s.m.* calore, temperatura elevata e la sensazione che ne deriva / *non mi fa né — né freddo*, mi lascia indifferente // **-mente** *avv.* con particolare intensità, con sentimento.

caldura *s.f.* intenso calore estivo; calura.

cale solo nelle espressioni, ormai disusate: *avere, mettere in non —*, trascurare.

calefazione [-zió-] *s.f.* fenomeno per cui un liquido a contatto con una superficie rovente si raccoglie in gocce che scorrono sulla superficie stessa senza bollire né evaporare.

caleidoscopio [-scò-] *s.m.* **1** tubo chiuso da due dischi di vetro, nell'interno del quale si trovano specchietti fissi e pezzetti di vetro colorato liberi; rotandolo si vedono figure simmetriche **2** (*fig.*) successione di cose varie e multicolori.

calendario [-dà-] *s.m.* **1** sistema di suddivisione del tempo in periodi costanti, stabiliti in base a fenomeni astronomici **2** tavola, fascicolo in cui sono segnati tutti i giorni dell'anno, suddivisi in mesi e settimane / *— scolastico*, quello che segna i giorni di scuola, di vacanza, di esame. SIN. *almanacco, lunario.*

calende [-lèn-] *s.f.pl.* il primo giorno di ogni mese secondo il calendario romano antico / *le — greche*, (*scherz.*) un tempo che non verrà mai, poiché i greci non contavano per calende.

calendimaggio [-màg-] *s.m.* il primo giorno del mese di maggio, e la festa che anticamente lo celebrava.

calendola [-lèn-], **calendula** [-lèn-] *s.f.* pianta erbacea ornamentale con fiori color aranciato, raccolti in capolini simili a margherite (*fam.* Composite).

calepino *s.m.* vocabolario; taccuino.

calere [-lé-] *v.intr.impers.dif.* [si usano solo le forme *cale, caléva, calse, càglia, carrèbbe* e *calerèbbe, calésse, calèndo*] (*poet.*) premere, importare, interessare.

calesse [-lès-] *s.m.* carrozza leggera a due ruote e con un solo sedile, trainata da un cavallo.

calessino *s.m.* piccolo calesse.

caletta [-lét-] *s.f.* incastro fatto in modo che due pezzi corrispondenti combacino esattamente.

calettare *v.tr.* [*io calétto ecc.*] unire due pezzi con caletta // *v.intr.* combaciare esattamente.

calettatura *s.f.* atto, effetto del calettare; il punto in cui due pezzi di legno o d'altro materiale calettano.

calibrare *v.tr.* [*io càlibro ecc.*] **1** dare l'esatto calibro a bocche da fuoco, proiettili, tubi **2** misurare il calibro di qlco. **3** studiare e dosare con precisione, con prudenza; adattare alle esigenze: *— le parole.*

calibratore [-tó-] *s.m.* strumento che serve a verificare il calibro delle armi da fuoco.

calibro [cà-] *s.m.* **1** grossezza del proiettile, ragguagliata alla bocca dell'arma **2** diametro interno della canna di un'arma da fuoco / *piccoli, medi, grossi calibri*, bocche da fuoco distinte secondo il calibro **3** strumento di forme diverse, per misurare lo spessore di lamiere, chiodi, il diametro di fili, tubi, proiettili, fori [*ill. Utensili*]. **4** (*fig.*) valore, qualità, livello.

calicanto *s.m.* arbusto ornamentale con fiori profumati di colore giallino (*fam.* Calicantacee).

calice [cà-] *s.m.* **1** bicchiere che si restringe verso il fondo, munito di piede **2** coppa d'oro o dorata, in cui il sacerdote consacra il vino nella messa [*ill. Chiesa*] **3** per estens., oggetto, parte di un oggetto, di un organo a forma di calice: *— renale* [*ill. Rene*] **4** parte più esterna del fiore, costituita da foglioline per lo più verdi dette *sepali.*

calidario [-dà-] *s.m.* nelle antiche terme, locale per i bagni d'acqua calda.

califfato *s.m.* **1** titolo e autorità di califfo **2** territorio governato da un califfo.

califfo *s.m.* la suprema autorità religiosa e politica presso i musulmani.

californio [-fòr-] *s.m.* elemento chimico artificiale radioattivo (Cf; *n.at.* 98).

caliga [cà-] *s.f.* sorta di calzare dei soldati romani.

caligine [-li-] *s.f.* nebbia o fumo denso.

caliginoso [-nó-] *agg.* pieno di caligine; oscurato da caligine: *cielo —.*

calla 148

calla *s.f.* pianta erbacea ornamentale con infiorescenza profumata, avvolta da una grande brattea bianca (*fam.* Aracee).

calle *s.m.* (*poet.*) strada per lo più stretta; viottolo campestre // *s.f.* nome delle caratteristiche viuzze di Venezia.

callido [càl-] *agg.* (*lett.*) astuto, accorto.

callifugo [-lì-] *s.m.* [pl. *-ghi*] sostanza usata per eliminare i calli dei piedi.

calligrafia [-fi-] **1** arte di scrivere in caratteri chiari, ordinati ed eleganti: *esercizio di —* **2** modo di scrivere; scrittura: *una bella —*.

calligrafico [-grà-] *agg.* [pl.m. *-ci*] **1** di calligrafia: *saggio — / carattere —*, carattere tipografico che imita la scrittura a mano **2** si dice di artista o di opera d'arte che dia soverchia importanza alla forma.

calligrafismo [-fìmo] *s.m.* tendenza letteraria o di altre arti che attribuisce eccessiva importanza alla perfezione formale.

calligrafo [-li-] *s.m.* **1** chi pratica o insegna l'arte della calligrafia; chi scrive con bella grafia / *perito —*, chi determina l'autenticità o la falsità di una scrittura **2** scrittore o artista che attribuisce eccessiva importanza alla forma.

callista *s.m.* e *f.* [pl.m. *-i*] chi cura o estirpa i calli.

callo *s.m.* **1** ispessimento della pelle, spec. nelle mani e nei piedi, provocato da compressione o sfregamento continuato / *— osseo*, tessuto neoformato che riattacca i frammenti di un osso fratturato / *fare il — a qlco.*, abituarvisi **2** protuberanza callosa delle zampe dei cavalli, in prossimità delle articolazioni.

callosità *s.f.invar.* **1** parte callosa **2** qualità di ciò che è calloso.

calloso [-ló-] *agg.* **1** pieno di calli, indurito dai calli: *mani callose* **2** che presenta una durezza simile a quella dei calli: *protuberanza callosa / coscienza callosa*, (*fig.*) che non sente rimorsi / *corpo —*, nel cervello, grossa lamina di sostanza bianca, fibrosa, che unisce i due emisferi.

calma *s.f.* **1** stato di tranquillità; assenza di dolore o di ansia / *prendersela con —*, agire con flemma, senza fretta né preoccupazione di sorta **2** atmosfera di silenzio o di distensione **3** stato di tranquillità del mare e assenza di vento; bonaccia **4** (*geogr.*) zona equatoriale o tropicale caratterizzata da scarsissimi venti o da bassa pressione.

calmante *s.m.* (*med.*) sostanza atta a eliminare o a calmare il dolore, la tosse ecc.

calmare *v.tr.* rendere calmo (materialmente o moralmente); placare, sedare / **-arsi** *v.rifl.* e *rifl.pron.* tornare calmo, placarsi: *calmati!; il mare si è calmato.*

calmierare *v.tr.* [*io calmièro* ecc.] sottoporre a calmiere.

calmieratore [-tó-] *agg.* [f. *-trice*] che impone calmiere; che opera indirettamente come calmiere, frenando l'aumento dei prezzi: *misure calmieratrici; effetto —.*

calmiere [-miè-] *s.m.* prezzo massimo, fissato d'autorità, a cui devono essere vendute certe merci di prima necessità, spec. generi alimentari.

calmo *agg.* **1** che non si agita; libero da ansie o preoccupazioni: *temperamento —*. SIN. *tranquillo, pacifico, quieto, sereno* **2** che è in calma (detto del mare, del tempo ecc.).

calo *s.m.* diminuzione di volume, peso, prezzo.

calomelano *s.m.* (*farm.*) protocloruro di mercurio, usato come vermifugo e purgante.

calore [-ló-] *s.m.* **1** forma di energia propria dei corpi, che produce sensazioni di caldo e di freddo **2** stato di ciò che è caldo; sensazione che deriva dal contatto con un corpo caldo **3** (*fig.*) ardore, entusiasmo. CONTR. *freddezza.*

caloria [-rì-] *s.f.* **1** (*fis.*) unità di misura della quantità di calore **2** (*med.*) unità di misura dell'energia necessaria all'organismo umano per mantenere il suo bilancio organico.

calorico [-lò-] *agg.* [pl.m. *-ci*] relativo alle calorie / *giornata calorica*, fabbisogno individuale giornaliero di calorie.

calorifero [-rì-] *s.m.* apparecchio formato da tubi in cui circola acqua calda, vapore o aria calda, usato per riscaldare gli ambienti.

calorifico [-rì-] *agg.* [pl.m. *-ci*] che produce calore.

calorimetria [-trì-] *s.f.* parte della fisica che si occupa della misura della quantità di calore dei corpi.

calorimetro [-rì-] *s.m.* strumento destinato alla misura della quantità di calore dei corpi.

caloroso [-ró-] *agg.* **1** che produce calore: *cibo —* **2** che non soffre il freddo (detto di persona) **3** (*fig.*) cordiale, fatto con calore // **-mente** *avv.* con calore, cordialmente.

caloscia [-lò-] *s.f.* [pl. *-sce*] (*antiq.*) soprascarpa di materiale impermeabile che ripara la scarpa e il piede dall'acqua.

calotta [-lòt-] *s.f.* **1** ciascuna delle due parti di una superficie sferica divisa da un piano secante / *— polare*, superficie terrestre limitata dai circoli polari artico e antartico e al cui centro si trovano i poli **2** cupola del cappello o del berretto senza tesa **3** copertura di un meccanismo o di un motore a forma convessa.

calpestare *v.tr.* [*io calpésto* ecc.] **1** premere con i piedi, camminare sopra qlco.: *— l'erba* **2** (*fig.*) opprimere, violare, offendere.

calpestatore [-tó-] *s.m.* [f. *-trice*] chi calpesta.

calpestio [-stì-] *s.m.* il calpestare prolungato; il rumore così prodotto.

calugine [-lù-] *s.f.* (*lett.*) la prima peluria degli uccelli, o anche degli uomini ancora imberbi.

calumet [-mèt] *s.m.invar.* pipa sacra che i pellirosse fumavano spec. per celebrare un'alleanza o un trattato di pace / *fumare il — della pace con qlcu.*, (*scherz.*) rappacificarsi.

calunnia [-lùn-] *s.f.* falsa accusa che si muove a qlcu., pur sapendolo innocente, per danneggiarlo. SIN. *diffamazione, maldicenza.*

calunniare *v.tr.* [*io calùnnio* ecc.] accusare falsamente qlcu. per macchiarne la reputazione. SIN. *diffamare, infamare.*

calunniatore [-tó-] *agg.* e *s.m.* [f. *-trice*] che o chi calunnia. SIN. *diffamatore, maldicente.*

calunnioso [-nió-] *agg.* che ha lo scopo di calunniare: *discorso —*. SIN. *diffamatorio.*

calura *s.f.* intenso caldo estivo.

calvario [-và-] *s.m.* prolungata sofferenza (dal nome del monte su cui fu crocefisso Gesù).

calvinismo [-fìmo] *s.m.* la dottrina religiosa del riformatore protestante svizzero Calvino (1509-1564).

calvinista *agg.* e *s.m.* e *f.* [pl.m. *-i*] del calvinismo; che, chi segue il calvinismo.

calvizie [-vì-] *s.f.* scarsità o mancanza di capelli: *— incipiente*, che è agli inizi.

calvo *agg.* **1** privo di capelli **2** (*fig.*) brullo, pelato: *quel monte è completamente —.*

calza *s.f.* **1** indumento a maglia che riveste il piede e buona parte della gamba: *— di lana, di seta / far la —*, lavorare a maglia **2** striscia di cotone o simili usata come lucignolo nelle lampade a olio.

calzamaglia [-mà-] *s.f.* indumento in un sol pezzo che ricopre il piede e la gamba e giunge fino alla vita, usato spec. da ballerine.

calzante *agg.* **1** che calza, che aderisce bene **2** ben appropriato, che s'addice perfettamente: *argomento* — // *s.m.* arnese che serve per infilarsi le scarpe.

calzare[1] *v.tr.* **1** infilare scarpe, calze, guanti **2** fornire di calzature // *v.intr.* **1** essere bene aderente **2** convenire, essere appropriato.

calzare[2] *s.m.* scarpa o stivale in genere.

calzatoio [-tó-] *s.m.* arnese concavo, di corno o di metallo, per calzare le scarpe.

calzatura *s.f.* nome usato genericamente per ogni tipo e forma di scarpa.

calzaturiere [-riè-] *s.m.* chi fabbrica calzature; industriale delle calzature.

calzaturiero [-riè-] *agg.* delle calzature, dell'industria che le produce: *settore, mercato* — // *s.m.* lavoratore, oppure industriale delle calzature.

calzaturificio [-fi-] *s.m.* fabbrica di scarpe.

calzerotto [-ròt-] *s.m.* calza corta, di lana grossa.

calzetta [-zét-] *s.f.* calzino / *mezza* —, (*spreg.*) persona di modesta levatura.

calzettone [-tó-] *s.m.* calza lunga e pesante di lana, usata da alpinisti, cacciatori ecc.

calzificio [-fi-] *s.m.* opificio in cui si fabbricano calze.

calzino *s.m.* calza corta.

calzolaio [-là-] *s.m.* artigiano che fabbrica calzature o le accomoda.

calzoleria [-rì-] *s.f.* **1** bottega in cui si fabbricano o si vendono scarpe **2** arte del calzolaio.

calzoncini *s.m.pl.* calzoni corti.

calzone [-zó-] *s.m.* **1** *pl.* indumento tipicamente maschile che copre la persona dalla cintola alle caviglie: *calzoni corti* **2** *sing.* ciascuna delle due parti che avvolgono le gambe.

camaldolese [-lé-] *agg.* e *s.m.* che, chi appartiene all'ordine monastico benedettino fondato da san Romualdo a Camaldoli (Arezzo).

camaleonte [-ón-] *s.m.* **1** rettile simile alla lucertola, ma più grosso e dai piedi tozzo, con coda e piedi prensili; può modificare il colore della propria pelle, così che riesca difficile scorgerlo tra i rami e le foglie (*fam.* Camaleontidi) **2** (*fig.*) che cambia opinione, per opportunismo, secondo le circostanze.

camaleontico [-òn-] *agg.* [pl.m. *-ci*] (*fig.*) di o da camaleonte (anche *fig.*): *aspetto* —.

camaleontismo [-ʃmo] *s.m.* il cambiare, per opportunismo, opinione o partito.

camarilla [*spagn.*; *pr.* camariglia] *s.f.* congrega di persone che esercitano un'indebita ingerenza politica; cricca, consorteria.

camato *s.m.* bacchetta per scardassare la lana.

camauro [-màu-] *s.m.* berretto rosso, di velluto o di raso, portato dal papa [*ill. Chiesa*].

cambiadischi *s.m.invar.* meccanismo accessorio del giradischi per il cambio automatico dei dischi.

cambiale *s.f.* titolo di credito che contiene l'obbligo di pagare al suo possessore, a una data scadenza, la somma su di esso indicata.

cambiamento [-mén-] *s.m.* l'atto, l'effetto del cambiare: — *di governo*. SIN. *trasformazione, mutamento, modificazione, modifica.*

cambiamonete [-né-] *s.m.invar.* cambiatore di monete.

cambiare *v.tr.* [*io càmbio ecc.*] **1** sostituire una persona o una cosa con un'altra: — *una vite*; — *argomento* / — *le carte in tavola*, travisare, a fine d'inganno, quanto si è detto in precedenza / — *marcia*, in automobile, passare da una velocità a un'altra **2** rendere diverso. SIN. *trasformare, mutare, modificare* **3** detto di moneta, sostituirla con spiccioli, con valuta di altro paese: *mi cambi mille lire?* // *v.intr.* diventare diverso: *il tempo cambia* / **-arsi** *v.rifl.* mutar d'aspetto, d'abitudini, d'abito ecc.

cambiario [-bià-] *agg.* della cambiale, che ha qualità di cambiale / *vaglia* —, titolo di credito emesso dalla Banca d'Italia, contenente l'ordine di pagare a vista la somma indicata.

cambiavalute *s.m.invar.* chi commercia nel cambiare monete o titoli di stato e di banca sia nazionali sia stranieri.

cambio [càm-] *s.m.* **1** l'atto, l'effetto del cambiare / — *della guardia*, sostituzione di un gruppo di sentinelle con un altro; (*fig.*) sostituzione di un esponente politico con un altro / *in* — *di*, invece di **2** — *di velocità*, congegno atto a variare la velocità di un motore; in particolare, quello che serve a variare il rapporto di trasmissione fra l'albero primario e l'albero secondario negli autoveicoli: — *della bicicletta; leva del* —, asta metallica che serve ad azionare il cambio **3** (*comm.*) operazione di scambio tra monete o titoli: prezzo di una moneta espresso in altra moneta **4** (*bot.*) nelle piante gimnosperme e dicotiledoni a più di un anno di vita, tessuto embrionale che forma annualmente tra il legno e il libro e provoca l'ingrossamento del tronco e delle radici [*ill. Albero*].

cambogiano *agg.* della Cambogia (oggi Kampuchea) // *s.m.* abitante della Cambogia.

cambretta [-brét-] *s.f.* chiodo ricurvo a due punte [*ill. Utensili*].

cambrì *s.m.invar.* tela di cotone per biancheria.

cambriano *s.m.* il più antico periodo geologico dell'era paleozoica o primaria.

cambusa [-ʃa] *s.f.* deposito di viveri sulle navi.

cambusiere [-ʃiè-] *s.m.* custode e distributore dei viveri a bordo delle navi.

camelia [-mè-] *s.f.* arbusto ornamentale con fiori bianchi e rossi e foglie ovali lucide (*fam.* Teacee).

camera [cà-] *s.f.* **1** in un edificio, ciascuno dei vani in cui si abita e spec. si dorme: — *da letto; rifare una* — / — *ardente*, quella in cui un morto è esposto delle esequie / *veste da* —, quella che si indossa, alzandosi dal letto, sopra gli indumenti notturni / *musica da* —, quella eseguita da un piccolo numero di suonatori nelle sale da concerto **2** l'insieme dei mobili con cui si arreda una stanza **3** ente, associazione, assemblea / *la* —, quella dei deputati; *le camere*, la camera dei deputati e il senato / — *di commercio*, — *del lavoro*, enti che tutelano gli interessi dei commercianti, dei lavoratori **4** indica un particolare spazio destinato a qualche operazione o processo fisico, o un organo o una parte cava contenente qlco.: — *oscura*, (fot.) macchina fotografica / — *di scoppio*, (aut.) nella testa del cilindro di un motore a scoppio, lo spazio in cui avviene la combustione / — *d'aria*, tubo di gomma all'interno di un pneumatico riempito di aria compressa.

camerale *agg.* della camera, intesa come ente o associazione: *assemblea* —.

cameraman [*ingl.*; *pr.* càmeramen] *s.m.* l'operatore della telecamera [*ill. Televisione*].

camerata[1] *s.f.* grande stanza in cui dormono i soldati o i collegiali.

camerata[2] *s.m.* (pl. *-i*) **1** compagno d'armi, di collegio, di studio, di sodalizio e simili **2** appellativo che usavano tra loro i fascisti, e che hanno ripreso i membri di diverse organizzazioni di destra.

cameratesco [-té-] *agg.* [pl.m. *-chi*] che è proprio di un camerata: *mi abbracciò con affetto —*.

cameratismo [-*f*mo] *s.m.* solidarietà amichevole che lega tra loro compagni d'armi, di studio e simili.

cameriere [-riè-] *s.m.* [f. *-a*] **1** chi in case private serve a tavola i cibi e le bevande o fa la pulizia delle camere. SIN. *domestico, servitore* **2** chi è addetto agli stessi servizi negli alberghi o nei ristoranti **3** titolo di dignitari della corte pontificia: *— segreto del papa.*

camerino *s.m.* **1** nei teatri, piccola stanza in cui gli attori si truccano e si cambiano d'abito **2** nelle navi da guerra, alloggio per ufficiali.

camerista *s.f.* o *m.* cameriera o cameriere di corte o di famiglie nobili e ricche.

camerlengo [-lèn-] *s.m.* [pl. *-ghi*] **1** il cardinale più anziano che amministra il patrimonio del collegio cardinalizio **2** amministratore di conventi e opere pie.

camerunese [-né-] *agg.* del Camerun // *s.m.* e *f.* abitante del Camerun.

camice [cà-] *s.m.* **1** veste lunga, di tela bianca, che i sacerdoti indossano sotto i paramenti sacri **2** lunga casacca di tela indossata da medici, farmacisti, pittori, negozianti, operai ecc., per igiene o per proteggere l'abito.

cameiceria [-rì-] *s.f.* negozio in cui si vendono camicie; laboratorio o fabbrica dove queste si confezionano.

camicetta [-cét-] *s.f.* indumento femminile simile a una camicia, di vario tessuto, che arriva fino alla cintura.

camicia [-mì-] *s.f.* [pl. *-cie*] **1** indumento di cotone, flanella ecc., con colletto e per lo più maniche lunghe, che arriva sino alle anche e si porta sulla maglia o sulla nuda pelle: *— da notte*, indumento da portare a letto; *in maniche di —*, senza giacca / *camicie rosse*, i garibaldini / *darebbe anche la —*, è estremamente generoso / *ridursi in —*, ridursi in miseria / *sudare sette camicie*, affaticarsi moltissimo / *essere nato con la —*, essere molto fortunato **2** rivestimento di caldaie e simili; nell'automobile, parte interna del cilindro del motore a scoppio, entro cui scorre il pistone **3** (*edil.*) rivestimento dei muri per preservarli dall'umidità **4** come termine burocratico, la cartella o la fodera che custodisce documenti.

camiciaia [-cià-] *s.f.* lavorante che confeziona camicie da uomo.

camiciaio [-cià-] *s.m.* chi fabbrica o vende camicie.

camiciola [-ciò-] *s.f.* **1** indumento di flanella o di lana da portare sulla pelle; maglia **2** camicia estiva con collo aperto e maniche corte, di tessuto leggero.

camiciotto [-ciòt-] *s.m.* camice corto; camicia estiva che si porta fuori dai calzoni o dalla gonna.

caminetto [-nét-] *s.m.* piccolo camino posto nell'interno di una stanza per riscaldamento.

caminiera [-niè-] *s.f.* **1** grande specchio ornamentale sovrastante il camminetto **2** riparo di metallo collocato davanti al caminetto.

camino *s.m.* **1** cavità ricavata nella parete di una stanza, in cui si accende il fuoco per cucinare o riscaldare l'ambiente **2** spaccatura verticale frequente nelle rocce calcaree e dolomitiche **3** condotto naturale attraverso cui fuoriescono i materiali di eruzione.

camion [cà-] *s.m.invar.* → **autocarro**.

camionabile [-nà-], **camionale** *agg.* si dice di strada che può essere percorsa da camion.

camioncino *s.m.* piccolo camion.

camionetta [-nét-] *s.f.* piccolo camion, spec. militare o della polizia, adibito al trasporto di persone.

camionista *s.m.* e *f.* [pl.m. *-i*] conducente di camion.

camitico [-mi-] *agg.* [pl.m. *-ci*] dei discendenti di Cam, dei camiti: *lingua camitica.*

camma *s.f.* rialzo che, applicato alla circonferenza di una ruota o di un albero in una macchina, trasforma il moto rotatorio in moto alternato, sollevando e abbassando alternativamente un organo della macchina stessa: *albero a camme*, dotato di questi organi [*ill. Motore*].

cammelliere [-liè-] *s.m.* chi conduce i cammelli.

cammello [-mèl-] *s.m.* grosso mammifero ruminante dal folto pelame, con due gobbe adipose sul dorso, testa piccola, gambe lunghe; caratteristico delle zone desertiche, viene usato come animale da soma e per il latte (*fam.* Camelidi) / *pelo di —*, fibra ruvida usata per tessuti pesanti e nella manifattura dei tappeti.

cammellotto [-lòt-] *s.m.* (*ant.*) tessuto fatto con pelo di cammello o anche di capra.

cammeo [-mè-] *s.m.* gioiello lavorato in pietra di due colori, con rilievo chiaro su fondo più scuro.

camminamento [-mén-] *s.m.* passaggio scavato nel terreno fra una trincea e l'altra.

camminare *v.intr.* **1** andare a piedi, spostarsi con le proprie gambe: *— in fretta, adagio* **2** di cose, muoversi, funzionare **3** (*fig.*) progredire, avanzare.

camminata *s.f.* **1** il percorrere camminando un tratto di strada più o meno lungo **2** modo di camminare.

camminatore [-tó-] *s.m.* [f. *-trice*] che cammina molto senza stancarsi: *un buon —*.

cammino *s.m.* **1** il camminare; il percorso che si compie camminando / *cammin facendo*, durante il percorso. SIN. *viaggio, tragitto* **2** la strada che si percorre: *— aspro e difficile.* SIN. *via, sentiero.*

camola [cà-] *s.f.* (*region.*) tarma.

camomilla [-mìl-] *s.f.* pianta erbacea medicinale con fiori profumati, raccolti in capolini, simili a margherite (*fam.* Composite); il decotto dei fiori, che ha azione calmante.

camorra [-mòr-] *s.f.* **1** a Napoli, nel periodo borbonico, associazione segreta di malviventi; oggi, associazione criminale che esercita anche concussione, taglieggiamenti e intermediazioni illegali **2** (*fig.*) gruppo di persone che si alleano per ottenere vantaggi danneggiando altri; anche, singola azione di tali gruppi.

camorrista *agg.* e *s.m.* e *f.* [pl.m. *-i*] **1** che, chi appartiene alla camorra **2** (*fig.*) che, chi appartiene ad alleanze disoneste.

camorristico [-rì-] *agg.* [pl.m. *-ci*] della camorra; da camorrista.

camoscio [-mò-] *s.m.* **1** mammifero ruminante simile alla capra, con corna diritte, uncinate in punta, con fitto pelo bruno o grigio, vivente sulle alte montagne (*fam.* Bovidi) **2** pelle del camoscio, resa morbida e vellutata da una concia particolare, usata per guanti, borsette e simili.

camozza [-mòz-] *s.f.* la femmina del camoscio.

campagna *s.f.* **1** il terreno fuori dell'abitato: *una villa in —*; *vivere in —* **2** la terra coltivata; possedimento: *— incolta, rigogliosa* **3** luogo di villeggiatura: *dove andrete in —?* **4** terreno aperto dove si può guerreggiare / *artiglieria da —*, che si può trasportare sul campo di battaglia / *buttarsi alla* —, fare il brigante **5** complesso di combattimenti di una guerra, svoltisi in un determinato periodo di essa o in un determinato luogo: *le campagne di Napoleone* **6** azione per ottenere un particolare fine politico, morale, economico: — *elettorale*.

campagnola [-gnò-] *s.f.* vettura fuoristrada tipo jeep ®.

campagnolo [-gnò-] *agg.* di campagna. SIN. *contadinesco, rurale, rustico* // *s.m.* chi vive in campagna, soprattutto chi lavora la terra. SIN. *contadino*.

campale *agg.* di campo, da campo; che si svolge in campo aperto / *battaglia* —, data in campo aperto e quindi decisiva; *giornata* —, (*fig.*) quella in cui si deve sostenere una prova importantissima o un lavoro molto pesante.

campana *s.f.* **1** strumento sonoro, solitamente di bronzo, a forma di vaso rovesciato percosso da un battaglio appeso nell'interno o da un martello esterno: *la* — *rintocca* / *legare, sciogliere le campane*, sospendere il suono delle campane il giovedì santo e riprendere a sonarle il sabato santo / *mi ha fatto una testa come una* —, mi ha stordito con le sue chiacchiere / *sordo come una* —, completamente sordo / *sentire tutte e due le campane*, ascoltare le ragioni di tutti e due i contendenti prima di giudicare / *stare, essere in* —, (*fam.*) attento, allerta **2** cupola di vetro sottile, sotto la quale si custodiscono oggetti delicati / *vivere sotto una* — *di vetro*, usare molti riguardi alla propria salute **3** accessorio di vetro opaco o di lamiera che si pone sulle lampade per moderare la luce / — *pneumatica*, cassone ad aria compressa, adottato negli impianti per fondazioni subacquee pneumatiche.

campanaccio [-nàc-] *s.m.* campanello di metallo appeso al collo di bovini, capre e simili, per facilitarne il reperimento nei pascoli.

campanario [-nà-] *agg.* della campana.

campanaro *s.m.* chi ha l'ufficio di sonare le campane.

campanella [-nèl-] *s.f.* (*pop.*) → **convolvolo**.

campanello [-nèl-] *s.m.* piccolo strumento a forma di campana che si suona agitandola per mezzo di un manico o di una fune: *il* — *della messa; il* — *del portone* / — *elettrico*, apparecchio di segnalazione messo in azione dall'elettricità.

campanile *s.m.* **1** l'edificio a forma di torre, attiguo alla chiesa o anche sopra questa, che porta sulla cima una loggia ove sono sospese le campane; per estens., la chiesa, e anche il paese / *amor di* —, campanilismo **2** guglia dolomitica con pareti a piombo e punta acuminata.

campanilismo [-ʃmo] *s.m.* amore eccessivo per la propria città, i suoi usi, le sue tradizioni; per estens., attaccamento a un gruppo, a un ambiente.

campanilista *agg.* e *s.m.* e *f.* [pl.m. *-i*] chi dà prova di campanilismo.

campanilistico [-li-] *agg.* [pl.m. *-ci*] che è proprio dei campanilisti: *atteggiamento* —.

campano *agg.* della Campania // *s.m.* abitante della Campania.

campanula [-pà-] *s.f.* pianta erbacea con fiori violacei a forma di campana (*fam.* Campanulacee).

campare[1] *v.intr.* vivere, spec. con riferimento ai mezzi di sostentamento; sopravvivere: — *di elemosina*; — *alla meglio* / *si campa*, si vive alla meno peggio / *tirare a* —, vivere giorno per giorno, mediocremente / *prov.*: *campa cavallo che l'erba cresce*, si dice di qlco. che si prospetta in un futuro lontano ed è poco probabile.

campare[2] *v.tr.* mettere in risalto, porre in rilievo: — *le figure sul fondo di un bassorilievo* / *campato in aria*, senza fondamento.

campata *s.f.* spazio compreso tra i due appoggi di un arco, di una trave e simili.

campeggiare *v.intr.* [*io campéggio ecc.*] **1** fare un campeggio **2** risaltare, fare spicco.

campeggiatore [-tó-] *s.m.* [f. *-trice*] chi fa del campeggio; chi partecipa a un campeggio.

campeggio[1] [-pég-] *s.m.* albero tropicale con corteccia bruno-rossastra e fiori gialli (*fam.* Leguminose); il legno e il colorante rosso che se ne estraggono.

campeggio[2] [-pég-] *s.m.* **1** sosta di turisti all'aperto, in un campo attrezzato con tende: *fare un* — **2** l'accampamento stesso e il luogo dove si campeggia.

camper *s.m.invar.* furgone attrezzato internamente per potervi abitare.

campestre [-pè-] *agg.* di campo; di campagna: *vita* — / *corsa* —, corsa podistica tra i campi. SIN. *agreste, rurale, rustico*.

campiello [-pièl-] *s.m.* a Venezia, piazzetta.

camping [*ingl.*; *pr.* chèmpin] *s.m.* campeggio (soprattutto nella segnaletica).

campionamento [-mén-] *s.m.* l'atto, l'effetto e le tecniche del campionare.

campionare *v.tr.* [*io campióno ecc.*] estrarre un campione da una massa di merce; predisporre un campione per un'indagine statistica.

campionario [-nà-] *agg.* di campioni: *fiera, mostra campionaria*, manifestazione economica in cui vengono esposti, a scopi commerciali, i campioni di prodotti tipici di un paese, di una regione o di un settore industriale // *s.m.* raccolta ordinata di campioni di merci.

campionarista *s.m.* e *f.* [pl.m. *-i*] chi è addetto alla preparazione di campionari.

campionato *s.m.* gara o insieme di gare sportive valevoli per l'assegnazione del titolo di campione a un atleta o a una squadra partecipante.

campionatura *s.f.* prelevamento di campioni per prove, analisi, esposizione.

campione [-pió-] *s.m.* **1** [f. *-éssa*] il giocatore, l'atleta, la squadra che eccellono in un'attività sportiva o che vincono un torneo o un titolo nazionale **2** (*comm.*) porzione di merce a cui si fa riferimento in una negoziazione, sia per fissare la qualità della merce, sia per accertarne la corrispondenza con quella consegnata **3** (*lett.*) chi combatteva in difesa propria o altrui, spec. nei duelli; difensore **4** in statistica, numero ridotto di elementi scelti con criteri tali da poter rappresentare la totalità, consentendo la generalizzazione dei risultati.

campionese [-né-] *agg.* di Campione d'Italia // *s.m.* e *f.* abitante di Campione d'Italia.

campire *v.tr.* [*io campisco, tu campisci ecc.*] dipingere il fondo o altre parti di un quadro con un colore uniforme.

campo *s.m.* **1** spazio di terreno destinato alla coltivazione: *seminare il* —; *la vita dei campi*, di campagna. DIM. *campicello* **2** (*fig.*) argomento di studio, di discussione; branca, settore di un'attività, di una disciplina: *è un genio nel* — *della matematica; lavora nel* — *commerciale* **3** luogo dove avvenivano duelli o scontri tra eserciti nemici o dove si svolgono esercitazioni militari: *i cavalieri scesero in* —; *combattere in* — *aperto* / *ospedale da* —, ospedale militare mobile che in tempo di guerra funziona nelle retrovie **4** accampamento; zona apprestata a difesa: *mettere il* —, accamparsi **5** area, zona adibita a particolari funzioni: — *d'aviazione*; —

sportivo, dove si svolgono competizioni sportive / — *di sterminio*, campo di concentramento nazista, dotato degli impianti necessari per l'eliminazione fisica degli internati **6** in arte, sfondo; in araldica, area dello scudo sulla quale viene dipinta o disegnata l'arme **7** (*fis.*) zona di spazio in ogni punto della quale è definita una certa grandezza fisica: — *magnetico, elettrico* **8** (*cinem.*) la parte della scena che entra nell'angolo di presa dell'obiettivo: — *lungo*, panorama o scena molto ampia.

campobassano *agg.* di Campobasso // *s.m.* abitante di Campobasso.

camposanto *s.m.* [pl. *campisanti*] luogo dove i cristiani seppelliscono i loro morti.

campus [*ingl.*; *pr.* chèmps] *s.m.* l'area di un'università americana, con edifici e attrezzature connesse.

camuffare *v.tr.* travestire, mascherare (anche *fig.*): — *i propri sentimenti* // **-arsi** *v.rifl.* travestirsi (anche *fig.*).

camuno *agg.* della Valcamonica // *s.m.* abitante della Valcamonica.

camuso [-ʃo] *agg.* si dice di naso schiacciato o di persona che ha tale naso.

can *s.m.invar.* forma italianizzata di → **khan**.

canadese [-dé-] *agg.* del Canada // *s.m.* abitante del Canada // *agg.* e *s.f.* si dice di tenda da campeggio a base rettangolare e con profilo a capanna.

canaglia [-nà-] *s.f.* **1** persona spregevole; (*scherz.*) individuo svelto, astuto, spericolato. SIN. *furfante, gagliòffo* **2** gente spregevole. SIN. *gentaglia, marmaglia*.

canagliata *s.f.* azione da canaglia.

canagliesco [-glié-] *agg.* [pl.m. *-chi*] da canaglia.

canale *s.m.* **1** sede artificiale di scorrimento di acque usate per l'irrigazione, la navigazione, l'industria ecc.: — *di Suez*; — *di scolo*, per il prosciugamento dei terreni **2** zona di mare, per lo più stretta, compresa tra due terre opposte e vicine: — *di Sicilia* **3** grossa tubazione, conduttura / — *oscillante*, macchina adibita al trasporto di materiali, spec. nelle miniere **4** (*anat.*) condotto entro cui può passare un nervo, un'arteria e simili / *canali semicircolari*, elementi del labirinto dell'orecchio interno [*ill. Orecchio*] **5** (*elettr.*) intervallo di frequenze utilizzato per stabilire un collegamento telefonico, telegrafico, radiofonico, televisivo.

canalizzare [-liʒʒa-] *v.tr.* scavare canali per il prosciugamento o l'irrigazione di terreni; incanalare.

canalizzazione [-liʒʒazió-] *s.f.* l'operazione del canalizzare le acque; per estens., rete di distribuzione del gas, dell'energia elettrica ecc.

canalone [-ló-] *s.m.* solco erosivo tra pareti rocciose.

canapa [cà-] *s.f.* **1** pianta erbacea, con foglie palmate e ruvide; dal fusto si ricava una fibra tessile (*fam.* Cannabacee) **2** la fibra così ricavata e la stoffa che se ne ottiene **3** — *indiana* (*cannabis indica*), pianta originaria dell'Estremo Oriente, dalla quale si estrae l'*hascisc* e le cui foglie seccate costituiscono la *marijuana*.

canapaio [-pà-] *s.m.* chi lavora e vende canapa.

canapè *s.m.invar.* **1** sedile a più posti imbottito, con braccioli e spalliera. SIN. *divano, sofà* **2** fettina di pane sulla quale sono stesi ingredienti diversi.

canapificio [-fi-] *s.m.* stabilimento in cui si lavora la canapa.

canapino *agg.* di canapa: *tela canapina* // *s.m.* operaio che lavora la canapa.

canapo [cà-] *s.m.* grossa fune di canapa.

canapuccia [-pùc-] *s.f.* semi della canapa che si danno da beccare agli uccelli in gabbia.

canapule *s.m.* fusto della canapa disseccato.

canard [*franc.*; *pr.* canàr] *s.m.* (*giorn.*) notizia stravagante o infondata, tale da disorientare i lettori.

canarino *s.m.* uccellino canoro, verde, originario delle Canarie; il canarino giallo è una mutazione ottenuta dall'allevamento in gabbia (*fam.* Fringillidi) // *agg.* e *s.m.* si dice di colore giallo simile a quello del canarino.

canasta *s.f.* gioco di carte affine al ramino.

cancan [-càn] *s.m.invar.* (*franc.*) danza vivace in voga nei varietà nella seconda metà del sec. XIX / *fare un* —, far molto chiasso per cosa da poco.

cancano [càn-] *s.m.* chiodo piegato ad angolo retto [*ill. Utensili*].

cancellare *v.tr.* [*io* cancèllo *ecc.*] **1** fare tratti di penna sopra le parole di uno scritto; per estens., annullare uno scritto raschiandolo o togliendolo con la gomma. SIN. *depennare, cassare* **2** (*fig.*) togliere, distruggere, annullare: — *dalla memoria*, dimenticare.

cancellata *s.f.* serie di cancelli che racchiudono un'area o separano aree diverse.

cancellatura *s.f.* **1** atto, effetto del cancellare (anche *fig.*) **2** segno usato per cancellare; traccia di cosa cancellata.

cancellazione [-zió-] *s.f.* il cancellare un nome da un elenco ufficiale, da una lista.

cancelleresco [-ré-] *agg.* [pl.m. *-chi*] della cancelleria, da cancelliere: *stile* —, pedante.

cancelleria [-rì-] *s.f.* ufficio del cancelliere; ufficio in cui si tengono pubbliche registrazioni / *oggetti di* —, penne, matite, gomme, carta, inchiostri ecc.

cancellierato *s.m.* il grado di cancelliere o il periodo in cui questi rimane in carica.

cancelliere [-liè-] *s.m.* **1** funzionario addetto alle registrazioni e alle scritture pubbliche: — *del tribunale* **2** titolo dato in alcuni paesi a uomini di stato: — *dello scacchiere*, ministro delle finanze inglese.

cancellino *s.m.* cuscinetto per cancellare quanto è scritto sulla lavagna; cassino.

cancello [-cèl-] *s.m.* chiusura ad uno o due battenti costituita da aste verticali di ferro legate tra loro da traverse orizzontali.

cancerizzarsi [-riʒʒar-] *v.rifl.* (*med.*) trasformarsi in tumore maligno, detto di determinate lesioni chiamate appunto *precancerose*.

cancerizzazione [-riʒʒazió-] *s.f.* la trasformazione di lesioni benigne in tumore maligno.

cancerogeno [-rò-] *agg.* che produce il cancro, che ne favorisce la formazione.

cancerologia [-gì-] *s.f.* disciplina medica che studia i tumori maligni; oncologia.

---

cancelleria

1 *calamaio*, 2 *cannuccia*, 3 *pennino*, 4 *penna a sfera o biro*, 5 *penna stilografica*, 6 *pennarelli*, 7 *matita*, 8 *temperamatite*, 9 *gomma*, 10 *colla liquida*, 11 *temperamatite da tavolo*, 12 *righello*, 13 *coltello*, 14 *raschietto*, 15 *perforatore*, 16 *cucitrice*, 17 *punti metallici*, 18 *levapunti*, 19 *fermaglio*, 20 *nastro adesivo o scotch*, 21 *tendinastro*, 22 *tampone assorbente*, 23 *timbro*, 24 *cuscinetto per timbri*, 25 *risma di carta*, 26 *quaderno*, 27 *blocco*, 28 *raccoglitori*, 29 *cartella per fogli forati*, 30 *quaderno a fogli mobili*, 31 *cartelle*, 32 *schedario*, 33 *schede*, 34 *cavalierini*, 35 *molle fermacarte*, 36 *vassoi portacarte*, 37 *portamatite*.

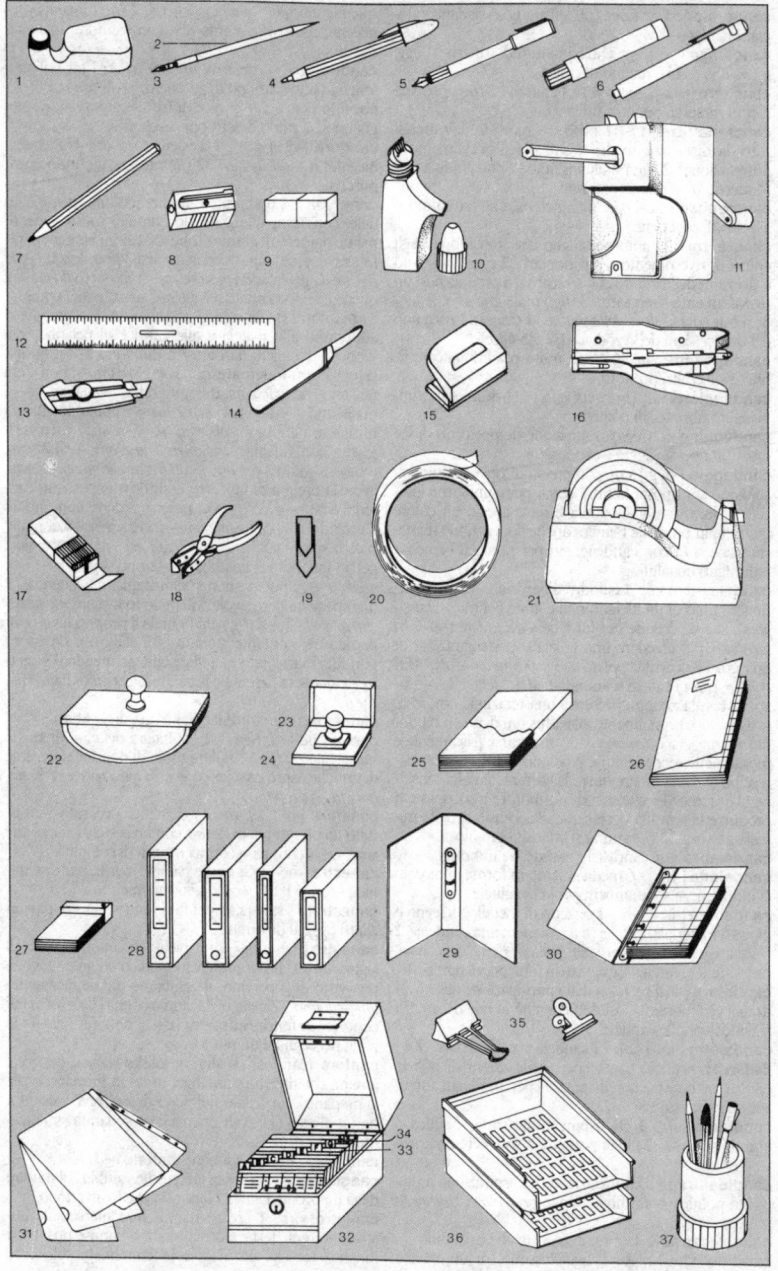

cancerologo [-rò-] *s.m.* [pl. *-gi*] studioso di cancerologia; oncologo.

canceroso [-ró-] *agg.* che ha natura di cancro // *agg.* e *s.m.* che o chi è malato di cancro.

canchero [càn-] *s.m.* (*pop.*) **1** cancro **2** (*fig.*) persona o cosa molesta, buona a nulla.

cancrena [-crè-] *s.f.* **1** processo morboso caratterizzato da disfacimento dei tessuti per disseccamento o putrefazione **2** (*fig.*) male insanabile, che tende a diffondersi: *la — della corruzione*.

cancrenoso [-nó-] *agg.* di cancrena, che ha natura o aspetto di cancrena.

cancro *s.m.* **1** tumore maligno che si sviluppa dagli epiteli di rivestimento o ghiandolari **2** piaga del fusto o dei rami delle piante che si cicatrizza producendo un rigonfiamento irregolare **3** (*fig.*) male grave e che tende a estendersi: *il — della mafia* **4** *Cancro*, (*astr.*) uno dei dodici segni dello zodiaco [*ill. Zodiaco*].

candeggiante *s.m.* sostanza usata per imbiancare fibre tessili o altri prodotti.

candeggiare *v.tr.* [*io candéggio ecc.*] decolorare, imbiancare fibre tessili o altro.

candeggina *s.f.* (*region.*) soluzione di ipoclorito di sodio, usata per lavaggio e candeggio.

candeggio [-dég-] *s.m.* complesso di operazioni a cui vengono sottoposte le fibre tessili per eliminarne l'iniziale colorazione giallognola e dare a esse un colore quanto più possibile bianco; anche l'operazione domestica che si fa con candeggianti per ridare il bianco a indumenti ingialliti.

candela [-dé-] *s.f.* **1** cilindro di stearina, cera o paraffina, munito di un lucignolo di cotone nel mezzo (*stoppino*), che si accende per far luce / *accendere una — a un santo*, per chiedere una grazia o per ringraziare di una grazia ricevuta; *potete accendere una — alla Madonna!*, (*fam.*) l'avete scampata bella! / *tenere la —*, favorire con la propria presenza una relazione amorosa, assistere occasionalmente alle effusioni di due innamorati / *struggersi come una —*, consumarsi, fisicamente e moralmente, per malattia, passione o dolore **2** apparecchio che serve a condurre la corrente ad alta tensione all'interno del cilindro di un motore a scoppio e a produrre la scintilla necessaria all'accensione della miscela gassosa **3** (*fis.*) unità d'intensità luminosa.

candelabro *s.m.* candeliere grande, a più bracci.

candeletta [-lét-] *s.f.* medicamento in forma di piccolo cilindro che si somministra per via vaginale.

candeliere [-liè-] *s.m.* **1** oggetto di metallo, di legno o di altro materiale, che serve a sostenere una candela **2** (*mar.*) asta di ferro verticale sulla coperta delle navi, per sostenere catenelle e cavetti in funzione di parapetto.

candelora [-lò-] *s.f.* festa della purificazione della Madonna (2 febbraio), così detta perché in tale ricorrenza si benedicono le candele.

candelotto [-lòt-] *s.m.* **1** candela corta e grossa **2** — *fumogeno*, artificio usato spec. nelle azioni di polizia contro manifestazioni di piazza, per produrre fumo, spesso irritante.

candidato *s.m.* **1** chi aspira a una carica politica o amministrativa **2** chi si presenta a sostenere una prova d'esame.

candidatura *s.f.* l'enunciazione dell'aspirazione a una carica politica o amministrativa: *presentare, ritirare la propria —*.

candidezza [-déz-] *s.f.* qualità di ciò che è candido.

candido [càn-] *agg.* **1** bianchissimo, di un bianco splendente: *un — manto di neve* **2** (*fig.*) ingenuo, innocente; puro // *-mente* *avv.* con candore; ingenuamente.

candire *v.tr.* [*io candisco, tu candisci ecc.*] far bollire a lungo in uno sciroppo di zucchero: *— la frutta*.

candito *agg.* e *s.m.* si dice di frutta conservata impregnandola a caldo di sciroppi zuccherini.

candore [-dó-] *s.m.* **1** l'essere candido; bianchezza lucente: *il — delle nevi* **2** (*fig.*) ingenuità, innocenza; purezza.

cane[1] *s.m.* **1** mammifero domestico intelligente e fedele, con testa allungata orizzontale, muso generalmente aguzzo, dentatura robusta, canini sporgenti, olfatto sviluppatissimo, corpo di media grandezza: *— da caccia, da guardia, da pastore; — da ferma* (o *da punta*), quello che, scoperta la selvaggina, ne segnala la presenza ma non l'assale se non a comando / *— poliziotto*, addestrato alla ricerca e alla cattura di persone, alla scoperta di oggetti nascosti / *lavoro fatto da —*, malavoglia, con trascuratezza / *non c'era un —*, non c'era nessuno / *vita da cani*, dura, ingrata / *mangiare da —*, malissimo / *essere solo come un —*, abbandonato da tutti, senza affetti / *trattare qlcu. come un —*, senza rispetto, con villania / *rimanere come un — bastonato*, mogio, avvilito / *cercare di raddrizzare le gambe ai cani*, avere la pretesa di fare cose assurde o impossibili / *essere come — e gatto*, non potersi vedere, non andare d'accordo / *morire come un —*, senza assistenza materiale o spirituale / *menare il can per l'aia*, tirare qlco. per le lunghe per guadagnare tempo / prov.: *— non mangia —*, i potenti non si danneggiano a vicenda **2** (*fig.*) persona spregevole, villana o malvagia: *me la pagherà, quel —!* **3** (*fig.*) chi fa male il proprio lavoro; in particolare, cantante stonato **4** nelle armi da fuoco portatili, martelletto metallico che, premendo il grilletto, percuote la capsula e accende la carica di lancio [*ill. Fucile*].

cane[2] *s.m.* (*ant.*) forma italianizzata di → **khan**.

canea [-nè-] *s.f.* (*lett.*) **1** l'abbaiare dei cani dietro la selvaggina **2** (*fig.*) l'ululare ostile di una folla; insieme di critiche aspre e violente: *contro quell'opera s'è scatenata la — dei critici*.

canefora [-nè-] *s.f.* (*arch.*) elemento decorativo costituito da una statua di donna con un cesto sul capo, che sorregge architravi o cornici a guisa di colonna.

canestra [-nè-] *s.f.* grande paniere, per lo più di vimini, a sponde basse, con o senza manici.

canestraio [-strà-] *s.m.* chi fa o vende canestri, panieri e altri oggetti di vimini.

canestro [-nè-] *s.m.* **1** recipiente di vimini o strisce di legno intrecciate, con un solo manico ad arco, talvolta provvisto di coperchio; il contenuto di tale recipiente: *un — di fiori* **2** nella pallacanestro, reticella a forma di cesto senza fondo, attraverso cui si deve far passare la palla per segnare un punto.

canfora [càn-] *s.f.* sostanza solida bianca, odorosa, amara, volatile, infiammabile; usata in farmacia e per la preparazione della celluloide e di esplosivi; è estratta da un albero dell'Asia orientale o preparata sinteticamente.

canforato *agg.* che contiene canfora: *olio —*.

cangiante *agg.* si dice di colore che cambia col mutare della direzione dei raggi luminosi che lo investono.

canguro *s.m.* **1** grosso mammifero marsupiale australiano, con testa piccola, coda e zampe posteriori lunghe e robuste atte al salto; la femmina ha sul ventre

cannocchiale e binocolo

1 *cannocchiale*, 2 *oculare*, 3 *vite di regolazione della messa a fuoco*, 4 *tubo*, 5 *obiettivo*, 6 *binocolo*, 7 *lente*, 8 *prismi*, 9 *ponte*.

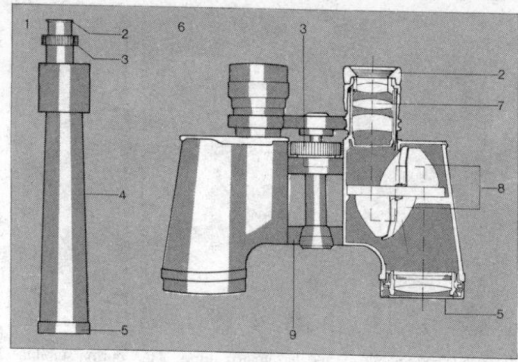

un'ampia borsa, detta marsupio, nella quale porta i neonati (*fam.* Macropodidi) **2** veicolo che ne porta altri al suo interno: *nave —*, che porta autovetture.

canicola [-nì-] *s.f.* il periodo più caldo dell'anno; il calore soffocante che lo caratterizza.

canicolare *agg.* di canicola: *ore canicolari*.

canidi [cà-] *s.m.pl.* mammiferi carnivori che poggiano al suolo solamente le dita provviste di unghie non retrattili.

canile *s.m.* **1** casotto di legno con il giaciglio del cane **2** luogo in cui si allevano cani.

canino *agg.* di o da cane / *dente —*, dente aguzzo che si trova tra gli incisivi e i molari [*ill.* Bocca] / *tosse canina*, pertosse.

canizie [-nì-] *s.f.* **1** fenomeno connesso in genere con l'età, dovuto talvolta a fattori ereditari o patologici, per cui cessa la produzione del pigmento dei capelli, che diventano bianchi **2** capigliatura bianca **3** (*fig.*) vecchiaia.

canizza *s.f.* **1** abbaiare furioso di una muta di cani da caccia lanciati all'inseguimento della preda **2** (*fig.*) gazzarra, frastuono.

canna *s.f.* **1** pianta erbacea a stelo lungo, vuoto, nodoso, usato per fare graticci e come sostegno delle viti (*fam.* Graminacee) / *— da zucchero*, pianta tropicale con fusto che contiene un midollo ricco di zucchero / *— d'India*, pianta ornamentale con fiori rossi o gialli e foglie larghe, ovali (*fam.* Cannacee) / *— da pesca*, bastone flessibile di bambù, cui si attacca la lenza per pescare / *essere povero in —*, essere nella più grande miseria **2** nome di vari oggetti di forma tubolare, vuoti all'interno e per lo più lunghi e stretti: *— della bicicletta*, *del fucile*; *— d'organo*; *— fumaria*; *— da pesca* [*ill.* Pesca] **3** unità di lunghezza in uso in varie regioni d'Italia, equivalente a 2 m ca.

cannabis [càn-] *s.f.invar.* forma abbreviata di *cannabis indica*, nome latino della pianta nota anche come *canapa indiana*.

cannabismo [-ʃmo] *s.m.* (*med.*) intossicazione cronica da hascisc.

cannare *v.tr.* (*fam.*) sbagliare, fare in modo sbagliato; fallire, mancare, perdere.

cannella[1] [-nèl-] *s.f.* **1** piccolo tubo con cui termina una conduttura e da cui sgorga l'acqua: *bere alla —* **2** tubo di legno che si introduce nella botte per estrarne il vino.

cannella[2] [-nèl-] *s.f.* corteccia sottile di una piccola pianta orientale che, seccandosi, si arrotola in bastoncini di color giallo-bruno, di odore aromatico ed è usata come droga in cucina.

cannello [-nèl-] *s.m.* **1** pezzo di canna tagliato tra un nodo e l'altro e aperto da ambo i lati **2** tubetto aperto, di varia materia e per usi diversi: *— della chiave*; *— del termometro* / *— ossidrico*, doppio tubo concentrico convogliante separatamente ossigeno e idrogeno che, accesi, danno una temperatura altissima atta a fondere metalli **3** pezzetto di materiale di forma cilindrica: *— di ceralacca*.

cannelloni [-ló-] *s.m.pl.* (*cuc.*) grossi cannelli di pasta ripieni, cotti al forno, che si servono come primo piatto.

canneto [-né-] *s.m.* tratto di terreno coperto da una vegetazione di canne.

cannibale [-nì-] *s.m.* **1** chi si ciba di carne umana. SIN. *antropofago* **2** (*fig.spreg.*) selvaggio; chi non rispetta i propri simili.

cannibalesco [-lé-] *agg.* [pl.m. *-chi*] di o da cannibale.

cannibalismo [-ʃmo] *s.m.* l'usanza di cibarsi di carne umana. SIN. *antropofagia*.

cannibalizzare [-liʒʒa-] *v.tr.* smontare una macchina ancora utilizzabile per ricavarne parti di ricambio.

cannicciata *s.f.* impalcatura di cannicci.

canniccio [-nìc-] *s.m.* piano formato di cannucce intrecciate o legate, usato come sostegno o copertura specialmente nelle civiltà contadine.

cannocchiale *s.m.* strumento ottico atto all'osservazione di oggetti posti a grande distanza: *— astronomico*, di notevoli dimensioni, a una sola lente, per osservare i corpi celesti.

cannollicchi *s.m.pl.* pasta alimentare corta, bucata, usata nei minestroni.

cannolicchio [-lic-] *s.m.→* **cappa**[2].

cannolo [-nò-] *s.m.* (*cuc.*) cilindro di pasta dolce, fritto o cotto al forno, riempito con un impasto di ricotta, zucchero, canditi e cioccolata; è specialità siciliana.

cannonata *s.f.* **1** colpo di cannone; il rimbombo da esso provocato **2** (*fig.*) cosa di straordinario effetto, di valore eccezionale: *quello spettacolo è stato una —!*

cannoncino *s.m.* dolce di pasta sfoglia arrotolata, cotta al forno e riempita di crema all'uovo o al cioccolato.

cannone [-nó-] *s.m.* **1** pezzo di artiglieria con la canna rigata e molto lunga rispetto al calibro: *— da marina*, *anticarro*; *caricare il — / carne da —*, si dice polemicamente di soldati mandati allo sbaraglio / *donna —*, donna di proporzioni eccezionali / *è un —!*, si dice

cannone

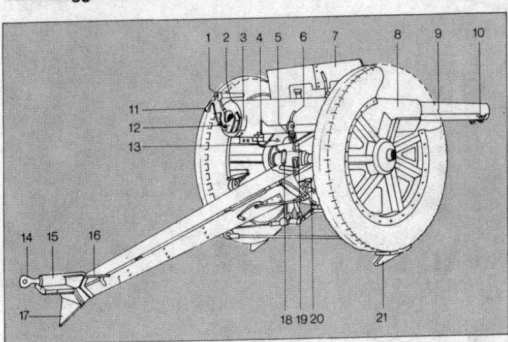

1 *impugnatura di culatta*, 2 *mirino*,
3 *manicotto di culatta*, 4 *slitta*,
5 *tamburo dell'alzo*, 6 *settore
dell'alzo*, 7 *scudo*, 8 *manicotto della
canna*, 9 *volata*, 10 *galletto di volata*,
11 *leva di sparo*, 12 *otturatore*,
13 *freno*, 14 *lunetta*, 15 *calcio*,
16 *impugnatura del calcio*,
17 *vomere dell'affusto*, 18 *vite di
puntamento*, 19 *culla di puntamento*,
20 *sedile del tiratore*, 21 *pattino con
vomere*.

di persona molto abile in un determinato campo **2** in sartoria, tipo di piega lunga e tondeggiante [*ill. Abbigliamento*].

cannoneggiamento [-mén-] *s.m.* atto, effetto del cannoneggiare.

cannoneggiare *v.tr.* [*io cannonéggio, tu cannonéggi ecc.*] colpire col cannone.

cannoniera [-niè-] *s.f.* **1** piccola nave da guerra, armata con pochi cannoni, per protezione delle coste, stazioni all'estero, colonie **2** nelle fortezze e nelle murate delle navi da guerra con cannoni in batteria, apertura a cui si affaccia la bocca del cannone.

cannoniere [-niè-] *s.m.* **1** soldato d'artiglieria o di marina addetto al funzionamento dei cannoni **2** (*sport*) calciatore abile nei tiri in porta.

cannotto [-nòt-] *s.m.* tubo di metallo per vari usi.

cannuccia [-nùc-] *s.f.* **1** canna sottile: *la — della pipa, della penna* **2** tubicino di paglia o di plastica per sorbire bibite.

cannula [càn-] *s.f.* piccolo tubo di apparecchi sanitari per uso interno.

canoa [-nò-] *s.f.* **1** barca a un remo, scavata in un tronco d'albero, usata da diversi popoli primitivi **2** barca veloce, lunga e stretta, a uno o due posti, per competizioni sportive.

canocchia [-nòc-] *s.f.* piccolo crostaceo marino commestibile [*ill. Crostacei*].

cañon [spagn.; *pr.* cagnòn] *s.m.* stretta valle fluviale caratterizzata da versanti rocciosi assai ripidi e scoscesi.

canone [cà-] *s.m.* **1** regola, norma, principio fondamentale: *i canoni della pittura barocca* **2** prestazione in denaro o in natura dovuta periodicamente al proprietario di un terreno, di uno stabile o di un'apparecchiatura da chi lo ha in affitto o in godimento: *— d'affitto; — telefonico* **3** decreto o decisione della chiesa in materia di fede o di disciplina ecclesiastica: *i canoni del concilio di Trento* **4** catalogo ufficiale dei santi canonizzati **5** la parte principale della messa, dal prefazio alla comunione **6** (*mus.*) forma di composizione a due o più voci, in cui ognuna di esse ripete lo stesso tema a distanza di un determinato numero di battute.

canonica [-nò-] *s.f.* abitazione del parroco, accanto alla chiesa; abitazione dei canonici.

canonicale *agg.* di canonico.

canonicato *s.m.* ufficio e dignità di canonico; la prebenda annessa a tale ufficio.

canonicità *s.f.invar.* l'essere conforme ai canoni.

canonico [-nò-] *agg.* [pl.m. *-ci*] **1** conforme a una norma stabilita **2** conforme ai canoni della chiesa / *ore canoniche*, le parti del breviario che devono essere recitate in determinate ore del giorno // *s.m.* sacerdote che appartiene al capitolo di una chiesa cattedrale o collegiata.

canonista *s.m.* [pl. *-i*] studioso del diritto canonico.

canonizzare [-niʒʒa-] *v.tr.* **1** dichiarare, da parte del papa, una persona degna di essere posta nell'elenco dei santi **2** (*fig.*, spesso *iron.*) riconoscere autorità a una persona o a un'opera.

canonizzazione [-niʒʒaʒió-] *s.f.* l'atto e la solenne funzione religiosa con cui il papa definisce che un beato è santo, lo inserisce nel canone dei santi e decreta che venga onorato in tutta la chiesa con il debito culto.

canopo [-nò-] *s.m.* (*archeol.*) vaso funerario.

canoro [-nò-] *agg.* di canto; che è abile nel canto.

canottaggio [-tàg-] *s.m.* lo sport del remo che si esercita su imbarcazioni leggere.

canottiera [-tiè-] *s.f.* **1** maglietta scollata e senza maniche simile a quella dei canottieri, portata dagli uomini sotto la camicia **2** cappello di paglia a tesa rigida che gli uomini portavano d'estate.

canottiere [-tiè-] *s.m.* chi si dedica al canottaggio.

canotto [-nòt-] *s.m.* piccola barca a remi, a vela o a motore, usata per diporto e nelle competizioni nautiche, talvolta anche per operare salvataggi in mare.

canovaccio [-vàc-] *s.m.* **1** panno grossolano di canapa; tela grossolana per ricami **2** trama scritta di un'azione drammatica; schema di un'opera letteraria.

cantabile [-tà-] *agg.* che si può cantare // *s.m.* **1** composizione musicale di carattere essenzialmente melodico **2** nella musica vocale, indicazione che suggerisce particolare accuratezza e intensità di espressione.

cantabrigese [-gé-] *agg.* di Cambridge // *s.m.* e *f.* abitante di Cambridge.

cantafavola [-fà-] *s.f.* racconto lungo e inverosimile.

cantante *s.m.* e *f.* chi esercita l'arte del canto.

cantare[1] *v.tr.* **1** intonare una melodia: *— una canzone / assol.* fare il cantante di professione **2** (*fig.*) celebrare, narrare in versi **3** (*fig.*) gridare, proclamare: *non — vittoria prima di conoscere l'esito degli esami / cantarla chiara*, dire chiaro e tondo // *v.intr.* **1** modulare la voce secondo le regole della musica: *— bene; — a orecchio* **2** emettere suoni armoniosi (detto spec. di uccelli); di strumenti musicali, suonare con modulazioni che ricordano quelle della voce umana **3** (*fig.*) confidare cose segrete; fare la spia.

cantare[2] *s.m.* poema o singolo canto di un poema

generalmente di argomento epico-cavalleresco, di carattere popolare, recitato nelle piazze dai cantastorie (secc. XIV-XV).

cantaride [-tà-] *s.f.* piccolo insetto coleottero cilindrico, verde brillante; dal suo umore si estrae la cantaridina (*fam.* Meloidi).

cantaridina *s.f.* polvere con proprietà vescicanti ricavata dalla cantaride.

cantaro [càn-] *s.m.* grosso bicchiere antico, fornito di due anse che sormontano l'orlo.

cantastorie [-stò-] *s.m.invar.* chi va cantando storie in versi sulle piazze per guadagno, durante le feste e le fiere paesane.

cantata *s.f.* **1** il cantare piuttosto a lungo a scopo di svago: *stanotte faremo una bella* —. **2** (*mus.*) forma vocale costituita da un alternarsi di arie e recitativi.

cantatore [-tó-] *agg.* e *s.m.* [f. *-trice*] che o chi canta.

cantautore [-tó-] *s.m.* [f. *-trice*] cantante di canzoni da lui stesso composte.

canter *s.m.invar.* galoppata d'allenamento.

canterano *s.m.* mobile con più cassetti.

canterellare *v.tr.* e *intr.* [*io canterèllo* ecc.] cantare a mezza voce.

canterino *agg.* si dice di chi canta spesso e volentieri; di uccello che canta bene, usato anche come richiamo.

cantero [càn-] *s.m.* grosso orinale.

cantica [càn-] *s.f.* componimento poetico di tono solenne e di contenuto narrativo o religioso.

canticchiare *v.tr.* e *intr.* [*io canticchio* ecc.] cantare sottovoce, senza pretese d'arte.

cantico [càn-] *s.m.* [pl. *-ci*] componimento lirico, di tono solenne, religioso o civile.

cantiere [tiè-] *s.m.* **1** l'insieme degli stabilimenti, impianti e macchine per la costruzione, l'allestimento e il raddobbo delle navi **2** (*edil.*) il luogo in cui si costruiscono opere edilizie, idrauliche, stradali e l'insieme degli impianti provvisori all'uopo allestiti / — *di coltivazione*, parte di una miniera in cui si effettua la produzione.

cantieristico [-rì-] *agg.* [pl.m. *-ci*] dei cantieri, spec. navali.

cantilena [-lè-] *s.f.* **1** canto prolungato e monotono su un tema musicale molto semplice **2** (*fig.*) discorso noioso e prolisso; intonazione monotona.

cantina *s.f.* **1** stanza o insieme di stanze, di solito interrate o seminterrate, dove si produce o si conserva il vino; per estens., locale posto nello scantinato di un edificio / *andare in* —, (*scherz.*) scendere di tono nel parlare o nel cantare **2** (*fig.*) luogo umido e buio **3** bottega per la vendita del vino al minuto.

cantiniere [-niè-] *s.m.* chi ha in custodia la cantina e i vini nelle case signorili, nei conventi, nelle caserme e simili.

cantino *s.m.* (*mus.*) la corda più acuta del violino e di simili strumenti.

canto[1] *s.m.* **1** emissione modulata della voce con successione armoniosa di suoni: *il* — *di una fanciulla; il* — *del gallo / — del cigno*, l'ultima opera di un autore **2** l'arte del cantare: *lezioni di* — **3** componimento musicale per una o più voci: *canti della montagna* **4** parte vocale di una composizione vocale-strumentale **5** poesia, componimento poetico in genere; ciascuna delle parti componenti un poema o una cantica.

canto[2] *s.m.* **1** angolo formato, all'interno o all'esterno, da due muri che s'incontrano: *il* — *della strada, di una stanza; gettare in un* —, (*fig.*) mettere da parte, trascurare; disprezzare **2** parte, lato / *da un* —, da una parte / *d'altro* —, d'altra parte / *dal* — *mio*, per quanto mi riguarda.

cantonale[1] *agg.* che è proprio dei cantoni della Svizzera.

cantonale[2] *s.m.* mobile a forma angolare che viene sistemato nell'angolo di una stanza.

cantonata *s.f.* **1** angolo formato dai muri esterni di una casa fra una strada e un'altra **2** grosso equivoco, sbaglio. SIN. *granchio*.

cantone[1] [-tó-] *s.m.* **1** angolo esterno di un edificio; angolo interno di una stanza / *mettere nel* —, in castigo **2** (*arald.*) pezza onorevole che occupa meno di un sesto del campo e può essere collocata all'angolo destro superiore o a quello sinistro superiore dello scudo.

cantone[2] [-tó-] *s.m.* nome dei singoli stati della Confederazione Elvetica.

cantoniera [-niè-] *s.f.* **1** mobile a fronte curva o piana che serve da credenza e si tiene in un angolo della stanza **2** casa in cui abitano i cantonieri.

cantoniere [-niè-] *s.m.* chi è addetto alla sorveglianza e alla cura di un tratto di strada e alla custodia dei passaggi a livello.

cantore [-tó-] *s.m.* **1** chi canta nei cori di chiesa **2** (*fig.*) poeta: *il* — *di Enea*, Virgilio.

cantoria [-rì-] *s.f.* **1** luogo dove stanno i cantori, in chiesa **2** l'insieme dei cantori.

cantorino *s.m.* libro di musica che si posa sul leggio per cantare nel coro delle chiese.

cantuccio [-tùc-] *s.m.* **1** angolo appartato e nascosto / *stare in un* —, stare in disparte **2** pezzetto: — *di pane, di cacio.*

canturino *agg.* di Cantù // *s.m.* abitante di Cantù.

canutiglia [-tì-] *s.f.* **1** ricamo ornamentale a fili d'oro e d'argento **2** cannellino di vetro che si metteva come ornamento, in passato, ai capelli e ai vestiti delle signore.

canuto *agg.* **1** bianco (detto di barba e capelli) **2** che ha i capelli e la barba bianchi: *un vecchio* —.

canvassing [*ingl.*; *pr.* chenvèsin] *s.m.* campagna di vendita che tende a coprire completamente le opportunità di mercato offerte da una zona determinata.

canyon [*ingl.*; *pr.* chènion] *s.m.* → **cañon.**

canzonare *v.tr.* [*io canzóno* ecc.] mettere in ridicolo, prendere in giro. SIN. *beffare, burlare.*

canzonatore [-tó-] *s.m.* [f. *-trice*] chi canzona, chi ha l'abitudine di canzonare gli altri.

canzonatorio [-tò-] *agg.* proprio di chi canzona; diretto a canzonare: *tono* —.

canzonatura *s.f.* **1** l'atto, l'effetto del canzonare **2** le parole, l'atto con cui si canzona. SIN. *beffa, burla.*

canzone [-zó-] *s.f.* **1** tipo di componimento lirico formato da *stanze* o *strofe* che si ripetono nella medesima disposizione di versi e rime, tranne l'ultima, il *commiato* o *congedo*, più breve: *le canzoni del Petrarca / — a ballo*, ballata **2** breve componimento poetico musicato con una melodia orecchiabile: *la giovinetta cantò una bella* —. DIM. *canzoncina.* PEGG. *canzonaccia* **3** (*fig.*) discorso o azione noiosa ripetuta troppo spesso: *ogni giorno è la solita* —!

canzonetta [-nét-] *s.f.* **1** componimento di carattere leggero e popolare, per canto e strumenti **2** componimento poetico più breve della canzone e di tono e argomento popolari.

canzonettista *s.m.* e *f.* [pl.m. *-i*] cantante di canzonette nei caffè-concerto e nei teatri.

canzoniere [-niè-] *s.m.* **1** raccolta di poesie liriche generalmente di un solo autore: *il* — *del Petrarca* **2** raccolta di canzonette.

caolino *s.m.* sorta di argilla bianca, farinosa, usata per la fabbricazione della porcellana.

caos *s.m.invar.* **1** originaria mescolanza degli elementi prima che fosse creato e ordinato il mondo **2** (*fig.*) estremo disordine: *nella stanza c'era un — indescrivibile.* SIN. *confusione.*

caotico [-ò-] *agg.* [pl.m. -*ci*] **1** del caos **2** (*fig.*) estremamente disordinato. SIN. *confuso.*

capace *agg.* **1** che sa fare bene quello che fa: *è un uomo —.* SIN. *abile* **2** che può fare qlco. superando ogni aspettativa: *è — di lavorare tutta la notte* **3** atto a contenere: *stanza —.* SIN. *spazioso.*

capacità *s.f.invar.* **1** l'essere capace **2** (*dir.*) idoneità a essere titolare di diritti e obblighi **3** (*fis.*) volume interno di un corpo cavo **4** ciò che è possibile fare in una determinata struttura utilizzandone al massimo le risorse: *— produttiva di un'industria; — ricettiva delle attrezzature turistiche.*

capacitare *v.tr.* [*io capàcito ecc.*] rendere persuaso, convincere // **-arsi** *v.rifl.* convincersi: *non mi capacito di quanto è accaduto.*

capanna *s.f.* **1** piccola costruzione con pareti e tetto fatti di frasche e di paglia **2** (*fig.*) casa molto povera, tugurio.

capannello [-nèl-] *s.m.* gruppo di persone che si riuniscono occasionalmente in una strada o in una piazza per osservare e commentare un fatto avvenuto.

capanno *s.m.* **1** piccola capanna di frasche e paglia, in cui si nasconde il cacciatore aspettando la preda o il contadino a guardia del raccolto **2** cabina, negli stabilimenti balneari.

capannone [-nó-] *s.m.* ampia costruzione per il deposito di merci o di materiali in stabilimenti industriali o per il ricovero di automezzi e aeroplani.

caparbieria [-ri-] *s.f.* **1** l'essere caparbio per abitudine. SIN. *ostinazione, testardaggine, cocciutaggine* **2** azione da persona caparbia.

caparbietà *s.f.invar.* l'essere caparbio. SIN. *ostinazione, testardaggine, cocciutaggine.*

caparbio [-pàr-] *agg.* che pensa e agisce a modo proprio con ostinazione, senza ascoltare i consigli altrui. SIN. *testardo, cocciuto.*

caparra *s.f.* somma di denaro che una parte contraente versa all'altra quando viene stipulato un contratto, a garanzia dell'adempimento del contratto stesso.

capata *s.f.* colpo dato col capo: *dare una — contro il muro / dare, fare una —,* fare una breve visita. DIM. *capatina.*

capecchio [-péc-] *s.m.* materia grossa che si trae dalla prima pettinatura del lino e della canapa.

capeggiare *v.tr.* [*io capéggio ecc.*] stare a capo, guidare: *— una rivolta.*

capellatura *s.f.* (*rar.*) capigliatura.

capellini *s.m.pl.* pasta alimentare lunga e sottilissima.

capello [-pél-] [pl. poet. *capégli, capéi*] ciascuno dei peli che crescono sulla pelle del capo: *capelli neri, ricci / capelli d'angelo, capellini / mettersi le mani nei capelli,* in segno di disperazione / *tirare per i capelli,* costringere / *non torcere un — a qlcu.,* non fargli assolutamente del male / *far venire i capelli bianchi, far rizzare i capelli sul capo,* incutere molta paura / *spaccare un — in quattro,* fare un'analisi molto acuta / *averne fin sopra i capelli,* essere ossessionato o stanco di qlco. / *avere un diavolo per —,* essere molto irritato o innervosito / *non l'ha ucciso per un —,* per poco.

capellone [-ló-] *s.m.* si dice di chi, per una moda legata alla protesta giovanile degli ultimi anni Sessanta, porta i capelli lunghi fino alle spalle.

capelluto *agg.* (*rar.*) che ha capelli; che ha molti capelli / *cuoio —,* la pelle del capo, coperta di capelli.

capelvenere [-vè-] *s.f.invar.* piccola felce con steli neri e lucenti e foglioline triangolari color verde chiaro; è usata in medicina e come pianta ornamentale.

capestro [-pè-] *s.m.* **1** corda per impiccare; forca: *un tipo da —,* un malfattore **2** fune con cui si legano per il capo i buoi, i tori **3** cordone portato dai frati intorno alla vita.

capezzale *s.m.* cuscino stretto, lungo quanta è la larghezza del letto, sopra cui si stende il lenzuolo / *essere al — di qlco.,* essere vicini al letto di un malato o di un morente.

capezzolo [-péz-] *s.m.* piccola protuberanza carnosa al centro della mammella.

capienza [-pièn-] *s.f.* possibilità di contenere: *un magazzino di scarsa —; la — della sala è di cento persone.* SIN. *capacità.*

capifosso [-fòs-] *s.m.* fosso principale in cui confluiscono le acque di scolo dei campi.

capigliatura *s.f.* l'insieme dei capelli. SIN. *chioma.*

capillare *agg.* sottile come un capello (anche *fig.*) / *vaso —,* (*anat.*) ciascuno di quei sottilissimi canali che, interposti fra i più piccoli rami terminali delle vene e delle arterie, permettono al sangue di circolare fra i tessuti / *creare un sistema — d'informazioni,* disporre informatori dovunque // *s.m.* sottilissimo vaso sanguigno.

capillarità *s.f.invar.* **1** qualità di ciò che è capillare **2** (*fis.*) comportamento dei liquidi entro tubi sottilissimi.

capinera [-né-] *s.f.* uccellino di bosco dal canto dolcissimo, con capo nero e becco sottile; utile all'agricoltura perché si nutre di insetti (*fam.* Silviidi).

capire *v.tr.* [*io capisco, tu capisci ecc.*] **1** comprendere con l'intelligenza, afferrare con la mente / *— l'antifona,* capire finalmente quello che qlcu. ha voluto dire con atti o con parole / *la vuoi —?,* vuoi intendere una buona volta quello che ti sto ripetendo? / *assol.* dar prova di intelligenza: *a scuola ha sempre dimostrato di —* **2** giustificare e perdonare almeno in parte: *cerca di capirmi!* // *v.intr.* (*lett.*) essere contenuto (*spec. fig.*): *non capiva in sé dalla contentezza,* non stava più nella pelle per la gioia.

capitale[1] *agg.* **1** che si riferisce al capo, alla vita: *pena, sentenza —, di morte / odio —,* acerrimo **2** (*fig.*) principale; importante, decisivo: *decisione di — importanza.*

capitale[2] *s.m.* **1** complesso di denaro e di beni, patrimonio; più propriamente, complesso di beni economici che, prodotti e sottratti al normale consumo, sono destinati alla produzione di altre ricchezze: *un ingente — / far — di qlco.,* giovarsene / *è un bel —!,* (*iron.*) detto di persona, è uno che può far solo danno **2** (*comm.*) complesso di mezzi o fondo di valori a disposizione di un'azienda, in un dato momento, per il raggiungimento del suo fine.

capitale[3] *s.f.* la città principale di uno stato, in cui quasi sempre ha sede il governo.

capitalismo [-fmo] *s.m.* sistema economico e sociale nel quale i mezzi di produzione appartengono a coloro che hanno investito i capitali.

capitalista *s.m.* e *f.* [pl.m. -*i*] **1** chi dispone di capitali; per estens., chi appartiene all'alta borghesia **2** (*scherz.*) ricco // *agg.* del capitalismo, che si regge sul capitalismo: *sistema —; paesi capitalisti.*

capitalistico [-lì-] *agg.* [pl.m. *-ci*] che si riferisce al capitalismo o ai capitalisti: *sistema —*.

capitalizzare [-liʒʒa-] *v.tr.* **1** trasformare il risparmio in capitale **2** aggiungere a un capitale l'interesse fruttato dal medesimo.

capitalizzazione [-liʒʒazió-] *s.f.* l'atto, l'effetto del capitalizzare.

capitana *s.f.* **1** (*ant.*) la nave su cui era imbarcato il comandante **2** (*scherz.*) la moglie del capitano; donna che ha autorità su altre.

capitanare *v.tr.* comandare in qualità di capitano; essere a capo: *— un esercito*.

capitaneria [-rì-] *s.f.* **1** ufficio del capitano **2** *— di porto*, organo che amministra le questioni marittime di un tratto di costa, controlla il movimento delle navi, provvede alle operazioni della leva marittima.

capitano *s.m.* **1** il comandante di una compagnia di soldati, che ha grado intermedio fra tenente e maggiore **2** comandante di una nave; nella marina militare, grado di vari ufficiali di vascello: *— di corvetta*, corrispondente a maggiore; *— di fregata*, corrispondente a tenente colonnello; *— di vascello*, corrispondente a colonnello **3** (*st.*) capo militare e politico: *— di giustizia*, magistrato con poteri giurisdizionali e di polizia; *— del popolo*, al tempo dei Comuni, magistrato che doveva tutelare gli interessi del popolo per un anno; *— di ventura*, comandante di milizie mercenarie; *capitani reggenti*, i due capi dello stato di San Marino **4** chi è a capo di qlco. **5** atleta che ha il comando di una formazione.

capitare *v.intr.* [*io càpito ecc.*] **1** giungere in un luogo per caso o per trattenervisi poco; giungere inopportunamente: *se capiti a Milano, telefonami; mi capita sempre fra i piedi quel tipo! / — bene, male*, avere buona o cattiva fortuna in qlco. **2** venire in mano; presentarsi per combinazione o per caso (detto di cose): *gli è capitato un buon affare* **3** accadere, succedere: *capitano tutte a me! / sono cose che capitano*, non sono fatti straordinari o incredibili / *— fra capo e collo*, inaspettatamente, all'improvviso // *v.intr.impers.* accadere, avvenire: *capitò che s'incontrarono*.

capitello [-tèl-] *s.m.* **1** l'estremità superiore della colonna sulla quale poggia l'arco o l'architrave; è foggiata secondo il corrispondente stile architettonico: *— dorico, ionico, corinzio* [ill. *Architettura*] **2** striscia di pelle o di tela che serve a rinforzare la testata dei libri rilegati [ill. *Stampa*] **3** (*chim.*) parte superiore dell'alambicco [ill. *Chimico, laboratorio*].

capitolare[1] *v.intr.* [*io capìtolo ecc.*] **1** trattare i patti di resa; arrendersi al nemico **2** (*fig.*) cedere alle insistenze altrui, arrendersi.

capitolare[2] *agg.* relativo a un capitolo di religiosi: *adunanza —*.

capitolare[3] *s.m.* (*st.*) nome dei testi legislativi franchi: *— di Kiersy*.

capitolato *s.m.* testo diviso in capitoli: *— d'opere, d'appalto*, (*dir.*) accordo stipulato fra la pubblica amministrazione e l'appaltatore di un'opera o di un servizio nel quale sono minutamente, per capitoli, descritti gli obblighi e i diritti dell'una e dell'altra parte.

capitolazione [-zió-] *s.f.* **1** il capitolare: *— di una città*. SIN. **resa 2** i patti della resa.

capitolino *agg.* del Campidoglio: *Museo —*.

capitolo [-pì-] *s.m.* **1** ciascuna delle parti che compongono un libro **2** suddivisione di un articolo, di un contratto e simili; paragrafo **3** componimento poetico in terza rima di intonazione burlesca: *i capitoli del Berni* **4** (*eccl.*) organo collegiale composto dei canonici di una chiesa / *avere voce in —*, (*scherz.*) avere facoltà di intervenire in una decisione, avere autorità o credito in un certo ambiente o su una certa materia.

capitombolare *v.intr.* [*io capitómbolo ecc.*] fare un capitombolo. SIN. *ruzzolare, cadere, cascare*.

capitombolo [-tóm-] *s.m.* il cadere a testa all'ingiù. SIN. *ruzzolone*.

capitone [-tó-] *s.m.* grossa anguilla; piatto tradizionale delle feste di Natale.

capitozza [-tòz-] *s.f.* potatura dell'albero ottenuta tagliandone il tronco a una certa altezza affinché getti nuovi rami; l'albero così potato.

capitozzare *v.tr.* [*io capitózzo ecc.*] potare un albero a capitozza.

capo *s.m.* **1** la parte più elevata del corpo umano, unita al torace dal collo; la parte analoga del corpo degli animali; anche la zona del cranio rivestita di capelli: *ha il — ricciuto / chinare, abbassare il —*, rassegnarsi, sottomettersi / *cadere tra — e collo*, di cosa capitata all'improvviso, senza che fosse prevista / *mangiare la pappa in — a qlcu.*, essere più alto di lui / *mettersi in — qlco.*, convincersi fermamente e ostinatamente di qlco. / *passare per il —*, di idee strane che vengono d'un tratto in mente / *— scarico*, persona senza pensieri o preoccupazioni / *prov.: non avere né — né coda*, essere sconclusionato. SIN. *testa* **2** chi comanda su altri uomini; chi dirige imprese, attività ecc.: *— dello stato, del governo* **3** la parte superiore o l'estremità di qlco.: *in — alla scala; in — di tavola; a — del letto / da —*, da principio / *andare in — al mondo*, molto lontano / *far —*, sboccare: *via Palestro fa — a piazza Cavour / venire a — di qlco.*, risolverla, venire alla sua conclusione / *in — a una settimana, a un mese*, alla fine di una settimana, di un mese **4** l'estremità più grossa e tondeggiante di un oggetto: *il — di uno spillo* **5** ciascuna unità di un gruppo, di una massa, di un numero collettivo **6** ciascuna delle parti in cui è diviso un libro; capitolo / *per sommi capi*, considerando gli argomenti principali, in breve **7** (*geogr.*) promontorio sporgente nel mare [ill. *Costa*] **8** (*arald.*) pezza onorevole che occupa il terzo superiore dello scudo **9** (*region.*) appellativo di persona che non si conosce ma alla quale si attribuisce qualche autorità o veste ufficiale: *—, si può entrare?*

capobanda *s.m.* [pl. *capibanda*] **1** direttore di una banda musicale **2** capo di una banda di malfattori.

capoc [-pòc] *s.m.* → **kapok**.

capocannoniere [-niè-] *s.m.* [pl. *capicannonieri*] **1** sottufficiale di marina addetto alle artiglierie **2** il calciatore che ha segnato il maggior numero di reti durante un campionato.

capocchia [-pòc-] *s.f.* **1** estremità ingrossata e rotondeggiante di spilli, fiammiferi e simili **2** (*scherz.*) testa / *a —*, a casaccio.

capoccia[1] [-pòc-] *s.m.* [pl. *capoccia* o *capocci*] **1** capo di una famiglia di contadini **2** sorvegliante di una squadra di lavoratori, di pastori o di vaccari **3** (*scherz.*) chi fa da capo, da guida.

capoccia[2] [-pòc-] *s.f.* [pl. *-ce*] (*fam.*) testa.

capoccione [-ció-] *s.m.* **1** (*region.*) testardo, cocciuto **2** (*fam.*) persona, spec. giovane, molto intelligente e professionalmente capace; cervellone **3** (*fam.*) persona importante, che occupa un'alta carica; pezzo na importante, che occupa un'alta carica; pezzo

capocellula [-cèl-] *s.m.* [pl. *capicellula*] e *f.invar.* chi nelle organizzazioni comuniste dirige una cellula.

capoclasse s.m. [pl. *capiclasse*] e f.*invar.* allievo o allieva scelto o eletto in una classe per compiti di coordinamento o di organizzazione.

capocomico [-cò-] s.m. [pl. *capocomici*] chi dirige e amministra una compagnia teatrale.

capocronaca [-crò-] s.m. [pl. *capicronaca*] (*giorn.*) articolo di apertura della pagina di cronaca cittadina, spec. su un problema civico.

capocronista s.m. [pl. *capicronisti*] e f. [pl. *capocroniste*] (*giorn.*) redattore che dirige i servizi di cronaca cittadina e la preparazione dell'apposita pagina.

capocuoco [-cuò-] s.m. [pl. *capicuochi*] chi dirige il lavoro di cucina in alberghi, ristoranti ecc.

capodanno s.m. [pl. *capodanni* o *capidanno*] il primo giorno dell'anno.

capodivisione [-ʃió-] s.m. [pl. *capidivisione*] e f.*invar.* chi è a capo di una divisione nella pubblica amministrazione: — *al ministero del Tesoro*.

capodoglio [-dò-] s.m. grosso mammifero cetaceo marino con testa enorme, grande pinna caudale e mascella inferiore munita di denti (*fam.* Fisetèridi) [*ill. Cetacei*].

capofabbrica [-fàb-] s.m. [pl. *capifabbrica*] e f.*invar.* in una fabbrica, chi sovrintende ai lavori.

capofamiglia [-mì-] s.m. [pl. *capifamiglia*] e f.*invar.* il capo della famiglia; il padre, la madre o chi abbia a carico i familiari.

capofficina s.m. [pl. *capiofficina*] e f.*invar.* chi è responsabile della gestione del lavoro in officina.

capofila s.m. [pl. *capifila*] e f.*invar.* **1** chi è il primo in una fila di persone o cose **2** l'esponente principale di un movimento letterario, politico e simili.

capofitto usato solo nella locuz.avv. *a capofitto*, col capo all'ingiù.

capogiro s.m. giramento di testa. SIN. vertigine.

capogruppo s.m. [pl. *capigruppo*] e f.*invar.* **1** chi guida un gruppo **2** (*pol.*) chi è responsabile della rappresentanza di un partito politico in un organo collegiale elettivo.

capolavoro [-vó-] s.m. [pl. *capolavori*] opera eccellente; l'opera migliore di un autore o di un'epoca: *questa statua è un —.*

capolinea [-lì-] s.m. [pl. *capilinea*] punto terminale di un servizio di trasporto.

capolino s.m. **1** piccolo capo; usato quasi esclusivamente nella locuz. *far capolino*, sporgere appena il capo da una finestra, da un uscio ecc. per guardare **2** (*bot.*) infiorescenza con asse pedunge raccorciato su cui si inseriscono i fiori (p.e. la margherita) [*ill. Fiore*].

capolista s.m. [pl. *capilista*] e f.*invar.* **1** chi è scritto per primo in una lista **2** chi ha raccolto il maggior numero di voti in un'elezione // s.f. [pl. *capolista*] la squadra che è in testa alla classifica del campionato di calcio.

capoluogo [-luò-] s.m. [pl. *capoluoghi*] città principale di un determinato territorio.

capomacchina [-màc-] s.m. [pl. *capimacchina*] e f.*invar.* chi è a capo della squadra di operai addetta a una macchina.

capomafia [-mà-] s.m. [pl. *capimafia*] e f.*invar.* chi ha un ruolo di direzione nell'attività mafiosa.

capomastro s.m. [pl. *capomastri* o *capimastri*] chi è a capo di un gruppo di muratori nei lavori edilizi e sovrintende all'esecuzione del progetto.

capomovimento [-mén-] s.m. [pl. *capimovimento*] e f.*invar.* funzionario che dirige il movimento ferroviario.

caponaggine [-nàg-] s.f. testardaggine, ostinazione.

capone [-pó-] s.m. pesce marino commestibile, dal corpo compresso, con grandi pinne pettorali (*fam.* Triglidi).

capoofficina s.m. e f. → **capofficina**.

capopagina [-pà-] s.m. [pl. *capipagina*] **1** fregio a stampa che occupa tutta la parte superiore di una pagina e serve come testata delle divisioni principali di un'opera; frontone **2** inizio di una pagina.

capoparte s.m. [pl. *capiparte*] e f.*invar.* chi è a capo di una parte politica, di una fazione.

capopopolo [-pò-] s.m. [pl. *capipopolo*] e f.*invar.* chi è a capo del popolo, spec. durante sommosse; demagogo.

capoposto [-pó-] s.m. [pl. *capiposto*] (*mil.*) graduato che è a capo di un posto di guardia.

caporale s.m. graduato di truppa che riveste il primo dei gradi militari e comanda una squadra: — *maggiore*, militare con grado immediatamente superiore a quello del caporale.

caporalesco [-lé-] agg. [pl.m. -*chi*] da caporale / *tono* —, autoritario, sgarbato.

caporedattore [-tó-] s.m. [pl. *capiredattori*; f. *caporedattrice*] responsabile di una redazione o di un settore redazionale; redattore capo.

caporeparto s.m. [pl. *capireparto*] e f.*invar.* responsabile della conduzione di un reparto, in una fabbrica, in un ospedale ecc.

caporione [-rió-] s.m. [pl. *caporioni*] chi è a capo di qualche impresa riprovevole.

caporosso [-rós-] s.m. nome con cui vengono designati alcuni uccelli, tra i quali il cardellino.

caposala s.m. [pl. *capisala*] e f.*invar.* chi è addetto al funzionamento e alla sorveglianza di una sala in un ufficio pubblico, in uno stabilimento, in un ospedale.

caposaldo s.m. [pl. *capisaldi*] **1** segno che determina il livello a cui devono essere costruiti una strada, un muro e simili **2** (*mil.*) ciascuna delle posizioni fortificate sulle quali s'impernia uno schieramento difensivo **3** (*fig.*) fondamento, argomento basilare.

caposcuola [-scuò-] s.m. [pl. *capiscuola*] e f.*invar.* chi è capo di una scuola o corrente letteraria, artistica o scientifica.

caposervizio [-vì-] s.m. [pl. *capiservizio*] e f.*invar.* **1** responsabile di un comparto d'uffici in un'azienda, in un ministero ecc. **2** responsabile, in un organo di informazione, dei servizi su specifici temi: *il — esteri*.

caposezione [-zió-] s.m. [pl. *capisezione*] e f.*invar.* chi dirige la sezione di un pubblico ufficio e simili.

caposquadra s.m. [pl. *capisquadra*] e f.*invar.* chi è a capo di una squadra di persone.

capostazione [-zió-] s.m. [pl. *capistazione*] e f.*invar.* dirigente di una stazione ferroviaria.

capostipite [-stì-] s.m. e f. chi ha dato origine a una famiglia (anche *fig.*).

capotare v.*intr.* [*io capòto* ecc.] capovolgersi, rovesciarsi, di automobili, aeroplani e simili.

capotasto s.m. [pl. *capotasti*] (*mus.*) tavoletta di ebano o di avorio che, posta nel limite superiore del manico del violino, violoncello e simili, tiene sollevate le corde [*ill. Musicali, strumenti*].

capotavola [-tà-] s.m. [pl. *capitavola*] e f.*invar.* chi siede al capo di una tavola, cioè ha il posto d'onore.

capote [*franc.*; *pr.* capòt] s.f. copertura a mantice delle automobili.

capotreno [-trè-] s.m. [pl. *capitreno* o *capotreni*] e f.*invar.* chi è a capo del personale di servizio di un treno.

capotribù s.m. e f.*invar.* chi è a capo di una tribù (*fig.*

scherz.) chi ha autorità e prestigio in un gruppo, in un ambiente.

capoturno *s.m.* [pl. *capiturno*] e *f.invar.* chi è responsabile dello svolgimento di un turno di lavoro.

capoufficio *s.m.* [pl. *capiufficio*] e *f.invar.* chi è a capo di un ufficio.

capoverso [-vèr-] *s.m.* [pl. *capiverso*] **1** principio del periodo con cui si va a capo; parte di uno scritto compresa tra un a capo e l'altro **2** (*dir.*) parte di un articolo di legge, distinta dalla capo.

capovoga [-vó-] *s.m.* [pl. *capivoga*] e *f.invar.* nel canottaggio, il vogatore che determina il ritmo di voga.

capovolgere [-vòl-] *v.tr.* [coniugato come *volgere*] **1** voltare sottosopra; sovvertire. SIN. *rovesciare* **2** (*fig.*) cambiare radicalmente; invertire, scambiare: *— i termini del discorso.*

capovolgimento [-mén-] *s.m.* atto, effetto del capovolgere e del capovolgersi (anche *fig.*).

cappa¹ *s.f.* **1** ampio mantello, quasi sempre fornito di cappuccio, indossato un tempo da cavalieri o persone d'alto grado / *romanzi di — e spada*, che narrano avventure di cavalieri / *— di piombo*, peso grave, insopportabile / *prov.: per un punto Martin perse la —*, si riferisce a chi, per un piccolo ostacolo, non riesce in un'impresa **2** parte del camino che sporge dalla parete sopra il focolare per raccogliere e convogliare il fumo verso la canna fumaria: *— del cielo*, volta del cielo **3** (*mar.*) riparo di boccaporti, armi ecc. / *navigare alla —*, con andatura ridotta, per affrontare le burrasche.

cappa² *s.f.*, **cappalunga** *s.f.* mollusco marino commestibile con conchiglia formata da due valve lunghe e strette.

cappella¹ [-pèl-] *s.f.* **1** stanza arredata per il culto, in un edificio adibito a uso civile; parte di chiesa con altare consacrato al culto particolare di un santo [*ill. Chiesa*] **2** piccola chiesa, oratorio isolato o tabernacolo con immagine sacra sulle vie. DIM. *cappelletta* **3** *— papale*, solenne funzione religiosa cui assiste il papa; gli ecclesiastici della corte papale **4** complesso di cantanti o sonatori addetti al servizio musicale di una chiesa: *maestro di —* / *cantare a —*, si dice di una esecuzione corale senza accompagnamento di strumenti.

cappella² [-pèl-] *s.f.* grossa capocchia dei funghi.

cappellaio [-là-] *s.m.* chi fabbrica o vende cappelli.

cappellania [-nì-] *s.f.* ministero e beneficio di cappellano.

cappellano *s.m.* sacerdote che officia una cappella; aiutante del parroco; sacerdote che esercita il suo ministero presso determinati enti o comunità: *— delle carceri*; *— militare*.

cappellata *s.f.* quantità di roba che può essere contenuta in un cappello / *a cappellate*, in abbondanza.

cappelleria [-rì-] *s.f.* bottega di cappellaio.

cappelletto [-lét-] *s.m.* **1** cerchietto di tela cerata posto in cima all'ombrello, nel punto in cui si uniscono le stecche **2** parte della calza che ricopre le dita del piede [*ill. Abbigliamento*] **3** (*ant.*) soldato mercenario **4** spec. *pl.* involucro di pasta all'uovo a forma di ciambella o di cappello, ripieno di un impasto a base di carne, uova e parmigiano.

cappelliera [-liè-] *s.f.* custodia rotonda, usata per riporvi cappelli.

cappellificio [-fì-] *s.m.* fabbrica di cappelli.

cappellino *s.m.* cappello piccolo, e spec. cappello elegante per signora.

cappello [-pèl-] *s.m.* **1** copertura del capo di varie fogge e materie: *— a cencio*; *— a tuba*; *— di paglia*; *— cardinalizio*, quello rosso dei cardinali; *levarsi, mettersi il —* / *portare il — sulle ventitré*, inclinato su un lato del viso / *far tanto di — a qlcu.*, mostrare grande rispetto verso qlcu. DIM. *cappellino* **2** oggetto a forma di cappello: *— di un chiodo*; *— di un fungo* [*ill. Funghi*] **3** introduzione a un discorso o a uno scritto, spec. a un articolo di giornale.

cappero [càp-] *s.m.* pianta sempreverde con foglie tonde e carnose, i cui fiori, in boccio, si conservano in salamoia per condimento (*fam.* Capparidacee).

cappio [càp-] *s.m.* annodatura fatta con due capi in modo che, tirandone uno, il nodo si scioglie.

capponare *v.tr.* [*io cappóno* ecc.] castrare i galletti perché diventino capponi.

cappone [-pó-] *s.m.* gallo castrato da giovane, allo scopo di renderlo più tenero e grasso.

cappotta [-pòt-] *s.f.* → **capote**.

cappotto [-pòt-] *s.m.* **1** pesante soprabito invernale: *— da uomo, da donna.* SIN. *pastrano, paltò* **2** *fare, dare —*, nei giochi di carte e negli sport, vincere la partita senza che l'avversario abbia segnato un punto.

cappuccina *s.f.* (*pop.*) → **nasturzio**.

cappuccino¹ *s.m.* frate di un ordine francescano istituito nel sec. XVI.

cappuccino² *s.m.* caffè con aggiunta di poco latte, del colore della tonaca dei cappuccini.

cappuccio¹ [-pùc-] *s.m.* **1** prolungamento del bavero di un cappotto o di un mantello, a forma di borsa conica, per coprire la testa **2** copricapo nell'abito di alcuni ordini e confraternite religiosi **3** nome di coperture varie a forma di cappuccio: *— di penna stilografica.*

cappuccio² [-pùc-] *agg.* si dice di una specie di cavolo che ha le foglie unite a forma di grossa palla.

cappuccio³ [-pùc-] *s.m.* abbr. di *cappuccino* nel senso di caffè con molto latte.

capra *s.f.* **1** mammifero ruminante domestico di medie dimensioni, con corna ricurve all'indietro, coda corta, barba al mento, pelo lungo e liscio; viene allevata per il latte, la pelle, il pelo e la carne dei capretti (*fam.* Bovidi) **2** tipo di cavalletto.

capraio [-prà-] *s.m.* chi custodisce le capre.

capretto [-prèt-] *s.m.* **1** il piccolo della capra **2** la pelle conciata di tale animale, usata per calzature, borsette e simili.

capriata *s.f.* struttura triangolare in legno, ferro o cemento armato, che ha la funzione di reggere il tetto di un edificio.

capriccio [-prìc-] *s.m.* **1** voglia improvvisa e stravagante, desiderio bizzarro; anche, la cosa desiderata. SIN. *bizzarria, ghiribizzo* **2** bizza improvvisa caratteristica dei bambini **3** brano musicale estroso e libero.

capriccioso [-ció-] *agg.* **1** pieno di capricci, che fa capricci. SIN. *bizzoso* **2** stravagante. SIN. *bizzarro, estroso.*

capricorno [-còr-] *s.m.* **1** tipo di stambecco asiatico / *Capricorno*, (*astr.*) uno dei dodici segni dello zodiaco [*ill. Zodiaco*].

caprifico *s.m.* [pl. *-chi*] fico selvatico.

caprifoglio [-fò-] *s.m.* arboscello rampicante, con fiori profumati di color bianco o rosa (*fam.* Caprifogliacee).

caprino *agg.* di o da capra / *questioni di lana caprina*, su argomenti privi d'importanza.

capriola [-prìo-] *s.f.* **1** evoluzione del corpo fatta raggomitolandosi su sé stessi, puntando le mani e la testa in avanti e ruotando fino ad assumere una posizione seduta o ritta; salto in genere **2** salto che fanno i ballerini cambiando la posizione delle gambe **3** tipo di salto nell'alta equitazione.

capriolo [-priò-] *s.m.* mammifero ruminante di medie dimensioni, bruno d'estate, rossiccio d'inverno, agile ed elegante, senza coda; la carne è molto pregiata; il maschio ha corna caduche, corte, divise in due o tre rami (*fam.* Cervidi).

capro *s.m.* il maschio della capra; becco / — *espiatorio*, (*fig.*) chi sconta colpe altrui.

caprone [-pró-] *s.m.* grosso capro.

capruggine [-prùg-] *s.f.* intaccatura delle doghe entro la quale si incastrano i fondi della botte.

capsula [càp-] *s.f.* **1** involucro / — *spaziale*, involucro che accoglie astronauti nei voli spaziali [*ill. Missile*] **2** tappo metallico per bottiglie [*ill. Vino*] **3** piccolo cilindro metallico contenente miscela fulminante destinata a provocare lo scoppio delle cariche esplosive di proiettili e altri ordigni **4** piccolo involucro di ostia, di materia plastica ecc., contenente sostanze medicamentose da deglutire **5** (*chim.*) recipiente di porcellana a forma semisferica per usi di laboratorio **6** frutto secco contenente più semi, che s'apre quand'è maturo [*ill. Frutti*] **7** (*anat.*) involucro fibroso che avvolge le articolazioni / — *surrenale*, piccolo organo che si trova sopra ciascun rene.

capsulatrice *s.f.* macchina che al termine delle operazioni di imbottigliamento applica la capsula di chiusura.

captare *v.tr.* **1** cercar di ottenere, cattivarsi: — *la benevolenza altrui* **2** intercettare per mezzo di un apparecchio ricevente le onde elettromagnetiche emesse durante una trasmissione radiofonica o radiotelegrafica.

capufficio [-fi-] *s.m.* e *f.* → **capoufficio**.

capziosità *s.f.invar.* **1** qualità di ciò che è capzioso **2** discorso capzioso.

capzioso [-zió-] *agg.* che tende a sorprendere la buona fede di una persona disattenta o non pratica; ingannevole, insidioso: *discorso, argomento —.*

carabattola [-bàt-] *s.f.* oggetto di poco pregio.

carabina *s.f.* corto fucile di precisione con canna rigata, usato anche per la caccia.

carabiniere [-niè-] *s.m.* soldato di un'arma dell'esercito italiano, costituita con compiti di polizia.

carabo [cà-] *s.m.* coleottero dal tegumento di lucentezza metallica, che distrugge gli insetti dannosi all'agricoltura (*fam.* Carabidi).

carachiri *s.m.invar.* suicidio compiuto squarciandosi il ventre con una spada, come nell'uso dei giapponesi.

caracollare *v.intr.* [*io caracòllo ecc.*] volteggiare saltellando a destra e a sinistra (detto del cavallo e per estens. del cavaliere).

caracollo [-còl-] *s.m.* movimento del cavallo che caracolla.

caracul [-cùl] *s.m.invar.* pecora asiatica da cui si ricava una pelliccia pregiata.

caraffa *s.f.* recipiente di vetro panciuto, con collo stretto, bocca larga e manico, per servire bevande.

carambola[1] [-ràm-] *s.f.* piccolo albero con foglie imparipennate, fiori piccoli, frutti giallo-pallidi a forma di bacca, la cui polpa ha sapore di ribes; viene coltivato nei paesi tropicali (*fam.* Ossalidacee).

carambola[2] [-ràm-] *s.f.* **1** nel biliardo, colpo col quale si manda la propria palla a colpirne altre due; nel gioco del calcio, colpo di rimbalzo del pallone che urta in un ostacolo **2** (*fig.*) spinta di rimbalzo, urto multiplo.

carambolare *v.intr.* [*io caràmbolo ecc.*] far carambola.

caramella [-mèl-] *s.f.* **1** pastiglia di zucchero cotto, colorato e aromatizzato **2** (*fam.*) monocolo.

caramellaio [-là-] *s.m.* chi fabbrica o vende caramelle.

caramellare *v.tr.* [*io caramèllo ecc.*] **1** cuocere lo zucchero fino a farlo fondere e poi cristallizzare **2** rivestire di zucchero fuso.

caramello [-mèl-] *s.m.* zucchero liquefatto e brunito mediante cottura; si usa in pasticceria.

caramelloso [-ló-] *agg.* **1** che ha qualità di caramella; dolciastro **2** (*fig.*) forzatamente sentimentale; sdolcinato.

carassio [-ràs-] *s.m.* pesce d'acqua dolce, commestibile, simile alla carpa, di color bruno sul dorso e giallo sul ventre (*fam.* Ciprinidi).

caratare *v.tr.* pesare a carati i metalli preziosi, determinare cioè quanti carati di metallo puro contiene ogni oncia.

caratello [-tèl-] *s.m.* piccolo recipiente di legno in forma di botte per vini pregiati e liquori.

caratista *s.m.* e *f.* [pl.m. -i] comproprietario di una nave mercantile; chi possiede quote di partecipazione in una società commerciale.

carato *s.m.* **1** ventiquattresima parte di un'oncia: unità di misura usata per i metalli preziosi, equivalente per l'oro a un ventiquattresimo di un'oncia: *oro a ventiquattro carati*, purissimo **2** unità di misura usata per il commercio delle pietre preziose, suddivisa in quattro grani **3** ventiquattresima parte di proprietà di una nave mercantile; per estens., quota di partecipazione in una società commerciale.

carattere [-ràt-] *s.m.* **1** segno grafico convenzionale cui si attribuisce un significato; lettera dell'alfabeto scritta o stampata; la scrittura stessa: — *cirillico, geroglifico, maiuscolo* **2** (*tip.*) piccolo parallelepipedo, in una lega di piombo, antimonio e stagno, che porta in rilievo su una delle estremità una lettera **3** qualità particolare che distingue una cosa dall'altra: — *di questo metallo è l'estrema duttilità* **4** complesso di qualità e attitudini psicologiche costituenti l'impronta individuale di una persona: *gli rovineranno il —* / *uomo di —, di forte temperamento* / *commedia di —*, commedia in cui è approfondita l'analisi psicologica di un determinato carattere umano. SIN. *indole, temperamento, natura.* DIM. *caratterino.* PEGG. *caratteraccio* **5** (*teol.*) segno spirituale che i sacramenti del battesimo, cresima e ordine imprimono indelebilmente.

caratteriale *agg.* (*psic.*) che riguarda il carattere // *s.m.* e *f.* chi ha problemi psichici derivanti da squilibri di carattere.

caratterista *s.m.* e *f.* [pl.m. -i] attore che interpreta un ruolo tipico, prevalentemente comico, con tratti spiccati e vivaci.

caratteristica [-rì-] *s.f.* qualità peculiare.

caratteristico [-rì-] *agg.* [pl.m. -ci] che è peculiare di qlco. o qlcu. SIN. *proprio, tipico.*

caratterizzare [-rizza-] *v.tr.* distinguere con un tratto peculiare, inconfondibile.

caratterizzazione [-rizzazió-] *s.f.* atto, effetto del caratterizzare.

caratura *s.f.* **1** misurazione in carati: *la — dell'oro* **2** quota di partecipazione in una società commerciale, in particolare, nella proprietà di una nave mercantile.

caravan [cà-] *s.f.invar.* rimorchio per autovetture, attrezzato per abitazione; roulotte.

caravanning [*ingl.; pr.* caravènin] *s.m.* la pratica turistica del caravan.

caravanserraglio [-rà-] *s.m.* in oriente, recinto in cui sostano le carovane; (*fig.*) confusione, affollamento rumoroso.

caravella [-vèl-] *s.f.* veliero a tre alberi usato da spagnoli e portoghesi dal sec. XV al XVII nei viaggi di scoperta e per commercio.

carboidrati *s.m.pl.* (*chim.*) sostanze organiche contenenti carbonio, idrogeno e ossigeno.

carbonaia [-nà-] *s.f.* **1** locale adibito a deposito di carbone **2** catasta di legna, ricoperta di terra, che ardendo si trasforma in carbone.

carbonaio [-nà-] *s.m.* chi vende carbone e legna.

carbonaro *agg.* (*st.*) che riguarda la carboneria o i carbonari: *i moti carbonari di Napoli* // *s.m.* chi era iscritto alla carboneria; (*fig.*) chi agisce clandestinamente.

carbonato *s.m.* (*chim.*) sale dell'acido carbonico.

carbonchio [-bón-] *s.m.* **1** pietra preziosa di color rosso vivo **2** malattia infettiva degli animali erbivori, trasmissibile anche all'uomo **3** malattia del grano dovuta a un fungo parassita.

carboncino *s.m.* **1** bastoncino di carbone usato per disegnare **2** il disegno così eseguito.

carbone [-bó-] *s.m.* **1** sostanza solida di colore nero, costituita da carbonio impuro, derivato dalla decomposizione (spontanea o provocata), in assenza d'aria, di varie sostanze organiche, soprattutto vegetali; usato spec. come combustibile e in medicina come disinfettante intestinale e assorbente / — *fossile*, minerale prodotto dalla lenta trasformazione di vegetali sepolti negli strati terrestri / *nero come il —*, nerissimo / — *bianco*, la forza idraulica, sfruttata per la produzione di energia elettrica **2** ciascuno dei due bastoncini delle lampade ad arco.

carbonella [-nèl-] *s.f.* carbone prodotto dalla combustione di legna minuta.

carboneria [-ri-] *s.f.* (*st.*) società politica segreta, sorta in Italia al principio del sec. XIX con l'intento di ottenere dai sovrani riforme liberali.

carbonico [-bò-] *agg.* [pl.m. -*ci*] che riguarda il carbonio: *acido —*, soluzione acida ottenuta da anidride carbonica e acqua; *anidride carbonica*, gas incoloro e inodoro, producentesi in ogni combustione completa di sostanze organiche e dalla respirazione degli organismi animali e vegetali; è usato per gasare bevande e nell'industria frigorifera.

carboniero [-niè-] *agg.* del carbone; industria carboniera.

carbonifero [-nì-] *agg.* che contiene carbone (detto di terreno): *bacino —* // *s.m.* periodo geologico dell'era paleozoica, durante il quale si sono depositati i più importanti giacimenti di carbon fossile.

carbonio [-bò-] *s.m.* elemento chimico (C; *n.at.* 6; *p.at.* 12,01); esiste libero in natura sotto diverse forme (diamante, carbone); è parte essenziale di tutti i composti organici, di molte rocce (calcare) e di tutti gli organismi viventi / *ossido di —*, gas velenoso, incoloro e inodoro, prodotto in determinati tipi di combustione, in particolare in quella dei motori a scoppio.

carbonizzare [-niʒʒa-] *v.tr.* **1** trasformare in carbone (legna, vegetali ecc.) **2** ardere in modo da ridurre in carbone o simile a carbone.

carbonizzazione [-niʒʒazió-] *s.f.* atto, effetto del carbonizzare.

carborundo *s.m.*, **carborundum** *s.m.invar.* carburo di silicio, infusibile, incombustibile; per la sua durezza viene usato come abrasivo.

carbosiderurgico [-rùr-] *agg.* [pl.m. -*ci*] relativo all'industria siderurgica e del carbone.

carbossiemoglobina *s.f.* (*med.*) sostanza che si forma negli avvelenamenti da ossido di carbonio per azione di questo gas sull'emoglobina del sangue.

carburante *s.m.* ogni combustibile fluido che, mescolato con aria, dà una miscela esplosiva usata nei motori a scoppio [*ill. Automobile*].

carburare *v.tr.* (*aut.*) sottoporre al processo di carburazione.

carburatore [-tó-] *s.m.* (*aut.*) scatola in cui avviene la composizione della miscela di aria e carburante per l'alimentazione del motore a scoppio [*ill. Automobile*].

carburatorista *s.m.* e *f.* [pl.m. -*i*] chi è esperto nella manutenzione e riparazione di carburatori.

carburazione [-zió-] *s.f.* (*aut.*) preparazione e dosatura della miscela di aria e combustibile per alimentare un motore a scoppio.

carburo *s.m.* (*chim.*) composto derivato dalla combinazione del carbonio con ogni altro elemento; nome comune del *carburo di calcio*.

carcadè *s.m.invar.* infuso simile al tè, ricavato dai sepali secchi dell'ibisco.

carcame *s.m.* le ossa, già in parte spolpate, di un animale. SIN. *carcassa*.

carcassa *s.f.* **1** insieme delle ossa che costituiscono la cavità toracica degli animali; anche, lo scheletro di un animale morto. SIN. *carcame* **2** (*fig.*) macchina o macchinario vecchio, malandato; persona malandata per vecchiaia o altro **3** ossatura di una nave o di una costruzione.

carcerare *v.tr.* [*io càrcero* ecc.] rinchiudere in carcere.

carcerario [-rà-] *agg.* del carcere, relativo al carcere: *regolamento —*.

carcerato *agg.* e *s.m.* che o chi è rinchiuso in carcere.

carcerazione [-zió-] *s.f.* **1** l'azione del carcerare **2** l'essere in carcere. SIN. *prigionia, detenzione*.

carcere [càr-] *s.m.* [pl.f. -*i*] luogo in cui sono custoditi i condannati alla pena della reclusione o gli accusati colpiti da mandato di cattura in attesa del giudizio; per estens., luogo in cui qlcu. è tenuto a forza. SIN. *prigione*.

carceriere [-riè-] *s.m.* guardiano di un carcere; per estens., guardiano rigido, severo.

carcinoma [-nò-] *s.m.* [pl. -*i*] (*med.*) tumore maligno dei tessuti epiteliali.

carcinosi [-nòfi] *s.f.invar.* forma diffusiva di cancro.

carciofo [-ciò-] *s.m.* pianta erbacea di cui si mangiano i capolini e le grandi brattee carnose da cui essi sono avvolti (*fam.* Composite).

carco *agg.* e *s.m.* (*poet.*) → **carico**.

carda *s.f.* cilindro rivestito di punte ricurve, in ferro, usato per pettinare fibre tessili.

cardamomo [-mò-] *s.m.* pianta erbacea, tipica dei paesi caldi, i cui semi, aromatici, sono usati in profumeria (*fam.* Zingiberacee).

cardanico [-dà-] *agg.* [pl.m. -*ci*] (*mecc.*) si dice di un *giunto*, costituito da due forcelle articolate a snodo su una crociera, che consente la trasmissione del moto tra due alberi non coassiali; si dice di una *sospensione* che, applicando lo stesso principio, permette di mantenere in posizione stabilmente orizzontale un oggetto girevole secondo due assi ortogonali.

cardano *s.m.* giunto cardanico.

cardare *v.tr.* sciogliere e pettinare con la carda una fibra tessile.

cardatore [-tó-] *s.m.* [f. -*trice*] chi esegue la cardatura.

cardatrice *s.f.* macchina per cardare.

cardatura *s.f.* operazione del cardare.

cardellino *s.m.* uccellino variopinto, comune in Italia, con fronte e gola rosse, fascia gialla sulle ali, becco conico, è buon cantatore (*fam.* Fringillidi).

cardiaco [-dì-] *agg.* [pl.m. *-ci*] che si riferisce al cuore // *s.m.* chi è ammalato di cuore.

cardialgia [-gì-] *s.f.* (*med.*) dolore al cardias o, genericamente, allo stomaco.

cardias [càr-] *s.m.invar.* (*anat.*) apertura di sbocco dell'esofago nello stomaco.

cardigan [*ingl.*; *pr.* càrdigan] *s.m.* giacca di maglia, di linea morbida, senza colletto e abbottonata sul davanti.

cardinalato *s.m.* dignità e ufficio di cardinale; il tempo che dura tale ufficio.

cardinale[1] *agg.* che fa da cardine, da sostegno; principale, fondamentale / *punti cardinali*, i quattro punti fondamentali dell'orizzonte ai quali si riferiscono tutte le possibili direzioni (Nord, Sud, Est, Ovest) / *numeri cardinali*, i numeri interi considerati indipendentemente da qualsiasi ordine di successione / *virtù cardinali*, (*teol.*) prudenza, giustizia, fortezza, temperanza.

cardinale[2] *s.m.* ciascuno degli alti dignitari della chiesa cattolica che sono nominati dal papa, collaborano con lui, lo eleggono e formano nel loro insieme il Sacro collegio.

cardinalesco [-lé-] *agg.* [pl.m. *-chí*] da cardinale.

cardinalizio [-lì-] *agg.* che è proprio dei cardinali: *cappello —*.

cardine [càr-] *s.m.* **1** ferro cilindrico verticale sul quale si imperniano e girano le imposte delle finestre o i battenti delle porte **2** (*fig.*) elemento principale, sostegno.

cardio [càr-] [dal gr. *cardìa = cuore*] primo elemento di parole composte scientifiche; indica relazione col cuore (*cardiografia*).

cardiochirurgia [-gì-] *s.f.* specialità chirurgica che ha come campo di attività il cuore e i grossi vasi sanguigni a esso collegati.

cardiochirurgo *s.m.* [pl. *-gi* e *ghí*] chirurgo che si occupa di cardiochirurgia.

cardiocinetico [-nè-] *agg.* e *s.m.* [pl.m. *-ci*] si dice di farmaco che stimola l'attività cardiaca.

cardiocircolatorio [-tò-] *agg.* inerente al cuore e alla circolazione sanguigna: *sistema —*.

cardiodilatazione [-zió-] *s.f.* (*med.*) allargamento delle cavità del cuore, che avviene quando i tessuti cardiaci perdono elasticità.

cardiografia [-fì-] *s.f.* (*med.*) esame delle funzioni del cuore mediante riproduzione grafica delle sue pulsazioni.

cardiografo [-diò-] *s.m.* (*med.*) apparecchio che riceve gli impulsi trasmessi dal cuore e li riproduce graficamente.

cardiogramma *s.m.* [pl. *-i*] (*med.*) riproduzione grafica delle pulsazioni del cuore.

cardioide [-diòi-] *agg.* e *s.f.* si dice di una curva matematica la cui rappresentazione grafica è a forma di cuore.

cardiologia [-gì-] *s.f.* (*med.*) la specialità che studia le funzioni e le malattie del cuore.

cardiologo [-diò-] *s.m.* [pl. *-gi*] medico specializzato in cardiologia.

cardiopalmo *s.m.* (*med.*) anormale accelerazione dei battiti del cuore.

cardiopatia [-tì-] *s.f.* termine generico per designare le malattie di cuore.

cardiopatico [-pà-] *agg.* e *s.m.* [pl.m. *-ci*] si dice di persona affetta da una malattia di cuore.

cardiopolmonare *agg.* inerente al cuore e ai polmoni: *circolo —*.

cardiostenosi [-nòʃi] *s.f.invar.* malattia del cuore provocata dal restringimento dei suoi orifizi.

cardiotonico [-tò-] *agg.* e *s.m.* [pl.m. *-ci*] si dice di farmaco che aumenta il tono del muscolo cardiaco.

cardiovascolare *agg.* che è in relazione col cuore e col sistema dei vasi sanguigni.

cardo *s.m.* pianta erbacea con foglie lunghe, carnose, di colore biancastro, commestibili (*fam.* Composite) / *— dei lanaioli*, pianta erbacea con capolini spinosi, usati un tempo per cardare la lana.

carena [-rè-] *s.f.* **1** la parte normalmente immersa di una nave **2** cresta ossea dello sterno degli uccelli volatori, su cui si inseriscono i muscoli pettorali motori delle ali.

carenaggio [-nàg-] *s.m.* (*mar.*) l'atto, l'effetto del carenare / *bacino di —*, opera in muratura, solitamente entro un porto, in cui si possono mettere a secco le navi per ripararne la carena [*ill. Porto*].

carenare *v.tr.* [*io* carèno *ecc.*] mettere a secco la carena di una nave per le operazioni di manutenzione e di riparazione.

carenato *agg.* si dice di uccello volatore con sterno provvisto di carena.

carenatura *s.f.* rivestimento rigido di un velivolo o di un veicolo terrestre veloce per ottenere un migliore scorrimento dell'aria sulle sue superfici e quindi una riduzione della resistenza aerodinamica.

carente [-rèn-] *agg.* insufficiente, lacunoso, manchevole; che manca di qlco.: *alimentazione — di vitamine; le strutture sono carenti*.

carenza [-rèn-] *s.f.* mancanza, insufficienza: *carenze organizzative; — di materie prime*.

carestia [-stì-] *s.f.* **1** grande scarsezza di viveri **2** (*fig.*) mancanza, penuria.

carezza[1] [-rèz-] *s.f.* dimostrazione di affetto o di benevolenza fatta con atti o parole e spec. lisciando con la mano.

carezza[2] [-réz-] *s.f.* l'essere caro di prezzo.

carezzare *v.tr.* [*io* carèzzo *ecc.*] → **accarezzare**.

carezzevole [-zé-] *agg.* che accarezza, (*fig.*) dolce, suadente: *voce —*.

cargo *s.m.* [pl. *-ghí*] nave da carico.

cariare *v.tr.* [*io* càrio *ecc.*] provocare la carie // *-arsi v.rifl.pron.* **1** essere colpito dalla carie: *mi si è cariato un dente* **2** per estens., essere consumato materialmente.

cariatide [-rià-] *s.f.* **1** ornamento architettonico in figura umana atteggiata a sostenere una mensola, un balcone, un architrave **2** (*fig.*) persona brutta e scostante: *da dove viene quella —?* **3** (*fig.*) persona che sta ferma e in silenzio senza partecipare all'attività altrui.

cariato *agg.* che è colpito dalla carie; per estens., consumato, corroso / *vecchi mobili cariati*, tarlati.

caribù *s.m.invar.* mammifero ruminante nordamericano, simile alla renna, ma più robusto e con corna più brevi (*fam.* Cervidi).

carica [cà-] *s.f.* **1** ufficio di una certa importanza: *essere in —* **2** energia inerente a un corpo o necessaria al funzionamento di un meccanismo: *dare la — a un orologio; — elettrica*, quantità di elettricità distribuita su un conduttore **3** operazione che consiste nel fornire un congegno, un'arma ecc. del materiale o dell'energia necessaria al suo funzionamento **4** quantità di esplosivo necessaria per ottenere un determinato effetto: — *di lancio*, quantità di esplosivo occorrente per far partire un proiettile dalla bocca da fuoco; — *di scoppio*, quantità di esplosivo capace di far scoppiare un proiettile, una mina ecc. **5** movimento impetuoso compiuto da truppe a cavallo o a piedi; anche lo squillo di tromba che dà il segnale della carica **6** per estens., movimento impetuoso e aggressivo di persone o animali; in diversi sport di squadra, azione con cui si ostacola rudemente l'avversario **7** (*ind.*) si dice di materiali speciali che, aggiunti a certi prodotti (carta, tessuti, gomma ecc.), ne migliorano le proprietà **8** potenziale di energia psichica: — *affettiva, agonistica*.

caricamento [-mén-] *s.m.* atto, effetto del caricare.

caricare *v.tr.* [*io càrico, tu carichi ecc.*] **1** mettere un carico addosso a una persona o sopra un animale o una cosa: — *uno di pacchi*; — *un mulo.* SIN. *gravare, appesantire* **2** (*fig.*) opprimere: — *di lavoro, di botte*; — *di ingiurie*, offendere ripetutamente e con violenza **3** aumentare eccessivamente; esagerare: — *le dosi*; — *le tinte*, dipingere a colori intensi, (*fig.*) esagerare volutamente la descrizione di un fatto **4** dare la carica o l'alimento necessario al funzionamento di un congegno: — *l'orologio, la stufa, la pipa*; — *la macchina fotografica*, introdurvi la pellicola; — *il fucile*, introdurre il proiettile o i proiettili nell'arma **5** attaccare con impeto, aggredire fisicamente (anche nell'agonismo sportivo) / (*assol.*) andare alla carica **6** stimolare sul piano emotivo, trasmettere entusiasmo, energia: *le sue parole hanno caricato tutti* // **-arsi** *v.rifl.* farsi coraggio, trovare entusiasmo: *con le difficoltà, anziché deprimersi, si carica.*

caricato *agg.* **1** (*fig.*) esagerato; affettato: *linguaggio, stile* — **2** (*arald.*) dicesi della pezza e della figura sulla quale siano poste altre figure (gigli, stelle ecc.).

caricatore [-tó-] *s.m.* **1** involucro metallico contenente più cartucce pronte per essere introdotte nelle armi a ripetizione e automatiche portatili [*ill. Fucile*]. **2** contenitore di parti di ricambio; in fotografia, involucro impenetrabile alla luce che contiene la pellicola per gli apparecchi di piccolo formato.

caricatura *s.f.* rappresentazione deformata, a scopo satirico o umoristico, dei segni caratteristici o dei difetti di un soggetto / *mettere in* —, beffare.

caricaturale *agg.* di, da caricatura; comico, grottesco.

caricaturista *s.m.* e *f.* [*pl.m. -i*] chi disegna caricature.

carico¹ [cà-] *agg.* [*pl.m. -chi*] **1** aggravato da un peso (anche *fig.*). SIN. *gravato, pieno* **2** intenso, acceso (detto di colore): *giallo* — **3** caricato, pronto per funzionare: *orologio, fucile* —. CONTR. *scarico*.

carico² [cà-] *s.m.* [*pl. -chi*] **1** quanto si carica su qlco. o qlcu.; onere (anche *fig.*): *nave da* —, destinata al trasporto di merci; *portare un* — *sulle spalle*; *sostenere il* — *della famiglia* / *avere qlcu. a* —, dover provvedere al suo mantenimento / *portare dei testimoni a* —, presentare dei testi che depongano contro l'accusato. SIN. *peso, gravame* **2** peso che grava su una costruzione o su una parete di essa **3** potenza erogata o assorbita da una macchina elettrica **4** nel gioco della briscola, l'asso e il tre.

carie [cà-] *s.f.invar.* processo infiammatorio distruttivo del tessuto delle ossa e spec. dei denti / — *del frumento*, malattia del grano.

carillon [*franc.*; *pr.* cariiòn] *s.m.* **1** sistema di campane intonate cromaticamente e sonate a mezzo di una tastiera o comandate elettricamente **2** meccanismo capace di riprodurre semplici melodie e consistente in

un cilindro munito di punte che fa vibrare delle lamelle metalliche.

carino *agg.* **1** grazioso **2** piacevole; gentile.

carioca [-riò-] *agg.invar.* di Rio de Janeiro // *s.m.* e *f.invar.* abitante di Rio de Janeiro.

cariocinesi [-nèʃi] *s.f.invar.* (*biol.*) forma di riproduzione delle cellule, caratterizzata da una serie di trasformazioni del nucleo, tale da mantenere costante il numero di cromosomi delle cellule di una stessa specie vegetale o animale.

cariosside [-riòs-] *s.f.* (*bot.*) frutto secco, con pericarpo sottile, proprio dei cereali [*ill. Frutti*].

carisma [-ʃma] *s.m.* [*pl. -i*] **1** (*teol.*) dono soprannaturale dello Spirito Santo; grazia divina **2** per estens., fascino, ascendente sulla gente.

carismatico [-ʃmà-] *agg.* [*pl.m. -ci*] **1** (*teol.*) del carisma: *dono* — **2** per estens., che affascina i seguaci, che ha prestigio indiscusso: *capo* —.

carità *s.f.invar.* **1** secondo gli insegnamenti cristiani, l'amore verso Dio e il prossimo: *atto di* —, formula con cui si esprime l'amore verso Dio e, per amore suo, verso il prossimo **2** sentimento che spinge a porgere aiuto a chi ne ha bisogno, (*lett.*) affetto per i parenti, per la patria **3** atto concreto di misericordia; elemosina, (*fam.*) favore, piacere; *fare la* —; *taci, per* —!; *— pelosa*, quella dalla quale ci si attende un vantaggio.

caritatevole [-té-] *agg.* che dimostra amore verso il prossimo; che fa atti di misericordia. SIN. *pietoso*.

carlina *s.f.* pianta erbacea con foglie spinose e grandi capolini, simili a margherite, che si aprono a fior di terra (*fam.* Composite).

carlinga *s.f.* → **fusoliera**.

carlino *s.m.* moneta in uso in varie regioni d'Italia (spec. nel Regno di Napoli e nel Regno di Sicilia) fino agli inizi del sec. XIX.

carlona [-ló-] solo nella locuz.avv. *alla carlona*, in fretta e senza cura: *lavoro fatto alla* —.

carme *s.m.* composizione lirica di tono solenne; genericamente, componimento poetico.

carmelitano *agg.* dell'ordine religioso del Carmelo // *s.m.* frate appartenente all'ordine del Carmelo.

carminio [-mì-] *s.m.* colorante rosso contenuto nella cocciniglia.

carnagione [-gió-] *s.f.* l'insieme delle qualità e il colorito della pelle umana. SIN. *incarnato*.

carnaio [-nà-] *s.m.* **1** cumulo di cadaveri, luogo pieno di cadaveri **2** luogo sovraffollato.

carnale *agg.* **1** (*teol.*) della carne, in contrapposizione allo spirito; in particolare, sessuale **2** si dice di fratelli nati dagli stessi genitori.

carnalità *s.f.* qualità di ciò che è carnale; sensualità, lussuria.

carname *s.m.* (*spreg.*) massa di carne, spec. putrefatta; mucchio di cadaveri.

carnascialesco [-lé-] *agg.* [*pl.m. -chi*] (*lett.*) carnevalesco / *canto* —, canto che accompagnava di carnevale le mascherate, affine per forma metrica alla ballata.

carnato *s.m.* carnagione sana e rosea.

carnauba [-nà-] *s.f.* cera che si ricava dalle foglie di una palma brasiliana.

carne [cà-] *s.f.* **1** nel corpo dell'uomo e degli animali vertebrati, la parte costituita dai muscoli / — *viva*, quella che rimane scoperta a contatto con l'aria, senza la protezione della pelle, in seguito a una ferita o a una bruciatura / *essere bene in* —, *rimettersi in* —, essere o ridiventare ben pasciuti / *eccomi qui in* — *ed ossa*, in persona, vivo e vegeto **2** carne degli animali, spec. dei mammiferi d'allevamento, usata come alimento dall'uomo: — *di bue;* — *suina / nè — nè pesce,* si dice di persone o cose indefinibili, prive di carattere proprio / *avere troppa — al fuoco,* avere troppe faccende e non riuscire a seguirle tutte **3** (*teol.*) il corpo umano come contrapposto allo spirito / *resurrezione della —,* la ricostruzione dei corpi umani dopo il giudizio universale.

carnefice [-né-] *s.m.* **1** chi esegue le condanne a morte **2** (*fig.*) persecutore, tormentatore.

carneficina *s.f.* uccisione violenta e brutale di molte persone (anche *fig.*). SIN. *strage, massacro.*

carneo [càr-] *agg.* (*scient.*) costituito da carne: *alimentazione carnea.*

carnesecca [-séc-] *s.f.* (*cuc.*) lardo con venatura di magro.

carnet [*franc.*; *pr.* carné] *s.m.* libretto, taccuino / — *di ballo,* libretto su cui le dame segnavano i nomi dei cavalieri ai quali avevano promesso un ballo.

carnevalata *s.f.* mascherata di carnevale; per estens., divertimento rumoroso, o anche messinscena senza sostanza, organizzazione poco seria.

carnevale *s.m.* **1** periodo di tempo antecedente la quaresima, che si festeggia con balli, mascherate e vari divertimenti / *prov.:* —, *ogni scherzo vale,* è lecito divertirsi in qualsiasi modo alle spalle altrui **2** (*fig.*) tempo di spasso e baldoria; confusione.

carnevalesco [-lé-] *agg.* [pl.m. -*chi*] di, da carnevale.

carniccio [-nìc-] *s.m.* ciascuno dei pezzetti di carne che restano attaccati alla pelle degli animali scuoiati.

carnicino *agg.* di color roseo come l'incarnato naturale.

carnico [càr-] *agg.* [pl.m. -*ci*] della Carnia.

carniere [-niè-] *s.m.* borsa usata dai cacciatori per riporvi la selvaggina.

carnivoro [-nì-] *agg.* che si ciba in prevalenza o esclusivamente di carne / *piante carnivore,* piante che catturano insetti per cibarsene // *s.m.pl.* ordine di mammiferi, spesso predatori, con unghie robuste, dentatura completa, canini aguzzi e denti ferini taglienti.

carnosità *s.f.invar.* **1** qualità di ciò che è carnoso **2** escrescenza carnosa.

carnoso [-nó-] *agg.* **1** abbondante di carne; polputo: *labbra carnose* **2** che ha la consistenza o l'aspetto della carne: *frutto —,* pieno di polpa e di sugo.

caro *agg.* **1** che è oggetto di amore, di affezione; degno di essere amato: *un — amico; un — ricordo / — Giorgio, cara mamma,* a inizio di lettera o corrispondenza familiare / *la vostra carissima,* la vostra lettera / — *mio! — lei!,* espressioni confidenziali d'impazienza o d'intesa (spesso *iron.*). SIN. *amato, diletto* **2** che è da attirarsi l'affetto o la simpatia altrui; amabile; gentile; *è una cara ragazza; siete stati tutti molto cari con me* **3** che merita attenzione o cura; importante, prezioso: *rispondi, se ti è cara la vita!; terrò sempre — questo libro,* lo conserverò con cura / *tenersi — qlcu.,* cercare di mantenersi il suo affetto o il suo favore **4** gradito, bene accetto: *un attore — al pubblico / avere —,* desiderare, accettare con piacere: *avrei — che non tardaste troppo* **5** di alto prezzo, che costa molto (detto di cosa venduta); che fa pagare molto, che vende ad alto prezzo (detto di chi vende). SIN. *pregiato, costoso, dispendioso* // **-mente** *avv.* affettuosamente.

carogna [-ró-] *s.f.* **1** corpo di animale morto **2** (*fig.*) persona vile, prepotente. DIM. *carognetta.*

carola [-rò-] *s.f.* antico ballo di più persone che cantando, giravano in tondo.

carosello [-sèl-] *s.m.* **1** torneo di molti cavalieri vestiti in costume e divisi in squadre **2** piattaforma girevole di legno su cui sono disposte piccole vetture, barche o animali di legno, che, azionata da apposito meccanismo, serve, nelle fiere, per far divertire i bambini. SIN. *giostra* **3** qualunque movimento circolare vorticoso: *un — di automobili.*

carota [-rò-] *s.f.* **1** radice commestibile, dalla polpa giallo-arancio, della pianta erbacea omonima (*fam.* Ombrellifere) / *pel di —,* soprannome attribuito a chi ha capelli giallo-rossicci, del colore della carota **2** (*min.*) campione di roccia che si estrae dal sottosuolo, a mezzo di sondaggio.

carotaggio [-tàg-] *s.m.* prelievo di campioni cilindrici dagli strati profondi di un terreno o di un ghiacciaio, per mezzo di sonde.

carotare *v.tr.* [*io caròto ecc.*] estrarre dal sottosuolo campioni di roccia o minerale.

carotene [-tè-] *s.m.* sostanza organica a struttura complessa contenuta nelle foglie e nei frutti di alcune piante, spec. nella carota.

carotide [-rò-] *s.f.* ciascuna delle due grandi arterie che dall'aorta portano il sangue alla testa dividendosi poi in due.

carotideo [-dè-] *agg.* inerente all'arteria carotide: *glomo —, biforcazione carotidea, valvole carotidee.*

carotiere [-tiè-] *s.m.* attrezzo per estrarre dal sottosuolo campioni di roccia o minerale.

carovana *s.f.* **1** complesso di persone con carri e bestie da soma che intraprendono lunghi viaggi in luoghi deserti **2** moltitudine di persone o complesso di veicoli per lo più disposti in fila: *una — di turisti* **3** impresa di traslochi, cooperativa di portabagagli.

carovaniera [-niè-] *s.f.* strada percorsa dalle carovane.

carovaniere [-niè-] *s.m.* chi conduce le bestie da soma di una carovana.

carovaniero [-niè-] *agg.* di carovana.

carovita *s.m.* [solo *sing.*] aumento dei prezzi, soprattutto dei beni di maggior consumo, che si verifica per lo più in seguito alla svalutazione della moneta; anche, indennità economica per compensare tale aumento.

carpa *s.f.* pesce commestibile d'acqua dolce di color verde gialliccio, con dorso alto, squame grandi, quattro bargigli; si alleva nelle risaie (*fam.* Ciprinidi).

carpello [-pèl-] *s.m.* (*bot.*) organo femminile del fiore, formato dall'ovario, dallo stilo e dallo stigma [*ill.* Fiore*].

carpenteria [-rì-] *s.f.* **1** arte di squadrare e connettere il legname per farne elementi da costruzione **2** luogo ove lavora il carpentiere.

carpentiere [-tiè-] *s.m.* operaio addetto alla lavorazione del legname e all'esecuzione di strutture per costruzioni varie.

carpine [càr-] *s.m.* albero di alto fusto con corteccia liscia e grigia e foglie ovali, seghettate; il legno, duro e compatto, serve per lavori al tornio (*fam.* Betullacee).

carpione [-pió-] *s.m.* pesce di lago simile alla trota, di color grigio argenteo picchiettato di rosso; commestibile (*fam.* Salmonidi).

carpire *v.tr.* [*io carpisco, tu carpisci ecc.*] pigliare, strappare con astuzia o con violenza. SIN. *ghermire, estorcere, sgraffignare.*

carpo *s.m.* insieme di otto piccole ossa che compongono lo scheletro della parte inferiore della mano, compresa tra la palma e il polso.

carpologia [-gì-] *s.f.* studio scientifico dei frutti.

carponi [-pó-] *avv.* arrancando con le mani e le ginocchia a terra: *procedere* —.

carrabile [-rà-] *agg.* si dice di strada che può essere percorsa con i carri / *passo* —, tratto in cui un marciapiede s'interrompe e il gradino da esso formato si trasforma in piano inclinato per permettere l'accesso ai veicoli. SIN. *carraio*.

carradore [-dó-] *s.m.* artigiano che fabbricava o riparava carri e barrocci.

carraio [-rà-] *s.m.* carradore // *agg.* che permette il passaggio di carri o di autoveicoli; carrabile.

carrareccia [-réc-] *s.f.* **1** strada di campagna percorribile con carri **2** solco lasciato sul terreno dalle ruote dei carri.

carrarese [-ré-] *agg.* di Carrara // *s.m.* e *f.* abitante di Carrara.

carrata *s.f.* quantità di roba che può essere trasportata da un carro.

carré [*franc.*; *pr.* carè] *s.m.* **1** sprone di camicie, camicette o abiti **2** lombata di maiale // *agg.* e *s.m.* si dice di un tipo di pane, detto anche *pane in cassetta*.

carreggiabile [-già-] *agg.* si dice di strada che può essere percorsa con i carri; carrabile.

carreggiare *v.tr.* [*io carréggio ecc.*] trasportare merci con i carri.

carreggiata *s.f.* **1** parte di strada destinata ai veicoli: *l'automobile uscì dalla* — / *rimettersi in* —, rimettersi in regola, rientrare nella normalità, o anche riguadagnare il tempo perduto **2** solco impresso sul terreno dalle ruote di un veicolo **3** distanza fra le due ruote coassiali di un veicolo.

carreggio [-rég-] *s.m.* **1** trasporto di cose su carri **2** trasporto di minerale su vagonetti o simili, come si fa nelle gallerie di miniera **3** insieme di carri da trasporto al seguito di un esercito.

carrellata *s.f.* spostamento della macchina da presa montata su carrello; la ripresa cinematografica così effettuata; (*fig.*) rapida descrizione.

carrellista *s.m.* e *f.* [pl.m. *-i*] **1** chi guida un carrello [*ill. Televisione*] **2** chi vende cibi, bevande o giornali con un carrello, spec. nei treni, o luoghi pubblici.

carrello [-rèl-] *s.m.* **1** telaio montato su ruote, di forme e dimensioni diverse; nelle macchine utensili, la parte che scorre sulle guide del banco: — *della locomotiva*; — *della macchina per scrivere* [*ill. Scrivere, macchina per*] / — *d'atterraggio*, parte dell'aeroplano con ruote o pattini che serve nel decollo, per l'atterraggio e le manovre al suolo [*ill. Aereo*] **2** vagoncino a quattro ruote, con o senza motore; qualsiasi piattaforma o contenitore montato su ruote **3** (*cinem.*) veicolo a quattro ruote con piattaforma su cui si eleva una colonna di altezza regolabile alla quale è fissata la macchina da presa.

carretta [-rét-] *s.f.* **1** veicolo da traino a due ruote / *tirar la* —, fare un lavoro faticoso e di scarso rendimento **2** nave da carico; veicolo vecchio e lento.

carrettata *s.f.* quantità di materiale trasportata da un carretto o da una carretta.

carrettiere [-tiè-] *s.m.* chi conduce un carro / *maniere da* —, volgari.

carretto [-rét-] *s.m.* piccolo carro adibito al trasporto o alla vendita al minuto di merci.

carrettone [-tó-] *s.m.* grosso carro con sponde alte.

carriaggio [-riàg-] *s.m.* carro per trasporto militare.

carriera [-riè-] *s.f.* **1** ramo di attività: *ha scelto la* — *di medico* **2** avanzamento in una professione, in un impiego **3** forte andatura, velocità: *arrivò qui di gran* —.

carrierismo [-ʃmo] *s.m.* aspirazione, anche esagerata, a fare carriera.

carrierista *s.m.* e *f.* [pl.m. *-i*] chi ambisce soprattutto a far carriera.

carriola [-riò-] *s.f.* piccolo carretto con una ruota e due stanghe, che si spinge a mano.

carrista *s.m.* [pl. *-i*] soldato che presta servizio in un reparto di carri armati.

carro *s.m.* [pl.f. *carra*, misura; pl.m. *carri*, negli altri significati] **1** veicolo da trasporto con due o quattro ruote e traino animale / *Gran Carro, Piccolo Carro*, nome delle costellazioni dell'Orsa maggiore e dell'Orsa minore / *essere l'ultima ruota del* —, non contare nulla / *mettere il* — *innanzi ai buoi*, fare qlco. prima del tempo. DIM. *carretto, carrettino* **2** veicolo a trazione per lo più meccanica, assegnato a diversi usi / — *merci*, — *bestiame*, vagone ferroviario su cui viaggiano merci o animali / — *armato*, autoveicolo corazzato e armato di un cannone sporgente da una torretta girevole e di mitragliatrici, capace di muoversi velocemente su terreno accidentato per mezzo di cingoli / — *attrezzi*, autoveicolo attrezzato per l'assistenza o il traino di veicoli in caso di guasto o incidente / — *botte*, carro ferroviario o stradale, provvisto di grande serbatoio a botte, per trasportare liquidi / — *pianale*, con uno spazioso ripiano per caricarvi autoveicoli, container, macchinari / — *funebre*, adibito al trasporto di defunti **3** quantità di materiale trasportato da un carro: *un* —, *due carri di fieno*.

carroccio [-ròc-] *s.m.* carro da guerra a quattro ruote degli antichi comuni italiani, tirato da buoi e recante le insegne comunali, un altare e una campana; attorno ad esso si stringevano i combattenti.

carroponte [-pón-] *s.m.* ponte scorrevole usato nelle fabbriche per sollevare e spostare grossi carichi.

carrozza [-ròz-] *s.f.* **1** vettura trainata da cavalli per il trasporto di persone **2** vagone ferroviario.

carrozzabile [-zà-] *agg.* che può essere percorso da carrozze o autoveicoli: *strada* —.

carrozzare *v.tr.* [*io carròzzo ecc.*] fornire di carrozzeria.

carrozzella [-zèl-] *s.f.* **1** carrozzina per bambini **2** sedia a ruote per invalidi o malati **3** a Roma e in altre città, carrozza di piazza.

carrozzeria [-rì-] *s.f.* **1** la parte dell'automobile che serve a sostenere e a ricoprire le parti meccaniche destinate al moto e alla trazione, e ad ospitare i viaggiatori **2** per estens., la parte esterna, di protezione, di varie macchine e impianti: — *del frigorifero*.

carrozziere [-ziè-] *s.m.* chi costruisce o ripara le carrozzerie degli automezzi.

carrozzina *s.f.* piccolo veicolo spinto a mano per portare bambini piccoli, che vi possono anche dormire.

carrozzino *s.m.* **1** piccolo veicolo a mano per il trasporto di bambini; carrozzina **2** piccolo veicolo a una ruota per il trasporto di una persona, assicurato lateralmente a una motocicletta.

carrozzone [-zó-] *s.m.* **1** grossa vettura trainata da animali o a motore, che può anche servire da abitazione: *il* — *dei saltimbanchi* **2** (*fig.*) ente inutile o poco utile, nel quale si spreca denaro pubblico per interessi clientelari.

carruba *s.f.* frutto del carrubo.

carrubo *s.m.* albero sempreverde con fiori rossi in grappoli e foglie paripennate; i frutti, che sono grosse silique bruno-nere, si danno per cibo ai cavalli (*fam.* Leguminose).

carrucola [-rù-] *s.f.* macchina costituita da una ruota a gola entro cui scorre una fune e che serve per sollevare pesi [*ill. Edilizia*].

carsico [càr-] *agg.* [pl.m. -*ci*] che ha attinenza o affinità con i fenomeni geologici propri della regione del Carso.

carsismo [-ʃmo] *s.m.* fenomeno di corrosione delle rocce calcaree, quale si osserva nella regione del Carso.

carta *s.f.* **1** sostanza cellulosica fibrosa riducibile in fogli più o meno sottili, adatti a molteplici usi: — *assorbente, igienica, da disegno, da lettera, da parati / — bollata*, su cui è impresso un bollo dello stato per atti pubblici / — *pergamena*, succedaneo della pergamena costituito da carta resa traslucida e resistente mediante trattamenti chimici / — *vetrata*, cosparsa di polvere abrasiva per pulire cuoio, legno ecc. / *affidare alla —, mettere in —*, scrivere **2** foglio, documento: — *d'identità*, documento rilasciato dal sindaco che certifica l'identità del titolare / *carte di bordo*, documenti che ogni nave o aereo ha a bordo / *avere le carte in regola*, essere munito di tutti i documenti necessari; (*fig.*) avere la capacità di fare qlco., essere all'altezza di un compito / *mandare a carte quarantotto*, mandare all'aria **3** — *geografica*, rappresentazione grafica, approssimata, ridotta e simbolica di una parte o di tutta la superficie terrestre o di alcuni suoi particolari aspetti: — *fisica, politica, topografica* **4** — *da gioco*, cartoncino rettangolare per giochi da tavola su cui sono impressi segni e figure convenzionali / *carte francesi*, quelle i cui segni sono quadri, cuori, picche e fiori / *carte napoletane*, quelle i cui segni sono danari, coppe, bastoni e spade / *cambiare le carte in tavola*, mutare il senso di parole già dette, interpretare male le parole altrui / *giocare a carte scoperte*, mostrare senza ambiguità le proprie intenzioni / *giocare, tentare l'ultima —*, tentare l'ultima risorsa.

cartacarbone [-bó-] *s.f.* [pl. *cartecarbone*] carta a ricalco per ottenere più copie di uno scritto.

cartaceo [-tà-] *agg.* di carta: *moneta cartacea*.

cartaginese [-né-] *agg.* di Cartagine // *s.m.* e *f.* abitante di Cartagine.

cartagloria [-glò-] *s.f.* [pl. *cartaglorie*] ciascuna delle tre tabelle che si tengono sull'altare e che recano scritte alcune delle parti fisse della messa [*ill. Chiesa*].

cartaio [-tà-] *s.m.* chi fabbrica o vende la carta, chi lavora nell'industria cartaria.

cartamo [-tà-] *s.m.* pianta erbacea i cui fiori color zafferano forniscono una sostanza colorante rossa (*fam.* Composite).

cartamodello [-dèl-] *s.m.* modello in carta di un indumento riprodotto nelle proporzioni reali.

cartamoneta [-né-] *s.f.* [solo *sing.*] moneta cartacea a corso forzoso, emessa dallo stato per sopperire alle necessità del mercato.

cartapecora [-pè-] *s.f.* → **pergamena**.

cartapesta [-pé-] *s.f.* [pl. *cartapeste* o *cartepeste*] impasto di carta con collanti e gesso, usato per la fabbricazione di bambole, pupazzi e giocattoli in genere / *uomo di —*, fiacco, senza carattere; *eroe di —*, falso eroe.

cartario [-tà-] *agg.* che riguarda la fabbricazione della carta: *industria cartaria*.

cartastraccia [-stràc-] *s.f.* [pl. *cartestracce*] carta grossa, di infima qualità, che serve per involgere pacchi.

cartata *s.f.* quantità di roba che è avvolta in un foglio di carta: *una — di caramelle*.

carteggiare *v.intr.* [*io cartéggio* ecc.] nella navigazione marittima o aerea, organizzare preventivamente e verificare durante il tragitto sulla carta nautica una data rotta // *v.tr.* pulire una superficie, spec. di legno, con carta vetrata.

carteggiatura *s.f.* pulitura di una superficie con carta vetrata.

carteggio [-tég-] *s.m.* **1** il corrispondere per lettere; la raccolta delle lettere così scambiate. SIN. *corrispondenza* **2** operazione del predisporre su una carta nautica una rotta: *tavolo da —*.

cartella [-tèl-] *s.f.* **1** scheda o foglio, stampato o scritto di varia natura e funzione: — *della lotteria*, biglietto numerato che concorre all'estrazione di premi / — *della tombola*, cartoncino rettangolare su cui sono stampati dieci o quindici numeri che i giocatori segnano man mano che vengono estratti / — *clinica*, documentazione che riguarda la malattia di una persona ricoverata in ospedale / — *esattoriale*, avviso di pagamento di imposte e tasse rimesso dagli esattori ai contribuenti / — *di rendita*, titolo rappresentante il debito irredimibile dello stato **2** pagina manoscritta o dattiloscritta destinata alla composizione tipografica: *un articolo di quattro cartelle* **3** custodia formata da due cartoni riuniti a forma di copertina, per custodire fogli, disegni manoscritti, stampe e simili **4** borsa in forma di capace busta per libri e documenti, usata da professionisti, studenti ecc. **5** tabella di marmo, per lo più con iscrizione, inserita in una incorniciatura architettonica.

cartelliera [-liè-] *s.f.* mobile a cassetti o ripiani in cui si conservano cartelle e documenti.

cartellino *s.m.* **1** foglietto applicato sulle bottiglie e sui barattoli per indicare il contenuto; biglietto su cui è scritto il prezzo delle merci in vendita **2** etichetta posta sul dorso dei libri, su cui è impresso il nome dell'autore e il titolo dell'opera **3** modulo, scheda: — *segnaletico*, su cui sono impresse le impronte digitali dei delinquenti per facilitare l'identificazione, *timbrare il —*, per documentare l'ora d'entrata e di uscita, da parte di lavoratori dipendenti.

cartellista *s.m.* e *f.* [pl.m. -*i*] (*econ.*) chi fa parte di un cartello economico.

cartello[1] [-tèl-] *s.m.* **1** avviso scritto o stampato a caratteri ben visibili su cartone, legno o metallo, per comunicazioni al pubblico: — *stradale / artista, cantante di —*, di gran fama, valentissimo **2** insegna posta sopra i negozi per indicare il nome del proprietario e il tipo di merce che si vende.

cartello[2] [-tèl-] *s.m.* (*econ.*) accordo fra imprenditori dello stesso ramo produttivo tendente a limitare la concorrenza.

cartellone [-ló-] *s.m.* **1** grande manifesto contenente il programma della stagione di un teatro o di una compagnia: *tenere il —*, si dice di spettacolo teatrale che incontra il favore del pubblico e viene rappresentato più volte **2** nel gioco della tombola, la tabella che reca impressi, nell'ordine, i novanta numeri del gioco e sulla quale si segnano, man mano che vengono estratti, i numeri stessi **3** manifesto, di solito a colori e figurato, che serve per fare la pubblicità di qualche prodotto.

cartellonista *s.m.* e *f.* [pl.m. -*i*] chi dipinge cartelloni pubblicitari.

carter *s.m.invar.* (*ingl.*) coperchio metallico a protezione di un rotismo di ingranaggi [*ill. Motocicletta*].

cartesiano [-ʃia-] *agg.* **1** del filosofo francese Cartesio (1596-1650) / *coordinate cartesiane* (*mat.*) sistema ideato da Cartesio per individuare i punti di un piano **2** razionale, matematicamente dimostrabile // *s.m.* (*fil.*) seguace del razionalismo cartesiano.

cartiera [-tiè-] *s.f.* stabilimento per la fabbricazione della carta.

cartiglio [-tì-] *s.m.* raffigurazione di un rotolo di carta recante iscrizioni, usato come elemento decorativo in pittura o scultura.

cartilagine [-là-] *s.f.* (*anat.*) tessuto connettivo flessibile, elastico, duro, di consistenza inferiore a quella del tessuto osseo, con cui concorre a formare l'impalcatura scheletrica.

cartilagineo [-gì-] *agg.*, **cartilaginoso** [-nó-] *agg.* che ha la consistenza, l'aspetto di cartilagine.

cartina *s.f.* 1 involucro di carta contenente una sostanza medicinale o piccoli oggetti (p.e. aghi) 2 foglietto di carta sottile in cui si avvoltola il tabacco trinciato per farne sigarette 3 piccola carta geografica.

cartocciata *s.f.* quantità di roba che è contenuta in un cartoccio: *una — di confetti.*

cartoccio [-tòc-] *s.m.* 1 foglio di carta ravvolto a cono usato per contenere merce in piccole quantità; la merce in esso contenuta 2 l'insieme delle brattee che avvolgono la pannocchia del granoturco 3 sacchetto contenente la carica di lancio per un pezzo d'artiglieria.

cartografia [-fì-] *s.f.* scienza che si occupa della rappresentazione su carta della superficie terrestre o di una sua porzione.

cartografico [-grà-] *agg.* [pl.m. -*ci*] che riguarda la cartografia.

cartografo [-tò-] *s.m.* tecnico che si occupa di cartografia.

cartolaio [-là-] *s.m.* chi vende oggetti di cancelleria, cartoline ecc.

cartoleria [-rì-] *s.f.* il negozio del cartolaio.

cartolibrario [-brà-] *agg.* che riguarda la produzione e il commercio di carte e libri: *la crisi del settore —.*

cartolibreria [-rì-] *s.f.* negozio di cartoleria abilitato anche alla vendita di libri.

cartolina *s.f.* cartoncino rettangolare usato per comunicazioni epistolari aperte: — *illustrata*, che reca su un lato un'illustrazione o una fotografia; — *postale*, messa in vendita dallo Stato con il francobollo già stampato / — *precetto*, inviata per chiamare alle armi le reclute o mobilitare i militari in congedo.

cartomante *s.m. e f.* chi esercita la cartomanzia.

cartomanzia [-zì-] *s.f.* arte di indovinare il futuro per mezzo delle carte.

cartonaggio [-nàg-] *s.m.* qualunque prodotto ottenuto dalla lavorazione del cartone.

cartonato *agg.* rinforzato con cartone.

cartoncino *s.m.* 1 biglietto di cartone leggero, elegante, usato spec. per partecipazioni, biglietti da visita 2 sorta di cartone leggero.

cartone [-tó-] *s.m.* 1 strato spesso di materiale cellulosico o di fogli di carta compressi, che serve per fare scatole, cartelle o simili, o per imballaggio 2 nella tecnica pittorica, disegno preparatorio su carta pesante che viene poi riportato sul muro o sulla tela / *cartoni animati* disegni animati 3 nel gergo giovanile, pugno dato in piena faccia.

cartonfeltro [-fèl-] *s.m.* materiale termoisolante per pareti interne, costituito da strati di cartone e feltro.

cartongesso [-gès-] *s.m.* materiale costituito da cartone ricoperto di gesso, usato per l'isolamento termico di pareti interne.

cartonista *s.m. e f.* [pl.m. -*sti*] chi disegna cartoni animati.

cartoon [*ingl.*; *pr.* cartùn] *s.m.* nei giornali, striscia di disegni, a fumetti o no; nella cinematografia, disegni animati.

cartoonist [*ingl.*; *pr.* ca(r)tunist] *s.m.* denominazione inglese del *cartonista.*

cartotecnica [-tèc-] *s.f.* industria per la lavorazione e la trasformazione della carta e dei cartoni in buste, scatole e confezioni in genere.

cartotecnico [-tèc-] *agg.* [pl.m. -*ci*] inerente alla lavorazione della carta e del cartone // *s.m.* proprietario, o lavoratore, di un'industria cartotecnica.

cartuccia¹ [-tùc-] *s.f.* [pl. -*ce*] carta di poco valore.

cartuccia² [-tùc-] *s.f.* [pl. -*ce*] cilindro di metallo o di cartone che contiene la carica e il proiettile o i pallini delle armi da fuoco portatili / *mezza —*, uomo piccolo di statura o di poco valore.

cartucciera [-cè-] *s.f.* tracolla o cintura di cuoio in cui si tengono le cartucce.

caruncola [-rùn-] *s.f.* piccola escrescenza carnosa: — *lacrimale*, nei mammiferi, tubercolo rosso all'angolo interno dell'occhio in cui sbocca la ghiandola lacrimale [*ill. Occhio*].

casa *s.f.* 1 edificio suddiviso in piani e vani, adibito ad abitazione; l'appartamento in cui una famiglia dimora; per estens., il luogo dove si vive / *prov.*: — *mia*, — *mia, per piccina che tu sia, tu mi sembri una badia*, la propria casa appare sempre bella e comoda. SIN. *abitazione, dimora*. DIM. *casina, casetta*. ACCR. *casona* 2 edificio con particolari funzioni: — *dello studente*, pensionato per studenti; — *di cura*, clinica privata / — *della lana*, negozio specializzato nella vendita di questo prodotto 3 la famiglia a cui uno appartiene / *metter su* —, sposarsi / *essere di* —, avere familiarità con qlcu. 4 dinastia: *la casa dei Borboni* 5 (*comm.*) ditta: — *editrice* 6 ciascuna delle sessantaquattro caselle bianche e nere della scacchiera [*ill. Scacchi*].

casacca [-ʃac-] *s.f.* 1 giacca sciolta, abbastanza ampia e lunga 2 la giubba dei fantini o dei giocatori di alcune squadre di calcio.

casaccio [-ʃàc-] *s.i* si usa nella locuz.avv. *a casaccio*, alla peggio, in modo trascurato; a vanvera.

casale *s.m.* 1 gruppo di case in campagna 2 casa rustica isolata.

casalinga *s.f.* donna che si dedica esclusivamente alla casa.

casalingo *agg.* [pl.m. -*ghi*] di casa, domestico / *cucina casalinga*, come si fa in casa / *pane —*, fatto in casa / *uomo —*, che sta volentieri in casa propria // *s.m.pl.* oggetti per la casa.

casamatta *s.f.* [pl. *casematte*] riparo in muratura basso e massiccio con feritoie, a difesa di installazioni militari.

casamento [-mén-] *s.m.* 1 casa grande, suddivisa in più appartamenti e costruita senza ricercatezze architettoniche 2 l'insieme delle persone che abitano nello stesso edificio: *lo sa tutto il —!*

casaro [-ʃà-] *s.m.* operaio addetto alla lavorazione, preparazione e conservazione dei latticini.

casata *s.f.* l'insieme delle famiglie dello stesso stipite. SIN. *stirpe, lignaggio, famiglia.*

casato *s.m.* nome di famiglia. SIN. *cognome.*

casba *s.f.*, **casbah** *s.f.invar.* quartiere arabo delle città dell'Africa settentrionale; (*fig.*) quartiere malfamato di una città.

cascame *s.m.* residuo della lavorazione di lana, seta, cuoio o altri materiali.

cascamorto [-mòr-] *s.m.* (*scherz.*) innamorato languido e svenevole.

cascante *agg.* fiacco, floscio; languido.

cascara sagrada [cà-] *s.f.* (*farm.*) sostanza estratta dalla corteccia di un arbusto dell'America del Nord, usata come lassativo.

cascare *v.intr.* [*io casco, tu caschi ecc.*] andare giù, a terra, portato dal proprio peso. SIN. *cadere.*

cascata *s.f.* brusca caduta d'acqua corrente causata da un dislivello [*ill. Fiume*].

cascatore [-tó-] *s.m.* [f. *-trice*], **cascherino** *s.m.* chi sostituisce gli attori durante la ripresa cinematografica o televisiva di scene pericolose o comunque tali da richiedere capacità acrobatiche.

cascina *s.f.* il fabbricato in cui si trova la stalla delle vacche da latte e talora anche un piccolo caseificio; nelle campagne padane, casa colonica, o edificio rustico con fienile, pollaio ecc.

cascinaio [-nà-] *s.m.* chi sovrintende a una cascina.

cascinale *s.m.* complesso di più cascine.

casco[1] *s.m.* [pl. *-chi*] **1** sorta di elmo protettivo usato da militari e sportivi (motociclisti, rugbisti e altri) / *caschi blu*, i soldati dell'ONU **2** copricapo in tela e sughero usato nei paesi tropicali per proteggersi dal sole **3** congegno elettrico usato dai parrucchieri per asciugare i capelli.

casco[2] *s.m.* [pl. *-chi*] infruttescenza del banano.

caseario [-eà-] *agg.* che riguarda la produzione dei formaggi e dei latticini in genere.

caseggiato *s.m.* insieme di case, per lo più contigue.

caseificio [-ʃeifì-] *s.m.* edificio in cui si effettua la lavorazione del latte per la fabbricazione del burro e del formaggio.

caseina [-ʃe-] *s.f.* (*chim.*) sostanza organica, contenuta nel latte, con cui si fanno formaggi, alimenti, colle, tessuti, materie plastiche.

casella [-sèl-] *s.f.* **1** piccolo scompartimento di un mobile / *— postale*, scompartimento in cui viene depositata dalle poste, direttamente, la corrispondenza di chi l'ha preso in affitto **2** parte di un foglio diviso in quadretti o in rettangoli.

casellante *s.m.* e *f.* custode delle ferrovie che abita in un casello.

casellario [-là-] *s.m.* mobile a caselle per custodire documenti o lettere / *— giudiziale*, raccolta delle schede anagrafiche di coloro che hanno riportato condanne penali.

casello [-sèl-] *s.m.* casa cantoniera.

casentino [-ʃen-] *s.m.* tessuto di lana pesante, con peli corti e spessi riuniti in bioccoli.

casera [-ʃè-] *s.f.* nei caseifici, magazzino destinato alla stagionatura dei formaggi.

casereccio [-réc-] *agg.* fatto in casa: *pane —.*

caserma [-sèr-] *s.f.* edificio in cui alloggiano corpi armati o simili organizzazioni.

casermaggio [-màg-] *s.m.* complesso degli arredi di una caserma.

casermesco [-mé-] *agg.* [pl.m. *-chi*] proprio di una caserma, che ricorda l'ambiente della caserma: *disciplina casermesca.*

casermetta [-mét-] *s.f.* costruzione nell'interno di una caserma, adibita a particolari usi (dormitorio, refettorio ecc.).

casertano *agg.* di Caserta // *s.m.* abitante di Caserta.

cash [*ingl.*; *pr.* chèsc'] *s.f.* cassa, denaro liquido; si usa in espressioni del linguaggio economico: *— flow*, movimento di liquidità, cioè quanto una persona o una struttura hanno ricevuto e speso in un determinato periodo: *— and carry*, vendita all'ingrosso con ritiro e pagamento immediato della merce; centro organizzato per tale vendita.

casigliano *s.m.* chi abita nella stessa casa.

casino *s.m.* **1** casa signorile di campagna, spesso adibita a luogo di raduno per battute di caccia **2** luogo di ritrovo, con sale di lettura e da gioco; circolo **3** casa di prostituzione **4** (*fig.*) baccano, confusione, disordine; anche, gran quantità / *un —*, nel gergo giovanile, moltissimo: *mi piace un —.*

casinò *s.m.invar.* (*franc.*) luogo dove si gioca alla roulette e a vari giochi d'azzardo.

casipola [-sì-] (*rar.*) casupola.

casista [-ʃì-] *s.m.* e *f.* [pl.m. *-i*] teologo studioso dei casi di coscienza.

casistica [-ʃì-] **1** elenco di casi che possono verificarsi in determinate situazioni: *la — degli incidenti stradali* **2** parte della teologia morale che esamina i vari casi di coscienza.

caso [-ʃo] *s.m.* **1** avvenimento non previsto né prevedibile / *a —, per —*, accidentalmente, sbadatamente / *far — a qlco.*, darle importanza. SIN. *combinazione, contingenza* **2** la causa di qlco. avvenuta al di fuori della nostra volontà: *è accaduto così e non me la posso prendere col —* **3** fatto, vicenda; condizione, occasione: *saranno dieci anni che non si verifica un — come questo; è meglio che tu pensi ai casi tuoi; se ti capita il — di vederlo, salutalo / fare al —*, essere adatto. SIN. *evento, circostanza* **4** la maniera con cui può presentarsi un fatto; il fatto stesso, con le sue concrete caratteristiche: *un — difficile, urgente / — limite*, quello in cui un fenomeno presenti accentuate al massimo le sue caratteristiche **5** possibilità: *i casi sono due: o studia, o lo mando a lavorare / nel — che, — mai*, nell'ipotesi che / *in — contrario*, altrimenti **6** (*gramm.*) ciascuna delle forme che il nome assume, in certe lingue (p.e. in latino), cambiando la desinenza, per indicare una determinata relazione sintattica; la relazione sintattica stessa.

casolare *s.m.* casa rustica isolata.

casotto [-sòt-] *s.m.* **1** capanno, per lo più trasportabile, come ricovero da guardiani e sentinelle o, sulle spiagge, da bagnanti **2** (*volg.*) casino.

caspita [cà-] *inter.* esclamazione di meraviglia o d'impazienza: *—, come sei elegante oggi!*

cassa *s.f.* **1** recipiente, per lo più di legno, a forma di parallelepipedo, provvisto di coperchio; il contenuto di tale recipiente: *una — di libri / — da morto*, bara. DIM. *cassetta.* ACCR. *cassone* **2** cavità in cui è contenuto qlco.: *— dell'orologio*, la parte che ne racchiude il meccanismo; *— del fucile*, parte che sostiene la canna e facilita il maneggio e il puntamento dell'arma; *— toracica*, insieme di ossa e cartilagini che delimita la cavità del torace **3** mobile a più scompartimenti in cui si conservano denari o preziosi; per estens., l'insieme dei beni di proprietà di una persona o di un'impresa / *libro di —*, registro su cui si annotano pagamenti e riscossioni / *pagamento a pronta —*, in contanti / *batter —*, chiedere denaro **4** nelle banche e negli uffici, luogo dove avvengono pagamenti e riscossioni **5** istituto di credito: *Cassa di risparmio / Cassa malattia*, istituto per l'assistenza dei lavoratori in malattia **6** cassetto entro cui sono contenuti i caratteri tipografici **7** cavità che amplifica i suoni [*ill. Musicali, strumenti*]; in particolare, ciascuno degli amplificatori di un impianto stereofonico / *fare da — di risonanza*, (*fig.*) diffondere, pubblicizzare ampiamente notizie o idee.

cassaforma [-fór-] *s.f.* [pl. *casseforme*] (*edil.*) struttura provvisoria, per lo più a forma di cassetta, nella quale fanno presa i getti in cemento armato.

cassaforte [-fòr-] *s.f.* [pl. *casseforti*] armadio metallico con speciali serrature di sicurezza per custodire denaro e preziosi.

cassaintegrato *agg.* e *s.m.* nel gergo sindacale lavoratore in cassa integrazione.

cassapanca *s.f.* [pl. *cassapanche* o *cassepanche*] mobile simile a una panca, costituito da una cassa provvista di coperchio, talora anche di schienale e braccioli.

cassare *v.tr.* **1** annullare uno scritto passandovi sopra un tratto di penna o raschiandolo con un temperino. SIN. *cancellare* **2** (*dir.*) revocare, abrogare leggi, sentenze e simili.

cassata *s.f.* **1** gelato, formato da uno strato duro, esterno, di crema o cioccolato e da una parte interna leggera **2** dolce siciliano di pandispagna e di un impasto di ricotta, zucchero, cioccolato, liquore.

cassazione [-zió-] *s.f.* (*dir.*) annullamento, abolizione / *corte di* —, suprema magistratura che può revocare le sentenze pronunciate da una corte d'appello.

cassero [càs-] *s.m.* **1** ponte scoperto sopraelevato nella parte centrale o centro-poppiera della nave [*ill. Nave*] **2** → **cassaforma**.

casseruola [-ruò-] *s.f.* utensile di metallo simile al tegame, ma più fondo, di solito con un solo manico lungo.

cassetta [-sèt-] *s.f.* **1** cassa piccola, anche senza coperchio: — *delle elemosine*, per raccogliere le offerte dei fedeli in chiesa; — *delle lettere*, per impostare le vie la corrispondenza o per riceverla in casa; — *di sicurezza*, nelle banche, piccola cassaforte da affittare ai clienti / *pane in* —, cotto in forme rettangolari e consumato a fette per tosti ecc. **2** nelle carrozze sedile del cocchiere: *stare a* — **3** introito di uno spettacolo: *film di* —, fatto pensando a un facile successo **4** nastro magnetico per registrazione acustica o video, confezionato in un contenitore che consente di utilizzarlo senza estrarlo [*ill. Suono*].

cassettiera [-tiè-] *s.f.* mobile a cassetti sovrapposti.

cassettista *s.m.* e *f.* [pl.m. *-i*] chi ha in locazione una cassetta di sicurezza in banca; anche, chi compra titoli o valori mobiliari per un investimento duraturo.

cassetto [-sèt-] *s.m.* **1** cassetta a base quadrangolare che scorre su due guide entro un mobile (armadio, scrivania ecc.) **2** — *di distribuzione*, congegno per la distribuzione del vapore nel cilindro delle locomotive.

cassettone [-tó-] *s.m.* **1** mobile con cassetti per conservare biancheria **2** scomparto quadrato o poligonale incavato nel soffitto a scopo decorativo.

cassia [càs-] *s.f.* albero tropicale i cui frutti di forma cilindrica, dalla polpa nerastra, hanno proprietà lassative (*fam.* Leguminose).

cassiere [-siè-] *s.m.* chi, in un'amministrazione, ha in consegna la cassa.

cassino *s.m.* cuscinetto per cancellare quanto è scritto sulla lavagna; cancellino.

cassintegrato *s.m.* → **cassaintegrato**.

cassiterite *s.f.* minerale da cui si ricava lo stagno.

cassone [-só-] *s.m.* **1** cassa molto capace per conservare o trasportare oggetti vari **2** mobile basso, di forma rettangolare, decorato con intarsi e dipinti, in uso nel '400 e '500 per riporvi biancheria **3** costruzione in muratura a forma di cassa per proteggere la vegetazione dalle intemperie **4** grande recipiente metallico di cui si servono gli operai per condurre lavori sott'acqua.

cassonetto [-nét-] *s.m.* sorta di cassa, per lo più murata, per contenere impianti nell'interno di edifici: *il* — *della tapparella*.

cast [*ingl.*; *pr.* cast] *s.m.* gruppo, complesso di attori che lavorano insieme per uno stesso spettacolo: *un* — *di prim'ordine*.

casta *s.f.* **1** gruppo sociale chiuso i cui membri hanno in comune razza, nascita, religione o mestiere; spec. ciascuna delle classi sociali chiuse nelle quali è divisa la popolazione dell'India **2** (*fig.*) classe o gruppo di persone che si attribuiscono speciali privilegi.

castagna *s.f.* frutto del castagno, con buccia di color bruno-scuro e seme costituito da una sostanza farinosa alimentare / *prendere in* —, cogliere sul fatto.

castagnaccio [-gnàc-] *s.m.* torta di farina di castagne, spesso con uva passa e pinoli.

castagnaio [-gnà-] *s.m.* coltivatore, raccoglitore, venditore di castagne, o anche di caldarroste.

castagnatura *s.f.* (*rar.*) raccolta delle castagne.

castagneto [-gné-] *s.m.* terreno piantato a castagni.

castagnetta [-gnét-] *s.f.* piccolo petardo; castagnola.

castagnette [-gnét-] *s.f.pl.* **1** nacchere **2** suono secco che si produce facendo schioccare le dita.

castagno *s.m.* **1** albero con foglie ovali dentate e fiori bianchi; produce castagne e legname da costruzione (*fam.* Fagacee) / — *d'India*, ippocastano **2** il legno di tale albero: *un mobile di* —.

castagnola [-gnò-] *s.f.* **1** petardo, fatto di carta con un po' di polvere pirica **2** piccolo pesce di scogliera (*ord.* Perciformi) **3** *pl.* dolcetti fritti di forma tondeggiante tipici di alcune zone dell'Italia centrale.

castalda *s.f.* la moglie del castaldo.

castaldo *s.m.* fattore di campagna.

castale *agg.* di casta: *ordinamento* —.

castano *agg.* che ha il colore della scorza della castagna: *capelli*, *occhi castani*.

castellana *s.f.* signora di un castello; abitante di un castello.

castellania [-nì-] *s.f.* dignità, ufficio di castellano; governo di un castello.

castellano *s.m.* signore o comandante di un castello; abitante di un castello.

castellatura *s.f.* armatura di legno che serve a rinforzare mobili.

castelletto [-lét-] *s.m.* **1** piccolo castello **2** nelle miniere, costruzione in legno, acciaio o cemento armato che sta sopra i pozzi d'estrazione **3** massima apertura di credito accordata da una banca a un cliente.

castelliere [-liè-] *s.m.* (*archeol.*) antica struttura fortificata dell'età preitalica.

castello [-stèl-] *s.m.* [pl.m. *castelli*; pl.f. *castella*, ormai in disuso] **1** grande edificio munito di mura e torri, circondato da un fossato, in cui abitavano i signori feudali / *far castelli in aria*, fare progetti vani, inattuabili **2** (*mar.*) ponte sopraelevato nella parte prodiera della nave **3** (*st.*) macchina di legno, a forma di torre, che veniva accostata alle mura di una città assediata per colpirne i difensori **4** impalcatura, struttura di sostegno; in particolare quella per sollevare pesi a una certa altezza in lavori murari / — *aereo*, ponte o piattaforma autotrasportata, che si può innalzare o abbassare, per riparazioni di linee elettriche aeree / — *motore*, (*aer.*) struttura che sorregge il motore dell'aereo / — *della mitragliatrice*, parte metallica che ne costituisce la cassa e collega tra loro le altre parti dell'arma / — *della pistola*, la parte che collega impugnatura e canna / *letti*

castello

1 *maschio,*
2 *torre d'angolo,*
3 *beccatelli,*
4 *bertesca,*
5 *merli,*
6 *ponte levatoio,*
7 *fossato,*
8 *feritoia,*
9 *cammino di ronda,*
10 *torre.*

a —, sovrapposti in verticale, per utilizzare al massimo lo spazio.

castigamatti *s.m.invar.* **1** bastone che un tempo veniva usato nei manicomi per tenere a bada i pazzi furiosi **2** (*fig. scherz.*) strumento di punizione per chi si dimostra ribelle alla ragione; persona atta a tenere a freno i turbolenti: *è arrivato il* —.

castigare *v.tr.* [*io castigo, tu castighi ecc.*] **1** dare una punizione, infliggere un castigo. SIN. *punire* **2** (*lett.*) correggere: — *lo stile, i costumi / — un libro,* togliere i passi che contrastano con le convenienze morali o linguistiche. SIN. *emendare.*

castigatezza [-téz-] *s.f.* l'essere castigato nello scrivere, nel parlare, nei costumi.

castigato *agg.* **1** che ha rispetto della morale; modesto, sobrio: *vita castigata* **2** corretto, emendato da errori (detto di stile, di linguaggio).

castigliano *agg.* di Castiglia // *s.m.* abitante di Castiglia, lingua della Castiglia.

castigo *s.m.* [pl. -*ghi*] punizione data allo scopo di correggere, di emendare qlcu. da un errore o colpa: *meritare un* — / *essere in* —, (*fam.*) dover scontare una punizione / *un* — *di Dio,* una disgrazia; detto di persona, un seccatore, un disturbatore.

castimonia [-mò-] *s.f.* (*rar.*) abitudine alla vita casta.

castità *s.f.invar.* l'essere casto.

casto *agg.* **1** che si astiene da piaceri sessuali non consentiti dal proprio stato, dalla propria morale: *uno sposo* —, fedele **2** per estens., che si astiene da piaceri e pensieri sensuali; innocente, virtuoso **3** semplice, elegante (detto di stile o di linguaggio).

castone [-stó-] *s.m.* incavo dell'anello in cui è posta la gemma.

castorino *s.m.* **1** sorta di pelliccia con pelo corto e morbido simile a quello del castoro, ma meno folto, fornita dalla nutria **2** tessuto di lana a fili grossi.

castoro [-stò-] *s.m.* **1** mammifero roditore nordamericano, con piedi anteriori prensili, posteriori palmati, coda larga a paletta, pelliccia marrone morbidissima, folta e molto pregiata (*fam.* Castoridi) **2** tessuto pesante di lana cardata usato per vestiti da uomo.

castrametazione [-zió-] *s.f.* (*st.*) l'arte di disporre gli accampamenti militari.

castrare *v.tr.* **1** rendere incapace alla riproduzione (spec. animali) / — *le castagne,* inciderle **2** (*fig.*) privare di qualche parte importante (soprattutto scritture); rendere inefficiente, limitare, bloccare.

castrato *agg. e s.m.* che, chi ha subito la castrazione; nel linguaggio di cucina, carne di agnello castrato.

castratoio [-tó-] *s.m.* ferro per castrare gli animali.

castratore [-tó-] *s.m.* [f. -*trice*] **1** chi castra **2** (*fig.*) censore, spec. di libri; chi blocca, limita l'azione.

castrazione [-zió-] *s.f.* atto, effetto del castrare (anche *fig.*).

castrense [-strèn-] *agg.* proprio dell'accampamento militare / *vescovo* —, il capo dei cappellani militari.

castrismo [-ʃmo] *s.m.* il socialismo realizzato a Cuba dalla rivoluzione guidata da Fidel Castro, preso a modello da altri movimenti di liberazione.

castrone [-stró-] *s.m.* **1** agnello castrato **2** (*fig.volg.*) uomo sciocco e vile.

castroneria [-rì-] *s.f.* atto o detto da castrone, da sciocco.

casual [*ingl.; pr.* chèʃual] *agg. e s.m.* si dice di abbigliamento semplice, sportivo, non legato ai canoni classici della moda.

casuale [-ʃua-] *agg.* **1** che dipende dal caso, che avviene per caso. SIN. *fortuito, occasionale* **2** detto di abbigliamento, ha lo stesso senso dell'inglese *casual* // -**mente** *avv.* accidentalmente.

casualismo [-ʃualíʃmo] *s.m.* (*fil.*) concezione secondo cui l'ordine dell'universo è dovuto al caso ed è negato ogni finalismo.

casualità [-ʃua-] *s.f.invar.* **1** l'essere casuale **2** fatto casuale.

casuario [-ʃuà-] *s.m.* grosso uccello corridore delle Indie orientali, simile allo struzzo, con penne setolose, ali piccole, collo corto rosso-azzurro e sul capo una caratteristica protuberanza a forma di elmo.

casupola [-sù-] *s.f.* casa piccola e povera.

cata- [dal gr. *catà* = *giù, abbasso, secondo, presso* ecc.] prefisso che figura in parole di origine greca o di formazione moderna, con vari significati, fra i quali «giù, contro» (*catastrofe, catapulta, catalessi*).

catabolismo [-ʃmo] *s.m.* l'insieme dei processi coi quali l'organismo disintegra le sostanze alimentari ingerite allo scopo di trarne energia.

cataclasi [-tàclaʃi] *s.f.invar.* intensa azione di fratturazione delle rocce.

cataclisma [-ʃma] *s.m.* [pl. *-i*] **1** inondazione, diluvio; grande sconvolgimento terrestre prodotto da cause naturali **2** (*fig.*) grave turbamento politico o sociale.

catacomba [-cóm-] *s.f.* **1** luogo sotterraneo in cui i primi cristiani seppellivano i loro morti e celebravano in segreto i riti del culto **2** (*fig.*) luogo senz'aria né luce; luogo silenzioso, triste, privo di vita.

catacresi [-crèʃi] *s.f.invar.* figura retorica per cui si usa una parola in senso diverso da quello consueto (p.e. il *collo* di una bottiglia).

catadiottrico [-diòt-] *agg.* [pl.m. *-ci*] si dice di sistema o apparato ottico costituito da sistemi contemporaneamente riflettenti e rifrangenti.

catafalco *s.m.* [pl. *-chi*] sorta di palco, adorno di drappi neri, per sostenere la bara.

catafascio [-fà-] solo nella locuz.avv. *a catafascio*, alla rinfusa / *andare a —*, in rovina.

catafilli *s.m.pl.* (*bot.*) foglie ridotte a squame, prive di clorofilla.

catafratto *agg.* protetto da corazza.

catalano *agg.* della Catalogna // *s.m.* abitante della Catalogna.

catalessi[1] [-lès-] *s.f.invar.*, **catalessia** [-sì-] *s.f.* stato patologico caratteristico di alcune malattie nervose e mentali, o ottenibile per ipnotismo, in cui gli arti mantengono qualunque posizione venga loro data.

catalessi[2] [-lès-] *s.f.invar.* nella metrica classica, soppressione di una parte dell'ultimo piede di un verso.

catalettico[1] [-lèt-] *agg.* [pl.m. *-ci*] (*med.*) proprio della catalessi: *fenomeno —*.

catalettico[2] [-lèt-] *agg.* [pl.m. *-ci*] nella metrica classica, che presenta catalessi: *verso —*.

cataletto [-lèt-] *s.m.* bara per il trasporto dei morti.

catalisi [-tàliʃi] *s.f.invar.* (*fis.* e *chim.*) fenomeno per cui una sostanza modifica con la sua presenza, pur rimanendo inalterata, la velocità di una reazione.

catalitico [-lì-] *agg.* [pl.m. *-ci*] (*fis.* e *chim.*) che è proprio della catalisi.

catalizzare [-liʒʒa-] *v.tr.* **1** (*chim.*) produrre una catalisi **2** (*fig.*) diventare il centro d'interesse e di attività di più persone, gruppi, forze.

catalizzatore [-liʒʒató-] *s.m.* **1** (*chim.*) sostanza che dà luogo a una catalisi **2** (*fig.*) centro propulsore.

catalogare *v.tr.* [*io catàlogo, tu catàloghi ecc.*] disporre in un catalogo, ordinare.

catalogna [-ló-] *s.f.* erba commestibile, simile alla cicoria.

catalogo [-tà-] *s.m.* [pl. *-ghi*] **1** schedario o registro in cui sono elencati, con certi criteri, titoli di libri o nomi di oggetti (o notizie su un determinato argomento) **2** fascicolo che presenta le pubblicazioni di un editore **2** (*fig.*) elencazione, enumerazione.

catalpa *s.f.* albero a fiori bianchi e grandi foglie cuoriformi (*fam.* Bignoniacee).

catamarano *s.m.* barca a vela a due scafi paralleli collegati da un ponte d'origine polinesiana.

catanese [-né-] *agg.* di Catania // *s.m.* e *f.* abitante di Catania.

catanzarese [-ré-] *agg.* di Catanzaro // *s.m.* e *f.* abitante di Catanzaro.

catapecchia [-péc-] *s.f.* casupola cadente.

cataplasma [-ʃma] *s.m.* [pl. *-i*] **1** impiastro medicamentoso preparato con sostanze emollienti **2** (*fig.*) persona noiosa.

catapulta *s.f.* **1** antica macchina da guerra che lanciava pietre e frecce **2** (*aer.*) macchina che accelera il moto di un aeroplano o di un missile fino alla velocità di volo e che lo guida durante la fase iniziale.

catapultare *v.tr.* **1** lanciare con la catapulta **2** (*fig.*) lanciare con violenza.

cataratta *s.f.* → **cateratta**.

catarifrangente [-gèn-] *agg.* che rimanda la luce da cui è colpito // *s.m.* gemma di vetro speciale che, riflettendo la luce dei fanali di un veicolo sopraggiungente, avverte il guidatore di questo della presenza di un ostacolo.

cataro [cà-] *agg.* che è proprio dei catari // *catari*, *s.m.pl.* eretici medievali che praticavano forme di intransigente ascetismo.

catarrale [*med.*] di catarro; caratterizzato o provocato da catarro.

catarrine *s.f.pl.* scimmie di un continente antico, con setto nasale stretto e narici rivolte in basso; non hanno coda prensile.

catarro *s.m.* aumento della secrezione delle mucose in seguito a fenomeni infiammatori: *— bronchiale*. SIN. *muco*.

catarroso [-rò-] *agg.* sofferente di catarro.

catarsi *s.f.invar.* **1** purificazione; in particolare, l'azione purificatrice che esercita l'arte (specie l'arte tragica) sull'animo dello spettatore che ne viene rasserenato e sollevato **2** (*fig.*) risoluzione finale che accontenta tutti, che cancella problemi e rancori.

catartico [-tàr-] *agg.* [pl.m. *-ci*] che è proprio della catarsi, che purifica e rasserena.

catasta *s.f.* mucchio di legna da bruciare o di oggetti sovrapposti l'uno sull'altro.

catastale *agg.* del catasto, relativo al catasto.

catasto *s.m.* **1** inventario generale dei beni immobili, con indicazione del proprietario e con la stima del valore, ad usi fiscali **2** l'ufficio che cura tali attività.

catastrofe [-tà-] *s.f.* **1** sventura grave e improvvisa. SIN. *disastro*, *sciagura* **2** scioglimento dell'azione nella tragedia greca **3** funzione matematica che descrive con continuità il legame tra cause ed effetti in fenomeni di tipo diverso (anche sociali, economici ecc.): *teoria delle catastrofi*, la teoria che, utilizzando tali funzioni, permette la descrizione e il controllo di fenomeni diversi.

catastrofico [-strò-] *agg.* [pl.m. *-ci*] **1** di catastrofe, che costituisce o provoca una catastrofe **2** (*scherz.*) che vede sempre l'aspetto peggiore delle cose, che prevede il peggio.

catastrofismo [-ʃmo] *s.m.* **1** la tendenza a prevedere o a rappresentare catastrofi, spec. in opere letterarie o spettacoli **2** (*mat.*) teoria delle catastrofi.

catatonia [-nì-] *s.f.* condizione morbosa, tipica della schizofrenia, in cui l'individuo assume, per una durata variabile, un atteggiamento di immobilità totale o parziale.

catatonico [-tò-] *agg.* [pl.m. *-ci*] relativo alla catatonia // *agg.* e *s.m.* si dice di chi soffre di catatonia.

catch [*ingl.*; *pr.* chèc'] *s.m.* tipo di lotta libera.

catechesi [-chèʃi] *s.f.invar.* insegnamento della dottrina cristiana.

catechismo [-ʃmo] *s.m.* insegnamento della dottrina cristiana; l'insieme dei principi cristiani esposti in domande e risposte; il libro che li contiene. SIN. *dottrina*.

catechista *s.m.* e *f.* [pl.m. *-i*] chi insegna il catechismo.

catechistico [-chi-] *agg.* [pl.m. *-ci*] del catechismo, che riguarda il catechismo.

catechizzare [-chiʒʒa-] *v.tr.* **1** istruire nel catechismo **2** adoperarsi per convincere qlcu. di un'opinione, di un'idea ecc.

catecù *s.m.invar.* sostanza usata nell'industria tintoria e in medicina, fornita dall'*Acacia catechu*, albero proprio di Ceylon e dell'India.

catecumeno [-cù-] *s.m.* chi sta ricevendo l'istruzione religiosa per essere battezzato.

categoria [-rì-] *s.f.* **1** (*fil.*) ciascuna delle classi più generali nelle quali si ordinano e si distribuiscono tutti i nostri concetti **2** classe che raggruppa persone di attività affini; nello sport, classe di atleti che, per comuni requisiti, sono ammessi a partecipare a determinate competizioni **3** serie, qualità.

categorico [-gò-] *agg.* [pl.m. -ci] incondizionato, che non dipende da altro, né ammette alternative: *dare un giudizio —*.

catena [-té-] *s.f.* **1** serie di elementi metallici, saldati l'uno con l'altro, usata come legame o come organo di trazione o di trasmissione: *la — dell'ancora, della bicicletta* [*ill.* Bicicletta] / *spezzare le catene*, liberarsi / *un popolo in catene*, oppresso, privo di libertà. DIM. *catenina, catenella* **2** serie di cose o persone disposte in continuità: *— di montagne*, successione continua di rilievi / *reazione a —*, processo, chimico o nucleare, che una volta innescato si estende automaticamente **3** gruppo di imprese appartenenti allo stesso proprietario o legate da accordi: *— di giornali, di alberghi* **4** (*edil.*) tirante in ferro posto a sostegno dei due muri su cui poggia un arco.

catenaccio [-nàc-] *s.m.* **1** chiavistello / *decreto —*, quello che avendo finalità fiscali, entra in vigore non appena emanato **2** nel gioco del calcio, tattica di carattere difensivo [*ill.* Calcio].

catenaria [-nà-] *agg. e s.f.* si dice di curva matematica rappresentatrice della funzione coseno iperbolico; è la curva disegnata da un filo flessibile omogeneo soggetto solo al suo peso (come una catena o un cavo sospeso).

catenella [-nèl-] piccola catena per lo più di metallo prezioso / *punto a —*, ricamo eseguito in modo da formare un intreccio a catena [*ill.* Cucito].

cateratta *s.f.* **1** chiusura a saracinesca per regolare il passaggio dell'acqua d'un canale **2** ripida pendenza del letto di un fiume, che provoca un forte aumento di velocità nelle acque correnti: *le cateratte del Nilo* [*ill.* Fiume] **3** malattia dell'occhio che porta all'opacamento del cristallino e impedisce la penetrazione dei raggi luminosi.

caterva [-tèr-] *s.f.* gran quantità disordinata di persone o di cose. SIN. *moltitudine*.

catetere [-tè-] *s.m.* piccolo tubo flessibile che s'introduce in cavità del corpo (p.e. nell'uretra) a scopo diagnostico o terapeutico.

cateterismo [-ʃmo] *s.m.* l'operazione del cateterizzare.

cateterizzare [-riʒʒa-] *v.tr.* (*med.*) sondare con un catetere una cavità del corpo, generalmente per estrarne il contenuto.

cateto [-tè-] *s.m.* ciascuno dei due lati che nel triangolo rettangolo comprendono l'angolo retto.

catgut [*ingl.*; *pr.* chètgat] *s.m.* filo ottenuto dagli intestini degli animali, usato in chirurgia per suturare.

catilinaria [-nà-] *s.f.* invettiva, discorso ostile e violento.

catinella [-nèl-] *s.f.* recipiente largo e basso, usato per lavare mani e viso / *a catinelle*, in grande quantità: *acqua a catinelle*.

catino *s.m.* **1** recipiente rotondo e piuttosto largo,

usato per lavarsi o per lavare le stoviglie **2** (*arch.*) cupola a quarto di sfera che copre l'abside.

catione [-tió-] *s.m.* (*fis.*) ione dotato di carica positiva.

catodico [-tò-] *agg.* (*fis.*) [pl.m. -ci] relativo al catodo / *raggi catodici*, radiazioni costituite da elettroni provenienti dal catodo durante la scarica elettrica in un gas rarefatto.

catodo [cà-] *s.m.* (*fis.*) l'elettrodo negativo di un apparecchio elettrico.

catone [-tó-] *s.m.* persona che dà prova di grande austerità di costumi.

catorcio [-tòr-] *s.m.* **1** chiavistello **2** (*fig.*) oggetto vecchio e di poco conto.

catorzolo [-tòr-] *s.m.* **1** tralcio secco della vite **2** nodo sulla superficie di un legno.

catottrica [-tòt-] *s.f.* **1** parte dell'ottica che studia i fenomeni di riflessione della luce **2** strumento che fa vedere gli oggetti per mezzo della luce riflessa.

catottrico [-tòt-] *agg.* [pl.m. -ci] si dice di fenomeno o di sistema ottico basato sulle proprietà di riflessione della luce.

catramare *v.tr.* impregnare o ricoprire con catrame; impermeabilizzare con un manto di catrame: *— la massicciata di una strada*.

catramatura *s.f.* l'operazione, l'effetto del catramare.

catrame *s.m.* residuo bituminoso della distillazione a secco di legna o di carbone fossili: usato, come impermeabilizzante, per pavimentazioni stradali, come materia prima per la produzione di oli combustibili.

cattedra [càt-] *s.f.* **1** seggio usato nei tribunali, nelle aule scolastiche, nelle chiese [*ill.* Chiesa] **2** insegnamento, autorità, dottrina: *la — di Pietro*, l'autorità pontificia / *montare in —*, pretendere di dar lezione agli altri **3** ufficio di insegnante di ruolo: *la — di lettere*.

cattedrale *agg.* appartenente alla cattedrale // *s.f.* la chiesa principale della diocesi, sede della cattedra da cui il vescovo esercita la giurisdizione spirituale.

cattedratico [-drà-] *agg.* [pl.m. -ci] **1** proprio di chi occupa una cattedra **2** (*spreg.*) pedantesco: *tono —* // *s.m.* chi ha una cattedra; professore universitario di ruolo.

cattivare *v.tr.* **1** (*ant.*) far prigioniero **2** (*fig.*) guadagnare, procurarsi; accattivare.

cattiveria [-vè-] *s.f.* **1** l'essere cattivo; cattivo carattere; cattiva qualità. SIN. *malignità, malvagità, perversità, perfidia* **2** azione cattiva.

cattività *s.f.invar.* schiavitù, prigionia.

cattivo *agg.* [compar. *più cattivo* o *peggiore*; superl. *cattivissimo* o *pessimo*] **1** contrario alla morale, dannoso moralmente; che può indurre al male: *cattiva azione*; *cattive intenzioni*. CONTR. *buono* **2** che ha tendenza al male; che esprime astio, ostilità, odio: *un animo —*; *uno sguardo —* / *essere di — umore*, essere nervoso. CONTR. *buono* **3** maldisposto verso gli altri; scortese / *con le buone o con le cattive*, con la persuasione o con la violenza. CONTR. *buono* **4** indocile; di animale, selvatico **5** di qualità scadente, di scarso valore; scorretto; grossolano: *cattiva merce*; *parlare in — italiano*. CONTR. *buono* **6** disonorevole, meschino: *— nome*; *fare una cattiva figura* **7** incapace, poco abile (detto di persona): *— operaio*; *— maestro* **8** inutile, che non risponde allo scopo cui è destinato (detto di cose): difettoso; insoddisfacente: *un — rimedio*; *avere cattiva memoria*; *un abito in — stato*, consumato, logoro. CONTR. *buono* **9** che è sintomo di malattia; malfermo, cagionevole: *cattiva cera; cattiva salute* **10** che procura sensazioni spiacevoli; disgustoso, guasto (detto di cibi) / *farsi — sangue*, prendersela eccessivamente per qlco., tormentarsi. CONTR. *buono* **11** doloroso; pericoloso; sfavorevole, infausto: *una cattiva notizia; un — incontro; la cattiva sorte* **12** dannoso, sconveniente: *un — affare; una cattiva idea* **13** piovoso (detto di tempo); malsano (detto di clima) // *s.m.* **1** persona cattiva: *i cattivi saranno castigati.* CONTR. *buono* **2** la parte cattiva o guasta di qlco.

cattolicesimo [-cêʃi-] *s.m.* la dottrina, la religione e la società cattolica.

cattolicità *s.f.invar.* **1** l'essere cattolico, cioè universale: *la — della chiesa romana* **2** l'insieme dei cattolici: *il papa ha parlato alla —* **3** fedeltà, conformità ai principi cattolici.

cattolico [-tò-] *agg.* [pl.m. *-ci*] che è conforme alla dottrina insegnata dalla chiesa cattolica; che segue, pratica questa dottrina: *il dogma —; sacerdote —* // *s.m.* chi professa la religione cattolica: *i cattolici dell'America.*

cattura *s.f.* **1** il prendere, il catturare; arresto: *ordine di —*, ordine emesso dall'autorità giudiziaria che impone di ricercare e arrestare una persona **2** (*geogr.*) fenomeno per cui un torrente, arretrando le sue sorgenti a causa dell'erosione, ingloba le acque di un altro torrente.

catturare *v.tr.* prendere in proprio potere; fare prigioniero, arrestare; prendere vivo un animale (con reti e simili).

caucciù *s.m.invar.* sostanza elastica e resistente che si estrae da un albero del Brasile (*Hevea brasiliensis*); costituente essenziale della gomma e della guttaperca.

caudale *agg.* della coda: *pinna —.*

caudato *agg.* (*lett.*) provvisto di coda / *sonetto —*, con un'appendice di terzine.

caule [càu-] *s.m.* (*bot.*) il fusto delle piante, spec. di quelle erbacee.

causa [càuʃa] *s.f.* **1** ciò che fa sì che qlco. avvenga; origine, principio / *a — del temporale*, in conseguenza del temporale. SIN. *motivo, ragione, occasione, cagione* **2** (*fil.*) un essere o un fatto che ne produce necessariamente un altro (detto *effetto*), che senza il primo non potrebbe esistere / *la causa prima*, Dio **3** (*dir.*) processo, controversia giudiziaria / *avvocato delle cause perse*, che difende tesi senza fondamento / *essere parte in —*, essere direttamente interessato **4** (*fig.*) rivendicazione di diritti in nome di una nazione, di una categoria sociale; scopo, obiettivo, ideale.

causale [-ʃa-] *agg.* che costituisce, che riguarda la causa di qlco. / *congiunzioni causali*, quelle che introducono una proposizione causale (*perché, poiché, giacché* ecc.) / *proposizioni causali*, proposizioni subordinate che indicano la causa di ciò che è espresso nella proposizione reggente: *corro perché ho fretta* // *s.f.* causa, motivo: *indicare la — del versamento.*

causalgia [-ʃalgì-] *s.f.* forma di nevralgia in cui il dolore è molto acuto e bruciante.

causalità [-ʃa-] *s.f.invar.* (*fil.*) rapporto tra causa ed effetto.

causare [-ʃa-] *v.tr.* [*io càuso* ecc.] essere la causa di qlco.; dare origine a qlco. SIN. *provocare, determinare, cagionare.*

causativo [-ʃa-] *agg.* (*rar.*) atto a causare.

causidico [-ʃi-] *s.m.* [pl. *-ci*] avvocato di scarso valore.

causticità *s.f. invar.* **1** qualità di ciò che è caustico **2** (*fig.*) spirito pungente.

caustico [càu-] *agg.* [pl.m. *-ci*] **1** che brucia, che corrode **2** (*fig.*) mordace, aspro // **-mente** *avv.* mordacemente.

cautela [-tè-] *s.f.* **1** l'essere cauto: *agire con —.* SIN. *prudenza, accortezza, circospezione* **2** atto di persona cauta. SIN. *precauzione.*

cautelare *v.tr.* [*io cautèlo* ecc.] difendere, assicurare usando cautela // **-arsi** *v.rifl.* comportarsi con cautela, premunirsi.

cauterio [-tè-] *s.m.* (*med.*) **1** strumento che serve per cauterizzare **2** l'operazione del cauterizzare; cauterizzazione.

cauterizzare [-riʒʒa-] *v.tr.* (*med.*) operare una cauterizzazione.

cauterizzazione [-riʒʒaziò-] *s.f.* (*med.*) operazione che consiste nel bruciare tessuti malati con ferro rovente o con sostanze caustiche.

cauto [càu-] *agg.* **1** che procede con prudenza, in modo da non causare danno a sé o ad altri. SIN. *prudente, accorto, circospetto.* CONTR. *incauto* **2** che rivela circospezione: *un — riserbo* // **-mente** *avv.* in modo cauto.

cauzionale *agg.* che concerne la cauzione.

cauzionare *v.tr.* [*io cauzióno* ecc.] versare una cauzione.

cauzione [-ziò-] *s.f.* (*dir.*) somma di denaro che si versa per dare garanzia dell'adempimento di un obbligo.

cava *s.f.* luogo da cui si estraggono materiali da costruzione o minerali.

cavadenti [-dèn-] *s.m.invar.* chi esercitava il mestiere di estrarre denti; oggi si usa in senso spreg. per indicare un cattivo dentista.

cavagna *s.f.*, **cavagno** *s.m.* (*region.*) paniere.

cavalcare *v.tr.* [*io cavalco, tu cavalchi* ecc.] **1** montare una cavalcatura **2** attraversare passando sopra (detto di ponti e simili): *un ponte cavalca il fiume* // *v.intr.* andare a cavallo.

cavalcata *s.f.* **1** azione del cavalcare; viaggio fatto a cavallo **2** gruppo di persone a cavallo.

cavalcatore [-tó-] *s.m.* [f. *-trice*] chi è esperto nel cavalcare.

cavalcatura *s.f.* animale da sella.

cavalcavia [-vì-] *s.m.invar.* ponte che passa sopra una strada, negli incroci con altra strada o con una ferrovia.

cavalcioni [-ció-] solo nella locuz.avv. *a cavalcioni*, nella posizione di chi va a cavallo.

cavalierato *s.m.* titolo e dignità di cavaliere.

cavaliere [-liè-] *s.m.* **1** chi va a cavallo; guerriero a cavallo **2** (*fig.*) chi dà prova di lealtà e cortesia **3** chi è insignito di una onorificenza cavalleresca **4** titolo che nella gerarchia nobiliare segue quello di nobile **5** nei balli e nei ritrovi mondani, chi accompagna una donna: *stasera ti farò io da —.*

cavalla *s.f.* femmina del cavallo; giumenta.

cavallaio [-là-] *s.m.* **1** custode d'un branco di cavalli **2** mercante di cavalli.

cavallaro *s.m.* chi conduce cavalli da carico.

cavalleggero [-gè-] *s.m.* soldato a cavallo armato alla leggera.

cavalleresco [-ré-] *agg.* [pl.m. *-chi*] **1** proprio del cavaliere / *poesia cavalleresca*, complesso dei poemi che cantano le gesta dei cavalieri medievali **2** (*fig.*) leale, generoso; galante: *gesto —.*

cavalleria [-rì-] *s.f.* **1** milizia a cavallo **2** (*st.*) istituzione medievale dedita alla difesa della chiesa, delle donne, dei deboli **3** (*fig.*) lealtà, generosità, coraggio **4** galanteria; comportamento deferente e cortese verso le donne.

cavallerizza *s.f.* **1** luogo, per lo più chiuso, adibito

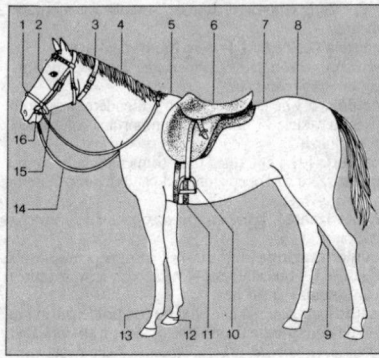

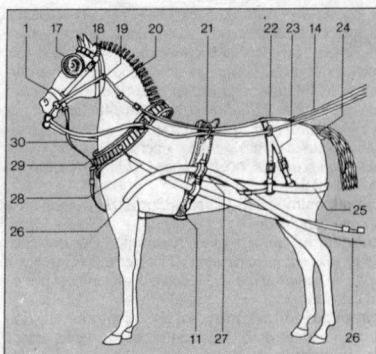

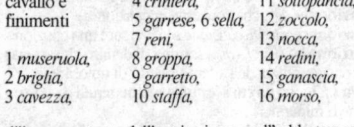

cavallo e finimenti		
	4 *criniera*,	11 *sottopancia*,
	5 *garrese*, 6 *sella*,	12 *zoccolo*,
	7 *reni*,	13 *nocca*,
1 *museruola*,	8 *groppa*,	14 *redini*,
2 *briglia*,	9 *garretto*,	15 *ganascia*,
3 *cavezza*,	10 *staffa*.	16 *morso*,

17 *paraocchi*,	23 *reggibraca*,	29 *collare*,
18 *testiera*,	24 *sottocoda*,	30 *martingala*.
19 *reggifreno*,	25 *braca*,	
20 *false redini*,	26 *stanga*,	
21 *selletta*,	27 *reggistanga*,	
22 *groppiera*,	28 *tirella*,	

all'insegnamento dell'equitazione o all'addestramento dei cavalli 2 arte di cavalcare o di ammaestrare i cavalli.

cavallerizzo *s.m.* 1 maestro di equitazione 2 chi mostra in spettacoli pubblici la propria abilità nel cavalcare.

cavalletta [-lét-] *s.f.* nome comune di molte specie di insetti ortotteri (*fam.* Locustidi); sono di vario colore, con zampe posteriori atte al salto; si nutrono di vegetali, e, in sciami, possono costituire un flagello per le coltivazioni.

cavalletto [-lét-] *s.m.* 1 sostegno, a tre o quattro piedi, su cui si appoggia saldamente qlco.; in particolare, quello su cui i pittori appoggiano la tela [*ill. Pittura e scultura*] 2 struttura su cui poggiano i fili di una sciovia 3 antico strumento di tortura.

cavallina *s.f.* 1 cavalla giovane / correre la —, condurre una vita di piaceri 2 gioco fra ragazzi, dei quali uno si china in modo che gli altri possano saltarlo.

cavallo *s.m.* 1 grosso mammifero erbivoro con testa lunga, collo diritto con criniera, coda corta con peli lunghissimi, orecchie corte e diritte, arti con un solo dito coperto dallo zoccolo; serve da cavalcatura e da tiro (*fam.* Equidi) / andare col — di san Francesco, a piedi / — di battaglia, pezzo in cui un attore o un cantante dà miglior prova della propria abilità / — di ritorno, notizia che riappare sui giornali dopo essere stata pubblicata e smentita / — di Frisia, mezzo di difesa campale costituito da un cavalletto a croce avvolto da filo spinato / — a dondolo, giocattolo per bambini / essere a —, raggiungere lo scopo desiderato. DIM. *cavallino*. VEZZ. *cavalluccio* 2 (*fis.*) unità di misura della potenza di un motore: *motore da trenta cavalli* 3 attrezzo usato in ginnastica per fare volteggi [*ill. Palestra*] 4 nel gioco degli scacchi, pezzo a forma di testa di cavallo [*ill. Scacchi*] 5 una delle figure delle carte napoletane.

cavallone [-ló-] *s.m.* grossa onda marina che si accavalla ad altre e si frange.

cavalluccio [-lùc-] *s.m.* 1 cavallo piccolo e grazioso; giocattolo in forma di piccolo cavallo / portare qlcu. a —, portarlo sulle spalle, con una gamba a destra e l'al-

tra a sinistra del capo 2 — *marino*, ippocampo 3 *pl.* pasticcini di forma ovale, a base di farina, zucchero, miele (specialità di Siena).

cavalocchi [-lòc-] *s.m.invar.* (*rar.*) finto avvocato.

cavapietre [-piè-] *s.m.invar.* chi toglie le pietre dalle cave.

cavare *v.tr.* 1 estrarre, tirar fuori: — *un dente* / *non riuscì a cavargli nulla di bocca*, a fargli dire nulla / *non* — *un ragno dal buco*, non riuscire a nulla / *cavarsela*, superare una situazione difficile 2 levare, togliere di dosso: *cavarsi il cappello*.

cavata *s.f.* 1 atto del cavare: — *di sangue*, salasso 2 (*mus.*) carattere, qualità e quantità di suono che un esecutore sa trarre da uno strumento a corda.

cavatappi *s.m.invar.* utensile per estrarre i tappi di sughero da bottiglie o fiaschi.

cavatina *s.f.* (*mus.*) aria di carattere lirico che, nel melodramma, viene cantata dall'attore principale.

cavatore [-tó-] [*f.* -*trice*] *s.m.* chi lavora in una cava.

cavatura *s.f.* 1 atto del cavare 2 parte incavata; concavità.

cavaturaccioli [-ràc-] *s.m.invar.* cavatappi.

cavazione [-zió-] *s.f.* nella scherma, azione che serve a svincolare la lama della propria arma da quella dell'avversario.

cavea [cà-] *s.f.* nel teatro classico, l'area destinata al pubblico e costituita da gradinate semicircolari.

caveau [*franc.*; *pr.* cavó] *s.m.* sotterraneo blindato.

cavedano [-vé-] *s.m.* pesce d'acqua dolce, commestibile ma poco pregiato (*fam.* Ciprinidi).

cavedio [-vè-] *s.m.* 1 (*archeol.*) cortile della casa romana 2 cortile coperto da un lucernario.

caverna [-vèr-] *s.f.* 1 spaziosa cavità sotterranea. SIN. *antro, grotta, spelonca* 2 cavità che un processo morboso procura in un organo.

cavernicolo [-ní-] *agg.* che abita nelle caverne; troglodita.

cavernoso [-nó-] *agg.* 1 che ha caverne 2 (*fig.*) cupo, roco: *voce cavernosa*.

cavese [-vé-] *agg.* di Cava de' Tirreni // *s.m.* e *f.* abitante di Cava de' Tirreni.

cavezza [-véz-] (*s.f.*) **1** cinghia applicata al collo o al capo del cavallo, a cui si fissa una fune per legarlo o condurlo [*ill. Cavallo*] **2** (*fig.*) tutto ciò che frena la libertà della persona.

cavia [cà-] *s.f.* piccolo mammifero roditore originario dell'America, di vario colore, quasi senza coda; è usato per esperimenti di laboratorio (*fam.* Caviidi) / *fare da* —, prestarsi a esperimenti, anche rischiosi.

caviale *s.m.* alimento costituito da uova di storione e di altri pesci, salate e lavorate.

cavicchia [-vìc-] *s.f.* **1** chiavarda **2** grosso cavicchio.

cavicchio [-vìc-] *s.m.* piccolo legno aguzzo che si pianta nel muro o nel terreno.

caviglia [-vì-] *s.f.* **1** parte della gamba al di sopra del tarso **2** (*mar.*) manopola della ruota di manovra del timone **3** (*mar.*) arnese di legno o di metallo, simile a un perno, usato nelle cavigliere per fissare i cavi.

cavigliera [-glié-] *s.f.* **1** fascia protettiva che si mette alle caviglie **2** (*mar.*) sorta di rastrelliera disposta alla base degli alberi delle navi a vela per fissarvi i cavi.

cavigliere [-glié-] *s.m.* parte terminale superiore degli strumenti ad arco che contiene le corde tese dai piroli [*ill. Musicali, strumenti*].

cavillare *v.intr.* ricorrere a cavilli.

cavillatore [-tó-] *s.m.* [f. *-trice*] chi usa cavilli.

cavillo *s.m.* ragionamento sottile, ma fallace, con cui si tende a ingannare qlcu.

cavillosità *s.f.invar.* carattere cavilloso di persone, di argomenti ecc.

cavilloso [-ló-] *agg.* **1** che usa cavilli: *persona cavillosa* **2** che è fondato su cavilli.

cavità *s.f.invar.* **1** l'essere cavo, incavato **2** parte cava; in particolare, spazio vuoto all'interno del corpo umano destinato per lo più a contenere organi.

cavitazione [-zió-] *s.f.* (*mar.*) fenomeno di corrosione delle pale di un'elica, che si verifica quando, all'aumentare del numero dei giri dell'elica, non corrisponda un aumento nella spinta di propulsione.

cavo[1] *agg.* incavato; vuoto. SIN. *concavo // s.m.* parte cava: *il — della mano.*

cavo[2] *s.m.* **1** grossa fune **2** conduttore elettrico rivestito di isolante usato per trasporto di energia elettrica o per comunicazioni telefoniche e telegrafiche.

cavolaia [-là-] *s.f.* comunissima farfalla diurna dalle ali bianche con macchie scure, il cui bruco danneggia le foglie del cavolo (*fam.* Pieridi).

cavolfiore [-fió-] *s.m.* varietà di cavolo con infiorescenza carnosa, bianco-gialliccia, commestibile.

cavolo [cà-] *s.m.* pianta erbacea, coltivata per uso alimentare, con foglie larghe, raccolte a guisa di globo attorno al fusto (*fam.* Crocifere); *— di Bruxelles*, a fusto alto, coperto di germogli alle foglie; *— cappuccio*, in cui le foglie, unendosi, formano una specie di palla / *testa di —*, stupido.

cazzata *s.f.* (*volg.*) sciocchezza, grosso errore.

cazzeruola [-ruò-] *s.f.* → **casseruola**.

cazziata *s.f.* (*region. volg.*) sgridata, scenata di rimprovero.

cazzo *s.m.* (*volg.*) pene.

cazzottare *v.tr.* [*io cazzòtto ecc.*] prendere a pugni.

cazzottata *s.f.* scambio di pugni.

cazzotto [-zòt-] *s.m.* colpo violento dato col pugno chiuso: *fare a cazzotti*, fare a pugni.

cazzuola [-zuò-] *s.f.* utensile del muratore, a forma di grossa spatola, per prendere la malta e distribuirla su una superficie [*ill. Edilizia*].

C.B. [cìbi] [*ingl.*; *Citizen Band* = banda cittadina] *s.m.invar.* radioamatore.

ce *pron.pers.* e *avv.* → **ci**.

cebo [cè-] *s.m.* scimmia arboricola americana dalla coda prensile (*fam.* Cebidi).

ceca [cè-] *s.f.* anguilla giovane, di aspetto filiforme.

cecaggine [-càg-] *s.f.* (*rar.*) indebolimento della vista; cecità (spec. *fig.*).

cecchino *s.m.* tiratore scelto che spara di sorpresa, stando appostato in luogo nascosto.

cece [cè-] *s.m.* **1** pianta erbacea dai semi di forma sferica, di color giallo chiaro, usati per minestre, abbrustoliti o come surrogato del caffè (*fam.* Leguminose) **2** il seme di tale pianta.

cecilia [-ci-] *s.f.* piccolo anfibio vermiforme privo di zampe, che vive sotto terra nelle zone tropicali umide (*fam.* Ceciliidi).

cecità *s.f.invar.* **1** mancanza della vista **2** (*fig.*) incapacità di comprendere; oscuramento della mente.

ceco [cè-] *agg.* e *s.m.* [pl.m. *-chi*] cecoslovacco.

cecoslovacco [-ʃlo-] *agg.* [pl.m. *-chi*] della Cecoslovacchia // *s.m.* abitante, nativo della Cecoslovacchia.

cecubo [cè-] *s.m.* celebre vino prodotto anticamente nel Lazio.

cedere [cè-] *v.tr.* [pres. *io cèdo* ecc.; pass.rem. *io cedéi* o *cedètti, tu cedésti* ecc.] **1** non opporre più resistenza; ritirarsi; (*fig.*) abbandonare una lotta, darsi per vinto. SIN. *arrendersi* **2** non reggere più, soccombere (detto di persona); piegarsi, incurvarsi, spezzarsi per sforzo o peso eccessivo (detto di cosa): *la sua fibra ha ceduto al violento colpo*; *il pavimento cominciò a — // v.tr.* dare, consegnare qlco. ad altri rinunciandovi / *— le armi*, arrendersi al nemico / *— il passo*, scostarsi per lasciare libero il passaggio.

cedevole [-dé-] *agg.* che cede facilmente (anche *fig.*).

cedevolezza [-léz-] *s.f.* **1** l'esser cedevole **2** (*fig.*) arrendevolezza.

cedibile [-dì-] *agg.* che può essere ceduto ad altri: *biglietto non* —.

cediglia [-dì-] *s.f.* segno ortografico che, nella lingua francese e in altre lingue, si pone sotto la lettera *c* quando (davanti alle vocali *a, o, u*) si deve pronunciare come una *s* sorda.

cedimento [-mén-] *s.m.* l'atto, l'effetto del cedere (anche *fig.*): *un improvviso — del terreno*; *un — politico*.

cedola [cè-] *s.f.* **1** piccola polizza; scontrino **2** (*econ.*) tagliando rettangolare stampato, unito ai titoli pubblici e privati per la riscossione dell'interesse o del dividendo.

cedolare *agg.* e *s.f.* si dice di imposta proporzionale sull'incasso di cedole di titoli e di dividendi di azioni.

cedrata *s.f.* bibita di sciroppo di cedro.

cedrina [cè-] *s.f.* piccolo arbusto dalle foglie aromatiche (*fam.* Verbenacee).

cedro[1] [cè-] *s.m.* **1** pianta arborea con foglie grandi, fiori bianchi, frutti di forma ovoidale, simili a limoni, ma più grossi, con buccia molto spessa (*fam.* Rutacee) [*ill. Piante*] **2** il frutto di tale pianta.

cedro[2] [cè-] *s.m.* grande conifera originaria dell'Asia minore (*fam.* Pinacee).

cedrone [-dró-] *s.m.* gallo cedrone.

cedronella [-nèl-] *s.f.* → **melissa**.

ceduo [cè-] *agg.* si dice di bosco o pianta soggetti a taglio periodico.

cefalea [-lè-] *s.f.* mal di capo, indipendentemente dalla causa.

cefalico [-fà-] *agg.* [pl.m. *-ci*] del capo; che fa parte del capo.

cefalo [cè-] *s.m.* pesce di mare, commestibile, dal corpo quasi cilindrico, con dorso scuro a squame argentine (*fam.* Mugilidi).

cefaloplegia [-gì-] *s.f.* (*med.*) paralisi che colpisce i muscoli del collo.

cefalopodi [-lò-] *s.m.pl.* classe di molluschi marini col capo fornito di due grandi occhi e coronato di tentacoli spesso muniti di ventose.

cefalorachidiano *agg.* si dice del liquido che si trova nella regione inferiore del cervello e nel canale centrale del midollo spinale.

cefalotorace *s.m.* (*zool.*) parte anteriore del corpo di alcuni artropodi [*ill.* Crostacei].

ceffata *s.f.* (*lett.*) schiaffo, ceffone.

ceffo [cèf-] *s.m.* **1** muso d'animale **2** (*spreg.*) brutta faccia; faccia che esprime abbrutimento morale.

ceffone [-fó-] *s.m.* violento schiaffo dato con la mano aperta.

celare *v.tr.* [*io* cèlo *ecc.*] tenere nascosto, segreto. SIN. nascondere, occultare.

celata *s.f.* elmo senza cimiero che difendeva il capo e il viso.

celeberrimo [-bèr-] *superl.* di → **celebre**.

celebrante *agg.* che celebra // *s.m.* il sacerdote officiante.

celebrare *v.tr.* [*io* cèlebro *ecc.*] **1** rendere solenne, mediante una cerimonia, un avvenimento: — *la vittoria* **2** compiere una cerimonia religiosa secondo il rito: — *la messa* **3** (*lett.*) rendere celebre, esaltare.

celebrativo *agg.* che tende a celebrare.

celebratore [-tó-] *s.m.* [f. *-trice*] chi celebra glorificando, chi esalta.

celebrazione [-zió-] *s.f.* atto, effetto del celebrare; solennità; commemorazione.

celebre [cè-] *agg.* [superl. *celeberrimo*] di fama universale; dotato di grande autorità. SIN. famoso, illustre, noto, rinomato.

celebrità *s.f.invar.* **1** l'essere celebre. SIN. fama, rinomanza, gloria **2** persona celebre.

celenterati *s.m.pl.* animali invertebrati acquatici, con corpo gelatinoso provvisto di tentacoli urticanti; comprendono: meduse, coralli, attinie.

celere [cè-] *agg.* [superl. *celerìssimo* o *celèrrimo*] veloce, rapido // *s.f. la Celere*, nel linguaggio corrente, i reparti celeri della polizia italiana.

celerimensura *s.f.* in topografia, metodo rapido di rilevamento con tacheometro e stadia, senza misura diretta delle distanze.

celerimetro [-ri-] *s.m.* → **tachimetro**.

celerità *s.f.invar.* l'essere celere; velocità; prontezza.

celesta [-lè-] *s.f.* (*mus.*) strumento a tastiera costituito da lamine di acciaio percosse da martelli.

celeste [-lè-] *agg.* **1** del cielo, proprio del cielo: *meccanica* —; *corpi celesti* **2** che ha il colore del cielo puro: *occhi celesti* **3** divino.

celestiale *agg.* celeste; che appartiene, o che sembra appartenere al cielo: *beltà* —.

celestino *agg.* di colore celeste tenue.

celetto [-lét-] *s.m.* nella scenotecnica, striscia di carta dipinta o di stoffa che chiude in alto la scena, occultando la soffitta del palcoscenico.

celia [cè-] *s.f.* scherzo, burla.

celiaco [-li-] *agg.* [pl.m. *-ci*] inerente ai visceri addominali: *tronco* —, arteria che nasce dall'aorta / *plesso* —,

plesso solare / *morbo* —, malattia infantile caratterizzata dall'impossibilità di assorbire gli zuccheri e i grassi.

celiare *v.intr.* [*io* cèlio *ecc.*] scherzare.

celibato *s.m.* condizione di chi è celibe.

celibe [cè-] *agg.* e *s.m.* che o chi non ha preso moglie; scapolo.

celidonia [-dò-] *s.f.* pianta erbacea medicinale con fiori gialli e foglie lobate (*fam.* Papaveracee).

cella [cèl-] *s.f.* **1** ambiente ristretto adibito a vari usi; in particolare, ogni singolo ambiente d'abitazione dei conventi e delle carceri / — *frigorifera*, locale isolato termicamente e mantenuto a bassa temperatura per la conservazione di prodotti alimentari **2** ciascuno dei piccoli scompartimenti di un alveare, in cui le api depongono il miele **3** (*archeol.*) la parte interna del tempio pagano dove si custodiva l'immagine della divinità.

cellerario [-rà-] *s.m.* nei conventi, il frate che ha cura della dispensa.

cellofanare, cellophanare *v.tr.* avvolgere in cellophane o in foglio plastico trasparente, di solito saldato a caldo: — *libri, prodotti alimentari*.

cellophan [pr. cèllofan] *s.m.invar.* ®, **cellophane** [*franc.*; pr. cellofàn] *s.m.* pellicola trasparente ottenuta per essiccamento di una soluzione di cellulosa; usata per rivestimenti o imballaggi impermeabili.

cellula [cèl-] *s.f.* **1** *s.f.* la più piccola unità di sostanza vivente, di forma e dimensioni varie (ma per lo più microscopica) costituita dal protoplasma, suddivisa in nucleo e citoplasma **2** —, *fotoelettrica*, (*fis.*) dispositivo che permette di trasformare variazioni di intensità luminosa in variazioni di una corrente elettrica **3** raggruppamento minimo dell'organizzazione del partito comunista italiano.

cellulare *agg.* **1** proprio delle cellule; costituito da cellule: *struttura* — **2** diviso in celle / *furgone* —, autoveicolo per il trasporto di detenuti // *s.m.* carcere in cui i detenuti vivono segregati, ognuno in una cella.

cellulite *s.f.* **1** infiammazione del tessuto connettivo cellulare **2** accumulo patologico di tessuto adiposo e acqua nel tessuto sottocutaneo, e la conseguente deformazione esterna.

celluloide [-lòi-] *s.f.* sostanza lucida, trasparente, infiammabile, ottenuta trattando cotone collodio in soluzione eterica con canfora; si usa per materiale fotografico, giocattoli ecc. / *il mondo della* —, il mondo del cinema.

cellulosa [-ló-] *s.f.* sostanza organica, bianca, solida, fibrosa, che entra nella costituzione delle membrane cellulari vegetali; importante materia prima per l'industria tessile, della carta, delle vernici, degli esplosivi.

celluloso [-lò[ío] *s.m.* → **cellulosa**.

celluloso [-ló-] *agg.* che è costituito da cellule; spugnoso.

celoma [-lò-] *s.m.* [pl. *-i*] cavità interna dell'embrione di molti animali (*celomati*).

celostato [-lò-] *s.m.* (*astr.*) specchio ruotante attorno a un asse parallelo all'asse terrestre, in modo da inviare l'immagine di un astro in una direzione fissa ove può essere osservata con gli strumenti.

celtico [cèl-] *agg.* [pl.m. *-ci*] **1** dei celti **2** che si riferisce alle malattie veneree: *morbo* —, la sifilide.

cembalo [cèm-] *s.m.* **1** antico strumento musicale a percussione, simile ai piatti **2** sorta di tamburello provvisto di sonagli, che si suona percuotendolo con le nocche delle dita **3** → **clavicembalo**.

cembro [cèm-] *s.m.* varietà di pino delle Alpi.

cementare *v.tr.* [*io* cemènto *ecc.*] **1** unire con cemen-

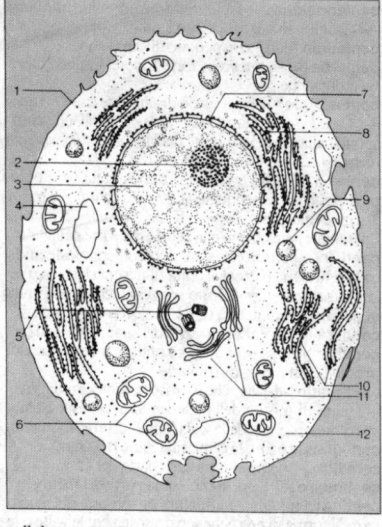

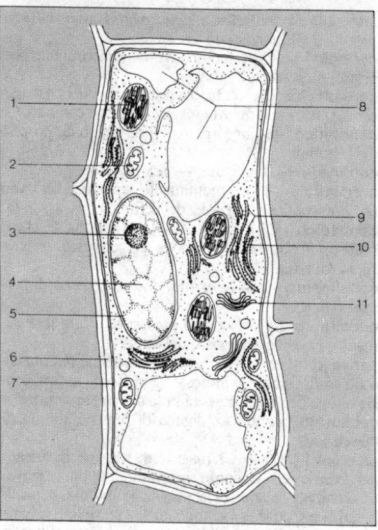

cellula

Cellula animale:
1 *membrana cellulare,*
2 *nucleolo,* 3 *nucleo,*
4 *vacuolo,* 5 *centrioli,*
6 *mitocondri,* 7 *membrana*
nucleare, 8 *reticolo*
endoplasmatico,
9 *lisosomi,* 10 *ribosomi,*
11 *apparato di Golgi,*
12 *citoplasma.*

Cellula vegetale:
1 *cloroplasto,* 2 *mitocondrio,*
3 *nucleolo,* 4 *nucleoplasma,*
5 *membrana nucleare,*
6 *parete cellulare,*
7 *membrana plasmatica,*
8 *vacuoli,* 9 *ribosomi,*
10 *reticolo*
endoplasmatico,
11 *apparato di Golgi.*

to; rivestire di cemento **2** (*fig.*) rinsaldare, rendere moralmente forte.

cementazione [-zió-] *s.f.* l'atto, l'effetto del cementare.

cementiero [-tiè-] *agg.* di, del cemento: *industria cementiera.*

cementificio [-fì-] *s.m.* fabbrica di cemento.

cementite *s.f.* materiale usato come sottofondo per smalti, vernici, colori a olio.

cemento [-mén-] *s.m.* **1** materiale per costruzione, costituito da polvere grigia mescolata ad acqua e di solito anche a sabbia e ghiaia, si rapprende a formare blocchi compatti di ottima resistenza alla compressione / — *idraulico,* che indurisce nell'acqua / — *armato,* struttura mista di calcestruzzo e ferro, dotata di particolare resistenza e leggerezza **2** (*fig.*) ciò che stringe in maniera saldissima.

cena [cé-] *s.f.* il pasto della sera, / *l'ultima* —, secondo il racconto evangelico, quella in cui Gesù istituì il sacramento dell'eucaristia. DIM. *cenetta.* ACCR. *cenone.*

cenacolo [-nà-] *s.m.* **1** in antico, stanza in cui si cenava; in particolare, la stanza in cui Gesù consumò l'ultima cena **2** luogo dove si riuniscono artisti di tendenze affini; l'insieme di tali artisti.

cenare *v.intr.* [*io céno* ecc.] consumare la cena.

cenciaio [-cià-] *s.m.,* **cenciaiolo** [-iò-] *s.m.* chi compra e rivende stracci.

cencio [cén-] *s.m.* **1** pezzo di stoffa consumato e sporco **2** (*fig.*) persona o cosa di scarso valore.

cencioso [-ció-] *agg.* coperto di cenci; miserabile.

ceneraccio [-ràc-] *s.m.* la cenere su cui un tempo si versava il ranno per fare il bucato; anche il panno su cui si metteva la cenere.

ceneraio [-rà-] *s.m.* vano sotto la graticola del focolare delle caldaie, che raccoglie la cenere.

cenerata *s.f.* acqua con cenere bollita, che serviva un tempo per il bucato e altri usi.

cenere [cé-] *s.f.* **1** polvere grigiastra, residuo della combustione della legna e del carbone / *ceneri vulcaniche,* piccole particelle di materiale detritico proiettate da un vulcano / *le Ceneri,* il primo giorno della quaresima, in cui il sacerdote impone, come segno di penitenza, un po' di cenere sulla fronte dei fedeli / *andare in* —, bruciare, consumarsi / *ridurre in* —, distruggere, demolire / *fuoco sotto la* —, si dice di passione che cova sotto un'apparente impassibilità **2** *pl.* resti mortali.

cenerentola [-rèn-] *s.f.* persona maltrattata e umiliata, come la protagonista dell'omonima fiaba.

cenerino *agg.* di colore grigio, simile a quello della cenere.

cenerognolo [-ró-] *agg.* che tende al colore della cenere.

cenerume *s.m.* (*rar.*) mucchio di cenere.

cenestesi [-stè∫i] *s.f.invar.* il complesso delle sensazioni per cui l'individuo è cosciente del proprio corpo e della funzionalità delle sue diverse parti.

cengia [cén-] *s.f.* [*pl.* -ge] sporgenza pianeggiante della roccia che interrompe una parete a picco.

cennamella [-mèl-] *s.f.* primitivo strumento a fiato ricavato da una canna.

cenno [cén-] *s.m.* **1** segno fatto col capo, con la mano o con gli occhi per indicare una cosa a qlcu. senza parlare **2** breve trattazione: *seguono brevi cenni sull'argomento* **3** allusione in un discorso.

cenobio [-nò-] *s.m.* luogo dove vivevano insieme i cenobiti; monastero.

cenobita *s.m.* [pl. *-i*] chi, nei primi tempi del cristianesimo, si ritirava a far vita religiosa insieme con altri.

cenobitico [-bì-] *agg.* [pl.m. *-ci*] da cenobita, proprio dei cenobiti.

cenone [-nó-] cena lauta: — *di S. Silvestro*.

cenotafio [-tà-] *s.m.* monumento sepolcrale onorario che non contiene la spoglia del defunto.

cenozoico [-zòi-] *agg.* [pl.m. *-ci*] che appartiene, che si riferisce alla quarta delle cinque ere geologiche // *s.m.* l'era cenozoica.

censimento [-mén-] *s.m.* rilevamento generale di persone o di cose.

censire *v.tr.* [*io censisco, tu censisci ecc.*] fare il censimento; iscrivere nei registri del censo.

censo [cèn-] *s.m.* **1** patrimonio, ricchezza; rendita cui sono commisurate le imposte **2** in Roma antica, censimento e denuncia dei beni fatta davanti al censore.

censorato *s.m.* ufficio, dignità di censore; durata di tale carica.

censore [-só-] *s.m.* **1** magistrato romano incaricato del censo e della vigilanza sui costumi pubblici e privati **2** chi, per incarico delle pubbliche autorità, controlla scritti e spettacoli vietando quelli che violino le leggi e le consuetudini morali; per estens., chi controlla e fa modificare testi, immagini ecc. per ragioni ideologiche, per interesse o altro **3** nei convitti, il superiore che ha il compito di sorvegliare la disciplina dei convittori **4** chi critica, condanna moralmente.

censorio [-sò-] *agg.* di, da censore: *atto —.*

censuale (*agg.*) che concerne il censo; che si riferisce al censo.

censuario [-suà-] *agg.* del censo, relativo al censo.

censura *s.f.* **1** magistratura romana ricoperta da un censore **2** controllo di libri e spettacoli, compiuto dall'autorità pubblica al fine di accertare che essi non violino le leggi e le consuetudini morali; controllo della corrispondenza, quale si pratica in guerra; ufficio dei funzionari addetti a tali controlli; per estens., qualsiasi controllo o pressione mirante alla modifica di scritti, immagini ecc. **3** critica, disapprovazione **4** riprovazione ufficiale di un pubblico dipendente; provvedimento punitivo adottato dall'autorità ecclesiastica.

censurabile [-rà-] *agg.* che si può censurare; meritevole di censura, criticabile.

censurare *v.tr.* **1** riprovare. SIN. *biasimare* **2** sottoporre a censura: — *la corrispondenza.*

cent [*ingl.; pr.* sènt] *s.m.* moneta divisionale equivalente alla centesima parte del dollaro.

centaurea [-rè-] *s.f.* pianta erbacea medicinale con fiorellini rossi e foglie ovali (*fam.* Genzianacee).

centauro [-tàu-] *s.m.* **1** essere mitologico con corpo di cavallo e con busto e capo umani **2** *Centauro*, (*astr.*) costellazione dell'emisfero australe **3** (*fig.*) corridore motociclista.

centellinare *v.tr.* [*io centèllino ecc.*] bere, sorbire a piccoli sorsi.

centenario [-nà-] *agg.* **1** che ha cent'anni: *una vecchia centenaria* **2** che ricorre ogni cento anni: *celebrazione centenaria* // *s.m.* **1** persona che ha raggiunto i cento anni di età **2** commemorazione del compimento di cento anni dalla data di un evento storico: *il — dell'unità d'Italia.*

centennale *agg.* **1** che dura cento anni: *istituzione —* **2** che si ripete ogni cento anni.

centennio [-tèn-] *s.m.* periodo di cento anni.

centerbe [-tèr-] *s.m.invar.* forte liquore distillato da erbe aromatiche.

centesimale [-ʃi-] *agg.* che è di un centesimo: *frazione — / grado —*, unità di misura degli angoli, che corrisponde alla centesima parte dell'angolo retto / *sistema di numerazione —*, quello a base 100.

centesimo [-tèʃi-] *agg.num.ord.* che in una serie occupa il posto corrispondente al numero cento // *s.m.* **1** la centesima parte: *un —*; *dieci centesimi* **2** moneta divisionale equivalente alla centesima parte della lira.

centi- [cèn-] primo elemento di parole composte; indica la centesima parte dell'unità di misura che a esso segue (*centimetro, centilitro*) o semplicemente che l'unità in questione è di natura centesimale (*centigrado*).

centiara *s.f.* la centesima parte dell'ara, pari a 1 m².

centibar [-bàr] *s.m.invar.* (*fis.*) unità meteorologica di pressione, un centesimo di bar.

centigrado [-tì-] *agg.* che è diviso in cento gradi: *grado —*, unità di misura della temperatura, corrispondente alla centesima parte della scala Celsius di un termometro.

centigrammo *s.m.* la centesima parte del grammo.

centilitro [-tì-] *s.m.* la centesima parte del litro.

centimetro [-tì-] *s.m.* la centesima parte del metro.

centina [cèn-] *s.m.* **1** armatura provvisoria di legno o ferro, a forma di arco, che serve a sostenere le volte o le arcate durante la loro costruzione o riparazione **2** travatura di sostegno di volte, tettoie, condotte; nei velivoli, elemento di sostegno che ha la forma delle sezioni delle ali o della fusoliera.

centinaio [-nà-] *s.m.* [pl.f. *centinaia*] il complesso di cento unità / *un —*, circa cento unità / *a centinaia*, in grande quantità.

centinare *v.tr.* [*io cèntino ecc.*] rinforzare con centine.

centinatura *s.f.* **1** atto, effetto del centinare **2** l'insieme delle centine che rinforzano una volta o un'arcata.

centista, centometrista *s.m. e f.* [pl.m. *-i*] atleta specialista nella corsa dei cento metri piani.

cento [cèn-] *agg.num.card.* indica una quantità composta di dieci decine.

centofoglie [-fò-] *s.m.invar.* (*pop.*) → **achillea**.

centogambe *s.m.invar.* → **centopiedi**.

centomila *agg.num.card.* indica una quantità composta di centomila unità.

centomillesimo [-lèʃi-] *agg.num.ord.* che in una serie occupa il posto corrispondente al numero centomila.

centone[1] [-tó-] *s.m.* componimento letterario o musicale privo di unità e costituito dall'accostamento fortuito di brani.

centone[2] [-tó-] *s.m.* (*scherz.*) banconota o moneta da cento: *mi è costata un —.*

centopiedi [-piè-] *s.m.invar.* nome comune di diversi miriapodi, in particolare della scolopendra.

centrale *agg.* **1** del centro, che riguarda il centro, che è situato nel centro: *parte —*; *riscaldamento —* **2** in geografia, si dice della parte mediana di un territorio: *America —* **3** si dice di amministrazione o ufficio principale: *governo —* // *s.f.* sede degli organi direttivi di un'amministrazione; luogo o edificio in cui sono raccolti i meccanismi e gli strumenti per determinati servizi: — *del latte / — elettrica*, complesso di impianti per la produzione di energia elettrica / — *telefonica, telegrafica*, insieme di apparecchiature che stabiliscono i collegamenti fra i vari posti di una rete telefonica o telegrafica / — *di conversione*, per la trasformazione dell'energia elettrica in energia di forma diversa.

centralina *s.f.* **1** (*elettr.*) piccola centrale **2** apparecchiatura in cui sono stati centralizzati dispositivi per l'alimentazione, il funzionamento o la sicurezza di macchine: — *di pompaggio.*

centralinista *s.m.* e *f.* [pl.m. *-i*] persona addetta a un centralino telefonico.

centralino *s.m.* piccola centrale telefonica usata per collegare varie linee senza dipendere dalla centrale principale.

centralismo [-ʃmo] *s.m.* sistema di governo o di organizzazioni politiche, aziendali ecc., che tende ad accentrare le decisioni, riservandole a pochi.

centralità *s.f.invar.* l'essere centrale.

centralizzare [-liʒʒa-] *v.tr.* accentrare, far dipendere da un'autorità o da un organo centrale.

centralizzazione [-liʒʒaʦió-] *s.f.* atto, effetto del centralizzare.

centrare *v.tr.* [*io cèntro ecc.*] **1** colpire nel centro: — *il bersaglio* **2** mettere, fissare nel centro: — *una ruota*, fare in modo che il mozzo sia esattamente nel centro / — *il pallone*, nel gioco del calcio, gettare il pallone dalle ali del campo verso la linea mediana d'esso **3** (*fig.*) cogliere con precisione.

centrattacco *s.m.* [pl. *-chi*] → **centravanti.**

centratura *s.f.* nei lavori eseguiti con macchine rotanti, operazione con la quale si fissa al tornio il pezzo in lavorazione in modo che il suo asse coincida con l'asse di rotazione del tornio stesso.

centravanti *s.m.invar.* in una squadra di calcio, il giocatore che occupa il centro del settore d'attacco.

centrico [cèn-] *agg.* [pl.m. *-ci*] (*scient.*) che passa per il centro; simmetrico rispetto al centro.

centrifuga [-tri-] *s.f.* macchina che utilizza gli effetti della forza centrifuga per separare i componenti di miscele, sottoponendola a una rapida rotazione durante la quale gli elementi più pesanti tendono a portarsi verso l'esterno.

centrifugare *v.tr.* [*io centrifugo, tu centrifughi ecc.*] separare i componenti di una miscela con una centrifuga.

centrifugazione [-zió-] *s.f.* atto, effetto del centrifugare.

centrifugo [-tri-] *agg.* [pl.m. *-ghi*] che tende ad allontanare o ad allontanarsi dal centro / *forza centrifuga* (*fis.*) quella che si manifesta nei sistemi meccanici animati da moto rotatorio allontanando radialmente gli oggetti dall'asse di rotazione. CONTR. *centripeto.*

centrina *s.f.* pesce marino, squalo.

centrino *s.m.* tessuto ricamato, solitamente di forma circolare, che si pone sopra un mobile per ornamento o per appoggiarvi un vaso o un soprammobile.

centriolo [-tri-] *s.m.* (*biol.*) piccola struttura della cellula animale, responsabile dei movimenti intracellulari [*ill. Cellula*].

centripeto [-trì-] *agg.* che tende verso il centro / *forza centripeta*, (*fis.*) quella che impedisce a un corpo in rotazione di sfuggire nella direzione del moto. CONTR. *centrifugo.*

centrismo [-ʃmo] *s.m.* (*pol.*) l'appartenere al centro dello schieramento parlamentare o di un partito; l'indirizzo politico di tale centro.

centrista *agg.* e *s.m.* [pl.m. *-i*] che o chi ha una posizione di centro nello schieramento parlamentare dei partiti o all'interno di un partito; fautore di una politica di centro.

centro [cèn-] *s.m.* **1** il punto di mezzo di qlco.; la parte più interna di una superficie, di un luogo: *il* — *della tavola*; *il* — *della Terra* / *andare in* —, nella parte centrale di maggiore attività di una città / *far* —, colpire in pieno qlco.; *ha fatto* — (*fig.*) ha indovinato, è riuscito in qlco. **2** luogo abitato, più o meno grande **3** luogo dove vengono riunite più persone o cose per effettuare operazioni varie **4** luogo in cui è particolarmente sviluppata un'attività economica o spirituale; istituzione pubblica o privata che promuove ricerche su precisi argomenti e svolge attività a scopo educativo o ricreativo **5** (*pol.*) la parte centrale dello schieramento parlamentare; la tendenza politica intermedia tra le correnti estreme (*destra* e *sinistra*) **6** (*geom.*) punto equidistante rispettivamente dai lati o dalle facce, ed equidistante dai vertici **7** (*fis.*) punto avente speciali proprietà di simmetria: — *di gravità* **8** nella pallacanestro, altra denominazione del → **pivot.**

centrocampista *s.m.* e *f.* [pl.m. *-i*] nel calcio e in altri sport di squadra, chi gioca prevalentemente nella zona centrale del campo, facendo da collegamento tra attacco e difesa [*ill. Calcio*].

centrodestra [-dè-] *s.m.invar.* alleanza politica che raccoglie partiti di centro e di destra.

centrodestro [-dè-] *s.m.* nel gioco del calcio, il giocatore alla destra del centrattacco.

centromediano *s.m.* nel gioco del calcio, il giocatore che sta al centro della seconda linea [*ill. Calcio*].

centrosinistra *s.m.invar.* alleanza politica che raccoglie partiti di centro e di sinistra.

centrosinistro *s.m.* nel gioco del calcio, il giocatore alla sinistra del centrattacco.

centrosostegno [-stè-] *s.m.* → **centromediano.**

centumvirato *s.m.* dignità, ufficio, collegio dei centumviri; durata della loro carica.

centumviro [-tùm-] *s.m.* in Roma antica, ognuno dei componenti di un tribunale.

centuplicare *v.tr.* [*io centùplico, tu centùplichi ecc.*] **1** moltiplicare per cento **2** (*fig.*) accrescere moltissimo.

centuplo [cèn-] *agg.* e *s.m.* si dice di entità che è grande cento volte un'altra.

centuria [-tù-] *s.f.* **1** suddivisione della popolazione maschile adulta romana, basata sul censo **2** unità della legione romana.

centuriato *agg.* (*st.*) ordinato per centurie.

centurione [-rió-] *s.m.* in Roma antica, ufficiale comandante di una centuria.

ceppaia [-pà-] *s.f.* parte inferiore del fusto di un albero che rimane nel terreno dopo che lo si è tagliato rasoterra o poco al di sopra del suolo.

ceppo [cép-] *s.m.* **1** parte inferiore del tronco di un albero da cui si diramano le radici / *il* — *di una famiglia*, il capostipite **2** ciocco; pezzo del tronco di un albero che si taglia per ardere; quello che tradizionalmente si arde la vigilia di Natale **3** pezzo di tronco sul quale si decapitavano i condannati a morte **4** pl. arnesi di legno dentro cui si serravano i piedi ai prigionieri / *essere in ceppi*, prigioniero **5** la parte che serve come base all'aratro; la base della pialla **6** (*aut.*) parte del freno che preme contro il tamburo.

cera[1] [cé-] *s.f.* sostanza plastica, fusibile, giallastra, di origine vegetale o animale; in particolare, la sostanza prodotta dalla secrezione di ghiandole addominali delle api e da queste impiegata per costruire i favi; si usa per candele, rivestimenti impermeabili e in farmacia: — *da pavimenti* / — *fossile*, sostanza biancastra costituita da una mescolanza di vari idrocarburi / — *vege-*

tale, sostanza ricavata da alcune specie di palme / *viso bianco come la —*, pallidissimo.

cera² [cé-] *s.f.* viso; espressione del viso / *avere buona, cattiva —*, aver l'aspetto di persona che gode buona, cattiva salute / *far buona, cattiva —*, fare buona, cattiva accoglienza.

ceraiolo [-iò-] *s.m.* **1** chi lavora la cera e la vende **2** chi fabbrica e vende ceri.

ceralacca *s.f.* miscuglio di sostanze resinose e coloranti, plasmabile per riscaldamento e usato per apporre sigilli.

ceramica [-rà-] *s.f.* **1** impasto di materiale plastico argilloso (argilla, creta o caolino) e acqua, modellato, essiccato e cotto in apposito forno, usato per la fabbricazione di porcellane, terrecotte, maioliche e simili **2** arte che concerne la fabbricazione e la decorazione di tali oggetti; il prodotto di tale arte: *una collezione di ceramiche*.

ceramista *s.m.* e *f.* [pl.m. *-i*] chi progetta o esegue lavori di ceramica.

cerare *v.tr.* [*io céro ecc.*] spalmare di cera.

cerasa [-ʃa] *s.f.* (*pop.*) ciliegia.

ceraso [-ʃo] *s.m.* (*pop.*) ciliegio.

cerasta *s.f.* vipera africana con una protuberanza simile a un piccolo corno sopra ciascun occhio.

cerata *s.f.* indumento (di solito giacca con cappuccio o tuta completa) impermeabilizzato e ben chiuso per impedire il passaggio dell'acqua: *— da vela*.

cerato *agg.* impregnato di cera, o di altra sostanza impermeabilizzante: *tela cerata*.

cerbero [cèr-] *s.m.* custode che esercita una vigilanza severissima.

cerbiatto *s.m.* giovane cervo.

cerbottana *s.f.* arma da getto dei primitivi, composta da una canna di legno o di metallo, per lanciare piccole frecce o pallottole soffiandovi dentro; arnese analogo usato come giocattolo dai ragazzi per lanciare proiettili di carta arrotolata a forma di cono.

cerca [cèr-] *s.f.* **1** atto, effetto del cercare **2** questua dei frati.

cercapersone [-só-] *s.m.invar.* sistema dotato di apparecchietto portatile che, emettendo un segnale acustico, avverte la persona che lo porta affinché prenda contatto con una data persona o ufficio.

cercare *v.tr.* [*io cérco, tu cérchi ecc.*] **1** adoperarsi per trovare qlcu. o qlco.: *cerco il mio libro* / *prov.: chi cerca trova*, con la pazienza si trova o si ottiene qualsiasi cosa **2** adoperarsi per ottenere, per conseguire; desiderare // *v.intr.* adoperarsi; fare in modo: *cerca di sbrigarti*.

cercatore [-tó-] *agg.* [f. *-trice*] che cerca / *frate —*, quello che fa la questua // *s.m.* chi cerca.

cerchia [cér-] *s.f.* **1** riparo, naturale o artificiale, che cinge qlco.: *— di mura* **2** (*fig.*) insieme di persone o di cose: *— di amici, di idee*.

cerchiare *v.tr.* [*io cérchio ecc.*] stringere con uno o più cerchi: *— le botti*.

cerchiato *agg.* avvolto, circondato da un cerchio: *occhi cerchiati*, cinti da occhiaie.

cerchiatura *s.f.* atto, effetto del cerchiare.

cerchietto [-chiét-] *s.m.* **1** piccolo cerchio, braccialetto **2** *pl.* gioco che consiste nel lanciare e nel riprendere a volo, mediante apposite bacchette, un cerchietto.

cerchio [cèr-] *s.m.* **1** la porzione di piano racchiusa da una circonferenza; impropriamente, la sola circonferenza: *area del —* / *— massimo*, quello determinato

da un piano immaginario che dimezza una sfera passando per il centro / *— magico*, nelle pratiche di magia, cerchio al centro del quale si collocava lo stregone per evocare un demone, al fine di non esserne attaccato **2** movimento circolare: *— della morte*, esibizione acrobatica eseguita da motociclisti su pista cilindrica **3** qualsiasi oggetto di forma circolare; in particolare, fascia di legno o di metallo che cinge, a guisa di cerchio, botti, barili, tini; giocattolo di forma simile che i ragazzi fanno correre guidandolo con una bacchetta: *— della ruota*, parte periferica a cui sono fissati i raggi / *i cerchi dell'Inferno*, ripiani in cui è suddiviso l'inferno dantesco.

cerchione [-chió-] *s.m.* cerchio metallico usato per rinforzare le ruote di un carro o per adattarvi il pneumatico di un veicolo [*ill. Motocicletta*].

cerci [cèr-] *s.m.pl.* appendici dell'addome degli insetti.

cercine [cèr-] *s.m.* **1** panno ravvolto in forma di cerchio che si mette sul capo per appoggiarvi brocche, vasi o altri pesi **2** (*arald.*) cerchio formato da striscie attorcigliate di stoffa, dei colori dell'arma, posto sull'elmo per trattenere i lambrecchini.

cercopiteco [-tè-] *s.m.* [pl. *-chi*] genere di scimmie africane dalla coda lunga.

cereale *agg.* e *s.m.* si dice di pianta i cui frutti, ricchi di amido e sostanze proteiche, forniscono farine di valore nutritivo.

cerealicolo [-lì-] *agg.* che riguarda i cereali.

cerealicoltura *s.f.* coltivazione di cereali.

cerebellare *agg.* (*med.*) del cervelletto.

cerebrale *agg.* **1** (*med.*) del cervello: *gli emisferi cerebrali* **2** (*fig.*) si dice di una persona o di un'opera in cui la ragione prevalga sul sentimento: *una poesia —* // *-mente* *avv.* in modo eccessivamente intellettuale.

cerebralismo [-ʃmo] *s.m.* tendenza a far prevalere il ragionamento su sentimenti e realtà.

cerebralità *s.f.invar.* la caratteristica di chi è cerebrale o di opere che mostrano cerebralismo.

cerebro [cè-] *s.m.* (*ant.*) → **cervello**.

cerebropatia [-ti-] *s.f.* (*med.*) qualsiasi malattia del cervello.

cerebrospinale *agg.* (*med.*) si dice di ciò che riguarda il cervello e il midollo spinale.

cereo [cè-] *agg.* **1** fatto di cera **2** del colore della cera: *un viso —*. SIN. *pallido*.

cereria [-rì-] *s.f.* luogo in cui si lavora la cera.

ceretta [-rét-] *s.f.* pomata adesiva per depilazioni.

cerfoglio [-fò-] *s.m.* pianta erbacea le cui foglie aromatiche sono usate per condimento e in medicina (*fam.* Ombrellifere).

cerilo [cè-] *s.m.* (*poet.*) → **alcione**.

cerimonia [-mò-] *s.f.* **1** insieme degli atti di una celebrazione, spec. pubblica, religiosa o civile: *— funebre*; *la — della premiazione*. SIN. *funzione, rito* **2** *pl.* complimenti superflui, esagerati: *far cerimonie*.

cerimoniale *agg.* di cerimonia: *un discorso —* // *s.m.* complesso delle regole che si devono seguire compiendo una cerimonia.

cerimoniere [-niè-] *s.m.* chi nelle corti o nelle solenni funzioni religiose cura il cerimoniale.

cerimonioso [-nió-] *agg.* pieno di complimenti; che fa molti complimenti, che osserva regole di grande cortesia formale.

cerino *s.m.* fiammifero fatto con uno stoppino intriso di cera.

cerio [cè-] *s.m.* elemento chimico (Ce; *n.at.* 58; *p.at.*

cereali

1 *sorgo,*
2 *riso (parte superiore),*
3 *riso (spiga matura),*
4 *granoturco (parte superiore),*
5 *pannocchia,*
6 *frumento tenero,*
7 *frumento tenero (spiga matura),*
8 *orzo,*
9 *avena,*
10 *segale,*
11 *miglio.*

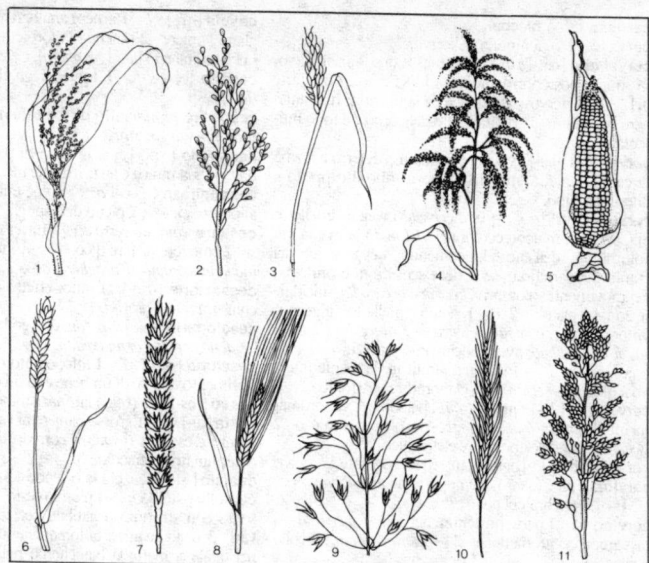

140,12); metallo tenero, di color grigio, usato in lega col ferro nelle pietrine di accenditori automatici.
cernecchio [-néc-] *s.m.* ciocca di capelli arruffati.
cernere [cèr-] *v.tr.* [pres. io *cèrno* ecc.; pass.rem. io *cernéi* o *cernètti* ecc.; p.pass. *cernito*] (*lett.*) **1** separare, distinguere cose diverse **2** vedere distintamente; discernere.
cernia [cèr-] *s.f.* grosso pesce marino di profondità dalle carni pregiate (*fam.* Serranidi).
cerniera [-niè-] *s.f.* **1** organo meccanico che tiene unite due parti in modo che possano ruotare attorno a un asse [*ill.* Porta] **2** chiusura a incastro per borsette e simili / — *lampo,* sistema di chiusura per abiti, borse e oggetti diversi, costituito da una doppia fila di dentini che si incastrano alternatamente mediante un cursore **3** (*fig.*) chi o ciò che fa da tramite, garantisce un contatto.
cernita [cèr-] *s.f.* atto, effetto dello scegliere.
cero [cé-] *s.m.* grossa candela di cera / — *pasquale,* quello che viene benedetto il sabato santo e resta acceso nelle funzioni religiose solenni del periodo pasquale.
cerone [-ró-] *s.m.* cosmetico colorato usato per il trucco degli attori.
cerotto [-ròt-] *s.m.* striscia di tela con un lato adesivo e imbevuto talvolta di sostanze medicamentose, che si applica sulle ferite.
cerro [cèr-] *s.m.* **1** albero affine alla quercia **2** il legno di tale albero.
certame *s.m.* (*lett.*) gara, tenzone.
certezza [-téz-] *s.f.* l'essere certo. SIN. *sicurezza, convinzione, persuasione.* CONTR. *incertezza.*
certificare *v.tr.* [io *certifico,* tu *certifichi* ecc.] **1** attestare, affermare la veridicità di un fatto: — *la nascita di qlcu.* **2** rendere certo, assicurare // *-arsi* *v.rifl.* accertarsi, assicurarsi.
certificato *s.m.* dichiarazione scritta rilasciata da pubbliche autorità in cui si attesta la realtà o la verità di un fatto: — *medico;* — *di nascita;* — *di buona condotta.*
certificazione [-zió-] *s.f.* atto, effetto del certificare.
certo[1] [cèr-] *agg.* **1** che è convinto della verità di ciò che afferma (detto di persona). SIN. *sicuro, persuaso, convinto.* CONTR. *incerto* **2** che non può essere messo in dubbio in quanto dato di fatto scientifico o storico; che avverrà sicuramente (detto di cosa): *notizia certa; era ormai — il prossimo arrivo del ministro.* SIN. *sicuro, indubbio, indiscutibile.* CONTR. *incerto* // *s.m.* cosa certa: *il — è che ti ritroverò / di —, per —,* con sicurezza // *-mente* *avv.* **1** sicuramente, indubbiamente **2** rafforzativo di affermazione o negazione: *sì —; no —.*
certo[2] [cèr-] *agg.indef.* **1** qualche, alcuno; alquanto; indica qualità o quantità indeterminate: *dopo un — numero di anni; ha certi nervi oggi! / una certa sensazione,* vaga, indefinibile **2** con valore di *tale: un —, quel — signor Bianchi* **3** con senso spreg.: *non voglio parlare con certa gente* // **certi** *pron.indef.m.pl.* taluni, alcuni: — *dicono che sono troppo buono.*
certosa [-tó∫a] *s.f.* **1** convento di monaci certosini **2** (*fig.*) luogo in cui regna l'ordine e il silenzio.
certosino [-∫i-] *s.m.* **1** monaco che appartiene all'ordine fondato da san Brunone nel 1084 a Chartreuse nel Delfinato **2** (*fig.*) persona solitaria e paziente // *anche agg.: una pazienza certosina; un lavoro —,* minuzioso, che richiede pazienza.
certuni *pron.indef.m.pl.* taluni, alcuni, certe persone; si usa solo come pronome di persona sia come soggetto sia come complemento: — *sono soliti dire; a — tutto va bene.*
ceruleo [-rù-], **cerulo** [cè-] *agg.* (*lett.*) che ha il colore del cielo; azzurro pallido: *occhi cerulei.*
cerume *s.m.* materia untuosa, giallastra, secreta dalle ghiandole sebacee dell'orecchio.
cerusico [-rù∫i-] *s.m.* [pl. -*ci*] (*ant.*) chirurgo.

cerussa *s.f.* → **biacca**.

cerva [cèr-] *s.f.* femmina del cervo.

cervelletto [-lét-] *s.m.* (*anat.*) massa di sostanza nervosa situata posteriormente nella fossa cranica; fa parte del sistema nervoso centrale e ha la funzione di mantenere l'equilibrio, l'orientamento del corpo e il tono muscolare.

cervelliera [-liè-] *s.f.* sorta di armatura di ferro a forma di calotta, che in antico si poneva sotto il cappello a difesa del capo.

cervello [-vèl-] *s.m.* [pl.m. *cervelli*, ingegni, intelletti; pl.f. *cervella*, materia cerebrale] **1** (*anat.*) la massa più voluminosa dell'encefalo contenuta nella cavità del cranio dei vertebrati, sede delle sensazioni e principio dei movimenti volontari / *bruciarsi le cervella*, suicidarsi con la pistola **2** (*fig.*) senno, intelletto; ingegno; umore, indole: *è un uomo senza —* / *avere il — di un'oca, di una gallina*, avere pochissimo giudizio / *lambiccarsi, stillarsi il —*, meditare, affaticare la mente intorno a qlco. / *— elettronico*, elaboratore elettronico.

cervellone [-ló-] *s.m.* **1** (*fam.*) persona di straordinaria intelligenza; (*iron.*) stupido, spec. se presuntuoso **2** (*scherz.*) grande elaboratore elettronico.

cervellotico [-lò-] *agg.* [pl.m. *-ci*] stravagante.

cervicale *agg.* (*anat.*) che appartiene alla cervice: *vertebra —*, vertebra del collo [*ill. Corpo*].

cervice *s.f.* **1** parte posteriore del collo / *piegar la —*, rassegnarsi, sottomettersi **2** *— uterina*, (*anat.*) il collo dell'utero.

cervicite *s.f.* (*med.*) infiammazione del collo dell'utero.

cervidi [cèr-] *s.m.pl.* famiglia di mammiferi ruminanti, caratterizzati da corna ossee ramificate, caduche.

cerviere [-viè-] *s.m.* nome indicante, in antico, la lince.

cervo [cèr-] *s.m.* **1** mammifero ruminante selvatico, commestibile, di color rossiccio, con corpo agile, zampe sottili, corna caduche, lunghe e ramificate nel maschio (*fam.* Cervidi) **2** *— volante*, grosso insetto coleottero bruno; il maschio ha grandi mandibole ramificate, simili alle corna del cervo (*fam.* Lucanidi); (*fig.*) aquilone.

cervogia [-vò-] *s.f.* (*ant.*) birra.

cerziorare *v.tr.* [usato solo all'inf. e p.pass. *cerziorato*] (*dir.*) informare; rendere qlcu. consapevole dell'importanza dell'atto giuridico che intende compiere.

cesareo [-sà-] *agg.* **1** (*lett.*) imperiale: *poeta —*, poeta di corte **2** *taglio —*, (*chir.*) taglio che si pratica per estrarre il feto in casi di parto altrimenti difficile.

cesarie [-sà-] *s.f.invar.* (*lett.*) chioma.

cesarismo [-sarìſmo] *s.m.* potere personale di un sovrano investito dal popolo.

cesellare [-sel-] *v.tr.* [*io cesèllo* ecc.] **1** incidere metalli col cesello **2** (*fig.*) scolpire, scrivere o compiere altri lavori artistici con estrema accuratezza: *— versi*.

cesellatore [-sellató-] *s.m.* [f. *-trice*] chi lavora di cesello (anche *fig.*).

cesellatura [-sel-] *s.f.* lavoro di cesello.

cesello [-sèl-] *s.m.* **1** strumento d'acciaio duro, a taglio smusso, per incidere metalli **2** l'arte di cesellare; l'opera che ne deriva: *lavorar di —*, cesellare; (*fig.*) lavorare con gran cura e perfezione.

cesena [-ſé-] *s.f.* specie di tordo, frequente d'inverno in Italia, dove si nutre principalmente di bacche di ginepro (*fam.* Tordidi).

cesio [cèſio] *s.m.* elemento chimico (Cs; *n.at.* 55; *p.at.* 132,90); metallo alcalino bianco-argenteo, duttile, usato in radiotecnica.

cesoia [-ſò-] *s.f.* **1** arnese analogo alle forbici, per tagliare lamiere **2** (anche *pl.*) forbici, spec. quelle usate nel giardinaggio [*ill. Agricoltura*].

cespite [cé-] *s.m.* **1** fonte di guadagno, rendita **2** (*lett.*) cespo.

cespo [cé-] *s.m.* ciuffo d'erbe o fiori nati dalla stessa radice: *— di ginestre*.

cespuglio [-spù-] *s.m.* insieme di piccole piante nate dalla stessa radice e aggrovigliate insieme.

cespuglioso [-glió-] *agg.* **1** che è a forma di cespuglio: *arbusto —* **2** pieno di cespugli.

cessare *v.intr.* [*io cèsso* ecc.] **1** aver fine, interrompersi **2** smettere di fare qlco. // *v.tr.* interrompere: *il comandante ordinò all'artiglieria di — il fuoco*.

cessazione [-zió-] *s.f.* atto, effetto del cessare; fine, chiusura: *— di attività*.

cessionario [-nà-] *s.m.* (*dir.*) chi gode di una cessione: *— di un appalto, di un credito*.

cessione [-sió-] *s.f.* **1** atto, effetto del cedere **2** trasferimento a qlcu. di un bene o di un diritto.

cesso [cès-] *s.m.* (*volg.*) latrina, gabinetto.

cesta [cé-] *s.f.* **1** grosso paniere di varie forme; il contenuto d'esso **2** (*teatr.*) il corredo dell'attore per un determinato spettacolo.

cestaio [-stà-] *s.m.* chi fa o vende ceste e affini.

cestello [-stèl-] *s.m.* **1** piccolo cesto **2** contenitore, di solito con struttura a gabbia, per trasportare oggetti vari **3** nelle lavatrici automatiche, il cilindro rotante nel quale si mette la biancheria; nelle lavastoviglie, il ripiano scorrevole che regge gli oggetti da lavare.

cesteria [-rì-] *s.f.* insieme di cesti e altri oggetti di vimini; anche, il negozio che li vende.

cestinare *v.tr.* gettare nel cestino della carta straccia.

cestino *s.m.* piccolo cesto di vimini intrecciati o d'altro, spec. quello che si tiene vicino alla scrivania per gettarvi le carte inutili / *— da lavoro*, quello in cui le donne tengono l'occorrente per cucire / *— da viaggio*, sacchetto di carta contenente cibi vari e bevande, che si vende nelle stazioni ferroviarie.

cestire *v.intr.* → **accestire**.

cestismo [-ſmo] *s.m.* lo sport della pallacanestro.

cestista *s.m. e f.* [pl.m. *-i*] chi pratica lo sport della pallacanestro.

cesto[1] [cé-] *s.m.* **1** piccola cesta. DIM. *cestello* **2** nel gioco della pallacanestro, il canestro e il punto segnato inviando la palla in esso.

cesto[2] [cé-] *s.m.* ciuffo di foglie e gambi che germogliano dalla stessa radice.

cesto[3] [cè-] *s.m.* armatura fatta con strisce di cuoio e metallo con cui gli antichi pugilatori si fasciavano le mani.

cestodi [-stò-] *s.m.pl.* classe di vermi piatti a forma di nastro, parassiti intestinali.

cesura [-ſu-] *s.f.* **1** nella poesia quantitativa, piccola pausa a metà di un piede del verso; nell'endecasillabo, pausa dopo la quarta (*a minore*) o la sesta (*a maiore*) sillaba **2** (*mus.*) in una melodia, sospensione non scritta, ma suggerita dalla natura della melodia stessa.

cetacei [-tà-] *s.m.pl.* ordine di grossi mammiferi acquatici con corpo fusiforme, arti anteriori a forma di pinne, posteriori mancanti, coda terminante con una pinna orizzontale (vi appartengono *balena*, *delfino*, *capodoglio* ecc.).

ceto [cè-] *s.m.* ciascuna delle divisioni sociali dei cittadini: *— medio*, la borghesia.

cetonia [-tò-] *s.f.* insetto coleottero di color verde do-

cetacei

1 *delfino,*
2 *orca,*
3 *capodoglio,*
4 *narvalo,*
5 *balena boreale,*
6 *globicefalo,*
7 *megattera,*
8 *balenottera azzurra.*

rato con riflessi metallici, comune nei giardini sulle piante di rosa.

cetra [cè-] *s.f.* antico strumento musicale a corde, simile alla lira.

cetriolo [-triò-] *s.m.* pianta erbacea rampicante coltivata per i frutti allungati e carnosi che si mangiano freschi o sotto aceto (*fam.* Cucurbitacee).

cha-cha-cha [*spagn.*; *pr.* cià-cià-cià] *s.m.* ballo di origine sudamericana.

chador [*persiano*; *pr.* ciadòr] *s.m.* il velo che copre fino agli occhi il volto delle donne di religione islamica.

chalet [*franc.*; *pr.* scialé] *s.m.* piccola villa per lo più di legno.

champagne [*franc.*; *pr.* sciampàgn] *s.m.* vino bianco spumante, prodotto nella omonima regione della Francia.

chance [*franc.*; *pr.* sciàns] *s.f.* occasione favorevole.

chansonnier [*franc.*; *pr.* sciansonié] *s.m.* cantautore, spec. di canzoni satiriche tipiche della tradizione francese.

chanteuse [*franc.*; *pr.* sciantë̀ʃ] *s.f.* → **sciantosa**.

chantilly [*franc.*; *pr.* sciantìi] *s.m.* **1** panna montata **2** pizzo leggerissimo molto pregiato.

charleston [*ingl.*; *pr.* ciàrleston] *s.m.* **1** ballo di origine negro-americana del tipo ragtime, molto sincopato **2** strumento musicale a percussione, con due piatti metallici [*ill. Musicali, strumenti*].

charter [*ingl.*; *pr.* cià(r)ta] *agg.* e *s.m.* si dice di un sistema di volo economico, con aerei noleggiati da compagnie di viaggi; anche, dell'aereo stesso.

chartreuse [*franc.*; *pr.* sciartrë̀ʃ] *s.f.* liquore ottenuto dalla distillazione di erbe aromatiche, fabbricato, in origine, dai certosini.

chassis [*franc.*; *pr.* sciassì] *s.m.* telaio (spec. di autovettura).

chauffeur [*franc.*; *pr.* sciofèr] *s.m.* (*antiq.*) autista.

che[1] [con la *e* chiusa], *pron.interr.* (solo *sing.*) che cosa, quale cosa: *che sarà di loro?*; *che stai dicendo?*; *a che pensi?*; *di che si lagna?*; spesso seguito o, nel linguaggio familiare, sostituito da *cosa*: (*che*) *cosa vuoi?* / *non c'è che dire*, indubbiamente / *c'è che non è*, (*fam.*) tutt'a un tratto // *pron. esclamativo* [solo *sing.*] viene usato con lo stesso significato del pron.interr.: *che dici!*; *che mi doveva capitare!* // *pron.rel.invar.* **1** il quale, la quale, i quali, le quali; si riferisce sia a persona sia a cosa, e si usa normalmente come sogg. e come compl. oggetto:

quel signore che è entrato ora è il direttore; le persone che tu hai visto; come compl. indiretto era usato nell'italiano antico e lo è ancora in alcune espressioni: *(non) ha di che lamentarsi,* (non) ne ha motivo; *(non) ha di che vivere,* (non) ha mezzi con cui; *«grazie» «non c'è di che»,* formula di cortesia; è anche usato come compl. di tempo: *il giorno che lasciai il mio paese* **2** con valore di *la qual cosa,* per lo più determinato dall'art. o preceduto da prep., si riferisce a tutto un concetto precedente: *ti sei messo a studiare, il che ti fa onore* // *pron.indef.* nelle locuzioni: *un che,* (un) *non so che, un certo che, un certo non so che,* qualche cosa: *vi è in lui un che di falso; v'è un non so che di strano in tutto questo* / (un) *gran che,* (una) *gran cosa* // *agg.interr.invar.* quale, quali: *che tipo è?; a che ora verrà?; che libri leggi di solito?* // *agg. esclamativo invar.* quale, quali: *che idee!; che bella giornata!*

che[2] [con la e chiusa], *cong.* **1** introduce prop. dichiarative: *si dice che egli sia partito; dubito che egli venga;* seguito dal verbo al modo cong., talora viene omesso: *temo non venga* **2** introduce prop. consecutive, per lo più in correlazione con *così, tanto, tale* ecc.: *che ha che piange?; cammina che pare un ubriaco; parlagli in modo che ti capisca* **3** introduce prop. causali: *copriti che fa freddo; non che io voglia rifiutare* **4** introduce prop. finali: *fa che tutto proceda bene; bada che non si faccia male* **5** introduce prop. temporali con valore di *quando, da quando: lo incontrai che era mezzogiorno; aspetto che egli parta: saranno due mesi che non lo vedo* **6** si adopera per introdurre il secondo termine di paragone nei *comparativi di maggioranza* e *di minoranza,* in alternativa a *di;* ma si usa sempre *che* quando il paragone si fa tra due agg., tra due participi, tra due inf., tra due s. o pron. preceduti da prep.: *tu sei più intelligente che studioso; è più lodato che amato; è più difficile fare che dire; Firenze è meno antica che* (o *di) Roma* **7** introduce prop. condizionali nelle locuzioni *posto che, nel caso che, a patto che, nell'ipotesi che* ecc.: *posto che abbia ragione lui, bisogna rifare tutto; lo farò a patto che se lo meriti* **8** introduce prop. eccettuative in correlazione con *altro, altri, altrimenti,* anche sottintesi: *non fa (altro) che dire sciocchezze; non c'è (altri) che lui!* **9** nelle espressioni correlative *sia che... sia che; o che... o che: sia che ti piaccia sia che non ti piaccia* **10** con valore di comando, di augurio o di speranza, in espressioni enfatiche: *che nessuno entri!; che sia benedetto!* **11** in prop. limitative con valore di *per quanto: non ha telefonato nessuno, che io sappia* **12** forma numerose congiunzioni composte e locuzioni congiuntive: *affinché, benché, cosicché, perché, poiché, appena che, sempre che* ecc.

checca [chéc-] *s.f.* epiteto spregiativo dato al maschio omosessuale passivo.

checché *pron.indef.m.sing. (antiq.)* qualunque cosa: — *dicesse, non gli veniva prestata fede.*

checchessia [-sì-] *pron.indef.m.sing. (antiq.)* qualunque cosa sia.

check [*ingl.; pr.* cèk] *s.m.* controllo, registrazione; forma alcune espressioni usate anche in italiano: *check in,* registrazione dei passeggeri in partenza, spec. negli aeroporti; *check up,* controllo medico generale spec. a scopo preventivo; *check list,* in organizzazioni, spec. aziendali, elenco di voci di controllo per la verifica dell'effettuazione di tutte le fasi di operazioni complesse; *check panel,* pannello che visualizza le condizioni di funzionamento di una macchina segnalando eventuali disfunzioni.

chef [*franc.; pr.* scèf] *s.m.* capocuoco.

cheilite *s.f.* infiammazione delle labbra.

cheilo- [chèi-] [dal gr. *chèilos = labbro*] prima parte di termini medici, indicante tutto ciò che ha attinenza con le labbra (*cheilofagia*).

cheilofagia [-gì-] *s.f.* tic nervoso che consiste nel morsicarsi le labbra, particolarmente il labbro inferiore.

chela [chè-] *s.f.* organo di presa, in forma di pinza o di forbici, dello scorpione, del granchio, del gambero e simili [*ill. Crostacei*]

chelidro *s.m.* testuggine acquatica americana, vorace e battagliera (*ordine* Chelonii).

chellerina *s.f.* cameriera che serve nelle birrerie, nei paesi tedeschi.

cheloide [-lòi-] *s.m.* escrescenza che si forma sulla pelle, talvolta spontaneamente ma molto più spesso in corrispondenza di una cicatrice.

chemioterapia [-pì-] *s.f.* branca della medicina che studia l'uso di chemioterapici; la cura stessa.

chemioterapico [-rà-] *agg.* [pl.m. *-ci*] si dice di farmaco costituito da un ritrovato o da un preparato chimico, generalmente con azione antinfettiva.

chemisier [*franc.; pr.* sc(e)misié] *s.m.* abito femminile in un solo pezzo, con maniche e colletto simili a quelli delle camicie da uomo.

chemocettore [-tó-] *s.m.* recettore sensibile a stimoli di natura chimica: *chemocettori del glomo carotideo,* quelli che registrano le variazioni dell'ossigeno e dell'anidride carbonica nel sangue.

chemosi [-mò-] *s.f.invar.* rigonfiamento della congiuntiva, che si ha soprattutto nelle congiuntiviti acute.

chepì *s.m.invar.* copricapo militare rigido con visiera.

cheppia [chèp-] *s.f.* → **alosa.**

chèque [*franc.; pr.* scèk] *s.m.* assegno.

cheratina *s.f.* sostanza albuminoide, fondamentale delle produzioni cornee (*peli, unghie, corna*), elaborata dalle cellule epidermiche della cute.

cheratinizzazione [-niʒʒaʒió-] *s.f.* (*med.*) il rivestire di cheratina sostanze medicinali che devono passare inalterate nell'intestino.

cheratite *s.f.* (*med.*) infiammazione della cornea.

chermes [chèr-] *s.m.invar.,* **chermisi** [chèrmiʃi-] *s.m.invar.* colorante estratto da cocciniglie che si usava un tempo per tingere di rosso i tessuti.

chermisino [-ʃi-] *agg.* → **cremisino.**

cherosene [-ʃè-] *s.m.* (*chim.*) miscela di idrocarburi ottenuta dalla distillazione del petrolio; si usa per i motori a reazione.

cherry brandy [*ingl.; pr.* cèri brèndi] *s.m.* acquavite di ciliegie.

cherubico [-rù-] *agg.* [pl.m. *-ci*] di, da cherubino.

cherubino *s.m.* angelo della prima gerarchia angelica; per estens., creatura bellissima, angelica.

chetare *v.tr.* [*io* chéto ecc.] calmare; acquietare // *v.rifl.* mettersi calmo, tranquillo.

chetichella [-chèl-] solo nella locuz.avv. *alla chetichella* di nascosto, senza farsi accorgere.

cheto [ché-] *agg.* tranquillo, quieto / *acqua cheta,* persona che agisce per il proprio utile senza farsene accorgere.

chetone [-tó-] *s.m.* (*chim.*) composto organico ottenuto per ossidazione di alcuni alcoli.

chetonemia [-mì-] *s.m.* presenza patologica di acetone nel sangue, tipica dei diabetici.

chewing gum [*ingl.; pr.* ciùin gam] *s.m.* gomma da masticare in palline o tavolette.

chi *pron.rel.dimostr.* colui il quale, colei la quale; si riferisce a persona sing.: *chi ha fatto ciò deve essere pazzo*; *ho trovato chi mi può aiutare*; *regalalo a chi vuoi*; *non prendertela con chi non ne ha colpa // pron.rel.indef.* **1** uno il quale, una la quale, qualcuno che, qualcuna che; si riferisce a persona sing.: *non c'è chi gli creda* **2** con valore correlativo *chi... chi*, l'uno ... l'altro, alcuni ... (gli) altri: *chi diceva una cosa, chi ne diceva un'altra // pron.interr.invar.* quale persona, quali persone: *chi ha sonato alla porta?*; *chi sono quelle signore?*; *non so di chi sia questo soprabito*; *con chi parlavi? / me l'ha detto non so chi*, una persona di cui non ricordo il nome / *chi me lo fa fare?*, *che ce lo fa fare?*, perché mai?

chiacchiera [-chiàc-] *s.f.* **1** spec. *pl.* conversazione su argomenti di poca importanza; discorso inutile e senza fondamento: *facciamo quattro chiacchiere / prov.*: le chiacchiere non fanno farina, le parole non bastano, ci vogliono i fatti. SIN. *ciancia, ciarla* **2** maldicenza, voce maligna; notizia falsa: *non è vero, sono tutte chiacchiere!* SIN. *diceria, pettegolezzo* **3** facilità di parola. SIN. *parlantina* **4** *pl.* (*region.*) dolci leggerissimi a base di chiara d'uovo e zucchero.

chiacchierare *v.intr.* [*io chiàcchiero ecc.*] **1** discorrere, conversare su argomenti di poca importanza; parlare a vuoto. SIN. *cianciare, ciarlare, cicalare* **2** fare delle maldicenze. SIN. *spettegolare.*

chiacchierata *s.f.* **1** conversazione amichevole **2** discorso lungo e sconclusionato.

chiacchiericcio [-ric-] *s.m.* il chiacchierare prolungato e rumoroso di un gruppo di persone. SIN. *chiacchierio, cicaleccio.*

chiacchierino *agg.* e *s.m.* che o chi chiacchiera volentieri. SIN. *ciarliero.*

chiacchierio [ri-] *s.m.* chiacchiericcio.

chiacchierone [-ró-] *s.m.* **1** chi chiacchiera molto e volentieri. SIN. *ciarlone* **2** chi non sa tenere un segreto. SIN. *pettegolo.*

chiama *s.f.* il chiamare uno per uno; appello: *il caposquadra fece la —.*

chiamare *v.tr.* **1** rivolgersi con parole, gesti a una persona o a un animale perché si avvicini o risponda o compia un'azione / *— alle armi* **2** comunicare a qlcu. che deve trasferirsi in un luogo: *l'hanno chiamato al ministero / — alle armi*, sottoporre al servizio militare; anche, incitare alla guerra, alla lotta **3** dare un nome o un nomignolo: *lo chiamavano «pel di carota»* **4** richiedere, esigere: *— aiuto; — giustizia // -arsi v.rifl.pron.* aver nome: *come ti chiami?*

chiamata *s.f.* atto, effetto del chiamare.

chianti *s.m.invar.* vino rosso, asciutto, prodotto nella omonima zona della Toscana.

chiappa *s.f.* (*volg.*) natica.

chiapparello [-rèl-] *s.m.*, **chiapperello** [-rèl-] *s.m.* (*region.*) **1** frase o discorso a trabocchetto **2** gioco di bambini che consiste nel rincorrersi per acchiapparsi.

chiara *s.f.* (*pop.*) albume dell'uovo.

chiarata *s.f.* albume sbattuto, usato per rendere chiari i vini.

chiaretto [-rét-] *s.m.* vino limpido e trasparente dal colore rosso chiaro.

chiarezza [-réz-] *s.f.* **1** qualità di ciò che è chiaro, limpidezza: *la — del cielo.* SIN. *chiarità, luminosità.* CONTR. *oscurità* **2** qualità di ciò che è coerente, comprensibile. SIN. *coerenza, evidenza, facilità.* CONTR. *oscurità.*

chiarificare *v.tr.* [*io chiarifico, tu chiarifichi ecc.*] rendere chiaro (anche *fig.*).

chiarificatore [-tó-] *agg.* e *s.m.* [f. *-trice*] che o chi chiarifica // *s.m.* utensile per chiarificare liquidi.

chiarificazione [-zió-] *s.f.* atto, effetto del chiarificare (anche *fig.*); spiegazione.

chiarimento [-mén-] *s.m.* atto, effetto del chiarire; spiegazione: *desidero al proposito un —.*

chiarire *v.tr.* [*io chiarisco, tu chiarisci ecc.*] rendere chiaro (anche *fig.*): *— un liquido / — un problema*, spiegarlo / *— un dubbio*, risolverlo.

chiarità *s.f.invar.* chiarezza.

chiaro *agg.* **1** che ha un certo grado di luminosità: *un bel sole —*; *un quadro dai toni chiari / un cielo —*, non offuscato da nubi / *un colore —*, pallido, non intenso. CONTR. *scuro* **2** che ha un certo grado di trasparenza: *acque chiare* **3** (*fig.*) che ha coerenza logica; che si comprende facilmente, che non nasconde nulla: *idee chiare*; *una spiegazione chiara*; *un discorso — / parlar —*, chiaramente / *è — come il sole*, è facile da capire. SIN. *coerente, intelligibile, facile, evidente, esplicito.* CONTR. *oscuro* **4** (*fig.*) ordinato e con uno scopo preciso: *un tipo dalle idee chiare* **5** (*fig.*) conosciuto, illustre: *uomo di chiara fama* / il superl. *chiarissimo* è titolo dei professori universitari; un tempo usato nello stile epistolare, anteposto a titolo professionale // *s.m.* luce, luminosità: *— di luna / mettere in —*, delucidare // *-mente avv.* in modo intelligibile o esplicito.

chiarore [-ró-] *s.m.* debole luminosità.

chiaroscurale *agg.* di chiaroscuro; a chiaroscuro.

chiaroscurare *v.tr.* fare il chiaroscuro // *v.tr.* dipingere, disegnare a chiaroscuro.

chiaroscuro *s.m.* rilievo artificiale che si dà a un'immagine (di pittura, disegno) simulando il gioco di luce e ombra con la densità del tratto o del colore.

chiaroveggente [-gèn-] *agg.* che ha il dono della chiaroveggenza.

chiaroveggenza [-gèn-] *s.f.* **1** il vedere o prevedere cose sconosciute agli altri **2** (*fig.*) la qualità di chi sa afferrare con chiarezza una situazione.

chiasma [-ʃma] *s.m.* [pl. *-i*], **chiasmo** [-ʃmo] *s.m.* **1** (*scient.*) incrocio, inversione / *— ottico*, (*anat.*) incrociamento dei due nervi ottici dopo la loro emergenza, con scambio di fibre **2** figura retorica consistente nel contrapporre due espressioni con i termini della seconda disposti in ordine inverso a quelli della prima.

chiassata *s.f.* schiamazzo; lite, scenata rumorosa.

chiasso[1] *s.m.* rumore forte e prolungato prodotto da persone o da cose / *far —*, suscitare commenti e discussioni.

chiasso[2] *s.m.* vicolo stretto.

chiassone [-só-] *s.m.* persona allegra e rumorosa.

chiassoso [-só-] *agg.* **1** che fa chiasso (detto di persona); rumoroso (detto di cosa) **2** troppo vivace e vistoso. SIN. *sfacciato, sgargiante.*

chiatta *s.f.* grosso galleggiante a fondo piatto, usato nei porti, laghi e fiumi per trasporto di merci.

chiavaccio [-vàc-] *s.m.* catenaccio, grosso chiavistello.

chiavarda *s.f.* grosso perno metallico che unisce parti di macchine, di strumenti e simili.

chiavare *v.tr.* **1** (*ant.*) chiudere a chiave **2** (*volg.*) possedere sessualmente una donna // *v.intr.* (*volg.*) avere un rapporto sessuale.

chiave *s.f.* **1** strumento metallico che, introdotto e girato nella toppa, apre o chiude la serratura: *la — del portone*; *chiudere a — un cassetto / tenere qlco. sotto —*, tenerla custodita gelosamente **2** (*fig.*) tutto ciò che serve a capire, a svelare, a penetrare: *questa lettera è la*

— *del segreto; tenere le chiavi del cuore di qlcu.*, godere della sua fiducia, del suo affetto, avere grande ascendente su di lui / *il personaggio — di un romanzo, di un dramma*, quello che esprime meglio degli altri l'idea dell'autore **3** (*tecn.*) attrezzo a forma di leva, con ganasce, usato per serrare viti, bulloni, dadi ecc. [*ill. Utensili*]: — *inglese*, quella le cui ganasce si possono allargare o stringere a volontà **4** parte che chiude, che serra [*ill. Pittura e scultura*]; pietra a forma di cuneo che, posta alla sommità di un'arcata, ne assicura la stabilità: — *di volta* [*ill. Architettura*] **5** (*mus.*) segno convenzionale che si pone all'inizio di un rigo per indicare la posizione delle note e permetterne l'identificazione **6** verso che, in una strofa di canzone, collega il primo gruppo di versi (*fronte*) col secondo (*sirima*).

chiavetta [-vét-] *s.f.* strumento girevole che, in tubi, condutture e simili, apre o chiude un diaframma regolando l'afflusso.

chiavica [chià-] *s.f.* fogna: *topo di —.*

chiavistello [-stèl-] *s.m.* bastone di ferro che si fa scorrere entro anelli infissi nelle imposte di porte o finestre, così serrandole.

chiazza *s.f.* grossa macchia tondeggiante.

chiazzare *v.tr.* coprire di chiazze.

chiazzato *agg.* cosparso di chiazze; macchiato.

chic [*franc.; pr.* scic] *agg. e s.m.* si dice di persona o cosa che denoti nello stesso tempo stile, eleganza e finezza.

chicane [*franc.; pr.* scicàn] *s.f.* nei percorsi di gare automobilistiche, difficoltà costituita da una doppia curva a esse.

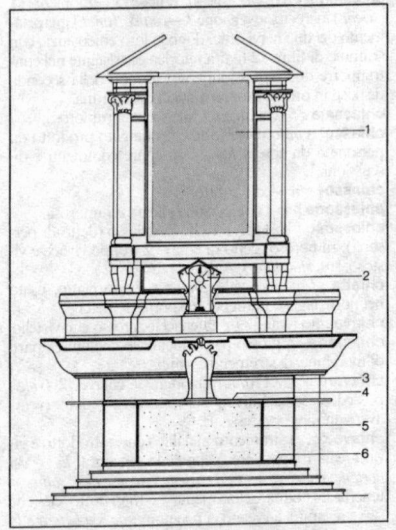

chiesa

1 *navata centrale,*
2 *navata laterale,*
3 *cappella,*
4 *coro,* 5 *abside,*
6 *matroneo,*
7 *altare,*
8 *balaustra,*
9 *pulpito,*
10 *cripta,*
11 *ciborio,*
12 *cattedra.*

Altare: 1 *pala,*
2 *residenza,*
3 *ciborio o tabernacolo,*
4 *mensa,* 5 *paliotto,* 6 *predella,*
7 *cartagloria,*
8 *patena,* 9 *calice,*
10 *borsa,* 11 *velo,*
12 *corporale,*
13 *pisside,*
14 *ostensorio,*
15 *ostia,*
16 *turibolo.*

chicca *s.f.* nome generico per indicare caramelle, confetti e simili; (*fig.*) finezza, cosa elegante e rara.

chicchera [chìc-] *s.f.* piccola tazza con manico.

chicchessia [-sì-] *pron.indef.m.* e *f.sing.* (*lett.*) qualunque persona: *venisse pure —, non se ne sarebbero andati.*

chicchirichì *voce onom.* imita il canto del gallo.

chicco *s.m.* [pl. *-chi*] seme, granello di cereali e di altre piante; oggetto in forma di granello: *— di grano, — di melagrana, — di caffè; — di grandine.*

chiedere [chiè-] *v.tr.* [pres. *io chièdo* o *chièggo, tu chièdi, essi chièdono* o *chièggono*; pass.rem. *io chièsi, tu chiedésti* ecc.; cong.pres. *io chièda* o *chiègga, tu chièda, essi chièdano* o *chièggano*; p.pass. *chièsto*] **1** domandare per sapere o per ottenere: *— un indirizzo, — perdono* **2** pretendere per una merce che si vende.

chierica [chié-] *s.f.* rasatura tonda che hanno in cima alla testa i chierici.

chiericato *s.m.* **1** condizione di chi è chierico **2** il clero.

chierichetto [-chét-] *s.m.* giovane che serve la messa e svolge altre funzioni attinenti al culto.

chierico [chié-] *s.m.* [pl. *-ci*] **1** chi si dedica al culto divino e alla guida spirituale dei fedeli; sacerdote **2** il ragazzo che serve la messa.

chiesa [chiè*fa*] *s.f.* **1** edificio sacro in cui si svolgono pubblicamente gli atti di culto delle religioni cristiane **2** comunità di uomini che professano la stessa fede religiosa; in particolare, dei cristiani che professano la fede e la dottrina di Cristo; (*fig.*) comunità di persone unite da credenze dogmatiche.

Abiti ecclesiastici:
1 *camice,*
2 *cingolo,*
3 *manipolo,*
4 *saio,*
5 *scapolare,*
6 *pianeta,*
7 *amitto,*
8 *mitra,*
9 *mozzetta,*
10 *zucchetto,*
11 *cotta,*
12 *piviale,*
13 *dalmatica,*
14 *pastorale,*
15 *stola,*
16 *soggolo,*
17 *camauro.*

chiesastico [-ʃà-] *agg.* [pl.m. *-ci*] di chiesa.

chiesuola [-ʃuò-] *s.f.* **1** gruppo di persone, di solito assai ristretto, in cui si professano idee o forme di vita particolari **2** → **abitacolo**.

chifel *s.m.invar.* piccolo panino o dolce, a forma di mezzaluna.

chiffon [*franc.*; *pr.* scifòn] *s.m.* tessuto leggerissimo e sottile; velo trasparente.

chiglia [chi-] *s.f.* in un'imbarcazione, tutta la parte di legno o metallo che, disposta longitudinalmente da poppa a prua, sostiene le fiancate ed è come la spina dorsale dello scafo [*ill. Barca*].

chignon [*franc.*; *pr.* scignòn] *s.m.* crocchia di capelli rialzati sulla nuca.

chilifero [-lì-] *agg.* (*med.*) si dice dei vasi linfatici dell'intestino attraverso i quali passa il chilo.

chilificare *v.tr.* [*io chilifico, tu chilifichi ecc.*] (*med.*) trasformare il cibo in chilo durante la digestione.

chilificazione [-ziò-] *s.f.* (*med.*) il chilificare.

chilo[1] *s.m.* → **chilogrammo**.

chilo[2] *s.m.* (*med.*) liquido lattiginoso, proveniente dall'assorbimento e dalla trasformazione degli alimenti per opera della mucosa gastrointestinale / *fare il* —, riposarsi, dopo aver mangiato, per facilitare la digestione.

chilo- [dal franc. *kilo*, adattamento del gr. *chilioi* = *mille*] prefisso che interviene nella formazione di nomi di unità di misura, moltiplicando per mille il valore del secondo elemento; viene normalmente indicato col simbolo *k* (*chilowatt* = *kW*, *chilogrammo* = *kg*, *chilometro* = *km*); oggi convenzioni internazionali e disposizioni legali impongono la grafia *kilo-* per tutti i composti (*kilowatt, kilogrammo ecc.*) ma nell'uso corrente prevale ancora la grafia *chilo-*.

chilociclo *s.m.* in radiotecnica, misura di frequenza pari a 1000 oscillazioni al secondo.

chilogrammetro [-gràm-] *s.m.* unità pratica di lavoro, corrispondente al lavoro che si compie innalzando verticalmente il peso di 1 kg per l'altezza di 1 m.

chilogrammo *s.m.* unità di peso corrispondente a 1000 g.

chilolitro *s.m.* multiplo del litro equivalente a 1000 litri.

chilometraggio [-tràg-] *s.m.* distanza misurata in chilometri: *il* — *di una corsa*.

chilometrico [-mè-] *agg.* [pl.m. *-ci*] **1** misurato in chilometri: *percorso* — **2** (*fig.*) lunghissimo.

chilometro [-lò-] *s.m.* unità di misura di lunghezza equivalente a 1000 m.

chilotone [-tó-] *s.m.* unità di misura della potenza esplosiva, che equivale alla potenza dell'esplosione di mille tonnellate di tritolo.

chilotorace *s.m.* (*med.*) versamento di linfa nella cavità toracica, per rottura del grande vaso linfatico che la percorre.

chilowatt [chì-] *s.m.invar.* unità di misura di potenza elettrica equivalente a 1000 watt.

chilowattora [-tó-] *s.m.invar.* unità di misura dell'energia elettrica corrispondente all'energia erogata o assorbita in un'ora da un apparecchio della potenza di 1 chilowatt.

chiluria [-lù-] *s.f.* presenza patologica di linfa nell'urina.

chimera [-mè-] *s.f.* **1** mostro mitologico con testa e corpo di leone, una testa di capra sul dorso e coda di serpente **2** (*fig.*) fantasticheria, utopia **3** (*biol.*) fenomeno per cui, per anormale distribuzione dei cromosomi nella cellula, i discendenti di questa presentano tessuti geneticamente di specie diversa.

chimerico [-mè-] *agg.* [pl.m. *-ci*] illusorio, fantastico.

chimica [chi-] *s.f.* scienza che studia la composizione delle varie sostanze costituenti la materia e le trasformazioni di ciascuna sostanza.

chimico [chi-] *agg.* [pl.m. *-ci*] della chimica, che riguarda la chimica; che è ottenuto con i procedimenti della chimica: *concimi chimici* // *s.m.* chi studia e pratica la chimica.

chimificare *v.tr.* [*io chimifico, tu chimifichi ecc.*] (*med.*) trasformare il cibo in chimo.

chimo *s.m.* (*med.*) poltiglia in cui vengono trasformati gli alimenti dopo essere stati sottoposti all'azione dei succhi gastrici.

chimono [-mò-] *s.m.* abito tradizionale giapponese, lungo e a larghe maniche, con fascia alla vita / *manica* — —, ampia e unita alla spalla senza cucitura.

chimosina [-ʃi-] *s.f.* (*chim.*) fermento, contenuto nel succo gastrico e in quello pancreatico, che fa coagulare il latte.

china[1] *s.f.* terreno in discesa / *essere su una brutta* —, in una situazione che tende inesorabilmente a peggiorare. SIN. *pendio, declivio*.

china[2] *s.f.* pianta del Perù nella cui corteccia si trovano sostanze medicamentose febbrifughe (*fam.* Rubiacee).

china[3] *s.f.* abbreviazione di *inchiostro di* —, tipo di inchiostro per disegno.

chinare *v.tr.* voltare verso il basso / — *il capo*, subire la volontà altrui. SIN. *piegare, inclinare, reclinare, curvare* // **-arsi** *v.rifl.* piegarsi con tutta la persona: — *a, verso terra*.

chinato *agg.* che contiene china: *vino* —.

chincaglie [-cà-] *s.f.pl.* insieme di oggetti di poco valore per uso domestico.

chincagliere [-gliè-] *s.m.* chi vende chincaglie.

chincaglieria [-rì-] *s.f.* **1** negozio in cui si vendono chincaglie **2** *pl.* insieme di chincaglie.

chinea [-nè-] *s.f.* cavallo o mulo da sella; in particolare, il cavallo bianco che veniva donato ogni anno dai re di Napoli al papa in segno di vassallaggio.

chinetosi [-tòʃi] *s.f.invar.* (*med.*) complesso di disturbi accusati dall'organismo quando è sottoposto a movimenti ripetuti, come il mal di mare o il mal d'aereo.

chinina *s.f.* rimedio contro la malaria, estratto dalla corteccia di alcune specie di china.

chinino *s.m.* (*farm.*) preparato di chinina (solfato, bisolfato di chinina).

chino *agg.* piegato in giù. SIN. *reclinato, curvo*.

chinotto [-nòt-] *s.m.* albero dai frutti simili a piccoli mandarini, di sapore amarognolo, usati per la fabbricazione di bibite dissetanti (*fam.* Citracee); anche il frutto stesso.

chintz [*ingl.*; *pr.* cinz] *s.m.* tessuto simile al cotone, reso lucido da una gommatura.

chioccia [chiòc-] *s.f.* gallina che cova le uova o che tiene i pulcini; (*fig.*) mamma premurosa.

chiocciare *v.intr.* [*io chiòccio ecc.*] **1** si dice della voce della chioccia quando cova **2** fare la chioccia, covare (detto della gallina).

chiocciata *s.f.* l'insieme dei pulcini di una stessa covata.

chioccio [chiòc-] *agg.* aspro e rauco (detto di voce).

chiocciola [chiòc-] *s.f.* **1** comune mollusco gasteropodo terrestre, commestibile, con conchiglia globosa avvolta a spira / *scala a* —, scala che si sviluppa attorno a un asse verticale lungo una linea elicoidale [*ill. Scala*] **2** (*anat.*) parte dell'orecchio interno, in cui le

laboratorio chimico

1 *alambicco*, 2 *capitello o duomo*,
3 *cucurbita*, 4 *condensatore*,
5 *serpentina*, 6 *bicchiere graduato*,
7 *cilindro graduato*, 8 *beuta*,
9 *provetta*, 10 *buretta*,
11 *matraccio*, 12 *storta*,
13 *pallone*, 14 *contagocce*,
15 *mortaio*, 16 *pestello*, 17 *pipetta*.

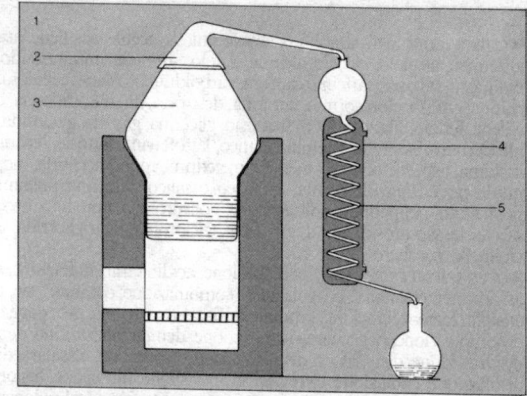

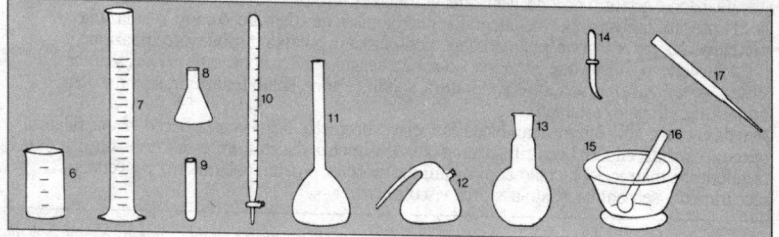

Chimica

alchimia, biochimica, citochimica, elettrochimica, fotochimica, geochimica, petrolchimica, termochimica • agraria, analitica, bromatologica, farmaceutica, fisica, fisiologica, generale, industriale, inorganica, merceologica, nucleare, organica, strutturistica, teorica.

■ CORPI E PROPRIETÀ: acido, aeriforme, agente, anidride, anione, antiacido, antigelo, antitermico, atomo, base, catalizzatore, catione, colloide, composto, concentrazione, corpo, diluente, dispersione, elastomero, elemento, elettrolito, elettrone, emulsione, fluido, formula, gas, grammomolecola, idropittura, indicatore, inibitore, ione, isomero, isotopo, liofilizzato, liquido, macromolecola, materia, minerale, miscela, miscuglio, mole, molecola, pigmento, polimero, precipitato, radicale, reagente, reattivo, simbolo, similpelle, sintetizzato, solforato, solido, soluto, soluzione, solvente, sospensione, sostanza, specie, valenza • acidificante, acidità, addensante, affinità, allotropia, ammorbidente, basicità, biodegradabile, biodegradabilità, coesione; corrosivo, defogliante, degradabile, deliquescente, destrogiro, diamantifero, diserbante, elettronegativo, elettropositivo, emulsionante, endotermico, erbicida, esotermico, ferromagnetico, gelatinizzante, gelificante, germicida, idrofugo, idrolitico, idrorepellente, idrosolubile, igroscopico, imbibente, indurente, inquinante, insaturo, insettifugo, isomorfo, levogiro, liquescente, metanifero, metanifero, microbicida, neutro, ossidante, pH, pesticida, riducente, saturo, sigillante, siliconico, solubilità, tensioattivo, termoaderente, termochimico, termoindurente, termolabile, termoplastico, vinilico.

■ CHIMICA INORGANICA; *elementi*: metallo, metalloide; alluminio, antimonio, argento, arsenico, azoto, bario, bismuto, boro, bromo, calcio, carbonio, cloro, cobalto, cromo, deuterio, ferro, fluoro, fosforo, idrogeno, iodio, litio, magnesio, manganese, mercurio, neon, nichel, oro, ossigeno, palladio, piombo, platino, potassio, radio, rame, silicio, sodio, stagno, trizio, uranio, zinco, zolfo; *composti*: acqua, alcali, alginato, allume, amalgama, ammoniaca, ammonio, bicarbonato, borace, borato, borico, bromuro, calcare, calce, candeggina, caolino, carbonato, cianidrico, cianuro, clorato, clorico, cloridrato, cloridrico, cloruro, cromato, creta, diamante, fosfato, fosgene, grafite, idracido, idrato, idrossido, ioduro, lega, minerale, monossido, nitrato, nitrico, nitruro, ossiacido, ossido, ozono, perborato, perossido, silice, solfato, solforico, tetrossido, triossido.

→

→

■ CHIMICA ORGANICA: acetato, acetilcellulosa, acetile, acetilene, acetilsalicilico, acetone, acrilico, albumina, alcaloide, alcole, aldeide, amido, ammide, amminoacido, anilina, aromatico, benzolo, biomassa, butano, caffeina, canfora, carboidrato, caseina, cellulosa, cera, cheratina, chetone, chitina, citrato, cloroformio, curarina, destrosio, difenile, diossina, enzima, estere, etano, etere, etilene, fenolo, filanca, freon, fruttosio, glicerina, glucide, glucoside, glucosio, glutammico, grasso, idrocarburo, isoprene, istamina, lattico, lattoflavina, lattosio, leacril, lipide, lisergico, lisina, lisozima, LSD, metacrilato, metano, metedrina, monosaccaride, moplen, muscarina, naftalina, nitrile, novocaina, oleoresina, oppiaceo, ossalico, paraffina, poliammide, poliammidico, polifosfato, polipeptide, polisaccaride, polistirolo, poliuretano, procaina, proteina, protide, saccaride, saccarosio, terital, tornasole, triclorofenolo, trigliceride, vetroresina, vinavil, vinile, vinilpelle, zucchero.

■ OPERAZIONI E PROCESSI: acidificazione, acidimetria, alterazione, amalgamazione, analisi, assorbimento, catalisi, coagulazione, combinazione, combustione, concentrazione, corrosione, cristallizzazione, cracking, cromatografia, decantazione, decapaggio, decarburazione, decomposizione, degradare, degradazione, demineralizzazione, depurazione, dialisi, diluizione, disidratazione, disossidare, disossidazione, dispersione, dissalare, dissalazione, dissociazione, distillazione, ebollizione, elettrolisi, evaporazione, filtrazione, fusione, gascromatografia, gassificazione, gelatinizzazione, gelificare, grafitaggio, idrolisi, ionizzazione, liquefazione, liofilizzazione, lisciviazione, metallografia, microanalisi, mordenzare, osmosi, ossidazione, piaccamento, piroscissione, polimerizzare, potabilizzare, potabilizzazione, precipitazione, pressofusione, purificazione, reazione, riduzione, saggio, salificazione, saturazione, scambio, sintesi, sintetizzazione, solforare, solforatura, solidificazione, solubilizzazione, sublimazione, titolazione, viraggio, volumetria.

■ APPARECCHI: addolcitore, alambicco, autoclave, bacinella, bagnomaria, becco, beuta, bilancia, buretta, capsula, cilindro, centrifuga, crogiolo, densimetro, dializzatore, essiccatore, filtro, imbuto, inceneritore, matraccio, metalloscopio, muffola, mortaio, pipetta, polarimetro, provetta, saccarimetro, serpentina, spatola, storta, viscosimetro.

---

vibrazioni sonore si trasformano in sensazioni uditive [ill. Orecchio].

chioccolare v.intr. [io chiòccolo ecc.] 1 si dice del verso del fringuello, del merlo, del pettirosso e simili 2 gorgogliare.

chioccolio [-lì-] s.m. 1 il chioccolare prolungato di più uccelli 2 gorgoglio dell'acqua e simili.

chioccolo [chiòc-] s.m. 1 fischio di ottone con cui i cacciatori imitano il fischiare dei merli, per attirare gli uccelli 2 caccia con le paniuzze invischiate e col chioccolo.

chiodato agg. provvisto di uno o più chiodi / scarpe chiodate, scarpe da montagna provviste di speciali bullette sulla suola e sulle punte.

chiodatrice s.f. macchina per ribattere i chiodi impiegati nelle costruzioni metalliche.

chiodatura s.f. unione di lamiere e profilati di ferro mediante grossi chiodi applicati a caldo e ribattuti.

chiodino s.m. fungo commestibile con gambo lungo e sottile e cappello campanulato (fam. Agaricacee).

chiodo [chiò-] s.m. 1 pezzetto di metallo, spec. di ferro, allungato e appuntito, con una capocchia a un estremo, usato per unire parti di legno o metallo nelle quali si conficca [ill. Utensili] / — da roccia, da ghiaccio, terminante ad anello, usato nelle ascensioni alpinistiche per agevolare la scalata [ill. Alpinismo] / magro come un — / roba da chiodi, si dice di cosa incredibile o che si critica e disprezza aspramente 2 idea fissa, preoccupazione assillante / prov.: — scaccia —, una preoccupazione ne fa dimenticare un'altra 3 debito: piantare un —, fare un debito.

chioma [chiò-] s.f. 1 l'insieme dei capelli. SIN. capigliatura 2 criniera del cavallo e di altri animali 3 par-

te dell'albero che si scompone in rami e ramoscelli [ill. Albero] 4 alone che appare intorno alle comete.

chiomato agg. fornito di abbondante capigliatura.

chiosa [chiò]a] s.f. breve spiegazione di parola o passo difficile. SIN. glossa, postilla, nota, commmento.

chiosare [-ʃa-] v.tr. fare chiose. SIN. glossare, postillare, annotare, commentare.

chiosatore [-ʃató-] s.m [f. -trice] chi fa chiose.

chiosco [chiò-] s.m. [pl. -chi] 1 casetta prefabbricata, originariamente con tetto a cupola, per la vendita di giornali, frutta e verdura, bibite ecc. 2 nei giardini, piccolo pergolato a cupola; padiglione a colonne.

chiostra [chiò-] s.f. recinto (anche fig.): — di denti.

chiostro [chiò-] s.m. cortile di un convento, circondato spesso da un portico; per estens., il convento, la vita monastica.

chiotto [chiòt-] agg. si dice di persona tranquilla, che non si mette in mostra.

chip [ingl.; pr. cip] s.f. piastrina di materiale semiconduttore sulla quale vengono costruiti i circuiti e le memorie dei calcolatori elettronici.

chiragra s.f. gotta delle mani.

chiro- [dal gr. cheirós = mano] prima parte di parole composte, nelle quali indica le mani (chiragra, chirospasmo).

chirografario [-fà-] agg. (dir.) che è creditore in virtù di un chirografo.

chirografo [-rò-] s.m. (dir.) obbligazione assunta per iscritto e firmata di proprio pugno.

chiromante s.m. e f. chi esercita la chiromanzia.

chiromanzia [-zì-] s.f. arte di leggere il carattere e il destino dell'uomo nelle linee della mano.

chirospasmo [-ʃmo] s.m. (med.) contrattura dei muscoli della mano.

chiroterapia [-pì-] *s.f.* terapia fisica che consiste nel ridare, con sollecitazioni manuali, mobilità alle articolazioni, specialmente quelle vertebrali.

chirotteri [-ròt-] *s.m.pl.* → **pipistrelli**.

chirurgia [-gì-] *s.f.* branca della medicina che cura le malattie o le lesioni traumatiche mediante interventi manuali che comportano la demolizione e la riparazione di tessuti viventi.

chirurgico [-rùr-] *agg.* [pl.m. -*ci*] di chirurgia.

chirurgo *s.m.* [pl. -*gi* e -*ghi*] medico specializzato nel compiere interventi di chirurgia.

chissà, chi sa *inter.impropria* esprime dubbio, ma con una sfumatura di speranza; è sempre seguita dal punto interrogativo o esclamativo: — *quando tornerà?*; — *che bello!*

chissisia [-sì-] *pron.indef.* [pl. *chissisiano*] (*lett.*) qualunque persona egli sia; chicchessia.

chitarra *s.f.* strumento musicale a corde pizzicate, con cassa armonica tondeggiante e ristretta nel mezzo a guisa di otto / — *elettrica*, con cassa appiattita e amplificazione elettrica [*ill. Musicali, strumenti*].

chitarrista *s.m. e f.* [pl.m. -*i*] chi suona la chitarra, spec. professionalmente.

chitina *s.f.* sostanza azotata formante uno strato duro e rigido che riveste il corpo degli artropodi.

chitone [-tó-] *s.m.* tunica degli antichi greci.

chiudere [chiù-] *v.tr.* [pass.rem. *io chiusi, tu chiudésti* ecc.; p.pass. *chiuso*] **1** recingere: — *un orto*; — *una città con mura* **2** sbarrare, ostruire, impedire: — *il passo, la via*; — *la frontiera tra due paesi* / — *il cuore alla pietà*, respingere questo sentimento **3** serrare insieme perché non si apra: — *una porta, una finestra* / — *un occhio*, lasciar correre **4** coprire con coperchio; turare; suggellare: — *una cassa, una bottiglia*; — *una lettera* **5** mettere dentro, imprigionare, rinchiudere: — *in gabbia un animale* **6** spegnere, interrompendo l'alimentazione, il flusso di energia: — *il televisore* **7** porre fine a qlco.; terminare; concludere: — *la trattativa*; — *un conto in banca* / — *la vita, i propri giorni*, morire // *v.intr.* combaciare: *la finestra non chiude* // **-ersi** *v.rifl.* **1** nascondersi, ritirarsi: — *in casa, in convento* / *il cielo si è chiuso*, si è coperto di nuvole **2** (*fig.*) rifiutare i contatti con gli altri, con l'esterno: — *nel proprio dolore*.

chiunque *pron.indef.rel.sing.m. e f.* qualunque persona che: *parlerò con* — *vorrà ascoltarmi* // *pron.indef.* (con uso non relativo) qualunque persona, chicchessia: *parlerò con* —.

chiurlare *v.intr.* si dice del verso del chiurlo, dell'assiolo e di altri uccelli simili.

chiurlo *s.m.* uccello con becco lungo e sottile leggermente arcuato (*fam.* Scolopacidi).

chiusa *s.f.* **1** recinto, riparo posto intorno a un terreno **2** sbarramento artificiale che chiude un corso d'acqua, in genere doppio e provvisto di impianti per l'innalzamento e l'abbassamento del livello **3** parte finale di un discorso o di uno scritto.

chiusino *s.m.* lastra che chiude la bocca di accesso di una fogna.

chiuso *agg.* non aperto, serrato, stretto (anche *fig.*) / *processo a porte chiuse*, senza che il pubblico vi sia ammesso / *vocale chiusa*, che si pronuncia stretta / *carattere* —, poco socievole / *fai ogni cosa a occhi chiusi*, con sbadataggine / *fidatevi di lui a occhi chiusi*, in modo completo. CONTR. *aperto* // *s.m.* luogo cintato per custodire il gregge.

chiusura *s.f.* **1** atto, effetto del chiudere (anche *fig.*);

fine, termine, cessazione. CONTR. *apertura* **2** ciò che serve a chiudere: — *lampo*, cerniera lampo.

choc [*franc.*; *pr.* sciòc] *s.m.* forma francese corrispondente all'ingl. *shock*, più usato in italiano nel significato di → **collasso**.

chow chow [*ingl.*; *pr.* ciau ciau] *s.m.* cane di media grandezza, con pelo lungo e folto formante una specie di criniera leonina intorno alla testa; usato per la guardia e la caccia.

ci *pron.pers. di prima persona pl.* **1** noi, a noi; si usa come compl. ogg. o come compl. di termine, in posizione sia enclitica sia proclitica: *non ci disturbare*; *spediteci la merce*; in presenza delle forme pronominali atone *lo, la, li, le* e della particella *ne* viene sostituito da *ce*: *ce lo disse*; *mandatecelo*; si usa nella coniugazione riflessiva e pronominale: *ci alzammo* **2** con valore di *pron.dimostr.* riferito a cosa, equivale a *ciò*, preceduto da prep.: *non ci penso*; *non ci capisce nulla* // *avv.* **1** qui; lì; nel luogo di cui si parla; si usa in posizione sia enclitica sia proclitica: *abito a Roma e ci sto bene*; *vacci subito*; si unisce spesso alle forme del verbo *essere*: *ci sono ospiti* **2** per questo, per quel luogo: *ci passo tutti i giorni* **3** (*ant.*) da questo, da quel luogo **4** verso quel luogo: *io ci vado*.

ciabatta *s.f.* **1** pantofola, pianella (in senso *spreg.*); scarpa vecchia e scalcagnata **2** (*fig.*) si dice di cosa brutta, inservibile.

ciabattare *v.intr.* camminare strascicando le ciabatte o le scarpe.

ciabattino *s.m.* **1** chi accomoda le scarpe **2** (*fig.*) chi esercita male, per incapacità, la propria professione.

ciac [ciàk] *voce onom.* **1** indica il suono di cosa che si schiaccia **2** (*cinem.*) → **ciak**.

ciaccona [-có-] *s.f.* (*mus.*) componimento in forma di danza, di ritmo ternario moderato, in voga nei secc. XVII e XVIII.

ciadiano *agg.* del Ciad // *s.m.* abitante del Ciad.

ciak [ciàk] *s.m.invar.* (*cinem.*) tavoletta di legno che è fotografata all'inizio della ripresa di una scena e su cui si annotano le indicazioni necessarie a individuare un'inquadratura.

cialda *s.f.* pasta di farina che si cuoce schiacciandola con un apposito stampo arroventato.

cialdino *s.m.* ostia che si usa, bagnata, per involgervi una polvere medicinale.

cialdone [-dó-] *s.m.* grossa cialda che si mangia accartocciata e riempita di panna.

cialtrone [-tró-] *s.m.* **1** persona volgare, capace di fare del male **2** persona sciatta, trasandata.

cialtroneria [-rì-] *s.f.* **1** l'essere cialtrone **2** atto da cialtrone.

ciambella [-bèl-] *s.f.* **1** dolce a base di farina, zucchero, uova; ha forma di cerchio con un buco nel mezzo / *prov.*: *non tutte le ciambelle riescono col buco*, non sempre si riesce in ciò che si fa **2** oggetto a forma di ciambella / — *di salvataggio*, anello di materiale leggero, o gonfiabile, per sostenere a galla chi non sa nuotare.

ciambellano *s.m.* anticamente, alto dignitario di corte.

cianamide *s.f.* concime chimico azotato.

ciancia [ciàn-] *s.f.* [pl. -*ce*] discorso vano e pettegolo. SIN. *ciarla, chiacchiera*.

cianciare *v.intr.* [io ciàncio ecc.] fare ciance, parlare di cose vane. SIN. *blaterare, chiacchierare, ciarlare*.

ciancicare *v.tr. e intr.* [io ciàncico, tu ciàncichi ecc.] **1** pronunciare male; biascicare; masticare con difficoltà **2** sgualcire.

cianfrusaglia [-ʃà-] *s.f.* oggetto di poco valore.

ciangottare *v.intr.* e *tr.* [*io ciangòtto ecc.*] parlare storpiando la parole.

ciangottio [-ti-] *s.m.* il ciangottare.

cianidrico [-nì-] *agg.* [pl.m. *-ci*] (*chim.*) si dice di acido composto da cianogeno e idrogeno, velenosissimo.

ciano [cì-] *s.m.* (*lett.*) fiordaliso.

cianogeno [-nò-] *s.m.* (*chim.*) gas velenosissimo composto di carbonio e azoto.

cianografia [-fì-] *s.f.* stampa a quella fotografica, eseguita su carte speciali, usata per documenti e disegni.

cianografico [-grà-] *agg.* [pl.m. *-ci*] relativo alla cianografia: *procedimento* —.

cianosi [-nòʃi] *s.f.invar.* (*med.*) colorazione bluastra della pelle e delle mucose, sintomo di disturbi circolatori o respiratori.

cianotico [-nò-] *agg.* [pl.m. *-ci*] che è proprio della cianosi; che presenta cianosi: *viso* —.

cianuro *s.m.* (*chim.*) qualsiasi sale derivato dall'acido cianidrico: — *di potassio, di sodio.*

ciao *inter. impropria* usata come espressione di saluto, spec. tra intimi e amici.

ciappola [ciàp-] *s.f.* piccolo scalpello d'acciaio, con punta tonda, usato da cesellatori e argentieri per lavorare metalli.

ciaramella [-mèl-] *s.f.* cornamusa, piva.

ciarda *s.f.* danza popolare ungherese con un'introduzione lenta e malinconica e una seconda parte dal ritmo molto veloce.

ciarla *s.f.* **1** notizia falsa e di nessun credito **2** discorso vano e pettegolo. SIN. *ciancia, chiacchiera* **3** (*fam.*) abilità di parlare.

ciarlare *v.intr.* far ciarle. SIN. *cianciare, cicalare, chiacchierare.*

ciarlatanata *s.f.* azione, discorso da ciarlatano.

ciarlataneria [-rì-] *s.f.* **1** arte del ciarlatano **2** azione, discorso da ciarlatano.

ciarlatano *s.m.* **1** chi tenta di vendere merci scadenti gabellandole per buone **2** (*fig.*) chi cerca di sfruttare la credulità altrui.

ciarliero [-liè-] *agg.* che ciarla molto volentieri / *uccellino* —, canoro, cinguettante. SIN. *chiacchierino.*

ciarlone [-lò-] *s.m.* chi ha l'abitudine di ciarlar molto. SIN. *chiacchierone.*

ciarpame *s.m.* quantità di roba inservibile o di poco pregio (anche *fig.*).

ciascheduno *agg.* e *pron.indef.* [solo *sing.*] → **ciascuno**.

ciascuno *agg.indef.* [solo *sing.*] tutti, a uno a uno: *ciascuna donna lo farà*; si tronca davanti ai nomi maschili comincianti per vocale o consonante che non sia *s* impura, *gn, ps, x*: *ciascun uomo, ciascun cavallo, — scolaro, — zio*; si apostrofa davanti ai nomi femminili comincianti per vocale: *ciascun'amica, ciascun'eroina // pron. indef.* [solo *sing.*] **1** tutti, uno per uno: — *farà il suo dovere* **2** uno per uno: *ci hanno dato un libro* (per) —.

cibare *v.tr.* dar da mangiare; nutrire, alimentare // **-arsi** *v.rifl.* nutrirsi, alimentarsi (anche *fig.*): — *di vegetali; — di false notizie.*

cibarie [-bà-] *s.f.pl.* generi commestibili, alimenti.

Cibi e bevande

antipasto, pasto, piatto, pietanza, contorno, dessert, portata, menu • colazione, pranzo, lunch, cena, merenda, spuntino • affogato, affumicare, arrostire, arrosto, bagnomaria, battuto, besciamella, bollire, bollito, brasare, brasato, candito, caramello, concentrato, condimento, conservante, crioconservazione, decongelare, al dente, dissalare, dolcificare, dorare, farcire, fondo, al forno, fritto, frollare, frullare, in gelatina, glassare, al gratin, gratinare, grigliare, impanare, intingolo, lardellare, lessare, lesso, liofilizzato, maionese, marinare, marinata, montare, omogeneizzato, panare, pastificare, precotto, purè, ragù, in salamoia, in salmì, salmistrato, salsa, sbollentare, schiumare, scongelare, scottare, shakerare, scotto, sobbollire, soffriggere, soffritto, allo spiedo, stracotto, strapazzato, stufare, stufato, surgelare, tonnato, tritare, in umido, uperizzazione.

■ ANTIPASTI: prosciutto, salame, bresaola, mortadella, lonza o coppa, sottaceti.

■ PANE: pane (*tostato, biscottato, carré*), panino, grissino, galletta, cracker.

■ PRIMI PIATTI: brodo, stracciatella, zuppa, minestra, minestrone, paste all'uovo (*agnolotti, cappelletti, fettuccine, lasagne, ravioli, tagliatelle, tortellini*), paste secche (*bucatini, cannelloni, maccheroni, penne o maltagliati, rigatoni, spaghetti, vermicelli*), pizza, timballo, risotto, gnocchi, polenta.

■ UOVA: affogate o in camicia, bazzotte, al burro o al tegamino, fritte, al guscio o alla coque, all'ostrica, sode, strapazzate, crêpe, frittata, omelette.

■ PESCE: acciuga, anguilla, aringa, baccalà, bianchetti, branzino, calamaro, capitone, cefalo, dentice, luccio, merluzzo, nasello, orata, palombo, pesce persico, polpo, salmone, sarda, sardina, seppia, sgombro, sogliola, spigola, stoccafisso, storione, tinca, tonno, triglia, trota; zuppa di pesce, brodetto, bouillabaisse.

■ CROSTACEI: aragosta, canocchia, gamberetto, gambero, granceola, scampo.

■ MOLLUSCHI: cozza o muscolo, ostrica.

■ CARNI: di bue (*bistecca, bollito, brasato, controfiletto, costata, filetto, bistecca alla fiorentina, lombata, roast-beef, stufato*); di vitello (*costoletta, osso buco, paillard, scaloppina, spezzatino, trippa*); di agnello (*cosciotto, costoletta*); di capretto; di montone; di castrato; di maiale (*arista, bacon, braciola, costoletta, cotechino, cotenna, pancetta, piedino, salsiccia, zampone*); svizzera, hamburger, hot dog; senape, ketchup.

■ POLLAME: pollo (*arrosto, allo spiedo*); cappone, tacchino, faraona, oca, piccione; eviscerato.

cibernetica [-nè-] *s.f.* scienza applicata che mira a riprodurre le operazioni del cervello umano in complessi meccanici o elettronici.

cibernetico [-nè-] *agg.* [pl.m. *-ci*] che riguarda la cibernetica. *//* *s.m.* esperto di cibernetica.

cibo *s.m.* 1 tutto ciò che serve da nutrimento (anche *fig.*) / *non toccare* —, non mangiare nulla. SIN. *alimento* 2 l'atto del mangiare; pasto.

ciborio [-bò-] *s.m.* tabernacolo in cui sono conservate le ostie consacrate; edicola a quattro colonnine che racchiude l'altar maggiore in alcune chiese [*ill. Chiesa*].

cicala *s.f.* 1 grosso insetto emittero con corpo tozzo color bruno-giallo, quattro grandi ali trasparenti, antenne corte; il maschio emette un caratteristico stridio vibrante nelle ore più calde (*fam.* Cicadidi) / — *di mare*, scillaro 2 (*fig.*) chi spreca le risorse e non pensa al futuro 3 (*mar.*) nell'ancora, anello di ferro che unisce l'estremità superiore del fuso alla catena.

cicalare *v.intr.* parlare troppo e in modo noioso. SIN. *ciarlare, chiacchierare.*

cicalata *s.f.* discorso lungo e noioso. SIN. *chiacchierata.*

cicaleccio [-lèc-] *s.m.* il cicalare continuato di più persone insieme. SIN. *cicalio, chiacchierio, chiacchiericcio.*

cicalino *s.m.* (*elettr.*) piccolo generatore di corrente alternata che produce un suono simile a quello della cicala.

cicalìo [-lì-] *s.m.* il chiacchierio di poche persone.

cicatrice *s.f.* 1 segno lasciato sulla pelle da una ferita o da una piaga rimarginata 2 (*fig.*) impronta di un dolore sofferto.

cicatrizzare [-triʒʒa-] *v.tr.* rimarginare una ferita *//* *v.intr.*, **-arsi** *v.rifl.pron.* di ferita, rimarginarsi.

cicatrizzazione [-triʒʒazió-] *s.f.* il cicatrizzare, il cicatrizzarsi.

cicca *s.f.* mozzicone della sigaretta o del sigaro / *non vale una* —, non vale niente.

ciccaiolo [-iò-] *s.m.* chi raccatta cicche.

cicchetto [-chét-] *s.m.* 1 bicchierino di liquore 2 rimprovero, ramanzina da parte di un superiore.

ciccia [cic-] *s.f.* 1 voce infantile per indicare la carne 2 (*scherz.*) la carne umana, spec. di persona grassa: *hai troppa* — *addosso.*

cicciolo [cic-] *s.m.* ciò che resta delle parti grasse del maiale dopo che si siano fuse al fuoco per ricavarne lo strutto.

ciccione [-ció-] *s.m.* (*scherz.*) persona molto grassa.

ciccioso [-ció-], **cicciuto** *agg.* che è in carne, che ha ciccia; grasso, grassottello.

cicerbita [-cèr-] *s.f.* pianta erbacea commestibile.

cicerchia [-cèr-] *s.f.* pianta erbacea rampicante, con fiori bianchi o rosei simili a quelli del pisello, coltivata come foraggio o per sovescio (*fam.* Leguminose).

cicerone [-ró-] *s.m.* chi fa da guida ai visitatori di una città, d'un monumento, d'un museo.

cicindela [-dè-] *s.f.* insetto coleottero con elitre verdi macchiate di bianco; è distruttore di larve e di insetti nocivi (*fam.* Cicindelidi).

cicisbeo [-ʃbè-] *s.m.* nel Settecento, il cavalier servente che accompagnava la dama; oggi, damerino.

ciclamino *s.m.* pianta erbacea con tubero tondeggian-

■ SELVAGGINA: allodola, anitra, beccaccia, fagiano, pernice, quaglia, tordo, cinghiale, lepre.

■ ORTAGGI E LEGUMI: asparagi, barbabietole, broccoli, carciofi, cardi, carote, cavolfiore, cavolini di Bruxelles, cavolo, cicoria, cipolle, fagioli, fagiolini, fave, finocchi, funghi, indivia, lattuga, melanzane, patate, patatine, peperoni, piselli, pomodori, porri, rape, scorzonera, sedano, spinaci, tartufi, zucchine.

■ AROMI: aglio, alloro, anice, basilico, cannella, chiodi di garofano, cipolla, cumino, finocchio, maggiorana, noce moscata, origano, pepe, prezzemolo, rosmarino, timo.

■ FORMAGGI: caciocavallo, crescenza, emmenthal, fontina, gorgonzola, grana (*lodigiano, parmigiano, reggiano*), groviera, mascarpone, mozzarella, pecorino, provola, provolone, ricotta, robiola, scamorza, stracchino.

■ FRUTTA: albicocca, amarena, ananas, arancia, avocado, banana, cachi, castagna, ciliegia, clementino, cocomero, dattero, fico, fragola, kiwi, lampone, limone, mandarancio, mandarino, mandorla, mango, mela, melagrana, melone, mirtillo, nespola, nocciola, noce, papaya, pera, pesca, pescanoce, pompelmo, popone, prugna, ribes, susina, tarocco, uva.

■ PASTICCERIA: babà, bignè, biscotto, brioche, budino, cannolo, cannoncino, caramella, cioccolatino, crema, croccante, crostata, diplomatico, drop, flan, marzapane, meringa, pan di Spagna, panna montata, strudel, tarallo, zabaglione, zuppa inglese.

■ GELATI: cassata, ghiacciolo, granita, semifreddo, spumone.

■ CONSERVE: gelatina, marmellata, marronita, mostarda, frutta sciroppata, sciroppo.

■ VINI: bianchi, rossi; abboccato, amabile, asciutto, brut, DOC, secco; champagne, marsala, vermut, spumante, sherry.

■ ALCOLICI: acquavite, amaro, anisetta, bourbon, brandy, cognac, drink, gin, ginseng, grappa, kirsch, kümmel, long drink, rum, sangrìa, scotch, superalcolico, tequila, vodka, whisky; cocktail.

■ BEVANDE CALDE: caffè, caffelatte, cappuccino, camomilla, carcadè, cioccolata, decaffeinato, punch, tè.

■ BEVANDE FREDDE: acqua minerale, analcolico, aranciata, birra, chinotto, frappè, frullato, granatina, limonata, menta, orzata, seltz, succo di frutta.

■ LOCALI: ristorante, trattoria, osteria, self-service, grill-room, tavola calda, tavola fredda, snack-bar, tea room, bar, caffè, gelateria; mensa, refettorio; autogrill.

te, foglie cuoriformi e fiori di color rosa violaceo, profumati (*fam.* Primulacee).

ciclico [ci-] *agg.* [pl.m. *-ci*] **1** si dice di fenomeno fisico avente la caratteristica di ripetersi periodicamente nello spazio o nel tempo **2** che appartiene a un ciclo letterario: *poema* —.

ciclismo [-ʃmo] *s.m.* ciò che si riferisce all'uso della bicicletta e spec. lo sport della bicicletta.

ciclista *s.m. e f.* [pl.m. *-i*] **1** chi va in bicicletta **2** corridore che pratica lo sport della bicicletta.

ciclistico [-cli-] *agg.* [pl.m. *-ci*] del ciclismo, dei ciclisti: *gara ciclistica*.

ciclo *s.m.* **1** successione di movimenti o di fenomeni che si ripetono periodicamente **2** seguito di avvenimenti che almeno in parte sono determinati l'uno dall'altro: — *economico*, — *storico* / — *produttivo*, l'insieme di operazioni necessarie per produrre un bene **3** (*med.*) la ricorrenza dei fenomeni utero-ovarici che hanno come risultato la mestruazione; per estens., la mestruazione stessa **4** complesso di leggende o di opere letterarie che hanno per argomento fatti o personaggi particolari: — *brettone*, *carolingio* **5** serie di lezioni, conferenze o rappresentazioni su un determinato argomento organizzata per scopi culturali o artistici **6** (*aut.*) successione delle fasi del funzionamento di un motore a scoppio.

ciclocampestre [-pè-] *agg.* si dice di corsa ciclistica su tracciati di campagna.

ciclocross [-cròss] *s.m.* (*ingl.*) corsa ciclocampestre.

ciclocrossista *s.m. e f.* [pl.m. *-i*] chi si dedica al ciclocross.

cicloide [-clòi-] *agg. e s.m. e f.* (*med.*) si dice di individuo il cui umore risente facilmente dell'influenza, positiva o negativa, di circostanze esteriori, ed è soggetto quindi a un'alternanza di stati di euforia e di depressione (si contrappone a *schizoide*) // *agg. e s.f.* (*geom.*) si dice di linea curva descritta da un punto di una circonferenza che ruota procedendo lungo una retta.

ciclomotore [-tó-] *s.m.* bicicletta a motore.

ciclone [-cló-] *s.m.* vento violento e vorticoso, spesso accompagnato da neve o pioggia.

ciclonico [-cló-] *agg.* [pl.m. *-ci*] che è proprio dei cicloni: *area ciclonica*, di bassa pressione atmosferica.

ciclope [-clò-] *s.m.* nella mitologia greca, mostro gigantesco con un occhio solo in fronte.

ciclopico [-clò-] *agg.* [pl.m. *-ci*] **1** che è proprio di un ciclope **2** di dimensioni enormi, colossale.

ciclosincrotrone [-tró-] *s.m.* (*fis.*) macchina acceleratrice di particelle, simile al ciclotrone ma capace di ottenere accelerazioni superiori.

ciclostilare *v.tr.* riprodurre col ciclostile.

ciclostilato *agg. e s.m.* si dice di testo riprodotto con il ciclostile.

ciclostile *s.m.invar.* macchina per riprodurre scritti o disegni in molte copie.

ciclostomi [-stò-] *s.m.pl.* classe di vertebrati acquatici simili ai pesci, con corpo cilindrico privo di arti, scheletro cartilagineo, bocca rotonda a ventosa, munita di molti dentini aguzzi (p.e. lampreda).

ciclotimia [-mi-] *s.f.* predisposizione psicologica a risentire di circostanze esteriori e ad alternare quindi stati di euforia e di malinconia.

ciclotrone *s.m.* (*fis.*) macchina acceleratrice che, mediante impulsi elettromagnetici, imprime altissime velocità a particelle subatomiche destinate al bombardamento nucleare o ad altri fini di ricerca scientifica.

cicogna [-có-] *s.f.* grosso uccello di palude, migratore, bianco o nero, con zampe e becco lunghi di color rosso; nidifica nell'Europa settentrionale (*fam.* Ciconiidi).

cicoria [-có-] *s.f.* pianta erbacea coltivata per le foglie commestibili; la radice tostata serve come surrogato del caffè (*fam.* Composite).

cicuta *s.f.* pianta erbacea velenosa con fiori bianchi raccolti in ombrelle e foglie frastagliate (*fam.* Ombrellifere).

cieco [ciè-] *agg.* [pl.m. *-chi*] **1** che è privo del senso della vista / *mosca cieca*, gioco in cui un ragazzo bendato deve indovinare chi gli si avvicina e rincorrerlo / *volo* —, navigazione aerea strumentale / *alla cieca*, senza conoscere la situazione, o senza prevedere le conseguenze **2** (*fig.*) che non capisce, che non ha discernimento o razionalità: — *di rabbia* / *l'amore è* —, chi ama non vede i difetti dell'amato **3** (*fig.*) si dice di cosa priva di luce, o che priva di essa: *finestra cieca*, finta / *vicolo* —, senza sbocco / *lanterna cieca*, che lascia in ombra chi la regge **4** (*anat.*) si dice della prima parte dell'intestino crasso // *s.m.* chi è privo del senso della vista.

cielo [ciè-] *s.m.* **1** lo spazio in cui si muovono gli astri e la Terra, in particolare quella parte che rimane sopra l'orizzonte locale e nella quale si vedono gli astri; la massa d'aria, atmosfera che circonda la Terra: *Venere brilla nel* —; — *sereno* / *dormire a* —, sereno, allo scoperto / *prov.*: — *a pecorelle, acqua a catinelle*, quando in cielo si addensano piccole nuvole bianche, si preannunciano forti acquazzoni **2** parte di volta celeste che si trova sopra una regione; clima: *vivere sotto altro* —, in un altro paese **3** nel sistema tolemaico, ciascuna delle sfere celesti: — *della Luna* / *essere al settimo* —, (*fig.*) al colmo della felicità **4** il paradiso; Dio; la provvidenza divina: *salire al* —, morire / *grazie al* —!, si dice per dimostrar sollievo / *per amor del* —!, si dice pregando qlcu. o augurandosi che qlco. non avvenga / *apriti* —!, si dice alludendo a un fatto straordinario, sensazionale **5** volta, parte alta interna di luogo o cosa chiusa: *il* — *della carrozza*.

CIF [*ingl.*; *Cost Insurance Freight*] *s.m.invar.* nel commercio internazionale, il prezzo di una merce comprensivo di costo, assicurazione e trasporto.

cifosi [-fò\ʃi] *s.f.invar.* incurvamento della colonna vertebrale, con convessità rivolta dorsalmente.

cifra *s.f.* **1** segno denotante i numeri dallo zero al nove; qualsiasi numero / *far* — *tonda*, arrivare al numero più vicino in decine o centinaia **2** somma di denaro: *pagare una bella* — **3** abbreviazione di un nome o di un nome e cognome, formata per lo più dalle lettere iniziali **4** scrittura segreta usata nei dispacci militari o diplomatici: *messaggio in* —.

cifrare *v.tr.* **1** rappresentare nomi o altre parole in cifre; ricamare un monogramma: — *un fazzoletto* **2** tradurre in cifra un dispaccio.

cifrario [-frà-] *s.m.* scritto contenente la chiave per comprendere una scrittura cifrata.

cifrato *agg.* **1** provvisto di monogramma ricamato **2** tradotto, espresso in cifra.

cigliato *agg.* provvisto di ciglia.

ciglio [ci-] *s.m.* [*pl.f.* *ciglia*, quelle dell'occhio; *pl.m.* *cigli*, negli altri significati] **1** l'orlo delle palpebre fornito di sottili peli che difendono l'occhio; l'insieme dei peli stessi / *abbassare le ciglia*, abbassare gli occhi per pudore o vergogna / *aggrottare le ciglia*, corrugare la fronte per qualche serio pensiero / *in un batter di* —, in un attimo / *senza batter —*, senza scomporsi **2** (*fig.*) orlo, margine esterno.

ciglione [-glió-] *s.m.* terreno rilevato ai lati di una strada o di un fosso; orlo di un precipizio.

cigno *s.m.* **1** grosso uccello acquatico bianchissimo, raramente nero, con collo molto lungo e aggraziato, becco largo giallo superiormente e nero inferiormente, con una protuberanza nera alla base, piedi neri palmati (*fam.* Anatidi) / *il canto del —*, l'ultima importante opera di un artista / *il — di Busseto*, Giuseppe Verdi **2** *Cigno* (*astr.*) costellazione dell'emisfero boreale.

cigolare *v.intr.* [*io cigolo ecc.*] mandare un suono stridente. SIN. *stridere, scricchiolare.*

cigolìo [-lì-] *s.m.* un cigolare prolungato. SIN. *stridio.*

cilecca [-léc-] *s.f.* promessa che si fa senza intenzione di mantenerla / *far —*, si dice di arma da fuoco che non spara e, per estens., di azione fallita.

cileno [-lè-] *agg.* del Cile // *s.m.* abitante, nativo del Cile.

cilestrino *agg.* di colore celeste pallido.

cilicio [-lì-] *s.m.* cintura ruvida e con nodi, da portarsi sulla pelle per penitenza; per estens., tutto quanto, indossato, dà molestia.

ciliegia [-liè-] *s.f.* [pl. *-gie* o *-ge*] frutto del ciliegio.

ciliegio [-liè-] *s.m.* albero con foglie ovali e fiori bianchi; i frutti, commestibili, sono drupe rosse, carnose, dolci; il legno serve per fabbricare mobili (*fam.* Rosacee).

cilindrare *v.tr.* spianare con il rullo compressore una strada per renderla più compatta.

cilindrasse *s.m.* (*anat.*) il prolungamento maggiore della cellula nervosa che va a costituire la fibra nervosa.

cilindrata *s.f.* capacità del cilindro o dei cilindri d'un motore a scoppio.

cilindratura *s.f.* l'operazione del cilindrare.

cilindrico [-lìn-] *agg.* [pl.m. *-ci*] di cilindro, che ha forma di cilindro.

cilindro *s.m.* **1** figura geometrica generata da un rettangolo che ruota intorno a uno dei suoi lati; qualsiasi oggetto o parte di macchina di forma analoga **2** cappello duro a forma di cilindro, tuba **3** parte del motore a scoppio o a vapore di forma cilindrica, entro cui scorre il pistone [*ill. Motore*] **4** ciascuna delle formazioni microscopiche che si riscontrano nell'urina in certe malattie renali.

cima *s.f.* **1** la parte più alta; anche l'estremità, la parte più lontana; (*fig.*) il grado più alto: *in — al monte*, in vetta; *in — alla tavola*, sul bordo / *da — a fondo*, da un capo all'altro, interamente / *mettere qlco. in — ai propri pensieri*, farne l'oggetto costante di essi. SIN. *sommità, vetta, vertice, culmine* **2** persona che eccelle **3** (*mar.*) cavo, grossa corda **4** (*bot.*) infiorescenza formata da più assi fiorali che partono da uno stesso punto **5** petto di vitello farcito.

cimare *v.tr.* **1** (*ind. tessile*) portare il pelo di un tessuto a un'altezza uniforme **2** (*agr.*) tagliare, per potatura, l'estremità di un germoglio o di un fusto.

cimasa [-fa] *s.f.* modanatura che delimita superiormente un elemento architettonico.

cimatrice *s.f.* macchina tessile che esegue la cimatura.

cimatura *s.f.* l'operazione del cimare.

cimbalo [cìm-] *s.m.* antico strumento musicale a percussione consistente in un disco metallico // *s.m.pl.* strumento moderno consistente in due piccoli piatti.

cimelio [-mè-] *s.m.* **1** oggetto raro e prezioso **2** (*scherz.*) cosa vecchia o di poco valore.

cimentare *v.tr.* [*io cimènto ecc.*] mettere a rischio, alla prova // **-arsi** *v.rifl.* provarsi in un'impresa ardua.

cimento [-mèn-] *s.m.* **1** rischio; prova ardua **2** (*ant.*) esperienza, analisi scientifica.

cimice [cì-] *s.f.* insetto emittero parassita dell'uomo (*cimice dei letti*) dall'odore sgradevole, con corpo rossobruno di forma ovale, appiattita, privo di ali (*fam.* Cimicidi) / *cimici delle piante*, insetti emitteri di varie specie, parassiti dei vegetali.

cimiciaio [-cià-] *s.m.* luogo pieno di cimici; per estens., luogo disordinato, sporco.

cimiero [-miè-] *s.m.* ornamento che si poneva un tempo in cima all'elmo; per estens., l'elmo stesso.

ciminiera [-niè-] *s.f.* fumaiolo, camino di una fabbrica, di una centrale termica, di una macchina a vapore [*ill. Ferrovia*].

cimitero [-tè-] *s.m.* **1** luogo in cui si seppelliscono i morti **2** (*fig.*) luogo deserto, triste e silenzioso.

cimometro [-mò-] *s.m.* (*fis.*) strumento per determinare la frequenza delle correnti alternate.

cimosa [-mó-], **cimossa** [-mós-] *s.f.* **1** margine che delimita un tessuto nel senso della lunghezza con un ordito più fitto **2** striscia di panno arrotolata per cancellare la lavagna.

cimurro *s.m.* malattia contagiosa che colpisce i cani giovani e i cavalli producendo un'acuta infiammazione delle mucose nasali.

cinabro *s.m.* **1** minerale lucente di color rosso cupo (*solfuro di mercurio*) da cui si estrae il mercurio **2** colore rosso vivo.

cincia [cìn-] *s.f.* [pl. *-ce*] genere di uccelli cantatori di bosco (*fam.* Paridi).

cinciallegra [-lé-] *s.f.* uccello cantatore comune in Italia, con becco corto e piumaggio soffice, verde giallaccio sul dorso, giallo con una striscia nera sul petto, grigio sulle ali (*fam.* Paridi).

cincillà *s.f.invar.* mammifero roditore dell'America meridionale, simile al coniglio, con coda folta, pelliccia di color argenteo, molto pregiata (*fam.* Cincillidi).

cin cin *voce onom.* usata all'atto di un brindisi quando si accostano gli orli dei bicchieri.

cincinno *s.m.* (*poet.*) ricciolo.

cincischiare *v.tr.* [*io cincìschio ecc.*] **1** tagliuzzare malamente; sgualcire, rovinare **2** (*fig.*) sottoporre a interventi svogliati e inutili: *— una pagina*, ricorreggerla più volte senza scopo; *— le parole*, pronunciarle male.

cincischio [-cì-] *s.m.* taglio mal fatto con ferri o forbici arrotati male; ritaglio di stoffa.

cinconismo [-fmo] *s.m.* complesso di fenomeni provocati da intossicazione di chinino e dei suoi sali.

cine *s.m.invar.abbr.* di → **cinematografo.**

cine- primo elemento di parole composte che si riferiscono alla cinematografia (*cinepresa, cinegiornale*).

cineamatore [-tó-] *s.m.* chi svolge attività di regia cinematografica da dilettante.

cineangiocardiografia [-fi-] radiografia effettuata in continuità, con mezzo cinematografico, del cuore e dei vasi, per controllarne la funzione per un certo periodo di tempo.

cineasta *s.m.* e *f.* [pl.m. *-i*] chi si dedica al cinematografo come regista, sceneggiatore e simili.

cinebox *s.m.invar.* apparecchio a gettoni, che riproduce brani musicali e filmati collegati con essi.

cinecamera [-cà-] *s.f.* macchina da presa cinematografica.

cineclub [*pr.* cineclàb] *s.m.invar.* associazione che si

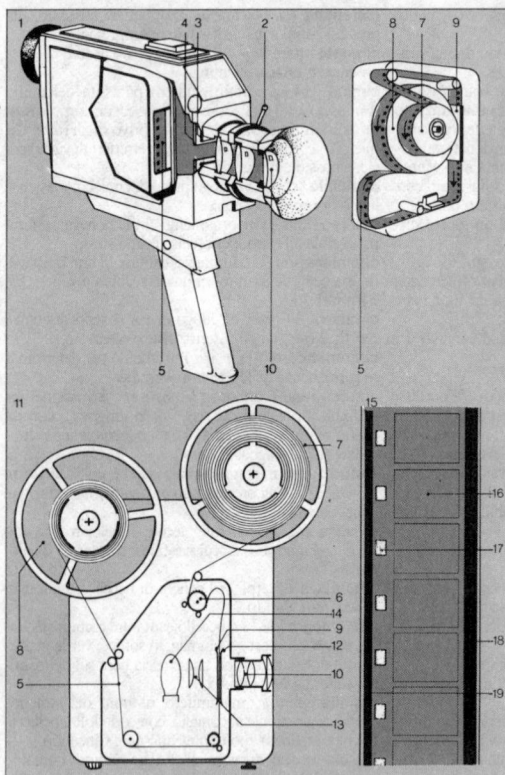

cinematografia

1 *macchina da presa (cinepresa)*,
2 *leva per l'azionamento dello zoom*,
3 *otturatore*, 4 *quadruccio*,
5 *pellicola*, 6 *trascinamento della
pellicola*, 7 *bobina debitrice*,
8 *bobina ricevente*, 9 *pattino
pressore*, 10 *obiettivo*,
11 *macchina da proiezione
(proiettore)*, 12 *regolatore
dell'inquadratura*, 13 *condensatore
a lente*, 14 *lampada*, 15 *pellicola*,
16 *fotogramma*, 17 *perforazione*,
18 *banda sonora*, 19 *controbanda di
bilanciatura*.

propone di diffondere la conoscenza dell'arte cinematografica.
cinedilettante *s.m.* appassionato di cinematografia.
cineforum [-fò-] *s.m.invar.* cineclub; anche, la discussione sul film organizzata dal cineclub.
cinegetica [-gè-] *s.f.* (*lett.*) l'arte di cacciare con i cani.
cinegetico [-gè-] *agg.* [pl.m. *-ci*] che riguarda la caccia, spec. quella con i cani.
cinegiornale *s.m.* breve film che presenta fatti d'attualità e di cronaca.
cinelandia [-làn-] *s.f.* (*scherz.*) l'ambiente del cinema, visto come un mondo o un paese a sé, con proprie regole e tradizioni.
cinema [cì-] *s.m.invar.* abbr. di *cinematografo* e di *cinematografia*, oggi più usata delle forme originali.
cinemascope [*ingl.*; *pr.* sinemascóp] *s.m.* sistema di proiezione, su schermo più grande dell'ordinario, di riprese effettuate con speciali obiettivi che consentono l'inclusione nei fotogrammi di una scena assai vasta ®.
cinematica [-mà-] *s.f.* (*fis.*) parte della meccanica che studia le proprietà del moto indipendentemente dalle cause che lo producono.
cinematico [-mà-] *agg.* [pl.m. *-ci*] relativo alla cinematica.

cinematografare *v.tr.* [*io cinematògrafo ecc.*] riprendere con la macchina da presa.
cinematografaro *s.m.* (*region.*, spesso *spreg.*) chi lavora nel cinema, spec. se produttore, mirando al denaro.
cinematografia [-fì-] *s.f.* l'arte e la tecnica della ripresa e della proiezione di spettacoli cinematografici.
cinematografico [-grà-] *agg.* [pl.m. *-ci*] che si riferisce alla cinematografia o al cinematografo: *attore —*.
cinematografo [-tò-] *s.m.* **1** apparecchio che proietta su uno schermo immagini di soggetti in movimento **2** locale adibito a proiezioni cinematografiche **3** cinematografia.
cinepresa [-pré-] *s.f.* apparecchio per riprese cinematografiche [*ill. Cinematografia*].
cineproiettore [-tò-] *s.m.* proiettore di pellicole cinematografiche.
cinerama [*ingl.*; *pr.* sinirama] *s.m.* sistema di ripresa cinematografica con tre apparecchi da angoli visuali diversi, e di proiezione delle tre pellicole su un solo schermo, con effetto tridimensionale ®.
cineraria [-rà-] *s.f.* pianta erbacea con fiori di vario colore (rossi, azzurri, viola) simili a margherite (*fam.* Composite).
cinerario [-rà-] *agg.* che serve a contenere cenere //

s.m. in una caldaia o stufa, la parte in cui si raccoglie la cenere.

cinereo [-nè-] *agg.* che ha il colore della cenere; livido, pallido: *volto —.*

cineromanzo [-ʒo] *s.m.* in periodici o riviste, serie di fotografie con brevi didascalie, che costituiscono nel loro insieme un racconto o romanzo a puntate.

cinescopio [-scò-] *s.m.* parte del televisore costituita da un tubo a raggi catodici, che trasforma i segnali elettrici in immagini [*ill. Televisione*].

cinese [-né-] *agg.* della Cina // *s.m.* e *f.* abitante, nativo della Cina // *s.m.* la lingua dei cinesi.

cineseria [-rì-] *s.f.spec.pl.* **1** ninnolo o suppellettile cinese, o che imita originali cinesi **2** cortesia eccessiva, cerimoniosità.

cinesi- [-nèʃi], **-cinesi** [-nèʃi] [dal gr. *kinésis = movimento*] primo o secondo elemento di parole composte, nelle quali significa movimento o relazione con esso.

cinesica [-nèʃi-] *s.f.* parte della semiologia che studia i significati dei movimenti operati delle persone (gesti, spostamenti del proprio corpo o di oggetti).

cinesine *s.f.pl.* scarpette femminili di stoffa, basse e di forma arrotondata, talora ricamate sul davanti.

cinesiterapia [-ʃiterapì-] *s.f.* (*med.*) terapia basata sul massaggio e sulla ginnastica medica.

cineteca [-tè-] *s.f.* raccolta di pellicole cinematografiche catalogate e ordinate cronologicamente.

cinetica [-nè-] *s.f.* studio della velocità delle reazioni chimiche e dei fattori che le influenzano.

cinetico [-nè-] *agg.* [pl.m. *-ci*] che si riferisce al movimento: *energia cinetica,* l'energia meccanica di un corpo in movimento.

cinetosi [-tòʃi] *s.f.invar.* → **chinetosi**.

cingalese [-lé-] *agg.* di Ceylon // *s.m.* e *f.* abitante di Ceylon.

cingere [cìn-] *v.tr.* [pres. *io cingo, tu cingi* ecc.; pass.rem. *io cinsi, tu cingésti* ecc.; p.pass. *cinto*] **1** legare intorno, stringere intorno al corpo **2** mettere intorno, circondare / — *d'assedio,* assediare.

cinghia [cìn-] *s.f.* **1** striscia di cuoio o stoffa che serve per stringere e legare / *tirare la —,* (*fig.*) soffrire la fame **2** (*mecc.*) nastro che trasmette il moto.

cinghiale *s.m.* **1** mammifero selvatico simile al maiale ma più grosso e setoloso, con i canini formanti due robuste zanne (*fam.* Suidi) **2** la pelle conciata dell'animale: *scarpe di —.*

cinghiare *v.tr.* [*io cìnghio* ecc.] (*rar.*) cingere, stringere con la cinghia.

cinghiatura *s.f.* (*rar.*) atto, effetto del cinghiare.

cingolato *agg.* e *s.m.* si dice di automezzo, civile o militare, fornito di cingoli.

cingoletta [-lét-] *s.f.* automezzo militare leggero in cui le ruote posteriori sono sostituite da cingoli.

cingolo [cìn-] *s.m.* **1** catena continua formata da piastre metalliche unite a snodo, che si applica alle ruote motrici di alcuni automezzi per aumentarne l'aderenza al terreno **2** cordone con cui il sacerdote si cinge, sopra il camice, ai fianchi [*ill. Chiesa*].

cinguettare *v.intr.* [*io cinguétto* ecc.] **1** si dice del canto sommesso e interrotto di alcuni uccelli **2** (*fig.*) chiacchierare allegramente di cose futili.

cinguettio [-tì-] *s.m.* un cinguettare prolungato (anche *fig.*).

cinico [cì-] *agg.* e *s.m.* [pl.m. *-ci*] **1** che o chi rivela disprezzo per ogni ideale morale o sentimento di compassione, di solidarietà **2** (*st.*) si dice di antichi filosofi greci che predicavano il disprezzo di onori, ricchezze e convenzioni sociali.

ciniglia [-nì-] *s.f.* cordoncino vellutato di seta o di altro filato lucido.

cinipe [cì-] *s.f.* piccolo insetto imenottero, nero, lucente, con ali trasparenti (*fam.* Cinipidi).

cinismo [-ʃmo] *s.m.* l'essere cinico.

cinnamomo [-mò-] *s.m.* albero sempreverde, proprio della Cina e del Giappone, da cui si ricava la cannella e la canfora (*fam.* Lauracee).

cinocefalo [-cè-] *agg.* che ha testa di cane // *s.m.* varietà di scimmia africana.

cinodromo [-nò-] *s.m.* pista per le corse dei cani.

cinofilia [-lì-] *s.f.* l'interesse per l'allevamento dei cani e il miglioramento delle loro razze.

cinofilo [-nò-] *agg.* che concerne la cinofilia // *s.m.* chi ama i cani o si occupa dell'allevamento di cani di razza / *squadre cinofile,* unità di militari o di agenti di polizia che agiscono con l'aiuto di cani addestrati.

cinquanta *agg.num.card.* indica una quantità composta di cinque decine.

cinquantenario [-nà-] *agg.* che ha, che dura cinquant'anni // *s.m.* il cinquantesimo anniversario di una data.

cinquantenne [-tèn-] *agg.* e *s.m.* e *f.* che o chi ha cinquant'anni di età.

cinquantesimo [-tèʃi-] *agg.num.ord.* che in una serie occupa il posto numero cinquanta // *s.m.* la cinquantesima parte di qlco.

cinquantina *s.f.* il complesso di cinquanta o circa cinquanta unità / *essere sulla —,* avere circa cinquant'anni.

cinque [cìn-] *agg.num.card.* indica una quantità composta di quattro unità più una // *s.m.* la cifra che indica tale numero.

cinquecentesco [-té-] *agg.* [pl.m. *-chi*] del Cinquecento (sec. XVI).

cinquecentesimo [-tèʃi-] *agg.num.ord.* che in una serie occupa il posto numero cinquecento.

cinquecentista [-té-] *s.m.* e *f.* [pl.m. *-i*] scrittore o artista del Cinquecento (sec. XVI); studioso della storia, dell'arte ecc. di quel secolo.

cinquecento [-cèn-] *agg.num.card.* indica una quantità composta di cinque volte cento unità // *il Cinquecento, s.m.* il secolo XVI.

cinquefoglie [-fò-] *s.m.invar.* (*arald.*) fiore di cinque petali arrotondati con un foro nel centro che permette di vedere il colore del campo.

cinquina *s.f.* **1** insieme di cinque cose **2** cinque numeri estratti sulla stessa ruota nel gioco del lotto, o sulla stessa fila nelle cartelle della tombola.

cinta *s.f.* **1** cerchia di mura intorno a una città o a un castello **2** cintura.

cinto *s.m.* cintura / — *erniario,* apparecchio ortopedico usato per ridurre o contenere le ernie.

cintola [cìn-] *s.f.* **1** parte del corpo, sopra i fianchi, dove si porta la cintura **2** cintura.

cintura *s.f.* **1** striscia di cuoio o tessuto che cinge gli abiti alla vita / — *di salvataggio,* fascia di elementi galleggianti che si applica intorno alla persona, sotto le ascelle, per mantenere a galla chi non sa nuotare o ha fatto naufragio **2** nella lotta, colpo col quale si stringe l'avversario con le braccia **3** classificazione di merito del lottatore di judo: — *nera, verde* ecc.

cinturino *s.m.* piccola striscia di vario materiale, con fibbia o altra chiusura, con cui si stringono scarpe o stivali, si ferma l'orologio al polso ecc.

cinturone [-ró-] *s.m.* grossa cintura; in particolare,

quella usata dai militari per fissarvi la fondina della rivoltella o le giberne.

cinz *s.m.* → **chintz**.

ciò *pron.dimostr. neutro sing.* questa, quella cosa / *con tutto* —, nonostante tutto / *— non di meno,* tuttavia.

ciocca [ciòc-] *s.f.* **1** ciuffo di capelli **2** gruppetto di fiori o frutti attaccati allo stesso ramo.

ciocco [ciòc-] *s.m.* [pl. *-chi*] ceppo d'albero; grosso pezzo di legno da ardere.

cioccolata *s.f.* **1** cioccolato **2** bevanda ottenuta sciogliendo a caldo polvere di cacao in acqua e latte.

cioccolataio [-tà-] *s.m.* chi fabbrica o vende cioccolato.

cioccolatiera [-tiè-] *s.f.* bricco in cui si prepara o si mesce la cioccolata.

cioccolatiere [-tiè-] *s.m.* cioccolataio.

cioccolatino *s.m.* pezzetto di cioccolato, spesso ripieno di crema o liquore.

cioccolato *s.m.* sostanza alimentare preparata con polvere di cacao, zucchero e altro.

ciocia [ciò-] *s.f.* [pl. *-cie*] calzatura rustica dei contadini della Ciociaria.

cioè *cong. coordinativa* unisce due proposizioni o due elementi di una stessa proposizione in modo che il secondo spieghi meglio il primo: *la matematica, — la scienza dei numeri* // si usa anche per correggersi nel parlare: *è venuto Pietro, cioè, Paolo.*

ciompo [ciòm-] *s.m.* (*st.*) scardassatore di lana nella Firenze del medioevo.

cioncare *v.tr.* e *intr.* [*io ciónco, tu ciónchi* ecc.] tracannare; bere oltre misura.

cionco [ciòn-] *agg.* [pl.m. *-chi*] **1** (*ant.*) tronco, mozzato **2** (*fig.*) cascante per la stanchezza.

ciondolare *v.intr.* [*io cióndolo* ecc.] **1** pendere oscillando. SIN. dondolare, oscillare **2** (*fig.*) andar girando oziosamente // *v.tr.* scuotere stancamente. SIN. tentennare.

ciondolo [ciòn-] *s.m.* gingillo che penzola da un braccialetto o da una catenina.

ciondolone [-ló-] *avv.,* (*rar.*) **ciondoloni** [-ló-] *avv.* ciondolando, in modo da ciondolare: *tener le braccia* —. SIN. penzoloni.

ciotola [ciò-] *s.f.* scodella, tazza bassa e senza manico, per lo più di legno.

ciottolo [ciòt-] *s.m.* frammento di roccia arrotondato e levigato dalla corrente di un fiume o di un torrente; piccolo sasso.

cip *voce onom.* imita il verso di un uccellino // *s.m. invar.* la più piccola puntata al gioco del poker.

cipiglio [-pi-] *s.m.* increspamento della fronte per sdegno, severità, fierezza; aspetto severo o torvo: *guardare con* —.

cipolla [-pòl-] **1** pianta erbacea coltivata per il bulbo commestibile, composto di varie tuniche carnose (*fam.* Liliacee). DIM. cipollina **2** (*fig.*) grosso orologio da tasca, poco preciso.

cipollino *s.m.* marmo bianco-grigiastro con venature di mica grigia o verde.

cippo *s.m.* **1** colonna funeraria **2** (*dir.*) pietra che delimita aree private o pubbliche.

cipresseto [-sé-] *s.m.* luogo piantato a cipressi.

cipresso [-près-] *s.m.* albero con foglie sempreverdi, piccole, fitte e disposte su rami sottili (*fam.* Cupressacee) [*ill. Piante*].

cipria [ci-] *s.f.* polvere fine e profumata per toletta.

ciprinidi [-pri-] *s.m.pl.* famiglia di pesci, comprendente comuni specie d'acqua dolce.

cipriota *agg.* [pl.m. *-i*] di Cipro // *s.m.* e *f.* abitante di Cipro.

circa *prep. impropria* intorno a, rispetto a, riguardo a; si unisce ai nomi sia direttamente sia per mezzo della preposizione *a*: *non so nulla — la tua promozione* // *avv. di quantità* quasi, approssimativamente, press'a poco.

circadiano *agg.* (*scient.*) che avviene in un giorno: *ritmo* —, il ritmo biologico di persone e animali, con variazioni regolari nel volgere delle ventiquattr'ore.

circense [-cèn-] *agg.* si dice dei giochi che, nell'antica Roma, avevano luogo nel circo.

circo *s.m.* [pl. *-chi*] **1** nell'antica Roma, edificio ellittico o circolare in cui avevano luogo corse, lotte di gladiatori e altri spettacoli pubblici **2** — *equestre,* costruzione mobile in cui si svolgono spettacoli equestri, esibizioni di acrobati, giocolieri, animali ammaestrati **3** — *glaciale,* vasta depressione dovuta all'azione dei ghiacciai e situata sui fianchi di un monte o in testa a una valle.

circolante *agg.* che circola, che è in circolazione / *biblioteca* —, che dà libri a prestito // *s.m.* il denaro che è in circolazione in un paese.

circolare[1] *agg.* **1** che ha forma di circolo: *pista* — / *moto* —, la cui traiettoria è un circolo **2** che riguarda il *settore* —, parte di cerchio delimitata da due raggi // *s.f.* **1** testo o lettera con informazioni o istruzioni che si invia a più persone che fanno parte di una organizzazione **2** linea tranviaria che segue un percorso circolare, per cui i due capolinea coincidono // **-mente** *avv.* in circolo, in senso circolare.

circolare[2] *v.intr.* [*io circolo* ecc.] **1** muoversi in giro, andare attorno: *in questa strada non si può* — **2** passare da un luogo all'altro, da una persona all'altra; diffondersi: *circolano spiacevoli notizie.*

circolatorio [-tò-] *agg.* che riguarda la circolazione, spec. quella del sangue: *apparato* —, l'insieme degli organi e vasi attraverso i quali il sangue circola.

circolazione [-zió-] *s.f.* l'atto del circolare: — *del sangue* / — *stradale,* traffico di veicoli e pedoni in una città / — *monetaria,* l'insieme del denaro circolante in un paese in un dato momento / *tassa di* —, quella che colpisce i proprietari di mezzi circolanti su strade o acque pubbliche / *libretto di* —, documento che autorizza la libera circolazione dei veicoli / *mettere in* —, dar corso legale a una moneta; diffondere una notizia / *levare dalla* — *qlcu.,* arrestarlo; farlo sparire, ucciderlo.

circolo [cìr-] *s.m.* **1** figura geometrica piana limitata da una curva, i cui punti sono equidistanti dal centro / — *vizioso,* in logica, argomentazione fallace in cui ciò che viene portato come prova o conferma di una conclusione ha bisogno a sua volta di essere provato dalla conclusione stessa **2** (*geogr.*) ciascuna delle circonferenze che si immaginano descritte sulla superficie della sfera celeste e terrestre per stabilire le posizioni degli astri o dei punti sulla Terra: — *polare artico, antartico,* paralleli che limitano le calotte polari nell'emisfero settentrionale, meridionale **3** gruppo o società di persone che si riuniscono in un luogo determinato a scopo ricreativo o istruttivo; il luogo stesso: — *degli scacchi* **4** circoscrizione amministrativa o giudiziaria: — *ferroviario, — scolastico / consiglio di* —, organo di gestione di un circolo scolastico elementare.

circoncidere [-ci-] *v.tr.* [pass.rem. *io circoncisi, tu circoncidésti* ecc.; p.pass. *circonciso*] sottoporre a circoncisione.

circoncisione [-ʃió-] *s.f.* **1** operazione rituale praticata dagli ebrei e dai musulmani, che consiste nell'asportazione chirurgica, totale o parziale, del prepuzio **2** *Circoncisione*, festa religiosa in commemorazione della circoncisione di Gesù (1 gennaio).

circondare *v.tr.* [*io circóndo ecc.*] chiudere tutt'intorno; accerchiare: *circondarsi di persone influenti*, averle abitualmente presso di sé *— qlcu. di tenerezze*, colmarlo di affettuose premure. SIN. *cingere, contornare*.

circondario [-dà-] *s.m.* suddivisione amministrativa di un territorio.

circondurre *v.tr.* [coniugato come *addurre*] **1** condurre, girare intorno **2** (*fig.*) raggirare, imbrogliare.

circonduzione [-zió-] *s.f.* movimento del circondurre: *— delle braccia*, esercizio di ginnastica che si fa ruotando al massimo le braccia tese.

circonferenza [-rèn-] *s.f.* linea curva chiusa i cui punti sono equidistanti da un punto fisso (*centro*) del piano; per estensione, ogni linea che delimiti una superficie piana.

circonflesso [-flès-] *agg.* piegato in cerchio / *accento —*, quello formato da un accento acuto e uno grave uniti (ˆ); in italiano è usato raramente ed ha funzioni ortografiche: può servire a indicare la contrazione in una sola -*i* del pl. dei nomi in -*io* atono (p.e. *vario-varî*: ma si può scrivere anche *varii* e *vari*); si può usare anche per segnalare contrazioni proprie della lingua poetica (p.e. *fûr* per *furono*).

circonfondere [-fón-] *v.tr.* [coniugato come *fondere*] avvolgere, spargere tutt'intorno, circondare (spec. *fig.*): *aveva il volto circonfuso di luce*.

circonlocuzione [-zió-] *s.f.* giro di parole usato per esprimere un concetto quando non si voglia adoperare i termini propri.

circonvallazione [-zió-] *s.f.* **1** strada che si svolge lungo il perimetro esterno di una città **2** vallo intorno a un luogo fortificato.

circonvenire *v.tr.* [coniugato come *venire*] raggirare qlcu. per ingannarlo; insidiare.

circonvenzione [-zió-] *s.f.* nel linguaggio giuridico, il trarre in inganno qlcu. approfittando delle sue debolezze: *— di incapace*.

circonvicino *agg.* si dice di luogo o di gente vicina tutto intorno.

circonvoluzione [-zió-] *s.f.* avvolgimento attorno a un centro / *circonvoluzioni cerebrali*, (*anat.*) sporgenze della corteccia cerebrale separate da profondi solchi.

circoscritto *agg.* **1** si dice di una figura geometrica che ne contiene un'altra toccandola **2** (*fig.*) limitato; ristretto.

circoscrivere [-scrì-] *v.tr.* [coniugato come *scrivere*] **1** costruire una figura geometrica che rispetto a un'altra data la contenga toccandola: *— una circonferenza a un poligono* **2** (*fig.*) segnare il limite di qlco.; restringere, limitare.

circoscrizione [-zió-] *s.f.* suddivisione di un territorio a fini amministrativi o giudiziari.

circospetto [-spèt-] *agg.* che agisce con cautela (detto di persona); che denota cautela (detto di cosa). SIN. *prudente, cauto, guardingo*.

circospezione [-zió-] *s.f.* l'essere circospetto: *procedere con —*. SIN. *prudenza, cautela*.

circostante *agg.* che sta intorno e vicino // *s.m.pl.* le persone che stanno vicino.

circostanza *s.f.* **1** condizione particolare in cui un fatto accade / *— aggravante*, (*dir.*) quella che rende più grave il delitto e maggiore la pena; *— attenuante*, (*dir.*) quella che rende meno pericoloso socialmente il delitto e giustifica una riduzione della pena **2** occasione, caso; situazione particolare, spec. di carattere finanziario, propria di una persona in un dato momento.

circostanziale *agg.* proprio di una circostanza.

circostanziare *v.tr.* [*io circostànzio ecc.*] riferire minutamente.

circuire *v.tr.* [*io circuisco, tu circuisci ecc.*] darsi da fare intorno a qlcu. per piegarlo alla propria volontà o per ingannarlo. SIN. *raggirare, insidiare*.

circuito [-cùi-] *s.m.* **1** giro intorno a un'area circoscritta **2** (*elettr.*) catena ininterrotta di conduttori collegati agli estremi con i poli di un generatore di corrente.

circuizione [-zió-] *s.f.* il circuire.

circumduzione [-zió-] *s.f.* (*scient.*) movimento rotatorio completo, di 360 gradi, possibile nelle articolazioni molto mobili (spalla, anca).

circumnavigare *v.tr.* [*io circumnàvigo, tu circumnàvighi ecc.*] compiere la circumnavigazione: *— l'Africa*.

circumnavigatore [-tó-] *s.m.* chi compie una circumnavigazione.

circumnavigazione [-zió-] *s.f.* navigazione intorno all'intero perimetro di un'isola o di un continente; viaggio marittimo intorno alla Terra. SIN. *periplo*.

ciré [*franc.*; *pr.* siré] *agg.* e *s.m.* si dice di tessuto cerato.

cirenaico [-nài-] *agg.* [pl.m. -*ci*] di Cirene, della Cirenaica // *s.m.* abitante di Cirene, della Cirenaica.

cireneo [-nè-] *agg.* e *s.m.* **1** (*ant.*) cirenaico **2** (*fig.*) chi si addossa pene o fatiche altrui.

cirillico [-rìl-] *agg.* [pl.m. -*ci*] si dice dei caratteri di scrittura usati per alcune lingue slave.

cirripedi [-rì-] *s.m.pl.* (*zool.*) piccoli crostacei marini che, allo stato adulto, vivono fissi sulle rocce o parassiti su altri crostacei.

cirro *s.m.* **1** nube piccola, bianca e filamentosa [*ill. Nubi*] **2** foglia filamentosa con cui le piante rampicanti si avvicchiano **3** (*arc.*) ricciolo.

cirrocumulo [-cù-] *s.m.* nube densa biancastra, tondeggiante [*ill. Nubi*].

cirrosi [-ròʃi] *s.f.* malattia caratterizzata da grave alterazione e ipertrofia del tessuto di un organo: *— epatica*.

cirrostrato *s.m.* nube biancastra, sottile, quasi trasparente [*ill. Nubi*].

cis- [dal lat. *cis = di qua da*] prefisso usato in alcuni termini geografici; significa «al di qua» (*cisalpino, cispadano*).

cisalpino [-ʃal-] *agg.* che si trova al di qua delle Alpi (relativamente a Roma). CONTR. *transalpino*.

cismontano [-ʃmon-] *agg.* → *citramontano*.

cispa *s.f.* umore viscoso prodotto dalla congiuntiva degli occhi, che si rapprende all'estremità delle palpebre.

cispadano *agg.* che è al di qua del Po (relativamente a Roma). CONTR. *transpadano*.

cisposità *s.f.invar.* **1** l'essere cisposo **2** cispa.

cisposo [-spó-] *agg.* pieno di cispa.

cissoide [-sòi-] *agg.* e *s.f.* si dice di curva matematica a forma di cuspide, utilizzata per risolvere il problema della duplicazione del cubo.

cista *s.f.* recipiente a forma per lo più cilindrica, anticamente adoperato per uso rituale o per contenere oggetti di abbigliamento.

ciste *s.f.* → **cisti**.

cistectomia [-mì-] *s.f.* (*chir.*) asportazione chirurgica della vescica urinaria.

cistercense [-cèn-], **cisterciense** [-cièn-] *agg.* che si riferisce o che appartiene all'ordine monastico fondato nel 1098 a Citeaux.

cisterna [-stèr-] *s.f.* **1** vasca in muratura per raccogliere l'acqua piovana **2** serbatoio in cui si conservano nafta, benzina e altri liquidi / *nave, auto* —, nave, automezzo attrezzati per il trasporto di liquidi.

cisti *s.f.invar.* (*med.*) cavità abnorme, di forma tondeggiante, con pareti fibrose, in cui si raccolgono sostanze liquide o molli.

cisticerco [-cèr-] *s.m.* [pl. *-chi*] forma larvale della tenia, che si sviluppa negli animali (maiali, buoi ecc.) che ne ingeriscano le uova.

cisticercosi [-còʃi] *s.f.invar.* (*med.*) stato morboso provocato dalla formazione di cisticerchi nei tessuti muscolari.

cistico [ci-] *agg.* [pl.m. *-ci*] (*med.*) **1** relativo a una cisti **2** che si riferisce alla cistifellea.

cistifellea [-fèl-] *s.f.* (*anat.*) vescichetta situata sulla faccia inferiore del fegato, in cui si raccoglie la bile.

cistite *s.f.* (*med.*) infiammazione della vescica urinaria.

cisto- [dal gr. *kistis* = *vescica*] prima parte di parole composte scientifiche che designano la vescica urinaria (*cistoscopia*).

cistoscopia [-pì-] *s.f.* indagine diagnostica che consiste nel penetrare mediante cistoscopio nella cavità della vescica urinaria per esaminarne direttamente il contenuto e le pareti.

cistoscopio [-scò-] *s.m.* apparecchio formato da un catetere munito di apparato ottico che consente di esaminare direttamente l'interno della vescica.

cistotomia [-mì-] *s.f.* intervento chirurgico con incisione della vescica urinaria.

citabile [-tà-] *agg.* che può essere citato.

citante *agg.* e *s.m.* e *f.* (*dir.*) che o chi cita in tribunale.

citara [ci-] *s.f.* (*lett.*) → **cetra**.

citare *v.tr.* **1** convocare qlcu. dinanzi al magistrato: — *i testimoni* **2** riportare in un testo o in un discorso brani o parole altrui, come documentazione o a conferma di ciò che si espone: — *un passo del Manzoni*; — *un articolo del codice*.

citaredo [-rè-] *s.m.* nella Grecia antica, aedo che cantava accompagnandosi con la cetra.

citarista *s.m.* e *f.* [pl.m. *-i*] chi suona la cetra.

citazione [-zió-] *s.f.* **1** il citare in giudizio; il documento con cui si notifica l'ordine di comparizione dinanzi al magistrato **2** riferimento in un testo di brani o parole altrui.

citeriore [-rió-] *agg.* che è situato dalla parte più vicina rispetto ad altra parte più lontana / *Gallia* —. CONTR. *ulteriore*.

citiso [citiʃo] *s.m.* pianta simile alla ginestra, con fiori gialli in grappolo (*fam.* Leguminose).

cito- [dal gr. *chytos* = *cavità*] primo elemento compositivo che significa «cellula» e indica, in parole scientifiche moderne, relazione con le cellule (*citologia, citoplasma*).

citochimica [-chì-] *s.f.* disciplina che studia i fenomeni chimici che avvengono nella cellula, in particolare la funzione dei suoi componenti morfologici.

citocromo [-crò-] *s.m.* ciascuno dei pigmenti costituiti da sostanze azotate, contenenti ferro, che svolgono una funzione essenziale nella respirazione cellulare.

citofonare *v.intr.* [*io citòfono ecc.*] parlare per mezzo del citofono.

citofono [-tò-] *s.m.* apparecchio telefonico interno; in particolare, quello che collega la portineria con i vari appartamenti di un edificio.

citogenetica [-nè-] *s.f.* disciplina biologica che studia le strutture della cellula, in particolare i cromosomi, dal punto di vista della loro trasmissione ereditaria.

citologia [-gì-] *s.f.* (*biol.*) studio della struttura e delle funzioni della cellula.

citologico [-lò-] *agg.* [pl.m. *-ci*] (*biol.*) **1** pertinente alla cellula **2** relativo alla citologia.

citologo [-tò-] *s.m.* [pl. *-gi*] studioso di citologia.

citoplasma [-ʃma] *s.m.* [pl. *-i*] la parte della cellula che contiene il nucleo, ed è sede dei processi di nutrizione e di secrezione [*ill. Cellula*].

citozima [-ʒi-] *s.m.* [pl. *-i*] → **trombochinasi**.

citramontano *agg.* che è al di qua dei monti. CONTR. *ultramontano*.

citrato *s.m.* sale dell'acido citrico / — *di magnesio*, miscela purgativa detta anche *magnesia effervescente*.

citrico [ci-] *agg.* [pl.m. *-ci*] si dice di acido presente nei limoni, usato in medicina e per preparare bevande dissetanti.

citrino *agg.* di color giallo limone.

citrullaggine [-làg-] *s.f.* **1** l'essere citrullo **2** atto o detto da citrullo.

citrullo *agg.* e *s.m.* si dice di persona sciocca che agisce senza riflettere.

città *s.f.invar.* **1** grande centro abitato, spesso contrapposto a campagna, contado: — *industriale*; — *capitale*, quella in cui ha sede il governo; *vivere in* — / — *universitaria*, complesso di costruzioni in cui hanno sede gli istituti, gli uffici e i servizi di una grande università. DIM. *cittadina*. SPREG. *cittaduzza* **2** la popolazione, l'insieme degli abitanti di una città: *la* — *è in lutto*.

cittadella [-dèl-] *s.f.* fortezza per la difesa di una città.

cittadinanza *s.f.* **1** il complesso dei cittadini **2** la condizione di cittadino, in quanto titolare di particolari diritti e obblighi in relazione allo stato.

cittadino *agg.* di città: *costumi cittadini* // *s.m.* **1** abitante di una città **2** chi ha la cittadinanza di uno stato.

citto *s.m.* (*dial.*) bambino, ragazzo.

city [*ingl.*; *pr.* siti] *s.f.* il centro commerciale e finanziario di una grande città (originariamente, quello di Londra).

clucca *s.f.* (*fam.*) sbornia.

clucciare *v.tr.* [*io ciùccio ecc.*] (*fam.*) succhiare, con spec. dei bambini.

ciuccio[1] [ciùc-] *s.m.* (*fam.*) succhiotto, tettarella di gomma.

ciuccio[2] [ciùc-] *s.m.* (*dial.*) ciuco, asino.

ciuchesco [-ché-] *agg.* [pl.m. *-chi*] da ciuco, asinesco.

ciuco *s.m.* [pl. *-chi*] (*fam.*) asino. DIM. *ciuchino*.

ciuffare *v.intr.* nel gergo della pallacanestro, fare canestro senza che la palla tocchi l'anello.

ciuffo *s.m.* **1** grossa ciocca di capelli sulla fronte. DIM. *ciuffetto, ciuffettino* **2** gruppo di crini, peli o piume sul capo di un animale / — *d'erba*, cespo.

ciuffolotto [-lòt-] *s.m.* uccello cantore addomesticabile, grigio superiormente, rosso inferiormente, con gola, ali e coda nere (*fam.* Fringillidi).

ciurlare *v.intr.* dimenarsi; solo nella locuz. — *nel manico*, sottrarsi con continui rinvii a raggiri a un impegno preso.

ciurma *s.f.* **1** basso equipaggio di nave mercantile **2** gente spregevole; ciurmaglia.

ciurmaglia [-mà-] *s.f.* gente spregevole. SIN. *gentaglia, canaglia, marmaglia*.

Città

■ EDIFICI: casa, palazzo, grande magazzino, supermercato, bottega, negozio, mercato, macello, edicola, chiosco; ospedale, clinica, casa di cura, casa di riposo, pensionato, ospizio; municipio, prefettura, questura, pretura, tribunale, centro (*civico, culturale, polivalente, sociale, sportivo*), ambulatorio, consultorio, banca, caserma, carceri; stazione (*ferroviaria, degli autobus, della metropolitana*), fermata (*autobus, filobus, tram*), pensilina; poste e telegrafi, stazione radio; giardini pubblici, giardino zoologico, parco; albergo, residence (casa-albergo), ristorante, bar, caffè, osteria, locanda, trattoria; teatro, cinematografo, circo, arena, stadio, ippodromo, campo sportivo, palazzo dello sport, piscina; ateneo, università, scuola elementare, scuola media, ginnasio, liceo, scuola professionale, istituto tecnico, biblioteca, galleria, museo; basilica, chiesa, cattedrale, campanile, canonica, monastero, parrocchia, vescovado, arcivescovado, seminario.

■ AREE E STRUTTURE: abitato, agglomerato, agrocittà, area fabbricabile, arteria, bassifondi, bidonville, cavalcavia, centro, centro direzionale, city, circonvallazione, corso, crocevia, crocicchio, galleria, ghetto, isolato, largo, metropoli, megalopoli, periferia, piazza, piazzale, quartiere, quartiere residenziale, rione, rondò, sobborgo, sopraelevata, sottopassaggio, strada, svincolo, tangenziale, via, viale, vicolo.

■ ATTIVITÀ E FENOMENI: circolazione, congestione, conurbazione, decentramento, edilizia, espansione, extraurbano, gemellaggio, interurbano, inurbamento, inurbarsi, lottizzare, lottizzazione, municipalismo, pianificare, pianificazione, piano regolatore, pianta, sventramento, teleriscaldamento, traffico, urbanesimo, urbanistica, urbanizzare, urbanizzazione, urbano.

---

ciurmare *v.tr.* ingannare, raggirare.

ciurmatore [-tó-] *s.m.* [f. *-trice*] ingannatore; imbroglione.

ciurmeria [-rì-] *s.f.* atto o detto da ciurmatore.

civaia [-và-] *s.f.* spec. *pl.* termine generico per indicare le piante leguminose e i loro semi.

civetta [-vét-] *s.f.* **1** uccello rapace notturno, di color cinerino-bruno a macchie bianche, con testa grossa, becco adunco, occhi gialli (*fam.* Strigidi) **2** (*fig.*) donna leggera e vanitosa: *far la* —, lasciarsi corteggiare volentieri **3** oggetto o accorgimento che serve ad attirare qlcu.: *auto-civetta*, vettura di polizia o carabinieri che ha l'apparenza di una vettura civile; *articolo* —, che viene venduto a prezzo molto basso per attirare i clienti.

civettare *v.intr.* [*io civétto ecc.*] **1** far la civetta, lasciarsi corteggiare volentieri (detto di donna) **2** (*fig. scherz.*) tenere buoni rapporti, promettere favori senza prendere impegni.

civetteria [-rì-] *s.f.* **1** l'abitudine del civettare **2** gesto, ornamento lezioso e aggraziato.

civettone [-tó-] *s.m.* (*scherz.*) uomo che fa il lezioso con le donne.

civettuolo [-tuò-] *agg.* **1** che rivela civetteria: *sguardo* — **2** che attrae per una certa apparisicenza e novità: *acconciatura civettuola*.

civico [ci-] [pl.m. *-ci*] **1** proprio del cittadino, in quanto appartenente a uno stato **2** della città, comunale, municipale.

civile *agg.* **1** del cittadino, in quanto fa parte di uno stato: *educazione* —, rivolta a formare un buon cittadino / *guerra* —, fra cittadini di uno stesso stato / *stato* —, condizione di ciascun cittadino in riferimento alla nascita, al matrimonio, alla professione ecc. / *diritto* —, branca del diritto privato, che si riferisce ai rapporti tra cittadino e cittadino **2** contrapposto a militare, religioso, ecclesiastico: *genio* —; *matrimonio* —; *festa* — **3** cortese, educato: *persona* —; *maniere civili* **4** che ha raggiunto un notevole grado di civiltà **5** *intonaco* —, rivestimento murario ottenuto con più strati di malta, di cui l'ultimo ha superficie perfettamente liscia // *s.m.* contrapposto a militare: *furono distribuite*

armi anche ai civili // **-mente** *avv.* in maniera civile; educatamente.

civilista *s.m.* e *f.* [pl.m. *-i*] studioso di diritto civile; avvocato specializzato in questioni di diritto civile.

civilizzare [-li33a-] *v.tr.* rendere civile, incivilire.

civilizzatore [-li33ató-] *agg.* e *s.m.* [f. *-trice*] che o chi civilizza.

civilizzazione [-li33azió-] *s.f.* il civilizzare.

civiltà *s.f.invar.* **1** il livello di cultura e di progresso materiale e spirituale raggiunto dall'umanità intera o da un popolo in particolare: *la* — *dei bizantini* **2** cortesia, urbanità.

civismo [-ʃmo] *s.m.* insieme delle virtù proprie di un buon cittadino.

clacson *s.m.invar.* negli auto e motoveicoli, apparecchio che produce segnali acustici necessari alla sicurezza della circolazione stradale.

cladodio [-dò-] *s.m.* fusto o ramo appiattito, verde, proprio delle piante prive di foglie (p.e. cactus).

clamidato *agg.* (*bot.*) fornito di perianzio o clamide.

clamide [clà-] *s.f.* **1** corto mantello fermato con una fibbia su una spalla o sul petto, usato da greci e romani **2** (*lett.*) manto regale.

clamore [-mó-] *s.m.* vocio, schiamazzo: *il* — *della folla* / *suscitare* —, destare grande interesse; provocare rimostranze.

clamoroso [-ró-] *agg.* **1** chiassoso, fragoroso: *applauso* — **2** che suscita clamore.

clan *s.m.* (*ingl.*) **1** gruppo sociale più ristretto della tribù **2** (*fig.*) gruppo di persone unite da interessi comuni.

clandestino *agg.* fatto di nascosto o contro il divieto di qualche autorità: *attività clandestina*; *passeggero* —, che viaggia di nascosto su una nave, un aereo, un treno / *lotta clandestina*, attività di guerriglia contro forze armate occupanti // **-mente** *avv.* nascostamente; in segreto.

clangore [-gó-] *s.m.* suono alto e squillante.

claque [*franc.*; *pr.* clac] *s.f.* gruppo di persone che, dietro compenso, si prestano ad applaudire uno spettacolo o un attore.

clarinettista *s.m.* e *f.* [pl.m. *-i*] sonatore di clarinetto.

clarinetto [-nét-], **clarino** *s.m.* strumento a fiato, di legno, con canna cilindrica e ancia semplice [*ill. Musicali, strumenti*].

clarissa *s.f.* suora dell'ordine fondato da santa Chiara (1212).

classe *s.f.* **1** insieme di persone, animali, cose, che hanno qualche proprietà in comune: *una — di grandezze*; *la — dei mammiferi* / *— sociale*, categoria di persone aventi affinità di interessi economici e politici / *lotta di —*, secondo la teoria marxista, il conflitto tra il proletariato e la borghesia **2** ripartizione degli alunni di una scuola secondo il grado di studio; l'insieme degli alunni che frequentano il medesimo corso e stanno in una medesima aula; l'aula stessa **3** i soldati della stessa leva: *appartiene alla — 1930* **4** distinzione, secondo l'attrezzatura e le comodità, di carrozze, scompartimenti, cabine di treni, navi, aerei: *scompartimento di prima —, di — turistica* **5** qualità, livello, e spec. qualità superiore: *questo corridore ha — / di —, di ottima qualità* / *fuori —*, eccellente, che supera ogni classificazione.

classiario [-sià-] *s.m.* il marinaio delle armate romane.

classicheggiare *v.tr.* [*io classichéggio ecc.*] imitare i classici.

classicismo [-ʃmo] *s.m.* **1** qualità di ciò che è classico **2** aderenza di uno scrittore o di un artista ai canoni della tradizione classica **3** movimento artistico e letterario che propone l'imitazione dei modelli greci e latini.

classicista *s.m.* e *f.* [pl.m. *-i*] seguace del classicismo.

classicità *s.f.invar.* **1** carattere, spirito classico **2** l'antichità classica.

classico [clàs-] *agg.* e *s.m.* [pl.m. *-ci*] **1** si dice di scrittore o artista che ha raggiunto i migliori risultati; in particolare, degli autori greci e latini: *una collana di classici francesi* **2** si dice d'opera eccellente, che fa testo.

classifica [-sì-] *s.f.* graduatoria dei concorrenti di una gara secondo l'ordine di arrivo; nel linguaggio burocratico, elenco in ordine di merito dei partecipanti a un concorso.

classificabile [-cà-] *agg.* che si può classificare.

classificare *v.tr.* [*io classifico, tu classifichi ecc.*] **1** dividere in classi **2** valutare il merito di un alunno o di un compito, attribuendogli un voto // **-arsi** *v.rifl.* ottenere un determinato posto in classifica: *si classificò terzo.*

classificatore [-tó-] *s.m.* **1** [*f. -trice*] chi classifica **2** cartella o mobile per tenere insieme, in un determinato ordine, documenti o lettere.

classificazione [-zió-] *s.f.* atto, effetto del classificare.

classismo [-ʃmo] *s.m.* la posizione di chi considera la lotta politica essenzialmente determinata dal contrasto delle classi sociali.

classista *agg.* e *s.m.* e *f.* [pl.m. *-i*] **1** relativo al classismo **2** si dice di ciò che mantiene, che approfondisce la divisione in classi; di chi basa i rapporti, anche umani, sull'appartenenza all'una o all'altra classe sociale.

classistico [-sì-] *agg.* [pl.m. *-ci*] del classismo, relativo al classismo.

clastico [clà-] *agg.* [pl.m. *-ci*] (*geol.*) si dice di roccia formata da detriti cementati.

claudicare *v.intr.* [*io clàudico, tu clàudichi ecc.*] (*lett.*) zoppicare.

claudicazione [-zió-] *s.f.* (*med.*) andatura zoppicante.

claunesco [-né-] *agg.* [pl.m. *-chi*] di, da clown.

clausola [clàuʃo-] *s.f.* **1** parte conclusiva di uno scritto o di un periodo **2** parte di un testo giuridico contrattuale con cui si modifica o si precisa il significato di disposizioni più ampie.

claustrale *agg.* del chiostro: *vita —.*

claustrofobia [-bi-] *s.f.* insofferenza morbosa di trovarsi in luoghi chiusi.

clausura [-ʃu-] *s.f.* norma che vieta l'uscita dal convento ai membri di alcuni ordini religiosi; la parte del convento riservata ai religiosi, dove gli estranei non possono entrare; per estens., isolamento, solitudine.

clava *s.f.* **1** arma primitiva costituita da un robusto bastone con un'estremità più grossa dell'altra **2** attrezzo da ginnastica.

clavaria [-và-] *s.f.* genere di funghi con corpo riproduttore ramificato; alcune specie sono commestibili.

clavicembalista *s.m.* e *f.* [pl.m. *-i*] sonatore di clavicembalo.

clavicembalo [-cèm-] *s.m.* antico strumento a tastiera e a corde metalliche simile al pianoforte.

clavicola [-vì-] *s.f.* (*anat.*) ciascuno dei due ossi che collegano le scapole allo sterno [*ill. Corpo*].

clavicordo [-còr-] *s.m.* antico strumento a tastiera simile al clavicembalo.

claxon *s.m.invar.* → **clacson.**

clearing [*ingl.*; *pr.* clìrin] *s.m.* (*econ.*) accordo in base al quale gli stati contraenti stabiliscono di regolare i rapporti commerciali attraverso la compensazione dei rispettivi debiti e crediti.

clematide [-mà-] *s.f.* pianta rampicante, ornamentale, con fiori di color viola, bianco o rosa (*fam.* Ranuncolacee).

clemente [-mèn-] *agg.* **1** che è facile al perdono e poco severo nel punire. SIN. *indulgente, mite* **2** temperato (detto di clima).

clementino *s.m.* → **mandarancio.**

clemenza [-mèn-] *s.f.* l'essere clemente. SIN. *indulgenza, mitezza.*

cleptomane [-tò-] *agg.* e *s.m.* e *f.* si dice di persona affetta da cleptomania.

cleptomania [-nì-] *s.f.* tendenza morbosa al furto, che spinge a sottrarre anche oggetti di valore irrilevante.

clergyman [*ingl.*; *pr.* clogiman] *s.m.* completo maschile composto da pantaloni, giacca e camicia scuri con collarino bianco, portato dai sacerdoti spec. nei paesi anglosassoni.

clericale *agg.* (*rar.*) del clero, ecclesiastico // *agg.* e *s.m.* e *f.* si dice di chi, di ciò che sostiene e favorisce il potere politico del clero e della chiesa.

clericalismo [-ʃmo] *s.m.* in politica, atteggiamento, tendenza, movimento clericale.

clericato *s.m.* → **chiericato.**

clero [clè-] *s.m.* l'insieme delle persone che si dedicano al culto divino.

clessidra *s.f.* orologio ad acqua o a sabbia, formato da due recipienti di vetro comunicanti per un foro sottile attraverso il quale il contenuto passa lentamente da un recipiente all'altro, così misurando il tempo.

cliché [*franc.*; *pr.* cliscé] *s.m.* **1** lastra stereotipica di zinco per la riproduzione di fotografie o disegni **2** schema ripetuto: *le sue canzoni hanno lo stesso —.*

cliente [clièn-] *s.m.* e *f.* chi, con regolarità, compra da uno stesso negoziante o si vale dell'opera di un professionista // *s.m.* **1** nell'antica Roma, chi si poneva al servizio di un cittadino potente (*patrono*) **2** per estens., chi, per interesse o altro motivo, si pone al servizio di qlcu.

clientela [-tè-] *s.f.* **1** l'insieme dei clienti di un negoziante o di un professionista **2** l'insieme dei seguaci interessati di una persona autorevole e potente.

clientelare _agg._ si dice di ciò che riguarda le clientele politiche: _assunzioni clientelari._

clientelismo [-ſmo] _s.m._ la politica delle clientele, la tendenza ad agire sulla base di clientele politiche: _un partito che si regge sul —._

clima _s.m._ [pl. _-i_] **1** l'insieme delle condizioni atmosferiche locali (temperatura, umidità, pressione, venti) da cui dipende la vita delle piante, degli animali, dell'uomo / — _continentale_, quello con grandi sbalzi di temperatura, proprio dell'interno dei continenti / — _marittimo_, quello proprio delle zone litoranee, senza grandi sbalzi di temperatura **2** (_fig._) il complesso delle condizioni spirituali, culturali, politiche, di rapporto sociale e umano: _il — culturale di quel tempo._

climaterico [-tè-] _agg._ [pl.m. _-ci_] **1** di ciascun settimo anno della vita umana, che i medici antichi consideravano particolarmente critico; per estens., pericoloso, infausto: _anno, giorno —_ **2** relativo al climaterio.

climaterio [-tè-] _s.m._ (_med._) periodo della vita (tra i 45 e i 55 anni) durante il quale si ha una involuzione fisiologica delle ghiandole sessuali.

climatico [-mà-] _agg._ [pl.m. _-ci_] del clima: _condizioni climatiche / stazione climatica_, località che ha un clima adatto a ristabilire la salute.

climatizzare [-tiʒʒa-] _v.tr._ attrezzare un ambiente o un veicolo con aria condizionata.

climatizzato [-tiʒʒa-] _agg._ si dice di ambiente o veicolo con aria condizionata.

climatizzazione [-tiʒʒazió-] _s.f._ il condizionare l'aria in ambienti chiusi.

climatologia [-gì-] _s.f._ scienza che studia i vari climi, la loro ripartizione e i loro influssi.

climatologico [-lò-] _agg._ [pl.m. _-ci_] relativo alla climatologia.

climatologo [-tò-] _s.m._ [pl. _-gi_] studioso di climatologia.

climatoterapia [-pì-] _s.f._ terapia basata sull'azione di alcuni climi sull'organismo umano.

climax _s.m.invar._ **1** figura retorica nella quale il discorso aumenta gradatamente di forza e di intensità **2** (_fig._) crescendo di intensità; culmine, vertice.

clinica [clì-] _s.f._ **1** parte della medicina che ha per oggetto lo studio diretto degli ammalati **2** ospedale; reparto ospedaliero; casa di cura.

clinico [clì-] _agg._ [pl.m. _-ci_] che riguarda la clinica come scienza: _quadro —_, l'insieme di sintomi rilevati dal medico / _avere l'occhio —_, saper individuare rapidamente una malattia; (_fig._) essere pronto e sicuro nel dare un giudizio // _s.m._ medico specialista in clinica.

clinker [clìn-] _s.m.invar._ materiale granuloso ottenuto dalla cottura di marne naturali o artificiali, usato per ricoprire muri esterni.

clinometro [-nò-] _s.m._ strumento usato in marina e in topografia per misurare l'inclinazione di un corpo rispetto all'orizzontale.

clip _s.f.invar._ (_ingl._) **1** fermaglio che serve a tenere uniti fogli di carta e simili **2** _pl._ orecchini a molla; spille con dispositivo a scatto.

clipeo [clì-] _s.m._ piccolo scudo rotondo di cuoio, usato dai romani.

clisma [-ſma] _s.m._ [pl. _-i_] introduzione di sostanze nell'intestino retto, a scopo diagnostico o curativo: — _opaco_, introduzione di sostanza opaca ai raggi X nell'ampolla rettale per effettuarne la radiografia.

clistere [-stè-] _s.m._ liquido medicamentoso che si in-

troduce nell'intestino per via rettale; anche lo strumento che serve a tale scopo.

clitoride [-tò-] _s.f._ o _m._ piccolo organo cilindrico, erettile, dei genitali esterni femminili.

clivia [clì-] _s.f._ pianta ornamentale con fiori simili a gigli, di color arancio (_fam._ Liliacee).

clivo _s.m._ (_lett._) pendio; collinetta.

cloaca _s.f._ **1** canale sotterraneo che raccoglie le acque sporche di un centro abitato per scaricarle in un fiume o nel mare **2** (_fig._) ambiente corrotto, vizioso: _una — di vizi_ **3** cavità terminale di rettili, pesci e uccelli, in cui sboccano il retto, gli ureteri e i condotti genitali.

cloche [_franc._; _pr._ clòsc'] _s.f._ **1** (_aer._) barra mediante la quale il pilota aziona gli alettoni e il timone di profondità **2** (_aut._) tipo di comando del cambio di velocità, con leva sul pavimento dell'autovettura **3** cappello con tesa a campana.

clonazione [-zió-] _s.f._ fenomeno biologico per cui da una cellula capostipite si ottengono generazioni di cellule discendenti geneticamente omogenee.

clone [clo-] _s.m._ gruppo di cellule geneticamente omogenee derivanti da un'unica cellula capostipite.

clono [clò-] _s.m._ fenomeno per cui un muscolo, per la bassa frequenza degli stimoli eccitatori, si contrae in maniera incompleta e transitoria, ritmicamente e ripetutamente.

cloracne _s.f._ forma grave di acne dovuta a intossicazione da idrocarburi clorurati usati in lavorazioni industriali.

cloralio [-rà-] _s.m._ (_chim._) liquido incoloro, oleoso, di odore pungente, ottenuto dall'azione del cloro sull'alcool; usato in anestesia.

cloralismo [-ſmo] _s.m._ complesso dei disturbi causati dall'abuso di aldeide tricloroacetica (o cloralio), usata in anestesia.

clorato _agg._ che contiene cloro: _acqua clorata_, disinfettata con cloro // _s.m._ sale dell'acido clorico.

clorazione [-zió-] _s.f._ operazione consistente nell'introdurre piccole dosi di cloro nell'acqua per le piscine o per altri usi, per sterilizzarla.

clorella [-rèl-] _s.f._ alga verde unicellulare, ricca di vitamine e proteine.

clorico [clò-] _agg._ [pl.m. _-ci_] (_chim._) si dice di composti del cloro pentavalente.

cloridrato _s.m._ (_chim._) sostanza derivata dall'azione dell'acido cloridrico sugli alcaloidi.

cloridrico [-rì-] _agg._ [pl.m. _-ci_] (_chim._) si dice dell'acido derivante da idrogeno e cloro.

clorite _s.f._ minerale di color verde, per lo più in sottili lamelle, costituito di silicato di alluminio, magnesio e ferro.

cloro [clò-] _s.m._ elemento chimico (Cl; _n.at._ 17; _p.at._ 35,45); metalloide gassoso, giallo-verde, del gruppo degli alogeni, molto diffuso in natura come sale; si usa come disinfettante, decolorante e nell'industria chimica.

cloro- [dal gr. _clorós_ = _verde_] primo elemento di parole scientifiche nelle quali indica il colore verde (_clorofilla_) o la presenza del cloro (_cloroformio_).

clorofilla _s.f._ pigmento verde delle piante, essenziale alla vita del mondo vegetale.

clorofilliano _agg._ relativo alla clorofilla / _funzione clorofilliana_, reazione fondamentale che avviene nei vegetali forniti di clorofilla sotto l'azione della luce per cui l'acqua e l'anidride carbonica vengono trasformate in carboidrati.

cloroformio [-fòr-] _s.m._ (_chim._) sostanza organica liquida, incolora, volatile, di odore caratteristico, usata in chirurgia come anestetico.

cloroformizzare [-miʒʒa-] *v.tr.* provocare l'anestesia per mezzo del cloroformio.

cloroformizzazione [-miʒʒaʒió-] *s.f.* atto, effetto del cloroformizzare.

cloromicetina *s.f.* (*farm.*) antibiotico particolarmente attivo contro taluni germi.

cloroplasto *s.m.* (*bot.*) ciascuno dei corpuscoli verdi presenti nel citoplasma delle cellule vegetali esposte alla luce [*ill. Cellula*].

clorosi [-róʃi] *s.f.invar.* **1** malattia caratterizzata da una bassa percentuale di globuli rossi nel sangue **2** distruzione o mancata formazione della clorofilla nelle piante.

clorotico [-rò-] *agg.* [pl.m. *-ci*] (*med.*) che è affetto da clorosi.

cloruro *s.m.* (*chim.*) sale dell'acido cloridrico: — *di sodio*, il sale da cucina.

clotoide [-tòi-] *agg. e s.f.* si dice di curva matematica simile a due spirali raccordate, usata in ottica e nelle tecniche di raccordo.

clou [*franc.*; *pr.* clù] *s.m.* momento di massima attrazione: *il — dello spettacolo.*

clown [*ingl.*; *pr.* clàun] *s.m.* personaggio comico del circo equestre / — *bianco*, quello con la faccia infarinata, elegante marsina e cappello a pan di zucchero, che (oggi sempre più raramente) fa da antagonista all'*augusto.*

club [*ingl.*; *pr.* clab] *s.m.* circolo; associazione sportiva, culturale e simili.

cluniacense [-cèn-] *agg.* di Cluny, del monastero di Cluny // *s.m. e f.* abitante di Cluny.

clupeidi [-pèi-] *s.m.pl.* famiglia di pesci, comprendente varie specie (p.e. sardina, aringa).

co- [dal lat. *cum = con*] prefisso che indica unione, compagnia e simili (*coadiuvare, coautore, coproduzione*); → anche **con-**.

coabitare *v.intr.* [*io coàbito ecc.*] abitare insieme, specialmente nello stesso locale.

coabitazione [-zió-] *s.f.* l'abitare insieme.

coacervo [-cèr-] *s.m.* (*poet.*) mucchio.

coach [*ingl.*; *pr.* cóuč] *s.m.* nel gergo sportivo, allenatore.

coadiutore [-tó-] *s.m.* [f. *-trice*] **1** chi aiuta qlcu. in un'attività o ufficio **2** chi aiuta un parroco o un vescovo nel loro ufficio o ne fa le veci.

coadiuvante *agg. e s.m.* si dice di farmaco prescritto con un altro per coadiuvarne l'azione.

coadiuvare *v.tr.* [*io coàdiuvo ecc.*] aiutare qlcu. in un'attività. SIN. *cooperare, collaborare.*

coagulamento [-mén-] *s.m.* il coagulare, il coagularsi.

coagulante *agg. e s.m.* si dice di farmaco o mezzo che facilita o determina la coagulazione.

coagulare *v.tr.* [*io coàgulo ecc.*] effettuare la coagulazione // **-arsi** *v.rifl.pron.* rapprendersi, detto di liquido che passa allo stato semisolido.

coagulazione [-zió-] *s.f.* parziale solidificazione di liquidi organici ad opera di agenti esterni su uno dei loro componenti.

coagulo [-à-] *s.m.* **1** atto, effetto del coagularsi **2** caglio.

coalizione [-zió-] *s.f.* alleanza di stati, partiti, enti per un determinato scopo comune. SIN. *lega.*

coalizzare [-liʒʒa-] *v.tr.* unire in una coalizione // **-arsi** *v.rifl.* unirsi per uno scopo comune.

coana *s.f.* (*anat.*) ognuna delle due aperture posteriori

delle fosse nasali per mezzo delle quali il naso comunica con la faringe.

coartare *v.tr.* (*lett.*) costringere, forzare.

coartazione [-zió-] *s.f.* atto, effetto del coartare.

coassiale *agg.* si dice di cavo elettrico a due conduttori concentrici usato per la trasmissione a distanza delle alte frequenze [*ill. Televisione*].

coattivo *agg.* che costringe con la forza.

coatto *agg.* imposto a forza / *domicilio —*, (*dir.*) obbligo, imposto dalle autorità a una persona, di risiedere in un determinato luogo // *s.m.* nel gergo giovanile, individuo disadattato costretto ai margini della vita sociale.

coautore [-tó-] *s.m.* [f. *-trice*] chi, insieme ad altri, collabora ad un'opera, spec. letteraria.

coazione [-zió-] *s.f.* (*dir.*) azione coattiva ai danni di qlcu.

cobalto *s.m.* elemento chimico (Co; *n.at.* 27; *p.at.* 58,93); metallo grigio-argenteo, magnetico, fragile, usato in metallurgia e, come sale, per colorare in azzurro materiali diversi / *bomba al —*, apparecchio contenente cobalto radioattivo, usato per combattere i tumori.

cobaltoterapia [-pi-] *s.f.* terapia irradiante eseguita con cobalto radioattivo, per la cura di tumori.

cobelligerante *agg. e s.m.* si dice di nazione che, senza godere di uguaglianza giuridica con gli alleati, combatte con questi contro lo stesso nemico.

cobelligeranza *s.f.* condizione di cobelligerante.

cobol [cò-] [*ingl.*; *common business oriented language*] *s.m.invar.* linguaggio di programmazione utilizzato sui calcolatori elettronici di tipo commerciale.

coboldo [-bòl-] *s.m.* nella mitologia germanica, folletto o spiritello allegro e malizioso.

cobra [cò-] *s.m.invar.* nome di vari serpenti velenosi d'Asia e d'Africa, capaci di dilatare il collo a forma di cappuccio.

coca [cò-] *s.f.* piccolo albero dell'America dalle cui foglie si estrae la cocaina (*fam.* Eritroxilacee).

cocaina *s.f.* alcaloide stupefacente estratto dalle foglie di coca.

cocainismo [-ʃmo] *s.m.* intossicazione cronica dovuta all'abuso di cocaina.

cocainomane [-nò-] *s.m. e f.* chi prende la cocaina come stupefacente.

cocca [còc-] *s.f.* **1** intaccatura all'estremità della freccia, in cui si adatta la corda dell'arco **2** angolo, estremità di un tovagliolo, fazzoletto e simili.

coccarda *s.f.* nastro pieghettato disposto a cerchio che si porta all'occhiello con i colori di una nazione, di un partito ecc.

cocchiere [-chiè-] *s.m.* chi guidava carrozze a cavalli; spec. al servizio di privati.

cocchio [còc-] *s.m.* **1** carrozza signorile tirata da due o più cavalli **2** antico carro da guerra.

cocchiume *s.m.* tappo che chiude il foro della botte.

coccia [còc-] *s.f.* [pl. *-ce*] **1** nell'impugnatura della sciabola, della spada o del fioretto, la parte che protegge la mano **2** (*scherz.*) testa.

coccidiosi [-diòʃi] *s.f.invar.* malattia epidemica provocata da protozoi dell'ordine dei coccidi, che colpisce gli animali domestici.

coccige [còc-] *s.m.* ultimo tratto della colonna vertebrale, sotto l'osso sacro.

coccigeo [-ci-] *agg.* (*anat.*) pertinente al coccige: *vertebra coccigea* [*ill. Corpo*].

coccinella [-nèl-] *s.f.* piccolo insetto coleottero, dalle elitre rosse con sette punti neri (*fam.* Coccinellidi).

cocciniglie [-nì-] *s.f.pl.* piccoli insetti emitteri parassiti dei vegetali di cui succhiano gli umori; se ne estrae il carminio (*fam.* Coccidi).

coccio [còc-] *s.m.* **1** terracotta di poco pregio, terraglia **2** ciascuno dei pezzi in cui si rompe un oggetto fragile.

cocciutaggine [-tàg-] *s.f.* l'essere cocciuto. SIN. *ostinazione, testardaggine, caparbietà.*

cocciuto *agg.* ostinato nel pensare e nell'agire a suo modo. SIN. *testardo, caparbio.*

cocco[1] [còc-] *s.m.* [pl. *-chi*] palma tropicale che produce grossi frutti commestibili (*noci di cocco*), dai quali si ricava un succo dissetante (*latte di cocco*).

cocco[2] [còc-] *s.m.* [pl. *-chi*] **1** voce infantile per indicare l'uovo **2** nome di vari funghi a forma d'uovo.

cocco[3] [còc-] *s.m.* [pl. *-chi*] (*fam.*) bambino prediletto: — *mio;* — *di mamma,* (*iron.*) persona troppo curata e viziata.

cocco[4] [còc-] *s.m.* [pl. *-chi*] (*med.*) batterio di forma tondeggiante.

coccodè *voce onom.* indica il verso della gallina quando ha fatto l'uovo.

coccodrillo *s.m.* grosso e vorace rettile acquatico africano, con corpo allungato rivestito da placche ossee, bocca e coda lunghe, zampe corte con piedi palmati; la pelle è usata per fabbricare scarpe, borsette ecc. (*fam.* Coccodrillidi) / *lacrime di —,* pentimento tardivo.

coccoina *s.f.* colla da ufficio ®.

coccola [còc-] *s.f.* frutto di forma tondeggiante, proprio di alcune piante (p.e. il ginepro).

coccolare *v.tr.* [io còccolo ecc.] vezzeggiare.

coccolo [còc-] *s.m.* (*fam.*) bambinello grazioso; cocco. DIM. *coccolino.*

coccoloni [-ló-] *avv.* nella posizione di chi siede sui calcagni.

cocente [-cèn-] *agg.* **1** che scotta, caldissimo: *sole —.* SIN. *ardente* **2** (*fig.*) veemente, violento.

cocker [*ingl.; pr.* còcher] *s.m.* cane da caccia con muso squadrato, pelo lungo e ondulato, gambe corte.

cocktail [*ingl.; pr.* còcteil] *s.m.* **1** miscela di liquori diversi, spesso uniti ad amari e ad altri ingredienti (zucchero, succo di limone ecc.); (*fig.*) mescolanza, miscuglio **2** riunione mondana, così detta perché si usa servire cocktails agli intervenuti.

coclea [cò-] *s.f.* **1** parte interna dell'orecchio costituita da un lungo canale che si sviluppa a spirale [*ill.* Orecchio] **2** scala a chiocciola.

cocleare *agg.* (*anat.*) della coclea: *nervo —* [*ill.* Orecchio].

coclearia [-à-] *s.f.* pianta erbacea che contiene un glucoside usato in medicina (*fam.* Crocifere).

cocolla [-còl-] *s.f.* veste di frati, munita di cappuccio.

cocomero [-có-] *s.m.* pianta erbacea con fusto strisciante, coltivata per il frutto commestibile, globoso, dalla polpa dolce, rossa e acquosa (*fam.* Cucurbitacee).

cocorita *s.f.* varietà di piccolo pappagallo domestico, dal piumaggio vario.

cocuzza *s.f.* **1** zucca **2** (*scherz.*) testa.

cocuzzolo [-cùz-] *s.m.* **1** sommità di un monte **2** la parte più alta della testa o del cappello.

coda [có-] *s.f.* **1** in molti animali, prolungamento posteriore della colonna vertebrale / *andarsene con la — tra le gambe,* mogio mogio / *avere la — di paglia,* scolparsi senza essere direttamente accusati, rivelando così di avere la coscienza sporca **2** (*fig.*) prolungamento, appendice di qlco. / *abito a — di rondine,* abito maschile da cerimonia con falde lunghe [*ill.* Abbigliamen-

to] / — *di cavallo,* acconciatura femminile / *pianoforte a —,* con cassa armonica allungata orizzontalmente [*ill.* Musicali, strumenti] / — *della cometa,* lo strascico luminoso / — *di un sonetto, di un pezzo musicale,* i versi o le battute che prolungano il componimento oltre la sua normale struttura **3** parte estrema, finale di qlco.: — *di una processione* / — *degli sci,* la parte posteriore / *guardare con la — dell'occhio,* di traverso, senza farsi notare / *far la —, mettersi in —,* mettersi dietro a una fila di persone / *discorso senza capo né —,* privo di logica **4** — *di cavallo,* (*bot.*) equiseto.

codardia [-dì-] *s.f.* l'essere codardo. SIN. *vigliaccheria, viltà.*

codardo *agg.* chi per viltà fugge i pericoli o viene meno ai suoi doveri. SIN. *vigliacco, vile.*

codazzo *s.m.* gruppo di persone che, abitualmente, accompagnano qlcu.

codeina *s.f.* alcaloide contenuto nell'oppio, usato come calmante della tosse.

codesto [-dé-] *agg.* e *pron.dimostr.* indica persona o cosa vicina a chi ascolta; si usa sia come soggetto sia come complemento: *codesti tuoi amici sono simpatici; non darò peso a codeste tue chiacchiere;* spesso viene erroneamente usato al posto di *questo* o di *quello.*

codetta [-dét-] *s.f.* parte di oggetto sottile e sporgente; in particolare, nella lampada elettrica, la parte interna al bulbo nella quale si inseriscono i sostegni del filamento.

codibugnolo [-bù-] *s.m.* uccellino dalla coda lunga che vive nei boschi (*fam.* Paridi).

codice [cò-] *s.m.* **1** libro manoscritto anteriore alla stampa **2** (*dir.*) raccolta di norme: — *civile, penale* **3** cifrario in cui ad ogni parola o frase corrispondono un segno, una lettera o un numero convenzionale: — *telegrafico* **4** gruppo di numeri o di numeri e lettere che serve a identificare qgl singola entità d'un dato sistema: — *postale,* che identifica ogni singolo paese, città o quartiere; — *fiscale,* che identifica ciascun contribuente; — *a barre,* serie linearmente raggruppate, che identificano un prodotto commerciale: — *genetico,* la particolare struttura della molecola del DNA che determina i caratteri ereditari delle cellule viventi.

codicillo *s.m.* **1** clausola aggiunta ad un testamento **2** poscritto aggiunto ad una lettera.

codifica [-dì-] *s.f.* il codificare, nel senso di tradurre in codice.

codificare *v.tr.* [io codìfico, tu codìfichi ecc.] **1** riunire in un codice **2** tradurre in un codice convenzionale **3** dare a una materia complessa una regola, un modello.

codificatore [-tó-] *s.m.* [f. *-trice*] chi codifica.

codificazione [-zió-] *s.f.* il codificare.

codinismo [-ʃmo] *s.m.* atteggiamento retrogrado e conservatore, spec. riguardo al costume e alla morale.

codino *s.m.* **1** si dice dei capelli raccolti dietro la nuca e fermati con nastro, come usavano anticamente gli uomini in Cina, o in Europa nel sec. XVIII **2** (*fig.*) reazionario.

codirosso [-rós-] *s.m.* uccello dal canto melodioso, simile al tordo, di color grigio con petto e coda rossi (*fam.* Turdidi).

codismo [-ʃmo] *s.m.* in politica, la tendenza a stare in coda, a seguire pedissequamente una linea politica elaborata da altri.

codolo [có-] *s.m.* **1** in un attrezzo, la parte sottile, metallica, che entra nel manico **2** (*mil.*) in una bomba, cilindretto posteriore con alette per stabilizzare la traiettoria.

codrione [-drió-] *s.m.* negli uccelli, la parte inferiore della colonna vertebrale, che sostiene la coda.

coedizione [-zió-] *s.f.* edizione realizzata in comune tra due o più editori, anche di diversi paesi.

coefficiente [-cièn-] *s.m.* **1** causa che concorre con altre a un determinato effetto: *uno dei coefficienti della rivolta fu l'estesa disoccupazione* **2** (*mat.*) quantità nota che moltiplica una grandezza algebrica **3** (*fis.*) numero esprimente il rapporto fra la misura dell'effetto e quella della causa.

coefficienza [-cièn-] *s.f.* concomitanza di più cause nel verificarsi d'un effetto.

coefora [-è-] *s.f.* donna che, nell'antica Grecia, portava doni e libagioni ai sepolcri.

coercibile [-cì-] *agg.* che può essere frenato, contenuto. CONTR. *incoercibile*.

coercibilità *s.f.invar.* l'essere coercibile.

coercitivo *agg.* che costringe, obbliga.

coercizione [-zió-] *s.f.* l'obbligare con la forza o minacciando di usarla.

coerede [-rè-] *s.m.* (*dir.*) chi è erede insieme con altri.

coerente [-rèn-] *agg.* **1** che agisce conformemente al proprio pensiero; che non ha, che non esprime contraddizione. CONTR. *incoerente, contraddittorio* **2** (*fis.*) composto di parti ben unite tra loro. CONTR. *incoerente*.

coerenza [-rèn-] *s.f.* l'essere coerente. CONTR. *incoerenza*.

coesione [-ſió-] *s.f.* **1** forza che tiene insieme le molecole di un corpo; per estens., saldezza in un legame organizzativo o morale **2** (*fig.*) concordanza fra le parti di un tutto.

coesistente [-ſistèn-] *agg.* che esiste insieme ad altri.

coesistenza [-ſistèn-] *s.f.* il coesistere; convivenza pacifica di entità indipendenti.

coesivo [-ſi-] *agg.* che serve a tenere unito.

coetaneo [-tà-] *agg.* che ha la medesima età.

coevo [-è-] *agg.* contemporaneo.

cofanetto [-nét-] *s.m.* piccolo cofano, spec. per riporvi gioielli.

cofano [cò-] *s.m.* **1** cassa munita di coperchio; forziere **2** parte della carrozzeria di un'automobile, che racchiude il motore **3** (*mil.*) cassa per il trasporto delle munizioni.

coffa [còf-] *s.f.* piattaforma sugli alberi delle navi, per accogliervi uomini di vedetta, proiettori, armi.

cofosi [-fòſi] *s.f.invar.* (*med.*) perdita completa dell'udito, sordità totale.

cogenerazione [-zió-] *s.f.* (*scient.*) generazione comune; in particolare, produzione combinata di energia termica ed elettrica per aumentare il rendimento dei combustibili.

cogente [-gèn-] *agg.* (*dir.*) si dice di disposizione o norma che obbliga, che impone qlco.

cogestione [-stió-] *s.f.* gestione di un'impresa a cui partecipano pariteticamente maestranze e imprenditore, privato o pubblico.

cogestire *v.tr.* [*io cogestisco, tu cogestici ecc.*] gestire insieme; gestire in termini di cogestione.

cogitabondo [-bón-] *agg.* pensieroso. SIN. *meditabondo*.

cogitativo *agg.* che si riferisce al pensiero.

cogitazione [-zió-] *s.f.* pensiero; riflessione.

cogli [có-] *prep. articolata* composta da *con* più *gli*; è preferibile scrivere *con gli*; si usa (ma raramente: è più comune *con gli*) davanti ai vocaboli che cominciano per vocale, *s* impura, *gn, ps, x, z* e si apostrofa davanti a *i*: *cogli orsi; cogli scì; cogl'ingegni*.

cogliere [cò-] *v.tr.* [pres. *io còlgo, tu cògli ecc.*; fut. *io coglierò* o *corrò ecc.*; pass.rem. *io còlsi, tu cogliésti ecc.*; p.pass. *còlto*] **1** staccare un frutto o un fiore da una pianta **2** raggiungere, colpire: *lo colse in pieno petto* **3** sorprendere: *li colse in flagrante* / *— il tempo*, prendere l'occasione favorevole per fare qlco.

coglionata *s.f.* (*volg.*) sciocchezza, errore.

coglione [-gliò-] *s.m.* (*volg.*) **1** testicolo **2** (*fig.*) persona stupida, incapace.

coglioneria [-rìa] *s.f.* (*volg.*) **1** stupidità **2** atto, detto stupido.

coglitura *s.f.* il cogliere piante, fiori o frutti.

cognac [*franc.*; *pr.* cognàc] *s.m.* acquavite prodotta dai colli di Cognac nella Charente (Francia); l'analogo prodotto di altra origine si chiama *brandy*.

cognata *s.f.* moglie del fratello; sorella del marito o della moglie.

cognato *s.m.* marito della sorella; fratello del marito o della moglie.

cognitivo *agg.* (*psic.*) si dice di quei processi della conoscenza che influenzano il comportamento.

cognito [cò-] *agg.* conosciuto. CONTR. *incognito*.

cognizione [-zió-] *s.f.* **1** atto, effetto del conoscere. SIN. *conoscenza* **2** notizia acquisita con lo studio e l'esperienza. SIN. *nozione* **3** (*dir.*) accertamento, esame di una causa civile o penale.

cognome [-gnó-] *s.m.* nome di famiglia che si aggiunge al nome di persona. SIN. *casato*.

coguaro *s.m.* mammifero carnivoro felino delle foreste dell'America; ha pelo corto grigio-giallognolo, corporatura snella e straordinaria agilità e velocità.

col [cói] *prep. articolata* composta da *con* e *i*; si usa (ma è più comune *con i*) davanti ai vocaboli comincianti per consonante che non sia *s* impura, *gn, ps, x, z*: *coi treni; coi motori*.

coibente [-bèn-] *agg. e s.m.* (*fis.*) si dice di sostanza che è cattiva conduttrice di elettricità o di calore.

coibenza [-bèn-] *s.f.* (*fis.*) qualità di ciò che è coibente.

coincidenza [-dèn-] *s.f.* **1** il coincidere; il casuale accadere di due fatti nello stesso tempo o in circostanze analoghe **2** identità, analogia: *perfetta — d'idee* **3** corrispondenza d'orario tra l'arrivo in una località di un mezzo di trasporto pubblico e la partenza di un altro in diversa direzione.

coincidere [-cì-] *v.intr.* [pass.rem. *io coincisi, tu coincidésti ecc.*; p.pass. *coinciso*] **1** accadere insieme, nello stesso tempo o in circostanze analoghe **2** combaciare, corrispondere (anche *fig.*).

coinquilino *s.m.* l'inquilino di una casa rispetto agli altri inquilini d'essa.

cointeressare *v.tr.* [*io cointerèsso ecc.*] far partecipare qlcu. agli utili di un'azienda.

cointeressenza [-sèn-] *s.f.* **1** atto, effetto del cointeressare **2** percentuale sugli utili di un'azienda.

coinvolgere [-vòl-] *v.tr.* [coniugato come *volgere*] **1** legare, implicare, avere conseguenze su qlco.: *questa decisione coinvolge tutta la politica economica* **2** far entrare, trascinare con sé, spec. in situazioni negative: *— nel lavoro; — in uno scandalo.*

coke [*ingl.*; *pr.* cók] *s.m.* carbone ottenuto dalla distillazione del carbon fossile; usato nell'industria e come combustibile.

cokeria [-rì-] *s.f.* stabilimento per la lavorazione del carbone coke.

col [cól] *prep. articolata* composta da *con* più *il*; si usa (ma raramente: è più comune *con il*) davanti ai voca-

boli comincianti per consonante che non sia *s* impura, *gn, ps, x, z*: *col cane*; *col fucile*; *col treno*.

cola¹ [có-] *s.f.* arnese per filtrare o colare sabbia, calcina ecc.

cola² [cò-] *s.f.* pianta originaria del Sudan dal cui frutto si estraggono alcaloidi stimolanti e tonici (*fam.* Sterculiacee).

colà *avv.* di *luogo* (*lett.*) là, in quel luogo.

colabrodo [-brò-] *s.m.* recipiente metallico bucherellato per filtrare il brodo.

colagogo [-gò-] *agg.* e *s.m.* [pl.m. *-ghi*] si dice di farmaco che favorisce la secrezione della bile.

colangite *s.f.* infiammazione delle vie biliari.

colapasta *s.m.invar.* recipiente bucherellato per scolare la pasta dopo la cottura.

colare *v.tr.* [io *cólo* ecc.] **1** far passare un liquido attraverso un filtro per purificarlo / *prendere qlco. per oro colato*, (*fig.*) considerarla una verità assoluta. SIN. *filtrare* **2** versare a gocce, lentamente **3** — *a picco una nave*, affondarla // *v.intr.* **1** scendere a goccia a goccia. SIN. *stillare, gocciolare* **2** — *a picco*, andare a fondo, affondare.

colascione [-sció-] *s.m.* antico strumento a corde affine al liuto, ma di piccole dimensioni e con lungo manico.

colassù *avv.* (*lett.*) là in alto.

colata *s.f.* **1** nelle fonderie, massa di metallo fuso gettato negli stampi **2** massa fluida di lava o fango eruttata da un vulcano.

colaticcio [-tìc-] *s.m.* **1** sgocciolatura di materia fusa e raffreddata: — *di candela* **2** nelle fonderie, il residuo di una colata.

colatoio [-tó-] *s.m.* qualsiasi arnese usato per colare.

colatore [-tó-] *s.m.* nelle fonderie, l'operaio addetto alla colata.

colatura *s.f.* atto, effetto del colare.

colazione [-zió-] *s.f.* pasto del primo mattino o di mezzogiorno.

colbacco *s.m.* [pl. *-chi*] copricapo di pelliccia, di diverse fogge ma sempre di forma alta.

colchico [còl-] *s.m.* pianta erbacea con fiori violacei imbutiformi e foglie lineari (*fam.* Liliacee).

colcos [còl-] *s.m.invar.* forma italianizzata di **kolchoz**.

colcosiano [-ʃìa-] *agg.* che concerne i colcos // *s.m.* chi lavora in un colcos.

colecisti *s.f.* → **cistifellea**.

colecistite *s.f.* (*med.*) infiammazione della cistifellea.

colecistografia [-fi-] *s.f.* indagine radiografica con la quale si rende visibile la vescichetta biliare, o colecisti. SIN. *cooperazione*.

colectomia [-mì-] *s.f.* (*chir.*) asportazione del colon.

coledocite *s.f.* (*med.*) infiammazione del coledoco.

coledoco [-lè-] *s.m.* [pl. *-chi*] (*anat.*) condotto che fa defluire la bile nell'intestino.

colei [-lè-] *pron.dimostr.sing.f.* (*lett.*) quella; indica persona lontana da chi parla e da chi ascolta e si usa come soggetto e come complemento: — *era sua amica*; *non sarebbe andato da* —.

colelitiasi [-tìaʃi] *s.f.* (*med.*) formazione di calcoli nelle vie biliari.

colemia [-mì-] *s.f.* presenza patologica di bile nel sangue, che determina ittero.

colendissimo [-dìs-] *agg.superl.* usato rivolgendosi a persona a cui si attribuisce molto rispetto e riverenza.

coleotteri [-òt-] *s.m.pl.* ordine di insetti ricoperti di una cuticola molto dura, con due paia di ali, di cui quelle superiori rigide (*elitre*) in posizione di riposo ricoprono le inferiori membranose e atte al volo [*ill.* Insetti].

colera [-lè-] *s.m.* malattia infettiva epidemica dovuta a un bacillo e caratterizzata da diarrea, vomito e crampi.

coleretico [-rè-] *agg.* e *s.m.* [pl.m. *-ci*] si dice di farmaco che favorisce la secrezione della bile.

colerico [-lè-] *agg.* [pl.m. *-ci*] affetto da colera.

coleroso [-ró-] *agg.* e *s.m.* si dice di chi è affetto da colera.

colesterina *s.f.*, **colesterolo** [-rò-] *s.m.* (*med.*) sostanza presente nel sangue e nei tessuti, che si suppone abbia effetti dannosi sul sistema vascolare.

colf [*collaboratore/trice familiare*] *s.m.* e *f.invar.* qualifica professionale e sindacale dei lavoratori domestici.

colibacillo *s.m.* (*med.*) bacillo parassita dell'intestino, normalmente innocuo.

colibacillosi [-lòʃi] *s.f.invar.* infezione determinata da colibacilli, che possono in particolari occasioni acquistare potere patogeno.

colibrì *s.m.invar.* graziosissimo uccellino dell'America, detto anche *uccello-mosca* per la sua piccolezza, con colori vivaci, becco lungo e sottile (*fam.* Trochilidi).

colica [cò-] *s.f.* (*med.*) contrazione spastica della parete muscolare di un organo (intestino, rene, fegato) dovuta a varie cause.

colico [cò-] *agg.* [pl. *-ci*] (*med.*) di colica.

colimbo *s.m.* uccello nuotatore con testa rotonda, becco aguzzo, zampe corte con piedi palmati (*fam.* Colimbidi).

colina *s.f.* (*biol.*) sostanza organica componente dei tessuti animali e vegetali.

colino *s.m.* arnese per colare brodo, caffè, tè ecc.

colite *s.f.* (*med.*) infiammazione del colon.

colla¹ [cól-] *prep. articolata* composta da *con* e *la*; si usa (ma raramente: è più comune *con la*) davanti ai nomi femminili sing. e si apostrofa davanti a vocale: *colla forza*; *coll'acqua*.

colla² [còl-] *s.f.* composizione viscosa, adesiva, generalmente di natura organica, atta a far aderire fra loro materiali vari / — *di pesce*, ottenuta dalla vescica natatoria degli storioni.

collaborare *v.intr.* [io *collàboro* ecc.] **1** lavorare con altri, contribuire a un'attività: — *con le forze dell'ordine*; — *a un progetto scientifico*. SIN. *cooperare, coadiuvare* **2** svolgere attività di collaborazionista.

collaboratore [-tó-] *s.m.* [*f. -trice*] chi lavora con altri a qualche opera; in particolare, chi scrive su un giornale senza far parte della redazione.

collaborazione [-zió-] *s.f.* atto, effetto del collaborare. SIN. *cooperazione*.

collaborazionismo [-ʃmo] *s.m.* attività di collaborazionista.

collaborazionista *s.m.* e *f.* [pl.m. *-i*] chi collabora con il nemico, con forze di occupazione straniere; storicamente si disse spec. di chi, nella seconda guerra mondiale, collaborò con i tedeschi.

collage [*franc.*; *pr.* colàʒ] *s.m.* opera pittorica ottenuta con la composizione di materiali vari incollati sulla tela.

collageno [-là-] *s.m.* (*anat.*) parte del tessuto connettivo, costituente fondamentale del tessuto delle ossa e delle cartilagini.

collana *s.f.* **1** monile d'oro, di perle o di pietre, che si porta intorno al collo per ornamento **2** serie di libri analoghi per contenuto e veste editoriale.

collant *s.m.invar.* calzamaglia sottile che copre dalla vita in giù, piedi compresi.

collante *agg.* e *s.m.* si dice di sostanza adesiva, spec. quella usata nella tecnica del legno.

collare *s.m.* **1** striscia di cuoio o d'altro che si lega attorno al collo dei cani o d'altri animali e a cui si attacca il guinzaglio; analogo finimento del cavallo [*ill. Cavallo*] **2** striscia di cartone ricoperta di tela bianca che portano i preti a uso di colletto. DIM. *collarino* **3** ornamento da portarsi al collo, insegna di alcuni ordini cavallereschi; la persona che porta tale insegna.

collasso *s.m.* (*med.*) improvviso indebolimento generale, con pallore, tremiti, ipotensione, provocato da debolezza cardiaca, intossicazione, emorragie.

collaterale *agg.* che sta a lato / *effetto* —, quello secondario provocato dall'uso di un farmaco // *agg.* e *s.m.* si dice di parenti che appartengono alla stessa linea laterale, non in linea ascendente o discendente (p.e. due fratelli).

collaudare *v.tr.* [*io collàudo ecc.*] fare il collaudo.

collaudatore [-tó-] *s.m.* [f. -*trice*] chi fa il collaudo.

collaudo [-làu-] *s.m.* verifica sperimentale di materiali, macchine e costruzioni diverse, per accertarne l'idoneità all'uso.

collazionare *v.tr.* [*io collazióno ecc.*] fare la collazione.

collazione [-zió-] *s.f.* **1** confronto di copie diverse di libri o manoscritti con l'originale o fra di loro **2** (*dir.*) riassunzione nell'asse ereditario dei beni che il padre, in vita, ha dato ai figli, per equilibrare le rispettive eredità.

colle[1] [cól-] *prep. articolata* composta da *con* e *le*; è di uso raro, più comunemente si scrive *con le*: *colle armi*.

colle[2] [còl-] *s.m.* **1** altura modesta. SIN. *collina* **2** passo o valico montano.

collega [-lè-] *s.m.* e *f.* [pl.m. -*ghi*] compagno nell'esercizio di una professione, in un lavoro d'ufficio e simili.

collegamento [-mén-] *s.m.* atto, effetto del collegare; mezzo con cui si collegano due o più cose: — *ferroviario* / *ufficiale di* —, che mantiene i contatti tra diversi reparti e servizi di un esercito per coordinarne l'azione.

colleganza *s.f.* **1** connessione tra due o più cose **2** l'essere colleghi.

collegare *v.tr.* [*io collégo, tu colléghi ecc.*] unire; congiungere (anche *fig.*): — *due paesi con una linea ferroviaria*; — *le idee*, — *un'ipotesi con un'altra* // *v.intr.* concordare: *la prima e la seconda parte del romanzo non collegano bene* // -**arsi** *v.rifl.* **1** unirsi in lega, allearsi **2** mettersi in comunicazione: — *con Roma*.

college [*ingl.*; pr. còliğ] nei paesi anglosassoni, scuola secondaria o universitaria con residenza.

collegiale *agg.* **1** di un collegio di persone; collettivo: *sottoporre all'esame* — / *organi collegiali*, quelli che discutono e deliberano collettivamente, di solito per la gestione di attività di interesse comune **2** di, da convitto // *s.m.* e *f.* convittore di un collegio // -**mente** *avv.* in modo collegiale, tutti insieme.

collegialità *s.f.invar.* l'essere collegiale.

collegiata *s.f.* chiesa che ha un capitolo di canonici, senza essere cattedrale.

collegio [-lè-] *s.m.* **1** insieme di persone unite dall'esercizio di una stessa professione o da un comune interesse: — *degli avvocati* / — *elettorale*, circoscrizione territoriale per l'elezione di deputati e senatori; l'insieme degli elettori in essa compresi **2** istituto educativo in cui gli allievi convivono stabilmente; l'edificio in cui ha sede; l'insieme dei collegiali.

collenchima [-lèn-] *s.m.* (*bot.*) tessuto vegetale di sostegno.

collera [còl-] *s.f.* sentimento di sdegno, spesso improvviso, che si manifesta con parole e atti violenti. SIN. *ira, furore, rabbia, stizza*.

collerico [-lè-] *agg.* [pl.m. -*ci*] facile alla collera. SIN. *irascibile, rabbioso, stizzoso*.

colletta [-lèt-] *s.f.* **1** raccolta di denaro o beni, per lo più a fini di carità **2** orazione della messa per chiedere grazie che interessano la comunità dei fedeli.

collettame *s.m.* mercanzia di varia provenienza spedita con un unico veicolo per destinazioni diverse.

collettivismo [-ʃmo] *s.m.* sistema economico fondato sull'abolizione della proprietà privata e sulla gestione dei mezzi di produzione da parte della collettività.

collettivista *agg.* e *s.m.* e *f.* [pl.m. -*i*] che riguarda il collettivismo; che, chi segue le dottrine del collettivismo.

collettivistico [-vì-] *agg.* [pl.m. -*ci*] conforme ai principi del collettivismo.

collettività *s.f.invar.* insieme di più persone; comunità.

collettivizzare [-viʒʒa-] *v.tr.* ridurre a proprietà collettiva; mettere sotto il controllo di una collettività; trasformare da individuale in collettivo.

collettivizzazione [-viʒʒazió-] *s.f.* atto, effetto del collettivizzare.

collettivo *agg.* che comprende diverse persone o cose; che è comune a più persone o cose: *lavoro* —; *interessi collettivi* / *nome* —, quello che indica un insieme di individui o di cose (p.e. *popolo, gregge, fogliame*) // *s.m.* **1** nella terminologia politica, spec. di sinistra, l'insieme delle persone che lavorano in una organizzazione di partito o sindacale **2** gruppo di persone che fanno un'attività politica, sociale, culturale, senza organizzazione gerarchica: *un* — *femminista*; — *di studio*. // -**mente** *avv.* **1** da un punto di vista collettivo **2** in modo collettivo; collegialmente; tutti insieme.

colletto [-lét-] *s.m.* **1** la parte del vestito che sta attorno al collo; in particolare, il collo delle camicie da uomo: — *alto, floscio, inamidato* // *colletti bianchi*, gli impiegati e i tecnici (contrapposti a *tute blu*, gli operai) **2** (*bot.*) parte del fusto, dove questo trapassa nella radice [*ill. Albero*] **3** porzione del dente tra la corona e la radice [*ill. Bocca*].

collettore [-tó-] *s.m.* **1** chi raccoglie, spec. denaro, firme ecc.: — *delle imposte*, che aiuta l'esattore **2** si dice di impianti e dispositivi che servono a raccogliere o incanalare: — *della dinamo*, (*elettr.*) organo che trasmette la corrente alle spazzole rotanti [*ill. Motore*]; — *solare*, dispositivo che cattura l'energia solare trasformandola in energia termica o elettrica // *agg.* che raccoglie: *canale* —, in cui scolano le acque di canali minori.

collettoria [-ri-] *s.f.* ufficio del collettore; ricevitoria.

collezionare *v.tr.* [*io collezióno ecc.*] raccogliere cose in collezione.

collezione [-zió-] *s.f.* **1** raccolta di cose rare, pregevoli, curiose: — *di monete* **2** collana editoriale: — *di classici stranieri* **3** l'insieme dei modelli che una grande sartoria presenta per una stagione.

collezionismo [-ʃmo] *s.m.* **1** tendenza a raccogliere e ordinare oggetti **2** il collezionare.

collezionista *s.m.* e *f.* [pl.m. -*i*] chi fa una collezione.

collezionistico [-ni-] *agg.* [pl.m. -*ci*] di, da collezionista; del collezionismo.

collidere [-li-] *v.intr.* urtare contro qlco., scontrarsi.

collie [*ingl.*; pr. còli] *s.m.* grosso cane da pastore scozzese, con muso affilato, orecchie diritte, pelo lungo e folto.

collier [*franc.*; pr. colié] *s.m.* collana d'oro o d'altra materia molto preziosa.

collimare *v.intr.* coincidere, esser simili: *le nostre opinioni non collimano* // *v.tr.* puntare un cannocchiale o altro strumento ottico verso un oggetto, in modo che questo coincida col centro dell'obiettivo.

collimatore [-tó-] *s.m.* strumento per collimare.

collimazione [-zió-] *s.f.* atto, effetto del collimare.

collina *s.f.* moderato rilievo del terreno. DIM. *collinetta*. SIN. *colle, poggio*.

collinoso [-nó-] *agg.* che ha colline: *regione collinosa*.

collirio [-lì-] *s.m.* medicamento liquido per gli occhi.

collisione [-ʃió-] *s.f.* urto, scontro / *rotta di —*, direzione di una nave o d'un aereo che, se non modificata, è destinata a provocare uno scontro.

collo[1] [cól-] *prep. articolata* composta da *con* più *lo*; si usa (ma raramente: è più comune *con lo*) davanti ai vocaboli che cominciano per vocale, *s* impura, *gn, ps, x, z* e si apostrofa davanti a vocale: *collo sparo; coll'amo*.

collo[2] [còl-] *s.m.* **1** parte del corpo che unisce il tronco alla testa [*ill. Corpo*] / *— di cigno*, flessuoso ed elegante / *portare in —*, portare in braccio / *prendere qlcu. per il —*, (*fig.*) costringerlo a sottostare a condizioni gravose / *buttarsi al — di qlcu.*, abbracciarlo / *mettere il piede sul —*, tenere in schiavitù, opprimere / *a rotta di —*, precipitosamente, o in modo disastroso / *rimetterci l'osso del —*, perdere tutto quanto si possedeva / *arrivare tra capo e —*, si dice di notizia o fatto spiacevole che arrivi o si verifichi all'improvviso **2** parte di un indumento che cinge il collo; colletto **3** parte allungata e ristretta di un recipiente: *il — della bottiglia* **4** parte ristretta e tondeggiante di un organo o di un arto: *— del piede*.

collo[3] [còl-] *s.m.* cassa o balla che si trasporti.

collocamento [-mén-] *s.m.* **1** atto, effetto del collocare **2** sistemazione, occupazione / *ufficio di —*, che provvede ad avviare al lavoro i disoccupati.

collocare *v.tr.* [*io còlloco, tu còllochi ecc.*] **1** mettere a posto, porre in un luogo: *— il tavolo in mezzo alla stanza* **2** trovare un lavoro, un impiego a qlcu.: *— presso una ditta / — a riposo*, mandare in pensione un impiegato giunto ai limiti di età **3** (*fig.*) considerare in rapporto ad altri, inquadrare da un dato punto di vista: *politicamente lo collocherei a destra* // **-arsi** *v.intr.pron.* avere una posizione, essere in un luogo (anche *fig.*).

collocazione [-zió-] *s.f.* **1** atto, effetto del collocare **2** il modo e il luogo in cui una cosa è collocata: *la — di un libro in una biblioteca* **3** (*fig.*) posizione storica, politica, ideologica.

collocutore [-tó-] *s.m.* [f. *-trice*] chi partecipa a un colloquio; interlocutore.

collodio [-lò-] *s.m.* (*chim.*) soluzione viscosa di nitrocellulosa in alcool ed etere, usata in medicina e in farmacia.

colloidale *agg.* (*chim.*) si dice di sostanza semifluida simile a colla / *soluzione —*, sostanza dispersa in un liquido in minutissime particelle.

colloide [-lòi-] *s.m.* (*chim.*) sostanza non cristallina, di varia natura, che si comporta in modo simile a colla o gelatina.

colloquiale *agg.* si dice di linguaggio non ricercato, proprio della conversazione.

colloquio [-lò-] *s.m.* **1** conversazione di una certa importanza / *chiedere, rifiutare un —* **2** esame orale.

collorosso [-rós-] *s.m.* → **moriglione**.

collosità *s.f.invar.* l'essere colloso.

colloso [-ló-] *agg.* viscoso, attaccaticcio come colla.

collotorto [-tòr-] *s.m.* [pl. *collitorti*] ipocrita, bigotto.

collottola [-lòt-] *s.f.* la parte posteriore del collo.

collusione [-ʃió-] *s.f.* (*dir.*) accordo fraudolento di due

parti in danno di una terza, e spec. di un avvocato con la parte avversa a danno del proprio cliente.

collusivo [-ʃi-] *agg.* (*dir.*) fatto con collusione.

collutorio [-tò-] *s.m.* (*farm.*) liquido medicamentoso usato per sciacqui della cavità orale.

colluttare *v.intr.*, **-arsi** *v.rifl.* azzuffarsi, lottare.

colluttazione [-zió-] *s.f.* il colluttare; zuffa, rissa.

colluviale *agg.* (*geol.*) si dice di terreno formato da un accumulo di detriti ai piedi dei versanti.

colluvie [-lù-] *s.f.invar.* (*lett.*) **1** quantità di cose sudicie e putride, per lo più liquide **2** (*fig.*) insieme di cose o persone spregevoli.

colma [cól-] *s.f.* altezza massima dell'acqua nell'alta marea.

colmare *v.tr.* [*io cólmo ecc.*] far colmo, riempire fino all'orlo: *— un vaso / — una lacuna*, eliminarla / *— di favori una persona*, farle molti favori.

colmata *s.f.* bonifica delle paludi ottenuta innalzando il terreno con materiale trasportato per mezzo di apposito canale.

colmatura *s.f.* **1** atto, effetto del colmare **2** ciò che sopravanza da un recipiente colmo.

colmo [cól-] *agg.* **1** riempito fino all'orlo: *secchio —*. SIN.pieno **2** rilevato: *terreno —* // *s.m.* **1** punto più alto (anche *fig.*): *il — di un colle, di un tetto*; *il — della felicità* / *è il —!*, si dice di cosa che suscita grande stupore e indignazione / *il — dei colmi*, una cosa incredibile **2** scherzo basato su un gioco di parole (*es.: qual è il colmo per un fotografo? mettere a fuoco un ghiacciaio*).

colo [có-] *s.m.* → **colino**.

colocasia [-càsia] *s.f.* erba tropicale, con radice commestibile, carnosa, bianca (*fam.* Aracee).

colofonia [-fò-] *s.f.* resina vegetale, fragile, giallastra, usata per vernici, saponi, adesivi.

cologaritmo *s.m.* il logaritmo di un numero, con segno opposto.

colomba [-lóm-] *s.f.* **1** la femmina del colombo **2** dolce pasquale, così detto per la forma che ricorda una colomba con le ali aperte.

colombaccio [-bàc-] *s.m.* grosso piccione selvatico dalle ottime carni (*fam.* Columbidi).

colombaia [-bà-] *s.f.* locale in cui si allevano i colombi.

colombario [-bà-] *s.m.* nei cimiteri, costruzione muraria divisa in loculi, ciascuno dei quali contiene un feretro.

colombella [-bèl-] *s.f.* uccello selvatico più piccolo del colombaccio (*fam.* Columbidi).

colombiano[1] *agg.* di Cristoforo Colombo: *anniversario —*.

colombiano[2] *agg.* della Colombia // *s.m.* abitante della Colombia.

colombicoltore [-tó-] *s.m.* chi alleva colombi.

colombicoltura *s.f.* allevamento dei colombi.

colombo [-lóm-] *s.m.* → **piccione**.

colon [cò-] *s.m.invar.* (*anat.*) porzione mediana dell'intestino crasso, fra l'intestino cieco e il retto [*ill. Intestino*].

colonia[1] [-lò-] *s.f.* **1** nucleo di popolazione civile trasferita dalla madrepatria in altro territorio per crearvi basi commerciali, militari ecc.: *le antiche colonie greche* **2** possedimento di uno stato, spec. europeo, in un'altra parte del mondo: *le colonie francesi d'Africa* **3** le persone di una stessa nazione o città che risiedono lontano dalla madrepatria: *la — italiana di Buenos Aires* **4** istituzione che provvede al soggiorno estivo di ragazzi e giovani in luoghi di villeggiatura **5** *— penale*, insieme di persone relegate in un luogo isolato per condanna penale.

colonia² [-lò-] *s.f.* acqua di colonia, profumo preparato con alcool ed essenze varie.

colonia³ [-ni-] *s.f.* (*dir.*) contratto fra un proprietario di terre e un colono, che partecipa ai frutti e alle spese.

coloniale *agg.* di colonia: *truppe coloniali //* *s.m.* **1** chi vive in una colonia **2** *pl.* generi alimentari, come caffè, cacao, spezie, provenienti da territori extraeuropei.

colonialismo [-ʃmo] *s.m.* politica tendente alla conquista e allo sfruttamento delle colonie.

colonialista *agg.* e *s.m.* e *f.* [pl.m. -*i*] si dice di chi, di ciò che sostiene o favorisce il colonialismo.

colonialistico [-li-] *agg.* [pl.m. -*ci*] che riguarda il colonialismo.

colonico [-lò-] *agg.* [pl.m. -*ci*] **1** del colono, di coloni; agricolo, rurale: *casa colonica,* di colonia; *contratto —*.

colonizzare [-niʒʒa-] *v.tr.* **1** fondare colonie in un paese **2** ridurre a colonia (un paese, una regione); (*fig.*) sottomettere, rendere dipendente; sfruttare.

colonizzatore [-niʒʒató-] *s.m.* [f. -*trice*] chi colonizza.

colonizzazione [-niʒʒaʒió-] *s.f.* atto, effetto del colonizzare (anche *fig.*).

colonna [-lón-] *s.f.* **1** fusto di pietra, per lo più cilindrico, che serve per sostenere architravi, archi, oppure per ornamento [*ill.* Architettura] / *sei la — della famiglia,* (*fig.*) il sostegno, l'aiuto morale. DIM. *colonnetta, colonnina, colonnino* **2** fila di persone o veicoli: *— di soldati; mettersi in —* **3** si dice di varie cose verticali di forma allungata: *— di fumo / la — del mercurio,* quella del termometro / *— vertebrale,* (*anat.*) l'insieme delle vertebre, spina dorsale / *— sonora,* nella pellicola cinematografica, la striscia su cui sono registrati i suoni **4** (*tip.*) gruppo di righe composte ma non ancora impaginate; ciascuna delle divisioni verticali di una pagina stampata o scritta.

colonnato *s.m.* ordine di colonne [*ill.* Architettura].

colonnello [-nèl-] *s.m.* ufficiale superiore che ha il comando di un reggimento.

colono [-lò-] *s.m.* **1** contadino; in particolare, chi coltiva la terra per conto d'altri **2** abitante di una colonia.

coloramento [-mén-] *s.m.* atto, effetto del colorare.

colorante *agg.* e *s.m.* si dice di sostanza che serve per impregnare di colore / *coloranti alimentari,* sostanze che si aggiungono ai cibi o alle bevande per renderli di colore gradevole.

colorare *v.tr.* [io coló*ro* ecc.] dare colore: *— di rosso uno sfondo.* SIN. *tingere* / -arsi *v.rifl.pron.* prendere colore: *— in viso.*

colorato *agg.* tinto di colore.

colorazione [-zió-] *s.f.* atto, e spec. effetto del colorare; colore.

colore [-ló-] *s.m.* **1** sensazione che dà all'occhio la luce riflessa dai corpi; qualità dei corpi per cui essi riflettono in vario modo la luce: *colori dell'iride,* rosso, arancio, giallo, verde, azzurro, indaco, violetto; *— chiaro, scuro, vivace, pallido / di* —, si dice di chi non appartiene alla razza bianca / *avere un bel —,* un aspetto sano / *diventar di tutti i colori,* arrossire, impallidire, mostrando in viso confusione o turbamento **2** (*fig.*) aspetto; varietà; tono o carattere particolare: *farne di tutti i colori,* d'ogni genere / *prosa priva di —,* di vivacità / *— locale,* il complesso degli aspetti peculiari e pittoreschi di un luogo o di un ambiente **3** sostanza coprente con cui si tinge o dipinge: *colori a olio, a tempera* **4** il colore (di una bandiera, uno stemma, una casacca e simili) in quanto contraddistingue uno stato, un partito, una squadra sportiva: *i colori nazionali,* quelli della bandiera nazionale / *— politico,* parte o tendenza politica **5** nel gioco del poker, combinazione di cinque carte dello stesso seme.

colorificio [-fi-] *s.m.* fabbrica di colori; in alcune regioni, anche il negozio che vende colori e vernici.

colorimetro [-ri-] *s.m.* (*chim.*) apparecchio che misura l'intensità di colore di determinate soluzioni.

colorire *v.tr.* [io coloro*sco,* tu colori*sci* ecc.] **1** dare il colore; ravvivare con il colore: *— un quadro* **2** (*fig.*) rappresentare con vivacità: *— i fatti //* -irsi *v.rifl.pron.* acquistar colore: *si colorì in volto.*

colorismo [-ʃmo] *s.m.* l'abilità, la tecnica del colorista.

colorista *s.m.* e *f.* [pl.m. -*i*] pittore o pittrice che ha particolare abilità nell'uso del colore.

coloristico [-ri-] *agg.* [pl.m. -*ci*] di, del colorismo; di, da colorista.

colorito *agg.* **1** tinto di colore: *volto —* **2** (*fig.*) espressivo, vivace: *linguaggio, racconto — //* *s.m.* **1** colore della carnagione: *— pallido, roseo* **2** arte o stile del colorire.

coloritore [-tó-] *s.m.* [f. -*trice*] chi colorisce.

coloritura *s.f.* atto, effetto del colorire.

coloro [-ló-] *pron.dimostr.m.* e *f.pl.* (*lett.*) quelli, quelle; indica persone lontane da chi parla e da chi ascolta e si usa sia come soggetto sia come complemento: *— che li aiutarono furono ricompensati; non andò da —.*

colossale *agg.* straordinariamente grande: *impresa —.* SIN. *gigantesco, enorme.*

colosso [-lòs-] *s.m.* **1** statua di gran mole **2** per estens., uomo di statura eccezionale; (*fig.*) persona di meriti superiori alla media: *un — della lirica,* uno straordinario cantante lirico.

colostro [-lò-] *s.m.* il liquido che fuoriesce dalle mammelle dopo il parto e serve a purgare il neonato.

colpa [còl-] *s.f.* **1** atto che contravviene alla legge morale: *sentirsi in —; espiare una —.* SIN. *fallo, peccato* **2** causa involontaria di un effetto non desiderato: *non è stata — mia* **3** (*dir.*) azione od omissione da cui per negligenza, imprevidenza, imperizia, derivi un danno ad altri.

colpevole [-pé-] *agg.* **1** che è in colpa: *un uomo — di omicidio.* CONTR. *innocente* **2** che costituisce una colpa: *azione — //* *s.m.* e *f.* chi è in colpa: *il — ha confessato //* -mente *avv.* con propria colpa.

colpevolezza [-léz-] *s.f.* stato di colpa. CONTR. *innocenza.*

colpevolista *s.m.* e *f.* [pl.m. -*i*] chi è sostenitore, dell'emanazione della sentenza, della colpevolezza dell'imputato.

colpevolizzare [-liʒʒa-] *v.intr.* far sentire moralmente colpevole, caricare di sensi di colpa: *spesso la madre viene colpevolizzata per il fallimento dei figli //* -arsi *v. rifl.* sentirsi colpevole, attribuire a sé stesso colpe anche inesistenti.

colpire *v.tr.* [io colpi*sco,* tu colpi*sci* ecc.] **1** battere, percuotere, cogliere con uno o più colpi: *la pietra lo colpì in fronte / — nel segno,* indovinare una cosa; raggiungere lo scopo cui si mira **2** (*fig.*) danneggiare: *il fallimento colpì tutti i creditori* **3** (*fig.*) impressionare vivamente.

colpite *s.f.* (*med.*) infiammazione della mucosa vaginale; vaginite.

colpo [còl-] *s.m.* **1** atto del colpire; percossa, urto; (*fig.*) danno: *la chiusura dell'azienda è stata un — per tutti; — basso,* nel pugilato, quello dato illecitamente al di sotto della cintura; per estens., ogni attacco a tradimento / *dare un — al cerchio e uno alla botte*, barcamenarsi fra due parti contendenti **2** sparo; detonazione: *— di cannone, di fucile* **3** movimento improvviso; mutamento repentino; azione rapida o violenta: *— di forbici*, sforbiciata / *— di telefono*, telefonata breve / *— di sole*, insolazione / *— di fortuna*, fortuna improvvisa e imprevista / *— di testa*, azione sventata, inconsulta / *— di fulmine*, innamoramento a prima vista / *— di mano*, assalto di sorpresa / *— di stato*, mutazione improvvisa di governo imposta con la forza, spec. da parte di militari / *— di scena*, effetto drammatico che coglie di sorpresa, mutamento improvviso di situazione / *— giornalistico*, successo di prestigio e di vendita ottenuto con la pubblicazione di una notizia prima della stampa concorrente, di un servizio in esclusiva ecc. / *far —*, impressionare positivamente.

colpocitologico [-lò-] *agg.* [pl.m. *-ci*] si dice dell'esame diagnostico che prevede l'osservazione al microscopio di cellule prelevate strisciando un opportuno tampone nel fondo della vagina.

colposo [-pó-] *agg.* (*dir.*) si dice di reato commesso per imprudenza o negligenza ma senza dolo.

colta [còl-] *s.f.* raccolta, coglitura.

coltella [-tèl-] *s.f.* grosso coltello con lama larga.

coltellaccio [-làc-] *s.m.* **1** grosso coltello **2** (*mar.*) vela trapezoidale sistemata lateralmente alla vela di gabbia per aumentare la superficie esposta al vento.

coltellata *s.f.* colpo inferto con un coltello / *fare a coltellate*, (*fig.*) lottare accanitamente.

coltelleria [-rì-] *s.f.* **1** assortimento di coltelli **2** fabbrica o negozio di coltelli.

coltellinaio [-nà-] *s.m.* chi fabbrica o vende coltelli, forbici e simili.

coltello [-tèl-] *s.m.* **1** strumento costituito da una lama d'acciaio affilata fissata in un manico: *a serramanico*, quello con la lama che si può ripiegare nel manico; *— anatomico*, bisturi / *guerra a —*, accanita / *avere il — per il manico*, essere il più forte della situazione / *a —*, si dice di mattoni disposti di taglio l'uno sull'altro. DIM. *coltellino* **2** la parte della bilancia su cui poggia il giogo [*ill. Bilancia*].

coltivabile [-và-] *agg.* che si può coltivare.

coltivare *v.tr.* **1** lavorare la terra affinché diventi produttiva; curare le piante perché diano frutti **2** (*fig.*) esercitare; educare; applicarsi a qlco.: *— la pastorizia*; *— la musica* **3** (*fig.*) tenere da conto qlcu., usare attenzioni a qlcu. per ottenere qlco. **4** nella terminologia mineraria, sfruttare un giacimento.

coltivato *agg.* sottoposto a coltivazione; ottenuto con coltivazione, non spontaneo: *campo —*; *perle coltivate* // *s.m.* terreno coltivo.

coltivatore [-tó-] *s.m.* [f. *-trice*] chi coltiva.

coltivazione [-zió-] *s.f.* atto, effetto del coltivare; il luogo coltivato e le piante stesse: *— estensiva, intensiva*.

coltivo *agg.* e *s.m.* si dice di terreno coltivato o che si può coltivare.

colto [cól-] *agg.* **1** coltivato: *terreni colti* **2** che ha cultura. SIN. *istruito, erudito, dotto*.

coltre [cól-] *s.f.* **1** coperta da letto; (*fig.*) strato di materiale che forma copertura: *una — di neve* **2** drappo funebre che ricopre la bara.

coltrice [cól-] *s.f.* materasso.

coltro [cól-] *s.m.* ferro tagliente dell'aratro, che sta davanti al vomere [*ill. Agricoltura*].

coltrone [-tró-] *s.m.* **1** coperta da letto imbottita **2** tenda imbottita che si mette agli usci delle chiese.

coltura *s.f.* → **coltivazione**.

colturale *agg.* riguardante la coltura agricola.

colturamento [-mén-] *s.m.* (*agric.*) insieme dei trattamenti periodici a cui si sottopone un terreno agricolo per adattarlo a una data coltivazione.

colubrina *s.f.* antico pezzo di artiglieria a canna lunga e sottile.

colubro [cò-] *s.m.* serpente innocuo di cui vivono in Italia alcune varietà (*fam.* Colubridi).

colui [-lùi] *pron.dimostr.m.sing.* quello; indica persona lontana da chi parla e da chi ascolta e si usa come soggetto e come complemento: *— è un mio parente*; *mi recherò da —*.

columella [-mèl-] *s.f.* (*zool.*) **1** asse centrale della conchiglia delle chiocciole **2** (*anat.*) la parte ossea dell'orecchio interno.

coluro *s.m.* (*astr.*) meridiano celeste passante per i punti equinoziali o per i punti solstiziali.

colza [còl-] *s.f.* pianta erbacea con fiori gialli dai cui semi si ricava un olio commestibile (*fam.* Crocifere).

coma [cò-] *s.m.* sopore morboso proprio di malattie gravi.

comandamento [-mén-] *s.m.* comando, precetto, spec. religioso: *i dieci comandamenti*, quelli dati, secondo la Bibbia, da Dio a Mosè.

comandante *s.m.* e *f.* chi ricopre un comando militare e spec. comanda una nave.

comandare *v.tr.* **1** imporre con autorità: *lo comandava a bacchetta*, in modo autoritario / *feste comandate*, prescritte dalla chiesa. SIN. *ordinare, ingiungere, intimare* **2** esercitare un comando; governare: *— una nave* **3** (*mecc.*) regolare il movimento di un meccanismo: *— lo sterzo* **4** nel linguaggio burocratico, destinare, spec. temporaneamente, a un servizio.

comandata *s.f.* gruppo di marinai destinato a un particolare servizio.

comando *s.m.* **1** atto del comandare; la cosa comandata: *dare un —*; *eseguire un —*. SIN. *ordine, imposizione, ingiunzione, intimazione* **2** grado, autorità di chi comanda: *assunse il — della nave*; *esercitare il —*. SIN. *governo, potere* **3** luogo ove risiede un comandante militare **4** (*mecc.*) ogni congegno che serve ad azionare parti meccaniche **5** nel linguaggio burocratico, destinazione, spec. temporanea, a un servizio.

comare *s.f.* **1** donna che tiene a battesimo o a cresima un bambino **2** (*fam.*) amica, vicina di casa; (*scherz.*) donna curiosa e pettegola.

comasco *agg.* [pl.m. *-chi*] di Como // *s.m.* abitante di Como.

comatoso [-tó-] *agg.* (*med.*) proprio del coma: *stato —*.

combaciare *v.intr.* [*io combàcio* ecc.] aderire esattamente; coincidere (anche *fig.*): *i due battenti della porta non combaciano*; *la mia opinione combacia con la tua*.

combattente [-tèn-] *agg.* e *s.m.* che o chi partecipa a una guerra.

combattentismo [-ʃmo] *s.m.* tendenza favorevole alle guerre.

combattentistico [-tì-] *agg.* [pl.m. *-ci*] **1** di combattenti o di ex combattenti: *associazione combattentistica* **2** relativo al combattentismo: *spirito —*.

combattere [-bàt-] *v.intr.* far battaglia, opporsi (anche *fig.*): *— contro l'invasore*; *— con le avversità della natura*; *— corpo a corpo*. SIN. *battersi, battagliare, lottare, pugnare* // *v.tr.* contrastare, cercar di vincere: *— la malaria*.

combattimento [-mén-] *s.m.* **1** il combattere (anche *fig.*); in senso militare, azione offensiva e difensiva svolta da unità minori: — *accanito*; — *fra due tori*. SIN. *lotta, scontro* **2** (*sport*) competizione; incontro di pugilato o di lotta: *mettere fuori* —, atterrare l'avversario e costringerlo a rinunciare al combattimento.

combattività *s.f.invar.* qualità di chi è combattivo.

combattivo *agg.* aggressivo, battagliero.

combattuto *agg.* agitato, travagliato; incerto.

combinare *v.tr.* **1** mettere insieme, d'accordo: — *i colori d'un abito* **2** fare, organizzare; concludere: — *un incontro, un matrimonio*; *oggi non riesco a — nulla* // *v.intr.* essere o andare d'accordo // **-arsi** *v.rifl.* andare d'accordo, trovarsi d'accordo.

combinata *s.f.* competizione sciistica che comprende più prove i cui risultati danno una classifica unica.

combinatore [-tó-] *agg.* [f. *-trice*] che serve a combinare: *disco* —, quello girevole che, nell'apparecchio telefonico tradizionale, porta i dieci numeri che variamente combinati consentono di chiamare i diversi utenti [*ill. Telefono*].

combinatorio [-tò-] *agg.* (*mat.*) si dice di un tipo di calcolo che studia i vari possibili modi di combinazione di un insieme di oggetti.

combinazione [-zió-] *s.f.* **1** atto, effetto del combinare, del combinarsi: *una bella — di colori* **2** circostanza, imprevisto: *l'ho conosciuto per* —. SIN. *caso* **3** gruppo di oggetti o numeri variamente associati **4** (*chim.*) unione di sostanze diverse per formare un nuovo composto **5** indumento femminile composto di sottoveste e mutandine insieme.

combine [*franc.; pr.* combìn] *s.f.* accordo per determinare il risultato di una gara sportiva; pastetta, imbroglio.

combriccola [-bric-] *s.f.* unione di alcune persone per scopi spesso illeciti.

comburente [-rèn-] *agg.* e *s.m.* si dice spec. dell'ossigeno che senza bruciare favorisce la combustione.

combustibile [-sti-] *agg.* e *s.m.* si dice delle sostanze ricche di carbonio che possono bruciare sviluppando luce e calore.

combustione [-stió-] *s.f.* fenomeno chimico in cui un corpo reagisce con una sostanza ossidante (p.e. l'ossigeno), bruciando con sviluppo di calore e di luce.

combusto *agg.* bruciato.

combutta *s.f.* unione tra persone che hanno lo stesso scopo illecito.

come [có-] *avv.* **1** esprime somiglianza o identità: *bianco — il latte; muto — un pesce; magro — un chiodo*; quando il secondo termine di paragone è un pron. pers., si usano le forme toniche *me, te, lui, lei, loro*: *è alto — te; non siamo (così) ricchi — loro / oggi — oggi*, al momento attuale / *com'è vero Dio*, per rafforzare un'affermazione **2** in qualità di: *io*, —, *arbitro, devo essere imparziale; lo scelse — testimone* **3** in quale maniera, in proposizioni interrogative dirette o indirette; spesso rafforzato con *mai*: — *è andato il viaggio? / col* valore di *perché*: — *mai non è più partito? / ma* — ?!, per esprimere sdegno o meraviglia / *com'è* — *non è*, all'improvviso, tutt'a un tratto **4** in proposizioni interrogative ed esclamative talvolta ha valore di *quanto*: — *sei buono!* **5** il modo, la maniera in cui: *ecco* — *andarono le cose; la città è più bella di* — *me l'avevi descritta* // *cong.* **1** introduce proposizioni comparative: *fa'* — *ti ho detto*; spesso in correlazione con *così* e, meno bene, con *tanto*: *studia (così)* — *hai fatto finora / — Dio vuole*, alla fine, alla meglio **2** introduce proposizioni

modali col valore di *quasi, quasi che*: *rispettalo* — *fosse tuo padre; fa'* — *(se) io non ci fossi* **3** introduce proposizioni temporali col valore di *appena che, quando*: — *lo seppe, telefonò* **4** con valore di *che*, introduce prop. dichiarative: *gli raccontò* — *l'amico fosse già partito* // *s.m.* modo, maniera; circostanza: *dimmi il* — *e il perché*.

comeché *cong. subordinativa concessiva* (*lett.*) benché, quantunque, sebbene; introduce una proposizione concessiva con il verbo al modo congiuntivo: — *fosse ammalato*, volle ugualmente uscire di casa.

comedone [-dó-] *s.m.* piccolo deposito di grasso che si forma nello sbocco di una ghiandola sebacea e appare sulla pelle come un punto nero.

comense [-mèn-] *agg.* del territorio di Como // *s.m.* e *f.* abitante del territorio di Como.

cometa [-mé-] *s.f.* corpo celeste con un nucleo luminoso e una lunga coda di materia cosmica, che percorre intorno al Sole un'orbita a forma di ellisse.

comfort [*ingl.; pr.* cànfor] *s.m.* l'insieme degli agi, delle comodità che rendono gradevole un ambiente, un luogo, un genere di vita.

comica [cò-] *s.f.* cortometraggio di carattere comico, e spec. quelli che, ai tempi del cinema muto, si proiettavano tra un film e l'altro / *la* — *finale*, (*fig.*) la conclusione comica di una vicenda seria.

comicità *s.f.invar.* qualità di ciò che è comico.

comico [có-] *agg.* [pl.m. *-ci*] **1** che fa ridere, buffo: *situazione comica* **2** che è proprio della commedia (contrapposto a *tragico*): *attore* — / *genere* —, quello tra il tragico e l'elegiaco // *s.m.* **1** attore di commedie specializzato in parti comiche **2** comicità: *avere il senso del* —; *il* — *è che...*, l'aspetto divertente della cosa.

comignolo [-mi-] *s.m.* **1** la parte della canna del camino che sporge sopra il tetto [*ill. Edilizia*] **2** linea di colmo del tetto, dove si congiungono gli spioventi.

cominciare *v.tr.* [*io comincio ecc.*] dare principio a qlco. / — *un libro*, a leggerlo o a scriverlo / *assol.* dare principio, spec. a un discorso: *cominciai con il ringraziare / prov.: chi ben comincia è a metà dell'opera*, il felice inizio rende un lavoro più veloce e gradito. SIN. *incominciare, iniziare* // *v.intr.* avere principio.

comino *s.m.* pianta erbacea i cui frutti servono per preparare il liquore *kümmel* (*fam.* Ombrellifere).

comitale *agg.* proprio di un conte.

comitato *s.m.* gruppo di più persone che devono realizzare finalità comuni, spec. d'interesse pubblico.

comitiva *s.f.* gruppo di persone che si riuniscono per una gita o una festa.

comiziante *s.m.* e *f.* chi tiene un comizio; chi vi partecipa.

comizio [-mì-] *s.m.* **1** adunanza, spec. in luogo aperto, in cui un oratore politico illustra il programma del proprio partito: *tenere un* — **2** in Roma antica, assemblea a scopo elettorale e legislativo.

comma [còm-] *s.m.* [pl. *-i*] **1** paragrafo di un articolo di legge, di un regolamento **2** (*mus.*) misura acustica corrispondente a un piccolissimo intervallo tra due note (ca 1/10 di tono).

commando *s.m.* [pl. *-s*] (*ingl.*) pattuglia da sbarco e d'assalto usata spec. per azioni di sorpresa; per estens., gruppo di terroristi o di criminali comuni che compiono un'azione rapida e pericolosa.

commedia [-mè-] *s.f.* **1** componimento teatrale che rappresenta persone e situazioni comuni e verosimili ed è spesso a lieto fine / — *di carattere*, che dipinge un particolare carattere o difetto umano / — *d'intreccio*, che si fonda su vicende complicate / — *dell'arte*, il teatro degli attori italiani nei secc. XVI-XVIII, tipico per la recitazione improvvisata e la presenza delle maschere / — *musicale*, spettacolo misto di parti musicali, cantate e recitate / *personaggio da* —, persona con qualche carattere particolarmente spiccato e inconfondibile **2** (*fig.*) finzione, ipocrisia / *far la* —, fingere ipocritamente sentimenti non veri **3** scena comica.

commediante *s.m.* e *f.* (spec. *spreg.*) **1** attore di commedie **2** chi finge un certo comportamento; ipocrita.

commediografo [-diò-] *s.m.* autore di commedie.

commemorare *v.tr.* [*io* **commèmoro** *ecc.*] ricordare solennemente una persona, un avvenimento: — *lo sbarco dei Mille.*

commemorativo *agg.* che commemora: *francobollo* —, emesso per ricordare un personaggio, un avvenimento.

commemorazione [-zió-] *s.f.* atto, effetto del commemorare; cerimonia con la quale si commemora qlcu. o qlco.: — *dei caduti.*

commenda [-mèn-] *s.f.* **1** in un ordine cavalleresco, titolo e rango di commendatore **2** beneficio ecclesiastico affidato a un commendatario.

commendabile [-dà-] *agg.* degno di lode; commendevole.

commendare *v.tr.* [*io* **commèndo** *ecc.*] **1** (*lett.*) approvare; lodare **2** (*arc.*) raccomandare.

commendatario [-tà-] *s.m.* chi gode del beneficio di una commenda ecclesiastica.

commendatizia [-ti-] *s.f.* lettera di raccomandazione.

commendatizio [-ti-] *agg.* che raccomanda.

commendatore [-tó-] *s.m.* chi è insignito del titolo cavalleresco della commenda.

commendevole [-dé-] *agg.* (*lett.*) degno di lode.

commensale *s.m.* e *f.* chi mangia alla stessa tavola con altri.

commensalismo [-ʃmo] *s.m.* (*biol.*) tipo di simbiosi per cui individui di specie diversa utilizzano le stesse risorse alimentari senza danneggiarsi reciprocamente.

commensurabile [-rà-] *agg.* (*mat.*) si dice di una grandezza rispetto ad un'altra, quando entrambe hanno un sottomultiplo comune.

commensurare *v.tr.* misurare insieme, paragonare.

commentare *v.tr.* [*io* **comménto** *ecc.*] **1** esprimere giudizi su qlco.; interpretare qlco. **2** illustrare per mezzo di un commento: — *la Divina Commedia.* SIN. *annotare, chiosare, glossare, postillare.*

commentario [-tà-] *s.m.* memoria storica scritta da persona che ebbe parte negli avvenimenti: *i commentari di Giulio Cesare.*

commentatore [-tó-] *s.m.* [f. *-trice*] **1** chi commenta, alla radio o sui giornali, avvenimenti d'attualità **2** chi annota un testo.

commento [-mèn-] *s.m.* **1** espressione di una valutazione, di un giudizio: *i commenti alle dichiarazioni del governo; articolo di* —, articolo di giornale che non si limita a dare le notizie, ma le interpreta; *su quel matrimonio si fecero molti commenti,* fu criticato, disapprovato; *non far commenti!,* non perdere tempo in chiacchiere! **2** insieme di note che illustrano un testo.

commerciabile [-cià-] *agg.* che può esser posto in commercio; vendibile.

commerciabilità *s.f.invar.* la qualità, la caratteristica di ciò che è commerciabile.

commerciale *agg.* del commercio.

commercialista *s.m.* e *f.* [pl.m. *-i*] chi, laureato in scienze economiche e commerciali o avvocato, presta professionalmente consulenze in diritto commerciale.

commercializzare [-liʒʒa-] *v.tr.* **1** accrescere lo smercio di un prodotto anche a scapito della bontà di esso **2** abbassare la dignità di qlco. facendone oggetto di commercio: — *l'arte.*

commerciante *s.m.* chi per professione esercita un commercio.

commerciare *v.intr.* [*io* **commèrcio** *ecc.*] esercitare il commercio: — *in ferramenta.*

commercio [-mèr-] *s.m.* **1** scambio di merci con denaro o altra merce / — *all'ingrosso,* che si svolge tra il produttore e il commerciante o tra un commerciante e un altro / — *al minuto,* che si svolge tra il produttore o il commerciante e il consumatore / *mettere in* —, mettere in vendita / *essere in* —, si dice di cosa che è in vendita / *fuori* —, si dice di cosa esclusa dalla vendita / *camera di* —, ente che tutela e promuove le attività commerciali, industriali e agricole di una provincia **2**

Commercio

accaparramento, affare, affarismo, approvvigionamento, assortimento, asta, avaria, avviamento, balla, bancarotta, baratto, brand image, calo, cambiale, cambiario, campionario, campione, canvassing, carico, carnet, catalogo, CIF, circolante, cliente, clientela, collettame, collo, collocare, commerciabile, commerciabilità, commissionare, commissionario, commissione, consumismo, consumistico, contattare, contenzioso, contrattare, contro assegno, contrarre, contro, controfirmare, copialettere, coupon, decimo (*di garanzia*), dépliant, deprezzamento, dilazione, disassortito, disponibilità, dissesto, domiciliazione, dossier, duopsonio, effetto, embargo, esaurito, esclusiva, esigibilità, evidenza, fabbisogno, facilitazione, factoring, fascettario, fieristico, follow-up, forfait, forfettario, formulario, girata, giro, imballaggio, immagazzinaggio, incentivare, incetta, indirizzario, inesigibile, ingrosso, intermediazione, introitare, invenduto, lancio, licenza, liquidazione, listino, lottizzare, lotto, magazzino, marca, marchio, marketing, mercanteggiare, mercanteggiamento, mercantile, mercanzia, mercato, merce, modulo, monetizzare, mora, motivazionale, negoziare, negozio, nolo, d'occasione, ordinativo, pagherò, partita, percentuale, piazza, polizza, porto, potenziale, preventivo, promotion, promozionale, promozione, protesto, protocollare, provvista, pubblicità, realizzare, recapito, recupero, resa, rinfusa, riscuotere, rispondenza, rivendita, scambio, scorta, semilavorato, siglare, slogan, smercio, spaccio, spedizione, spunta, stallie, stand, standard, stoccaggio, stock, target, trasferta, trassato, tratta, trattenuta, vacazione, vendere.

                                               →

→

■ AMMINISTRAZIONE COMMERCIALE: accusare ricevuta, allegare, allegato, appoggiare, appunto, assolvere, carta, cauzionare, compiegare, evadere, evidenziare, foglio, inoltrare, onorare, pendenza, premurarsi, referenziare, relazionare, rifondere, rimettere, ritornare.

■ VENDITA: bazar, bottega, grande magazzino, ipermercato, market, mercato, negozio, self-service, spaccio, supermercato (supermarket)

☐ articolo civetta, blister, confezione, dettaglio, dispenser (espositore), display, door to door, mailing, mail order, merchandising, al minuto, vetrina, vetrinistica.

■ PERSONE: affarista, cassiere, cliente, commesso, committente, concessionario, corriere, corrispondente, dettagliante, esercente, espositore, grossista, mediatore, mercante, piazzista, product-manager, standista, traente, utente, vendeuse, vetrinista.

---

traffico disonesto 3 relazione; rapporto: — *epistolare*, corrispondenza.

commessa [-més-] *s.f.* 1 chi è addetta alla vendita in un negozio 2 (*econ.*) ordinazione di prodotti a un'industria, spec. da enti pubblici o da paesi esteri.

commesso [-més-] *s.m.* 1 chi è addetto alla vendita in un negozio / — *viaggiatore*, denominazione antiquata di chi vende, riceve commissioni ecc. per conto di un'impresa; agente, rappresentante 2 impiegato subalterno con mansioni varie.

commessura *s.f.* → **commettitura**.

commestibile [-sti-] *agg.* che si può mangiare. SIN. *mangereccio, edule* // *s.m.pl.* generi alimentari.

commettere [-mét-] *v.tr.* [coniugato come *mettere*] 1 mettere insieme due o più cose in modo che combacino: — *due assi* 2 fare, compiere, spec. cose non buone: — *un assassinio* 3 commissionare // *v.intr.* combaciare.

commettitura *s.f.* atto, effetto del mettere insieme più cose o parti; il punto in cui esse si uniscono.

commiato *s.m.* 1 permesso di partire; saluto di partenza: *prender —, accomiatarsi.* SIN. *congedo, licenza* 2 in poesia, stanza di chiusura della canzone.

commilitone [-tó-] *s.m.* compagno d'armi.

comminare *v.tr.* (*dir.*) minacciare, detto della pena prevista per i trasgressori della legge.

comminatoria [-tò-] *s.f.* (*dir.*) minaccia di pena.

comminatorio [-tò-] *agg.* (*dir.*) che commina.

comminazione [-zió-] *s.f.* (*dir.*) atto, effetto del comminare.

comminuto *agg.* (*lett.* o *scient.*) sminuzzato, spezzettato; si dice spec. della frattura di un osso spezzato in più punti.

commiserabile [-ʃerà-] *agg.* che si può o si deve commiserare.

commiserando [-ʃe-] *agg.* (*lett.*) degno di essere commiserato.

commiserare [-ʃe-] *v.tr.* [io *commìsero* ecc.] provar compassione per qlcu. o qlco. SIN. *compassionare, compiangere, compatire.*

commiserazione [-ʃerazió-] *s.f.* viva compassione. SIN. *pietà.*

commiserevole [-ʃeré-] *agg.* che si può o si deve commiserare.

commissariale *agg.* di commissario: *gestione —.*

commissariato *s.m.* ufficio, grado, sede di commissario; circoscrizione sottoposta a un commissario.

commissario [-sà-] *s.m.* 1 colui al quale è affidata, anche temporaneamente, una funzione pubblica; nella polizia, il primo grado dei funzionari dirigenti / — *tecnico, (sport)* l'incaricato della selezione di squadre nazionali 2 membro di una commissione: — *d'esami.*

commissionare *v.tr.* [io *commissióno* ecc.] ordinare una merce: — *un paio di scarpe.*

commissionario [-nà-] *s.m.* (*comm.*) chi acquista o vende merci o titoli non per sé ma per conto di un committente.

commissione [-sió-] *s.f* 1 gruppo di persone cui è stato affidato un incarico comune: — *d'inchiesta* 2 incarico di svolgere un'attività per conto di terzi 3 l'ordinazione di una merce e il foglio su cui è scritta 4 nel linguaggio commerciale e bancario, percentuale del valore di un affare o di un'operazione che viene data come compenso all'intermediario.

commissorio [-sò-] *agg.* (*dir.*) si dice del patto col quale il creditore convenga di acquisire, in caso di insolvenza, la proprietà del bene del debitore che già sia in suo possesso.

commistione [-stió-] *s.f.* (*non com.*) atto, effetto del mescolare; mescolanza.

commisto *agg.* mescolato insieme.

commisurare [-ʃu-] *v.tr.* misurare qlco. rispetto a un'altra: — *il premio al merito.*

commisurazione [-ʃurazió-] *s.f.* atto, effetto del commisurare.

committente [-tèn-] *s.m. e f.* 1 (*comm.*) chi ordina al commissionario di effettuare acquisti o vendite di merci o titoli 2 chi ordina una merce o un servizio.

committenza [-tèn-] *s.f.* l'insieme dei committenti: *la — pubblica,* l'insieme di enti pubblici che fanno fare, e pagano, servizi per la collettività.

commodoro [-dò-] *s.m.* nelle marine militari anglosassoni, ufficiale di grado intermedio tra capitano di vascello e contrammiraglio.

commosso [-mòs-] *agg.* preso da commozione. SIN. *turbato, agitato, impietosito, intenerito.*

commotivo *agg.* (*med.*) di commozione, che riguarda la commozione: *stato —.*

commovente [-vèn-] *agg.* che suscita commozione.

commozione [-zió-] *s.f.* 1 il commuovere, il commuoversi, l'essere commosso: *destare —.* SIN. *turbamento, agitazione, pietà, intenerimento* 2 (*med.*) alterazione funzionale di un organo in conseguenza di un trauma violento: — *cerebrale.*

commuovere [-muò-] *v.tr.* [coniugato come *muovere*] produrre una viva impressione, un forte sentimento nell'animo di qlcu.: *ci hai commosso con la tua bontà.* SIN. *turbare, agitare, impietosire, intenerire* // **-ersi** *v.rifl. pron.* provare un vivo sentimento di pietà, d'affetto.

commutabile [-tà-] *agg.* che si può commutare.

commutabilità *s.f.invar.* l'essere commutabile.

commutare *v.tr.* 1 scambiare una cosa con un'altra: — *la pena* 2 (*elettr.*) cambiare i collegamenti fra due o più circuiti elettrici.

commutativo *agg.* 1 che vale a commutare 2 (*mat.*) si dice di procedimento od operazione in cui si può mutare l'ordine dei termini senza variazione del risultato: *proprietà commutativa*, la proprietà di questi procedimenti.

commutatore [-tó-] *s.m.* (*elettr.*) dispositivo per invertire il senso della corrente elettrica in un circuito oppure per farla passare in un altro circuito / *commutatori di gamma*, in radiotecnica, commutatori d'onda.

commutatrice *s.f.* macchina elettrica che trasforma la corrente alternata in continua e viceversa.

commutazione [-zió-] *s.f.* 1 atto, effetto del commutare 2 (*elettr.*) l'invertire il senso di una corrente elettrica 3 l'operazione effettuata da una centrale telefonica per collegare due utenti.

comò *s.m.invar.* mobile a cassetti; cassettone.

comodante *s.m.* (*dir.*) chi dà beni in comodato.

comodare *v.intr.* [*io còmodo ecc.*] 1 far comodo 2 (*dir.*) dare in comodato.

comodatario [-tà-] *s.m.* (*dir.*) chi riceve beni in comodato.

comodato *s.m.* (*dir.*) prestito d'uso d'una o più cose, con l'obbligo della restituzione della medesima alla scadenza.

comodino *s.m.* 1 piccolo mobile che si tiene accanto al letto [*ill. Arredamento*] 2 (*teatr.*) tendone che si cala fra un atto e l'altro invece del sipario.

comodità *s.f.invar.* 1 l'esser comodo; facilitazione, agio 2 opportunità, occasione.

comodo [cò-] *agg.* 1 che dà una sensazione di benessere; che non presenta difficoltà: *divano* —; *viaggio* —. SIN. *agevole, facile* 2 si dice di chi si trova a proprio agio: *se ne stava lì* — / *state comodi*, state o mettetevi pure seduti 3 si dice di persona calma, che non si affanna mai // *s.m.* ciò che è gradito o vantaggioso; agio, utilità: *fa sempre il suo* —, ciò che vuole; *me ne parlerai con* —, senza fretta; *mi fa* —, mi è utile.

compact disc [*ingl.*; *pr.* compèct disk] *s.m.* disco fonografico di piccolo ingombro, a lettura ottica mediante raggio laser [*ill. Suono*].

compadrone [-dró-] *s.m.* (*rar.*) chi è proprietario di qlco. insieme con gli altri; comproprietario.

compaesano [-ʃa-] *s.m.* persona che è dello stesso paese.

compagine [-pà-] *s.f.* unione di varie parti strettamente connesse tra loro.

compagnevole [-gné-] *agg.* (*antiq.*) che ama stare in compagnia.

compagnia [-gnì-] *s.f.* 1 condizione di chi s'intrattiene con altri: *tener* — *a qlcu.* / *dama di* — 2 complesso di persone che si riuniscono per divertimento o per svolgere attività comuni: *un'allegra* — *di ragazzi*; — *teatrale*, gruppo di artisti diretto da un capocomico 3 ordine religioso; confraternita: — *di Gesù* 4 società commerciale, spec. di assicurazioni, di navigazione ecc. 5 reparto militare al comando di un capitano / — *di ventura*, nel medioevo, banda di soldati mercenari.

compagno *agg.* molto simile: *ho un gatto* — *al tuo* // *s.m.* 1 chi divide con altri divertimenti, attività ecc.: — *di lavoro, di sventura* / — *della vita*, coniuge 2 in vari giochi, colui con cui si gioca in coppia 3 (*comm.*) socio in un'azienda: *la ditta Rossi e compagni* 4 (*pol.*) nome con cui si chiamano gli aderenti e simpatizzanti di partiti o altre organizzazioni di ispirazione socialista o comunista.

compagnone [-gnó-] *s.m.* chi ama le compagnie piacevoli; buontempone.

companatico [-nà-] *s.m.* [pl. *-ci*] ciò che si mangia col pane.

comparabile [-rà-] *agg.* che si può comparare. SIN. *paragonabile, confrontabile*.

comparabilità *s.f.invar.* l'essere comparabile.

comparaggio [-ràg-] *s.m.* accordo illecito tra chi produce farmaci e il medico che li prescrive ai pazienti.

comparare *v.tr.* mettere a confronto. SIN. *paragonare, confrontare*.

comparatista *s.m.* e *f.* [pl.m. *-i*] chi fa studi di scienze comparate.

comparativo *agg.* che stabilisce un confronto, una comparazione; che è basato su un confronto: *studio* — *delle lingue* // *s.m.* il grado comparativo dell'aggettivo e dell'avverbio; esprime, a confronto con altro, il grado della qualità di qualcosa; il comparativo può essere di *uguaglianza* (p.e. *la mia casa è [tanto] bella quanto la tua*; *la mia auto è [così] veloce come la tua*), di *maggioranza* (p.e. *Marco è più buono di Luigi*), di *minoranza* (p.e. *il ferro è meno pesante del piombo*).

comparato *agg.* messo a confronto; si dice spec. di scienza che si basa sul confronto tra fenomeni analoghi manifestatisi in campi diversi: *storia comparata*.

comparatore [-tó-] *s.m.* (*tecn.*) strumento che assicura la corrispondenza delle misure dei pezzi in lavorazione al progetto.

comparazione [-zió-] *s.f.* atto, effetto del comparare. SIN. *paragone, confronto*.

compare *s.m.* 1 chi tiene un bambino a battesimo o a cresima, padrino; anche il padre di questo bambino rispetto al padrino 2 testimone alle nozze: — *d'anello* 3 (*fam.*) amico 4 (*fig.*) chi aiuta un altro in azioni illecite o poco oneste: *il ladro e il suo* —.

comparire *v.intr.* [*pres. io compàio o comparisco, tu compari o comparisci ecc.*; *pass.rem. io comparvi o comparii o comparsi ecc.*; *p.pass. comparso*] 1 presentarsi all'improvviso: *dopo tanti anni comparve in paese* 2 mostrarsi, farsi vedere 3 venire alla luce: *è comparsa una seconda edizione del suo libro* 4 sembrare, avere l'apparenza: *tu vuoi* — *un furbone* 5 far bella mostra di sé, far figura: *desidera solo* —.

comparizione [-zió-] *s.f.* 1 (*rar.*) il comparire 2 (*dir.*) il presentarsi in giudizio: *mandato di* —, ordine di presentarsi al giudice per rispondere di un reato.

comparsa *s.f.* 1 il comparire, il presentarsi: *la* — *dei carabinieri mise in fuga il ladro* 2 nel teatro e nel cinema, chi compare nelle scene senza parlare / *far da* —, assistere a qlco. senza parteciparvi attivamente 3 (*dir.*) nel processo civile, atto scritto contenente le richieste di una delle parti.

compartecipare *v.intr.* [*io compartécipo ecc.*] partecipare con altri a qlco.

compartecipazione [-zió-] *s.f.* 1 il compartecipare 2 (*econ.*) partecipazione dei salariati fissi ai risultati di una singola produzione.

compartecipe [-té-] *agg.* che prende parte a qlco. insieme con altri.

compartimentale *agg.* di un compartimento.

compartimento [-mèn-] *s.m.* 1 ogni parte in cui è suddivisa una cosa / — *stagno*, ciascuna delle zone di una nave divisa dalle altre per mezzo di paratie a tenuta d'acqua, per assicurare la galleggiabilità dello scafo in caso di falla 2 circoscrizione di un territorio: — *ferroviario, marittimo*.

compartire *v.tr.* [*io compartisco o comparto, tu compartisci o comparti ecc.*] dividere in parti; distribuire.

compartizione [-zió-] *s.f.* atto, effetto del compartire.

comparto *s.m.* **1** ripartizione, spazio limitato **2** (*fig.*) settore, spec. economico: *il — cartario.*

compascolo [-pà-] *s.m.* (*dir.*) diritto di pascolo comune.

compassare *v.tr.* misurare bene, con precisione.

compassato *agg.* **1** misurato con precisione; controllato, moderato: *gesto —* **2** detto di persona, controllato, impassibile.

compassionare *v.tr.* [*io compassióno ecc.*] avere compassione di qlcu. o di qlco. SIN. *commiserare, compatire, compiangere.*

compassione [-sió-] *s.f.* moto dell'animo che porta a soffrire dei mali altrui come se fossero propri / *far —,* destare pietà (anche *spreg.*): *è uno scrittore che fa —.* SIN. *commiserazione, pietà.*

compassionevole [-né-] *agg.* **1** che prova compassione, che è disposto alla compassione **2** che desta compassione.

compasso *s.m.* strumento formato da due aste riunite tra loro a cerniera, usato per disegnare circonferenze o misurare distanze [*ill. Disegno, strumenti*].

compatibile [-ti-] *agg.* **1** che si può compatire: *la falsità non è mai —* **2** che si può conciliare con qlco.: *il tuo atteggiamento non è — con la tua educazione //* **-mente** *avv.* per quanto è consentito da: *— coi miei impegni, verrò.*

compatibilità *s.f.invar.* l'essere compatibile; conciliabilità: *— di caratteri.*

compatimento [-mén-] *s.m.* **1** l'atto del compatire; compassione **2** indulgenza non sempre benevola: *assumere un'aria di —,* di indulgenza mista a disprezzo.

compatire *v.tr.* [*io compatisco, tu compatisci ecc.*] **1** provare compassione; trattare con indulgenza, perdonare. SIN. *commiserare, compiangere, compassionare* **2** trattare con disprezzo, con tono di superiorità / *farsi —,* esporsi al ridicolo.

compatriota [-triò-] *s.m.* e *f.* [pl.m. *-i*] chi è della stessa patria.

compatrono [-tró-] *s.m.* santo che insieme ad altri è patrono di un luogo.

compattare *v.tr.* rendere compatto, rinsaldare, rinforzare, spec. in senso *fig.*: *la crisi economica ha compattato le forze di destra //* **-arsi** *v.rifl.* riunirsi, riavvicinarsi nelle idee e nell'azione.

compattezza [-téz-] *s.f.* qualità di ciò che è compatto.

compatto *agg.* **1** ben unito, coerente nelle sue parti; solido, denso: *roccia compatta; folla compatta* **2** (*fig.*) concorde, solidale; unanime: *gli operai compatti aderirono allo sciopero.*

compendiare *v.tr.* [*io compèndio ecc.*] fare il compendio; riassumere in breve.

compendio [-pèn-] *s.m.* **1** riduzione in forma breve e succinta di uno scritto o di un discorso / *in —,* in breve, riassumendo. SIN. *riassunto, sunto, sommario* **2** trattazione breve e sintetica di un argomento: *— di tecnica elettronica.* SIN. *sommario.*

compendiosità *s.f.invar.* l'essere compendioso, riassuntivo.

compendioso [-dió-] *agg.* breve, succinto.

compenetrabile [-trà-] *agg.* che può essere compenetrato.

compenetrabilità *s.f.invar.* qualità di ciò che è compenetrabile.

compenetrare *v.tr.* [*io compènetro ecc.*] penetrare in qlco. o in qlcu. fino in fondo e in ogni parte (anche *fig.*): *sono compenetrato da una grande pietà.*

compenetrazione [-zió-] *s.f.* atto, effetto del compenetrare.

compensabile [-sà-] *agg.* che si può compensare.

compensare *v.tr.* **1** pagare, retribuire **2** risarcire: *— del danno sofferto* **3** equilibrare, bilanciare: *per — il peso occorre aggiungere questo.*

compensativo *agg.* che compensa: *montante —,* meccanismo economico che nella Comunità economica europea adegua per gli esportatori agricoli, mediante un'imposta o una sovvenzione, il cambio di mercato delle diverse valute nazionali a quello della comunità.

compensato *s.m.* materiale per la fabbricazione di mobili, pannelli ecc., ottenuto incollando e pressando fogli di legname sovrapposti.

compensazione [-zió-] *s.f.* atto, effetto del compensare **2** (*dir.*) disposizione per la quale, quando qlcu. è insieme debitore e creditore di un altro, i due crediti opposti si eliminano l'un l'altro e rimane la loro differenza.

compenso [-pèn-] *s.m.* **1** paga, retribuzione **2** risarcimento.

compera [cóm-] *s.f.* **1** il comprare. SIN. *acquisto.* CONTR. *vendita* **2** la cosa comprata. SIN. *acquisto.*

comperare *v.tr.* → **comprare.**

competente [-tèn-] *agg.* **1** che è esperto, che conosce a fondo qlco.: *nel suo campo è una persona —* **2** che ha l'autorità necessaria per fare una determinata cosa: *in questa causa il giudice non è —* **3** adeguato, conveniente: *mancia —.*

competenza [-tèn-] *s.f.* **1** qualità di chi è competente **2** (*dir.*) idoneità a emanare atti a carattere pubblico; definizione dei limiti entro i quali deve agire un'autorità amministrativa e giurisdizionale.

competere [-pè-] *v.intr.* **1** gareggiare con qlcu.: *nessuno può — con lui.* SIN. *rivaleggiare* **2** spettare, riguardare: *ciò non mi compete.*

competitività *s.f.invar.* la capacità di competere con la concorrenza, spec. in campo economico.

competitivo *agg.* che consente, che è in grado di competere: *prezzi competitivi,* che consentono di competere con la concorrenza.

competitore [-tó-] *s.m.* [f. *-trice*] che compete con altri.

competizione [-zió-] *s.f.* gara, prova sportiva.

compiacente [-cèn-] *agg.* disposto a compiacere. SIN. *condiscendente.*

compiacenza [-cèn-] *s.f.* **1** il compiacere, l'essere compiacente: *abbia la — di indicarmi la strada* **2** compiacimento, soddisfazione.

compiacere [-cé-] *v.intr.* [coniugato come *piacere*] **1** far piacere, far cosa grata: *spesso per — a uno si dispiace a molti* **2** condiscendere: *— ai desideri di qlcu. // v.tr.* (*lett.*) appagare, accontentare: *sua madre lo compiaceva in tutto.* SIN. *assecondare //* **-ersi** *v.rifl.pron.* **1** prendere piacere o soddisfazione di qualche cosa, rallegrarsi: *si compiacque di averli conosciuti* **2** degnarsi: *il pontefice s'è compiaciuto di venire tra noi* **3** congratularsi: *mi compiaccio con voi per la vostra vittoria.*

compiacimento [-mén-] *s.m.* il compiacersi.

compiaciuto *agg.* soddisfatto: *era tutto —.*

compiangere [-piàn-] *v.tr.* [coniugato come *piangere*] provare, mostrare dolore e compassione per le disgrazie di qlcu.: *ti compiango per il grave lutto che ti ha colpito.* SIN. *commiserare, compassionare, compatire.*

compianto *agg.* si dice di un defunto, in quanto universalmente pianto: *il — signor R. // s.m.* lutto, cordoglio generale.

compiegare *v.tr.* [*io compiègo, tu compièghi ecc.*] allegare, unire a una lettera.

compiere [cóm-] *v.tr.* [pres. *io cómpio* o *compisco, tu cómpi* o *compisci ecc.*; imperf. *io compivo ecc.*; pass.rem. *io compii, tu compisti ecc.*; cong.imperf. *io compissi ecc.*; ger. *compièndo*; p.pass. *compiuto*] **1** mettere in esecuzione, mandare ad effetto: — *un delitto, un desiderio, un dovere, un'opera buona* **2** condurre a termine, finire: *oggi compie dieci anni; a lavoro compiuto* // **-ersi** *v. rifl.pron.* giungere a una fine, a una conclusione: *oggi si compie un anno da quando morì; la predizione si sta compiendo, si avvera.*

compieta [-piè-] *s.f.* (*lit.*) l'ultima delle ore canoniche.

compilare *v.tr.* mettere insieme vari dati, risultati e notizie in modo da comporre uno scritto di varia natura, spec. se si utilizzano nozioni altrui con scarso apporto personale.

compilatore [-tó-] *s.m.* [f. *-trice*] chi compila.

compilazione [-zió-] *s.f.* il compilare; lo scritto compilato.

compimento [-mén-] *s.m.* atto, effetto del compiere.

compire *v.tr.* [coniugato come *compiere*] portare a termine; eseguire.

compitare *v.tr.* [*io cómpito ecc.*] pronunciare a stento le parole separandone le sillabe.

compitezza [-téz-] *s.f.* qualità di chi è compito.

compito[1] *agg.* cortese, di buone maniere.

compito[2] [cóm-] *s.m.* **1** lavoro assegnato a qlcu., incarico, mansione **2** esercizio scolastico, spec. scritto: — *in classe.*

compiutamente [-mén-] *avv.* completamente.

compiutezza [-téz-] *s.f.* l'esser completo, perfetto.

complanare *agg.* (*geom.*) si dice di figure geometriche giacenti su uno stesso piano.

compleanno *s.m.* giorno anniversario della nascita.

complementare *agg.* **1** che serve a completare; si dice spec. di cose che si completino a vicenda: *colori complementari,* due colori che fusi insieme danno la luce bianca / *angoli complementari,* quelli la cui somma dà un angolo retto **2** accessorio: *l'insegnamento del russo è* — // *s.f.* (*fin.*) imposta progressiva sul reddito.

complemento [-mén-] *s.m.* **1** quel che si aggiunge a una cosa per completarla: *è necessario fare esercizi pratici a* — *dell'istruzione teorica* **2** (*gramm.*) ogni elemento di una proposizione, oltre il soggetto e il predicato, che serve a completare la proposizione stessa **3** insieme dei militari che, quando occorra, sono chiamati a completare le unità dell'esercito: *ufficiali di* —.

complessato *agg.* afflitto da complessi psichici; per estens., timido, di carattere difficile.

complessione [-sió-] *s.f.* costituzione, stato fisico: *uomo di robusta* —. SIN. *corporatura.*

complessità *s.f.invar.* l'essere complesso. SIN. *complicazione.*

complessivo *agg.* si dice di cosa considerata nel suo complesso o di più cose considerate insieme: *valutazione complessiva di una situazione* // **-mente** *avv.* in complesso.

complesso [-plès-] *agg.* **1** che è composto di più parti diverse: *meccanismo* — / *numero* —, (*mat.*) che ha una parte reale e una immaginaria **2** difficile: *problema* —. SIN. *complicato* // *s.m.* **1** l'insieme di più parti; la totalità / *in* —, in generale **2** grande organismo industriale: — *editoriale* **3** (*psic.*) insieme d'impulsi di origine inconscia che, in conflitto con altre tendenze, accentrano e bloccano l'energia psichica dell'indivi-

duo: — *d'inferiorità,* di chi crede di valere meno degli altri **4** insieme di esecutori vocali o strumentali di un brano musicale: — *corale.*

completamento [-mén-] *s.m.* atto, effetto del completare; la parte completa.

completare *v.tr.* [*io complèto ecc.*] aggiungere ciò che manca a qlco.

completezza [-téz-] *s.f.* l'essere completo.

completo [-plè-] *agg.* che non manca di nessuna delle sue parti: *un servizio* — *di bicchieri* // *s.m.* **1** insieme di capi di vestiario della stessa stoffa e colore oppure di tessuti e colori concordanti: — *maschile,* fatto di giacca, panciotto e pantaloni; — *femminile,* gonna, camicetta e giacca, o altre analoghe combinazioni **2** insieme, nel quale non manca nulla / *al* —, interamente: *l'autobus è al* —, ha tutti i posti occupati.

complicanza *s.f.* complicazione.

complicare *v.tr.* [*io còmplico, tu còmplichi ecc.*] render difficile, intricare, imbrogliare: *la sua presenza complica le cose* // **-arsi** *v.rifl.pron.* diventare più complesso, più difficile da risolvere, più grave.

complicato *agg.* che ha molti aspetti diversi; difficile, imbrogliato. SIN. *complesso.* CONTR. *semplice.*

complicazione [-zió-] *s.f.* **1** atto, effetto del complicare o del complicarsi; difficoltà **2** l'essere complicato. SIN. *complessità* **3** aggravamento di una malattia dovuto all'insorgere di nuovi elementi morbosi.

complice [còm-] *s.m.* chi aiuta altri a commettere un delitto o un'azione non buona in genere.

complicità *s.f.invar.* l'essere complice.

complimentare *v.tr.* [*io compliménto ecc.*] far complimenti, rivolgere a qlcu. parole di cortesia // **-arsi** *v. rifl.pron.* rallegrarsi: *si complimentò con lui per la vittoria.*

complimento [-mén-] *s.m.* atto o parola di cortesia, ossequio, rallegramento / *fare complimenti,* rifiutare qlco. solo per non sembrare troppo sfacciato / *senza complimenti,* alla buona.

complimentoso [-tó-] *agg.* cerimonioso, che fa molti complimenti.

complottare *v.intr.* [*io complòtto ecc.*] tramare qlco. contro lo stato e l'ordine costituito, o anche contro qlcu. SIN. *cospirare, congiurare, intrigare, macchinare.*

complotto [-plòt-] *s.m.* il complottare; l'organizzazione di coloro che complottano. SIN. *cospirazione, congiura, intrigo, macchinazione.*

compluvio [-plù-] *s.m.* **1** la linea di convergenza di due spioventi del tetto, dove confluisce l'acqua piovana **2** (*archeol.*) nella casa romana, apertura nel tetto che dava luce all'atrio.

componente [-nèn-] *agg.* e *s.m.* e *f.* che, chi è parte di un composto o di un insieme.

componentistica [-tì-] *s.f.* l'attività industriale del preparare componenti per altre industrie che produrranno il prodotto finito; l'insieme delle industrie di questo tipo.

componibile [-nì-] *agg.* e *s.m.* si dice di oggetti, spec. mobili, che possono essere accostati in vario modo per ottenere insiemi diversi.

componimento [-mén-] *s.m.* **1** l'azione del comporre, del determinare un accordo fra parti in contrasto **2** lavoro letterario o musicale **3** esercitazione scolastica in cui l'alunno svolge per iscritto un tema assegnato.

comporre [-pór-] *v.tr.* [coniugato come *porre*] **1** mettere insieme varie cose così che formino un tutto organico: — *una ghirlanda* **2** concepire e produrre un'opera letteraria o musicale **3** mettere in ordine; atteggiare: — *i capelli*; — *il volto a mestizia* / — *la salma*, prepararla per il funerale **4** mettere d'accordo, conciliare: — *una lite* **5** (*tip.*) combinare i caratteri mobili in parole e righe.

comportamentale *agg.* del comportamento.

comportamentismo [-ſmo] *s.m.* corrente della psicologia e della sociologia che nega la validità dello studio dei fatti di coscienza, ritenendo utile solo lo studio dei comportamenti.

comportamento [-mén-] *s.m.* maniera di comportarsi. SIN. *condotta, contegno.*

comportare *v.tr.* [io compòrto ecc.] **1** permettere, tollerare: *la sua salute non comporta quei lavori* **2** portare con sé: *quest'impresa comporta molti rischi* // **-arsi** *v. rifl.pron.* **1** agire, contenersi: — *da persona onesta* **2** reagire a prove, dare risultati: *il vetro si comporta come un liquido solidificato.*

comporto [-pór-] *s.m.* il tempo che si tollera come indugio dopo una scadenza: *per pagare la cambiale ti lascio un — di tre giorni.*

composito [-pòſi-] *agg.* **1** (*arch.*) si dice dell'ordine architettonico composto di elementi ionici e corinzi **2** (*bot.*) si dice delle piante caratterizzate dalla infiorescenza a capolino (margherita, girasole ecc.).

compositoio [-ſitó-] *s.m.* (*tip.*) arnese di metallo nel quale il compositore a piombo disponeva i caratteri mobili in modo da formare le parole e le righe.

compositore [-ſitó-] *s.m.* [f. *-trice*] **1** chi compone, spec. musica **2** (*tip.*) chi è addetto alla composizione.

compositrice [-ſi-] *s.f.* (*tip.*) macchina che esegue automaticamente la composizione.

composizione [-ſizió-] *s.f.* **1** atto, effetto del comporre **2** arte che insegna a comporre pezzi musicali; opera musicale **3** appianamento, pacificazione: — *di una vertenza* **4** (*tip.*) il comporre le righe e le pagine di stampa con i caratteri mobili di piombo o per mezzo della fotocomposizione; la pagina o la colonna già composta.

compossesso [-sès-] *s.m.* (*rar.*) possesso in comune con altre persone; comproprietà.

compossessore [-só-] *s.m.* [f. *composseditrice*] (*rar.*) chi ha un possesso in comune con altri.

composta [-pó-] *s.f.* frutta cotta in sciroppo: — *di mele.*

compostezza [-stéz-] *s.f.* **1** l'essere o lo stare composto: *star seduto con* — **2** (*fig.*) decoro, moderazione: — *di stile.*

compostiera [-stiè-] *s.f.* recipiente per servire in tavola la composta.

composto [-pó-] *agg.* **1** formato di più elementi / *parola composta*, quella formata dall'unione di due o più parole (p.e. *caposquadra*) **2** disposto in ordine, messo bene: *ha sempre i capelli composti; stai —!* // *s.m.* ciò che risulta dall'unione di più cose / — *chimico*, sostanza che risulta dalla composizione chimica di più elementi.

compra [cóm-] *s.f.* (*rar.*) → **compera**.

comprare *v.tr.* [io cómpro ecc.] **1** acquistare, dare del denaro per avere un bene. SIN. *acquistare*. CONTR. *vendere* **2** corrompere con denaro: — *un testimone.*

compratore [-tó-] *s.m.* [f. *-trice*] chi compra. SIN. *acquirente*. CONTR. *venditore.*

compravendita [-vén-] *s.f.* l'atto col quale compratore e venditore realizzano l'accordo sullo scambio di denaro con un bene.

comprendere [-prèn-] *v.tr.* [coniugato come *prende-*

re] **1** contenere, racchiudere: *questo vocabolario comprende molte voci* **2** capire, intendere **3** prendere, invadere: *fui compreso di sdegno e di meraviglia.*

comprendonio [-dò-] *s.m.* (*scherz.*) la facoltà del comprendere: *sei duro di —.*

comprensibile [-si-] *agg.* che può essere compreso, facile a capirsi. SIN. *intelligibile.*

comprensibilità *s.f.invar.* l'essere comprensibile. SIN. *intelligibilità.*

comprensione [-sió-] *s.f.invar.* **1** atto e facoltà di comprendere **2** capacità di considerare con animo tollerante i sentimenti altrui.

comprensivo *agg.* **1** che comprende, che include: *prezzo — di tassa* **2** che ha o dimostra comprensione (detto di persona).

comprensoriale *agg.* di comprensorio: *segreteria —.*

comprensorio [-sò-] *s.m.* **1** (*agr.*) territorio limitato da precisi confini, con scopi di bonifica o di irrigazione **2** zona di intervento politico, amministrativo: — *sindacale*, — *sanitario.*

compresenza [-ſèn-] → **copresenza**.

compressa [-prés-] *s.f.* **1** pezzuola intrisa di liquido medicamentoso che si applica su una parte malata **2** pastiglia medicinale.

compressibile [-si-] *agg.* che può essere compresso.

compressibilità *s.f.invar.* (*fis.*) proprietà dei corpi di diminuire di volume sotto l'azione di pressioni esterne.

compressione [-sió-] *s.f.* **1** l'azione, l'effetto del comprimere **2** (*aut.*) una delle fasi nel funzionamento del motore a scoppio [*ill. Motore*].

compresso *agg.* che è stato sottoposto a compressione, che si trova sotto pressione: *aria compressa.*

compressore [-só-] *agg.* che comprime: *rullo —*, veicolo con grosse ruote a rullo per rassodare la pavimentazione stradale // *s.m.* macchina per comprimere fluidi.

comprimario [-mà-] *agg.* e *s.m.* **1** che, chi divide con altri il titolo di primario **2** (*teatr.*) che, chi ha la parte più importante dopo il protagonista.

comprimere [-pri-] *v.tr.* [pass.rem. *io comprèssi, tu comprimésti* ecc.] **1** esercitare una forte pressione su qlco.; schiacciare. SIN. *premere, pigiare, calcare* **2** (*fig.*) trattenere, soffocare, spec. sentimenti. SIN. *reprimere, frenare.*

compromesso [-més-] *s.m.* **1** adattamento, transazione: *scendere, venire a un —; trovare un — tra le linee politiche* **2** (*dir.*) accordo fra le parti per deferire ad arbitri la decisione d'una controversia.

compromettente [-tèn-] *agg.* che compromette.

compromettere [-mét-] *v.tr.* [coniugato come *mettere*] **1** mettere a repentaglio, in pericolo: — *la buona riuscita di un affare* / — *qlcu.*, impegnarlo in qlco., spec. in qlco. che può nuocere alla sua reputazione **2** (*dir.*) affidare una questione alla decisione di un arbitro: — *una vertenza in un conoscente comune* // **-ersi** *v.rifl.* impegnarsi; mettersi in cattiva luce.

compromissorio [-sò-] *agg.* (*dir.*) si dice del patto col quale nella stipulazione di un contratto si prevede la risoluzione arbitrale e non giurisdizionale delle eventuali controversie.

comproprietà *s.f.invar.* diritto di proprietà spettante in comune a più persone. SIN. *condominio.*

comproprietario [-tà-] *s.m.* titolare di un diritto di proprietà in comune con altri. SIN. *condomino.*

comprova [-prò-] *s.f.* conferma.

comprovare *v.tr.* [io compròvo ecc.] provare con efficaci argomenti.

compulsare *v.tr.* scartabellare libri o documenti a scopo di consultazione.

compungere [-pùn-] *v.tr.* [coniugato come *pungere*] (*lett.*) commuovere, trafiggere, rimordere: *m'aveva compunto il cuore di pietà.*

compunto *agg.* pieno di compunzione.

compunzione [-zió-] *s.f.* atteggiamento di dolore e di pentimento, anche non sincero.

computabile [-tà-] *agg.* che si può computare.

computare *v.tr.* [*io còmputo ecc.*] **1** fissare una quantità: *— tre mesi per l'esecuzione di un lavoro.* SIN. *contare, calcolare* **2** mettere in conto: *— a qlcu. i debiti.*

computazionale *agg.* di computazione; fatto per mezzo di computazione elettronica.

computazione [-zió-] *s.f.* **1** atto, effetto del computare **2** (*non com.*) elaborazione elettronica di dati.

computer [*ingl.; pr.* compiùta] *s.m.* denominazione inglese del calcolatore, o elaboratore elettronico.

computerizzare [-riʒʒa-] *v.tr.* rendere automatico, spec. una parte di esso, con l'uso di un calcolatore elettronico.

computerizzato [-riʒʒa-] *agg.* si dice di attività, lavoro che è stato organizzato per essere svolto automaticamente con l'uso di un calcolatore elettronico.

computista *s.m.* e *f.* [pl.m. *-i*] chi esercita la computisteria.

computisteria [-rì-] *s.f.* applicazione del calcolo aritmetico all'amministrazione di un'azienda.

computistico [-ti-] *agg.* [pl.m. *-ci*] proprio della computisteria: *calcolo —.*

computo [còm-] *s.m.* atto, effetto del computare. SIN. conto, calcolo, conteggio.

comunale *agg.* che si riferisce al comune o da esso dipende: *tassa —; impiegato —.*

comunanza *s.f.* l'appartenere in comune a tutti o a molti: *la — dei beni.*

comunardo *s.m.* (*st.*) chi prese parte alla rivolta della Comune di Parigi del 1871; rivoltoso, estremista.

comune[1] *agg.* **1** che è di tutti, o appartiene a più persone o cose: *agire per il bene — / nome —,* quello che indica tutti gli individui o cose appartenenti alla stessa specie: *«cane» è un nome — / luogo —,* concetto o maniera di dire troppo usati, ripetuti senza verifica **2** proprio della maggioranza; riconosciuto dai più: *opinione —* **3** che riguarda un gruppo di persone o cose: *un nostro — amico; agiscono sempre di — accordo; proprietà —,* indivisa **4** usuale; non eccezionale; mediocre: *ha un'intelligenza —* // *s.m.* **1** regola generale; normalità: *un personaggio fuori del —,* straordinario **2** *in —,* insieme, collettivamente: *noi facciamo molte cose in —; avere in — una proprietà* // **-mente** *avv.* di solito, in genere.

comune[2] *s.m.* **1** la più piccola suddivisione amministrativa dello stato, comprendente un centro abitato e il suo immediato territorio **2** l'insieme degli uffici che dirigono un comune e l'edificio in cui hanno sede: *gli impiegati del —* **3** (*st.*) nel medioevo, ciascuna delle città italiane che si reggevano con un autonomo ordinamento politico.

comunella [-nèl-] *s.f.* accordo tra più persone per un fine spesso disonesto: *far —,* far combriccola.

comunicabile [-cà-] *agg.* che può essere comunicato.

comunicabilità *s.f.invar.* l'essere comunicabile.

comunicando *s.m.* chi sta per ricevere la comunione.

comunicante *agg.* che è in comunicazione.

comunicare *v.tr.* [*io comùnico, tu comùnichi ecc.*] **1** far parte ad altri di qlco.; far sapere, render noto; diffondere: *gli comunicai la mia gioia; — una notizia.* SIN. partecipare, trasmettere **2** (*teol.*) amministrare la comunione // *v.intr.* **1** essere in rapporto con qlco.: *— per lettera.* SIN. corrispondere, conversare **2** essere in contatto, in comunicazione: *due canali comunicanti* // **-arsi** *v.rifl.pron.* **1** l'*entusiasmo si comunica facilmente* **2** (*teol.*) ricevere la comunione.

comunicativa *s.f.* naturale facilità a comunicare con gli altri.

comunicativo *agg.* **1** che si può comunicare con facilità **2** che ha facilità a esprimersi, cordiale (detto di persona).

comunicato *s.m.* notizia, informazione ufficiale o volontariamente pubblicata.

comunicazione [-zió-] *s.f.* l'atto del comunicare; il mezzo per cui si comunica; la cosa comunicata: *— telefonica,* collegamento, conversazione; *— telegrafica,* collegamento, dispaccio.

comunione [-nió-] *s.f.* **1** comunanza: *la — dei beni, delle idee* **2** (*teol.*) il sacramento dell'eucaristia; il momento della messa in cui il celebrante si comunica: *dare, amministrare la —* **3** (*dir.*) concorso di più diritti o proprietà su un medesimo bene.

comunismo [-ſmo] *s.m.* dottrina che propugna la collettivizzazione dei mezzi di produzione e la distribuzione dei beni prodotti secondo i bisogni di ciascuno.

comunista *agg.* e *s.m.* e *f.* [pl.m. *-i*] chi professa il comunismo.

comunistico [-ni-] *agg.* [pl.m. *-ci*] del comunismo.

comunistizzare [-stiʒʒa-] *v.tr.* convertire o conquistare al comunismo.

comunità *s.f.invar.* aggregato di persone che hanno comuni origini, idee o interessi.

comunitario [-tà-] *agg.* della comunità: *spirito —.*

comunque *avv.rel.* di modo in qualunque modo nel quale: *non riuscirai a vincermi, — tu faccia* // *cong. coordinativa avversativa* tuttavia: *non sarei venuto, — dovevate avvertirmi.*

con [cón] *prep.* [può unirsi agli articoli determinativi *il* e *i* formando le preposizioni articolate *col* e *coi*; negli altri casi prevalgono le forme separate *con lo, con la, con gli, con le*] serve alla formazione di vari complementi **1** compl. di compagnia: *partire con gli amici* **2** compl. di unione: *uscire con l'ombrello; arrosto con patate / le espressioni quattro con, due senza* ecc., con ellissi della parola *timoniere,* indicano vari tipi di imbarcazione da canottaggio **3** compl. di relazione: *affettuoso con i bambini* **4** esprime concomitanza o condizione accessoria: *alzarsi con l'alba; dormire con la finestra aperta* **5** compl. di qualità: *donna con i capelli biondi* **6** compl. di causa: *con il piede ingessato non potevo muovermi* **7** compl. di mezzo: *arrivare col piroscafo; leggere con gli occhiali* **8** compl. di modo: *parlare con gentilezza* **9** compl. di paragone: *non voglio paragonarmi con te* **10** nell'uso familiare talvolta prende valore concessivo e significa *nonostante: con tutti i suoi guai è sempre sereno* **11** seguita dall'infinito equivale a un gerundio: *col leggere (leggendo) ti sei istruito.*

con- [cón] [dal lat. *cum = con*] prefisso usato in parole di origine latina e di formazione moderna per indicare unione, compagnia e simili; la *n* si assimila davanti a *l, r* e diventa *m* davanti a *m, p, b* (*condiscepolo, concittadino, corrispondente, compaesano*).

conativo *agg.* (*psic.*) che implica o riguarda un tentativo, uno sforzo per ottenere un risultato.

conato *s.m.* tentativo, sforzo: — *di vomito.*

conca [còn-] *s.f.* **1** recipiente a grande cavità, per fare il bucato o attingere acqua / — *idraulica*, grande bacino artificiale dal quale le navi, grazie a un sistema d'innalzamento e abbassamento del livello dell'acqua, possono passare in altri bacini soprastanti o sottostanti **2** (*geol.*) depressione della crosta terrestre.

concatenamento [-mén-] *s.m.* atto, effetto del concatenare (anche *fig.*).

concatenare *v.tr.* [*io concaténo* ecc.] collegare; (*fig.*) mettere in stretta connessione logica.

concatenazione [-zió-] *s.f.* l'effetto del concatenare (anche *fig.*): — *di idee.*

concausa [-càuʃa] *s.f.* causa che, aggiungendosi a un'altra, contribuisce a determinare un evento.

concavità *s.f.invar.* l'essere concavo; in un corpo, curvatura verso l'interno. CONTR. *convessità.*

concavo [còn-] *agg.* che si presenta cavo all'osservatore / *lenti concavo-convesse,* lenti convergenti con una faccia concava e una convessa. CONTR. *convesso.*

concedere [-cè-] *v.tr.* [pres. *io concèdo* ecc.; pass.rem. *io concèssi* o *concedéi* o *concedètti,* tu *concedésti* ecc.; p.pass. *concèsso* o *conceduto*] **1** permettere come grazia e favore; dare con degnazione: *gli concesse di rimanere;* — *un prestito* **2** accettare per vero: *dato e non concesso,* si dice di cosa ammessa solo come ipotesi. SIN. *ammettere.*

concento [-cèn-] *s.m.* (*lett.*) armonia di più voci o suoni.

concentramento [-mén-] *s.m.* atto, effetto del concentrare o del concentrarsi: — *di forze,* ammassamento di truppe; *campo di —,* luogo in cui sono rinchiusi in gran numero prigionieri spec. di guerra, politici ecc.

concentrare *v.tr.* [*io concèntro* ecc.] **1** raccogliere in un solo punto (anche *fig.*): — *le truppe;* — *ogni sforzo per risolvere il problema* **2** (*chim.*) in una soluzione, aumentare la quantità di un componente riducendo quella di altri // **-arsi** *v.rifl.* (*fig.*) raccogliere tutta la propria attenzione: — *nello studio.*

concentrato *agg.* raccolto in un solo punto; condensato (anche *fig.*) / *s.m.* miscela concentrata; conserva alimentare, spec. di pomodoro.

concentrazione [-zió-] *s.f.* **1** atto, effetto del concentrare o del concentrarsi **2** (*chim.*) quantità di una sostanza in una miscela o soluzione, di solito espressa in percentuale.

concentrico [-cèn-] *agg.* [pl.m. *-ci*] si dice di figure geometriche aventi il medesimo centro: *sfere concentriche* // **-mente** *avv.* in modo concentrico.

concepibile [-pì-] *agg.* che si può concepire con l'intelletto; credibile, non impossibile.

concepimento [-mén-] *s.m.* atto del concepire.

concepire *v.tr.* [*io concepisco,* tu *concepisci* ecc.] **1** riferito a donna, rimanere incinta **2** (*fig.*) immaginare, ideare: — *un romanzo, un piano* **3** (*fig.*) accogliere nell'animo; comprendere: — *un desiderio; non riesco a — un comportamento simile!*

conceria [-rì-] *s.f.* luogo in cui si conciano le pelli.

concernere [-cèr-] *v.tr.* [manca del pass.rem. e del p. pass.] aver attinenza, aver relazione: *ho letto tutto quello che concerne l'argomento.* SIN. *riguardare.*

concertare *v.tr.* [*io concèrto* ecc.] **1** (*mus.*) accordare tra loro vari strumenti; predisporre l'accordo tra gli esecutori di un pezzo: — *i legni con gli ottoni; il maestro concerterà la sinfonia* **2** stabilire qlco. d'accordo con altri, per lo più in segreto: — *un programma, una beffa* // **-arsi** *v.rifl.* (*non com.*) accordarsi per fare qlco.

concertato *s.m.* (*mus.*) in un'opera lirica, pezzo d'assieme realizzato dai solisti, dall'orchestra e dal coro.

concertatore [-tó-] *agg. e s.m.* [f. *-trice*] (*mus.*) che o chi concerta: *maestro —,* che prepara l'accordo tra gli orchestrali // *s.m.* chi ordisce, macchina qlco.: — *di imbrogli.*

concertazione [-zió-] *s.f.* (*mus.*) il concertare.

concertina *s.f.* (*mus.*) strumento a mantice affine alla fisarmonica.

concertista *s.m. e f.* [pl. *-i*] chi canta o suona da solo in un concerto.

concertistico [-tì-] *agg.* [pl.m. *-ci*] del concerto: *stagione concertistica.*

concerto [-cèr-] *s.m.* **1** trattenimento musicale: *sala dei concerti; andare a un —* **2** composizione musicale in più tempi, in cui ha rilievo uno strumento solista: — *per pianoforte e orchestra* **3** suono, anche sgradevole, di più voci o strumenti **4** accordo, intesa / *di —,* d'accordo.

concessionario [-nà-] *agg. e s.m.* che o chi ha ricevuto in concessione appalti, imprese e simili o in esclusiva il diritto di vendita di una merce in una data zona.

concessione [-sió-] *s.f.* **1** atto, effetto del concedere; permesso, condiscendenza **2** atto della pubblica amministrazione per il quale un privato acquista il diritto a svolgere un'attività di interesse pubblico: — *mineraria; trasporti in —* **3** territorio in cui uno stato, pur mantenendovi la propria sovranità, rinuncia ai poteri di governo in favore di uno stato straniero.

concessivo *agg.* che esprime concessione / *proposizione concessiva,* esprime la circostanza nonostante la quale avviene il fatto espresso nella proposizione reggente (p.e. *benché fosse ammalato, si accinse al viaggio*).

concessore [-só-] *s.m.* [f. *conceditrice*] chi concede, chi dà in concessione.

concettismo [-ʃmo] *s.m.* modo di scrivere complicato ed elaborato, proprio degli scrittori del Seicento.

concetto [-cèt-] *s.m.* **1** ciò che è concepito dall'intelletto, che è oggetto o prodotto di pensiero: *opera ricca di concetti; esprime con difficoltà i suoi concetti / impiegato di —,* quello che fa scelte e assume responsabilità (contrapposto a *impiegato d'ordine*) **2** nozione logica dei caratteri essenziali di un oggetto: *il — di cavallo, di fiume, di triangolo* **3** opinione, giudizio: *avere un buon, un cattivo — di qlcu. / essere in — di santità,* aver fama di santo.

concettosità *s.f.invar.* l'essere concettoso.

concettoso [-tó-] *agg.* denso di concetti.

concettuale *agg.* del concetto.

concezione [-zió-] *s.f.* **1** il concepire / *l'immacolata concezione,* secondo la teologia cattolica, il privilegio della Madonna di essere stata concepita senza peccato originale **2** il concepire con la mente; pensiero concepito, concetto: *è sicuro nella — delle sue idee.*

conchiglia [-chi-] *s.f.* astuccio calcareo ricoprente il corpo di molti molluschi.

conchino *s.m.* gioco di carte simile al ramino.

conchiudere [-chiù-] *v.tr.* [coniugato come *chiudere*] → **concludere.**

concia [còn-] *s.f.* [pl. *-ce*] trattamento che si fa ad alcuni prodotti vegetali e alle pelli animali per poterle conservare e utilizzare.

conciare *v.tr.* [*io cóncio* ecc.] **1** trattare pelli, tabacco o altro con la concia **2** accomodare, assettare (spec. *fig.iron.*), quindi ridurre male, maltrattare, rovinare) / — *qlcu. per le feste,* ridurlo a mal partito // **-arsi** *v.rifl.*

ridursi; vestirsi o apparire in qualche modo particolare; sporcarsi.

conciato *agg.* **1** che è stato sottoposto a conciatura **2** (*fig.*) guastato, mal ridotto.

conciatore [-tó-] *s.m.* [f. *-trice*] chi fa il mestiere di conciare le pelli o altro.

conciatura *s.f.* operazione, effetto del conciare.

concierge [*franc.*; *pr.* consièrj] *s.m.* portiere, custode degli alberghi e delle abitazioni di un certo lusso.

conciliabile [-lià-] *agg.* che si può conciliare.

conciliabilità *s.f.invar.* l'essere conciliabile.

conciliabolo [-lià-] *s.m.* adunanza, spesso segreta, a fini non buoni.

conciliante *agg.* che tende a conciliare, a venire a un accordo; arrendevole.

conciliare[1] *v.tr.* [*io concìlio ecc.*] **1** mettere d'accordo fra loro persone o cose contrastanti / — *una contravvenzione*, estinguerla pagando. SIN. *accordare* **2** favorire, promuovere: *la lettura concilia il sonno* / *conciliarsi la stima, la benevolenza di qlcu.*

conciliare[2] *agg.* che riguarda il concilio (della chiesa): *i padri conciliari.*

conciliativo *agg.* che mira a conciliare, a sanare un disaccordo: *procedimento —.*

conciliatore [-tó-] *agg.* e *s.m.* [f. *-trice*] che o chi concilia / *giudice —*, (*dir.*) quello che, in ogni comune, prevede a risolvere le controversie civili di modesta entità.

conciliazione [-zió-] *s.f.* atto, effetto del conciliare / *la Conciliazione*, l'accordo tra lo stato italiano e il Vaticano (11-2-1929).

concilio [-cì-] *s.m.* adunanza dei vescovi con il papa per definire questioni riguardanti la fede, la morale e la disciplina.

concimaia [-mà-] *s.f.* serbatoio in cui si raccoglie il letame asportato dalla stalla.

concimare *v.tr.* cospargere di concime.

concimatura *s.f.* operazione e tempo del concimare.

concimazione [-zió-] *s.f.* operazione, effetto del concimare.

concime *s.m.* sostanza fertilizzante naturale (*letame*) o artificiale, usata in agricoltura.

concinnità *s.f.invar.* (*lett.*) eleganza, armonia dello stile letterario.

concio[1] [cón-] *s.m.* pietra squadrata, pronta per l'impiego nelle costruzioni.

concio[2] [cón-] *s.m.* letame.

concionare *v.intr.* [*io concióno ecc.*] tenere concioni (spesso *iron.*).

concionatore [-tó-] *agg.* e *s.m.* [f. *-trice*] (*rar.*) che o chi conciona.

concione [-ció-] *s.f.* arringa, solenne discorso tenuto in pubblico (spesso *iron.*).

conciossiaché *cong.*, **conciossiacosaché** *cong.* (*ant.*) poiché, giacché.

concisione [-ʃió-] *s.f.* qualità di ciò che è conciso. SIN. *stringatezza, brevità.*

conciso [-ʃo] *agg.* si dice di discorso o scritto espresso con poche ma efficaci parole. SIN. *stringato, breve //* **-mente** *avv.* in modo conciso.

concistoriale *agg.* del concistoro.

concistoro [-stó-] *s.m.* assemblea di cardinali convocati dal papa per trattare argomenti di grande importanza; il luogo ove la riunione si tiene.

concitare *v.tr.* [*io cóncito ecc.*] (*lett.*) suscitare, provocare.

concitato *agg.* agitato da forte emozione: *voce concitata.* SIN. *eccitato //* **-mente** *avv.* in modo concitato.

concitazione [-zió-] *s.f.* l'essere concitato. SIN. *foga, impeto.*

concittadino *s.m.* chi è della stessa città.

conclamare *v.tr.* (*lett.*) acclamare insieme.

conclave *s.m.* luogo dove i cardinali si riuniscono per eleggere il papa; la riunione stessa, e l'insieme dei cardinali che partecipano a detta elezione.

conclavista *s.m.* [pl. *-i*] un cardinale del conclave, o il suo assistente.

concludente [-dèn-] *agg.* che approda a un risultato; che convince, che persuade.

concludere [-clù-] *v.tr.* [*pass.rem. io conclusi o conchiusi, tu concludésti o conchiudésti ecc.*; *p.pass. concluso o conchiuso*] condurre a termine, concretare; finire, terminare: *— un affare, una lettera / assol.* operare con profitto; negli sport di squadra, segnare un punto: *oggi ho lavorato molto ma senza —*; *un attaccante che non sa — //* *v.intr.* dedurre, argomentare, venire alla conclusione: *abbiamo concluso che non deve essere molto ricco //* **-ersi** *v.rifl.pron.* aver fine.

conclusionale [-ʃio-] *agg.* (*dir.*) nel processo civile, si dice di un atto contenente le ragioni e le richieste di una delle parti: *comparsa —.*

conclusione [-ʃió-] *s.f.* **1** atto, effetto del concludere o del concludersi; fine, chiusa: *la — della guerra, di un libro / in —*, insomma, in sostanza **2** decisione, chiarimento **3** negli sport di squadra, punto segnato.

conclusivo [-ʃi-] *agg.* che conclude: *fase conclusiva.*

concoide [-còi-] *agg.* che ha forma di conchiglia *// s.f.* (*mat.*) particolare curva algebrica.

concomitante *agg.* che accompagna: *circostanza, causa —.*

concomitanza *s.f.* **1** l'essere concomitante **2** coincidenza fortuita.

concordanza *s.f.* **1** accordo, conformità: *fra quelle due persone non c'è — di opinioni.* SIN. *concordia* **2** (*gramm.*) il complesso delle norme sintattiche che regolano l'accordo di parole che nella proposizione o nel periodo hanno connessione fra di loro. L'attributo, p.e., concorda in genere e numero col nome cui si riferisce (*le belle sale del grande palazzo*; *gli alunni buoni e diligenti meritano un premio*); il verbo concorda in numero col soggetto (*i giovani amano gli ideali*; *noi andiamo spesse volte alla partita di calcio*) **3** *spec. pl.* repertorio alfabetico delle parole usate in un'opera o da un autore con l'indicazione dei passi ove figurano.

concordare *v.tr.* [*io concòrdo ecc.*] **1** accordare, mettere d'accordo: *— il verbo col soggetto* **2** stabilire di comune accordo: *abbiamo concordato il prezzo //* *v. intr.* essere d'accordo, accordarsi: *le nostre opinioni non concordano.*

concordatario [-tà-] *agg.* del concordato, fissato dal concordato.

concordato *s.m.* **1** accordo, convenzione, patto; *spec.* quello fra l'imprenditore insolvente e i suoi creditori per evitare il fallimento **2** accordo tra il papa e il capo di uno stato per regolare la posizione giuridica della chiesa in quello stato.

concorde [-còr-] *agg.* che concorda, che è in accordo. SIN. *conforme.* CONTR. *discorde.*

concordia [-còr-] *s.f.* conformità di sentimenti, idee, propositi tra due o più persone. SIN. *accordo, concordanza, armonia.* CONTR. *discordia.*

concorrente [-rèn-] *agg.* che concorre: *causa —*, che tende al medesimo fine; *linee concorrenti*, (*geom.*) si dice di due linee che hanno un punto in comune *// s.m.*

e *f.* **1** chi prende parte a una gara, a un concorso **2** chi opera in concorrenza commerciale.

concorrenza [-rèn-] *s.f.* **1** il concorrere, spec. nel campo commerciale, gareggiando cioè per produrre e vendere in maggior quantità **2** l'insieme dei concorrenti.

concorrenziale *agg.* della concorrenza: *regime —.*

concorrere [-cór-] *v.intr.* [coniugato come *correre*] **1** andare tutti insieme da parti diverse, verso lo stesso luogo: *molta folla concorreva al santuario* **2** collaborare al raggiungimento di uno scopo, partecipare; cooperare: *non vollero — alla spesa; molte ragioni concorrono a farmi decidere.* SIN. contribuire **3** gareggiare per il conseguimento e il possesso di qlco.: *— a una cattedra.*

concorso [-cór-] *s.m.* **1** il concorrere, l'affluire: *grande — di visitatori* **2** il collaborare in qlco.; l'intervento contemporaneo di più fatti o elementi / *— in un reato* / *— di prove* **3** gara, competizione ufficiale, in cui si assegnano incarichi o benefici: *bandire un —; vincere un —.*

concretare *v.tr.* [io *concrèto* ecc.] rendere concreta un'idea astratta; realizzare qlco.

concretezza [-téz-] *s.f.* l'essere concreto. CONTR. *astrattezza.*

concretizzare [-tiʒʒa-] *v.tr.* concretare.

concreto [-crè-] *agg.* **1** conoscibile mediante l'esperienza; determinato, reale: *un fatto —* / *nomi concreti,* (*gramm.*) quelli che indicano oggetti reali. CONTR. *astratto* **2** compatto, che mantiene uniti tutti i suoi elementi: *sostanze concrete* // **-mente** *avv.* in modo concreto.

concrezione [-zió-] *s.f.* deposito di calcare, silice o altro minerale su un corpo estraneo.

concubina *s.f.* donna che vive in concubinato.

concubinato *s.m.* condizione di coloro che vivono come coniugi senza essere uniti in matrimonio.

concubino *s.m.* uomo che vive in concubinato.

conculcabile [-cà-] *agg.* che si può conculcare.

conculcare *v.tr.* [io *conculco, tu conculchi* ecc.] calpestare (spec. *fig.*): *— i diritti altrui.*

concupire *v.tr.* [io *concupisco, tu concupisci* ecc.] desiderare con passione, bramare.

concupiscenza [-scèn-] *s.f.* desiderio appassionato di piaceri sensuali.

concussionario [-nà-] *s.m.* (*dir.*) colpevole di concussione.

concussione [-sió-] *s.f.* il reato del pubblico ufficiale che abusando del suo ufficio si fa dare o promettere denaro o altra utilità.

condanna *s.f.* **1** atto del condannare; la sentenza con cui si condanna; la pena cui si è condannati **2** (*fig.*) giudizio di biasimo. SIN. *disapprovazione, riprovazione.*

condannabile [-nà-] *agg.* che si può o si deve condannare.

condannare *v.tr.* **1** giudicare colpevole; imporre una pena, una sanzione; (*fig.*) costringere / *è stato ormai condannato dai medici,* dichiarato inguaribile **2** (*fig.*) biasimare. SIN. *disapprovare, riprovare.*

condannato *agg.* e *s.m.* che o chi è stato colpito da una condanna.

condebitore [-tó-] *s.m.* [f. *-trice*] chi è debitore con altri di uno stesso creditore.

condensabile [-sà-] *agg.* che si può condensare.

condensabilità *s.f.invar.* l'essere condensabile.

condensamento [-mén-] *s.m.* atto, effetto del condensare o del condensarsi.

condensare *v.tr.* [io *condènso* ecc.] **1** render denso, compatto **2** (*fig.*) riassumere // **-arsi** *v.rifl.pron.* diventare denso.

condensato *agg.* **1** che è stato reso denso: *gas —* **2** riassunto: *quella rivista riporta molti libri condensati.*

condensatore [-tó-] *s.m.* apparecchio atto a raccogliere e condensare qlco.: *— elettrico,* apparecchio atto a immagazzinare cariche elettriche; *— del vapore,* destinato alla condensazione di un vapore al fine di recuperare il fluido [*ill. Chimico, laboratorio*]; *— ottico,* sistema ottico convergente che raccoglie e concentra i raggi provenienti da una fonte luminosa [*ill. Microscopio, Cinematografia*].

condensazione [-zió-] *s.f.* **1** atto, effetto del condensare o del condensarsi **2** (*fis.*) passaggio dallo stato gassoso a quello liquido per mezzo di compressione o raffreddamento **3** (*chim.*) reazione per cui due o più molecole si uniscono eliminando acqua.

condeterminante *agg.* che concorre a determinare qlco.: *cause condeterminanti.*

condilo [còn-] (*anat.*) prominenza tondeggiante di un osso, che si inserisce nella cavità di un altro osso con il quale si articola: *— femorale.*

condiloma [-lò-] *s.m.* [pl. *-i*] escrescenza che si forma sulla pelle o sulle mucose delle regioni genitali, probabilmente per infezione virale; è chiamata popolarmente cresta di gallo.

condimento [-mén-] *s.m.* atto, effetto del condire; la sostanza usata per condire.

condire *v.tr.* [io *condisco, tu condisci* ecc.] rendere un cibo più gustoso con l'aggiunta di qualche sostanza: *— l'insalata.*

condirettore [-tó-] *s.m.* [f. *-trice*] chi dirige con altri qlco.: *— di un giornale.*

condiscendente [-dèn-] *agg.* arrendevole, indulgente. SIN. *compiacente.*

condiscendenza [-dèn-] *s.f.* l'essere condiscendente; concessione.

condiscendere [-scén-] *v.tr.* [coniugato come *scendere*] essere arrendevole; consentire.

condiscepolo [-scé-] *s.m.* chi è discepolo con altri dello stesso maestro.

condividere [-vì-] *v.tr.* [coniugato come *dividere*] dividere con altri, avere in comune: *condivido le tue opinioni,* le approvo.

condizionale *agg.* che esprime condizione o è sottoposto a condizione: *libertà, modo —* // *s.m.* (*gramm.*) modo del verbo indicante che l'azione espressa dal verbo dipende dall'avverarsi di certe condizioni: *vi andrei, se fossi invitato; sarei venuto, se non fossi stato malato.* In italiano il condizionale ha due tempi: *presente* (p.e. *amerei, verrei*) e *passato* (p.e. *avrei amato, sarei venuto*) // *agg.* e *s.f.* (*dir.*) si dice della sospensione della pena per chi non abbia commesso in precedenza altri reati: *condanna —; beneficiare della —.*

condizionamento [-mén-] *s.m.* il condizionare: *— dell'aria.*

condizionare *v.tr.* [io *condizióno* ecc.] **1** far dipendere da certe condizioni: *non — le tue decisioni ai desideri altrui* **2** confezionare, imballare merci deperibili per proteggerle / *— l'aria,* ricambiare e purificare l'aria degli ambienti chiusi con un dispositivo speciale.

condizionato *agg.* **1** subordinato a certe condizioni: *la ripresa delle trattative era condizionata alla caduta delle pregiudiziali* **2** si dice di merci preparate in modo da preservarle da deperimento / *aria condizionata,* che ne gli ambienti chiusi, grazie a speciali dispositivi è soggetta a ricambio, depurazione e stabilizzazione di temperatura.

condizionatore [-tó-] *s.m.* apparecchio per condizionare l'aria.

condizione [-zió-] *s.f.* **1** circostanza che si deve verificare perché si verifichi un altro fatto: *verrò, a — che ci siano tutti* **2** limitazione, riserva con cui si consente a qlco.: *fissare le condizioni d'armistizio* **3** stato in cui si trova una persona o una cosa: *— di salute; il tuo vestito è in condizioni pietose / essere in — di fare qlco.,* avere la possibilità di farla.

condoglianza *s.f.* **1** il condolersi **2** spec. *pl.* le parole con cui ci si conduole.

condolersi [-lér-] *v.rifl.pron.* [coniugato come *dolersi*] (*lett.*) esprimere dolore per le disgrazie altrui; rammaricarsi.

condominiale *agg.* del condominio: *regolamento —.*

condominio [-mi-] *s.m.* **1** proprietà in comune di beni immobili, spec. di fabbricati. SIN. *comproprietà* **2** edificio avente più proprietari.

condomino [-dò-] *s.m.* chi ha diritto di proprietà in un condominio. SIN. *comproprietario.*

condonabile [-nà-] *agg.* che si può condonare.

condonare *v.tr.* [*io condóno ecc.*] rimettere una pena o un debito.

condono [-dó-] *s.m.* il condonare: *ha ottenuto il — ed è uscito di prigione.*

condor [còn-] *s.m.invar.* grosso avvoltoio delle Ande, di colore nero con bordi delle ali e collare bianchi (*fam.* Catartidi).

condotta [-dót-] *s.f.* **1** modo di comportarsi: *una — esemplare.* SIN. *comportamento, contegno* **2** guida, comando: *sotto la — di Napoleone* **3** modo di condurre un'azione, un lavoro ecc.: *un'accorta — di gioco* **4** incarico e circoscrizione di medico o veterinario stipendiato dal comune **5** canale o tubazione per convogliare acque: *— forzata,* grossa tubatura in cui l'acqua, cadendo dall'alto, scorre con forza e alimenta centrali idroelettriche.

condottiero [-tiè-] *s.m.* **1** comandante di eserciti e guida di un popolo **2** nel medioevo, capitano di ventura.

condotto[1] [-dót-] *agg.* si dice di medico titolare di una condotta.

condotto[2] [-dót-] *s.m.* **1** tubo entro il quale scorre un liquido (*anat.*) canale: — *acustico, epatico.*

condrioma [-drió-] *s.m.* [pl. *-i*] parte del citoplasma cellulare che si presenta sotto forma di filamenti o di granuli.

condrite *s.f.* (*med.*) processo infiammatorio di una cartilagine.

condroma [-drò-] *s.m.* [pl. *-i*] tumore costituito da cellule della cartilagine.

conducente [-cèn-] *s.m.* chi guida veicoli, spec. di servizio pubblico: *il — del tram.*

conducibile [-ci-] *agg.* che può essere condotto.

conducibilità *s.f.invar.* → **conduttività.**

condurre *v.tr.* [pres. *io conduco, tu conduci ecc.*; pass. rem. *io condussi, tu conducésti ecc.*; p.pass. *condótto*] **1** portare: *l'ozio conduce alla rovina; devo — a scuola i ragazzi* **2** guidare; governare: *Luigi non sa — l'automobile;* — *un'azienda,* dirigerla **3** essere in vantaggio (nel linguaggio sportivo): *la Juventus conduce per una rete a zero* **4** (*fis.*) avere la proprietà di far passare il calore o l'elettricità: *questo filo non conduce bene l'elettricità //*

v.intr. terminare, aver capo: *questa strada conduce a Pavia // -**ursi** v.rifl.* comportarsi: *si condusse da gran signore.*

conduttanza *s.f.* (*elettr.*) grandezza elettrica inversa della resistenza.

conduttività *s.f.invar.* (*fis.*) proprietà di un corpo di far passare calore o elettricità.

conduttore [-tó-] *agg.* [f. *-trice*] che conduce / *filo —,* che serve da guida in una ricerca *// s.m.* **1** chi, per mestiere, guida veicoli / — *del treno,* agente addetto al controllo dei biglietti **2** affittuario, chi prende in affitto **3** (*fis.*) corpo caratterizzato da elevata conduttività termica e elettrica.

conduttura *s.f.* insieme di tubi e condotti che s'impiegano per il trasporto, in determinate località, di acqua, gas e simili.

conduzione [-zió-] *s.f.* **1** atto, effetto del condurre **2** il prendere in affitto un bene **3** (*fis.*) passaggio di calore o di elettricità attraverso un corpo.

conestabile [-stà-] *s.m.,* **connestabile** [-stà-] *s.m.* nel medioevo, alto dignitario di corte o comandante delle milizie.

confabulare *v.intr.* [*io confàbulo ecc.*] parlare con qlcu. familiarmente o con segretezza.

confabulazione [-zió-] *s.f.* atto, effetto del confabulare.

confacente [-cèn-] *agg.* conveniente, opportuno.

confarsi *v.rifl.pron.* [coniugato come *fare;* si usa solo nella terza persona sing. e pl.] essere conveniente o giovevole.

confederale *agg.* di confederazione.

confederalità *s.f.invar.* la fedeltà a uno spirito confederale, contrapposta a tendenze corporative, nazionalistiche ecc.

confederare *v.tr.* [*io confèdero ecc.*] unire in confederazione *// -**arsi** v.rifl.* unirsi in confederazione.

confederativo *agg.* che è atto a confederare; che è proprio di una confederazione: *patto —.*

confederato *agg.* e *s.m.* che o chi è unito in una confederazione.

confederazione [-zió-] *s.f.* **1** il confederare, il confederarsi **2** unione politica di più stati, attuata con la creazione di organi comuni: *Confederazione Elvetica* **3** unione di più enti per raggiungere finalità comuni: *Confederazione Generale Italiana del Lavoro.*

conferenza [-rèn-] *s.f.* **1** discorso che si tiene in pubblico su un argomento letterario, scientifico, politico e simili / — *stampa,* intervista concessa a giornalisti **2** riunione di persone qualificate per trattare argomenti specifici.

conferenziere [-ziè-] *s.m.* chi tiene una conferenza.

conferimento [-mén-] *s.m.* atto del conferire.

conferire *v.tr.* [*io conferisco, tu conferisci ecc.*] dare, attribuire, assegnare, concedere: *gli conferirono un'alta onorificenza // v.intr.* discutere, ragionare, trattare.

conferma [-fér-] *s.m.* il confermare.

confermare *v.tr.* [*io confèrmo ecc.*] **1** rendere fermo, rafforzare: — *un dubbio, un sospetto* **2** provare la verità di qlco.: *i fatti confermano le parole* **3** ripetere cose già dette attestando l'attendibilità: *ti confermo l'invito* **4** riconoscere esatto, approvare: — *una sentenza* **5** mantenere in carica: — *qlcu. in servizio* **6** cresimare.

confermativo *agg.* che vale a confermare.

confermazione [-zió-] *s.f.* **1** atto, effetto del confermare **2** il sacramento della cresima, così detto perché conferma il cristiano nella fede.

confessare *v.tr.* [*io confèsso ecc.*] **1** riconoscere una colpa; ammettere: *confesso la mia ignoranza in proposi-*

to **2** dire i peccati al confessore **3** ascoltare, da parte del sacerdote, la confessione di qlcu. // **-arsi** *v.rifl.* fare la confessione.

confessionale *agg.* **1** che si riferisce alla confessione: *segreto* — **2** pertinente a una confessione religiosa, a una fede professata / *scuola* —, quella dipendente dall'autorità ecclesiastica // *s.m.* abitacolo in cui sta il sacerdote per amministrare il sacramento della confessione.

confessionalismo [-ʃmo] *s.m.* la tendenza a far prevalere ragioni di confessione religiosa sul piano morale, sociale, politico.

confessione [-sió-] *s.f.* **1** il confessare, l'ammettere la propria colpa: *fece piena* — *dei suoi delitti* **2** accusa dei peccati fatta al sacerdote per averne l'assoluzione **3** la fede religiosa professata: *è di* — *luterana.*

confesso [-fès-] *agg.* che ha confessato: *reo* —.

confessore [-só-] *s.m.* **1** sacerdote che confessa; *(fig.)* chi riceve le confidenze di qlcu. **2** *(lit.)* santo che non ha subito martirio.

confettare *v.tr.* [*io confètto ecc.*] ricoprire di zucchero; candire.

confettatura *s.f.* operazione del confettare.

confetteria [-ri-] *s.f.* **1** negozio di dolci, spec. di confetti **2** assortimento di confetti e simili.

confettiere [-tiè-] *s.m.* chi fabbrica o vende confetti e simili.

confetto [-fèt-] *s.m.* **1** mandorla, pistacchio o altro rivestiti di zucchero cotto / *presto mangerete i miei confetti*, presto mi sposerò **2** compressa medicinale analogamente confezionata.

confettura *s.f.* conserva dolce di frutta intera o a pezzi: — *d'amarene.*

confezionare *v.tr.* [*io confezióno ecc.*] eseguire, preparare; fare una confezione: — *una scatola di dolci, un pacco.*

confezionatore [-tó-] *s.m.* chi confeziona capi di abbigliamento, o scatole e pacchi di prodotti vari.

confezione [-zió-] *s.f.* **1** preparazione; in particolare, preparazione di prodotti (articoli d'abbigliamento, generi alimentari ecc.) in modo da renderli pronti per la vendita: — *di pacchi;* — *di biancheria* **2** *pl.* gli indumenti che si acquistano già fatti, nei negozi d'abbigliamento: *confezioni per signora.*

confezionista *s.m. e f.* [*pl.m. -i*] chi confeziona capi di abbigliamento; industriale delle confezioni; anche, chi lavora alla confezione di articoli vari.

conficcare *v.tr.* [*io conficco, tu conficchi ecc.*] far penetrare con forza una cosa dentro un'altra: — *un chiodo nel muro.*

confidare *v.intr.* aver fiducia: — *nella buona sorte* // *v.tr.* **1** dire qlco. in confidenza: *mi confidò il suo segreto.* SIN. *rivelare* **2** affidare // **-arsi** *v.rifl.* aprire il proprio animo, rivelare i propri segreti a qlcu.: *si confidava spesso con suo padre.*

confidente [-dèn-] *agg.* fiducioso, sicuro di sé // *s.m.* **1** persona cui si fanno abitualmente confidenze **2** spia, informatore della polizia.

confidenza [-dèn-] *s.f.* **1** il confidare; fiducia, sicurezza di sé **2** segreto confidato: *mi ha fatto una* — **3** intimità, amicizia, dimestichezza: *essere in* — *con qlcu.* SIN. *familiarità.*

confidenziale *agg.* **1** fatto o detto in confidenza; riservato: *un'informazione* — **2** amichevole // **-mente** *avv.* in modo confidenziale.

configgere [-fig-] *v.tr.* [coniugato come *figgere*] *(lett.)* conficcare, inchiodare.

configurare *v.tr.* rappresentare qlco. secondo una certa forma (detto spec. di opere letterarie o artistiche) // **-arsi** *v.rifl.pron.* assumere una forma, un aspetto.

configurazione [-zió-] *s.f.* **1** atto, effetto del configurare **2** *(geogr.)* aspetto esteriore di una parte della superficie terrestre.

confinante *agg.* che confina, che ha confini in comune; limitrofo // *s.m.* chi ha una proprietà adiacente a quella di un altro.

confinare *v.intr.* essere confinante, avere in comune un confine: *l'Italia confina con la Svizzera* // *v.tr.* mandare al confino; relegare // **-arsi** *v.rifl.* appartarsi.

confinario [-nà-] *agg.* di confine: *polizia confinaria.*

confine *s.m.* linea di demarcazione di una nazione, di una regione, di una proprietà e simili. SIN. *limite, termine, frontiera.*

confino *s.m.* *(dir.)* provvedimento di polizia, che costringe ad abitare in un luogo diverso dal comune di residenza, per un tempo determinato.

confisca *s.f.* il confiscare.

confiscabile [-scà-] *agg.* che si può confiscare.

confiscare *v.tr.* [*io confisco, tu confischi ecc.*] avocare allo stato la proprietà di ciò che è frutto di un reato o che è servito per commettere un reato: — *le merci di contrabbando.*

confiteor [-fi-] *s.m.invar.* preghiera, così chiamata dalla prima parola del testo, che si recita nella Messa, o quando ci si confessa / *dire, recitare il* —, riconoscersi colpevole di qlco.

conflagrare *v.intr.* prendere fuoco; divampare improvvisamente, detto di guerra e simili.

conflagrazione [-zió-] *s.f.* il conflagrare; *(fig.)* scoppio improvviso di una guerra: *si teme una* — *universale.*

conflitto [-fìt-] *s.m.* **1** urto violento: — *di idee, di interessi.* SIN. *lotta, cozzo, contrasto* **2** guerra: *il* — *anglo-boero.*

conflittuale *agg.* di conflitto politico o sociale; che presuppone o provoca tale conflitto: *soluzione* —; *politica* —.

conflittualità *s.f.invar.* presenza di conflitti politici o sociali; la tendenza ad alimentare tali conflitti.

confluente [-fluèn-] *s.m.* **1** si dice di un fiume e di un suo affluente, rispetto ad altro fiume principale in cui le acque di entrambi confluiscono **2** confluenza di fiumi.

confluenza [-fluèn-] *s.f.* il confluire; il punto in cui più fiumi, valli o strade s'incontrano e si uniscono.

confluire *v.intr.* [*io confluisco, tu confluisci ecc.*] **1** unirsi, detto di fiumi, valli, strade **2** *(fig.)* contribuire a qlco.: *nel suo libro confluiscono diverse esperienze letterarie.*

confondere [-fón-] *v.tr.* [coniugato come *fondere*] **1** mescolare insieme disordinatamente **2** scambiare per errore: *hai confuso il mio cappello con il tuo* **3** imbrogliare, far perdere il filo; umiliare, mortificare: — *le idee a qlcu.;* — *l'imputato con pesanti accuse.* SIN. *turbare, imbarazzare, disorientare* // **-ersi** *v.rifl.pron.* turbarsi, perdere il filo, smarrirsi.

conformabile [-mà-] *agg.* che si può conformare; adattabile.

conformare *v.tr.* [*io confórmo ecc.*] **1** dare forma proporzionata alle parti **2** adattare // **-arsi** *v.rifl.* **1** agire in conformità a qlco. o a qlcu. **2** adattarsi.

conformazione [-zió-] *s.f.* **1** modo con cui la natura ha conformato qlco.: — *del terreno* **2** il conformarsi.

conforme [-fór-] *agg.* di forma uguale, simile / *copia*

— *all'originale*, del tutto uguale. SIN. *concorde, corrispondente.*

conformismo [-ʃmo] *s.m.* l'atteggiamento di chi si uniforma passivamente alle idee, alla mentalità, al comportamento dominante.

conformista *s.m.* [pl. *-i*] chi dà prova di conformismo.

conformistico [-mì-] *agg.* [pl.m. *-ci*] di conformismo; di, da conformista.

conformità *s.f.invar.* l'essere conforme / *in — di*, in modo conforme a.

confortante *agg.* che dà conforto, ristoro, coraggio: *risultato —*.

confortare *v.tr.* [*io confòrto ecc.*] **1** alleviare una pena; infondere forza, coraggio: *— i condannati a morte.* SIN. *consolare, incoraggiare* **2** dare ristoro fisico **3** avvalorare.

confortatore [-tó-] *s.m.* [f. *-trice*] chi conforta.

conforteria [-rì-] *s.f.* cappella destinata al conforto religioso dei condannati a morte.

confortevole [-té-] *agg.* **1** che conforta: *parola —* **2** che offre comodità: *appartamento —*.

conforto [-fòr-] *s.m.* **1** alleviamento di una pena, sollievo; incoraggiamento / *i conforti religiosi*, i sacramenti o altri atti rituali che una religione prevede per i moribondi. SIN. *consolazione* **2** comodità, agio.

confratello [-tèl-] *s.m.* **1** chi appartiene con altri a una confraternita **2** collega, compagno.

confraternita [-tèr-] *s.f.* associazione di fedeli per esercitare opere di pietà e di carità.

confricare *v.tr.* [*io confrìco o cònfrico, tu confrìchi o cònfrichi ecc.*] (*lett.* o *scient.*) strofinare.

confrontabile [-tà-] *agg.* che si può confrontare. SIN. *paragonabile, comparabile.*

confrontare *v.tr.* [*io confrónto ecc.*] prendere in esame due o più cose per giudicare se siano simili o differenti, e di quanto. SIN. *paragonare, comparare.*

confronto [-frón-] *s.m.* **1** atto, effetto del confrontare: *mettere a —* l'intelligenza di due persone / *— tra due testimoni*, (*dir.*) il loro contemporaneo esame da parte del giudice per scoprirne le eventuali contraddizioni / *nei confronti di qlcu.*, verso di lui. SIN. *paragone, comparazione* **2** (*sport*) competizione.

confucianesimo [-néʃi-] *s.m.* la dottrina morale e religiosa del cinese Confucio (551 ca - 479 a.C.).

confusionale [-ʃio-] *agg.* (*med.*) di dice di uno stato mentale di scarsa lucidità, di incertezza ideativa e di memoria.

confusionario [-ʃionà-] *agg.* e *s.m.* che o chi agisce senza regola, in modo disordinato.

confusione [-ʃió-] *s.f.* **1** atto, effetto del confondere: *— di idee, di oggetti.* SIN. *disordine, scompiglio, caos* **2** il confondersi per vergogna o simili: *arrossì e non riuscì a nascondere la sua —.* SIN. *turbamento, imbarazzo, disorientamento.*

confusionismo [-ʃioniʃmo] *s.m.* tendenza a parlare o agire in modo disordinato.

confusionista [-ʃio-] *agg.* e *s.m.* e *f.* [pl.m. *-i*] si dice di chi, di ciò che provoca continuamente confusione: *una politica —*.

confuso [-ʃo] *agg.* **1** che è in disordine, in confusione: *hai le idee confuse.* SIN. *disordinato, scompigliato, caotico* **2** che prova vergogna, imbarazzo. SIN. *turbato, imbarazzato, disorientato.*

confutabile [-tà-] *agg.* che può essere confutato.

confutare *v.tr.* [*io cònfuto ecc.*] dimostrare la falsità di un pensiero, di un discorso.

confutatore [-tó-] *s.m.* [f. *-trice*] chi confuta.

confutatorio [-tó-] *agg.* che serve a confutare.

confutazione [-zió-] *s.f.* il confutare; discorso o scritto con cui si confuta.

congedare *v.tr.* [*io congèdo ecc.*] **1** mandar via, lasciar partire: *— gli ospiti* **2** (*mil.*) inviare in congedo // **-arsi** *v.rifl.* andar via, accomiatarsi.

congedato *agg.* (*mil.*) collocato in congedo.

congedo [-gè-] *s.m.* **1** il congedare o il congedarsi / *dare il — a qlcu.*, mandarlo via / *prender — da qlcu.*, andarsene. SIN. *licenza, commiato* **2** (*mil.*) il rinviare alla sua occupazione il cittadino che ha adempiuto gli obblighi militari, o che è stato esonerato definitivamente da essi **3** permesso accordato a un impiegato di astenersi dal servizio **4** in poesia, la strofa più breve delle altre che serve da conclusione della canzone.

congegnare *v.tr.* [*io congègno ecc.*] mettere insieme abilmente le parti di un meccanismo, inventarlo, idearlo (anche *fig.*).

congegno [-gé-] *s.m.* **1** atto, effetto del congegnare: *— di questa macchina è interessante* **2** ordigno; meccanismo, dispositivo: *— di puntamento di un cannone.*

congelamento [-mén-] *s.m.* **1** atto, effetto del congelare o del congelarsi **2** (*med.*) lesione dei tessuti, provocata dall'azione di bassissime temperature.

congelare *v.tr.* [*io congèlo ecc.*] **1** rendere solido un liquido per effetto del freddo: *— l'acqua / — un credito*, (*econ.*) bloccarlo, far sì che il titolare non possa usarne **2** (*fig.*) fermare un fenomeno, una situazione impedendone ogni sviluppo: *— la situazione politica; — i salari //* **-arsi** *v.rifl.pron.* subire congelamento.

congelato *agg.* che ha subito congelamento / *cibi congelati*, sottoposti a bassissime temperature per garantirne una lunga conservazione.

congelatore [-tó-] *s.m.* nel frigorifero, il dispositivo che opera l'abbassamento di temperatura.

congenere [-gè-] *agg.* dello stesso genere.

congeniale *agg.* conforme all'indole, alle attitudini di qlcu.: *questo lavoro non mi è —.*

congenialità *s.f.invar.* l'essere congeniale.

congenito [-gè-] *agg.* che si ha sin dalla nascita: *malformazione congenita.* SIN. *innato, nativo.*

congerie [-gè-] *s.f.* ammasso disordinato di cose di varia natura: *— di notizie disparate.*

congestionare *v.tr.* [*io congestióno ecc.*] **1** provocare congestione **2** (*fig.*) ostacolare, intralciare con un affollamento eccessivo o disordinato: *i veicoli congestionano le strade.*

congestionato *agg.* **1** colpito da congestione: *organo —* **2** eccessivamente affollato, stipato: *gli ospedali sono congestionati.*

congestione [-stió-] *s.f.* **1** eccessivo aumento dell'afflusso di sangue o di altro liquido organico in una parte del corpo **2** ingombro causato da eccessivo concorso di persone o veicoli.

congettura *s.f.* opinione basata su apparenze o su indizi probabili: *fare una —; basarsi su congetture.* SIN. *supposizione, ipotesi.*

congetturabile [-rà-] *agg.* che può essere congetturato; che si può supporre, ipotizzare.

congetturale *agg.* che ha carattere di congettura, che si ricava per congettura.

congetturare *v.tr.* fare congetture, ricavare per via di congettura. SIN. *supporre.*

congiungere [-giùn-] *v.tr.* [coniugato come *giungere*] unire insieme, mettere in stretta relazione, collegare (anche *fig.*): — *il lago al mare con un canale*; — *in matrimonio* // **-ersi** *v.rifl.* reciproco unirsi / — *in cielo*, dopo la morte.

congiungimento [-mén-] *s.m.* atto, effetto del congiungere o del congiungersi.

congiuntiva *s.f.* membrana mucosa trasparente, che riveste la parte anteriore del globo dell'occhio e la parete interna delle palpebre.

congiuntivite *s.f.* (*med.*) infiammazione della congiuntiva.

congiuntivo *agg.* 1 che congiunge 2 (*gramm.*) di congiunzione: *locuzione congiuntiva* // *s.m.* (*gramm.*) modo del verbo che si adopera in proposizioni indipendenti o secondarie e, spec. nelle indipendenti, indica di frequente la possibilità o il desiderio che una data cosa avvenga (p.e. *credevo che ti avesse telefonato; se fosse tornata, lo saprei; vorrei che tu parlassi con me; corriamo!; che sia matto?; potessi star sempre in questa città!*).

congiunto *agg.* unito // *s.m.* parente.

congiuntura *s.f.* 1 punto in cui due cose sono unite insieme 2 circostanza, occasione, opportunità: — *dolorosa; sfruttare la* — / — *economica*, situazione particolare dell'economia nazionale o mondiale in un determinato periodo.

congiunturale *agg.* che si riferisce alla congiuntura economica.

congiunzione [-zió-] *s.f.* 1 atto, effetto del congiungere o del congiungersi / — *degli astri*, la posizione di due astri, rispetto alla Terra, quando hanno la stessa longitudine celeste 2 (*gramm.*) parte invariabile del discorso che serve a unire due proposizioni o due elementi simili di una proposizione. Le congiunzioni possono essere semplici (*e, né, se, ma ecc.*) o composte (*neanche, affinché, sebbene ecc.*); esistono anche locuzioni congiuntive (*dopo che, anche se ecc.*). Si distinguono in *coordinative*, che uniscono elementi simili o proposizioni dello stesso tipo (p.e. *mio padre e mia madre mi aiutano*), e *subordinative*, che stabiliscono un rapporto di dipendenza (p.e. *andrei se non avessi già un impegno*).

congiura *s.f.* accordo segreto fra più persone al fine di operare contro lo stato o chi lo governa; genericamente, ogni trama segreta. SIN. *cospirazione, complotto, intrigo, macchinazione.*

congiurare *v.tr.* fare una congiura; genericamente, operare, tramare contro qualcuno. SIN. *cospirare, complottare, intrigare, macchinare.*

congiurato *s.m.* chi partecipa a una congiura.

conglobamento [-mén-] *s.m.* 1 il conglobare, l'ammasso 2 (*econ.*) l'unificazione, nel salario, delle varie indennità corrisposte ai lavoratori.

conglobare *v.tr.* [*io conglòbo* o *cònglobo ecc.*] (*lett.*) ammassare; sommare insieme.

conglobazione [-zió-] *s.f.* atto, effetto del conglobare; conglobamento.

conglomerare *v.tr.* [*io conglòmero ecc.*] unire insieme più cose, agglomerare // **-arsi** *v.rifl.pron.* ammucchiarsi, unirsi.

conglomerato *s.m.* 1 ammasso, riunione di cose eterogenee (anche *fig.*): — *etnico, politico* 2 roccia formata da materiali grossolani, cementati insieme.

conglomerazione [-zió-] *s.f.* atto, effetto del conglomerare, del conglomerarsi.

congolese [-lé-] *agg.* del Congo // *s.m.* abitante del Congo.

congratularsi *v.rifl.pron.* [*io mi congràtulo ecc.*] rallegrarsi con qlcu. per qlco. che abbia conseguito o che torni a suo onore e vantaggio. SIN. *felicitarsi.*

congratulazione [-zió-] *s.f.spec.pl.* il congratularsi; le parole con cui ci si congratula. SIN. *rallegramento, felicitazione.*

congrega [-grè-] *s.f.* riunione di persone, per lo più con mire poco oneste.

congregare *v.tr.* [*io congrègo* o *còngrego, tu congrèghi* o *còngreghi ecc.*] adunare più persone per uno scopo determinato.

congregazione [-zió-] *s.f.* il congregare, il congregarsi; le persone congregate (spec. per scopi religiosi o di carità) / — *religiosa*, società di religiosi che pronunciano solo voti semplici / — *cardinalizia, sacra* —, ciascuna delle commissioni stabili di cardinali, che trattano i diversi affari della Santa Sede.

congregazionista *s.m.* e *f.* [pl.m. *-i*] chi appartiene a una congregazione religiosa.

congressista *s.m.* e *f.* [pl.m. *-i*] chi partecipa a un congresso.

congresso [-grès-] *s.m.* 1 riunione dei delegati di più stati per discutere gravi problemi politici: *il Congresso di Vienna* 2 riunione ufficiale dei cultori di una disciplina o degli iscritti a un partito.

congressuale *agg.* di congresso.

congrua [còn-] *s.f.* integrazione, da parte dello stato, del reddito di un beneficio ecclesiastico, per assicurare al titolare d'esso il minimo necessario alla sussistenza.

congruente [-gruèn-] *agg.* che ha congruenza.

congruenza [-gruèn-] *s.f.* convenienza, proporzione di una cosa con un'altra.

congruo [còn-] *agg.* che ha congruenza; conveniente, proporzionato: *ne ebbe un — compenso.*

conguagliamento [-mén-] *s.m.* (*rar.*) il conguagliare; conguaglio.

conguagliare *v.tr.* [*io conguàglio ecc.*] (*econ.*) pareggiare, spec. un compenso o un salario, togliendo quanto è in più o aggiungendo quello che manca.

conguaglio [-guà-] *s.m.* (*econ.*) l'operazione del conguagliare; la somma di denaro con cui si conguaglia.

coniare *v.tr.* [*io cònio ecc.*] 1 improntare con il conio monete o medaglie 2 mettere in circolazione una moneta 3 creare, inventare, spec. parole e locuz.: — *un aggettivo.*

coniatore [-tó-] *agg.* e *s.m.* [f. *-trice*] che o chi conia (anche *fig.*).

coniazione [-zió-] *s.f.* operazione del coniare; conio.

conica [cò-] *s.f.* (*mat.*) curva algebrica ottenuta dall'intersezione di un doppio cono con un piano.

conicità *s.f.invar.* l'essere conico.

conico [cò-] *agg.* [pl.m. *-ci*] avente forma di cono.

conidio [-ni-] *s.m.* (*bot.*) cellula che si stacca dal corpo vegetativo di un fungo per dare origine a un nuovo individuo.

conifera [-nì-] *s.f.* si dice di pianta sempreverde che produce frutti a forma di cono, come l'abete, il pino.

coniglicoltura *s.f.* l'allevamento dei conigli.

conigliera [-gliè-] *s.f.* recinto o gabbia in cui si allevano i conigli.

coniglio [-ni-] *s.m.* 1 mammifero roditore commestibile, con pelame di vario colore, coda breve, orecchie lunghe, zampe posteriori lunghe atte al salto; viene allevato per utilizzarne la carne e il pelo (*fam.* Leporidi): *colpo del* —, quello che si dà dietro il collo, per uccidere 2 (*fig.*) persona timida e molto paurosa.

conio [cò-] *s.m.* **1** matrice d'acciaio che reca intagliata l'immagine da imprimere sulle monete o medaglie; l'impronta che ne risulta **2** l'operazione del coniare (anche *fig.*): *moneta, vocabolo di nuovo* — **3** cuneo di ferro usato per spaccar legna o pietre.

coniugale *agg.* del matrimonio, dei coniugi; da coniuge: *affetto* — // **-mente** *avv.* come coniugi: *vivere* —.

coniugare *v.tr.* [*io còniugo, tu còniughi ecc.*] **1** unire la radice di un verbo a diversi suffissi per averne le diverse forme (persone, tempi e modi) **2** (*rar.*) unire in matrimonio; unire, mettere insieme: — *la chiarezza con il rigore scientifico* // **-arsi** *v.rifl.* sposarsi.

coniugato *agg.* unito in matrimonio (spec. come indicazione di stato civile).

coniugazione [-zió-] *s.f.* flessione di un verbo sulla base di alcune forme fondamentali.

coniuge [cò-] *s.m. e f.* ciascuna delle due persone unite tra loro in matrimonio.

connaturale *agg.* conforme alla natura; innato.

connaturare *v.tr.* far diventare naturale una qualità in qlcu.

connaturato *agg.* che è diventato natura; radicato, congenito.

connazionale *s.m. e f.* chi è della stessa nazione.

connessione [-sió-] *s.f.* atto, effetto del connettere (anche *fig.*): *non vedo* — *tra i due fatti.*

connesso [-nès-] *agg.* unito strettamente; collegato logicamente.

connettere [-nèt-] *v.tr.* [coniugato come *annettere*] unire insieme, concatenare, collegare (anche *fig.*): *il suo comportamento era connesso con quella situazione* / *assol.* collegare i propri pensieri in modo da formare un ragionamento.

connettivale *agg.* (*anat.*) formato di tessuto connettivo, o che ha relazione con esso.

connettivo *agg.* (*anat.*) si dice dei tessuti che, in un organismo, servono a collegare gli organi tra loro (p.e. adipe, cartilagine).

connivente [-vèn-] *agg.* che tacitamente consente a un'azione disonesta: *il guardiano era* — *con i ladri.*

connivenza [-vèn-] *s.f.* l'essere connivente; complicità.

connotativo *agg.* della, di connotazione: *valore* —.

connotato *s.m.* ciascuno di quei particolari segni esteriori per cui si può riconoscere una persona / *cambiare i connotati a qlcu.*, percuoterlo così da renderlo irriconoscibile.

connotazione [-zió-] *s.f.* il significato di una parola come è sentito da una singola persona o gruppo (si contrappone a *denotazione*): *questa parola ha per me una* — *spregiativa.*

connubio [-nù-] *s.m.* **1** matrimonio **2** (*fig.*) unione, alleanza politica.

cono [cò-] *s.m.* **1** solido geometrico, generato dalla rotazione di un triangolo rettangolo intorno a un suo cateto **2** tutto ciò che ha forma di cono / — *vulcanico*, la parte di un vulcano in cui s'apre un cratere / — *di deiezione*, in geologia, lo stesso che *conoide* / — *gelato*, porzione di gelato contenuta in una cialda a forma di cono.

conocchia [-nòc-] *s.f.* rocca per filare; la quantità di lana, lino o canapa avvolta sulla rocca.

conoide [-nòi-] *s.m.* **1** solido geometrico simile al cono **2** deposito alluvionale a forma di semicono, situato allo sbocco dei torrenti.

conopeo [-pè-] *s.m.* velo che in chiesa ricopre il ciborio e la pisside.

conoscente [-scèn-] *s.m. e f.* persona che si conosce.

conoscenza [-scèn-] *s.f.* **1** il conoscere: *ha una buona* — *dell'inglese* **2** cosa conosciuta: *le mie conoscenze in quel campo sono limitate.* SIN. *cognizione, nozione* **3** persona conosciuta: *è una mia vecchia* — **4** facoltà d'intendere e di ragionare; coscienza: *perdere la* —.

conoscere [-nó-] *v.tr.* [pres. *io conósco, tu conósci ecc.*; pass.rem. *io conóbbi, tu conoscésti ecc.*; p.pass. *conosciuto*] **1** intendere, sapere, avere piena cognizione o esperienza di qlco.: — *l'elettronica*; — *l'ambiente di lavoro* **2** distinguere, discernere: *non conosce ancora le lettere dell'alfabeto* **3** sapere chi è una persona o avere familiarità con essa: *conosco tuo zio / darsi a* — *per uno sciocco*, rivelarsi tale / — *i propri polli*, sapere con chi si ha a che fare **4** essere in grado d'intendere e ragionare: *l'ammalato non conosce più.*

conoscibile [-sci-] *agg.* che si può conoscere.

conoscitivo *agg.* che riguarda la conoscenza.

conoscitore [-tó-] *s.m.* [f. *-trice*] chi conosce; intenditore, esperto.

conosciuto *agg.* noto.

conquibus *s.m.invar.* (*scherz.*) denaro: *vorrei comprarmi l'automobile, ma mi manca il* —.

conquidere [-quì-] *v.tr.* [pass.rem. *io conquisi, tu conquidésti ecc.*; p.pass. *conquiso*] (*lett.*) vincere, conquistare (anche in senso *fig.*).

conquista *s.f.* **1** atto, effetto del conquistare **2** progresso, successo: *una nuova* — *della medicina* **3** successo in amore, e anche la persona così conquistata.

conquistare *v.tr.* **1** impadronirsi di qlco. con le armi **2** ottenere, raggiungere: — *la ricchezza, la felicità* **3** guadagnare la stima, la fiducia di qlcu.: *con i suoi modi ci ha conquistato tutti* **4** sedurre, far innamorare.

conquistatore [-tó-] *s.m.* [f. *-trice*] **1** chi conquista **2** chi ha fortuna in amore, chi facilmente fa innamorare di sé.

consacrare *v.tr.* **1** rendere sacro con un rito religioso; dedicare alla divinità: — *l'ostia*; — *una chiesa* **2** (*fig.*) rendere ufficialmente legittimo; riconoscere solennemente: *con il premio Nobel, lo hanno consacrato tra i massimi poeti viventi* **3** (*fig.*) dedicare: — *la vita alla scienza* // **-arsi** *v.rifl.* dedicarsi completamente.

consacrazione [-zió-] *s.f.* **1** il consacrare **2** secondo la religione cattolica, atto con cui, nella messa, la sostanza del pane e del vino è convertita, per mezzo del sacerdote, nel corpo e sangue di Cristo; la parte della messa in cui tale atto si compie.

consanguineità *s.f.invar.* parentela tra individui aventi uno o più progenitori comuni.

consanguineo [-gui-] *agg. e s.m.* che o chi è dello stesso sangue, della stessa stirpe.

consapevole [-pé-] *agg.* cosciente, informato: *è* — *di ciò che fa.* SIN. *conscio.* CONTR. *inconsapevole.*

consapevolezza [-léz-] *s.f.* l'essere consapevole. SIN. *coscienza.* CONTR. *inconsapevolezza.*

conscio [còn-] *agg.* che ha coscienza di qlco. SIN. *consapevole, cosciente.* CONTR. *inconscio.*

consecutivo *agg.* che viene subito dopo: *giorno* — / *congiunzione consecutiva*, che introduce una proposizione consecutiva (*cosicché*) / *proposizione consecutiva*, che indica la conseguenza di ciò che è espresso dalla proposizione reggente: *gridò tanto che perse la voce* // **-mente** *avv.* di seguito.

consecuzione [-zió-] *s.f.* (*rar.*) **1** successione di due fatti: — *di eventi* **2** conseguenza.

consegna [-sè-] *s.f.* **1** atto, effetto del consegnare: *pagare alla — / dare le consegne*, fare un trasferimento di atti amministrativi, oppure di procedure di lavoro da una persona a un'altra **2** ordine che un militare in servizio trasmette a chi prende il suo posto; per estens., ordine ricevuto: *sentinella fedele alla —* **3** (*mil.*) lieve punizione, con cui si priva un militare della libera uscita.

consegnare *v.tr.* [*io conségno ecc.*] **1** dare, affidare per uno scopo determinato: *— una lettera*; *— i truffatori alla giustizia* **2** (*mil.*) ordinare di non uscire dalla caserma.

consegnatario [-tà-] *s.m.* chi riceve qlco. in consegna.

conseguente [-guèn-] *agg.* **1** che segue, deriva: *disturbi conseguenti al lavoro eccessivo* **2** coerente // *s.m.* il secondo di due termini strettamente uniti in un rapporto // **-mente** *avv.* coerentemente; di conseguenza.

conseguenza [-guèn-] *s.f.* fatto che è provocato da un altro / *in — di*, a causa di. SIN. *effetto*.

conseguibile [-guì-] *agg.* che si può conseguire.

conseguimento [-mén-] *s.m.* il conseguire: *— della laurea*. SIN. *ottenimento, raggiungimento*.

conseguire *v.tr.* [coniugato come *seguire*] raggiungere uno scopo: *— la promozione*. SIN. *ottenere* // *v.intr.* venire come conseguenza: *l'epidemia conseguiva alla carestia; il licenziamento e tutto ciò che ne consegue*. SIN. *risultare, derivare*.

consenso [-sèn-] *s.m.* **1** il consentire, spec. a una cosa richiesta; approvazione: *dare il — alle nozze*. SIN. *consentimento, assenso* **2** conformità di voleri, opinioni: *— matrimoniale*, reciproca volontà di contrarre il matrimonio.

consensuale *agg.* di consenso, fatto con consenso reciproco: *separazione —*.

consentaneità *s.f.invar.* (*rar.*) l'essere consentaneo.

consentaneo [-tà-] *agg.* (*rar.*) conforme, corrispondente.

consentimento [-mén-] *s.m.* il consentire. SIN. *consenso*.

consentire *v.intr.* [*io consènto ecc.*] essere d'accordo: *non consento con voi*. SIN. *acconsentire, assentire* // *v.tr.* concedere, permettere.

consenziente [-zièn-] *agg.* che consente, che è dello stesso parere. SIN. *acquiescente*.

consequenziario [-zià-] *agg.* e *s.m.* che o chi deduce rigidamente le conseguenze logiche da un fatto o da una premessa, senza tener conto della realtà: *ragionamento —*.

conserto [-sèr-] *agg.* congiunto, intrecciato: *a braccia conserte*.

conserva¹ [-sèr-] *s.f.* **1** il conservare, spec. cibi: *tenere la frutta in —* **2** cibo preparato per essere conservato a lungo senza perdere le sue caratteristiche: *— di pomodoro* **3** recipiente o luogo in cui si conserva qlco.

conserva² [-sèr-] solo nella locuz.avv. *di conserva*, insieme: *procedere di —*.

conservabile [-và-] *agg.* che si può conservare, che è adatto alla conservazione.

conservante *agg.* e *s.m.* si dice di sostanze che, aggiunte a prodotti, spec. alimentari, ne impediscono o ritardano l'alterazione: *non contiene conservanti né coloranti*.

conservare *v.tr.* [*io consèrvo ecc.*] **1** tenere qlco. in modo che non si guasti o non si alteri: *— la frutta nel frigorifero* **2** tenere in serbo, custodire: *— il testamento del nonno*. SIN. *serbare* **3** avere ancora, non aver perduto: *— l'andatura giovanile* // **-arsi** *v.rifl.pron.* mantenersi in buono stato, in vigore, in salute.

conservativo *agg.* che vale o tende a conservare: *sequestro —*, sequestro preventivo di beni del debitore.

conservato *agg.* si dice di sostanze, spec. alimentari, che hanno ricevuto trattamenti atti a garantirne la conservazione nel tempo: *cibi freschi e conservati*.

conservatore [-tó-] *agg.* e *s.m.* [f. *-trice*] **1** che, conserva o vuole conservare *— partito —*, che si oppone a riforme e teme innovazioni politiche e sociali **2** funzionario a cui è affidata la cura di registri o di beni pubblici.

conservatoria [-rì-] *s.f.* l'ufficio di conservatore e la sede in cui si esercita.

conservatorio [-tò-] *s.m.* scuola statale in cui s'insegnano le discipline musicali.

conservatorismo [-ʃmo] *s.m.* tendenza a conservare gli ordinamenti e gli istituti tradizionali di uno stato, avversando le innovazioni.

conservazione [-zió-] *s.f.* atto, effetto del conservare e del conservarsi; stato in cui una cosa è conservata / *istinto di —*, attaccamento innato e naturale alla vita.

conserviero [-viè-] *agg.* che riguarda la produzione di conserve alimentari: *settore —, industria conserviera*.

conservificio [-fì-] *s.m.* stabilimento per la preparazione di conserve.

consesso [-sès-] *s.m.* assemblea di persone autorevoli. SIN. *adunanza*.

considerare *v.tr.* [*io considero ecc.*] **1** esaminare attentamente: *— il pro e il contro* **2** reputare, ritenere: *— qlcu. un buono a nulla*. SIN. *giudicare* **3** apprezzare, avere stima di qlcu.: *il professore lo considera molto*. SIN. *stimare* **4** (*dir.*) prevedere, contemplare: *il codice non considera questo caso*.

consideratezza [-téz-] *s.f.* abitudine ad agire dopo aver riflettuto. SIN. *prudenza, ponderatezza*.

considerato *agg.* prudente, cauto.

considerazione [-zió-] *s.f.* **1** atto, effetto del considerare: *prendere in — un problema*. SIN. *osservazione* **2** reputazione: *gode di molta —*. SIN. *stima, credito*.

considerevole [-ré-] *agg.* che è degno di considerazione; notevole, importante: *una somma —*.

consigliare *v.tr.* [*io consìglio ecc.*] dare un consiglio; indicare come consiglio: *ti consiglio di tacere*; *— un soggiorno in montagna* // **-arsi** *v.rifl.pron.* chiedere consiglio, consultare qlcu.: *— con un amico*.

consigliere [-gliè-] *s.m.* **1** chi consiglia: *cattivo —* **2** membro di un consiglio; funzionario dello stato o di ente privato: *— d'Ambasciata / — delegato*, chi, nel consiglio d'amministrazione di una società commerciale, è preposto a vigilare gli affari sociali.

consiglio [-sì-] *s.m.* **1** parere che si dà a qlcu. per aiutarlo in dubbi o difficoltà, o per indurlo a fare qlco. SIN. *suggerimento* **2** (*rar.*) risoluzione: *prendere un —* **3** organo composto da più persone, con funzioni deliberative o consultive: *— d'amministrazione*; *— dei ministri*; *— di fabbrica* (o *— dei delegati*), formato dai rappresentanti dei lavoratori.

consiliare *agg.* di, del consiglio: *assemblea —; sala —*.

consimile [-sì-] *agg.* simile.

consistente [-stèn-] *agg.* si dice di cosa densa, fitta, robusta: *una pasta —, una stoffa —*.

consistenza [-stèn-] *s.f.* l'essere consistente.

consistere [-sì-] *v.intr.* [pass.rem. *io consisté* o *consistètti, tu consistési ecc.*; p.pass. *consistito*] essere composto, risultare: *i tuoi averi consistono in una casa e un podere*.

consociare *v.tr.* [*io consòcio ecc.*] unire in società: *— due ditte*.

consociata *s.f.* azienda unita in società con una o più altre.

consociato *agg.* unito in società // *s.m.* socio, associato.

consociazione [-zió-] *s.f.* **1** associazione di più società **2** (*agr.*) coltivazione, sullo stesso terreno, di piante di specie diversa.

consocio [-sò-] *s.m.* chi con altri è nella stessa società: — *in affari*.

consolante *agg.* che dà consolazione, che rende felici: *annuncio* —.

consolare[1] *v.tr.* [*io consólo ecc.*] dare sollievo a un dolore morale: — *gli orfani.* SIN. *confortare* // **-arsi** *v. rifl.* **1** trovar sollievo, conforto **2** rallegrarsi: *mi consolo al vederti in buona salute.*

consolare[2] *agg.* del console, che spetta al console: *provincia* —.

consolato *s.m.* **1** nella magistratura romana, ufficio e dignità di console; durata della carica **2** ufficio del console in uno stato estero.

consolatore [-tó-] *agg. e s.m.* [f. *-trice*] che o chi consola.

consolatorio [-tò-] *agg.* atto a consolare.

consolazione [-zió-] *s.f.* **1** atto, effetto del consolare: *che* — *vederti!, che gioia! / premio di* —, di poco valore, che si dà a chi, in una gara, lotteria ecc., non ottiene i premi maggiori. SIN. *conforto* **2** persona che consola: *mio figlio sarà la* — *della mia vecchiaia.*

console[1] [còn-] *s.m.* **1** nella repubblica romana, ciascuno dei due sommi magistrati con carica annuale; nel medioevo, magistrato del comune con funzioni amministrative e giurisdizionali **2** agente diplomatico di uno stato estero, con funzioni prevalentemente amministrative.

console[2] [*franc.*; *pr.* consòl] *s.f.* **1** tavolino a due o a quattro gambe, lungo e stretto, da appoggiare alla parete come una mensola **2** in informatica e nelle telecomunicazioni, quadro di comando o di controllo manuale di impianti elettronici.

consolidamento [-mén-] *s.m.* **1** atto, effetto del consolidare o del consolidarsi **2** (*econ.*) trasformazione di un debito a breve in un debito a lunga scadenza.

consolidare *v.tr.* [*io consólido ecc.*] render solido (anche *fig.*): — *un terreno* / — *una posizione,* (*mil.*) organizzare una difesa sulle posizioni raggiunte dalle truppe attaccanti // **-arsi** *v.rifl.pron.* diventare solido (anche *fig.*).

consolidato *s.m.* (*econ.*) prestito contratto dallo stato a scadenza molto lunga o indeterminata.

consommé [*franc.*; *pr.* consomé] *s.m.* brodo ristretto di carne.

consonante *s.f.* suono linguistico che viene articolato con il canale vocale chiuso o semichiuso, e che non può formare sillaba da solo; lettera che rappresenta questo suono.

consonantico [-nàn-] *agg.* [pl.m. *-ci*] di consonante: *suono* —.

consonantismo [-ʃmo] *s.m.* l'insieme delle consonanti di una lingua.

consonanza *s.f.* **1** (*mus.*) accordo di suoni che non tende a risolversi in un altro, e dà impressione di riposo **2** (*fig.*) accordo di idee o sentimenti **3** rima imperfetta limitata ai suoni consonantici a partire dalla vocale accentata (p.e.: *vènto-cànto*).

consonare *v.intr.* [*io consuòno ecc.*] **1** sonare insieme; produrre consonanza **2** (*fig.*) convenire, essere conforme.

consono [còn-] *agg.* conforme, adeguato.

consorella [-rèl-] *s.f.* (*eccl.*) donna cha fa parte dello stesso ordine religioso o confraternita // *agg.* che appartiene alla stessa stirpe o categoria: *nazione* —.

consorte [-sòr-] *s.m. e f.* **1** coniuge: *la sua* — **2** (*lett.*) che ha la stessa sorte.

consorteria [-rì-] *s.f.* **1** (*st.*) nel medioevo, gruppo di famiglie nobili consanguinee associate con fini politici **2** (*spreg.*) gruppo politico che favorisce gli interessi privati invece di quelli collettivi.

consortile *agg.* di consorzio: dei consorzi: *politica* —.

consorziale *agg.* di consorzio.

consorziare *v.tr.* [*io consòrzio ecc.*] riunire in un consorzio: — *agricoltori, piccole industrie.*

consorziato *agg.* che fa parte di un consorzio.

consorzio [-sòr-] *s.m.* **1** (*lett.*) società: *il* — *civile; il* — *umano* **2** associazione di persone ed enti, spec. produttori agricoli, per incrementare la produzione e regolare la concorrenza sul mercato.

constare *v.intr.* [*io cònsto ecc.*] essere composto; consistere: *questo trattato consta di quaranta capitoli* // *v.intr. impers.* essere noto, risultare: *mi consta che non vi siete comportati bene.*

constatare *v.tr.* [*io constató o cònstato ecc.*] accertare, prendere atto di qlco.

constatazione [-zió-] *s.f.* atto, effetto del constatare.

consueto [-suè-] *agg.* solito, abituale: *la consueta visita ai parenti.* SIN. *abitudinario, usitato.* CONTR. *inconsueto* // *s.m.* consuetudine: *ha bevuto più del* — / *di* —, di solito.

consuetudinario [-nà-] *agg.* derivante da consuetudine, che corrisponde secondo consuetudine. SIN. *abitudinario.*

consuetudine [-tù-] *s.f.* **1** uso costante, abitudine: *è mia* — *alzarmi presto* **2** l'insieme degli usi e delle tradizioni di una società: *la* — *civile.* SIN. *usanza, costume* **3** familiarità di rapporti.

consulente [-lèn-] *s.m.* professionista, tecnico o esperto a cui si ricorre per consigli o giudizi.

consulenza [-lèn-] *s.f.* parere tecnico dato da un esperto; l'attività del consulente: — *legale.*

consulta *s.f.* **1** il consigliarsi con altri o con sé stessi: *dopo una rapida* — *si avviarono* **2** nome di organi o di collegi specializzati nel dar pareri: — *di stato.*

consultare *v.tr.* **1** domandare un consiglio o un parere: — *il medico* **2** esaminare qlco. per avere una notizia: — *un libro;* — *l'orologio, guardare l'ora* // **-arsi** *v.rifl.* prendere consiglio da qlcu.; scambiarsi un parere.

consultazione [-zió-] *s.f.* **1** atto, effetto del consultare o del consultarsi **2** serie di riunioni nelle quali gruppi di persone esprimono pareri su temi di comune interesse / — *popolare,* istituto giuridico per cui il popolo viene chiamato a esprimere il proprio parere su importanti questioni di interesse collettivo; spec. *pl.* colloqui che il presidente della repubblica ha con personalità politiche dei vari partiti prima di affidare a qlcu. l'incarico di formare un nuovo governo.

consultivo *agg.* di consulenza; che manifesta il suo parere ma non ha facoltà di decidere.

consulto *s.m.* visita fatta a un malato da più medici, riuniti per studiarne le condizioni e prescrivere la terapia.

consultore [-tó-] *s.m.* [f. *-trice*] **1** chi, su richiesta, dà il suo parere; consulente **2** membro di una consulta.

consultorio [-tò-] *agg.* di consultore, di consulto // *s.m.* luogo in cui periti forniscono la loro consulenza, per lo più su questioni sociali o igienico-sanitarie: — *antitubercolare;* — *familiare.*

consumare *v.tr.* **1** logorare per il troppo uso, finire a poco a poco: — *le scarpe* / — *un patrimonio*, sperperarlo **2** commettere, portare a compimento: — *un omicidio*; — *il sacrificio della messa* **3** mangiare: — *un pasto* // **-arsi** *v.rifl.* struggersi, logorarsi.

consumato *agg.* **1** pratico, abile, esperto: *imbroglione —*; *chirurgo —* **2** consunto, magro // *s.m.* brodo ristretto.

consumatore [-tó-] *s.m.* [f. *-trice*] **1** chi consuma **2** chi acquista e consuma i prodotti della natura e dell'industria per i propri fabbisogni.

consumazione [-zió-] *s.f.* **1** atto, effetto del consumare: *la — del delitto*; *sino alla — dei secoli*, sino alla fine del mondo **2** ciò che si consuma in un caffè o altro locale pubblico.

consumerismo [-fmo] *s.m.* attività organizzata di protezione dei consumatori da possibili abusi di produttori e commercianti.

consumismo [-fmo] *s.m.* **1** (*econ.*) il fenomeno, tipico dei paesi occidentali, per il quale gran parte delle risorse sono destinate a beni di consumo, la richiesta dei quali è sostenuta dalla pubblicità e dai mezzi di informazione di massa **2** per estens., la tendenza a spendere, ad acquistare cose anche non necessarie.

consumistico [-mi-] *agg.* [pl.m. *-ci*] del consumismo, legato al consumismo.

consumo *s.m.* **1** atto, effetto del consumare; ciò che si consuma **2** (*econ.*) atto con cui i beni economici sono utilizzati e consumati per il soddisfacimento dei bisogni.

consuntivo *agg.* che consuma // *s.m.* (*econ.*) rendiconto delle spese e delle entrate al termine di un esercizio (anche *fig.*).

consunto *agg.* consumato, logoro; sfinito.

consunzione [-zió-] *s.f.* progressivo deperimento, spec. fisico, organico.

consustanziale *agg.* (*teol.*) che è formato di una stessa sostanza.

consustanzialità *s.f.invar.* (*teol.*) l'unità e l'identità della sostanza nelle tre persone della trinità divina.

conta [cón-] *s.f.* nei giochi dei bambini, conteggio per stabilire a chi tocca fare una determinata cosa prevista dal gioco: *fare la —*.

contabile [-tà-] *agg.* che si riferisce alla contabilità // *s.m. e f.* chi tiene la contabilità; ragioniere, computista.

contabilità *s.f.invar.* **1** parte della ragioneria che concerne il modo di tenere i conti in una amministrazione **2** insieme dei libri e dei conti di un'amministrazione pubblica o privata **3** in un'azienda, l'ufficio che cura la tenuta dei libri e dei conti, e il luogo in cui si esercita.

contabilizzare [-liʒʒa-] *v.tr.* computare, conteggiare.

contachilometri [-lò-] *s.m.invar.* strumento che indica i chilometri percorsi da un veicolo.

contadinesco [-né-] *agg.* [pl.m. *-chi*] di o da contadino; proprio dei contadini. SIN. *campagnolo, rustico, rusticano*.

contadino *agg.* **1** che abita nel contado; che lavora la terra. SIN. *campagnolo* **2** contadinesco: *abitudini contadine* // *s.m.* **1** chi lavora la terra. SIN. *agricoltore* / *prov.*: —, *scarpe grosse e cervello fino* **2** (*spreg.*) persona rozza, non raffinata.

contado *s.m.* territorio intorno alla città.

contafili *agg. e s.f.invar.* si dice di lente d'ingrandimento che consente di vedere in un'immagine fotografica stampata il finissimo reticolo inchiostrato che la compone.

contagiare *v.tr.* [*io contàgio ecc.*] trasmettere una malattia a un individuo sano.

contagio [-tà-] *s.m.* trasmissione di una malattia infettiva da un individuo malato a uno sano; morbo contagioso (anche *fig.*).

contagioso [-gió-] *agg.* che ha la proprietà di contagiare: *morbo —*; *esempio —*.

contagiri *s.m.invar.* apparecchio destinato al computo dei giri che un corpo rotante compie in un dato tempo.

contagocce [-góc-] *s.m.invar.* piccolo strumento usato per misurare a gocce liquidi, spec. medicinali [*ill. Chimico, laboratorio*].

container [-tài-] *s.m.invar.* (*ingl.*) grande contenitore di dimensioni standardizzate usato per il trasporto di merci su veicoli diversi (nave, treno, autotreno) / *nave —*, attrezzata per quel tipo di trasporto.

contaminare *v.tr.* [*io contàmino ecc.*] **1** guastare determinando corruzione; infettare un ambiente o una persona: *il gas ha contaminato l'aria* **2** (*fig.*) corrompere moralmente; degradare.

contaminatore [-tó-] *s.m.* [f. *-trice*] chi contamina.

contaminazione [-zió-] *s.f.* **1** atto, effetto del contaminare: — *radioattiva*, pericoloso aumento di radioattività atmosferica causato da esplosioni nucleari **2** fusione, in un'opera letteraria, di più elementi di diversa provenienza.

contaminuti *s.m.invar.* dispositivo che misura il tempo in minuti, spesso producendo un segnale dopo un numero di minuti prefissato: *il — della cucina*.

contante *agg.* si dice di denaro liquido // *s.m.* denaro liquido, denaro effettivo.

contare *v.tr.* [*io cónto ecc.*] **1** numerare progressivamente una serie di cose o persone: *il pastore conta le pecore* / — *sulle dita*, si dice di cose o persone che siano in numero molto scarso: *i galantuomini si possono — sulle dita*. SIN. *computare* // *assol.* recitare una serie di numeri progressivi; per estens., fare le più semplici operazioni aritmetiche, tar di conto. SIN. *calcolare* **2** stimare, valutare: *lo conto un grand'uomo* **3** (*fam.*) raccontare: *ma cosa mi conti?* // *v.intr.* **1** valere, avere autorità: *parlare con le persone che contano* **2** confidare, fare assegnamento: *non si può — su di lui*.

contasecondi *s.m. invar.* strumento analogo al contaminuti, per la misurazione del tempo in secondi.

contata *s.f.* atto del contare, di solito sbrigativamente: *darò una — a questi fogli*.

contatore [-tó-] *s.m.* **1** chi conta **2** strumento atto a contare eventi distinti, ma appartenenti a una medesima classe, che si verificano in un dato tempo: *il — della luce, del gas*, strumenti che misurano la quantità di energia elettrica, di gas, passata in un dato tempo per un dato punto di una conduttura.

contattare *v.tr.* prendere contatti con qlcu., stabilire un rapporto iniziale: — *la possibile clientela*.

contatto *s.m.* **1** il toccare o il toccarsi materialmente **2** (*fig.*) rapporto, relazione: *non sono in — con l'università* **3** — *elettrico*, continuità tra due conduttori che permette il passaggio di corrente dall'uno all'altro.

contattologia [-gì-] *s.f.* teoria e tecnica dell'applicazione delle lenti corneali o a contatto.

conte [cón-] *s.m.* titolo che nella gerarchia nobiliare precede quello di barone e segue quello di marchese.

contea [-tè-] *s.f.* dignità di conte; territorio retto da un conte.

conteggiare *v.tr.* [*io contéggio ecc.*] mettere in un conto: *non ho conteggiato tutto* / *assol.* fare un conteggio.

conteggio [-tég-] *s.m.* **1** atto, effetto del contare o del fare più conti con uno scopo determinato. SIN. *conto, calcolo, computo* **2** nel pugilato, conto dei 10 secondi regolamentari dopo i quali un pugilatore abbattuto è considerato fuori combattimento.

contegno [-té-] *s.m.* **1** modo di contenersi. SIN. *condotta, comportamento* **2** atteggiamento dignitoso e riservato / *darsi* —, cercar di nascondere il proprio imbarazzo fingendo una certa disinvoltura.

contegnoso [-gnó-] *agg.* pieno di contegno; riservato.

contemperamento [-mén-] *s.m.* atto, effetto del contemperare.

contemperare *v.tr.* [*io contèmpero ecc.*] adattare, conformare; mitigare: — *la severità con la dolcezza.*

contemplare *v.tr.* [*io contèmplo ecc.*] **1** guardare a lungo con ammirazione: — *un'opera d'arte* **2** meditare, spec. su cose di valore spirituale: — *i misteri della fede* **3** (*dir.*) prevedere, considerare: *il codice non contempla questo caso.*

contemplativo *agg.* **1** proprio della contemplazione, profana o religiosa **2** che tende, che è portato alla contemplazione.

contemplatore [-tó-] *s.m.* [f. -*trice*] chi contempla.

contemplazione [-zió-] *s.f.* **1** atto, effetto del contemplare: *passare il tempo in* — *del lago* **2** lo stato della mente assorta nella considerazione di cose astratte, estetiche o spirituali: — *di Dio.*

contempo [-tèm-] *solo nella locuz.avv. nel contempo,* nello stesso tempo, intanto.

contemporaneità *s.f.invar.* qualità di ciò che è contemporaneo; simultaneità.

contemporaneo [-rà-] *agg.* che vive o avviene nello stesso tempo // *s.m.* chi vive nello stesso tempo di un altro // -**mente** *avv.* nello stesso tempo.

contendente [-dèn-] *agg.* che contrasta // *s.m.* avversario in una contesa.

contendere [-tèn-] *v.tr.* [coniugato come *tendere*] contrastare, cercar di impedire, di togliere: — *un diritto a qlcu.* // *v.intr.* litigare, disputare, competere // -**ersi** *v.rifl.reciproco* disputarsi: — *un premio, un impiego.*

contenenza [-nèn-] *s.f.* **1** il contenere **2** il contenuto **3** capacità di un recipiente.

contenere [-né-] *v.tr.* [coniugato come *tenere*] **1** comprendere in sé, racchiudere: *quella cassa contiene ottanta bottiglie* **2** frenare reprimere, trattenere: *non ha potuto* — *lo sdegno* // -**ersi** *v.rifl.* **1** dominarsi, controllarsi **2** comportatevi bene.

contenitore [-tó-] *s.m.* oggetto che serve a contenerne altri, spec. per agevolarne il trasporto.

contentabile [-tà-] *agg.* che può essere contentato facilmente.

contentare *v.tr.* [*io contènto ecc.*] far contento; dar soddisfazione. SIN. *appagare, soddisfare, compiacere* // -**arsi** *v.rifl.* appagarsi / *prov.: chi si contenta gode.*

contentatura *s.f.* naturale inclinazione a contentarsi: *persona di facile* —.

contentezza [-téz-] *s.f.* l'essere contento; ciò che ci rende contenti. SIN. *beatitudine, felicità, letizia, allegria, allegrezza, giocondità.*

contentino *s.m.* ciò che si dà per giunta (anche *iron.*): *se non la smetti, ti do il* —.

contento [-tèn-] *agg.* **1** che ha l'animo soddisfatto, appagato: — *del risultato.* SIN. *beato, pago* **2** lieto: *viso* —. SIN. *felice, allegro, giocondo.*

contenutezza [-téz-] *s.f.* limitatezza; misura, moderazione: — *espressiva.*

contenutismo [-ſmo] *s.m.* in un'opera d'arte, il prevalere del contenuto sulla forma.

contenuto *agg.* limitato; moderato // *s.m.* **1** ciò che è dentro qlco.: *il* — *della bottiglia* **2** in un'opera d'arte, tutto ciò che l'artista rappresenta, in quanto contrapposto alla *forma,* cioè al modo di rappresentarlo.

contenzioso [-zió-] *agg.* (*dir.*) pertinente alle contese // *s.m.* insieme di organi giurisdizionali e delle materie che sono oggetto di controversie; le controversie stesse: — *tributario.*

conterie [-rì-] *s.f.pl.* perline, tubicini, grani di vetro, di grandezza e colore diversi, usati per monili, guarnizioni e simili.

contermine [-tèr-] *agg.* che è contiguo, confinante.

conterraneo [-rà-] *agg.* che è della stessa terra o paese.

contesa [-té-] *s.f.* il contendere a parole e a fatti.

conteso [-té-] *agg.* che suscita il desiderio di molti.

contessa [-tés-] *s.f.* colei che è investita del titolo comitale; consorte del conte.

contessina *s.f.* figlia di conte.

contestabile [-stà-] *agg.* che si può contestare.

contestare *v.tr.* [*io contèsto ecc.*] **1** notificare formalmente all'imputato che gli viene attribuito un fatto costituente reato **2** negare; impugnare, mettere in discussione in modo radicale la società in cui si vive, rifiutarla nei suoi presupposti oltre che nelle singole istituzioni.

contestatore [-tó-] *s.m.* [f. -*trice*] chi contesta, e spec. politicamente, in modo radicale, la società nella quale vive.

contestazione [-zió-] *s.f.* **1** il contestare **2** impugnazione di un fatto; contrasto **3** l'azione del contestare, in senso politico; l'insieme delle manifestazioni di coloro che contestano: — *globale; gli anni della* —.

conteste [-tè-] *s.m. e f.* (*dir.*) chi depone con altri.

contesto [-tè-] *s.m.* **1** l'insieme delle parti di uno scritto o di un discorso **2** situazione, ambiente; quadro: *nel* — *dei provvedimenti finanziari.*

contestuale *agg.* nel contesto; che è — (*dir.*) si dice di un fatto verificatosi contemporaneamente ad un altro: *atto* — **2** -**mente** *avv.* contemporaneamente, insieme.

contestualità *s.f.invar.* l'essere contestuale; contemporaneità.

contezza [-téz-] *s.f.* (*lett.*) cognizione di qlco.

contiguità *s.f.invar.* l'essere contiguo.

contiguo [-ù-] *agg.* che sta vicino, che confina. SIN. *adiacente, limitrofo.*

continentale *agg.* del continente, che si trova nel continente.

continentalità *s.f.invar.* il carattere continentale di un paese, per lo più in rapporto al clima.

continente[1] [-nèn-] *s.m.* **1** estesa superficie emersa della crosta terrestre **2** la terraferma, in contrapposizione alle isole.

continente[2] [-nèn-] *agg.* che si contiene, che pratica la continenza. CONTR. *incontinente.*

continenza [-nèn-] *s.f.* la virtù di chi sa moderare i propri desideri, spec. quelli materiali. SIN. *temperanza, moderazione, castità.*

contingentamento [-mén-] *s.m.* limitazione posta dallo stato alle importazioni di merci.

contingentare *v.tr.* [*io contingènto ecc.*] applicare il contingentamento alle importazioni.

contingente[1] [-gèn-] *agg. e s.m.* (*fil.*) ciò che è accessorio, accidentale. CONTR. *necessario.*

contingente[2] [-gèn-] *s.m.* parte assegnata o imposta come contribuzione; quantità massima di una merce di cui viene autorizzata l'importazione / — *di leva*, il numero degli uomini di una classe chiamata alla leva.

contingenza [-gèn-] *s.f.* **1** occasione, caso; circostanza fortuita: *ci troviamo in una triste* — / *indennità di* —, quella istituita, come accessorio della paga-base, in considerazione dell'aumentato costo della vita **2** (*fil.*) proprietà dei fatti che possono essere o non essere. CONTR. *necessità*.

contino *s.m.* figlio di conte.

continuare *v.tr.* [*io contìnuo ecc.*] proseguire senza interrompersi in una cosa intrapresa; riprendere dopo un'interruzione: *continuerai il racconto domani* / *assol.* proseguire nel tempo e nello spazio: *non posso più — così.* SIN. *seguitare, proseguire* // *v.intr.* durare, non cessare; prolungarsi: *è continuato a piovere; il viale continua oltre la piazza.*

continuativo *agg.* che continua, che ha durata: *incarico* —.

continuatore [-tó-] *s.m.* [f. -*trice*] chi continua un'opera incominciata da altri.

continuazione [-zió-] *s.f.* atto, effetto del continuare. SIN. *seguito, proseguimento, prosecuzione.*

continuità *s.f.invar.* l'essere continuo; qualità o condizione di ciò che è continuo / *soluzione di* —, interruzione, intervallo nella continuità di un fenomeno.

continuo [-tì-] *agg.* **1** che non ha interruzioni: *il* — *lavoro stanca; un pianto* — / *corrente continua,* (*elettr.*) corrente di intensità e senso costante / *di* —, senza interruzione. SIN. *incessante, ininterrotto* **2** si dice di grandezze o segnali capaci di misurare o indicare costantemente le variazioni di un fenomeno (si contrappone a *discreto*) // *s.m.* → **continuum** // **-mente** *avv.* in modo continuo; senza interruzione.

continuum [*lat.; pr.* continuum = *ciò che è continuo*] *s.m.* continuità; spazio non interrotto; concatenamento tra diverse situazioni che rende possibile il considerarle come un tutto unico: *un* — *urbano-rurale,* un territorio nel quale agglomerati urbani e campagne abitate e lavorate si alternano e si completano.

contitolare *s.m. e f.* chi è titolare di un'impresa insieme con altri.

conto [cón-] *s.m.* **1** operazione aritmetica: *fare un* — / *sa far di* —, conosce i principi elementari dell'aritmetica. SIN. *computo, calcolo, conteggio* **2** insieme di operazioni aritmetiche per stabilire le spese, i debiti o i crediti; il foglio su cui è scritto il calcolo: *il cameriere ha portato il* —; *saldare il* —, pagarlo; (*fig.*) *vendicarsi / — corrente,* contratto con il quale le parti si obbligano ad annotare in un conto i crediti derivanti da reciproche rimesse fino alla chiusura del conto / *aver un — in banca,* avere una somma depositata in banca / *corte dei conti,* organo collegiale che ha funzioni amministrative (di controllo sulle pubbliche entrate e spese) e giurisdizionali (in materia contabile, di pensioni e simili) / *a conti fatti,* tutto considerato / *in fin dei conti,* infine, tutto sommato / *far bene, male i propri conti,* non saper fare esatte previsioni sulla riuscita di qlco. / *fare i conti con uno,* saper far valere le proprie ragioni / *chieder — di qlco.,* domandare una spiegazione / *render* —, rispondere delle proprie azioni, prendersene la responsabilità / *rendersi* —, capire, accorgersi / *metter nel* —, segnare tra i crediti (anche *fig.*) / *saper qlco. sul* — *di qlcu.,* saper qlco. che lo riguarda / *per* — *mio,* secondo la mia opinione / *fare i conti addosso, in tasca a qlcu.,*

cercare di indovinare quanto guadagni, quale sia la sua situazione economica / *fare i conti senza l'oste,* agire senza ascoltare l'opinione del maggiore interessato **3** stima, opinione, considerazione: *tenere in poco* — / *persona di poco* —, di poco valore **4** assegnamento: *faccio* — *su di te.*

contorcere [-tòr-] *v.tr.* [*io contòrco, tu contòrci ecc.*] torcere più volte // **-ersi** *v.rifl.* dimenarsi torcendo le membra.

contorcimento [-mén-] *s.m.* il contorcere, il contorcersi; contorsione (anche *fig.*).

contornare *v.tr.* [*io contórno ecc.*] **1** cingere, bordare qlco., spec. con ornamenti: *un prato contornato da una siepe.* SIN. *circondare* **2** (*fig.*) essere intorno a qlcu., attorniare: *è contornato di spie.*

contorno [-tór-] *s.m.* **1** linea spesso ornamentale, che circonda una figura o una cosa. SIN. *orlo, cornice* **2** piatto di erbaggi o legumi che si serve come accompagnamento alle pietanze di carne o pesce **3** insieme delle leggende o delle scannellature impresse sullo spessore delle monete.

contorsione [-sió-] *s.f.* **1** atto, effetto del contorcere o del contorcersi **2** (*fig.*) ragionamento, comportamento complicato e ingannevole.

contorsionismo [-fmo] *s.m.* **1** complesso degli esercizi ginnico-acrobatici che comportano torsioni e flessioni innaturali degli arti e della colonna vertebrale **2** (*fig.*) comportamento che complica le cose, spec. per ingannare.

contorsionista *s.m. e f.* [pl.m. -*i*] artista di circo che si esibisce in numeri di contorsionismo.

contorto [-tòr-] *agg.* **1** storto, attorcigliato **2** (*fig.*) non chiaro, sforzato: *ragionamento, stile* —.

contra- [dal lat. *contra* = *contro*] prefisso che indica opposizione; raddoppia la consonante semplice iniziale (*contrabbando, contraddire, contrappeso, contravveleno*); → anche **contro-**.

contrabbandare *v.tr.* importare o esportare merci di contrabbando.

contrabbandiere [-diè-] *s.m.* chi pratica il contrabbando.

contrabbando *s.m.* importazione o esportazione di merci in violazione delle leggi fiscali / *di* —, furtivamente.

contrabbassista *s.m. e f.* [pl. -*i*] sonatore di contrabbasso.

contrabbasso *s.m.* strumento ad arco di grandi dimensioni e di voce grave [*ill.* Musicali, strumenti].

contraccambiare *v.tr.* [*io contraccàmbio ecc.*] dare o fare qlco. in cambio di una cosa ricevuta: — *un favore.*

contraccambio [-càm-] *s.m.* atto, effetto del contraccambiare; la cosa con la quale si contraccambia.

contraccettivo *agg. e s.m.* lo stesso che *anticoncezionale.*

contraccezione [-zió-] *s.f.* l'insieme delle pratiche e dei mezzi anticoncezionali.

contraccolpo [-cól-] *s.m.* colpo che si dà o si riceve di rimbalzo (anche *fig.*).

contraccusa [-fa] *s.f.* → **controaccusa**.

contrada *s.f.* **1** rione di città medievale **2** strada cittadina lunga e spaziosa **3** (*poet.*) regione, paese.

contradaiolo [-iò-] *s.m.* abitante di una contrada (spec. a Siena).

contraddanza *s.f.* antica danza in cui le coppie di ballerini si movevano l'una di fronte all'altra, agli ordini di un maestro di sala.

contraddire *v.tr.* [coniugato come *dire*; imp. *contraddici*] dire o dimostrare il contrario di ciò che dice qlcu.:

tu mi contraddici in tutto; i dati di fatto contraddicono la sua tesi // *v.intr.* (*lett.*) contestare, smentire, contrariare: *hai contraddetto alle nostre accuse* // **-irsi** *v.rifl.* dire il contrario di quanto si è detto prima, o qualcosa che è in contrasto con altre cose dette.

contraddistinguere [-stìn-] *v.tr.* [coniugato come *distinguere*] contrassegnare.

contraddittore [-tó-] *s.m.* [f. *-trice*] chi contraddice.

contraddittorio [-tò-] *agg.* che contraddice o si contraddice: *comportamento —, incoerente* // *s.m.* disputa in cui ciascuno di due avversari espone le proprie ragioni.

contraddizione [-zió-] *s.f.* 1 atto, effetto del contraddire o del contraddirsi: *spirito di —,* tendenza a contraddire 2 parole o fatti con cui si contraddice.

contraente [-èn-] *s.m.* ciascuna delle parti che stipulano un contratto.

contraerea [-è-] *s.f.* specialità dell'artiglieria, per la difesa contro gli aerei nemici.

contraereo [-è-] *agg.* che si impiega contro gli attacchi aerei: *cannone —.*

contraffare *v.tr.* [coniugato come *fare*] 1 alterare la voce o l'aspetto per ingannare qlcu. 2 imitare in modo caricaturale la voce o i gesti di qlcu. SIN. *copiare, scimmiottare* 3 fare la riproduzione o l'imitazione di qlco. per farla credere autentica: *— la firma.* SIN. *falsificare* // **-arsi** *v.rifl.* camuffarsi.

contraffatto *agg.* imitato, falsificato.

contraffattore [-tó-] *s.m.* [f. *-trice*] chi contraffà.

contraffazione [-zió-] *s.f.* atto, effetto del contraffare. SIN. *falsificazione.*

contrafforte [-fòr-] *s.m.* 1 sperone in muratura addossato all'esterno di un muro per rinforzarlo [*ill. Architettura*] 2 gancio di ferro per assicurare dall'interno porte e finestre 3 diramazione laterale di una catena di monti.

contraggenio [-gè-] *s.m.* avversione a dire o a fare una cosa / *di —,* contro voglia.

contralto *s.m.* 1 la più bassa delle voci femminili, più grave del mezzo soprano 2 donna che canta con questa voce // *agg.* si dice di strumento che ne ha il registro di contralto: *sassofono —.*

contrammiraglio [-rà-] *s.m.* grado della marina militare, tra capitano di vascello e vice ammiraglio; corrispondente al grado di generale di brigata dell'esercito.

contrappasso *s.m.* pena del taglione; corrispondenza tra la pena inflitta alle anime nell'oltretomba dantesco, e le colpe da loro commesse in vita.

contrappello [-pèl-] *s.m.* secondo appello, che si fa per verificare il precedente.

contrappesare *v.tr.* [io *contrappéso* ecc.] 1 bilanciare un peso con un altro 2 valutare facendo un confronto: *— il pro e il contro della situazione.*

contrappeso [-pé-] *s.m.* 1 peso che ne bilancia un altro / *far da — a* qlco., (*fig.*) compensarla 2 in una macchina, elemento che equilibra il peso di un elemento mobile [*ill. Scala*].

contrapporre [-pór-] *v.tr.* [coniugato come *porre*] mettere di fronte, opporre; confrontare // **-orsi** *v.rifl.* opporsi: *— ai soprusi.*

contrapposizione [-zió-] *s.f.* atto, effetto del contrapporre o dell'essere contrapposto.

contrapposto [-pó-] *agg.* posto contro o di fronte; contrastante // *s.m.* chi o ciò che ha qualità opposte a un'altra persona o cosa: *Luigi è il — di Antonio.*

contrappunto *s.m.* (*mus.*) l'arte di combinare più melodie secondo determinate regole.

contrare *v.tr.* [io *cóntro* ecc.] nel gioco del calcio, ostacolare frontalmente un avversario mentre va all'attacco.

contrariare *v.tr.* [io *contràrio* ecc.] 1 contrastare, opporsi, frapporre ostacoli ai disegni di qlcu.; contraddire 2 causar dispiacere, seccare.

contrariato *agg.* irritato; dispiaciuto.

contrarietà *s.f.invar.* 1 l'essere contrario 2 sentimento di avversione 3 avversità, disavventura.

contrario [-trà-] *agg.* 1 che si oppone, avverso: *la sorte mi è contraria.* SIN. *sfavorevole* 2 che è l'opposto, antitetico: *idee contrarie.* SIN. *contrastante, inverso* 3 che va in senso inverso: *movimento —* // *s.m.* 1 la cosa opposta: *accadde il — / al —,* all'opposto / *al — di,* in modo diverso da / *non aver nulla in —,* non aver nulla da opporre 2 la parola che esprime il concetto opposto a un'altra: «*bello*» è il *— di* «*brutto*» // **-mente** *avv.* in modo contrario: *— alle previsioni.*

contrarre *v.tr.* [coniugato come *trarre*] 1 stabilire, concludere insieme: *— un accordo* 2 prendere, acquistare: *— una malattia, un vizio, un debito / — matrimonio,* sposarsi 3 raggrinzare, restringere: *— i muscoli del viso* // **-arsi** *v.rifl.* 1 restringersi, raggrinzarsi, accorciarsi: *la sua bocca si contraeva in un ghigno* 2 (*gramm.*) restringersi di più suoni vocalici in una vocale o in un dittongo.

contrassegnare *v.tr.* [io *contrasségno* ecc.] distinguere mediante contrassegno.

contrassegno[1] [-sé-] *s.m.* 1 segno particolare che permette di riconoscere una cosa o una persona 2 prova, attestato: *dare un — di stima.*

contrassegno[2] [-sé-] *avv.* contro assegno.

contrastare *v.tr.* essere contrario, opposto; far contrasto: *la mia opinione contrasta con la tua* // *v.tr.* impedire: *— il passo* // **-arsi** *v.rifl.* cercare di togliersi a vicenda qlco.: *i ragazzi si contrastavano il libro.*

contrastato *agg.* ostacolato, impedito.

contrasto *s.m.* 1 il contrastare; discordanza, opposizione: *— di caratteri* 2 discordia, alterco. SIN. *conflitto, litigio, disputa.*

contrattabile [-tà-] *agg.* che può essere oggetto di contrattazione.

contrattaccare *v.tr.* [io *contrattacco, tu contrattacchi* ecc.] fare un contrattacco.

contrattacco *s.m.* [pl. *-chi*] 1 (*mil.*) azione offensiva in risposta a un attacco nemico: *passare al —,* contrattaccare 2 (*fig.*) replica vivace con nuovi argomenti in una discussione o in una polemica.

contrattare *v.tr.* discutere la compravendita di qlco.: *— una casa / assol.* discutere le condizioni di un contratto: *abile nel —.*

contrattazione [-zió-] *s.f.* il contrattare; l'insieme dei contratti, spec. collettivi, e delle azioni che portano alla loro stipulazione.

contrattempo [-tèm-] *s.m.* 1 avvenimento di poca gravità, che genera però molestia e impedimento: *ritardo dovuto a un —.* SIN. *inciampo, intoppo* 2 (*mus.*) contrasto ritmico determinato dall'alternarsi di una pausa nel tempo forte e di una nota nel tempo debole.

contrattile [-tràt-] *agg.* (*scient.*) che ha l'attitudine a contrarsi: *pupilla —.*

contrattilità *s.f.invar.* (*scient.*) l'essere contrattile.

contrattista *s.m.* e *f.* [pl.m. *-i*] chi, spec. presso enti pubblici, lavora con un contratto a scadenza determinata; precario.

contratto[1] *agg.* che subisce contrazione; accorciato, rattrappito: *mano contratta.*

contratto² *s.m.* accordo fra due o più parti per costituire, modificare o estinguere un rapporto giuridico, spec. economico; documento sul quale è scritto tale accordo: — *collettivo*, che riguarda una pluralità di soggetti.

contrattuale *agg.* del contratto, derivante dal contratto: *clausola —*.

contrattualismo [-ʃmo] *s.m.* tendenza a risolvere i problemi politici e sociali attraverso la contrattazione tra le parti interessate.

contravveleno [-lé-] *s.m.* rimedio capace di annullare l'effetto di un veleno; antidoto.

contravvenire *v.intr.* [coniugato come *venire*] agire contro una norma. SIN. *trasgredire*.

contravventore [-tó-] *s.m.* chi contravviene. SIN. *trasgressore*.

contravvenzione [-zió-] *s.f.* **1** il violare una norma di legge. SIN. *trasgressione* **2** la sanzione pecuniaria prevista a carico del trasgressore.

contrazione [-zió-] *s.f.* **1** il contrarre, il contrarsi o l'essere contratto **2** diminuzione del volume di un corpo senza diminuzione della massa d'esso **3** restringimento di un muscolo o di un gruppo di muscoli **4** (*gramm.*) il restringersi di più suoni vocalici in una vocale o in un dittongo.

contribuente [-buèn-] *s.m.* il cittadino tenuto a pagare le tasse.

contribuire *v.intr.* [io *contribuisco*, tu *contribuisci* ecc.] cooperare al raggiungimento di un fine. SIN. *collaborare, concorrere*.

contributo *s.m.* **1** ciò che ciascuno apporta per il raggiungimento di uno scopo comune: *un — in denaro, in lavoro* **2** (*fin.*) contribuzione dello stato al finanziamento di opere pubbliche; contribuzione versata da privati a vantaggio di enti speciali / *— previdenziale*, quello corrisposto dall'imprenditore per le varie forme di previdenza sociale.

contribuzione [-zió-] *s.f.* atto, effetto del contribuire.

contrirsi *v.rifl.pron.* [io *mi contrisco*, tu *ti contrisci* ecc.] pentirsi, spec. nel senso religioso.

contristare *v.tr.* rattristare, addolorare // **-arsi** *v.rifl.pron.* lasciarsi prendere da tristezza.

contrito *agg.* pentito, spec. nel senso religioso: *— dei propri peccati*. SIN. *compunto, mortificato*.

contrizione [-zió-] *s.f.* pentimento amaro; in senso religioso, il dolore dell'anima per il peccato commesso, unito al proponimento di non peccare più.

contro [cón-] *prep. impropria* **1** indica opposizione, ostilità e si unisce ai nomi sia direttamente sia per mezzo delle prep. *a* e *di*; con i pron. pers. si usa solo la prep. *di*: *— tutti; — a tutti; ho scommesso — il tuo amico; — di me; — di te / di —, dirimpetto: la mia casa è di — alla chiesa* **2** in cambio di: *— pagamento; — assegno* // *avv.* indica opposizione, ostilità: *ho votato —; ho parlato — / dare — a qlcu.*, opporglisi // *s.m.invar.* ciò che è contrario: *esaminare il pro e il —*.

contro- [cón-] [dal lat. *contra* = contro] prefisso usato in molte parole nelle quali assume vari significati: opposizione (*contrattàcco*), azione e direzione contraria (*controluce, contromano*), riscontro (*contromarca*), corrispondenza, risposta (*controproposta*), contrapposizione (*controrelazione*), sostituzione (*controfigura*).

controaccusa [-ʃa] *s.f.* accusa rivolta da chi è stato accusato al suo accusatore.

controaliseo [-ʃè-] *s.m.* spec. *pl.* vento equatoriale che spira in direzione contraria al corrispondente aliseo, ma in strati più alti dell'atmosfera.

controbattere [-bàt-] *v.tr.* rendere colpo per colpo (anche *fig.*): *— un'offensiva, le accuse altrui*.

controbatteria [-ri-] *s.f.* (*mil.*) fuoco d'artiglieria diretto a neutralizzare le batterie nemiche.

controbilanciare *v.tr.* [io *controbilàncio* ecc.] fare equilibrio per mezzo di un peso che ne bilancia un altro.

controcampo *s.m.* (*cinem.*) inquadratura ripresa dalla direzione opposta a quella da cui è stata compiuta l'inquadratura precedente.

controcorrente [-rèn-] *s.f.* corrente diretta in senso inverso a quella principale.

controdado *s.m.* (*mecc.*) dado sovrapposto a un altro per impedire che questo si allenti [*ill. Utensili*].

controdata *s.f.* data aggiunta a uno scritto già datato e posteriore alla prima data.

controdritto *s.m.* (*mar.*) elemento verticale interno di chiusura dello scafo alle estremità: *— di prua, di poppa* [*ill. Barca*].

controfagotto [-gòt-] *s.m.* (*mus.*) strumento a fiato di legno ad ancia doppia, con voce più grave del fagotto.

controffensiva *s.f.* vasta azione d'attacco per riconquistare posizioni perdute nel corso di una precedente offensiva nemica.

controfigura *s.f.* (*cinem.*) chi sostituisce un attore nelle scene pericolose o in quelle che richiedono particolari capacità.

controfiletto [-lét-] *s.m.* taglio di carne posto tra il filetto e il girello.

controfinestra [-nè-] *s.f.* intelaiatura con vetri che sta dinanzi alla finestra vera e propria per meglio difendere la stanza dal freddo.

controfirma *s.f.* firma messa dopo quella di un altro, per convalida della prima.

controfirmare *v.tr.* porre la controfirma; apporre una firma come garanzia.

controindicare *v.tr.* [io *controìndico*, tu *controìndichi* ecc.] indicare in modo diverso od opposto a una precedente indicazione; spec., nel linguaggio dei medici, indicare come nocivi un farmaco, una terapia ecc.

controindicazione [-zió-] *s.f.* il controindicare.

controinformazione [-zió-] *s.f.* informazione pubblica al di fuori dei canali ufficiali, e spesso in contrasto con notizie e interpretazioni già fornite.

controllabile [-là-] *agg.* che può essere oggetto di controllo: *referenze controllabili*.

controllare *v.tr.* [io *contròllo* ecc.] **1** verificare; riscontrare: *— una data, un documento* **2** sorvegliare: *— i movimenti di qlcu.* **3** dominare; governare: *— il mercato dell'oro; — i mari / — i propri nervi*, mantenersi calmi // **-arsi** *v.rifl.* sapersi dominare.

controllo [-tròl-] *s.m.* **1** atto, effetto del controllare: *— dei bagagli* **2** persona o complesso di persone incaricate di controllare qlco.; il luogo in cui si controlla **3** padronanza, dominio: *— del Mediterraneo; — dei propri nervi / perdere il —*, dare in escandescenze.

controllore [-ló-] *s.m.* chi ha l'incarico di effettuare controlli; spec. chi verifica i biglietti dei viaggiatori sui treni, tram ecc.

controluce *avv.* in direzione opposta a quella da cui proviene la luce / *essere —*, risaltare su uno sfondo luminoso, stando in ombra / *fotografare —*, rivolgendo l'obiettivo verso la sorgente luminosa / *alla —* rappresentazione (fotografia, dipinto ecc.) di un soggetto posto tra l'osservatore e la fonte luminosa.

contromano *avv.* in direzione opposta a quella stabilita dai regolamenti stradali.

contromanovra [-nò-] *s.f.* azione tendente a sventare una manovra del nemico (anche *fig.*).

contromarca *s.f.* tessera o gettone che consente il rientro in sala allo spettatore che si sia allontanato temporaneamente dal teatro.

contromarcia [-màr-] *s.f.* **1** marcia in direzione contraria a un'altra precedente **2** (*aut.*) retromarcia.

contromisura [-ʃu-] *s.f.* misura, provvedimento che ha lo scopo di contrastarne altri.

controparte *s.f.* (*dir.*) la parte avversaria.

contropartita *s.f.* **1** partita contraria in un libro di conti **2** (*fig.*) compenso.

contropelo [-pé-] *avv.* nel verso contrario a quello del pelo: *accarezzare un gatto — / prendere uno —*, trattarlo in modo irritante // *s.m.* rasatura nel verso contrario al pelo: *fare il —*.

contropiede [-piè-] *s.m.* nel gioco del calcio e in altri sport, azione controffensiva improvvisa / *prendere in —*, cogliere di sorpresa qlcu. che, troppo sicuro di sé, non bada a difendersi.

controporta [-pór-] *s.f.* porta aggiunta a un'altra per sicurezza o riparo dal freddo e dai rumori.

controproducente [-cèn-] *agg.* che produce l'effetto contrario a quello desiderato.

controproposta [-pó-] *s.f.* proposta che si fa in risposta o in opposizione a un'altra.

controprova [-prò-] *s.f.* prova che verifica il risultato di una prova precedente.

contropunta *s.f.* nelle macchine utensili, la punta che serve a tenere il pezzo in asse col fuso [*ill. Utensili*].

controquerela [-rè-] *s.f.* (*dir.*) la querela che il querelato sporge a sua volta contro il querelante.

contrordine [-trór-] *s.m.* ordine che modifica o revoca uno precedente.

controreazione [-zió-] *s.f.* **1** reazione contraria **2** traduzione dell'ingl. *feed-back*.

controriforma [-fór-] *s.f.* azione e movimento di riforma della vita e disciplina religiosa nella chiesa cattolica, nei secc. XVI e XVII, e di difesa, nei confronti della riforma protestante, della tradizione cattolica.

controrivoluzionario [-nà-] *agg.* e *s.m.* si dice di chi partecipa a una controrivoluzione o tenta di provocarla, e delle idee e attività dirette a questo fine.

controrivoluzione [-zió-] *s.f.* rivoluzione che reagisce a un'altra precedente.

controrotaia [-tà-] *s.f.* rotaia di rinforzo applicata alla rotaia normale nelle curve, negli scambi, nei passaggi a livello [*ill. Ferrovia*].

controscarpa *s.f.* muratura di sostegno a terrapieni o scarpate.

controscena [-scè-] *s.f.* azione scenica muta che alcuni attori compiono per verosimiglianza durante le battute degli attori principali.

controsenso [-sèn-] *s.m.* parole che si contraddicono tra loro o che contraddicono al senso comune. SIN. *assurdità*.

controsoffittatura *s.f.* struttura piana e leggera appesa al soffitto per mascherare travi o tubazioni o per isolamento termoacustico.

controspionaggio [-nàg-] *s.m.* organizzazione segreta di uno stato che ha lo scopo di smascherare l'attività spionistica di altri stati.

controtelaio [-là-] *s.m.* telaio di rinforzo; parte del telaio esterno di una finestra.

controvalore [-ló-] *s.m.* valore che si dà o si riceve in cambio di un altro.

controventare *v.tr.* [*io controvènto ecc.*] fornire di controventi.

controvento [-vèn-] *locuz.avv.* in direzione contraria a quella del vento // *s.m.* elemento di irrigidimento in una struttura o telaio metallico.

controversia [-vèr-] *s.f.* **1** differenza di opinioni e contrasto che ne può nascere. SIN. *disputa, discussione* **2** (*dir.*) contrasto di interessi portato dinanzi al giudice o ad arbitri.

controverso [-vèr-] *agg.* che è oggetto di controversia o soggetto a controversia.

controvertibile [-tì-] *agg.* che può essere materia di controversia; disputabile.

controvoglia [-vò-] *locuz.avv.* malvolentieri, di malanimo.

contumace *agg.* si dice di un imputato che non si presenta in giudizio nei termini di tempo prescritti.

contumacia [-mà-] *s.f.* **1** il comportamento del contumace e lo stato in cui egli si trova: *essere in —; condannare in —* **2** quarantena; isolamento in cui si tengono per un certo periodo persone o merci provenienti da zone infette: *essere in —; tenere in —*.

contumaciale *agg.* si dice di processo che si svolge in contumacia o di ospedale in cui si ricoverano le persone colpite da malattie infettive.

contumelia [-mè-] *s.f.* (*lett.*) offesa. SIN. *ingiuria, villania, insulto, vituperio*.

contundente [-dèn-] *agg.* si dice di oggetto che può produrre contusioni: *corpo —*.

contundere [-tùn-] *v.tr.* [pass.rem. *io contusi, tu contundésti ecc.*; p.pass. *contuso*] ammaccare; provocare una contusione: *cadde e si contuse un braccio*.

conturbamento [-mén-] *s.m.* atto, effetto del conturbare e del conturbarsi.

conturbare *v.tr.* turbare profondamente.

contusione [-ʃió-] *s.f.* (*med.*) lesione sottocutanea prodotta da un corpo non tagliente. SIN. *ammaccatura, ecchimosi, lividura*.

contuso [-ʃo] *agg.* e *s.m.* che o chi ha subìto una o più contusioni; ferito, ammaccato.

contuttoché *locuz.cong.* subordinativa concessiva benché, quantunque, sebbene; introduce una proposizione con il verbo al modo cong.: *— io sia guarito, preferisco rimanere in casa*.

contuttociò *locuz.cong.* avversativa tuttavia, nondimeno: *benché fosse ammalato, — volle partire*.

conurbazione [-zió-] *s.f.* in urbanistica, inserzione di un centro abitato in un altro centro urbano; insieme di centri abitati saldati l'uno all'altro.

convalescente [-scèn-] *agg.* e *s.m.* e *f.* che o chi si trova nel periodo intermedio tra la fine della malattia e la completa guarigione.

convalescenza [-scèn-] *s.f.* stato di chi è convalescente.

convalescenziario [-zià-] *s.m.* stabilimento sanitario in cui i convalescenti trascorrono un periodo di riposo e di cura.

convalida [-và-] *s.f.* nel linguaggio burocratico, atto, effetto del convalidare; ratifica.

convalidare *v.tr.* [*io convàlido ecc.*] **1** ratificare, rendere valido **2** avvalorare, rafforzare: *questo convalida il mio sospetto*.

convalidazione [-zió-] *s.f.* atto, effetto del convalidare; convalida, ratifica.

convalle *s.f.* **1** ampia vallata **2** valle che sbocca in un'altra.

convegno [-vé-] *s.m.* **1** il riunirsi di più persone in un luogo stabilito: *in questa città si terrà un — di medici / darsi —*, darsi appuntamento. SIN. *riunione* **2** il luogo dove queste persone si riuniscono. SIN. *ritrovo*.

convenevole [-né-] *agg.* conveniente, opportuno // *s.m.* **1** ciò che è conveniente, ragionevole **2** *pl.* atti di cortesia.

convenevolezza [-léz-] *s.f.* l'essere convenevole.

conveniente [-nièn-] *agg.* **1** che conviene, si addice: adatto, opportuno, adeguato: *non hai usato le parole convenienti* **2** vantaggioso, lucroso.

convenienza [-nièn-] *s.f.* **1** l'essere conveniente, adatto; corrispondenza: *la — delle parti col tutto* **2** tornaconto, utilità, vantaggio: *lo ha fatto solo per sua — / matrimonio di —*, fatto solo per interesse **3** decoro, buona creanza.

convenire *v.intr.* [coniugato come *venire*] **1** venire insieme di più persone, da più parti, in uno stesso luogo **2** esser d'accordo, ammettere, consentire: *ho convenuto con loro che ci partisse subito* **3** adattarsi, corrispondere: *il suo abito non conveniva alla cerimonia* **4** essere utile, vantaggioso: *questo lavoro non mi conviene* // *v.intr.impers.* **1** essere opportuno, necessario: *conviene partire subito* **2** addirsi, confarsi: *si comporta come si conviene a un bravo ragazzo* // *v.tr.* **1** stabilire, pattuire, fissare: *abbiamo convenuto il prezzo dell'acquisto* **2** (*dir.*) citare.

conventicola [-tì-] *s.f.* riunione di poche persone, con fini disonesti e carattere di segretezza.

convento [-vèn-] *s.m.* **1** edificio in cui vive una comunità di un ordine religioso / *mangiare quel che passa il —*, (*scherz.*) accontentarsi di qualunque cibo sia servito a tavola; (*fig.*) di qualunque cibo ci sia, di qualsiasi soluzione disponibile. SIN. *monastero* **2** l'insieme dei religiosi che abitano in un convento.

conventuale *agg.* del convento; proprio di un convento // *s.m.* chi appartiene all'ordine dei frati minori conventuali.

convenuto *agg.* che è stato stabilito: *comprare una merce al prezzo —* // *s.m.* **1** ciò che si è stabilito: *rispettare il —* **2** chi è venuto a una riunione insieme con altri **3** (*dir.*) chi è citato a comparire come parte in un processo civile.

convenzionale *agg.* **1** che è così per convenzione; non spontaneo / *scrittura —*, quella cifrata **2** passivamente conforme agli usi e alle idee correnti, non originale: *un discorso pieno di frasi trite e convenzionali / armamento —*, quello usuale degli eserciti, con esclusione, cioè, delle armi nucleari e chimiche.

convenzionalismo [-fmo] *s.m.* atteggiamento di chi segue modelli convenzionali, o dà molta importanza alle convenzioni.

convenzionalità *s.f.invar.* qualità di ciò che è convenzionale.

convenzionare *v.tr.* [*io convenzióno ecc.*] stabilire mediante una convenzione.

convenzione [-zió-] *s.f.* **1** accordo in virtù del quale si decide di considerare qlco. in un certo modo, anche diverso dalla realtà: *per —, possiamo considerare la Terra perfettamente sferica* **2** abitudine, pregiudizio: *sono tutte stupide convenzioni* **3** patto, trattato.

convergente [-gèn-] *agg.* si dice di linee o direzioni che si incontrano in un punto / *lente —*, (*fis.*) quella che fa convergere raggi luminosi o radiazioni in genere.

convergenza [-gèn-] *s.f.* atto, effetto del convergere; qualità di ciò che è convergente (anche *fig.*): *— di interessi, di opinioni*. CONTR. *divergenza*.

convergere [-vèr-] *v.intr.* [pres. *io convèrgo, tu convèrgi ecc.*; pass.rem. *io convèrsi* (raro *convergéi*), *tu convergésti ecc.*; il p.pass. *convèrso* è rarissimo] **1** dirigersi insieme da più parti verso un punto, tendere a congiungersi **2** (*fig.*) arrivare a una comunanza di idee, di propositi.

conversa[1] [-vèr-] *s.f.* suora che non ha fatto i voti, addetta ai servizi in un convento.

conversa[2] [-vèr-] *s.f.* lastra metallica usata per le coperture dei tetti.

conversare[1] *v.intr.* [*io convèrso ecc.*] parlare tra più persone, in tono cordiale, di argomenti piacevoli. SIN. *discorrere, comunicare*.

conversare[2] *s.m.* conversazione.

conversatore [-tó-] *s.m.* [f. *-trice*] chi sa conversare con garbo ed eleganza.

conversazione [-zió-] *s.f.* **1** il conversare; il modo di conversare: *— brillante* **2** discorso piano e agile, di immediata cordialità **3** le persone che conversano.

conversione [-sió-] *s.f.* **1** mutamento di vita e di abitudini, spec. il passare da cattivi costumi a una vita virtuosa oppure da una fede a un'altra: *— religiosa; — al cattolicismo* **2** trasformazione: *— di corrente elettrica / — del debito pubblico*, (*fin.*) trasformazione di titoli a un dato tasso in altri a tasso minore **3** mutamento di direzione senza che cambi la formazione di marcia o di navigazione.

converso [-vèr-] *s.m.* il frate laico che in un convento è addetto a servizi vari e ai lavori manuali.

convertibile [-tì-] *agg.* che si può convertire / *moneta —*, (*fin.*) che può essere convertita, spec. in oro // *s.f.* tipo di automobile scoperta provvista di capote.

convertibilità *s.f.invar.* qualità di ciò che è convertibile / *— della moneta*, moneta che si può scambiare liberamente in un'altra o in oro.

convertire *v.tr.* [pres. *io convèrto ecc.*; pass.rem. *io convertìi* o *convèrsi ecc.*] **1** convincere qlcu. a volgersi al bene o a mutare fede **2** mutare, trasformare: *— la cartamoneta in oro; — la corrente continua in corrente alternata* // *-irsi v.rifl.* cambiar vita, passare spec. da una religione un'altra; per estens., avvicinarsi a nuove idee: *— al cristianesimo; — all'efficientismo*.

convertito *agg.* e *s.m.* che o chi ha mutato vita o idee.

convertitore [-tó-] *s.m.* **1** (*metall.*) apparecchio per depurare i metalli da altre sostanze **2** (*fis.*) trasformatore d'energia: *— elettrico*.

convessità *s.f.invar.* **1** qualità di ciò che è convesso. CONTR. *concavità* **2** parte convessa di qlco.

convesso [-vès-] *agg.* si dice di linea o superficie curva verso l'esterno, che si guarda / *angolo —*, quello inferiore ai 180° / *lente convesso-concava*, lente divergente con una faccia convessa e una concava. CONTR. *concavo*.

convettore [-tó-] *s.m.* apparecchio di riscaldamento a convezione.

convezione [-zió-] *s.f.* modo di propagazione del calore nei fluidi, caratterizzato dal fatto che la trasmissione avviene mediante spostamento di materia.

convincente [-cèn-] *agg.* che convince; persuasivo.

convincere [-vìn-] *v.tr.* [coniugato come *vincere*] **1** rimuovere qlcu. da un'opinione; dimostrare, vincere con ragioni, argomenti, prove. SIN. *persuadere* **2** dimostrare la colpevolezza di una persona con prove inoppugnabili: *— di omicidio*.

convincimento [-mén-] *s.m.* atto, effetto del convincere; l'essere convinto.

convinto *agg.* **1** persuaso: *— del suo sbaglio*. SIN. *cer-*

to **2** si dice di persona la cui colpevolezza è stata dimostrata: *reo —*.

convinzione [-zió-] *s.f.* l'effetto del convincere; la cosa di cui si è convinti. SIN. *persuasione, certezza*.

convitare *v.tr.* (*lett.*) chiamare a convito.

convitato *s.m.* (*lett.*) chi è invitato a un convito.

convito *s.m.* pranzo solenne con numerosi invitati; banchetto.

convitto *s.m.* istituto nel quale gli alunni, oltre a frequentare corsi scolastici regolari, ricevono vitto e alloggio.

convittore [-tó-] *s.m.* [f. *-trice*] alunno di un convitto.

convivente [-vèn-] *agg.* e *s.m.* e *f.* che o chi convive con altri; spec., chi convive con una persona di sesso diverso senza averla sposata.

convivenza [-vèn-] *s.f.* **1** atto, effetto del convivere **2** insieme di persone che convivono.

convivere [-vì-] *v.intr.* [coniùgato come *vivere*] **1** vivere insieme: *— con i genitori* **2** vivere insieme in concubinato.

conviviale *agg.* di convivio.

convivio [-vì-] *s.m.* (*lett.*) convito.

convocare *v.tr.* [*io* còn*voco, tu* còn*vochi ecc.*] chiamare a riunione più persone, spec. in quanto appartenenti a un organismo, a un ente e simili: *— il parlamento*.

convocazione [-zió-] *s.f.* atto, effetto del convocare.

convogliare *v.tr.* [*io* con*vòglio ecc.*] **1** trasportare, trascinare, detto spec. di materiali fluidi o incoerenti: *la corrente convoglia molti detriti* **2** indirizzare verso un luogo determinato, detto di veicoli o navi.

convogliatore [-tó-] *s.m.* meccanismo che serve a convogliare materiali.

convoglio [-vò-] *s.m.* **1** gruppo di veicoli che viaggiano in colonna; gruppo di vetture trainate da una locomotiva; gruppo di persone che vengono spostate da un luogo a un altro: *— funebre; — ferroviario; — di prigionieri* **2** gruppo di navi che viaggiano con scorta armata.

convolare *v.intr.* [*io* con*vólo ecc.*] volare insieme, usato nella locuz. (*lett.*) *— a nozze*, sposarsi.

convolvolo [-vòl-] *s.m.* pianta erbacea rampicante con fiori imbutiformi, di vario colore (*fam.* Convolvulacee).

convulsione [-sió-] *s.f.* **1** spec. *pl.* violenta e improvvisa contrazione dei muscoli, causata da epilessia o tossicazione **2** per estens., moto, manifestazione contvulsa oppure sconvolgimento improvviso della natura.

convulsivo *agg.* che ha i caratteri della convulsione: *moto —*.

convulso *agg.* che ha le caratteristiche della convulsione; scosso, agitato: *movimento —; pianto — / stile —*, disordinato e scomposto; *un andirivieni —*, affrettato e ansioso, confuso ∥ *s.m.* accesso brusco e violento: *un — di risa*.

cool [*ingl.*; *pr.* cùul] *agg.* freddo; si usa in espressioni inglesi o americane come *— jazz*, stile di musica jazz più elaborato e intellettuale di quello originario.

coonestare *v.tr.* [*io* co*onèsto ecc.*] far passare per onesta un'azione che non lo è; scusare, giustificare: *— un sopruso*.

cooperare *v.intr.* [*io* co*òpero ecc.*] operare insieme con altri; contribuire a un'opera. SIN. *collaborare, concorrere, coadiuvare*.

cooperativa *s.f.* associazione che, basandosi sulla collaborazione di più soci, assicura loro speciali vantaggi: *— di consumo*, quella che cede ai soci a prezzo di costo, senza fine di lucro, le merci che ha acquistato all'in-

grosso / *— di lavoro*, quella che appalta direttamente i lavori e divide poi tra i soci gli utili dell'impresa.

cooperativismo [-/mo] *s.m.* movimento favorevole alla diffusione delle cooperative; anche, il complesso delle cooperative.

cooperativistico [-vì-] *agg.* [pl.m. *-ci*] relativo al cooperativismo, alle cooperative.

cooperativo *agg.* che è fondato sulla cooperazione: *società cooperativa*.

cooperatore [-tó-] *agg.* e *s.m.* [f. *-trice*] che o chi coopera.

cooperazione [-zió-] *s.f.* **1** il cooperare, collaborazione **2** l'insieme delle cooperative, il movimento cooperativo. SIN. *collaborazione*.

cooptare *v.tr.* [*io* co*òpto ecc.*] accogliere qlcu. come membro in un organo collegiale, in un sodalizio, in un circolo.

cooptazione [-zió-] *s.f.* procedimento per il quale un organismo collegiale sceglie da sé stesso i suoi nuovi componenti.

coordinamento [-mén-] *s.m.* **1** atto, effetto del coordinare; organizzazione coordinata **2** comitato, gruppo, organismo che ha il compito di coordinare altri gruppi o attività.

coordinare *v.tr.* [*io* co*órdino ecc.*] raccogliere, ordinare più cose a un fine determinato.

coordinata *s.f.* **1** (*mat.*) ciascun numero atto a individuare un punto rispetto a un sistema matematico di riferimento: *— cartesiana* **2** (*geogr.*) uno dei numeri atti a individuare un punto sulla superficie terrestre: *coordinate geografiche*, la latitudine e la longitudine **3** (*gramm.*) proposizione collegata a un'altra dello stesso tipo e collocata sullo stesso piano, unita generalmente a essa per mezzo di congiunzioni coordinative (p.e. *vado a spasso e leggo*; *studio perché mi piace e perché impa120*); quando manca la congiunzione, si ha invece la coordinazione per asindeto (p.e. *fermò l'auto, scese, mi corse incontro*).

coordinativo *agg.* che serve a coordinare.

coordinato *agg.* ordinato insieme a un fine determinato: *l'azione coordinata dei due farmaci è estremamente efficace / assi, piani coordinati*, (*mat.*) rette o piani costituenti un sistema di riferimento o *sistema di coordinate*.

coordinatore [-tó-] *agg.* e *s.m.* [f. *-trice*] che o chi coordina.

coordinazione [-zió-] *s.f.* atto, effetto del coordinare; l'essere coordinato.

coorte [-òr-] *s.f.* decima parte della legione romana; per estens., schiera, gruppo numeroso.

copale *s.m.* [anche *f.*] resina estratta da alberi dell'Asia, con cui si fanno vernici; sorta di pelle lucida per scarpe.

copeco [-pè-] *s.m.* [pl. *-chi*] moneta russa, centesima parte del rublo.

coperchio [-pèr-] *s.m.* arnese che serve per coprire un recipiente / *prov.: il diavolo fa le pentole ma non i coperchi*, il diavolo insegna a fare il male, ma non a nasconderlo.

copernicano *agg.* di Copernico, astronomo polacco (1473-1543) / *sistema —*, quello che pone il Sole al centro del sistema planetario / *rivoluzione copernicana*, il cambiamento radicale di punto di vista che oppone il sistema copernicano a quello tolemaico, secondo il quale la Terra era il centro dell'universo.

coperta [-pèr-] *s.f.* **1** drappo, panno che si stende sul letto sopra le lenzuola **2** ogni panno che serva a coprire e riparare qlco.: — *della poltrona*; — *del cavallo* **3** piano superiore della nave che si stende da poppa a prua.

copertina *s.f.* foglio che riveste un libro e reca il titolo, il nome dell'autore e quello dell'editore [*ill. Stampa*].

coperto[1] [-pèr-] *agg.* **1** riparato, protetto; chiuso: *vettura coperta*. CONTR. *scoperto* **2** rivestito; cosparso; colmo: *un prato — di fiori; il cielo è —*, è nuvoloso **3** dissimulato, oscuro: *parole coperte* // *s.m.* luogo riparato: *dormire al — / stare al —*, essere al sicuro // **-mente** *avv.* di nascosto, segretamente.

coperto[2] [-pèr-] *s.m.* ciò che occorre (piatti, posate ecc.) per preparare la tavola per ciascun convitato: *un pranzo di dieci coperti*.

copertone [-tó-] *s.m.* **1** telone impermeabile che serve a proteggere dalle intemperie merci, automezzi e simili **2** involucro di gomma che avvolge la camera d'aria dei pneumatici di un veicolo.

copertura *s.f.* **1** atto, effetto del coprire; la cosa con cui si copre **2** (*edil.*) l'insieme delle strutture che completano alla sommità un edificio **3** (*econ.*) ogni mezzo inteso a ridurre o eliminare un rischio in operazioni commerciali e bancarie / — *bancaria*, deposito versato in precedenza, che deve coprire gli assegni emessi / — *aurea*, l'oro che serve a garantire la moneta circolante.

copia[1] [-cò-] *s.f.* **1** trascrizione esatta di uno scritto, di un documento ecc.: — *conforme all'originale / brutta —*, la prima stesura di uno scritto; *bella —*, la stesura definitiva **2** riproduzione di un'opera presa a modello: — *di una statua, di un quadro* **3** ciascun esemplare di un libro, di un giornale ecc. **4** (*fot.*) positiva stampata su carta sensibile.

copia[2] [-cò-] *s.f.* [solo *sing.*] (*lett.*) grande quantità. SIN. *abbondanza, profusione, dovizia.*

copialettere [-lèt-] *s.m.invar.* **1** torchio usato per riprodurre meccanicamente lettere o fatture commerciali **2** registro contenente le copie così ottenute.

copiare *v.tr.* [io *còpio* ecc.] **1** fare copia di qlco. **2** imitare.

copiativo *agg.* che serve a far copie / *inchiostro —*, inchiostro che viene impiegato quando s'intende trarre dall'originale più copie mediante il copialettere.

copiatrice *s.f.* macchina per la riproduzione di copie; fotocopiatrice.

copiatura *s.f.* atto, effetto del copiare; la cosa copiata.

copiglia [-pi-] *s.f.* (*tecn.*) organo di fissaggio che si infila in un foro apposito del gambo del bullone per evitare lo svitamento del dado.

copione[1] [-pió-] *s.m.* testo di un lavoro teatrale dal quale si copiano le parti che i diversi attori devono recitare.

copione[2] [-pió-] *s.m.* nel linguaggio infantile, chi imita gli altri o chi copia, spec. a scuola.

copioso [-pió-] *agg.* che è in copia, in gran quantità. SIN. *abbondante, dovizioso.*

copista *s.m.* e *f.* [pl.m. -*i*] **1** chi per professione copia scritture, documenti e simili **2** trascrittore di codici, amanuense.

copisteria [-rì-] *s.f.* ufficio in cui si eseguiscono copie a macchina di scritti.

copolimero [-li-] *s.m.* (*chim.*) polimero costituito da due o più tipi diversi di molecole.

coppa[1] [còp-] *s.f.* **1** bicchiere molto largo e poco fondo, che si regge su di un piede / *coppe della bilancia*, i due piatti **2** calice artisticamente lavorato di metallo prezioso che si dà come premio di gare sportive; la gara stessa in cui si mette in palio una coppa **3** (*aut.*) ca-

mera posta sotto il basamento del motore, in cui si raccoglie l'olio destinato alla lubrificazione **4** *pl.* uno dei quattro semi delle carte da gioco napoletane.

coppa[2] [còp-] *s.f.* **1** (*dial.*) la parte posteriore del capo **2** specie di salume fatto, nell'Italia settentrionale, con lombo di maiale insaccato, a Roma con carni della testa del maiale, cotte e pressate.

coppella [-pèl-] *s.f.* tipo di crogiolo a forma di coppa per purificare o saggiare metalli: *oro di —*, purissimo.

coppellare *v.tr.* [io *coppèllo* ecc.] purificare o saggiare metalli nella coppella.

coppetta [-pét-] *s.f.* vasetto di vetro che, applicato alla pelle e creandovi sotto il vuoto d'aria, serve a cavar sangue.

coppia [còp-] *s.f.* **1** due persone, due animali o due cose uniti insieme per qualche scopo; spec. un uomo e una donna uniti dall'amore: *una — di ballerini; una — di buoi; una — di uova al tegame / a coppie*, a due a due / *essere, formare una bella —*, stare bene insieme. SIN. *paio* **2** nei giochi di carte, due carte uguali; anche due compagni che giocano insieme contro altre coppie **3** nel ciclismo, i due atleti che partecipano a una gara a coppie, alternandosi in pista / *due di —, quattro di —*, nel canottaggio, gli equipaggi in cui i rematori sono affiancati a due a due **4** (*fis.*) l'insieme di due forze uguali, parallele, di senso contrario e di risultante nulla, applicate in due punti diversi di un corpo.

coppiere [-piè-] *s.m.* chi versava da bere ai convitati.

coppo [còp-] *s.m.* vaso di terracotta.

coppola [còp-] *s.f.* (*dial.*) berretto basso, con visiera, tipico del contadino siciliano / — *storta*, mafioso.

copra [cò-] *s.f.* polpa seccata di noci di cocco; serve all'estrazione dell'olio di cocco.

copresenza [-fèn-] *s.f.* presenza contemporanea, e spec. la presenza di più insegnanti nella stessa classe, per particolari attività.

copribusto *s.m.invar.* sorta di corsetto che le donne portavano sul busto nell'Ottocento.

copricanna *s.m.invar.* legno sagomato che ricopre parzialmente la canna del fucile per proteggerlo dagli urti e facilitarne il maneggio quando il tiro prolungato surriscalda l'acciaio [*ill. Fucile*].

copricapo *s.m.* qualsiasi cappello o berretto.

coprifasce *s.m.invar.* piccola camicia da neonato, che una volta si portava sopra la fasciatura.

coprifiamma *s.m.invar.* sorta di imbuto o cilindro d'acciaio applicato alle armi da fuoco per schermare la vampa prodotta dal colpo.

coprifilo *s.m.* guaina destinata a coprire un filo, spec. elettrico; nei serramenti, guarnizione di copertura di due elementi accostati [*ill. Finestra*].

coprifuoco [-fuò-] *s.m.* [pl. -*chi*] obbligo di ritirarsi in casa a un'ora stabilita, imposto ai cittadini per motivi d'ordine pubblico; anticamente, il segnale che per analoghe ragioni imponeva di spegnere fuochi o lumi.

copriletto [-lèt-] *s.m.* coperta che ricopre completamente un letto quando non viene usato.

coprire *v.tr.* [pres. io *còpro* ecc.; pass.rem. io *coprìi* o *copèrsi*, tu *copristi*, egli *coprì* o *copèrse*, noi *coprimmo*, voi *copriste*, essi *coprirono* o *copèrsero*; p.pass. *copèrto*] **1** nascondere o riparare una cosa col mettervene sopra o davanti un'altra: — *la tavola con la tovaglia; coprirsi la faccia con le mani* **2** chiudere con un coperchio: — *una pentola* **3** rivestire: — *un muro d'intonaco* **4** (*mil.*) riparare dalle offese nemiche: — *la ritirata* **5** superare (di suoni e rumori): *la tua voce copriva* *tutte le altre* **6** colmare: *— uno di baci, di insulti; coprirsi di gloria* **7** occupare uno spazio, una superficie: *la nebbia copriva la valle* **8** tenere, esercitare: *— una cattedra, una carica* **9** percorrere: *— una distanza* **10** soddisfare, pagare, pareggiare: *— un debito, un prestito* // **-irsi** *v.rifl.* **1** ripararsi dal freddo con vesti o altro **2** *(fin.)* garantirsi; vendere o comprare titoli in modo da garantirsi contro i rischi di precedenti operazioni bancarie **3** nel pugilato, ripararsi dai colpi dell'avversario **4** lasciarsi coprire, essere coperto: *il cielo si coprì di nubi.*

copro- [dal gr. *kôpros = sterco*] primo elemento di parole composte scientifiche, che indica riferimento alle feci (*coprocultura, coprofagia*).

coprocultura *s.f.* *(med.)* ricerca dei germi presenti nelle feci, a scopo diagnostico.

coproduzione [-zió-] *s.f.* produzione, spec. di un'opera cinematografica, in collaborazione fra più produttori; l'opera così prodotta.

coprofagia [-gì-] *s.f.* l'ingerire sterco, come fanno talora gli alienati.

copula [cò-] *s.f.* **1** accoppiamento **2** *(gramm.)* la forma verbale che unisce il soggetto al predicato nominale (p.e. Carlo è forte).

copulativo *agg.* *(gramm.)* che serve a congiungere / *congiunzioni copulative,* le congiunzioni *e, né* / *verbi copulativi,* quelli che servono per unire il soggetto al predicato nominale: *essere, sembrare, stare ecc.* (p.e. la neve è bianca; quel bambino *sembra* intelligente).

copulazione [-zió-] *s.f.* copula, accoppiamento.

copy [*ingl.*; *pr.* còpi] *s.m.* in un messaggio pubblicitario, il testo scritto.

copyright [*ingl.*; *pr.* copiràit] *s.m.* diritto che tutela la proprietà di un'opera letteraria, musicale ecc. e ne impedisce la riproduzione abusiva.

copy-writer [*ingl.*; *pr.* còpi ràita] *s.m.* e *f.* chi è addetto alla redazione di testi pubblicitari.

coraggio [-ràg-] *s.m.* **1** forza d'animo nell'affrontare il pericolo o nell'avviare difficili imprese: *non ha il — delle sue opinioni,* non osa esprimerle. SIN. *audacia, intrepidezza, baldanza, valore, prodezza* **2** impudenza: *hai il — di rispondermi in questo modo?* // *inter.impropria* esortazione a non perdersi d'animo: *—, mostratevi forti!*

coraggioso [-gió-] *agg.* **1** che ha coraggio: *uomo —.* SIN. *audace, intrepido, baldanzoso, valoroso, prode* **2** che è effetto di coraggio: *intervento —.*

corale *agg.* **1** di o da coro: *canto —* **2** *(fig.)* unanime: *la cosa riscosse un'approvazione —* // *s.m.* **1** composizione per coro; il libro che raccoglie tali composizioni **2** sorta di composizione musicale per strumenti.

corallifero [-lì-] *agg.* ricco di coralli.

corallina *s.f.* **1** alga marina semirigida, simile al corallo **2** roccia calcarea contenente resti di coralli **3** barca attrezzata per la pesca del corallo.

corallino *agg.* **1** di corallo: *scogliera corallina* **2** simile a corallo, spec. per il colore.

corallo *s.m.* **1** animaletto marino dei celenterati che vive in colonie **2** la sostanza calcarea dura, di struttura arborescente, variamente colorata dal rosa pallido al rosso, che è secreta da tali animali e viene usata per la fabbricazione di oggetti d'ornamento (p.e. collane, ciondoli) / *sano come un —,* in ottima salute.

corame *s.m.* cuoio lavorato.

coramella [-mèl-] *s.f.* striscia di cuoio che serve per affilare i rasoi.

coramina *s.f.* farmaco stimolante del cuore e del centro respiratorio, usato nei casi di collasso, di scompenso cardiaco ecc. ®.

coram populo [*lat.*; *pr.* còram pòpulo = *davanti al popolo*] alla presenza di tutti, in pubblico.

Corano *s.m.* testo sacro dei musulmani, che contiene i precetti di Maometto.

corata *s.f.* cuore, polmoni e milza di animali macellati.

coratella [-tèl-] *s.f.* corata di piccoli animali.

corazza *s.f.* **1** copertura del busto, di solito in cuoio o in metallo, portata anticamente dai soldati per difesa, oggi solo per ornamento **2** struttura resistente applicata per difesa a fortificazioni o a mezzi bellici d'assalto **3** rivestimento protettivo, osseo o d'altra materia, del corpo di taluni animali.

corazzare *v.tr.* **1** armare di corazza **2** *(fig.)* difendere, premunire.

corazzata *s.f.* grande nave da guerra protetta da robuste corazze metalliche e potentemente armata.

corazzato *agg.* **1** armato di corazza / *treno —; mezzi corazzati / truppe corazzate,* grandi unità costituite da carri armati, fanteria su mezzi cingolati e artiglieria semovente **2** *(fig.)* difeso, protetto.

corazzatura *s.f.* il corazzare; l'insieme dei materiali corazzati: *la — di una nave.*

corazziere [-ziè-] *s.m.* soldato a cavallo armato di lancia, elmo e corazza; oggi, carabiniere della guardia d'onore del capo dello stato italiano.

corba [còr-] *s.f.* grande cesta di vimini o di strisce di legno intrecciate.

corbeille [*franc.*; *pr.* corbèi] *s.f.* **1** cestino di fiori disposti con arte **2** in borsa, il recinto nel quale si svolge la contrattazione dei titoli.

corbellare *v.tr.* [*io corbèllo ecc.*] *(region.)* canzonare.

corbelleria [-rì-] *s.f.* atto o detto da sciocco; sproposito: *ha fatto un'enorme —!*

corbello [-bèl-] *s.m.* cesto rotondo, fatto di vimini o di strisce di legno intrecciate, usato per trasportare frutti, patate ecc.

corbezzola [-béz-] *s.f.* il frutto del corbezzolo.

corbezzoli [-béz-] *inter. impropria* esprime stupore, in tono scherzoso.

corbezzolo [-béz-] *s.m.* arbusto sempreverde i cui frutti sono bacche rosse, dolci, commestibili (*fam.* Ericacee).

corda [còr-] *s.f.* **1** fascio di fibre o fili attorcigliati, che si usa per legare, sollevare o sostenere qlco.: *— di canapa; — metallica; — dell'arco; — da montagna,* usata per ascensioni; *— fissa,* quella collocata stabilmente nei punti più difficili di un percorso di montagna [*ill.* Alpinismo]; *allentare, tirare la — / dar — a qlcu,* dargli retta, starlo ad ascoltare / *tagliare la —,* scappare / *essere con la — al collo,* non aver più scampo / *prov.: non parlar di — in casa dell'impiccato,* non menzionare fatti spiacevoli a persone che vi abbiano avuto parte. SIN. *fune.* DIM. *cordicella, cordicina* **2** si dice di varie cose in forma di corda: *le corde del violino, dell'arpa* [*ill.* Musicali, strumenti]; *far vibrare, toccare una —,* accennare a cosa capace di risvegliare in qlcu. particolari sentimenti / *corde vocali,* le pieghe della glottide che consentono la modulazione della voce / *— dorsale,* (*zool.*) notocorda **3** trama di tessuto / *mostrare la —,* essere logoro, consunto (detto di un tessuto, e *fig.* di un argomento, di un discorso) **4** (*geom.*) segmento di retta che unisce gli estremi di un arco di curva **5** (*sport*) limite interno di una pista; nel pugilato, fune delimitante il quadrato:

correre alla —, per effettuare il percorso più breve; *costringere l'avversario alle corde*, metterlo in difficoltà.

cordaio [-dà-] *s.m.* **1** chi è addetto alla fabbricazione di cordami **2** chi vende corde e spaghi.

cordame *s.m.* insieme di corde.

cordata *s.f.* **1** gruppo di alpinisti legati alla stessa corda in un'ascensione **2** *(fig.)* gruppo di imprenditori che si unisce per l'acquisto di un bene di grande rilievo economico.

cordati *s.m.pl.* *(zool.)* tipo di animali muniti di *notocorda* almeno nei primi stadi di sviluppo; vi appartengono: *tunicati, cefalocordati, vertebrati.*

corderia [-rì-] *s.f.* fabbrica di corde.

cordiale *agg.* si dice di cosa che viene dal cuore o di persona che si comporta verso gli altri con gentilezza e familiarità: *saluto —; uomo —.* SIN. *affabile* // *s.m.* bevanda corroborante, spec. liquore che tonifica.

cordialità *s.f.invar.* l'essere cordiale. SIN. *affabilità.*

cordicella [-cèl-] *s.f.* corda breve e sottile; spago, cordoncino.

cordiera [-diè-] *s.f.* *(mus.)* placchetta munita di fori, alla quale sono fissate le estremità inferiori delle corde di uno strumento [*ill. Musicali, strumenti*].

cordigliera [-gliè-] *s.f.* nome di alcune catene montuose dell'America centrale e meridionale.

cordiglio [-dì-] *s.m.* cordone con cui frati e monache si cingono la vita.

cordino *s.m.* segmento di corda usato dagli alpinisti nelle arrampicate su roccia.

cordite *s.f.* *(med.)* infiammazione delle corde vocali.

cordofoni [-dò-] *s.m.pl.* famiglia di strumenti musicali che producono il suono per vibrazione delle corde.

cordoglio [-dò-] *s.m.* dolore profondo, spec. per la scomparsa di una persona cara o stimata. SIN. *lutto.*

cordonata *s.f.* strada in pendio con cordoni trasversali in pietra o mattoni che formano quasi una scala.

cordone [-dó-] *s.m.* **1** corda di media grossezza, di cotone o seta, usata spec. per guarnizione e lavori di tappezzeria / — *di san Francesco*, il cordiglio portato dai francescani / — *del telefono, dell'aspirapolvere*, il filo, formato da più conduttori isolati riuniti e ricoperti di materiale tessile o altro, che collega questi apparecchi con la sorgente di energia o con altro apparecchio **2** insegna di ordini cavallereschi, e per estens. la persona insignita di tali ordini: *gran — dei SS. Maurizio e Lazzaro* **3** si dice di varie cose in forma di cordone / — *ombelicale*, *(anat.)* il fascio vascolare che unisce alla placenta il feto provvedendo al suo nutrimento, e che viene tagliato dopo la nascita; *(fig.)* legame di dipendenza morale o economica **4** *(arch.)* modanatura per dividere un muro o per orlare i marciapiedi **5** schieramento di soldati, agenti o volontari per impedire l'accesso a un luogo: *rompere i cordoni* / — *sanitario*, l'insieme dei provvedimenti che si prendono per isolare un focolaio di malattie contagiose.

corea [-rè-] *s.f.* *(med.)* nome generico (comunemente anche *ballo di san Vito*) di malattie del sistema nervoso che si manifestano con movimenti involontari e frenetici delle estremità, della faccia e del tronco.

coreano *agg.* della Corea / *collo, colletto alla coreana*, sottile e senza risvolto // *s.m.* abitante della Corea.

coregono [-rè-] *s.m.* pesce commestibile d'acqua dolce, con pinna dorsale alta e forma affusolata *(fam. Salmonidi).*

coreografia [-fì-] *s.f.* arte di comporre, per il teatro, azioni e figure di danza in armonia con la musica.

coreografico [-grà-] *agg.* [pl.m. *-ci*] **1** della coreografia: *spettacolo —* **2** *(fig.)* fastoso, spettacoloso.

coreografo [-ò-] *s.m.* chi compone coreografie.

coretto [-rét-] *s.m.* stanzino o palchetto aperto verso l'interno di una chiesa e protetto da una grata, la quale consente di assistere non visti alle sacre funzioni.

coreutica [-rèu-] *s.f.* *(lett.)* arte della danza.

coriaceo [-rià-] *agg.* **1** duro come il cuoio **2** *(fig.)* di carattere forte; insensibile.

coriandolo [-riàn-] *s.m.* **1** pianta erbacea i cui semi aromatici sono usati in pasticceria e liquoreria *(fam. Ombrellifere)* **2** ciascuno dei dischetti di carta colorata che si gettano per gioco in tempo di carnevale.

coricare *v.tr.* [*io còrico*, tu *còrichi ecc.*] mettere disteso; mettere a letto: — *i bambini* // **-arsi** *v.rifl.* **1** andare a letto **2** tramontare, detto del sole.

corifeo [-fè-] *s.m.* **1** nell'antica tragedia greca, il capo del coro **2** *(fig.)* capo spirituale; guida, leader.

corimbo *s.m.* *(bot.)* inflorescenza in cui i vari fiori, portati da assi fiorali di diversa lunghezza, vengono a trovarsi a uno stesso livello [*ill. Fiore*].

corindone [-dó-] *s.m.* minerale d'alluminio le cui varietà preziose sono conosciute come *rubino e zaffiro.*

corinzio [-rìn-] *agg.* di Corinto, città greca / *ordine —*, ordine architettonico greco in cui la colonna ha il capitello ornato di foglie d'acanto.

corion [cò-] *s.m.invar.* *(biol.)* membrana che protegge l'embrione dei vertebrati superiori.

corista *s.m.* e *f.* [pl.m. *-i*] chi canta in un coro // *s.m.* diapason.

coriza [còriʒa] *s.f.* *(med.)* forma di raffreddore.

cormo [còr-] *s.m.* *(bot.)* corpo vegetativo delle piante superiori, distinto in fusto, radice e foglie.

cormofite *s.f.pl.* *(bot.)* piante fornite di cormo (Fanerogame e Crittogame superiori).

cormorano *s.m.* grosso uccello acquatico, ottimo pescatore, con piedi palmati, becco lungo uncinato in punta, piccolo sacco sotto la mandibola *(fam. Falacrocoracidi).*

cornac [còr-] *s.m.invar.* conduttore di elefanti.

cornacchia [-nàc-] *s.f.* grosso uccello simile al corvo, ma più piccolo, dal piumaggio cinerino con testa, ali, coda e gola nere *(fam. Corvidi).*

cornamusa [-ʃa] *s.f.* strumento a fiato, formato da uno o più tubi sonori ad ancia doppia, innestati in un sacco di pelle ripieno d'aria.

cornata *s.f.* colpo dato con le corna.

cornatura *s.f.* disposizione e aspetto delle corna di un animale.

cornea [còr-] *s.f.* *(anat.)* parte anteriore, trasparente, della sclerotica dell'occhio [*ill. Occhio*].

corneale *agg.* *(med.)* della cornea, che riguarda la cornea: *lenti corneali*, lenti a contatto, cioè che si applicano, per correggere difetti di vista, direttamente sull'occhio.

corneo [còr-] *agg.* di corno, simile a corno.

corner [*ingl.*; *pr.* cóna] *s.m.* nel gioco del calcio, calcio d'angolo.

cornetta [-nét-] *s.f.* **1** piccolo strumento musicale a fiato, d'ottone, munito di bocchino e di pistoni **2** bandiera a due punte di una compagnia di cavalleria; per estens., la compagnia stessa // *s.m.* portabandiera.

cornetto [-nét-] *s.m.* **1** piccolo corno **2** — *acustico*, strumento a forma di corno usato per sopperire al difetto di udito **3** panino o dolce a forma di luna falcata **4** → **murice.**

cornice *s.f.* **1** inquadratura in legno o metallo posta intorno a dipinti, specchi e simili a scopo decorativo **2** (*fig.*) parte accessoria, ornamentale; ambiente: *mi sentivo più misero in quella — lussuosa* **3** (*arch.*) la parte più alta della trabeazione [*ill. Architettura*] **4** cengia molto stretta; orlo sporgente di neve o ghiaccio.

corniciaio [-cià-] *s.m.* chi fabbrica o vende cornici.

cornicione [-ció-] *s.m.* fascia sporgente che circonda l'estremità superiore di un edificio [*ill. Architettura*].

corniola[1] [-niò-] *s.f.* varietà di calcedonio dura e traslucida, di colore dal bianco rossastro al rosso cupo, che si lavora per oggetti ornamentali.

corniola[2] [còr-] *s.f.* frutto del corniolo.

corniolo [còrniolo *o* corniòlo] *s.m.* frutice montano che dà legno durissimo, usato per lavori al tornio, e frutti commestibili rossi, a forma di olive (*fam.* Cornacee).

corno [còr-] *s.m.* [pl.f. **corna**, degli animali; pl.m. **corni**, negli altri significati] **1** protuberanza ossea, vuota o piena, talora ramificata, che sporge, in coppia o solitaria, sulla testa di diversi animali; anche la materia di tali protuberanze, adoperata per fabbricare oggetti / *— dell'abbondanza*, cornucopia / *rompersi le corna*, avere la peggio / *far le corna*, mettere l'indice e il mignolo della mano chiusa in un gesto tradizionale di scongiuro / *non valere un —*, non valere nulla / *dir corna di uno*, parlarne male / *fare, mettere le corna al marito, alla moglie*, essergli o esserle infedele / *portare le corna*, subire l'infedeltà del coniuge **2** (*fig.*) sporgenza, protuberanza; punta, estremità: *i corni della luna, dell'esercito* / *— dell'epistola, del vangelo*, l'uno e l'altro lato dell'altare, rispettivamente quello a destra e quello a sinistra di chi guarda **3** calzascarpe **4** (*mus.*) strumento di ottone, a fiato, costituito da un tubo a spirale / *— inglese*, strumento a fiato con ancia doppia, di timbro più grave dell'oboe [*ill. Musicali, strumenti*].

cornucopia [-cò-] *s.f.* vaso a forma di corno pieno di frutti e di fiori, simbolo dell'abbondanza.

cornuto *agg.* che ha corna // *agg. e s.m.* si dice di uomo tradito dalla sua donna; è anche usato come pesante insulto.

coro [cò-] *s.m.* **1** canto che si esegue da più persone; l'insieme di queste persone: *cantare in —; fare un —* **2** la parte della chiesa, solitamente dietro l'altar maggiore, dove si cantano gli uffici divini [*ill. Chiesa*] **3** ordine angelico **4** nell'antico teatro greco, intermezzo di canto e danza; anche il complesso che lo eseguiva e il luogo in cui esso operava **5** nel moderno melodramma, parte cantata all'unisono, per lo più a commento dell'azione; le persone che l'eseguono.

corografia [-fì-] *s.f.* descrizione geografica di una regione.

coroide [-ròi-] *s.f.* (*anat.*) membrana dell'occhio, intermedia fra la sclerotica e la retina [*ill. Occhio*].

corolla [-ròl-] *s.f.* complesso dei petali di un fiore [*ill. Fiore*].

corollario [-là-] *s.m.* **1** proposizione che risulta logicamente da una verità dimostrata in precedenza **2** aggiunta, appendice.

corona [-ró-] *s.f.* **1** ornamento del capo di forma circolare: *— di rose, — d'oro* **2** simbolo di sovranità, di nobiltà o di eccellenza in qlco.: *— di marchese, reale; — d'alloro*, simbolo di gloria poetica / *cingere la —*, diventare re / *perdere la —*, perdere la sovranità **3** si dice di vari oggetti a forma di corona: *— di fiori*, ghirlanda che viene posta sui feretri o sulle tombe; *— del rosa-*

rio **4** (*anat.*) parte esterna del dente, ricoperta di smalto, che sporge dalla gengiva [*ill. Bocca*] **5** nome di varie unità monetarie europee: *— svedese, danese, inglese* **6** (*mus.*) segno convenzionale, costituito da un punto iscritto in un semicerchio, che indica la durata di una nota a volontà dell'esecutore **7** (*mecc.*) ingranaggio di forma circolare [*ill. Motore*] **8** (*astr.*) *— solare*, sorta di aureola intorno al sole, che appare luminosa durante le eclissi.

coronale *agg.* **1** (*astr.*) della corona solare **2** (*anat.*) della corona dentaria.

coronamento [-mén-] *s.m.* **1** ciò che corona, compie; spec. la degna conclusione di qlco.: *il — di un'impresa* **2** (*arch.*) motivo che termina una costruzione **3** (*mar.*) orlo superiore della parte estrema di poppa di una nave.

coronare *v.tr.* [*io coróno ecc.*] **1** cingere di corona; incoronare **2** circondare alla sommità: *torre coronata di merli* **3** compiere, realizzare, portare a conclusione: *— i propri sogni*.

coronaria [-nà-] *agg. e s.f.* si dice di ciascuna delle due arterie e vene che, a destra e a sinistra, circondano il cuore a guisa di corona.

coronarico [-nà-] *agg.* [pl.m. *-ci*] (*med.*) di coronaria, delle coronarie.

coronario [-nà-] *agg.* **1** di corona / *certame —*, gara poetica che aveva come premio una corona d'oro **2** (*anat.*) che è disposto a mo' di corona attorno a un organo: *vasi coronari*, del cuore.

coronarite *s.f.* (*med.*) processo patologico a carico delle arterie coronarie.

coronide [-rò-] *s.f.* nella ortografia greca, segno con cui si indica la crasi.

corpacciuto *agg.* grosso, spec. di ventre. SIN. *corpulento, panciuto.*

corpetto [-pét-] *s.m.* **1** camiciola per neonati e bimbi molto piccoli **2** panciotto; farsetto **3** nei vestiti da donna, corpino.

corpino *s.m.* la parte superiore di un abito intero da donna.

corpo [còr-] *s.m.* **1** ogni porzione di materia che occupi uno spazio; oggetto, cosa / *i corpi celesti*, gli astri / *— contundente*, oggetto che, se usato per percuotere una persona, non taglia ma provoca contusioni e fratture / *— del reato*, oggetto che è in relazione con l'esecuzione di un reato **2** la parte principale, il nucleo più consistente di qlco.: *il — d'una bottiglia / dar — a qlco.*, realizzarla, concretarla / *prender —*, prendere consistenza **3** ogni sostanza chimicamente definita avente caratteristiche peculiari e distintive: *corpi inorganici, organici / — semplice*, quello la cui molecola è costituita da atomi dello stesso elemento / *— composto*, quello che può essere separato nei vari elementi che lo costituiscono **4** il complesso organizzato di materia che costituisce l'uomo e gli animali / *darsi a qlco. — e anima*, applicarsi a qlco. col massimo impegno / *a — morto*, con totale abbandono / *avere in —*, avere dentro di sé: *ha molta rabbia in — / a —*, molto da vicino, all'arma bianca **5** cadavere, salma **6** ventre / *mettersi in —*, ingerire / *andar di —*, defecare **7** insieme di persone che costituiscono un organismo a sé: *— di ballo, — insegnante* **8** specialità militare: *— degli alpini / spirito di —*, sentimento di attaccamento dei soldati alla propria arma **9** unità militare / *— d'armata*, grande unità costituita da due o più divisioni / *— di guardia*, gruppo di militari incaricati della sorveglianza

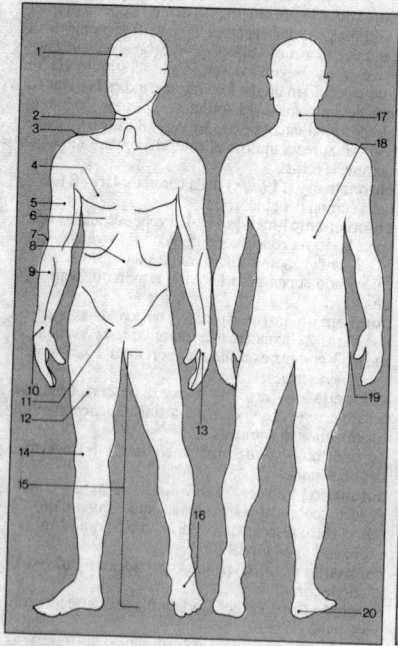

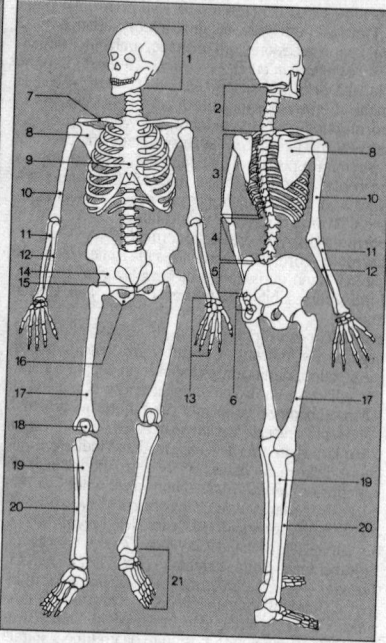

di un luogo; anche il loro alloggio **10** corpus; raccolta completa e organica di più opere: *il — degli scrittori latini* **11** (*tip.*) misura dei caratteri.

corporale *agg.* del corpo umano: *pene corporali,* che comportano violenza fisica // *s.m.* pannolino bianco sul quale il sacerdote, durante la messa, posa il calice e la patena [*ill. Chiesa*].

corporation [*ingl.*; *pr.* corporèscion] *s.f.* società per azioni, e spec. le grandi società.

corporativismo [-ʃmo] *s.m.* **1** dottrina sindacale che si fonda sull'organizzazione dei lavoratori e dei datori di lavoro in corporazioni **2** tendenza di categorie o di gruppi fortemente omogenei di lavoratori a difendere sindacalmente soltanto i propri interessi.

corporativo *agg.* relativo alle corporazioni.

corporatura *s.f.* aspetto, forma del corpo umano: *— robusta, gracile.* SIN. *complessione.*

corporazione [-zió-] *s.f.* **1** organismo che riunisce i rappresentanti dei lavoratori e dei datori di lavoro di una determinata categoria **2** complesso di persone che costituisce un corpo distinto nella società.

corporeo [-pò-] *agg.* **1** del corpo umano; corporale **2** che ha corpo; fisico, materiale.

corposo [-pó-] *agg.* che ha consistenza, denso; che dà la sensazione del volume (anche *fig.*): *uno studio —.*

corpulento [-lèn-] *agg.* grosso di corpo, molto grasso: *uomo —.* SIN. *corpacciuto, panciuto.*

corpulenza [-lèn-] *s.f.* l'essere corpulento.

corpus [còr-] *s.m.invar.* (*lat.*) raccolta sistematica di testi, di iscrizioni, di leggi.

corpuscolare *agg.* di corpuscolo.

corpuscolo [-pù-] *s.m.* **1** piccolo corpo; particella minutissima di sostanza corporea **2** (*fis.*) ogni ente di dimensioni microscopiche, costituito dall'insieme di più particelle.

Corpus Domini [còr-] [dò-] *s.m.* (*lat.*) festa in onore dell'eucaristia, che si celebra sessanta giorni dopo la Pasqua.

corredare *v.tr.* [*io corrèdo ecc.*] rifornire di cose necessarie; provvedere di ogni accessorio: *— dei documenti.*

corredo [-rè-] *s.m.* **1** l'insieme degli abiti, della biancheria e altre cose personali che porta con sé una sposa, un collegiale, una monaca, un soldato **2** (*fig.*) insieme di nozioni.

correggere [-règ-] *v.tr.* [coniugato come *reggere*] **1** liberare dai difetti o dagli errori: *— il corso di una strada; — il tiro,* farlo più preciso; *— un compito di latino.* SIN. *emendare, rettificare* **2** esortare o costringere a un comportamento ritenuto migliore. SIN. *castigare* **3** aggiungere alle bevande sostanze che ne modifichino il sapore e le rendano più o meno forti // **-ersi** *v.rifl.* ravvedersi.

correggia [-règ-] *s.f.* cinghia di cuoio.

correggiato *s.m.* strumento formato da due bastoni di legno uniti da una correggia, che serviva un tempo per battere il grano.

corregionale *agg.* che è della stessa regione.

correità *s.f.invar.* (*dir.*) condizione di correo.

correlativo *agg.* **1** che ha relazione reciproca **2** (*gramm.*) si dice di avverbi, pronomi, particelle che denotano correlazione tra due o più elementi del discorso (p.e. *tanto... quanto, sia... sia*).

correlato *agg.* che è in correlazione; relativo, attinente: *l'incidente e i fatti correlati.*

corpo umano

Regioni: 1 *testa*, 2 *collo*, 3 *spalla*, 4 *mammella*,
5 *braccio*, 6 *torace*, 7 *gomito*, 8 *addome*,
9 *avambraccio*, 10 *polso*, 11 *inguine*, 12 *coscia*,
13 *mano*, 14 *ginocchio*, 15 *gamba*, 16 *piede*,
17 *nuca*, 18 *dorso*, 19 *anca*, 20 *tallone*.

Scheletro: 1 *cranio*, 2 *vertebre cervicali*,
3 *vertebre toraciche*, 4 *vertebre lombari*,
5 *vertebre sacrali*, 6 *vertebre coccigee*,
7 *clavicola*, 8 *scapola*, 9 *coste e sterno*,
10 *omero*, 11 *radio*, 12 *ulna*, 13 *mano*, 14 *ileo*,
15 *pube*, 16 *ischio*, 17 *femore*, 18 *rotula*,
19 *perone*, 20 *perone*, 21 *piede*.

Muscoli: 1 *frontale*, 2 *temporoparietale*,
3 *zigomatici*, 4 *orbicolare delle labbra*,
5 *occipitale*, 6 *sternocleidomastoideo*, 7 *trapezio*,
8 *deltoide*, 9 *grande pettorale*, 10 *dentato
anteriore*, 11 *retto dell'addome*, 12 *bicipite*,
13 *tricipite*, 14 *supinatore*, 15 *lungo palmare*,
16 *pettineo*, 17 *sartorio*, 18 *quadricipite*,
19 *tibiale anteriore*, 20 *peroniero anteriore*,
21 *estensore lungo delle dita*, 22 *estensore lungo
dell'alluce*, 23 *sottospinato*, 24 *grande dorsale*,
25 *brachioradiale*, 26 *flessore ulnare del carpo*,
27 *piccolo, grande e medio gluteo*,
28 *semitendinoso*, 29 *semimembranoso*,
30 *bicipite femorale*, 31 *tricipite surale*,
32 *peronieri*, 33 *flessore lungo delle dita*.

correlazione [-zió-] *s.f.* **1** relazione reciproca tra due cose **2** — *dei tempi*, (*gramm.*) rapporto sintattico tra i tempi della proposizione principale e quelli della subordinata.

correligionario [-nà-] *agg.* e *s.m.* che o chi professa la stessa religione.

corrente[1] [-rèn-] *agg.* **1** che corre: *acqua* —, che scorre rapidamente; che arriva nelle abitazioni per mezzo di tubature stradali ▸ *fluente*, spedito: *parlare in modo* — **3** che è in circolazione; diffuso, comune: *moneta* —; *opinione* — **4** che è in corso: *anno*, *mese* — detto di persona, corrivo // *s.m.* **1** nelle locuz. *essere al* —, essere informato; *mettere qlcu. al* — *di qlco.*, informarlo **2** travicello che si colloca tra una trave e un'altra per sostenere il tetto; traversino orizzontale nella struttura laterale della barca [*ill. Barca*] // **-mente** *avv.* in modo corrente, normale; in modo rapido, spedito: *parla* — *il tedesco*.

corrente[2] [-rèn-] *s.f.* **1** massa d'acqua o d'aria che si muove in una certa direzione: — *del fiume*; *correnti marine*, movimenti regolari costanti delle masse d'acqua marina, dovuti a differenze di temperatura e all'azione di venti costanti; *creare una forte* — *d'aria*, *navigare*, *nuotare contro* — **2** (*fig.*) tendenza di idee o indirizzo artistico: — *rivoluzionaria, futurista*; *andare contro* —, professare idee contrarie a quelle della maggioranza; *seguire la* —, fare ciò che fanno gli altri **3** (*elettr.*) flusso di cariche elettriche in un mezzo conduttore: — *continua*, di verso e intensità costante; — *alternata*, di verso periodicamente variabile **4** nei partiti politici, gruppo organizzato: *la* — *di sinistra*; *i giochi di potere delle correnti*.

correntista *s.m.* [pl. *-i*] chi ha un conto corrente presso una banca.

correo [-rè-] *s.m.* (*dir.*) chi partecipa con altri all'esecuzione di un reato.

correre [cór-] *v.intr.* [pres. *io córro* ecc.; pass.rem. *io córsi, tu corrésti* ecc.; p.pass. *córso*] **1** andare velocemente / — *dietro a qlcu.*, inseguirlo / — *come il vento, come il fulmine, a rotta di collo, a gambe levate*, correre molto velocemente **2** partecipare a una corsa, a una gara: — *nel Giro d'Italia* **3** accorrere, affrettarsi: *siamo corsi a salutarti* **4** fare qlco. in fretta e spesso male: *corri troppo quando leggi* **5** (*fig.*) muoversi d'un tratto verso qlco.: *l'occhio mi corse a quel manifesto* **6** (*fig.*) presentarsi d'un tratto e vivamente (di pensieri, sentimenti e simili): *il pensiero mi corre sempre a quei bei tempi* **7** procedere, scorrere: *la strada corre lungo il fiume; il torrente corre sotto il ponte* / *lasciar* —, lasciar che le cose vadano a modo loro; non far conto di qlco. **8** trascorrere; essere in corso: *il tempo corre; correva l'anno 1300* **9** intercorrere: *di qui alla stazione ci corrono tre chilometri* / *correrci poco*, mancar poco **10** venir scambiati: *corsero pugni, minacce* **11** circolare, diffondersi; aver corso legale (di monete): *corrono brutte notizie* // *v.tr.* percorrere / — *un paese*, devastarlo / — *un pericolo*, essere in pericolo / — *la cavallina*, condurre vita sregolata.

corresponsabile [-sà-] *agg.* che è responsabile insieme con altri.

corresponsabilità *s.f.invar.* l'essere corresponsabile.

corresponsabilizzare [-liʒʒa-] *v.tr.* rendere corresponsabile.

corresponsione [-sió-] *s.f.* il dare qlco. in cambio di altro; in particolare, denaro che si dà in cambio di un servizio.

correttezza [-téz-] *s.f.* **1** l'essere corretto: — *di linguaggio* **2** onestà, coerenza.

correttivo *agg.* e *s.m.* si dice di ciò che serve a correggere.

corretto [-rèt-] *agg.* **1** privo di errori; esatto, formulato con proprietà: *un compito* —; *stile* — *ed elegante* **2** conforme alle regole dell'onestà, dell'educazione, della convenienza: *comportamento* —. SIN. *irreprensibile* **3** si dice di bevanda dal sapore modificato mediante aggiunta di altre sostanze: *caffè* —, di solito con aggiunta di alcolici.

correttore [-tó-] *s.m.* [f. *-trice*] chi corregge.

correzione [-zió-] *s.f.* **1** il correggere; modificazione apportata a un testo per migliorarlo; il segno fatto per correggere **2** punizione / *casa di* —, luogo in cui vengono rinchiusi i minorenni colpevoli di qualche crimine.

corrida *s.f.* (*spagn.*) combattimento di uomini contro tori in un'apposita arena.

corridoio [-dó-] *s.m.* **1** passaggio lungo e stretto che mette in comunicazione tra loro le varie parti di un edificio, le stanze contigue di un appartamento, gli scompartimenti di un treno ecc. **2** striscia di terreno, di territorio, spec. se destinata a passaggio / — *aereo*, spazio aereo convenzionalmente delimitato nel quale è concesso il transito anche ad aerei di nazionalità diversa da quella del territorio sottostante.

corridore [-dó-] *agg.* atto a correre: *cavallo* — / *uccelli corridori*, quelli abili nella corsa (p.e. lo struzzo) // *s.m.* chi partecipa a una gara di corsa, spec. ciclistica.

corriera [-riè-] *s.f.* autoveicolo che trasporta posta e passeggeri lungo un percorso di linea.

corriere [-riè-] *s.m.* **1** un tempo, chi portava messaggi speciali o la corrispondenza pubblica: *il re inviò un* — / — *diplomatico*, chi porta alle sedi diplomatiche i documenti del loro governo **2** la posta del giorno o tutta quella proveniente dal medesimo luogo: *il* — *di martedì*; *il* — *di Francia* **3** titolo di parecchi giornali **4** chi trasporta corrispondenza o merci da un luogo a un altro per conto di terzi.

corrigendo [-gèn-] *agg.* e *s.m.* che o chi deve essere corretto; si dice propriamente del minorenne chiuso in una casa di correzione.

corrimano *s.m.* appoggio collocato lungo una scala per aiutare chi sale o scende [*ill. Scala*].

corrispettivo *agg.* che corrisponde; equivalente, proporzionato // *s.m.* ciò che equivale; ciò che si dà come compenso o risarcimento.

corrispondente [-dèn-] *agg.* **1** che corrisponde; somigliante, conforme **2** adeguato, proporzionato: *il compenso non è* — *al mio lavoro* // *s.m.* **1** chi è in relazione epistolare o d'affari con qlcu. **2** giornalista che invia notizie a un giornale dalla città in cui risiede / — *di guerra*, inviato speciale sul fronte di operazioni.

corrispondenza [-dèn-] *s.f.* **1** atto, effetto del corrispondere; proporzione, proporzione: *non sempre c'è* — *tra parole e fatti* **2** reciprocità di sentimenti, di affetti **3** scambio di lettere; per estens., le lettere stesse; epistolario: *sbrigare la* —. SIN. *carteggio* **4** relazione inviata a un giornale circa avvenimenti verificatisi nella località da cui è spedita.

corrispondere [-spón-] *v.intr.* [coniugato come *rispondere*] **1** avere somiglianza, conformità: *quelle parole non corrispondono ai suoi sentimenti* **2** equivalere, avere lo stesso valore o significato **3** essere in rapporto di

simmetria; coincidere **4** ricambiare un sentimento **5** avere relazione epistolare con qlcu. **6** comunicare, essere prospiciente: *queste finestre corrispondono col giardino* // *v.tr.* dare, versare una somma a titolo di retribuzione.

corrivo *agg.* incline a cedere senza resistenza all'opinione e all'operato altrui.

corroborante *agg.* che corrobora // *s.m.* sostanza o farmaco con azione rinvigorente.

corroborare *v.tr.* [*io corròboro ecc.*] rinforzare, rinvigorire (anche *fig.*). SIN. *fortificare*.

corrodere [-ró-] *v.tr.* [coniugato come *rodere*] sgretolare, intaccare // **-ersi** *v.intr.pron.* subire corrosione.

corrompere [-róm-] *v.tr.* [coniugato come *rompere*] **1** contaminare, alterare; far marcire. SIN. *guastare* **2** guastare, peggiorare moralmente; *spesso il potere corrompe*; — *una società, un ambiente*. SIN. *depravare, pervertire* **3** indurre con mezzi illeciti a fare ciò che non si dovrebbe: — *un funzionario*. SIN. *subornare* // **-ersi** *v.rifl.pron.* andare in putrefazione. SIN. *decomporsi*.

corrosione [-șió-] *s.f.* atto, effetto del corrodere.

corrosivo [-și-] *agg.* si dice di sostanza che ha la proprietà di corrodere.

corroso [-ró-] *agg.* sgretolato, intaccato dagli agenti atmosferici o da sostanze corrosive.

corrotto [-rót-] *agg.* **1** vizioso, immorale: *animo* —; *società corrotta* **2** guasto, marcio, imputridito.

corrucciare *v.tr.* [*io corrùccio ecc.*] addolorare, muovere a sdegno // **-arsi** *v.rifl.pron.* provare ira e dolore a un tempo. SIN. *incollerirsi, irritarsi, sdegnarsi*.

corrucciato *agg.* **1** che prova corruccio: *un uomo* — **2** che esprime corruccio.

corruccio [-rùc-] *s.m.* sentimento d'ira e dolore. SIN. *collera, irritazione, sdegno*.

corrugamento [-mén-] *s.m.* **1** atto, effetto del corrugare o del corrugarsi **2** (*geol.*) piegamento degli strati della crosta terrestre che è causa della formazione dei rilievi montuosi.

corrugare *v.tr.* [*io corrugo, tu corrughi ecc.*] increspare, coprire di rughe: — *la fronte*.

corruscare *v.intr.* [*io corrusco, tu corruschi ecc.*] mandar lampi, balenare, scintillare.

corrusco *agg.* [pl.m. *-chi*] lampeggiante, scintillante: *acciaio* —.

corruttela [-tè-] *s.f.* corruzione dei costumi, immoralità. SIN. *depravazione, pervertimento*.

corruttibile [-ti-] *agg.* che si può corrompere.

corruttore [-tó-] *agg.* e *s.m.* [f. *-trice*] che o chi corrompe, spec. in senso morale.

corruzione [-zió-] *s.f.* il corrompere, il corrompersi o l'essere corrotto, in senso fisico e morale.

corsa [cór-] *s.f.* **1** atto del correre: *fare una* — *sul prato* **2** gara podistica, ciclistica, automobilistica, ippica ecc.: — *a ostacoli*; — *piana*; *automobile da* — **3** percorso compiuto da un pubblico trasporto: — *di andata, di ritorno* **4** *guerra di* —, quella effettuata dai corsari **5** (*tecn.*) movimento compiuto da un elemento meccanico mobile.

corsaletto [-lét-] *s.m.* **1** leggera corazza che si portava anticamente sotto le vesti **2** parte coriacea del torace di alcuni insetti [*ill. Insetti*].

corsaro *s.m.* comandante di una nave autorizzato dallo stato ad attaccare bastimenti nemici // *agg.* di corsaro: *nave corsara*.

corsetto [-sét-] *s.m.* **1** bustino femminile **2** corsaletto, corazza leggera.

corsia [-sì-] *s.f.* **1** passaggio tra due file di letti o di poltrone **2** negli ospedali, camerata con più letti disposti in una o più file **3** settore di una pista, di un campo sportivo, della superficie di uno specchio d'acqua ecc., entro cui procede ciascun concorrente **4** sezione longitudinale di una carreggiata stradale **5** lungo tappeto che si stende nei corridoi o nelle scale.

corsiere [-siè-] *s.m.*, **corsiero** [-siè-] *s.m.* (*lett.*) cavallo da corsa o da battaglia.

corsivista *s.m. e f.* [pl.m. -*i*] giornalista specializzato in brevi articoli, detti *corsivi*.

corsivo *agg.* si dice della scrittura corrente, inclinata verso destra // *s.m.* **1** tale scrittura, e l'analogo carattere tipografico **2** breve articolo di giornale, spesso a carattere polemico o satirico, stampato in corsivo.

corso[1] [còr-] *s.m.* **1** lo scorrere delle acque; anche l'insieme delle acque in movimento: *— d'acqua; il — del Tevere* **2** il procedere del tempo o degli eventi; l'andamento di un'attività, di un fenomeno: *il — della vita, degli studi; nel — degli anni / il — di una malattia,* il suo processo naturale / *dare — a qlco.*, iniziarla / *lavori in —*, in via di svolgimento **3** il movimento reale o apparente degli astri **4** viaggio fatto per mare / *capitano di lungo —*, autorizzato a comandare navi mercantili **5** serie organizzata di lezioni o esercitazioni: *— di francese* **6** periodo che comprende un ciclo di studi; in particolare ciascun anno di studio di una facoltà universitaria **7** movimento di persone in una strada; *— mascherato*, sfilata di carri allegorici **8** strada cittadina di particolare importanza **9** la condizione della moneta in rapporto al suo valore di mercato e all'obbligo di accettarla per legge: *moneta in —*, di uso corrente; *fuori —*, non più valida **10** nelle contrattazioni di borsa, prezzo al quale si può acquistare o vendere un titolo.

corso[2] [còr-] *agg.* della Corsica // *s.m.* abitante, nativo della Corsica.

corsoio [-sό-] *agg.* → **scorsoio**.

corte [còr-] *s.f.* **1** cortile **2** nel medioevo, l'insieme degli edifici e dei territori attorno al castello del signore feudale **3** residenza di un sovrano; il complesso dei familiari e del seguito di un sovrano / *fare la — a qlcu.*, lusingarlo con lodi e complimenti per ottenere favori; *fare la — a una ragazza*, dimostrarle amore, cercare di piacerle **4** (*dir.*) collegio, organo composto di più persone con funzioni giurisdizionali: *corte d'appello*.

corteccia [-téc-] *s.f.* [pl. -*ce*] **1** involucro che ricopre esteriormente il tronco e i rami degli alberi [*ill. Albero*] **2** (*anat.*) parte periferica di un organo che racchiude una sostanza di costituzione diversa: *— cerebrale* **3** la parte esterna o superficiale di qlco.: *la — del pane*.

corteggiamento [-mén-] *s.m.* atto, modo di corteggiare.

corteggiare *v.tr.* [*io cortéggio* ecc.] **1** rendere servigi a un principe, mettersi al suo seguito **2** fare la corte a qlcu., in particolare a una donna, cercando di attirarsene le simpatie o il favore.

corteggiatore [-tό-] *s.m.* [f. -*trice*] chi corteggia; in particolare, chi fa una corte di tipo amoroso.

corteggio [-tég-] *s.m.* schiera di persone che accompagnano qlcu. per rendergli onore.

corteo [-tè-] *s.m.* schiera di persone che procedono ordinatamente nel corso di una cerimonia o di una pubblica dimostrazione: *— nuziale; un — di operai*.

cortese [-tέfe] *agg.* **1** che mostra benignità e affabilità: *una persona —; gesti, parole cortesi.* SIN. *garbato, gentile, affabile.* CONTR. *scortese* **2** liberale: *essere — di* *aiuto*, darlo generosamente **3** di corte / *poesia —*, la poesia cavalleresca medievale.

cortesia [-fì-] *s.f.* **1** l'essere cortese: *rimasi toccato dalla sua —.* SIN. *garbatezza, gentilezza, affabilità.* CONTR. *scortesia* **2** atto cortese / *per —*, per piacere / *bandiera di —*, quella dello stato straniero nelle cui acque territoriali si trova la nave [*ill. Nave*].

cortezza [-tέz-] *s.f.* (*non com.*) l'essere corto. SIN. *brevità.* CONTR. *lunghezza.*

corticale *agg.* (*scient.*) di corteccia, relativo alla corteccia.

corticosteroide [-ròi-] *agg. e s.m.* si dice degli ormoni a struttura steroidea secreti dalla corteccia surrenale.

cortigiana *s.f.* **1** donna di corte **2** donna di cattivi costumi.

cortigianeria [-rì-] *s.f.* l'essere o il mostrarsi cortigiano. SIN. *adulazione, servilismo, piaggeria.*

cortigianesco [-né-] *agg.* [pl.m. -*chi*] (*spreg.*) da cortigiano.

cortigiano *s.m.* **1** chi fa parte della corte di un principe **2** (*fig.*) adulatore, piaggiatore.

cortile *s.m.* spazio scoperto, delimitato da fabbricati, su cui danno le finestre delle stanze interne di un edificio / *animali da —*, il pollame allevato presso le case di campagna.

cortina *s.f.* **1** tenda che si alza e si abbassa: *le cortine del letto* **2** per estens., qualsiasi oggetto che si frapponga tra chi osserva e la cosa osservata / *— di nebbia*, strato nebbioso, che può anche venire steso artificialmente a scopo di mascheramento.

cortinaggio [-nàg-] *s.m.* le cortine del letto; tendaggio; baldacchino.

cortisone [-fό-] *s.m.* (*scient.*) ormone della corteccia surrenale, usato spec. come antireumatico.

cortisonico [-fò-] *agg. e s.m.* [pl.m. -*ci*] si dice di farmaci la cui azione è simile a quella del cortisone.

cortisonoterapia [-fonoterapì-] *s.f.* cura con farmaci a base di cortisone.

corto [còr-] *agg.* **1** di poca lunghezza, di lunghezza inferiore al necessario: *capelli corti; calzoni corti, sopra il ginocchio / prendere la via più corta*, scegliere la soluzione più spiccia / *alle corte!*, veniamo al fatto! / *venire alle corte*, concludere qlco. in modo affrettato / *tagliar —*, troncare una discussione. CONTR. *lungo* **2** che non dura a lungo: *una visita corta.* SIN. *breve.* CONTR. *lungo* **3** (*fig.*) scarso, insufficiente: *avere la vista corta*, vederci poco; (*fig.*) non saper prevedere, non pensare al futuro / *essere — di mente*, poco intelligente / *essere a — di quattrini*, non averne abbastanza.

cortocircuito [-cùi-] *s.m.* improvvisa esclusione da un circuito elettrico di una parte d'esso per effetto di un guasto, con conseguente sensibile aumento della intensità di corrente.

cortometraggio [-tràg-] *s.m.* film di breve durata, in genere di carattere documentario.

corvé *s.f.invar.* (*franc.*) **1** (*st.*) nel periodo feudale, prestazioni d'opera dovute dal vassallo al signore **2** servizio di fatica assegnato ai soldati: *essere di —*, essere addetto a tale servizio **3** (*fig.*) lavoro pesante, sfacchinata.

corvetta [-vét-] *s.f.* nave da guerra leggera, destinata alla scorta dei convogli e alla caccia dei sommergibili; nella marina a vela, veloce nave da guerra con tre alberi.

corvino *agg.* nero come le penne del corvo.

corvo [còr-] *s.m.* **1** grosso uccello con ali larghe e robuste, piumaggio, becco e piedi di color nero (*fam.*

Corvidi) **2** *pesce* —, ombrina dalla tinta bruna scura e coi fianchi a strisce dorate.

cosa [cò-] *s.f.* **1** il termine più generico della nostra lingua, usato per indicare qualsiasi entità reale o ideale, concreta o astratta, che sia oggetto dell'attenzione di chi parla o scrive; spesso si impiega per alludere ad alcunché di cui non si possa o non si voglia parlare con precisione: *ho una — da dirti //* unito a *che* nelle frasi interrogative o esclamative ha valore rafforzativo: *che — vuoi?*; *che — mi dici!* (comunemente anche senza *che*, spec. nella lingua familiare: — *vuoi?*; — *mi dici!*) *//* unito ad aggettivo, può sostituire il sostantivo o l'astratto corrispondente: *poca* —, poco; *le cose belle*, la bellezza, il bello; *la stessa* —, lo stesso. **DIM.** *cosina, cosetta, cosettina, cosarella, coserella.* **VEZZ.** *cosuccia* **2** in senso più ristretto, oggetto materiale, concreto: *ho comprato una — molto elegante //* usato a volte anche riferito a persona: *crede di essere chi sa che* —, molto importante **3** (spesso *pl.*) averi, beni, affari, interessi: *non ha cura delle sue cose*, dei suoi oggetti personali */ le cose stanno precipitando*, la situazione è critica */ le cose stanno — in peggio / la — pubblica*, la repubblica, lo stato */ buone cose!, tante cose!*, espressioni di augurio, di saluto **4** ciò che si pensa, si dice, si ascolta, si conosce, si vede; nozione, problema: *sapere molte cose*; *dire una — per l'altra / per la qual* —, perciò */ per prima* —, prima di tutto, innanzitutto */ sopra ogni* —, più di tutto **5** fatto; gesto; azione; situazione; avvenimento: *è accaduta una — straordinaria!*; *non è una bella —!*, è un'azione disonesta, o scortese; *metter le cose a posto, in chiaro*, sistemare, chiarire un'azione, un avvenimento: *la — è andata così / fare le cose in grande* (stile), con gran pompa */ è una — da nulla*, non è il caso di far tragedie */ son cose grosse!*, guai seri */ se le cose stanno così*, se la situazione è questa */ è una — seria*, preoccupante / *prov.*: — *fatta capo ha*, il fatto compiuto tronca ogni discussione; *da — nasce* —, si possono prevedere nuovi sviluppi **6** causa; scopo: *si arrabbia per cose da nulla*; *spero che ciò serva a qualche* —.

cosacco [-ʃac-] *s.m.* [pl. *-chi*] soldato di cavalleria russo, proveniente da una popolazione di origine tartara stanziata presso il fiume Don.

cosca [cò-] *s.f.* organizzazione mafiosa.

coscia [cò-] *s.f.* [pl. *-ce*] **1** segmento della gamba che va dall'anca al ginocchio [*ill. Corpo*] **2** sostegno murario laterale di un ponte.

cosciale *s.m.* nelle armature antiche, la parte che difendeva la coscia.

cosciente [-scièn-] *agg.* che ha consapevolezza di sé stesso, delle proprie azioni, dei propri scopi. **SIN.** *consapevole, conscio.* **CONTR.** *incosciente.*

coscienza [-scièn-] *s.f.* **1** consapevolezza di sé stesso, delle proprie azioni, dei propri scopi: *non ha — dei suoi meriti / perdere* —, perdere i sensi. **CONTR.** *incoscienza* **2** sentimento che ciascun individuo ha dei valori morali; criterio di giudizio del bene e del male; dirittura morale */ sentirsi rimordere la* —, provare rimorso */ caso di* —, situazione in cui appare inevitabile una scelta morale tra due alternative */ fare l'esame di* —, passare in rassegna le proprie azioni per giudicarle su un piano morale */ avere un peso sulla* —, sentire la responsabilità di una colpa. **SIN.** *onestà, probità* **3** impegno, serietà nel compiere il proprio dovere o nell'eseguire un lavoro **4** sensibilità per determinati problemi che implichino un rapporto tra individuo e società: — *civile, politica.*

coscienziale *agg.* (*scient.*) di coscienza, della coscienza: *livello* —.

coscienziosità *s.f.invar.* qualità di chi è coscienzioso.

coscienzioso [-zió-] *agg.* che ha molta coscienza (detto di persona); fatto con coscienza (detto di cosa): *un uomo* —; *un lavoro* —. **SIN.** *onesto, zelante, scrupoloso, diligente.*

coscio [cò-] *s.m.* la coscia dell'animale macellato. **ACCR.** *cosciotto.* **DIM.** *coscetto.*

coscritto *s.m.* soldato di leva, recluta */ i padri coscritti*, i senatori romani.

coscrivere [-scri-] *v.tr.* [coniugato come *scrivere*] iscrivere nei ruoli del servizio militare; chiamare sotto le armi.

coscrizione [-zió-] *s.f.* iscrizione dei soldati nelle liste di leva.

cosecante *s.f.* (*mat.*) funzione trigonometrica inversa del seno.

coseno [-sé-] *s.m.* (*mat.*) funzione trigonometrica uguale al seno dell'angolo complementare.

così *avv.* **1** in questo modo: *le cose stanno* —; *non rispondere* —; preceduto da prep.: *non potrei fare più di* —, né bene né male; *non molto*: *come stai?* — —; *ti piace questo quadro?* — *ah, è* —? esprime stupore, meraviglia */ e — via*, eccetera */ per — dire*, per modo di dire **2** tanto, talmente: *è — tardi?*; *è — cambiato! //* cong. **1** in correlazione con *come*, in prop. comparative e modali; spesso è sottintesa: *non era — stanca come diceva*; *comportati* (così) *come hai fatto finora*; con valore di *sia... sia*, in correlazione con *come*: — *gli uni*, — *gli altri* **2** introduce prop. consecutive: *ero — avvilito che non riuscivo a prendere una decisione* **3** con valore conclusivo; dunque; perciò: (*e*) — *come stai?*; *sono stanco* (*e*) — *resterò a casa* **4** con valore desiderativo: — *volesse il cielo!*; — *fosse vero! / — sia*, formula con cui terminano le orazioni; (*scherz.*) formula di accettazione, di rassegnazione.

cosicché *cong.* subordinativa consecutiva così che: *le cose erano precipitate*, — *non c'era più tempo.*

cosiddetto [-dét-] *agg.* detto comunemente così (spesso *spreg.*): *la cosiddetta abitazione*, un tugurio.

cosiffatto *agg.* tale, simile.

cosinusoide [-ʃòi-] *s.f.* (*mat.*) curva che in un diagramma cartesiano rappresenta il coseno in funzione dell'angolo.

cosmesi [-ʃmèʒi] *s.f.invar.* tecnica di conservazione del corpo mediante cure speciali.

cosmetico [-ʃmè-] *agg. e s.m.* [pl. m. *-ci*] si dice di ogni prodotto atto a conservare e ravvivare la bellezza del corpo.

cosmico [còʃmi-] *agg.* [pl.m. *-ci*] **1** relativo al cosmo; universale: *fenomeno* — **2** *raggi cosmici*, radiazione corpuscolare di alta energia che investe l'atmosfera terrestre provenendo dallo spazio.

cosmo [còʃmo] *s.m.* **1** l'universo in quanto costituisce un tutto ordinato e armonico **2** l'insieme degli astri che si muovono nell'universo.

cosmo- [còʃmo] [dal gr. *còsmos* = *universo*] primo elemento di parole scientifiche composte; significa «universo» o allude spec. all'insieme degli astri (*cosmografia, cosmonautica*).

cosmodromo [-ʃmò-] *s.m.* (*neol.*) insieme degli impianti atti a lanciare razzi nello spazio.

cosmogonia [-ʃmogoni-] *s.f.* l'origine dell'universo.

cosmografia [-ʃmografi-] *s.f.* descrizione dell'universo che prescinde dalle teorie sulla origine e la formazione di esso.

costa

1 *istmo*, 2 *insenatura*,
3 *penisola*, 4 *capo*,
5 *spiaggia*, 6 *laguna*,
7 *golfo*, 8 *faraglione*,
9 *baia*, 10 *lido*, 11 *fiordo*,
12 *promontorio*.

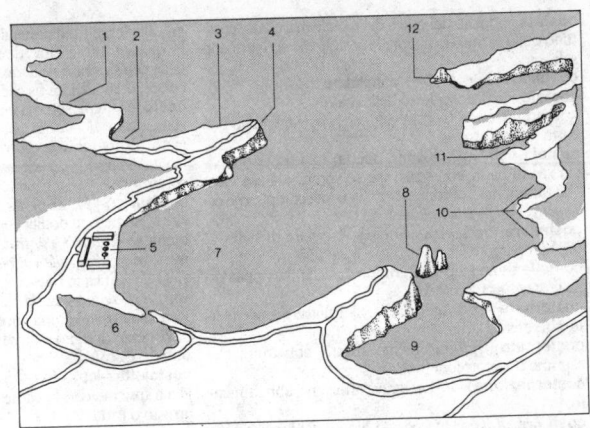

cosmografico [-grà-] *agg.* [pl.m. *-ci*] di cosmografia, relativo a essa: *studio —*.

cosmografo [-ʃmò-] *s.m.* studioso di cosmografia.

cosmologia [-ʃmologì-] *s.f.* studio delle leggi generali che regolano l'universo e la sua struttura complessiva.

cosmologico [-ʃmolò-] *agg.* [pl.m. *-ci*] della cosmologia / *argomento —*, prova dell'esistenza di Dio partendo dall'esistenza del mondo.

cosmologo [-ʃmò-] *s.m.* [pl. *-gi*] studioso di cosmologia.

cosmonauta [-ʃmonàu-] *s.m.* e *f.* [pl.m. *-i*] chi percorre le regioni extratmosferiche a bordo di navi spaziali; astronauta.

cosmonautica [-ʃmonàu-] *s.f.* scienza che studia la navigazione cosmica; insieme di tecniche e organizzazione necessarie ad attuarla; astronautica.

cosmonautico [-ʃmonàu-] *agg.* [pl.m. *-ci*] relativo alla cosmonautica.

cosmopolita [-ʃmo-] *agg.* [pl.m. *-i*] **1** che vive o ha vissuto in diverse parti del mondo (detto di persona) **2** internazionale, frequentato da stranieri di ogni parte del mondo: *Londra è una città —* // *s.m.* e *f.* chi riconosce come sua patria il mondo intero; chi conosce bene molti paesi, o ambienti internazionali.

cosmopolitismo [-ʃmopolitiʃmo] *s.m.* **1** tendenza a considerare il mondo come un'unica grande patria, abolendo ogni distinzione tra nazioni e razze **2** caratteristica di luoghi, ambienti frequentati da persone di diversi paesi.

coso [cò-] *s.m.* (*fam.*) oggetto materiale di cui non si ricorda o non si vuole ricordare il nome.

cospargere [-spàr-] *v.tr.* [coniugato come *spargere*] coprire di cose sparse; spargere qua e là: *un prato cosparso di fiori.*

cospergere [-spèr-] *v.tr.* [coniugato come *aspergere*] (*lett.*) aspergere, spruzzare.

cospetto [-spèt-] *s.m.* presenza, vista; usato spec. nelle locuz. *in cospetto di, al cospetto di*, dinanzi, alla presenza di // *inter.* impropria esclamazione che indica meraviglia, sorpresa.

cospicuità *s.f.invar.* l'essere cospicuo.

cospicuo [-spì-] *agg.* **1** degno di nota; considerevole, ragguardevole: *famiglia cospicua* **2** ingente, notevole: *una cospicua somma.*

cospirare *v.intr.* **1** prendere accordi segreti per uno scopo comune, spec. per un'azione politica. SIN. *congiurare, complottare, intrigare, macchinare* **2** (*fig.*) agire insieme contro qlcu. o qlco.: *tante cose cospirano contro di te.*

cospiratore [-tó-] *s.m.* [f. *-trice*] chi cospira, spec. in senso politico. SIN. *congiurato.*

cospirazione [-zió-] *s.f.* **1** atto, effetto del cospirare. SIN. *congiura, complotto, intrigo, macchinazione* **2** (*fig.*) unione di più persone o elementi che tendano al medesimo fine.

costa [cò-] *s.f.* **1** costola [*ill. Corpo*] **2** zona limite fra la terra e il mare; fianco di un monte.

costà *avv. di luogo* in codesto luogo, nel luogo in cui si trova la persona a cui si parla o si scrive / *di —*, da codesto luogo.

costaggiù *avv. di luogo* in codesto luogo in basso, rispetto a chi parla.

costale *agg.* della costola o delle costole.

costantana *s.f.* lega di rame e nichel con elevata resistenza elettrica.

costante *agg.* **1** che si mantiene a lungo nelle stesse condizioni; durevole, continuo; regolare: *flusso —*; *desiderio — / tempo —*, non variabile. SIN. *stabile.* CONTR. *incostante* **2** saldo nel suo proposito (detto di persona). SIN. *perseverante, fermo.* CONTR. *incostante* **3** (*mat.* e *fis.*) che non varia, che non dipende da alcuna variabile: *funzione —* // *s.f.* (*mat.* e *fis.*) elemento di una formula il cui valore rimane immutato quando gli altri componenti cambiano // **-mente** *avv.* in modo costante; regolarmente.

costanza *s.f.* **1** l'essere costante. SIN. *perseveranza, fermezza, pertinacia.* CONTR. *incostanza* **2** il restare immutato di un elemento in un processo che varia.

costare *v.intr.* [io còsto ecc.] **1** avere un determinato prezzo: *— poco, molto / mi costa un occhio*, l'ho pagato moltissimo / *costi quel che costi!*, si dice di cosa che si voglia ottenere a qualunque prezzo // *assol.* avere un prezzo elevato: *oggi la vita costa* **2** (*fig.*) richiedere, spec. fatica o dolore: *mi è costato due giorni di lavoro / che ti costa darmi un consiglio?*

costaricense [-cèn-] *agg.* della Costarica // *s.m.* e *f.* abitante della Costarica.

costassù *avv. di luogo* in codesto luogo, in alto, rispetto a chi parla.

costata

costata *s.f.* taglio del bue o del maiale macellato, costituito dalla carne che ricopre le costole e le vertebre dorsali.

costatare *v.tr.* e *deriv.* → **constatare** e *deriv.*

costato *s.m.* il complesso delle costole.

costeggiare *v.tr.* [io costéggio ecc.] navigare lungo una costa (anche *assol.*).

costei [-stèi] *pron.dimostr.f.* questa; indica persona vicina a chi parla, con senso spesso spreg., e si usa, benché raramente, sia come sogg. sia come compl.: *che cosa potrà mai fare di utile —?*

costellare *v.tr.* [io costèllo ecc.] 1 ornare di stelle 2 (*fig.*) cospargere.

costellazione [-zió-] *s.f.* gruppo di stelle che appaiono nella stessa zona celeste.

costernare *v.tr.* [io costèrno ecc.] affliggere gravemente, abbattere.

costernato *agg.* gravemente afflitto, abbattuto; che esprime costernazione: *volto —.*

costernazione [-zió-] *s.f.* grave afflizione, abbattimento.

costì *avv. di luogo* in codesto luogo, nel luogo vicino alla persona a cui si parla o si scrive: *verremo a trovarti — nella tua villa.*

costiera [-stiè-] *s.f.* tratto di costa marina, spec. se alta e scogliosa.

costiero [-stiè-] *agg.* della costa: *difesa costiera.*

costipamento [-mén-] *s.m.* atto, effetto del costipare o del costiparsi.

costipare *v.tr.* 1 raccogliere insieme in uno spazio limitato; radunare, ammassare 2 (*med.*) provocare costipazione // **-arsi** *v.rifl.pron.* prendere una costipazione.

costipato *agg.* affetto da costipazione.

costipazione [-zió-] *s.f.* 1 occlusione delle vie respiratorie; raffreddore 2 stitichezza.

costituente [-èn-] *agg.* che costituisce: *fatto — reato* // *s.f.* (*Assemblea*) —, consesso che ha per compito la formulazione o la riforma di una costituzione.

costituire *v.tr.* [io costituisco, tu costituisci ecc.] 1 istituire, mettere insieme: *— una società, un governo* 2 formare: *la mia famiglia è costituita da cinque persone* 3 avere il carattere o la qualità di qlco.: *la sua debolezza costituisce una colpa* 4 nominare: *— qlcu. erede universale* // **-irsi** *v.rifl.* dichiararsi reo, consegnarsi alla giustizia.

costituito *agg.* stabilito per legge.

costitutario [-tà-] *s.m.* chi fa le costituzioni di una società commerciale.

costitutivo *agg.* che costituisce, che entra a far parte di qlco.

costituto *s.m.* (*dir.*) 1 patto, convenzione 2 deposizione fatta dall'imputato dinanzi a un giudice.

costituzionale *agg.* della costituzione, conforme alla costituzione: *Corte —,* che garantisce la corrispondenza delle leggi ai principi della costituzione.

costituzionalismo [-ʃmo] *s.m.* sistema politico in cui i diritti e i doveri dei cittadini e i poteri dello stato sono regolati da una costituzione.

costituzionalista *s.m.* e *f.* [pl.m. *-i*] chi si dedica allo studio del diritto costituzionale.

costituzionalistico [-lì-] *agg.* [pl.m. *-ci*] relativo al costituzionalismo: *l'evoluzione in senso — dell'Europa ottocentesca.*

costituzionalità *s.f.invar.* conformità alla costituzione: *— di una legge.*

costituzione [-zió-] *s.f.* 1 atto, effetto del costituire 2 la legge fondamentale dello stato, ai principi della quale tutte le altre devono adeguarsi 3 l'insieme delle condizioni o delle qualità di un oggetto; in particolare, le condizioni fisiche del corpo umano.

costo [cò-] *s.m.* somma che occorre pagare per acquistare qlco. / *il — della vita,* quanto si spende per mangiare, vestirsi, abitare ecc. / *a — della vita,* a rischio della vita / *a ogni —, a nessun —,* a qualunque, a nessuna condizione.

costola [cò-] *s.f.* 1 ognuna delle ossa piatte e arcuate che in numero di dodici per lato sono attaccate alla colonna vertebrale / *mostrare le costole,* essere magrissimo / *avere qlcu. alle costole,* averlo sempre vicino [*ill. Corpo*] 2 linea in rilievo; spigolo: *— di un libro,* il dorso; *— di una foglia,* la nervatura principale [*ill. Foglia*] 3 la parte di una lama opposta al taglio 4 nelle navi, pezzo di legno ricurvo o lamiera che forma l'ossatura dello scafo.

costoletta [-lét-] *s.f.* costola di animale macellato, tagliata insieme con la carne che la ricopre, da cuocere arrosto o fritta.

costolone [-ló-] *s.m.* (*arch.*) nervatura in pietra o in mattoni delle cupole o delle volte [*ill. Architettura*].

costone [-stó-] *s.m.* prominenza laterale o dorsale di un monte.

costoro [-stó-] *pron.dimostr.m.* e *f.pl.* questi, queste; indica persone vicine a chi parla, con senso spesso spreg., e si usa, benché raramente, sia come soggetto sia come complemento: *che cosa chiedono —?*

costoso [-stó-] *agg.* che costa molto. SIN. *dispendioso, caro.*

costringere [-strìn-] *v.tr.* [coniugato come *stringere*] 1 indurre qlcu. a fare qlco. con la forza o con minacce, contro la sua intenzione o la sua volontà. SIN. *obbligare, forzare* 2 (*lett.*) stringere insieme, opprimere.

costrittivo *agg.* che costringe.

costrizione [-zió-] *s.f.* atto, effetto del costringere.

costruire *v.tr.* [pres. *io costruisco, tu costruisci ecc.;* pass.rem. *io costruii* o *costrussi, tu costruisti ecc.;* p.pass. *costruito* o *costrutto*] 1 edificare, formare, mettere insieme, congegnare (anche *fig.*): *— una casa, una strada; — un sistema filosofico.* SIN. *fabbricare, erigere* 2 (*gramm.*) disporre le parole di una frase o le frasi di un periodo secondo l'ordine logico e le regole grammaticali.

costruttivo *agg.* 1 proprio di una costruzione: *elemento —* 2 (*fig.*) che tende a creare, a tradurre in atto idee positive: *mente costruttiva; programma —.*

costrutto *s.m.* 1 disposizione delle parole in una frase / *parole senza —,* insensate / *lavoro senza —,* senza risultato 2 (*fig.*) vantaggio, utilità: *lavorare senza —.*

costruttore [-tó-] *s.m.* chi costruisce, e spec. chi fabbrica opere, manufatti.

costruzione [-zió-] *s.f.* 1 l'operazione del costruire: *materiali da — / edificio in —,* che si sta costruendo. SIN. *fabbricazione, edificazione* 2 la cosa costruita; in particolare, un'opera muraria. SIN. *edificio, fabbricato* 3 il modo in cui una cosa è costruita: *ponte di solida —* 4 (*gramm.*) ordinata disposizione delle parole in una frase o delle frasi in un periodo.

costui [-stùi] *pron.dimostr.m.* questi, questo; indica persona vicina a chi parla, con senso spesso spreg., e si usa, benché raramente, sia come soggetto sia come complemento: *non voglio nulla da —.*

costumanza *s.f.* usanza propria di una persona o di un popolo.

costumare *v.intr.* **1** essere solito **2** essere d'uso, di moda.

costumatezza [-téz-] *s.f.* qualità di chi, di ciò che è costumato. SIN. *irreprensibilità*.

costumato *agg.* **1** di buoni costumi; ben educato: *un giovane* —. SIN. *irreprensibile* **2** che denota buoni costumi, buona educazione: *maniere costumate*.

costume *s.m.* **1** condotta morale di una persona: *individuo di riprovevoli costumi / il buon, il mal* —, il comportarsi in accordo o in contrasto coi principi della morale **2** insieme delle abitudini proprie di una persona o di un popolo / *avere per* —, essere solito. SIN. *usanza, consuetudine* **3** indumento, spec. da bagno **4** modo di vestire proprio di un luogo, di un'epoca o di un ambiente: — *sardo*.

costumista *s.m. e f.* [pl.m. -*i*] chi è addetto alla cura dei costumi di teatro; ne disegna i figurini.

costura *s.f.* cucitura che unisce due pezzi di stoffa, di cuoio e simili.

cotale *agg. e pron.dimostr.* (*lett.*) tale, proprio questo (spesso *spreg.*): — *fu il nostro odio*.

cotangente [-gèn-] *s.f.* (*mat.*) funzione trigonometrica inversa della tangente.

cotanto *agg. e pron.indef.* (*lett.*) tanto, proprio tanto: *cotanta fu la nostra indignazione* // *avv.indef. di quantità* (*lett.*) tanto.

cote [cò-] *s.f.* pietra nerastra ricca di quarzo granulare, usata per affilare ferri da taglio.

cotechino *s.m.* salume da cuocere, fatto con carni magre e cotenne tritate.

cotenna [-tén-] *s.f.* pelle dura e spessa del maiale, del cinghiale e simili / *avere la* — *dura*, (*fig.*) si dice di persona insensibile.

cotesto [-té-] *pron.dimostr.m.* → **codesto**.

cotica [cò-] *s.f.* cotenna del maiale.

cotile *s.f.* (*anat.*) cavità sferoide situata nella parte media della faccia esterna dell'osso iliaco.

cotiledone [-lè-] *s.m.* (*bot.*) foglia carnosa che accompagna l'embrione delle piante fanerogame per nutrirlo mentre germoglia.

cotillon [*franc.*; *pr.* cotiòn] *s.m.* danza conclusiva di una festa da ballo in cui spesso si distribuiscono doni a sorpresa; per estens., i doni stessi.

cotogna [-tó-] *s.f.* frutto del cotogno.

cotognata *s.f.* marmellata solida di mele cotogne.

cotogno [-tó-] *s.m.* albero che produce una qualità di mele dette *cotogne*, dalla polpa aspra e molto profumate, usate per fare marmellata (*fam.* Rosacee).

cotoletta [-lét-] *s.f.* lo stesso che costoletta, ma si usa anche per braciola.

cotonato *agg. e s.m.* si dice di tessuto trattato in modo da renderlo simile al cotone.

cotone [-tó-] *s.m.* **1** pianta arbustacea coltivata nei paesi caldi, con fiori gialli e frutti a forma di capsule ovali contenenti una lanugine bianca, usata come materia tessile (*fam.* Malvacee); la fibra tessile ricavata da tale pianta **2** filato di varia grossezza usato per lavori di cucito **3** bambagia usata in medicina, semplice o imbevuta di sostanze medicamentose.

cotonerie [-rì-] *s.f.pl.* insieme, pluralità di stoffe di cotone.

cotonicoltore [-tó-] *s.m.* [f. -*trice*] chi coltiva il cotone.

cotonicoltura *s.f.* coltivazione del cotone.

cotoniere [-niè-] *s.m.* industriale del cotone.

cotoniero [-niè-] *agg.* del cotone: *industria cotoniera* // *s.m.* lavoratore dell'industria del cotone.

cotonificio [-fi-] *s.m.* fabbrica dove si fila e tesse il cotone.

cotonina *s.f.* tela di cotone.

cotta[1] [còt-] *s.f.* **1** l'azione del cuocere **2** lo stato di intontimento in cui viene a trovarsi un atleta per aver mal dosato lo sforzo **3** (*scherz.*) innamoramento: *prendersi una* —, innamorarsi **4** ubriacatura, sbornia.

cotta[2] [còt-] *s.f.* sopravveste a forma di tunica corta fino ai ginocchi che i sacerdoti e i chierici indossano in certe funzioni [*ill. Chiesa*].

cottage [*ingl.*; *pr.* cotig'] *s.m.* villa rustica ma elegante.

cottimista *s.m. e f.* [pl.m. -*i*] chi lavora a cottimo.

cottimo [còt-] *s.m.* retribuzione della mano d'opera stabilita in proporzione al lavoro effettivamente eseguito: *lavorare a* —.

cotto [còt-] *s.m.* mattone o terracotta usati per decorare edifici.

cottura *s.f.* atto, effetto, modo di cuocere.

coturnice *s.f.* uccello commestibile con piumaggio bianco e nero, zampe e becco rossi (*fam.* Fasianidi).

coturno *s.m.* nel teatro greco e romano, calzatura con suola alta usata dagli attori tragici.

coulisse [*franc.*; *pr.* culìs] *s.f.* **1** incavo, scanalatura **2** tubo scorrevole inserito in alcuni strumenti a fiato (p.e. il trombone) per ottenere l'allungamento della canna principale [*ill. Musicali, strumenti*] **3** *pl.* quinte di teatro.

coulomb *s.m.* unità di misura della quantità di elettricità.

count down [*ingl.*; *pr.* càunt dàun] *s.m.* conteggio alla rovescia, al termine del quale si dà il via a una partenza, a un'impresa; per estens., fase di attesa di qlco. di imminente e importante.

country [*ingl.*; *pr.* càntr(i)] *agg. e s.m.* si dice di stile musicale ispirato a quello popolare delle campagne occidentali degli Stati Uniti d'America.

coupé [*franc.*; *pr.* coupé] *s.m.* tipo di carrozzeria per automobili da gran turismo, bassa e di linea assottigliata alle estremità, a due o quattro posti; un tempo, sorta di carrozza chiusa di cui il cocchiere stava all'esterno.

couplet [*franc.*; *pr.* cuplè] *s.m.* periodo musicale che, nelle canzoni moderne, si alterna con il ritornello, cambiando ogni volta il testo.

coupon [*franc.*; *pr.* cupòn] *s.m.* **1** tagliando, cedola **2** in campo commerciale, buono che dà diritto a uno sconto o ad altre facilitazioni.

coutente [-tèn-] *s.m. e f.* chi è utente, cioè usa un oggetto o un servizio, insieme con altri.

cova [cò-] *s.f.* il covare degli uccelli.

covare *v.tr.* [io cóvo ecc.] **1** detto degli uccelli e di altri animali, stare accovacciati sulle uova per dare loro il calore necessario allo sviluppo dell'embrione **2** (*fig.*) alimentare segretamente: — *cattivi pensieri*; — *la vendetta* / — *una malattia*, averla in incubazione; avvertirne i primi sintomi // *v.intr.* stare annidato, nascosto: *il fuoco covava sotto la cenere / gatta ci cova*, c'è sotto l'inganno.

covata *s.f.* **1** insieme delle uova che un uccello cova in una volta; insieme dei piccoli che nascono da esse **2** (*fig. e scherz.*) insieme dei bambini di una stessa famiglia.

cover girl [*ingl.*; *pr.* còva gól] *s.f.* modella che posa per foto di copertina; ragazza-copertina.

covile *s.m.* **1** tana delle fiere; cuccia degli animali domestici **2** (*fig.*) stanzaccia; letto sudicio.

covo [có-] *s.m.* **1** cavità ove riparano animali selvatici **2** (*fig.*) ricovero; ambiente.

covone [-vó-] *s.m.* fascio di spighe.

cow-boy [*ingl.*; *pr.* càu-bòi] *s.m.* guardiano di armenti, nell'America settentrionale.

coxa [*lat.*; *pr.* còcsa = *coscia*] *s.f.* denominazione della coscia, usata talora in espressioni del linguaggio medico: — *valga*.

coyote [-yó-] *s.m.invar.* mammifero carnivoro americano, con aspetto intermedio tra il lupo e la volpe; ha pelame grigio (*fam.* Canidi).

cozza [còz-] *s.f.* → **mitilo.**

cozzare *v.intr.* [*io* còzzo *ecc.*] **1** percuotere con le corna (detto di buoi, capre e simili); per estens., urtare violentemente: — *contro un muro* **2** (*fig.*) essere in contrasto, in contraddizione.

cozzo [còz-] *s.m.* **1** colpo dato cozzando: *dar di* —. SIN. *urto, scontro* **2** (*fig.*) contrasto. SIN. *conflitto.*

cozzone [-zó-] *s.m.* sensale di cavalli.

crac *s.m.* **1** rumore di cosa che si spacca o crolla **2** (*fig.*) fallimento: — *finanziario.*

cracker [*ingl.*; *pr.* crèica] *s.m.* sottile galletta croccante usata in sostituzione del pane.

cracking [*ingl.*; *pr.* crèkin] *s.m.* → **piroscissione.**

crafen *s.m.invar.* → **krapfen.**

cral, CRAL [*Circolo Ricreativo Aziendale Lavoratori*] *s.m.invar.* circolo ricreativo aziendale, talora con attività anche assistenziali; il locale dove esso ha sede.

crampo *s.m.* spasmo dovuto a contrazione involontaria dei muscoli.

cranico [crà-] *agg.* [pl.m. *-ci*] del cranio.

cranio [crà-] *s.m.* **1** nei vertebrati, scatola ossea che contiene il cervello [*ill. Corpo*] **2** (*fig.*) mente.

craniometria [-tri-] *s.f.* il complesso delle operazioni di misurazione dei diametri del cranio.

craniotomia [-mì-] *s.f.* (*chir.*) operazione della sezione del cranio.

crapula [crà-] *s.f.* il bere e mangiare oltre misura.

crapulone [-ló-] *s.m.* chi ama darsi alla crapula.

crash [*ingl.*; *pr.* cresc'] *voce onom.* imita il rumore di qualche cosa che si sfascia improvvisamente, spec. per un urto.

crasi [-ʃi] *s.f.invar.* (*gramm.*) fusione tra l'ultima vocale d'una parola e la prima della seguente.

crasso *agg.* **1** (*lett.*) denso, spesso **2** (*fig.*) grossolano: *ignoranza crassa* **3** *intestino* —, l'ultimo tratto dell'intestino.

cratere [-tè-] *s.m.* **1** vaso a bocca larga in cui i greci e i romani mescolavano l'acqua e il vino da servire nei banchetti **2** cavità imbutiforme sulla sommità di un cono vulcanico, da cui esce la lava; ogni cavità di forma analoga: *la bomba scoppiando creò un* —; *i crateri lunari.*

craurosi [-roʃi] *s.f.invar.* (*med.*) prurito vulvare.

crauti [cràu-] *s.m.pl.* foglie di cavolo, tagliate finemente, salate e fatte fermentare.

cravatta *s.f.* **1** striscia di stoffa che gli uomini portano attorno al collo, annodandola sul davanti; per le donne, qualsiasi sciarpa che portino annodata per ornamento **2** mossa della lotta, con cui si tende a stringere con un braccio il collo dell'avversario standogli alle spalle.

crawl [*ingl.*; *pr.* cròl] *s.m.* stile di nuoto che lo consente di raggiungere una notevole velocità.

creanza *s.f.* il complesso delle maniere di una persona ben educata. SIN. *educazione, garbatezza, gentilezza.*

creare *v.tr.* [*io* crèo *ecc.*] **1** fare dal nulla, detto spec. di Dio: *Dio creò il mondo* **2** (*fig.*) inventare, produrre cose nuove, originali: — *una nuova industria* **3** far sorgere, provocare, causare: — *problemi* **4** nominare, eleggere: *Caligola creò senatore un cavallo.*

creatina *s.f.* (*biol.*) acido organico che si trova nel muscolo e svolge un'azione fondamentale nella sua contrazione.

creatinina *s.f.* (*biol.*) derivato della creatina dei muscoli, che viene eliminato con l'urina in quantità proporzionale all'attività muscolare svolta.

creatività *s.f.invar.* capacità di creare, di inventare cose nuove: *la* — *dei bambini.*

creativo *agg.* che può creare: *ingegno* —.

creato *s.m.* l'universo creato da Dio.

creatore [-tó-] *s.m.* [f. *-trice*] chi crea (anche in senso fig.) / *mandare al* —, uccidere.

creatura *s.f.* **1** ogni cosa o persona in quanto creata da Dio; ogni essere vivente **2** si dice di bambino, o anche di adulto, per cui si abbia compassione, affetto: *povera* —!

creazione [-zió-] *s.f.* atto, effetto del creare.

creazionismo [-ʃmo] *s.m.* teoria scientifica opposta all'evoluzionismo, per la quale le specie viventi avrebbero avuto origine in un preciso momento e in seguito a un fenomeno eccezionale.

creazionista *agg. e s.m. e f.* [pl.m. *-i*] che, chi sostiene la teoria del creazionismo.

credente [-dèn-] *s.m.* chi ha una fede religiosa; spec. chi professa la religione cattolica.

credenza[1] [-dèn-] *s.f.* **1** il credere: *la* — *in Dio* **2** opinione, convinzione, spec. se infondata **3** (*st.*) nel comune medievale, consiglio che assisteva i consoli.

credenza[2] [-dèn-] *s.f.* armadio per sala da pranzo in cui si ripongono stoviglie e simili.

credenziale *agg.* che accredita / *lettere credenziali*, con cui si accredita un ambasciatore presso un capo di stato straniero.

credere [cré-] *v.tr.* [pres. *io* crédo *ecc.*; pass.rem. *io* credéi o credétti, *tu* credésti *ecc.*] **1** ritenere vero, essere convinto di qlco.: *lo credo bene!* **2** reputare, supporre: *lo credevo un uomo onesto.* SIN. *ritenere // v.intr.* **1** prestar fede, aver fiducia: — *a tutto* **2** essere certo di qlco.

credibile [-dì-] *agg.* che si può credere. SIN. *attendibile.* CONTR. *incredibile.*

credibilità *s.f.invar.* l'essere credibile.

creditizio [-tì-] *agg.* (*econ.*) di, del credito.

credito [cré-] *s.m.* **1** il credere, l'esser creduto: *notizia che non merita* — **2** buon nome, pubblica stima: *gode molto* —. SIN. *fiducia, stima, reputazione, considerazione.* CONTR. *discredito* **3** il diritto ad avere una somma di denaro; il prestare merci o denaro fissando un termine per la restituzione; la somma a cui si ha diritto: *un* — *di mille lire* / *titolo di* —, documento su cui si fonda il diritto a un credito / *istituto di* —, banca. CONTR. *debito.*

creditore [-tó-] *agg. e s.m.* [f. *-trice*] si dice di chi ha un diritto di credito. CONTR. *debitore.*

credo [crè-] *s.m.* **1** il simbolo della fede cattolica **2** (*fig.*) il complesso delle idee che una persona professa in relazione alla morale, alla politica, all'arte ecc.

credulità *s.f.invar.* l'essere credulo.

credulo [crè-] *agg.* che crede con facilità, anche a cose non vere.

credulone [-ló-] *agg.* (*fam.*) che crede con eccessiva facilità.

crema [crè-] *s.f.* **1** vivanda dolce a base di zucchero, tuorli d'uova, farina e latte **2** cosmetico per la cura della pelle: — *di bellezza* **3** si dice di cibi fluidi o bevande dense: — *di piselli*, passato di piselli / — *cacao*, sorta di liquore dolce **4** materia untuosa per lucidare scarpe **5** colore giallo chiaro.

cremagliera [-gliè-] *s.f.* asta dentata che, accoppiata a una ruota, trasforma un moto rotatorio in traslatorio; viene usata per ferrovie di montagna a forte pendenza.

cremare *v.tr.* [*io crèmo ecc.*] bruciare un cadavere.

cremasco *agg.* [pl.m. *-chi*] di Crema // *s.m.* abitante di Crema.

crematorio [-tò-] *agg.* che serve a cremare: *forno* — // *s.m.* edificio in cui è il forno crematorio.

cremazione [-zió-] *s.f.* atto, effetto del cremare.

cremeria [-rì-] *s.f.* latteria in cui si vendono anche dolci, gelati ecc.

cremisi [crèmiʃi] *agg.* e *s.m.invar.* color rosso vivo.

cremisino [-ʃi-] *agg.* di color cremisi.

cremonese [-né-] *agg.* di Cremona // *s.m.* e *f.* abitante di Cremona.

cremortartaro [-tàr-] *s.m.* (*chim.*) il tartrato di potassio costituente il deposito lasciato dal vino nelle botti; è usato in farmacia e in tintoria.

cren [crèn] *s.m.invar.*, **crenno** [crèn-] *s.m.* pianta erbacea la cui radice dal sapore di senape è usata come condimento (*fam.* Crocifere).

crenato *agg.* (*bot.*) che presenta crenature: *foglia crenata* [*ill. Foglia*].

crenatura *s.f.* (*bot.*) ognuno dei piccoli denti del margine delle foglie, con apice arrotondato.

crenoterapia [-pì-] *s.f.* qualsiasi cura effettuata con le acque minerali.

creolina *s.f.* liquido bruno, dal caratteristico odore di catrame, usato come disinfettante.

creolo [crèo-] *agg.* e *s.m.* che o chi è nato nell'America centrale e meridionale da coloni europei.

creosoto [-ʃò-] *s.m.* liquido oleoso ottenuto dalla distillazione del legno di faggio, usato come disinfettante delle vie respiratorie.

crepa [crè-] *s.f.* **1** apertura lunga e stretta, prodottasi in un terreno o in un muro. SIN. *fessura, spaccatura, fenditura* **2** (*fig.*) incrinatura.

crepaccio [-pàc-] *s.m.* grossa e profonda fenditura nei ghiacciai o nelle rocce.

crepacuore [-cuò-] *s.m.* dolore, angoscia struggente.

crepapelle [-pèl-] solo nella locuz.avv. *a crepapelle*, tanto da essere vicino a scoppiare.

crepare *v.intr.* [*io crèpo ecc.*] **1** spaccarsi, fendersi, screpolarsi: *il soffitto della camera è crepato* **2** scoppiare: — *dalle risa, d'invidia* / — *di salute*, godere di una salute invidiabile **3** (*volg.*) morire.

crepatura *s.f.* crepa, screpolatura.

crêpe [*fr.*; *pr.* crèp] *s.m.* tessuto increspato, crespo: — *de Chine* [*pr.* crèp d(e)scìn] crespo di seta // *s.f.* sorta di frittella.

crepella [-pèl-] *s.f.* tessuto arricciato di lana o altra fibra.

crepitare *v.intr.* [*io crèpito ecc.*] **1** scoppiettare, detto del fuoco, della pioggia o grandine, delle armi da fuoco **2** frusciare.

crepitio [-tì-] *s.m.* un crepitare lungo e continuo.

crepuscolare *agg.* **1** del crepuscolo: *luce* — **2** (*fig.*) incerto, vago, indistinto **3** della corrente poetica chiamata crepuscolarismo.

crepuscolarismo [-ʃmo] *s.m.* indirizzo proprio di un gruppo di poeti italiani del primo Novecento che svol-

sero con malinconica ironia semplici temi della vita di tutti i giorni.

crepuscolo [-pù-] *s.m.* **1** la luce incerta propria dell'alba e del tramonto, ma spec. di quest'ultimo; anche l'ora in cui si ha tale luce **2** (*fig.*) tramonto, declino.

crescendo [-scèn-] *s.m.invar.* **1** in una composizione musicale, passaggio graduale dal piano al forte **2** (*fig.*) progressivo aumento di intensità: *era un — di acclamazioni*.

crescente [-scèn-] *agg.* **1** che tende alla crescita, che è in espansione **2** si dice della Luna, dal novilunio al plenilunio // *s.m.* **1** il quarto di Luna **2** in araldica, il simbolo che ad esso corrisponde.

crescenza [-scèn-] *s.f.* **1** crescita / *febbri di* —, quelle frequenti durante lo sviluppo dei bambini e degli adolescenti **2** sorta di formaggio grasso e molle, prodotto in Lombardia.

crescere [crè-] *v.intr.* [pres. *io crésco, tu crésci ecc.*; pass.rem. *io crébbi, tu crescésti ecc.*, p.pass. *cresciuto*] **1** diventare grande in altezza, in lunghezza, per naturale sviluppo: *i bambini crescono* **2** aumentare di peso, volume, numero, livello ecc.: *cresce il caldo; crescono i prezzi* **3** avanzare, essere sovrabbondante: *quello che cresce, buttatelo via* // *v.tr.* **1** allevare: — *i figli* **2** aumentare, accrescere.

crescione [-sció-] *s.m.* pianta erbacea con fiori bianchi e foglie di sapore piccante che si mangiano in insalata (*fam.* Crocifere).

crescita [cré-] *s.f.* atto, effetto del crescere.

cresima [crèʃi-] *s.f.* sacramento che rende perfetti cristiani i battezzati, introducendoli nella vita della chiesa e obbligandoli a sostenere i sacrifici necessari alla difesa della fede.

cresimando [-ʃi-] *s.m.* chi sta per ricevere la cresima.

cresimare [-ʃi-] *v.tr.* [*io crèsimo ecc.*] amministrare il sacramento della cresima.

creso [crèʃo] *s.m.* persona molto ricca.

cresolo [-ʃò-] *s.m.* (*chim.*) composto organico molto simile al fenolo, usato come disinfettante e per la preparazione di coloranti.

crespa [cré-] *s.f.* grinza, piega.

crespato *agg.* pieno di crespe; increspato.

crespino *s.m.* arbusto spinoso con foglie ovali, fiori gialli e grappoli di bacche rosse, acidule (*fam.* Berberidacee).

crespo [cré-] *agg.* ondulato: *capelli crespi* // *s.m.* tessuto increspato, di seta, lana, cotone.

cresta [cré-] *s.f.* **1** escrescenza carnosa, rossa, dentata, sul capo dei polli e di altri uccelli; ciuffo di piume sul capo degli uccelli; qualunque prominenza sul capo di rettili e pesci / *alzare la* —, montare in superbia / *fare la — su qlco*; dichiarare di averlo pagato a un prezzo più alto del vero, per lucrare sul rimborso **2** linea di congiunzione di due versanti montuosi, delle due facce di un'onda o simili.

crestaia [-stà-] *s.f.* modista.

crestato *agg.* che ha la cresta: *rettile* —.

crestina *s.f.* striscia di tela bianca che portano sul capo le cameriere.

crestomazia [-zì-] *s.f.* raccolta di passi scelti di autori celebri. SIN. *antologia, florilegio*.

créta [cré-] *s.f.* terra argilloso-calcarea facilmente plasmabile, usata per materiali da costruzione.

cretaceo [-tà-] *agg.* si dice di terreno contenente creta // *s.m.* il più recente periodo dell'era geologica mesozoica.

cretese [-té-] *agg.* dell'isola di Creta // *s.m.* e *f.* abitante di Creta.

cretineria [-rì-] *s.f.* l'essere cretino; atto, discorso da cretino: *smetti di dire cretinerie*.

cretinismo [-ʃmo] *s.m.* **1** (*med.*) malattia caratterizzata da arresto di sviluppo somatico e psichico, con insufficienza tiroidea **2** per estens., balordaggine, imbecillità.

cretino *agg.* e *s.m.* **1** stupido, imbecille: *mi credi un —?* **2** (*med.*) che o chi è affetto da cretinismo.

cretonne [*franc.*; *pr.* cretòn] *s.f.* stoffa di cotone stampata a colori e disegni vivaci.

cretto [crèt-] *s.m.* crepa, fenditura.

cric *voce onom.* imita il rumore di vetro o ghiaccio che si rompe // *s.m.* → **cricco.**

cricca *s.f.* gruppo di persone unite da scopi e interessi non buoni.

cricchiare *v.intr.* [*io cricchio ecc.*] scricchiolare.

cricchio [cric-] *s.m.* scricchiolio, suono secco provocato da vetro o legno che si rompono.

cricco *s.m.* [*pl. -chi*] arnese con cui si solleva un peso a poca altezza; martinetto.

criceto [-cè-] *s.m.* mammifero roditore simile al topo, dannoso alle coltivazioni di cereali (*fam.* Cricetidi).

cricket [*ingl.*; *pr.* criket] *s.m.* gioco nazionale inglese praticato da due squadre di undici giocatori che colpiscono a turno la palla con una mazza, cercando di abbattere la porta avversaria.

cricoide [-còi-] *s.f.* (*anat.*) cartilagine della laringe, a forma d'anello.

cri cri *voce onom.* imita il verso del grillo.

criminale *agg.* che concerne il crimine / *manicomio —*, nel quale sono custoditi i delinquenti pazzi // *s.m.* e *f.* chi è colpevole di crimini o ha tendenza al crimine. SIN. *delinquente.*

criminalista *s.m.* e *f.* [*pl.m. -i*] esperto di diritto criminale.

criminalità *s.f.invar.* l'essere criminale; l'insieme dei criminali operanti in un luogo. SIN. *delinquenza.*

criminalizzare [-liʒʒa-] *v.tr.* considerare o trattare come crimine ciò che giuridicamente non lo è, e come criminali coloro che lo compiono: *— il dissenso; — i drogati.*

criminalizzazione [-liʒʒazió-] *s.f.* il criminalizzare.

crimine [crì-] *s.m.* azione delittuosa.

criminologia [-gi-] *s.f.* scienza che studia il fenomeno della delinquenza.

criminosità *s.f.invar.* l'essere criminoso.

criminoso [-nó-] *agg.* delittuoso.

crinale *s.m.* in una catena di monti, il profilo delle vette che fa da linea di separazione tra un versante e l'altro.

crine *s.m.* **1** pelo del collo o della coda del cavallo; materia formata da questi peli o da fibre vegetali, usata per imbottire: *materasso di —* **2** (*poet.*) capigliatura.

criniera [-niè-] *s.f.* l'insieme dei crini del collo del cavallo e di altri equini, del leone ecc. [*ill. Cavallo*].

crinito *agg.* fornito di chioma o criniera.

crino *s.m.* → **crine.**

crinoidi [-nòi-] *s.m.pl.* (*zool.*) animali marini del tipo degli echinodermi, col corpo elegante a forma di calice, da cui partono sottili rami, che danno all'animale l'aspetto di un fiore.

crinolina *s.f.* nell'Ottocento, sottana rigida, gonfiata da stecche di balena, che si portava sotto la gonna.

crio- [crìo] [dal gr. *crìos = freddo, gelo*] primo elemento di parole composte nelle quali significa freddo, raffreddamento, congelamento (*criochirurgia, criogenia*).

crioanestesia [-ʃi-] *s.f.* anestesia ottenuta con mezzi che determinano forte raffreddamento dei tessuti.

criochirurgia [-gi-] *s.f.* tecnica chirurgica che prevede il raffreddamento a bassissime temperature della zona che deve essere operata.

crioconservazione [-zió-] *s.f.* conservazione, spec. di alimenti, per mezzo del freddo.

crioelettronica [-trò-] *s.f.* branca dell'elettronica che si occupa dello studio e dell'applicazione della superconduttività o di altri fenomeni che si verificano a temperature prossime allo zero assoluto.

criofisica [-fiʃi-] *s.f.* branca della fisica che descrive la materia a temperature prossime allo zero assoluto.

criogenia [-ni-] *s.f.* scienza e tecnica della produzione di temperature molto basse.

criogenico [-gè-] *agg.* [*pl.m. -ci*] che riguarda la criogenia; in particolare, si dice di impianto frigorifero per temperature molto basse.

criolite *s.f.* minerale di fluoro in cristalli bianchi e trasparenti, usato come fondente e abrasivo.

criologia [-gi-] *s.f.* la fisica delle basse temperature.

crioscopia [-pi-] *s.f.* (*chim.*) metodo per determinare il peso molecolare di un composto, mediante abbassamento del punto di congelamento.

crioterapia [-pi-] *s.f.* (*med.*) qualsiasi cura che utilizzi gli effetti del freddo sull'organismo.

cripta *s.f.* sotterraneo di una chiesa che accoglie tombe o reliquie [*ill. Chiesa*].

cripto *s.m.* elemento chimico (Kr; *n.at.* 36; *p.at.* 83, 8); uno dei gas rari.

cripto-, critto- [dal gr. *cryptòs = nascosto*] primo elemento che interviene nella composizione di parole moderne nelle quali significa «nascosto» (*crittografia, criptocomunista*).

criptoportico [-pòr-] *s.m.* [*pl. -ci*] portico coperto.

crisalide [-fà-] *s.f.* (*zool.*) forma di pupa.

crisantemo [-ʃantè-] *s.m.* pianta erbacea ornamentale, con infiorescenze a capolino, variamente colorate (*fam.* Composite).

criselefantino [-ʃe-] *agg.* si dice di scultura, spec. se dell'antica Grecia, fatta d'oro e d'avorio.

crisi [-ʃi] *s.f.invar.* **1** stato transitorio di particolare difficoltà o di turbamento, nella vita di un uomo o di una società: *— di coscienza*, inquietudine causata da gravi problemi spirituali; *— economica*, fase di rallentamento della produzione, di disoccupazione ecc. / *— ministeriale*, il tempo che intercorre tra la caduta o le dimissioni di un governo e la formazione del successivo **2** repentino aggravarsi del corso clinico di una malattia / *— di nervi*, improvvisa manifestazione di eccitazione nervosa.

crisma [-ʃma] *s.m.* [*pl. -i*] olio di oliva e balsamo, consacrato dal vescovo e adoperato nell'amministrazione del battesimo, della cresima, dell'ordine e dell'estrema unzione.

criso- [dal gr. *crysòs = oro*] primo elemento di nomi composti; significa «aureo, simile all'oro, di colore giallo come l'oro» (*crisolito*).

crisoberillo [-ʃo-] *s.m.* minerale per lo più verde, usato come pietra preziosa.

crisocalco [-ʃo-] *s.m.* [*pl. -chi*] lega di ottone, con altissima percentuale di rame, stagno e piombo in piccole quantità, che imita l'oro.

crisolito [-ʃò-] *s.m.* → **crisoberillo.**

cristalleria [-rì-] *s.f.* **1** insieme dei pezzi di cristallo necessari per la tavola **2** fabbrica di cristalli.

cristalliera [-liè-] *s.f.* mobile a vetro con diversi ripiani usato per riporvi cristallerie.

cristallino *agg.* **1** di cristallo, simile al cristallo; limpido come il cristallo (anche *fig.*): *acqua, coscienza cristallina* **2** si dice di minerali solidificatisi sotto forma di cristalli // *s.m.* (*anat.*) corpo trasparente dell'occhio, a forma di lente biconvessa situata dietro la pupilla [*ill. Occhio*].

cristallizzare [-liʒʒa-] *v.tr.* ridurre in cristallo // *v.intr.*, **-arsi** *v.rifl.pron.* **1** assumere struttura cristallina (detto di una sostanza) **2** (*fig.*) rinchiudersi in forme fisse senza compiere progressi.

cristallizzazione [-liʒʒaʒió-] *s.f.* cristallizzare, il cristallizzarsi.

cristallo *s.m.* **1** vetro pesante, trasparentissimo, incolore, rifrangente, a base di silicato di piombo e potassio, usato per oggetti pregiati, apparecchi ottici o di laboratorio chimico: *vaso, bicchiere di* — / — *di rocca*, quarzo in cristalli limpidissimi, trasparenti **2** (*chim.*) porzione omogenea di materia con forma poliedrica naturale e costante per ogni tipo di sostanza.

cristallografia [-fì-] *s.f.* parte della mineralogia che studia la forma e la struttura dei minerali cristallini.

cristallografico [-grà-] *agg.* [pl.m. *-ci*] della cristallografia.

cristalloide [-lòi-] *agg.* si dice di sostanza di struttura affine a quella dei cristalli.

cristianesimo [-nèʃi-] *s.m.* la religione predicata da Gesù Cristo.

cristiania [-stià-] *s.m.invar.* metodo per fermarsi rapidamente con gli sci, girando il corpo di scatto e mantenendo gli sci paralleli [*ill. Sci*].

cristianità *s.f.invar.* **1** l'essere cristiano **2** l'insieme dei cristiani.

cristianizzare [-niʒʒa-] *v.tr.* convertire al cristianesimo, rendere cristiano.

cristiano *agg.* di Cristo; che crede in Cristo; che appartiene o si riferisce alla religione di Cristo // *s.m.* **1** chi professa la religione cristiana **2** (*fam.*) in generale, uomo, essere umano // **-mente** *avv.* da vero cristiano: *morire* —.

Cristo *s.m.* **1** appellativo di Gesù, che significa «l'unto, il consacrato» / *anni avanti o dopo* —, quelli che si contano prendendo come riferimento la nascita di Gesù / *un povero cristo*, uomo infelice, d'aspetto umile e misero **2** immagine dipinta o scolpita di Cristo.

cristologia [-gì-] *s.f.* parte della teologia che tratta della persona di Cristo e dell'unione in essa della natura umana e divina.

criterio [-tè-] *s.m.* regola per giudicare qlco., per distinguere tra vero e falso, per agire bene.

criterium [-tè-] *s.m.invar.* (*sport*) competizione riservata ad atleti o a cavalli molto giovani, per determinare le capacità che essi avranno da adulti e le categorie in cui potranno rendere di più: — *ciclistico, ippico*.

critica [crì-] *s.f.* **1** l'arte e il metodo di esaminare e giudicare qlco. in base alla sua bellezza, bontà, verità, utilità: — *letteraria* **2** (*fam.*) giudizio malevolo e sfavorevole, biasimo **3** giudizio espresso da qlcu. su un'opera letteraria o artistica **4** l'insieme dei critici.

criticare *v.tr.* [*io critico, tu critichi ecc.*] **1** fare oggetto di critica **2** giudicare sfavorevolmente, biasimare.

criticismo [-ʃmo] *s.m.* la filosofia del tedesco I. Kant (1724-1804); più in generale, ogni dottrina filosofica che, opponendosi al dommatismo, si fondi sull'esercizio da parte dell'uomo delle facoltà critiche razionali.

critico [crì-] *agg.* [pl.m. *-ci*] **1** che è proprio o riferito alla critica; che fa la critica: *avere un atteggiamento* —; *guardare con occhio* — **2** proprio di una crisi: *l'adolescenza è un'età critica* // *s.m.* chi esercita, per professione, la critica letteraria, politica ecc.

criticone [-có-] *s.m.* chi ha l'abitudine di criticare sempre tutto e tutti.

critto- prefisso → **cripto-**.

crittogama [-tò-] *s.f.* (*bot.*) pianta priva di veri fiori, con organi riproduttori non visibili (p.e. *felci, funghi*) / — *della vite*, fungo, detto *oidio*, che danneggia la vite.

crittogamico [-gà-] *agg.* [pl.m. *-ci*] (*bot.*) che si riferisce alle crittogame.

crittografia [-fì-] *s.f.* **1** scrittura cifrata o convenzionale, per fini di segretezza **2** gioco enigmistico consistente nel ricavare una frase da un gruppo di lettere.

crittografico [-grà-] *agg.* [pl.m. *-ci*] che riguarda la crittografia; segreto: *codice* —.

crittogramma *s.m.* [pl. *-i*] testo scritto in una scrittura cifrata.

crivellare *v.tr.* [*io crivèllo ecc.*] bucherellare / — *di colpi*, ferire qlcu. con molti colpi d'arma da fuoco.

crivello [-vèl-] *s.m.* sorta di grosso setaccio per vagliare sabbia e minerali incoerenti.

croato *agg.* della Croazia // *s.m.* abitante della Croazia.

croccante *agg.* si dice di cibo secco o appena cotto che scricchiola sotto i denti // *s.m.* dolce fatto con mandorle e zucchero cotto.

crocchetta [-chét-] *s.f.* specie di polpetta, a base di riso o di patate.

crocchia [cròc-] *s.f.* acconciatura formata con capelli intrecciati e annodati sul capo.

crocchiare *v.intr.* [*io cròcchio ecc.*] **1** scricchiolare **2** gracidare.

crocchio [cròc-] *s.m.* gruppo di persone intente a conversare.

croccolone [-ló-] *s.m.* uccello commestibile dal piumaggio variegato, simile alla beccaccia (*fam.* Scolopacidi).

croce [cró-] *s.f.* **1** antico strumento di supplizio fatto con due legni messi uno a traverso dell'altro; per antonomasia, quello su cui morì Cristo, simbolo della religione cristiana; riproduzione della croce, crocifisso; anche l'analogo segno grafico: *i ladroni furono messi in* —; *i fedeli della* —; *dove è stato sepolto c'è una* —; *segno della* — atto di fede cristiana che si fa portando la mano destra successivamente alla fronte, al petto, alla spalla sinistra e alla destra / *fare una* — *su qlco.*, non pensarci più / *punto a* —, ricamo ottenuto con punti incrociati [*ill. Cucito*] *a occhio e* —, all'incirca **2** (*fig.*) tormento, sofferenza: *ciascuno ha la sua* —; *questo lavoro è una* —; *mettere uno in* —, procurargli fastidi o sofferenze **3** distintivo di ordini cavallereschi, di enti assistenziali, di organizzazioni; insegna e titolo di onorificenze: — *degli stemmi*; — *di S. Andrea*; — *di guerra*; — *uncinata*, svastica / *Croce Rossa*.

crocefisso *s.m.* → **crocifisso**.

croceo [crò-] *agg.* (*lett.*) del colore del croco.

crocerossina *s.f.* infermiera volontaria della Croce Rossa.

crocetta [-cét-] *s.f.* (*mar.*) telaio a croce, di legno o metallo, che sostiene la parte più alta degli alberi.

crocevia [-vì-] *s.m.invar.* luogo in cui si intersecano due o più strade. SIN. *crocicchio, incrocio*.

crochet [*franc.*; *pr.* croscè] *s.m.* **1** uncinetto **2** colpo del pugilato, lo stesso che *gancio*.

crociata *s.f.* **1** ciascuna delle spedizioni militari compiute dai cristiani nel medioevo per conquistare la «terra santa» **2** (*fig.*) azione collettiva fatta in nome di ideali religiosi e politici o per scopi umanitari.

crociato *agg.* disposto a croce; contrassegnato da una croce // *s.m.* guerriero partecipante a una crociata.

crocicchio [-cìc-] *s.m.* luogo in cui si incontrano due o più strade. SIN. *crocevia, incrocio.*

crocidare *v.intr.* [*io cròcido ecc.*] del corvo, gracchiare.

crociera[1] [-cìè-] *s.f.* **1** disposizione di linee, barre ecc. a forma di croce **2** nelle basiliche, punto di incrocio tra la navata principale e il transetto / *volta a —*, volta risultante dalla intersezione di due o più volte a botte [*ill. Architettura*].

crociera[2] [-cìè-] *s.f.* **1** viaggio di piacere compiuto per mare o in aereo, con frequenti scali **2** trasvolata aerea **3** missione di guerra compiuta da una o più navi.

crociere [-cìè-] *s.m.* uccello di color rossiccio, con ali e coda nere, dal becco con punte incrociate (*fam.* Fringillidi).

crocifere [-cì-] *s.f.pl.* (*bot.*) famiglia di piante con la corolla formata da quattro petali disposti in croce.

crocifiggere [-fig-] *v.tr.* [coniugato come *affiggere*] mettere in croce (anche *fig.*).

crocifissione [-sió-] *s.f.* il crocifiggere; rappresentazione artistica della crocifissione di Cristo.

crocifisso *agg.* messo in croce // *s.m.* **1** Cristo messo in croce **2** l'immagine di Cristo in croce.

croco [crò-] *s.m.* pianta erbacea con fiori imbutiformi, violacei, bianchi o gialli (tali quelli della varietà *zafferano*) e foglie lineari (*fam.* Iridacee).

croda [crò-] *s.f.* dirupo, parete rocciosa scoscesa.

crogiolarsi *v.rifl.pron.* [*io mi crògiolo, tu ti crògioli ecc.*] deliziarsi, godersela stando in ozio, al calduccio, a letto e simili.

crogiolo [-giò-] *s.m.* recipiente di materiale refrattario, in cui si fondono metalli.

croissant [*franc.*; *pr.* cruasàn] *s.m.* panino dolce a forma di mezzaluna.

crollare *v.intr.* [*io cròllo ecc.*] cadere rovinosamente (anche *fig.*). SIN. *cadere, rovinare* // *v.tr.* muovere, scuotere, scrollare: *— il capo.* SIN. *tentennare.*

crollo [cròl-] *s.m.* caduta rovinosa (anche *fig.*).

croma [crò-] *s.f.* (*mus.*) valore di una nota o di una pausa corrispondente a 1/8 di battuta intera.

cromare *v.tr.* [*io cròmo ecc.*] rivestire un metallo con uno strato di cromo.

cromatico [-mà-] *agg.* [pl.m. *-ci*] **1** del colore, dei colori: *la serie cromatica dell'iride* **2** (*mus.*) si dice di una serie di note distanti un semitono l'una dall'altra: *scala cromatica.*

cromatina *s.f.* (*biol.*) sostanza presente in forma di granuli nel nucleo cellulare.

cromatismo [-ʃmo] *s.m.* **1** stile pittorico in cui il colore ha funzione preminente; colorismo **2** (*mus.*) tecnica musicale che fa grande uso di successioni cromatiche di note.

cromato *agg.* si dice di metallo sottoposto a cromatura // *s.m.* (*chim.*) composto di colore giallo, costituito di cromo, ossigeno e un metallo; molto usato in pittura come pigmento.

cromatografia [-fì-] *s.f.* (*chim.*) metodo di filtrazione e separazione, mediante sostanze coloranti, delle varie sostanze componenti una soluzione.

cromatura *s.f.* l'operazione del cromare; rivestimento di cromo.

cromo- [crò-] [dal gr. *chrôma* = *colore, materia colorante*] primo elemento usato nella formazione di parole scientifiche col significato di «colore, colorato» (*cromoplasti, cromosfera*).

cromo [crò-] *s.m.* elemento chimico (Cr; *n.at.* 24; *p.at.* 51,99); metallo grigio-acciaio, duro e resistente; usato per acciai inossidabili e per rivestire altri metalli.

cromolitografia [-fì-] *s.f.* stampa litografica a colori.

cromoplasti *s.m.pl.* (*bot.*) corpuscoli del protoplasma vegetale, che conferiscono alle parti delle piante le varie colorazioni, eccetto il verde.

cromosfera [-sfè-] *s.f.* lo strato più basso dell'atmosfera solare, costituito da idrogeno fiammeggiante.

cromosoma [-sò-] *s.m.* [pl. *-i*] (*biol.*) ciascuno dei filamenti contenuti nel nucleo delle cellule, in cui hanno sede i *geni* portatori dei caratteri ereditari.

cromotipia [-pì-] *s.f.* stampa a colori.

cronaca [crò-] *s.f.* **1** narrazione storica di fatti registrati secondo l'ordine della loro successione **2** in un giornale, la rubrica in cui vengono riferiti gli avvenimenti locali: *— bianca*, quella che si occupa di problemi civici, economici, spettacoli ecc.; *— nera*, quella che riguarda i delitti e gli incidenti.

cronassia [-si-] *s.f.* (*med.*) unità di misura dell'eccitabilità di un tessuto, rappresentata dal tempo minimo necessario a uno stimolo elettrico di data intensità per ottenerne l'eccitazione.

cronicario [-cà-] *s.m.* ospedale per malati cronici.

cronicità *s.f.invar.* l'essere cronico.

cronico [crò-] *agg.* [pl.m. *-ci*] si dice di malattia persistente a lungo nell'organismo, e da cui è difficile guarire // *s.m.* affetto da malattia cronica.

cronista *s.m.* e *f.* [pl. *-i*] **1** giornalista addetto alla cronaca **2** antico scrittore di cronache.

cronistoria [-stò-] *s.f.* la semplice esposizione dei fatti storici secondo la successione nel tempo.

crono- [dal gr. *chrònos* = *tempo*] primo elemento compositivo che significa «tempo» (*cronologia, cronografo*).

cronografo [-nò-] *s.m.* apparecchio che registra intervalli di tempo minutissimi.

cronologia [-gì-] *s.f.* **1** ordine nel quale si succedono nel tempo determinati fatti **2** scienza che si propone di stabilire le date esatte degli avvenimenti storici.

cronologico [-lò-] *agg.* [pl.m. *-ci*] della cronologia: *ordine —*, l'ordine secondo il quale i fatti si succedono nel tempo.

cronometraggio [-tràg-] *s.m.* l'operazione del cronometrare.

cronometrare *v.tr.* [*io cronòmetro ecc.*] misurare il tempo in modo assolutamente preciso, spec. nelle competizioni sportive.

cronometria [-trì-] *s.f.* scienza che si occupa della misurazione del tempo.

cronometrico [-mè-] *agg.* [pl.m. *-ci*] **1** che concerne la cronometria **2** che si riferisce a un cronometro **3** (*fig.*) esatto, puntuale, preciso come un cronometro.

cronometrista *s.m.* e *f.* [pl.m. *-i*] chi misura con precisione il tempo, spec. in un luogo di lavoro o in una competizione sportiva.

cronometro [-nò-] *s.m.* strumento misuratore del tempo; in particolare, l'orologio portatile di precisione, che misura con assoluta esattezza anche le frazioni di secondo.

cronotachigrafo [-chì-] *s.m.* strumento installato sugli automezzi pesanti da trasporto, che registra la velocità e i tempi di guida per consentire i controlli di legge.

cronotopo [-nò-] *s.m.* nella teoria della relatività, lo spazio quadridimensionale costituito dalle tre coordinate dello spazio ordinario e dal tempo.

crosciare *v.intr.* [*io cròscio ecc.*] si dice del rumore che fa la pioggia cadendo o un mucchio di foglie secche calpestate.

croscio [crò-] *s.m.* il crosciare; scroscio.

cross [*ingl.*; *pr.* cròs] *s.m.* **1** nel gioco del calcio, il tiro del giocatore che invia la palla dalle ali verso il centro **2** nel pugilato, colpo vibrato dall'esterno verso l'interno **3** corsa campestre a ostacoli; gara ciclistica o motociclistica su percorsi fuori strada: *una durissima gara di —.*

crossing-over [*ingl.*; *pr.* cròsin oùva] *s.m.* (*biol.*) scambio di materiale genetico fra due cromosomi.

crossodromo [-sò-] *s.m.* impianto fisso che simula un percorso di campagna per gare di cross.

crosta [crò-] *s.f.* **1** superficie secca e indurita di una sostanza: *la — del pane*; *— di ghiaccio* / *la — di un albero,* la corteccia/ *la — terrestre,* l'involucro esterno della Terra **2** strato indurito che si forma sulle ferite per essiccamento di sangue o pus **3** guscio duro di certi animali, detti appunto *crostacei* **4** (*fig.*) pittura di nessun valore artistico **5** (*fig.*) apparenza.

crostacei [-stà-] *s.m.pl.* (*zool.*) classe di animali per lo più acquatici con corpo ricoperto da un involucro cal-

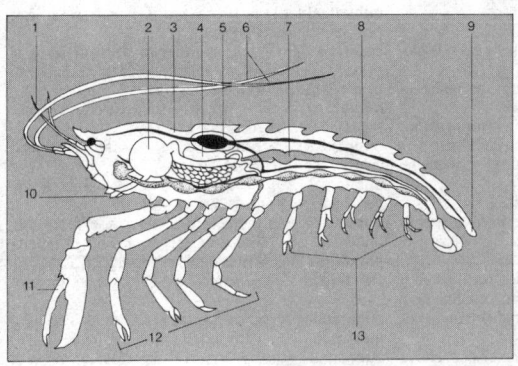

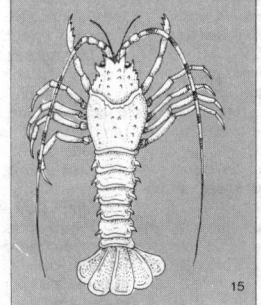
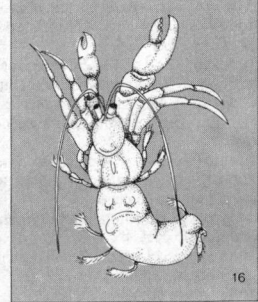

crostacei

1 *antennule,* 2 *stomaco,*
3 *cefalotorace,* 4 *gonadi,* 5 *cuore,*
6 *antenne,* 7 *intestino,* 8 *addome,*
9 *telson,* 10 *bocca,* 11 *chela,* 12 *arti toracici,* 13 *arti addominali,*
14 *canocchia,* 15 *aragosta,*
16 *paguro,* 17 *gambero,* 18 *scampo,*
19 *lepade,* 20 *granchio.*

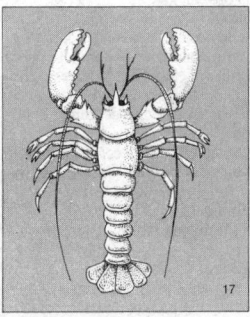
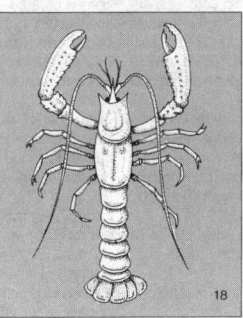
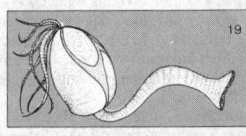

careo, diviso in due zone (*cefalotorace* e *addome*), fornito di quattro antenne e dieci o più zampe, di cui il primo paio è trasformato in pinze (*chele*); molti, come l'aragosta e il gambero, sono commestibili.

crostata *s.f.* dolce di pasta frolla, coperto per lo più di marmellata, cotto al forno.

crostino *s.m.* piccola fetta di pane che si serve al naturale, o arrostita, o fritta, e su cui si spalma burro, marmellata o altro.

crostoso [-stó-] *agg.* pieno di croste.

crotalo [cro-] *s.m.* **1** velenosissimo serpente dell'America con la coda provvista di elementi cornei risonanti; serpente a sonagli **2** antico strumento simile alle nacchere, spec. in Egitto e in Grecia.

croup [*ingl.*; *pr.* crùup.] *s.f.* crup.

croupier [*franc.*; *pr.* crupié] *s.m.* chi, nelle case da gioco, organizza e regola il gioco.

crowding out [*ingl.*; *pr.* cràudin àut] *s.m.* termine economico, tradotto in it. con *spiazzamento*.

crown [*ingl.*; *pr.* cràun] *s.m.* vetro usato insieme al flint per eliminare le aberrazioni cromatiche delle lenti.

crucciare *v.tr.* [*io* crùccio *ecc.*] affliggere; tormentare, indispettire // **-arsi** *v.rifl.* affliggersi.

crucciato *agg.* afflitto; adirato, sdegnato.

cruccio [crùc-] *s.m.* afflizione, dolore misto a risentimento. SIN. *pena, tormento, rammarico.*

cruciale *agg.* decisivo, critico: *momento* —.

cruciverba *s.m.invar.* gioco enigmistico per il quale si devono indovinare parole disposte orizzontalmente e verticalmente, aventi un certo numero di lettere in comune.

crudele [-dè-] *agg.* **1** che non ha compassione; che fa soffrire: *un tiranno* —. SIN. *spietato, disumano* **2** che dà dolore: *una* — *malattia*. SIN. *doloroso, tormentoso.*

crudeltà *s.f.invar.* l'essere crudele. SIN. *inumanità, ferocia, efferatezza.*

crudezza [-déz-] *s.f.* l'essere crudo (anche *fig.*).

crudo *agg.* **1** non cotto o poco cotto: *carne cruda / metallo* —, metallo greggio / *seta cruda*, seta greggia **2** (*fig.*) duro, rigido, pungente: *stagione cruda; risposta cruda.*

cruento [cruèn-] *agg.* sanguinoso: *battaglia cruenta.*

cruiser [*ingl.*; *pr.* crùʃa] *s.m.* grande motoscafo attrezzato per lunghe crociere.

crumiro *s.m.* chi rifiuta di partecipare a uno sciopero continuando il lavoro.

cruna *s.f.* piccolo occhiello all'estremità dell'ago, per cui si fa passare il filo.

crup *s.f.invar.* laringite difterica.

crusca *s.f.* residuo della macinazione dei cereali, costituito dagli involucri dei semi e usato come alimento per bestiame / *Accademia della Crusca*, la maggiore accademia linguistica italiana, sorta a Firenze verso la fine del sec. XVI, con l'intento di difendere la purezza della lingua.

cruscante *agg.* e *s.m.* si dice degli accademici della Crusca e di chi, di ciò che è fedele alle loro teorie di purezza linguistica.

cruschello [-schèl-] *s.m.* residuo della macinazione del grano e di altri cereali, usato come alimento per buoi, cavalli.

cruscotto [-scòt-] *s.m.* pannello, posto nella cabina di guida di un veicolo, in cui sono gli strumenti di controllo e di comando.

cruzeiro [*portoghese*; *pr.* cruʃàiru] *s.m.* unità monetaria del Brasile.

cubano *agg.* di Cuba // *s.m.* abitante di Cuba.

cubatura *s.f.* misura del volume di una merce o di un ambiente: — *di un carico di grano.*

cubetto [-bét-] *s.m.* piccolo oggetto o massa di forma cubica: — *di ghiaccio.*

cubia [-bì-] *s.f.* (*mar.*) foro nella murata di una nave per il passaggio di cavi e catene, spec. della catena dell'ancora.

cubico [cù-] *agg.* [pl.m. -*ci*] che ha forma di cubo / *radice cubica di un numero*, un altro numero che, moltiplicato tre volte per sé stesso, dà il numero proposto.

cubicolo [-bì-] *s.m.* nell'antica casa romana, camera da letto; per estens., piccolo vano.

cubilotto [-lòt-] *s.m.* (*metall.*) forno cilindrico verticale per la rifusione della ghisa.

cubismo [-ʃmo] *s.m.* movimento artistico sorto al principio del sec. XX, caratterizzato dalla scomposizione delle figure in forme geometriche.

cubista *agg.* e *s.m.* e *f.* [pl.m. -*i*] si dice di chi, di ciò che segue o è legato al cubismo.

cubitale *agg.* che è alto un cubito / *scrivere in caratteri cubitali*, con lettere grandissime.

cubito [cù-] *s.m.* **1** (*anat.*) osso dell'avambraccio, ulna **2** antica misura lineare, ca 44,4 cm.

cubo *s.m.* figura geometrica solida con sei facce quadrate e uguali / *elevare un numero al* —, (*mat.*) moltiplicarlo per sé stesso tre volte, elevarlo alla terza potenza.

cuboide [-bòi-] *s.m.* (*anat.*) osso del tarso, in forma di cubo.

cucaracha [*spagn.*; *pr.* cucaràcia] *s.f.* nome di un ballo messicano.

cuccagna *s.f.* (*scherz.*) grande abbondanza; luogo di godimento, di ricchezza: *trovare la* —; *è finita la* —*! / paese di Cuccagna*, luogo favoloso in cui si mangia, si beve e ci si diverte a volontà / *albero della* —, nelle vecchie fiere campagnole, palo liscio e insaponato su cui i volonterosi si arrampicano, per impadronirsi di cibi e oggetti posti sulla cima.

cuccare *v.tr.* [*io* cucco, *tu* cucchi *ecc.*] (*fam.*) prendere; (*fig.*) ingannare, imbrogliare: *non mi cucchi più!*

cuccetta [-cét-] *s.f.* ciascuno dei lettini, spesso sovrapposti, che si trovano nei treni, nelle cabine delle navi ecc.

cucchiaia [-chià-] *s.f.* **1** grosso cucchiaio da cucina **2** nella tecnica mineraria, strumento usato per asportare i frammenti rocciosi dal fondo dei pozzi di perforazione.

cucchiaiata *s.f.* quanto può stare in un cucchiaio.

cucchiaino *s.m.* **1** piccolo cucchiaio per caffè, tè ecc. **2** esca a forma di spatolina, che attira i pesci col suo luccichio [*ill.* Pesca].

cucchiaio [-chià-] *s.m.* posata da tavola, costituita da una paletta ovale con manico, per portare alla bocca cibi o liquidi; la quantità di cibo o liquido in essa contenuta.

cuccia [cùc-] *s.f.* [pl. -*ce*] **1** giaciglio del cane **2** (*fig.*) letto stretto e scomodo.

cucciolo [cùc-] *s.m.* cane nato da poco; si dice anche di altri animali giovani, e per estens., di bambini, ragazzini.

cucco[1] *s.m.* [pl. -*chi*] **1** cuculo **2** babbeo.

cucco[2] *s.m.* [pl. -*chi*] bambino, persona prediletta: — *dei nonni.*

cuccù *s.m.invar.* → **cucù.**

cuccuma [cùc-] *s.f.* recipiente per preparare il caffè.

cucina *s.f.* **1** stanza in cui si preparano e si cuociono i

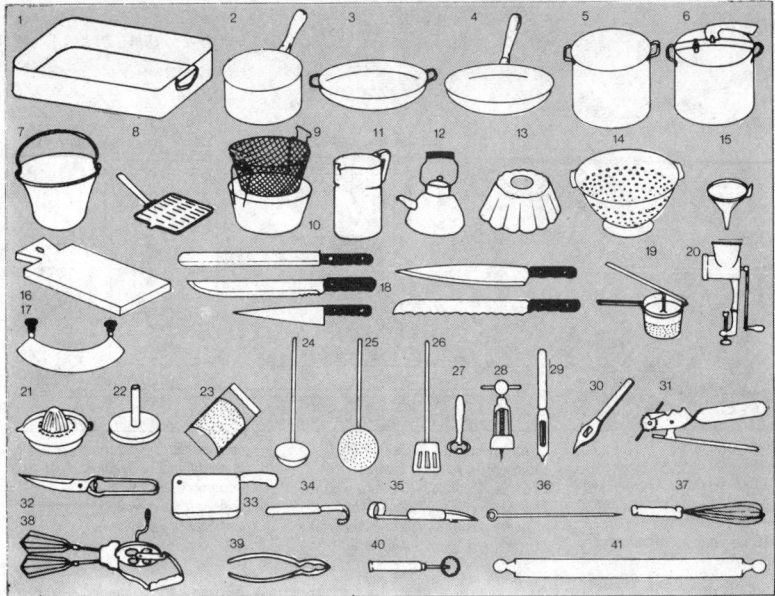

cucina (utensili)

1 *teglia*, 2 *casseruola*, 3 *tegame*, 4 *padella*, 5 *pentola*, 6 *pentola a pressione*, 7 *paiolo*, 8 *graticola o gratella*, 9 *scolafritto*, 10 *friggitrice*, 11 *bollitore*, 12 *bricco*, 13 *stampo*, 14 *colapasta*, 15 *imbuto*, 16 *tagliere*, 17 *mezzaluna*, 18 *coltelli*, 19 *schiacciapatate*, 20 *tritatutto*, 21 *spremiagrumi*, 22 *batticarne*, 23 *grattugia*, 24 *mestolo o ramaiolo*, 25 *schiumarola*, 26 *paletta*, 27 *apribottiglie*, 28 *cavaturaccioli*, 29 *pelapatate*, 30 *bucascatole*, 31 *apriscatole*, 32 *trinciapollo*, 33 *mannarino*, 34 *arricciaburro*, 35 *toglitorsoli e scavatore*, 36 *spiedino*, 37 *frusta*, 38 *frullino*, 39 *schiaccianoci*, 40 *rotella*, 41 *matterello*.

cibi **2** azione del cucinare: *far da —*, cucinare **3** modo di cucinare, e anche i cibi cucinati: *— francese*; *— grassa, magra* **4** apparecchio per la cottura dei cibi: *— a gas, a legna, elettrica*.

cucinare *v.tr.* **1** preparare e cuocere le vivande **2** (*fig.*) trattare, conciare: *mi hanno cucinato ben bene!*, mi hanno conciato per le feste.

cuciniere [-niè-] *s.m.* chi cucina, spec. in comunità.

cucire *v.tr.* [*io cùcio ecc.*] unire pezzi di tessuto o altro, servendosi dell'ago e del filo: *— un abito*; *macchina per —*, che esegue il lavoro di cucito.

cucirino *s.m.* filato per cucire.

cucito *s.m.* **1** il cucire: *scuola di —* **2** le cose da cucire, o già cucite [*ill. a pag. seguente*].

cucitore [-tó-] *s.m.* [f. *-trice*] chi cuce; chi esegue per mestiere lavori di cucito.

cucitrice *s.f.* macchina per cucire (tessuti, cuoio, o anche i fogli in legatoria).

cucitura *s.f.* **1** atto, effetto del cucire; insieme dei punti che tengono unite le parti cucite: *— a macchina, a mano* **2** margine interno dei libri verso il dorso.

cucù *s.m.invar.* cuculo; verso del cuculo / *orologio a —*, che batte le ore imitando il verso del cuculo // *inter. impropria* grido dei ragazzi che giocano a nascondino, per farsi notare da chi li cerca.

cuculo *s.m.* uccello dal corpo snello, cinerino-azzurro superiormente, grigio inferiormente; depone un uovo solo nel nido di uccelli cantatori e lo fa covare da questi; caratteristica la sua voce in due soli toni (*fam.* Cuculidi).

cucurbita [-cùr-] *s.f.* **1** (*lett.*) zucca **2** (*chim.*) la parte rigonfia dell'alambicco.

cucurbitacee [-tà-] *s.f.pl.* (*bot.*) famiglia di piante rampicanti che comprende la zucca, il cetriolo, il popone.

cudù *s.m.invar.* nome comune di un genere di antilopi che vivono nell'Africa.

cuffia [cùf-] *s.f.* **1** copricapo leggero che scende fino al collo e si lega sotto il mento: *mettere la — al bambino / uscire per il rotto della —*, (*fig.*) cavarsela con poco danno **2** (*rad.*) coppia di ricevitori telefonici collegati da un semianello metallico elastico, e adattabili alle orecchie dell'ascoltatore **3** (*teatr.*) cupoletta che, sul palcoscenico, serve a nascondere il suggeritore.

cugino *s.m.* [f. *-a*] figlio dello zio o della zia.

cui *pron.rel.m.* e *f.sing.* e *pl.*sostituisce il pronome relativo *il quale, la quale, i quali, le quali* nei complementi indiretti, ed è preceduto da preposizione: *l'uomo di cui sto parlando è un bravo ingegnere*; *il sentiero su cui camminate è pericoloso*; come complemento di termine si può usare anche senza la preposizione *a*: *la donna cui* (*a cui*) *parlo è mia sorella*; posto tra l'articolo e il sostantivo significa *del quale, della quale, dei quali, delle quali* e ri-

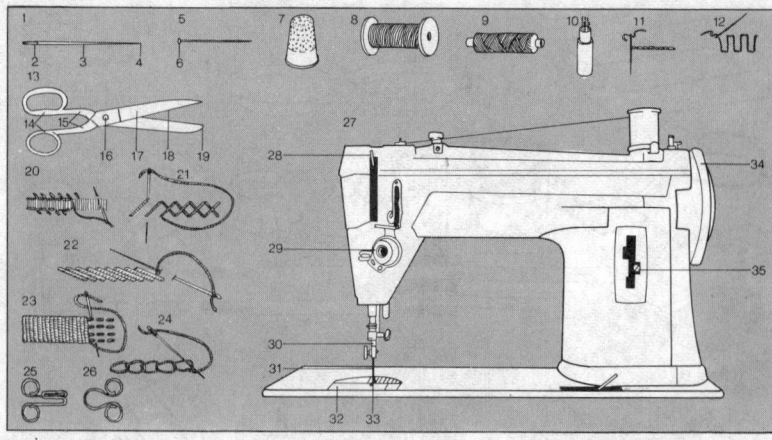

cucito

1 *ago*, 2 *cruna*, 3 *asta*, 4 *punta*,
5 *spillo*, 6 *capocchia*, 7 *ditale*,
8 *rocchetto*, 9 *spagnoletta*,
10 *agoraio*, 11 *impuntura*,

12 *rammendo*, 13 *forbici*, 14 *anelli*,
15 *bracci*, 16 *perno*, 17 *lama*,
18 *taglio*, 19 *punta*, 20 *orlo a giorno*,
21 *punto a croce*, 22 *punto erba*,
23 *punto pieno*, 24 *punto a catenella*,
25 *ganghero*, 26 *maglietta o*

gangherella, 27 *macchina per cucire*,
28 *tendifilo*, 29 *regolatore della
tensione del filo*, 30 *barra*, 31 *ago*,
32 *placca scorrevole*, 33 *piedino
premistoffa*, 34 *volantino*, 35 *leva
dello scartamento del punto*.

fiuta la preposizione *di*: *l'architetto, il cui progetto aveva vinto il concorso*; in poesia si può trovare usato anche come complemento oggetto.

culaccio [-làc-] *s.m.* parte posteriore delle bestie macellate, esclusa la coscia.

culata *s.f.* colpo battuto in terra col sedere.

culatello [-tèl-] *s.m.* salume fatto con lombi di maiale (specialità del basso parmense).

culatta *s.f.* parte posteriore di varie cose; in particolare, estremità posteriore di una bocca da fuoco, rinforzata per resistere alle pressioni [*ill. Cannone, Fucile*].

culbianco *s.m.* [pl. *-chi*] uccelletto di color cinerino con ali nere e coda bianca; ha canto melodioso (*fam.* Turdidi).

culinaria [-nà-] *s.f.* l'arte di cucinare. SIN. *gastronomia*.

culinario [-nà-] *agg.* attinente alla cucina, alla culinaria. SIN. *gastronomico*.

culla *s.f.* **1** piccolo letto per neonati, per lo più tale da poter essere dondolato **2** luogo dove qlco. ha origine: *Firenze, — dell'arte rinascimentale* **3** (*mil.*) manicotto imperniato sull'affusto, che racchiude la bocca da fuoco e le consente di scorrere indietro sotto l'azione del rinculo [*ill. Cannone*].

cullare *v.tr.* dondolare un bambino tra le braccia o nella culla per facilitargli il sonno; ninnare / *— qlcu con promesse*, illuderlo / *— un sogno*, tenerselo caro. SIN. *ninnare* // **-arsi** *v.rifl.pron.* illudersi vanamente; oziare: *— in sogni di grandezza*.

culminante *agg.* che è di importanza decisiva in uno svolgimento, in un processo: *il punto — di un discorso*; *la fase — di una malattia*.

culminare *v.intr.* [*io cùlmino* ecc.] trovarsi o pervenire nel punto più alto (anche *fig.*): *la montagna culmina con una vetta aguzza*; *le imprese di Cesare culminarono con la conquista della Gallia*.

culminazione [-zió-] *s.f.* (*astr.*) posizione che un astro

assume rispetto a un osservatore quando passa per il meridiano del luogo di osservazione.

culmine [cùl-] *s.m.* **1** punto più alto di qlco.: *il — del tetto, del colle.* SIN. *cima, sommità, vertice, vetta* **2** (*fig.*) il momento più importante, decisivo di qlco.: *era al — dei suoi trionfi*; *il — di una battaglia*.

culmo *s.m.* (*bot.*) stelo diritto, nodoso, internamente vuoto, proprio delle graminacee.

culo *s.m.* (*volg.*) deretano, sedere / *— di bicchiere*, brillante falso, di vetro.

culteranesimo [-néʃi-] *s.m.* espressione dello stile barocco nella poesia spagnola del sec. XVII.

culto¹ *s.m.* **1** insieme degli atti con cui si onora Dio o le creature a lui legate: *il — della Madonna, dei santi* **2** insieme dei riti di una religione; la religione stessa: *i ministri del —*; *il — protestante* **3** (*fig.*) venerazione verso una persona eccellente o un alto ideale: *ha un vero — per il padre*; *il — della libertà* **4** (*fig.*) cura esagerata: *il — dell'eleganza*.

culto² *agg.* (*lett.*) colto, istruito / *lingua culta*, aulica, propria dei dotti.

cultore [-tó-] *s.m.* [f. *-trice*] chi si dedica a una scienza o a un'arte: *— di astronomia, di musica, di occultismo*.

cultura *s.f.* **1** qualità di chi è colto; l'insieme delle nozioni, organicamente apprese, che qlcu. possiede **2** l'insieme della tradizione e del sapere scientifico, letterario e artistico di un popolo o dell'umanità intera: *la — del Settecento europeo*; *reperti di una — preistorica* / *le due culture*, quella scientifica e quella letteraria **3** coltivazione / *— fisica*, insieme di esercizi e di pratiche destinate a sviluppare il fisico umano.

culturale *agg.* che è proprio della cultura o favorisce lo sviluppo della cultura: *fenomeno —*; *istituto —*.

culturalismo [-ʃmo] *s.m.* tendenza esagerata a ridurre ogni cosa a un fatto culturale; ostentazione di cultura.

culturismo [-ʃmo] *s.m.* pratica regolare di cultura fisica e di esercizi per sviluppare la muscolatura e dare maggiore armonia al corpo.

culturista *s.m.* e *f.* [pl.m. *-i*] chi fa culturismo.

cumino *s.m.* → **comino**.

cumolo [cù-] *s.m.* → **cumulo**.

cumulare *v.tr.* [*io cùmulo ecc.*] mettere insieme, ammucchiare: — *più incarichi pubblici*.

cumulativo *agg.* che appartiene o si riferisce a più cose o persone: *biglietto* —, per più viaggi o più persone // **-mente** *avv.* complessivamente.

cumulatore [-tó-] *s.m.* [f. *-trice*] chi cumula.

cumulazione [-zió-] *s.f.* il cumulare.

cumulo [cù-] *s.m.*   **1** insieme di cose sovrapposte (anche *fig.*): — *di sassi*; — *di guai.* SIN. mucchio, ammasso   **2** nube bassa, a grandi volute o a forma di cupola [*ill. Nubi*].

cumulo-nembo [nèm-] *s.m.* nube densa e oscura, molto spessa e gravida di pioggia [*ill. Nubi*].

cuna *s.f.*   **1** culla (anche *fig.*)   **2** cunetta.

cuneese [-neé-] *agg.* di Cuneo // *s.m.* e *f.* abitante di Cuneo.

cuneiforme [-fór-] *agg.* che ha forma di cuneo / *caratteri cuneiformi*, i segni usati da caldei e assiri nella scrittura; avevano forma di piccoli cunei variamente orientati.

cuneo [cù-] *s.m.* oggetto di ferro o legno, a forma di prisma triangolare, che serve spec. per spaccare il legname o le pietre.

cunetta *s.f.*   **1** canaletto ai bordi delle strade per lo scolo dell'acqua piovana   **2** avvallamento del fondo stradale.

cunicolo[1] [-nì-] *s.m.* piccola galleria o passaggio sotterraneo.

cunicolo[2] [-nì-] *agg.* che si riferisce all'allevamento dei conigli.

cunicoltore [-tó-] *s.m.* allevatore di conigli.

cunicoltura *s.f.* allevamento di conigli.

cuocere [cuò-] *v.tr.* [pres. *io cuòcio, tu cuòci, egli cuòce, noi cuociamo, voi cocète, essi cuòciono*; fut. *io cocerò ecc.*; pass.rem. *io còssi, tu cocésti ecc.*; cong.pres. *io cuòcia, noi cociamo, voi cociate, essi cuòciano*; imp. *cuòci, cocéte*; ger. *cocèndo*; p.pres. *cocènte*; p.pass. *còtto, cociuto* solo nel senso **2** dell'*intr.*]   **1** sottoporre all'azione del fuoco alimenti o altre sostanze; — *un uovo, la carne*; — *i mattoni*   **2** bruciare; disseccare: *il sole d'agosto cuoce la campagna* // *v.intr.*   **1** essere sottoposto alla cottura: *la minestra sta cuocendo*   **2** (*lett.*) provocar dolore, gelosia, ira.

cuoco [cuò-] *s.m.* [pl. *-chi*] chi cucina, spec. per professione / *prov.: troppi cuochi guastano la cucina*.

cuoiame *s.m.* insieme, assortimento di cuoi.

cuoio [cuò-] *s.m.* [pl.*f.* *cuòia*] pelle nella espressione *tirare le cuòia*] pelle di animale conciata per fare borse, valigie, cinture ecc. / — *capelluto*, la pelle che nell'uomo riveste la volta cranica e sulla quale si inseriscono i capelli / *teste di* —, militari o poliziotti addestrati per difficili azioni contro terroristi o simili / *avere il* — *duro*, essere duro a morire / *tirare le cuoia*, morire.

cuore [cuò-] *s.m.*   **1** organo muscolare cavo a forma di cono, situato nella parte mediana della cavità toracica, con l'apice rivolto a sinistra, centro motore dell'apparato circolatorio   **2** per estens., la parte del petto dove sta il cuore: *portarsi la mano al* —; *stringersi qlcu. al* —   **3** (*fig.*) la sede degli affetti, dei sentimenti e delle emozioni; animo: — *duro, tenero*; *persona di buon* —, *di* —, buona e caritatevole; *uomo senza* —, freddo,

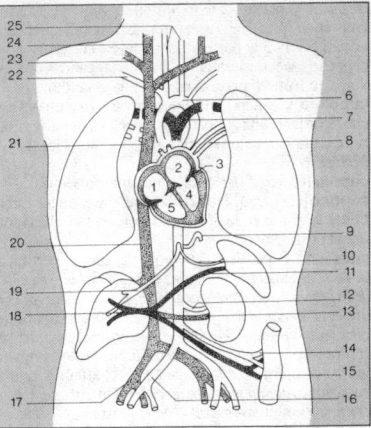

cuore e apparato circolatorio

1 *atrio destro*, 2 *atrio sinistro*, 3 *solco coronario*, 4 *ventricolo sinistro*, 5 *ventricolo destro*, 6 *arteria aorta*, 7 *arteria polmonare*, 8 *vene polmonari*, 9 *arteria gastrica sinistra*, 10 *arteria splenica*, 11 *vena splenica*, 12 *arteria renale*, 13 *vena renale*, 14 *arteria mesenterica*, 15 *vena mesenterica*, 16 *arteria iliaca*, 17 *vena iliaca*, 18 *vena porta*, 19 *arteria epatica*, 20 *vena cava inferiore*, 21 *vena cava superiore*, 22 *arteria succlavia*, 23 *vena succlavia*, 24 *vena giugulare*, 25 *arteria carotide*.

malvagio / *di* —, *di tutto* —, volentieri, con entusiasmo: *ridere di* —, sinceramente, con vera allegria / *avere un* — *da leone*, essere molto coraggioso / *l'amico del* —, il più caro / *avere il* — *sulle labbra*, essere sincero / *aprire il* — *a qlcu.*, confidarsi con lui / *spezzare il* —, addolorare profondamente / *toccare il* —, commuovere, impietosire / *avere una spina nel* —, una grave preoccupazione / *mettersi il* — *in pace*, rassegnarsi di buon grado / *stare a* —, premere, importare / *prendersi a* — *qlco.*, occuparsi attivamente   **4** ardimento, coraggio; entusiasmo, tenacia: *è una squadra che gioca con* — / *mi manca il* —, *non mi regge il* —, non ho la forza, il coraggio   **5** il centro, la parte centrale o più interna di qlco.: *il* — *della città* / *il* — *della lattuga*, le foglioline più interne e più tenere / *nel* — *della notte*, a notte fonda   **6** (*arald.*) il centro dello scudo   **7** *pl.* uno dei quattro semi delle carte da gioco francesi.

cuoriforme [-fór-] *agg.* a forma di cuore: *foglia* — [*ill. Foglia*].

cupezza [-péz-] *s.f.* qualità di ciò che è cupo.

cupidigia [-dì-] *s.f.* (*lett.*) desiderio sfrenato: — *di ricchezze.* SIN. avidità.

cupido [cù-] *agg.* (*lett.*) che ha desiderio sfrenato di qlco. SIN. avido.

cupo *agg.*   **1** oscuro; tenebroso; profondo: *antro, pozzo* —   **2** scuro (detto di colore): *rosso* —   **3** di tono basso, sordo: *voce cupa*   **4** (*fig.*) oppresso da preoccupazioni, da pensieri negativi; triste, taciturno; che esprime sentimenti di tristezza, oppressione.

cupola [cù-] *s.f.*   **1** (*arch.*) copertura a volta, di pianta circolare, ellittica o poligonale [*ill. Architettura*]. DIM.

cupoletta, cupolino **2** tetto apribile e girevole, a forma emisferica (p.e. degli osservatori astronomici, dei carri armati ecc.) **3** la parte tondeggiante e convessa di un cappello **4** semisfera cava di materia legnosa che avvolge un frutto o parte di esso (p.e. la ghianda).

cupolino *s.m.* denominazione di vari oggetti convessi che ricordano una cupola; in particolare, la parte superiore della carenatura anteriore della motocicletta [*ill. Motocicletta*].

cupreo [cù-] *agg.* (*lett.*) del rame, simile al rame.

cuprico [cù-] *agg.* [pl.m. *-ci*] di rame, che contiene rame.

cuprite *s.f.* minerale di rame, di color rosso, che si forma per ossidazione.

cura *s.f.* **1** pensiero attento e costante per qlcu. o qlco.; attenzione, riguardo: *abbi — di lui!*; *avere — della propria casa / prendersi — di qlco.*, dedicarvisi con impegno / *non darsi — di qlco.*, non preoccuparsene, disinteressarsene / *— delle anime*, il ministero del sacerdote. SIN. *premura* **2** oggetto di vivo interessamento: *la sua unica — è lo studio* **3** (*lett.*) affanno, preoccupazione: *animo sgombro da cure* **4** attenzione minuziosa, costante: *lavoro fatto con la massima —*. SIN. *accuratezza, diligenza* **5** l'insieme dei rimedi prescritti per guarire una malattia; terapia: *— termale / essere in —*, si dice del malato; *avere in — un malato*, si dice del medico che lo segue / *casa di —*, clinica privata **6** (*dir.*) → **curatela**.

curaçao [*franc.*; *pr.* cürasó] *s.m.* liquore ottenuto mediante distillazione della scorza di una varietà di arancia amara che cresce nell'isola omonima delle Antille.

curante *agg.* che cura: *medico —*, quello che ha abitualmente in cura un malato.

curapipe *s.m.invar.* piccolo arnese di metallo per pulire il fornello della pipa e per comprimervi il tabacco.

curare *v.tr.* **1** fare oggetto di cura; badare con cura e interesse a qlcu. o qlco.: *— i propri figli*; *— una pratica* **2** procurare, fare in modo: *curate che tutto sia in ordine* **3** prescrivere una cura a un malato; avere in cura / *— una ferita*, medicarla // *-arsi v.rifl.pron.* prendersi cura, interessarsi di qlcu., qlco.: *non ti sei curato di rispondermi*.

curarina *s.f.* alcaloide del curaro.

curaro *s.m.* sostanza velenosa estratta da alcune piante americane; ha azione paralizzante sui centri respiratori ed è perciò mortale se penetra nella circolazione del sangue, ma con opportuni accorgimenti ha applicazione in medicina.

curatela [-tè-] *s.f.* (*dir.*) speciale assistenza che la legge predispone a favore di individui che non abbiano piena capacità giuridica, o a tutela di particolari interessi.

curativo *agg.* che serve a curare una malattia.

curato *agg.* il parroco o altro sacerdote che lo aiuta nella cura delle anime.

curatore [-tó-] *s.m.* [f. *-trice*] **1** (*dir.*) chi ha l'incarico di esercitare la curatela **2** studioso che cura l'edizione di un autore o di un'opera.

curculione [-lió-] *s.m.* insetto coleottero dannoso per le colture.

curdo *agg.* del Curdistan // *s.m.* abitante del Curdistan.

curia [cù-] *s.f.* **1** nell'organizzazione ecclesiastica, il complesso degli uffici e delle persone di cui il papa o un vescovo si serve per gli affari amministrativi: *— romana, diocesana o vescovile* **2** insieme degli avvocati di un luogo **3** luogo dove si radunava il senato romano **4** decima parte dell'antica tribù romana **5** (*ant. lett.*) corte.

curiale *agg.* **1** della curia, addetto alla curia **2** (*lett.*) aulico, solenne // *s.m.* (*lett.*) avvocato, causidico.

curialesco [-lé-] *agg.* [pl.m. *-chi*] **1** proprio di un curiale **2** (*spreg.*) avvocatesco, cavilloso.

curiato *agg.* delle curie di Roma antica / *comizio —*, quello in cui il popolo deliberava raggruppato in curie.

curie [*franc.*; *pr.* churì] *s.m.* (*fis.*) unità di misura della radioattività.

curio [cù-] *s.m.* elemento chimico artificiale transuranico (Cm; *n.at.* 96) fortemente radioattivo.

curiosaggine [-sàg-] *s.f.* l'essere curioso per abitudine, per difetto.

curiosare *v.intr.* [*io* curióso *ecc.*] guardare con curiosità; cercar di sapere i fatti altrui: *— nei negozi*; *— nei cassetti degli altri*.

curiosità *s.f.invar.* **1** l'essere curioso. SIN. *indiscrezione* **2** desiderio di sapere, di imparare: *— scientifica* **3** cosa rara, strana, curiosa: *è un ricercatore di — storiche*.

curioso [-rió-] *agg.* **1** che ha voglia di sapere, vedere, sentire i fatti altrui. SIN. *indiscreto, ficcanaso* **2** desideroso di sapere, di conoscere, di istruirsi. SIN. *indagatore* **3** che desta curiosità, che attira l'attenzione; singolare, bizzarro: *un abito, un tipo —*. SIN. *strano, insolito* // *-mente avv.* in modo curioso, strano: *era — allegro*.

curling [*ingl.*; *pr.* chèrlin] *s.m.* gioco simile a quello delle bocce, che si effettua sul ghiaccio usando blocchi ovoidali di pietra o di metallo.

curricolare *agg.* di curriculum, previsto da un curriculum: *studio non —*.

curricolo [-ri-] *s.m.*, **curriculum** [-ri-] *s.m.invar.* carriera, elenco dei titoli conseguiti e degli avvenimenti principali della vita di una persona; anche, programma predeterminato di studi o di lavoro: *— scolastico*; *curriculum vitae*.

curry [*ingl.*; *pr.* cari] *s.m.* condimento, spec. per il riso, composto di polveri vegetali aromatiche e piccanti.

cursore [-só-] *s.m.* **1** usciere addetto a portare documenti, notificare atti e simili **2** parte scorrevole di un congegno meccanico: *— della cerniera lampo*, la parte mobile che permette di aprirla e chiuderla; *— di un regolo*, la parte scorrevole di esso.

curtense [-tèn-] *agg.* si dice del regime economico, prevalente nel medioevo, nel quale il castello del signore feudale costituiva con l'insieme degli edifici minori l'unità economica autosufficiente.

curule *agg. sedia —*, sedile pieghevole su cui sedevano i più alti magistrati romani.

curva *s.f.* **1** (*geom.*) linea di cui due punti consecutivi non giacciono sulla stessa retta **2** la svolta di una strada **3** linea che rappresenta in un grafico l'andamento di un fenomeno / *— di livello*, o *altimetrica*, nelle carte geografiche, linea che unisce tutti i punti aventi ugual quota sul livello del mare.

curvadorsi [-dòr-] *s.m.invar.* forma di legno o metallo sulla quale, nella rilegatura manuale, si dà la forma curva ai dorsi delle rilegature.

curvare *v.tr.* piegare in forma di arco: *— la schiena*, sottomettersi; *— la testa*, umiliarsi // *v.intr.* di veicoli, voltare, abbordare e compiere una curva.

curvatrice *s.f.* macchina che serve a curvare lamiere.

curvatura *s.f.* atto, effetto del curvare o dell'essere curvato; punto nel quale una cosa viene curvata.

curvilinea [-li-] *s.m.* [pl. *-e*] strumento per disegnare linee curve.

curvilineo [-li-] *agg.* che ha forma di linea non retta: *profilo —* // *s.m.* → **curvilinea**.

curvimetro [-vì-] *s.m.* strumento per misurare la lunghezza di un arco di curva.

curvo *agg.* si dice di cosa o persona curvata più o meno ad arco: *spalle curve*; *era — sui libri.* SIN. *chino.*

cuscinetto [-nét-] *s.m.* **1** piccolo cuscino; oggetto di forma analoga per vari usi: *— per timbri,* imbevuto di inchiostro per timbri / *stato —,* territorio indipendente posto tra due stati per impedirne il contatto e i conflitti **2** (*mecc.*) organo d'interposizione tra un piano e una ruota o altro corpo soggetto a moto rotatorio; può essere a sfere, a rulli, o di metallo antifrizione.

cuscino *s.m.* sacchetto imbottito di lana, crine o altro su cui si appoggia la testa o su cui si siede; guanciale.

cuscus *s.m.invar.* piatto dell'Africa mediterranea, costituito da pallottole di pasta, verdure, carne e salsa piccante.

cuscuta [cù-] *s.f.* pianta erbacea parassita, priva di foglie, con fiori color rosa (*fam.* Convolvulacee).

cuspidale *agg.* che termina in cuspide.

cuspidato *agg.* che termina in cuspide; (*bot.*) si dice di foglia che termina in punta allungata e rigida.

cuspide [cù-] *s.f.* **1** vertice, punta di lancia, di freccia **2** elemento architettonico triangolare posto a coronamento di un edificio.

custode [-stò-] *s.m.* e *f.* chi è addetto alla custodia di qlcu. o qlco.

custodia [-stò-] *s.f.* **1** atto, effetto del custodire **2** astuccio in cui si custodisce un oggetto di pregio: *— di un violino.*

custodire *v.tr.* [*io custodisco, tu custodisci ecc.*] conservare, vigilare; avere cura di qlco. o qlcu. (anche *fig.*): *— un oggetto.*

cutaneo [-tà-] *agg.* della cute / *secrezione cutanea,* l'insieme delle secrezioni delle ghiandole sudorifere e sebacee.

cute *s.f.* (*scient.*) la pelle dell'uomo.

cuticagna *s.f.* (*scherz.*) pellicina; nuca, collottola.

cuticola [-tì-] *s.f.* pellicola, pelle dell'epidermide.

cutina *s.f.* (*bot.*) sostanza derivante da una modificazione della cellulosa nell'epidermide vegetale.

cutireazione [-zió-] *s.f.* (*med.*) prova diagnostica fondata sulla reazione che presenta la pelle al contatto con una sostanza, e che attesta la reattività a essa dell'intero organismo: *— alla tubercolina,* quella che indica la presenza di un'infezione tubercolare.

cutrettola [-trèt-] *s.f.* piccolo uccello, grigio superiormente, giallo e nero inferiormente, con coda lunga e mobilissima (*fam.* Motacillidi).

cutter [cùt-] *s.m.invar.* veliero, leggero e veloce, da diporto.

czar *s.m.invar.* → **zar.**

czarda *s.f.* → **ciarda.**

D

d *s.f.* e *m.* [*di*] **1** quarta lettera dell'alfabeto, consonante ´**2** *D,* nei numeri romani, significa cinquecento.

da *prep. propria* [si apostrofa solo nelle locuz. *d'altro lato, d'altronde, d'allora, d'ora in poi*); si unisce agli articoli determinativi *il, lo, la, i, gli, le* formando le preposizioni articolate *dal, dallo, dalla, dai, dagli, dalle*] serve a formare vari complementi (sintagmi preposizionali) **1** compl. di agente e di causa efficiente: *visitato dal dottore*; *travolto dalle acque* **2** compl. di moto da luogo: *partire da Roma* **3** compl. di moto per luogo: *passerò da Pavia* **4** compl. di moto a luogo: *verrò da te* **5** compl. di stato in luogo: *ti aspetterò dal barbiere* **6** compl. di distanza: *non molto lontano da Roma* **7** compl. di separazione: *quelle montagne ci dividono dal mare* **8** compl. di origine, derivazione, provenienza: *disceso da illustre famiglia; copiare dal libro*; Leonardo *da Vinci* **9** compl. di tempo: *da un mese; sin da bambino* **10** indica il punto di partenza (in relazione con la prep. *a* che indica il punto di arrivo): *dal mattino alla sera; dalla a alla z* **11** compl. di causa: *tremare dal freddo* **12** compl. di origine: *lo riconobbi dalla voce* **13** compl. di fine o scopo: *rete da pesca; servizio da caffè* **14** compl. di qualità: *ragazza dagli occhi azzurri* **15** compl. di prezzo o valore: *un libro da diecimila lire* **16** compl. di limitazione: *cieco da un occhio* **17** compl. predicativo del soggetto o dell'oggetto: *da studente tu abitavi qui; vi ho trattato da amici* **18** seguita da un verbo all'infinito significa convenienza, necessità, conseguenza: *legna da ardere; un lavoro da rifare; ha studiato tanto da essere promosso.*

dabbasso *avv.* di sotto, in basso, giù.

dabbenaggine [-nàg-] *s.f.* l'essere un dabben uomo.

dabbene [-bè-] *agg.* buono, probo, onesto, perbene: *è un uomo — / un dabben uomo,* uno sciocco, un semplicotto.

daccanto *avv.* di luogo (*rar.*) vicino, presso.

daccapo *avv.* da capo; di nuovo, dal principio: *ricomincerò — / andar —,* nello scrivere, cominciare una nuova riga.

dacché *cong. subordinativa* **1** *temporale* da che, da quando: *— se n'erano andati i figli, la casa era silenziosa* **2** *causale* giacché, poiché: *— aveva cominciato, voleva continuare.*

dacia [dà-] *s.f.* villetta rustica russa.

dacriocisti *s.f.invar.* (*anat.*) sacco lacrimale.

dacriocistite [-stì-] *s.f.* (*med.*) infiammazione della dacriocisti.

dadaismo [-ʃmo] *s.m.* movimento artistico e letterario d'avanguardia nato a Zurigo nel 1916.

dado *s.m.* **1** cubetto d'avorio, d'osso o altro, recante su ciascuna delle sei facce un numero dall'uno al sei, segnato per mezzo di puntini; serve per parecchi giochi, spesso d'azzardo / *prov.: il — è tratto,* si dice di cosa incominciata e dalla quale non è più possibile tirarsi indietro **2** qualsiasi oggetto a forma di cubo o simile; in particolare, un cubetto di estratto di carne **3** blocco di pietra che serve da base alla colonna; piedestallo di statue **4** piccolo prisma a sezione esagonale o quadrata munito di un foro filettato che si usa per serrare il bullone [*ill. Utensili*].

daffare *s.m.invar.* cose da fare.

daga *s.f.* spada larga e corta con lama a due tagli.

dagherrotipia [-pì-] *s.f.* tecnica fotografica primitiva basata sull'uso di lastre di rame spalmate di un'emulsione sensibile alla luce; anche la fotografia così ottenuta.

dagherrotipo [-rò-] *s.m.* apparecchio per dagherrotipia; l'immagine con esso ottenuta.

dagli *prep. articolata* composta da *da* e *gli*; si usa davanti ai vocaboli che cominciano per vocale, *s* impura, *gn*, *ps*, *x*, *z*; si apostrofa davanti a *i*: *dagli alberi*; *dagli sforzi*; *dagl'interessi*.

dai *prep. articolata* composta da *da* e *i*; si usa davanti ai vocaboli che cominciano per consonante, che non sia *s* impura, *gn*, *ps*, *x*, *z*: *dai fiumi*; *dai ragazzi*.

daino [dài-] *s.m.* mammifero ruminante simile al cervo; ha corna caduche, generalmente ramose, pelame fulvo, macchiettato di bianco in estate (*fam.* Cervidi); la pelle, conciata, si usa per guanti, scarpe, giacche ecc.

dal *prep. articolata* composta da *da* e *il*; si usa davanti ai vocaboli comincianti per consonante, che non sia *s* impura, *gn*, *ps*, *x*, *z*: *dal monte*; *dal viale*.

dalia [dà-] *s.f.* pianta ornamentale con fiori grandi raccolti in capolini di vari colori (*fam.* Composite).

dalla *prep. articolata* composta da *da* e *la*; si usa davanti a tutti i vocaboli e si apostrofa davanti a vocale: *dalla luna*; *dall'alba*.

dalle *prep. articolata* composta da *da* e *le*; si usa davanti a tutti i vocaboli: *dalle Ande*; *dalle scale*.

dallo *prep. articolata* composta da *da* e *lo*; si usa davanti ai vocaboli che cominciano per vocale, *s* impura, *gn*, *ps*, *x*, *z*, e si apostrofa davanti a vocale: *dallo strepito*; *dall'amico*.

dalmata [dàl-] *agg.* [pl.m. *-i*] della Dalmazia // *s.m.* e *f.* abitante della Dalmazia // *s.m.* razza di cane domestico e da guardia.

dalmatica [-mà-] *s.f.* (*eccl.*) paramento simile alla pianeta ma di forma quadrata, che il diacono e il suddiacono portano sopra il camice (*ill.* Chiesa).

daltonico [-tò-] *agg.* e *s.m.* [pl.m. *-ci*] che o chi è affetto da daltonismo.

daltonismo [-ʃmo] *s.m.* difetto della vista, che consiste nel non distinguere il rosso e il verde.

dama *s.f.* **1** donna di nobile condizione: — *di corte* / — *di compagnia*, donna che, dietro compenso, tiene compagnia a persone anziane / — *di carità*, signora o signorina che esercita opere caritatevoli. SIN. *gentildonna*, *nobildonna*, *signora* **2** (*antiq.*) nel ballo in coppie, la donna **3** (*fam. toscano*) fidanzata **4** gioco che si fa muovendo speciali pedine su una scacchiera.

damascato *agg.* si dice di un tessuto lavorato come il damasco.

damaschinare *v.tr.* lavorare un pezzo di metallo con intarsi d'oro e d'argento.

damaschino *agg.* **1** di Damasco **2** damaschinato // *s.m.* abitante di Damasco.

damasco *s.m.* [pl. *-chi*] tessuto di seta monocolore in cui il disegno, per lo più a fiorami, risalta sul fondo per contrasto di lucentezza.

damerino *s.m.* uomo elegante e galante; bellimbusto, vagheggino.

damigella [-gèl-] *s.f.* fanciulla, giovinetta; più propriamente, in passato, fanciulla di nobile famiglia, spesso al servizio di principesse / — *d'onore*, ciascuna delle fanciulle che accompagnano la sposa nel corteo nuziale.

damigello [-gèl-] *s.m.* paggio; giovane non ancora armato cavaliere.

damigiana *s.f.* grosso fiasco con collo corto, rivestito di vimini.

damma *s.f.* (*lett.*) daino.

damo *s.m.* (*fam. toscano*) fidanzato.

danaro *s.m.* → **denaro**.

danaroso [-ró-] *agg.* che ha molti denari. SIN. *ricco*, *facoltoso*.

dancing [*ingl.*; *pr.* dènsin] *s.m.* sala da ballo.

danda *s.f.* ciascuna delle due strisce con cui si sorreggono i bambini quando cominciano a camminare.

dandy [*ingl.*; *pr.* dèndi] *s.m.* giovanotto alla moda, elegantone.

danese [-né-] *agg.* della Danimarca // *s.m.* **1** abitante, nativo della Danimarca; lingua della Danimarca **2** denominazione comune del cane chiamato *alano tedesco*.

dannare *v.tr.* condannare alle pene dell'inferno: — *la propria anima* / *far* — *qlcu.*, (*fig.*) farlo disperare // **-arsi** *v.rifl.* tormentarsi, amareggiarsi l'animo.

dannato *agg.* condannato alle pene dell'inferno / *essere l'anima dannata di qlcu.*, essere l'ispiratore, o anche l'esecutore, delle sue malvagità / *nella dannata ipotesi*, nell'ipotesi meno desiderata // *s.m.* chi è condannato all'inferno; (*fig.*) disperato, emarginato: *i dannati della terra*, il proletariato contadino.

dannazione [-zió-] *s.f.* **1** il dannare o l'essere dannato **2** (*fig.*) affanno, tormento.

danneggiamento [-mén-] *s.m.* atto, effetto del danneggiare.

danneggiare *v.tr.* [*io* dannéggio ecc.] recar danno. SIN. *guastare*, *rovinare*, *deteriorare*.

danno *s.m.* tutto ciò che nuoce materialmente o moralmente: *recare* —; *subire un* — / *far danni*, rompere, guastare oggetti, oppure metter disordine, peggiorare una situazione.

dannosità *s.f.invar.* l'essere dannoso.

dannoso [-nó-] *agg.* che reca danno. SIN. *nocivo*, *pernicioso*, *rovinoso*.

dannunzianesimo [-néʃi-] *s.m.* l'atteggiamento letterario e di costume che s'ispira alla personalità di G. D'Annunzio.

dannunzio *agg.* di G. D'Annunzio (1863-1938) o dei suoi imitatori // *s.m.* chi assume atteggiamenti che furono propri di D'Annunzio.

dante *s.m.* daino; solo nella locuz. *pelle di dante*.

dantesco [-té-] *agg.* [pl.m. *-chi*] di Dante Alighieri (1265-1321), o che ne imita lo stile.

dantista *s.m.* [pl. *-i*] studioso della vita e delle opere di Dante.

danza *s.f.* ballo.

danzante *agg.* che danza / *festa* —, festa durante la quale si balla.

danzare *v.tr.* eseguire una danza (anche *assol.*). SIN. *ballare*.

danzatore [-tó-] *s.m.* [f. *-trice*] chi danza.

dappertutto *avv.* in ogni luogo.

dappiù *agg.invar.* superiore di grado, di capacità: *credersi* — *degli altri*.

dappocaggine [-càg-] *s.f.* l'essere buono a poco. SIN. *inettitudine*, *incapacità*.

dappoco [-pò-] *agg.invar.* che è buono a poco. SIN. *inetto*.

dappresso [-près-] *avv.* (*lett.*) vicino; da vicino.

dapprima *avv.* in un primo momento; in primo luogo.

dapprincipio [-cì-] *avv.* in origine, da principio.

dardeggiare *v.tr.* [*io* dardéggio ecc.] colpire con dardi; scoccare dardi / *lo dardeggiava con lo sguardo*, gli lanciava occhiate di fuoco.

dardo s.m. freccia / il — dell'amore, la mitica freccia di Cupido / i dardi del sole, i suoi raggi cocenti.

dare[1] v.tr. [pres. io dò, tu dai, egli dà, noi diamo, voi date, essi danno; imperf. io davo, tu davi ecc.; fut. io darò, tu darai ecc.; pass.rem. io diedi o dètti, tu désti, egli diède o dètte, noi démmo, voi déste, essi dièdero o dèttero; cong. pres. io dia, noi diamo, voi diate, essi diano; cong.imperf. io dèssi, tu dèssi, egli dèsse, noi déssimo, voi déste, essi dèssero; cond.pres. io darèi, tu darésti ecc.; imp. dai o da', date; ger. dando; p.pass. dato] **1** trasferire da sé ad altri (cose materiali o morali); consegnare: ti ho dato una lettera; mi ha dato molte idee. CONTR. prendere **2** porgere: dammi il cappello **3** somministrare: mi hanno dato un calmante **4** affidare, assegnare: — un incarico; l'insegnante ha dato un tema su Dante **5** cedere; concedere, accordare: gli ho dato il mio biglietto per il teatro; vi do il permesso di parlare **6** pagare: quanto gli hai dato per quel mobile? **7** vendere: gli ho dato l'auto per pochi soldi **8** attribuire, conferire, assegnare: gli dettero la colpa del furto; gli hanno dato la croce di cavaliere **9** infliggere (pene, percosse): gli dettero l'ergastolo; — un pugno, una bastonata **10** rendere, fruttare: questo podere mi dà poca uva **11** arrecare, provocare: la tua partenza mi dà dolore **12** spesso il senso del verbo è dato dal sostantivo che lo segue: — coraggio, incoraggiare; — il latte, allattare; — battaglia, cominciare a combattere; — le dimissioni, dimettersi; — gli esami, sostenerli / — alla luce, partorire; (fig.) produrre / — ad intendere, a bere, far credere / — una mano, aiutare // v.intr. **1** cogliere; colpire; urtare; imbattersi: diede nel segno; ho dato nello spigolo / — nell'occhio, farsi notare / — alla testa, stordire **2** prorompere: tua sorella diede in un pianto dirotto **3** corrispondere: questa finestra dà sul giardino **4** tendere (di colori): questa tinta dà nel verde **5** irritare: questa cosa mi dà allo stomaco, ai nervi // **-arsi** v.rifl. applicarsi, abbandonarsi / — al commercio, al vizio / — per vinto, riconoscere di essere stato vinto / — per malato, farsi credere malato // in costruzione impersonale: si dà il caso che..., accade che; può darsi, è possibile.

dare[2] s.m. ciò che si deve; il debito: il — e l'avere, il passivo e l'attivo, spec. come voci del bilancio di un'azienda.

darsena [dàr-] s.f. specchio d'acqua di un porto, in cui si ormeggiano navi e barche.

darviniano, darwiniano agg. che riguarda il naturalista inglese Charles Darwin (1809-1882) e la sua teoria dell'evoluzione biologica.

darvinismo, darwinismo [-fmo] s.m. teoria della evoluzione biologica sostenuta dal naturalista inglese Charles Darwin (1809-1882).

darvinista, darwinista agg. e s.m. e f. [pl.m. -i] che, chi segue e sviluppa il darvinismo.

data s.f. **1** nella corrispondenza e negli scritti in genere, la menzione del luogo e del tempo nei quali è avvenuta la scrittura **2** il tempo in cui ha avuto luogo un determinato fatto: amicizia di fresca —, recente.

data bank [ingl.; pr. dèta bènk] s.f. o m. denominazione inglese della banca dei dati (→ banca).

databile [-tà-] agg. che può essere datato.

datare v.tr. apporre la data / a — da domani, a cominciare da domani.

datario [-tà-] s.m. **1** dispositivo per l'indicazione automatica della data, spec. negli orologi **2** timbro componibile per la stampigliatura della data.

datazione [-zió-] s.f. atto, effetto del datare.

dativo agg. e s.m. terzo caso della declinazione latina, greca, tedesca, russa ecc.; esprime il termine dell'azione.

dato agg. determinato: in un — momento // s.m. ciò che è conosciuto o accertato.

datore [-tó-] s.m. [f. -trice] chi dà / — di lavoro, chi ha alle proprie dipendenze lavoratori retribuiti.

dattero [dàt-] s.m. bacca commestibile di una varietà di palma.

dattilico [-tì-] agg. [pl.m. -ci] composto di dattili.

dattilo [dàt-] s.m. piede della poesia greca e latina, formato da una sillaba lunga e due brevi.

dattilografare v.tr. [io dattilògrafo ecc.] scrivere a macchina.

dattilografia [-fì-] s.f. lo scrivere a macchina.

dattilografico [-grà-] agg. [pl.m. -ci] di dattilografia; di macchina per scrivere: nastro —.

dattilografo [-lò-] s.m. chi scrive a macchina, impiegato addetto a scrivere a macchina.

dattiloscopia [-pì-] s.f. esame delle impronte digitali.

dattiloscritto agg. e s.m. si dice di un testo scritto a macchina.

dattorno [-tór-] avv. vicino, intorno: mi sta sempre —, mi assilla continuamente.

datura [dà-] s.f. pianta erbacea medicinale, con fiori bianchi a forma di imbuto e frutti a capsula, spinosi (fam. Solanacee).

davanti avv. di luogo prima, innanzi, avanti, nella parte anteriore // prep. impropria innanzi, in presenza di, dirimpetto; si unisce ai nomi per mezzo della prep. a: — alla stazione; comparire — al giudice // s.m.invar. la parte anteriore: il — della casa // agg.invar. anteriore: i denti —.

davantino s.m. parte del vestito femminile applicata sopra o sotto lo scollo a scopo ornamentale.

davanzale s.m. nella finestra, cornice inferiore che regge gli stipiti.

davvero [-vè-] avv. in verità, veramente; sul serio: non scherzo, dico —!

day-hospital [ingl.; pr. dèi hóspitl] s.m. ospedale nel quale i pazienti non vengono ricoverati, ma ricevono le cure necessarie tornando poi al proprio domicilio.

daziare v.tr. [io dàzio ecc.] imporre un dazio su qlco.

daziario [-zià-] agg. del dazio: casello —.

dazibao [-bà-] s.m.invar. manifesto murale manoscritto, di argomento politico, largamente diffuso in Cina, e da lì in occidente, a partire dai tardi anni Sessanta.

daziere [-ziè-] s.m. addetto alla riscossione del dazio.

dazio [dà-] s.m. **1** imposta sulla circolazione dei beni di consumo **2** ufficio per la riscossione del dazio; casello daziario.

de- [dal lat. de = da] prefisso che indica allontanamento (deportare), abbassamento (degradare), negazione (decrescere); figura in verbi di origine latina; oggi spesso usato per indicare privazione (denaturare).

dea [dè-] s.f. **1** divinità femminile **2** (fig.) donna bellissima o dotata di qualità straordinarie.

deambulare v.intr. [io deàmbulo ecc.] (lett.) passeggiare.

deambulatorio [-tò-] s.m. all'interno delle chiese romaniche e gotiche, corridoio che gira intorno all'abside.

deambulazione [-zió-] s.f. (scient.) lo spostamento del proprio corpo mediante il movimento delle gambe, tipico dei vertebrati superiori compreso l'uomo.

débâcle [franc.; pr. debbió ecc.] s.f. sconfitta, disfatta.

debbiare v.tr. [io débbio ecc.] migliorare un terreno agricolo bruciandone le erbe e gli sterpi e così arricchendolo delle ceneri.

debbio [déb-] *s.m.* atto, effetto del debbiare.

debellare *v.tr.* [*io debèllo ecc.*] sconfiggere definitivamente (anche *fig.*). SIN. *vincere.*

debilitante *agg.* che debilita; faticoso, sfibrante.

debilitare *v.tr.* [*io debìlito ecc.*] indebolire, diminuire le forze dell'organismo.

debilitazione [-zió-] *s.f.* l'effetto del debilitare; debolezza, depressione fisica.

debito [dé-] *agg.* che è dovuto; opportuno: *col — riguardo; a tempo —* // *s.m.* 1 obbligo di pagare una somma di denaro spec. se ricevuta in prestito; la somma dovuta: *pagare un — / contrarre un —,* farsi prestare del denaro / *— pubblico,* quello che lo stato contrae verso i cittadini. CONTR. *credito* 2 obbligo morale, di riconoscenza // *-mente* *avv.* opportunamente; con cura, nel modo dovuto.

debitore [-tó-] *agg.* e *s.m.* [f. *-trice*] 1 si dice di chi ha un debito (anche *fig.*). CONTR. *creditore* 2 (*tel.*) si dice di rocchetti, bobine o simili che girando cedono quanto vi è avvolto a un altro organo analogo che gira nello stesso senso. CONTR. *ricevente.*

debole [dé-] *agg.* che ha poca forza, poca energia (anche *fig.*) / *mercato —,* con tendenza al ribasso / *sesso —,* le donne / *essere — in latino,* saperne poco. SIN. *fragile, gracile, fiacco.* CONTR. *forte* // *s.m.* cosa in cui uno è meno capace o è più suscettibile; inclinazione, passione: *la matematica è il tuo —; aveva il — del bere.*

debolezza [-léz-] *s.f.* l'essere debole. SIN. *fragilità, gracilità, fiacchezza.* CONTR. *forza.*

debordare *v.intr.* [*io debórdo ecc.*] uscire dai bordi, dai confini; traboccare.

debosciato *agg.* e *s.m.* corrotto, vizioso.

debuttante *s.m.* e *f.* chi debutta.

debuttare *v.intr.* comparire per la prima volta in teatro; fare i primi passi in una carriera, in un'attività: *— alla Scala; — in teatro; — come scrittore / — in società,* si dice di ragazza che si presenta per la prima volta in società. SIN. *esordire.*

debutto *s.m.* il debuttare. SIN. *esordio.*

deca- [dè-] [dal gr. *dèca = dieci*] prefisso usato in parole derivate dal greco o coniate modernamente; significa «dieci, che ha dieci» (*decagrammo, decagono*).

decade [dè-] *s.f.* insieme di dieci cose, spec. di dieci giorni: *la prima — del mese.*

decadente [-dèn-] *agg.* 1 che è in decadenza 2 del decadentismo: *scrittore —* // *s.m.* chi appartiene al decadentismo: *D'Annunzio è un —.*

decadentismo [-ʃmo] *s.m.* movimento letterario e artistico, fiorito in Europa tra la fine del sec. XIX e l'inizio del sec. XX, caratterizzato da raffinato estetismo.

decadenza [-dèn-] *s.f.* 1 atto, effetto del decadere. SIN. *scadimento, declino* 2 (*dir.*) perdita di un diritto per non averlo esercitato entro i termini fissati.

decadere [-dé-] *v.intr.* [coniugato come *cadere*] 1 diminuire in grandezza, scemare; andare in decadenza, declinare; venir meno, scadere: *quest'usanza sta decadendo* 2 (*dir.*) perdere l'esercizio di un diritto.

decadimento [-mén-] *s.m.* 1 il decadere 2 (*fis.*) in una sostanza radioattiva, processo di emissione di particelle o di radiazioni da parte di nuclei che ne risultano così trasformati.

decaduto *agg.* si dice di chi, da un'alta condizione sociale, è caduto in povertà: *nobile —.*

decaedro [-è-] *s.m.* (*geom.*) poliedro con dieci facce piane.

decaffeinato *agg.* → **decaffeinizzato.**

decaffeinizzare [-niʒʒa-] *v.tr.* sottoporre a decaffeinizzazione.

decaffeinizzato [-niʒʒa-] *agg.* che è stato privato della caffeina: *caffè —, tè —.*

decaffeinizzazione [-niʒʒazió-] *s.f.* l'operazione del privare della caffeina i semi del caffè, le foglie del tè ecc.

decagono [-cà-] *s.m.* (*geom.*) poligono che ha dieci lati e dieci angoli.

decagrammo *s.m.* misura di peso equivalente a dieci grammi.

decalcare *v.tr.* [*io decàlco, tu decàlchi ecc.*] riportare su una superficie il calco di un disegno.

decalcificare *v.tr.* [*io decalcìfico, tu decalcìfichi ecc.*] privare del calcio; ridurre il contenuto di calcio di qlco.

decalcificazione [-zió-] *s.f.* 1 asportazione progressiva del carbonato di calcio dalle rocce, operata dalle acque 2 diminuzione della quantità di calcio nell'organismo o in un suo tessuto, spec. quello osseo.

decalcomania [-nì-] *s.f.* procedimento mediante il quale si possono riportare, su carta o su altra superficie liscia, figure e disegni colorati.

decalitro [-cà-] *s.m.* misura di capacità o di volume, equivalente a dieci litri.

decalogo [-cà-] *s.m.* [pl. *-ghi*] 1 l'insieme dei dieci precetti religiosi e morali dati da Dio a Mosè 2 complesso di precetti basilari di un'arte, di un'attività ecc.

decametro [-cà-] *s.m.* misura di lunghezza, equivalente a dieci metri.

decampare *v.intr.* ritirarsi, levare il campo / *— dalle proprie opinioni,* recedere da esse.

decano *s.m.* il più vecchio, per età o per nomina; il più elevato in talune dignità.

decantare[1] *v.tr.* celebrare con molte lodi. SIN. *lodare, magnificare, esaltare, elogiare.*

decantare[2] *v.tr.* (*chim.*) sottoporre un liquido al processo di decantazione // *v.intr.* (*chim.*) subire il processo di decantazione (detto di liquidi).

decantazione [-zió-] *s.f.* (*chim.*) operazione che consiste nel separare da un liquido le particelle insolubili in sospensione.

decapaggio [-pàg-] *s.m.* pulitura di superfici metalliche mediante immersione in soluzioni leggermente corrosive.

decapitare *v.tr.* [*io decàpito ecc.*] tagliare la testa, spec. per condanna. SIN. *decollare.*

decapitazione [-zió-] *s.f.* atto, effetto del decapitare. SIN. *decollazione.*

decapodi [-cà-] *s.m.pl.* (*zool.*) ordine di crostacei con dieci zampe disposte in paia, torace ricoperto da un'unica corazza che accoglie anche le branchie; comprende *aragoste, gamberi, granchi* ecc.

decappottabile [-tà-] *agg.* si dice di automobile che si può decappottare.

decappottare *v.tr.* [*io decappòtto ecc.*] togliere la cappotta a un'automobile.

decarburazione [-zió-] *s.f.* riduzione del contenuto di carbonio in acciai e ghise.

decasillabo [-sìl-] *agg.* e *s.m.* si dice di un verso formato da dieci sillabe, con accenti sulla terza, sesta e nona sillaba.

decathlon [dè-] *s.m.invar.* (*sport*) gara di atletica articolata in dieci prove.

decatissaggio [-sàg-] *s.m.* (*ind.tessile*) procedimento per rendere i tessuti di lana più robusti e irrestringibili.

decatizzare [-tiʒʒa-] *v.tr.* sottoporre a decatissaggio.

decation [dè-] *s.m.invar.* → **decathlon**.

decedere [-cè-] *v.intr.* [pres. *io decèdo ecc.*: p.pass. *deceduto*] morire (detto solo di persone).

decelerare *v.tr.* [*io decèlero ecc.*] ridurre la velocità di qlco. CONTR. *accelerare*.

decelerazione [-zió-] *s.f.* **1** il decelerare **2** (*fis.*) accelerazione negativa, contraria al senso del moto. CONTR. *accelerazione*.

decemvirato *s.m.* **1** l'ufficio dei decemviro **2** tempo in cui dura tale ufficio **3** i decemviri nel loro complesso.

decemviro [-cèm-] *s.m.* nell'antica Roma, ciascun componente di un collegio di dieci magistrati.

decennale *agg.* che dura dieci anni, che ricorre ogni dieci anni // *s.m.* il decimo anniversario di un avvenimento memorabile.

decenne [-cèn-] *agg.* e *s.m.* e *f.* che o chi ha dieci anni.

decennio [-cèn-] *s.m.* spazio di dieci anni.

decente [-cèn-] *agg.* conforme alle leggi del decoro, della dignità, del pudore. SIN. *decoroso, presentabile*. CONTR. *indecente*.

decentramento [-mèn-] *s.m.* atto, effetto del decentrare.

decentrare *v.tr.* [*io decèntro ecc.*] allontanare dal centro; affidare a organi periferici mansioni già assolte da organi centrali dello stato.

decentrato *agg.* che è autonomo dal potere centrale; che è frutto di una politica di decentramento: *poteri decentrati; strutture culturali decentrate*.

decenza [-cèn-] *s.f.* l'essere decente. SIN. *decoro, pudore*. CONTR. *indecenza*.

decesso [-cès-] *s.m.* morte (detto solo di persone).

deci- [dè-] [dal lat. *decimus* = *decimo*] prefisso usato nel sistema metrico decimale per indicare la decima parte di un'unità di misura (*decimetro, decilitro*).

decibel [-bèl] *s.m.invar.* unità di misura di sensazioni uditive, pari a un decimo di bel.

decidere [-cì-] *v.tr.* [pass.rem. *io decisi, tu decidésti ecc.*; p.pass. *deciso*] **1** giudicare: *— una lite, una vertenza*. SIN. *definire, risolvere* **2** fissare, stabilire. SIN. *deliberare, determinare* // **-ersi** *v.rifl.pron.* risolversi, stabilire: *ti sei finalmente deciso a partire?*

decidua [-cì-] *s.f.* (*med.*) denominazione della mucosa uterina che viene eliminata con la mestruazione o che, nella gravidanza, resta a circondare l'embrione e concorre a formare la placenta.

deciduo [-cì-] *agg.* (*bot.*) si dice di parti della pianta che cadono dopo aver compiuto la loro funzione.

decifrabile [-frà-] *agg.* che si può decifrare; leggibile, comprensibile.

decifrare *v.tr.* **1** interpretare una scrittura in cifra **2** riuscire a intendere scritture difficili e oscure: *— un codice* **3** (*fig.*) sbrogliare questioni intricate: *— un enigma*.

decifrazione [-zió-] *s.f.* atto, effetto del decifrare.

decigrammo *s.m.* misura di peso, equivalente a un decimo di grammo.

decilitro [-cì-] *s.m.* misura di capacità o volume, equivalente a un decimo di litro.

decima [dè-] *s.f.* (*st.econ.*) nel medioevo, imposta dovuta alla chiesa, corrispondente alla decima parte del reddito.

decimale *agg.* che è espresso o può esprimersi in decimi di un'unità: *numero —; sistema —*, sistema di numerazione per rappresentare i numeri in base dieci, e sistema di misura basato sulla divisione in dieci.

decimalizzare [-liʒʒa-] *v.tr.* rendere decimale; informare al sistema decimale.

decimare *v.tr.* [*io dècimo, tu dècimi ecc.*] **1** falcidiare, ridurre numericamente **2** punire con la decimazione.

decimazione [-zió-] *s.f.* punizione militare, consistente nell'uccidere un soldato su dieci, in un reparto che abbia commesso una grave mancanza.

decimetro [-cì-] *s.m.* misura di lunghezza equivalente alla decima parte del metro / *doppio —*, asticciola che porta sui due lati una graduazione di venti centimetri.

decimo [dè-] *agg.num.ord.* che in una serie occupa il posto dieci // *s.m.* la decima parte.

decina *s.f.* il complesso di dieci o di circa dieci unità.

decisionale [-ʃio-] *agg.* di decisione; di decidere: *potere, capacità —*.

decisione [-ʃió-] *s.f.* atto, effetto del decidere; prontezza nel decidere. SIN. *deliberazione, risoluzione, determinazione*.

decisivo [-ʃi-] *agg.* che vale a decidere, che decide.

deciso [-ʃo] *agg.* fermo, pronto // **-mente** *avv.* **1** in modo deciso **2** senza dubbio.

declamare *v.tr.* recitare una prosa o una poesia con tono solenne, accompagnando le parole con gesti // *v.intr.* parlare in modo enfatico.

declamatorio [-tò-] *agg.* che è proprio di chi declama: *tono —*.

declamazione [-zió-] *s.f.* **1** atto, effetto del declamare **2** discorso ampolloso e retorico.

declaratorio [-tò-] *agg.* (*dir.*) che dichiara; si dice spec. di sentenze che non modificano ma solo accertano la situazione giuridica.

declassamento [-mèn-] *s.m.* il declassare.

declassare *v.tr.* passare da una classe superiore a una inferiore: *— una vettura ferroviaria*.

declinabile [-nà-] *agg.* che si può declinare.

declinante *agg.* che declina (anche *fig.*).

declinare *v.intr.* **1** calare (detto spec. del moto apparente degli astri verso l'orizzonte): *il sole declinava*. SIN. *tramontare* **2** tendere verso il basso: *le montagne declinano sul mare*. SIN. *discendere* **3** (*fig.*) volgere verso il termine; diminuire: *la sua potenza declina*. SIN. *decadere* **4** (*rar.*) deviare (anche *fig.*): *— dalla retta via* // *v.tr.* **1** evitare, rinunciare a qlco.: *— ogni responsabilità; — un invito*. SIN. *rifiutare, scansare* **2** dire per esteso, manifestare: *— le proprie generalità* **3** (*gramm.*) flettere un nome, un aggettivo, un pronome, un articolo secondo i casi, il genere e il numero.

declinatorio [-tò-] *agg.* che declina, rifiuta / *eccezioni declinatorie*, (*dir.*) quelle con le quali si rifiuta la competenza del giudice, sostenendo che altro giudice sia competente.

declinazione [-zió-] *s.f.* **1** atto, effetto del declinare / *— astronomica*, distanza in arco fra un astro e l'equatore terrestre, misurata sul meridiano celeste passante per l'astro / *— magnetica*, angolo che il piano verticale passante per l'ago della bussola forma col piano meridiano del luogo **2** (*gramm.*) flessione di un nome, un aggettivo, un pronome, un articolo secondo i casi, il genere, il numero.

declino *s.m.* il declinare (spec. *fig.*). SIN. *tramonto, decadenza*.

declinometro [-nò-] *s.m.* (*fis.*) strumento atto a misurare la declinazione magnetica.

declivio [-clì-] *s.m.* pendio di un'altura. SIN. *china*.

decodificare *v.tr.* [*io decodìfico, tu decodìfichi ecc.*] ritradurre da un codice in lingua normale; interpretare, comprendere a fondo / *— l'informazione*, cercare di scoprirne il vero significato.

decodificazione [-zió-] *s.f.* il decodificare; interpretazione.

decollaggio [-làg-] *s.m.* (*aer.*) l'azione del decollare.

decollare[1] *v.intr.* [*io decòllo ecc.*] staccarsi dal suolo o dall'acqua, detto di aeromobili.

decollare[2] *v.tr.* [*io decòllo ecc.*] tagliare il capo. SIN. *decapitare.*

decollazione [-zió-] *s.f.* il taglio del capo. SIN. *decapitazione.*

décolleté [*franc.*; *pr.* decolté] *s.m.* **1** ampia scollatura di abito femminile; l'abito scollato **2** la parte del corpo, collo, petto e spalle, lasciata scoperta dalla scollatura.

decollo [-còl-] *s.m.* (*aer.*) l'azione del decollare.

decolonizzare [-niʒʒa-] *v.tr.* liberare da un dominio coloniale, o di tipo coloniale.

decolonizzazione [-niʒʒazió-] *s.f.* l'effetto del decolonizzare; la progressiva liberazione dal colonialismo.

decolorante *agg.* e *s.m.* (*chim.*) si dice di sostanza che ha la proprietà di eliminare il colore.

decolorare *v.tr.* [*io decolóro ecc.*] togliere il colore, scolorare.

decolorazione [-zió-] *s.f.* (*chim.*) trattamento che serve a rimuovere o ad attenuare il colore in materiali diversi.

decomporre [-pór-] *v.tr.* [coniugato come *porre*] dividere un corpo negli elementi costituenti: — *un numero,* (*mat.*) trovare tutti i suoi fattori primi. SIN. *disgregare* // **-orsi** *v.rifl.pron.* andare in decomposizione, putrefarsi, corrompersi (anche *fig.*).

decomposizione [-ʃizió-] *s.f.* **1** atto, effetto del decomporre. SIN. *disgregazione* **2** (*chim.*) reazione che scinde un composto in sostanze più semplici.

decongelare *v.tr.* [*io decongèlo ecc.*]: scongelare / — *un credito,* rimuovere gli impedimenti alla sua utilizzazione o riscossione.

decongestionante *agg.* e *s.m.* si dice di farmaco usato per eliminare o ridurre una congestione.

decongestionare *v.tr.* [*io decongestióno ecc.*] **1** (*med.*) eliminare o attenuare la congestione: — *un organo* **2** rendere più agevole il traffico urbano.

decontaminare *v.tr.* purificare qlco. che sia stato contaminato; disinquinare, depurare.

decontaminazione [-zió-] *s.f.* l'atto, l'effetto del decontaminare; purificazione, depurazione.

decorare *v.tr.* [*io decòro ecc.*] **1** ornare, addobbare **2** insignire qlcu. di una decorazione.

decorativo *agg.* che serve a decorare.

decorato *agg.* abbellito da decorazioni, adorno // *agg.* e *s.m.* che o chi ha ottenuto una decorazione civile o militare.

decoratore [-tó-] *s.m.* [f. *-trice*] chi fa lavori di decorazione per mestiere.

decorazione [-zió-] *s.f.* **1** atto, effetto del decorare; ciò che serve per decorare, ornamento **2** onorificenza ufficiale conferita per meriti militari o civili.

decoro [-cò-] *s.m.* **1** dignità nell'aspetto, nei modi, conveniente a ciascuno secondo il suo stato: *vivere con* —; *salvare il* — *della famiglia* **2** il sentimento della propria dignità: *persona priva di* —.

decoroso [-ró-] *agg.* conforme al decoro; conveniente, dignitoso. SIN. *decente.*

decorrenza [-rèn-] *s.f.* il decorrere; il termine da cui una cosa incomincia ad avere effetto.

decorrere [-cór-] *v.intr.* [coniugato come *correre*] **1** passare, trascorrere (detto di tempo) **2** aver effetto, cominciare a essere computato: *gli interessi decorrono da oggi.*

decorso [-cór-] *s.m.* **1** il trascorrere **2** svolgimento, evoluzione: *il* — *della malattia.*

decotto [-còt-] *s.m.* bevanda medicamentosa ottenuta facendo bollire lungamente in acqua un'erba medicinale: — *di malva, di tiglio.*

decremento [-mén-] *s.m.* il decrescere; diminuzione.

decrepitezza [-téz-] *s.f.* l'essere decrepito (anche *fig.*).

decrepito [-crè-] *agg.* **1** che è nella estrema vecchiezza: *un vecchio* — **2** (*fig.*) privo di vigore per l'età: *una civiltà decrepita.*

decrescendo [-scèn-] *s.m.invar.* diminuzione della intensità sonora in una composizione musicale.

decrescere [-cré-] *v.intr.* [coniugato come *crescere*] diminuire di livello, volume, spazio, quantità.

decretale *agg.* e *s.f.* si dice di lettera pontificia contenente norme di valore generale per tutti i fedeli.

decretare *v.tr.* [*io decréto ecc.*] stabilire, ordinare per mezzo di un decreto. SIN. *deliberare, statuire.*

decreto [-cré-] *s.m.* **1** deliberazione, ordine, decisione di un'autorità **2** atto del governo che stabilisce nuove norme amministrative / — *legge,* atto normativo emesso dal governo, che ha valore di legge.

decretone [-tó-] *s.m.* nel gergo politico, decreto governativo con molti importanti provvedimenti.

decrittazione [-zió-] *s.f.* interpretazione di un testo crittografico.

decubito [-cù-] *s.m.* posizione di chi giace in un letto / *piaghe da* —, ulcerazioni che si formano, stando a lungo a letto, sulle parti del corpo più esposte al contatto con il giaciglio.

decumano *s.m.* strada che attraversava l'accampamento romano da est a ovest.

decuplicare *v.tr.* [*io decùplico, tu decùplichi ecc.*] moltiplicare per dieci.

decuplo [dè-] *agg.num.* dieci volte più grande // *s.m.* quantità dieci volte più grande.

decuria [-cù-] *s.f.* nell'esercito dell'antica Roma, squadra di dieci cavalieri.

decurione [-rió-] *s.m.* **1** capo di una decuria romana **2** membro del senato delle colonie e dei municipi romani.

decurtare *v.tr.* diminuire, ridurre.

decurtazione [-zió-] *s.f.* atto, effetto del decurtare.

decussato *agg.* incrociato a X.

dedaleo [-dà-] *agg.* (*lett.*) degno di Dedalo, ingegnoso.

dedalo [dè-] *s.m.* labirinto, intrico.

dedica [dè-] *s.f.* **1** offerta, da parte dell'autore, di un'opera, spec. di un libro, a una persona in segno di affetto o di stima; anche le parole con cui si fa tale offerta **2** nel poema epico, parte della protasi, che consiste nell'offerta dell'opera a un illustre personaggio.

dedicare *v.tr.* [*io dèdico, tu dèdichi ecc.*] **1** consacrare alla divinità; intitolare alla memoria di qlcu.: — *un monumento ai caduti* **2** offrire un'opera letteraria o artistica a qlcu. in segno di affetto o di stima **3** rivolgere, applicare la propria attività, le proprie cure a qlcu. o qlco. // **-arsi** *v.rifl.* darsi totalmente a qlco., occuparsi di qlcu.

dedicatorio [-tò-] *agg.* che serve a dedicare.

dedicazione [-zió-] *s.f.* l'atto del dedicare; la cerimonia con cui si consacra una chiesa al culto.

dedito [dè-] *agg.* che si dedica con assiduità a una cosa: — *allo studio,* — *all'alcool.*

dedizione [-zió-] *s.f.* il dedicarsi senza riserve a una persona, a un'attività ecc.

deducibile [-cì-] *agg.* che si può dedurre.

dedurre *v.tr.* [coniugato come *condurre*] **1** desumere, arguire, concludere. SIN. *concludere, derivare, inferire* **2** sottrarre: *occorre — le spese.* SIN. *detrarre, defalcare* **3** fondare (detto delle colonie della Grecia e di Roma antica).

deduttivo *agg.* che concerne la deduzione, che si basa sulla deduzione: *ragionamento —.*

deduzione [-zió-] *s.f.* **1** il dedurre; verità dedotta attraverso un procedimento logico. SIN. *illazione* **2** sottrazione, detrazione. SIN. *defalco.*

défaillance [*franc.*; *pr.* defaiàns] *s.f.* svenimento, mancanza di energia.

defalcare *v.tr.* [*io defalco, tu defalchi ecc.*] sottrarre; togliere una quantità da un'altra più grande. SIN. *dedurre.*

defalco *s.m.* [pl. *-chi*] il defalcare; la quantità defalcata. SIN. *deduzione.*

defaticamento [-mén-] *s.m.* insieme di esercizi ginnici leggeri che si fanno dopo un allenamento pesante per favorire un progressivo ritorno dei muscoli alla normalità.

defatigante *agg.* che affatica; stancante, faticoso.

defatigare *v.tr.* [*io defatigo, tu defatighi ecc.*] (*lett.* o *scient.*) stancare, esaurire, affaticare.

defecare *v.tr.* [*io defèco, tu defèchi ecc.*] purificare un liquido sottoponendolo a un opportuno trattamento chimico // *v.intr.* espellere le feci, andar di corpo.

defecazione [-zió-] *s.f.* **1** (*chim.*) purificazione dei liquidi **2** l'atto dell'andar di corpo.

defenestrare *v.tr.* [*io defenèstro ecc.*] **1** (*rar.*) buttare dalla finestra **2** (*fig.*) privare qlcu. di una carica, di un impiego; cacciarlo in malo modo.

defenestrazione [-zió-] *s.f.* atto del defenestrare (anche *fig.*).

defensionale *agg.* (*dir.*) che è a difesa dell'imputato: *prova, testimonio —.*

deferente [-rèn-] *agg.* **1** che trasporta fuori / *canale —,* (*anat.*) che trasporta liquidi e umori **2** che, per rispetto, conforma la propria volontà all'altrui. SIN. *rispettoso, ossequioso.*

deferenza [-rèn-] *s.f.* l'essere deferente; condiscendenza. SIN. *ossequio.*

deferimento [-mén-] *s.m.* atto del deferire.

deferire *v.tr.* [*io deferisco, tu deferisci ecc.*] rimettere al giudizio altrui.

defettibile [-tì-] *agg.* (*lett.*) che può commettere una mancanza, che può cadere in difetto.

defezionare *v.intr.* [*io defezióno ecc.*] lasciare il partito a cui si appartiene; tradire una fede promessa; disertare.

defezione [-zió-] *s.f.* atto, effetto del defezionare.

deficiente [-cièn-] *agg.* **1** scarso, insufficiente alle necessità: *una pianta dallo sviluppo —* **2** mancante di qlco.: *alimentazione — // s.m.* chi è intellettualmente e psichicamente inferiore alla media comune.

deficienza [-cièn-] *s.f.* **1** scarsezza: *— di viveri* **2** lacuna, mancanza: *ha delle gravi deficienze in matematica* **3** l'essere mentalmente deficiente.

deficit [dè-] *s.m.invar.* **1** carenza, mancanza **2** (*fin.*) eccedenza del passivo sull'attivo in un bilancio.

deficitario [-tà-] *agg.* **1** che è in deficit: *bilancio —* **2** difettoso, lacunoso, poco efficace.

defilare *v.tr.* muovere truppe o materiali in modo da sottrarli al fuoco nemico.

défilé *s.m.* (*franc.*) sfilata di moda.

definibile [-nì-] *agg.* che si può definire.

definire *v.tr.* [*io definisco, tu definisci ecc.*] **1** determinare chiaramente con parole le qualità essenziali di

qlco.: *— il concetto di triangolo; — un vocabolo.* SIN. *spiegare* **2** determinare segnando i limiti: *— i poteri di qlcu.* **3** — *una questione, una lite,* risolverla, comporla. SIN. *decidere.*

definitivo *agg.* che decide di qlco. in modo conclusivo, che pone fine a una questione rimasta in sospeso: *una risposta definitiva // -mente* avv. in modo conclusivo.

definito *agg.* determinato, preciso.

definizione [-zió-] *s.f.* **1** l'atto del definire; le parole usate per definire qlco. / *immagine ad alta —,* immagine televisiva di grande nitidezza, che sopporta forti ingrandimenti **2** decisione che pone fine a qlco.

deflagrante *agg.* si dice di sostanza capace di deflagrare.

deflagrare *v.intr.* esplodere.

deflagrazione [-zió-] *s.f.* il deflagrare.

deflativo *agg.* che riguarda la deflazione, che la provoca: *provvedimento —.*

deflazionare *v.tr.* e *intr.* [*io deflazióno ecc.*] ridurre la cartamoneta in circolazione.

deflazione [-zió-] *s.f.* riduzione della cartamoneta in circolazione allo scopo di rivalutarne il potere d'acquisto e far ribassare i prezzi.

deflazionistico [-nì-] *agg.* [pl.m. *-ci*] che riguarda la deflazione, che la provoca: *un provvedimento —.*

deflettere [-flèt-] *v.intr.* [coniugato come *flettere*] **1** deviare dalla strada o dalla rotta, piegare da una parte **2** (*fig.*) cedere, piegarsi, cambiare opinione, rinunciare alla propria linea di condotta: *non — dai tuoi ideali.*

deflettore [-tó-] *s.m.* elemento meccanico mobile che serve a deviare flussi o correnti d'aria; nell'automobile, cristallo orientabile del finestrino anteriore [*ill. Automobile*].

deflorare *v.tr.* [*io deflòro ecc.*] (*lett.*) privare della verginità.

deflorazione [-zió-] *s.f.* il deflorare.

defluire *v.intr.* [*io defluisco, tu defluisci ecc.*] scorrere verso il basso (detto di liquidi). CONTR. *affluire.*

deflusso *s.m.* il defluire.

defogliante, defoliante *agg.* e *s.m.* si dice di aggressivi chimici capaci di provocare la caduta delle foglie, usati anche per scopi bellici.

deformante *agg.* che deforma; spec. di ferite o malattie che deformano parti del corpo: *artrite —.*

deformare *v.tr.* [*io defórmo ecc.*] alterare la forma di qlco., spec. in peggio; deturpare, imbruttire: *la cicatrice gli deforma il volto.*

deformazione [-zió-] *s.f.* **1** atto, effetto del deformare **2** parte deformata di qlco.

deforme [-fór-] *agg.* diverso dalla forma naturale o normale: *una mano —; un vestito —.* SIN. *malformato, mostruoso, sformato.*

deformità *s.f.invar.* **1** stato di chi o di ciò che è deforme **2** malattia o difetto fisico che rende deforme. SIN. *malformazione, irregolarità, mostruosità.*

defraudare *v.tr.* [*io defràudo ecc.*] togliere con l'inganno.

defunto *agg.* e *s.m.* morto.

degenerare *v.intr.* [*io degènero ecc.*] **1** cambiare in peggio: *la bronchite degenerò in polmonite.* SIN. *peggiorare* **2** detto di persona, essere peggiore rispetto al proprio passato o rispetto ai genitori, agli antenati ecc. SIN. *corrompersi, tralignare.*

degenerativo *agg.* proprio della degenerazione: *processo —.*

degenerato *agg.* e *s.m.* si dice di ciò che ha subìto un processo di degenerazione o di chi è di abitudini depravate, immorali; vizioso.

degenerazione [-zió-] *s.f.* atto, effetto del degenerare, anche in senso morale. SIN. *corruzione, tralignamento.*

degenere [-gè-] *agg.* che non ha le buone qualità degli antenati o predecessori: *figlio* —.

degente [-gèn-] *agg.* e *s.m.* ammalato.

degenza [-gèn-] *s.f.* periodo di malattia.

degli [dè-] *prep. articolata* composta da *di* e *gli*; si usa davanti ai vocaboli che cominciano per vocale, *s* impura, *gn, ps, x, z* e si apostrofa davanti ad *i*: *degli scritti; degl'interessi.*

deglutire *v.tr.* [*io deglutisco, tu deglutisci ecc.*] far passare gli alimenti dalla bocca allo stomaco. SIN. *inghiottire.*

deglutizione [-zió-] *s.f.* il deglutire.

degnare *v.tr.* [*io dégno ecc.*] reputare degno: *non mi degnò di uno sguardo* // *v.intr.*, **-arsi** *v.rifl.* avere, mostrare compiacenza.

degnazione [-zió-] *s.f.* il degnare o il degnarsi; compiacenza, affabilità ostentata.

degno [dé-] *agg.* **1** che merita qlco.: *è* — *di biasimo.* SIN. *meritevole* **2** conveniente, adeguato **3** eccellente: *una degna persona.* SIN. *stimabile //* **-mente** *avv.* in modo degno, adeguato.

degradabile [-dà-] *s.f.* (*chim.*) che si può degradare, decomporre.

degradamento [-mén-] *s.m.* atto, effetto del degradare o del degradarsi; degradazione.

degradante *agg.* che degrada (anche *fig.*).

degradare *v.tr.* **1** privare del grado un militare per sanzione punitiva **2** trasformare sostanze, spec. inquinanti, attraverso una serie di reazioni chimiche, in sostanze più semplici e innocue **3** rovinare, mandare in rovina, peggiorare nella qualità, in senso fisico o morale // **-arsi** *v.intr.pron.* **1** trasformarsi per via naturale, attraverso successive reazioni chimiche **2** andare in rovina, in senso fisico o morale: *il patrimonio edilizio si è rapidamente degradato.*

degradazione [-zió-] *s.f.* **1** l'atto del degradare o del degradarsi **2** demolizione delle rocce ad opera degli agenti atmosferici **3** trasformazione di sostanze in altre più semplici, per via naturale.

degrado *s.m.* processo di decadimento, di rovina progressiva, spec. di una struttura complessa: *il* — *edilizio.*

degustare *v.tr.* assaggiare.

degustazione [-zió-] *s.f.* il degustare, l'assaporare.

deh [dèh] *inter.* espressione di preghiera; è sempre seguita dal punto esclamativo: —, *ascoltami!*

dei [déi] *prep. articolata* composta da *di* e *i*; si usa davanti ai vocaboli comincianti per consonante che non sia *s* impura, *gn, ps, x, z*: *dei cani; dei suoceri.*

deicida *s.m.* [pl. -*i*] che ha commesso deicidio.

deicidio [-ci-] *s.m.* uccisione di Dio, cioè per la religione cristiana di Gesù Cristo.

deiezione [-zió-] *s.f.* **1** (*lett.*) il gettar giù **2** deposito dei materiali trasportati dalle acque **3** scarica di ventre; *pl.* escrementi.

deificare *v.tr.* [*io deifico, tu deifichi ecc.*] ascrivere fra gli dei, divinizzare.

deificazione [-zió-] *s.f.* il deificare.

deindicizzare [-ciʒʒa-] *v.tr.* svincolare da un indice, in particolare da quello del costo della vita.

deindicizzazione [-ciʒʒazió-] *s.f.* l'atto, l'effetto del deindicizzare: — *degli affitti.*

deiscente [-scèn-] *agg.* (*bot.*) si dice di frutto che giunto a maturazione si apre per lasciare uscire i semi.

deiscenza [-scèn-] *s.f.* (*bot.*) l'essere deiscente.

deismo [-ʃmo] *s.m.* dottrina che ammette l'esistenza di un Dio come causa del mondo, ma nega la necessità della rivelazione.

deista *agg.* e *s.m.* e *f.* [pl. m. -*i*] che, chi segue il deismo.

deità *s.f.invar.* divinità.

del [dél] *prep. articolata* composta da *di* e *il*; si usa davanti ai vocaboli comincianti per consonante che non sia *s* impura, *gn, ps, x, z*: *del cibo; del suocero.*

delatore [-tó-] *s.m.* [f. -*trice*] chi denunzia, chi fa la spia.

delazione [-zió-] *s.f.* atto del delatore; cosa riferita dal delatore.

delebile [-lè-] *agg.* che si può cancellare. CONTR. *indelebile.*

delega [dè-] *s.f.* atto col quale si designa chi agisca per noi in generale o in un singolo rapporto.

delegare *v.tr.* [*io dèlego, tu dèleghi ecc.*] dare una delega; affidare ad altri funzioni o compiti propri. SIN. *deputare, incaricare.*

delegato *agg.* e *s.m.* che o chi rappresenta qlcu. o esercita funzioni proprie di altri.

delegazione [-zió-] *s.f.* **1** atto del delegare; ufficio, autorità di delegato **2** circoscrizione, territorio in cui un delegato esplica le sue funzioni; luogo in cui ha sede un delegato: — *apostolica* **3** gruppo di persone a cui è stato dato un incarico di rappresentanza: — *italiana all'*ONU.

deleterio [-tè-] *agg.* che rovina, anche in senso morale.

delfino[1] *s.m.* mammifero cetaceo marino, bruno verdastro sul dorso, biancastro sul ventre; ha corpo affusolato, muso acuminato, mascelle armate di denti aguzzi, pinna dorsale a mezzaluna (*fam.* Delfinidi) [*ill. Cetacei*] / *nuotare a* —, secondo lo stile in cui le braccia agiscono simultaneamente con un movimento circolare e le gambe scalciano all'unisono.

delfino[2] *s.m.* **1** titolo onorifico che si dava ai primogeniti dei re di Francia **2** chi, dell'opinione pubblica o da una personalità popolare, è visto come il più probabile successore di quest'ultima.

delibare *v.tr.* **1** (*lett.*) assaporare una cosa squisita (anche *fig.*): — *un piacere* **2** trattare un argomento senza approfondirlo / — *una sentenza,* (*dir.*) dare efficacia giuridica a una sentenza di tribunale straniero.

delibazione [-zió-] *s.f.* atto, effetto del delibare / *giudizio di* —, procedimento mediante il quale si dà efficacia giuridica in Italia a una sentenza straniera.

delibera [-li-] *s.f.* deliberazione (spec. *dir.*).

deliberare *v.tr.* [*io delibero ecc.*] **1** venire a una determinazione, prendere una decisione collegiale. SIN. *determinare, decidere, stabilire, decretare* **2** aggiudicare: — *un quadro per un milione.*

deliberativo *agg.* che vale a deliberare.

deliberato *agg.* risoluto, fermo, deciso: — *ad affrontare ogni difficoltà //* *s.m.* ciò che è stato deliberato // **-mente** *avv.* di proposito.

deliberazione [-zió-] *s.f.* atto, effetto del deliberare; la cosa deliberata. SIN. *risoluzione, decisione, provvedimento.*

delicatezza [-téz-] *s.f.* **1** l'essere delicato; atto delicato **2** *pl.* mollezze, agi **3** *pl.* cibi delicati.

delicato *agg.* **1** che dà un'impressione di finezza, leggerezza, morbidezza: *pelle delicata; tessuto* — / *tinta delicata,* chiara, non brillante / *cibo* —, facile a digerirsi **2** facile a guastarsi (detto di cosa); di gracile costituzione (detto di persona): *congegno* —; *un ragazzo* — **3** che richiede tatto: *questione delicata* **4** fine, gentile, discreto.

delimitare *v.tr.* [*io delìmito ecc.*] tracciare, segnare dei limiti, circoscrivere.

delimitazione [-zió-] *s.f.* atto, effetto del delimitare.

delineare *v.tr.* [*io delineo ecc.*] **1** tracciare con linee i contorni: — *una figura* **2** (*fig.*) indicare, descrivere sommariamente.

delinquente [-quèn-] *s.m.* e *f.* chi commette un'azione delittuosa; per estens., persona malvagia, predisposta al male. SIN. *criminale, reo.*

delinquenza [-quèn-] *s.f.* l'azione del delinquere e il complesso dei delitti commessi in un certo tempo, in un certo luogo o da certe categorie di persone. SIN. *criminalità.*

delinquenziale *agg.* che riguarda la delinquenza, i delinquenti: *organizzazione —.*

delinquere [-lìn-] *v.intr.* commettere un delitto o delitti: *istigazione a —.*

deliquescente [-scèn-] *agg.* si dice di sostanza solida facilmente solubile in presenza del vapore acqueo contenuto nell'aria.

deliquio [-lì-] *s.m.* (*med.*) la perdita dei sensi.

delirante *agg.* che dimostra grande entusiasmo oppure follia, pazzesco fanatismo: *applausi deliranti; la — ideologia terroristica.*

delirare *v.intr.* essere nello stato di delirio; dire cose senza senso; infatuarsi di qlco.: — *d'amore.*

delirio [-lì-] *s.m.* (*med.*) **1** alterazione della mente, che compare nel corso di malattia acuta a febbre alta **2** esaltazione della fantasia, espressione di entusiasmo spec. collettivo: *la folla era in —.* SIN. *farnetico.*

delitto *s.m.* **1** violazione grave di una norma penale per la quale siano previste le pene dell'ergastolo, della reclusione, della multa / *corpo del —,* prova concreta del fatto delittuoso. SIN. *crimine* **2** grave mancanza verso qlcu. (anche *fig.*).

delittuoso [-tuó-] *agg.* che costituisce delitto, che tende al delitto: *intenzioni delittuose.*

delizia [-lì-] *s.f.* piacere squisito, materiale o spirituale, cosa molto gradita, che dà molto piacere (anche *iron.*): *è una — ascoltare quella musica.* SIN. *diletto, godimento.*

deliziare *v.tr.* dar piacere. SIN. *dilettare, ricreare* // **-arsi** *v.rifl.* trarre piacere da qlco.

delizioso [-zió-] *agg.* che dà delizia.

della [dél-] *prep. articolata* composta da *di* e *la*; si usa davanti a tutti i nomi femm. sing. e si apostrofa davanti a vocale: *della forza; della zia; dell'ape.*

delle [dél-] *prep. articolata* composta da *di* e *le*: si usa davanti a tutti i nomi femm. pl.

dello [dél-] *prep. articolata* composta da *di* e *lo*; si usa davanti ai nomi che cominciano per vocale, *s* impura, *gn, ps, x, z* e si apostrofa davanti a vocale: *dello specchio; dell'uomo.*

delta [dèl-] *s.m.invar.* **1** quarta lettera dell'alfabeto greco **2** pianura alluvionale a forma di ventaglio che si osserva alla foce di un fiume [*ill. Fiume*] **3** *ala a —,* ala di velivolo che ricorda nella forma la lettera delta.

deltaplano *s.m.* velivolo costituito da un telo triangolare sostenuto da un'intelaiatura, capace di sorreggere un uomo in volo planato; anche, lo sport relativo.

deltoide [-tó-] *agg.* che ha forma di delta // *s.m.* (*anat.*) muscolo dell'omero [*ill. Corpo*].

delucidare *v.tr.* [*io delùcido ecc.*] dare chiarimenti a qlcu. intorno a qlco.; informare.

delucidazione [-zió-] *s.f.* atto, effetto del delucidare. SIN. *chiarimento.*

deludere [-lù-] *v.tr.* [*pass.rem. io delusi, tu deludésti ecc.*: *p.pass. deluso*] rendere vana la speranza o l'attesa altrui.

delusione [-∫ió-] *s.f.* **1** atto, effetto del deludere **2** esito contrario alle speranze.

demagnetizzare [-tiʒʒa-] *v.tr.* (*fis.*) smagnetizzare.

demagogia [-gì-] *s.f.* **1** forma corrotta di democrazia in cui al bene dello stato si antepongono le aspirazioni, anche irragionevoli, delle masse **2** arte di accattivarsi il favore delle masse per dominarle.

demagogico [-gò-] *agg.* [*pl.m. -ci*] della demagogia, di demagogo.

demagogo [-gò-] *agg.* e *s.m.* [*pl.m. -ghi*] che o chi cerca, con lusinghe e promesse, di cattivarsi il favore popolare.

demandare *v.tr.* affidare, deferire un giudizio, una causa.

demaniale *agg.* del demanio.

demanio [-mà-] *s.m.* il complesso dei beni dello stato e degli enti pubblici, dei quali è proibita l'alienazione.

demarcare *v.tr.* [*io demarco, tu demarchi ecc.*] determinare, segnare.

demarcazione [-zió-] *s.f.* atto, effetto del demarcare; confine: *linea di —.*

demente [-mèn-] *agg.* e *s.m.* che o chi è affetto da demenza. SIN. *pazzo, matto.*

demenza [-mèn-] *s.f.* stato di infermità mentale caratterizzato dalla perdita progressiva delle facoltà intellettuali e morali. SIN. *pazzia.*

demenziale *agg.* che ha i caratteri della demenza (anche *fig.*): *una lite —.*

demeritare *v.tr.* e *intr.* [*io demèrito ecc.*] rendersi immeritevole: — *la stima di qlcu.*

demerito [-mè-] *s.m.* atto per cui si demerita, azione biasimevole. CONTR. *merito.*

demilitarizzare [-riʒʒa-] *v.tr.* e *deriv.* → **smilitarizzare** e *deriv.*

demineralizzare [-liʒʒa-] *v.tr.* ridurre o eliminare gli ioni dei sali minerali disciolti nell'acqua.

demistificare *v.tr.* [*io demistìfico, tu demistìfichi ecc.*] riportare nei suoi giusti limiti un fenomeno o un'idea, in cui altri credono esageratamente.

demistificazione [-zió-] *s.f.* l'effetto del demistificare.

demitizzare *v.tr.* → **smitizzare**

demiurgo *s.m.* [*pl. -ghi*] **1** nella filosofia platonica, l'artefice divino ordinatore del mondo **2** (*fig.*) artefice, personaggio autorevole (in senso *iron.*).

demo-[1] [dè-] [dal gr. *dèmos = popolo*] primo elemento in parole composte di origine greca o di formazione moderna; significa «popolo» (*democrazia, demografia*).

demo-[2] [dè-] [abbr. di *democratico*] primo elemento compositivo di parole del linguaggio politico come abbr. di «democratico» (*democristiano*).

democraticismo [-∫mo] *s.m.* atteggiamento che vuole apparire democratico.

democraticità *s.f.invar.* l'essere democratico.

democratico [-cra-] *agg.* [*pl.m. -ci*] **1** della democrazia; chi ispira le proprie azioni ai principi della democrazia: *governo —* **2** per estens., affabile, alla mano // *s.m.* seguace della democrazia.

democratizzare [-tiʒʒa-] *v.tr.* rendere democratico.

democratizzazione [-tiʒʒazió-] *s.f.* trasformazione in senso democratico.

democrazia [-zì-] *s.f.* forma di governo nel quale la sovranità spetta al popolo che la esercita mediante i suoi rappresentanti liberamente eletti.

democristiano *agg.* e *s.m.* della Democrazia cristiana, partito politico italiano; che, chi segue la Democrazia cristiana.

demodossologia [-gi-] *s.f.* lo studio dell'opinione pubblica e dei suoi meccanismi di formazione.

demografia [-fì-] *s.f.* studio del movimento numerico e dello stato della popolazione.

demografico [-grà-] *agg.* [pl.m. *-ci*] della demografia, relativo alla demografia / *incremento —*, aumento della popolazione.

demolire *v.tr.* [*io demolisco, tu demolisci ecc.*] abbattere, buttar giù (anche *fig.*); annientare, distruggere: *— un ponte*; *— le prove di accusa*.

demolitore [-tó-] *agg.* e *s.m.* [f. *-trice*] che o chi demolisce (anche *fig.*).

demolizione [-zió-] *s.f.* atto, effetto del demolire. SIN. *distruzione*.

demologia [-gi-] *s.f.* studio delle tradizioni popolari.

demoltiplicare *v.tr.* [*io demoltiplico, tu demoltiplichi ecc.*] ridurre una grandezza secondo un determinato rapporto.

demoltiplicazione [-zió-] *s.f.* spec. nella tecnica elettronica, operazione del demoltiplicare.

demone [dè-] *s.m.* **1** nelle religioni politeistiche, essere intermedio tra l'uomo e la divinità, benigno o maligno **2** potenza d'origine soprannaturale, ispiratrice della coscienza umana: *il — di Socrate* **3** passione travolgente: *il — del gioco* **4** (*lett.* e *poet.*) demonio.

demoniaco [-nì-] *agg.* [pl.m. *-ci*] del demonio; simile al demonio; per estens., perverso.

demonico [-mò-] *agg.* [pl.m. *-ci*] di demone.

demonio [-mò-] *s.m.* **1** nel cristianesimo, ciascuno degli angeli ribelli a Dio e perciò precipitati nell'inferno, che cercano di indurre gli uomini a peccare; quindi spirito e simbolo del male. SIN. *diavolo* **2** (*fig.*) si dice di persona cattiva, astuta o irrequieta.

demonismo [-ʃmo] *s.m.* forma primitiva di religione che spiega i fenomeni naturali come opera dei demoni che popolano l'universo.

demonologia [-gi-] *s.f.* ramo della storia delle religioni che studia le credenze intorno agli spiriti o demoni.

demopsicologia [-gì-] *s.f.* studio della psicologia dei popoli o dei grandi gruppi sociali, spec. primitivi, fondato sull'analisi di costumi, miti, leggende, arte.

demoralizzare [-liʒʒa-] *v.tr.* **1** scoraggiare, avvilire: *le difficoltà mi demoralizzano* **2** corrompere, rendere immorale // **-arsi** *v.rifl.* abbattersi, perdersi d'animo.

demoralizzazione [-liʒʒazió-] *s.f.* atto, effetto del demoralizzare o del demoralizzarsi.

demordere [-mòr-] *v.intr.* [coniugato come *mordere*] allentare la presa; desistere, lasciar perdere.

demoscopia [-pi-] *s.f.* ricerca sull'opinione pubblica, con metodi statistici.

demoscopico [-scò-] *agg.* [pl.m. *-ci*] di demoscopia: *indagine demoscopica*.

demotico [-mò-] *agg.* [pl.m. *-ci*] popolare.

denaro *s.m.* **1** nome di una moneta presso i romani antichi **2** nome di monete di vario valore in diversi luoghi e tempi **3** moneta in genere, di carta o di metallo: *pagherò in — contante* **4** nelle operazioni sui cambi e in Borsa, la quotazione delle monete e dei titoli domandati (si contrappone a *lettera*) **5** *pl.* uno dei quattro semi delle carte da gioco napoletane.

denatalità *s.f.invar.* diminuzione delle nascite.

denaturare *v.tr.* alterare una sostanza (p.e. alcool) mediante l'aggiunta di composti tossici coloranti, al fine di limitarne l'uso, per ragioni fiscali.

denaturazione [-zió-] *s.f.* l'operazione del denaturare, il suo effetto.

denazionalizzare [-liʒʒa-] *v.tr.* cedere nuovamente a privati imprese già nazionalizzate.

dendrite *s.f.* **1** concrezione minerale formatasi in una roccia, che somiglia al disegno di un albero **2** (*med.*) prolungamento breve della cellula nervosa.

dendrologia [-gì-] *s.f.* studio degli alberi.

denegare *v.tr.* [*io dènego, tu dèneghi ecc.*] negare recisamente.

dengue [*spagn.*; *pr.* dènghe] *s.m.* malattia virale tropicale a decorso breve e benigno, trasmessa da alcune specie di zanzare; è detta anche *febbre rossa*, o *febbre tropicale*.

denicotinizzare [-niʒʒa-] *v.tr.* togliere la nicotina al tabacco.

denigrare *v.tr.* parlare male di qlcu. o di qlco. danneggiandone la reputazione, l'onore, il credito. SIN. *diffamare, screditare*.

denigratore [-tó-] *s.m.* [f. *-trice*] chi denigra. SIN. *diffamatore*.

denigratorio [-tò-] *agg.* che mira a denigrare.

denigrazione [-zió-] *s.f.* atto, effetto del denigrare. SIN. *diffamazione*.

denominare *v.tr.* [*io denòmino, tu denòmini ecc.*] dare un nome per distinguere.

denominativo *agg.* che serve a denominare.

denominatore [-tó-] *s.m.* il numero o l'espressione che figura sotto il segno di frazione.

denominazione [-zió-] *s.f.* atto, effetto del denominare; il nome dato. SIN. *nome*.

denotare *v.tr.* [*io denòto, tu denòti ecc.*] significare, indicare, esprimere.

denotativo *agg.* della, di denotazione: *valore —*.

denotazione [-zió-] *s.f.* il significato di una parola in quanto obiettivamente riferito a un dato contenuto (si contrappone a *connotazione*).

densimetro [-sì-] *s.m.* → **areometro**.

densità *s.f.invar.* valore del rapporto tra il peso di un corpo e il suo volume / *— di popolazione*, numero medio di abitanti per unità di superficie.

denso [dèn-] *agg.* che ha gran massa in volume piccolo (anche *fig.*): *una colla densa*; *un discorso — di idee*. SIN. *spesso, fitto, folto*.

dentale *agg.* di dente: *carie —* // *agg.* e *s.f.* si dice di consonante che si pronuncia appoggiando la lingua contro i denti.

dentario [-tà-] *agg.* che riguarda i denti.

dentato *agg.* provvisto di denti o di sporgenze a forma di denti: *ruota dentata*; *foglia dentata* [*ill.* Foglia]; *muscolo — anteriore*, muscolo del petto, serve per lo spostamento in avanti della spalla [*ill.* Corpo].

dentatura *s.f.* l'insieme dei denti, di persona, animale o strumento dentato.

dente [dèn-] *s.m.* **1** ciascuno degli organi ossei infissi nelle mascelle dell'uomo e di alcuni animali, che servono alla masticazione, ad afferrare gli alimenti, a mordere ecc. [*ill.* Bocca]: *denti incisivi, canini, molari*; *denti del giudizio*; *denti di latte*; *radice del —*; *il — spunta, cade*; *mettere i denti* / *i denti dell'invidia*, il dolore quasi fisico che essa provoca / *restare a denti asciutti*, senza mangiare; (*fig.*) restare deluso / *non è pane per i tuoi denti*, è cosa troppo difficile per te / *parlare fuori dei denti*, senza riguardi / *parlare tra i denti*, a voce molto bassa e in modo indistinto / *la lingua batte dove il — duole*, uno parla di ciò che gli sta a cuore / *mostrare i denti*, essere aggressivo o minaccioso / *armato fino ai denti*, ben fornito di armi / *è tirata coi denti*, si dice di giustificazione o spiegazione sforzata / *al —*, si dice di pasta o riso servito dopo cottura breve. DIM. *dentino* **2** oggetto a forma di dente, fatto così per resistere a sollecitazioni meccaniche o per altri scopi: *denti di una sega*, ciascuno degli elementi taglienti; *denti di un pettine, di un erpice, di un rastrello* **3** cima aguzza e dirupata di un monte.

dentellare *v.tr.* [*io dentèllo ecc.*] ritagliare a dentelli.

dentellato *agg.* fatto a dentelli: *foglia dentellata*.

dentellatura *s.f.* **1** operazione, effetto del dentellare **2** insieme di dentelli: *la — di un francobollo*.

dentello [-tèl-] *s.m.* **1** ogni sporgenza o intaccatura a forma di dente **2** (*arch.*) serie di piccoli parallelepipedi messi come ornamento al di sotto del cornicione.

dentice [dèn-] *s.m.* pesce marino commestibile, con bocca protrattile armata di denti sporgenti (*fam.* Sparidi).

dentiera [-tiè-] *s.f.* **1** dentatura artificiale **2** asta dentata: *ferrovia a —*, quella che ha una terza rotaia dentata, per superare forti dislivelli.

dentifricio [-frì-] *agg.* e *s.m.* si dice di sostanza atta a pulire i denti.

dentina *s.f.* tessuto osseo tra lo smalto e la polpa del dente [*ill. Bocca*].

dentista *s.m.* e *f.* [pl.m. *-i*] **1** medico specializzato nella cura dei denti **2** tecnico specializzato nella costruzione di protesi dentarie.

dentistico [-tì-] *agg.* [pl.m. *-ci*] di, da dentista.

dentizione [-zió-] *s.f.* lo spuntare dei denti.

dentro [dén-] *avv. di luogo* nella parte interna: *sono andato — / essere, andare, mettere —*, stare, andare in prigione, imprigionare / *o — o fuori*, o sì o no / *in —*, rivolto verso la parte interna / *darci —*, impegnarsi a fondo // *prep. impropria* **1** *di luogo* in, nel; si unisce ai nomi sia con le prep. *a o di* sia direttamente, ma con i pron. pers. si usa la prep. *di*: *— la casa; — alla casa; — di me, di noi / essere — a qlco.*, averne parte **2** *di tempo* entro: *— un anno*.

denudare *v.tr.* **1** privare qlcu. delle vesti; (*fig.*) ridurre in miseria **2** privare qlco. degli ornamenti, della vegetazione ecc.: *— gli altari*.

denudazione [-zió-] *s.f.* **1** atto, effetto del denudare **2** (*geogr.*) erosione della superficie terrestre dovuta ad agenti atmosferici.

denuncia [-nùn-] *s.f.* atto, effetto del denunciare / *dei redditi*, quella che si fa al fisco.

denunciare *v.tr.* [*io denùncio ecc.*] **1** dichiarare, riferire un fatto alla competente autorità: *— la nascita di un figlio; — un furto* **2** manifestare, rendere palese **3** disdire: *— un trattato, un accordo*.

denunziare e *deriv.* → **denunciare** e *deriv.*

denutrito *agg.* magro per nutrizione insufficiente.

denutrizione [-zió-] *s.f.* nutrizione insufficiente.

deodorante *agg.* e *s.m.* si dice di sostanza capace di togliere i cattivi odori.

deodorare *v.tr.* [*io deodóro ecc.*] liberare dagli odori sgradevoli: *— un ambiente*.

deodorazione [-zió-] *s.f.* l'effetto del deodorare: *una perfetta —*.

Deo gratias [*lat.; pr.* dèo gràzias = *grazie a Dio*] espressione di ringraziamento rivolta a Dio, in uso nella liturgia cattolica; nel linguaggio comune, esclamazione che esprime gioia o sollievo.

deontologia [-gì-] *s.f.* la dottrina dei doveri, spec. di quelli relativi a una data condizione sociale o professionale: *— medica*.

deossiribonucleico [-clèi-] *agg.* → **desossiribonucleico**.

depauperamento [-mén-] *s.m.* atto, effetto del depauperare.

depauperare *v.tr.* [*io depàupero ecc.*] rendere povero, impoverire.

depenalizzare [-liʒʒa-] *v.tr.* trasformare, modificando la legge, un reato in illecito passibile solo di sanzione amministrativa: *— i reati minori*.

depenalizzazione [-liʒʒazió-] *s.f.* l'effetto del depenalizzare.

dépendance [*franc.; pr.* depandàns] *s.f.* edificio minore di un albergo, di una villa.

depennare *v.tr.* [*io depénno ecc.*] togliere una o più parole con un tratto di penna. SIN. *cancellare*.

deperibile [-rì-] *agg.* soggetto a deperimento.

deperibilità *s.f.invar.* l'essere deperibile.

deperimento [-mén-] *s.m.* **1** il deperire **2** il guastarsi, di sostanze alimentari o di altre merci.

deperire *v.intr.* [*io deperisco, tu deperisci ecc.*] **1** perdere forza, salute, bellezza **2** ridursi in cattivo stato, consumarsi (detto di cose). SIN. *deteriorarsi, guastarsi*.

depigmentato *agg.* (*biol.*) che ha scarsa pigmentazione.

depigmentazione [-zió-] *s.f.* riduzione o perdita della pigmentazione.

depilare *v.tr.* asportare i peli.

depilatore [-tó-] *agg.* e *s.m.* [f. *-trice*] si dice di sostanza o strumento per depilare.

depilatorio [-tò-] *agg.* e *s.m.* si dice di sostanza, o di mezzo atto ad asportare i peli superflui.

depilazione [-zió-] *s.f.* atto, effetto del depilare.

dépistage [*franc.; pr.* depistàʒ] *s.m.* (*med.*) la ricerca sistematica di certe particolarità o malattie nella popolazione, per tenerle sotto controllo.

dépliant [*franc.; pr.* depliàn] *s.m.* pieghevole, foglietto pubblicitario.

deplorabile [-rà-] *agg.* che si deve deplorare, che merita biasimo.

deplorare *v.tr.* [*io deplòro ecc.*] **1** mostrare rincrescimento, compiangere: *deploro la tua sventura* **2** biasimare con rammarico.

deplorazione [-zió-] *s.f.* atto, effetto del deplorare.

deplorevole [-ré-] *agg.* **1** pietoso, miserevole **2** degno di biasimo.

deponente [-nèn-] *agg.* nella grammatica latina, si dice di verbo con forma passiva e significato attivo.

deporre [-pòr-] *v.tr.* [coniugato come *porre*] **1** porre giù, metter giù / *— le armi*, cessare di combattere / *— un re*, detronizzarlo **2** abbandonare: *— l'odio; — un'idea* **3** (*dir.*) testimoniare, riferire in giudizio.

deportare *v.tr.* [*io depòrto ecc.*] trasferire qlcu. lontano dal luogo di residenza, per motivi politici o come pena per reati commessi.

deportato *agg.* e *s.m.* si dice di chi subisce la pena della deportazione.

deportazione [-zió-] *s.f.* il deportare, l'essere deportato.

deporto [-pòr-] *s.m.* (*fin.*) scarto tra il valore di titoli venduti immediatamente o con consegna ritardata, e tra la quotazione di valuta estera pagata immediatamente o a termine.

depositante [-ʃi-] *agg.* e *s.m.* e *f.* che o chi deposita.

depositare [-ʃi-] *v.tr.* [*io depòsito ecc.*] **1** porre giù, posare: *depositò con cura il pacco* **2** dare in deposito, consegnare qlco. ad altri con obbligo di restituzione a richiesta o a un dato termine: *— denaro in banca; — l'ombrello al guardaroba* **3** detto di liquidi, lasciare accumulare sul fondo le particelle solide in sospensione (anche *assol.*): *il vino deposita.*

depositario [-ʃità-] *agg.* e *s.m.* che o chi ha ricevuto qlco. in deposito (anche *fig.*): *si comporta come se fosse il — della verità.*

deposito [-pòʃi-] *s.m.* **1** atto del depositare / — *bancario*, operazione con cui si affida denaro liquido a una banca in forma di investimento fruttifero **2** l'oggetto o i valori depositati: *ho depositi in banca* **3** luogo dove si deposita qlco.: — *bagagli* **4** sedimento di un liquido; accumulo di materiale lasciato dal mare, dai fiumi, dai ghiacciai, dal vento.

deposizione [-ʃizió-] *s.f.* **1** atto, effetto del deporre / *la Deposizione*, l'atto con il quale la madre e i fedeli di Gesù ne staccarono il corpo dalla croce; la rappresentazione artistica di tale episodio **2** (*dir.*) dichiarazione del teste davanti al giudice.

depravare *v.tr.* render cattivo, in senso morale. SIN. *corrompere*, *pervertire.*

depravato *agg.* che denota depravazione: *gusto* — // *s.m.* persona depravata, corrotta.

depravazione [-zió-] *s.f.* atto, effetto del depravare. SIN. *corruzione*, *pervertimento*, *vizio.*

deprecabile [-cà-] *agg.* che si può o si deve deprecare.

deprecare *v.tr.* [*io deprèco, tu deprèchi ecc.*] **1** cercare di allontanare un male con preghiere e scongiuri **2** disapprovare.

deprecativo *agg.* atto a deprecare, a scongiurare / *esclamazione deprecativa*, (*gramm.*) interiezione che esprime supplica o scongiuro (p.e. *deh!*).

deprecazione [-zió-] *s.f.* il deprecare; la formula o la preghiera usata per deprecare.

depredare *v.tr.* [*io deprèdo ecc.*] **1** togliere con violenza o con frode: *lo depredarono di tutto il denaro* **2** spogliare, mettere a sacco. SIN. *rapinare*, *saccheggiare.*

depredatore [-tó-] *agg.* e *s.m.* [f. *-trice*] che o chi depreda.

depressionario [-nà-] *agg.* di depressione, spec. meteorologica: *fenomeno —.*

depressione [-sió-] *s.f.* **1** atto, effetto del deprimere; ciò che è depresso **2** (*fig.*) l'essere fisicamente debole o moralmente avvilito. SIN. *avvilimento*, *abbattimento* **3** in meteorologia, area di bassa pressione atmosferica **4** in un sistema economico, situazione caratterizzata dalla bassa utilizzazione delle forze produttive, quindi da parziale disoccupazione.

depressivo *agg.* **1** atto a deprimere **2** di depressione, relativo a una depressione.

depresso [-près-] *agg.* **1** che ha subito una depressione; abbassato: *un terreno —* **2** (*fig.*) che è in cattive condizioni fisiche o morali / *area depressa*, regione o paese economicamente e socialmente arretrato.

depressore [-só-] *agg.* (*anat.*) si dice di muscolo o nervo atto ad abbassare l'organo a cui è unito.

depressurizzare [-riʒʒa-] *v.tr.* ridurre la pressione, spec. dell'aria in un ambiente.

depressurizzazione [-riʒʒazió-] *s.f.* l'operazione del depressurizzare, il suo effetto.

deprezzamento [-mén-] diminuzione di prezzo, o di apprezzamento, di qlco.

deprezzare *v.tr.* [*io deprèzzo ecc.*] far calare di prezzo, far diminuire di valore.

deprimente [-mèn-] *agg.* **1** che deprime: *una situazione* — **2** si dice di farmaco atto a calmare.

deprimere [-prì-] *v.tr.* [pass.rem. *io depressi, tu deprimésti ecc.*; p.pass. *depresso*] abbassare, avvilire, umiliare; opprimere.

deprivare *v.tr.* privare, escludere dal godimento di qlco., spec. con riferimento a fatti culturali o sociali.

deprivazione [-zió-] *s.f.* privazione, mancanza, esclusione, spec. nei rapporti sociali.

de profundis [*lat.*; *pr.* dè profùndis = *dal profondo*] *s.m.* salmo che si recita in suffragio dei defunti; prende nome dalle prime parole del salmo.

depurare *v.tr.* **1** liberare da impurità, rendere puro: — *il sangue* **2** eliminare da una compagnia, da una società ecc. gli elementi indegni.

depurativo *agg.* si dice di medicamento atto a liberare l'organismo da elementi dannosi.

depuratore [-tó-] *s.m.* [f. *-trice*] **1** chi depura **2** (*chim.*) apparecchio per depurare una sostanza.

depuratorio [-tò-] *agg.* che serve a depurare // *s.m.* serbatoio dove si raccolgono e si depurano le acque.

depurazione [-zió-] *s.f.* **1** atto, effetto del depurare **2** (*chim.*) purificazione di fluidi (acqua, gas ecc.) al fine di renderli atti a determinati usi.

deputare *v.tr.* [*io dèputo ecc.*] affidare a qlcu. l'incarico di dire o fare qlco.; designare qlcu. per un determinato ufficio: — *qlcu. per un'ambasciata.* SIN. *delegare*, *incaricare.*

deputato *s.m.* [f. *-a*; meno com. *-éssa*] **1** chi ha ricevuto l'incarico di adempiere a un compito determinato **2** (*pol.*) ciascuno dei rappresentanti del popolo facenti parte della camera dei deputati.

deputazione [-zió-] *s.f.* **1** il deputare; l'incarico, il mandato affidato **2** insieme di persone incaricate di svolgere un ufficio.

dequalificare *v.tr.* [*io dequalifico, tu dequalifichi ecc.*] peggiorare nella qualità; in particolare, ridurre il contenuto professionale di un lavoro, la professionalità di un lavoratore.

dequalificato *agg.* che ha qualità cattiva o peggiore; che non richiede, o non ha, contenuti professionali qualificati.

dequalificazione [-zió-] *s.f.* l'effetto del dequalificare, dell'essere dequalificato: — *dei servizi di trasporto*; — *professionale.*

deragliamento [-mén-] *s.m.* atto, effetto del deragliare.

deragliare *v.intr.* [*io deràglio ecc.*] uscire dalle rotaie: *il rapido ha deragliato.*

deragliatore [-tó-] *s.m.* nella bicicletta, meccanismo per lo spostamento della catena sulle ruote dentate del cambio [*ill. Bicicletta*].

dérapage [*franc.*; *pr.* derapàʒ] *s.m.* slittata laterale (di un veicolo in movimento, degli sci ecc.).

derapare *v.intr.* slittare lateralmente; fare un dérapage.

derapata *s.f.* traduzione it. di → **dérapage.**

derattizzare [-tiʒʒa-] *v.tr.* liberare dai topi.

derattizzazione [-tiʒʒazió-] *s.f.* atto, effetto del derattizzare.

derby [*ingl.*; *pr.* dèrbi] *s.m.* **1** corsa al galoppo per puledri di tre anni (istituita da Lord Derby nel 1780) **2** confronto fra due squadre di calcio della stessa città: *il — ambrosiano*, l'incontro Milan-Inter.

deregolare *v.tr.* [*io derègolo ecc.*] liberare da regole o regolamenti ciò che vi era sottoposto; liberalizzare di nuovo.

deregolazione [-zió-] *s.f.* l'atto, l'effetto del deregolare.

derelitto *agg.* abbandonato, trascurato.

derequisire [-ʃi-] *v.tr.* [*io derequisisco, tu derequisisci ecc.*] restituire al proprietario un bene che gli era stato requisito.

derequisizione [-ʃizió-] *s.f.* atto, effetto del derequisire.

deretano *s.m.* parte posteriore del corpo; il sedere.

deridere [-rì-] *v.tr.* [coniugato come *ridere*] schernire, beffare, dileggiare.

derisione [-ʃió-] *s.f.* il deridere. SIN. *scherno, dileggio.*

derisore [-ʃó-] *s.m.* [f. *deriditrice*] (*rar.*) chi deride.

derisorio [-ʃò-] *agg.* che è fatto per deridere.

deriva *s.f.* **1** spostamento, operato da una massa liquida in movimento, di un corpo immerso in essa / *andare alla —*, essere trasportato dalle correnti e dai venti; (*fig.*) abbandonarsi alla sorte **2** tipo di chiglia applicata a imbarcazioni a vela da regata, per diminuire lo scarroccio [*ill. Barca*] **3** superficie fissa verticale posta in coda a un aeroplano o a un missile per mantenere più stabile la rotta [*ill. Aereo*].

derivare[1] *v.intr.* **1** avere origine, principio (anche *fig.*): *l'italiano deriva dal latino*. SIN. *scaturire, provenire* **2** risultare come conseguenza: *ne deriva che sarai bocciato*. SIN. *conseguire // v.tr.* far discendere, far provenire (anche *fig.*): *— un canale d'irrigazione da un fiume*. SIN. *dedurre.*

derivare[2] *v.intr.* andare alla deriva, detto di natante o aeromobile.

derivato *s.m.* ciò che deriva da qlco., spec. una sostanza ricavata da un'altra.

derivazione [-zió-] *s.f.* atto, effetto del derivare: *— di corrente elettrica, di un vocabolo.*

derma [dèr-] *s.m.* [pl. *-i*] (*anat.*) strato profondo della pelle, posto sotto l'epidermide.

dermatite *s.f.* (*med.*) qualsiasi processo infiammatorio della pelle.

dermato- [dèr-] [dal gr. *dèrma, dèrmatos = pelle*] primo elemento compositivo di parole scientifiche; significa «pelle» (*dermatologia*).

dermatologia [-gì-] *s.f.* studio delle malattie della pelle.

dermatologico [-lò-] *agg.* [pl.m. *-ci*] di dermatologia, relativo alla dermatologia: *malattia dermatologica.*

dermatologo [-tò-] *s.m.* [pl. *-gi*] specialista delle malattie della pelle.

dermatosi [-tòʃi] *s.f.invar.* (*med.*) nome generico di malattie della pelle.

dermografismo [-ʃmo] *s.m.* (*med.*) fenomeno per cui in certi casi una pressione esercitata sulla pelle con uno strumento a punta smussata vi lascia una traccia bianca o rossa (per abbandono o per richiamo di sangue).

dermoide [-mòi-] *s.f.* materiale artificiale che imita la pelle conciata.

dermopatia [-tì-] *s.f.* (*med.*) qualsiasi malattia della pelle.

dermosifilopatia [-tì-] *s.f.* scienza che studia le malattie veneree e della pelle.

dermosifilopatico [-pà-] *agg.* [pl.m. *-ci*] che si riferisce alla dermosifilopatia.

deroga [dè-] *s.f.* il derogare.

derogabile [-gà-] *agg.* si dice di norma a cui si può derogare.

derogare *v.intr.* [*io dèrogo, tu dèroghi ecc.*] **1** non osservare quanto in precedenza stabilito **2** (*dir.*) disporre su un singolo punto diversamente da una norma precedente, senza peraltro violarne i principi.

derogativo *agg.* che fa, che rappresenta una deroga: *decreto —.*

derogatorio [-tò-] *agg.* (*dir.*) atto a derogare, che costituisce una deroga.

derrata *s.f.* spec. *pl.* prodotto agrario, spec. di uso alimentare.

derrick [*ingl.*; *pr.* dèrik] *s.m.* torre di manovra per sondaggi minerari.

derubare *v.tr.* sottrarre a qlcu. una cosa che gli appartenga: *mi derubò del portafogli.*

derustizzazione [-stiʒʒazió-] *s.f.* (*tecn.*) eliminazione della ruggine.

dervis [-vìs] *s.m.invar.*, **derviscio** [-vì-] *s.m.* **1** monaco musulmano **2** *pl.* appartenenti a sette religiose musulmane.

desalificare [*io desàlifico, tu desàlifichi ecc.*], **desalinizzare** [-niʒʒa-] → **dissalare.**

desalificazione [-zió-], **desalinazione** [-zió-], **desalinizzazione** [-niʒʒazió-] → **dissalazione.**

deschetto [-schèt-] *s.m.* tavolo da lavoro del calzolaio.

desco [dé-] *s.m.* (*lett.*) tavola su cui si mangia; mensa.

descolarizzare [-riʒʒa-] *v.tr.* rendere indipendente dalla scuola, da un curriculum scolastico: *— l'istruzione professionale.*

descolarizzazione [-riʒʒazió-] *s.f.* l'atto, l'effetto del descolarizzare.

descrittivo *agg.* che descrive; che concerne una descrizione.

descrittore [-tó-] *agg. e s.m.* [f. *-trice*] che o chi descrive.

descrivere [-scrì-] *v.tr.* [coniugato come *scrivere*] **1** rappresentare con parole **2** tracciare (anche *fig.*): *— un cerchio.*

descrizione [-zió-] *s.f.* l'atto del descrivere; le parole con cui si descrive. SIN. *esposizione, rappresentazione, figurazione.*

desensibilizzare [-liʒʒa-] *v.tr.* ridurre o eliminare la sensibilità di qlco.: *— un nervo; — un'emulsione fotografica.*

desertico [-ʃèr-] *agg.* [pl.m. *-ci*] che ha natura di deserto, che è proprio del deserto.

desertificazione [-ʃertificazió-] *s.f.* progressivo inaridimento di un terreno come manifestazione di una degradazione climatica e geologica.

deserto [-ʃèr-] *agg.* **1** non abitato, abbandonato, squallido: *un luogo —.* SIN. *disabitato, spopolato, solitario* **2** vuoto: *la casa era deserta // s.m.* **1** ampia distesa di terreno arido e privo di vegetazione / *predicare al —*, parlare inutilmente, senza essere ascoltato **2** (*fig.*) luogo sterile e poco abitato o vuoto.

desiare [-ʃia-] *v.tr.* [*io desìo ecc.*] (*lett.*) desiderare.

desiderabile [-rà-] *agg.* si dice di cosa o di persona che può essere oggetto di desiderio.

desiderare *v.tr.* [*io desidero ecc.*] provare desiderio di qlco., aspirare alla soddisfazione di un bisogno o di un piacere: *desidero star solo; — un bicchiere d'acqua / farsi —*, mostrarsi raramente, arrivare in ritardo / *lasciare a —*, essere manchevole in qlco.

desiderata *s.m.pl.* le cose desiderate, le richieste: *i — delle maestranze.*

desiderativo *agg.* che esprime desiderio.

desiderio [-dè-] *s.m.* il desiderare; la cosa desiderata / *pio —*, speranza vana, impossibile.

desideroso [-ró-] *agg.* che sente desiderio di qlco.

design [*ingl.*; *pr.* diʃàin] *s.m.* ideazione e progettazione di oggetti destinati alla produzione su scala industriale.

designare *v.tr.* **1** additare, indicare in modo ben preciso **2** proporre qlcu. a un incarico.

designazione [-zió-] *s.f.* atto, effetto del designare.

designer [*ingl.*; *pr.* diʃàina] *s.m. e f.* chi fa design professionalmente.

desinare[1] [-ʃi-] *v.intr.* [*io dèsino ecc.*] consumare il pasto principale della giornata.

desinare[2] [-ʃi-] *s.m.* il pasto principale della giornata.

desinenza [-ʃinèn-] *s.f.* (*gramm.*) terminazione di parola che nei nomi indica il genere, il numero e, in alcune lingue, il caso; nei verbi indica la persona e la forma del verbo.

desio [-ʃi-] *s.m.* (*lett.*) desiderio.

desioso [-ʃió-] *agg.* (*lett.*) desideroso.

desistere [-ʃi-] *v.intr.* [pass.rem. *io desistéi* o *desistètti, tu desistésti ecc.*; p.pass. *desistito*] non continuare, smettere: *ha desistito dal suo proposito.*

desmologia [-ʃmoloʤi-] *s.f.* disciplina biologica che studia i tessuti connettivi sotto l'aspetto fisiologico e patologico.

desolante [-ʃo-] *agg.* che affligge e sconforta.

desolare [-ʃo-] *v.tr.* [*io dèsolo ecc.*] **1** affliggere, rendere triste **2** detto di un luogo, devastarlo.

desolato [-ʃo-] *agg.* **1** afflitto. SIN. *sconfortato, sconsolato* **2** detto di un luogo, abbandonato, trascurato. SIN. *squallido.*

desolazione [-ʃolaʦió-] *s.f.* **1** afflizione, profonda tristezza. SIN. *sconforto* **2** detto di un luogo, abbandono, trascuratezza. SIN. *devastazione, squallore.*

desossiribonucleico [-ʃossiribonuclèi-] *agg.* [pl.m. *-ci*] si dice dell'acido più noto come DNA.

despota [dè-] *s.m.* e *f.* [pl.m. *-i*] tiranno, sovrano assoluto; per estens., chi comanda con arbitrio.

desquamazione [-ʦió-] *s.f.* alterazione cutanea caratterizzata dalla formazione di squame.

dessert [*franc.*; *pr.* desèr] *s.m.* l'ultima parte del pranzo (formaggio, dolce e frutta).

désso [dés-] *pron.dimostr.* (*ant. lett.*) quello, proprio quello, proprio lui; forma rafforzata di esso.

destabilizzante [-liʣʣan-] *agg.* che destabilizza; pericoloso per la stabilità politica, eversivo.

destabilizzare [-liʣʣa-] *v.tr.* rendere meno stabile, squilibrare, spec. situazioni politiche.

destabilizzazione [-liʣʣaʦió-] *s.f.* l'effetto del destabilizzare, spec. in politica.

destare *v.tr.* [*io désto ecc.*] **1** scuotere dal sonno. SIN. *svegliare* **2** (*fig.*) far nascere, suscitare: — *simpatia.*

destinare *v.tr.* **1** stabilire con autorità, decretare: *Dio destina ogni cosa* **2** assegnare: *mi hanno destinato a questo ufficio* **3** indirizzare: *la lettera è destinata a te.*

destinatario [-tà-] *s.m.* la persona o l'ente cui è indirizzata una lettera, un pacco e simili.

destinazione [-ʦió-] *s.f.* **1** atto, effetto del destinare **2** luogo d'arrivo, meta (anche *fig.*): *giungere a* — **3** residenza e ufficio assegnati a un funzionario ecc.: *è in attesa di* —.

destino *s.m.* il susseguirsi degli eventi, considerato come necessità ineluttabile, predeterminata da una forza superiore.

destituire *v.tr.* [*io destituisco, tu destituisci ecc.*] **1** rimuovere, per punizione, da un ufficio, da una carica ecc. **2** privare: *accusa destituita di fondamento.*

destituzione [-ʦió-] *s.f.* atto, effetto del destituire da un ufficio, da una carica ecc.

desto [dé-] *agg.* che non dorme; (*fig.*) vivace.

destra [dè-] *s.f.* **1** la mano destra **2** (*pol.*) l'insieme dei partiti conservatori e i cui deputati siedono in parlamento alla destra del presidente.

destreggiare *v.intr.*, **-arsi** *v.rifl.pron.* [*io mi destréggio ecc.*] procedere con destrezza, in modo da evitare ostacoli e rischi.

destrezza [-stréʦ-] *s.f.* **1** agilità di movimento: *esercizi di* —. SIN. *abilità, scioltezza* **2** capacità e prontezza nel pensare e nel decidere. SIN. *abilità.*

destriere, destriero [-striè-] *s.m.* cavallo da guerra,

spec. quello dei cavalieri medievali; anche, buon cavallo da sella.

destrina *s.f.* (*chim.*) sostanza ottenuta per idrolisi dell'amido, impiegata per apprettare i tessuti, per preparare colle ecc.

destrismo [-ʃmo] *s.m.* **1** il normale prevalere, nell'organismo umano, delle funzioni della mano destra su quelle della sinistra **2** il tendere politicamente a destra.

destro [dè-] *agg.* **1** si dice di ciò che nel corpo umano sta dalla parte del fegato e anche di tutto ciò che si trova nel lato o nella direzione corrispondente: *mano destra; occhio* —; *il lato* — *della strada / braccio* —, (*fig.*) collaboratore indispensabile **2** che possiede destrezza, abile // *s.m.* opportunità, occasione propizia: *cogliere il* —.

destrogiro *agg.* (*chim.*) si dice di corpo otticamente attivo che ruota il piano di polarizzazione della luce verso destra.

destrorso [-stròr-] *agg.* **1** che gira, avanzando, nel senso delle lancette dell'orologio: *elica destrorsa; rampicante* —, pianta rampicante che si avvolge in quel senso **2** che va da sinistra a destra: *scrittura destrorsa* **3** (*fig. scherz.*) che politicamente tende a destra.

destrosio [-stròʃio] *s.m.* → **glucosio.**

desueto [-suè-] *agg.* disusato.

desuetudine [-tù-] *s.f.* (*dir.*) cessazione della validità di una norma per effetto della costante inosservanza da parte dei cittadini.

desumere [-sù-] *v.tr.* [pass.rem. *io desunsi, tu desumésti ecc.*; p.pass. *desunto*] **1** ricavare: *abbiamo desunto quelle voci da un'enciclopedia* **2** dedurre, arguire.

detective [*ingl.*; *pr.* detèctiv] *s.m.* agente investigativo.

detector [*ingl.*; *pr.* ditècta] *s.m.* rivelatore; si usa in it. anche in parole composte come: *metal* —, rivelatore di metalli; *lie* —, strumento per registrare le alterazioni fisiche provocate da reazioni emotive che si manifestano mentre si pronunciano dichiarazioni false (tradotto spesso con «macchina della verità»).

detenere [-né-] *v.tr.* [coniugato come *tenere*] **1** tenere qlco. presso di sé; avere in propria mano, possedere: — *il titolo di campione del mondo* **2** (*dir.*) godere di un bene senza averne il possesso **3** trattenere in prigione.

detentivo *agg.* (*dir.*) che implica la detenzione: *pena detentiva.*

detentore [-tó-] *s.m.* [f. *-trice*] chi detiene: *i detentori dei mezzi di produzione.*

detenuto *agg.* e *s.m.* che o chi è trattenuto, contro la sua volontà, spec. in prigione. SIN. *carcerato.*

detenzione [-ʦió-] *s.f.* **1** il detenere qlco. **2** il trattenere o l'essere trattenuto in prigione.

detergente [-ʤèn-] *agg.* e *s.m.* si dice di oggetto o sostanza atti a detergere; detersivo.

detergere [-tèr-] *v.tr.* [coniugato come *tergere*] pulire, nettar via: *detèrse il sudore dalla fronte.*

deteriorabile [-rà-] *agg.* che si deteriora facilmente.

deterioramento [-mèn-] *s.m.* atto, effetto del deteriorare o del deteriorarsi.

deteriorare *v.tr.* [*io deterióro ecc.*] ridurre in cattivo stato: *l'umidità deteriora i prodotti alimentari.* SIN. *danneggiare, guastare* // **-arsi** *v.rifl.pron.* guastarsi. SIN. *deperire.*

deteriore [-rió-] *agg.* peggiore.

determinabile [-nà-] *agg.* che si può determinare.

determinante *agg.* che determina: *causa* — / *giudizio* —, (*fil.*) quello proprio dell'intelletto, che costituisce l'esperienza.

determinare *v.tr.* [*io detèrmino ecc.*] **1** stabilire i termini di qlco.: — *i confini di uno stato* **2** calcolare, precisare: — *l'importo degli interessi.* SIN. *specificare* **3** essere causa di qlco.: *l'alluvione determinò il crollo di molti edifici.* SIN. *causare, produrre* **4** prendere una decisione: *determinò di agire subito.* SIN. *decidere, deliberare, risolvere, stabilire* **5** indurre a prendere una decisione: *l'insuccesso lo determinò a cambiare metodo.*

determinatezza [-téz-] *s.f.* l'essere determinato; precisione: — *di calcolo.*

determinativo *agg.* che determina / *articolo* —, (*gramm.*) quello che si premette a un nome per indicarlo in modo determinato (p.e. chiudi *la* porta).

determinato *agg.* **1** stabilito: *in un giorno* — **2** speciale, particolare: *in una determinata circostanza* **3** pronto; deciso: — *a tutto.*

determinazione [-zió-] *s.f.* **1** atto, effetto del determinare: — *dei rispettivi compiti* **2** deliberazione; volontà ferma: *arrivare alla* — *di andarsene.* SIN. *decisione, risoluzione.*

determinismo [-ʃmo] *s.m.* dottrina filosofica che concepisce ogni avvenimento dell'universo meccanicamente e necessariamente causato da altro che lo precede, con esclusione di ogni finalità e contingenza.

deterministico [-nì-] *agg.* [pl.m. *-ci*] proprio del determinismo: *concetto* —.

deterrente [-rèn-] *agg.* e *s.m.* si dice di arma o mezzo particolarmente terribile, così da scoraggiare eventuali aggressioni: — *atomico*, l'insieme delle armi atomiche.

detersione [-sió-] *s.f.* (*rar.*) il detergere.

detersivo *agg.* e *s.m.* si dice di sostanza atta a detergere; detergente.

detestabile [-stà-] *agg.* che deve essere detestato; pessimo: *cibi detestabili.*

detestare *v.tr.* [*io detèsto ecc.*] avere in orrore, in odio; condannare come riprovevole. SIN. *odiare, aborrire, esecrare.*

detonante *agg.* e *s.m.* si dice di sostanza capace di una reazione esplosiva quasi istantanea.

detonare *v.intr.* [*io detòno ecc.*] esplodere con forte rumore.

detonatore [-tó-] *s.m.* tubicino riempito di alto esplosivo che ha il compito di rinforzare e completare l'azione iniziale di scoppio dell'innesco in mine o proiettili.

detonazione [-zió-] *s.f.* atto, effetto del detonare.

detrarre *v.tr.* [coniugato come *trarre*] **1** sottrarre, togliere via: *questa somma va detratta* **2** (*lett.*) calunniare, diffamare.

detrattore [-tó-] *s.m.* [f. *-trice*] chi calunnia, diffama.

detrazione [-zió-] *s.f.* atto, effetto del detrarre; la cosa detratta.

detrimento [-mén-] *s.m.* danno, morale o materiale.

detritico [-trì-] *agg.* [pl.m. *-ci*] di detrito, formato da detriti: *deposito* —.

detrito *s.m.* **1** frammento, scoria **2** (*geol.*) materiale proveniente dalla disgregazione delle rocce.

detronizzare [-niʒʒa-] *v.tr.* deporre dal trono; (*fig.*) privare del potere, della fama.

detronizzazione [-niʒʒazió-] *s.f.* il detronizzare (anche *fig.*).

detta [dét-] solo nella locuz. *a détta di qlcu.*, secondo quanto egli dice: *a* — *tua, sua*, a tuo, suo dire.

dettagliante *s.m.* e *f.* chi vende al dettaglio; negoziante.

dettagliare *v.tr.* esporre con tutti i particolari, particolareggiare.

dettagliato *agg.* particolareggiato: *esposizione dettagliata* // **-mente** *avv.* minutamente, con molti particolari.

dettaglio [-tà-] *s.m.* particolarità, elemento o circostanza particolare / *entrare nei dettagli*, intraprenderne l'analisi / *in* —, minutamente / *vendere al* —, al minuto, a singoli clienti privati.

dettame *s.m.* precetto, norma.

dettare *v.tr.* [*io dètto, tu dètti ecc.*] **1** pronunciare lentamente ciò che altri deve scrivere: — *una lettera* **2** consigliare, suggerire; imporre: *faccio ciò che la coscienza mi detta; dettò le condizioni di pace* / *dettar legge*, imporre la propria volontà.

dettato *s.m.* **1** ciò che si detta; esercizio di scrittura sotto dettatura: *ha preso un brutto voto in* — **2** la lingua e lo stile di un testo.

dettatura *s.f.* **1** il dettare: *scrivere sotto* — **2** la cosa dettata, il dettato: *ho corretto la* —.

detto [dét-] *agg.* **1** soprannominato: *Lorenzo de' Medici* — *il Magnifico* **2** già citato: *abbiamo parlato del Po, il* — *fiume è il più lungo d'Italia* // *s.m.* **1** il dire: *ho capito il tuo* — **2** motto, sentenza: *i detti popolari.*

deturpare *v.tr.* render brutto, deformare: *la malattia lo ha deturpato.* SIN. *imbruttire.*

deturpatore [-tó-] *s.m.* [f. *-trice*] chi deturpa.

deturpazione [-zió-] *s.f.* atto, effetto del deturpare.

deumidificare *v.tr.* [*io deumidifico, tu deumidifichi ecc.*] privare dell'umidità o di parte di essa: — *un ambiente.*

deuterio [-tè-] *s.m.* isotopo dell'idrogeno (D; p.at. 2,014); lo sostituisce nell'acqua pesante.

devalutazione [-zió-] *s.f.* (*fin.*) svalutazione della moneta.

devastare *v.tr.* guastare, rovinare, distruggere (anche *fig.*).

devastatore [-tó-] *agg.* e *s.m.* [f. *-trice*] che o chi devasta (anche in senso *fig.*).

devastazione [-zió-] *s.m.* atto, effetto del devastare. SIN. *rovina.*

deviamento [-mén-] *s.m.* il deviare (anche *fig.*).

deviante *agg.* e *s.m.* si dice di chi, di ciò che si allontana dal comportamento considerato normale: *soggetto* —; *comportamento* —.

devianza *s.f.* la deviazione dalla norma, considerata come fenomeno sociale.

deviare *v.intr.* [*io devìo ecc.*] uscire dalla via diritta, dal cammino normale (anche *fig.*): — *a sinistra; il treno devia*, deraglia; — *dal filo del discorso*, divagare // *v.tr.* far deviare (anche *fig.*): — *un fiume*; — *le indagini*, spostarle verso altra direzione. SIN. *sviare.*

deviato *agg.* e *s.m.* che, chi si allontana dalla normalità; anormale (quasi sempre in senso spreg.).

deviatore [-tó-] *s.m.* ferroviere addetto agli scambi.

deviazione [-zió-] *s.f.* **1** atto, effetto del deviare (anche *fig.*); il percorrere una via diversa **2** spostamento dalla posizione naturale: — *della colonna vertebrale.*

deviazionismo [-ʃmo] *s.m.* il deviare dai principi politici e ideologici di un partito.

deviazionista *agg.* e *s.m.* e *f.* [pl.m. *-i*] che, chi devia ideologicamente dai principi di un partito.

devitalizzare [-liʒʒa-] *v.tr.* **1** togliere la vita, o la vitalità (anche *fig.*) **2** (*med.*) togliere sensibilità ai denti estirpando la terminazione nervosa della radice.

devitalizzazione [-zió-] *s.f.* l'atto, l'effetto del devitalizzare.

devoluzione [-zió-] *s.f.* atto, effetto del devolvere; spec. il trasferimento di un diritto da una persona a un'altra.

devolvere [-vòl-] *v.tr.* [pres. *io devòlvo ecc.*; pass.rem. *io devolvètti* o *devolvéi, tu devolvésti ecc.*; p.pass. *devoluto*] trasmettere, destinare ad altri, ad altro uso: — *una somma in beneficenza.*

devoniano *s.m.* il terzo periodo geologico dell'era paleozoica.

devoto [-vò-] *agg.* **1** che si dedica interamente a qlco.: — *alla patria* **2** dedito a un determinato culto; molto religioso: — *alla, della Vergine.* SIN. *pio* **3** ispirato a devozione: *ascoltare in — silenzio* **4** affezionato: *amico — il vostro devotissimo,* nella chiusura di una lettera. SIN. *fedele.*

devozione [-ziò-] *s.f.* **1** vivo sentimento religioso; pratica di culto **2** dedizione; attaccamento. SIN. *affezione, fedeltà.*

di *prep.* [si elide davanti a vocale e si unisce agli articoli determinativi *il, lo, la, i, gli,* formando le prep. articolate *del, dello, della, dei, degli, delle*] serve a formare molti complementi (sintagmi preposizionali) **1** compl. di specificazione (dichiarativa, soggettiva, oggettiva, possessiva): *animali del mare; la rivolta degli schiavi; la paura delle malattie; il gatto della nonna* **2** compl. di specificazione partitiva: *due di voi* **3** compl. di denominazione: *la città di Asti; il grado di generale* **4** compl. di paragone: *io sono più alto di te* **5** compl. di argomento: *trattato di psicoanalisi* **6** compl. di origine: *sono di Napoli* **7** compl. di moto da luogo: *esci di città* **8** compl. di allontanamento o separazione: *smontare di sella* **9** compl. di tempo determinato: *d'estate; di notte* **10** compl. di mezzo: *ornare di rose* **11** compl. di modo: *venire di corsa* **12** compl. di causa: *morire di fame* **13** compl. di qualità: *donna di grande intelligenza* **14** compl. di materia: *statua di bronzo* **15** compl. di limitazione: *debole di vista* **16** compl. di abbondanza e privazione: *pieno di superbia; scarso di beni* **17** compl. di colpa e di pena: *accusato di furto; multa di diecimila lire* **18** compl. di stima e di prezzo: *cose di nessun pregio; una spesa di un milione* **19** compl. di misura: *un palo di tre metri* **20** compl. di età: *uomo di quarant'anni* **21** con valore distributivo: *di tre in tre* **22** con valore enfatico: *un amore di bambino; che diavolo d'uomo!* **23** entra in molte locuz. prepositive (*per mezzo di; a causa di*) e avverbiali (*di nascosto; di gran lunga*) **24** si usa davanti a un infinito per formare proposizioni soggettive e oggettive: *credevo di averti persuaso; era tempo di andarsene.*

di-¹ [dal lat. *de = da*] prefisso esistente in verbi di origine latina (anche nella forma *de-*); indica derivazione (*discendere*), negazione (*disperare, decrescere*); usato modernamente per formare verbi da aggettivi e sostantivi (*dimagrire*).

di-² [dal gr. *dis = due volte, doppio*] prefisso che figura in parole di origine greca o in termini scientifici moderni, significa «due, doppio» (*dittero, dittico*).

dì *s.m.* (*lett.* o *scient.*) → **giorno**.

dia- [dal gr. *dià = attraverso, per mezzo*] prefisso usato in parole di origine greca e in termini scientifici moderni; significa «attraverso» (*diafano, diagonale, diagnosi*), oppure indica separazione (*dialisi*).

diabase [-ʃe] *s.m.* roccia scura, formata da lava solidificata.

diabete [-bè-] *s.m.* malattia del ricambio caratterizzata da presenza di notevole quantità di zucchero nel sangue e nelle urine.

diabetico [-bè-] *agg.* [pl.m. *-ci*] che riguarda il diabete // *agg.* e *s.m.* malato di diabete.

diabolico [-bò-] *agg.* [pl.m. *-ci*] di o da diavolo; malvagio, maligno. SIN. *infernale.*

diaclasi [diàclaʃi] *s.f.invar.* spaccatura, lunga anche molti metri, di una massa rocciosa.

diacono [dià-] *s.m.* nella chiesa cattolica, chi ha ricevuto il secondo degli ordini maggiori e assiste il sacerdote nelle funzioni sacre.

diacritico [-cri-] *agg.* e *s.m.* [pl.m. *-ci*] si dice di segno apposto alle lettere dell'alfabeto per conferire loro un valore fonico diverso da quello che esse indicano normalmente.

diacronia [-nì-] *s.f.* la successione nel tempo; l'aspetto storico, spec. dei fatti linguistici.

diacronico [-crò-] *agg.* [pl.m. *-ci*] della diacronia; storico, spec. in linguistica.

diade [dì-] *s.f.* coppia; insieme indissolubile di due cose o concetti: — *numerica, filosofica.*

diadema [-dè-] *s.m.* [pl. *-i*] **1** corona: — *regale* **2** gioiello che adorna il capo delle signore.

diafano [dià-] *agg.* **1** che lascia passare la luce, trasparente **2** (*fig.*) pallido: *volto —.*

diafanoscopia [-pi-] *s.f.* (*med.*) prova diagnostica che consiste nel verificare la trasparenza dei seni nasali introducendo una fonte di illuminazione nella bocca.

diafanoscopio [-scò-] *s.m.* schermo luminoso per la visione e la lettura di immagini trasparenti.

diafisi [diàfiʃi] *s.f.invar.* (*anat.*) la parte centrale, cilindrica, delle ossa lunghe, compresa tra le due estremità o epifisi.

diafonia [-nì-] *s.f.* (*mus.*) forma elementare di contrappunto; sovrapposizione di due melodie.

diaforesi [-rèʃi] *s.f.invar.* (*med.*) emissione di sudore, naturale o provocata a fini terapeutici.

diaforetico [-rè-] *agg.* [pl.m. *-ci*] si dice di medicamento che favorisce un'abbondante sudorazione.

diaframma *s.m.* [pl. *-i*] **1** qualsiasi corpo che divida in due parti uno spazio, una cavità, un corridoio e simili (anche *fig.*): — *divisorio tra due gallerie; non si capiscono perché tra loro c'è un — invisibile* **2** (*anat.*) largo muscolo membranoso che divide la cavità toracica da quella addominale [*ill.* Respiratorio, *apparato*] **3** (*fot.*) disco provvisto di un foro ad apertura regolabile usato per limitare la luce trasmessa dall'obiettivo alla pellicola sensibile **4** anticoncezionale consistente in una membrana che viene applicata al collo dell'utero e ne occlude l'orifizio, impedendo così la risalita degli spermatozoi.

diaframmare *v.intr.* regolare l'apertura del diaframma di una macchina fotografica a seconda delle condizioni di luce.

diagnosi [diàgnoʃi] *s.f.invar.* (*med.*) identificazione di una malattia in base ai sintomi; per estens., analisi di un fenomeno e spec. delle sue cause: *la — è errata.*

diagnostica [-gnò-] *s.f.* (*med.*) dottrina e metodo delle diagnosi.

diagnosticare *v.tr.* [*io diagnòstico, tu diagnòstichi ecc.*] fare una diagnosi (anche in senso estens.).

diagnostico [-gnò-] *agg.* [pl.m. *-ci*] che è proprio della diagnosi: *metodo* — // *s.m.* si dice di un medico in quanto fa diagnosi.

diagonale *agg.* e *s.f.* si dice di linea retta che in un poligono unisce due vertici non consecutivi: — *di un quadrato* // *s.m.* stoffa tessuta diagonalmente rispetto all'ordito // **-mente** *avv.* trasversalmente.

diagramma *s.m.* [pl. *-i*] rappresentazione grafica, secondo norme geometriche, di una funzione matematica o di un fenomeno fisico; di solito è la linea congiungente tutti i punti indicanti le variazioni d'intensità o di quantità a cui un fenomeno è soggetto in un dato tempo: — *della produzione*.

dialefe [-lè-] *s.f.* nella metrica, particolare forma di iato fra due vocali consecutive, la prima in fine, la seconda all'inizio di parola.

dialettale *agg.* **1** che è proprio di un dialetto: *espressione, accento* — **2** che è detto o scritto in dialetto: *poesia, letteratura* —.

dialettalismo, dialettismo [-ʃmo] *s.m.* vocabolo o espressione dialettale.

dialettica [-lèt-] *s.f.* **1** l'arte del ragionamento e della discussione; discorso logico e convincente **2** (*fil.*) relazione tra due affermazioni contrapposte, dalla cui opposizione nasce una nuova affermazione.

dialettico [-lèt-] *agg.* [pl.m. *-ci*] **1** che riguarda l'arte del ragionare e del discutere: *grande abilità dialettica* **2** che è proprio della dialettica come opposizione di contrari: *il processo — della storia* // *s.m.* chi è abile nel discutere o nel convincere.

dialetto [-lèt-] *s.m.* linguaggio proprio di una determinata regione o città, contrapposto alla lingua nazionale: *parlare in* —.

dialettòfono [-tò-] *agg.* e *s.m.* si dice di chi parla anche, o soltanto, il dialetto.

dialettologia [-gi-] *s.f.* la scienza che studia i dialetti.

dialipetalo [-pè-] *agg.* (*bot.*) si dice di fiore i cui petali sono separati l'uno dall'altro.

dialisi [diàliʃi] *s.f.invar.* (*chim.*) **1** processo di separazione di un cristalloide da un colloide per diffusione della soluzione attraverso un'apposita membrana **2** (*med.*) abbr. di *emodialisi*.

dialitico [-lì-] *agg.* [pl.m. *-ci*] di dialisi, o di emodialisi.

dializzare [-liʒʒa-] *v.tr.* sottoporre alla dialisi, o all'emodialisi.

dializzato [-liʒʒa-] *s.m.* si dice di malati che periodicamente vengono sottoposti a emodialisi.

dializzatore [-liʒʒató-] *s.m.* (*chim.*) strumento con cui si effettua la dialisi.

diallagio [-là-] *s.m.* minerale di color verde in lamine di lucentezza metallica; appartiene al gruppo dei pirosseni.

dialogare *v.intr.* [*io dialogo, tu dialoghi ecc.*] fare un dialogo, conversare // *v.tr.* scrivere in forma di dialogo; provvedere dei dialoghi: — *una scena*.

dialogico [-lò-] *agg.* [pl.m. *-ci*] di dialogo; che ha forma di dialogo.

dialogizzare [-giʒʒa-] *v.tr.* rendere in forma di dialogo: — *una scena* // *v.intr.* trattenersi in dialogo.

dialogo [dià-] *s.m.* [pl. *-ghi*] **1** discorso o discussione che si svolge tra due o più persone; brano di un'opera drammatica o narrativa in cui parlano direttamente alcuni personaggi: *quest'opera si regge su un — spigliato* **2** componimento letterario che adotta la forma dialogica: *i dialoghi di Platone*.

diamagnetico [-gnè-] *agg.* [pl.m. *-ci*] (*fis.*) si dice di sostanza che presenta la proprietà di essere respinta anziché attratta da una calamita.

diamante *s.m.* **1** forma cristallina del carbonio, durissima, trasparente, incolora; prezioso per la sua rarità, è usato in gioielleria e come abrasivo di massima durezza / *nozze di* —, il sessantesimo anniversario di matrimonio **2** strumento con punta di diamante usato per tagliare il vetro **3** punto del fuso di un'ancora dal quale si diramano i due bracci uncinati (*marre*) **4** carattere tipografico molto minuto / *edizioni* —, di formato molto piccolo, composte con i suddetti caratteri.

diamantifero [-tì-] *agg.* che contiene diamanti: *giacimento, terreno* —.

diametrale *agg.* di diametro // **-mente** *avv.* al modo degli estremi di un diametro: *due caratteri — opposti*.

diametro [dià-] *s.m.* (*geom.*) segmento che unisce due punti di una circonferenza o di una superficie sferica, passando per il centro.

diamine [dià-] *inter.* (*fam.*) esclamazione di meraviglia, ira, stizza, dispetto, costernazione.

diana *s.f.* segnale con cui si dà la sveglia ai soldati: *dare, sonare la* —.

dianetica [-nè-] *s.f.* tecnica psicoterapica basata sul recupero di ricordi che si presuppone risalgano a vite anteriori.

dianto *s.m.* → **garofano**.

dianzi *avv.* di tempo poco fa, or ora.

diapason [diàpaʃon] *s.m.invar.* **1** estensione di una voce o di uno strumento, dal suono più basso a quello più alto **2** forcella di metallo che, percossa, vibra emettendo la nota *la*; serve ad accordare gli strumenti musicali.

diapedesi [-dèʃi] *s.f.invar.* (*biol.*) la proprietà delle cellule del sangue di attraversare la sottile parete dei capillari, passando così nei tessuti.

diapositiva [-ʃi-] *s.f.* copia fotografica positiva, su vetro o pellicola, da guardare in trasparenza o da proiettare su uno schermo.

diarchia [-chì-] *s.f.* forma di governo in cui il potere viene esercitato da due persone contemporaneamente.

diaria [dià-] *s.f.* compenso giornaliero corrisposto al prestatore di lavoro per un incarico fuori residenza.

diario [dià-] *s.m.* quaderno in cui si registrano giorno per giorno ricordi, osservazioni e gli avvenimenti che si ritengono più importanti.

diarrea [-rè-] *s.f.* emissione frequente di feci quasi liquide.

diartrosi [-tròʃi] *s.f.invar.* (*anat.*) tipo di articolazione che consente ampi movimenti dei capi ossei, come quelle della spalla, del gomito ecc.

diaspora [dià-] *s.f.* dispersione di un popolo nel mondo dopo l'abbandono delle sedi di origine; spec. la migrazione degli ebrei fuori della Palestina.

diaspro *s.m.* pietra selciosa dal vario colore.

diastasi [diàstaʃi] *s.f.invar.* (*scient.*) **1** lussazione **2** enzima capace di trasformare l'amido in zucchero **3** il reciproco allontanamento dei due segmenti ossei in caso di frattura di un osso lungo.

diastole [dià-] *s.f.* (*med.*) il movimento di dilatazione del cuore per cui le sue cavità si riempiono di sangue.

diastrofismo [-ʃmo] *s.m.* (*geol.*) dislocazione della crosta terrestre.

diateca [-tè-] *s.f.* raccolta di diapositive.

diatermico *agg.* (*fis.*) si dice di un mezzo che non assorbe calore.

diatermia [-mì-] *s.f.* (*med.*) terapia che sfrutta il calore prodotto da corrente elettrica.

diatesi [diàteʃi] *s.f.invar.* (*med.*) **1** predisposizione costituzionale, per lo più ereditaria, dell'organismo, a una determinata malattia **2** (*gramm.*) aspetto del verbo, attivo o passivo.

diatomea [-mè-] *s.f.* alga microscopica, unicellulare, munita di guscio siliceo, che vive nelle acque dolci o marine, i cui fossili formano la *farina fossile* o *tripoli*.

diatonia [-nì-] *s.f.* (*mus.*) passaggio diretto del suono da un grado all'altro della scala fondamentale.

diatonico [-tò-] *agg.* [pl.m. *-ci*] relativo alla diatonia:

intervallo — / *scala diatonica,* scala naturale di cinque toni e due semitoni.

diatriba [dià·triba *o* diatrìba] *s.f.* **1** discorso violento di accusa, critica o rimprovero **2** disputa violenta.

diavola [dià-] solo nella locuz. *pollo alla diavola,* pollo arrostito aperto.

diavoleria [-rì-] *s.f.* **1** azione diabolica; per estens., astuzia, espediente **2** (*scherz.*) cosa singolare, strana: *fa' vedere quella —.*

diavoleto [-lé-] *s.m.* trambusto, scompiglio, chiasso.

diavoletto [-lét-] *s.m.* **1** piccolo diavolo **2** (*scherz.*) bambino vivace **3** bigodino.

diavolo [dià-] *s.m.* demonio / *un buon —,* una persona semplice / *un povero —,* una persona qualsiasi, o una persona sfortunata / *fare il — a quattro,* fare gran confusione o adoperarsi in ogni modo per conseguire qlco. / *mandare al —,* mandar via bruscamente qlcu. / *stare a casa del —,* abitare molto lontano / *sapere dove il — tiene la coda,* essere molto furbo / *prov.: il — non è brutto come si dipinge,* spesso le cose, conosciute bene, risultano essere meno pericolose di quel che si temeva; *la farina del — va in crusca,* ciò che si acquista disonestamente non dà frutto // *inter. impropria* (*fam.*) esclamazione di meraviglia, ira, stizza, dispetto, costernazione; all'interno della frase, ha uso rafforzativo: *dove ti eri cacciato?!*

dibattere [-bàt-] *v.tr.* **1** agitare **2** discutere il pro e il contro di una questione, di una proposta // **-ersi** *v. rifl.* agitarsi violentemente; divincolarsi (anche *fig.*): — *nel dubbio.*

dibattimentale *agg.* (*dir.*) del dibattimento: *la fase — del processo.*

dibattimento [-mén-] *s.m.* il dibattere una questione; spec. la fase del processo penale, nella quale si discutono pubblicamente i risultati delle indagini e si formulano le richieste di assoluzione o di condanna.

dibattito [-bàt-] *s.m.* il dibattere una questione, una proposta. SIN. *discussione.*

diboscamento [-mén-] *s.m.* atto, effetto del diboscare.

diboscare *v.tr.* [*io* dibòsco, *tu* dibòschi ecc.] sfoltire un bosco tagliandone le piante.

dicace *agg.* (*lett.*) mordace, motteggiatore.

dicasio [-càʃio] *s.m.* (*bot.*) infiorescenza in cui ogni ramificazione consta di due cime o rami.

dicastero [-stè-] *s.m.* branca della pubblica amministrazione (anche un ministero).

dicco *s.m.* [pl. *-chi*] → **filone 1.**

dicembre [-cèm-] *s.m.* dodicesimo mese dell'anno.

diceria [-rì-] *s.f.* notizia senza fondamento, ciarla maligna. SIN. *chiacchiera, mormorazione.*

dichiarare *v.tr.* affermare con una certa solennità / — *guerra,* iniziarla ufficialmente (anche in senso *fig.*). SIN. *proclamare*// **-arsi** *v.rifl.* manifestare il proprio amore alla persona amata.

dichiarativo *agg.* che serve a dichiarare, a enunciare, a spiegare: *proposizione dichiarativa; complemento di specificazione dichiarativa,* quello che spiega o completa un nome, quasi come un aggettivo (p.e. *animali del mare = animali marini*).

dichiarato *agg.* manifesto, palese: *quei due sono nemici dichiarati.*

dichiarazione [-zió-] *s.f.* **1** il dichiarare o il dichiararsi; discorso o documento con cui si dichiara qlco.: *una sincera — di amicizia;* — *d'indipendenza* / *far la — a una donna,* manifestarle il proprio amore **2** intimazione: — *di guerra* **3** in alcuni giochi di carte (p.e. nel

bridge), l'impegno da parte di un giocatore di poter fare un certo numero di mani con un dato seme.

diciannove [-nò-] *agg.num.card.* indica una quantità composta da dieci unità più nove.

diciannovesimo [-vèʃi-] *agg.num.ord.* che in una serie occupa il posto numero diciannove // *s.m.* la diciannovesima parte.

diciassette [-sèt-] *agg.num.card.* indica una quantità composta da dieci unità più sette.

diciassettesimo [-tèʃi-] *agg.num.ord.* che in una serie occupa il posto numero diciassette // *s.m.* la diciassettesima parte.

diciottenne [-tèn-] *agg.* e *s.m.* e *f.* che o chi ha diciotto anni.

diciottesimo [-tèʃi-] *agg.num.ord.* che in una serie occupa il posto numero diciotto // *s.m.* la diciottesima parte.

diciotto [-ciòt-] *agg.num.card.* indica una quantità composta da dieci unità più otto.

dicitore [-tó-] *s.m.* chi declama versi o prosa in pubblico / *fine —,* nel vecchio teatro di varietà, l'artista che interpretava canzonette recitandole più che cantandole.

dicitura *s.f.* **1** breve scritta; didascalia **2** la forma di una frase orale o scritta.

dicotiledone [-lè-] *agg.* (*bot.*) si dice di pianta fanerogama col seme fornito di due cotiledoni.

dicotomia [-mì-] *s.f.* **1** divisione in due **2** (*bot.*) successiva biforcazione del fusto e dei rami.

didascalia [-lì-] *s.f.* scritta esplicativa o informativa che accompagna un'illustrazione o immagini di film, di diapositive; avvertenza per gli attori intercalata al testo di un'opera teatrale.

didascalico [-scà-] *agg.* [pl.m. *-ci*] che si propone di insegnare / *poema —,* che ha come scopo l'ammaestramento scientifico, morale, religioso.

didattica [-dàt-] *s.f.* arte e metodo dell'insegnamento; in concreto, l'insegnamento stesso.

didattico [-dàt-] *agg.* [pl.m. *-ci*] che concerne l'insegnamento: *metodo, programma —.*

didentro [-dén-] *s.m.* la parte interna: *il — dell'automobile.*

didietro [-diè-] *avv.* → **dietro** // *agg.invar.* posteriore: *le zampe — // s.m.* la parte posteriore: *il — dell'automobile.*

dieci [diè-] *agg.num.card.* indica una quantità composta di nove unità più una.

diecina *s.f.* → **decina.**

diedro [diè-] *s.m.* **1** (*geom.*) porzione di spazio limitato da due semipiani aventi una retta in comune **2** spigolo roccioso formato da due pareti aperte ad angolo retto.

dielettrico [-lèt-] *agg.* e *s.m.* [pl.m. *-ci*] (*fis.*) si dice di qualunque corpo cattivo conduttore dell'elettricità e quindi isolante.

diencefalo [-cè-] *s.m.* porzione basale del cervello o encefalo, comprendente i principali centri regolatori delle funzioni della vita vegetativa.

diéresi [dièreʃi] *s.f.invar.* divisione in due sillabe delle vocali di un dittongo; il segno grafico che la indica e che consiste in due puntini.

diesel [*pr.* dìʃel] *agg.* e *s.m.invar.* si dice del motore a combustione interna inventato dal tedesco R. Diesel (1858-1913), basato sull'autoaccensione del carburante sottoposto a forte compressione // *agg.* e *s.m.* e *f.* si dice di autovettura dotata di tale motore.

diesis [dièʃis] *s.m.invar.* (*mus.*) segno di alterazione che eleva la nota di un semitono.

dieta[1] [diè-] *s.f.* **1** regola di alimentazione per individui sani o malati, che prescrive quantità e qualità degli alimenti: *seguire la —*. SIN. *regime* **2** astinenza temporanea da determinati cibi o bevande, o (*scherz.*) da determinate attività.

dieta[2] [diè-] *s.f.* assemblea politica o parlamentare di alcuni stati; anticamente, l'assemblea del Sacro Romano Impero.

dietetica [-tè-] *s.f.* branca della medicina che studia la composizione dei cibi necessari a un'alimentazione razionale.

dietetico [-tè-] *agg.* [pl.m. *-ci*] che riguarda la dieta.

dietista *s.m.* e *f.* [pl.m. *-i*] tecnico dell'applicazione delle norme dietetiche.

dietologia [-gì-] *s.f.* lo stesso che → dietetica.

dietologo [-tò-] *s.m.* medico specialista in dietetica.

dietoterapia [-pì-] *s.f.* cura medica basata sulla dieta.

dietro [diè-] *avv. di luogo* nella parte posteriore // *prep. impropria* dopo, appresso; si unisce ai nomi sia con la prep. *a* sia direttamente: *— alla casa*; *— la casa*; con i pron.pers. sempre con la prep. *di*: *— di me, di noi / tirarsi — il biasimo di qlcu.*, procurarselo / *portarsi — qlcu., qlco.*, portarlo con sé.

dietrofront [-frónt] *s.m.invar.* comando che si dà ai soldati perché invertano l'ordine di marcia o il fronte dello schieramento: *fare —*, (*fig.*) recedere da una decisione presa.

dietrologia [-gì-] *s.f.* (*scherz.*) la ricerca eccessiva e sistematica di quanto si nasconde, sta dietro le azioni o le parole altrui.

difatti *cong.* infatti.

difendere [fèn-] *v.tr.* [pres. *io difèndo* ecc.; pass.rem. *io difési, tu difendésti* ecc.; p.pass. *diféso*] **1** riparare da offese, pericoli, danni: *— dai nemici*; *— dal freddo*. SIN. *proteggere, salvaguardare, preservare*. CONTR. *offendere* **2** sostenere i diritti e le ragioni di qlcu.; scagionare da un'accusa: *lo difende un buon avvocato*. SIN. *sostenere, scusare* // **-ersi** *v.rifl.* ripararsi: *— dal vento / assol.* opporre difesa; sostenere le proprie ragioni: *l'accusato si è difeso egregiamente*.

difenile *s.m.* idrocarburo aromatico formato da due anelli benzenici uniti, usato nell'industria dei coloranti e come antifermentativo.

difensiva *s.f.* atteggiamento di difesa: *stare sulla —*, essere pronto alla difesa (anche *fig.*).

difensivo *agg.* atto a difendere o a difendersi: *azioni offensive e difensive*.

difensore [-só-] *agg.* e *s.m.* [f.rar. *difenditrice*] **1** che o chi difende / *avvocato —*, quello incaricato della difesa in giudizio dell'imputato **2** (*sport*) chi fa parte della difesa.

difesa [-fé-] *s.f.* **1** il difendere, il difendersi: *— dei propri interessi*; *— di un territorio*; *assumere la — di qlcu.*; *venire in — di qlcu.* CONTR. *offesa* **2** parole o scritto con cui si difende qlcu. **3** chi difende un imputato; avvocato difensore: *dare la parola alla —* **4** riparo, schermo; fortificazione: *rinforzare le difese*; *le Alpi sono la — naturale dell'Italia*; *— costiera* **5** (*sport*) nei giochi di squadra, l'insieme degli atleti che hanno il compito di contrastare gli attacchi avversari.

difettare *v.intr.* [io difétto ecc.] **1** mancare: *— d'intelligenza, di mezzi finanziari* **2** (*rar.*) essere difettoso: *— nella pronuncia*.

difettivo *agg.* (*lett.*) manchevole, che ha mancanze / *verbi difettivi*, (*gramm.*) quelli che non dispongono di una completa coniugazione.

difetto [-fèt-] *s.m.* **1** mancanza: *— di preparazione*; *c'è — di buoni insegnanti / far —*, mancare: *gli fa — il coraggio*. SIN. *scarsità, penuria* **2** imperfezione fisica o morale; errore: *un — di tessitura*; *non sa riconoscere i propri difetti*. SIN. *vizio, magagna*.

difettoso [-tò-] *agg.* **1** che ha qualche difetto. SIN. *imperfetto, deforme* **2** che funziona male: *meccanismo —*.

diffamare *v.tr.* creare a qlcu. una cattiva fama. SIN. *denigrare, calunniare, screditare*.

diffamatore [-tò-] *s.m.* [f. *-trice*] chi diffama. SIN. *denigratore, calunniatore*.

diffamatorio [-tò-] *agg.* atto a diffamare: *discorso —*. SIN. *calunnioso*.

diffamazione [-zió-] *s.f.* atto, effetto del diffamare; parole o scritti con cui si diffama: *fu querelato per —*. SIN. *denigrazione, calunnia*.

differente [-rèn-] *agg.* che non ha le stesse qualità, rispetto a un'altra persona o cosa: *la mia opinione è — dalla tua*. SIN. *diverso, dissimile*.

differenza [-rèn-] *s.f.* **1** l'essere differente; la qualità o quantità per cui si differisce: *— di carattere, di colore*; *una piccola —*. SIN. *diversità, dissomiglianza* **2** (*mat.*) risultato dell'operazione di sottrazione.

differenziale *agg.* di differenza, che si basa su una differenza / *tariffa —*, tariffa ferroviaria per cui i prezzi aumentano in misura sempre minore col crescere delle distanze / *scuola —*, *classe —*, in cui venivano educati alunni ritenuti tardivi o anormali / *calcolo —*, calcolo infinitesimale / *s.m.* **1** elemento che differenzia **2** (*aut.*) sistema di ruote dentate che permette alle ruote posteriori di un'automobile di muoversi, in curva, a velocità differenti.

differenziare *v.tr.* [io differènzio ecc.] rendere differente // **-arsi** *v.rifl.* essere o voler essere differente; distinguersi.

differenziato *agg.* fatto in modo differente.

differenziazione [-zió-] *s.f.* l'essere, il diventare differente.

differibile [-rì-] *agg.* che si può differire.

differimento [-mén-] *s.m.* atto, effetto del differire; rinvio.

differire *v.tr.* [io differisco, tu differisci ecc.] rimandare ad altro tempo, rinviare: *— la partenza / v.intr.* essere diverso, aver qlco. di diverso: *essi differiscono molto nelle idee*.

differito *agg.* che avviene in un tempo successivo: *trasmissione differita*, in televisione, registrata e successivamente trasmessa (si contrappone a *diretta*).

difficile [-fì-] *agg.* **1** che richiede notevole attenzione, abilità, fatica: *strada tortuosa e — / scritto —*, scritto che non si può facilmente capire, interpretare. SIN. *difficoltoso, faticoso*. CONTR. *facile* **2** si dice di persona di carattere strano, poco sopportabile di gusto non facilmente contentabile. SIN. *intrattabile* **3** improbabile: *è — che ciò accada* // **-mente** *avv.* **1** con difficoltà **2** con scarsa probabilità: *— sarò libero stasera*.

difficoltà *s.f.invar.* **1** l'essere difficile; qualità di ciò che è difficile / *— di pronuncia*, difetto di pronuncia. CONTR. *facilità* **2** la cosa difficile: *appianare una —*. SIN. *impedimento, ostacolo* **3** opposizione: *ha fatto — a venire con noi* **4** *spec.pl.* ristrettezze economiche.

difficoltoso [-tó-] *agg.* che presenta difficoltà. SIN. *difficile*.

diffida *s.f.* avviso col quale si ingiunge a qlcu. di non compiere un determinato atto.

diffidare *v.intr.* non aver fiducia; non fidarsi: — *di tutti* // *v.tr.* avvertire qlcu. affinché si guardi da determinate azioni o comportamenti.

diffidente [-dèn-] *agg.* che non ha fiducia.

diffidenza [-dèn-] *s.f.* disposizione d'animo a non fidarsi; mancanza di fiducia.

diffondere [-fón-] *v.tr.* [coniugato come *fondere*] **1** spargere intorno, abbondantemente: *il sole diffonde luce* **2** (*fig.*) divulgare, propalare, far circolare: — *una notizia;* — *un libro* // **-ersi** *v.rifl.pron.* **1** spargersi per largo spazio (anche *fig.*): *quelle idee si diffusero rapidamente in tutta la nazione* **2** (*lett.*) dilungarsi, scrivere o parlare a lungo.

difforme [-fór-] *agg.* di forma diversa da un'altra; differente, anomalo.

difformità *s.f.invar.* l'essere difforme, diversità.

diffrazione [-zió-] *s.f.* (*fig.*) fenomeno ottico per cui un fascio luminoso, nel passare attraverso un piccolo foro praticato su uno schermo opaco, diverge dalla linea retta, formando delle frange laterali.

diffusione [-fió-] *s.f.* **1** il diffondere, il diffondersi: *la — di una notizia* **2** (*fis.*) propagazione nello spazio: — *della luce, del suono, del calore* **3** (*chim.*) processo di compenetrazione reciproca dei corpi, in particolare dei fluidi.

diffuso [-fó] *agg.* **1** sparso largamente: *idee assai diffuse* **2** ampio, prolisso: *un discorso assai* — // **-mente** *avv.* molto ampiamente: *descrivere* — *l'accaduto.*

diffusore [-fó-] *s.m.* **1** chi diffonde **2** apparecchio che permette di ripartire e diffondere in modo uniforme il flusso luminoso di una sorgente di luce **3** parte dell'apparecchio radio o del fonografo che diffonde il suono.

difilato *avv.* direttamente e celermente.

difterico [-tè-] *agg.* [pl.m. *-ci*] (*med.*) di difterite.

difterite *s.f.* malattia infettiva ed epidemica, che consiste in un'infiammazione delle mucose della gola e delle vie respiratorie.

diga *s.f.* sbarramento artificiale, in terra battuta o in muratura, atto a modificare il deflusso di un corso d'acqua (per irrigazione o per produzione d'energia elettrica) oppure a proteggere un tratto di costa e spec. un porto.

digerente [-rèn-] *agg.* che digerisce: *apparato* —.

digeribile [-rì-] *agg.* che può essere digerito.

digeribilità *s.f.invar.* proprietà di ciò che è digeribile: *cibi di elevata, di scarsa* —.

digerire *v.tr.* [*io digerisco, tu digerisci* ecc.] **1** trasformare gli alimenti in sostanze capaci di essere assorbite e assimilate dall'organismo **2** (*fig.*) capire bene, assimilare: *la matematica non la digerisco* **3** (*fig.*) tollerare, sopportare.

digestione [-stió-] *s.f.* il processo del digerire; la sua durata.

digestivo *agg. e s.m.* si dice di sostanza atta a facilitare la digestione.

digesto [-gè-] *s.m.* la raccolta di responsi dei più celebri giuristi romani, che fa parte della compilazione di Giustiniano.

digitale[1] *agg.* delle dita: *impronte digitali.*

digitale[2] *s.f.* pianta erbacea, medicinale, con foglie lanceolate e fiori rossi in grappolo (*fam.* Scrofulariacee).

digitale[3] *agg.* attinente ai numeri, numerico; si dice di tutte le apparecchiature che, come uno dei due tipi fondamentali di calcolatore elettronico, trasformano in numeri i segnali elettrici prima di trattarli.

digitare *v.tr.* [*io digito* ecc.] comporre su una tastiera: — *il numero di codice.*

digitato *agg.* (*scient.*) dotato di dita, o per estens. di appendici o espansioni simili a dita: *foglia digitata* [*ill. Foglia*].

digitazione [-zió-] *s.f.* → **diteggiatura**.

digitigrado [-tì-] *agg.* si dice di animale che cammina posando sul suolo soltanto le dita (p.e. il gatto, il cane).

digiunare *v.intr.* astenersi dal cibo in maniera parziale o totale per un periodo di tempo più o meno lungo.

digiunatore [-tó-] *s.m.* [f. *-trice*] chi digiuna.

digiuno[1] *agg.* **1** che non ha mangiato da un periodo di tempo più o meno lungo: *sono — da ieri* **2** (*fig.*) privo: — *di notizie, di cognizioni* // *s.m.* il digiunare: *fare —; osservare il — // rompere il —,* interrompere il periodo di astensione dal cibo, ricominciare a mangiare / *a —,* senza aver mangiato, a stomaco vuoto: *essere a — di notizie,* (*fig.*) esserne privo.

digiuno[2] *s.m.* (*anat.*) il tratto di intestino tenue che va dal duodeno all'ileo.

dignità *s.f.invar.* **1** nobiltà che l'uomo ha per sua natura, per i suoi pregi **2** grado, ufficio elevato: *la — di senatore* **3** persona che occupa un'alta carica.

dignitario [-tà-] *s.m.* chi è investito di una dignità.

dignitoso [-tó-] *agg.* che ha, che rivela dignità.

digradare *v.intr.* **1** scendere a poco a poco: *la collina digrada verso il mare* **2** sfumare (detto di colori).

digradazione [-zió-] *s.f.* il digradare.

digramma *s.m.* [pl. *-i*] unione di due lettere che indicano un unico suono (p.e. *gn* in *bagno; gl* in *aglio*).

digrassare *v.tr.* togliere il grasso, sgrassare.

digredire *v.intr.* [*io digredisco, tu digredisci* ecc.] fare una digressione.

digressione [-sió-] *s.f.* l'allontanarsi dall'argomento principale del discorso. SIN. *divagazione.*

digressivo *agg.* che costituisce una digressione.

digrignare *v.tr.* mostrare i denti, arrotandoli come per mordere.

digrossare *v.tr.* [*io digròsso* ecc.] **1** render meno grosso, sgrossare: — *un tronco* **2** (*fig.*) affinare: *il maestro cerca di — gli alunni.*

diguazzare *v.tr.* (*rar.*) agitare un liquido in un recipiente // *v.intr.* → **sguazzare**.

diktat [-tàt] *s.m.* ordine indiscutibile, imposizione.

dilacerare *v.tr.* [*io dilàcero* ecc.] lacerare con forza, sbranare (anche *fig.*): *i cani dilacerano la carne; il paese è dilacerato dalle discordie.*

dilagare *v.intr.* [*io dilago, tu dilaghi* ecc.] **1** allargarsi come a formare un lago: *le acque del fiume dilagavano* **2** (*fig.*) diffondersi largamente: *la corruzione dilaga.*

dilaniare *v.tr.* [*io dilànio* ecc.] fare a pezzi, a brandelli (anche *fig.*). SIN. *sbranare, straziare.*

dilapidare *v.tr.* [*io dilàpido* ecc.] spendere smodatamente il proprio o l'altrui denaro. SIN. *sperperare, dissipare, scialacquare.*

dilapidatore [-tó-] *s.m.* [f. *-trice*] chi dilapida.

dilatare *v.tr.* rendere più esteso o più ampio. SIN. *ingrandire, gonfiare, estendere* // **-arsi** *v.rifl.pron.* crescere di volume o di superficie.

dilatazione [-zió-] *s.f.* atto, effetto del dilatare.

dilatometro [-tò-] *s.m.* (*fis.*) apparecchio per misurare la dilatazione termica.

dilatorio [-tò-] *agg.* che tende a dilazionare, a prolungare nel tempo: *manovra dilatoria.*

dilavamento [-mén-] *s.m.* azione erosiva delle acque su rocce e terreni in pendio.

dilavare *v.tr.* consumare, scolorire una superficie facendovi passar sopra molta acqua (detto spec. dell'azione della pioggia o delle acque torrenziali sulle rocce).

dilazionare *v.tr.* [*io dilazióno ecc.*] rimandare ad altro tempo, differire.

dilazione [-zió-] *s.f.* il dilazionare; indugio.

dileggiare *v.tr.* [*io diléggio ecc.*] farsi beffe di qlcu. SIN. *deridere, schernire.*

dileggio [-lég-] le parole o gli atti con cui si dileggia. SIN. *derisione, scherno.*

dileguare *v.tr.* [*io diléguo ecc.*] disperdere, far sparire (anche *fig.*): — *le speranze // v.intr.*, **-arsi** *v.rifl.pron.* disperdersi, sparire: *la neve* (*si*) *è dileguata al sole.*

dilemma [-lèm-] *s.m.* [pl. *-i*] alternativa fra due contrastanti soluzioni.

dilettante *s.m.* chi svolge un'attività sportiva, artistica, scientifica o simili per diletto e non professionalmente.

dilettantesco [-té-] *agg.* [pl.m. *-chi*] di, da dilettante, (*spreg.*) superficiale, poco serio.

dilettantismo [-ʃmo] *s.m.* **1** il praticare un'attività sportiva da dilettante **2** (*spreg.*) atteggiamento da dilettante.

dilettantistico [-tì-] *agg.* [pl.m. *-ci*] da dilettante; fatto, praticato da dilettanti.

dilettare *v.tr.* [*io dilètto ecc.*] (*lett.*) procurare diletto, piacere. SIN. *divertire, deliziare // -*arsi *v.rifl.pron.* fare qlco. con diletto o per diletto: — *di archeologia.*

dilettevole [-té-] *agg.* (*lett.*) che dà diletto / *l'utile e il* —, ciò che serve e ciò che fa solo piacere. SIN. *divertente, ameno.*

diletto¹ [-lèt-] *agg.* teneramente amato *// s.m.* persona teneramente amata. SIN. *caro.*

diletto² [-lèt-] *s.m.* sentimento di gioia fisica o spirituale. SIN. *piacere, delizia, svago.*

diligente [-gèn-] *agg.* che lavora, opera con diligenza; fatto con diligenza: *scolaro* —; *lavoro* —. SIN. *accurato, coscienzioso, zelante, scrupoloso.* CONTR. *negligente // -*mente *avv.* con diligenza; scrupolosamente.

diligenza¹ [-gèn-] *s.f.* esattezza scrupolosa nell'eseguire un lavoro, un incarico. SIN. *accuratezza, cura, zelo, scrupolo.* CONTR. *negligenza.*

diligenza² [-gèn-] *s.f.* grande carrozza a cavalli un tempo adibita a trasporti di linea per viaggiatori.

dilucidare *v.tr.*, **dilucidazione** [-zió-] *s.f.* → **delucidare, delucidazione.**

diluente [-èn-] *s.m.* liquido inerte usato per diluire.

diluire *v.tr.* [*io diluìsco, tu diluisci ecc.*] **1** sciogliere in un liquido **2** rendere meno denso; allungare con altro liquido / — *un concetto,* (*fig.*) esprimerlo con troppe parole.

diluizione [-zió-] *s.f.* il diluire; la proporzione tra diluente e sostanza diluita.

dilungare *v.tr.* [*io dilungo, tu dilunghi ecc.*] allontanare; allungare *// -*arsi *v.rifl.* **1** andare per le lunghe: — *su un argomento* **2** (*rar.*) allontanarsi.

diluviare *v.intr.impers.* [*dilùvia*] piovere a dirotto, abbondantemente, (*fig.*, con uso anche *pers.*) cadere, arrivare in gran quantità: *diluviano insulti.*

diluvio [-lù-] *s.m.* **1** pioggia dirotta e lunga. SIN. *scroscio, nubifragio* **2** (*fig.*) grande abbondanza; grande quantità: *un* — *di gente, di parole.*

dimagramento [-mén-] *s.m.* il dimagrire; dimagrimento.

dimagrante *agg.* che fa dimagrire: *cura* —.

dimagrare *v.intr.*, **dimagrire** *v.intr.* [*io dimagrisco, tu dimagrisci ecc.*] diventare più magro: *per* — *devi fare ginnastica.* CONTR. *ingrassare // v.tr.* rendere o far sembrare più magro: *un vestito nero che dimagrisce.*

dimagrimento [-mén-] *s.m.* il dimagrire; dimagramento.

dimenare *v.tr.* [*io diméno ecc.*] agitare, muovere in qua e in là, scuotere *// -*arsi *v.rifl.* muoversi in modo agitato.

dimensionale *agg.* che riguarda le dimensioni: *proporzione* —.

dimensionamento [-mén-] *s.m.* l'effetto del dimensionare.

dimensionare *v.tr.* [*io dimensióno ecc.*] dare dimensioni, e spec. dimensioni opportune, a qlco.; proporzionare.

dimensione [-sió-] *s.f.* **1** estensione di un corpo in qualsiasi direzione (lunghezza, larghezza, altezza): *un quadrato ha due dimensioni; lo spazio di tre dimensioni* **2** grandezza, misura / *un romanzo di vaste dimensioni,* (*fig.*) molto lungo e complesso.

dimenticanza *s.f.* atto, effetto del dimenticare: *cadere in* —, si dice di usi, costumi che sono ormai trascurati.

dimenticare *v.tr.*, **-arsi** *v.rifl.pron.* [*io mi dimèntico, tu ti dimèntichi ecc.*] **1** cessare di ricordare qlco., non ricordare più: — *il latino* / — *i propri doveri,* trascurarli / — *le offese,* perdonarle. SIN. *scordare.* CONTR. *ricordare* **2** lasciare qlco. in un luogo, per trascuratezza: — *l'ombrello a casa.*

dimenticatoio [-tó-] *s.m.* (*scherz.*) solo nelle locuz. *cadere nel dimenticatoio,* in oblio, in disuso; *mettere nel dimenticatoio,* dimenticare.

dimentico [-mén-] *agg.* [pl.m. *-chi*] che dimentica; di poca memoria, noncurante: — *dei propri doveri.*

dimesso [-més-] *agg.* **1** umile, sottomesso: *atteggiamento* — **2** modesto, trascurato: *abito* — *// -*mente *avv.* in modo, in atteggiamento dimesso.

dimestichezza [-chéʒ-] *s.f.* familiarità, cordiale intimità: *avere* — *con qlcu.* / *aver poca* — *col latino,* conoscerlo male. SIN. *amicizia.*

dimetro [dì-] *s.m.* nella metrica classica, verso costituito da due metri.

dimettere [-mét-] *v.tr.* [coniugato come *mettere*] **1** lasciar andare, licenziare: — *dall'ospedale, dal carcere* **2** deporre da un ufficio, da una carica *// -*arsi *v.rifl.* abbandonare volontariamente un ufficio o una carica.

dimezzamento [-meʒʒamén-] *s.m.* atto, effetto del dimezzare.

dimezzare [-meʒʒa-] *v.tr.* [*io dimèzzo ecc.*] dividere una cosa in due metà: — *una mela.*

diminuendo [-nuèn-] *s.m.* **1** → **minuendo 2** *invar.* → **decrescendo.**

diminuire *v.tr.* [*io diminuisco, tu diminuisci ecc.*] rendere minore in quantità: — *il prezzo, le tasse* / *nei lavori ai ferri,* togliere una o più maglie a quelle già in lavorazione dove sia necessaria una minore ampiezza. SIN. *ridurre // v.intr.* farsi minore: *il caldo è diminuito; le probabilità diminuiscono;* — *di valore.* SIN. *decrescere.* CONTR. *aumentare.*

diminutivo *agg.* atto a diminuire *// s.m.* (*gramm.*) forma alterata di un sostantivo o di un aggettivo ottenuta mediante l'aggiunta di un suffisso indicante diminuzione o tono affettivo: *-ino, -étto, -èllo, -icino, -erèllo ecc.* (p.e. *vestito-vestitino, armadio-armadietto, asino-asinello, libro-libriccino, vecchia-vecchierella*); a volte con cambiamento di genere (p.e. *la villa-il villino*).

diminuzione [-zió-] *s.f.* atto, effetto del diminuire: — *dei prezzi.* CONTR. *aumento.*

dimissionare *v.tr.* [*io dimissióno ecc.*] nel liguaggio burocratico, dimettere, licenziare.

dimissionario [-nà-] *agg.* e *s.m.* si dice di chi ha dato le dimissioni: *governo —*.

dimissione [-sió-] *s.f.* **1** il dimettere: *la — dall'ospedale* **2** *spec.pl.* il dimettersi; rinuncia formale a una carica: *dare le dimissioni*.

dimoiare *v.intr.* [*io dimòio ecc.*] (toscano) sciogliersi, liquefarsi (detto del ghiaccio o della neve).

dimora [-mò-] *s.f.* **1** il dimorare. SIN. *permanenza, soggiorno* **2** il luogo dove si abita / *mettere a — una pianta*, piantarla. SIN. *abitazione, casa*.

dimorare *v.intr.* [*io dimòro ecc.*] abitare in un luogo. SIN. *abitare, alloggiare*.

dimorfismo [-ſmo] *s.m.* (biol.) esistenza di due forme distinte di carattere per una medesima specie animale o vegetale / *— sessuale*, distinzione dei sessi.

dimostrabile [-strà-] *agg.* che si può dimostrare.

dimostrabilità *s.f.invar.* l'essere dimostrabile.

dimostrante *s.m.* chi prende parte a una manifestazione pubblica di carattere politico o sindacale.

dimostrare *v.tr.* [*io dimóstro ecc.*] **1** rendere palese con atti, parole o segni: *dimostra di non conoscere la materia*; *dimostra più anni di quelli che ha* **2** far apparire la verità di qlco. fornendo prove: *— un teorema* **3** *assol.* fare una dimostrazione pubblica // **-arsi** *v.rifl.* comportarsi da: *— un incosciente*.

dimostrativo *agg.* **1** atto a dimostrare **2** (gramm.) si dice di aggettivo o pronome col quale si indica la vicinanza o lontananza da chi parla, nello spazio o nel tempo, di un oggetto o una persona (p.e. *questo* libro e *quel* giornale).

dimostrazione [-ziò-] *s.f.* **1** atto, effetto, modo del dimostrare un sentimento: *— d'amore* **2** argomentazione che prova la verità di una tesi **3** (mil.) mobilitazione di forze a scopo dimostrativo o intimidatorio **4** manifestazione pubblica con raduni, cortei ecc. a scopo politico o sindacale.

dina *s.f.* (fis.) unità di forza nel sistema cgs; è la forza continua di 1 cm al secondo per secondo all'unità di massa.

dinamica [-nà-] *s.f.* **1** parte della meccanica relativa allo studio del moto dei corpi, considerato nei suoi rapporti con le forze che lo producono **2** movimento, sviluppo, evoluzione: *ricostruire la — dei fatti*.

dinamicità *s.f.invar.* l'essere dinamico.

dinamico [-nà-] *agg.* [pl.m. *-ci*] **1** dotato di dinamismo, che vuole esprimere movimento; energico: *concezione dinamica della politica*; *persona dinamica* **2** relativo alla dinamica.

dinamismo [-ſmo] *s.m.* **1** intensa attività di movimento, trasformazione, rinnovamento **2** (fil.) teoria che concepisce la realtà come costituita da un complesso di forze, senza sostanze estese e puramente inerti.

dinamitardo *s.m.* chi compie attentati, spec. politici, con la dinamite.

dinamite *s.f.* polvere biancastra esplosiva ad azione dirompente, che si ottiene mediante l'assorbimento di nitroglicerina in farina fossile silicea o in altre sostanze apposite / *questa notizia è —*, è incredibile, farà scalpore.

dinamo [dì-] *s.f.invar.* macchina che trasforma energia meccanica in energia elettrica e viceversa [ill. *Elettrica, energia*].

dinamoelettrico [-lèt-] *agg.* [pl.m. *-ci*] si dice di ogni apparecchio che trasforma energia meccanica in energia elettrica e viceversa.

dinamometro [-mò-] *s.m.* strumento atto a misurare l'intensità di una forza.

dinanzi *prep.impropria* davanti; si unisce ai nomi per mezzo della preposizione *a*: *si fermarono — a casa* // *avv.* davanti: *guardare —*.

dinaro [dì-] *s.m.* unità monetaria della Iugoslavia.

dinasta *agg.* e *s.m.* [pl.m. *-i*] sovrano per diritto ereditario.

dinastia [-stì-] *s.f.* l'insieme dei sovrani, appartenenti a una stessa famiglia, che si succedono anche in paesi diversi.

dinastico [-nà-] *agg.* [pl.m. *-ci*] della dinastia.

din don [dòn] *voce onom.* imita il suono delle campane.

dine *s.f.* → **dina**.

dinghy [*ingl.*; *pr.* dinghi] *s.m.* piccola barca con un solo albero smontabile e una sola vela.

diniego [-niè-] *s.m.* [pl. *-ghi*] negazione; rifiuto.

dinnanzi *prep.impropria* → **dinanzi**.

dinoccolato *agg.* dotato di movimenti sciolti ma un po' slegati.

dinosauro [-sàu-] *s.m.* **1** ordine di giganteschi rettili fossili dei periodi giurassico e cretaceo; avevano tronco tozzo e robusto, testa piccola, quattro zampe, lunga e forte coda **2** (fig. scherz.) persona di idee antiquate, superate.

dintorni [-tór-] *s.m.pl.* luoghi circostanti, adiacenti; vicinanze: *i — di Firenze*.

dintorno [-tór-] *avv.* intorno: *avere — molti seccatori*.

Dio *s.m.* l'essere supremo concepito nel cristianesimo come la fonte di tutta la realtà e presente alla coscienza umana; per estens., l'essere supremo di altre religioni monoteistiche: *adorare —*; *credere in —*; *Allah è il — della religione islamica* / *uomo senza —*, ateo / *Uomo-Dio*, Gesù Cristo / *la casa di —*, la chiesa / *servo di —*, sacerdote appartenente a un ordine religioso / *un castigo di —*, una grande calamità / *è un'ira di —*, detto di cosa o persona pessima / *c'era ogni ben di —*, abbondanza di ogni cosa / *per l'amor di —* / *grazie a —* / *ci scampi e liberi* / *vien giù come — la manda*, detto di pioggia violenta / *prov.*: '*manda il freddo secondo i panni*, quel che ci capita è sempre adeguato alle nostre possibilità; *l'uomo propone e — dispone*; *non (si) muove foglia che — non voglia* // **dio** *s.m.* [pl. *dèi*] nelle religioni politeistiche, ciascuno degli esseri immortali forniti di diversi attributi: *gli dei degli antichi greci* / *il denaro è il suo —*, è per lui la cosa più importante.

diocesano [-ſa-] *agg.* della diocesi.

diocesi [diòceſi] *s.f.invar.* circoscrizione ecclesiastica sottoposta alla giurisdizione spirituale di un vescovo.

diodo [dì-] *s.m.* il più semplice dei tubi elettronici, formato da un'ampolla nella quale è praticato un alto vuoto e dove sono posti due elettrodi.

dioico [diò-] *agg.* [pl.m. *-ci*] si dice di pianta che porta i fiori maschili e femminili su due individui distinti (p.e. *canapa*).

diomedea [-dè-] *s.f.* → **albatro**[1].

dionea [-nè-] *s.f.* pianta carnivora le cui foglie si chiudono appena vi si posa un insetto (fam. Droseracee).

dionisiaco [-ſì-] *agg.* [pl.m. *-ci*] **1** di Dioniso, dio greco del vino: *culto —* **2** per estens., che dà ebbrezza ed esaltazione entusiastica; pieno di esaltazione: *furore —*.

diopside [diòp-] *s.m.* minerale silicatico ricco di ferro, di color verde scuro, appartenente ai pirosseni.

diorama *s.m.* [pl. *-i*] panorama ottenuto con quadri disposti verticalmente che, per mezzo di una opportuna illuminazione e della prospettiva, producono l'effetto di una visione reale.

diorite *s.f.* roccia eruttiva cristallina simile al granito, ma più scura.

diossina *s.f.* abbreviazione di *tetraclorodibenzodiossina*, composto chimico intermedio nella produzione del triclorofenolo, assai pericoloso per l'uomo.

diottra [diòt-] *s.f.* strumento topografico che serve a determinare una visione rettilinea.

diottria [-tri-] *s.f.* unità di misura della capacità visiva dell'occhio.

diottrica [diòt-] *s.f.* (*fis.*) la parte dell'ottica che studia il cammino dei raggi luminosi attraverso mezzi rifrangenti.

diottrico [diòt-] *agg.* [pl.m. -ci] attinente alla rifrazione della luce.

diottro [diòt-] *s.m.* (*fis.*) il più semplice sistema diottrico costituito da una superficie rifrangente sferica o piana.

dipanamento [-mén-] *s.m.* il dipanare (anche *fig.*).

dipanare *v.tr.* svolgere il filo di una matassa per farne un gomitolo; (*fig.*) risolvere una questione imbrogliata // **-arsi** *v.rifl.pron.* svolgersi, detto di un filo; (*fig.*) risolversi; avere uno sviluppo, una sequenza.

dipanatoio [-tó-] *s.m.* arnese per dipanare; arcolaio.

dipanatura *s.f.* l'operazione del dipanare.

dipartimentale *agg.* proprio di un dipartimento: *commissione —*.

dipartimento [-mén-] *s.m.* **1** in Francia, circoscrizione amministrativa: *il — delle Alpi* **2** in Italia, ciascuna delle zone in cui è diviso il litorale dello stato, ai fini della marina militare.

dipartire *v.intr.*, **-irsi** *v.rifl.pron.* [coniugato come *partire*] (*lett.*) allontanarsi da un luogo; (*fig.*) morire.

dipartita *s.f.* (*lett.*) partenza, distacco; (*fig.*) morte.

dipendente [-dèn-] *agg.* che dipende, che è soggetto ad altri / *proposizione —*, (*gramm.*) subordinata / *lavoro —*, quello svolto in condizioni di subordinazione disciplinare e tecnica verso il datore di lavoro // *s.m.* e *f.* persona che, per impiego, ufficio o grado, dipende dall'autorità di altra persona o di un ente: *i dipendenti statali*.

dipendenza [-dèn-] *s.f.* il dipendere, l'essere dipendente: *essere alle dipendenze di una persona*, attendere a un lavoro, a un ufficio per conto di essa / *in — di ciò*, in conseguenza di ciò.

dipendere [-pèn-] *v.intr.* [pres. *io dipèndo* ecc.; pass. rem. *io dipési, tu dipendésti* ecc.; p.pass. *dipéso*] **1** derivare, procedere; aver origine, essere causato: *la malattia dipende spesso da un ambiente di lavoro malsano*; *la scelta del campo dipenderà dalle condizioni del tempo* **2** essere soggetto all'autorità o al volere altrui: *— dai superiori*; *non — da nessuno*, essere indipendente **3** essere in facoltà: *dipende da te accettare o rifiutare* **4** (*gramm.*) essere legato, essere retto: *tutte le proposizioni subordinate dipendono dalla principale*.

dipingere [-pìn-] *v.tr.* [pres. *io dipingo, tu dipingi* ecc.; pass.rem. *io dipinsi, tu dipingésti* ecc.; p.pass. *dipinto*] **1** rappresentare con colori: *io dipinto un bel paesaggio*; *— a olio, a tempera* **2** adornare con colori o con pitture: *— una parete, una chiesa* **3** (*fig.*) rappresentare vivacemente, con qualsiasi mezzo: *aveva dipinto sul viso un grande dolore* // **-ersi** *v.rifl.* tingersi, truccarsi.

dipinto *agg.* **1** ornato di colori, di pitture: *una vetrata dipinta / non voler stare in un luogo neppure —*, a nessun patto **2** imbellettato // *s.m.* opera di pittura.

dipintore [-tó-] *s.m.* [f. *-trice*] (*arc.*) pittore.

dipintura *s.f.* (*ant.*) pittura.

diplegia [-gì-] *s.f.* (*med.*) paralisi che colpisce i due lati del corpo.

diplococco [-còc-] *s.m.* [pl. *-chi*] microrganismo che vive in coppia con un altro.

diploide [-plòi-] *agg.* (*biol.*) si dice delle normali cellule di un organismo che hanno il numero di cromosomi tipico della specie, doppio rispetto a quello dei gameti (*aploidi*).

diploma [-plò-] *s.m.* [pl. *-i*] **1** titolo conseguente al compimento di un corso di studi **2** atto con cui accademie o autorità attribuiscono un titolo o un privilegio **3** antico documento pubblico.

diplomare *v.tr.* [*io diplòmo* ecc.] concedere un diploma scolastico // **-arsi** *v.rifl.* conseguire un diploma.

diplomatica [-mà-] *s.f.* scienza che studia gli antichi documenti pubblici (*diplomi*).

diplomatico [-mà-] *agg.* [pl.m. *-ci*] **1** che concerne gli antichi documenti: *archivio — / edizione diplomatica*, che riproduce con assoluta fedeltà l'originale di un antico testo **2** che concerne la diplomazia: *agente, corpo, corriere —*; *rompere i rapporti diplomatici* // *s.m.* **1** membro della diplomazia; per estens., persona accorta, abile, piena di tatto nel trattare un affare **2** (*cuc.*) dolce di pasta sfoglia, crema, pan di Spagna e alchermes // **-mente** *avv.* secondo le regole della diplomazia; (*fig.*) con tatto, con abilità.

diplomatista *s.m.* e *f.* [pl.m. *-i*] studioso di diplomatica.

diplomato *agg.* e *s.m.* che o chi ha conseguito un diploma: *— in pianoforte*.

diplomazia [-zì-] *s.f.* **1** arte e pratica dei rapporti fra stato e stato **2** complesso delle persone e degli organi per mezzo dei quali uno stato mantiene i rapporti con altri **3** (*fig.*) abilità, finezza, tatto nel trattare affari delicati: *agire con —*.

diplopia [-pì-] *s.f.* (*med.*) difetto visivo per cui un'immagine appare raddoppiata.

dipnoi [dip-] (o *dipnòi*) *s.m.pl.* (*zool.*) sottoclasse di pesci tropicali viventi in acqua dolce con corpo allungatissimo che in acqua respirano per mezzo di branchie e fuori per mezzo di un organo che funge da polmone.

dipoi [-pòi] *avv. di tempo* (*rar.*) poi, in seguito.

dipolo [-pò-] *s.m.* (*fis.*) **1** sistema di due poli elettrici o magnetici di ugual carica e di segno contrario **2** in radiotecnica, antenna costituita da due conduttori di uguale lunghezza, posti sulla stessa linea e alimentati entrambi e contemporaneamente nel punto medio.

diporto [-pòr-] *s.m.* svago, divertimento, ricreazione: *fare una cosa per —*.

dipresso [-près-] solo nella locuz. *a un dipresso*, all'incirca.

dipsomane [-sò-] *agg.* e *s.m.* e *f.* si dice di persona affetta da dipsomania.

dipsomania [-nì-] *s.f.* desiderio morboso di bevande, spec. alcoliche.

diptero [dip-] *agg.* si dice dell'antico tempio greco con doppia fila di colonne su ciascuno dei lati.

diradamento [-mén-] *s.m.* atto, effetto del diradare.

diradare *v.tr.* rendere meno fitto; far più di rado qlco.: *— le visite* // **-arsi** *v.rifl.pron.* farsi rado: *i capelli si diradano*.

diramare *v.tr.* **1** (*rar.*) togliere rami da una pianta **2** comunicare a più persone; spedire, inviare in più direzioni: *— una circolare* // **-arsi** *v.rifl.pron.* dividersi in più rami, spec. di fiumi, strade, vene, nervi.

diramazione [-zió-] *s.f.* **1** ogni ramo che si diparte dal tronco principale di una strada, di un fiume, di una ferrovia ecc. (anche *fig.*): *la mafia ha diramazioni in* *molte città* **2** atto, effetto del diramare, nel senso di comunicare, spedire: *la — della circolare.*

dire[1] *v.tr.* [pres. *io dico, tu dici, egli dice, noi diciamo, voi dite, essi dìcono;* imperf. *io dicèvo ecc.;* fut. *io dirò, tu dirai ecc.;* pass.rem. *io dissi, tu dicésti ecc.;* cong.pres. *io dica, noi diciamo, voi diciate, essi dìcano;* cong.imperf. *io dicéssi ecc.;* cond.pres. *io dirèi, tu dirésti ecc.;* imp. *di', dite;* ger. *dicèndo;* p.pass. *détto*] **1** pronunciare, proferire; recitare: *dissi queste parole; lo scolaro disse la poesia* / *— la messa,* celebrarla / *gliene ho dette tante,* l'ho aggredito verbalmente, insultato / *l'ha detta grossa,* ha detto uno sproposito **2** manifestare con parole, scritti, gesti e simili: *gli ho detto le mie intenzioni; hai visto quel che dice il giornale? / — di sì, di no,* affermare, negare / *non dico di no,* sono d'accordo, lo ammetto / *non c'è che —,* non c'è nulla da obiettare, è proprio così / *è tutto —,* è il massimo, è una cosa che non richiede commenti **3** significare; raccontare; suggerire; affermare; comandare: *questo non vuol — nulla; dimmi come sta la questione; l'esperienza mi dice che finiremo male; non si può — che ciò sia giusto; gli ho detto di portarmi i libri* **4** esprimere; nominare, chiamare: *come si dice «amore» in inglese?* **5** parlare / *non fo per —,* non faccio per vantarmi / *si fa (tanto) per —,* si parla per parlare senza voler sollevare problemi.

dire[2] *s.m.* il parlare, l'esprimere ecc.: *concluse così il suo — / hai un bel — che,* è inutile dire che / *prov.: dal — al fare c'è di mezzo il mare.*

diretta [-rèt-] *s.f.* **1** ripresa televisiva con contemporanea trasmissione **2** via, percorso diretto.

direttissima [-tìs-] *s.f.* **1** linea ferroviaria che mette in comunicazione centri importanti attraverso la via più breve **2** via più rapida, senza deviazioni, per raggiungere in scalata la vetta di un monte: *salita per —* **3** procedura giudiziaria rapida: *processo per —.*

direttissimo [-tìs-] *s.m.* vecchia denominazione di tre-

no che viaggia a velocità elevata e ferma solo in stazioni importanti, oggi chiamato *espresso.*

direttiva *s.f.* disposizione generale sul modo di agire, di regolarsi. SIN. *norma, indirizzo.*

direttivo *agg.* che dirige, che tende a dirigere: *comitato —, linea direttiva,* direzione che si segue in un'azione o in un pensiero // *s.m.* comitato direttivo: *il — del partito.*

diretto [-rèt-] *agg.* **1** che tende a una meta, a uno scopo; indirizzato; guidato: *sono — a scuola; provvedimenti diretti a tutelare l'ordine* **2** che è senza deviazioni; immediato: *discendenza in linea diretta; luce diretta;* è *la conseguenza diretta di quel discorso* // *s.m.* **1** treno che fa meno fermate del *locale* e più dell'*espresso* **2** nel pugilato, colpo sferrato a braccio teso // **-mente** *avv.* **1** per via diretta, senza deviazioni: *vado — in ufficio* **2** immediatamente, senza intermediari.

direttore [-tó-] *s.m.* [f. *-trice*] chi dirige, chi ha la direzione di un'attività, scuola, ufficio, azienda ecc.: *— didattico; — generale; — di un giornale,* chi dirige politicamente un giornale e assegna gli incarichi ai redattori; *— responsabile,* chi assume anche la responsabilità giuridica di quanto pubblica un giornale / *— spirituale,* sacerdote che consiglia spiritualmente una persona o una comunità.

direttoriale *agg.* di, del direttore.

direttorio [-tò-] *s.m.* organismo che ha funzioni direttive.

direttrice *agg.* che indica, che dà la direzione: *norma, linea —* // *s.f.* **1** linea sulla quale si sviluppa un'azione militare o politica **2** (*geom.*) linea di una superficie rigata che incontri tutte le generatrici.

direzionale *agg.* **1** che è relativo alla direzione, al movimento: *freccia —,* che indica la direzione da seguire **2** che provvede alla direzione / *centro —,* zona centrale della città dove sono riuniti tutti i servizi pubblici e di direzione della vita urbana.

direzione [-zió-] *s.f.* **1** parte verso cui si volge una

Diritto

diritto oggettivo, soggettivo; pubblico (*costituzionale, amministrativo, penale, processuale, ecclesiastico*); privato (*civile, commerciale, del lavoro*).

■ LEGGI E CONTRATTI: costituzione, statuto, codice, legge, decreto, decreto legge, legge delegata, leggina, decreto delegato, consuetudine, regolamento, ordinanza, circolare, prassi, uso, norma, sanzione, giuridicità, garantismo, coattività; precettazione; abrogazione, deroga; articolo, comma, paragrafo, alinea; accordo, contratto, convenzione, concordato, negozio giuridico, patto, pattuizione, trattato; clausola, capitolato, ratifica, rescissione, revoca, risoluzione, sanatoria; nullità, annullabilità, validità, invalidità.

■ MAGISTRATURA E PROCESSI: conciliazione, pretura, tribunale, corte d'appello, corte d'assise, corte di cassazione, corte costituzionale; adire, attore, convenuto, querela, querelante, processo (*per direttissima*), giuria, giurisdizione, udienza, dibattimento, interrogatorio, istruttoria (*formale*), formalizzazione, contestazione, contraddittorio, contenzioso, sequestro, dissequestro; sentenza, verdetto, decisione, arbitrato, transazione; ricorso, appello, impugnazione, gravame, regiudicata; termine (*dilatorio, ordinatorio, perentorio*); perizia, prova, probatorio, verbale.

■ PERSONE: avvocato, cancelliere, giudice, giudice popolare, giurato, perito, presidente, pretore, procuratore della repubblica, procuratore legale, pubblico ministero, sostituto procuratore, teste, uditore giudiziario.

■ DIRITTO PRIVATO: adozione, affiliazione, affinità, consanguineità, agnazione, cognazione, ascendente, discendente; famiglia, padre, madre, figlio, fratello, sorella, avi; matrimonio, separazione, divorzio, annullamento; curatela, curatore, tutela, tutore, interdetto, inabilitato, pupillo, maggiorenne, minorenne, nascituro, emancipato, emancipazione • asse ereditario, codicillo, donazione, eredità, fedecommesso, lascito, legato, legare, successione, testare, testamento (*olografo, nuncupativo*), beneficiario, coerede, erede, legatario, onerato

☐ bene (*alienabile, inalienabile, fungibile, infungibile, fruttifero, infruttifero*); agibilità, compascolo,

persona o è volta una cosa: *muoversi in — del vento* **2** il dirigere, il guidare, il comandare; ufficio preposto all'organizzazione di un determinato servizio; luogo in cui si trova tale ufficio: *assumere la — di un teatro.*

dirigente [-gèn-] *agg.* e *s.m.* e *f.* che o chi dirige qualche attività: *organismo —; i dirigenti d'azienda.*

dirigenza [-gèn-] **1** qualifica di dirigente **2** insieme dei dirigenti.

dirigere [-ri-] *v.tr.* [pres. *io dirigo, tu dirigi* ecc.; pass.rem. *io diréssi, tu dirigésti* ecc.; p.pass. *dirètto*] **1** volgere verso una data direzione (anche *fig.*): *— la mira, lo sguardo* **2** indirizzare, rivolgere: *— una lettera, la parola* **3** comandare, guidare: *— un'orchestra, un assalto //* **-ersi** *v.rifl.* volgersi verso una data direzione (anche *fig.*): *— verso Roma.*

dirigibile [-gi-] *agg.* che si può dirigere *// s.m.* aerostato di forma allungata munito di un sistema di propulsione, di piani stabilizzatori e di timoni per dirigerne la navigazione.

dirigibilista *s.m.* e *f.* [pl.m. *-i*] chi fa parte dell'equipaggio di un dirigibile.

dirigismo [-ĵmo] *s.m.* indirizzo di politica economica in virtù del quale lo stato opera una serie di interventi esterni sul sistema economico nazionale per farlo convergere ai fini voluti.

dirigista *agg.* [pl.m. *-i*] che si riferisce al dirigismo *// s.m.* e *f.* sostenitore del dirigismo.

dirigistico [-gì-] *agg.* [pl.m. *-ci*] del dirigismo, ispirato al dirigismo.

dirimente [-mèn-] *agg.* che dirime */ impedimenti dirimenti*, in diritto canonico, quelli che invalidano il matrimonio.

dirimere [-rì-] *v.tr.* [pass.rem. *io diriméi* o *dirimètti, tu dirimésti* ecc.] (*lett.*) troncare, risolvere: *— una lite.*

dirimpettaio [-tà-] *s.m.* (*fam.*) chi abita nella casa o nell'appartamento dirimpetto.

dirimpetto [-pèt-] *avv.* di faccia, di fronte: *la stazione è qui — // prep.impropria* di faccia; si unisce ai nomi per mezzo della prep. *a: abita — a me // agg.invar.* che sta di faccia: *il palazzo —.*

diritta *s.f.* mano destra */ a —*, a destra.

diritto[1] *agg.* **1** che procede secondo una linea retta, che non piega da nessuna parte: *sentiero —; gambe diritte; stare —*, con la persona eretta */ per — o per traverso*, in un modo o nell'altro. CONTR. *storto* **2** (*fig.*) onesto, giusto: *coscienza diritta* **3** destro: *mano diritta // s.m.* **1** la parte diritta di qlco.; la parte di un tessuto e simili che rimane all'esterno una volta terminata la lavorazione; la faccia principale di una moneta. CONTR. *rovescio* **2** nel tennis, colpo basilare dato alla palla, dopo aver piegato il più indietro possibile la racchetta [*ill. Tennis*] *// avv.* in modo diritto (spec. *fig.*): *devi scrivere più / — / rigare —*, non allontanarsi dalla retta via */ tirare — per la propria strada*, agire senza curarsi di quel che dice la gente.

diritto[2] *s.m.* **1** complesso di norme che regolano i rapporti sociali con carattere di obbligatorietà; scienza che ha per oggetto di studio tali norme: *— naturale, privato, pubblico* **2** facoltà, tutelata dalla legge, di esigere da altri qlco.; compenso dovuto in corrispettivo di determinate prestazioni: *— di proprietà; — elettorale; esercitare, rivendicare un —* **3** facoltà o pretesa giustificata da norme morali, consuetudini ecc.: *i diritti del sangue; — d'anzianità; non hai il — di parlare così / a buon —*, giustamente. CONTR. *dovere.*

dirittura *s.f.* **1** direzione in linea retta */ — d'arrivo*, tratto diritto della pista sul quale si conclude una gara di velocità **2** (*fig.*) senso del retto, del giusto e dell'onesto: *— morale.* SIN. *rettitudine, onestà.*

dirizzare *v.tr.* **1** (*lett.*) rivolgere: *— la mente a qlco.* **2** drizzare, raddrizzare.

dirizzone [-zó-] *s.m.* grosso equivoco, cantonata.

---

comproprietà, comunione, condominio, demanio, dominio, espropriazione, evizione, frontista, frutto, manomorta, pertinenza, possesso, possessore, precario, prescrizione, proprietà, proprietario, servitù, uso, usucapione, usufrutto

☐ abbonamento, accensione, accettilare, accomandita, adempimento, adesione, agente, agenzia, affitto, aleatorio, alienazione, anticresi, appaltare, asta, avallo, baratto, cambiale, canone, capitolato, cartello, cessione, colonia, colono, comodato, compravendita, condebitore, credito, creditore, debito, debitore, deposito, enfiteusi, escomio, fallimento, fattura, fideiussione, fittavolo, garante, garanzia, incanto, ipoteca, locatario, locatore, locazione, lotteria, mandato, mediatore, mediazione, mezzadria, mezzadro, mora, moroso, mutuo, novazione, obbligazione, pegno, pendenza, pensione, permuta, pigione, pignoramento, prestazione, procura, promessa, rappresentanza, rivendicazione, scadenza, scommessa, sequestro, sfratto, soccida, stipula, stipulare, stipulazione, subaffitto, subappalto, subenfiteusi, sublocazione, terzeria, usura, vitalizio, voltura.

■ DIRITTO PENALE: crimine, delitto, reato, contravvenzione; depenalizzazione • criminale, delinquente, reo, correo, imputato • accusa, parte civile, difesa, autodifesa • denuncia, autodenuncia, colpevole, innocente, condannato, assolto, prosciolto, proscioglimento, aggravante, attenuante, esimente, scriminante, recidiva, colpa, colposo, dolo, doloso, premeditato, premeditazione, preterintenzionale • amnistia, indulto, grazia, condanna, pena, confisca, detenzione, carcerazione, scarcerazione, ergastolo, galera, reclusione, prigione, multa, arresto, contumacia, latitanza, evasione

☐ abigeato, aggiotaggio, aggressione, ammutinamento, bancarotta (*fraudolenta*), bigamia, calunnia, cinconvenzione, concussione, contrabbando, cospirazione, diffamazione, effrazione, estorsione, falso, furto, incesto, infanticidio, ingiuria, lenocinio, malversazione, matricidio, omicidio, parricidio, plagio, prevaricazione, rapina, ribellione, ricatto, ricettazione, sabotaggio, sedizione, subornazione, tradimento, trasgressione, truffa, turbativa, usura, uxoricidio.

diro *agg.* (*lett.*) crudele, feroce.

diroccamento [-mén-] *s.m.* atto, effetto del diroccare.

diroccare *v.tr.* [*io diròcco, tu diròcchi ecc.*] demolire (un edificio, un muro e simili). SIN. *abbattere, distruggere.*

diroccato *agg.* cadente, in rovina: *castello —.*

dirompente [-pèn-] *agg.* **1** che spezza / *bomba —,* che scoppiando, lancia schegge all'intorno **2** (*fig.*) sconvolgente: *una notizia —.*

dirompere [-róm-] *v.tr.* [coniugato come *rompere*] **1** spezzare, maciullare: *— la canapa* **2** (*fig.*) fiaccare.

dirottamento [-mén-] *s.m.* il dirottare; deviazione.

dirottare *v.tr.* [*io diròtto ecc.*] deviare una nave, un aereo, o per estens. un altro veicolo, anche terrestre, per una rotta diversa da quella stabilita // *v.intr.* cambiar rotta (detto di nave).

dirottatore [-tó-] *s.m.* [f. *-trice*] chi dirotta un veicolo, spec. un aereo, con la minaccia delle armi.

dirotto [-rót-] *agg.* impetuoso e abbondante: *pianto —; pioggia dirotta / a —,* dirottamente // **-mente** *avv.* abbondantemente.

dirozzamento [-roʒʒamén-] *s.m.* il dirozzare, il dirozzarsi.

dirozzare [-roʒʒa-] *v.tr.* [*io diròzzo ecc.*] migliorare qlco. o qlcu. eliminandone la rozzezza, gli aspetti rozzi. SIN. *rifinire, raffinare.*

dirugginire *v.tr.* [*io dirugginisco, tu dirugginisci ecc.*] (*non com.*) **1** pulire dalla ruggine: *— un coltello* **2** (*fig.*) riattivare, rinnovare.

dirupare *v.intr.* (*rar.*) precipitare da una rupe o dall'alto // **-arsi** *v.rifl.pron.* essere scosceso.

dirupato *agg.* scosceso: *terreno —.*

dirupo *s.m.* luogo scosceso. SIN. *precipizio.*

diruto [di-] *agg.* (*lett.*) diroccato.

dis-¹ [dal lat. *dis-*, che indica separazione e simili] prefisso che indica separazione o negazione (*disintegrare, disancorare*).

dis-² [dal gr. *dys-*, che indica contrarietà e simili] prefisso che indica alterazione, cattivo funzionamento; usato spec. nella terminologia medica (*disfunzione, dispnea*).

disabbellire [-ʃab-] *v.tr.* [*io disabbellisco, tu disabbellisci ecc.*] togliere la bellezza; rendere meno bello.

disabile [-ʃà-] *agg. e s.m.* che, chi manca di alcune capacità fisiche o mentali; handicappato.

disabitato [-ʃa-] *agg.* non abitato, privo di abitanti. SIN. *deserto, spopolato.*

disabituare [-ʃa-] *v.tr.* [*io disabituo ecc.*] far perdere un'abitudine. CONTR. *abituare* // **-arsi** *v.rifl.* perdere un'abitudine.

disaccordo [-ʃaccòr-] *s.m.* mancanza di accordo; dissenso. SIN. *discordia.* CONTR. *accordo.*

disacerbare [-ʃa-] *v.tr.* [*io disacèrbo ecc.*] (*lett.*) togliere o diminuire l'acerbità, l'asprezza; addolcire: *— un dolore.*

disadattamento [-ʃadattamén-] *s.m.* l'effetto del disadattare, del disadattarsi.

disadattare [-ʃa-] *v.tr.* rendere incapace di adattarsi, spec. a un ambiente sociale e culturale.

disadattato [-ʃa-] *agg. e s.m.* che, chi è incapace di inserirsi in un ambiente sociale, di adattarsi alle sue regole.

disadatto [-ʃa-] *agg.* non adatto; incapace, inetto. CONTR. *adatto.*

disadorno [-ʃadór-] *agg.* privo di ornamenti: *locale —,* povero e nudo.

disaffezionare [-ʃaf-] *v.tr.* [*io disaffezióno ecc.*] far perdere l'affetto // **-arsi** *v.rifl.pron.* perdere l'affetto: *— a, da una persona.*

disaffezione [-ʃaffezió-] *s.f.* mancanza o diminuzione di affetto.

disagevole [-ʃagé-] *agg.* non agevole, scomodo; pieno di difficoltà. CONTR. *agevole.*

disaggio [-ʃàg-] *s.m.* (*fin.*) scarto tra il valore nominale di titoli o monete e la loro quotazione corrente, di solito inferiore.

disagiato [-ʃa-] *agg.* **1** privo di agi. SIN. *scomodo* **2** in cattive condizioni economiche: *vita disagiata.* CONTR. *agiato.*

disagio [-ʃà-] *s.m.* **1** mancanza di agi. CONTR. *agio* **2** imbarazzo: *essere, sentirsi a —.*

disalberare [-ʃal-] *v.tr.* [*io disàlbero ecc.*] privare una nave degli alberi.

disamara [-sà-] *s.f.* frutto costituito da due carpelli distinti, su ognuno dei quali è inserita un'ala membranacea [*ill. Frutti*].

disambientato [-ʃam-] *agg.* si dice di persona che non è avvezza a un particolare ambiente o che vi si sente a disagio: *in quella grande città, tra gente sconosciuta, si sentì completamente —.*

disamina [-ʃà-] *s.f.* atto, effetto del disaminare.

disaminare [-ʃa-] *v.tr.* [*io disàmino ecc.*] sottoporre a un attento esame: *— una questione.*

disamorare [-ʃa-] *v.tr.* [*io disamóro ecc.*] far perdere l'amore, l'interesse per una persona o una cosa // **-arsi** *v.rifl.pron.* perdere l'amore, l'interesse: *— dello studio.*

disamorato [-ʃa-] *agg.* privo d'amore, d'interesse.

disamore [-ʃamó-] *s.m.* mancanza d'amore; indifferenza, freddezza.

disancorare [-ʃan-] *v.tr.* [*io disàncoro ecc.*] strappare l'ancora dal fondo marino, liberando la nave dagli ormeggi // **-arsi** *v.rifl.* sciogliersi, sganciarsi (anche *fig.*): *— da ogni principio morale.*

disanimare [-ʃa-] *v.tr.* [*io disànimo ecc.*] togliere coraggio // **-arsi** *v.rifl.pron.* perdersi d'animo.

disappetenza [-ʃappetèn-] *s.f.* → **inappetenza**.

disapprovare [-ʃap-] *v.tr.* [*io disappròvo ecc.*] non approvare. SIN. *condannare, riprovare.* CONTR. *approvare.*

disapprovazione [-ʃapprovazió-] *s.f.* atto del disapprovare. SIN. *condanna, riprovazione.* CONTR. *approvazione.*

disappunto [-ʃap-] *s.m.* contrarietà; dispiacere o disagio dovuto a cause impreviste.

disarmare [-ʃar-] *v.tr.* **1** privare delle armi o dei mezzi di offesa e di difesa: *— un prigioniero, una fortificazione* **2** (*fig.*) placare, calmare: *la sua calma l'ha disarmato* **3** (*mar.*) asportare le dotazioni e le apparecchiature di una nave in previsione della demolizione **4** liberare una costruzione dalle armature: *— un ponte* // *v.intr.* **1** ridurre gli armamenti, per una politica di pace **2** (*fig.*) cedere, arrendersi.

disarmato [-ʃar-] *agg.* **1** sprovvisto di armi **2** (*fig.*) privo di potere, debole.

disarmo [-ʃar-] *s.m.* atto, effetto del disarmare.

disarmonia [-ʃarmonì-] *s.f.* mancanza di armonia; disaccordo, contrasto: *nella tua famiglia c'è —.* SIN. *discordanza.* CONTR. *armonia.*

disarmonico [-ʃarmò-] *agg.* [pl.m. *-ci*] privo di armonia: *accordo — di suoni; stile —.*

disarticolare [-ʃar-] *v.tr.* [*io disartìcolo ecc.*] sciogliere, snodare le articolazioni // **-arsi** *v.rifl.* uscire dalle articolazioni, slogarsi.

disarticolato [-ʃar-] *agg.* che ha le articolazioni sconnesse; che non è articolato (anche *fig.*): *arto —; suoni disarticolati, sviluppo —.*

disco

disartria [-ʃartrì-] *s.f.* (*med.*) incapacità di articolare correttamente le parole, per lesioni degli organi implicati nella fonazione.

disassortito [-ʃas-] *agg.* si dice di merci delle quali non è più disponibile l'intero assortimento.

disastrato [-ʃa-] *agg.* che ha subito un disastro, che è in condizioni disastrose: *territorio —*.

disastro [-ʃa-] *s.m.* **1** grave danno, rovina completa, sconfitta: *un grave — militare / quel bambino è un — (scherz.)* è troppo vivace. SIN. *catastrofe* **2** grave incidente: *— ferroviario.*

disastroso [-ʃastró-] *agg.* **1** che riesce molto male; che produce disastri: *un esame —; un temporale —* **2** che ha subito disastri; molto negativo: *la casa è in condizioni disastrose.*

disattendere [-ʃattèn-] *v.tr.* non considerare, non mantenere: *— un consiglio, un programma.*

disattento [-ʃattèn-] *agg.* non attento: *uno scolaro —.* SIN. *sbadato, distratto.* CONTR. *attento.*

disattenzione [-ʃattenzió-] *s.f.* atto, effetto dell'essere disattento. SIN. *sbadataggine, distrazione.* CONTR. *attenzione.*

disattivare [-ʃat-] *v.tr.* rendere innocuo un ordigno esplosivo privandolo del congegno che lo farebbe esplodere: *— una mina.*

disavanzo [-ʃa-] *s.m.* (*fin.*) in un bilancio, il risultato che si ha quando le uscite superano le entrate.

disavveduto [-ʃav-] *agg.* non avveduto.

disavventura [-ʃav-] *s.f.* evento sfortunato, disgrazia, contrarietà: *mi è capitata una —.*

disavvezzare [-ʃav-] *v.tr.* [*io disavvézzo ecc.*] far perdere l'abitudine: *— qlcu. dal vizio del fumo.* CONTR. *avvezzare // -arsi v.rifl.* perdere l'abitudine.

disavvezzo [-ʃavvéz-] *agg.* non più avvezzo.

disboscare [-ʃbo-] *v.tr.* e *deriv.* → **diboscare** e *deriv.*

disbrigo [-ʃbrì-] *s.m.* esecuzione, compimento rapido e preciso: *— delle pratiche d'ufficio.*

discacciare *v.tr.* [*io discàccio ecc.*] (*rar.*) scacciare.

discanto *s.m.* (*mus.*) sovrapposizione di una melodia a un'altra fondamentale.

discapito [-scà-] *s.m.* danno, perdita di valore o di stima: *se agisci così, lo fai a tuo —.*

discarica [-scà-] *s.f.* **1** l'insieme delle operazioni di scarico delle merci da una nave mercantile **2** scarico di rifiuti o scorie; il luogo dove si scaricano rifiuti, i rifiuti stessi: *divieto di —; — industriale.*

discarico [-scà-] *s.m.* [solo *sing.*] dimostrazione dell'innocenza di qlcu.; discolpa: *prove a —.*

discendente [-dèn-] *agg.* che discende: *ordine — // s.m.* chi discende da qlcu. per vincolo di sangue.

discendenza [-dèn-] *s.f.* **1** il discendere da qlcu.: *vanta una — da illustri antenati* **2** l'insieme dei discendenti.

discendere [-scén-] *v.intr.* [coniugato come *scendere*] **1** andare verso il basso: *— dal monte* **2** calare: *discende la sera* **3** tramontare: *la Luna discende* **4** derivare, avere origine, nascere: *— da nobile famiglia // v.tr.* scendere.

discenderia [-rì-] *s.f.* in una miniera, passaggio a forte pendenza che mette in comunicazione due ripiani a diverso livello.

discensore [-só-] *s.m.* attrezzo usato in alpinismo e in speleologia per realizzare una discesa controllata lungo le corde [*ill. Alpinismo*].

discente [-scèn-] *agg.* e *s.m.* che o chi impara; allievo.

discepolo [-scé-] *s.m.* chi segue l'insegnamento di qlcu.

discernere [-scèr-] *v.tr.* [pres. *io discèrno ecc.*; pass.rem. (*rar.*) *io discernètti* o *discernéi, tu discernésti ecc.*; p.pass. *discréto,* usato solo come *agg.*] vedere chiaramente con gli occhi o con la mente; conoscere distintamente, distinguere: *— da lontano il profilo dei monti; — il bene dal male.*

discernibile [-nì-] *agg.* che si può discernere.

discernimento [-mén-] *s.m.* capacità di discernere con la mente, di giudicare, di capire.

discesa [-scé-] *s.f.* **1** il discendere: *una — col paracadute / — a corda doppia,* metodo usato dagli alpinisti per scendere lungo strapiombi, facendo passare la corda intorno a uno spuntone di roccia in modo da raddoppiarla [*ill. Alpinismo*] **2** percorso in pendenza, considerato procedendo dall'alto in basso.

discesismo [-ʃmo] *s.m.* (*sport*) tecnica e specialità della discesa con gli sci.

discesista *s.m.* e *f.* [pl.m. *-i*] sciatore che si dedica al discesismo.

discettare *v.tr.* [*io discètto ecc.*] (*lett.*) disputare, contendere.

discettatore [-tó-] *s.m.* (*lett.*) chi discetta con abilità, chi ha l'abitudine di discettare.

dischiudere [-schiù-] *v.tr.* [coniugato come *chiudere*] (*lett.*) aprire, manifestare, svelare.

discinesia [-ʃi-] *s.f.* disturbo nervoso per cui si hanno involontariamente contrazioni dei muscoli e di conseguenza esecuzione di movimenti.

discinetico [-nè-] *agg.* [pl.m. *-ci*] di, della discinesia *// agg.* e *s.m.* che, chi soffre di discinesia.

discinto *agg.* poco vestito; con le vesti scomposte.

disciogliere [-sciò-] *v.tr.* [coniugato come *sciogliere*] **1** slegare, liberare: *abbiamo disciolto i prigionieri* **2** liquefare, fondere.

disciplina *s.f.* **1** l'obbedienza rigorosa a norme che regolano una convivenza scolastica, di lavoro, militare, religiosa e simili; il complesso di tali norme. CONTR. *indisciplina* **2** materia di studio e di insegnamento: *le discipline giuridiche* **3** in particolari condizioni di religiosità, mazzo di funicelle per flagellarsi.

disciplinare[1] *v.tr.* piegare alla disciplina: *— un esercito // -arsi v.rifl.* (*rel.*) percuotersi con la disciplina.

disciplinare[2] *agg.* che concerne la disciplina: *norme disciplinari.*

disciplinatezza [-téz-] *s.f.* l'essere disciplinato.

disciplinato *agg.* rispettoso della disciplina. SIN. *ubbidiente.* CONTR. *indisciplinato.*

disciplinatore [-tó-] *agg.* e *s.m.* [f. *-trice*] che o chi disciplina.

disc-jockey [*ingl.*; *pr.* diskgiòki] *s.m.* e *f.* chi sceglie e man mano presenta i dischi nelle discoteche e nelle trasmissioni radiofoniche e televisive.

disco *s.m.* [pl. *-chi*] **1** qualunque oggetto o figura circolare a facce piane (anche *fig.*): *— d'acciaio; — solare / — combinatore,* nel telefono tradizionale, disco provvisto di appositi fori per comporre i numeri / *freni a —,* negli autoveicoli, freni che agiscono su un disco metallico collegato alla ruota [*ill. Automobile*] / *— orario,* disco di cartone che serve a determinare il periodo di sosta autorizzata su un autoveicolo / *— volante,* nome dato a oggetti luminosi di forma appiattita, che, visti attraversare il cielo, sono stati ritenuti astronavi provenienti da mondi extraterrestri / *lancio del —,* sport che consiste nel lanciare a distanza un oggetto di forma circolare appiattita [*ill. Atletica*] **2** sottile piastra di gommalacca o di altro materiale che reca incisi parole o suoni atti a essere riprodotti da apparecchi fonografici: *incidere un —* / *ripetere il solito —*, ripetere sempre le stesse cose / *cambiare —*, cambiare discorso, dire qlco. di diverso **3** piastra circolare di pietra o di metallo con l'orlo assottigliato, che si lancia in gare sportive; il tondino di gomma pressata usato nell'hockey **4** strumento di segnalazione ferroviaria che serve a indicare ai treni la via libera o impedita **5** piatto ricoperto di sostanza magnetizzabile, per la registrazione e la lettura magnetica di dati negli elaboratori elettronici [*ill. Elaboratore*] // agg. come abbreviazione di *discomusic*, si dice di pezzi musicali, esecutori ecc. che si rifanno a questo stile.

discobolo [-scò-] *s.m.* lanciatore di disco.

discografia [-fi-] *s.f.* **1** elenco dei dischi pubblicati di un autore o esecutore, o di un dato genere musicale **2** l'industria discografica.

discografico [-grà-] *agg.* [pl.m. *-ci*] dei dischi fonografici: *mercato —* / *indice —*, discografia // *s.m.* lavoratore, industriale del disco.

discoide [-scòi-] *s.m.* oggetto simile a un disco, ma con facce leggermente convesse; in particolare, compressa, pastiglia medicinale a forma di piccolo disco.

discolibro *s.m.* [pl. *dischilibri*] libro cui sono aggiunti uno o più dischi a integrazione dell'argomento.

discolo [dì-] *agg.* e *s.m.* si dice di giovane irrequieto, insofferente di regole e proibizioni.

discolorare *v.tr.* [*io discolóro ecc.*] (*lett.*) togliere il colore; far impallidire // **-arsi** *v.rifl.pron.* perdere il colore.

discolpa [-scól-] *s.f.* atto, effetto del discolpare o del discolparsi; le ragioni addotte per discolparsi: *che cosa dirai a tua —?*

discolpare *v.tr.* [*io discólpo ecc.*] difendere dall'accusa di una colpa. SIN. *scagionare*. CONTR. *incolpare* // **-arsi** *v.rifl.* difendersi da un'accusa, giustificarsi.

disco-music [*ingl.*; *pr.* dìscou miùʃic] *s.f.* genere musicale creato per il ballo, caratterizzato da un tempo fisso e da una relativa semplicità di costruzione.

disconoscente [-scèn-] *agg.* sconoscente, ingrato.

disconoscenza [-scèn-] *s.f.* sconoscenza, ingratitudine.

disconoscere [-nó-] *v.tr.* [*io disconósco, tu disconósci ecc.*] non voler conoscere o riconoscere.

disconoscimento [-mén-] *s.m.* l'atto, l'effetto del disconoscere: *— di paternità*, atto per cui si disconosce una presunta paternità.

discontinuità *s.f.invar.* mancanza di continuità.

discontinuo [-tì-] *agg.* non continuo: *rendimento —* / *s.m.* lavoratore con orario di lavoro diversificato.

discoprire *v.tr.* [*io discòpro ecc.*] (*lett.*) scoprire.

discordante *agg.* che non è in accordo.

discordanza *s.f.* mancanza di accordo: *— di suoni, di opinioni*. SIN. *disarmonia*.

discordare *v.intr.* [*io discòrdo ecc.*] non essere d'accordo.

discorde [-scòr-] *agg.* che discorda, che non è in accordo: *pareri discordi*. CONTR. *concorde*.

discordia [-scòr-] *s.f.* **1** mancanza di concordia; lite, conflitto: *in quella casa regna la —; seminare la —* / *il pomo della —*, ogni causa di dissenso, di contesa. SIN. *disaccordo, dissidio*. CONTR. *concordia* **2** divergenza di opinioni, di giudizi: *— tra i critici*.

discorrere [-scór-] *v.intr.* [coniugato come *correre*] parlare; trattare diffusamente e ordinatamente un argomento: *— del più e del meno*; *— di politica* / *...e via discorrendo*, eccetera. SIN. *conversare*.

discorsivo *agg.* **1** relativo al discorso; che ha carattere di discorso: *stile —* **2** incline a discorrere. SIN. *loquace*.

discorso [-scór-] *s.m.* **1** il discorrere; quindi anche conversazione, colloquio: *cambiare —; un — alla buona*. DIM. *discorsetto* **2** trattazione di un argomento, fatta spec. in pubblico: *ha tenuto un — sulla riforma della scuola*. SIN. *orazione* **3** *parti del —*, le categorie nelle quali si dividono, in grammatica, le parole di una lingua secondo la loro funzione e forma (p.e. *articolo, nome, verbo*).

discostare *v.tr.* [*io discòsto ecc.*] scostare, allontanare // **-arsi** *v.rifl.* allontanarsi (spec. *fig.*): *— dalla tradizione, dalla realtà*.

discosto [-scò-] *agg.* separato; lontano: *una barca discosta dalla riva* // *avv.* lontano: *abita poco — da me*.

discoteca [-tè-] *s.f.* **1** collezione di dischi fonografici **2** locale pubblico, con particolare arredamento e giochi di luci, dove si balla al suono di dischi.

discrasia [-ʃì-] *s.f.* (*med.*) qualsiasi alterazione nella composizione del sangue e degli altri liquidi dell'organismo.

discreditare *v.tr.* [*io discrédito ecc.*] screditare, privare del credito.

discredito [-scré-] *s.m.* diminuzione o perdita del credito o della stima. SIN. *disstima*. CONTR. *credito*.

discrepante *agg.* discordante, diverso.

discrepanza *s.f.* disaccordo, diversità.

discreto [-scré-] *agg.* **1** prudente, non importuno: *una persona discreta*. SIN. *riguardoso*. CONTR. *indiscreto* **2** non piccolo, sufficiente: *un — stipendio* **3** abbastanza buono: *una discreta commedia* **4** si dice di grandezze o segnali capaci di misurare o indicare separatamente condizioni distinte, come sì o no, acceso o spento, minimo, medio o massimo (si contrappone a *continuo*) // **-mente** *avv.* sufficientemente; abbastanza bene; con discrezione.

discrezionale *agg.* affidato alla decisione dell'avente diritto: *potere —*, facoltà della pubblica amministrazione o dell'autorità giudiziaria di prendere le decisioni che, entro i limiti della legge, le sono affidate.

discrezione [-zió-] *s.f.* **1** facoltà di discernere; facoltà di scegliere, arbitrio / *arrendersi a —*, affidarsi all'arbitrio incondizionato del vincitore **2** senso di misura; prudenza, tatto, rispetto.

discriminare *v.tr.* [*io discrimino ecc.*] **1** distinguere, fare una differenza; differenziare **2** (*dir.*) togliere o attenuare la responsabilità di un crimine: *circostanze discriminanti*.

discriminazione [-zió-] *s.f.* il discriminare; il fare differenza: *— razziale*.

discussione [-sió-] *s.f.* il discutere. SIN. *dibattito, controversia*.

discusso *agg.* che attira l'attenzione suscitando discussioni: *problema —*.

discutere [-scù-] *v.tr.* [pass.rem. *io discussi, tu discutésti ecc.*; p.pass. *discusso*] esaminare un argomento, mettendo a confronto differenti opinioni: *la legge fu discussa in commissione* / *assol.* fare una discussione.

discutibile [-tì-] *agg.* che si può discutere; opinabile; incerto: *affermazione —*.

disdegnare [-fde-] *v.tr.* [*io disdégno ecc.*] disprezzare, avere a sdegno: *— gli elogi, le ricchezze*.

disdegno [-ʃdé-] *s.m.* sdegno misto a disprezzo.

disdegnoso [-ʃdegnó-] *agg.* pieno di disdegno, che mostra disdegno. SIN. *sprezzante*.

disdetta [-ʃdét-] *s.f.* **1** (*dir.*) atto col quale si manifesta la volontà di sciogliere un contratto: *dare la — a un inquilino* **2** sfortuna: *avere, portare —; che —!*

disdicevole [-ʃdicé-] *agg.* (*lett.*) che non si addice, sconveniente.

disdire [-ʃdi-] *v.tr.* [coniugato come *dire*] **1** negare, dire il contrario di quanto si è detto in precedenza: *dice e disdice con la massima tranquillità* **2** rinunziare, ritrattare, sciogliere: — *un contratto, un invito, un abbonamento* // *v.intr.* (*lett.*) essere sconveniente: *queste cose disdicono alla nostra dignità* // **-irsi** *v.rifl.* ritrattarsi: *voi vi disdite.*

disdoro [-ʃdò-] *s.m.* (*antiq.*) disonore, onta.

diseccare *v.tr.* e *intr.* → **disseccare**.

diseccitare [-ʃec-] *v.tr.* [*io disèccito ecc.*] interrompere la corrente in una elettrocalamita // **-arsi** *v.intr.pron.* (*fis.*) il passare di particelle subatomiche da uno stato eccitato (instabile e a energia maggiore) a uno non eccitato (stabile e a energia inferiore) con emissione di radiazioni.

diseconomia [-ʃeconomì-] *s.f.* perdita economica, spreco / *diseconomie di scala,* (*econ.*) quegli aumenti del costo medio unitario dei prodotti industriali che si verificano con il crescere del livello di produzione, quindi della quantità di prodotto.

diseducare [-ʃe-] *v.tr.* [*io disèduco, tu disèduchi ecc.*] educare male; annullare i risultati di un'educazione.

diseducativo [-ʃe-] *agg.* che diseduca; che educa male.

disegnare *v.tr.* [*io diségno ecc.*] **1** rappresentare immagini per mezzo di linee e segni: — *un triangolo;* — *dal vero* **2** (*fig.*) descrivere con parole: *il saggio disegna la situazione economica* **3** avere in animo, progettare: *aveva disegnato di partire domani.*

disegnatore [-tó-] *s.m.* [f. *-trice*] chi disegna, spec. per professione.

disegno [-sé-] *s.m.* **1** immagine rappresentata con linee e segni; il modo di disegnare; l'arte di disegnare / *disegni animati,* film, generalmente comico, i cui singoli fotogrammi sono costituiti da disegni **2** abbozzo, schema di un'opera: *il — di un libro / — di legge,* proposta legislativa sottoposta all'esame del parlamento per l'approvazione **3** proposito, intenzione: *è un — inattuabile.*

diseguale [-ʃe-] *agg.* e *deriv.* → **disuguale** e *deriv.*

diserbante [-ʃer-] *agg.* e *s.m.* si dice di prodotto chimico capace di distruggere le erbe, usato in agricoltura e talora anche a scopo bellico.

diseredare [-ʃe-] *v.tr.* [*io diserèdo ecc.*] privare dell'eredità.

diseredato [-ʃe-] *agg.* e *s.m.* che, chi è stato privato dell'eredità; per estens., si dice di chi, per condizione sociale, è privo di beni e di soddisfazioni comuni alla maggior parte degli uomini.

disertare [-ʃer-] *v.tr.* [*io disèrto ecc.*] lasciare volontariamente un luogo; (*fig.*) abbandonare una causa, un partito politico e simili // *v.intr.* **1** abbandonare il reparto dell'esercito a cui si appartiene; passare al nemico: *due soldati hanno disertato* **2** (*fig.*) venir meno a un dovere, a un obbligo; abbandonare una causa.

disertore [-ʃertó-] *s.m.* il militare che diserta; (*fig.*) chi abbandona una causa, un impegno.

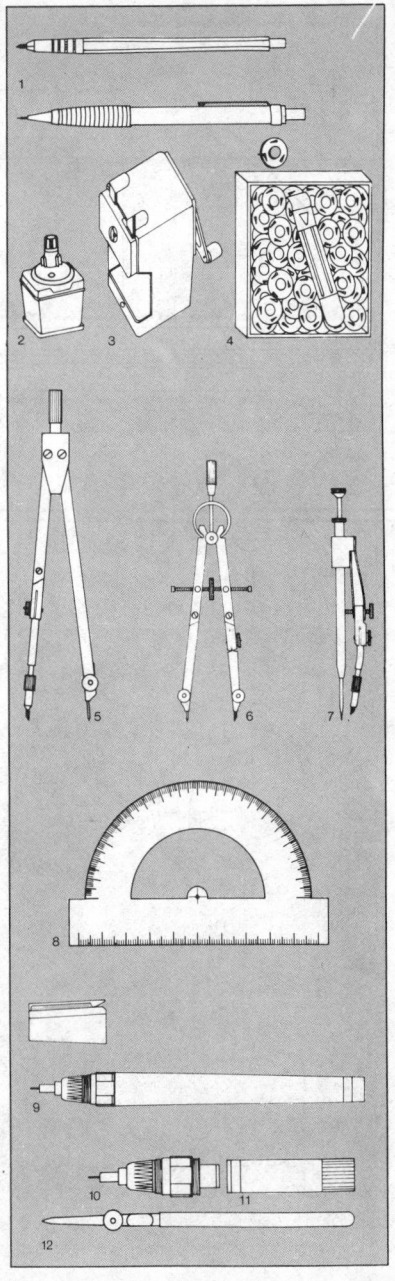

strumenti per il disegno

1 *portamine,* 2 *temperamine,* 3 *temperamatite,* 4 *puntine a tre punte,* 5 *compasso,* 6 *balaustrino,* 7 *balaustrino a pompa,* 8 *goniometro,* 9 *penna a china,* 10 *punta scrivente intercambiabile,* 11 *cartuccia,* 12 *tiralinee* →

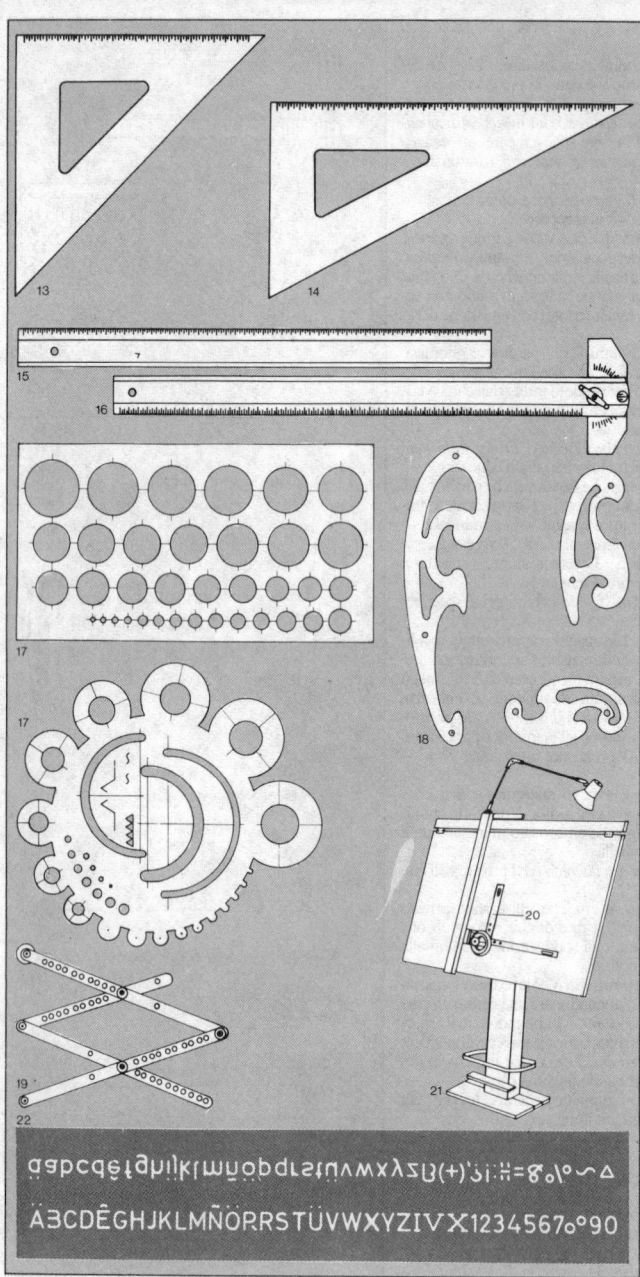

←
13 *squadra a 45°,*
14 *squadra a 30°-60°,*
15 *riga,*
16 *riga a T,*
17 *maschere per cerchi,*
18 *curvilinee,*
19 *pantografo,*
20 *tecnigrafo,*
21 *tavolo,*
22 *normografo.*

diserzione [-ʃerzió-] *s.f.* il disertare (anche *fig.*).

disfacimento [-mén-] *s.m.* **1** il disfare, il disfarsi **2** (*fig.*) rovina, sfacelo; putrefazione.

disfagia [-gì-] *s.f.* (*med.*) difficoltà a deglutire.

disfare *v.tr.* [pres. *io disfàccio* o *disfò* o *disfo, tu disfài, egli disfà* o *disfa, noi disfacciamo, voi disfate, essi disfanno* o *disfano*; il resto è coniugato come *fare*] **1** scomporre cose già fatte; distruggere: — *il letto*; — *un lavoro* / — *un esercito,* sconfiggerlo **2** sciogliere: *il fuoco disfa la cera* // **-arsi** *v.rifl.* privarsi, liberarsi di una cosa o di una persona: *si disfece della valigia* // *v.rifl.pron.* **1** corrompersi, guastarsi (detto di carne, frutta ecc.); sfiorire **2** sciogliersi.

disfatta *s.f.* grave sconfitta.

disfattismo [-ʃmo] *s.m.* l'opera di chi mira alla disfatta militare del proprio paese; per estens., l'opera di chi ostacola la riuscita di un'impresa diffondendo sfiducia.

disfattista *agg.* e *s.m.* e *f.* [pl.m. *-i*] si dice di chi fa opera di disfattismo, di ciò che favorisce tale opera.

disfida *s.f.* (*lett.*) sfida: *la — di Barletta.*

disforia [-rì-] *s.f.* (*med.*) stato di cattivo umore (contrapposto a *euforia*).

disfunzione [-zió-] *s.f.* (*med.*) funzionamento irregolare di un organo, di una ghiandola ecc.

disgelare [-ʃge-] *v.tr.* [*io disgèlo* ecc.] sciogliere dal gelo: *il sole disgela i campi* // *v.intr.* sciogliersi dal gelo; spelare: *il fiume disgela* // *v.intr.impers.* sciogliersi dal gelo.

disgelo [-ʃgè-] *s.m.* **1** fusione del ghiaccio e delle nevi **2** (*fig.*) miglioramento dei rapporti tra persone o comunità prima nemiche; distensione.

disgeusia [-ʃgeuʃì-] *s.f.* (*med.*) alterazione nella percezione dei sapori.

disgiungere [-ʃgiùn-] *v.tr.* [*io disgiungo, tu disgiungi* ecc.] separare, staccare.

disgiuntivo [-ʃgiun-] *agg.* atto a disgiungere / *congiunzioni disgiuntive,* quelle che disgiungono due elementi coordinati di una proposizione o di un periodo (p.e. *tornerò stasera o domani; o entri o esci*).

disgiunto [-ʃgiun-] *agg.* non congiunto, staccato. SIN. *diviso, separato.*

disgiunzione [-ʃgiunzió-] *s.f.* atto, effetto del disgiungere; separazione.

disgrazia [-ʃgrà-] *s.f.* **1** perdita del favore altrui: *essere, cadere in —* **2** cattiva sorte, sfortuna; fatto involontario e dannoso, infortunio; disastro. SIN. *sciagura.*

disgraziato [-ʃgra-] *agg.* **1** che ha sorte avversa, che non è fortunato // si usa anche come insulto. SIN. *sventurato, sciagurato* **2** che è effetto di disgrazia: *un incontro —* // **-mente** *avv.* per disgrazia, purtroppo.

disgregare [-ʃgre-] *v.tr.* [*io disgrègo, tu disgrèghi* ecc.] dividere qlco. nelle parti che la compongono (anche *fig.*): *il clientelismo disgrega la società.* SIN. *decomporre* // **-arsi** *v.rifl.* dividersi, sgretolarsi.

disgregazione [-ʃgregazió-] *s.f.* atto, effetto del disgregare o del disgregarsi: — *sociale;* — *delle rocce,* alterazione e sgretolamento delle rocce per l'azione degli agenti atmosferici. SIN. *decomposizione.*

disguido [-ʃgui-] *s.m.* equivoco, errore nel recapito di qlco. o in un programma prestabilito.

disgustare *v.tr.* offendere il gusto; ispirare disgusto, ripugnanza (anche *fig.*). SIN. *nauseare* // **-arsi** *v.rifl.pron.* provare disgusto.

disgusto *s.m.* sensazione sgradevole, che offende il gusto; repulsione. SIN. *avversione, nausea, ripugnanza.*

disgustoso [-stó-] *agg.* che provoca disgusto. SIN. *nauseante, ripugnante.*

disidratare [-ʃi-] *v.tr.* eliminare o ridurre, con mezzi chimici o fisici, la parte acquea di una sostanza.

disidratato [-ʃi-] *agg.* povero o privo di acqua rispetto alla condizione normale.

disidratazione [-ʃidratazió-] *s.f.* **1** eliminazione o riduzione, spontanea o provocata, dell'acqua da una sostanza o da un organismo **2** scarsità del contenuto di acqua: — *della pelle.*

disilludere [-ʃillù-] *v.tr.* [coniugato come *illudere*] deludere, disingannare.

disillusione [-ʃillusió-] *s.f.* delusione, disinganno.

disilluso [-ʃilluʃo] *agg.* che non ha più illusioni; disingannato. CONTR. *illuso.*

disimmetria [-tri-] *s.f.* → **dissimmetria**.

disimparare [-ʃim-] *v.tr.* dimenticare ciò che si è imparato. CONTR. *imparare.*

disimpegnare [-ʃim-] *v.tr.* [*io disimpégno* ecc.] **1** liberare da un impegno: — *dall'obbligo di obbedire* **2** liberare un oggetto dato in pegno, a garanzia di un prestito: — *un orologio* **3** rendere libero qlcu.; rendere accessibile qlco.: — *i soldati accerchiati;* — *gli uffici con un corridoio* **4** esercitare, compiere qlco.: — *bene i propri compiti* // **-arsi** *v.rifl.* cavarsela bene in qlco.: — *nel servire a tavola.*

disimpegno [-ʃimpé-] *s.m.* il disimpegnare, il disimpegnarsi / *locale di —,* di accesso ad altri locali / *il — degli intellettuali,* l'abbandono dell'impegno politico.

disimpiego [-ʃimpiè-] *s.m.* [pl. *-ghi*] **1** il non impiegare; mancata utilizzazione **2** il non dare o non avere lavoro impiegatizio, o lavoro in generale; l'insieme di quanti non hanno, o hanno in misura ridotta, lavoro.

disincagliare [-ʃin-] *v.tr.* [*io disincàglio* ecc.] far galleggiare di nuovo una nave incagliatasi; (*fig.*) togliere da un incaglio, riavviare: — *le trattative.*

disincaglio [-ʃincà-] *s.m.* il disincagliare (anche *fig.*).

disincantare [-ʃin-] *v.tr.* togliere dall'illusione, rendere accorto.

disincantato [-ʃin-] *agg.* disingannato, smaliziato.

disincentivare [-ʃin-] *v.tr.* frenare, spec. rendendolo meno conveniente, un comportamento o fenomeno.

disincentivo [-ʃin-] *s.m.* ciò che disincentiva; freno.

disindustrializzare [-ʃindustrialiʒʒa-] *v.tr.* ridurre in un'area la consistenza relativa del settore industriale.

disindustrializzazione [-ʃindustrialiʒʒazió-] *s.f.* riduzione, o consistenza relativamente scarsa, del settore industriale in una data area.

disinfestare [-ʃin-] *v.tr.* [*io disinfèsto* ecc.] liberare una persona, un luogo da parassiti, insetti ecc.

disinfestazione [-ʃinfestazió-] *s.f.* atto, effetto del disinfestare.

disinfettante [-ʃin-] *agg.* e *s.m.* si dice di sostanza atta a disinfettare.

disinfettare [-ʃin-] *v.tr.* [*io disinfètto* ecc.] distruggere le possibili cause di infezione.

disinfezione [-ʃinfezió-] *s.f.* atto, effetto del disinfettare.

disinflazione [-ʃinflazió-] *s.f.* contenimento o eliminazione dell'inflazione.

disinformare [-ʃin-] *v.tr.* [*io disinfórmo* ecc.] non informare, o informare male.

disinformato [-ʃin-] *agg.* che ha notizie insufficienti o errate.

disingannare [-ʃin-] *v.tr.* togliere dall'inganno o dall'errore // **-arsi** *v.rifl.* accorgersi di un proprio errore o dell'inconsistenza di una propria illusione.

disinganno [-ʃin-] *s.m.* l'effetto del disingannare o del disingannarsi.

disinibire [-ʃi-] *v.tr.* liberare da inibizioni.

disinibito [-ʃi-] *agg.* che non soffre di inibizioni; spontaneo, disinvolto.

disinnescare [-ʃin-] *v.tr.* [*io disinnésco, tu disinnéschi ecc.*] togliere l'innesco: — *una mina.*

disinnesco [-ʃinné-] *s.m.* atto, effetto del disinnescare.

disinnestare [-ʃin-] *v.tr.* [*io disinnèsto ecc.*] distaccare due congegni già in contatto solidale tra loro.

disinserire [-ʃin-] *v.tr.* [*io disinserisco, tu disinserisci ecc.*] togliere qlco. dal luogo dove era inserito: — *una scheda, una spina.*

disintegrare [-ʃin-] *v.tr.* [*io disìntegro ecc.*] spezzare l'integrità di un corpo (anche *fig.*); sminuzzare: — *l'atomo,* provocarne artificialmente la disintegrazione; — *una società,* scinderla, disgregarla // **-arsi** *v.rifl.* ridursi in frammenti; disgregarsi (anche *fig.*).

disintegrazione [-ʃintegrazió-] *s.f.* il disintegrare, il disintegrarsi: — *atomica.*

disinteressare [-ʃin-] *v.tr.* [*io disinterèsso ecc.*] distogliere l'interesse di qlcu. da qlco. // **-arsi** *v.rifl.pron.* smettere di interessarsi a qlco., non occuparsene più.

disinteressato [-ʃin-] *agg.* che non agisce per interesse (detto di persona); che non è fatto per interesse (detto di azione). CONTR. *interessato* // **-mente** *avv.* senza interesse proprio.

disinteresse [-ʃinterès-] *s.m.* **1** mancanza di interesse per qlco. **2** noncuranza del proprio interesse materiale o morale. CONTR. *interesse.*

disintossicare [-ʃin-] *v.tr.* [*io disintòssico, tu disintòssichi ecc.*] liberare l'organismo dalle sostanze nocive formatesi o introdotte in esso: *il latte disintossica.* CONTR. *intossicare.*

disintossicazione [-ʃintossicazió-] *s.f.* atto, effetto del disintossicare.

disinvestire [-ʃin-] *v.tr.* [*io disinvèsto ecc.*] distogliere il proprio denaro da un investimento o da investimenti.

disinvolto [-ʃinvòl-] *agg.* libero da impacci fisici; libero da timori, timidezza, pregiudizi: *passo* —; *discorso* —; *ragazza disinvolta.* SIN. *spigliato, sciolto.*

disinvoltura [-ʃin-] *s.f.* qualità di chi o di ciò che è disinvolto. SIN. *spigliatezza, scioltezza.* CONTR. *impaccio.*

disio [-ʃi-] *s.m.* e *deriv.* → **desio** e *deriv.*

disistima [-ʃi-] *s.f.* mancanza di stima. SIN. *disprezzo, discredito.* CONTR. *stima.*

disistimare [-ʃi-] *v.tr.* aver disistima, non stimare più. SIN. *disprezzare.* CONTR. *stimare.*

dislalia [-ʃlalì-] *s.f.* (*med.*) lo stesso che → **disartria**.

dislivello [-ʃlivèl-] *s.m.* differenza di livello (anche *fig.*): *v'è un* — *di civiltà tra quei popoli.*

dislocamento [-ʃlocamén-] *s.m.* **1** atto, effetto del dislocare **2** peso del volume dell'acqua spostata dalla parte immersa della nave.

dislocare [-ʃlo-] *v.tr.* [*io dislòco, tu dislòchi ecc.*] collocare, trasferire in uno o in altro luogo secondo l'opportunità: — *gli impianti sul territorio.*

dislocazione [-ʃlocazió-] *s.f.* **1** atto, effetto del dislocare: — *di truppe* **2** (*geol.*) spostamento degli strati superficiali della Terra dalla loro giacitura originaria, per effetto di forze naturali.

dismenorrea [-ʃmenorrè-] *s.f.* (*med.*) mestruazione dolorosa.

dismetria [-ʃmetrì-] *s.f.* (*med.*) disturbo neuro-muscolare per cui si ha difficoltà nell'esecuzione di movimenti volontari.

dismisura [-ʃmiʃu-] *s.f.* mancanza della giusta misura, eccesso / *a* —, eccessivamente.

disobbedire [-ʃob-] e *deriv.* → **disubbidire** e *deriv.*

disobbligare [-ʃob-] *v.tr.* [*io disòbbligo, tu disòbbglighi ecc.*] liberare da un obbligo // **-arsi** *v.rifl.* sdebitarsi, contraccambiare una cortesia ricevuta.

disoccupato [-ʃoc-] *agg.* e *s.m.* **1** che, chi non ha e non trova lavoro **2** che non fa nulla; ozioso, inattivo.

disoccupazione [-ʃoccupazió-] *s.f.* **1** condizione di chi non trova lavoro **2** il fenomeno, il problema sociale costituito dai disoccupati; il loro numero.

disonestà [-ʃo-] *s.f.invar.* l'essere disonesto; azione disonesta. CONTR. *onestà.*

disonesto [-ʃonè-] *agg.* **1** che manca di onestà. CONTR. *onesto* **2** impudico, malfamato.

disonorante [-ʃo-] *agg.* che disonora, disonorevole.

disonorare [-ʃo-] *v.tr.* [*io disonóro ecc.*] privare dell'onore; colpire nell'onore, nella reputazione: — *la famiglia.*

disonorato [-ʃo-] *agg.* che ha perduto l'onore.

disonore [-ʃonó-] *s.m.* **1** perdita o mancanza dell'onore: *preferì la morte al* —. SIN. *ignominia, infamia.* CONTR. *onore* **2** azione, persona che disonora / *è il* — *della famiglia,* (*scherz.*) non ne segue le tradizioni, si comporta diversamente dagli altri.

disonorevole [-ʃonoré-] *agg.* che è causa di disonore, disdicevole.

disopra [-ʃó-] *avv.* → **sopra** // *s.m.* la parte di sopra: *il* — *della macchina era sporco.*

disordinare [-ʃor-] *v.tr.* [*io disórdino ecc.*] mettere in disordine, confondere: — *le schiere;* — *le idee* // *v.intr.* essere smodato, eccedere.

disordinato [-ʃor-] *agg.* **1** che non è in ordine. SIN. *confuso* **2** che non conserva l'ordine, che non mette ordine nelle sue cose, nelle sue attività **3** sregolato, privo di misura: — *nel bere* // **-mente** *avv.* senza ordine, in modo disordinato.

disordine [-ʃór-] *s.m.* **1** mancanza di ordine; stato di ciò che è privo di ordine / *avere le vesti, i capelli in* —, scomposti, sporchi. SIN. *confusione* **2** sregolatezza, mancanza di misura: — *alimentare* **3** *spec.pl.* moto popolare, tumulto.

disorganico [-ʃorgà-] *agg.* [pl.m. *-ci*] privo di organicità, di organizzazione: *lavoro* —.

disorganizzare [-ʃorganiʒʒa-] *v.tr.* portare disordine in cosa organizzata: — *la difesa* // **-arsi** *v.rifl.* perdere la propria organizzazione; confondersi.

disorganizzato [-ʃorganiʒʒa-] *agg.* che è privo di organizzazione; confuso, caotico.

disorganizzazione [-ʃorganiʒʒazió-] *s.f.* atto, effetto del disorganizzare.

disorientamento [-ʃorientamén-] *s.m.* l'effetto del disorientare, del disorientarsi. SIN. *confusione, smarrimento.*

disorientare [-ʃo-] *v.tr.* [*io disoriènto ecc.*] far perdere l'orientamento, la direzione; (*fig.*) confondere: *questo modo di lavorare mi disorienta* // **-arsi** *v.rifl.* perdere l'orientamento, smarrirsi (anche *fig.*): *si disorientò alla prima domanda.*

disorientato [-ʃo-] *agg.* che ha perso l'orientamento. SIN. *confuso, smarrito.*

disormeggiare [-ʃor-] *v.tr.* [*io disorméggio ecc.*] liberare dagli ormeggi (navi e simili).

dissossare [-ʃo-] *v.tr.* [*io disòsso ecc.*] levare le ossa a un animale macellato: — *un pollo.*

disossidare [-ʃos-] *v.tr.* [*io disòssido ecc.*] eliminare o ridurre l'ossigeno presente in un composto.

disossidazione [-ʃossidazió-] *s.f.* l'operazione del disossidare, il suo effetto.

disotto [-sót-] *avv.* → **sotto** // *s.m.* la parte inferiore di qlco.: *il — dell'automobile*.

dispaccio [-spàc-] *s.m.* lettera molto importante, che concerne affari di stato; per estens., la lettera tra privati / — *telegrafico*, telegramma.

disparato *agg.* molto diverso, che non ha somiglianza con altro: *gli oggetti più disparati*.

disparere [-rè-] *s.m.* parere diverso da quello di un altro.

dispareunia [-nì-] *s.f.* (*med.*) rapporto sessuale doloroso o comunque difficoltoso.

dispari [dì-] *agg.invar.* **1** si dice di numero non divisibile per due **2** (*rar.*) differente, dissimile: *essere — di condizione*. CONTR. *pari*.

disparire *v.intr.* [pres. *io dispàio, tu dispari, egli dispare, noi dispariamo, voi disparite, essi dispàiono*; pass.rem. *io disparì o disparvi, tu disparisti, egli disparì o disparve ecc.*; cong.pres. *io dispàia, noi dispariamo, voi disparite, essi dispàiano*; p.pass. *disparito*, (raro) *disparso*] (*lett.*) sparire, svanire, scomparire, dileguarsi (anche *fig.*).

disparità *s.f.invar.* l'essere dispari; differenza, disuguaglianza: *la — delle idee, delle forze*.

disparte *avv.* da parte, da lato: *mettere in — / starsene in —*, vivere appartato.

dispendio [-spèn-] *s.m.* spesa notevole, spreco (anche *fig.*): — *di energie, di tempo*.

dispendioso [-dió-] *agg.* che costa molto: *viaggio —*. SIN. *costoso, caro* // **-mente** *avv.* con dispendio, con sperpero di denaro.

dispensa [-spèn-] *s.f.* **1** distribuzione: *la — del pane ai poveri* **2** stanza, mobile in cui si serbano le provviste: *metti l'arrosto nella —* **3** ciascun fascicolo di un'opera che si pubblica a riprese **4** esonero dall'osservanza di una prescrizione o dalla prestazione di un'attività: — *dal digiuno*; — *matrimoniale*.

dispensare *v.tr.* [*io dispènso ecc.*] **1** distribuire: — elemosine, scapaccioni **2** esonerare da un obbligo, da un onere, da un'imposizione: — *dai voti, dalle tasse*. SIN. *esentare*.

dispensario [-sà-] *s.m.* ambulatorio per i poveri e gli assicurati.

dispensatore [-tó-] *s.m.* [f. *-trice*] chi dispensa.

dispenser [*ingl.*; *pr.* dispènsa] *s.m.* **1** supporto per presentare al pubblico prodotti in vendita consentendone il prelievo diretto; espositore **2** confezione predisposta perché se ne possa estrarre il contenuto a singoli pezzi.

dispensiere [-siè-] *s.m.* **1** chi dispensa, distribuisce: *un santo — di grazie* **2** chi è addetto alla dispensa nelle comunità, sulle navi e simili.

dispepsia [-sì-] *s.f.* (*med.*) irregolarità della funzione digestiva.

dispeptico [-spèp-] *agg.* [pl.m. *-ci*] che ha rapporto con la dispepsia // *s.m.* chi soffre di dispepsia.

disperare *v.intr.* [*io dispèro ecc.*] non sperare più, perdere la speranza: — *della guarigione di qlcu.*; — *di salvare qlcu.* / *assol.* perdere ogni speranza: *non —, la situazione può migliorare* / *far —*, condurre alla disperazione, far perdere la pazienza // **-arsi** *v.rifl.pron.* lasciarsi prendere dalla disperazione, dallo sconforto.

disperato *agg.* senza speranza; che ha perso ogni speranza; che esprime disperazione: *un caso —*; *un gesto —* / *lavora come un —*, senza tregua / *alla disperata*, in fretta e furia. SIN. *sfiduciato, sconfortato* // **-mente** *avv.* **1** con disperazione: *piange —* **2** a più non posso: *correre —*.

disperazione [-zió-] *s.f.* **1** mancanza o perdita della

speranza: *fu vinto dalla —*; *per —*, non potendo fare in altro modo / *il coraggio della —*, si dice di chi osa tutto, non trovando un'altra soluzione. SIN. *sconforto, scoraggiamento* **2** la cosa o la persona che fa disperare: *sei la mia —*.

disperdere [-spèr-] *v.tr.* [coniugato come *perdere*] **1** sparpagliare, dissipare, distruggere: — *un patrimonio* **2** (*fig.*) consumare senza raggiungere lo scopo prefisso: — *le energie*.

dispersione [-spèr-] *s.f.* atto, effetto del disperdere / — *elettrica*, perdita spontanea delle cariche elettriche da parte di un corpo elettrizzato / — *della luce*, fenomeno per cui la luce bianca attraversando un mezzo rifrangente si separa in uno spettro continuo di colori.

dispersivo *agg.* che tende a disperdere (spec. *fig.*): *un lavoro —*, che non consente il conseguimento di scopi precisi.

disperso [-spèr-] *agg.* perduto, smarrito // *s.m.* persona di cui si ignora la sorte, spec. in guerra o dopo una catastrofe.

dispersore [-só-] *s.m.* **1** dispositivo, costituito generalmente da lamine o tubi metallici infissi nel terreno, che serve a disperdere le cariche atmosferiche che cadono sui parafulmini o a proteggere le apparecchiature elettriche delle centrali **2** nelle fosse biologiche, la vasca da cui si disperde il liquame.

dispetto [-spèt-] *s.m.* **1** atto compiuto per dare noia o dispiacere a qlcu.: *cantava per fargli —*; *fare i dispetti*, si dice di un bambino che dà molesta **2** stizza.

dispettoso [-tó-] *agg.* **1** che fa dispetti: *un bambino —* **2** stizzoso: *parole dispettose*.

dispiacere[1] [-cé-] *v.intr.* [coniugato come *piacere*] **1** non piacere: *questa frutta ha un sapore che dispiace al palato* **2** esser causa di noia, di sdegno, di rammarico e simili.

dispiacere[2] [-cé-] *s.m.* sentimento di dolore più o meno grave; ciò che arreca dolore.

dispiegare *v.tr.* [coniugato come *piegare*] distendere, spiegare: — *le ali* // **-arsi** *v.rifl.pron.* svilupparsi, svolgersi: *per tutto il poema si dispiega un senso di nostalgia*.

display [*ingl.*; *pr.* displèi] *s.m.* **1** disposizione commerciale efficace di prodotti in vendita **2** nei calcolatori elettronici, visualizzatore.

displuvio [-splù-] *s.m.* → **spartiacque**.

dispnea [-spnè-] *s.f.* (*med.*) difficoltà di respirazione.

dispnoico [-spnòi-] *agg.* [pl.m. *-ci*] che si riferisce alla dispnea // *s.m.* chi soffre di dispnea.

disponibile [-ni-] *agg.* **1** che si può disporre **2** che è a disposizione.

disponibilità *s.f.invar.* **1** l'essere disponibile **2** temporanea sospensione dal servizio di un funzionario.

disporre [-spór-] *v.tr.* [coniugato come *porre*] **1** collocare in un certo ordine: — *i libri nello scaffale* **2** preparare: — *ogni cosa per il viaggio* **3** rendere disposto, favorevole: — *le parti all'accordo* // *v.intr.* **1** ordinare, stabilire: *il regolamento dispone che non si esca senza permesso* **2** avere, possedere: — *di un discreto capitale* **3** stabilire per testamento.

dispositivo [-ʃi-] *agg.* che dispone; che intende disporre // *s.m.* **1** meccanismo atto a compiere un dato lavoro **2** (*dir.*) la parte della sentenza che contiene la decisione del caso.

disposizione [-ʃizió-] *s.f.* **1** atto, effetto del disporre **2** comando, ordine: *disposizioni di legge* / *sono a tua —* / *avere qlco. a propria —*, potersene servire **3** inclinazione, facilità: — *per la musica*; — *a una malattia*.

disposto [-spó-] *agg.* incline, pronto / *ben* —, favorevole; anche, di robusta costituzione fisica.

dispotico [-spò-] *agg.* [pl.m. *-ci*] di o da desposta. SIN. *tirannico, prepotente.*

dispotismo [-ʃmo] *s.m.* **1** governo di un despota **2** autorità rigorosa, arbitraria.

dispregiare *v.tr.* [*io disprègio ecc.*] (*lett.*) spregiare.

dispregiativo *agg.* che esprime disprezzo // *s.m.* (*gramm.*) → **peggiorativo.**

dispregio [-sprè-] *s.m.* disistima, disprezzo: *essere, cadere in* —, essere disprezzato; *tenere in* —, disprezzare.

disprezzabile [-zà-] *agg.* che si può o si deve disprezzare.

disprezzare *v.tr.* [*io disprèzzo ecc.*] **1** tenere a vile: *non devi — i poveri!* SIN. *vilipendere, disistimare* **2** non tenere in alcun conto: — *il pericolo.*

disprezzo [-sprèz-] *s.m.* **1** sentimento di chi non ha alcuna stima di qlcu. o qlco. SIN. *disistima* **2** il non tenere in alcun conto: — *del pericolo.* SIN. *noncuranza.*

disprosio [-spròʃio] *s.m.* elemento chimico (Dy; *n.at.* 66; *p.at.* 162,50), una delle cosiddette terre rare.

disputa [dì-] *s.f.* il disputare; discussione, dibattito. SIN. *contrasto, controversia.*

disputare *v.intr.* [*io disputo ecc.*] discutere opponendo il proprio parere a quello altrui // *v.tr.* contendere.

disquisizione [-jzió-] *s.f.* ricerca minuziosa di una verità; particolareggiata esposizione di una teoria, di un argomento.

dissacrare *v.tr.* **1** (*rar.*) sconsacrare **2** togliere il carattere sacro, l'autorità indiscussa a idee, a istituzioni che si ritiene non lo meritino: — *l'idea di patria, la famiglia.*

dissacratore [-tó-] *agg.* e *s.m.* [f. *-trice*] che, chi dissacra: *ironia dissacratrice.*

dissacratorio [-tò-] *agg.* che tende a dissacrare.

dissacrazione [-zió-] *s.f.* il dissacrare, il suo effetto.

dissalare *v.tr.* (*tecn.*) liberare dall'eccesso di sale: — *l'acqua marina,* per renderla potabile.

dissalazione [-zió-] *s.f.* l'operazione del dissalare.

dissaldare *v.tr.* disgiungere togliendo la saldatura.

dissanguamento [-mén-] *s.m.* atto, effetto del dissanguare o del dissanguarsi.

dissanguare *v.tr.* **1** privare del sangue un corpo vivente: *l'emorragia lo ha dissanguato* **2** (*fig.*) stremare, economicamente o moralmente: *gli usurai lo dissanguavano* // **-arsi** *v.rifl.pron.* perdere quasi tutto il sangue; (*fig.*) ridursi stremato.

dissanguato *agg.* senza più sangue; (*fig.*) impoverito; stremato.

dissapore [-pó-] *s.m.* disaccordo tra due persone. SIN. *screzio.*

disseccare *v.tr.* [*io dissécco ecc.*] togliere l'umidità, prosciugare // *v.intr.,* **-arsi** *v.rifl.pron.* prosciugarsi, venir meno.

disselciare *v.tr.* [*io dissélcio ecc.*] disfare il selciato di una strada, di una piazza.

dissellare *v.tr.* [*io dissèllo ecc.*] levare la sella: — *un cavallo.*

disseminare *v.tr.* [*io dissémino ecc.*] spargere qlco. come fa chi semina, diffondere.

dissennatezza [-téz-] *s.f.* (*lett.*) mancanza di senno.

dissennato *agg.* privo di senno. CONTR. *assennato.*

dissenso [-sèn-] *s.m.* **1** divergenza d'opinioni **2** divergenza ideologica e pratica rispetto a un centro ufficiale di potere; anche, l'insieme di quanti manifestano tale divergenza: *un rappresentante del* —.

dissenteria [-rì-] *s.f.* malattia epidemica dell'intestino, caratterizzata da diarrea e grave debolezza.

dissenterico [-tè-] *agg.* [pl.m. *-ci*] (*med.*) della dissenteria // *s.m.* chi soffre di dissenteria.

dissentire *v.intr.* [*io dissènto ecc.*] essere di parere diverso; non essere d'accordo con qlco. o qlcu.: *mi spiace di dover — da voi;* — *da un'opinione.*

dissenziente [-zièn-] *agg.* e *s.m.* che, chi dissente, spec. in sede politica o religiosa; dissidente.

disseppellire *v.tr.* levare dalla sepoltura, esumare. SIN. *dissotterrare.*

dissequestrare *v.tr.* [*io dissequèstro ecc.*] liberare dal sequestro.

dissequestro [-què-] *s.m.* provvedimento legale che dispone la restituzione di oggetti sequestrati.

dissertare *v.intr.* [*io dissèrto ecc.*] trattare con gravità e competenza di materie scientifiche o letterarie.

dissertazione [-zió-] *s.f.* discorso o scritto critico su un argomento scientifico o letterario.

disservizio [-vì-] *s.m.* funzionamento difettoso di un servizio pubblico: — *ferroviario.*

dissestare *v.tr.* [*io dissèsto ecc.*] squilibrare; ridurre in cattive condizioni, spec. economiche: — *le finanze.*

dissesto [-sè-] *s.m.* squilibrio, disordine, spec. economico: *il* — *del bilancio.*

dissetante *agg.* che disseta: *bevanda* —.

dissetare *v.tr.* [*io disséto ecc.*] togliere la sete // **-arsi** *v.rifl.* togliersi la sete (anche *fig.*).

dissezione [-zió-] *s.f.* scomposizione di un cadavere nelle sue parti a scopo di studio.

dissidente [-dèn-] *agg.* e *s.m.* che o chi, in seno a un gruppo, dissente su qualche punto accettato dalla maggioranza.

dissidenza [-dèn-] *s.f.* l'essere dissidente; in politica, il fenomeno rappresentato dai dissidenti, il loro insieme.

dissidio [-sì-] *s.m.* contrasto in seno a un gruppo. SIN. *discordia, litigio.*

dissigillare *v.tr.* rompere il sigillo di lettere o simili.

dissimetria [-trì-] *s.f.* mancanza di simmetria.

dissimile [-sì-] *agg.* che non ha le medesime qualità o caratteristiche. SIN. *differente, diverso.* CONTR. *simile.*

dissimulare *v.tr.* [*io dissìmulo ecc.*] nascondere ciò che si pensa o si fa: *dissimulò abilmente i suoi sospetti / assol.* fingere.

dissimulato *agg.* nascosto con finzione.

dissimulatore [-tó-] *agg.* e *s.m.* [f. *-trice*] che o chi dissimula.

dissimulazione [-zió-] *s.f.* il dissimulare.

dissipare *v.tr.* [*io dissìpo ecc.*] disperdere, spec. beni, ricchezze e simili. SIN. *scialacquare, sperperare, dilapidare.*

dissipatezza [-téz-] *s.f.* qualità di chi è dissipato.

dissipato *agg.* **1** che disperde ricchezze, beni e simili. SIN. *scialacquatore* **2** che passa la vita oziosamente. SIN. *scioperato, scapestrato.*

dissipatore [-tó-] *s.m.* [f. *-trice*] chi dissipa beni, ricchezze o simili.

dissipazione [-zió-] *s.f.* **1** il dissipare. SIN. *sciupìo, spreco* **2** vita irregolare, scioperata. SIN. *scioperataggine.*

dissociare *v.tr.* [*io dissòcio, tu dissòci ecc.*] separare, scompagnare, spec. idee o cose per solito unite.

dissociativo *agg.* atto a dissociare.

dissociato *agg.* e *s.m.* **1** che, chi soffre di dissociazione psichica **2** (*scherz.*) distratto, confusionario.

dissociazione [-zió-] *s.f.* **1** il dissociare **2** stato psichico caratterizzato dal venir meno delle normali associazioni logiche **3** (*chim.*) decomposizione o scissione della molecola in gruppi atomici o in ioni.

dissodamento [-mén-] *s.m.* il dissodare.

dissodare *v.tr.* [*io dissòdo ecc.*] rompere e lavorare un terreno incolto; (*fig.*) avviare un lavoro.

dissolutezza [-tèz-] *s.f.* l'essere dissoluto. SIN. *scostumatezza, licenza.*

dissoluto *agg.* che ha costumi licenziosi; che conduce vita viziosa. SIN. *scostumato, licenzioso.*

dissoluzione [-zió-] *s.f.* **1** atto, effetto del dissolvere o del dissolversi **2** (*fig.*) disfacimento; corruzione: *la — della famiglia.*

dissolvenza [-vèn-] *s.f.* (*cinem.*) graduale sparizione dell'immagine proiettata sullo schermo, ottenuta con speciali accorgimenti / *— incrociata,* effetto che si ottiene accoppiando alla dissolvenza la graduale comparsa di un'altra immagine.

dissolvere [-sòl-] *v.tr.* [*pres. io dissòlvo ecc.*; *pass.rem. io dissòlsi, tu dissolvésti ecc.*; *p.pass. dissòlto*] disfare, disciogliere, dissipare, disperdere (anche *fig.*): *— il ghiaccio; — i sospetti //* **-ersi** *v.rifl.pron.* dissiparsi, dileguarsi, sparire.

dissomiglianza *s.f.* **1** la qualità di ciò che è dissimile **2** i particolari per cui più persone o cose differiscono. SIN. *diversità, differenza.*

dissonante *agg.* **1** (*mus.*) che produce dissonanza: *accordo —* **2** (*fig.*) discordante.

dissonanza *s.f.* **1** accostamento simultaneo di suoni che produce un effetto sgradevole all'orecchio **2** (*fig.*) discordanza: *— di idee.*

dissonare *v.intr.* [*io dissuòno ecc.*] **1** (*mus.*) produrre dissonanza **2** (*fig.*) discordare.

dissotterrare *v.tr.* [*io dissottèrro ecc.*] **1** togliere da sotto terra. SIN. *disseppellire* **2** (*fig.*) riportare alla luce: *— una questione.*

dissuadere [-dé-] *v.tr.* [*pass.rem. io dissuasi, tu dissuadésti ecc.*; *p.pass. dissuaso*] sconsigliare, distogliere: *ti ho dissuaso dal partire.*

dissuasione [-ió-] *s.f.* atto, effetto del dissuadere.

dissueto [-suè-] *agg.* (*lett.*) non più avvezzo; disabituato.

dissuetudine [-tù-] *s.f.* (*lett.*) mancanza di consuetudine.

dissuggellare *v.tr.* [*io dissuggèllo ecc.*] dissigillare, rompere i sigilli.

distaccamento [-mén-] *s.m.* **1** atto, effetto del distaccare **2** (*mil.*) gruppo di soldati distaccato, per servizio, dal reparto cui appartiene.

distaccare *v.tr.* [*io distacco, tu distacchi ecc.*] **1** separare **2** mandare, per servizio, in una località diversa dalla sede principale di un ufficio o di un reparto militare **3** in una competizione sportiva, lasciarsi dietro gli avversari.

distaccato *agg.* disinteressato; formale, freddo, senza passione.

distacco *s.m.* [pl. *-chi*] **1** atto, effetto del distaccare o del distaccarsi. SIN. *separazione* **2** l'essere indifferente, disinteressato: *— dalle passioni* **3** (*sport*) distanza tra competitori: *vincere con — una corsa.*

distale *agg.* si dice, soprattutto in anatomia, di ciò che è situato più lontano rispetto a un dato punto di riferimento (si contrappone a *prossimale*).

distante *agg.* **1** che dista; lontano nello spazio o nel tempo **2** diverso nelle opinioni e nei sentimenti: *mi sembra molto — da te.*

distanza *s.f.* **1** intervallo tra due luoghi o due eventi; lontananza **2** differenza di sentimento, di pensiero, di educazione tra persone **3** (*sport*) percorso.

distanziare *v.tr.* [*io distànzio ecc.*] **1** allontanare **2** (*sport*) avvantaggiarsi in corsa o nel punteggio sull'av-

versario; retrocedere per punizione un concorrente nell'ordine d'arrivo.

distanziometrico [-mè-] *agg.* [pl.m. *-ci*] che serve alla misura di distanze, o che la segnala: *pannelli distanziometrici,* quelli bianchi con tre, due, una striscia rossa che segnalano le successive distanze di un passaggio a livello.

distare *v.intr.* [*io disto, essi distano*] essere separato da un certo intervallo, rispetto a un punto di riferimento: *la casa dista 3 km dalla stazione.*

distendere [-stèn-] *v.tr.* [coniugato come *tendere*] **1** allentare (spec. *fig.*): *— i nervi* **2** allungare; allargare **3** mettere a giacere: *— il malato sulla barella //* **-ersi** *v.rifl.* **1** allentarsi; allungarsi; allargarsi; mettersi a giacere **2** (*fig.*) diffondersi: *— nel discorso.*

distensione [-sió-] *s.f.* atto, effetto del distendere o del distendersi (anche *fig.*): *dopo il lavoro ci vuole un po' di —* **2** miglioramento di una situazione interpersonale tesa, o di una tensione politica.

distensivo *agg.* atto a distendere, a produrre una distensione (anche *fig.*): *politica distensiva.*

distesa [-sté-] *s.f.* **1** grande estensione **2** insieme di molte cose in fila **3** *a —,* senza interruzione: *sonare a —,* detto delle campane.

disteso [-sté-] *agg.* **1** steso, allungato, spiegato / *a voce distesa,* a voce spiegata, al massimo della potenza vocale **2** che giace, coricato // **-mente** *avv.* per esteso, minutamente: *raccontò il fatto —.*

distico [dì-] *s.m.* [pl. *-ci*] coppia di versi nella metrica classica e italiana: *— elegiaco,* formato da un esametro e da un pentametro, proprio della poesia elegiaca.

distillare *v.tr.* **1** (*chim.*) fare evaporare un liquido, generalmente per riscaldamento, condensandone quindi i vapori **2** versare a stilla a stilla (spec. *fig.*): *distillò in quell'opera la sua scienza* / *distillarsi il cervello,* tormentarsi la mente per risolvere un problema // *v.intr.* colare a stilla a stilla: *un po' di birra distillava dal fondo sconnesso del barile.*

distillato *agg. e s.m.* (*chim.*) che ha subito la distillazione: *acqua distillata //* *s.m.* liquido ottenuto per distillazione.

distillatoio [-tó-] *s.m.* apparecchio per distillare; lambicco.

distillatore [-tó-] *agg. e s.m.* [f. *-trice*] che, chi distilla (anche *fig.*): *azienda distillatrice.*

distillazione [-zió-] *s.f.* atto, effetto del distillare.

distilleria [-rì-] *s.f.* stabilimento dove si compie la distillazione.

distimia [-mì-] *s.f.* (*med.*) stato di alterazione psichica nella sfera affettiva e dei sentimenti.

distinguere [-stin-] *v.tr.* [pres. *io distinguo ecc.*; pass. rem. *io distinsi, tu distinguésti ecc.*; p.pass. *distinto*] **1** separare con la mente una cosa da un'altra notandone la differenza: *— il vero dal falso* **2** discernere con gli occhi o con altri sensi: *con questa nebbia non riesco a — se è lui* **3** dividere, scompartire: *— un trattato in tre parti* **4** contrassegnare; rendere riconoscibile: *il colore dei capelli la distingue tra tutte* **5** rendere diverso: *la ragione distingue l'uomo dalle bestie //* **-ersi** *v.rifl.* segnalarsi, farsi notare: *— per capacità organizzativa.*

distinguibile [-guì-] *agg.* che si può distinguere.

distinta *s.f.* nota specificata; elenco, lista / *— di versamento,* elenco dei valori che si versano a un cassiere con indicazione delle specie e delle quantità.

distintivo *agg.* atto a distinguere // *s.m.* contrassegno: *un — di partito.*

distinto *agg.* **1** diverso, separato: *sono due problemi distinti* **2** chiaro: *un significato ben* — **3** signorile, cortese: *una persona molto distinta / distinti saluti*, formula di chiusura delle lettere non confidenziali // **-mente** *avv.* **1** separatamente **2** in modo cortese: — *la saluto*.

distinzione [-zió-] *s.f.* **1** atto, effetto del distinguere **2** differenza **3** riguardo, preferenza, segno d'onore: *una — meritata* **4** cortesia, raffinatezza: — *di modi*.

distocico [-stò-] *agg.* [pl.m. *-ci*] si dice del parto che avviene in maniera irregolare, per cause materne o fetali (si contrappone a *eutocico*).

distogliere [-stò-] *v.tr.* [coniugato come *togliere*] allontanare, rimuovere, distrarre: *cercarono di distoglierlo da quel folle proposito*.

distoma [di-] *s.m.* [pl. *-i*] verme trematode dal corpo piatto e ovale, parassita dei canalicoli biliari della pecora e, talvolta, dell'uomo.

distomatosi [-tòfi] *s.f.invar.* malattia parassitaria provocata da vermi della famiglia dei distomidi localizzati nell'intestino, nel fegato o nei polmoni.

distonia [-ni-] *s.f. (med.)* alterazione del tono muscolare o nervoso.

distorcere [-stòr-] *v.tr.* [coniugato come *torcere*] torcere con violenza.

distorsione [-sió-] *s.f.* **1** *(med.)* lesione di un'articolazione, con lacerazione dei tessuti interessati, in seguito a movimento violento **2** *(fis.)* trasmissione o riproduzione deformata di un'oscillazione meccanica, acustica o luminosa.

distrarre *v.tr.* [coniugato come *trarre*] **1** stirare lacerando: — *un muscolo* **2** detto d'una somma, impiegata per uso diverso da quello cui era destinata **3** volgere la mente da una cosa a un'altra: — *l'attenzione* **4** divertire // **-arsi** *v.rifl.* svagarsi; perdere il filo di un pensiero, di un'attività.

distratto *agg.* disattento, sbadato // **-mente** *avv.* per distrazione, senza badare a ciò che si fa: *agire* —.

distrazione [-zió-] *s.f.* **1** atto, effetto del distrarre o del distrarsi: *la — di un muscolo*; *un attimo di — può causare un incidente* **2** la cosa che distrae: *hai troppe distrazioni!*

distretto [-strét-] *s.m.* suddivisione del territorio a fini amministrativi o giurisdizionali: — *militare*; — *della corte d'appello*.

distrettuale *agg.* di, del distretto.

distribuire *v.tr.* [*io distribuisco, tu distribuisci* ecc.] **1** dividere fra diverse persone: — *il lavoro tra i collaboratori.* SIN. *ripartire, dare* **2** disporre in modo ordinato o proporzionato; nel commercio, provvedere al trasporto e alla rivendita di merci: *un prodotto buono, ma distribuito male*.

distributivo *agg.* che serve a distribuire: *giustizia distributiva*, che dà a ciascuno il suo / *proprietà distributiva*, *(mat.)* proprietà della moltiplicazione per cui il prodotto di un fattore per una somma di fattori è uguale alla somma dei prodotti di quel fattore per ciascuno dei fattori addendi.

distributore [-tó-] *agg.* e *s.m.* [f. *-trice*] che, chi distribuisce, chi è addetto alla distribuzione di qlco.: — *dei giornali*; *impresa distributrice* // *s.m.* nome di vari apparecchi meccanici che servono a distribuire benzina, fluidi, energia e simili / — *automatico*, apparecchio che, mediante l'introduzione di monete o gettoni, rilascia biglietti, merci confezionate ecc.

distribuzione [-zió-] *s.f.* **1** atto, effetto del distribui-

re **2** *(aut.)* in un motore a scoppio, il complesso degli organi meccanici che governano l'afflusso e lo scarico della miscela carburante **3** il distribuire prodotti commerciali; anche, l'insieme di quanti vi provvedono: *la grande* —.

districare *v.tr.* [*io districo, tu districhi* ecc.] liberare da un intrigo, sciogliere // **-arsi** *v.rifl.* **1** sciogliersi **2** sbrogliarsi.

distrofia [-fi-] *s.f. (med.)* ogni malattia caratterizzata da cattiva nutrizione dell'organismo o dei tessuti: — *del lattante*; — *muscolare*.

distruggere [-strùg-] *v.tr.* [pres. *io distruggo, tu distruggi* ecc.; pass.rem. *io distrussi, tu distruggésti* ecc.; p.pass. *distrutto*] abbattere, demolire, annientare, rovinare, sterminare, atterrare (anche *fig.*): *la guerra ha distrutto la mia casa*; *un uomo distrutto dal dolore*.

distruttivo *agg.* che mira a distruggere, atto a distruggere (anche *fig.*).

distruttore [-tó-] *s.m.* [f. *-trice*] chi distrugge.

distruzione [-zió-] *s.f.* atto, effetto del distruggere. SIN. demolizione.

disturbare *v.tr.* recare turbamento, incomodo, molestia; ostacolare un'attività: *hanno disturbato lo spettacolo.* SIN. *importunare, infastidire, molestare* // **-arsi** *v.rifl.* incomodarsi.

disturbatore [-tó-] *s.m.* [f. *-trice*] chi disturba.

disturbo *s.m.* **1** il disturbare; la cosa che disturba. SIN. *incomodo, fastidio* **2** indisposizione fisica: *un lieve — intestinale* **3** difetto di funzionamento: — *radiofonico*, perturbazione nelle radiocomunicazioni.

disubbidiente [-fubbidièn-] *agg.* che non ubbidisce per abitudine.

disubbidienza [-fubbidièn-] *s.f.* atto, abitudine di chi non ubbidisce.

disubbidire [-fub-] *v.intr.* [*io disubbidisco, tu disubbidisci* ecc.] non ubbidire; trasgredire: — *ai superiori*; — *agli ordini*.

disuguaglianza [-fu-] *s.f.* l'essere disuguale.

disuguale [-fu-] *agg.* **1** non uguale. SIN. *diverso* **2** incostante: *il rendimento — di un motore*.

disumanare [-fu-] *v.tr.* rendere disumano.

disumanità [-fu-] *s.f.invar.* l'essere disumano; azione disumana.

disumanizzare [-fumaniʒʒa-] *v.tr.* rendere disumano, inadatto all'uomo // **-arsi** *v.rifl.* diventare disumano.

disumanizzazione [-fumaniʒʒazió-] *s.f.* il disumanizzare, il disumanizzarsi.

disumano [-fu-] *agg.* che non è umano; che manca di umanità. SIN. *inumano, feroce, crudele*.

disunione [-funió-] *s.f.* atto, effetto del disunire; discordia.

disunire [-fu-] *v.tr.* [*io disunisco, tu disunisci* ecc.] dividere, separare.

disunito [-fu-] *agg.* privo di unione, di unità; disorganico: *forze disunite*.

disusare [-fufa-] *v.tr.* smettere di usare.

disusato [-fufa-] *agg.* che non è più usato; caduto in disuso: *un metodo ormai* —.

disuso [-fufo] *s.m.* il non essere più usato; desuetudine, disavvezzamento.

disvestire [-fve-] *v.tr.* [*io disvèsto* ecc.] *(lett.)* svestire.

ditale *s.m.* piccolo cappuccio di metallo per proteggere il dito medio della mano con la quale si cuce.

ditata *s.f.* **1** colpo dato con un dito **2** impronta lasciata con le dita.

diteggiatura *s.f. (mus.)* indicazione grafica, mediante numeri o disegni, delle dita che devono essere usate su uno strumento per eseguire le singole note.

ditirambo *s.m.* componimento poetico in lode del vino e dell'amore; nell'antica Grecia, forma di canto corale in onore di Dioniso.

dito *s.m.* [pl.m. *diti*, considerati singolarmente; pl.f. *dita*, considerate nel complesso] **1** ciascuna delle parti mobili, distinte e articolate, con cui terminano le mani e i piedi dell'uomo e di molti animali: *i due diti mignoli / segnare a —*, indicare / *mordersi le dita*, per rabbia, ira o simili / *avere una cosa sulla punta delle dita*, saperla benissimo / *mettere il — sulla piaga*, indicare esattamente dove è il male in una situazione / *non muovere un —*, non fare nulla / *roba da leccarsi le dita*, si dice di un cibo squisito **2** la parte del guanto che copre il dito **3** misura della larghezza di un dito: *due dita di vino*.

ditola [dì-] *s.f.* fungo commestibile, roseo o giallognolo, frastagliato come un cespuglietto (*fam.* Clavariacee).

ditta *s.f.* azienda, società commerciale.

dittafono [-tà-] *s.m.* **1** apparecchio provvisto d'altoparlante che si usa negli uffici per comunicare tra una stanza e l'altra **2** apparecchio elettrico che registra su nastro le parole dettate®.

dittamo [-dit-] *s.m.* pianta erbacea aromatica, con fiori bianchi o rossi in grappolo e foglie ovali (*fam.* Rutacee).

dittatore [-tó-] *s.m.* [f.rar. -*trice*] **1** chi esercita poteri supremi senza dover renderne conto a nessuno; per estens., persona autoritaria **2** nell'antica repubblica romana, magistrato supremo straordinario, nominato in tempi di grave crisi.

dittatoriale *agg.* **1** proprio di un dittatore, esercitato da un dittatore: *poteri dittatoriali* **2** prepotente, dispotico: *metodo —*.

dittatorio [-tò-] *agg.* che si riferisce al dittatore; proprio di un dittatore; autoritario.

dittatura *s.f.* **1** il regime assoluto, dispotico, esercitato da un dittatore; per estens., comportamento autoritario **2** in Roma antica, la magistratura ricoperta da un dittatore e la durata della carica.

ditteri [dit-] *s.m.pl.* (*zool.*) ordine di insetti con un solo paio di ali sviluppato, l'altro rudimentale, apparato boccale succhiatore, capo munito di due antenne e di grandi occhi composti (p.e. *mosche, zanzare*).

dittico [dìt-] *s.m.* [pl. -*ci*] **1** sorta di taccuino usato nell'antichità, consistente in due tavolette articolate così da potersi aprire e chiudere come un libro **2** immagine sacra dipinta su due tavole siffatte, come usò nel medioevo.

dittongare *v.tr.* [*io dittòngo, tu dittònghi* ecc.] unire in dittongo // *v.intr.* formare un dittongo.

dittongazione [-zió-] *s.f.* atto, effetto del dittongare.

dittongo [-tòn-] *s.m.* [pl. -*ghi*] unione di due vocali in una sillaba sola (p.e. *fiore*) / *dittonghi mobili*, quelli, come *uo* e *ie*, che storicamente si sono formati in sillaba accentata; altrimenti l'esito era *o* ed *e* (p.e. *io muòvo, io movévo*).

diuresi [-rèʃi] *s.f.invar.* (*med.*) secrezione abbondante di urina.

diuretico [-rè-] *agg.* e *s.m.* [pl.m. -*ci*] (*med.*) si dice di sostanza che favorisce la secrezione dell'urina.

diurno *agg.* proprio del giorno; che avviene di giorno: *i taxi fanno solo servizio — / l'astro —*, il sole / *albergo —*, nelle città, luogo che raccoglie, per uso pubblico, servizi vari come bagni, barbiere, lavanderia ecc.

diuturnità *s.f.invar.* (*lett.*) l'essere diuturno.

diuturno *agg.* (*lett.*) che ha lunga durata.

diva *s.f.* si dice di attrice, spec. cinematografica, famosa e molto ammirata.

divagare *v.tr.* [*io divago, tu divaghi* ecc.] svagare, distrarre // *v.intr.* parlando, allontanarsi dall'argomento principale.

divagazione [-zió-] *s.f.* atto, effetto del divagare. SIN. *digressione* **2** svago, divertimento.

divampare *v.intr.* **1** accendersi con fiamma grande e improvvisa **2** (*fig.*) ardere, scatenarsi: *la guerra, l'odio divampa*.

divano *s.m.* lungo mobile imbottito, basso e senza spalliera, su cui possono sedere più persone. SIN. *canapè, sofà*.

divaricare *v.tr.* [*io divàrico, tu divàrichi* ecc.] **1** far divergere, allargare: — *le gambe* **2** (*fig.*) allontanarsi progressivamente, anche nelle idee o nei progetti.

divaricatore [-tó-] *s.m.* apparecchio medico per divaricare cavità, ferite.

divaricazione [-zió-] *s.f.* l'atto, l'effetto del divaricare; (*fig.*) divergenza, dissenso crescente.

divario [-và-] *s.m.* diversità, spesso non sostanziale.

divedere [-dé-] *v.tr.* solo nella locuz. *dare a divedere*, mostrare, far capire.

divellere [-vèl-] *v.tr.* [pres. *io divèllo* ecc.; pass.rem. *io divèlsi, tu divellésti* ecc.; p.pass. *divèlto*] (*lett.*) strappare con forza, sradicare; separare, staccare (anche *fig.*).

divenire[1] *v.intr.* [coniugato come *venire*] diventare; acquistare nuova forma, qualità o stato: *la simpatia divenne amicizia*.

divenire[2] *s.m.* il trasformarsi, il passare da uno stato all'altro; il fluire della vita, della storia.

diventare *v.intr.* [*io divènto* ecc.] → **divenire**.

diverbio [-vèr-] *s.m.* scambio vivace di botte e risposte. SIN. *alterco, litigio, battibecco*.

divergente [-gèn-] *agg.* che diverge (anche *fig.*): *strade, giudizi divergenti / lente —*, (*fis.*) lente che fa divergere raggi luminosi o radiazioni. CONTR. *convergente*.

divergenza [-gèn-] *s.f.* il divergere; l'essere divergente. CONTR. *convergenza*.

divergere [-vèr-] *v.intr.* [pres. *io divèrgo, tu divèrgi* ecc.; pass.rem. (raro) *io divèrsi, tu divergésti* ecc.; il p.pass. *divèrso* è rarissimo] muovere in direzioni diverse, discostarsi, allontanarsi (anche *fig.*): *la strada diverge dal fiume; le nostre idee divergono*.

diversificare *v.tr.* [*io diversifico, tu diversifichi* ecc.] rendere diverso // *v.intr.* (*rar.*), -**arsi** *v.rifl.* e *rifl.reciproco* diventare, essere diverso: *una specie si diversifica dall'altra; le due specie si diversificano*.

diversificazione [-zió-] *s.f.* il diversificare, il diversificarsi: — *delle fonti energetiche*, l'utilizzazione di fonti diverse in modo tale da non dipendere eccessivamente da una di esse.

diversione [-sió-] *s.f.* **1** deviazione, allontanamento **2** operazione offensiva per attrarre le forze nemiche lontano dal punto in cui si indirizzerà l'attacco principale.

diversità *s.f.invar.* l'essere diverso. SIN. *differenza, dissomiglianza*.

diversivo *agg.* atto ad allontanare, a distrarre, a deviare // *s.m.* atto, espediente che serve a distrarre, a distogliere da un'attività, da una preoccupazione ecc.

diverso [-vèr-] *agg.* **1** che differisce, che si scosta interamente, che è altra cosa **2** *pl.* molti, parecchi: *c'erano diverse persone* // *s.m.* chi non vive o non può vivere secondo le consuetudini // -**mente** *avv.* in altra maniera: *io la penso — da te*.

divertente [-tèn-] *agg.* che diverte, che ricrea. SIN. *dilettevole, piacevole, spassoso*.

diverticolo [-tì-] *s.m.* termine con cui in medicina si designano sia piccole cavità normali sia formazioni patologiche, a fondo cieco, di organi cavi come l'esofago e l'intestino.

divertimento [-mén-] *s.m.* **1** ciò che serve a ricreare lo spirito. SIN. *svago, spasso, passatempo* **2** composizione musicale di carattere facile e leggero.

divertire *v.tr.* [*io divèrto ecc.*] **1** procurare piacere, interesse; ricreare lo spirito. SIN. *dilettare, svagare* **2** (*lett.*) volgere altrove // **-irsi** *v.rifl.* provare gusto, piacere; svagarsi.

divertito *agg.* che si diverte, che prova piacere, interesse in qlco.: *mi guardava con aria divertita*, dimostrando di divertirsi.

divezzamento [-mén-] *s.m.* il divezzare, il divezzarsi.

divezzare *v.tr.* [*io divézzo ecc.*] far perdere il vezzo, l'abitudine; disabituare: *— un bambino*, svezzarlo // **-arsi** *v.rifl.* disabituarsi: *— dal fumo*.

dividendo [-dèn-] *s.m.* **1** quantità da dividere; in matematica, il primo termine di una divisione **2** (*fin.*) nel bilancio di una società per azioni, la quota di utile spettante ad ogni azione.

dividere [-vì-] *v.tr.* [pass.rem. *io divisi, tu dividésti ecc.*; p.pass. *diviso*] **1** fare, distinguere in parti un tutto; distribuire le parti divise di un tutto: *l'anno è diviso in dodici mesi; dividemmo la torta*; *— gli utili fra i soci / dividersi*, spartire con altri: *ci dividemmo il lavoro* **2** separare (anche *fig.*): *i Pirenei dividono la Francia dalla Spagna*; *concedere privilegi ad alcuni per dividerli dagli altri* **3** condividere, partecipare: *ho diviso la tua gioia* // **-ersi** *v.rifl.* separarsi; scomporsi in gruppi; andare in varie direzioni: *mi divisi dagli amici; il popolo si divise in varie fazioni*.

dividivi *s.m.invar.* sostanza conciante ricavata dai frutti bruno-rossi di un arbusto dell'America centrale e meridionale.

divieto [-viè-] *s.m.* proibizione.

divinare *v.tr.* presagire il futuro; indovinare.

divinatore [-tó-] *s.m.* [f. *-trice*] chi può divinare.

divinatorio [-tò-] *agg.* che riguarda la divinazione.

divinazione [-zió-] *s.f.* **1** nell'antichità, l'arte di prevedere il futuro spiegando i segni degli dei **2** predizione, presentimento.

divincolare *v.tr.* [*io divìncolo ecc.*] piegare in qua e in là, torcere // **-arsi** *v.rifl.* contorcersi: *si divincolava come un ossesso*.

divinità *s.f.invar.* **1** essere divino, dio: *le — dell'Olimpo* **2** l'essenza divina: *la — di Cristo*.

divinizzare [-niʒʒa-] *v.tr.* **1** considerare dio, venerare come dio; deificare **2** (*fig.*) esaltare, mitizzare.

divinizzazione [-niʒʒaʒió-] *s.f.* il divinizzare.

divino *agg.* **1** di Dio; degli dei **2** (*fig.*) eccellente, bellissimo, perfetto / *la Divina Commedia*, titolo tradizionale del poema di Dante // *s.m.* l'essenza divina.

divisa¹ [-ʃa] *s.f.* **1** uniforme, abito comune a militari, collegiali **2** insegna, stemma, motto.

divisa² [-ʃa] *s.f.* titolo di credito col quale si può avere, in paese straniero, la disponibilità di una somma nella moneta del paese stesso.

divisamento [-ʃamén-] *s.m.* atto, effetto del divisare. SIN. *proponimento, proposito*.

divisare [-ʃa-] *v.tr.* proporsi; stabilire.

divisibile [-ʃi-] *agg.* atto a essere diviso.

divisibilità [-ʃi-] *s.f.invar.* **1** l'essere divisibile **2** (*mat.*) la proprietà di un numero di essere divisibile esattamente per un altro, cioè di esserne multiplo.

divisionale [-ʃio-] *agg.* **1** di divisione, che risulta da una divisione: *moneta —*, che ha il valore di una frazione della moneta principale **2** (*mil.*) appartenente ad una divisione: *artigliera, fanteria —*.

divisione [-ʃió-] *s.f.* **1** atto, effetto del dividere. SIN. *partizione* **2** operazione aritmetica mediante la quale, dati due numeri, il secondo dei quali non sia zero, si trova un terzo numero che, moltiplicato per il secondo, dà un prodotto non maggiore del primo **3** (*mil.*) nell'esercito, grande unità tattica fondamentale: *— alpina / — corazzata*, complesso di navi da guerra costituito da almeno due grandi unità e comandato da un ammiraglio **4** importante settore di una grande amministrazione **5** raggruppamento di squadre del campionato di calcio.

divisionismo [-ʃioniʃmo] *s.m.* movimento pittorico, diffuso in Francia e Italia alla fine dell'800, che si valeva di una tecnica a punti o tratti separati di colore puro.

divisionista [-ʃio-] *agg. e s.m. e f.* [pl.m. *-i*] di, del divisionismo; che, chi dipinge secondo la tecnica del divisionismo.

divismo [-ʃmo] *s.m.* smodata infatuazione per gli attori, spec. del cinema; anche il comportamento con cui gli attori alimentano il fenomeno, e il fenomeno stesso; per estens., comportamento analogo di altri personaggi esposti all'interesse del pubblico.

diviso [-ʃo] *agg.* che è tagliato in parti; staccato; distribuito. SIN. *separato, disgiunto*. CONTR. *unito*.

divisore [-ʃó-] *s.m.* (*mat.*) il secondo termine di una divisione.

divisorio [-ʃò-] *agg. e s.m.* che, ciò che serve a dividere: *muro —*, quello che divide due ambienti.

divo *agg.* (*lett.*) divino // *s.m.* attore o personaggio che gode di grande popolarità.

divorare *v.tr.* [*io divóro ecc.*] **1** mangiare avidamente / *— libri*, leggerli con avidità e rapidamente / *— con gli occhi*, guardare con grande desiderio **2** (*fig.*) consumare, distruggere: *la passione lo divora*.

divoratore [-tó-] *s.m.* [f. *-trice*] chi divora (anche *fig.*): *è un — di libri*.

divorziare *v.intr.* [*io divòrzio ecc.*] sciogliere per divorzio il proprio matrimonio.

divorziato *agg. e s.m.* si dice del coniuge che ha fatto divorzio.

divorzio [-vòr-] *s.m.* scioglimento del matrimonio con liberazione di entrambi i coniugi dal vincolo matrimoniale.

divorzista *agg. e s.m. e f.* che, chi è favorevole al divorzio; avvocato specializzato in divorzi.

divoto [-vò-] *agg. e deriv.* → **devoto** e *deriv.*

divulgare *v.tr.* [*io divulgo, tu divulghi ecc.*] **1** rendere noto a tutti: *— una notizia*. SIN. *diffondere, propagare* **2** rendere facile a capirsi: *— una dottrina*.

divulgativo *agg.* atto a divulgare.

divulgatore [-tó-] *s.m.* [f. *-trice*] chi divulga.

divulgazione [-zió-] *s.f.* **1** atto, effetto del divulgare, del render noto a tutti **2** esposizione chiara e facile di una dottrina.

dixieland [*ingl.*; pr. dìxilend] *s.m.* forma tradizionale di jazz basata sull'improvvisazione collettiva.

dizionario [-nà-] *s.m.* opera in cui sono raccolti, per lo più in ordine alfabetico, i vocaboli e le locuzioni di una lingua spiegati nella stessa lingua o tradotti in una diversa. SIN. *vocabolario*.

dizionarista *s.m.* e *f.* [pl.m. *-i*] autore di un dizionario; compilatore di dizionari; lessicografo.

dizione [-zió-] *s.f.* **1** maniera di pronunciare le parole, avendo riguardo alla loro intelligibilità: *quell'attore ha un'eccellente* — **2** recitazione in pubblico di versi o brani di prosa **3** modo di dire; locuzione, espressione.

DNA [*ingl.*; *Deoxiribo Nucleic Acid*] *s.m.invar.* acido desossiribonucleico, componente fondamentale dei cromosomi cui è affidata la trasmissione dei caratteri ereditari.

do [dò] *s.m.* nota musicale, la prima della scala diatonica.

doblone [-bló-] *s.m.* moneta aurea emessa nel sec. XVI da zecche spagnole, romane ecc.

DOC [*Denominazione di Origine Controllata*] *agg.* e *s.m. invar.* si dice di vini le cui caratteristiche e provenienza territoriale sono garantiti secondo modalità previste dalla legge.

doccia [dóc-] *s.f.* [pl. *-ce*] **1** tubo o condotto per la raccolta delle acque che scolano dalle falde del tetto **2** getto d'acqua che si fa cadere sul corpo per pulizia / *una — fredda*, una notizia che spegne ogni entusiasmo **3** l'installazione idraulica fatta a questo scopo: *l'impianto della* —.

doccione [-ció-] *s.m.* parte della doccia, talora ornata con figure grottesche, che sporge dalla gronda per scaricare l'acqua piovana lontano dal muro.

docente [-cèn-] *agg.* che insegna // *s.m.* insegnante / *libero* —, chi ha la qualifica necessaria per poter impartire all'università un insegnamento libero.

docenza [-cèn-] *s.f.* insegnamento / *libera* —, insegnamento universitario libero; anche, la qualifica di libero docente.

docile [dò-] *agg.* **1** che si sottomette facilmente: *carattere* —. SIN. *arrendevole, mansueto* **2** che si lavora facilmente: *legno* —.

docilità *s.f.invar.* l'essere docile. SIN. *arrendevolezza, mansuetudine.*

dock [*ingl.*; *pr.* dòc] *s.m.* zona di un porto attrezzata per le operazioni di carico e di scarico delle navi mercantili.

documentabile [-tà-] *agg.* che si può documentare.

documentare *v.tr.* [*io documénto ecc.*] dimostrare, provare con documenti // *-arsi v.rifl.* provvedersi di documenti, di informazioni relativi a un determinato fatto.

documentario [-tà-] *agg.* di documento // *s.m.* film che rappresenta scene della vita reale, per interesse scientifico o d'attualità.

documentarista *s.m.* e *f.* [pl.m. *-i*] regista di documentari.

documentato *agg.* che si appoggia a documenti; fondato, attendibile.

documentazione [-zió-] *s.f.* **1** atto del documentare **2** prova che si appoggia a documenti; l'insieme dei documenti probanti.

documento [-mén-] *s.m.* **1** scritto che dimostra una verità **2** testimonianza storica importante **3** certificato; carta d'identità, di riconoscimento: *richiedere, esibire i documenti.*

dodecaedro [-è-] *s.m.* (*geom.*) poliedro regolare avente come facce dodici pentagoni regolari uguali.

dodecafonia [-ni-] *s.f.* sistema di composizione musicale che adotta tutti i dodici suoni della scala cromatica, svincolandosi dalle strutture tonali.

dodecafonico [-fò-] *agg.* [pl.m. *-ci*] della dodecafonia: *musica dodecafonica.*

dodecagono [-cà-] *s.m.* (*geom.*) poligono a dodici lati.

dodecasillabo [-sìl-] *agg.* e *s.m.* verso formato da dodici sillabe.

dodicesimo [-cèʃi-] *agg.num.ord.* che in una serie occupa il posto numero dodici.

dodici [dó-] *agg.num.card.* indica una quantità composta di dieci unità più due.

doga [dó-] *s.f.* ciascuna delle strisce di legno che formano il corpo della botte [*ill. Vino*].

dogale *agg.* del doge.

dogana *s.f.* **1** ufficio che provvede ad accertare e a riscuotere i dazi gravanti sulle merci che passano la frontiera di uno stato **2** imposta, dazio.

doganale *agg.* della dogana.

doganiere [-niè-] *s.m.* addetto alla dogana.

dogaressa [-rés-] *s.f.* la moglie del doge.

doge [dò-] *s.m.* (*st.*) capo della repubblica, a Venezia e a Genova.

doglia [dò-] *s.f.* **1** dolore fisico: *le doglie del parto* **2** (*ant.*) sofferenza morale.

dogma [dòg-] *s.m.* [pl. *-i*] **1** verità che la chiesa ritiene rivelata da Dio e propone quindi ai fedeli con l'obbligo di credervi **2** per estens., ciò che viene affermato come verità indubitabile e indiscutibile.

dogmatico [-mà-] *agg.* [pl.m. *-ci*] **1** di dogma / *teologia dogmatica*, parte della teologia che studia i dogmi **2** che si fonda su principi a priori, assiomatici: *affermazione dogmatica* // *s.m.* chi afferma il valore assoluto di una tesi.

dogmatismo [-ʃmo] *s.m.* **1** qualsiasi posizione filosofica che, fondandosi su principi assiomatici, ritenga di poter giungere a una concezione della realtà assolutamente certa **2** la tendenza a credere in verità assolute, a ritenere indiscutibili le proprie opinioni.

dolce [dól-] *agg.* **1** che ha sapore gradevole, come lo zucchero. CONTR. *amaro* **2** (*fig.*) mite: *il clima dell'isola è assai* — **3** (*fig.*) gentile, buono, amabile: *un viso* —, / *legno* —, facile da lavorare, non duro / *flauto* — (o *diritto*), strumento musicale in uso dal medioevo alla fine del sec. XVIII [*ill. Musicali, strumenti*]. SIN. *soave* **4** (*fig.*) piacevole: *un — ricordo* **5** detto dell'acqua, non salata, oppure (contrapposto a *dura*) povera di sali minerali // *s.m.* **1** qualsiasi vivanda dolce / *i dolci*, dolciumi **2** qualità della cosa dolce; sapore dolce (anche *fig.*).

dolcevita *s.m.invar.* indumento di maglia con collo alto rovesciato.

dolcezza [-céz-] *s.f.* **1** l'essere dolce. CONTR. *amarezza* **2** (*fig.*) mitezza: *la — dell'atmosfera* **3** (*fig.*) sentimento gentile; tenerezza.

dolciario [-cià-] *agg.* che riguarda la fabbricazione dei dolci: *industria dolciaria.*

dolciastro *agg.* **1** piuttosto dolce, ma non gradevole. CONTR. *amarognolo* **2** (*fig.*) mellifluo.

dolcificante *agg.* che dà un sapore dolce.

dolcificare *v.tr.* [*io dolcìfico, tu dolcìfichi ecc.*] rendere dolce / — *l'acqua*, ridurne il contenuto di sali minerali.

dolcificazione [-zió-] *s.f.* atto, effetto del dolcificare.

dolciume *s.m.* **1** sapore dolce **2** dolce stucchevole **3** *pl.* quantità di cose dolci.

dolente [-lèn-] *agg.* **1** che duole: *bisogna massaggiare la parte* — **2** che manifesta dolore, afflitto.

dolere [-lé-] *v.intr.* [pres. *io dòlgo, tu duòli, egli duòle, noi doliamo, voi dolete, essi dòlgono*; fut. *io dorrò ecc.*; pass.rem. *io dòlsi, tu dolésti ecc.*; cong.pres. *io dòlga, noi doliamo, voi doliate, essi dòlgano*; cond.pres. *io dorrèi, tu dorrésti ecc.*; ger. *dolèndo*; p.pres. *dolènte*; p.pass. *dolu-*

to] dar dolore, far male: *mi dolgono i denti // -ersi v.rifl. pron.* rammaricarsi, affliggersi, lamentarsi; provar dolore: *si dolse della sua disgrazia*.

dolicocefalo [-cè-] *agg.* e *s.m.* si dice di persona che ha il diametro antero-posteriore del cranio più lungo del diametro trasversale.

dolina *s.f.* (*geol.*) depressione a forma d'imbuto, tipica delle regioni carsiche.

dollaro [dòl-] *s.m.* moneta di parecchi stati americani, in particolare degli Stati Uniti.

dolmen [dòl-] *s.m.invar.* tomba preistorica formata da due pietre infisse nel suolo e sormontate da una lastra orizzontale.

dolo [dò-] *s.m.* **1** (*dir.*) consapevole intenzione di commettere un reato **2** inganno, raggiro.

dolomia [-lò-] *s.f.* roccia formata da carbonato di calcio e magnesio, di origine sedimentaria.

dolomite *s.f.* minerale costituito da carbonato di calcio e magnesio, in cristalli biancastri / *le Dolomiti*, montagne delle Alpi orientali formate di dolomia.

dolomitico [-mi-] *agg.* [pl.m. *-ci*] di dolomite.

dolorante *agg.* che soffre per un dolore; sofferente, dolente: *parte —*.

dolorare *v.intr.* [*io dolóro ecc.*] (*lett.* o *scient.*) soffrire; provare o causare dolore.

dolore [-ló-] *s.m.* sensazione di sofferenza, di molestia, di pena, causata da un male fisico o morale. SIN. *afflizione, pena.* CONTR. *piacere.*

dolorifico [-rì-] *agg.* [pl.m. *-ci*] che reca dolore, che è in relazione con la percezione del dolore: *sensibilità dolorifica,* la proprietà di sentire il dolore, variabile da individuo a individuo.

doloroso [-ró-] *agg.* **1** che reca dolore. SIN. *penoso* **2** addolorato; che esprime dolore: *sguardo —*.

doloso [-ló-] *agg.* fatto con dolo: *incendio —*.

domabile [-mà-] *agg.* che si può domare.

domanda *s.f.* **1** atto del domandare, insieme delle parole con cui si domanda qlco. **2** richiesta scritta di qlco., rivolta a un ufficio, un'autorità ecc.: *— in carta bollata* **3** (*econ.*) quantità di merci o servizi richiesta sul mercato a un dato prezzo. SIN. *richiesta*.

domandare *v.tr.* rivolgersi a qlcu. per sapere o per ottenere qlco.: *— il prezzo, il nome; — la parola,* chiedere il permesso di parlare (in assemblee e simili).

domani *avv.di tempo* **1** il giorno immediatamente seguente a questo: *ti scriverò — / — l'altro, dopo —* il giorno dopo di domani, fra due giorni **2** (*fig.*) tempo futuro: *voi siete le classi dirigenti di — / oggi o —,* una volta o l'altra, un giorno o l'altro, tra non molto / *dàgli oggi e dàgli,* a lungo andare **3** (*iron.* e *scherz.*) in nessun tempo, non mai: *— si fa credito; «Lui un pittore?» «Sì, —!» // s.m.* il futuro: *penso al —*.

domare *v.tr.* [*io dómo ecc.*] **1** rendere docile, mansueto, addomesticare (una bestia feroce o selvatica) **2** (*fig.*) sottomettere; sedare, estinguere: *— un ragazzo ribelle; — una rivolta, un incendio* **3** (*fig.*) frenare, trattenere: *— l'impulso*.

domatore [-tó-] *s.m.* [f. *-trice*] chi, nello spettacolo del circo, presenta esercizi di animali feroci, addestrati ad ubbidirgli.

domattina *avv.* domani mattina.

domeneddio [-di-] → **domineddio**.

domenica [-mé-] *s.f.* settimo giorno della settimana, dedicato dai cristiani al culto di Dio / *— delle Palme,* quella che precede la Pasqua / *— in Albis,* la prima dopo Pasqua.

domenicale *agg.* **1** della domenica **2** di Dio: *orazione —,* il Paternostro.

domenicano *agg.* e *s.m.* che o chi appartiene all'ordine religioso di S. Domenico.

domestichezza [-chéz-] *s.f.* → **dimestichezza**.

domestico [-mè-] *agg.* [pl.m. *-ci*] **1** che appartiene alla casa, alla famiglia: *le pareti domestiche* **2** si dice di animale che non sia selvatico: *il gatto è un animale — // s.m.* [f. *-a*] servo.

domiciliare *agg.* del domicilio: *perquisizione —,* fatta a domicilio da parte di pubblici ufficiali.

domiciliarsi *v.rifl.* [*io mi domicilio ecc.*] prendere domicilio.

domiciliato *agg.* che ha il domicilio in un dato luogo.

domicilio [-cì-] *s.m.* **1** luogo ove una persona ha la sede principale dei propri affari e interessi **2** abitazione: *trasporto a —/ violazione di —,* il reato di chi penetra con la forza in casa altrui.

dominante *agg.* **1** che domina; che predomina **2** (*biol.*) si dice di carattere ereditario che compare nei figli anche se appartiene a uno solo dei genitori *// s.f.* il quinto grado di una scala musicale.

dominanza *s.f.* l'essere dominante; anche, spec. in sociologia, l'insieme di quanti predominano su altri perché più numerosi, o più ricchi o più colti.

dominare *v.tr.* [*io dòmino ecc.*] **1** avere dominio, autorità su qlcu. o qlco.: *— un popolo.* SIN. *signoreggiare, padroneggiare* **2** essere in posizione soprelevata: *il castello dominava la vallata* **3** tenere a freno: *— la collera.* SIN. *frenare // v.intr.* avere autorità incontrastata, superiorità: *Venezia dominava sui mari.* SIN. *primeggiare // -arsi v.rifl.* esercitare un controllo su di sé.

dominatore [-tó-] *s.m.* [f. *-trice*] chi domina.

dominazione [-zió-] *s.f.* **1** atto, effetto del dominare **2** *pl.* gli angeli di uno del nove cori celesti.

domineddio [-di-] *s.m.* (*fam.*) Dio.

dominicale *agg.* (*lett.*) del padrone / *reddito —,* (*econ.*) il reddito derivante dal possesso di un terreno indipendentemente dalla sua coltivazione.

dominicano *agg.* di Santo Domingo *// s.m.* abitante di Santo Domingo.

dominio [-mì-] *s.m.* **1** il dominare, l'avere autorità su qlcu. o qlco. / *— di sé,* autocontrollo **2** territorio su cui si domina: *i domini degli Asburgo* **3** proprietà: *avere il — di un fondo / pubblico —,* bene appartenente a tutti / *un fatto di pubblico —,* noto a tutti.

dominion [*ingl.; pr.* domìnion] *s.m.* ciascuno degli stati con governo autonomo che fanno parte del Commonwealth britannico.

domino[1] [dò-] *s.m.* cappa nera, lunga fino ai piedi e fornita di cappuccio e maschera, che si indossa nei balli mascherati; anche la persona così mascherata.

domino[2] *s.m.* gioco che si fa con ventotto tessere fra due o più giocatori; vince chi si libera prima di tutte le tessere.

domma [dòm-] *s.m.* e *deriv.* → **dogma** e *deriv.*

domo [dó-] *agg.* (*lett.*) domato.

don [dòn] *s.m. solo sing.* [*abbr.* di *dònno* = *signore*] **1** titolo di onore di ecclesiastici e principi: *— Abbondio; — Giovanni d'Austria* **2** (*region.*) titolo di rispetto anteposto al nome: *«Buongiorno, — Vito!»; ho parlato di voi a — Calogero.*

donare *v.tr.* [*io dóno ecc.*] dare qlco. spontaneamente e senza ricompensa / *— il cuore,* dar tutto il proprio affetto / *prov.: a caval donato non si guarda in bocca,* non si devono criticare i regali ricevuti, o disprezzare ciò che si è ottenuto facilmente. SIN. *regolare, dare* // *v. intr.* conferire grazia: *quel cappello le dona assai.*

donatario [-tà-] *agg.* e *s.m.* (*dir.*) si dice di colui che riceve una donazione.

donativo *s.m.* dono fatto per ricompensa o per omaggio.

donatore [-tó-] *s.m.* [f. *-trice*] chi dona / — *di sangue,* chi dona una certa quantità del proprio sangue per la trasfusione ad altri individui.

donazione [-zió-] *s.f.* (*dir.*) atto col quale il *donatore* si spoglia di un diritto o di un bene e ne arricchisce un'altra persona (*donatario*).

donchisciottesco [-té-] *agg.* [pl.m. *-chi*] proprio di don Chisciotte, protagonista del romanzo cavalleresco di Cervantes (1547-1616): *figura donchisciottesca,* alta e magra; *atteggiamento —,* assurdamente, inutilmente eroico.

donde [dón-] *avv.* **1** *interr. di moto da luogo* da quale luogo: — *vieni.* **2** *rel. di moto da luogo* dal luogo dal quale: *venivo — venivi tu* // *pron.rel. di moto da luogo* dal quale, dalla quale, dai quali, dalle quali: *la città — vengo.*

dondolamento [-mén-] *s.m.* atto, effetto del dondolare o del dondolarsi.

dondolare *v.tr.* [*io dóndolo ecc.*] muovere in qua e in là: — *il capo* // *v.intr.* **1** muoversi in qua e in là; pencolare. SIN. oscillare, ciondolare **2** (*fig.*) gingillarsi.

dondolìo [-lì-] *s.m.* un dondolare continuato.

dondolo [dón-] *s.m.* cosa che dondola: *cavallo a —.*

dongiovanni *s.m.invar.* vagheggino; donnaiolo.

donna [dòn-] *s.f.* **1** essere umano di sesso femminile / — *di casa,* quella che attende alle faccende domestiche. DIM. donnina, donnino. VEZZ. e SPREG. donnetta. ACCR. donnona, donnone. SPREG. donnicciola, donnaccia **2** moglie, compagna, amante: *la mia —* **3** titolo di rispetto anteposto al nome, oggi di uso raro o region., come il maschile *don* **4** persona di servizio / — *di cucina,* cuoca, sguattera **5** attrice: *prima —* **6** una delle tre figure delle carte francesi, detta anche *regina*; negli scacchi, il pezzo principale dopo il re.

donnaiolo [-iò-] *s.m.* chi va troppo dietro alle donne.

donnesco [-né-] *agg.* [pl.m. *-chi*] che conviene a donne: *lavori donneschi.*

donno [dòn-] *s.m.* (*ant.*) signore.

donnola [dòn-] *s.f.* piccolo mammifero carnivoro dal corpo allungato, bruno rossiccio sul dorso, bianco sul ventre, coda breve; comune presso gli abitati, assale galline, conigli e distrugge i topi (*fam.* Mustelidi).

dono [dó-] *s.m.* **1** il donare **2** la cosa donata. SIN. *regalo, presente* **3** qualità spirituale o fisica: *il — dell'ingegno; il — della bella voce.*

donzella [-zèl-] *s.f.* (*ant.*) giovinetta. DIM. donzelletta.

donzello [-zèl-] *s.m.* **1** (*ant.*) nobile giovinetto **2** (*region.*) usciere comunale.

door to door [*ingl.*; *pr.* dòo tu dòo] *locuz.* usata come *avv.* e *agg.* con riferimento a una tecnica di vendita che consiste nel contattare i potenziali acquirenti nel loro domicilio con visite sistematiche zona per zona; si traduce in it. con *a porta a porta.*

doping [*ingl.*; *pr.* dópin] *s.m.* l'uso da parte di atleti di farmaci eccitanti o droghe; anche l'analogo drogaggio di cavalli da corsa.

dopo [dó-] *avv.* **1** *di tempo* di poi, in seguito: *ti vedrò —* **2** *di luogo* dietro, appresso: *tu camminavi avanti e io — //* *prep. impropria* **1** *di tempo* si unisce ai nomi direttamente e ai pronomi personali con la preposizione *di*: *ci vedremo — il concerto; mangerò — di voi, di*

loro / — che, successivamente al momento in cui: *arrivammo — che il treno era già partito* **2** *di luogo* appresso, dietro: *abito in fondo al viale, — la stazione.*

dopobarba *agg.* e *s.m.invar.* si dice di prodotto cosmetico per uomo da usare sul viso dopo la rasatura.

dopodomani *avv. di tempo* il giorno immediatamente successivo a domani.

dopoguerra [-guèr-] *s.m.invar.* il periodo che segue una guerra.

dopolavorista *s.m.* e *f.* [pl.m. *-i*] chi è iscritto a un dopolavoro.

dopolavoristico [-rì-] *agg.* [pl.m. *-ci*] relativo al dopolavoro o ai dopolavoristi.

dopolavoro [-vó-] *s.m.* ente che organizza le attività ricreative dei lavoratori.

dopopranzo *s.m.* pomeriggio: *un — verrò a trovarti //* *avv.* nel pomeriggio: *domani — non sarò in ufficio.*

doposcì *agg.* e *s.m.invar.* si dice di capi di abbigliamento invernali, adatti per il riposo dopo lo sci.

doposcuola [-scuò-] *s.m.invar.* istituzione che provvede ad assistere gli scolari dopo le ore d'insegnamento regolare.

dopotutto *avv.* insomma, alla fin fine: — *aveva ragione*; *tocca a me scegliere, —!*

doppia [dóp-] *s.f.* moneta del valore di due scudi d'oro, che ebbe corso in vari stati europei nel sec. XVI.

doppiaggio [-piàg-] *s.m.* (*cinem.*) registrazione di una colonna sonora che sostituisce quella originale al fine di tradurre in altra lingua il parlato.

doppiare[1] *v.tr.* [*io dóppio ecc.*] **1** (*lett.* o *tecn.*) raddoppiare; sovrapporre **2** oltrepassare con una nave un promontorio o simili **3** (*sport*) nelle gare di corsa, superare di un giro di pista o di circuito un avversario.

doppiare[2] *v.tr.* [*io dóppio ecc.*] effettuare il doppiaggio di un film.

doppiato *agg.* si dice di pellicola cinematografica in cui la colonna sonora sia stata sostituita da un'altra in lingua diversa // *s.m.* la colonna sonora che sostituisce quella originale.

doppiatore [-tó-] *s.m.* [f. *-trice*] attore che presta la propria voce nel doppiaggio di un film.

doppiere [-piè-] *s.m.* (*lett.*) cero; candelabro.

doppietta [-piét-] *s.f.* **1** fucile da caccia a due canne **2** doppio colpo di fucile.

doppiezza [-piéz-] *s.f.* l'essere doppio, falso. SIN. *falsità, finzione, ipocrisia.*

doppio [dóp-] *agg.* **1** che è due volte maggiore: *doppia paga*; *doppia razione* **2** che è formato da due pezzi uguali sovrapposti o uniti: *filo —* **3** che è formato da due cose della stessa specie vicine: *una doppia fila di colonne* **4** (*fig.*) ambiguo, simulatore (detto di persona) // *s.m.* **1** che è due volte tanto: *datemi il —* **2** nel gioco del tennis, gara tra coppie // **-mente** *avv.* due volte tanto: *si è reso — meritevole.*

doppiolavorista *s.m.* e *f.* [pl.m. *-i*] chi, oltre a un normale lavoro, svolge un'altra attività redditizia.

doppione [-pió-] *s.m.* cosa uguale a un'altra; secondo esemplare di un oggetto che si possiede o fa parte d'una collezione.

doppiopetto [-pèt-] *agg.* e *s.m.* si dice di abito, spec. cappotto o giacca, con ampia sovrapposizione delle falde anteriori e doppia fila di bottoni.

doppiovetro [-vé-] *s.m.* [pl. *doppivetri*] sinonimo fam. di → **vetrocamera**.

doppista *s.m.* e *f.* [pl.m. *-i*] nel gioco del tennis, chi partecipa a gare di doppio.

dorare *v.tr.* [*io* dòro *ecc.*] **1** ricoprire con uno strato d'oro qlco.; imprimere con fogli d'oro titoli o fregi su legature di libri o su oggetti di cuoio **2** (*cuc.*) passare cibi nell'uovo sbattuto prima di friggerli.

dorato *agg.* **1** coperto d'oro, indorato **2** del colore dell'oro.

doratore [-tó-] *s.m.* [f. -*trice*] chi fa lavori di doratura.

doratura *s.f.* atto, effetto del dorare; ornamento o fregio dorato.

dorico [dò-] *agg.* [pl.m. -*ci*] dei dori, popolazione dell'antica Grecia: *ordine* —, il più semplice ordine architettonico greco, caratterizzato dall'ornamento del fregio a metope e triglifi.

dorifora [-ri-] *s.f.* insetto coleottero giallastro con cinque strisce nere longitudinali su ciascuna elitra; divora le foglie di patata recando gravissimi danni (*fam.* Crisomelidi).

dormeuse [*franc.*; *pr.* dormèʃ] *s.f.* poltrona a sdraio non pieghevole.

dormicchiare *v.intr.* [*io* dormìcchio *ecc.*] sonnecchiare.

dormiente [-mièn-] *agg.* che dorme *// s.m.* **1** chi dorme: *non disturbare i dormienti* **2** trave collocata sopra un fosso come ponticello provvisorio.

dormiglione [-glió-] *s.m.* chi ama troppo dormire.

dormire *v.intr.* [*io* dòrmo *ecc.*] **1** riposare in stato di sonno: — *della grossa, come un ghiro,* dormire profondamente; — *a occhi aperti,* — *in piedi,* aver molto sonno / — *tra due guanciali,* vivere tranquillo, sicuro / *prov.: non destar il can che dorme,* non molestare una persona pericolosa; *chi dorme non piglia pesci,* chi non si dà da fare, non profitta / *dorme per sempre,* è morto, è sepolto **2** non essere attivo, pronto, cauto: *dorme, nonostante la gravità della situazione* **3** (*fig.*) essere quieto, silenzioso (detto di cose): *la città dorme* **4** essere trascurato (detto di pratiche, di affari): *quella domanda continua a* —.

dormita *s.f.* sonno lungo e riposato: *fare una bella* —.

dormitorio [-tò-] *s.m.* stanzone con più letti ove dormono gli ospiti di collegi, caserme, ospizi ecc.

dormiveglia [-vé-] *s.m.invar.* condizione tra il sonno e la veglia: *nel* — *gli parve di udire dei passi.*

dorsale [-sà-] *agg.* del dorso: *muscolo* — [*ill.* Corpo] / *spina* —, la colonna vertebrale *// s.f.* rilievo montuoso che costituisce come l'ossatura di una regione.

dorsista *s.m.* e *f.* [pl.m. -*i*] nuotatore specializzato nello stile sul dorso.

dorso [dòr-] *s.m.* **1** nel corpo umano, la parte posteriore del torace e del ventre [*ill.* Corpo] / — *della mano,* la parte opposta al palmo / — *di un libro,* la costola **2** stile di nuoto in cui il nuotatore procede sulla schiena.

dosaggio [-ʃàg-] *s.m.* lo stabilire, il misurare, il determinare la dose giusta.

dosare [-ʃa-] *v.tr.* [*io* dòso *ecc.*] **1** dividere in dosi; pesare, proporzionare le dosi **2** (*fig.*) distribuire con parsimonia, con cautela: — *le parole.*

dosatore [-tó-] *s.m.* [f. -*trice*] **1** nell'industria chimica o dolciaria, chi determina la dose di una sostanza o dei singoli ingredienti che entrano in un composto **2** apparecchio che serve a dosare quantità determinate di sostanze.

dosatura [-ʃa-] *s.f.* l'operazione del dosare.

dose [dòʃe] *s.f.* quantità determinata di una sostanza, spec. di un medicinale: *una* — *di bromuro, una buona* — *di legnate,* (*fig.*) una buona quantità, molte.

dosimetro [-ʃi-] *s.m.* misuratore di dosi.

dossale *s.m.* copertura di panno o di altro tessuto, spesso lavorato artisticamente, con cui si rivestivano mobili, pareti e simili.

dossier [*franc.*; *pr.* dosié] *s.m.* insieme di note e documenti relativi a uno stesso argomento; fascicolo: *il magistrato ha un voluminoso* — *su questo affare.*

dosso [dòs-] *s.m.* **1** dorso: *cavarsi di* — *un vestito,* toglierselo **2** piccola altura.

dotale *agg.* che riguarda la dote.

dotare *v.tr.* [*io* dòto *ecc.*] **1** dare la dote: *ha riccamente dotato la figlia* **2** fornire, provvedere di qlco.: — *il paese di un ospedale.*

dotato *agg.* **1** ornato, provveduto, corredato **2** provveduto di rilevanti doti fisiche o morali: *un atleta, un musicista assai* —.

dotazione [-zió-] *s.f.* **1** insieme dei beni e dei mezzi finanziari assegnati a un istituto o a un ufficio affinché li utilizzi nell'espletamento delle sue attività: *un ospedale povero di dotazioni* **2** materiale necessario all'equipaggiamento dei singoli combattenti e dei reparti (indumenti, armi, munizioni).

dote [dò-] *s.f.* **1** complesso di beni che la moglie apporta all'economia familiare **2** qualità, fisica o morale, naturale o acquisita.

dotto¹ [dòt-] *agg.* che ha dottrina, pieno di dottrina. SIN. *erudito, istruito, colto // s.m.* uomo dotto *// -***mente** *avv.* in modo dotto.

dotto² [dót-] *s.m.* (*anat.*) conduttura, canale.

dottorale *agg.* di, da dottore.

dottorato *s.m.* titolo di dottore.

dottore [-tó-] *s.m.* [f. -*éssa*] **1** (*ant.*) insegnante; maestro **2** titolo di chi ha ottenuto una laurea; nel linguaggio corrente, medico: *è* — *in agraria; per un po' di febbre non occorreva chiamare il* —.

dottrina *s.f.* **1** l'insieme delle cose che s'imparano; istruzione, sapere: *uomo di immensa* —. SIN. *scienza, erudizione* **2** l'insieme dei precetti e delle teorie su cui si fonda un movimento scientifico, filosofico ecc.: — *socialista;* — *cristiana* / *andare a* —, si dice dei fanciulli che vanno a lezione di catechismo.

dottrinale *agg.* di, della dottrina: *ha una grande preparazione* —.

dottrinario [-nà-] *agg.* che bada più alle teorie che alla pratica.

double-face [*franc.*; *pr.* dubl-fas] *agg.* e *s.m.* si dice di stoffa o di capo d'abbigliamento che non ha un vero rovescio, ma due facce, ciascuna con un disegno e un colore particolare.

dove [dó-] *avv.* **1** *interr.* in quale luogo; in proposizioni interrogative dirette e indirette e talora in proposizioni esclamative: — *vai?; chissà* — *sarà a quest'ora!; dimmi* — *abiti / di, da* —, da quale luogo / *per* —, per quale luogo / *fin* —, fino a che punto (anche *fig.*) **2** *rel.* nel luogo in cui: *resta* — *sei; andate* — *vi pare / di, da* —, dal luogo dal quale / *per* —, per il luogo per il quale **3** il luogo in cui; in proposizioni relative: *ecco* — *ci siamo incontrati / da* —, dal luogo in cui **4** dopo un s. sostituisce il pron.rel. *in cui: la casa* — *vive // cong.* (*lett.*) **1** se, qualora, con valore ipotetico: *cerca,* — *io non potessi, di pensare tu a tutto* **2** mentre, laddove, con valore avversativo: *a me fu di grande aiuto,* — (*che*) *a te fu di rovina* / con valore di *s.m.* (solo *sing.*): *non so né il* — *né il quando,* né il luogo né il tempo; *in ogni* —, in ogni luogo; *per ogni* —, per ogni luogo, dappertutto.

dovere¹ [-vé-] *v.tr.* [pres. *io* dèvo *o* dèbbo (*ant. o poet.* dèggio), *tu* dèvi (*ant. o poet.* dèi), *egli* dève (*ant. o poet.*

dè, *dèe*, *dèbbe*), *noi dobbiamo*, *voi dovéte*, *essi dèvono* o *dèbbono* (*ant.* o *poet.* *dèono*, *dènno*, *dèggiono*); fut. *io dovrò* ecc.; pass.rem. *io dovéi* o *dovètti*, *tu dovésti* ecc.; cong.pres. *io dèva* o *dèbba* (*antiq.* o *poet.* *dèggia*)..., *noi dobbiamo*, *voi dobbiate*, *essi dèvano* o *dèbbano* (*antiq.* o *poet.* *dèggiano*); cond.pres. *io dovrèi* ecc.; manca l'imp.; regolari le altre forme dal tema *dov-*] // usato come verbo indipendente, vuole l'ausiliare *avere*; quando è usato come verbo servile, vuole generalmente l'ausiliare richiesto dal verbo all'infinito con cui si accompagna (p.e. *ho dovuto studiare*, *sono dovuto andare*; ma *ho dovuto andare*, se si vuol dare risalto all'idea del dovere) **1** avere l'obbligo, la necessità, la convenienza; essere necessario: *devi essere buono*; *doveva andare così / avresti dovuto immaginarlo*, *te lo dovevi aspettare*, avevi i dati sufficienti per prevederlo / *dovete sapere che...*, formula con cui si inizia il racconto di un antefatto / *comportarsi come si deve*, educatamente; *una persona come si deve*, educata, onesta **2** avere bisogno di fare qlco.; ritenere opportuno: *per sentirmi bene, devo dormire* **3** stare per, essere in procinto di; avere deciso di fare qlco.: *devo scendere a comperare il giornale* **4** essere probabile; essere possibile: *oggi dovrebbe essere una bella giornata*; *non deve essere ancora arrivato* **5** si usa spesso in frasi interrogative, esclamative o ipotetiche: *ma perché dovete sempre discutere?*; *dovessi morire, non parlerei!* **6** dover dare, pagare, restituire; essere debitore di qlco. (anche *fig.*): *ti devo mille lire*; *gli dobbiamo riconoscenza*.

dovere[2] [-vé-] *s.m.* **1** ciò che l'uomo deve fare per ubbidire alla morale, alla ragione, alle leggi: *è morto per il —*; *fare il proprio — / a —*, come si deve. SIN. *obbligo* **2** il giusto, il conveniente: *lavora più del —*.

doveroso [-ró-] *agg.* che è di dovere; dovuto; conveniente.

dovizia [-vì-] *s.f.* (*lett.*) grande abbondanza; ricchezza. SIN. *copia*.

dovizioso [-zió-] *agg.* abbondante; ricco. SIN. *copioso*.

dovunque *avv.* di luogo indef.rel. in qualunque luogo in cui: *ti raggiungerò — tu sia!*

dovuto *agg.* conveniente; meritato // *s.m.* ciò che è dovuto: *rendere a qlcu. il —* // **-mente** *avv.* nel modo dovuto, come si deve.

dozzina [doʒʒi-] *s.f.* **1** insieme di dodici cose dello stesso genere: *una — di fazzoletti / a dozzine*, in gran quantità / *di, da —*, comune, ordinario, di poco valore **2** il fornire vitto e alloggio in casa propria a qlcu., per un prezzo convenuto; il prezzo stesso: *tenere, stare a —*; *pagare la —*; *stare a —*.

dozzinale [doʒʒi-] *agg.* che ha poco pregio: *una cravatta — —*. SIN. *ordinario, grossolano*.

dozzinante [doʒʒi-] *s.m.* chi sta a dozzina; pensionante.

dracma *s.f.* unità monetaria greca.

draconiano *agg.* severissimo, rigorosissimo: *provvedimenti draconiani*.

draga *s.f.* macchina scavatrice per levare sabbia, ghiaia, detriti da un fondo subacqueo.

dragaggio [-gàg-] *s.m.* operazione del dragare.

dragamine *s.m.invar.* piccola nave da guerra, attrezzata per il dragaggio delle mine.

dragante *agg.* → **adragante**.

dragare *v.tr.* [*io drago, tu draghi* ecc.] **1** scavare il fondo del mare, di un canale, e simili, con una draga **2** liberare un tratto di mare dalle mine subacquee.

draglia [drà-] *s.f.* (*mar.*) sulle navi, cavetto metallico per sostenere tende, vele ecc.

drago *s.m.* [pl. *-ghi*] **1** mostro favoloso, immaginato come un enorme rettile alato, vomitante fuoco dalle fauci **2** piccolo rettile inoffensivo dell'isola di Giava; ha costole sporgenti, collegate da una membrana che serve da paracadute (*fam.* Agamidi).

dragona [-gó-] *s.f.* striscia di cuoio o di cordoncino terminante in un fiocco, fissata all'elsa della sciabola dei militari.

dragone [-gó-] *s.m.* **1** mostro favoloso, drago **2** soldato di una specialità della cavalleria **3** imbarcazione a vela per regate.

dragster [*ingl.*; *pr.* drègsta] *s.m.* vettura di eccezionale potenza e minimo peso usata per gare di accelerazione.

dramma[1] *s.m.* [pl. *-i*] **1** qualsiasi componimento in prosa o in versi destinato alla rappresentazione **2** componimento teatrale di tono serio: *un — di O'Neill* **3** azione scenica: *è ricco di sentimento, ma manca il —* **4** (*fig.*) avvenimento doloroso.

dramma[2] *s.f.* moneta d'argento della Grecia antica.

drammaticità *s.f.invar.* carattere drammatico; potenza drammatica.

drammatico [-mà-] *agg.* [pl.m. *-ci*] **1** di dramma: *azione drammatica* **2** (*fig.*) commovente **3** (*fig.*) esagerato: *non reagire in modo —!*

drammatizzare [-tiʒʒa-] *v.tr.* **1** dare forma drammatica **2** (*fig.*) esagerare: *non voler —*.

drammaturgia [-gì-] *s.f.* tecnica della composizione drammatica.

drammaturgo *s.m.* [pl. *-ghi*] scrittore di drammi.

drappeggiare *v.tr.* [*io drappéggio* ecc.] disporre in drappeggi: *— una tenda, una gonna* // **-arsi** *v.rifl.* avvolgere elegantemente ampie vesti intorno alla propria persona.

drappeggio [-pég-] *s.m.* **1** drappo disposto in bella maniera **2** gruppo di pieghe o increspature fatte per ornamento in un abito femminile.

drappella [-pèl-] *s.f.* piccolo drappo, spesso ricamato con le insegne del corpo, appeso alle trombe militari in particolari cerimonie.

drappello [-pèl-] *s.m.* piccola schiera di soldati.

drapperia [-rì-] *s.f.* insieme di drappi; magazzino di vendita di drappi o tessuti in genere.

drappo *s.m.* tessuto di notevole pregio e finezza, usato per abiti di lusso, paramenti, tende ecc.

drastico [drà-] *agg.* [pl.m. *-ci*] che agisce energicamente, con rapidità ed efficacia: *rimedio —*.

drawback [*ingl.*; *pr.* drôbèk] *s.m.* (*econ.*) il rimborso del dazio pagato in entrata per beni che successivamente vengono esportati.

drenaggio [-nàg-] *s.m.* **1** metodo di prosciugamento dei terreni mediante scolo delle acque **2** (*med.*) dopo un intervento chirurgico, eliminazione del pus o di altre secrezioni mediante tubi di gomma o strisce di garza **3** (*fig.*) raccolta sistematica; spogliazione / *— dei cervelli*, il trasferimento di personale scientifico o tecnico altamente specializzato dai paesi d'origine ad altri più ricchi / *— fiscale*, l'aumento reale delle imposte dovuto al fatto che l'aumento nominale dei redditi fa scattare aliquote progressive.

drenare *v.tr.* [*io drèno* ecc.] effettuare il drenaggio.

driade [dri-] *s.f.* (*mit.*) ninfa dei boschi.

dribblare *v.tr.* nel gioco del calcio, scartare abilmente l'avversario conservando la padronanza della palla.

dribbling [*ingl.*; *pr.* driblin] *s.m.* il dribblare.

drindrin [drindrìn] *voce onom.* imita il suono di un campanello.

drink [ingl.; pr. drink] s.m. bevanda, spec. alcolica; anche, l'occasione, l'incontro organizzato per bere.

dritta s.f. (mar.) il lato destro di un'imbarcazione per chi guarda da poppa verso prora.

dritto agg. diritto // s.m. **1** oggetto, elemento, colpo diritto; (mar.) elemento verticale esterno di chiusura dello scafo alle estremità: — di prora, di poppa [ill. Barca] **2** (gerg.) persona furba.

drittofilo s.m. il filo della trama di un tessuto: tagliare in —, tagliare il tessuto secondo il filo della trama.

drive [ingl.; pr. dràiv] s.m. nel tennis, colpo diritto.

drive-in [ingl.; pr. dràiv-in] s.m. cinema all'aperto in cui si assiste allo spettacolo rimanendo in automobile.

drizza s.f. (mar.) cavo destinato ad alzare e a mantenere pennoni e vele [ill. Barca].

drizzare v.tr. **1** rendere diritto, raddrizzare: — un chiodo / — le orecchie, prestare attenzione **2** indirizzare, rivolgere (anche fig.): — lo sguardo; — la mente a Dio **3** mettere in posizione verticale; erigere // -arsi v.rifl. levarsi: — in piedi. SIN. alzarsi.

droga [drò-] s.f. **1** sostanza vegetale secca usata per dare un gusto gradevole alle vivande (p.e. pepe, cannella) **2** sostanza naturale dotata di azione medicamentosa; stupefacente.

drogaggio [-gàg-] s.m. **1** somministrazione di droghe; doping **2** immissione, nella struttura di certi cristalli, di atomi di altri elementi affinché acquisiscano particolari proprietà elettriche.

drogare v.tr. [io drògo, tu dròghi ecc.] **1** insaporire con droghe **2** somministrare a qlcu. una droga // -arsi v.rifl. prendere droghe, spec. se abitualmente.

drogato agg. **1** trattato con droghe alimentari **2** che è sotto l'effetto della droga // agg. e s.m. tossicodipendente.

drogheria [-rì-] s.f. bottega del droghiere.

droghiere [-ghiè-] s.m. chi vende al minuto droghe, zucchero, caffè e altri generi.

dromedario [-dà-] s.m. ruminante affine al cammello, ma con una sola gobba; utile come mezzo di trasporto nel deserto, fornisce latte, carne, lana (fam. Camelidi).

drop [ingl.; pr. dròp] s.m. **1** caramella di forma tondeggiante **2** in vari giochi di palla, tiro con traiettoria alta ma subito smorzata **3** negli abiti di serie, confezione della taglia di base per una data corporatura.

drosofila [-fò-] s.f. moscerino dell'aceto, insetto dell'ordine dei ditteri ciclorafi, noto perché possiede pochi cromosomi e si presta agli studi di genetica.

drudo s.m. (arc.) amante.

druido [drùi-] s.m. sacerdote degli antichi galli.

drupa s.f. varietà di frutto con la parte esterna sottile, la media carnosa e l'interna, che contiene il seme, legnosa (p.e. oliva, pesca) [ill. Frutti].

druso [-fo] agg. e s.m. che, chi appartiene a una confessione religiosa staccatasi dall'islamismo nel sec. XI, e al popolo che la pratica, stanziato in Libano e in Siria.

dry [ingl.; pr. drai] agg. detto di vermut o liquore, secco.

duale agg. e s.m. (gramm.) si dice del numero del nome e del verbo che serve a indicare due persone o cose, presente in varie lingue antiche e moderne.

dualismo [-fmo] s.m. **1** ogni concezione filosofica che consideri la realtà come dipendente da due principî opposti (p.e. bene e male, spirito e materia) **2** (fig.) separazione, contrasto, antagonismo.

dualità s.f.invar. qualità di ciò che è composto di due elementi o principî.

dubbiezza [-biéz-] s.f. (antiq.) dubbio, ansia dubbiosa.

dubbio [dùb-] agg. **1** incerto, non sicuro **2** (fig.) ambiguo, falso: è un tipo — // s.m. **1** condizione di incertezza della mente o della volontà: lo tormenta il —. SIN. perplessità, titubanza, indecisione **2** cosa oscura, incerta; problema: risolvere tutti i dubbi.

dubbioso [-biò-] agg. che è in dubbio; incerto. SIN. perplesso, titubante, indeciso.

dubitare v.intr. [io dùbito ecc.] **1** essere in dubbio. SIN. esitare, titubare **2** diffidare: dubito della sua sincerità.

dubitativo agg. che esprime dubbio.

dublinese [-né-] agg. di Dublino // s.m. e f. abitante di Dublino.

duca s.m. [pl. -chi] titolo che nella gerarchia nobiliare precede quello di marchese e segue quello di principe.

ducale agg. **1** del duca **2** del doge.

ducato s.m. **1** titolo di duca **2** territorio soggetto al dominio di un duca **3** nome di varie monete italiane e straniere.

duce s.m. [pl. -ci] (ant.) guida, capo.

duchessa [-chés-] s.f. consorte di un duca; donna investita del titolo di un ducato.

duchessina s.f. figlia di duca.

duchino s.m. figlio di duca.

due agg.num.card. **1** indica una quantità composta di una unità più una **2** indica anche una piccola quantità indeterminata: fare — chiacchiere; — passi // s.m. il numero due e la cifra che lo rappresenta.

duecentesco [-té-] agg. [pl. -chi] scrittore o artista del Duecento (sec. XIII).

duecentista s.m. e f. [pl.m. -i] **1** scrittore o artista del Duecento (sec. XIII) **2** studioso della storia, dell'arte ecc. del Duecento.

duecento [-cèn-] agg.num.card. quantità composta di due volte cento unità // il Duecento, s.m. il sec. XIII.

duellante s.m. e f. chi combatte in duello.

duellare v.intr. [io duèllo ecc.] fare un duello.

duello [-duèl-] s.m. **1** combattimento tra due secondo le norme cavalleresche **2** per estens., ogni gara, lotta, contesa: un — agli scacchi.

due pezzi [pèz-] s.m.invar. **1** costume da bagno, per donna, formato da reggiseno e mutandine **2** vestito da donna composto di giacca e gonna o abito.

duetto [duét-] s.m. (mus.) composizione vocale o strumentale a due parti.

dugento [-gèn-] agg.num.card. (ant.) → **duecento**.

dugongo [-gòn-] s.m. grosso mammifero marino, con corpo tozzo, pelle spessa, muso appiattito; viene cacciato per la pelle, la carne, il grasso (fam. Dugongidi).

dulcamara s.f. pianta rampicante, dal fusto legnoso flessibile, con fiori violacei e bacche nere (fam. Solanacee) // s.m. (scherz.) ciarlatano.

dulia [-li-] s.f. nella teologia cattolica, il culto di semplice venerazione che si presta ai santi.

dum-dum locuz. usata come agg.invar.: si dice di proiettili di armi portatili che esplodono non appena toccata una superficie.

dumping [ingl.; pr. dàmpin] s.m. (econ.) vendita di beni all'estero a prezzi molto più bassi di quelli interni.

duna s.f. dosso sabbioso accumulatosi contro qualche ostacolo ad opera del vento.

dunque cong. coordinativa **1** conclusiva quindi, perciò: piove, — usciamo con l'ombrello **2** si usa nelle esortazioni: su —, vestitevi **3** si usa nelle interrogazioni come rafforzativo: perché — non lo fai? // s.m.invar. nelle locuz. venire al —, alla sostanza della questione; essere al —, al momento in cui va presa una decisione.

duo *s.m.invar.* **1** (*mus.*) duetto **2** coppia di artisti (cantanti, ballerini ecc.).

duodecimo [-dè-] *agg.num.ord.* dodicesimo.

duodenale *agg.* (*anat.*) del duodeno.

duodeno [-dè-] *s.m.* (*anat.*) il primo tratto dell'intestino tenue [*ill. Intestino*].

duolo [duò-] *s.m.* (*poet.*) dolore, soprattutto morale.

duomo [duò-] *s.m.* **1** la chiesa più importante di una città; cattedrale **2** (*mecc.*) camera cilindrica che costituisce la parte superiore di una caldaia [*ill. Ferrovia*] **3** (*chim.*) la parte superiore dell'alambicco [*ill. Chimico, laboratorio*].

duopolio [-pò-] *s.m.* situazione di mercato caratterizzata dalla presenza di due soli venditori di un dato bene o servizio.

duopsonio [-psò-] *s.m.* situazione di mercato caratterizzata dalla presenza di due soli compratori di un dato bene o servizio.

duplex *s.m.invar.* sistema di collegamento tra due apparecchi telefonici posti in alloggi diversi, ma legati a una sola linea.

duplicare *v.tr.* [*io dùplico, tu dùplichi ecc.*] **1** raddoppiare **2** riprodurre in una o più copie.

duplicato *s.m.* **1** copia; in particolare di un atto, di un documento, che sostituisce l'originale con identico valore giuridico **2** doppione.

duplicatore [-tó-] *s.m.* **1** macchina per la riproduzione di copie da un originale **2** strumento ottico usato per raddoppiare la distanza degli obiettivi fotografici.

duplicazione [-zió-] *s.f.* **1** raddoppio **2** riproduzione di copie da un originale.

duplice [dù-] *agg.num.* doppio; che si compone di due parti anche non uguali.

duplicità *s.f.invar.* **1** l'essere duplice **2** (*fig.*) finzione, inganno.

duracino [-rà-] *agg.* si dice di varietà di pesche o di ciliegie che hanno la polpa molto aderente al nocciolo.

duralluminio [-mì-] *s.m.* lega metallica leggera e resistente a base di alluminio, rame, magnesio e manganese.

durame *s.m.* la parte di un fusto legnoso più vecchia, più compatta e più sicura [*ill. Alberi*].

durante *prep. impropria* mentre dura o durava, durando, nel corso di, nello spazio di; si unisce direttamente ai nomi: — *il giorno.*

durare *v.intr.* continuare per un certo tempo; resistere; prolungarsi: *la pioggia ha durato per vari giorni*; *questo vestito mi durerà dieci anni* / — *da Natale a Santo Stefano*, per un tempo brevissimo / *prov.*: *un bel gioco dura poco*, non è di buon gusto prolungare molto uno scherzo // *v.tr.* sostenere, sopportare: *ho durato molta fatica* / *prov.*: *chi la dura la vince*, chi è costante finirà per avere successo.

durata *s.f.* il durare; il tempo in cui si svolge qlco.: *per tutta la — dello spettacolo.*

duraturo *agg.* destinato a durare; stabile, durevole.

durevole [-ré-] *agg.* che può, che deve durare a lungo // **-mente** *avv.* a lungo.

durezza [-réz-] *s.f.* **1** qualità di ciò che è duro **2** (*fig.*) asprezza; ottusità: — *di modi*; — *di mente.* SIN. *insensibilità, inflessibilità, rigidezza* **3** (*fis.*) resistenza offerta da un corpo alla penetrazione di un altro **4** (*chim.*) proprietà di certe acque, dovuta alla presenza di sali sciolti, per cui si formano incrostazioni nei recipienti in cui vengono scaldate.

duro *agg.* **1** che si intacca o si scalfisce difficilmente; che resiste; che non cede: *il diamante è una pietra dura*; *questa carne è dura* / *acqua dura*, ricca di sali. CONTR. *molle* **2** (*fig.*) difficile; aspro; ottuso; rozzo; severo: *una vita dura*; *una testa dura*; *un cuore* —; — *coi dipendenti.* SIN. *insensibile, inflessibile, rigido* // **-mente** *avv.* con durezza.

durone [-ró-] *s.m.* **1** callosità ai piedi o alle mani **2** nome regionale dell'amarasca.

durra *s.f.* pianta simile al miglio, coltivata in Asia e in Africa, dai cui semi si ottiene una farina usata dagli indigeni per fare pane (*fam.* Graminacee).

duttile [dùt-] *agg.* **1** si dice di un materiale, spec. metallico, che si possa lavorare facilmente e ridurre in fili sottili **2** (*fig.*) che si adatta alle circostanze: *carattere* —, *intelligenza* —.

duttilità *s.f.invar.* l'essere duttile (anche *fig.*).

duumvirato *s.m.* magistratura dell'antica Roma repubblicana, formata da due persone; per estens., coppia di persone che condividono un incarico, un potere.

duumviro [duùm-] *s.m.* ciascuno dei due cittadini che in Roma repubblicana costituivano il duumvirato.

duvet [*franc.*; *pr.* divé] denominazione spesso usata per il piumino, anche nel senso di giacca imbottita ®.

E

e¹ [*pr. e* chiusa] *s.f. e m.* quinta lettera dell'alfabeto, vocale.

e² [*pr. e* chiusa] *cong.* [davanti a vocale può diventare *ed*] **1** coordina più elementi simili di una proposizione o più proposizioni dello stesso tipo: *buono e bello*; *Carlo e Lucia sono partiti*; *salutò e uscì* / *tutt'e due*, entrambi / *con valore rafforzativo*: *bell'e fatto* **2** *con valore avversativo*: *doveva farlo lui e non l'ha fatto.*

ebanista *s.m. e f.* [pl.m. -*i*] artigiano che fa lavori in legno, e spec. mobili, con finezza e precisione.

ebanisteria [-rì-] *s.f.* l'arte dell'ebanista; la sua bottega.

ebanite *s.f.* sostanza dura, nera, a base di gomma e zolfo, usata spec. come isolante.

ebano [è-] *s.m.* nome comune di un albero esotico e del legno pregiato, duro, di color nero, che se ne ricava.

ebbene [-bè-] *cong. coordinativa conclusiva* dunque, in conclusione, orbene: — *siete liberi.*

ebbrezza [-bréz-] *s.f.* stato di sovraeccitazione prodotto da abuso di alcolici, di farmaci, oppure da una forte emozione.

ebbro [èb-] *agg. e s.m.* che o chi è in stato di ebbrezza.

ebdomadario [-dà-] *agg.* e *s.m.* settimanale.

ebefrenia [-nì-] *s.f.* (*med.*) varietà di schizofrenia che si presenta tipicamente nell'età dell'adolescenza.

ebete [è-] *agg.* e *s.m.* ottuso di mente; stupido.

ebetismo [-ʃmo] *s.m.* stato di chi è ebete.

ebollizione [-zió-] *s.f.* vaporizzazione di un liquido, caratterizzata dalla formazione di bolle gassose entro la massa d'esso e dalla loro susseguente emersione.

ebraico [-brà-] *agg.* [pl.m. *-ci*] degli ebrei // *s.m.* la lingua degli ebrei.

ebraismo [-ʃmo] *s.m.* la religione degli ebrei.

ebreo [-brè-] *agg.* e *s.m.* che o chi appartiene al popolo d'Israele.

ebrietà *s.f.invar.* ubriachezza.

ebullioscopio [-scò-] *s.m.* strumento per la misura del punto di ebollizione e indirettamente per la determinazione dei pesi molecolari.

eburneo [-bùr-] *agg.* 1 di avorio 2 che ha il colore dell'avorio: *viso* —.

ecatombe [-tòm-] *s.f.* 1 nell'antica Grecia, il sacrificio agli dei di cento buoi 2 per estens., strage.

eccedente [-dèn-] *agg.* e *s.m.* che o ciò che eccede; che supera un limite: *peso* —.

eccedenza [-dèn-] *s.f.* la quantità eccedente.

eccedere [-cè-] *v.tr.* [*io eccèdo ecc.*] oltrepassare un limite stabilito: *il risultato eccede ogni previsione / assol.* superare i limiti della normalità: — *nel bere.*

ecce homo [*lat.; pr.* ècce òmo = *ecco l'uomo*] *s.m.* l'immagine, la raffigurazione di Cristo flagellato e coronato di spine; per estens., persona mal ridotta per ferite, o di aspetto emaciato.

eccellente [-lèn-] *agg.* che supera gli altri per qualità, meriti, dignità: *un* — *professore.* SIN. *eminente, ottimo.*

eccellenza [-lèn-] *s.f.* 1 qualità di persona o cosa che eccelle / *per* —, per antonomasia 2 titolo attribuito a chi ricopre alte cariche.

eccellere [-cèl-] *v.intr.* [*pres.* io eccèllo *ecc.*: *pass.rem.* io eccèlsi, tu eccellésti *ecc.*; *p.pass.* eccèlso] essere superiore, sovrastare.

eccelso [-cèl-] *agg.* 1 (*lett.*) altissimo: *un picco* — 2 (*fig.*) superiore per qualità o per meriti.

eccentricità *s.f.invar.* 1 l'essere eccentrico 2 (*fig.*) stranezza. SIN. *bizzarria, stravaganza.*

eccentrico [-cèn-] *agg.* [pl.m. *-ci*] 1 che non ha il medesimo centro, detto di due cerchi dei quali il maggiore contiene il minore 2 che è fuori del centro: *quartiere* — 3 (*fig.*) diverso dal normale: *vestito* —. SIN. *bizzarro, stravagante, strano* // *s.m.* (*mecc.*) organo, costituito da una piastra circolare rotante intorno a un punto diverso dal proprio centro, che serve a trasformare un moto rotatorio in alternativo.

eccepire *v.tr.* [*io eccepisco, tu eccepisci ecc.*] obiettare, opporre: *non ho nulla da* —.

eccessivo *agg.* che eccede i limiti: *lavoro* —. SIN. *esagerato, esorbitante, soverchio.*

eccesso [-cès-] *s.m.* 1 l'eccedere; ciò che eccede i limiti: — *di potenza, di zelo / all'*—, esageratamente 2 atto violento, eccedente ogni norma: *l'ira lo spinse a quell'*—.

eccetera [-cè-] [dal lat. *et cetera = e le cose restanti*] espressione che si colloca al termine di una enumerazione o d'una citazione, in sostituzione di ciò che si ritiene superfluo menzionare (si abbrevia *ecc.* o, alla latina, *etc.*).

eccetto [-cèt-] *prep. impropria* eccettuato, salvo, tranne, fuorché; si unisce anche ai nomi: *tutti lavorano,* — *lui.*

eccettuare *v.tr.* [*io eccèttuo ecc.*] non comprendere; escludere.

eccezionale *agg.* che fa eccezione, insolito: *avveni-*

mento —; *prezzo* —, molto basso. SIN. *straordinario, anomalo, anormale.*

eccezione [-zió-] *s.f.* 1 atto, effetto dell'eccettuare: *ho pensato a tutti, senza* —, nessuno escluso / *a* — *di*, fuorché 2 cosa fuori della regola, non normale. SIN. *anomalia, anormalità* 3 obiezione, critica: *sollevare eccezioni* 4 (*dir.*) mezzo di difesa processuale con cui si oppone alle domande dell'attore.

ecchimosi [-mòʃi] *s.f.invar.* (*med.*) piccola emorragia localizzata nel tessuto sottocutaneo, in genere causata da trauma, che dà un colore bluastro alla pelle. SIN. *contusione, lividura.*

eccì *voce onom.* imita il suono dello starnuto.

eccidio [-ci-] *s.m.* strage, sterminio.

eccipiente [-pièn-] *s.m.* (*farm.*) nome generico di sostanze farmacologicamente inattive che, mescolate alle sostanze attive, ne facilitano la somministrazione.

eccitabile [-tà-] *agg.* che si eccita facilmente.

eccitabilità *s.f.invar.* l'essere eccitabile.

eccitamento [-mén-] *s.m.* l'eccitare; parole o atti tendenti ad eccitare: — *al vizio.*

eccitante *agg.* che eccita: *atmosfera* — // *s.m.* sostanza che provoca uno stato di eccitazione, che stimola temporaneamente il sistema nervoso: *il caffè è un* —.

eccitare *v.tr.* [*io èccito ecc.*] provocare, stimolare: — *la curiosità*; — *il popolo / assol.* stimolare il sistema nervoso: *la caffeina eccita* // **-arsi** *v.rifl.pron.* agitarsi.

eccitatrice *s.f.* dinamo che produce la corrente continua necessaria per magnetizzare i poli induttori di una macchina elettrica.

eccitazione [-zió-] *s.f.* 1 l'eccitare; lo stato di chi è eccitato 2 (*elettr.*) nella dinamo e nelle macchine analoghe, processo di formazione del campo elettromagnetico induttore.

ecclesiastico [-ʃià-] *agg.* [pl.m. *-ci*] che concerne la chiesa o il clero // *s.m.* uomo di chiesa, sacerdote, prete.

ecco [èc-] *avv. indicativo* 1 indica l'avvicinarsi o il comparire improvviso di una persona o di una cosa o serve per richiamare l'attenzione altrui su qualche fatto che si verifichi improvvisamente o su un discorso che s'inizi: — *la mamma*; — *l'errore*; — *perché non ci credo / quand'*—, quando all'improvviso 2 con il participio passato dei verbi indica un'azione compiutasi rapidamente: *eccoci arrivati*; — *fatto* 3 si unisce alle particelle pronominali: *eccomi, eccoti, eccoci, eccovi, eccolo, eccola, eccoli, eccole* // *inter.impropria* prende vari significati a seconda dei casi e può anche essere una semplice particella riempitiva: —, *ti comporti da sciocco!*

eccome [-có-] *avv.* e *inter.* serve ad affermare energicamente, vivamente: *l'ho visto,* —!

echeggiare *v.intr.* [*io echéggio ecc.*] risuonare per l'eco, o come un'eco.

echidna *s.f.* mammifero monotremo australiano con corpo tozzo ricoperto di aculei, muso a becco (*fam.* Tachiglossidi).

echino *s.m.* 1 parte centrale del capitello dorico, sotto l'abaco [*ill. Architettura*] 2 invertebrato marino, i cui resti si trovano sovente allo stato fossile.

echinococco [-còc-] *s.m.* [pl. *-chi*] (*med.*) verme parassita di molti mammiferi, dai quali spesso si trasmette all'uomo.

echinodermi [-dèr-] *s.m.pl.* (*zool.*) tipo di animali invertebrati marini con scheletro cutaneo formato di piastre calcaree forate, disposte a raggera (*riccio di mare, stella di mare, oloturia*).

eclampsia [-psi-] *s.f.* (*med.*) denominazione di diversi stati patologici caratterizzati da convulsioni: — *infantile*, — *gravidica*.

eclettico [-clèt-] *agg.* [pl.m. *-ci*] proprio dell'eclettismo, improntato ad eclettismo; più genericamente si dice di chi si dedica con successo ad attività diverse.

eclettismo [-ſmo] *s.m.* elaborazione di dottrine filosofiche o scientifiche tratte da sistemi diversi e opportunamente conciliate; per estens., capacità o tendenza a seguire attività diverse.

eclissare *v.tr.* **1** oscurare un corpo luminoso mediante eclissi **2** (*fig.*) superare, vincere // **-arsi** *v.rifl.pron.* **1** oscurarsi per eclissi **2** (*fig.*) sparire, andarsene alla chetichella: *Mario si è eclissato*.

eclisse *s.f.*, **eclissi** *s.f.* oscuramento totale o parziale di un corpo celeste per interposizione di un altro fra quello e l'osservatore: — *solare*, *lunare*.

eclittica [-clìt-] *s.f.* **1** (*astr.*) l'orbita reale descritta dalla Terra intorno al Sole; l'orbita immaginaria descritta dal Sole intorno alla Terra **2** circolo massimo della sfera celeste che divide a metà lo zodiaco.

eclittico [-clit-] *agg.* [pl.m. *-ci*] (*astr.*) dell'eclissi; dell'eclittica.

ecloga [è-] *s.f.* → **egloga**

eco [è-] *s.f.* [pl.m. *-chi*] **1** ripetizione di un suono dovuta al riflettersi delle onde sonore contro ostacoli **2** (*fig.*) ripercussione di fatti o discorsi sensazionali: *la notizia ebbe vasta —*.

ecogoniometro [-niò-] *s.m.* (*mar.*) apparecchio che, mediante gli ultrasuoni, consente la localizzazione di oggetti immersi. SIN. *ecoscandaglio, sonar*.

ecografia [-fì-] *s.f.* metodo diagnostico basato sull'uso degli ultrasuoni che hanno la proprietà, diffondendosi nel corpo umano, di riflettersi quando attraversano zone di diversa densità, consentendo così la ricostruzione della forma e dei movimenti degli organi interni.

ecologia [-gì-] *s.f.* scienza che studia le relazioni tra gli esseri viventi e l'ambiente fisico in cui vivono.

ecologico [-lò-] *agg.* [pl.m. *-ci*] **1** che riguarda l'ecologia; ambientale **2** che salvaguarda l'ambiente naturale.

ecologista *agg.* e *s.m.* e *f.* [pl.m. *-i*] che, chi fa dell'ecologia una scelta politica di qualità della vita e di sviluppo.

ecologo [-cò-] *s.m.* [pl. *-gi*] studioso di ecologia.

ecometro [-cò-] *s.m.* (*mar.*) apparecchio subacqueo che, mediante gli ultrasuoni, indica la profondità del fondale.

economato *s.m.* ufficio amministrativo dell'economia; la carica stessa.

econometria [-trì-] *s.f.* studio quantitativo dei fenomeni e delle leggi economiche basato su analisi statistiche.

economia [-mì-] *s.f.* **1** scienza che studia come impiegare, nel modo più razionale per il conseguimento di fini determinati, i beni a disposizione **2** uso controllato dei beni economici, risparmio: *fare —*, risparmiare **3** sistema economico: *l'— industriale, artigiana* **4** insieme delle risorse economiche di una regione: *l'— italiana* **5** struttura, equilibrio d'insieme: *l'— di un discorso*.

economicità *s.f.invar.* qualità di ciò che è economico.

economico [-nò-] *agg.* [pl.m. *-ci*] **1** che si riferisce al-

---

Economia

individualismo, collettivismo, capitalismo, neocapitalismo, paleocapitalismo, socialismo, comunismo, sindacalismo, cooperativismo, corporativismo, dirigismo, liberismo, neoliberismo, marxismo, protezionismo, autarchia; economia curtense, mercantilismo, fisiocrazia, statalismo, economia del benessere, welfare; municipalizzazione, nazionalizzazione, socializzazione, privatizzazione, piano, pianificazione, programmazione

☐ bisogno, bene, servizio, merce, fattore di produzione, mezzo di produzione, materia prima, prodotto; utilità, valore, plusvalore, surplus, plusvalenza, fungibilità, surrogato; consumo, produzione, intermediazione, brokeraggio; risparmio, investimento, finanziamento, consolidamento, spiazzamento (crowding out) • mercato, domanda, offerta, elasticità, rigidità, prezzo (*prezzo politico*), costo, ricavo, baratto, scambio, calmiere, speculazione, rischio

☐ capitale, accumulazione, autofinanziamento, lavoro, manodopera, tailorismo, proletariato, sottoproletariato, sindacato, trade-union, corporazione; reddito, rendita, profitto, interesse, dividendo, retribuzione, salario, stipendio; occupazione, disoccupazione, sottoccupazione, sovraoccupazione, sovrapproduzione, autoconsumo, sottoconsumo; PIL, PNL • azienda, impresa, holding, avviamento, concorrenza, competitivo, concentrazione, monopolio, duopolio, duopsonio, oligopolio, oligopsonio, cartello, pool, trust, antitrust; blocco, boicottaggio

☐ moneta, monetarismo, monometallismo, bimetallismo, circolazione, liquidità, illiquidità, convertibilità, inconvertibilità, potere d'acquisto, disaggio, rivalutazione, allineamento, svalutazione, apprezzamento, deprezzamento, tesaurizzazione, annacquamento • esportazione, importazione, interscambio, riesportazione, dumping, accordo (*bilaterale, multilaterale*), clearing, montante compensativo; bilancia (*commerciale, dei pagamenti*)

☐ ciclo, trend, congiuntura; austerità, austerity, boom, carovita, razionamento, inflazione, disinflazione, deflazione, stagflazione, recessione, crisi, reflazione, depressione, instabilità, rincaro, ristagno, stabilizzazione, stasi, stagnazione, produttività, industrializzazione, disindustrializzazione, automazione, meccanizzazione, sviluppo, sottosviluppo, arretratezza, gap, infrastruttura, sovrastruttura, riconversione, ridimensionamento • acceleratore, interdipendenze strutturali, marginale, moltiplicatore, diseconomie di scala • agricoltura, artigianato, assicurazione, commercio, comunicazioni, credito, edilizia, industria, pesca, terziario, trasporti, turismo, zootecnia • econometria, macroeconomia, microeconomia.

→

→

■ FINANZA PUBBLICA: fisco, tributo, tributario, tassa, dazio, dogana, drawback, contributo, soprattassa, sovrimposta, accisa, decima, pedaggio, plateatico; abbattimento, pressione fiscale, drenaggio fiscale (fiscal drag); addizionale, aliquota, imponibile, massimale, minimale; fiscalizzazione, esenzione, franchigia, sgravio, detrazione; evasione, condono, autotassazione, traslazione, capitalizzazione; contribuente, codice fiscale, cartella, dichiarazione (*dei redditi*), accertamento, estimo, esazione, esattoria; imposta diretta, indiretta, personale, reale, proporzionale, progressiva, regressiva, cedolare, complementare, di famiglia, di consumo, di fabbricazione, di monopolio, sul patrimonio, sul reddito, ad valorem, specifica.

l'economia: *dottrine economiche* 2 che è fatto con economia; che fa risparmiare.

economista *s.m.* e *f.* [pl.m. *-i*] studioso di economia.

economizzare [-miʒʒa-] *v.tr.* risparmiare (anche *fig.*): — *tempo e denaro* / *assol.* fare economia.

economizzatore [-miʒʒató-] *s.m.* dispositivo che consente di risparmiare, spec. combustibile negli impianti termici e nei motori.

economo [-cò-] *agg.* parsimonioso // *s.m.* chi in una comunità ha il compito di amministrare le spese o di distribuire materiale di consumo.

ecosistema [-stè-] *s.m.* [pl. *-i*] l'insieme dei rapporti che si instaurano in un dato ambiente tra territorio, animali e piante.

ecru [*franc.*; *pr.* ecrù] *agg.* si dice di tessuto greggio, naturale.

ectasia [-ʃi-] *s.f.* (*med.*) dilatazione di un organo cavo o di una parte di esso // si usa anche come secondo elemento di parole composte (*bronchiectasia*).

ectoderma [-dèr-] *s.m.* [pl. *-i*] (*biol.*) lo strato esterno delle cellule dell'embrione, da cui derivano la pelle e il sistema nervoso.

ectoplasma [-ʃma] *s.m.* [pl. *-i*] 1 sorta di fluido in cui i cultori di spiritismo ravvisano la massima materializzazione degli spiriti 2 (*biol.*) parte esterna del citoplasma cellulare.

ecuadoriano *agg.* dell'Ecuador // *s.m.* abitante dell'Ecuador.

ecumenico [-mè-] *agg.* [pl.m. *-ci*] universale; si dice di concilio a cui partecipano tutti i vescovi della chiesa cattolica, sotto l'autorità del papa.

ecumenismo [-ʃmo] *s.m.* movimento che si propone di unificare le diverse chiese cristiane; per estens. atteggiamento tollerante o accomodante a fronte delle differenze ideologiche e religiose.

eczema [-ʒè-] *s.m.* [pl. *-i*] (*med.*) malattia della pelle con arrossamenti, pustolette, croste, prurito.

ed *cong.* forma della cong. *e* usata facoltativamente dinanzi a vocale: — *allora*; — *egli*.

edace *agg.* (*lett.*) che divora, che distrugge.

edelweiss [*ted.*; *pr.* édelvais] *s.m.* stella alpina.

edema [-dè-] *s.m.* [pl. *-i*] (*med.*) infiltrazione di liquido organico nei tessuti: — *polmonare*.

èden [è-] *s.m.invar.* 1 il paradiso terrestre 2 (*fig.*) luogo di delizie.

edera [é-] *s.f.* frutice sempreverde con foglie palmate e infiorescenze verdicce; frequente sui muri o sui tronchi degli alberi cui si attacca per mezzo di piccole radici avventizie (*fam.* Araliacee).

edicola [-di-] *s.f.* 1 nicchia o tempietto che accoglie nel mezzo una statua o un'immagine religiosa 2 chiosco per la vendita dei giornali.

edicolante *s.m.* e *f.* chi gestisce un'edicola; giornalaio.

edificante *agg.* che dà buon esempio.

edificare *v.tr.* [*io* edìfico, *tu* edìfichi *ecc.*] 1 costruire: — *un grattacielo, una chiesa.* SIN. erigere, fabbricare 2 (*fig.*) fondare, stabilire, formare: — *un'azienda* 3 (*fig.*) stimolare al bene con il buon esempio.

edificatore *agg.* e *s.m.* [f. *-trice*] che o chi edifica.

edificazione [-zió-] *s.f.* 1 atto, effetto dell'edificare 2 ammaestramento al bene, dato con il buon esempio.

edificio, edifizio [-fi-] *s.m.* 1 costruzione architettonica 2 (*fig.*) qualsiasi struttura organizzata: *l'— dello stato*; *l'— sociale*.

edile *agg.* che concerne l'edilizia: *costruttore, perito —* // *s.m.* 1 in Roma antica, magistrato incaricato della cura dei templi e degli edifici pubblici, dei ludi, della polizia urbana e dell'annona 2 chi presta il proprio lavoro nell'industria edilizia.

edilità *s.f.invar.* la magistratura romana dell'edile.

edilizia [-li-] *s.f.* l'arte, la tecnica e l'industria della costruzione di edifici.

edilizio [-li-] *agg.* che concerne l'edilizia.

edito [è-] *agg.* pubblicato: *un libro — a Torino.*

editore [-tó-] *agg.* e *s.m.* [f. *-trice*] che o chi stampa e pubblica libri, periodici o musica, a scopo commerciale // *s.m.* studioso che cura la pubblicazione di un'opera; curatore.

editoria [-rì-] *s.f.* l'industria del libro; l'insieme degli editori e della loro attività.

editoriale *agg.* di editore, di editoria: *successo —* // *s.m.* articolo di fondo, non firmato, di cui un giornale assume la responsabilità.

editorialista *s.m.* e *f.* [pl.m. *-i*] in un giornale, chi abitualmente scrive l'editoriale.

editto *s.m.* ordinanza di una pubblica autorità.

edizione [-zió-] *s.f.* 1 il pubblicare un libro: *chi fu il responsabile di quell'—?* / *— critica*, la pubblicazione da parte di uno studioso di un testo inedito o antico ricostruito nella lezione originaria 2 l'opera pubblicata 3 l'insieme delle copie pubblicate: *un'— di diecimila copie* 4 ciascuna delle tirature di un quotidiano nel corso della giornata: *— del mattino*; *— straordinaria* 5 per estens., ripresa, rinnovata esecuzione di una manifestazione, di uno spettacolo ecc.

edochiano *agg.* di Tokio // *s.m.* abitante di Tokio.

edonismo [-ʃmo] *s.m.* concezione morale che identifica il bene col piacere sensibile, immediato.

edonista *s.m.* e *f.* chi segue l'edonismo.

edonistico [-ni-] *agg.* [pl.m. *-ci*] dell'edonismo.

edotto [-dòt-] *agg.* (*lett.*) informato, istruito.

EDP [*ingl.*; *Electronic Data Processing*] *s.f.* elaborazione elettronica dei dati; si usa come sinonimo di *informatica*.

edredone [-dó-] *s.m.* grosso uccello acquatico, bianco superiormente e nero inferiormente, caratteristico per il morbidissimo piumino (*fam.* Anatidi).

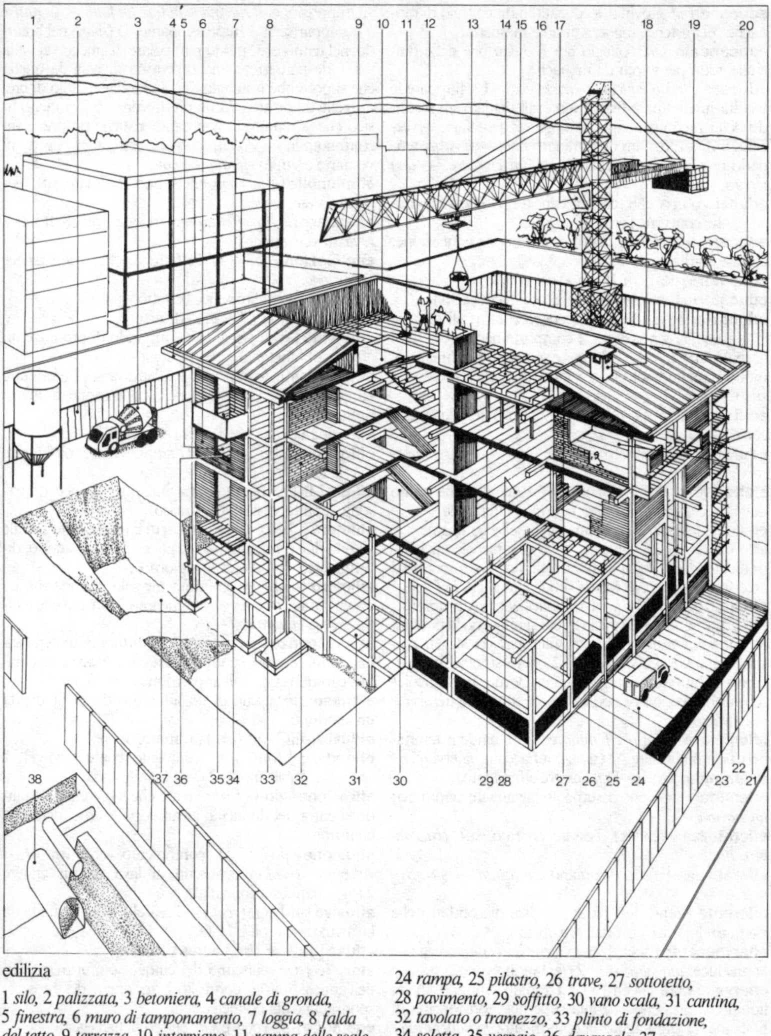

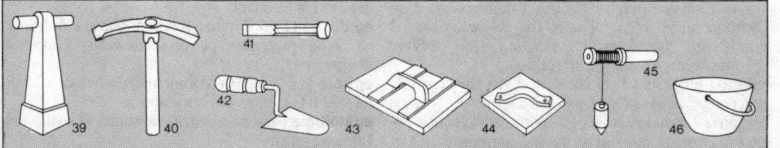

edilizia

1 *silo*, 2 *palizzata*, 3 *betoniera*, 4 *canale di gronda*, 5 *finestra*, 6 *muro di tamponamento*, 7 *loggia*, 8 *falda del tetto*, 9 *terrazza*, 10 *interpiano*, 11 *rampa delle scale*, 12 *pianerottolo*, 13 *carrucola*, 14 *solaio*, 15 *gru*, 16 *braccio*, 17 *cabina*, 18 *comignolo*, 19 *contrappeso*, 20 *balcone*, 21 *impalcatura*, 22 *vano*, 23 *ponteggio*, 24 *rampa*, 25 *pilastro*, 26 *trave*, 27 *sottotetto*, 28 *pavimento*, 29 *soffitto*, 30 *vano scala*, 31 *cantina*, 32 *tavolato o tramezzo*, 33 *plinto di fondazione*, 34 *soletta*, 35 *vespaio*, 36 *davanzale*, 37 *scavo*, 38 *fognatura*, 39 *mazzeranga*, 40 *piccone*, 41 *scalpello*, 42 *cazzuola*, 43 *frattazzo*, 44 *frattazzino*, 45 *filo a piombo*, 46 *secchio da calce*.

educanda *s.f.* giovinetta educata in un collegio di monache; per estens., ragazza timida, inesperta.

educandato *s.m.* collegio per l'educazione delle fanciulle, retto per lo più da monache.

educare *v.tr.* [*io èduco, tu èduchi ecc.*] **1** sviluppare le facoltà intellettuali, fisiche e morali dei giovani secondo determinati principi: — *i figli* **2** assuefare; avvezzare; indirizzare a un determinato fine: — *il gusto*, renderlo più fine **3** (*poet.*) coltivare, far crescere: — *una pianta*.

educativo *agg.* che tende a educare; che serve a educare; che concerne l'educazione.

educato *agg.* che ha ricevuto una buona educazione; cortese, garbato, gentile.

educatore [-tó-] *s.m.* [*f. -trice*] chi educa.

educatorio [-tò-] *s.m.* (*rar.*) istituto di educazione.

educazione [-zió-] *s.f.* **1** opera ed effetto dell'educare / — *fisica*, la ginnastica **2** comportamento corretto e garbato. SIN. *creanza* **3** (*rar.*, e spec. con riferimento al mondo anglosassone) istruzione, insegnamento scolastico.

edulcorare *v.tr.* [*io edùlcoro ecc.*] (*rar.*) addolcire (anche *fig.*).

edule *agg.* che si può mangiare: *fungo* —. SIN. *commestibile, mangereccio.*

efebo [-fè-] *s.m.* **1** nell'antica Grecia, giovane uscito dalla fanciullezza **2** (*spreg.*) giovane effeminato.

efelide [-fè-] *s.f.* macchiolina della pelle, lentiggine.

effe [èf-] *s.f.invar.* ciascuna delle due piccole aperture praticate sulla tavola armonica di alcuni strumenti ad arco (p.e. violino), di forma simile a una lettera *f*.

effemeride [-mè-] *s.f.* **1** pubblicazione astronomica; più propriamente tavola che riporta le posizioni, anno per anno, degli astri sulla sfera celeste. SIN. *calendario, lunario, almanacco* **2** opera storica che registrava gli avvenimenti giorno per giorno, in particolare, pubblicazione periodica, spec. storica, letteraria e scientifica.

effeminare *v.tr.* [*io effémino ecc.*] **1** rendere femmineo, femminilizzare **2** (*spreg.*) infiacchire, snervare.

effeminatezza [-téz-] *s.f.* l'essere effeminato.

effeminato *agg.* che assume atteggiamenti femminei: *un giovane* —.

efferatezza [-téz-] *s.f.* l'essere efferato. SIN. *crudeltà, atrocità.*

efferato *agg.* feroce, disumano: *un delitto* —. SIN. *crudele, atroce.*

efferente [-rèn-] *agg.* (*anat.*) si dice di condotto che porta un liquido fuori dall'organismo.

effervescente [-scèn-] *agg.* **1** che è in effervescenza o la produce: *magnesia* — **2** (*fig.*) molto vivace.

effervescenza [-scèn-] *s.f.* **1** rapido sviluppo, in un liquido, di gas che ne sale alla superficie sotto forma di bollicine **2** (*fig.*) agitazione, fermento: *la notizia mise tutti in* —.

effettivo *agg.* **1** reale; vero; concreto **2** si dice di chi ricopre legittimamente e permanentemente un ufficio o un incarico: *socio, insegnante* —; *ufficiale* —, che entra nei ruoli dell'esercito // *s.m.* **1** numero di uomini componenti un'unità militare: *l'— del battaglione* **2** consistenza, quantità reale, concreta: *l'— dei suoi beni* // **-mente** *avv.* veramente, in realtà.

effetto [-fèt-] *s.m.* **1** ciò che è prodotto, che deriva da una causa: *questo è l'— di un equivoco* / *dare — a qlco.*, eseguirla / *mandare a — qlco.*, portarla alla conclusione / *in effetti*, di fatto, in realtà. SIN. *conseguenza* **2** vi-

va impressione: *il suo modo di fare ha fatto — su tutti* / *d'—*, appariscente, impressionante **3** (*sport*) nel biliardo, nel tennis ecc., modo particolare di lanciare la palla per farle percorrere una traiettoria diversa da quella che si potrebbe immaginare **4** cambiale, titolo di credito che dà diritto ad una prestazione **5** fenomeno fisico che si manifesta con caratteristiche proprie e inconfondibili: — *Volta*; — *fotoelettrico* **6** *pl.* oggetti, di vestiario e simili: *effetti personali.*

effettuabile [-tuà-] *agg.* che si può effettuare. SIN. *realizzabile, eseguibile.*

effettuare *v.tr.* [*io effèttuo ecc.*] mandare ad effetto. SIN. *realizzare, eseguire.*

effettuazione [-zió-] *s.f.* l'effettuare. SIN. *realizzazione, esecuzione.*

efficace *agg.* che produce l'effetto voluto.

efficacia [-cà-] *s.f.* l'essere efficace.

efficiente [-cièn-] *agg.* che è in grado di produrre un effetto, di funzionare: *una persona* —.

efficientismo [-fmo] *s.m.* tendenza a sopravvalutare l'importanza dell'efficienza nella conduzione di un'impresa o simili.

efficienza [-cièn-] *s.f.* l'essere efficiente.

effigiare *v.tr.* [*io effigio ecc.*] rappresentare, raffigurare in effigie.

effigie [-fi-] *s.f.* figura, immagine, ritratto, spec. di persona, dipinto, disegnato o inciso.

effimera [-fi-] *s.f.* specie di insetti che allo stato larvale vivono due o tre anni nell'acqua e allo stato adulto, divenuti alati, vivono un solo giorno.

effimero [-fi-] *agg.* che dura un solo giorno; che ha breve durata. SIN. *fuggevole, fugace* // *s.m.* ciò che è effimero: *la cultura dell'*—.

efflorescenza [-scèn-] *s.f.* **1** rifioritura di materie saline su un terreno, su una roccia ecc. **2** malattia cutanea caratterizzata dall'apparizione di bollicine.

efflusso *s.m.* uscita di un liquido o di un fluido da un'apertura.

effluvio [-flù-] *s.m.* (*lett.*) profumo, odore.

effondere [-fón-] *v.tr.* [coniugato come *fondere*] **1** spargere, versar fuori **2** (*fig.*) manifestare.

effrazione [-zió-] *s.f.* (*dir.*) reato che si commette quando si entra nel domicilio altrui dopo averne forzato le chiusure.

effusione [-fió-] *s.f.* **1** spandimento, versamento / — *vulcanica*, (*geol.*) fuoriuscita di lava da un cratere **2** (*fig.*) manifestazione d'affetto.

effusivo [-fi-] *agg.* (*geol.*) si dice delle rocce formate da lava vulcanica solidificata.

effuso [-fo] *agg.* (*lett.*) diffuso, disteso.

eforo [è-] *s.m.* ciascuno dei cinque sommi magistrati dell'antica Sparta, controllori dell'opera dei re e responsabili della politica estera.

egemone [-gè-] *agg. e s.m.* che o chi ha l'egemonia.

egemonia [-ni-] *s.f.* **1** supremazia di uno stato su altri: *Atene aspirava all'— su tutta la Grecia* **2** guida ideale, direzione politica: *l'— della classe operaia.*

egemonico [-mò-] *agg.* [pl.m. *-ci*] proprio dell'egemonia o di chi l'esercita.

egida [è-] *s.f.* **1** il mitico scudo di Giove e di Minerva **2** (*fig.*) protezione, patronato: *sotto l'— dell'azienda di soggiorno.*

egira [è-] *s.f.* la fuga di Maometto dalla Mecca a Medina (622 d.C.), inizio dell'era islamica.

egittologia [-gì-] *s.f.* scienza che studia la civiltà dell'antico Egitto.

egittologo [-tò-] *s.m.* [pl. *-gi*] studioso di egittologia.

egiziano *agg.* dell'Egitto // *s.m.* **1** abitante dell'Egitto **2** carattere tipografico [*ill. Stampa*].

egizio [-gi-] *agg.* dell'antico Egitto // *s.m.* abitante dell'antico Egitto.

egli [é-] *pron.pers.m.sing. di terza persona* si riferisce a persona e si usa solo come soggetto: — *alloggerà qui*; riferendosi ad animali e cose si usa *esso*; come complemento si adopera la forma *lui*: *sono andato da lui*; la forma plurale *églino* è ormai antiquata ed è sostituita da *essi*: *essi dormono*.

egloga [è-] *s.f.* antico componimento poetico di argomento pastorale.

egocentrico [-cèn-] *agg.* e *s.m.* [pl.m. *-ci*] che o chi considera sé stesso il centro di ogni interesse.

egocentrismo [-ʃmo] *s.m.* il carattere e il comportamento dell'egocentrico.

egoismo [-ʃmo] *s.m.* amore esagerato di sé stesso e dei propri interessi, anche a costo del danno altrui. CONTR. *altruismo*.

egoista *s.m.* e *f.* [pl.m. *-i*] chi pecca di egoismo.

egoistico [-i-] *agg.* [pl.m. *-ci*] proprio dell'egoista o dell'egoismo. CONTR. *altruistico*.

egotismo [-ʃmo] *s.m.* egoismo spinto all'estremo, proprio di chi subordina tutto a sé stesso.

egregio [-grè-] *agg.* **1** non comune, straordinario, di gran pregio: *fatti egregi*. SIN. *eccellente, esimio* **2** come forma di cortesia nelle lettere: — *signore*.

egro [è-] *agg.* (*lett.*) ammalato.

eguale *agg.* e *deriv.* → **uguale** e *deriv.*

egualitario [-tà-] *agg.* che aspira all'eguaglianza: *politica egualitaria.*

egualitarismo [-ʃmo] *s.m.* aspirazione politica a realizzare l'eguaglianza di fatto tra le classi sociali e tra i singoli.

eh [è o é] *inter.* espressione che, secondo il tono con cui è pronunciata, significa perplessità, rincrescimento, compatimento, sdegno ecc.

ehi [éi] *inter.* usata per richiamare l'attenzione: — *venga qui!*

ehm [èm] *inter.* esprime reticenza o minaccia.

ei [éi] *pron.pers.m.sing. di terza persona* (*lett.*) egli, usato solo davanti a consonante.

eia [è-] *inter.* espressione di esultanza.

eiaculare *v.intr.* [*io eiàculo ecc.*] emettere il liquido seminale.

eiaculazione [-zió-] *s.f.* l'atto di eiaculare.

eiettabile [-tà-] *agg.* che si può proiettare fuori: *sedile* —, quello che, sugli aerei a reazione, viene espulso in caso d'emergenza per consentire al pilota di salvarsi con il paracadute.

eiettore [-tó-] *s.m.* apparecchio per l'estrazione di un fluido da un ambiente in depressione.

einstéinio [-stèi-] [pr. *àinstàinio*] *s.m.* elemento chimico artificiale, transuranico (Es; *n.at.* 99).

elaborare *v.tr.* [*io elàboro ecc.*] **1** fare qlco. con grande studio ed esattezza: — *un progetto* **2** digerire: *lo stomaco elabora i cibi.*

elaborato *agg.* si dice di cosa fatta con gran cura ed esattezza: *discorso, scritto* — // *s.m.* **1** compito scritto: *gli elaborati d'esame* **2** prodotto di un'attività organica: — *gastrico* **3** nell'informatica, → **tabulato.**

elaboratore [-tó-] *s.m.* calcolatore elettronico, computer.

elaborazione [-zió-] *s.f.* atto, effetto dell'elaborare.

elargire *v.tr.* [*io elargisco, tu elargisci ecc.*] donare con abbondanza e spontaneità.

elargizione [-zió-] *s.f.* l'elargire; la cosa elargita.

elasticità *s.f.invar.* **1** proprietà dei corpi di deformarsi per azione di forze esterne e di riprendere la forma primitiva al cessare delle stesse **2** agilità nei movimenti della persona; (*fig.*) agilità mentale; cedevolezza morale. SIN. *flessibilità, pieghevolezza.*

elasticizzato [-ciʒʒa-] *agg.* si dice di tessuto di cotone, seta o lana, reso elastico per mezzo di fili di gomma, e usato per fascette, guaine, costumi da bagno.

---

elaboratore elettronico

1 *memoria di governo,*
2 *unità aritmetica,*

3 *entrata,* 4 *memoria,*
5 *uscita,* 6 *nastro*
perforato, 7 *lettore di*
schede, 8 *schede,*

9 *videoterminale,*
10 *schermo,* 11 *tastiera,*
12 *unità di memoria a*
dischi, 13 *disco,* 14 *unità*

di memoria a nastri,
15 *nastro magnetico,*
16 *stampante,* 17 *tabulato,*
18 *plotter.*

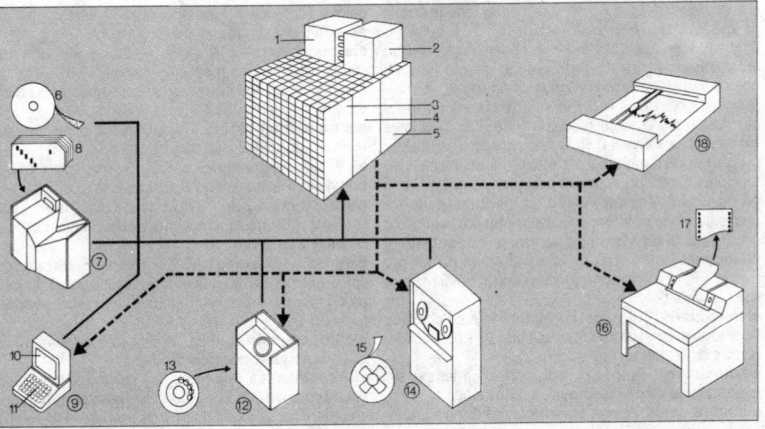

elastico [-là-] *agg.* [pl.m. *-ci*] **1** dotato di elasticità: *acciaio* —; *gomma elastica; tessuto* — **2** agile nei movimenti; pronto; *(fig.)* sciolto; cedevole / *mente elastica*, facilmente adattabile / *coscienza elastica*, che è pronta a transigere. SIN. *flessibile, pieghevole* // *s.m.* **1** legaccio di gomma elastica per stringere pacchi, confezioni ecc. **2** il ripiano del letto su cui poggia il materasso.

elastomero [-stò-] *s.m.* *(chim.)* prodotto sintetico che presenta proprietà elastiche simili a quelle della gomma naturale.

elce [èl-] *s.f.* e m. *(lett.)* leccio.

eldorado *s.m.* luogo favoloso di abbondanza.

elefante *s.m.* mammifero di grandi dimensioni con una lunga proboscide, lunghe zanne d'avorio, orecchie grandi, occhi piccoli; vive in Africa e in Asia, dove è usato come mezzo di trasporto e ricercato per le zanne e la carne *(fam.* Elefantidi).

elefantiasi [-tiaʃi] *s.f.invar.* **1** *(med.)* enorme aumento del volume di una parte del corpo per edema o ipertrofia del tessuto sottocutaneo **2** *(fig.)* esagerato sviluppo di qlco.

elegante *agg.* che ha eleganza.

eleganza *s.f.* **1** qualità di ciò che è fine e avvenente, ma senza ricercatezza **2** *spec.pl.* particolare elegante, spec. in opere d'arte.

eleggere [-lèg-] *v.tr.* [coniugato come *leggere*] **1** nominare mediante elezione a una carica: *fu eletto deputato* **2** *(lett.)* scegliere, preferire, stabilire / — *il proprio domicilio*, stabilirlo in un luogo determinato.

eleggibile [-gì-] *agg.* che può essere eletto.

eleggibilità *s.f.invar.* *(dir.)* condizione di chi può essere eletto.

elegia [-gì-] *s.f.* presso i greci e i romani, componimento poetico in distici di tono per lo più mesto e nostalgico.

elegiaco [-gì-] *agg.* [pl.m. *-ci*] **1** di elegia: *distici elegiaci* **2** *(fig.)* mesto, malinconico.

elementare *agg.* **1** che ha natura di elemento: *corpo* — **2** si riferisce ai rudimenti di una scienza: *cognizioni musicali elementari* **3** per estens., facile // *s.f.pl.* le scuole in cui si apprendono i primi fondamenti del sapere.

elemento [-mén-] *s.m.* **1** componente essenziale di un corpo o di un'entità astratta: *gli elementi di un edificio; gli elementi del discorso* **2** principio fondamentale di una scienza: *elementi di sintassi latina* **3** fattore o requisito fondamentale: *la fortuna è uno degli elementi del successo* **4** persona, individuo, in quanto parte di una collettività: *i migliori elementi della scuola* **5** componente fondamentale del mondo fisico: *i quattro elementi*, l'aria, l'acqua, il fuoco, la terra / *la furia degli elementi*, lo scatenarsi delle forze naturali **6** ambiente proprio di certi animali; per estens., clima morale, situazione, condizione / *essere nel proprio* —, trovarsi a proprio agio **7** *(chim.)* corpo semplice costituito da una sola specie di atomi con ugual numero atomico e con proprietà caratteristiche particolari e distintive.

elemosina [-mòʃi-] *s.f.* ciò che si dona ai poveri per carità; *(fig.)* favore, servigio fatto controvoglia o con sprezzo: *fare l'*—.

elemosinare [-ʃi-] *v.intr.* [*io elemòsino* ecc.] chiedere l'elemosina. SIN. *mendicare, accattare* // *v.tr.* chiedere come elemosina (anche *fig.*).

elemosiniere [-ʃiniè-] *s.m.* nelle corti d'un tempo, dignitario incaricato di distribuire le elemosine.

elencare *v.tr.* [*io elènco, tu elènchi* ecc.] disporre, registrare in un elenco; per estens. dire, esporre ordinatamente: — *i volumi di una biblioteca.*

elencazione [-zió-] *s.f.* l'operazione dell'elencare.

elenco [-lèn-] *s.m.* [pl. *-chi*] nota, registro ordinato.

elettivo *agg.* **1** che è scelto, eletto; a cui si accede mediante elezione: *carica elettiva* **2** *(scient.)* preferibile, particolarmente adatto // **-mente** *avv.* preferibilmente; particolarmente.

eletto [-lèt-] *agg.* pregiato, scelto // *s.m.* chi è stato scelto: *gli eletti del paradiso.*

elettorale *agg.* che concerne l'elezione: *campagna* —.

elettoralismo [-fmo] *s.m.* pratica politica dell'impostare la propria azione soltanto o prevalentemente in funzione dei risultati elettorali.

elettoralistico [-li-] *agg.* [pl.m. *-ci*] che riguarda la pratica politica dell'elettoralismo.

elettorato *s.m.* **1** diritto di eleggere o di essere eletto **2** l'insieme degli elettori.

elettore [-tó-] *s.m.* [f. *-trice*] chi elegge, chi ha diritto a partecipare a un'elezione.

elettrauto [-tràu-] *s.m.* officina in cui si provvede alle riparazioni degli impianti elettrici delle automobili; il tecnico addetto a tali lavori.

elettricista *s.m.* e *f.* [pl.m. *-i*] chi costruisce o ripara impianti e apparecchi elettrici.

elettricità *s.f.invar.* l'agente fisico di un vasto complesso di fenomeni detti *elettrici*; è utilizzata come energia in svariatissime applicazioni tecniche.

elettrico [-lèt-] *agg.* [pl.m. *-ci*] **1** si dice di qualsiasi manifestazione dell'elettricità e di corpi o apparecchi sedi del fenomeno dell'elettricità **2** *(fig.)* teso, eccitato.

elettrificare *v.tr.* [*io elettrifico, tu elettrifichi* ecc.] sostituire altre forme di energia motrice con l'energia elettrica.

elettrificazione [-zió-] *s.f.* atto, effetto dell'elettrificare.

elettrizzare [-triʒʒa-] *v.tr.* **1** indurre in un corpo l'elettricità **2** *(fig.)* eccitare fortemente.

elettrizzato [-triʒʒa-] *agg.* **1** caricato di elettricità **2** *(fig.)* eccitato, entusiasta.

elettrizzazione [-triʒʒazió-] *s.f.* atto, effetto dell'elettrizzare.

elettro- [-lèt-] primo elemento compositivo di molte parole che si riferiscono in qualche modo all'elettricità (*elettrocalamita, elettrocardiogramma, elettrotecnica, elettrotreno*).

elettro [-lèt-] *s.m.* **1** ambra gialla **2** lega di metalli preziosi usata in antico.

elettrocalamita *s.f.* dispositivo atto a produrre un campo magnetico, mediante passaggio di corrente continua in un conduttore avvolto a spirale intorno ad un nucleo di ferro dolce.

elettrocardiografo [-diò-] *s.m.* *(med.)* apparecchio che registra i potenziali d'azione del cuore.

elettrocardiogramma *s.m.* [pl. *-i*] *(med.)* tracciato caratteristico ottenuto con l'elettrocardiografo.

elettrochimica [-chi-] *s.f.* branca della chimica che studia le trasformazioni reciproche fra energia elettrica ed energia chimica.

elettrocoagulazione [-zió-] *s.f.* terapia chirurgica con cui si distruggono le cellule facendo coagulare le loro proteine con il calore prodotto dall'elettricità e condotto da un ago.

elettrocontabile [-tà-] *agg.* si dice di centro contabile che utilizza macchine elettroniche.

elettrodinamica [-nà-] *s.f.* *(fis.)* parte dell'elettromagnetismo relativa allo studio delle interazioni fra cariche elettriche in moto, libere o in conduttori (*correnti*).

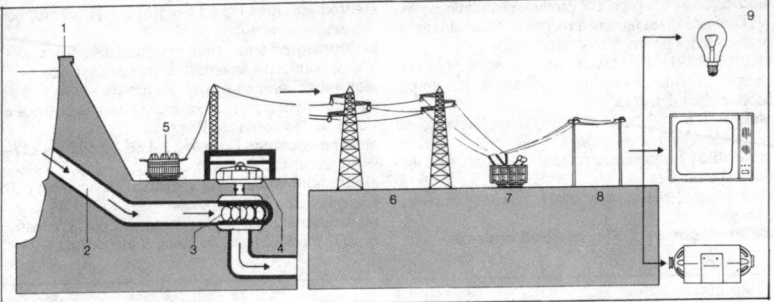

energia elettrica

Produzione e trasporto dell'energia elettrica:
1 diga, 2 condotta forzata, 3 turbina, 4 alternatore,
5 trasformatore elevatore, 6 elettrodotto, 7 trasformatore
riduttore, 8 linea di distribuzione, 9 utilizzatori.

Generatori di corrente:
1 dinamo, 2 collettore a lamelle, 3 rotore e avvolgimento
indotto, 4 spazzola, 5 avvolgimento di eccitazione,
6 statore, 7 pila, 8 bastoncino di carbone, 9 biossido di
manganese, 10 soluzione di sali di ammonio, 11 pece,
12 involucro esterno di zinco.

Congegni elettrici:
1 presa, 2 contatto di terra, 3 contatti di fase, 4 spina,
5 interruttore a bilanciere, 6 interruttore a levetta,
7 interruttore a pulsante, 8 portalampade, 9 lampada a
incandescenza, 10 bulbo, 11 sostegni del filamento,
12 elettrodi, 13 codetta, 14 attacco a vite, 15 filamento,
16 attacco a baionetta.

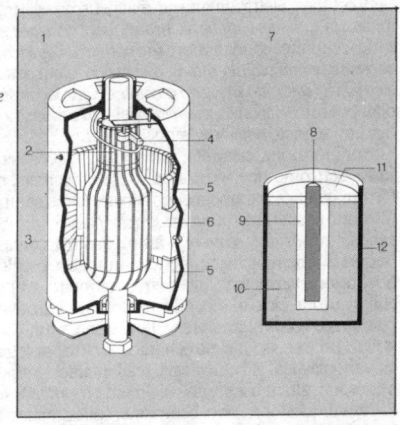

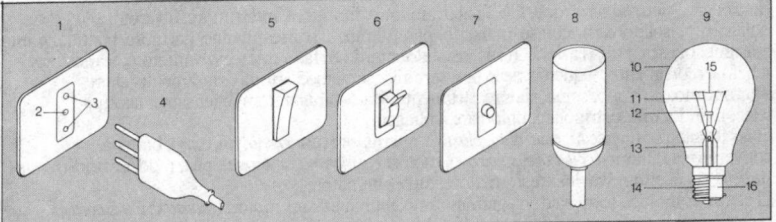

elettrodinamico [-nà-] *agg.* [pl.m. *-ci*] (*fis.*) che si riferisce all'elettrodinamica.

elettrodo [-lèt-] *s.m.* **1** (*fis.*) elemento terminale di un conduttore di corrente elettrica interrotto per lasciar passare la corrente in un liquido o in un gas [*ill. Elettrica, energia*] **2** (*aut.*) parte della candela alla cui estremità scocca la scintilla.

elettrodomestico [-mè-] *agg.* e *s.m.* [pl.m. *-ci*] si dice di apparecchio ad uso domestico funzionante per mezzo dell'energia elettrica.

elettrodotto [-dót-] *s.m.* linea elettrica per il trasporto dell'energia a distanza [*ill. Elettrica, energia*].

elettroencefalografo [-lò-] *s.m.* apparecchio per realizzare elettroencefalogrammi.

elettroencefalogramma [-gràm-] *s.m.* [pl. *-i*] il tracciato grafico prodotto da un apposito apparecchio che, registrando i potenziali d'azione dei centri nervosi del cervello, è in grado di segnalare la presenza di lesioni.

elettroerosione [-ſió-] *s.f.* tecnica di stampa con matrici di carta.

elettrofisiologia [-ſiologì-] *s.f.* (*med.*) branca della fisiologia che studia i potenziali elettrici dei vari organi e gli effetti di stimolazioni elettriche sull'organismo.

elettroforesi [-rèſi] *s.f.invar.* (*fis.*) movimento di particelle colloidali o di ioni macromolecolari determinato da un campo elettrico.

elettroforo [-trò-] *s.m.* (*fis.*) tipo di macchina elettrostatica elementare.

elettrogeno [-trò-] *agg.* che produce elettricità: *gruppo —*, l'insieme di un motore a scoppio e di un alternatore, che serve a produrre elettricità.

elettrolisi [-tròlfsi] *s.f.invar.* (*chim.*) decomposizione elettrica di sostanze conduttrici, dissociate in ioni per fusione o per dissoluzione.

elettrolitico [-lì-] *agg.* [pl.m. *-ci*] (*chim.*) relativo ad elettrolisi: *soluzione elettrolitica*.

elettrolito [-trò-] *s.m.* composto che si decompone mediante l'elettrolisi.

elettrologia [-gì-] *s.f.* parte della fisica che studia l'elettricità.

elettromagnete [-gnè-] *s.m.* → **elettrocalamita**.

elettromagnetico [-gnè-] *agg.* [pl.m. *-ci*] (*fis.*) proprio dell'elettromagnetismo.

elettromagnetismo [-ʃmo] *s.m.* parte della fisica relativa allo studio dei fenomeni elettrici e magnetici.

elettromeccanica [-cà-] *s.f.* scienza che studia le trasformazioni di energia meccanica in energia elettrica e viceversa; l'industria che le applica.

elettromeccanico [-cà-] *agg.* [pl.m. *-ci*] relativo all'elettromeccanica.

elettromedicale *agg.* che riguarda l'applicazione dell'energia elettrica in medicina.

elettrometallurgia [-gì-] *s.f.* tecnologia per la preparazione di metalli e leghe mediante effetti elettrici.

Elettrologia

elettrostatica, elettrodinamica; magnetismo, elettromagnetismo, ferromagnetismo • atomo, molecola (*anione, catione, elettrone, ione, neutrone, nucleo, protone*), campo elettrico, capacità, carica, circuito, condensatore (*armature, dielettrico*), conducibilità, conduttore, conduzione, corrente (*continua, alternata*), dielettrico, elettrizzazione (*per contatto, per induzione, per strofinio*), elettrolisi (*elettrodo negativo o catodo, elettrodo positivo o anodo, elettrolito*), ionizzazione, isolante, pila, polarità (*negativa, positiva*), polarizzazione, potenziale (*negativo, positivo*), resistenza, resistore, rigidità, scarica, tensione, triboelettricità

□ autoinduzione, calamita, campo magnetico, elettrocalamita, elettromagnete, flusso magnetico, forza elettromotrice, induzione, isteresi, magnete, magnetizzazione, materiali diamagnetici, ferromagnetici, paramagnetici, permeabilità, saturazione, smagnetizzazione, solenoide, spira

□ corrente alternata (*ampiezza, ciclo, fase, frequenza, impedenza, induttanza, onda, oscillazione, periodo, pulsazione, reattore*) • amperometro, contatore, elettrometro, elettroscopio, frequenziometro, galvanometro, ohmmetro, oscillografo, oscilloscopio, potenziometro, tester, trasduttore, varmetro, voltametro, voltmetro, wattmetro • ampere, amperora, chilowatt, chilowattora, ciclo al secondo, coulomb, elettronvolt, farad, hertz, joule, microfarad, ohm, picofarad, volt, voltampere, voltelettrone, watt, wattora, weber.

■ ELETTROTECNICA: elettrochimica, elettrofisiologia, elettrometallurgia, elettronica, elettroterapia, galvanoplastica, galvanostegia, telefonia, telegrafia • amperaggio, amperspira, arco, armatura, asincrono, alta tensione, avvolgimento (*primario, secondario*), bifase, bipolare, bobina, cablaggio, caduta di tensione, cavo, centralina, collegamento (*parallelo, serie, triangolo*), commutatore, contatto, conversione, corto circuito, costantana, dinamoelettrica, diseccitare, eccitazione, elettrogeno, elettrosincrotrone, filo, fusibile, indotto, induttore, interruttore, invertitore, isolamento, isolatore, monofase, morsetto, parafulmine o scaricafulmine, partitore, piattina, presa, pulsante, piastra, poli, reazione, relais, reostato, ritardo di fase, rotore, salvamotore, scaricatore, schema, scorrimento, sequenza delle fasi, serrafilo, servomeccanismo, sfasamento, shunt, sincronismo, sincrono, spina, statore, strumentazione, stabilizzatore di tensione, taratura, telecomando, trifase, tripolare, unipolare, voltaggio

□ accumulatore (*capacità, elettrolita, piastre*), alternatore (*asincrono, sincrono*), batteria, convertitore, dinamo (*collettore, spazzole*), motore (*asincrono, sincrono*), pila, raddrizzatore (*rotante, statico*), rocchetto salvavita, trasformatore, turboalternatore

□ elettrodomestici, forni elettrici, grammofono, illuminazione, motori (*industria e trasporti*), radioricevitori, registratore magnetico, riscaldamento, suonerie.

■ ELETTRONICA: amplificatore, amplificazione, attenuazione, audiofrequenza, banda o gamma di frequenza, basetta, battimento, bionica, by pass, circuito integrato, componenti elettronici, comunicazioni, crioelettronica, diodo (*anodo, catodo*), dipolo, distorsione, drogaggio, emissione, filtro, fotocatodo, fotoconduttore, fotomoltiplicatore, fototransistore, fototubo, fotovoltaico, guida d'onda, interferenza, megaciclo, microelettronica, microonda, miniaturizzazione, modulazione, onde elettromagnetiche o hertziane, oscillatore, placca, propagazione, radiofonia, radiofrequenza, radiopropagazione, risonanza, risposta, rivelatore, schermare, segnale, selettività, semiconduttore, sensor, servomeccanismo, sintonia, sintonizzazione, televisione, termistore, termocoppia, tetrodo, tilt, transistor, transistore, transistorizzare, triodo, tubo elettronico, valvola, varistore, vibratore

□ apparecchio ricetrasmittente, calcolatore elettronico, radar, radiocomando, radiofaro, radiogoniometro, radiosonda, radiotelefonia, radiotelegrafia, radiotelemetro, telecamera, televisore, temporizzatore, timer.

elettrometro [-trò-] *s.m.* (*fis.*) dispositivo elettrostatico per misurare differenze di potenziale.

elettromotore [-tó-] *s.m.* motore elettrico.

elettromotrice *agg.* (*fis.*) si dice della forza dovuta a una sorgente generica di energia, atta a creare e a mantenere una differenza di potenziale tra due conduttori // *s.f.* vettura tranviaria o ferroviaria azionata da motori elettrici [*ill. Ferrovia*].

elettrone [-tró-] *s.m.* (*fis.*) particella elementare di elettricità negativa, rotante attorno al nucleo dell'atomo.

elettronegativo *agg.* **1** (*fis.*) si dice di quello dei due elettrodi di un conduttore che ha potenziale elettrico più basso **2** (*chim.*) si dice di un elemento chimico che tende ad acquistare elettroni trasformandosi in ione negativo.

elettronica [-trò-] *s.f.* parte della fisica e dell'elettrotecnica relativa allo studio delle proprietà, della produzione e dell'utilizzazione degli elettroni.

elettronico [-trò-] *agg.* [pl.m. -*ci*] (*fis.*) relativo all'elettrone e all'elettronica.

elettronucleare *agg.* relativo all'energia elettrica prodotta dalla fissione nucleare: *energia, centrale —.*

elettronvolt [-vòlt] *s.m.invar.* unità di energia usata in fisica atomica e nucleare; corrisponde all'energia cinetica di un elettrone accelerato da una differenza di potenziale di un volt (simbolo eV).

elettropositivo [-ʃi-] *agg.* **1** (*fis.*) si dice di quello dei due elettrodi di un conduttore che ha potenziale elettrico più elevato **2** (*chim.*) si dice di un elemento chimico che tende a cedere elettroni trasformandosi in ione positivo.

elettroscopio [-scò-] *s.m.* (*fis.*) strumento atto a riconoscere se un corpo è o no elettrizzato.

elettroshock [elettrosciòc] *s.m.invar.* (*med.*) shock ottenuto mediante correnti elettriche, impiegato nella terapia di certe malattie mentali.

elettrosincrotrone [-tró-] *s.m.* (*fis.*) sincrotrone per elettroni.

elettrosolare *agg.* che riguarda la trasformazione dell'energia solare in energia elettrica e i suoi usi.

elettrostatica [-stà-] *s.f.* parte dell'elettrologia relativa allo studio dei fenomeni elettrici dovuti a cariche elettriche in quiete.

elettrostatico [-stà-] *agg.* [pl.m. -*ci*] (*fis.*) relativo all'elettrostatica.

elettrostrizione [-zió-] *s.f.* (*fis.*) deformazione elastica di cristalli prodotta da un campo elettrico.

elettrotecnica [-tèc-] *s.f.* ramo della tecnica riguardante le applicazioni pratiche e industriali dell'elettricità.

elettrotecnico [-tèc-] *agg.* [pl.m. -*ci*] che si riferisce all'elettrotecnica // *s.m.* chi si occupa delle applicazioni pratiche dell'elettricità.

elettroterapia [-pì-] *s.f.* (*med.*) cura di alcune malattie, spec. nervose, mediante la corrente elettrica.

elettrotreno [-trè-] *s.m.* treno rapido costituito da due o più elettromotrici collegate.

elevamento [-mèn-] *s.m.* **1** atto, effetto dell'elevare **2** elevazione; rialzo: *— del terreno.*

elevare *v.tr.* [*io elèvo* o *èlevo ecc.*] **1** portare in alto; volgere verso l'alto (anche *fig.*): *— il piano stradale; — il pensiero a Dio | — qlcu. a generale, alla dignità cardinalizia,* conferirgli tali cariche | *— un numero al quadrato,* (*mat.*) moltiplicarlo per sé stesso | *— 'contravvenzione,* (*burocr.*) rilevarla, contestarla. SIN. *alzare, sollevare* **2** (*fig.*) nobilitare, ingentilire // **-arsi** *v.rifl.* innalzarsi, migliorarsi.

elevatezza [-téz-] *s.f.* qualità di ciò che è elevato (spec. *fig.*). SIN. *dignità, nobiltà.*

elevato *agg.* **1** alto, eminente **2** (*fig.*) nobile, eletto: *sentimenti elevati.*

elevatore [-tó-] *agg. e s.m.* [f. *-trice*] **1** che, chi eleva **2** si dice di apparecchi usati per il sollevamento continuo di materiali sciolti (polveri, grano ecc.): *— delle spighe* [*ill. Agricoltura*] **3** nelle armi moderne, il congegno che trasporta automaticamente il proiettile dinanzi alla camera di scoppio [*ill. Pistola*] **4** (*anat.*) ciò che consente un movimento verso l'alto: *muscolo — della palpebra* [*ill. Occhio*].

elevazione [-zió-] *s.f.* **1** l'elevare o l'essere elevato (anche *fig.*): *— del terreno, dello spirito.* SIN. *innalzamento* **2** nella messa, l'atto con cui il sacerdote mostra ai fedeli l'ostia e il calice consacrati **3** (*astr.*) altezza di un astro sull'orizzonte **4** inclinazione in campo verticale data a un'arma da fuoco **5** (*sport*) la capacità di un atleta di alzarsi dal suolo **6** *— a potenza,* (*mat.*) moltiplicazione di un numero per sé stesso, una o più volte.

elezione [-zió-] *s.f.* **1** l'eleggere o l'essere eletto **2** (*lett.* o *scient.*) scelta: *trattamento d'— della frattura,* il più opportuno, preferibile.

elfo [èl-] *s.m.* nella mitologia nordica, spirito dell'aria.

eliaco [-li-] *agg.* [pl.m. -*ci*] (*scient.*) del sole, che riguarda il sole.

elica [è-] *s.f.* **1** (*mat.*) linea che si avvolge uniformemente intorno a un cilindro **2** macchina costituita da più superfici elicoidali (*pale*) disposte a uguali intervalli angolari attorno a un mozzo, che genera una spinta con la sua rotazione nell'aria o nell'acqua [*ill. Nave*].

elice [é-] *s.f.* (*anat.*) il rilievo curvo all'esterno del padiglione dell'orecchio.

elicoidale *agg.* avente forma di elica.

elicottero [-còt-] *s.m.* aeromobile nel quale il sostentamento e la propulsione sono dati da una velatura rotante (*rotore*) azionata da un motore o da getti (a reazione) all'estremità delle pale [*ill. a pag. seguente*].

elidere [-lì-] *v.tr.* [pass.rem. *io elisi, tu elidèsti ecc.*; p.pass. *eliso*] **1** togliere via, annullare **2** (*gramm.*) eliminare la vocale finale atona di una parola di fronte ad altra che cominci per vocale, sostituendola con l'apostrofo (p.e. *l'alba*) // **-ersi** *v.rifl.* annullarsi vicendevolmente.

eliminare *v.tr.* [*io elìmino ecc.*] **1** escludere **2** distruggere; uccidere.

eliminatoria [-tò-] *s.f.* gara o altra prova nella quale si elimina una parte di concorrenti in vista di un'altra prova successiva.

eliminazione [-zió-] *s.f.* atto, effetto dell'eliminare.

elio [è-] *s.m.* elemento chimico (He; *n.at.* 2; *p.at.* 4,003); uno dei gas rari contenuti nell'atmosfera.

eliocentrico [-cèn-] *agg.* [pl.m. -*ci*] (*astr.*) riferito al Sole assunto come centro: *sistema —,* quello di Copernico.

eliocentrismo [-ʃmo] *s.m.* teoria astronomica, dovuta a Copernico, che pone il Sole come centro intorno a cui ruotano tutti i pianeti del sistema solare.

eliografia [-fì-] *s.f.* **1** descrizione del Sole **2** tecnica di ottenere incisioni mediante l'azione della luce solare.

eliografico [-grà-] *agg.* [pl.m. -*ci*] che riguarda l'eliografia: *stampa eliografica.*

eliografo [-liò-] *s.m.* **1** cannocchiale astronomico usato per fotografare il Sole **2** telegrafo ottico che trasmette segnali riflettendo la luce del Sole, o una luce artificiale, mediante specchi.

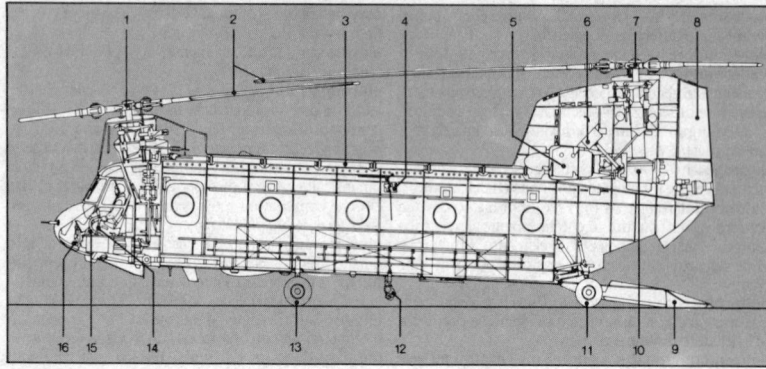

elicottero

1 *rotore anteriore,* 2 *pale,* 3 *albero di trasmissione,*
4 *verricello,* 5 *turbina,* 6 *raffreddamento del riduttore,*
7 *rotore posteriore,* 8 *timone di direzione,*

9 *rampa di accesso e carico,* 10 *riduttore,*
11 *carrello posteriore,* 12 *gancio per sollevamenti pesanti,*
13 *carrello anteriore,* 14 *barra comando del passo*
collettivo, 15 *barra comando del passo ciclico,*
16 *pedaliera.*

eliometro [-liò-] *s.m.* strumento per misurare il diametro dei corpi celesti.

elione [-liò-] *s.m.* nucleo di elio costituito in genere da quattro nucleoni (due protoni e due neutroni).

elioterapia [-pi-] *s.f.* (*med.*) terapia fondata sull'esposizione del corpo ai raggi solari.

elioterapico [-rà-] *agg.* [pl.m. *-ci*] che riguarda l'elioterapia: *istituto —.*

eliotropio [-trò-] *s.m.* 1 pianta erbacea con fiori bianchi imbutiformi (*fam.* Borraginacee) 2 (*lett.*) pianta che si volge verso il Sole, spec. il girasole 3 diaspro sanguigno, color verde cupo con macchie rosse.

eliotropismo [-ʃmo] *s.m.* facoltà di certe piante di volgersi verso i raggi del Sole.

eliporto [-pòr-] *s.m.* aeroporto per elicotteri.

elisione [-ʃiò-] *s.f.* 1 atto, effetto dell'elidere 2 (*gramm.*) soppressione della vocale finale atona di una parola dinanzi a un'altra vocale iniziale (p.e. *l'arte*).

elisir [-ʃìr] *s.m.invar.* liquore a base di alcool e di sostanze aromatiche.

eliso [-ʃo] *s.m.* mitico luogo di felicità concesso dagli dei alle anime dei buoni.

elitario [-tà-] *agg.* che ha i caratteri dell'élite; che è riservato a un'élite.

élite [*franc.*; *pr.* elìt] *s.f.* classe dirigente; ristretta cerchia di persone per qualche rispetto superiori alla media: — *intellettuale.*

elitra [è-] *s.f.* ciascuna delle ali anteriori dei coleotteri, dure e rigide, che servono di protezione al secondo paio di ali, che sono membranose [*ill. Insetti*].

ella [él-] *pron.pers.f.sing.* di terza persona si riferisce a persona e si usa solo come soggetto: — *alloggerà con noi*; nell'uso moderno è comunemente sostituita da *essa*; come complemento si adopera la forma *lei*: *sono andato da lei*; la forma plurale *élleno* è ormai antiquata e viene rimpiazzata da *esse*; *ella* si usa rivolgendo il discorso a persona di riguardo o con cui non siamo in grande familiarità, spec. di sesso maschile: —, *signor ministro, alloggerà in prefettura.*

elleboro [-lè-] *s.m.* pianta erbacea con fiori di color

bianco verdastro e foglie a cinque divisioni (*fam.* Rosacee).

ellenico [-lè-] *agg.* [pl.m. *-ci*] greco, spec. della Grecia antica.

ellenismo [-ʃmo] *s.m.* 1 fenomeno della diffusione della civiltà greca nel mondo mediterraneo e asiatico, iniziatosi con le conquiste di Alessandro Magno 2 locuzione propria della lingua greca antica; grecismo.

ellenista *s.m.* e *f.* [pl.m. *-i*] studioso di letteratura greca.

ellenistico [-nì-] *agg.* [pl.m. *-ci*] pertinente all'ellenismo.

ellisse *s.f.* (*geom.*) figura geometrica piana, risultante dalla sezione d'un cono, fatta da un piano obliquo all'asse.

ellissi *s.f.invar.* omissione in un testo di qualche parola che si può facilmente sottintendere.

ellissografo [-sò-] *s.m.* strumento per tracciare ellissi.

ellissoidale *agg.* che ha forma di ellissoide.

ellissòide [-sò-] *s.m.* (*geom.*) superficie che si ottiene facendo rotare un'ellisse intorno a uno dei suoi assi.

ellittico¹ [-lìt-] *agg.* [pl.m. *-ci*] relativo all'ellisse; avente le proprietà dell'ellisse.

ellittico² [-lìt-] *agg.* che riguarda l'ellissi; che presenta ellissi: *proposizione ellittica del soggetto.*

elmetto [-mét-] *s.m.* copricapo protettivo in metallo, usato da soldati, operai, minatori ecc.

elminti *s.m.pl.* (*zool.*) nome generico dei vermi intestinali.

elmintiasi [-tìaʃi] *s.f.invar.* (*med.*) stato morboso causato da elminti o vermi intestinali.

elmo [él-] *s.m.* casco metallico, di varia forma, usato a protezione del capo.

elocuzione [-zió-] *s.f.* il modo di ordinare le parole nel discorso per esprimere sentimenti e pensieri. SIN. *eloquio.*

elogiare *v.tr.* [*io elògio, tu elògi ecc.*] fare elogi, lodare. SIN. *encomiare, decantare, incensare, applaudire.*

elogiatore [-tó-] *s.m.* [f. *-trice*] chi elogia.

elogio [-lò-] *s.m.* discorso pronunciato o scritto in lode di una persona; parole dette per lodare qlcu. SIN. *lode, encomio.*

elongazione [-zió-] *s.f.* (*astr.*) la distanza angolare apparente di un pianeta dal Sole.

eloquente [-quèn-] *agg.* **1** che parla con facilità o si esprime con efficacia. SIN. *facondo* **2** (*fig.*) che esprime chiaramente un concetto o un sentimento: *sguardo —*. SIN. *espressivo*.

eloquenza [-quèn-] *s.f.* **1** la capacità, l'arte di esprimere con efficacia, mediante la parola, il pensiero, o di persuadere chi ascolta. SIN. *facondia* **2** (*fig.*) capacità di persuadere, di esprimere: *l'— dei gesti.* SIN. *espressività*.

eloquio [-lò-] *s.m.* (*lett.*) il modo di esprimersi con la parola. SIN. *elocuzione*.

elsa [él-] *s.f.* impugnatura della spada.

elucubrare *v.tr.* [*io elùcubro ecc.*] dedicarsi con zelo a un'attività intellettuale (spec. *iron.*).

elucubrazione [-zió-] *s.f.* l'elucubrare; il prodotto del lavoro intellettuale artificioso e minuzioso (spec. *iron.*).

eludere [-lù-] *v.tr.* [pass.rem. *io elusi, tu eludésti ecc.*; p. pass. *eluso*] evitare con astuzia, schivare, ingannare, rendere vano (anche *fig.*).

elusivo [-ʃi-] *agg.* che cerca di eludere, di evitare un problema: *discorso —*. SIN. *evasivo*.

elvetico [-vè-] *agg.* e *s.m.* [pl.m. *-ci*] della Confederazione Elvetica; svizzero.

elzeviro [-ʒe-] *agg.* di un tipo di carattere tipografico simile a quello usato dagli Elzevier, stampatori olandesi del Cinquecento e del Seicento // *s.m.* **1** edizione di piccolo formato, in caratteri elzeviri **2** articolo letterario di terza pagina dei giornali.

emaciare *v.tr.* [*io emàcio ecc.*] far diventare molto magro // **-arsi** *v.rifl.pron.* diventar molto magro, smunto.

emaciato *agg.* molto magro; patito. SIN. *smunto, scarno*.

emanare *v.intr.* uscire, provenire da: *dalla pentola emanava profumo di arrosto* // *v.tr.* **1** mandar fuori, far uscire: *questi fiori emanano un delizioso profumo*. SIN. *diffondere, esalare* **2** (*fig.*) emettere: *— una legge*. SIN. *promulgare*.

emanatismo [-ʃmo] *s.m.* concezione filosofica che spiega la molteplicità degli esseri come emanazione dall'unità di Dio.

emanazione [-zió-] *s.f.* **1** atto, effetto dell'emanare. SIN. *esalazione* **2** emissione, promulgazione di una legge e simili.

emancipare *v.tr.* [*io emàncipo ecc.*] (*dir.*) liberare un minore, che ha compiuto diciotto anni, dai vincoli della patria potestà; nel diritto romano, anche liberare uno schiavo **2** (*fig.*) liberare da una soggezione, anche morale // **-arsi** *v.rifl.* sottrarsi a schiavitù, a vincoli materiali o morali.

emancipato *agg.* **1** (*dir.*) libero da vincoli **2** (*fig.*) libero da soggezioni morali, da pregiudizi.

emancipazione [-zió-] *s.f.* atto, effetto dell'emanciparsi o dell'emanciparsi (anche *fig.*).

emarginare *v.tr.* [*io emàrgino ecc.*] **1** annotare sul margine di un documento **2** escludere un individuo o un gruppo di individui dalla vita della collettività rifiutando di considerarne i problemi e i bisogni.

emarginato *agg.* e *s.m.* si dice di persona o di gruppo socialmente discriminati, esclusi.

emarginazione [-zió-] *s.f.* effetto dell'emarginare; esclusione.

emartro *s.m.* (*med.*) presenza di sangue in un'articolazione.

ematemesi [-mèʃi] *s.f.invar.* (*med.*) l'uscita attraverso la bocca di sangue proveniente dallo stomaco.

ematico [-mà-] *agg.* [pl.m. *-ci*] (*biol.*) del sangue.

ematina *s.f.* sostanza rosso-bruna, azotata, che dà colore alla emoglobina del sangue.

ematite *s.f.* minerale utile di ferro in masse terrose rossastre o in cristalli e lamelle color grigio-nero.

ematologia [-ġi-] *s.f.* disciplina medica che studia il sangue e le sue malattie.

ematoma [-tò-] *s.m.* [pl. *-i*] raccolta di sangue nella compagine dei tessuti provocata da emorragia interna per rottura dei vasi sanguigni.

ematopoiesi [-ièʃi] *s.f.invar.* e *deriv.* → **emopoiesi** e *deriv.*

ematosi [-tòʃi] *s.f.invar.* il fenomeno dell'ossigenazione del sangue, che avviene negli alveoli polmonari.

ematuria [-tù-] *s.f.* (*med.*) presenza di sangue nell'urina.

emazia [-mà-] *s.f.* globulo rosso del sangue.

embargo *s.m.* [pl. *-ghi*] (*spagn.*) divieto di transito di navi, di trasporto di merci o di importazione o esportazione delle stesse.

emblema [-blè-] *s.m.* [pl. *-i*] **1** segno che rappresenta un'idea; immagine. SIN. *simbolo* **2** (*fig.*) esempio, modello ideale.

emblematico [-mà-] *agg.* [pl.m. *-ci*] di emblema, che serve da emblema (anche *fig.*). SIN. *simbolico*.

embolia [-lì-] *s.f.* ostruzione di un vaso sanguigno causato dalla presenza nel circolo sanguigno di un corpo estraneo (*embolo*).

embolo [èm-] *s.m.* corpo estraneo che penetra nella corrente sanguigna provocando embolia.

embrice [ém-] *s.m.* ciascuna delle lastre di terracotta, di forma trapezoidale allungata con i bordi convergenti rialzati, sui quali sono poste le tegole che servono alla copertura di un tetto.

embriogenesi [-gèneʃi] *s.f.invar.* il naturale sviluppo dell'embrione dall'uovo.

embriogenia [-nì-] *s.f.* (*biol.*) formazione e sviluppo dell'embrione.

embriologia [-ġi-] *s.f.* parte della biologia che studia l'embrione e lo sviluppo embrionale.

embriologo [-briò-] *s.m.* [pl. *-gi*] studioso di embriologia.

embrionale *agg.* **1** dell'embrione **2** (*fig.*) che è allo stato di embrione.

embrione [-brió-] *s.m.* **1** (*zool.*) nome attribuito a tutti gli stadi di sviluppo per i quali si passa dall'uovo, quasi sempre fecondato, alla forma definitiva dell'organismo animale **2** (*bot.*) piantina che si trova nel seme delle piante superiori [*ill. Frutti*] **3** (*fig.*) idea che comincia a prender forma nell'intelletto: *progetto in —*.

emendabile [-dà-] *agg.* che si può emendare.

emendamento [-mén-] *s.m.* **1** l'atto, l'effetto dell'emendare. SIN. *correzione* **2** modifica che, nel corso della discussione, si apporta o si propone di apportare a un progetto di legge.

emendare *v.tr.* [*io emèndo ecc.*] **1** liberare da difetti o imperfezioni: *— lo stile, il carattere.* SIN. *correggere, purgare, castigare* **2** modificare un progetto di legge // **-arsi** *v.rifl.* correggersi.

emendazione [-zió-] *s.f.* l'emendare, l'emendarsi.

emeralopia [-pi-] *s.f.* disturbo visivo che consiste nel vedere sensibilmente meno bene del normale nelle ore crepuscolari o in ambienti scarsamente illuminati.

emergente [-gèn-] *agg.* che, per il mutare delle condizioni sociali e politiche, si impone all'attenzione generale: *ceto —; problema —* / *popoli, nazioni emergenti*, quelli che, liberati dal colonialismo, vanno cercando il proprio autonomo ruolo sulla scena mondiale.

emergenza [-gèn-] *s.f.* caso; circostanza imprevedута; situazione critica: *stato di —*.

emergere [-mèr-] *v.intr.* [pres. *io emèrgo, tu emèrgi* *ecc.;* pass.rem. *io emèrsi, tu emergésti ecc.;* p.pass. *emèrso*] **1** affiorare da un liquido: *il sommergibile emerse dalle onde* **2** venir fuori, apparire in alto: *il campanile emergeva tra le piante* **3** (*fig.*) farsi notare, segnalarsi: *emerge il malcontento; emergeva tra gli studiosi del tempo.*

emerito [-mè-] *agg.* che non esercita più un ufficio, ma ne conserva il grado: *professore —.*

emeroteca [-tè-] *s.f.* raccolta di giornali e periodici.

emersione [-sió-] *s.f.* l'atto, l'effetto dell'emergere; affioramento. CONTR. *immersione.*

emetico [-mè-] *agg.* e *s.m.* [pl.m. *-ci*] si dice di farmaco capace di provocare il vomito.

emettere [-mét-] *v.tr.* [coniugato come *mettere*] **1** mandar fuori: *— un suono; — fumo, vapore.* CONTR. *immettere* **2** emanare: *— un ordine* **3** (*fig.*) esprimere: *— un giudizio.*

emi- [-è-] [dal gr. *emi = mezzo*] prefisso che indica metà (*emiciclo, emisfero*).

emiciclo *s.m.* luogo o spazio in forma di semicerchio.

emicrania [-crà-] *s.f.* cefalea circoscritta a una parte del capo.

emigrante *agg.* e *s.m.* e *f.* che o chi emigra.

emigrare *v.intr.* allontanarsi dal proprio paese per andare in terra straniera; si dice anche di uccelli che si spostano da un paese all'altro secondo il mutare delle stagioni. SIN. *espatriare.* CONTR. *immigrare.*

emigrato *agg.* e *s.m.* che o chi si è allontanato dalla patria per ragioni politiche o per cercare un'occupazione.

emigrazione [-zió-] *s.f.* **1** l'emigrare **2** il complesso degli emigrati. CONTR. *immigrazione.*

emiliano *agg.* dell'Emilia // *s.m.* abitante dell'Emilia.

eminente [-nèn-] *agg.* **1** che sovrasta in altezza; elevato **2** (*fig.*) che emerge, che eccelle: *ingegno —.* SIN. *eccellente, illustre, esimio* / il superl. *eminentissimo* è titolo dei cardinali // **-mente** *avv.* prevalentemente.

eminenza [-nèn-] *s.f.* **1** l'essere eminente; luogo eminente, elevato **2** titolo che spetta ai cardinali: *Sua Eminenza* **3** *— grigia,* consigliere segreto di un alto personaggio.

emiparesi [-rèʃi] *s.f.invar.* paresi che investe solo una metà del corpo.

emiplegia [-gì-] *s.f.* paralisi di una metà del corpo.

emiplegico [-plè-] *agg.* [pl.m. *-ci*] dell'emiplegia // *s.m.* individuo affetto da emiplegia.

emiro *s.m.* governatore musulmano di una provincia.

emisferico [-sfè-] *agg.* [pl.m. *-ci*] di un emisfero; che ha forma di emisfero.

emisfero [-sfè-] *s.m.* **1** la metà di una sfera **2** una delle due parti in cui la superficie terrestre è divisa dall'equatore **3** *— cerebrale,* ognuna delle due masse sferoidi e simmetriche che costituiscono il cervello.

emissario [-sà-] *s.m.* **1** fiume che raccoglie e scarica le acque di un lago [*ill. Fiume*] **2** persona inviata da un governo o altro importante organismo per conoscere o scoprire qlco.; agente segreto, spia. SIN. *mandatario.*

emissione [-sió-] *s.f.* **1** atto, effetto dell'emettere. CONTR. *immissione* **2** il dare inizio alla circolazione di banconote, assegni, cambiali, francobolli ecc. **3** (*fis.*) cessione di energia da un sistema fisico all'ambiente circostante: può essere termica, luminosa, corpuscolare **4** (*rad.*) diffusione nello spazio di onde elettromagnetiche portanti segnali.

emistichio [-sti-] *s.m.* la metà di un verso.

emittente [-tèn-] *agg.* che emette; che fa l'emissione // *s.f.* stazione trasmittente.

emitteri [-mìt-] *s.m.pl.* insetti con apparato boccale atto a pungere e succhiare, primo paio d'ali per metà chitinizzate, metamorfosi incompleta (p.e. la cimice, la cicala).

emmenagogo [-gò-] *agg.* e *s.m.* [pl.m. *-ghí*] si dice di farmaco che provoca le mestruazioni.

emmenthal *s.m.invar.* qualità di formaggio analogo al groviera ®.

emmetropia [-pì-] *s.f.* (*med.*) la condizione in cui l'occhio presenta un potere di rifrazione normale e gode quindi di una perfetta visione.

emo- [è-] [dal gr. *àima = sangue*] primo elemento che partecipa alla formazione di parole scientifiche nelle quali significa «sangue, del sangue» (*emofilia, emoglobina*).

emocromo [-crò-] *s.m.invar.* esame emocromocitometrico.

emocromocitometrico [-mè-] *agg.* [pl.m. *-ci*] si dice dell'esame di laboratorio con cui si esegue il conteggio delle cellule del sangue (globuli rossi e bianchi, piastrine).

emocultura *s.f.* prova diagnostica con la quale, coltivando il sangue in mezzo adatto, si scoprono i germi in esso presenti.

emodialisi [-dià liʃi] *s.f.invar.* filtrazione del sangue eseguita con rene artificiale.

emofilia [-li-] *s.f.* malattia costituzionale dovuta a difetto di coagulazione del sangue e caratterizzata da frequenti gravi emorragie.

emofiliaco [-li-], **emofilico** [-fi-] *agg.* relativo all'emofilia // *agg.* e *s.m.* che, chi è affetto da emofilia.

emoglobina *s.f.* sostanza contenente ferro che dà il colore ai globuli rossi del sangue; ha la proprietà di fissare l'ossigeno.

emoglobinometro [-nò-] *s.m.* strumento per determinare la quantità di emoglobina presente nel sangue.

emoglobinuria [-nù-] *s.f.* anormale presenza di emoglobina nelle urine.

emolisi [-ʃi] *s.f.invar.* dissoluzione dei globuli rossi presenti nel sangue.

emolliente [-lièn-] *agg.* e *s.m.* si dice di rimedio che ha la proprietà di ammollire e rilassare i tessuti allontanandone le infiammazioni.

emolumento [-mén-] *s.m.* guadagno, stipendio, retribuzione di un professionista.

emopatia [-ti-] *s.f.* (*med.*) termine generico per indicare qualsiasi malattia del sangue.

emopoiesi [-ièʃi] *s.f.invar.* processo di formazione delle cellule del sangue che avviene in determinati organi (midollo osseo, milza).

emopoietico [-iè-] *agg.* [pl.m. *-ci*] si dice di tessuto che provvede alla formazione delle cellule del sangue.

emorragia [-gì-] *s.f.* fuoriuscita del sangue dai vasi sanguigni.

emorroidi [-ròi-] *s.f.pl.* malattia dovuta alla presenza di varici nelle vene del retto e dell'ano.

emostasi [-mò-] *s.f.invar.* interruzione di un'emorragia.

emostatico [-stà-] *agg.* e *s.m.* [pl.m. *-ci*] si dice di ogni rimedio o mezzo capace di impedire o arrestare le emorragie.

emoteca [-tè-] *s.f.* deposito di sangue per trasfusioni presso un ospedale.

emotisi [-ʃi] *s.f.invar.* uscita dalla bocca di sangue proveniente dai bronchi o dai polmoni.

emotività [-ti-] *s.f.* (*med.*) tendenza a commuoversi, a provare emozioni. SIN. *impressionabilità, sensibilità.*

emotivo *agg.* **1** dovuto a emozione: *sconvolgimento*

— **2** disposto a commuoversi in maniera anormale. SIN. *impressionabile, sensibile.*

emozionale *agg.* che riguarda le emozioni: *stress* —.

emozionante *agg.* che produce emozione, entusiasmo, eccitamento.

emozionare *v.tr.* [*io emozióno ecc.*] impressionare; eccitare.

emozionato *agg.* turbato, eccitato.

emozione [-zió-] *s.f.* turbamento, impressione.

empiastro *s.m.* → **cerotto**.

empiema [-piè-] *s.m.* [pl. *-i*] raccolta di pus nelle cavità dell'organismo o in organi cavi, spec. nella cavità pleurica.

empietà *s.f.invar.* l'essere empio; atto empio, crudeltà. SIN. *iniquità, malvagità.*

empio [ém-] *agg.* che non ha pietà; crudele, scellerato. SIN. *cattivo, malvagio.*

empire *v.tr.* [pres. *io émpio, tu émpi, egli émpie, noi empiamo, voi empite, essi émpiono;* fut. *io empirò ecc.;* pass.rem. *io empìi, tu empisti, egli empì ecc.;* condiz. *io empirèi ecc.;* pres.cong. *io émpio ecc.;* imperf.cong. *io empissi ecc.;* imp. *émpi, empite;* ger. *empièndo;* p.pass. *empito o empiuto*] mettere in un recipiente tanta materia quanta ne può contenere; riempire, colmare (anche *fig.*): — *il bicchiere di vino;* — *la testa di nozioni* // **-irsi** *v.rifl.* diventar pieno.

empireo [-pì-] *agg.* e *s.m.* nella filosofia scolastica, il più alto dei cieli, sede di Dio e dei beati.

empirico [-pì-] *agg.* [pl.m. *-ci*] **1** (*fil.*) che si fonda esclusivamente sull'esperienza: *metodo* — **2** che si basa sulla pratica: *medicina empirica* **3** (*spreg.*) mancante di basi scientifiche, di ragionamento.

empirismo [-ʃmo] *s.m.* **1** indirizzo filosofico che considera l'esperienza come fonte di tutte le conoscenze umane e ritiene solo valido il metodo induttivo e sperimentale **2** tendenza a basarsi sull'esperienza, sulla pratica.

empito [ém-] *s.m.* impeto, forza violenta.

emporio [-pò-] *s.m.* centro commerciale, mercato; negozio di merci varie.

emù *s.m.invar.* grosso uccello australiano dei casuariiformi, simile allo struzzo d'Africa, ma piccolo; ha piume di color bruno, zampe con tre dita, ali brevissime.

emulare *v.tr.* [*io èmulo ecc.*] cercare di uguagliare o di superare qlcu. in nobile gara.

emulatore [-tó-] *s.m.* [f. *-trice*] chi emula.

emulazione [-zió-] *s.f.* l'emulare: *spirito d'*—, fervore competitivo.

emulo [è-] *s.m.* chi emula.

emulsionante *agg.* e *s.m.* si dice di sostanza colloidale che garantisce la formazione o la stabilità di una emulsione.

emulsionare [-sió-] *v.tr.* [*io emulsióno ecc.*] ridurre a emulsione.

emulsione [-sió-] *s.f.* **1** (*chim.*) liquido denso contenente in sospensione minutissime goccioline di un altro liquido; anche miscuglio medicamentoso **2** (*fot.*) preparato chimico sensibile alla luce, applicato sulle lastre e sulle pellicole.

emungere [-mùn-] *v.tr.* [coniugato come *mungere*] smungere, estrarre ogni umore; (*fig.*) fiaccare.

emuntorio [-tò-] *s.m.* l'insieme degli organi del corpo che provvede all'eliminazione delle sostanze di rifiuto.

enallage [-nàl-] *s.f.* figura retorica per cui si adopera una parte del discorso invece di un'altra o una forma verbale invece di un'altra.

enalotto [-lòt-] *s.m.invar.* concorso nazionale a premi ispirato al totocalcio ma basato sulle estrazioni settimanali del lotto.

enantema [-tè-] *s.m.* [pl. *-i*] eruzione di macchie all'interno della cavità orale, che si ha in certe malattie.

enarmonia [-nì-] *s.f.* (*mus.*) rapporto tra due suoni, diversi nella notazione, ma identificabili nella pratica (p.e. tra *do diesis* e *re bemolle*).

encausto [-càu-] *s.m.* tecnica pittorica antica consistente nell'uso di colori diluiti con cera e impressi a fuoco.

encefalite *s.f.* (*med.*) processo infiammatorio dell'encefalo.

encefalitico [-lì-] *agg.* [pl.m. *-ci*] (*med.*) di encefalite; malato di encefalite.

encefalo [-cè-] *s.m.* (*anat.*) la parte del sistema nervoso centrale racchiusa nel cranio (cervello, cervelletto, midollo allungato).

encefalografia [-fi-] *s.f.* esame radiografico dell'encefalo.

enciclica [-cì-] *s.f.* lettera del papa ai vescovi e ai fedeli in materia di fede e disciplina o su questioni di attualità.

enciclopedia [-dì-] *s.f.* opera in cui sono raccolte e ordinate sistematicamente nozioni di tutte le discipline o di una in particolare.

enciclopedico [-pè-] *agg.* [pl.m. *-ci*] che concerne l'enciclopedia o ha carattere di enciclopedia: *dizionario* —, ordinato alfabeticamente e provvisto di notizie lessicali / *uomo* —, di vastissima cultura.

enciclopedismo [-ʃmo] *s.m.* l'insieme delle dottrine e delle idee che diedero l'impronta all'*Enciclopedia* francese (1751-81).

enciclopedista *s.m.* e *f.* [pl.m. *-i*] **1** scrittore illuminista collaboratore dell'*Enciclopedia* francese (1751-81) **2** chi collabora a un'enciclopedia.

enclave *s.f.* piccola porzione del territorio di uno stato incuneata in un altro stato.

enclitico [-cli-] *agg.* [pl.m. *-ci*] si dice di parola atona che, nella pronuncia, si appoggia alla parola precedente.

encomiabile [-mià-] *agg.* degno di encomio: *modestia* —. SIN. *lodevole.*

encomiare *v.tr.* [*io encòmio ecc.*] lodare pubblicamente e solennemente; tributare encomio a qlcu. SIN. *elogiare.*

encomiastico *agg.* [pl.m. *-ci*] che encomia.

encomio [-cò-] *s.m.* lode pubblica e solenne fatta da persona autorevole. SIN. *elogio.*

endecasillabo [-sìl-] *agg.* e *s.m.* verso di undici sillabe con gli accenti in posizione libera.

endemia [-mì-] *s.f.* malattia infettiva costantemente presente in un determinato territorio.

endemico [-dè-] *agg.* [pl.m. *-ci*] che è diffuso in un determinato territorio: *morbo* —.

endiadi [-dì-] *s.f.invar.* figura retorica che esprime con due termini coordinati un unico concetto.

endice [én-] *s.m.* uovo di marmo o vero che si mette nel nido delle galline perché si depongano l'uovo.

endo- [èn-] [dal gr. *èndon = dentro*] primo elemento compositivo di parole scientifiche; significa «dentro, all'interno» (*endogeno, endocarpo, endovenoso*).

endocardio [-càr-] *s.m.* (*anat.*) membrana che riveste le cavità del cuore.

endocardite *s.f.* (*med.*) infiammazione dell'endocardio.

endocarpo *s.m.* (*bot.*) la parte interna del frutto vicino al seme [*ill. Frutti*].

endocellulare *agg.* (*biol.*) che sta o avviene all'interno della cellula.

endocranico [-crà-] *agg.* [pl.m. *-ci*] (*med.*) che si trova o avviene all'interno del cranio.

endocrino [-dò-] *agg.* (*anat.*) si dice di ghiandola o cellula a secrezione interna.

endocrinologia [-gì-] *s.f.* branca della medicina che studia le ghiandole a secrezione interna.

endocrinologo [-nò-] *s.m.* [pl. *-gi*] medico specialista in endocrinologia.

endoderma [-dèr-] *s.m.* [pl. *-i*] (*biol.*) lo strato più interno delle cellule dell'embrione, da cui derivano la primitiva cavità gastro-intestinale e diversi annessi degli apparati digerente e respiratorio.

endogamia [-mì-] *s.f.* in genetica, incrocio tra individui consanguinei; in etnologia, la tendenza o la regola di sposarsi solo all'interno del proprio gruppo etnico o sociale (tribù, villaggio ecc.).

endogenesi [-gènei̯] *s.f.invar.* origine interna di fenomeni biologici o geologici.

endogeno [-dò-] *agg.* (*geol.*) si dice di forze agenti nell'interno della Terra o di rocce formate per solidificazione di un magma in profondità.

endolinfa *s.f.* (*anat.*) liquido contenuto nelle strutture cave del labirinto membranoso dell'orecchio interno.

endometrio [-mè-] *s.m.* (*anat.*) la mucosa che riveste la cavità interna dell'utero.

endometrite *s.f.* infiammazione dell'endometrio.

endoplasma [-ʃma] *s.m.* [pl. *-i*] (*biol.*) la parte interna del citoplasma.

endoplasmatico [-ʃmà-] *agg.* [pl.m. *-ci*] (*biol.*) dell'endoplasma: *reticolo —* [*ill. Cellula*].

endoreattore [-tò-] *s.m.* motore termico a combustione interna per la propulsione di veicoli spaziali.

endorfina *s.f.* (*med.*) sostanza prodotta dal cervello, simile alla morfina, che svolge una azione fondamentale nel diminuire la sensibilità al dolore.

endoscopia [-pì-] *s.f.* manovra diagnostica con la quale si introduce una sonda munita di apparato ottico per esaminare le cavità dell'organismo.

endoscopico [-scò-] *agg.* [pl.m. *-i*] che riguarda l'endoscopia: *esame —*.

endotelio [-tè-] *s.m.* membrana che riveste internamente i vasi sanguigni e linfatici.

endotermico [-tèr-] *agg.* [pl.m. *-ci*] si dice di fenomeno fisico o chimico che avvenga con sottrazione di calore dai corpi circostanti.

endovenoso [-nó-] *agg.* si dice di iniezione che si pratica in una vena.

energetico [-gè-] *agg.* [pl.m. *-ci*] che riguarda l'energia, spec. in quanto utilizzata dall'uomo per il lavoro, il riscaldamento, l'illuminazione ecc.: *bilancio —, crisi energetica //* *agg.* e *s.m.* si dice di sostanza capace di stimolare le energie dell'organismo.

energia [-gì-] *s.f.* **1** vigore fisico e spirituale, fermezza di carattere: *giovane senza —.* SIN. *attività, potenza, forza* **2** (*fis.*) capacità di un sistema di sviluppare lavoro: *— elettrica.*

energico [-nèr-] *agg.* [pl.m. *-ci*] che ha energia, che agisce con energia. SIN. *attivo, potente, forte.*

energumeno [-gù-] *s.m.* uomo violento e brutale.

enfasi [ènfaʃi] *s.f.invar.* impetuosità, passionalità, spesso eccessiva, nel parlare o nello scrivere.

enfatico [-fà-] *agg.* [pl.m. *-ci*] pieno di enfasi.

enfiagione [-giò-] *s.f.* ingrossamento di una parte del corpo, dovuto a infiammazione. SIN. *gonfiore.*

enfio [èn-] *agg.* (*lett.*) gonfio.

enfisema [-ʃè-] *s.m.* (*med.*) rigonfiamento dei tessuti di un organo, dovuto a infiltrazione d'aria o di un gas: *— polmonare.*

enfisematico [-ʃemà-] *agg.* [pl.m. *-ci*] che riguarda l'enfisema // *agg.* e *s.m.* che, chi soffre di enfisema.

enfiteusi [-tèuʃi] *s.f.invar.* (*dir.*) concessione di terreni coltivabili, per un lungo periodo, a un colono, con l'obbligo da parte sua di pagare un canone annuo.

enigma *s.m.* [pl. *-i*] **1** mistero; fatto o discorso oscuro, di dubbia o difficile spiegazione (anche *fig.*) **2** breve componimento che in forma oscura e ambigua allude a una parola o a un concetto da indovinare; indovinello.

enigmatico [-mà-] *agg.* [pl.m. *-ci*] che ha carattere d'enigma. SIN. *astruso, oscuro, sibillino.*

enigmista *s.m.* e *f.* [pl.m. *-i*] chi si occupa di enigmistica.

enigmistica [-mì-] *s.f.* l'arte di comporre e risolvere indovinelli, sciarade, rebus e simili.

enigmistico [-mì-] *agg.* [pl.m. *-ci*] che riguarda l'enigmistica o che si occupa di essa.

ennesimo [-nèʃi-] *agg.* **1** (*mat.*) che si riferisce alla lettera *n*, simbolo matematico di un numero indeterminato / *elevare all'ennesima potenza,* elevare un numero a un esponente indeterminato **2** (*fam.*) che fa parte di una lunga serie: *l'ennesima volta.*

ennuplo [èn-] *agg.* e *s.m.* → **n-uplo.**

eno- [è-] [dal gr. *óinos=vino*] prefisso che indica rapporto con il vino (*enologo, enopolio*).

enofilo [-nò-] *agg.* e *s.m.* si dice di chi si occupa della produzione di vino.

enologia [-gì-] *s.f.* tecnica della preparazione e della conservazione dei vini.

enologico [-lò-] *agg.* [pl.m. *-ci*] dell'enologia.

enologo [-nò-] *s.m.* [pl. *-gi*] esperto di enologia.

enopolio [-pò-] *s.m.* mostra o mostra-mercato di vini; anche, industria vinicola.

enorme [-nór-] *agg.* smisurato, che esce dai limiti normali (anche *fig.*): *uno sbaglio —.* SIN. *colossale, gigantesco //* **-mente** *avv.* moltissimo.

enormità *s.f.invar.* **1** l'essere enorme **2** parola o atto che causa indignazione.

enoteca [-tè-] *s.f.* raccolta di vini in bottiglia; anche, locale per l'esposizione ed eventualmente l'assaggio e la vendita di vini pregiati.

enotecnica [-tèc-] *s.f.* la tecnica della vinificazione; enologia.

entalpia [-pi-] *s.f.* (*fis.*) in un sistema termodinamico, la somma dell'energia interna e del prodotto della pressione per il volume.

entasi [èntaʃi] *s.f.invar.* (*arch.*) rigonfiamento che la colonna presenta a un terzo dell'altezza [*ill. Architettura*].

ente [èn-] *s.m.* **1** qualsiasi essere reale o possibile / *ente supremo,* Dio **2** società o istituzione cui la legge attribuisce personalità giuridica.

entelechia [-chì-] *s.f.* (*fil.*) ciò che realizza in sé il suo fine, la sua perfezione.

enterico [-tè-] *agg.* [pl.m. *-ci*] (*med.*) intestinale.

enterite *s.f.* (*med.*) infiammazione dell'intestino.

enteroclisma [-ʃma] *s.m.* [pl. *-i*] (*med.*) lavanda intestinale a scopo terapeutico.

enterocolite *s.f.* (*med.*) infiammazione dell'intestino tenue e del colon.

entità *s.f.invar.* **1** (*fil.*) ciò che costituisce l'essenza, la qualità dell'ente; l'ente stesso **2** importanza, consistenza; valore.

entomofile [-mò-] *s.f.pl.* piante in cui l'impollinazione avviene per mezzo di insetti.

entomologia [-gì-] *s.f.* lo studio degli insetti.

Energia

■ PRODUZIONE E UTILIZZO: alternativa (*biologica, eolica, geotermica, idroelettrica, marina, nucleare, solare*); cogenerazione, conservazione, consumo (*black-out, punta*), conversione, costo, depurazione, diversificazione, fonti primarie (*combustibili fossili, gas naturale, geotermica, idroelettrica, nucleare*), immagazzinamento (*raccolta, stoccaggio*), inquinamento (*fumi, radioattivo, termico*), produzione, rendimento, rinnovabile (*biologica, eolica, idrica, marina, solare*), riserve, risorse, risparmio (*coibentare, coibentazione, cartonfeltro, cartongesso, materiale atermico*), controsoffittatura, doppiovetro, isolamento termico, recupero energia dispersa, teleriscaldamento, termoisolante, termoriflettente, vetrocamera, spreco, trasformazione, trasmissione (*distribuzione*), uso (*climatizzazione, condizionamento, domestico, industriale, militare, pacifico, riscaldamento*), trasporto, utenza.

■ ENERGIA ELETTRICA: accumulatore, allacciamento, alternatore, attacco, cabina, catenaria, cavo, centrale, centralina, dinamo, dinamoelettrica, elettrodotto, erogazione, impianto, interconnessione, linea elettrica, macchine elettromeccaniche, pila, potenza, quadro, raddrizzatore, rete, sottostazione, traliccio, trasformatore, trasporto (*trasformatore elevatore, linea ad alta tensione, trasformatore riduttore, centrale di conversione, linee di contatto per trasporti autoferroviari, linee di distribuzione, apparecchi utilizzatori industriali, domestici, pubblici, privati*).

■ ALTRE FORME DI ENERGIA: atomica; biologica, alghe, biogas, biomasse, combustibili organici, fermentazione aerobica o anaerobica, liquami fognari, rifiuti urbani organici; chimica, accumulatori, carburante (*alcool, benzina, gasolio, metano*), combustibili fossili, idrogeno, pila; eolica, eliche aerodinamiche, mulini a vento, turbine, venti costanti; fossile, carbone (*torba, lignite, litantrace, antracite*), estrazione, gas naturale, gasdotto, gassificazione, giacimenti, greggio, idrocarburi, oleodotto, petrolio, pipeline, pozzo petrolifero, scisti bituminosi; geotermica, geyser, perforazione, soffione, sondaggio, vulcanismi; idroelettrica, bacino montano, condotta forzata, diga, paratoia; marina o mareomotrice, correnti oceaniche, gradiente termico marino, marea (*flusso, riflusso*), onde; magnetofluidodinamica, laser, plasma; meccanica, eolica, idrica, marina, pressione, turbina; nucleare o elettronucleare, accantonamento scorie, acqua pesante, arricchito, antinucleare, assorbitore, autofertilizzante, combustibile nucleare, deuterio, fissione, fusione, inquinamento radioattivo, isotopi, laser, moderatore, plasma, plutonio, radioattività, reattore, reazione a catena, refrigerante, scorie radioattive, trizio, uranio; solare o elettrosolare, case solari, cella fotovoltaica, collettore, convezione, dissalazione, effetto serra, eliometro, essiccazione prodotti agricoli, fermentazioni agricole, irraggiamento, laser, microonde, pannello, pireliometro, radiazione, riscaldamento, satellite geostazionario; termica e termoelettrica, caldaia, combustione, diesel, geotermica, gruppo elettrogeno, inquinamento termico, motori a scoppio, motori termici, pompa di calore, radiatore, scambiatore di calore, serpentina, solare, termodinamica, vapore surriscaldato.

■ UNITÀ DI MISURA: barile, BeV, chilotone, chilowatt, eV, GeV, joule, megatone, megawatt, MeV, watt.

---

entomologo [-mò-] *s.m.* [pl. *-gi*] studioso di entomologia.

entourage [*franc.*; *pr.* anturàj] *s.m.* seguito, clientela di un personaggio.

entraîneuse [*franc.*; *pr.* antr(e)neʃ] *s.f.* ragazza che nei locali notturni tiene compagnia ai clienti inducendoli a spendere molto in consumazioni.

entrambi *agg.* e *pron.m.pl.* tutti e due: *sono partiti* —; — *i lati.*

entrante *agg.* che sta per cominciare: *la settimana, il mese* —.

entrare *v.tr.* [*io* éntro ecc.] **1** penetrare in un luogo, andare dentro (anche *fig.*): — *in casa* / — *nell'esercito, nella magistratura,* essere ammesso a far parte di essi / — *in guerra,* cominciarla / — *in carica,* assumerla, cominciare a esercitarla / — *in argomento,* cominciare a trattarlo / — *negli affari di qlcu.,* interferire, immischiarsi / *questo non c'entra,* non ha alcuna attinenza con quanto stiamo dicendo / — *in ballo, in gioco,* cominciare a ballare, a giocare; (*fig.*) intervenire, intromettersi / — *in possesso di qlco.,* diventarne padrone.

CONTR. uscire **2** poter essere contenuto: *nella valigia non entra tutto* / *questo abito non mi entra,* mi è stretto.

entrata *s.f.* **1** l'atto dell'entrare: *l'— degli impiegati in ufficio* **2** luogo per cui si entra; parte dell'edificio che dà accesso all'interno: *l'— del porto.* SIN. ingresso. CONTR. uscita **3** denaro che si riceve; incasso, guadagno / — *e uscita,* le due partite di dare e avere sui libri contabili.

entratura *s.f.* **1** (*rar.*) l'entrare: — *in una carica* **2** il poter accedere facilmente presso una persona importante; familiarità, confidenza.

entredeux [*franc.*; *pr.* antr(e)dè] *s.m.* striscia di pizzo, merletto o altro, inserita tra due lembi di stoffa.

entrismo [-ʃmo] *s.m.* in politica, la tendenza a entrare in organizzazioni o istituzioni esistenti per modificarle dall'interno.

entro [én-] *prep. impropria di tempo* tra, fra, in; si unisce direttamente ai nomi: — *l'anno* // *avv. di luogo* (*lett.*) dentro, nella parte interna.

entrobordo [-bór-] *s.m.* imbarcazione da turismo o da corsa dotata di motore interno allo scafo.

entropia [-pi-] *s.f.* **1** funzione matematica legata al secondo principio della termodinamica, che misura la reversibilità di un processo, il grado di disordine di un sistema, la tendenza all'equilibrio termodinamico, la capacità di un sistema di ottenere lavoro da trasformazioni termodinamiche **2** (*fig.*) con riferimento a organizzazioni sociali o a processi culturali, tendenza non appariscente, ma costante, al disordine o alla decadenza.

entroterra [-tèr-] *s.m.invar.* territorio che si stende dietro la costa: *l'— ligure è montagnoso.*

entusiasmante[-ʃiaʃman-]*agg.* che suscita entusiasmo.

entusiasmare [-ʃiaʃma-] *v.tr.* destare entusiasmo. SIN. *esaltare, inferforare, estasiare //* **-arsi** *v.rifl.* mettersi in entusiasmo, appassionarsi.

entusiasmo [-ʃiaʃmo] *s.m.* commozione intensa dell'animo che si esprime in vive manifestazioni di gioia, meraviglia, ammirazione. SIN. *esaltazione, fervore, estasi.*

entusiasta [-ʃia-] *agg.* [pl.m. -*i*] **1** che prova entusiasmo: *è — per la pittura moderna* **2** molto soddisfatto e contento: *sono — dei tuoi risultati sportivi // s.m.* e *f.* chi prova entusiasmo, chi si entusiasma facilmente.

entusiastico [-ʃià-] *agg.* [pl.m. -*ci*] che mostra entusiasmo; caloroso, fervido: *applauso —.*

enucleare *v.tr.* [*io enùcleo ecc.*] **1** spiegare, chiarire con esattezza una questione o un problema, liberandolo dagli elementi accessori e oscuri **2** (*med.*) estirpare, estrarre chirurgicamente un organo o una formazione anatomica ben individuata: *— il bulbo oculare.*

enucleazione [-zió-] *s.f.* atto, effetto dell'enucleare.

enumerare *v.tr.* [*io enùmero ecc.*] esporre con ordine una dopo l'altra le cose di una serie: *— le difficoltà.*

enumerazione [-zió-] *s.f.* atto, effetto dell'enumerare.

enunciare *v.tr.* [*io enùncio ecc.*] esporre con proprietà di termini un concetto, un problema o simili.

enunciato *s.m.* le parole con cui si enuncia un teorema o un argomento.

enunciazione [-zió-] *s.f.* l'enunciare; l'enunciato.

enuresi [-rèʃi] *s.f.invar.* (*med.*) emissione involontaria di urine, specie durante il sonno.

enzima [-ʒi-] *s.m.* [pl. -*i*] sostanza organica complessa capace di favorire determinate reazioni chimiche.

enzimatico [-ʒimà-] *agg.* [pl.m. -*ci*] di enzima, degli enzimi.

eocene [-cè-] *s.m.* il più antico periodo dell'era geologica cenozoica o terziaria.

eolico [-ò-] *agg.* [pl.m. -*ci*] di Eolo, mitico re dei venti; del vento, operato dal vento: *deposito —,* deposito di materiale sabbioso trasportato e accumulato dal vento.

eosinofilo [-ʃinò-] *s.m.* denominazione della varietà di globuli bianchi granulociti i cui granuli si colorano elettivamente con l'eosina o altri coloranti acidi.

epa [è-] *s.f.* (*ant.*) pancia, ventre.

eparina *s.f.* (*med.*) sostanza anticoagulante prodotta dal fegato e usata nella cura della trombosi.

epatiche [-pà-] *s.f.pl.* piccole piante, proprie dei luoghi umidi e ombrosi, che formano talvolta verdi tappeti.

epatico [-pà-] *agg.* [pl.m. -*ci*] proprio del fegato, che riguarda il fegato.

epatite *s.f.* (*med.*) infiammazione del fegato.

epatomegalia [-ì-] *s.f.* (*med.*) aumento di volume del fegato.

epatta *s.f.* gli undici giorni aggiunti all'anno lunare per pareggiarlo a quello solare.

epentesi [-pènteʃi] *s.f.invar.* inserzione di un suono non etimologico nel corpo di una parola (p.e. *fantasima* per *fantasma*).

epi- [è-] [dal gr. *epì = sopra, inoltre*] prefisso che significa «sopra» (*epigrafe, epicentro, epidermide*); più raramente significa «dopo» o indica aggiunta (*epigono, epilogo*).

epica [è-] *s.f.* il genere letterario dell'epopea.

epicarpo *s.m.* (*bot.*) lo strato più esterno del frutto, la buccia [*ill. Frutti*].

epicedio [-cè-] *s.m.* nell'antica poesia greca, canto funebre in lode di un defunto.

epicentro [-cèn-] *s.m.* **1** in un terremoto, il punto della superficie terrestre che, per la sua minore distanza dall'ipocentro, è colpito per primo e più intensamente **2** (*fig.*) il centro da cui si diffonde un'epidemia, un'ideologia, un movimento rivoluzionario.

epiciclo *s.m.* (*astr.*) nel sistema geocentrico tolemaico, circolo descritto da un pianeta intorno a un punto ideale, il quale a sua volta descriveva un circolo intorno alla Terra.

epicicloide [-clò-] *agg.* e *s.f.* si dice della curva matematica piana descritta da un punto di una circonferenza che rotoli su un'altra circonferenza.

epico [è-] *agg.* [pl.m. -*ci*] **1** dell'epica, pertinente all'epica: *stile, poeta —* **2** eroico, degno di un'epopea: *epiche gesta.*

epicureismo [-ʃmo] *s.m.* la dottrina del filosofo greco Epicuro (341-270 a.C.), che poneva come supremo bene il piacere, inteso come assenza di dolore, come sereno distacco.

epicureo [-rè-] *agg.* di Epicuro *// s.m.* (*fil.*) seguace di Epicuro; comunemente, chi fa vita da gaudente.

epidemia [-mi-] *s.f.* **1** (*med.*) diffusione di una malattia infettiva che colpisce contemporaneamente un gran numero di persone in una stessa regione **2** (*fig.*) uso o costume che si propaghi rapidamente.

epidemico [-dè-] *agg.* [pl.m. -*ci*] che ha natura di epidemia.

epidemiologia [-gì-] *s.f.* lo studio scientifico della diffusione epidemica delle malattie.

epidemiologico [-lò-] *agg.* [pl.m. -*ci*] inerente all'epidemiologia.

epidermico [-dèr-] *agg.* [pl.m. -*ci*] **1** di epidermide **2** (*fig.*) superficiale.

epidermide [-dèr-] *s.f.* (*anat.*) lo strato più superficiale della pelle.

epidiascopio [-scò-] *s.m.* proiettore per diapositive o per immagini trasparenti.

epididimo [-di-] *s.m.* (*anat.*) formazione oblunga che sovrasta il testicolo e costituisce il primo tratto delle vie spermatiche.

epifania [-ni-] *s.f.* **1** (*lett.*) apparizione, manifestazione **2** *Epifania,* festività cristiana che si celebra il 6 gennaio a ricordo della visita dei Magi a Gesù.

epifenomeno [-nò-] *s.m.* **1** fenomeno secondario e accessorio che non cambia il carattere fondamentale dei fenomeni precedentemente considerati **2** (*med.*) sintomo accessorio che non muta la diagnosi già emessa in base ai sintomi essenziali.

epifisi [-pifiʃi] *s.f.invar.* (*anat.*) **1** ghiandola endocrina posta sopra al terzo ventricolo del cervello **2** ciascuna delle due estremità delle ossa lunghe.

epifite *s.f.pl.* piante parassite che vivono sui tronchi o sui rami degli alberi come, per es., i *muschi* e i *licheni.*

epifonema [-nè-] *s.m.* [pl. -*i*] massima, spec. enfatica, che fa da conclusione a un discorso.

epifora [-pì-] *s.f.* (*med.*) condizione di persistente lacrimazione.

epigastrio [-gà-] *s.m.* (*anat.*) regione dell'addome compresa fra le due arcate costali.

epiglottide [-glòt-] *s.f.* (*anat.*) parte cartilaginea della laringe che durante la deglutizione ne chiude l'apertura superiore.

epigono [-pì-] *s.m.* seguace, imitatore di un autore.

epigrafe [-pì-] *s.f.* **1** breve iscrizione in prosa o in versi, incisa o scolpita su monumenti, tombe ecc., al fine di commemorare defunti o avvenimenti solenni **2** scritto dedicatorio in fronte a un libro; citazione di un passo di autore famoso all'inizio di uno scritto.

epigrafia [-fi-] *s.f.* **1** lo studio delle antiche epigrafi **2** arte di comporre epigrafi **3** il complesso delle epigrafi: *l'— greca, latina.*

epigrafico [-grà-] *agg.* [pl.m. *-ci*] **1** di epigrafi **2** (*fig.*) breve, conciso: *stile —.*

epigramma *s.m.* [pl. *-i*] breve componimento poetico, di vario argomento e di tono satirico e mordace.

epigrammatico [-mà-] *agg.* [pl.m. *-ci*] **1** di epigramma: *stile —* **2** per estens., arguto, mordace.

epigrammista *s.m. e f.* [pl.m. *-i*] autore di epigrammi.

epilessia [-sì-] *s.f.* malattia del cervello caratterizzata da eccessi convulsivi e da perdite o disturbi della coscienza.

epilettico *agg.* [-lèt-] *agg.* [pl.m. *-ci*] di epilessia; affetto da epilessia // *s.m.* malato di epilessia.

epilogo [-pi-] *s.m.* [pl. *-ghi*] conclusione di un dramma o di un'opera letteraria; conclusione in genere.

epinicio [-nì-] *s.m.* nell'antica poesia greca, componimento lirico celebrante una vittoria.

episcopale *agg.* di vescovo, vescovile.

episcopato *s.m.* **1** funzione, ufficio di vescovo; il tempo di detto ufficio **2** insieme dei vescovi: *l'— italiano.*

episcopio¹ [-scò-] *s.m.* la dimora del vescovo.

episcopio² [-scò-] *s.m.* proiettore per immagini non trasparenti.

episodico [-ʃò-] *agg.* [pl.m. *-ci*] che ha carattere di episodio; che è avvenuto accidentalmente.

episodio [-ʃò-] *s.m.* **1** nell'antica tragedia greca, ciascuna delle parti dialogate poste fra uno stasimo e l'altro **2** narrazione, fatto accessorio, relativamente all'azione principale, in un'opera letteraria o drammatica **3** avvenimento di importanza secondaria; vicenda, caso.

epispadia [-di-] *s.f.* malformazione congenita per la quale l'uretra maschile si apre, anziché all'estremità, nella parte superiore del glande.

epistassi *s.f.invar.* emorragia nasale.

epistemologia [-gì-] *s.f.* filosofia della scienza, disciplina che studia il valore, la natura della conoscenza scientifica.

epistola [-pi-] *s.f.* **1** (*lett.*) lettera **2** nel sec. XVII e nel XVIII, in Italia, componimento poetico a carattere lirico-didascalico **3** ciascuna delle lettere degli apostoli che fanno parte del Nuovo Testamento **4** parte della messa in cui viene letto qualche passo di lettere apostoliche.

epistolare *agg.* di lettera, di lettere / *romanzo —,* in cui l'azione è narrata mediante lettere scritte dal protagonista o scambiate fra i vari personaggi.

epistolario [-là-] *s.m.* raccolta di lettere, spec. di quelle scritte da persone insigni.

epistrofeo [-fè-] *s.m.* seconda vertebra cervicale, importante nei movimenti del capo.

epitaffio [-tàf-] *s.m.* iscrizione su una tomba.

epitalamio [-là-] *s.m.* carme nuziale.

epiteliale *agg.* (*anat.*) dell'epitelio.

epitelio [-tè-] *s.m.* (*anat.*) tessuto che forma il rivestimento della superficie esterna del corpo e delle sue cavità interne.

epitelioma [-liò-] *s.m.* [pl. *-i*] tumore maligno dell'epitelio.

epitesi [-pìteʃi] *s.f.invar.* aggiunta di una vocale o di una consonante e una vocale in fine di parola (p.e. *Saulle* per *Saul*).

epiteto [-pi-] *s.m.* **1** nome che si attribuisce a un altro nome per qualificarlo (p.e. Guglielmo *il Conquistatore*) **2** parola spregiativa, insulto: *gli rivolsero epiteti incredibili.*

epitome [-pì-] *s.f.* compendio, riassunto, spec. di un'opera storica.

epizootico [-ʒoò-] *agg.* [pl.m. *-ci*] (*vet.*) che ha carattere di epizoozia: *afta epizootica.*

epizoozia [-ʒooʒì-] *s.f.* (*vet.*) malattia infettiva diffusa tra gli animali domestici di una data specie in un'area determinata.

epoca [è-] *s.f.* **1** spazio di tempo compreso tra due eventi storici; momento storico segnato da grandi avvenimenti: *l'— tra le due guerre; l'— della rivoluzione francese / fare —,* essere notevole, memorabile **2** tempo, momento: *l'— degli esami* **3** nella cronologia geologica, grande suddivisione, a sua volta suddivisa in età.

epodo [-pò-] *s.m.* **1** nell'antica poesia greca e romana, ode di argomento morale-satirico **2** nell'antica tragedia greca, l'ultima parte del coro.

eponimo [-pò-] *agg. e s.m.* si dice di personaggio da cui qlco. prende nome / *arconte —,* in Atene antica, il magistrato che dava il nome all'anno.

epopea [-pè-] *s.f.* **1** narrazione poetica, in tono grave e solenne, di gesta eroiche **2** il genere letterario di tali narrazioni; il complesso di tali opere in una letteratura o presso un popolo: *l'— germanica* **3** insieme di imprese eroiche: *l'— garibaldina.*

eporediese [-diè-] *agg.* di Ivrea // *s.m. e f.* abitante di Ivrea.

epos [è-] *s.m.invar.* poema o ciclo di poemi epici.

eppure *cong.* avversativa tuttavia.

epulide [-pù-] *s.f.* tumore benigno che ha origine dalla parete dell'alveolo del dente.

epulone [-lò-] *s.m.* ghiottone, mangione.

epurare *v.tr.* **1** liberare dalle persone indesiderabili: *— la pubblica amministrazione* **2** allontanare, spec. per motivi politici.

epurazione [-zió-] *s.f.* atto, effetto dell'epurare.

equalizzatore [-liʒʒató-] *s.m.* negli apparecchi fonoriproduttori, dispositivo che modifica alcune caratteristiche delle frequenze sonore migliorandone la qualità.

equanime [-quà-] *agg.* che rivela animo sereno, giusto e obiettivo verso tutto e tutti: *una valutazione —.* SIN. *imparziale, spassionato.*

equanimità *s.f.invar.* l'essere equanime. SIN. *imparzialità.*

equatore [-tó-] *s.m.* il cerchio massimo dello sferoide terrestre, equidistante dai poli, che divide la Terra in due emisferi.

equatoriale *agg.* dell'equatore: *diametro —* // *s.m.* cannocchiale astronomico per seguire il moto degli astri.

equazione [-zió-] *s.f.* **1** (*mat.*) uguaglianza tra due espressioni algebriche, in cui compaiono uno o più valori incogniti **2** rappresentazione matematica di un problema o di un'equivalenza, in diverse scienze e tecniche **3** (*fig.*) ragionamento capace di identificare un'incognita; anche, rapporto di equivalenza.

equestre [-què-] *agg.* che è proprio di cavalli o cavalieri: *monumento, ritratto* —, quello di un personaggio raffigurato a cavallo / *circo* —, quello in cui si esibiscono cavallerizzi, acrobati, domatori di fiere ecc.

equi- [è-] [dal lat. *aequus = uguale*] primo elemento compositivo che significa «uguale» (*equilatero, equinozio, equipollente*).

equiangolo [-àn-] *agg.* (*geom.*) si dice di poligono avente tutti gli angoli uguali.

equidi [è-] *s.m.pl.* (*zool.*) famiglia di grossi mammiferi dalle zampe lunghe e robuste poggianti su un solo dito munito di zoccolo; hanno pelo corto e criniera al collo (*cavallo, asino, zebra ecc.*).

equidistante *agg.* che è alla medesima distanza.

equidistare *v.tr.* essere equidistante.

equilatero [-là-] *agg.* (*geom.*) si dice di poligono avente tutti i lati uguali.

equilibrare *v.tr.* porre o mantenere in equilibrio // **-arsi** *v.rifl.* tenersi in equilibrio.

equilibrato *agg.* che possiede o rivela equilibrio, buon senso, moderazione.

equilibratore [-tó-] *s.m.* ciò che equilibra qlco.; in un aeroplano, elemento mobile del piano orizzontale di coda per mantenere stabile l'aereo in cabrata o in picchiata [*ill. Aereo*].

equilibratura *s.f.* (*tecn.*) lo stesso che → **bilanciatura**.

equilibrio [-lì-] *s.m.* **1** condizione dei corpi che, in un sistema fisico, rimangono immobili perché sollecitati da forze uguali e contrarie (anche *fig.*): *i piatti della bilancia sono in* — / *tenersi in* — *su un piede* **2** (*fig.*) buon senso, moderazione, imparzialità: *dar prova di* —.

equilibrismo [-ſmo] *s.m.* l'arte dell'equilibrista.

equilibrista *s.m.* e *f.* [pl.m. *-i*] chi in un circo o in un teatro esibisce la propria abilità nel mantenere sé stesso o altre persone o oggetti in difficili posizioni d'equilibrio.

equino *agg.* di cavallo: *carne equina* // *s.m.* ogni animale della famiglia degli equidi.

equinoziale *agg.* proprio dell'equinozio / *linea* —, l'equatore.

equinozio [-nò-] *s.m.* ciascuna delle due date dell'anno in cui la durata del giorno è, su tutta la Terra, uguale a quella della notte: il 21 marzo e il 23 settembre.

equipaggiamento [-mén-] *s.m.* l'equipaggiare; l'insieme degli oggetti che servono a equipaggiare: — *di una spedizione alpinistica*.

equipaggiare *v.tr.* [*io equipàggio ecc.*] fornire una o più persone di ciò che è necessario per un'impresa: — *l'esercito*.

equipaggio [-pàg-] *s.m.* **1** l'insieme delle persone che guidano e governano una nave, un aereo ecc. **2** carrozza signorile: — *a quattro cavalli*.

equiparare *v.tr.* **1** uguagliare, pareggiare **2** paragonare: — *il valore di due oggetti*.

equiparazione [-zió-] *s.f.* atto, effetto dell'equiparare.

équipe [*franc.*; *pr.* ekìp] *s.f.* gruppo di persone organizzate per un'attività in comune.

equipollente [-lèn-] *agg.* di uguale valore ed efficacia. SIN. *equivalente.*

equipollenza [-lèn-] *s.f.* l'essere equipollente. SIN. *equivalenza.*

equiseto [-sè-] *s.m.* pianta erbacea con fusto internamente cavo e sottili rametti verdi, disposti come i raggi di una ruota (*fam.* Equisetacee).

equità *s.f.invar.* giustizia, imparzialità.

equitazione [-zió-] *s.f.* arte e pratica del cavalcare.

equivalente [-lèn-] *agg.* di uguale valore. SIN. *equipollente* // *s.m.* ciò che ha lo stesso valore di altra cosa.

equivalenza [-lèn-] *s.f.* l'essere equivalente.

equivalere [-lé-] *v.intr.* [coniugato come *valere*] avere lo stesso valore, la stessa efficacia, essere uguale: *la tua risposta equivale a una offesa* // **-ersi** *v.rifl.* bilanciarsi.

equivocare *v.intr.* [*io equìvoco, tu equìvochi ecc.*] prendere un equivoco, scambiare una cosa per un'altra.

equivocità *s.f.invar.* l'essere equivoco. SIN. *ambiguità.*

equivoco [-qui-] *agg.* [pl.m. *-ci*] **1** che può intendersi in modi differenti (detto di cosa): *una risposta equivoca.* CONTR. *univoco* **2** di dubbia fede, sospetto: *un personaggio* —; *un ambiente* —, frequentato da persone di dubbia moralità. SIN. *ambiguo* // *s.m.* errore nato da differenze di interpretazione; inganno derivato dallo scambiare una persona o una cosa con altra simile. SIN. *malinteso, quiproquò.*

equo [è-] *agg.* conforme a equità / — *canone*, il massimo canone di affitto consentito per legge, relativo alle caratteristiche dei locali affittati. SIN. *giusto, imparziale.*

era [è-] *s.f.* **1** punto fisso nella storia da cui si comincia a contare una serie di anni; periodo storico memorabile per avvenimenti di particolare rilievo: — *cristiana* **2** la più grande suddivisione nella cronologia geologica, a sua volta suddivisa in periodi.

erariale *agg.* dell'erario.

erario [-rà-] *s.m.* il tesoro dello stato.

erba [èr-] *s.f.* **1** ogni pianta il cui fusto rimane verde e tenero, senza diventare legnoso / — *medica*, con fiori violetti e foglie formate da tre foglioline, usata come foraggio per gli animali / *in* —, si dice di pianta appena germogliata: *pittore, scienziato in* —, (*fig.*) si dice di chi è ai primi passi in un'attività o professione / *punto* —, punto di ricamo [*ill. Cucito*] / *prov.:* fare d'ogni — *un fascio*, mescolare senza criterio il buono col cattivo **2** l'insieme delle erbe di un terreno: *sdraiarsi sull'* — / *far l'*—, falciarla per utilizzarla come foraggio **3** (*gerg.*) droga da fumare, marijuhana **4** *pl.* erbaggi, verdure.

erbaceo [-bà-] *agg.* che ha natura di erba.

erbaggio [-bàg-] *s.m.* erba commestibile, ortaggio.

erbario [-bà-] *s.m.* raccolta di piante, seccate e classificate per uso scientifico.

erbicida *agg.* e *s.m.* [pl.m. *-i*] lo stesso che → **diserbante**.

erbio [èr-] *s.m.* elemento chimico (Er; *n.at.* 68; *p.at.* 167,26); una delle terre rare.

erbivendolo [-vén-] *s.m.* chi vende erbaggi e frutta.

erbivoro [-bì-] *agg.* si dice di animale che si nutre di erbe.

erborista *s.m.* e *f.* [pl.m. *-i*] chi raccoglie, prepara e vende erbe medicinali.

erboristeria [-rì-] *s.f.* la coltivazione, raccolta, preparazione e vendita di erbe medicinali; anche, negozio di erborista.

erboso [-bó-] *agg.* ricoperto d'erba.

ercole [èr-] *s.m.* uomo forte e muscoloso.

erculeo [-cù-] *agg.* da ercole: *forza erculea.*

erebo [è-] *s.m.* mitica dimora sotterranea dei morti.

erede [-rè-] *s.m.* **1** chi succede per eredità: — *universale*, di tutti i beni **2** successore in un'attività, in una tradizione ecc.

eredità *s.f.invar.* **1** trasmissione del patrimonio di un defunto a una persona o a un ente; il patrimonio stesso   2 (*biol.*) trasmissione ai figli dei caratteri dei genitori.

ereditare *v.tr.* [*io erèdito ecc.*] ricevere a titolo di eredità (anche *fig.*).

ereditarietà *s.f.invar.* (*biol.*) la trasmissibilità di alcuni caratteri morfologici, fisiologici e psichici da una generazione all'altra.

ereditario [-tà-] *agg.* dell'eredità, proveniente dall'eredità: *bene* —; *malattia ereditaria* / *principe* —, l'erede al trono.

ereditiera [-tiè-] *s.f.* donna, erede di un patrimonio cospicuo.

eremita *s.m. e f.* [pl.m. *-i*] 1 chi abbandona il mondo per scopi religiosi e vive isolato in luoghi remoti 2 (*fig.*) chi vive appartato.

eremitaggio [-tàg-] *s.m.* dimora di eremita; per estens., abitazione isolata.

eremo [è-] *s.m.* 1 luogo solitario dove una o più persone si ritirano per condurre vita religiosa 2 (*fig.*) dimora tranquilla, isolata.

eresia [-ʃì-] *s.f.* 1 dottrina contraria a una verità di fede proposta dalla chiesa cattolica come rivelata da Dio 2 per estens., affermazione o idea contrastante con le dottrine ufficiali, o con l'opinione accettata comunemente.

eresiarca [-ʃiar-] *s.m. e f.* [pl.m. *-chi*] capo di eretici o fondatore di una dottrina eretica.

ereticale *agg.* da eretico: *dottrina* —.

eretico [-rè-] *agg.* [pl.m. *-ci*] di o da eresia: *affermazioni eretiche* // *s.m.* 1 chi professa un'eresia 2 (*fam.*) persona poco religiosa.

eretismo [-ʃmo] *s.m.* (*med.*) eccessiva eccitabilità nervosa di una parte del corpo.

erettile [-rèt-] *agg.* si dice di organo o tessuto animale o vegetale che ha la capacità di erigersi per effetto di particolari stimoli.

eretto [-rèt-] *agg.* diritto: *tenere il capo, il busto* —.

erezione [-zió-] *s.f.* 1 atto, effetto dell'erigere 2 l'erigersi di un organo, in particolare del pene.

erg [èrg] *s.m.invar.* (*fis.*) unità di energia o di lavoro del sistema C.G.S.

erga omnes [*lat.*; *pr.* èrga òmnes = *verso tutti*] *locuz.* che si usa con valore di *agg.* a proposito di accordi, come i contratti collettivi di lavoro, che valgono per tutta una categoria di soggetti, anche non facenti parte delle associazioni in esse stipulati.

ergastolano *s.m.* chi è condannato all'ergastolo.

ergastolo [-gà-] *s.m.* 1 pena detentiva a vita con obbligo di lavorare 2 luogo ove si sconta detta pena.

ergere [èr-] *v.tr.* [pres. *io èrgo, tu èrgi ecc.*; pass.rem. *io èrsi, tu ergésti ecc.*; p.pass. *érto*] (*lett.*) innalzare // **-ersi** *v.rifl.pron.* essere alto, sorgere, innalzarsi: *la montagna si erge solitaria.*

ergometro [-gò-] *s.m.* (*fis.*) strumento atto a misurare il lavoro meccanico e la potenza.

ergonomìa [-mì-] *s.f.* scienza che studia il rapporto tra le esigenze fisiologiche dell'uomo e l'ambiente e le macchine di lavoro.

ergosterolo [-rò-] *s.m.* alcool insaturo, presente nella pelle, che si trasforma in vitamina D sotto l'azione dei raggi ultravioletti.

ergotecnica [-tèc-] *s.f.* la tecnica che applica i principi e i risultati dell'ergonomia.

ergoterapìa [-pì-] *s.f.* terapia pischiatrica che consiste nel rieducare i pazienti alla vita sociale attraverso occupazioni produttive.

ergotina *s.f.* estratto di segale cornuta usato come emostatico e antiemorragico.

erica [è-] *s.f.* piccolo frutice con fiori rosei e foglie minute (*fam.* Ericacee).

erigendo [-gèn-] *agg.* che deve o sta per essere eretto: *l'* — *monumento a Verdi.*

erigere [-ri-] *v.tr.* [pres. *io erigo, tu erigi ecc.*; pass.rem. *io erèssi, tu erigésti ecc.*; p.pass. *erètto*] 1 elevare, innalzare: — *un monumento* 2 (*fig.*) fondare, istituire: — *una scuola, un ospedale* 3 trasformare nobilitando: *la città fu eretta a ducato* // **-ersi** *v.rifl.* atteggiarsi, posare, assumersi un ufficio: *si eresse a giudice in quella contesa.*

erinni *s.f.invar.* ciascuna delle mitiche divinità infernali, personificazioni della vendetta.

erisipela [-ʃi-] *s.f.* malattia infettiva della cute.

eristica [-ri-] *s.f.* (*fil.*) l'arte di confutare un'affermazione, vera o falsa che sia.

eritema [-tè-] *s.m.* [pl. *-i*] (*med.*) arrossamento della pelle: — *solare.*

eritreo [-trè-] *agg.* dell'Eritrea // *s.m.* abitante dell'Eritrea.

eritroblastosi [-stòʃi] *s.f.invar.* grave malattia del neonato che insorge in certi casi per incompatibilità di sangue tra il figlio (Rh positivo) e la madre (Rh negativo).

eritrociti [-tʃì] *s.m.pl.* (*anat.*) globuli rossi.

eritropoiesi [-ièʃi] *s.f.invar.* produzione di globuli rossi, che avviene a opera di particolari cellule del midollo osseo.

erma [èr-] *s.f.* nell'antica Grecia, pilastro collocato nei crocicchi e sormontato dalla testa di Ermes.

ermafroditismo [-ʃmo] *s.m.* (*biol.*) riunione di entrambi i sessi in un unico individuo.

ermafrodito *agg. e s.m.* che, chi è nella condizione di ermafroditismo.

ermellino *s.m.* piccolo mammifero carnivoro con corpo allungato, zampe corte e pelliccia di color castano in estate, candida con la punta della coda nera in inverno, assai pregiata in pellicceria (*fam.* Mustelidi).

ermeneutica [-nèu-] *s.f.* arte di interpretare antichi testi e documenti.

ermeneutico [-nèu-] *agg.* [pl.m. *-ci*] dell'ermeneutica; interpretativo.

ermetico [-mè-] *agg.* [pl.m. *-ci*] 1 chiuso perfettamente: *confezione ermetica* 2 oscuro, incomprensibile 3 appartenente alla corrente poetica dell'ermetismo.

ermetismo [-ʃmo] *s.m.* corrente poetica contemporanea che dà più importanza alla suggestione fonica che al significato delle parole e usa un linguaggio intenso e oscuro.

ermo [èr-] *agg.* (*poet.*) isolato, solitario (detto di un luogo) // *s.m.* → **eremo.**

ernia [èr-] *s.f.* 1 (*med.*) fuoruscita di un viscere o di un organo dalla cavità in cui è normalmente contenuto: — *inguinale* 2 (*bot.*) malattia di alcune crocifere che si manifesta con tumori sulle radici.

erniario [-nià-] *agg.* dell'ernia, che concerne l'ernia: *cinto* —, che contiene un'ernia.

erniotomìa [-mì-] *s.f.* cura chirurgica dell'ernia.

erodere [-ró-] *v.tr.* [coniugato come *rodere*] esercitare un'azione di corrosione.

eroe [-rò-] *s.m.* 1 nel mito classico, uomo nato da una divinità e da un mortale, capace perciò di imprese eccezionali 2 chi dà prova di coraggio, di abnegazione 3 protagonista di un'opera letteraria, di un film ecc.

erogare *v.tr.* [*io èrogo, tu èroghi ecc.*] 1 elargire una somma di denaro, solitamente per beneficenza **2** dare, distribuire (detto di gas, acqua, luce elettrica).

erogatore [-tó-] *s.m.* valvola che, posta su un serbatoio di gas, ne regola la pressione, portandola a quella dell'ambiente.

erogazione [-zió-] *s.f.* atto, effetto dell'erogare.

erogeno [-rò-] *agg.* (*med.*) che genera sensazioni erotiche: *le zone erogene del corpo.*

eroicizzare [-ciʒʒa-] *v.tr.* rappresentare qlcu. come eroe; trattare un argomento come eroico.

eroico [-ròi-] *agg.* [pl.m. -*ci*] **1** che riguarda gli eroi antichi: *poema — / stile —*, adatto al poema eroico **2** da eroe, che è degno di un eroe; straordinario, energico.

eroicomico [-có-] *agg.* [pl.m. -*ci*] che ha dell'eroico e del comico al medesimo tempo: *atteggiamento — / poema —*, che tratta un soggetto comico nella forma solenne dell'epica.

eroina¹ *s.f.* **1** donna che ha qualità eroiche **2** protagonista di un'opera letteraria.

eroina² *s.f.* alcaloide derivato dall'oppio, dotato di forte azione stupefacente.

eroinomane [-nò-] *s.m.* e *f.* chi prende l'eroina come stupefacente.

eroismo [-ʃmo] *s.m.* qualità di persona, di impresa eroica.

erompente [-pèn-] *agg.* che viene fuori con impeto.

erompere [-róm-] *v.intr.* [coniugato come *rompere*] venir fuori con impeto (anche *fig.*).

erosione [-ʃió-] *s.f.* asportazione delle parti superficiali del terreno dovuta all'azione di agenti atmosferici, di acque e di ghiacciai.

erosivo [-ʃi-] *agg.* che corrode: *azione erosiva.*

erotico [-rò-] *agg.* [pl.m. -*ci*] che si riferisce all'amore sensuale: *poesia erotica.*

erotismo [-ʃmo] *s.m.* **1** esaltazione delle tendenze sessuali **2** in arte e letteratura, insistenza sui motivi erotici.

erotogeno [-tò-] *agg.* → **erogeno**.

erotomane [-tò-] *s.m.* e *f.* si dice di chi è affetto da erotomania; per estens., spesso scherz., di chi è incline a facili amori.

erotomania [-nì-] *s.f.* (*med.*) eccesso morboso di desiderio e di attività sessuale.

erpete [èr-] *s.m.* (*med.*) malattia della pelle di natura virale, caratterizzata dalla formazione di numerose vescicole.

erpicare *v.tr.* [io érpico, tu érpichi ecc.] lavorare la terra con l'erpice.

erpice [èr-] *s.m.* attrezzo agricolo munito di denti e dischi rotanti adatti a frantumare le zolle dopo l'aratura [*ill. Agricoltura*].

errabondo [-bón-] *agg.* errante.

errante *agg.* che va errando, peregrinando; nomade: *cavaliere —; tribù —*.

errare *v.intr.* [io èrro ecc.] **1** andare di qua e di là senza meta. SIN. *vagare, peregrinare* **2** commettere errore. SIN. *sbagliare.*

errata corrige [*lat.*; *pr.* erràta còrrige = *correggi gli errori*] *s.m.* lista degli errori, spec. tipografici, con le opportune correzioni, inserita in un libro.

erratico [-rà-] *agg.* [pl.m. -*ci*] **1** che muta posto, vagabondo: *selvaggina erratica* **2** si dice dei blocchi rocciosi trasportati dai ghiacciai lontano dai luoghi di origine: *masso —*.

errato *agg.*, **erroneo** [-rò-] *agg.* che è contrario alla verità, che contiene errore o è frutto di errore. SIN. *sbagliato.*

errore [-ró-] *s.m.* atto, effetto dell'allontanarsi dalla ve-

rità, dal giusto, dal conveniente; mancanza di esattezza, sproposito: *— di gioventù, di giudizio / sei in —*, hai un'opinione sbagliata / *salvo —*, si dice per attenuare un'affermazione. SIN. *sbaglio, fallo.*

erta [èr-] *s.f.* salita ripida e malagevole / *all'—!*, in guardia!; *stare all'—*, stare in guardia.

erto [èr-] *agg.* malagevole e in salita.

erudire *v.tr.* [io erudisco, tu erudisci ecc.] impartire nozioni di varie scienze o discipline. SIN. *istruire.*

erudito *agg.* e *s.m.* che o chi possiede una vasta erudizione. SIN. *dotto, colto, istruito.*

erudizione [-zió-] *s.f.* ampio corredo di nozioni intorno a varie cose e discipline.

eruttare *v.tr.* detto di un vulcano, emettere lava o altri materiali *// v.intr.* ruttare.

eruttivo *agg.* **1** di eruzione, che concerne l'eruzione vulcanica **2** (*med.*) che si riferisce ad eruzione cutanea.

eruzione [-zió-] *s.f.* **1** emissione violenta di lava e di altri materiali da un vulcano **2** (*med.*) comparsa sulla cute di manifestazioni patologiche.

es- [ès] dal *lat. ex = fuori*] prefisso che significa «fuori» (*espellere, escursione*), oppure indica privazione, negazione (*esautorare, esonerare*).

esa- [èʃa] dal *gr. ex = sei*] prefisso di parole di origine greca e di termini scientifici moderni; significa «sei» (*esagono, esametro*).

esacerbare [-ʃa-] *v.tr.* [io esacèrbo ecc.] rendere più acerbo, più duro: *il triste spettacolo esacerbò la sua pena.* SIN. *esasperare, inasprire.*

esacerbato [-ʃa-] *agg.* inasprito; profondamente addolorato.

esacisottaedro [-ʃaciʃottaè-] *s.m.* solido con quarantotto facce triangolari.

esacordo [-ʃacòr-] *s.m.* (*mus.*) successione ascendente di sei suoni in successione diatonica e con il semitono collocato nel mezzo.

esaedro [-ʃaè-] *s.m.* (*geom.*) ogni poliedro avente sei facce, otto vertici e dodici spigoli.

esagerare [-ʃa-] *v.tr.* [io esàgero ecc.] uscire, a fatti o a parole, dai limiti della verità, della giusta misura.

esagerato [-ʃa-] *agg.* che esce dai limiti della verità e della giusta misura. SIN. *eccessivo // s.m.* chi esagera: *sei un —!*

esagerazione [-zió-] *s.f.* atto, effetto dell'esagerare.

esagitare [-ʃa-] *v.tr.* [io esàgito ecc.] agitare, turbare fortemente: *— l'animo.*

esagitato [-ʃa-] *agg.* fortemente agitato, turbato.

esagonale [-ʃa-] *agg.* a forma di esagono.

esagono [-ʃà-] *s.m.* (*geom.*) poligono avente sei lati e sei angoli.

esalare [-ʃa-] *v.tr.* emettere vapori, odori o simili / *l'anima, l'ultimo respiro*, morire *// v.intr.* uscir fuori, spandersi. SIN. *emanare.*

esalazione [-ʃalazió-] *s.f.* l'esalare; le sostanze, i vapori e gli odori esalati. SIN. *emanazione.*

esaltare *v.tr.* **1** innalzare alle più alte cariche; nobilitare: *— al pontificato* **2** magnificare con lodi: *esaltò la sua bellezza.* SIN. *decantare, vantare* **3** eccitare: *la lettura di quel romanzo lo esaltava.* SIN. *entusiasmare.*

esaltato [-ʃal-] *agg.* e *s.m.* che o chi ha la mente e la fantasia eccitate. SIN. *fanatico.*

esaltazione [-ʃaltazió-] *s.f.* **1** l'esaltare alle più alte cariche **2** gran lode **3** eccitazione, infervoramento. SIN. *entusiasmo.*

esame [-ʃa-] *s.m.* **1** attenta considerazione delle qualità o delle condizioni di una persona o di una cosa al fine di farsene un giudizio: — *di un malato, di un progetto, della vista; prendere in —.* SIN. *disamina, osservazione* 2 prova mirante ad accertare il grado di preparazione o di abilità di uno scolaro o di un aspirante a un impiego: — *di maturità.*

esametro [-ʃà-] *s.m.* verso classico di sei piedi.

esaminando [-ʃà-] *s.m.* chi si sottopone a un esame.

esaminare *v.tr.* [*io esàmino ecc.*] sottoporre a esame una persona o una cosa.

esaminatore [-ʃaminató-] *agg.* e *s.m.* [f. *-trice*] che o chi esamina: *commissione esaminatrice; — severo.*

esangue [-ʃàn-] *agg.* 1 che è senza sangue o gravemente dissanguato 2 (*fig.*) pallido: *volto —.*

esanimare [-ʃa-] *v.tr.* [*io esànimo ecc.*] (*lett.*) scoraggiare, togliere forza // **-arsi** *v.rifl.pron.* venir meno.

esanime [-ʃà-] *agg.* che è o sembra senza vita, morto o svenuto.

esano [-ʃa-] *s.m.* (*chim.*) idrocarburo liquido a sei atomi di carbonio ricavato dal petrolio e usato come solvente.

esantema [-ʃantè-] *s.m.* [pl. *-i*] (*med.*) eruzione cutanea che accompagna alcune malattie infettive dell'infanzia come il morbillo, la varicella.

esantematico [-ʃantemà-] *agg.* [pl.m. *-ci*] (*med.*) che si manifesta con comparsa di esantema: *malattie esantematiche,* morbillo, rosolia, scarlattina ecc.

esarazione [-ʃarazió-] *s.f.* 1 (*geol.*) azione erosiva e abrasiva esercitata sulle rocce dai ghiacciai in movimento 2 in paleografia, cancellatura fatta con il raschietto.

esarca [-ʃar-] *s.m.* [pl. *-chi*] titolo dato al governatore dei territori italiani sottoposti nell'alto medioevo all'impero bizantino.

esarcato [-ʃar-] *s.m.* territorio sottoposto alla giurisdizione dell'esarca.

esasperare [-ʃa-] *v.tr.* [*io esàspero ecc.*] rendere più aspro e gravoso; irritare. SIN. *inasprire, esacerbare* // **-arsi** *v.rifl.pron.* irritarsi.

esasperato *agg.* irritato.

esasperazione [-ʃasperazió-] *s.f.* atto, effetto dell'esasperare o dell'esasperarsi.

esattezza [-ʃattéz-] *s.f.* l'essere esatto; accuratezza, diligenza, puntualità: — *di un congegno, di un conteggio.* SIN. *precisione.* CONTR. *inesattezza.*

esatto [-ʃat-] *agg.* 1 fatto con esattezza; che funziona con precisione: *calcolo —; orologio — / alle tre esatte,* in punto / *informazione esatta,* conforme al vero. SIN. *preciso, giusto.* CONTR. *inesatto* 2 fatto con esattezza e precisione: *diligente.* SIN. *preciso* // **-mente** *avv.* con esattezza, con precisione.

esattore [-ʃattó-] *s.m.* 1 chi assume in appalto la riscossione delle imposte 2 (*non com.*) impiegato dell'esattoria 3 chi è incaricato di riscuotere somme per conto di privati o enti pubblici.

esattoria [-ʃattorì-] *s.f.* ufficio dell'esattore; edificio in cui ha sede.

esaudire [-ʃau-] *v.tr.* [*io esaudisco, tu esaudisci ecc.*] accogliere una richiesta e soddisfarla.

esauriente [-ʃaurièn-] *agg.* 1 che tratta compiutamente un argomento: *discussione —* 2 convincente.

esaurimento [-ʃaurimén-] *s.m.* 1 atto, effetto dell'esaurire o dell'esaurirsi 2 indebolimento dell'organismo: — *nervoso.*

esaurire [-ʃau-] *v.tr.* [*io esaurisco, tu esaurisci ecc.*] 1 consumare fino in fondo. SIN. *finire* 2 portare a termine; trattare compiutamente // **-irsi** *v.rifl.pron.* 1 spos-

sarsi, consumarsi completamente: *si esaurisce per l'eccessivo studio; la prima edizione si è già esaurita* 2 detto di miniera, pozzo e simili, rimanere senza minerale, acqua ecc.

esaurito [-ʃau-] *agg.* 1 svuotato di tutto il contenuto; consumato: *carburante — / teatro —,* tutto occupato / *merci esaurite,* tutte vendute 2 spossato, svuotato di energie: *essere —.*

esaustivo [-ʃau-] *agg.* (*lett.* o *burocr.*) esauriente.

esausto [-ʃàu-] *agg.* 1 vuoto: *erario —* 2 (*fig.*) privo di forze. SIN. *sfinito, spossato, stremato.*

esautorare *v.tr.* [*io esàutoro ecc.*] togliere autorità, prestigio.

esautorazione [-ʃautorazió-] *s.f.* atto, effetto dell'esautorare.

esazione [-ʃazió-] *s.f.* 1 riscuotere denaro, spec. come imposta. SIN. *riscossione* 2 il denaro riscosso.

esborso [-ʃbór-] *s.m.* lo sborsare; spesa, pagamento.

esca [é-] *s.f.* 1 cibo con cui si attirano animali, spec. pesci e uccelli, per catturarli 2 (*fig.*) cosa che alletta o inganna. SIN. *lusinga* 3 materia d'aspetto simile a cuoio, infiammabile e a lenta combustione, tratta da un fungo, che serviva per accendere il fuoco con l'acciarino o per dar fuoco alla polvere di un fucile / *dar —* / *all'odio,* fomentarlo.

escalation [*ingl.; pr.* escaléscion] *s.f.* aumento progressivo dell'impegno militare in un'azione aggressiva contro uno stato estero, senza dichiarazione di guerra; per estens., ampliamento di potere, spec. al di fuori delle istituzioni o delle posizioni ufficiali.

escandescenza [-scèn-] *s.f.spec.pl.* scatto subitaneo e violento di ira: *dare in escandescenze.*

escatologia [- gi-] *s.f.* dottrina che si occupa del destino dell'uomo dopo la morte e del fine ultimo dell'universo.

escavatore [-tó-] *agg.* e *s.m.* [f. *-trice*] che o chi scava // *s.m.* macchina mobile su rotaie o su cingoli per lavori di scavo.

escavazione [-zió-] *s.f.* atto, effetto dello scavare.

eschimese [-mé-] *agg.* dell'Artide americana // *s.m.* 1 abitante, nativo dell'Artide americana 2 lingua degli eschimesi.

escissione [-sió-] *s.f.* asportazione chirurgica.

esclamare *v.intr.* pronunciare ad alta voce e con forza.

esclamativo [-mé-] *agg.* che esprime esclamazione: *punto —.*

esclamazione [-zió-] *s.f.* 1 l'esclamare; la parola o la frase detta in tono esclamativo 2 (*gramm.*) lo stesso che interiezione.

escludere [-sclù-] *v.tr.* [pass.rem. *io esclusi, tu escludésti ecc.*; p.pass. *escluso*] lasciar fuori; non ammettere: *la legge esclude i liberi professionisti dai benefici fiscali; escludo che tu possa aver ragione.*

esclusione [-ʃió-] *s.f.* atto, effetto dell'escludere / *ad — di,* salvo, fuorché. CONTR. *inclusione.*

esclusiva [-ʃi-] *s.f.* esclusione di ogni altro nel godimento di un bene o di un diritto: *notizia in — in* possesso di un solo giornale.

esclusivismo [-ʃiviʃmo] *s.m.* l'essere esclusivista.

esclusivista [-ʃi-] *s.m.* e *f.* [pl.m. *-i*] 1 chi è esclusivo 2 chi beneficia di un'esclusiva.

esclusività [-ʃi-] *s.f.invar.* 1 l'essere esclusivo 2 il godere di un diritto da cui ogni altro è escluso.

esclusivo [-ʃi-] *agg.* 1 che mira o vale a escludere 2 che ritiene valide solo le proprie opinioni e rigetta le altrui 3 che è riservato a pochi; selettivo // **-mente** *avv.* solamente.

escluso [-ʃo] *agg.* non ammesso; eccettuato // *s.m.* chi è escluso dalla vita sociale; emarginato.

escogitare *v.tr.* [*io escògito ecc.*] trovare pensando. SIN. *inventare.*

escomio [-scò-] *s.m.* (*dir.*) licenziamento del colono o del mezzadro dal fondo.

escoriare *v.tr.* [*io escòrio ecc.*] produrre una escoriazione.

escoriazione [-zió-] *s.f.* piccola e superficiale lesione della pelle; scorticatura.

escreato *s.m.* (*med.*) spurgo di catarro e sangue dalla bocca.

escremento [-mén-] *s.m.spec.pl.* residuo non assimilato degli alimenti, espulso dagli intestini.

escrescenza [-scèn-] *s.f.* protuberanza, di natura per lo più tumorale, sulla superficie della pelle.

escretore [-tó-] *agg.*, **escretorio** [-tò-] *agg.* (*anat.*) che serve, che si riferisce all'escrezione.

escrezione [-zió-] *s.f.* **1** eliminazione dall'organismo di sostanze inutili o dannose derivate dal ricambio organico **2** la sostanza eliminata.

escudo [*portoghese*; *pr.* iscùdu] *s.m.* unità monetaria del Portogallo.

escursione [-sió-] *s.f.* **1** gita a scopo di studio o di piacere **2** — *termica*, (*geogr.*) variazione tra la temperatura massima e la minima in un dato periodo.

escursionismo [-ʃmo] *s.m.* l'attività del fare escursioni.

escursionista *s.m.* e *f.* [pl.m. *-i*] chi partecipa a un'escursione.

escussione [-sió-] *s.f.* (*dir.*) citazione in giudizio; interrogatorio: — *dei debitori*; — *del teste.*

escutere [-scù-] *v.tr.* [coniugato come *discutere*] citare in giudizio; interrogare i testimoni.

esecrabile [-ecrà-] *agg.* degno di esecrazione.

esecrando [-ʃe-] *agg.* che si deve esecrare.

esecrare [-ʃe-] *v.tr.* [*io esècro, o èsecro ecc.*] avere in odio; maledire. SIN. *detestare, aborrire.*

esecrazione [-ecrazió-] *s.f.* atto, effetto dell'esecrare.

esecutività [-ʃe-] *s.f.invar.* (*dir.*) la condizione di un atto che può immediatamente essere eseguito, anche coattivamente.

esecutivo [-ʃe-] *agg.* (*dir.*) che ha e dà facoltà di eseguire: *potere* —, quello del governo // *s.m.* il potere esecutivo; il comitato esecutivo di un'organizzazione: *la riunione dell'* —.

esecutore [-ecutó-] *s.m.* [f. *-trice*] chi esegue / — *testamentario*, (*dir.*) colui al quale il testatore affida l'esecuzione del testamento.

esecutorio [-ecutò-] *agg.* (*dir.*) che dà facoltà di eseguire o di far eseguire.

esecuzione [-ecuzió-] *s.f.* **1** atto, effetto e modo di eseguire: *l'— dell'opera fu scadente* / — *capitale*, uccisione del condannato **2** (*dir.*) atto e procedura che danno attuazione a una decisione di autorità amministrative o giurisdizionali.

esedra [-ʃè-] *s.f.* piazza semicircolare, con colonnati; in Grecia e a Roma, porticato all'aperto, in cui ci si intratteneva conversando.

esegesi [-ʃegèʃi] *s.f.invar.* spiegazione, interpretazione, esposizione critica di testi antichi, spec. sacri e giuridici.

esegeta [-ʃegè-] *s.m.* e *f.* [pl.m. *-i*] chi esegue l'esegesi; interprete.

esegetico [-ʃegè-] *agg.* [pl.m. *-ci*] dell'esegesi.

eseguibile [-ʃegui-] *agg.* che si può eseguire. SIN. *realizzabile, effettuabile.*

eseguire [-ʃe-] *v.tr.* [*io esèguo o eseguisco, tu eségui o eseguisci ecc.*] **1** compiere, fare; mettere in atto: — *un*

lavoro, un progetto, un piano. SIN. *attuare, realizzare, effettuare* **2** adempiere, obbedire a un comando altrui: — *i patti* **3** interpretare una composizione musicale.

esempio [-ʃèm-] *s.m.* **1** qualunque cosa che possa essere presa come modello e serva da ammaestramento: — *di bontà; questo gli servirà d'* —; *dare buono o cattivo* — **2** citazione introdotta per confermare un'affermazione o una regola: *dare, fare un* — **3** qualunque cosa che possa rappresentare tutte le altre della stessa specie: *questo è un* — *di poesia barocca.*

esemplare [-ʃem-] *agg.* che serve o può servire d'esempio // *s.m.* **1** modello **2** ciascuna copia di libri, francobolli, medaglie ecc.: *un* — *rarissimo* **3** animale o cosa tipica nella propria specie: *ecco un bell'* — *di gatto soriano.*

esemplarità [-ʃem-] *s.f.invar.* l'essere esemplare.

esemplificare [-ʃem-] *v.tr.* [*io esemplifico, tu esemplifichi ecc.*] spiegare adducendo esempi.

esemplificativo [-ʃem-] *agg.* che serve a esemplificare.

esemplificazione [-ʃemplificazió-] *s.f.* atto, effetto e modo di esemplificare; gli esempi addotti.

esentare [-ʃen-] *v.tr.* [*io esènto ecc.*] rendere esente: — *qlco. dal servizio militare.* SIN. *esonerare, dispensare, escludere, esimere* // **-arsi** *v.rifl.* sottrarsi, esimersi: — *da un impegno.*

esentasse [-ʃen-] *agg.invar.* abbreviazione di «esente da tasse» usata negli annunci pubblicitari, e altrove in tono scherz.

esente [-ʃèn-] *agg.* che è libero da un onere, da un'imposizione o da un male comune: — *dalle tasse, dal contagio.* SIN. *immune.*

esenzione [-ʃenzió-] *s.f.* dispensa da un obbligo, libertà da vincoli; privilegio. SIN. *esonero, immunità.*

esequie [-ʃe-] *s.f.pl.* funerale: *celebrare le* —.

esercente [-ʃercèn-] *agg.* e *s.m.* e *f.* che o chi esercita un'arte, una professione, un'attività // *s.m.* chi gestisce un negozio. SIN. *commerciante, negoziante.*

esercitare [-ʃer-] *v.tr.* [*io esèrcito ecc.*] **1** mantenere in attività con opportuna pratica; abituare con l'esercizio: — *gli alunni in aritmetica; — la memoria; esercitarsi nel nuoto.* SIN. *addestrare, allenare* **2** dedicarsi a un'attività per professione: — *l'avvocatura, l'insegnamento.* SIN. *praticare* **3** usare, avvalersi di qlco.: — *un diritto, il potere* // **-arsi** *v.rifl.* prepararsi con l'esercizio.

esercitazione [-ʃercitazió-] *s.f.* atto, effetto dell'esercitare o dell'esercitarsi. SIN. *addestramento, allenamento.*

esercito [-ʃèr-] *s.m.* **1** il complesso delle forze militari di uno stato, spec. quelle terrestri; una parte importante di esse, formante un tutto **2** (*fig.*) numero notevole di persone, animali, cose: *un* — *di camerieri, di zanzare.*

esercizio [-ʃerci-] *s.m.* **1** atto, effetto dell'esercitare o dell'esercitarsi: — *della memoria, di una professione, di un diritto* **2** prova o insieme di prove che servono ad acquistare pratica in una materia, in un'attività: — *di greco; esercizi fisici / tenersi in* —, *esercitarsi / essere fuori di* —, avere perso l'allenamento **3** il gestire un'azienda, una bottega; anche l'azienda o la bottega stessa: *spese di* —.

esergo [-ʃèr-] *s.m.* [pl. *-ghi*] nelle monete e nelle medaglie, lo spazio in cui sono segnate la data e l'indicazione della zecca, la cifra del valore o un motto.

esibire [-ʃi-] *v.tr.* [*io esibisco, tu esibisci ecc.*] presentare, mostrare (detto spec. di documenti e simili): — *la patente, la carta d'identità* // **-irsi** *v.rifl.* **1** offrirsi spontaneamente di fare qlco.: *si esibì ad aiutarmi* **2** mettersi in mostra, dare spettacolo: — *in pubblico.*

esibizione [-ʃibizió-] *s.f.* **1** l'esibire, l'esibirsi: — *della carta d'identità;* — *di servigi* **2** ostentazione; spettacolo: — *di cultura;* — *acrobatica.*

esibizionismo [-ʃibizioniʃmo] *s.m.* tendenza esagerata a mettersi in mostra.

esibizionista [-ʃi-] *s.m.* e *f.* [pl.m. *-i*] chi ha tendenza a far mostra di sé.

esigente [-ʃigèn-] *agg.* che esige, che pretende molto.

esigenza [-ʃigèn-] *s.f.* **1** l'essere esigente **2** ciò che occorre per qlco.; bisogno, necessità.

esigere [-ʃi-] *v.tr.* [pres. *io esigo, tu esigi ecc.*; pass.rem. *io esigéi* o *esigètti, tu esigésti ecc.*; p.pass. *esatto*] **1** richiedere con autorità o forza, pretendere, volere: — *una risposta, una soddisfazione* **2** riscuotere: — *le imposte.*

esigibile [-ʃigi-] *agg.* che si può esigere (detto spec. di denaro, di credito ecc.).

esigibilità [-ʃi-] *s.f.invar.* l'essere esigibile.

esiguità [-ʃi-] *s.f.invar.* l'essere esiguo.

esiguo [-ʃi-] *agg.* piccolo; sottile; scarso, irrilevante: *corporatura esigua; spesa esigua.*

esilarante [-ʃi-] *agg.* che provoca riso, ilarità.

esilarare [-ʃi-] *v.tr.* [*io esilaro ecc.*] provocare ilarità, rendere ilare, allegro.

esile [èʃi-] *agg.* sottile, gracile, debole.

esiliare [-ʃi-] *v.tr.* [*io esilio ecc.*] **1** mandare in esilio, condannare all'esilio **2** allontanare da un luogo // **-arsi** *v.rifl.* **1** andare spontaneamente in esilio **2** (*fig.*) ritirarsi.

esiliato [-ʃi-] *s.m.* chi è in esilio.

esilio [-ʃi-] *s.m.* **1** allontanamento volontario o forzoso del cittadino dalla patria **2** il luogo, il tempo in cui si vive nella condizione di esule **3** lontananza da luoghi o attività desiderate; isolamento: *l'— dagli studi letterari.*

esilità [-ʃi-] *s.f.invar.* l'essere esile.

esimere [-ʃi-] *v.tr.* liberare da un obbligo / *non potersi* — *dal fare qlco.* SIN. *esentare.*

esimio [-ʃi-] *agg.* **1** di elevate e nobili qualità. SIN. *eccellente, egregio, eminente* **2** titolo di cortesia o semplice appellativo: — *collega.*

esistente [-ʃistèn-] *agg.* che esiste realmente // *s.m.* ciò che esiste già, ciò che è in uso, contrapposto a novità o a progresso: *limitarsi alla difesa dell'—.*

esistenza [-ʃistèn-] *s.f.* **1** l'esistere: *credere nell'— di Dio* **2** la vita: *lottare per l'—.*

esistenziale [-ʃi-] *agg.* **1** che si riferisce all'esistenza **2** (*fil.*) che riguarda la struttura trascendentale dell'esistenza, ossia i possibili modi di essere dell'esistenza.

esistenzialismo [-ʃistenzialiʃmo] *s.m.* (*fil.*) corrente filosofica contemporanea che insiste sul valore proprio dell'esistenza individuale umana e sul suo carattere instabile e precario.

esistenzialista [-ʃi-] *agg.* [pl.m. *-i*] che riguarda, che segue l'esistenzialismo: *il movimento —; un filosofo —* // *s.m.* e *f.* chi segue l'esistenzialismo.

esistere [-ʃi-] *v.intr.* [pass.rem. *io esistéi* o *esistètti, tu esistésti ecc.*; p.pass. *esistito*] avere attuale e reale esistenza.

esitante [-ʃi-] *agg.* che esita. SIN. *indeciso, incerto, irresoluto.* CONTR. *ardito.*

esitare [-ʃi-] *v.intr.* [*io èsito ecc.*] essere incerto, indeciso; non sapersi decidere a fare qlco. SIN. *dubitare, titubare.* CONTR. *ardire.*

esitazione [-ʃitazió-] *s.f.* atto, effetto dell'esitare. SIN. *indecisione, incertezza, irresolutezza.* CONTR. *risolutezza.*

esito [èʃi-] *s.m.* **1** (*rar.*) uscita, sbocco: *bisogna dare —*

al fumo **2** vendita: *questi prodotti non hanno —* **3** nel linguaggio burocratico, evasione, risposta: *dare — a una lettera* **4** risultato, riuscita, conclusione: *l'— degli esami.*

esiziale [-ʃi-] *agg.* che reca danno gravissimo. SIN. *rovinoso, funesto.*

eskimo [è-] *s.m.* giaccone impermeabile con cappuccio e fodera di pelo; simboleggia talora l'abbigliamento anticonformista dei giovani di sinistra dei tardi anni Sessanta.

eso- [èʃo] [dal gr. *èxo = fuori*] primo elemento che interviene nella composizione di parole scientifiche nelle quali significa «esterno, di fuori» (*esogeno, esocarpo, esotermico*).

esocarpo [-ʃo-] *s.m.* → **epicarpo.**

esocrino [-ʃò-] *agg.* (*med.*) si dice di ghiandola che versa direttamente all'esterno la sua secrezione.

esodo [èʃo-] *s.m.* **1** emigrazione, uscita, partenza da un luogo di un gran numero di persone dovuto in genere a circostanze drammatiche **2** nella tragedia greca, canto che accompagnava l'uscita degli attori.

esofago [-ʃo-] *s.m.* [pl. *-gi*] parte del tubo digerente a forma di canale che inizia dalla faringe e termina allo stomaco [*ill. Intestino*].

esoftalmo *s.m.* (*med.*) abnorme sporgenza del globo oculare rispetto ai margini dell'orbita, caratteristica del morbo di Basedow.

esogamia [-mi-] *s.f.* in genetica, incrocio tra individui non consanguinei; in etnologia, la tendenza a sposarsi anche al di fuori del proprio gruppo etnico o sociale.

esogeno [-ʃò-] *agg.* (*geol.*) si dice degli agenti che operano dall'esterno sulla superficie terrestre esercitando su di essa trasformazioni chimiche, meccaniche, termiche.

esondazione [-ʃondazió-] *s.f.* uscita di acque dal loro bacino o alveo.

esonerare [-ʃo-] *v.tr.* [*io esònero ecc.*] dispensare, liberare, esentare da un obbligo, da un vincolo, da una spesa ecc. SIN. *esentare.*

esonero [-ʃò-] *s.m.* atto, effetto dell'esonerare e dell'essere esonerato. SIN. *esenzione.*

esorbitante [-ʃor-] *agg.* che esorbita: *pretesa —.* SIN. *eccessivo.*

esorbitare [-ʃor-] *v.intr.* [*io esòrbito ecc.*] uscire dai limiti; passare la giusta misura.

esorcismo [-ʃorciʃmo] *s.m.* **1** cerimonia, compiuta con preghiere e con particolari gesti e oggetti, per liberare dagli spiriti maligni gli ossessi **2** (*fig.*) cerimonia, atto rituale, privo di efficacia pratica.

esorcista [-ʃor-] *s.m.* [pl. *-i*] chi ha ricevuto il terzo degli ordini minori // *s.m.* e *f.* [pl.m. *-i*] chi fa esorcismi.

esorcizzare [-ʃorciʒʒa-] *v.tr.* **1** fare esorcismi **2** (*fig.*) rendere inoffensivo qlcu. o qlco. soltanto a parole, senza affrontarlo realmente.

esordiente [-ʃordièn-] *agg.* e *s.m.* e *f.* si dice di chi esordisce in una particolare attività (teatrale, letteraria, sportiva ecc.).

esordio [-ʃor-] *s.m.* **1** il principio di un discorso **2** inizio, principio di una qualsiasi attività (professionale, sportiva ecc.). SIN. *debutto.*

esordire [-ʃor-] *v.intr.* [*io esordisco, tu esordisci ecc.*] **1** incominciare un discorso **2** dare inizio all'esercizio di una qualsiasi attività (teatrale, letteraria, sportiva). SIN. *debuttare.*

esornativo [-ʃor-] *agg.* (*lett.*) che serve ad abbellire.

esortare [-ʃor-] *v.tr.* [*io esòrto ecc.*] cercare di convincere qlcu. a dire o a fare qlco.: *lo esortavano a dire la verità*. SIN. *ammonire*.

esortativo [-*for*-] *agg.* atto ad esortare.

esortazione [-*fortazió*-] *s.f.* l'esortare; le parole con cui si esorta. SIN. *ammonizione*.

esosità [-*fofi*-] *s.f.invar.* l'essere esoso; atto esoso.

esoso [-*fófo*] *agg.* **1** odioso, antipatico, malvisto **2** avido, avaro / *prezzi esosi*, esagerati.

esostosi [-*fostòfi*] *s.f.invar.* escrescenza ossea, che si forma in seguito a traumi o infezioni.

esoterico [-*fotè*-] *agg.* [pl.m. *-ci*] **1** si diceva, presso i filosofi greci, delle dottrine riservate a una cerchia ristretta d'iniziati. CONTR. *essoterico* **2** (*fig.*) comprensibile da pochi; oscuro, misterioso: *linguaggio —*.

esotermico [-*fotèr*-] *agg.* [pl.m. *-ci*] si dice di fenomeno chimico o fisico che avviene con emissione di calore.

esotico [-*fò*-] *agg.* [pl.m. *-ci*] che proviene da luoghi lontani; straniero, forestiero; (*spreg.*) ostentatamente originale e stravagante: *frutti esotici; abbigliamento —*.

esotismo [-*fotifmo*] *s.m.* **1** qualsiasi elemento straniero nella letteratura e nell'arte **2** in linguistica, barbarismo **3** tendenza a esaltare e seguire, nella vita e nell'arte, atteggiamenti e usanze di altri luoghi.

espandere [-*spàn*-] *v.tr.* [pass.rem. *io espansi, tu espandésti ecc.*; p.pass. *espanso*] spandere, allargare // **-ersi** *v.rifl.* **1** allargarsi, ingrandirsi economicamente e politicamente **2** (*fig.rar.*) confidarsi.

espansione [-*sió*-] *s.f.* **1** atto, effetto dell'espandere o dell'espandersi; allargamento: *— coloniale; essere in grande —; tasselli a —* [*ill. Utensili*] **2** (*fis.*) ogni trasformazione fisica accompagnata da un aumento di volume: *— di un gas* **3** parte espansa, ingrossata o allargata / *espansioni polari*, le due estremità di un magnete permanente o del nucleo ferromagnetico di un elettromagnete **4** manifestazione d'affetto.

espansionismo [-*fmo*] *s.m.* tendenza di uno stato a ingrandirsi economicamente e politicamente.

espansionista *s.m. e f.* [pl.m. *-i*] sostenitore dell'espansionismo.

espansionistico [-*nì*-] *agg.* [pl.m. *-ci*] di espansionismo: *mire espansionistiche*.

espansività *s.f.invar.* l'essere espansivo.

espansivo *agg.* **1** che tende a espandersi **2** che palesa sinceramente e spontaneamente i propri sentimenti.

espatriare *v.intr.* [*io espàtrio ecc.*] lasciare la patria. SIN. *emigrare*.

espatrio [-*spà*-] *s.m.* l'espatriare.

espediente [-*dièn*-] *s.m.* accorgimento che serve a trarre d'impaccio.

espellere [-*spèl*-] *v.tr.* [pres. *io espèllo ecc.*; pass.rem. *io espulsi, tu espellésti ecc.*; p.pass. *espulso*] **1** cacciar fuori; mandar via: *il reattore espelle aria a forte velocità; è stato espulso dalla scuola* **2** emettere dal corpo: *— escrementi*.

esperantista *agg. e s.m. e f.* [pl.m. *-i*] che, chi conosce l'esperanto e ne sostiene la diffusione: *società —*.

esperanto *s.m.* lingua artificiale internazionale, caratterizzata da grande semplicità di strutture.

esperidio [-*ri*-] *s.m.* (*bot.*) frutto carnoso, con endocarpo diviso in spicchi (p.e. arancia) [*ill. Frutti*].

esperienza [-*rièn*-] *s.f.* **1** nozione acquisita in un campo determinato, in seguito a prove o osservazioni empiriche: *un'— decisiva; ansioso di nuove esperienze* **2** in generale, conoscenza della vita e degli uomini: *un uomo di grande —*. CONTR. *inesperienza* **3** nel linguaggio scientifico, esperimento.

esperimento [-*mén*-] *s.m.* **1** ciò che si fa per accertarsi delle qualità di una persona o di una cosa: *faremo l'— e vedremo se funziona*. SIN. *saggio, prova* **2** nel linguaggio scientifico, operazione compiuta allo scopo di verificare una teoria o di approfondire la conoscenza di un fenomeno.

esperire *v.tr.* [pres. *io esperisco, tu esperisci ecc.*; p.pass. *esperito*] provare, sperimentare, mettere in opera: *— un'indagine*.

esperto [-*spèr*-] *agg.* **1** che ha esperienza della vita e del mondo. CONTR. *inesperto* **2** che ha esperienza in un determinato campo e quindi è assai abile: *è — in problemi economici*. SIN. *pratico, perito, provetto*. CONTR. *inesperto* // *s.m.* persona esperta in un certo campo; specialista, tecnico.

espettorare *v.tr.* [*io espèttor ecc.*] espellere dalla bocca le secrezioni bronchiali (*catarro*) che ingombrano le vie respiratorie.

espettorato *s.m.* la materia espettorata.

espettorazione [-*zió*-] *s.f.* l'atto dell'espettorare; la materia espettorata.

espiare *v.tr.* [*io espìo ecc.*] scontare un errore, una colpa subendone la punizione.

espiatorio [-*tò*-] *agg.* che vale a espiare.

espiazione [-*zió*-] *s.f.* atto, effetto dell'espiare.

espirare *v.tr. e intr.* mandar fuori l'aria dai polmoni. CONTR. *inspirare*.

espiratorio [-*tò*-] *agg.* di espirazione, che concerne l'espirazione: *atto —*.

espirazione [-*zió*-] *s.f.* l'atto dell'espirare.

espletare *v.tr.* [*io esplèto ecc.*] portare a termine, completare: *— una pratica*.

espletazione [-*zió*-] *s.f.* atto, effetto dell'espletare.

esplicabile [-*cà*-] *agg.* che si può spiegare. CONTR. *inesplicabile*.

esplicare *v.tr.* [*io èsplico, tu èsplichi ecc.*] **1** spiegare, rendere chiaro: *— un concetto* **2** svolgere: *— un'attività*.

esplicativo *agg.* che serve a spiegare.

esplicazione [-*zió*-] *s.f.* l'atto dell'esplicare; spiegazione.

esplicito [-*spli*-] *agg.* espresso in termini precisi, senza possibilità di dubbio: *risposta esplicita / proposizione esplicita*, (*gramm.*) proposizione che ha il verbo al modo finito. SIN. *chiaro*. CONTR. *implicito*.

esplodere [-*splò*-] *v.intr.* [pres. *io esplòdo ecc.*; pass.rem. *io esplòsi, tu esplodésti ecc.*; p.pass. *esplòso*] **1** scoppiare con grande rumore: *la mina esplose* **2** (*fig.*) palesare bruscamente e vivacemente i propri sentimenti: *— in un grido di rabbia* **3** (*fig.*) manifestarsi d'improvviso e con forza: *la rabbia popolare esplose nell'inverno* // *v.tr.* sparare: *gli esplose contro tre colpi di pistola*.

esploditore [-*tó*-] *s.m.* apparecchio dinamo-elettrico impiegato per il brillamento delle mine.

esplorare *v.tr.* [*io esplòro ecc.*] **1** cercare di conoscere, di scoprire; investigare (anche *fig.*) **2** esaminare con attenzione un luogo; perlustrarlo; percorrere un paese sconosciuto.

esploratorio *agg.* atto a esplorare.

esploratore [-*tó*-] *s.m.* [f. *-trice*] chi esplora, spec. chi percorre un paese sconosciuto // *s.m.* nave da guerra usata per ricognizione.

esplorazione [-*zió*-] *s.f.* atto, effetto dell'esplorare; viaggio, spedizione con lo scopo di esplorare.

esplosione [-*fió*-] *s.f.* atto, effetto dell'esplodere (anche *fig.*).

esplosivo [-*fi*-] *agg.* che può produrre un'esplosione (anche *fig.*): *miscuglio —; discorso —* // *s.m.* sostanza o miscuglio solido, liquido o gassoso, che in condizioni adatte si decompone rapidamente con forte sviluppo di gas e di vapori.

esponente [-nèn-] *s.m.* **1** chi, in una istanza, precisa le proprie ragioni o le altrui; chi rappresenta un'idea, una dottrina ecc. **2** in un dizionario o enciclopedia, il lemma, la voce spiegata in ciascun articolo: *all'* — «*astronomia*» **3** (*mat.*) il numero scritto in alto a destra del numero base, che indica la potenza alla quale è elevata una grandezza.

esponenziale *agg.* e *s.f.* (*mat.*) si dice della funzione, e della curva corrispondente, definita da tutti i valori che assume la potenza di una certa grandezza (*base*) elevata ad esponente variabile.

esporre [-spór-] *v.tr.* [coniugato come *porre*] **1** metter fuori, in vista: — *la bandiera, una merce, i panni al sole, un quadro* / — *il Santissimo, una reliquia*, porli su un altare all'adorazione o venerazione dei fedeli **2** (*fot.*) sottoporre alla pellicola sensibile all'azione della luce **3** arrischiare, mettere a repentaglio: — *la vita, qlcu. a un pericolo* **4** spiegare un testo, un brano; riferire con ordine; manifestare: — *il contenuto di un romanzo*; — *l'accaduto, il proprio parere, un desiderio*. SIN. *esprimere, descrivere* // **-orsi** *v.rifl.* **1** mettersi in vista, compromettersi: *si espone troppo con i suoi scritti* **2** offrirsi a un'azione esterna (anche *fig.*): — *al sole*; — *alle critiche, ai rischi*.

esportare *v.tr.* [*io espòrto* ecc.] portare fuori dai confini, e spec. vendere una merce fuori dello stato in cui è stata prodotta: — *valuta, opere d'arte*; — *manufatti*.

esportatore [-tó-] *agg.* e *s.m.* [f. *-trice*] che o chi effettua esportazioni: *ditta esportatrice*.

esportazione [-zió-] *s.f.* l'esportare; il complesso delle merci vendute all'estero. CONTR. *importazione*.

esposimetro [-ſì-] *s.m.* (*fot.*) apparecchio a cellula fotoelettrica che misura l'intensità luminosa di una scena e indica l'apertura di diaframma e il tempo di posa necessari.

espositore [-ſitó-] *s.m.* [f. *-trice*] **1** chi espone, chi interpreta un autore, un testo, una dottrina **2** chi presenta al pubblico opere d'arte o prodotti commerciali, spec. in una mostra **3** supporto per presentare al pubblico prodotti in vendita consentendone il prelievo diretto.

esposizione [-ſizió-] *s.f.* **1** l'esporre: — *di un corpo alla luce* **2** rassegna, mostra pubblica: — *di opere d'arte* **3** modo di riferire, di esporre un fatto: — *chiara, stentata* **4** posizione di un luogo o di un edificio rispetto ai punti cardinali.

esposto [-spó-] *agg.* **1** messo in vista, in mostra **2** soggetto ad azioni esterne; rivolto: — *ai venti*; — *a levante* // *s.m.* scritto rivolto a un'autorità per rendere noti determinati fatti o ragioni.

espressione [-sió-] *s.f.* **1** atto, effetto dell'esprimere: *ha sul volto un'* — *di noia* **2** capacità espressiva: *leggere, sonare con grande* — **3** parola, modo di dire: — *dialettale* **4** (*mat.*) serie di operazioni in cui le grandezze sono rappresentate simbolicamente da lettere.

espressionismo [-ſmo] *s.m.* movimento artistico e letterario del primo Novecento, che combatté la rappresentazione realistica propugnando l'espressione soggettiva dei sentimenti.

espressionista *agg.* e *s.m.* e *f.* [pl.m. *-i*] scrittore o artista seguace dell'espressionismo.

espressionistico [-nì-] *agg.* [pl.m. *-ci*] che segue le tendenze dell'espressionismo.

espressività *s.f.invar.* l'essere espressivo.

espressivo *agg.* che esprime con efficacia, intensità e concisione: *uno sguardo* —. SIN. *eloquente, significativo*. CONTR. *inespressivo*.

espresso [-sprès-] *agg.* **1** dichiarato apertamente, inequivocabile: *sono qui per espressa volontà di mio padre* **2** rapido, immediato / *treno* —, che percorre grandi linee internazionali / *caffè* — (o *espresso*), preparato su richiesta del cliente con l'apposita macchina // *s.m.* lettera o plico dall'inoltro più rapido del normale; lo speciale francobollo con cui è affrancata: *spedire un* — // **-mente** *avv.* **1** in modo chiaro: *ti ho chiesto — una conferma* **2** a bella posta: *venni — per vederti*.

esprimere [-sprì-] *v.tr.* [pass.rem. *io esprèssi, tu esprimésti* ecc.; p.pass. *esprèsso*] manifestare, rappresentare, significare: *non hai saputo — quello che pensavi* // **-ersi** *v.rifl.* spiegarsi, parlare: — *correttamente*.

espropriare *v.tr.* [*io espròprio* ecc.] privare qlcu. della proprietà di qlco.

espropriazione [-zió-] *s.f.*, **esproprio** [-sprò-] *s.m.* atto, effetto dell'espropriare.

espugnabile [-gnà-] *agg.* che può essere espugnato. CONTR. *inespugnabile*.

espugnare *v.tr.* conquistare dopo lunga lotta, spec. una fortificazione: — *un castello*.

espugnazione [-zió-] *s.f.* l'espugnare.

espulsione [-sió-] *s.f.* atto, effetto dell'espellere.

espulsivo *agg.* che riguarda l'espulsione; che ha la funzione di espellere: *fase espulsiva*.

espulsore [-só-] *s.m.* nelle armi da fuoco moderne, congegno che provvede a espellere il bossolo dopo lo sparo.

espungere *v.tr.* [-spùn-] [coniugato come *pungere*] togliere via, cancellare da uno scritto una o più parole.

espunzione [-zió-] *s.f.* l'espungere.

espurgare *v.tr.* [*io espurgo, tu espurghi* ecc.] purgare un testo eliminando o modificando parole o frasi che si ritengono oscene, o offensive per altri.

esquimese [-mé-] *agg.* e *s.m.* → **eschimese**.

essa [ès-] *pron.pers.f.sing.* di terza persona si riferisce più propriamente ad animale o cosa, ma nell'italiano recente anche a persona in sostituzione di *ella*, e si usa sia come sogg. sia come compl.

esse [és-] *pron.pers.f.pl.* di terza persona si riferisce sia ad animali o cose, sia a persone, in quanto sostituisce la forma *elleno* (pl. di *ella*) ormai in disuso e si adopera come sogg. e come compl.

essenza [-sèn-] *s.f.* **1** l'insieme dei caratteri fondamentali di una cosa, senza dei quali essa non può essere quella che è **2** sostanza odorosa che si estrae dalle piante e da secrezioni animali e vegetali.

essenziale *agg.* che costituisce l'essenza di una cosa: *elemento, qualità* —. SIN. *sostanziale, principale* // *s.m.* la cosa più importante: *l'* — *è rispettare i tempi* // **-mente** *avv.* in modo essenziale, sostanzialmente.

essenzialismo [-ſmo] *s.m.* concezione filosofica secondo la quale l'unica effettiva conoscenza della realtà è quella scientifica.

essenzialità *s.f.invar.* l'essere essenziale.

essere[1] [ès-] *v.intr.* [pres. *io sóno, tu sèi, egli è, noi siamo, voi siète, essi sóno*; imperf. *io èro, tu èri, egli èra, noi eravamo, voi eravate, essi èrano*; fut. *io sarò, tu sarai, egli sarà, noi saremo, voi sarète, essi saranno*; pass.rem. *io fui, tu fósti, egli fu, noi fummo, voi fóste, essi furono*; cong.pres. *io sia, noi siamo, voi siate, essi sìano*; cong.imperf. *io fóssi, tu fóssi, egli fósse, noi fóssimo, voi* *fóste, essi fóssero*; cond.pres. *io sarèi, tu sarésti, egli sarèbbe, noi sarémmo, voi saréste, essi sarèbbero*; imp. *sii, siate*; ger.pres. *essèndo*; il p.pres. *ènte* si usa come sostantivo; p.pass. *stato*; come AUSILIARE forma i tempi composti della forma passiva (*io sono amato*), della forma riflessiva propria, apparente e pronominale (*tu ti sei lodato; io mi sono lavato le mani; egli si è pentito*), dei verbi servili quando reggono un infinito che solitamente prende come ausiliare *essere* (*non sono potuto venire; sono dovuto restare*), dei verbi impersonali (*era accaduto; è nevicato*), di molti verbi intransitivi che indicano un modo di essere (*sono invecchiato; sono giaciuto*) oppure un movimento considerato in relazione a una meta (*sono corso a casa; sono andato da loro; sono andato a Roma*) **1** ha funzione di copula, mettendo in relazione il soggetto col predicato nominale (che può essere un aggettivo, un sostantivo, un pronome, un verbo all'infinito, un avverbio): *tu sei buono; sono stanco; egli è il primo; la rosa è un fiore; volere è potere; è bene dir tutto* **2** usato come predicato verbale, in senso assoluto, afferma l'esistenza, l'essenza in sé, ma anche (spec. in unione con l'avv. atono *ci*) la presenza di qlcu. o qlco., o serve a dichiarare reale un fatto: *Dio è; penso, dunque sono; ci sono molte specie di alberi; c'è una passerella sul torrente; è proprio come dico io* **3** assume il significato di vari verbi dai quali potrebbe essere sostituito (consistere, avere origine, discendere, avvenire): *la felicità non è nella ricchezza; sono di Roma; è di famiglia illustre; sarà quel che sarà* **4** seguito dalla prep. *in, a,* ha il significato di «trovarsi» in qualche posto o in una particolare posizione, situazione, stato, condizione ecc., oppure di andare, giungere: *era a letto; sono a scuola; la mia casa è davanti alla tua; c'era molta gente a riceverlo; — in maniche di camicia, in buona salute, al verde; — in grave pericolo, in guerra, alla fine degli studi; sono stato alla partita; fra poco saremo a Milano* **5** determina il tempo, la distanza: *è Pasqua; è molto tardi; era un mattino d'estate; da qui a Firenze ci sono trecento chilometri* **6** seguito dalla prep. *di,* indica la qualità, la materia, lo stato, l'occupazione, l'appartenenza: *è un uomo d'ingegno; la casa è di legno; sono di pessimo umore; è di turno; l'auto è di mio fratello* **7** seguito dalla prep. *da,* significa dovere, essere possibile, conveniente e simili: *c'è da spedire un pacco; c'è da fare un buon guadagno; questo non è da te* **8** seguito dalla prep. *per,* indica la destinazione di qlco.: *questo vestito è per te; c'è posto per tutti / — per qlcu.,* sostenerlo, accettarne le idee; anche sostenere, fare il tifo: *— per il socialismo; erano tutti per il Milan.*

essere[2] [ès-] *s.m.* **1** l'esistere; l'esistenza, la vita: *il nostro — è di breve durata* **2** l'essenza, l'intima natura: *è difficile conoscerlo nel suo vero —* **3** ciò che esiste, ente: *l'essere supremo,* Dio; *gli esseri viventi* **4** (*fam.*) persona singola: *è un — insopportabile.*

essi [és-] *pron.pers.m.pl.* di terza persona si riferisce sia ad animali o cose, sia a persone, in quanto sostituisce la forma *eglino* (pl. di *egli*) ormai in disuso; si adopera come sogg. e come compl.

essiccamento [-mén-] *s.m.* → **essiccazione**.

essiccare *v.tr.* [*io essicco, tu essicchi ecc.*] **1** seccare, asciugare **2** (*ind.*) sottoporre a processo di essiccazione.

essiccatoio [-tó-] *s.m.* (*ind.*) apparecchio che serve ad essiccare materiali vari.

essiccatore [-tó-] *s.m.* **1** operaio addetto all'essiccazione **2** essiccatoio.

essiccazione [-zió-] *s.f.* operazione che consiste nel

sottrarre completamente l'acqua o altri liquidi volatili da una sostanza o da un materiale.

esso [és-] *pron.pers.m.sing.* di terza persona si riferisce propriamente a cose o ad animali ma nel linguaggio familiare anche a persone; si usa sia come sogg. sia come compl. indiretto.

esoterico [-tè-] *agg.* [pl.m. *-ci*] **1** si diceva, presso i filosofi greci, delle dottrine destinate alla più ampia diffusione. CONTR. esoterico **2** (*fig.*) divulgativo.

essudato *s.m.* (*med.*) liquido che si forma nei tessuti in seguito a processi infiammatori.

est [èst] *s.m.invar.* uno dei quattro punti cardinali, individuato dal sorgere del Sole.

establishment [*ingl.*; *pr.* istèblisc'men] *s.m.* la ristretta cerchia di quelli che contano; i vertici, i gruppi di potere: *entrare nell'—; mettersi contro l'—.*

estasi [èstaʃi] *s.f.invar.* **1** (*teol.*) conoscenza diretta di Dio ottenuta per forza di amore, come apice della contemplazione **2** (*fig.*) vivo piacere dell'animo. SIN. *rapimento, entusiasmo.*

estasiare [-ʃia-] *v.tr.* [*io estàsio ecc.*] mandare in estasi (anche *fig.*). SIN. *entusiasmare* // **-arsi** *v.rifl.pron.* andare in estasi. SIN. *entusiasmarsi.*

estate *s.f.* la stagione più calda dell'anno, compresa fra primavera e autunno; inizia il 22 giugno.

estatico [-stà-] *agg.* [pl.m. *-ci*] **1** che è proprio dell'estasi **2** che prova, che dimostra, un vivo godimento dell'animo.

estemporaneo [-rà-] *agg.* **1** detto o scritto senza preparazione, improvvisando: *discorso —* **2** che parla o scrive improvvisando: *poeta —.*

estendere [-stèn-] *v.tr.* [coniugato come *tendere*] **1** rendere più largo o più lungo; incrementare, sviluppare; applicare con maggiore ampiezza: *— le proprie conoscenze; — i diritti a tutti i cittadini.* SIN. *ampliare, dilatare* **2** stendere, compilare: *— un atto notorio* // **-ersi** *v.rifl.* **1** ampliarsi; diffondersi (anche *fig.*): *il contagio si estende* **2** avere una data superficie: *l'impianto si estende per, o su, 2 km.*

estensibile *agg.* che si può estendere.

estensione [-sió-] *s.f.* **1** atto, effetto dell'estendere o dell'estendersi / *per —* si chiama gamba il sostegno verticale di un tavolo o di una sedia, per ampliamento del senso proprio della parola **2** dimensione in lunghezza e in larghezza: *l'— della pianura / — di una voce o di uno strumento musicale,* gamma possibile di suoni dal più grave al più acuto. SIN. *ampiezza.*

estensivo *agg.* **1** che estende: *interpretazione estensiva* **2** che si sviluppa su vaste superfici: *coltivazione estensiva.*

estensore [-só-] *agg.* che estende: *muscolo —* [*ill. Corpo*] // *s.m.* **1** chi compila, redige: *— di una voce enciclopedica* **2** attrezzo ginnastico costituito da due o più spirali metalliche, con manici alle due estremità.

estenuante *agg.* che estenua. SIN. *spossante, snervante.*

estenuare *v.tr.* [*io estènuo ecc.*] stancare fino a togliere le forze. SIN. *snervare, spossare* // **-arsi** *v.rifl.pron.* perdere le forze.

estenuato *agg.* estremamente stanco, privo di forze. SIN. *spossato, snervato.*

estenuazione [-zió-] *s.f.* atto, effetto dell'estenuare o dell'estenuarsi; stanchezza estrema.

estere [è-] *s.m.* (*chim.*) composto organico ossigenato prodotto per reazione fra un acido e un alcool.

esterificazione [-zió-] *s.f.* (*chim.*) reazione fra un acido e un alcool che determina la formazione di un estere.

esteriore [-rió-] *agg.* [compar. di *esterno*] che è o appare di fuori / *culto* —, che si manifesta con atti e gesti visibili / *mondo* —, tutto ciò che l'uomo considera fuori di sé. CONTR. *interiore* // **-mente** *avv.* dall'esterno; dalle apparenze.

esteriorità *s.f.invar.* l'essere esteriore; apparenza.

esteriorizzazione [-riʒʒazió-] *s.f.* (*psic.*) l'atto con cui rapportiamo le sensazioni agli oggetti esterni che ne sono la causa.

esternalità *s.f.invar.* (*econ.*) l'insieme dei benefici goduti o dei danni subiti a causa di attività e scelte di altri.

esternare *v.tr.* [*io estèrno ecc.*] comunicare ad altri: — *i propri sentimenti*. SIN. *esprimere, manifestare.*

esterno [-stèr-] *agg.* [compar. *esteriore*; superl. *estrèmo*] che è o che appare di fuori / *allievi esterni*, quelli che frequentano le lezioni di un convitto, ma non sono convittori / *uso* —, di medicina che non si deve ingerire // *s.m.* **1** ciò che è fuori. CONTR. *interno* **2** *pl.* scene cinematografiche girate all'aperto // **-mente** *avv.* all'esterno, dal di fuori.

estero [è-] *agg.* che appartiene o si riferisce a un altro stato: *prodotti esteri; ministero degli affari esteri* // *s.m.* l'insieme dei paesi stranieri: *andare, vivere all'*—.

esterofilìa [-li-] *s.f.* esagerata ammirazione per tutto ciò che viene dall'estero.

esterrefatto *agg.* atterrito, sbigottito.

esteso [-stè-] *agg.* largo; diffuso / *per* —, in forma non abbreviata. SIN. *ampio, vasto.*

esteta [-stè-] *s.m. e f.* [pl.m. *-i*] **1** chi ha il senso e il culto del bello **2** chi, nell'arte o anche nella vita, dà preminente importanza alla bellezza rispetto ad altri valori.

estetica [-stè-] *s.f.* **1** la scienza filosofica del bello e dell'arte **2** bellezza, aspetto armonico.

estetico [-stè-] *agg.* [pl.m. *-ci*] che concerne il sentimento del bello: *gusto* —; *commento* —, condotto secondo i principi dell'estetica. CONTR. *antiestetico* // **-mente** *avv.* da un punto di vista estetico.

estetismo [-ʃmo] *s.m.* **1** l'atteggiamento degli esteti **2** nella critica letteraria e artistica, modo di giudicare un'opera d'arte basandosi solamente sui valori formali.

estetista *s.m. e f.* [pl.m. *-i*] esperto in cure di bellezza.

estetizzante [-tiʒʒan-] *agg.* che segue l'estetismo.

estetizzare [-tiʒʒa-] *v.intr.* atteggiarsi a esteta.

estimare *v.tr.* (*lett.* o *burocr.*) stimare, valutare.

estimatore [-tó-] *s.m.* [f. *-trice*] chi stima, chi nutre ammirazione per qlcu. o qlco.

estimo [è-] *s.m.* stima, valutazione del valore o del reddito di un bene immobile.

estinguere [-stin-] *v.tr.* [pres. *io estìnguo ecc.*; pass.rem. *io estinsi, tu estinguésti ecc.*; p.pass. *estinto*] **1** spegnere, smorzare: — *un incendio* **2** (*fig.*) annullare, eliminare: — *un debito* // **-ersi** *v.rifl.pron.* cessare di ardere, spegnersi: finire, perire, venir meno (anche *fig.*): *i grandi sauri si estinsero in un breve periodo; la sua popolarità si estinse.*

estinguibile [-gui-] *agg.* che si può estinguere. CONTR. *inestinguibile.*

estinto *agg.* spento (anche *fig.*) / *specie estinta*, specie animale che è vissuta in tempi passati ed è ormai scomparsa // *s.m.* persona defunta: *il caro* —.

estintore [-tó-] *s.m.* apparecchio per estinguere incendi di non grandi proporzioni.

estinzione [-zió-] *s.f.* atto, effetto dell'estinguere o dell'estinguersi: *specie in via di* —, specie animale di cui

sono rimasti pochi esemplari, la quale rischia di estinguersi.

estirpare *v.tr.* togliere completamente, fino dalle radici (anche *fig.*): — *un dente*: — *un dubbio*. SIN. *divellere, sradicare, svellere.*

estirpatore [-tó-] *s.m.* strumento agricolo munito di denti e lame per estirpare le erbacce.

estirpazione [-zió-] *s.f.* atto, effetto dell'estirpare.

estivare *v.tr.* mandare il bestiame ai pascoli estivi // *v. intr.* passare l'estate in un luogo.

estivo *agg.* dell'estate: *caldo* —.

estone [è-] *agg.* dell'Estonia // *s.m. e f.* abitante dell'Estonia.

estorcere [-stòr-] *v.tr.* [coniugato come *torcere*] costringere altri, con la violenza o con l'inganno, ad un atto dal quale si ricavi un vantaggio: — *una somma*. SIN. *carpire.*

estorsione [-sió-] *s.f.* atto, effetto dell'estorcere.

estra- [è-] → **extra-**.

estradare *v.tr.* consegnare per estradizione.

estradizione [-zió-] *s.f.* atto con il quale l'autorità di uno stato consegna, dietro richiesta di un altro stato, una persona che si trovi nel proprio territorio, ma che sia imputata o condannata nello stato richiedente.

estradosso [-dòs-] *s.m.* (*arch.*) superficie convessa di un arco o di una volta [*ill. Architettura*].

estragiudiziale *agg.* che non concerne gli atti giudiziari: *accordo* —, raggiunto senza ricorrere alla magistratura.

estraibile [-i-] *agg.* che si può estrarre, che è predisposto per poter essere estratto e reinserito: *autoradio* —; *mobile con letto* —.

estraneo [-strà-] *agg.* che non ha rapporto con cose o persone di cui si sta parlando: *un'idea estranea al discorso; un individuo* — *alla famiglia* / *rimanere* — *a una discussione*, non parteciparvi // *s.m.* persona estranea.

estrapolazione [-zió-] *s.f.* (*mat.*) determinazione induttiva dell'andamento di una curva per valori delle variabili che siano esterni al campo di quelli per cui l'andamento è noto.

estrarre *v.tr.* [coniugato come *trarre*] **1** cavare, tirare fuori (anche *fig.*): — *un dente, una spina dal dito*; — *le frasi più significative da un testo* — *i premi, i numeri del lotto*, tirarli a sorte / — *la radice quadrata di un numero*, (*mat.*) trovare il valore di una radice **2** cavare il minerale dalla miniera.

estrattivo *agg.* che riguarda l'estrazione: *industria estrattiva*, industria mineraria.

estratto *s.m.* **1** prodotto ottenuto da materiali grezzi per trattamento con adatti solventi o con altri metodi chimici o fisici; essenza: — *di carne, di pomodoro* **2** compendio di un libro, di un documento ecc. / — *conto*, stralcio di un conto commerciale limitato a un solo cliente o a un dato periodo di tempo.

estrattore [-tó-] *s.m.* **1** [f. *-trice*] chi è addetto a lavori di estrazione **2** nelle armi da fuoco, congegno destinato a estrarre i bossoli dalla camera di scoppio [*ill. Pistola*] **3** strumento chirurgico che serve a estrarre dai tessuti i corpi estranei.

estrazione [-zió-] *s.f.* **1** atto, effetto dell'estrarre; l'operazione con cui si estrae: — *di un dente*; — *dei numeri del lotto, della tombola* / — *di una radice*, (*mat.*) l'operazione con cui si calcola una radice (*mat.*) (*chim.*) procedimento di separazione, mediante solventi, di una o più sostanze dai materiali che le contengono **3** (*fig.*) origine, condizione sociale: *persona di umile* —.

estrema [-strè-] *s.f.* nel rugby, il giocatore che difende la linea di meta; nel calcio, chi gioca all'ala.

estremismo [-ʃmo] *s.m.* l'atteggiamento di chi propugna idee estreme in politica, arte ecc.

estremista *s.m.* e *f.* [pl.m. *-i*] chi è incline all'estremismo.

estremistico [-mì-] *agg.* [pl.m. *-ci*] dell'estremismo; di, da estremista: *atteggiamenti estremistici*.

estremità *s.f.invar.* 1 il punto, la parte estrema di una cosa: *l'— della bandiera, della lancia* 2 *pl.* le parti terminali degli arti: *le — inferiori*, i piedi.

estremo [-strè-] *agg.* [superl. di *esterno*] 1 ultimo, di luogo e tempo: *il limite —; l'ora estrema / esalare l'— respiro*, morire / *ricevere l'estrema unzione*, il sacramento della unzione dei malati, detto anche popolarmente «olio santo» 2 grandissimo, gravissimo: *trovarsi in estrema miseria / prov.: a mali estremi, estremi rimedi // s.m.* momento, punto estremo, il colmo: *l'— della gioia, della sfrontatezza / gli estremi si toccano*, le cose opposte hanno qualche somiglianza / *gli estremi di un documento*, i dati essenziali / *gli estremi di un reato*, le condizioni indispensabili perché un reato sia tale.

estrinsecare *v.tr.* [io *estrìnseco*, tu *estrìnsechi* ecc.] manifestare, palesare.

estrinsecazione [-zió-] *s.f.* atto, effetto dell'estrinsecare.

estrinseco [-strìn-] *agg.* [pl.m. *-ci*] esterno, di origine estranea, non sostanziale.

estro [è-] *s.m.* 1 stimolo, ispirazione artistica 2 capriccio improvviso e originale. SIN. *ghiribizzo, bizzarria* 3 (*biol.*) nei mammiferi a riproduzione non continua, il periodo nel quale si risveglia l'istinto sessuale e si ha l'accoppiamento 4 (*zool.*) nome comune degli insetti ditteri brachiceri della famiglia degli estridi.

estroflessione [-sió-] *s.f.* l'estroflettere; l'essere estroflesso.

estroflettere [-flèt-] *v.tr.* [coniugato come *flettere*] (*scient.*) piegare, volgere verso l'esterno. CONTR. *introflettere.*

estrogeno [-trò-] *agg.* e *s.m.* (*biol.*) nome degli ormoni steroidi, alla cui azione si devono la comparsa dei caratteri sessuali secondari femminili e il ciclo mestruale.

estromettere [-mét-] *v.tr.* [coniugato come *mettere*] metter fuori; espellere, escludere.

estromissione *s.f.* atto, effetto dell'estromettere.

estroso [-stró-] *agg.* che agisce con estro; fatto con estro. SIN. *capriccioso, bizzarro.*

estroversione [-sió-] *s.f.* tendenza ad orientarsi verso il mondo esterno più che verso il proprio intimo. CONTR. *introversione.*

estroverso [-vèr-] *agg.* e *s.m.*, **estrovertito** *agg.* e *s.m.* che o chi tende all'estroversione. CONTR. *introverso, introvertito.*

estrusione [-ʃió-] *s.f.* 1 (*geol.*) l'emergere di masse rocciose in seguito a corrugamento del suolo 2 (*tecn.*) lavorazione in cui materiali deformabili vengono compressi attraverso un'apertura sagomata: *— a caldo.*

estrusivo [-ʃi-] *agg.* di estrusione, prodotto da estrusione / *eruzione estrusiva*, nella quale i materiali eruttati si consolidano nel o sul cratere.

estruso [-ʃo] *agg.* e *s.m.* si dice di prodotto lavorato per estrusione.

estuario [-stuà-] *s.m.* foce di fiume allargata a imbuto, in cui penetrano le maree [*ill. Fiume*].

esuberante [-ʃu-] *agg.* 1 sovrabbondante, che è di troppo: *manodopera —* 2 rigoglioso; prorompente; vivace: *vegetazione —; carattere —.*

esuberanza [-ʃu-] *s.f.* 1 sovrabbondanza: *di questi prodotti c'è —* 2 (*fig.*) vivacità di carattere.

esulare [-ʃu-] *v.intr.* [io *èsulo* ecc.] 1 andare in esilio 2 (*fig.*) essere estraneo: *ciò esula dai miei interessi.*

esulcerare [-ʃul-] *v.tr.* [io *esùlcero* ecc.] 1 ulcerare 2 (*fig.*) esasperare; addolorare.

esule [èʃu-] *s.m.* e *f.* chi va o è in esilio.

esultante *agg.* che esulta; allegro, felice.

esultanza [-ʃul-] *s.f.* l'esultare; lo stato d'animo di chi esulta. SIN. *gioia, letizia, tripudio.*

esultare [-ʃul-] *v.intr.* provare, manifestare grande gioia, anche malvagia. SIN. *gioire.*

esumare [-ʃu-] *v.tr.* 1 dissotterrare: *— un cadavere* 2 (*fig.*) rimettere in uso cose dimenticate; trarre dall'oblio: *— un antico costume.*

esumazione [-ʃumazió-] *s.f.* atto, effetto dell'esumare.

età *s.f.invar.* 1 ciascuno dei periodi della vita umana: *— giovanile / in tenera —*, nella fanciullezza / *essere di mezza —*, di età intermedia tra giovinezza e vecchiaia / *l'— della ragione, del discernimento*, in cui si è raggiunta una maturità mentale / *minore —*, in cui non è riconosciuta legalmente la capacità di disporre di sé e dei propri beni; *maggiore —*, in cui è riconosciuta tale capacità / *un uomo d'—*, non più giovane / *limiti d'—*, termine fissato per la cessazione di un rapporto o per essere ammesso a esercitare un ufficio 2 gli anni della vita: *quale — hai?*; *all'— di trent'anni* 3 spazio di tempo assai lungo: *la nostra —*, la nostra generazione / *l'— di Augusto*, l'epoca storica in cui visse Augusto 4 ciascuna delle fasi in cui si suddividono le epoche geologiche e l'epoca preistorica: *— del bronzo, del ferro.*

etano *s.m.* (*chim.*) idrocarburo gassoso di origine petrolifera, usato come combustibile.

etera [-tè-] *s.f.* nome che si dava alle cortigiane nella Grecia antica.

etere [è-] *s.m.* 1 (*lett.*) aria, atmosfera; secondo gli antichi, la parte più alta, pura e luminosa dello spazio al disopra dell'atmosfera 2 (*chim.*) sostanza organica per lo più volatile che si ottiene o per eliminazione d'acqua dagli alcoli o dalla combinazione degli acidi con gli alcoli.

etereo [-tè-] *agg.* 1 (*lett.*) dell'etere, del cielo; per estens., leggero, spirituale: *bellezza eterea* 2 (*chim.*) proprio dell'etere.

eterificare *v.tr.* [io *eterìfico*, tu *eterìfichi* ecc.] (*chim.*) sottoporre a eterificazione.

eterificazione [-zió-] *s.f.* (*chim.*) processo di preparazione degli eteri.

eternare *v.tr.* [io *etèrno* ecc.] rendere eterno: *con quest'opera ha eternato il suo nome.* SIN. *immortalare, perpetuare // -arsi v.rifl.* procurarsi fama imperitura.

eternità *s.f.invar.* l'essere eterno; la durata infinita del tempo: *l'— di Dio*; *per tutta l'— / un'—*, un tempo lunghissimo.

eterno [-tèr-] *agg.* 1 che non ha né principio né fine; che ha avuto principio e non avrà fine: *Dio è —*; *l'anima umana è eterna.* SIN. *perpetuo, immortale* 2 che esiste, che dura da lungo tempo; che durerà per molto: *amicizia eterna / la città eterna*, Roma / *discorso —*, assai lungo, prolisso // *s.m.* ciò che non ha mai fine / *l'Eterno*, Dio.

etero- [è-] [dal gr. *èteros = altro, diverso*] primo elemento usato in parole composte di origine greca o in termini scientifici moderni; significa «altro, diverso, differente» (*eterogeneo, eterodossia*).

eteroclito [-rò-] *agg.* 1 (*gramm.*) si dice di sostantivi,

aggettivi e verbi che presentano temi diversi (p.e. *vado / andiamo*) **2** (*fig.*) irregolare, stravagante.

eterodossia [-sì-] *s.f.* l'essere eterodosso.

eterodosso [-dòs-] *agg.* che segue opinioni o dottrine discordanti da quelle ufficiali o comunemente accettate, spec. in fatto di religione. CONTR. *ortodosso*.

eterogeneità *s.f.invar.* l'essere eterogeneo. CONTR. *omogeneità*.

eterogeneo [-gè-] *agg.* che ha natura o proprietà differenti; che si compone di elementi disparati non armonizzati tra loro: *elementi eterogenei*; *folla eterogenea*. CONTR. *omogeneo*.

eteronomia [-mì-] *s.f.* (*fil.*) dipendenza da leggi estranee alla volontà del soggetto, sottoposto all'azione di cause esterne. CONTR. *autonomia*.

eterosessuale *agg.* e *s.m.* e *f.* si dice di chi ha rapporti sessuali con persone dell'altro sesso, e di tali rapporti.

eterotermi [-tèr-] *s.m.pl.* (*zool.*) animali che variano la temperatura del corpo col variare di quella dell'ambiente.

eterotrofo [-rò-] *agg.* si dice di un organismo che si nutre di sostanze organiche derivate da un'elaborazione già compiuta da altri esseri viventi: *funghi eterotrofi*.

eterozigote [-ʒigò-] *agg.* e *s.m.* **1** in genetica, si dice di una coppia di cromosomi che ha, in due punti corrispondenti, due geni che trasmettono lo stesso carattere ma avente particolarità diverse, e di cui uno (*dominante*) prevale sull'altro (*recessivo*). CONTR. *omozigote* **2** si dice di gemelli risultanti dalla fecondazione di uova diverse. CONTR. *monozigote*.

etesìi [-tèʃì-] *s.m.pl.* venti periodici che spirano spec. nei mesi estivi nel Mediterraneo orientale.

etica [è-] *s.f.* parte della filosofia relativa al problema del bene; morale.

etichetta[1] [-chét-] *s.f.* **1** cartellino che si applica su oggetti vari e spec. su recipienti, per indicare il contenuto **2** (*fig.*) definizione, qualifica, spec. se semplicistica e limitativa: *gli è rimasta l'— di primo della classe*.

etichetta[2] [-chét-] *s.f.* complesso delle regole del cerimoniale e in generale della vita dell'alta società.

etichettare *v.tr.* [*io etichétto ecc.*] **1** fornire di etichetta **2** (*fig.*) definire, qualificare, spec. in modo grossolano e sbrigativo: *l'abitudine di — tutti politicamente*.

etico[1] [è-] *agg.* [pl.m. *-ci*] dell'etica; relativo ai costumi, al comportamento morale.

etico[2] [è-] *agg.* [pl.m. *-ci*] (*antiq.*) malato di tisi, tisico.

etile *s.m.* (*chim.*) radicale di due atomi di carbonio e di cinque di idrogeno.

etilene [-lè-] *s.m.* (*chim.*) idrocarburo gassoso, presente nei gas petroliferi, usato nell'industria chimica, in medicina e come combustibile.

etilico [-ti -] *agg.* [pl.m. *-ci*] (*chim.*) si dice di composto contenente un etile.

etilismo [-ʃmo] *s.m.* alcolismo.

etimo [è-] *s.m.* forma originaria alla quale si può risalire nella storia di una parola.

etimologia [-gì-] *s.f.* **1** scienza che studia le origini delle parole di una lingua **2** forma originaria d'una parola; etimo.

etimologico [-lò-] *agg.* [pl.m. *-ci*] di etimologia, relativo ad etimologia: *dizionario —*.

etiope [-tì-] *agg.*, **etiopico** [-tiò-] *agg.* [pl.m. *-ci*] dell'Etiopia // *s.m.* abitante dell'Etiopia.

etisia [-ʃì-] *s.f.* tisi, tubercolosi.

etmoide [-mò-] *s.m.* (*anat.*) osso della base del cranio, che concorre a formare le orbite e le fosse nasali.

etneo [-nèo-] *agg.* della zona circostante l'Etna / *la città etnea*, Catania.

etnia [-nì-] *s.f.* gruppo razziale o nazionale con una propria identità definita.

etnico [èt-] *agg.* [pl.m. *-ci*] che concerne una razza; che è proprio di un popolo e delle sue tradizioni: *musica etnica*.

etno- [èt-] [dal gr. *ètnos* = *popolo, stirpe*] primo elemento compositivo che significa «popolo, razza» (*etnologia, etnografia*).

etnocentrismo [-ʃmo] *s.m.* concezione e comportamento sociale basati sulla solidarietà con il gruppo (etnico, sociale, politico) di appartenenza e su ostilità e disprezzo verso gli altri gruppi.

etnografia [-fi-] *s.f.* descrizione dell'origine, della natura e dei costumi dei vari popoli.

etnografico [-grà-] *agg.* [pl.m. *-ci*] che concerne l'etnografia.

etnografo [-nò-] *s.m.* studioso di etnografia.

etnologia [-gì-] *s.f.* studio delle razze umane, della loro distribuzione e delle loro migrazioni.

etnologico [-lò-] *agg.* [pl.m. *-ci*] che riguarda l'etnologia: *museo —*.

etnologo [-nò-] *s.m.* [pl. *-gi*] studioso di etnologia.

etologia [-gi-] *s.f.* disciplina che studia il comportamento degli individui (piante, animali) nei rapporti reciproci e con l'ambiente.

etologico [-lò-] *agg.* [pl.m. *-ci*] che riguarda l'etologia: *studio —*.

etologo [-tò-] *s.m.* [pl. *-gi*] studioso di etologia.

etra [è-] *s.m.* (*poet.*) l'aria, il cielo.

etrusco *agg.* [pl.m. *-chi*] dell'antica Etruria // *s.m.* **1** abitante, nativo dell'antica Etruria **2** la lingua etrusca.

ettagono [-tà-] *s.m.* (*geom.*) poligono di sette lati.

ettaro [èt-] *s.m.* unità di misura di superficie agraria equivalente a un quadrato di 100 m di lato.

etto [èt-] *s.m.*, **ettogrammo** *s.m.* misura di peso e di massa pari a cento grammi peso e a cento grammi massa.

etto- [èt-] [dal franc. *hecto-*, derivato dal gr. *ecatòn* = *cento*] prefisso che moltiplica per cento le unità di misura a cui si unisce; viene indicato col segno *h* (*ettogrammo = hg*).

ettolitro [-tò-] *s.m.* misura di capacità pari a cento litri.

ettometro [-tò-] *s.m.* misura di lunghezza pari a cento metri.

eu- [èu] [dal gr. *èy* = *bene*] prefisso che significa «bene buono» (*eufonia, euritmia, eugenetica*).

eucalipto *s.m.* albero originario dell'Australia, con foglie aromatiche medicinali e fiori simili a piumini (*fam.* Mirtacee).

eucaliptolo [-tò-] *s.m.* principale componente dell'olio di eucalipto, liquido usato in medicina come antisettico balsamico e nell'industria come aroma.

eucaristia [-stì-] *s.f.* nella religione cattolica, sacramento che sotto le specie del pane e del vino contiene il corpo e il sangue di Cristo.

eucaristico [-rì-] *agg.* [pl.m. *-ci*] dell'eucaristia.

eudemonismo [-ʃmo] *s.m.* (*fil.*) dottrina morale che ripone il fine ultimo dell'agire umano nella felicità.

eudiometro [-diò-] *s.m.* (*fis.*) strumento per studiare quantitativamente gli aeriformi, mediante scariche elettriche provocate in un bagno idropneumatico.

eufemismo [-ʃmo] *s.m.* figura retorica che consiste nel sostituire espressioni ritenute oscene, di cattivo augurio o troppo realistiche con altre di tono attenuato.

eufonia [-nì-] *s.f.* buon suono, detto dell'effetto gradevole offerto dall'incontro di certi suoni all'interno di una parola o in parole vicine. CONTR. *cacofonia*.

eufonico [-fò-] *agg.* [pl.m. *-ci*] proprio dell'eufonia; che produce eufonia. CONTR. *cacofonico*.

euforbia [-fòr-] *s.f.* nome generico di alcune piante esotiche e anche nostrane che contengono un succo lattiginoso (*fam.* Euforbiacee).

euforia [-rì-] *s.f.* senso di benessere che si manifesta con vivacità, gioia, fervore di attività.

euforico [-fò-] *agg.* [pl.m. *-ci*] di euforia; che è in stato di euforia: *stato —*.

eugenetica [-nè-] *s.f.* scienza che ha per fine il miglioramento genetico della specie umana.

eugenia [-gè-] *s.f.* piccolo albero tropicale i cui fiori in boccio, seccati, costituiscono i chiodi di garofano (*fam.* Mirtacee).

eunuco *s.m.* [pl. *-chi*] **1** uomo evirato **2** (*fig.*) persona incapace, priva di energia.

eupepsia [-psì-] *s.f.* (*med.*) normale svolgimento del processo digestivo.

eupeptico [-pèp-] *agg.* e *s.m.* [pl.m. *-ci*] (*med.*) si dice di sostanza che favorisce la digestione.

eupnea [-pnè-] *s.f.* (*med.*) normale svolgimento del processo respiratorio.

euristica [-rì-] *s.f.* parte di una scienza che si propone la ricerca del vero attraverso una rigorosa documentazione dei fatti.

euritmia [-mì-] *s.f.* **1** armoniosa disposizione delle varie parti di un'opera d'arte: *— di un palazzo* **2** (*med.*) battito regolare del polso.

eurocentrico [-cèn-] *agg.* [pl.m. *-ci*] che ha come centro politico e culturale l'Europa.

eurocentrismo [-ʃmo] *s.m.* tendenza, scelta eurocentrica.

eurocomunismo [-ʃmo] *s.m.* la strategia politica di alcuni partiti comunisti europei, basata sull'indipendenza dai blocchi internazionali e sull'accettazione delle regole democratiche di tradizione liberale.

eurodivisa [-ʃa] *s.f.* deposito in una moneta detenuto su banche operanti al di fuori del paese di emissione di essa.

eurodollaro [-dòl-] *s.m.* credito in dollari detenuto da depositanti stranieri su banche operanti al di fuori degli USA, e spec. in Europa.

euromercato *s.m.* mercato finanziario internazionale nel quale vengono effettuate operazioni di credito bancario e di prestito in eurodivise, e spec. in eurodollari.

euromissile [-mìs-] *s.m.* denominazione giornalistica dei missili dell'alleanza atlantica dislocati in Europa.

europeismo [-ʃmo] *s.m.* movimento che tende a creare un'unità europea.

europeizzare [-iʒʒa-] *v.tr.* rendere conforme all'uso o al gusto europeo.

europeo [-pè-] *agg.* dell'Europa: *continente — // s.m.* abitante, nativo dell'Europa.

europide [-rò-] *agg.* e *s.m.* e *f.* → **europoide**.

europio [-rò-] *s.m.* elemento chimico (Eu; *n.at.* 63; *p.at.* 151,9); metallo delle terre rare.

europoide [-pòi-] *agg.* e *s.m.* e *f.* in alcune classificazioni delle razze umane, si dice di chi appartiene a un gruppo di razze europee e afroasiatiche, prevalentemente a pelle chiara.

eurosocialismo [-ʃmo] *s.m.* i partiti socialisti europei, visti nel loro insieme come forza politica.

eurovisione [-ʃió-] *s.f.* collegamento fra le reti televisive di vari paesi europei.

eustatico [-stà-] *agg.* (*geogr.*) che riguarda gli spostamenti del livello del mare.

eutanasia [-ʃì-] *s.f.* morte provocata al fine di evitare le sofferenze di una lunga agonia.

eutocico [-tò-] *agg.* [pl.m. *-ci*] (*med.*) si dice del parto che avviene in maniera fisiologica, senza complicazioni.

eutrofizzare [-fiʒʒa-] *v.tr.* stimolare, attraverso un maggiore apporto di sostanze nutritive, lo sviluppo delle piante.

eutrofizzazione [-fiʒʒaʒió-] *s.f.* (*biol.*) accrescimento e abnorme moltiplicazione delle piante per maggiore apporto di sostanze nutritive, talvolta dovuto a scarichi industriali.

eV [*ingl.*; *electron Volt*] *s.m.* sigla di → **elettronvolt**.

evacuare *v.tr.* [*io evàcuo ecc.*] sgombrare, render vuoto / *assol.* andar di corpo.

evacuazione [-zió-] *s.f.* atto, effetto dell'evacuare.

evadere [-và-] *v.intr.* [pass.rem. *io evasi, tu evadésti ecc.*; p.pass. *evaso*] **1** scappare da un luogo (anche *assol.*): *— dal carcere; sono evasi in tre.* SIN. *fuggire* **2** (*fig.*) sottrarsi a un ambiente, a un modo di vita che opprime: *— dalla realtà quotidiana // v.tr.* **1** nel linguaggio burocratico, sbrigare: *— una pratica; — una lettera*, rispondere **2** sottrarsi al pagamento di imposizioni fiscali: *— il fisco, le imposte //* in questo senso anche *intr.*: *— al fisco*.

evanescente [-scèn-] *agg.* che tende a svanire, a dileguarsi: *suono, immagine —*.

evanescenza [-scèn-] *s.f.* l'essere evanescente.

evangelico [-gè-] *agg.* [pl.m. *-ci*] del Vangelo, che è conforme allo spirito del Vangelo: *parabole evangeliche; povertà evangelica*.

evangelista *s.m.* [pl. *-i*] ciascuno degli autori dei quattro Vangeli (*Matteo, Marco, Luca, Giovanni*).

evangelizzare [-liʒʒa-] *v.tr.* convertire al cristianesimo.

evangelizzatore [-liʒʒató-] *s.m.* chi evangelizza.

evangelizzazione [-liʒʒaʒió-] *s.f.* l'evangelizzare; l'essere evangelizzato.

Evangelo [-gè-] *s.m.* → **Vangelo**.

evaporare *v.intr.* [*io evapóro ecc.*] **1** trasformarsi in vapore; subire evaporazione; diminuire per effetto dell'evaporazione (detto di liquidi): *l'alcool è evaporato; l'acqua del lago evapora; il lago ha evaporato alquanto* **2** svanire (detto di odori e simili). SIN. *svaporare*.

evaporatore [-tó-] *s.m.* apparecchio o recipiente per far evaporare liquidi.

evaporazione [-zió-] *s.f.* passaggio di una sostanza dallo stato liquido allo stato di vapore.

evasione [-ʃió-] *s.f.* **1** l'evadere / *— fiscale*, il sottrarsi totalmente o in parte al pagamento di un'imposta **2** nel linguaggio burocratico, risposta / *dare — a una pratica*, sbrigarla.

evasivo [-ʃì-] *agg.* che non si manifesta chiaramente, che cerca di evitare una precisa risposta. SIN. *elusivo*.

evaso [-ʃo] *s.m.* chi è fuggito dal carcere o simili.

evasore [-ʃó-] *s.m.* [f. raro *evaditrice*] chi commette un'evasione fiscale.

evenienza [-nièn-] *s.f.* caso, bisogno: *ti lascio i soldi, per ogni —.* SIN. *occasione, occorrenza*.

evento [-vèn-] *s.m.* ciò che è accaduto o potrà accadere: *gli eventi storici / lieto —*, nascita di un bambino. SIN. *caso, avvenimento*.

eventuale *agg.* che può avvenire o no. SIN. *probabile, possibile*.

eventualità *s.f.invar.* **1** l'essere eventuale **2** caso, evenienza. SIN. *probabilità, possibilità*.

eversione [-sió-] *s.f.* **1** (*lett.*) distruzione, rovina **2** attività politica distruttiva, che punta con ogni mezzo a creare disordine per scardinare le istituzioni esistenti.

eversivo *agg.* di eversione, che vuole l'eversione: *attività, ideologia eversiva*.

eversore [-só-] *s.m.* [f. raro *evertitrice*] chi fa attività eversiva.

evidente [-dèn-] *agg.* **1** che è ben visibile, che appare chiaramente: *dava segni evidenti di noia*. SIN. *chiaro, manifesto, palese* **2** che non ha bisogno di essere dimostrato: *verità —*. SIN. *irrefutabile, indubbio*.

evidenza [-dèn-] *s.f.* l'essere evidente / *mettere in —,* porre in particolare risalto. SIN. *chiarezza*.

evidenziare *v.tr.* [io evidènzio ecc.] mettere in evidenza; sottolineare (anche *fig.*).

evidenziatore [-tó-] *s.m.* penna con punta di feltro che traccia un largo segno colorato ma trasparente.

evirare *v.tr.* **1** privare della virilità **2** (*fig.*) rendere moralmente debole e fiacco.

evirato *agg.* e *s.m.* **1** si dice di chi è stato sottoposto a evirazione **2** (*fig.*) debole, privo di carattere; privo di parti importanti.

evirazione *s.f.* atto, effetto dell'evirare (anche *fig.*).

eviscerato *agg.* privato dei visceri; pulito (detto di pollame ecc.).

evitabile [-tà-] *agg.* che si può evitare. CONTR. *inevitabile*.

evitare *v.tr.* [io èvito ecc.] **1** star lontano da qlcu. o qlco.; astenersi da un'azione: *ha sempre evitato le fatiche; evitavo il suo sguardo; deve — di fumare*. SIN. *scampare, schivare* **2** fare in modo che altri non abbia, non subisca qlco.: *ti ho evitato ogni noia*.

evizione [-zió-] *s.f.* (*dir.*) perdita del possesso di un bene per l'intervento di altro possessore dotato di maggiori titoli.

evo [è-] *s.m.* **1** ognuna delle grandi divisioni cronologiche della storia: *— antico; medio —* **2** (*rar.*) età.

evocare *v.tr.* [io èvoco, tu èvochi ecc.] **1** chiamare da un altro mondo, dal mondo dei morti: *— gli spiriti* **2** richiamare alla mente: *— i fatti del passato*.

evocativo *agg.* atto ad evocare.

evocazione [-zió-] *s.f.* atto, effetto dell'evocare.

evoluire *v.intr.* [io evoluisco, tu evoluisci ecc.] compiere evoluzioni (detto di reparti militari, di navi o aerei).

evolutivo *agg.* **1** relativo a un'evoluzione (*med.*) età evolutiva, quella dello sviluppo fisico-psichico, tra infanzia e adolescenza.

evoluto *agg.* che è pervenuto a un alto grado di sviluppo, di maturità, di civiltà / *uomo —,* senza pregiudizi. SIN. *progredito*.

evoluzione [-zió-] *s.f.* **1** sviluppo lento e graduale **2** (*biol.*) graduale perfezionamento delle specie animali e vegetali, dalle forme più semplici a quelle più complesse **3** atto, effetto dell'evoluire: *l'aereo descrisse un'ampia —*.

evoluzionismo [-ʃmo] *s.m.* teoria positivistica secondo cui le specie viventi sarebbero il risultato differenziato di un processo evolutivo della materia.

evoluzionista *s.m.* e *f.* [pl.m. -*i*] seguace dell'evoluzionismo.

evoluzionistico *agg.* [pl.m. -*ci*] dell'evoluzionismo: *teoria evoluzionistica*.

evolvere [-vòl-] *v.tr.* [pres. io evòlvo ecc.; pass.rem. io evòlsi, tu evolvésti ecc.; p.pass. *evoluto*] sviluppare: *abbiamo fatto — la situazione a nostro vantaggio //* **-ersi** *v.rifl.pron.* svolgersi gradatamente, progredire.

evviva *inter. impropria* esclamazione di gioia, esultanza, incoraggiamento // *s.m.invar.* il grido di evviva: *gli — salivano al cielo*.

ex [*prep.lat.*; *pr.* **ècs**] si usa come prefisso per indicare chi ha ricoperto una carica che non ricopre più o chi si è trovato in una determinata condizione in cui non è più: *— ministro; — fidanzato*.

ex abrupto [*lat.*; *pr.* **ècs abrùpto** = *d'improvviso*] *locuz.avv.* che significa «all'improvviso»; si dice di discorsi, scritti o simili che incominciano improvvisamente senza introduzione.

ex aequo [*lat.*; *pr.* **ècs èquo** = *alla pari*] *locuz.avv.* che significa «alla pari, a pari merito, in parti uguali»: *sono stati classificati terzi —; il premio è stato attribuito —*.

ex cathedra [*lat.*; *pr.* **ècs càtedra** = *dalla cattedra*] *locuz.* si dice del papa quando definisce questioni di fede o di morale: *parlare, definire —*.

executive [*ingl.*; *pr.* icsekiùtif] *s.m.* funzionario di azienda privata; si dice spec. con riferimento a un tipo di funzionario efficiente e dinamico, identificato anche dal modo di comportarsi, di vestire ecc.

exèresi [ecsèreʃi] *s.f.invar.* in chirurgia, asportazione.

ex libris [*lat.*; *pr.* **ècs libris** = *dai libri*] *s.m.invar.* cartellino, spesso adorno di fregi e motti, che si incolla su un libro per indicarne la proprietà.

ex novo [*lat.*; *pr.* **ècs nòvo** = *dal nuovo*] *locuz.* che significa «da capo, completamente, di sana pianta»: *questo lavoro va rifatto —*.

expertise [*franc.*; *pr.* ecspertiʃ] *s.f.* autenticazione di un'opera d'arte fatta da un esperto.

exploit [*franc.*; *pr.* ecspluà] *s.m.* impresa di alto valore, spec. sportiva.

extra [ècs-] *agg.* della qualità migliore: *burro — //* *agg.* e *s.m.invar.* si dice di ciò che non è stato previsto o prestabilito: *spese —*.

extra- [ècs-] [dal lat. *ecstra* = *fuori*] prefisso che significa «fuori» (*extragiudiziale, extraterritoriale*) o indica eccesso, superiorità (*extralusso, extrafino*).

extraconiugale *agg.* che è fuori dal matrimonio.

extracontrattuale *agg.* che non è regolato da contratti: *retribuzione —,* quella parte di retribuzione che supera il minimo previsto dai contratti collettivi di lavoro.

extracurricolare *agg.* che è fuori, che non è previsto dal curriculum: *attività scolastica —*.

extraeuropeo [-pè-] *agg.* che è fuori dall'Europa.

extragalattico [-làt-] *agg.* [pl.m. -*ci*] che è fuori, o che proviene da fuori della nostra galassia; (*fig.*) eccezionale, superiore.

extragiudiziale *agg.* (*dir.*) → **estragiudiziale**.

extralinguistico *agg.* [pl.m. -*ci*] che non è linguistico, detto spec. di mezzi di espressione come i gesti, lo sguardo.

extraparlamentare *agg.* che è o avviene fuori dal parlamento; detto di gruppo politico, che non ha rappresentanza in parlamento, spec. se per scelta.

extrasensibile [-sì-] *agg.* che non si può percepire attraverso i sensi.

extrasensoriale *agg.* che riguarda facoltà di percezione diverse dai sensi (spec. con riferimento a facoltà medianiche o simili).

extrasistole [-si-] *s.f.* contrazione del cuore (sistole), che avviene prematuramente e che altera quindi il regolare ritmo del battito cardiaco.

extratemporale *agg.* che avviene al di fuori della dimensione tempo.

extraterrestre [-rè-] *agg.* e *s.m.* e *f.* che, chi vive o si trova su corpi celesti diversi dalla Terra, o ne proviene.

extraterritoriale *agg.* si dice di ciò che gode di extra-territorialità.

extraterritorialità *s.f.invar.* la condizione di determinati beni (p.e. navi da guerra, sedi diplomatiche) che non sono soggetti alla giurisdizione dello stato sul territorio del quale si trovano.

extraurbano *agg.* che è situato fuori dalla città / *linee extraurbane*, linee di trasporto pubblico che collegano la città con zone fuori da essa.

extrauterino *agg.* (*med.*) che sta fuori dall'utero; si dice della gravidanza patologica che si ha quando l'ovulo viene fecondato in una salpinge, nella quale poi si sviluppa, anziché nell'utero.

ex voto [*lat.*, *pr.* ècs vóto = *per voto*] *s.m.invar.* oggetto offerto a Dio, alla Madonna o ai santi per grazia ricevuta.

eye-liner [*ingl.*; *pr.* ailàina] *s.m.* cosmetico, di solito liquido, da applicare lungo l'orlo delle palpebre per sottolineare gli occhi.

eziologia [-gì-] *s.f.* branca della medicina che studia le cause delle malattie.

eziologico [-lò-] *agg.* [pl.m. *-ci*] inerente all'eziologia.

F

f *s.f.* e *m.* [*èffe*] sesta lettera dell'alfabeto, consonante.

fa *s.m.invar.* quarta nota della scala musicale.

fabbisogno [-fó-] *s.m.* [solo *sing.*] il denaro o i beni necessari a un'azienda per lo svolgimento della propria attività; per estens., ciò che occorre, abbisogna in qualsiasi circostanza.

fabbrica [fàb-] *s.f.* **1** atto, effetto del fabbricare: *dirigere la — di uno stadio / la — di San Pietro*, la costruzione e manutenzione della basilica di San Pietro e le persone che vi provvedono; (*fig.*) si dice di lavoro che non finisce mai **2** edificio in costruzione o già finito **3** luogo in cui si svolge la produzione industriale, in particolare meccanica.

fabbricabile [-cà-] *agg.* **1** che si può fabbricare **2** su cui si può fabbricare: *area —*.

fabbricante *s.m.* chi ha una fabbrica di prodotti industriali.

fabbricare *v.tr.* [*io* fàbbrico, *tu* fàbbrichi ecc.] **1** innalzare, erigere: *— un palazzo*. SIN. *edificare, costruire* **2** fare, lavorare prodotti industriali **3** (*fig.*) architettare, escogitare.

fabbricato *s.m.* edificio, spec. grande.

fabbricazione [-zió-] *s.f.* atto, effetto del fabbricare; modo in cui una cosa è fabbricata.

fabbriceria [-rì-] *s.f.* ente che gestisce i beni destinati alla manutenzione di una chiesa e alle spese inerenti al culto che vi si celebra.

fabbriciere [-cič-] *s.m.* consigliere di una fabbriceria.

fabbro *s.m.* **1** artigiano che lavora il ferro **2** (*fig.*) artefice: *— d'inganni*.

faccenda [-cèn-] *s.f.* **1** cosa che si deve fare: *ho una — da sbrigare*; *accudire alle faccende domestiche*, ai lavori di casa; *essere in faccende*, essere occupato. SIN. *affare* **2** caso, circostanza, situazione: *è una brutta —*.

faccendiere [-diè-] *s.m.* chi s'affaccenda, per lo più per intrigare o corrompere.

faccendone [-dò-] *s.m.* chi si dà gran da fare, spesso concludendo poco o nulla.

faccetta [-cét-] *s.f.* **1** piccola faccia, volto infantile **2** faccia di un poliedro o di una pietra preziosa.

facchinaggio [-nàg-] *s.m.* **1** lavoro di facchino; somma che si paga al facchino **2** (*fig.*) lavoro faticoso.

facchinata *s.f.* **1** parola o gesto triviale, da facchino **2** lavoro faticoso.

facchino *s.m.* chi, per mestiere, trasporta oggetti pesanti (bagagli, masserizie ecc.) / *imprecazioni da —*, pesanti, triviali.

faccia [fàc-] *s.f.* [pl. *-ce*] **1** la parte anteriore della testa umana dalla fronte al mento: *lavarsi la — / — a —*, l'uno in presenza dell'altro / *di —*, di fronte / *in —*, al cospetto, di fronte **2** (*fig.*) aspetto; atteggiamento; apparenza: *fare la — arrogante / — tosta, di bronzo*, si dice di chi non si vergogna di nulla / *salvare, perdere la —*, salvare, perdere le apparenze; *conservare o no la stima altrui in una situazione scabrosa* **3** ciascuno dei piani che costituiscono la superficie di un poliedro **4** ogni superficie piana opposta a un'altra.

facciale *agg.* della faccia.

facciata *s.f.* **1** la parte anteriore di un edificio, che dà sulla strada e su cui si apre l'ingresso principale **2** ciascuna delle due superfici di una pagina.

face *s.f.* (*lett.*) fiaccola, lume; luce.

faceto [-cè-] *agg.* scherzoso, che dice facezie. SIN. *arguto, lepido, spiritoso*.

facezia [-cè-] *s.f.* detto spiritoso. SIN. *arguzia*.

fachiro *s.m.* **1** asceta indù, capace di sopportare straordinarie privazioni o sofferenze **2** per estens., individuo di straordinaria resistenza fisica e morale.

facies [fà-] *s.f.invar.* (*lat.*) l'insieme delle caratteristiche che presenta la faccia del paziente in alcune malattie.

facile [fà-] *agg.* **1** che si può fare senza difficoltà, che si può ottenere senza fatica: *esercizio —; facili guadagni*. SIN. *agevole, comodo* **2** che si capisce senza particolare sforzo: *è un linguaggio —*. SIN. *chiaro, semplice*. CONTR. *difficile* **3** affabile, mite: *carattere —* **4** naturalmente disposto; incline: *— al pianto*; *— al bere / facili costumi*, senza freni morali / *una ragazza —*, che amoreggia senza problemi **5** probabile: *è — che piova*.

facilità *s.f.invar.* l'essere facile.

facilitare *v.tr.* [*io* facilito ecc.] rendere facile: *— il cammino*. SIN. *agevolare*.

facilitazione [-zió-] *s.f.* **1** atto, effetto del facilitare **2** diminuzione di prezzo, sconto: *— ferroviaria*. SIN. *agevolazione*.

facilone [-ló-] *agg.* e *s.m.* che o chi pensa o agisce con leggerezza e superficialità.

faciloneria [-rì-] *s.f.* l'essere facilone.

facinoroso [-ró-] *agg.* e *s.m.* si dice di chi è violento e antisociale.

facocero [-cè-] *s.m.* mammifero pachiderma africano

simile al cinghiale, con muso coperto di verruche, grugno largo, zanne robuste (*fam.* Suidi).

facoltà *s.f.invar.* **1** capacità, connaturale o acquisita, della mente o dell'animo, di compiere un determinato atto: — *di intendere*: *pieno possesso delle* — *mentali* **2** potere, autorità, permesso: *ha* — *di punirvi* **3** ciascuno dei gruppi di discipline in cui è suddiviso lo studio universitario: — *di medicina.*

facoltativo *agg.* che è lasciato alla facoltà di ciascuno. CONTR. *obbligatorio.*

facoltoso [-tó-] *agg.* che ha molti averi. SIN. *ricco, danaroso.*

facondia [-cón-] *s.f.* facilità di parola, di espressione. SIN. *eloquenza.*

facondo [-cón-] *agg.* che ha facondia. SIN. eloquente.

facsimile [-sì-] *s.m.* riproduzione esatta, manoscritta o a stampa dell'originale di un testo o di un disegno.

factoring [*ingl.*; *pr.* fèctorin] *s.m.* attività commerciale di una società che si incarica di recuperare i crediti di un'altra.

factotum [-tò-] *s.m.invar.* si dice di chi fa o vorrebbe fare di tutto.

fading [*ingl.*; *pr.* fèdin] *s.m.* in radiotecnica, l'affievolimento dell'intensità del campo elettromagnetico prodotto da un segnale radio.

faentino *agg.* di Faenza // *s.m.* abitante di Faenza.

faesite [-ʃi-] *s.f.* materiale da rivestimento costituito da fibre di legno impastate e compresse in lastre.

faggeto [-gé-l *s.m.* bosco di faggi.

faggio [fàg-] *s.m.* grande albero montano con foglie ovali e rami sottili, il cui legno è usato per mobili (*fam.* Fagacee).

fagiano *s.m.* grosso uccello con penne rossastre lucenti, coda molto lunga spec. nei maschi, testa sormontata da un ciuffo di piume; la sua carne è molto apprezzata (*fam.* Fasianidi).

fagiolino *s.m.* baccello verde di una varietà di fagiolo che si mangia cotto.

fagiolo [-giò-] *s.m.* **1** pianta erbacea con fusto volubile e fiori bianchi o rossi; i frutti sono baccelli contenenti semi commestibili (*fam.* Leguminose) / *andare a* —, andare a genio / *capitare, venire a* —, al tempo giusto **2** nel gergo studentesco, lo studente del secondo anno di università.

faglia[1] [fà-] *s.f.* tessuto meno lucente del taffetà, di seta pura o misto a cotone.

faglia[2] [fà-] *s.f.* (*geol.*) spaccatura della crosta terrestre accompagnata da uno spostamento relativo delle due parti.

fagocitare *v.tr.* [*io* fagòcito *ecc.*] **1** (*biol.*) assorbire per fagocitosi **2** (*fig.*) assorbire, incorporare.

fagocito *s.m.* (*biol.*) cellula capace di inglobare e distruggere microbi e altri elementi estranei.

fagocitosi [-tòʃi] *s.f.invar.* (*biol.*) processo biologico per cui alcuni elementi unicellulari (*fagociti*) inglobano nel loro citoplasma batteri ecc.

fagotto[1] [-gòt-] *s.m.* **1** involto piuttosto voluminoso, fatto alla meglio / *far* —, andarsene, partire; morire. DIM. *fagottino.* SIN. *fardello* **2** (*fig.*) persona infagottata, goffa.

fagotto[2] [-gòt-] *s.m.* (*mus.*) strumento a fiato, di legno ad ancia doppia, con lunga canna ripiegata a U [*ill. Musicali, strumenti*].

faida [fà-] *s.f.* **1** nel diritto germanico medievale, la vendetta privata **2** per estens., la vendetta dei familiari, o degli amici, di chi è stato ucciso o offeso.

faille [*franc.*; *pr.* fài] *s.f.* → **faglia**[1].

faina *s.f.* mammifero carnivoro comune in Europa, con corpo allungato, coda lunga, zampe corte, pelo marron-grigiastro, gola e petto bianchi; assale di notte le galline, talpe, topi ecc.; ha pelliccia pregiata (*fam.* Mustelidi).

fair play [*ingl.*; *pr.* fèaplei] *s.m.* comportamento leale e formalmente elegante nei rapporti interpersonali.

falange *s.f.* **1** nell'antica Grecia, schieramento di soldati disposti su file compatte e armati di lance **2** (*fig.*) moltitudine di persone unite per un solo scopo: *una* — *di creditori* **3** (*anat.*) segmento osseo che costituisce lo scheletro delle dita, nell'uomo e negli animali.

falangetta [-gét-] *s.f.* (*anat.*) l'ultimo segmento osseo delle dita, quello su cui si trova l'unghia.

falangina *s.f.* (*anat.*) il segmento osseo compreso fra la falange e la falangetta nelle dita con tre falangi.

falangista *s.m.* e *f.* [pl.m. -*i*] appartenente alla Falange spagnola, partito creato in Spagna nel 1933 da J. Primo de Rivera, e alla sua ideologia e prassi di tipo fascista.

falasco *s.m.* [pl. -*chi*] erba palustre con foglie lunghe e lineari, che serve per impagliare fiaschi e sedie (*fam.* Ciperacee).

falcata *s.f.* **1** salto del cavallo, che s'impenna e poi si slancia in avanti **2** nel podismo, movimento della gamba dalla fase di spinta alla successiva posizione nella corsa.

falcato *agg.* **1** che ha forma di falce: *costa falcata* **2** munito di una o più falci: *carro* —, carro armato di falci, usato in antico dagli eserciti persiani.

falce *s.f.* **1** attrezzo agricolo a lama ricurva per tagliare erbe e cereali [*ill. Agricoltura*]; antica arma bianca di forma analoga **2** si dice di oggetto a forma di falce: — *di luna.*

falcetto [-cét-] *s.m.* sorta di piccola falce dal manico corto, da orto o da giardino.

falchetta [-chét-] *s.f.* (*mar.*) orlo superiore dei fianchi di un'imbarcazione, in cui sono ricavati gli incastri per i remi o gli alloggi per gli scalmi [*ill. Barca*].

falciare *v.tr.* [*io* fàlcio *ecc.*] tagliare con la falce; abbattere (anche *fig.*): — *l'erba*; *i soldati furono falciati da una scarica di mitragliatrice.* SIN. *mietere.*

falciatore [-tó-] *s.m.* [f. -*trice*] chi falcia.

falciatrice *s.f.* macchina agricola per il taglio dei foraggi, costituita da un carrello e di un apparecchio falciatore a lame multiple, mobili e fisse, a forma di V [*ill. Agricoltura*].

falciatura *s.f.* l'atto, l'effetto del falciare; il tempo in cui si falcia.

falcidia [-cì-] *s.f.* **1** riduzione, diminuzione; sottrazione **2** per estens., strage.

falcidiare *v.tr.* [*io* falcidio *ecc.*] ridurre, decimare: *le tasse falcidiano i redditi medi.*

falciforme [-fór-] *agg.* (*scient.*) a forma di falce.

falco *s.m.* [pl. -*chi*] uccello rapace diurno, con becco corto ricurvo, unghie adunche, ali lunghe e strette (*fam.* Accipitridi).

falcone [-có-] *s.m.* uccello rapace diurno diffuso in Europa, di color grigio, con ventre fulvo (*fam.* Accipitridi).

falconeria [-ri-] *s.f.* l'antica arte di allevare e addestrare alla caccia gli uccelli rapaci; caccia con il falcone.

falconiere [-niè-] *s.m.* chi cacciava con il falcone.

falda *s.f.* **1** strato, striscia larga e sottile / *nevica a larghe falde* / — *freatica*, strato di roccia o terreno poroso imbevuto di acqua **2** lembo di un abito; in particolare, quello dell'abito maschile da cerimonia; tesa del cappello [*ill. Abbigliamento*] **3** (*arch.*) ciascuna delle superfici piane e inclinate del tetto [*ill. Edilizia*] **4** la parte di un monte dove incomincia il pendio.

faldistorio [-stò-] *s.m.* sedia pieghevole con braccioli e spalliera, usata dal papa e dai vescovi in alcune cerimonie liturgiche.

falegname *s.m.* e *f.* chi lavora il legno.

falegnameria [-rì-] *s.f.* **1** il mestiere del falegname **2** laboratorio del falegname.

falena [-lè-] *s.f.* nome attribuito a molte specie di farfalle crepuscolari e notturne.

falera [fà-] *s.f.* piastra di metallo cesellato usata dagli antichi romani come ricompensa al valor militare e come ornamento alla bardatura dei cavalli.

falerno [-lèr-] *s.m.* vino bianco prodotto nella Campania, noto fin dall'antichità.

falesia [-léʃia] *s.f.* (*geog.*) tipo di costa con pareti rocciose a picco, alte e continue.

falla *s.f.* squarcio o apertura in un serbatoio, in un argine e spec. nella carena di una nave / *c'è una — nell'organizzazione*, un difetto, un punto debole.

fallace *agg.* che inganna; che è frutto di inganno. SIN. *falso, ingannevole, mendace*. CONTR. *verace*.

fallacia [-là-] *s.f.* l'essere fallace. SIN. *falsità*. CONTR. *veracità*.

fallare *v.intr.* (*rar.*) commettere un fallo, sbagliare.

fall down [*ingl.; pr.* fòl dàun] *s.m.* → **fall out**.

fallibile [-lì-] *agg.* che può sbagliare: *ogni uomo è —*. CONTR. *infallibile*.

fallico [fàl-] *agg.* del fallo, del sesso maschile: *cerimonie falliche*, in diverse religioni e civiltà, quelle che esaltano o propiziano la fecondità, la riproduzione.

fallimentare *agg.* che è proprio del fallimento; rovinoso, disastroso.

fallimento [-mén-] *s.m.* **1** atto, effetto del fallire; cattiva riuscita, disastro: *la scampagnata è stata un — 2* (*dir.*) stato d'insolvenza del commerciante che non sia più in grado di far fronte ai suoi impegni di pagamento.

fallire *v.intr.* [*io fallisco, tu fallisci ecc.*] **1** non riuscire: *— in un'impresa* **2** venir meno: *— alle aspettative* **3** cadere in fallimento, non esser più in grado di far fronte agli impegni di pagamento // *v.tr.* non colpire: *— il segno, il bersaglio*.

fallito *agg.* e *s.m.* **1** che, chi non è riuscito nelle sue ambizioni, che è stato deluso dalla vita **2** (*dir.*) che, chi ha fatto fallimento.

fallo[1] *s.m.* **1** errore, mancanza: *cadere in —*; *cogliere qlcu. in — / senza —*, senza dubbio, sicuramente / *mettere un piede in —*, scivolare. SIN. *colpa* **2** difetto di tessitura **3** (*sport*) azione che trasgredisce le regole del gioco e per cui è prevista una punizione.

fallo[2] *s.m.* (*lett.*) pene.

fallocrate [-lò-] *s.m.* (*lett.*) uomo che ritiene di avere, per la propria virilità, il diritto di comandare sulla donna.

fallocratico [-crà-] *agg.* [pl.m. *-ci*] (*lett.*) maschilista.

falloso [-lós-] *agg.* che commette molti falli (spec. nel linguaggio sportivo): *calciatore —*.

fall-out [*ingl.; pr.* fòl-àut] *s.m.* caduta di sostanze radioattive sospese nell'atmosfera in seguito a un'esplosione atomica.

falò *s.m.invar.* gran fuoco acceso all'aperto, spec. per segnalazione.

falpalà *s.m.invar.* larga striscia di stoffa increspata che orna sottane, tende e simili.

falsare *v.tr.* descrivere, esporre qlco. in maniera contraria alla verità: *— un giudizio*.

falsariga *s.f.* **1** foglio di carta con grosse righe parallele che, trasparendo sulla carta da scrivere sotto cui è messo, permette di andare diritto nella scrittura **2** (*fig.*) modello, norma, esempio che si imita o si segue.

falsario [-sà-] *s.m.* chi altera, per trarne vantaggio, monete, atti pubblici, scritture in genere, o ne fabbrica di falsi. SIN. *falsificatore*.

falsetto [-sét-] *s.m.* nel canto, voce resa, ad arte, più alta di quanto non sia naturalmente.

falsificare *v.tr.* [*io falsìfico, tu falsìfichi ecc.*] alterare una moneta, un assegno, un atto pubblico o privato o crearne uno falso: *— un documento, una firma*.

falsificatore [-tó-] *s.m.* [f. *-trice*] chi falsifica. SIN. *falsario*.

falsificazione [-zió-] *s.f.* atto, effetto del falsificare. SIN. *contraffazione*.

falsificazionismo [-ʃmo] *s.m.* concezione filosofica secondo la quale le leggi enunciate nelle teorie scientifiche non indicano solo ciò che si ritiene vero ma anche ciò che si ritiene falso, così che il loro controllo e il progresso del sapere avvengono man mano che si dimostra che ipotesi ritenute false sono invece possibili.

falsità *s.f.invar.* **1** qualità di ciò che è falso; mancanza di sincerità, ipocrisia: *— d'una notizia; — d'animo*. SIN. *doppiezza, fallacia*. CONTR. *verità* **2** affermazione falsa.

falso *agg.* **1** non vero, non esatto, errato: *un — indizio*. CONTR. *vero* **2** finto; non sincero, ipocrita: *falsa modestia*; *un uomo —*. SIN. *mendace, fallace* **3** che non corrisponde nella realtà a ciò che sembra essere; falsificato: *oro — / luce falsa*, che altera i colori naturali degli oggetti / *passo —*, azione incauta / *mettere qlcu. in falsa luce*, denigrarlo // *s.m.* **1** ciò che è falso: *giurare il — 2* falsificazione; documento, oggetto falsificato; notizia falsa: *un clamoroso — giornalistico*.

fama *s.f.* **1** voce, notizia che si diffonde rapidamente e universalmente: *la — delle sue gesta* **2** reputazione buona o cattiva di una persona (senza alcun epiteto, il termine indica sempre buona reputazione). SIN. *nomea, rinomanza, celebrità*.

fame *s.f.* [solo *sing.*] **1** bisogno molesto di mangiare: *— da lupi*; *soffrire, patire la —*; *morire di — / morto di —*, (*spreg.*) povero / *essere alla —*, in miseria **2** carestia, mancanza di cibo: *con la guerra arrivò la — 3* (*fig.*) grande desiderio: *— di onori, di sapere, di denaro*.

famelico [-mè-] *agg.* [pl.m. *-ci*] che ha moltissima fame (detto spec. di animali). SIN. *affamato*.

famigerato *agg.* che gode di pessima fama.

famiglia [-mì-] *s.f.* **1** complesso di individui congiunti da vincoli di sangue (padre, madre, figli) o uniti da rapporto di parentela o affinità, che vivano insieme: *metter su —*, prender moglie; *— numerosa*, con molti figli; *il peso, le gioie della —*; *vivere in — / la Sacra Famiglia*, Gesù, la Madonna e san Giuseppe (anche come raffigurazione d'arte) / *stato di —*, certificato attestante la composizione anagrafica di una famiglia / *essere di —*, essere intimo, di casa / *lavare i panni sporchi in —*, non parlare con estranei dei fatti spiacevoli interni a un gruppo familiare, politico ecc. **2** l'insieme di tutte le persone, passate, presenti, future, di uno stesso sangue: *una — di antiche tradizioni*. SIN. *casata, lignaggio, stirpe* **3** (*antiq.*) il personale, la servitù di una casa **4** il complesso di piante o animali che appartengono a più generi simili: *la — delle Graminacee*.

famigliare *agg.* → **familiare**.

famiglio [-mì-] *s.m.* servo, domestico.

famigliola [-ò-] *s.f.* → **chiodino**.

familiare *agg.* 1 della famiglia 2 ben conosciuto; con cui si ha grande confidenza: *quei luoghi gli erano familiari* 3 che si usa trattando con persone di famiglia (detto di parole, espressioni ecc.): *nel linguaggio —; una conversazione —* 4 si dice di vettura con carrozzeria tipo giardinetta (anche come *s.f.*) *// s.m.* persona di famiglia: *andrò al mare coi familiari*.

familiarità *s.f.invar.* 1 l'essere familiare; rapporto intimo e amichevole: *trattare qlcu. con molta —.* SIN. *amicizia, dimestichezza* 2 (*fig.*) esperienza, pratica: *avere — con i motori.*

familiarizzare [-ri33a-] *v.intr.*, **-arsi** *v.rifl.pron.* acquistare familiarità.

familistico [-li-] *agg.* (*scient.*) di, della famiglia: *ruolo — della donna.*

famoso [-mó-] *agg.* che ha grande fama. SIN. *celebre, rinomato, insigne, illustre.*

famulo [fà-] *s.m.* (*lett.*) servo, famiglio.

fan [*ingl.; pr.* fèn; pl. *fans, pr.* fèns] *s.m.* accanito sostenitore di un giocatore, di una squadra, di un artista.

fanale *s.m.* apparecchio che serve per illuminare, formato da una lampada messa dentro a un involucro parzialmente trasparente; faro, lanterna: *i fanali del treno, delle automobili, delle navi/ —* (o *fanalino*) *di coda*, luce rossa di segnalazione posta nella parte posteriore di un veicolo; (*fig.*) chi è all'ultimo posto in una graduatoria.

fanatico [-nà-] *agg.* e *s.m.* [pl.m. -*ci*] che o chi è mosso da fanatismo; che o chi è esageratamente appassionato di qlco. SIN. *esaltato.*

fanatismo [-ʃmo] *s.m.* esaltazione esagerata di una religione, di un'idea, di un partito; ammirazione cieca ed eccessiva per una cosa o una persona.

fanatizzare [-ti33a-] *v.tr.* far diventare fanatico; esaltare, eccitare.

fanciullaggine [-làg-] *s.f.* azione, discorso ingenuo, da fanciullo.

fanciullesco [-lés-] *agg.* [pl.m. -*chi*] di o da fanciullo.

fanciullezza [-léz-] *s.f.* 1 età di fanciullo 2 (*fig.*) l'inizio di qlco.: *la — del genere umano.*

fanciullo *s.m.* l'uomo tra i sei e i dodici anni. DIM. e VEZZ. *fanciullino, fanciulletto.* ACCR. *fanciullone // agg.* (*fig.*) si dice di cose che siano agli inizi: *un'arte fanciulla.*

fandango *s.m.* [pl. -*ghi*] danza spagnola a tempo ternario accompagnata dal canto.

fandonia [-dò-] *s.f.* favola, storiella inventata, spec. per procurarsi vanto. SIN. *bugia, frottola.*

fanello [-nèl-] *s.m.* uccellino canoro comune in Italia; ha il petto rosso e il dorso nocciola (*fam.* Fringillidi).

fanerogama [-rò-] *agg.* (*bot.*) si dice di pianta che si riproduce per mezzo di stami e pistilli raccolti in un fiore.

fanfaluca *s.f.* ciancia, frottola, storiella inventata.

fanfara *s.f.* 1 banda musicale dei reparti militari, composta spesso di soli ottoni 2 composizione musicale per tali bande.

fanfaronata *s.f.* azione o detto da fanfarone. SIN. *millanteria, spacconata, smargiassata.*

fanfarone [-ró-] *s.m.* persona che si vanta di avere qualità e poteri che in realtà non possiede; chi dice troppo e non conclude nulla. SIN. *millantatore, spaccone, smargiasso.*

fangatura *s.f.* applicazione di fango termale sul corpo a scopo terapeutico.

fanghiglia [-ghi-] *s.f.* 1 fango non denso e non profondo 2 (*geol.*) deposito di argilla e altri materiali: — *glaciale.*

fango *s.m.* [pl.-*ghi*] 1 polvere o terra impastata d'acqua: *sentiero coperto di —.* SIN. *mota, limo* 2 (*fig.*) abiezione morale: *cadere nel —; vivere nel —; togliere uno dal —* 3 *pl.* (*geol.*) impasto di materiali terrosi, ceneri vulcaniche ecc., con acqua: *fanghi termali,* di natura vulcanica, utilizzati a scopo terapeutico.

fangoso [-gó-] *agg.* che è pieno, coperto di fango.

fangoterapia [-pi-] *s.f.* terapia fisica che si esegue mediante applicazione di fanghi termali.

fannullone [-ló-] *s.m.* persona oziosa, che non vorrebbe mai lavorare. SIN. *bighellone.*

fanoni [-nó-] *s.m.pl.* lamine cornee di cui è munita la bocca della balena in luogo dei denti e che, come un filtro, trattengono i piccoli animali di cui essa si alimenta lasciando uscire l'acqua; se ne ricavano le *stecche di balena,* resistenti ed elastiche.

fanta- [*abbr.* di *fantasia*] primo elemento di parole composte, spesso scherz., al quale si aggiunge di solito un sostantivo che prende così il significato di «fantastico, irreale, immaginabile nel futuro» (*fantascienza, fantapolitica*).

fantaccino *s.m.* soldato di fanteria.

fantapolitica [-li-] *s.f.* genere letterario o di spettacolo che rappresenta fatti politici immaginari collocati nel futuro; per estens., previsione politica assurda, utopistica.

fantascientifico [-ti-] *agg.* [pl.m. -*ci*] della fantascienza; per estens., scientificamente incredibile, non reale.

fantascienza [-scièn-] *s.f.* fusione di scienza e fantasia a cui si ricorre in romanzi, film, giornali per ragazzi ecc. per narrare avventure immaginarie ambientate nel futuro e spec. nel cosmo.

fantasia [-ʃi-] *s.f.* 1 facoltà della mente di ricreare immagini reali o di crearne di irreali; il fantasticare: — *fervida; artista inspirato di —; perdersi in fantasie* 2 il prodotto di tale facoltà, spec. contrapposto a cosa reale: *ma quelle sono fantasie sue!; racconto di —,* che non ha fondamento storico 3 nella moda, si dice di tessuti, cappelli, accessori di gusto capriccioso e insolito, a tinte e disegni vivaci: *un abito di —* (o *un abito —*) 4 desiderio improvviso, capriccio: *le è venuta la — di andare a Roma* 5 si dice di caratteri tipografici al di fuori dei modelli normali [*ill. Stampa*] 6 presso alcune popolazioni dell'Africa, danza frenetica o finta battaglia di cavalieri eseguita in segno di festa.

fantasioso [-ʃió-] *agg.* pieno di fantasia; prodotto da fantasia; estroso, bizzarro.

fantasista [-ʃi-] *s.m.* e *s.f.* [pl.m. -*i*] negli spettacoli di rivista e simili, chi esegue, spesso improvvisando, brevi numeri di recitazione o di canto a carattere brillante.

fantasma [-ʃma] *s.m.* [pl. -*i*] 1 apparizione ritenuta forma materializzata dello spirito di un trapassato; ombra, spettro 2 prodotto della fantasia; immagine che non corrisponde a realtà: *i fantasmi poetici.*

fantasmagoria [-ʃmagorì-] *s.f.* rapido susseguirsi di immagini, di colori, di suoni che colpiscono vivamente la fantasia.

fantasmagorico [-gò-] *agg.* [pl.m. -*ci*] che ha carattere di fantasmagoria: *uno spettacolo —.*

fantasticare *v.tr.* [*io fantàstico, tu fantàstichi* ecc.] immaginare con la fantasia: *che cosa vai fantasticando? / assol.* lavorare con la fantasia: *fantastica sui* (o *dei*) *suoi progetti.*

fantasticheria [-ri-] *s.f.* immaginazione, sogno, frutto del fantasticare; anche l'abitudine di fantasticare: *non perderti in fantasticherie.*

fantastico [-tà-] *agg.* [pl.m. *-ci*] **1** che è frutto della fantasia: *l'ippogrifo è un essere —*. SIN. *immaginario* **2** che suscita ammirazione o stupore: *uno spettacolo, un uomo — / —!*, esclamazione di entusiasmo, di forte approvazione.

fantastiliardo, fantastilione [-lió-] *s.m.* (*scherz.*) una cifra altissima, inverosimile, spec. di denaro.

fante *s.m.* **1** soldato semplice della fanteria **2** una delle figure delle carte napoletane e francesi.

fanteria [-rì-] *s.f.* arma dell'esercito in cui i soldati si muovono a piedi o su mezzi leggeri.

fantesca [-té-] *s.f.* serva, domestica.

fantino *s.m.* colui che monta a cavallo nelle corse.

fantoccio [-tòc-] *s.m.* **1** pupazzo in figura umana, fatto di stracci o altro, usato come giocattolo, spaventapasseri ecc. **2** (*fig.*) persona inetta, senza volontà.

fantolino *s.m.* (*lett.*) fanciullino.

fantomatico [-mà-] *agg.* [pl.m. *-ci*] inconsistente, immaginario, irreale.

farabutto *s.m.* uomo abietto e disonesto. SIN. *imbroglione, truffatore*.

farad *s.m.invar.* unità di capacità elettrica: quella di un corpo che, caricato con 1 coulomb, assume il potenziale di 1 volt.

faraglione [-glió-] *s.m.* (*geogr.*) scoglio roccioso distaccato dalla costa, di forma caratteristica [*ill. Costa*].

faraona [-ó-] *s.f.* uccello domestico commestibile originario dell'Africa, con penne grigie brizzolate, testa quasi nuda con due pendenti carnosi, coda breve (*fam.* Fasianidi).

faraone [-ó-] *s.m.* titolo proprio dei sovrani dell'antico Egitto.

farcia [fàr-] *s.f.* [pl. *-ce*] composto di vari ingredienti usato come ripieno.

farcire *v.tr.* [*io farcisco, tu farcisci ecc.*] imbottire carni o pesci come ripieno.

farcito *agg.* ripieno, imbottito: *tacchino —*.

fard *s.m.invar.* cipria solida per dar colore alle guance.

fardasé *s.m.invar.* parola coniata per tradurre l'ingl. *do it yourself* (fatelo da voi) come denominazione di quelle attività artigianali di riparazione, modifica, costruzione che persone non del mestiere fanno nella propria casa, giardino ecc.

fardello [-dèl-] *s.m.* **1** grosso e pesante involto, da portare per lo più sulla schiena. SIN. *fagotto* **2** (*fig.*) peso morale, carico.

fare *v.tr.* [pres. *io fàccio* (meno com. *fo* con la *o* aperta), *tu fai, egli fa, noi facciamo, voi fate, essi fanno*; imperf. *io facévo ecc.*; pass.rem. *io féci, tu facésti ecc.*; fut. *io farò ecc.*; pres.cong. *io fàccia ecc.*; imperf.cong. *io facéssi ecc.*; cond. *io farèi, tu farésti ecc.*; imp. *fa o fa' o fai, fate*; ger. *facèndo*; p.pr. *facènte*; p.p. *fatto*] **1** compiere un'azione; operare: *— un sogno; — il bene; — un voto; che fai stasera? / ho molto da —*, sono occupatissimo */ ho avuto a che — con lui*, ho avuto rapporti, spec. di lavoro, con lui */ darsi da —*, brigare, occuparsi intensamente per raggiungere ql.co. */ è uno che ci sa —*, (*fam.*) è in gamba, sa il fatto suo */ — la festa* (o *— la pelle*) a qlcu., ucciderlo */ far fuori qlcu.*, eliminarlo, spec. nella competizione sportiva o di carriera; anche, ucciderlo */ far figura*, dare una buona impressione, apparire migliore della realtà */ — una bella, una cattiva figura*, dare, lasciare una buona, una cattiva impressione */ fare colpo*, colpire, impressionare */ — caso a qlco.*, badarci */ — fuoco*, sparare */ — fortuna*, crearsi una posizione */ — il gioco di qlcu.*, assecondarlo */ — rotta* (o *vela*), diri-

gersi / *— scalo*, sostare */ farla franca*, sfuggire a un castigo */ farla a qlcu.*, giocarlo, raggirarlo */ non ce la faccio*, non ci riesco */ — a pezzi*, rompere; spezzettare; sbranare; (*fig.*) contrastare fortemente, smentire in pieno */ — la fame*, essere in miseria */ — paura*, spaventare */ — piacere*, render lieto, contento */ — (o farsi) strada*, aprire un passaggio; (*fig.*) raggiungere una buona posizione */ — specie*, far meraviglia */ — tesoro di qlo.*, tenerla in gran pregio */ — la bocca, il callo a qlco.*, abituarvisi */ non fa nulla!*, non importa */ — fronte alle spese*, riuscire a pagarle */ — fronte al nemico*, resistergli */ prov.: chi fa da sé fa per tre*, sottolinea l'utilità di saper bastare a sé stessi; *chi la fa l'aspetti*, chi nuoce agli altri non può che aspettarsi male **2** creare, produrre; fabbricare; preparare: *Iddio fece il mondo dal nulla; — frutti, produrli; — un libro, una legge; — una casa / — luce*, rischiarare; (*fig.*) svelare */ farsi due risate / tre per tre fa nove*, dà come risultato */ prov.: tutto fa brodo*, da cose o circostanze modeste può derivare un utile **3** con valore causativo: *far bere i cavalli*, portarli a bere, fare in modo che bevano; *l'hanno fatto parlare*, l'hanno convinto, o costretto **4** dire: *mi fece: «Vieni con me»* **5** raccogliere, mettere insieme: *— legna; — quattrini; — carbone, acqua, benzina*, rifornirsene; *la nostra città fa trecentomila abitanti*, ne conta tanti */ — acqua*, detto di natanti, imbarcarne da una falla, rischiare di affondare; (*fig.*) essere in una brutta situazione **6** esercitare un'arte, una professione, un mestiere; comportarsi come: *— il pittore, il commerciante; — molto sport; fa il muratore; — da padre; — il superuomo / — la prima elementare*, frequentarla */ — il pappagallo*, copiare in tutto e per tutto **7** imitare: *— il verso del cucù* **8** far diventare, rendere, trasformare: *far bella la propria casa* **9** eleggere, nominare: *lo fecero deputato; fu fatto generale // farsi v.intr.* **1** convenire, adattarsi, essere utile: *quella casa non fa per noi* **2** riferito al tempo e alle circostanze meteorologiche: *d'inverno fa notte presto; fa freddo, caldo* **3** compiersi (detto del tempo): *due mesi fa; fa un anno da che ci conoscemmo* **4** in diverse costruzioni: *— a pugni, a botte, a coltellate*, darsele, battersi; *— a (o in) tempo*, riuscire entro una data scadenza; *— a meno di qlco.*, rinunciare a essa, privarsene; *— a metà*, dividere in due; *— tanto di cappello a qlcu.*, salutarlo rispettosamente; (*fig.*) riconoscerne il valore **5** su modello francese, usato in costruzioni quali: *fa fino, è fine; fa tono, tipo, lo crea, lo dà; fa estate*, ne dà l'impressione // *farsi v.rifl.pron.* divenire: *ti sei fatto alto; s'è fatto chiaro, tardi // v.rifl.* (gerg.) drogarsi.

faretra [-rè-] *s.f.* sorta di guaina portatile in cui gli arcieri riponevano le frecce.

faretto [-rét-] *s.m.* piccola lampada orientabile, da tavolo o da parete.

farfalla *s.f.* **1** insetto dell'ordine dei lepidotteri, con quattro ali membranose colorate, apparato boccale succhiatore a proboscide, corpo distinto in capo, torace e addome */ cravatta a —*, cravatta annodata a fiocco */ nuoto a —*, stile di nuoto in cui le braccia agiscono contemporaneamente fuori dall'acqua */ valvola a —*, valvola girevole intorno a un asse centrale, che permette un deflusso più o meno ampio di un fluido in un condotto (p.e. nel carburatore, nei tubi delle stufe ecc.) **2** (*fig.*) persona di carattere volubile e leggero.

farfallone [-ló-] *s.m.* **1** chi corteggia più donne; zerbinotto **2** errore grossolano, sfarfallone.

farfugliare *v.intr.* [*io farfùglio ecc.*] borbottare, parlare in modo confuso.

farina *s.f.* **1** sostanza in polvere ottenuta dalla macinazione del grano o di altri cereali: — *di riso*; — *bianca*, di grano; — *gialla*, di granoturco / *fior di* —, farina bianca finissima / *non è* — *del suo sacco*, si dice di idea, discorso, lavoro non originale o che si ritiene dovuto a persona diversa da chi se ne dichiara autore **2** prodotto di macinazione di sostanze naturali o artificiali / — *fossile*, roccia sedimentaria farinosa, derivata dall'accumulo di miscroscopici resti di diatomee.

farinaceo [-nà-] *agg.* che ha la consistenza o l'aspetto della farina // *s.m.pl.* sostanze ricche di amido (p.e. patate, castagne).

farinata *s.f.* vivanda fatta con farina di grano o granturco cotta nell'acqua o nel brodo.

faringe *s.f.* (*anat.*) condotto muscolo-membranoso situato dietro alle fosse nasali e alla bocca, che consente il passaggio sia degli alimenti sia dell'aria nella respirazione [*ill. Respiratorio, apparato*].

faringeo [-gè-] *agg.* della faringe.

faringite *s.f.* (*med.*) infiammazione della faringe.

farinoso *agg.* **1** che contiene o produce molta farina **2** che ha l'aspetto della farina: *neve farinosa*.

farisaico [-ʃài-] *agg.* [pl.m. -*ci*] **1** di fariseo, dei farisei **2** (*fig.*) ipocrita: *comportamento* —.

farisaismo [-ʃaiʃmo], **fariseismo** [-ʃeiʃmo] *s.m.* **1** setta, dottrina dei farisei **2** (*fig.*) atteggiamento da fariseo; formalismo, ipocrisia.

fariseo [-ʃèo-] *s.m.* **1** membro di una setta religiosa giudaica che ostentava una rigorosissima osservanza formale delle leggi **2** (*fig.*) chi guarda più all'apparenza che alla sostanza; ipocrita.

farmaceutico [-cèu-] *agg.* [pl.m. -*ci*] che concerne le medicine, i rimedi: *industria farmaceutica*.

farmacia [-cì-] *s.f.* **1** arte di preparare i farmaci seguendo le prescrizioni mediche e osservando le disposizioni della farmacopea e della legge **2** locale destinato alla fabbricazione e alla vendita dei medicinali.

farmacista *s.m. e f.* [pl.m. -*i*] chi vende medicinali o li prepara.

farmaco [fàr-] *s.m.* [pl. -*chi* o -*ci*] ogni sostanza, naturale o artificiale, dotata di virtù terapeutiche. SIN. *medicamento*.

farmacodipendente [-dèn-] *agg. e s.m. e f.* si dice di chi è in stato di farmacodipendenza.

farmacodipendenza [-dèn-] *s.f.* (*med.*) la condizione di chi, avvezzo per ragioni mediche o psicologiche a un farmaco, non può smettere di prenderlo senza accusare disturbi più o meno gravi.

farmacognosia [-ʃì-] *s.f.* ramo non biologico della farmacologia che si occupa del riconoscimento e della descrizione dei farmaci naturali.

farmacologia [-gì-] *s.f.* branca della medicina che studia i farmaci e la loro azione terapeutica sull'organismo.

farmacologico [-lò-] *agg.* [pl.m. -*ci*] della farmacologia, dei farmaci: *terapia farmacologica*.

farmacologo [-cò-] *s.m.* [pl. -*gi*] studioso di farmacologia.

farmacopea [-pè-] *s.f.* **1** elenco ufficiale che registra i nomi di tutti i preparati medicinali in uso, con le formule, i requisiti analitici, i metodi di preparazione ecc. **2** arte di preparare i farmaci.

farneticare *v.intr.* [*io farnètico, tu farnètichi ecc.*] essere fuori di sé; dire cose irragionevoli e senza senso. SIN. *delirare, vaneggiare*.

farnetico [-nè-] *s.m.* [pl. -*chi*] il farneticare. SIN. *delirio, vaneggiamento*.

faro *s.m.* **1** sorta di torre alla cui sommità è posta una forte sorgente luminosa per guidare i naviganti di notte **2** dispositivo che negli autoveicoli serve a illuminare la strada nella marcia notturna.

farragine [-rà-] *s.f.* gran quantità di cose disparate messe insieme alla rinfusa. SIN. *guazzabuglio*.

farraginoso [-nó-] *agg.* che è una farragine; confuso: *discorso* —.

farro *s.m.* specie di frumento da cui si ottiene una farina bianca usata per minestre.

farsa *s.f.* **1** breve componimento teatrale di contenuto comico-burlesco **2** (*fig.*) avvenimento, situazione che cade nel ridicolo.

farsesco [-sé-] *agg.* [pl.m. -*chi*] di o da farsa; buffo e ridicolo: *scena farsesca*.

farsetto [-sét-] *s.m.* giubba corta, con o senza maniche, che un tempo si portava sopra la camicia; sopravvive in alcuni costumi regionali.

fascetta [-scét-] *s.f.* **1** striscia di carta che avvolge fascicoli, giornali o simili per la spedizione, o a scopo pubblicitario **2** sorta di busto leggero che usano le donne per stringere la vita e i fianchi.

fascia [fà-] *s.f.* [pl. -*ce*] **1** striscia di stoffa o simili, che si avvolge intorno a qlco. per stringere, saldare, decorare: — *elastica*; — *del cappello*; — *metallica* **2** striscia di garza per coprire ferite; ciascuna delle bende con cui si avvolgono i bimbi appena nati: *un bimbo in fasce*, di pochi mesi **3** (*fig.*) zona, striscia di territorio: — *equatoriale* **4** (*arald.*) pezza onorevole posta orizzontalmente nello scudo, di cui occupa il terzo di mezzo.

fasciame *s.m.* insieme di tavole di legno o lamiere di metallo che, fissate all'ossatura delle navi, ne costituiscono il rivestimento.

fasciare *v.tr.* [*io fàscio, tu fasci ecc.*] avvolgere con una o più fasce. CONTR. *sfasciare*.

fasciato *s.m.* (*arald.*) scudo coperto con sei fasce alternate, di smalto differente.

fasciatura *s.f.* **1** atto, effetto del fasciare **2** l'insieme delle fasce.

fascicolato *agg.* (*bot.*) raccolto come in un fascio: *radice fascicolata*.

fascicolo [-sci-] *s.m.* **1** ogni numero di una pubblicazione che esce in puntate successive; dispensa; ogni numero di una rivista **2** libretto di poche pagine **3** fascio di carte o di documenti d'ufficio riguardanti qlcu. o qlco.

fascina *s.f.* fascio di legna minuta da bruciare.

fascinazione [-zió-] *s.f.* pratica magica per avvincere una persona; per estens., fascino, seduzione.

fascino [fà-] *s.m.* potere di attrarre e sedurre esercitato da cose o persone. SIN. *malia, incanto*.

fascio [fà-] *s.m.* **1** quantità di oggetti, spec. di forma allungata, raccolti e tenuti insieme; per estens., insieme di elementi o cose essenzialmente uguali: *un* — *di fiori, di spighe*; *un* — *di documenti*; *un* — *di muscoli* / *mettere in* —, (*fig.*) unire senza discriminazione **2** nome assunto nel passato da associazioni operaie e politiche, spec. dagli organismi locali del movimento fascista **3** fascio di verghe con la scure che fu, nell'antica Roma, simbolo dell'autorità statale e, durante il fascismo, insegna del regime.

fascismo [-ʃmo] *s.m* movimento politico a carattere totalitario, al potere in Italia dal 1922 al 1943.

fascista *agg.* [pl.m. -*i*] aderente al fascismo; improntato al fascismo // *s.m. e f.* seguace del fascismo.

fase [-ʃe] *s.f.* periodo o stato di qlco., che si presenta mutato rispetto a uno precedente; momento caratteristico di un fenomeno o di un procedimento tecnico: — *di sviluppo*; *le fasi della guerra* / *fasi lunari*, le posizioni caratteristiche che la Luna assume rispetto al Sole e alla Terra / *essere fuori* —, trovarsi in uno stato di stanchezza fisica o mentale.

fasianidi [-fià-] *s.m.pl.* famiglia di uccelli piuttosto grossi, per lo più commestibili; vi appartengono i tipici gallinacei come il gallo, il pavone, la quaglia ecc.

fasometro [-fò-] *s.m.* strumento con cui si misura la differenza di fase nei circuiti a corrente alternata.

fastello [-stèl-] *s.m.* grosso fascio di legna o erbe.

fasti *s.m.pl.* **1** il calendario romano, accompagnato dalla lista dei magistrati in carica **2** (*fig.*) memorie di fatti onorevoli.

fastidio [-stì-] *s.m.* **1** senso di molestia: *dare, recare* —. SIN. *noia* **2** cosa che provoca molestia: *i fastidi della celebrità*; *avere molti fastidi*. SIN. *disturbo, incomodo, seccatura, grattacapo* **3** nausea, malessere.

fastidioso [-diò-] *agg.* **1** che reca o provoca fastidio. SIN. *importuno, molesto, seccante, noioso* **2** irritabile; schifiltoso: *è un tipo molto* —.

fastigio [-sti-] *s.m.* **1** la sommità di un edificio **2** (*fig.*) il punto più alto.

fasto[1] *s.m.* [solo *sing.*] ostentazione di lusso e di ricchezza. SIN. *sfarzo, pompa*.

fasto[2] *agg.* (*lett.*) propizio: *giorno* —.

fastosità *s.f.invar.* l'essere fastoso; apparati fastosi. SIN. *sontuosità*.

fastoso [-stó-] *agg.* pieno di fasto: *una fastosa cerimonia*. SIN. *sfarzoso, pomposo*.

fasullo [-ful-] *agg.* falso; sforzato, artificioso: *firma fasulla*; *una disinvoltura fasulla*.

fata *s.f.* **1** nella mitologia popolare, creatura favolosa dall'aspetto di donna molto bella, dotata di poteri magici: *i racconti delle fate*, le fiabe; *bella come una* / — *morgana*, fenomeno di miraggio dovuto alla rifrazione ottica causata dagli strati dell'atmosfera **2** (*fig.*) donna bellissima e caritatevole.

fatale *agg.* **1** voluto dal fato; destinato dal fato a un grande avvenire: *avvenimento* —; *Enea, uomo* — **2** che provoca la morte; funesto: *caduta* —. SIN. *esiziale, mortale* **3** avvenente, irresistibile: *donna* —.

fatalismo [-ʃmo] *s.m.* atteggiamento di chi crede nell'ineluttabilità del destino, e perciò accetta passivamente il corso degli eventi.

fatalista *s.m. e f.* [pl.m. *-i*] chi, rinunciando all'esercizio della propria volontà, si abbandona al disegno di un destino in cui crede.

fatalità *s.f.invar.* **1** l'essere fatale: *la* — *di un avvenimento* **2** fato avverso; cosa spiacevole che non possiamo o sappiamo evitare.

fatato *agg.* dotato di poteri soprannaturali in virtù di incantesimi: *anello* —.

fatica *s.f.* **1** sforzo materiale o intellettuale che genera stanchezza: — *di braccia*, — *mentale* / *uomo di* —, che fa lavori pesanti / *procedere a* —, a stento **2** il lavoro; l'opera compiuta: *vive con il frutto delle sue fatiche*.

faticare *v.intr.* [*io fatico, tu fatichi ecc.*] **1** fare fatica, lavorare con sforzo **2** (*fig.*) durar fatica: *fatica a camminare*. SIN. *stentare*.

faticata *s.f.* lavoro pesante; sfacchinata.

faticoso [-cò-] *agg.* che affatica, che richiede fatica: *lavoro* —. SIN. *gravoso, difficile, pesante*.

fatidico [-tì-] *agg.* [pl.m. *-ci*] **1** che predice i fati, profetico: *un augurio* — **2** fatale: *giorno* —.

fatiscente [-scèn-] *agg.* (*lett.* o *burocratico*) decadente, in rovina: *edificio* —.

fato *s.m.* **1** secondo gli antichi, potenza misteriosa e irresistibile, che regola l'universo e le vicende umane **2** destino; caso, indipendente dalla volontà. SIN. *sorte*.

fatta[1] *s.f.* specie, genere: *gente di questa* —.

fatta[2] *s.f.* l'escremento della selvaggina, che serve da traccia per il cacciatore.

fattezze [-téz-] *s.f.pl.* i lineamenti del viso.

fattibile [-tì-] *agg.* che si può fare. SIN. *possibile, realizzabile*.

fattispecie [-spè-] *s.f.* [pl. *fattispèci*] il fatto particolare di cui si tratta; un fatto che viene portato come esempio: *nella* —, *si tratta di un errore*.

fattivo *agg.* atto a fare, attivo, laborioso.

fatto *s.m.* **1** qualunque cosa accade, ogni azione che si compie o si è compiuta; la vicenda di un romanzo, di un film e simili: *un* — *strano*; *è successo un gran* —; *raccontatemi il* — *dei Promessi Sposi* / — *d'armi*, scontro armato / — *di sangue*, assassinio, delitto / *mettere qlcu. di fronte al* — *compiuto*, di fronte a una situazione già determinata, che non si può mutare / *cogliere sul* — *qlcu.*, mentre compie una determinata azione, di solito delittuosa o comunque segreta / *vie di* —, azioni violente. SIN. *avvenimento, vicenda* **2** affare, caso: *bada ai fatti tuoi*; *raccontare i suoi fatti di casa* / *fare il* — *proprio*, il proprio utile / *sapere il* — *proprio*, conoscere bene quel che occorre: *quel medico sa il* — *suo* **3** ciò che è concreto: *fatti vogliamo, non chiacchiere* **4** introduce un argomento che si enuncia: *il* — *che abbia detto ciò non comporta nulla* / *in* — *di, riguardo a, relativamente a*.

fattore [-tó-] *s.m.* **1** chi fa, creatore: *il Sommo Fattore*, Dio **2** ciò che promuove, produce: *i fattori della salute*, della storia **3** (*mat.*) ogni termine di un prodotto **4** [f. *fattoréssa*, antiq. o pop. *fattóra*, entrambi nel senso di «fattore donna» o di «moglie del fattore»] chi cura gli interessi del proprietario in un'azienda agricola, facendone eseguire gli ordini e provvedendo ai lavori.

fattoria [-rì-] *s.f.* insieme dei poderi amministrati da uno stesso fattore; complesso dei fabbricati appartenenti a un'azienda agricola.

fattoriale *agg. e s.m.* si dice di un numero rispetto a un altro, ed è il prodotto di tutti i numeri naturali compresi fra quest'ultimo e 1.

fattorino *s.m.* persona che in un ufficio, in un negozio o in un'azienda è addetta a semplici lavori di consegna, di controllo ecc.: — *di banca* / — *del telegrafo*, chi recapita i telegrammi a domicilio.

fattrice *s.f.* **1** (*lett.*) chi fa **2** cavalla da riproduzione.

fattuale *agg.* (*lett.* o *scient.*) che è nei fatti; reale, effettivo.

fattucchiere [-chiè-] *s.m.* **1** chi fa pratiche di stregoneria e opera malefici **2** (*fig.*) imbroglione.

fattura[1] *s.f.* **1** l'azione del fare una cosa: *la* — *di un abito* **2** maniera con cui una cosa è fatta: *dipinto di pregevole* — **3** pratica di stregoneria, maleficio. SIN. *malia*.

fattura[2] *s.f.* nota delle spese; lista delle merci vendute, col relativo prezzo.

fatturare[1] *v.tr.* manipolare, adulterare una sostanza: — *il vino*.

fatturare[2] *v.tr.* segnare su di una nota la merce venduta col relativo prezzo; mettere in conto.

fatturato *s.m.* il complesso delle vendite fatte in un determinato periodo; il relativo ammontare in denaro.

fatturazione [-zió-] *s.f.* atto del → **fatturare**[2].

fatturista *s.m* e *f.* [pl.m. *-i*] chi compila fatture commerciali.

fatuità *s.f.invar.*l'essere fatuo; qualità di ciò che è fatuo.

fatuo [fà-] *agg.* 1 che si dimostra, che appare vuoto e vano: *uomo* —. SIN. *leggero, vanesio* 2 *fuoco* —, fiammella che appare nei cimiteri o in terreni paludosi per accensione spontanea di gas esalanti dal terreno.

fauci [fàu-] *s.f.pl.* 1 parte interna della bocca, all'inizio della gola, delimitata dalla base della lingua, dai pilastri del palato e dal palato molle: *le — del leone* 2 *(fig.)* apertura.

fauna [fàu-] *s.f.* complesso delle specie animali che vivono sulla Terra o in una data regione.

faunesco [-né-] *agg.* [pl.m. *-chi*] di, da fauno.

faunistico [-nì-] *agg.* [pl.m. *-ci*] di, della fauna; di animali: *il patrimonio — locale.*

fauno [fàu-] *s.m* nella mitologia romana, divinità dei campi e delle greggi, con corna e piedi caprini.

fausto [fàu-] *agg.* si dice di ciò che ha esito felice o che lo annuncia: *giorno, avvenimento* —. SIN. *favorevole, propizio.* CONTR. *infausto.*

fautore [-tó-] *agg.* e *s.m.* [f. *-trice*] che o chi favorisce o sostiene: *— della libertà.* SIN. *sostenitore.*

fava *s.f.* pianta erbacea con fiori bianchi, macchiati di nero; i frutti sono baccelli contenenti semi commestibili, di color verde *(fam.* Leguminose).

favella [-vèl-] *s.f.* la facoltà di parlare; linguaggio.

favellare *v. intr.* [*io favellò ecc.*] parlare.

favilla *s.f.* piccolissimo frammento di materia incandescente / *far faville*, di cose o persone, eccellere per qualità, bellezza e simili; riuscire brillantemente.

favismo [-fmo] *s.m.* stato di ipersensibilità nei confronti del frutto o del polline delle fave, dovuto alla mancanza di un enzima dei globuli rossi.

favo *s.m.* 1 insieme delle celle costruite dalle api e dalle vespe 2 *(med.)* malattia infiammatoria della pelle, detta anche *antrace benigno.*

favola [fà-] *s.f.* 1 breve racconto in prosa o in versi, in cui parlano e agiscono animali o cose inanimate, e che contiene un insegnamento morale: *le favole di Esopo / — pastorale,* azione drammatica di ambientazione bucolica con personaggi in veste di pastori 2 fiaba, racconto immaginario d'origine popolare: *la — di Cappuccetto Rosso* 3 panzana, bugia 4 chiacchiera: *è la — di tutto il paese!*

favoleggiare *v. intr.* [*io favoléggio ecc.*] 1 raccontare cose favolose 2 narrare favole.

favolello [-lèl-] *s.m* breve poema narrativo della letteratura medievale.

favolista *s.m.* e *f.* [pl.m. *-i*] chi scrive favole.

favolistica [-li-] *s.f.* l'insieme, la tradizione delle favole.

favoloso [-ló-] *agg.* 1 di favola, che ha della favola 2 incredibile, esagerato: *prezzo* —.

favonio [-vò-] *s.m. (lett.)* vento di ponente.

favore [-vó-] *s.m.* 1 disposizione benevola, approvazione: *ha il — dei potenti.* CONTR. *sfavore* 2 atto o servizio che si compie per benevolenza; amore, privilegio, vantaggio concesso illecitamente: *ti chiedo un — / prezzo di* —, conveniente per l'acquirente / *biglietto di* —, ingresso gratuito a uno spettacolo / *a* —, a beneficio 3 situazione obiettivamente vantaggiosa: *col — della notte.*

favoreggiamento [-mén-] *s.m. (dir.)* atto, effetto del favoreggiare.

favoreggiare *v.tr.* [*io favoréggio ecc.*] aiutare, favorire;

in diritto, aiutare colui che ha commesso un delitto a eludere le investigazioni delle autorità, oppure ad assicurare il profitto di un reato.

favoreggiatore [-tó-] *s.m.* [f. *-trice*] *(dir.)* chi favoreggia.

favorevole [-rè-] *agg.* che favorisce, che è in favore. SIN. *fausto, propizio.* CONTR. *sfavorevole.*

favorire *v.tr.* [*io favorisco, tu favorisci ecc.*] 1 aiutare con benevolenza e incoraggiamento: *— le nozze di due giovani; — le arti e le scienze.* SIN. *incoraggiare, secondare, sostenere* 2 agevolare: *la conformazione del paese non favorisce le comunicazioni* 3 accettare qlco. offerta con cortesia / *vuoi* —?, vuoi pranzare con noi?

favorita *s.f.* l'amante di un potente.

favoritismo [-fmo] *s.m.* benevolenza usata verso qlcu. a danno di altri.

favorito *agg.* e *s.m.* 1 che o chi è prediletto da qlcu.: *Petrarca è il mio poeta* —; *di tutti i frutti il mio — è la ciliegia; Tigellino fu il — di Nerone* 2 *(sport)* si dice di atleta o di cavallo che abbia maggiori probabilità di vincere una gara: // *s.m.pl.* fedine.

fazione [-zió-] *s.f.* setta, partito politico che nutre accesa intolleranza verso gli altri partiti.

faziosità *s.f.invar.* qualità, comportamento di chi è fazioso.

fazioso [-zió-] *agg.* e *s.m.* che o chi professa con accanimento idee di parte; settario.

fazzoletto [-lét-] *s.m.* panno quadrato di lino, seta e simili, per soffiarsi il naso o asciugare il sudore; di dimensioni maggiori, è portato dalle donne in testa o al collo / *un — di terra,* un piccolissimo campo o podere.

fé *s.f. (poet.)* troncamento di → **fede**.

febbraio [-brà-] *s.m.* secondo mese dell'anno.

febbre [fèb-] *s.f.* 1 aumento della temperatura del corpo, che è sintomo di molte malattie / *una — da cavallo,* molto alta / *— gialla,* malattia contagiosa tropicale / *le febbri,* la malaria. DIM. *febbriciattola.* ACCR. *febbrone* 2 *(fig.)* desiderio intenso e tormentoso, passione: *— amorosa.*

febbricitante *agg.* che ha la febbre.

febbricola [-brì-] *s.f.* febbre lieve ma persistente.

febbrifugo [-brì-] *agg.* e *s.m.* [pl.m. *-ghi*] *(farm.)* si dice di rimedio che combatte la febbre.

febbrile *agg.* 1 di febbre: *temperatura* —; *lo stato — di un malato* 2 *(fig.)* appassionato, intenso: *attività* — // *-mente* avv. con passione e impazienza: *lavorare* —.

febbrone [-bró-] *s.m. (fam.)* febbre molto alta.

fecale *agg.* delle feci: *escrezione* —.

feccia [fèc-] *s.f.* [pl. *-ce*] 1 fondo, deposito melmoso lasciato dal vino o da altri liquidi nei recipienti 2 *(fig.)* la parte peggiore della società, i delinquenti.

feci [fè-] *s.f.pl.* il residuo della digestione, che si accumula nell'intestino ed è poi espulso; escrementi.

fecola [fè-] *s.f.* sostanza farinosa analoga all'amido, estratta da radici, tuberi ecc.: *— di patate.*

fecondare *s.tr.* [*io fecóndo ecc.*] 1 determinare in un animale o in una pianta lo sviluppo dell'embrione: *— l'uovo; femmina fecondata* 2 rendere fertile *(anche fig.).*

fecondativo *agg.* che favorisce la fecondazione.

fecondatore [-tó-] *agg.* e *s.m.* [f. *-trice*] che o chi feconda: *una pioggia fecondatrice.*

fecondazione [-zió-] *s.f.* atto, effetto del fecondare.

fecondità *s.f.invar.* 1 l'essere fecondo, prolifico 2 fertilità, produttività: *un'idea di grande* —.

fecondo [-cón-] *agg.* 1 che genera molta prole, prolifico 2 che produce molto, produttivo, ubertoso *(anche fig.):* *terreno* —; *uno scrittore d'ingegno* —. SIN. *fer-*

tile **3** che rende produttivo: *la concimazione è stata feconda.*

fedain, fedayin [-in] *s.m.invar.* guerrigliero palestinese che combatte per la costituzione di un proprio stato nazionale.

fede [fé-] *s.f.* **1** credenza ferma fondata sull'altrui autorità o su una personale convinzione; l'insieme delle cose a cui si crede; fiducia: *aver — nella democrazia; testimonianza degna di — / buona —*, l'atteggiamento di chi è onesto e fida nell'onestà altrui / *mala —*, slealtà / — *politica*, ideologia fermamente seguita; anche, appartenenza a un gruppo, a un partito **2** la fede religiosa, spec. cristiana e cattolica: *ha perduto la —; predicare la — / i conforti della —*, l'assistenza religiosa ai moribondi, spec. i sacramenti **3** fedeltà: *la — coniugale* **4** anello nuziale **5** attestazione: *far —*, attestare **6** certificato: — *di battesimo.*

fedecommesso [-més-] *s.m.* (*dir.*) incarico affidato all'erede di trasmettere tutta l'eredità o parte di essa a un'altra persona.

fedele [-dé-] *agg.* **1** che rispetta la fede data, che corrisponde alla fiducia riposta in lui; che ama con costanza: *segretario —; marito —; restare — ai propri ideali.* SIN. *fido, devoto.* CONTR. *infedele* **2** che è conforme all'originale, alla verità dei fatti: *traduzione, ritratto —; cronista —* // *s.m.* e *f.* chi è seguace di una fede religiosa o è devoto a una causa, a un ideale o a una persona: *la chiesa era gremita di fedeli; i fedeli della monarchia* // **-mente** *avv.* **1** con fedeltà: *amare —* **2** con esattezza: *riprodurre —.*

fedeltà *s.f.invar.* **1** l'essere fedele: — *ai propri principi.* SIN. *devozione.* CONTR. *infedeltà* **2** precisione, esattezza / *alta —*, si dice di tecnica di riproduzione dei suoni che ne rispetta al massimo le caratteristiche originali, con un minimo di alterazione.

federa [fé-] *s.f.* fodera a forma di sacchetto che ricopre i guanciali.

federale *agg.* **1** che ha struttura di federazione: *repubblica —* **2** di una federazione: *governo, segreteria —; attività —.*

federalismo [-[mo] *s.m.* dottrina politica che tende alla federazione di più stati o enti.

federalista *agg.* e *s.m.* e *f.* [pl.m. *-i*] seguace e fautore del federalismo: *movimento —.*

federativo *agg.* **1** federale **2** improntato a federalismo.

federato *agg.* che appartiene a una federazione; alleato: *gli stati federati.*

federazione [-zió-] *s.f.* **1** unione di stati indipendenti che mantengono le proprie leggi, ma hanno una costituzione comune **2** associazione di più enti per un fine comune **3** ente, associazione (sindacale, sportiva ecc.) a struttura decentrata.

fedifrago [-dì-] *agg.* e *s.m.* [pl.m. *-ghi*] che, chi non mantiene fede ai patti, agli impegni presi.

fedina *s.f.* **1** (*dir.*) certificato rilasciato dal tribunale attestante se alcuno abbia avuto o no condanne penali: *avere la — pulita, sporca* **2** *pl.* strisce di barba che si allungano dalle orecchie al mento.

feed-back [*ingl.*; *pr.* fiid bèc] *s.m.* operazione, presente in tutti i sistemi autoregolati, che consiste nel rinviare all'entrata di un processo un'informazione sull'andamento del processo stesso per controllarlo ed eventualmente correggerlo; si traduce in italiano con *retroazione, controreazione* o *reazione negativa.*

feeling [*ingl.*; *pr.* fiilin] *s.m.* sentimento, sensazione che

si comunica da una persona all'altra; in particolare, la comunicazione che si stabilisce tra un cantante o strumentista o complesso e il pubblico.

fegatella [-tèl-] *s.f.* piccola pianta delle briofite (Epatiche), con tallo verde, a forma di foglia.

fegatello [-tèl-] *s.m.* pezzetto di fegato di maiale, avvolto nella cosiddetta «rete» e cucinato in padella o allo spiedo.

fegatino *s.m.* fegato di pollo.

fegato [fé-] *s.m.* **1** la più grossa ghiandola del corpo, di color rosso bruno, situata nella cavità addominale sotto il diaframma a destra; svolge importanti funzioni per l'organismo, tra cui la secrezione della bile / *mangiarsi il —*, (*fig.*) rodersi per la rabbia **2** (*fig.*) coraggio.

fegatoso [-tó-] *agg.* **1** che soffre di mal di fegato **2** (*fig.*) rabbioso, irascibile. SIN. *bilioso.*

feice [fèl-] *s.f.* pianta delle crittogame, con grandi foglie verdi, minutamente partite, che portano sulla pagina inferiore le spore.

feldspato *s.m.* minerale diffusissimo a base di silicati, costituente di molte rocce.

felice *agg.* che si sente soddisfatto completamente, pieno di gioia; detto di cosa, che dà felicità; fortunato, opportuno. SIN. *contento, lieto.* CONTR. *infelice.*

felicità *s.f.invar.* **1** stato di chi è felice, gioia: *sono piena di — / ti auguro ogni —.* SIN. *contentezza, letizia.* CONTR. *infelicità* **2** cosa, avvenimento che rende felice.

felicitarsi *v.rifl.pron.* [io mi felicito ecc.] **1** gioire. SIN. *rallegrarsi* **2** porgere i rallegramenti: — *con uno.* SIN. *congratularsi.*

felicitazioni [-zió-] *s.f.pl.* il felicitarsi e le parole usate a tal fine. SIN. *congratulazioni, rallegramenti.*

felidi [fè-] *s.m.pl.* (*zool.*) famiglia di mammiferi carnivori di dimensioni medie o grosse, con corpo snello e agilissimo, unghie retrattili, testa rotonda, pupilla molto dilatabile, denti canini potenti, baffi (*vibrisse*) utili come organi di tatto; vi appartengono: *gatto, leone, tigre, leopardo* ecc.

felino *agg.* di, da gatto: *balzo —; agilità felina* // *s.m.* (*zool.*) mammifero carnivoro appartenente alla famiglia dei Felidi.

fellah [-làh] (*arabo*) *s.m.* e *f.invar.* contadino proletario dell'odierno Egitto e della Palestina.

fellone [-ló-] *s.m.* (*lett.*) traditore; scellerato.

fellonia [-nì-] *s.f.* tradimento.

felpa [fèl-] *s.f.* stoffa simile al velluto ma con pelo più lungo.

felpato *agg.* **1** rivestito di felpa; per estens., si dice di tessuto che su una faccia presenta una peluria morbida **2** (*fig.*) silenzioso, che non fa rumore: *passi felpati* // *s.m.* tessuto, spec. di maglia, felpato; per estens., indumento di tale tessuto.

felsineo [-sì-] *agg.* di Bologna // *s.m.* abitante di Bologna.

feltrare *v.tr.* [io féltro ecc.] ridurre il panno come feltro; ridurre il pelo simile al feltro mediante la follatura; coprire, imbottire di feltro.

feltratura *s.f.* operazione, effetto del feltrare.

feltro [fél-] *s.m.* **1** panno ottenuto, mediante strofinamento e pressatura, da filati di lana misti a peli animali (di castoro, coniglio, lepre, vigogna) / *punta —*, si dice di penna la cui parte scrivente è costituita da un cilindretto di feltro che riceve costantemente l'inchiostro da un serbatoio; è detta anche *pennarello* **2** cappello di feltro.

feluca *s.f.* **1** veliero con due alberi a vele latine **2**

cappello a due punte per alta uniforme di ufficiali di marina, ministri e diplomatici.

felze [fél-] *s.m.* specie di cabina della gondola.

femmina [fém-] *s.f.* **1** nome generico che indica ogni animale appartenente al sesso destinato a partorire i figli o a deporre le uova: *la — dello scoiattolo; ho due figli, la prima è una —* **2** donna adulta, anche in senso spreg.: *è una — disonesta* **3** parte di un congegno nella quale penetra un'altra: *la — della vite.*

femminella [-nèl-] *s.f.* (*mar.*) ciascuno degli anelli metallici nei quali si infilano gli agugliotti del timone [*ill. Barca*].

femmineo [-mì-] *agg.* di, da donna: *vesti femminee.*

femminile *agg.* **1** di, da femmina: *sesso —; genere —,* una delle classi del genere grammaticale **2** di, da donna: *la grazia — // s.m.* (*gramm.*) il genere femminile.

femminilità *s.f.invar.* l'indole, le qualità proprie della donna.

femminino *agg.* femminile, caratteristico della donna: *astuzia femminina.*

femminismo [-ʃmo] *s.m.* movimento che tende a far riconoscere l'uguaglianza giuridica, politica e sociale della donna rispetto all'uomo.

femminista *agg.* [pl.m. *-i*] del femminismo, che riguarda il femminismo; di femministe: *pratica —; manifestazione — // s.m.* e *f.* seguace del femminismo.

femminuccia [-nùc-] *s.f.* (*spreg.*) donna di animo debole; si dice anche di un uomo debole, pauroso, irresoluto.

femorale *agg.* (*anat.*) del femore.

femore [fè-] *s.m.* (*anat.*) osso della coscia, il più lungo del corpo umano [*ill. Corpo*].

fendente [-dèn-] *s.m.* colpo di sciabola vibrato di taglio.

fendere [fèn-] *v.tr.* (pres. *io fèndo ecc.*; pass.rem. *io fendéi* o *fendètti ecc.*; p.pass. *fésso*] **1** dividere in due parti: *— un tronco.* SIN. *spaccare* **2** solcare; attraversare una massa densa.

fendinebbia [-néb-] *s.m.* e *agg.invar.* si dice di fari per veicoli capaci di dare una certa visibilità anche con la nebbia.

fenditura *s.f.* effetto del fendere o del fendersi; spacco. SIN. *spaccatura, fessura, crepa.*

fenice *s.f.* **1** uccello favoloso dell'Arabia che ogni cinquecento anni si lasciava bruciare su un rogo per poi rinascere dalle proprie ceneri **2** (*fig.*) persona o cosa rarissima.

fenicio [-nì-] *agg.* dell'antica Fenicia *// s.m.* **1** abitante dell'antica Fenicia **2** la lingua fenicia.

fenico [fè-] *agg.* (*chim.*) si usa nella denominazione *acido —,* nome comune del fenolo.

fenicottero [-còt-] *s.m.* grosso uccello dalle penne rosate, con ali rosse, gambe e collo lughissimi, becco lungo e incurvato, piedi palmati; vive nelle acque basse e salmastre (*fam.* Fenicotterídi).

fenilchetonuria [-nù-] *s.f.* stato patologico ereditario, in cui la mancanza di un enzima porta lentamente a una grave deficienza mentale.

fenolo [-nò-] *s.m.* (*chim.*) derivato ossigenato del benzolo, cristallino, usato nell'industria chimica e farmaceutica e, in soluzione, come disinfettante.

fenomenale *agg.* che ha qualità di fenomeno (spesso *fig.* generalmente in senso positivo ed enfatico); eccezionale. SIN. *straordinario.*

fenomenico [-mè-] *agg.* [pl.m. *-ci*] di fenomeno, nel senso filosofico e scientifico.

fenomenismo [-ʃmo] *s.m.* (*fil.*) dottrina che fa considerare la sola realtà degli esseri nelle loro manifestazioni, come sono colte dall'esperienza.

fenomeno [-nò-] *s.m.* **1** tutto ciò che si manifesta all'esperienza umana ed è soggetto a indagine sperimentale **2** ogni manifestazione o serie di fatti che presenti caratteri individuabili e interessanti: *— dell'emigrazione* **3** (*fam.*) persona, animale o cosa dotata di qualità eccezionali: *quel cane è un vero —* !

fenomenologia [-gì-] *s.f.* (*fil.*) concezione fondata sulla descrizione di un insieme di fenomeni, ossia delle manifestazioni di una determinata realtà, quali si presentano all'esperienza, nel tempo e nello spazio.

fenotipo *s.m.* in genetica, complesso delle caratteristiche esteriori, morfologiche, di un organismo.

ferace *agg.* (*lett.*) fertile.

feracità *s.f.invar.* (*lett.*) qualità di ciò che è ferace.

ferale *agg.* (*lett.*) di morte; funesto.

feretro [fè-] *s.m.* bara.

feria [fè-] *s.f.* **1** nel calendario ecclesiastico, ogni giorno della settimana che non sia sabato o domenica **2** *pl.* serie di giorni di riposo, il periodo delle vacanze.

feriale *agg.* si dice di giorno non festivo.

ferimento [-mén-] *s.m.* atto, effetto del ferire.

ferino *agg.* di fiera; feroce / *dente —,* il primo molare inferiore e l'ultimo premolare superiore dei carnivori.

ferire *v.tr.* [*io ferisco, tu ferisci ecc.*] **1** produrre una ferita / *senza colpo —,* senza battagliare **2** (*fig.*) colpire fastidiosamente; recare offesa o dolore.

ferita *s.f.* **1** lacerazione della cute o dei tessuti a seguito di ferimento: *prodursi una —* **2** (*fig.*) dolore morale: *riaprire una —.*

ferito *agg.* e *s.m.* che, chi ha riportato una o più ferite.

feritoia [-tó-] *s.f.* **1** apertura di piccole dimensioni praticata nei muri di torri, fortezze o nelle trincee, per tirare contro il nemico [*ill. Castello*] **2** analoga apertura per l'aerazione e l'illuminazione di locali sotterranei.

feritore [-tó-] *s.m.* [f. *-trice*] chi ferisce.

ferma [fér-] *s.f.* **1** periodo di tempo che un militare deve passare sotto le armi **2** nella caccia, l'immobilizzarsi del cane per avvertire il cacciatore della presenza della preda.

fermacarte *s.m.invar.* oggetto di un certo peso che si appoggia sui fogli perché non si disperdano.

fermaglio [-má-] *s.m.* qualsiasi cosa, in forma di fibbia, spilla, gancio, che serva a tenere uniti oggetti staccati o sciolti.

fermapiedi [-piè-] *s.m.invar.* staffa che nel pedale della bicicletta, spec. da corsa, impedisce al piede di scivolare.

fermare *v.tr.* [*io férmo ecc.*] **1** arrestare il moto di qlcu. o qlco. (anche *fig.*): *mi ha fermato per strada; — il motore; non si può —; — il corso della storia* **2** rendere saldo, fissare: *— un bottone, una porta / — l'attenzione, il pensiero su qlco.,* (*fig.*) esaminarla accuratamente **3** operare un fermo di polizia **4** sospendere la validità di un titolo di credito: *— un assegno* **5** prenotare: *— una camera; — una poltrona a teatro // v.intr.,* **-arsi** *v.rifl.pron.* cessare di procedere: *il treno ferma (si ferma) a tutte le stazioni.*

fermata *s.f.* **1** atto, effetto del fermare o del fermarsi **2** luogo in cui si fermano, lungo il proprio tragitto, i mezzi di trasporto pubblici.

fermentare *v.intr.* [*io ferménto ecc.*] **1** essere in fermentazione **2** (*fig.*) essere in fermento, in agitazione *// v.tr.* produrre fermentazione.

fermentativo *agg.* atto a fermentare o a produrre una fermentazione.

fermentato *agg.* che ha subito un processo di fermentazione.

fermentazione [-zió-] *s.f.* **1** trasformazione chimica della materia organica, provocata dai *fermenti* mediante sostanze da essi prodotte **2** (*fig.*) processo di cambiamento; agitazione, instabilità.

fermento [-mén-] *s.m.* **1** microrganismo capace di provocare la fermentazione delle sostanze organiche senza prendervi parte **2** (*fig.*) agitazione, inquietudine. SIN. *subbuglio*.

fermezza [-méz-] *s.f.* **1** l'essere fermo, saldo (spec. *fig.*): — *d'animo*; — *di propositi.* SIN. *costanza* **2** risolutezza, decisione.

fermio [fèr-] *s.m.* elemento chimico radioattivo transuranico artificiale (Fm; *n.at.* 100).

fermione [-mió-] *s.m.* (*fis.*) denominazione di tutte le particelle descrivibili con la teoria statistica di Fermi-Dirac.

fermo [fèr-] *agg.* **1** che non si muove: *il treno è — in stazione.* SIN. *immobile* **2** (*fig.*) perseverante in un proposito: *è — nel suo rifiuto.* SIN. *costante, tenace, saldo* **3** risoluto, deciso: *parlava con voce ferma* **4** sicuro, stabilito: *è mia ferma opinione che si debba andare*; *resta — che ci si veda giovedì / ho per —*, per certo **5** che ristagna; poco attivo: *un mercato —* // *s.m.* **1** ogni oggetto per fermare, trattenere qlco. **2** sospensione della validità di un titolo di credito: *mettere il — a un assegno* **3** il trattenere in questura una persona per accertamenti da parte della polizia, senza intervento della magistratura.

fermoposta [-pò-] *agg.* e *s.m.invar.* si dice di servizio postale per cui la corrispondenza è ritirata dal destinatario presso l'ufficio postale d'arrivo // *avv.* per mezzo del servizio suddetto: *spedire —.*

fernet [-nèt] *s.m.invar.* liquore amaro digestivo, a base di erbe e radici®.

fero [fè-] *agg.* (*poet.*) fiero.

feroce [-ró-] *agg.* crudele: *un — tiranno / belve feroci*, quelle che aggrediscono l'uomo. SIN. *atroce, disumano*.

ferocia [-rò-] *s.f.* [pl. *-cie*] l'essere feroce. SIN. *crudeltà*.

ferodo [-rò-] *s.m.* materiale con forte potere d'attrito, per guarnire dischi d'innesto, ceppi di freni ecc.®.

ferraccio [-ràc-] *s.m.* ferro fuso non raffinato.

ferraglia [-rà-] *s.f.* insieme di rottami di ferro.

ferragosto [-gó-] *s.m.* la festa dell'Assunzione (15 agosto); per estens., i giorni centrali di agosto, tradizionalmente dedicati alle vacanze.

ferraio [-rà-] *agg.* che lavora il ferro, nell'espressione *fabbro —.*

ferraiolo [-iò-] *s.m.* mantello a ruota, largo e non molto lungo.

ferrame *s.m.* insieme di pezzi di ferro.

ferramento [-mén-] *s.m.* [pl.m. *-i*; pl.f. *-a*] oggetto di ferro che serve come sostegno, guarnizione.

ferrare *v.tr.* [*io fèrro ecc.*] munire di ferro o di ferri: — *un cavallo.*

ferrarese [-ré-] *agg.* di Ferrara // *s.m.* e *f.* abitante di Ferrara.

ferrata *agg.* e *s.f.* si dice di via alpinistica su roccia attrezzata con infissi diversi.

ferrato *agg.* **1** munito di ferro: *strada ferrata*, con rotàie e guide in ferro; ferrovia **2** (*fig.*) che ha cognizioni molto profonde e sicure: *è — in matematica.*

ferratura *s.f.* atto, effetto del ferrare cavalli o animali simili; l'insieme dei ferri applicati agli zoccoli di tali animali.

ferreo [fèr-] *agg.* **1** di ferro **2** (*fig.*) robusto, tenace; che non cede, rigido: *volontà ferrea.*

ferretto [-rét-] *s.m.* terreno di colore rossastro, ricco di ferro.

ferriera [-riè-] *s.f.* **1** stabilimento in cui si lavora il ferro **2** miniera di ferro.

ferrigno *agg.* simile al ferro; che ha colore o sapore di ferro.

ferrite *s.f.* **1** (*min.*) modificazione allotropica del ferro puro **2** ossido di ferro combinato con metalli, usato spec. in elettronica.

ferro [fèr-] *s.m* **1** elemento chimico (Fe; *n.at.* 26; *p.at.* 55,847); metallo grigio-argenteo, tenero, duttile, magnetico, costituente principale dell'acciaio / *stomaco di —*, che digerisce molto bene / *un ministro di —*, energico, autoritario / *essere in una botte di —*, al sicuro / *toccar —*, per scaramanzia / *prov.*: *il — va battuto quando è caldo*, bisogna approfittare del momento opportuno **2** oggetto di ferro; per estens., oggetto metallico: *aprire una serratura con un — / — da stiro*, arnese per stirare, costituito da una piastra metallica che viene riscaldata, e da un manico fisso / — *da calza*, lungo ago che serve per lavorare a maglia / *i ferri del mestiere*, gli strumenti che servono a un determinato lavoro / *essere sotto i ferri del chirurgo*, essere sottoposto a un intervento operatorio / — *di cavallo*, piastra metallica a forma di U che si fissa sotto lo zoccolo di equini o bovini; *a — di cavallo*, si dice di oggetti disposti a semicerchio / *ai ferri*, si dice di cibo cotto sulla graticola **3** (*lett.*) arma da taglio / *venire ai ferri corti*, venire a contrasto vivo e deciso / *mettere a — e fuoco*, saccheggiare **4** *spec.pl.* catena per i carcerati.

ferrolega [-lé-] *s.f.* lega di ferro con altri metalli.

ferromagnetico [-gnè-] *agg.* [pl.m. *-ci*] dotato di ferromagnetismo.

ferromagnetismo [-ʃmo] *s.m.* proprietà di alcune sostanze (ferro, nichel) di magnetizzarsi in modo sensibile.

ferromodellismo [-ʃmo] *s.m.* l'attività di costruire e far funzionare modelli ferroviari in scala.

ferroso [-ró-] *agg.* relativo al ferro, composto con ferro: *materiali ferrosi.*

ferrovecchio [-vèc-] *s.m.* [pl. *ferrivecchi*] attrezzo o macchina invecchiato, in disuso; per estens., cosa o persona vecchia, superata, inutilizzabile.

ferrovia [-vì-] *s.f.* strada provvista di binari; per estens., l'insieme dei treni e dei trasporti su treni.

ferroviario [-vià-] *agg.* che riguarda le ferrovie: *materiale —; stazione ferroviaria.*

ferroviere [-viè-] *s.m.* chi presta servizio nelle ferrovie.

ferruginoso [-nó-] *agg.* (*chim.*) che contiene sali di ferro: *acqua ferruginosa.*

ferry-boat [*ingl.*; *pr.* fèri-bóut] *s.m.* nave attrezzata per trasportare convogli ferroviari o veicoli stradali.

fertile [fèr-] *agg.* che produce molto (anche *fig.*): *terreno —; ingegno —*, ricco di idee, di opere. SIN. *fecondo.* CONTR. *sterile.*

fertilità *s.f.invar.* **1** l'essere fertile **2** capacità produttiva di un terreno.

fertilizzante [-liʒʒan-] *agg.* e *s.m.* si dice di sostanza o prodotto che serve ad aumentare la fertilità del terreno.

fertilizzare [-liʒʒa-] *v.tr.* rendere fertile.

fertilizzazione [-liʒʒazió-] *s.f.* atto, effetto del fertilizzare.

fervente [-vèn-] *agg.* ardente, intenso.

fervere [fèr-] *v.intr.dif.* [pres. *io fèrvo, tu fèrvi ecc.*; pass.rem. *io fervéi* o *fervètti ecc.*; manca il p.pass.] **1**

ferrovia

Impianti del traffico e dell'esercizio: 1 *massicciata,* 2 *scartamento,* 3 *controrotaia,* 4 *traversa,* 5 *rotaia,* 6 *binario morto,* 7 *binario di manovra,* 8 *scambio,* 9 *respingenti,* 10 *banchina,* 11 *scalo merci,* 12 *piattaforma girevole,* 13 *sagoma di carico,* 14 *segnale luminoso,* 15 *posto di blocco,* 16 *semaforo,* 17 *binari di corsa,* 18 *marciapiede,* 19 *sottopassaggio,* 20 *pensilina.*

→

Ferrovia

ferrovia militare, privata, metrò, pubblica (*statale, in concessione*); principale, secondaria, internazionale, nazionale, regionale, locale, suburbana, metropolitana; a scartamento normale, a scartamento ridotto, economica, a binario semplice, a doppio binario, a quadruplo binario; ad aderenza naturale, a cremagliera, mista, sospesa; a trazione indipendente, a trazione elettrica.

■ SEDE STRADALE E ARMAMENTO: letto di ghiaia, binario (*semplice, doppio, pari, dispari, di raccordo*), interbinario, massicciata, monorotaia, rotaie (*arpione, chiavarda, giunto, guida, piede, testa*), scambio o deviatoio (*ago, controago, controrotaia, placca movibile*), tracciato, traversa • biforcazione, cantoniera, diramazione, galleria, incrocio, passaggio a livello (*custodito, incustodito, automatico*), rete, scarpata, strada ferrata, traforo, tronco, viadotto • linea di alimentazione (*aerea, sotterranea*), corda portante, isolatori, filo di contatto, linea di contatto a terza rotaia, sostegno • segnalazione acustica, avvisatore, avviso, bandiera, campana, campanello, cornetta, segnalazione (*di entrata, di protezione, di rallentamento, di soccorso, di uscita*), disco (*arancione, bianco, rosso, verde*), faro, fendinebbia, fischio, segnalazione ottica, petardo, preavviso, quadrato, segnale fisso e mobile (*di scambio, di via libera, di via impedita*), lampisteria, semaforo (*antenna, alette*).

■ STAZIONE: di alimentazione, di smistamento, di testa, in prosecuzione, marittima, principale, secondaria • biglietteria, caffè-ristorante, chiosco dei giornali, deposito dei bagagli a mano, entrata, uscita, magazzino delle merci, polizia ferroviaria, pronto soccorso, sala d'aspetto, tabellone arrivi e partenze, telefono, telegrafo • barriera, binario (*di corsa, d'incrocio, di manovra, morto*), deposito delle locomotive, disco girevole o piattaforma, marciapiede o banchina, montacarichi, palette, paraurti, passerella, pensilina, piano caricatore, ponte delle segnalazioni, posto di blocco, rifornitore, gru idraulica, scalo merci, sovrappasso, sottopassaggio, terminal, tettoia.

■ MATERIALE MOBILE O ROTABILE: automotrice, bagagliaio e ambulante postale, carro (*aperto, chiuso, cisterna, gru, merci*), carrozza o vagone (*letto, passeggeri, ristorante*), container, contenitore, elettrotreno, locomotiva (*elettrica, a vapore*), locomotore, navetta, pianale con garitta, tender, treno.

■ ESERCIZIO: circolazione dei treni, trasporto (*del bagaglio, delle merci, dei viaggiatori*), treno (*locale, diretto, espresso, rapido, speciale, viaggiatori, merci, misto, ospedale, blindato*).

■ PERSONE: autoferrotranvieri, capocompartimento, ispettore, capomovimento, caposervizio, applicato, capoconvoglio o capotreno, capodeposito, capostazione, conduttore, controllore, gestore, sorvegliante, accenditore, cantoniere o casellante, deviatore o scambista, frenatore, fochista, guardabarriere, guardamerci, guardasala, lampista, personale viaggiante, macchinista, manovratore, portabagagli, verificatore.

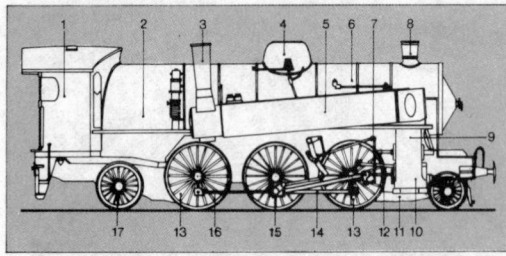

ferrovia

Locomotiva a vapore: 1 *cabina del macchinista,* 2 *focolare,* 3 *ciminiera,* 4 *duomo,* 5 *recuperatore di calore,* 6 *caldaia,* 7 *meccanismo di distribuzione,* 8 *fumaiolo,* 9 *distributore,* 10 *cilindro motore,* 11 *carrello,* 12 *asta dello stantuffo,* 13 *ruote accoppiate,* 14 *biella motrice,* 15 *ruota motrice,* 16 *biella di accoppiamento,* 17 *ruota portante.*

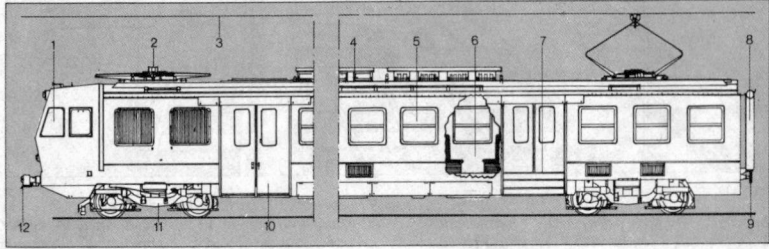

Elettromotrice:

1 *cabina,* 2 *pantografo,* 3 *linea di contatto,* 4 *resistori di frenatura,* 5 *finestrino,* 6 *scompartimento,* 7 *piattaforma,* 8 *intercomunicante,* 9 *respingente,* 10 *porte,* 11 *carrello motore,* 12 *sistema di aggancio.*

(*lett.*) essere ardente, cocente; ribollire come un liquido: *ferve il sole nel meriggio; il vino ferve nei tini* **2** (*fig.*) esser nel pieno dell'ardore, dell'attività: *ferve il lavoro; fervono i preparativi.*

fervido [fèr-] *agg.* ardente, caloroso: *fervidi auguri.*

fervore [-vó-] *s.m.* **1** ardore, intensità di sentimenti: *pregare con —* **2** periodo di grande attività: *nel — degli studi.*

fervorino *s.m.* **1** breve e fervido discorso religioso per suscitare sentimenti di devozione **2** (*scherz.*) breve discorso per stimolare qlcu. a far bene.

fervoroso [-ró-] *agg.* che ha molto fervore, che è molto fervido: *fervorose raccomandazioni.*

ferzo [fèr-] *s.m.* ciascuno dei teli della vela [*ill. Barca*].

fesa [fé∫a] *s.f.* (*region.*) taglio di carne nella coscia del bue o del vitello.

fescennino *s.m.* presso gli antichi latini, rozzo canto di origine agreste, di tono licenzioso e salace, che s'improvvisava nelle cerimonie nuziali.

fesso [fè-] *agg.* **1** spaccato, tagliato, incrinato / *suono —,* il suono che dà, se percosso, un vaso incrinato **2** (*volg.*) sciocco, imbecille // *s.m.* **1** fessura **2** (*volg.*) uomo sciocco, imbecille / *fare — qlcu.,* ingannarlo.

fessura *s.f.* apertura stretta, lunga e sottile. SIN. *fenditura, spaccatura, crepa.*

festa [fè-] *s.f.* **1** giorno in cui ricorre una solennità religiosa o civile: *santificare la —; — nazionale / feste mobili,* quelle del ciclo pasquale che non cadono ogni anno nello stesso giorno / *— di precetto,* quella in cui vige per i cattolici l'obbligo di assistere alla messa / *le Feste,* quelle di Natale e Capodanno / *parare a —,* ornare, spec. locali, ambienti: *il paese era parato a —, sonare a —,* sonare le campane con ritmo festoso **2** (*fam.*) onomastico, compleanno, ricorrenza; vacanza: *la — della zia; la — dei lavoratori / far —,* non lavorare, non andare a scuola **3** le cerimonie, gli apparati, gli atti che si fanno per celebrare una festività oppure per manifestare esultanza o per divertimento: *fare gran —; andare a una —; una — danzante; la — delle matricole / guastare una —,* non partecipandovi o portandovi tristezza / *far —,* divertirsi / *far — a qlcu.,* accoglierlo festosamente / *far la — a qlcu.,* ucciderlo.

festaiolo [-iò-] *agg.* amante delle feste // *s.m.* chi sovrintende a una festa o partecipa all'organizzazione di essa.

festante *agg.* lieto; esultante.

festeggiamento [-mén-] *s.m.spec.pl.* il festeggiare; serie, insieme di feste: *i festeggiamenti per un ospite illustre.*

festeggiare *v.tr.* [*io festéggio, tu festéggi ecc.*] **1** celebrare con festa: *festeggeremo il tuo compleanno* **2** far festa per qlcu.; accogliere in modo festoso: *abbiamo festeggiato gli sposi.*

festevole [-stè-] *agg.* lieto e festoso.

festino *s.m.* festa solenne con ballo, trattenimento ecc.

festival [fè-] *s.m.invar.* **1** serie, spec. se periodica, di manifestazioni teatrali, musicali o cinematografiche **2** festa popolare, spec. se organizzata da forze politiche.

festività *s.f.invar.* giorno di festa civile o religiosa, spec. se implica riposo dal lavoro, chiusura di negozi ecc.

festivo *agg.* **1** di festa, che si fa nelle feste: *giorno, riposo —* **2** (*lett.*) giocondo, festoso.

festone [-stó-] *s.m.* **1** motivo ornamentale composto di foglie, fiori e altro, che si appende ad arco **2** fregio architettonico di stucco o altro, a forma di festone **3** ricamo o guarnizione che imita il motivo del festone.

festosità *s.f.invar.* l'essere festoso.

festoso [-stó-] *agg.* che fa festa; che dimostra allegrezza: *grida festose.* SIN. *gioioso.*

festuca *s.f.* **1** fuscello di paglia **2** pianta erbacea con foglie lineari e spighette verdastre raccolte in pannocchie (*fam.* Graminacee).

fetale *agg.* (*med.*) del feto: *posizione —*, quella rannicchiata, tipica del feto.

fetente [-tèn-] *agg.* puzzolente; che emana fetore.

feticcio [-tìc-] *s.m.* **1** essere inanimato che si ritiene dotato di forza magica ed è oggetto di culto presso certi popoli **2** (*fig.*) persona o cosa che sia oggetto di culto acritico o di stima esagerata.

feticismo [-fmo] *s.m.* **1** forma di religiosità che implica il culto dei feticci **2** (*fig.*) la caratteristica di chi è feticista.

feticista *agg.* e *s.m.* [pl.m. *-i*] **1** di, del feticismo: *religione —* **2** (*fig.*) che, chi ha un eccessivo e acritico rispetto per date persone o cose **3** (*fig.*) che, chi è attratto sessualmente da particolari oggetti piuttosto che dalla persona che li possiede o li indossa.

fetido [fè-] *agg.* che puzza, che manda fetore.

feto [fè-] *s.m.* il prodotto del concepimento dal momento in cui assume le caratteristiche della specie sino alla nascita.

fetore [-tó-] *s.m.* puzzo intenso e disgustoso.

fetta [fét-] *s.f.* **1** pezzo di cibo o altro, tagliato largo e sottile: *una — di torta; tagliare a fette* **2** (*fig.*) parte lunga e stretta di qlco.: *si vede una — di luna* **3** (*region.*) piede.

fettuccia [-tùc-] *s.f.* [pl. *-ce*] nastro usato per orlature, guarnizioni, rinforzi ecc.

fettuccine *s.f.pl.* denominazione romanesca delle tagliatelle.

feudale *agg.* del feudo, relativo al feudo.

feudalesimo [-léʃi-] *s.m.* nel medioevo, sistema politico, economico e sociale basato sul feudo.

feudatario [-tà-] *s.m.* **1** il titolare di un feudo **2** (*fig.*) ricco proprietario terriero.

feudo [fèu-] *s.m.* **1** nel medioevo, territorio dato in beneficio dal sovrano ai suoi principali sostenitori (*feudatari*) con l'obbligo di prestazioni militari e di tributi: *dare, ricevere in —* **2** per estens., grande proprietà terriera; territorio, ambiente, organizzazione nei quali il potere è monopolio di uno o di pochi personaggi.

feuilleton [*franc.*; *pr.* fëï(e)tòn] *s.m.* **1** in un giornale, sezione dell'ultima pagina in cui si pubblica una puntata di romanzo **2** romanzo patetico e lacrimoso.

fez [fèz] *s.m.invar.* berretto rosso a tronco di cono, con nappa che pende dal mezzo, caratteristico dei turchi e di altri popoli del Mediterraneo; copricapo analogo dei bersaglieri, e un tempo della milizia fascista.

fiaba *s.f.* **1** racconto fantastico, in prosa, di origine popolare. SIN. *favola* **2** (*fig.*) fandonia, panzana.

fiabesco [-bé-] *agg.* [pl.m. *-chi*] da fiaba; fantastico.

fiacca *s.f.* **1** spossatezza, stanchezza; lentezza negli atti e nelle parole: *avere la —; battere la —*, fare le cose svogliatamente e lentamente. SIN. *fiacchezza, svogliatezza.*

fiaccare *v.tr.* [*io fiacco, tu fiacchi* ecc.] **1** privare delle forze; indebolire: *la lunga malattia lo ha fiaccato.* SIN. *spossare* **2** spezzare piegando o sforzando: *— un ramo.*

fiaccheraio [-rà-] *s.m.* conducente di una vettura pubblica a cavalli.

fiacchere [fiàc-] *s.m.* (*region.*) → **fiacre**.

fiacchezza [-chéz-] *s.f.* l'essere fiacco; senza forze.

fiacco *agg.* [pl.m. *-chi*] privo di vigore (anche *fig.*). SIN. *debole, svogliato.*

fiaccola [fiàc-] *s.f.* lume portatile a fiamma libera, di solito resistente al vento; torcia.

fiaccolata *s.f.* sfilata con fiaccole.

fiacre [*franc.*; *pr.* fiàcr] *s.m.* (*antiq.*) vettura di piazza a cavalli.

fiala *s.f.* piccolo contenitore ermetico di vetro, di forma cilindrica, per medicinali liquidi o profumi.

fiamma *s.f.* **1** lingua luminosa di gas in combustione che si leva da ciò che arde (anche *fig.*): *la casa fu distrutta dalle fiamme; dare alle fiamme*, bruciare; *un paese in fiamme*, sconvolto dalla guerra, dalla rivoluzione **2** in molte frasi e modi di dire, indica calore e color rosso vivo e brillante: *un cielo di —*; *sentir le fiamme al viso*, arrossire; *far fuoco e fiamme*, agitarsi, scaldarsi per qlco. **3** passione ardente; (*schez.*) persona amata: *la — dell'amore*; *la mia — è partita* **4** *spec.pl.* mostrine a due o tre punte di alcuni reparti militari; i militari che le portano: *le Fiamme gialle*, i finanzieri **5** bandiera triangolare stretta e lunga, con i colori nazionali, portata dalle navi da guerra.

fiammante *agg.* che splende come una fiamma: *rosso —*, rosso vivo / *nuovo —*, nuovissimo.

fiammata *s.f.* fiamma viva e intensa prodotta da materiali molto combustibili.

fiammeggiante *agg.* che manda fiamme (anche *fig.*): *sguardo —* / *gotico —*, stile figurativo in cui i caratteri peculiari del gotico sono esasperatamente accentuati con sviluppo dei motivi decorativi.

fiammeggiare *v.intr.* [*io fiamméggio* ecc.] **1** mandar fiamme (anche *fig.*) **2** risplendere, aver colore rosso.

fiammiferaio [-rà-] *s.m.* (*antiq.*) venditore ambulante di fiammiferi.

fiammifero [-mì-] *s.m.* bastoncino di legno o di carta imbevuto di cera, con un'estremità ricoperta di miscela infiammabile per sfregamento.

fiammingo[1] *agg.* [pl.m. *-ghi*] delle Fiandre, dei Paesi Bassi: *pittura fiamminga // s.m.* **1** abitante, nativo delle Fiandre, dei Paesi Bassi **2** la lingua fiamminga.

fiammingo[2] *s.m.* [pl. *-ghi*] (*zool.*) fenicottero.

fiancata *s.f.* **1** urto dato col fianco **2** parte laterale di un edificio, di un veicolo ecc. **3** tiro simultaneo di cannoni posti su uno stesso fianco della nave.

fiancheggiamento [-mén-] *s.m.* il fiancheggiare; aiuto, appoggio: *— del terrorismo.*

fiancheggiare *v.tr.* [*io fianchéggio* ecc.] **1** stare a fianco o ai fianchi di qlcu. o qlco. **2** sostenere, favorire.

fiancheggiatore [-tó-] *s.m.* [f. *-trice*] chi fiancheggia, favorisce: *i fiancheggiatori del governo.*

fianco *s.m.* [pl. *-chi*] **1** la parte laterale del corpo compresa tra le costole e l'anca / *offrire il —*, esporsi come facile bersaglio **2** parte laterale di qlco.: *attaccare il — dello schieramento nemico / di —*, lateralmente / *— a —*, molto vicino (anche *fig.*).

fiandra *s.f.* qualità pregiata di tela di lino, con disegni damascati.

fiasca *s.f.* fiasco schiacciato, usato come borraccia.

fiaschetteria [-ri-] *s.f.* negozio dove si vende vino al minuto, e lo si serve anche al banco.

fiasco *s.m.* [pl. *-chi*] **1** recipiente di vetro rivestito di paglia, panciuto in basso e sottile al collo; il liquido che esso contiene: *bere un — di vino* **2** (*fig.*) insuccesso, spec. teatrale o sportivo: *far —.*

fiata *s.f.* (*ant.* e *poet.*) volta (in senso temporale).

fiatare *v.intr.* **1** emettere il fiato, respirare **2** (*fig.*) parlare, aprir la bocca per parlare (spec. in espressioni negative): *uscì senza —.*

fiati *s.m.pl.* (*mus.*) termine generico con il quale si indicano gli strumenti sonati per mezzo del fiato.

fiato *s.m.* **1** aria emessa dai polmoni attraverso la bocca e il naso, respirando: *scaldare le mani col* — 2 respiro: *trattenere il* — / *prender* —, riposare un momento / *sprecare il* —, parlare inutilmente / *restare senza* —, restare pieno di meraviglia, allibito ecc./ — *grosso*, respiro affannoso / *strumenti a* —, fiati / *in un* —, *d'un* —, in un attimo, senza riprender fiato: *bere d'un* —; *è corso qui tutto d'un* — / *aver* —, saper resistere a sforzi prolungati 3 (*lett.*) soffio di vento.

fibbia [fìb-] *s.f.* fermaglio di metallo o di altro materiale che serve a tener chiusa la cintura, le scarpe ecc.

fiberglass [*ingl.*; *pr.* faibaglàas] *s.m.* vetroresina.

fibra *s.f.* 1 singolo filamento di tessuti animali e vegetali, costituito da cellule allungate: — *muscolare, nervosa* / — *del legno*, struttura del legno / *fibre tessili*, sostanze filamentose naturali o artificiali capaci di fornire fili continui 2 materiale simile al cartone, ma più robusto e impermeabile: *valigia di* — 3 (*fig.*) costituzione fisica 4 — *ottica*, sostanza trasparente usata come guida di radiazioni luminose, intrappolatevi a causa della riflessione totale.

fibrillazione [-zió-] *s.f.* (*med.*) alterazione dell'attività cardiaca.

fibrina *s.f.* (*biol.*) sostanza proteica bianca, filamentosa, che si forma nel sangue durante la coagulazione.

fibrinogeno [-nó-] *s.m.* (*biol.*) sostanza proteica presente nel plasma del sangue, che trasformandosi in fibrina ne determina la coagulazione.

fibroma [-brò-] *s.m.* [pl. *-i*] (*med.*) tumore benigno del tessuto connettivo.

fibroso [-bró-] *agg.* che contiene o è costituito da fibre.

fibula [fì-] *s.f.* (*anat.*) osso della gamba parallelo alla tibia; perone.

fica *s.f.* (*region.volg.*) vulva.

ficcanaso *s.m.* [pl. *ficcanasi* o *ficcanaso*] e *f.* [pl. *ficcanaso*] chi suole immischiarsi nelle faccende altrui. SIN. *curioso, indiscreto.*

ficcare *v.tr.* [*io ficco, tu ficchi ecc.*] spingere dentro con forza; mettere dentro (anche *fig.*): — *un chiodo nel muro*; — *le mani in tasca* / — *gli occhi addosso a qlcu.*, guardarlo con intensità / *ficcarsi una cosa in testa*, incaponirsi in essa / — *il naso in qlco.*, immischiarsi nelle faccende altrui // **-arsi** *v.rifl.* cacciarsi, mettersi, rinchiudersi (anche *fig.*): — *in casa*; — *in un imbroglio.*

fiche [*franc.*; *pr.* fìsc'] *s.f.* gettone usato dai giocatori d'azzardo in sostituzione del denaro.

fichu [*franc.*; *pr.* fisciù] *s.m.* → **fisciù.**

fico *s.m.* [pl. *chi*] 1 albero con rami contorti e foglie large e ruvide (*fam.* Moracee); i frutti veri e propri sono minuscoli acheni contenuti nel ricettacolo carnoso (*siconio*) che si suole invece considerare il frutto; tale frutto, commestibile, dalla polpa zuccherina: — *secco*, seccato al sole o nel forno / *non m'importa, non vale un* —, non m'importa, non vale niente 2 — *d'India*, pianta con fusto e rami carnosi appiattiti e foglie trasformate in spine (*fam.* Cactacee); il frutto di tale pianta, commestibile, dalla polpa gialla, dolce, contenente molti semi.

ficus *s.m.invar.* pianta ornamentale con larghe foglie ovali, lucide (*fam.* Moracee).

fidanzamento [-mén-] *s.m.* atto, effetto del fidanzarsi; periodo in cui si è fidanzati.

fidanzare *v.tr.* promettere in matrimonio // **-arsi** *v.rifl.* scambiarsi la promessa di matrimonio.

fidanzato *s.m.* chi ha scambiato la promessa di matrimonio.

fidare *v.tr.* affidare: *gli fidò le sue cose preziose prima di*

partire // *v.intr.* aver fede, confidare: — *in Dio* // **-arsi** *v.rifl.pron.* 1 aver fiducia / *prov.*: — *è bene, non* — *è meglio* 2 avere il coraggio di fare qlco.

fidato *agg.* si dice di persona di cui ci si può fidare: *amico* —.

fidecommesso [-més-] *s.m.* → **fedecommesso.**

fideismo [-ʃmo] *s.m.* dottrina filosofica secondo cui le supreme verità possono essere conosciute solo per fede, accettando la rivelazione divina, e non con la ragione umana.

fideistico [-i-] *agg.* [pl.m. *-ci*] 1 del fideismo 2 che si basa su fede o fiducia anziché su dati di fatto.

fideiussione [-siò-] *s.f.* (*dir.*) garanzia personale di un terzo per l'eventuale insolvenza del debitore.

fideiussore [-só-] *s.m.* (*dir.*) chi garantisce personalmente il creditore dall'eventuale insolvenza del debitore.

fidente [-dèn-] *agg.* fiducioso.

fido[1] *agg.* fidato. SIN. *fedele* // *s.m.* persona fidata: *venne con i suoi fidi.*

fido[2] *s.m.* limite del credito concesso dalle banche ai propri clienti.

fiducia [-dù-] *s.f.* sentimento di sicurezza che deriva dal confidare senza riserve in qlcu. o qlco. SIN. *credito.* CONTR. *sfiducia.*

fiduciario [-cià-] *agg.* che si basa sulla fiducia // *s.m.* chi svolge un incarico di fiducia.

fiducioso [-ció-] *agg.* che si fida; pieno di fiducia.

fiele [fiè-] *s.m.* [solo *sing.*] 1 bile, liquido giallastro secreto dal fegato che agisce in special modo nella digestione dei grassi: *amaro come il* — 2 (*fig.*) malanimo, acrimonia, rancore.

fienagione [-gió-] *s.f.* l'operazione di raccolta del fieno; il periodo in cui essa avviene.

fienile *s.m.* locale in cui si ripone il fieno.

fieno [fiè-] *s.m.* erba di prato tagliata, essiccata all'aria e conservata per foraggio.

fiera[1] [fiè-] *s.f.* 1 convegno di venditori e compratori che ha luogo periodicamente in determinati luoghi / *di beneficenza*, vendita di oggetti raccolti in dono, il cui ricavato è devoluto ad opere di beneficenza 2 parco di divertimenti / *un fenomeno da* —, strano, mai visto.

fiera[2] *s.f.* bestia selvaggia e feroce.

fierezza [-réz-] *s.f.* l'essere fiero. SIN. *alterezza.*

fieristico [-rì-] *agg.* [pl.m. *-ci*] di fiera, nel senso di esposizione, mercato: *quartiere* —.

fiero [fiè-] *agg.* 1 crudele, violento, spaventoso: *la nave fu colta da una fiera tempesta* 2 austero, dignitoso, audace: *gli dette una fiera risposta.* SIN. *baldo, altero* 3 orgoglioso.

fievole [fiè-] *agg.* debole (detto di suono, voce ecc.) che si sente appena. SIN. *fioco.*

fifa[1] *s.f.* (*fam. scherz.*) paura: *avere* —.

fifa[2] *s.f.* → **pavoncella.**

fifone [-fó-] *s.m.* (*scherz.*) persona piena di paure.

fifty-fifty [*ingl.*; *pr.* fìfti fìfti] espressione che si usa con valore di *avv.* nel senso di «metà per ciascuno, in due parti uguali»: *dividiamo* —.

figa *s.f.* (*region. volg.*) vulva.

figaro [fì-] *s.m.* 1 (*scherz.*) barbiere 2 corta giacca femminile alla spagnola; bolero.

figgere [fig-] *v.tr.* [pres. *io figgo, tu figgi ecc.*; pass.rem. *io fissi, tu figgésti ecc.*; p.pass. *fitto*] (*lett.*) ficcare, attaccare / — *gli occhi su qlcu.*, fissare lo sguardo su di lui.

figliare *v.intr.* partorire (detto di animali).

figliastro *s.m.* il figlio del coniuge vedovo rispetto al nuovo coniuge.

figliata *s.f.* insieme delle bestie nate in un solo parto.

figlio [fi-] *s.m.* **1** il generato rispetto ai genitori (anche nelle specie animali) / — *di papà*, giovane di scarse capacità che riesce nella vita solo per la protezione del padre ricco / *figli di Dio*, gli uomini / — *del popolo*, uomo di modeste origini **2** appellativo affettuoso con cui gli anziani si rivolgono ai giovani e i sacerdoti ai fedeli.

figlioccio [-glòc-] *s.m.* chi è stato tenuto a battesimo o a cresima rispetto a chi l'ha tenuto (*padrino* o *madrina*).

figliolanza *s.f.* l'insieme di tutti i figli.

figliolo [-gliò-] *s.m.* figlio; termine della lingua familiare, usato per esprimere benevolenza anche nei confronti di chi non sia il figlio.

figulina *s.f.* (*rar.*) **1** l'arte del vasaio **2** oggetto di terracotta.

figulinaio [-nà-] *s.m.* (*rar.*) vasaio.

figura *s.f.* **1** forma esteriore di una cosa; in particolare, aspetto del corpo umano: — *tonda, quadrata*; — *snella, tozza* / *far* —, essere appariscente / *far bella, brutta* —, riuscire bene, male; ottenere, o no, apprezzamento e stima. DIM. *figurina, figuretta* **2** (*geom.*) insieme di punti o di linee che delimitano un piano; volume limitato da superfici: — *piana, solida* **3** immagine disegnata, scolpita o dipinta; personaggio di un'opera artistica o letteraria; personaggio storico o anche contemporaneo: *le figure di un libro*; *dipingere una* — *al naturale*; *la* — *di Otello*; *una* — *di primo piano della Rivoluzione francese*; *una* — *secondaria della politica locale* / — *retorica*, nella retorica tradizionale, modo di esprimersi che si discosta dal comune al fine di ottenere una maggiore vivacità di linguaggio **4** posizione che si assume nella danza, nel pattinaggio artistico, nella scherma e simili **5** nel gioco delle carte, ogni carta contraddistinta da una figura; negli scacchi, qualsiasi pezzo superiore al pedone.

figurante *s.m.* e *f.* → **comparsa.**

figurare *v.tr.* **1** rappresentare in figura o con figure: *figurano Nettuno armato di tridente* **2** immaginare: *si figurava di essere perdonato / figurati!* esprime dubbio, incredulità, negazione **3** mostrare, fingere: *figura d'aver compreso tutto // v.intr.* **1** esserci, apparire: *non figura tra i premiati* **2** fare bella figura: *vuole ben* — *in società.*

figurativo *agg.* che rappresenta in figura: *arti figurative*, pittura e scultura.

figurato *agg.* **1** rappresentato con figure **2** che ha figure, immagini: *un libro* — **3** di linguaggio, che si esprime mediante figure retoriche.

figurazione [-zió-] *s.f.* **1** atto, effetto del figurare. SIN. *rappresentazione, descrizione* **2** nella danza, complesso di figure.

figurinista *s.m.* e *f.* [pl.m. -*i*] chi disegna figurini per la moda o per gli spettacoli.

figurino *s.m.* **1** disegno, immagine di uomo o donna indossanti un determinato abito / *essere, sembrare un* —, vestire all'ultima moda, con ricercatezza **2** giornale di moda.

figuro *s.m.* uomo losco, brutto tipo.

fila *s.f.* **1** serie di persone o cose allineate: *stare, mettere, procedere in* —; *una* — *di alberi*; *poltrone di prima* — / *fare la* —, aspettare il proprio turno disponendosi uno dietro l'altro **2** (*fig.*) serie ininterrotta: *una* — *di sventure* / *di* —, di seguito / *fuoco di* —, scarica d'armi da parte di soldati disposti in fila che sparano uno dopo l'altro; (*fig.*) serie incalzante di domande, e simili.

filaccia [-làc-] *s.f.* [pl. -*ce*] filo derivante dalla sfilatura di un tessuto consunto.

filamento [-mén-] *s.m.* [pl.m. -*i*; (*lett.*) pl.f. -*a*] **1** cosa sottile e allungata simile a un filo **2** (*elettr.*) sottilissimo filo di tungsteno che nelle lampadine diventa incandescente al passaggio della corrente [*ill.* Elettrica, energia] **3** (*bot.*) parte inferiore dello stame che sostiene l'antera.

filamentoso [-tó-] *agg.* **1** che ha molti filamenti **2** che ha l'aspetto di filamento.

filanca *s.f.* fibra tessile molto elastica ®.

filanda *s.f.* stabilimento in cui si procede alla filatura delle fibre tessili.

filantropia [-pì-] *s.f.* sentimento di amore per l'umanità che spinge a promuovere l'altrui benessere e felicità.

filantropico [-trò-] *agg.* [pl.m. -*ci*] della filantropia, del filantropo.

filantropo [-làn-] *s.m.* chi esercita la filantropia.

filare[1] *v.tr.* **1** ridurre in filo fibre tessili o altre sostanze: — *la canapa, la seta, lo zucchero* / *il tempo in cui Berta filava*, il bel tempo antico / *prov.*: *chi fila una camicia e chi non fila due*, chi lavora sul serio non sempre è ben ricompensato **2** fare scorrere con lenta regolarità / — *i remi*, smettere di vogare lasciando le pale dei remi a fior d'acqua / — *una nota*, prolungarla variando solo l'intensità // *v.intr.* **1** procedere velocemente; andarsene in tutta fretta: *l'automobile filava sull'autostrada*; *fila via!* **2** (*fam.*) rigar diritto: *con quel maestro gli scolari filano* **3** (*fam.*) amoreggiare.

filare[2] *s.m.* fila di alberi.

filaria [-là-] *s.f.* verme filiforme tropicale, parassita dell'uomo e di altri mammiferi.

filariosi [-riòʃi] *s.f.invar.* malattia tropicale determinata da vermi nematodi (*filarie*).

filarmonico [-mò-] *agg.* e *s.m.* [pl.m. -*ci*] che o chi coltiva la musica orchestrale.

filastrocca [-stròc-] *s.f.* serie lunga e noiosa di parole.

filatelia [-lì-] *s.f.* il collezionare francobolli; l'insieme delle attività a ciò connesse.

filatelico [-tè-] *agg.* [pl.m. -*ci*] attinente alla filatelia // *s.m.* collezionista di francobolli.

filato *agg.* **1** ridotto in fili: *lino* — **2** si dice di un discorso che procede ordinatamente, senza intoppi: *un ragionamento* — // *s.m.* fibra di qualunque materia tessile (lana, lino, canapa ecc.) ridotta in filo.

filatoio [-tó-] *s.m.* **1** macchina che effettua la filatura **2** locale per tale lavorazione.

filatore [-tó-] *s.m.* [f. -*trice*] operaio addetto alla filatura.

filatterio [-tè-] *s.m.* striscia o nastro con versetti sacri che gli ebrei usavano portarsi addosso.

filatura *s.f.* **1** operazione del ridurre in filo una fibra tessile **2** opificio in cui si fila.

filet [*franc.*; *pr.* filé] *s.m.* lavorazione di trina ad ago.

filettaggio [-tàg-] *s.m.* (*tecn.*) → **filettatura.**

filettare *v.tr.* [*io filétto* ecc.] **1** ornare un tessuto con filetti, cordoncini e simili **2** munire di filetti una superficie, spec. la vite o il foro entro cui la vite deve penetrare.

filettatrice *s.f.* macchina utensile per eseguire la filettatura delle viti.

filettatura *s.f.* **1** l'operazione del filettare **2** la parte filettata delle viti [*ill.* Utensili].

filetto [-lét-] *s.m.* **1** strisciolina di stoffa o cordoncino per ornare o fregiare abiti, copricapi, drappi, tessuti ecc.: *una camicetta col* — *rosso*; *il berretto del capitano ha tre filetti* **2** nei bovini e simili macellati, taglio di carne tenera situata sotto i lombi; per estens., in altri animali, parte tenera senza ossa: — *di sogliola* **3** legamento della lingua, frenulo **4** morso per cavalli **5** gioco simile alla dama **6** nell'orologio, la parte in cui è incastrato il vetro **7** (*tip.*) ogni linea che, in una pagina a stampa, separi titoli, colonne tabelle ecc. **8** il sottile tratto di penna con cui, scrivendo, si unisce una lettera all'altra **9** sporgenza elicoidale sul gambo della vite **10** sottile striscia che corre lungo il bordo esterno del violino e di altri strumenti a corda [*ill. Musicali, strumenti*].

filiale¹ *agg.* di, da figlio: *amore* —.

filiale² *s.f.* sezione di una ditta, di un'azienda, distaccata in una località diversa da quella della sede principale.

filiazione [-zió-] *s.f.* **1** il rapporto intercorrente tra i genitori e i figli, in quanto considerato dalla legge **2** (*fig.*) derivazione di qlco. da un'altra.

filibustiere [-stiè-] *s.m.* **1** nome dei pirati che nei secc. XVII e XVIII infestavano i mari dell'America centrale **2** (*fig.*) uomo senza scrupoli; farabutto.

filiera [-liè-] *s.f.* **1** nell'industria tessile, macchina per eseguire la filatura **2** piastra forata usata per la trafilatura dei fili metallici o di materiale plastico **3** utensile con il quale si esegue, a mano, la filettatura delle viti.

filiforme [-fór-] *agg.* sottile come un filo, molto sottile e allungato: *foglia* — [*ill. Foglia*].

filigrana *s.f.* **1** lavoro d'oreficeria fatto di fili d'oro o d'argento variamente intrecciati **2** (*fig.*) lavoro di concezione e di fattura delicata **3** linea o figura che si può vedere guardando in trasparenza certi tipi di carta, i francobolli e le banconote.

filigranato *agg.* si dice della carta che rivela in trasparenza i segni della filigrana, per es. la cartamoneta.

filippica [-lìp-] *s.f.* invettiva, discorso violento contro qlcu.

filippino *agg.* delle isole Filippine // *s.m.* abitante delle Filippine.

filisteo [-stè-] *s.m.* (*spreg.*) persona dalle idee grette e conformiste; borghese.

fillade [fil-] *s.f.* roccia argillosa di tipo metamorfico, scistosa, a struttura cristallina.

fillossera [-lòs-] *s.f.* insetto emittero che arreca gravissimi danni alla vite, distruggendone le radici e le foglie (*fam.* Afidi).

fillotassi *s.f.invar.* (*bot.*) disposizione delle foglie sui rami.

film *s.m.invar.* **1** striscia di celluloide impressionabile usata per cinematografia o fotografia; pellicola **2** opera cinematografica **3** foglio sottile, spec. se avvolto in bobina: *fascicoli racchiusi in — plastico sigillato.*

filmare *v.tr.* riprendere, riprodurre in immagini cinematografiche: — *un avvenimento.*

filmato *agg.* e *s.m.* si dice di documento visivo registrato con mezzi cinematografici.

filmico [fil-] *agg.* [pl.m. *-ci*] di film; cinematografico.

filmina *s.f.* serie di diapositive, riprodotte su un nastro di pellicola, usata spec. per proiezioni didascaliche.

filmografia [-fi-] *s.f.* elenco dei film di un regista, di un attore ecc., o di quelli di un dato genere.

filo *s.m.* [pl.m. *fili*; il pl.f. *fila* si trova solo in talune espressioni] **1** il prodotto della filatura di una fibra tessile, che serve per tessere, cucire, ricamare ecc.; ogni analogo filamento di metallo, di gomma ecc.: *un gomitolo di —; — magnetico; — del telegrafo; il — del discorso,* (*fig.*) l'ordine dello svolgimento d'esso; *le fila d'una congiura,* (*fig.*) la trama / *spiegare qlco. per — e*

per segno, dettagliatamente / *dar del — da torcere a qlcu.,* metterlo in serie difficoltà / *essere ridotto a un —,* magrissimo **2** si dice di ogni cosa che abbia forma di filo: *un — d'erba; un — di perle,* una collana; *un — d'acqua / parlare con un — di voce,* a voce bassissima **3** il taglio di una lama: *il — del rasoio / passare a fil di spada,* trucidare.

filo- [dal gr. *filèo* = *amare*] prefisso (*fil-* davanti a vocale) usato nella composizione di parole indicanti amore, simpatia, buona disposizione verso qlcu. o qlco. (*filosofia, filantropo*).

filobus [fi-] *s.m.invar.* veicolo pubblico montato su ruote gommate e provvisto di motori elettrici alimentati da una doppia linea di fili intervallati.

filodiffusione [-fió-] *s.f.* trasmissione che porta all'utente i programmi della radio per mezzo dei fili telefonici.

filodiffusore [-fó-] *s.m.* apparecchio per l'ascolto dei programmi trasmessi in filodiffusione.

filodrammatico [-mà-] *agg.* [pl.m. *-ci*] si dice di chi recita per diletto // *s.m.* attore dilettante.

filogenesi [-gènesi] *s.f.invar.* la serie delle trasformazioni subite attraverso i secoli dagli organismi vegetali e animali; la scienza che studia tale evoluzione.

filologia [-gì-] *s.f.* lo studio delle lingue e delle letterature, e spec. l'indagine critica dei testi per un'esatta ricostruzione e comprensione dei medesimi: — *classica.*

filologico [-lò-] *agg.* [pl.m. *-ci*] proprio, pertinente alla filologia: *problema* —.

filologo [-lò-] *s.m.* [pl. *-gi*] studioso di filologia.

filoncino *s.m.* pane di forma allungata.

filone [-ló-] *s.m.* **1** massa metallifera o di materiale eruttivo che riempie fenditure della crosta terrestre: — *d'oro* **2** in un corso d'acqua, il punto in cui la corrente è più profonda e veloce **3** forma allungata di pane.

filosofale [-ſo-] *agg.* **1** (*iron.*) da filosofo: *aria* — **2** si dice della pietra che ricercavano gli alchimisti, nella credenza che potesse mutare qualsiasi metallo in oro.

filosofare [-ſo-] *v.intr.* [*io filòsofo ecc.*] dedicarsi alla filosofia, far considerazioni filosofiche: — *sul significato della vita.*

filosofeggiare [-ſo-] *v.intr.* [*io filosoféggio ecc.*] atteggiarsi a filosofo, darsi arie da filosofo.

filosofema [-ſofè-] *s.m.* [pl. *-i*] **1** formula filosofica **2** (*spreg.*) sottigliezza da filosofo, astruseria.

filosofia [-ſofi-] *s.f.* **1** ricerca che si propone di raggiungere una visione generale e comprensiva della realtà, attraverso l'indagine delle ragioni prime d'essa e un'interpretazione unitaria e coerente delle diverse manifestazioni del sapere **2** sistema, indirizzo filosofico: *la — di Platone, di Kant* **3** (*fig.*) serenità d'animo; pazienza, fermezza: *sopportare con — le avversità* **4** idea, modo di vedere la realtà, che determina un comportamento pratico: *la — della nostra azienda.*

filosofico [-ſò-] *agg.* [pl.m. *-ci*] della filosofia, che riguarda la filosofia: *ragionamento* —.

filosofo [-lòſo-] *s.m.* **1** chi si dedica ai problemi della filosofia; studioso di filosofia **2** (*fig.*) chi sopporta con pazienza e fermezza le avversità.

filossera [-lòs-] *s.f.* → **fillossera.**

filovia [-vì-] *s.f.* linea, servizio di filobus; anche, il filobus stesso.

filoviario [-vià-] *agg.* di filovia: *vettura filoviaria.*

filtrabile [-trà-] *agg.* **1** che si può filtrare **2** che può passare attraverso un filtro: *virus* —.

filtrante *agg.* e *s.m.* si dice di materiali capaci di filtrare, di far passare lentamente un liquido: *tessuto* —.

filtrare *v.tr.* **1** far passare un liquido attraverso un filtro **2** (*fig.*) analizzare, far passare con cautela: — *le informazioni.* SIN. *colare* // *v.intr.* **1** penetrare lentamente, a stille; trapelare: *l'umidità filtra dalle pareti*; *il sole filtra dalle fessure* **2** (*fig.*) uscire a poco a poco, o con difficoltà: *la notizia è filtrata dalla questura*.

filtro[1] *s.m.* **1** apparecchio per depurare liquidi o gas mediante un diaframma poroso che ne trattiene le particelle solide: — *dell'aria*, (*aut.*) quello che trattiene il pulviscolo dell'aria prima che questa entri nel carburatore [*ill. Automobile*] **2** rotolino poroso che si mette nel cannello della pipa o all'estremità delle sigarette per trattenere la nicotina: *sigarette con* — **3** (*fot.*) disco di vetro colorato che si pone davanti all'obiettivo per ottenere determinati effetti cromatici **4** (*rad.*) apparecchio che impedisce il passaggio di suoni o rumori che possono disturbare l'audizione.

filtro[2] *s.m.* bevanda che si credeva avesse effetti di magia su chi la beveva.

filugello [-gèl-] *s.m.* baco da seta.

filza *s.f.* **1** serie di cose infilzate o che si seguono una dopo l'altra (anche *fig.*): *una* — *di uccelli allo spiedo*; *una* — *di rimproveri, di errori* **2** fascio di documenti collocati in archivio **3** cucitura a punti piuttosto radi; imbastitura.

fimosi [fimòʃi *o* fimòʃi] *s.f.invar.*(*med.*) restringimento dell'apertura del prepuzio, che non consente al glande di fuoriuscire.

finale *agg.* **1** che sta alla fine, ultimo: *prova, giudizio* —; *la sillaba* — *di una parola* **2** che riguarda il fine, lo scopo: *la causa* — / *proposizione* —, (*gramm.*) quella che indica il fine o lo scopo per cui si compie l'azione della proposizione reggente; ha il verbo al congiuntivo retto dalle cong. *affinché, perché, acciocché, che*; oppure all'infinito retto dalle prep. *per, a, di* (p.e. *vi rimprovero perché impariate a essere onesti*; *corro per non perdere il treno*). SIN. *terminale*. CONTR. *iniziale* // *s.m.* la parte conclusiva di una composizione musicale, di un'opera teatrale, di un gioco ecc.: *il* — *della Tosca, di una corsa ciclistica* // *s.f.* in una gara sportiva, l'incontro definitivo, cui sono ammessi solo i vincitori delle semifinali // **-mente** *avv.* alla fine, da ultimo: — *sei tornato!*

finalismo [-ʃmo] *s.m.* dottrina filosofica secondo la quale tutti gli eventi dell'universo realizzano dei fini posti dalla provvidenza o insiti nella realtà considerata come un tutto armonicamente organizzato.

finalista *agg.* e *s.m.* e *f.* [pl.m. *-i*] si dice del concorrente di una gara sportiva che è ammesso a disputare la finale: *squadra* —.

finalità *s.f.invar.* **1** l'essere ordinato a un fine **2** fine, scopo, intenzione.

finalizzare [-liʒʒa-] *v.tr.* dare a qlco. una finalità; indirizzare: — *i propri sforzi al raggiungimento dell'unità.*

finanche *avv.* (*non com.*) perfino, anche.

finanza *s.f.* **1** le entrate di un'amministrazione pubblica e gli organi che provvedono alla loro riscossione e amministrazione / *ministero delle finanze* / *scienza delle finanze*, studio dei problemi relativi alla finanza pubblica **2** corpo militare che ha il compito di far osservare le leggi finanziarie e fiscali: *guardia di* — **3** *pl.* bilancio privato: *le mie finanze non me lo permettono* / *l'alta* —, i capitalisti.

finanziamento [-mén-] *s.m.* **1** il finanziare **2** la somma a ciò necessaria.

finanziare *v.tr.* [*io finànzio ecc.*] fornire il denaro necessario per una determinata impresa: — *un progetto.*

finanziario [-ʒià-] *agg.* che riguarda le finanze.

finanziatore [-tó-] *agg.* e *s.m.* [f. *-trice*] che o chi finanzia: *il* — *di un'impresa.*

finanziera [-ʒiè-] *s.f.* **1** sorta di abito da cerimonia, lo stesso che *redingote* **2** intingolo a base di interiora di pollo, usato come guarnizione o ripieno.

finanziere [-ʒiè-] *s.m.* **1** esperto nelle cose della finanza; economista; banchiere **2** guardia di finanza.

finca *s.f.* nel linguaggio burocratico, colonna di un registro o di una tabella di dati.

finché *cong. subordinata temporale* fino a quando; si usa per introdurre proposizioni temporali con il verbo al modo indic. o cong. e può essere accompagnata dalla negazione *non* senza assumere valore negativo.

fine[1] *s.f.* **1** punto o momento in cui una cosa cessa di essere, non è più: *la* — *della strada, dello spettacolo*; *ti farò gli auguri a* — *anno* / *essere in fin di vita*, in punto di morte / *alla fin* —, tutto sommato. SIN. *termine*. CONTR. *inizio* **2** risultato, esito, riuscita: *quel ragazzo farà una brutta* — / *che* — *ha fatto la mia matita?*, dov'è la matita che ho smarrito? / *che* — *hanno fatto i miei denari?*, quando me li renderai? / *un'avventura a lieto* — / *s.m.* risultato a cui mira un'azione. SIN. *intento, mira, proposito.*

fine[2] *agg.* **1** sottile, acuto: *uno spago* — *ma resistente* **2** che ha buon gusto, o buone maniere: *un* — *conoscitore d'arte* **3** si dice di merce di buona qualità.

fine-settimana *s.m. o f.invar.* il sabato e la domenica, considerati giorni di riposo dopo i giorni lavorativi.

finestra [-né-] *s.f.* **1** apertura praticata nei muri esterni perimetrali di un edificio, per dare luce e aria all'interno; le imposte che la chiudono: *la* — *guarda sulla piazza* / *uscito dalla porta, è rientrato dalla* —, si dice di chi, mandato via da un posto, vi rientra inaspettatamente e per vie traverse / *buttare i soldi dalla* —, spenderli senza criterio **2** per estens., qualsiasi apertura, buco, pertugio, spec. che mette in comunicazione vani diversi [*ill. alla pag. seguente*].

finestrino *s.m.* la piccola finestra delle carrozze ferroviarie, degli autoveicoli e simili.

finezza [-néz-] *s.f.* **1** qualità di chi è fine. SIN. *raffinatezza, gentilezza* **2** azione cortese.

fingere [fìn-] *v.tr.* [pres. *io fingo, tu fingi ecc.*; pass.rem. *io finsi, tu fingésti ecc.*; p.pass. *finto*] **1** immaginare, rappresentare con la mente: *fingiamo che non sia ancora arrivato* **2** simulare, dissimulare: *fingevo di stare attento* / *assol.* dare a intendere il contrario di quello che si pensa: *tu fingi benissimo* // **-ersi** *v.rifl.* farsi credere: — *pazzo.*

finimento [-mén-] *s.m.* **1** tutto ciò che serve a ornare, abbellire, dare l'ultimo tocco **2** *pl.* bardatura del cavallo.

finimondo [-món-] *s.m.* grande sconquasso accompagnato da turbamento e fracasso (anche *fig.*): *il temporale fu un* —*!*; *udita la verità, fece un* —.

finire *v.intr.* [*io finisco, tu finisci ecc.*] cessare di essere, avere una fine, un esito: *lo spettacolo finisce alle 22*; *il mio orto finisce dov'è quella siepe*; *devi comprare il burro perché è finito*; *tra noi due tutto è finito*; *sul finir dell'estate*, verso la fine / *la cosa non finisce qui!*, si dice per minacciare qlcu. di conseguenze spiacevoli / — *male*, andare in rovina per propria colpa, spec. in senso morale / *a forza di mangiare, finì col fare indigestione* / *prov.: tutto è bene quel che finisce bene*, basta che il risultato sia buono. SIN. *terminare*. CONTR. *cominciare* // *v.tr.* **1** terminare un'opera, completare qlco. *ter-*

finestra

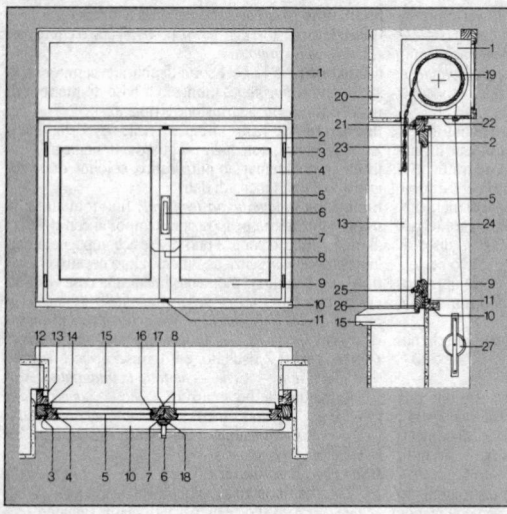

1 *cassonetto*, 2 *telaio a vetri o telaio mobile (traversa superiore)*,
3 *cerniera*, 4 *telaio a vetri o telaio mobile (montante)*, 5 *vetro*,
6 *maniglia*, 7 *cartella interna*,
8 *telaio a vetri o telaio mobile (montanti centrali)*, 9 *telaio a vetri o telaio mobile (traversa inferiore)*,
10 *davanzalino*, 11 *rullino per cremonese*, 12 *mazzetta*, 13 *guida per avvolgibile*, 14 *telarone o telaio fisso (montante)*, 15 *davanzale*,
16 *fermavetro*, 17 *cartella esterna*,
18 *asta cremonese*, 19 *rullo*,
20 *veletta*, 21 *telarone o telaio fisso (traversa superiore)*, 22 *cielino*,
23 *persiana avvolgibile*, 24 *cinghia*,
25 *gocciolatoio*, 26 *telarone o telaio fisso (traversa inferiore)*,
27 *avvolgitore*.

minare, ultimare, esaurire. CONTR. *cominciare* 2 smettere di fare qlco., interrompere: *finisci di giocare e incomincia a studiare / finiscila!*, si dice a chi arreca molestia, per farlo smettere 3 uccidere, spec. chi e già ferito.

finitezza [-téz-] *s.f.* l'essere finito; compiutezza.

finitimo [-ni-] *agg.* confinante, limitrofo.

finito *agg.* 1 che è giunto alla perfezione, alla compiutezza, alla piena efficienza: *ho diciotto anni finiti*; *un artigiano —* 2 che ha perduto ogni energia o speranza: *sono un uomo —* / *è finita*, tutto è perduto 3 che ha limiti: *la sapienza umana è finita, quella di Dio infinita / modi finiti del verbo*, (*gramm.*) quelli che permettono di indicare il tempo, la persona, il numero (p.e. l'indicativo).

finitura *s.f.* il lavoro che porta qlco. alla perfezione voluta: *dare l'ultima — a un vestito*.

finizione [-zió-] *s.f.* finitura, rifinitura; particolare: *finizioni di lusso*.

finlandese [-dé-] *agg.* della Finlandia // *s.m.* 1 abitante della Finlandia 2 la lingua dei finlandesi.

finn *s.m.invar.* piccola barca a vela da regata, planante, con sola randa, per una persona.

fino[1] *prep. impropria* significa estensione da termine a termine, l'ultimo punto, il limite di spazio o di tempo; si adopera davanti ad un avverbio o ad altra preposizione; può essere preceduta da *in* (*infino*) e spesso si tronca in *fin: fin dove; — a quando; fin allora* // *cong. coordinativa copulativa* persino, pure, anche, altresì: *c'erano tutti, — i più lontani abitatori della regione / — a che*, finché.

fino[2] *agg.* 1 sottile, acuto, astuto: *ingegno —* 2 ottimo, squisito, puro: *un anello d'oro —*.

finocchio [-nòc-] *s.m.* 1 pianta erbacea con foglie basali dal picciolo largo e carnoso, bianco e commestibile; i semi sono usati per aromatizzare i cibi (*fam.* Ombrellifere) 2 (*region. volg.*) maschio omosessuale.

finora [-nó-] *avv. di tempo* fino a questo momento.

finta *s.f.* 1 il fingere; atteggiamento non sincero, simulazione: *il suo pentimento è una — / far —*, fingere,

simulare 2 (*sport*) mossa simulata per ingannare l'avversario.

fintantoché *locuz.cong. subordinativa temporale* finché, fino al momento che.

finto *agg.* 1 che non è reale, ma finge una cosa reale; posticcio: *baffi finti; borsa di finta pelle*. SIN. *artificiale, fittizio* 2 che finge; non sincero. SIN. *ipocrita*.

finzione [-zió-] *s.f.* 1 atto, effetto del fingere 2 discorso o azione con cui si finge / *— scenica*, l'illusione della realtà creata dal teatro.

fio *s.m.* si usa solo nella locuz. *pagare il —*, subire la giusta punizione.

fioccare *v.intr.* [*io fiòcco, tu fiòcchi ecc.*] 1 cadere a fiocchi, spec. detto della neve (anche *assol.*) 2 (*fig.*) venir giù, cadere in gran quantità: *fioccavano i rimproveri*.

fiocco[1] [fiòc-] *s.m.* [pl. *-chi*] 1 striscia di stoffa o nastro annodato in modo che i capi rimangano liberi; è usato per lo più come ornamento: *la cintura finisce in un — / con i fiocchi*, magnifico, eccellente: *un pranzo con i fiocchi* 2 batuffolo di lana o simili; bioccolo di neve 3 materia tessile a fibre corte.

fiocco[2] [fiòc-] *s.m.* [pl. *-chi*] (*mar.*) vela triangolare posta a prora dell'imbarcazione [*ill. Barca*].

fiocina [fiò-] *s.f.* arnese da pesca, formato da un'asta di legno o ferro che termina con uno o più uncini, usato per catturare pesci grossi [*ill. Pesca*].

fiocinare *v.tr.* [*io fiòcino ecc.*] colpire, prendere con la fiocina.

fiocinatore [-tó-] *s.m.* [f. *-trice*] pescatore esperto nel lancio della fiocina.

fioco [fiò-] *agg.* [pl.m. *-chi*] debole, fievole, detto di suono o luce.

fionda [fión-] *s.f.* 1 arma da getto antichissima, costituita da due bande di corda o di cuoio e da una tasca in cui collocare il proiettile all'atto del lancio 2 strumento formato da un elastico assicurato alle estremità di un legno biforcuto, con cui i ragazzi lanciano sassi per gioco.

fioraio [-rà-] *s.m.* chi vende fiori.

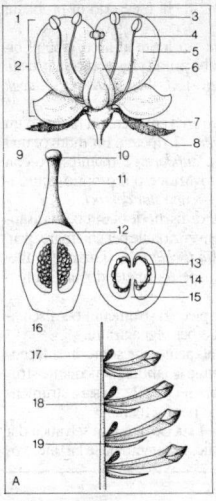

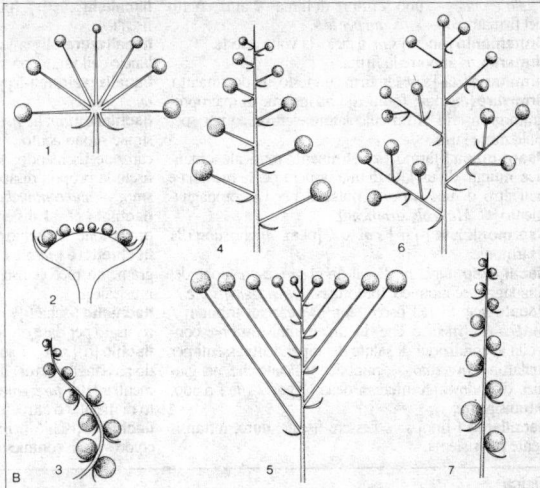

fiore e infiorescenze: A) *Fiore:* 1 *fiore delle angiosperme,* 2 *corolla,* 3 *antera,* 4 *stami,* 5 *petali,* 6 *carpello,* 7 *ricettacolo,* 8 *sepali,* 9 *carpello sezionato,* 10 *stigma,* 11 *stilo,* 12 *ovario,* 13 *embrione,* 14 *placenta,* 15 *diaframma,* 16 *fiore delle gimnosperme,* 17 *embrione,* 18 *squama fruttifera,* 19 *squama protettiva.*
B) *Infiorescenze:* 1 *ombrella,* 2 *capolino,* 3 *amento,* 4 *grappolo o racemo,* 5 *corimbo,* 6 *pannocchia o tirso,* 7 *spiga.*

fiorami *s.m.pl.* usato spec. nella locuz. *a fiorami,* tessuto con un disegno di fiori.

fiordaliso [-ʃo] *s.m.* pianta erbacea dal lungo stelo, con fiori azzurri e foglie lineari, comune nei campi di grano (*fam.* Composite).

fiordo [fiór-] *s.m.* insenatura profonda e angusta, propria di coste alte sottoposte a un'intensa glaciazione [*ill. Costa*].

fiore [fió-] *s.m.* 1 la parte della pianta di forme, colori e odori svariati, che contiene gli organi della riproduzione; per estens., la pianta conosciuta e coltivata per la bellezza del suo fiore: *il — del ciliegio è rosa; mi piace coltivare fiori; essere in —,* essere nel pieno della fioritura; (*fig.*) esser fiorente / *la vita non è tutta rose e fiori,* non è sempre facile e piacevole 2 ciò che c'è di meglio, di più attraente, di più scelto: *il — dell'Orlando Furioso,* le pagine più belle; *fior di latte,* la panna; *il —, il fior — della gioventù studentesca; è un — di ragazza; è un fior di mascalzone,* (*iron.*) è un gran mascalzone / *fior di quattrini,* una gran quantità di denaro 3 (*pl.*) uno dei semi delle carte da gioco francese 4 indica la sommità, la superficie nella locuz. *a fior di: a fior di pelle, a fior d'acqua, a fior di labbra.*

fiorente [-rèn-] *agg.* che è nel pieno del suo rigoglio, del suo sviluppo, della sua bellezza. SIN. *rigoglioso, florido.*

fiorentinismo [-ʃmo] *s.m.* modo proprio del parlare fiorentino.

fiorentino *agg.* di Firenze / *alla fiorentina,* secondo l'uso di Firenze: *costata alla fiorentina* // *s.m.* 1 abitante di Firenze 2 il dialetto, la parlata di Firenze.

fioretta [-rét-] *s.f.* alterazione del vino caratterizzata dalla formazione in superficie di effiorescenze rosee.

fiorettatura *s.f.* ornamento stilistico di un discorso, di uno scritto o di una composizione musicale.

fioretto[1] [-rèt-] *s.m.* 1 il meglio, la miglior qualità / *i fioretti di san Francesco,* le opere più insigni del suo apostolato 2 piccolo, religioso atto di rinuncia.

fioretto[2] [-rèt-] *s.m.* spada sottile e flessibile, senza taglio, con cui si tira di scherma.

fioriera [-riè-] *s.f.* supporto per vasi di fiori.

fiorile *s.m.* nome dell'ottavo mese del calendario rivoluzionario francese.

fiorino *s.m.* antica moneta fiorentina recante impresso il *fiore* (il giglio di Firenze); anche nome di diverse monete coniate in vari stati italiani e stranieri; l'attuale moneta ungherese e olandese.

fiorire *v.intr.* [*io fiorisco, tu fiorisci ecc.*] 1 produrre fiori; essere in fiore: *il pesco fiorisce in primavera.* CONTR. *sfiorire* 2 (*fig.*) essere fiorente, svilupparsi: *i commerci e le arti fioriscono in tempo di pace.* SIN. *prosperare* 3 vivere, operare, detto di artisti, personaggi celebri: *Petrarca fiorì nel Trecento.*

fiorista *s.m. e f.* [pl.m. *-i*] chi vende o coltiva fiori; anche chi fabbrica fiori artificiali.

fiorito *agg.* 1 coperto, pieno di fiori: *giardino —* 2 ornato, elegante, detto di scritto, discorso, opera d'arte.

fioritura *s.f.* 1 il fiorire (anche *fig.*); il tempo in cui una pianta fiorisce; l'insieme dei fiori di una o più piante: *durante la — dei narcisi: una gran — di ingegni* 2 per estens., si dice di eruzione cutanea o simili.

fiosso [fiòs-] *s.m.* la parte convessa della suola della scarpa, presso l'attaccatura del tacco.

fiotto [fiòt-] *s.m.* 1 flutto; lo sgorgare improvviso di un liquido: *un — di sangue* 2 (*fam.*) brontolio.

firma *s.f.* 1 sottoscrizione, con nome e cognome, di uno scritto: *falsificare, apporre la — / far onore alla propria —,* rispettare gli impegni presi / *— in bianco,* quella apposta a un documento non ancora completo

/ *una grande* —, uno scrittore di fama **2** atto, effetto del firmare: *la — è fissata per le 9.*

firmamento [-mén-] *s.m.* il cielo, la volta celeste.

firmare *v.tr.* apporre la firma.

firmatario [-tà-] *s.m.* chi firma un testo, un documento.

firmware [*ingl.*; *pr.* fomuèa] *s.m.* insieme di microprogrammi inseriti in un calcolatore elettronico per specializzarne l'uso.

fisarmonica [-farmò-] *s.f.* strumento musicale a mantice, munito da un lato di una tastiera per la melodia e dall'altro di una serie di pulsanti per l'accompagnamento [*ill. Musicali, strumenti*].

fisarmonicista [-far-] *s.m.* e *f.* [pl.m. *-i*] chi suona la fisarmonica.

fiscal drag [*ingl.*; *pr.* fìscal drèg] *s.m.* espressione del linguaggio economico, tradotta con *drenaggio fiscale.*

fiscale *agg.* **1** del fisco: *reati fiscali*, reati tributari / *medico* —, medico che, in un'amministrazione, controlla le condizioni di salute dei dipendenti assenti per malattia / *avvocato* —, pubblico ufficiale che, nei giudizi, difendeva gli interessi della legge **2** (*fig.*) rigido, intransigente.

fiscalismo [-fmo] *s.m.* l'essere fiscale, duro, intransigente per sistema.

fiscalista *s.m.* e *f.* [pl.m. *-i*] chi è esperto in problemi fiscali.

fiscalizzare [-liʒʒa-] *v.tr.* trasferire al fisco, cioè al bilancio dello stato, oneri che prima gravavano su privati.

fiscalizzazione [-liʒʒazió-] *s.f.* il fiscalizzare: — *degli oneri sociali.*

fischiare *v.intr.* [*io fischio ecc.*] emettere un fischio o un simile suono acuto // *v.tr.* **1** ripetere un motivo, una canzone fischiando. SIN. *zufolare* **2** manifestare con fischi la propria disapprovazione o il proprio entusiasmo: — *una commedia*; — *una star del rock.*

fischiata *s.f.* **1** insieme di fischi di biasimo, di disapprovazione **2** fischio convenzionale per chiamare qlcu.

fischiettare *v.intr.* e *tr.* [*io fischiétto ecc.*] mandare allegramente piccoli fischi, spesso ripetendo un motivo musicale.

fischietto [-schiét-] *s.m.* piccolo strumento per fischiare, usato per dare ordini o per segnalazioni.

fischio [fi-] *s.m.* **1** suono acuto che si produce facendo passare l'aria tra i denti e le labbra, o mediante strumenti adatti: *fare, emettere un* — **2** qualsiasi strumento di metallo o altro, fatto per fischiare.

fischione [-schió-] *s.m.* **1** specie di anitra selvatica dai colori vivaci, commestibile, frequente nelle lagune; vo-

Fisica

acustica, aerodinamica, aerostatica, astrofisica, balistica, biofisica, cibernetica, cinematica, crioelettronica, criofisica, dinamica, diottrica, elettrodinamica, elettrologia, elettromagnetismo, elettronica, elettrostatica, fisica dei solidi, fisica matematica, fluidodinamica, fonometria, idraulica, idrodinamica, idrostatica, magnetismo, magnetofluidodinamica, meccanica, fisica medica, fisica nucleare, ottica, radiologia, radiotecnica, relatività, spettrografia, spettroscopia, statica, statistica, stroboscopia, termodinamica, termoionica, termologia.

■ GRANDEZZE: accelerazione, ammettenza, ampiezza, attenuazione, audiofrequenza, campo, capacità, carica, conducibilità, conduttanza, conduttività, cronotopo, declinazione, densità, durezza, energia, entalpia, entropia, fase, flusso, forza, frequenza, impedenza, indice di rifrazione, induttanza, induzione, intensità, lavoro, massa, mobilità, momento, parallasse, parità, periodo, permeabilità, peso, portanza, portata, potenza, potenziale, reattività, rendimento, resistenza, sfasamento, spin, suscettanza, temperatura, tempo, tensione, timbro, tono, trasparenza, umidità, velocità, viscosità, visibilità.

■ UNITÀ DI MISURA: ampere, amperora, amperspira, angstrom, bar, baria, bel, BeV, caloria, candela, centibar, chilogrammetro, chilotone, chilowattora, ciclo, coulomb, curie, decibel, dina, elettronvolt, erg, eV, farad, fase, fot, GeV, grado, grado centigrado, grammoatomo, grammoequivalente, grammomolecola, hertz, joule, litro, lumen, lux, mach, megahertz, megaton, megatone, MeV, metro, microfarad, micron, millibar, millimicron, nano secondo, oersted, ohm, picofarad, radiante, roentgen, secondo, siemens, stilb, volt, voltampere, voltelettrone, watt, wattora, weber.

■ APPARECCHI: accumulatore, amperometro, amplificatore, anodo, anticatodo, arco, barometro, batteria, betatrone, bilancia, binocolo, bobina, bussola, calcolatrice, calibro, calorimetro, cannocchiale, capillare, catodo, ciclosincrotrone, ciclotrone, circuito, coibente, colorimetro, commutatore, condensatore, conduttore, contafili, contatore, crown, densimetro, diaframma, diapason, dielettrico, dinamometro, diodo, dipolo, elettrodo, elettroforo, elettromagnete, elettrometro, elettroscopio, elettrosincrotrone, eliometro, eudiometro, flint, fonometro, fonorivelatore, fotocatodo, fotocellula, fotoconduttore, fotodiodo, fotometro, fototubo, galvanometro, geiger, giroscopio, goniometro, griglia, igrometro, igrostato, lamina, laser, lente, leva, livella, luxmetro, machmetro, magnete, magnetofono, magnetometro, magnetron, manometro, maser, microfono, micrometro, microscopio, nonio, obiettivo, oculare, ohmmetro, ondoscopio, orologio, oscillografo, oscilloscopio, ottante, pendolo, picnometro, pila, pireliometro, pirometro, polarimetro, potenziometro, pressostato, prisma, protosincrotrone, psicrometro, quadrante, radar, raddrizzatore, reattore, regolo, reostato, resistore, reticolo, rivelatore, rocchetto, scambiatore, schermatura, schermo, scintillatore, semiconduttore, sestante, shunt, sifone, simulatore, sincrociclotrone, sincrotrone, solarimetro, solenoide, spettroscopio, spira,

lando, emette un caratteristico fischio (*fam.* Anatidi) **2** chiurlo.

fisciù *s.m.invar.* nell'abbigliamento femminile di un tempo, fazzoletto da collo di velo o merletto.

fisco *s.m.* l'erario pubblico; l'amministrazione finanziaria dello stato.

fish eye [*ingl.*; *pr.* fisc' ài] *s.m.* obiettivo fotografico ad angolo di campo grandissimo; occhio di pesce.

fisica [fiʃi-] *s.f.* scienza teorico-sperimentale che studia i fenomeni naturali e le leggi relative ad essi.

fisico [fiʃi-] *agg.* [pl.m. *-ci*] **1** che concerne la natura o la scienza dei fenomeni naturali: *geografia fisica; leggi fisiche* **2** che si riferisce al corpo, in quanto contrapposto allo spirito: *difetto —; prestanza fisica // s.m.* **1** chi studia e professa la fisica **2** il corpo umano.

fisima [fiʃi-] *s.f.* piccola fissazione ingiustificata.

fisio- [fiʃio] [dal gr. *fysis* = *natura*] primo elemento di parole composte dotte e scientifiche nelle quali significa genericamente «natura» (*fisiocrazia, fisiologia*).

fisiocinesiterapia [-ʃiocineʃiterapi-] *s.f.* metodo di fisioterapia fondata su movimenti corporei.

fisiocrazia [-ʃiocrazì-] *s.f.* dottrina economica del sec. XVIII che affermava la preminenza economica dell'agricoltura e il principio della libertà di commercio.

fisiologia [-ʃiologì-] *s.f.* scienza che studia la vita e le funzioni organiche dei vegetali, degli animali e dell'uomo.

fisiologico [-ʃiolò-] *agg.* [pl.m. *-ci*] **1** attinente alla fisiologia **2** naturale, non patologico **3** (*med.*) si dice di soluzione saline molto diluite, la cui composizione si avvicina a quella del siero del sangue.

fisiologo [-ʃiò-] *s.m.* [pl. *-gi*] studioso di fisiologia.

fisionomia [-ʃionomi-] *s.f.* **1** l'insieme dei caratteri somatici del viso di una persona; espressione del volto: *— aperta, intelligente* **2** per estens., aspetto caratteristico (detto di luoghi, periodi storici e simili): *la — di una città.*

fisionomico [-ʃionò-] *agg.* [pl.m. *-ci*] relativo alla fisionomia: *tratti fisionomici.*

fisionomista [-ʃio-] *agg.* e *s.m.* e *f.* [pl.m. *-i*] si dice di chi ricorda facilmente le fisionomie, o sa dedurre dalla fisionomia il carattere altrui.

fisiopatologia [-ʃiopatologì-] *s.f.* branca della fisiologia che studia le alterazioni delle funzioni organiche.

fisioterapia [-ʃioterapì-] *s.f.* (*med.*) trattamento delle malattie mediante mezzi fisici o naturali come l'aria, le acque, l'elettricità e simili.

fisioterapico [-ʃioterà-] *agg.* [pl.m. *-ci*] di fisioterapia.

---

superconduttore, tacheometro, tachimetro, telemetro, telescopio, teodolite, termistore, termocoppia, termometro, termostato, tester, tetrodo, timer, transistore, trasduttore, triodo, tubo a vuoto, vacuometro, valvola, variatore, varistore, venturimetro, viscosimetro, voltametro, voltmetro, wattmetro.

■ FENOMENI E PROPRIETÀ: aberrazione, accomodazione, anisotropia, annichilazione, asimmetria, assorbimento, astigmatismo, atmosfera, attivazione, attrito, attrazione, autoinduzione, baricentro, battimento, raggi beta, big bang, birifrangenza, calamita, calore, capillarità, caustica, cavitazione, forza centrifuga, forza centripeta, coerenza, coesione, collimazione, condensazione, conduzione, contatto, convezione, coppia, corrente, cortocircuito, creazione, cristallizzazione, decadimento, diatermano, diffrazione, diffusione, dilatazione, disintegrazione, dispersione, dissipazione, distorsione, duttilità, eccitazione, eco, efflusso, effluvio, elasticità, elettricità, elettrizzazione, elettroforesi, elettrolisi, elettrostrizione, equilibrio, equivalenza, espansione, estinzione, evaporazione, evento, extracorrente, fata morgana, ferromagnetismo, fissaggio, fissione, flessione, fluido, fluorescenza, focalizzazione, fosforescenza, fotoelettricità, fusione, galvanoplastica, galvanostegia, raggi gamma, geminazione, gravità, gravitazione, igroscopicità, impermeabilità, implosione, incandescenza, incidenza, incoerenza, indeterminazione, inerzia, infrarossi, infrasuoni, instabilità, interazione, interferenza, inversione, ionizzazione, ionosfera, irraggiamento, irreversibilità, isobara, isobata, isocronismo, isoipsa, isomero, isoterma, isotopo, isotropia, isteresi, liquefazione, liquido, localizzazione, luminescenza, magnetizzazione, magnetostrizione, microonde, migrazione, miraggio, misurazione, modulazione, moto, olografia, ologramma, onda, orbita, oscillazione, oscillografia, oscillogramma, paramagnetismo, periodicità, piezoelettricità, plasticità, polarizzazione, precessione, propagazione, pulsar, quanto, quantizzazione, quasar, raddrizzamento, radiazione, radioattività, radiogalassia, radioisotopo, radioonde, radiosorgente, radiostella, rarefazione, reazione, red-shift, repulsione, reversibilità, ricezione, riduzione, riflessione, rifrazione, rigelo, rigidità, risonanza, riverberazione, roentgen, rotazione, saturazione, scarica, scattering, scintillazione, scorrimento, simmetria, sincronia, sincronizzazione, sintonia, smagnetizzazione, smorzamento, solidificazione, sostentazione, sovratensione, spettro, stabilità, stereofonia, stereoisomeria, stereoscopia, suono, superconduttività, superconduzione, supernova, superfluidità, surriscaldamento, termoelettricità, traiettoria, transizione, traslazione, trasmissione, triboelettricità, triboluminescenza, turbolenza, ultrasuoni, raggi ultravioletti, umidificazione, urto, vapore, vaporizzazione, vibrazione, vincolo, vortice, vuoto, raggi X.

■ CORPUSCOLI E PARTICELLE: adrone, anione, antielettrone, antineutrino, antineutrone, antinucleone, antiparticella, antiprotone, barioni, bosone, catione, elettrone, elione, fermione, fotoelettrone, fotone, gravitone, ione, iperone, leptone, magnetone, mesoni, neutrone, nucleo, nucleone, nuclide, particella alfa, partone, pione, positrone, protone, tachione, tritone, trizio.

fisioterapista [-ʃio-] s.m. e f. chi sottopone i pazienti a trattamenti di fisioterapia.

fiso [-ʃo] agg. (poet.) fisso: sguardo —.

fissaggio [-sàg-] s.m. l'atto, l'operazione del fissare; in particolare, il processo chimico mediante il quale un'immagine fotografica sviluppata è resa inalterabile alla luce.

fissare v.tr. 1 rendere o tenere fisso; rendere inalterabile: — un chiodo; — gli occhi su qlcu, qlco.; — i colori della stoffa / — una negativa, una positiva, (fot.) sottoporla all'operazione del fissaggio 2 stabilire, determinare; prenotare: — un appuntamento; — un posto a teatro 3 guardare fissamente 4 (fin.) dare il fixing: l'oro è stato fissato oggi a 13 dollari il grammo // **-arsi** v.rifl.pron. ostinarsi, farsi una fissazione di qlco.

fissativo agg. che serve a fissare; si dice di sostanze usate in pittura o in fotografia per fissare il colore.

fissatore [-tó-] agg. e s.m. [f. -trice] si dice di qualsiasi sostanza, oggetto o congegno atto a fissare.

fissazione [-zió-] s.f. 1 atto, effetto del fissare 2 idea fissa, mania, ossessione.

fissile [fis-] agg. 1 che si può fendere in scaglie o lamine: pietra — 2 (fis.) si dice di un nucleo atomico capace di dar luogo a fissione bombardandolo con neutroni.

fissione [-sió-] s.f. (fis.) fenomeno di rottura in due parti, non esattamente uguali, di un nucleo atomico, bombardato da neutroni.

fissismo [-fmo] s.m. (biol.) teoria secondo la quale le caratteristiche degli esseri viventi resterebbero immutate col passar del tempo.

fissità s.f.invar. l'essere fisso (anche fig.): la — del suo sguardo.

fisso agg. che non si muove, fermo, stabile; fissato (anche fig.): punto —; prezzo —, non contrattabile; stelle fisse, corpi celesti che brillano di luce propria e che sembrano conservare sempre la stessa posizione nella volta celeste; idea fissa, pensiero —, quasi maniacale.

fistola [fi-] s.f. (med.) piaga in forma di canale, congenita o acquisita, che dà passaggio a secrezioni normali o morbose: — intestinale.

fitina s.f. (chim.) composto organico fosforato di calcio e magnesio, contenuto nei semi di molte piante e usato in medicina.

fito- [dal gr. fytón = pianta] primo elemento usato in parole composte della terminologia scientifica per indicare relazione con le piante (fitologia).

fitogeno [-tò-] agg. si dice di roccia formata essenzialmente di vegetali fossili.

fitogeografia [-gi-] s.f. scienza che studia la ripartizione, sulla superficie terrestre, dei caratteri e degli aspetti della vita vegetale.

fitologia [-gi-] s.f. scienza che studia le piante.

fitopatologia [-gi-] s.f. scienza che studia le malattie delle piante.

fitoterapia [-pì-] s.f. disciplina che studia gli effetti terapeutici delle piante medicinali; anche, la cura con tali piante.

fitta s.f. 1 dolore acuto, breve e improvviso (anche fig.) 2 folla di persone, calca.

fittavolo [-tà-] s.m. chi tiene in affitto terreni coltivabili.

fittile [fit-] agg. fatto di argilla: vasi fittili.

fittizio [-tì-] agg. non vero, artificioso; immaginario: nome —. SIN. finto.

fitto[1] agg. 1 ficcato, conficcato: un chiodo — nel muro / a capo —, a testa in giù; (fig.) con molta intensità,

con foga: buttarsi a capo — nel lavoro 2 denso, compatto: rete fitta; bosco —; pioggia fitta / buio —, molto profondo. SIN. folto, spesso // s.m. la parte più interna di qlco.: nel — del bosco.

fitto[2] s.m. 1 affitto: pagare, rincarare il — 2 cessione di fondi rustici a un colono: anche il canone, in denaro o in natura, che il colono stesso deve corrispondere al proprietario.

fittone [-tó-] s.m. (bot.) radice principale, grossa, con scarse ramificazioni (p.e. carota).

fiumana s.f. corrente ampia e impetuosa di un fiume in piena / una — di gente, folla enorme in movimento.

fiumano agg. di Fiume (Rijeka) // s.m. abitante di Fiume.

fiumara s.f. corso d'acqua con letto ampio e ciottoloso, irruente d'inverno e povero d'estate, caratteristico dell'Italia meridionale.

fiume s.m. 1 corso d'acqua a corrente perenne e a regime pressoché costante. DIM. fiumicello. SPREG. fiumiciattolo 2 per estens., si dice di liquido che scorra con impeto in gran quantità: un — di sangue, di lacrime, d'inchiostro / a fiumi, in quantità / romanzo —, molto lungo, di solito di trama complessa e ricco di personaggi.

fiutare v.tr. 1 percepire odori aspirando col naso. SIN. annusare, odorare 2 (fig.) presagire, intuire: — l'affare.

fiuto s.m. 1 odorato: il cane ha un — finissimo 2 il fiutare 3 (fig.) intuito.

fixing [ingl.; pr. ficsin] s.m. la quotazione ufficiale di metalli pregiati e valute.

flabello [-bèl-] s.m. ciascuno dei due ventagli di penne di struzzo o di pavone sostenuti da lunghe aste che vengono innalzati ai lati della sedia gestatoria del papa.

flaccido [flàc-] agg. cascante, floscio (riferito spec. a tessuti organici): pelle flaccida.

flacone [-có-] s.m. boccetta, spec. per profumi o medicinali.

flagellare v.tr. [io flagèllo ecc.] 1 percuotere con il flagello. SIN. sferzare 2 (fig.) colpire ripetutamente e con violenza (anche fig.): il mare flagella la costa; — i vizi, stigmatizzarli // **-arsi** v.rifl. percuotersi col flagello, spec. per penitenza.

flagellati s.m.pl. (zool.) classe di protozoi d'acqua dolce o parassiti il cui corpo ha uno o più filamenti (flagelli) che servono da organi di locomozione.

flagellatore [-tó-] s.m. [f. -trice] chi flagella.

flagellazione [-zió-] s.f. il flagellare; il flagellarsi.

flagello [-gèl-] s.m. 1 frusta costituita da funicelle sparse di nodi 2 (fig.) grave danno, calamità: le cavallette sono un — per i campi. SIN. rovina 3 (fam.) gran quantità: un — di quattrini 4 prolungamento filiforme che funge da organo di locomozione in alcuni organismi animali e vegetali (flagellati).

flagrante agg. patente, manifesto: è in — contraddizione / cogliere in —, cogliere qlcu. sul fatto, mentre compie un delitto.

flagranza s.f. l'essere flagrante: cogliere in —.

flamenco [-mén-] s.m. genere di canto e danza, di probabile origine gitana, praticato in Spagna e spec. in Andalusia.

flamine [flà-] s.m. nell'antica Roma, sacerdote cui era assegnato il culto di una divinità.

flan s.m.invar. (franc.) 1 sformato cotto a bagnomaria in uno stampo con foro centrale 2 → **flano**.

flanella [-nèl-] s.f. tessuto di lana, a tessitura floscia, per camicie e abiti leggeri.

flangia [flàn-] s.f. (mecc.) piastra anulare, munita di fo-

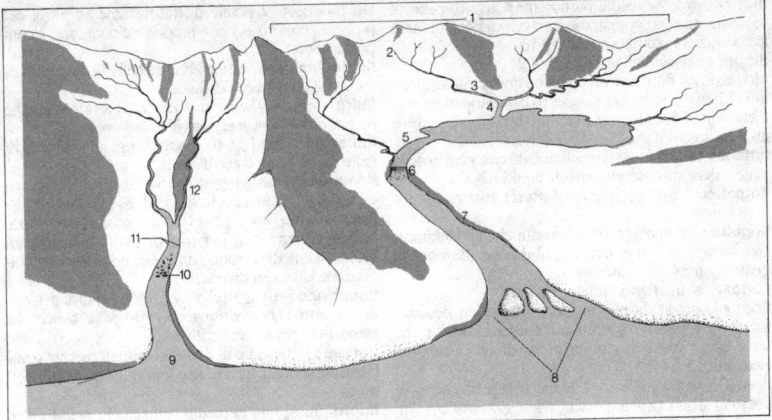

fiume
1 *bacino idrografico*, 2 *sorgente*, 3 *torrente*, 4 *immissario*, 5 *emissario*, 6 *cascata*, 7 *greto*, 8 *delta*, 9 *estuario*, 10 *cateratta*, 11 *alveo*, 12 *affluente*.

ri per i bulloni, che si trova all'estremità dei tubi e serve per unirli tra loro o con altre parti.

flano *s.m.* (*tip.*) stampo di cartone resistente al calore, su cui viene colato piombo fuso per ottenere una forma da applicare alle rotative.

flash [*ingl.*; *pr.* flèsc'] *s.m.* **1** dispositivo che produce una luce brevissima e intensa per illuminare soggetti da fotografare; lampo **2** (*giorn.*) breve notizia dell'ultim'ora, diramata dalle agenzie con precedenza su quelle meno importanti **3** (*fig.*) illuminazione mentale, sensazione di chiarezza d'idee.

flashback [*ingl.*; *pr.* flèsc'bek] *s.m.* nella tecnica cinematografica, interruzione del racconto per rievocare un episodio precedente.

flatting [*ingl.*; *pr.* flètin] *s.m.* smalto trasparente usato spec. per legno.

flatulento [-lèn-] *agg.* si dice di cibo o di sostanza che provoca flatulenza.

flatulenza [-lèn-] *s.f.* presenza abnorme di gas nello stomaco e nell'intestino, e conseguente loro emissione.

flautato *agg.* si dice di voce o suono simile al suono del flauto.

flautista *s.m. e f.* [pl.m. *-i*] chi suona il flauto.

flauto [flàu-] *s.m.* strumento a fiato, costituito da un tubo cilindrico di legno o metallo, provvisto di fori che si aprono o si chiudono a seconda della nota che si vuole ottenere [*ill. Musicali, strumenti*].

flavo *agg.* (*lett.*) giallo, fulvo. SIN. *biondo*.

flebile [flè-] *agg.* detto di voce o suono, debole, e spec. di tono lamentoso.

flebite *s.f.* infiammazione delle vene.

flebo [flè-] *s.f.invar.* (*fam.*) abbr. di → **fleboclisi**.

fleboclisi [-ʃi] *s.f.invar.* (*med.*) somministrazione di una soluzione medicinale per via endovenosa.

flebotomia [-mì-] *s.f.* in passato, arte di incidere le vene per eseguire salassi.

flebotomo [-bò-] *s.m.* chi esercitava la flebotomia.

flemma [flèm-] *s.f.* umore tranquillo; pazienza, calma eccessiva. SIN. *lentezza, placidità*.

flemmatico [-mà-] *agg.* [pl.m. *-ci*] che ha flemma, che non si agita mai. SIN. *lento, placido*.

flemmone [flèm-] *s.m.* (*med.*) infiammazione acuta, circoscritta o diffusa, del tessuto connettivo accompagnata da febbre alta.

flessibile [-sì-] *agg.* **1** che si flette senza rompersi: *ramo* —. SIN. *pieghevole, elastico* **2** (*fig.*) che si può modificare / *orario* —, quello che consente l'entrata al lavoro e l'uscita con un dato margine. CONTR. *rigido*. **3** (*fig.*) che cede facilmente alla volontà altrui. CONTR. *inflessibile*.

flessibilità *s.f.invar.* l'essere flessibile (anche *fig.*). SIN. *pieghevolezza, elasticità*. CONTR. *inflessibilità, rigidità*.

flessile [flès-] *agg.* (*lett.*) flessibile.

flessione [-sió-] **1** atto, effetto del piegare o del piegarsi: *esercizi di* —, esercizi ginnici di piegamento **2** (*gramm.*) modificazione di una parola nella radice, nei suffissi o nelle desinenze per esprimere differenti rapporti grammaticali **3** diminuzione: *si ebbe una forte* — *delle vendite*.

flessivo *agg.* che riguarda la flessione / *lingue flessive*, quelle che esprimono i rapporti grammaticali soprattutto attraverso la flessione.

flessometro [-sò-] *s.m.* metro flessibile per lo più contenuto in un involucro nel quale rientra automaticamente dopo l'uso.

flessore [-só-] *agg.* (*anat.*) si dice di ogni muscolo che compia movimenti di flessione [*ill. Corpo*].

flessuosità *s.f.invar.* qualità di ciò che è flessuoso.

flessuoso [-suó-] *agg.* che si piega facilmente; che ha molte curvature.

flessura *s.f.* (*geol.*) ondulazione degli strati rocciosi, meno accentuata di una piega.

flettere [flèt-] *v.tr.* [pass.rem. *io flettèi* o *flèssi, tu flettésti, egli flettè* o *flèsse, noi flettèmmo, voi flettéste, essi flettèrono* o *flèssero*; p.pass. *flèsso*] **1** piegare: — *le ginocchia* **2** (*gramm.*) declinare (un sostantivo, un aggettivo, un pronome); coniugare (un verbo).

flex time [*ingl.*; *pr.* flècs tàim] *s.m.* orario flessibile, con possibilità di variazioni entro determinate fasce orarie, spec. nel rapporto di lavoro.

flicorno [-còr-] *s.m.* strumento a fiato di ottone, conico e munito di pistoni.

flint *s.m.invar.* vetro dal particolare potere dispersivo, usato in ottica accoppiato al vetro crown per eliminare le aberrazioni cromatiche dalle lenti.

flipper *s.m.invar.* biliardino.

flirt [*ingl.*; *pr.* flërt] *s.m.* amore poco impegnativo, di solito di breve durata; chi è oggetto di questo amore.

flirtare [*pr.* flërtare] *v.intr.* avere un flirt: amoreggiare, o anche solo civettare.

flittena [-tè-] *s.f.* (*med.*) rigonfiamento circoscritto della pelle o delle mucose, contenente liquido; bolla.

flogistico [-gì-] *agg.* [pl.m. *-ci*] (*med.*) infiammatorio: *processo —*.

flogisto *s.m.* immaginario elemento che gli alchimisti consideravano causa della combustione, durante la quale si sarebbe liberato.

flogosi [-gòʃi] *s.f.invar.* infiammazione.

floppy [*ingl.*; *pr.* flòpi] *s.m.* disco magnetico flessibile sul quale vengono registrati dati e informazioni, e che serve come unità di entrata/uscita di un calcolatore elettronico.

flora [flò-] *s.f.* complesso delle specie vegetali che vivono sulla Terra o in una data regione / — *batterica*, (*med.*) l'insieme delle specie batteriche presenti in una zona del corpo.

floreale *agg.* di, dei fiori; fatto di fiori / *stile —*, stile architettonico caratterizzato da motivi ornamentali di foglie e fiori (sec. XIX).

floricolo [-rì-] *agg.* che riguarda la floricoltura: *mercato —*.

floricoltore [-tó-] *s.m.* chi coltiva i fiori.

floricoltura *s.f.* coltivazione dei fiori.

floridezza [-déz-] *s.f.* l'essere florido. SIN. *rigogliosità, prosperità*.

florido [flò-] *agg.* vigoroso, prosperoso (anche *fig.*). SIN. *rigoglioso, prospero, fiorente.*

florilegio [-lè-] *s.m.* raccolta di scritti scelti. SIN. *antologia, crestomazia.*

floscio [flò-] *agg.* moscio, cascante, flaccido; non rigido (anche *fig.*): *cappello —*.

flotta [flòt-] *s.f.* insieme delle navi militari o mercantili di uno stato o di una compagnia di navigazione o del naviglio mercantile adibito a un particolare servizio: — *da carico*.

flottante *s.m.* la parte delle azioni che, non essendo conservate permanentemente dai medesimi proprietari, è oggetto di scambi continui in Borsa.

flottazione [-zió-] *s.f.* processo chimico-fisico per separare fra loro, sfruttando fenomeni di tensione superficiale, i minerali immersi in acqua addizionata ad appropriati reattivi.

flottiglia [-ti-] *s.f.* raggruppamento organico di più navi da guerra, costituito da due o più squadriglie, usato in determinate azioni.

flou [*franc.*; *pr.* flu] *agg.* sfumato, morbido (anche *fig.*); in fotografia, si dice di un effetto di sfumatura dei contorni, e dello speciale filtro usato per ottenerlo.

fluente [fluèn-] *agg.* che fluisce, che scorre (anche *fig.*): *acqua —*; *barba —*; *discorso —*.

fluidità *s.f.invar.* 1 l'essere fluido (anche *fig.*) 2 scorrevolezza.

fluido [flùi-] *agg.* 1 che fluisce; scorrevole (anche *fig.*): *stile —* / *situazione fluida*, suscettibile di rapidi cambiamenti 2 (*fis.*) che ha la proprietà dei fluidi // *s.m.* 1 (*fis.*) stato della materia in cui le molecole non sono reciprocamente fissate, ma libere di scorrere, come nei liquidi e nei gas; anche il corpo o la sostanza che abbia

tali proprietà 2 potere di trasmissione ad altrui del proprio pensiero o della propria volontà, che alcuni posseggono.

fluidodinamica [-nà-] *s.f.* branca della fisica che si occupa della dinamica dei fluidi.

fluire *v.intr.* [*io fluisco, tu fluisci ecc.*] scorrere (anche *fig.*): *le acque fluivano lente*; *col — del tempo*.

fluitazione [-zió-] *s.f.* trasporto di legname in tronchi galleggianti su corso d'acqua.

fluminense [-nèn-] *agg.* del territorio di Rio de Janeiro // *s.m.* e *f.* abitante del territorio di Rio de Janeiro.

fluorescente [-scèn-] *agg.* (*fis.*) dotato di fluorescenza.

fluorescenza [-scèn-] *s.f.* (*fis.*) proprietà di alcune sostanze di emettere, sotto l'influenza della luce, una radiazione luminosa diversa.

fluoridrico [-rì-] *agg.* [pl.m. *-ci*] (*chim.*) si dice dell'acido formato da floro e idrogeno, corrosivo e tossico, che viene usato per intaccare il vetro.

fluorite *s.f.* minerale di fluoro in cristalli bianchi o variamente sfumati, usato come fondente o per strumenti ottici.

fluoro [fluò-] *s.m.* elemento chimico (F; *n.at.* 9; *p.at.* 18,99), gas giallo-verde, soffocante, tossico, assai reattivo; è un metalloide appartenente agli alogeni.

fluoruro *s.m.* (*chim.*) sale dell'acido fluoridrico.

fluotano *s.m.* gas utilizzato come anestetico.

flussione [-sió-] *s.f.* (*med.*) eccessivo afflusso di sangue in una parte del corpo, che provoca infiammazione o congestione.

flusso *s.m.* 1 il fluire; in particolare, il movimento, lo scorrere di un fluido in un condotto; la quantità stessa del fluido 2 (*med.*) espulsione di materie liquide dall'organismo 3 alta marea: *— e riflusso*, il movimento di alta e bassa marea 4 (*fis.*) la quantità di fluido che, nell'unità di tempo, attraversa una determinata superficie.

flussometro [-sò-] *s.m.* dispositivo che serve a regolare il flusso dell'acqua negli impianti idraulici.

flutter *s.m.invar.* (*med.*) disturbo del ritmo cardiaco caratterizzato da tachicardia ma non da aritmia.

flutto *s.m.* onda, ondata.

fluttuante *agg.* 1 mosso dai flutti. SIN. *ondeggiante* 2 (*fig.*) instabile, soggetto a variazioni 3 (*anat.*) si dice di costola non connessa con la gabbia toracica.

fluttuare *v.intr.* [*io flùttuo ecc.*] 1 essere mosso dai flutti. SIN. *ondeggiare* 2 (*fig.*) essere indeciso, dubbioso, instabile.

fluttuazione [-zió-] *s.f.* 1 atto, effetto del fluttuare 2 trasporto di legname affidato alla corrente di un corso d'acqua.

fluviale *agg.* del fiume o dei fiumi: *corrente —*.

flying dutchman [*ingl.*; *pr.* flàin dàc'man] *s.m.* barca a vela da regata, planante, attrezzata con randa, fiocco e spinnaker, per due persone.

fobia [-bì-] *s.f.* 1 paura e avversione morbosa per determinati oggetti o situazioni 2 (*fam.*) antipatia: *avere la — della matematica.*

foca [fò-] *s.f.* mammifero pinnipede marino dal corpo cilindrico, affusolato posteriormente; ha testa rotonda con occhi grandi e baffi setolosi, zampe a forma di pinne; fornisce carne, grasso, pelle, pelliccia ecc. (*fam.* Focidi).

focaccia [-càc-] *s.f.* [pl. *-ce*] 1 forma di pane, bassa e schiacciata, spesso condita / *render pan per —*, contraccambiare una sgarberia, una cattiva azione, con altre peggiori 2 dolce di pasta lievitata e condita.

focaia [-cà-] *agg.f.* si dice di pietra silicea che, percossa, produce scintille; usata un tempo con l'acciarino, è impiegata ora negli accenditori automatici.

focale *agg.* (*fis.*) relativo al fuoco di un sistema ottico: *distanza* —, la distanza tra il fuoco e il centro ottico di una lente.

focalizzare [-li33a-] *v.tr.* mettere a fuoco (spec. *fig.*): — *i termini del problema.*

focatico [-cà-] *s.m.* [pl. *-ci*] nel medioevo, imposta corrispondente alla odierna imposta di famiglia.

foce [fó-] *s.f.* zona di sbocco di un fiume nel mare o in un lago: *metter* —, sboccare.

fochista *s.m.* e *f.* [pl.m. *-i*] chi controlla una caldaia, e spec. quella della macchina a vapore.

focolaio [-là-] *s.m.* **1** (*med.*) punto di diffusione di processi morbosi: *un* — *di polmonite* **2** (*fig.*) centro di diffusione di un fenomeno.

focolare *s.m.* **1** parte inferiore del camino, formata da un piano di pietra o di mattoni sul quale si accende il fuoco / *il* — *domestico*, la casa, la famiglia **2** negli impianti a combustione, la parte in cui si brucia il combustibile [*ill. Ferrovia*].

focomelia [-lì-] *s.f.* (*med.*) malformazione congenita nella quale il segmento terminale di un arto si fissa direttamente sul tronco.

focomelico [-mè-] *agg.* e *s.m.* [pl.m. *-ci*] si dice di chi è affetto da focomelia.

focoso [-có-] *agg.* pieno di fuoco (spec. *fig.*): *carattere* —; *cavallo* —. SIN. *impetuoso, veemente.*

fodera [fò-] *s.f.* tessuto o altro materiale che serve a rivestire qlco. internamente o anche esternamente: *la* — *di un vestito; — di pelliccia.*

foderare *v.tr.* [*io fòdero ecc.*] rivestire di fodera: — *una pelliccia; — un libro.*

fodero [fò-] *s.m.* guaina, per lo più in cuoio o metallo, delle armi da taglio.

foga [fó-] *s.f.* ardore, furia nel dire o nel fare. SIN. *impeto, concitazione, slancio.*

foggia [fòg-] *s.f.* [pl. *-ge*] **1** maniera, forma in cui si presenta qlco.: *un vaso a* — *d'anfora* **2** modo di vestirsi e di acconciarsi; moda.

foggiano *agg.* di Foggia // *s.m.* abitante di Foggia.

foggiare *v.tr.* [*io fòggio ecc.*] dare forma, formare. SIN. *plasmare.*

foglia [fò-] *s.f.* **1** appendice, solitamente verde e di forma varia, della pianta, di cui costituisce il principale organo di respirazione: *spuntano, cadono le foglie* [*ill. Albero*] / *mangiare la* —, (*fig.*) intuire i propositi segreti di qlcu. / *tremare come una* —, tremare moltissimo, per la paura o per il freddo / *prov.*: *non muove* — *che Dio non voglia*, niente accade senza il volere di Dio **2** lamina metallica sottilissima: *oro in foglie.*

fogliame *s.m.* l'insieme delle foglie di una o più piante; quantità di foglie.

foglio [fò-] *s.m.* **1** pezzo di carta, per lo più rettangolare, di vario formato secondo gli usi cui è destinato / — *volante*, un foglio di carta stampato o manoscritto, che non sia unito con altri **2** foglio stampato; documento / — *di via*, documento dato dalle autorità, spec. militari, a chi debba viaggiare a determinate condizioni / *un* — *del mattino*, un giornale del mattino / *un* — *da mille*, un biglietto di banca da mille lire / — *rosa*, permesso temporaneo di condurre autoveicoli rilasciato sotto determinate condizioni.

fogna [fó-] *s.f.* **1** condotto o canale sotterraneo per la raccolta e lo sfogo delle acque di rifiuto **2** (*fig.*) luogo

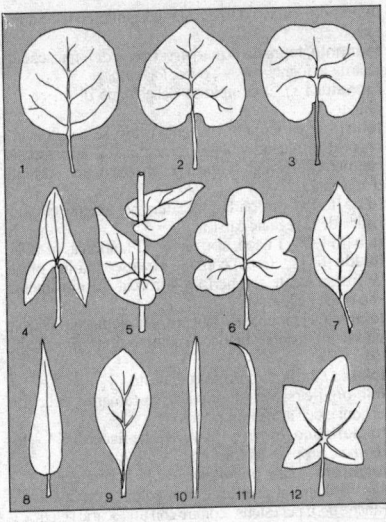

foglia

1 *rotonda*, 2 *cuoriforme*, 3 *reniforme*, 4 *sagittata*,
5 *perfogliata*, 6 *digitata*, 7 *ovata*, 8 *lanceolata*,
9 *spatolata*, 10 *lineare*, 11 *filiforme*, 12 *palmata*,
13 *seghettata*, 14 *dentata*, 15 *crenata*, 16 *sinuata*,
17 *lobata*, 18 *pennatopartita*, 19 *pennatifida*,
20 *pennatosetta*, 21 *intera*, 22 *apice*, 23 *nervatura*,
24 *costola*, 25 *pagina*, 26 *margine*, 27 *base*, 28 *picciolo*.

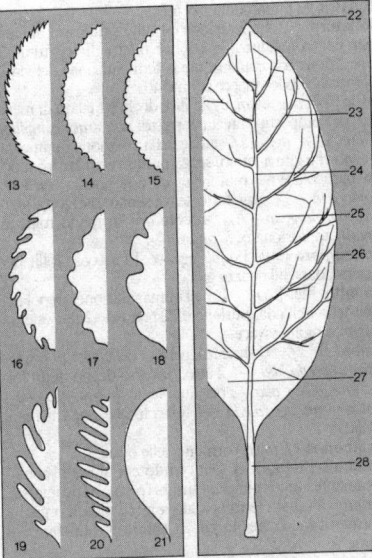

immondo, sudicio o in cui si raccolgono persone spregevoli.

fognante, fognario [-gnà-] agg. (tecn.) di fogne, che riguarda le fogne: rete —, o rete fognaria.

fognatura s.f. il complesso delle fogne di un centro abitato.

föhn [ted.; pr. fën] s.m. **1** vento caldo, secco, violento, proprio di alcune vallate transalpine **2** apparecchio elettrico che asciuga i capelli per mezzo di una corrente d'aria calda.

foiba [fò-] s.f. profonda spaccatura nel terreno, caratteristica della regione carsica.

fola [fò-] s.f. **1** fiaba. SIN. favola **2** fandonia, frottola.

folade [fò-] s.f. (zool.) comune mollusco marino bivalve fosforescente che perfora la roccia col movimento elicoidale delle valve.

folaga [fò-] s.f. uccello palustre con piumaggio scuro e uno scudo frontale bianco; è commestibile (fam. Rallidi).

folata s.f. raffica improvvisa di vento.

folclore [-clò-] s.m. studio delle costumanze, delle tradizioni e dell'arte di un popolo.

folcloristico [-ri-] agg. [pl.m. -ci] che riguarda il folclore, che è proprio del folclore.

folgorare v.intr. [io fólgoro ecc.] **1** lampeggiare **2** (fig.) brillare vivamente // v.tr. colpire con la folgore (anche fig.); per estens., colpire con una scarica elettrica.

folgorazione [-zió-] s.f. l'essere folgorato.

folgore [fól-] s.f. (lett.) fulmine.

folk [fólk] agg. e s.m.invar. si dice di stile musicale derivato dalla musica popolare, spesso con contenuti sociali e di protesta; dei suoi autori o esecutori e di quanto altro lo riguarda.

folla [fòl-] s.f. **1** moltitudine di persone riunite: c'è una — immensa nella piazza. SIN. ressa **2** (fig.) moltitudine di cose astratte: una — di ricordi.

follare v.tr. [io fóllo ecc.] sottoporre alla follatura.

follatrice s.f. macchina per follare.

follatura s.f. **1** operazione eseguita sui tessuti di lana per dar compattezza o coprire difetti di tessitura **2** operazione con cui, durante la fermentazione del vino, si mescolano le vinacce col mosto.

folle [fòl-] agg. e s.m. e f. si dice di chi è malato di mente; si comporta come tale; pazzo: una strage compiuta da un — // agg. e s.f. si dice della posizione di un congegno che gira a vuoto, senza produrre un lavoro utile, in particolare nel motore di un autoveicolo: mettere, andare in — // agg. fatto senza senno, rischioso: un'idea, un progetto — // **-mente** avv. in modo folle, in modo appassionato: lo amava —.

folleggiare v.intr. [io follèggio ecc.] fare cose folli; per estens., darsi alla pazza gioia.

folletto [-lét-] s.m. **1** nell'immaginazione popolare, spiritello dell'aria, burlone e dispettoso **2** per estens., ragazzo molto vivace.

follia [-lì-] s.f. **1** demenza, perdita delle facoltà psichiche: in preda alla — **2** atto, discorso degno di un folle: fare follie / alla —, perdutamente: lo ama alla —.

follicolare ag. (med.) dei follicoli, che appartiene ai follicoli.

follicolina s.f. (med.) ormone delle ovaie.

follicolo [-lì-] s.m. **1** (bot.) frutto che si apre spontaneamente lungo la linea di sutura (p.e. nella peonia) [ill. Frutti] **2** (anat.) termine dato a molti piccoli organi a forma di sacco, per lo più di natura ghiandolare: — dentario.

follone [-ló-] s.m. macchina a cilindri per la follatura dei tessuti e per la preparazione delle pelli da concia; mangano.

follow up [ingl.; pr. fòlou ap] s.m. in diverse organizzazioni (scientifiche, tecniche, commerciali) l'insieme delle operazioni di verifica dei risultati di un'azione, e di eventuale successivo aggiustamento.

folto [fól-] agg. che è formato di cose che si trovano vicinissime tra loro, addossate le une alle altre. SIN. fitto, spesso, denso // s.m. la parte più folta di qlco.: il — del bosco.

fomentare v.tr. [io foménto ecc.] **1** applicare fomenti **2** (fig.) istigare, eccitare: — i vizi.

fomentatore [-tó-] s.m. [f. -trice] chi fomenta, eccita, istiga: — di chiacchiere.

fomento [-mén-] s.m. **1** applicazione a scopo curativo di impacchi caldi, spesso imbevuti di liquidi medicamentosi **2** (fig.) istigazione, eccitazione: le ricchezze sono spesso — ai vizi.

fomite [fò-] s.m. ciò che suscita, alimenta una passione, un sentimento ecc.: — di discordia, di malattia. SIN. incentivo, stimolo.

fon[1] [fòn] s.m.invar. **1** asciugacapelli **2** vento caldo tipico delle regioni subalpine.

fon[2] [fòn] s.m.invar. (fis.) unità di misura dell'intensità sonora.

fonatorio [-tò-] agg. che riguarda la fonazione: canale —, organi fonatori.

fonazione [-zió-] s.f. processo fisiologico con il quale, per mezzo degli organi vocali, si produce la voce.

fonda [fon-] s.f. **1** tratto di mare che permette il facile ancoraggio delle navi / nave alla —, nave ormeggiata alla propria ancora o a una boa, lontano dalla riva **2** larga borsa di pelle fissata alla sella per tenervi armi o altro.

fondaco [fon-] s.m. [pl. -chi] nel medioevo, edificio che serviva da magazzino e da alloggio ai mercanti stranieri in città marittime.

fondale s.m. **1** scena di fondo del palcoscenico [ill. Teatro] **2** profondità delle acque del mare, di un fiume, di un lago in un dato punto: — basso.

fondamentale agg. che serve di fondamento, che costituisce il fondamento di qlco.

fondamento [-mén-] s.m. [pl.m. -i in senso figurato; pl.f. -a in senso proprio] **1** ciascuno dei muri sotterranei su cui si fa posare un edificio: le fondamenta di questa casa sono molto solide **2** (fig.) tutto ciò che serve di base, nozioni elementari: i fondamenti della civiltà, del sapere / senza —, senza base: un'accusa senza —.

fondare v.tr. [io fóndo ecc.] **1** gettare le fondamenta / — una città, cominciare la costruzione / — sulla sabbia, fare opera poco stabile **2** dare inizio a un'attività: — un circolo; — un metodo. SIN. istituire **3** dar base, fondamento: — un'accusa su indizi vaghi // **-arsi** v.rifl. fare assegnamento su qlco., qlco.: — sull'aiuto di qlcu.

fondatezza [-téz-] s.f. l'essere fondato, qualità di ciò che è fondato: la — dei suoi sospetti.

fondato agg. che si basa su argomenti certi, su fondamenti sicuri. CONTR. infondato.

fondatore [-tó-] s.m. [f. -trice] chi fonda.

fondazione [-zió-] s.f. **1** atto, effetto del fondare: la — di una città **2** pl. strutture in muratura, calcestruzzo o cemento armato, affondate nel terreno per sostenere il peso dell'edificio sovrastante **3** ente morale costituito da beni lasciati in eredità o per donazione a fini culturali o benefici.

fondello [-dèl-] *s.m.* parte che serve da fondo a qlco.: — *dei calzoni;* — *del bossolo* / (*pop.*) *prendere per i fondelli,* schernire.

fondente [-dèn-] *agg.* si dice di sostanza che si fonde facilmente, che è facilmente solubile / *cioccolato* —, che ha punto di fusione piuttosto basso // *s.m.* **1** dolcetto di zucchero che si scioglie in bocca **2** (*metall.*) sostanza capace di facilitare la fusione di materiali difficilmente fusibili.

fondere [fón-] *v.tr.* [pres. *io fóndo ecc.;* pass.rem. *io fusi, tu fondésti ecc.;* p.pass. *fuso*] **1** far passare una sostanza dallo stato solido allo stato liquido; sciogliere: *fondemmo tutto il rame disponibile; il sole fuse la neve* **2** far colare il metallo fuso in una forma: *lo scultore fuse la statua* **3** (*fig.*) accostare in un tutto armonico elementi diversi, spec. suoni o colori, o anche componenti di ideologie diverse.

fonderia [-rì-] *s.f.* stabilimento dove si fondono e si foggiano i metalli.

fondiario [-dià-] *agg.* che è del fondo, relativo al fondo (nel senso agricolo): *proprietà fondiaria; tassa fondiaria.*

fondina[1] *s.f.* custodia di pelle per pistole, che si porta alla cintura o ad armacollo.

fondina[2] *s.f.* piatto fondo, scodella.

fondista *s.m.* e *f.* [pl.m. *-i*] (*sport*) chi si dedica a gare di fondo.

fonditore [-tó-] *s.m.* [f. *-trice*] operaio addetto alla fusione dei metalli.

fonditrice *s.f.* macchina per fondere, spec. quella per foggiare i caratteri tipografici in piombo.

fondo [fón-] *agg.* profondo / *piatto* —, scodella // *s.m.* **1** parte inferiore o terminale di qlco.: — *del bicchiere; in* — *alla via;* — *dei pantaloni / andare a* —, affondare / *da cima a* —, completamente / *conoscere a* —, in ogni particolare / *andare fino in* —, con tenacia allo scopo / *dar* — *a qlco.,* consumarla completamente / *in* —, tutto sommato: *in* —, *è meglio così / a* —, nella scherma, colpo vibrato col braccio teso **2** ciò che rimane in fondo, rimasuglio: *fondi del caffè;* — *di magazzino* **3** campo di colore unito su cui spiccano le figure: *abito con disegni bianchi su* — *nero* **4** insieme di terreni sufficienti a fornire di che vivere a una famiglia colonica e dotati di un'abitazione per la famiglia stessa **5** spec.pl. somma di denaro che si ha a disposizione: *l'amministrazione ha ricevuto i fondi / somma versata a* — *perduto,* di cui non ci si aspetta la restituzione **6** (*sport*) prova di atletica, sci, ciclismo, pattinaggio o nuoto su lunghe distanze; dote di un cavallo da corsa, che gli consente il miglior rendimento su lunghe distanze **7** (*giorn.*) articolo di fondo.

fondovalle *s.m.* [pl. *fondivalle*] la parte più bassa di una valle.

fonduta *s.f.* vivanda piemontese preparata con formaggio fuso, panna e tuorlo d'uovo.

fonema [-nè-] *s.m.* [pl. *-i*] ciascuno dei suoni articolati caratteristici di una lingua.

fonendoscopio [-scò-] *s.m.* (*med.*) strumento per l'auscultazione del cuore o di altri organi interni.

fonetica [-nè-] *s.f.* parte della linguistica che studia i suoni del linguaggio, o di una lingua determinata.

fonetico [-nè-] *agg.* [pl.m. *-ci*] relativo ai suoni di cui si compongono le parole.

foniatra [-nià-] *s.m.* e *f.* [pl.m. *-i*] medico specialista in foniatria.

foniatria [-trì-] *s.f.* disciplina medica che studia le alterazioni della voce e ne affronta la cura.

fonico [fò-] *agg.* [pl.m. *-ci*] che concerne il suono, il timbro una voce.

fono [fò-] *s.m.* unità di misura dell'intensità sonora.

fono- [fò-] [dal gr. *foné* = *suono*] primo elemento compositivo di parole moderne nelle quali significa «suono» (*fonografo, fonologia*).

fonoassorbente [-bèn-] *agg.* e *s.m.* fonoisolante.

fonocardiografia [-fi-] *s.f.* (*med.*) metodo diagnostico che si basa sulla registrazione grafica dei rumori prodotti dal cuore.

fonografico [-grà-] *agg.* [pl.m. *-ci*] del fonografo.

fonografo [-nò-] *s.m.* → **grammofono**.

fonogramma *s.m.* [pl. *-i*] **1** messaggio trasmesso telefonicamente e recapitato per iscritto al destinatario, come un telegramma **2** segno alfabetico che rappresenta un suono.

fonoisolante [-ʃo-] *agg.* e *s.m.* si dice di materiale che ha proprietà di isolamento acustico.

fonologia [-gì-] *s.f.* parte della linguistica che studia i fonemi.

fonometria [-trì-] *s.f.* tecnica della misura dell'intensità dei suoni.

fonometro [-nò-] *s.m.* strumento atto a misurare l'intensità dei suoni.

fonoregistratore [-tó-] *agg.* e *s.m.* si dice di apparecchio per la registrazione del suono.

fonoriproduttore [-tó-] *s.m.* si dice di apparecchio che riproduce il suono registrato, o che trasforma onde elettromagnetiche in onde sonore.

fonoriproduzione [-zió-] *s.f.* la riproduzione del suono con qualsiasi mezzo tecnico.

fonorivelatore [-tó-] *s.m.* negli apparecchi fonoriproduttori, l'organo che trasforma in suoni le vibrazioni meccaniche o gli impulsi elettrici.

fonosimbolico [-bò-] *agg.* [pl.m. *-ci*] si dice di parola onomatopeica.

fontana *s.f.* **1** fonte da cui l'acqua sgorga incanalata; vasca, talora decorata con motivi scultorei o architettonici, in cui cadono uno o più getti d'acqua. DIM. *fontanina, fontanella* **2** — *ardente,* (*geol.*) spaccatura del terreno da cui fuoriescono gas infiammabili.

fontanella [-nèl-] *s.f.* (*anat.*) **1** spazio membranoso non ossificato nel cranio del bambino, corrispondente alle suture tra le ossa **2** — *della gola,* piccola incavatura nella parte inferiore del collo.

fontanile *s.m.* (*geol.*) sorgente dovuta all'emergenza di una falda freatica al limite tra pianura e alture.

fonte [fón-] *s.f.* **1** sorgente, flusso d'acqua continuo o intermittente; luogo e specchio d'acqua in cui l'acqua scaturisce **2** (*fig.*) principio, origine di qlco.: *la miseria è* — *di molti disagi / ho appreso da* — *sicura,* da persona degna di fede **3** spec. *pl.* documento originale da cui si traggono testimonianze e dati per un'opera storica // *s.m.* — *battesimale,* vasca contenente l'acqua lustrale per il battesimo.

fontina *s.f.* formaggio grasso, dolce, tipico della Val d'Aosta.

football [*ingl.*; *pr.* fùtbol] *s.m.* gioco del calcio.

footing [*ingl.*; *pr.* fùtin] *s.m.* esercizio di corsa e marcia praticato come allenamento in vista di competizioni sportive, o soltanto a scopo igienico.

foracchiare *v.tr.* [*io foràcchio ecc.*] fare molti piccoli fori.

foraggiare *v.tr.* [*io foràggio ecc.*] **1** fornire di foraggio: — *i cavalli* **2** (*fig.*) rifornire di quattrini: — *un giornale* // *v.intr.* andare per la campagna alla ricerca di foraggio e di vettovaglie (detto di soldati).

foraggio [-ràg-] s.m. l'insieme dei prodotti vegetali che servono come nutrimento del bestiame.

foraminiferi [-nì-] s.m.pl. (zool.) sottordine di protozoi rizopodi marini con guscio calcareo; molto numerosi nei periodi geologici passati, hanno contribuito con i loro gusci alla formazione di rocce e fanghi marini.

foraneo [-rà-] agg. **1** che è fuori della città: linea tranviaria foranea **2** si dice di opera esterna a un porto: diga foranea [ill. Porto].

forare v.tr. [io fóro ecc.] trapassare con uno o più fori: — un muro / assol. subire una foratura ai pneumatici della bicicletta, dell'automobile ecc.: il corridore forò due volte. SIN. bucare.

foraterra [-tèr-] s.f. attrezzo che serve per creare nel terreno gli alloggiamenti per trapiantare.

foratura s.f. atto, effetto del forare o del forarsi, detto in particolare di pneumatici.

forbice [fòr-] s.f. **1** forma considerata errata, ma ormai comune nell'uso, per forbici **2** (fig.) divaricazione, allontanamento progressivo: allargare, restringere la — salariale, aumentare, diminuire la differenza tra i salari della più alta e della più bassa categoria contrattuale.

forbici [fòr-] s.f.pl. **1** strumento da taglio, costituito da due lame incrociate e imperniate nel mezzo, che presentano a una estremità due anelli nei quali si infilano l'indice e il pollice della mano: — da sarto, da parrucchiere; — da toletta, piccole con punte spesso ricurve / libro, giornale fatto con le —, messo insieme con brani di altre pubblicazioni / lingua che taglia come le —, lingua maledica **2** la parte terminale degli arti anteriori dei granchi, degli scorpioni ecc.

forbiciata s.f. taglio fatto con le forbici; colpo di forbici.

forbicina s.f. insetto dermattero comune nei giardini, con corpo nero allungato, che termina posteriormente in due setole dure a forma di pinza (fam. Forficulidi).

forbire v.tr. [io forbisco, tu forbisci ecc.] **1** nettare, pulire, lucidare. SIN. lustrare, tergere **2** (fig.) raffinare, rendere elegante.

forbitezza [-téz-] s.f. l'essere forbito (spec. fig.).

forbito agg. **1** netto, pulito, lucido. SIN. terso, nitido **2** (fig.) ricercato, raffinato, elegante.

forca [fòr-] s.f. **1** attrezzo agricolo, per rimuovere il foraggio o altro, costituito da un lungo manico terminante in due o più denti (rebbi) [ill. Agricoltura] **2** patibolo per eseguire impiccagioni, formato per lo più da due pali verticali infissi nel terreno e sormontati da un palo orizzontale al quale è appeso il capestro **3** valico fra due monti.

forcata s.f. colpo di forca; la quantità di foraggio o altro sollevata in una sola volta con la forca.

forcella [-cèl-] s.f. **1** nome generico di vari utensili e organi meccanici con funzione di sostegno (per alberi, ruote ecc.) che siano uniti per un tratto e poi si biforchino: — della bicicletta, della motocicletta, la parte del telaio in cui è inserito il mozzo della ruota [ill. Bicicletta, ill. Motocicletta] **2** forcina per capelli **3** valico intagliato nella cresta di un monte **4** nome popolare dell'osso biforcuto che si trova nel petto dei polli e degli uccelli.

forcellino s.m. nella bicicletta, piccola forcella per l'alloggiamento del mozzo della ruota posteriore [ill. Bicicletta].

forchetta [-chét-] s.f. arnese formato da un manico e da due o più denti, che serve per infilzare i cibi solidi e portarli alla bocca / colazione alla —, a base di cibi che non richiedono l'uso del cucchiaio / una buona —, un

buon mangiatore / parlare in punta di —, con affettazione.

forchettata s.f. quantità di cibo che si può prendere in una volta con la forchetta.

forchettone [-tó-] s.m. grossa forchetta per piatti da portata e per usi di cucina.

forcina s.f. sorta di pinza, di fil di ferro o altro materiale, ripiegata a U, che le donne usano per appuntare i capelli.

forcing [ingl.; pr. fórsin] s.m. in alcuni sport, spec. nel pugilato, e in alcuni giochi di carte, azione pressante d'attacco.

forcipe [fòr-] s.m. strumento usato in ostetricia per facilitare il parto.

forcola [fór-] s.f. scalmiera di legno o di ferro su cui si appoggia il remo.

forcuto agg. che ha forma di forca; che si divide in due: coda forcuta.

forense [-rèn-] agg. relativo al foro, all'attività giudiziaria: eloquenza —.

foresta [-rè-] s.f. estensione di terreno coperta di alberi d'alto fusto.

forestale agg. che concerne le foreste: patrimonio — / guardia —, addetta alla vigilanza delle foreste.

forestazione [-zió-] s.f. costituzione o ricostituzione di foreste e loro mantenimento; afforestamento.

foresteria [-rì-] s.f. insieme di locali destinati all'alloggio dei forestieri (nei conventi, nei collegi e nelle dimore signorili).

forestierismo [-ʃmo] s.m. parola, locuzione, o anche foggia, usanza, di origine straniera.

forestiero [-stiè-] agg. e s.m. che o chi proviene da un'altra città, paese. SIN. straniero.

forfait [franc.; pr. forfè] s.m. contratto che obbliga a prestare determinati servizi per un compenso globale fissato in precedenza.

forfeit [ingl.; pr. fòrfit] s.m. ritiro di una squadra o di un concorrente da una competizione sportiva prima che essa abbia inizio: dare —, ritirarsi.

forfettario [-tà-] agg. che è regolato a forfait; globale: compenso —.

forfora [fór-] s.f. polvere bianca, simile a crusca, costituita dalle squame che si staccano e cadono dal cuoio capelluto.

forgia [fòr-] s.f. → fucina 1.

forgiare v.tr. [io fòrgio ecc.] **1** lavorare alla fucina, fucinare: — un metallo **2** (fig.) formare, plasmare: — gli animi.

forgiatore [-tó-] s.m. [f. -trice] chi forgia metalli.

foriero [-riè-] agg. e s.m. che o chi precede e preannunzia qlco. (anche fig.).

forlivese [-vé-] agg. di Forlì // s.m. e f. abitante di Forlì.

forma [fòr-] s.f. **1** l'aspetto esteriore, la figura di una cosa: un oggetto di — rettangolare **2** pl. la conformazione del corpo umano; le parti rilevate del corpo femminile: forme snelle **3** (fig.) concetto che variamente si contrappone a concetti di materia, di contenuto, di sostanza secondo l'interpretazione delle varie scuole filosofiche / — mentis, modo particolare di considerare le cose **4** in estetica, l'aspetto che il pensiero assume esprimendosi; stile: l'oratore si espresse in — intelligibile a tutti **5** il modo particolare di essere di qlco.: la — di governo; la — benigna di una malattia **6** la procedura o le formalità con cui un'azione deve essere compiuta: in — privata, ufficiale / vizio di —, errore di procedura **7** contegno opportuno; modi convenienti: non ha

—; *ci vuole un po' di* — **8** (*gramm.*) aspetto morfologico della parola: — *attiva, passiva;* — *del singolare, del plurale* **9** nome generico di arnesi che servono a modellare oggetti vari, o a mantenerne la forma: *una* — *da scarpe; versare il bronzo fuso nella* — / *una* — *di formaggio,* il formaggio levato dalla forma **10** (*tip.*) l'apparecchio che produce i caratteri; l'insieme delle pagine chiuse nel telaio della macchina pronta per la stampa **11** l'insieme delle condizioni dell'atleta o del cavallo da corsa in una competizione sportiva; per estens., sensazione di benessere fisico e psichico: *essere in* —, *in perfetta* —.

formaggiaio [-già-] *s.m.* chi fabbrica o vende formaggi.

formaggiera [-giè-] *s.f.* recipiente per servire in tavola il formaggio grattugiato.

formaggino *s.m.* tipo di formaggio fuso a pasta molle confezionato in piccole porzioni.

formaggio [-màg-] *s.m.* alimento ricavato dalla coagulazione del latte col caglio.

formaldeide [-dèi-] *s.f.* (*chim.*) aldeide dell'acido formico, gas irritante con elevate proprietà antisettiche.

formale *agg.* **1** di forma, pertinente alla forma: *requisiti formali* **2** espresso nelle forme dovute; esplicito, solenne, ufficiale: *promessa* — **3** (*fig.*) che si riferisce alla forma, indipendentemente dalla materia **4** (*dir.*) si dice dell'istruttoria penale compiuta nelle forme normali dal giudice istruttore (si contrappone a *sommaria*).

formalina *s.f.* (*chim.*) soluzione di aldeide formica in acqua, usata come antisettico.

formalismo [-ísmo] *s.m.* **1** tendenza a dare eccessiva importanza alla forma, al tono ufficiale **2** dottrina estetica che fa consistere l'essenza dell'opera d'arte nei valori formali **3** (*fil.*) tendenza a considerare solo i caratteri universali, essenziali dei fenomeni.

formalista *s.m.* e *f.* [pl.m. -*i*] **1** chi è fautore del formalismo **2** chi pecca di formalismo.

formalistico [-li-] *agg.* [pl.m. *-ci*] pertinente al formalismo.

formalità *s.f.invar.* **1** forma stabilita per compiere qlco., spec. negli atti pubblici o nelle cerimonie: *è solo una* —, non ha effetto o conseguenze pratiche **2** convenzione sociale: *è uno che bada alle* —.

formalizzare [-liżża-] *v.tr.* **1** rendere formale, esprimere nelle forme dovute, ufficializzare: — *la proposta, un invito* **2** (*dir.*) — *l'istruttoria,* trasformarla da sommaria in formale // **-arsi** *v.rifl.pron.* stupirsi o scandalizzarsi se altri non osservano certe forme sociali.

formalizzazione [-liżżażió-] *s.f.* il formalizzare (anche nel senso giuridico), il formalizzarsi: — *dell'istruttoria*.

forma mentis [*lat.*; *pr.* fòrma mèntis = *forma mentale*] *s.f.* atteggiamento, meccanismo mentale formatosi con l'esperienza e la cultura e divenuto caratteristico di una persona.

formare *v.tr.* [*io* fórmo *ecc.*] **1** dar forma, modellare **2** comporre secondo un determinato ordine: — *un periodo;* — *un circolo intorno al tavolo* **3** dare origine a qlco., creare, costituire: — *una società, il governo* **4** (*fig.*) educare; far sviluppare in modo equilibrato: — *le menti* **5** essere, costituire: *quel bambino forma tutta la sua gioia* // **-arsi** *v.rifl.pron.* **1** prodursi: *nell'acqua si formano delle bollicine* **2** svilupparsi: *il suo corpo non si è ancora formato*.

formativo *agg.* atto a formare (spec. *fig.*): *insegnamento* —; *giochi formativi*.

formato *s.m.* grandezza, dimensione di un libro, di una fotografia ecc.: — *tessera*.

formatura *s.f.* l'operazione del formare, in diverse tecniche.

formazione [-zió-] *s.f.* **1** atto, effetto del formare o del formarsi (anche *fig.*): — *intellettuale* **2** modo in cui si dispongono più persone o cose: — *di una squadra,* nello sport (calcio, rugby ecc.), disposizione degli atleti in campo per un incontro **3** (*geol.*) insieme di rocce caratterizzate da uguali proprietà litologiche e paleontologiche: — *giurassica*.

formella [-mèl-] *s.f.* elemento geometrico di materiale vario, usato per pavimentazione o come motivo ornamentale per soffitti ecc.

formentone [-tó-] *s.m.* → **granturco**.

formica[1] *s.f.* insetto imenottero di piccole dimensioni, corpo snello, capo grosso, addome peduncolato; vive in comunità organizzate, costituite da individui differenziati (*maschi* e *femmine,* con le ali; *operaie,* senz'ali) (*fam.* Formicidi).

formica[2] [fòr-] *s.f.* tipo di resina sintetica, usata spec. per rivestimenti di mobili ®.

formicaio [-cà-] *s.m.* nido di formiche.

formicaleone [-ó-] *s.m.* insetto neurottero simile alla libellula; la larva, armata di un paio di tenaglie, tende agguati alle formiche, scavando trappole sotterranee (*fam.* Mirmeleonidi).

formichiere [-chiè-] *s.m.* mammifero dell'America meridionale, con muso lungo, lingua filiforme e vischiosa che introduce nei formicai e nei termitai per catturarvi gli insetti (*fam.* Mirmecofagidi).

formico [fòr-] *agg.* [pl.m. *-ci*] (*chim.*) si dice dell'acido ottenuto dall'ossidazione della formaldeide; liquido incoloro, irritante, si usa nella concia delle pelli.

formicolare *v.intr.* [*io* formícolo *ecc.*] **1** muoversi come una schiera di formiche: *la gente formicolava per i viali* **2** essere animato da persone o animali in movimento: *lo stadio formicola di spettatori* **3** provare una sensazione di formicolio: *mi formicola una gamba*.

formicolio [-lì-] *s.m.* **1** il formicolare; brulichio **2** sensazione di intorpidimento delle membra dovuto a disturbi della circolazione o alla compressione di un nervo.

formidabile [-dà-] *agg.* **1** terribile, spaventoso: *un avversario* — **2** per estens., di qualità eccezionali; straordinario: *intelligenza* —.

formosità *s.f.invar.* (*lett.*) **1** qualità di chi è formoso **2** *pl.* forme appariscenti del corpo.

formoso [-mó-] *agg.* che ha forme appariscenti e ben fatte: *una donna formosa*.

formula [fòr-] *s.f.* **1** insieme di parole stabilite dall'uso o dalla norma per esprimere una richiesta, una volontà, un'adesione, un augurio ecc. **2** (*mat.*) espressione simbolica indicante le relazioni esistenti fra certe grandezze **3** (*chim.*) insieme dei simboli dei diversi elementi che costituiscono un composto; per estens., complesso degli ingredienti di un medicamento o di una sostanza in genere: *la* — *dell'acqua è* H_2O; *la* — *di un dentrificio* **4** sistema adottato nel costituire o nell'organizzare qlco.: *propaganda fatta secondo una nuova* — / —, *uno, due, tre,* le categorie di vetture ammesse alle diverse competizioni.

formulare *v.tr.* [*io* fòrmulo *ecc.*] esprimere secondo una formula; per estens., esprimere in genere: — *un desiderio, un augurio*.

formulario [-là-] *s.m.* raccolta di formule.

formulazione [-zió-] *s.f.* atto, effetto del formulare.

fornace *s.f.* **1** costruzione in muratura, con camino e camere di riscaldamento, in cui si fanno cuocere calcari, argille e simili per la preparazione di laterizi e altri materiali da costruzione **2** (*fig.*) ambiente torrido.

fornaciaio [-cià-] *s.m.* operaio o padrone di una fornace.

fornaio [-nà-] *s.m.* chi fa o vende il pane.

fornello [-nèl-] *s.m.* **1** apparecchio che, alimentato da legna, carbone, gas o energia elettrica, serve a cuocere vivande o per altri usi domestici: — *a spirito, a carbone* **2** — *della pipa*, la cavità nella quale brucia il tabacco **3** comunicazione fra due livelli di una miniera, utilizzata per la raccolta di minerale, il passaggio del personale o la ventilazione [*ill. Miniera*].

fornicare *v.intr.* [*io fòrnico, tu fòrnichi ecc.*[(*lett.*) avere rapporti sessuali fuori dal matrimonio.

fornice [fòr-] *s.m.* **1** (*arch.*) l'apertura, o luce, di un arco o simili **2** (*anat.*) nome di spazi a fondo cieco formati da ripiegature: — *congiuntivale,* — *vaginale.*

fornire *v.tr.* [*io fornisco, tu fornisci ecc.*] dotare qlcu. o qlco. di ciò di cui ha bisogno, approvvigionare: — *l'esercito di munizioni;* — *a una fabbrica le materie prime.* SIN. *munire, provvedere.*

fornito *agg.* provvisto di quanto occorre: *ho un guardaroba ben* —; *negozio* — *di tutto.*

fornitore [-tó-] *s.m.* [f. *-trice*] chi fornisce; in particolare, chi fornisce all'ingrosso negozi di vendita, uffici ecc.

fornitura *s.f.* **1** il fornire **2** la merce fornita.

forno [fór-] *s.m.* **1** edificio in muratura a volta, con apertura rettangolare o circolare, che si scalda per cuocervi pane, dolci o altre vivande; per estens., la parte di una cucina a legna, elettrica o a gas, che serve per cuocere arrosti, dolci ecc.: *cuocere al* —; *pollo al* —/ *ha una bocca che sembra un* —, (*scherz.*) molto larga **2** bottega dove si cuoce e si vende il pane **3** ambiente in cui si produce calore ad alta temperatura per trasformazioni chimiche o fisiche o per scopi industriali: *verniciatura a* —, — *crematorio* **4** (*fig.*) ambiente estremamente caldo: *questa stanza è un* — **5** apparecchio riscaldato elettricamente e impiegato nella cura dell'artrite e dei reumatismi; la cura stessa: *fare i forni*, sottoporsi a tale cura **6** nel gergo teatrale, sala vuota: *fare* —, recitare con scarsissimo pubblico.

foro[1] [fó-] *s.m.* apertura; buco (spec. praticato ad arte): *eseguire un* — *col trapano.*

foro[2] [fò-] *s.m.* **1** in Roma antica, la piazza principale della città, che fungeva da centro commerciale, amministrativo e giudiziario **2** tribunale, organo giudiziario, con riferimento sia al luogo del giudizio sia al collegio giudicante: *gli avvocati del* — *milanese.*

forra [fór-] *s.f.* (*geol.*) gola di erosione stretta e ripida.

forse [fór-] *avv. di dubbio* **1** per caso, per sorte, per avventura, probabilmente, possibilmente; esprime incertezza, approssimazione, dubbio, speranza, esitazione: — *ti scriverò domani;* — *riuscirò a vincere* **2** in proposizioni interrogative retoriche con la negazione *non* serve a prevenire un dubbio e a dare maggior certezza a ciò che si afferma: *non siamo* — *amici?* // *s.m.* indica dubbio, incertezza o pericolo: *essere in* —.

forsennato *agg.* e *s.m.* si dice di chi è fuori di senno.

forte [fòr-] *agg.* **1** che può sostenere un grande sforzo e resistere alle fatiche: *una donna piuttosto* —; *cavallo* — / *sesso* —, gli uomini / *essere un* — *camminatore, un* — *mangiatore,* tollerare senza fatica lunghe camminate, essere solito mangiare molto / *dar man* — *a qlcu.,* aiutarlo / *reggere, governare con mano* —, con energia / *piatto* — *di un pranzo,* il principale / *il pezzo* — *di un artista,* quello in cui eccelle. CONTR. *debole* **2** che sopporta avversità; che ha gagliardia morale, perseveranza

nei propositi: *anima* —; *essere forti nel dolore / farsi* —, *farsi coraggio / farsi* — *di,* avere la certezza di un appoggio / *essere* — *in matematica,* bravo **3** che non cede a sollecitazioni di forza, che non si sciupa, resistente (detto di cose): *trave* —; *stoffa* — / *tinta, colore* —, che non sbiadisce **4** che dispone di potenti mezzi di difesa o di offesa: *uno stato* —; *un* — *esercito* **5** dato con forza; avvertito con intensità, profondo: *uno schiaffo* —; *un* — *amore; una* — *antipatia* **6** grande, ingente (in senso generico): *un* — *uragano; un* — *guadagno; forti sospetti* **7** che agisce intensamente sui sensi della vista, dell'udito, del gusto, dell'odorato, o sulla sensibilità in generale: *luce* —, intensa; *voce* —, potente; *sapore* —, acre / *liquore* —, molto alcolico / *vino* —, generoso, oppure inacidito; *una* — *emicrania, un dolore* —, difficile da sopportare / *parola, frase* —, offensiva, ingiusta, severa o volgare **8** (*gramm.*) si dice di forma verbale che abbia l'accento sul tema e non sulla desinenza // *s.m.* **1** persona forte, spec. moralmente di fronte alle avversità: *la vittoria è dei forti.* CONTR. *debole* **2** la parte più resistente, o che vale di più, di una cosa **3** fortezza, luogo fortificato. DIM. *fortino* **4** ciò in cui una persona riesce, o vale di più: *il suo* — *è il greco.* CONTR. *debole* **5** sapore di acido: *sapere di* — // *avv.* **1** con energia; violentemente: *battere* —. CONTR. *piano* **2** in grande misura; fortemente, molto: *dubito* — *che tu possa capirmi* **3** velocemente: *camminare, andare* — / *va* —, (*fam.*) ha successo, funziona bene. CONTR. *piano* **4** a voce alta; ad alto volume: *parlare* —. CONTR. *piano* **5** in gran quantità: *mangiare* — / *dormire* —, profondamente / *giocare* —, grosse somme **6** (*fam.*) in unione a un agg., gli dà valore di superl. (come *molto, assai*): *mi sembra stupido* — // **-mente** *avv.* **1** con forza: *battere* — **2** intensamente: *adirarsi* —.

fortezza [-téz-] *s.f.* **1** forza morale; una delle quattro virtù cardinali **2** luogo fortificato per lo più con opere in muratura massiccia / — *volante,* grosso aereo da bombardamento, in uso durante la seconda guerra mondiale.

fortificare *v.tr.* [*io fortifico, tu fortifichi ecc.*] **1** rendere forte, rinvigorire. SIN. *corroborare, rafforzare* **2** fornire dei mezzi di fortificazione.

fortificazione [-zió-] *s.f.* **1** atto, effetto del fortificare **2** (*mil.*) complesso di operazioni e di opere di difesa.

fortilizio [-li-] *s.m.* fortezza di modeste dimensioni.

fortino *s.m.* posto fortificato isolato o distaccato dalla fortificazione principale.

fortore [-tó-] *s.m.* odore o sapore forte e sgradevole.

fortran [fòr-] [*ingl.; formula* translator] *s.m.invar.* linguaggio di programmazione utilizzato sui calcolatori elettronici di tipo scientifico.

fortuità *s.f.invar.* l'essere fortuito: *la* — *dell'incontro.*

fortuito [-tùi-] *agg.* che avviene per caso; occasionale. SIN. *casuale.*

fortuna *s.f.* **1** sorte, variamente buona o cattiva, di qlcu. o qlco.: *la* — *di un popolo; la* — *dei libri di uno scrittore.* SIN. *ventura.* — *ventura* fortunatamente. CONTR. *sfortuna* **3** sostanza in denaro: *ha accumulato una bella* — / *fare* —, arricchirsi **4** (*lett.*) fortunale, tempesta **5** *caso fortuito* —, si dice di cosa improvvisata alla meglio, di ripiego in caso di bisogno: *mezzi di* —; *atterraggio di* —.

fortunale *s.m.* vento impetuoso e veloce; tempesta di mare.

fortunato *agg.* **1** che ha fortuna: *un uomo* —; *un'im-*

presa *fortunata*. CONTR. *sfortunato* **2** che porta fortuna: *un caso, un giorno* —. CONTR. *sfortunato*.

fortunoso [-nó-] *agg.* che ha molti imprevisti, che subisce cambiamenti, spec. spiacevoli. SIN. *procelloso, tempestoso*.

foruncolo [-rùn-] *s.m.* infiammazione cutanea purulenta circoscritta all'apparato pilosebaceo.

foruncolosi [-lòſi] *s.f.invar.* (*med.*) malattia caratterizzata dalla comparsa simultanea o successiva di numerosi foruncoli.

forviare *v.intr.* [*io forvìo ecc.*] uscire dalla retta via (spec. *fig.*) // *v.tr.* mettere fuori strada (anche *fig.*).

forza [fòr-] *s.f.* **1** vigore fisico o morale: *sollevarsi con la — delle braccia; la — del suo ingegno; la — della verità / per —*, necessariamente, anche contro voglia: *bisogna per — andare / a — di*, indica l'insistenza di un'azione per raggiungere uno scopo: *avanzare a — di spintoni / di prima —*, eccellente: *è un matematico di prima —*. SIN. *energia*. CONTR. *debolezza* **2** coraggio: *non ho la — di dirglielo* **3** (*fis.*) grandezza fisica tendente a modificare lo stato di quiete o di moto di ogni corpo su cui agisce: *— di gravità* **4** spec. *pl.* contingente di armati.

forzare *v.tr.* [*io fòrzo ecc.*] **1** indurre con la forza qlcu. ad agire controvoglia: *l'hanno forzato a parlare*. SIN. *costringere, obbligare* **2** agire con la forza su qlco.: *— un meccanismo inceppato / — una porta, una serratura*, per aprirla / *— il senso di una parola*, (*fig.*) darne un'interpretazione arbitraria **3** sottoporre a uno sforzo: *— la voce / — la marcia*, imporle un ritmo elevato // *v.intr.* premere con forza: *il piede forza nella scarpa*.

forzato *agg.* **1** fatto con sforzo: *un riso —; interpretazione forzata*, (*fig.*) arbitraria **2** fatto per necessità: *assenza forzata* **3** imposto obbligatoriamente dalla legge; forzoso: *prestito —; i lavori forzati*, quelli ai quali si è condannati per un delitto **4** *condotta forzata*, nelle costruzioni idrauliche, è quella in cui passa un liquido sotto pressione // *s.m.* ergastolano.

forzatura *s.f.* atto, effetto del forzare.

forziere [-ziè-] *s.m.* cassa per custodire denaro e oggetti preziosi.

forzoso [-zó-] *agg.* imposto dalla legge: *corso — della moneta*.

forzuto *agg.* dotato di molta forza fisica.

foschia [-schì-] *s.f.* lieve offuscamento dell'aria dovuto a fumo o a pulviscolo.

fosco [fó-] *agg.* [pl.m. *-chi*] **1** scuro di colore; offuscato: *cielo —; un'atmosfera fosca* **2** cupo e minaccioso: *sguardo —* **3** triste, lugubre: *fosche previsioni / descrivere qlco. a tinte fosche*, in modo estremamente pessimistico.

fosfatasi [-ſi] *s.f.invar.* (*biol.*) nome di numerosi enzimi che liberano l'acido fosforico dai suoi esteri.

fosfatico [-sfà-] *agg.* [pl.m. *-ci*] (*chim.*) di fosfato; contenente fosfati.

fosfatide [-sfà-] *s.m.* lo stesso che → **fosfolipide**.

fosfato *s.m.* (*chim.*) sale dell'acido fosforico; i fosfati sono usati come fertilizzanti e in medicina.

fosfene [-sfè-] *s.m.* (*med.*) sensazione luminosa in forma di bagliore, scintille, lampeggiamenti, non necessariamente dovuta a malattia.

fosfolipide [-li-] *s.m.* denominazione dei grassi contenenti fosforo e azoto che sono presenti in tutte le cellule viventi.

fosforescente [-scèn-] *agg.* dotato di fosforescenza.

fosforescenza [-scèn-] *s.f.* proprietà di alcune sostanze di emettere luce in modo più o meno persistente dopo l'eccitazione subita ad opera di una radiazione luminosa.

fosforico [-sfò-] *agg.* [pl.m. *-ci*] (*chim.*) di fosforo: *acido —*, il principale dei vari acidi derivanti dal fosforo, usato in farmacia e per fertilizzanti.

fosforismo [-ſmo] *s.m.* intossicazione cronica da fosforo.

fosforo [fò-] *s.m.* elemento chimico (P; *n.at.* 15; *p.at.* 30,974); metalloide solido con aspetto e proprietà variabili, costituente importante delle ossa, della sostanza nervosa e di vari minerali.

fosfuro *s.m.* (*chim.*) composto derivante dalla combinazione del fosforo con un metallo.

fosgene [-sgè-] *s.m.* cloruro dell'acido carbonico, gas tossico incolore, usato nella fabbricazione di coloranti e materie plastiche e come arma chimica.

fossa [fòs-] *s.f.* **1** buca scavata nel suolo, di forma e dimensioni conformi all'uso cui è destinata (trapianto di alberi, sepoltura di bare, raccolta di acque ecc.) / *— di riparazione*, quella in cui si collocano i meccanici per riparare le parti da sotto degli autoveicoli / *scavarsi la —*, (*fig.*) procurare la propria rovina / *essere con un piede nella —*, (*fig.*) ormai prossimo alla morte **2** depressione del terreno / *— oceanica*, zona di massima profondità degli oceani **3** (*anat.*) cavità o depressione del corpo umano: *fosse nasali*.

fossato *s.m.* lunga fossa, per lo più con acqua; piccolo corso d'acqua.

fossetta [-sét-] *s.f.* infossatura nelle guance o nel mento.

fossile [fòs-] *agg.* e *s.m.* **1** si dice dei resti di un organismo vissuto in epoche anteriori all'attuale, conservati negli strati rocciosi **2** (*fig.*) si dice di cosa o persona antiquata, non più viva spiritualmente: *un'idea —; quell'uomo è un —*.

fossilizzare [-liȝȝa-] *v.tr.* rendere fossile (anche *fig.*) // **-arsi** *v.rifl.pron.* **1** diventar fossile **2** (*fig.*) fermarsi su idee antiquate.

fossilizzazione [-liȝȝazió-] *s.f.* il fossilizzare o il fossilizzarsi (anche *fig.*).

fosso [fòs-] *s.m.* solco naturale o artificiale usato per lo scolo o la distribuzione dell'acqua / *saltare il —*, (*fig.*) prendere una decisione impegnativa dopo averci pensato a lungo.

fot [fót] *s.m.invar.* (*fis.*) unità di misura dell'illuminamento, pari a 10.000 lux.

foto [fò-] *s.f.invar.* (*fam.*) *abbr.* di → **fotografia 2.**

foto-¹ [fò-] [dal gr. *fôs, fotós* = *luce*] primo elemento di parole composte tecniche e scientifiche che hanno attinenza con la luce (*fotografia, fotochimica, fotoelettrico*).

foto-² [fò-] [abbr. di *fotografia*] primo elemento di parole composte che si riferiscono alla fotografia e a procedimenti fotografici (*fotomontaggio, fotoincisione, fotocronaca*).

fotocatodo [-cà-] *s.m.* in una fotocellula, elettrodo di materiale fotosensibile che emette elettroni per effetto fotoelettrico.

fotocellula [-cèl-] *s.f.* (*fis.*) dispositivo atto a trasformare le variazioni di intensità luminosa in variazioni di intensità di corrente elettrica, grazie alla proprietà che hanno alcune sostanze di emettere elettroni per azione della luce [*ill. Fotografia*].

fotocettore [-tó-] *s.m.* (*biol.*) recettore nervoso sensibile alla luce.

fotochimica [-chì-] *s.f.* branca della chimica-fisica che studia le modificazioni chimiche accompagnate da assorbimento o emissione di luce.

fotocolor [-cò-] *s.m.invar.* fotografia a colori.

fotocompositore [-ʃitó-] *s.m.* [f. *-trice*] chi lavora alla fotocomposizione.

fotocomposizione [-ʃizió-] *s.f.* processo di composizione di testi per la stampa realizzato con apparecchiature elettroniche direttamente su un supporto fotosensibile.

fotoconduttore [-tó-] *s.m.* conduttore elettrico la cui conducibilità varia sensibilmente sotto l'azione di una radiazione luminosa.

fotocopia [-cò-] *s.f.* copia fotografica.

fotocopiare *v.tr.* [*io fotocòpio ecc.*] riprodurre in fotocopia: *— un documento.*

fotocopiatrice *s.f.* macchina per la riproduzione di copie fotografiche.

fotocronaca [-crò-] *s.f.* (*giorn.*) cronaca di un avvenimento realizzata mediante fotografie.

fotocronista *s.m.* e *f.* [pl. *-i*] chi fa fotocronache.

fotodiodo [-di-] *s.m.* diodo di semiconduttore in cui la corrente contraria varia con l'illuminazione.

fotoelettrica [-lèt-] *s.f.* sorgente luminosa costituita da una o più lampade alimentate da gruppi elettrogeni autonomi.

fotoelettrico [-lèt-] *agg.* [pl.m. *-ci*] (*fis.*) relativo al rapporto fra radiazioni elettromagnetiche ed elettroni / *cellula fotoelettrica*, fotocellula.

fotoelettrone [-tró-] *s.m.* (*fis.*) elettrone emesso da sostanze fotosensibili per effetto fotoelettrico.

fotofinish [*pr.* fotofinisc'] *s.m.invar.* fotogramma che registra l'arrivo di una gara e fa fede dell'ordine d'arrivo.

fotofit [-fit] *s.m.invar.* identikit realizzato con il montaggio di parti di fotografie di persone diverse.

fotofobia [-bi-] *s.f.* (*med.*) sensazione di fastidio alla luce, che si ha in certe malattie dell'occhio e negli stati febbrili elevati.

fotogenesi [-gèneʃi] *s.f.invar.* processo per cui piante e animali producono fenomeni luminosi.

fotogenia [-ni-] *s.f.* l'essere fotogenico.

fotogenico [-gè-] *agg.* [pl.m. *-ci*] che si presta, dal punto di vista estetico, ad essere fotografato, che risulta bene in fotografia: *un volto —.*

fotogiornale *s.m.* giornale o periodico costituito in gran parte di fotografie.

fotografare *v.tr.* [*io fotògrafo ecc.*] riprodurre un'immagine per mezzo della fotografia.

fotografia [-fi-] *s.f.* **1** la tecnica e l'arte di riprodurre immagini su lastre o pellicole sensibili alla luce **2** l'immagine così ottenuta; per estens., immagine fedele: *una — della situazione politica.*

fotografico [-grà-] *agg.* [pl.m. *-ci*] **1** relativo alla fotografia: *macchina fotografica*, apparecchio per la ripresa di fotografie **2** (*fig.*) assolutamente fedele al modello: *rappresentazione fotografica della realtà.*

fotografo [-tò-] *s.m.* chi fa fotografie, spec. se per professione.

fotogramma *s.m.* [pl. *-i*] ciascuna delle immagini, positive o negative, che compongono una pellicola fotografica o cinematografica [*ill. Cinematografia*].

fotogrammetria [-trì-] *s.f.* rilevamento planimetrico e altimetrico di una zona mediante fotografie.

Fotografia e cinematografia

■ FOTOGRAFIA: dagherrotipia, microfotografia, olografia, telefotografia • fotocronaca, fotogenia, fotogenico, fotografico; fotografo, fotomodella, fotomodello, fotoreporter
☐ apparecchio, autoscatto, caricatore, contafili, corpo, diaframma, distanza focale, duplicatore, epidiascopio, esposimetro, filtro, flash, fish eye, focale, fotocopiatrice, fotogramma, fotosensibile, grandangolare, grandangolo, intercambiabile, invertibile, lampada-lampo, lampeggiatore, lampeggiatore elettronico, lastra, microcamera, microfilm, mirino, negativo, obiettivo, otturatore, paraluce, pellicola, polaroid, reflex, rotolo, rullo, slitta, soffietto, telemetro, trasfocatore, zoom • bagno, camera oscura, emulsione, fissaggio, immagine latente, ingranditore, rivelatore, stampa, stampatrice, sviluppo, viraggio
☐ dagherrotipo, diapositiva, diateca, fotocolor, fotofit, fotoreportage, fototeca, gigantografia, ingrandimento, istantanea, multiflash, ologramma, positiva, radiofoto, telefoto
☐ apertura, contrasto, controluce, esposizione, flou, messa a fuoco, posa, profondità di campo, sfocatura, sottoesposizione, sovraesposizione, tempo di posa • caricare, diaframmare, desensibilizzare, esporre, fissare, fotocopiare, fotografare, ingrandire, mettere a fuoco, microfilmare, scattare, sfocare, sottoesporre, sovraesporre, sviluppare, virare.

■ CINEMATOGRAFIA: cinema, cinematografo, cinematografico, filmico; muto, parlato, sonoro, cinerama, tridimensionale • attualità, cartoni animati, cinegiornale, comica, cortometraggio, disegni animati, documentario, film, filmato, lungometraggio, provino
☐ doppiare, filmare, girare, montare, riprendere, sincronizzare, sonorizzare • aiuto regista, attore, attrice, caratterista, cascatore, cascherino, cast, cineasta, cinelandia, cinematografaro, controfigura, diva, divismo, divo, documentarista, doppiatore, montatore, operatore, produttore, regista, sceneggiatore, soggettista, stella, stunt-man, truccatore
☐ bobina, carrello, ciak, cinepresa, colonna sonora, giraffa, macchina da presa, moviola, passo normale, passo ridotto, pellicola, studio, teatro di posa; sala cinematografica, cineproiettore, proiettore, schermo, perlinatura, galleria, platea; cineforum, cineteca; filmografia • campo lungo, campo medio, carrellata, controcampo, dissolvenza, doppiaggio, esterni, flashback, gag, inquadratura, interni, missaggio, montaggio, panoramica, playback, primo piano, regia, ripresa, scaletta, sceneggiatura, sequenza, sincronizzazione, soggetto, sonorizzazione, sovrimpressione, zumata.

fotografia

1 *macchina fotografica reflex,* 2 *leva di carica e di avanzamento della pellicola,* 3 *pulsante di scatto,* 4 *selettore dei tempi di esposizione,* 5 *manovella di riavvolgimento,* 6 *oculare del mirino,* 7 *pentaprisma,* 8 *ghiera del diaframma,* 9 *ghiera della messa a fuoco,* 10 *obiettivo,* 11 *specchio mobile,* 12 *otturatore elettronico,* 13 *leva dell'autoscatto,* 14 *macchina fotografica reflex binoculare,* 15 *mirino a pozzetto,* 16 *mirino a traguardo,* 17 *lente per la messa a fuoco,* 18 *lastra di messa a fuoco,* 19 *fotocellula,* 20 *obiettivo del mirino,* 21 *obiettivo di ripresa,* 22 *rocchetto debitore,* 23 *pellicola,* 24 *pressore della pellicola,* 25 *rocchetto ricevente,* 26 *specchio fisso.*

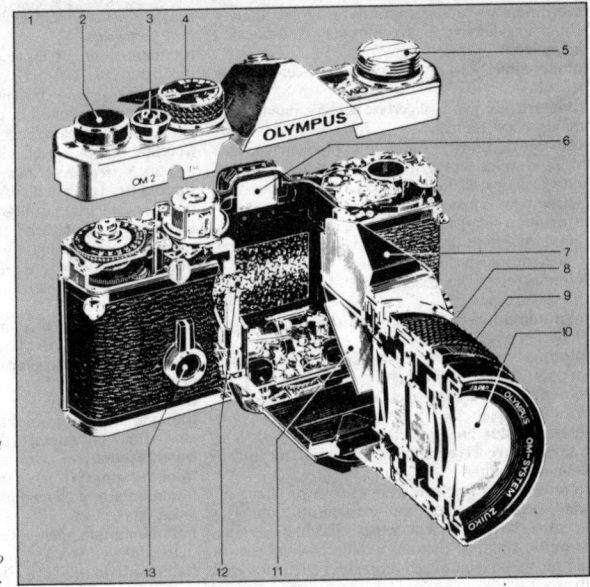

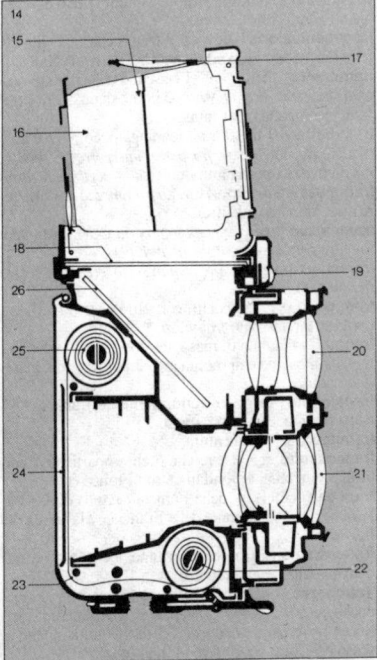

fotoincisione [-ʃió-] *s.f.* procedimento per ottenere, mediante la fotografia, i cliché per la riproduzione tipografica.

fotolito *s.m.invar.* abbr. di → **fotolitografia**.

fotolitografia [-fi-] *s.f.* procedimento per stampare fotografie dopo averle trasportate, dall'originale, su lastra o pietra.

fotomeccanica [-cà-] *s.f.* tecnica fotografica e chimica che prepara i cliché per la stampa.

fotometria [-trì-] *s.f. (fis.)* ramo dell'ottica relativo alla misura dei flussi luminosi e delle grandezze fotometriche.

fotometro [-tò-] *s.m. (fis.)* strumento atto alla misura di grandezze fotometriche.

fotomodella [-dèl-] *s.f.* donna che per professione posa per fotografie.

fotomodello [-dèl-] *s.m.* uomo che per professione posa per fotografie.

fotomoltiplicatore [-tó-] *s.m.* tubo elettronico che trasforma un impulso luminoso in una corrente di elettroni resa sempre più intensa da una serie di riflessioni su opportuni elettrodi.

fotomontaggio [-tàg-] *s.m.* composizione fotografica ottenuta mettendo insieme parti di diverse fotografie, talvolta accompagnate da disegni.

fotone [-tó-] *s.m. (fis.)* la particella elementare di energia luminosa.

fotoreazione [-zió-] *s.f.* reazione provocata o catalizzata dall'azione della luce.

fotorecettore [-tó-] *s.m. (anat.)* ciascuno degli elementi sensoriali della retina che ricevono i raggi luminosi e li trasmettono agli organi ottici.

fotoreportage [*pr.* fotor(e)portàj] *s.m.* servizio giornalistico fotografico.

fotoreporter [-pòr-] *s.m.invar.* chi fotografa avvenimenti di cronaca per i giornali.

fotoromanzo [-ʒo] *s.m.* romanzo raccontato attraverso una serie di fotografie accompagnate da didascalie e da fumetti.

fotosensibile [-sì-] *agg.* sensibile alla luce: *materiale, pellicola —*.

fotosfera [-sfè-] *s.f.* la superficie del Sole, direttamente visibile in luce normale.

fotosintesi [-sìnteʃi] *s.f.invar.* (*bot.*) processo biochimico che si svolge nei vegetali forniti di clorofilla per cui, sotto l'azione della luce, l'acqua e l'anidride carbonica vengono trasformate in composti organici.

fotostatico [-stà-] *agg.* [pl.m. *-ci*] si dice di sistema per riprodurre lettere, documenti, carte geografiche e simili, direttamente su carta sensibile.

fototeca [-tè-] *s.f.* raccolta ordinata di fotografie; il locale che la ospita.

fototerapia [-pì-] *s.f.* (*med.*) cura delle malattie mediante l'impiego della luce.

fototipia [-pì-] *s.f.* tecnica fotomeccanica che ricava da un positivo un cliché in rilievo.

fototipista *s.m.* e *f.* [pl. *-i*] chi esegue riproduzioni mediante fototipia.

fototransistor *s.m.invar.*, **fototransistore** [-sto-] *s.m.* transistore in cui la corrente varia secondo l'intensità di illuminazione.

fototropismo [-ʃmo] *s.m.* fenomeno per cui gli organismi vegetali compiono uno spostamento, sotto l'influenza della luce, nella direzione della fonte luminosa.

fototubo *s.m.* tubo elettronico contenente due elettrodi sotto vuoto spinto, che funziona per effetto fotoelettrico.

fotovoltaico [-tà-] *agg.* [pl.m. *-ci*] (*fis.*) *effetto —*, fenomeno per cui si ottiene una forza elettromotrice sotto l'azione di una radiazione luminosa; *pila fotovoltaica*, pila che sfrutta l'effetto fotovoltaico.

fottere [fòt-] *v.tr.* [*io fótto ecc.*] (*volg.*) **1** congiungersi carnalmente **2** (*fig.*) ingannare, mettere nei guai / *fottersi di qlco.*, disinteressarsene.

fottio [-tì-] *s.m.* (*region.volg.*) gran quantità: *c'era un — di gente*.

fottuto *agg.* (*region.volg.*) stupido; disgraziato.

foulard [*franc.*; *pr.* fulàr] *s.m.* **1** stoffa leggerissima di seta greggia, tinta o stampata **2** fazzoletto da collo di tessuto leggero.

fovea [fò-] *s.f.* (*scient.*) piccola depressione; in particolare quella situata al centro della retina [*ill. Occhio*].

fox-terrier [*ingl.*; *pr.* fòks tèria] *s.m.* cane piuttosto piccolo, a pelo liscio o ruvido, spesso pezzato, con muso allungato dal profilo rettangolare, orecchie corte spioventi, adatto alla caccia della volpe.

fox-trot [*ingl.*; *pr.* fòks-tròt] *s.m.* danza dal ritmo di marcia, molto simile al *ragtime*.

foyer [*franc.*; *pr.* fuaiè] *s.m.* ridotto, salone di un teatro.

fra[1] *prep. propria →* **tra**.

fra,[2] **fra'** *s.m.* troncamento di → **frate** davanti a nomi propri: *— Ginepro*.

frac *s.m.invar.* abito maschile da cerimonia, nero, a falde; marsina.

fracassare *v.tr.* infrangere con violenza e rumore; ridurre in pezzi; ridurre malamente. SIN. *sconquassare*.

fracasso *s.m.* rumore violento e assordante / *far —*, (*fig.*) suscitare molti commenti. SIN. *baccano, fragore*.

fracido [frà-] *agg.* (*lett.* o *region.*) fradicio.

fradicio [frà-] *agg.* **1** guasto, andato a male, putrefatto: *mela fradicia, uova fradicie*. SIN. *marcio* **2** (*fig.*) corrotto: *una società fradicia* **3** intriso d'acqua: *strade*

fradicie / ubriaco —, completamente ubriaco. SIN. *bagnato, inzuppato*.

fradiciume *s.m.* **1** insieme di roba fradicia; luogo molto fradicio **2** (*fig.*) corruzione.

fragile [frà-] *agg.* **1** che si può rompere con facilità **2** (*fig.*) delicato, cagionevole: *costituzione —*. SIN. *debole, gracile* **3** (*fig.*) facile a peccare, a cadere nelle tentazioni.

fragilità *s.f.invar.* qualità di ciò che è fragile (anche *fig.*). SIN. *debolezza, gracilità*.

fragola [frà-] *s.f.* pianta erbacea con foglie trilobate, fiori bianchi e frutto carnoso, dolce, profumato, di color rosso (*fam.* Rosacee); il frutto stesso [*ill. Frutti*].

fragore [-gó-] *s.m.* rumore assordante. SIN. *fracasso*.

fragoroso [-ró-] *agg.* che produce gran rumore.

fragrante *agg.* che manda un profumo intenso e delicato. SIN. *profumato*.

fragranza *s.f.* qualità di ciò che è fragrante. SIN. *profumo*.

fraintendere [-tèn-] *v.tr.* [*io fraintèndo ecc.*] capire una cosa per un'altra, intendere il contrario di quel che si è detto o scritto.

frale *agg.* (*poet.*) fragile.

framboesia [-èʃia] *s.f.* malattia infettiva tropicale a decorso cronico, determinata da una spirocheta.

frammassone [-só-] *s.m.* massone.

frammassoneria [-rì-] *s.f.* massoneria.

frammentare *v.tr.* [*io framménto ecc.*] spezzare, suddividere (anche *fig.*).

frammentarietà *s.f.invar.* l'essere frammentario (detto di testo, progetto ecc.).

frammentario [-tà-] *agg.* **1** che ha carattere di frammento, incompleto: *opera frammentaria*, quella di cui possediamo solo frammenti **2** disunito, privo di organicità: *libro —*; *programma —*.

frammentazione [-zió-] *s.f.* il frammentare, il suo effetto (anche *fig.*); scoordinamento, disarticolazione.

frammento [-mén-] *s.m.* **1** ciascuna delle parti di una cosa spezzata: *— di un vaso* **2** brano di un'opera letteraria incompleta o perduta.

frammettere [-mét-] *v.tr.* [coniugato come *mettere*] mettere in mezzo. SIN. *frapporre, interporre* // **-ersi** *v. rifl.* mettersi in mezzo, immischiarsi: *— negli affari altrui*.

frammezzare [-meʒʒa-] *v.tr.* [*io frammèzzo ecc.*] mettere qlco. in mezzo ad altre.

frammezzo [-mèʒʒo] *prep.* impropria e *avv.* in mezzo, tra altre persone o cose: *— ai libri; porsi —*.

frammischiare *v.tr.* [*io frammischio ecc.*] mescolare qlco. o qlcu. con altri.

frammisto *agg.* mescolato con altre cose o con altre persone: *diversi colori frammisti*.

frana *s.f.* **1** caduta di masse terrose o rocciose lungo i fianchi di colline e di montagne **2** l'insieme del materiale caduto.

franamento [-mén-] *s.m.* atto, effetto del franare.

franare *v.intr.* cadere per frana.

francatura *s.f.* affrancatura.

francescano *agg.* e *s.m.* che o chi appartiene a uno degli ordini religiosi fondati da san Francesco.

francese [-céʃe] *agg.* della Francia / *nasino alla —*, all'insù // *s.m.* **1** abitante della Francia **2** la lingua dei francesi.

francesismo [-ʃiʃmo] *s.m.* termine, locuz. o costrutto derivati dalla lingua francese.

franchezza [-chéz-] *s.f.* **1** l'essere franco nel parlare e nell'agire. SIN. *sincerità, schiettezza* **2** ardimento: *uscire con — incontro al pericolo* **3** disinvoltura, anche in senso peggiorativo: *con che — ti imbroglia!*

franchigia [-chì-] *s.f.* [pl. *-gie*] **1** privilegio: *franchigie comunali* **2** esenzione da un pagamento concessa dalla legge: *— doganale*, esenzione dal pagamento dei diritti di dogana; *— postale*, esenzione dalle tasse postali **3** minima percentuale che un danno, coperto d'assicurazione, deve superare per avere diritto a risarcimento **4** permesso di scendere a terra concesso a marinai di una nave ancorata in un porto.

franchising [*ingl.*; *pr.* franciaisin'] *s.m.* contratto con il quale un'impresa concede a un'altra il diritto di usare per i propri prodotti il suo marchio o la sua ragione sociale.

franchismo [-ʃmo] *s.m.* il regime totalitario, di tipo fascista, instaurato in Spagna da F. Franco dopo la guerra civile.

francio [fràn-] *s.m.* elemento chimico radioattivo del gruppo dei metalli alcalini (*Fr*; *n.at.* 87).

franco[1] *agg.* [pl.m. *-chi*] **1** si dice di ciò che è libero dal pagamento di dazi, di spese di trasporto ecc.: *merce franca di porto*, inviata a spese del mittente; *città franca*, *porto —*, località in cui si introducono merci senza pagare dazi / *farla franca*, compiere un'azione poco lecita senza essere sorpresi / *— tiratore*, chi compie azioni di guerriglia agendo isolatamente e clandestinamente, spec. contro un esercito invasore; parlamentare appartenente alla maggioranza governativa che, nelle votazioni a scrutinio segreto, vota contro le indicazioni di partito / *lingua franca*, lingua mista di elementi di lingue diverse, formatosi in seguito a intensi rapporti commerciali tra popoli; pidgin **2** si dice di marinaio libero dal servizio **3** leale; aperto di carattere. SIN. *schietto, sincero* **4** coraggioso: *animo —* **5** sicuro di sé, disinvolto: *portamento —* // *avv.* schiettamente: *parlare —* // **-mente** *avv.* in verità, ad esser sincero: *—, non mi piace il tuo comportamento*.

franco[2] *s.m.* [pl. *-chi*] nome della moneta svizzera e di altri stati europei.

francobollare *v.tr.* [*io francobóllo* ecc.] nel gergo sportivo, marcare con decisione un avversario da vicino e costantemente.

francobollo [-ból-] *s.m.* talloncino di carta-valore che serve per l'affrancatura della corrispondenza spedita per mezzo postale.

francolino *s.m.* uccello simile alla pernice, con piumaggio variopinto (*fam.* Fasianidi) / *— di monte*, uccello alpino dal corpo tozzo, grigio, rossastro e nero, con un ciuffo di penne sulla testa (*fam.* Tetraonidi).

frangente [-gèn-] *s.m.* **1** ondata che si frange in schiuma sugli scogli **2** bassofondo o scogliera su cui si frangono le onde **3** (*fig.*) grave momento, situazione difficile o dolorosa.

frangere [fràn-] *v.tr.* [pres. *io frango*, *tu frangi* ecc.; pass.rem. *io fransi*, *tu frangésti* ecc.; p.pass. *franto*] spezzare, rompere.

frangetta [-gét-] *s.f.* acconciatura del capo consistente in una fila di capelli corti lasciati cadere sulla fronte.

frangia [fràn-] *s.f.* [pl. *-ge*] **1** guarnizione di seta, cotone o altro, composta di fili, fiocchetti o nappine pendenti ordinatamente, che viene applicata a tende, coperte, tappezzerie, sciarpe ecc. **2** (*fig.*) aggiunta che si fa a un racconto per abbellirlo o falsarlo: *ci ha raccontato la sua storia con molte frange* **3** fascia costiera di una regione / *di coralli*, formazione madreporica che circonda a distanza alcune isole **4** in un'organizzazione, spec. politica, gruppo minoritario, marginale: *le frange estremiste*.

frangiatura *s.f.* **1** l'ornare con una frangia; **2** insieme di frange.

frangiflutti *agg.* e *s.m.invar.* si dice di diga o altra opera portuale costruita in modo da proteggere dalle onde lo specchio d'acqua di un porto [*ill. Porto*].

frangivento [-vèn-] *s.m.invar.* riparo formato da piante vive o da ostacoli in legno o muratura, per proteggere le coltivazioni dal vento.

franoso [-nó-] *agg.* che frana con facilità: *terreno —*.

frantoio [-tó-] *s.m.* macchina che serve a frantumare o macinare materiali compatti, come minerali, rocce, olive, semi ecc.; il luogo ove è installata tale macchina.

frantumare *v.tr.* ridurre in frantumi.

frantumazione [-zió-] *s.f.* l'operazione del frantumare, spec. nella tecnica mineraria.

frantume *s.m.* (*rar.*) pezzetto, piccolo frammento di una cosa frantumata.

frappa *s.f.* striscia di stoffa increspata e finita con lo smerlo, posta per guarnizione di abiti, tende ecc.

frappe *s.f.pl.* nell'Italia centrale, dolci di pasta sfoglia, per lo più a forma di nastro, fritti e spolverati di zucchero vanigliato.

frappè [o frappé] *s.m.* (*franc.*) → **frullato**.

frapporre [-pór-] *v.tr.* [coniugato come *porre*] porre in mezzo. SIN. *frammettere, interporre*.

frasario [-sà-] *s.m.* l'insieme delle locuzioni e dei modi di dire propri di una persona o di una categoria di persone, di una professione ecc.: *il — degli operai*, *degli artisti*; *un — ricercato*.

frasca *s.f.* **1** piccolo ramo fronzuto / *— di un'osteria*, usata un tempo come insegna sopra l'ingresso / *saltare di palo in —*, cambiare argomento di conversazione senza che ci sia un nesso **2** (*fig.*) capriccio; discorso frivolo, frottola.

fraschetta [-schét-] *s.f.* (*antiq.*) donna capricciosa e frivola.

frase [-ʃe] *s.f.* successione di parole collegate grammaticalmente, che assume un senso compiuto: *una — breve ma significativa* / *— fatta*, modo di dire convenzionale, che esprime spesso opinioni errate / *— musicale*, successione di note costituenti unità espressiva.

fraseggiare [-feg-] *v.intr.* [*io fraséggio* ecc.] dare evidenza espressiva alle frasi musicali durante l'esecuzione.

fraseggio [-fég-] *s.m.* (*mus.*) l'eseguire un pezzo rispettando ogni elemento espressivo (*frase*) del periodo musicale.

fraseologia [-feologì-] *s.f.* l'insieme dei modi di dire tipici di una lingua.

fraseologico [-feolò-] *agg.* [pl.m. *-ci*] relativo alla fraseologia.

frassino [fràs-] *s.m.* albero con foglie pennate e frutti legnosi; dà un legno senza nodi, ottimo per essere lavorato (*fam.* Oleacee).

frastagliamento [-mén-] *s.m.* atto, effetto del frastagliare; parte frastagliata di qlco.

frastagliare *v.tr.* [*io frastàglio* ecc.] tagliuzzare qlco. disordinatamente, spec. ai margini.

frastagliato *agg.* intagliato qua e là, interrotto e discontinuo: *costa frastagliata*, che è tutta a sporgenze e rientranze, sinuosa.

frastaglio [-stà-] *s.m.* lavoro d'intaglio molto elaborato e minuzioso.

frastornare *v.tr.* [*io frastórno* ecc.] disturbare il compimento di qlco.; distrarre qlcu. dalle sue occupazioni.

frastornato *agg.* che ha la mente stanca e i nervi scossi: *sono ancora — per il viaggio*.

frastuono [-stuò-] *s.m.* rumore intenso e confuso prodotto da più cose o persone.

frate *s.m.* chi appartiene a un ordine religioso.

fratellanza *s.f.* **1** relazione reciproca tra fratelli **2** (*fig.*) amicizia affettuosa e leale; comunanza d'intenti.

fratellastro *s.m.* chi è figlio dello stesso padre ma non della stessa madre, o viceversa.

fratello [-tèl-] *s.m.* chi è nato dagli stessi genitori di colui rispetto al quale è considerato / — *di latte*, chi è stato allattato dalla stessa balia / *amarsi come fratelli*, con affetto profondo e disinteressato / *gli uomini sono tutti fratelli*, sono tutti figli di Dio, tutti uguali sul piano dell'umanità.

fraternità *s.f.invar.* sentimento di affetto simile a quello che lega i fratelli; amicizia disinteressata.

fraternizzare [-niʒʒa-] *v.intr.* **1** fare amicizia **2** fare causa comune con qlcu.

fraterno [-tèr-] *agg.* che è proprio di fratelli: *affetto* —.

fratesco [-té-] *agg.* [pl.m. -chi] che è proprio dei frati (spec. *spreg.*).

fratina *s.f.*, **fratino**[1] *s.m.* tavolo rettangolare massiccio, simile a quello dei refettori dei conventi.

fratino[2] *s.m.* uccello acquatico migratore, grigio, con petto, fronte e collare bianchi (*fam.* Caradriidi).

fratricida *s.m.* e *f.* [pl.m. -i] chi uccide il proprio fratello o la propria sorella // *agg.* di, da fratricida: *guerra* —, *civile*.

fratricidio [-ci-] *s.m.* l'uccisione del fratello o della sorella.

fratta *s.f.* luogo impervio per sterpi e pruni.

frattaglie [-tà-] *s.f.pl.* interiora degli animali macellati.

frattanto *avv.* nel frattempo.

frattazza *s.f.*, **frattazzo** *s.m.* **1** (*region.*) arnese del muratore consistente in una tavoletta con impugnatura, usata per lisciare **2** (*mar.*) → **frettazza**.

frattazzino *s.m.* piccolo frattazzo, nei lavori edilizi.

frattempo [-tèm-] usato solo nelle locuz. *nel frattempo*, *in questo, quel frattempo*, per indicare il tempo intercorrente tra due eventi.

frattura *s.f.* **1** rottura, spaccatura di un corpo: — *ossea* **2** (*fig.*) soluzione di continuità nel tempo, nello spazio; interruzione di un rapporto.

fratturare *v.tr.* provocare una frattura: *si fratturò una gamba sciando*.

fraudolento [-lèn-] *agg.* che è fatto con frode.

fraudolenza [-lèn-] *s.f.* **1** qualità di ciò che è fraudolento **2** atto fraudolento.

frazionamento [-mén-] *s.m.* atto, effetto del frazionare: *il — della proprietà terriera*.

frazionare *v.tr.* [*io frazióno* ecc.] dividere in varie parti: — *un patrimonio*.

frazionario [-nà-] *agg.* di frazione; che costituisce una frazione: *numero* —.

frazionato *agg.* **1** diviso in più parti o frazioni: *vendita frazionata*, di un edificio, venduto per singoli appartamenti **2** in filatelia, si dice di un francobollo tagliato in due o tre parti e usato per la metà, un terzo, del valore facciale del francobollo intero.

frazione [-zió-] *s.f.* **1** una delle parti in cui si divide qlco.: *il soldo è una — di lira; ha vinto la prima — di tappa*, la prima parte di essa / *in una — di secondo*, in un attimo **2** (*mat.*) numero esprimente una somma di parti uguali in cui è stata divisa l'unità **3** gruppo di case appartenente a un comune da cui è distaccato.

frazionismo [-ʃmo] *s.m.* la tendenza, nelle organizzazioni politiche, a creare scissioni; scissionismo.

frazionista *agg.* e *s.m.* e *f.* [pl.m. -i] che, chi provoca scissioni; scissionista.

freak [*ingl.*; *pr.* frik] *agg.* e *s.m.* nei primi anni Settanta, chi, spec. giovane, volutamente si distingueva dalla norma nell'aspetto e nel comportamento, accentuando valori individualistici anche attraverso l'uso della droga.

freatico [-à-] *agg.* [pl.m. -ci] (*geol.*) si dice di terreni poco profondi e impregnati d'acqua: *falda freatica*, falda acquifera sotterranea.

freccia [frèc-] *s.f.* [pl. -ce] **1** arma antichissima lanciata con l'arco o la balestra e costituita da un'asta munita a un'estremità di una punta e all'altra di un impennaggio **2** oggetto a forma di freccia; oggetto appuntito: *mettere la* —, (*fam.*) nella guida di un autoveicolo, mettere in funzione il segnalatore di direzione / *la — del campanile*, la cuspide / *ala a* —, ala dell'aeroplano che in pianta ha forma di freccia **3** segno a forma di freccia che indica la direzione: *segui la* — *e troverai l'uscita* **4** (*fig.*) allusione maligna.

frecciata [-à-] *s.f.* **1** colpo di freccia: *fu colpito da una* — **2** (*fig.*) allusione pungente e maliziosa.

freddare *v.tr.* [*io fréddo* ecc.] **1** far diventare freddo: — *la minestra* **2** uccidere sul colpo, spec. con arma da fuoco // **-arsi** *v.rifl.pron.* diventar freddo: *la minestra si fredda*.

freddezza [-déz-] *s.f.* **1** la condizione di ciò che è freddo. CONTR. *calore* **2** (*fig.*) mancanza di entusiasmo, calore umano. SIN. *indifferenza*.

freddo [fréd-] *agg.* **1** a bassa temperatura; che dà una sensazione contraria a quella del caldo: *caffè* —, bevanda estiva, così chiamata specificamente perché il caffè si beve normalmente caldo; *mi lavo con l'acqua fredda; ho le mani fredde*; *fu un inverno* —; *regioni fredde* / *animali a sangue* —, quelli in cui la temperatura del corpo dipende da quella dell'ambiente; *a sangue* —, (*fig.*) con calma, impassibilità / *sangue* —, coraggio. DIM. *freddino*. CONTR. *caldo* **2** (*fig.*) privo di calore, di vivacità; che non è mosso da passioni; che non si commuove né si turba: *ebbe un'accoglienza fredda; è un uomo* —; *tutto ciò mi lascia* —; *a mente fredda*, senza farsi influenzare dalle passioni. SIN. *indifferente* // *s.m.* temperatura bassa e la sensazione che ne deriva: *quest'inverno il* — *è umido; ho, sento* —; *oggi fa un* — *cane*, molto freddo / *ai primi freddi*, all'inizio dell'inverno / *a* —, senza passione, (*fig.*) senza passione, con distacco. CONTR. *caldo* // **-mente** *avv.* con indifferenza: *m'accolse* —.

freddoloso [-ló-] *agg.* molto sensibile al freddo.

freddura *s.f.* gioco di parole arguto e spiritoso; spiritosaggine.

freddurista *s.m.* e *f.* [pl.m. -i] chi ama raccontare freddure.

free-lance [*ingl.*; *pr.* frii lèns] *agg.* e *s.m.* si dice di chi esercita liberamente una professione, spec. nel campo giornalistico o commerciale.

freezer [*ingl.*; *pr.* friisa] *s.m.* cella frigorifera in cui si raggiungono temperature al di sotto dei 12° centigradi.

fregaccio [-gàc-] *s.m.* frego fatto con la matita o con la penna; sgorbio.

fregagione [-gió-] *s.f.* il fregare; frizione; massaggio.

fregare *v.tr.* [*io frégo, tu fréghi* ecc.] **1** passare e ripassare con più o meno forza la mano su qlco.: *fregarsi le mani*, stropicciarsele per riscaldarle o in segno di soddisfazione. SIN. *strofinare* **2** (*volg.*) farla a qlcu.; truffare; superare in una competizione: *ti sei lasciato* — **3** (*volg.*) rubare: *mi hanno fregato la bicicletta*.

fregata[1] *s.f.* l'atto del fregare.

fregata[2] *s.f.* veloce nave da guerra della marina velica, con tre alberi; attualmente, nave da guerra armata e attrezzata spec. per la caccia ai sommergibili.

fregata[3] *s.f.* uccello dei mari tropicali, dal volo rapidissimo, con ali molto lunghe, coda lunga e forcuta, zampe corte, becco lungo e ricurvo all'apice (*fam.* Falacrocoracidi).

fregatura *s.f.* (*volg.*) inganno, truffa.

fregiare *v.tr.* [*io frégio ecc.*] ornare con fregi.

fregio [fré-] *s.m.* negli ordini architettonici, la parte della trabeazione, talora decorata, tra l'architrave e la cornice, tipico ornamento dei templi antichi [*ill. Architettura*].

fregnaccia [-gnàc-] *s.f.* (*dial.*) sciocchezza; cosa, e spec. discorso, stupido e inutile.

frego [fré-] *s.m.* [pl. *-ghi*] linea tracciata frettolosamente, spesso per cancellare; sgorbio.

fregola [fré-] *s.f.* **1** stato d'irrequietezza proprio di parecchi animali al tempo della riproduzione **2** (*fig. volg.*) voglia, smania.

freisa [frèi∫a] *s.f.* vino rosso, lievemente amabile, prodotto in Piemonte, nella zona di Chieri.

fremente [-mèn-] *agg.* che freme; impaziente.

fremere [frè-] *v.intr.* [*io frèmo ecc.*] **1** essere fortemente agitato da un sentimento intenso: — *di rabbia, d'amore* **2** (*fig.*) agitarsi, vibrare: *la foresta freme sotto l'uragano.*

fremito [frè-] *s.m.* il fremere; il rumore emesso da ciò che freme: *un — di sdegno* / — *delle foglie.*

frenare *v.tr.* [*io fréno ecc.*] trattenere col freno, rallentare il movimento di qlco. (anche *fig.*): — *il cavallo, la bicicletta;* — *lo sdegno, l'impazienza* / *assol.* azionare il freno, spec. per rallentare o fermare un veicolo: *quando vide l'ostacolo, frenò* // **-arsi** *v.rifl.* trattenere il proprio impeto, dissimulare un'emozione.

frenastenia [-nì-] *s.f.* (*med.*) scarso sviluppo mentale; imbecillità, idiozia.

frenastenico [-stè-] *agg.* e *s.m.* [pl.m. *-ci*] che o chi è affetto da frenastenia.

frenata *s.f.* atto del frenare (anche *fig.*): *una brusca —.*

frenato *agg.* moderato, controllato, lento (anche *fig.*): *detersivo a schiuma frenata; emozioni frenate.*

frenatore [-tó-] *s.m.* [f. *-trice*] chi frena, spec. chi è addetto a manovrare i freni di un treno.

frenesia [-∫ì-] *s.f.* **1** pazzia, delirio **2** (*fig.*) desiderio insistente ed eccessivo, brama.

frenetico [-nè-] *agg.* [pl.m. *-ci*] **1** che è in preda a frenesia, o a particolare agitazione, entusiasmo: *un pubblico —* **2** che esprime frenesia, entusiasmo: *urla frenetiche; un ballo —.*

frenico [frè-] *agg.* [pl.m. *-ci*] (*anat.*) si dice del nervo che innerva il diaframma.

freno [fré-] *s.m.* **1** congegno destinato a rallentare o arrestare il moto di un veicolo, o di una macchina qualsiasi, o di una parte di essa: *schiacciare il —, il pedale che lo comanda,* spec. negli autoveicoli / — *aerodinamico,* sulle ali di un aereo, elemento mobile a larga espansione che, sfruttando la resistenza dell'aria, regola la velocità del velivolo **2** il morso che si mette ai cavalli / *mordere il —,* sopportare malvolentieri l'autorità o la prepotenza di chi comanda / *tenere a —,* controllare, moderare **3** (*fig.*) ciò che serve a reprimere o moderare atteggiamenti o fenomeni: *un — all'inflazione.*

frenologia [-gì-] *s.f.* **1** dottrina sorta e diffusasi nell'Ottocento che mirava a determinare le tendenze psichiche di una persona dalla conformazione del cranio **2** (*rar.*) → **psichiatria.**

frenologo [-nò-] *s.m.* [pl. *-gi*] studioso di frenologia.

frenulo [fré-] *s.m.* (*anat.*) piega mucosa che unisce due organi o due parti dello stesso organo: — *della lingua.*

freon [fré-] *s.m.invar.* denominazione di un gruppo di idrocarburi contenenti fluoro, usati come refrigeranti e come propellenti per confezioni spray.

frequentare *v.tr.* [*io frequènto ecc.*] recarsi spesso in un luogo; trovarsi spesso con una persona: — *i locali pubblici* / — *i sacramenti,* accostarvisi frequentemente / — *un poeta,* leggerlo spesso. SIN. *praticare.*

frequentativo *agg.* (*gramm.*) si dice di verbo che esprime un'azione che si ripete o che si compie gradatamente: «*saltellare*» è il — *di* «*saltare*».

frequentato *agg.* si dice di luogo in cui di solito convengono molte persone.

frequentatore [-tó-] *s.m.* [f. *-trice*] chi frequenta un luogo: *un assiduo — del circolo.*

frequentazione [-zió-] *s.f.* il frequentare; rapporto assiduo (anche *fig.*): *la — dei filosofi antichi,* la frequente lettura dei loro testi.

frequente [-quèn-] *agg.* si dice di cosa che si fa, che avviene spesso: *assenze, piogge frequenti.*

frequenza [-quèn-] *s.f.* **1** l'essere frequente, assiduo; l'accadere spesso: *la — alle lezioni* **2** il convenire in gran numero: *un'incredibile — di spettatori* **3** (*fis.*) grandezza pari al numero di volte in cui un fenomeno periodico si ripete nell'unità di tempo.

frequenzimetro [-zì-], **frequenziometro** [-zió-] *s.m.* strumento che misura le frequenze delle correnti alternate o di un qualsiasi fenomeno periodico.

fresa [frè∫a] *s.f.* utensile di acciaio impiegato per la lavorazione dei metalli.

fresare [-∫a-] *v.tr.* [*io frèso ecc.*] lavorare con la fresa.

fresatore [-∫ató-] *s.m.* [f. *-trice*] operaio che esegue la fresatura.

fresatrice [-∫a-] *s.f.* macchina utensile provvista di fresa, impiegata per la lavorazione a freddo dei metalli (taglio di ingranaggi, profili, scanalature ecc.) [*ill. Utensili*].

fresatura [-∫a-] *s.f.* operazione, effetto del fresare.

freschezza [-schéz-] *s.f.* qualità di ciò che è fresco (anche *fig.*): — *dell'aria,* — *di idee, dello stile.*

fresco [fré-] *agg.* [pl.m. *-chi*] **1** si dice di ciò che è leggermente e piacevolmente freddo: *aria, camera fresca; bosco, vento* — / *star* —, (*fig.*) essere capitato male, incappare in un guaio o in una punizione — **2** si dice di cosa appena fatta, non ancora sciupata dall'uso o dal tempo: *carne fresca,* appena macellata; *fiori freschi,* recisi da poco; *pane* —, appena sfornato; *pesce* —, pescato da poco; *notizie fresche,* recenti / *essere — di studi,* averli appena terminati **3** sano, robusto, giovanile, in forze: *carnagione fresca* / *mente fresca,* riposata, non stanca **4** (*fig.*) vivace, spontaneo, naturale: *stile* —; *immagini fresche* // *s.m.* **1** temperatura fresca: *usciamo al* — / *mettere il vino, la frutta in* —, in luogo fresco (cantina, frigorifero ecc.) / *mettere qlcu. al* —, (*fig.*) mandarlo in prigione / *dipingere a* —, su una parete ancora umida **2** tessuto leggero di lana per abiti estivi.

frescura *s.f.* aria fresca: *la — della sera.*

fresia [frè∫ia] *s.f.* pianta erbacea ornamentale con fiori gialli, rosa o bianchi (*fam.* Iridacee).

fretta [fré-] *s.f.* **1** necessità o desiderio di far presto: *ho — di partire.* SIN. *premura* **2** rapidità di movimenti: *camminava in —* / *in — e furia,* molto affrettatamente.

frettazza *s.f.,* **frettazzo** *s.m.* **1** (*mar.*) robusta spazzola per pulire ponti o sovrastrutture esterne delle navi **2** (*region.*) → **frattazza**.

frettoloso [-ló-] *agg.* che agisce o si muove in fretta (detto di persona); fatto in fretta.

freudiano [*pr.* froidiano] *agg.* dell'austriaco S. Freud (1856-1939), fondatore della psicoanalisi; relativo alle teorie da lui enunciate; anche, psicanalitico: *teorie freudiane.*

friabile [frià-] *agg.* che si riduce facilmente in piccoli frammenti: *terreno —.*

friabilità *s.f.invar.* qualità di ciò che è friabile.

fricandò *s.m.invar.* carne di vitello lardellata e cotta in casseruola con erbe e aromi.

fricassea [-sè-] *s.f.* spezzatino di carne cotto in tegame e condito con uova sbattute e limone.

fricativa *s.f.* consonante che si articola restringendo il canale vocale, sì che l'aria, passando, produca come un soffio; in italiano le fricative sono: *f, v, s* sorda e sonora, *sc* (*scendere*).

fricchettone [-tó-] *s.m.* forma italianizzata, scherzosa, di *freak.*

friggere [frìg-] *v.tr.* [*pres.* io friggo, tu friggi ecc.; pass.rem. io frissi, tu friggésti ecc.; p.pass. *fritto*] cuocere in padella nell'olio o in altro grasso bollente: *— il pesce* / *mandare qlcu. a farsi —,* mandarlo alla malora // *v.intr.* **1** scoppiettare bollendo: *l'olio friggeva nella padella* **2** (*fig.*) rodersi dalla rabbia, essere impaziente, struggersi.

friggitoria [-rì-] *s.f.* bottega in cui si vendono cibi fritti.

friggitrice *s.f.* padella con cestello per scolare il fritto.

frigidario [-dà-] *s.m.* (*archeol.*) nelle terme romane, sala con grande vasca per il bagno freddo.

frigidezza [-dèz-] *s.f.,* **frigidità** *s.f.invar.* **1** qualità di ciò che è frigido **2** insensibilità al piacere sessuale.

frigido [frì-] *agg.* **1** (*lett.*) freddo / *terreno —,* inadatto alla coltura per l'eccessiva umidità **2** (*fig.*) privo d'entusiasmo, di slancio **3** insensibile allo stimolo sessuale.

frigio [frì-] *agg.* della Frigia / *berretto —,* berretto rosso con la punta ripiegata sul davanti, usato dagli antichi frigi e divenuto simbolo di libertà durante la rivoluzione francese.

frignare *v.intr.* piangere in modo sommesso e insistente. SIN. *piagnucolare.*

frigo *s.m.invar.abbr.* di → **frigorifero.**

frigorifero [-rì-] *agg.* che serve ad abbassare la temperatura o a mantenerla bassa: *impianto —* // *s.m.* apparecchio a impianto elettrico per la conservazione degli alimenti a bassa temperatura.

frigorista *s.m. e f.* chi lavora nel campo delle tecniche del freddo.

frimaio [-mà-] *s.m.* nome del terzo mese del calendario rivoluzionario francese.

fringillidi [-gìl-] *s.m.pl.* (*zool.*) vasta famiglia di uccelli piccoli, caratterizzati dal becco corto e conico; vi appartengono: *canarino, fringuello, cardellino* ecc.

fringuello [-guèl-] *s.m.* piccolo uccello canoro, con gola e petto rossicci, ali nere attraversate da due fasce bianche (*fam.* Fringillidi).

frinire *v.intr.* [*pres.* io frinisco, tu frinisci ecc.] delle cicale, emettere il caratteristico suono.

frisare [-ʃa-] *v.tr.* nel gioco del biliardo, sfiorare leggermente una palla con la propria.

frisbee [*ingl.; pr.* frìsbi] *s.m.* disco di materiale resistente ed elastico, che si gioca lanciandolo con le mani e afferrandolo al volo; il gioco stesso.

fritillaria [-là-] *s.f.* pianta erbacea ornamentale con un ciuffo di fiori color arancio, campanulati (*fam.* Liliacee).

frittata *s.f.* vivanda di uova sbattute fritte in padella / *far una —,* (*fig.*) conciare male qlco.; fallire.

frittella [-tèl-] *s.f.* dolce fatto con pasta quasi liquida che si frigge nell'olio bollente.

fritto *agg.* **1** cotto in olio o grasso bollente / *cosa fritta e rifritta,* (*fig.*) ripetuta più volte e quindi notissima **2** (*fig.*) ridotto a mal partito: *son bell'e —* // *s.m.* piatto di cibi fritti: *— misto; un — di pesce.*

frittura *s.f.* **1** atto, effetto del friggere: *la — vien fatta a fuoco vivo* **2** le vivande fritte.

friulano *agg.* del Friuli // *s.m.* **1** abitante del Friuli **2** dialetto del Friuli.

frivolezza [-léz-] *s.f.* **1** qualità di ciò che è frivolo. SIN. *leggerezza, futilità* **2** parola, atto frivolo.

frivolo [frì-] *agg.* che dimostra scarsa serietà: *discorso —.* SIN. *leggero, futile, vano.*

frizionare *v.tr.* [*io frizióno* ecc.] fare una frizione, massaggiare: *— i muscoli con alcool.*

frizione [-zió-] *s.f.* **1** strofinamento che si pratica sulla pelle: *fare una — al cuoio capelluto* **2** (*mecc.*) attrito fra due corpi, di cui uno in movimento **3** organo che consente innesto e disinnesto progressivo tra motore e organi di trasmissione del moto: *schiacciare la —,* il pedale che la comanda, spec. nella guida degli autoveicoli **4** (*fig.*) contrasto.

frizzante [friʒʒan-] *agg.* **1** che frizza: *vento —; vino —,* che vellica o punge gradevolmente il palato **2** (*fig.*) mordace, scherzoso: *motto —* // *s.m.* sapore frizzante: *mi piace il — di quel vino.*

frizzare [friʒʒa-] *v.intr.* **1** dare la sensazione di lievissime e frequenti punture: *l'alcool frizza sul graffio* **2** stridere, detto, in particolare, di ferro rovente immerso in acqua.

frizzo [friʒʒo] *s.m.* motto arguto e mordace.

frocio [frò-] *s.m.* (*volg. region.*) omosessuale.

frodare *v.tr.* [*io fròdo* ecc.] compiere una frode ai danni di qlcu. SIN. *imbrogliare, ingannare.*

frode [frò-] *s.f.* inganno, attività lesiva del diritto altrui, mirante a sorprendere la buona fede del frodato: *— alimentare; — fiscale,* falsificazione operata dal contribuente per evitare il pagamento delle imposte. SIN. *truffa, imbroglio.*

frodo [frò-] *s.m.* [solo *sing.*] il sottrarre al controllo doganale una merce soggetta a imposta / *caccia di —,* quella esercitata senza la licenza o con mezzi proibiti dalla legge.

frogia [frò-] *s.f.* [pl. *-gie* o *-ge*] **1** ciascuna delle estremità carnose delle narici del cavallo **2** (*scherz.*) narice umana dilatata.

frollare *v.tr.* [*io fròllo* ecc.] stagionare la carne macellata perché intenerisca // *v.intr.,* **-arsi** *v.rifl.pron.* diventare frollo.

frollatura *s.f.* atto, effetto del frollare; il periodo di tempo a ciò necessario.

frollo [fròl-] *agg.* **1** si dice di carne stagionata e intenerita: *il fagiano è ormai —* / *pasta frolla,* pasta dolce e friabile usata spec. per preparare crostate **2** (*fig.*) si dice di persona che ha poca energia.

frombola [fróm-] *s.f.* fionda.

fromboliere [-liè-] *s.m.* nell'antichità, soldato armato di frombola.

fronda[1] [frón-] *s.f.* **1** frasca; ramoscello coperto di foglie **2** pl. l'insieme delle foglie e dei rami di un albero; (*fig.*) ornamenti superflui nel parlare e nello scrivere.

fronda[2] [frón-] *s.f.* nel linguaggio politico, opposizione svolta all'interno di un gruppo politico.

frondista *s.m.* e *f.* [pl.m. *-i*] esponente della fronda, oppositore interno, ribelle.

frondoso [-dó-] *agg.* ricco di fronde (anche *fig.*).

frontale *agg.* **1** della fronte: *muscolo* — [*ill. Corpo*] **2** che è di fronte: *attacco* — // **-mente** *avv.* di fronte.

frontaliero [-liè-] *agg.* e *s.m.* si dice dei lavoratori pendolari che per recarsi al lavoro attraversano ogni giorno la frontiera tra due paesi.

fronte [frón-] *s.f.* **1** parte della testa compresa tra le sopracciglia e le radici dei capelli e limitata lateralmente dalle tempie; per estens., faccia: / *andare a — alta, non avere nulla di cui vergognarsi / abitare di* —, di faccia / *trovarsi di — al nemico*, in sua presenza / *traduzione a* —, quella affiancata al testo originale / *nessuno gli può stare a* —, gli può essere paragonato **2** la parte anteriore di varie cose: *la — di un edificio; la — di un ghiacciaio*, la parte terminale; *la — di una schiera / in — al libro*, sulla copertina **3** nella canzone antica, prima parte della strofa a sua volta divisa in due piedi // *s.m.* **1** lato maggiore di un reparto militare; linea su cui due eserciti vengono a contatto; zona in cui si combatte / *far — al nemico*, tenergli testa, affrontarlo / *far — comune*, allearsi, collaborare per vincere una difficoltà / *far — a una spesa*, sostenerla **2** unione di più partiti o movimenti politici per fronteggiare un avversario comune: — *popolare*.

fronteggiare *v.tr.* [*io frontéggio ecc.*] **1** far fronte, opporsi (anche *fig.*). **2** star di fronte.

frontespizio [-spì-] *s.m.* prima pagina di un libro con il titolo, il nome dell'autore e dell'editore [*ill. Stampa*].

frontiera [-tiè-] *s.f.* **1** limite della sovranità territoriale di uno stato: *varcare la* —. SIN. *confine* **2** (*fig.*) linea di divisione, di distinzione.

frontismo [-ʃmo] *s.m.* tendenza a realizzare ampi blocchi politici, spec. tra partiti della sinistra.

frontista *s.m.* e *f.* [pl.m. *-i*] **1** il titolare del diritto di proprietà su un bene che confini con un corso d'acqua, una strada ecc. **2** aderente a un fronte politico.

frontone [-tó-] *s.m.* decorazione solitamente triangolare posta a coronamento della facciata dei templi greco e poi di palazzi, case, finestre ecc. [*ill. Architettura*].

fronzolo [frónʒo-] *s.m.* spec. *pl.* ornamento superfluo degli abiti (anche *fig.*).

fronzuto [-ʒu-] *agg.* (*lett.*) che ha molte fronde.

frosone [-ʃó-] *s.m.* piccolo uccello con becco forte, di passo e invernale (*fam.* Passeriformi).

frotta [fròt-] *s.f.* gruppo di persone o branco di animali che si muove in disordine.

frottola [fròt-] *s.f.* **1** componimento popolaresco, di vario metro, fatto di pensieri bizzarri o motti sentenziosi spesso slegati fra loro **2** (*mus.*) composizione polifonica vocale diffusa nel sec. XV **3** (*fig.*) cosa non vera: *raccontar frottole*. SIN. *bugia, fandonia*.

fru-fru [frù] *voce onom.* indica il fruscio delle vesti, lo scalpiccio dei piedi e simili.

frugale *agg.* moderato nel mangiare e nel bere; sobrio: *un uomo* —. SIN. *parco*.

frugalità *s.f.invar.* l'essere frugale.

frugare *v.intr.* [*io frugo, tu frughi ecc.*] cercare minutamente tra più cose: — *tra le carte*. SIN. *rovistare* // *v.tr.* perquisire, ricercare qlco. addosso a una persona.

frugolo [frù-] *s.m.* bambino vivace. DIM. *frugolino*.

fruire *v.intr.* [*io fruisco, tu fruisci ecc.*] godere, giovarsi di qlco.: — *di una rendita*, — *delle ferie*.

fruitore [-tó-] *s.m.* [f. *-trice*] chi fruisce; utente.

fruizione [-zió-] *s.f.* il fruire, spec. di un servizio sociale o culturale.

frullare *v.intr.* **1** fare il rumore degli uccelli quando si levano in volo **2** (*fig.*) detto di pensiero, d'un'idea, agitarsi nella mente / *v.tr.* agitare, sbattere forte e velocemente: — *le uova*.

frullato *s.m.* bibita più o meno densa, fatta con vari ingredienti sbattuti: — *di frutta*.

frullatore [-tó-] *s.m.* apparecchio elettrico per frullare ogni sorta d'ingredienti.

frullino *s.m.* utensile a mano usato per frullare ingredienti vari.

frullo *s.m.* il frullare: *un* — *d'ali*.

frumento [-mén-] *s.m.* pianta erbacea con foglie lineari e infiorescenza a spiga; i frutti sono cariossidi (*chicchi*) da cui si ricava farina per pane e paste alimentari (*fam.* Graminacee) [*ill. Cereali*].

frumentone [-tó-] *s.m.* granturco.

frusciare *v.intr.* [*io frùscio, tu frusci ecc.*] produrre un fruscio.

fruscio [-scì-] *s.m.* rumore prodotto da vesti che si muovono, da animali che strisciano, da foglie mosse, agitano al vento.

frusinate [-ʃi-] *agg.* di Frosinone // *s.m.* e *f.* abitante di Frosinone.

frusta *s.f.* **1** strumento costituito da un manico a cui è fissata una cordicella, usato per incitare gli animali da tiro, e un tempo anche per percuotere gli uomini. SIN. *sferza, scudiscio* **2** utensile di cucina usato per sbattere le uova e simili.

frustare *v.tr.* colpire con la frusta (anche *fig.*). SIN. *sferzare, staffilare*.

frustata *s.f.* colpo di frusta.

frustino *s.m.* piccola frusta ricoperta di pelle, usata da chi cavalca.

frusto *agg.* **1** consumato dall'uso. SIN. *liso* **2** (*med.*) si dice di malattie che non presentano tutti i sintomi della forma completa.

frustolo [frù-] *s.m.* piccola cosa.

frustrare *v.tr.* **1** rendere inutile **2** deludere.

frustrazione [-zió-] *s.f.* **1** il frustrare **2** stato psicologico di sconfitta e di delusione, che insorge in chi si trovi di fronte a difficoltà giudicate insormontabili.

frutice [frù-] *s.m.* (*bot.*) pianta cespugliosa ramificata fin dalla base.

frutta *s.f.* [solo *sing.*] i frutti da tavola presi nel loro insieme: *servire la* —.

fruttare *v.intr.* dar frutto, dare un guadagno // *v.tr.* produrre, rendere; — *molto denaro*.

frutteto [-té-] *s.m.* terreno con alberi da frutto.

frutticoltore [-tó-] *s.m.* [f. *-trice*] chi coltiva alberi da frutto.

frutticoltura *s.f.* coltivazione di alberi da frutto.

fruttidoro [-dó-] *s.m.* nome del dodicesimo mese del calendario rivoluzionario francese.

fruttiera [-tiè-] *s.f.* recipiente per servire la frutta in tavola.

fruttifero [-tì-] *agg.* **1** che produce frutti **2** (*fig.*) che dà risultati; che dà reddito: *buoni del tesoro fruttiferi*.

fruttificare *v.intr.* [*io fruttìfico, tu fruttifichi ecc.*] produrre frutti (anche *fig.*).

fruttivendolo [-vèn-] *s.m.* venditore di frutta.

frutto *s.m.* [pl.f. *frutta*, in quanto commestibili; pl.m. *frutti*, negli altri significati] **1** parte della pianta che contiene i semi; comunemente, ogni frutto commestibile: *la pesca, la pera sono frutti; alberi da* — / *frutti di*

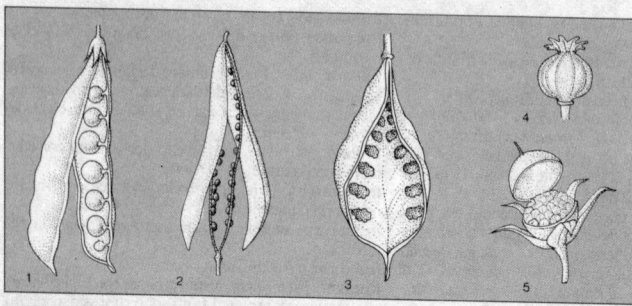

frutto

*Frutti secchi
deiscenti:*
1 *legume,*
2 *siliqua,*
3 *follicolo,*
4 *capsula
poricida,*
5 *pisside.*

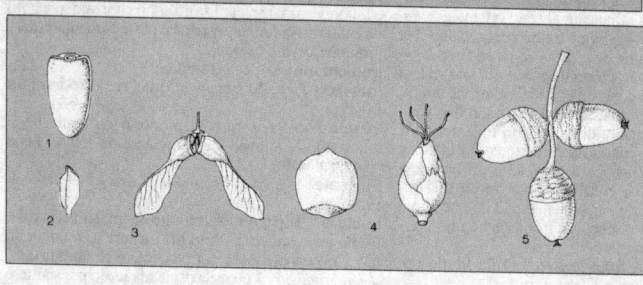

*Frutti secchi
indeiscenti:*
1 *achenio,*
2 *cariosside,*
3 *disamara,*
4 *noce,*
5 *ghianda.*

mare, piccoli molluschi commestibili / *alle frutta*, alla fine del pasto **2** (*fig.*) profitto, guadagno, rendita **3** (*fig.*) risultato; prodotto, effetto, conseguenza: — *di una ricerca.*

fruttosio [-tòʃio] *s.m.* zucchero isomero del glucosio, contenuto in molti frutti.

fruttuoso [-tuó-] *agg.* che produce molti frutti; che rende molto; che ha effetto positivo. SIN. *utile, redditizio.* CONTR. *infruttuoso.*

ftiriasi [-riaʃi] *s.f.invar.* (*med.*) il complesso delle lesioni cutanee provocate dai pidocchi.

fu *terza persona sing. del pass.rem. di* essere, *usata come agg.* si dice di persona defunta; *il — Paolo B.*

fucilare *v.tr.* mettere a morte mediante fucilazione: *gli ostaggi furono fucilati.*

fucilata *s.f.* colpo di fucile; rumore prodotto dallo sparo: *sparare una —; udire una —.*

fucilazione [-zió-] *s.f.* pena di morte inflitta uccidendo il condannato con una scarica di fucili.

fucile *s.m.* arma da fuoco individuale portatile, con canna lunga d'acciaio: — *ad armacollo;* — *subacqueo,* con fiocina, usato dai pescatori subacquei [*ill.* Pesca].

fucileria [-rì-] *s.f.* insieme di molti colpi di fucile.

fuciliere [-liè-] *s.m.* fante armato di fucile.

fucina *s.f.* **1** fornello con mantice usato dal fabbro per riscaldare i pezzi di ferro in lavorazione **2** luogo in cui vengono compiuti lavori di fucinatura **3** (*fig.*) luogo in cui si produce o si progetta qlco.: — *di artisti;* — *di inganni.*

fucinare *v.tr.* **1** sottoporre un materiale metallico a fucinatura **2** (*fig.*) progettare, macchinare.

fucinatore [-tó-] *s.m.* [f. *-trice*] operaio che compie lavori di fucinatura.

fucinatura *s.f.* insieme di operazioni termiche e meccaniche condotte allo scopo di dare una forma definita a un corpo metallico.

fuco[1] *s.m.* [pl. *-chi*] alga di color verde bruno, con tallo laminare, ramificato (*fam.* Fucacee).

fuco[2] *s.m.* [pl. *-chi*] il maschio dell'ape.

fucsia [fùc-] *s.f.* piccolo arbusto ornamentale con fiori penduli, rossi e violetti (*fam.* Enoteracee).

fucsina *s.f.* sostanza colorante organica rosso-violetta, estratta dall'anilina.

fuga *s.f.* **1** l'atto del fuggire: *una — generale, precipitosa; mettere, volgere in —; prendere la —,* scappare; *in —, di corsa,* frettolosamente **2** fuoruscita di gas, di liquidi da una falla o da un rubinetto aperto **3** serie continua di oggetti: — *di archi, di colonne* **4** (*mus.*) la più complessa forma di composizione musicale sviluppante più temi da un unico tema generatore **5** (*sport*) nel ciclismo, l'azione di uno o più corridori mirante ad allontanarsi dagli altri distaccandoli.

fugace *agg.* di breve durata: *gioia, speranza —.* SIN. *effimero, fuggevole, transitorio.*

fugacità *s.f.invar.* qualità di ciò che è fugace.

fugare *v.tr.* mettere in fuga; cacciar via.

fugato *s.m.* composizione musicale ispirata ai canoni della fuga, ma meno rigida.

fuggevole [-gé-] *agg.* di breve durata: *istante —.*

fuggiasco *agg.* [pl.m. *-chi*] che va fuggendo // *s.m.* chi è costretto a fuggire. SIN. *fuggitivo, profugo.*

fuggifuggi *s.m.invar.* grande confusione provocata da più persone che fuggono.

fuggire *v.intr.* [*io fuggo, tu fuggi ecc.*] **1** allontanarsi di corsa, per lo più per evitare un pericolo o un danno; correre velocemente: — *di casa, dal carcere; fuggiamo, prima che cominci a piovere!* SIN. *evadere, scappare* **2** trascorrere rapidamente: *il tempo fugge; godiamo l'attimo fuggente // v.tr.* evitare, scansare: — *un pericolo, le cattive compagnie* / *prov.: a nemico che fugge, ponti d'oro,* bisogna assecondare una persona indesiderata che spontaneamente si allontana.

Frutti carnosi:
1 *drupa,*
2 *peduncolo,*
3 *epicarpo,*
4 *mesocarpo,*
5 *endocarpo,*
6 *cicatrice stilare,*
7 *embrione,*
8 *esperidio,*
9 *mora
(multidrupa),*
10 *peponide,*
11 *bacca,*
12 *balausta.*

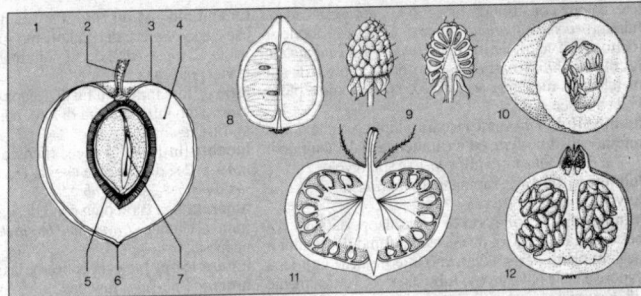

Falsi frutti:
1 *pomo,*
2 *siconio,*
3 *sorosio,*
4 *fragola.*

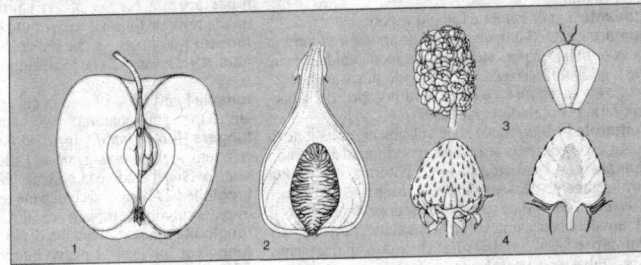

fuggitivo *agg.* che fugge; che ha breve durata *//. s.m.* chi fugge o è fuggito. SIN. *fuggiasco.*

fulcro *s.m.* **1** punto d'appoggio di una leva [*ill. Bilancia*] **2** (*fig.*) punto fondamentale.

fulgido [fùl-] *agg.* che emana fulgore (anche *fig.*): *una stella fulgida; un — esempio di eroismo.* SIN. *splendente, luminoso; glorioso.*

fulgore [-gó-] *s.m.* splendore molto vivo.

fuliggine [-lig-] *s.f.* deposito nerastro lasciato dal fumo nelle gole dei camini e nei tubi delle stufe.

fuligginoso [-nó-] *agg.* coperto di fuliggine.

full *s.m.invar.* (*ingl.*) nel gioco del poker, combinazione composta da un tris più una coppia.

full time [*ingl.; pr.* ful tàim] *agg.* e *s.m.* e *f.* si dice del rapporto di lavoro a tempo pieno e di chi lo pratica (contrapposto a *part time*).

fulmicotone [-tó-] *s.m.* esplosivo detonante costituito da cotone trattato con acido nitrico.

fulminante *agg.* **1** che fulmina, che colpisce con la violenza del fulmine (spec. *fig.*): *sguardo —* **2** che dà morte rapida o improvvisa (detto di malattia) **3** esplosivo: *cotone —.*

fulminare *v.tr.* [*io* fùlmino *ecc.*] **1** colpire col fulmine: *un contadino è rimasto fulminato durante il temporale.* SIN. *folgorare* **2** (*fig.*) colpire con la violenza o la rapidità del fulmine: *— qlcu. con lo sguardo* **3** (*fig.*) abbat-

fucile: 1 *mirino,*
2 *bindella*
3 *culatta,* 4 *chiave,*
5 *impugnatura,*
6 *calcio,* 7 *calciolo,*
8 *grilletto,*
9 *ponticello o
guardamano,*
10 *coda di rondine,*
11 *canna,*
12 *copricanna,*
13 *alzo,*
14 *otturatore,*
15 *caricatore,*
16 *fusto,* 17 *cane,*
18 *presa del gas,*
19 *parafiamma,*
20 *alloggio
accessori,*
21 *baionetta.*

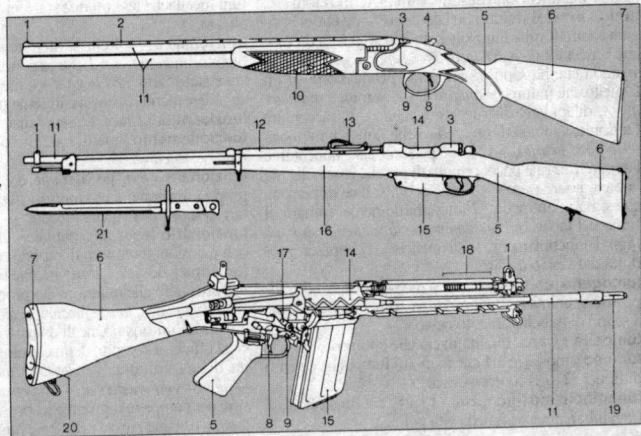

tere, colpire con armi da fuoco // *v.intr.impers.* cadere fulmini: *tuona e fulmina* // **-arsi** *v.rifl.pron.*. fondersi (detto di resistenza elettrica): *la lampadina si è fulminata*.

fulminato *s.m.* (*chim.*) ciascuno dei composti di sali metallici (di mercurio, argento ecc.) usati come esplosivi da innesco.

fulmine [fùl-] *s.m.* scarica elettrica luminosa che si manifesta nell'atmosfera, ed è caratteristico dei temporali / — *a ciel sereno*, fatto imprevisto e spiacevole.

fulmineo [-mì-] *agg.* rapidissimo: *movimento —*.

fulvo *agg.* giallo rossiccio.

fumaiolo [-iò-] *s.m.* sorta di torricella, posta sulla copertura di un edificio, da cui esce il fumo dei camini o degli impianti di riscaldamento interni; nelle motrici a vapore e nelle navi, grosso tubo disposto verticalmente [*ill.* Ferrovia].

fumante *agg.* che emette fumo o vapore.

fumare *v.intr.* **1** emettere fumo o vapore: *il vulcano, la polenta fuma* **2** per estens., essere molto caldo (anche *fig.*): *gli fuma il cervello*, sta pensando intensamente // *v.tr.* e *intr.* aspirare ed espirare il fumo, spec. del tabacco; farlo per abitudine: *ha smesso di —*.

fumarola [-rò-] *s.f.* nelle zone vulcaniche, emissione di gas e vapore acqueo attraverso spaccature del terreno.

fumata *s.f.* **1** colonna di fumo naturale, o prodotta artificialmente per segnalazioni e simili: — *vulcanica* / — *bianca*, che indica l'avvenuta elezione di un papa **2** il fumare tabacco una volta, brevemente: *fare una —*.

fumatore [-tó-] *s.m.* [f. -*trice*] chi fuma abitualmente, spec. tabacco: *è un accanito —*.

fumé [*franc.; pr.* fümè] *agg.* colore tra il grigio e il bruno.

fumettistico [-ti-] *agg.* [pl.m. -*ci*] si dice di romanzo, racconto, film ecc., dalla trama inverosimile e volgare, come quelle dei romanzi a fumetti.

fumetto [-mét-] *s.m.* spec. *pl.* racconto formato da una serie di disegni o fotogrammi consecutivi con brevi dialoghi che escono dalla bocca dei personaggi in forma di nuvolette di fumo.

fumigare *v.tr.* [*io fumigo, tu fumighi ecc.*] emettere fumo in piccola quantità ma continuamente: *candela fumigante*, che emette fumo profumato o con altre speciali caratteristiche.

fumista *s.m.* e *f.* [pl.m. -*i*] operaio addetto alla riparazione e manutenzione di stufe, camini, termosifoni ecc.

fumo *s.m.* **1** il residuo della combustione che si sprigiona sotto forma di nuvola bianca o grigiastra da cose che bruciano: *il — dell'incendio* / *saper di —*, si dice di vivanda che ha sapore sgradevole perché cotta su un fornello che fa fumo / *andare in —*, svanire / *mandare in —*, dilapidare, distruggere / *vender —*, raccontare fandonie, vantarsi di un credito che non si ha / *molto — e poco arrosto*, si dice di persona che, nonostante l'apparenza, vale poco, oppure di parole, cose belle ma vuote / *essere come il — negli occhi*, si dice di persona che si ha in antipatia **2** atto, abitudine del fumare: *il — del tabacco: il — danneggia la salute* **3** spec. *pl.* (*fig.*) l'annebbiamento dell'intelletto, l'ebbrezza prodotta dal vino o dall'ira.

fumogeno [-mò-] *agg.* e *s.m.* si dice di sostanza o composizione chimica atta a produrre fumi o nebbie, spec. a scopo di mascheramento bellico.

fumosità *s.f.invar.* qualità di ciò che è fumoso.

fumoso [-mó-] *agg.* **1** che fa molto fumo; che è pieno di fumo **2** (*fig.*) contorto, oscuro.

funambolismo [-ʃmo] *s.m.* **1** l'arte dei funamboli **2** (*fig.*) il barcamenarsi, nella vita politica.

funambolo [-nàm-] *s.m.* **1** artista di circo o di varietà che esegue esercizi di equilibrismo su una fune tesa nel vuoto **2** (*fig.*) si dice di chi si destreggia abilmente nella vita politica.

fune *s.f.* insieme di più fili di canapa o di altro materiale avvolti o intrecciati fra di loro; corda piuttosto grossa. DIM. *funicella*.

funebre [-fù-] *agg.* **1** che si riferisce ai defunti: *corteo, rito —* **2** si dice di cosa che dà l'idea della morte; *triste: aspetto —*. SIN. *lugubre*.

funerale *s.m.* cerimonia con cui si accompagna il defunto al cimitero / *avere una faccia da —*, un'espressione mesta, triste.

funerario [-rà-] *agg.* che concerne la morte, la sepoltura.

funereo [-nè-] *agg.* funebre.

funestare *v.tr.* [*io funèsto ecc.*] produrre un effetto, un'impressione funesta; recare lutto e danno.

funesto [-nè-] *agg.* **1** che dà dolore, che è causa di lutto. SIN. *luttuoso* **2** che reca danno. SIN. *esiziale, rovinoso*.

fungaia [-gà-] *s.f.* **1** luogo in cui crescono molti funghi **2** (*fig.*) gran quantità.

fungere [fùn-] *v.intr.dif.* [pres. *io fungo, tu fungi ecc.*; pass.rem. *io funsi, tu fungesti ecc.*] adempiere un ufficio senza averne il grado e la nomina: *fungeva da direttore*.

fungibile [-gì-] *agg.* si dice di bene economico che può essere sostituito, scambiato con altri.

fungibilità *s.f.invar.* la qualità di ciò che è fungibile.

fungo *s.m.* [pl. -*ghi*] **1** pianta inferiore priva di clorofilla, di grandezza variabile, di solito formata da un gambo sormontato da un cappello, velenosa o commestibile: *risotto con i funghi* **2** qualsiasi oggetto a forma di fungo / — *di fungo*, la parte superiore del profilo di una rotaia ferroviaria / — *atomico*, la nube d'esplosione di una bomba atomica / — *di ventilazione*, nel motoscafo, apertura che serve ad aerare il motore.

fungosità *s.f.invar.* (*rar.*) escrescenza in forma di fungo.

funicolare *s.f.* ferrovia a forte pendenza, nella quale le vetture vengono trainate da una fune metallica.

funicolo [-nì-] *s.m.* (*anat.*) qualsiasi formazione a cordone: — *ombelicale*.

funivia [-vì-] *s.f.* impianto per il trasporto di persone, costituito da una o più cabine che si spostano sospese a funi metalliche tese tra due stazioni situate a differente altezza.

funzionale *agg.* **1** che si riferisce alla funzione di un organo: *malattia —* **2** che risponde alle funzioni per cui è stato fatto: *architettura —*, ideata in modo da rispondere a criteri estetici e insieme pratici.

funzionalità *s.f.invar.* l'essere funzionale.

funzionamento [-mèn-] *s.m.* atto o modo del funzionare: — *difettoso*.

funzionare *v.intr.* [*io funzióno ecc.*] **1** adempiere la propria funzione: *il meccanismo funziona benissimo* **2** fare la funzione di qlcu., fungere: — *da archivista*.

funzionario [-nà-] *s.m.* pubblico ufficiale; impiegato con mansioni direttive o di rappresentanza.

funzione [-zió-] *s.f.* **1** attività che una persona svolge nell'attendere alle mansioni del proprio ufficio: *le funzioni del sindaco* / *fare le funzioni di qlcu.*, farne le veci **2** attività di un organo, negli animali e nei vegetali; anche l'ufficio, il compito di un congegno, di una macchina, di una struttura: — *digestiva, clorofilliana, arco con — di sostegno*; *mettere in — un ingranaggio*, farlo muovere per compiere il proprio scopo **3** (*gramm.*) ufficio assunto da una parola nella frase: *un aggettivo con — di*

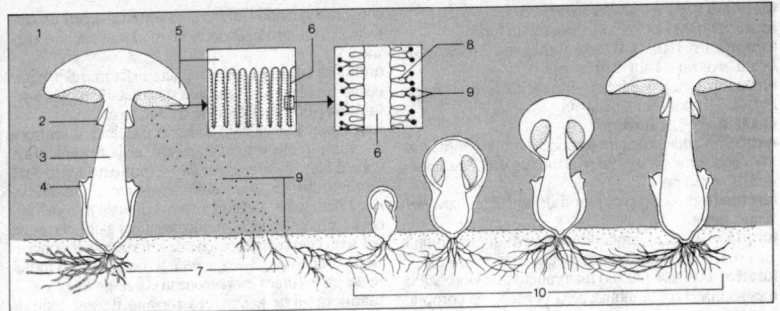

funghi: 1 *sezione di un fungo basidiomiceto*, 2 *anello*, 3 *gambo*, 4 *volva*, 5 *cappello*, 6 *lamella*, 7 *micelio*, 8 *cellule sporifere*, 9 *spore*, 10 *sviluppo.*

sostantivo **4** celebrazione religiosa più o meno solenne: *le funzioni della notte di Natale.* SIN. *cerimonia, rito* **5** (*mat.*) correlazione fra una o più grandezze (variabili indipendenti) e un'altra grandezza (variabile dipendente), tale che per ogni valore delle prime sia dependente almeno un valore dell'ultima grandezza.

fuoco [fuò-] *s.m.* [pl. *-chi*] **1** l'insieme degli effetti della combustione dei corpi che si manifestano con la fiamma: *un — scoppiettante; attizzare, spegnere il —; prendere —,* accendersi (anche *fig.*); *verniciare, saldare a —,* mediante il fuoco o il calore / *— di paglia,* passione, entusiasmo di brevissima durata / *— eterno,* l'inferno / *mettere una mano sul —,* affermare, attestare qlco. con certezza assoluta / *scherzare col —,* scherzare con i pericoli, affrontarli a cuor leggero / *soffiare nel —,* attizzare discordie o passioni già vive / *versar acqua sul —,* sopire discordie o passioni. DIM. *focherello* **2** il focolare e ogni impianto di cucina con funzioni analoghe: *togliere la pentola dal —* / *mettere troppa carne al —,* impegnarsi contemporaneamente in troppe cose **3** (*fig.*) calore intenso (di febbre, di passione, di sentimento); arsura; ardore: *avere il — addosso,* essere in grande agitazione; *uno sguardo di —,* carico d'ira o di passione; *un temperamento di —,* molto ardente, passionale; *diventare di —,* avvampare, arrossire violentemente **4** l'esplosione della polvere da sparo e anche lo sparo stesso: *armi da —; far —,* sparare; *aprire, cessare il —,* iniziare le ostilità, porvi termine / *trovarsi tra due fuochi,* tra due avversari ugualmente pericolosi, tra due minacce o difficoltà **5** (*fis.*) in un sistema ottico, ciascun punto dell'asse ottico in cui convergono tutti i raggi di un fascio parallelo all'asse stesso che attraversi il sistema o sia riflesso da esso / *a —,* si dice di immagine fotografica nitida: *mettere a —,* manovrare l'obiettivo in modo da ottenere un'immagine nitida; (*fig.*) chiarire, capire o spiegare bene, puntualizzare: *mettere a — un aspetto del problema.*

fuorché *cong.* eccettuativa salvo che: *chiedimi qualsiasi cosa, — di aiutarti in questo affare // prep. impropria* eccetto, tranne: *sono venuti tutti i nostri amici, — Andrea.*

fuori [fuò-] *avv. di luogo* esternamente, nella parte esterna, lontano nello spazio o nel tempo rispetto a un punto determinato: *— nevica; uscite — / in —,* sporgente / *da —,* dalla parte esterna / *uno di —,* una persona non del luogo, un forestiero / *essere — a pranzo; mangiare —,* mangiare altrove, non in casa propria / *lasciar —,* omettere, escludere / *mandar —,* pubblicare

/ *mettere —,* scacciare / *venir —,* presentarsi, apparire / *essere —,* non essere in casa / *tagliar —,* evitare; estromettere // *prep. impropria* lontano nello spazio e nel tempo rispetto a un punto determinato; si unisce ai nomi sia con la prep. *di* sia direttamente (obbligatoriamente con *di* ai pronomi): *— di casa; — stagione / essere — pericolo,* aver superato la crisi / *— commercio,* si dice di merce che non si vende / *— di mano,* lontano dall'abitato / *essere — di sé,* non capire più nulla, sragionare / *— concorso,* si dice di chi o di ciò che viene presentato in occasione di una gara, un premio, senza tuttavia concorrervi, di solito perché ritenuto superiore / *— corso,* di moneta che non ha più valore legale; di studente universitario non ancora laureato, ma che abbia frequentato ormai tutti gli anni prescritti per il suo corso di studi / *— testo,* si dice di illustrazioni, tabelle o simili che appaiono su fogli speciali non numerati di seguito con le pagine del testo.

fuori- [fuò-] [dal lat. *foris = fuori*] primo elemento compositivo che significa «fuori» (*fuorilegge, fuorigioco*) o indica qualcosa di speciale, di straordinario (*fuoriserie, fuoriclasse*).

fuoribordo [-bór-] *s.m.invar.* imbarcazione da turismo o competizione munita di motore a scoppio sistemato esternamente allo scafo.

fuoriclasse *s.m.* e *f.invar.* si dice di cosa o persona, e spec. atleta, eccezionalmente dotato, che supera gli altri.

fuorigioco [-giò-] *s.m.invar.* nel gioco del calcio, posizione irregolare di un attaccante che, non essendo in possesso della palla, viene a trovarsi al di là dei terzini avversari.

fuorilegge [-lég-] *s.m.* e *f.invar.* chi agisce senza curarsi delle leggi (anche *fig.*); bandito.

fuoriserie [-sè-] *agg.* e *s.m.* e *f.invar.* si dice di prodotto industriale non fabbricato in serie; in particolare, di automobile con carrozzeria speciale, più rifinita e lussuosa di quella del modello di serie.

fuoristrada *agg.* e *s.f.* o *m.invar.* si dice di autovettura o altro veicolo con quattro ruote motrici e altre caratteristiche adatte alla marcia su terreni impervi.

fuoriuscire *v.intr.* [coniugato come *uscire*] uscire all'esterno; anche, uscire dai confini di uno stato.

fuoriuscita *s.f.* l'uscir fuori: *la — dei gas.*

fuoriuscito *s.m.* chi, per ragioni politiche, è costretto a vivere all'estero.

fuoruscita *s.f.*, **fuoruscito** *s.m.* → **fuoriuscita, fuoriuscito.**

fuorviare *v.tr.* e *intr.* → **forviare.**

furbacchione [-chió-] *s.m.* chi è molto furbo.

furberia [-rì-] *s.f.* **1** l'essere furbo. SIN. *astuzia, scaltrezza, malizia* **2** atto furbo, scaltro.

furbesco [-bé-] *agg.* [pl.m. *-chi*] di, da furbo / *lingua furbesca,* il gergo della malavita.

furbizia [-bi-] *s.f.* furberia.

furbo *agg.* abile nell'agire secondo il proprio tornaconto / *occhi furbi,* vivaci, che rivelano furberia. SIN. *astuto, scaltro, malizioso.*

furente [-rèn-] *agg.* che è fuori di sé dall'ira. SIN. *furibondo, furioso.*

fureria [-rì-] *s.f.* ufficio amministrativo di una compagnia o di equivalente reparto militare.

furetto [-rét-] *s.m.* piccolo mammifero carnivoro addomesticabile, varietà albina della puzzola; ha corpo allungato, zampe corte, pelame biancastro con occhi rossi; dà la caccia a topi e conigli (*fam.* Mustelidi).

furfante *s.m.* [f. raro *-éssa*] persona disonesta, pronta ad ogni malefatta. SIN. *malfattore, canaglia.*

furfanteria [-rì-] *s.f.* **1** l'essere furfante **2** azione da furfante.

furfantesco [-té-] *agg.* [pl.m. *-chi*] da furfante.

furgonato *agg. e s.m.* si dice di veicolo, e spec. di automobile, con carrozzeria a furgone.

furgoncino *s.m.* piccolo carro coperto, a motore o a pedali, per trasporto di merci.

furgone [-gó-] *s.m.* carro o autocarro coperto per il trasporto di merci.

furia [fù-] *s.f.* **1** impeto d'ira violenta: *a quelle parole andò subito in —; andare su tutte le furie,* adirarsi grandemente **2** (*mit.*) divinità infernali; (*fig.*) donna brutta e di cattive maniere; persona presa dall'ira: *è diventato una —* **3** manifestazione intensa di sentimenti e passioni e anche delle forze naturali: *la — della disperazione; la — della tempesta* / *a —,* per mezzo di, e indica azione ripetuta: *lo convinse a — di insistere* **4** fretta grande, impetuosa: *se ne andò in gran —.*

furibondo [-bón-] *agg.* che è pieno di furia; violento: *uomo —; lotta furibonda.* SIN. *furente.*

furiere [-riè-] *s.m.* militare addetto alla fureria.

furioso [-rió-] *agg.* **1** preso dalla furia, furibondo: *un uomo —.* SIN. *arrabbiato* **2** violento, veemente (detto di cosa): *un — litigio; una tempesta furiosa* **3** frettolosa.

furore [-ró-] *s.m.* **1** agitazione violenta, provocata dall'ira: *preso dal —, lo picchiò selvaggiamente; le sue parole scatenarono il — del popolo; a furor di popolo,* dal popolo infuriato, per entusiasmato: *furono scacciati a furor di popolo* / *far —,* avere grande successo / *— poetico,* l'esaltazione del poeta nel momento dell'ispirazione. SIN. *ira, collera* **2** violenza, impeto: *il — del mare.*

furoreggiare *v.intr.* [*io furoréggio* ecc.] far furore, avere grande successo.

furtivo *agg.* **1** che cerca di non essere visto; nascosto: *sguardo —* **2** che concerne un furto.

furto *s.m.* **1** l'impossessarsi, di nascosto, di cosa mobile altrui. SIN. *latrocinio* **2** (*fig.*) richiesta economica eccessiva.

fusaggine [-ʃàg-] *s.f.* arbusto con fiori verdastri in grappolo, detto comunemente *berretta da prete* per la caratteristica forma dei frutti (*fam.* Celastracee).

fuscello [-scèl-] *s.m.* rametto sottile di legna secca.

fusciacca *s.f.* larga fascia di seta o altro tessuto che si annoda alla vita.

fusibile [-ʃi-] *agg.* che si fonde facilmente // *s.m.* (*elettr.*) valvola costituita da un breve tratto di metallo

che fonde quando l'intensità di corrente superi un certo valore, interrompendo in tal modo un circuito elettrico.

fusibilità [-ʃi-] *s.f.invar.* proprietà della maggior parte dei corpi solidi di passare allo stato liquido o gassoso.

fusione [-ʃió-] *s.f.* il fondere o il fondersi.

fuso *s.m.* **1** strumento di legno panciuto al centro e assottigliato alle estremità, su cui, nella filatura, è avvolto il filato / *diritto come un —,* diritto nella persona; senza esitazione: *andò diritto come un — dal direttore* **2** per estens., oggetto a forma di fuso: *il — dell'ancora* / *fusi orari,* le 24 suddivisioni del globo terrestre, nel senso dei meridiani, che determinano per convenzione l'ora civile **3** *fare le fusa,* si dice del tipico ronfare del gatto (unica espressione in cui si usa il pl.f.).

fusoliera [-ʃoliè-] *s.f.* in un aeroplano, il corpo centrale allungato e affusolato che contiene il motore e l'alloggiamento per l'equipaggio e i passeggeri [*ill. Aereo*].

fustagno *s.m.* tessuto pesante e su un lato peloso (ma meno del velluto).

fustella [-stèl-] *s.f.* **1** apparecchio che taglia e piega la carta e i cartoni **2** settore di un involucro di cartone pronto per essere staccato a mano: *le fustelle delle scatole di medicinali.*

fustellare *v.tr* [*io fustèllo* ecc.] lavorare con la fustella; dotare di fustelle: *involucro fustellato.*

fustigare *v.tr.* [*io fùstigo, tu fùstighi* ecc.] **1** battere con la verga per punizione: *lo fustigò a sangue* **2** (*fig.*) bollare con forti parole di biasimo: *Dante fustigò i vizi.*

fustigazione [-zió-] *s.f.* il fustigare.

fusto *s.m.* **1** parte della pianta di solito scoperta, ma, a volte, sotterranea o sommersa, che porta le foglie, i fiori e i rami: *pianta d'alto —,* albero che viene lasciato crescere liberamente fino a maturazione [*ill. Albero*] **2** per estens., oggetto o parte di esso che abbia forma di fusto: *il — di una colonna,* la parte compresa tra la base e il capitello [*ill. Architettura*]; *il — del fucile,* parte centrale della cassa tra l'impugnatura e la bocca della canna [*ill. Fucile*] **3** il tronco della persona umana: (*fam.antiq.*) giovane prestante, di corporatura atletica **4** armatura di mobili imbottiti o simili **5** capace recipiente per contenere liquidi: *fusti di benzina.*

futa *s.f.* tipica veste africana consistente in una lunga fascia di tessuto drappeggiata intorno al corpo.

futile [fù-] *agg.* che ha poca importanza: *litigammo per futili motivi.* SIN. *frivolo, vano.*

futilità *s.f.invar.* qualità di ciò che è futile; cosa, discorso futile. SIN. *frivolezza.*

futuribile [-ri-] *agg. e s.m.* si dice di ciò che può realizzarsi solo nel futuro, che nel presente non è realistico né probabile.

futurismo [-ʃmo] *s.m.* movimento artistico e letterario sorto in Italia nel Novecento, che propugnava una nuova concezione estetica basata sul dinamismo.

futurista *agg.* [pl.m. *-i*] pertinente al futurismo // *s.m.* e *f.* seguace del futurismo.

futuro *agg.* che verrà in seguito, che sarà // *s.m.* **1** ciò che avverrà: *prevedere il —* / *in —,* nel tempo a venire **2** (*gramm.*) tempo del verbo che esprime un'azione futura rispetto al presente o rispetto al tempo di un'altra azione.

futurologia [-gì-] *s.f.* la previsione di quanto probabilmente avverrà nel futuro; (*scherz.* o *spreg.*) ipotesi assurda, previsione senza basi serie.

futurologo [-rò-] *s.m.* [pl.m. *-gi*] chi si occupa di futurologia.

G

g *s.f.* e *m.* [*gi*] settima lettera dell'alfabeto, consonante.

gabardine [*franc.*; *pr.* gabardin] *s.f.* **1** stoffa di lana o cotone a tessuto diagonale **2** impermeabile confezionato con questa stoffa.

gabbamondo [-món-] *s.m.invar.* imbroglione.

gabbana *s.f.* → **gabbano**.

gabbanella [-nèl-] *s.f.* camice bianco che medici e infermieri indossano negli ospedali.

gabbano *s.m.* **1** soprabito largo e lungo, talora foderato di pelliccia **2** sorta di veste da lavoro, di taglio diritto, usata da contadini e operai.

gabbare *v.tr.* prendersi gioco di qlcu.; ingannare. SIN. *beffare; imbrogliare.*

gabbia [gàb-] *s.f.* **1** sorta di cassetta, con le pareti formate da sbarre, in cui si rinchiudono animali vivi, spec. uccelli; recinto con grosse sbarre di ferro per animali feroci: *la — dei canarini; la — dei leoni / la — degli imputati*, nella quale stanno i detenuti durante il processo in tribunale / — *di matti*, (*fig.*) insieme di persone tra cui regni confusione e discordanza d'idee **2** per estens., prigione: *mettere in — qlcu.* **3** involucro o recipiente a forma di gabbia: — *dell'ascensore* [*ill.* Scala] / — *toracica,* (*anat.*) l'insieme di ossa e di cartilagini che contornano la cavità toracica **4** nei velieri a vele quadre, la seconda vela, a cominciare dal basso, dell'albero di maestra **5** (*fig.*) schema grafico, o anche schema mentale.

gabbiano *s.m.* uccello acquatico dal corpo affusolato, con grandi ali bianche nere e piedi palmati; emette un grido rauco somigliante a uno scroscio di risa (*fam.* Laridi).

gabbiere [-biè-] *s.m.* marinaio specializzato nel maneggio delle vele.

gabbo *s.m.* beffa: *prendere a —,* prendere alla leggera; *farsi — di qlcu.*, burlarsene.

gabbro *s.m.* roccia eruttiva simile al granito, ricca di minerali di colore scuro.

gabella [-bèl-] *s.f.* imposta di consumo; tassa.

gabellare *v.tr.* [*io gabèllo ecc.*] **1** sottoporre a gabella; tassare **2** (*fig.*) ammettere, accettare per vero; far passare, far credere.

gabelliere [-liè-] *s.m.* chi riscuoteva le gabelle.

gabinetto [-nét-] *s.m.* **1** stanza adibita a studio privato o a colloqui riservati: *il — del direttore*; *medico*, stanza dove il medico visita i propri pazienti / — *di lettura*, biblioteca pubblica **2** latrina; stanza da bagno **3** ufficio composto dei collaboratori immediati di un ministro o di un alto funzionario: *il — del guardasigilli* **4** ministero; il complesso dei ministri che in un certo tempo hanno esercitato il potere di governo: *il — Crispi*, il governo da lui presieduto.

gabonese [-né-] *agg.* del Gabon // *s.m.* e *f.* abitante del Gabon.

gadget [*ingl.*; *pr.* ghègit] *s.m.* oggetto curioso, divertente o piacevole, non costoso.

gadolinio [-lì-] *s.m.* elemento chimico (Gd; *n.at.* 64; *p.at.* 157, 25); metallo delle terre rare.

gaelico [-è-] *agg.* [*pl.m. -ci*] della popolazione originaria dell'Irlanda e di alcune isole della Gran Bretagna (spec. con riferimento culturale): *musica, lingua gaelica.*

gaffa *s.f.* → **alighiero**.

gaffe [*franc.*; *pr.* gaf] *s.f.* azione o espressione goffa e inopportuna, a sproposito.

gag [*ingl.*; *pr.* ghèg] *s.f.* nel linguaggio cinematografico e teatrale, breve spunto o episodio comico per animare una scena.

gagà *s.m.invar.* giovanotto vanesio che ostenta eccessiva raffinatezza ed eleganza.

gaggia [-gì-] *s.f.* arbusto ornamentale con fiorellini gialli profumati, a forma di pallina vellutata (*fam.* Leguminose).

gagliardetto [-dèt-] *s.m.* bandiera a due punte oppure triangolare.

gagliardia [-dì-] *s.f.* forza, valore. SIN. *robustezza, vigore.*

gagliardo *agg.* che ha forza e vigore. SIN. *robusto, vigoroso.*

gaglioffo [-gliòf-] *agg.* e *s.m.* ribaldo. SIN. *canaglia, manigoldo.*

gaiezza [-ièz-] *s.f.* l'essere gaio. SIN. *allegria, amenità, brio.*

gaio [gà-] *agg.* festevole, pieno di brio. SIN. *allegro, ameno, brioso.*

gala[1] *s.f.* **1** sfoggio, lusso, sfarzo: *pranzo di —*, in cui vi è una rigida osservanza del cerimoniale; *serata di —*, rappresentazione teatrale o cinematografica solenne; *abito di —*, da cerimonia; *essere, mettersi in (gran) —*, indossare gli abiti delle occasioni importanti **2** (*mar.*) festone con bandiere da segnali teso tra la prora, la parte più alta degli alberi e la poppa delle navi, in segno di festa o per onorare una nazione straniera.

gala[2] *s.f.* striscia increspata di trina o di stoffa; nastro o fiocco, che si mette per ornamento: *una camicetta con molte gale.*

gala[3] [gàla o alla franc. galà] *s.m.invar.* spettacolo, serata di gala.

galalite *s.f.* materia plastica ottenuta dalla caseina e impiegata per la fabbricazione di oggetti leggeri e resistenti.

galante *agg.* **1** complimentoso, molto cortese con le donne **2** amoroso, erotico: *lettera, avventura — / donna —*, dagli amori facili / *segretario —*, libro che raccoglie modelli di lettere amorose **3** elegante, grazioso: *un abitino, una collana —.*

galanteria [-rì-] *s.f.* **1** l'essere galante; atto, parola galante; gentilezza, cortesia. SIN. *garbo, gentilezza* **2** oggetto grazioso, di gusto raffinato: *quel mobiletto è davvero una —.*

galantina *s.f.* piatto freddo fatto con carne di pollo e ingredienti vari (tartufi, droghe, pistacchi) e coperto di gelatina.

galantuomo [-tuò-] *s.m.* [*pl. galantuòmini*] uomo onesto e dabbene.

galassia [-làs-] *s.f.* ogni sistema stellare, e spec. la Via Lattea.

galateo [-tè-] *s.m.* creanza, buona educazione; anche l'insieme delle norme ad essa relative.

galattico [-làt-] *agg.* [pl.m. *-ci*] **1** della nostra o di altre galassie **2** (*fig.*) eccezionale, immenso (spec. con riferimento a distanze): *profondità galattica / un dirigente —*, (*scherz.*) di altissimo livello, con grande potere.

galattoforo [-tò-] *agg.* (*anat.*) si dice dei condotti che portano il latte dalla ghiandola mammaria all'esterno.

galattosio [-tò∫io] *s.m.* (*chim.*) monosaccaride derivante dal lattosio.

galea¹ [-lè-] *s.f.* tipo di nave da guerra a remi e a vele usata nel medioevo e fino al sec. XVIII.

galea² [gà-] *s.f.* elmo di cuoio dei soldati romani.

galena [-lè-] *s.f.* il più importante minerale del piombo (solfuro di piombo), di colore grigio metallico, usato in passato anche come raddrizzatore per piccole radio.

galenico [-lè-] *agg.* [pl.m. *-ci*] **1** del medico romano Claudio Galeno (129-201 d.C.) **2** si dice di preparato farmaceutico allestito dal farmacista sulla base della ricetta medica.

galeone [-ó-] *s.m.* grossa galea a vela, armata di artiglieria e usata anche per trasporti mercantili.

galeopiteco [-tè-] *s.m.* [pl. *-chi*] mammifero dei dermotteri grande come un gatto, con una caratteristica membrana alare (*patagio*) tesa fra gli arti anteriori e i posteriori, che gli permette di saltare per lunghi tratti tra gli alberi; vive nelle Indie Orientali e nelle isole della Sonda.

galeotto¹ [-òt-] *s.m.* **1** chi remava nelle galee, per lo più uno schiavo o un condannato **2** carcerato, detenuto **3** malvivente, furfante.

galeotto² [-òt-] *agg.* e *s.m.* che o chi favorisce gli amori altrui.

galera [-lè-] *s.f.* **1** galea **2** carcere; la pena dei lavori forzati e il luogo dove si sconta: *condannare alla —; andare in — / avanzo di —,* persona disonesta. SIN. *prigione* **3** (*fig.*) luogo, situazione in cui la vita è insopportabile.

galero [-lè-] *s.m.* cappello ecclesiastico (spec. quello rosso dei cardinali).

galiziano *agg.* della Galizia // *s.m.* abitante della Galizia.

galla *s.f.* **1** rigonfiamento che si forma sulle foglie, sui rami e sulle radici di alcune piante, prodotto da punture di insetti **2** persona o cosa assai leggera / *a —,* a fior d'acqua / *stare a —,* galleggiare / *venire a —,* (*fig.*) scoprirsi, manifestarsi / *tenersi a —,* (*fig.*) guadagnare quello che basta per vivere / *rimanere a —,* (*fig.*) salvarsi anche in situazioni difficili.

galleggiamento [-mén-] *s.m.* il galleggiare / *linea di —,* linea orizzontale tracciata sui fianchi della nave indicante il livello massimo di immersione.

galleggiante *agg.* che galleggia // *s.m.* **1** termine generico per indicare larghi e bassi natanti (pontoni, zattere ecc.) privi di propri mezzi di propulsione e adibiti a sostegno o al trasporto di materiale in porti, fiumi o laghi **2** piccolo oggetto cavo, o di materiale più leggero dell'acqua, che si attacca a lenze, reti, attrezzi marini per non farli andare a fondo.

galleggiare *v.intr.* [*io galléggio* ecc.] stare a galla.

galleria [-rì-] *s.f.* **1** passaggio sotterraneo di strada, ferrovia o canale, scavato per lo più nella roccia di un monte **2** corridoio o serie di stanze di un edificio ove si conservano o si espongono opere d'arte: *la — degli Uffizi* **3** nei teatri di forma tradizionale, loggione; nei teatri moderni e nel cinema, ordine di posti, per lo più a gradinata, sovrastante la platea **4** nei grandi centri urbani, via coperta solitamente riservata ai pedoni **5** (*arch.*) fila di arcatelle su facciate o absidi di monumenti romanici.

gallerista *s.m.* e *f.* [pl.m. *-i*] chi gestisce una galleria d'arte.

gallese [-lé-] *agg.* del Galles // *s.m.* e *f.* abitante del Galles.

galletta [-lét-] *s.f.* **1** pasta di pane poco o punto lievitata, biscottata, di forma tonda e schiacciata **2** (*mar.*) pomo di legno, rotondo e piatto, posto alla sommità degli alberi e dell'asta della bandiera.

galletto [-lét-] *s.m.* **1** gallo giovane **2** (*fig.*) chi risponde con impertinenza ai rimproveri altrui; chi fa il galante con le donne: *fare il —* **3** testa di vite o dado con due alette che consentono di girarlo manualmente.

gallicismo [-∫mo] *s.m.* francesismo.

gallico [gàl-] *agg.* [pl.m. *-ci*] della Gallia, della Francia.

galliformi [-fór-] *s.m.pl.* (*zool.*) ordine di uccelli commestibili di media grandezza, cattivi volatori, con ali corte, zampe forti, becco robusto e incurvato, piumaggio abbondante, talora vivacemente colorato nei maschi; molti hanno cresta e bargigli; comprendono: *gallo, fagiano, pernice* ecc.

gallina *s.f.* femmina del gallo, più piccola del maschio, con colori meno vistosi, coda più corta, cresta piccola o mancante; viene allevata per le uova e per le carni (*fam.* Fasianidi) / *zampe di —,* rughe che si formano agli angoli degli occhi; scrittura inintelligibile / *cervello di —,* si dice di persona poco intelligente / *andare a letto con le galline,* coricarsi presto / *prov.:* — *vecchia fa buon brodo,* si dice di persona o cosa vecchia ancora utile; *chi di — nasce convien che razzoli,* è un errore voler cambiare la propria natura.

gallinaccio [-nàc-] *s.m.* fungo commestibile di color giallo, con cappello imbutiforme (*fam.* Agaricacee).

gallinacei [-nà-] *s.m.pl.* nome comune dei galliformi.

gallinella [-nèl-] *s.f.* gallina piccola o giovane / — *d'acqua,* uccello palustre commestibile di media grandezza, dal color grigio-bruno con placca frontale rossa, zampe verdi, ali lunghissime (*fam.* Rallidi).

gallio [gàl-] *s.m.* elemento chimico (Ga; *n.at.* 31; *p.at.* 69,72); metallo raro, facilmente fusibile, usato come amalgama in odontoiatria e in termometri per alte temperature.

gallo¹ *s.m.* uccello domestico commestibile, dal portamento superbo, con piumaggio brillante, testa alta con grossa cresta carnosa e bargigli, gambe gialle fornite di speroni, coda falciforme dai colori spesso vivaci (*fam.* Fasianidi) / — *cedrone,* grosso uccello di montagna, commestibile, con piumaggio nerastro, coda arrotondata, becco bianco (*fam.* Tetraonidi) / *fare il —,* imbaldanzirsi, essere galante con le donne / *peso —,* appartenente a una delle categorie di peso minore nel pugilato, nella lotta, nel sollevamento pesi.

gallo² *s.m.* abitante dell'antica Gallia.

gallofobia [-bì-] *s.f.* odio per i francesi.

gallomania [-nì-] *s.f.* ammirazione esagerata per tutto ciò che si fa in Francia o che viene dalla Francia.

gallonato *agg.* ornato di galloni.

gallone¹ [-ló-] *s.m.* **1** striscia in forma di nastro, tessuta e ricamata, per guarnizione **2** fregio che i militari portano sulle maniche o sul berretto come segno del loro grado.

gallone² [-ló-] *s.m.* unità di misura per liquidi e per aridi in uso nei paesi anglosassoni (pari a l 4,54 ca).

galoche [*franc.*; *pr.* galòsc'] *s.f.* → **caloscia**.

galop [-lòp] *s.m.* antica danza molto veloce.

galoppante *agg.* **1** che va al galoppo **2** detto di malattia, che peggiora rapidamente e non può più essere fermata.

galoppare *v.intr.* [*io galòppo* ecc.] **1** andare di galoppo (si dice sia del cavallo sia del cavaliere) **2** (*fig.*) andare di corsa; fare le cose in fretta; svilupparsi rapidamente.

galoppata s.f. **1** corsa al galoppo **2** corsa veloce (di un atleta o di un mezzo in una gara) **3** (fig.) corsa o cammino faticoso; intenso lavoro.

galoppatoio [-tó-] s.m. pista per far galoppare i cavalli.

galoppatore [-tó-] s.m. [f. -trice] il cavallo addestrato per la corsa al galoppo.

galoppino s.m. chi corre di qua e di là a compiere servigi per conto di altri.

galoppo [-lòp-] s.m. andatura veloce del cavallo, fra il trotto e la corsa; per estens., corsa.

galoscia [-lò-] s.f. → **caloscia**.

galvanico [-và-] agg. [pl.m. -ci] che si riferisce al galvanismo.

galvanismo [-ʃmo] s.m. parte della fisica che studia l'elettricità di contatto.

galvanizzare [-niʒʒa-] v.tr. **1** far depositare, per via elettrolitica, strati sottili di metallo su oggetti metallici o no a scopo di protezione o di ornamento **2** (fig.) eccitare: il suo discorso ha galvanizzato la folla.

galvanizzazione [-niʒʒaʒió-] s.f. (fis.) l'operazione del galvanizzare.

galvanometro [-nò-] s.m. (fis.) strumento che misura correnti elettriche di piccola intensità.

galvanoplastica [-plà-] s.f. deposizione per via elettrolitica di uno strato omogeneo di metallo su oggetti non metallici per ricavarne il calco negativo.

galvanostegia [-gì-] s.f. procedimento elettrolitico che permette la formazione di uno strato metallico sulla superficie di oggetti metallici a scopo di protezione o d'ornamento.

galvanoterapia [-pì-] s.f. terapia medica che consiste in applicazioni di correnti galvaniche, continue, su determinate regioni del corpo.

galvanotipia [-pì-] s.f. (tip.) tecnica per riprodurre, col sistema galvanoplastico, i cliché a rilievo in cliché di rame resistenti alle lunghe tirature.

gamba s.f. **1** ognuno degli arti inferiori dell'uomo, in particolare la parte dal ginocchio alla caviglia [ill. Corpo] / essere in —, star bene di salute; essere una persona valente (superl.scherz. in gambissima) / non aver più gambe, essere molto stanco / mettersi la coda fra le gambe, andarsene mortificato / fare il passo secondo la —, fare qlco. secondo le proprie possibilità / darsela a gambe, fuggire / mettersi le gambe in capo, fuggire a gran velocità / cadere a gambe all'aria, cadere all'indietro; andare in rovina / prendere qlco. sotto —, senza la dovuta serietà **2** ognuno degli arti degli animali **3** parte di mobili e oggetti vari che funge da sostegno; qualsiasi cosa che per analogia ricordi una gamba: le gambe del tavolo; le gambe della «m».

gambale s.m. la parte dello stivale che ricopre la gamba.

gamberana s.f. rete per prendere i gamberi.

gamberetto [-rét-] s.m. nome popolare comune a vari piccoli crostacei commestibili.

gambero [gàm-] s.m. genere di crostacei decapodi marini e fluviali, commestibili, dal corpo lungo difeso da un robusto tegumento, con due pinze anteriori e addome arrotondato posteriormente; bruno da vivo, diventa rosso con la cottura [ill. Crostacei].

gambetto [-bèt-] s.m. **1** sgambetto **2** negli scacchi, mossa con cui, sacrificando un pezzo, si toglie all'avversario un pezzo di valore superiore.

gambizzare [-biʒʒa-] v.tr. colpire alle gambe con arma da fuoco, per intimidazione terroristica.

gambo s.m. **1** nelle piante erbacee, il fusto sottile che sorregge i fiori o le foglie: il — di una margherita / il —

dei funghi, la parte inferiore **2** (fig.) parte sottile e allungata di molti oggetti: — del chiodo [ill. Utensili].

game [ingl.; pr. ghèim] s.m. ciascuno dei giochi in cui si articola una partita a tennis.

gamella [-mèl-] s.f. recipiente di ferro stagnato in cui marinai e soldati conservano il rancio.

gamete [-mè-] s.m. (biol.) negli animali e nelle piante, ciascuna delle cellule sessuali riproduttive.

gametogenesi [-gèneʃi] s.f.invar. (biol.) processo di formazione dei gameti, maschili e femminili.

gamia [-mi-] s.f. (biol.) forma di riproduzione di animali e vegetali per mezzo di gameti.

gamma[1] s.m.invar. terza lettera dell'alfabeto greco / raggi —, (fis.) radiazioni elettromagnetiche di altissima frequenza, che si generano nel nucleo atomico di elementi radioattivi.

gamma[2] s.f. successione delle varie gradazioni di un suono, di un colore e simili (anche fig.): la — delle possibili soluzioni / — musicale, serie delle sette note secondo la scala naturale / — di sintonia, (rad.) serie di tutte le frequenze d'onda che un apparecchio radio può ricevere o una stazione può trasmettere.

gamopetalo [-pè-] agg. (bot.) si dice di fiore la cui corolla è formata da petali saldati insieme.

ganascia [-nà-] s.f. [pl. -ce] **1** nell'uomo e negli animali, l'insieme della guancia e della mascella **2** (mecc.) parte mobile di una morsa [ill. Utensili] / ganasce del freno, gli elementi che, stretti contro un organo rotante, ne frenano il moto [ill. Automobile].

gancio [gàn-] s.m. **1** oggetto metallico ricurvo, di varie dimensioni, per collegare o sospendere altri oggetti; uncino: un carico sospeso al — di una gru. DIM. gancetto **2** nel pugilato, colpo vibrato col braccio piegato; nella pallacanestro, tiro eseguito con una sola mano, con movimento ad arco dal basso verso l'alto.

ganda s.f. (dial.) in alta montagna, terreno ricoperto di grandi detriti pietrosi.

gang [ingl.; pr. ghèng] s.f. banda di criminali.

ganga[1] s.f. in un giacimento minerario, la parte pietrosa inutilizzabile che accompagna il minerale utile.

ganga[2] s.f. (scherz.) gruppo di amici, combriccola.

gangherella [-rèl-] s.f. anellino di filo o di metallo nel quale si infila un uncino, per chiudere vestiti. SIN. maglietta [ill. Cucito].

ganghero [gàn-] s.m. **1** cardine / uscire dai gangheri, (fig.) perdere la pazienza **2** uncinetto che si infila in un apposito anello (maglietta o gangherella) e serve per affibbiare i vestiti. DIM. gangherino [ill. Cucito].

ganglio [gàn-] s.m. (anat.) nodo di cellule nervose o di vasi linfatici; (fig.) centro importante, vitale.

ganglioma [-gliò-] s.m. [pl. -i] (med.) tumore dei gangli nervosi.

ganglioplegico [-plè-] agg. e s.m. [pl.m. -ci] si dice di farmaco che inibisce la trasmissione dell'impulso nervoso agendo sui gangli del sistema nervoso vegetativo.

gangrena [-grè-] s.f. → **cancrena**.

gangster [ingl.; pr. ghensta] s.m.invar. delinquente appartenente a una banda; per estens., persona senza scrupoli.

ganimede [-mè-] s.m. giovane galante, damerino.

ganzo [-ʒo] s.m. (spreg.) amante // agg. e s.m. (fam.) si dice di cosa o persona che si ritiene affascinante, bella o brava.

gap s.m.invar. grande divario, abisso: colmare il — economico / — generazionale, l'incomprensione tra giovani e persone di età matura.

gara *s.f.* **1** atto, sforzo di due o più concorrenti per vincersi, superarsi a vicenda: — *ciclistica, poetica; entrare, essere in* —, parteciparvi / *fare a* —, cercar di riuscire meglio degli altri **2** concorso con cui si assegna l'esecuzione di un lavoro, la fornitura di materiale ecc. a chi fa l'offerta più vantaggiosa: *partecipare a una* — *d'appalto*.

garage [*franc.*; *pr.* garàʒ] *s.m.* autorimessa.

garagista *s.m.* e *f.* [pl.m. -*i*] **1** operaio che lavora in un'autorimessa **2** chi gestisce o possiede un'autorimessa.

garante *agg.* e *s.m.* e *f.* che, chi garantisce. SIN. *mallevadore*.

garantire *v.tr.* [*io garantisco, tu garantisci ecc.*] **1** dar garanzia, assicurare con garanzia: *per il suo debito garantisco io* **2** farsi garante di un oggetto venduto impegnandosi a ripararlo o a sostituirlo qualora esso presenti difetti **3** per estens., assicurare: *ti garantisco che quello che dico è vero* // **-irsi** *v.rifl.* procurarsi delle garanzie, assicurarsi da un eventuale danno o rischio.

garantismo [-ʃmo] *s.m.* il sistema giuridico che garantisce i diritti civili di singoli e gruppi, nei regimi politici di matrice liberale; la tendenza a difendere tali diritti.

garantista *agg.* e *s.m.* e *f.* [pl.m. -*i*] che, chi si ispira al garantismo o si batte per esso.

garantito *agg.* assicurato con garanzia // *agg.* e *s.m.* chi gode di garanzie, spec. nel rapporto di lavoro.

garanzia [-zì-] *s.f.* **1** atto, effetto del garantire, dell'assicurare con un mezzo idoneo l'osservanza di un impegno: *dare, prestare* — **2** facoltà e impegno di restituzione o rinnovo di un oggetto venduto che non corrisponda alle qualità richieste **3** (*fig.*) assicurazione, promessa: — *di rendimento, di successo*.

garbare *v.intr.* piacere, essere gradito, andare a genio: *non mi garbano le tue parole*.

garbatezza *s.f.* l'essere, il mostrarsi garbato; atto garbato. SIN. *cortesia, creanza, grazia.* CONTR. *sgarbatezza*.

garbato *agg.* che ha garbo; che è fatto o detto con garbo. SIN. *aggraziato, cortese, amabile.* CONTR. *sgarbato*.

garbino *s.m.* (*region.*) vento di libeccio.

garbo *s.m.* **1** maniera garbata, compitezza nel comportarsi e nel trattare con gli altri: *parlare con* — SIN. *galanteria, grazia* **2** esattezza, finitezza di forma: *dipinge con* —.

garbuglio [-bù-] *s.m.* **1** viluppo confuso (detto spec. di cose). SIN. *groviglio, intrico* **2** (*fig.*) faccenda intricata.

gardenia [-dè-] *s.f.* arbusto ornamentale con foglie sempreverdi, lucide e fiori bianchi, profumati (*fam.* Rubiacee).

gardesano [-ʃa-] *agg.* del Garda // *s.m.* abitante del Garda.

gareggiare *v.intr.* [*io garéggio ecc.*] fare a gara, misurarsi con qlcu. (anche *fig.*).

garfagnino *agg.* della Garfagnana // *s.m.* abitante della Garfagnana.

garganella [-nèl-] solo nella *locuz. a garganella*, per indicare un modo di bere senza accostare la bocca al recipiente, lasciando cadere il liquido dall'alto e inghiottendolo in un fiato.

garganico [-gà-] *agg.* [pl.m. -*ci*] del Gargano // *s.m.* abitante del Gargano.

gargarismo [-ʃmo] *s.m.* **1** atto di disinfezione e cura delle malattie della bocca e della gola, che si effettua facendo gorgogliare in gola una soluzione medicamentosa **2** il liquido che serve a tale uso.

gargarizzare [-riʒʒa-] *v.intr.* fare i gargarismi.

gargarozzo [-ròz-] *s.m.* gola, gozzo.

garibaldino *agg.* **1** di G. Garibaldi (1807-1882) **2** (*fig.*) audace, eroico, impetuoso / *alla garibaldina*, con baldanza, in modo un po' avventato // *s.m.* soldato volontario al seguito di Garibaldi.

garitta *s.f.* **1** piccola costruzione per riparare la sentinella **2** abitacolo del guardafreni sui carri ferroviari o del deviatore di una strada ferrata.

garofano [-rò-] *s.m.* pianta erbacea ornamentale con fiori profumati di vario colore e foglie lineari, verde-cenerognole (*fam.* Cariofillacee) / *chiodi di* —, fiori in boccio di una pianta tropicale, seccati, usati come spezie.

garrese [-ré-] *s.m.* la parte più elevata del tronco nei quadrupedi domestici, spec. nel cavallo, situata fra la cervice e il dorso [*ill. Cavallo*].

garretto [-rét-] *s.m.* **1** parte dell'arto posteriore dei quadrupedi, spec. del cavallo, corrispondente all'articolazione fra la gamba e il metatarso [*ill. Cavallo*] **2** nell'uomo, la caviglia.

garrire *v.intr.* [*io garrisco, tu garrisci ecc.*] **1** stridere, strepitare (si dice di uccelli, di bandiere che sventolano) **2** (*fig.*) chiacchierare in modo petulante // *v.tr.* sgridare.

garrito *s.m.* l'atto del garrire.

garrulo [gàr-] *agg.* **1** che garrisce (detto di animale) **2** (*fig.*) ciarliero, pettegolo; vispo.

garza [-ʒa] *s.f.* tessuto di seta o di cotone, a trama molto rada.

garzare [-ʒa-] *v.tr.* (*ind. tessile*) sottoporre un tessuto all'operazione della garzatura.

garzatura [-ʒa-] *s.f.* (*ind. tessile*) operazione di finissaggio che si compie sui tessuti di lana per sollevarne la peluria e renderli morbidi e brillanti.

garzo [-ʒo] *s.m.* **1** capolino del cardo selvatico, formato da tante piccole squame uncinate, adatto a garzare i tessuti **2** operazione del garzare: *dare il* —.

garzone [-ʒó-] *s.m.* lavoratore addetto ai servizi più semplici e faticosi in una bottega e simili.

gas *s.m.invar.* **1** ogni sostanza allo stato aeriforme, rarefatta e priva di volume proprio / — *delle miniere*, grisou / — *nobili*, gruppo di elementi gassosi caratterizzati da grande inerzia chimica / *camera a* —, nei campi di annientamento nazisti, impianto per lo sterminio dei prigionieri mediante gas venefici; in alcuni paesi, analogo impianto per l'esecuzione di singole pene capitali **2** comunemente, il cosiddetto gas illuminante, che viene erogato nelle città per uso domestico **3** la miscela gassosa del carburante che entra nei cilindri di un motore a scoppio: *dare, aumentare, togliere il* — / *a tutto* —, alla massima velocità.

gasare [-ʃa-] *v.tr.* **2** → **gassare** **2** (*fig.fam.*) entusiasmare, riempire di energia, di ottimismo // **-arsi** *v. rifl.* entusiasmarsi, o anche insuperbire.

gasato [-ʃa-] *agg.* e *s.m.* (*fam.*) che, chi ha grande o eccessivo entusiasmo, ottimismo; anche, presuntuoso.

gascromatografia [-fi-] *s.f.* tecnica di analisi chimica che permette di separare i diversi componenti di una miscela rendendoli gassosi e facendoli assorbire da mezzi solidi o liquidi.

gasdotto [-ʃdót-] *s.m.* conduttura per il trasporto a distanza di gas, spec. combustibile.

gasolina [-ʃo-] *s.f.* (*chim.*) etere di petrolio, prodotto dalla distillazione della nafta, infiammabile, usato come solvente dei grassi e del caucciù.

gasolio [-ʃò-] *s.m.* miscela di idrocarburi, usata come carburante nei motori Diesel.

gasp *inter.* esprime sorpresa spiacevole, paurosa.

gassare *v.tr.* **1** sciogliere un gas in un liquido per renderlo effervescente: *bevanda gassata* **2** uccidere mediante gas venefici.

gassificare *v.tr.* [*io gassìfico, tu gassifichi ecc.*] ridurre allo stato gassoso.

gassificazione *s.f.* trasformazione in gas, spec. combustibile.

gassista *s.m.* e *f.* [pl.m. -*i*] addetto alla produzione del gas o alla manutenzione di apparecchi a gas.

gassometria [-trì-] *s.f.* (*chim.*) tecnica della misurazione di miscele gassose a scopo analitico.

gassometro [-sò-] *s.m.* recipiente atto a raccogliere, misurare ed erogare un gas a pressione pressoché costante.

gassosa [-só-] *s.f.* bevanda in cui viene disciolta anidride carbonica per renderla effervescente.

gassoso [-só-] *agg.* si dice di un corpo allo stato aeriforme o di sostanza avente proprietà di gas.

gastaldo *s.m.* presso i longobardi, l'amministratore di una corte regia.

gasteropodi [-rò-] *s.m.pl.* (*zool.*) classe di molluschi provvisti in genere di una conchiglia dorsale avvolta a spira, da cui fuoriescono il *piede* per la locomozione e il *capo* con occhi tentacolati; alcuni sono commestibili; vi appartengono: *lumache, chiocciole, patelle ecc.*

gastralgia [-gì-] *s.f.* (*med.*) dolore di stomaco.

gastrico [gà-] *agg.* [pl.m. -*ci*] dello stomaco: *arteria gastrica; succo* —, quello elaborato dalle ghiandole dello stomaco.

gastrite *s.f.* (*med.*) infiammazione della mucosa dello stomaco.

gastro- [dal gr. *gastèr, gastròs* = *stomaco, ventre*] primo elemento di parole scientifiche che hanno riferimento con lo stomaco e l'intestino; si usa anche la variante *gastero-* (*gastroscopia, gastroenterite, gasteropodi*).

gastrocnemio [-cnè-] *s.m.* (*anat.*) nome di due muscoli del polpaccio.

gastroenterico [-tè-] *agg.* [pl.m. -*ci*] (*anat.*) che appartiene al tubo digerente.

gastroenterite *s.f.* (*med.*) infiammazione della mucosa del tubo gastroenterico.

gastroenterostomia [-mì-] *s.f.* intervento chirurgico mediante il quale lo stomaco viene collegato a un'ansa intestinale creando una nuova via di comunicazione tra i due visceri.

gastrointestinale *agg.* → **gastroenterico**.

gastronomia [-mì-] *s.f.* **1** l'arte di preparare i cibi. SIN. *culinaria* **2** insieme di cibi pronti da consumare: *reparto di* —; *salumeria con* —.

gastronomico [-nò-] *agg.* [pl.m. -*ci*] proprio della gastronomia: *specialità gastronomiche.*

gastronomo [-strò-] *s.m.* esperto di gastronomia.

gastropatia [-tì-] *s.f.* (*med.*) qualsiasi malattia dello stomaco.

gastroptosi [-ptòʃi] *s.f.invar.* abbassamento dello stomaco per allentamento dei suoi legamenti sospensori.

gastroscopia [-pì-] *s.f.* (*med.*) esame dello stomaco mediante illuminazione della cavità d'esso.

gastrospasmo [-ʃmo] *s.m.* contrattura, crampo più o meno durevole dello stomaco.

gastrula [gà-] *s.f.* (*biol.*) stadio di sviluppo dell'embrione animale, in cui le cellule sono ripartite e differenziate in due strati.

gateway [*ingl.*; *pr.* gheituèi] *s.m.* banca di dati elettronica nella quale possono immettersi fornitori privati di informazioni specializzate.

gatta *s.f.* la femmina del gatto / *pigliare una* — *a pelare*, assumersi impegni difficili con scarso rendimento / *prov.: quando manca la* — *i topi ballano*, quando manca la sorveglianza, tutti ne approfittano.

gattabuia [-bù-] *s.f.* (*scherz.*) carcere, prigione.

gattamorta [-mòr-] *s.f.* [pl. *gattemorte*] (*fam.*) persona dall'apparenza tranquilla e buona, ma che in realtà è tutt'altro: *fare la* —.

gattice [gàt-] *s.m.* pioppo bianco.

gattino *s.m.* → **amento**.

gatto *s.m.* **1** mammifero carnivoro domestico dal corpo agilissimo e flessuoso, capo rotondo, occhi fosforescenti, baffi (*vibrisse*) sul labbro superiore, zampe con artigli retrattili (*fam.* Felidi) / *pesce* —, vorace pesce commestibile d'acqua dolce, con corpo slanciato, capo grande, otto barbigli vicino alla bocca (*fam.* Cobitidi) / *vederci come i gatti*, avere una vista acutissima / *essere in quattro gatti*, in pochissimi / *essere come cani e gatti*, non andare d'accordo. DIM. *gattino*. ACCR. *gattone*. PEGG. *gattaccio* **2** berta; in particolare, il maglio di essa **3** — *delle nevi*, autoveicolo cingolato adatto a terreni innevati e accidentati.

gattomammone [-mó-] *s.m.* mostruoso gatto delle favole, che si menziona per far paura ai bambini.

gattoni [-tó-] *avv.* camminando adagio con le mani e con i piedi: *procedeva gatton* —.

gattopardo *s.m.* grosso felino africano con corpo snello, testa lunga e stretta, pelo folto, giallastro a macchie nere formanti strisce longitudinali (*fam.* Felidi) / — *americano*, → **ozelot** / — *marino*, pesce cartilagineo marino affine al gattuccio.

gattuccio [-tùc-] *s.m.* pesce cartilagineo marino dei lamniformi, commestibile, piuttosto grande, con dorso grigio-rossastro a macchie scure.

gauchesco [gaucésco] *agg.* dei gauchos, della loro tradizione culturale: *dialetto* —.

gauchiste [*franc.*; *pr.* goscìst] *agg.* e *s.m.* e *f.* che, chi appartiene all'estrema sinistra politica, spec. francese o di ispirazione francese.

gaucho [*spagn.*; *pr.* gàucio; pl. gauchos] *s.m.* pastore a cavallo che governa mandrie di bestiame nella pampa argentina.

gaudente [-dèn-] *agg.* e *s.m.* che o chi si gode i piaceri materiali della vita, spec. in modo superficiale e indiscriminato.

gaudio [gàu-] *s.m.* vivo piacere, per lo più spirituale. SIN. *gioia, allegrezza, giubilo.*

gaudioso [-diò-] *agg.* pieno di gaudio / *misteri gaudiosi*, i primi cinque del rosario in cui si considerano le gioie della Madonna.

gauss [gàuss] *s.m.invar.* unità di misura dell'induzione magnetica.

gaussiano *agg.* di K.F. Gauss, fisico matematico tedesco (1777-1855): *curva gaussiana*, curva matematica a campana che rappresenta la distribuzione di una variabile casuale.

gavazzare *v.intr.* (*lett.*) abbandonarsi ai divertimenti; gozzovigliare.

gavetta [-vét-] *s.f.* recipiente di lamiera zincata o di alluminio in cui i soldati mangiano il rancio / *venire dalla* —, detto di ufficiali che hanno percorso tutti i gradi, da soldato semplice in su; per estens., di persone che si son fatte dal nulla.

gaviale *s.m.* coccodrillo asiatico, vivente nel Gange e nelle isole della Sonda, con mascelle lunghissime e strette, a forma di becco, armate di numerosi denti (*fam.* Coccodrillidi).

gavina *s.f.* specie di piccolo gabbiano vivente nelle regioni settentrionali d'Europa e d'Asia (*fam.* Laridi).

gavitello [-tèl-] *s.m.* piccolo galleggiante assicurato a un peso sul fondo per segnalare la posizione di un oggetto sott'acqua o per ormeggio leggero.

gavone [-vó-] *s.m.* (*mar.*) spazio interno alle due estremità di un'imbarcazione, di solito adibito a ripostiglio.

gavotta [-vòt-] *s.f.* (*mus.*) danza francese in tempo binario, in voga nei secc. XVII e XVIII.

gay [*ingl.*; *pr.* ghèi] *agg.* e *s.m.* e *f.* omosessuale, spec. con riferimento a omosessualità apertamente dichiarata: *abbigliamento, locale* —; *un raduno di* —.

gazometro [-zò-] *s.m.* → **gassometro**.

gazosa [-zó-] *s.f.* → **gassosa**.

gazza [gazza] *s.f.* uccello dal piumaggio nero e bianco, con becco e piedi neri, coda lunga; è nota la sua abitudine di raccogliere e nascondere oggetti lucenti (*fam.* Corvidi).

gazzarra [gazzar-] *s.f.* 1 chiasso; baccano di gente allegra: *fare* — 2 contestazione collettiva rumorosa e disordinata; rissa, confusione: *un'indegna* — *nell'aula del parlamento*.

gazzella [gazzèl-] *s.f.* 1 mammifero ruminante africano dal corpo leggero e slanciato color giallo-sabbia, bianco sul ventre, testa piccola con corna divergenti a forma di lira, occhi grandi ed espressivi (*fam.* Bovidi) 2 la vettura delle pattuglie di pronto intervento dei carabinieri.

gazzetta [gazzèt-] *s.f.* giornale / *La Gazzetta dello Sport* / *Gazzetta Ufficiale*, pubblicazione quotidiana contenente tutte le leggi e i decreti dello stato / *notizia da* —, che suscita la curiosità.

gazzettiere [gazzettiè-] *s.m.* (*spreg.*) giornalista da strapazzo.

geco [gè-] *s.m.* piccolo rettile terrestre dei paesi mediterranei, coi polpastrelli delle dita muniti di organi adesivi per arrampicarsi sui muri (*fam.* Geconidi).

geiger, Geiger [gàigher] *s.m.* nome corrente del rivelatore Geiger-Müller, strumento usato per rivelare la presenza di radiazioni ionizzanti.

geisha [ghèiscia] *s.f.* giovane danzatrice giapponese che nelle case da tè intrattiene gli ospiti.

gelare *v.tr.* [io gèlo ecc.] rendere gelido, ghiacciato: *il vento gelava la faccia* / *quella vista mi gelò il sangue*, mi fece inorridire // *v.intr.* 1 diventare ghiaccio, ghiacciare: *il lago è gelato* 2 (*fig.*) soffrire gran freddo // *v.intr.impers.* fare il gelo: *ormai è notte gela*.

gelata *s.f.* freddo intensissimo; gelo.

gelataio [-tà-] *s.m.* chi fa o vende gelati.

gelateria [-rì-] *s.f.* bottega del gelataio.

gelatiere [-tiè-] *s.m.* gelataio.

gelatina *s.f.* 1 brodo di carne o pesce solidificato mediante raffreddamento o mediante aggiunta di sostanze collose: — *di frutta*, conserva alimentare di frutta spremuta, cotta con acqua e zucchero e solidificata 2 (*chim.*) prodotto di varia origine e composizione dotato della proprietà di fornire a caldo liquidi vischiosi che si rapprendono in masse di una consistenza tenera e collosa: — *esplosiva*, miscela gelatinosa di nitrocellulosa e nitroglicerina ad azione esplosiva.

gelatinizzante [-nizzan-] *agg.* e *s.m.* si dice di sostanza che aggiunta a un'altra la rende gelatinosa; gelificante.

gelatinizzare [-nizza-] *v.tr.* rendere gelatinoso, trasformare in gelatina; gelificare // **-arsi** *v.intr.pron.* diventare gelatinoso.

gelatinoso [-nó-] *agg.* che ha aspetto o consistenza di gelatina.

gelato *agg.* che è molto freddo: *mani gelate* // *s.m.* dolce a base di succo di frutta, di latte e d'altri ingredienti congelati.

gelido [gè-] *agg.* freddo come il ghiaccio (anche *fig.*): *accoglienza gelida*, priva di cordialità.

gelificante *agg.* e *s.m.* gelatinizzante.

gelificare *v.tr.* [io gelìfico, tu gelìfichi ecc.] gelatinizzare // **-arsi** *v.intr.pron.* diventare gelatinoso.

gelo [gè-] *s.m.* 1 freddo intenso, tale da far ghiacciare l'acqua 2 patina di ghiaccio: *campi coperti di* — 3 (*fig.*) sensazione di freddo.

gelone[1] [-ló-] *s.m.* lesione alle estremità e alle parti più esposte del corpo causata dal freddo intenso e caratterizzata da rossore, bruciore e ulcerazioni.

gelone[2] [-ló-] *s.m.* fungo commestibile, con cappello bruno-grigiastro, a forma di ventaglio, con gambo laterale; cresce sui tronchi degli alberi (*fam.* Agaricacee).

gelosia [-sì-] *s.f.* 1 ansietà tormentosa di chi teme di perdere l'amore della persona amata: *è tormentato dalla* — 2 rivalità, invidia che nasce da vere o presunte preferenze: *provava* — *per il fratello minore*; *vennero alle mani per gelosie di mestiere* 3 cura attenta e scrupolosa: *conserva con* — *i ricordi del marito* 4 piccolo sportello, praticato nella parte inferiore di una persiana, che si apre inclinandosi verso l'esterno; anche l'intera persiana.

geloso [-ló-] *agg.* 1 che prova o mostra gelosia o invidia: *un marito* —; *uno sguardo* — 2 che custodisce con cura: *è* — *della sua vita privata* // **-mente** *avv.* con sollecitudine, premura: *sa mantenere* — *il segreto*.

gelseto [-sé-] *s.m.* luogo piantato a gelsi.

gelsicoltura *s.f.* coltivazione del gelso.

gelso [gèl-] *s.m.* albero con piccoli frutti (*more*) commestibili, dolci, di colore nero o bianco e foglie cuoriformi, di cui si nutrono i bachi da seta (*fam.* Moracee).

gelsomino *s.m.* arbusto rampicante con piccoli fiori bianchi, profumati (*fam.* Oleacee).

gemebondo [-bón-] *agg.* che emette molti gemiti.

gemellaggio [-làg-] *s.m.* patto tra città, spec. di stati diversi, che intendono sottolineare reciproche affinità e amicizia.

gemello [-mèl-] *agg.* 1 nato nello stesso parto con uno o più altri: *sono fratelli gemelli* 2 si dice di cose uguali ed appaiate: *letti gemelli* / *anime gemelle*, attirate, unite da reciproca simpatia e comunione di gusti // *s.m.* 1 persona nata nello stesso parto con uno o più altri: *ha avuto tre gemelle* / *si assomigliano come gemelli*, moltissimo 2 *pl.* i bottoni doppi con cui si allacciano i polsini delle camicie 3 *pl.* coppia di golf da donna composta da maglietta e pullover aperto 4 *Gemelli*, uno dei dodici segni dello zodiaco [*ill.* Zodiaco].

gemere [gè-] *v.intr.* [pres. io gèmo ecc.; pass.rem. io geméi o gemètti ecc.] 1 lamentarsi sommessamente; (*fig.*) soffrire: *il popolo gemeva sotto il giogo della tirannia* 2 stridere, cigolare: *la ruota gemeva sotto il peso del carro* / *far gemere i torchi*, dare alle stampe 3 gocciare; cadere a gocce: *il sangue geme dalla ferita* 4 si dice del verso del colombo o della tortora.

geminare *v.tr.* [io gèmino ecc.] (*lett.*) render doppio, raddoppiare: — *le consonanti*.

geminato *agg.* (*lett.*) raddoppiato, doppio.

geminazione [-zió-] *s.f.* atto, effetto del geminare.

gemino [gè-] *agg.* (*lett.*) doppio, duplice; gemello.

gemito [gè-] *s.m.* grido sommesso, lamento, pianto debole (anche di cose o animali): *i gemiti dei feriti; il — del vento.* SIN. *lamento.*

gemma [gèm-] *s.f.* **1** piccolo corpo globoso da cui si sviluppano i rami, le foglie e i fiori **2** pietra preziosa; (*fig.*) cosa preziosa o rara: *le gemme della letteratura, le opere più belle.*

gemmare *v.intr.* [*io* gèmmo *ecc.*] mettere le gemme.

gemmazione [-zió-] *s.f.* **1** formazione di gemme sulle piante **2** (*biol.*) fenomeno di riproduzione agamica per cui la cellula madre produce una protuberanza che poi si stacca dando origine a una nuova cellula.

gemmeo [gèm-] *agg.* (*lett.*) che ricorda una pietra preziosa.

gendarme *s.m.* **1** soldato con incarichi di polizia, di ordine pubblico, di guardia d'onore; carabiniere **2** (*fig. e fam.*) donna alta, energica e con temperamento maschile.

gendarmeria [-rì-] *s.f.* **1** il corpo dei gendarmi **2** la caserma dei gendarmi.

gene [gè-] *s.m.* (*biol.*) ciascuna delle particelle di acido desossiribonucleico (DNA), collocate nei cromosomi del nucleo cellulare, che sono responsabili dei caratteri ereditari.

genealogia [-gì-] *s.f.* scienza che studia l'origine e la discendenza di una famiglia o di una stirpe; la serie dei discendenti di un capostipite.

genealogico [-lò-] *agg.* [pl.m. *-ci*] della genealogia: *albero —.*

genepì *s.m.invar.* **1** pianta erbacea di alta montagna, con foglie frastagliate, aromatiche e fiori verdi, usata in liquoreria (*fam.* Composite) **2** liquore prodotto dalla distillazione di erbe aromatiche alpine.

generalato *s.m.* dignità e carica di un generale, spec. di un ordine religioso.

generale[1] *agg.* **1** che si riferisce al genere, non all'individuo o alla specie; che è comune a tutti, a molti, a un complesso di persone o cose: *regole, considerazioni generali; indice —,* complessivo di tutta la materia o di tutti i volumi di un'opera / *in —,* per sommi capi / *stare, mantenersi sulle generali,* parlare in modo generico, senza scendere ai particolari. CONTR. *particolare* **2** nelle gerarchie rappresenta il grado più alto: *direttore — // -mente* avv. di solito.

generale[2] *s.m.* **1** massimo grado della gerarchia militare: *— di brigata; — di divisione; — di corpo d'armata* **2** capo di un ordine o di una congregazione religiosa.

generalessa [-lés-] *s.f.* **1** (*antiq.*) moglie di un generale **2** madre generale di un ordine religioso **3** (*fig. e scherz.*) donna con carattere imperioso o che si mette a capo di altre donne.

generalità *s.f.invar.* **1** qualità di ciò che è generale **2** la maggior parte: *la — degli uomini, dei casi* **3** pl. notizie, dati per l'identificazione di una persona: *dare le proprie —,* nome, cognome, paternità ecc.

generalizzare [-liʒʒa-] *v.tr.* rendere generale: *una forma, un'usanza | assol.* risalire da casi particolari a un'affermazione di carattere generale: *tu generalizzi troppo.*

generalizzazione [-liʒʒazió-] *s.f.* il generalizzare.

generare *v.tr.* [*io* gènero *ecc.*] **1** far nascere, dare vita a un individuo della stessa specie. SIN. *procreare, produrre* **2** (*fig.*) dare origine, causare: *— una lite.* SIN. *originare.*

generativo *agg.* **1** atto a generare **2** che riguarda la generazione / *grammatica generativa,* che si propone di esporre le regole capaci di generare, da una data serie di unità linguistiche, tutte le possibili frasi di una lingua.

generatore [-tó-] *agg.* e *s.m.* [f. *-trice*] che o chi genera / *frazione generatrice,* frazione che, risolta, genera un numero decimale periodico // *s.m.* macchina capace di trasformare in energia elettrica energia di altra natura [*ill.* Elettrica, energia].

generatrice *s.f.* (*mat.*) linea retta o curva che, muovendosi nello spazio, genera una superficie.

generazionale *agg.* che riguarda le generazioni, spec. umane: *incomprensione —.*

generazione [-zió-] *s.f.* **1** il generare; riproduzione di nuovi organismi da altri già esistenti. SIN. *procreazione* **2** i discendenti di padre in figlio: *la prima, la seconda —,* i figli, i nipoti. SIN. *stirpe, schiatta, progenie* **3** insieme di individui che hanno pressappoco la stessa età o vivono nella stessa epoca: *la nuova —* **4** per estens., tipo, serie di macchine con caratteristiche analoghe: *la quinta — di calcolatori* **5** produzione, formazione: *— di calore.*

genere [gè-] *s.m.* **1** aggruppamento di specie animali o vegetali somiglianti tra loro per alcuni caratteri essenziali: *il leone e il gatto appartengono allo stesso — / il — umano,* tutti gli uomini / *in —,* generalmente **2** ordine o denominazione che raggruppa più cose o persone aventi caratteri comuni; qualità, sorta, specie: *persone di ogni —; che — di stoffa è questa?; cose di nuovo —, strane; quadro di —,* di soggetto semplice, familiare / *— letterario,* ciascuna delle forme in cui si distingue convenzionalmente la produzione letteraria (lirica, epica ecc.) **3** (*gramm.*) categoria grammaticale che distingue il maschile, il femminile e in alcune lingue anche il neutro **4** pl. merce, prodotto di consumo: *generi alimentari.*

genericità *s.f.invar.* qualità di ciò che è generico.

generico [-nè-] *agg.* [pl.m. *-ci*] generale; vago, indeterminato: *promesse generiche.* CONTR. *specifico* // *s.m.* attore cui vengono affidate piccole parti di vario genere.

genero [gè-] *s.m.* il marito della figlia.

generosità *s.f.invar.* l'essere generoso. SIN. *liberalità, magnanimità, munificenza.*

generoso [-ró-] *agg.* **1** nobile di animo, altruista, capace di sacrificio: *un giovane — / animale —,* di buona razza / *vino —,* schietto e gagliardo. SIN. *magnanimo, munifico* **2** che dimostra generosità: *dono —.*

genesi [gèneʃi] *s.f.invar.* **1** generazione, origine: *la — della specie umana; la — delle liriche leopardiane,* il processo della loro formazione **2** nome del primo libro della Bibbia, in cui si narra come fu creato il mondo.

genetica [-nè-] *s.f.* ramo della biologia che studia la generazione degli esseri viventi e la trasmissione dei caratteri ereditari.

genetico [-nè-] *agg.* [pl.m. *-ci*] relativo alla genesi o alla genetica: *caratteri genetici.*

genetista *s.m.* e *f.* [pl.m. *-i*] studioso di genetica.

genetliaco [-tlì-] *agg.* [pl.m. *-ci*] (*lett.*) concernente la nascita di qlcu.: *giorno — // s.m.* giorno natalizio, anniversario della nascita; compleanno.

genetta [-nét-] *s.f.* mammifero carnivoro simile al gatto ma più piccolo e snello, con coda lunga e pelame grigiastro macchiato; è ottimo cacciatore di topi (*fam.* Viverridi).

gengiva *s.f.* (*anat.*) parte di mucosa della bocca che ricopre le arcate alveolari, nelle quali sono impiantati i denti [*ill.* Bocca].

gengivale *agg.* della gengiva, delle gengive.

gengivite *s.f.* (*med.*) infiammazione delle gengive.

genia [-ni-] *s.f.* (*spreg.*) genere di persone, combriccola: *una — di farabutti.*

geniale *agg.* si dice di persona che ha genio; di cosa che è prodotta da un genio: *pittore —.*

genialità *s.f.invar.* l'essere geniale; potenza d'ingegno.

genialoide [-lòi-] *agg.* e *s.m.* che o chi mostra ingegno vivace ma disordinato o stravagante.

genico [gè-] *agg.* (*scient.*) inerente al gene.

genieno [-niè-] *agg.* (*anat.*) inerente alla guancia: *muscoli genieni.*

geniere [-niè-] *s.m.* militare dell'arma del genio.

genio [gè-] *s.m.* **1** presso gli antichi, spirito buono o cattivo che presiedeva al destino di ciascun uomo fin dalla nascita; oggi, essere immaginario o persona reale cui si attribuisce un'ispirazione o un aiuto **2** attitudine per qlco.; indole; gusto: *ha — per la pittura; questo lavoro mi va a —, mi piace / il — di un popolo,* (*lett.*) un suo particolare carattere naturale e culturale **3** sommo ingegno; facoltà creatrice; persona dotata di grande ingegno / *essere un — incompreso,* (*iron.*) si dice di chi presume di valere più di quanto valga in realtà. SIN. *talento* **4** arma dell'esercito con compiti tecnici e tattici / *— civile,* ufficio delle regioni con compiti di progettazione, esecuzione, collaudo e controllo di opere pubbliche.

genitale *agg.* che serve a generare // *s.m.pl.* organi, maschili e femminili, aventi la funzione di procreare.

genitalità *s.f.invar.* qualità di ciò che è genitale; coscienza della funzione genitale del proprio corpo.

genitivo *agg.* e *s.m.* (*gramm.*) secondo caso della declinazione latina, greca, russa, tedesca ecc.; indica la specificazione.

genitore [-tó-] *s.m.* [f. *-trice*] chi genera (anche in senso *fig.*); il padre o la madre: *i genitori,* il padre e la madre.

genitourinario [-nà-] *agg.* (*med.*) che riguarda l'apparato genitale e quello urinario.

gennaio [-nà-] *s.m.* primo mese dell'anno.

genocidio [-cì-] *s.m.* (*dir.*) delitto di chi tenta di sterminare, con metodi organizzati, un intero gruppo etnico o religioso.

genoma [-nò-] *s.m.* [pl. *-i*] (*biol.*) complesso dei cromosomi, e quindi dei geni, presenti in una cellula.

genotipo *s.m.* (*biol.*) l'insieme dei caratteri ereditari di un organismo.

genovese [-vé-] *agg.* di Genova // *s.m.* e *f.* abitante di Genova.

gentaglia [-tà-] *s.f.* (*spreg.*) gente volgare, poco raccomandabile. SIN. *marmaglia, ciurmaglia, canaglia.*

gente [gèn-] *s.f.* **1** nell'antica Roma, gruppo di famiglie di uno stesso ceppo; oggi, i componenti di una stessa famiglia; gli appartenenti a un gruppo sociale: *la — Giulia; arriva con la sua —,* i suoi parenti; *proviene da — umile* (*lett.*) stirpe, nazione: *la — italica / il diritto delle genti,* l'insieme delle norme osservate da tutti i popoli, ritenuti civili, nel diritto romano; oggi è sinonimo raro di *diritto internazionale* **3** numero indeterminato di persone; persone in genere; categoria di persone: *c'era molta —.*

gentildonna [-dòn-] *s.f.* donna di elevata cultura e condizione sociale; è anche titolo di condizione nobiliare. SIN. *dama, signora.*

gentile *agg.* **1** che ha o denota delicatezza di sentimenti e modi garbati: *un pensiero —; è — con tutti.* SIN. *cortese* **2** grazioso, delicato d'aspetto: *il gentil sesso,* le

donne // *i gentili, s.m.pl.* gli antichi che non erano israeliti e che non accettarono il cristianesimo.

gentilezza [-léz-] *s.f.* l'essere gentile; atti o parole gentili: *— d'animo; per —,* per favore. SIN. *cortesia, finezza, galanteria, creanza.*

gentilizio [-lì-] *agg.* di famiglia nobile: *stemma —.* SIN. *nobiliare.*

gentiluomo [-luò-] *s.m.* [pl. *gentiluomini*] uomo di elevata condizione sociale e culturale; per estens., chi agisce rettamente e ha un contegno dignitoso.

genuflessione [-sió-] *s.f.* atto del genuflettersi.

genuflettersi [-flèt-] *v.rifl.pron.* [pres. *io mi genufletto* ecc.; pass.rem. *io mi genuflèssi* o *genuflettéi, tu ti genuflettésti* ecc.; p.pass. *genuflèsso*] piegare a terra un ginocchio o le ginocchia per devozione, per riverenza. SIN. *inginocchiarsi.*

genuinità *s.f.invar.* qualità di ciò che è genuino.

genuino *agg.* **1** che non contiene sostanze estranee alla propria natura: *salame —.* SIN. *naturale, puro* **2** sincero, schietto, spontaneo: *entusiasmo —.*

genziana *s.f.* pianta erbacea con foglie ovali e fiori azzurri campanulati; le radici vengono usate in medicina come tonico-digestivo (*fam.* Genzianacee).

geo- [gèo-] [dal gr. *ghé = terra*] primo elemento di molte parole composte derivate dal greco o formate modernamente nella terminologia scientifica; significa «terra, superficie terrestre» e simili (*geografia, geologia, geofisica*).

geocentrico [-cèn-] *agg.* [pl.m. *-ci*] (*astr.*) che ha come riferimento il centro della Terra.

geocentrismo [-ʃmo] *s.m.* sistema scientifico e filosofico, accettato dalla chiesa, che pone la Terra come centro dell'universo.

geochimica [-chì-] *s.f.* studio dei processi chimici che sono in relazione con la formazione dei minerali e delle rocce.

geode [-ò-] *s.m.* (*min.*) piccola cavità chiusa, tappezzata di cristalli, all'interno delle rocce eruttive.

geodesia [-ʃì-] *s.f.* scienza che studia la forma, le dimensioni e la rappresentazione grafica del globo terrestre.

geodeta [-dè-] *s.m.* e *f.* [pl.m. *-i*] chi studia e applica la geodesia.

geodetica [-dè-] *s.f.* la linea più breve che unisce due punti di una superficie.

geodetico [-dè-] *agg.* [pl.m. *-ci*] appartenente alla geodesia.

geodinamica [-nà-] *s.f.* scienza che studia gli agenti trasformatori della superficie terrestre.

geodinamico [-nà-] *agg.* [pl.m. *-ci*] che si riferisce alla geodinamica.

geofagia [-gì-] *s.f.* pervertimento che spinge un individuo a mangiare terra, cenere o simili.

geofisica [-fiʃi-] *s.f.* scienza che studia i fenomeni fisici che avvengono sulla superficie della Terra, nella sua atmosfera e nel suo interno.

geofisico [-fiʃi-] *agg.* [pl.m. *-ci*] pertinente alla geofisica // *s.m.* studioso di geofisica.

geogonia [-nì-] *s.f.* scienza che studia l'origine e la formazione della Terra.

geografia [-fì-] *s.f.* scienza che ha per oggetto la descrizione della Terra nei suoi vari aspetti.

geografico [-grà-] *agg.* [pl.m. *-ci*] riguardante la geografia o appartenente ad essa.

geografo [-ò-] *s.m.* studioso di geografia.

geoide [-ò-] *s.m.* solido avente la forma della Terra,

costruito matematicamente, cioè senza tener conto delle irregolarità della superficie terrestre.

geologia [-gì-] *s.f.* scienza che studia l'origine, la costituzione, la struttura e la storia della Terra e degli organismi che la popolarono.

geologico [-lò-] *agg.* [pl.m. *-ci*] appartenente alla geologia.

geologo [-ò-] *s.m.* [pl. *-gi*] studioso di geologia.

geomagnetismo [-fmo] *s.m.* magnetismo terrestre.

geomanzia [-zì-] *s.f.* divinazione del futuro mediante l'osservazione di segni particolari tracciati sulla terra.

geometra [-ò-] *s.m.* [pl. *-i*] **1** studioso di geometria **2** chi ha ottenuto il diploma presso un istituto tecnico che fornisce le nozioni fondamentali di agrimensura e di tecnica delle costruzioni edilizie.

geometria [-trì-] *s.f.* ramo della matematica che si occupa dei punti e delle figure da essi generate.

geometrico [-mè-] *agg.* [pl.m. *-ci*] relativo alla geometria o proprio della geometria.

geomorfologia [-gì-] *s.f.* scienza che studia la configurazione della superficie terrestre.

geopolitica [-li-] *s.f.* branca della geografia che studia i rapporti tra i fattori geografici e le azioni o situazioni politiche.

geopolitico [-li-] *agg.* [pl.m. *-ci*] che riguarda la geopolitica.

georgiano *agg.* della Georgia // *s.m.* abitante della Georgia.

georgico [-òr-] *agg.* [pl.m. *-ci*] relativo alla vita dei campi: *poema —*, poemetto didascalico che tratta della coltivazione dei campi.

geosinclinale *s.f.* (*geol.*) depressione allungata e instabile della crosta terrestre, caratterizzata da un'intensa sedimentazione.

geostatica [-stà-] *s.f.* parte della fisica che studia l'equilibrio dei corpi solidi.

geostazionario [-nà-] *s.m.* si dice di satellite artificiale che descrive la sua orbita in 24 ore e perciò resta in posizione fissa rispetto alla Terra.

geotermia [-mì-] *s.f.* scienza che studia l'energia termica prodotta da fenomeni vulcanici secondari; anche, l'energia stessa: *sfruttare la — per il riscaldamento.*

geotermico [-tèr-] *agg.* [pl.m. *-ci*] che si riferisce al calore della Terra.

geotropismo [-fmo] *s.m.* proprietà delle piante di orientarsi secondo la forza di gravità.

geranio [-rà-] *s.m.* pianta erbacea ornamentale con foglie cuoriformi e fiori rossi, bianchi o rosa (*fam.* Geraniacee).

gerarca *s.m.* [pl. *-chi*] **1** esponente di una gerarchia ecclesiastica; il pontefice **2** dirigente di un partito politico, spec. di quello fascista.

gerarchia [-chì-] *s.f.* ordine, per gradi, delle varie dignità dello stato e della chiesa; rapporto fra i superiori e gli inferiori: *— militare / — degli angeli*, gli ordini in cui sono distribuiti i cori angelici.

Geografia e geologia

■ GEOGRAFIA: geografico, geografo; antropogeografia, biogeografia, cartografia, climatologia, ecologia, ecologo, ecologista, fotogrammetria, geodesia, geomorfologia, idrologia, oceanografia, oceanografo, paleogeografia, talassografia, zoogeografia

□ polo, circolo polare, tropico, equatore, meridiano, antimeridiano, parallelo, emisfero, boreale, australe, antipodi, linea del cambiamento di data

□ continente, isola, arcipelago (*irregolare, a festoni, a frangia*), atollo; costa (*unita, incisa, frastagliata, articolata, bassa, alta*), falesia, fiordo, scogliera, canale; penisola, lingua, istmo, promontorio, capo, punta; golfo, baia, rada, stretto, pianura (*alluvionale*), radura, bassopiano, tavoliere, altopiano, tavolato, acrocoro; colle, collina, monte (*base, falda, cima o vetta*), catena montuosa, massiccio, cordigliera, sierra, passo o valico, conca, valle (*fondo, parete, testa, sbocco*), aperta, chiusa, cieca, tettonica, fluviale, glaciale, di erosione, di frattura, sospesa, gola, forra, stretta

□ oceano, mare, piattaforma continentale, scarpata continentale, pavimento abissale, fossa oceanica; salsedine o salinità, onda, frangenti, marosi, cavalloni, onda morta, marea (*flusso, riflusso*), sessa, corrente, laguna, maremma, cordone litoraneo, barra, spiaggia, lido, sedimenti • falda, sorgente (*fontanile, di tracimazione, di strato, di faglia, diaclasica*)

□ campi carreggiati, dolina, voragine, abisso, inghiottitoio, grotta; torrente, fiume (*letto o alveo, fondo, sponda o riva, foce, delta, estuario, affluente, confluenza*), bacino idrografico, linea di displuvio o spartiacque, portata, regime, coefficiente di deflusso; rapida, cascata, cateratta, stretta, orrido, forra, canyon, meandro, lanca • ghiacciaio, nevaio, crepaccio, seracco, morena (*laterale, mediana, di fondo, frontale*), iceberg, banchisa, pack • lago (*di escavazione glaciale, tettonico, di circo, vallivo, di sbarramento morenico, di frana, costiero, carsico, meteorico*), palude, stagno

□ atlante, carta corografica, carta geografica, carta topografica, curva di livello, curva ipsometrica, isobara, isobata, isogonica, isoieta, isoipsa, isoterma, mappa, mappamondo, ortodromica, planimetria, planisfero, plastico, proiezione cartografica (*equivalente, equidistante, prospettica, stereografica, ortografica, cilindrica, conica, poliedrica*), reticolato geografico, scala

□ desertificazione, ecosistema, forestazione, habitat • acculturazione, afroamericano, afrocubano, allineamento, allineato, apartheid, atlantico, atlantismo, colonia, colonizzazione, confederalità, comprensorio, decolonizzazione, ecumenismo, etnocentrismo, eurocentrico, gemellaggio, geopolitico, integrazione, meridionalismo, meridionalista, mitteleuropeo, multipolare, negritudine, neocolonialismo, occidentalismo, occidentalità, occidentalizzazione, panafricano, panamericano, panarabo, panasiatico, paneuropeo, panislamico, Terzo Mondo, terzomondismo, vietnamizzare. →

■ GEOLOGIA: aerofotogrammetria, antropologia, biostratigrafia, corografia, geochimica, geodesia, geodinamica, geofisica, geomagnetismo, geomorfologia, geotermia, gravimetria, idrologia, idrogeologia, limnologia, litologia, litostratigrafia, magnitudo, micropaleontologia, mineralogia, orografia, paleontologia, pedologia, petrografia, petrologia, radiocronologia, sismografia, sismologia, speleologia, stratigrafia, tettonica, topografia, vulcanologia

□ epoca, era, età, periodo, piano, sistema; arcaico, cambriano, carbonifero, cenozoico, cretaceo, devoniano, eocene, mesozoico, miocene, neozoico, oligocene, olocene, paleozoico, permiano, pleistocene, pliocene, siluriano, trias • mesolitico, neolitico, paleolitico • ammonite, archeopterix, belemniti, brontosauro, dinosauro, foraminiferi, fossile, globigerine, graptoliti, iguanodonte, ittiosauro, mastodonte, nummulite, ominide, pitecantropo, pterosauro, stegosauro, tirannosauro, trilobiti

□ bradisismo, carsismo, cataclisma, corrugamento, degradazione, deiezione, diastrofismo, dilavamento, dislocazione, effusione, erosione, esarazione, estrusione, glaciazione, isostasia, litogenesi, maremoto, metamorfismo, orogenesi, regressione, sedimentazione, sisma, sismicità, smottamento, sovrascorrimento, stratificazione, terremoto, trasgressione, vulcanismo • geoide, idrosfera, ionosfera, litosfera, nife, osol, sial, sima, stratosfera, terra, troposfera • anticlinale, diaclasi, epicentro, faglia, falda, flessura, formazione, geosinclinale, giacitura, immersione, inclinazione, ipocentro, piega, scaglia tettonica, sinclinale, strato, struttura, zoccolo • batolite, laccolite, dicco, estrusivo, filone, lava, magma, vulcano • aerolito, bolide, bomba vulcanica, cenere vulcanica, lapillo, masso erratico, pietra, sasso, sedimento (*organico*, *inorganico*), stalagmite, stalattite

□ barena, calanco, circo glaciale, colata, depressione, dolina, falda freatica, falesia, foiba, fontanile, frana, ganda, grotta, impluvio, inghiottitoio, marmitta, permafrost, risorgiva, tavolato, terrazzo, tombolo; fumarola, geyser, mofeta, putizza, soffione, solfatara • cava, giacimento, miniera, pozzo artesiano, salina, scavo, solfara, sottosuolo, suolo, terreno, torbiera • antracite, asfalto, idrocarburo, lignite, litantrace, metano, petrolio

□ carotaggio, correlazione, perforazione, prospezione, sondaggio

□ albite, amianto, anfibolo, apatite, asbesto, augite, bentonite, biotite, blenda, calamina, calcite, calcopirite, cassiterite, cinabro, clorite, dolomite, ematite, feldspato, fluorite, galena, gesso, grafite, limonite, magnesite, magnetite, mica, muscovite, olivina, orneblenda, ortoclasio, pechblenda, pirite, pirosseno, pirrotite, quarzo, salgemma, siderite, silice, spato, talco; argento, ferro, mercurio, oro, piombo, platino, rame, stagno, uranio, zinco, zolfo.

---

gerarchico [-ràr-] *agg.* [pl.m. *-ci*] relativo a una gerarchia: *ordinamento* — // **-mente** *avv.* secondo un ordine gerarchico.

gerbera [-bè-] *s.f.* pianta ornamentale con fiori simili a margherite dai petali sottilissimi, di vario colore (*fam.* Composite).

geremiade [-mì-] *s.f.* discorso lungo e lamentoso.

gerente [-rèn-] *s.m.* chi è incaricato della gestione di un'attività, di un esercizio, di un'azienda: — *di un giornale*, chi è responsabile legalmente di ciò che in esso si stampa.

gerenza [-rèn-] *s.f.* ufficio di gerente; gestione.

gergale *agg.* del gergo: *espressione* —.

gergo [gèr-] *s.m.* [pl. *-ghi*] **1** linguaggio convenzionale usato dagli appartenenti a gruppi o categorie sociali per non farsi intendere dagli altri o per sottolineare una propria identità: — *della malavita*; — *studentesco* **2** linguaggio specialistico: *il* — *di officina*; *il* — *dei medici*.

geriatra [-rià-] *s.m. e f.* [pl.m. *-i*] medico specializzato in geriatria.

geriatria [-trì-] *s.f.* parte della medicina che tratta i metodi pratici di cura delle malattie proprie della vecchiaia.

geriatrico [-rià-] *agg.* [pl.m. *-ci*] inerente alla geriatria: *ospedale* —.

gerla [gèr-] *s.f.* cesta in forma di cono rovesciato che si porta, assicurata da cinghie, dietro le spalle.

germanico [-mà-] *agg.* [pl.m. *-ci*] **1** degli antichi germani: *diritto* — / *lingue germaniche*, che derivano da quelle di popoli appartenenti al gruppo degli antichi germani **2** della odierna Germania; dei tedeschi, dei popoli di lingua tedesca.

germanio [-mà-] *s.m.* elemento chimico (Ge; *n.at.* 32; *p.at.* 72,59); metallo raro, bianco, fragile, usato in elettrotecnica per transistori e tubi elettronici.

germanismo [-fmo] *s.m.* quanto è proprio della Germania; espressione propria di una lingua germanica.

germanista *s.m. e f.* [pl.m. *-i*] studioso di lingue e letterature germaniche.

germanistica [-nì-] *s.f.* studio dei popoli germanici antichi e moderni, considerati da un punto di vista storico, artistico, letterario.

germano[1] *agg.* che è nato dagli stessi genitori.

germano[2] *agg.* della stessa Germania antica // *s.m.* abitante, nativo dell'antica Germania.

germano reale *s.m.* anitra selvatica con lungo becco giallo-verde, piedi arancioni, collo e testa verde-metallico nel maschio (*fam.* Anatidi).

germe [gèr-] *s.m.* **1** la particella da cui traggono origine piante e animali; embrione / — *patogeno*, microbio che provoca malattie infettive **2** (*fig.*) principio, prima cagione.

germicida *agg. e s.m.* si dice di mezzo capace di uccidere i microrganismi; disinfettante.

germile *s.m.* nome del settimo mese del calendario rivoluzionario francese.

germinale agg. 1 (biol.) inerente alla germinazione, cioè alla produzione dei gameti: cellula —, il gamete 2 (fig.lett.) iniziale, primordiale.

germinare v.intr. [io gèrmino ecc.] nascere dal germe; si dice del seme che dà inizio a una nuova pianta. SIN. germogliare.

germinazione [-zió-] s.f. il germinare.

germogliare v.intr. [io germóglio ecc.] 1 uscire dal seme (detto di piante); svilupparsi dal germoglio (detto di rami e foglie). SIN. germinare 2 (fig.) crescere, aver origine: germogliavano i primi sintomi di malcontento.

germoglio [-mó-] s.m. 1 il complesso delle foglie e del fusto in via di sviluppo 2 (fig.) l'origine, il primo frutto di qlco.

geroglifico [-glì-] s.m. [pl. -ci] 1 ciascuno dei caratteri della scrittura ideografica in uso nell'antico Egitto 2 (fig.) parola o scritto di difficile lettura.

gerontocomio [-cò-] s.m. ospedale geriatrico, ospizio per anziani.

gerontocrazia [-zì-] s.f. sistema politico che dà i maggiori poteri e responsabilità a persone anziane.

gerontologia [-gì-] s.f. parte della medicina che studia i problemi della vecchiaia.

gerotrofio [-trò-] s.m. ospizio per i vecchi.

gerundio [-rùn-] s.m. forma non coniugabile del verbo che, in proposizioni secondarie, assume valore temporale o causale o modale o ipotetico.

gerundivo agg. e s.m. forma nominale del verbo latino che esprime la necessità.

gessare v.tr. [io gèsso ecc.] 1 mescolare gesso al terreno che manca di calcare 2 trattare il vino con gesso per chiarificarlo.

gessato agg. 1 mescolato, trattato con gesso: benda gessata, quella usata per l'ingessatura di arti 2 si dice di stoffa pesante a fondo scuro con sottili righe bianche verticali.

gessatura s.f. (ind.) pratica del gessare il vino.

gesso [gès-] s.m. 1 minerale costituito da solfato di calcio idrato; polvere ricavata da tale minerale e usata con aggiunta di acqua per cementazioni, statue, stucchi ecc. 2 opera d'arte fatta in gesso 3 bastoncino di polvere di gesso usato per scrivere sulla lavagna.

gessoso [-só-] agg. di gesso; che contiene gesso.

gesta [gè-] s.f.pl. (lett.) azioni gloriose, memorabili; imprese eroiche: le — di Napoleone.

gestaltismo [ghestaltìʃmo] s.m. teoria della psicologia contemporanea che rifiutando l'analisi basata sull'associazionismo studia la percezione come fenomeno unitario e indivisibile.

gestante agg. e s.f. si dice di donna in stato di gravidanza.

gestatorio [-tò-] agg. che serve a portare: sedia gestatoria, quella su cui è portato il papa nelle funzioni solenni.

gestazione [-zió-] s.f. 1 gravidanza 2 (fig.) processo di preparazione, di elaborazione.

gesticolare v.intr. [io gesticolo ecc.] fare gesti, spesso in modo concitato.

gestione [-stió-] s.f. 1 il gestire; amministrazione di affari per conto di altri 2 conduzione politica e organizzativa: problemi di — del personale; la — della riforma sanitaria.

gestire¹ v.intr. [io gestisco, tu gestisci ecc.] fare gesti, spesso per accompagnare le parole e per dare enfasi a un discorso.

gestire² v.tr. [io gestisco, tu gestisci ecc.] 1 amministrare: — un'importante azienda 2 portare avanti, condurre sul piano delle scelte, delle realizzazioni: — una

campagna commerciale; — la sanità 3 sviluppare le potenzialità di un risultato, di una situazione: — la vittoria elettorale.

gesto [gè-] s.m. 1 movimento del corpo, in particolare del capo o della mano, che accompagna spesso la parola per esprimere un pensiero o una volontà: gesti di rabbia, di consenso, di diniego; esprimersi a gesti 2 posa, aspetto: — teatrale, declamatorio 3 azione: questo è un — generoso.

gestore [-stó-] s.m. chi gestisce imprese o esercizi pubblici: — di stazione, capo del servizio merci di una stazione ferroviaria.

gestuale agg. di gesto, dei gesti; che utilizza e mette in rilievo i gesti: espressività, linguaggio —; teatro —.

gestualità s.f.invar. la capacità di esprimersi, anche in modo creativo, con i gesti.

gesuita [-ʃui-] s.m. religioso della Compagnia di Gesù fondata da sant'Ignazio di Loyola (1491-1556).

gesuitico [-ʃui-] agg. [pl.m. -ci] 1 di, da gesuita 2 (fig.) ipocrita.

gesuitismo [-ʃuitìʃmo] s.m. 1 il sistema dottrinale e morale dei gesuiti 2 (fig.) finzione; ipocrisia.

gettare v.tr. [io gètto ecc.] 1 lanciare con forza (anche fig.): — la rete; — via il tempo / — il guanto, sfidare / — le armi, arrendersi / — un ponte, costruirlo 2 versare metallo liquefatto nelle forme per farne figure: — una statua di bronzo 3 riempire con malta di calcestruzzo le casseforme o gli scavi predisposti per la costruzione di una struttura: — le fondazioni 4 rendere, fruttare, dare un gettito: certe imposte gettano centinaia di miliardi // v.intr. 1 germogliare (detto di pianta) 2 sgorgare (detto di fontana) // **-arsi** v.rifl. 1 lanciarsi cadere: — nel mare 2 slanciarsi: — tra le braccia di qlcu.

gettata s.f. 1 operazione, effetto del gettare: una — di cemento 2 diga fatta con scogli o grosse pietre per proteggere i porti dalle onde 3 il germogliare delle piante 4 nel lavoro a maglia, movimento con cui si fa passare il filo attraverso una maglia già fatta ottenendone una nuova.

gettito [gèt-] s.m. 1 ciò che si ricava, rendimento: il — di un'imposta 2 il gettare ripetuto.

getto [gèt-] s.m. 1 atto, effetto del gettare: armi da —, da lanciare / far — di qlco., buttarla via / — del peso, specialità dell'atletica leggera 2 lo sgorgare di un liquido o di un gas: un — di sangue / aereo a —, a reazione / a — continuo, continuamente, senza interruzione / di —, senza fatica: un'opera scritta di — 3 il germoglio di una pianta 4 l'operazione del gettare metallo fuso nelle forme 5 (edil.) il manufatto che risulta dall'indurimento del calcestruzzo gettato.

gettone [-tó-] s.m. 1 piccolo disco di metallo che, introdotto in certi apparecchi, ne consente il funzionamento: il — del telefono 2 pezzo di plastica, osso o metallo, a cui viene dato un valore convenuto e che, alla roulette e in altri giochi, sostituisce il denaro 3 compenso corrisposto a consulenti, spec. ai membri di una commissione: — di presenza.

GeV [ingl.; Giga electron Volt] s.m.invar. un miliardo di elettronvolt, in Europa (negli Stati Uniti BeV).

geyser [ghèiser] s.m. getto intermittente di acqua calda e vapore, che si ha nelle regioni vulcaniche.

ghepardo s.m. felino diffuso in Asia e Africa, simile al leopardo, ma con zampe più lunghe e sottili e mantello giallastro a macchie nere piene (fam. Felidi).

gheppio [ghép-] s.m. uccello rapace diurno di media

grandezza, dal piumaggio grigio-nocciola e nero (*fam.* Accipitridi).

gheriglio [-ri-] *s.m.* la parte commestibile della noce.

gherminella [-nèl-] *s.f.* inganno compiuto con abilità.

ghermire *v.tr.* [*io ghermisco, tu ghermisci ecc.*] **1** afferrare con gli artigli **2** (*fig.*) prendere con rapidità e violenza. SIN. *carpire*.

gheronato *s.m.* (*arald.*) scudo diviso in otto gheroni uguali.

gherone [-ró-] *s.m.* **1** (*arald.*) pezza triangolare limitata da due linee che si intersecano nel cuore dello scudo **2** pezza triangolare che, inserita nelle cuciture laterali di una veste, serve a darle maggiore ampiezza.

ghetta [ghèt-] *s.f.* **1** gambaletto abbottonato lateralmente e munito di staffa, che si calza sopra le scarpe [*ill. Abbigliamento*] **2** *pl.* pantaloncini aderenti per bambini, che spesso coprono anche il piede.

ghettizzare [-ti33a-] *v.tr.* chiudere come in un ghetto; separare dal resto della società, segregare, isolare (anche *fig.*): — *i lavoratori immigrati*; — *idee, proposte nuove*.

ghetto [ghèt-] *s.m.* **1** quartiere in cui, in alcune città, erano obbligati ad abitare gli ebrei **2** per estens., quartiere nel quale vive solo un determinato gruppo sociale in genere con significato spregiativo: — *negro*; *i ghetti dei ricchi* **3** (*fig.*) condizione di isolamento, di separazione.

ghiacciaia [-cià-] *s.f.* **1** luogo ove si conserva il ghiaccio **2** mobile atto a conservare a bassa temperatura i viveri; frigorifero; (*scherz.*) luogo freddissimo: *questa sala è una —*.

ghiacciaio [-cià-] *s.m.* massa di ghiaccio in lento movimento di discesa da una conca nevosa fino al limite delle nevi persistenti.

ghiacciare *v.intr.* [*io ghiàccio ecc.*] diventar ghiaccio; raffreddarsi // *v.tr.* far diventare ghiaccio (anche *fig.*): *la notizia mi ghiacciò*.

ghiacciata *s.f.* bibita di sciroppo con ghiaccio tritato.

ghiacciato *agg.* freddo come il ghiaccio.

ghiaccio [ghiàc-] *s.m.* acqua allo stato solido / — *secco*, anidride carbonica solida, simile al ghiaccio, ma a temperatura assai inferiore.

ghiacciolo [-ciò-] *s.m.* **1** cannello di ghiaccio che si produce negli stillicidi delle fontane, delle grondaie ecc. **2** prodotto di gelateria ottenuto facendo congelare in forme una miscela di acqua e sciroppo.

ghiaia [ghià-] *s.f.* insieme di frammenti rocciosi di media misura, arrotondati dalle acque dei fiumi e da queste depositati; pietrame spezzato, che serve alla copertura delle strade.

ghiaione [-ió-] *s.m.* accumulo caotico di pietrame frammentario ai piedi delle pareti rocciose.

ghiaioso [-ió-] *agg.* abbondante di ghiaia.

ghianda *s.f.* **1** frutto secco, ovato, protetto alla base da un involucro a forma di scodellina (p.e. quello della quercia) [*ill. Frutti*] **2** pallottolina di legno o metallo che si copre di stoffa per guarnizione a tende.

ghiandaia [-dà-] *s.f.* uccello cantatore dal piumaggio variopinto, con un ciuffo di piume sulla testa (*fam.* Corvidi).

ghiandola [ghiàn-] *s.f.* (*anat.*) organo formato da epiteli, che provvede a elaborare sostanze utili all'organismo o a eliminare quelle dannose.

ghiandolare *agg.* (*med.*) delle ghiandole.

ghibellinismo [-∫mo] *s.m.* **1** fazione politica (secc. XIII e XIV) che sosteneva l'impero contro il papato **2** genericamente, ogni tendenza politica di carattere laico.

ghibellino *agg.* e *s.m.* si dice di chi nel medioevo parteggiava per l'imperatore; per estens., laico.

ghibli *s.m.invar.* vento caldo e secco che spira in Libia, provenendo dal deserto.

ghiera [ghiè-] *s.f.* **1** puntale di metallo per rinforzo o fissaggio di parti [*ill. Pittura e scultura*] **2** (*mecc.*) anello metallico filettato all'interno, usato per il fissaggio di mozzi e cuscinetti **3** (*arch.*) corpo di un arco che sostiene una volta.

ghigliottina *s.f.* macchina per decapitare.

ghigliottinare *v.tr.* decapitare con la ghigliottina.

ghigna *s.f.* faccia arcigna, sinistra. SIN. *grinta*.

ghignare *v.intr.* fare un ghigno. SIN. *sogghignare*.

ghigno *s.m.* riso maligno, beffardo: *un — diabolico*. SIN. *sogghigno*.

ghinea [-nè-] *s.f.* moneta di conto inglese del valore di 21 scellini.

ghingheri [ghin-] solo nella locuz. *mettersi in ghingheri*, vestire in modo ricercato.

ghiotta [ghiòt-] *s.f.* recipiente che si pone sotto lo spiedo per raccogliere l'unto che cola dall'arrosto.

ghiotto [ghiòt-] *agg.* **1** avido di buoni cibi. SIN. *goloso* **2** appetitoso, prelibato (anche *fig.*).

ghiottone [-tó-] *s.m.* **1** persona assai ghiotta **2** mammifero carnivoro di media grandezza, con corpo tozzo, forti artigli, folto pelame bruno; vive nelle regioni artiche ed è cacciato per la pelliccia (*fam.* Mustelidi).

ghiottoneria [-ri-] *s.f.* **1** l'avidità dei ghiottoni. SIN. *golosità, ingordigia, gola* **2** cibo ghiotto **3** (*fig.*) cosa molto desiderabile.

ghiozzo [ghiò33o] *s.m.* piccolo pesce di mare, commestibile, con corpo slanciato, due pinne dorsali, squame grosse, occhi sporgenti (*fam.* Gobiidi).

ghirba *s.f.* **1** grande recipiente usato nell'Africa settentrionale e in Arabia per il trasporto dell'acqua in carovana (*fam.*) la pelle, la vita: *lasciarci la —*.

ghiribizzo [-bi33o] *s.m.* idea improvvisa e stravagante. SIN. *capriccio, estro, bizzarria*.

ghirigoro [-gò-] *s.m.* intreccio capriccioso di linee curve; per estens., particolare ornamentale, complicazione inutile.

ghirlanda *s.f.* **1** corona di foglie, di fiori o di fronde **2** (*fig.*) un complesso di persone disposte in cerchio: *una — di ascoltatori*.

ghiro *s.m.* piccolo mammifero roditore grigio, con lunga coda pelosa e muso aguzzo; comune nei boschi europei, d'inverno cade in letargo (*fam.* Gliridi) / *dormire come un —*, profondamente.

ghironda [-rón-] *s.f.* antico strumento musicale le cui corde venivano poste in vibrazione da una ruota impeciata.

ghisa [-∫a] *s.f.* lega metallica costituita in prevalenza, analogamente all'acciaio, di ferro e carbonio, ma con tenore in carbonio superiore e proprietà diverse.

già *avv. di tempo* **1** per l'addietro, un tempo: *visse — un re* **2** sin da ora, fin da questo momento: *ci consideriamo — vincitori* **3** ormai: *ti ho — spedito una lunga lettera* **4** ex (per indicare denominazioni o cariche anteriori): *via Roma, — via Toledo*; *quel ministro, — professore universitario* // *avv. di affermazione*: «Siete voi i nuovi inquilini?» *—* «Già.» // *inter. impropria* esclamazione ironica, di stentato consenso, di constatazione irritata: *—! per chi mi prendi?*

giacca *s.f.* corta veste maschile e, opportunamente modificata, anche femminile, con maniche, che copre la parte superiore del corpo / — *a vento*, giacchetta impermeabile, ben chiusa e spesso fornita di cappuccio, che serve agli sciatori e agli sportivi in genere.

giacché *cong. subordinativa causale* poiché, perché, dacché; introduce una proposizione causale con il verbo al modo indic.: — *siete venuti, ne parleremo subito.*

giacchetta [-chét-] *s.f.* giacca corta e leggera.

giacchio [giàc-] *s.m.* rete grande e tonda, circondata di piombi, che, giunta al fondo, si chiude stringendo una piccola corda.

giacenza [-cèn-] *s.f.* **1** l'essere giacente: — *di capitali* **2** la cosa giacente; avanzo: *le giacenze di cassa.*

giacere [-cé-] *v.intr.* [pres. *io giàccio* o *giàcio, tu giaci, egli giace, noi giaciamo* o *giacciamo, voi giacéte, essi giàcciono* o *giàciono*; pass.rem. *io giacqui, tu giacésti* ecc.; cong.pres. *io giàccia, noi giacciamo, voi giacciate, essi giàcciano*; p.pass. *giaciuto*] **1** stare disteso: *giacque a terra immobile per alcuni minuti / qui giace, è sepolto / — con una donna,* accoppiarsi con lei **2** essere posto, collocato: *la valle giace tra alti monti* **3** essere inerte, immobile; essere abbandonato; ristagnare: *questa pratica giace da tempo.*

giaciglio [-cì-] *s.m.* mucchio di paglia o di cenci, su cui ci si adagia; anche misero lettino.

giacimento [-mén-] *s.m.* **1** deposito di minerale: — *argentifero* **2** il giacere.

giacinto *s.m.* **1** pianta erbacea ornamentale con fiori a grappolo bianchi, azzurri o rosei e foglie lineari (*fam.* Liliacee) **2** varietà di zircone di color rosso bruno.

giacitura *s.f.* **1** posizione, modo di giacere (anche *fig.*) **2** disposizione degli strati rocciosi.

giaco *s.m.* [pl. -*chi*] armatura in maglia di acciaio destinata a proteggere il torso e le braccia.

giacobino *s.m.* **1** chi, durante la rivoluzione francese, apparteneva al partito estremista dei giacobini **2** politicante estremista.

giaconetta [-nét-] *s.f.* tessuto di cotone finissimo, quasi trasparente.

giaculatoria [-tò-] *s.f.* breve preghiera ripetuta più volte.

giada *s.f.* pietra dura di colore azzurro o verde, usata per farne oggetti ornamentali.

giaggiolo [-giò-] *s.m.* pianta erbacea con rigide foglie allungate e fiori profumati di color azzurro-violaceo (*fam.* Iridacee).

giaguaro *s.m.* ferocissimo felino dell'America tropicale, simile al leopardo, con mantello giallo maculato di nero (*fam.* Felidi).

giaietto [-iét-] *s.m.* varietà di lignite di color nero, lucida e compatta, usata per fare bottoni o per ornamento.

gialappa *s.f.* resina contenuta nelle radici di una pianta rampicante propria del Messico; si usa in polvere come purgante.

giallastro *agg.* di colore tendente al giallo.

giallo *agg.* **1** di colore che sta tra l'aranciato e il verde, simile a quello dello zafferano: *farina gialla,* di granturco; *razza gialla,* la mongolica / *pericolo* —, rappresentato dall'espansione dei popoli asiatici / *terra gialla,* ocra / *febbre gialla,* grave malattia infettiva, accompagnata da itterizia, diffusa nell'America meridionale **2** smorto, per malattia o passione (detto di persona) **3** poliziesco (detto di film, di romanzo) **4** scandalistico (detto di giornali): *stampa gialla,* che specula sugli effetti di notizie tendenziose // *s.m.* **1** il colore giallo **2** romanzo o film poliziesco.

giallognolo [-ló-] *agg.* di color giallo scolorito.

giamaicano *agg.* della Giamaica // *s.m.* abitante della Giamaica.

giambico [giàm-] *agg.* [pl.m. -*ci*] **1** formato di giambi **2** che ha intonazione satirica o polemica.

giambo *s.m.* piede della metrica classica, formato da una sillaba breve e da una lunga, usato in componimenti satirici.

giammai *avv. di tempo* mai, alcuna volta, una qualche volta; è più forte del semplice *mai.*

gianduia [-dù-] *s.m.* **1** maschera popolare piemontese **2** sorta di cioccolata dalla pasta molle, tipicamente torinese.

gianduiotto [-iòt-] *s.m.* cioccolatino tenero, specialità di Torino.

giannizzero [-niz-] *s.m.* **1** guardia del corpo dei sultani turchi **2** (*fig.*) fanatico seguace di un potente.

giansenismo [-ʃmo] *s.m.* movimento ereticale iniziato da Cornelius Jansen (1585-1638).

giansenista *agg.* e *s.m.* e *f.* che, chi seguiva il giansenismo.

giapponese [-né-] *agg.* del Giappone / *lotta* —, judo // *s.m.* e *f.* **1** abitante, nativo del Giappone **2** lingua del Giappone.

giara *s.f.* recipiente di terracotta per conservare olio o vino.

giardia [giàr-] *s.f.* protozoo flagellato, parassita dell'intestino umano.

giardiasi [-dìaʃi] *s.f.invar.* (*med.*) infestazione dell'intestino da parte del parassita giardia.

giardinaggio [-nàg-] *s.m.* l'arte della coltivazione dei giardini [*ill. Agricoltura*].

giardinetta [-nét-] *s.f.* **1** sorta di carrozza, detta anche giardiniera **2** tipo d'autovettura con parte posteriore a furgoncino, adatta al trasporto di persone e di cose.

giardinetto [-nét-] *s.m.* nelle imbarcazioni, ciascuno dei due lati di poppa / *andatura al* —, quella di un'imbarcazione a vela che riceve il vento da poppa, ma leggermente di lato.

giardiniera [-niè-] *s.f.* **1** coltivatrice di giardini **2** *maestra* —, insegnante nei giardini d'infanzia **3** mobile che sostiene vasi con piante ornamentali **4** pietanza di verdure sotto aceto **5** sorta di carrozza aperta, con sedili laterali.

giardiniere [-niè-] *s.m.* chi coltiva un giardino per mestiere.

giardino *s.m.* appezzamento di terreno in cui si coltivano fiori e piante ornamentali: — *pensile,* su terrazza / — *zoologico,* con animali rari / *città* —, quartiere formato da villini tra il verde / — *d'infanzia,* asilo per la prima educazione dei bambini al di sotto dei sei anni.

giarrettiera [-tiè-] *s.f.* legaccio, spec. elastico, per sostenere le calze / *ordine della* —, ordine cavalleresco inglese istituito nel sec. XIV.

giavanese [-né-] *agg.* di Giava // *s.m.* e *f.* abitante di Giava.

giavellotto [-lòt-] *s.m.* **1** arma da lancio formata da un'asta corta e leggera con la punta di ferro **2** attrezzo sportivo per gare di lancio [*ill. Atletica*].

gibbone [-bó-] *s.m.* scimmia asiatica di media grandezza, agilissima e graziosa, grigia di pelo e priva di coda (*fam.* Ilobatidi).

gibbosità [-bó-] *s.f.invar.* gobba; convessità (si dice anche del terreno).

gibboso [-bó-] *agg.* gobbo (anche *fig.*): *paesaggio* —.

giberna [-bèr-] *s.f.* tasca di cuoio o tela per le munizioni.

gibigiana *s.f.* (*dial.*) → **luminello.**

gibus *s.m.invar.* (*franc.*) cappello a cilindro teso da molle, che si può ripiegare e appiattire.

giga *s.f.* **1** antico strumento musicale a corda **2** danza briosa (secc. XVII e XVIII).

giga- [dal gr. *ghìgas* = gigante] primo elemento di parole scientifiche che, preposto a nomi di unità di misura, ne indica un miliardo.

gigante *s.m.* **1** ciascuno dei mitici figli del Cielo e della Terra, di smisurata grandezza **2** persona di statura altissima / *fare passi da —*, fare rapidissimi progressi **3** (*fig.*) uomo eccezionale: *fu un — della scienza*.

giganteggiare *v.intr.* [*io gigantéggio ecc.*] **1** sovrastare come gigante **2** (*fig.*) eccellere per virtù.

gigantesco [-té-] *agg.* [pl.m. *-chi*] di, da gigante. SIN. *colossale, enorme.*

gigantismo [-ʃmo] *s.m.* **1** sviluppo esagerato dell'organismo **2** (*fig.*) tendenza a immaginare progetti irrealizzabili.

gigantografia [-fi-] *s.f.* riproduzione fotografica in grandissime dimensioni, di solito di ritratti per scopo politico o pubblicitario.

gigaro [gi-] *s.m.* pianta erbacea velenosa con infiorescenza violacea e una brattea bianca (*fam.* Liliacee).

gigione [-gió-] *s.m.* attore che mira a raggiungere facili effetti con forzature nella recitazione.

gigliato *agg.* (*arald.*) si dice delle pezze e delle figure con le estremità terminanti in giglio oppure del campo e delle pezze seminati di gigli.

giglio [gi-] *s.m.* **1** pianta erbacea con fiori bianchi profumati e foglie lanceolate (*fam.* Liliacee) / *— di mare*, animale marino degli Echinodermi che vive fisso sugli scogli e ha l'aspetto di un fiore / *puro come un —*, (spesso *iron.*) purissimo, immacolato **2** emblema araldico.

gilda *s.f.* associazione di mercanti e artigiani tipica del mondo anglosassone e germanico nel medioevo.

gilè *s.m.*, **gilet** [*franc.*; *pr.* jilé] *s.m.* panciotto senza maniche, tradizionale dell'abito maschile nel quale si porta sotto la giacca.

gimcana *s.f.* → **gincana.**

gimnosperme [-spèr-] *s.f.pl.* piante fanerogame a semi nudi, cioè non rinchiusi in un ovario (p.e. Conifere).

gimnoto [-nò-] *s.m.* **1** pesce d'acqua dolce, dal corpo molto lungo privo di squame e di pinna dorsale; è provvisto di organi elettrici che producono forti scariche (*fam.* Gimnotidi) **2** potente mina subacquea.

gin *s.m.* acquavite aromatizzata con bacche di ginepro.

gincana *s.f.* (*sport*) prova di abilità di guida effettuata su percorsi cosparsi di ostacoli artificiali.

gineceo [-cè-] *s.m.* **1** parte interna della casa greca, riservata alle donne **2** (*bot.*) parte della fiore composta da uno o più pistilli.

ginecologia [-gi-] *s.f.* branca della medicina che studia e cura gli organi femminili.

ginecologico [-lò-] *agg.* [pl.m. *-ci*] che riguarda la ginecologia: *malattia ginecologica.*

ginecologo [-cò-] *s.m.* [pl. *-gi*] studioso di ginecologia.

ginecomastia [-sti-] *s.f.* (*med.*) eccessivo sviluppo delle mammelle nel maschio.

ginepraio [-prà-] *s.m.* **1** luogo ove sono molti ginepri **2** (*fig.*) viluppo, imbroglio.

ginepro [-né-] *s.m.* arbusto con foglie aghiformi e frutti azzurrognoli, tondi, aromatici (*fam.* Cupressacee); da questi si estrae un'essenza che si usa in farmacia e per la preparazione del gin.

ginestra [-nè-] *s.f.* piccolo albero con fiori gialli in grappolo e scarse foglie lineari (*fam.* Leguminose), frequente nelle zone aride.

ginevrino *agg.* di Ginevra // *s.m.* abitante di Ginevra.

gingillarsi *v.rifl.pron.* perdere il tempo in inezie.

gingillo *s.m.* **1** ninnolo **2** occupazione vana.

ginnasiale [-ʃia-] *agg.* del ginnasio // *s.m.* e *f.* studente di ginnasio.

ginnasio [-nàʃio] *s.m.* **1** nell'ordinamento scolastico italiano, scuola secondaria che serve di preparazione al liceo classico **2** nell'antica Grecia, palestra dove i giovani si esercitavano nella ginnastica.

ginnasta *s.m.* e *f.* [pl.m. *-i*] atleta specializzato nella ginnastica.

ginnastica [-nà-] *s.f.* **1** complesso di esercizi da eseguirsi in palestra per dare forza e armonia al corpo: *— medica*, quella che corregge deformazioni o serve a riabilitare parti del corpo **2** (*fig.*) insieme di esercizi di natura intellettuale: *— mentale.*

ginnico [gin-] *agg.* [pl.m. *-ci*] di, della ginnastica.

ginocchiata *s.f.* colpo dato col ginocchio.

ginocchiello [-chièl-] *s.m.* cuscinetto di cuoio che si mette ai ginocchi del cavallo per proteggerli nelle cadute.

ginocchiera [-chiè-] *s.f.* cuscinetto per proteggere il ginocchio, portato da alcuni atleti.

ginocchio [-nòc-] *s.m.* [pl.f. *ginocchia*, più comune del pl.m. *ginocchi*] **1** parte del corpo in cui la gamba si articola alla coscia **2** (*ill. Corpo*): *in —*, ginocchioni / *piegar le ginocchia*, umiliarsi / *sentirsi piegar le ginocchia*, essere debole e aver paura / *far venire il latte alle ginocchia*, di persona o cosa noiosissima **3** la parte del remo, spesso rinforzata, che poggia sullo scalmo e regge lo sforzo della voga.

ginocchioni [-chió-] *avv.* con le ginocchia in terra; reggendosi sulle ginocchia.

ginseng [gin-] *s.m.invar.* farmaco della tradizione cinese, ricavato dalla radice di una pianta del genere panax, cui si attribuiscono proprietà toniche.

giocare *v.intr.* [*io giuòco o giòco, tu giuòchi o giòchi, egli giuòca o giòca, noi giochiamo, voi giocate, essi giuòcano o giòcano*] **1** dedicarsi a qualche attività piacevole o esercizi sportivi per divertimento o anche per guadagno: *— alla bambola*; *— con le figurine*; *— al lotto, a carte*; *— d'azzardo*; *— al pallone, a tennis*; *— nella squadra della scuola* **2** dare prova di abilità: *— di astuzia*; *— di scherma* / *— di mano*, rubare **3** essere in gioco; agire: *in questo gioca la fortuna* **4** (di cosa) aver gioco; avere possibilità di muoversi nell'insieme degli organi di un meccanismo: *la chiave gioca bene nella serratura* // *v.tr.* **1** scommettere, puntare: *— una grossa somma* **2** praticare uno sport: *— la pallavolo* / *— la palla*, usarla nel gioco **3** ingannare; battere con un trucco: *mi ha giocato* **4** arrischiare; mettere in pericolo: *si è giocato la carriera.*

giocata *s.f.* **1** il giocare; la partita **2** la posta messa in gioco **3** nel lotto, ogni singola combinazione di numeri giocata per una o più ruote.

giocatore [-tó-] *s.m.* [f. *-trice*] **1** chi gioca, per diletto, per guadagno o anche per vizio: *un tavolo per i giocatori*; *quel — finirà per rovinarsi* **2** (*fig.*) chi, nei rapporti sociali, agisce abilmente, ma senza scrupoli **3** atleta che pratica giochi sportivi: *— di calcio.*

giocattolo [-càt-] *s.m.* qualsiasi oggetto che può servire per il divertimento.

giocherellare *v.intr.* [*io giocherèllo ecc.*] trastullarsi un poco distrattamente.

giochetto [-chét-] *s.m.* **1** gioco molto semplice e facile **2** (*fig.*) inganno; tranello.

gioco [giò-] *s.m.* [pl. *-chi*] **1** l'atto, il modo del giocare:

una perdita al — **2** esercizio di forza o di destrezza; esercizio sportivo, spec. se di squadra: *il — del pallone;* *— di carte, di prestigio;* *— d'azzardo,* quello che implica elevati rischi pecuniari / *stare al —,* accettarne le regole; *(fig.)* accettare le condizioni di partenza di un rapporto personale o sociale **3** quanto è necessario per giocare (carte, pedine, attrezzi ecc.); anche, giocattolo: *un — di birilli; ha la stanza piena di giochi; applicare un — elettronico al televisore* **4** la partita e anche la posta di essa **5** nei giochi di carte, la situazione in cui trova il giocatore: *avere, accusare un buon —* **6** in certi giochi sportivi, spec. nel tennis, ciascuno dei periodi in cui è suddiviso l'incontro **7** *(fig.)* azione o circostanza che implica incertezza e rischio / *mettere in — la vita* **8** *(fig.)* interesse, vantaggio: *fare il — di qlcu.* **9** *(fig.)* scherzo, celia: *l'ha fatto solo per —* **10** *(fig.)* beffa, scherno: *prendersi — di una persona* **11** *(fig.)* finzione, artificio: *il — scenico* **12** il piccolo spazio compreso tra le superfici affacciate di due elementi meccanici accoppiati.

giocoforza [-fòr-] solo nella locuz. *essere giocoforza,* essere necessario.

giocoliere [-liè-] *s.m.* artista di circo e di varietà che si esibisce in giochi di destrezza.

giocondità *s.f.invar.* l'essere giocondo. SIN. *allegria, contentezza.*

giocondo [-cón-] *agg.* che mostra gioia, serenità. SIN. *allegro, contento.*

giocosità *s.f.invar.* (lett.) l'essere gioioso: *— di temperamento; la — dei suoi detti.*

giocoso [-có-] *agg.* che ama il gioco, la facezia / *poesia giocosa,* quella con contenuto e tono burleschi. SIN. *scherzoso.*

giogaia [-gà-] *s.f.* **1** imponente serie di gioghi e contrafforti montuosi **2** piega della pelle che pende dalla gola dei ruminanti.

giogo [giò-] *s.m.* [pl. *-ghi*] **1** arnese di legno ricurvo che si pone al collo dei buoi per accoppiarli **2** *(fig.)* autorità, dominio: *sotto il — straniero* **3** asta che regge i piattelli della bilancia *[ill. Bilancia]* **4** l'insieme di due lance, sormontate da una terza di traverso, sotto cui si facevano, in antico, passare i guerrieri vinti **5** cima di un monte; nodo montuoso.

gioia[1] [giò-] *s.f.* **1** sentimento di piena e viva letizia. SIN. *allegrezza, gaudio, esultanza.* CONTR. *tristezza* **2** persona o cosa che sono causa di felicità: *è la — della famiglia.*

gioia[2] [giò-] *s.f.* pietra preziosa / *le gioie,* i gioielli.

gioielleria [-rì-] *s.f.* **1** l'arte di lavorare le gioie **2** negozio di gioielli.

gioielliere [-liè-] *s.m.* chi lavora o vende gioielli.

gioiello [-ièl-] *s.m.* **1** ornamento, monile, fatto con metalli e pietre preziose **2** *(fig.)* persona, cosa che si ritiene preziosa: *un ragazzo che è un —; un — di libro.*

gioioso [-ió-] *agg.* pieno di gioia. SIN. *allegro, festoso, lieto.*

gioire *v.intr.* [*io gioisco, tu gioisci* ecc.] provar gioia. SIN. *esultare, giubilare.*

giordano *agg.* della Giordania // *s.m.* abitante della Giordania.

giorgina *s.f.* → **dalia**.

giornalaio [-là-] *s.m.* chi vende giornali.

giornale *s.m.* **1** foglio stampato, pubblicato quotidianamente o periodicamente, contenente notizie di attualità e articoli di varia natura / *— murale,* foglio politico che si affigge in luogo pubblico, per lo più periodicamente **2** la sede di tale pubblicazione: *il direttore non è al —* **3** notiziario: *— radio* **4** libro in cui si annotano, generalmente giorno per giorno, i fatti e i dati più importanti: *— di bordo,* tenuto da un ufficiale di ogni nave: *— di un'azienda.*

giornaliero [-liè-] *agg.* **1** di ogni giorno **2** variabile secondo i giorni // *s.m.* lavoratore a giornata.

giornalismo [-ſmo] *s.m.* **1** la professione del giornalista **2** il complesso dei giornali.

giornalista *s.m.* e *f.* [pl.m. *-i*] chi scrive per professione sui giornali: *— pubblicista,* chi, esercitando un'altra professione, collabora saltuariamente ai giornali.

giornalistico [-lì-] *agg.* [pl.m. *-ci*] che ha attinenza col giornalismo / *stile —,* svelto, disinvolto.

giornalmente [-mén-] *avv.* giorno per giorno; ogni giorno.

giornata *s.f.* **1** il giorno visto sotto l'aspetto atmosferico o sotto quello del lavoro degli uomini: *una — afosa; la — di otto ore lavorative; lavorare a — / vivere alla —,* senza preoccuparsi del futuro **2** lo spazio di cammino che si percorre in un giorno: *cinque giornate di marcia* **3** il giorno nel quale si celebra un avvenimento, o si onora una categoria di persone, o si promuove un'iniziativa: *la — del bersagliere; la — delle due ruote* **4** fatto d'arme: *la — di Solferino* **5** in Piemonte, unità di misura di superficie corrispondente a 3810 m².

giorno [giór-] *s.m.* **1** periodo di tempo impiegato dalla Terra a compiere una rotazione intorno al proprio asse: genericamente, intervallo di tempo di ventiquattro ore che va da una mezzanotte a quella successiva: *la settimana è di sette giorni / i fatti del —,* gli avvenimenti più recenti / *l'uomo del —,* quello di cui più si parla / *ogni —,* sempre, continuamente / *al —, il —,* in ciascun giorno: *lavoro otto ore al — / per —,* giornalmente, senza programmi prestabiliti / *di — in —,* indica progressione oppure imminenza: *di — in — migliora; lo aspetto di — in — / a giorni,* fra poco tempo **2** il periodo di luce in cui il Sole è sopra l'orizzonte (contrapposto a *notte*): *i giorni si stanno allungando / studia — e notte,* di continuo, senza interruzione **3** il chiarore del giorno, la luce del Sole: *spuntava, declinava il — / sul far del —,* all'alba / *illuminazione a —,* così viva da eguagliare quasi la luce del Sole / *orlo, ricamo a —,* traforato *[ill. Cucito]* / *legare, montare a —,* incastonare una pietra preziosa in modo che sia visibile anche dal di sotto **4** (spec. *pl.*) spazio di tempo indeterminato: *giorni terribili, felici, di ansia / chiudere, finire i propri giorni, morire / ha i giorni contati,* è vicino a morire / *al — d'oggi,* nei tempi presenti.

giostra [giò-] *s.f.* **1** piattaforma girevole che reca installati cavalli di legno, automobili ecc. su cui i bambini si siedono lasciandosi trascinare in tondo **2** nel medioevo, nome generico di vari esercizi cavallereschi; torneo.

giostrare *v.intr.* [*io giòstro* ecc.] **1** partecipare a una giostra **2** *(fig.)* comportarsi abilmente: *è capace di — bene tra i rivali.*

giostratore [-tó-] *s.m.* chi armeggiava in giostra.

giovamento [-mén-] *s.m.* atto, effetto del giovare.

giovane [gió-] *agg.* **1** chi è nell'età tra l'adolescenza e la maturità. CONTR. *vecchio* **2** nato da poco: *una pianta —; un cavallo —* **3** non stagionato: *un vino —* // *s.m.* e *f.* chi è giovane di età: *i nostri giovani.* DIM. *giovanetto, giovinetto* // *s.m.* (antiq.) in un ufficio, chi aiuta il principale: *il — del notaio.*

giovanile *agg.* di, da giovane.

giovanilismo [-ʃmo] *s.m.* la prevalenza, in una struttura sociale, di gusti ed esigenze dei giovani; la tendenza a favorirla.

giovanotto [-nòt-] *s.m.* giovane uomo.

giovare *v.intr.* [*io gióvo ecc.*] recare vantaggio: — *alla propria causa.* CONTR. *nuocere* // *v.intr.impers.* essere opportuno, esser bene: *giova ripetere le cose molte volte* // **-arsi** *v.rifl.pron.* usare, valersi di qlco.: — *della propria autorità.*

Giove [Giò-] *s.m.* (*astr.*) pianeta del sistema solare.

giovedì *s.m.invar.* il quarto giorno della settimana / — *santo,* quello che precede la Pasqua / — *grasso,* l'ultimo giovedì di carnevale.

giovenca [-vèn-] *s.f.* vacca giovane che non ha ancora figliato.

giovenco [-vèn-] *s.m.* [pl. *-chi*] bue giovane, di circa un anno.

gioventù *s.f.invar.* **1** l'età compresa tra l'adolescenza e la maturità **2** la generalità dei giovani: *la* — *ha bisogno di divertirsi.*

giovevole [-vé-] *agg.* che giova, che può giovare. SIN. *utile, vantaggioso, proficuo.*

gioviale *agg.* abitualmente lieto e sereno, cordiale.

giovialità *s.f.invar.* l'essere, il mostrarsi gioviale.

giovinastro *s.m.* giovane scapestrato, vizioso.

giovine [giò-] *s.m.* e *deriv.* → **giovane** e *deriv.*

giovinezza [-néz-] *s.f.* l'età di persona, animale, pianta giovane. CONTR. *vecchiaia.*

gippone [-pó-] *s.m.* autoveicolo fuoristrada, più grande di una jeep e di solito coperto.

gipsoteca [-tè-] *s.f.* raccolta di calchi in gesso di statue antiche.

girabile [-rà-] *agg.* che può esser girato / *titolo di credito* —, che può esser soggetto a girata.

giradischi *s.m.invar.* apparecchiatura con movimento elettrico atta a far girare a velocità determinata un piatto, sul quale viene collocato il disco fonografico [*ill. Suono*].

giradito *s.m.* (*med.*) processo suppurativo in un dito, tutto intorno all'unghia.

giraffa *s.f.* **1** mammifero ruminante africano, di color giallognolo a grandi macchie scure; ha collo lunghissimo, zampe anteriori più lunghe delle posteriori, piccole corna, lunga lingua protrattile (*fam.* Giraffidi) **2** piccola gru girevole per riprese cinematografiche o televisive, fornita di microfoni e di lampade per la registrazione dei suoni e per l'illuminazione [*ill. Televisione*].

giramento [-mén-] *s.m.* l'atto del girare: — *di capo,* vertigine.

giramondo [-món-] *s.m.invar.* chi va girando il mondo e vive di ripieghi.

girandola [-ràn-] *s.f.* **1** ruota cui sono applicati fuochi d'artificio, che assume rapido movimento quando questi vengono accesi **2** piccola ruota di carta o plastica, che i bambini per gioco fanno girare al vento **3** (*fig.*) uomo volubile.

girandolare *v.intr.* [*io giràndolo ecc.*] andar girando qua e là.

girandolone [-ló-] *s.m.* chi va volentieri in giro, concludendo poco. SIN. *girellone.*

girante *s.m.* chi, mediante apposizione della propria firma, trasferisce un titolo di credito // *s.f.* (idraulica) parte ruotante della turbina, munita di palettatura; accoppiata a un generatore, gli trasmette energia meccanica.

girare *v.tr.* **1** muovere in giro; volgere; far ruotare

qlco. intorno al proprio asse: — *la manovella;* — *la ruota;* — *la testa* **2** andare attorno; percorrere; visitare: — *tutta l'Italia* **3** cambiare qlco., condurre qlco. verso altra direzione; travisare: — *il discorso* **4** riprendere, riprodurre una scena; filmare: — *un episodio* **5** rinunziare a qlco., cedere qlco.: — *una cambiale,* cederla, apponendovi la girata // *v.intr.* **1** muoversi in giro; ruotare attorno a un asse o un punto: *la Terra gira su sé stessa / gli gira,* ha un'idea improvvisa; è in collera / *gli gira il capo,* ha le vertigini / *gli ha fatto* — *la testa,* lo ha fatto innamorare **2** andare in giro: — *per le strade / gira una notizia,* si diffonde **3** piegare, volgersi: *il viale gira a sinistra.*

girarrosto [-rò-] *s.m.* congegno che serve a far girare lentamente sulla fiamma lo spiedo in cui è infilata la carne.

girasole [-só-] *s.m.* pianta erbacea a grandi fiori gialli, simili a margherite; dai semi si ricava un olio commestibile (*fam.* Composite).

girata *s.f.* **1** l'atto del girare: *dare una* — *alla chiave* **2** passeggiata: *domani farò una bella* — **3** nel gioco, distribuzione di carte ai giocatori **4** (*fin.*) atto col quale si trasferisce la proprietà della cambiale o di altro titolo di credito **5** (*region.*) vivace rimprovero, sgridata.

giratario [-tà-] *s.m.* (*fin.*) colui al quale si trasferisce, mediante girata, un titolo di credito.

girato *agg.* **1** mosso in giro: *arrosto ben* — **2** (*fin.*) trasferito mediante girata: *un assegno* —.

giravolta [-vòl-] *s.f.* **1** movimento in giro su sé stesso **2** tortuosità, serpentina: *un viottolo tutto giravolte* **3** (*fig.*) mutamento repentino di idee o di sentimenti.

gire *v.intr.dif.* [si usano solo le forme dell'indic.imperf. *giva, givano;* del pass.rem. *gì, gimmo;* del fut. *girò ecc.;* del cong.imperf. *gissi ecc.;* il p.pass. *gito*] (*arc.*) andare.

girella [-rèl-] *s.f.* carrucola // *s.m.* **1** snodo girevole **2** *invar.* persona volubile; banderuola.

girellare *v.intr.* [*io girèllo ecc.*] andare girando senza meta. SIN. *gironzolare, girovagare.*

girello [-rèl-] *s.m.* **1** ogni oggetto a forma di dischetto o cerchietto **2** arnese circolare di legno, fornito di rotelle, che aiuta il bambino a imparare a camminare, sorreggendolo **3** taglio di carne nella coscia del bue o del vitello macellati.

girellone [-ló-] *s.m.* chi suole girellare. SIN. *girandolone.*

girevole [-ré-] *agg.* che può girare.

girfalco, girifalco *s.m.* [pl. *-chi*] grosso falco dell'Europa settentrionale, grigio-blu sul dorso, bianco a macchie scure sul ventre (*fam.* Accipitridi).

girino *s.m.* **1** larva acquatica degli anfibi anuri (rane, rospi ecc.); ha forma di piccolo pesce e respira per branchie **2** (*sport*) ciclista che partecipa al Giro d'Italia.

girl [*ingl.*; *pr.* gól] *s.f.* ragazza; in particolare, ballerina di fila in una rivista.

giro *s.m.* **1** linea che abbraccia un oggetto o uno spazio circolare: *il* — *delle mura / — di parole,* perifrasi, circonlocuzione / — *collo,* apertura del vestito che circonda il collo; — *manica,* il punto in cui si attaccano le maniche **2** movimento circolare: *un* — *di manovella; i giri di un motore / dare un* — *di vite,* limitare la libertà con un atto di rigore / *essere su di giri,* essere animato, eccitato / *prendere in* — *qlcu.,* burlarsi di lui **3** itinerario: *il* — *di Francia,* corsa ciclistica su strada che percorre varie regioni francesi **4** periodo di tempo: *nel* — *di pochi anni è divenuto ricco* **5** movimento di affari **6** nel gioco delle carte, una mano **7** nel lavoro di maglia, l'insieme delle maglie di due ferri consecutivi.

girocollo [-còl-] *agg.* e *s.m.* si dice di indumento con scollatura rotonda, o di collana corta, che circondano la base del collo.

girondino *agg.* del dipartimento francese della Gironda // *s.m.* abitante della Gironda // *agg.* e *s.m.* (*st.*) che, chi aderiva, durante la rivoluzione francese, a un partito moderato formatosi intorno ai deputati della Gironda.

girone [-ró-] *s.m.* **1** giro di mura nelle fortezze **2** divisione dell'Inferno di Dante **3** raggruppamento di squadre o di atleti che partecipano a un torneo **4** la parte del remo che sta entro bordo, al di sopra del *ginocchio* [*ill. Barca*].

gironzolare [-ʒo-] *v.intr.* [*io girónzolo ecc.*] andare in giro, spesso senza scopo. SIN. *girellare*.

giroscopio [-scò-] *s.m.* organo stabilizzatore di navi e missili, costituito da un disco pesante che gira velocemente sempre sullo stesso asse di rotazione.

girotondo [-tón-] *s.m.* gioco fatto da bambini che si tengono per mano e girano in tondo.

girovagare *v.intr.* [*io giròvago, tu giròvaghi ecc.*] andare qua e là senza meta. SIN. *girellare, vagabondare*.

girovago [-rò-] *s.m.* [pl. *-ghi*] chi va in giro qua e là; chi non ha fissa dimora. SIN. *vagabondo*.

gita *s.f.* breve viaggio per diporto; escursione.

gitano *agg.* di zingari // *s.m.* zingaro della Spagna.

gitante *s.m.* e *f.* chi prende parte a una gita.

gittata *s.f.* distanza a cui un'arma da fuoco può lanciare un proietto; distanza percorsa da un proiettile.

giù *avv.* di luogo a basso, verso il basso: *guardare — nel fondo*; *andare ..., scendere / andare su e —*, muoversi qua e là / *— di lì*, all'incirca / *da vent'anni in —*, al di sotto dei vent'anni / *buttarsi —*, avvilirsi / *essere —*, in condizioni fisiche o morali cattive / *non mandare —*, non ingoiare (spec. *fig.*). CONTR. *su*.

giubba[1] *s.f.* giacca: *rivoltare la —*, (*fig.*) cambiar partito.

giubba[2] *s.f.* la criniera del leone.

giubbetto [-bét-] *s.m.* giacchetta corta, di solito di tessuto leggero.

giubbone [-bó-] *s.m.* giubba pesante e lunga.

giubbotto [-bòt-] *s.m.* giubba pesante, di taglio corto e di solito sportivo: *— di pelle*.

giubilare *v.intr.* [*io giùbilo ecc.*] provare gioia, giubilo. SIN. *gioire* // *v.tr.* collocare in pensione un impiegato.

giubileo [-lè-] *s.m.* **1** solennità della chiesa, promulgata ogni cento o cinquanta o venticinque anni, nella quale il papa concede l'indulgenza plenaria a chi compie certi atti di pietà e di penitenza **2** cinquantesimo anno dell'attività di un sacerdote, di un insegnante ecc.

giubilo [giù-] *s.m.* grande allegrezza che si manifesta con atti e parole: *grida di —*. SIN. *gaudio, tripudio*.

giuda *s.m.invar.* traditore.

giudaico [-dà-] *agg.* [pl.m. *-ci*] dei giudei, della Giudea.

giudaismo [-ʃmo] *s.m.* la religione e il complesso delle tradizioni nazionali degli ebrei.

giudeo [-dè-] *agg.* **1** della Giudea **2** (*spreg.*) avaro, traditore // *s.m.* abitante, nativo della Giudea.

giudicante *agg.* che giudica, che ha il compito di giudicare: *collegio —*.

giudicare *v.tr.* [*io giùdico, tu giùdichi ecc.*] **1** dare un giudizio su qlco.: *— una persona dall'apparenza* **2** pronunciare una sentenza con la quale viene decisa una lite o viene assolto o condannato un imputato // spesso con uso *intr.*: *— secondo coscienza* **3** ritenere: *giudicò opportuno andarsene; non lo giudico disonesto*. SIN. *reputare, considerare, stimare*.

giudicato *s.m.* **1** (*dir.*) ciò che è stato oggetto di una sentenza irrevocabile: *passare in —*, senza più possibilità d'appello **2** (*st.*) suddivisione politica della Sardegna medievale.

giudicatore [-tó-] *agg.* e *s.m.* [f. *-trice*] che o chi giudica: *commissione giudicatrice*.

giudicatura *s.f.* (*st.*) ufficio o giurisdizione del giudice.

giudice [giù-] *s.m.* **1** chi è chiamato a giudicare; chi giudica: *il Giudice Supremo*, Dio; *atteggiarsi, erigersi a — degli altri*; *essere buon o cattivo — di una cosa*, sapere giudicare bene o male di essa **2** l'appartenente alla magistratura / *— conciliatore*, magistrato onorario che giudica cause di scarsa importanza / *— popolare*, cittadino estratto a sorte per giudicare reati di competenza della corte d'assise **3** (*st.*) nella storia ebraica, nome di capi politico-religiosi; nella Sardegna medievale, chi era a capo di un giudicato.

giudiziario [-ʒià-] *agg.* del giudizio, dell'amministrazione della giustizia: *ordinamento —*; *ufficiale —*; *carceri giudiziarie*, nelle quali vengono rinchiusi gli imputati dall'arresto alla sentenza.

giudizio [-dì-] *s.m.* **1** (*fil.*) atto dell'intelletto col quale si afferma o nega la convenienza di un concetto a un altro **2** apprezzamento: *dare, pronunziare un — su qlco. o qlcu.*; *rimettersi al — di qlcu.* SIN. *parere* **3** assennatezza, prudenza, saggezza: *uomo di —*; *metter —, ravvedersi / età del —*, in cui si dovrebbe cominciare a discernere il bene dal male / *denti del —*, i quattro molari più interni, che spuntano per ultimi. SIN. *senno* **4** dibattito giudiziario; processo: *— civile, penale*; *citare, comparire in —* **5** verdetto, sentenza del giudice: *emettere un — favorevole / — finale o universale*, nella religione cristiana, quello che Dio darà di tutte le anime alla fine del mondo / *il giorno del —*, quello in cui avverrà il giudizio universale / *di Dio*, nel medioevo, prova a cui si ricorreva per dimostrare l'innocenza di un accusato.

giudizioso [-ʒió-] *agg.* si dice di persona che ha giudizio; di cosa detta o fatta con giudizio. SIN. *assennato, saggio*.

giuggiola [giùg-] *s.f.* **1** frutto del giuggiolo / *andare in brodo di giuggiole*, dimostrare la propria felicità o soddisfazione **2** pasticca fatta con succo di giuggiole; pasticca zuccherata.

giuggiolo [giùg-] *s.m.* piccolo albero con foglie ovate, lucide, che produce frutti dolciastri simili a olive, di colore tra il giallo e il rosso (*fam.* Ramnacee).

giugno *s.m.* sesto mese dell'anno / *prov.: —, la falce in pugno*, questo è il mese più adatto alla mietitura.

giugulare *agg.* (*anat.*) della gola: *vena —*, una delle tre vene che scendono lungo il collo e raccolgono il sangue venoso proveniente dalla testa.

giulivo *agg.* che esprime allegrezza, che appare allegro. SIN. *lieto, ilare*.

giullare *s.m.* nel medioevo, giocoliere e cantastorie che andava in giro per le corti e nelle piazze.

giullaresco [-ré-] *agg.* [pl.m. *-chi*] di, da giullare.

giulebbare *v.tr.* [*io giulèbbo ecc.*] cuocere qlco. in uno sciroppo denso di zucchero; rendere dolce come un giulebbe: *— le pere*.

giulebbe [-lèb-] *s.m.* (*cuc.*) sciroppo con molto zucchero e aromi.

giuliano[1] *agg.* di Giulio Cesare: *calendario —*, da lui introdotto, rimasto in vigore fino al 1582.

giuliano[2] *agg.* della Venezia Giulia // *s.m.* abitante, nativo della Venezia Giulia.

giumella [-mèl-] *s.f.* quanto entra nel cavo delle due mani accostate e incurvate verso l'alto.

giumenta [-mén-] *s.f.* cavalla da sella.

giumento [-mén-] *s.m.* animale da soma per lo più giovane.

giunca *s.f.* bastimento a fondo piatto, con tre o quattro alberi, tipico dei mari della Cina.

giuncaia [-cà-] *s.f.* luogo pieno di giunchi; (*fig.*) situazione complessa, difficile.

giuncata *s.f.* latte rappreso non salato.

giunchiglia [-chì-] *s.f.* pianta erbacea ornamentale con foglie lineari e fiori gialli simili a narcisi (*fam.* Amarillidacee).

giunco *s.m.* [pl. *-chi*] pianta erbacea dallo stelo flessibile, comune nei luoghi palustri (*fam.* Giuncacee).

giungere [giùn-] *v.intr.* [pres. *io giungo, tu giungi* ecc.; pass.rem. *io giunsi, tu giungésti* ecc.; p.pass. *giunto*] arrivare; pervenire: *siamo giunti a casa*; *mi è giunta all'orecchio una brutta notizia* / *mi giunge nuovo*, non l'ho mai sentito dire / — *in porto*, venire a fine di un'impresa // *v.tr.* congiungere: — *le mani*.

giungla *s.f.* **1** terreno coperto da un fitto intrico di vegetazione, caratteristico dell'India tropicale **2** (*fig.*) luogo poco ospitale e malsicuro; intrico inestricabile, situazione complessa e disordinata: — *retributiva*; *la* — *delle pensioni*.

giunonico [-nò-] *agg.* [pl.m. *-ci*] si dice di donna formosa.

giunta¹ *s.f.* **1** l'aggiungere; la cosa aggiunta: *fare una* — *a un vestito* / *per* —, oltre a ciò, inoltre **2** merce che i bottegai danno per soprappiù, oltre il peso richiesto **3** arrivo: *a, di prima* —, di primo acchito, subito.

giunta² *s.f.* commissione, collegio di più persone nominate per collaborare allo svolgimento di un ufficio pubblico: — *provinciale, municipale*.

giunto *s.m.* (*mecc.*) dispositivo atto a realizzare un collegamento: — *cardanico, idraulico*.

giuntura *s.f.* **1** congiungere insieme due pezzi; il punto in cui un pezzo è attaccato a un altro **2** (*anat.*) connessione delle ossa tra loro: — *del cranio*.

giunzione [-zió-] *s.f.* (*mecc.*) dispositivo atto a congiungere diversi elementi meccanici; insieme di giunti.

giuoco [giuò-] *s.m.* e *deriv.* → **gioco** e *deriv.*

giuramento [-mén-] *s.m.* dichiarazione solenne con cui si afferma la verità di una cosa o la sincerità di una promessa chiamando a testimone la divinità o ciò che più si rispetta o si ama: *proferire un* —; *osservare un* —; *sciogliere dal* —; *formula del* — / *prestar* — *nelle mani di qlcu.*, di soldati, di testimoni, di ministri che giurano con tutte le formalità dei canoni di fronte a una autorità.

giurare *v.tr.* dichiarare, affermare, promettere con giuramento: — *di fare qlco.*; — *amore, fedeltà, odio*; — *sull'onore, sulla testa dei propri figli* // con uso *intr.* prestare giuramento: *i soldati giurano domani*.

giurassico [-ràs-] *s.m.* il periodo intermedio dell'era geologica mesozoica, precedente il cretaceo.

giurato *agg.* **1** che ha prestato giuramento: *guardia giurata* **2** rafforzato da giuramento: *deposizione giurata* // *s.m.* giudice popolare della corte d'assise.

giure *s.m.* [solo sing.] giurisprudenza.

giureconsulto *s.m.* giurista, cultore di diritto, consulente legale.

giurì *s.m.invar.* giuria, spec. per la soluzione di questioni d'onore.

giuria [-rì-] *s.f.* **1** organo collegiale incaricato di giudicare **2** organo giudicante costituito dai giudici popolari, nelle corti d'assise.

giuridicità *s.f.invar.* carattere giuridico; situazione in cui la legge regola ogni rapporto.

giuridico [-rì-] *agg.* [pl.m. *-ci*] del diritto, conforme al diritto: *negozio* — // **-mente** *avv.* secondo il diritto.

giurisdizionale [-ſdi-] *agg.* della giurisdizione.

giurisdizionalismo [-ſdizionaliſmo] *s.m.* dottrina tendente a promuovere l'intervento dello stato nella vita della chiesa.

giurisdizione [-ſdizió-] *s.f.* il potere di giudicare legittimamente; l'ambito nel quale tale potere si esercita.

giurisperito *s.m.* esperto di diritto.

giurisprudenza [-dèn-] *s.f.* **1** la scienza del diritto **2** l'insieme delle sentenze dei tribunali.

giurista *s.m.* e *f.* [pl.m. *-i*] cultore di diritto, studioso di problemi giuridici.

giusnaturalismo [-ſnaturaliſmo] *s.m.* dottrina che postula l'esistenza di un diritto fondato sulla natura dell'uomo e quindi valido assolutamente.

giusquiamo [-squì-] *s.m.* pianta con foglie pelose e fiori color giallo-violaceo (*fam.* Solanacee) dai cui semi si ricava un alcaloide curativo delle malattie nervose.

giustacuore [-cuò-] *s.m.* corsetto, panciotto; anticamente, abito maschile molto attillato.

giustapporre [-pór-] *v.tr.* mettere accanto, spec. per paragonare o per creare o sottolineare un contrasto.

giustapposizione [-ſizió-] *s.f.* atto, effetto del giustapporre.

giustezza [-stéz-] *s.f.* **1** qualità di ciò che è giusto **2** larghezza della riga tipografica.

giustificabile [-cà-] *agg.* che si può o si deve giustificare: *un errore* —.

giustificare *v.tr.* [*io giustìfico, tu giustìfichi* ecc.] **1** rendere giusto: *il fine non giustifica i mezzi* **2** discolpare, dichiarare privo di colpa. SIN. *scagionare* // **-arsi** *v.rifl.* scusarsi, dimostrare giusta la propria condotta.

giustificativo *agg.* e *s.m.* si dice di ciò che giustifica, che vale a giustificare: — *di spesa*, il documento che certifica una spesa sostenuta.

giustificazione [-zió-] *s.f.* **1** atto, effetto del giustificare **2** le parole, gli scritti e gli argomenti addotti per giustificare o giustificarsi.

giustizia [-sti-] *s.f.* **1** virtù per cui si dà a ciascuno ciò che gli è dovuto: *operare con* —. SIN. *imparzialità*. CONTR. *ingiustizia* **2** situazione conforme al giusto: — *sociale*, equa distribuzione dei beni economici fra tutti i cittadini / *rendere* —, attribuire a uno ciò che gli spetta per diritto / *far* —, condannare, giustiziare / *far* — *di uno*, trattarlo come gli è dovuto / *farsi* — *da sé*, far valere il proprio diritto senza ricorrere all'autorità costituita **3** sentenza: *l'esecutore della* —, il boia **4** l'autorità che giudica: *ricorrere alla* —; *amministrare, favorire la* —; — *divina*.

giustiziare *v.tr.* [*io giustìzio* ecc.] eseguire una condanna a morte.

giustiziato *agg.* e *s.m.* che o chi è stato giustiziato.

giustiziere [-ziè-] *s.m.* il giudice o l'esecutore della sentenza; carnefice.

giusto *agg.* **1** si dice di chi agisce secondo giustizia; di cosa che è detta o fatta con giustizia, che si fonda sulla giustizia, che è legittima: *un uomo* —; *un'osservazione giusta*; *una giusta causa* / *ora l'hai detta giusta*, hai detto una cosa giusta. SIN. *equo, imparziale*. CONTR. *ingiusto* **2** preciso, conveniente, che non eccede né in più né in meno: *l'ora giusta*; *pagare un prezzo* —; *questa minestra è giusta di sale*. SIN. *esatto* // *s.m.* **1** uomo giusto; in senso religioso, uomo pio, devoto **2** ciò che è giusto: *ottenere il* — // *avv.* esattamente, precisamente: *rispondere* —; *sei arrivato* — *in tempo* // **-mente** *avv.* con giustizia.

glabro *agg.* che non ha peli, liscio.

glacé [*franc.*; *pr.* glasé] *agg.* **1** che ha la superficie lucida, brillante, come ghiacciata: *pelle* — **2** glassato: *marrons glacés*, marroni canditi.

glaciale *agg.* **1** coperto di ghiaccio, gelato; freddissimo: *oceano* —; *vento* — / *periodo, epoca* —, caratterizzati da vaste glaciazioni **2** (*fig.*) privo di calore, di sensibilità.

glaciazione [-zió-] *s.f.* (*geol.*) diffusa espansione dei ghiacci sulla crosta terrestre.

gladiatore [-tó-] *s.m.* in Roma antica, schiavo o prigioniero di guerra che si esibiva in duelli mortali contro uomini o belve.

gladiatorio [-tò-] *agg.* di, da gladiatore.

gladio [glà-] *s.m.* spada corta con lama robusta a punta e a doppio taglio, usata dai legionari romani.

gladiolo [-dì-] *s.m.* pianta erbacea ornamentale con fiori di vario colore disposti in una lunga spiga (*fam.* Iridacee).

glande *s.m.* (*anat.*) l'estremità anteriore del pene.

glandola [glàn-] *s.f.* e *deriv.* → **ghiandola** e *deriv.*

glassa *s.f.* rivestimento zuccherino usato per decorare dolci.

glassare *v.tr.* ricoprire con la glassa.

glauco [glàu-] *agg.* [pl.m. *-chi*] di colore celeste tendente al verde.

glaucoma [-cò-] *s.m.* [pl. *-i*] malattia del bulbo oculare che provoca dolori e disturbi visivi, talora anche la cecità.

gleba [glè-] *s.f.* (*lett.*) zolla di terra, terra / *servo della* —, nella società feudale, contadino legato ereditariamente al terreno che coltivava, con il quale poteva essere venduto.

glene [glè-] *s.f.* (*anat.*) cavità di un osso nella quale un altro si articola.

gli[1] *art.det.m.pl.* si premette ai vocaboli maschili che cominciano per vocale, *s* impura, *gn, ps, x, z* e si apostrofa davanti a *i*: *gli orsi, gli scopi, gli zii, gl'interessi*; con le prep. *a, con, da, di, in, su* forma le prep. articolate *agli, cogli, dagli, degli, negli, sugli.*

gli[2] *pron.es.m.sing.* di terza persona (nell'italiano attuale, anche riferito al pl.m. e f.) forma atona di *egli* usata solo come compl. di termine (*a lui*, e oggi anche *a loro*) si pospone unendolo a imperativi, infiniti, gerundi: *vidi Carlo e gli parlai; chiama i ragazzi e digli che vadano; vorrei scrivergli* / **glielo, gliela, glieli, gliele,** forme pronominali nate dall'unione di *gli* con *lo, la, li, le*, si riferiscono a nome maschile o femminile, singolare o plurale: *lo incontrai* (*la, li, le incontrai*) e *glielo dissi.*

gli[3] *pron.pers.* usato pleonasticamente prima del verbo *essere*: — *è che*, il fatto è che.

glia [glì-] *s.f.* (*anat.*) tessuto nervoso connettivo.

glicemia [-mì-] *s.f.* (*med.*) la quantità di glucosio contenuta nel sangue.

glicemico [-cè-] *agg.* [pl.m. *-ci*] inerente alla glicemia.

gliceride [-cè-] *s.m.* (*chim.*) estere della glicerina con acidi grassi, costituente essenziale dei grassi.

glicerina *s.f.* (*chim.*) alcool polivalente liquido, denso, trasparente, dolciastro, componente fondamentale dei grassi; si usa in farmacia, cosmesi e industria chimica.

glicerofosfato *s.m.* (*chim.*) sale costituito da glicerina, acido fosforico e da un metallo; usato in medicina come ricostituente.

glicide [glì-] *s.m.* → **glucide.**

glicine [glì-] *s.m.* pianta rampicante con grappoli di fiori violacei, molto profumati (*fam.* Leguminose).

glicogeno [-cò-] *s.m.* (*chim.*) composto organico complesso, chimicamente simile all'amido, che si forma dal glucosio negli organismi animali come materiale di riserva.

glicol *s.m.invar.*, **glicole** [glì-] *s.m.* (*chim.*) alcool bivalente.

glicosuria [-fù-] *s.f.* (*med.*) presenza di glucosio nelle urine.

gliela [glié-] *forma pronominale* composta dal pron. pers. *gli* in funzione di compl. di termine (*a lui, a lei* e oggi anche *a loro*) e dal pron. pers. sing. f. *la* in funzione di compl. ogg.: *ho comprato per lei una collana e gliela manderò.*

gliele [glié-] *forma pronominale* composta dal pron. pers. *gli* in funzione di compl. di termine (*a lui, a lei* e oggi anche *a loro*) e dal pron. pers. pl. f. *le* in funzione di compl. ogg.: *ho comprato due valigie per lui e gliele manderò.*

glieli [glié-] *forma pronominale* composta dal pron. pers. *gli* in funzione di compl. di termine (*a lui, a lei* e oggi anche *a loro*) e dal pron. pers. pl. m. *li* in funzione di compl. ogg.: *ho comprato per lui due libri e glieli manderò.*

glielo [glié-] *forma pronominale* composta dal pron. pers. *gli* in funzione di compl. di termine (*a lui, a lei* e oggi anche *a loro*) e dal pron. pers. sing. m. *lo* in funzione di compl. ogg.: *ho comprato un libro per lui e glielo manderò.*

gliene [glié-] *forma pron.* composta dal pron. pers. *gli* in funzione di compl. di termine (*a lui, a lei* e oggi anche *a loro*) e dalla particella *ne* che può fungere o da pron. pers. (*di lui, di lei, di loro, da lui, da lei, da loro*) o da pron. dimostr. (*di ciò, da ciò*): *non lo sa ancora, ma gliene parlerò.*

glifo *s.m.* (*arch.*) canaletto ornamentale verticale nel fregio ionico.

glioma [glió-] *s.m.* [pl. *-i*] tumore che trae origine dalle cellule della glia.

glissando *s.m.* (*mus.*) effetto particolare che si ottiene facendo passare rapidamente la mano sui tasti o sulle corde di uno strumento.

glissare *v.intr.* accennare a un argomento senza affrontarlo veramente, come scivolandoci sopra: *ha glissato proprio sui punti più importanti.*

glittica [glìt-] *s.f.* l'arte di intagliare e incidere le pietre preziose.

globale *agg.* si dice di cosa presa in blocco, considerata nella sua totalità. SIN. *cumulativo.*

globalità *s.f.invar.* carattere globale; completezza, interezza: *affrontare il problema nella sua* —.

globe-trotter [*ingl.*; *pr.* glób tróta] *s.m.* e *f.* chi fa lunghi viaggi per conoscere il mondo, con mezzi semplici e poca spesa; giramondo.

globicefalo [-cè-] *s.m.* cetaceo simile al delfino, con testa prominente e arrotondata [*ill.* Cetacei].

globigerina *s.f.* microscopico protozoo foraminifero, il cui guscio, sedimentandosi sul fondo marino, contribuisce alla formazione di fanghi.

globo [glò-] *s.m.* corpo sferico: — *terrestre*, la Terra; il mappamondo.

globulare *agg.* (*scient.*) che ha forma sferica o simile.

globulina *s.f.* (*med.*) sostanza di natura proteica presente nel plasma sanguigno.

globulo [glò-] *s.m.* (*med.*) cellula a forma di disco presente nel sangue, di cui costituisce la parte corpuscolata: *globuli bianchi, rossi*.

glomerulo [-mè-] *s.m.* (*med.*) piccolo gomitolo di vasi capillari; corpuscolo.

glomo [glò-] *s.m.* (*anat.*) nome che si dà alle strutture dell'organismo che ospitano i chemocettori: — *aortico, carotideo*.

gloria[1] *s.f.* **1** altissimo onore, fama universale acquistata per grandi azioni e insigni virtù: — *immortale, passeggera; i soldati si copersero di —; meritare, procacciarsi la — / lavorare per la —*, senza alcuna retribuzione. SIN. *celebrità* **2** vanto; persona o cosa che è motivo d'orgoglio: *Palladio è la — di Vicenza* **3** nella teologia cattolica, la beatitudine del paradiso: *la — eterna, dei cieli, dei santi / dipingere, scolpire una —*, rappresentare la trionfante gloria di Dio, con schiere d'angeli e santi / *che Dio l'abbia in —*, si dice di persona defunta, nel senso di benedizione (ma talora ironicamente).

gloria[2] [glò-] *s.m.invar.* **1** preghiera di lode a Dio che comincia con le parole *Gloria Patri* / *prov.*: *tutti i salmi finiscono in —*, certe faccende finiscono sempre allo stesso modo **2** inno della messa che comincia con le parole *Gloria in excelsis Deo*.

gloriarsi *v.rifl.* [*io mi glòrio ecc.*] compiacersi molto di qlco. facendone motivo di gloria; esaltarsi. SIN. *vantarsi*.

glorificare *v.tr.* [*io glorìfico, tu glorìfichi ecc.*] rendere glorioso; esaltare, celebrare. SIN. *magnificare*.

glorificazione [-zió-] *s.f.* il glorificare, l'essere glorificato.

glorioso [-rió-] *agg.* che ha gloria, che apporta gloria: *stirpe, azione gloriosa / misteri gloriosi*, gli ultimi cinque misteri del rosario, nei quali si ricorda la gloria della Vergine.

glossa [glòs-] *s.f.* **1** spiegazione di una parola difficile nei testi antichi **2** nota a un testo. SIN. *chiosa, commento, nota, postilla*.

glossare *v.tr.* [*io glòsso ecc.*] **1** apporre glosse, fornire di glosse **2** annotare un testo. SIN. *chiosare, commentare, postillare*.

glossario [-sà-] *s.m.* raccolta di glosse, di parole antiche o poco comuni di un testo, di una tecnica ecc.

glossatore [-tó-] *s.m.* [f. *-trice*] autore di glosse, con riferimento particolare ai giureconsulti dell'età medievale, che glossarono i testi giuridici.

glossematica [-mà-] *s.f.* teoria che spiega tutti i fatti linguistici in termini di relazioni tra contenuti ed espressioni, e tra l'una e l'altra espressione.

glossina *s.f.* genere di mosche, cui appartiene la *mosca tse-tse*, trasmettitrice della *malattia del sonno* (*fam.* Muscidi).

glossite *s.f.* (*med.*) infiammazione della lingua.

glosso- [glòs-], **glotto-** [glòt-] [dal gr. *glòssa* o *glòtta* = lingua], prima o seconda parte di termini scientifici, indica ciò che ha riferimento con la lingua, intesa come organo anatomico (*glossite, glottide*) o come linguaggio, parola (*glossematica, glottodidattica*).

glottide [glòt-] *s.f.* (*anat.*) fenditura triangolare limitata dalle corde vocali, che permette il passaggio dell'aria nelle vie respiratorie.

glottodidattica [-dàt-] *s.f.* la scienza e la tecnica dell'insegnamento delle lingue.

glottologia [-gì-] *s.f.* lo studio scientifico delle lingue e dei dialetti.

glottologo [-tò-] *s.m.* [pl. *-gi*] chi studia la glottologia.

glucide [glu-] *s.m.* (*chim.*) ogni composto chimico contenente uno o più zuccheri semplici.

glucoside [-còʃi-] *s.m.* denominazione di un gruppo di composti derivati dagli zuccheri, al quale appartengono diversi farmaci.

glucosio [-còʃio] *s.m.* (*chim.*) il più importante degli zuccheri semplici, frequentissimo in natura, cristallino, bianchiccio, solubile; usato in farmacia e nell'industria dolciaria.

gluma *s.f.* (*bot.*) ciascuna delle foglioline che avvolgono le cariossidi (*chicchi*) del grano e di altre graminacee.

glutammato *s.m.* sale dell'acido glutammico usato per migliorare sapore e colore di diversi prodotti alimentari.

glutammico [-tàm-] *agg.* [pl.m. *-ci*] si dice di un acido di grande importanza biologica, utilizzato dalle cellule nervose a scopo metabolico e disintossicante.

gluteo [glu-] *s.m.* (*anat.*) ognuno dei tre muscoli che formano la natica (*ill. Corpo*).

glutinato *agg.* che contiene glutine.

glutine [glu-] *s.m.* (*chim.*) sostanza proteica contenuta nei semi dei cereali, usata nella preparazione di paste di alto valore nutritivo.

gnau *voce onom.* imita il verso del gatto.

gnaulare *v.intr.* [*io gnàulo ecc.*] miagolare.

gneiss *s.m.invar.* roccia metamorfica, scistosa, di color grigio chiaro e di composizione mineralogica analoga a quella del granito.

gnocco [gnòc-] *s.m.* [pl. *-chi*] boccone di pasta fatta di farina di patate oppure di semolino, che si mangia lesso e condito in modi diversi.

gnomico [gnò-] *agg.* [pl.m. *-ci*] sentenzioso: *poesia gnomica*, poesia di intonazione morale, ricca di sentenze, precetti ed esempi di vita pratica.

gnomo [gnò-] *s.m.* nelle favole medievali e secondo la mitologia nordica, nano barbuto, custode di tesori sotterranei, delle miniere e simili.

gnomone [-mó-] *s.m.* asta verticale la cui ombra proiettata sul terreno consentiva di misurare l'altezza del sole; asta di orologio solare, e l'orologio stesso.

gnorri [gnòr-] solo nella locuz. *fare lo gnorri*, fingere di non sapere o di non capire.

gnoseologia [-ʃeologi-] *s.f.* parte della filosofia che si occupa dell'origine, della natura, del valore e dei limiti della nostra facoltà di conoscere.

gnoseologico [-ʃeolò-] *agg.* [pl.m. *-ci*] relativo alla gnoseologia.

gnosi [gnòʃi] *s.f.invar.* **1** la perfetta conoscenza delle verità divine, che era ricercata dagli gnostici **2** gnosticismo.

gnosticismo [-ʃmo] *s.m.* eresia propria di una setta (II sec.) che aspirava a conoscere e intendere razionalmente le cose divine.

gnostico [gnò-] *agg.* [pl.m. *-ci*] che appartiene allo gnosticismo // *s.m.* seguace dello gnosticismo.

gnu *s.m.invar.* grossa antilope africana, con corna grosse rivolte in basso alla base, in alto all'apice, e coda con lunghi crini (*fam.* Bovidi).

goal [*ingl.*; *pr.* gòl] *s.m.* → **gol**.

gobba [gòb-] *s.f.* **1** alterazione della colonna vertebrale che consiste in una deformazione della normale curvatura **2** protuberanza sulla schiena del cammello e del dromedario **3** per estens., gibbosità, protuberanza: *la — del naso; le gobbe di un terreno, di un monte*.

gobbo[1] [gòb-] *agg.* **1** che ha la gobba; si dice anche di chi ha le spalle curve per natura o per atteggiamento abituale: *camminare, stare —* **2** curvo, convesso (detto di cosa): *un naso —* // *s.m.* **1** persona gobba **2** gobba; rilievo, rigonfiamento.

gobbo[2] [gòb-] *s.m.* spec. *pl.* germogli laterali del carciofo o del cardo, legati e interrati per ottenerne l'imbianchimento e per renderli più teneri.

gobelin [*franc.; pr.* gob(e)lèn] *s.m.* arazzo.

goccia [góc-] *s.f.* [pl. *-ce*] **1** piccola quantità di liquido che si stacca dalla massa e cade in forma tondeggiante / *somigliarsi come due gocce d'acqua*, avere una somiglianza perfetta / *fichi con la —*, molto maturi e sugosi / *bere il calice fino all'ultima —*, giungere all'estremo dell'amarezza / *a — a —*, a poco a poco / *prov.: a — a — si scava la pietra*, la perseveranza riesce a vincere le resistenze più forti. SIN. *stilla* **2** ornamento a forma di goccia nei lampadari di cristallo e nei triglifi della trabeazione dorica.

gocciare *v.tr.* e *intr.* [*io* góccio *ecc.*] → **gocciolare**.

goccio [góc-] *s.m.* goccia; per estens., piccola quantità di liquido / *bere un —*, un po' di vino.

gocciolare *v.tr.* [*io* gócciolo *ecc.*] far cadere a gocciole: *la candela gocciola cera* // *v.intr.* uscire, cadere a gocciole; lasciar uscire un liquido a gocciole: *l'acqua gocciola lentamente; il rubinetto gocciola.* SIN. *colare, stillare.*

gocciolatoio [-tó-] *s.m.* **1** parte sporgente del cornicione da cui gocciola la pioggia senza bagnare i muri dell'edificio **2** arnese da cucina su cui si fa gocciolare un liquido.

goccioilo [-lì-] *s.m.* un gocciolare continuo.

gocciolo [góc-] *s.m.* → **goccio**.

godere [-dé-] *v.intr.* [pres. *io* gòdo *ecc.*; fut. *io* godrò o goderò *ecc.*; pass.rem. *io* godéi o godétti, *tu* godésti *ecc.*; cond.pres. *io* godrèi o goderèi *ecc.*; p.pass. *goduto*] **1** provare soddisfazione, viva contentezza per qlco.: *godo dei tuoi successi* / *assol.* condurre una vita comoda, piacevole e spensierata: *è uno che sa cosa vuol dire —* **2** fruire, avere: *gode di tutti i vantaggi* // *v.tr.* **1** gustare, assaporare: *— un libro, una compagnia, una musica, un bel panorama* **2** fruire, avere: *gode ottima salute.*

godereccio [-réc-] *agg.* che si dedito ai godimenti.

godet [*franc.; pr.* godè] *s.m.* allargamento a campana della gonna [*ill. Abbigliamento*].

godezia [-dè-] *s.f.* pianta erbacea ornamentale con fiori rosei, rossi o bianchi e foglie lanceolate (*fam.* Enoteracee).

godimento [-mén-] *s.m.* **1** il godere. SIN. *piacere, delizia* **2** ciò che suscita piacere: *cercare i godimenti* **3** (*dir.*) facoltà di fruire di qlco., di usare un bene: *— dei diritti civili.*

goffaggine [-fàg-] *s.f.* **1** l'essere goffo. CONTR. *agilità* **2** atto o parola di persona goffa.

goffo [gòf-] *agg.* **1** che si comporta in maniera grossolana e maldestra; la pena stessa: *movimenti goffi.* SIN. *impacciato.* CONTR. *agile* **2** sgraziato, malfatto: *vestito —.*

goffraggio [-fràg-] *s.m.* → **goffratura**.

goffrare *v.tr.* [*io* góffro *ecc.*] eseguire la goffratura: *— un tessuto.*

goffratura *s.f.* operazione eseguita con una calandra speciale, con la quale si imprimono su tessuti, carta ecc. disegni in rilievo.

gogna [gó-] *s.f.* **1** collare di ferro che si stringeva al collo dei condannati alla berlina; la pena stessa: *condannare alla —* **2** (*fig.*) derisione, vituperio: *mettere alla —.*

gol [gòl] *s.m.invar.* il punto segnato da una squadra di calcio quando la palla entra nella rete avversaria.

gola [gó-] *s.f.* **1** la cavità interna della bocca, in cui si aprono le prime vie respiratorie e digerenti: *mal di —* / *col boccone in —*, appena mangiato / *essere pieno fino alla —*, non poter inghiottire, (*fig.*) sopportare altro /

restare a — asciutta, restare senza bere; (*fig.*) rimanere deluso / *parlare in —*, con voce difettosa, emettendo appena la voce / *avere un nodo alla —*, avvertire un senso di stringimento alla gola / *ricacciare un'offesa in —*, ribattere in modo che uno si disdica / *ricacciarsi le parole in —*, disdirsi / *mentire per la —*, sfacciatamente **2** la parte anteriore del collo / *pigliare uno per la —*, imporre le condizioni a qlcu., approfittando delle sue necessità / *avere l'acqua alla —*, essere sul punto di venir sommerso; (*fig.*) essere in estrema difficoltà **3** avidità di bevande e di cibi squisiti / *far —*, si dice di cosa che suscita il desiderio: *è un guadagno che fa — a molti* / *prov.: ne uccide più la — che la spada*, le malattie provocate da un'alimentazione sregolata fanno morire più persone che non le guerre. SIN. *ghiottoneria* **4** apertura stretta, passaggio interno: *la — del camino, di un pezzo d'artiglieria* **5** valle stretta e profonda dalle pareti molto ripide **6** modanatura di una cornice.

goleada *s.f.* nel gergo sportivo, una serie di gol segnati durante una partita.

goleador [-dòr] *s.m.invar.* (*sport*) calciatore abile nei tiri in porta; cannoniere.

golena [-lè-] *s.f.* terreno compreso tra l'argine e il letto del fiume, che rimane all'asciutto durante i periodi di magra.

goletta[1] [-lét-] *s.f.* collo della camicia.

goletta[2] [-lét-] *s.f.* bastimento a vela con due alberi.

golf [gòlf] *s.m.invar.* (*ingl.*) **1** giacca a maglia di lana, per lo più con maniche lunghe. DIM. *golfino* **2** gioco all'aperto che consiste nel mandare in una buca, col minor numero di colpi possibile, una pallina colpendola con una mazza.

golfo [gól-] *s.m.* ampia e profonda insenatura della costa [*ill. Costa*].

goliardia [-dì-] *s.f.* **1** l'insieme dei goliardi **2** lo spirito goliardico.

goliardico [-liàr-] *agg.* [pl.m. *-ci*] di, da goliardo: *cappello —*, con la parte anteriore appuntita come un becco.

goliardo *s.m.* **1** nel medioevo, studente che andava vagando per ragioni di studio, di guadagno e per gioiosa libertà di vivere **2** studente universitario.

gollismo [-fmo] *s.m.* tendenza politica accentuatamente nazionalistica ispirata all'azione del presidente francese De Gaulle (1890-1970).

golosità *s.f.invar.* l'esser goloso; ciò che fa gola.

goloso [-ló-] *agg.* avido di buoni cibi; che ha il vizio della gola: *— di dolci.* SIN. *ghiotto.*

golpe[1] [gól-] *s.f.* malattia che colpisce i cereali, prodotta da un piccolissimo fungo.

golpe[2] [gól-] *s.m.* (*spagn.*) colpo di stato militare.

golpista *agg.* e *s.m.* e *f.* [pl.m. *-i*] che, chi realizza o favorisce un golpe.

gomena [gó-] *s.f.* grosso cavo di canapa, usato per ormeggio e rimorchio di navi.

gomitata *s.f.* colpo dato col gomito / *farsi largo a gomitate*, (*fig.*) far carriera danneggiando altri.

gomito [gó-] *s.m.* **1** articolazione che unisce il braccio con l'avambraccio [*ill. Corpo*] / *alzare il —*, bere troppo, ubriacarsi **2** (*fig.*) curva brusca: *la strada fa un —.*

gomitolo [-mì-] *s.m.* filo o spago avvolto su stesso, in modo da formare una palla.

gomma [góm-] *s.f.* **1** liquido vischioso prodotto da certe piante, da cui si ricava mediante incisione / *— arabica*, estratta da alcune specie di acacie africane e asiatiche, usata come adesivo / *— elastica*, caucciù / *— sintetica*, quella prodotta industrialmente, con procedimenti chimici **2** pezzo di gomma elastica, per cancellare **3** pneumatico delle biciclette, automobili ecc.: *ha una — a terra*, ha un pneumatico sgonfio, forato.

gommapiuma *s.f.* tipo di gomma elastica, soffice e spugnosa, usato per fare materassi e cuscini ®.

gommato *agg.* **1** spalmato di gomma adesiva: *francobollo, nastro —* **2** munito di pneumatici: *ruote gommate.*

gommatura *s.f.* l'insieme e la qualità delle gomme di un autoveicolo.

gommifero [-mì-] *agg.* si dice degli alberi che producono gomma.

gommista *s.m.* e *f.* [pl.m. -*i*] chi vende, monta e ripara pneumatici per autoveicoli.

gommone [-mó-] *s.m.* canotto pneumatico a motore.

gommoresina [-rèʃi-] *s.f.* sostanza solida di origine vegetale, costituita da una miscela di gomma e resina.

gommosità *s.f.invar.* l'essere gommoso.

gommoso [-mó-] *agg.* che contiene gomma; che è simile alla gomma o ne suggerisce l'idea per aspetto e consistenza.

gonade [gò-] *s.f.* (*biol.*) denominazione delle ghiandole sessuali maschili e femminili, produttrici di gameti.

gonadostimolina *s.f.* denominazione degli ormoni del lobo anteriore dell'ipofisi, che stimolano il funzionamento delle ghiandole sessuali (ovaie e testicoli).

gonadotropina *s.f.* denominazione degli ormoni che agiscono sulle gonadi e sono prodotti dalla placenta durante la gravidanza.

gondola [gón-] *s.f.* **1** caratteristica imbarcazione della laguna veneta per trasporti di passeggeri, lunga, snella, a fondo piatto, dipinta di nero, con *pettine* decorativo a prora e copertura (*felze*) al centro **2** — *dei motori*, involucro esterno del turboreattore o di altro tipo di motore, spec. nell'aeroplano [*ill. Aereo*].

gondoliere [-liè-] *s.m.* il barcaiolo che conduce la gondola.

gonfalone [-ló-] *s.m.* stendardo usato come insegna dai comuni o da associazioni civili o religiose.

gonfaloniere [-niè-] *s.m.* **1** il titolare della suprema magistratura civile o militare in alcuni comuni italiani del medioevo **2** chi porta il gonfalone.

gonfiaggine [-fiàg-] *s.f.* alterigia esagerata e ridicola; boria.

gonfiare *v.tr.* [*io gónfio ecc.*] **1** riempire qlco. con fiato, aria, gas, per aumentarne il volume: *— un palloncino, il torace.* SIN. *dilatare*. CONTR. *sgonfiare* **2** (*fig.*) aumentare l'importanza di qlco., esagerare: *— un fatto di cronaca / — qlcu.*, adularlo // *v.intr.*, *-arsi v.rifl.pron.* dilatarsi, aumentare di volume.

gonfiato *agg.* dilatato / *pallone —*, si dice di persona boriosa e vanesia.

gonfiatura *s.f.* **1** atto, effetto del gonfiare **2** (*fig.*) esagerazione, montatura.

gonfiezza [-fiéz-] *s.f.* l'essere gonfio; lo stato di ciò che è gonfio (anche *fig.*).

gonfio [gón-] *agg.* **1** gonfiato, dilatato: *aveva gli occhi gonfi per il pianto / avere il cuore —*, essere in grande angoscia, afflizione / *procedere a gonfie vele*, con successo, felicemente. CONTR. *sgonfio* **2** (*fig.*) pieno di sé, superbo. SIN. *tronfio.*

gonfiore [-fió-] *s.m.* gonfiamento doloroso di una parte del corpo. SIN. *enfiagione.*

gong [gòng] *s.m.invar.* strumento musicale formato da un disco di metallo che, sospeso e percosso da una mazza, dà un suono profondo e prolungato.

gongolante *agg.* pieno di gioia e soddisfazione.

gongolare *v.intr.* [*io góngolo ecc.*] essere pieno di gioia e soddisfazione.

gonilite *s.f.* (*med.*) infiammazione dell'articolazione del ginocchio.

goniometria [-trì-] *s.f.* la scienza e la tecnica della misurazione degli angoli.

goniometro [-niò-] *s.m.* strumento per misurare gli angoli [*ill. Disegno*].

gonna [gòn-] *s.f.* abito femminile che copre il corpo dalla cintura in giù / *— pantaloni*, quella divisa in due come i calzoni, ma più larga e corta di essi.

gonnella [-nèl-] *s.f.* gonna (spec. *fig.*, in quanto simboleggiante la donna): *è sempre attaccato alla — della mamma*, l'ascolta in tutto; *correre dietro alle gonnelle*, alle donne.

gonnellino *s.m.* gonna piccola e corta.

gonococco [-còc-] *s.m.* [pl. -*chi*] (*med.*) germe che provoca la gonorrea.

gonocorismo [-ʃmo] *s.m.* (*biol.*) l'unisessualità, condizione per cui l'individuo di una data specie è soltanto maschio o soltanto femmina (si contrappone a *ermafroditismo*).

gonorrea [-rè-] *s.f.* (*med.*) blenorragia.

gonzo [gónʒo] *agg.* credulone, che si lascia imbrogliare facilmente. SIN. *sciocco, minchione.*

gora [gò-] *s.f.* **1** canale di vario uso, spec. quello che porta l'acqua da un fiume a un mulino **2** acqua ferma, anche sui lati d'un fiume, stagno, palude.

gorbia [gór-] *s.f.* **1** puntale di ferro che si applica a bastoni, aste e simili, per piantarli in terra **2** scalpello per intagliare.

goretex [gò-] *s.m.invar.* sorta di tessuto sottile, impermeabile all'acqua ma non all'aria, usato spec. per indumenti sportivi ®.

gorgheggiare *v.intr.* [*io gorghéggio ecc.*] cantare con grande agilità e rapidità di passaggi vocali (detto degli uccelli canori, ma anche dei cantanti).

gorgheggio [-ghég-] *s.m.* il rapido e agile passaggio di voce di un uccello o di un cantate che gorgheggia.

gorgia [gòr-] *s.f.* [pl. -*ge*] (*lett.*) gola.

gorgiera [-giè-] *s.f.* **1** parte dell'armatura che proteggeva la gola **2** colletto di tela finissima pieghettata o increspata, in uso nel Seicento.

gorgo [gór-] *s.m.* [pl. -*ghi*] mulinello, vortice d'acqua.

gorgogliare *v.intr.* [*io gorgóglio ecc.*] rumoreggiare dell'acqua che scorre tra i sassi o di un liquido che esce a tratti da un'apertura stretta.

gorgoglio¹ [-gó-] *s.m.* rumore di liquido che gorgoglia.

gorgoglio² [-gli-] *s.m.* un gorgogliare continuo.

gorgoglioni [-gliò-] *s.m.pl.* → **afidi**.

gorgonzola [-ʒò-] *s.m.* formaggio molle e burroso con venature verdastre causate dalla vegetazione di una muffa durante la stagionatura; prodotto tipico dell'omonima città lombarda.

gorilla *s.m.invar.* **1** scimmia antropomorfa africana, alta più d'un uomo, con braccia lunghe e robustissime, folto pelo grigio-rossiccio, piedi prensili, senza coda (*fam.* Pongidi) **2** (*fam.*) guardia del corpo privata.

goriziano *agg.* di Gorizia // *s.m.* abitante di Gorizia.

gota [gò-] *s.f.* la parte carnosa della faccia compresa tra il naso, la bocca e le orecchie; guancia.

gotico [gò-] *agg.* [pl.m. -*ci*] **1** dei goti, antichi popoli germanici / *alfabeto —*, quello diffuso nei paesi germanici, con caratteri molto angolosi **2** di stile gotico // *s.m.* **1** lingua dei goti **2** stile architettonico sorto in

Francia nel sec. XII, caratterizzato dal prevalere delle strutture verticali sulle orizzontali.

gotta [gót-] *s.f.* malattia delle articolazioni della mano o del piede, che si deformano e dolgono fortemente per il depositarsi dell'acido urico.

gottazza *s.f.* specie di cucchiaia, generalmente di legno, con la quale si toglie l'acqua entrata in un'imbarcazione.

gottoso [-tó-] *agg.* malato di gotta.

governabile [-nà-] *agg.* che è in condizioni tali da poter essere governato.

governabilità *s.f.invar.* la condizione di un paese, di una situazione che possono essere governati: *garantire la —*.

governale *s.m.* **1** timone **2** impennaggio fisso applicato alla parte posteriore delle bombe aeree per assicurarne la stabilità durante la caduta.

governante *s.m.* e *f.* chi governa // *s.f.* donna cui è affidata la cura dei bambini o l'andamento di una casa.

governare *v.tr.* [*io govèrno ecc.*] **1** avere la direzione di uno stato; reggere un popolo, guidare, dirigere. SIN. *comandare, reggere* **2** dirigere una nave usando il timone **3** aver cura di una persona; custodire gli animali e dar loro da mangiare: *— un bambino; — i buoi* // *v. intr.* mantenere la rotta, rispondere ai comandi (detto di nave): *la nave governa bene, male, non governa* // **-arsi** *v.rifl.* regolarsi; contenersi.

governativo *agg.* del governo, dello stato.

governatorato *s.m.* ufficio, carica di governatore; la durata della carica; il territorio sottoposto alla sua giurisdizione.

governatore [-tó-] *s.m.* [f. *-trice*] chi governa in rappresentanza del potere centrale dello stato, spec. nei regimi militari o coloniali.

governo [-vèr-] *s.m.* **1** il governare. SIN. *comando, potere* **2** il complesso di istituzioni alle quali compete il potere esecutivo; l'insieme dei ministri, designato con il nome del presidente del consiglio: *il — De Gasperi.*

gozzo[1] [góz-] *s.m.* **1** parte dilatata dell'esofago degli uccelli, alla base del collo, in cui il cibo si ferma per poi passare lentamente nello stomaco [*ill. Uccello*] / *riempirsi il —,* mangiare esageratamente, ingozzarsi **2** (*med.*) tumefazione della parte anteriore del collo, dovuta all'ingrossamento della ghiandola tiroide.

gozzo[2] [góz-] *s.m.* piccola barca da pesca e diporto, a remi e con una piccola vela.

gozzoviglia [-vi-] *s.f.* convito di persone che mangiano e bevono smodatamente; bagordo.

gozzovigliare *v.intr.* [*io gozzovìglio ecc.*] far gozzoviglie.

gozzuto *agg.* che ha il gozzo.

gracchiare *v.intr.* [*io gràcchio ecc.*] **1** si dice del verso che fanno la cornacchia, il corvo, la gazza **2** (*fig.*) brontolare.

gracidare *v.intr.* [*io gràcido ecc.*] si dice del verso che fanno la rana, il rospo, l'oca.

gracidio [-dì-] *s.m.* un lungo e insistente gracidare.

gracile [grà-] *agg.* di costituzione fisica minuta e delicata (anche *fig.*): *una democrazia —,* non pienamente affermata. SIN. *debole, fragile.*

gracilità *s.f.invar.* l'essere gracile. SIN. *debolezza, fragilità.*

gradassata *s.f.* discorso o atto da gradasso.

gradasso *s.m.* chi si vanta di forza e abilità che non possiede. SIN. *smargiasso.*

gradatamente [-mén-] *avv.* poco alla volta.

gradazione [-zió-] *s.f.* **1** passaggio per gradi successivi: *— di meriti, di colori* **2** il disporre i periodi di un

discorso in modo che la forza e l'intensità degli argomenti vada via via aumentando **3** quantità, espressa in gradi, di alcool contenuto in bevande alcoliche.

gradevole [-dé-] *agg.* che riesce gradito. SIN. *piacevole.* CONTR. *sgradevole.*

gradiente [-dièn-] *s.m.* entità della variazione della pressione o della temperatura con la distanza o con l'altezza.

gradimento [-mén-] *s.m.* sentimento di piacere provocato da ciò che incontra i nostri gusti.

gradina *s.f.* scalpello con due o più tacche per scolpire il marmo [*ill. Pittura e scultura*].

gradinare *v.intr.* nel linguaggio degli alpinisti, far gradini con la piccozza su pendii ghiacciati.

gradinata *s.f.* **1** ordine di gradini tra due piani a diversa quota **2** ordine di posti per gli spettatori negli stadi e nei teatri.

gradino *s.m.* **1** breve ripiano, per lo più di pietra o muratura, che consente di superare un dislivello / *salire, scendere di un —,* (*fig.*) aumentare, diminuire nella considerazione altrui, nella scala sociale ecc. **2** in alpinismo, piccola tacca nel ghiaccio fatta per agevolare la salita.

gradire *v.tr.* [*io gradisco, tu gradisci ecc.*] **1** accogliere con sentimento di piacere: *— un invito* **2** desiderare.

gradito *agg.* che viene accolto con piacere. SIN. *grato, piacevole.*

grado[1] *s.m.* **1** ciascuno degli stadi intermedi nei quali si considera una cosa capace di accrescimento o di diminuzione: *— d'istruzione, di perfezione; procedere per gradi,* progressivamente / *a — a —,* lentamente / *in sommo —,* in misura massima **2** in una scala di valori, il posto che ciascuno di essi occupa in rapporto agli altri: *ascensione alpinistica di terzo —; interrogatorio di terzo —,* condotto con maniere pesanti / *— di parentela,* legame più o meno stretto che unisce tra loro persone legate da vincoli di sangue / *— di un aggettivo,* (*gramm.*) ciascuna delle variazioni che un aggettivo assume per indicare in quale misura la qualità da esso espressa è posseduta dalla persona o cosa cui l'aggettivo si riferisce, anche in rapporto ad altri termini di paragone **3** (*mat.* e *fis.*) termine indicante varie unità di misura; in particolare, unità di misura angolare (1/360 di circonferenza) / *— del termometro,* unità di misura della temperatura, variabile secondo le scale adottate **4** il posto che una persona occupa in una gerarchia o in un ordinamento; condizione sociale, rango: *avere il — di colonnello; avanzare di —* **5** condizione in genere: *essere in —,* di agire.

grado[2] *s.m.* gradimento; piacere / *di buon —,* volentieri.

graduale *agg.* che procede, si svolge per gradi: *insegnamento —* // *s.m.* (*lit.*) nella messa, orazione che segue l'epistola // **-mente** *avv.* con passaggio graduale.

gradualismo [-ʃmo] *s.m.* tendenza a procedere per gradi.

gradualità *s.f.invar.* il procedere per gradi.

graduare *v.tr.* [*io gràduo ecc.*] **1** disporre, ordinare per gradi: *— le difficoltà; — i premiati* **2** dividere in gradi la scala di uno strumento: *— un barometro.*

graduato *agg.* **1** ordinato per gradi **2** diviso in gradi; che reca i segni delle varie misure: *bicchiere —* // *s.m.* militare di truppa con dignità di comando sui soldati semplici.

graduatoria [-tò-] *s.f.* elenco di persone redatto secondo l'ordine di merito, di anzianità ecc.; successione graduata di dati.

graduazione [-zió-] *s.f.* **1** atto, effetto del graduare **2** divisione in gradi.

grafema [-fè-] *s.m.* [pl. *-i*] il segno minimo, non scomponibile, di un sistema di scrittura.

graffa *s.f.* **1** lista di ferro, ripiegata alle due estremità, che serve a unire pietre, murature ecc. **2** segno grafico che serve a unire più righe.

graffiare *v.tr.* [*io gràffio ecc.*] lacerare la pelle con le unghie o altro, producendo solchi più o meno profondi; per estens., incidere qlco.: *il gatto mi ha graffiato*; — *il legno, la pietra*. SIN. *scalfire*.

graffiata *s.f.* atto, effetto del graffiare.

graffiatura *s.f.* segno lasciato sulla pelle da un graffio; leggera ferita. SIN. *scalfittura*.

graffietto [-fiét-] *s.m.* attrezzo usato per la tracciatura di superfici, prima della lavorazione meccanica.

graffio [gràf-] *s.m.* atto, effetto del graffiare.

graffire *v.tr.* [*io graffisco, tu graffisci ecc.*] eseguire un graffito.

graffito *s.m.* **1** tecnica di incisione su pietra o muro, e spec. quella consistente nel mettere allo scoperto, lungo la linea di incisione, il sottostante strato di colore diverso **2** *pl.* segni caratteristici di un costume, di una cultura, di mode superate, datate.

grafia [-fì-] *s.f.* modo di scrivere le parole.

grafica [grà-] *s.f.* l'arte grafica; l'arte del libro.

grafico [grà-] *agg.* [pl.m. *-ci*] **1** che riguarda la scrittura: *segno* — **2** che consiste in un disegno o in un diagramma: *rappresentazione grafica di un fenomeno* / *arti grafiche*, insieme dei processi (stampa, incisione, fototipia, litografia ecc.) che servono a riprodurre un testo in un numero determinato di copie // *s.m.* **1** rappresentazione grafica di un fenomeno; diagramma **2** chi si dedica alle arti grafiche.

grafitaggio [-tàg-] *s.m.* l'operazione del grafitare.

grafitare *v.tr.* ricoprire con polvere di grafite apparecchiature o superfici per evitare ossidazione o per lubrificare.

grafite *s.f.* minerale grigio scuro formato da carbonio con varie impurità; si usa per matite, rivestimenti di forni ecc.

grafo *s.m.* (*mat.*) figura costituita da punti che rappresentano gli elementi di un insieme e da archi o segmenti che collegando tali punti rappresentano un legame o relazione.

grafologia [-gì-] *s.f.* l'arte di ricavare, dall'esame della scrittura, indicazioni sul carattere e la struttura psichica di una persona.

grafologico [-lò-] *agg.* [pl.m. *-ci*] della grafologia.

grafologo [-fò-] *s.m.* [pl. *-gi*] chi si occupa di grafologia.

grafomane [-fò-] *s.m.* e *f.* chi ha la mania di scrivere spesso e a lungo.

grafomania [-nì-] *s.f.* mania dello scrivere; tendenza a scrivere molto spesso e in modo prolisso.

gragnola [-gnò-] *s.f.* grandine (spec. *fig.*).

gramaglie [-mà-] *s.f.pl.* **1** gli ampi veli neri delle vedove **2** abiti da lutto.

gramigna *s.f.* erba dannosa che infesta i campi; ha foglie lineari e lunghe spighe verdi (*fam.* Graminacee) / *crescere come la* —, diffondersi con rapidità.

graminacee [-nà-] *s.f.pl.* (*bot.*) famiglia di piante erbacee monocotiledoni, con fusti vuoti internamente (*culmi*), fiori raccolti in spighe e frutti per lo più a cariosside (p.e. frumento).

grammatica [-mà-] *s.f.* **1** l'insieme delle regole di una lingua, nella pronunzia, scrittura, morfologia e sintassi **2** lo studio di tali regole; il libro che le descrive **3** l'arte di scrivere e di parlar bene.

grammaticale *agg.* della grammatica, conforme alla grammatica: *regola* —; *costruzione* — / *analisi* —, quella che definisce in un testo le singole parti del discorso.

grammatico [-mà-] *agg.* [pl.m. *-ci*] (*rar.*) grammaticale // *s.m.* **1** chi studia o insegna la grammatica **2** (*spreg.*) chi è troppo attaccato alle regole.

grammatura *s.f.* il peso in grammi per unità di superficie di una carta, di una stoffa ecc.

grammo *s.m.* **1** unità di misura di peso; è il peso di 1 cm^3 di acqua distillata a 4 gradi centigradi **2** unità di massa: la millesima parte del campione di massa in platino depositato negli archivi di Parigi / — *atomo*, numero di grammi di un elemento pari al suo peso atomico / — *mole* o — *molecola*, → **grammomolecola**.

grammofono [-mò-] *s.m.* apparecchio atto a riprodurre suoni incisi su dischi.

grammomolecola [-lè-] *s.f.* quantità in grammi di un elemento o di un composto uguale al numero che ne esprime il peso molecolare.

gramo *agg.* **1** triste, doloroso: *una vita grama*. SIN. *misero* **2** cattivo, anche in senso morale.

gramola [-mà-] *s.f.* **1** strumento che serve a separare le fibre tessili della canapa e del lino dalle fibre legnose **2** arnese con cui i pastai battono la pasta per renderla soda.

gramolare *v.tr.* [*io gràmolo ecc.*] **1** lavorare con la gramola il lino o la canapa **2** battere la pasta con la gramola.

gramolatura *s.f.* operazione del gramolare.

grana *s.f.* **1** la struttura interna dei metalli, dei marmi o di altri corpi, quale appare alla frattura: — *grossa, sottile, porosa* / *formaggio di* —, di pasta dura e granilosa **2** (*fam.*) seccatura, fastidio, noia, scandalo, molestia, questione cavillosa: *mi è scoppiata una* — *in ufficio* / *piantare una* —, sollevare una questione fastidiosa **3** (*gerg.*) soldi, denaro: *scucire la* —, sborsare i soldi // *s.m.invar.* formaggio del tipo del parmigiano.

granaglie [-nà-] *s.f.pl.* l'insieme dei grani alimentari: *negozio di* —.

granaio [-nà-] *s.m.* **1** locale in cui si ripongono le granaglie **2** (*fig.*) territorio che produce molto grano: *l'Emilia è il* — *d'Italia*.

granario [-nà-] *agg.* del grano: *mercato* —.

granata[1] *s.f.* scopa di saggina.

granata[2] *s.f.* → **granato**.

granata[3] *s.f.* sorta di primitiva bomba a mano, che veniva lanciata dai *granatieri*; oggi, proiettile d'artiglieria, di forma cilindrica, con ogiva.

granatiere [-tiè-] *s.m.* **1** negli eserciti di un tempo, soldato che lanciava le granate; oggi, soldato di un corpo scelto di fanteria, di statura superiore alla media **2** (*fig.*) persona di statura eccezionalmente alta.

granatiglio [-ti-] *s.m.* legno durissimo, di color rosso con il granato, usato per lavori di ebanisteria e per fare strumenti a fiato.

granatina *s.f.* **1** qualsiasi sciroppo servito con ghiaccio tritato; propriamente, sciroppo di melograno **2** polpetta di carne di manzo.

granato *s.m.* nome di vari minerali silicatici, di color rosso, verde o nero, usati anche come pietre pregiate.

grancassa *s.f.* tamburo di grandi dimensioni percosso con un mazzuolo azionato dalla mano o da un pedale [*ill. Musicali, strumenti*].

grancevola [-cè-] *s.f.* crostaceo decapodo commestibile, vivente sul fondo marino.

granchio [gràn-] *s.m.* nome generico di varie specie di crostacei decapodi, generalmente commestibili, aventi il corpo lungo quanto largo, corazza pentagonale, piatta, granulata, grigio-verdastra, otto zampe e due chele [*ill. Crostacei*] / *prendere un —*, fare un errore grossolano.

grandangolare *agg.* (*fot.*) si dice di obiettivo con ampio campo di presa.

grandangolo [-dàn-] *s.m.* abbr. di → **grandangolare**.

grande *agg.* [*gran* dinanzi a consonanti o gruppi consonantici che non siano *s* impura, *z*, *x*, *gn*, *ps*; troncamento ed elisione si possono avere al sing. e al pl. solo se *grande* è preposto al nome; compar. *più grande* o *maggiore*; superl. *grandissimo* o *massimo*] **1** che supera la misura ordinaria: *una — statura*; *un gran viaggio*; *un gran mucchio*; *un grand'urlo*; *un grand'imbroglio*; *ho una gran sete*, ho molta sete; *era un uomo dall'animo —*, generoso; *è una gran cosa*, importante, straordinaria; *una — famiglia*, numerosa, oppure ricca e potente. CONTR. *piccolo* **2** che ha dimensioni maggiori di una cosa della stessa specie: *mettilo sul tavolo —*. CONTR. *piccolo* **3** grosso di corporatura o alto di statura: *un uomo — e grosso*; *come sei diventato —!* **4** adulto: *da — farò l'avvocato.* CONTR. *piccolo* **5** che eccelle per ingegno, potenza, ricchezza: *appartiene a un — casato*; *è un gran pittore*; *Dio è —* **6** rafforza l'agg. che segue: *una gran bella donna*; *un gran brutto giorno* // *s.m.* **1** persona adulta: *quel bambino ragiona come un —* **2** chi ha molto ingegno, potenza o ricchezza: *i grandi dell'antichità* / *i tre, i quattro grandi*, i rappresentanti delle tre, quattro nazioni che, in un determinato momento storico, hanno maggior peso nella politica mondiale **3** grandezza: *riprodurre in —*, in grandi proporzioni; *far le cose in —*, senza badare a spese // **-mente** *avv.* molto, assai: *stimare — qlcu*.

grandeggiare *v.intr.* [*io grandéggio ecc.*] essere grande; emergere per grandezza.

grandezza [-déz-] *s.f.* **1** l'insieme delle dimensioni di un corpo: *la — di un edificio*; *modello a — naturale* **2** (*mat.* e *fis.*) ogni ente che può essere misurato: *grandezze omogenee* / *— stellare*, (*astr.*) numero che esprime in una scala convenzionale lo splendore di una stella **3** l'essere di proporzioni che superano la norma **4** (*fig.*) l'essere eccellente per ingegno, qualità, potenza: *— d'animo*, magnanimità; *la — di uno scrittore, di un pittore* **5** misura.

grandinare *v.intr.impers.* [*gràndina ecc.*] cadere la grandine // *v.intr.* (*fig.*) venir giù con forza e in gran quantità come grandine: *grandinavano i proiettili*.

grandinata *s.f.* **1** il grandinare **2** la grandine caduta.

grandine [gràn-] *s.f.* **1** acqua congelata nell'atmosfera che cade con impeto sotto forma di granelli di ghiaccio più o meno grossi: *la — ha rovinato il raccolto* **2** il cadere fitto e violento di qlco. (anche *fig.*): *— di sassi*.

grandiosità *s.f.invar.* l'essere grandioso. SIN. *imponenza*.

grandioso [-dió-] *agg.* **1** che appare imponente, solenne: *— edificio*. SIN. *maestoso* **2** si dice di persona che ostenta ricchezza.

granduca *s.m.* [pl. *-chi*] titolo del sovrano di un granducato: *il — di Toscana*.

granducale *agg.* di granduca, di granducato.

granducato *s.m.* dignità di granduca; il territorio retto da un granduca.

granduchessa [-chés-] *s.f.* consorte o figlia di granduca.

granello [-nèl-] *s.m.* **1** chicco del grano e di altri cereali **2** seme di vari frutti: *i granelli delle mele* / *— d'uva*, chicco **3** per estens., cosa molto piccola e tondeggiante: *— di sabbia* **4** (*fig.*) quantità minima.

granfia [-gràn-] *s.f.* → **grinfia**.

granguignolesco [-lé-] *agg.* [pl.m. *-chi*] raccapricciante, macabro.

granicolo [-nì-] *agg.* che concerne la coltivazione del grano: *colture granicole*.

graniglia [-nì-] *s.f.* arenaria a grana grossa.

granire[1] *v.intr.* [*io granisco, tu granisci ecc.*] fare i chicchi (detto del grano).

granire[2] *v.tr.* [*io granisco, tu granisci ecc.*] **1** ridurre in grani **2** rendere scabra una superficie metallica.

granita *s.f.* gelato granuloso, ottenuto dalla cristallizzazione di liquidi a base di succo d'arancia, limone, caffè; anche, ghiaccio tritato con sciroppi.

granitico [-nì-] *agg.* [pl.m. *-ci*] **1** che ha natura di granito **2** (*fig.*) duro come il granito: *volontà granitica*.

granito *s.m.* roccia cristallina, biancastra o rossastra, a struttura granulare, formata da ortoclasio, quarzo e mica; usata per costruzioni.

granitura *s.f.* **1** il fare i chicchi (detto del grano) **2** il ridurre in grani un esplosivo per poterne regolare la deflagrazione **3** l'orlo dentellato delle monete **4** l'operazione del granire una superficie metallica.

granivoro [-nì-] *agg.* che si nutre di grano.

grano *s.m.* **1** frumento / *— saraceno*, pianta erbacea coltivata in montagna; dai frutti si ricava una farina, usata per fare una polenta scura (*fam.* Poligonacee) **2** l'insieme dei chicchi del frumento: *trebbiare il —* **3** piccola parte di qlco., granello: *un — di sabbia*; *un — della corona del rosario* **4** granulo medicinale **5** unità di misura di peso, usata per i preziosi e in farmacia **6** nome di antiche monete napoletane e siciliane.

granone [-nó-] *s.m.* granoturco.

granoturco, granturco *s.m.* pianta erbacea piuttosto alta che produce cariossidi gialle, raccolte in grosse spighe dette *pannocchie*; se ne ricava una farina gialla usata spec. per polenta (*fam.* Graminacee) [*ill. Cereali*].

granulare[1] *agg.* che è formato da piccoli grani.

granulare[2] *v.tr.* [*io grànulo ecc.*] ridurre in grani.

granulo [grà-] *s.m.* **1** piccolo grano **2** piccola porzione di medicinale in forma di grano.

granuloma [-lò-] *s.m.* [pl. *-i*] (*med.*) neoformazione granulare che si sviluppa in alcuni processi infiammatori (p.e. nella tubercolosi).

granuloso [-ló-] *agg.* che contiene granuli, che è formato da granuli: *superficie granulosa*.

grappa[1] *s.f.* acquavite di vinacce, a forte gradazione alcolica.

grappa[2] *s.f.* (*edil.*) sbarretta di ferro, ripiegata agli estremi, per collegare pietre da costruzione, tavole, pali o per fissare rivestimenti alle murature.

grappino[1] *s.m.* ancorotto con quattro marre per l'ormeggio di imbarcazioni.

grappino[2] *s.m.* bicchierino di grappa.

grappolo [gràp-] *s.m.* **1** tipo di infiorescenza e di infruttescenza costituito da un asse centrale con piccoli peduncoli, fiori o frutti: *un — d'uva, di glicine* [*ill. Fiori*] **2** folto gruppo di persone.

graptoliti *s.m.pl.* (*geol.*) fossili caratteristici del silurico a forma di ramoscelli o bastoncini.

grascia [grà-] *s.f.* [pl. *-ce*] **1** spec. *pl.* nel medioevo, le vettovaglie necessarie al consumo di una città e anche il dazio che si doveva pagare per introdurvele **2** il magistrato cittadino che sovrintendeva agli approvvigionamenti **3** (*ant.*) grasso animale, spec. di maiale.

graspo *s.m.* grappolo d'uva a cui sono stati tolti gli acini.

grassaggio [-sàg-] *s.m.* immissione manuale o a pressione di grasso nelle parti snodate di un veicolo.

grassatore [-tó-] *s.m.* chi aggredisce a mano armata per derubare.

grassazione [-zió-] *s.f.* aggressione a mano armata a scopo di rapina.

grassello [-sèl-] *s.m.* calce spenta mista ad acqua.

grassetto [-sèt-] *agg.* e *s.m.* → **neretto**.

grassezza [-séz-] *s.f.* **1** l'essere grasso (detto del corpo dell'uomo e degli animali). CONTR. *magrezza* **2** (*fig.*) grande abbondanza.

grasso *agg.* **1** si dice di persona o animale ben pasciuto, con tessuto adiposo assai abbondante. CONTR. *magro*. ACCR. *grassone* **2** che contiene grasso: *brodo* — / *cucina grassa*, modo di cucinare con molto condimento e con uso prevalente di grassi / *cibi grassi*, a base di carne e grassi animali, un tempo vietati dalla chiesa cattolica il venerdì e oggi ancora in alcuni giorni particolari / *piante grasse*, con foglie molto carnose / *terreno* —, fertile, ben concimato **3** (*fig.*) lauto, abbondante, vantaggioso; ricco, agiato (detto di persona): *annata grassa*; *grassi guadagni* / *la grassa borghesia* **4** untuoso, viscoso, denso: *oli grassi*; *pelle grassa*, untuosa **5** (*fig.*) licenzioso, lascivo: *discorsi grassi*; *barzellette grasse* / *fare grasse risate*, ridere di cuore // *s.m.* **1** tessuto adiposo, anche dell'animale macellato: — *di maiale* **2** (*chim.*) sostanza di origine animale o vegetale, neutra, untuosa, insolubile in acqua, costituita da particolari esteri della glicerina (*gliceridi*), di consistenza liquida (oli), solida (lardo) o semisolida (burro) **3** sostanza untuosa: *una macchia di* —, di unto.

grassoccio [-sòc-] *agg.* piuttosto grasso.

grassume *s.m.* (*spreg.*) eccesso di grasso; insieme di materie grasse.

grata *s.f.* inferriata fatta con piccole sbarre di metallo o di legno incrociate.

gratella [-tèl-] *s.f.* utensile da cucina, costituito da un telaio di sottili sbarre di ferro o da un piano di lamierino ondulato, per arrostire carni o pesci sulla viva fiamma.

graticcio [-tìc-] *s.m.* **1** stuoia di canne o di vimini, usata per essere frutta o allevare bachi da seta **2** qualsiasi struttura di canne, vimini, e simili, intrecciati tra loro e disposti parallelamente su un telaio.

graticola [-tì-] *s.f.* → **gratella**.

gratifica [-tì-] *s.f.* compenso in più del salario stabilito, a carattere ordinario o straordinario.

gratificante *agg.* che dà soddisfazione morale o professionale.

gratificare *v.tr.* [*io gratifico, tu gratifichi ecc.*] **1** dare una gratifica **2** dare soddisfazione morale o professionale; far sentire utile, importante.

gratificazione [-zió-] *s.f.* **1** gratifica **2** soddisfazione morale o professionale.

gratin [*franc.*; *pr.* gratèn] *s.m.* maniera particolare di cuocere al forno le vivande cospargendole di besciamella, pane o formaggio grattugiato in modo che si formi alla superficie una crosta dorata e croccante.

gratinare *v.tr.* cuocere al gratin.

gratis *avv.* senza pagare, senza ricevere compenso; gratuitamente.

gratitudine [-tù-] *s.f.* sentimento dell'animo grato. SIN. *riconoscenza*. CONTR. *ingratitudine*.

grato *agg.* **1** che ricorda i benefici ricevuti ed è disposto a ricambiarli: *essere* — *a Dio, ai genitori*; *ti sono molto* — *di quanto hai fatto per noi*. SIN. *riconoscente*. CONTR. *ingrato* **2** gradito: *un dono sempre* —.

grattacapo *s.m.* preoccupazione, briga: *avere dei grattacapi*; *dare un* — *a qlcu.* SIN. *fastidio*.

grattacielo [-ciè-] *s.m.* edificio altissimo con molti piani.

grattare *v.tr.* **1** passare ripetutamente le unghie sulla superficie di qlco.: *grattarsi il naso* **2** graffiare, raschiare; grattugiare: — *via l'intonaco dal muro*; — *il formaggio* / *assol.* provocare una grattata nel cambio di un autoveicolo **3** (*pop.*) rubare.

grattata *s.f.* **1** l'atto del grattare o del grattarsi **2** rumore stridente prodotto dallo sfregamento degli ingranaggi del cambio in un autoveicolo a causa dell'innesto difettoso di una marcia.

grattatura *s.f.* atto del grattare; il segno che rimane sulla pelle grattata.

grattugia [-tù-] *s.f.* [*pl. -gie* o *-ge*] utensile da cucina di lamiera bucherellata, sul quale si sfregano pezzi di pane, formaggio e simili per ridurli in briciole / — *elettrica*, piccolo elettrodomestico che compie la stessa operazione, di solito per mezzo di organi rotanti.

grattugiare *v.tr.* [*io grattùgio ecc.*] ridurre in briciole con la grattugia.

gratuità *s.f.invar.* qualità di ciò che è gratuito.

gratuito [-tùi-] *agg.* **1** che non si paga, che non costa nulla: *ingresso* — / — *patrocinio*, assistenza legale che lo stato fornisce ai non abbienti **2** (*fig.*) che non ha fondamento: *accuse gratuite* // **-mente** *avv.* **1** senza spesa, senza compenso: *collaborare* — **2** senza giusto motivo.

gravame *s.m.* **1** peso (spec. *fig.*); tassa, imposta. SIN. *carico* **2** (*dir.*) atto con cui si chiede la revisione di una sentenza ritenuta ingiusta.

gravare *v.intr.* premere col proprio peso su qlco. (anche *fig.*): *l'architrave grava su due pilastri*; *la responsabilità grava su di me* // *v.tr.* opprimere con pesi (spec. *fig.*): — *di imposte il commercio*. SIN. *caricare*. CONTR. *sgravare*.

gravato *agg.* sottoposto a un peso (anche *fig.*): *una persona gravata di debiti*. SIN. *carico*.

grave *agg.* **1** pesante; difficile da sostenere (anche *fig.*): *fardello, fatica* —; *responsabilità, dolore* —. SIN. *oneroso* **2** importante, che implica notevole impegno, rischio o pericolo: *decisione, situazione* —; *un* — *errore*; *malattia* —, che mette in pericolo la vita **3** serio, posato, solenne: *aspetto, tono* —. SIN. *austero* **4** (*gramm.*) si dice dell'accento posto sulle vocali *e, o* toniche per indicarne la pronuncia aperta **5** (*mus.*) basso (in opposizione ad *acuto*): *nota* — // **-mente** *avv.* in modo grave: *è* — *ammalato*.

graveolente [-lèn-] *agg.* (*lett.*) che ha odore forte e sgradevole.

gravezza [-vèz-] *s.f.* **1** pesantezza (spec. *fig.*) **2** (*lett.*) imposta, tassa.

gravidanza *s.f.* stato fisiologico in cui si trova la femmina dei mammiferi dal giorno del concepimento al parto.

gravidico [-vì-] *agg.* [pl.m. *-cì*] relativo alla gravidanza, caratteristico della gravidanza: *tossicosi gravidica*.

gravido [grà-] *agg.* **1** che è in stato di gravidanza (detto della femmina dei mammiferi) **2** (*fig.*) carico, pieno: *parole gravide di minaccia* / *panino* —, imbottito.

gravimetria [-trì-] *s.f.* studio della gravità terrestre, delle sue proprietà e dei suoi influssi.

gravina[1] *s.f.* strumento con manico di legno, il cui ferro serve da una parte come zappa, dall'altra comè piccone.

gravina² *s.f.* larga e profonda spaccatura del terreno, a pareti molto inclinate.

gravità *s.f.invar.* **1** qualità di ciò che è grave; importanza: — *di una colpa, di una malattia* **2** aspetto severo, dignità di portamento; solennità: *parlare con —*. SIN. *austerità* **3** (*fis.*) forza con cui la Terra attrae i corpi verso la propria superficie, in direzione verticale.

gravitare *v.intr.* [*io gràvito ecc.*] **1** tendere a un punto o girare attorno ad esso, per la legge della gravitazione: *ogni peso gravita al centro della Terra*; *i pianeti gravitano intorno al Sole* **2** (*fig.*) muoversi nell'orbita di un'idea, di una persona, di un organismo collettivo: *gli stati satelliti gravitano intorno ai più potenti* **3** pesare, gravare col proprio peso: *la cupola gravita sui muri perimetrali*.

gravitazionale *agg.* (*fis.*) proprio della gravitazione: *campo —*.

gravitazione [-zió-] *s.f.* (*fis.*) proprietà delle masse materiali di attirarsi reciprocamente con una forza direttamente proporzionale alle loro masse e inversamente proporzionale al quadrato delle loro distanze: — *universale*.

gravitone [-tó-] *s.m.* (*fis.*) quanto del campo gravitazionale, la cui esistenza non è provata.

gravosità *s.f.invar.* qualità di ciò che è gravoso.

gravoso [-vó-] *agg.* che pesa, che opprime col proprio peso (anche *fig.*). SIN. *pesante, faticoso*.

grazia [grà-] *s.f.* **1** insieme di qualità naturali che conferiscono una bellezza lieve, una particolare leggiadria e armonia: *la — di un volto, di un dipinto / le Grazie*, le tre figure mitologiche, dee della bellezza, della grazia e della vita serena **2** compostezza di atteggiamenti e di gesti: *muoversi, parlare con —*; *non avere —*, si dice di cosa malfatta o di persona rozza. SIN. *garbatezza, garbo* **3** buona disposizione d'animo verso gli altri: *trovare — presso qlcu., entrare nelle grazie di qlcu.*, riuscirgli gradito **4** concessione straordinaria fatta da un superiore a un inferiore per generosità; condono parziale o totale di una pena da parte del capo dello stato: *impetrare, chiedere una —*; *il condannato ha ottenuto la — / colpo di —*, che serve a provocare un definitivo tracollo / *far — di una cosa a qlcu.*, dispensarlo da un obbligo / *di —*, per favore / *- troppa —!*, si dice per ringraziare di un beneficio ó di una lode generosa o inaspettata **5** (*teol.*) donó gratuito soprannaturale concesso da Dio all'uomo perché questi possa operare il bene che gli meriterà la vita eterna / *morire in — di Dio*, senza peccato mortale / *stato di —*, stato di chi non è in peccato; (*fig.*) momento di particolare benessere spirituale e fisico / *anno di —*, dell'era volgare **6** (*teol.*) concessione straordinaria che Dio fa all'uomo direttamente o per intercessione delle creature celesti: *chiedere una — alla Madonna*; *ricevere una — / per — di Dio e volontà della nazione*, formula solenne usata dai sovrani / *tutta quella — di Dio*, tutte quelle cose belle e buone (da mangiare, da bere ecc.) **7** riconoscenza: *rendere — a qlcu.*, esprimergli la propria gratitudine / *grazie, grazie tante, grazie mille*, espressioni di ringraziamento / *in — di, grazie a qlcu., qlco.*, con l'aiuto, per opera di qlcu., qlco.

graziare *v.tr.* [*io gràzio ecc.*] **1** concedere la grazia a un condannato **2** (*fig.*) concedere qlco. per grazia: *qlcu. di un beneficio*.

grazioso [-zió-] *agg.* che ha grazia; che è fatto con grazia; piacevole: *una graziosa fanciulla*; *un — cappellino*. SIN. *aggraziato, bello, vezzoso*.

greca [grè-] *s.f.* motivo ornamentale di tipo geometrico.

grecale *agg.* e *s.m.* si dice di vento impetuoso di nord-est, caratteristico delle regioni mediterranee meridionali.

grecismo [-ʃmo] *s.m.* parola, locuzione propria della lingua greca o di origine greca.

grecista *s.m.* e *f.* [pl.m. *-i*] chi si dedica allo studio della lingua e della letteratura greca.

grecità *s.f.invar.* **1** la civiltà greca, nel suo complesso o nelle sue manifestazioni artistiche e culturali **2** l'essere greco.

grecizzare [-ciʒʒa-] *v.tr.* dare forma greca a qlco.: *i poeti dell'Arcadia grecizzavano il loro cognome // v.intr.* comportarsi alla greca; usare costrutti propri della lingua greca.

greco [grè-] *agg.* [pl.m. *-ci*] della Grecia (antica o moderna) // *s.m.* **1** abitante, nativo della Grecia; lingua antica o moderna della Grecia **2** vento di nord-est, grecale.

gregario [-gà-] *s.m.* **1** soldato semplice; (*fig.spreg.*) seguace, privo di iniziativa propria, di un partito, di un'associazione ecc.: *un semplice — di partito* **2** (*sport*) il corridore che appartiene a una squadra e che deve favorire la corsa di un capitano.

gregge [grég-] *s.m.* [pl.f. *le greggi*, pl.m. (*rar.*) *i greggi*] **1** gruppo numeroso di pecore o altri ovini, guidato e custodito da un pastore: *pascolare il — / il — dei cristiani*, i cristiani laici guidati spiritualmente dal clero **2** (*fig.*) moltitudine di persone prive di iniziativa e di energie, pronte a ubbidire o approvare senza discutere: *un — di adulatori*.

greggia [grég-] *s.f.* [pl. *-ge*] (*lett.*) gregge.

greggio [grég-] *agg.* **1** si dice di ogni materia non lavorata né trattata con speciali procedimenti: *zucchero, minerale —*; *seta greggia* **2** (*fig.*) rozzo, non raffinato.

gregoriano *agg.* **1** si dice della musica liturgica perfezionata e ordinata in raccolta da papa Gregorio I: *canto —* **2** si dice del nostro calendario come è ora, dopo le correzioni volute da papa Gregorio XIII (1582).

gre gre [grè grè] *voce onom.* imita il verso della rana.

grembiale, grembiule *s.m.* indumento che copre la parte anteriore del corpo, dal petto in giù, usato dalle donne nei lavori domestici o da alcuni artigiani e operai per non insudiciarsi. DIM. *grembialino, grembiulino*.

grembo [grèm-] *s.m.* **1** l'incavo che, in una persona seduta, si forma tra il ventre e le ginocchia: *tenere un gatto in —* **2** il ventre della donna incinta: *avere, portare in —* **3** la parte interna o nascosta di qlco.: *in — alla famiglia*; *il — della montagna*.

gremire *v.tr.* [*io gremisco, tu gremisci ecc.*] riempire fittamente: *gli scolari gremivano l'aula*. SIN. *stipare* // *-irsi v.rifl.pron.* divenire pieno, riempirsi.

gremito *agg.* pieno, fitto: *una sala gremita*.

greppia [grèp-] *s.f.* nelle stalle, la rastrelliera in cui si pone il fieno per le bestie.

greppo [grèp-] *s.m.* pendio ripido e scosceso; ciglio rialzato di una via o di un fosso.

gres [grès] *s.m.invar.* ceramica ad alto grado di cottura, opaca e dura, colorata, usata per fare mattonelle, decorazioni e simili.

greto [grè-] *s.m.* la parte ghiaiosa del letto di un fiume, che rimane asciutta quando le acque sono basse [*ill.* Fiume].

gretola [grè-] *s.f.* **1** scheggia di legno o altro; frammento **2** ciascuna delle stecche che chiudono una gabbia.

grettezza [-téz-] *s.f.* l'essere gretto: — *d'animo*, meschinità morale e intellettuale. SIN. *avarizia, meschinità*.

gretto [grét-] *agg.* che ha idee povere e limitate; poco generoso nello spendere, come nell'agire e nel pensare: *un funzionario onesto ma —*. SIN. *avaro, meschino* // **-mente** *avv.* con grettezza.

greve [grè-] *agg.* (*lett.*) pesante, difficile.

grezzo [grézʒo] *agg.* → **greggio**.

grida *s.f.* antico nome di decreti emanati da autorità locali portati a conoscenza del pubblico dal banditore.

gridare *v.intr.* alzare la voce per farsi sentire, per concitazione o per chiedere aiuto / — *a squarciagola*, il più possibile. SIN. *vociare, urlare, strillare* // *v.tr.* dire, chiedere ad alta voce: — *evviva, al ladro; — aiuto / — allo scandalo*, rivelarlo con sdegno / — *vendetta*, si dice di azione ingiusta che merita castigo.

gridio [-di-] *s.m.* un gridare insistente.

grido *s.m.* [pl.m. *gridi*, degli animali; pl.f. *grida*, degli uomini] l'atto del gridare; voce emessa con forza da uomini o da animali (anche *fig.*): *il — della folla, dello sciacallo; — di dolore; dare, cacciare, emettere un —; le grida dei ragazzi; i gridi degli uccelli / di —*, di gran fama: *un medico di —*.

grifagno *agg.* **1** si dice di uccello rapace, con becco adunco e artigli **2** (*fig.*) minaccioso, fiero: *occhi grifagni*.

grifo *s.m.* **1** la parte allungata e mobile del muso del porco **2** → **grifone**.

grifone [-fó-] *s.m.* **1** grosso uccello rapace diurno, con testa e collo senza penne e un collare di piume molli alla base del collo; si ciba di carogne (*fam.* Accipitridi) **2** (*mit.* e *arald.*) animale favoloso, mezzo aquila e mezzo leone.

grigiastro *agg.* di colore grigio sporco.

grigio [grì-] *agg.* **1** di colore intermedio tra il bianco e il nero: *un sasso — / — azzurro*, tendente all'azzurro / *capelli grigi*, brizzolati **2** (*fig.*) monotono, malinconico: *una vita grigia* // *s.m.* il colore grigio.

grigiore [-gió-] *s.m.* aspetto o qualità di ciò che è grigio (anche *fig.*).

grigioverde [-vèr-] *agg.* di colore grigio tendente al verde // *s.m.* il colore della divisa dell'esercito italiano fino al 1945.

griglia [grì-] *s.f.* **1** gratella **2** (*mecc.*) telaio munito di sbarre trasversali **3** (*fig.*) schema, serie di elementi prefissati con i quali confrontare qualche cosa: — *interpretativa; una — per la raccolta dei dati*.

grigliare *v.tr.* [*io griglio ecc.*] cuocere alla griglia.

grigliata *s.f.* quantità di cibo alla griglia: *un'abbondante — di pesce*.

grignolino *s.m.* vino rosso, asciutto, prodotto in provincia di Asti.

grill *s.m.invar.* griglia per cucinare cibi ai ferri; anche, locale dove si cucina alla griglia, o forma abbreviata di → **autogrill**.

grillare *v.intr.* gorgogliare; si dice di olio o grassi che cominciano a friggere o del vino che comincia a bollire nel tino.

grilletto [-lét-] *s.m.* nelle armi da fuoco, piccola leva che, premuta col dito, fa scattare la molla provocando lo sparo [*ill. Fucile*].

grillo *s.m.* insetto ortottero, nero, con lunghe antenne, saltatore, che scava le sue tane nei prati; i maschi emettono un suono stridulo (*fam.* Grillidi) / *avere i grilli per il capo*, avere desideri irrealizzabili, capricci.

grillotalpa *s.m.* e *f.* [pl.m. *grillitalpa*; pl.f. *grillotalpe*] insetto ortottero simile al grillo, di color grigio-terreo;

con le zampe anteriori scava gallerie nel terreno danneggiando fortemente le radici (*fam.* Grillidi).

grill-room [*ingl.*; *pr.* grilrùum] *s.m.* locale pubblico specializzato in cucina alla griglia.

grimaldello [-dèl-] *s.m.* ferro ritorto a un'estremità, atto ad aprire serrature senza far uso di chiavi.

grinfia [grìn-] *s.f.* artiglio o zampa fornita di artigli / *cadere nelle grinfie di qlcu.*, cadere in suo potere.

gringo *agg.* e *s.m.* (*spagn.*) appellativo, spesso spreg., dato dai sudamericani agli stranieri bianchi, spec. statunitensi.

grinta *s.f.* **1** faccia arcigna e corrucciata: *mi guardò con una — da far paura*. SIN. *ghigna, grugno* **2** (*fig.*) aggressività e decisione, volontà e capacità di competere.

grintoso [-tó-] *agg.* che ha grinta (spec. in senso *fig.*).

grinza *s.f.* ruga, piegatura della pelle, della stoffa o di altre cose che dovrebbero essere lisce: *una faccia piena di grinze; questo vestito ti fa qualche — / non fa una —*, si dice di un abito che sta a pennello; (*fig.*) di ragionamento che fila diritto o di calcolo esatto.

grinzoso [-zó-] *agg.* pieno di grinze. SIN. *rugoso*.

grippaggio [-pàg-] *s.m.* atto, effetto del gripparsi.

grippare *v.intr.*, **-arsi** *v.rifl.pron.* in un motore, l'arrestarsi del pistone nel cilindro per mancanza di lubrificazione ed eccessivo riscaldamento.

grippe [*franc.*; *pr.* grip] *s.f.* affezione influenzale.

grisaglia [-fà-] *s.f.* stoffa di lana pettinata, di colore bianco-nero screziato che dà effetto di grigio.

grisella [-fèl-] *s.f.* spec. *pl.* sulle navi, ciascuna delle funi, fissate orizzontalmente alle sartie, che servono da gradini per salire sull'alberatura.

grisou [*franc.*; *pr.* grisù] *s.m.* miscela esplosiva di metano e aria che si forma nelle miniere di carbone, di metalli e di zolfo.

grissinificio [-fì-] *s.m.* fabbrica di grissini.

grissino *s.m.* bastoncino di pane sottile e croccante.

groenlandese [-dé-] *agg.* della Groenlandia // *s.m.* e *f.* abitante della Groenlandia.

grog [*ingl.*; *pr.* gròg] *s.m.* bevanda a base di rum o cognac, zucchero e acqua calda.

groggy [*ingl.*; *pr.* grògi] *agg.* si dice di pugile stordito dai pugni ricevuti, e per estens. di persona stanca, fisicamente mal ridotta.

grolla [gròl-] *s.f.* coppa di legno con coperchio, tipica della Val d'Aosta.

gromma [gróm-] *s.f.* **1** incrostazione di tartaro che il vino lascia nelle botti **2** deposito lasciato dall'acqua nelle tubazioni.

grommare *v.intr.* [*io grómmo ecc.*] ricoprirsi di gromma.

grommoso [-mó-] *agg.* incrostato, ricoperto di gromma o di altra sostanza analoga.

gronda [grón-] *s.f.* **1** la parte del tetto che sporge dal muro esterno dell'edificio [*ill. Edilizia*] **2** (*fig.*) piano inclinato che nella forma ricorda una gronda: *cappello a —*, con la tesa inclinata.

grondaia [-dà-] *s.f.* **1** canale semicilindrico di lamiera fissato alla gronda per raccogliere l'acqua piovana e portarla a terra **2** lo spazio tra due filari di embrici sul tetto.

grondante *agg.* intriso, zuppo: — *di pioggia*.

grondare *v.intr.* [*io gróndo ecc.*] **1** cadere giù dalla gronda (detto dell'acqua); per estens., venire giù come da una goccia; sgorgare: *gli sudore gli grondava dalla fronte* **2** lasciar cadere un liquido: *i tetti grondano* // *v.tr.* versare: *la ferita grondava sangue*.

grongo [grón-] *s.m.* [pl. -*ghi*] pesce marino commestibile, simile a una grande anguilla, di color nero o bianchiccio.

groppa [gròp-] *s.f.* **1** parte posteriore del dorso dei quadrupedi, dai lombi alla radice della coda: *montare in — al cavallo* [*ill. Cavallo*] **2** (*fig.*) schiena dell'uomo / *avere molti anni sulla —*, essere molto anziano / *piegare la —*, essere ossequiente, servile, oppure fare un lavoro faticoso / *restare sulla —*, si dice di oggetti comperati che non si riesce più a rivendere **3** cima tondeggiante: *— d'un monte.*

groppiera [-piè-] *s.f.* finimento del cavallo in forma di striscia, dalla sella alla coda [*ill. Cavallo*].

groppo [gróp-] *s.m.* **1** viluppo, nodo intricato / *aver un — alla gola*, avvertire un senso di stringimento alla gola, in seguito a commozione intensa **2** raffica di vento violento e improvviso di breve durata.

groppone [-pó-] *s.m.* **1** (*scherz.*) schiena, groppa: *piegare il —*, sgobbare; assoggettarsi a un lavoro umiliante / *accarezzare il — a qlcu.*, bastonarlo **2** parte posteriore estrema del dorso degli uccelli.

gros-grain [*franc.*; *pr.* gró-grèn] *s.m.* **1** tipo di tessuto pesante di seta a sottili coste rilevate **2** nastro di tessuto rigido cordonato, usato spec. per sostenere gli abiti femminili intorno alla vita.

grossa [gròs-] *s.f.* **1** unità di misura commerciale equivalente a dodici dozzine **2** la terza dormita dei bachi da seta / *dormire della —*, profondamente.

grossetano *agg.* di Grosseto // *s.m.* abitante di Grosseto.

grossezza [-sèz-] *s.f.* le dimensioni di un corpo in riferimento al volume, al diametro o allo spessore di esso; condizione di ciò che ha dimensioni maggiori dell'ordinario: *la — di una sfera, di una fune, di un muro.*

grossista *s.m. e f.* [pl.m. -i] commerciante che compra e vende all'ingrosso.

grosso [gròs-] *agg.* **1** di proporzioni maggiori dell'ordinario: *un uomo grande e —*, alto e robusto / *mare —*, agitato / *fiume —*, in piena / *avere il fiato —*, avere l'affanno. SIN. *grande* **2** che ha dimensioni maggiori di altra cosa della stessa specie / *dito —*, pollice della mano, alluce del piede / *caccia grossa*, di animali di grandi proporzioni, spec. di belve / *sale —*, di grana grossa **3** notevole, impegnativo, grave: *un — sforzo; un — guaio / è accaduto qlco. di —*, qlco. d'importante / *farla grossa*, fare una marachella / *dirla grossa*, dire uno sproposito / *questa è grossa*, è un fatto eccezionale / *pezzo —*, persona importante e autorevole **4** (*fig.*) rozzo, non raffinato: *panno —*, di qualità inferiore / *vino —*, carico e denso / *fare la voce grossa*, parlare in tono aspro e risentito / *parole grosse*, gravemente offensive / *— di cervello*, poco intelligente / *— modo*, press'a poco **5** importante, grande, detto di persona: *un — musicista* // *s.m.* la parte più grossa o più importante di qlco.: *il — delle spese; il — dell'esercito / di —*, molto: *sbagliare di —.*

grossolanità *s.f.invar.* **1** l'essere grossolano. SIN. *rozzezza.* CONTR. *raffinatezza* **2** atto, parola da persona grossolana.

grossolano *agg.* **1** si dice di cosa poco fine nella materia o di esecuzione poco accurata. SIN. *ordinario, dozzinale* **2** si dice di persona di modi volgari e poco raffinati e di scarsa educazione. SIN. *rozzo.*

grotta [gròt-] *s.f.* **1** cavità naturale o artificiale, scavata a entro i fianchi di un monte o sottoterra. SIN. *caverna, antro, spelonca* **2** locale sotterraneo di un edificio, dove d'estate si tiene in fresco il vino.

grottesca [-té-] *s.f.* decorazione, spec. pittorica, di soggetto bizzarro.

grottesco [-té-] *agg.* [pl.m. -chi] stranamente bizzarro e deforme, tale da muovere al riso: *personaggio —*; *situazione grottesca.*

groviera [-viè-] *s.f.* qualità di formaggio a occhi, tipico della regione di Gruyère (Svizzera).

groviglio [-vì-] *s.m.* nodo, viluppo di fili arruffati; per estens., di altre cose intricate: *— di rami, di persone, di idee.* SIN. *intrico, garbuglio.*

gru *s.f.invar.* **1** grosso uccello migratore grigio, con becco, collo, gambe molto lunghi; frequenta i luoghi paludosi **2** macchina per sollevare e spostare carichi [*ill. Edilizia*].

gruccia [grùc-] *s.f.* [pl. -ce] **1** lungo bastone di legno o metallo, munito all'estremità superiore di un sostegno incavato, sul quale appoggia l'ascella di chi non può reggersi liberamente sulle proprie gambe. SIN. *stampella* **2** nome che designa vari arnesi a forma di gruccia; in particolare, il gancio a cui s'appendono i vestiti nell'armadio.

grufolare *v.intr.* [*io grùfolo ecc.*] **1** raspare e cercare con il grifo, grugnendo (detto del porco) **2** (*fig.*) mangiare rumorosamente e ingordigia.

grugnire *v.intr.* [*io grugnisco, tu grugnisci ecc.*] **1** si dice del verso del porco **2** (*fig.spreg.*) brontolare a denti stretti.

grugnito *s.m.* il grugnire (anche *fig.*).

grugno *s.m.* **1** il muso del porco **2** (*spreg.* o *scherz.*) il viso dell'uomo: *lavati il —!* **3** espressione corrucciata. SIN. *grinta.*

gruista *s.m. e f.* [pl.m. -i] chi per mestiere conduce una gru.

grullaggine [-làg-] *s.f.* l'essere grullo, caratteristica di chi, di ciò che è grullo. SIN. *balordaggine.*

grulleria [-rì-] *s.f.* atto, parola da grullo. SIN. *balordaggine.*

grullo *agg.* che ha scarsa intelligenza, che si lascia ingannare. SIN. *balordo, sciocco.*

gruma *s.f.* **1** gromma **2** incrostazione che lascia il tabacco nel fornello della pipa.

grumello [-mèl-] *s.m.* vino rosso, asciutto, prodotto in Valtellina.

grumo *s.m.* coagulo di sangue o di altri liquidi.

grumolo [grù-] *s.m.* la parte più interna e più tenera di un cavolo o di un cespo d'insalata.

grumoso [-mó-] *agg.* fatto di grumi, pieno di grumi.

gruppettaro *agg. e s.m.* epiteto spreg. dato dai partiti tradizionali della sinistra agli appartenenti ai piccoli gruppi politici degli anni Sessanta, detti anche *gruppetti* o *gruppuscoli.*

gruppetto [-pét-] *s.m.* **1** (*mus.*) ornamento musicale costituito da quattro note che si sviluppano intorno a una nota base **2** piccolo gruppo politico di sinistra, fuori dai partiti tradizionali e dalle istituzioni.

gruppo *s.m.* **1** persone o cose radunate insieme **2** insieme di persone che svolgono una medesima attività o appartengono a un'associazione: *— parlamentare, sportivo* **3** nelle arti figurative, rappresentazione di più persone o cose: *un — del Canova; — fotografico* **4** insieme di imprese controllate da una holding finanziaria: *il — FIAT* **5** — *sanguigno*, (*biol.*) ognuna delle classi in cui si suddividono gli uomini in base ai vari tipi di sangue.

gruppuscolo [-pù-] *s.m.* lo stesso che *gruppetto*, in politica.

gruviera [-viè-] *s.f.* → **groviera**.

gruzzolo [grùz-] *s.m.* mucchietto di monete; i denari accumulati a poco a poco.

guaco *s.m.* pianta erbacea medicinale originaria dell'America centrale e meridionale (*fam.* Composite).

guada *s.f.* pianta dal fusto poco ramoso, con fiori gialli raccolti a grappolo, dalla quale si ricava una sostanza colorante gialla (*fam.* Resedacee).

guadagnare *v.tr.* **1** ricavare utile, profitto, da un lavoro; ottenere come riconoscimento di meriti: — *un ottimo stipendio*; — *bene* / *guadagnarsi la vita*, procurarsi il denaro necessario ai bisogni della vita / — *molte lodi* / *guadagnarsi un rimprovero*, (*iron.*) subirlo **2** trarre beneficio, procurarsi qlco. a proprio vantaggio: *non hai nulla da guadagnarci a comportarti così* / — *una persona*, farsela amica, trarla dalla propria parte / — *l'animo, la benevolenza di qlcu.*, renderlo ben disposto verso di sé / — *tempo*, risparmiare tempo; ottenere una dilazione / — *terreno*, avanzare e occupare un territorio (detto di esercito); prender vantaggio sugli altri (detto di corridori) / *queste idee guadagnano terreno*, si estendono e si affermano / — *la cima di un monte*, raggiungerla con sforzo.

guadagno *s.m.* **1** il guadagnare: *bada solo al* — **2** il denaro che si guadagna; ogni utile ottenuto come compenso: *ricco* —; — *lordo*, da cui si devono detrarre le spese; — *netto*, tolte le spese / *bestie da* —, che s'allevano per utilizzarne i prodotti / *hai fatto un bel* —, (*iron.*) hai perduto qualcosa, ti sei procurato un guaio. SIN. *profitto, vantaggio.*

guadare *v.tr.* passare un corso d'acqua toccando il fondo, senza nuotare.

guadino *s.m.* rete di forma conica con lungo manico, impiegata per tirare in superficie pesci di notevoli dimensioni, pescati con l'amo.

guado[1] *s.m.* il punto in cui un corso d'acqua si può guadare; (*fig.*) punto critico di un percorso / *passare a* —, guadare.

guado[2] *s.m.* pianta erbacea con fiori piccoli gialli e foglie lanceolate (*fam.* Crocifere).

guaglione [-glió-] *s.m.* (*dial.*) ragazzo.

guai *inter.* esclamazione di minaccia: — *ai vinti!*; — *a voi!*

guaiaco *s.m.* [pl. -*chi*] albero tipico dell'America centrale; se ne ricava una resina medicinale (*fam.* Zigofillacee).

guaiacolo [-cò-] *s.m.* sostanza che si estrae dalla distillazione della resina di guaiaco e si usa in farmacia soprattutto come disinfettante delle vie respiratorie.

guaina *s.f.* **1** custodia di cuoio o di metallo in cui si ripongono armi o ferri da taglio **2** (*anat.*) membrana più o meno sottile che ricopre un vaso, un nervo e simili **3** busto intero di tessuto elastico: *abito a* —, aderente come una guaina **4** largo orlo entro cui si fa passare un cordoncino per stringere l'apertura di una borsa ecc.

guaio [guà-] *s.m.* disgrazia; situazione difficile; danno. SIN. *inconveniente.*

guaiolare *v.intr.* [*io guàiolo ecc.*] si dice della voce del cane quando si lamenta.

guaire *v.intr.* [*io guaisco, tu guaisci ecc.*] emettere guaiti.

guaito *s.m.* voce acuta, breve e lamentosa emessa dal cane quando prova dolore.

gualchiera [-chiè-] *s.f.* macchina per lo più mossa da acqua che serve a dare maggiore consistenza a un tessuto, comprimendolo tra magli.

gualcire *v.tr.* [*io gualcisco, tu gualcisci ecc.*] sgualcire. SIN. *spiegazzare.*

gualdrappa *s.f.* drappo riccamente lavorato che si pone tra la sella e la groppa del cavallo in occasione di parate o simili.

guanaco *s.m.* [pl. -*chi*] mammifero ruminante sudamericano, con pelo bruno rossiccio, simile a un piccolo lama (*fam.* Camelidi).

guancia [guàn-] *s.f.* [pl. -*ce*] **1** gota **2** ciascuna delle parti simmetriche di molti oggetti: *le guance dell'aratro* / *la* — *del fucile*, parte del calcio alla quale il tiratore appoggia la guancia nel tirare **3** parte carnosa della testa nelle bestie macellate.

guanciale *s.m.* **1** cuscino, spec. quello su cui si appoggia il capo stando a letto / *dormire tra due guanciali*, essere molto tranquillo sull'esito di qlco. **2** lardo con venature di magro che si ottiene salando la guancia del maiale.

guano *s.m.* prodotto ricco di fosforo e azoto, proveniente da depositi naturali di escrementi di uccelli; usato come fertilizzante.

guantaio [-tà-] *s.m.* chi fabbrica o vende guanti.

guantiera [-tiè-] *s.f.* **1** scatola dove si tengono i guanti **2** vassoio per servire dolci, gelati ecc.

guanto *s.m.* copertura della mano che ne segue la forma, per lo più con le dita staccate l'una dall'altra / *mezzi guanti*, che lasciano a metà scoperte le dita / *ladro in guanti gialli*, che ha l'aspetto di persona onesta / *trattare qlcu. con i guanti*, con delicatezza e riguardo / *mani di ferro in* — *di velluto*, si dice di chi ha fermezza di carattere e dolcezza di modi / *gettare, raccogliere il* —, sfidare qlcu., accettare la sfida.

guantone [-tó-] *s.m.* guanto imbottito usato nel pugilato.

guappo *s.m.* (*dial.*) individuo facinoroso e arrogante.

guardaboschi [-bò-] *s.m.invar.* agente incaricato di sorvegliare i boschi onde evitarvi caccia abusiva, tagli abusivi, accensione di fuochi.

guardacaccia [-càc-] *s.m.invar.* agente incaricato di far rispettare le leggi sulla caccia.

guardacoste [-cò-] *s.m. invar.* nave armata adibita alla difesa delle coste o alla repressione del contrabbando.

guardafili *s.m.invar.* operaio addetto alla manutenzione di linee elettriche, telegrafiche, telefoniche.

guardalinee [-li-] *s.m.invar.* **1** operaio addetto alla sorveglianza di un tratto di linea ferroviaria **2** ciascuno dei giudici che coadiuvano l'arbitro durante la partita di calcio, controllando il gioco dalle linee laterali.

guardamano *s.m.invar.* parte di una macchina, di un attrezzo, di un'arma, destinata a riparare la mano.

guardapesca [-pé-] *s.m.invar.* guardia incaricata di far rispettare le leggi sulla pesca.

guardaportone [-tó-] *s.m.invar.* portiere di palazzi signorili, di teatri e simili.

guardare *v.tr.* **1** rivolgere, fissare lo sguardo su qlco. o su qlcu.: — *male, storto, di traverso, in cagnesco*, con antipatia e ostilità / *non* — *in faccia a nessuno*, non farsi scrupoli nei riguardi di nessuno / *guarda un po'!*; *guarda guarda!*, esclamazioni di sorpresa / *prov.*: — *e non toccare è una cosa da imparare*, si dice ai bambini per insegnar loro a non toccare gli oggetti fragili o pericolosi / *assol.* volgere lo sguardo, prestare attenzione: *guardai se lo vedevo*; *guardava fuori* **2** osservare con attenzione; (*fig.*) considerare (anche *assol.*): *guarda un po' tu se ho torto* / — *per il sottile*, essere scrupoloso **3** custodire, sorvegliare / — *le spalle a, di qlcu.*, difenderlo da attacchi di sorpresa / — *a vista*, non perdere d'occhio / *Dio me ne guardi!*, si dice di persona che si teme, di cosa che si vorrebbe evitare **4** mostrare interessamento per qlcu.: *i compagni non guardavano che lui* // *v.intr.* **1** pensare, rivolgersi; prestare attenzione: *guardiamo a lui come a un amico* **2** fare attenzione, badare; dare importanza: *guarda di non sporcarti; — ai risultati* **3** di luogo, essere esposto, essere rivolto, essere orientato: *il lato che guarda a settentrione; la finestra guarda sulla piazza* // **-arsi** *v.rifl.* **1** rivolgere lo sguardo sul proprio corpo o sulla propria immagine: *si guarda allo specchio* **2** difendersi; stare in guardia, fare attenzione; evitare, astenersi: — *dal contagio; si guarda dal bere; guardati bene dal dirlo.*

guardaroba [-rò-] *s.m.invar.* **1** stanza o grande armadio dove si conservano i vestiti e la biancheria **2** luogo in cui nei locali pubblici si depositano, entrando, il soprabito, il cappello e simili **3** l'insieme degli abiti e degli accessori posseduti da una persona.

guardarobiere [-biè-] *s.m.* [f. *-a*] **1** persona di servizio che provvede alla pulizia e al riordino del vestiario e della biancheria **2** chi è addetto al guardaroba di un locale pubblico.

guardasala *s.m.invar.* nelle stazioni ferroviarie, impiegato addetto alla sorveglianza delle sale d'aspetto.

guardasigilli *s.m.invar.* il ministro della giustizia.

guardata *s.f.* il guardare in fretta e superficialmente. SIN. *occhiata, sguardo.*

guardia [guàr-] *s.f.* **1** l'atto del custodire, vigilare; custodia, vigilanza: *affidò il bimbo alla — della bambinaia; far buona, cattiva — / cane da — / essere, stare di —*, si dice di soldati, medici, custodi e simili quando sono di servizio; — *medica*, ambulatorio per le cure mediche in cui un sanitario è sempre di servizio / *montare, smontare la —*, di soldati, iniziare, finire il proprio turno di vigilanza; *corpo di —*, l'insieme dei soldati che partecipano allo stesso turno di vigilanza; il locale in cui essi si raccolgono **2** complesso delle persone, spesso soldati, cui è affidata la custodia o la protezione di uomini o cose: — *reale*; — *del corpo*, persona o gruppo di persone, militari o civili, addette alla difesa personale di qlcu. / *la vecchia —*, il gruppo tradizionale, i fondatori, i primi aderenti a un'organizzazione **3** ognuno degli appartenenti a certi corpi armati: *fuggì ma fu preso dalle guardie;* — *carceraria;* — *di finanza;* — *forestale* **4** nella scherma e nel pugilato, posizione di difesa: *mettersi, stare in —*, assumere una posizione di difesa di fronte all'avversario; (*fig.*) mettersi sull'avviso contro un pericolo; *mettere qlcu. in — contro qlco.*, (*fig.*) avvertirlo dei pericoli cui va incontro **5** nella pallacanestro, ciascuno dei giocatori, spesso di bassa statura, che hanno il compito di portare in avanti il pallone **6** l'altezza segnata sull'argine di un fiume indicante il limite cui l'acqua può giungere senza pericolo: *il Po è un metro sotto la —* **7** foglio di carta bianco che il legatore pone all'inizio di un libro, fra la copertina e il frontespizio, e alla fine di esso, fra l'ultima pagina e la copertina.

guardiacaccia [-càc-] *s.m.invar.* → **guardacaccia.**

guardiamarina *s.m.invar.* primo grado degli ufficiali di vascello della marina da guerra.

guardiano *s.m.* **1** persona addetta alla custodia e alla sorveglianza **2** nei conventi francescani, il padre superiore.

guardina *s.f.* camera di sicurezza, luogo dove vengono trattenute, durante le prime indagini, le persone fermate dalla polizia.

guardinfante *s.m.* intelaiatura circolare di ferro o di vimini, a forma di campana, che le donne portavano un tempo sotto la gonna per tenerla gonfia.

guardingo *agg.* [pl.m. *-ghi*] che agisce con cautela per timore di essere sorpreso, colto in fallo. SIN. *circospetto, prudente.*

guardiola [-diò-] *s.f.* piccolo vano, di solito vetrato, destinato a personale di vigilanza.

guardone [-dó-] *s.m.* (*region.*) → **voyeur.**

guardrail [*ingl.; pr.* gàadreil] *s.m.* riparo che corre a lato di corsie stradali.

guarentigia [-tì-] *s.f.* [pl. *-gie* o *-ge*] (*dir.*) assicurazione solenne relativa a un determinato comportamento futuro data a chi da tale comportamento trarrà vantaggio.

guari *avv.* (*lett.*) alquanto, molto (usato spec. preceduto da negazione): *or non è —*, poco fa.

guaribile [-rì-] *agg.* che può guarire o essere guarito. CONTR. *inguaribile.*

guarigione [-gió-] *s.f.* il guarire, il ricuperare la salute.

guarire *v.tr.* [*io guarisco, tu guarisci* ecc.] ridare la salute a qlcu.: *mi guarì del* (o *dal*) *mal di testa; con pazienza lo guarirò delle* (o *dalle*) *sue paure.* SIN. *risanare* // *v.intr.* ricuperare la salute.

guaritore [-tó-] *s.m.* [f. *-trice*] chi, con mezzi empirici o comunque non riconosciuti dalla scienza, guarisce o pretende di guarire.

guarnigione [-gió-] *s.f.* **1** in pace, le truppe residenti in una città; in guerra, quelle incaricate della difesa diretta di una città o piazzaforte **2** luogo sede di guarnigione.

guarnire *v.tr.* [*io guarnisco, tu guarnisci* ecc.] **1** fornire una cosa o un luogo di ciò che serve al suo completamento o può darle ornamento o difesa: *ho guarnito la camicetta di trine; guarnirono la cittadella di soldati* / *assol.* servire come ornamento: *i fiori guarniscono molto* **2** accompagnare un piatto con contorni o arricchirlo con aggiunte di altri cibi.

guarnitura *s.f.* l'atto del guarnire; le cose che servono a guarnire.

guarnizione [-zió-] *s.f.* **1** il complesso delle cose che servono a guarnire **2** il contorno di un piatto **3** (*tecn.*) elemento, in genere di gomma, cuoio, piombo ecc., che si inserisce fra due superfici metalliche allo scopo di assicurarne la tenuta.

guasconata *s.f.* atto da guascone; fanfaronata, spacconata.

guascone [-scó-] *agg.* della Guascogna // *s.m.* **1** abitante, nativo della Guascogna **2** (*fig.*) fanfarone, spaccone.

guastafeste [-fè-] *s.m.* e *f.invar.* chi turba l'allegria di una festa con parole o atteggiamenti inopportuni.

guastamestieri [-stiè-] *s.m.* e *f.invar.* chi fa ciò che non sa fare; chi intralcia l'altrui attività.

guastare *v.tr.* **1** rovinare, recare danno, ridurre in condizioni cattive, peggiorare (anche *fig.*): *il gelo ha guastato le strade; è un cibo che guasta lo stomaco; le cattive compagnie guastano i giovani / la sua presenza guastò la festa*, ne interruppe la serenità / *guastarsi il sangue*, arrabbiarsi / *assol.* recare danno, nuocere: *un po' di allegria non guasta.* SIN. *corrompere, alterare, danneggiare, deteriorare* **2** disfare, per rifare diversamente, detto spec. di calza o maglia o abito // **-arsi** *v.rifl.pron.* rovinarsi, divenire insensibile; andare a male; peggiorare: *la pendola si è guastata; col caldo il pesce si guasta; il cielo si sta guastando / — con qlcu.*, rompere l'amicizia. SIN. *deperire.*

guastatore [-tó-] *s.m.* fante o geniere specializzato nell'assalto a opere fortificate e nella distruzione di mezzi corazzati.

guasto[1] *agg.* che si è guastato o è stato guastato (anche *fig.*). SIN. *alterato*.

guasto[2] *s.m.* devastazione, danno: *i guasti prodotti dalla bufera*; *un — alla radio*.

guatare *v.tr.* (*lett.*) guardare con interesse, paura, sospetto, stupore o biecamente.

guatemalteco [-tè-] *agg.* [pl.m. -*chi*] del Guatemala // *s.m.* abitante del Guatemala.

guazza *s.f.* velo d'umidità lasciato dalle nebbie notturne condensatesi sul terreno.

guazzabuglio [-bù-] *s.m.* mescolanza confusa di cose varie (anche *fig.*): *un — di idee*. SIN. *farragine*.

guazzare *v.intr.* sguazzare.

guazzetto [-zét-] *s.m.* modo di cuocere la carne o il pesce, in umido, con abbondanza di intingolo brodoso: *coniglio, baccalà in —*.

guazzo *s.m.* **1** un gran bagnato per terra, in genere d'acqua: *guarda il — che hai fatto sul pavimento / essere in un — di sudore*, sudato fradicio **2** varietà di pittura a base di pigmenti colorati disciolti in acqua e colla; *l'opera così dipinta*.

guelfismo [-ʃmo] *s.m.* **1** fazione politica (secc. XIII e XIV) che sosteneva il papato contro l'impero **2** genericamente, ogni tendenza politica di carattere clericale.

guelfo [guèl-] *agg.* e *s.m.* si dice di chi nel medioevo parteggiava per il papa e per le autonomie comunali / *merlatura guelfa*, sulle mura e sui castelli, merlo a profilo superiore piano.

guepière [*franc.*; *pr.* ghepièr] *s.f.* piccolo busto o guaina per stringere la vita.

guercio [guèr-] *agg.* che guarda storto per strabismo, detto sia di persona sia degli occhi // *s.m.* chi guarda torto per strabismo.

guerra [guèr-] *s.f.* **1** lotta armata tra due o più stati o tra fazioni in uno stesso stato: *— aerea, navale, terrestre*; *— atomica, chimica, batteriologica*, combattuta con armi atomiche o chimiche o diffondendo tra i nemici malattie contagiose; *— difensiva, di liberazione, di indipendenza*; *— civile, intestina*, tra cittadini di uno stesso stato; *— di logoramento*, che mira a logorare le forze nemiche; *— di posizione*, combattuta tra eserciti attestati su linee fortificate; *— lampo*, che mira a una soluzione rapida; *zona di —*, tutta la parte del territorio nazionale, anche lontano dal fronte, che è direttamente colpita dalla guerra; *legge di —*, legge straordinaria che vige nel periodo bellico. DIM. *guerricciola* **2** lotta non armata tra due o più stati: *— doganale o di tariffe*, attuata per mezzo dell'aumento dei dazi doganali; *— fredda*, tensione politica alimentata da continui atti di ostilità; *— dei nervi*, attuata diffondendo notizie allarmanti **3** (*fig.*) contesa, ostilità tra individui o gruppi: *una — sorda tra madre e figlia / — a coltello*, accanita, senza pietà.

guerrafondaio [-dà-] *s.m.* chi è fautore della guerra.

guerreggiare *v.intr.* [*io guerréggio ecc.*] far guerra // *v.tr.* combattere (anche *fig.*).

guerresco [-ré-] *agg.* [pl.m. -*chi*] di guerra, incline alla guerra: *racconto —*.

guerriero [-riè-] *agg.* che è proclive alla guerra, combattivo (anche *fig.*): *popolo —*; *animo —* // *s.m.* uomo di guerra, riferito soprattutto ai combattenti delle leggende o delle età antiche: *i guerrieri di Carlo Magno*.

guerriglia [-rì-] *s.f.* guerra combattuta da piccole formazioni autonome e fatta di imboscate, assalti di sorpresa, brevi scontri.

guerrigliero [-gliè-] *s.m.* chi pratica la guerriglia.

gufo *s.m.* **1** uccello rapace notturno di media grossezza, con caratteristici ciuffi neri ai lati del capo, ali lunghe, piume morbide, becco ricurvo (*fam.* Strigidi) **2** (*fig.*) persona non socievole.

guglia [gù-] *s.f.* **1** decorazione architettonica a forma di piramide alta e sottile, usata come ornamento nelle coperture di chiese, campanili, torri ecc. [*ill. Architettura*] **2** cima rocciosa isolata e appuntita.

gugliata [-tó-] *s.f.* il tratto di filo che si infila ogni volta nella cruna dell'ago.

guida *s.f.* **1** atto del guidare: *agire sotto la — di qlcu.*; *andare a lezioni di —*, per imparare a guidare un automezzo **2** chi indica la via da percorrere, anche in senso morale: *— autorizzata*; *— alpina*; *la stella polare fa da — ai naviganti*; *l'insegnante è la — dei giovani* **3** libro per il turista, che illustra i vari aspetti di una città o regione; manuale che introduce allo studio di una disciplina: *— di Londra*; *— alla filosofia morale* **4** si dice di vari oggetti o strumenti che servono per guidare, come la striscia di tappeto che attraversa una stanza, la scanalatura entro cui scorre ognuno dei margini di una tapparella ecc. **5** l'insieme dei comandi che servono per guidare un automezzo: *— a destra*.

guidare *v.tr.* **1** far da guida, accompagnare (anche *fig.*): *— un gruppo di visitatori*; *il faro guida i naviganti*; *— alla conoscenza dell'arte*. SIN. *condurre, indirizzare, istradare* **2** essere a capo, dirigere: *— un'azienda, una spedizione* **3** manovrare un arnese, un automezzo: *— l'aratro, l'automobile / assol.* condurre l'automobile: *guida bene*; *non sa —*.

guidatore [-tó-] *s.m.* [f. -*trice*] chi guida.

guiderdone [-dó-] *s.m.* (*lett.*) ricompensa, premio.

guidone [-dó-] *s.m.* **1** insegna di un'autorità militare **2** bandierina, spec. triangolare.

guidoslitta [-ʃlit-] *s.f.* → **bob**.

guidrigildo *s.m.* nell'antico diritto germanico, il prezzo dell'uomo libero che l'uccisore pagava per evitare la vendetta familiare.

guineano *agg.* della Guinea // *s.m.* abitante della Guinea.

guinzaglio [-zà-] *s.m.* striscia di cuoio, lunga e stretta, che si infila nel collare dei cani per tenerli legati (anche *fig.*): *mettere il — a qlcu.*, non lasciargli fare ciò che vuole.

guisa [-ʃa] *s.f.* modo, maniera / *di — che*, in modo che.

guitto *agg.* che vive sordidamente // *s.m.* nel gergo teatrale, attore da strapazzo.

guizzare *v.intr.* **1** muoversi a scatti, quasi torcendosi e dimenandosi (detto di pesci e d'altre cose che si muovono similmente): *guizzavano lampi*; *la fiamma guizza* **2** balzare, sfuggire, scappar via, scivolar via.

guizzo *s.m.* l'atto del guizzare; vibrazione, sussulto, balzo: *il — del pesce, dei lampi*.

gulag [gù-] *s.m.invar.* (*russo*) campo di detenzione e di lavoro per condannati a gravi pene, in Unione Sovietica (si usa spec. con riferimento a condanne per reati politici).

gulp *inter.* esprime sorpresa, spec. spiacevole.

guru *s.m.invar.* **1** in India, appellativo di rispetto dato a chi si ritiene degno di essere maestro, spec. in campo religioso **2** casacca maschile lunga e accollata, tipica del costume indiano.

guscio [gù-] *s.m.* **1** involucro di alcuni frutti e semi, e dell'uovo di alcuni animali; conchiglia o corazza di molluschi e simili / *chiudersi nel proprio —*, (*fig.*) chiudersi nel proprio ristretto ambiente o in sé stessi **2** piccola barca.

gustare *v.tr.* **1** sentire il sapore per mezzo del gusto; provare piacere sentendo il sapore di qlco.: *ho proprio gustato questo dolce* **2** intendere, apprezzare qlco., ricavandone godimento: *— la musica*.

gustativo *agg.* relativo al senso del gusto: *papille gustative.*

gusto *s.m.* **1** senso che permette di percepire e distinguere i sapori: *la malattia mi ha indebolito il —* **2** proprietà delle diverse sostanze di dare sensazioni gustative: *questa mela non ha —*; *il vino ha un — amaro*. SIN. *sapore* **3** godimento procurato da cibi e bevande, o di qualsiasi altra natura: *mangiare con —*; *non c'è — a parlare con te*. SIN. *piacere*. CONTR. *disgusto* **4** prefe-

renza, inclinazione: *ha il — di prendere in giro; tutti i gusti son gusti* **5** facoltà di giudicare istintivamente i valori estetici: *un fine — musicale; ha buon — nel vestire* **6** maniera, stile: *un paesaggio di — leonardesco.*

gustosità *s.f.invar.* qualità di ciò che è gustoso.

gustoso [-stó-] *agg.* **1** gradevole al gusto: *un pranzetto —*. SIN. *appetitoso, saporoso*. CONTR. *disgustoso* **2** che dà piacere, diverte. SIN. *piacevole*. CONTR. *disgustoso.*

guttaperca [-pèr-] *s.f.* sostanza gommosa che si ricava da un albero delle Indie orientali; ha molte applicazioni nell'industria.

gutturale *agg.* **1** di gola **2** si dice di suono pronunciato con la laringe: *voce —, consonante —*, più spesso designata come *velare.*

gutturalismo [-ʃmo] *s.m.* l'essere gutturale; tendenza istintiva a pronunciare i suoni con la gola.

H

h *s.f.* e *m.* [*acca*] ottava lettera dell'alfabeto, consonante muta.

habitat [hà-] *s.m.invar.* (*lat.*) **1** l'insieme delle condizioni ambientali che favoriscono la vita di determinate specie vegetali e animali **2** (*fig.*) ambiente adatto: *la palestra è il suo —*.

habitué [*franc.*; *pr.* abitüé] *s.m.* frequentatore assiduo di un ritrovo (bar, teatro ecc.).

habitus [hà-] *s.m.invar.* (*lat.*) **1** complesso dei caratteri che servono a contrassegnare una specie animale o vegetale **2** per estens., comportamento, atteggiamento, abitudine.

haitiano *agg.* di Haiti // *s.m.* abitante di Haiti.

hall [*ingl.*; *pr.* hòl] *s.f.* grande sala d'ingresso, in alberghi e case signorili, con funzioni di locale di attesa e soggiorno.

hallo [*ingl.*; *pr.* heló] *inter.* serve a richiamare l'attenzione; parlando al telefono, corrisponde all'italiano *pronto.*

hamburger [*ingl.*; *pr.* hàmbaga] *s.m.* sorta di bistecca di carne tritata, spesso servita in un panino.

handicap [*ingl.*; *pr.* hendikèp] *s.m.* **1** corsa ippica in cui i partecipanti partono con differenti pesi (nel galoppo) o a differenti distanze (nel trotto), secondo i precedenti risultati della loro carriera, così che vengano a disporre di pari probabilità di successo **2** (*fig.*) svantaggio **3** difetto, menomazione fisica o psichica, che mette una persona in difficoltà rispetto alle normali condizioni e regole di vita: *portatori di —*, gli handicappati.

handicappare *v.tr.* mettere in difficoltà, in inferiorità rispetto ad altri: *la timidezza lo handicappa.*

handicappato *agg.* e *s.m.* si dice di chi è colpito da una menomazione di qualsiasi natura: *l'inserimento degli handicappati nelle scuole normali.*

hangar [*franc.*; *pr.* angàr] *s.m.* aviorimessa.

happening [*ingl.*; *pr.* hèpnin] *s.m.* spettacolo consistente in azioni sceniche improvvisate e sorprendenti, che coinvolgono gli spettatori; per estens., situazione imprevedibile e strana.

hard [*ingl.*; *pr.* hàad] *agg.* significa «duro» anche in

senso *fig.* e forma diverse espressioni usate in italiano: *— rock*, genere musicale caratterizzato dall'elettrificazione, quindi dall'amplificazione, di tutti gli strumenti, e da una ritmica di base molto violenta; *hardcore*, detto di spettacoli con caratteri pornografici, o comunque erotici, spinti al massimo.

hardware [*ingl.*; *pr.* hàduea] *s.m.* l'insieme delle parti meccaniche, elettriche ed elettroniche, di un calcolatore elettronico (si contrappone a *software*).

harem [àrem] *s.m.invar.* presso i musulmani, parte della casa dove abitano le donne e i bambini.

harmonium [armònium] *s.m.invar.* → **armonio**.

hascisc, hashish [-ascìsc'] *s.m.invar.* essenza estratta dalla canapa indiana, con effetto narcotico.

haute [*franc.*; *pr.* ót] *s.f.* l'alta società.

hawaiano [avaiàno] *agg.* delle Hawaii // *s.m.* abitante delle Hawaii.

head-line [*ingl.*; *pr.* hèdlain] *s.f.* il tema centrale di una campagna pubblicitaria, spesso contenuto negli slogan principali.

hegeliano [hegheliano] *agg.* relativo al pensiero di G.F.G. Hegel (1770-1831) // *s.m.* seguace di Hegel.

henna [hèn-], *s.f.* → **henné** *s.m.invar.* arbusto tipico dell'Arabia, con fiori odorosi; le foglie seccate forniscono una tintura rossa usata spec. per i capelli (*fam.* Litracee).

herpes [èrpes] *s.m.* → **erpete**.

hertz [èrz] *s.m.invar.* (*fis.*) unità di misura di frequenza: è la frequenza di un fenomeno periodico avente periodo di 1 secondo.

hertziano [erziàno] *agg.* dal nome del fisico tedesco H.R. Hertz (1857-94) si chiamano *hertziane* le onde elettromagnetiche di lunghezza superiore a circa 300 micron.

hevea [-vè-] *s.f.* albero coltivato in molte regioni tropicali con foglie ovate e fiori in grappolo; fornisce la gomma elastica (*fam.* Euforbiacee).

hickory [*ingl.*; *pr.* hìcori] *s.m.* albero tipico del Canada, che fornisce legno pregiato per la fabbricazione di sci (*fam.* Iuglandacee).

hidalgo *s.m.* [*spagn.*; *pr.* hidàlgo] persona di casato distinto; gentiluomo.

hi-fi [*ingl.*; *pr.* hài fài] *agg.* e *s.m.* forma abbreviata di → **high fidelity**.

high-fidelity [*ingl.*; *pr.* hàifidèliti] *locuz. aggettivale e sostantivale* nella tecnica fonografica, alta fedeltà; riproduzione, impianto ad alta fedeltà.

high-life [*ingl.*; *pr.* hài làif] *s.f.* vita lussuosa; la ristretta cerchia di coloro che la vivono.

high society [*ingl.*; *pr.* hài sosàiti] *s.f.* l'alta società, ricca e mondana.

hinterland [*ted.*; *pr.* hìnterland] *s.m.* retroterra di un porto; per estens., territorio che gravita intorno a una grande città.

hippy [*ingl.*; *pr.* hìpi] *agg.* e *s.m.* si dice dei giovani che nei tardi anni Sessanta, dapprima negli Stati Uniti, esprimevano la loro ribellione contro la società dei consumi vivendo in comunità non violente e rispettose della natura, talora facendo uso di droga; anche, di chi ne imita l'aspetto, con capelli lunghi e abiti poveri ma colorati.

hitleriano *agg.* di A. Hitler (1889-1945) o dei suoi seguaci // *s.m.* nazionalsocialista seguace di Hitler.

hobbista *s.m.* e *f.* [*pl.m.* -*i*] chi pratica con assiduità un hobby.

hobbistica [-bì-] *s.f.* il complesso degli hobby, spec. di quelli di tipo artigianale; l'insieme di chi li pratica, l'industria e il commercio connessi.

hobby [*ingl.*; *pr.* hòbi] *s.m.* passatempo, gioco e ogni attività che si svolga all'infuori del proprio lavoro, per ricreare lo spirito.

hockeista [ocheista] *s.m.* e *f.* [*pl.m.* -*i*] chi gioca a hockey.

hockeistico [ocheistico] *agg.* [*pl.m.* -*ci*] dell'hockey, relativo a esso: *la stagione hockeistica*.

hockey [*ingl.*; *pr.* hòki] *s.m.* sport a squadre, simile al calcio, in cui una palla o un disco vengono sospinti mediante bastoni ricurvi nella rete avversaria: — *su prato, su ghiaccio*.

holding [*ingl.*; *pr.* hóuldin] *s.f.* società finanziaria che controlla altre società, finanziarie o operative, attraverso pacchetti azionari.

honduregno [-rè-] *agg.* dell'Honduras // *s.m.* abitante dell'Honduras.

hostess [òstes] *s.f.invar.* donna incaricata, sugli aerei di linea, dell'assistenza ai viaggiatori; assistente di volo.

hot [*ingl.*; *pr.* hòt] *agg.* significa «caldo» anche in senso *fig.* e forma diverse espressioni usate in italiano: *hot jazz*, quello tradizionale contrapposto a *cool*; *hot dog*, panino caldo imbottito con un würstel.

house boat [*ingl.*; *pr.* hàus bóut] *s.f.* imbarcazione a motore a fondo piatto, con ampia cabina abitabile, adatta per lunghe navigazioni su acque interne.

hovercraft [*ingl.*; *pr.* hòvecraft] *s.m.* veicolo con motore a reazione, capace di spostarsi ad alta velocità su acqua o terra sostenuto da un cuscino d'aria prodotto da compressori.

human relations [*ingl.*; *pr.* hiùm(e)n rilèiscions] *s.f.pl.* relazioni umane, rapporti sociali, in quanto facenti parte di una organizzazione: — *aziendali*.

humour [*ingl.*; *pr.* hiùmo(u)r] *s.m.* umorismo, senso dell'umorismo.

humus *s.m.invar.* (*lat.*) **1** terreno contenente sostanze organiche in decomposizione **2** (*fig.*) sostrato di fattori sociali, spirituali e culturali che favoriscono il sorgere di un'idea, di un'impresa e simili.

hurrà *inter.impropria* grido di giubilo, di plauso, di saluto.

hymenolepis [imenòlepis] *s.f.invar.* minuscolo verme, che può vivere nell'intestino umano determinando un'infestazione non grave.

I

I¹ *s.f.* e m. **1** nona lettera dell'alfabeto, vocale **2** *I*, nei numeri romani, significa uno.

I² *art.det.m.pl.* si premette ai vocaboli comincianti per consonante che non sia *s* impura, *gn*, *ps*, *x*, *z*: *i fiori; i libri*; si unisce alle preposizioni *a*, *con*, *da*, *di*, *in*, *per*, *su*: *ai, coi, dai, dei, nei, pei, sui*.

ialino *agg.* si dice di minerale o di oggetto avente l'aspetto e la trasparenza del vetro.

ialografia [-fì-] *s.f.* arte di incidere su lastre di vetro per stampa.

ialuronidasi [-ʃi] *s.f.invar.* (*biol.*) enzima presente in molti tessuti e liquidi dell'organismo, che favorisce la penetrazione dello spermatozoo nell'ovulo.

iarda *s.f.* misura lineare inglese, corrispondente a m 0,91 ca.

iato *s.m.* **1** incontro di due vocali che non formano dittongo e non danno luogo a elisione **2** (*fig.*) soluzione di continuità.

iatrogeno [-trò-] *agg.* si dice di ogni effetto negativo conseguente, per errore o per altra causa, a un intervento medico: *malattie iatrogene*.

iattanza *s.f.* millanteria, baldanza. SIN. *arroganza, tracotanza.*

iattura *s.f.* disgrazia, sfortuna.

iberico [-bè-] *agg.* [*pl.m.* -*ci*] **1** dell'Iberia; degli Iberi: *penisola iberica* **2** della Spagna, spagnolo.

ibernante *agg.* (*zool.*) soggetto al letargo invernale.

ibernazione [-ziò-] *s.f.* **1** (*zool.*) letargo invernale **2** (*med.*) trattamento per cui si determina un abbassamento della temperatura corporea durante interventi chirurgici difficili.

ibi *s.m.invar.* (*rar.*) → **ibis**.

ibidem *avv.* (*lat.*) nello stesso luogo; si usa nelle citazioni per non ripetere il titolo di un'opera già nominata; si abbrevia in *ib.* o *ibid.*

ibis *s.m.invar.* grosso uccello di palude con zampe e collo lunghi, becco lungo e sottile incurvato a falce, piumaggio bianco, testa e collo nudi; era molto comune nell'antico Egitto (*fam.* Plataleidi).

ibisco *s.m.* [*pl.* -*chi*] arbusto ornamentale con fiori rosei o bianchi e foglie ovali (*fam.* Malvacee).

ibleo [-blè-] *agg.* di Ragusa // *s.m.* abitante di Ragusa.

ibridare *v.tr.* [*io ibrido ecc.*] incrociare piante o animali così da ottenerne ibridi.

ibridazione [-zió-] *s.f.* pratica d'allevamento e di coltura mirante a ottenere ibridi vegetali o animali.

ibridismo [-ʃmo] *s.m.* **1** il complesso dei fenomeni che portano alla generazione di ibridi **2** l'essere ibrido (anche *fig.*).

ibrido [i-] *agg.* e *s.m.* si dice di animale o vegetale generato o prodotto dall'accoppiamento di due razze o specie diverse: *il mulo è un — // agg.* (*fig.*) eterogeneo, discordante; ambiguo: *stile —*.

icastica [-cà-] *s.f.* arte di rappresentare la realtà per mezzo di immagini evidenti, di particolare effetto.

icastico [-cà-] *agg.* [pl.m. *-ci*] che rappresenta la realtà con immagini evidenti: *espressione icastica.*

iceberg [*ingl.*; *pr.* àisberg] *s.m.* enorme blocco di ghiaccio, simile a una montagna, galleggiante sui mari polari.

icefield [*ingl.*; *pr.* àisfild] *s.m.* grande campo di ghiaccio galleggiante, tipico delle regioni polari.

icneumone [-nèu-] *s.m.* mammifero carnivoro dei paesi caldi, grande come un gatto, con corpo snello, coda lunga e pelo ispido giallo-verdognolo, distrugge volatili, lepri, uova (*fam.* Viverridi).

icnografia [-fi-] *s.f.* rappresentazione grafica a proiezione orizzontale di un edificio.

icona [-cò-] *s.f.* e nell'arte bizantina e russa, immagine sacra dipinta su tavola.

iconoclasta *s.m.* e *f.* [pl.m. *-i*] **1** nel medioevo, seguace dell'iconoclastia **2** (*fig.*) chi si mostra nemico delle convenzioni radicate in una società *// agg.* che distrugge con cieca violenza: *furore —.*

iconoclastia [-sti-] *s.f.* nel medioevo, dottrina che vietava il culto delle immagini e ne voleva la distruzione.

iconografia [-fi-] *s.f.* **1** studio descrittivo dei soggetti e dei modi in cui tali soggetti sono rappresentati nella storia delle arti figurative **2** insieme di immagini: *l'— cristiana; un libro dalla ricca —.*

iconografico [-grà-] *agg.* [pl.m. *-ci*] che riguarda l'iconografia.

iconologia [-gì-] *s.f.* nelle arti figurative, studio interpretativo dei soggetti delle opere.

iconoscopio [-scò-] *s.m.* tubo elettronico per le riprese televisive, che trasforma le immagini in segnali elettrici sfruttando l'effetto fotoelettrico.

iconostasi [-ʃi] *s.f.invar.* tramezzo, solitamente ornato di statue, che in alcune chiese divide il presbiterio dalla navata.

icore [-có-] *s.m.* **1** (*med.*) siero; pus **2** (*mit.*) il sangue degli dei.

icosaedro [-ʃaè-] *s.m.* (*geom.*) poliedro regolare con venti facce (triangoli equilateri), trenta spigoli, dodici vertici.

ictus [ìc-] *s.m.invar.* (*med.*) denominazione generica degli incidenti vascolari che colpiscono il cervello (emorragia, trombosi, embolia).

Iddio, iddio [-dì-] *s.m.* → **Dio.**

idea [-dè-] *s.f.* **1** rappresentazione mentale di un oggetto reale o pensato; prodotto del pensiero o dell'immaginazione, spesso contrapposto alla realtà: *— chiara, confusa, approssimativa; — del bene, del male; associazione di idee,* collegamento tra due nozioni, per somiglianza; *neanche per —,* nemmeno nel pensiero e tanto meno nella realtà **2** (*fil.*) oggetto della conoscenza razionale, inteso come essenza delle cose al di là dei loro aspetti particolari **3** intuizione minima; indi-

cazione sommaria; somiglianza vaga; impressione: *non ho —; ho appena — di cosa sia; tanto per darvi un'— della situazione; non mi dà l'— di essere solido / color verde con un'— d'azzurro,* con qualche sfumatura azzurra **4** opinione; progetto; scopo; trovata; invenzione: *la mia — è che sia innocente; ho fatto questo con l'— di aiutarti; — luminosa,* trovata geniale / *— fissa,* ossessione, mania **5** contenuto d'una dottrina; programma fondamentale di un movimento; ideologia.

ideale *agg.* **1** dell'idea, che esiste solo nel pensiero o nell'immaginazione **2** (*fig.*) perfetto; che è come si vorrebbe *// s.m.* **1** ciò che dovrebbe essere in contrapposizione a ciò che è; perfezione **2** sentimento nobile e generoso: *bada solo all'interesse, non ha ideali // -mente avv.* in maniera ideale; in teoria e non in pratica.

idealismo [-ʃmo] *s.m.* **1** definizione generica di ogni sistema filosofico che identifichi l'essere col pensiero, negando l'esistenza di una realtà esterna **2** il pensare e l'agire per nobili ideali, senza tener conto della realtà materiale.

idealista *s.m.* e *f.* [pl.m. *-i*] **1** seguace dell'idealismo **2** chi segue nobili ideali senza tener conto della realtà pratica.

idealistico [-lì-] *agg.* [pl.m. *-ci*] dell'idealismo; da idealista.

idealità *s.f.invar.* **1** nobile ideale, sentimento elevato **2** qualità di ciò che è ideale.

idealizzare [-liʒʒa-] *v.tr.* attribuire a persone o cose una perfezione ideale.

ideare *v.tr.* [*io ideo ecc.*] **1** concepire nel pensiero: *— la trama di un film.* SIN. immaginare, inventare **2** progettare: *ho ideato di partire domani.*

ideativo *agg.* che riguarda l'ideazione: *processo —.*

ideatore [-tó-] *s.m.* [f. *-trice*] chi ha ideato qlco. SIN. inventore.

ideazione [-zió-] *s.f.* atto, effetto dell'ideare.

idem [*lat.*; *pr.* ìdem = *lo stesso*] *locuz.* che significa «la stessa cosa, la stessa persona», usata nelle enumerazioni e citazioni per non ripetere il numero, le parole già citate / *avv.* (*fam.*) lo stesso: *tu non hai soldi, io —.*

identico [-dèn-] *agg.* [pl.m. *-ci*] interamente uguale; che assomiglia moltissimo a qualcos'altro.

identificabile [-cà-] *agg.* che si può identificare.

identificare *v.tr.* [*io identifico, tu identifichi ecc.*] **1** riconoscere due cose o persone come identiche fra loro: *i due concetti si possono —* **2** riconoscere, scoprire, accertare: *la polizia ha identificato l'assassino; — le cause di un fenomeno // -arsi v.rifl.* sentirsi tutt'uno con un'altra persona, immedesimarsi: *— col personaggio,* detto di un attore *// v.rifl.pron.* essere identico a un'altra cosa: *le due situazioni si identificano.*

identificazione [-zió-] *s.f.* atto, effetto dell'identificare o dell'identificarsi.

identikit [identichìt] *s.m.invar.* rappresentazione grafica dei lineamenti di una persona ricercata, ricostruita sulla scorta di testimonianze.

identità *s.f.invar.* **1** l'essere identico: *accertare l'— di due firme* **2** come termine burocratico, l'essere una stessa persona: *stabilire l'— di qlcu.,* accertare chi egli sia / *carta di —,* documento di riconoscimento.

ideografia [-fi-] *s.f.* sistema di scrittura che esprime i concetti con simboli (*ideogrammi*) e non con segni corrispondenti ai suoni.

ideografico [-grà-] *agg.* [pl.m. *-ci*] della ideografia: *scrittura ideografica.*

ideogramma *s.m.* [pl. *-i*] simbolo grafico rappresentante un concetto, non un suono.

ideologia [-gì-] *s.f.* sistema di principi che costituisce la base di un movimento culturale o politico: — *marxista*.

ideologico [-lò-] *agg.* [pl.m. *-ci*] **1** delle idee **2** che riguarda un'ideologia.

ideologismo [-ʃmo] *s.m.* sistema ideologico; anche, tendenza a dare eccessiva importanza all'ideologia rispetto alle questioni concrete.

ideologo [-ò-] *s.m.* [pl. *-gi*] chi elabora o propugna un'ideologia; il teorico di un movimento politico.

idi *s.m. e f.pl.* nel calendario romano era il giorno 15 dei mesi di marzo, maggio, luglio, ottobre e il giorno 13 degli altri mesi.

idilliaco [-lì-] *agg.* [pl.m. *-ci*] → **idillico**.

idillico [-dìl-] *agg.* [pl.m. *-ci*] **1** dell'idillio: *poesia idillica* **2** (*fig.*) sereno, ameno, calmo: *paesaggio —*.

idillio [-dìl-] *s.m.* **1** poemetto lirico di argomento campestre e pastorale; in genere, ogni lirica in cui si contempli la pace della natura: *un — di Teocrito* **2** (*fig.*) vita serena e tranquilla, simile a quella rappresentata negli idilli **3** (*fig.*) amore gentile.

idio- [i-] [dal gr. *idios = proprio, privato*] primo elemento compositivo di parole scientifiche; significa «particolare, proprio» e simili (*idiosincrasia*).

idioletto [-lèt-] *s.m.* lo specifico ambito linguistico proprio di una singola persona, di un gruppo sociale, di un popolo.

idioma [-diò-] *s.m.* [pl. *-i*] il linguaggio proprio e particolare di un popolo o di un ambiente.

idiomatico [-mà-] *agg.* [pl.m. *-ci*] proprio di un particolare linguaggio: *espressioni idiomatiche*.

idiopatico [-pà-] *agg.* [pl.m. *-ci*] si dice di malattie o sintomi di cui è ignota la causa.

idiosincrasia [-ʃì-] *s.f.* **1** (*med.*) intolleranza che l'organismo può manifestare verso particolari sostanze alimentari o verso certi medicinali: — *per il chinino* **2** per estens., avversione totale e profonda per qlcu. o qlco.: — *per l'algebra*.

idiota [-diò-] *s.m. e f.* [pl.m. *-i*] **1** persona stupida, di scarsa intelligenza **2** (*med.*) chi è colpito da idiozia // *agg.* si dice di persona stupida, deficiente; di cosa che denota stupidità: *questa risposta è proprio —*.

idiotismo [-ʃmo] *s.m. locuz.* o costrutto caratteristici di un idioma: *un — veneto*.

idiozia [-zì-] *s.f.* **1** stupidità, imbecillità; azione, discorso da idioti **2** (*med.*) arresto o alterazione dello sviluppo del cervello.

idolatra *agg. e s.m. e f.* [pl.m. *-i*] che o chi adora gli idoli (anche *fig.*).

idolatrare *v.tr.* **1** adorare gli idoli **2** (*fig.*) amare svisceratamente; ammirare con fanatismo: *un attore idolatrato dalla folla*.

idolatria [-trì-] *s.f.* **1** adorazione degli idoli **2** (*fig.*) ammirazione fanatica per qlcu. o qlco.

idoleggiare *v.tr.* [*io idolèggio ecc.*] vagheggiare nella fantasia qlcu. o qlco. facendone quasi un idolo.

idolo [i-] *s.m.* **1** oggetto o immagine venerata come divinità e simbolo di essa: *il culto degli idoli* **2** (*fig.*) persona o cosa amata come un idolo: *è l' — della madre*.

idoneità *s.f.invar.* l'essere idoneo a qlco.

idoneo [-dò-] *agg.* **1** si dice di persona che ha le qualità necessarie per una data funzione **2** conveniente, opportuno: *è il mezzo più — per convincerlo*. SIN. *adatto, adeguato*.

idra *s.f.* piccolissimo animale celenterato comune negli stagni; ha corpo a forma di sacco con lunghi tentacoli prensili.

idracido [-drà-] *s.m.* (*chim.*) acido inorganico non contenente atomi di ossigeno.

idramnios [-dràm-] *s.m.invar.* (*med.*) aumento patologico del liquido amniotico.

idrante *s.m.* **1** presa d'acqua **2** pompa per lanciare forti getti d'acqua **3** autobotte con impianto di presa d'acqua.

idrargirio [-gì-] *s.m.* antico nome del mercurio.

idrargirismo [-ʃmo] *s.m.* (*med.*) avvelenamento da mercurio.

idrartro *s.m.* (*med.*) presenza di liquido nella cavità di una articolazione.

idratante *agg.* (*chim.*) che idrata: *crema —*.

idratare *v.tr.* **1** (*chim.*) far combinare una sostanza con acqua per formare idrati **2** arricchire di acqua, di liquidi: — *la pelle*.

idratazione [-zió-] *s.f.* atto, effetto dell'idratare.

idrato *agg.* (*chim.*) si dice di composti cristallizzati in cui l'acqua fa parte della struttura cristallina // *s.m.* sostanza che si ottiene dalla combinazione di ossido con acqua.

idraulica [-dràu-] *s.f.* scienza che studia il comportamento dei liquidi e le applicazioni connesse.

idraulico [-dràu-] *agg.* [pl.m. *-ci*] **1** che ha attinenza con i fenomeni dell'idraulica: *freni idraulici / calce idraulica*, che s'indurisce quando è immersa nell'acqua **2** esperto in idraulica: *ingegnere —* // *s.m.* operaio addetto all'installazione e manutenzione degli impianti idraulici e delle tubazioni del gas.

idrico [i-] *agg.* [pl.m. *-ci*] dell'acqua: *forza idrica*, generata dall'acqua in movimento.

idro- [dal gr. *ydor = acqua*] primo elemento che interviene nella composizione di molte parole scientifiche sia di origine greca sia di formazione moderna; significa «acqua» (*idrografia, idrometro, idroterapia*).

idrobiologia [-gì-] *s.f.* scienza che studia lo svolgersi della vita nell'acqua.

idrocarburo *s.m.* (*chim.*) composto costituito da carbonio e idrogeno (p.e. metano, acetilene, benzina).

idrocefalia [-lì-] *s.f.* (*med.*) accumulo abnorme di liquido sieroso nell'encefalo.

idrocele [-cè-] *s.m.* (*med.*) raccolta di liquido nel sacco che circonda il testicolo.

idrocoltura *s.f.* sistema di coltivare piante con le radici immerse in acqua in cui sono sciolte le sostanze necessarie.

idrodinamica [-nà-] *s.f.* (*fis.*) parte della meccanica relativa allo studio del movimento dei liquidi o anche dei fluidi in genere.

idroelettrico [-lèt-] *agg.* [pl.m. *-ci*] si dice dell'energia elettrica ottenuta dall'energia idraulica.

idrofilo [-drò-] *agg.* (*chim.*) si dice di corpo che assorbe facilmente acqua: *cotone —*.

idrofite [-drò-] *s.f.pl.* piante che vivono nell'acqua.

idrofobia [-bi-] *s.f.* (*med.*) sintomo della rabbia che consiste nell'impossibilità di ingerire acqua o altri liquidi.

idrofobo [-drò-] *agg.* **1** affetto, colpito da idrofobia: *cane —* **2** (*fig.*) incollerito, infuriato (detto di persona). SIN. *arrabbiato, rabbioso*.

idrofono [-drò-] *s.m.* apparecchio acustico o elettroacustico per percepire i rumori subacquei, e determinarne la provenienza.

idrofugo [-drò-] *agg.* [pl.m. *-gi*] che non lascia passare, che non assorbe l'acqua; idrorepellente.

idrogenazione [-zió-] *s.f.* (*chim.*) addizione di idrogeno a una sostanza, generalmente organica.

idrogeno [-drò-] *s.m.* elemento chimico (H; *n.at.* 1; *p.at.* 1,008) costituente essenziale dell'acqua e dei composti organici; gas leggerissimo, incoloro, inodoro, infiammabile, largamente usato nell'industria chimica.

idrogeologia [-gì-] *s.f.* ramo della geologia che si occupa dell'origine geologica delle acque superficiali e sotterranee.

idrogeologico [-lò-] *agg.* [pl.m. -*ci*] **1** dell'idrogeologia **2** che riguarda il terreno e le acque: *assetto — del territorio.*

idrografia [-fì-] *s.f.* **1** scienza che studia le acque marine e terrestri **2** distribuzione delle acque sulla Terra o in una data regione; anche la relativa descrizione e rappresentazione cartografica.

idrografico [-grà-] *agg.* [pl.m. -*ci*] che concerne l'idrografia: *carta idrografica; bacino —.*

idrolisi [-dròlìʃi] *s.f.invar.* (*chim.*) scissione di un composto ottenuta per azione dell'acqua.

idrolitico [-lì-] *agg.* [pl.m. -*ci*] di idrolisi, dovuto a idrolisi.

idrologia [-gì-] *s.f.* scienza che studia le acque (precipitazioni atmosferiche, bacini imbriferi ecc.) dal punto di vista chimico o fisico.

idrometra [-drò-] *s.f.* insetto ortottero con corpo esile cilindrico e lunghissime zampe che si muovono velocemente sulla superficie delle acque stagnanti (*fam.* Idrometridi).

idrometria [-trì-] *s.f.* scienza che studia la misura delle portate dei corsi d'acqua o dei bacini idrografici.

idrometrico [-mè-] *agg.* [pl.m. -*ci*] relativo all'idrometria, o a un idrometro.

idrometro [-drò-] *s.m.* scala graduata collocata sulla sponda di un corso d'acqua o di un bacino per indicare il livello dell'acqua.

idronefrosi [-fròʃi] *s.f.invar.* affezione cronica del rene, consistente nel ristagno di urina nella cavità dilatata del bacinetto renale.

idrope [ì-] *s.m.* (*med.*) raccolta di liquido in una cavità dell'organismo o in un organo cavo.

idropico [-drò-] *agg.* e *s.m.* [pl.m. -*ci*] che o chi è affetto da idropisia.

idropinico [-pì-] *agg.* [pl.m. -*ci*] si dice delle cure mediche che si attuano bevendo acque minerali.

idropisia [-ʃì-] *s.f.* raccolta di liquido sieroso in qualche cavità del corpo e nei tessuti sottocutanei.

idropittura *s.f.* pittura per pareti interne, solubile in acqua.

idroplano *s.m.* scafo fornito di motore e di alette laterali, che gli permettono di emergere quasi completamente dall'acqua e di scivolarvi sopra a grande velocità; aliscafo.

idropneumatico [-mà-] *agg.* [pl.m. -*ci*] si dice di dispositivo in cui si trovano a contatto due fluidi, uno liquido e l'altro aeriforme: *bagno —, sospensioni idropneumatiche.*

idroponica [-pò-] *s.f.* coltivazione di piante nell'acqua.

idroporto [-pòr-] *s.m.*, **idroscalo** *s.m.* aeroporto per idrovolanti.

idrorepellente [-lèn-] *agg.* e *s.m.* che respinge l'acqua; impermeabile, non assorbente.

idrosadenite *s.f.* infiammazione delle ghiandole sudoripare, in particolare quelle dell'ascella.

idroscalo *s.m.* aeroscalo per idrovolanti.

idroscivolante *s.m.* mezzo di navigazione che scivola sulla superficie dell'acqua per mezzo di pattini.

idroscopio [-scò-] *s.m.* apparecchio ottico per esplorare il fondo del mare.

idrosfera [-sfè-] *s.f.* insieme delle acque che ricoprono la crosta terrestre.

idrosolubile [-lù-] *agg.* solubile in acqua.

idrossido [-dròs-] *s.m.* (*chim.*) sostanza alcalina costituita generalmente da un metallo, ossigeno e idrogeno.

idrostatica [-stà-] *s.f.* parte della meccanica che studia l'equilibrio dei liquidi o dei fluidi in genere.

idrostatico [-stà-] *agg.* [pl.m. -*ci*] che si riferisce all'idrostatica.

idroterapia [-pì-] *s.f.* terapia consistente nell'impiego dell'acqua, semplice o medicata, sotto varie forme (frizioni, impacchi, bagni ecc.).

idroterapico [-rà-] *agg.* [pl.m. -*ci*] relativo all'idroterapia: *cure idroterapiche.*

idrotermale *agg.* che riguarda le acque termali.

idrovia [-vì-] *s.f.* via di comunicazione costituita da fiumi e canali navigabili.

idrovolante *s.m.* velivolo atto a decollare e a discendere sull'acqua, grazie alla forma a scafo della fusoliera o a galleggianti che stanno in luogo del carrello d'atterraggio.

idrovora [-drò-] *s.f.* macchina impiegata nelle operazioni di bonifica per sollevare e asportare acqua.

idrovoro [-drò-] *agg.* si dice di mezzo impiegato per assorbire acqua nelle operazioni di bonifica: *pompa idrovora.*

iella [ièl-] *s.f.* iettatura, sfortuna.

iena [iè-] *s.f.* **1** mammifero carnivoro grande come un lupo, con zampe anteriori più lunghe delle posteriori, pelame grigio-giallognolo a strisce o macchie nere; emette un grido caratteristico simile a una risata e si ciba di carogne (*fam.* Ienidi) **2** (*fig.*) persona crudele e vile.

ieratico [-rà-] *agg.* [pl.m. -*ci*] **1** sacerdotale: *scrittura ieratica,* propria, nell'antico Egitto, dei sacerdoti **2** (*fig.*) solenne: *tono —.*

ieri [iè-] *avv. di tempo* **1** il giorno immediatamente precedente a quello in cui siamo / *l'altro, l'altro —, avanti ieri, l'altrieri,* il giorno prima di ieri, due giorni fa **2** (*fig.*) in un tempo passato da poco: *non ti ricordi più nulla, eppure sono cose accadute —* // *s.m.: ti ho aspettato tutto —; una moda di —.*

ierocrazia [-zì-] *s.f.* forma di governo nella quale il potere è detenuto dai religiosi.

iettatore [-tó-] *s.m.* [f.-*trice*] chi si ritiene eserciti influssi malefici.

iettatura *s.f.* influsso malefico che, secondo una superstizione popolare, alcune persone o cose eserciterebbero anche senza volerlo. SIN. *malocchio.*

ifa *s.f.* (*bot.*) ciascuno dei filamenti che compongono il corpo dei funghi superiori.

igiene [-giè-] *s.f.* branca della medicina che studia i mezzi atti a prevenire le malattie / *ufficio d'—,* ufficio comunale che vigila sull'osservanza delle norme igieniche.

igienico [-giè-] *agg.* [pl.m. -*ci*] **1** che riguarda l'igiene: *prescrizioni igieniche* **2** che è conforme all'igiene: *cibi igienici.* SIN. *salutare* **3** (*fig.fam.*) prudente, opportuno: *non è — molestarlo quando è nervoso.*

igienista *s.m.* e *f.* [pl.m. -*i*] **1** chi studia l'igiene e ne fa conoscere le norme **2** chi osserva scrupolosamente le norme d'igiene.

iglesiente [-fièn-] *agg.* di Iglesias // *s.m.* e *f.* abitante di Iglesias.

igloo [*ingl.*; *pr.* ìglu] *s.m.* abitazione eschimese a cupola, costruita con blocchi di neve.

iglù *s.m.invar.* forma italianizzata di → **igloo**.

ignaro *agg.* che non sa, che non ha esperienza. SIN. *inconsapevole.*

ignavia [-gnà-] *s.f.* indolenza. SIN. *pigrizia, accidia.*

ignavo *agg.* indolente. SIN. *pigro, accidioso.*

igneo [ì-] *agg.* (*lett.*) di fuoco, ardente.

ignifugo [-gni-] *agg.* [pl.m. *-ghi*] si dice di materiale avente elevata resistenza alla combustione.

ignobile [-gnò-] *agg.* **1** privo di nobiltà d'animo; che denota animo meschino e vile. SIN. *spregevole.* CONTR. *nobile* **2** che non è nobile per nascita.

ignominia [-mi-] *s.f.* **1** condizione di disprezzo e di vergogna in cui si trova chi ha compiuto un'azione disonorevole: *cadere nell'—.* SIN. *infamia, disonore* **2** azione che disonora; persona che rappresenta un disonore: *è l'— della sua famiglia* **3** (*fig.*) cosa brutta.

ignominioso [-niò-] *agg.* **1** che provoca ignominia; profondamente offensivo. SIN. *infamante* **2** che è coperto d'ignominia.

ignorante *agg.* **1** che non conosce una materia, una disciplina; che non conosce quello che dovrebbe sapere: *— di musica; avvocato —.* DIM. *ignorantello.* SPREG. *ignorantaccio* **2** che non ha istruzione: *è una persona —.* SIN. *incolto* **3** maleducato, scortese.

ignoranza *s.f.* **1** il non conoscere cose determinate **2** mancanza di istruzione: *vivere nell'—; beata —!*

ignorare *v.tr.* [*io ignòro* ecc.] **1** non conoscere, non sapere: *— anche le cose più semplici; ignora di essere sorvegliato* **2** far finta di non conoscere, trascurare: *lavorano nello stesso reparto ma lui la ignora.*

ignoto [-gnò-] *agg.* non conosciuto: *terra ignota; questo particolare mi è —.* SIN. *incognito, sconosciuto.* CONTR. *noto* // *s.m.* ciò che non si conosce: *andare verso l'—.*

ignudo *agg.* (*lett.*) nudo.

igro- [dal gr. *ygrós* = *umido*] primo elemento compositivo di parole scientifiche nelle quali significa «umidità» (*igrometria, igroscopico*).

igrofilo [-grò-] *agg.* che ha bisogno di umidità.

igrofita [-grò-] *s.f.* (*bot.*) pianta che vive in luoghi costantemente umidi.

igrometria [-trì-] *s.f.* parte della meteorologia che studia la misurazione dell'umidità dell'aria.

igrometro [-grò-] *s.m.* strumento che misura l'umidità atmosferica.

igroscopia [-pì-] *s.f.* rilevazione dell'umidità atmosferica.

igroscopicità *s.f.invar.* proprietà di un corpo di assorbire umidità.

igroscopico [-scò-] *agg.* [pl.m. *-ci*] si dice di una sostanza o di un corpo capace di assorbire l'umidità atmosferica.

igroscopio [-scò-] *s.m.* strumento atto a rilevare le variazioni dell'umidità atmosferica.

igrostato [-grò-] *s.m.* apparecchio che regola automaticamente l'umidità di un ambiente.

iguana *s.f.* rettile sudamericano simile a un'enorme lucertola, col dorso munito di cresta (*fam.* Iguanidi).

iguanodonte [-dón-] *s.m.* grosso rettile preistorico.

ih *inter.* espressione di raccapriccio, stupore, stizza, noia; è sempre seguita dal punto esclamativo: *—, che schifo!*

ikebana *s.m.invar.* l'arte giapponese di disporre i fiori secondo particolari intendimenti estetici e morali.

il *art.det.m.sing.* si premette ai vocaboli comincianti per consonante che non sia *s* impura, *gn, ps, x, z: il lavoro;*

il pane; si unisce alle preposizioni *a, con, da, di, in, per, su,* formando le prep. articolate *al, col, dal, del, nel, pel, sul.*

ila *s.f.* (*rar.*) → **raganella**.

ilare [i-] *agg.* che mostra letizia e serenità. SIN. *giulivo.*

ilarità *s.f.invar.* disposizione al riso, buonumore; l'atto del ridere, spec. prolungato: *la sua battuta provocò l'— generale.*

ileo [i-] *s.m.* (*anat.*) parte dell'intestino tenue fra il duodeno e il cieco [*ill. Corpo*].

iliaco [-lì-] *agg.* [pl.m. *-ci*] (*anat.*) si dice delle due ossa parallele del bacino e dei vasi sanguigni ad esse vicini.

ilio [i-] *s.m.* (*anat.*) ciascuna delle due ossa del bacino.

illacrimato *agg.* (*poet.*) che non è compianto né rimpianto.

illanguidire *v.tr.* [*io illanguidisco, tu illanguidisci* ecc.] rendere languido (anche *fig.*); attenuare. SIN. *indebolire, infiacchire* // *v.intr.* divenire languido; attenuarsi.

illazione [-zió-] *s.f.* convinzione o giudizio ricavato logicamente da alcune premesse. SIN. *deduzione.*

illecito [-lé-] *agg.* che è proibito dalla legge, dalla morale. CONTR. *lecito.*

illegale *agg.* proibito dalla legge; che contrasta con la legge.

illegalità *s.f.invar.* qualità di ciò che è illegale; azione illegale.

illeggiadrire *v.tr.* [*io illeggiadrisco, tu illeggiadrisci* ecc.] rendere leggiadro, abbellire.

illeggibile [-gì-] *agg.* che non si può leggere: *firma —; un libro tanto noioso da essere —.*

illegittimità *s.f.invar.* l'essere illegittimo: *l'— di una disposizione ministeriale.*

illegittimo *agg.* contrario alla legge; non riconosciuto dalla legge / *figlio —*, figlio naturale, non legalmente riconosciuto da uno o da entrambi i genitori.

illeso [-lé∫o] *agg.* non danneggiato, non ferito: *uscire — da un incidente.* SIN. *indenne, incolume.*

illetterato *agg.* e *s.m.* che o chi non sa leggere né scrivere, analfabeta; ignorantissimo.

illibatezza [-téz-] *s.f.* l'essere illibato.

illibato *agg.* **1** (*antiq.*) che è senza macchia, di costumi integri: *moralità illibata* **2** vergine, in partic. detto di donna.

illiberale *agg.* che si oppone ai principi di libertà: *un regime —.*

illiceità *s.f.invar.* il non esser lecito.

illimitatezza [-téz-] *s.f.* l'essere illimitato.

illimitato *agg.* che non ha limiti di tempo o di spazio: *l'universo è —; inviare un soldato in congedo — / avere fiducia illimitata in qlcu.* SIN. *infinito, assoluto.* CONTR. *limitato.*

illiquidità *s.f.invar.* **1** carattere di beni economici che non sono liquidi **2** mancanza di liquidi.

illirico [-lì-] *agg.* [pl.m. *-ci*] dell'Illiria // *s.m.* abitante dell'Illiria.

illividire *v.intr.* [*io illividisco, tu illividisci* ecc.] farsi livido // *v.tr.* far diventare livido.

illogicità *s.f.invar.* **1** l'essere illogico: *l'— di un discorso* **2** la cosa illogica: *questa è un'—.*

illogico [-lò-] *agg.* [pl.m. *-ci*] che è contrario alla logica: *ragionamento —.* SIN. *assurdo, irragionevole.* CONTR. *logico.*

illudere [-lù-] *v.tr.* [pass.rem. *io illusi, tu illudésti* ecc.; p.pass. *illuso*] ingannare con false apparenze // **-ersi** *v.rifl.* ingannarsi.

illuminante *agg.* che ha la capacità d'illuminare: *gas*

— / grazia —, quella con cui Dio illumina la mente umana.

illuminare *v.tr.* [*io illùmino ecc.*] **1** rendere luminoso con la propria luce; diffondere la luce in un ambiente: *una finestra illumina la stanza* / *— a giorno*, con luce intensa e viva. SIN. *rischiarare* **2** (*fig.*) rendere radioso, ravvivare: *il sorriso gl'illumina il volto* **3** (*fig.*) mostrare la verità: *le sue parole mi illuminarono*.

illuminato *agg.* reso luminoso, rischiarato (anche *fig.*); si dice di chi, pur disponendo del potere, lo esercita con comprensione o discrezione.

illuminazione [-zió-] *s.f.* **1** atto, effetto dell'illuminare **2** il mezzo o l'insieme dei mezzi che servono a illuminare **3** rischiaramento dell'intelletto per grazia divina.

illuminismo [-ʃmo] *s.m.* movimento di idee del sec. XVIII contraddistinto da una fiducia assoluta nella possibilità di risolvere i problemi della vita con i soli lumi della ragione.

illuminista *agg.* [pl.m. *-i*] proprio dell'illuminismo: *filosofia —* // *s.m.* e *f.* seguace dell'illuminismo.

illuminotecnica [-tèc-] *s.f.* la tecnica dell'illuminazione artificiale.

illusione [-ſió-] *s.f.* **1** alterata corrispondenza tra apparenza dei sensi e realtà: *la prospettiva dà l'— della profondità* **2** il rappresentarsi la realtà secondo i propri desideri, non quale essa è effettivamente: *vivere d'illusioni*; *farsi delle illusioni.* CONTR. *delusione.*

illusionismo [-ʃioniʃmo] *s.m.* arte di compiere atti o esercizi che suscitano in chi osserva l'illusione di assistere a prodigi.

illusionista [-ʃio-] *s.m.* e *f.* [pl.m. *-i*] chi dà a spettacoli d'illusionismo.

illusionistico [-ʃioni-] *agg.* [pl.m. *-ci*] dell'illusionismo: *effetti illusionistici.*

illuso [-ʃo] *agg.* e *s.m.* che o chi è ingannato da speranze vane. CONTR. *disilluso.*

illusorio [-ſò-] *agg.* **1** che serve a illudere: *promesse illusorie* **2** che è effetto d'illusione: *benessere —.*

illustrare *v.tr.* **1** corredare di figure un testo, una pubblicazione ecc.; rappresentare per mezzo di immagini **2** spiegare, rendere chiaro: *— un passo dantesco* **3** (*fig.*) dar lustro, fama.

illustrativo *agg.* che serve a illustrare.

illustrato *agg.* ornato di immagini, di illustrazioni: *libro —*; *cartolina illustrata.*

illustratore [-tó-] *s.m.* [f. *-trice*] chi illustra un testo, una pubblicazione ecc.

illustrazione [-zió-] *s.f.* **1** figura, disegno o fotografia che si accompagnano, per completamento o ornamento, al testo di un libro, di un giornale o d'altra pubblicazione **2** spiegazione di un testo, di un passo ecc.

illustre *agg.* che ha grande e meritata rinomanza: *un — scrittore*; *un monumento —*; *stirpe —*, nobile / il superl. *illustrìssimo* è forma di cortesia ormai disusata nell'intestazione delle lettere. SIN. *famoso, celebre, insigne, eminente.*

ilo *s.m.* **1** (*bot.*) punto in cui il seme è attaccato al funicolo **2** (*anat.*) parte di alcuni organi, generalmente infossata, in cui passano nervi, vasi, condotti escretori ecc.: *— epatico.*

ilota [-lò-] *s.m.* [pl. *-i*] (*st.*) **1** schiavo spartano **2** (*fig.*) persona oppressa e trattata da schiavo.

ilozoismo [-ʒoiʃmo] *s.m.* concezione filosofica della natura come materia animata e vivente, per cui il principio della vita è intrinseco alla materia stessa.

imbacuccare *v.tr.* [*io imbacucco, tu imbacucchi ecc.*] coprire il capo e la persona con le vesti; infagottare.

imbacuccato *agg.* infagottato, tutto coperto delle vesti.

imbaldanzire *v.tr.* [*io imbaldanzisco, tu imbaldanzisci ecc.*] conferire baldanza // *v.intr.*, **-irsi** *v.rifl.pron.* acquistare baldanza. SIN. *insuperbire.*

imballaggio [-làg-] *s.m.* **1** l'imballare oggetti, merci **2** l'involucro usato a questo scopo.

imballare *v.tr.* **1** mettere in balle **2** rivestire un oggetto o una merce con un involucro perché non subisca danni durante il trasporto. CONTR. *sballare* **3** (*aut.*) spingere o mantenere il motore al massimo regime di rotazione.

imballato *agg.* si dice di un atleta quando perde la scioltezza dei muscoli, e per estens. di persona imbarazzata, confusa.

imballatore [-tó-] *s.m.* [f. *-trice*] chi, per mestiere, imballa merci.

imballo *s.m.* imballaggio.

imbalsamare *v.tr.* [*io imbàlsamo ecc.*] trattare con sostanze speciali il cadavere dell'uomo o di animali per sottrarlo ai naturali processi di decomposizione.

imbalsamatore [-tó-] *s.m.* [f. *-trice*] chi esercita il mestiere di imbalsamare.

imbalsamazione [-zió-] *s.f.* operazione, effetto dell'imbalsamare.

imbambolato *agg.* si dice di chi tiene gli occhi fissi, con aria attonita e incantata.

imbandierare *v.tr.* [*io imbandièro ecc.*] ornare con bandiere, spec. in segno di festa.

imbandigione [-gió-] *s.f.* (*rar.*) l'imbandire e ciò che si imbandisce.

imbandire *v.tr.* [*io imbandisco, tu imbandisci ecc.*] preparare la mensa o le vivande, ma con una certa sontuosità: *— la cena.*

imbarazzante *agg.* che mette in imbarazzo: *domanda —*, a cui non si sa come rispondere; *situazione —*, da cui non si sa come uscire.

imbarazzare *v.tr.* **1** dare imbarazzo, ostacolare: *quella pietanza mi ha imbarazzato lo stomaco.* SIN. *impacciare* **2** mettere in imbarazzo. SIN. *confondere.*

imbarazzato *agg.* **1** impacciato, impedito: *stomaco —*, che non ha digerito bene **2** perplesso, che è in uno stato di disagio: *con gli estranei è sempre tutto —.* SIN. *confuso.*

imbarazzo *s.m.* **1** ostacolo, difficoltà, impedimento: *quest'abito troppo stretto mi dà —*; *— di stomaco*, pesantezza provocata da cibi non digeriti. SIN. *impaccio* **2** briga, molestia, stato di disagio o di perplessità: *mettere, essere in —.* SIN. *confusione.*

imbarbarimento [-mén-] *s.m.* atto, effetto dell'imbarbarire o dell'imbarbarirsi.

imbarbarire *v.tr.* [*io imbarbarisco, tu imbarbarisci ecc.*] rendere barbaro, peggiorare sul piano della civiltà e della cultura / *— una lingua*, mescolarvi termini e costrutti di origine straniera // *v.intr.*, **-irsi** *v.rifl.pron.* diventare barbaro.

imbarcadero [-dè-] *s.m.* (*region.*) pontile che permette l'imbarco e lo sbarco di passeggeri e merci.

imbarcare *v.tr.* [*io imbarco, tu imbarchi ecc.*] **1** far salire o accogliere passeggeri o merci su una nave, su un'imbarcazione, o anche su un aereo o un veicolo / *— acqua*, di nave che riceve acqua a bordo per una falla o per il mare in tempesta **2** mettere qlcu. con altri in un affare: *lo ha imbarcato nella sua impresa* // **-arsi**[1] *v. rifl.* **1** salire su una nave o altro veicolo come passeggero o come membro dell'equipaggio **2** mettersi in un'impresa, in un affare, spec. se lungo e difficile.

imbarcarsi[2] *v.rifl.pron.* [*io m'imbarco, tu t'imbarchi ecc.*] curvarsi a forma di barca, detto di assi di legno, travi ecc.

imbarcatoio [-tó-] *s.m.* imbarcadero.

imbarcazione [-zió-] *s.f.* termine generico con cui si indicano i piccoli natanti a remi, a vela o a motore usati per la navigazione costiera o per il traffico tra le navi e la terra [*ill. Barca*].

imbarco *s.m.* [pl. *-chi*] **1** l'imbarcare o l'imbarcarsi **2** la durata della permanenza a bordo **3** luogo donde si sale a bordo.

imbardata *s.f.* manovra involontaria per cui un aeroplano tende a deviare da una rotta rettilinea girando su sé stesso, durante il rullaggio, il decollo e l'atterraggio.

imbastardire *v.intr.* [*io imbastardisco, tu imbastardisci ecc.*] **1** perdere le caratteristiche della propria razza mescolandovi quelle di altre **2** (*fig.*) degenerare // *v.tr.* rendere bastardo (anche *fig.*): — *il linguaggio*.

imbastardito *agg.* che ha in sé elementi estranei e impuri; degenerato.

imbastire *v.tr.* [*io imbastisco, tu imbastisci ecc.*] **1** eseguire una cucitura provvisoria a punti lunghi per riunire due parti di un tessuto e preparare la traccia della cucitura definitiva **2** (*fig.*) abbozzare, fare la prima traccia di un lavoro; mettere insieme alla meglio: — *uno scritto, un discorso*; — *frottole*.

imbastitura *s.f.* **1** cucitura imbastita **2** (*fig.*) abbozzo: *l'— di un racconto*.

imbattersi [-bàt-] *v.rifl.pron.* incontrarsi per combinazione (anche *fig.*): *mi sono imbattuto nel professore*; — *in una difficoltà* / — *bene, male*, trovarsi in una buona, in una cattiva situazione.

imbattibile [-tì-] *agg.* che non può essere battuto da un concorrente. SIN. *invincibile*.

imbavagliare *v.tr.* [*io imbavàglio ecc.*] legare con un bavaglio; (*fig.*) ridurre al silenzio.

imbavare *v.tr.* imbrattare di bava.

imbeccare *v.tr.* [*io imbécco, tu imbécchi ecc.*] **1** mettere il cibo nel becco a un uccello **2** (*fig.*) istruire una persona su quello che dovrà dire ad altri.

imbeccata *s.f.* **1** quantità di cibo che vien messa ogni volta nel becco di un uccello **2** (*fig.*) suggerimento, istruzione data a una persona perché faccia determinate cose.

imbecille *agg.* e *s.m.* e *f.* che, chi è debole di mente; si dice, come insulto, di persona ritenuta poco intelligente, o che fa sciocchezze. SIN. *stupido*.

imbecillità *s.f.invar.* **1** l'essere imbecille **2** atto o detto da imbecille.

imbelle [-bèl-] *agg.* inetto alla guerra; debole e timido.

imbellettare *v.tr.* [*io imbellétto ecc.*] **1** dare il belletto **2** (*fig.*) ornare o celare con artifizi: — *uno scritto, un errore*.

imbellettato *agg.* **1** coperto di belletto **2** (*fig.*) adorno di artifizi.

imbellire *v.tr.* [*io imbellisco, tu imbellisci ecc.*] rendere più bello, migliorare l'aspetto di qlco. // *v.intr.* diventare più bello. CONTR. *imbruttire*.

imberbe [-bèr-] *agg.* che non ha la barba, quindi per estens., molto giovane: *viso* —; *ragazzo* —.

imbestialire *v.intr.*, **-irsi** *v.rifl.pron.* [*io mi imbestialisco, tu ti imbestialisci ecc.*] andare in bestia, adirarsi fortemente.

imbevere [-bé-] *v.tr.* [*io imbévo ecc.*] far assorbire un li-

quido a qlco.: — *d'alcool un batuffolo di cotone*. SIN. *impregnare, inzuppare* // **-ersi** *v.rifl.pron.* inzupparsi.

imbiaccare *v.tr.* cospargere di biacca.

imbiancamento [-mén-] *s.m.* atto, effetto dell'imbiancare o dell'imbiancarsi.

imbiancare *v.tr.* [*io imbianco, tu imbianchi ecc.*] rendere bianco, cospargere di calcina o di vernice bianca; per estens., ridipingere pareti, anche se non di bianco // *v.intr.*, **-arsi** *v.rifl.pron.* diventare bianco.

imbiancatura *s.f.* **1** l'imbiancare **2** la tinta, spec. bianca, di cui si cosparge qlco.

imbianchino *s.m.* **1** operaio che imbianca i muri **2** (*spreg.*) pittore incapace.

imbianchire *v.tr.* [*io imbianchisco, tu imbianchisci ecc.*] imbiancare // *v.intr.* diventare bianco, incanutire.

imbibente [-bèn-] *agg.* e *s.m.* si dice di sostanza capace di ridurre la tensione superficiale dei liquidi per favorirne la penetrazione per capillarità nelle sostanze da bagnare.

imbibizione [-zió-] *s.f.* fenomeno di assorbimento di un liquido da parte di un solido poroso.

imbiondire *v.tr.* [*io imbiondisco, tu imbiondisci ecc.*] rendere biondo // *v.intr.* divenire biondo.

imbizzarrire [-bizzar-] *v.intr.*, **-irsi** *v.rifl.pron.* [*io mi imbizzarrisco, tu ti imbizzarrisci ecc.*] **1** diventar bizzarro (detto di cavalli) **2** (*fig.*) divenire irrequieto, impuntarsi.

imboccare *v.tr.* [*io imbócco, tu imbócchi ecc.*] **1** nutrire qlcu. ponendogli il cibo in bocca **2** (*fig.*) istruire qlco. perché parli o agisca in un determinato modo **3** di strade o aperture in genere, entrarvi: — *l'autostrada*.

imboccatura *s.f.* **1** parte per cui si entra in una strada; passaggio relativamente stretto per cui si penetra in un luogo chiuso: *l'— dell'autostrada, del porto* **2** estremità degli strumenti a fiato, che si accosta alla bocca.

imbocco [-bóc-] *s.m.* → **imboccatura 1**.

imbonimento [-mén-] *s.m* **1** il discorso che fa l'imbonitore perché si compri la sua merce **2** per estens., qualsiasi elogio tendente a dar valore a cose che non ne hanno.

imbonire *v.tr.* [*io imbonisco, tu imbonisci ecc.*] cercare di persuadere gli altri della bontà di ciò che si offre loro.

imbonitore [-tó-] *s.m.* [*f. -trice*] chi imbonisce.

imborghesimento [-ʃimén-] *s.m.* l'imborghesire, l'imborghesirsi.

imborghesire [-ʃi-] *v.tr.* [*io imborghesisco, tu imborghesisci ecc.*] far diventar borghese o simile ai borghesi // *v.intr.*, **-irsi** *v.rifl.pron.* diventar borghese.

imborghesito [-ʃi-] *agg.* che ha assorbito le idee, i modelli di vita della borghesia.

imboscare *v.tr.* [*io imbòsco, tu imbòschi ecc.*] mettere al sicuro in un bosco persone o animali; per estens., occultare qlcu. o qlco. per sottrarli a un obbligo di legge o a un'ordinanza.

imboscata *s.f.* assalto operato sorprendendo il nemico.

imboscato *s.m.* chi in periodo di guerra riesce a tenersi lontano dal fronte; per estens., chi riesce a non prestare servizio militare o a farlo nel modo più comodo; chi si sottrae a pericoli, fatiche, responsabilità.

imboschimento [-mén-] *s.m.* il ridurre a bosco un terreno di altra natura.

imbotte [-bót-] *s.f.* (*arch.*) superficie interna di un arco o di una volta.

imbottigliamento [-mén-] *s.m.* atto, effetto dell'imbottigliare o dell'imbottigliarsi.

imbottigliare *v.tr.* [*io imbottiglio ecc.*] **1** versare un liquido in una bottiglia; si dice spec. di vini destinati all'invecchiamento **2** in guerra, chiudere ogni via d'uscita a navi o a reparti terrestri // **-arsi** *v.rifl.* di veicoli, concorrere in un luogo stretto, ostacolandosi a vicenda.

imbottigliato *agg.* **1** messo in bottiglia: *vino* — **2** (*fig.*) chiuso in uno spazio ristretto, impedito nei movimenti.

imbottigliatrice *s.f.* macchina per imbottigliare liquidi di varia natura.

imbottire *v.tr.* [*io imbottisco, tu imbottisci ecc.*] **1** detto di poltrone, divani ecc., introdurre tra il fusto e la copertura del materiale (lana, cotone, crine ecc.) che li renda soffici; detto di indumenti, mettere uno strato di bambagia fra la fodera e il panno, per renderli più caldi o dar loro adeguata consistenza / *un panino imbottito*, riempito di salumi, formaggio o altro companatico **2** (*fig.*) riempire: — *la testa, il cervello di qlcu.*, colmarlo di idee inutili o dannose.

imbottita *s.f.* coperta da letto riempita di lana o di piume.

imbottitura *s.f.* operazione dell'imbottire; il materiale a ciò usato.

imbracare *v.tr.* [*io imbraco, tu imbrachi ecc.*] legare un oggetto o una persona con cavi, catene e simili, per poterlo muovere o sollevare.

imbracatura *s.f.* l'imbracare; l'insieme dei cavi e sostegni usati per imbracare.

imbracciare *v.tr.* [*io imbràccio ecc.*] mettersi al braccio; adattare al braccio:— *il fucile.*

imbrachettare *v.tr.* [*io imbrachétto ecc.*] in legatoria, montare su una striscia di carta o di tela tavole o fogli staccati per cucirli in volume.

imbragare *v.tr.*, **imbragatura** *s.f.* → **imbracare**, **imbracatura.**

imbranato *agg.* e *s.m.* si dice di chi, spec. militare, è impacciato, legato nei movimenti o nel comportamento.

imbrancare *v.tr.* [*io imbranco, tu imbranchi ecc.*] unire in branco, in gruppo.

imbrattacarte *s.m.* e *f.invar.* (*spreg.*) scrittore di nessun valore.

imbrattare *v.tr.* sporcare con sostanze fluide o con immondizie. SIN. *insudiciare.*

imbrattatele *s.m.* e *f.invar.* (*spreg.*) chi dipinge male, chi fa brutti quadri.

imbrifero [-brì-] *agg.* (*geogr.*) si dice di terreno che, per la sua particolare conformazione, raccoglie le acque piovane in un corso d'acqua.

imbrigliamento [-mén-] *s.m.* atto, effetto dell'imbrigliare.

imbrigliare *v.tr.* [*io imbrìglio ecc.*] **1** mettere le briglie a un cavallo **2** (*fig.*) tenere a freno **3** frenare l'impeto delle acque mediante opportune costruzioni.

imbrigliatura *s.f.* l'effetto dell'imbrigliare, spec. le acque.

imbroccare *v.tr.* [*io imbròcco, tu imbròcchi ecc.*] colpire con precisione il bersaglio; per estens., indovinare, azzeccare.

imbrogliare *v.tr.* [*io imbròglio ecc.*] **1** mettere in disordine, intricare un insieme di cose in modo da alterarne la normale disposizione: — *una matassa;* — *le carte* **2** (*fig.*) turbare, facendo nascere complicazioni: — *lo svolgimento di una pratica* **3** (*fig.*) far perdere a qlcu. il filo del ragionamento **4** (*fig.*) far credere ciò che non è a qlcu., al fine di ottenere, con suo danno, un vantaggio personale. SIN. *frodare, gabbare, ingannare, truffare* **5** (*mar.*) ripiegare una vela e stringerla al pennone per sottrarla all'azione del vento // **-arsi** *v.rifl.pron.* confondersi nel parlare.

imbrogliata *s.f.* (*fam.*) azione da imbroglione: *ho preso una bella —.*

imbroglio [-bró-] *s.m.* **1** confusione, faccenda o situazione intricata: *un — di nomi e di date* **2** azione poco leale, consistente nell'alterare volontariamente una realtà o nell'ingannare qlcu., al fine di ottenere un proprio vantaggio: *questo affare nasconde un —.* SIN. *frode, inganno, truffa.*

imbroglione [-glió-] *s.m.* chi imbroglia il prossimo. SIN. *truffatore, farabutto, lestofante.*

imbronciato *agg.* **1** che esprime nel viso risentimento o cattivo umore **2** (*fig.*) detto del tempo, nuvoloso, tendente al brutto.

imbrunare *v.intr.* diventare scuro, buio, detto spec. del cielo.

imbrunire[1] *v.intr.* [*io imbrunisco, tu imbrunisci ecc.*] diventare bruno // *v.intr.impers.* farsi sera: *ormai comincia a —.*

imbrunire[2] *s.m.* il tramonto, la sera.

imbruttire *v.tr.* [*io imbruttisco, tu imbruttisci ecc.*] rendere brutto: *quei capannoni imbruttiscono il paesaggio.* SIN. *deturpare.* CONTR. *imbellire.*

imbucare *v.tr.* [*io imbuco, tu imbuchi ecc.*] mettere in una buca; in particolare, mettere posta nella buca delle lettere: — *una cartolina.*

imbullettare *v.tr.* [*io imbullétto ecc.*] fermare con bullette; guarnire con bullette.

imburrare *v.tr.* spalmare di burro.

imbutiforme [-fór-] *agg.* che ha forma di imbuto.

imbuto *s.m.* arnese a forma di cono rovesciato, terminante all'apice in un cannello, che serve a travasare liquidi in recipienti con imboccatura stretta.

imene [-mè-] *s.m.* (*anat.*) piccolo diaframma muscolomembranoso che circonda l'orifizio vaginale.

imeneo [-nè-] *s.m.* **1** componimento lirico che gli antichi greci e romani cantavano in coro in occasione di nozze **2** spec. *pl.* (*fig.*) nozze.

imenotteri [-nòt-] *s.m.pl.* (*zool.*) ordine di insetti con quattro ali membranose trasparenti, capo mobilissimo, corpo spesso provvisto di una strozzatura fra torace e addome; l'addome delle femmine è fornito di pungiglione; vi appartengono: *api, formiche ecc.*

imitare *v.tr.* **1** seguire un modello cercando di diventare simile o di far cosa simile: — *un artista;* — *l'esempio dei grandi* **2** detto di cose, avere lo stesso aspetto di altre.

imitativo *agg.* che tende a imitare: *potere —.*

imitatore [-tó-] *s.m.* [f. *-trice*] chi imita: *un abile —.*

imitazione [-zió-] *s.f.* atto, effetto dell'imitare.

immacolato *agg.* senza macchia, purissimo: *neve immacolata / Vergine Immacolata*, la Madonna in quanto concepita senza peccato originale.

immagazzinare [-gazzi-] *v.tr.* **1** riporre nel magazzino: — *la merce;* — *energia*, accumularla **2** (*fig.*) raccogliere nella mente.

immaginabile [-nà-] *agg.* che si può immaginare. CONTR. *inimmaginabile.*

immaginare *v.tr.* [*io immàgino ecc.*] **1** figurarsi nella mente, concepire con la fantasia: *immaginatevi la mia gioia nel vederlo / immaginati!, figurati!* SIN. *supporre* **2** inventare. SIN. *ideare.*

immaginario [-nà-] *agg.* **1** che è frutto di immaginazione, che esiste solo nell'immaginazione. SIN. *fantastico* **2** (*mat.*) si dice dei numeri costituiti dal prodotto di un numero reale per l'unità immaginaria, data dalla radice quadrata dell'unità reale negativa.

immaginativa *s.f.* facoltà, potere di immaginare; inventiva.

immaginativo *agg.* **1** che si riferisce all'immaginazione **2** provvisto di immaginazione.

immaginazione [-zió-] *s.f.* **1** facoltà di concepire pensieri che non seguono regole fisse né legami logici: *una fervida* — **2** l'atto dell'immaginare; la cosa immaginata.

immagine [-mà-] *s.f.* **1** forma esteriore di oggetti corporei, percepita con la vista, riflessa in uno specchio ecc.: *si vedeva l'— capovolta nell'acqua* **2** rappresentazione mentale di cosa vera o fittizia per mezzo della memoria o della fantasia; simbolo di idea astratta: *serbare l'— dei propri cari; essere l'— della salute* **3** figura o forma che ne riproduca un'altra; modello: *gli uomini sono fatti a — di Dio* **4** rappresentazione d'arte, spec. se di soggetto religioso: *— votiva; il culto delle immagini* **5** in un'opera letteraria, passo di particolare espressività: *una bella — del Manzoni*.

immaginifico [-nì-] *agg.* [pl.m. *-ci*] che crea immagini, detto di uno scrittore.

immaginoso [-nó-] *agg.* **1** dotato di grande immaginazione: *pittore* — **2** ricco di immagini.

immalinconire *v.tr.* [*io immalinconisco, tu immalinconisci* ecc.] far venire la malinconia: *questi pensieri mi immalinconiscono* // *v.intr.*, **-irsi** *v.rifl.pron.* diventare malinconico.

immancabile [-cà-] *agg.* che non può mancare, che è certo: *conseguenza* —. SIN. *sicuro* // **-mente** *avv.* sicuramente, senza dubbio.

immane *agg.* di smisurata grandezza, enorme (anche *fig.*): *un'— disgrazia*.

immanente [-nèn-] *agg.* (*fil.*) si dice di ciò che risiede nell'essere e trova nell'essere stesso il suo principio e il suo fine.

immanentismo [-fmo] *s.m.* (*fil.*) ogni dottrina che rifiuta l'esistenza di una realtà trascendente, cioè al di là del mondo dell'esperienza e della storia.

immanenza [-nèn-] *s.f.* (*fil.*) il carattere di ciò che è immanente.

immantinente [-nèn-] *avv.* (*antiq.*) subito, senza indugio.

immarcescibile [-sci-] *agg.* (*lett.*) che non può marcire, incorruttibile (anche *fig.*).

immateriale *agg.* che non è materiale, che non è costituito da materia.

immaterialità *s.f.invar.* l'essere immateriale.

immatricolare *v.tr* [*io immatricolo* ecc.] iscrivere una persona o un bene in un pubblico registro // **-arsi** *v. rifl.* iscriversi in un pubblico registro, spec. detto di uno studente che si iscrive al primo anno degli studi universitari.

immatricolazione [-zió-] *s.f.* atto, effetto dell'immatricolare o dell'immatricolarsi.

immaturità *s.f.invar.* l'essere immaturo.

immaturo *agg.* non maturo (anche *fig.*): *frutto* —; *scolaro* —; *morte immatura*, che avviene prima del tempo. SIN. *acerbo* // **-mente** *avv.* prematuramente.

immedesimare [-fi-] *v.tr.* [*io immedésimo* ecc.] fare una sola cosa di due distinte; farle coincidere: *— due questioni* // **-arsi** *v. rifl.* farsi una sola cosa con un'altra: *un attore che si immedesima nel suo personaggio.*

immedesimazione [-fimazió-] *s.f.* l'immedesimare o l'immedesimarsi.

immediatezza [-tèz-] *s.f.* l'essere immediato.

immediato *agg.* diretto, che segue senza che nulla s'interponga: *pagamento* —; *superiore* —; *guarigione immediata* // **-mente** *avv.* subito, immantinente, direttamente.

immemorabile [-rà-] *agg.* che non si può ricordare perché antichissimo: *da tempo* —.

immemore [-mè-] *agg.* che non ricorda, dimentico: — *dei benefici ricevuti.* CONTR. *memore*.

immensità *s.f.invar.* **1** l'essere immenso **2** spazio immenso: *l'— del creato.*

immenso [-mèn-] *agg.* che non si può misurare, che è senza limiti: *il numero delle stelle è* —; *una folla immensa.* SIN. *incommensurabile, smisurato, sconfinato* // **-mente** *avv.* senza misura, assai.

immergere [-mèr-] *v.tr.* [pres. *io immèrgo, tu immèrgi* ecc.; pass.rem *io immèrsi, tu immergésti* ecc.; p.pass. *immèrso*] **1** tuffare in un liquido: — *le mani nell'acqua* **2** affondare fino all'impugnatura: *immergere il pugnale nel suo petto* // **-ersi** *v.rifl.* **1** tuffarsi, entrar dentro: *c'immergemmo nella boscaglia* **2** (*fig.*) dedicarsi completamente.

immeritato *agg.* non meritato // **-mente** *avv.* **1** senza colpa **2** senza merito.

immeritevole [-té-] *agg.* non meritevole // **-mente** *avv.* **1** senza colpa **2** senza merito.

immersione [-sió-] *s.f.* l'immergere, l'immergersi; l'essere immerso: — / *navigare in* —, si dice di un sommergibile che naviga sotto il livello dell'acqua / *linea di* —, quella segnata dall'acqua sulla carena di una nave.

immettere [-mét-] *v.tr.* [coniugato come *mettere*] mettere dentro, far entrare: — *acqua in un tubo* / — *qlcu. nel possesso di un bene*, attribuirgliene legittimamente il possesso. CONTR. *emettere*.

immigrante *agg.* e *s.m.* e *f.* che o chi immigra in un paese.

immigrare *v.intr.* entrare in un paese straniero per restarvi più o meno a lungo, spec. a scopo di lavoro. CONTR. *emigrare*.

immigrato *agg.* e *s.m.* che o chi si è stabilito, spec. a scopo di lavoro, in un paese straniero o in una regione del proprio paese diversa da quella di origine.

immigrazione [-zió-] *s.f.* l'immigrare; gli immigrati nel loro complesso / — *interna*, spostamento di cittadini da una regione all'altra di uno stesso paese, spec. a scopo di lavoro. CONTR. *emigrazione*.

imminente [-nèn-] *agg.* che sovrasta, che è prossimo: *pericolo* —; *le elezioni sono imminenti.*

imminenza [-nèn-] *s.f.* l'essere imminente.

immischiare *v.tr.* [*io immischio* ecc.] far partecipare inopportunamente o indebitamente qlcu. a qlco.: — *un amico in un losco affare* // **-arsi** *v.rifl.* ingerirsi inopportunamente in faccende che non riguardano direttamente: — *negli affari altrui.* SIN. *intromettersi, impicciarsi.*

immiserimento [-ferimén-] *s.m.* atto, effetto dell'immiserire.

immiserire [-fe-] *v.tr.* [*io immiserisco, tu immiserisci* ecc.] rendere misero, impoverire // *v.intr.*, **-irsi** *v.rifl. pron.* diventare misero.

immissario [-sà-] *s.m.* corso d'acqua che si versa in un lago o in un altro bacino [*ill. Fiume*].

immissione [-sió-] *s.f.* atto, effetto dell'immettere. CONTR. *emissione.*

immobile [-mò-] *agg.* che non si muove, che non si può muovere: *gli antichi credevano che la Terra fosse* — / *beni immobili*, quelli costituiti da case, poderi e simili. SIN. *fermo, immoto.* CONTR. *mobile.*

immobiliare *agg.* che riguarda beni immobili: *imposta* — / *proprietà* —, quella costituita da beni immobili.

immobilismo [-ʃmo] *s.m.* rinuncia, spec. da parte di un governo, a seguire una linea politica capace di rinnovare la vita della nazione.

immobilità *s.f.invar.* l'essere, lo stare immobile. CONTR. *mobilità*.

immobilizzare [-liʒʒa-] *v.tr.* **1** rendere immobile, costringere all'immobilità / — *il nemico*, metterlo nell'impossibilità di agire **2** (*econ.*) lasciare infruttifero un capitale o investirlo in beni immobili.

immobilizzazione [-liʒʒazió-] *s.f.* atto, effetto dell'immobilizzare.

immobilizzo [-liʒʒo] *s.m.* l'immobilizzare, spec. in senso economico; anche l'insieme dei beni immobilizzati.

immoderato *agg.* che va oltre la giusta misura: *desideri immoderati*. SIN. *smodato*.

immodestia [-dè-] *s.f.* mancanza di modestia. SIN. *presunzione, impudenza*. CONTR. *modestia*.

immodesto [-dè-] *agg.* privo di modestia. SIN. *presuntuoso*. CONTR. *modesto*.

immolare *v.tr.* [*io immòlo ecc.*] sacrificare (*anche fig.*): — *animali agli dei* // **-arsi** *v.rifl.* offrirsi come vittima.

immolazione [-zió-] *s.f.* atto, effetto dell'immolare o dell'immolarsi.

immondezza [-déz-] *s.f.* l'essere immondo. SIN. *sporcizia, sudiciume*.

immondezzaio [-zà-] *s.m.* luogo o recipiente in cui si raccolgono le immondizie.

immondizia [-di-] *s.f.* spazzatura, sporcizia.

immondo [-món-] *agg.* **1** sudicio, impuro: *luogo* —. SIN. *sporco, sozzo* **2** (*fig.*) corrotto: *uomo* —.

immorale *agg.* che offende la morale: *uomo, azione* —.

immoralismo [-ʃmo] *s.m.* la teorizzazione del rifiuto di qualsiasi legge morale.

immoralità *s.f.invar.* l'essere immorale.

immortalare *v.tr.* rendere immortale. SIN. *eternare, perpetuare*.

immortale *agg.* **1** che non muore: *l'anima è* —. SIN. *eterno, imperituro*. CONTR. *mortale* **2** che dura a lungo.

immortalità *s.f.invar.* l'essere immortale: *l'— dell'anima*.

immotivato *agg.* che non ha motivo; irragionevole, ingiustificato.

immoto [-mò-] *agg.* che non si muove. SIN. *immobile*.

immune *agg.* libero da un onere o da una calamità che grava sugli altri: — *dal contagio*. SIN. *esente*.

immunità *s.f.invar.* **1** la libertà da oneri e da obblighi che gravano sui cittadini: — *parlamentare*, quella che garantisce a deputati e senatori un particolare trattamento rispetto alla legge penale. SIN. *esenzione* **2** (*biol.*) la proprietà di resistere a infezioni o a sostanze tossiche: — *dal vaiolo*.

immunitario [-tà-] *agg.* inerente all'immunità biologica: *reazione immunitaria*.

immunizzare [-niʒʒa-] *v.tr.* rendere un organismo resistente a malattie, all'azione di sostanze velenose.

immunizzazione [-niʒʒazió-] *s.f.* atto, effetto dell'immunizzare.

immunodeficienza [-cièn-] *s.f.* difetto dell'immunità biologica.

immunologia [-gi-] *s.f.* disciplina biologica che studia i fenomeni immunitari.

immusonito [-ʃo-] *agg.* che dimostra tristezza o collera con l'espressione del viso; imbronciato.

immutabile [-tà-] *agg.* che non può mutare. CONTR. *mutabile*.

immutabilità *s.f.invar.* qualità di ciò che è immutabile.

immutato *agg.* che non è cambiato.

imo *agg.* e *s.m.* (*lett.*) che o chi sta nel luogo più basso o più profondo (anche *fig.*).

impaccare *v.tr.* [*io impacco, tu impacchi ecc.*] avvolgere in uno o più pacchi.

impacchettare *v.tr.* [*io impacchétto ecc.*] **1** avvolgere in uno o più pacchetti / *assol.* fare pacchetti **2** (*fig.*) imprigionare, legare: *lo impacchettarono e lo spedirono in galera*.

impacciare *v.tr.* [*io impàccio ecc.*] impedire fisicamente o moralmente. SIN. *imbarazzare, intralciare* // **-arsi** *v.rifl.pron.* intromettersi, occuparsi di fatti altrui.

impacciato *agg.* impedito; imbarazzato. SIN. *goffo*. CONTR. *disinvolto*.

impaccio [-pàc-] *s.m.* **1** l'essere impacciato: *il suo* — *è evidente*. SIN. *imbarazzo*. CONTR. *disinvoltura* **2** ciò che impaccia, ostacolo.

impacco *s.m.* [pl. *-chi*] (*med.*) applicazione a una parte del corpo di pannolini imbevuti d'acqua o di sostanze medicinali.

impadronirsi *v.rifl.pron.* [*io mi impadronisco, tu ti impadronisci ecc.*] **1** prendere possesso di qlco., spec. con violenza o con frode (anche *fig.*): *la gelosia s'impadronì di lei* **2** imparare a fondo qlco.

impagabile [-gà-] *agg.* che vale più di quanto sia possibile pagare; per estens., che ha qualità straordinarie.

impaginare *v.tr.* [*io impàgino ecc.*] (*tip.*) disporre il testo stampato e le eventuali illustrazioni così da formare una pagina.

impaginato *s.m.* bozza tipografica già disposta in pagine.

impaginatore [-tó-] *s.m.* [f. *-trice*] chi progetta o esegue l'impaginazione di un libro, di un giornale ecc.

impaginazione [-zió-] *s.f.* atto, effetto dell'impaginare.

impagliare *v.tr.* [*io impàglio ecc.*] **1** coprire di paglia: — *un fiasco*; — *una seggiola* **2** imbottire di paglia la pelle di animali morti per fissarne la forma e l'aspetto.

impagliatore [-tó-] *s.m.* [f. *-trice*] chi impaglia per mestiere.

impagliatura *s.f.* atto, effetto dell'impagliare.

impalare *v.tr.* **1** infilzare verticalmente in un palo appuntito come si faceva anticamente per supplizio **2** sostenere con pali: — *le viti* // **-arsi** *v.rifl.* mettersi dritto e fermo: *il soldato s'impalò sull'attenti*.

impalato *agg.* si dice di persona che sta diritta e immobile come un palo.

impalcatura *s.f.* **1** l'insieme delle travi che sostengono una struttura edile [*ill. Edilizia*]; sistema di sostegni (anche *fig.*): *l'— dello stato* **2** struttura provvisoria di pali e tavolati intorno alle parti di un'opera muraria in costruzione, per sostenere gli operai che vi lavorano **3** la ramificazione delle branche di un albero, delle corna di un cervo.

impallidire *v.intr.* [*io impallidisco, tu impallidisci ecc.*] diventare pallido (detto di persona); offuscarsi, sbiadire (detto di cosa).

impallinare *v.tr.* colpire con i pallini del fucile da caccia.

impalmare *v.tr.* sposare.

impalpabile [-pà-] *agg.* impercettibile al tatto; finissimo.

impalpabilità *s.f.invar.* l'essere impalpabile.

impaludare *v.tr.* far diventare palude // **-arsi** *v.rifl. pron.* diventare palude.

impanare[1] *v.tr.* passare nel pangrattato cibi da friggere.

impanare[2] *v.tr.* fare a una vite la filettatura a spirale // **-arsi** *v.rifl.pron.* detto della vite, penetrare nella madrevite.

impancarsi *v.rifl.pron.* [*io mi impanco, tu ti impanchi ecc.*] atteggiarsi a persona superiore, presumendo di giudicare o insegnare ad altri.

impaniare *v.tr.* [*io impànio ecc.*] spalmare di pania; catturare con la pania; mettere in trappola (anche *fig.*). SIN. *intrappolare, invischiare* // **-arsi** *v.rifl.pron.* si dice di uccelli che si lasciano prendere nella pania; cadere in trappola (anche *fig.*).

impannata *s.f.* infisso di chiusura per finestre, costituito da telai che sorreggono riquadri di stoffa, carta ecc.; anche la finestra così coperta.

impantanare *v.tr.* ridurre a pantano // **-arsi** *v.rifl.pron.* diventare pantano; affondare in un pantano; (*fig.*) imbattersi in difficoltà.

impaperarsi *v.rifl.pron.* [*io mi impàpero ecc.*] dire una papera, confondersi nel parlare.

impappinarsi *v.rifl.pron.* confondersi e balbettare nel mezzo di un discorso.

imparabile [-rà-] *agg.* si dice di un tiro di palla o di pallone che non può essere parato.

imparare *v.tr.* apprendere con l'osservazione, l'esercizio, lo studio o con l'istinto e l'abitudine: — *a leggere*; — *a vivere* / *prov.: impara l'arte e mettila da parte*, imparare un mestiere è sempre utile. CONTR. *disimparare*.

imparaticcio [-tìc-] *s.m.* nozioni male assimilate; componimento, spec. scolastico, sciatto e impersonale.

imparchettatura *s.f.* rinforzo di legno che si applica dietro i dipinti su tavola per impedirne la deformazione.

impareggiabile [-già-] *agg.* che non ha pari; eccezionale. SIN. *incomparabile, inarrivabile*.

imparentare *v.tr.* [*io imparènto ecc.*] far diventare parente: *il matrimonio lo ha imparentato con la mia famiglia* // **-arsi** *v.rifl.* diventare parente per mezzo del matrimonio.

impari [ìm-] *agg.invar.* disuguale; inferiore.

imparipennato *agg.* (*bot.*) si dice di foglia composta da un numero dispari di foglioline disposte ai lati di un asse centrale.

imparisillabo [-sìl-] *agg.* che ha un numero dispari di sillabe: *il settenario è un verso —*.

imparruccato *agg.* che porta la parrucca; (*fig.*) antiquato; solenne.

impartire *v.tr.* [*io impartisco, tu impartisci ecc.*] dare, assegnare: — *un ordine*; — *lezioni*; — *i sacramenti*.

imparziale *agg.* che giudica e tratta con giustizia; che dimostra giustizia. SIN. *giusto, equo, equanime, spassionato.* CONTR. *parziale*.

imparzialità *s.f.invar.* l'essere imparziale. SIN. *equanimità, giustizia.* CONTR. *parzialità*.

impasse [*franc.*; *pr.* empàs] *s.f.* vicolo cieco, strada senza uscita; (*fig.*) situazione intricata.

impassibile [-sì-] *agg.* che non si lascia abbattere dal dolore; che non mostra di sentire dolore o commozione. SIN. *imperturbabile, insensibile*.

impassibilità *s.f.invar.* l'essere impassibile. SIN. *imperturbabilità, insensibilità*.

impastare *v.tr.* **1** mescolare e manipolare più sostanze per farne una pasta: — *il pane* / — *bene i colori*, detto di un pittore, fonderli bene, armonizzarli / *essere impastato di pregiudizi, di cattiveria*, essere pieno di pregiudizi, essere molto cattivo / *essere impastato di sonno*, si dice di chi è dormiglione, di chi cade dal sonno **2** coprire di colla, incollare.

impastato *agg.* **1** ridotto in pasta; coperto di pasta / *sentirsi la bocca impastata*, avvertire una patina spiacevole **2** incollato.

impastatrice *s.f.* macchina per impastare.

impasto *s.m.* atto, effetto dell'impastare.

impastoiare *v.tr.* [*io impastóio ecc.*] mettere le pastoie; frenare, imprigionare (anche *fig.*).

impataccare *v.tr.* [*io impatacco, tu impatacchi ecc.*] coprire di patacche.

impattare *v.intr.* detto di un proiettile, colpire il bersaglio; (*fig.*) intervenire d'improvviso, sconvolgendo una situazione // *v.tr.* nel gioco, chiudere una partita in parità, senza vincere né perdere.

impatto *s.m.* il punto nel quale un proiettile colpisce il bersaglio; (*fig.*) contatto improvviso tra due realtà diverse al quale seguono rapide modificazioni.

impaurire *v.tr.* [*io impaurisco, tu impaurisci ecc.*] mettere paura. SIN. *spaventare, spaurire* // **-irsi** *v.rifl.pron.* prender paura, spaventarsi.

impavesata [-ʃa-] *s.f.* la parte della murata sovrastante il ponte di coperta di una nave.

impavido [-pà-] *agg.* che non ha paura. SIN. *ardito, intrepido.* CONTR. *pavido*.

impaziente [-zièn-] *agg.* che non ha pazienza; che dimostra impazienza. SIN. *insofferente, intollerante.* CONTR. *paziente*.

impazientirsi *v.rifl.pron.* [*io mi impazientisco, tu ti impazientisci ecc.*] perdere la pazienza.

impazienza [-zièn-] *s.f.* l'essere impaziente. SIN. *insofferenza.* CONTR. *pazienza*.

impazzare *v.intr.* manifestarsi in maniera tumultuosa e rumorosa; fare baccano: *il carnevale impazza*; *la gente impazza per le strade*.

impazzata solo nella locuz. *all'impazzata*, con furia, senza riflettere.

impazzire *v.intr.* [*io impazzisco, tu impazzisci ecc.*] **1** diventare pazzo, perdere la ragione. SIN. *ammattire* **2** (*fig.*) perdersi in lavori minuziosi, affaticarsi per risolvere un problema o sostenere una situazione.

impeccabile [-cà-] *agg.* senza difetti, perfetto.

impeccabilità *s.f.invar.* l'essere impeccabile.

impeciare *v.tr.* [*io impécio ecc.*] spalmare di pece o di materia simile.

impedenza [-dèn-] *s.f.* (*elettr.*) misura della resistenza opposta da un conduttore al passaggio di una corrente alternata.

impedimento [-mén-] *s.m.* **1** l'impedire; ciò che impedisce: *superare un —*. SIN. *ostacolo, difficoltà* **2** per il diritto canonico, causa che impedisce di contrarre matrimonio.

impedire *v.tr.* [*io impedisco, tu impedisci ecc.*] **1** rendere impossibile: — *il cammino*; — *di commettere un errore*. SIN. *precludere, proibire* **2** impacciare: *il freddo impedisce i movimenti*. SIN. *ostacolare*.

impegnare *v.tr.* [*io impégno ecc.*] **1** dare in pegno (anche *fig.*): — *un gioiello*; — *la propria parola* / — *denaro*, investirlo in un'impresa **2** occupare, vincolare: — *una stanza d'albergo*; — *una persona*, tenerla occupata in un'attività o vincolarla a una promessa; — *il nemico*, tenerlo occupato in un serio combattimento // **-arsi** *v.rifl.* **1** assumersi un impegno, promettere, obbligarsi: — *a finire un lavoro* **2** sostenere nella propria attività precise idee politiche, religiose, sociali.

impegnativo *agg.* che impegna: *lavoro —*.

impegnato *agg.* **1** indaffarato, occupato **2** che ha e sostiene nella sua attività precise idee politiche, religiose, sociali: *un artista —*.

impegno [-pé-] *s.m.* **1** obbligo, promessa: *assumere un —* **2** quantità di denaro investito in un'impresa:

l'— per quel lavoro è di un miliardo **3** cura attenta, diligenza: *studiare con* —. SIN. *sollecitudine, zelo* **4** affare; incombenza: *ho molti impegni da sbrigare* **5** presa di posizione e di responsabilità in campo politico, religioso, sociale.

impegolarsi *v.rifl.* [*io mi impégolo ecc.*] mettersi in difficoltà.

impelagarsi *v.rifl.* [*io mi impèlago ecc.*] cacciarsi nei guai.

impellente [-lèn-] *agg.* che preme, che stimola all'azione. SIN. *urgente*.

impellicciare¹ *v.tr.* [*io impelliccio ecc.*] rivestire, ricoprire con pelliccia.

impellicciare² *v.tr.* [*io impelliccio ecc.*] → **impiallacciare.**

impenetrabile [-trà-] *agg.* **1** che non può essere penetrato; attraverso cui non si può penetrare: *foresta* — **2** (*fig.*) incomprensibile: *persona* —; *testo* —. SIN. *imperscrutabile*.

impenetrabilità *s.f.invar.* qualità di ciò che è impenetrabile.

impenitente [-tèn-] *agg.* che non si pente, che persiste nel suo errore. SIN. *incorreggibile*.

impennaggio [-nàg-] *s.m.* complesso di superfici fisse e mobili, disposte verticalmente e orizzontalmente nella parte posteriore di un velivolo, atte ad assicurarne la stabilità e il governo.

impennarsi *v.rifl.pron.* [*io mi impénno ecc.*] **1** ergersi sulle zampe posteriori (detto di cavalli) **2** (*fig.*) stizzirsi, inalberarsi: *t'impenni per un nonnulla*.

impennata *s.f.* l'impennarsi (anche *fig.*).

impensabile [-sà-] *agg.* che non può essere pensato. SIN. *inimmaginabile*.

impensato *agg.* non pensato, impreveduto.

impensierire *v.tr.* [*io impensierisco, tu impensierisci ecc.*] rendere preoccupato: *questa notizia mi impensierisce*. SIN. *preoccupare*.

impepare *v.tr.* [*io impépo ecc.*] condire con il pepe, spec. con molto pepe.

imperante *agg.* che domina: *la fazione* —.

imperare *v.intr.* [*io impèro ecc.*] comandare in modo assoluto, dominare: — *sui mari*.

imperativo *s.m.* **1** (*gramm.*) modo del verbo che esprime comando **2** (*fil.*) la formula mediante la quale si impone una norma all'azione.

imperatore [-tó-] *s.m.* [f. *-trice*] **1** il sovrano di un impero **2** titolo dato dai romani a un generale vittorioso, poi al capo dello stato.

impercettibile [-ti-] *agg.* che non si può percepire; che si percepisce a stento.

imperdonabile [-nà-] *agg.* che non si può perdonare.

imperfetto [-fèt-] *agg.* **1** non finito, non compiuto / *tempo* — (o solamente *imperfetto*), (*gramm.*) tempo del verbo che esprime un'azione continuata o ripetuta nel passato **2** che ha qualche difetto. SIN. *manchevole*. CONTR. *perfetto*.

imperfezione [-zió-] *s.f.* **1** l'essere imperfetto. CONTR. *perfezione* **2** difetto che rende imperfetto: — *fisica*. SIN. *manchevolezza*.

imperiale¹ *agg.* dell'impero, dell'imperatore: *dignità* — // *s.m.pl.* i seguaci, i soldati dell'imperatore.

imperiale² *s.m.* parte superiore di carrozze, diligenze ecc., sistemata in modo da potervi collocare i bagagli e, talvolta, farvi sedere passeggeri.

imperialismo [-ſmo] *s.m.* tendenza di una nazione ad estendere il proprio dominio o ad acquistare un'egemonia su altri popoli.

imperialista *s.m.* e *f.* [pl.m. *-i*] fautore dell'impero, dell'imperialismo.

imperialistico [-lì-] *agg.* [pl.m. *-ci*] d'imperialismo; che mira all'imperialismo.

imperiese [-rié-] *agg.* di Imperia // *s.m.* e *f.* abitante di Imperia.

imperio [-pè-] *s.m.* (*lett.*) potere, autorità assoluta / *d'* —, d'autorità, con decisione unilaterale e indiscutibile.

imperiosità *s.f.invar.* l'essere imperioso; modo imperioso.

imperioso [-rió-] *agg.* **1** che comanda con decisione e alterigia: *uomo* — **2** che non ammette resistenza; ineluttabile: *bisogno* —.

imperito *agg.* che non ha abilità e pratica in cose che dovrebbe saper fare. SIN. *inesperto*.

imperituro *agg.* che non verrà meno; immortale: *fama imperitura*. CONTR. *perituro*.

imperizia [-rì-] *s.f.* mancanza di pratica o abilità in cose che si dovrebbero saper fare.

imperlare *v.tr.* [*io impèrlo ecc.*] **1** (*rar.*) adornare di perle **2** (*fig.*) bagnare con gocce a forma di perle (detto di liquido): *il sudore gli imperla la fronte*.

impermalire *v.tr.* [*io impermalisco, tu impermalisci ecc.*] indispettire // **-irsi** *v.rifl.pron.* aversela a male. SIN. *offendersi*.

impermeabile [-à-] *agg.* che non si lascia attraversare da liquidi o da fluidi: *terreno* — // *s.m.* indumento di tessuto impermeabile che s'indossa per ripararsi dalla pioggia.

impermeabilità *s.f.invar.* proprietà che hanno alcuni corpi di non lasciarsi attraversare da liquidi o da fluidi. CONTR. *permeabilità*.

impermeabilizzare [-lìʒʒa-] *v.tr.* rendere impermeabile con speciali trattamenti.

impermeabilizzato [-lìʒʒa-] *agg.* reso impermeabile.

impermeabilizzazione [-liʒʒazió-] *s.f.* operazione, effetto dell'impermeabilizzare.

imperniare *v.tr.* [*io impèrnio ecc.*] **1** fissare con un perno, munire di perni: *le forbici sono imperniate nel mezzo* **2** (*fig.*) fondare: — *il discorso su un dato presupposto*.

impero [-pè-] *s.m.* **1** dignità, governo di imperatore: *ereditare l'* —; *durante l'* — *di Tiberio* **2** territorio, composto di più regni, di cui è capo un imperatore: *l'* — *romano* — *coloniale*, complesso di colonie appartenenti a uno stato **3** potere assoluto, autorità piena: *il padre aveva l'* — *sui figli* **4** nelle arti decorative, stile classicheggiante fiorito durante l'impero napoleonico.

imperocché *cong.* (*lett.*) per il fatto che.

imperscrutabile [-tà-] *agg.* che non si può scrutare: *un mistero* —. SIN. *impenetrabile*.

imperscrutabilità *s.f.invar.* l'essere imperscrutabile.

impersonale *agg.* **1** (*gramm.*) si dice di verbo usato solo nella terza persona del singolare (p.e. *tuona, piove* ecc.) / *forma* — *del verbo*, quella nella quale non è espresso né si può ricostruire come sotteso un soggetto personale **2** che non riguarda una determinata persona: *accuse impersonali* **3** che non è originale, comune: *scrive in maniera* — // **-mente** *avv.* senza originalità.

impersonalità *s.f.invar.* **1** l'essere impersonale, cioè non riferibile a una determinata persona **2** mancanza di originalità: — *di uno scritto*.

impersonare *v.tr.* [*io impersóno ecc.*] **1** rappresentare come persona una qualità o un concetto astratto: *Amleto impersona il dubbio* **2** interpretare (detto di un attore) // **-arsi** *v.rifl.* **1** diventare persona, incarnarsi: *in lui si impersona l'allegria* **2** immedesimarsi in un personaggio (detto di un attore).

imperterrito [-tèr-] *agg.* che non si lascia spaventare, intrepido. SIN. *imperturbabile.*

impertinente [-nèn-] *agg.* si dice di atti o di parole che denotino mancanza di riguardo o sfacciataggine. SIN. *insolente.*

impertinenza [-nèn-] *s.f.* l'essere impertinente; atto o detto impertinente.

imperturbabile [-bà-] *agg.* che non si turba, che non si commuove: *animo —.* SIN. *impassibile, imperterrito.*

imperturbabilità *s.f.invar.* qualità di chi è imperturbabile. SIN. *impassibilità.*

imperturbato *agg.* non perturbato, non commosso: *rimase — alla notizia.*

imperversare *v.intr.* [*io impervèrso ecc.*] **1** agire con violenza, sfogarsi rabbiosamente: *le persecuzioni imperversarono a lungo.* SIN. *infierire, incrudelire* **2** infuriare, manifestarsi violentemente (detto di morbo o di elementi naturali): *la bufera imperversò tutta la notte.*

impervio [-pèr-] *agg.* si dice di luogo per cui è impossibile o difficile transitare: *montagna impervia.* SIN. *impraticabile.*

impetigine [-tì-] *s.f.* (*med.*) malattia della cute che si manifesta con piccole pustole e quindi croste che cadono senza lasciare cicatrice.

impeto [ìm-] *s.m.* **1** moto improvviso e violento di cosa o persona che si butta con forza contro un oggetto: *l' — del fuoco, delle onde, della bufera / fare — contro qlcu.,* assaltare, gettarsi contro qlcu. / *sostenere l' — dei nemici,* fronteggiarli senza indietreggiare. SIN. *slancio* **2** (*fig.*) improvviso moto dell'animo, commozione violenta: *— d'ira, d'amore, di collera / agire d' —,* senza riflettere. SIN. *concitazione, foga, veemenza, irruenza.*

impetrare *v.tr.* [*io impètro ecc.*] **1** ottenere con preghiere: *— la misericordia del Signore* **2** chiedere con suppliche: *impetriamo il tuo perdono.* SIN. *supplicare, implorare.*

impettito *agg.* si dice di persona che cammina rigidamente e col petto in fuori.

impetuosità *s.f.invar.* l'essere impetuoso. SIN. *veemenza, irruenza.*

impetuoso [-tuó-] *agg.* che si muove con impeto (anche *fig.*); che si lascia vincere dall'impeto: *torrente —; nelle tue azioni sei troppo —.* SIN. *aggressivo, veemente, irruente, focoso.*

impiallacciare *v.tr.* [*io impiallàccio ecc.*] ricoprire una superficie di legno più andante con uno strato sottile di legno più pregiato.

impiallacciatore [-tó-] *s.m.* [f. *-trice*] operaio che fa lavori di impiallacciatura.

impiallacciatura *s.f.* l'operazione, l'effetto dell'impiallacciare; i fogli di legno che servono per impiallacciare.

impiantare *v.tr.* **1** sistemare su basi adatte i pezzi di un congegno o le parti di una macchina per avviare la costruzione: *— una caldaia, un forno* **2** fondare, mettere su, avviare: *— un'azienda / — una questione,* sollevarla; porla nei termini adatti per risolverla.

impiantire *v.tr.* [*io impiantisco, tu impiantisci ecc.*] fare l'impiantito.

impiantista *s.m.* e *f.* [pl.m. *-i*] tecnico esperto in impiantistica.

impiantistica [-tì-] *s.f.* tecnica di sistemazione funzionale di un insieme di apparecchi utilizzati per uno stesso fine.

impiantito *s.m.* pavimento.

impianto *s.m.* **1** atto dell'impiantare: *l' — di una ditta, di un negozio / spese di —,* spese per avviare una ditta, per mettere su casa o altro **2** complesso delle macchine e attrezzature necessarie allo svolgimento di una determinata attività o all'attuazione di un processo produttivo: *— di illuminazione; utilizzo degli impianti,* delle macchine, in un'impresa industriale.

impiastrare *v.tr.* **1** spalmare con una materia simile a un impiastro **2** insudiciare.

impiastricciare *v.tr.* [*io impiastrìccio ecc.*] spalmare qua e là, impiastrare imbrattando; dipingere male.

impiastro *s.m.* **1** ogni tipo di medicamento, per lo più emolliente, formato da materia bollita (semi, foglie ecc.) che si applica, involto in una leggera tela, sulla parte malata **2** (*fig. fam.*) persona seccante o malaticcia.

impiccagione [-gió-] *s.f.* l'impiccare, l'essere impiccato.

impiccare *v.tr.* [*io impicco, tu impicchi ecc.*] appendere qlcu. per il collo a un capestro, sino alla morte / *non farebbe una cosa simile neanche se lo impiccassero,* a nessun costo.

impiccato *agg.* e *s.m.* si dice di persona che è stata sottoposta a impiccagione.

impicciare *v.tr.* [*io impìccio ecc.*] essere d'intralcio, ostacolare: *queste valigie impicciano il passaggio* // **-arsi** *v.rifl.* ficcare il naso, intromettersi. SIN. *immischiarsi.*

impiccio [-pìc-] *s.m.* **1** qualunque cosa che costituisca un fastidio, un ostacolo **2** affare imbrogliato, guaio: *sono in un bell' —!*

impiccione [-ció-] *s.m.* chi, per abitudine, si impiccia delle faccende altrui.

impiccolire *v.tr.* [*io impiccolisco, tu impiccolisci ecc.*] rendere o far sembrare più piccolo // *v.intr.* diventare o apparire più piccolo.

impiegare *v.tr.* [*io impiègo, tu impièghi ecc.*] **1** adibire a un determinato uso: *— il tempo, la volontà / — il denaro in azioni,* investirlo. SIN. *adoperare, usare* **2** assumere qlcu. per un lavoro, un ufficio // **-arsi** *v.rifl.* ottenere un impiego.

impiegatizio [-tì-] *agg.* degli impiegati, di impiegato: *ceto —; lavoro —.*

impiegato *s.m.* chi presta la propria opera retribuita in un ufficio.

impiego [-piè-] *s.m.* [pl. *-ghi*] **1** atto e modo dell'impiegare: *— di denaro, di tempo.* SIN. *uso* **2** occupazione presso un ufficio.

impietosire *v.tr.* [*io impietosisco, tu impietosisci ecc.*] muovere a pietà. SIN. *commuovere.*

impietrire *v.tr.* [*io impietrisco, tu impietrisci ecc.*] (*rar.*) rendere simile a pietra / *impietrito dal dolore,* reso insensibile, estraneo alla realtà // *v.intr., —-irsi v.rifl.pron.* divenire insensibile, duro come pietra: *restò impietrito a guardare.*

impigliare *v.tr.* [*io impìglio ecc.*] afferrare, trattenere avviluppando // **-arsi** *v.rifl.* rimanere avviluppato (anche *fig.*).

impigrire *v.tr.* [*io impigrisco, tu impigrisci ecc.*] rendere pigro. CONTR. *spigrire* // *v.intr., —-irsi v.rifl.pron.* diventare pigro.

impillaccherare *v.tr.* [*io impillàcchero ecc.*] macchiare, far pillacchere su qlco.

impinguare *v.tr.* [*io impìnguo ecc.*] **1** (*rar.*) rendere pingue, ingrassare **2** (*fig.*) arricchire // **-arsi** *v.rifl.pron.* **1** (*non com.*) divenire pingue **2** (*fig.*) arricchirsi.

impinzare *v.tr.* → **rimpinzare.**

impiombare *v.tr.* [*io impiómbo ecc.*] **1** rivestire di piombo; fermare con piombo / *— un pacco*, apporvi i piombini per sigillarlo / *— un dente*, otturarlo con piombo o con altro amalgama **2** (*mar.*) unire due cavi di canapa o metallici intrecciandoli alle estremità.

impiombatura *s.f.* l'impiombare; il piombo usato per impiombare.

impiparsi *v.rifl.pron.* (*volg.*) non curarsi di qlco.

implacabile [-cà-] *agg.* che non si può placare: *odio —*. SIN. *inesorabile*.

implacabilità *s.f.invar.* l'essere implacabile.

implantologia [-gì-] *s.f.* disciplina odontoiatrica che studia l'impianto di denti artificiali nelle ossa mascellari.

implementare *v.tr.* [*io implemènto ecc.*] in diverse tecnologie, accrescere, sviluppare, migliorare.

implicare *v.tr.* [*io implico, tu implichi ecc.*] **1** coinvolgere, trascinare qlcu., anche controvoglia, in un'impresa generalmente spiacevole: *— in un delitto, in un processo* **2** comprendere in sé, comportare come conseguenza logica.

implicazione [-zió-] *s.f.* si dice del connettivo logico tra due proposizioni, che ne rappresenta la conseguenza logica e necessaria; per estens., conseguenza sottintesa.

implicito [-pli-] *agg.* non formalmente espresso, ma inteso per induzione; sottinteso / *proposizioni implicite*, (*gramm.*) quelle che hanno per predicato una forma indefinita del verbo. CONTR. *esplicito*.

implodere [-plò-] *v.intr.* [*io implòdo ecc.*] subire un'implosione.

implorante *agg.* che implora: *sguardo —*.

implorare *v.tr.* [*io implòro ecc.*] chiedere con preghiere e con suppliche. SIN. *impetrare, supplicare, scongiurare*.

implorazione [-zió-] *s.f.* l'implorare e la preghiera con cui si implora. SIN. *supplica*.

implosione [-ʃió-] *s.f.* **1** fenomeno analogo all'esplosione ma che si propaga dall'esterno verso l'interno **2** cedimento improvviso delle pareti di un corpo cavo verso l'interno per effetto di pressione esterna.

implume *agg.* privo di piume e di penne.

impluvio [-plù-] *s.m.* nel cortile interno dell'antica casa romana, il bacino in cui si raccoglieva l'acqua piovana che cadeva dal tetto.

impolitico [-lì-] *agg.* [pl.m. *-ci*] che è contrario alla opportunità politica; per estens., inopportuno, malaccorto.

impollinare *v.tr.* [*io impòllino ecc.*] (*bot.*) depositare il polline sullo stimma di un fiore affinché, penetrando nell'ovario, produca la fecondazione degli ovuli.

impollinazione [-zió-] *s.f.* atto, effetto dell'impollinare.

impoltronire *v.tr.* [*io impoltronisco, tu impoltronisci ecc.*] (*rar.*) rendere poltrone, infiacchire // *v.intr.*, **-irsi** *v.rifl. pron.* diventare poltrone.

impolverare *v.tr.* [*io impólvero ecc.*] imbrattare, coprire di polvere.

impolverato *agg.* coperto di polvere.

impomatare *v.tr.* ungere con pomata, spec. capelli e baffi.

impomatato *agg.* **1** unto con pomata **2** (*spreg.*) si dice di chi cura troppo la propria persona.

imponderabile [-rà-] *agg.* **1** che non si può pesare **2** (*fig.*) si dice di cose astratte, che non si possono ben determinare: *accade per circostanze imponderabili*.

imponderabilità *s.f.invar.* l'essere imponderabile.

imponente [-nèn-] *agg.* **1** che ha dimensioni straordinarie: *un edificio —* **2** che incute timore e rispetto (detto di persona): *un vecchio —*.

imponenza [-nèn-] *s.f.* qualità di chi o di ciò che è imponente.

imponibile [-nì-] *agg.* e *s.m.* si dice di ciò che può essere gravato di imposte, e spec. di quella parte del reddito che rimane dopo le detrazioni legali ed è oggetto di tassazione.

imponibilità *s.f.invar.* l'essere imponibile.

impopolare *agg.* non amato dal popolo; non gradito al pubblico. CONTR. *popolare*.

impopolarità *s.f.invar.* l'essere impopolare.

imporporare *v.tr.* [*io impórporo ecc.*] colorare di rosso: *il sole imporpora i monti* // **-arsi** *v.rifl.pron.* diventar rosso.

imporre [-pór-] *v.tr.* [coniugato come *porre*] **1** metter sopra (anche *fig.*): *— la corona; — un nome, un titolo; — una tassa* / *— le mani*, per benedire, consacrare, o anche per praticare su qlcu. la stregoneria o per tentare di guarirlo da malattie **2** far rispettare, far valere; comandare: *— una legge; — la propria volontà; mi impose di partire*. SIN. *ingiungere, intimare* // **-orsi** *v.rifl.* farsi valere, farsi ubbidire; avere successo: *un uomo che s'impone con autorità; un prodotto che s'impone sul mercato* // *v.rifl.pron.* essere necessario: *questa riforma s'impone*.

importante *agg.* **1** che ha grande interesse o valore: *un particolare, un avvenimento —*. SIN. *rilevante* **2** si dice di persona che ha autorità e potenza: *lo trattano come un uomo —*. SIN. *ragguardevole* // *s.m.* cosa importante: *l'— è far presto*.

importanza *s.f.* l'essere importante / *darsi —*, darsi arie, pavoneggiarsi.

importare *v.tr.* [*io impòrto ecc.*] **1** portar dentro, introdurre nei confini di uno stato: *un'impresa che importa liquori; l'Italia importa carbone* / *— idee, mode, abitudini*, cominciare ad averle, a praticarle, seguendo l'esempio di altri **2** comportare, significare: *questo importerebbe un pericolo ben maggiore* // *v.intr.* (anche *impers.*) premere, avere importanza, stare a cuore, occorrere, essere necessario: *a noi importa la tua felicità; importa che tu studi*.

importatore [-tó-] *agg.* e *s.m.* [f. *-trice*] che o chi effettua importazioni.

importazione [-zió-] *s.f.* l'importare; l'insieme dei beni importati: *l'— quest'anno è diminuita*.

importo [-pòr-] *s.m.* ammontare, entità; somma.

importunare *v.tr.* dar fastidio in modo continuo, spec. con richieste ripetute. SIN. *seccare, infastidire, disturbare*.

importunità *s.f.invar.* l'essere importuno.

importuno *agg.* e *s.m.* si dice di persona o cosa che importuna: *ragazzo —; domanda importuna*. SIN. *seccatore, fastidioso, molesto*.

imposizione [-ʃizió-] *s.f.* atto, effetto dell'imporre (anche *fig.*). SIN. *comando, ingiunzione, intimazione*.

impossessarsi *v.rifl.pron.* [*io mi impossèsso ecc.*] prender possesso (anche *fig.*) / *— di una lingua*, impararla a fondo.

impossibile [-sì-] *agg.* **1** che non è possibile; che è tanto difficile da non sembrare possibile: *un'impresa —*. SIN. *inattuabile, irrealizzabile, assurdo*. CONTR. *possibile* **2** insopportabile, intrattabile, inaccettabile; cattivo: *carattere, persona —; discorso —; cibo —* // *s.m.* ciò che non è possibile: *pretendere l' — / fare l' —*, tentare ogni mezzo, mettere tutta la propria buona volontà per riuscire in qlco.

impossibilità *s.f.invar.* l'essere impossibile / *trovarsi nell' — di fare qlco.*, non poterla fare assolutamente.

impossibilitato *agg.* che non può, che è nell'impossibilità di far qlco.

imposta [-pò-] *s.f.* **1** tributo che lo stato preleva dalla ricchezza privata per provvedere ai servizi pubblici: — *sul reddito*; — *patrimoniale* **2** ciascuno dei due sportelli di legno, grevoli su cardini, con cui si chiude una finestra **3** (*arch.*) membratura sporgente dalla quale ha inizio l'arco.

impostare[1] *v.tr.* [*io impòsto ecc.*] porre le basi di qlco.; (*fig.*) determinare i punti essenziali, avviare: — *un lavoro, un ragionamento* / — *una nave*, iniziarne la costruzione / — *la voce*, atteggiare gli organi vocali, in modo da ottenere il giusto tono // **-arsi** *v.rifl.* mettersi nella posizione più adatta per una certa azione: — *per il lancio del disco*.

impostare[2] *v.tr.* [*io impòsto ecc.*] mettere nella buca della posta (anche *assol.*).

impostazione [-zió-] *s.f.* atto e modo dell'impostare un lavoro, un'attività ecc.

impostore [-stó-] *s.m.* [f. *-tóra*] chi inganna per trarne vantaggio. SIN. *ipocrita*.

impostura *s.f.* il vizio di chi inganna per trarne vantaggio; atto da impostore, raggiro. SIN. *ipocrisia*.

impotente [-tèn-] *agg.* che non ha la forza per compiere una data azione, debole; inefficace: — *a reagire*; *una legge* — // e *s.m.* si dice di uomo incapace di compiere il coito.

impotenza [-tèn-] *s.f.* **1** l'essere impotente / *ridurre all'* —, all'impossibilità di agire, di nuocere **2** incapacità a generare.

impoverimento [-mén-] *s.m.* atto, effetto del rendere o del divenire povero.

impoverire *v.tr.* [*io impoverisco, tu impoverisci ecc.*] rendere povero: — *un paese*; — *le risorse* / — *il terreno*, sfruttarlo con colture non adatte e male avvicendate / — *un corso d'acqua*, con deviazioni. CONTR. *arricchire* // *v.intr.*, **-irsi** *v.rifl.pron.* diventare povero.

impraticabile [-cà-] *agg.* **1** si dice di luogo che non si può praticare, per cui non è possibile passare. SIN. *impervio*. CONTR. *praticabile* **2** si dice di persona intrattabile.

impraticabilità *s.f.invar.* l'essere impraticabile.

impratichire *v.tr.* [*io impratichisco, tu impratichisci ecc.*] rendere pratico o più pratico // **-irsi** *v.rifl.pron.* prendere pratica.

imprecare *v.intr.* [*io imprèco, tu imprèchi ecc.*] lanciare maledizioni.

imprecazione [-zió-] *s.f.* l'imprecare; le parole con cui si imprecа.

imprecisato [-ʃa-] *agg.* che non si sa con precisione: *una somma imprecisata di denaro*.

imprecisione [-ʃió-] *s.f.* l'essere impreciso; mancanza di precisione.

impreciso [-ʃo] *agg.* **1** non preciso, inesatto, indeterminato **2** che non fa, che non analizza le cose con precisione.

impregiudicato *agg.* non deciso, non escluso, ancora possibile: *lasciare* — *il diritto al risarcimento*.

impregnare *v.tr.* [*io imprégno ecc.*] **1** render pregno **2** inzuppare (anche *fig.*): — *il fazzoletto di profumi*; *questa stanza è impregnata di fumo*. SIN. *imbevere*.

imprendere [-prèn-] *v.tr.* [coniugato come *prendere*] incominciare, intraprendere.

imprendibile [-di-] *agg.* che non si può prendere.

imprenditore [-tó-] *s.m.* [f. *-trice*] chi organizza e dirige un'impresa economica.

imprenditoriale *agg.* di imprenditore, degli imprenditori.

impreparato *agg.* che non ha la preparazione necessaria per qlco.

impreparazione [-zió-] *s.f.* mancanza di preparazione.

impresa [-prè-] *s.f.* **1** azione, spec. pericolosa o di esito incerto / *arrivarci è un'* —, è molto difficile **2** attività economica per la produzione o lo scambio di beni o di servizi; per estens., la persona fisica o la società che svolge tale attività.

impresario [-sà-] *s.m.* titolare di un'impresa, spec. teatrale.

imprescindibile [-dì-] *agg.* da cui non si può prescindere, di cui bisogna tener conto.

Impresa

azienda, impresa, compagnia, ditta, ragione sociale • ditta individuale, società (*semplice, in accomandita semplice, in accomandita per azioni, a responsabilità limitata, per azioni* o *anonima, cooperativa, mutua*) • azione, quota, partecipazione, caratura • gruppo, holding, finanziaria, affiliata, consociata, consorella • cartello, consorzio, gruppo, monopolio, oligopolio, pool, trust • sede, succursale, filiale.

■ ATTIVITÀ: direzione, staff, divisione, servizio, ufficio, reparto, sezione, sportello • ufficio tecnico, commerciale, amministrativo; ufficio acquisti, archivio, cassa, contabilità, contenzioso, controllo, economato, fatturazione, magazzino, meccanografico, personale, progettazione, programmazione, produzione, protocollo, pubblicità, riscontro, saldaconto, segreteria, spedizione, vendite • abbuono, accantonamento, acconto, accredito, addebito, ammortamento, apprezzamento, assicurazione, attivo, autofinanziamento, automazione, avanzo, avviamento, bilancio, bolla, bonifico, break even point, budget, capitale, ciclo produttivo, competitività, consuntivo, contabilità (*audit*), conto, contropartita, costo, credito, dare, debito, deficit, disavanzo, dividendo, entrata, estratto conto, factoring, fattura, finanziamento, gestione, giornale, giroconto, immobilizzo, insoluto, interesse, introito, inventario, mastro, pareggio, partita, partitario, passivo, patrimonio, perdita, portafoglio, postagiro, preventivo, profitto, provento, quadratura, rateo, reddito, reversale, ricavo, riscontro, riserva, rivalutazione, saldo, sconto, scoperto, scrittura, situazione patrimoniale, smobilizzo, spesa, stanziamento, storno, svalutazione, tasso, utile, valuta.

■ PERSONE: titolare, contitolare, gerente, azionista, socio, imprenditore • presidente, consigliere d'amministrazione, amministratore unico, amministratore delegato, consigliere delegato, procuratore, sindaco, revisore dei conti • direttore generale, direttore, condirettore, vicedirettore,

imprescrittibile [-tì-] *agg.* (*dir.*) che non è soggetto a prescrizione.

impressionabile [-nà-] *agg.* che s'impressiona facilmente. SIN. *emotivo.*

impressionabilità *s.f.invar.* l'essere impressionabile. SIN. *emotività.*

impressionante *agg.* che impressiona, che spaventa: *spettacolo —.*

impressionare *v.tr.* [*io impressióno ecc.*] **1** fare impressione sull'animo, colpire la mente o la fantasia; spaventare **2** (*fot.*) esercitare azione fotochimica sulla sostanza sensibile alla luce che ricopre le pellicole fotografiche // **-arsi** *v.rifl.pron.* essere colpito, turbato.

impressionato *agg.* **1** che ha ricevuto un'impressione: *il ragazzo mi parve molto —* **2** (*fot.*) che è stato impressionato dalla luce.

impressione [-sió-] *s.f.* **1** effetto esercitato sull'animo da cose, persone o avvenimenti esterni; opinione formata per istinto più che per ragionamento: *la sua freddezza mi fece viva —; ho avuto buona — di lei* **2** atto, effetto dell'imprimere; stampa.

impressionismo [-ʃmo] *s.m.* movimento artistico nato in Francia nella seconda metà dell'Ottocento, che diede grande importanza agli effetti di luce e di colore come mezzo per fermare l'«impressione» del vero.

impressionista *agg.* e *s.m.* e *f.* [pl.m. *-i*] artista dell'impressionismo.

impressionistico [-nì-] *agg.* [pl.m. *-ci*] che richiama lo stile pittorico dell'impressionismo: *un modo di raccontare —.*

imprestare *v.tr.* [*io imprèsto ecc.*] prestare.

imprevedibile [-dì-] *agg.* che non si può prevedere. SIN. *impensabile.*

impreveduto *agg.* imprevisto.

imprevidente [-dèn-] *agg.* non previdente.

imprevidenza [-dèn-] *s.f.* mancanza di previdenza.

imprevisto *agg.* che non è stato previsto. SIN. *inatteso* // *s.m.* ciò che non si è previsto; necessità o spesa impreveduta.

impreziosire *v.tr.* [*io impreziosisco, tu impreziosisci ecc.*] render prezioso: *abito impreziosito da ricami d'oro.*

imprigionare *v.tr.* [*io imprigióno ecc.*] **1** mettere in prigione; far prigioniero **2** (*fig.*) costringere in un luogo, impedire di uscirne: *rimase imprigionato dalla neve.*

imprimatur [*lat.*; *pr.* imprimàtur = si stampi] *s.m.* permesso dell'autorità ecclesiastica di stampare un libro; (*fig.*) approvazione, consenso ufficiale.

imprimé [*franc.*; *pr.* emprimé] *s.m.* tessuto, per lo più di seta, stampato a disegni.

imprimere [-prì-] *v.tr.* [*pass.rem.* io imprèssi, tu imprimésti ecc.*; *p.pass.* imprèsso*] **1** premere, in modo da lasciare un'impronta, un segno, una traccia: *imprimemmo le nostre orme sulla sabbia* / *— uno schiaffo* **2** stampare **3** (*fig.*) fissare in modo indelebile: *— nell'animo, nella mente, un'idea, un sentimento* **4** dare, comunicare con una spinta: *— un moto.*

imprimitura *s.f.* preparazione a cui si sottopone una superficie per renderla meglio atta a ricevere la pittura e per garantire la durata e l'inalterabilità dell'opera.

imprinting [*ingl.*; *pr.* imprintin] processo di apprendimento per cui gli animali, attraverso il rapporto con i genitori, riescono a riconoscere i propri simili.

improbabile [-bà-] *agg.* che ha scarse probabilità di accadere; poco credibile. CONTR. *probabile.*

improbabilità *s.f.invar.* qualità di ciò che è improbabile; cosa improbabile.

improbo [im-] *agg.* **1** disonesto. SIN. *malvagio* **2** duro, faticoso: *lavoro —.*

improduttività *s.f.invar.* l'essere improduttivo; mancata produttività.

improduttivo *agg.* che non produce frutto (anche *fig.*): *terreno —; studio —.*

impromptu [*franc.*; *pr.* empromptù] *s.m.* (*mus.*) → **improvviso.**

impronta [-prón-] *s.f.* **1** segno che si lascia premendo o calcando su qlco. / *impronte digitali,* tracce lasciate dai polpastrelli delle dita su di una superficie liscia. SIN. *orma* **2** (*fig.*) contrassegno, traccia evidente: *in quell'o-*

---

capoufficio, caposervizio, caporeparto, capofficina, caposala, capoturno, caposquadra • dirigente, funzionario, impiegato, commesso, intermedio, operaio, apprendista, tirocinante, fattorino, usciere • agente, rappresentante, commissionario, campionarista, produttore, viaggiatore, piazzista, concessionario, intermediario, broker; free-lance, consulente; compratore (buyer) • cliente, fornitore, debitore, creditore, obbligazionista; concorrente • sindacalista, funzionario, rappresentante sindacale, delegato, attivista.

■ RAPPORTO DI LAVORO: datore di lavoro, lavoratore, prestatore d'opera, dipendente; manodopera, maestranza, personale, cassaintegrato; cral, dopolavoro • sindacato, unione, associazione, federazione, confederazione, categoria, comprensorio, zona; quadri, attivo • commissione interna, rappresentanza sindacale aziendale, consiglio dei delegati (*di fabbrica, d'azienda*), esecutivo, coordinamento sindacale; autogestione, cogestione • appiattimento retributivo, assenteismo, assunzione, busta paga, cachet, carovita, collocamento, conflittualità, conglobamento, contingenza, contrattazione (*nazionale, territoriale, di categoria*), contratto (*collettivo, individuale; a tempo indeterminato, a termine, stagionale*), contributo, cottimo, dequalificazione, diaria, disimpiego, disoccupazione, dimissioni, ferie, festività (*infrasettimanale*), forbice salariale, gratifica, impiego, incentivo, indennità, licenziamento, liquidazione, mobilità, mutua, occupazione, orario di lavoro (*turno, giornaliero, normale, notturno*; *orario elastico* o *flessibile* o *flex time, tempo pieno* o *full time, tempo parziale* o *tempo definito* o *part time*; *flessibilità, straordinario*), organico, paga, parcellizzazione, pensione, previdenza, professionalità, qualifica, qualificazione, quiescenza, retribuzione, ruolo, salario, scatto, sciopero (*generale, territoriale, di categoria, aziendale, articolato, a scacchiera, selvaggio, regolamentato*), serrata, sindacalizzazione, sottoccupazione, stipendio, trattenuta, turnover, vertenza.

pera v'è l'— del genio **3** (*tip.*) modello in rilievo o in incavo, impiegato per la riproduzione di cliché in stereotipia o galvanoplastica.

improntare *v.tr.* [*io imprónto ecc.*] lasciare l'impronta; dare una nota, un carattere particolare: *— il discorso a severità*.

improntitudine [-tù-] *s.f.* insistenza sfacciata e importuna; impertinenza. SIN. *indiscrezione*.

improperio [-pè-] *s.m.* insulto, parola villana e ingiuriosa: *coprire uno d'improperi*.

improponibile [-ni-] *agg.* che non si può neppure proporre; assurdo, inaccettabile.

improprietà *s.f.invar.* l'essere improprio; azione o espressione impropria: *nel testo vi sono molte —*.

improprio [-prò-] *agg.* non esatto; non perfettamente corrispondente; diverso dall'originale: *ha fatto un uso — del denaro a lui affidato / preposizioni improprie*, (*gramm.*) quelle che hanno anche funzioni di *avv.* (p.e. *dietro, sopra*).

improrogabile [-gà-] *agg.* che non può essere prorogato: *termine — per la consegna*.

improvvido [-pròv-] *agg.* (*lett.*) imprevidente.

improvvisare [-ʃa-] *v.tr.* dire, fare qlco. lì per lì, all'improvviso, senza alcuna preparazione precedente (anche *assol.*): *— dei versi, un brindisi, una cenetta; si mise al pianoforte e cominciò a —* // **-arsi** *v.rifl.* dedicarsi tutto d'un tratto a un'attività per la quale non si è preparati: *— poeta, attore*.

improvvisata [-ʃa-] *s.f.* cosa piacevole che capita all'improvviso: *fare un'— a qlcu*, capitare inaspettatamente a casa sua. SIN. *sorpresa*.

improvvisatore [-ʃató-] *s.m.* [f. *-trice*] chi improvvisa (versi, musica ecc.).

improvvisazione [-ʃazió-] *s.f.* **1** atto, effetto dell'improvvisare; la cosa improvvisata **2** arte di improvvisare su uno strumento un brano musicale, con o senza un tema dato.

improvviso [-ʃo] *agg.* imprevisto, inaspettato: *fortuna improvvisa; un — colpo di vento / all'—*, tutto d'un tratto, inaspettatamente. SIN. *subitaneo, repentino, inatteso* // *s.m.* composizione musicale con carattere d'improvvisazione.

imprudente [-dèn-] *agg.* che manca di prudenza; fatto senza prudenza. SIN. *inconsiderato, incauto, avventato, temerario*. CONTR. *prudente*.

imprudenza [-dèn-] *s.f.* **1** mancanza di prudenza. SIN. *sconsideratezza, avventatezza*. CONTR. *prudenza* **2** azione imprudente.

impudente [-dèn-] *agg.* che manca di pudore, di ritegno. SIN. *sfacciato, spudorato, sfrontato*.

impudenza [-dèn-] *s.f.* l'essere impudente. SIN. *sfrontatezza, sfacciataggine*.

impudicizia [-cì-] *s.f.* l'essere impudico.

impudico *agg.* [pl.m. *-chi*] che offende il pudore. SIN. *inverecondo*. CONTR. *pudico*.

impugnabile [-gnà-] *agg.* che si può impugnare, contestare: *sentenza —*.

impugnabilità *s.f.invar.* l'essere impugnabile.

impugnare[1] *v.tr.* stringere nel pugno: *— una spada, una racchetta; — le armi*, accingersi a combattere.

impugnare[2] *v.tr.* **1** contrastare, combattere: *— un'opinione* **2** (*dir.*) chiedere la riforma o l'annullamento di un atto che si ritiene ingiusto e lesivo dei propri interessi: *— un testamento*.

impugnatura *s.f.* **1** l'atto, il modo di impugnare (un'arma, un arnese e simili) **2** la parte di qualsiasi

oggetto che si stringe in pugno: *— della spada; — del remo*, l'estremità cilindrica impugnata dal vogatore.

impugnazione [-zió-] *s.f.* **1** l'atto dell'impugnare, di opporsi o di contraddire qlco. **2** (*dir.*) appello, ricorso.

impulsività *s.f.invar.* l'essere impulsivo; carattere impulsivo.

impulsivo *agg.* **1** che dà impulso, movimento: *forza impulsiva* **2** che segue l'impulso naturale, che non riesce a dominarsi: *uomo, carattere —*. SIN. *irriflessivo* // *s.m.* persona impulsiva.

impulso *s.m.* **1** spinta con cui un corpo comunica un movimento a un altro corpo **2** (*fig.*) stimolo, incremento: *dare — al commercio* **3** (*fig.*) incitamento, spinta irriflessiva a compiere un'azione; inclinazione naturale, tendenza: *seguire un —; agire per —*.

impune *agg.* impunito, immune da punizione: *delitto —* // **-mente** *avv.* senza punizione, senza danno o pericolo.

impunità *s.f.invar.* esenzione da pena; il non essere sottoposto a pena per le colpe commesse: *concedere, promettere l'— a qlcu*.

impunito *agg.* non punito da un meritato castigo: *crimine —; il malfattore restò —*.

impuntare *v.intr.* **1** battere, urtare con la punta del piede, incespicare: *impuntò in un sasso e cadde* **2** (*fig.*) parlare con difficoltà, balbettare: *quando è emozionato impunta* // **-arsi** *v.rifl.pron.* **1** puntare i piedi a terra, rifiutandosi di camminare (detto di animali o di bambini) **2** (*fig.*) rimanere della propria idea con testardaggine e caparbietà. SIN. *ostinarsi*.

impuntire *v.tr.* [*io impuntisco, tu impuntisci ecc.*] **1** cucire con punti distanziati, trapassandone i bordi, materassi, guanciali e simili per tenerne ferma l'imbottitura **2** unire con punti fitti due strati di cuoio, panno e simili.

impuntura *s.f.* **1** tipo di cucitura che trapassa due o più strati di tessuti, cuoio e simili **2** nel cucito, punto a due diritti per rifiniture di abiti.

impurità *s.f.invar.* **1** l'essere impuro; stato impuro di una sostanza; ciò che ne altera la purezza: *le — di un liquido* **2** (*fig.*) mancanza di purezza, di castità.

impuro *agg.* **1** si dice di sostanza alterata dalla mescolanza con altre sostanze: *liquido —*. CONTR. *puro* **2** (*fig.*) che non è conforme alla purezza / *esse impura*, seguita da altra consonante. CONTR. *puro*.

imputabile [-tà-] *agg.* che si può imputare, attribuire (detto di cosa); che si può ritenere responsabile (detto di persona): *l'incidente è — alla distrazione del macchinista; siamo tutti imputabili del ritardo*.

imputabilità *s.f.invar.* l'essere imputabile.

imputare *v.tr.* [*io imputo, tu impùti ecc.*] attribuire, ascrivere a colpa: *il fallimento dell'impresa fu imputato al caso; — qlco. a colpa, a biasimo / — qlcu. di un delitto*, accusarlo, ritenerlo colpevole.

imputato *s.m.* chi, in un processo penale viene accusato di aver commesso dei reati.

imputazione [-zió-] *s.f.* l'imputare, l'attribuire la responsabilità di una colpa / *capo d'—*, ogni reato di cui è accusato un imputato.

imputridimento [-mén-] *s.m.* l'imputridire.

imputridire *v.intr.* [*io imputridisco, tu imputridisci ecc.*] diventare putrido. SIN. *putrefarsi, marcire* // *v.tr.* rendere putrido.

in[1] *prep.* *propria* [si unisce agli art.det. *il, lo, la, i, gli, le* formando le prep. articolate *nel, nello, nella, nei, negli, nelle*] sia semplice sia articolata serve alla formazione di sintagmi preposizionali complementi della frase **1** compl. di stato in luogo reale o fig.: *stare in casa*; *vivere in miseria*; *tenere in conto* **2** compl. di moto per luogo: *viaggiare in Francia*; *correre nella strada* **3** compl. di moto a luogo reale o fig.: *venire in Italia*; *andare in perdizione* **4** compl. di tempo determinato: *in estate*; *in un'ora*; *in pace e in guerra* **5** compl. di modo: *camminare in fretta*; *uscire in camicia*; *parlare in dialetto*; *riso in bianco* **6** compl. di limitazione: *dottore in legge*; *commerciante in tessuti* **7** compl. di materia: *statuetta in legno* **8** compl. di fine o scopo: *correre in aiuto* **9** compl. di unione o compagnia: *siamo in quattro*; *venire in folla* **10** compl. di mezzo: *viaggiare in treno* **11** seguita da un verbo al modo infinito equivale a un gerundio: *nell'incontrarlo (incontrandolo) mi sono commosso* **12** forma molte locuz. avverbiali e prepositive: *in basso*; *in concreto*; *in mezzo a*; *in cima a*.

in² *prep.ingl.* si usa con valore di *agg.* riferito a cose o persone moderne, alla moda, inserite nel giro che conta (si contrappone a *out*).

in- [dal lat. *in-*] prefisso usato per formare verbi da sostantivi, aggettivi (*intenerire*) o da altri verbi; in quest'ultimo caso significa «dentro» (*infondere*); è largamente adoperato per indicare negazione, di solito con aggettivi e sostantivi (*incapacità*, *incoloro*); la *n* si assimila davanti a *l*, *m*, *r*; diventa *m* davanti a *p*, *b* (*illiberale*, *impari*).

inabile [-nà-] *agg* **1** che non è idoneo a svolgere un determinato compito: *— al lavoro*. SIN. *inetto*, *incapace*. CONTR. *abile* **2** poco accorto, maldestro: *politica —*.

inabilità *s.f.invar.* la condizione di chi non è idoneo a svolgere un determinato compito.

inabilitare *v.tr.* [io *inabilito* ecc.] **1** rendere inabile: *la sordità inabilita alla guida* **2** (*dir.*) dichiarare giuridicamente incapace.

inabilitazione [-zió-] *s.f.* (*dir.*) il dichiarare giuridicamente incapace.

inabissare *v.tr.* gettare nell'abisso // **-arsi** *v.rifl.pron.* piombare nell'abisso; affondare, sprofondare (anche *fig.*).

inabitabile [-tà-] *agg.* che non può essere abitato; (*fig.*) che vi si vive male.

inabitabilità *s.f.invar.* l'essere inabitabile.

inabitato *agg.* disabitato, privo di abitazioni.

inaccessibile [-si-] *agg.* non accessibile / *persona —*, inavvicinabile. CONTR. *accessibile*.

inaccessibilità *s.f.invar.* l'essere inaccessibile. CONTR. *accessibilità*.

inaccettabile [-tà-] *agg.* che non si può accettare: *proposte inaccettabili*. CONTR. *accettabile*.

inaccettabilità *s.f.invar.* l'essere inaccettabile.

inacerbire *v.tr.* [io *inacerbisco*, tu *inacerbisci* ecc.] rendere acerbo o più acerbo (spec. *fig.*): *quel ricordo inacerbì il suo dolore*.

inacidire *v.tr.* [io *inacidisco*, tu *inacidisci* ecc.] rendere acido; (*fig.*) rendere astioso, inasprire: *i dolori lo hanno inacidito* // *v.intr.*, **-irsi** *v.rifl.pron.* diventare acido; (*fig.*) diventare astioso.

inadeguatezza [-téz-] *s.f.* l'essere inadeguato.

inadeguato *agg.* che non ha i requisiti necessari per un uso o uno scopo; sproporzionato: *ha uno stipendio — al lavoro che fa*. CONTR. *adeguato*.

inadempiente [-pièn-] *agg.* e *s.m.* e *f.* che o chi non adempie a un dovere, a una promessa e simili.

inadempienza [-pièn-] *s.f.* la mancata osservanza di un obbligo, di un dovere, di un impegno: *— contrattuale*.

inafferrabile [-rà-] *agg.* che non si può afferrare, catturare: *ladro —*; *concetto —*, incomprensibile.

inagibile [-gì-] *agg.* che non è agibile; impraticabile.

inagibilità *s.f.invar.* la condizione di ciò che è inagibile; impraticabilità, impossibilità.

inalare *v.tr.* (*med.*) introdurre, a scopo medicamentoso, nelle vie respiratorie sostanze volatili o finemente polverizzate.

inalatore [-tó-] *s.m.* (*med.*) apparecchio usato per inalazioni.

inalazione [-zió-] *s.f.* (*med.*) metodo di cura delle affezioni delle vie respiratorie, effettuato mediante l'inspirazione diretta di sostanze medicamentose.

inalberare *v.tr.* [io *inàlbero* ecc.] issare sull'albero maestro della nave; per estens., porre in cima a un luogo elevato: *inalberarono il vessillo sulla torre* // **-arsi** *v. rifl.pron.* **1** impennarsi (detto del cavallo) **2** (*fig.*) adirarsi per un nonnulla e all'improvviso (detto di persona). SIN. *irritarsi*.

inalienabile [-nà-] *agg.* che non può essere alienato; si dice di un bene o di un diritto di cui non è permessa rispettivamente la vendita o la cessione.

inalienabilità *s.f.invar.* (*dir.*) la condizione di beni o diritti dei quali sia proibito il trasferimento.

inalterabile [-rà-] *agg.* che non può essere alterato; che non si altera. CONTR. *alterabile*.

inalterabilità *s.f.invar.* la condizione di ciò che è inalterabile.

inalterato *agg.* che non è stato alterato, che non è soggetto ad alterazioni. SIN. *invariato*.

inalveare *v.tr.* [io *inàlveo* ecc.] far entrare le acque di un fiume, di un lago e simili, in un alveo.

inamidare *v.tr.* [io *inàmido* ecc.] dare l'amido a un capo di biancheria perché acquisti, con la stiratura, una particolare consistenza.

inamidato *agg.* **1** si dice di un capo di biancheria cui sia stato dato l'amido: *colletto —* **2** (*fig.*) impettito, pieno di sussiego: *discorsi inamidati*.

inammissibile [-si-] *agg.* che non si può ammettere: *una richiesta —*.

inammissibilità *s.f.invar.* l'essere inammissibile.

inamovibile [-vì-] *agg.* che non può essere mosso; che non può essere trasferito ad altro ufficio o ad altra sede.

inamovibilità *s.f.invar.* l'essere inamovibile. CONTR. *amovibilità*.

inane *agg.* (*lett.*) vano, inutile: *sforzi inani*.

inanellare *v.tr.* [io *inanèllo* ecc.] dare forma di anello a qlco.: *— i capelli*.

inanellato *agg.* **1** che ha forma di anello, fatto ad anelli: *capelli inanellati* **2** ornato di anelli: *una donna inanellata*.

inanimato *agg.* **1** privo di vita animale o vegetale: *un essere —* **2** che non dà più segno di vita; esanime: *il corpo giaceva —*.

inappellabile [-là-] *agg.* contro cui non ci si può appellare; definitivo: *giudizio, sentenza —*.

inappetente [-tèn-] *agg.* che soffre di inappetenza.

inappetenza [-tèn-] *s.f.* mancanza di appetito.

inapplicabile [-cà-] *agg.* che non si può applicare (detto spec. di leggi o simili).

inapplicabilità *s.f.invar.* l'essere inapplicabile: *l'— d'una norma di un codice*.

inapprezzabile [-zà-] *agg.* **1** che non si può apprezzare, inestimabile: *beneficio —* **2** che sfugge a una valutazione, trascurabile.

inappuntabile [-tà-] *agg.* si dice di cosa o persona a

cui non si può muovere alcun appunto: *comportamento* —. SIN. *incensurabile*.

inarcamento [-mén-] *s.m.* l'atto, l'effetto dell'inarcare, dell'inarcarsi.

inarcare *v.tr.* [*io inarco, tu inarchi ecc.*] piegare ad arco: — *le sopracciglia*, sollevarle ad arco in atto di stupore o meraviglia.

inargentare *v.tr.* [*io inargènto ecc.*] **1** coprire con un sottile strato di argento **2** dare riflessi argentei: *la luna inargentava i prati*.

inaridire *v.tr.* [*io inaridisco, tu inaridisci ecc.*] rendere arido (anche *fig.*): *il vento inaridisce le messi*; *il dolore ha inaridito il suo cuore*. SIN. *seccare* // *v.intr.*, **-irsi** *v.rifl.pron.* diventar arido (anche *fig.*).

inarrestabile [-stà-] *agg.* che non si può arrestare.

inarrivabile [-và-] *agg.* **1** a cui non si può arrivare: *cima* — **2** (*fig.*) si dice di persona o cosa che, per le sue qualità, non ha pari. SIN. *impareggiabile*.

inarticolato *agg.* non articolato: *suoni inarticolati*, indistinti, non legati in parole.

inascoltato *agg.* non ascoltato: *consiglio* —; *profeta* —.

inaspettato *agg.* non aspettato; imprevisto: *un premio* —. SIN. *inatteso*.

inasprimento [-mén-] *s.m.* l'inasprire; l'inasprirsi.

inasprire *v.tr.* [*io inasprisco, tu inasprisci ecc.*] rendere aspro o più aspro (anche *fig.*): — *il carattere di una persona*. SIN. *esacerbare, esasperare, irritare* // *v.intr.*, **-irsi** *v.rifl.pron.* diventare aspro o più aspro (anche *fig.*): *il freddo si è inasprito*.

inastare *v.tr.* applicare in cima a un'asta e simili: — *la bandiera* / — *la baionetta*, fissarla sulla canna del fucile.

inattaccabile [-cà-] *agg.* che non può essere attaccato (anche *fig.*): *una piazzaforte* —.

inattendibile [-dì-] *agg.* a cui non si può credere: *notizia* —; *testimone* —. SIN. *incredibile, inverosimile*. CONTR. *attendibile*.

inatteso [-té-] *agg.* non atteso. SIN. *inaspettato, improvviso, improvviso*.

inattività *s.f.invar.* l'essere inattivo. SIN. *inerzia, inoperosità, ozio*. CONTR. *attività*.

inattivo *agg.* non attivo. SIN. *inerte, inoperoso, ozioso*. CONTR. *attivo*.

inattuabile [-tuà-] *agg.* che non si può attuare: *un piano* —. SIN. *irrealizzabile*.

inattuabilità *s.f.invar.* l'essere inattuabile.

inattuale *agg.* che non è attuale; che non corrisponde alla situazione del momento.

inaudito *agg.* che non si è mai udito; inconcepibile, eccezionale. SIN. *straordinario*.

inaugurale *agg.* d'inaugurazione, che si fa per inaugurare: *cerimonia, discorso* —.

inaugurare *v.tr.* [*io inàuguro ecc.*] **1** celebrare con solennità l'inizio di un'attività, o dell'uso di una struttura: — *lo stadio, l'anno scolastico* **2** (*fig.*) iniziare: — *un nuovo sistema*.

inaugurazione [-zió-] *s.f.* l'inaugurare, la cerimonia con cui si inaugura qlco.

inavvedutezza [-téz-] *s.f.* mancanza di avvedutezza. SIN. *sbadataggine, inavvertenza*.

inavveduto *agg.* si dice di persona non avveduta, di azione compiuta inavvertitamente. SIN. *sbadato* // **-mente** *avv.* senza intenzione, per disattenzione.

inavvertenza [-tèn-] *s.f.* mancanza di attenzione. SIN. *inavvedutezza*. CONTR. *avvertenza*.

inavvertito *agg.* che sfugge o che è sfuggito all'atten-

zione: *la sua presenza passò inavvertita* // **-mente** *avv.* per disattenzione.

inazione [-zió-] *s.f.* l'essere inoperoso, spec. per cause esterne: *le difficoltà lo costrinsero all'*—.

incagliare *v.tr.* [*io incàglio ecc.*] (*fig.rar.*) intralciare // *v.intr.*, **-arsi** *v.rifl.pron.* **1** toccare il fondo con la chiglia (detto di nave e simili): *la nave s'incagliò in una secca* **2** (*fig.*) imbattersi in un ostacolo, arrestarsi, non procedere: — *nel parlare*; *il discorso si è incagliato*.

incaglio [-cà-] *s.m.* **1** l'incagliarsi (anche *fig.*) **2** elemento che arresta lo svolgersi di una operazione. SIN. *intoppo, ostacolo*.

incalcolabile [-là-] *agg.* che non si può calcolare; grandissimo: *danno* —.

incallire *v.tr.* [*io incallisco, tu incallisci ecc.*] rendere calloso: *il lavoro gli ha incallito le mani* // *v.intr.*, **-irsi** *v.rifl.pron.* **1** fare il callo; diventare calloso **2** (*fig.*) contrarre un'abitudine: — *nel vizio*.

incalorire *v.tr.* [*io incalorisco, tu incalorisci ecc.*] riscaldare, provocare infiammazione // **-irsi** *v.rifl.pron.* riscaldarsi (anche *fig.*): — *in una discussione*.

incalzante *agg.* che incalza: *pericolo* —.

incalzare *v.tr.* **1** premere da presso, stare alle calcagna: *il nemico ci incalzava senza pietà*. SIN. *inseguire* **2** *assol.* urgere, sovrastare: *il pericolo incalza*; *il tempo incalza*, non c'è tempo da perdere.

incameramento [-mén-] *s.m.* l'atto, l'effetto dell'incamerare.

incamerare *v.tr.* [*io incàmero ecc.*] **1** trasferire allo stato la proprietà di beni appartenenti a privati **2** per estens., prendere, fare proprio.

incamiciare *v.tr.* [*io incamicio ecc.*] ricoprire un oggetto con un involucro o con uno strato di altro materiale: — *una parete con l'intonaco*.

incamminare *v.tr.* mettere in cammino; avviare, indirizzare: — *qlcu. sulla via del bene* // (*fig.*) avviare, **-arsi** *v.rifl.pron.* mettersi in cammino: *si incamminò verso casa*.

incanalare *v.tr.* raccogliere le acque in un canale; per estens., dirigere un insieme di persone o cose in una determinata direzione: *incanalarono le acque della palude*; — *il traffico lungo la circonvallazione* // **-arsi** *v.rifl.pron.* raccogliersi in un canale (detto di acque); per estens., dirigersi insieme verso un'unica direzione.

incancellabile [-là-] *agg.* che non si può cancellare (anche *fig.*): *un ricordo* —. SIN. *indelebile*.

incancrenire *v.intr.* [*io incancrenisco, tu incancrenisci ecc.*] // **-irsi** *v.rifl.pron.* andare in cancrena.

incandescente [-scèn-] *agg.* **1** dotato di incandescenza: *ferro* — **2** (*fig.*) animato, acceso.

incandescenza [-scèn-] *s.f.* emissione di luce bianca da parte di un corpo portato a temperatura elevata.

incannare *v.tr.* (*ind. tessile*) avvolgere il filato su rocchetti o bobine.

incannatore [-tó-] *s.m.* [f. *-trice*] (*ind. tessile*) operaio addetto all'incannatura.

incannatura *s.f.* (*ind. tessile*) l'operazione dell'incannare.

incantamento [-mén-] l'incantare, l'incantarsi.

incantare *v.tr.* **1** privare della volontà con arti magiche: *la maga Circe incantò i compagni di Ulisse*. SIN. *affascinare, stregare* **2** destar diletto, stupore, ammirazione: *i suoi occhi m'incantano* / *lo ha incantato con le sue chiacchiere*, lo ha lusingato, ingannato // **-arsi** *v.rifl.pron.* **1** restar fisso, immobile, per diletto, stupore, ammirazione; perdersi nei propri pensieri: *si incantò alla vista di tanta bellezza*; *mentre studia spesso s'incan-*

ta **2** arrestarsi nel movimento, incepparsi (detto di un meccanismo, di un motore).

incantato *agg.* **1** che è dotato di virtù magiche, che è frutto di un incantesimo: *castello, anello* — **2** di incantevole, stupefacente bellezza: *paesaggio* — **3** stupito, ammirato; trasognato, perso nei propri pensieri. SIN. *meravigliato, rapito.*

incantatore [-tó-] *agg.* [f. *-trice*] che ha il potere d'incantare; che affascina: *sguardo* — // *s.m.* chi opera incantesimi: — *di serpenti.*

incantesimo [-tési-] *s.m.* **1** l'atto, l'effetto dell'incantare con arti magiche: *fare, rompere l'* —. SIN. *malia, sortilegio* **2** potere, forza di seduzione: *l'— di una notte stellata.* SIN. *malia.*

incantevole [-tè-] *agg.* che incanta, che desta diletto, stupore, ammirazione. SIN. *seducente.*

incanto[1] *s.m.* l'incantare; capacità di destar diletto, stupore, ammirazione: *l'— della sua voce / come per* —, d'improvviso, in un modo che ha del magico / *d'*—, meravigliosamente, facilmente. SIN. *fascino.*

incanto[2] *s.m.* gara, asta in cui si aggiudica al miglior offerente un bene o l'esecuzione di un servizio.

incanutire *v.intr.* [*io incanutisco, tu incanutisci ecc.*] diventare canuto // *v.tr.* rendere canuto.

incapace *agg.* **1** che non è capace, che non sa fare qlco.: *è — di mentire.* SIN. *inabile, inetto* **2** (*dir.*) che non può validamente compiere certi atti giuridici.

incapacità *s.f.invar.* **1** la condizione di chi è incapace. SIN. *inettitudine, dappocaggine* **2** (*dir.*) l'inidoneità a compiere validamente certi atti giuridici.

incaparbire *v.intr.* [*io incaparbisco, tu incaparbisci ecc.*], **-irsi** *v.rifl.pron.* ostinarsi, impuntarsi.

incaponirsi *v.rifl.pron.* [*io m'incaponisco, tu t'incaponisci ecc.*] ostinarsi senza giusto motivo: *si è incaponito a partire.*

incappare *v.intr.* incorrere in cosa o persona molesta; imbattersi per caso in qlcu. o in qlco.: — *in un tranello.*

incappellare *v.tr.* [*io incappèllo ecc.*] (*mar.*) fissare alla sommità di un albero o lungo di esso i cavi che concorrono a sostenerlo // *v.intr.*, **-arsi** *v.rifl.pron.* (*fig.*) prendere cappello; impermalirsi.

incappottare *v.tr.* [*io incappòtto ecc.*] coprire bene con un cappotto.

incappucciare *v.tr.* [*io incappùccio ecc.*] ricoprire con un cappuccio (anche *fig.*).

incapricciarsi *v.rifl.pron.* [*io m'incapriccio ecc.*] **1** farsi prendere da un capriccio, ostinarsi in un capriccio **2** lasciarsi vincere da una passione amorosa: — *di una ragazza.* SIN. *innamorarsi, invaghirsi.*

incapsulare *v.tr.* [*io incàpsulo ecc.*] rinchiudere in una capsula, o come in una capsula: — *un dente.*

incarcerare *v.tr.* [*io incàrcero ecc.*] mettere in carcere; (*fig.*) rinchiudere.

incarcerazione [-zió-] *s.f.* → **carcerazione**.

incaricare *v.tr.* [*io incàrico, tu incàrichi ecc.*] dare un incarico a qlcu., far svolgere ad altri un'attività per conto proprio: *mi incaricò di rispondere alla lettera.* SIN. *delegare, deputare* // **-arsi** *v.rifl.* assumersi un incarico.

incaricato *agg. e s.m.* che o chi è investito di un incarico / *professore* —, non di ruolo / *d'affari*, titolo di un rappresentante diplomatico di grado inferiore.

incarico [-cà-] *s.m.* [pl. *-chi*] l'incaricare; la cosa di cui si è incaricati: *affidare, assumere un* — / *ottenere un* — *in una scuola media*, un posto d'insegnamento fuori ruolo. SIN. *incombenza.*

incarnare *v.tr.* (*fig.*) rappresentare qlco. in modo vivo ed efficace; impersonare: — *un concetto, un personaggio* // **-arsi** *v.rifl.pron.* **1** prendere corpo e aspetto umano; essere rappresentato da una persona: *in lui s'incarna l'onestà* **2** → **incarnire**.

incarnato *s.m.* il colore roseo della pelle. SIN. *carnagione.*

incarnazione [-zió-] *s.f.* nella religione cristiana l'unione misteriosa della natura divina e della natura umana nella persona di Gesù Cristo.

incarnire *v.intr.*, **-irsi** *v.rifl.pron.* [*io incarnisco, tu incarnisci ecc.*] penetrare nella carne (detto spec. delle unghie).

incarognire *v.intr.*, **-irsi** *v.rifl.pron.* [*io mi incarognisco, tu ti incarognisci ecc.*] **1** diventare una carogna, un essere spregevole (detto di cosa o animale) **2** (*fam.*) darsi all'ozio, impigrire.

incartamento [-mén-] *s.m.* l'insieme delle carte, dei documenti, che si riferiscono a una pratica, a un affare ecc.

incartapecorire *v.intr.* [*io incartapecorisco, tu incartapecorisci ecc.*] assumere l'aspetto giallognolo e arido della cartapecora (detto spec. delle pelle umana quando invecchia).

incartare *v.tr.* avvolgere, involgere in carta.

incarto *s.m.* **1** foglio di carta usato per avvolgere, e che porta stampato da un lato il nome di una ditta o di un prodotto **2** in burocrazia, incartamento.

incasellare *v.tr.* [*io incasèllo ecc.*] distribuire, ordinare nelle caselle di un casellario; (*fig.*) distribuire come in un casellario.

incassamento [-mén-] *s.m.* il mettere in casse.

incassare *v.tr.* **1** mettere, chiudere in casse: — *le merci* **2** inserire, adattare qlco. in una cavità adeguata: — *la serratura* **3** ricevere in pagamento. SIN. *riscuotere, introitare* **4** (*sport*) ricevere i colpi dell'avversario senza risentirne gran danno.

incassato *agg.* **1** chiuso tra pareti alte e ripide: *valle, strada incassata* **2** alloggiato in una cavità: *tubi incassati.*

incassatore [-tó-] *s.m.* [f. *-trice*] chi dimostra resistenza ai colpi dell'avversario (detto di pugilatore ecc., ma anche in senso *fig.*): *è un buon* —.

incassatura *s.f.* **1** l'atto, l'effetto dell'incassare; operazione che consiste nell'inserire qlco. in una cavità **2** incavo in cui si incassa qlco.

incasso *s.m.* l'incassare denaro; la somma incassata: — *giornaliero.* SIN. *riscossione.*

incastellatura *s.f.* impalcatura di metallo o di legno che serve di sostegno a macchine o costruzioni.

incastonare *v.tr.* [*io incastóno ecc.*] adattare, incastrare nel castone: — *una gemma.*

incastonatura *s.f.* atto, effetto dell'incastonare.

incastrare *v.tr.* inserire a forza una cosa in un'altra in modo che vi rimanga saldamente infissa: — *un cuneo nel legno* // *v.intr.* adattarsi, aderire con precisione.

incastro *s.m.* **1** l'incastrare; il punto in cui due elementi di legno e simili si congiungono strettamente mediante l'esatto inserimento di sporgenze dell'uno in corrispondenti incavi dell'altro **2** il vano in cui s'incastra qlco. **3** gioco enigmistico in cui, inserendo una o più sillabe nel corpo di un vocabolo, se ne ottiene un altro (p.e. se-*rena*-ta: seta; rena).

incatenamento [-mén-] *s.m.* atto, effetto dell'incatenare; collegamento di muraglie con catene.

incatenare *v.tr.* [*io incaténo ecc*] **1** mettere in catene, legare con catena **2** (*fig.*) impegnare strettamente; ostacolare la libertà di movimento **3** rafforzare un muro con catene.

incatramare *v.tr.* spalmare di catrame.

incattivire *v.intr.* [*io incattivisco, tu incattivisci ecc.*] diventare cattivo // *v.tr.* rendere cattivo.

incauto [-cà-] *agg.* non cauto, non avveduto. SIN. *imprudente, inconsiderato.* CONTR. *cauto.*

incavare *v.tr.* fare un solco, un'infossatura nel legno, nella pietra, nei metalli.

incavato *agg.* **1** che presenta una cavità **2** (*fig.*) infossato: *occhi incavati.*

incavatura *s.f.* atto, effetto dell'incavare; l'essere incavato.

incavezzare *v.tr.* [*io incavézzo ecc.*] mettere la cavezza agli animali.

incavo [ìn-] *s.m.* cavità; scanalatura.

incavolarsi *v.intr.pron.* [*io mi incàvolo ecc.*] (*fam.*) arrabbiarsi, andare in collera.

incazzarsi *v.intr.pron.* (*volg.*) arrabbiarsi, andare in collera.

incedere[1] [-cè-] *v.intr.* [*io incèdo ecc.*] (*lett.*) camminare con andatura solenne.

incedere[2] [-cè-] *s.m.* (*lett.*) andatura solenne e maestosa.

incendiare *v.tr.* [*io incèndio ecc.*] dare fuoco a qlco. (anche *fig.*): — *una casa: — gli animi.* SIN. *infiammare* // **-arsi** *v.rifl.pron.* prendere fuoco.

incendiario [-dià-] *agg.* che incendia; atto a provocare incendio (anche *fig.*): *proiettili incendiari: scritti, discorsi incendiari* // *s.m.* chi appicca un incendio volontariamente.

incendio [-cèn-] *s.m.* fuoco violento che brucia con gran fiamma e distrugge (anche *fig.*): *causare, spegnere un —; l'— delle passioni.*

incenerire *v.tr.* [*io incenerisco, tu incenerisci ecc.*] ridurre in cenere (anche *fig.*).

inceneritore [-tó-] *s.m.* impianto per l'incenerimento di rifiuti solidi.

incensamento [-mén-] *s.m.* **1** atto dell'incensare **2** lode sperticata. SIN. *adulazione.*

incensare *v.tr.* [*io incènso ecc.*] **1** spargere il fumo d'incenso, in una cerimonia religiosa **2** lodare in modo esagerato. SIN. *elogiare, adulare.*

incensatore [-tó-] *agg.* e *s.m.* [f. *-trice*] che o chi incensa (spec. *fig.*).

incensiere [-siè-] *s.m.* recipiente di metallo in cui si fa bruciare l'incenso.

incenso [-cèn-] *s.m.* resina aromatica che si brucia durante le cerimonie religiose.

incensurabile [-rà-] *agg.* che non si può censurare, criticare. SIN. *inappuntabile, irreprensibile.*

incensurabilità *s.f.invar.* l'essere incensurabile.

incensurato *agg.* e *s.m.* si dice di chi non ha mai riportato condanne penali.

incentivare *v.tr.* favorire, spec. rendendolo più conveniente, un comportamento o un fenomeno: — *gli investimenti in agricoltura.*

incentivo *s.m.* spinta, sprone: *essere d'—.* SIN. *incitamento, stimolo.*

incentrare *v.tr.* [*io incèntro ecc.*] centrare, collocare intorno a un centro (anche *fig.*).

incentro [-cèn-] *s.m.* (*geom.*) centro del cerchio inscritto in un triangolo.

inceppamento [-mén-] *s.m.* l'inceppare, l'incepparsi.

inceppare *v.tr.* [*io incèppo ecc.*] mettere in ceppi; (*fig.*) impedire il movimento, lo sviluppo di qlco.: — *il commercio; — la libertà di pensiero.* SIN. *ostacolare* // **-arsi** *v.rifl.pron.* si dice di armi e meccanismi che smettano improvvisamente di funzionare per un guasto meccanico.

incerare *v.tr.* [*io incéro ecc.*] spalmare di cera: — *una tela, una corda.*

incerata *s.f.* **1** tessuto di cotone impermeabilizzato **2** sorta d'impermeabile che portano i marinai.

incerato *agg.* spalmato di cera / *tela incerata,* impermeabilizzata con procedimento speciale.

incertezza [-téz-] *s.f.* l'essere incerto: *un uomo pieno di incertezze; l'— della situazione.* SIN. *indecisione, esitazione, perplessità, titubanza.* CONTR. *certezza.*

incerto [-cèr-] *agg.* **1** dubbioso: *apparire — sul da farsi* **2** non sicuro; non fermo, instabile: — *nella guida; avanzava con passo —* **3** non deciso, irresoluto. SIN. *indeciso, esitante, perplesso, titubante.* CONTR. *certo* // *s.m.* ciò che è incerto; accidente imprevisto: *guai a basarsi sull'—; gli incerti del mestiere.*

incespicare *v.intr.* [*io incéspico, tu incéspichi ecc.*] urtare col piede contro un ostacolo; (*fig.*) essere impacciato, mostrare incertezza per lo più nel parlare o nel leggere: *nella lettura inglese incespichi spesso.* SIN. *inciampare.*

incessante *agg.* che non cessa, continuo. SIN. *assiduo.*

incesso [-cès-] *s.m.* (*lett.*) l'incedere.

incesto [-cè-] *s.m.* rapporto sessuale tra consanguinei.

incestuoso [-stuó-] *agg.* di incesto, relativo all'incesto.

incetta [-cèt-] *s.f.* operazione dell'incettare.

incettare *v.tr.* [*io incètto ecc.*] accaparrare merci o valori a scopo speculativo.

incettatore [-tó-] *agg.* e *s.m.* [f. *-trice*] che o chi fa incetta di qlco.

inchiesta [-chiè-] *s.f.* ricerca di tutte le notizie utili ad accertare la vera natura di un fatto. SIN. *indagine, investigazione.*

inchinare *v.tr.* chinare in avanti // **-arsi** *v.rifl.* **1** chinare il capo o la persona in atto di omaggio **2** (*fig.*) rendere omaggio; anche, cedere, sottomettersi.

inchino *s.m.* atto dell'inchinarsi per omaggio.

inchiodare *v.tr.* [*io inchiòdo ecc.*] **1** fissare con chiodi **2** (*fig.*) legare, costringere; bloccare di colpo: — *uno alle sue responsabilità; è inchiodato a letto da una malattia; — i freni* // **-arsi** *v.rifl.* (*fam.*) fermarsi di colpo, bloccarsi; sbattere violentemente contro qlco.

inchiodatura *s.f.* atto, effetto dell'inchiodare.

inchiostrare *v.tr.* [*io inchiòstro ecc.*] spalmare o sporcare d'inchiostro.

inchiostrazione [-zió-] *s.f.* (*tip.*) operazione dell'inchiostrare.

inchiostro [-chiò-] *s.m.* **1** liquido di colore e composizione chimica vari, usato per scrivere e disegnare o per stampare / *nero come l'—,* nerissimo **2** liquido molto scuro che la seppia e altri cefalopodi secernono per difesa.

inciampare *v.intr.* **1** urtare inavvertitamente col piede contro un ostacolo. SIN. *incespicare* **2** (*fig.*) incontrare una persona, una difficoltà imprevista: — *in un creditore / — nel codice penale,* commettere un reato più per leggerezza che per volontà cattiva.

inciampo *s.m.* ciò che fa o può far inciampare (anche *fig.*). SIN. *impedimento, ostacolo, contrattempo.*

incidentale *agg.* non fondamentale, accessorio // **-mente** *avv.* per caso; per inciso, come digressione: *ne parlai —.*

incidente [-dèn-] *s.m.* **1** avvenimento inatteso che turba il corso di eventi previsti; infortunio, sciagura: — *stradale* **2** discussione accesa su un argomento secondario; questione particolare sollevata nel corso di un processo / *chiudere l'—,* accantonare una discussione o una discordia.

incidenza [-dèn-] *s.f.* **1** il cader sopra / *angolo di —,* (*fis.*) l'angolo formato da un raggio luminoso (o un'onda sonora) che cade su una superficie con la perpendicolare alla superficie nel punto d'incontro **2** il far sentire il proprio peso o l'influsso; il manifestarsi di un fenomeno e la sua frequenza: *l' — dei fatti economici su quelli politici* **3** (*lett.*) digressione, inciso.

incidere [-ci-] *v.tr.* [pass.rem. *io incisi, tu incidésti ecc.;* p.pass. *inciso*] **1** tagliare superficialmente ma in modo netto (anche *fig.*): — *la corteccia di un albero; inciderai queste parole nella tua mente* **2** intagliare un metallo o una pietra o un legno per tracciarvi lettere o figure: — *su rame, su legno; abbiamo inciso il suo nome sulla lapide* **3** imprimere la traccia di un suono su un disco, o magnetizzare secondo esso un nastro o altro supporto, perché possa essere riprodotto: — *un disco, una canzone* // *v.intr.* avere incidenza, avere influenza: *le imposte incidono fortemente sui redditi da lavoro.*

incinerazione [-zió-] *s.f.* l'uso funerario che consiste nel bruciare le salme, conservandone o disperdendone poi le ceneri.

incinta *agg.f.* si dice di donna gravida // *s.f.* (*mar.*) la fascia più alta della murata di un'imbarcazione.

incipiente [-pièn-] *agg.* che comincia, che è agli inizi: *raffreddore —.*

incipriare *v.tr.* [*io incìprio ecc.*] cospargere di cipria.

incirca *avv.* circa / *all'—,* pressappoco.

incisione [-fió-] *s.f.* **1** atto, effetto dell'incidere: — *chirurgica* **2** l'insieme dei processi tecnici per riprodurre disegni su legno, pietre, metalli.

incisività [-ʃi-] *s.f.invar.* l'essere incisivo (solo *fig.*): *l' — di un discorso.*

incisivo [-ʃi-] *agg.* **1** atto ad incidere / *denti incisivi* (o *incisivi*), gli otto denti che si trovano nella parte anteriore e centrale dell'arcata dentaria [*ill. Bocca*]. **2** (*fig.*) efficace, netto e preciso: *stile —.*

inciso [-ʃo] *s.m.* breve frase di senso compiuto, grammaticalmente indipendente dal costrutto in cui è inserita / *per —,* come digressione, indipendentemente dal discorso principale.

incisore [-fó-] *s.m.* [f.rar. *inciditrice*] chi pratica l'arte dell'incisione.

incitamento [-mén-] *s.m.* atto, effetto dell'incitare; le parole con cui si incita. SIN. *incentivo, stimolo.*

incitare *v.tr.* [*io incìto o incìto ecc.*] spingere ad agire in certo modo: — *alla ribellione.* SIN. *spronare, stimolare.*

incitrullire *v.intr.* [*io incitrullisco, tu incitrullisci ecc.*] diventare citrullo // *v.tr.* far diventare citrullo; istupidire, rimbecillire.

incivile *agg.* **1** che non ha una civiltà evoluta; barbaro, selvaggio **2** indegno di una società civile: *provvedimento —* **3** non educato, privo di cortesia. SIN. *rozzo, villano, zotico.*

incivilimento [-mén-] *s.m.* atto, effetto dell'incivilire o dell'incivilirsi.

incivilire *v.tr.* [*io incivilisco, tu incivilisci ecc.*] rendere civile // **-irsi** *v.rifl.pron.* diventare civile.

inciviltà *s.f.invar.* **1** l'essere incivile; basso livello di civiltà **2** condizione di persona maleducata; atto da maleducato. SIN. *rozzezza, villania.*

inclemente [-mèn-] *agg.* non clemente; severo, rigido (anche *fig.*): *tempo —,* freddo, piovoso.

inclemenza [-mèn-] *s.f.* l'essere inclemente.

inclinare *v.tr.* **1** spostare un oggetto in modo che penda da una parte: — *un vaso per vuotarlo.* SIN. *chinare* **2** (*fig.*) rendere incline, disporre: — *l'animo alla*

comprensione // *v.intr.* avere inclinazione: *inclino a credere che sia tutto un imbroglio.* SIN. *propendere.*

inclinato *agg.* **1** piegato in una direzione: *piano —* **2** (*fig.*) disposto: — *al bene.*

inclinazione [-zió-] *s.f.* **1** l'essere inclinato; pendenza: *l' — del tetto* / — *magnetica,* l'angolo che in ogni punto della Terra un ago magnetico forma con il piano orizzontale **2** (*fig.*) disposizione d'animo; simpatia, propensione; facilità ad apprendere: *avere — per la musica.* SIN. *tendenza, predisposizione.*

incline *agg.* disposto: — *all'ira.* SIN. *proclive, propenso.*

inclito [in-] *agg.* (*lett.*) nobile, glorioso.

includere [-clù-] *v.tr.* [pass.rem. *io inclusi, tu includésti ecc.;* p.pass. *incluso*] **1** chiudere dentro, allegare **2** comprendere, contenere: *lo hanno incluso nella Nazionale di calcio.*

inclusione [-ʃió-] *s.f.* **1** atto, effetto dell'includere. CONTR. *esclusione* **2** (*scient.*) corpo, oggetto incluso.

inclusivo [-ʃi-] *agg.* che include: *prezzo — della tassa di soggiorno.*

incoativo *agg.* (*gramm.*) che esprime l'inizio dell'azione: *verbi incoativi.*

incocciare *v.tr.* [*io incòccio ecc.*] (*dial. romanesco*) urtare contro qlco. // **-arsi** *v.rifl.pron.* (*fam.*) intestarsi, ostinarsi.

incoercibile [-cì-] *agg.* che non si può reprimere. CONTR. *coercibile.*

incoerente [-rèn-] *agg.* **1** che non ha coesione: *terreno —.* CONTR. *coerente* **2** (*fig.*) non coerente, che si contraddice: *parole incoerenti.* SIN. *incongruente.* CONTR. *coerente.*

incoerenza [-rèn-] *s.f.* **1** mancanza di coesione. CONTR. *coerenza* **2** (*fig.*) mancanza di coerenza. SIN. *incongruenza.* CONTR. *coerenza.*

incogliere [-cò-] *v.intr.* [coniugato come *cogliere*] (*lett.*) capitare, sopraggiungere.

incognita [-cò-] *s.f.* **1** (*mat.*) la quantità di cui si ricerca il valore **2** per estens., fatto o situazione il cui sviluppo non è prevedibile: *gli esami sono sempre un' —.*

incognito [-cò-] *agg.* non conosciuto. SIN. *sconosciuto, ignoto* // *s.m.* **1** stato di chi nasconde la propria identità: *conservare l' — / viaggiare in —,* senza farsi riconoscere, sotto falso nome **2** ciò che non si conosce: *avere paura dell'—.* SIN. *ignoto.*

incollare *v.tr.* [*io incòllo ecc.*] attaccare con la colla; spalmare di colla. CONTR. *scollare* // **-arsi** *v.rifl.pron.* attaccarsi con colla, aderire strettamente (anche *fig.*).

incollatura[1] *s.f.* atto, effetto dell'incollare; superficie incollata.

incollatura[2] *s.f.* **1** forma dell'attaccatura del collo con le spalle **2** lunghezza della testa e del collo di un cavallo presa come misura per indicare il distacco tra due cavalli in una corsa: *vincere di mezza —.*

incollerire *v.intr.,* **-irsi** *v.rifl.pron.* [*io mi incollerisco, tu ti incollerisci ecc.*] andare in collera. SIN. *corrucciarsi, infuriarsi.*

incolmabile [-mà-] *agg.* che non si può colmare (spec. *fig.*): *la sua scomparsa lasciò un vuoto —.*

incolonnare *v.tr.* [*io incolónno ecc.*] disporre, ordinare in colonna: — *i prigionieri* // **-arsi** *v.rifl.* mettersi in colonna.

incolore, incoloro [-lò-] *agg.* **1** senza colore **2** (*fig.*) insignificante, mediocre: *una vita —.*

incolpare *v.tr.* [*io incólpo ecc.*] addossare a qlcu. una colpa. CONTR. *discolpare.*

incolto [-cól-] *agg.* **1** non coltivato: *un terreno —* **2**

(*fig.*) trascurato, negletto: *barba incolta* **3** privo di cultura. SIN. *ignorante, rozzo.*

incolume [-cò-] *agg.* si dice di chi esce sano e salvo da un danno o da un grave pericolo. SIN. *illeso.*

incolumità *s.f.invar.* l'essere incolume: *garantire l' — di qlcu.*

incombente [-bèn-] *agg.* che sovrasta; che preme: *pericolo —; dovere —.*

incombenza [-bèn-] *s.f.* incarico; commissione; dovere da eseguire.

incombere [-cóm-] *v.intr.* [*io incómbo ecc.*] **1** essere imminente, detto di cosa grave e minacciosa. SIN. *sovrastare* **2** spettare per dovere.

incombustibile [-sti-] *agg.* che non brucia: *materiale —; l'amianto è —.*

incominciare *v.tr.* [*io incomìncio ecc.*] dar principio: *— un lavoro.* SIN. *cominciare, iniziare* // *v.intr.* avere inizio: *è incominciato l'inverno.* SIN. *cominciare, iniziare.*

incommensurabile [-rà-] *agg.* **1** che non può essere misurato; immenso, senza limiti o confini **2** (*mat.*) due grandezze si dicono *incommensurabili* quando nessun sottomultiplo dell'una è contenuto esattamente nell'altra.

incommensurabilità *s.f.invar.* l'essere incommensurabile.

incomodare *v.tr.* [*io incòmodo ecc.*] dare incomodo, recar disturbo // *-arsi* *v.rifl.* prendersi disturbo.

incomodo [-cò-] *agg.* non comodo; che procura fastidio o disagio / *il terzo —,* si dice di persona che si aggiunge ad altre due che vorrebbero star sole. SIN. *fastidioso, scomodo, inopportuno* // *s.m.* **1** ciò che reca fastidio o disagio: *dare —.* SIN. *disturbo, fastidio, seccatura* **2** acciacco, piccolo disturbo fisico.

incomparabile [-rà-] *agg.* che non ha paragone; eccellente. SIN. *impareggiabile.*

incomparabilità *s.f.invar.* l'essere incomparabile.

incompatibile [-ti-] *agg.* **1** che non si può compatire **2** che non si può conciliare con altra cosa: *comportamento — con i propri principi morali.*

incompatibilità *s.f.invar.* l'essere incompatibile: *— di carattere,* spec. quella determinatasi tra marito e moglie.

incompetente [-tèn-] *agg.* non competente, non idoneo a svolgere una determinata attività // *s.m.* chi non si intende di una determinata cosa, e spec. di cosa che invece dovrebbe conoscere. SIN. *profano.*

incompetenza [-tèn-] *s.f.* **1** l'essere incompetente **2** (*dir.*) mancanza di competenza.

incompiutezza [-téz-] *s.f.* l'essere incompiuto.

incompiuto *agg.* non ancora compiuto; non terminato: *il lavoro restò —.*

incompletezza [-téz-] *s.f.* l'essere incompleto.

incompleto [-plè-] *agg.* non completo; privo di qualche parte.

incomposto [-pó-] *agg.* disordinato; scorretto. SIN. *scomposto.*

incomprensibile [-sì-] *agg.* che non si può capire: *un discorso —; un uomo —,* strano, chiuso. SIN. *inesplicabile, oscuro.*

incomprensibilità *s.f.invar.* l'essere incomprensibile.

incomprensione [-sió-] *s.f.* mancanza di comprensione.

incompreso [-pré-] *agg.* non compreso, non capito / *un genio —,* si dice (ma spec. in senso *iron.*) di persona dotata di genialità ma non apprezzata.

incomprimibile [-sì-] *agg.* che non si può comprimere.

incomputabile [-tà-] *agg.* che non si può computare.

incomunicabile [-cà-] *agg.* che non si può comunicare, trasmettere (anche *fig.*).

incomunicabilità *s.f.invar.* **1** l'essere incomunicabile **2** l'incapacità di comunicare; anche la difficoltà di comunicazione interpersonale.

inconcepibile [-pì-] *agg.* che non si può concepire. SIN. *incredibile.*

inconciliabile [-lià-] *agg.* che non si può conciliare.

inconciliabilità *s.f.invar.* l'essere inconciliabile.

inconcludente [-dèn-] *agg.* che non conclude; che non raggiunge il suo fine: *ragionamento, tentativo —; persona —,* che non viene a capo di nulla.

inconcusso *agg.* fermo; irremovibile (spec. *fig.*): *fede inconcussa.*

incondizionato *agg.* che non è sottoposto ad alcuna condizione; pieno, intero: *fiducia incondizionata.* SIN. *assoluto.*

inconfessabile [-sà-] *agg.* che non si può confessare senza provare vergogna; turpe.

inconfessato *agg.* non confessato, spesso neppure a sé stessi: *istinti inconfessati.*

inconfondibile [-dì-] *agg.* che non si può confondere.

inconfutabile [-tà-] *agg.* che non si può confutare. SIN. *inoppugnabile, indiscutibile.*

incongruente [-gruèn-] *agg.* che è privo di congruenza. SIN. *incoerente, assurdo.*

incongruenza [-gruèn-] *s.f.* l'essere incongruente; asserzione incongruente con un'altra. SIN. *incoerenza, assurdità.*

incongruo [-còn-] *agg.* che non è congruo, che non è proporzionato: *un prezzo —.*

inconsapevole [-pé-] *agg.* che non è informato, o non ha piena coscienza, di qlco. SIN. *ignaro, inconscio.* CONTR. *consapevole.*

inconsapevolezza [-léz-] *s.f.* l'essere inconsapevole. CONTR. *consapevolezza.*

inconscio [-còn-] *agg.* [pl.f. *-sce*] **1** non conscio. SIN. *inconsapevole.* CONTR. *conscio* **2** non avvertito dalla coscienza // *s.m.* tutto ciò che nell'animo non arriva alla coscienza.

inconseguente [-guèn-] *agg.* che non è conseguente alle premesse.

inconseguenza [-guèn-] *s.f.* l'essere inconseguente; asserzione inconseguente alle premesse.

inconsideratezza [-téz-] *s.f.* l'essere inconsiderato.

inconsiderato *agg.* **1** che non considera, che agisce in modo avventato. SIN. *incauto, imprudente, irriflessivo* **2** che è detto o fatto senza riflessione: *risposta inconsiderata.*

inconsistente [-stèn-] *agg.* che non è consistente; (*fig.*) infondato: *informazione —.*

inconsistenza [-stèn-] *s.f.* l'essere inconsistente.

inconsolabile [-là-] *agg.* che non si può consolare. SIN. *sconfortato.*

inconsueto [-suè-] *agg.* che non è d'uso normale. SIN. *insolito, inusitato.* CONTR. *consueto.*

inconsulto *agg.* sconsiderato, imprudente: *risposta inconsulta; atto —.*

incontaminato *agg.* non contaminato.

incontanente [-nèn-] *avv.* (*ant.*) subito, senza por tempo in mezzo.

incontentabile [-tà-] *agg.* che non si accontenta.

incontentabilità *s.f.invar.* l'essere incontentabile.

incontestabile [-stà-] *agg.* che non può essere contestato; certo, sicuro: *prove incontestabili.*

incontinente [-nèn-] *agg.* **1** che non sa moderare i

suoi desideri. SIN. *intemperante, smoderato* **2** (*med.*) incapace di controllare l'emissione di urina o di feci.

incontinenza [-nèn-] *s.f.* l'essere incontinente. SIN. *intemperanza*.

incontrare *v.tr.* [*io incóntro ecc.*] **1** trovare per caso sulla propria strada (anche *fig.*): *ho incontrato un amico / — difficoltà / — il favore del pubblico*, si dice di qlco. che piace, che ha successo **2** trovarsi deliberatamente con qlcu.: *m'incontro con lui ogni sabato* **3** nello sport, si dice di atleta o di squadra che gioca, gareggia con uno o più avversari: *domenica l'Inter incontrerà il Milan //* **-arsi** *v.rifl.pron.* e *rec.* avere un incontro con qlcu.: *la delegazione svizzera si è incontrata con quella turca; gli svizzeri e i turchi si sono incontrati*.

incontrario [-trà-] solo nella locuz. *all'incontrario*, al contrario.

incontrastabile [-stà-] *agg.* che non si può contrastare: *verità —*. SIN. *inoppugnabile, irrefutabile*.

incontrastato *agg.* non contrastato: *dominio —*.

incontro[1] [-cón-] *s.m.* **1** l'incontrare, l'incontrarsi: *un — casuale; da tempo era stato fissato il nostro — / fare un brutto —*, imbattersi in malviventi */ avere — nel pubblico*, avere successo **2** competizione tra due atleti o due squadre: *assistere a un — di calcio*.

incontro[2] [-cón-] *avv.* verso, in direzione di, spec. con intenzione benevola: *andare — all'ospite / venire — a qlcu*., aiutarlo */ andare — a guai*, mettersi in una situazione pericolosa */ andiamo — alla bella stagione*, si dice quando è vicina l'estate.

incontrovertibile [-tì-] che non può essere controverso o negato; indiscutibile: *diritto —; prova —*.

inconveniente [-nièn-] *agg.* non conveniente *// s.m.* circostanza avversa; svantaggio. SIN. *guaio*.

inconvertibile [-tì-] *agg.* non convertibile; si dice soprattutto della moneta che non può essere convertita in oro.

inconvertibilità *s.f.invar.* l'essere inconvertibile, detto spec. della moneta.

incoraggiamento [-mén-] *s.m.* l'incoraggiare: *premio d' —*.

incoraggiante *agg.* che infonde coraggio: *gli inizi sono abbastanza incoraggianti*.

incoraggiare *v.tr.* [*io incoràggio ecc.*] **1** dare, infondere coraggio; incitare: *— allo studio*. SIN. *rincuorare, confortare*. CONTR. *scoraggiare* **2** esprimere il proprio favore, assecondare: *— un'iniziativa*. SIN. *favorire*.

incordare *v.tr.* [*io incòrdo ecc.*] mettere le corde a uno strumento o a un attrezzo: *— una chitarra, una racchetta //* **-arsi** *v.rifl.pron.* irrigidirsi (detto dei muscoli, spec. di quelli del collo).

incorniciare *v.tr.* [*io incornìcio ecc.*] **1** mettere in cornice: *— un ritratto* **2** (*fig.*) circondare come una cornice: *una folta barba gli incorniciava il mento*.

incorniciatura *s.f.* atto, effetto dell'incorniciare; cornice.

incoronare *v.tr.* [*io incoróno ecc.*] **1** mettere in capo la corona, o anche una ghirlanda di fiori e simili: *Petrarca fu incoronato poeta* **2** (*fig.*) cingere come una corona: *colli che incoronano la pianura*.

incoronazione [-zió-] *s.f.* atto dell'incoronare; cerimonia solenne durante la quale si pone in capo la corona a un sovrano.

incorporare *v.tr.* [*io incòrporo ecc.*] **1** mescolare più materie in modo che si fondano in un corpo solo **2** (*fig.*) annettere, unire a un organismo più vasto: *— allo stato i territori conquistati*.

incorporazione [-zió-] *s.f.* l'incorporare.

incorporeo [-pò-] *agg.* privo di corpo materiale; spirituale: *Dio è un essere —*.

incorreggibile [-gì-] che non si può correggere: *un ritardatario —*. SIN. *impenitente, incallito*.

incorrere [-cór-] *v.intr.* [*io incórro ecc.*] incappare in cosa spiacevole: *— in un errore*.

incorrotto [-rót-] *agg.* non corrotto; puro, incontaminato.

incorruttibile [-tì-] *agg.* non corruttibile; che non si può, o non si lascia corrompere.

incorruttibilità *s.f.invar.* l'essere incorruttibile.

incosciente [-scièn-] *agg.* **1** privo di coscienza: *rimase — per cinque minuti* **2** che agisce senza coscienza della propria responsabilità: *è un autista — // s.m.* e *f.* persona sventata, inconsapevole, priva di senso di responsabilità.

incoscienza [-scièn-] *s.f.* l'essere incosciente.

incostante *agg.* non costante: *flusso d'acqua —; carattere —*. SIN. *volubile, instabile, mutevole*. CONTR. *costante*.

incostanza *s.f.* l'essere incostante: *l' — dei suoi sentimenti*. SIN. *volubilità, instabilità*. CONTR. *costanza*.

incostituzionale *agg.* (*dir.*) contrario alla costituzione: *legge —*.

incostituzionalità *s.f.invar.* (*dir.*) l'essere incostituzionale; atto o procedimento non costituzionale.

incredibile [-dì-] *agg.* non credibile; che non si può credere. SIN. *inconcepibile, inverosimile*. CONTR. *credibile*.

incredibilità *s.f.invar.* l'essere incredibile.

incredulità *s.f.invar.* l'essere incredulo.

incredulo [-crè-] *agg.* che non crede; che non vuol credere. SIN. *scettico // s.m.* chi non ha fede in Dio; miscredente.

incrementare *v.tr.* [*io incrementó ecc.*] aumentare; dare incremento a un fenomeno: *— le vendite*.

incremento [-mén-] *s.m.* accrescimento: *— della produzione, della popolazione*.

increscere [-crè-] *v.intr.* [coniugato come *crescere*] (*lett.*) rincrescere, dispiacere.

increscioso [-sció-] *agg.* molesto; riprovevole: *un incidente —*. SIN. *spiacevole, imbarazzante*.

increspamento [-mén-] *s.m.* l'increspare, l'incresparsi.

increspare *v.tr.* [*io incréspo ecc.*] raggrinzare; rendere crespo: *— la fronte*, corrugarla *//* **-arsi** *v.rifl.pron.* coprirsi di crespe.

increspatura *s.f.* atto, effetto dell'increspare o dell'incresparsi; l'insieme delle crespe.

incretinire *v.tr.* [*io incretinisco, tu incretinisci ecc.*] rendere cretino *// v.intr.* diventare cretino.

increto [-crè-] *s.m.* (*biol.*) denominazione degli ormoni, in quanto passano direttamente dalla ghiandola che li produce nel sangue.

incriminabile [-nà-] *agg.* che può essere incriminato.

incriminare *v.tr.* [*io incrìmino ecc.*] addebitare a qlcu. un reato: *fu incriminato per omicidio*.

incriminazione [-zió-] *s.f.* atto, effetto dell'incriminare.

incrinare *v.tr.* **1** fare, in un oggetto fragile, una crepa sottile, così che possa facilmente rompersi **2** (*fig.*) intaccare, rendere meno solido un rapporto, un'amicizia e simili *//* **-arsi** *v.rifl.pron.* subire un'incrinatura (anche *fig.*).

incrinatura *s.f.* piccola fenditura in oggetti compatti, p.e. di vetro, ceramica ecc.; anche fenditura di natura traumatica a carico delle ossa.

incrociare *v.tr.* [*io incrócio ecc.*] **1** mettere qlco. di traverso a un'altra: *— le gambe / — le braccia*, (*fig.*) entrare in sciopero / — *la rotta*, passare di prora un'altra nave / *assol.* navigare in una zona di mare a scopo di sorveglianza, blocco, ricerca del nemico o di naufraghi **2** fare accoppiare animali di razze differenti // **-arsi** *v.rifl.rec.* **1** attraversarsi, intersecarsi, detto di persone, mezzi di locomozione o altro che andando in direzioni diverse passino per un punto comune **2** unirsi dando vita a un incrocio, detto di animali o piante.

incrociatore [-tó-] *s.m.* nave da guerra veloce, bene armata ma per lo più scarsamente protetta, impiegata per missioni isolate, scorta del naviglio mercantile e attacco a quello nemico.

incrocio [-cró-] *s.m.* **1** mescolanza di razze animali o di specie vegetali; il prodotto di tale mescolanza; ibrido, bastardo **2** il punto ove due linee, due cose si incrociano: — *stradale, crocicchio, crocevia.*

incrodarsi *v.rifl.* nel linguaggio degli alpinisti, venire a trovarsi sulla roccia in posizione tale da non poter più né salire né scendere.

incrollabile [-là-] *agg.* che non può crollare (anche *fig.*): *fiducia —.* SIN. *saldo, fermo.*

incrostamento [-mén-] *s.m.* l'incrostare, l'incrostarsi.

incrostare *v.tr.* [*io incròsto* ecc.] **1** formare depositi di un certo spessore, detto di sostanze minerali **2** rivestire qlco. con sottili strati di marmo, di metallo ecc. // **-arsi** *v.rifl.pron.* coprirsi di una crosta: *le tubazioni si sono incrostate di calcare.*

incrostazione [-zió-] *s.f.* atto, effetto dell'incrostare o dell'incrostarsi: *togliere l' — da una caldaia.*

incrudelire *v.tr.* [*io incrudelisco, tu incrudelisci* ecc.] (*rar.*) rendere crudele // *v.intr.* **1** diventare crudele **2** commettere atti di crudeltà. SIN. *infierire.*

incrudimento [-mén-] *s.m.* l'incrudire, detto di metalli.

incrudire *v.intr.* [*io incrudisco, tu incrudisci* ecc.] **1** (*non com.*) diventare crudo, peggiorare: *il tempo accenna a —* **2** di metalli, perdere la malleabilità e la duttilità.

incruento [-cruèn-] *agg.* senza spargimento di sangue.

incubatrice *s.f.* **1** apparecchio atto a rifornire di calore artificiale i neonati prematuri per proteggerli e favorirne lo sviluppo **2** apparecchio che serve per la cova artificiale delle uova.

incubazione [-zió-] *s.f.* **1** la cova delle uova, fatta dagli uccelli o mediante incubatrice; il tempo durante il quale gli uccelli covano le uova **2** (*med.*) nelle malattie infettive, periodo compreso tra l'insediarsi del germe nell'organismo e la comparsa dei primi sintomi della malattia.

incubo [ìn-] *s.m.* **1** stato di affanno nel sonno per sogni angosciosi **2** (*fig.*) grave preoccupazione, angoscia.

incudine [-cù-] *s.f.* **1** blocco di acciaio opportunamente sagomato sul quale il fucinatore appoggia il pezzo da foggiare per batterlo col martello [*ill. Utensili*] / *essere tra l' — e il martello,* essere pressato in senso contrario da due persone, da due situazioni **2** uno degli ossicini dell'orecchio [*ill. Orecchio*].

inculcare *v.tr.* [*io inculco, tu inculchi* ecc.] imprimere nell'animo di qlcu. con assidui ammaestramenti un sentimento, un precetto ecc.

incultura *s.f.* mancanza di cultura; ignoranza, rozzezza.

incunabolo [-nà-] *s.m.* libro stampato nel sec. XV, quando l'arte della stampa era agli inizi.

incuneare *v.tr.* [*io incùneo* ecc.] incastrare a mo' di cuneo (anche *fig.*) // **-arsi** *v.rifl.* inserirsi come un cuneo (anche *fig.*): — *fra i nemici.*

incupire *v.intr.* [*io incupisco, tu incupisci* ecc.] divenire cupo; (*fig.*) divenire di umore triste o irato.

incurabile [-rà-] *agg.* che non si può curare, inguaribile: *male —,* eufemismo diffuso ma inesatto per cancro. SIN. *insanabile.*

incurabilità *s.f.invar.* l'essere incurabile.

incurante *agg.* che non si dà cura delle cose che pur lo riguardano: *è — del pericolo, delle chiacchiere della gente.* SIN. *noncurante.*

incuria [-cù-] *s.f.* l'essere incurante. SIN. *noncuranza, negligenza, trascuratezza.*

incuriosire *v.tr.* [*io incuriosisco, tu incuriosisci* ecc.] rendere curioso: *lo spettacolo lo incuriosì* // **-irsi** *v.rifl.pron.* diventar curioso, provar curiosità.

incursione [-sió-] *s.f.* **1** rapida azione di guerra in territorio nemico: — *aerea* **2** (*fig.*) azione fuori dal campo consueto; digressione.

incurvare *v.tr.* render curvo // **-arsi** *v.rifl.pron.* diventar curvo.

incurvatura *s.f.* atto, effetto dell'incurvare o dell'incurvarsi.

incutere [-cù-] *v.tr.* [*pass.rem. io incussi, tu incutésti* ecc.; *p.pass. incusso*] suscitare, infondere un sentimento: — *spavento.*

indaco [ìn-] *s.m.* **1** sostanza colorante organica, di origine vegetale o sintetica, usata per tingere in azzurro-violaceo tessuti, carta ecc. **2** il colore di tale sostanza; uno dei sette colori dell'iride.

indaffarato *agg.* che è tutto preso da un lavoro o da un'occupazione.

indagare *v.tr.* [*io indago, tu indaghi* ecc.] compiere ricerche per scoprire la verità su una persona, una cosa, un avvenimento (anche *assol.*). SIN. *investigare.*

indagatore *agg.* e *s.m.* [f. *-trice*] **1** che, chi indaga **2** che, chi desidera conoscere; curioso.

indagine [-dà-] *s.f.* l'atto dell'indagare: — *severa, scrupolosa.* SIN. *investigazione, inchiesta.*

indaginoso [-nó-] *agg.* (*med.*) che presenta complicazioni, che richiede cure particolari: *appendicectomia indaginosa.*

indarno *avv.* (*lett.*) inutilmente.

indebitare *v.tr.* [*io indébito* ecc.] gravare, riempire di debiti // **-arsi** *v.rifl.* contrarre debiti: — *fino al collo.*

indebito [-dé-] *agg.* che non è dovuto, che non corrisponde a un obbligo; per estens., ingiusto; illecito: *pagamento —; appropriazione indebita* // **-mente** *avv.* ingiustamente; illecitamente.

indebolimento [-mén-] *s.m.* l'indebolire, l'indebolirsi, l'essere indebolito.

indebolire *v.tr.* [*io indebolisco, tu indebolisci* ecc.] rendere debole: *lo sforzo della lettura indebolisce la vista.* SIN. *infiacchire, illanguidire, svigorire* // **-irsi** *v.rifl.pron.* diventare debole.

indecente [-cèn-] *agg.* **1** non conforme al sentimento del pudore e del decoro. SIN. *indecoroso, sconveniente, osceno.* CONTR. *decente* **2** fatto male, molto difettoso: *un lavoro —.*

indecenza [-cèn-] *s.f.* l'essere indecente; atto o parola indecente. SIN. *sconvenienza, oscenità.* CONTR. *decenza.*

indecifrabile [-frà-] *agg.* che non si può decifrare (anche *fig.*): *un manoscritto —; un carattere —,* di persona chiusa ed enigmatica.

indecisione [-ʃió-] *s.f.* mancanza di decisione. SIN. *esitazione, incertezza, dubbio, perplessità.*

indeciso [-ʃo] *agg.* **1** titubante, perplesso: *sono — sul da farsi.* SIN. *esitante, incerto, dubbioso, irresoluto* **2** non deciso, non risolto.

indeclinabile [-nà-] *agg.* **1** che non si può declinare,

invariabile: *aggettivo* — **2** che non si può evitare: *questo è un obbligo* —.

indecoroso [-ró-] *agg.* che è contrario al decoro: *contegno* —. SIN. *indecente, sconveniente.*

indefesso [-fès-] *agg.* infaticabile, assiduo: *lavoratore* —. SIN. *instancabile, perseverante.*

indefettibile [-ti-] *agg.* che non può mai venire meno o cadere in difetto.

indefinibile [-nì-] *agg.* che non si può definire.

indefinito *agg.* non definito, non determinato, non risolto: *lasciare la questione indefinita; un malessere* —. SIN. *indeterminato* / *aggettivo* —, quello che aggiunge al sostantivo un'idea generica di quantità o qualità (p.e. *ciascuno, qualche, nessuno ecc.*) / *pronome* —, che designa qlcu. o qlco. in modo vago o generale (p.e. *qualcuno, chiunque, qualcosa*) / *articolo* —, l'articolo indeterminativo.

indeformabile [-mà-] *agg.* non deformabile, non soggetto a deformazioni.

indegnità *s.f.invar.* l'essere indegno; azione indegna.

indegno [-dé-] *agg.* **1** non degno; immeritevole: *è un atto — di lui* **2** turpe, biasimevole: *è un individuo* —. SIN. *spregevole.*

indeiscente [-scèn-] *agg.* (*bot.*) si dice di frutto che, anche giunto a completa maturazione, non si apre spontaneamente per fare uscire il seme.

indelebile [-lè-] *agg.* che non si può cancellare (anche *fig.*): *segno, ricordo* —. SIN. *incancellabile.* CONTR. *delebile.*

indelicatezza [-téz-] *s.f.* mancanza di delicatezza; atto o detto indelicato. SIN. *indiscrezione.*

indelicato *agg.* che manca di delicatezza. SIN. *indiscreto.*

indemagliabile [-glià-] *agg.* che non si smaglia o si smaglia difficilmente: *tessuto* —.

indemaniare *v.tr.* [*io indemànio ecc.*] (*dir.*) trasferire al demanio.

indemoniato *agg.* e *s.m.* **1** si dice di chi si ritiene posseduto dal demonio **2** molto agitato; molto forte, eccessivo: *un chiasso* —.

indenne [-dèn-] *agg.* che non ha riportato danno: *uscire — da un incidente.* SIN. *illeso.*

indennità *s.f.invar.* risarcimento delle spese sostenute o dei danni subiti o da subire per l'esercizio di una determinata attività: *— di mensa; — di nocività; — parlamentare.*

indennizzare [-niʒʒa-] *v.tr.* risarcire qlcu. di un danno.

indennizzo [-niʒʒo] *s.m.* somma versata a risarcimento di un danno.

indentro [-dén-] *avv.* verso l'interno.

inderogabile [-gà-] *agg.* a cui non si può derogare, che deve essere applicato alla lettera.

indescrivibile [-vì-] *agg.* che non si può descrivere. SIN. *indicibile, ineffabile, inenarrabile.*

indesiderabile [-rà-] *agg.* che non può essere oggetto di desiderio; che non è gradito.

indesiderato *agg.* non desiderato, non gradito: *ospite* —; *dono* —.

indeterminabile [-nà-] *agg.* che non si può determinare.

indeterminatezza [-téz-] *s.f.* l'essere indeterminato; genericità, vaghezza: *— di propositi.*

indeterminativo *agg.* che non determina / *articolo* —, (*gramm.*) quello che non determina l'oggetto (p.e.: *un libro; una donna*).

indeterminato *agg.* non determinato. SIN. *indefinito, vago.*

indeterminazione [-zió-] *s.f.* **1** indeterminatezza **2** irresolutezza.

indeuropeo [-pè-] *agg.* → **indoeuropeo.**

indi *avv.* (*lett.*) **1** poi, in seguito, quindi **2** da quel luogo.

indiana *s.f.* stoffa stampata a colori vivaci, per lo più di cotone.

indiano *agg.* dell'India; delle Indie / *camminare in fila indiana*, uno dietro l'altro // *s.m.* abitante, nativo dell'India o delle Indie / *fare l'*—, far finta di non capire.

indiavolato *agg.* indemoniato; estremamente agitato; violento: *musica indiavolata; caldo* —.

indicare *v.tr.* [*io indico, tu indichi ecc.*] **1** far vedere puntando il dito; far vedere o far capire con un cenno, un segno, con parole ecc.: *— l'uscita; — la strada giusta.* SIN. *mostrare* **2** denotare: *questo indica che non hanno capito nulla.*

indicativo *agg.* che serve a indicare: *segnale* — / *modo* — (o *indicativo*), modo del verbo che presenta l'azione verbale come una realtà e in modo determinato.

indicato *agg.* adatto, appropriato: *un rimedio* —.

indicatore [-tó-] *agg.* che indica: *cartello* — // *s.m.* [f. *-trice*] **1** ciò che serve a indicare qlco.: *— di direzione*, nelle automobili, dispositivo luminoso che indica la direzione verso cui il veicolo svolta [*ill. Automobile*] **2** (*chim.*) sostanza di varia composizione che ha la proprietà di cambiare colore in relazione all'acidità o alcalinità delle soluzioni con cui viene a contatto.

indicazione [-zió-] *s.f.* l'indicare; il segno o le parole che indicano qlco.: *l'— del barometro era sbagliata; le sue indicazioni sono preziose.*

indice [ìn-] *s.m.* **1** il secondo dito della mano, tra il pollice e il medio **2** ago di un quadrante di uno strumento di misura, che indica un peso, una direzione, un'entità: *l'— della bilancia; l'— della riserva di benzina* **3** (*fig.*) segno, indicazione: *la tua stanchezza è — di esaurimento* **4** la parte di un libro che reca l'elenco dei capitoli in cui esso è suddiviso / *Indice dei libri proibiti* (o soltanto *Indice*), catalogo dei libri di cui la chiesa cattolica proibisce la lettura ai fedeli / *mettere all'*—, inserire in tale catalogo; (*fig.*) mettere al bando **5** (*mat.*) cifra posta in alto o in basso, a destra o a sinistra di un'altra cifra, o di un simbolo, per conferirgli un significato specifico **6** (*fis.*) numero esprimente una data proprietà quantitativa o qualitativa: *— di rifrazione* **7** in statistica, rapporto tra l'entità attuale di un dato e l'entità che quel dato aveva in una determinata epoca: *— di crescita del reddito.*

indicibile [-cì-] *agg.* che non si può dire (spesso con valore iperbolico): *gioia* —. SIN. *ineffabile, indescrivibile, inenarrabile, inesprimibile.*

indicizzare [-ciʒʒa-] *v.tr.* collegare automaticamente un valore a un indice variabile; in particolare, collegare un valore economico all'indice del costo della vita: *— i salari, gli affitti.*

indicizzato [-ciʒʒa-] *agg.* collegato a un indice: *le componenti indicizzate del salario*, quelle che crescono in rapporto al crescere del costo della vita.

indicizzazione [-ciʒʒazió-] *s.f.* l'effetto dell'indicizzare.

indietreggiare *v.intr.* [*io indietréggio ecc.*] tirarsi, farsi indietro, spec. per evitare un pericolo. SIN. *retrocedere.*

indietro [-diè-] *avv.* di luogo addietro, a tergo: *non restare —* / *indietreggiare*; (*fig.*) rifiutarsi / *andare avanti e —* / *fare marcia —*, dell'automobile, retrocedere; (*fig.*) ritirare una promessa / *l'orologio è* —, ritarda / *essere, restare — negli studi*, non progredire / *lasciare* —, trascurare / *dare* —, restituire.

indifeso [-fé-] *agg.* non difeso: *luogo* —, privo di fortificazioni e ripari.

indifferente [-rèn-] *agg.* **1** non differente; uguale, identico, detto di cose di cui non importi la scelta: *oggi o domani è* —; *parlare di cose indifferenti*, di argomenti non importanti **2** che non prova sentimenti: *è — a qualsiasi interesse / fare l'*—, nascondere i propri sentimenti con finta indifferenza. SIN. *freddo, insensibile*.

indifferenza [-rèn-] *s.f.* l'essere indifferente: *lo ascoltò con* —. SIN. *insensibilità, freddezza*.

indifferenziato *agg.* che non differisce da altro; che non presenta differenze al proprio interno.

indifferibile [-rì-] *agg.* che non si può differire, rimandare: *un appuntamento* —.

indigeno [-dì-] *agg.* nativo, originario del luogo: *la lingua indigena / truppe indigene*, reclutate nelle colonie // *s.m.pl.* le popolazioni indigene.

indigente [-gèn-] *agg.* si dice di persona che manca dell'indispensabile. SIN. *povero* // *s.m.pl.* i poveri.

indigenza [-gèn-] *s.f.* lo stato di chi è indigente. SIN. *povertà*.

indigestione [-stió-] *s.f.* turbamento della digestione causato dal mangiare eccessivo, dal freddo, da cibi guasti ecc. / *feci un* —*di romanzi*, *(fig.)* ne lessi moltissimi.

indigesto [-gè-] *agg.* che si digerisce con difficoltà (anche *fig.*): *l'uovo mi è* —; *un poema* —.

indigete [-dì-] *agg.* si dice di divinità pagana ritenuta protettrice di un dato luogo o città.

indignare *v.tr.* suscitare il risentimento, lo sdegno morale di qlcu. // **-arsi** *v.rifl.pron.* provare vivo risentimento. SIN. *sdegnarsi, irritarsi*.

indignato *agg.* pieno di sdegno.

indignazione [-zió-] *s.f.* stato dell'animo indignato: *una giusta* —. SIN. *sdegno, ira*.

indilazionabile [-nà-] *agg.* che non si può dilazionare; urgente.

indimenticabile [-cà-] *agg.* che non si può dimenticare; eccezionale, straordinario: *uno spettacolo* —.

indimostrabile [-strà-] *agg.* che non si può dimostrare, provare.

indio[1] [ìn-] *agg. e s.m.* si dice degli indigeni del Messico e dell'America centro-meridionale.

indio[2] [ìn-] *s.m.* elemento chimico (In; *n.at.* 49; *p.at.* 114,82); metallo raro, bianco, tenero, usato in leghe facilmente fusibili o per scopi ornamentali.

indipendente [-dèn-] *agg.* che non dipende, che non è vincolato da volontà altrui / *proposizione* —, *(gramm.)* la proposizione che si regge grammaticalmente da sola.

indipendentismo [-ʃmo] *s.m.* tendenza a far diventare indipendente un paese o una regione.

indipendentista *agg. e s.m. e f.* [pl.m. -*i*] che, chi sostiene l'indipendenza.

indipendenza [-dèn-] *s.f.* la condizione di chi può liberamente decidere le proprie sorti: — *economica, politica*; *l'*— *dei popoli*; *guerra di* —.

indire *v.tr.* [coniugato come *dire*] ordinare pubblicamente: — *le elezioni*.

indiretto [-rèt-] *agg.* non diretto; che giunge al suo fine per una via non diretta: *un vantaggio* — / *complemento* —, *(gramm.)* che si unisce al verbo o ad altre parti del discorso per mezzo di preposizioni semplici o articolate / *discorso* —, *(gramm.)* con cui si riferiscono non testualmente le parole altrui.

indirizzare *v.tr.* **1** indicare la via (anche *fig.*): — *qlcu. da una persona*, indicargliela perché possa riceverne aiuto, consiglio ecc. / — *un giovane a un mestiere*, avviarlo. SIN. *guidare* **2** rivolgere: — *la parola a qlcu.* **3** scrivere l'indirizzo sopra una lettera, una cartolina ecc.

indirizzario [-riʒʒà-] *s.m.* raccolta di indirizzi scelti e ordinati con un dato criterio.

indirizzo *s.m.* **1** avviamento, direzione: *dare un buon* — *culturale*; *mutare* — *politico / all'*— *di*, contro, verso. SIN. *direttiva* **2** messaggio, discorso rivolto a un sovrano, a un'assemblea e simili: *rivolgere un* — *di omaggio al capo dello stato* **3** complesso di indicazioni necessarie per trovare una persona. SIN. *recapito*.

indisciplina *s.f.* mancanza di disciplina. SIN. *insubordinazione*. CONTR. *disciplina*.

indisciplinatezza [-téz-] *s.f.* l'essere abitualmente indisciplinato; atto di indisciplina.

indisciplinato *agg.* che non rispetta le regole della disciplina. SIN. *insubordinato, indocile*.

indiscretezza [-téz-] *s.f.* l'essere indiscreto; atto o detto indiscreto.

indiscreto [-scré-] *agg.* che eccede nel chiedere o nel domandare; che manca di tatto. SIN. *curioso, indelicato, ficcanaso*. CONTR. *discreto*.

indiscrezione [-zió-] *s.f.* **1** l'essere indiscreto. SIN. *curiosità, indelicatezza, improntitudine* **2** rivelazione di notizie segrete.

indiscriminato *agg.* privo di discernimento: *un uso* — *dell'autorità*; *bombardamenti indiscriminati*.

indiscusso *agg.* che non si pone in discussione; che è ben accetto a tutti.

indiscutibile [-ti-] *agg.* che non si può discutere. SIN. *inconfutabile, irrefutabile, inoppugnabile, certo*.

indispensabile [-sà-] *agg.* di cui non si può fare a meno; inevitabile: *il tuo consenso è* —; *crede di essere* — // *s.m.* ciò di cui non si può fare a meno: *mi dà l'*— *per vivere*. SIN. *necessario*.

indispettire *v.tr.* [*io indispettisco, tu indispettisci ecc.*] fare dispetto. SIN. *indisporre* // **-irsi** *v.rifl.pron.* provare dispetto.

indispettito *agg.* stizzito; seccato.

indisponente [-nèn-] *agg.* che indispone, irritante.

indisporre [-spór-] *v.tr.* [coniugato come *porre*] rendere mal disposto; disgustare: *il suo atteggiamento m'indispone*. SIN. *indispettire*.

indisposizione [-fizió-] *s.f.* leggero malessere.

indisposto [-spó-] *agg.* colpito da leggero malessere.

indissolubile [-lù-] *agg.* che non si può sciogliere: *un legame* —.

indissolubilità *s.f.invar.* l'essere indissolubile: *l'*— *del matrimonio cattolico*.

indistinto *agg.* non distinto, confuso: *immagine indistinta*; *suono, ricordo* — // **-mente** *avv.* senza distinzione alcuna; in maniera confusa: *ci lodò tutti* —; *si scorgeva qlco.* —.

indistruttibile [-tì-] *agg.* che non si può distruggere (spec.*fig.*): *una fede* —.

indivia [-dì-] *s.f.* specie di cicoria.

individuale *agg.* che è proprio dell'individuo; che spetta all'individuo: *passaporto* —; *libertà* — // **-mente** *avv.* in modo singolo: *ci convocò* —, uno per uno.

individualismo [-ʃmo] *s.m.* **1** tendenza a far prevalere gli interessi individuali su quelli collettivi **2** *(fil.)* teoria che sostiene il valore irriducibile e autonomo dell'individualità, di fronte alla società e allo stato.

individualista *agg. e s.m. e f.* [pl.m. -*i*] si dice di chi, di ciò che tende a far prevalere interessi individuali su quelli collettivi.

individualistico [-lì-] *agg.* [pl.m. -*ci*] relativo all'individualismo; tipico dell'individualista.

individualità *s.f.invar.* l'essere individuale; il complesso dei caratteri che distinguono una persona o una cosa da tutte le altre.

individualizzare [-liʒʒa-] *v.tr.* **1** rendere adatto alle singole realtà; differenziare, personalizzare: — *l'insegnamento* **2** (*non com.*) individuare.

individuare *v.tr.* [*io individuo ecc.*] **1** dare a una persona o a una cosa le caratteristiche sue proprie, così da distinguerla da tutte le altre della stessa specie; determinare, riconoscere individualmente: *nel romanzo i personaggi sono perfettamente individuati* **2** scoprire: — *il colpevole.*

individuazione [-zió-] *s.f.* atto, effetto dell'individuare o dell'individuarsi.

individuo [-vì-] *s.m.* **1** essere distinto da ogni altro della medesima specie e formante un tutto che non può venir scomposto o modificato nella sua organizzazione interna senza perdere le sue qualità distintive **2** (*spreg.*) persona che non si conosce o di cui non si vuol dire il nome: *c'è un* — *che ti cerca.*

indivisibile [-ʃi-] *agg.* che non è divisibile; che non si può separare.

indivisibilità [-ʃi-] *s.f.invar.* l'essere indivisibile.

indiviso [-ʃo] *agg.* che non è diviso: *proprietà indivisa.*

indiziare *v.tr.* [*io indizio ecc.*] dare, offrire indizio di colpa o di delitto.

indiziario [-zià-] *agg.* che ha valore di indizio; che si basa solo su indizi: *prova indiziaria.*

indiziato *agg. e s.m.* si dice di persona contro la quale vi siano indizi di colpa.

indizio [-dì-] *s.m.* segno, circostanza, cosa astratta o concreta da cui si possa argomentare che avverrà o che qlco. avverrà o è avvenuto: *l'oscurarsi del cielo è* — *di temporale; tutti gli indizi sono contro di lui.* SIN. *traccia, sintomo.*

indizione [-zió-] *s.f.* l'atto di indire: *l'*— *delle elezioni, del concilio.*

indocile [-dò-] *agg.* non docile, non disposto ad apprendere o a essere disciplinato: *carattere* —. SIN. *indisciplinato, indomabile.*

indocilità *s.f.invar.* l'essere indocile.

indocinese [-né-] *agg.* dell'Indocina // *s.m. e f.* abitante dell'Indocina.

indoeuropeo [-pè-] *agg.* si dice di un gruppo di lingue europee e asiatiche aventi in comune alcuni caratteri fondamentali // *s.m.* la lingua madre delle lingue indoeuropee, ricostruita dagli studiosi.

indolcire *v.tr.* [*io indolcisco, tu indolcisci ecc.*] → **addolcire**.

indole [ìn-] *s.f.* l'insieme delle inclinazioni che formano il carattere di un individuo; per estens., qualità propria, modo speciale di essere: *avere una buona* —; *sono confidenze d'*— *particolare.* SIN. *natura, carattere, temperamento.*

indolente [-lèn-] *agg.* **1** incurante; lento e svogliato nell'operare. SIN. *pigro, accidioso, ignavo, apatico* **2** che non dà dolore: *tumore* —.

indolenza [-lèn-] *s.f.* l'essere indolente. SIN. *pigrizia, accidia, apatia.*

indolenzimento [-mén-] *s.m.* l'essere indolenzito.

indolenzire *v.tr.* [*io indolenzisco, tu indolenzisci ecc.*] provocare una diffusa sensazione di leggero dolore e di pesantezza ai muscoli, che ostacola i movimenti // **-irsi** *v.rifl.pron.* cominciare ad avvertire tale sensazione.

indolore [-ló-] *agg.* che non dà dolore: *parto* —.

indomabile [-mà-] *agg.* che non si può, che non si lascia domare (anche *fig.*). SIN. *indocile.*

indomani *avv.* il giorno dopo (sempre accompagnato da articolo): *l'*— *andò a casa sua.*

indomato, indomito [-dò-] *agg.* che non ha potuto essere domato, fiero, impetuoso.

indonesiano *agg.* dell'Indonesia // *s.m.* abitante dell'Indonesia.

indoor [*ingl.; pr.* indoa] *avv. e agg.* si riferisce a prove sportive svolte in ambienti coperti, al chiuso.

indorare *v.tr.* [*io indòro ecc.*] **1** ricoprire di uno strato d'oro: *il sole indora le cime dei monti*, le fa risplendere come oro / — *la frittura*, intriderla nell'uovo sbattuto prima di friggerla / — *la pillola*, attenuare il dispiacere recato a qlcu. con qualche benevola parola // **-arsi** *v.rifl.pron.* venire assumendo una tinta dorata.

indossare *v.tr.* [*io indòsso ecc.*] mettersi un vestito, portare un vestito. SIN. *vestire.*

indossatrice *s.f.* [m. *-tóre*] chi indossa e presenta al pubblico abiti di nuovo modello.

indosso [-dòs-] *avv.* sul corpo; si dice spec. di vestiti e ornamenti: *avere* — *una maglia di lana.*

indotto¹ [-dót-] *agg.* privo di cultura, ignorante.

indotto² [-dót-] *agg.* (*elettr.*) si dice di corrente elettrica generata per influsso di un'altra: *corrente indotta* // *agg. e s.m.* nella dinamo o nel magnete, si dice della parte in cui si genera la corrente indotta [*ill. Motore*] // *agg. e s.m.* (*econ.*) si dice delle attività economiche collaterali che sorgono in conseguenza dello sviluppo di una grande industria o di un forte settore industriale.

indovinare *v.tr.* **1** cogliere la verità su una cosa nascosta o futura: — *l'avvenire*; *indovina chi c'è!* / *tirare a* —, rispondere su un argomento senza saperne molto, ma sperando di dare per caso la risposta esatta. SIN. *prevedere, presagire, pronosticare* **2** scegliere bene, azzeccare: — *un mestiere, un vestito, un accostamento di colori*, scegliere quello più utile, più elegante, più fine.

indovinello [-nèl-] *s.m.* gioco enigmistico, in forma di breve componimento, per lo più in versi, in cui con parole ambigue o allusive si adombra una cosa da indovinare.

indovino *s.m.* chi indovina o pretende di indovinare il futuro / *sei proprio un* —!, hai colto nel segno, l'hai azzeccata.

indrappellare *v.tr.* [*io indrappèllo ecc.*] disporre in drappello, inquadrare.

indù *agg. e s.m. e f.invar.* si dice degli abitanti dell'India non musulmana, della loro razza, della loro religione.

indubbio [-dùb-] *agg.* che non dà luogo a dubbi; certo, sicuro: *un uomo di* — *valore.* SIN. *evidente, palese* // **-mente** *avv.* certamente.

indubitabile [-tà-] *agg.* certo, sicuro, verissimo: *una verità* —.

indugiare *v.intr.* [*io indùgio ecc.*] **1** lasciar passare del tempo prima di fare o dire qlco.: — *prima di rispondere.* SIN. *temporeggiare* **2** soffermarsi, attardarsi.

indugio [-dù-] *s.m.* l'indugiare: *senza frapporre indugi*, subito.

indulgente [-gèn-] *agg.* che perdona facilmente, che non è severo. SIN. *clemente, tollerante.*

indulgenza [-gèn-] *s.f.* **1** l'essere indulgente; disposizione a perdonare. SIN. *clemenza, tolleranza* **2** nella religione cattolica, la remissione, davanti a Dio, della pena temporale dovuta per i peccati già rimessi quanto alla colpa, che l'autorità ecclesiastica concede per i viventi a modo di assoluzione, per i defunti a modo di suffragio: — *plenaria*, remissione totale delle pene.

indulgere [-dùl-] *v.intr.* [*pres. io indulgo, tu indulgi ecc.;*

pass.rem. *io indulsi, tu indulgésti ecc.*; p.pass. *indulto*] essere benigno, accondiscendere; lasciarsi andare a qlco.: *indulgeva alla sua pigrizia*.

indulto *s.m.* **1** (*dir.*) generale liberazione dalla pena per coloro che hanno commesso determinati reati **2** (*eccl.*) liberazione temporanea, concessa dall'autorità ecclesiastica, da un vincolo canonico.

indumento [-mén-] *s.m.* qualsiasi capo di vestiario.

indurente [-rèn-] *agg. e s.m.* si dice di sostanza che aggiunta a un'altra ne provoca l'indurimento.

indurimento [-mén-] *s.m.* atto, effetto dell'indurire o dell'indurirsi (anche *fig.*).

indurire *v.tr.* [*io indurisco, tu indurisci ecc.*] rendere duro (anche *fig.*): — *l'animo*; — *le pene*. CONTR. *ammorbidire* // *v.intr.*, **-irsi** *v.rifl.pron.* diventare duro: *il pane di ieri è indurito*.

indurre *v.tr.* [coniugato come *addurre*] **1** muovere qlcu. a far qlco., persuadere: — *un amico a partire*. SIN. *invogliare, spingere* **2** ricavare col ragionamento un principio generale dalle esperienze particolari. CONTR. *dedurre*.

industre *agg.* laborioso, industrioso; ricco di industrie, di attività: *città* —.

industria [-dù-] *s.f.* **1** attività diretta alla trasformazione dei prodotti naturali e alla produzione di manufatti: *l'* — *della gomma, del vetro* **2** organizzazione che, attraverso appositi impianti, esercita quest'attività: *la zona è sede di molte industrie* **3** abile e diligente operosità.

industrial design [*ingl.*; *pr.* indàstrial disàin] *s.m.* l'invenzione di forme funzionali e insieme eleganti per oggetti d'uso da fabbricare in serie.

industriale *agg.* **1** dell'industria: *progresso* — / *zona* —, che è sede di industrie **2** applicato all'industria / *chimica* —, branca della chimica che studia la realizzazione sul piano pratico dei principi teorici di tale disciplina // *s.m. e f.* chi agisce nell'industria come imprenditore.

industrialismo [-ʃmo] *s.m.* il prevalere dell'industria sulle altre attività economiche.

industrializzare [-liʒʒa-] *v.tr.* **1** dare carattere d'industria a un'attività economica: — *la produzione del vino* **2** trasformare l'economia di un paese, di un territorio con l'impianto di industrie.

industrializzato [-liʒʒa-] *agg.* **1** che ha carattere industriale **2** che è sede di numerose industrie.

industrializzazione [-liʒʒazió-] *s.f.* atto, effetto dell'industrializzare.

industriarsi *v.rifl.pron.* [*io mi indùstrio ecc.*] cercare con cura e destrezza di riuscire a uno scopo o di guadagnarsi la vita. SIN. *ingegnarsi*.

industrioso [-strió-] *agg.* che ha industria, ingegnosità; che s'industria.

induttanza *s.f.* (*elettr.*) **1** coefficiente di autoinduzione **2** sistema elettrico costituito da un conduttore a solenoide sopra un nucleo di ferro.

induttivo *agg.* che è basato sul procedimento dell'induzione: *ragionamento, metodo* —.

induttore [-tó-] *agg. e s.m.* (*elettr.*) si dice della parte del generatore o di altre macchine elettriche, che, mediante la generazione di un campo magnetico variabile, induce una tensione in un altro circuito (*indotto*) [*ill. Motore*].

induzione [-zió-] *s.f.* **1** processo logico, contrario alla deduzione, che muove dal particolare al generale, dai fatti ai principi, dagli effetti alle cause: *questa legge è stata formulata per* — **2** (*fis.*) azione che determinati corpi, sede di fenomeni elettrici o magnetici, esercitano a distanza su altri corpi.

inebetire *v.tr.* [*io inebetisco, tu inebetisci ecc.*] rendere ebete o come ebete; stupire // **-irsi** *v.rifl.pron.* diventare ebete; stupirsi.

inebetito *agg.* ridotto allo stato di ebete: — *dal dolore*.

inebriante *agg.* che inebria (anche *fig.*): — *musica* —.

inebriare *v.tr.* [*io inèbrio ecc.*] dare ebbrezza (anche *fig.*) // **-arsi** *v.rifl.pron.* diventare ebbro (anche *fig.*): *s'inebriava alle sue lodi*.

ineccepibile [-pì-] *agg.* che non può essere censurato né criticato: *un contegno* —.

inedia [-nè-] *s.f.* digiuno prolungato; il deperimento che ne consegue: *morire d'*—.

inedito [-nè-] *agg.* **1** non ancora pubblicato: *libro* — **2** non ancora noto o divulgato: *notizia inedita* // *s.m.* scritto non ancora pubblicato.

ineducato *agg.* non educato. SIN. *maleducato, screanzato*.

ineducazione [-zió-] *s.f.* maleducazione.

ineffabile [-fà-] *agg.* che non si può esprimere con parole. SIN. *indicibile, indescrivibile*.

inefficace *agg.* non efficace.

inefficacia [-cà-] *s.f.* mancanza di efficacia.

inefficiente [-cièn-] *agg.* non efficiente; che non dà rendimento: *organizzazione* —.

inefficienza [-cièn-] *s.f.* mancanza di efficienza.

ineguaglianza *s.f.* l'essere ineguale.

ineguale *agg.* non uguale; non uniforme.

inelegante *agg.* che non è elegante; disarmonico, sgraziato; maleducato, rozzo.

ineleggibilità *s.f.invar.* condizione di chi non può essere eletto, per mancanza dei requisiti richiesti (età, cittadinanza ecc.).

ineluttabile [-tà-] *agg.* contro cui non si può lottare: *destino* —. SIN. *inevitabile*.

ineluttabilità *s.f.invar.* l'essere ineluttabile.

inenarrabile [-rà-] *agg.* che non si può narrare. SIN. *indicibile, indescrivibile*.

inequivocabile [-cà-] *agg.* che non si presta a equivoci; chiaro, netto.

inerente [-rèn-] *agg.* che è necessariamente unito o si riferisce a qlco.: *le spese inerenti al trasporto*.

inerenza [-rèn-] *s.f.* l'essere inerente.

inerme [-nèr-] *agg.* che è privo d'armi, di difesa (anche *fig.*).

inerpicarsi *v.rifl.pron.* [*io m'inèrpico, tu t'inérpichi ecc.*] arrampicarsi faticosamente, aggrappandosi con le mani e con i piedi: — *su per l'erta*.

inerte [-nèr-] *agg.* che non agisce; immobile / *gas inerti*, quelli che non si combinano con gli altri elementi chimici. SIN. *inattivo, inoperoso, ozioso*.

inerzia [-nèr-] *s.f.* **1** l'essere inerte; lo stato di chi è inerte. SIN. *inattività, inoperosità, oziosità* **2** (*fis.*) proprietà di ogni massa di persistere nel proprio stato di quiete o di moto rettilineo uniforme se non intervengono forze esterne.

inerziale *agg.* (*fis.*) dell'inerzia.

inesattezza [-ʃattéz-] *s.f.* l'essere inesatto; imprecisione. SIN. *inesattività*. CONTR. *esattezza*.

inesatto[1] [-ʃat-] *agg.* privo di esattezza. SIN. *sbagliato*. CONTR. *esatto*.

inesatto[2] [-ʃat-] *agg.* si dice di somma, tributo ecc. che non è stato riscosso.

inesaudito [-ʃau-] *agg.* non esaudito: *desiderio* —.

inesauribile [-ʃaurì-] *agg.* che non si può esaurire (anche *fig.*): *fonte* —; *sapienza* —.

inesausto [-ʃàu-] *agg.* non esausto; che non si esaurisce.

inesigibile [-ʃigì-] *agg.* si dice di credito, assegno ecc. che non può essere riscosso.

inesigibilità [-ʃi-] *s.f.invar.* l'essere inesigibile.

inesistente [-ʃistèn-] *agg.* che non esiste; che non sussiste: *un reato* —.

inesistenza [-ʃistèn-] *s.f.* il non esistere.

inesorabile [-ʃorà-] *agg.* **1** che non si lascia vincere dalla commozione o dalle preghiere (detto di persona): *un tiranno* —. SIN. *implacabile, spietato* **2** che non si può combattere, rimediare, curare: *una malattia* —.

inesorabilità [-ʃo-] *s.f.invar.* l'essere inesorabile.

inesperienza [-rièn-] *s.f.* mancanza di esperienza, di pratica: *sbagliò per* —.

inesperto [-spèr-] *agg.* **1** che non ha esperienza della vita e del mondo: *è un ragazzo* —. CONTR. *esperto* **2** non pratico, non abile: *un medico* —. SIN. *imperito*. CONTR. *esperto*.

inesplicabile [-cà-] *agg.* che non si può comprendere o spiegare: *motivo* —; *mistero* —. SIN. *inspiegabile, incomprensibile*. CONTR. *esplicabile* // **-mente** *avv.* in modo inesplicabile.

inesplorato *agg.* non esplorato.

inesploso [-splòʃo] *agg.* si dice di bombe, mine o simili che non siano scoppiate al momento previsto.

inespressivo *agg.* privo di espressione: *un viso* —. CONTR. *espressivo*.

inespresso [-sprès-] *agg.* non espresso: *covava un rancore* —.

inesprimibile [-mì-] *agg.* che non si può esprimere a parole: *gioia, dolore* —. SIN. *indicibile*.

inespugnabile [-gnà-] *agg.* che non si può espugnare (anche *fig.*): *fortezza* —, *virtù* —. CONTR. *espugnabile*.

inespugnabilità *s.f.invar.* l'essere inespugnabile.

inestimabile [-mà-] *agg.* che non si può valutare in termini economici dato il suo alto pregio: *questo documento è di* — *valore*.

inestinguibile [-guì-] *agg.* che non si può estinguere (anche *fig.*): *un fuoco* —; *odio* —. CONTR. *estinguibile*.

inestirpabile [-pà-] *agg.* che non si può estirpare (spec. *fig.*): *male* —.

inestricabile [-cà-] *agg.* che non si può districare (anche *fig.*): *groviglio* —.

inettitudine [-tù-] *s.f.* l'essere inetto. SIN. *incapacità, dappocaggine*. CONTR. *abilità*.

inetto [-nèt-] *agg.* e *s.m.* si dice di chi è privo di attitudine per un determinato compito, o per qualsiasi compito: *si mostrò* — *a compiti organizzativi*; *è un* —. SIN. *inabile, incapace, dappoco*. CONTR. *abile*.

inevaso [-ʃo] *agg.* non eseguito, non risolto, non sbrigato: *pratiche inevase*.

inevitabile [-tà-] *agg.* che non si può evitare: *disastro* —. CONTR. *evitabile* // **-mente** *avv.* senza fallo, con certezza.

in extremis [*lat.*; *pr.* in ecstrèmis] *locuz.* con valore di *avv.* **1** negli ultimi momenti di vita / *essere* —, essere in fin di vita / *matrimonio* —, celebrato poco prima della morte **2** (*fig.*) alla fine, negli ultimi istanti di un tempo determinato: — *si lasciò convincere*.

inezia [-nè-] *s.f.* cosa che non val nulla, di nessuna importanza. SIN. *nonnulla, quisquilia*.

infagottare *v.tr.* [*io infagòtto* ecc.] avvolgere una persona goffamente in panni pesanti; vestire in modo improprio e sgraziato: *lo infagottò in uno scialle*.

infallibile [-lì-] *agg.* che non può sbagliare: *nessuno è* —. CONTR. *fallibile* // **-mente** *avv.* in modo certo, sicuro.

infallibilità *s.f.invar.* l'essere infallibile / — *pontificia*, dogma della religione cattolica secondo il quale il papa, quando definisce, come pastore e maestro di tutta la chiesa, una dottrina riguardante la fede e i costumi, è infallibile.

infamante *agg.* che infama: *accusa* —.

infamare *v.tr.* coprire d'infamia; screditare. SIN. *calunniare*.

infame *agg.* **1** che ha pessima fama; scellerato; che dà fama cattiva: *un* — *assassino*; *un'* — *calunnia*. SIN. *turpe, nefando, ignominioso* **2** (*scherz.*) pessimo: *un tempo, un viaggio* —.

infamia [-fà-] *s.f.* **1** biasimo pubblico per un'azione disonorevole; pessima fama; disonore: *marchio d'*—; *macchiarsi d'*—. SIN. *ignominia, disonore* **2** azione infame; crudeltà: *commettere un'*—. SIN. *scelleratezza* **3** (*scherz.*) cosa pessima; lavoro mal fatto.

infangare *v.tr.* [*io infango, tu infanghi* ecc.] coprire di fango (anche *fig.*): — *le scarpe*; — *il buon nome di qlcu*. SIN. *inzaccherare*.

infante *s.m.* e *f.* **1** bambino molto piccolo; neonato **2** [*f. -e* e *-a*] in Spagna e in Portogallo, titolo dato ai principi di sangue reale non primogeniti.

infanticida *s.m.* e *f.* [pl.m. *-i*] chi ha commesso un infanticidio.

infanticidio [-cì-] *s.m.* uccisione di un neonato.

infantile *agg.* **1** proprio dei bambini piccoli: *malattia* —; *asilo* — **2** che rivela ingenuità, immaturità: *comportamento* —. SIN. *puerile*.

infantilismo [-ʃmo] *s.m.* persistenza nell'adulto di caratteri somatici o psichici infantili.

infanzia [-fàn-] *s.f.* **1** primo periodo della vita del bambino, dalla nascita all'acquisto della parola, e, per estens., fino alla pubertà. SIN. *puerizia* **2** i bambini nel loro insieme: *leggi per la tutela dell'* — **3** (*fig.*) primo periodo, età delle origini: *l'*— *dell'umanità*, la preistoria.

infarcire *v.tr.* [*io infarcisco, tu infarcisci* ecc.] farcire (spec. *fig.*): *un discorso infarcito di citazioni*.

infarinare *v.tr.* **1** coprire completamente con un velo di farina o anche di altre polveri **2** (*fig.*) dare un'infarinatura di una scienza o di una qualsiasi materia.

infarinatura *s.f.* **1** atto, effetto dell'infarinare **2** (*fig.*) conoscenza superficiale di una materia: *ho appena un'*— *di tedesco*.

infarto *s.m.* (*med.*) lesione anatomica dovuta a interruzione locale della circolazione sanguigna per occlusione di un'arteria terminale: *morire per* — *cardiaco*.

infastidire *v.tr.* [*io infastidisco, tu infastidisci* ecc.] recar noia, dar fastidio. SIN. *molestare, disturbare, importunare* // **-irsi** *v.rifl.pron.* seccarsi, perdere la pazienza.

infaticabile [-cà-] *agg.* che non sente la fatica. SIN. *instancabile* // **-mente** *avv.* continuamente, senza stancarsi.

infatti *cong. coordinativa dichiarativa* in realtà, difatti, invero; introduce una proposizione coordinata che conferma o spiega quanto è stato detto precedentemente: *non vi posso aiutare*: — *anch'io mi trovo in gravi difficoltà*.

infatuare *v.tr.* [*io infàtuo* ecc.] provocare l'entusiasmo di qlcu. // **-arsi** *v.rifl.pron.* lasciarsi prendere da un'infatuazione: — *di una donna*, esserne invaghito.

infatuato *agg.* preso da infatuazione.

infatuazione [-zió-] *s.f.* entusiasmo, passione esagerata e superficiale per qlcu. o qlco.

infausto [-fàu-] *agg.* **1** avverso, portatore di sventura. SIN. *sfortunato, nefasto.* CONTR. *fausto* **2** legato ad avvenimenti sfortunati o ingloriosi: *dimentichiamo quel nome —.* CONTR. *fausto.*

infecondo [-cón-] *agg.* non fecondo (anche *fig.*): *terre infeconde; insegnamento —.*

infedele [-dé-] *agg.* **1** che non tiene fede agli impegni o alla parola data: *amante —; impiegato —,* che ruba, o in altro modo tradisce la fiducia del datore di lavoro. CONTR. *fedele* **2** che si discosta dal modello: *copia —; traduzione — // s.m.* e *f.* persona infedele / *gli infedeli,* coloro che professano una religione diversa da quella di chi li considera.

infedeltà *s.f.invar.* l'essere infedele. CONTR. *fedeltà.*

infelice *agg.* **1** non felice; che è causa di infelicità: *vita —; sorte —.* SIN. *sventurato, misero.* CONTR. *felice* **2** riuscito male; inopportuno; inetto, incapace: *traduzione —; una battuta —; un oratore — // s.m.* chi è gravemente malato, ha un'imperfezione fisica grave.

infelicità *s.f.invar.* **1** l'essere infelice; stato di chi è infelice. CONTR. *felicità* **2** *(non com.)* condizione di cosa (discorso ecc.) infelice, inopportuna.

infeltrire *v.tr.* [*io infeltrisco, tu infeltrisci* ecc.] rendere compatto come il feltro // *v.intr.,* **-irsi** *v.rifl.pron.* assumere la compattezza del feltro.

inferenza [-rèn-] *s.f.* operazione mentale per cui si passa da un giudizio o da un fatto noto a un altro giudizio.

inferiore [-rió-] *agg.* [*compar.* di *basso*] **1** che sta sotto, più in basso: *piano —; gli arti inferiori* // *contr.* *superiore* **2** più basso, minore: *prezzi inferiori; età, statura —; persona — di grado / ufficiali inferiori,* il sottotenente, il tenente e il capitano **3** che ha minor valore, pregio; di persona, che ha minori capacità, meriti ecc.: *stoffa di qualità —; è molto — alla moglie // s.m.* chi, in una gerarchia, occupa un posto di grado meno elevato: *i rapporti tra inferiori e superiori.*

inferiorità *s.f.invar.* l'essere inferiore; stato di chi è inferiore: *complesso di —.*

inferire *v.tr.* [*pres.* *io inferisco, tu inferisci* ecc.; *pass.rem.* *io infèrsi, tu inferisti* ecc. nel significato 1; *io inferìi, tu inferisti* ecc. negli altri significati; p.pass. *infèrto* nel significato 1; *inferito* negli altri significati] **1** arrecare (colpi, ferite ecc.): *gli inferse una pugnalata nel petto* **2** *(lett.)* dedurre, argomentare: *da ciò inferii che era colpevole* **3** *(mar.)* allacciare le vele a pennoni, antenne, alberi: *— una bandiera,* legarla alla sagola.

infermare *v.intr.* [*io infèrmo* ecc.] *(non com.)* diventare infermo, ammalarsi.

infermeria [-rì-] *s.f.* **1** insieme delle stanze di una caserma, di un collegio, di una prigione ecc., ove si curano gli ammalati della comunità **2** parte dell'ospedale ove si sottopongono a visita di controllo gli infermi prima del ricovero.

infermiere [-miè-] *s.m.* chi, spec. per professione, assiste gli infermi.

infermieristico [-rì-] *agg.* [pl.m. *-ci*] di, da infermiere: *mansioni infermieristiche.*

infermità *s.f.invar.* malattia, spec. se di lunga durata.

infermo [-fèr-] *agg.* e *s.m.* si dice di chi è colpito da infermità. SIN. *ammalato, malato.*

infernale *agg.* **1** dell'inferno: *spiriti infernali.* SIN. *diabolico* **2** *(fig.)* terribile, tremendo: *un caldo —; un dolore —.*

inferno [-fèr-] *s.m.* **1** secondo la religione cristiana, luogo di dannazione in cui sono relegate per l'eternità le anime dei malvagi / *va' all'—,* nel linguaggio familia-

re, imprecazione o reazione di impazienza o sdegno / *mandare qlcu.* o *qlco. all'—,* cacciar via, non volersene occupare **2** *(fig.)* luogo o situazione nelle quali si vive male: *la mia vita è un — / vivere in un —,* in modo insopportabile o tra persone odiose / *un caldo, un baccano d'—,* eccessivo, insopportabile.

infero [ìn-] *s.m.* **1** *(lett.)* inferiore **2** *pl.* gli dei o i luoghi dell'oltretomba pagano, e, per estens., l'oltretomba in genere.

inferocire *v.tr.* [*io inferocisco, tu inferocisci* ecc.] rendere feroce; far arrabbiare fortemente // *v.intr.,* **-irsi** *v.rifl.pron.* **1** diventare feroce; adirarsi: *di fronte alla loro ostinazione s'inferocì* **2** agire con ferocia: *— sui deboli.*

inferocito *agg.* fortemente adirato, reso feroce, per ira in genere.

inferriata *s.f.* chiusura di finestre o simili, fatta con sbarre di ferro disposte per lo più a graticolato.

infervorare *v.tr.* [*io infervóro* ecc.] eccitare il fervore: *— i soldati.* SIN. *entusiasmare, infiammare //* **-arsi** *v.rifl.pron.* accendersi, coinvolgersi profondamente: *— in una discussione.*

infervorato *agg.* pieno di fervore.

infestante *agg.* che infesta; dannoso e ampiamente diffuso: *erba —.*

infestare *v.tr.* [*io infèsto* ecc.] **1** far danni, esser nocivo (detto di piante, insetti): *le cavallette infestano la regione* **2** *(fig.)* svolgere azione dannosa in un luogo o in un ambiente: *i pirati infestavano i mari.*

infestazione [-zió-] *s.f.* atto, effetto dell'infestare: *— da parassiti.*

infesto [-fè-] *agg.* dannoso, nocivo; ostile.

infettare *v.tr.* [*io infètto* ecc.] rendere infetto (anche in senso morale).

infettivo *agg.* di, da infezione; che provoca infezione: *processo —; malattie infettive.*

infetto [-fèt-] *agg.* **1** colpito da infezione: *parte infetta* **2** che porta i germi di un'infezione; guasto, inquinato: *acque infette* **3** *(fig.)* pervertito, corrotto moralmente.

infeudare *v.tr.* [*io infèudo* ecc.] **1** concedere come feudo **2** assoggettare, sottoporre al proprio controllo: *i monopoli infeudano le piccole industrie //* **-arsi** *v.rifl.* **1** sottoporsi a un vincolo feudale **2** *(fig.)* assoggettarsi.

infeudazione [-zió-] *s.f.* atto dell'infeudare.

infezione [-zió-] *s.f.* **1** stato morboso dell'organismo dovuto all'azione di microrganismi; in particolare, processo suppurativo: *— tetanica; la ferita ha fatto —* **2** atto dell'infettare, contagio.

infiacchire *v.tr.* [*io infiacchisco, tu infiacchisci* ecc.] rendere fiacco. SIN. *indebolire, illanguidire, svigorire // v. intr.,* **-irsi** *v.rifl.pron.* diventare fiacco: *— per l'ozio.*

infiammabile [-mà-] *agg.* **1** che prende fuoco con facilità: *liquido —* **2** *(fig.)* pronto all'ira, incline alle passioni // *s.m.* spec. *pl.* sostanza infiammabile: *trasporto di infiammabili.*

infiammabilità *s.f.invar.* l'essere infiammabile (anche in senso *fig.*).

infiammare *v.tr.* **1** accendere una cosa in modo che prenda fuoco con fiamma. SIN. *incendiare* **2** *(fig.)* rendere di color rosso: *la collera gli infiamma il viso* **3** *(fig.)* accendere di un sentimento: *gli infiammò il cuore d'odio.* SIN. *infervorare* **4** *(med.)* produrre un'infiammazione // **-arsi** *v.rifl.pron.* **1** prender fuoco: *l'ossigeno s'infiamma* **2** *(fig.)* divenire di color rosso: *gli s'infiammarono le guance per la vergogna* **3** *(fig.)* accendersi d'un sentimento: — *di una persona*, (*antiq.*) innamorarsene **4** (*med.*) diventare infiammato.

infiammato *agg.* **1** che brucia con fiamma **2** (*fig.*) arrossato; acceso: *viso* — **3** (*fig.*) ardente di passione: *discorso* — **4** (*med.*) che è sede di un processo di infiammazione.

infiammatorio [-tò-] *agg.* (*med.*) di infiammazione: *processo* —.

infiammazione [-zió-] *s.f.* **1** l'infiammare, l'infiammarsi **2** (*med.*) reazione locale dell'organismo per difendersi da agenti tossici infettivi; ne sono sintomi il rossore, il calore, la tumefazione ecc.

infiascare *v.tr.* [*io infiasco, tu infiaschi* ecc.] mettere in fiaschi: — *il vino.*

inficiare *v.tr.* [*io inficio* ecc.] **1** (*dir.*) negare l'autenticità o la validità di qlco. **2** per estens., rendere inutile, privare di valore: *un equivoco che inficia tutto il ragionamento.*

infido *agg.* di cui non ci si può fidare.

infierire *v.intr.* [*io infierisco, tu infierisci* ecc.] **1** agire con crudeltà (detto di persona): — *contro i deboli.* SIN. *incrudelire* **2** agire con violenza (detto di mali o elementi naturali): *la peste infierisce.* SIN. *imperversare, infuriare.*

infiggere [-fìg-] *v.tr.* [coniugato come *figgere*] ficcar dentro: *gli infisse la spada nel petto.*

infilare *v.tr.* **1** far passare un filo o un oggetto lungo e sottile attraverso o dentro qlco.: — *il filo nell'ago*; — *la chiave nella serratura*; — *le perle* / — *uno con la spada, trafiggerlo* / — *l'uscio,* uscire in modo rapido e deciso **2** per estens., indossare un indumento: — *il soprabito* / — *le scarpe,* calzare **3** azzeccare giusto; fare, dire, incontrare una serie di cose eguali: *non infilarne una*; *gli infilò cinque punti* // **-arsi** *v.rifl.* entrare, mettersi dentro: — *nel letto.*

infilata *s.f.* serie di cose infilate o messe in fila: *un'* — *di stanze* / *d'* —, nel senso della maggiore lunghezza: *colpire d'* —, colpire un bersaglio sul suo lato più breve.

infiltrarsi *v.rifl.pron.* **1** penetrare attraverso una superficie porosa (detto di un liquido o di un gas) **2** (*fig.*) penetrare a poco a poco, o nascostamente: — *tra i nemici.*

infiltrato *agg. e s.m.* si dice di chi si è introdotto in un gruppo, in un'organizzazione per spiarla o per danneggiarla.

infiltrazione [-zió-] *s.f.* atto, effetto dell'infiltrarsi: — *d'acqua, di gas.*

infilzare *v.tr.* **1** trafiggere con uno strumento acuminato: — *un pollo nello spiedo* **2** infilare più cose una dopo l'altra, formando una filza: — *le perle* / — *bugie,* raccontare una lunga serie.

infilzata *s.f.* serie di cose infilzate (anche *fig.*): *un'* — *di frottole.*

infimo [ìn-] *agg.* [*superl.* di *basso*] che è l'ultimo di tutti, il più basso, il più spregevole: *merce di infima qualità.*

infine *avv.* alla fine, finalmente; insomma, in conclusione.

infingardaggine [-dàg-] *s.f.* l'essere infingardo. SIN. *pigrizia, poltroneria.*

infingardo *agg.* che rifugge dalla fatica per pigrizia o mancanza di volontà. SIN. *pigro, poltrone, neghittoso.*

infingersi [-fìn-] *v.rifl.pron.* [coniugato come *fingere*] (*lett.*) far finta, simulare, fingere.

infinità *s.f.invar.* **1** l'essere infinito **2** quantità grandissima, moltitudine: *un'* — *di amici.*

infinitesimale [-fì-] *agg.* **1** estremamente piccolo **2** (*mat.*) relativo all'infinitesimo: *grandezza* —, infinitesima / *calcolo* —, calcolo differenziale e integrale.

infinitesimo [-tèfi-] *agg. e s.m.* si dice di quantità infinitamente piccola // *s.m.* (*mat.*) grandezza variabile piccola a piacere, cioè tendente a zero.

infinitivo *agg.* si dice del modo infinito del verbo e delle costruzioni che lo contengono.

infinito *agg.* **1** che non ha principio né fine, che non comporta limiti: *l'universo* —. SIN. *illimitato* **2** nelle religioni monoteistiche è attributo di Dio, in quanto essere assoluto e perfettissimo **3** immenso, vastissimo: *il mare* — **4** innumerevole: *mi colmò d'infinite cortesie* // *s.m.* **1** ciò che non comporta limiti di spazio o di tempo **2** (*mat.*) concetto simboleggiante la misura d'una grandezza illimitatamente grande **3** (*gramm.*) modo del verbo che esprime l'azione in sé senza distinzione di persona o di numero.

infino *avv.* (*rar.*) fino.

infinocchiare *v.tr.* [*io infinòcchio* ecc.] imbrogliare, raggirare, darla ad intendere. SIN. *accalappiare.*

infiorare *v.tr.* [*io infióro* ecc.] **1** ornare con fiori **2** (*fig.*) abbellire: — *un discorso* / — *di errori un compito,* (*iron.*) riempirlo di errori.

inflorescenza [-scèn-] *s.f.* (*bot.*) insieme di fiori raggruppati in modo da formarne apparentemente uno solo.

infiorettare *v.tr.* [*io infiorétto* ecc.] **1** infiorare **2** (*fig.*) ornare di abbellimenti (spec. un'opera musicale o letteraria).

infiorettatura *s.f.* atto, effetto dell'infiorettare.

infirmare *v.tr.* indebolire, invalidare, rendere meno efficace o nullo; inficiare: — *un argomento, la validità di una legge.*

infischiarsi *v.rifl.pron.* [*io m'infischio* ecc.] non prendere a cuore persone o cose, non curarsene, riderne: — *delle convenzioni sociali.*

infisso *s.m.* telaio murato che in un edificio serve per applicarvi porte e battenti di finestre.

infittire *v.tr.* [*io infittisco, tu infittisci* ecc.] rendere più fitto, infoltire // *v.intr.*, **-irsi** *v.rifl.pron.* diventar fitto.

inflativo *agg.* che fa crescere l'inflazione: *provvedimento* —; *effetto* —.

inflazionare *v.tr.* [*io inflazióno* ecc.] provocare inflazione in qlco. (anche *fig.*).

inflazionato *agg.* svalutato per inflazione (anche *fig.*).

inflazione [-zió-] *s.f.* **1** eccessivo aumento della moneta circolante che, superando i limiti rappresentati dai bisogni degli scambi, provoca un continuo rialzo dei prezzi **2** per estens., numero eccessivo, abbondanza, che fa diminuire la qualità o la richiesta: *un'* — *di laureati e diplomati.*

inflazionismo [-fmo] *s.m.* tendenza a provocare inflazione.

inflazionistico [-ni-] *agg.* [pl.m. *-ci*] di inflazione; che provoca inflazione.

inflessibile [-sì-] *agg.* non flessibile, non pieghevole (spec. *fig.*): *carattere* —. SIN. *duro, rigido.* CONTR. *flessibile.*

inflessibilità *s.f.invar.* l'essere inflessibile (spec. *fig.*). SIN. *durezza.* CONTR. *flessibilità.*

inflessione [-sió-] *s.f.* cadenza, modulazione, intonazione della voce.

infliggere [-flìg-] *v.tr.* [pres. *io infliggo, tu infliggi* ecc.; pass.rem. *io inflissi, tu infliggésti* ecc.; p.pass. *inflitto*] imporre, dare, applicare (qlco. di negativo): — *una dura lezione.*

inflorescenza [-scèn-] *s.f.* → **inflorescenza.**

Informatica

automazione, cibernetica, EDP, riprografia, robotica, sistemica, telematica.

■ STRUMENTI, HARDWARE: automa, automatismo, attuatore, calcolatore, chip, computer, console, disco, display, EDP, elaboratore, elettrocontabile, fibra-ottica, floppy, interfaccia, laser, lettore, mainframe, memoria, microcalcolatore, microprocessore, minicalcolatore, modulo, monitore, nastro, personal-computer, processore, pulsantiera, robot, sensore, servocomando, servomeccanismo, servosistema, simulatore, stampante, tastiera, telescrivente, terminale, testina, trasduttore, video, videoterminale, visualizzatore.

■ LINGUAGGI, SOFTWARE: acronimo, alfanumerico, algol, analista, analogico, automatizzare, banca, banda, basic, binario, BIT, cobol, codice, codifica, codificare, computerizzare, computerizzato, controreazione, data-bank, decodificare, decodificazione, diagramma, digitale, distorsione, documentazione, elaborato, elaborazione, entropia, feed-back, firmware, fortran, griglia, informazione, input, interconnessione, istruzione, know-how, memorizzare, memorizzato, memorizzazione, operatore, ottimizzare, output, package, pattern, processing, programma, programmato, programmatore, retroazione, scheda, schedario, segnale, simulazione, tabulare, tabulato, tabulazione, teletrasmissione, trasmissione.

influente [-fluèn-] *agg.* che esercita autorità o ha credito; che esercita un influsso notevole su qlcu. o qlco.

influenza [-fluèn-] *s.f.* **1** qualità di ciò che è influente: — *degli astri; l'— del clima, dell'educazione* **2** (*med.*) malattia virale che attacca spec. le vie respiratorie.

influenzale *agg.* (*med.*) dell'influenza: *febbre —*.

influenzare *v.tr.* [*io influènzo ecc.*] esercitare un'azione su qlco.; in particolare, esercitare prestigio o autorità sull'animo altrui: — *i giovani; lasciarsi — da tutti.*

influenzato *agg.* ammalato d'influenza.

influire *v.intr.* [*io influisco, tu influisci ecc.*] esercitare un'azione influente: — *sull'animo dei giovani.*

influsso *s.m.* **1** presunta azione esercitata dagli astri su uomini o cose: — *benefico, malefico* **2** influenza materiale o morale.

infocare *v.tr.* [*io infuòco* o *infòco, tu infuòchi* o *infòchi ecc.*] rendere rovente (anche *fig.*): — *un metallo;* — *gli animi* // **-arsi** *v.rifl.pron.* infervorarsi.

infocato *agg.* rovente: *sabbia infocata.*

infognarsi *v.rifl.pron.* [*io mi infógno ecc.*] mettersi in condizione di non avere vie d'uscita; cacciarsi nei guai.

in folio [*lat.; pr.* in fòlio = *in foglio*] *s.m.* (*lat.*) libro di formato massimo, corrispondente a un foglio di stampa ripiegato una volta sola.

infoltire *v.intr.* [*io infoltisco, tu infoltisci ecc.*] diventare folto.

infondatezza [-téz-] *s.f.* l'essere infondato.

infondato *agg.* che non si fonda su dati certi: *discorso —.* CONTR. *fondato.*

infondere [-fón-] *v.tr.* [coniugato come *fondere*] **1** suscitare, ispirare: — *pietà nell'animo di qlcu.* **2** (*lett.*) versare dentro o sopra; bagnare.

inforcare *v.tr.* [*io inforco, tu inforchi ecc.*] **1** pigliare con la forca: — *la paglia* **2** — *la bicicletta,* montarvi; — *gli occhiali,* metterseli.

inforcatura *s.f.* **1** atto, modo d'inforcare **2** punto in cui qlco. si divide in due parti come la forca; in particolare, la zona del corpo umano dove finisce il busto e cominciano le gambe.

informale *s.m.* movimento artistico, sorto nel secondo dopoguerra, che propugna la più completa libertà formale // *agg.* **1** improntato ai principi di tale movimento **2** non ufficiale; privato, familiare: *incontro —.*

informare *v.tr.* [*io informo ecc.*] **1** dare forma; dare un indirizzo morale: — *l'animo dei giovani alla giustizia* **2** dare a qlcu. notizia di qlco.: *lo informò del suo arrivo.*

SIN. *avvisare* // **-arsi** *v.rifl.pron.* procurarsi notizie: — *dell'orario ferroviario;* — *sulle tariffe.*

informatica [-mà-] *s.f.* insieme di apparecchiature e tecniche che consentono l'elaborazione automatica di dati e informazioni; l'insieme delle conoscenze teoriche e pratiche che sono alla base di tale attività.

informatico [-mà-] *agg.* [pl.m. *-ci*] dell'informatica.

informativo *agg.* che serve a comunicare notizie: *rapporto —.*

informatizzare [-tizzà-] *v.tr.* trasformare mediante l'informatica: — *un ufficio, un servizio.*

informato *agg.* che ha notizie: *bene, male —,* che ha notizie esatte, inesatte.

informatore [-tó-] *agg.* [f. *-trice*] che dà forma: *il concetto — di un'opera* // *s.m.* e *f.* chi dà notizie: *gli informatori della polizia.*

informazione [-zió-] *s.f.* atto dell'informare o dell'informarsi; notizia: *dare, prendere informazioni; chiedere informazioni sul conto di qlcu.* SIN. *ragguaglio.*

informe [-fór-] *agg.* che non ha una forma definibile.

informicolirsi *v.rifl.pron.* [*io m'informicolisco, tu t'informicolisci ecc.*] provare un formicolio: *mi si è informicolita una gamba.*

infornare *v.tr.* [*io inforno ecc.*] mettere a cuocere in forno: — *la torta* / *assol.* mettere a cuocere il pane: *infornano alle sei.*

infornata *s.f.* l'operazione dell'infornare; la quantità di pane o d'altro che si cuoce in una volta / *un'— di impiegati,* (*scherz.*) si dice di un numero notevole di impiegati assunti contemporaneamente in un ufficio.

infortunarsi *v.rifl.pron.* subire un infortunio.

infortunato *agg.* che ha subito un infortunio: — *sul lavoro.*

infortunio [-tù-] *s.m.* incidente che provoca un danno per lo più fisico. SIN. *sinistro.*

infortunistica [-nì-] *s.f.* lo studio degli infortuni e dei mezzi atti a evitarli o a limitarne le conseguenze.

infortunistico [-nì-] *agg.* [pl.m. *-ci*] dell'infortunio, relativo agli infortuni.

infossamento [-mén-] *s.m.* atto, effetto dell'infossare o dell'infossarsi.

infossare *v.tr.* [*io infòsso ecc.*] mettere in una fossa // **-arsi** *v.rifl.pron.* affondare; incavarsi, avvallarsi: *occhi infossati per la stanchezza.*

infra- [dal lat. *infra = sotto*] prefisso applicato a diversi composti della terminologia scientifica, col significato di «inferiore, posto al disotto o più internamente di altra cosa» (*infrarosso*).

infradiciare *v.tr.* [*io infràdicio ecc.*] rendere fradicio: *la pioggia ha infradiciato la tenda // -arsi v.rifl.pron.* diventare fradicio, bagnarsi, marcire.

infradiciatura *s.f.* atto, effetto dell'infradiciare o dell'infradiciarsi.

inframmettenza [-tèn-] *s.f.* l'intromettersi inopportunamente nei fatti altrui.

inframmettere [-mét-] *v.tr.* [coniugato come *mettere*] mettere in mezzo: — *tempo // -ersi v.rifl.* intromettersi.

inframmezzare [-meʒʒa-] *v.tr.* [*io inframmèzzo ecc.*] alternare, intramezzare.

infrangere [-fràn-] *v.tr.* [coniugato come *frangere*] 1 rompere, spezzare, frantumare: — *un vaso* 2 (*fig.*) violare, trasgredire: — *un patto // -ersi v.rifl.* rompersi (anche *fig.*).

infrangibile [-gì-] *agg.* che non si rompe: *vetro —*.

infranto *agg.* rotto, spezzato: *un bicchiere —*; *un cuore —*, (*fig.*) deluso in amore.

infrarosso [-rós-] *agg.* (*fis.*) si dice dei raggi che hanno frequenze d'onda inferiori a quelle dell'estremo rosso visibile dello spettro solare.

infrascritto *agg.* scritto sotto; seguente.

infrasettimanale *agg.* che cade nel corso della settimana: *festa —*.

infrastruttura *s.f.* il complesso degli impianti che costituiscono la base indispensabile per un'attività.

infrasuono [-suò-] *s.m.* (*fis.*) onda della stessa natura delle onde sonore, ma di frequenza inferiore e perciò non udibile.

infrazione [-zió-] *s.f.* violazione di una norma, di un obbligo ecc.: *grave — della legge.* SIN. *violazione, trasgressione.*

infreddarsi *v.rifl.pron.* [*io m'infréddo ecc.*] prendere un raffreddore.

infreddatura *s.f.* raffreddore.

infreddolirsi *v.rifl.pron.* [*io mi infreddolisco, tu ti infreddolisci ecc.*] prendere freddo: *sul terrazzo mi sono infreddolito.*

infrequente [-quèn-] *agg.* non frequente. SIN. *raro.*

infrollire *v.intr.* [*io infrollisco, tu infrollisci ecc.*] 1 diventare frollo: — *la carne nel frigorifero* 2 (*fig.*) perdere il vigore fisico o morale.

infruttescenza [-scèn-] *s.f.* (*bot.*) insieme di frutti raggruppati in modo da formarne quasi uno solo (p.e. grappolo d'uva).

infruttifero [-ti-] *agg.* non fruttifero: *conto —*.

infruttuosità *s.f.invar.* l'essere infruttuoso.

infruttuoso [-tuó-] *agg.* che non dà frutto (spec. *fig.*): *un consiglio —.* SIN. *inutile, vano.*

infula [in-] *s.f.* benda di lana bianca o rossa con cui i sacerdoti greci e romani si cingevano il capo.

infungibile [-gì-] *agg.* (*dir.*) non fungibile; si dice di un bene determinato e non sostituibile.

infungibilità *s.f.invar.* (*dir.*) l'essere infungibile.

infuori [-fuò-] *avv.* in fuori / *all' —*, verso l'esterno / *all' — di*, tranne, eccetto.

infurbire *v.intr.* [*io infurbisco, tu infurbisci ecc.*] (*rar.*) diventare furbo.

infuriare *v.intr.* [*io infùrio ecc.*] imperversare: *la tempesta infuria.* SIN. *infierire // -arsi v.rifl.pron.* diventare furioso, adirarsi. SIN. *incollerirsi.*

infuriato *agg.* arrabbiato, adirato.

infusione [-fió-] *s.f.* in farmacia, l'operazione con la quale si fanno macerare erbe, droghe e altre sostanze

simili in acqua bollente o alcool per estrarne i principi attivi solubili.

infuso [-ʃo] *s.m.* liquido ottenuto per infusione.

infusori [-fò-] *s.m.pl.* (*zool.*) animali unicellulari microscopici, che vivono nell'acqua e si spostano per mezzo di ciglia mobili.

ingabbiare *v.tr.* [*io ingàbbio ecc.*] 1 chiudere in una gabbia 2 (*fig.*) serrare in uno spazio stretto da cui è difficile uscire.

ingaggiare *v.tr.* [*io ingàggio ecc.*] 1 assoldare, arruolare: — *soldati*; — *un corridore, un calciatore*, farlo gareggiare nella propria squadra 2 — *battaglia*, incominciarla.

ingaggiatore [-tó-] *s.m.* [f. *-trice*] chi si occupa di ingaggiare soldati, atleti ecc.

ingaggio [-gàg-] *s.m.* l'ingaggiare, l'essere ingaggiato; la somma corrisposta a chi viene ingaggiato.

ingagliardire *v.tr.* rendere gagliardo // *v.intr.*, **-irsi** *v.rifl.pron.* diventare gagliardo (anche *fig.*).

ingannare *v.tr.* 1 agire con frode e malizia ai danni di qlcu. / *assol.* provocare errore: *l'apparenza inganna.* SIN. *frodare, imbrogliare* 2 deludere, eludere: — *le speranze*; — *la vigilanza* 3 rendere meno gravosa una situazione o una sensazione spiacevole: — *il tempo*; — *la fame // -arsi v.rifl.pron.* essere in errore, giudicare falsamente.

ingannatore [-tó-] *agg. e s.m.* [f. *-trice*] che o chi inganna.

ingannevole [-né-] *agg.* che inganna, che può indurre in errore: *speranze ingannevoli.* SIN. *fallace, mendace, menzognero.*

inganno *s.m.* 1 l'azione insidiosa di chi inganna per proprio vantaggio. SIN. *imbroglio, raggiro* 2 l'errore in cui cade chi si inganna.

ingarbugliare *v.tr.* [*io ingarbùglio ecc.*] 1 mescolare più cose e confonderle in modo che non sia facile riordinarle: — *i fili di una matassa* 2 (*fig.*) confondere qlcu. per imbrogliarlo: *l'ha ingarbugliato con le sue chiacchiere // -arsi v.rifl.pron.* confondersi (anche *fig.*): *parlando, mi sono ingarbugliato.*

ingarbugliato *agg.* arruffato; confuso: *matassa ingarbugliata; discorso —.*

ingegnarsi *v.rifl.pron.* [*io mi ingégno ecc.*] darsi da fare, arrabattarsi; impegnarsi con ogni mezzo per uno scopo: — *per vivere.* SIN. *industriarsi.*

ingegnere [-gnè-] *s.m.* laureato in ingegneria che progetta e dirige costruzioni edili, meccaniche, elettriche ecc. o si occupa di impianti industriali, miniere, vie e mezzi di trasporto e comunicazione.

ingegneria [-rì-] *s.f.* scienza, tecnica e professione dell'ingegnere.

ingegno [-gé-] *s.m.* 1 facoltà di intuire, giudicare, apprendere le cose con prontezza; capacità creativa; intelligenza: *uomo d'—*; *il bisogno aguzza l'—*; *mancare d'— / opera d'—*, di valore / *alzata d'—*, trovata non sempre felice 2 persona dotata di grande ingegno; genio 3 complesso di qualità intellettuali; disposizione naturale per qlco.: — *musicale, poetico* 4 (*lett.*) artificio, espediente.

ingegnosità *s.f.invar.* l'essere ingegnoso.

ingegnoso [-gnó-] *agg.* 1 che ha ingegno capace di risolvere situazioni difficili, escogitare cose nuove ecc.: *un — artigiano* 2 fatto con ingegno (detto di cosa): *un meccanismo —* 3 di opera letteraria, stile ecc., che è ricco di artifici.

ingelosire *v.tr.* [*io ingelosisco, tu ingelosisci ecc.*] rendere geloso // *v.intr.*, **-irsi** *v.rifl.pron.* diventare geloso.

ingemmare v.tr. [io ingèmmo ecc.] ornare di gemme (anche fig.): i fiori ingemmano i prati.

ingenerare v.tr. [io ingènero ecc.] generare, causare: le sue parole ingenerarono confusione.

ingeneroso [-ró-] agg. privo di generosità.

ingenito [-gè-] agg. che si ha per natura; congenito.

ingente [-gèn-] agg. molto grande: una spesa —.

ingentilire v.tr. [io ingentilisco, tu ingentilisci ecc.] rendere gentile // -irsi v.rifl.pron. diventare gentile.

ingenuità s.f.invar. l'essere ingenuo; azione o pensiero da ingenuo.

ingenuo [-gè-] agg. privo di malizia; spontaneo, sprovveduto: una domanda ingenua; una ragazza ingenua // s.m. l'attore o l'attrice di commedia che impersonano personaggi caratteristici per la loro ingenuità.

ingerenza [-rèn-] s.f. il partecipare a un affare, a un'attività ecc.; l'intromettersi in qlco.

ingerire v.tr. [io ingerisco, tu ingerisci ecc.] mandare giù nello stomaco: — una medicina. SIN. inghiottire, ingoiare // -irsi v.rifl.pron. intromettersi indebitamente: s'ingerì in faccende altrui.

ingessare v.tr. [io ingèsso ecc.] 1 avvolgere a scopo protettivo parti del corpo, di solito sede di traumi, con bende impastate di gesso, che asciugando si irrigidiscono 2 murare con gesso: — un tassello nel muro.

ingessatura s.f. l'avvolgere con bende impastate di gesso; le bende stesse.

ingestione [-stió-] s.f. l'ingerire: — di cibi guasti.

inghiaiare v.tr. [io inghiàio ecc.] ricoprire, cospargere di ghiaia: — un viale.

inghiottire v.tr. [io inghiottisco o inghiótto, tu inghiottisci o inghiótti ecc.] 1 far passare il cibo o la bevanda dalla bocca nello stomaco / — il pianto, trattenerlo. SIN. ingerire, tranguigare 2 (fig.) assorbire, far sparire: la voragine l'inghiottì 3 (fig.) subire, senza reagire, provocazioni, offese ecc.

inghiottitoio [-tó-] s.m. buca o crepaccio che inghiotte le acque scorrenti in superficie.

inghippo s.m. (region.) imbroglio, tranello; difficoltà, problema.

inghirlandare v.tr. 1 ornare con una ghirlanda 2 (fig.) cingere come una ghirlanda.

ingiallire v.tr. [io ingiallisco, tu ingiallisci ecc.] far diventare giallo // v.intr. divenire giallo: una pergamena ingiallita.

ingigantire v.tr. [io ingigantisco, tu ingigantisci ecc.] dare proporzioni gigantesche; far sembrare gigantesco: — le difficoltà // v.intr. assumere forme gigantesche.

inginocchiarsi v.rifl.pron. [io m'inginòcchio ecc.] 1 mettersi in ginocchio. SIN. genuflettersi 2 cadere sui ginocchi (detto spec. di animali).

inginocchiatoio [-tó-] s.m. mobiletto di legno, con un gradino sul quale ci si mette in ginocchio per pregare.

ingioiellare v.tr. [io ingioièllo ecc.] ornare di gioielli (anche fig.) // -arsi v.rifl. ornarsi di gioielli.

ingiù avv. verso il basso: cadere col capo all'—.

ingiudicato agg. (dir.) si dice di questione intorno a cui non è stato dato giudizio definitivo.

ingiungere [-giùn-] v.tr. [coniugato come giungere] ordinare in modo reciso: — a qlcu. di andarsene. SIN. comandare, imporre, intimare.

ingiuntivo agg. (dir.) che si riferisce a un ordine / decreto —, che contiene un ordine di pagamento entro una certa data.

ingiunzione [-zió-] s.f. 1 l'ingiungere; l'ordine con cui s'ingiunge. SIN. comando, imposizione, intimazio-

ne 2 (dir.) procedimento col quale il magistrato ordina il pagamento di un debito.

ingiuria [-giù-] s.f. 1 offesa grave fatta con parole o con atti all'onore o alla fama altrui: recare, fare — a qlcu.; ricevere un'—; essere condannato per ingiurie. SIN. affronto, contumelia, insulto 2 guasto, danno: le ingiurie del tempo.

ingiuriare v.tr. [io ingiùrio ecc.] recare ingiuria (spec. con parole). SIN. insultare, offendere, oltraggiare.

ingiurioso [-rió-] agg. che reca ingiuria, che costituisce ingiuria: atto, sospetto —; proposta ingiuriosa. SIN. offensivo, oltraggioso.

ingiustificato agg. non giustificato.

ingiustizia [-sti-] s.f. 1 l'essere ingiusto, carattere di ciò che è ingiusto: l'— di quelle leggi è evidente. SIN. iniquità. CONTR. giustizia 2 atto contrario a giustizia: commettere un'—.

ingiusto agg. che non s'attiene alla giustizia; non conforme a giustizia: giudice —; punizione ingiusta. SIN. iniquo. CONTR. giusto // s.m. persona o cosa ingiusta.

inglese [-glé-] agg. dell'Inghilterra; per estens., del Regno Unito di Gran Bretagna e Irlanda / sale —, purgante a base di solfato di magnesio / zuppa —, dolce di pan di Spagna farcito con crema e inzuppato di liquore / andarsene all'—, senza salutare // s.m. 1 abitante, nativo dell'Inghilterra 2 lingua del Regno Unito, degli Stati Uniti d'America e di alcuni altri paesi, per lo più ex colonie inglesi.

inglesismo [-ʃmo] s.m. vocabolo, locuzione o costrutto derivato dalla lingua inglese.

inglobare v.tr. [io inglòbo ecc.] accogliere, prendere nel proprio interno completamente; assorbire.

inglorioso [-rió-] agg. senza gloria; disonorevole, vergognoso.

ingluvie [-glù-] s.f. gozzo di alcuni uccelli.

ingobbire v.intr., -irsi v.rifl.pron. [io ingobbisco, tu ingobbisci ecc.] diventare gobbo; incurvarsi.

ingoiare v.tr. [io ingòio ecc.] inghiottire avidamente o in fretta / — un boccone amaro, subire un sopruso. SIN. ingollare, tranguigare.

ingolfamento [-mén-] s.m. l'ingolfarsi, spec. del motore.

ingolfarsi v.rifl.pron. [io mi ingòlfo ecc.] 1 formare un'insenatura nella costa (detto del mare) 2 cacciarsi, impegnarsi in una situazione difficile: — nei debiti 3 detto del motore a scoppio, avere difficoltà di accensione quando la miscela è troppo ricca di benzina.

ingollare v.tr. [io ingòllo ecc.] mandar giù in fretta cibi e bevande: ingollò in un attimo il suo caffellatte. SIN. ingoiare.

ingolosire v.tr. [io ingolosisco, tu ingolosisci ecc.] rendere goloso; per estens., rendere desideroso di qlco. // v.intr., -irsi v.rifl.pron. diventare goloso o voglioso di qlco.

ingombrante agg. che è troppo grande e occupa troppo spazio: un armadio —.

ingombrare v.tr. [io ingómbro ecc.] occupare uno spazio; ostruire un passaggio: — la strada.

ingombro [-góm-] agg. ingombrato, ostruito // s.m. l'ingombrare; la cosa che ingombra.

ingommare v.tr. [io ingómmo ecc.] spalmare di gomma; incollare.

ingordigia [-di-] s.f. l'essere ingordo, avidità: — di ricchezze. SIN. ghiottoneria, voracità.

ingordo [-gór-] agg. che è molto goloso, bramoso di cibo o d'altro. SIN. vorace, insaziabile.

ingorgare v.tr. [io ingórgo, tu ingórghi ecc.] impedire il libero scorrere di un liquido in una conduttura; ingombrare, bloccare. SIN. *ostruire* // **-arsi** *v.rifl.pron.* formare un gorgo; rimanere ostruito: *l'acqua s'ingorga; il traffico si è ingorgato.*

ingorgo [-gór-] *s.m.* [pl. *-ghi*] atto, effetto dell'ingorgare, dell'ingorgarsi: *un — stradale.*

ingovernàbile [-nà-] *agg.* che non si può governare, che sfugge a ogni controllo.

ingozzare *v.tr.* [*io ingózzo ecc.*] **1** mandare il cibo nel gozzo; riempire a forza il gozzo di un animale perché ingrassi: *le galline ingozzano di tutto; — le oche* **2** inghiottire rapidamente per fretta o avidità **3** (*fig.*) tollerare, sopportare: *qui bisogna — ogni offesa.*

ingranaggio [-nàg-] *s.m.* **1** sistema di ruote dentate per la trasmissione del movimento **2** (*fig.*) svolgimento di una serie di operazioni, di affari, di attività collegate fra loro: *essere preso nell'— di un'impresa.*

ingranamento [-mén-] *s.m.* **1** atto, effetto dell'ingranare **2** grippaggio.

ingranare *v.intr.* **1** si dice delle ruote dentate di un ingranaggio, che si incastrano tra loro **2** (*fig.*) iniziare bene un lavoro o un'attività: *quest'anno non riesce ad — con la scuola* // *v.tr.* mettere a contatto gli ingranaggi di un meccanismo, in modo che i denti delle ruote si incastrino tra loro: *la marcia di un'automobile.*

ingrandimento [-mén-] *s.m.* **1** l'ingrandire, l'ingrandirsi: *— di una scuola, di una città / lente d'—*, che dà un'immagine ingrandita e non deformata delle cose **2** (*fot.*) procedimento per ottenere copie positive di formato maggiore del negativo; la fotografia così ottenuta.

ingrandire *v.tr.* [*io ingrandisco, tu ingrandisci ecc.*] **1** rendere grande o più grande; dare un'immagine più grande di un oggetto / *— una fotografia*, farne l'ingrandimento. SIN. *aumentare, dilatare* **2** (*fig.*) far apparire qlco. più grande di quanto non sia in realtà; esagerare: *le difficoltà di un'impresa* // **-irsi** *v.rifl.pron.* **1** diventare più grande, crescere: *la città si ingrandisce ogni giorno* **2** (*fig.*) elevare il proprio tenore di vita, allargare le proprie attività.

ingranditore [-tó-] *s.m.* (*fot.*) apparecchio per ottenere ingrandimenti.

ingrassaggio [-sàg-] *s.m.* → **grassaggio**.

ingrassare *v.tr.* **1** far diventare grasso: *la pasta ingrassa / — il terreno*, concimarlo **2** lubrificare con grasso: *— un motore* // *v.intr.*, **-arsi** *v.rifl.pron.* diventar grasso. CONTR. *dimagrire.*

ingrassatore [-tó-] *s.m.* **1** [f. *-trice*] operaio che ingrassa o lubrifica **2** apparecchio che serve per ingrassare e lubrificare macchine: *— a pressione.*

ingrasso *s.m.* atto, effetto dell'ingrassare animali o concimare terreni.

ingratitudine [-tù-] *s.f.* l'essere ingrato. CONTR. *gratitudine.*

ingrato *agg.* **1** che non è grato, che non riconosce i benefici ricevuti: *figli ingrati verso i genitori / terreno —*, che non dà frutto proporzionato al lavoro che vi si fa. CONTR. *grato* **2** non gradito, sgradevole, spiacevole: *lavoro —*. CONTR. *grato.*

ingravidare *v.tr.* [*io ingràvido ecc.*] rendere gravida // *v.intr.* diventare gravida.

ingraziare *v.tr.* [*io ingràzio ecc.*] render benevolo, cattivarsi la benevolenza, il favore di qlcu.: *si è ingraziato il principale.*

ingrediente [-dièn-] *s.m.* ogni sostanza che entra nella preparazione di una vivanda, di un preparato farmaceutico e simili.

ingresso [-grès-] *s.m.* **1** il passaggio, l'apertura per cui si entra in un luogo; locale che funge da anticamera: *— angusto, ampio; porta d'—; aprire, sbarrare l'—; lo attenderò nell'—.* SIN. *entrata* **2** l'atto dell'entrare; in particolare, l'entrata solenne di un personaggio in un luogo, in un ambiente ecc.: *il presidente fece il suo — alle undici; il primo — in società di una ragazza* **3** facoltà di entrare in un luogo: *— libero, a pagamento; vietato l'— ai non addetti; biglietto d'—*, quello che si presenta per accedere a una sala di spettacolo, a un locale pubblico e simili.

ingrossamento [-mén-] *s.m.* atto, effetto dell'ingrossare, dell'ingrossarsi.

ingrossare *v.tr.* [*io ingròsso ecc.*] render grosso o più grosso; far sembrare più grosso del vero: *le piogge ingrossano il fiume; questo vestito ti ingrossa un po'; — le file dell'esercito* // *v.intr.*, **-arsi** *v.rifl.pron.* diventare grosso o più grosso: *il mare si è ingrossato per la tempesta.*

ingrosso [-gròs-] nella locuz.avv. *all'ingrosso*, detta della compravendita di grandi partite di merci: *vendere, comperare all'—.*

inguaiare *v.tr.* [*io inguàio ecc.*] (*fam.*) metter nei guai // **-arsi** *v.rifl.pron.* cacciarsi nei guai.

inguainare *v.tr.* [*io inguàino ecc.*] metter nella guaina, nel fodero: *— la spada.*

ingualcìbile [-cì-] *agg.* si dice di tessuto lavorato in modo che non si gualcisca.

inguantato *agg.* coperto da un guanto: *mano inguantata.*

inguarìbile [-rì-] *agg.* che non si può guarire (anche *fig.*): *un — pettegolo.* CONTR. *guaribile.*

inguinale *agg.* dell'inguine: *ernia —.*

inguine [in-] *s.m.* (*anat.*) regione anteriore e inferiore dell'addome [*ill.* Corpo].

ingurgitare *v.tr.* [*io ingùrgito ecc.*] inghiottire, ingollare di malavoglia, o, al contrario, con ingordigia: *— una medicina; — un litro di caffè.*

inibire *v.tr.* [*io inibisco, tu inibisci ecc.*] vietare con autorità: *gli è stato inibito il fumo.* SIN. *interdire.*

inibito *agg. e s.m.* che o o chi soffre di inibizioni.

inibitore [-tó-] *s.m.* (*biol.*) si dice di tutte le sostanze capaci di arrestare o rallentare una funzione o di rendere inattiva un'altra sostanza.

inibitòrio [-tò-] *agg.* **1** che vale a inibire, a proibire d'autorità: *azione inibitoria* **2** (*psic.*) che si riferisce all'inibizione: *freni inibitori.*

inibizione [-zió-] *s.f.* **1** l'atto dell'inibire; proibizione, divieto **2** (*psic.*) incapacità di compiere spontaneamente un gesto o un'azione.

inidòneo [-dò-] *agg.* non idoneo; disadatto.

iniettare *v.tr.* [*io iniètto ecc.*] far penetrare in un corpo una sostanza, spec. per mezzo di iniezione; immettere, inoculare: *il medico gli iniettò un calmante; il serpente inietta il veleno; — cemento in un muro / occhi iniettati di sangue*, arrossati, (*fig.*) pieni di odio.

iniettore [-tó-] *s.m.* (*mecc.*) nome di vari apparecchi che servono a introdurre in un ambiente chiuso un liquido o un gas, sotto forma di getto a pressione: *— idraulico.*

iniezione [-zió-] *s.f.* (*med.*) operazione con cui si iniettano, in una cavità del corpo umano o nei tessuti, delle sostanze medicamentose; la sostanza stessa che viene iniettata: *— intramuscolare, sottocutanea, endovenosa; — di ferro, di calcio / motore a —*, a scoppio, senza carburatore ma con immissione diretta del combustibile sotto pressione.

inimicare *v.tr.* [*io inimico, tu inimichi ecc.*] rendere nemico, ostile: *si è inimicato tutti gli amici* // **-arsi**

v.rifl.pron. rendersi nemico a qlcu., provocare l'altrui ostilità: — *con qlcu*.

inimicizia [-cì-] *s.f.* l'essere nemico; avversione. SIN. *malevolenza, ostilità*. CONTR. *amicizia*.

inimitabile [-tà-] *agg.* che non si può imitare.

inimmaginabile [-nà-] *agg.* che non si può immaginare. SIN. *impensabile*. CONTR. *immaginabile*.

inintelligibile [-gi-] *agg.* che non è intelligibile; incomprensibile: *un messaggio, un bisbiglio —*.

ininterrotto [-ròt-] *agg.* che non è interrotto; continuo: *pioggia ininterrotta //* **-mente** *avv.* senza interruzione, di continuo.

iniquità *s.f. invar.* l'essere iniquo; parola, atto iniquo. SIN. *ingiustizia, empietà, malvagità*.

iniquo [-nì-] *agg.* che è contrario all'equità, alla giustizia; scellerato: *un'iniqua sentenza; un uomo —*. SIN. *ingiusto, malvagio*.

iniziale *agg.* che inizia, che sta all'inizio, che costituisce un inizio: *capitolo — / stipendio —*, che si percepisce all'inizio di una carriera // *s.f.* lettera con cui inizia una parola // *s.f.pl.* le prime lettere del nome e del cognome: *firmare con le iniziali*.

iniziare *v.tr.* [*io inìzio ecc.*] **1** dare inizio a qlco., intraprendere un'attività, costituire un inizio: — *il pranzo, — a pranzare; — i lavori, gli studi; — a lavorare, a studiare;* inizia *il poema una lunga introduzione*. SIN. *cominciare, incominciare* **2** ammettere alla conoscenza di norme e pratiche di un culto, di un'associazione ecc.; avviare alla conoscenza di una disciplina, di una forma di vita ecc.: — *a una setta segreta; — allo studio dei classici //* **v.intr.** e **-arsi** *v.rifl.pron.* avere principio: *oggi iniziano* o *s'iniziano le scuole*. SIN. *cominciare, incominciare*.

iniziatico [-zià-] *agg.* [pl.m. *-ci*] che riguarda l'iniziazione, gli iniziati: *rito —*.

iniziativa *s.f.* **1** decisione o atto volontario per cui si dà inizio a qlco.: *avere, prendere un'—; l'— di questa gita è partita da me* **2** capacità di dare inizio a cose nuove; intraprendenza: *è pieno di —*.

iniziato *s.m.* chi è ammesso alla conoscenza delle norme di un culto o di un'associazione; chi ha sicura conoscenza di una disciplina, di una forma di vita ecc.: *un libro per iniziati*.

iniziatore [-tó-] *s.m.* [f. *-trice*] chi inizia; promotore: — *di un movimento letterario*.

iniziazione [-zió-] *s.f.* **1** atto, effetto dell'iniziare **2** cerimonia con cui si inizia qualcuno a un culto, a una disciplina ecc.

inizio [-nì-] *s.m.* l'atto con cui si comincia, la prima fase di qlco. che abbia uno svolgimento: *l'— della primavera, di un sonetto, di uno spettacolo*. SIN. *principio*. CONTR. *fine*.

in loco [*lat.*, *pr.* in lòco] *locuz.* che significa «sul luogo stesso, sul posto» e, in medicina, «nel punto dolente, malato».

innaffiare *v.tr.* e *deriv.* → **annaffiare** e *deriv.*

innalzamento [-mén-] *s.m.* atto, effetto dell'innalzare o dell'innalzarsi. SIN. *elevazione*. CONTR. *abbassamento*.

innalzare *v.tr.* **1** portare o rivolgere qlco. verso l'alto (anche *fig.*): *il vento innalza l'aquilone; — lo sguardo, una preghiera al cielo*. SIN. *alzare, sollevare* **2** costruire, edificare: — *un edificio, un monumento* **3** (*fig.*) elevare a una carica, a un livello economico o sociale: — *al trono, alla carica di senatore //* **-arsi** *v.rifl.pron.* elevarsi, sorgere: *l'aereo s'innalza; le cime s'innalzano verso il cielo*.

innamoramento [-mén-] *s.m.* l'innamorarsi.

innamorare *v.tr.* [*io innamóro ecc.*] ispirare amore, esercitare una forte attrazione: *una grazia che innamora; un paesaggio che innamora //* **-arsi** *v.rifl.pron.* accendersi di amore o di desiderio per qlcu. o qlco.: *s'innamorò al primo incontro; mi sono innamorata di quel vestito*. SIN. *invaghirsi, incapricciarsi //* **v.rifl.rec.** concepire amore l'uno per l'altro: *si sono conosciuti e si sono subito innamorati*.

innamorato *agg.* che prova amore o attrazione per qlco.: — *della moglie; — della montagna // s.m.* chi prova amore per qlcu.: *l'— di Lucia*. SIN. *spasimante*.

innanzi *avv.* **1** *di luogo* avanti: *andate — / essere — negli anni*, essere piuttosto vecchio / *tirare —*, (*fam.*) proseguire nel cammino; (*fig.*) procedere alla meglio **2** *di tempo* prima, nel tempo antecedente: *quello che vi ho detto — / d'ora —*, da adesso in poi / *per l'—*, per il futuro // *prep. impropria* **1** prima di: — *l'alba / — tutto*, prima di tutto / — *tempo*, prima del tempo **2** davanti a, in presenza di; si unisce ai nomi per mezzo della prep. *a*: *camminava — a lui; — al giudice // agg. invar.* che viene prima: *il giorno —*.

innatismo [-ʃmo] *s.m.* (*fil.*) dottrina che afferma l'esistenza di idee innate nella mente umana.

innato *agg.* che si ha per natura, indipendentemente dall'educazione e dall'esperienza: *un — senso del ritmo / idee innate*, (*fil.*) che derivano dalla natura stessa dello spirito umano, non dall'esperienza. SIN. *congenito*.

innaturale *agg.* non naturale.

innegabile [-gà-] *agg.* che non si può negare.

inneggiare *v.intr.* [*io innéggio ecc.*] **1** (*non com.*) cantare un inno **2** celebrare, esaltare: — *alla vittoria delle forze democratiche*.

innervare *v.tr.* (*anat.*) [*io innèrvo ecc.*] detto dei nervi, diramarsi, agire in una determinata parte del corpo.

innervazione [-zió-] *s.f.* (*anat.*) la distribuzione dei nervi nell'organismo; l'azione dei nervi sui vari organi.

innervosire *v.tr.* [*io innervosisco, tu innervosisci ecc.*] render nervoso // **-irsi** *v.rifl.pron.* diventare nervoso.

innescamento [-mén-] *s.m.* **1** il fornire l'amo di esca **2** l'applicare l'innesco a una carica esplosiva.

innescare *v.tr.* [*io innésco, tu innéschi ecc.*] **1** mettere l'esca all'amo **2** mettere l'innesco a una carica esplosiva.

innesco [-né-] *s.m.* [pl. *-chi*] dispositivo meccanico, elettrico o chimico, che dà inizio a un'esplosione.

innestare *v.tr.* [*io innèsto ecc.*] **1** (*bot.*) far attecchire su una pianta una gemma o un ramoscello presi da un'altra pianta per migliorarne il frutto **2** (*chir.*) trapiantare un organo animale vivente in un altro organismo o in una diversa zona del medesimo organismo / — *il vaiolo*, inoculalo **3** inserire un pezzo di un congegno in un altro pezzo: — *la spina nella presa di corrente //* **-arsi** *v.rifl.pron.* inserirsi, introdursi (anche *fig.*): *il viale s'innesta nella strada principale; elementi nuovi s'innestano nella tradizione classica*.

innestatoio [-tó-] *s.m.* coltello per innesti botanici [*ill. Agricoltura*].

innestatore [-tó-] *s.m.* [f. *-trice*] chi opera innesti.

innesto [-nè-] *s.m.* **1** atto, effetto dell'innestare **2** (*bot.*) la gemma o il ramo innestato **3** (*mecc.*) organo adatto a stabilire un collegamento mobile tra due alberi coassiali: *l'— della frizione* **4** (*elettr.*) presa di corrente.

innevamento [-mén-] *s.m.* presenza di neve sul suolo.

innevato *agg.* coperto di neve.

inning [*ingl.*; *pr.* inin] *s.m.* ognuna delle fasi di gioco in cui è suddivisa una partita di baseball.

inno *s.m.* **1** nell'antica letteratura greca, canto in onore di una divinità o di un eroe; nelle letterature moderne, componimento lirico di ispirazione religiosa o civile; genericamente, componimento o discorso a carattere elogiativo **2** composizione musicale a carattere solenne e celebrativo.

innocente [-cèn-] *agg.* **1** che non ha commesso colpa: *l'imputato è* — **2** che non conosce la malizia; che non è fatto con malizia: — *come un bimbo*; *parola* — *// s.m.* e *f.* (*antiq.*) bambino: *la strage degli innocenti / gli innocenti*, gli orfanelli, i bambini abbandonati.

innocentista *s.m.* e *f.* [pl.m. *-i*] chi, nelle discussioni nate intorno a un processo, è sostenitore dell'innocenza dell'imputato.

innocenza [-cèn-] *s.f.* **1** l'essere innocente, per ignoranza del male o per rettitudine d'animo: *l'*— *di una persona*; *l'*— *di un gesto, di un'azione / in tutta* —, senza intenzioni cattive **2** lo stato di chi non ha commesso ciò di cui è incolpato. CONTR. *colpevolezza*.

innocuità *s.f.invar.* l'essere innocuo.

innocuo [-nò-] *agg.* che non nuoce, incapace di nuocere: *una bevanda innocua / un essere* —, (*spreg.*) incapace di far del male per debolezza, non per bontà. SIN. *inoffensivo*. CONTR. *nocivo*.

innominabile [-nà-] *agg.* che non si può nominare, spec. per riguardo alla decenza o alla morale: *atto, vizio* —.

innovare *v.tr.* [*io innòvo ecc.*] mutare un sistema introducendo qlco. di nuovo: — *un vecchio regolamento*. SIN. *riformare*.

innovatore [-tó-] *agg.* e *s.m.* [f. *-trice*] che o chi innova: *movimento* —; *un* — *nel campo della chirurgia*.

innovazione [-zió-] *s.f.* atto, effetto dell'innovare: *fare, portare un'*— *in un sistema*. SIN. *riforma*.

innumerevole [-rè-] *agg.* tanto numeroso che non si può contare: *le innumerevoli ricchezze del mare*.

inoccupato *agg.* e *s.m.* (*econ.*) disoccupato, con particolare riferimento a chi è in cerca della prima occupazione.

inoccupazione [-zió-] *s.f.* (*econ.*) la condizione degli inoccupati, l'insieme di essi.

inoculare *v.tr.* [*io inòculo ecc.*] eseguire l'inoculazione, introdurre una sostanza nell'organismo (anche *fig.*): — *il vaiolo*; — *il veleno della gelosia*.

inoculazione [-zió-] *s.f.* (*med.*) introduzione nell'organismo di medicamenti e vaccini mediante piccole incisioni della cute.

inodoro [-dó-] *agg.* che non ha odore: *fiori inodori*.

inoffensivo *agg.* che non offende o non può offendere: *un cane vecchio e* —. SIN. *innocuo*. CONTR. *offensivo*.

inofficioso [-ció-] *agg.* (*burocr.*) che non è officioso, non valido legalmente: *testamento* —.

inoltrare *v.tr.* [*io inóltro ecc.*] nel linguaggio burocratico, avviare una pratica; in senso generico, far procedere un oggetto verso la sua destinazione: — *domanda al ministero*; — *la posta // -arsi v.rifl.pron.* avanzare, addentrarsi (anche *fig.*): *m'inoltrai nel bosco*; — *nello studio di una materia*.

inoltrato *agg.* avanzato: *a giorno* —.

inoltre [-nól-] *avv.* per di più, oltre a questo: *il mare era in burrasca e* — *la barca faceva acqua*.

inoltro [-nól-] *s.m.* l'avviare una pratica per via burocratica.

inondare *v.tr.* [*io inóndo ecc.*] **1** allagare con acque straripanti: *il Nilo inonda periodicamente la campagna* **2** per estens., bagnare abbondantemente: — *il pavimento d'acqua*; — *di sugo una pietanza*; *il pianto le*

inondò le gote **3** (*fig.*) affluire in gran numero, invadere: *i provinciali inondano la città*.

inondazione [-zió-] *s.f.* atto, effetto dell'inondare.

inoperosità *s.f.invar.* l'essere inoperoso. SIN. *inattività, inerzia, ozio*.

inoperoso [-ró-] *agg.* che non è operoso; che momentaneamente non opera. SIN. *ozioso, inerte, inattivo*.

inopia [-nò-] *s.f.* (*lett.*) povertà.

inopinabile [-nà-] *agg.* che non si può pensare, imprevedibile, strano *// -mente avv.* imprevedibilmente.

inopinato *agg.* non previsto, improvviso *// -mente avv.* senza essere stato previsto.

inopportunità *s.f.invar.* l'essere inopportuno. CONTR. *opportunità*.

inopportuno *agg.* non adatto; non conveniente in un dato luogo, tempo e circostanza: *un provvedimento* —. SIN. *intempestivo, incomodo*. CONTR. *opportuno // -mente avv.* fuor di luogo, a sproposito.

inoppugnabile [-gnà-] *agg.* a cui non ci si può opporre; resistente a ogni critica: *argomento* —. SIN. *inconfutabile, incontrastabile, indiscutibile*.

inoppugnabilità *s.f.invar.* l'essere inoppugnabile.

inorganicità *s.f.invar.* **1** (*scient.*) l'essere inorganico **2** l'essere disorganico, disorganizzato: *l'*— *di un progetto*.

inorganico [-gà-] *agg.* [pl.m. *-ci*] **1** (*scient.*) privo di organi e di capacità vitali; minerale **2** (*scient.*) che riguarda sostanze inorganiche: *chimica inorganica* **3** disorganico, non ben combinato *// -mente avv.* senza organizzazione.

inorgoglire *v.tr.* [*io inorgoglisco, tu inorgoglisci ecc.*] essere causa di orgoglio per qlcu.: *mio figlio mi inorgoglisce // v.intr., -irsi v.rifl.pron.* diventare orgoglioso: — *per i propri successi*. SIN. *insuperbire*.

inorridire *v.tr.* [*io inorridisco, tu inorridisci ecc.*] far provare orrore: *questo spettacolo mi inorridisce // v.intr.* provare orrore: — *alla vista del sangue*; *sono inorridito leggendo la cronaca*.

inosite [-ʃi-] *s.f.* (*chim.*) alcool polivalente cristallino, bianco, presente in molte piante e in tessuti animali.

inospitale *agg.* non ospitale; non confortevole: *gente, luogo* —.

inospite [-nò-] *agg.* (*lett.*) non ospitale, inabitabile.

inosservante *agg.* non osservante, che trascura precetti religiosi, morali o giuridici.

inosservanza *s.f.* il non osservare, il trasgredire patti o precetti. CONTR. *osservanza*.

inosservato *agg.* **1** che sfugge all'osservazione altrui **2** non rispettato: *un regolamento, un precetto* —.

inossidabile [-dà-] *agg.* che non si ossida: *acciaio* —.

input [*ingl.*; *pr.* ìnput] *s.m.* (*tec.*) l'introduzione di informazioni in un calcolatore elettronico tramite tastiera o altre apparecchiature adatte; in diversi processi tecnici, punto di entrata, e l'entrata stessa.

inquadramento [-mén-] *s.m.* atto, effetto dell'inquadrare: — *sindacale*.

inquadrare *v.tr.* **1** mettere, adattare un quadro nella sua cornice; per estens., porre una persona, un avvenimento, una situazione nella giusta luce e nel giusto tempo: — *un poeta nel suo secolo* **2** (*mil.*) costituire i quadri, i comandi **3** collocare persone singole o gruppi di esse in una determinata posizione sindacale o politica **4** (*fot.* e *cinem.*) limitare il campo di presa in modo che, nell'immagine fotografica o cinematografica, il soggetto o il paesaggio da riprendere acquisto una determinata evidenza.

inquadratura *s.f.* immagine cinematografica o fotografica.

inqualificabile [-cà-] *agg.* di persona o cosa così indegna e biasimevole da non poter essere qualificata. SIN. *spregevole.*

inquartata *s.f.* azione di scherma consistente in una stoccata tirata con rapido scarto laterale per evitare un colpo dell'avversario.

inquartato *agg.* e *s.m.* (*arald.*) si dice di scudo di due smalti diversi diviso in quattro parti uguali da due linee, una verticale e l'altra orizzontale, passanti entrambe per il centro.

inquietante *agg.* preoccupante; che provoca inquietudine o turbamento: *un sogno, una prospettiva —.*

inquietare *v.tr.* [*io inquièto ecc.*] togliere la quiete; angustiare, impensierire: *questo silenzio mi inquieta.* SIN. *preoccupare //* **-arsi** *v.rifl.pron.* preoccuparsi, irritarsi, spazientirsi: *il babbo si è inquietato con te.* SIN. *stizzirsi.*

inquieto [-quiè-] *agg.* **1** agitato, turbato: *sonno — / la mamma è inquieta con te,* adirata **2** impensierito, in ansia: *era — per il loro silenzio.* SIN. *preoccupato.*

inquietudine [-tù-] *s.f.* lo stato d'animo di chi è inquieto; la causa che rende inquieto. SIN. *preoccupazione, apprensione.*

inquilino *s.m.* chi abita una casa altrui corrispondendo una pigione al proprietario.

inquinamento [-mén-] *s.m.* alterazione delle caratteristiche di purezza di un elemento, di un ambiente ad opera di rifiuti o microrganismi ecc. che lo rendono pericoloso per gli esseri viventi: *— atmosferico, delle acque, di una città; — industriale, chimico, radioattivo / — delle prove,* (*fig.*) in un processo, manipolazione delle prove, che toglie loro validità.

inquinante *agg.* e *s.m.* si dice di ciò che produce inquinamento: *sostanza —; gli inquinanti organici.*

inquinare *v.tr.* rendere impuro, contaminare, infettare (anche *fig.*).

inquinato *agg.* contaminato dall'inquinamento, anche *fig.: mare —; cibo —; prove inquinate.*

inquirente [-rèn-] *agg.* (*dir.*) che conduce un'investigazione, un'inchiesta giudiziaria.

inquisire [-ʃi-] *v.tr.* e *intr.* [*io inquisisco, tu inquisisci ecc.*] investigare, condurre un'inchiesta; ricercare la verità su fatti o persone.

inquisitivo [-ʃi-] *agg.* che serve a inquisire.

inquisitore [-ʃitó-] *agg.* e *s.m.* [f. *-trice*] che o chi inquisisce, indaga: *giudice —; sguardo — //* *s.m.* titolo di antichi magistrati.

inquisitorio [-ʃitò-] *agg.* di, da inquisitore; degno di un inquisitore: *atteggiamento —.*

inquisizione [-ʃizió-] *s.f.* indagine, inchiesta condotta per lo più con sistemi arbitrari / *Inquisizione, Santa Inquisizione,* (*st.*) tribunale ecclesiastico istituito per combattere l'eresia.

insabbiamento [-mén-] *s.m.* atto, effetto dell'insabbiare o dell'insabbiarsi.

insabbiare *v.tr.* [*io insàbbio ecc.*] coprire di sabbia / *una pratica,* (*fig.*) abbandonarla volutamente, non farla procedere // **-arsi** *v.rifl.* coprirsi di sabbia, immergersi nella sabbia.

insaccare *v.tr.* [*io insacco, tu insacchi ecc.*] **1** mettere in un sacco, in sacchi: *— il grano* **2** (*fig.*) stipare cose o persone in uno spazio stretto; infagottare: *la madre lo insacca in abiti troppo larghi* **3** mettere nei budelli la carne di maiale tritata e appositamente preparata per farne salsicce, salami e simili.

insaccato *agg.* **1** che è chiuso in un sacco (anche *fig.*) **2** si dice spec. di carne di maiale tritata e conservata chiusa in un budello // *s.m.* spec. *pl.* salumi.

insaccatura *s.f.* l'insaccare.

insalata *s.f.* **1** piatto di verdure generalmente crude, condite con olio, aceto e sale; anche certe verdure che si mangiano in questo modo: *un cespo d'—* **2** (*fig.*) mescolanza confusa di più cose eterogenee: *questo scritto è un'—* **3** (*per estens.*) mescolanza di altri cibi: *— di riso, di pollo, russa, di mare* ecc. **4** il modo stesso di condire questi cibi: *pomodori in —.*

insalatiera [-tiè-] *s.f.* recipiente in cui si condisce e si serve l'insalata.

insalivare *v.tr.* inumidire con la saliva.

insalivazione [-zió-] *s.f.* la funzione per cui i cibi, nell'atto di essere masticati, vengono inumiditi dalla saliva.

insalubre *agg.* nocivo alla salute. SIN. *malsano.* CONTR. *salubre.*

insalubrità *s.f.invar.* mancanza di salubrità.

insalutato *agg.* non salutato / *partire — ospite,* (*scherz.*) andarsene improvvisamente senza salutare.

insanabile [-nà-] *agg.* **1** che non si può guarire. SIN. *incurabile* **2** (*fig.*) che non si può placare: *passione —.*

insanguinare *v.tr.* [*io insànguino ecc.*] bagnare di sangue (anche *fig.*).

insanguinato *agg.* bagnato di sangue (anche *fig.*).

insania [-sà-] *s.f.* (*rar.*) stato di chi è malato di mente; atto da pazzo. SIN. *pazzia.*

insanire *v.intr.* [*io insanisco, tu insanisci ecc.*] (*rar.*) diventar pazzo.

insano *agg.* pazzo, demente (detto di persona); causato da follia (detto di atto).

insaponare *v.tr.* [*io insapóno ecc.*] strofinare qlco. con sapone perché ne resti coperta o impregnata; coprire con schiuma di sapone.

insaponatura *s.f.* atto, effetto dell'insaponare.

insaporire *v.tr.* [*io insaporisco, tu insaporisci ecc.*] aggiungere sapore, rendere saporito (anche *fig.*).

insaporo [-pó-] *agg.* che non ha alcun sapore.

insaputa *s.f.* si usa solo nella locuz.avv. *all'insaputa,* senza che si sappia: *all'— di qlcu.; a mia, tua, nostra, loro —.*

insaturo [-sà-] *agg.* (*chim.*) si dice di composto la cui molecola, costituita da doppi o tripli legami, tende a reagire saturandoli; e di soluzione non ancora satura.

insaziabile [-zià-] *agg.* che non si sazia mai (anche *fig.*): *fame —; brama —.* SIN. *ingordo.*

insaziabilità *s.f.invar.* l'essere insaziabile.

insaziato *agg.* (*lett.*) che non si sazia mai.

inscatolare *v.tr.* [*io inscàtolo ecc.*] mettere in scatole.

inscenare *v.tr.* [*io inscèno ecc.*] **1** mettere in scena un dramma, uno spettacolo **2** (*fig.*) dar luogo a un fatto, a un'azione, con particolare ostentazione, spesso a fine mistificatorio: *— una dimostrazione, un litigio.*

inscindibile [-dì-] *agg.* che non si può scindere.

inscritto *agg.* **1** (*geom.*) si dice di una figura geometrica che sta dentro un'altra toccandola **2** (*ant.*) → **iscritto 1.**

inscrivere [-scrì-] *v.tr.* [coniugato come *scrivere*] **1** (*geom.*) tracciare un poligono dentro una circonferenza con i vertici su di essa (*poligono inscritto*) o una circonferenza dentro un poligono e tangente ai suoi lati (*circonferenza inscritta*) **2** (*ant.*) → **iscrivere 1.**

insecchire *v.intr.* [*io insecchisco, tu insecchisci ecc.*] diventare secco; diventar magro (detto di persona) // *v.tr.* rendere secco.

insediamento [-mén-] *s.m.* l'insediare, l'insediarsi.

insediare *v.tr.* [*io insédio ecc.*] mettere in possesso di una carica importante: — *il sindaco* // **-arsi** *v.rifl.* **1** prendere possesso di una carica importante **2** prendere sede, stanziarsi: *i barbari si insediarono nelle pianure*.

insegna [-sè-] *s.f.* **1** contrassegno che indica la qualità e il grado di una cosa o di una persona: *le insegne consolari, le insegne del potere* **2** segno di un reparto militare, bandiera: *abbandonare le insegne*, disertare **3** (*mar.*) bandiera propria delle maggiori autorità militari che si alza su una nave quando esse vi siano imbarcate **4** figura o scritta che si pone sui negozi per contraddistinguerli: — *luminosa* **5** cartello indicatore.

insegnamento [-mén-] *s.m.* **1** l'attività dell'insegnare; la disciplina insegnata **2** (*rar.*) precetto, avviso.

insegnante *agg.* che ha il compito di insegnare: *corpo* —, l'insieme degli insegnanti // *s.m.* e *f.* chi insegna per professione.

insegnare *v.tr.* [*io inségno ecc.*] **1** fare apprendere con metodo, in modo teorico o pratico, una disciplina o un'arte: — *l'inglese, la musica*; — *a guidare* / assol. esercitare la professione dell'insegnante **2** più generalmente, dare ammaestramenti sul modo di fare qlco., comportarsi, vivere ecc.: — *un gioco, l'educazione*; — *a essere attento* **3** mostrare, indicare: — *la strada*.

inseguimento [-mén-] *s.m.* **1** l'inseguire: — *di un ladro* **2** gara ciclistica su pista, a cronometro, fra corridori che partono distanziati di mezzo giro.

inseguire *v.tr.* [coniugato come *seguire*] correre dietro a qlcu., a qlco. (anche *fig.*): *la lepre era inseguita dai cani*; — *un sogno*.

inseguitore [-tó-] *agg.* e *s.m.* [*f.* -*trice*] chi insegue, spec. nel linguaggio dello sport.

insellare *v.tr.* [*io insèllo ecc.*] **1** (*poco com.*) sellare **2** curvare a forma di sella: — *un ponte*.

insellatura *s.f.* incavatura a forma di sella.

inselvatichire *v.tr.* [*io inselvatichisco, tu inselvatichisci ecc.*] far diventare selvatico (anche *fig.*) // *v.intr.*, **-irsi** *v.rifl.pron.* diventare selvatico (anche *fig.*): *quel ragazzo inselvatichisce così solo*.

inseminazione [-zió-] *s.f.* in medicina e veterinaria, introduzione di liquido seminale maschile nei genitali femminili per ottenere artificialmente la fecondazione; in batteriologia, trasferimento di microrganismi in un terreno di cultura.

insenatura *s.f.* piccola rientranza della costa del mare o di un lago, o delle sponde di un fiume [*ill. Costa*].

insensatezza [-téz-] *s.f.* l'essere insensato; cosa detta o fatta da insensato.

insensato *agg.* e *s.m.* che, chi non ha buon senso. SIN. *stolto, sciocco* // *agg.* detto o fatto senza buon senso, privo di significato.

insensibile [-sì-] *agg.* **1** che non può essere percepito dai sensi, inavvertibile: *una — differenza di colore* **2** che non avverte, o avverte poco, sensazioni fisiche o sentimenti: — *alla fatica*; — *al dolore altrui*. SIN. *indifferente*.

insensibilità *s.f.invar.* qualità di chi o di ciò che è insensibile. SIN. *durezza, indifferenza*.

inseparabile [-rà-] *agg.* che non si può separare.

insepolto [-pól-] *agg.* che non è stato sepolto.

inserimento [-mén-] *s.m.* l'inserire, l'inserirsi.

inserire *v.tr.* [*io inserisco, tu inserisci ecc.*] mettere, infilare una cosa dentro un'altra o fra altre; (*fig.*) includere: — *un foglio nella busta*; — *un concorrente in una gara* / — *annuncio su un giornale*, farlo pubblicare // **-irsi** *v.rifl.* introdursi, collocarsi saldamente (anche *fig.*): — *in un ambiente, nella società*.

inserto [-sèr-] *s.m.* **1** insieme di documenti che concernono una stessa pratica, chiusi in una cartella **2** foglio o fascicoletto inserito in un testo; pezzo di pellicola cinematografica inserita in un film: — *pubblicitario*.

inservibile [-vì-] *agg.* detto di cosa che non serve o non può più servire al proprio uso.

inserviente [-vièn-] *s.m.* e *f.* chi è addetto ai servizi di fatica o in un'azienda o in un ufficio.

inserzione [-zió-] *s.f.* **1** atto, effetto dell'inserire: *l'— della spina* **2** annuncio che si inserisce a pagamento in un giornale.

inserzionista *agg.* e *s.m.* e *f.* [pl.m. -*i*] che o chi fa pubblicare un'inserzione su giornali o simili.

insetticida *agg.* e *s.m.* [pl.m. -*i*] si dice di sostanza che, per la sua tossicità, distrugge gli insetti.

insettifugo [-ti-] *agg.* e *s.m.* [pl.m. -*ghi*] si dice di sostanza o dispositivo capace di tener lontani gli insetti.

insettivoro [-tì-] *agg.* e *s.m.* si dice di animale che si nutre di insetti // *s.m.pl.* (*zool.*) ordine di piccoli mammiferi, con muso allungato e denti aguzzi, che si nutrono di insetti e di altri piccoli invertebrati.

insetto [-sèt-] *s.m.* animale invertebrato con corpo ricoperto di sostanza dura (*chitina*), diviso in capo, torace e addome, con sei zampe e due antenne; è quasi sempre fornito di uno o due paia di ali.

insicurezza [-réz-] *s.f.* mancanza di sicurezza, stato d'incertezza e di perplessità: *senso d'*—.

insidia [-sì-] *s.f.* **1** inganno preparato nascostamente per danneggiare o recare offesa a qlcu. (anche *fig.*): *le insidie del nemico; macchinare, tendere un'*—. SIN. *tranello, imboscata* **2** per estens., pericolo nascosto; allettamento: *le insidie della montagna; le insidie del successo*.

insidiare *v.tr.* e *intr.* [*io insidio ecc.*] tendere insidie. SIN. *circuire*.

insetti: 1 *coleottero*, 2 *apparato boccale*, 3 *corsaletto*, 4 *elitra*, 5 *scudetto*, 6 *femore*, 7 *tibia*, 8 *tarso*, 9 *bocca*, 10 *palpi mascellari*, 11 *antenna*, 12 *palpi labiali*, 13 *ala membranosa*, 14 *meso-metatorace*, 15 *pupa o ninfa*, 16 *larva*, 17 *addome*, 18 *stigmi*.

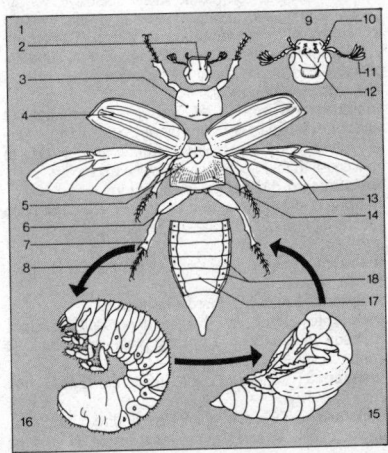

insidioso [-diò-] *agg.* che è fatto con insidia; che tende insidie.

insieme [-siè-] *avv.* indica compagnia, unione, simultaneità, totalità: *cenammo —; i volumi dell'opera si vendono —; riunirsi tutti quanti — / mettere — uno spettacolo,* allestirlo / *una macchina che non sta più —,* che va a pezzi, dunque sfasciata // *prep. impropria* si unisce a un nome per mezzo della prep. *con: tornai a casa — con lui* // *s.m.* **1** complesso, totalità di persone o cose: *un — di cose / nell'—,* in complesso, globalmente **2** armonia, corrispondenza tra le parti: *quest'opera è bella, ma manca d'—* **3** complesso di due o più pezzi accompagnati, spec. capi di vestiario dello stesso tessuto o colore **4** in matematica, concetto primitivo non definibile teoricamente che, se costituito di un numero finito di elementi, si definisce con la lista di questi, se invece è infinito, si definisce dando un criterio per riconoscere gli elementi che vi appartengono.

insiemistica [-mì-] *s.f.* branca della matematica che descrive il concetto di insieme e tutte le operazioni ad esso relative.

insigne *agg.* di grande merito; grandemente stimato e additato all'ammirazione altrui: *un'opera —; un — studioso.* SIN. *famoso, illustre.*

insignificante *agg.* che ha poco significato; che non ha alcuna importanza, alcun rilievo.

insignire *v.tr.* [io insignisco, tu insignisci ecc.] onorare con un titolo o con insegne: *— qlcu. del titolo di conte, della commenda.*

insilare *v.tr.* mettere cereali, foraggi, carboni in un silo, nei sili.

insincerità *s.f.invar.* la mancanza di sincerità; l'essere insincero.

insincero [-cè-] *agg.* non sincero; che non ha schiettezza: *stile —;* artificioso.

insindacabile [-cà-] *agg.* che non può essere criticato né discusso: *un giudizio —.*

insinuante *agg.* che vuole persuadere o indurre qlcu. a qlco. con discorsi accattivanti ma ambigui: *con parole insinuanti lo convinse a parlare.*

insinuare *v.tr.* [io insìnuo ecc.] **1** introdurre lentamente in un'apertura stretta **2** (fig.) far nascere in qlcu. il sospetto di qlco., con parole vaghe e allusive: *vorresti — che sono stato io a tradire il segreto?* // **-arsi** *v.rifl.* **1** penetrare, filtrare, entrare da una piccola apertura: *l'acqua si insinua nella grotta* **2** (fig.) entrare subdolamente o con frode (anche fig.): *riuscì a — nel gruppo, nelle grazie del principale.*

insinuazione [-zió-] *s.f.* **1** l'insinuare o l'insinuarsi **2** allusione maligna a colpe altrui, vere o presunte: *colpire la reputazione di qlcu. con vili insinuazioni* **3** (dir.) in una causa di fallimento, registrazione dei crediti.

insipidezza [-déz-] *s.f.* l'essere insipido.

insipido [-sì-] *agg.* che non ha sapore, che sa di poco (anche fig.): *cibo —; libro —,* privo di interesse. SIN. *scipito.* CONTR. *saporito.*

insipiente [-pièn-] *agg.* e *s.m.* e *f.* che, chi non sa; ignorante e sciocco.

insipienza [-pièn-] *s.f.* l'essere insipiente.

insistente [-stèn-] *agg.* **1** si dice di persona che arreca molestia con continue o ripetute preghiere e simili **2** continuo, incessante: *un ronzio —.*

insistenza [-stèn-] *s.f.* l'essere insistente: *le fa la corte con —; piove con —.*

insistere [-si-] *v.intr.* non smettere di dire o fare qlco., anche a costo di arrecare molestia: *insiste da un anno con la sua domanda di matrimonio; — in una ricerca, — a, col, nel dire, fare qlco.* SIN. *perseverare, persistere.*

insito [in-] *agg.* innato, che è in qlco. per natura o per lunga e consolidata tradizione: *le difficoltà sono insite nell'impresa.*

insociale *agg.* (non com.) che non ama la compagnia, poco socievole.

insoddisfatto *agg.* che non è appagato o compensato quanto basta: *uomo — della sua professione; ambizioni insoddisfatte.* SIN. *scontento.* CONTR. *soddisfatto.*

insoddisfazione [-zió-] *s.f.* l'essere insoddisfatto.

insofferente [-rèn-] *agg.* che non può sopportare, che non ha pazienza: *sono — di imposizioni e costrizioni.* SIN. *impaziente, intollerante.*

insofferenza [-rèn-] *s.f.* l'essere insofferente. SIN. *impazienza, intolleranza.*

insoffribile [-frì-] *agg.* (non com.) che non si può sopportare.

insolazione [-zió-] *s.f.* **1** esposizione alla luce e al calore del sole: *l'— di un terreno; le ore di —* **2** (med.) eccessiva esposizione della persona ai raggi del sole e il malore che ne deriva; colpo di sole.

insolente [-lèn-] *agg.* che non ha il dovuto rispetto verso le persone che lo meritano. SIN. *arrogante, impertinente, irriverente.*

insolentire *v.intr.* [io insolentisco, tu insolentisci ecc.] diventare insolente // *v.tr.* dire parole o compiere atti insolenti contro qlcu.

insolenza [-lèn-] *s.f.* **1** l'essere insolente: *rispondere con —.* SIN. *arroganza, tracotanza* **2** atto o parola insolente: *lo coprì d'insolenze.* SIN. *insulto.*

insolito [-sò-] *agg.* che raramente accade o s'incontra, non solito: *una domanda insolita.* SIN. *inconsueto, inusitato, curioso.*

insolubile [-lù-] *agg.* **1** (lett.) che non si può sciogliere o disunire: *un nodo —* **2** (fig.) si dice di ciò che non può essere risolto: *un problema, un mistero —.* SIN. *inspiegabile* **3** (chim.) si dice di sostanza che non può essere sciolta da un liquido: *composto — in acqua.*

insolubilità *s.f.invar.* l'essere insolubile.

insoluto *agg.* che non ha avuto soluzione.

insolvente [-vèn-] *agg.* e *s.m.* e *f.* (econ.) che o chi non paga i debiti: *debitore —.*

insolvenza [-vèn-] *s.f.* (econ.) il non pagare i debiti: *il commerciante fu condannato per —.*

insolvibile [-vì-] *agg.* **1** (econ.) che non è in grado di pagare **2** (lett.) insolubile.

insolvibilità *s.f.invar.* (econ.) l'essere insolvibile.

insomma [-sóm-] *avv.* **1** in conclusione, finalmente, in breve, infine // *inter. impropria* esclamazione di impazienza: *smettetela, —!*

insondabile [-dà-] *agg.* che non si può misurare con lo scandaglio; inesplorabile (anche fig.).

insonne [-sòn-] *agg.* **1** si dice di chi non riesce a prender sonno, e del tempo passato senza poter dormire: *trascorrere una notte —* **2** (fig.) sveglio, vigile, alacre, ininterrotto.

insonnia [-sòn-] *s.f.* difficoltà o impossibilità a prendere sonno: *soffrire d'—.*

insonnolito *agg.* pieno di sonno.

insonorizzare [-riʒʒa-] *v.tr.* isolare acusticamente; difendere dai rumori esterni: *— un ambiente.*

insonorizzato [-riʒʒa-] *agg.* dotato di isolamento acustico: *cabina insonorizzata.*

insonorizzazione [-riʒʒazió-] *s.f.* l'insonorizzare, il suo effetto.

insopportabile [-tà-] *agg.* che non si può sopportare: *un caldo —; una persona —*, molesta. SIN. *intollerabile*.

insopprimibile [-mì-] *agg.* che non si può sopprimere: *bisogno —*.

insordire *v.intr.* [*io insordisco, tu insordisci ecc.*] diventare sordo.

insorgenza [-gèn-] *s.f.* l'insorgere, spec. di malattia.

insorgere [-sór-] *v.intr.* [coniugato come *sorgere*] **1** sollevarsi, ribellarsi, levarsi a protestare: *il popolo di Milano insorse contro gli austriaci* **2** sorgere, manifestarsi improvvisamente: *insorsero gravi contrarietà; insorse una complicazione*.

insormontabile [-tà-] *agg.* che non si può sormontare: *difficoltà —*.

insospettabile [-tà-] *agg.* che non desta sospetto.

insospettato *agg.* non sospettato.

insospettire *v.tr.* [*io insospettisco, tu insospettisci ecc.*] destare sospetto: *il suo atteggiamento insospettì tutti // -irsi v.rifl.pron.* entrare in sospetto.

insostenibile [-ni-] *agg.* che non si può sostenere: *argomento —; attacco —*.

insostituibile [-tuì-] *agg.* che non può essere sostituito con altro: *nessuno è —*.

insozzare *v.tr.* [*io insózzo ecc.*] rendere sozzo, sporco (anche *fig.*): *— un vestito; — la propria reputazione*. SIN. *insudiciare, sporcare*.

insperabile [-rà-] *agg.* che non si può sperare.

insperato *agg.* che non si era sperato: *successo — // -mente avv.* oltre ogni speranza.

inspiegabile [-gà-] *agg.* che non si può spiegare: *fatto —*. SIN. *inesplicabile*.

inspirare *v.tr.* introdurre aria nei polmoni. CONTR. *espirare*.

inspiratore [-tó-] *agg.* e *s.m.* (*med.*) che serve a inspirare: *muscoli inspiratori*.

inspirazione [-zió-] *s.f.* atto dell'inspirare.

instabile [-stà-] *agg.* **1** che non è stabile. SIN. *malfermo* **2** (*fig.*) volubile. SIN. *incostante*.

instabilità *s.f.invar.* qualità di ciò che non è stabile: *— del tempo; — di una situazione*. SIN. *incostanza, volubilità*.

installare *v.tr.* e *deriv.* → **istallare** e *deriv*.

instancabile [-cà-] *agg.* che non si stanca, che è resistente alla fatica: *un lavoratore, uno studioso —*. SIN. *infaticabile, indefesso // -mente avv.* senza stancarsi.

instant-book [*ingl.; pr.* inst(a)nt bùuk] *s.m.* libro dedicato a una vicenda e pubblicato immediatamente dopo la sua conclusione.

instare *v.intr.* [pres. (*rar.*) *io insto, tu insti ecc.*]; non sono usati il p.pass. e i tempi composti] **1** chiedere, domandare, presentare un'istanza, spec. nell'uso amministrativo e giudiziario **2** (*lett.*) sovrastare.

instaurare *v.tr.* istituire, stabilire innovando, dare avvio: *— una moda nuova*.

instauratore [-tó-] *s.m.* [f. *-trice*] chi instaura.

instaurazione [-zió] *s.f.* atto, effetto dell'instaurare o dell'instaurarsi.

institore [-tò-] *s.m.* (*dir.*) chi è preposto all'esercizio di un'impresa commerciale dal titolare della stessa.

insù *avv.* usato solo nelle locuz.avv. *all'insù*, verso l'alto: *guardare all'—; dall'—*, dall'alto verso il basso; *per l'—*, con la parte inferiore in alto.

insubordinatezza [-téz-] *s.f.* l'essere insubordinato.

insubordinato *agg.* e *s.m.* che o chi non è subordinato all'autorità o ai propri superiori. SIN. *indisciplinato*.

insubordinazione [-zió-] *s.f.* **1** l'essere insubordinato. SIN. *indisciplina* **2** atto di ribellione.

insuccesso [-cès-] *s.m.* cattiva riuscita, fallimento di un progetto, di un'iniziativa, dell'attività di una persona. CONTR. *successo*.

insudiciare *v.tr.* [*io insùdicio ecc.*] rendere sudicio (anche *fig.*): *— un vestito; — la reputazione di qlcu* SIN. *imbrattare, sporcare, insozzare*.

insufficiente [-cièn-] *agg.* **1** che non è sufficiente; che non è adeguato **2** nel linguaggio scolastico, che non rivela sufficiente preparazione: *compito, interrogazione —; essere — in una materia*. SIN. *manchevole, scarso*. CONTR. *sufficiente*.

insufficienza [-cièn-] *s.f.* **1** l'essere insufficiente; inadeguato. SIN. *manchevolezza, scarsità* **2** voto scolastico inferiore a quello che si ritiene il minimo indispensabile per valutare positivamente la preparazione dello studente: *ebbe l'— in italiano* **3** (*med.*) diminuzione della funzionalità di un organo: *— cardiaca*.

insufflazione [-zió-] *s.f.* (*med.*) immissione di un gas nell'organismo, a scopo diagnostico o terapeutico.

insulare *agg.* di isola, delle isole / *l'Italia —*, le isole italiane nel loro insieme.

insulina *s.f.* (*scient.*) sostanza secreta dal pancreas, che regola il metabolismo degli zuccheri; usata nella terapia del diabete.

insulsaggine [-sàg-] *s.f.* **1** l'essere insulso **2** atto o detto di persona insulsa.

insulso *agg.* privo di spirito, sciocco: *ragazzo —; discorso —*.

insultare *v.tr.* e (*poet.*) *intr.* fare insulto a qlcu. o a qlco.: *facendo questo insulti tua madre; — alla patria*. SIN. *offendere, ingiuriare, oltraggiare*.

insulto *s.m.* **1** parola o atto di intento offensivo: *mi aggredì con volgari insulti; il tuo silenzio è un —*. SIN. *ingiuria, contumelia, insolenza, oltraggio* **2** (*med.*) grave accesso di una malattia: *— cardiaco*.

insuperabile [-rà-] *agg.* che non si può superare; straordinario, eccezionale.

insuperato *agg.* che non è stato superato; che finora è il migliore: *attore — nella parte di Amleto*.

insuperbire *v.tr.* [*io insuperbisco, tu insuperbisci ecc.*] far diventare superbo. SIN. *inorgoglire, imbaldanzire // v.intr.*, *-irsi v.rifl.pron.* diventare superbo.

insurrezionale *agg.* di insurrezione; degli insorti: *movimento —; governo —*.

insurrezione [-zió-] *s.f.* **1** ribellione di tutti o di un gruppo di cittadini contro il governo: *— armata*. SIN. *sommossa, sedizione, rivolta* **2** qualsiasi ribellione collettiva.

insussistente [-stèn-] *agg.* che non esiste; infondato.

insussistenza [-stèn-] *s.f.* l'essere insussistente; infondatezza.

intabarrarsi *v.rifl.* coprirsi bene con un grosso mantello o cappotto; imbacuccarsi.

intaccare *v.tr.* [*io intacco, tu intacchi ecc.*] fare una o più tacche; corrodere (anche *fig.*): *— una tavola, una lama; la ruggine intacca il ferro; la cancrena gli ha intaccato un piede / — il patrimonio*, sottrarne una parte, cominciare a consumarlo / *— la reputazione di qlcu.*, lederla // *v.intr.* (*region.*) intopparsi nel parlare, balbettare.

intaccatura *s.f.* atto, effetto dell'intaccare; tacca.

intacco *s.m.* [pl. *-chi*] **1** tacca, incisione **2** (*fig.*) diminuzione: *— del patrimonio, della reputazione*.

intagliare *v.tr.* [*io intàglio ecc.*] scolpire figure o decorazioni su legno o altro materiale: *— un mobile; — motivi floreali sulla superficie di un mobile*.

intagliato *agg.* decorato o lavorato con intagli.

intagliatore [-tó-] *s.m.* [f. *-trice*] chi esegue lavori di intaglio.

intaglio [-tà-] *s.m.* **1** l'arte, l'operazione dell'intagliare: *è un maestro dell'—* **2** il prodotto di tale arte; il soggetto, la figura intagliata.

intangibile [-gì-] *agg.* che non si può toccare; (*fig.*) che si deve rispettare e lasciare intatto: *principio —*.

intangibilità *s.f.invar.* l'essere intangibile.

intanto *avv.* **1** nel medesimo tempo: *finisco di mangiare, — avviatevi / per —*, per il momento **2** con valore avversativo: *dice sempre di sì, e — fa quello che vuole*.

intarsiare *v.tr.* [*io intàrsio* ecc.] incastrare su una superficie di legno pezzetti di legno diverso o di altro materiale, per formarvi un'immagine decorativa: *— un tavolino*.

intarsiato *agg.* decorato con intarsi: *— d'oro, di madreperla*.

intarsiatore [-tó-] *s.m.* [f. *-trice*] chi esegue lavori d'intarsio.

intarsio [-tàr-] *s.m.* **1** l'arte dell'intarsiare: *lavorare, decorare a —* **2** l'opera intarsiata: *un — di madreperla*.

intasamento [-mén-] *s.m.* l'intasare, l'intasarsi: *ho un forte — al naso; — stradale*.

intasare *v.tr.* ostruire un condotto con materiale vario; per estens., ostruire la viabilità di una strada: *i rifiuti hanno intasato il tubo di scarico; i gitanti hanno intasato l'autostrada* // **-arsi** *v.rifl.pron.* otturarsi, ostruirsi.

intascare *v.tr.* [*io intasco, tu intaschi* ecc.] mettere in tasca; denaro; (*fig.*) guadagnare: *intascò il gruzzolo e filò via; con quell'affare ho intascato poco*.

intatto *agg.* non toccato; non manomesso, non sciupato; immutato. SIN. *integro*.

intavolare *v.tr.* [*io intàvolo* ecc.] **1** mettere in tavola **2** aprire una discussione, una trattativa ecc.

integerrimo [-gèr-] *superl.* di → **integro**.

integrale *agg.* **1** totale, completo: *pubblicazione — delle opere di un autore* **2** si dice di alimento che conserva tutte le sue parti costituenti; non raffinato: *cereali integrali; miele —; zucchero —* **3** con altre parti costituisce una totalità; integrante / *calcolo —*, (*mat.*) somma di infiniti termini infinitesimi.

integralismo [-ʃmo] *s.m.* tendenza a imporre la propria dottrina politica, economica o morale nella sua integrità senza mediazione con altre tendenze e ideologie.

integralista *agg.* e *s.m.* e *f.* [pl.m. *-i*] che, chi sostiene un integralismo.

integralmente [-mén-] *avv.* del tutto, completamente, senza omissioni: *riportare — il testo*.

integrante *agg.* che con altre parti costituisce una totalità; indispensabile: *parte —*.

integrare *v.tr.* [*io integro* ecc.] completare aggiungendo ciò che manca: *— la teoria con la pratica* // **-arsi** *v.rifl.pron.* entrare a far parte organica di un insieme: *— nella società* // *v.rifl.rec.* completarsi a vicenda: *si integrano l'un con l'altro*.

integrativo *agg.* che integra, che serve a integrare.

integrato *agg.* e *s.m.* **1** che, chi è inserito in un complesso organico, e contribuisce a comporlo; si dice spec. di chi è organicamente inserito nella società in cui vive e l'accetta così come è: *minoranze etniche integrate; ex rivoluzionario —* **2** (*elettr.*) si dice di circuito in cui i dispositivi elementari si realizzano con procedimenti chimici direttamente su un supporto di materiale semiconduttore.

integrazione [-zió-] *s.f.* **1** atto, effetto dell'integrare o dell'integrarsi; ciò che integra **2** inserimento organico di una persona o di un gruppo in un gruppo sociale più ampio **3** (*econ.*) *cassa —*, abbreviazione di *cassa — guadagni* (C.I.G.), fondo sociale a carico delle aziende e dei lavoratori dipendenti che garantisce una parte della retribuzione perduta a quanti vengono sospesi dal lavoro per calamità naturali, difficoltà aziendali ecc.

integrazionismo [-ʃmo] *s.m.* la tendenza e l'attività politica volta all'integrazione di gruppi, spec. razziali.

integrità *s.f.invar.* l'essere integro (anche *fig.*). SIN. *onestà*.

integro [ìn-] *agg.* [superl. *integerrimo*] **1** completo, intero, intatto **2** (*fig.*) onesto, incorruttibile.

intelaiare *v.tr.* [*io intelàio* ecc.] mettere sul telaio; disporre in forma di telaio o di intelaiatura.

intelaiato *agg.* montato su telaio.

intelaiatura *s.f.* **1** il mettere sul telaio **2** l'insieme di pezzi connessi tra loro a formare un telaio **3** (*fig.*) struttura: *l'— dello stato*.

intellettivo *agg.* relativo all'intendere: *capacità intellettive*.

intelletto [-lèt-] *s.m.* **1** (*fil.*) la facoltà di formare, comprendere e ordinare i concetti: *l'ira gli fece perdere l'—* **2** comunemente, capacità di intendere e ragionare; intelligenza: *persona di grande —, / perdere il ben dell'—*, sragionare, impazzire **3** persona dotata di grande intelligenza.

intellettuale *agg.* che concerne l'intelletto o le opere dell'intelletto: *attività —* // *s.m.* e *f.* chi esercita un'attività intellettuale o ha spiccati interessi culturali.

intellettualismo [-ʃmo] *s.m.* **1** indirizzo filosofico che riporta all'attività dell'intelletto ogni forma di conoscenza **2** genericamente, la tendenza a sopravvalutare le esigenze dell'intelletto rispetto ai sentimenti e alle necessità della vita pratica.

intellettualistico [-li-] *agg.* [pl.m. *-ci*] relativo all'intellettualismo; atteggiamento —.

intelligencija, intellighentsia [intellighènzia] *s.f.* l'insieme degli intellettuali istituzionalmente accettati; per estens. (*iron.*), gruppo che si distingue per vivacità intellettuale: *l'— russa; quei due sono l'— della ditta*.

intelligente [-gèn-] *agg.* **1** che ha viva intelligenza: *un giovane —*. SIN. *capace, sagace, perspicace* **2** che è capace d'intendere: *l'uomo è un essere —* **3** che rivela intelligenza: *una domanda —*.

intelligenza [-gèn-] *s.f.* **1** la facoltà di intendere; l'atto e il modo di intendere: *— pronta, vivace, riflessiva*. SIN. *capacità, perspicacia* **2** interpretazione, comprensione: *il commento facilita l'— dell'opera* **3** persona dotata di grande intelligenza: *è una bella —, / le intelligenze celesti*, (*relig.*) gli angeli / *l'— prima, suprema*, Dio.

intelligibile [-gì-] *agg.* che si può intendere: *discorso —*. SIN. *comprensibile, chiaro* // *s.m.* (*fil.*) ciò che può essere conosciuto solo mediante la ragione: *il mondo dell'—*.

intelligibilità *s.f.invar.* l'essere intelligibile. SIN. *chiarezza, comprensibilità*.

intemelio [-mè-] *agg.* di Ventimiglia // *s.m.* abitante di Ventimiglia.

intemerata *s.f.* sgridata violenta, lavata di capo.

intemerato *agg.* puro, che è moralmente senza macchia.

intemperante *agg.* che non sa moderare i propri impulsi e i propri desideri. CONTR. *temperante*.

intemperanza *s.f.* l'essere intemperante; azione o detto di chi è intemperante. SIN. *incontinenza, smoderatezza*. CONTR. *temperanza*.

intemperie [-pè-] *s.f.invar.* spec. *pl.* l'insieme delle perturbazioni atmosferiche, quali il freddo improvviso, la pioggia, la neve, la grandine.

intempestività *s.f.invar.* l'essere intempestivo.

intempestivo *agg.* non tempestivo; che non è detto o fatto al momento giusto: *persona intempestiva; intervento —*. SIN. *inopportuno.* CONTR. *tempestivo.*

intendente [-dèn-] *s.m.* e *f.* chi è a capo di un ufficio o di un settore della pubblica amministrazione: *— di finanza.*

intendenza [-dèn-] *s.f.* ufficio dell'intendente; complesso di uffici amministrativi che fanno capo a un intendente: *— di finanza / — militare,* complesso dei servizi necessari a provvedere il vitto e l'equipaggiamento dei soldati.

intendere [-tèn-] *v.tr.* [coniugato come *tendere*] **1** udire; ascoltare, ubbidire; venire a sapere: *di laggiù non intesi la voce; non vuole — ragioni; ho inteso che si è sposato* **2** comprendere; capir bene, profondamente: *parla così difficile da non farsi —; non lo disse ma lo lasciò —* **3** interpretare, attribuire un significato; giudicare: *per cultura non s'intende solo l'erudizione; io l'intendo così* **4** aver intenzione; esigere, pretendere: *intendevo tornare presto; intendo esser servito perfettamente* **5** (*lett.*) tendere, rivolgere; badare: *— lo sguardo, la mente* // **-ersi** *v.rifl.pron.* aver profonda conoscenza o esperienza di qlco.: *s'intende di musica* // *v.rifl.rec.* capirsi, andare d'accordo: *noi due ci intendiamo benissimo / intendersela con qlcu.,* esser d'accordo, di solito nascostamente o per scopi illeciti.

intendimento [-mén-] *s.m.* **1** intenzione, scopo. SIN. *proposito* **2** la facoltà e l'atto dell'intendere.

intenditore [-tó-] *s.m.* [f. *-trice*] chi s'intende di qlco. per studio o per esperienza / *prov.: a buon intenditor poche parole,* bastano poche parole per spiegarsi con chi vuol capire.

intenerimento [-mén-] *s.m.* l'intenerire e l'intenerirsi (spec. *fig.*). SIN. *commozione.*

intenerire *v.tr.* [*io intenerisco, tu intenerisci ecc.*] **1** render tenero **2** (*fig.*) destar tenerezza: *la sua ingenuità mi intenerisce.* SIN. *commuovere* // **-irsi** *v.rifl.pron.* **1** diventar tenero **2** (*fig.*) commuoversi.

intensificare *v.tr.* [*io intensifico, tu intensifichi ecc.*] rendere più intenso // **-arsi** *v.rifl.pron.* diventar più intenso.

intensificazione [-zió-] *s.f.* atto, effetto dell'intensificare.

intensità *s.f.invar.* **1** qualità di ciò che è intenso; grado di forza o di attività: *— del colore; — dell'energia, del lavoro* **2** (*scient.*) grandezza fisica: *— elettrica, luminosa.*

intensivo *agg.* che intensifica, che serve a intensificare / *coltura intensiva,* che tende a sfruttare al massimo la capacità produttiva del terreno.

intenso [-tèn-] *agg.* dotato di grande energia; vigoroso; profondo; si dice di ciò che è fatto o pensato con continua applicazione: *luce intensa; colore —; intensa passione; studio —.*

intentabile[1] [-tà-] *agg.* che non si può tentare; impossibile: *tentare l'—,* fare anche ciò che sembra impossibile.

intentabile[2] [-tà-] *agg.* che si può intentare (detto di un'azione giudiziaria).

intentare *v.tr.* [*io intènto ecc.*] (*dir.*) promuovere, iniziare un'azione giudiziaria: *— causa contro qlcu.*

intentato *agg.* non tentato: *non lasciare nulla d'—.*

intento [-tèn-] *agg.* che rivolge attentamente i sensi o la mente a qlco.: *era tutto — alle sue faccende; stava con l'orecchio — a ogni piccolo rumore* // *s.m.* la meta che si

vuole raggiungere e a cui si tende con l'opera e col desiderio: *finalmente ha raggiunto il suo —; ho fatto questo con l'— di aiutarli.* SIN. *fine, scopo.*

intenzionale *agg.* che è detto o fatto con intenzione: *errore, delitto —* // **-mente** *avv.* di proposito.

intenzionalità *s.f.invar.* l'essere intenzionale.

intenzionato *agg.* che ha intenzione: *sono — di andare al mare; bene, male —,* con buone, cattive intenzioni.

intenzione [-zió-] *s.f.* disposizione, tendenza dell'animo verso un determinato scopo; desiderio, volontà, proponimento: *ho — di partire domani; non avevo — di farti del male; agire con buone, cattive intenzioni; lo ha detto con —,* di proposito; *senza —,* involontariamente; *agire, pregare secondo le intenzioni di qlcu.,* per esaudire i suoi desideri; *non è nelle mie intenzioni imbrogliare il prossimo; l'opera rimase solo un'—,* non fu realizzata. SIN. *mira, proposito.*

intepidire *v.tr.* [*io intiepidisco o tepidisco, tu intiepidisci o tepidisci ecc.*] rendere tiepido (anche *fig.*): *— il tè con un po' di latte; il tempo intiepidisce le passioni* // **-irsi** *v.rifl.pron.* diventare tiepido.

inter- [dal lat. *inter = tra*] prefisso che indica posizione fra due limiti (*interlinea, interplanetario*), oppure comunanza, riunione (*internazionale*).

interagire *v.intr.* [*io interagisco, tu interagisci ecc.*] agire reciprocamente: *le due circostanze interagiscono.*

interattivo *agg.* che interagisce, che può interagire: *terminale —,* in un elaboratore elettronico, quello che riceve informazioni dall'unità centrale, ma che può anche agire su di essa.

interaziendale *agg.* che riguarda più aziende, che si svolge tra più aziende: *torneo —.*

interazione [-zió-] *s.f.* azione reciproca tra due fenomeni; in particolare, in fisica, processo in cui si manifesta uno scambio di energia.

intercalare[1] *agg.* che si intercala in una serie: *giorno —,* il 29 febbraio // *s.m.* **1** verso o gruppo di versi che si ripete alla fine di ogni strofa; ritornello **2** parola o frase ripetuta spesso, senza vera necessità, nel discorso: *il suo — era: «Non è vero?».*

intercalare[2] *v.tr.* porre in mezzo, inserire, frapporre: *— molte figure al testo.*

intercambiabile [-bià-] *agg.* che si può cambiare o sostituire con altro: *registro a fogli intercambiabili; obiettivo fotografico —.*

intercapedine [-pè-] *s.f.* spazio vuoto tra due superfici (p.e. tra due muri, oppure nelle navi, tra il fasciame esterno e quello interno).

intercategoriale *agg.* che riguarda più categorie: *organizzazione sindacale —.*

intercedere [-cè-] *v.intr.* [*io intercèdo ecc.*] **1** intercorrere: *fra i due non intercede alcun rapporto* **2** intervenire presso qlcu. per ottenere qlco. in favore di altri // *v.tr.* ottenere intercedendo: *— la grazia per qlcu.*

intercessione [-sió-] *s.f.* atto, effetto dell'intercedere. SIN. *mediazione.*

intercessore [-só-] *s.m.* [f.rar. *interceditrice*] chi intercede.

intercettamento [-mén-] *s.m.* l'intercettare.

intercettare *v.tr.* [*io intercètto ecc.*] impedire che persone o cose giungano a destinazione: *— una pattuglia nemica, una lettera / — una comunicazione telefonica, telegrafica,* cogliere il messaggio senza interrompere la comunicazione.

intercettatore [-tó-] *agg.* e *s.m.* [f. *-trice*] che, chi intercetta.

intercettazione [-zió-] *s.f.* atto, effetto dell'intercettare.

interclassismo [-fmo] *s.m.* tendenza politica che considera possibile una libera collaborazione sociale ed economica delle diverse classi.

interclassista *agg.* e *s.m.* e *f.* [pl.m. *-i*] che, chi tende all'interclassismo.

intercolumnio [-lùm-] *s.m.*, **intercolunnio** [-lùn-] *s.m.* (*arch.*) spazio tra due colonne [*ill. Architettura*].

intercomunale *agg.* che interessa o collega due o più comuni: *una telefonata —*.

intercomunicante *agg.* che si trova in reciproca comunicazione con qlco.: *camere intercomunicanti*.

interconnessione [-sió-] *s.f.* (*scient.*) connessione reciproca; in informatica, possibilità data a due o più elaboratori di utilizzare le stesse unità periferiche e di comunicare tra loro.

intercontinentale *agg.* che collega diversi continenti: *linea aerea —* / *missile —*, che può colpire un obiettivo situato in un altro continente.

intercorrere [-cór-] *v.intr.* [coniugato come *correre*] essere frapposto; passare, trovarsi in mezzo (anche *fig.*): *fra l'una e l'altra guerra intercorse un anno; tra i due fatti non intercorre alcun rapporto.*

intercostale *agg.* (*anat.*) situato, localizzato tra due costole: *spazio —; dolore —.*

interdetto [-dét-] *agg.* colpito da interdizione o da interdetto: *— dai pubblici uffici; sacerdote — // s.m.* censura ecclesiastica con la quale si privano i fedeli di alcuni sacramenti, oppure si proibisce in un determinato territorio la celebrazione di qualunque rito.

interdipendente [-dèn-] *agg.* si dice di fatti, fenomeni ecc., che dipendono reciprocamente.

interdipendenza [-dèn-] *s.f.* rapporto di reciproca dipendenza.

interdire *v.tr.* [coniugato come *dire*] **1** vietare in forza di un'autorità: *— a uno di parlare; — l'ingresso dei veicoli.* SIN. *inibire, proibire, vietare* **2** colpire con l'interdizione o con l'interdetto: *— l'esercizio dei diritti civili; — un sacerdote.*

interdisciplinare *agg.* che tiene conto dei collegamenti tra diverse discipline, spec. dal punto di vista del loro insegnamento: *una ricerca —; un insegnamento —.*

interdisciplinarità *s.f.invar.* carattere interdisciplinare.

interdizione [-zió-] *s.f.* **1** atto, effetto dell'interdire. SIN. *proibizione* **2** (*dir.*) esclusione dall'esercizio dei diritti civili in seguito a condanne penali o per abituale infermità di mente.

interessamento [-mén-] *s.m.* il mostrare interesse per qlco., per qlcu.; il darsi da fare per aiutarlo: *ha trovato lavoro grazie al vostro —.*

interessante *agg.* che desta interesse: *uno spettacolo — / donna in stato —*, incinta.

interessare *v.tr.* [*io interèsso* ecc.] **1** essere d'interesse, concernere: *gli sviluppi della situazione interessano tutti.* SIN. *riguardare* **2** suscitare interesse, curiosità: *la commedia interessò gli spettatori* **3** mettere a parte di un'iniziativa, di un interesse: *— gli operai ai profitti dell'azienda* **4** destare in altri interesse a favore di qlcu. o di qlco.: *ho interessato per te il sindaco // v.intr.* avere importanza, essere d'interesse: *questo interessa a voi //* **-arsi** *v.rifl.pron.* **1** mostrare, prendere interesse a qlco.: *— alla narrazione* **2** prendersi cura di qlcu. o di qlco.: *mi interessai di lui, per il suo lavoro.*

interessato *agg.* **1** che ha interesse, nei vari significati di questo termine: *essere — a partire; essere — a una materia di studio, a un'arte; essere — in un'azienda, in* una speculazione **2** (*spreg.*) mosso dal proprio tornaconto, avido di guadagno; fatto a fine di lucro: *una persona interessata; proposte interessate.* CONTR. *disinteressato // s.m.* chi ha interesse in qlco., la persona in causa: *bisogna chiamare l'—.*

interesse [-rès-] *s.m.* **1** somma che si ha come frutto di un capitale dato a prestito: *l'— del cinque per cento* **2** affare, faccenda, attività da cui si trae un utile: *sa badare ai propri interessi* **3** tornaconto, utilità, lucro: *lo dico per vostro —; guarda solo all'—.* CONTR. *disinteresse* **4** disposizione d'animo per cui si rivolge particolare attenzione a qlcu. o a qlco.: *lo spettacolo non suscitò alcun —.* CONTR. *disinteresse.*

interessenza [-sèn-] *s.f.* (*econ.*) partecipazione agli utili di un'azienda o di un affare.

interezza [-réz-] *s.f.* **1** l'essere intero; totalità **2** (*fig.*) integrità morale.

interfaccia [-fàc-] *agg.* e *s.m.invar.* (*tecn.*) si dice di ogni dispositivo di collegamento tra due parti di un sistema.

interferenza [-rèn-] *s.f.* (*fis.*) **1** fenomeno per cui due onde luminose o sonore, sovrapponendosi, producono un rafforzamento oppure un'attenuazione della luce o del suono **2** (*fig.*) sovrapposizione d'interessi, di competenze ecc.; inframmettenza.

interferire *v.intr.* [*io interferisco, tu interferisci* ecc.] **1** detto di onde luminose o sonore, dar luogo a interferenza **2** (*fig.*) intromettersi, sovrapporsi di idee, interessi, competenze ecc.

interferon [-tèr-] *s.m.invar.*, **interferone** [-ró-] *s.m.* sostanza proteica prodotta dalle cellule esposte a infezione virale, che combatte l'infezione stessa.

interfogliare *v.tr.* [*io interfòglio* ecc.] inserire fogli bianchi tra i fogli di un libro o un registro.

interfonico [-fò-] *agg.* e *s.m.* [pl.m. *-ci*] (*tecn.*) si dice di apparecchio che consente la comunicazione a voce tra diversi locali di uno stesso edificio o simili.

interfono [-fò-] *s.m.invar.* apparecchio interfonico.

intergalattico [-làt-] *agg.* [pl.m. *-ci*] (*astr.*) che sta tra le galassie o tra una galassia e l'altra: *spazio —; distanza intergalattica; viaggio —.*

interglaciale *agg.* (*geol.*) si dice dei periodi a clima secco e caldo interposti tra quelli glaciali.

interiezione [-zió-] *s.f.* parte invariabile del discorso che esprime un moto improvviso dell'animo, di meraviglia, di dolore, di gioia ecc.; è lo stesso di esclamazione.

interim [*lat., pr.* interim = *frattanto*] *s.m.* il periodo che intercorre tra il momento in cui un governante o un funzionario cessa dalle sue funzioni e la nomina del successore / *ministro ad —*, che regge provvisoriamente un ministero.

interinale *agg.* che si riferisce a un interim; temporaneo, provvisorio.

interinato *s.m.* il periodo di tempo in cui un ufficio è retto ad interim; l'ufficio così esercitato: *— medico.*

interino *agg.* e *s.m.* incaricato temporaneamente, in mancanza del titolare.

interiora [-rió-] *s.f.pl.*, gli intestini e gli altri organi contenuti nelle cavità toracica e addominale. SIN. *visceri.*

interiore [-rió-] [*compar.* di *interno*] *agg.* che è dentro o più dentro; interno: *il cortile —* / *vita —*, dello spirito. CONTR. *esteriore.*

interiori [-rió-] *s.m.pl.* → **interiora**

interiorità *s.f.invar.* l'essere interiore; spiritualità, vita interiore: *persona ricca di —.*

interiorizzare [-riʒʒa-] *v.tr.* (*psic.*) trasferire nella propria coscienza: — *un conflitto*.

interlinea [-lì-] *s.f.* **1** spazio bianco che separa due righe stampate o scritte [*ill. Scrivere, macchina per*] **2** sottile laminetta di metallo che distanzia le linee nella composizione tipografica // *agg.* interlineare.

interlinea[1] *agg.* che sta tra linea e linea, tra riga stampata o scritta: *traduzione — di un testo*.

interlineare[2] *v.tr.* [*io interlineo ecc.*] separare le righe con l'interlinea.

interlocutore [-tó-] *s.m.* [f. *-trice*] chi prende parte a un dialogo o a una discussione; la persona con cui si parla.

interlocutorio [-tò-] *agg.* **1** che tende a suscitare un dialogo, a provocare una risposta: *proposta interlocutoria* **2** (*dir.*) provvisorio (detto di sentenze che risolvono problemi pregiudiziali o secondari).

interloquire *v.intr.* [*io interloquisco, tu interloquisci ecc.*] mettere bocca, intervenire in un dialogo.

interludio [-lù-] *s.m.* (*mus.*) composizione sinfonica che collega due quadri di un'opera teatrale; breve composizione organistica che si esegue tra le due strofe di un inno.

intermediario [-dià-] *agg.* che serve di unione o di nesso: *una funzione intermediaria* // *s.m.* chi facilita la conclusione di un affare fra due contraenti; mediatore.

intermediazione [-zió-] *s.f.* l'attività di un intermediario o di intermediari.

intermedio [-mè-] *agg.* che è in mezzo fra due: *colore, grado* —.

intermezzo [-mèʒʒo] *s.m.* **1** spazio di tempo tra un atto e l'altro di una rappresentazione teatrale; breve azione scenica che riempie questo spazio **2** breve composizione orchestrale analoga all'interludio; pezzo pianistico simile alla romanza **3** intervallo; pausa.

interminabile [-nà-] *agg.* che non ha mai termine; lunghissimo: *una discussione* —.

interministeriale *agg.* che riguarda diversi ministeri: *comitato* —.

intermittente [-tèn-] *agg.* che s'interrompe a intervalli regolari; *luce, segnale* —.

intermittenza [-tèn-] *s.f.* l'essere intermittente.

internamento [-mén-] *s.m.* atto, effetto dell'internare.

internare *v.tr.* [*io intèrno ecc.*] **1** relegare in carcere, in sedi coatte o in campi di concentramento **2** rinchiudere in un ospedale psichiatrico // **-arsi** *v.rifl.pron.* penetrare addentro.

internato[1] *agg.* e *s.m.* che o chi è stato rinchiuso in un campo di concentramento o in manicomio.

internato[2] *s.m.* l'essere alunno interno in un collegio; i locali occupati da tali alunni.

internazionale *agg.* che riguarda o interessa più nazioni: *diritto* — // **Internazionale** *s.f.* nome con cui sono state designate varie associazioni operaie internazionali; inno internazionale dei lavoratori.

internazionalismo [-ʃmo] *s.m.* ogni tendenza che mira all'unione di individui e classi al disopra delle diversità nazionali.

internazionalista *s.m.* e *f.* [pl.m. *-i*] **1** sostenitore dell'internazionalismo **2** appartenente all'Internazionale.

internazionalità *s.f.invar.* l'essere internazionale.

internazionalizzare [-liʒʒa-] *v.tr.* rendere internazionale; sottoporre a controlli internazionali: — *un territorio*.

internista *s.m.* e *f.* [pl.m. *-i*] medico specializzato in medicina interna.

interno [-tèr-] *agg.* [compar. *interiore*; superl. *intimo*]

che è dentro, di dentro: *la scala interna*; *gioia interna / alunno* —, che vive in un convitto unito alla scuola / *mare* —, circondato quasi dal tutto da terre / *navigazione interna*, che si svolge su fiumi, canali, laghi / *commercio* —, che si svolge dentro il paese / *medicina interna*, che cura gli organi interni, senza interventi diretti / *voce interna*, della coscienza. CONTR. *esterno* // *s.m.* **1** la parte che è dentro: *l'— dell'edificio*; *nell'— dell'animo / ministero degli interni*, dei principali affari interni di uno stato **2** *pl.* (*cinem.*) scene girate in studio o in locali chiusi **3** studente o laureato in medicina che, allo scopo di perfezionarsi, frequenta un istituto **4** (*sport*) → **mezzala**.

inter nos [*lat.*] *locuz.* che significa «fra noi», con idea di segretezza, di confidenza: *queste cose le diciamo inter nos, non in pubblico!*

intero [-té-] *agg.* **1** che ha tutte le sue parti; in tutto il suo essere, la sua estensione, la sua durata; tutto quanto: *un — inverno*; *una regione intera*; *un popolo — / abito* —, costituito da un pezzo solo / *numero* —, (*mat.*) ciascun numero della serie dei numeri naturali e dei numeri relativi / *foglia intera*, di forma compatta, senza frastagliature [*ill. Foglia*] **2** pieno, assoluto: *ho in voi intera fiducia* // *s.m.* il tutto, tutta la quantità: *dividete l'— nelle sue parti / per* —, interamente, del tutto.

interpartitico [-tì-] *agg.* [pl.m. *-ci*] che riguarda più partiti politici; formato da rappresentanti di più partiti: *comitato* —.

interpellanza *s.f.* l'interpellare; in particolare, richiesta di spiegazioni su materia di rilevante interesse pubblico che un parlamentare presenta al governo illustrandone i motivi con un discorso.

interpellare *v.tr.* [*io interpèllo ecc.*] rivolgersi a una persona autorevole, per chiedere il suo parere su qlco.: *dovrò — lo specialista*. SIN. **interrogare**.

interpersonale *agg.* che si svolge tra due o più persone: *rapporti interpersonali*.

interpetrare e *deriv.* → **interpretare** e *deriv.*

interpiano *s.m.* (*edil.*) nelle scale, il piano di collegamento tra due rampe; pianerottolo.

interplanetario [-tà-] *agg.* che è, che avviene tra i pianeti: *spazio* —; *viaggio* —.

interpolare *v.tr.* [*io intèrpolo ecc.*] **1** inserire in un testo parole o frasi a esso estranee **2** (*mat.*) effettuare un'interpolazione.

interpolazione [-zió-] *s.f.* **1** parole o frasi interpolate: *un testo pieno di interpolazioni* **2** (*mat.*) determinazione induttiva dell'andamento di una curva per valori delle variabili che siano intermedi rispetto a quelli per cui l'andamento è noto.

interporre [-pór-] *v.tr.* [coniugato come *porre*] porre in mezzo: — *ostacoli, del tempo / — ricorso, appello*, (*dir.*) ricorrere, appellarsi / *per interposta persona*, attraverso la mediazione di qlcu.

interposizione [-ʃizió-] *s.f.* l'interporre, l'interporsi.

interpretare *v.tr.* [*io intèrpreto ecc.*] **1** dare una spiegazione a cosa che sia o sembri oscura: — *i sogni; non riesco a — questa iscrizione / — la legge*, applicarla con giustizia **2** attribuire un significato a qlco.: *non devi — le sue parole come un'offesa / — i desideri di qlcu.*, capirli **3** sostenere una parte in un'opera teatrale o cinematografica o eseguire un pezzo di musica vocale o strumentale: — *una parte, un personaggio, un pezzo*.

interpretativo *agg.* che tende a interpretare.

interpretazione [-zió-] *s.f.* atto, modo di interpretare.

interprete [-tèr-] *s.m.* e *f.* **1** chi interpreta, chi dà spiegazioni di cosa che sembri o sia oscura **2** chi traduce oralmente discorsi o scritti da una lingua in un'altra: *fa l'— alla C.E.C.A. / fatti — della mia gratitudine presso di lui,* (fig.) esprimigliela **3** attore, cantante, musicista che interpreta una parte, un pezzo: *il più sensibile — di Bach.*

interprovinciale *agg.* che concerne più province: *accordo, consorzio —.*

interpunzione [-zió-] *s.f.* **1** (*gramm.*) la punteggiatura ortografica, cioè il modo di dividere periodi, proposizioni ecc. con segni convenzionali, quali il punto, la virgola, la lineetta ecc. **2** (*mus.*) i segni delle pause e simili.

interramento [-mén-] *s.m.* atto, effetto dell'interrare o dell'interrarsi.

interrare *v.tr.* [*io intèrro ecc.*] **1** introdurre nella terra: *— un seme* **2** coprire, colmare di terra, sabbia o sassi una cavità del terreno o un alveo d'acque: *— una paludé //* **-arsi** *v.rifl.pron.* colmarsi, riempirsi di terra, detto di un alveo, di un bacino, di un porto.

interregionale *agg.* che concerne più regioni: *accordo —.*

interregno [-ré-] *s.m.* il periodo intercorrente fra la morte, l'abdicazione o la deposizione di un sovrano e la nomina del successore; per esten., periodo in cui una carica, un posto direttivo è scoperto.

interrogare *v.tr.* [*io intèrrogo, tu intèrroghi ecc.*] rivolgere una o più domande a qlcu. per avere informazioni o spiegazioni o per accertarsi che sappia: *il magistrato interrogò il testimone; oggi sarò interrogato in filosofia.*

interrogativo *agg.* che indica interrogazione e ha per scopo l'interrogare: *frase, occhiata interrogativa; tono —; punto —* / *proposizione interrogativa,* quella con cui si fa una domanda // *s.m.* interrogazione, domanda; cosa misteriosa, incerta; persona difficile da comprendere: *avevo nel capo mille interrogativi; il futuro è un — per ogni uomo; quel ragazzo è un — per noi.*

interrogatore [-tó-] *s.m.* [f. *-trice*] chi interroga, spec. per ragioni concernenti il suo ufficio.

interrogatorio [-tó-] *agg.* da interrogatore; che costituisce interrogatorio: *parlare in tono — // s.m.* complesso delle domande rivolte dal magistrato all'imputato o al teste, con le relative risposte: *subire un lungo —.*

interrogazione [-zió-] *s.f.* **1** atto, effetto dell'interrogare: *fare un'— / un'— di italiano, di matematica,* serie di domande sulla materia rivolte da un insegnante a un alunno per accertarne la preparazione **2** (*burocr.*) richiesta di spiegazioni su materia di pubblico interesse che un parlamentare presenta per iscritto al governo.

interrompere [-róm-] *v.tr.* [coniugato come *rompere*] far cessare: *un'attività, la monotonia, la corrente elettrica; quando parlo, m'interrompi sempre.* SIN. *sospendere, troncare //* **-ersi** *v.rifl.pron.* arrestarsi temporaneamente: *— nel discorso.*

interrotto [-rót-] *agg.* non continuo, spezzato.

interruttore [-tó-] *s.m.* apparecchio che serve ad aprire e chiudere un circuito elettrico [*ill. Elettrica, energia*].

interruzione [-zió-] *s.f.* atto, effetto dell'interrompere o dell'interrompersi: *— delle trattative; — della corrente elettrica / — di gravidanza,* aborto / *senza —,* di continuo. SIN. *sospensione.*

interscambio [-scàm-] *s.m.* (*econ.*) l'insieme delle esportazioni e importazioni tra due paesi; il loro valore in moneta.

intersecare *v.tr.* [*io intèrseco, tu intèrsechi ecc.*] attraversare, tagliare attraverso: *una retta ne interseca un'al-*

tra // **-arsi** *v.rifl.rec.* tagliarsi, attraversarsi a vicenda: *in quel punto le due strade s'intersecavano.*

intersessualità *s.f.invar.* (*biol.*) fenomeno per cui in una specie animale o in alcuni individui della specie si ha il mutamento delle caratteristiche sessuali originali in quelle del sesso opposto.

intersettoriale *agg.* che riguarda diversi settori o rapporti tra settori: *programmazione —.*

intersezione [-zió-] *s.f.* l'intersecare, l'intersecarsi; il punto in cui due cose si intersecano.

interstazionale *agg.* e *s.m.* si dice di ciò che riguarda il collegamento tra due o più stazioni: *tram —.*

interstellare *agg.* (*astr.*) che sta tra le stelle o tra una stella e l'altra: *spazio —; distanza —; viaggio —.*

interstiziale *agg.* dell'interstizio; che sta in un interstizio.

interstizio [-sti-] *s.m.* breve spazio tra due corpi o due parti dello stesso corpo: *nell'— tra il letto e la parete.*

intertempo [-tèm-] *s.m.* tempo parziale, in una gara sportiva.

intertrigine [-trì-] *s.f.* (*med.*) arrossamento della pelle che si verifica nelle zone in cui due superfici cutanee subiscono un reciproco sfregamento o la macerazione da sudore.

interurbana *agg.* e *s.f.* si dice di comunicazione telefonica tra città e città.

interurbano *agg.* che concerne due o più città: *tram —; traffico telefonico —.*

intervallare *v.tr.* distanziare con intervalli di spazio o di tempo.

intervallo *s.m.* **1** spazio che intercorre tra due oggetti **2** periodo di tempo che intercorre tra due azioni; pausa nel corso di uno spettacolo: *un — di dieci minuti.*

intervenire *v.intr.* [coniugato come *venire*] **1** mettersi in mezzo per cambiare il corso degli avvenimenti: *— in un conflitto; è intervenuta la forza pubblica* **2** prendere parte a una riunione, a una manifestazione ecc. **3** (*med.*) effettuare un intervento chirurgico.

interventismo [-fmo] *s.m.* atteggiamento di chi propugna l'intervento di uno stato in una guerra già in atto tra altri stati.

interventista *agg.* e *s.m.* e *f.* [pl.m. *-i*] che sostiene l'interventismo: *partito —; un gruppo di interventisti.*

intervento [-vèn-] *s.m.* **1** atto dell'intervenire: *l'— della polizia / non —,* principio con cui uno stato s'impegna a non intervenire nella politica interna degli altri stati **2** l'entrare in una discussione: *il suo — al congresso fu decisivo* **3** (*dir.*) la partecipazione a un processo da parte di chi ritenga di avervi un interesse **4** (*med.*) operazione chirurgica.

intervista *s.f.* colloquio che un giornalista o altri ha con una persona dalla quale desidera ottenere informazioni o dichiarazioni di pubblico interesse.

intervistare *v.tr.* fare un'intervista a qlcu.

intervistatore [-tó-] *agg.* e *s.m.* [f. *-trice*] che, chi intervista.

interzato *agg.* e *s.m.* (*arald.*) si dice di scudo di tre smalti diverso, diviso in tre parti uguali da due linee parallele verticali, orizzontali o oblique.

intesa [-té-] *s.f.* **1** accordo, per lo più tacito o segreto, tra persone o gruppi di persone **2** accordo tra stati; l'insieme degli stati legati da un accordo.

inteso [-té-] *agg.* **1** che mira a un determinato fine: *opere intese a migliorare le comunicazioni* **2** d'accordo; convenuto: *allora siamo intesi sul da farsi; resta che sarai mio ospite / darsene per —,* mostrare di aver capito.

intessere [-tès-] *v.tr.* [coniugato come *tessere*] **1** tessere insieme; unire strettamente come per formare un tessuto: — *fili dorati nell'arazzo*; — *un cestello di vimini.* SIN. *intrecciare* **2** (*fig.*) comporre; macchinare: — *un discorso*; — *inganni.*

intestare *v.tr.* [*io intèsto ecc.*] **1** scrivere il titolo o l'intestazione sulla prima pagina di un libro, in cima a un foglio e simili: — *una pagina* **2** porre un bene al nome di qlco.; iscrivere un bene nei pubblici registri al nome del titolare: — *un libretto di risparmio.*

intestarsi *v.rifl.pron.* mettersi in testa di fare qlco. ad ogni costo. SIN. *ostinarsi.*

intestatario [-tà-] *agg.* e *s.m.* si dice di colui a cui è intestato qlco.

intestato¹ *agg.* incaponito: *è — nelle sue idee.*

intestato² *agg.* che reca un'intestazione: *foglio da lettera —; libretto di risparmio — a qlcu.*

intestato³ *agg.* (*dir.*) si dice di chi muore senza aver fatto testamento.

intestazione [-zió-] *s.f.* **1** l'intestare **2** insieme di diciture che formano la testata di un foglio di carta da lettere, di una pratica, di un conto ecc.

intestinale *agg.* dell'intestino.

intestino *s.m.* (*anat.*) parte dell'apparato digerente, a forma di tubo che va dallo stomaco all'apertura anale // *agg.* interiore, interno; si dice di guerra, discordia, lotta che avviene in seno a un organismo, a una città, a uno stato.

intiepidire *v.tr.* → **intepidire**.

intimare *v.tr.* [*io intimo* o *intimo ecc.*] ordinare autorevolmente e con decisione: — *la resa / — la guerra*, dichiararla. SIN. *comandare, ingiungere, imporre.*

intimazione [-zió-] *s.f.* l'intimare; l'atto, le parole con cui si intima. SIN. *comando, ordine, imposizione, ingiunzione.*

intimidatorio [-tò-] *agg.* che ha il carattere di una intimidazione: *una frase intimidatoria.*

intimidazione [-zió-] *s.f.* parola o atto che tende a ottenere obbedienza minacciando. SIN. *minaccia.*

intimidire *v.tr.* [*io intimidisco ecc.*] **1** render timido: *la*

intestino e apparato digerente

1 *esofago*, 2 *stomaco*, 3 *piloro*, 4 *duodeno*, 5 *colon ascendente*, 6 *intestino cieco*, 7 *appendice*, 8 *colon traverso*, 9 *colon discendente*, 10 *intestino tenue*, 11 *retto.*

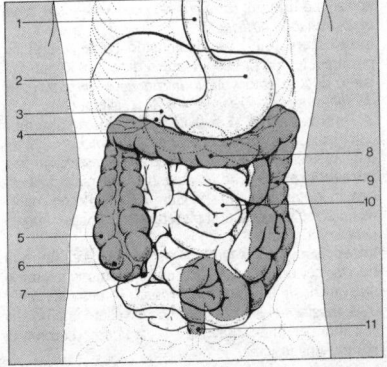

tua presenza lo ha intimidito **2** minacciare. SIN. *intimorire* // **-irsi** *v.rifl.pron.* diventare timido, provare un certo timore.

intimismo [-ʃmo] *s.m.* atteggiamento di chi, nella creazione artistica, si ispira a fatti intimi, personali.

intimista *agg.* e *s.m.* e *f.* [pl.m. *-i*] che, chi tende all'intimismo.

intimità *s.f.* **1** l'essere intimo con qlcu.; natura di ciò che è intimo: — *di rapporti* **2** ambiente dove ci si ritrova con persone intime o dove si è liberi e a proprio agio (anche *fig.*): *nell'— della famiglia; nell'— della propria coscienza* **3** spec. pl. azione, espressione da persone intime.

intimo [in-] *agg.* [*superl.* di *interno*] **1** che è il più interno, il più addentro (anche *fig.*): *le intime viscere della Terra; le intime radici dell'odio* **2** più riposto, più nascosto, più segreto: *le parti intime del corpo / biancheria intima*, che si tiene a contatto della pelle **3** (*fig.*) si dice di stretto legame spirituale e affettivo, e di persone unite da un tale legame: *un'intima amicizia; un — amico / un pranzo —*, tra familiari o pochi amici // *s.m.* **1** la parte più interna, più riposta (spec. *fig.*): *nell'— dell'animo* **2** amico stretto: *è un — di casa* // **-mente** *avv.* **1** profondamente, nel profondo dell'animo: — *commosso* **2** strettamente: *fatti — collegati.*

intimorire *v.tr.* [*io intimorisco, tu intimorisci ecc.*] incutere timore. SIN. *spaventare, intimidire* // **-irsi** *v.rifl.pron.* essere preso da timore.

intingere [-tìn-] *v.tr.* [coniugato come *tingere*] tuffare leggermente in un liquido, immergere: — *la penna nel calamaio, il biscotto nel tè.*

intingolo [-tìn-] *s.m.* (*cuc.*) nome generico del sugo in cui cuoce una pietanza.

intirizzire [-riʒʒi-] *v.tr.* [*io intirizzisco, tu intirizzisci ecc.*] agghiacciare tanto da diminuire le facoltà sensoriali e di movimento: *il freddo mi ha intirizzito* // *v.intr.*, **-irsi** *v.rifl.pron.* diventare rigido, perdere la sensibilità a causa del freddo.

intirizzito [-riʒʒi-] *agg.* irrigidito per il freddo.

intitolare *v.tr.* [*io intitolo ecc.*] **1** dare il titolo a un libro, a un capitolo e simili **2** dedicare a qlcu. una chiesa, una strada, un edificio pubblico, in segno di venerazione o di omaggio // **-arsi** *v.rifl.pron.* avere per titolo; essere dedicato.

intoccabile [-cà-] *agg.* che non può o non deve essere toccato / *gli intoccabili*, in India, i paria.

intollerabile [-rà-] *agg.* che non può e non deve essere tollerato. SIN. *insopportabile.*

intollerabilità *s.f.invar.* l'essere intollerabile.

intollerante *agg.* e *s.m.* e *f.* che o chi non sopporta opinioni diverse dalle proprie; chi si impazientisce facilmente: *ha un carattere —; un gesto —; è un —.* SIN. *impaziente, insofferente, intransigente.* CONTR. *tollerante.*

intolleranza *s.f.* l'essere intollerante. SIN. *insofferenza, intransigenza.* CONTR. *tolleranza.*

intonacare *v.tr.* [*io intònaco, tu intònachi ecc.*] ricoprire con intonaco.

intonacatura *s.f.* operazione dell'intonacare; l'effetto di tale operazione.

intonaco [-tò-] *s.m.* [pl. *-ci* o *-chi*] strato di malta applicato a una muratura per renderne liscia e uniforme la superficie.

intonare *v.tr.* [*io intòno ecc.*] **1** (*mus.*) mettere nel tono giusto la voce o uno strumento musicale, prima di cantare o di sonare; mettere in accordo più voci o più strumenti su di una nota fondamentale **2** (*poco com.*)

esercitare la voce per imparare a cantare senza stonare; cantare o sonare senza stonature. CONTR. *stonare* **3** cantare o sonare le prime note di un pezzo musicale, per lo più per dare l'avvio ad altri che devono seguire: *una ragazza intonò la canzone e le altre fecero coro / — un discorso*, incominciarlo con tono solenne **4** *(fig.)* armonizzare, mettere in accordo forme, colori e simili // **-arsi** *v.rifl.pron.* mettersi, trovarsi in accordo: *questo abito non s'intona alla circostanza*.

intonato *agg.* che è nel tono giusto (anche *fig.*), che canta o suona nel tono giusto (detto di voce o di strumento musicale); che sa cantare senza stonare (detto di persona). CONTR. *stonato*.

intonazione [-zió-] *s.f.* **1** *(mus.)* realizzazione dell'altezza tonale dei suoni scritti, in una esecuzione musicale o vocale **2** l'intonare (anche *fig.*): *— di un discorso; bella — di colori*.

intonso [-tòn-] *agg.* si dice di libro nuovo, che ha le pagine non ancora tagliate; per estens., di lettura o altro che non si sia nemmeno iniziato.

intontimento [-mén-] *s.m.* effetto dell'intontire e dell'intontirsi.

intontire *v.tr.* [*io intontisco, tu intontisci ecc.*] far diventare tonto; lasciar come istupidito: *la luce e il rumore mi intontirono*. SIN. *stordire* // *v.intr.* diventar tonto o come tonto.

intontito *agg.* stordito, istupidito.

intoppare *v.tr.* [*io intòppo ecc.*] *(poco com.)* urtare, incontrare d'improvviso: *mentre scappava intoppò un poliziotto* // *v.intr.* urtare in cose o persone (anche *fig.*): *— in un nemico; — in mille difficoltà*.

intoppo [-tòp-] *s.m.* ciò che ostacola un'azione: *incontrammo molti intoppi, ma riuscimmo lo stesso*. SIN. *incaglio, contrattempo, ostacolo*.

intorbidare *v.tr.* [*io intórbido ecc.*] far diventare torbido (anche *fig.*): *— i pensieri, i sentimenti / — le acque, (fig.)* provocare ad arte confusione di cose o di idee // *v.intr.,* **-arsi** *v.rifl.pron.* divenire torbido (anche *fig.*): *il vino è intorbidato; la situazione s'intorbidisce*.

intorbidire *v.tr.* e *intr.,* **intorbidirsi** *v.rifl.pron.* → **intorbidare**.

intorno [-tór-] *avv.* di luogo in giro, nello spazio circostante; circolarmente: *i fogli erano sparsi lì —; aspettava guardando tutt'— // prep. impropria* **1** indica stato, o movimento, nello spazio circostante qlco.: *una benda — alla fronte; un cordone di polizia — al palazzo; un satellite artificiale gira — alla Terra* **2** indica approssimazione di numero: *i presenti erano — a mille* **3** indica argomento: *una lezione — a problemi di fisica*.

intorpidimento [-mén-] *s.m.* atto, effetto dell'intorpidire o dell'intorpidirsi.

intorpidire *v.tr.* [*io intorpidisco, tu intorpidisci ecc.*] far diventare torpido (anche *fig.*): *il gelo intorpidisce le membra; questo lavoro intorpidisce l'intelligenza* // *v.intr.,* **-irsi** *v.rifl.pron.* diventar torpido (anche *fig.*).

intossicare *v.tr.* [*io intòssico, tu intòssichi ecc.*] provocare uno stato di intossicazione, avvelenare (anche *fig.*). CONTR. *disintossicare* // **-arsi** *v.rifl.pron.* avvelenarsi.

intossicato *agg.* affetto da intossicazione (anche *fig.*): *organismo —; animo —*.

intossicazione [-zió-] *s.f.* stato morboso provocato nell'organismo dall'azione di sostanze tossiche o divenute tali; avvelenamento.

intra- [dal lat. *intra = dentro*] prefisso che significa «dentro, all'interno, tra » (*intramuscolare, intramezzare, intravedere*).

intracellulare *agg.* *(biol.)* interno alla cellula.

intradermoreazione [-zió-] *s.f.* *(med.)* prova diagnostica consistente nell'iniettare nella pelle sostanze che rivelano lo stato immunitario dell'organismo.

intradosso [-dòs-] *s.m.* *(arch.)* la superficie interna, quindi concava, di un arco o di una volta [*ill. Architettura*].

intraducibile [-cì-] *agg.* che non si può tradurre.

intralciare *v.tr.* [*io intràlcio ecc.*] rendere difficoltoso frapponendo ostacoli: *— il traffico*. SIN. *ostacolare, impacciare, imbarazzare*.

intralcio [-tràl-] *s.m.* ostacolo, viluppo di difficoltà.

intrallazzare *v.intr.* fare intrallazzi.

intrallazzatore [-tó-] *s.m.* [f. *-trice*] chi fa intrallazzi; maneggione.

intrallazzo *s.m.* baratto, scambio clandestino o illecito di beni o di favori.

intramezzare [-mezza-] *v.tr.* [*io intramèzzo ecc.*] **1** mettere in mezzo; alternare **2** infarcire.

intramontabile [-tà-] *agg.* che non può tramontare, che conserva a lungo le sue qualità e la sua fama: *attore, campione —*.

intramuscolare *agg.* *(anat.)* che sta dentro un muscolo; che si pratica in un muscolo // *s.f.* iniezione praticata nel muscolo.

intransigente [-gèn-] *agg.* e *s.m.* e *f.* che, chi non ammette deroghe, non dimostra comprensione per chi pensa o agisce in modo diverso da quello reputato giusto. SIN. *severo*.

intransigenza [-gèn-] *s.f.* l'essere intransigente. SIN. *severità*.

intransitabile [-tà-] *agg.* sul quale, sulla quale non è possibile il transito.

intransitivo *agg.* *(gramm.)* si dice di verbo esprimente un'azione che non passa dal soggetto al complemento oggetto.

intrappolare *v.tr.* [*io intràppolo ecc.*] prendere in trappola (anche *fig.*): *lo intrappolò con promesse e belle parole*. SIN. *accalappiare, invescare*.

intraprendente [-dèn-] *agg.* che prende con prontezza e coraggio iniziative anche rischiose.

intraprendenza [-dèn-] *s.f.* l'essere intraprendente.

intraprendere [-prèn-] *v.tr.* [coniugato come *prendere*] accingersi a un lavoro, a un'impresa: *intraprese quel viaggio con entusiasmo / — una carriera*, abbracciarla.

intrattabile [-tà-] *agg.* si dice di persona poco socievole con cui non è facile trattare o ragionare, o di cosa che non si può trattare: *carattere —; una pace —*. SIN. *scontroso, irascibile, difficile*.

intrattenere [-né-] *v.tr.* [coniugato come *tenere*] far passare il tempo piacevolmente a qlcu., per lo più parlando di cose gradevoli: *lo intratteneva con il racconto dei suoi viaggi / — rapporti con qlcu.*, averli, conservarli // **-ersi** *v.rifl.pron.* **1** passare piacevolmente il tempo con qlcu.: *si intrattenne con lui tutto il pomeriggio* **2** indugiare su un argomento: *gli piace — sulla sua giovinezza*.

intravedere [-dé-] *v.tr.* [coniugato come *vedere*] **1** vedere in lontananza o di sfuggita **2** *(fig.)* intuire; cogliere, anche se in modo non perfettamente chiaro: *intravidi la verità*.

intrecciare *v.tr.* [*io intréccio, tu intrécci ecc.*] unire in treccia; per estens., collegare, unire strettamente, intessere (anche *fig.*): *— i capelli, i vimini; — una relazione / — le maglie*, nel lavoro ai ferri, accavallare una maglia sull'altra per finire il lavoro / *— le danze*, danzare, di più persone insieme.

intreccio [-tréc-] *s.m.* **1** un insieme di cose intrecciate: *un — di fili* **2** *(fig.)* l'insieme dei fatti che costituiscono l'argomento di un racconto, di un romanzo ecc. SIN. *trama*.

intrepidezza [-déz-] *s.f.* qualità di chi è intrepido; ardimento.

intrepido [-trè-] *agg.* che affronta con coraggio un pericolo o simili. SIN. *impavido, coraggioso, audace*.

intricare *v.tr.* [*io intrico, tu intrichi ecc.*] avvolgere, avviluppare in modo disordinato; complicare.

intricato *agg.* avviluppato; *(fig.)* confuso, complicato: *un discorso —*.

intrico *s.m.* [pl. *-chi*] insieme disordinato e confuso di cose spesso intrecciate fra loro (anche *fig.*): *un — di fili, di rami; un — di passioni*. SIN. *garbuglio*.

intridere [-trì-] *v.tr.* [pass.rem. *io intrisi, tu intridésti ecc.*; p.pass. *intriso*] imbevere di liquido una sostanza solida; bagnare, inzuppare: *un abito intriso di pioggia; mani intrise di sangue; — la farina con acqua*.

intrigante *agg.* e *s.m.* e *f.* che, chi si dà da fare, tramando imbrogli, per ottenere qlco.; che si impiccia dagli affari altrui.

intrigare *v.intr.* [*io intrigo, tu intrighi ecc.*] darsi da fare, tramando imbrogli, per ottenere qlco. SIN. *cospirare, congiurare, complottare, macchinare* // **-arsi** *v.rifl.pron.* impacciarsi dei fatti altrui.

intrigo *s.m.* [pl. *-ghi*] imbroglio, azione poco lecita tesa ad ottenere qlco.; situazione confusa e non chiara. SIN. *cospirazione, congiura, complotto, macchinazione*.

intrinseco [-trìn-] *agg.* [pl.m. *-ci*] che è proprio di una cosa, che procede dalla sua natura più intima: *i suoi meriti intrinseci; il valore — della libertà* **2** che è strettamente legato da vincoli di amicizia: *essere — di qlcu*.

intristire *v.intr.* [*io intristisco, tu intristisci ecc.*], **-irsi** *v.rifl.pron.* **1** divenire triste **2** perdere vigore e freschezza (detto di pianta); deperire (detto di persona) **3** *(ant.)* divenire tristo, malvagio.

intro- [dal lat. *intro = dentro*] prefisso che figura in parole di origine latina e significa «dentro» (*introdurre, introspezione*).

introdotto [-dót-] *agg.* che ha molte conoscenze, molti clienti: *è — nell'ambiente; è un venditore ben —*.

introdurre *v.tr.* [pres. *io introduco, tu introduci ecc.*; fut. *io introdurrò ecc.*; pass.rem. *io introdussi, tu introducésti ecc.*; cong.imperf. *io introducéssi ecc.*; cond.pres. *io introdurrèi, tu introdurrésti ecc.*; p.pass. *introdótto*] **1** mettere dentro, far entrare: *la mano nella tasca, la chiave nella toppa* / *— nuovi metodi di cura*, metterli in uso **2** condurre alla presenza, far ricevere, presentare (detto di persone): *ti introdurrò nel nostro circolo* **3** far parlare o operare (in narrazioni o rappresentazioni): *il Tasso introduce nel suo poema personaggi storici e fantastici* **4** avviare qlcu. all'apprendimento di una scienza, un'arte ecc. // **-ursi** *v.rifl.* entrare, penetrare furtivamente, con sotterfugi: *il ladro si introdusse nel nostro appartamento*.

introduttivo *agg.* che serve a introdurre: *parole introduttive*.

introduttore [-tó-] *s.m.* [f. *-trice*] chi introduce, per lo più alla presenza di un personaggio, oppure chi introduce qlco. di nuovo: *— di nuove usanze*.

introduzione [-zió-] *s.f.* **1** l'introdurre, l'essere introdotto: *l'— di una moneta in un distributore automatico; l'— di un nuovo personaggio nel romanzo; l'— di nuovi metodi nella ricerca* **2** ciò che si scrive o si dice all'inizio di un libro o di un discorso, prima di entrare in argomento **3** guida all'apprendimento di qlco.; libro che contiene gli elementi essenziali di una scienza, dottrina ecc. **4** *(mus.)* inizio di una sinfonia o di una sonata.

introiettare *v.tr.* [*io introiètto ecc.*] *(psic.)* accogliere e far propri elementi esterni: *— un modello, un comportamento*.

introiezione [-zió-] *s.f.* l'introiettare.

introitare *v.tr.* [*io intròito ecc.*] riscuotere: *— una somma*. SIN. *incassare*.

introito [-tròi-] *s.m.* **1** *(lit.)* parte della messa che il sacerdote recita dopo le preghiere ai piedi dell'altare **2** → *incasso*.

intromettersi [-mét-] *v.rifl.* [coniugato come *mettere*] mettersi in mezzo fra due persone; ingerirsi in qlco.: *s'intromette sempre nelle faccende altrui*. SIN. *immischiarsi*.

intromissione [-sió-] *s.f.* atto, effetto dell'intromettersi; ingerenza.

intronare *v.tr.* [*io intròno ecc.*] stordire con rumori assordanti o fastidiosi.

introspettivo *agg.* che concerne l'introspezione; che è basato sull'introspezione.

introspezione [-zió-] *s.f.* *(psic.)* osservazione che la coscienza individuale fa di sé stessa, per analizzare e studiare i propri processi psichici.

introvabile [-và-] *agg.* che non riesce a trovare.

introversione [-sió-] *s.f.* *(psic.)* tendenza del soggetto a ritirarsi in sé, a orientare verso il proprio mondo interiore interessi ed energie, a rifiutare di accettare e apprezzare il mondo esterno. CONTR. *estroversione*.

introverso [-vèr-] *agg.* e *s.m.* che o chi ha tendenza all'introversione. CONTR. *estroverso*.

intrufolare *v.tr.* [*io intrùfolo ecc.*] *(fam.)* cacciare dentro di soppiatto: *— una lettera in un libro* // **-arsi** *v.rifl.* introdursi fra altre persone, in un luogo di soppiatto o senza esservi invitato.

intrugliare *v.tr.* [*io intrùglio ecc.*] **1** *(fam.)* mescolare sostanze diverse, più o meno liquide, traendone un tutto disgustoso: *— il vino / intrugliarsi lo stomaco*, guastarselo con intrugli vari **2** *(fig.)* confondere, imbrogliare: *— le faccende* // **-arsi** *v.rifl.* immischiarsi in faccende poco pulite.

intruglio [-trù-] *s.m.(fam.)* **1** mescolanza disgustosa di liquidi; per estens., si dice di libri, scritti ecc. raffazzonati **2** *(fig.)* faccenda poco chiara.

intruppare *v.tr.* inquadrare, ridurre a un comportamento passivo e uniforme // **-arsi** *v.rifl.* aderire passivamente al comportamento di un gruppo.

intrusione [-ʃió-] *s.f.* introduzione forzata o indebita di elementi estranei.

intrusivo [-ʃi-] *agg.* *(geol.)* si dice di rocce formate dal consolidamento di un magma in zone più o meno profonde della litosfera.

intruso [-ʃo] *agg.* e *s.m.* si dice di chi si è introdotto in un luogo o in un ambiente in cui non dovrebbe essere; estraneo.

intubazione [-zió-] *s.f.* *(med.)* introduzione di uno strumento cilindrico cavo, attraverso la bocca o il naso, nelle vie respiratorie per consentire la respirazione in caso di impedimento.

intuire *v.tr.* [*io intuisco, tu intuisci ecc.*] **1** *(fil.)* cogliere la realtà delle cose nella loro essenza **2** capire immediatamente non per via di ragionamento, ma per singolare acutezza d'intelletto.

intuitivo *agg.* **1** che si intuisce facilmente. SIN. *ov-*

vio **2** proprio dell'intuizione: *facoltà intuitiva* **3** che ha dati di intuizione: *è un ragazzo molto —*.

intuito [-tùi-] *s.m.* capacità d'intuire facilmente.

intuizione [-zió-] *s.f.* **1** (*fil.*) l'intuire; conoscenza immediata della realtà delle cose **2** disposizione naturale a cogliere prontamente e con chiarezza una verità, la soluzione di un problema ecc.

intuizionismo [-ʃmo] *s.m.* dottrina filosofica secondo cui la realtà, nella sua vera essenza, viene colta dall'intuizione.

inturgidire *v.intr.* [io inturgidisco, tu inturgidisci ecc.], **-irsi** *v.rifl. pron.* diventar turgido, gonfiarsi.

inumanità *s.f.invar.* (*poco com.*) l'essere inumano; atto inumano. SIN. *crudeltà*.

inumano *agg.* privo di umanità; che rivela mancanza di umanità: *persona inumana; gesto —*. SIN. *disumano*.

inumare *v.tr.* mettere sotto terra; dare sepoltura a un morto. SIN. *sotterrare, seppellire*.

inumazione [-zió-] *s.f.* l'atto, l'effetto dell'inumare. SIN. *seppellimento, sotterramento*.

inumidire *v.tr.* [io inumidisco, tu inumidisci ecc.] rendere umido / — *la biancheria*, prima della stiratura // **-irsi** *v.rifl.pron.* diventare umido.

inurbamento [-mén-] *s.m.* il trasferirsi di individui o famiglie dalla campagna alla città.

inurbano *agg.* non urbano, privo di cortesia, maleducato.

inurbarsi *v.rifl.pron.* trasferirsi dalla campagna alla città.

inurbato *agg.* si dice di chi vive in città essendovisi trasferito dalla campagna.

inusitato [-ʃi-] *agg.* che non si dice o non si fa comunemente; fuori del comune. SIN. *insolito, inconsueto*.

inutile [-nù-] *agg.* che non serve a nulla, che non ha alcuna utilità; superfluo, inefficace: *parole inutili; lavoro —; è — che insista, tanto non ascolta nessuno*. SIN. *infruttuoso, vano*. CONTR. *utile* // **-mente** *avv.* senza alcuna utilità, senza motivo.

inutilità *s.f.invar.* qualità di ciò che è inutile. CONTR. *utilità*.

inutilizzabile [-liʒʒà-] *agg.* che non si può utilizzare.

invadente [-dèn-] *agg.* e *s.m.* che o chi va oltre il giusto limite; che o chi si immischia troppo nei fatti altrui.

invadenza [-dèn-] *s.f.* qualità di chi è invadente.

invadere [-và-] *v.tr.* [pass.rem. io invasi, tu invadésti ecc.; p.pass. *invaso*] **1** entrare con impeto o con violenza, occupare (anche *fig.*): *il nemico invase la nostra patria; la peste invase la città; m'invade il sonno* **2** (*non com.*) usurpare: *non voglio — i vostri poteri*.

invaghire *v.tr.* [io invaghisco, tu invaghisci ecc.] rendere vago, desideroso; suscitare in qlcu. il desiderio di qlco.: *quella fanciulla lo ha invaghito* / **-irsi** *v.rifl.pron.* accendersi di desiderio per qlco. o qlco.: — *di una fanciulla; — di un gioiello*. SIN. *incapricciarsi, innamorarsi*.

invaginazione [-zió-] *s.f.* (*med.*) situazione patologica determinata dall'infilarsi di un tratto di intestino nel tratto successivo, con conseguente occlusione intestinale.

invalere [-lé-] *v.intr.* [coniugato come *valere*] (usato quasi esclusivamente alla terza pers. sing. e pl. del pass.pross.) prender piede, diffondersi, stabilirsi (detto di usanze, di opinioni ecc.): *oggi è invalsa questa moda*.

invalidare *v.tr.* [io invalido ecc.] rendere non valido, accusare di nullità: — *un'elezione*.

invalidazione [-zió-] *s.f.* atto, effetto dell'invalidare.

invalidità *s.f.invar.* **1** l'essere invalido (detto di persona): — *al lavoro* **2** mancanza di validità, spec. nel linguaggio giuridico; condizione di un atto che non sia idoneo a produrre gli effetti giuridici per i quali è stato compiuto: — *di una deposizione, di una tesi*.

invalido [-và-] *agg.* **1** si dice di persona che per età, malattia o infortunio, non sia in grado di svolgere una determinata attività professionale **2** privo di validità, di valore: *documento —* // *s.m.* persona invalida: — *di guerra*.

invalso *agg.* che si è imposto, che è entrato nell'uso comune: *sistema ormai —*.

invano *avv.* inutilmente.

invariabile [-rià-] *agg.* **1** non variabile, costante **2** (*gramm.*) si dice di parte del discorso non soggetta a flessione (avverbio, preposizione, congiunzione, interiezione); anche di nomi e aggettivi la cui desinenza non cambia col variare del genere e del numero: *papà; pari*.

invariabilità *s.f.invar.* qualità di ciò che è invariabile.

invariante *agg.* e *s.f.* si dice di una espressione matematica o di una grandezza fisica che non varia cambiando il sistema di riferimento spazio-temporale o sottoponendola a una data trasformazione.

invariantivo *agg.* si dice della proprietà di quelle operazioni matematiche il cui risultato non cambia variandone in un modo determinato gli elementi.

invarianza *s.f.* (*scient.*) proprietà di ciò che non varia.

invariato *agg.* che non subisce o non ha subito variazione; immutato. SIN. *inalterato*.

invasamento [-ʃamén-] *s.m.* l'essere invasato; esaltazione.

invasare[1] [-ʃa-] *v.tr.* impossessarsi dell'animo e della mente di qlcu. (detto di sentimento violento): *essere invasato dall'odio*.

invasare[2] [-ʃa-] *v.tr.* mettere in un vaso.

invasato[1] [-ʃa-] *agg.* e *s.m.* si dice di chi è fortemente turbato, infuriato, in stato di grave eccitazione.

invasato[2] *agg.* messo in vaso: *piante invasate; conserve invasate*.

invasatura [-ʃa-] *s.f.* **1** atto dell'invasare, del mettere in un vaso **2** (*mar.*) slitta di grosse travi che, al momento del varo, scende con la nave in mare.

invasione [-ʃió-] *s.f.* atto, effetto dell'invadere (anche *fig.*): *l'— nemica; l'— di un territorio; un'— di nuovi prodotti, di nuove teorie*.

invaso [-ʃo] *s.m.* volume di acqua contenuto in un bacino artificiale.

invasore [-ʃó-] *agg.* e *s.m.* [f.rar. *invaditrice*] che o chi invade.

invecchiamento [-mén-] *s.m.* l'invecchiare.

invecchiare *v.intr.* [io invècchio ecc.] diventare vecchio // *v.tr.* rendere, far apparire vecchio: — *un vino; questo colore ti invecchia*.

invece [-vé-] *avv.* al contrario: *io lavoro, tu, — dormi* // *prep.impropria* nella locuz.: — *di*, in luogo di, al posto di: — *di studiare, giochi; — di Marco è venuto Guido*.

inveire *v.intr.* [io inveisco, tu inveisci ecc.] scagliarsi contro qlcu. o qlco. con parole: — *contro l'ingiustizia, contro i traditori*.

invelato *agg.* (*mar.*) si dice di imbarcazione per definire il rapporto tra scafo e superficie velica: *barca molto, poco invelata*.

invelenire *v.tr.* [io invelenisco, tu invelenisci ecc.] rendere velenoso in senso *fig.*, inasprire, irritare all'eccesso: *quell'ingiustizia lo ha invelenito* // *v.intr.*, **-irsi** *v.rifl.pron.* inasprirsi, irritarsi.

invendibile [-dì-] *agg.* che non si può o non si riesce a vendere: *merce —*.

invenduto *agg.* e *s.m.* non venduto; l'insieme delle merci invendute.

inventare *v.tr.* [*io invènto ecc.*] **1** trovare, immaginare cose nuove, per lo più utili; concepire nella mente qlco. di nuovo: *A. Volta inventò la pila*; — *un gioco*. SIN. *escogitare, ideare* **2** creare con la fantasia fatti o personaggi immaginari, spec. a scopo artistico: *Manzoni inventò il personaggio di Lucia* **3** pensare e dire cose non corrispondenti a verità: — *una scusa* / — *qlco. di sana pianta*, completamente.

inventariare *v.tr.* [*io inventàrio ecc.*] fare un inventario; registrare in un inventario.

inventario [-tà-] *s.m.* **1** rilevazione, con riferimento a un dato momento, degli elementi di un patrimonio o di una parte di esso **2** registro in cui si elencano i beni inventariati.

inventiva *s.f.* facoltà d'inventare, d'immaginare.

inventivo *agg.* che concerne l'inventare; atto a inventare; che possiede inventiva.

inventore [-tó-] *agg.* e *s.m.* [f. -*trice*] che, chi inventa. SIN. *ideatore*.

invenzione [-zió-] *s.f.* l'inventare; la cosa inventata, in tutte le accezioni del verbo: *l'*— *della lampadina elettrica*; *la stampa fu un'*— *molto utile*; *l'*— *artistica*, la creazione nell'opera d'arte; *sono tutte invenzioni*, bugie.

inverecondia [-cón-] *s.f.* (*antiq.* o *lett.*) mancanza di pudore. SIN. *sfacciataggine, spudoratezza*.

inverecondo [-cón-] *agg.* (*antiq.* o *lett.*) privo di pudore. SIN. *impudico, sfacciato, spudorato*.

invernale *agg.* dell'inverno; adatto all'inverno: *stagione* —; *abbigliamento* —.

invernata *s.f.* tutto il tempo che dura un inverno: *lunga* —.

inverno [-vèr-] *s.m.* la stagione dell'anno compresa tra l'autunno e la primavera; ha inizio il 21 dicembre e termina il 20 marzo; nel nostro emisfero coincide con la stagione più fredda.

invero [-vé-] *avv.* (*lett.*) veramente, in verità.

inverosimiglianza *s.f.* l'essere inverosimile.

inverosimile [-sì-] *agg.* non simile al vero: *una storia* —. SIN. *incredibile, inattendibile*.

inversione [-sió-] *s.f.* atto, effetto dell'invertire.

inverso [-vèr-] *agg.* **1** contrario, opposto rispetto a qlco. di normale o di abituale: *procedere in senso* —; *mettere in ordine* —; *proporzione, costruzione inversa* **2** *pl.* (*mat.*) si dice di due numeri il cui prodotto è uno // *s.m.* caso, situazione contraria // **-mente** *avv.* in senso, in ordine inverso.

invertasi [-fi] *s.f.invar.* (*biol.*) fermento intestinale che scinde lo zucchero comune (saccarosio) in glucosio e fruttosio.

invertebrato *agg.* e *s.m.* (*zool.*) si dice di animale privo di scheletro interno.

invertibile [-tì-] *agg.* **1** che si può invertire **2** (*fot.*) si dice di pellicola o lastra che, mediante sviluppo, può essere trasformata in diapositiva.

invertire *v.tr.* [*io invèrto ecc.*] rovesciare; volgere; mettere in un ordine o in una direzione contraria a quella precedente: — *la disposizione, i termini, la marcia* / — *le parti*, capovolgere la situazione // **-irsi** *v.rifl.pron.* capovolgersi, rovesciarsi: *le parti si sono invertite; la situazione si è invertita*.

invertito *agg.* e *s.m.* omosessuale; in senso generale, che, chi ha subìto una inversione.

invertitore [-tó-] *s.m.* apparecchiatura elettrica che trasforma la frequenza o/e una corrente alternata o che trasforma una corrente alternata in corrente continua e viceversa.

investigare *v.tr.* [*io invèstigo, tu invèstighi ecc.*] cercare accuratamente seguendo un indizio: — *la verità*; — *i fenomeni della natura*; anche *assol.*: *la polizia investiga* // *v.intr.* fare ricerche, indagini: — *sul delitto*.

investigativo *agg.* che serve a investigare, che riguarda l'investigazione.

investigatore [-tó-] *agg.* e *s.m.* [f. -*trice*] che o chi investiga, spec. chi per professione compie ricerche intorno a reati o procura informazioni: *uno sguardo* —; *un* — *privato*.

investigazione [-zió-] *s.f.* l'investigare. SIN. *indagine, inchiesta*.

investimento [-mén-] *s.m.* atto, effetto dell'investire, nei significati **2** e **3**: *restare vittima di un* —; *un buon* — *di capitale*.

investire *v.tr.* [*io invèsto ecc.*] **1** concedere il possesso di un feudo, di un'onorificenza, di un ufficio e simili: *fu investito di pieni poteri* / *investirsi di una parte*, immedesimarsi in essa **2** colpire, assalire violentemente; di veicoli, cozzare contro un ostacolo e spec. travolgere un pedone: *l'esercito investì le posizioni nemiche*; *lo investì con una valanga d'insulti*; *l'automobile ha investito un gruppo di bambini*. SIN. *urtare* **3** (*econ.*) mettere a frutto capitali: *ha investito tutti i suoi denari in quella società*.

investitore [-tó-] *agg.* e *s.m.* [f. -*trice*] che, chi investe capitali; che, chi compie un investimento stradale.

investitura *s.f.* (*st.*) l'investire di un feudo o per estens., di altra carica, spec. di un beneficio ecclesiastico.

inveterato *agg.* invecchiato tanto da potersi difficilmente estirpare o correggere: *un odio* —; *una consuetudine inveterata*.

invetriata *s.f.* chiusura a vetri di una finestra e simili.

invetriato *agg.* coperto di materiale vetroso: *terracotta invetriata*.

invettiva *s.f.* frase o discorso irruente diretto ad accusare o ad oltraggiare qlcu.

inviare *v.tr.* [*io invìo ecc.*] fare che qlcu. o qlco. arrivi a una certa destinazione, per uno scopo determinato: *vi abbiamo inviato i nostri esperti*; — *una lettera*. SIN. *mandare, spedire*.

inviato *s.m.* chi è mandato da una persona o da un ente con determinati incarichi / — *speciale*, giornalista mandato in una località per seguire avvenimenti di grande importanza.

invidia [-vì-] *s.f.* **1** sentimento di cruccio astioso per qualità o fortune altrui: *il mio successo lo fa morire d'*— **2** sentimento misto di ammirazione e di desiderio; la cosa che desta tale sentimento: *tra quei due regna un accordo degno d'*—; *ha una casa che è l'*— *di tutti*.

invidiabile [-dià-] *agg.* che si può o si deve invidiare: *una posizione sociale* —.

invidiare *v.tr.* [*io invìdio ecc.*] provare invidia: *lo invidia perché è più ricco di lui*; *invidio la tua calma* / *non avere niente da* —, non essere da meno: *il nostro vino non ha niente da* — *a quelli francesi*.

invidioso [-dió-] *agg.* che prova invidia.

invido [in-] *agg.* (*lett.*) invidioso.

inviluppare *v.tr.* avviluppare (anche *fig.*).

invincibile [-cì-] *agg.* che non può essere vinto: *l'*— *armata*; *una passione* —. SIN. *imbattibile*.

invincibilità *s.f.invar.* l'essere invincibile.

invio [-vì-] *s.m.* operazione dell'inviare; anche la singola spedizione, la quantità delle cose inviate: *l'ultimo* — *di denaro non era sufficiente*.

inviolabile [-là-] *agg.* che non può essere violato; a cui non si può fare violenza: *patto —; l'ambasciatore è —.*

inviolabilità *s.f.invar.* condizione di ciò che non può essere violato.

inviolato *agg.* non violato; integro: *patto —, territorio —.*

inviperirsi *v.intr.pron.* [*io mi inviperisco, tu ti inviperisci ecc.*] arrabbiarsi violentemente e astiosamente.

inviperito *agg.* animato da rabbia astiosa.

invischiare *v.tr.* [*io invischio ecc.*] **1** cospargere di vischio; catturare col vischio. SIN. *impaniare* **2** (*fig.*) attirare qlcu. con lusinghe in faccende fastidiose: *mi hanno invischiato in questo affare, ora devo sbrigarmela da me.* SIN. *impaniare // -arsi v.rifl.pron.* rimanere coinvolto in faccende difficili o pericolose.

invisibile [-ʃì-] *agg.* che non può essere visto.

inviso [-ʃo] *agg.* che è considerato con antipatia o con odio. SIN. *malvisto, antipatico.*

invitante *agg.* che invita; attraente.

invitare *v.tr.* **1** chiamare qlcu. a partecipare a una festa, a uno spettacolo, a una riunione ecc.: *— qlcu. a cena, a un ballo, a un concerto / — uno a nozze,* (*fig.*) chiedergli di fare cosa per lui molto piacevole **2** chiedere di fare o dire qlco.: *fu invitato a presentarsi in questura; lo invitò a giustificarsi, a uscire da casa sua* **3** indurre, allettare: *questo bel tempo invita a passeggiare* **4** nei giochi di carte, chiamare una carta o un seme; in particolare, nel poker, proporre la posta del gioco: *— a cuori; — di cento lire.*

invitato *agg.* e *s.m.* si dice di persona che partecipa a una festa, a uno spettacolo e simili dietro invito: *una folla di invitati.*

invito *s.m.* **1** l'invitare: *— a pranzo, a una festa; accettare, rifiutare, declinare un —* **2** lo scritto che contiene un invito: *abbiamo spedito gli inviti* **3** richiesta, esortazione: *— a presentarsi in prefettura, — a cambiare vita* **4** allettamento: *l'— di un bel paesaggio* **5** nei giochi di carte, e in particolare nel poker, la posta fissata da chi comincia il gioco in ciascun giro: *mille lire d'—.*

in vitro [*lat.; pr.* in vìtro *= nel vetro*] *locuz.* usata come *agg.* o *avv.* con riferimento a processi biologici riprodotti in laboratorio, e per estens., a qualsiasi processo realizzato a scopo sperimentale in condizioni artificiali.

invitto *agg.* (*antiq.* o *lett.*) non mai vinto.

invocare *v.tr.* [*io invòco, tu invòchi ecc.*] **1** chiamare, implorare con fervore, con desiderio: *— il nome di Dio; — aiuto; — la pace* appellarsi a qlco., citare a proprio vantaggio: *— un proprio diritto.*

invocazione [-zió-] *s.f.* **1** l'atto di invocare; le parole con cui si invoca **2** la parte della protasi di un poema epico in cui il poeta invoca la musa o la divinità.

invogliare *v.tr.* [*io invòglio ecc.*] far nascere la voglia di qlco. in qlcu.: *— un bambino allo studio.* SIN. *indurre // -arsi v.rifl.* diventare desideroso, voglioso: *così il bambino si invoglia a studiare.*

involare *v.tr.* [*io invólo ecc.*] (*ant.* e *lett.*) sottrarre rapidamente e furtivamente. SIN. *rubare // -arsi v.rifl.* sparire, dileguarsi.

involgarire *v.tr.* [*io involgarisco, tu involgarisci ecc.*] far diventare volgare *// v.intr., -irsi v.rifl.pron.* diventar volgare.

involgere [-vòl-] *v.tr.* [coniugato come *volgere*] **1** avvolgere **2** coinvolgere.

involo [-vó-] *s.m.* (*aer.*) il distaccarsi di un aereo o di un idrovolante dalla terra o dall'acqua per iniziare il volo.

involontario [-tà-] *agg.* non volontario / *muscoli invo-* *lontari,* quelli, come il cuore, che si muovono indipendentemente dalla nostra volontà.

involtare *v.tr.* [*io invòlto ecc.*] involgere, fare un involto di qlco.

involto [-vòl-] *s.m.* **1** insieme di cose involte: *un — di biancheria* **2** ciò che avvolge qlco.

involucro [-vò-] *s.m.* ciò che involge.

involutivo *agg.* di involuzione: *processo —.*

involuto *agg.* si dice di stile, discorso e simili, contorti e intricati.

involuzione [-zió-] *s.f.* **1** l'essere involuto: *l'— di uno stile* **2** il regredire a caratteri meno complessi e perfetti: *— senile.* CONTR. *evoluzione* **3** (*med.*) riduzione del volume di un organo o di un tessuto dovuto ad atrofia.

invulnerabile [-rà-] *agg.* che non può essere colpito, ferito (anche *fig.*): *un guerriero —; una reputazione —.*

invulnerabilità *s.f.invar.* l'essere invulnerabile.

inzaccherare *v.tr.* [*io inzàcchero ecc.*] sporcare di fango. SIN. *infangare.*

inzaccherato *agg.* sporco di fango.

inzuccherare *v.tr.* [*io inzùcchero ecc.*] mettere lo zucchero, cospargere di zucchero: *— una bevanda, la superficie di una torta.*

inzuppare *v.tr.* impregnare di un liquido, render zuppo: *— il pane nel latte.* SIN. *imbevere // -arsi v.rifl.* bagnarsi, essere bagnato in profondità.

inzuppato *agg.* bagnatissimo, zuppo. SIN. *fradicio.*

io *pron.pers.m.* e *f.* di prima pers.sing. si usa solo come sogg.; come compl.ogg. e come compl. di termine si usano le forme *me, mi;* per i compl. retti da prep. si usa la forma *me: ha chiamato te, non me; mi saluta sempre; me lo disse; mi ha scritto spesso: a me; da me; con me; per me; come me, quanto me, sopra di me* ecc.; è obbligatorio usare la forma *me* per il predicativo del soggetto (a meno che il sogg. non sia il medesimo): *tu non sei me; sono sempre io;* e, per il soggetto, nelle esclamazioni ellittiche: *povero me!; me infelice! // s.m.* il nostro essere, la nostra personalità cosciente: *il culto esagerato dell'io; il mio io si ribella a ciò.*

iodato *s.m.* (*chim.*) sale ossigenato dello iodio.

iodico [iò-] *agg.* (*chim.*) [pl.m. *-ci*] di iodio.

iodio [iò-] *s.m.* (*chim.*) elemento chimico (I; *n.at.* 53; *p.at.* 126,90); metalloide del gruppo degli alogeni, cristallino, nerastro con aspetto metallico, facilmente volatile con sviluppo di vapori violacei; presente nel mare e in certe acque minerali; si usa in medicina e in fotografia / *tintura di —,* soluzione alcolica di iodio usata come antisettico.

ioduro [iò-] *s.m.* (*chim.*) composto dello iodio con un metallo.

ioide [iò-] *agg.* e *s.m.* (*anat.*) si dice dell'osso pari del collo situato tra la laringe e il pavimento della bocca.

iole [iò-] *s.f.* imbarcazione a remi da regata e da diporto, o di servizio per navi.

iolla [iòl-] *s.f.* → **yawl.**

ione [ió-] *s.m.* (*fis.*) particella atomica o molecolare carica di elettricità.

ionico [iò-] *agg.* [pl.m. *-ci*] della Ionia / *ordine —,* ordine architettonico greco caratterizzato dal capitello a volute.

ionizzare [-niʒʒa-] *v.tr.* (*fis.*) produrre ioni in un aeriforme mediante irraggiamento.

ionizzazione [-niʒʒazió-] *s.f.* (*chim.*) dissociazione di un composto in ioni, operata da un solvente, da scariche elettriche o da radiazioni.

ionoforesi [-rèʃi] *s.f.invar.* (*med.*) metodo con il quale si fanno penetrare farmaci nell'organismo attraverso la pelle senza perforarla, sfruttando l'azione della corrente galvanica che conferisce una carica elettrica alle molecole.

ionosfera [-sfè-] *s.f.* (*geogr.*) zona dell'atmosfera, ad altezze di 100 km e oltre, in cui l'aria manifesta un'intensa ionizzazione; è di fondamentale importanza per la tecnica delle radiocomunicazioni.

iosa [iòʃa] solo nella locuz.avv. *a iosa*, in abbondanza, in grande quantità.

ipallage [-pàl-] *s.f.* figura retorica che consiste nello scambiare la normale relazione fra due parole in un costrutto.

ipecacuana *s.f.* (*bot.*) arbusto dell'America meridionale, dalla cui radice si estrae un emetico (*fam.* Rubiacee).

iper- [dal gr. *ypèr* = *sopra, oltre*] prefisso che figura in parole di origine greca col significato di «sopra, oltre» (*iperbole, ipermetro*) o in parole di formazione moderna per indicare eccesso (*ipertensione, ipersensibile*).

iperalimentazione [-zió-] *s.f.* superalimentazione.

iperazotemia [-mì-] *s.f.* (*med.*) aumento patologico dell'azotemia.

iperbato [-pèr-] *s.m.* figura retorica consistente nell'inversione o trasposizione dell'ordine naturale delle parole in un periodo.

iperbole [-pèr-] *s.f.* **1** figura retorica consistente nell'esagerazione, per eccesso o per difetto, di un concetto oltre i limiti del vero **2** curva matematica formata da punti le cui distanze da due punti fissi, detti fuochi, hanno una differenza costante.

iperbolico [-bò-] *agg.* [pl.m. *-ci*] **1** detto per iperbole; eccessivo, esagerato: *lodi iperboliche* **2** (*fis.*) che si riferisce all'iperbole matematica: *specchio* —, nel telescopio, specchio che riflette e fa convergere i raggi nel piano focale.

iperboreo [-bò-] *agg.* (*lett.*) settentrionale.

ipercalorico [-lò-] *agg.* [pl.m. *-ci*] che sviluppa, che comporta molte calorie: *dieta ipercalorica.*

ipercapnia [-nì-] *s.f.* (*med.*) presenza di anidride carbonica nel sangue in misura superiore al normale.

ipercloridria [-drì-] *s.f.* (*med.*) aumento dell'acido cloridrico nel succo gastrico.

ipercorrettismo [-ʃmo] *s.m.* il fenomeno linguistico delle ipercorrezioni.

ipercorrezione [-zió-] *s.f.* correzione di una forma esatta ritenuta erroneamente, per apparente analogia con altre forme, scorretta.

ipercritica [-crì-] *s.f.* critica troppo minuta e severa.

ipercritico [-crì-] *agg.* [pl.m. *-ci*] che, nella critica, eccede in sottigliezza e severità.

iperdulia [-lì-] *s.f.* secondo la religione cattolica, il particolare culto dovuto alla Madonna.

iperemesi [-rèmeʃi] *s.f.* (*med.*) situazione patologica caratterizzata da nausee e vomiti molto frequenti: — *gravidica.*

iperemia [-mì-] *s.f.* (*med.*) aumento della quantità di sangue in una zona circoscritta dell'organismo.

iperestesia [-ʃì-] *s.f.* (*med.*) aumento della sensibilità dell'organismo che può riguardare tutte le forme di percezioni sensitive (tattili, termiche, dolorifiche, pressorie) oppure una sola o alcune di esse.

iperglicemia [-mì-] *s.f.* (*med.*) aumento anormale del glucosio contenuto nel sangue.

ipergolo [-gò-] *s.m.* (*chim.*) propellente che si infiamma spontaneamente al solo contatto con un ossidante.

ipermercato *s.m.* magazzino self-service di vendita al dettaglio con superficie superiore ai 5000 mq.

ipermetro [-pèr-] *agg.* si dice di verso che superi la misura prevista: *endecasillabo* —, di dodici sillabe.

ipermetrope [-mè-] *agg.* (*med.*) affetto da ipermetropia.

ipermetropia [-pì-] *s.f.* (*med.*) alterazione dell'occhio per cui le immagini si formano in un punto situato oltre la retina; in tal modo si ha una visione sfocata, spec. degli oggetti vicini.

ipernefroma [-frò-] *s.m.* [pl. *-i*] (*med.*) tumore del rene che prende origine da residui embrionali della ghiandola surrenale e provoca aumento della pressione arteriosa.

ipernutrire *v.tr.* nutrire più del normale, o eccessivamente.

ipernutrizione [-zió-] *s.f.* nutrizione più abbondante e sostanziosa della normale.

iperone [-ró-] *s.m.* (*fis.*) nome di tutte le particelle la cui massa è compresa tra quella del neutrone e quella del deutone.

iperossiemia [-mì-] *s.f.* (*med.*) presenza di ossigeno nel sangue in quantità superiore al normale.

iperpiressia [-sì-] *s.f.* (*med.*) temperatura corporea molto elevata, superiore ai 39°.

iperplasia [-ʃì-] *s.f.* → **ipertrofia.**

iperproteico [-tèi-] *agg.* [pl.m. *-ci*] (*biol.*) che contiene molte proteine: *alimento* —, *dieta iperproteica.*

iperrealismo [-ʃmo] *s.m.* **1** corrente artistica del '900 caratterizzata da un realismo spinto all'estremo **2** in generale, realismo eccessivo.

ipersensibile [-sì-] *agg.* e *s.m.* e *f.* si dice di persona dotata di una sensibilità superiore alla normale.

ipersensibilità *s.f.invar.* l'essere ipersensibile.

ipersonico [-sò-] *agg.* [pl.m. *-ci*] lo stesso che → **supersonico.**

ipersostentatore [-tó-] *s.m.* (*aer.*) ciascuna delle superfici mobili che, poste sul bordo d'uscita o d'attacco di un'ala, ne incrementano la portanza [*ill. Aereo*].

ipersostentazione [-zió-] *s.f.* aumento della sostentazione aerodinamica di un'ala ottenuto mediante appositi dispositivi.

iperspazio [-spà-] *s.m.* **1** spazio astratto matematico a più di tre dimensioni **2** in fantascienza, spazio reale superiore a quello ordinario in cui entrerebbero i veicoli spaziali a velocità prossime a quella della luce.

ipertensione [-sió-] *s.f.* (*med.*) aumento anormale dei valori della pressione arteriosa.

ipertensivo *agg.* che si riferisce all'ipertensione.

ipertermia [-mì-] *s.f.* (*med.*) febbre.

iperteso [-té-] *agg.* affetto da ipertensione.

ipertiroideo [-dè-] *agg.* e *s.m.* si dice di chi soffre d'ipertiroidismo.

ipertiroidismo [-ʃmo] *s.m.* (*med.*) condizione di aumentata attività della ghiandola tiroide.

ipertricosi [-còʃi] *s.f.invar.* (*med.*) eccessivo sviluppo, generale o localizzato, dei peli del corpo umano.

ipertrofia [-fi-] *s.f.* (*med.*) aumento eccessivo del volume di un organo, senza altre alterazioni.

ipertrofico [-trò-] *agg.* [pl.m. *-ci*] si dice di organo affetto da ipertrofia.

ipervitaminosi [-nòʃi] *s.f.invar.* (*med.*) situazione dell'organismo conseguente a un eccessivo apporto alimentare di vitamine.

ipnosi [-nòʃi] *s.f.invar.* stato speciale del sistema nervoso, apparentemente simile al sonno, ma provocato artificialmente, durante il quale il soggetto agisce per suggestione dell'ipnotizzatore.

ipnotico [-nò-] *agg.* e *s.m.* [pl.m. *-ci*] (*farm.*) si dice di ogni medicamento che produce o facilita il sonno // *agg.* d'ipnosi: *stato —*.

ipnotismo [-ʃmo] *s.m.* l'ipnosi; il complesso dei fenomeni ipnotici.

ipnotizzare [-tiʒʒa-] *v.tr.* mettere in stato d'ipnosi.

ipnotizzatore [-tiʒʒató-] *s.m.* [f. *-trice*] chi ipnotizza; in particolare, artista di circo o di varietà specializzato nel presentare al pubblico fenomeni di ipnosi.

ipo- [dal gr. *ypò = sotto*] prefisso usato in parole di origine greca o di formazione moderna per indicare «sotto» (*ipogeo, ipoderma*) o stato inferiore al normale (*ipotensione*).

ipoacusia [-ʃi-] *s.f.* (*med.*) diminuzione dell'udito; sordità.

ipocalorico [-lò-] *agg.* [pl.m. *-ci*] (*biol.*) che sviluppa, che comporta poche calorie: *dieta ipocalorica.*

ipocentro [-cèn-] *s.m.* (*geogr.*) focolare sismico situato in profondità, da cui hanno origine i terremoti.

ipocloridria [-dri-] *s.f.* (*med.*) diminuzione della quantità di acido cloridrico presente nel succo gastrico.

ipoclorito *s.m.* (*chim.*) sale ossigenato del cloro, con forte potere ossidante, usato come antisettico e decolorante.

ipocondria [-dri-] *s.f.* malattia di natura nervosa, in cui il paziente avverte disturbi inesistenti o esagera i propri sintomi.

ipocondriaco [-dri-] *agg.* e *s.m.* [pl.m. *-ci*] si dice di persona affetta da ipocondria // *agg.* d'ipocondria.

ipocrisia [-ʃi-] *s.f.* simulazione di buoni sentimenti e di buone qualità; atto da ipocrita. SIN. *doppiezza, finzione, impostura.*

ipocrita [-pò-] *agg.* e *s.m.* e *f.* [pl.m. *-i*] si dice di persona che usa ipocrisia, o di atto o detto improntato a ipocrisia.

ipoderma [-dèr-] *s.m.* (*anat.*) strato della cute che si trova sotto l'epidermide.

ipodermico [-dèr-] *agg.* [pl.m. *-ci*] (*med.*) dell'ipoderma; che si fa nell'ipoderma: *iniezione ipodermica.*

ipodermoclisi [-ʃi] *s.f.invar.* (*med.*) introduzione di liquidi nell'organismo a scopo terapeutico attraverso il tessuto sottocutaneo.

ipofisario [-ʃa-] *agg.* relativo all'ipofisi.

ipofisi [-pòfiʃi] *s.f.invar.* (*anat.*) ghiandola endocrina posta alla base del cervello.

ipofosfito *s.m.* (*chim.*) sale ossigenato del fosforo, usato in farmacia.

ipogeo [-gè-] *agg.* che si sviluppa sottoterra: *fauna ipogea* // *s.m.* costruzione sotterranea, per lo più adibita a sepolcro.

ipoglicemia [-mì-] *s.f.* (*med.*) presenza di glucosio nel sangue in quantità inferiore al normale.

ipoglosso [-glòs-] *s.m.* (*anat.*) dodicesimo paio dei nervi cranici, che fa muovere i muscoli della lingua.

ipomea [-mè-] *s.f.* → **convolvolo.**

ipopion [-pò-] *s.m.invar.* (*med.*) raccolta di pus fra cornea e iride (camera anteriore dell'occhio).

ipoplasia [-ʃi-] *s.f.* → **ipotrofia.**

ipoproteico [-tèi-] *agg.* [pl.m. *-ci*] (*biol.*) che contiene poche proteine: *alimento —*; *dieta ipoproteica.*

iposodico [-sò-] *agg.* [pl.m. *-ci*] che contiene poco sale: *dieta iposodica.*

iposolfito *s.m.* (*chim.*) sale dell'acido iposolforoso, usato per la conservazione della carne e di altri cibi.

ipospadia [-dì-] *s.f.* (*med.*) malformazione congenita dell'uretra maschile che sbocca sotto il glande anziché alla sua estremità.

ipostatico [-stà-] *agg.* [pl.m. *-ci*] (*teol.*) si dice spec. dell'unione della natura umana con quella divina nell'unica persona di Cristo.

ipotalamo [-tà-] *s.m.* (*anat.*) parte dell'encefalo posta sotto ai talami ottici, in cui si trovano i centri superiori del sistema nervoso vegetativo.

ipotassi *s.f.invar.* (*gramm.*) la subordinazione come aspetto della sintassi (contrapposto a *paratassi*).

ipoteca [-tè-] *s.f.* (*dir.*) diritto reale sui beni del debitore o di un terzo, a garanzia dell'adempimento di un'obbligazione.

ipotecare *v.tr.* [*io ipotèco, tu ipotèchi* ecc.] sottoporre a ipoteca: *— una casa / — il futuro,* (*fig.*) farne calcolo come se dipendesse da noi.

ipotecario [-cà-] *agg.* (*dir.*) dell'ipoteca: *creditore —.*

ipotensione [-sió-] *s.f.* (*med.*) diminuzione dei valori della pressione arteriosa.

ipotensivo *agg.* mezzo o medicamento che abbassa la pressione arteriosa.

ipotenusa [-ʃa] *s.f.* (*geom.*) in un triangolo rettangolo, il lato opposto all'angolo retto.

ipotesi [-pòteʃi] *s.f.invar.* supposizione di una realtà probabile, ma che ancora non si conosce per certa, fatta allo scopo di trarne le conseguenze. SIN. *supposizione, congettura.*

ipoteso [-tè-] *agg.* (*med.*) che presenta ipotensione.

ipotetico [-tè-] *agg.* [pl.m. *-ci*] dell'ipotesi, che si pensa per ipotesi, immaginario: *ragionamento, caso — / periodo —,* formato di due proposizioni di cui una (*apodosi*) esprime la conseguenza della condizione espressa nell'altra (*protasi*) (p.e. *se andrai, andrò anch'io*).

ipotiposi [-pòʃi] *s.f.invar.* figura retorica consistente nel descrivere una scena o un fatto con particolare immediatezza.

ipotiroidismo [-ʃmo] *s.m.* (*med.*) condizione di diminuita attività della ghiandola tiroide.

ipotizzare [-tiʒʒa-] *v.tr.* fare un'ipotesi, prevedere.

ipotonia [-nì-] *s.f.* (*med.*) condizione di diminuito tono muscolare.

ipotonico [-tò-] *agg.* [pl.m. *-ci*] relativo all'ipotonia.

ipotrofia [-fi-] *s.f.* (*med.*) diminuzione anormale del volume di un organo.

ipovitaminosi [-nòʃi] *s.f.invar.* (*med.*) situazione dell'organismo conseguente a un insufficiente apporto alimentare di vitamine.

ippica [ip-] *s.f.* lo sport delle corse con cavalli.

ippico [ip-] *agg.* [pl.m. *-ci*] di cavalli, dell'ippica.

ippocampo *s.m.* (*zool.*) pesciolino di mare ricoperto di piastre ossee, con profilo cavallino nella parte anteriore e coda avvolgibile; è comunemente noto come *cavalluccio marino* (*fam.* Singnatidi).

ippocastano *s.m.* (*bot.*) grande albero con fiori bianchi raccolti in pannocchie e frutti simili a castagne; detto anche castagno d'India (*fam.* Ippocastanacee).

ippodromo [-pò-] *s.m.* campo con pista adatta alle corse dei cavalli.

ippogrifo *s.m.* (*mit.*) favoloso cavallo alato con la testa di grifone, velocissimo nel volo.

ippopotamo [-pò-] *s.m.* (*zool.*) grosso e tozzo mammifero pachiderma con muso largo e ottuso, gambe corte, occhi piccoli; conduce vita anfibia lungo i fiumi tropicali (*fam.* Ippopotamidi).

iprite *s.f.* (*chim.*) composto organico oleoso, contenente cloro e zolfo, assai tossico, usato come potente aggressivo bellico, soffocante e caustico.

ipsilon [ip-] *s.m.* e *f.* nome di una lettera dell'alfabeto greco e latino e di alcuni alfabeti stranieri / *strada a —*, che si biforca a guisa di Y.

ipso facto [*lat.*; *pr.* ìpso fàcto] *locuz.* che significa «sul fatto stesso, subito, lì per lì».

ipsometria [-trì-] *s.f.* determinazione dell'altitudine mediante misurazione della pressione atmosferica.

ipsometro [-sò-] *s.m.* strumento per la misurazione della pressione atmosferica, che si basa sulla variazione della temperatura d'ebollizione dell'acqua col variare dell'altezza.

ira *s.f.* moto violento e disordinato dell'animo che si manifesta in reazioni subitanee e impetuose contro qlcu. o qlco.: *lasciarsi trasportare dall'—*, agire sotto lo stimolo di tale sentimento / *essere accecato dall'—*, perdere ogni controllo di sé / *covar l'—*, accumularla nell'animo / *l'— di Dio*, il castigo divino / *è un'— di Dio*, (*fam.*) si dice di persona o cosa terribile o molesta. SIN. *collera, sdegno, furore, indignazione*.

iracheno [-chè-] *agg.* dell'Iraq // *s.m.* abitante, nativo dell'Iraq.

iracondia [-cón-] *s.f.* la qualità di chi è iracondo.

iracondo [-cón-] *agg. e s.m.* che, chi è portato per natura o per abitudine all'ira; pieno d'ira: *temperamento —*; *essere un —*; *sguardo —*.

iraniano *agg.* del moderno Iran // *s.m.* abitante, nativo del moderno Iran.

iranico [-rà-] *agg.* [pl.m. *-ci*] dell'antico Iran: *arte iranica* // *s.m.* abitante, nativo dell'antico Iran.

irascibile [-scì-] *agg.* che si lascia facilmente vincere dall'ira; che ha improvvisi scatti d'ira. SIN. *bilioso, collerico, intrattabile*.

irascibilità *s.f.invar.* l'essere irascibile.

irato *agg.* pieno d'ira; che rivela ira: *essere — contro qlcu.*; *sguardo —*. SIN. *arrabbiato*.

ire *v.intr.dif.* [usate le forme *ite, ivo, iva, ìvano, irémo, iréte, isti, ìrono, ito*] (*poet.*) andare.

irenologia [-gì-] *s.f.* studio sociologico delle cause e delle condizioni di pace.

ireos [ì-] *s.m.invar.* → **giaggiolo**.

iri *s.f.invar.* (*poet.*) → **iride**.

iridare *v.tr.* [*io irìdo ecc.*] (*lett.*) tingere con i colori dell'iride // **-arsi** *v.rifl.pron.* (*lett.*) prendere i colori dell'iride, dei riflessi iridati.

iridato *agg.* che ha i colori dell'iride / *maglia iridata*, quella bianca, attraversata da una fascia con i colori dell'iride, che viene assegnata al corridore ciclista vincitore di un campionato del mondo // *s.m.* corridore che detiene la maglia iridata.

iride [ì-] *s.f.* **1** nome con cui si designa talvolta l'arcobaleno / *colori dell'—*, i sette colori fondamentali, che compaiono nell'arcobaleno **2** (*anat.*) segmento della membrana vascolare dell'occhio, che costituisce un diaframma contrattile variamente colorato, posto davanti al cristallino e circoscrivente la pupilla [*ill. Occhio*] **3** (*bot.*) giaggiolo.

iridescente [-scèn-] *agg.* che presenta il fenomeno dell'iridescenza.

iridescenza [-scèn-] *s.f.* fenomeno ottico per cui alcuni corpi, investiti dalla luce, assumono riflessi cangianti simili ai colori dell'iride.

iridio [-rì-] *s.m.* elemento chimico (Ir; *n.at.* 77; *p.at.* 192,2); metallo duro, argenteo, inattaccabile, usato per leghe assai resistenti.

iris *s.f.invar.* (*bot.*) nome scientifico di piante, quali il giaggiolo e simili.

irizzare [-riȝȝa-] *v.tr.* porre sotto la gestione o il controllo dell'IRI (Istituto di Ricostruzione Industriale): *impresa irizzata*.

irlandese [-dé-] *agg.* dell'Irlanda // *s.m.* e *f.* abitante, nativo dell'Irlanda.

ironia [-nì-] *s.f.* **1** modo di dissimulare il proprio pensiero o di esprimerlo più efficacemente per mezzo di parole che hanno significato opposto a quello reale **2** sorta di umorismo che ha dello scherno: *— bonaria, — amara, pungente*; *fare dell'— / — della sorte*, si dice quando pare che il destino si faccia beffe di qlcu.

ironico [-rò-] *agg.* [pl.m. *-ci*] detto o fatto con ironia; che usa ironia: *parlare in tono —*.

ironizzare [-niȝȝa-] *v.intr.* fare dell'ironia.

iroso [-ró-] *agg.* pieno d'ira.

irradiamento [-mén-] *s.m.* (*scient.*) l'irradiare.

irradiare *v.tr.* [*io irràdio ecc.*] **1** illuminare con i propri raggi; diffondere luce e calore (anche *fig.*): *il Sole irradia la Terra*; *il suo volto irradiava gioia* **2** (*scient.*) esporre a un oggetto a radiazioni // *v.intr.* diffondersi sotto forma di raggi: *la luce che irradia dagli astri* // **-arsi** *v.rifl.pron.* divergere da un'origine comune: *dal centro si irradiano cinque semirette*.

irradiazione [-zió-] *s.f.* (*scient.*) **1** emissione di luce e di calore in tutte le direzioni **2** esposizione a radiazioni.

irraggiamento [-mén-] *s.m.* l'atto, l'effetto dell'irraggiare; (*fis.*) emissione di radiazioni da parte di una sorgente.

irraggiare *v.tr.* e *intr.* [*io irràggio ecc.*] diffondere raggi; irradiare.

irraggiungibile [-gì-] *agg.* che non può essere raggiunto: *meta —*.

irragionevole [-né-] *agg.* **1** che non è provvisto di ragione; che non vuole intendere ragione: *animale —*; *persona —* **2** che oltrepassa i limiti della ragione; assurdo: *sospetto —*. SIN. *illogico, irrazionale*.

irragionevolezza [-léz-] *s.f.* l'essere irragionevole.

irrancidimento [-mén-] *s.m.* l'irrancidire, il diventare rancido (anche *fig.*).

irrancidire *v.intr.* [*io irrancidisco, tu irrancidisci ecc.*] diventare rancido (anche *fig.*): *il burro irrancidisce*; *parole, istituzioni irrancidite*, non più in uso.

irrazionale *agg.* **1** non dotato di ragione: *essere —* **2** non fondato su ragioni valide; illogico: *ipotesi —*. SIN. *irragionevole* **3** (*fil.*) che sfugge o non è riducibile agli schemi logici della ragione **4** (*mat.*) si dice di numero che esprime il rapporto tra due grandezze incommensurabili e che, come tale, non è rappresentabile in forma di frazione o di numero intero.

irrazionalismo [-ʃmo] *s.m.* ogni concezione filosofica che affermi la priorità di un principio irrazionale, come la fede, il sentimento, l'istinto, sulla ragione.

irrazionalistico [-lì-] *agg.* [pl.m. *-i*] proprio dell'irrazionalismo.

irrazionalità *s.f.invar.* qualità di ciò che è irrazionale; atteggiamento di chi è irrazionale.

irreale *agg.* non reale, al di fuori o al di sopra della realtà; fantastico: *sogno —*; *bellezza —*. CONTR. *reale*.

irrealizzabile [-liȝȝà-] *agg.* che non può essere realizzato: *progetto —*. SIN. *impossibile*.

irrealtà *s.f.invar.* l'essere irreale.

irrecuperabile [-rà-] *agg.* che non si può recuperare.

irredentismo [-ʃmo] *s.m.* movimento politico mirante a congiungere alla madrepatria territori sottoposti al dominio straniero; in particolare, quello sorto in Italia dopo il 1866 per liberare le terre italiane ancora soggette all'Austria.

irredentista *agg.* e *s.m.* e *f.* [pl.m. -*i*] che, chi era fautore dell'irredentismo.

irredento [-dèn-] *agg.* non redento; si dice spec. di territori o di popoli soggetti al dominio straniero.

irredimibile [-mì-] *agg.* che non si può redimere, riscattare; si dice spec. di un prestito di cui non si può avere il rimborso.

irrefrenabile [-nà-] *agg.* che non si può frenare (spec. *fig.*): *impulso* —.

irrefutabile [-tà-] *agg.* che non si può confutare, che ha piena validità: *prova, testimonianza* —. SIN. *incontrastabile, indiscutibile, evidente.*

irreggimentare *v.tr.* [*io irreggiménto ecc.*] **1** mettere in un reggimento **2** (*fig.*) ordinare e disciplinare un certo numero di persone togliendo loro la libertà di agire.

irregolare *agg.* **1** che è in contrasto con le regole o con una data regola; che si allontana dalla forma, dal tipo o dalla consuetudine comune: *elezione* —; *viso* —; *poligono* —; *verbo* —, che si allontana nella flessione da quella normale della coniugazione a cui appartiene / *milizie irregolari,* formate da volontari o ausiliari. SIN. *anormale, anomalo.* CONTR. *regolare* **2** non uniforme; che procede in modo disuguale: *polso* —, aritmico; *stagione* —, incostante.

irregolarità *s.f.invar.* **1** l'essere irregolare: — *di un documento* **2** azione, procedimento irregolare: *commettere un'*—. SIN. *anomalia, anormalità.*

irreligione [-gió-] *s.f.* mancanza di sentimento religioso; disprezzo verso la religione.

irreligiosità *s.f.invar.* l'essere irreligioso.

irreligioso [-gió-] *agg.* **1** che non segue alcuna religione **2** che è contrario alla religione.

irremovibile [-vì-] *agg.* **1** che non si può rimuovere: *ostacolo* — **2** (*fig.*) ostinato, che non cambia proposito: *carattere, decisione* —.

irreparabile [-rà-] *agg.* che non si può riparare (anche *fig.*): *guasto, errore* —. SIN. *irrimediabile.*

irreperibile [-rì-] *agg.* introvabile.

irreperibilità *s.f.invar.* l'essere irreperibile.

irrepetibile [-tì-] *agg.* → **irripetibile.**

irreprensibile [-sì-] *agg.* a cui non si può muovere nessuna critica, nessun appunto: *lavoro, condotta* —. SIN. *incensurabile, corretto.*

irreprensibilità *s.f.invar.* l'essere irreprensibile. SIN. *correttezza.*

irrequietezza [-tèz-] *s.f.* l'essere irrequieto.

irrequieto [-quiè-] *agg.* che non trova quiete; vivace, che non sta mai fermo: *un ragazzo* —.

irresistibile [-stì-] *agg.* a cui non si può resistere: *bisogno* —.

irresolutezza [-tèz-] *s.f.* l'essere irresoluto. SIN. *esitazione.*

irresoluto *agg.* **1** che non sa risolversi, incapace di prendere una decisione. SIN. *esitante, indeciso, titubante.* CONTR. *risoluto* **2** non ancora risolto: *la questione è ancora irresoluta.*

irrespirabile [-rà-] *agg.* che non si può respirare: *un'aria* —, cattiva, inquinata / *atmosfera* —, (*fig.*) situazione di tensione insopportabile.

irresponsabile [-sà-] *agg.* **1** che non ha alcuna responsabilità **2** (*spreg.*) che non si assume le sue responsabilità; incosciente.

irresponsabilità *s.f.invar.* l'essere irresponsabile.

irrestringibile [-gì-] *agg.* si dice spec. di tessuto che, bagnato, non si restringe.

irretire *v.tr.* [*io irretisco, tu irretisci ecc.*] pigliare nella re-

te, solo in senso *fig.*; sedurre, prendere con l'inganno: — *con false promesse.*

irreversibile [-si-] *agg.* che non si può invertire: *moto, procedimento* — / *una reazione chimica* —, che non può avvenire in senso inverso.

irreversibilità *s.f.invar.* l'essere irreversibile.

irrevocabile [-cà-] *agg.* che non si può revocare o mutare: *sentenza, decisione* —.

irrevocabilità *s.f.invar.* l'essere irrevocabile: *l'*— *di un decreto.*

irriconoscibile [-sci-] *agg.* non riconoscibile.

irridere [-rì-] *v.tr.* e *intr.* [coniugato come *ridere*] (*lett.*) deridere, schernire, dileggiare.

irriducibile [-ci-] *agg.* **1** che non si può ridurre: *spesa* — / *frazione* —, (*mat.*) quella i cui termini non hanno un divisore comune **2** (*fig.*) irremovibile, ostinato: *avversario, decisione* —.

irriflessione [-sió-] *s.f.* mancanza di riflessione. SIN. *sconsideratezza.*

irriflessivo *agg.* **1** che agisce senza riflettere (detto di persona) **2** (*non com.*) che si fa senza riflettere (detto di cosa). SIN. *inconsiderato, impulsivo.*

irrigare *v.tr.* [*io irrigo, tu irrighi ecc.*] far correre nei terreni l'acqua necessaria per la coltivazione; bagnare (detto di un fiume); *il Nilo irriga l'Egitto.*

irrigatore [-tó-] *s.m.* impianto, apparecchio per irrigazione [*ill. Agricoltura*].

irrigazione [-zió-] *s.f.* **1** distribuzione di acqua nei campi mediante reti di canali e fossi artificiali **2** lavaggio di cavità interne: — *vaginale.*

irrigidimento [-mén-] *s.m.* atto, effetto dell'irrigidire o dell'irrigidirsi.

irrigidire *v.tr.* [*io irrigidisco, tu irrigidisci ecc.*] rendere rigido (anche *fig.*): *il freddo irrigidisce le membra*; — *una pena* // -**irsi** *v.rifl.pron.* diventare rigido; (*fig.*) ostinarsi: — *sull'attenti,* restare immobili in tale posizione; — *in un atteggiamento,* mantenerlo con ostinazione.

irrigidito *agg.* rigido; (*fig.*) ostinato: *volto* — *in una smorfia*; *era* — *sulle proprie posizioni.*

irriguo [-rì-] *agg.* **1** ricco di acque irriganti: *campo* — **2** che serve all'irrigazione: *canale* —.

irrilevante *agg.* di scarsa o di nessuna importanza.

irrilevanza *s.f.* l'essere irrilevante.

irrimediabile [-dià-] *agg.* che non si può rimediare. SIN. *irreparabile.*

irrimediabilità *s.f.invar.* l'essere irrimediabile.

irrinunciabile [-cià-] *agg.* indispensabile, necessario.

irripetibile [-tì-] *agg.* che non si può ripetere.

irrisione [-sió-] *s.f.* l'irridere. SIN. *scherno.*

irrisorio [-ṛò-] *agg.* **1** che è detto o fatto per irridere: *frasi irrisorie* **2** minimo, irrilevante.

irrispettoso [-tó-] *agg.* che manca del dovuto rispetto.

irritabile [-tà-] *agg.* che si irrita facilmente. SIN. *bilioso.*

irritabilità *s.f.invar.* l'essere irritabile.

irritante *agg.* che irrita: *comportamento* —; *sostanza* —.

irritare *v.tr.* [*io irrito* o *irrìto ecc.*] **1** muovere qlcu. a sdegno, fargli perdere la calma; eccitare: *i rumori mi irritano.* SIN. *inasprire* **2** provocare infiammazione, prurito ecc.: — *la pelle.* SIN. *infiammare* // -**arsi** *v.rifl.pron.* **1** provare ira, perdere la calma. SIN. *indignarsi, corrucciarsi, inalberarsi* **2** infiammarsi, prudere: *mi si è irritato un neo.*

irritato *agg.* **1** inasprito, incollerito **2** infiammato, pruriginoso.

irritazione [-zió-] *s.f.* **1** atto, effetto dell'irritare o dell'irritarsi. SIN. *corruccio* **2** infiammazione di qualche parte dell'organismo e spec. della pelle.

irrito [ìr-] *agg.* **1** (*dir.*) privo di valore legale **2** (*lett.*) vano, nullo: *sforzo* —.

irriverente [-rèn-] *agg.* che manca della debita riverenza. SIN. *insolente*.

irriverenza [-rèn-] *s.f.* l'essere irriverente; atto o detto irriverente.

irrobustire *v.tr.* [*io irrobustisco, tu irrobustisci ecc.*] rendere robusto (anche *fig.*) // **-irsi** *v.rifl.pron.* diventare robusto.

irrogare *v.tr.* [*io irrògo* o *irrogo, tu irròghi* o *irroghi ecc.*] (*dir.*) infliggere: — *una pena*.

irrompere [-róm-] *v.intr.* [coniugato come *rompere*; manca il p.pass.] entrare a forza e impetuosamente (anche *fig.*): *le acque irruppero nei campi; l'odio irruppe negli animi*.

irrorare *v.tr.* [*io irròro ecc.*] **1** bagnare di gocce o stille (detto spec. di rugiada, sudore, lacrime); spruzzare **2** (*agr.*) spargere liquidi antiparassitari sulle piante.

irroratrice *s.f.* (*agr.*) macchina che serve a irrorare.

irrorazione [-zió-] *s.f.* l'irrorare.

irruente o **irruento** [-ruèn-] *agg.* che irrompe con impeto; pieno di foga o di violenza: *una folla* —; *temperamento* —. SIN. *aggressivo, impetuoso*.

irruenza [-ruèn-] *s.f.* l'essere irruente. SIN. *impeto*.

irruvidire *v.tr.* [*io irruvidisco, tu irruvidisci ecc.*] rendere ruvido // **-irsi** *v.rifl.pron.* diventare ruvido.

irruzione [-zió-] *s.f.* l'entrare in un luogo con impeto e di sorpresa (anche *fig.*): *la polizia ha fatto* — *nella casa; l'* — *di note allegre in un silenzio triste*.

irsuto *agg.* che ha peli ispidi e folti: *petto* —.

irto *agg.* **1** ispido, pungente: *pelo* —; *capelli irti, dritti in testa* **2** che ha sporgenze aguzze: *una costa irta di scogli* **3** (*fig.*) che presenta molte asperità, molte difficoltà: *un testo* — *di citazioni*.

isabella [-ʃabèl-] *agg.* si dice di un color giallo piuttosto chiaro, proprio dei mantelli equini.

isagoge [-ʃagò-] *s.f.* (*rar.*) introduzione; scritto che serve per introdurre e spiegare.

isba [-ʃba] *s.f.* abitazione rustica tipica della Russia, costituita da un solo grande locale.

ischemia [-mi-] *s.f.* (*med.*) soppressione dell'apporto di sangue in un organo o in una parte dell'organismo.

ischialgia [-gì-] *s.f.* (*med.*) nevralgia del nervo ischiatico, detto più comunemente sciatico.

ischio [ì-] *s.m.* (*anat.*) osso del bacino [*ill. Corpo*].

ischitano *agg.* di Ischia // *s.m.* abitante di Ischia.

iscritto *agg.* e *s.m.* **1** che, chi ha ottenuto l'iscrizione a una società, a un partito, a una scuola, a un corso ecc. **2** (*geom.*) → **inscritto**.

iscrivere [-scrì-] *v.tr.* [coniugato come *scrivere*] **1** ammettere qlcu. a far parte di una società, di un partito, a frequentare una scuola, un corso ecc.: *iscriversi a un partito, a un corso di nuoto, all'università; nelle liste dei candidati* **2** (*geom.*) → **inscrivere**.

iscrizione [-zió-] *s.f.* **1** atto, effetto dell'iscrivere o dell'iscriversi **2** scritto inciso su pietra e simili a ricordo di persone o di eventi.

isernino *agg.* di Isernia // *s.m.* abitante di Isernia.

islamico [-ʃlà-] *agg.* [pl.m. *-ci*] dell'Islam, cioè dei musulmani.

islamismo [-ʃlamiʃmo] *s.m.* la religione predicata da Maometto e contenuta nel Corano.

islamizzare [-ʃlamiʒʒa-] *v.tr.* convertire all'islamismo, ai valori religiosi e culturali dell'Islam.

islandese [-dé-] *agg.* dell'Islanda // *s.m.* e *f.* abitante dell'Islanda.

iso- [-ʃo] [dal gr. *isos* = *uguale*] primo elemento usato nella composizione di molte parole scientifiche; significa «uguale» (*isocrono, isobato, isoipsa*).

isoalina [-ʃo-] *s.f.* spec. *pl.* (*geogr.*) linea che congiunge sulle carte tutti i punti di un bacino marino aventi uguale salinità.

isobara [-ʃo-] *s.f.* spec. *pl.* (*geogr.*) linea che congiunge sulle carte tutti i punti della superficie terrestre aventi uguale pressione atmosferica.

isobata [-ʃo-] *s.f.* spec. *pl.* (*geogr.*) linea che congiunge sulle carte tutti i punti della superficie terrestre aventi uguale profondità sotto il livello del mare.

isocronismo [-ʃocroniʃmo] *s.m.* (*fis.*) condizione di due fenomeni periodici che hanno periodo uguale.

isocrono [-ʃò-] *agg.* **1** che ha durata uguale **2** (*fis.*) che ha periodo uguale.

isogamia [-ʃogami-] *s.f.* (*biol.*) somiglianza di forma fra il gamete maschile e quello femminile di una data specie.

isogonica [-ʃogò-] *s.f.* spec. *pl.* (*geogr.*) linea che congiunge sulle carte tutti i punti della superficie terrestre aventi uguale declinazione magnetica.

isoieta [-ʃoiè-] *s.f.* spec. *pl.* (*geogr.*) linea che congiunge sulle carte i punti caratterizzati da uguale piovosità in un certo periodo.

isoipsa [-ʃo-] *s.f.* spec. *pl.* (*geogr.*) linea che congiunge sulle carte tutti i punti della superficie terrestre aventi uguale quota sul livello del mare.

isola [ìʃo-] *s.f.* **1** terra circondata tutt'intorno dalle acque / — *corallina, madreporica*, formata da raggruppamenti di coralli o madrepore. DIM. *isoletta, isolotto* **2** territorio che si distingue dalle regioni circostanti per caratteri peculiari: — *etnica, linguistica* — *felice*, (*fig.*) ambiente, situazione che non è toccata dai problemi del mondo circostante **3** isolato; gruppo di edifici **4** marciapiede posto al centro di una strada o di una piazza per dividere il traffico e per rifugio dei pedoni; salvagente.

isolamento [-ʃolamén-] *s.m.* **1** atto, effetto dell'isolare o dell'isolarsi: *l'*— *dei pazzi, del misantropo; reparto* —; — *affettivo, sociale* **2** condizione di uno stato che persegue l'isolazionismo **3** (*fis.*) separazione elettrica, termica o acustica di due corpi mediante l'introduzione di un isolante.

isolano *agg.* dell'isola // *s.m.* abitante di un'isola.

isolante [-ʃo-] *agg.* e *s.m.* (*fis.*) si dice di sostanza che presenta forte resistenza al passaggio dell'elettricità, del calore o del suono.

isolare [-ʃo-] *v.tr.* [*io isolo ecc.*] **1** separare, staccare dal resto; emarginare; individuare: *hanno isolato due compagni; — un problema; isolarsi dal mondo* **2** mettere in reparto distinto: — *un detenuto pericoloso; — un malato di scarlattina* **3** (*fis.*) separare due corpi conduttori con un isolante.

isolato [-ʃo-] *agg.* **1** appartato, senza collegamenti; sparso: *luogo* —, *aeroporto* — *per la nebbia; temporali isolati* **2** messo in isolamento **3** solitario; emarginato; che si differenzia fortemente dagli altri (anche *s.m.*): *un* — *sociale; un artista* — *nella cultura del suo tempo* // *s.m.* edificio o gruppo di edifici circondati tutt'intorno da strade.

isolatore [-ʃolató-] *s.m.* (*fis.*) apparecchio che serve a isolare elettricamente un corpo dal suolo o dagli oggetti circostanti.

isolazionismo [-ʃolazioniʃmo] *s.m.* condotta politica che si fonda sul mantenimento da parte di uno stato di condizioni di assoluto isolamento rispetto agli altri paesi.

isolazionista [-ʃo-] *agg.* e *s.m.* e *f.* [pl.m. *-i*] fautore dell'isolazionismo.

isomeria [-ʃomeri-] *s.f.* (*chim.*) fenomeno per cui sostanze di uguale composizione hanno diversa struttura molecolare e perciò proprietà differenti.

isomero [-ʃò-] *agg.* e *s.m.* (*chim.*) si dice di composto che presenta isomeria.

isomorfismo [-ʃomorfiʃmo] *s.m.* (*chim.*) fenomeno per cui sostanze chimicamente diverse cristallizzano in forme simili.

isomorfo [-ʃomòr-] *agg.* che presenta isomorfismo: *rocce isomorfe*.

isoprene [-ʃoprè-] *s.m.* (*chim.*) idrocarburo alifatico insaturo, i cui polimeri sono la gomma naturale e quella sintetica.

isoscele [-ʃò-] *agg.* (*geom.*) si dice di triangolo o trapezio avente due lati uguali.

isostasia [-ʃostaʃì-] *s.f.* (*geol.*) stato di equilibrio delle masse della crosta terrestre sul loro substrato più denso.

isoterma [-fotèr-] *s.f.* spec. *pl.* (*geogr.*) linea che congiunge, su apposita carta, i punti aventi, in un dato momento, la stessa temperatura.

isotermia [-fotermì-] *s.f.* (*scient.*) costanza, uguaglianza di temperatura.

isotermico [-fotèr-] *agg.* [pl.m. *-ci*] (*fis.*) si dice di fenomeno che avviene a temperatura costante.

isotermo [-fotèr-] *agg.* (*scient.*) che ha temperatura costante in tutti i punti.

isotopo [-ʃò-] *agg.* e *s.m.* (*chim.*) si dice di elementi aventi lo stesso numero atomico e uguali proprietà chimiche, ma peso atomico differente.

isotropia [-fotropi-] *s.f.* (*fis.*) caratteristica di alcuni corpi le cui proprietà fisiche si mantengono costanti in qualsiasi direzione.

isotropo [-ʃò-] *agg.* (*fis.*) si dice di corpo che gode della proprietà dell'isotropia.

ispanoamericano *agg.* dei paesi di lingua spagnola del Sudamerica.

ispettivo *agg.* che riguarda le ispezioni: *pratica ispettiva*.

ispettorato *s.m.* **1** carica, grado di ispettore; la durata di tale carica **2** organo generalmente statale che ha il compito di controllare e vigilare su determinate attività o servizi **3** la sede degli uffici di un ispettore o di un ispettorato.

ispettore [-tó-] *s.m.* [f. *-trice*] **1** chi ha l'incarico di vigilare sullo stato o l'andamento di qlco. **2** si dice di funzionario statale che esercita un ispettorato **3** nella polizia, il grado superiore al sovrintendente.

ispezionare *v.tr.* [*io ispezióno ecc.*] fare una ispezione; esaminare per controllo.

ispezione [-zió-] *s.f.* **1** l'esaminare una situazione per accertarne la regolarità, la conformità a quanto disposto dalle norme **2** visita di un ispettore **3** in generale, visita, controllo diretto: — *della cavità orale*.

ispido [i-] *agg.* **1** si dice di pelo duro, irto: *una barba ispida / argomento* —, arduo, difficile a trattare **2** (*fig.*) si dice di persona di maniere rozze, intrattabile. SIN. *scontroso*.

ispirare *v.tr.* **1** suscitare nell'animo un pensiero, un affetto e simili: — *simpatia*. SIN. *infondere, incutere* **2** eccitare la fantasia creatrice dell'artista: *questo spettacolo lo ha ispirato* **3** suggerire, consigliare: *le tue parole mi hanno ispirato una soluzione* // **-arsi** *v.rifl.pron.* rice-

vere, trarre ispirazione: — *alla natura, agli affetti familiari*.

ispirato *agg.* **1** acceso da ispirazione; che trae ispirazione: *poeta* —; *opera ispirata alle leggende locali* **2** che denota profondità di pensiero, nobiltà di sentimenti, entusiasmo.

ispiratore [-tó-] *agg.* e *s.m.* [f. *-trice*] che o chi ispira.

ispirazione [-zió-] *s.f.* atto, effetto dell'ispirare, dell'ispirarsi; estro dell'artista.

israeliano [-fra-] *agg.* dello stato moderno d'Israele // *s.m.* cittadino di detto stato.

israelita [-fra-] *agg.* e *s.m.* e *f.* [pl.m. *-i*] che o chi appartiene al popolo di Israele o professa la religione ebraica; ebreo.

israelitico [-fraeli-] *agg.* [pl.m. *-ci*] degli israeliti o della loro religione.

issare *v.tr.* tirare su; alzare mediante fune, carrucola e simili: — *un carico, un vessillo*. SIN. *sollevare*.

issopo [-sò-] *s.m.* (*bot.*) **1** frutice delle labiate, che dà un olio aromatico e sciroppi medicinali **2** pianta odorosa e sua essenza, spesso nominata nella Bibbia.

istallare *v.tr.* **1** collocare in una sede, in un ufficio; insediare **2** sistemare in un luogo, in un alloggio: — *i turisti in un albergo* **3** montare una macchina, un impianto: — *un frigorifero* // **-arsi** *v.rifl.* prendere possesso di una sede, di un ufficio, di un alloggio, stabilirsi in un luogo.

istallazione [-zió-] *s.f.* atto, effetto dell'istallare.

istamina *s.f.* (*biol.*) amminoacido derivato dall'istidina, importante in patologia perché la sua liberazione nei tessuti è il fondamento delle manifestazioni allergiche.

istantanea [-tà-] *s.f.* fotografia fatta improvvisamente, senza posa.

istantaneità *s.f.invar.* l'essere istantaneo.

istantaneo [-tà-] *agg.* che accade o si fa in un istante; che dura un istante.

istante *s.m.* momento brevissimo, attimo; per estens., breve spazio di tempo: *quello spettacolo durò solo pochi istanti; torno tra un — / sull'—*, subito; *nell'— che*, nel momento in cui.

istanza *s.f.* **1** (*burocr.*) domanda scritta che si rivolge a un'autorità per ottenere una concessione; domanda fatta in giudizio: *presentare, respingere un'*—. SIN. *petizione, richiesta, supplica* **2** insistenza nel chiedere per ottenere qlco.: *cedere alle istanze di qlcu. / a mia* —, a mia richiesta.

istaurare *v.tr.* → **instaurare**.

isterectomia [-mì-] *s.f.* (*med.*) asportazione chirurgica dell'utero.

isteresi [-rèʃi] *s.f.invar.* **1** in meccanica, fenomeno in cui un materiale elastico si deforma con un certo ritardo rispetto alle sollecitazioni **2** in elettrologia, sfasamento tra la polarizzazione di un dielettrico e il campo elettrico che lo determina **3** in magnetismo, ritardo nella magnetizzazione e nella smagnetizzazione di sostanze ferromagnetiche.

isteria [-ri-] *s.f.* (*psic.*) → **isterismo**.

isterico [-stè-] *agg.* [pl.m. *-ci*] (*psic.*) dell'isterismo; di chi è affetto da isterismo: *sintomo* —; *comportamento* — // *s.m.* chi è affetto da isterismo; nel linguaggio comune, si dice con tono spreg. di chi fa scenate violente, sproporzionate alla causa.

isterilire *v.tr.* [*io isterilisco, tu isterilisci ecc.*] rendere sterile, infecondo // **-irsi** *v.rifl.pron.* divenire sterile.

isterismo [-fmo] *s.m.* (*psic.*) malattia nervosa che provoca vari disturbi di ordine sia psichico sia fisico; nel linguaggio comune, si dice, con tono spreg., di comportamento poco razionale, con reazioni sproporzionate alla causa che le ha prodotte.

istigare *v.tr.* [*io istigo, tu istighi ecc.*] spingere, indurre spec. a fare cose non buone. SIN. *stimolare.*

istigatore [-tó-] *s.m.* [f. *-trice*] chi istiga.

istigazione [-zió-] *s.f.* atto, effetto dell'istigare.

istillare *v.tr.* **1** introdurre a goccia a goccia **2** (*fig.*) infondere nell'animo a poco a poco: — *l'amore, buoni principi*; — *l'odio.*

istintività *s.f.invar.* qualità del comportamento prodotto dall'istinto e perciò irrazionale.

istintivo *agg.* fatto per istinto; relativo all'istinto // -mente *avv.* in modo spontaneo, seguendo un impulso.

istinto *s.m.* **1** impulso naturale che spinge gli esseri viventi a compiere determinati atti utili alla conservazione dell'esistenza: *l'— della conservazione; l'— sessuale, l'— materno; cedere al proprio —* **2** propensione, disposizione naturale, tendenza innata.

istintuale *agg.* che riguarda l'istinto.

istituire *v.tr.* [*io istituisco, tu istituisci ecc.*] **1** fondare, stabilire, dare inizio a cose di particolare importanza pubblica o morale: — *una festa, una scuola, una commissione d'inchiesta* **2** stabilire, mettendo in relazione due o più cose: — *un confronto.*

istitutivo *agg.* che istituisce.

istituto *s.m.* **1** ogni istituzione, pubblica o privata, organizzata per raggiungere determinati fini: — *ospedaliero; — di bellezza; Istituto centrale di statistica; istituti di istruzione,* scuole di ogni ordine **2** complesso di norme coordinate per regolare un determinato fenomeno; anche il fenomeno stesso: *l'— della famiglia.*

istitutore [-tó-] *s.m.* [f. *-trice*] **1** chi istituisce o ha istituito: *l'— di un ordine religioso* **2** chi si occupa dell'educazione e dell'istruzione dei giovani nei collegi o nelle case signorili.

istituzionale *agg.* **1** relativo a una istituzione, spec. politica: *referendum —* **2** che riguarda gli elementi fondamentali di una scienza.

istituzione [-zió-] *s.f.* **1** l'atto con cui si istituisce qlco.: *l'— di una cerimonia; un ufficio di recente —* **2** quel che è stato istituito; ente, ordinamento: *le istituzioni repubblicane; bisogna abolire certe vecchie istituzioni; l'— del matrimonio l'— di erede,* la designazione di un proprio successore **3** *pl.* principi elementari e fondamentali di una scienza (spec. delle scienze giuridiche).

istmico [i-] *agg.* (*lett.*) di un istmo.

istmo *s.m.* (*geogr.*) lingua di terra tra due mari, che unisce due continenti o una penisola e un continente [*ill. Costa*].

isto- [dal gr. *istòs* = *tessuto*] primo elemento compositivo di vocaboli scientifici che si riferiscono ai tessuti organici (*istologia*) o in altro senso al concetto di «trama, tessuto» (*istogramma*).

istogramma *s.m.* [pl. *-i*] in statistica, diagramma che visualizza il numero di volte che una grandezza variabile assume determinati valori.

istologia [-gì-] *s.f.* branca dell'anatomia che studia la struttura microscopica dei tessuti.

istologico [-lò-] *agg.* [pl.m. *-ci*] dell'istologia.

istoriare *v.tr.* [*io istòrio ecc.*] ornare con immagini legate tra loro da un nesso narrativo: *un libro istoriato.*

istradare *v.tr.* **1** avviare per una strada: — *il traffico per una via secondaria* **2** (*fig.*) avviare qlcu., con consigli e aiuti, a uno studio, a un'arte, a una particolare attività: — *nella professione.* SIN. *guidare.*

istriano *agg.* dell'Istria // *s.m.* abitante, nativo dell'Istria; il dialetto dell'Istria.

istrice [i-] *s.m.* **1** (*zool.*) mammifero dal corpo tozzo, col dorso e la coda armati di pungenti aculei; è ricercato per la carne e gli aculei (*fam.* Istricidi) **2** (*fig.*) persona difficile da trattare, scontrosa.

istrione [-strió-] *s.m.* attore, ma in senso spregiativo; commediante, buffone.

istrionesco [-né-] *agg.* [pl.m. *-chi*] da istrione.

istrionismo [-ʃmo] *s.m.* tendenza ad assumere atteggiamenti da istrione.

istruire *v.tr.* [*io istruisco, tu istruisci ecc.*] **1** far apprendere a qlcu. nozioni di una disciplina, di un'arte, di un mestiere, mediante un insegnamento teorico o pratico: — *qlcu. nell'arte della ceramica, in musica, nella guida* **2** per estens. far conoscere a qlcu. qlco. che gli può servire; consigliare: — *qlcu. sui propri diritti e doveri; — sulle precauzioni necessarie, sul comportamento da tenere* **3** (*dir.*) — *un processo,* ricercare e raccogliere prove ed elementi necessari per poterlo discutere davanti ai giudici.

istruito *agg.* che possiede una sufficiente istruzione. SIN. *dotto, colto, erudito.*

istruttivo *agg.* che mira, che serve a istruire.

istruttore [-tó-] *s.m.* [f. *-trice*] chi istruisce, spec. atleti o soldati / *giudice —,* quello che istruisce il processo.

istruttoria [-tò-] *s.f.* (*dir.*) fase del processo in cui si compiono tutti gli atti necessari a istruirlo.

istruzione [-zió-] *s.f.* **1** l'istruire; il complesso delle cognizioni acquisite: — *scientifica, professionale; la sua — è molto modesta* **2** direttiva data verbalmente o per iscritto a qlcu. intorno a ciò che deve dire o fare: *l'ambasciatore attende istruzioni dal proprio governo* **3** *pl.* scritto contenuto in un foglietto allegato a prodotti o oggetti posti in vendita, per spiegare il modo d'uso o di somministrazione **4** (*dir.*) istruttoria **5** comando codificato per un calcolatore elettronico costituito da un insieme di bit e che a sua volta, con altre istruzioni, costituisce un programma.

istupidire *v.tr.* [*io istupidisco, tu istupidisci ecc.*] rendere stupido; intontire, frastornare // *v.intr.*, **-irsi** *v.rifl.pron.* diventare stupido; intontire.

itacese [-cé-] *agg.* di Itaca // *s.m.* e *f.* abitante di Itaca.

italianista *s.m.* e *f.* [pl.m. *-i*] studioso della lingua e della cultura italiana (si dice spec. di stranieri).

italianità *s.f.invar.* l'essere, il sentirsi italiano.

italianizzare *v.tr.* **1** far assumere a una persona, a un popolo ecc., modi, costumi, cittadinanza italiani **2** dar forma italiana a un vocabolo straniero.

italiano *agg.* dell'Italia / *giardino all'italiana,* in cui gli elementi naturali (piante, aiole ecc.) sono disposti ed elaborati secondo regole architettoniche // *s.m.* abitante, nativo dell'Italia; lingua dell'Italia.

italico [-tà-] *agg.* [pl.m. *-ci*] **1** dell'Italia antica, degli antichi Italici **2** (*antiq.* e *lett.*) italiano // *s.m.* (*tip.*) carattere corsivo.

italo [i-] *agg.* (*poet.*) italiano.

italofono [-lò-] *agg.* e *s.m.* si dice di chi parla la lingua italiana, eventualmente accanto a un'altra lingua o dialetto.

iter [*lat.*; *pr.* iter = *viaggio*] *s.m.invar.* percorso burocratico o parlamentare d'una pratica o d'una proposta di legge.

iterare *v.tr.* [*io ìtero ecc.*] (*lett.*) ripetere, rinnovare.

iterativo *agg.* **1** che esprime ripetizione **2** in linguistica, si dice di composti o locuzioni formati dalla ripetizione di una parola (*checché*; *a mano a mano*); in alcuni casi viene espresso così il superlativo (*forte forte*) o si dà risalto alle qualità vere, alla natura di qlco. (*un caffè caffè*).

iterazione [-zió-] *s.f.* ripetizione.

itinerario [-rà-] *agg.* (*non com.*) che concerne il viaggio: *misure itinerarie // s.m.* **1** percorso, generalmente in più tappe, da seguirsi in un viaggio, in una gita, in una competizione ecc. **2** descrizione grafica di un percorso.

itterbio [-tèr-] *s.m.* elemento chimico (Yb; *n.at.* 70; *p.at.* 173,04); metallo delle terre rare.

itterico [-tè-] *agg.* [pl.m. *-ci*] di ittero // *agg.* e *s.m.* si dice di persona affetta da ittero.

itterizia [-rì-] *s.f.*, **ittero** [ìt-] *s.m.* (*med.*) colorazione giallastra della cute, delle mucose e dei liquidi organici, per deposito abnorme di pigmenti biliari; sintomatica di molte malattie.

ittico [ìt-] *agg.* [pl.m. *-ci*] che si riferisce ai pesci.

ittio- [ìt-] [dal gr. *ichys = pesce*] primo elemento compositivo di termini scientifici, col significato di «pesce» o per indicare relazione coi pesci (*ittiologia*).

ittiocolla [-còl-] *s.f.* colla di pesce.

ittiolo [-tiò-] *s.m.* (*farm.*) pomata nera, untuosa, ricavata dalla distillazione di scisti bituminosi contenenti pesci fossili; usata nella terapia di malattie cutanee (acne, eczema ecc.).

ittiologia [-gì-] *s.f.* parte della zoologia che studia i pesci.

ittiologo [-tiò-] *s.m.* [pl. *-ghi*] studioso di ittiologia.

ittiosauro [-sàu-] *s.m.* rettile fossile marino, pisciforme.

ittiosi [-tiòʃi] *s.f.invar.* (*med.*) malattia caratterizzata dalla desquamazione della pelle.

itto *s.m.* (*med.*) battito ritmico dell'apice del cuore sulla parete toracica.

ittrio [ìt-] *s.m.* elemento chimico (Y; *n.at.* 39; *p.at.* 88, 92); metallo assai simile a quelli delle terre rare.

iud [*ingl.*; *Intra Uterine Device*] *s.m.invar.* dispositivo anticoncezionale, di varia forma, che si introduce nel canale del collo uterino (è detto anche *spirale*)

iugero [iù-] *s.m.* antica misura romana di superficie pari a 2500 m² ca.

iugoslavo [-ʃla-] *agg.* della Iugoslavia // *s.m.* abitante, nativo della Iugoslavia.

iugulare *agg.* (*anat.*) → **giugulare**.

iuta *s.f.* fibra tessile che si ricava dalla corteccia di alcuni alberi dell'Asia e dell'Africa.

iutificio [-fi-] *s.m.* fabbrica in cui si lavora la iuta.

ivi *avv.* (*lett.*) in quel luogo, lì; si usa spesso nelle citazioni per rinviare a un passo precedentemente citato.

J

j *s.m.* e *f.* [*i lungo, lunga*] **1** lettera in uso fino all'Ottocento nell'alfabeto italiano per rappresentare la *i* semivocale (*jeri, Jolanda*) e presente in alcuni alfabeti stranieri **2** *J.* (abbr. dell'*ingl. jack*) simbolo del fante nelle carte da gioco per il poker, il ramino ecc.

jabot [*franc.*; *pr.* jabó] *s.m.* gala di merletto, guarnita di pizzi, applicata come ornamento sul davanti di indumenti femminili.

jack [*ingl.*; *pr.* gèk] *s.m.* **1** (*tecn.*) spina telefonica usata nella commutazione manuale **2** il fante, nelle carte da gioco.

jacquard [*franc.*; *pr.* jacàr] *agg.* e *s.m.* si dice di lavoro a maglia fatto ai ferri o a macchina realizzando un disegno con l'alternarsi di fili colorati.

jais [*franc.*; *pr.* jè] *s.m.* varietà di lignite di color nero brillante che serve per fare bigiotteria e ornamenti di sartoria.

jam session [*ingl.*; *pr.* gèm sèscion] *s.f.* riunione di sonatori di jazz dedicata alla libera improvvisazione.

jazz [*ingl.*; *pr.* gèʃ] *s.m.* musica di origine negro-americana, caratterizzata da forte sincopazione ritmica e da ampio ricorso all'improvvisazione melodica: *cool —,* quello di grosa recente, con ritmo rilassato; *hot —,* quello tradizionale, basato sull'improvvisazione e sul calore dell'esecuzione.

jazzista [*pr.* gezzista] *s.m.* e *f.* [pl.m. *-i*] chi suona musica jazz.

jazzistico [-zì-] [*pr.* gezzìstico] *agg.* [pl.m. *-ci*] che si riferisce al jazz: *complesso —.*

jeans [*ingl.*; *pr.* gins] *s.m.pl.* forma abbreviata e più comune di → **blue-jeans** // *agg.* si dice di qualsiasi indumento o oggetto realizzato con la tela tipica dei blue-jeans; per estens., dello stile disinvolto, giovanile di tali indumenti.

jeep [*ingl.*; *pr.* giip] *s.f.* vettura fuoristrada, scoperta, a quattro-cinque posti.

jersey [*ingl.*; *pr.* gèrsi] *s.m.* tessuto pettinato a maglia, di lana, cotone o seta.

jet [*ingl.*; *pr.* gèt] *s.m.* (*aer.*) aeroplano propulso da motori a reazione.

jet-set [*ingl.*; *pr.* gètset] *s.m.* l'alta società internazionale, che si sposta dall'uno all'altro dei suoi ritrovi esclusivi viaggiando in jet.

jiu-jitsu [*giapponese*; *pr.* giù-gìtsu] *s.m.* tecnica di lotta basata sull'offesa dei punti più vulnerabili del corpo.

job [*ingl.*; *pr.* giòb] *s.m.* lavoro, impiego; forma alcune espressioni usate anche in it.: — *analysis,* studio analitico delle mansioni delle figure professionali nel quadro dell'organizzazione aziendale; — *evaluation,* valutazione delle figure professionali per collocarle nella scala gerarchica e retributiva.

jockey [*ingl.*; *pr.* giòki] *s.m.* fantino di corse al galoppo.

jodio [jò-] *s.m.* e *deriv.* → **iodio** e *deriv.*

jodler *s.m.invar.* canto con particolari effetti di voce, spec. di tradizione alpina.

jogging [*ingl.*; *pr.* giòghin] *s.m.* l'esercizio non competitivo della corsa, per allenamento, igiene, passatempo.

joint venture [*ingl.*; *pr.* giòint vència] *s.f.* (*econ.*) associazione tra imprese per l'esecuzione di un dato progetto, con divisione del rischio e degli utili.

jolly [*ingl.*; *pr.* giòlli] *s.m.* in alcuni giochi di carte, la carta che può assumere qualsiasi valore; matta; per estens., si dice di cosa o persona polivalente; (*spreg.*) tappabuchi.

joule [*ingl.*; *pr.* giàul] *s.m.* (*fis.*) unità di misura di lavoro e di energia.

judo [*giapponese*; *pr.* giùdo] *s.m.* versione sportiva del jiu-jitsu.

judoka [-dò-] *s.m.* e *f.invar.* chi pratica il judo.

juke-box [*ingl.*; *pr.* giùk-bòx] *s.m.* grammofono automatico a gettone molto usato nei locali pubblici.

jumbo [*ingl.*; *pr.* giàmbou] *s.m.* usato con valore di *agg.* in espressioni come *jumbo-jet*, *jumbo-tram*, veicoli assai più grandi di quelli normali al momento della loro progettazione.

jungla *s.f.* → **giungla**.

junior [-iù-] *agg.* [pl. *juniòres*] (*lat.*) più giovane; si usa posposto a nomi propri di persona, quando si debbano distinguere due membri omonimi della stessa famiglia; si abbrevia *jun.* o *jr.* // *agg.* e *s.m.* (*sport*) atleta appartenente a una categoria giovanile: *la nazionale —; categoria juniores*.

K

k *s.m.* e *f.* [*cappa*] **1** lettera dell'alfabeto greco e latino e di alcuni alfabeti stranieri moderni; si usa in italiano per alcuni simboli (p.e. *kg.* = *chilogrammo*) nei quali ha il valore di *chilo* (*kilo*) cioè *mille* **2** *K.* (abbr. dell'ingl. *king*) simbolo del re nelle carte da gioco per il poker, il ramino ecc.

kafkiano *agg.* dello scrittore boemo F. Kafka (1883-1924); allucinante, angosciosamente irreale come l'atmosfera dei suoi racconti.

kaiser [*ted.*; *pr.* càifer] *s.m.* titolo che si dava all'imperatore nei paesi di lingua tedesca.

kakemono [-mò-] *s.m.* dipinto giapponese su tela o carta che si può arrotolare o appendere alle pareti domestiche.

kaki[1] *s.m.invar.* → **cachi**[1].

kaki[2] *agg.invar.* → **cachi**[2].

kala-azar [-ʒar] *s.m.invar.* (*med.*) termine arabo con cui si designa in oriente la *leishmaniosi*.

kamikaze [-ʒe] *s.m.invar.* aviatore giapponese che distruggeva un obiettivo nemico gettandovisi contro col proprio aereo carico di esplosivo; per estens., chi sfida volontariamente pericoli gravi, o chi si sacrifica per una causa.

kantiano *agg.* **1** relativo al pensiero del filosofo tedesco I. Kant (1724-1804) **2** razionale, rigoroso // *s.m.* seguace di Kant.

kapok [-pòk] *s.m.invar.* bambagia che avvolge i semi di un albero coltivato spec. nelle Indie orientali; serve per imbottiture.

kaputt [*ted.*; *pr.* capùt] *agg.* finito, morto; in rovina: *ormai siamo tutti —*.

karakiri *s.m.invar.* → **carachiri**.

karakul [-kùl] *s.m.invar.* → **caracul**.

karatè *s.m.invar.* forma di lotta di origine giapponese, condotta, nella forma sportiva, a mani e piedi nudi e con colpi controllati in modo da non far male.

karateka [-té-] *s.m.* e *f.invar.* chi pratica il karatè.

kart *s.m.invar.* (*ingl.*) piccolo veicolo a quattro ruote con motore a due tempi e un semplice sedile, senza carrozzeria, per gare di corsa.

kartismo [-ʃmo] *s.m.* lo sport del kart.

kashmir [*ingl.*; *pr.* càsc'mir] *s.m.* → **cachemire**.

kayak [*ingl.*; *pr.* càiac] *s.m.* → **caiaco**.

kay-way [*ingl.*; *pr.* chè uèi] *s.m.* giacca impermeabile leggerissima con cappuccio e grande tasca nella quale l'indumento è ripiegabile ®.

keinesiano [-ʃia-] *agg.* dell'economista inglese J.M. Keynes (1883-1946); ispirato alla sua dottrina economica basata su basso costo del denaro, grandi investimenti e larghi consumi // *s.m.* seguace di Keynes.

kellerina *s.f.* → **chellerina**.

kendo [kén-] *s.m.invar.* scherma di origine giapponese, che nella forma sportiva prevede vesti lunghe, armature di protezione e spade di bambù.

keniota [-niò-] *agg.* [pl.m. -*i*] del Kenia // *s.m.* e *f.* abitante del Kenia.

képi [*franc.*; *pr.* chepì] *s.m.* → **chepì**.

kerosene [-ʃè-] *s.m.* → **cherosene**.

ketch [*ingl.*; *pr.* kèc'] piccola nave, o imbarcazione da diporto, a due alberi.

ketchup [*ingl.*; *pr.* kèciap] *s.m.* salsa agrodolce da tavola, a base di pomodoro, peperone e aceto.

khan *s.m.invar.* (*st.*) titolo di signoria presso turchi e Mongoli.

kibbutz *s.m.invar.* fattoria con organizzazione collettivistica nello stato di Israele.

kidnapping [*ingl.*; *pr.* kìdnepin] *s.m.* rapimento, spec. di un bambino, a scopo di estorsione o ricatto.

killer *s.m.invar.* **1** assassino mercenario; sicario **2** per estens., chi agisce spietatamente e con freddezza.

kilo- *prefisso* → **chilo-** (la forma *kilo-* è tuttavia spesso usata nei testi tecnici perché corrispondente alle forme del Sistema Internazionale, come *kg*, *km* ecc.).

kilt *s.m.invar.* (*ingl.*) **1** tradizionale gonnellino a pieghe dei soldati scozzesi, nel classico tessuto a quadri di vari colori **2** tipo di gonna a pieghe molto corta, di stoffa scozzese.

kimono [-mò-] *s.m.* → **chimono**.

kinderheim [*ted.*; *pr.* kinderhàim] *s.m.* organizzazione privata che a pagamento ospita e intrattiene bambini per periodi più o meno lunghi, spec. di vacanza.

kirsch [*ted.*; *pr.* kirsc'] *s.m.* acquavite di ciliege.

kit *s.m.invar.* confezione commerciale che contiene le parti e gli attrezzi necessari per montare una struttura; scatola di montaggio: *imbarcazioni, mobili in —*.

kitsch [*ted.*; *pr.* kic'] *agg.* e *s.m.* si dice di oggetti d'arte od ornamenti vistosi e incoerenti nello stile, ai quali tuttavia si riconoscono talvolta originalità e valore di testimonianza storica e di costume.

kivi *s.m.invar.* (*zool.*) uccello neozelandese incapace di volare, con corpo tozzo privo di coda, becco lunghissimo e sottile, ali atrofiche inette al volo, penne molli e cascanti, zampe forti atte a correre velocemente (*fam.* Apterigidi).

kiwi [*pr.* chìvi] *s.m.invar.* nome di vari frutti esotici, in particolare dell'uvaspina cinese.

knickerbockers [*ingl.*; *pr.* nikerbòkers] *s.m.pl.* tipo di calzoni corti e larghi, fermati sotto il ginocchio.

knock-down [*ingl.*; *pr.* nòc-dàun] *locuz.* del pugilato, che si usa con valore di *avv.* o di *s.m.* con riferimento a un pugile che sia stato abbattuto dall'avversario e riesca tuttavia ad alzarsi entro dieci secondi.

knock-out [*ingl.*; *pr.* nòc-àut] *locuz.* del pugilato, che si usa con valore di *avv.* o di *s.m.* con riferimento a un pugile messo fuori combattimento: *mettere* —, mettere fuori combattimento (anche *fig.*).

knödel [*ted.*; *pr.* cnèdel] *s.m.* grosso gnocco di farina, di semolino o di patate, infarcito di pezzetti di carne, spec. di maiale.

know-how [*ingl.*; *pr.* nàuhau] *s.m.* il patrimonio di conoscenze tecnologiche connesse a singoli prodotti, processi o settori industriali.

k.o. [*pr.* càppa ò] *abbr.* di → **knock-out**.

koala *s.m.invar.* (*zool.*) mammifero marsupiale australiano dall'aspetto di un orsacchiotto, con soffice pelliccia grigiastra; ottimo arrampicatore, vive sugli alberi (*fam.* Falangeridi).

koinè [*s.f.* (*gr.*) lingua comune che in una data epoca si sovrappone alle varietà locali.

kolchoz [*russo*; *pr.* colcòs] *s.m.* azienda agricola sovietica con organizzazione collettivistica.

kore [còre] *s.f.* [pl. *korai*] statua votiva della scultura greca arcaica raffigurante una fanciulla ammantata.

kouros [cùros] *s.m.* [pl. *kouroi*] statua votiva della scultura greca arcaica raffigurante un giovinetto nudo.

krapfen [*ted.*; *pr.* cràfen] *s.m.* sorta di dolce fritto di pasta lievitata con o senza ripieno di crema o marmellata.

kris, kriss *s.m.invar.* pugnale a due tagli, generalmente con lama ondulata, tipico dell'Indonesia.

krypton *s.m.* → **cripto**.

kümmel [*ted.*; *pr.* kümmel] *s.m.* liquore dolce e forte ottenuto dalla distillazione dei semi di comino.

kursaal [*ted.*; *pr.* cùrsal] *s.m.* nome di locali pubblici e spec. di alberghi, stabilimenti termali, case da gioco.

kyrie [*gr.*; *pr.* chìrie] *s.m.* (*lit.*) invocazione posta all'inizio della messa, dopo l'introito.

L

la¹ *art.det.f.sing.* si premette a tutti i vocaboli femminili singolari e si elide davanti a vocale: *la casa*; *l'alba*; si unisce alle prep. *a, con, da, di, in, su* formando le prep. articolate *alla, colla, dalla, della, nella, sulla*; è diffuso, spec. in certe regioni, l'uso dell'articolo in unione con nomi propri femminili: — *Maria*.

la² *pron.pers.f. di terza pers.sing.* lei; essa; forma complementare atona di *ella, essa*; si usa come compl. ogg. riferito a persona o cosa, sia in posizione enclitica sia proclitica; si elide davanti a vocale, purché non generi ambiguità: — *vidi ieri*; *l'ho incontrata poco fa*; *aspettiamola*; *eccola*; *dammi la lettera, voglio leggerla*; rivolgendo il discorso a persona con cui non si sia in familiarità, si riferisce sia al genere femminile sia al maschile e, spec. nell'uso burocratico e commerciale, si scrive anche con la lettera maiuscola: *la prego, signore, si accomodi*; *con la presente La invito al congresso*; con valore indeterminato, in espressioni ellittiche: *smettila*; *ce l'ha fatta*.

la³ *s.m.* nota musicale, sesta della scala diatonica / *dare il la a qlco.*, (*fig.*) dare l'avvio, il primo esempio, iniziare.

là *avv.* di stato in luogo e di moto a luogo in quel luogo (indica un luogo lontano di chi parla o scrive ed esprime maggior lontananza che *lì*): *guardate* —; *verremo* —; unito ellitticamente ad un nome significa *che è* —: *quel ragazzo* —; *quella donna* —; unito a *su* e *giù* forma gli avv. *lassù* (in quel luogo alto) e *laggiù* (in quel luogo basso) / *chi è* —!, *chi va* —!, *alto* —!, gridi di sentinelle / *più in* —, più oltre, di luogo e di tempo / *di* —, oltre, in altra parte / *qua e* —, un po' dappertutto / *l'al di* —, l'oltretomba / *essere più di* — *che di qua*, essere vicino a morire.

labaro [là-] *s.m.* **1** (*st.*) stendardo degli imperatori romani consistente in un drappo purpureo pendente da una sbarretta trasversale all'asta **2** per estens., insegna di associazioni religiose, politiche, combattentistiche **3** (*fig.*) il vessillo di una comune fede.

labbro *s.m.* **1** [pl.f. *-a*] (*anat.*) ciascuna delle due ripiegature muscolo-membranose, che costituiscono la parte anteriore della bocca e ne circoscrivono l'apertura [*ill. Bocca*]: — *leporino*, che presenta una fenditura come quello della lepre / *mordersi le labbra*, per reprimere l'espressione istintiva di un sentimento / *leccarsi le labbra*, dinanzi a cibo squisito **2** [pl.f. *-a*] la bocca come organo della parola: *pendere dalle labbra di qlcu.*, ascoltarlo con grande attenzione / *a fior di labbra*, sottovoce; (*fig.*) si dice di una manifestazione di sentimenti piuttosto tiepida o incerta **3** [pl.m. *-i*] il margine di una ferita: *i labbri della ferita stanno cicatrizzando* **4** [pl.m. *-i*] orlo rilevato; bordo: *i labbri del vaso* **5** grandi, piccole labbra, (*anat.*) ripiegature cutanee che circondano l'orifizio vaginale, nella vulva.

labdano [làb-] *s.m.* resina oleosa ricavata da varie specie di piante, usata in profumeria e in farmacia.

labe *s.f.* (*ant.* e *lett.*) colpa, macchia: *anima monda da ogni* —.

labello [-bèl-] *s.m.* (*bot.*) petalo centrale, incurvato a forma di labbro, proprio delle orchidee.

labiale *agg.* delle labbra // *agg.* e *s.f.* si dice di ciascuna delle consonanti articolate con le due labbra (*bilabiali*: *b, p, m*) o con il labbro inferiore e gli incisivi superiori (*labiodentali*: *f, v*).

labializzare [-liʒʒa-] *v.tr.* far diventare labiale: — *un suono*, pronunciarlo sporgendo le labbra.

labiate *s.f.pl.* (*bot.*) famiglia di piante, per lo più aromatiche, con foglie opposte e fiori raccolti in spighe (*p. es.* salvia, basilico).

labiato *agg.* **1** che ha forma di labbra **2** si dice di suono pronunciato sporgendo le labbra.

labile [là-] *agg.* caduco; fugace / *memoria* —, debole.

labilità *s.f.invar.* l'essere labile, instabilità: — *della felicità umana*; — *psichica*.

labirintico [-rìn-] *agg.* [pl.m. -*ci*] (*anat.*) del labirinto; relativo al labirinto: *disfunzione labirintica*.

labirintite *s.f.* (*med.*) infiammazione acuta del labirinto.

labirinto *s.m.* **1** edificio con un complesso di stanze e corridoi assai intricati: *il — di Creta* **2** giardino formato da vialetti molto intricati e fiancheggiati da alte siepi **3** per estens., viluppo, intrico (anche *fig.*): *un — di viuzze*; *un — di supposizioni* **4** (*anat.*) sistema di piccoli canali ossei e membranosi che costituiscono l'orecchio interno.

labirintosi [-tò∫i] *s.f.invar.* (*med.*) malattia del labirinto, non infiammatoria, di solito cronica.

laboratorio [-tò-] *s.m.* **1** complesso di locali attrezzati per ricerche scientifiche: — *chimico* **2** officina annessa a un negozio; manifattura: — *artigianale*; — *di calzoleria*.

laboratorista *s.m.* e *f.* [pl.m. -*i*] tecnico che svolge la sua attività in un laboratorio.

laboriosità *s.f.invar.* l'essere laborioso.

laborioso [-rió-] *agg.* **1** difficile a compiersi, che richiede molto lavoro, molta fatica: *parto —* **2** attivo, che lavora volentieri (detto di persona). SIN. *operoso* **3** ricco di opere, di lavoro (detto di cosa): *giornata laboriosa* // -**mente** *avv.* con laboriosità, in modo laborioso; faticosamente.

labradorite *s.f.* minerale grigio iridescente, appartenente alla famiglia dei plagioclasi.

labronico [-brò-] *agg.* [pl.m. -*ci*] della provincia di Livorno // *s.m.* abitante della provincia di Livorno.

laburismo [-∫mo] *s.m.* movimento politico inglese, di tendenza socialista riformista.

laburista *agg.* e *s.m.* e *f.* [pl.m. -*i*] del laburismo, aderente al laburismo: *partito —*; *i laburisti al governo*.

lacca *s.f.* combinazione di un colorante con sostanze minerali, usata come vernice, per tingere tessuti, e nella fabbricazione degli inchiostri.

laccamuffa *s.f.* sostanza colorante azzurra, generalmente nota col nome di *tornasole*.

laccare *v.tr.* [*io lacco, tu lacchi ecc.*] applicare la lacca su qlco.: — *i mobili*; — *le unghie*.

laccato *agg* verniciato con lacca o smalto: *tavolo —*; *unghie laccate*.

laccatore [-tó-] *s.m.* [f. -*trice*] operaio addetto alla laccatura, spec. di mobili.

laccatura *s.f.* l'operazione del laccare, spec. mobili.

lacchè *s.m.* **1** servo in livrea che accompagnava a piedi il padrone in carrozza **2** (*fig.spreg.*) persona servile.

laccia [làc-] *s.f.* → **alosa**.

laccio [làc-] *s.m.* **1** fune con cappio a nodo scorsoio per catturare uccelli o altra selvaggina **2** (*fig.spreg.*) inganno, insidia **3** cordoncino usato per tenere unite due parti di un abito o simili / *lacci delle scarpe*, stringhe **4** (*fig.*) legame, vincolo: — *amoroso* **5** cappio per impiccagione.

lacciolo [-cò-] *s.m.* piccolo laccio.

laccolite *s.m.* (*geol.*) massa rocciosa cristallina a forma di cupola, intrusa tra rocce stratificate.

laceramento [-mén-] *s.m.* atto, effetto del lacerare.

lacerare *v.tr.* [*io làcero ecc.*] **1** rompere con forza qlco.; ridurre in brandelli. SIN. *stracciare* **2** (*fig.*) straziare: *il rimorso lacera l'animo* // -**arsi** *v.rifl.pron.* strapparsi; fendersi: *l'abito finì per —*.

lacerazione [-zió-] *s.f.* **1** atto, effetto del lacerare o del lacerarsi **2** (*fig.*) separazione drammatica; grande afflizione; strazio.

lacero [là-] *agg.* strappato; a brandelli: *abito —* / *ferita —contusa*, prodotta con un corpo lacerante e contundente nello stesso tempo. SIN. *logoro, stracciato*.

lacerto[1] [-cèr-] *s.m.* (*ant.*) brandello; anche, la parte muscolosa del braccio.

lacerto[2] [-cèr-] *s.m.* → **scombro**.

laciniato *agg.* (*bot.*) sfrangiato (detto di foglie).

laconicità *s.f.invar.* l'essere laconico.

laconico [-cò-] *agg.* [pl.m. -*ci*] **1** (*st.*) dei laconi, degli spartani **2** conciso ed evasivo come si dice che fosse il parlare degli antichi spartani: *una risposta laconica* // -**mente** *avv.* con laconicità.

laconismo [-∫mo] *s.m.* l'essere laconico.

lacrima [là-] *s.f.* **1** umore che stilla dagli occhi, spec. come espressione di un dolore fisico o morale: *piangere a calde lacrime*, disperatamente; *sciogliersi in lacrime*, piangere dirottamente; *asciugare le lacrime*, consolare; *ingoiare le lacrime*, trattenere il pianto. DIM. *lacrimetta, lacrimuccia* **2** goccia: *una — di resina* **3** qualsiasi oggetto che ricorda la forma di una lacrima.

lacrimabile [-mà-] *agg.* (*lett.*) che può essere degno di pianto.

lacrimale *agg.* delle lacrime / *sacco —*, (*anat.*) piccolo serbatoio membranoso, in cui si raccoglie il liquido lacrimale.

lacrimare *v.intr.* [*io làcrimo ecc.*] **1** versar lacrime **2** stillare.

lacrimatoio [-tó-] *s.m.* (*archeol.*) vasetto funerario romano per unguenti e profumi.

lacrimazione [-zió-] *s.f.* la secrezione lacrimale.

lacrimevole [-mé-] *agg.* che è cagione di pianto.

lacrimogeno [-mò-] *agg.* **1** che fa lacrimare: *gas —* **2** (*fig.spreg.*) eccessivamente patetico.

lacrimoso [-mó-] *agg.* **1** pieno di lacrime: *viso —*; *voce lacrimosa*, di chi parla piangendo **2** che è cagione di pianto: *un racconto —*.

lacuale *agg.* di lago, sul lago: *navigazione —*.

lacuna *s.f.* **1** mancanza di una o più parole in uno scritto: *riempire una —* **2** (*fig.*) mancanza; dimenticanza: *le lacune della memoria* **3** (*scient., anat.*) cavità.

lacunare *s.m.* (*arch.*) spazio, variamente decorato, risultante dall'incrociarsi delle travi di un soffitto.

lacunoso [-nó-] *agg.* che presenta lacune. SIN. *manchevole*.

lacustre *agg.* proprio di un lago; che sta o vive nei laghi: *paesaggio —*; *fauna —*.

ladano [là-] *s.m.* → **labdano**.

laddove [-dó-] *cong.* mentre: *si mostrò violento, — avrebbe dovuto rivelare calma* // *avv.* nel luogo in cui.

ladino [-dì-] *agg.* **1** abitante, nativo di alcune zone delle Alpi sudorientali **2** la lingua di queste regioni, di origine latina // *agg.* dei ladini, della loro lingua.

ladra *s.f.* **1** donna che ruba **2** tasca interna del vestito.

ladreria [-rì-] *s.f.* l'esser ladro; azione da ladro. SIN. *ruberia, latrocinio*.

ladresco [-dré-] *agg.* [pl.m. -*chi*] di, da ladri.

ladro *agg.* che ruba (anche *fig.*): *un cassiere —* // *s.m.* chi ruba usando l'astuzia o la violenza (anche *fig.*): — *in guanti gialli*, che ha l'aspetto di persona perbene; — *di strada*, rapinatore / — *di cuori* / *tempo da ladri*, pessimo / *vestito come un —*, malissimo.

ladrocinio [-cì-] *s.m.* → **latrocinio**.

ladrone [-dró-] *s.m.* **1** (*ant.*) ladro di strada; rapinatore **2** (*scherz.*) gran ladro.

ladroneria [-rì-] *s.f.* l'esser ladrone; azione da ladrone.

ladronesco [-né-] *agg.* [pl.m. -*chi*] di, da ladrone.

ladruncolo [-drùn-] *s.m.* ragazzo ladro; ladro che si accontenta di piccole refurtive occasionali.

lager [*ted.*; *pr.* laghèr] *s.m.* **1** campo di concentramento e di sterminio della Germania nazista **2** per estens., campo di prigionia o altro luogo (carcere, ospizio ecc.) dove si pratichino forme di segregazione disumana.

laggiù *avv.* in quel luogo; là in basso.

lagna *s.f.* (*fam.*) **1** lamento continuo **2** persona o cosa prolissa, noiosa.

lagnanza *s.f.* il lagnarsi; lamentela; querela.

lagnarsi *v.rifl.pron.* **1** mandar fuori lamenti **2** esprimere il proprio malcontento. SIN. *lamentarsi, rammaricarsi.*

lagno *s.m.* (*non com.*) lagnanza. SIN. *lamento.*

lago *s.m.* [pl. -*ghi*] **1** (*geogr.*) depressione del suolo occupata da acqua per lo più dolce, non in diretta comunicazione col mare **2** (*fig.*) grande quantità di liquido sparso: *un — di sangue.*

lagoftalmo *s.m.* (*med.*) difetto fisico per cui le palpebre non si chiudono perfettamente, e il bulbo oculare resta in parte scoperto.

lagrima [là-] *s.f.* e *deriv.* → **lacrima** e *deriv.*

laguna *s.f.* (*geogr.*) tratto di mare basso separato dal mare aperto da una lingua di sabbia [*ill. Costa*].

lagunare *agg.* di laguna, delle lagune: *navigazione —.*

lai[1] *s.m.pl.* (*poet.*) lamenti: *levare alti —.*

lai[2] [*ant.franc.*; pl. *lais*] *s.m.* breve componimento poetico, lirico o narrativo, del medioevo francese; la musica che lo accompagnava.

laicale *agg.* di laico, proprio dei laici: *ridurre un sacerdote allo stato —.*

laicato *s.m.* **1** la condizione di chi è laico **2** insieme dei laici, in contrapposizione al clero.

laicismo [-ſmo] *s.m.* tendenza a rendere autonomi il pensiero e l'attività dei laici dall'autorità e dalla tradizione ecclesiastica.

laicità *s.f.invar.* la condizione di laico.

laicizzare [-ciʒʒa-] *v.tr.* rendere laico.

laico [lài-] *agg.* [pl.m. -*ci*] **1** che non appartiene al clero **2** che si ispira a concezioni di autonomia o indifferenza rispetto all'autorità ecclesiastica: *lo stato — / partiti laici,* che non si ispirano a una fede religiosa; in senso più stretto, in Italia, i partiti democratici che non si ispirano al cattolicesimo né al marxismo **3** che non segue rigidamente una ideologia; che non appartiene a una data cerchia o istituzione: *giudice —,* nella corte costituzionale, quello nominato dal parlamento, che non proviene dalla magistratura. // *s.m.* **1** chi non appartiene al clero **2** frate converso che non ha preso gli ordini.

laidezza [-déz-] *s.f.* l'esser laido. SIN. *bruttezza, turpitudine.*

laido [lài-] *agg.* che suscita ribrezzo o ripugnanza. SIN. *brutto, turpe.*

lama[1] *s.f.* **1** parte tagliente di un coltello, di un utensile, di una spada ecc. **2** lamina [*ill. Stampa*].

lama[2] *s.m.invar.* (*zool.*) mammifero ruminante delle Ande, grande come un cervo, con coda corta, pelame lungo e soffice; è utile come animale da soma, da macello e da lana (*fam.* Camelidi).

lama[3] *s.m.invar.* monaco buddista tibetano o mongolo // *gran —, dalai —,* sommo sacerdote e capo dello stato tibetano.

lama[4] *s.f.* (*lett.*) luogo basso e paludoso.

lamantino *s.m.* (*zool.*) mammifero marino dei sirenidi, con corpo tozzo e pinna caudale ampia e arrotondata a disco, commestibile (*fam.* Dugongidi).

lambello [-bèl-] *s.m.* (*arald.*) pezza rettangolare munita di pendenti, posta normalmente nel capo dello scudo.

lambiccare *v.tr.* [*io lambicco, tu lambicchi* ecc.] distillare con lambicco (anche *fig.*): *lambiccarsi il cervello,* fare ogni sforzo per cercare una soluzione, per comprendere o scoprire qlco.

lambiccato *agg.* troppo ricercato, artificioso; arzigogolato: *discorso —.*

lambiccatura *s.f.* effetto del lambiccare; pensiero, espressione lambiccata: *un discorso pieno di lambiccature.*

lambicco *s.m.* [pl. -*chi*] → **alambicco**

lambire *v.tr.* [*io lambisco, tu lambisci* ecc.] **1** sfiorare con la lingua: *il cane lambiva la mano del padrone* **2** per estens., toccare appena: *le fiamme lambivano il suo abito; le onde lambiscono la spiaggia.*

lamblia [làm-] *s.f.*, **lambliasi** [-bliaſi] *s.f.invar.* → **giardiasi**.

lambrecchini *s.m.pl.* (*arald.*) pezzi di stoffa frastagliati trattenuti sull'elmo per mezzo del cercine e ricadenti ai lati dello scudo.

lambrusco *s.m.* vino rosso lievemente frizzante, prodotto nella provincia di Modena.

lamé *s.m.* (*franc.*) → **laminato**[1].

lamella [-mèl-] *s.f.* **1** lamina sottile di metallo o di altro materiale **2** (*bot.*) strato sottile di un tessuto organico o vegetale: — *del fungo* [*ill. Funghi*].

lamellibranchi *s.m.pl.* (*zool.*) classe di molluschi acquatici, quasi sempre marini, aventi la conchiglia composta di due parti (*valve*), riunite da una robusta cerniera; vi appartengono: *ostriche, mitili, vongole* ecc.

lamentanza *s.f.* (*non com.*) lamentela, lagnanza.

lamentare *v.tr.* [*io lamento* ecc.] esprimere dolore o rincrescimento per qlco.; compiangere: *tutti lamentano la sua triste fine / nell'incidente non si lamentarono vittime.* SIN. *deplorare —* **-arsi** *v.rifl.pron.* **1** emettere lamenti per dolori fisici o morali: *il malato si lamenta notte e giorno / non mi lamento, non posso lamentarmi,* mi ritengo soddisfatto **2** esprimere un risentimento, risentirsi: — *delle prepotenze altrui; si lamenta che non gli hai più scritto.* SIN. *lagnarsi, rammaricarsi.*

lamentazione [-zió-] *s.f.* (*non com.*) un lungo e noioso lamentarsi.

lamentela [-tè-] *s.f.* lamento continuo; lagnanza.

lamentevole [-tè-] *agg.* **1** che esprime lamento; piagnucoloso: *voce —.* SIN. *querulo* **2** degno di lamento, di pietà; deplorevole: *azione —.*

lamento [-mén-] *s.m.* **1** suono, voce di dolore (detto di persone e, per estens., di animali): *emettere, mandare un —; il — di un cane.* SIN. *lagno, gemito* **2** espressione di risentimento; lagnanza: *essere sordo ai lamenti altrui.*

lamentoso [-tó-] *agg.* pieno di lamenti, che esprime lamento: *voce lamentosa.*

lametta [-mét-] *s.f.* piccola lama, in particolare quella a due tagli del rasoio di sicurezza.

lamiera [-miè-] *s.f.* (*tecn.*) lastra metallica, generalmente di acciaio, usata spec. nelle costruzioni navali e meccaniche in genere.

lamierino *s.m.* lamiera sottile.

lamina [là-] *s.f.* piastra, lastra molto sottile di metallo: — *d'argento, d'acciaio.*

laminare[1] *agg.* (*min.*) che ha forma di lamina; sottile come una lamina.

laminare[2] *v.tr.* [*io làmino ecc.*] **1** ridurre in lamine un metallo **2** rivestire di lamine.

laminato[1] *agg. e s.m.* si dice di filato o tessuto in cui, per ornamento, sono intrecciati fili metallici, dorati o argentati.

laminato[2] *agg.* ridotto in lamine, rivestito di lamine // *s.m.* si dice di materiale metallico o plastico ridotto in fogli sottili, in lamine.

laminatoio [-tó-] *s.m.* macchina costituita da cilindri contrapposti e avvicinati fra cui si fa scorrere un materiale malleabile (p.e. metallo) che si voglia ridurre in lamine o fili.

laminatura *s.f.* l'operazione del laminare.

lampa *s.f.* (*ant.* e *poet.*) lampada, lucerna.

lampada [làm-] *s.f.* qualsiasi sorgente artificiale di luce, che provvede all'illuminazione di strade, ambienti ecc.: *— a petrolio, elettrica, al neon; — a vapori di mercurio / — al quarzo, a raggi ultravioletti*, per l'abbronzatura artificiale / *— di sicurezza*, lampada ad acetilene, in cui la fiamma è protetta da una rete metallica che impedisce la propagazione del calore all'esterno, usata dai minatori / *— lampo*, (*fot.*) lampadina che produce una brevissima e intensa emissione luminosa per illuminare un soggetto da fotografare / *— votiva*, lume, per lo più a olio, che si accende davanti a un altare, a una tomba.

lampadario [-dà-] *s.m.* arnese di metallo, di vetro o di altro materiale, per lo più appeso al soffitto, atto a sostenere una o più lampade [*ill. Arredamento*].

lampadina *s.f.* bulbo di vetro contenente un filamento di tungsteno che, percorso da una corrente elettrica, emette luce.

lampante *agg.* rilucente, limpido (spec. *fig.*): *verità —*, evidente; *è chiaro e — che*, non ci sono dubbi.

lampara *s.f.* sistema di pesca notturna effettuata con rete a strascico, in cui i pesci vengono attirati dalla luce di una grossa lampada; anche la rete e la lampada usate in tale pesca.

lampeggiamento [-mén-] *s.m.* il lampeggiare.

lampeggiare *v.intr.* [*io lampéggio ecc.*] **1** mandare lampi, sfolgorare (anche *fig.*): *le spade lampeggiavano al sole; l'ira lampeggiava nei suoi occhi* **2** emettere luce a intermittenza, di varia intensità: *l'indicatore di direzione lampeggia; — con i fari dell'auto, con una torcia per segnalazioni* // *v.intr.impers.* apparire lampi; balenare: *lampeggiò tutto il pomeriggio.*

lampeggiatore [-tó-] *s.m.* **1** negli autoveicoli, fanale laterale a luce arancione intermittente che segnala i mutamenti di direzione, freccia **2** (*fot.*) congegno atto a produrre illuminazione istantanea.

lampionaio [-nà-] *s.m.* chi un tempo accendeva e spegneva i lampioni a gas delle strade.

lampione [-pió-] *s.m.* **1** lume contenuto in un involucro di vetro e sostenuto da un braccio o da una colonna di ferro, per l'illuminazione di strade, piazze ecc. **2** il fanale delle carrozze o di veicoli simili.

lampista *s.m. e f.* [*pl.m -i*] persona responsabile del funzionamento degli impianti di illuminazione nelle ferrovie.

lampisteria [-rì-] *s.f.* magazzino di apparecchi e attrezzature per l'illuminazione, spec. nelle ferrovie.

lampo *s.m.* **1** luce improvvisa e abbagliante prodotta da scariche elettriche nell'atmosfera **2** per estens., luce breve e sfolgorante: *il — delle artiglierie, delle spade / — di genio*, intuizione improvvisa e geniale / *in un —*, in un attimo, con estrema rapidità / *veloce come il —*, velocissimo e svelto, fulmineo.

lampone [-pó-] *s.m.* (*bot.*) **1** arbusto che dà frutti commestibili, simili alle more, rossi, profumati, di sapore acidulo (*fam.* Rosacee) **2** il frutto di tale pianta.

lampreda [-prè-] *s.f.* (*zool.*) genere di ciclostomi marini o fluviali commestibili, somiglianti alle anguille, privi di squame, con bocca a ventosa circolare armata di papille cornee simili a denti.

lana *s.f.* **1** il pelo della pecora e di altri animali **2** il filato e la fibra tessile ricavati dalla tosatura di tali animali: *— greggia; gomitolo, matassa di —; cappotto di — / una buona —*, un birichino, un pessimo soggetto / *fare questioni di — caprina*, discutere su argomenti futili o inutili **3** nome di alcune sostanze che hanno l'aspetto o la consistenza della lana: *— di vetro*, fibre di vetro usate come materiale isolante.

lanaiolo [-ió-] *s.m.* (*antiq.*) chi lavorava o vendeva la lana.

lanceolato *agg.* (*bot.*) si dice di foglia a forma di lancia [*ill. Foglia*].

lancetta [-cét-] *s.f.* **1** antiquato strumento chirurgico che veniva usato per salassi **2** indice girevole di uno strumento di misura: *la — dell'orologio.*

lancia[1] [làn-] *s.f.* [*pl. -ce*] **1** antica arma di offesa costituita da un'asta munita alla cima di un ferro appuntito / *mettere la — in resta*, prepararla in posizione di combattimento / *spezzare una — in favore di qlcu.*, (*fig.*) assumerne le difese con atti o con parole **2** (*tecn.*) tubo metallico che si applica a un idrante per lanciare un getto di liquido **3** (*tecn.*) *— termica*, strumento che produce un fiamma ad altissima temperatura capace di fondere metalli e altri materiali resistenti.

lancia[2] [làn-] *s.f.* [*pl. -ce*] imbarcazione a remi, leggera e veloce, addetta al servizio di navi da guerra o mercantili: *— di salvataggio*, lancia robusta con scafo di legno, provvista di casse d'aria che ne consentono la galleggiabilità.

lanciabombe [-bóm-] *s.m.invar.* pezzo di artiglieria da trincea destinato al lancio di bombe.

lanciafiamme *s.m.invar.* arma capace di spargere vapori infiammabili, maneggiata da uomini o montata su carri armati.

lanciagranate *s.m.invar.* lanciabombe.

lanciamissili [-mìs-] *agg.invar.* che serve a lanciare i missili.

lanciarazzi [-ràȝȝi] *s.m.invar.* **1** arma della fanteria, costituita da un tubo in lamiera che funge da rampa di lancio per un proiettile-razzo anticarro **2** congegno per il lancio di razzi luminosi, spec. per segnalazione.

lanciare *v.tr.* [*io làncio ecc.*] **1** gettare con impeto (anche *fig.*): *— un sasso; — il giavellotto; — un'invettiva, un'ingiuria.* SIN. scagliare, scaraventare **2** far partire con impeto, imprimere forte velocità: *— un cavallo; — una motocicletta a cento l'ora* **3** far conoscere, proporre, diffondere: *— un libro, un bando / — un prodotto*, farne la pubblicità / *— una persona*, introdurla e favorirla in un determinato campo di attività // **-arsi** *v. rifl.* **1** gettarsi con impeto: *— col paracadute; — all'assalto* **2** (*fig.*) avventarsi, scagliarsi: *— contro qlcu.*

lanciasiluri *s.m.invar.* congegno delle navi da guerra per lanciare siluri.

lanciato *agg.* **1** di veicolo, che va alla sua velocità massima / *chilometro —* **2** (*fig.*) si dice di persona o cosa ormai affermatasi, oppure che ha imboccato con entusiasmo una strada: *è un prodotto ormai —; è tutto — nella sua idea, nei suoi progetti.*

lanciatore [-tó-] *s.m.* [*f. -trice*] **1** chi lancia **2** (*sport*) l'atleta specializzato nelle gare di lancio; nel baseball, il giocatore che ha il compito di lanciare la palla.

lanciere [-ciè-] *s.m.* soldato a cavallo armato di lancia.

lancinante *agg.* che trafigge come una lancia; acuto: *un dolore* —.

lancio [làn-] *s.m.* atto, effetto del lanciare o del lanciarsi (anche *fig.*): — *del giavellotto*; — *di un proiettile*; — *col paracadute*; — *pubblicitario di un prodotto, di un romanzo*; — *di una moda*.

landa *s.f.* **1** (*geogr.*) conca arida, sabbiosa, bordata di dune, tipica della Francia meridionale **2** (*ant.*) regione, territorio, spec. pianeggiante, ampio e solitario.

landau [*franc.*; *pr.* lâdó] *s.m.* → **landò**.

landò *s.m.invar.* carrozza a quattro ruote, provvista di due mantici, per lo più tirata da due cavalli.

laneria [-rìa] *s.f.* assortimento di filati e di tessuti di lana.

lanetta [nét-] *s.f.* tessuto di lana mista a cotone.

langarolo [-rò-] *agg.* delle Langhe // *s.m.* abitante delle Langhe.

langravio [-grà-] *s.m.* (*st.*) titolo feudale in Germania.

languidezza [-déz-] *s.f.* l'essere languido (anche *fig.*).

languido [làn-] *agg.* che ha perso la naturale energia; debole (anche *fig.*): *luce languida*; *voce languida*; *occhi languidi*, che esprimono malinconia o tenerezza.

languire *v.intr.* [*io languisco* o *lànguo, tu languisci* o *làngui ecc.*] **1** essere privo di forze; venir meno; struggersi (anche *fig.*): — *dalla fame, di desiderio*; — *nella miseria* **2** scemare, divenire debole, svanire (anche *fig.*): *la fiamma languisce*; *una passione che langue*.

languore [-guó-] *s.m.* la condizione di chi langue per fiacchezza o struggimento (anche *fig.*): — *di stomaco*, sensazione di vuoto che si sente allo stomaco per bisogno di cibo.

laniere *s.m.* chi esercita l'industria della lana.

laniero [-niè-] *agg.* della lana, attinente alla lavorazione della lana: *industria laniera*; *operai lanieri*.

lanificio [-fì-] *s.m.* stabilimento dove si lavora la lana.

lanolina *s.f.* sostanza grassa estratta dalla lana di pecora, usata in farmacia quale eccipiente per unguenti e pomate.

lanoso [-nó-] *agg.* **1** di lana; che è fornito di lana; che contiene lana: *manto* —; *tessuto* — **2** che ha aspetto simile alla lana: *capelli lanosi* **3** (*ant.*) peloso, barbuto.

lantana *s.f.* (*bot.*) arboscello con foglie pelose che si trova in Italia nei luoghi montuosi (*fam.* Verbenacee).

lantanio [-tà-] *s.m.* elemento chimico (La; *n.at.* 57; *p.at.* 138,92); metallo delle terre rare.

lanterna [-tèr-] **1** lume portatile chiuso in una specie di cassetta con pareti di vetro: — *cieca*, con una parte opaca e girevole, così da poter nascondere il lume / *prendere lucciole per lanterne*, ingannarsi / — *magica*, strumento ottico col quale si proiettano ingrandite delle immagini dipinte su vetro **2** la parte più alta della torre d'un faro, chiusa da vetrate e contenente gli apparecchi per illuminare; anche il faro stesso **3** (*arch.*) tamburo con finestre sovrastante una cupola.

lanugine [-nù-] *s.f.* **1** i peli morbidi, sottili e corti che ricoprono le guance dei giovani, primo accenno di barba **2** peluria che ricopre i fiori, i frutti o le foglie di certe piante.

lanzardo *s.m.* → **scombro**.

lanzichenecco [-néc-] *s.m.* [*pl.* -chi], **lanzo** *s.m.* soldato mercenario tedesco, nel periodo del rinascimento e in quelli immediatamente seguenti.

laotiano *agg.* del Laos // *s.m.* abitante del Laos.

lapalissiano *agg.* ovvio, evidente: *una verità lapalissiana*, ridicolmente ingenua ed evidente.

laparatomia [-mì-] *s.f.* (*chir.*) apertura della cavità dell'addome praticata a scopo diagnostico o per operare.

laparoscopia [-pì-] *s.f.* (*med.*) indagine medica con la quale, introducendo attraverso la parete dell'addome una sottilissima sonda munita di apparato ottico, si osservano direttamente gli organi della cavità addominale.

lapicida *s.m.* [*pl.* -*i*] artigiano che lavora la pietra; nel medioevo era così chiamato anche chi eseguiva decorazioni e sculture.

lapidare *v.tr.* [*io làpido ecc.*] colpire qlcu. con sassate per ucciderlo.

lapidario [-dà-] *agg.* **1** che riguarda le iscrizioni scolpite su lapide **2** (*fig.*) sentenzioso, conciso come sono di regola tali iscrizioni: *stile* —; *frasi lapidarie* // *s.m.* **1** operaio che incide lapidi **2** museo che raccoglie lapidi antiche **3** trattato medievale sulle virtù e proprietà delle pietre preziose.

lapidazione [-zió-] *s.f.* il lapidare.

lapide [là-] *s.m.* lastra di pietra recante un'iscrizione funebre o commemorativa, posta su sepolcri, monumenti, facciate di edifici ecc.

lapillo *s.m.* (*geol.*) frammento di lava, di color giallobruno o nero, eruttato durante la fase esplosiva da un vulcano.

lapin [*franc.*; *pr.* lapèn] *s.m.* pelliccia di coniglio.

lapis *s.m.invar.* cannellino di legno in cui è racchiusa una sottile verghetta di grafite o di altra materia colorante; matita.

lapislazzuli [-ʃlàʒʒu-] *s.m.invar.* (*min.*) minerale siliceo e sulfureo di alluminio e sodio, colorato in azzurro violaceo e usato come pietra ornamentale.

lappone [lappóne o làppone] *agg.* della Lapponia // *s.m.* e *f.* abitante della Lapponia.

lapsus [*lat.*; *pr.* làpsus = *sdrucciolamento*] *s.m.* errore, sbaglio: — *linguae*, errore nel parlare; — *calami*, errore di scrittura; — *freudiano*, (*psic.*) errore o dimenticanza che rivela un conflitto inconscio.

lardellare *v.tr.* [*io lardèllo ecc.*] introdurre pezzetti di lardo in un pezzo di carne da arrostire (anche *fig.*): — *uno scritto di citazioni*, riempirlo di citazioni.

lardo *s.m.* adipe sottocutaneo del maiale, conservato mediante salagione o affumicatura per uso di cucina; per estens., (*spreg.*) grasso eccessivo.

largheggiare *v.intr.* [*io larghéggio ecc.*] concedere o promettere con larghezza.

larghezza [-ghéz-] *s.f.* **1** (*geom.*) una delle tre dimensioni dei solidi considerata trasversalmente e opposta alla lunghezza e all'altezza; una delle due dimensioni dei piani, considerata trasversalmente e opposta alla lunghezza **2** per estens., ampiezza: *la* — *di una strada*, la distanza da un margine all'altro; *la* — *del torace*, la misura della circonferenza / — *di vedute, d'idee, di mente*, apertura mentale **3** (*fig.*) disposizione a concedere con abbondanza; generosità: *usar* — *verso i bisognosi*. SIN. *liberalità, munificenza* **4** abbondanza: — *di mezzi*.

largire *v.tr.* [*io largisco, tu largisci ecc.*] (*lett.*) dare con larghezza, con liberalità; elargire.

largizione [-zió-] *s.f.* l'atto del largire; la cosa largita, il donativo.

largo *agg.* [*pl.m.* -*ghi*] **1** che si estende in larghezza: *un ponte* — *venti metri.* CONTR. *stretto* **2** allargato; ampio; esteso (anche *fig.*) / *a gambe larghe*, divaricate; *disegnare a larghi tratti*, trascurando i particolari / *di ma-*

nica larga, indulgente **3** (*fig.*) generoso: — *nello spendere*. SIN. *liberale, munifico* **4** copioso, abbondante: *un* — *margine di guadagno* **5** (*gramm.*) di vocale, che ha suono aperto: *la vocale «e» in «bello» è larga* // *s.m.* **1** larghezza; ampio spazio / *in lungo e in* —, in tutte le direzioni / *farsi* —, aprirsi un varco, imporsi / *stare alla larga*, lontano / *prenderla larga* o *alla larga*, fare un lungo giro; non dire subito il proprio scopo **2** l'alto mare (anche *fig.*): *prendere il* —, allontanarsi dalla riva; *allontanarsi con prudenza*; *tenersi al* —, distante **3** piazzetta di forma irregolare all'incrocio di più vie **4** (*mus.*) indicazione di movimento più lento dell'adagio e con carattere di solennità // **-mente** *avv.* **1** ampiamente **2** in larga misura, con abbondanza.

lari *s.m.pl.* gli dei protettori della casa secondo gli antichi romani; erano le anime dei defunti divinizzate.

larice [là-] *s.m.* (*bot.*) albero resinoso con foglie aghiformi, caduche; il legno è usato per costruzioni navali e in ebanisteria (*fam.* Pinacee) [*ill. Piante*].

laringe *s.f.* o *m.* (*anat.*) parte del canale aerifero che costituisce l'organo essenziale della fonazione [*ill. Respiratorio, apparato*].

laringectomia [-mi-] *s.f.* asportazione chirurgica della laringe.

laringectomizzato [-miʒʒa-] *agg.* e *s.m.* si dice di chi ha subito la laringectomia.

laringite *s.f.* (*med.*) infiammazione della laringe.

laringoiatra *s.m.* e *f.* [pl.m. *-i*] medico specialista delle malattie della laringe.

laringoscopia [-pi-] *s.f.* (*med.*) osservazione dell'interno della laringe per mezzo di uno specchietto spinto fino al retrobocca.

laringoscopio [-scò-] *s.m.* (*med.*) strumento per esplorare la laringe.

laringospasmo [-ʃmo] *s.m.* (*med.*) contrattura spastica dei muscoli della laringe.

laringotomia [-mì-] *s.f.* operazione chirurgica consistente nell'apertura della laringe.

larva *s.f.* **1** spettro, fantasma (anche *fig.*): *essere ridotto a una* —, magrissimo **2** (*zool.*) prima forma giovanile e transitoria degli animali soggetti a metamorfosi [*ill. Insetti*].

larvato *agg.* mascherato; si dice di cosa che si presenti in maniera differente da quello che è in realtà: *malizia larvata di gentilezza*; *una larvata forma di razzismo*.

lasagna [-ʃa-] *s.f.* spec. *pl.* pasta sfoglia all'uovo tagliata in larghe strisce.

lasciapassare *s.m.invar.* permesso scritto che autorizza a passare ove altrimenti non sarebbe possibile / — *doganale*, documento che accompagna la merce trasferita da una dogana all'altra dello stesso stato.

lasciare *v.tr.* [*io làscio ecc.*] **1** smettere di tenere, di sostenere: — *le briglie*; — *il volante* **2** non prendere con sé; depositare; far avanzare: *ho lasciato i bambini a casa*; *hanno lasciato un pacco per lei*; — *la minestra nel piatto* **3** separarsi da qlcu. o da qlco., abbandonare: *devo lasciarti perché è tardi*; — *il marito, la moglie, un impiego* / — *il mondo*, farsi religioso **4** far restare qlcu. o qlco. in un particolare stato: — *nei pasticci*; *lo lasciarono libero* / — *qlcu. a bocca asciutta*, deluderlo / — *di stucco*, meravigliare, sbalordire **5** cedere; dare, affidare, trasmettere per testamento: — *a qlcu. le illusioni*; *gli lasciò tutto il patrimonio* **6** seguito da un infinito o da *che* e il cong. significa permettere: *lo lasciò pensare a lungo*; *lasciò che pensasse a lungo*; *lasciarsi prendere dall'ira* / — *andare*, non curarsi di qlco. / —

correre, perdere, disinteressarsi di qlco. / — *a desiderare*, non soddisfare appieno / *lasciarsi andare*, abbandonarsi // **-arsi** *v.rifl.rec.* rompere un legame, spec. d'amore: *si sono lasciati dopo due anni di fidanzamento* / — *in malo modo*; — *d'amore e d'accordo*.

lascito [là-] *s.m.* (*dir.*) ciò che è lasciato per testamento; legato.

lascivia [-scì-] *s.f.* tendenza eccessiva e fuori luogo alla sensualità; atto impudico. SIN. *lussuria*.

lascivo *agg.* che ha lascivia, che è effetto di lascivia. SIN. *lussurioso*.

lasco *agg.* [pl.m. *-chi*] (*mar.*) non ben teso, allentato (detto di sartia, cavo e simili) // *s.m.* (*mar.*) il lasciar molle la vela di un'imbarcazione per sfruttare meglio il vento in certe condizioni.

laser [ingl.; *Light Amplification by Stimulated Emission of Radiation*] *s.m.invar.* dispositivo per l'emissione di radiazione ottica perfettamente monocromatica / *raggio* —, la radiazione stessa.

lassa *s.f.* tipo di strofa delle canzoni di gesta medievali formata da versi decasillabi o dodecasillabi di numero variabile e legati da una stessa rima o dall'assonanza.

lassativo *agg.* si dice di farmaco che ha proprietà purgative // *s.m.* purgante leggero.

lassismo [-ʃmo] *s.m.* eccessiva indulgenza nell'applicazione di leggi, norme, criteri educativi.

lassista *agg.* e *s.m.* e *f.* [pl.m. *-i*] che, chi pratica il lassismo; permissivo: *educazione* —.

lasso[1] *agg.* (*ant.* e *poet.*) stanco; infelice, misero.

lasso[2] *s.m.* spazio, in locuz. come: *in un breve* — *di tempo*; *in questo* — *di tempo*.

lassù *avv.* di luogo in quel luogo là in alto.

lastex [là-] *s.m.invar.* tessuto elastico usato spec. per i costumi da bagno femminili®.

lastra *s.f.* **1** pezzo di materiale rigido, di poco spessore, piano e per lo più rettangolare: *una* — *di pietra, di ghiaccio* **2** (*fot.*) supporto di vetro su cui è applicata l'emulsione sensibile alla luce **3** pellicola radiografica impressionata.

lastricare *v.tr.* [*io làstrico, tu làstrichi ecc.*] ricoprire con lastre di pietra (si dice solo delle strade).

lastricato *agg.* e *s.m.* rivestito di lastre di pietra; lastrico: *strada lastricata*.

lastricatura *s.f.* l'operazione, il risultato del lastricare.

lastrico [là-] *s.m.* [pl. *-chi* (*rar.*) *-ci*] l'insieme delle lastre di pietra o simili che, regolarmente connesse, formano il rivestimento di una massicciata stradale / *ridursi sul* —, esser ridotto alla miseria.

latebra [-tè-] *s.f.* (*lett.*) luogo oscuro e nascosto; nascondiglio (anche *fig.*): *le latebre del cuore*.

latente [-tèn-] *agg.* che non si manifesta esternamente; riposto. SIN. *nascosto*.

latenza [-tèn-] *s.f.* l'essere latente, stato latente: *la* — *della crisi*; *il periodo di* — *di una malattia*, prima che compaiano i sintomi.

laterale *agg.* **1** che si trova ai lati, di fianco: *l'ingresso* — *di un chiesa* **2** (*fig.*) secondario: *un problema* —. CONTR. *centrale* // *agg.* e *s.f.* strada che confluisce in una via principale; trasversale.

laterite *s.f.* (*geol.*) terra argillosa rossastra, ricca di ferro, prodotta dall'alterazione di rocce silicate in regioni tropicali calde e umide.

laterizi *s.m.pl.* (*edil.*) nome generico dei materiali da costruzione come mattoni, tegole, refrattari e simili, ottenuti per impasto e cottura di composti di argilla.

latice [là-] *s.m.* (*bot.*) liquido biancastro e denso che fuoriesce dalle foglie o dai rami di alcune piante quando vengono rotti.

laticlavio [-clà-] *s.m.* (*st.*) veste bianca con un largo bordo di porpora indossata dai senatori romani.

latifoglia [-fò-] *agg.* e *s.f.* (*bot.*) si dice di pianta avente foglie larghe.

latifondista *s.m.* e *f.* [pl.m. *-i*] proprietario di latifondo.

latifondo [-fón-] *s.m.* vastissima possessione agricola.

latineggiante *agg.* che arieggia il latino: *stile —*.

latineggiare *v.intr.* [*io latinéggio ecc.*] usare, nella propria lingua, modi stilistici tipici del latino.

latinense [-nèn-] *agg.* di Latina // *s.m.* e *f.* abitante di Latina.

latinismo [-ʃmo] *s.m.* parola o costrutto attinti dalla lingua latina.

latinista *s.m.* e *f.* [pl.m. *-i*] studioso della lingua e della letteratura latina.

latinità *s.f.invar.* **1** l'essere latino: *— di una tradizione* **2** la lingua e la letteratura latina e il periodo in cui quella lingua fu parlata e scritta.

latinizzare [-niʒʒa-] *v.tr.* **1** introdurre usi e costumi latini presso un popolo: *i romani latinizzarono la Spagna* **2** tradurre in lingua latina o dare forma latina a parole di altra lingua.

latin lover [*ingl.*; *pr.* lètin làva] *s.m.* amante di temperamento caldo e di squisita galanteria, come si ritiene, spec. nei paesi nordici, che siano gli uomini dei paesi latini.

latino *agg.* dell'antico Lazio, degli antichi romani; dei popoli o delle civiltà neolatine / *vela latina*, tipo di vela triangolare [*ill. Barca*] / *America latina*, colonizzata da spagnoli e portoghesi, dei quali parla tuttora le lingue // *s.m* lingua dell'antica Roma e poi del Lazio / *capire il —*, intendere ciò che è sottinteso.

latitante *agg.* **1** (*dir.*) che si sottrae all'esecuzione di un mandato di cattura **2** (*fig.*) si dice di chi si sottrae alle proprie responsabilità: *dirigenti latitanti*.

latitanza *s.f.* **1** (*dir.*) lo stato di chi è latitante **2** (*fig.*) assenza, inefficienza, mancanza di responsabilità: *— del governo*.

latitare *v.tr.* [*io làtito ecc.*] stare nascosto, non farsi trovare; (*fig.*) non assumere le proprie responsabilità.

latitudinale *agg.* (*geogr.*) che concerne la latitudine.

latitudine [-tù-] *s.f.* **1** (*non com.*) estensione in larghezza **2** (*geogr.*) una delle coordinate geografiche terrestri: è la distanza di un luogo dall'equatore misurata in gradi lungo l'arco del meridiano passante per quel luogo.

lato[1] *s.m.* **1** parte destra o sinistra del corpo umano o di una cosa: *il — destro dell'edificio*. SIN. *fianco, fiancata* **2** (*fig.*) aspetto, punto di vista: *il — morale di una questione*; *il — debole, buono, di una persona, di una cosa* **3** (*geom.*) ciascuno dei segmenti di retta che costituiscono il perimetro di un poligono; ciascuna delle due semirette che comprendono un angolo.

lato[2] *agg.* (*lett.*) largo, spazioso (anche *fig.*): *senso —, non ristretto, estensivo.*

latomia [-mì-] *s.f.* cava di pietra in cui lavoravano nell'antichità gli schiavi condannati a una pena; carcere scavato nella pietra.

latore [-tó-] *s.m.* [f. *-trice*] chi porta, spec. chi è incaricato di recapitare una lettera, un messaggio.

latrare *v.intr.* abbaiare rabbiosamente, detto di cane.

latrato *s.m.* verso del cane che latra.

latria [-tri-] *s.f.* (*relig.*) il culto di adorazione, riservato esclusivamente a Dio.

latrina *s.f.* locale dotato di apparecchi per servizi igienici.

latrocinio [-cì-] *s.m.* il rubare, spec. con l'inganno e il raggiro. SIN. *furto, ruberia.*

latta *s.f.* **1** lamiera sottile di ferro ricoperta sulle due superfici da uno strato protettivo di stagno **2** recipiente di latta.

lattagogo [-gò-] *agg.* e *s.m.* [pl.m. *-ghi*] si dice di farmaco che stimola e aumenta la secrezione del latte.

lattaio [-tà-] *s.m.* chi vende latte o anche lo porta a domicilio.

lattante *agg.* e *s.m.* e *f.* che o chi prende ancora il latte della madre.

lattasi [-ʃi] *s.f.invar.* enzima intestinale che scinde lo zucchero del latte (lattosio) in glucosio e galattosio.

lattazione [-zió-] *s.f.* periodo di tempo durante il quale la ghiandola mammaria secerne latte.

latte *s.m.* **1** liquido bianco e dolce col quale le femmine dei mammiferi nutrono i loro piccoli: *fratelli di —*, quelli che hanno avuto la stessa balia; *denti di —*, quelli che costituiscono la prima dentizione; *levare il —*, divezzare / *succhiare un sentimento col —*, (*fig.*) riceverlo dalla prima fanciullezza / *avere ancora il — alla bocca*, (*fig.*) essere ancora molto giovane / *far venire il — alle ginocchia*, (*fig.*) annoiare, deludere; *— dei vecchi*, il vino **2** il latte delle bestie, in genere di mucca, che serve da alimento: *— scremato*, a cui è tolta la panna; *— pastorizzato*, da cui sono stati eliminati i microbi; *— a lunga conservazione*, trattato in modo che si conservi inalterato a temperatura ambiente; *— di gallina*, bevanda di tuorli d'uovo frullati e latte, unita a un liquore **3** un liquido che ha somiglianza col latte o che si paragona a esso: *— di cocco*, liquido lattiginoso contenuto nelle noci di cocco; *— di calce*, calcina stemperata con acqua, disinfettante.

lattemiele [-miè-] *s.m.* **1** panna montata **2** (*fig.*) una cosa troppo dolce; una sdolcinatezza.

latteo [làt-] *agg.* del latte, simile al latte: *montata lattea*, la prima secrezione del latte dopo il parto; *farina lattea*, latte evaporato mescolato con farina / *Via Lattea*, nome popolare della nostra galassia, in quanto appare come una striscia più chiara e luminosa nel cielo notturno.

latteria [-rì-] *s.f.* bottega ove si vende il latte; luogo ove si lavora il latte.

lattice [làt-] *s.m.* **1** sospensione colloidale simile al latte, presente in molti vegetali (p.e. albero della gomma) o preparata artificialmente, da cui si possono ottenere prodotti gommosi **2** → *latice*.

latticello [-cèl-] *s.m.* siero di latte inacidito.

latticinio [-cì-] *s.m.*, **lattìcino** *s.m.* prodotto alimentare ricavato dal latte.

lattico [làt-] *agg.* [pl.m. *-ci*] (*scient.*) si dice di un acido organico che si forma nel latte inacidito e nei muscoli per effetto della contrazione muscolare.

lattiera [tiè-] *s.f.* recipiente per servire il latte.

lattiero [-tiè-] *agg.* che riguarda il latte: *industria lattiera*.

lattiginoso [-nó-] *agg.* che è simile a latte annacquato in part., che ne ha il colore biancastro.

lattime *s.m.* malattia dei bambini che si manifesta con grosse croste sul capo.

lattina *s.f.* piccolo recipiente di latta, spec. quello cilindrico usato per contenere birra o bibite.

lattoflavina *s.f.* denominazione chimica della vitamina B_2.

lattoniere [-niè-] *s.m.* chi fa lavori con la latta; stagnino.

lattonzolo [-tón-] *s.m.* animale poppante, spec. il maialino.

lattosio [-tòʃio] *s.m.* zucchero naturale contenuto nel latte.

lattuga *s.f.* pianta erbacea coltivata negli orti le cui foglie larghe e tenere si mangiano in insalata (*fam.* Composite) / — *marina*, alga marina, con tallo verde increspato (*fam.* Ulvacee).

lauda [làu-] *s.f.* nella letteratura italiana medievale, componimento poetico, di contenuto religioso e di intonazione popolare.

laudano [làu-] *s.m.* (*farm.*) medicamento liquido, in cui entra come ingrediente l'oppio, usato come calmante di disturbi intestinali.

laudativo *agg.* (*non com.*) di lode: *tono, scritto —*.

laurea [làu-] *s.f.* dignità e titolo dottorale conferiti da una università al termine di un corso di studi / — *ad honorem, honoris causa*, conferita a chi non ha seguito il corso di studi relativo, ma si è distinto in quello o in altri campi per meriti speciali.

laureando *agg.* e *s.m.* studente universitario prossimo a sostenere l'esame di laurea.

laureare *v.tr.* [*io* làureo *ecc.*] **1** conferire la laurea **2** (*lett.*) coronare d'alloro // **-arsi** *v.rifl.* prendere la laurea; (*fig.*) qualificarsi, ottenere un titolo: *ciclista che si è laureato campione del mondo*.

laureato *agg.* **1** (*lett.*) coronato d'alloro: *poeta —* **2** che ha conseguito la laurea // *s.m.* persona laureata.

lauro [làu-] *s.m.* → **alloro.**

lauroceraso [-cèraʃo] *s.m.* (*farm.*) arbusto con foglie sempreverdi, lucide, lanceolate, usate in medicina per la preparazione di un'acqua antitossica.

lauto [làu-] *agg.* abbondante, magnifico: *un — pranzo; un — guadagno.* SIN. *sontuoso.*

lava *s.f.* massa fluida e incandescente formata da minerali fusi, che fuoriesce dai vulcani in eruzione.

lavabile [-và-] *agg.* che può esser lavato senza subire alterazioni.

lavabo *s.m.* **1** bacino di porcellana, di lamiera o simili, infisso a parete o sorretto da treppiede, usato per lavarsi **2** (*lit.*) parte della messa in cui il sacerdote si lava le dita, recitando il salmo che comincia con tale parola.

lavacro *s.m.* **1** (*lett.*) il lavare, il lavarsi **2** (*lett.*) il recipiente dove ci si lava.

lavaggio [-vàg-] *s.m.* l'operazione del lavare e del lavarsi / — *del cervello*, intensa pressione psicologica che arriva a cancellare del tutto le vecchie idee per imporne di nuove.

lavagna *s.f.* **1** (*min.*) ardesia **2** lastra di ardesia incorniciata e spesso montata su sostegni, su cui si scrive col gesso **3** riquadro, schermo, spazio usato per leggere o scrivere con qualsiasi tecnica: *— luminosa, — magnetica.*

lavamano *s.m.* [pl. *-i* o *invar.*] suppellettile composta da una catinella, sostenuta da un treppiede, che si usava per lavarsi.

lavanda[1] *s.f.* **1** (*bot.*) pianta erbacea con foglie lineari e fiori violacei molto profumati (*fam.* Labiate) **2** profumo ricavato da tale pianta.

lavanda[2] *s.f* atto del lavare o del lavarsi: *— gastrica,* lavaggio dello stomaco.

lavandaio [-da-] *s.m.* chi per mestiere lava i panni altrui.

lavanderia [-rì-] *s.f.* stabilimento per la lavatura dei panni: *— a gettone,* le cui macchine lavatrici funzionano a gettone.

lavandino *s.m.* acquaio.

lavapiatti *s.m.* e *f.invar.* **1** chi negli alberghi, nei ristoranti e simili, ha il compito di lavare le stoviglie **2** (*fig.*) chi fa lavori umili // *s.f.* lavastoviglie.

lavare *v.tr.* **1** rendere pulito qlco. usando acqua o altro liquido: *— i piatti; lavarsi il viso, le mani ecc.; — una ferita / lavarsene le mani,* non volersi impicciare di qlco. / *assol.* lavare panni sudici: *questo detersivo lava bene / — a secco,* con smacchiatori, benzina e simili; senza acqua **2** (*fig.*) purificare, purgare: *— le proprie colpe / — un'offesa nel sangue,* vendicarsi in modo violento // **-arsi** *v.rifl.* lavare il proprio corpo: *mi lavo nella doccia.*

lavarello [-rèl-] *s.m.* → **coregono.**

lavastoviglie [-vì-] *s.f.invar.* macchina automatica per il lavaggio dei piatti e delle altre stoviglie.

lavata *s.f.* atto di lavare / *dare una — di capo,* (*fig.*) una sgridata.

lavativo *s.m.* **1** (*antiq.*) clistere **2** (*fig.*) persona uggiosa o anche scansafatiche.

lavatoio [-tó-] *s.m.* stanza o porticato adibito alla lavatura dei panni; anche la vasca in cui si lavano.

lavatrice *s.f.* macchina per lavare, spec. la macchina lavabiancheria di uso domestico.

lavatura *s.f.* **1** l'atto del lavare **2** l'acqua in cui s'è lavato qlco. / — *di piatti,* (*fig.*) un brodo acquoso.

lavello [-vèl-] *s.m.* acquaio.

lavina *s.f.* frana di rocce sui monti; slavina.

lavorabile [-rà-] *agg.* che si può lavorare.

lavorante *s.m.* e *f.* chi fa lavori manuali; operaio.

lavorare *v.intr.* [*io* lavóro *ecc.*] **1** dedicare le forze del corpo e della mente a un mestiere, a una professione: *— nell'industria, nell'agricoltura, nel terziario; — in proprio,* senza dipendere da un datore di lavoro / *— per la gloria,* senza compenso **2** eseguire un lavoro: *— a mano, a macchina, ai ferri, all'uncinetto / — ai ferri, — di forbici, tagliare, accorciare / — di pennello,* fare il pittore / *— di lingua,* parlare molto, spec. con cattive intenzioni **3** funzionare (detto di macchine, di opifici): *la fabbrica ha ripreso a —* **4** avere clienti (detto di bottega): *una sartoria che lavora molto* **5** darsi da fare per ottenere uno scopo: *— a una causa; — alla realizzazione di un progetto; lavorava per farmi del male / — sotto sotto,* con intrighi **6** detto di cosa, agire, avere un dato effetto: *il tempo lavora a suo favore; l'inquinamento lavora ai nostri danni* **7** detto di animali, aiutare l'uomo in alcuni lavori: *buoi che lavorano bene* // *v.tr.* trasformare un materiale per renderlo atto all'uso: *a Prato si lavora la lana / — la terra,* fare il contadino / *lavorarsi qlcu.,* circuirlo.

lavorativo *agg.* si dice di periodo di tempo in cui si lavora: *ore lavorative.*

lavorato *agg.* affinato col lavoro: *oro —.*

lavoratore [-tó-] *s.m.* [*f.* -trice] **1** chi lavora, spec. chi compie un lavoro dipendente: *i lavoratori dell'industria, della scuola; lavoratori manuali* **2** chi lavora con particolare impegno e intensità, anche al di fuori della professione: *quel ragazzo è un gran —.*

lavorazione [-zió-] *s.f.* atto e modo di lavorare una materia. SIN. *manifattura, confezione.*

lavorio [-rì-] *s.m.* **1** un lavoro vario e continuato **2** (*fig.*) un lavoro nascosto; un intrigo.

lavoro [-vó-] *s.m.* **1** l'azione del lavorare e il prodotto così ottenuto: *essere abile al — / un — di oreficeria; lavori femminili,* cucito, ricamo e maglia; *i lavori del parlamento,* le sedute / *lavori forzati,* quelli imposti come pena ai condannati / *lavori pubblici,* quelli appaltati dallo stato o da enti locali / *tornare dal —*, dal luogo in cui si lavora. DIM. *lavorino, lavoretto.* PEGG. *lavoraccio* **2** l'occupazione retribuita: *contratto di —; vivere del proprio —* **3** l'insieme dei lavoratori, la loro attività nel suo complesso: *lo scontro tra il — e il capitale* **4** per estens., l'azione degli agenti naturali: *il — delle acque ha corroso i piloni del ponte* **5** (*fam.*) qualsiasi imbroglio, maneggio, guaio: *è un bel —!* **6** (*fis.*) il prodotto di una forza per la lunghezza dello spostamento per il coseno dell'angolo compreso fra la direzione dello spostamento e la direzione della forza.

lawrencio [*pr.* laurènscio] *s.m.* elemento chimico artificiale radioattivo (Lw; *n.at.* 103; *p.at.* 257).

lay-out [*ingl.; pr.* lèiaut] *s.m.* **1** in un impianto industriale, disposizione delle macchine e degli addetti studiata ai fini della produttività **2** in pubblicità, bozzetto in cui le illustrazioni e il testo di un annuncio assumono la disposizione definitiva.

laziale *agg.* del Lazio // *s.m.* e *f.* abitante del Lazio.

lazo [*spagn.; pr.* làso] *s.m.* laccio munito di un cappio all'estremità, usato per la cattura di quadrupedi nelle praterie dell'America.

lazzaretto [laʒʒarét-] *s.m.* luogo di cura e segregazione per affetti da malattie contagiose.

lazzarone [laʒʒaró-] *s.m.* canaglia, persona spregevole.

lazzeruolo [laʒʒeruò-] *s.m.* piccolo albero, dai frutti commestibili, rossi, tondeggianti (*fam.* Rosacee).

lazzo [laʒʒo] *s.m.* **1** scena mimica della commedia dell'arte **2** atto, motto buffonesco.

le *art.det.f.pl.* si premette a tutti i vocaboli femminili plurali: *le armi, le case*; si unisce alle prep. *a*, rar. *con, da, di, in, su*: *alle, colle, dalle, delle, nelle, sulle* // *pron.pers.f.sing.* di terza persona a lei; foma complementare atona di *ella* che si usa solo come compl. di termine (a lei): *incontrai Maria e le dissi* // *pron.pers.f.pl.*di terza persona loro; forma complementare atona di *loro* che si usa solo come compl.ogg., quando non gli si vuol dare speciale rilievo: *incontrai Anna e Maria e le salutai*; ambedue questi pronomi si uniscono a *ecco* e a imperativi, infiniti, gerundi: *eccole; amale; vederle; chiamandole.*

leacril *s.m.invar.* fibra tessile acrilica®.

leader [*ingl.; pr.* lìda] *agg.* e *s.m.* e *f.* **1** capo politico **2** nello sport, chi occupa il primo posto in classifica durante lo svolgimento di un campionato o di una corsa a tappe; anche il vincitore finale; nell'ippica, cavallo che, in una corsa, prende la prima posizione alla partenza e fa l'andatura **3** chi è riconosciuto come capo o esempio, chi è all'avanguardia: *azienda — nel settore; studente — della classe*, che trascina gli altri *— positivo,* che stimola a impegnarsi; *— negativo,* che esercita un'influenza negativa.

leadership [*ingl.; pr.* lìdascip] *s.f.* la condizione, la situazione del leader, in tutti i significati.

leale *agg.* che mantiene le promesse; che odia le finzioni e i tradimenti. SIN. *sincero, onesto, schietto.* CONTR. *sleale.*

lealista *agg.* e *s.m.* e *f.* [pl.m. *-i*] chi è fedele al governo ufficiale, nelle lotte civili o di indipendenza.

lealtà *s.f.invar.* l'essere leale. SIN. *onestà, sincerità, schiettezza.*

leardo (*zool.*) *agg.* si dice di cavallo dal mantello grigio, misto di peli bianchi e neri.

leasing [*ingl.; pr.* lìsin] *s.m.* l'affitto, da parte di un'azienda, di macchine, impianti, edifici e a volte della relativa manutenzione.

lebbra [léb-] *s.f.* (*med.*) malattia cronica contagiosa, con localizzazioni sulla cute, sulle mucose, sulle ossa, sui nervi, sugli organi interni.

lebbrosario [-sà-] *s.m.* lazzaretto per lebbrosi.

lebbroso [-bró-]*agg.* e *s.m.* che o chi è affetto da lebbra.

lecca-lecca [léc-] *s.m.invar.* sorta di caramella fissata a un bastoncino che si regge in mano.

leccapiedi [-pié-] *s.m.invar.* (*spreg.*) adulatore.

leccarda *s.f.* → **ghiotta**.

leccare *v.tr.* [*io* lécco, *tu* lécchi ecc.] **1** fare scorrere leggermente la lingua su qlco.: *il gatto leccava il piatto / leccarsi i baffi, leccarsi le dita,* trovare saporito un cibo **2** (*fig.*) adulare in modo servile. SIN. *lusingare* **3** curare eccessivamente: *quell'artista lecca troppo i suoi dipinti* // **-arsi** *v.rifl.* lisciarsi per sembrare bello.

leccata *s.f.* atto del leccare.

leccato *agg.* affettato, lisciato: *discorso —; pettinatura troppo leccata.*

leccese [-cé-]*agg.* di Lecce // *s.m.* e *f.* abitante di Lecce.

leccio [léc-] *s.m.* (*bot.*) albero simile alla quercia; il legno è usato per lavori di carpenteria (*fam.* Cupulifere).

leccornia [-nì-] *s.f.* boccone ghiotto.

lecitina *s.f.* (*biol.*) composto organico grasso, fosforato, presente nel tessuto nervoso animale, nei semi vegetali e nel tuorlo d'uovo; si usa come ricostituente.

lecito [lé-] *agg.* consentito dalla morale, dalle convenienze, dalla legge. SIN. *legittimo, permesso.* CONTR. *illecito.*

ledere [lè-] *v.tr.* [*pres. io* lèdo ecc.; pass.rem. *io* lési, *tu* ledésti ecc.: p.pass. *léso*] ferire, offendere, danneggiare, anche *fig.*: *il proiettile ha leso un organo vitale; — gli interessi, la reputazione di qlcu.*

lega¹ [lé-] *s.f.* **1** associazione di più stati o città o persone o gruppi sociali per meglio conseguire finalità di comune interesse: *— doganale; — sindacale / la Lega lombarda.* SIN. *alleanza, coalizione* **2** (*chim.*) miscela di due o più metalli fusi tra loro o con altri elementi adatti: *di bassa —,* quando sovrabbonda il metallo meno pregiato; *di bassa —,* (*fig.*) di qualità spregevole.

lega² [lé-] *s.f.* misura itineraria di diverso valore a seconda dei paesi: *— marina,* di circa cinque chilometri e mezzo.

legaccio [-gàc-] *s.m.* striscia di pelle o di altro che serve per legare: *i legacci delle scarpe.*

legale *agg.* di legge, conforme alla legge: *mezzi, vie legali,* quelli che la legge consente per tutelare i propri diritti; *studio —,* di avvocato // *s.m.* e *f.* nome con cui si indicano avvocati, procuratori e simili.

legalistico [-lì-] *agg.* [pl.m. *-ci*] strettamente, o eccessivamente, legato ad aspetti legali.

legalità *s.f.invar.* la condizione di ciò che è conforme alle leggi: *rientrare nella —.* CONTR. *illegalità.*

legalitario [-tà-] *agg.* rispettoso delle leggi, della legalità.

legalizzare [-liʒʒa-] *v.tr.* rendere conforme alle leggi, rendere regolare, dotare dei requisiti richiesti dalle leggi; autenticare.

legalizzazione [-liʒʒazió-] *s.f.* l'atto e l'effetto del legalizzare.

legame *s.m.* **1** quanto serve a legare, a tenere legato (anche *fig.*): *sciogliere i legami; il — del sangue, dell'affetto, dell'amicizia / — chimico,* la valenza. SIN. *vincolo* **2** (*fig.*) rapporto, relazione; nesso logico, collegamento: *idee senza —.*

legamento [-mén-] *s.m.* **1** il legare; legame **2** *pl.* (*anat.*) cordoni fibrosi tesi tra ossa contigue; servono a tenerle unite e a permetterne i movimenti.

legante *agg.* e *s.m.* si dice di elemento che unisce, che crea connessione o fusione: *l'uovo è un buon — per le salse; colla formata da — e indurente.*

legare[1] *v.tr.* [*io légo, tu léghi ecc.*] **1** stringere con una fune o simili una cosa o più cose insieme; unire, fermare una cosa a un'altra: *— un pacco; — il cane alla catena, la barca alla riva / pazzo da —*, persona molto stravagante / *— le mani a qlcu.*, non permettergli di agire liberamente / *— la lingua a qlcu.*, non permettergli di parlare / *legarsela al dito*, non dimenticare un'offesa. CONTR. *slegare* **2** rilegare (detto di libri); incastonare (detto di gemme): *ho legato il libro in pelle; — in oro* **3** (*fig.*) congiungere; connettere: *— in matrimonio; — bene fra di loro i concetti* // *v.intr.* far lega, unirsi (anche *fig.*): *questi metalli non legano; questi concetti non legano fra di loro; i due ragazzi hanno legato subito,* hanno fatto amicizia // **-arsi** *v.rifl.* unirsi con un vincolo: *— in matrimonio, con giuramento.*

legare[2] *v.tr.* [*io légo, tu léghi ecc.*] (*dir.*) lasciare come legato in testamento.

legatario [-tà-] *s.m.* chi riceve un legato.

legato[1] *agg.* **1** stretto, tenuto insieme, unito a qlco. **2** di persona, spec. di un atleta, privo di scioltezza, di agilità // *agg.* e *s.m.* (*mus.*) si dice di note che devono essere eseguite senza interruzione di suono.

legato[2] *s.m.* **1** chi rappresenta, con incarico temporaneo, all'estero uno stato: *— pontificio* **2** (*st.*) ambasciatore romano; luogotenente di un generale romano.

legato[3] *s.m.* (*dir.*) lascito testamentario in favore di enti o di persone diverse dall'erede naturale.

legatore [-tó-] *s.m.* [f. *-trice*] chi lega libri.

legatoria [-rì-] *s.f.* bottega attrezzata per legare o rilegare libri.

legatura *s.f.* **1** atto, modo, effetto del legare: *— delle scarpe; — di un libro* **2** (*mus.*) la linea curva applicata a una serie di note che si devono eseguire senza interruzione di suono.

legazione [-zió-] *s.f.* **1** rappresentanza diplomatica retta da un ministro plenipotenziario; l'edificio in cui ha sede **2** carica, ufficio di legato **3** *pl.* (*st.*) le circoscrizioni amministrative di Bologna, Ferrara, Ravenna, Forlì, nello Stato Pontificio, rette da un cardinale legato.

legenda [*lat.; pr.* legènda *= cose da leggere*] *s.f.* lista di avvertenze, di spiegazioni necessarie a comprendere un testo.

legge [lég-] *s.f.* **1** norma secondo cui si regolano le azioni degli uomini: *— divina; — morale* **2** atto dello stato che fissa regole di condotta obbliganti per la generalità dei cittadini: *un disegno di —; — sulla stampa; promulgare una —; violare una —; essere fuori della —, della legalità / dettar —*, imporre la propria volontà in modo assoluto / *prov.: fatta la —, trovato l'inganno* **3** la scienza del diritto: *studente di —* **4** regola di una disciplina, di un'arte: *la — della pittura; la — della sintassi* **5** (*scient.*) norma che regola fatti o fenomeni naturali; particolarmente, la precisazione della maniera con cui poste certe cause conseguono, come effetti, particolari fenomeni; e anche l'enunciato dei rapporti matematici fra le grandezze che intervengono nei fenomeni fisici.

leggenda [-gèn-] *s.f.* **1** narrazione di un fatto, spec. di argomento religioso, eroico o cavalleresco, in cui entrino molti elementi fantastici. SIN. *mito* **2** (*fig.*) fatto storico quasi incredibile: *la — dei Mille* **3** (*fig.*) cosa falsa, inventata **4** spiegazione, avvertimento, didascalia, iscrizione, motto: *la — di una carta geografica, di un*

grafico, di uno stemma; *la — di una moneta*, le parole che girano al diritto e al rovescio di essa.

leggendario [-dà-] *agg.* di, da leggenda; che appartiene a una leggenda. SIN. *mitico.*

leggere [lèg-] *v.tr.* [*pres. io lèggo, tu lèggi ecc.; pass.rem. io lèssi, tu leggésti ecc.; p.pass. lètto*] **1** riconoscere dal segno della scrittura le parole, intenderne il significato: *— un libro; — forte, piano, a bassa voce; non saper — / assol.* far letture: *dopo cena mi piace —* **2** (*fig.*) interpretare il pensiero, il sentimento di qlcu.: *ti lessi l'odio nel cuore; — nell'anima* **3** per estens., capire il significato di segni particolari: *— la musica, una carta geografica / — la mano*, predire il futuro di qlcu. interpretandole le linee della sua mano.

leggerezza [-réz-] *s.f.* **1** l'essere leggero; l'essere agile, svelto **2** (*fig.*) mancanza di serietà; atto di persona non seria. SIN. *frivolezza.*

leggero [-gè-] *agg.* **1** che ha poco peso: *un bagaglio —, un vestito — / un peso —*, l'atleta che appartiene a una determinata categoria di peso nel pugilato, nella lotta, nel sollevamento pesi. SIN. *lieve.* CONTR. *pesante* **2** di persona, agile; snello: *— nei movimenti* **3** che può essere agevolmente sopportato; moderato; debole: *vino —; una leggera scossa di terremoto* **4** (*fig.*) incostante, poco serio; spensierato: *una testolina leggera / alla leggera*, senza pensarci. SIN. *fatuo, frivolo, superficiale.*

leggiadria [-dri-] *s.f.* l'essere leggiadro. SIN. *bellezza.*

leggiadro *agg.* pieno di grazia, eleganza e gentilezza: *un — portamento.* SIN. *bello, vezzoso.*

leggibile [-gi-] *agg.* che si può leggere.

leggicchiare [-gi-] (*io leggicchio ecc.*) leggere con un po' di stento e svogliatamente.

leggieri [-gjè-] nella locuz. *di leggieri*, (*ant.*) facilmente.

leggiero [-gjè-] *agg.* → **leggero.**

leggina *s.f.* legge che regola una materia assai ristretta, o modifica un punto di un'altra legge.

leggìo [-gì-] *s.m.* sostegno inclinato, con o senza piede, su cui si appoggia il messale sull'altare, un libro o uno spartito di musica, perché, assumendo una posizione inclinata, permette la lettura in piedi o senza chinare il capo.

leggiucchiare *v.tr.* [*io leggiùcchio ecc.*] → **leggicchiare.**

legiferare *v.intr.* [*io legifero ecc.*] redigere leggi, emanare leggi.

legionario [-nà-] *agg.* della legione // *s.m.* soldato della legione.

legione [-gió-] *s.f.* **1** (*st.*) grande unità tattica dell'esercito romano **2** unità, corrispondente al reggimento, dei carabinieri e della guardia di finanza **3** un corpo di soldati che non appartiene all'esercito regolare: *— straniera* **4** moltitudine: *— di turisti.*

legislativo [-ʃla-] *agg.* del legislatore o della legislazione / *potere —*, il potere di fare le leggi; anche gli organi che lo esercitano.

legislatore [-ʃlato-] *s.m.* [f. *-trice*] colui che fa le leggi.

legislatura [-ʃla-] *s.f.* il periodo nel quale dura in carica un'assemblea legislativa; l'assemblea stessa.

legislazione [-ʃlazió-] *s.f.* l'azione del fare le leggi; il complesso delle leggi stesse: *— civile.*

legittima [-git-] *s.f.* (*dir.*) quella parte del patrimonio della quale non si può disporre per testamento perché riservata agli eredi legittimi.

legittimare [-git-] *v.tr.* [*io legittimo ecc.*] **1** (*dir.*) rendere legittimo, rendere valido, rendere produttivo di effetti giuridici **2** (*fig.*) far apparire legittimo, giustificare: *la difesa dell'ordine non può — la violenza.*

legittimario [-mà-] *s.m.* (*dir.*) chi succede nella legittima.

legittimazione [-zió-] *s.f.* **1** (*dir.*) l'azione del rendere legittimo **2** (*fig.*) giustificazione, riconoscimento di legittimità: *ricerca di — del potere dittatoriale.*

legittimismo [-ſmo] *s.m.* (*st.*) dottrina politica affermante l'origine divina del potere monarchico.

legittimista *s.m.* e *f.* [pl.m. *-i*] fautore del legittimismo.

legittimità *s.f.invar.* l'essere legittimo; spec. la condizione di conformità alla legge. CONTR. *illegittimità.*

legittimo [-gìt-] *agg.* **1** che è conforme alle leggi, che presenta i caratteri richiesti dalle leggi. SIN. *lecito.* CONTR. *illegittimo* **2** (*fig.*) giusto, lecito: *— desiderio.*

legna [lé-] *s.f.* [pl. *region. -a* e *-e*] legno da bruciare / *andare a far —,* a raccogliere o tagliare legna da bruciare / *mettere, aggiungere — al fuoco,* (*fig.*) mettere discordia, aizzare.

legnaia [-gnà-] *s.f.* deposito della legna.

legnaiolo [-ió-] *s.m.* (*antiq.*) falegname.

legname *s.m.* legno da lavoro o per costruzioni: *— lavorato.*

legnare *v.tr.* [*io légno* ecc.] bastonare.

legnata *s.f.* colpo dato con un legno. SIN. *bastonata.*

legnatico [-gnà-] *s.m.* diritto di far legna in un bosco altrui.

legni [lé-] *s.m.pl.* (*mus.*) termine con il quale si indica la famiglia degli strumenti a fiato costruiti in legno: ottavino, flauto, oboe, corno inglese, clarinetto, fagotto.

legno [lé-] *s.m.* **1** (*bot.*) la parte dura del tronco e dei rami delle piante, che ha funzione di sostegno e di conduzione della linfa: *alberi di — forte,* come la quercia e il noce; *alberi di — dolce,* come il platano e il pioppo **2** il materiale da costruzione che si ricava dal tronco di certi alberi: *— asciutto, liscio; — compensato,* formato da più strati di diverse qualità, incollati in modo che le fibre siano perpendicolari le une alle altre / *testa di —,* persona poco intelligente e ostinata **3** bastone: *con un — gliene ho date tante* **4** (*fig.ant.*) nave **5** (*fig.antiq.*) carrozza: *— a due cavalli; — scoperto.*

legnosità *s.f.invar.* l'essere legnoso.

legnoso [-gnó-] *agg.* **1** che è di legno: *fusto —* **2** duro come il legno (anche *fig.*): *frutto —* / *figura legnosa, lineamenti legnosi,* duri, privi di elasticità e morbidezza / *stile —,* privo di agilità.

leguleio [-lè-] *s.m.* (*spreg.*) avvocato, giurista cavilloso, di scarsa dottrina.

legume *s.m.* (*bot.*) **1** pianta che produce baccelli **2** *pl.* i semi chiusi nel baccello, come le fave, i piselli, i fagioli [*ill. Frutti*].

leguminose [-nó-] *s.f.pl.* (*bot.*) famiglia di piante che producono semi chiusi in baccelli (p.e. il *fagiolo*).

lei [lèi] *pron.pers.f. di terza pers.sing.* ella, essa; si usa come compl.ogg. e nel compl. di termine quando gli si vuol dare particolare rilievo, e nei complementi con prep.: *ho incontrato proprio —; partirò con —;* nella lingua familiare è largamente impiegato come sogg., e come tale è richiesto anche dalle norme grammaticali nei seguenti casi: quando gli si vuol dare particolare rilievo: *è — che non ne vuol sapere;* nelle esclamazioni: *beata —!;* quando vi sia opposizione tra due soggetti: *— arrivò puntuale, lui in ritardo;* quando il sogg. sia posto dopo il verbo: *lo dice —; lo disse — stessa;* quando sia preceduto da *tanto, quanto, come, più, anche, neppure, nemmeno, pure* ecc.: *ho studiato quanto —; non fare come —; anche — era presente;* come predicato dopo i verbi *essere, parere, sembrare: io non sono —; se io fossi —; non sembra più —;* si usa inoltre come compl. e come sogg. nel rivolgere il discorso a persona con cui non si sia in familiarità; in tal caso si riferisce sia al genere femminile sia al maschile e si può scrivere anche con la lettera maiuscola: *Lei mi deve credere;* verremo noi da Lei; *Lei è molto buono, signore / dare del — a qlcu.,* rivolgergli il discorso in terza persona.

leishmania [-mà-] *s.f.* protozoo parassita della pelle e degli organi interni.

leishmaniosi [-niòſi] *s.f.invar.* malattia provocata dalle leishmanie, detta anche kala-azar.

leitmotiv [*ted.*; *pr.* laitmotíf] *s.m.* motivo conduttore; si chiama così un tema musicale ricorrente in una composizione drammatica, collegato a un personaggio, a un'idea, a un sentimento; per estens., tema dominante e ricorrente in un'opera letteraria, in un autore, nei discorsi di qlcu.

lem [*ingl.*; *Lunar Excursion Module*] *s.m.* modulo lunare; veicolo spaziale usato per allunare e decollare dalla Luna.

lembo [lém-] *s.m.* **1** parte estrema di una veste, di un drappo, di un tessuto; orlo: *il — della gonna* **2** piccola parte, spec. estrema, di qlco.: *un — di cielo* **3** (*bot.*) parte piatta della foglia o del petalo.

lemma [lèm-] *s.m.* [pl. *-i*] **1** (*mat.*) proposizione preliminare che viene asserita e provata per servire da premessa alla dimostrazione di un'altra proposizione **2** la parola di cui tratta un articolo di un vocabolario o di un'enciclopedia.

lemme lemme [lèm-] [lèm-] *locuz.avv.* (*fam.*) pian piano, con molta flemma.

lemure [lè-] *s.m.* **1** (*ant.*) spettro, fantasma **2** animale della famiglia dei lemuridi.

lemuridi [-mù-] *s.m.pl.* → **proscimmie.**

lena [lé-] *s.f.* **1** vigore, forza di volontà, nell'affrontare e nel sopportare una fatica: *lavorare di —, di buona —,* con assiduità, con entusiasmo **2** (*lett.*) respiro, spec. con riferimento al suo affrettarsi nelle fatiche.

lendine [lèn-] *s.m.* o *f.* (*zool.*) uovo di pidocchio.

leninismo [-ſmo] *s.m.* il rigoroso rispetto della teoria del rivoluzionario russo Lenin (1870-1924) che interpretava le idee di Marx.

leninista *agg.* e *s.m.* e *f.* [pl.m. *-i*] che, chi segue con ortodossia le idee di Lenin.

lenire *v.tr.* [*io lenisco, tu lenisci* ecc.] calmare, mitigare, raddolcire: *— il dolore, la sofferenza.*

lenitivo *agg.* e *s.m.* si dice spec. di rimedio che serve a lenire il dolore; sedativo.

lenocinio [-ci-] *s.m.* **1** attività che organizza, protegge e sfrutta la prostituzione **2** (*fig.*) allettamento, artificio, lusinga: *il — dello stile.*

lenone [-nó-] *s.m.* sfruttatore della prostituzione.

lente [lèn-] *s.f.* **1** strumento ottico trasparente, per lo

lente

1 *biconvessa,* 2 *piano-convessa,* 3 *concavo-convessa,* 4 *convesso-concava,* 5 *piano-concava,* 6 *biconcava.*

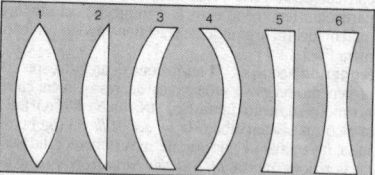

più di vetro, limitato da due superfici di cui almeno una sia sferica: — *concava, convessa*; — *d'ingrandimento*, che serve a ingrandire le immagini degli oggetti / *portare le lenti*, gli occhiali, o le lenti a contatto **2** negli orologi a pendolo, il disco sottile con cui termina il pendolo stesso **3** lenticchia.

lentezza [-téz-] *s.f.* l'essere lento. SIN. *flemma*.

lenticchia [-tìc-] *s.f.* **1** pianta erbacea con foglie pennate che fornisce baccelli contenenti semi commestibili, di forma sferica, schiacciata (*fam.* Leguminose) **2** il seme di tale pianta / *cedere qlco. per un piatto di lenticchie*, per un compenso inadeguato.

lenticolare *agg.* che ha forma di lente o di lenticchia.

lentiggine [-tìg-] *s.f.* macchiolina rosso-bruna della pelle, caratteristica nelle persone bionde.

lentigginoso [-nó-] *agg.* che ha lentiggini.

lento [lèn-] *agg.* **1** non veloce, non sollecito; che impiega troppo tempo nel fare qlco.: — *nel parlare, nello scrivere, nel capire*; *essere — a ubbidire*; — *come una lumaca, come una tartaruga.* SIN. *flemmatico, tardo* **2** si dice di azione che si compie adagio, che si prolunga nel tempo o che dura a lungo: *una lenta discussione*; *il fiume scorre* —; *i giorni passavano lenti / rimedio* —, che produce tardi il suo effetto **3** non teso, non stretto; allentato: *fune lenta; tenere lente le briglie* **4** (*mus.*) si dice di movimento meno sostenuto del grave // **-mente** *avv.* con lentezza: *andare* —.

lenza [lèn-] *s.f.* semplice attrezzo da pesca, costituito da un filo sottile, di seta torta o di nylon, alla cui estremità si attacca l'amo.

lenzuolo [-zuò-] *s.m.* [pl.m. -*i*, se presi singolarmente; pl.f. -*a*, il paio che si mette nel letto] **1** ciascuno dei due teli del letto tra cui si giace: *rincalzare, rimboccare le lenzuola* **2** per estens., drappo di tessuto per vari usi: — *da bagno*, asciugamano grande; — *funebre*, sudario **3** (*fig.*) pezzo grande come un lenzuolo; copertura: *un — di terreno*; *sotto un — di neve*.

leone [-ó-] *s.m.* **1** grosso mammifero carnivoro di color fulvo, con testa grossa, circondata nel maschio da folta criniera, zampe munite di fortissime unghie retrattili, dentatura potente (*fam.* Felidi); è simbolo di forza, di violenza, di coraggio: *è fiero come un* —; *comportarsi da — / farsi la parte del* —, prendersi la parte migliore, più abbondante **2** Leone, (*astr.*) uno dei dodici segni dello zodiaco [ill. *Zodiaco*].

leonessa [-nés-] *s.f.* la femmina del leone.

leonino *agg.* di, da leone: *forza leonina*.

leopardo *s.m.* **1** grosso mammifero carnivoro africano, di forme snelle, agilissimo e feroce, ricercato per la sua pelliccia giallognola a macchie scure (*fam.* Felidi); per estens., capo d'abbigliamento confezionato con la pelliccia di questo animale **2** (*arald.*) nome del leone passante con la testa in maestà.

lepade [lè-] *s.f.* piccolo crostaceo marino munito di una specie di conchiglia da cui sporgono sei paia di arti; vive in gruppi, attaccato a scogli, navi ecc. [ill. *Crostacei*].

lepantino *agg.* di Lepanto // *s.m.* abitante di Lepanto.

lepidezza [-déz-] *s.f.*, **lepidità** *s.f.invar.* l'essere lepido.

lepido [lè-] *agg.* che dice cose piacevoli per finezza e acutezza d'ingegno; che rivela ingegno e arguzia: *stile* —; *risposta lepida.* SIN. *arguto, faceto, spiritoso*.

lepidotteri [-dòt-] *s.m.pl.* nome scientifico delle farfalle.

lepisma [-ʃma] *s.f.* insettino dei tisanuri, di color argenteo, con due lunghe antenne e tre filamenti caudali; si insinua nelle fessure, tra le vecchie carte, nei cibi ecc.

leporino *agg.* di lepre / *labbro* —, malformazione congenita del labbro superiore, che presenta una fenditura dall'alto al basso.

lepre [lè-] *s.f.* o m. mammifero roditore commestibile, con lunghe orecchie, occhi senza palpebre, mantello grigio-bruno, lunghe zampe posteriori, corta coda, veloce nella corsa e buon saltatore (*fam.* Leporidi): *fuggire come una* —, a gran velocità.

leptomeninge *s.f.* (*anat.*) denominazione delle due meningi interne (aracnoide e pia madre), dette anche meningi molli.

leptone [-tó-] *s.m.* (*fis.*) termine generale per indicare le particelle a interazione debole.

leptospira *s.f.* varietà di spirocheta, patogena per gli animali e l'uomo.

leptospirosi [-ròʃi] *s.f.invar.* malattia provocata dalle leptospire, che infettano i topi e, attraverso la loro urine, l'uomo.

lercio [lèr- o lèr-] *agg.* repellente per luridezza. SIN. *sudicio, sporco, sozzo*.

lesbica [lèsʃbi-] *s.f.* donna omosessuale.

lesbismo [-ʃbiʃmo] *s.m.* omosessualità femminile.

lesena [-ʃè-] *s.f.* (*arch.*) risalto decorativo a forma di pilastro sulla superficie di un muro [ill. *Architettura*].

lesina [léʃi-] *s.f.* **1** ferro ricurvo e aguzzo usato dal calzolaio **2** (*fig.*) spilorceria.

lesinare [-ʃi-] *v.tr.* [io *lésino ecc.*] dare in misura molto ristretta, con avarizia: — *il pane, l'affetto a qlcu.* // *v. intr.* risparmiare il più possibile: — *sulle spese*.

lesionare [-ʃio-] *v.tr.* [io *lesióno ecc.*] danneggiare una costruzione con crepe.

lesionato *agg.* che ha subito lesioni: *un edificio* —.

lesione [-ʃió-] *s.f.* **1** atto, effetto del ledere; danno fisico o finanziario che deriva da un'azione altrui e produce pertanto obbligo a risarcimento: — *agli interessi, all'onore altrui* **2** (*med.*) discontinuità nel tessuto di un organo, di origine per lo più traumatica **3** crepa, fenditura in un edificio.

lesivo [-ʃi-] *agg.* che lede, che provoca una lesione: *atto — della reputazione altrui*.

leso [léʃo] *agg.* che ha subito una lesione in senso fisico o morale: *un braccio* —; *un diritto* — / *la parte lesa*, (*dir.*) la parte offesa da un reato / *lesa maestà*, anticamente, attentato alla vita del sovrano o ai suoi diritti; oggi, reato di chi mira a sovvertire l'ordinamento dello stato.

lessare *v.tr.* [io *lésso ecc.*] cuocere i cibi facendoli bollire nell'acqua.

lessema [-sè-] *s.m.* [pl. -*i*] in linguistica, unità lessicale.

lessicale *agg.* del lessico, che riguarda il lessico: *studio, ricerca* —.

lessico [lès-] *s.m.* [pl. -*ci*] **1** dizionario, vocabolario, spec. di una lingua antica o di scienze particolari **2** l'insieme dei vocaboli che costituiscono una lingua o un linguaggio: *il — dell'italiano*; — *tecnico*; *il — dantesco* **3** insieme di forme, di caratteri espressivi: — *cinematografico*.

lessicografia [-fi-] *s.f.* scienza della registrazione e della definizione del lessico di una lingua; l'arte di compilare dizionari.

lessicografico [-grà-] *agg.* [pl.m. -*ci*] che riguarda la lessicografia.

lessicografo [-cò-] *s.m.* **1** studioso di lessicografia **2** compilatore di dizionari.

lessicologia [-gì-] *s.f.* studio scientifico del lessico di una lingua.

lessicologico [-lò-] *agg.* [pl.m. *-ci*] che riguarda la lessicologia.

lessicologo [-cò-] *s.m.* [pl. *-gi*] studioso di lessicologia.

lesso [lés-] *agg.* cotto in acqua bollente // *s.m.* pietanza di carne lessa; anche il taglio di carne che si usa per tale pietanza: — *di pollo; mezzo chilo di* —.

lesto [lè-] *agg.* **1** che agisce con prontezza, con rapidità, con sollecitudine: — *di gambe* / — *di mano*, chi ruba; — *d'ingegno*; — *di lingua*, chi è pronto alla risposta **2** che si fa o avviene in poco tempo; sbrigativo: *lavoro* —; *decisione lesta* / *alla lesta*, in modo sbrigativo. SIN. *agile, svelto* // **-mente** *avv.* in fretta: *andare* —.

lestofante *s.m.* e *f.* chi inganna con abili discorsi o raggiri. SIN. *imbroglione, truffatore*.

letale *agg.* che provoca la morte: *morbo* —. SIN. *mortifero, mortale*.

letamaio [-mà-] *s.m.* luogo in cui si ammucchia il letame.

letame *s.m.* concime prodotto nelle stalle dalla mescolanza delle deiezioni solide e liquide degli animali con i materiali che formano la lettiera.

letargia [-gì-] *s.f.* (*med.*) sonno profondo di origine patologica.

letargico [-tàr-] *agg.* [pl.m. *-ci*] di letargo; che ha carattere di letargo: *sonno, stato* —.

letargo *s.m.* [pl. *-ghi*] **1** stato di sonno profondo in cui cadono alcuni animali (p.e. il ghiro) durante l'inverno **2** nell'uomo, sonno profondo di origine morbosa: *cadere, giacere in* — **3** (*fig.*) stato di inerzia spirituale e morale: *svegliare un popolo dal* —.

leticare *v.intr.* e *tr.* [*io lético, tu létichi ecc.*] → **litigare**.

letizia [-tì-] *s.f.* sentimento di allegrezza spirituale. SIN. *contentezza, esultanza, felicità, beatitudine*.

lettera [lèt-] *s.f.* **1** ciascuno dei segni dell'alfabeto: *lettere maiuscole, minuscole; l'alfabeto italiano si compone di ventun lettere; sa scrivere i numeri ma non le lettere* / *scrivere a lettere d'oro*, per immortalare un fatto glorioso **2** carattere di stampa: *lettere di scatola*, cubitali, di grande formato **3** l'interpretazione più restrittiva e ovvia delle parole di uno scritto, di un testo ecc.: *alla* —, attenendosi alle parole precise, dette o scritte; *testualmente: prendere, intendere alla* — / *rimanere* — *morta*, si dice di legge non eseguita, di consiglio inascoltato **4** comunicazione scritta che si invia a altra persona: — *raccomandata*; — *di condoglianze*; — *anonima*, non firmata; — *di credito*, che serve ad accreditare / — *aperta*, rivolta a una persona, ma destinata al pubblico, che viene stampata su un giornale per esprimere esigenze di carattere generale **5** *pl.* la letteratura: *laurea, dottore in lettere; le lettere latine* **6** nelle operazioni sui cambi e in Borsa, le quotazioni delle monete e dei titoli offerti (si contrappone a *denaro*).

letterale *agg.* **1** che riguarda il significato preciso delle parole di uno scritto, di un testo ecc.: *traduzione* —, che traduce parola per parola il testo originale **2** (*mat.*) si dice di calcolo o di operazione in cui figurino simboli letterali anziché numeri // **-mente** *avv.* **1** alla lettera: *tradurre* — **2** (*fig.*) nel vero senso della parola: *la piazza era* — *gremita*.

letterario [-rà-] *agg.* **1** che riguarda la letteratura, i letterati: *opera letteraria; critico* —; *circolo* — **2** si dice di parole o locuz. non dell'uso comune ma proprie della lingua scritta dei letterati.

letterato *agg.* dotto in letteratura // *s.m.* chi si dedica allo studio delle lettere; per estens., persona di vasta cultura letteraria.

letteratura *s.f.* **1** l'insieme delle opere in prosa e in versi, spec. di valore artistico, proprie di una determinata lingua: *la* — *drammatica*, l'insieme dei lavori di teatro **2** complesso delle opere relative a un determinato soggetto: — *medica*, — *dantesca* **3** le istruzioni che accompagnano le confezioni di farmaci.

lettiera [-tiè-] *s.f.* strato di paglia o di foglie che serve da giaciglio agli animali nelle stalle.

lettiga *s.f.* **1** sorta di portantina usata dagli antichi **2** barella; anche autolettiga.

lettighiere [-ghiè-] *s.m.* addetto al trasporto di ammalati su lettighe, o anche su autolettighe.

lettino *s.m.* **1** letto per bambini **2** sorta di letto sul quale i medici fanno stendere i pazienti per visitarli.

letto [lèt-] *s.m.* **1** il mobile (composto di un fusto, di una rete o di molle, su cui sono distesi materassi e lenzuola) che serve per riposare o dormire: *camera da* —; *mutare il* —, cambiare la biancheria; *mettersi a* —, ammalarsi; *essere inchiodato in un* —, essere colpito da grave infermità / *andare a* — *con le galline*, assai presto / *cascare dal* —, alzarsi, contro l'abitudine, di mattina presto / *figli di primo* —, nati da un primo matrimonio **2** qualsiasi mobile su cui può essere disteso il corpo: — *operatorio*, il tavolo usato dai chirurghi; — *funebre*, il cataletto **3** per estens., fondo, supporto: *un* — *di calce* **4** la parte dell'alveo di un fiume ove scorre l'acqua **5** la superficie inferiore di uno strato roccioso; la roccia solida sulla quale poggia il suolo incoerente.

lettone[1] [-tó-] *s.m.* letto matrimoniale, nel linguaggio infantile.

lettone[2] [lèttone *o* lottóne] *agg.* della Lettonia // *s.m.* e *f.* abitante della Lettonia.

lettorato *s.m.* **1** (*eccl.*) uno degli ordini minori, quello di lettore **2** l'ufficio del lettore presso un'università.

lettore [-tó-] *s.m.* **1** [f. *-trice*] chi legge; chi legge con particolare intensità: *un* — *attento*; *un* — *di gialli* **2** (*eccl.*) chi ha ricevuto il secondo degli ordini minori **3** [f. *-trice*] l'insegnante, di solito di madrelingua, che svolge i corsi pratici di lingue straniere nelle università **4** apparecchio che consente la lettura su supporti speciali **5** (*tecn.*) apparecchio capace di trasformare un sistema di segni in un altro: — *di banda perforata*, quello che traduce le varie disposizioni dei fori in impulsi elettromagnetici; — *digitale* [*ill.* Suono].

lettura *s.f.* **1** il leggere: *la* — *di un libro, del giornale; un'ora di* —; *dare pubblica* — *di qlco.* **2** il modo di leggere: — *a voce alta*, — *silenziosa*, — *lenta, rapida, affrettata, chiara, incerta, stentata, scorrevole, espressiva, meccanica* / *una* — *diversa del testo*, una diversa interpretazione **3** il testo che si legge: *una* — *interessante; le mie letture giovanili* **4** lezione, conferenza: *una* — *dantesca*.

leucemia [-mì-] *s.f.* (*med.*) malattia caratterizzata da forte aumento dei globuli bianchi del sangue, e da ingrossamento degli organi linfatici; ha quasi sempre decorso cronico e progressivo.

leucemico [-cè-] *agg.* [pl.m. *-ci*] riguardante la leucemia // *agg.* e *s.m.* si dice di chi soffre di leucemia.

leuco- [lèu-] [dal gr. *leykòs* = *bianco*] primo elemento compositivo di parole scientifiche per indicare colore bianco (*leucociti*).

leucocitario [-tà-] *agg.* riguardante i leucociti: *formula leucocitaria*.

leucociti *s.m.pl.* (*anat.*) globuli bianchi del sangue e della linfa, distinti in molte varietà.

leucocitosi [-tòfsi] *s.f.invar.* (*med.*) aumento dei globuli bianchi del sangue oltre il normale.

leucoma [-cò-] *s.m.* [pl. *-i*] (*med.*) macchia permanente di colore bianco opaco, dovuta a ulcerazione della cornea dell'occhio; può cagionare cecità.

leucoplachia [-chi-], **leucoplasia** [-ʃi-] *s.f.* (*med.*) affezione caratterizzata da chiazze biancastre sulla mucosa della cavità boccale e degli organi genitali.

leucoplasti *s.m.pl.* (*bot.*) granuli di colore bianco che si trovano nei tessuti delle piante non esposti alla luce.

leucopoiesi [-ièʃi] *s.f.invar.* (*biol.*) processo di produzione dei leucociti.

leucorrea [-rè-] *s.f.* (*med.*) perdita attraverso la vagina di secrezioni biancastre di origine uterina o vaginale.

leva¹ [lè-] *s.f.* (*fis.*) **1** macchina semplice consistente in un'asta girevole attorno a un asse fisso / *far — su qlco.,* servirsene come appoggio per far forza; (*fig.*) servirsi di qlco. per raggiungere un certo fine: *far — sui sentimenti* **2** asta di comando di un dispositivo meccanico (anche *fig.*): *la — del cambio,* asta che serve a innestare le marce nelle autovetture; *le leve del potere / — di comando,* autorità e mezzi per guidare un'organizzazione.

leva² [lè-] *s.f.* **1** coscrizione obbligatoria: *commissione di —* **2** l'insieme dei giovani chiamati alle armi in un anno; per estens., gruppo di persone della stessa generazione: *le nuove leve del cinema.*

levante *s.m.* **1** punto cardinale così detto perché è individuato dal levar del sole; più comunemente si dice est **2** l'insieme dei paesi a oriente dell'Italia nel Mediterraneo: *i porti del —.*

levantino *agg.* e *s.m.* **1** del levante, orientale **2** (*spreg.*) scaltro, soprattutto per avidità di denaro; truffaldino.

levare *v.tr.* [*io* **lèvo** *ecc.*] **1** alzare, sollevare: *— gli occhi; — un peso; — il bollore,* entrare in ebollizione; *— l'ancora,* salpare / *— le tende,* mobilitare, andarsene (anche *fig.*) **2** portar via; cavare, rimuovere, allontanare: *— un dente; — una proibizione; — di mezzo qlco., qlcu.,* rimuovere, eliminare, allontanare / *— la parola di bocca a qlcu.,* impedirgli di parlare / *levarsi un capriccio,* appagarlo / *levarsi il pane di bocca,* sacrificarsi per altri. SIN. *togliere* / **-arsi** *v.rifl.* **1** alzarsi, sorgere, innalzarsi (anche *fig.*): *— da letto, da tavola, in piedi; il Sole si leva alle ore sei* / *— a volo* / *assol.* alzarsi dal letto: *s'è levato di cattivo umore* **2** allontanarsi: *— da un luogo* / *— dai piedi, di torno, di mezzo,* andarsene per non disturbare.

levata *s.f.* **1** atto del levare o del levarsi: *la — del Sole; la — mattutina; la — delle lettere,* il ritiro della posta dalle cassette / *— di scudi,* atto improvviso di ribellione **2** periodo della vita dei cereali che si inizia con l'allungamento del fusto e termina con la fuoriuscita della spiga.

levatoio [-tó-] *agg.* che può essere sollevato e abbassato: *ponte —.*

levatrice *s.f.* donna che esercita la professione di assistere le partorienti; ostetrica.

levatura *s.f.* livello di una qualità positiva: *persona di grande — intellettuale.*

leveraggio [-ràg-] *s.m.* (*tecn.*) sistema di leve per trasmettere movimenti rotatori o per trasformarli in movimenti rettilinei e viceversa.

levigare *v.tr.* [*io* **lèvigo**, *tu* **lèvighi** *ecc.*] **1** rendere liscio: *— la pietra.* SIN. *lisciare* **2** (*fig.*) perfezionare, rifinire con grande cura: *— un discorso.*

levigato *agg.* si dice di ciò che ha superficie liscia; (*fig.*) rifinito, lisciato, pulito: *ciottolo —; stile —.*

levigatrice *s.f.* macchina per levigare.

levigazione [-zió-] *s.f.* **1** l'atto del levigare **2** (*fis.*) separazione di particelle solide ottenuta sfruttando le diverse velocità di caduta di esse in un mezzo fluido.

levità *s.f.invar.* (*lett.*) leggerezza.

levita *s.m.* [pl. *-i*] sacerdote ebraico.

levitare *v.intr.* [*io* **lèvito** *ecc.*] attuare la levitazione.

levitazione [-zió-] *s.f.* facoltà dei medium di sollevare nell'aria oggetti pesanti o anche sé stessi.

levogiro *agg.* lo stesso che → **sinistrorso.**

levriere, levriero [-vriè-] *s.m.* cane da corsa alto, snello, con muso appuntito.

levulosio [-lóʃio] *s.m.* → **fruttosio.**

lewisite [*pr.* luìʃite] *s.f.* minerale contenente calcio, titanio e antimonio, in piccoli cristalli ottaedrici giallo miele o bruno rossastri.

lezione [-zió-] *s.f.* **1** insegnamento; in particolare, quanto di una materia si insegna e si assegna di volta in volta a scuola o privatamente; la durata di tale insegnamento; anche la suddivisione di alcuni libri, corrispondente all'incirca a quanto può essere spiegato in una sola volta: *— di latino, di musica; far —; assistere alle lezioni; dare lezioni private; studiare, sapere la —.* DIM. *lezioncina* **2** per anal., discorso accademico tenuto in pubblico su un argomento letterario o scientifico; nelle università medievali, la lettura e la spiegazione di un testo **3** ammaestramento: *— di bontà; quel castigo gli servirà di —* **4** duro rimprovero; punizione: *gli ho dato la — che si meritava* **5** nella critica testuale, il modo particolare con cui una parola o un passo di un testo si trova scritto in un manoscritto o in un'edizione; è detta anche *lectio: — attendibile.*

leziosaggine [-sàg-] *s.f.* **1** l'esser lezioso. SIN. *affettazione* **2** atto, discorso lezioso.

lezioso [-zió-] *agg.* che fa smancerie; che è fatto o detto con affettazione. SIN. *affettato, svenevole, smorfioso.*

lezzo [léʒʒo] *s.m.* cattivo odore che emana da un corpo o da una cosa sudicia.

li *pron.pers.m.* di *terza pers.pl.* loro; essi; forma complementare atona di *essi,* si usa come compl.ogg. riferito a persona o a cosa, in posizione sia enclitica sia proclitica: *li ho incontrati ieri; li comprerò io; devi punirli; eccoli.*

lì *avv.* in quel luogo, non tanto lontano da chi parla e da chi ascolta: *mettilo lì sul tavolo;* unito ellitticamente a un nome significa *che è lì: quello lì; eccolo lì;* a volte serve a dare un tono enfatico al discorso: *guarda lì, che disastro!;* forma numerose locuzioni avverbiali: *di lì; da lì; su di lì; lì sotto; lì fuori; lì accanto / giù di lì, press'a poco, circa / lì per lì,* sul momento, subito: *lì per lì non ho saputo rispondere nulla / essere lì,* essere vicino, all'incirca: *se non sono cento, siamo lì / finir lì,* finire a quel punto, in quel momento: *per quel giorno tutto finì lì / essere lì lì per,* essere sul punto di.

liana *s.f.* pianta con fusto legnoso allungatissimo e debole, tipica delle foreste tropicali.

libagione [-gió-] *s.f.* **1** cerimonia religiosa degli antichi, consistente nello spargere alcune gocce di liquido sull'altare come offerta agli dei **2** (*scherz.*) bevuta, spec. di vino o liquori: *copiosa —.*

libanese [-né-] *agg.* del Libano // *s.m.* e *f.* abitante del Libano.

libare *v.tr.* **1** offrire una libagione agli dei: *— latte* **2** (*lett.*) gustare appena con l'estremità delle labbra (anche *fig.*): *— baci.*

libbra *s.f.* antica unità di misura di peso, ancora in uso in vari paesi.

libecciata *s.f.* vento impetuoso di libeccio.

libeccio [-béc-] *s.m.* vento caldo proveniente da sudovest, tipico del mare Mediterraneo.

libello [-bèl-] *s.m.* **1** (*lett.*) piccolo libro **2** scritto diffamatorio e satirico: *un — ingiurioso.*

libellula [-bèl-] *s.f.* (*zool.*) insetto degli odonati, con testa mobilissima e quattro grandi ali trasparenti; vive presso le acque, dove depone le uova.

liberale *agg.* **1** disposto a donare largamente e spontaneamente; generoso: *persona — verso gli amici; offerta —.* SIN. *largo, munifico, magnanimo* **2** che favorisce o rispetta la libertà di pensiero e d'iniziativa altrui: *mentalità —; legge —.* CONTR. *autoritario* **3** (*ant.*) non servile, degno dell'uomo libero: *arti liberali* **4** fautore del liberismo: *partito —* // *s.m.* e *f.* chi è fautore del liberalismo; chi è iscritto al partito liberale.

liberaleggiante *agg.* e *s.m.* e *f.* si dice di chi, di ciò che ha tendenze liberali.

liberalismo [-ʃmo] *s.m.* ideologia e movimento politico che afferma la limitazione dei poteri dello stato in nome dei diritti individuali.

liberalità *s.f.invar.* **1** l'essere liberale nel dare. SIN. *generosità, larghezza, munificenza, magnanimità* **2** atto di persona liberale.

liberalizzare [-liʒʒa-] *v.tr.* rendere conforme ai principi del liberismo; rendere libero, liberare da legami, regole: *— il commercio.*

liberalizzazione [-liʒʒazió-] *s.f.* atto, effetto del liberalizzare / *— degli scambi,* abolizione di dazi, divieti, monopoli statali e altre restrizioni al commercio estero.

liberare *v.tr.* [*io líbero* ecc.] **1** rendere libero; sciogliere; salvare da qlco. (anche *fig.*): *— dalla schiavitù; — da preoccupazioni* **2** (*comm.*) pagare interamente il prezzo di qlco.: *un'azione —* // *-arsi v.rifl.* sciogliersi da un vincolo.

liberatore [-tó-] *agg.* e *s.m.* [*f. -trice*] che o chi libera.

liberatorio [-tò-] *agg.* che libera (spec. nel linguaggio della psicologia).

liberazione [-zió-] *s.f.* il liberare; l'essere liberato.

liberiano *agg.* della Liberia // *s.m.* abitante della Liberia.

liberismo [-ʃmo] *s.m.* dottrina economica che sostiene il principio del libero scambio delle merci nel commercio interno e internazionale, contro ogni protezionismo, e afferma il valore dell'iniziativa privata opponendosi a ogni intervento statale.

liberista *agg.* [pl.m. *-i*] relativo al liberismo // *s.m.* e *f.* seguace del liberismo.

libero [li-] *agg.* **1** che non è soggetto all'altrui autorità; che può agire senza subire costrizioni morali e materiali: *il prigioniero fu lasciato —; popolo —,* che può eleggere liberamente i propri rappresentanti e i cui diritti sono garantiti dalle leggi **2** non legato: *lasciare — il bestiame* **3** che non è legato da vincoli, da impegni; per estens., ardito, senza inibizioni: *uomo —,* non sposato; *donna libera,* che vive la propria sessualità senza curarsi degli schemi imposti dalla tradizione; *fede di stato —,* certificato attestante che non si è contratto matrimonio; *quando sarò — verrò da te; è un ragazzo troppo — nel parlare* **4** non soggetto a divieti; esente da controlli e restrizioni: *ingresso —,* possibilità di entrare senza pagare nei locali pubblici o in un negozio senza far acquisti; *spiaggia libera, posteggio —,* non a pagamento; *libera uscita,* dei soldati dalle caserme; *stampa libera; — scambio,* commercio internazionale non soggetto a protezionismi / *carta libera,* la carta non bollata **5** non costretto a regole rigide: *strofe li-*

bere, versi liberi, non rimati / *traduzione libera,* che non segue il testo alla lettera / *testo, tema —,* con facoltà, per chi lo svolge, di scegliere argomento e linguaggio / *battitore —,* nel calcio, il difensore che non ha compiti di marcatura diretta [ill. Calcio] / *tiro —,* nella pallacanestro, tiro di punizione che un giocatore fa a canestro mentre tutti gli altri sono fermi / *stile —,* nel nuoto, quello che ciascun concorrente adotta a suo arbitrio **6** non impedito: *avere le braccia libere / imputato a piede —,* non in stato di arresto **7** non occupato: *appartamento —; posto — a teatro, in treno / dare, avere via libera,* dare, avere facoltà di compiere determinate azioni **8** naturale, non modificato (si contrappone ad *artificiale*): *esercizi a corpo —,* senza attrezzi ginnici; *arrampicata libera,* in alpinismo, quella in cui si utilizzano per salire gli appigli della roccia, mentre chiodi e corde servono solo per protezione // *-mente avv.* **1** con libertà; senza costrizioni: *parlare —* **2** senza formalità, senza riguardo: *entrate pure —.*

liberoscambista *agg.* e *s.m.* e *f.* [pl.m. *-i*] (*econ.*) che, chi sostiene o applica il principio del libero scambio.

libertà *s.f.invar.* **1** l'essere libero: *vivere in —; rimettere in —; — religiosa; — di stampa; morire per la —* **2** l'essere libero da divieti, da vincoli, da occupazioni ecc.: *lo studio non mi lascia un'ora di — / prendersi delle — con qlcu.,* trattarlo con troppa confidenza o senza rispetto / *mettersi in —,* mettersi i vestiti di casa per stare più comodi.

libertario [-tà-] *agg.* (*pol.*) anarchico, fautore di una libertà senza limiti.

liberticida *agg.* e *s.m.* e *f.* [pl.m. *-i*] che o chi sopprime la libertà civile.

libertinaggio [-nàg-] *s.m.* modo di vivere del libertino.

libertino *agg.* e *s.m.* che, chi non tiene conto dei limiti posti dalla morale sessuale vigente: *far vita libertina.*

liberto [-bèr-] *s.m.* nell'antica Roma, lo schiavo affrancato.

liberty [*ingl.; pr.* lìberti] *agg.* e *s.m.* stile decorativo, spec. architettonico (sec. XX), caratterizzato da motivi di frutta, fiori e foglie e dal prevalere di linee curve e spirali.

libico [li-] *agg.* [pl.m. *-cí*] della Libia // *s.m.* abitante della Libia.

libidico [-bi-] *agg.* [pl.m. *-cí*] inerente alla libido.

libidine [-bì-] *s.f.* **1** desiderio di piaceri carnali. SIN. *lussuria* **2** per estens., desiderio smodato: *— di potere.*

libidinoso [-nó-] *agg.* che è preso da libidine; che è effetto di libidine. SIN. *lussurioso.*

libido *s.f.* in psicanalisi, l'energia psichica che scaturisce dall'istinto sessuale.

Libra *s.f.* (*astr.*) Bilancia.

libraio [-brà-] *s.m.* chi vende libri.

librario [-brà-] *agg.* dei libri: *mercato —.*

librarsi *v.rifl.* equilibrarsi, tenersi sospeso: *— in aria, a volo,* volare.

librazione [-zió-] *s.f.* il librarsi.

libreria [-rì-] *s.f.* **1** negozio di libri **2** stanza o mobile destinato a conservare i libri **3** raccolta di libri: *una — ricchissima.*

libresco [-bré-] *agg.* [pl.m. *-chi*] (*spreg.*) tratto dai libri, più che da un'esperienza diretta: *conoscenze libresche.*

librettista *s.m.* e *f.* [pl.m. *-i*] chi scrive il libretto di un'opera musicale.

libretto [-brét-] *s.m.* **1** piccolo libro **2** piccolo registro di conti, di spese: *il — del macellaio* **3** piccolo fascicolo rilasciato dagli istituti di credito, in cui si segnano le somme depositate o prelevate: — *di risparmio* **4** (*burocr.*) documento che contiene i dati relativi all'attività di un lavoratore, agli studi, alla situazione sanitaria di qlcu.: — *di lavoro, universitario* **5** (*mus.*) testo drammatico, spesso tratto da opere drammatiche destinate alla prosa, redatto per essere musicato nelle forme dell'opera, dell'oratorio e della cantata.

libro *s.m.* **1** un insieme di fogli, stampati o manoscritti, cuciti insieme, racchiusi da una copertina: *un* — *di storia; un* — *interessante; i libri sacri*, la Bibbia; *il* — *di testo*, adottato nelle scuole; — *bianco, azzurro, verde ecc.*, pubblicazione, così chiamata dal colore della copertina (per l'Italia il colore è il verde), con cui un governo rende noti documenti ufficiali per chiarire i motivi della sua politica / *il* — *dell'universo*, l'universo come oggetto dello studio e della ricerca dell'uomo / *porta a* —, a comando pneumatico, usata nei tram e negli autobus **2** ciascuna delle parti in cui si divide un'opera letteraria: *l'Eneide è composta di dodici libri* **3** registro di uffici pubblici, ditte, associazioni ecc. in cui sono contenuti dati riguardanti la loro attività: — *dei conti, di cassa;* — *paga*, registro tenuto dalle aziende nel quale sono annotate le somme percepite dai lavoratori; — *dei morti, dei battesimi, dei matrimoni*, negli uffici parrocchiali e comunali / — *bianco*, documentazione di denuncia di una data realtà, in polemica con la versione ufficiale: — *bianco sul lavoro minorile* / — *nero*, elenco di persone sospette, indesiderabili / *essere nel* —, non essere ben visto, essere escluso da certe attività per varie ragioni **4** (*bot.*) parte del tronco di un albero, vicino alla corteccia, ricca di vasi fibrosi [*ill. Albero*].

licantropia [-pì-] *s.f.* (*med.*) malattia nervosa che si manifesta con un'intensa agitazione, spec. notturna, e con urla da lupo.

licantropo [-càn-] *s.m.* chi è malato di licantropia.

licaone [-ó-] *s.m.* (*zool.*) mammifero carnivoro africano simile al lupo, ma con orecchie molto più ampie e pelame fulvo a macchie bianche e nere; vive in branchi che assalgono antilopi e bovini (*fam.* Canidi).

liccio [lìc-] *s.m.* elemento del telaio che serve ad alzare e abbassare alternativamente le fila dell'ordito [*ill. Telaio*].

licciolo [-ciò-] *s.m.* nel telaio, ciascuna delle due stecche di legno che reggono le maglie del liccio.

liceale *agg.* del liceo // *s.m.* e *f.* studente o studentessa di liceo.

liceità *s.f.invar.* la condizione di ciò che è lecito.

licenza [-cèn-] *s.f.* **1** facoltà, autorizzazione concessa da un superiore: *chiedere di dire, di fare qlco.;* — *di caccia, di pesca;* — *di esercizio*, di aprire una bottega. SIN. *permesso* **2** permesso di partire, di lasciare temporaneamente un ufficio / *prendere* — *da qlcu.*, accomiatarsi. SIN. *commiato, congedo* **3** facoltà concessa ai militari di lasciare il corpo: *andar in* — **4** intimazione a un dipendente di andarsene entro un certo tempo: *dar* — *a un colono, a un inquilino* **5** esame al termine di un ordine di studi e relativo diploma: — *ginnasiale, liceale* **6** abuso della libertà / — *poetica*, libertà che a volte si prende da deviare dalle regole consuete della lingua o della metrica **7** sfrenatezza di costumi. SIN. *licenziosità, dissolutezza*.

licenziamento [-mén-] *s.m.* il licenziare, l'essere licenziato.

licenziare *v.tr.* [*io licènzio ecc.*] **1** dare il permesso di andarsene, di allontanarsi: — *gli invitati* / — *un'opera* letteraria, darla alle stampe, pubblicarla **2** recedere dal contratto di lavoro da parte del datore di lavoro: — *un operaio* **3** dare lo sfratto: — *un inquilino* **4** conferire la licenza al termine di un ordine di studi // -**arsi** *v.rifl.* **1** accomiatarsi **2** rinunciare a un'occupazione **3** conseguire una licenza a scuola.

licenziato¹ *agg.* e *s.m.* che, chi è stato licenziato, ha perso il posto di lavoro: *il numero dei licenziati*.

licenziato² *agg.* e *s.m.* che o chi ha ottenuto una licenza scolastica.

licenziosità *s.f.invar.* l'esser licenzioso. SIN. *licenza*.

licenzioso [-zió-] *agg.* che non rispetta la morale, il pudore. SIN. *dissoluto, scostumato*.

liceo [-cè-] *s.m.* scuola secondaria di ordine superiore, l'unica, fino a qualche anno fa, a dare accesso all'università: — *classico*.

lichen [li-] (*lat.*) *s.m.invar.* termine con cui in dermatologia si indicano alcune malattie della pelle, caratterizzate dall'eruzione di piccoli e numerosi noduli.

lichene [-chè-] *s.m.* organismo vegetale derivato dall'associazione di un'alga e di un fungo; appare come un'incrostazione verdastra o gialla sui tronchi degli alberi e sulle rocce.

licitazione [-zió-] *s.f.* offerta a un'asta.

licopodio [-pò-] *s.m.* pianta delle crittogame simile al muschio.

lido *s.m.* **1** lingua sabbiosa che separa le lagune dall'alto mare [*ill. Costa*] **2** costa bassa e sabbiosa **3** (*poet.*) paese: *rivedere i patri lidi*.

lied [*ted.; pr.* lìd] *s.m.* (*mus.*) canzone vocale tedesca, fiorita spec. nel romanticismo sia in forme popolari che d'arte.

lieto [liè-] *agg.* **1** che prova nell'animo un sentimento di gioia serena: *divenne tutto* — *alla notizia*. SIN. *giulivo, gioioso, beato, felice.* CONTR. *mesto* **2** che esprime, che desta letizia: *un* — *evento*.

lieve [liè-] *agg.* di poco peso; agevole; delicato: *una* — *pressione; una* — *fatica*. SIN. *leggero, tenue*.

lievitare *v.tr.* [*io lièvito ecc.*] mescolare con lievito: — *la pasta* // *v.intr.* gonfiarsi per effetto della fermentazione cagionata dal lievito: *il pane lievita*.

lievitatura *s.f.*, **lievitazione** [-zió-] *s.f.* atto, effetto del lievitare.

lievito [liè-] *s.m.* **1** sostanza costituita da microrganismi capaci di provocare processi di fermentazione / — *naturale*, nella panificazione, pezzo di pasta fermentata che si mescola ad altra affinché anch'essa fermenti / — *artificiale* o *di birra*, costituito da microrganismi ottenuti durante il processo di fabbricazione della birra **2** (*fig.*) fermento: *il* — *delle passioni*.

lift [*ingl.; pr.* lìft] *s.m.* **1** addetto all'ascensore **2** nel tennis, colpo a effetto.

liftare *v.tr.* nel tennis, colpire la palla di striscio imprimendole una rotazione a effetto.

lifting [*ingl.; pr.* lìftin] *s.m.* intervento di chirurgia estetica consistente nell'asportazione dell'epidermide nelle zone colpite da rughe.

ligio [lì-] *agg.* che è strettamente legato all'obbedienza di qlcu., all'osservanza di qlco.: — *ai superiori;* — *ai principi, al dovere*.

lignaggio [-gnàg-] *s.m.* discendenza di famiglia illustre. SIN. *stirpe, schiatta, casata, famiglia*.

ligneo [lì-] *agg.* spec. nel linguaggio artistico, fatto di legno: *una statua, una decorazione lignea*.

lignina *s.f.* (*chim.*) sostanza caratteristica delle piante legnose o fibrose, simile alla cellulosa.

lignite *s.f.* carbone fossile a percentuale di carbonio non molto alta.

ligula [li-] *s.f.* (*bot.*) piccola espansione laminare con cui si prolunga la guaina delle foglie delle graminacee.

ligure [li-] *agg.* della Liguria // *s.m.* e *f.* abitante della Liguria.

ligustro *s.m.* arbusto con foglie ovate e fiori bianchi, profumati, raccolti in grappolo (*fam.* Oleacee).

liliale *agg.* (*lett.*) candido e puro come un giglio.

lillà *agg.* e *s.m.invar.* piccolo albero ornamentale con fiori violacei o bianchi, profumati, raccolti in pannocchie; detto anche serenella (*fam.* Oleacee).

lilla *agg.* e *s.m.invar.* si dice del colore tra il rosa e il viola, tipico di alcune varietà di lillà.

lillipuziano *agg.* assai piccolo di statura.

lima *s.f.* utensile costituito da una sbarra di acciaio temprato munita di numerosissimi denti a bordo tagliente [*ill. Utensili*] / — *da manicure*, piccola lima per le unghie / *il lavoro di* —, la rifinitura, spec. di uno scritto, di un'opera letteraria / *è una* —, (*fig.*) un tormento continuo.

limaccia [-màc-] *s.f.* lumaca.

limaccioso [-ció-] *agg.* **1** pieno di mota, torbido per la mota: *fiume* —. **2** (*fig.*) torbido, oscuro: *stile* —.

limano *agg.* di Lima // *s.m.* abitante di Lima.

limare *v.tr.* **1** passare la lima sopra superfici scabrose allo scopo di spianarle e levigarle **2** (*fig.*) rifinire, spec. un'opera letteraria.

limatrice *s.f.* macchina operatrice il cui utensile, dotato di moto alternativo, serve a produrre superfici piane.

limatura *s.f.* **1** l'operazione del limare **2** le minuscole particelle di materiale che si staccano dal pezzo durante l'operazione suddetta: — *di piombo*.

limbo *s.m.* il luogo e lo stato delle anime di coloro che sono morti col debito del solo peccato originale, come i bambini morti prima del battesimo.

limitare[1] *s.m.* (*antiq.*) soglia dell'uscio; limite: *il* — *del bosco*.

limitare[2] *v.tr.* [*io lìmito ecc.*] circoscrivere con limiti: — *le spese, le pretese.* SIN. *restringere, ridurre* / **-arsi** *v.rifl.* contenersi entro certi limiti: — *nel mangiare*.

limitatezza [-téz-] *s.f.* l'essere limitato.

limitativo *agg.* che tende a limitare.

limitato *agg.* **1** che si mantiene entro certi limiti. SIN. *scarso.* CONTR. *illimitato* **2** in senso negativo, che ha troppi limiti; incompleto, parziale, riduttivo: *un uomo mentalmente* —; *un progetto* —.

limitazione [-zió-] *s.f.* l'atto del limitare; il limite imposto.

limite [lì-] *s.m.* **1** linea che divide: — *di un possedimento* / *punizione dal* —, nel gioco del calcio, punizione tirata dalla linea dell'area di rigore / — *di cambio*, nella corsa a staffetta, la linea che segna il punto in cui si dà il cambio al compagno di gara / — *delle nevi permanenti*, linea immaginaria che separa la zona delle nevi perenni da quella delle nevi temporanee. SIN. *confine, termine* **2** punto estremo a cui può arrivare qlco.: *velocità* —; *caso* —, quello che si considera come il modo estremo di presentarsi di un fenomeno **3** termine che non si può o non si deve superare (anche *fig.*): — *di età*; *ogni cosa ha un* —; *porre un* — *alle spese; i limiti della mente umana*.

limitrofo [-mì-] *agg.* confinante, prossimo al limite. SIN. *contiguo, adiacente.*

limnologia [-gì-] *s.f.* studio della natura dei laghi, del loro ambiente biologico e della sedimentazione lacustre.

limo *s.m.* **1** fango, fanghiglia **2** (*geol.*) terriccio fine in sospensione nelle acque; il deposito di tale terriccio.

limografo [-mò-] *s.m.* duplicatore per scritti o disegni, in cui ogni copia viene inchiostrata manualmente.

limonata *s.f.* **1** bibita di succo di limone, spesso con acqua zuccherata **2** preparazione farmaceutica liquida contenente acido citrico, usata come purgante.

limoncina *s.f.* pianta con foglie aromatiche (*fam.* Verbenacee).

limone [-mó-] *s.m.* albero con foglie sempreverdi, fiori bianchi e frutti gialli, ovali, contenenti un succo ricco di acido citrico (*fam.* Rutacee); il frutto di tale albero: *una spremuta di* — / — *spremuto*, persona che è stata sfruttata e poi messa da parte.

limonite *s.f.* minerale costituito da idrossido di ferro in masse terrose di color giallo ferruginoso o in masse compatte nerastre.

limosino [-ʃi-] *agg.* di Limoges // *s.m.* abitante di Limoges.

limousine [*franc.*; *pr.* limuʃìn] *s.f.* carrozzeria d'automobile chiusa.

limpidezza [-déz-] *s.f.* l'esser limpido (anche *fig.*): — *dell'aria, della coscienza.*

limpido [lìm-] *agg.* chiaro e trasparente, senza nulla che lo renda fosco o torbido (anche *fig.*): *acqua limpida*; *cielo* —; *voce limpida*, dal timbro chiaro; *mente limpida*, che vede con chiarezza; *sguardo* —, franco, che non nasconde nulla / *stile* —, non ricercato. SIN. *nitido, terso.* CONTR. *torbido.*

linaiolo [-iò-] *s.m.* (*antiq.*) chi lavora o vende il lino.

lince *s.f.* mammifero carnivoro con zampe alte, coda breve, muso da gatto con un ciuffetto di peli all'apice delle orecchie; è ricercato per la morbida pelliccia grigia macchiettata di scuro (*fam.* Felidi) / *occhi di* —, acuti.

linciaggio [-ciàg-] *s.m.* il linciare **2** (*fig.*) campagna diffamatoria: — *morale*; *è stato un vero* —.

linciare *v.tr.* [*io lìncio ecc.*] uccidere a furor di popolo.

lindo *agg.* netto, vestito con sobrietà e accuratezza. SIN. *pulito.*

line [*ingl.*; *pr.* làin] *s.f.* nell'organizzazione aziendale, l'insieme dei funzionari che, sulla scorta delle informazioni fornite dallo *staff*, adottano le scelte operative.

linea [lì-] *s.f.* **1** (*geom.*) figura geometrica che si estende solo in lunghezza ed è costituita dall'insieme di tutte le posizioni successive occupate da un punto mobile; per estens., segmento di linea e anche il segno grafico che la rappresenta: — *retta, curva; tracciare una* — / — *di forza*, (*fis.*) in campo di forze, ciascuna delle linee aventi la proprietà di essere in ogni punto tangenti alla direzione della forza / *tratteggiare, abbozzare a grandi linee*, disegnare in modo rapido e sommario; (*fig.*) *descrivere in modo generico*, senza scendere ai particolari. DIM. *lineetta* **2** il contorno, la sagoma di un edificio; per estens., il contorno, i lineamenti della figura umana: *le linee di un monumento*; *la* — *severa di un volto* / *mantenere, perdere la* —, conservare, perdere snellezza e agilità **3** la foggia particolare di un abito, caratteristica di una moda: *cappotto di* — *classica* **4** limite: — *di confine* / — *laterale, mediana, di fondo*, nel calcio e nel tennis, delimitazioni dei campi di gioco / — *di battaglia*, fronte su cui sono disposte le truppe pronte all'attacco / *vittoria su tutta la* —, completa, piena (anche *fig.*) / — *di condotta*, modo di comportarsi nella vita o in una particolare situazione **5** insieme di persone o di oggetti disposti in fila: *mettersi in* —, detto di soldati o di atleti che si schierano in fila / *essere in*

—, attenersi alle direttive dei superiori **6** ordine di successione in una parentela **7** servizio di comunicazione che collega due o più località: — *ferroviaria, aerea* **8** sistema di conduttori per il trasporto e la distribuzione dell'energia elettrica: — *elettrica, telegrafica, ad alta tensione / essere in —*, essere in contatto telefonico o telegrafico con la persona o la località richiesta **9** (*tip.*) l'insieme delle lettere stampate su una sola riga **10** (*fig.*) progetto politico, insieme di giudizi politici e di scelte conseguenti: *non hanno una — in politica estera / non essere in —*, essere in contrasto con le scelte del proprio partito, sindacato, organizzazione.

lineamenti [-mèn-] *s.m.pl.* **1** fattezze del volto umano: — *fini, marcati, grossolani* **2** descrizione a grandi linee; caratteristiche fondamentali di una disciplina: — *di letteratura latina*.

lineare *agg.* **1** di linea, formato di linee / *misure lineari*, (*geom.*) quelle di lunghezza / *espressione —*, (*mat.*) quella in cui la variabile che si considera compare alla prima potenza / *foglia —*, diritta e sottile [*ill.* Foglia] **2** (*fig.*) che procede secondo una linea, una direzione; semplice, coerente: *condotta —*.

lineetta [-ét-] *s.f.* piccola linea; trattino.

linfa *s.f.* **1** (*anat.*) liquido incolore o biancastro, derivazione acquosa del sangue, che contiene proteine, sali, grassi, linfociti; circola nei vasi linfatici e negli spazi interstiziali dei tessuti **2** (*bot.*) liquido che circola nella pianta e la nutre **3** (*fig.*) nutrimento.

linfadenite *s.f.* (*med.*) infiammazione delle ghiandole linfatiche.

linfadenoma [-nò-] *s.m.* [pl. *-i*] (*med.*) tumore delle ghiandole linfatiche, di natura benigna.

linfangite *s.f.* (*med.*) **1** infiammazione dei vasi linfatici provocata da agenti infettivi **2** — *epizootica*, infiammazione purulenta del sistema linfatico caratterizzata dalla comparsa di ulcere sulla pelle e in parti diverse del corpo.

linfatico [-fà-] *agg.* [pl.m. *-ci*] che si riferisce alla linfa o al linfatismo: *sistema —*; *soggetto —*.

linfatismo [-fmo] *s.m.* (*med.*) predisposizione all'ingrossamento delle ghiandole linfatiche.

linfocito *s.m.* (*anat.*) ciascuno dei globuli bianchi del sangue, di piccole dimensioni, con nucleo voluminoso e scarso citoplasma, prodotti dalle linfoghiandole e dalla milza.

linfocitopenia [-nì-] *s.f.* (*med.*) presenza nel sangue di linfociti in numero inferiore al normale.

linfocitosi [-tòfi] *s.f.invar.* (*med.*) presenza nel sangue di linfociti in numero superiore al normale.

linfoghiandola [-ghiàn-] *s.f.*, **linfonodo** [-nò-] *s.m.*

(*med.*) ciascuno dei corpiccioli di tessuto linfatico scaglionati lungo il decorso dei vasi linfatici, che hanno il compito di arrestare i germi patogeni e di produrre i linfociti; sono detti anche ghiandole linfatiche.

linfogranuloma [-lò-] *s.m.* [pl. *-i*] (*med.*) tumore maligno delle ghiandole linfatiche.

linfoma [-fò-] *s.m.* [pl. *-i*] tumore delle ghiandole linfatiche.

lingotto [-gòt-] *s.m.* sbarra di metallo dopo la fusione, spec. se destinata a successive lavorazioni.

lingua [lìn-] *s.f.* **1** organo mobile della bocca, che adempie ai movimenti necessari alla masticazione, alla deglutizione e, nell'uomo, all'articolazione della parola: *la punta della —* [*ill.* Bocca]; — *ingrossata, riarsa / mordersi la —*, per frenarsi nel parlare o pentirsi di aver detto qlco. / *avere qlco. sulla punta della —*, stare per dire qlco. che però in quel momento non si ricorda / *avere la — sciolta*, la parola pronta / *avere la — lunga*, rispondere male, offendere, sparlare con troppa facilità / *non avere peli sulla —*, parlare con grande schiettezza / *prov.: la — batte dove il dente duole*, si pensa e si parla sempre delle cose che premono o preoccupano molto **2** la lingua di un animale usata come cibo: — *salmistrata* **3** quanto ha somiglianza con la forma della lingua: *una — di fuoco*; *una — di terra*, che si protende nell'acqua **4** forma di comunicazione verbale propria di un popolo, di una comunità culturale (eventualmente con riferimento a particolari tempi o ambienti, o all'uso, alla capacità di esprimersi): — *italiana; vocabolario di una —; studiare le lingue straniere; scrivere in buona — 5* il modo particolare di espressione di una classe, di un'arte, di una scienza o di uno scrittore: — *letteraria; la — dei giornali*. SIN. *linguaggio*.

linguacciuto *agg.* che ha la lingua lunga. SIN. *pettegolo, maldicente*.

linguaggio [-guàg-] *s.m.* **1** ogni mezzo, e spec. la parola, di cui l'uomo si serve per comunicare con i propri simili: *l'origine del —; — gestuale; il — dei sordomuti / — cinematografico / il — degli animali*, le forme di comunicazione proprie delle singole specie **2** modo particolare di esprimersi: — *tecnico, letterario, familiare*.

linguale *agg.* **1** (*anat.*) della lingua **2** in fonetica, si dice di articolazione alla quale partecipi la lingua.

linguella [-guèl-] *s.f.* in filatelia, il pezzetto di carta gommata per applicare il francobollo sull'album.

linguetta [-guét-] *s.f.* **1** piccola lingua **2** nome di piccoli oggetti a forma di lingua o terminanti a forma di lingua.

linguista *s.m.* e *f.* [pl.m. *-i*] studioso di linguistica.

linguistica [-gui-] *s.f.* lo studio scientifico di una lingua

---

Linguistica

glottologia, glottologo, glottodidattica, linguistica, linguista, sociolinguistica, glossematica, strutturalismo, strutturalista, sincronia, sincronico, diacronia, diacronico, opposizione; lessico, lessicologia, lessicologico, lessicologo; semantica, semantico, semiologia, semantema, semasiologia; significato, significante; extralinguistico, metalinguaggio.

■ LINGUA E PAROLE: linguaggio, lingua (*analitica, sintetica, monosillabica, agglutinante, flessiva, materna, straniera, acquisita, internazionale, viva, morta, volgare, dotta, letteraria*), idioma, idiomatico, dialetto, dialettofono, gergo, argot, idioletto; fonologia, morfologia, sintassi (*ipotassi, paratassi*), grammatica (*tradizionale, strutturale, generativa, trasformazionale*); flessione, declinazione, declinabile, morfema, monema, desinenza, concordanza; parola, vocabolo, astratto, concreto, radice, lessema, tema, derivato, derivazione, deverbale, denominale, composto, composizione, prefisso, suffisso, acronimo, allotropo, allotropia, doppione; imprestito, calco, →

neoformazione, ipercorrezione, ipercorrettismo, neologismo, arcaismo, dialettalismo, forestierismo, barbarismo, idiotismo, latinismo, grecismo, francesismo o gallicismo, inglesismo o anglicismo o anglismo, germanismo; purismo; bilingue, monolingue; omonimo, omografo, omofono; sinonimo, sinonimia, polisemia; onomastica, toponimo, toponimia, toponomastica.

■ FONETICA E SCRITTURA: apparato vocale, fonazione, linguaggio articolato, articolazione; fonetica, fonologia, fonema; alfabeto (*alfabeto fonetico*); ortoepia, pronunzia • vocale (*anteriore, centrale, posteriore; aperta o larga, chiusa o stretta*), vocalizzazione, vocalico; monottongo, dittongo, dittongazione, trittongo, dieresi, iato; semiconsonante, semivocale • consonante (*sorda, sonora; semplice, doppia o geminata*), esplosiva, occlusiva, affricata, fricativa, continua, laterale, vibrante, nasale, liquida, sibilante; labiale, bilabiale, dentale, labiodentale, palatale, alveolare, velare, gutturale, uvulare • accento (*tonico, grafico; acuto, grave, circonflesso*); vocale, sillaba, tonica, atona; parola tronca, piana, sdrucciola; ossitono, parossitono, proparossitono; protonico, postonico; monosillabo, bisillabo, trisillabo, quadrisillabo, polisillabo; elisione, troncamento, apostrofo • grafia, grafema, ortografia, scrittura (*bustrofedica, geroglifica, ideografica, cuneiforme, alfabetica, fonetica*); digramma; trascrizione, translitterazione; crittografia • frase, locuzione, sintagma; allitterazione, sinalefe, dialefe, raddoppiamento sintattico • metaplasmo, aferesi, sincope, apocope, prostesi o protesi, epentesi, paragoge, epitesi, metatesi; enclisi, enclitico, proclitico; metafonesi, apofonia.

■ LESSICOGRAFIA: dizionario, vocabolario, vocabolarista, lessico, lessicografia, lessicografo, glossario, terminologia, fraseologia, nomenclatura, lemma, esponente • etimo, etimologia, etimologico.

■ FILOLOGIA: classica, bizantina, romanza, germanica; filologico, filologo, romanista, romanzo, neolatino; paleografia, paleografo, diplomatica, diplomatico; critica testuale, codice, manoscritto, palinsesto, originale, autografo, archetipo, apocrifo, apografo, interpolazione, variante, lezione o lectio, edizione (*diplomatica, critica*).

o di un gruppo di lingue: — *italiana*, — *indeuropea*; — *strutturale*.

linguistico [-gui-] *agg.* [pl.m. *-ci*] che riguarda la lingua o la linguistica: *fenomeno* —; *studio* —.

linificio [-fi-] *s.m.* stabilimento ove si lavora il lino.

linimento [-mén-] *s.m.* olio medicinale che si applica strofinando sulla parte ammalata.

lino *s.m.* pianta erbacea con fiori azzurri e foglie lanceolate (*fam.* Linacee); dal fusto macerato si ricava una fibra tessile, dai semi una farina che serve per cataplasmi emollienti.

linoleum [-nò-] *s.m.invar.* materiale di rivestimento in fogli elastici e resistenti ottenuti pressando su tessuto di iuta un impasto a base di olio di lino ®.

linone [-nó-] *s.m.* tela di lino finissima.

linotipia [-pì-] *s.f.* sistema di composizione tipografica con la linotype.

linotipista *s.m.* e *f.* [pl.m. *-i*] tipografo che lavora con la linotype.

linotype [*ingl.*; *pr.* làinotaip] *s.f.* **1** macchina tipografica a tastiera che compone e fonde una linea intera di caratteri ® **2** la composizione tipografica ottenuta per mezzo della linotype.

liocorno [-còr-] *s.m.* animale favoloso con corpo di cavallo, coda di leone, barba di capra e un lungo corno in fronte.

liofilizzato [-liʒʒa-] *agg.* e *s.m.* si dice di sostanza, spec. alimentare, sottoposta a liofilizzazione.

liofilizzazione [-liʒʒazió-] *s.f.* procedimento per la conservazione di sostanze organiche, spec. alimentari o medicinali, attraverso l'eliminazione dell'acqua in esse contenuta.

lionese [-né-] *agg.* di Lione // *s.m.* e *f.* **1** abitante di Lione **2** il dialetto parlato a Lione.

liparite *s.f.* roccia di origine vulcanica, di colore grigio chiaro, ricca di silice.

lipasi [-fi] *s.f.* enzima che attiva la scissione dei grassi neutri in acidi grassi e glicerina.

lipemia [-mì-] *s.f.* presenza di lipidi nel sangue.

lipide [lì-] *s.m.* denominazione di varie sostanze organiche grasse.

lipidico [-pì-] *agg.* [pl.m. *-ci*] dei lipidi.

lipo- [dal gr. *lipos = grasso*] prima parte di termini biologici, nei quali indica attinenza con i grassi (*lipoma; liposolubile*).

lipoide [-pòi-] *agg.* e *s.m.* si dice di sostanza simile al grasso.

lipoma [-pò-] *s.m.* [pl. *-i*] tumore benigno di materia adiposa.

liposolubile [-lù-] *agg.* solubile in sostanze grasse.

lipotimia [-mì-] *s.f.* termine scientifico che indica svenimento, perdita più o meno improvvisa della coscienza, per mancata affluenza del sangue al cervello.

lippa *s.f.* gioco di ragazzi consistente nel far saltare un bastoncino affusolato percuotendolo con un bastone più lungo, e nel riprenderlo a volo con questo per scagliarlo lontano.

liquame *s.m.* liquido che si raccoglie nelle fognature, formato dal disfacimento di sostanze organiche e inorganiche.

liquefare *v.tr.* [pres. *io liquefàccio* o *liquefò, tu liquefài, egli liquefà, noi liquefacciamo, voi liquefate, essi liquefanno*; per il resto è coniugato come *fare*] **1** (*fis.*) ridurre un gas allo stato liquido: — *l'aria* **2** fondere: — *il burro* // **-arsi** *v.rifl.pron.* passare allo stato liquido; sciogliersi.

liquefattibile [-tì-] *agg.* che si può liquefare.

liquefazione [-zió-] *s.f.* **1** (*fis.*) passaggio di un gas allo stato liquido **2** fusione, scioglimento.

liquescente [-scèn-] *agg.* (*scient.*) che tende alla liquefazione.

liquidare *v.tr.* [*io liquido ecc.*] accertare conti e crediti provvedendo al pagamento, quando occorra; pagare: — *la pensione,* calcolarla e assegnarla; — *le merci,* venderle a basso prezzo; — *un dipendente,* pagargli l'indennità di fine rapporto / — *una persona,* liberarsene; eliminarla, ucciderla.

liquidatore [-tó-] *s.m.* [f. *-trice*] chi ha il mandato delle operazioni di liquidazione.

liquidazione [-zió-] *s.f.* **1** atto, effetto del liquidare; pagamento, riscossione **2** cessazione di un'azienda che comporta la riduzione di tutto l'attivo in denaro o in valori liquidi **3** indennità che spetta al lavoratore dipendente al termine del rapporto di lavoro **4** (*fig.*) conclusione; eliminazione.

liquidità *s.f.invar.* **1** l'essere liquido; stato liquido **2** (*econ.*) caratteristica di un'attività patrimoniale che si può trasformare in moneta senza perdita di tempo o di valore.

liquido [li-] *agg.* **1** si dice di corpo fluido avente volume proprio ma forma indeterminata: *il vino e l'olio sono liquidi / stato —,* condizione di un corpo liquido **2** (*econ.*) si dice del denaro contante e di suoi equivalenti, come gli assegni coperti // *agg.* e *s.f.* si dice delle consonanti *l* ed *r* // *s.m.* **1** sostanza liquida **2** (*econ.*) denaro contante.

liquirizia [-rì-] *s.f.* pianta erbacea con fiori violacei dalle cui radici si estrae un succo dolciastro (*fam.* Leguminose).

liquor [lì-] *s.m.invar.* (*lat.*) termine con il quale si indica spesso in medicina il liquido cefalorachidiano.

liquore [-quó-] *s.m.* **1** bevanda alcolica con zucchero e aromi diversi **2** (*lett.*) sostanza liquida.

liquoreria [-rì-] *s.f.* fabbrica o rivendita di liquori.

liquoroso [-ró-] *agg.* molto alcolico (detto di vino).

lira[1] *s.f.* nome dell'unità monetaria italiana.

lira[2] *s.f.* **1** strumento a corde e plettro dell'antichità classica, simile alla cetra, ma con cassa più piccola **2** uccello australiano bruno-rossastro, il cui maschio ha una splendida coda a forma di lira (*fam.* Menuridi).

lirica [lì-] *s.f.* **1** genere di poesia che esprime in modo soggettivo i moti dell'animo e i sentimenti del poeta **2** singolo componimento lirico: *una — del Leopardi* **3** la produzione lirica di una letteratura: — *greca* **4** le opere teatrali in musica contrapposte alla musica strumentale o da concerto.

liricità *s.f.invar.* la qualità e il tono della poesia lirica: *l'alta — delle rime del Petrarca.*

lirico [lì-] *agg.* [pl.m. *-cí*] **1** si dice di componimento poetico o musicale che esprime i sentimenti e gli affetti dell'autore: *poema — / opera lirica,* il melodramma musicale degli ultimi due secoli / *musica lirica,* quella dell'opera teatrale / *stagione lirica,* l'insieme degli spettacoli o opere teatrali in musica nel corso di una stagione **2** per estens., si dice di tutto ciò che esprime intensità di affetto o di entusiasmo: *accento, slancio —* // *s.m.* poeta lirico: *i lirici greci.*

lirismo [-ʃmo] *s.m.* liricità.

lisbonino [-ʃbo-] *agg.* di Lisbona // *s.m.* abitante di Lisbona.

lisca *s.f.* la spina dorsale dei pesci; ciascuna delle sottili spine che la compongono.

lisciare *v.tr.* [*io liscio ecc.*] **1** rendere liscio, levigato: — *un'asse di legno* / — *il pelo al cane,* accarezzarlo. SIN. levigare **2** (*fig.*) fare lodi e carezze a qlcu. per ottenerne i favori / — *il pelo a qlcu.,* lusingarlo o anche bastonarlo. SIN. adulare.

lisciatura *s.f.* il lisciare (anche *fig.*).

liscio [li-] *agg.* **1** che non presenta asperità o diseguaglianze in superficie; perfettamente piano: *pietra liscia; mare —* come *l'olio / capelli lisci,* diritti. CONTR. *ruvido* **2** (*fig.*) senza difficoltà o complicazioni d'ogni sorta: *è andato tutto — / l'ha passata liscia, gli è andata liscia,* se l'è cavata senza gravi difficoltà, senza gravi conseguenze **3** (*fig.*) si dice di bevanda alcolica senza aggiunta di seltz e simili **4** si dice delle musiche da ballo tradizionali, come il valzer, la polka, la mazurca // anche come *s.m.*: *ballare un —.*

lisciva *s.f.*, **liscivia** [-scì-] *s.f.* **1** soluzione acquosa dei composti solubili contenuti nella cenere, usata come detersivo; ranno **2** (*chim.*) soluzione di composti inorganici alcalini per impieghi industriali.

lisciviazione [-zió-] *s.f.* **1** lavaggio mediante lisciva **2** (*chim.*) procedimento di separazione per soluzione di sostanze variamente solubili.

liscoso [-scó-] *agg.* pieno di lische.

lisergico [-ʃèr-] *agg.* [pl.m. *-ci*] si dice dell'acido da cui deriva la sostanza allucinogena nota come LSD.

liseuse [*franc.; pr.* liʃèʃ] *s.f.* giacchettina di lana o seta che le donne indossano sopra la camicia da notte standosene sedute a letto.

lisi [-ʃi] *s.f.invar.* (*med.*) abbassamento graduale della febbre, che in genere accompagna il processo di guarigione di una malattia.

lisina [-ʃi-] *s.f.* **1** amminoacido presente in molte proteine **2** spec. *pl.* anticorpo che ha la capacità di distruggere le cellule dissolvendole.

liso [-ʃo] *agg.* consumato dall'uso, consunto (detto di tessuti, biancheria ecc.): *lenzuolo —.* SIN. logoro, frusto.

lisoformio [-ʃofòr-] *s.m.* soluzione saponosa di aldeide formica, usata come antisettico e disinfettante.

lisosoma [-ʃosò-] *s.m.* [pl. *-i*] piccola vescicola del citoplasma delle cellule dei metazoi, contenente enzimi [*ill.* Cellula].

lisozima [-ʃoʒi-] *s.m.* [pl. *-i*] enzima ad azione antibatterica contenuto nel sangue, nelle lacrime e nella saliva.

lista *s.f.* **1** pezzo di carta, stoffa, legno ecc. di forma stretta e allungata; segno grafico di forma simile, per lo più in contrasto con lo sfondo: *una —, di pelle, di legno; le buste da lutto sono orlate di liste nere* **2** foglio di carta su cui sono scritti nomi di persone o cose; nota, elenco: — *delle spese, — delle vivande,* menu / — *elettorale,* elenco dei cittadini che hanno diritto di voto nelle elezioni politiche o amministrative / — *di un partito, di un gruppo, dei candidati / mettere in —, mettersi in —,* inserire, inserirsi in un elenco, in una lista di candidati.

listare *v.tr.* fornire di una o più liste; segnare con liste: — *di nero, di rosso.*

listello [-stèl-] *s.m.* **1** piccola striscia di legno o di altro materiale usata come rinforzo o come ornamento per vari tipi di costruzioni **2** (*arch.*) sottile modanatura verticale piana, aggettante o rientrante, usata come decorazione di elementi architettonici.

listino *s.m.* elenco dei prezzi fissati per determinate merci o valori mobiliari: *prezzo di —.*

litania [-nì-] *s.f.* **1** *pl.* (*lit.*) serie di invocazioni a Dio o alla Madonna o ai santi: *recitava le litanie della Madonna* **2** (*fig.*) filastrocca, noiosa serie di parole.

litantrace *s.m.* carbone fossile nero, lucente, ad alto contenuto di carbonio.

lite *s.f.* **1** (*dir.*) controversia giudiziaria: *comporre, decidere una —* **2** discussione violenta, spesso con espressioni di offesa e di ingiuria: *attaccare — con qlcu.* SIN. litigio, alterco.

litiasi [-tiaʃi] *s.f.invar.* (*med.*) formazione di calcoli nei reni, nelle vie biliari, nella vescica ecc.

litigante *s.m.* e *f.* chi litiga / *prov.: tra due litiganti il terzo gode*, c'è sempre chi trae vantaggio dal disaccordo altrui.

litigare *v.intr.* [*io lìtigo, tu lìtighi ecc.*] **1** (*dir.*) far lite **2** contrastare a parole: *litiga spesso con suo fratello*. SIN. *altercare, questionare* // *v.tr.* contrastare qlco. a qlcu.: *si litigano quel libro*, gareggiano per averlo.

litigio [-tì-] *s.m.* vivace contesa di parole, spesso protratta nel tempo, tra due o più persone. SIN. *lite, contrasto, alterco, dissidio, diverbio*.

litigioso [-gió-] *agg.* **1** che litiga volentieri e frequentemente: *carattere —* **2** (*dir.*) che è oggetto di contestazione giudiziaria: *credito —*.

litio [lì-] *s.m.* elemento chimico (Li; *n.at.* 3; *p.at.* 6,94); metallo alcalino, bianco, tenero, leggerissimo, usato in metallurgia, in medicina e nell'industria ceramica.

litioso [-tió-] *agg.* (*chim.*) che contiene litio (detto spec. di acque minerali).

litisconsorzio [-sòr-] *s.m.* presenza in un processo di più persone o come attori o come convenuti.

litispendenza [-dèn-] *s.f.* (*dir.*) la contemporanea esistenza di altro processo fra le stesse parti, con medesimo oggetto.

lito-, lito [dal gr. *lìtos* = *pietra*] primo o secondo elemento compositivo di parole scientifiche che significa «pietra, roccia» (*litografia, litologia*).

litogenesi [-gèneʃi] *s.f.invar.* (*geol.*) processo di formazione delle pietre e delle rocce.

litografia [-fì-] *s.f.* **1** sistema di stampa che permette di riprodurre su carta scritti o disegni incisi con matite speciali su pietra calcarea preparata chimicamente; lo scritto o l'immagine così ottenuti; per estens., anche la stampa offset **2** stabilimento litografico.

litografico [-grà-] *agg.* [pl.m. *-ci*] di litografia: *stampa litografica* [*ill. Stampa*].

litografo [-tò-] *s.m.* chi esercita la litografia.

litologia [-gì-] *s.f.* studio delle pietre e delle loro caratteristiche chimiche, fisiche e strutturali.

litorale *agg.* del lido, che sta lungo il lido: *fauna —* // *s.m.* la striscia di spiaggia compresa tra i livelli di alta e bassa marea; per estens., fascia di costa bassa lungo il mare.

litoraneo [-rà-] *agg.* del litorale; che sta o si svolge lungo il litorale: *vegetazione, autostrada litoranea*.

litosfera [-sfè-] *s.f.* crosta terrestre, involucro roccioso che costituisce la parte esterna della Terra.

litostratigrafia [-fì-] *s.f.* studio della stratificazione dei terreni fondato sui caratteri fisici delle rocce.

litote [-tò-] *s.f.* figura retorica consistente nell'affermare un concetto negando il concetto contrario (p.e. *non nego* per *ammetto, riconosco*).

litro *s.m.* unità di misura di capacità e volume; è pari a un decimetro cubo.

littore [-tó-] *s.m.* (*st.*) ufficiale addetto ai principali magistrati romani e rappresentante del potere esecutivo che essi esercitavano; precedeva il magistrato portando un fascio littorio.

littorina *s.f.* denominazione ormai disusata di autovettura ferroviaria azionata da motore a scoppio; automotrice.

littorio [-tò-] *agg.* dei littori: *fascio —*, fascio dei littori romani, assunto poi come simbolo del fascismo.

lituano *agg.* della Lituania // *s.m.* abitante della Lituania.

liturgia [-gì-] *s.f.* il complesso degli atti con cui la chiesa rende a Dio il culto dovuto.

liturgico [-tùr-] *agg.* [pl.m. *-ci*] che si riferisce alla liturgia.

liutaio [-tà-] *s.m.* chi fabbrica liuti e simili strumenti a corda.

liutista *s.m.* e *f.* [pl.m. *-i*] chi suona il liuto.

liuto *s.m.* strumento musicale a corde e a pizzico, con cassa a fondo panciuto, manico corto e cavigliere rivoltato ad angolo.

livella [-vèl-] *s.f.* strumento usato per verificare l'orizzontalità di un piano o di una retta.

livellamento [-mén-] *s.m.* atto, effetto del livellare (anche *fig.*).

livellare[1] *v.tr.* [*io livèllo ecc.*] **1** mettere, ridurre allo stesso livello, allo stesso piano (anche *fig.*): *— un terreno; — i redditi*. SIN. *pareggiare* **2** (*tecn.*) fare la livellazione di un terreno // **-arsi** *v.rifl.pron.* mettersi allo stesso livello (anche *fig.*): *i liquidi si livellano nei vasi comunicanti; i prezzi tendono a —*.

livellare[2] *v.tr.* [*io livèllo ecc.*] (*dir.*) concedere una terra in usufrutto mediante contratto di livello.

livellario [-là-] *agg.* (*dir.*) del livello, dell'enfiteusi: *fondo —* // *s.m.* chi tiene terreni a livello.

livellatore [-tó-] *agg.* e *s.m.* [f. *-trice*] che o chi livella.

livellatrice *s.f.* macchina che serve a ridurre a superficie piana gli appezzamenti di terreno ondulati o accidentati.

livellazione [-zió-] *s.f.* operazione topografica che serve a determinare la differenza di livello tra due o più punti del terreno.

livello[1] [-vèl-] *s.m.* **1** quota di un piano orizzontale rispetto a un altro; superficie libera di un fluido: *con le piogge è salito il — delle acque* / *— del mare*, superficie del mare presa idealmente come base per misurare le altitudini / *passaggio a —*, incrocio sullo stesso piano di una ferrovia con una strada **2** (*fig.*) grado, valore: *— culturale; mettere tutti allo stesso —*, considerare tutti uguali, senza far distinzioni di merito, capacità ecc.

livello[2] [-vèl-] *s.m.* (*dir.*) cessione in godimento perpetuo di un terreno con l'obbligo di pagare un canone annuo.

livido [lì-] *agg.* si dice del colore bluastro che assume la pelle umana per effetto di colpi, contusioni ecc.; per estens., di colore freddo, cupo: *un braccio —; un cielo —* / *faccia livida di paura, di rabbia*, di un pallore accentuato // *s.m.* la macchia bluastra che si forma sulla pelle per contusioni.

lividura *s.f.* colore livido, macchia livida. SIN. *contusione, ecchimosi*.

livore [-vó-] *s.m.* sentimento di aspra e sorda invidia: *aveva l'animo pieno di —*. SIN. *astio, odio*.

livornese [-né-] *agg.* di Livorno // *s.m.* e *f.* abitante di Livorno.

livrea [-vrè-] *s.f.* **1** abito particolare che in passato indossavano i servitori delle grandi famiglie signorili **2** (*zool.*) aspetto e colore del piumaggio degli uccelli.

lizza *s.f.* recinto, luogo, nel quale si svolgevano tornei, giostre ecc. / *entrare, scendere in —*, prendere parte a una gara, a un combattimento (anche *fig.*).

llanos [*spagn.; pr.* gliànos] *s.m.pl.* termine con cui si designano nell'America meridionale vaste distese pianeggianti ricoperte da vegetazioni erbacee, tipiche della savana.

lo[1] *art.det.sing.* si premette ai vocaboli comincianti per vocale, *s* impura, *gn, ps, x, z* e si elide davanti a vocale: *lo specchio; lo psichiatra; lo zoo; l'amico; l'uscio*; si unisce alle prep. *a*, *con*, *da*, *di*, *in*, *su* formando le prep. articolate *allo*, *collo*, *dallo*, *dello*, *nello*, *sullo*; si usa davanti a consonante semplice nelle espressioni *per lo più*, *per lo meno*, superstiti di un più esteso uso antico e letterario: *per lo cammino alto e silvestro* (DANTE).

lo² *pron.pers.m. di terza pers.sing.* lui; esso; forma complementare atona di *egli*, *esso*; si usa come compl.ogg. riferito a persona o cosa, in posizione sia enclitica sia proclitica; spesso si elide dinanzi a vocale purché non crei ambiguità: *lo invidio molto*; *l'ho comprato per te*; *leggilo*, *vorrei averlo*; *eccolo*; può avere anche valore di ciò: *io lo so*; *non lo fare*.

lobato *agg.* fatto a lobi: *foglia lobata* [*ill.* Foglia].

lobbia [lòb-] *s.f.* cappello da uomo, floscio, a tese piuttosto larghe, con una infossatura nel mezzo.

lobby [*ingl.*; *pr.* lòbi] *s.f.* gruppo di potere occulto.

lobelia [-bè-] *s.f.* pianta erbacea con fiori color rosa in grappoli e foglie lanceolate, coltivata nelle regioni temperate (*fam.* Lobeliacee).

lobo [lò-] *s.m.* ciascuna delle porzioni arrotondate in cui è diviso, per mezzo di solchi, un organo animale o vegetale: — *dei polmoni* [*ill.* Respiratorio, apparato] / *dell'orecchio*, parte molle con cui termina in basso l'orecchio.

lobotomia [-mì-] *s.f.* intervento chirurgico con cui si interrompono le vie nervose del lobo frontale del cervello, utilizzato soprattutto in passato per la cura di malattie mentali.

locale¹ *agg.* che è proprio di un luogo o limitato a un luogo: *ferrovia* —; *storia* —; *anestesia* —, di una determinata parte del corpo; *treno* —, che percorre distanze ridotte, per lo più con frequenti fermate; *colore* —, insieme di elementi che concorrono a formare l'atmosfera più vivace e tipica di un luogo // *s.m.* spec. *pl.* abitante di un luogo; indigeno.

locale² *s.m.* **1** stanza, vano: *appartamento di quattro locali* **2** luogo di pubblico ritrovo: *un* — *affollato*.

località *s.f.invar.* luogo, regione (in riferimento alla posizione, alle caratteristiche): — *di montagna*; — *amena*.

localizzare [-liʒʒa-] *v.tr.* **1** individuare, determinare il punto preciso in cui avviene un fenomeno: — *la malattia* **2** circoscrivere, limitare: — *l'epidemia* // **-arsi** *v.rifl.pron.* rimanere circoscritto.

localizzazione [-liʒʒaziò-] *s.f.* il localizzare, il localizzarsi.

locanda *s.f.* albergo di categoria e di dimensioni modeste.

locandiere [-diè-] *s.m.* chi tiene una locanda.

locandina *s.f.* affisso di forma rettangolare e di limitate proporzioni contenente il programma completo di uno spettacolo.

locare *v.tr.* [*io* lòco, *tu* lòchi *ecc.*] dare in locazione.

locatario [-tà-] *s.m.* chi ha un bene in locazione.

locativo¹ *agg.* (*dir.*) della locazione, derivante dalla locazione: *valore* —.

locativo² *agg.* e *s.m.* caso della declinazione di alcune lingue antiche, che indicava il complemento di luogo.

locatore [-tó-] *agg.* e *s.m.* [f. *-trice*] che, chi cede un bene in locazione.

locazione [-ziò-] *s.f.* il cedere l'uso di un bene per un tempo determinato in cambio di un canone: *dare una casa in* —.

locomotiva *s.f.* veicolo automotore atto a trainare convogli ferroviari: — *a vapore*; — *elettrica*.

locomotore [-tó-] *agg.* relativo alla locomozione: *apparato* — // *s.m.* (*ferr.*) locomotiva elettrica.

locomotrice *s.f.* locomotiva elettrica.

locomozione [-ziò-] *s.f.* facoltà di muoversi, di spostarsi da luogo a luogo: *mezzi di* —.

loculo [lò-] *s.m.* nicchia interrata o murata che nei cimiteri serve ad accogliere la bara.

locusta *s.f.* (*zool.*) cavalletta.

locuzione [-ziò-] *s.f.* modo di dire; gruppo di due o più parole che, insieme, esprimono un concetto particolare.

lodare *v.tr.* [*io* lòdo *ecc.*] esprimere approvazione; parlare bene di qlcu.; celebrare con parole o inni di esaltazione: *ti lodo per la tua costanza*; *lodiamo Iddio*; — *un prodotto per la sua bontà*; — *la bontà di un prodotto* / *non posso certo lodarvi*, vi biasimo / *Dio sia lodato!*, finalmente! / *prov. chi si loda s'imbroda*, chi esalta sé stesso finisce per danneggiarsi. SIN. *decantare*, *applaudire*. CONTR. *biasimare*.

lodatore [-tó-] *s.m.* [f. *-trice*] chi loda, per lo più interessatamente.

lode [lò-] *s.f.* parole di approvazione e plauso; particolare elogio dato agli scolari, spec. studenti universitari, oltre il massimo dei punti in un esame; preghiera di lode: *attestato di* —; *torna a tua* —; *riscuotere le lodi* / *prendere un trenta e* — / *cantare le lodi di Dio*, innalzare inni. SIN. *elogio*, *applauso*, *panegirico*. CONTR. *biasimo*.

loden [lò-] *s.m.invar.* tessuto di lana a pelo lungo, leggermente impermeabile.

lodevole [-dé-] *agg.* che merita lode. SIN. *encomiabile*. CONTR. *biasimevole*.

lodigiano *agg.* di Lodi // *s.m.* abitante di Lodi.

lodo [lò-] *s.m.* (*dir.*) la decisione emessa collegialmente e per iscritto dagli arbitri in una vertenza.

lodola [lò-] *s.f.* → **allodola**.

lodolaio [-là-] *s.m.* (*zool.*) specie di falco cacciatore di allodole (*fam.* Accipitridi).

loëss [*ted.*; *pr.* lës] *s.m.* (*geol.*) deposito di argille sabbiose finissime e giallastre di origine eolica, molto abbondanti in Cina.

loffio [lòf-] *agg.* (*region.spreg.*) floscio; senza attrattive; sbiadito, squallido: *un personaggio* —; *una riunione loffia*.

log [lòg] *s.m.invar.* strumento per misurare la velocità delle imbarcazioni, costituito da un contagiri collegato a un'elichetta sotto lo scafo.

logaritmico [-rìt-] *agg.* [pl.m. *-ci*] di logaritmo; da eseguire con i logaritmi: *carta logaritmica*, carta millimetrata usata per rappresentare le leggi fisiche.

logaritmo *s.m.* (*mat.*) esponente della potenza a cui bisogna elevare un numero costante (o base) per ottenere un numero proposto: *tavole dei logaritmi*; *logaritmi decimali*, il cui numero base è dieci.

loggetta [-gét-] *s.f.* (*arch.*) piccola loggia.

loggia [lòg-] *s.f.* **1** edificio aperto su uno o più lati, con archi sorretti da pilastri o colonne [*ill.* Edilizia] **2** luogo di riunione dei massoni; per estens., la massoneria.

loggiato *s.m.* (*arch.*) seguito di logge.

loggione [-gió-] *s.m.* la parte più alta del teatro, solitamente sopra gli ordini dei palchi, ove sono i posti di minor prezzo [*ill.* Teatro]: anche gli spettatori che lo occupano: *il* — *è affollatissimo*; *senti i fischi del* —.

logica [lò-] *s.f.* **1** parte della filosofia che studia le norme del ragionamento **2** trattato o sistema di logica: *la* — *aristotelica* **3** per estens., rigore, coerenza di ragionamento.

logicità *s.f.invar.* l'essere logico.

logico [lò-] *agg.* [pl.m. *-ci*] **1** (*fil.*) proprio della logica: *principio* — **2** condotto con rigore di ragionamento, conforme a ragione: *pensiero —; deduzione logica; procedimento —* **3** per estens., che naturalmente deriva dalle premesse date; ovvio: *è — che si arrivi tardi se si parte in ritardo // s.m.* studioso di logica; che ragiona e si comporta con logica.

logistica [-gì-] *s.f.* **1** parte dell'arte militare che studia e organizza rifornimenti, trasporti, movimenti degli eserciti **2** *(fil.)* logica matematica o simbolica, sviluppata con grande rigore per mezzo di uno speciale sistema di simboli.

logistico [-gì-] *agg.* [pl.m. *-ci*] relativo alla logistica.

loglio [lò-] *s.m.* pianta erbacea con foglie lineari e inflorescenze verdi, a spiga, in cui vive un fungo che la rende velenosa *(fam.* Graminacee).

logogrifo [-gò-] *s.m.* gioco enigmistico consistente nell'ottenere da una parola altre parole formate con alcune sue lettere (p.e. da *reattore*: teatro, Ettore, retate, torta, atto ecc.).

logomachia [-chì-] *s.f.* *(lett.)* gioco di parole; discussione originata dal diverso significato che gli interlocutori danno alle parole.

logopedista *s.m.* e *f.* [pl.m. *-i*] chi, per professione, rieduca persone, soprattutto bambini, che soffrono di disturbi del linguaggio.

logoramento [-mén-] *s.m.* atto, effetto del logorare o del logorarsi *(anche fig.)*: *guerra di —.*

logorante *agg.* che logora (spec. *fig.*): *un lavoro —.*

logorare *v.tr.* [*io lógoro* ecc.] consumare a poco a poco *(anche fig.)*: *— il grembiule; — le proprie forze.* SIN. *sciupare // -arsi v.rifl.pron.* consumarsi *(anche fig.)*: *le scarpe si sono logorate con l'uso; — nel dolore, nell'attesa.*

logorio [-rì-] *s.m.* logoramento prolungato e intenso *(anche fig.)*.

logoro [ló-] *agg.* logorato dall'uso: *una camicia logora / — dalle fatiche,* (fig.) sciupato, stanco. SIN. *liso, sdrucito.*

logorrea [-rè-] *s.f.* *(med.)* flusso precipitoso di parole, proprio di certe malattie mentali.

logorroico [-ròi-] *agg.* e *s.m.* [pl.m. *-ci*] si dice di chi soffre di logorrea e, in modo scherzoso, di chi chiacchiera molto.

logos [lò-] *s.m.* [solo *sing.*] **1** la ragione dell'uomo **2** la ragione divina che ordina il mondo **3** *(teol.)* la seconda persona della trinità.

logotipo *s.m.* un breve testo (nome, titolo, frase) in una data forma grafica, che tale identifica un prodotto, un'azienda, un ente (p.e. il titolo di un giornale come appare sulla testata).

lolla [lòl-] *s.f.* *(bot.)* pula che avvolge i chicchi dei cereali.

lombaggine [-bàg-] *s.f.* reumatismo ai muscoli della regione lombare.

lombalgia [-gì-] *s.f.* dolore nella regione lombare.

lombardo *agg.* della Lombardia *// s.m.* abitante della Lombardia.

lombare *agg.* dei lombi: *regione —; vertebra — [ill.* Corpo].

lombata *s.f.* taglio di carne bovina compreso fra l'anca e le prime costole.

lombo [lóm-] *s.m.* ciascuna delle due parti muscolari del corpo comprese fra la cintura e le natiche, in corrispondenza dei reni / *discendere da magnanimi lombi,* appartenere alla nobiltà.

lombosacrale *agg.* *(anat.)* attinente alle regioni attigue lombare e sacrale.

lombrico *s.m.* [pl. *-chi*] verme di terra dal corpo cilindrico diviso in anelli, privo di zampe e di occhi, utile all'agricoltura perché rimuove il terriccio.

londinese [-né-] *agg.* di Londra *// s.m.* e *f.* abitante di Londra.

longa manus [*lat.*; *pr.* lònga mànus = *lunga mano*] *s.f.* persona che opera per conto di altri.

longanime [-gà-] *agg.* che sopporta con molta pazienza e bontà. SIN. *tollerante.*

longanimità *s.f.invar.* l'essere longanime. SIN. *tolleranza.*

longarina *s.f.* trave di ferro per costruzioni.

long drink [*ingl.*; *pr.* lòn drink] *s.m.* bevanda alcolica diluita in abbondante liquido non alcolico.

longevità *s.f.invar.* l'essere longevo.

longevo [-gè-] *agg.* che vive più a lungo della media della propria specie: *persona, famiglia longeva; pianta longeva.*

longherone [-ró-] *s.m.* trave metallica del telaio di aerei e automobili.

longilineo [-lì-] *agg.* e *s.m.* si dice di persona molto alta e snella. CONTR. *brevilineo.*

longitipo *s.m.* tipo costituzionale in cui gli arti prevalgono sul tronco e l'altezza sul peso.

longitudinale *agg.* **1** che si riferisce alla longitudine **2** che si sviluppa nel senso della lunghezza.

longitudine [-tù-] *s.f.* *(geogr.)* distanza di un luogo dal meridiano fondamentale, misurata in gradi lungo l'arco del parallelo passante per quel luogo.

long-playing [*ingl.*; *pr.* lòn plèin] *s.m.* disco microsolco di lunga durata.

lontananza *s.f.* l'essere lontano; lunga distanza: *soffrire per la — dai propri cari / in —,* a lontano.

lontano *agg.* separato da un lungo spazio; discosto *(anche fig.)*; distante nel tempo: *è — da qui a lì; — un tiro di schioppo; essere — dal vero; non vanno d'accordo quei due, sono troppo lontani!; è un ricordo —; l'estate non è lontana,* è prossima; *pensare agli amici lontani,* assenti / *— come parente o parente alla lontana,* non stretto. CONTR. *vicino // avv.* distante: *andar — / tener — qlcu. o tenersi — da qlcu.,* evitarlo / *mirar —,* (fig.) avere grandi ambizioni / *è un uomo che vede —,* capace di prevedere l'evolversi delle cose e quindi di agire con sagacia / *quel ragazzo andrà —,* (fig.) farà molta strada nella vita / *prov.: chi va piano, va sano e va — //* talvolta accompagnato da *prep.* forma locuzioni prepositive: *chiamare, salutare da —; vedere, mostrare da —; rifarsi da* (o *di*) *—,* considerare una cosa dalle sue origini; *abitiamo — da voi; vivere — da casa.* CONTR. *vicino // -mente avv.* da lontano; vagamente, un po': *non lo conosco neppure —.*

lontra [lón-] *s.f.* **1** mammifero carnivoro poco più grande di un gatto, abilissimo nuotatore e cacciatore di pesci; ha corpo allungato, testa larga, coda piatta, pelliccia scura, folta e morbida *(fam.* Mustelidi) **2** pelliccia di lontra.

lonza[1] [lón-] *s.f.* nome dato dagli antichi a un felino non ben determinato, forse alla lince o al leopardo.

lonza[2] [lón-] *s.f.* lombata di maiale macellato; salume fatto con questa parte.

looping [*ingl.*; *pr.* lùpin] *s.m.* manovra acrobatica di un aereo, che descrive un cerchio nell'aria su un piano verticale.

loquace *agg.* che parla molto e facilmente. SIN. *ciarliero, discorsivo.* CONTR. *taciturno.*

loquacità *s.f.invar.* l'essere loquace.

loquela [-què-] *s.f.* *(antiq.)* facoltà, modo di parlare; anche linguaggio.

lord *s.m.* *(ingl.)* titolo attribuito in Gran Bretagna ai pari del regno.

lordare *v.tr.* [*io lórdo ecc.*] insudiciare, rendere lordo. SIN. *sporcare*.

lordo [lór-] *agg.* **1** sporco, intriso di sudiciume (anche *fig.*) **2** si dice di peso non netto di tara; di stipendio, di incasso ecc. da cui devono essere defalcate trattenute, spese.

lordosi [-dòʃi] *s.f.* incurvamento della colonna vertebrale, con convessità rivolta frontalmente.

lordura *s.f.* l'essere lordo, sudicio; sudiciume (anche *fig.*).

lori [lò-] *s.m.* (*zool.*) piccola proscimmia asiatica arboricola, notturna, priva di coda e con occhi cerchiati di nero (*fam.* Lorisidi).

lorica *s.f.* (*st.*) corazza, in origine di cuoio, più tardi metallica, in uso presso greci e romani.

loro [ló-] *pron.pers.m.* e *f. di terza pers.pl.* essi, esse; si usa come compl.ogg., quando gli si vuol dare speciale rilievo (*ho visto proprio* —); come compl. di termine senza prep. (*ho detto* —); dopo una prep. (*a* —, *con* —, *di* —, *su* —); nelle esclamazioni (*beati* —!); nelle comparazioni dopo *come* e *quanto* (*siamo studiosi quanto* —); come parte nominale del predicato dopo i verbi *essere, parere, sembrare* (*non sembrano più* —); si usa tradizionalmente come sogg., quando vi sia opposizione tra due sogg. e il sogg. sia posto dopo il verbo (*noi lavoriamo,* — *no; verranno* —) o sia preceduto da *anche, nemmeno, neppure* (*anche* — *erano presenti*) o sia sogg. di una proposizione con il verbo all'infinito, al participio o al gerundio (*partiti* —); recentemente si è esteso l'uso (un tempo ristretto al linguaggio familiare) di *loro* come sogg. in casi diversi da quelli sopra indicati // *agg.* e *pron. poss. m.* e *f.* di essi, di esse; si usa quando si riferisce a un soggetto di terza persona plurale, altrimenti si deve adoperare *suo*: *le madri amano i* — *figli* (delle madri); *gli uccelli tornano al* — *nido*.

losanga [-ʃan-] *s.f.* **1** (*geom.*) rombo **2** (*arald.*) pezza di forma romboidale.

losangato [-ʃan-] *agg.* e *s.m.* (*arald.*) si dice dello scudo coperto interamente di losanghe di due smalti alternati.

losco [ló-] *agg.* [pl.m. *-chi*] **1** si diceva di chi è strabico; per estens., si dice di chi guarda bieco per invidia o malvolere: *ha lo sguardo* —. SIN. *torvo* **2** (*fig.*) di dubbia onestà: *un affare, un tipo* —.

lossodromia [-mì- o -drò-] *s.f.* (*geogr.*) linea che unisce due punti della Terra, tagliando con angolo costante tutti i meridiani incontrati.

loto[1] [lò-] *s.m.* (*lett.*) fango; palude fangosa.

loto[2] [lò-] *s.m.* pianta acquatica, con grandi fiori rosei e foglie rotonde (*fam.* Ninfacee).

lotta [lòt-] *s.f.* **1** (*sport*) combattimento a corpo a corpo, che esclude l'uso delle armi: — *libera, greco-romana* **2** qualsiasi contrasto in cui ogni contendente usa ogni mezzo, anche le armi, per vincere l'avversario o raggiungere il proprio fine; guerra, battaglia: *i soldati sostennero una* — *sanguinosa;* — *politica;* — *di classe,* tra le classi sociali / — *contro la tubercolosi, il cancro, l'analfabetismo, il malcostume,* complesso dei mezzi di prevenzione e di repressione di tali flagelli sociali / — *per l'esistenza, per la vita,* gli espedienti e i mezzi per sopravvivere. SIN. *combattimento, conflitto* **3** disaccordo, dissidio: *essere in* — *col padre;* — *di passioni, di sentimenti.*

lottare *v.intr.* [*io lòtto ecc.*] sostenere una lotta (anche *fig.*); guerreggiare, rivaleggiare: — *contro un esercito potente;* — *per la conquista della libertà;* — *contro le avversità.* SIN. *combattere.*

lottatore [-tó-] *s.m.* [f. *-trice*] chi pratica lo sport della lotta; chi lotta (anche *fig.*).

lotteria [-rì-] *s.f.* gioco nel quale un premio in denaro o in oggetti viene estratto a sorte fra i partecipanti.

lottizzare [-tiʒʒa-] *v.tr.* **1** suddividere in lotti / — *un terreno,* frazionare un terreno in più parti da vendere singolarmente per lo più per costruirvi edifici **2** sottoporre a lottizzazione politica, spartire.

lottizzazione [-tiʒʒaʒió-] *s.f.* **1** divisione di un'area fabbricabile in lotti **2** la pratica politica della distribuzione delle cariche in enti statali, banche e imprese nazionalizzate tra i partiti secondo equilibri di governo; in generale, accordo per la spartizione del potere: — *della stampa;* — *mafiosa dell'edilizia.*

lotto [lòt-] *s.m.* **1** gioco d'azzardo consistente nell'estrarre cinque numeri dall'uno al novanta e attribuire un premio a chi abbia pronosticato uno o più di quei numeri: *vincere un terno al* —, pronosticare una combinazione vincente di tre numeri estratti sulla stessa ruota; (*fig.*) avere inaspettatamente un colpo di fortuna **2** ognuna delle parti in cui un tutto viene diviso; in particolare, appezzamento di terreno corrispondente a una determinata unità edilizia; per estens., blocco di merce che viene messa in vendita tutta insieme.

love story [*ingl.; pr.* lavstóri] *s.f.* storia d'amore; rapporto amoroso, spec. se contrastato e avventuroso.

lozione [-ʒió-] *s.f.* **1** bagno di una parte limitata del corpo mediante un liquido medicamentoso **2** medicamento liquido per uso esterno; in particolare, prodotto farmaceutico per l'igiene della cute o per favorire la crescita dei capelli.

LSD [*ingl.; Lysergic acid Diethylamide*] *s.m.* derivato dell'acido lisergico, con proprietà allucinogene.

lubrico [lùbrico *o* lubrico] *agg.* [pl.m. *-ci*] **1** (*lett.*) sdrucciolevole **2** (*fig.*) che offende il pudore (detto di atti, discorsi ecc.); che fa o dice cose contrarie al pudore (detto di persona).

lubrificante *agg.* che serve alla lubrificazione: *secrezione* —; *olio* — // *s.m.* (*tecn.*) si dice di sostanza grassa e vischiosa atta a diminuire l'attrito fra superfici solide.

lubrificare *v.tr.* [*io lubrifico, tu lubrifichi ecc.*] rendere umido, scivoloso, scorrevole: — *un ingranaggio.*

lubrificazione [-ʒió-] *s.f.* il lubrificare.

lucano *agg.* **1** dell'antica Lucania **2** dell'odierna Basilicata // *s.m.* **1** abitante, nativo dell'antica Lucania **2** abitante, nativo dell'odierna Basilicata.

lucchese [-ché-] *agg.* di Lucca // *s.m.* e *f.* abitante di Lucca.

lucchetto [-chét-] *s.m.* serratura mobile di metallo, fornita di un gambo ricurvo che unisce fra loro due anelli posti alle estremità dell'oggetto da chiudere.

luccicante *agg.* che luccica. SIN. *scintillante, sfavillante.*

luccicare *v.intr.* [*io lùccico, tu lùccichi ecc.*] riflettere la luce con piccoli, frequenti bagliori: *la lama luccicava al sole / gli luccicano gli occhi,* di chi sta per piangere. SIN. *brillare, scintillare, sfavillare.*

luccichio [-chì-] *s.m.* un luccicare frequente.

luccicone [-có-] *s.m.* grossa lacrima: *avere i lucciconi agli occhi.*

luccio [lùc-] *s.m.* grosso e voracissimo pesce d'acqua dolce, commestibile; ha corpo allungato, muso a spatola, bocca ampia con dentini acuti e curvi all'indietro (*fam.* Esocidi).

lucciola [lùc-] *s.f.* (*zool.*) piccolo insetto coleottero frequente d'estate e caratterizzato dalla luminosità degli ultimi segmenti dell'addome (*fam.* Lampiridi).

lucco *s.m.* [pl. *-chi*] veste maschile lunga e accollata in uso nel medioevo.

luce *s.f.* **1** (*fis.*) radiazioni elettromagnetiche corrispondenti a un preciso intervallo di lunghezza d'onda, che, provenendo dagli oggetti e colpendo l'occhio, producono la sensazione della vista: *la — del sole*; *— naturale*, *artificiale*, *elettrica*; *— diretta*, che proviene direttamente da una fonte luminosa; *— riflessa*; *— accecante*, *viva*, *fioca*; *un filo*, *un fascio*, *un mare di —*; *la stanza prende — dalla finestra*; *quel quadro è tutto un gioco di luci*; *accendere*, *abbassare*, *spegnere la —*; *essere in piena —*; *mettere in buona*, *cattiva —*, illuminare bene, male; (*fig.*) mostrare i pregi i difetti, talvolta esagerandoli / *mettere nella giusta —*, mostrare con obiettività / *mettere in —*, svelare / *alla — del sole*, apertamente, senza sotterfugi / *dare alla —*, partorire; *vedere la —*, *venire alla —*, nascere; di un libro, essere pubblicato **2** (*fig.*) simbolo della forza chiarificatrice dello spirito: *la — dell'intelletto*, *della civiltà*, *della fede* / *la — eterna*, Dio, la beatitudine celeste **3** sorgente luminosa di qualunque genere; l'insieme dei mezzi che servono all'illuminazione artificiale, spec. elettrica: *accendere*, *spegnere la —*; *si sono rotte le luci*; *bolletta della —*; *la città è rimasta senza —*; *luci di posizione*, *di arresto ecc*, fanali che segnalano presenza e movimenti delle autovetture e simili **4** vano, apertura: *la — di un ponte*, *di una porta*, l'ampiezza; *negozio a tre luci*, con tre vetrine.

lucente [-cèn-] *agg.* che manda luce; che risplende. SIN. *splendente*.

lucentezza [-téz-] *s.f.* l'essere lucente, luminoso, lucido: *la — della seta*. SIN. *splendore*.

lucere [lù-] *v.intr.dif.* [usate le forme *luce*, *lùcono*, *lucéva*, *lucévano*, *lucésse*, *lucéssero*, *lucènte*, *lucèndo*] (*poet.*) mandar luce, risplendere.

lucerna [-cèr-] *s.f.* lume portatile costituito da un'asta verticale con infissa una coppetta per l'olio con lucignolo.

lucernario [-nà-] *s.m.* apertura nel tetto di un edificio chiusa da una vetrata per dare luce a scale, soffitte o stanze interne.

lucertola [-cèr-] *s.f.* **1** (*zool.*) genere di piccoli rettili terrestri con capo appiattito, corpo terminante in una lunga coda, zampe corte, lingua bifida (*fam.* Lacertidi) **2** la pelle conciata di tale animale: *borsetta di —*.

lucherino *s.m.* (*zool.*) uccellino dal piumaggio giallo-verdastro striato di nero, che sverna nei boschi italiani (*fam.* Fringillidi).

lucidare *v.tr.* [*io lùcido ecc.*] render lucido, per lo più pulendo a fondo: *— le scarpe*, *l'argenteria*. SIN. *lustrare*.

lucidatore [-tó-] *agg.* e *s.m.* [f. *-trice*] che, chi lucida: *operaio —*; *— di mobili*.

lucidatrice *s.f.* apparecchio elettrodomestico che serve a render lucidi i pavimenti.

lucidatura *s.f.* il lucidare.

lucidezza [-déz-] *s.f.* la qualità di ciò che è lucido.

lucidità *s.f.invar.* la qualità di ciò che è lucido (spec. *fig.*): *— mentale*, chiarezza, perspicacia; *perdere la —*; *avere un momento di —*.

lucido [lù-] *agg.* **1** si dice di corpo terso e levigato che brilla di luce riflessa: *pavimento —*; *scarpe lucide* / *— come uno specchio*, molto lucido. SIN. *lustro*, *lucente* **2** (*lett.*) limpido; (*fig.*) chiaro, preciso; freddo e perspicace: *le lucide acque dell'oceano*; *una lucida esposizione dei fatti*; *un — esame della situazione* / *— mente lucida*, *persona lucida*, che ragiona perfettamente, che si rende conto della realtà // *s.m.* **1** lucentezza: *avere*, *dare*, *togliere il —* **2** sostanza che serve a lucidare: *il — per le scarpe* **3** copia di un disegno riportato su un foglio di carta trasparente: *carta da —* // *-mente* *avv.* con chiarezza e perspicacia: *espose — le sue idee*.

lucignolo [-ci-] *s.m.* **1** piccola treccia di fili che, messa dentro l'olio delle lucerne o nel corpo stesso delle candele, arde e illumina **2** (*fig.*) persona lunga e magrissima: *ridursi un —*.

lucrare *v.tr.* (*lett.*) guadagnare denaro, trarre profitto / *— le indulgenze*, (*eccl.*) acquistarle adempiendo le condizioni prescritte.

lucrativo *agg.* che vale a dare lucro: *attività*, *scienza lucrativa*.

lucro *s.m.* guadagno materiale: *a scopo di —*.

lucroso [-cró-] *agg.* che dà lucro: *impresa lucrosa*.

luculliano *agg.* abbondante, sontuoso: *pranzo —*.

lucumone [-mó-] *s.m.* (*st.*) magistrato etrusco.

luddismo [-fmo] *s.m.* (*st.*) la violenta opposizione all'introduzione nell'industria delle macchine, considerate creatrici di disoccupazione, che caratterizzò la nascita dei sindacati inglesi.

ludibrio [-dì-] *s.m.* (*non com.*) derisione, scherno; persona schernita: *è stato messo in —*; *è il — di tutti*.

ludico [lù-] *agg.* [pl.m. *-ci*] (*lett.* o *scient.*) relativo al gioco.

ludo *s.m.* (*lett.*) gioco, spettacolo pubblico, spec. con riferimento all'antica Roma.

ludoteca [-tè-] *s.f.* raccolta di giochi e di giocattoli; il luogo che la ospita.

lue *s.f.* **1** (*med.*) sifilide **2** (*fig.lett.*) calamità pubblica, diffusione di false idee, di corrotti costumi.

luetico [luè-] *agg.* [pl.m. *-ci*] di lue // *agg.* e *s.m.* che o chi è malato di lue.

lugana *s.m.* vino bianco asciutto, prodotto nella zona del lago di Garda.

luganega [-gà-] *s.f.* specie di salsiccia prodotta in Lombardia e nel Veneto.

luglio [lù-] *s.m.* settimo mese dell'anno.

lugubre [lù-] *agg.* che esprime, provoca profonda tristezza o suscita immagini di dolore e morte: *suono*, *spettacolo —*. SIN. *funebre*, *tetro*.

lui *pron.pers.m.* di terza pers.sing. egli, esso; si usa come compl.ogg. e nel compl. di termine, quando si vuol dare ad essi particolare rilievo e nei complementi con prep.: *ho incontrato proprio —*; *consegnalo a —*; nella lingua familiare è anche usato come sogg.: tuttavia l'uso di *lui* è richiesto dalle norme grammaticali anche in posizione di sogg. nei seguenti casi: quando gli si vuole dare particolare rilievo: *— e che me l'ha detto*; nelle esclamazioni: *beato —!*; quando vi sia opposizione tra due soggetti: *io studiavo*, *— leggeva*; quando il sogg. sia posto dopo il verbo: *lo farà —*; quando sia preceduto da *tanto*, *quanto*, *come*, *più*, *anche*, *neppure*, *nemmeno*, *pure* ecc.: *ne so quanto —*; *la penso esattamente come —*; *anche — è stato in America*; *neppure — ha studiato il tedesco*; come predicato dopo i verbi *essere*, *parere*, *sembrare*: *se io fossi —*; *non sembra più —*.

lui *s.m.invar.* piccolo ed elegante uccello insettivoro, frequente nelle regioni mediterranee (*fam.* Silviidi).

luigi *s.m.invar.* moneta aurea francese, coniata sotto Luigi XIII.

lumaca *s.f.* **1** mollusco gasteropodo terrestre dal corpo nudo e viscido, grigio-rossiccio, con quattro tentacoli neri retrattili sulla testa; vive nei luoghi umidi (*fam.* Limacidi) **2** (*fig.*) persona lenta.

lumacone [-có-] *s.m.* **1** grossa lumaca **2** (*fig.*) uomo lento; persona furba che si finge tonta.

lume *s.m.* **1** sorgente luminosa; apparecchio, spec. spostabile, per illuminare: *un — a petrolio* **2** radiazione luminosa, chiarore; luce artificiale: *il — delle stelle*; *il — della candela / il — degli occhi*, la vista; *perdere il — degli occhi*, (*fig.*) arrabbiarsi molto **3** (*fig.*) ciò che dà luce alla mente, all'anima; consiglio, ammaestramento e simili: *il — della fede; ho bisogno dei tuoi lumi / il — della ragione*, la facoltà e l'uso di ragionare / *il secolo dei lumi*, il Settecento illuminista **4** (*anat.*) spazio interno di un canale: *— arterioso*.

lumeggiare *v.tr.* [*io* luméggio *ecc.*] **1** dare rilievo, nel dipingere, alle parti più luminose per mezzo di colori più chiari **2** (*fig.*) dar rilievo con parole: *— un momento storico* **3** (*non com.*) illuminare: *i lampi lumeggiavano le case*.

lumen *s.m.invar.* (*fis.*) unità di misura del flusso luminoso, pari al flusso emesso da una sorgente luminosa puntiforme avente l'intensità di 1 candela.

lumicino *s.m.* piccolo lume: *si vedeva un — sulla montagna; aveva un — in mano / cercare col —*, con molta cura, detto di cose difficili a trovare / *essere, ridursi al —*, in fin di vita.

lumiera [-miè-] *s.f.* lampadario, spec. se elaborato.

luminare *s.m.* persona di grande dottrina e capacità: *un — della medicina*.

luminaria [-nà-] *s.f.* illuminazione pubblica per una festa; per estens., grande quantità di lumi accesi.

luminello [-nèl-] *s.m.* barbaglio prodotto dalla luce solare riflessa da superfici lucide e piane.

luminescente [-scèn-] *agg.* dotato di luminescenza.

luminescenza [-scèn-] *s.f.* fenomeno per cui vari corpi, in opportune condizioni, emettono radiazioni in misura maggiore di quella che sarebbe da attendersi in base alla loro temperatura.

luminismo [-ſmo] *s.m.* particolare risalto degli effetti di luce in un dipinto.

luministica [-nì-] *s.f.* l'arte di illuminare il palcoscenico.

luministico [-nì-] *agg.* [pl.m. *-ci*] relativo al luminismo.

lumino *s.m.* **1** piccolo lume, piccola lampada **2** vasetto con olio e stoppino che si tiene acceso davanti a immagini sacre o a tombe; candela molto bassa, infilata in un bicchierino, per gli stessi usi.

luminosità *s.f.invar.* **1** l'essere luminoso. SIN. *chiarezza, splendore* **2** (*fot.*) capacità di trasmettere la luce: *obiettivo di alta —*.

luminoso [-nó-] *agg.* **1** che emana luce; che splende di luce; pieno di luce: *un astro —; cielo —; una stanza luminosa / matita luminosa*, strumento dotato di cellula fotoelettrica, che accostato a un teleschermo, vi fa apparire una traccia luminosa sembrando così disegnarvi sopra. SIN. *fulgido, splendente* **2** (*fig.*) così bello che pare emanare luce: *un volto, uno sguardo —* **3** (*fig.*) evidente, chiaro: *un esempio — / un'idea luminosa*, ingegnosa.

luna *s.f.* **1** satellite della Terra, intorno alla quale ruota in 27 giorni, 7 ore, 43 minuti e 12 secondi; durante le fasi della rotazione è variamente illuminato dal Sole (si scrive con iniziale maiuscola quando è usato come nome proprio del corpo celeste): *la Luna è il solo satellite naturale della Terra / — nuova*, quando tutto l'emisfero rivolto verso la Terra è oscuro; *— piena*, quando è illuminato / *faccia di — piena*, tonda, grassoccia / *a questi chiari lumi di —*, in questi tempi di miseria / *prov.: gobba a ponente, — crescente; gobba a levante, — calante*, quando è illuminata la parte occidentale dell'emisfero, ci si avvia al plenilunio (luna piena); quando è illuminata quella orientale, al novilunio (luna nuova) **2** ciclo delle quattro fasi lunari; un mese lunare o un mese

in genere / *— di miele*, il primo mese di matrimonio / *avere la —*, essere di cattivo umore **3** (*fig.*) luogo ideale di ciò che è fuori dalla realtà: *vivere, essere nel mondo della —*, vivere astratto dalla realtà, essere distratto / *eri ancora nel mondo della —*, non eri ancora nato **4** *pesce —*, pesce d'alto mare; ha forma di grande disco, bocca e occhi piccolissimi.

luna-park *s.m.invar.* parco di divertimento all'aperto, con giostre, tirassegno ecc.

lunare *agg.* della luna: *eclissi, fase —*.

lunaria [-nà-] *s.f.* pietra pregiata di colorazione bianca con riflessi celesti, usata per scopi ornamentali.

lunario [-nà-] *s.m.* libretto popolare che indica i giorni del mese, le fasi della Luna; fa anche previsioni meteorologiche e oroscopi / *sbarcare il —*, guadagnare in misura appena sufficiente per vivere fino alla fine del mese o dell'anno. SIN. *almanacco, calendario, effemeride*.

lunatico [-nà-] *agg.* [pl.m. *-ci*] si dice di persona che ha spesso sbalzi d'umore; originale, strano.

lunato *agg.* di forma curva, simile alla luna falcata: *le corna lunate dei buoi*.

lunazione [-zió-] *s.f.* intervallo di tempo (29 giorni, 12 ore, 44 minuti, 3 secondi) impiegato dalla Luna per ritornare in linea fra la Terra e il Sole.

lunch [*ingl.*; *pr.* lanc'] *s.m.* pranzo leggero di mezzogiorno.

lunedì *s.m.invar.* il primo giorno della settimana, quello che segue la domenica.

lunetta [-nét-] *s.f.* **1** (*arch.*) apertura a forma d'arco sopra una porta o finestra, talora chiusa da vetrata o inferriata **2** in generale, parte di un oggetto o di un arnese a forma di mezzaluna; nel cannone, l'anello per l'aggancio al mezzo di traino [*ill. Cannone*] **3** (*lit.*) parte dell'ostensorio su cui si pone l'ostia **4** pezzo di pelle che si applica alla tomaia delle calzature per rinforzarla **5** nella pallacanestro, il semicerchio nel quale il giocatore si colloca per battere il tiro libero [*ill. Pallacanestro*].

lungaggine [-gàg-] *s.f.* l'andare per le lunghe nel fare o nel dire qlco.: *le lungaggini della burocrazia*.

lungagnata *s.f.* (*fam.*) discorso, spettacolo noioso.

lunge *avv.* → **lungi**.

lunghezza [-ghéz-] *s.f.* **1** estensione di un segmento; una delle tre dimensioni di un solido e propriamente quella secondo cui più si sviluppa un oggetto su un piano orizzontale; anche la misura di tale dimensione: *— di una strada, di un vestito; — di un fiume*, dalla sorgente alla foce; *— di una stanza*, il lato maggiore; *— di una nave*, dalla prua alla poppa **2** l'essere lungo, il protrarsi nel tempo: *— di un discorso, di un lavoro*. CONTR. *cortezza* **3** (*sport*) distanza fra due cavalli all'arrivo di una corsa, computata prendendo come unità di misura la lunghezza del corpo del cavallo: *vincere per una, per mezza —* **4** *— d'onda*, (*fis.*) distanza fra due punti in cui un moto oscillatorio riprende le stesse caratteristiche.

lungi *avv.* (*lett.*) lontano / *essere — dal dire, dal fare qlco.*, essere lontano da, non avere intenzione di dire, fare qlco.

lungimirante *agg.* si dice di persona accorta, che sa prevedere i futuri sviluppi dei fatti e vi provvede.

lungimiranza *s.f.* l'essere lungimirante.

lungo *agg.* [pl.m. *-ghi*] **1** che si estende nello spazio, spec. in senso orizzontale, e comunque sempre con riferimento alla dimensione nella quale l'estensione è maggiore: *una fune lunga sei metri; un tavolo — tre me-*

tri e largo due. CONTR. *corto* **2** si dice in particolare di ciò che è molto lungo, più lungo del normale o del necessario: *una lunga strada; portare i capelli lunghi; calzoni lunghi,* che arrivano fino alla caviglia; *un — corteo,* formato da molte persone / *avere la lingua lunga,* aver sempre la risposta pronta, parlare troppo, o anche essere pettegolo, maldicente / *avere le gambe lunghe,* essere un buon camminatore / *avere le mani lunghe,* rubare / *fare il muso —,* mettere il broncio, mostrarsi scontento / *cadere — disteso,* col corpo disteso in tutta la sua lunghezza / *avere la vista lunga,* vedere anche molto lontano; *(fig.)* essere previdente, lungimirante / *saperla lunga,* (fam.) essere molto furbo **3** si dice di persona molto alta, spec. se magra, longilinea / *anima lunga,* (scherz.) persona altissima, allampanata · *è più largo che —,* (scherz.) è molto grasso **4** che dura nel tempo, e spec. che dura da o per molto tempo: *un discorso più — del previsto; una lunga esperienza; vocale lunga,* quella di maggior durata nella pronuncia / *a — andare,* con l'andar del tempo / *farla lunga,* protrarre inutilmente una discussione, conservare per molto tempo un rancore o simili / *tirare in —,* rimandare di giorno in giorno / *impegno, contratto a lunga scadenza,* destinato a durare, a valere per molto tempo / *piano, progetto a lunga scadenza,* destinato ad essere realizzato gradualmente, e completato dopo molto tempo / *a —,* per molto tempo; diffusamente: *si trattennero a —; ti scriverò a —.* CONTR. *breve* **5** (fam.) si dice di persona lenta, che impiega molto tempo per fare qlco.: *come sei — a scrivere!* **6** si dice di bevanda o minestra che contiene troppa acqua in proporzione alle sostanze di cui è composta: *brodo, caffè —* // *s.m.* la parte lunga di qlco.; lunghezza; cosa lunga: *per il —,* nel senso della lunghezza / *in — e in largo,* in ogni direzione / *tirare in —, per le lunghe qlco.,* rimandarla di giorno in giorno / *in —,* in abito lungo / *prep. impropria* accosto: *camminare — la riva* **2** durante: *— il viaggio* // *-mente* avv. a lungo.

lungofiume *s.m.* strada lungo la riva di un fiume.

lungolago *s.m.* [pl. *-ghi*] strada lungo la sponda di un lago.

lungomare *s.m.invar.* strada che costeggia la riva del mare.

lungometraggio [-tràg-] *s.m.* film di lunghezza normale, oltre i settanta minuti.

lunigiano *agg.* della Lunigiana // *s.m.* abitante della Lunigiana.

lunotto [-nòt-] *s.m.* finestrino fisso, posteriore, delle autovetture *[ill. Automobile].*

luogo [luò-] *s.m.* [pl. *-ghi*] **1** in senso generale, parte dello spazio che è occupato o si può occupare materialmente o idealmente: *col pensiero si può spaziare in ogni — / far —,* spostarsi per lasciar libero il passaggio / *in alto —,* presso le autorità / *in — di,* invece di / *tenere il — di qlco.,* farne le veci / *in primo —,* anzitutto / *— geometrico,* insieme dei punti di un piano o di uno spazio che hanno tutti la stessa proprietà **2** parte della superficie terrestre: *luoghi paludosi, temperati; — di nascita / luoghi santi,* quelli della Palestina dove visse e morì Gesù **3** edificio o parte di esso: *— santo,* chiesa, cimitero ecc.; *— di pena,* penitenziario; *— di divertimento* **4** parte di un oggetto, punto: *dipinto scrostato in vari luoghi* **5** passo di uno scritto: *l'autore ne accenna in più luoghi; nel — citato / — comune,* frase fatta, affermazione che si ripete senza verificarla **6** (fig.) momento opportuno: *le cose vanno fatte a tempo e —,*

al momento e nelle circostanze opportune; *fuori —,* inopportuno; *dar — a,* provocare; *aver —,* avvenire; *non esserci —,* non esserci motivo / *non — a procedere,* (dir.) formula di assoluzione di un imputato.

luogotenente [-nèn-] *s.m.* **1** chi fa le veci di qlcu., spec. ufficiale che fa le veci di un superiore **2** (mil.) sostituto; tenente.

lupa *s.f.* la femmina del lupo.

lupanare *s.m.* (lett.) casa di prostituzione.

lupara *s.f.* **1** cartuccia per fucili da caccia caricata con pallettoni **2** fucile da caccia a canne mozzate.

lupinella [-nèl-] *s.f.* pianta erbacea da foraggio con foglie pennate e fiori rossi (fam. Leguminose).

lupino *s.m.* pianta erbacea che produce semi gialli, simili alle fave, commestibili (fam. Leguminose).

lupo *s.m.* **1** mammifero carnivoro selvatico simile al cane, che vive spec. in branchi ed è caratterizzato da muso aguzzo, orecchie ampie ed erette, pelame folto, coda pendente, occhi obliqui e muscolatura molto robusta (fam. Canidi); si dice anche della sua pelliccia, usata spec. per guarnizioni / *tempo da lupi,* tempo cattivo, come quello che spinge i lupi a scendere a valle / *— di mare,* marinaio vecchio ed esperto / *mangiare come un —; essere come un agnello tra i lupi / — e l'agnello,* si dice per rappresentare la condizione del debole che può avendo ragione cede alla violenza del forte / *in bocca al —!,* augurio per chi deve affrontare una prova pericolosa o difficile / prov.: *il — perde il pelo ma non il vizio,* il cattivo può sembrare buono, ma non diventarlo davvero; *— mannaro,* (pop.) licantropo. DIM. *lupacchiotto* **2** (fig.) uomo bestiale o malvagio: *viviamo in un mondo di lupi* **3** *cane —,* grosso cane con pelo lungo, muso allungato, orecchie diritte, impiegato per la guardia e come cane poliziotto.

luppolo [lùp-] *s.m.* pianta erbacea rampicante dai cui fiori si estrae una sostanza amara usata nella fabbricazione della birra (fam. Cannabacee).

lupus *s.m.invar.* tubercolosi cronica della pelle, caratterizzata dalla formazione di noduli che si ulcerano e lasciano cicatrici.

lupus in fabula [lat.; pr. lùpus in fàbula = *il lupo nella favella*] locuz. che si usa quando ci si interrompe perché arriva qlcu. di cui si stava parlando.

lurco *agg.* [pl.m. *-chi*] (lett.) mangione, ingordo.

lurido [lù-] *agg.* repellente, schifoso per la profonda sporcizia (anche fig.): *— imbroglione.* SIN. *sporco, sudicio.*

luridume *s.m.* l'essere lurido; ciò che è lurido.

lusinga [-śin-] *s.f.* **1** inganno compiuto con parole o atti di falsa lode o di falsa promessa: *non cedere alle lusinghe.* SIN. *adulazione, esca* **2** falsa speranza: *ho vissuto di lusinghe e ora me ne pento.* SIN. *illusione.*

lusingare [-śin-] *v.tr.* [io *lusingo,* tu *lusinghi* ecc.] **1** ingannare con lusinghe. SIN. *adulare* **2** esser causa di soddisfazione, di compiacimento: *la sua approvazione mi lusinga* // **-arsi** *v.rifl.* (non com.) illudersi, sperare.

lusinghiero [-śinghiè-] *agg.* che lusinga, che soddisfa l'amor proprio: *parole lusinghiere; apprezzamento —.*

lusitano [-śi-] *agg.* del Portogallo // *s.m.* abitante del Portogallo.

lussare *v.tr.* provocare una lussazione: *si è lussato una spalla.*

lussazione [-zió-] *s.f.* (med.) spostamento dei capi ossei componenti un'articolazione.

lussemburghese [-ghé-] *agg.* del Lussemburgo // *s.m.* e *f.* abitante del Lussemburgo.

lusso *s.m.* **1** sfoggio di ricchezza; abbondanza inutile: *vivere nel —*; *vivere senza lussi*. SIN. *sfarzo* **2** tutto ciò che costa molto in proporzione all'utilità; ciò che è superfluo o inutile: *per me l'automobile è un — / di —*, si dice di ciò che è inutile o di ciò che costa molto ed è fatto con cura particolare: *appartamento di —*, con determinate caratteristiche che soddisfano la comodità e l'estetica; *edizione di —*, di solito rilegata in tela o cuoio e arricchita da illustrazioni.

lussuoso [-suó-] *agg.* di lusso; costoso e appariscente. SIN. *sfarzoso, sontuoso.*

lussureggiante *agg.* **1** (*non com.*) ricco, abbondante: *quadro — di colori* **2** vivace; rigoglioso: *circondato da una vegetazione —.*

lussuria [-sù-] *s.f.* godimento disordinato del piacere carnale; secondo la chiesa è uno dei sette peccati capitali. SIN. *libidine, lascivia.*

lussurioso [-rió-] *agg.* che ha il vizio della lussuria; che è effetto di lussuria. SIN. *libidinoso, lascivo.*

lustrale *agg.* attinente a cerimonie religiose di purificazione: *acqua —*, benedetta.

lustrare *v.tr.* **1** far diventare lucido. SIN. *lucidare, forbire: — le scarpe, i pavimenti / lustrarsi gli occhi*, (*fig.*) godere della vista di qlco. che non si può avere **2** nelle religioni dell'antichità classica, purificare // *v.intr.* (*rar.*) esser lucente, risplendere.

lustrascarpe *s.m.* e *f.invar.* chi, per mestiere, pulisce e lucida le scarpe.

lustratura *s.f.* atto, effetto del lustrare.

lustrazione [-zió-] *s.f.* nel mondo classico non cristiano, cerimonia religiosa di purificazione.

lustrino *s.m.* spec. *pl.* dischetto lucido di metallo o di altro materiale, in part. frammenti vetrosi, che si applica ad abiti e accessori dell'abbigliamento femminile per dar loro un variabile scintillio.

lustro[1] *s.m.* spazio di cinque anni, quinquennio.

lustro[2] *agg.* che ha la superficie liscia e pulita così da riflettere la luce: *scarpe lustre; occhi lustri*, umidi di pianto, che esprimono emozione; *faccia lustra*, grassa e con la pelle tesa e lucente. SIN. *lucido* // *s.m.* **1** lucentezza: *dare il — alle pentole* **2** (*fig.*) onore, distinzione: *la sua presenza dà — al paese.*

luteina *s.f.* (*biol.*) altro nome del → **progesterone.**

luteo [lù-] *agg.* (*lett.*) giallo / *corpo —*, (*biol.*) formazione che si produce nel follicolo ovarico dopo il distacco dell'ovulo.

luteranesimo [-néʃi-] *s.m.* la dottrina professata dal riformatore religioso Martin Lutero (1483-1545) e dai suoi seguaci.

luterano *agg.* di Lutero; che aderisce, appartiene o si riferisce alla dottrina di Lutero // *s.m.* chi segue la dottrina luterana.

lutezio [-tè-] *s.m.* elemento chimico (Lu; *n.at.* 71; *p.at.* 175); metallo delle terre rare.

lutoterapia [-pì-] *s.f.* lo stesso che → **fangoterapia.**

lutto *s.m.* **1** sentimento di vivo dolore che si prova per la morte di qlcu. o per gravi disgrazie; la disgrazia stessa: *— cittadino; partecipare al — di qlcu; il — che ha colpito il paese*. SIN. *cordoglio* **2** i segni esteriori del dolore: *portare il —; parare a —.*

luttuoso [-tuó-] *agg.* che causa lutto: *avvenimento —*. SIN. *funesto.*

lux *s.m.invar.* (*fis.*) unità di misura di illuminazione; è pari alla illuminazione di una superficie che riceve un flusso luminoso di 1 lumen per metro quadrato, uniformemente ripartito.

luxmetro [lùx-] *s.m.* apparecchio di misurazione della quantità di illuminazione.

M

m *s.f.* e *m.* [**èmme**] **1** undicesima lettera dell'alfabeto, consonante **2** M, nei numeri romani, significa mille.

ma[1] *cong.* **1** con valore avversativo, però; bensì; contrappone due elementi simili di una proposizione o due proposizioni dello stesso tipo: *è un libro difficile ma interessante; non punirò te ma lui;* in frasi ellittiche: *vai, ma in fretta;* con valore di *anzi: non buono, ma eccellente;* in espressioni familiari con valore rafforzativo a congiunzioni avversative: *ma pure, ma tuttavia; ma nondimeno;* in espressioni del tipo: *bella, ma proprio bella; brutto, ma brutto davvero* **2** in principio di periodo indica passaggio ad altro argomento: *ma ammettiamo pure che...; ma tornando a quanto vi dicevo...; ma ecco che...;* nell'uso fam. è usata con valore enfatico nelle esclamazioni o in proposizioni esclamative o interrogative: *ma è vero?!; ma che dici?; ma sì!; ma no!; ma che imbroglione!;* usata in tono ironico: *ma bene!; ma bravo!;* in tono di impazienza o di rimprovero: *ma parla, dunque!; ma insomma!; ma via!* // con valore di *s.m.*, obiezione, impedimento: *a forza di ma e di se, non si viene mai a capo di nulla; devi partire subito, non c'è ma che tenga!*

ma[2] *inter.* indica incertezza, dubbio, nelle risposte: «*È uscito?*» «*Ma! Non lo so*», oppure «*Ma!*»; si usa anche in tono di disapprovazione o rassegnazione o meraviglia: «*Sai che ha interrotto gli studi?*» «*Ma!*».

macabro [mà-] *agg.* di morte; orrido, raccapricciante: *spettacolo —.*

macaco [pl. *-chi*] (*zool.*) **1** scimmia asiatica grigio-bruna dal corpo tozzo, con naso sporgente, mascelle grosse, coda penzolante e non prensile (*fam.* Cercopitecidi) **2** (*scherz.*) persona sciocca.

macadam [-dàm] *s.m.invar.* cemento artificiale costituito da pietrisco costipato mediante rollatura e amalgamato col suo stesso detrito, usato per pavimentazioni stradali.

macao [-cà-] *s.m.* gioco di carte, d'azzardo, simile al sette e mezzo.

macaone [-ó-] *s.m.* bellissima farfalla diurna nostrale, con ali gialle a macchie e venature nere, un occhio rosso sulle ali inferiori (*fam.* Papilionidi).

maccarello [-rèl-] *s.m.* → **scombro.**

macché *inter.* serve ad esprimere una forte negazione od opposizione.

maccherone [-ró-] *s.m.* spec. *pl.* forma di pasta alimentare secca, lunga e bucata, di diametro superiore ai bucatini.

maccheronico [-rò-] *agg.* [pl.m. *-ci*] **1** si dice di componimento poetico burlesco scritto in un idioma composto da parole latine e da parole italiane o dialettali latinizzate, e di questo idioma: *i poemi maccheronici del sec. XVI* **2** per estens., si dice di lingua gravemente e ridicolmente sbagliata: *parla un inglese —*.

macchia[1] [màc-] *s.f.* **1** piccola zona di colore diverso che interrompe e talvolta guasta il colore di qlco.: *— d'inchiostro, di unto* **2** chiazza, di colore diverso, prodotta da cause naturali, sul corpo, sul pelo degli animali, sul marmo ecc. **3** (*fig.*) qualunque cosa che deturpi la purezza della coscienza, dell'onore: *vita senza —* / *cavaliere senza —* , (*scherz.*) si dice di persona integra **4** (*pitt.*) stesura di colori che fissa sinteticamente i valori e le tonalità essenziali di un soggetto.

macchia[2] [màc-] *s.f.* boscaglia: *— mediterranea*, zona di vegetazione in cui predominano i frutici sempreverdi / *darsi alla —*, rifugiarsi in zone boscose e selvagge per sfuggire alla cattura; quindi, darsi alla latitanza, al brigantaggio, alla lotta clandestina; (*fig.*) rendersi irreperibile / *stampare alla —*, senza indicazioni dell'editore o con indicazioni false.

macchiaiolo [-iò-] *s.m.* pittore appartenente al movimento sorto a Firenze intorno alla metà del sec. XIX, che instaurò una pittura impressionistica attuata per mezzo di macchie di colore.

macchiare *v.tr.* [*io màcchio* ecc.] **1** sporcare con una o più macchie (anche *fig.*): *— la gonna di unto; — il buon nome della famiglia*, disonorarlo / *assol.* lasciare macchie: *l'inchiostro macchia.* CONTR. smacchiare **2** dipingere a macchie di colore // **-arsi** *v.rifl.* e *rifl.pron.* coprirsi di macchie (anche *fig.*): *il volume si è macchiato per l'umidità; — di gravi colpe.*

macchiato *agg.* sporco, cosparso di macchie: *abito —; marmo —* / *caffè —*, a cui è stato aggiunto un po' di latte.

macchietta [-chiét-] *s.f.* **1** schizzo, figura rappresentata con tratti essenziali e caratteristici; caricatura **2** (*fig.*) persona che ha qlco. di bizzarro o di caratteristico; in teatro, personaggio rappresentato vivacemente e con intenti caricaturali.

macchina [màc-] *s.f.* **1** qualsiasi congegno atto a trasformare una data forma di energia in energia di forma diversa, per svolgere date funzioni o per alimentare altre macchine; in particolare, nome generico dell'automobile: *— a vapore; — agricola; — per cucire; — fotografica; si è comprato la — / il giornale va in —*, viene stampato / *scrivere a —*, con la macchina per scrivere / *lavorare a —*, (*fig.*) molto in fretta / *parlare a —*, (*fig.*) in fretta e senza espressione / *ripetere a —*, a memoria, senza capire / *— da guerra*, in antico, ogni mezzo bellico / *— infernale*, qualunque congegno complesso, difficile da azionare / *è una —*, si dice di chi lavora molto e instancabilmente. DIM. macchinetta. ACCR. macchinone **2** complesso di più parti, di più azioni interdipendenti e che concorrono a uno stesso scopo: *la — dello stato / la — elettorale*, insieme di mezzi con cui si conduce una campagna elettorale o si organizzano le elezioni.

macchinale *agg.* si dice di movimento o atto compiuto senza l'intervento della volontà // **-mente** *avv.* a guisa di macchina, per abitudine, senza riflettere.

macchinare *v.tr.* [*io màcchino* ecc.] preparare, ordire insidie: *— un attentato / assol.* meditare, tramare. SIN. complottare, congiurare, intrigare, cospirare.

macchinario [-nà-] *s.m.* complesso di macchine, meccanismi, apparecchi di una fabbrica e simili.

macchinatore [-tó-] *s.m.* [f. *-trice*] chi macchina.

macchinazione [-zió-] *s.f.* atto, effetto del macchinare; trama, insidia. SIN. complotto, congiura, intrigo, cospirazione.

macchinismo [-ʃmo] *s.m.* **1** lo sviluppo meccanico della civiltà moderna **2** (*rar.*) meccanismo.

macchinista *s.m.* e *f.* [pl.m. *-i*] **1** chi è addetto a far funzionare una macchina, spec. quella di un treno o di una nave **2** (*teatr.*) chi monta e smonta le scene e manovra i congegni degli effetti scenici.

macchinoso [-nó-] *agg.* eccessivamente complicato: *progetto —; romanzo —*, dalla trama pesante e oltremodo complessa.

macedone [-cè-] *agg.* della Macedonia // *s.m.* e *f.* abitante della Macedonia.

macedonia[1] [-dò-] *s.f.* composto di frutta varia condita con zucchero e succo di limone o liquore.

macedonia[2] [-dò-] *s.f.* tipo di sigaretta confezionata con tabacco dolce.

macellaio [-là-] *s.m.* **1** chi macella le bestie; chi vende le carni macellate **2** (*fig.spreg.*) chirurgo incapace; atleta rude e scorretto; anche assassino sanguinario.

macellare *v.tr.* [*io macèllo* ecc.] **1** ammazzare bestie le cui carni servono all'alimentazione dell'uomo **2** (*fig.*) fare grande strage.

macellatore [-tó-] *agg.* e *s.m.* [f. *-trice*] chi abbatte, scuoia e squarta le bestie nei macelli: *macchina macellatrice.*

macellazione [-zió-] *s.f.* operazione del macellare: *tassa di —*.

macelleria [-rì-] *s.f.* la bottega in cui si vendono le carni macellate: *— equina*, in cui si vendono carni di cavallo.

macello [-cèl-] *s.m.* **1** luogo ove si macellano le bestie; macelleria **2** il macellare **3** (*fig.*) grande strage di uomini, carneficina: *condurre al —*, alla rovina, a morte certa, a sanguinosa sconfitta / *è stato un —*, (*fam.scherz.*) un disastro.

macerabile [-rà-] *agg.* che può essere macerato: *carte macerabili.*

maceramento [-mén-] *s.m.* il macerare, il macerarsi (spec. *fig.*).

macerare *v.tr.* [*io màcero* ecc.] **1** tenere qlco. a bagno nell'acqua o in altro liquido affinché perda la sua durezza **2** sottoporre al processo di macerazione (lino o canapa) **3** (*fig.*) mortificare, sottoporre a penitenza: *— le carni* // **-arsi** *v.rifl.* (*fig.*) consumarsi, rodersi: *— nel dolore, nella penitenza.*

maceratese [-té-] *agg.* di Macerata // *s.m.* e *f.* abitante di Macerata.

maceratoio [-tó-] *s.m.* vasca per la macerazione, spec. del lino e della canapa.

maceratore [-tó-] *s.m.* [f. *-trice*] operaio addetto alla macerazione.

macerazione [-zió-] *s.f.* **1** atto, effetto del macerare: *— della carta* **2** nell'industria tessile, trattamento che si fa subire agli steli di lino e di canapa per poter poi separare le fibre tessili dalla parte legnosa **3** (*fig.*) mortificazione, penitenza corporale.

macereto [-ré-] *s.m.* ammasso di macerie accumulate da una frana.

maceria [-cè-] *s.f.* spec. *pl.* il cumulo dei materiali risultanti dal crollo di un edificio: *di quell'antica città non resta che un cumulo di macerie.*

macero [mà-] *agg.* macerato (spec. *fig.*): *un viso — di pianto // s.m.* **1** macerazione: *carta da —*, destinata alla macerazione e alla fabbricazione di carta nuova **2** fossa, vasca contenente i materiali destinati alla macerazione.

Mach [*ted.*; *pr.* mach] *s.m.* (*fis.*) unità di misura di velocità supersoniche, corrispondente a 1220 km/h al livello del mare.

machete [*spagn.*; *pr.* macéte] *s.m.* grosso coltello a un solo taglio usato nelle foreste equatoriali per aprirsi la strada tra la vegetazione.

machiavelliano *agg.* relativo allo scrittore politico fiorentino N. Machiavelli (1469-1527).

machiavellica [-vèl-] *s.f.* (*dial.*) l'arte d'ingannare; il trucco: *conoscere, capire la —.*

machiavellico [-vèl-] *agg.* [pl.m. *-ci*] **1** machiavelliano **2** (*fig.*) astuto, subdolo, privo di scrupoli e di lealtà: *piano —.*

machiavellismo [-ʃmo] *s.m.* **1** interpretazione utilitaristica, deteriore e arbitraria della dottrina del Machiavelli **2** (*spreg.*) condotta, spec. politica, astuta e subdola.

machiavello [-vèl-] *s.m.* (*region.*) astuzia, tranello; metodo ingegnoso.

machmetro [màch-] *s.m.* strumento per misurare in mach le velocità prossime e superiori a quella del suono.

macho [*spagn.*; *pr.* màcio] *s.m.* uomo che ostenta virilità esteriore.

macigno *s.m.* pietra arenaria grigiastra molto dura, usata per selciare le strade e per fare macine da mulino; per estens., pietra in genere, masso: *duro come un —*, durissimo / *è un —*, si dice di persona noiosa e testarda o di cosa molto pesante.

macilento [-lèn-] *agg.* magro, emaciato per privazioni o per malattia.

macilenza [-lèn-] *s.f.* l'essere macilento; magrezza.

macina [mà-] *s.f.* **1** grossa mola cilindrica in pietra dura che rotando serve a stritolare e ridurre in polvere grano, olive ecc. **2** cosa pesantissima, peso opprimente (anche *fig.*).

macinacaffè *s.m.invar.* macinino per il caffè.

macinapepe [-pé-] *s.m.invar.* macinino per il pepe.

macinare *v.tr.* [*io màcino ecc.*] stritolare, ridurre in farina, mediante la macina, grano e simili; per estens., ridurre in polvere caffè, pepe ecc. per mezzo del macinino; anche, tritare carne e simili / *— chilometri*, percorrere lunghi tratti di strada senza fare soste.

macinato *s.m.* prodotto di macinazione, e in particolare la farina: *tassa sul —*, antica imposta sul macinato e sulla macinazione.

macinatura *s.f.* l'operazione del macinare.

macinazione [-zió-] *s.f.* atto, effetto del macinare.

macinino *s.m.* **1** arnese di varia foggia, provvisto di una ruota dentata azionata a mano o elettricamente, che serve per macinare caffè, pepe e simili **2** (*scherz.*) automobile vecchia e malandata: *ma dove volete arrivare con quel —?*

macis [mà-] *s.m.* e *f.invar.* (*bot.*) membrana che avvolge il seme della noce moscata.

maciulla *s.f.* gramola.

maciullare *v.tr.* **1** separare con la maciulla le fibre legnose della canapa, del lino e simili dal fusto legnoso **2** per estens., stritolare: *l'ingranaggio gli ha maciullato una mano.*

macramè *s.m.invar.* sorta di trina ottenuta per mezzo di fili intrecciati e lavorati, che serve per guarnizioni.

macro *agg.* (*ant.poet.*) magro, macilento, emaciato.

macro- [dal gr. *makròs = grande, esteso*] primo elemento compositivo che figura in parole di origine greca o in termini scientifici moderni per indicare grandezza, notevole sviluppo (*macrocosmo, macrocefalo*).

macrobiotica [-biò-] *s.f.* dottrina orientale che intende l'uomo come unità fisica e spirituale intimamente legata all'universo e alle cose; in particolare, dieta naturale di antica origine tibetana che esclude le sostanze artificiali e la raffinazione industriale dei cibi.

macrobiotico [-biò-] *agg.* [pl.m. *-ci*] che riguarda, che segue la macrobiotica.

macrocefalia [-li-] *s.f.* (*med.*) eccessivo sviluppo del cranio.

macrocefalo [-cè-] *agg.* e *s.m.* che o chi è affetto da macrocefalia.

macrocosmo [-còʃmo] *s.m.* (*fil.*) l'universo, in contrapposizione all'uomo, considerato come un piccolo mondo a sé.

macroeconomia [-mì-] *s.f.* studio dei fatti economici per grandi aggregati come il consumo, il reddito ecc.

macroeconomico [-nò-] *agg.* [pl.m. *-ci*] che riguarda la macroeconomia.

macrofago [-crò-] *s.m.* [pl. *-gi*] (*biol.*) ciascuna delle cellule del sistema reticolo-endoteliale che hanno, come i globuli bianchi granulociti, la capacità di inglobare e digerire particelle estranee.

macromolecola [-lè-] *s.f.* molecola costituita da un numero assai elevato di atomi (detto spec. delle molecole proteiche).

macromolecolare *agg.* relativo alle macromolecole; costituito da macromolecole.

macroscopico [-scò-] *agg.* [pl.m. *-ci*] si dice di oggetto o fenomeno che è visibile a occhio nudo; per estens., di fenomeno di proporzioni eccessive; enorme, evidente: *macroscopica esplosione demografica; errore —.*

macrosomia [-mì-] *s.f.* (*med.*) altra denominazione del *gigantismo.*

macula [mà-] *s.f.* **1** (*lett.*) macchia **2** (*med.*) alterazione a chiazze del colore della pelle / *— lutea*, (*anat.*) la parte centrale della retina.

maculato *agg.* (*lett.*) chiazzato, screziato.

madama [-] **1** titolo di rispetto che veniva rivolto in passato a una signora **2** nel gergo della malavita, poliziotto.

madamigella [-gèl-] *s.f.* titolo di rispetto che veniva rivolto in passato a una signorina.

madapolam [-làm] *s.m.invar.* tela fine e leggera di cotone per biancheria.

madarosi [-ròʃi] *s.f.invar.* (*med.*) caduta completa delle ciglia.

made in [*ingl.*; *pr.* méid in] *locuz.* che, seguita dal nome di un paese, indica la provenienza dei manufatti.

madia [mà-] *s.f.* (*ant.*) mobile di cucina sul quale s'impastava il pane e nel quale lo si conserva.

madido [mà-] *agg.* bagnato alla superficie: *— di sudore.* SIN. *rorido, umido.*

madiere [-diè-] *s.m.* (*mar.*) nella struttura della nave, la parte centrale della costola, che s'innesta nella chiglia ad angolo retto.

madonna [-dòn-] *s.f.* **1** titolo dato in antico alle donne **2** (*rel.*) *Madonna*, la Vergine Maria, madre di Cristo; al nome si uniscono molti attributi: *Madonna Immacolata, del Rosario, delle Grazie ecc.* DIM.

Madonnina **3** per estens., donna di bellezza dolce e pura / *madonnina infilzata*, (*fam.*) ragazza che ostenta un'ingenuità che non possiede **4** chiesa dedicata alla Vergine od opera d'arte che raffiguri la Vergine: *la Madonna delle Grazie ha un bellissimo portico*; *le madonne di Raffaello*.

madonnaro *s.m.* artista girovago che, per vivere, dipinge madonne o altri soggetti sacri sui marciapiedi.

madornale *agg.* di grossezza straordinaria (spec. *fig.*): *errore —*. SIN. *sproposito.*

madras [-dràs] *s.m.invar.* leggero tessuto di cotone indiano a riquadri colorati.

madre *s.f.* **1** donna che ha generato dei figli: *divenire —*; *amore di — / — di famiglia*, che si dedica alle cure dei figli e della casa / *la — spirituale*, *la — dei peccatori*, *di misericordia*, *di grazia*, la Madonna / *regina —*, titolo che si dà alla regina rimasta vedova, cui subentra sul trono il figlio o la figlia / *la comune —*, la Terra / *l'antica —*, Eva / *— natura*, la natura in quanto generatrice di tutti gli esseri viventi / *lingua —*, da cui traggono origine altre lingue **2** per estens., si chiama così la femmina di alcuni animali rispetto ai piccoli che ha partorito **3** titolo che si dà alle suore professe o che rivestono nel convento una carica particolare: *la — badessa* **4** causa, origine: *la disorganizzazione è — di confusione* **5** lo stesso che *matrice* (nel significato 3): *ricevuta — e figlia* **6** *acqua —*, (*chim.*) la soluzione acquosa satura che resta dopo la cristallizzazione parziale delle sostanze disciolte **7** massa gelatinosa costituita dai batteri acidificanti, che si forma nel vino e nell'aceto **8** *dura —*, *pia —*, denominazione tradizionale di due delle tre meningi che avvolgono i centri nervosi.

madreggiare *v.intr.* [io *madréggio* ecc.] assomigliare alla propria madre nel fisico e nel carattere.

madrelingua [-lìn-] *s.f.* la lingua che si parla nella famiglia da cui si nasce // *agg.invar.* che ha come madrelingua una lingua straniera: *interprete — francese*.

madrepatria [-pà-] *s.f.* il paese di origine per chi vive all'estero; la metropoli rispetto alle colonie.

madreperla [-pèr-] *s.f.* strato interno della conchiglia di alcuni molluschi (p.e. *ostrica*), di colore bianco perlaceo, iridescente, usato nella fabbricazione di oggetti d'ornamento, bottoni, fibbie ecc.

madreperlaceo [-là-] *agg.* che è simile alla madreperla per colore o aspetto: *riflesso —*.

madrepora [-drè-] *s.f.* (*zool.*) genere di celenterati marini simili a coralli, che, riuniti in colonie, formano delle costruzioni calcaree di aspetto arborescente, costituenti *banchi*, *barriere* e *atolli* nei mari tropicali.

madreporico [-pò-] *agg.* [pl.m. *-ci*] formato da madrepore: *banco —*.

madrevite *s.f.* [pl. *madreviti*] (*mecc.*) **1** elemento cavo filettato in cui s'introduce una vite **2** utensile usato per praticare filettature a vite.

madrigale *s.m.* **1** breve componimento lirico di origine popolare e di contenuto generalmente amoroso **2** (*mus.*) composizione polifonica a tre o più voci di soggetto profano, caratteristica del sec. XVI.

madrileno [-lè-] *agg.* di Madrid // *s.m.* abitante di Madrid.

madrina *s.f.* **1** donna che tiene a battesimo o cresima un bambino: *far da — a un bambino*; *è la mia —* **2** per estens., donna che presiede a una festa o a una cerimonia, spec. inaugurale.

maestà *s.f.invar.* **1** nobiltà d'aspetto, imponenza che suscita riverenza e ammirazione: *la — di un edificio*, *delle leggi*, *del portamento* **2** titolo che spetta a re e agli imperatori: *la — del re*, *Sua —* **3** (*pitt.*) ogni figura sacra, vista frontalmente, seduta sul trono, in tutta la sua potenza: *la — di Simone Martini / in —*, (*arald.*) si dice dell'animale posto di faccia.

maestosità *s.f.invar.* l'essere maestoso, aspetto maestoso.

maestoso [-stó-] *agg.* pieno di maestà, imponente: *aspetto*, *spettacolo —*. SIN. *grandioso*, *solenne*.

maestra [-è-] *s.f.* **1** donna che insegna nelle scuole elementari: *fare la — / — giardiniera*, si diceva in passato delle educatrici di scuola materna / *albero*, *vela di —*, (*mar.*) l'albero maestro e la sua vela **2** donna che istruisce in una determinata attività; per estens., donna particolarmente abile in qlco.: *— di taglio*, *di pianoforte*; *mia madre è — nell'arte del ricamo* **3** (*fig.*) ciò che fornisce esempi e insegnamenti: *l'esperienza è —*.

maestrale *s.m.* vento freddo che spira da nord-ovest.

maestranza *s.f.* spec. *pl.* l'insieme degli operai che lavorano presso un complesso industriale: *le maestranze del cantiere sono in sciopero*.

maestria [-strì-] *s.f.* capacità, abilità straordinaria: *dipingere con grande —*.

maestro [-è-] *s.m.* **1** chi insegna un'arte, una scienza, una dottrina; chi eccelle per scienza o per abilità tanto da poter essere insegnante anche se non lo sia: *Socrate fu il — di Platone*; *non è solo un profondo studioso, ma anche un grande —*; *è — nell'imbrogliare*, è abilissimo / *il Maestro*, Cristo **2** come titolo professionale, si dice degli insegnanti elementari, dei musicisti di professione, di chi insegna speciali discipline come la danza, la recitazione ecc., dei diplomati all'istituto d'arte **3** (*ant.*) si usa in alcuni titoli di cariche con significato di capo, direttore: *— di cerimonie*; *Gran Maestro*, di ordine religioso cavalleresco **4** vento maestrale // *agg.* **1** abile, esperto: *colpo —* **2** principale, il più importante: *strada maestra*; *muro —*, che sostiene la costruzione; *albero —*, il più alto in una nave a vela: *vela maestra*, la vela più grande di questo albero.

mafia [mà-] *s.f.* **1** associazione criminale che usa metodi di repressione e di intimidazione in difesa di interessi economici, facendo leva su complicità e paure **2** gruppo di potere illecito: *la — del sottogoverno / far —*, (*scherz.*) darsi arie, ostentare.

mafioso [-fió-] *agg.* proprio della mafia; *delitto —*; *organizzazione mafiosa* // *s.m.* **1** chi appartiene alla mafia; per estens., chi ne segue i metodi **2** (*fig.*) persona ostentatamente elegante e superba.

maga *s.f.* donna che esercita la magia; per estens., donna molto affascinante; oppure molto abile nel fare qlco.: *sei una — nei lavori a maglia*.

magagna *s.f.* **1** guasto; imperfezione non evidente, non appariscente: *queste mele sono piene di magagne*; *sembra robusto*, *ma ha le sue magagne*, i suoi malanni. SIN. *difetto* **2** (*fig.*) vizio, azione non bella, imbroglio: *ci dev'essere sotto qualche —*.

magari *inter.* esprime vivo desiderio; anche con senso rafforzativo: *— vincessi al totocalcio!*; «*Ti piacerebbe fare un bel viaggio?*» «*Magari!*» // *cong.* concessiva quand'anche, anche se: *lo aspetterò*, *— dovessi restare qui un giorno intero!* // *avv.* forse anche, persino: *— riuscirà a farcela*.

magazzinaggio [-gazzinàg-] *s.m.* somma che si paga per depositare merci nel magazzino altrui.

magazziniere [-gazziniè-] *s.m.* chi è addetto alla custodia e alla vigilanza di un magazzino.

magazzino [-gaӡӡi-] *s.m.* locale per il deposito e la conservazione di grandi quantità di merce e di materiali di ogni genere / *magazzini di deposito*, dove, pagando una certa somma, si possono lasciare merci con garanzia di sicurezza / *grandi magazzini*, empori in cui si vendono le merci più svariate.

maggengo [-gèn-] *agg.* [pl.m. *-ghi*] si dice di prodotti agricoli, in particolare del fieno, che si raccolgono in maggio.

maggese [-gé-] *agg.* che si riferisce al mese di maggio // *s.m.* pratica agricola consistente nel sottoporre un terreno a una serie di lavorazioni per fargli riacquistare fertilità; il terreno sottoposto a tale trattamento.

maggio [màg-] *s.m.* quinto mese dell'anno.

maggiociondolo [-ciòn-] *s.m.* (*bot.*) piccolo albero di montagna con fiori gialli raccolti in grappolo (*fam.* Leguminose).

maggiolino[1] *s.m.* (*zool.*) insetto coleottero bruno-rossiccio, con testa nera, antenne frangiate e un prolungamento ricurvo nell'addome (*fam.* Scarabeidi)[*ill. Insetti*].

maggiolino[2] *s.m.* mobile intarsiato secondo lo stile ideato alla fine del sec. XVIII dall'ebanista lombardo G. Maggiolini.

maggiorana *s.f.* pianta aromatica affine all'origano.

maggioranza *s.f.* **1** la parte numericamente superiore di un tutto: *la — dei presenti era favorevole*; *la stragrande — degli uomini odia la guerra*; *essere in —* **2** il maggior numero dei votanti che porta col proprio voto al prevalere di una decisione o di un determinato orientamento: *avere la —*; *essere eletto a / — parlamentare*, il gruppo di deputati in grado d'imporre, per il suo numero, una determinata linea politica / *— assoluta*, almeno la metà più uno di tutti i votanti / *— relativa*, quella di chi, pur non raggiungendo più della metà dei voti, ne raccoglie però più di ogni altro candidato.

maggiorare *v.tr.* [*io maggióro ecc.*] far diventare maggiore, aumentare: *— i prezzi*.

maggiorasco *s.m.* [pl. *-chi*] (*dir.*) istituto per cui il patrimonio familiare passava al parente più prossimo di grado come eredità indivisibile.

maggiorato *agg.* accresciuto, più grande: *cilindrata maggiorata* // *agg. e s.m.* si dice scherz. di persona, spec. di donna, dalla bellezza vistosa, con forme abbondanti.

maggiorazione [-zió-] *s.f.* aumento: *— dei prezzi*.

maggiordomo [-dò-] *s.m.* chi, nei palazzi signorili o negli alberghi, è capo della servitù e cura l'andamento della casa.

maggiore [-gió-] *agg.* [*compar.* di *grande*] **1** più grande; è usato spec. in senso astratto poiché è quasi sempre implicito in esso il senso di *superiore, preminente, più importante*; il sing. si tronca, spec. davanti a consonante, quando precede il termine a cui si riferisce: *hai avuto una parte — della mia*; *occorre maggior prudenza / forza —*, quella che dipende da cause esterne e a cui non possiamo in alcun modo resistere / *Dante —*, *il Pascoli —*, le loro opere più importanti / *l'altare —*, quello principale e centrale di una chiesa / *scala —*, (*mus.*) quella nella quale tra il secondo e il terzo grado c'è l'intervallo di un tono // preceduto dall'art.det. ha valore di superl. relativo: *il Nilo è il maggior fiume dell'Africa* / *il maggior offerente*, in un'asta, chi offre il prezzo più alto / **2** *la maggior parte*, la parte più numerosa, quasi tutti **2** più anziano, nato prima: *Carlo è — di Mario* / *la — età*, quella in cui si è maggiorenni, cioè dopo il compimento del diciottesimo anno // si aggiunge al nome di un personaggio per distinguerlo da altro personaggio dello stesso nome, ma giovane o vissuto in epoca posteriore: *Catone — o il vecchio*, in contrapposizione a *Catone minore o il giovane*. CONTR. *minore* **3** superiore in grado o in un ordine gerarchico: *caporal — / Stato Maggiore*, corpo di ufficiali preposti al comando di un esercito / *arti maggiori*, nei Comuni medioevali, le professioni che assicuravano maggior reddito e maggior prestigio / *andare per la —*, essere in voga, avere molto successo, incontrare il favore del pubblico // *s.m.* **1** la persona più anziana o superiore in ordine gerarchico a un'altra: *l'eredità toccò al — ; i minori devono sempre rispettare i maggiori / i maggiori*, (*lett.*) gli antenati, gli avi **2** (*mil.*) ufficiale superiore delle forze armate, immediatamente al di sopra del capitano, comandante di un battaglione o reparto equivalente // **-mente** *avv.* in misura maggiore; con maggior intensità, di più.

maggiorenne [-rèn-] *s.m. e f.* chi ha compiuto la maggiore età e ha pertanto acquistato la piena capacità giuridica di agire.

maggiorente [-rèn-] *s.m.* spec. *pl.* persona autorevole e ragguardevole per autorità o prestigio in una città, in una società e simili. SIN. *ottimate, primate*.

maggiorità *s.f.invar.* ufficio di segreteria di un corpo militare.

maggioritario [-tà-] *agg.* relativo alla maggioranza / *sistema —*, quello che attribuisce tutti i seggi alla lista che ha ottenuto alle elezioni il maggior numero di voti.

magia [-gì-] *s.f.* **1** arte occulta che presume di dominare le forze della natura e di operare prodigi per mezzo di incantesimi: *— nera*, quella esercitata con l'aiuto delle potenze soprannaturali e con intenti malefici; *— bianca*, quella che si vale della conoscenza delle virtù intrinseche e occulte della natura. SIN. *stregoneria* **2** (*fig.*) fascino, incanto: *la — della musica*.

magiaro *agg. e s.m.* ungherese.

magico [mà-] *agg.* [pl.m. *-ci*] **1** della magia, dei maghi; che compie prodigi: *arte magica; bacchetta magica; numero —*, spec. il tre e i suoi multipli, cui si attribuivano nell'antichità particolari valori simbolici **2** (*fig.*) che incanta, che affascina: *una visione magica*.

magio [mà-] *s.m.* spec. *pl.* [pl.*-gi*] sacerdote dell'antica religione iranica / *i re magi*, i tre personaggi che, secondo il Vangelo, vennero dall'Oriente per adorare Gesù Bambino.

magione [-gió-] *s.f.* (*ant.*) abitazione, dimora.

magistero [-stè-] *s.m.* opera, ufficio di maestro; abilità di maestro; insegnamento / *facoltà di —*, scuola universitaria di indirizzo letterario cui in origine si accedeva col diploma magistrale.

magistrale *agg.* **1** di maestro / *scuola —*, in cui si preparano i futuri maestri di scuola materna / *istituto —*, in cui si preparano i maestri di scuola elementare **2** da maestro: *tono —*, (*iron.*) sentenzioso e solenne; *esecuzione —*, perfetta // **-mente** *avv.* con grande maestria.

magistrato *s.m.* **1** chi è investito dell'autorità giudiziaria ed esercita la funzione di amministrare la giustizia **2** in senso generico, e riferito al passato, chi rivestiva una carica pubblica.

magistratura *s.f.* l'ufficio del magistrato; il complesso dei magistrati.

maglia [mà-] *s.f.* **1** ciascuna delle intrecciature del filo nei lavori eseguiti con ferri da calza ecc. o con macchine speciali; il tessuto in tal modo eseguito: *lavorare a — / — diritta, rovescia, rasata* **2** ciascuno dei piccoli anelli o cerchietti intrecciati fra loro a formare una catena e simili; ogni elemento di rete formato da fili intrecciati: *si è rotta una — della rete / cadere nelle maglie di una congiura,* esserne vittima **3** indumento lavorato a maglia che si porta a contatto della pelle; indumento variamente colorato che viene indossato da sportivi ed atleti **4** (*ant.*) indumento di maglie metalliche portato sotto l'armatura.

magliaia [-glià-] *s.f.* donna che per mestiere esegue lavori di maglia.

magliaro *s.m.* (*region.*) venditore ambulante di stoffe di cattiva qualità e spesso di provenienza illecita.

maglieria [-rì-] *s.f.* **1** piccola fabbrica in cui si confezionano tessuti e indumenti a maglia; negozio in cui si vendono indumenti lavorati a maglia **2** l'insieme dei tessuti e dei lavori a maglia.

maglietta [-gliét-] *s.f.* **1** indumento leggero fatto a maglia, di lana, cotone ecc. per lo più con maniche corte **2** anello metallico per appendere quadri al muro; anello nel quale si inserisce il ganghero dei gancetti per chiudere vestiti e simili [*ill. Cucito*].

maglificio [-fì-] *s.m.* fabbrica in cui si fanno tessuti e indumenti a maglia.

maglio [mà·] *s.m.* **1** grosso martello a due teste, per lo più di legno **2** (*mecc.*) enorme mazza battente azionata dall'energia elettrica, usata per deformare i pezzi di metallo da forgiare.

maglione [-glió-] *s.m.* grossa e pesante maglia di lana.

magma *s.m.* [pl. *-i*] **1** (*geol.*) massa fluida ad altissima temperatura che si trova in regioni più o meno profonde della crosta terrestre **2** (*fig.*) insieme ancora informe e indistinto: *nel — delle proposte.*

magmatico [-mà-] *agg.* [pl.m. *-ci*] del magma (anche *fig.*).

magnaccia [-gnàc-] *s.m.invar.* (*region.*) sfruttatore di prostitute; protettore.

magnanimità *s.f.invar.* qualità di chi, di ciò che è magnanimo. SIN. *generosità, liberalità.*

magnanimo [-gnà-] *agg.* che ha o che rivela un animo grande e nobile: *benefattore —; offerta magnanima, gesto —.* SIN. *generoso, liberale.*

magnano *s.m.* (*region.*) artigiano che fa lavori in ferro.

magnate *s.m.* cittadino di considerevole potenza, economica o politica.

magnesia [-gnèʃi-] *s.f.* ossido di magnesio usato come purgante / — *effervescente,* carbonato di magnesio.

magnesio [-gnèʃio] *s.m.* elemento chimico (Mg; *n.at.* 12; *p.at.* 24,31); metallo bianco-argenteo, leggero, tenero, ossidabile, usato per leghe leggere, in medicina e, in passato, in fotografia.

magnesite [-ʃi-] *s.f.* minerale costituito da carbonato di magnesio in masse terrose o compatte, bianche o giallognole.

magnete [-gnè-] *s.m.* **1** (*fis.*) calamita **2** (*elettr.*) apparecchio che genera la corrente elettrica necessaria alla combustione della miscela nel motore a scoppio con accensione a scintilla.

magnetico [-gnè-] *agg.* [pl.m. *-ci*] **1** relativo al magnetismo; che ha proprietà magnetiche: *ago — * **2** (*fig.*) che affascina: *sguardo —.*

magnetismo [-ʃmo] *s.m.* **1** (*fis.*) proprietà naturale di alcuni corpi, come le calamite naturali, di attirare il ferro; proprietà della materia di manifestare campi magnetici ogniqualvolta ha luogo un opportuno movi-

mento di cariche elettriche / — *terrestre,* campo di attrazione magnetica che la Terra esercita, comportandosi come un'enorme calamita **2** (*fig.*) influsso che le persone dotate di un particolare atteggiamento mentale esercitano sopra certe altre.

magnetite *s.f.* minerale ricco di ferro, di colore nero opaco, con spiccato carattere magnetico.

magnetizzare [-tiʒʒa-] *v.tr.* **1** (*fis.*) conferire a un corpo proprietà magnetiche, provocandone la modificazione fisica mediante l'azione di un campo magnetico **2** (*fig.*) sottoporre all'influsso del magnetismo.

magnetizzato [-tiʒʒa-] *agg.* che ha proprietà magnetiche in quanto è stato sottoposto a magnetizzazione.

magnetizzatore [-tiʒʒató-] *s.m.* **1** [f. *-trice*] chi magnetizza **2** elettromagnete usato per magnetizzare.

magnetizzazione [-tiʒʒazió-] *s.f.* atto, effetto del magnetizzare.

magnetofluidodinamica [-nà-] *s.f.* branca della fisica che studia il moto di un fluido conduttore, come un gas ionizzato o un metallo allo stato liquido, quando interagisce con un campo magnetico.

magnetofono [-tò-] *s.m.* apparecchio che registra e riproduce i suoni mediante la magnetizzazione di un nastro ®.

magnetometro [-tò-] *s.m.* (*fis.*) strumento atto alla misura di campi magnetici.

magnetone [-tó-] *s.m.* (*fis.*) quanto di momento magnetico relativo agli atomi o ai nuclei.

magnetosfera [-sfè-] *s.f.* spazio intorno alla Terra entro il quale è sensibile l'azione del campo magnetico terrestre.

magnetostrizione [-zió-] *s.f.* (*fis.*) lieve deformazione elastica provocata nei corpi ferromagnetici da un campo magnetico variabile.

magnetron [-mà-] *s.m.invar.* (*fis.*) apparecchio generatore di oscillazioni elettromagnetiche ad altissima frequenza e di rilevante potenza, usato prevalentemente nei radar.

magnificare *v.tr.* [*io magnifico, tu magnifichi ecc.*] fare le lodi di qlcu. o di qlco. per lo più esagerandone i pregi e le virtù. SIN. *decantare, elogiare, glorificare, vantare.*

magnificat [*lat.*; *pr.* magnificat = *glorifica*] *s.m.invar.* cantico della Madonna, che prende nome dalla prima parola del testo.

magnificenza [-cèn-] *s.f.* **1** l'ammirevole grandiosità delle cose belle o di gran pregio: *la — di un paesaggio* **2** pompa, ricchezza di cerimonie o simili **3** (*lett.*) qualità di chi compie gesti grandiosi o generosi / *Vostra Magnificenza,* titolo con cui si apostrofavano principi e sovrani.

magnifico [-gnì-] *agg.* [pl.m. *-ci*; superl. *magnificentissimo*] **1** ammirevole per grandiosità, eccellenza o bellezza: *una magnifica giornata; un — pranzo.* SIN. *splendido, meraviglioso* **2** liberale, generoso; usato come appellativo di principi, sovrani o personaggi cospicui: *Lorenzo il Magnifico; il Rettore Magnifico* // **-mente** *avv.* in modo magnifico, molto bene.

magniloquente [-quèn-] *agg.* che parla o scrive con uno stile ricco e ricercato. SIN. *ampolloso.*

magniloquenza [-quèn-] *s.f.* l'essere magniloquente. SIN. *ampollosità.*

magnitudine [-tù-] *s.f.* (*astr.*) grandezza di una stella, numero che esprime per convenzione il suo splendore.

magnitudo *s.f.invar.* (*lat.*) grandezza che esprime la forza distruttrice di un terremoto in funzione dell'accelerazione delle onde sismiche.

magno *agg.* (*lett.*) grande / *aula magna*, nelle scuole, e spec. nelle università, la sala riservata alle occasioni solenni / *in pompa magna*, con gran lusso e fasto // usato in passato come appellativo di personaggi illustri: *Alessandro Magno*; *Carlo Magno*.

magnolia [-gnò-] *s.f.* (*bot.*) albero ornamentale con foglie ovali lucide e grandi fiori bianchi, profumati (*fam.* Magnoliacee).

mago *s.m.* [pl. *-ghi*] **1** chi esercita la magia; riferito al passato, spec. il personaggio dotato di poteri eccezionali che sopravvive nelle fiabe **2** chi pratica l'illusionismo e la prestidigitazione; per estens., chi mostra un'eccezionale abilità in un'arte o in un'attività: *un — del colore*, un pittore assai qualificato.

magona [-gó-] *s.f.* officina in cui si fa la prima lavorazione del metallo grezzo per ottenere il ferro; industria metallurgica.

magontino *agg.* di Magonza // *s.m.* abitante di Magonza.

magra *s.f.* **1** stato di un fiume o di un torrente quando la portata è minima a causa delle scarse precipitazioni **2** (*fam.*) brutta figura, figuraccia: *fare una —.*

magrezza [-gréz-] *s.f.* l'essere magro. CONTR. *grassezza*.

magro *agg.* **1** si dice di persona o animale con scarso tessuto adiposo: — *come un chiodo, come un'acciuga*, magrissimo. SIN. *secco, scarno, sparuto*. CONTR. *grasso* **2** che contiene poco o punto grasso: *brodo, prosciutto — / terreno —*, poco fertile **3** (*fig.*) poco abbondante, insufficiente: *un — raccolto; magra ricompensa / fare una magra figura*, una cattiva figura // *s.m.* la parte magra della carne macellata: *mangia solo il — / giorno di —*, quello in cui la chiesa non permette si mangi carne; *mangiare di —*, non mangiar carne.

mah *inter.* → **ma²**.

maharaja *s.m.invar.* → **maragià**.

mahatma *agg.* e *s.m.invar.* in India, santo, venerabile, maestro.

mai *avv. di tempo* **1** in nessun tempo, nessuna volta; se viene dopo il verbo deve essere preceduto dalla negazione: *non siete mai contenti*; se è collocato prima del verbo rifiuta la negazione: *mai mi darò per vinto //* senza altra negazione in frasi ellittiche: *tu hai viaggiato, io mai; tutto, ma questo mai; mai un po' di pace!; lo faresti? Mai!; mai e poi mai!* **2** qualche volta, per caso (esclusivamente quando è usato in proposizioni interrogative, dubitative e condizionali): *sei mai stato a Roma?*; *se mai ci vedessimo, ne parleremo* **3** ha valore rafforzativo in alcune locuz. comparative: *più che mai; meno che mai; quant'altri mai; quanto mai bello.*

maiale *s.m.* **1** erbivoro pachiderma dal grosso corpo tozzo con scarse setole, muso allungato terminante in un grugno e coda a ricciolo (*fam.* Suidi) **2** la carne del maiale ingrassato e macellato: *prosciutto, salsiccia, zampone di —* **3** (*fig.*) si dice di persona sudicia materialmente o moralmente o anche eccessivamente grassa o ingorda.

maieutica [-ièu-] *s.f.* (*fil.*) il metodo d'insegnamento socratico consistente nell'aiutare il discepolo, sapientemente interrogandolo, a mettere in luce la verità latente nel suo spirito.

mailing [*ingl.*; *pr.* mèilin] *s.m.* la pratica commerciale del *mail-order*.

mail order [*ingl.*; *pr.* meilòrda] *s.m.* ordine d'acquisto inviato per via postale; la relativa tecnica di vendita.

mainframe [*ingl.*; *pr.* meinfréim] *s.m.* calcolatore elettronico di grandi dimensioni.

maiolica [-iò-] *s.f.* **1** ceramica di terracotta smaltata; oggetto di tale materiale **2** calcare compatto, finissimo, di colore bianco.

maiolicato *agg.* coperto di maiolica o di piastrelle di maiolica: *terracotta maiolicata; bagno —.*

maionese [-né-] *s.f.* salsa fredda a base di tuorli d'uova, olio e limone o aceto.

mais [màis] *s.m.* → **granturco**.

maître [*franc.*; *pr.* mèetr] *s.m.* direttore di sala in un ristorante.

maiuscola [-iù-] *s.f.* lettera o carattere maiuscolo dell'alfabeto.

maiuscoletto [-lét-] *s.m.* carattere tipografico simile al maiuscolo, ma di altezza minore.

maiuscolo [-iù-] *agg.* **1** si dice di carattere o lettera dell'alfabeto di altezza maggiore delle altre, spec. usata nelle iniziali dei nomi propri e all'inizio del periodo **2** (*fig.*) enorme: *disse una bugia maiuscola //* *s.m.* carattere maiuscolo: *scrive in —.*

majorette [*ingl.*; *pr.* mègioret; *alla franc.* majorèt] *s.f.* ciascuna delle ragazze che, in divisa da tamburino e con gonnella corta, suonano il tamburo e compiono evoluzioni con le mazze in sfilate di festeggiamento.

make-up [*ingl.*; *pr.* méikap] *s.m.* trucco estetico del viso.

makò *s.m.invar.* qualità di cotone molto resistente.

mala *s.f.* (*gerg.*) malavita organizzata: *le canzoni, il gergo della —.*

malaccorto [-còr-] *agg.* che manca di prudenza o avvedutezza. SIN. *malavveduto*.

malachite *s.f.* minerale composto di carbonato idrato di rame, di colore verde intenso, usato come pietra dura ornamentale.

malacia [-cì-] *s.f.* (*med.*) alterazione della normale consistenza di un tessuto o di un organo.

malacologia [-gì-] *s.f.* parte della zoologia che studia i molluschi.

malacreanza *s.f.* [pl. *malecreanze*] cattiva educazione; scortesia.

malafede [-fé-] *s.f.* [pl. rar. *malefedi*] consapevolezza di ingannare: *agire in —*. SIN. *slealtà*.

malaffare solo nella locuz. aggettivale *di malaffare*, di malavita, poco di buono: *gente di —.*

malaga [mà-] *s.m.invar.* vino liquoroso, bianco o rosso, dolce o secco, prodotto nella omonima provincia spagnola // *s.f.* uva da cui si ricava tale vino.

malagevole [-gé-] *agg.* non agevole, che presenta ostacoli difficili da superare: *strada —*. SIN. *scomodo*.

malalingua [-lin-] *s.f.* [pl. *malelingue*] persona che parla male del prossimo. SIN. *maldicente*.

malandato *agg.* mal ridotto: — *in salute; un libro, un mobile —.*

malandrino *s.m.* chi aggredisce per rapinare; per estens., scherz., briccone, birichino. SIN. *brigante, malfattore //* *agg.* disonesto, malizioso, spec. scherz.: *occhi malandrini*, che affascinano.

malanimo [-là-] *s.m.* animo ostile; rancore / *di —*, controvoglia. SIN. *malevolenza, ostilità, astio, avversione*.

malanno *s.m.* **1** disgrazia; danno **2** malattia: *prendersi un —* **3** (*scherz.*) si dice di persona molesta, noiosa.

malapena [-pé-] solo nella locuz.avv. *a malapena*, a stento.

malare *agg.* e *s.m.* (*anat.*) denominazione di un piccolo osso della faccia.

malaria [-là-] *s.f.* (*med.*) malattia infettiva prodotta dai plasmodi trasmessi all'uomo dalle punture delle anofeli; è caratterizzata da febbre intermittente.

malarico [-là-] *agg.* [pl.m. *-ci*] di malaria; infestato dalla malaria: *febbre, zona malarica // s.m.* chi è affetto da malaria.

malassorbimento [-mén-] *s.m.* (*med.*) disturbo dell'assorbimento intestinale degli alimenti / *sindrome da* —, la sprue e il morbo celiaco dei bambini.

malaticcio [-tic-] *agg.* cagionevole di salute.

malato *agg.* che ha una malattia; (*fig.*) che è turbato nell'animo: — *di cuore; — di nostalgia; cadere —; darsi* —, fingersi tale per sottrarsi a impegni. SIN. *ammalato, infermo // s.m.* chi è affetto da una malattia.

malattia [-ti-] *s.f.* **1** qualsiasi alterazione negli organi e nelle funzioni, per cui l'organismo non è più sano: — *della pelle, di stomaco, alle gambe; — infettiva; prendere, contrarre, trasmettere una —; guarire, rimettersi, riprendersi da una —; ricadere in una —* **2** (*fig.*) qualsiasi turbamento dell'equilibrio psichico e morale: *la gelosia è la sua —* / *fare una — per qlcu., per qlco.*, desiderare intensamente.

malaugurato *agg.* che causa o ha causato sventura, infausto: *oggi è un giorno —; ebbe un'idea malaugurata.*

malaugurio [-gù-] *s.m.* cattivo augurio, che si crede rechi sventura / *uccello del* —, si dice di persona che fa tristi previsioni.

malavita *s.f.* **1** vita al di fuori della legge e delle regole sociali e morali: *darsi alla* — **2** l'insieme dei malviventi: *gergo della* — ; — *organizzata.*

malavoglia [-vò-] *s.f.* [pl. *malevòglie*] mancanza di buona volontà: *lavorare con* — / *di* —, svogliatamente. SIN. *svogliatezza.*

malavveduto *agg.* malaccorto.

malavvezzo [-vèz-] *agg.* abituato male; maleducato.

malcapitato *agg.* e *s.m.* che o chi è capitato in un brutto momento; disgraziato, sventurato: *ospite* —; *i malcapitati furono subito soccorsi.*

malconcio [-cón-] *agg.* ridotto in cattivo stato: *un vestito* —; *usci — dalla rissa.*

malcontento [-tèn-] *agg.* che non è soddisfatto: *la risposta lo rese* —. SIN. *scontento // s.m.* **1** persona malcontenta: *è un eterno* — **2** stato di inquietudine, di insoddisfazione: *c'era del* — *tra il pubblico.*

malcostume *s.m.* l'insieme dei cattivi costumi; modo di comportarsi in maniera contraria alla morale comune.

maldestro [-dè-] *agg.* non abile, inesperto.

maldicente [-cèn-] *agg.* che abitualmente dice male di altri per malignità o leggerezza. SIN. *linguacciuto // s.m.* e *f.* persona maldicente. SIN. *malalingua, calunniatore.*

maldicenza [-cèn-] *s.f.* l'abitudine di dire male del prossimo; parola, discorso da maldicente. SIN. *calunnia.*

maldisposto [-spó-] *agg.* che ha cattiva disposizione d'animo verso qlcu. SIN. *malevolo, ostile.*

male[1] *avv.* (se proclitico, spesso troncato in *mal*) [compar. *pèggio*; superl. *malìssimo* o *pessimaménte*] **1** in modo non buono, non conveniente; in modo ingiusto, svantaggioso: *trattare — qlcu.; comportarsi —; ha agito — verso di noi / andar —*, in modo contrario a quanto si era sperato / *finire* —, avere cattivo esito; riferito a persona, mettersi su una cattiva strada / *restare, rimanere* —, deluso e insoddisfatto / *vestire* —, in modo dimesso o inelegante / *parlar* —, in modo scorretto o triviale / *parlar — di qlcu.*, dire cose spiacevoli sul suo conto / *pensar — di qlcu.*, averne un cattivo concetto // usato assol. esprime disapprovazione o disappunto: *Avete mangiato tutto voi? Male!* **2** in modo imperfetto, infelice, spiacevole; in modo maldestro: *la*

tua radio funziona —; *mangiare* —; *dipingere* — / *star* —, essere a disagio o indisposti / *sentirsi* —, avere un malore. DIM. *malino.* VEZZ. *maluccio.* PEGG. *malaccio* **3** come negazione, non, non completamente: *è una soluzione che mal risponderebbe alle nostre necessità; mi guardava con mal celata antipatia.* CONTR. *bene.*

male[2] *s.m.* (talvolta troncato in *mal*) **1** il contrario del bene, cioè la mancanza o la negazione del bene: *tendere al* —; *fare il* — **2** in particolare, tutto ciò che viola l'equilibrio spirituale o morale ed è perciò oggetto di condanna e di riprovazione: *commettere, fuggire il* —; *la guerra è un — sociale* **3** in senso più materiale, cosa non buona, inutile o inopportuna, che reca danno o svantaggio: *fare del* —, nuocere / *aversela a* —, offendersi / *prov.: chi è causa del suo mal pianga sé stesso*, non si deve far ricadere sugli altri la responsabilità dei propri errori; *mal comune mezzo gaudio*, è più facile sopportare un danno o un dolore se è condiviso da altri; *non tutto il — vien per nuocere*, anche da un male può nascere qlco. di buono **4** la sofferenza, il dolore, sia come manifestazione d'una malattia vera e propria sia come malessere fisico o morale; per estens., l'infermità corporale, la malattia stessa: *mal di testa, di denti; un — incurabile; mal di mare, d'auto*, nausea provocata dal movimento del mezzo / *far* —, provocare dolore fisico o morale.

maledetto [-dét-] *agg.* **1** che è stato colpito da maledizione; esecrato, funesto: *terra maledetta; quel — giorno!* CONTR. *benedetto* **2** (*fam.*) eccessivo, fastidioso, molesto: *questo tempo — ci rovinerà le vacanze! // -mente avv.* (*fam.*) terribilmente, eccessivamente: *sono — stanco.*

maledico [-lè-] *agg.* [pl.m. *-ci*; superl. *maledicentìssimo*] (*lett.*) maldicente: *lingua maledica.*

maledire *v.tr.* [coniugato come *dire*] **1** colpire con castighi e sciagure (detto di potenza soprannaturale); per estens., invocare il castigo divino contro qlcu. o qlco., augurar male: *gli dei maledissero la città ribelle; il profeta maledì il figlio* **2** imprecare contro qlcu. o qlco.: *la propria sorte; — la guerra, la miseria.* CONTR. *benedire.*

maledizione [-zió-] *s.f.* atto, effetto del maledire; imprecazione: *ricevere, proferire una —* / *una — di Dio*, un danno gravissimo // usato assol. ha valore di imprecazione: —! *siamo di nuovo in ritardo.* CONTR. *benedizione.*

maleducato *agg.* che ha ricevuto una cattiva educazione; zotico. SIN. *ineducato, screanzato, villano.*

malefatta *s.f.* **1** errore, con riferimento alla condotta morale: *perdonami per la mia* — **2** errore di tessitura.

maleficio [-fi-] *s.m.* **1** azione malefica, delitto **2** pretesa azione dannosa esercitata da oggetti della natura o da persone mediante incantesimo o magia. SIN. *stregoneria.*

malefico [-lè-] *agg.* [pl.m. *-ci*] **1** che reca danno; nocivo: *clima —; uomo* —. SIN. *maligno* **2** che è frutto di maleficio, di malia: *influsso* —.

malese [-lè-] *agg.* della Malesia // *s.m.* e *f.* abitante della Malesia.

malessere [-lès-] *s.m.* **1** male fisico non ben definito: *provare un senso di* — **2** inquietudine, turbamento spirituale.

malestro [-lè-] *s.m.* danno materiale provocato da ragazzi irrequieti o da persona sbadata.

malevolenza [-lèn-] *s.f.* sentimento ostile. SIN. *malanimo, inimicizia.* CONTR. *benevolenza.*

malevolo [-lè-] *agg.* **1** che ha malevolenza. SIN. *maldisposto* **2** che è fatto o detto con malevolenza // *s.m.* persona malevola.

malfatto *agg.* fatto, formato male; di forma anormale. SIN. *deforme*.

malfattore [-tó-] *s.m.* [f. *-trice*] chi compie cattive azioni. SIN. *furfante, malvivente, malandrino*.

malfermo [-fér-] *agg.* che non si regge bene; debole, malsicuro. SIN. *instabile*.

malfido *agg.* che non dà affidamento; malsicuro, infido.

malformato *agg.* e *s.m.* (*med.*) si dice di parte del corpo o di persona colpita da malformazione: *arto —; la cura dei malformati del piede*.

malformazione [-zió-] *s.f.* (*med.*) alterazione strutturale di un organo, determinata da difetti di sviluppo dell'embrione e pertanto presente alla nascita.

malga *s.f.* (*region.*) pascolo estivo alpino con stalla e abitazione di pastori.

malgarbo *s.m.* atto, contegno sgarbato: *parlare, trattare con —*.

malgascio [-gà-] *agg.* del Madagascar // *s.m.* abitante del Madagascar.

malgoverno [-vèr-] *s.m.* **1** cattiva amministrazione dello stato o di altro **2** mancanza di cura.

malgrado *prep. impropria* nonostante, contro la volontà di: *— il freddo; — mio padre / mio, tuo, suo —*, contro la mia, la tua, la sua volontà // *cong. subordinativa concessiva* benché, anche se: *volle uscire — (che) piovesse*.

malia [-lì-] *s.f.* **1** opera di stregoneria per ridurre qlcu. schiavo della propria volontà. SIN. *incantesimo, fattura* **2** (*fig.*) attrazione irresistibile; fascino: *la — del luogo e dell'ora; la — dei suoi occhi*.

maliardo *agg.* che incanta, che affascina: *occhi maliardi* // *s.m.* **1** persona affascinante **2** (*antiq.*) mago, stregone.

malignare *v.intr.* dire o pensare male di qlcu. o qlco.

malignità *s.f.invar.* **1** qualità di chi o di ciò che è maligno. SIN. *malvagità, malizia*. CONTR. *benignità* **2** cosa detta o fatta malignamente. SIN. *malvagità*.

maligno *agg.* **1** che ha tendenza a pensare, a parlare e a giudicare male gli altri, che agisce con cattiveria (detto di persona); che è effetto di cattiveria (detto di cosa): *parole maligne*. SIN. *malvagio, malefico, malizioso*. CONTR. *benigno* **2** fisicamente nocivo: *tumore —; clima —*. CONTR. *benigno* // *s.m.* **1** persona maligna **2** il diavolo.

malinconia [-nì-] *s.f.* **1** stato d'animo dolente ma calmo, e non senza una certa dolcezza. SIN. *tristezza, mestizia* **2** malattia mentale caratterizzata da inappetenza, mutismo e fissazione in pensieri tristi.

malinconico [-cò-] *agg.* [pl.m. *-ci*] che prova, che dimostra malinconia; che invita alla malinconia: *giovane —; sguardo —; paesaggio —*. SIN. *triste, mesto*.

malincuore [-cuò-] si usa solo nella locuz.avv. *a malincuore*, malvolentieri, con rincrescimento.

malintenzionato *agg.* e *s.m.* che, chi ha cattive intenzioni.

malinteso [-té-] *agg.* male interpretato, non compreso nel giusto senso // *s.m.* interpretazione errata di parole o atti altrui che causa spesso screzi o risentimenti: *abbiamo chiarito il —*. SIN. *equivoco*.

malizia [-lì-] *s.f.* **1** disposizione ad agire deliberatamente contro l'onestà, la virtù, la giustizia: *fare qlco. con —*. SIN. *malignità* **2** consapevolezza, spesso compiaciuta, di ciò che è audace, proibito, piccante: *sguardo pieno di —*. CONTR. *innocenza, ingenuità* **3** astuzia,

espediente che mira a raggiungere un determinato scopo: *le malizie del mestiere*. SIN. *furberia*.

malizioso [-zió-] *agg.* che usa malizia; che denota malizia. SIN. *furbo, maligno*.

malleabile [-à-] *agg.* **1** si dice di metallo avente la proprietà di lasciarsi ridurre in lamine e modellare senza presentare incrinature o rotture **2** (*fig.*) docile, che si lascia convincere facilmente: *carattere —*.

malleabilità *s.f.invar.* l'essere malleabile (anche *fig.*).

malleolo [-lè-] *s.m.* (*anat.*) sporgenza ossea laterale del collo del piede.

mallet [*ingl.*; pr. mèlit] *s.m.* mazzuolo per suonare strumenti a percussione [*ill. Musicali, strumenti*].

mallevadore [-dó-] *s.m.* chi presta malleveria.

malleveria [-ri-] *s.f.* il rendersi garante per qlcu. che ha sottoscritto un'obbligazione. SIN. *garanzia*.

mallo *s.m.* (*bot.*) involucro coriaceo, di color verde, che ricopre noci e mandorle.

malloppo [-lòp-] *s.m.* fagotto, fardello di roba; (*scherz.*) refurtiva.

malmenare *v.tr.* [*io malméno* ecc.] ridurre male con percosse; trattare male. SIN. *maltrattare, strapazzare*.

malmesso [-més-] *agg.* **1** si dice di persona che porta vesti dimesse, di cattivo gusto. SIN. *trasandato, sciatto* **2** che rivela povertà o cattivo gusto: *una casa vecchia e malmessa*.

malnato *agg.* **1** screanzato, rozzo **2** nato sotto cattiva stella; disgraziato, malcapitato **3** dannoso, deplorevole: *una malnata passione*.

malo *agg.* (*lett.*) cattivo, brutto, tristo; di uso comune in alcune espressioni: *mala grazia; male parole; una mala lingua*, un maldicente; *ridurre a mal partito*, in pessimo stato; *trattare in — modo*, trattare male, con scortesia; *di mala voglia*, svogliatamente // **-mente** *avv.* in malo modo; male.

malocchio [-lòc-] *s.m.* influsso malefico che si attribuisce allo sguardo di certe persone / *guardare, vedere di —*, guardar male, con avversione, malvolentieri. SIN. *iettatura*.

malora [-ló-] *s.f.* rovina, perdizione: *andare, mandare in —*.

malore [-ló-] *s.m.* indisposizione, male fisico improvviso.

malsano *agg.* **1** che ha poca salute (detto di persona) **2** che nuoce alla salute fisica o spirituale (detto di cosa): *luogo, clima —; ambiente —, compagnie malsane*. SIN. *insalubre*.

malsicuro *agg.* che manca di sicurezza: *un ponte —*, pericoloso; *una testimonianza malsicura*, poco convincente; *persona malsicura*, piena di incertezze, dubbiosa.

malta *s.f.* impasto di sabbia con acqua e sostanze leganti, atto a indurire all'aria o nell'acqua e usato per rivestire muri o tenere insieme materiali da costruzione.

maltagliati *s.m.pl.* tipo di pasta per minestra tagliata in pezzi sbiechi di forma quasi romboidale.

maltasi [-ʃi] *s.f.invar.* (*biol.*) enzima che determina la scissione del maltosio in glucosio.

maltempo [-tèm-] *s.m.* tempo cattivo, cattiva stagione.

maltese [-té-] *agg.* dell'isola di Malta: *cane —*, piccolo cane di lusso dal pelo lungo di color bianco lucente / *febbre —*, malattia infettiva caratterizzata da febbri ripetute // *s.m.* abitante, nativo dell'isola di Malta.

malthusianesimo [-ʃianéʒi-] *s.m.* la dottrina dell'economista inglese Th.R. Malthus (1766-1834) secondo la quale la crescita della popolazione, assai più rapida di quella dei mezzi di sussistenza, avrebbe, se non controllata, effetti disastrosi.

malthusiano [-ʃia-] *agg.* **1** di Th.R. Malthus **2** che riguarda, che segue la sua dottrina; in particolare, che riguarda il controllo delle nascite // *s.m.* seguace di Malthus.

malto *s.m.* orzo germinato e seccato, che si usa nella fabbricazione della birra; orzo tostato, che si usa come surrogato del caffè.

maltolto [-tòl-] *agg.* e *s.m.* si dice di ciò che è stato preso ad altri ingiustamente: *restituire il* —.

maltosio [-tòʃio] *s.m.* (*chim.*) zucchero che si forma dall'amido per opera di enzimi e dal quale deriva il glucosio.

maltrattamento [-mén-] *s.m.* atto, effetto del maltrattare e dell'essere maltrattato.

maltrattare *v.tr.* trattare male con parole o con atti. SIN. *malmenare, strapazzare, seviziare*.

maltusianesimo [-ʃianéʃi-], **maltusiano** [-ʃia-] *agg.* → **malthusianesimo, malthusiano**.

malumore [-mó-] *s.m.* **1** stato d'animo crucciato e irritabile: *essere di* — **2** risentimento; discordia: *nel popolo serpeggiava il* —. SIN. *malcontento*.

malva *s.f.* pianta erbacea con fiori di colore tra il lilla e il rosa, usata per decotti (*fam.* Malvacee).

malvagio [-và-] *agg.* cattivo, perfido: *uomo, scherzo* — // *s.m.* persona di pessime qualità morali. SIN. *empio, improbo, maligno*.

malvagità *s.f.invar.* qualità di ciò che è malvagio; atto malvagio. SIN. *cattiveria, empietà, iniquità, malignità*.

malvasia [-ʃi-] *s.f.* vino generalmente bianco, dolce e aromatico; anche l'uva da cui si ricava tale vino.

malversatore [-tó-] *s.m.* [f. *-trice*] chi si rende colpevole di malversazione.

malversazione [-zió-] *s.f.* (*dir.*) appropriazione di denaro o beni altrui dei quali si abbia l'amministrazione o la custodia.

malvisto *agg.* guardato con antipatia o con sospetto: *essere — dai colleghi*. SIN. *inviso*.

malvivente [-vèn-] *s.m.* chi conduce una vita contraria alla legge e alle regole morali. SIN. *malfattore*.

malvivenza [-vèn-] *s.f.* (*non com.*) **1** l'essere malvivente **2** insieme di malviventi, malavita.

malvolentieri [-tiè-] *avv.* di malavoglia, contro voglia. CONTR. *volentieri*.

malvolere¹ [-lé-] *v.tr.dif.* [usato solo all'inf.pres. e p.pass. *malvoluto*] provare o dimostrare malevolenza verso qlcu.: *è malvoluto da tutti*.

malvolere² [-lé-] *s.m.* **1** disposizione d'animo ostile **2** cattiva volontà.

mambo *s.m.* ballo di origine sudamericana, di ritmo moderato.

mamma *s.f.* madre (in senso affettuoso e familiare) / — *mia!*, (*fam.*) esprime sorpresa, spavento. DIM. *mammina*.

mammalucco *s.m.* [pl. *-chi*] **1** (*st.*) mercenario al servizio del sultano d'Egitto **2** (*fig.*) si dice di persona sciocca o goffa.

mammario [-mà-] *agg.* della mammella: *ghiandola mammaria*.

mammasantissima [-tìs-] *s.m.invar.* capo della mafia siciliana.

mammella [-mèl-] *s.f.* organo ghiandolare esterno, caratteristico dei mammiferi, particolarmente sviluppato nelle femmine nelle quali serve all'allattamento [*ill. Corpo*].

mammifero [-mì-] *agg.* si dice di animale vertebrato caratterizzato da mammelle, sistema nervoso molto sviluppato, respirazione polmonare, la cui femmina partorisce e allatta i piccoli // *s.m.pl.* la classe di questi animali.

mammismo [-ʃmo] *s.m.* tendenza di certi figli e di certe madri a esagerare, anche nell'età adulta, il bisogno di protezione materna.

mammografia [-fì-] *s.f.* procedimento radiografico con il quale si esamina la mammella, spec. per la ricerca di tumori.

mammola [màm-] *s.f.* **1** pianta erbacea con foglie cuoriformi e fiori violetti profumati (*fam.* Violacee) **2** (*fig.scherz.*) ragazza timida, ingenua.

mammona¹ [-mó-] *s.f.* (*fam.scherz.*) donna che protegge troppo i figli.

mammona² [-mó-] *s.f.* termine biblico per indicare la ricchezza intesa come alternativa alla religiosità.

mammone [-mó-] *agg.* e *s.m.* (*fam.*) si dice di figlio troppo legato alla mamma.

mammut [-mùt] *s.m.invar.* specie di elefante peloso vissuto nell'età paleolitica, che si ritrova allo stato fossile.

management [*ingl.*; *pr.* mènɡe'man] *s.m.* tecnica di direzione e amministrazione dell'attività aziendale; anche, il personale direttivo.

manager [*ingl.*; *pr.* mànagia] *s.m.* impresario, agente di un atleta, di un artista, di una squadra o compagnia; dirigente di azienda o simili.

manageriale *agg.* che riguarda il management o i manager.

manata *s.f.* **1** colpo dato con la mano aperta: *mi diede una — sulla spalla* **2** quantità che si può prendere con una mano: *una — di terra*.

manato *s.m.* → **lamantino**.

manca *s.f.* (*antiq.*) la mano sinistra; sopravvive nella locuz.: *a destra e a —*, dappertutto.

mancamento [-mén-] *s.m.* **1** (*rar.*) difetto morale; imperfezione in un lavoro **2** improvviso malore.

mancanza *s.f.* **1** il mancare: — *di denaro, di tempo, di fantasia; sentiva la sua* —. SIN. *carestia, scarsità, carenza* **2** errore, fallo: *commettere una* — **3** difetto, deficienza: *un lavoro con molte mancanze*.

mancare *v.intr.* [*io manco, tu manchi ecc.*] **1** non bastare, non essere sufficiente; non esserci: *manca il tempo; manca la volontà; manca la benzina*. SIN. *scarseggiare* **2** venir meno: *gli mancarono le forze / sentirsi — la terra sotto i piedi*, trovarsi d'un tratto senza appoggio né difesa **3** non essere presente, essere lontano (detto di persona); venir meno, morire: *alla riunione mancavi solo tu; è mancato un mese fa / sentirsi* —, sentirsi svenire **4** si usa per indicare lo spazio o il tempo che separa da un termine stabilito: *mancano due ore a mezzogiorno; manca un miglio all'arrivo* **5** essere privo di qlco.: *manca di iniziativa / — di rispetto a qlcu.*, non rispettarlo / — *di parola*, non mantenere le promesse **6** venir meno a qlco.: — *alla parola data / assol.* commettere una mancanza, un fallo: *in quella occasione ho mancato* // *v.tr.* fallire: — *il colpo*.

mancato *agg.* si dice di cosa non riuscita, di persona che non ha realizzato le sue aspirazioni: *un poema —; un poeta —*.

manche [*franc.*; *pr.* mansc'] *s.f.* ciascuna delle fasi di una competizione sportiva; ciascuna partita o giro nei giochi, spec. di carte.

manchette [*franc.*; *pr.* manscèt] *s.f.* **1** ognuno dei due lati della testata di un giornale in cui sono messe in rilievo notizie clamorose o frasi pubblicitarie [*ill. Stam-*

pa] **2** fascetta con scritte atte a richiamare l'attenzione che si mette intorno a un libro in vendita.

manchevole [-ché-] *agg.* che ha delle mancanze, dei difetti. SIN. *insufficiente, lacunoso, imperfetto, carente.*

manchevolezza [-léz-] *s.f.* **1** l'essere manchevole **2** difetto, mancanza morale. SIN. *insufficienza.*

mancia [màn-] *s.f.* [pl. *-ce*] denaro che si offre, oltre al dovuto, a chi presta un servizio: *dare, lasciare una buona — / — competente,* quella che si promette a chi restituirà un oggetto smarrito.

manciata *s.f.* la quantità che può essere contenuta in una mano: *una — di caramelle.*

mancina *s.f.* **1** la mano sinistra **2** (*mar.*) il lato sinistro.

mancinismo [-ʃmo] *s.m.* la caratteristica di chi è mancino.

mancino *agg.* sinistro: *la mano mancina / colpo, tiro —,* sleale, scorretto // *agg. e s.m.* che o chi usa abitualmente la mano sinistra al posto della destra.

manco[1] *agg.* [pl.m. *-chi*] (*antiq.*) sinistro.

manco[2] *avv.* **1** (*antiq.*) meno **2** (*region.*) nemmeno: *non aveva — cento lire; — per idea!*

mancolista *s.f.* elenco dei pezzi mancanti per completare una collezione.

mandamentale *agg.* del mandamento: *carcere —.*

mandamento [-mén-] *s.m.* (*dir.*) la circoscrizione giudiziaria alla quale è preposto un pretore.

mandante *s.m. e f.* chi affida ad altri l'esecuzione materiale di un incarico, un mandato: *il — del delitto.*

mandarancio [-ràn-] *s.m.* (*bot.*) frutto ottenuto dall'incrocio fra il mandarino e l'arancio amaro; grosso come un mandarino, con scorza sottile e liscia, di color arancione carico (*fam.* Rutacee).

mandare *v.tr.* **1** fare che qlcu. vada in un determinato luogo e per lo più con uno scopo preciso: *l'ho mandato a chiamare il medico; lo mandarono come ambasciatore a Londra; mandagli a dire che venga / — a farsi benedire, alla malora, al diavolo, all'inferno, a quel paese,* allontanare da sé bruscamente, non curarsi, maledire / *— all'altro mondo, al Creatore,* uccidere / *— a morte,* condannare a morte / *— in malora, rovinare / — via,* allontanare; licenziare **2** fare che qlco. pervenga a qlcu. o in un determinato luogo: *gli ho mandato un libro; — gli auguri; mandò il pallone in rete; il tubo manda l'acqua alla cisterna / gli mandò un accidente, gli augurò del male / che Dio ce la mandi buona!,* ci protegga! / *pioveva come Dio la mandava,* a dirotto / *— all'aria, a monte, in fumo,* far sfumare un progetto o simili / *— in rovina, a rotoli,* rovinare / *— ad effetto, a compimento qlco.,* realizzarla / *— in pezzi,* rompere / *— per le lunghe,* differire / *— giù qlco.,* inghiottirla; (*fig.*) subire un'umiliazione, un affronto senza reagire / *non posso mandarlo giù,* sopportarlo. SIN. *inviare, spedire* **3** emanare, emettere: *il caminetto mandava un gran fumo; — un grido, un raglio* **4** (*region.*) far funzionare un meccanismo: *l'acqua manda la macina del mulino.*

mandarino[1] *s.m.* (*bot.*) **1** albero affine all'arancio (*fam.* Rutacee) **2** il frutto che esso produce, simile all'arancia, ma più piccolo e dolce.

mandarino[2] *s.m.* alto dignitario di corte nella Cina imperiale.

mandata *s.f.* **1** l'atto del mandare; la quantità di cose che si manda in una volta: *li ricevettero in due mandate* **2** scatto di una serratura ottenuto con un giro di chiave: *dare una —; chiudere a doppia —.*

mandatario [-tà-] *agg. e s.m.* colui che ha ricevuto un

mandato ed agisce pertanto per conto del mandante. SIN. *emissario.*

mandato *s.m.* **1** incarico che si dà a qlcu. di agire in vece nostra: *uccidere su* (o *per*) *— di qlco.* **2** (*pol.*) istituto con il quale un territorio ex-coloniale veniva dalla Società delle nazioni affidato a uno stato amministratore; il territorio sottoposto a tale amministrazione **3** ordine: *— di cattura; — di pagamento.*

mandibola [-dì-] *s.f.* (*anat.*) l'osso mascellare inferiore del cranio, mobile e articolato [*ill.* Bocca].

mandibolare *agg.* della mandibola.

mandola [-dò-] *s.f.* strumento musicale simile al mandolino, ma più grande.

mandolinata *s.f.* sonata per mandolino oppure eseguita da uno o più mandolini.

mandolinista *s.m. e f.* [pl.m. *-i*] chi suona il mandolino.

mandolino *s.m.* strumento a plettro e a pizzico formato da una cassa armonica convessa di forma ovale e da un manico simile a quello della chitarra [*ill.* Musicali, strumenti].

mandorla [màn-] *s.f.* **1** (*bot.*) il frutto del mandorlo e il seme commestibile che esso racchiude; per estens., il seme di altri frutti carnosi: *— della pesca; mandorle dolci, amare; olio di mandorle / occhi a —,* allungati verso l'esterno **2** nell'arte gotica, motivo ornamentale a forma di mandorla.

mandorlato *agg.* a forma di mandorla // *s.m.* dolce a base di mandorle e zucchero.

mandorlo [màn-] *s.m.* l'albero che dà le mandorle; ha fiori bianchi e foglie lanceolate (*fam.* Rosacee).

mandra *s.f.* → **mandria.**

mandragola [-drà-], **mandragora** [-drà-] *s.f.* erba velenosa con fiori bianchi e foglie lanceolate, a cui si attribuivano un tempo magiche virtù (*fam.* Solanacee).

mandria [màn-] *s.f.* branco numeroso di quadrupedi domestici (buoi, cavalli ecc.); in senso spreg., riferito anche a persone.

mandriano *s.m.* il guardiano di una mandria.

mandrillo *s.m.* **1** grossa scimmia cinocefala con naso rosso, guance azzurrognole, coda corta (*fam.* Cercopitecidi) **2** (*fig.spreg.*) uomo libidinoso.

mandrino *s.m.* (*tecn.*) **1** nome di parecchie attrezzature che servono a tenere pezzi in lavorazione o a sostenere parti di trapano o simili [*ill.* Utensili] **2** attrezzo che serve ad allargare tubi.

mane *s.f.* mattina, usato in locuzioni come *da — a sera,* dalla mattina alla sera, continuamente.

maneggevole [-gé-] *agg.* **1** che si maneggia facilmente: *un oggetto —* **2** (*fig.*) trattabile, arrendevole: *un carattere —.*

maneggiare *v.tr.* [io *manéggio* ecc.] **1** lavorare con le mani: *— l'argilla, la cera.* SIN. *manipolare* **2** muovere qlco. fra le mani; adoperare abilmente: *maneggiava un'arma; — il pennello, la penna; sa — i colori / — il denaro,* amministrarlo, avere un gran giro d'affari.

maneggio[1] [-nég-] *s.m.* **1** il maneggiare, l'adoperare: *il — delle armi, del denaro* **2** intrigo: *un — politico.* SIN. *raggiro, traffico* **3** addestramento del cavallo; il luogo in cui si svolge tale addestramento.

maneggio[2] [-gi-] *s.m.* un continuo maneggiare.

maneggione [-gió-] *s.m.* persona intrigante.

manesco [-né-] *agg.* [pl.m. *-chi*] che facilmente mette le mani addosso per picchiare: *un giovanotto —.*

manetta [-nét-] *s.f.* spec. *pl.* strumento di ferro di varia forma che, accoppiato a un altro uguale, è usato dalla polizia per serrare i polsi dell'arrestato.

manforte [-fòr-] *s.f.* aiuto, solo nella locuz.: *dare — a qlcu.*

manfrina *s.f.* **1** nome regionale della → **monferrina** **2** (*spreg.*) musica, o anche discorso, monotona e ripetitiva.

manganatura *s.f.* (*tecn.*) rifinitura al mangano dei tessuti di lino; praticata su tessuti misti di cotone e lino, li rende simili a quelli di tutto lino.

manganellare *v.tr.* picchiare con il manganello.

manganellata *s.f.* colpo di manganello.

manganello [-nèl-] *s.m.* randello, bastone per picchiare: *— di gomma*, in dotazione alle forze dell'ordine, sfollagente.

manganese [-né-] *s.m.* elemento chimico (Mn; *n.at.* 25; *p.at.* 54,94); metallo grigiastro, usato in metallurgia e nell'industria vetraria.

mangano [màn-] *s.m.* (*tecn.*) sorta di grosso torchio che serve ad ammorbidire e lisciare i tessuti.

mangereccio [-réc-] *agg.* buono a mangiarsi: *fungo —*. SIN. *commestibile, edule*.

mangeria [-rì-] *s.f.* (*fam.*) appropriazione illecita di denaro, spec. pubblico.

mangiabile [-già-] *agg.* che si può mangiare: *un cibo non squisito, ma —*.

mangiacassette [-sét-] *s.m.invar.* → **mangianastri**.

mangiadischi *s.m.invar.* apparecchio fonografico portatile con espulsione automatica del disco.

mangianastri *s.m.invar.* apparecchio fonografico portatile per l'ascolto di cassette registrate.

mangiare¹ *v.tr.* [*io màngio ecc.*] **1** detto dell'uomo e degli animali, ingerire alimenti: *non mangia mai la verdura; non riesco a stare molto senza —*; *in trattoria, in fretta, con buon appetito; la frutta si mangia cruda; il gatto mangia i topi / roba da —, cibi / non avere da —, di che sfamarsi / fare da —, preparare i cibi / — di magro*, astenersi dalla carne secondo il precetto della chiesa / *— in bianco*, senza sughi e droghe / *— con gli occhi*, guardare con avidità, con desiderio / *— la minestra in testa a qlcu.*, essere più alto o più abile / *— alle spalle di qlcu.*, farsi mantenere / *mangiarsi le unghie*, rosicchiarle, per vizio o ira / *mangiarsi il fegato*, rodersi dalla rabbia / *mangiarsi le mani*, per la rabbia di non aver pensato in tempo a qlco. / *mangiarsi le parole*, non pronunziarle interamente / *lupo non mangia lupo, cane non mangia cane*, una persona non se la prende mai con un suo pari, ma con chi gli è inferiore **2** consumare (anche *fig.*): *la ruggine ha mangiato l'inferriata; s'è mangiata tutta l'eredità* **3** nel gioco della dama o degli scacchi, prendere un pezzo all'avversario.

mangiare² *s.m.* **1** l'atto del mangiare **2** ciò che si mangia: *il — affrettato è dannoso; il — e il bere; provvedere al —*.

mangiasoldi [-sòl-] *agg. e s.f.invar.* traduzione italiana di → *slot machine*.

mangiata *s.f.* (*fam.*) il mangiare molto: *abbiamo fatto una — di dolci.* SIN. *scorpacciata*.

mangiatoia [-tó-] *s.f.* **1** recipiente, generalmente a forma di cassa, dentro il quale si mette, nella stalla, il foraggio agli animali **2** (*fig.*) ente, carica o impiego da cui si trae un guadagno più o meno lecito.

mangiatore [-tó-] *s.m.* [f.*-trice*] chi mangia, e spec. chi mangia molto.

mangime *s.m.* insieme di prodotti eterogenei che servono all'alimentazione del bestiame.

mangione [-gió-] *s.m.* chi abitualmente mangia molto.

mangiucchiare *v.tr.* [*io mangiùcchio ecc.*] mangiare poco e spesso; mangiare svogliatamente, a fatica; sbocconcellare, mordicchiare.

mango *s.m.* [pl. *-ghi*] (*bot.*) albero tropicale che produce frutti commestibili, di forma ovale, dolci (*fam.* Anacardiacee).

mangrovia [-grò-] *s.f.* (*bot.*) tipo di vegetazione formata da piante per lo più con radici aeree che affondano nel terreno; vegetano lungo le coste marine, paludose, delle zone tropicali.

mangusta *s.f.* → **icneumone**.

mani *s.m.pl.* le anime dei morti divinizzate, presso gli antichi romani.

mania [-nì-] *s.f.* **1** (*med.*) psicosi affettiva caratterizzata da stato d'animo esaltato, agitazione motoria, grande varietà d'umore, logorrea, eccitamento **2** per estens., fissazione, smania, eccessiva propensione per una cosa: *ha la — della pesca*.

maniacale *agg.* di mania; di, da maniaco: *fissazione —*.

maniaco [-nì-] *agg.* [pl.m. *-ci*] (*med.*) che si riferisce alla mania // *agg. e s.m.* **1** (*med.*) affetto da mania: *— sessuale* **2** per estens., eccessivamente attaccato a qlco.: *un — dell'ordine*.

manica [mà-] *s.f.* parte del vestito che copre il braccio: *— lunga, corta, a sbuffo; mezza —*, che arriva al gomito / *essere di — larga, stretta*, essere indulgente o, viceversa, esigente, rigoroso / *è un altro paio di maniche*, è tutt'altra cosa / *essere nella, in — di qlcu.*, godere la sua stima / *rimboccarsi le maniche*, per meglio lavorare; (*fig.*) impegnarsi alacremente in un lavoro / *— a vento*, negli aeroporti, il sacco di stoffa a strisce bianche e rosse, appeso a un palo, che gonfiato dal vento ne indica la direzione e, all'ingrosso, l'intensità [*ill. Aeroporto*].

manicaretto [-rét-] *s.m.* pietanza gustosa, appetitosa, preparata con cura.

manicheismo [-∫mo] *s.m.* religione sorta in Persia ad opera di Mani (215-276 d.C.) che si fondava sul dualismo di due principi ugualmente divini: il bene e il male; si dice, per estens., di ogni dottrina e atteggiamento che contrapponga nettamente il bene e il male.

manicheo [-chè-] *agg.* di Mani e del manicheismo // *agg. e s.m.* che, chi è seguace del manicheismo; per estens., che, chi divide sempre nettamente il bene e il male.

manichino *s.m.* **1** fantoccio snodabile che riproduce la figura umana e serve agli artisti come modello [*ill. Pittura e scultura*] **2** fantoccio di legno, vimini o altro materiale che riproduce la figura umana al naturale o solo una parte di essa e serve ai sarti per confezionare i vestiti o ai negozianti per esporli al pubblico / *sembrare un —*, essere vestito con ricercata eleganza **3** (*fig.spreg.*) persona incapace, senza iniziativa, che esegue ordini altrui.

manico [mà-] *s.m.* [pl. *-chi* o *-ci*] parte di un oggetto o di un arnese che si prende con la mano per adoperarlo, trasportarlo, sollevarlo: *il — della valigia, del martello / il difetto sta nel —*, cioè nei capi o nei principi direttivi.

manicomiale *agg.* di, da manicomio.

manicomio [-cò-] *s.m.* ospedale per il ricovero e la cura dei malati di mente / *è un —*, di luogo dove sia confusione, disordine.

manicotto [-còt-] *s.m.* **1** specie di borsa cilindrica, per lo più di pelliccia, imbottita e aperta ai due lati, in cui d'inverno le donne infilano le mani per ripararle dal freddo **2** (*mecc.*) giunto in forma di cilindro cavo usato per collegare insieme tubi o altri pezzi metallici, o per trasmettere il moto rotatorio fra due alberi coassiali.

manicure [*franc.*; *pr.* manicür] *s.m.* e *f.* **1** chi fa il mestiere di curare le mani e soprattutto le unghie **2** per estens. (solo in it.), l'operazione di curare le unghie: *farsi la —.*

maniera [-niè-] *s.f.* **1** modo particolare di fare, di agire, di comportarsi: *ti insegnerò la — di usarlo; — di vivere, di operare; persona di buone maniere,* educata e cortese; *ci risposero in — brusca; che maniere sono queste! / alla — di,* secondo il costume di / *in ogni —,* a tutti i costi / *prov.: con le buone maniere tutto s'ottiene* **2** lo stile, i caratteri particolari e tipici di un artista o di una scuola / *opera di —,* opera artistica che esprime più abilità accademica che genuina ispirazione.

manierato *agg.* privo di naturalezza. SIN. *affettato.*

manierismo [-ſmo] *s.m.* **1** movimento pittorico sorto in Italia nei primi decenni del Cinquecento, tendente all'imitazione accademica di Raffaello e Michelangelo **2** per estens., ogni orientamento artistico o letterario basato sull'imitazione di modelli precedenti.

manierista *s.m.* e *f.* [pl.m. -*i*] **1** artista del movimento pittorico detto manierismo **2** artista o scrittore che lavora di maniera.

manieristico [-rì-] *agg.* [pl.m. -*ci*] del manierismo; ispirato alla maniera di un artista o di una scuola.

maniero [-niè-] *s.m.* nel medioevo, castello o palazzo signorile di campagna.

manieroso [-ró-] *agg. (non com.)* di maniere gentili ma un po' affettate. SIN. *galante.*

manifattura *s.f.* **1** il lavoro che trasforma le materie prime in oggetti utili ai bisogni dei consumatori: *la — dei tessuti* **2** l'oggetto come risulta dopo tale lavoro: *manifatture per uomo* **3** il luogo in cui si eseguono questi lavori: *si è incendiata la — della carta.*

manifatturiere [-riè-] *s.m.* proprietario di una manifattura.

manifatturiero [-riè-] *agg.* della manifattura; ricco di manifatture: *industria manifatturiera; un paese —.*

manifestante *s.m.* e *f.* chi prende parte a una manifestazione.

manifestare *v.tr.* [io manifèsto ecc.] rendere noto, mostrare apertamente: *— la propria volontà, un desiderio, la trama di un delitto / assol.* fare una dimostrazione pubblica: *i lavoratori manifestarono per il rinnovo del contratto.* SIN. *palesare, mostrare, rivelare //* **-arsi** *v.rifl.* mostrare le proprie capacità; rivelarsi: *non gli fu offerta l'occasione di —; si manifestò incapace; le malattie si manifestano con i sintomi.*

manifestazione [-zió-] *s.f.* **1** l'atto del manifestare o del manifestarsi: *le prime manifestazioni di un cambiamento; manifestazioni temporalesche* **2** quel che serve a manifestare qlco.: *i baci sono manifestazioni di affetto* **3** dimostrazione pubblica: *una — di scioperanti* **4** spettacolo pubblico: *— sportiva.*

manifestino *s.m.* piccolo foglio distribuito o lanciato per propaganda politica o pubblicitaria.

manifesto[1] [-fè-] *agg.* chiaro, noto a tutti: *desiderio —; la sua invidia è manifesta a tutti.* SIN. *evidente, palese //* **-mente** *avv.* in maniera chiara.

manifesto[2] [-fè-] *s.m.* **1** foglio di carta che si affigge in luogo pubblico per far conoscere quello che vi è scritto: *manifesti elettorali, pubblicitari, delle rappresentazioni teatrali* **2** scritto programmatico di un movimento o gruppo culturale o politico.

maniglia [-nì-] *s.f.* pezzo di metallo o d'altro materiale

a forma di anello, di pomo o altro, che si adatta ai fianchi di un baule o di una cassa, ai cassetti di un mobile, ai battenti delle porte ecc., per mettervi la mano e poterli così sollevare, tirare, aprire, chiudere.

manigoldo [-gól-] *s.m.* furfante, birbante, malvivente. SIN. *gaglioffo.*

manina *s.f.* → **ditola.**

manioca [-niò-] *s.f.* albero dell'America meridionale, dalle cui radici si estrae la tapioca (*fam.* Euforbiacee).

manipolare *v.tr.* [io manìpolo ecc.] **1** trattare, lavorare qlco. direttamente con le mani: *— un impasto; — una zona indolenzita,* massaggiarla **2** per estens., manomettere (anche *fig.*): *questo vino è stato manipolato; — le coscienze, l'opinione pubblica,* influenzarle in modo indebito.

manipolatore [-tó-] *s.m.* **1** [f. *-trice*] chi manipola: *quell'oste è un — di vini* **2** dispositivo con cui si manipolano sostanze pericolose a essere toccate, come p.e. le sostanze radioattive **3** (*elettr.*) apparecchio comandato a mano per modificare circuiti elettrici: *— telegrafico.*

manipolazione [-zió-] *s.f.* **1** atto, effetto del manipolare **2** (*fig.*) manomissione, elaborazione interessata: *la — dei risultati elettorali.*

manipolo [-nì-] *s.m.* **1** manna: *un — di spighe* **2** larga striscia di stoffa, dello stesso colore della pianeta, che il sacerdote porta sull'avambraccio sinistro quando celebra la messa [ill. Chiesa] **3** (*st.*) suddivisione della legione romana **4** (*lett.*) piccola schiera di soldati; per estens., gruppo di persone unite per la difesa di un ideale: *un — di coraggiosi.*

maniscalco *s.m.* [pl. *-chi*] **1** chi ferra i cavalli **2** anticamente, alto dignitario di corte o condottiero.

manna[1] *s.f.* **1** cibo che, come narra la Bibbia, cadde per miracolo dal cielo agli ebrei nel deserto **2** (*fig.*) qualsiasi cosa utile e favorevole che giunge improvvisa: *l'aver trovato quel lavoro è stata per lui una —* **3** sostanza dolce, giallo-bruna, che si ottiene per incisione del tronco di alcune specie di frassino; usata in farmacia.

manna[2] *s.f.* piccolo fascio di spighe, di paglia ecc.

mannaia [-nà-] *s.f.* grossa scure, un tempo strumento del boia; per estens., la lama della ghigliottina.

mannarino *s.m.* sorta di piccola scure usata in macelleria e in cucina [ill. Cucina].

mannello [-nèl-] *s.m.,* **mannella** [-nèl-] *s.f.* → **manna**[2].

mannequin [*franc.*; *pr.* man(e)chèn] *s.f.* (*antiq.*) indossatrice.

mannite *s.f.* zucchero estratto dalla manna, usato in medicina come blando purgante.

mano *s.f.* [pl. le **mani**; troncamento del sing. in proclisi e in alcune locuz.; lett. il troncamento del pl.] **1** estremità dell'arto superiore formata dal polso, dalla palma, dal dorso e dalle cinque dita, ha funzione di organo prensile e tattile [ill. Corpo]: *prendere qlcu. per — / dare la —,* porgere la propria mano e stringere quella di un'altra persona in segno di saluto, di congratulazione ecc.; *si possono dare la —,* sono molto simili / *battere le mani,* applaudire / *alzare le mani,* arrendersi / *mani in alto!,* intimazione di resa / *stendere la —,* mendicare / *chiedere la — di una donna,* chiederla in sposa / *tendere la — a qlcu.,* soccorrerlo / *dare una — a qlcu.,* aiutarlo / *dare man forte a qlcu.,* appoggiarlo, sostenerlo / *tener — a qlcu., a qlco.,* aiutare spec. in azioni illecite / *avere le mani lunghe,* (*fam.*) essere ladro / *avere le mani legate,* non potere agire secondo la propria volontà, per costrizione / *avere le mani bucate,* spendere senza controllo / *avere qlco. per le mani*, occuparsene al momento / *avere la — pesante*, essere severo con gli altri / *toccare con —*, sincerarsi personalmente / *fallo di mani*, nel gioco del calcio, fallo che un giocatore commette toccando il pallone con la mano o con il braccio / *venire alle mani*, azzuffarsi / *menare le mani*, picchiare, essere manesco / *mettere le mani addosso a qlcu.*, aggredirlo / *metter le mani su qlcu., su qlco.*, impossessarsene / *mettere la — sul fuoco per qlcu.*, rendersi pienamente garante per lui / *sporcarsi le mani*, compiere un'azione illecita / *lavarsi le mani di una questione*, disinteressarsene / *stare con le mani in —*, senza far nulla / *mettere le mani avanti*, cercare scuse o rimedi prima che sia necessario / *mettersi una — sulla coscienza*, agire onestamente / *mettersi una — sul cuore*, per affermare la propria onestà / *con il cuore in —*, con grande sincerità / *mordersi le mani*, arrovellarsi per rabbia, rimorso, invidia / *sentirsi prudere le mani*, aver voglia di picchiare qlcu. / *fare man bassa*, arraffare tutto quello che si può / *per — di*, per mezzo di / *man — che*, introduce una proposizione dipendente la cui azione si svolge parallelamente a quella della reggente / *a — a —* (o anche soltanto *man —*), di volta in volta, gradatamente / *a mani vuote*, senza portare nulla / *rimanere a mani vuote*, non ottenere quello che si sperava / *a piene mani*, largamente / *di seconda —*, si dice di oggetto che si compra già usato o di notizia non proveniente da una diretta fonte d'informazione / *sotto —*, vicino, a disposizione / *a portata di —*, facilmente raggiungibile / *fuori —*, lontano, non facilmente raggiungibile / *a —*, si dice di cosa che si porta o si usa con le mani / *alla —*, di cosa, pronta da usare, da esibire; di persona, cordiale e semplice // in molte espressioni si considera in particolare come strumento di lavoro: *metter — a un'opera*, iniziarla; *far la — a un lavoro*, impratichirsi in esso / *fatto a —*, di lavoro eseguito senza l'impiego di macchine / *a — libera*, di disegno eseguito senza l'aiuto di strumenti // si usa anche con il significato di potere, potestà o custodia: *essere, cadere nelle mani di, in — a qlcu*, in suo potere; *mettersi nelle mani di qlcu*, affidarsi a lui / *prendere la —*, si dice di cavallo che non obbedisce più ai comandi; per estens., di persona o di cosa che sfugge al controllo di chi la guida / prov.: *una — lava l'altra e tutte due lavano il viso*, aiutandosi a vicenda si ottengono migliori risultati **2** (*fig.*) stile, impronta caratteristica: *si riconosce la — dell'autore* **3** lato da cui si volta per imboccare una strada; per estens., il lato lungo il quale, in una strada, scorre il traffico (in quasi tutti i paesi il destro) / *andare contro —*, procedere lungo il lato opposto a quello che si deve tenere **4** strato di colore, di vernice o di altra sostanza che si spalma su una superficie: *ho dato la seconda — di bianco alle pareti* / *dare l'ultima — a qlco.*, rifinirla; (*fig.*) portarla a compimento **5** nel gioco delle carte, vantaggio di giocare per ultimo; ciascun ciclo di distribuzione delle carte, fino all'esaurimento del mazzo **6** (*lett.*) un piccolo numero di persone; un drappello.

manodopera [-dò-] *s.f.* [solo *sing.*] **1** il complesso delle persone che compiono un lavoro subordinato, per lo più manuale, in un settore di produzione: *assumere —* **2** nel linguaggio economico si usa, contrapposto a capitale, per indicare il fattore lavoro in relazione al suo costo: *prevedere quanto può incidere la — sul costo complessivo.*

manomesso [-més-] *agg.* che è stato indebitamente toccato, aperto, danneggiato: *una lettera manomessa.*

manometro [-nò-] *s.m.* strumento atto alla misura della pressione.

manomettere [-mét-] *v.tr.* [coniugato come *mettere*] **1** mettere indebitamente le mani su qlco., rovistandola o danneggiandola: *hanno manomesso i documenti* **2** nel diritto romano, restituire la libertà a uno schiavo.

manomissione [-sió-] *s.f.* **1** atto del manomettere: *— di corrispondenza* **2** nel diritto romano, la liberazione di uno schiavo.

manomorta [-mòr-] *s.f.* (*st.*) condizione, ora abolita, di beni che per il fatto di appartenere a enti perpetui (p.e. chiese e conventi) non erano soggetti a tasse di successione e non potevano essere alienati o convertiti.

manopola [-nò-] *s.f.* **1** impugnatura di un manubrio, di una leva; comando a bottone girevole, da manovrare a mano **2** tipo di guanto con il solo dito pollice indipendente.

manoscritto *agg.* scritto a mano: *lettera manoscritta* // *s.m.* **1** testo scritto a mano: *ho consegnato il — alla tipografia* **2** in bibliografia, testo antico scritto a mano: *un — del sec. XII.*

manovalanza *s.f.* l'insieme dei manovali e la loro opera.

manovale *s.m.* **1** operaio che compie generici lavori di fatica; spec. l'operaio che aiuta il muratore portando la calcina e materiali vari **2** per estens., chi fa un lavoro, un'attività solo esecutiva: *— della delinquenza.*

manovella [-vèl-] *s.f.* **1** asta ripiegata a un'estremità e munita di impugnatura, usata per mettere in moto o girare a mano un meccanismo / *dare il primo giro di —*, cominciare le riprese di un film **2** (*mecc.*) organo che, collegato a una biella, serve a trasformare il moto rotatorio in moto rettilineo alternato.

manovra [-nò-] *s.f.* **1** l'insieme delle operazioni necessarie per mettere in azione una macchina o un dispositivo; per estens., insieme di azioni necessarie per fare qlco. di difficile **2** di mezzi di trasporto, complesso di operazioni necessarie per cambiare la velocità, la posizione, la direzione o, se si tratta di un treno, la formazione: *fare — per posteggiare l'automobile; il treno è in — 3** movimento di reparti militari a scopo di esercitazione **4** (*fig.*) insieme di azioni, per lo più segrete e illecite, che tendono a uno scopo: *è tutta una — per trarci in inganno; manovre elettorali.*

manovrabile [-vrà-] *agg.* che si può manovrare.

manovrare *v.tr.* [*io manòvro ecc.*] mettere in movimento, in azione mediante manovre / *assol.* eseguire, fare una manovra (anche *fig.*): *— per ottenere un privilegio.*

manovratore [-tó-] *s.m.* chi è addetto alla manovra di qlco., come, nelle ferrovie, alla manovra dei treni, all'agganciamento delle carrozze ecc.

manovriero [-vriè-] *agg.* **1** facile da manovrare **2** (*fig.*) abile negli stratagemmi, nei rapporti astuti e segreti.

manrovescio [-vè-] *s.m.* ceffone dato col dorso della mano.

mansalva usato nella locuz.avv. *a mansalva*, liberamente, a più non posso: *rubare a —.*

mansarda *s.f.* tetto con falda spezzata in due tratti, di cui l'inferiore è più inclinato e fornito di finestre simili ad abbaini (detti pure mansarde) che danno luce a locali abitabili; per estens., appartamento fornito di mansarde.

mansionario [-nà-] *s.m.* elenco delle mansioni e dei rispettivi livelli contrattuali dei lavoratori.

mansione [-sió-] *s.f.* compito, attività affidata a qlcu.

perché la svolga: *l'ingegnere ha mansioni direttive*. SIN. *ufficio*.

mansuefare *v.tr.* [coniugato come *fare*] rendere mansueto, addomesticare (detto di fiere o di bestie).

mansueto [-suè-] *agg.* **1** si dice di animale domestico e inoffensivo. SIN. *mite* **2** buono e paziente; che esprime bontà e sottomissione: *occhi mansueti*. SIN. *mite, docile, bonario*.

mansuetudine [-tù-] *s.f.* l'esser mansueto. SIN. *docilità, mitezza, bonarietà*.

manta *s.f.* gigantesco pesce di mare con pinne pettorali appiattite simili ad ali e coda sottilissima.

manteca [-tè-] *s.f.* impasto molto ben mescolato, omogeneo.

mantecare *v.tr.* [*io mantèco, tu mantèchi ecc.*] ridurre a manteca.

mantecato *agg.* e *s.m.* si dice di gelato a grana molto fine che si serve in bicchiere.

mantella [-tèl-] *s.f.* mantello, spec. femminile.

mantellina *s.f.* piccola mantella che copre le spalle e scende a metà delle braccia.

mantello [-tèl-] *s.m.* **1** indumento ampio a ruota, senza maniche, che, agganciato sul collo, si porta sopra gli altri abiti **2** sorta di soprabito femminile, per lo più con maniche **3** per estens., qlco. che ricopre uniformemente, spec. il terreno: *la campagna è sotto un — di neve* **4** (*zool.*) pelame dei mammiferi: *cavallo dal — grigio*.

mantenere [-né-] *v.tr.* [coniugato come *tenere*] **1** conservare una cosa nello stato in cui è: *— freschi i fiori; — la disciplina, l'ordine* **2** dare da vivere a qlcu., nutrire: *mantenersi da soli; — la famiglia*. SIN. *sostentare* **3** provvedere a lavori di manutenzione: *— le strade* **4** tener saldo, difendere: *i soldati hanno mantenuto le posizioni conquistate; il pugile ha mantenuto il titolo di campione italiano* **5** non mancare a qlco.: *— una promessa, un segreto* // **-ersi** *v.rifl.pron.* rimanere in un determinato stato: *il tempo si mantiene brutto*.

mantenimento [-mén-] *s.m.* il mantenere: *il — dell'ordine; provvedere al — della famiglia*.

mantice [màn-] *s.m.* **1** apparecchio atto a produrre un soffio d'aria, usato per attivare la combustione nella fucina o per dare fiato a strumenti musicali come l'organo o la fisarmonica **2** nelle carrozze o nelle automobili, copertura in pelle o in tela cerata che si può alzare o abbassare.

mantide [màn-] *s.f.* insetto dal corpo snello e allungato che si nutre di altri insetti (*fam.* Mantidi).

mantiglia [-ti-] *s.f.* ampio scialle di pizzo o di merletto che si porta sul capo e scende a coprire le spalle; fa parte dei costumi tradizionali femminili spagnoli.

mantissa *s.f.* (*mat.*) parte decimale del logaritmo decimale di un numero.

manto *s.m.* **1** mantello ampio e lungo, spesso con strascico, confezionato in velluto o altra stoffa pregiata; viene indossato da sovrani o personaggi autorevoli in cerimonie importantissime **2** (*fig.*) finzione, copertura: *celava il suo rancore sotto il — dell'amicizia* **3** per estens., qlco. che ricopre uniformemente, spec. il terreno: *la campagna è coperta da un — di neve*.

mantovana *s.f.* **1** ornamento in legno o metallo, a forma di frangia, che corre lungo lo spiovente dei tetti **2** parte del tendaggio, spesso in tessuto pesante, che sormonta le tende per rifinitura.

mantovano *agg.* di Mantova // *s.m.* abitante di Mantova.

manuale[1] *agg.* della mano; fatto con le mani: *lavoro —; abilità —*.

manuale[2] *s.m.* libro contenente le nozioni fondamentali di un'arte o una disciplina: *— di storia*.

manualistico [-li-] *agg.* [*pl.m.* -*ci*] di, da manuale; nozionistico, privo di originalità e approfondimento critico: *preparazione manualistica*.

manualità *s.f.invar.* **1** carattere di ciò che è manuale **2** capacità, abilità nel lavorare con le mani.

manubrio [-nù-] *s.m.* **1** (*mecc.*) parte di un congegno che s'impugna per metterlo in azione **2** nei cicli e motocicli, asta di varie fogge, con due impugnature, che serve a comandare lo sterzo [*ill. Bicicletta*] **3** attrezzo ginnico costituito da una corta sbarra recante pesi alle estremità, che s'impugna con una sola mano [*ill. Palestra*].

manufatto *agg.* e *s.m.* si dice di prodotto ottenuto da materie prime attraverso un processo di lavorazione che un tempo avveniva a mano.

manutengolo [-tèn-] *s.m.* chi tiene mano a qlcu. in azioni illecite.

manutenzione [-zió-] *s.f.* insieme di operazioni eseguite allo scopo di mantenere in efficienza impianti e simili: *— di strade*.

manzo [-zo] *s.m.* giovane bovino maschio; per estens., la sua carne macellata.

manzoniano [-zo-] *agg.* di A. Manzoni (1785-1873) // *s.m.* seguace della teoria linguistica, dello stile letterario di Manzoni.

manzonismo [-zonìʃmo] *s.m.* teoria linguistica manzoniana che sosteneva l'uso del fiorentino, parlato dalle persone colte del tempo, come lingua nazionale.

maoismo [-ʃmo] *s.m.* la rielaborazione, nella teoria e nella prassi, delle concezioni marxiste condotta da Mao Dzedong, fondatore della Repubblica popolare cinese.

maoista *agg.* e *s.m.* e *f.* [*pl.m.* -*i*] del maoismo; che, chi segue il maoismo.

maomettano *agg.* si dice di ciò che si riferisce a Maometto e alla sua religione // *s.m.* seguace della religione di Maometto; musulmano.

mappa[1] *s.f.* (*geogr.*) rappresentazione grafica di una zona di terreno a grande scala e molto dettagliata / *— del tesoro*, disegno schematico con indicazioni sul percorso da compiere per trovare un tesoro nascosto.

mappa[2] *s.f.* in una chiave, la parte piatta che s'infila nella toppa e fa funzionare la serratura.

mappamondo [-món-] *s.m.* **1** (*geogr.*) carta dell'intera superficie terrestre rappresentata in due emisferi / *— celeste*, rappresentazione, divisa in due emisferi, del cielo con le costellazioni **2** globo girevole intorno a un asse, sul quale è disegnata la superficie terrestre.

maquillage [*franc.*; *pr.* machiàʒ] *s.m.* trattamento del viso con cosmetici; trucco.

marabù *s.m.invar.* (*zool.*) grande uccello con lunghe zampe, collo nudo, becco enorme; le sue piume morbidissime sono usate come guarnizione (*fam.* Ciconidi).

maracas *s.f.pl.* (*spagn.*) sfere di legno con manico, riempite di pietruzze, che si usano, agitandole in coppia, come strumento musicale.

marachella [-chèl-] *s.f.* azione illecita, non grave, commessa di nascosto: *scoprire una —*.

maragià *s.m.invar.* titolo di principi indiani.

marameo [-mè-] *inter.* (*fam.*) si usa, accompagnata di solito da un gesto scherzoso, per ricusare e come per dire «fossi pazzo!», «non me la fai!» e simili.

marangone [-gó-] *s.m.* → **cormorano**.

marasca *s.f.* → **amarasca**.

maraschino *s.m.* liquore ottenuto dalla distillazione delle amarasche.

marasma [-ʃma] *s.m.* [pl. *-i*] **1** (*med.*) deperimento e decadenza generale del corpo, causata da malattia o vecchiaia: — *senile* **2** (*fig.*) decadenza di istituzioni sociali e simili; grande confusione e incertezza.

maratona [-tó-] *s.f.* **1** (*sport*) gara di corsa a piedi di circa quarantadue chilometri **2** (*fig.*) camminata lunga e faticosa; per estens., lavoro lungo, faticoso e veloce.

maratoneta [-nè-] *s.m.* e *f.* [pl.m. *-i*] atleta che partecipa ad una maratona.

maraviglia [-vì-] e *deriv.* → **meraviglia** e *deriv.*

marca[1] *s.f.* **1** segno impresso su un oggetto per indicarne la proprietà, il luogo di provenienza, di fabbricazione, la qualità o altre caratteristiche; per estens., l'impresa produttrice: *le migliori marche di automobili, di liquore / prodotto di —*, di qualità scelta / *correre per una determinata —*, nello sport, per una casa produttrice di qlco., per un'industria **2** biglietto o gettone rilasciato per poter ritirare oggetti depositati **3** specie di francobollo applicato su ricevute e documenti che attesta l'avvenuto pagamento di una tassa, di un contributo: — *da bollo* **4** in linguistica, segno distintivo: *la — del plurale.*

marca[2] *s.f.* (*st.*) nell'impero carolingio, territorio di frontiera.

marcamento [-mén-] *s.m.* il marcare, nello sport.

marcantonio [-tò-] *s.m.* uomo alto e grosso.

marcapunti *s.m.invar.* arnese da calzolaio con una rotellina dentata che serve a segnare i punti da dare sulla suola delle scarpe.

marcare *v.tr.* [*io marco, tu marchi ecc.*] **1** segnare qlco. con una marca o un marchio, bollare: — *la biancheria, le pecore / — visita,* nel gergo militare, darsi per ammalato **2** nel calcio e in altri sport di squadra, controllare, sorvegliare un avversario o una zona; anche segnare un punto a proprio favore **3** rendere qlco. più visibile, più accentuata ecc.: — *le linee di un disegno.*

marcassite *s.f.* minerale lucido e compatto, costituito da solfuro di ferro, usato in oreficeria.

marcatempo [-tèm-] *s.m.* e *f.invar.* **1** impiegato tecnico che nelle fabbriche controlla i tempi di lavorazione **2** apparecchio che segna il tempo destinato a un'operazione.

marcato *agg.* **1** segnato con una marca o un marchio: *prodotto —* **2** rilevato, accentuato: *lineamenti marcati; parla con — accento veneto.*

marcatore [-tó-] *s.m.* [f. *-trice*] **1** chi è addetto a marcare i prodotti, spec. nell'industria **2** nel calcio e negli altri sport di squadra, il giocatore che marca un avversario o che segna punti.

marcatura *s.f.* atto, effetto del marcare (in tutti i significati).

marcescibile [-scì-] *agg.* (*lett.*) che può marcire.

marchesa [-chéʃa] *s.f.* signora di un marchesato; moglie di un marchese.

marchesato [-ʃa-] *s.m.* grado e titolo di marchese; (*st.*) territorio soggetto a un marchese.

marchese [-chéʃe] *s.m.* titolo che nella gerarchia nobiliare precede quello di conte e segue quello di duca.

marchesina [-ʃi-] *s.f.* figlia di marchese.

marchesino [-ʃi-] *s.m.* figlio di marchese.

marchetta [-chét-] *s.f.* **1** marca corrispondente al versamento di contributi previdenziali: *lavorare con, senza*

marchette, con, senza una regolare assunzione **2** (*volg.*) quanto chi si prostituisce guadagna con la sua prestazione; la prestazione stessa.

marchiano *agg.* grosso, eccessivo, detto di cose non lodevoli: *errore —.*

marchiare *v.tr.* [*io màrchio, tu marchi ecc.*] contrassegnare con un marchio, marcare (anche *fig.*): — *le bestie; — d'infamia.*

marchiatura *s.f.* atto, effetto del marchiare.

marchigiano *agg.* delle Marche // *s.m.* abitante delle Marche; dialetto delle Marche.

marchingegno [-gé-] *s.m.* (*fam.*) **1** macchina complicata **2** (*fig.*) trucco, sistema astuto.

marchio [màr-] *s.m.* **1** segno impresso su un oggetto o su un animale per distinguerlo dagli altri; lo strumento con cui si imprime tale segno: — *a fuoco* **2** segno che un tempo veniva impresso sulla fronte o sulle spalle degli schiavi, o di chi si era macchiato di gravi delitti; (*fig.*) cattiva fama; per estens., segno distintivo, caratteristica: *il — del traditore; il — inconfondibile del genio* **3** — *di fabbrica*, contrassegno che si usa per distinguere sul mercato una data merce o un dato prodotto, e che non può essere contraffatto.

marchionale *agg.* di, da marchese.

marcia[1] [màr-] *s.f.* **1** il marciare: *mettersi in — / a marce forzate,* a grandi tappe, con poche soste **2** gara di atletica leggera nella quale si deve fare un lungo percorso ad andatura spedita, ma non di corsa **3** composizione musicale fortemente cadenzata, con cui si accompagna e si regola il passo della marcia, specialmente di soldati / — *funebre, nuziale,* che accompagna un corteo funebre, nuziale **4** la velocità che corrisponde, in un automezzo, ai diversi rapporti di trasmissione del moto; dispositivo azionato dal cambio, con cui si regola la velocità: *innestare la — / fare — indietro,* andare a ritroso; (*fig.*) recedere da un proposito.

marcia[2] [màr-] *s.f.* (*region.*) pus, materia purulenta che si forma in piaghe, ascessi ecc.

marciapiede [-piè-] *s.m.* parte laterale rialzata della sede stradale, riservata ai pedoni / *battere il —*, prostituirsi.

marciare *v.intr.* [*io màrcio ecc.*] **1** procedere di militari a passo uniforme e cadenzato; camminare, avanzare di più persone con un certo ordine e nella stessa direzione / *far — qlcu.*, farlo rigare diritto, oppure mandarlo via, licenziarlo / *quello lì ci marcia,* (*fam.*) ne profitta **2** dirigersi verso un obiettivo (detto di militari): *l'esercito invasore marciava sulla capitale* **3** muoversi, funzionare (detto di veicolo, motore, apparecchiatura).

marciatore [-tó-] *s.m.* [f. *-trice*] atleta che pratica lo sport della marcia.

marcio [màr-] *agg.* **1** che è andato a male, che si è guastato, putrido: *uova marce* **2** suppurato o malato (detto di parte del corpo): *un dito —* **3** corroso dall'umidità (detto di cosa): *il muro è —* **4** (*fig.*) corrotto: *ha il cuore — / avere torto —*, torto completo // *s.m.* **1** la parte marcia di qlco. **2** (*fig.*) corruzione morale, bruttura: *c'è del — in quella famiglia.*

marcire *v.intr.* [*io marcisco, tu marcisci ecc.*] **1** divenire marcio. SIN. *imputridire* **2** (*fig.*) fare forzatamente una vita triste e monotona: — *in prigione.*

marcita *s.f.* prato su cui si fa scorrere in continuazione un velo d'acqua per favorire la crescita dell'erba da foraggio.

marciume *s.m.* **1** parte marcia di qlco.; insieme di

cose marce; materia marcia, pus e simili **2** (*fig.*) corruzione morale.

marco *s.m.* [pl. *-chi*] **1** antica misura di peso **2** unità monetaria tedesca.

marconi [-có-] *agg.* e *s.f.invar.* si dice di un tipo di vela detta anche → **bermudiana**.

marconigrafia [-fì-] *s.f.* radiotelegrafia.

marconigramma *s.m.* [pl. *-i*] radiotelegramma.

marconista *s.m.* e *f.* [pl.m. *-i*] radiotelegrafista.

marconiterapia [-pì-] *s.f.* (*med.*) applicazione di onde corte e ultracorte a scopo terapeutico.

mare *s.m.* **1** il complesso delle acque salate che coprono gran parte della superficie terrestre; quella parte di esse che è circondata da terre (in opposizione a *oceano*): *l'azzurro del* —; *nuotare nel* —; — *calmo, in burrasca*; — *Mediterraneo / colpo di* —, improvvisa e violenta ondata */ in alto* —, lontano dalla terraferma; (*fig.*) lontano dalla soluzione, in difficoltà */ mal di* —, disturbo, spesso accompagnato da vomito, cui molti vanno soggetti durante la navigazione */ le forze di* —, le navi da guerra con i loro equipaggi */ reggere il* —, si dice di naviglio capace di sostenere le tempeste */ cercare per terra e per* —, dappertutto */ un porto di* —, un luogo in cui v'è un continuo andirivieni di gente */ portare acqua al* —, far cosa inutile */ promettere mari e monti*, fare grandi promesse */ una goccia nel* —, aiuto insufficiente al bisogno **2** (*fig.*) ampia distesa; gran quantità: *un* — *di sabbia, di sangue*; *un* — *di parole, di dubbi*.

marea [-rè-] *s.f.* **1** (*geogr.*) alterno e periodico abbassarsi ed innalzarsi del livello dei mari a causa dell'attrazione esercitata dalla Luna e dal Sole **2** (*fig.*) gran quantità di cose o persone in movimento: *una* — *di folla.*

mareggiata *s.f.* burrasca di mare e di vento che si abbatte contro la costa.

mare magnum [*lat.*; *pr.* màre màgnum = *mare grande*] *s.m.* quantità grande e confusa.

maremma [-rèm-] *s.f.* regione bassa e paludosa lungo la costa marina: *la* — *toscana.*

maremmano *agg.* della maremma */ cane* —, cane da pastore con pelame bianco o rossastro e coda lunga // *s.m.* abitante della maremma.

maremoto [-mò-] *s.m.* movimento delle acque del mare causato da scosse sismiche sottomarine.

marengo [-rèn-] *s.m.* [pl. *-ghi*] moneta d'oro da venti franchi coniata da Napoleone nell'anno 1800; antica moneta d'oro italiana da venti lire.

mareografo [-ò-] *s.m.* strumento usato per registrare le variazioni del livello marino durante le maree.

mareomotrice *agg.f.* si dice dell'energia ottenuta sfruttando i movimenti marini (onde, maree, correnti).

marescalco *s.m.* [pl. *-chi*] forma antica di *maniscalco*, nel significato di sovrintendente alle scuderie; poi, dignitario di corte.

maresciallo *s.m.* (*mil.*) **1** il grado più alto tra i sottufficiali **2** in altri paesi, e un tempo anche in Italia, il grado più alto di tutta la gerarchia militare: *il* — *di Francia* **3** nella polizia italiana, un tempo, il grado superiore a brigadiere (ora unificato con quest'ultimo e denominato sovrintendente).

maretta [-rét-] *s.f.* **1** agitazione del mare con onde piccole e spumeggianti **2** (*fig.*) agitazione, nervosismo diffuso, conflittualità.

marezzare [-reʒʒa-] *v.tr.* [*io marézzo ecc.*] dare il marezzo: — *un tessuto, una lastra di metallo.*

marezzato [-reʒʒa-] *agg.* variegato, striato, venato: *stoffa, seta marezzata.*

marezzatura [-reʒʒa-] *s.f.* atto, effetto del marezzare.

marezzo [-réʒʒo] *s.m.* striatura ondulata e irregolare, di colore diverso dal fondo, sul marmo o sul legno; striatura impressa artificialmente su stoffe, lastre di metallo ecc.

margarina *s.f.* surrogato del burro preparato con grassi animali o vegetali.

margherita *s.f.* (*bot.*) pianta erbacea con infiorescenza a capolino, gialla nel mezzo, circondata da brattee bianche (*fam.* Composite); l'infiorescenza stessa.

marginale *agg.* **1** del margine, che sta sul margine di uno scritto e simili: *annotazioni marginali* **2** di secondaria importanza **3** (*econ.*) si dice di impresa ultima nella scala di redditività // **-mente** *avv.* al margine, incidentalmente: *faccio notare* — *che ciò non è esatto.*

marginalizzare [-liʒʒa-] *v.tr.* respingere ai margini, privare d'importanza.

marginare *v.tr.* [*io màrgino ecc.*] fare, stabilire i margini di una pagina.

marginatore [-tó-] *s.m.* nelle macchine per scrivere, ciascuno dei due dispositivi scorrevoli che servono a fissare i margini laterali del foglio [*ill.* Scrivere, macchina per].

marginatura *s.f.* **1** atto, effetto del marginare **2** l'insieme dei lingotti di piombo che si usano per costituire i margini tra le varie pagine sulla forma tipografica.

margine [màr-] *s.m.* **1** la parte estrema di una superficie; orlo; ciglio: *il* — *di un fosso*; *il* — *di una ferita*, il labbro */ vivere ai margini della società*, vivere di espedienti, non avendo un'attività precisa **2** nei fogli scritti o stampati, lo spazio bianco che si lascia su ciascun lato e nella parte superiore e inferiore del foglio */ in* —, (*fig.*) relativamente agli aspetti secondari: *in* — *al congresso*; *in* — *alla trattazione* **3** (*fig.*) quantità di tempo, spazio, denaro e simili che superano lo stretto necessario per ovviare a eventuali difficoltà: *questo lavoro assicura un largo* — *di guadagno.*

margotta [-gòt-] *s.f.* tecnica di riproduzione artificiale delle piante, che consiste nell'avvolgere un ramo della pianta madre con terra umida, finché ne germoglino radici.

margravio [-grà-] *s.m.* feudatario germanico nel medioevo.

mariano *agg.* (*eccl.*) di Maria */ mese* —, il mese di maggio in quanto consacrato alla Vergine.

marijuana [mariuàna] *s.f.* droga da fumo costituita dalle foglie disseccate della canapa indiana.

marimba *s.f.* strumento musicale a percussione, di origine africana, composto di tavolette di legno duro, munite di zucche vuote che fungono da risonatori.

marina *s.f.* **1** aspetto e superficie del mare vicino alla costa; la striscia di terra e anche la regione situata vicino al mare: *passeggiare sulla* — **2** quadro raffigurante una veduta di mare: *un pittore di marine* **3** complesso delle persone e degli enti addetti alla navigazione; l'insieme delle navi e delle attrezzature relative alla navigazione: — *militare*; — *mercantile*, che effettua il trasporto di merci e di passeggeri.

marinaio [-nà-] *s.m.* persona che svolge la propria attività a bordo di una nave; militare di marina, privo di grado; esperto uomo di mare: *fa il* —; *è un vecchio* — */ promessa da* —, che non sarà certo mantenuta.

marinara *s.f.* abito spec. infantile, in uso nei primi decenni del Novecento, che nella foggia e nei colori ricorda l'uniforme dei marinai; cappello di paglia, con la tesa rialzata e con nastro di tela, come portavano un tempo i marinai.

marinare *v.tr.* preparare cibi cotti con una salsa a base di aceto per conservarli; far macerare carni crude per meglio frollarle o per togliere l'odore di selvatico / — *la scuola*, fare vacanza di propria iniziativa, senza autorizzazione.

marinaresco [-ré-] *agg.* [pl.m. -chi] di o da marinaio; attinente alla navigazione o alla vita sul mare: *gergo —*.

marinaro *agg.* di mare, che ha attinenza col mare; che si riferisce ai marinai: *repubbliche marinare / alla marinara*, secondo l'uso dei marinai: *colletto, blusa alla marinara*; *vestire alla marinara*; *nuotare alla marinara*, muovendo alternamente fuori dell'acqua le braccia piegate ad arco // *s.m.* (*dial.*) marinaio.

marine [*ingl.*; *pr.* marin; pl. -*s*] *s.m.* soldato statunitense di truppe impiegate spec. negli sbarchi.

marineria [-ri-] *s.f.* 1 l'insieme degli uomini, delle navi, dei mezzi della marina militare 2 l'arte, la capacità, la tradizione del navigare per mare.

marinismo [-ʃmo] *s.m.* maniera del poeta G.B. Marino (1569-1625) e dei suoi seguaci e imitatori.

marinista *s.m.* e *f.* [pl.m. -i] seguace o imitatore di G.B. Marino e del marinismo.

marino *agg.* del mare, che vive nel mare, che è relativo al mare; che è situato sulla riva del mare: *fauna marina*; *città marina*.

marioleria [-ri-] *s.f.* l'esser mariolo; azione da mariolo.

mariolo [-riò-] *s.m.* 1 (*antiq.*) persona disonesta; furfante 2 (*region.*) si dice di bambino irrequieto e disubbidiente.

marionetta [-nét-] *s.f.* 1 fantoccio azionato dall'alto mediante fili collegati con il capo e con gli arti: *il teatrino delle marionette / sembrare una —*, si dice di persona che si muove rigidamente e a scatti 2 (*fig.*) si dice di chi agisce meccanicamente, eseguendo ordini altrui, senza convinzioni personali.

marionettista *s.m.* e *f.* [pl.m. -i] chi crea marionette o ne allestisce lo spettacolo.

maritale *agg.* (*lett.*) proprio del marito: *dignità —*.

maritare *v.tr.* 1 dar marito a una donna: *ha maritato la figlia* 2 per estens., unire, congiungere: *— la vite all'olmo* // **-arsi** *v.rifl.* e *rifl.rec.* prendere marito; sposarsi.

marito *s.m.* uomo congiunto in matrimonio, considerato in relazione diretta o indiretta con la moglie / *prendere —*, maritarsi / *età da —*, età in cui una donna può sposarsi.

maritozzo [-tòz-] *s.m.* (*region.*) dolce di pasta lievitata a forma di panino ovale, condito con poca uva passa e cotto in forno.

marittimo [-rìt-] *agg.* 1 del mare, che ha attinenza col mare: *clima —*; *industrie marittime* 2 che si svolge sul mare: *commercio —* // *s.m.* chi appartiene alla gente di mare; chi svolge un'attività nell'ambito della marina mercantile: *sciopero dei marittimi*.

marker *s.m.invar.* (*ingl.*) evidenziatore.

market *s.m.invar.* (*ingl.*) mercato, luogo di vendita; supermercato.

marketing [*ingl.*; *pr.* màrketin] *s.m.* studio della distribuzione dei beni e dei servizi considerato sotto il profilo aziendale.

marmaglia [-mà-] *s.f.* insieme di gente spregevole; per estens., scherz., gruppo di ragazzini, di monelli. SIN. *gentaglia, ciurmaglia, canaglia*.

marmellata *s.f.* conserva dolce di polpa di frutta.

marmetta [-mét-] *s.f.* mattonella di graniglia usata per pavimentazioni.

marmista *s.m.* e *f.* [pl.m. -i] chi lavora il marmo.

marmitta *s.f.* 1 recipiente di cucina; in particolare, quello in cui si cuoce il rancio per i soldati 2 nei veicoli con motore a scoppio, parte terminale dell'impianto di scappamento con funzione silenziatrice [*ill. Motore*] 3 (*geol.*) cavità prodotta nella roccia dal moto vorticoso delle acque di un torrente o dai sassi trasportati da un ghiacciaio.

marmittone [-tó-] *s.m.* (*scherz.*) soldato, spec. recluta, di animo semplice e ingenuo, spesso oggetto di derisione e di maltrattamenti da parte dei compagni più anziani.

marmo *s.m.* 1 calcare cristallino di vario colore, più o meno venato, che deve la sua struttura a fenomeni di metamorfismo; serve per sculture e rivestimenti / *duro come il —*, durissimo (anche *fig.*) / *freddo come il —*, gelido / *cuore di —*, insensibile 2 oggetto d'arte scolpito nel marmo: *i marmi del Partenone*.

marmocchio [-mòc-] *s.m.* (*scherz.*) bimbo. SIN. *bambino*.

marmoreo [-mò-] *agg.* di marmo, simile al marmo.

marmorizzare [-rìʒʒa-] *v.tr.* dare apparenza di marmo; riprodurre, con vernici o simili, venature e macchie caratteristiche di alcuni marmi.

marmotta *s.f.* 1 mammifero roditore letargico, grosso come un coniglio, con zampe corte e folto pelo grigio-rossastro; viene cacciato per la carne, il grasso e la pelliccia (*fam.* Sciuridi) 2 (*fig.*) si dice di persona dormigliona.

marna *s.f.* roccia grigio-giallastra formata da calcare e argilla.

marò *s.m.invar.* (*gerg.* e *fam.*) militare di marina, marinaio semplice.

marocchino *agg.* del Marocco // *s.m.* 1 abitante del Marocco 2 cuoio pregiato, morbido e un po' rugoso ricavato dalla pelle di capra conciata e colorata.

maronita *agg.* e *s.m.* e *f.* [pl.m. -i] appartenente alla chiesa cattolica del Libano.

maroso [-ró-] *s.m.* grossa onda.

marra *s.f.* 1 sorta di zappa con ferro corto per rimuovere la superficie del terreno o per rimestare la calcina 2 l'estremità appuntita dei bracci di un'ancora.

marrancio [-ràn-] *s.m.* grosso coltello usato dai macellai.

marrano *s.m.* persona zotica o villana.

marrone [-ró-] *s.m.* 1 varietà di castagno; il frutto di tale albero / *marroni canditi*, ricoperti di glassa 2 (*region.volg.*) testicolo; grosso errore: *cogliere qlcu. in —*, prenderlo sul fatto // *agg.* e *s.m.* si dice del colore del guscio della castagna.

marsala *s.m.* vino asciutto e profumato, molto alcolico, prodotto nella zona della città omonima.

marsc [*pr.* màrsc'] *inter.impropria* comando militare o ginnico per l'inizio della marcia.

marsigliese [-gliè-] *agg.* della città di Marsiglia // *s.f.* inno nazionale francese composto nel 1792.

marsina *s.f.* → **frac**.

marsupiali *s.m.pl.* ordine di mammiferi le cui femmine portano i neonati in una caratteristica tasca ventrale (*marsupio*) o se li caricano sul dorso; vi appartengono: canguro, opossum ecc.

marsupio [-sù-] *s.m.* 1 borsa ventrale esterna in cui le femmine dei marsupiali tengono i neonati per tutto il periodo dell'allattamento 2 per estens., sacca che si appende al collo dell'adulto in cui si appoggiano i bambini piccoli per portarli in giro senza avere le braccia occupate.

martagone [-gó-] *s.m.* pianta erbacea con fiori simili a piccoli gigli di color rosa, macchiati di scuro (*fam.* Liliacee).

Marte *s.m.* **1** (*mit.*) nome romano del dio della guerra / *campo di* —, piazza d'armi **2** (*astr.*) pianeta del sistema solare.

martedì *s.m.invar.* il secondo giorno della settimana, quello che segue il lunedì / — *grasso*, l'ultimo martedì di carnevale.

martellamento [-mén-] *s.m.* atto, effetto del martellare.

martellare *v.tr.* [*io martèllo ecc.*] **1** lavorare, foggiare a colpi di martello: *il fabbro martella il ferro incandescente* **2** (*fig.*) colpire ripetutamente con violenza: — *le postazioni nemiche* / — *qlcu. di domande*, fargliene molte // *v.intr.* pulsare violentemente (detto del sangue, del cuore): *mi sento* — *le tempie*.

martellata *s.f.* colpo dato con un martello: (*fig.*) grave e improvvisa disgrazia.

martelletto [-lét-] *s.m.* pezzo meccanico che, azionato come una leva, serve a battere a guisa di martello: — *del pianoforte, della macchina per scrivere* [*ill. Musicali, strumenti; Scrivere, macchina per*].

martelliano *agg.* e *s.m.* → **alessandrino**.

martellina *s.f.* martello con manico corto e ferro con due penne a taglio, usato da muratori, scultori ecc. [*ill. Pittura e scultura*].

martellio [-lì-] *s.m.* un martellare continuo o frequente: *il* — *della grandine sul tetto*; *un* — *di domande*.

martello [-tèl-] *s.m.* **1** utensile costituito da un blocchetto di acciaio variamente sagomato e fissato a un manico per lo più di legno [*ill. Utensili*]; — *da roccia*, di ferro dolce, usato dagli alpinisti per conficcare chiodi in parete; — *da ghiaccio*, con becco lungo e aguzzo, usato dagli alpinisti per scrostare il vetrato [*ill. Alpinismo*]; — *battifalce*, per affilare la falce / *sonare le campane a* —, con rintocchi rapidi e secchi, come segnale di pericolo / *trovarsi tra l'incudine e il* —, tra due mali ugualmente temibili **2** qualsiasi oggetto che abbia forma di martello e uso analogo / — *pneumatico*, strumento azionato da un meccanismo ad aria compressa che produce una percussione continuata; si usa per scavi, demolizioni ecc. / — *perforatore*, martello pneumatico per l'esecuzione dei fori da mina **3** nell'atletica leggera, attrezzo da lancio formato da una sfera metallica a cui è fissata una corda d'acciaio con impugnatura rigida [*ill. Atletica*] **4** (*anat.*) ossicino dell'orecchio contenuto nella cavità timpanica [*ill. Orecchio*] **5** *pesce* —, pesce cartilagineo del Mediterraneo, simile al pescecane, ma con grossa testa a forma di martello.

martinella [-nèl-] *s.f.* a Firenze, nel medioevo, nome della campana che veniva sonata in caso di guerra.

martinetto [-nét-] *s.m.* (*mecc.*) macchina idraulica o a vite usata per sollevare grossi carichi; cricco.

martingala *s.f.* **1** piccola cintura applicata posteriormente, all'altezza della vita, a un abito, una giacca o un cappotto [*ill. Abbigliamento*] **2** correggia attaccata ai finimenti della bocca e fermata al pettorale del cavallo, per impedirgli di alzare troppo la testa [*ill. Cavallo*].

martinicca *s.f.* congegno a vite che, comprimendo un ceppo di legno contro le ruote, funge da freno a carri, carrozze ecc.

martin pescatore [-tìn] [-tó-] *s.m.* piccolo uccello dal corpo tozzo, dal piumaggio a colori smaglianti, con lungo becco e coda corta; si ciba di animali acquatici (*fam.* Alcedinidi).

martire [màr-] *s.m.* e *f.* **1** chi sopporta ogni pena sen-za cedere, sacrificando anche la vita, piuttosto che rinunciare alla propria fede religiosa o politica: *i martiri della patria, della fede* **2** per estens., chi si dedica con ogni sacrificio a qualche attività: *un* — *della scienza* **3** (*fig.*) chi è afflitto a lungo da grandi dolori fisici e morali; chi è ingiustamente maltrattato: *fare una vita da* — / *fare il* —, (*scherz.*) atteggiarsi a vittima.

martirio [-tì-] *s.m.* **1** la morte o le sofferenze che un martire affronta per non tradire la propria fede **2** (*fig.*) sofferenza, dolore. SIN. *supplizio, tormento*.

martirizzare [-riʒʒa-] *v.tr.* **1** sottoporre a martirio **2** (*fig.*) far soffrire molto. SIN. *tormentare, torturare*.

martirologio [-lò-] *s.m.* **1** (*lit.*) libro in cui sono registrati gli anniversari dei martiri, dei santi e anche degli avvenimenti degni di essere ricordati nella chiesa cattolica **2** per estens., l'insieme di coloro che sono morti per una causa: *il* — *della Resistenza*.

martora [màr-] *s.f.* piccolo mammifero carnivoro dal corpo lungo e snello, con zampe corte e morbida pelliccia bruno-giallognola, pregiata in pellicceria (*fam.* Mustelidi).

martoriare *v.tr.* [*io martòrio ecc.*] **1** martirizzare, torturare **2** (*fig.*) tormentare, far soffrire gravemente.

marxiano *agg.* di K. Marx (si contrappone a *marxista*, in quanto non implica adesione alla dottrina di Marx): *l'opera marxiana; studioso* —.

marxismo [-ʃmo] *s.m.* il complesso delle dottrine filosofiche, politiche ed economiche di K. Marx (1818-83), costituenti la base ideologica del socialismo scientifico e del comunismo.

marxista *agg.* [pl.m. *-i*] del marxismo: *dottrina* — // *agg.* e *s.m.* e *f.* che, chi segue, sostiene il marxismo.

marxistico [-xì-] *agg.* [pl.m. *-ci*] del marxismo, dei marxisti.

marza *s.f.* ramoscello tagliato a becco di flauto per essere innestato su un'altra pianta.

marzaiola [-iò-] *s.f.* specie di anitra selvatica col capo di color bruno (*fam.* Anatidi).

marzapane *s.m.* pasta dolce a base di mandorle pestate, zucchero e albume d'uovo; variamente colorata, ha molti usi in pasticceria.

marziale *agg.* **1** che si riferisce alla guerra: *corte* —, tribunale militare; *legge* —, che conferisce ogni potere all'autorità militare; *arti marziali*, le arti giapponesi di lotta e di scherma, modernamente trasformate in sport **2** (*fig.*) fiero, energico: *avere un aspetto* —.

marziano *agg.* del pianeta Marte: *equatore* — // *s.m.* ipotetico abitante del pianeta Marte; per estens., scherz., persona che si differenzia molto da quelle ritenute normali.

marzo *s.m.* terzo mese dell'anno.

marzocco [-ʒòc-] *s.m.* [solo *sing.*] stemma di Firenze, costituito da un leone accosciato che regge uno scudo con giglio.

marzolino *agg.* di marzo // *s.m.* cacio fatto con latte di pecora o di bufala.

mas *s.m.invar.* veloce motoscafo antisommergibile del tempo della II guerra mondiale.

mascalzonata *s.f.* azione da mascalzone.

mascalzone [-ʒó-] *s.m.* uomo disonesto, volgare, abietto, spregevole. SIN. *ribaldo*.

mascara *s.m.invar.* cosmetico liquido o in pasta per ciglia e sopracciglia.

mascarpone [-pó-] *s.m.* formaggio burroso, tipico della Lombardia, preparato con latte di vacca.

mascella [-scèl-] *s.f.* ciascuna delle due ossa della bocca dell'uomo e di moltissimi animali in cui sono infissi i denti; in senso stretto, solo quella superiore.

mascellare *agg.* delle mascelle, relativo alle mascelle: *nervo* — // *s.m.* osso mascellare.

maschera [mà-] *s.f.* **1** finta testa o finto volto con sembianze umane o bestiali, di cartapesta o altro, portati per contraffare il viso a scopo scherzoso, spettacolare o rituale; per estens., la piccola striscia di tessuto o altro con cui si copre la parte superiore del volto / *gettare la* —, rivelarsi per quello che veramente si è / — *di bellezza*, strato di sostanze che giovano alla pelle, da applicare sul viso **2** (*fig.*) finzione: *sotto la* — *dell'onestà* **3** travestimento che ricopre l'intera persona; la persona stessa così travestita: *un ballo in* —; *c'erano molte maschere* **4** personaggio fisso della Commedia dell'Arte **5** nei locali di spettacolo, inserviente che controlla i biglietti e accompagna gli spettatori al posto **6** l'immagine del volto di un defunto ricavata col calco del cadavere e riprodotta in gesso, bronzo ecc. **7** arnese o apparecchio che si applica al viso a scopo protettivo: — *da scherma*, quella di rete metallica e cuoio usata per difendere il volto dalle stoccate avversarie / — *subacquea*, quella di gomma e vetro usata da chi s'immerge sott'acqua [*ill. Pesca*] / — *da anestesia*, apparecchio usato per anestetizzare il paziente prima di un intervento chirurgico / — *antigas*, dispositivo usato per difendere l'organismo dai gas asfissianti.

mascheramento [-mén-] *s.m.* il mascherare, il mascherarsi.

mascherare *v.tr.* [*io màschero ecc.*] **1** mettere in maschera, travestire **2** (*fig.*) coprire, celare; dissimulare sotto falsa apparenza: — *un sentimento*. CONTR. *smascherare* // **-arsi** *v.rifl.* travestirsi, mettersi la maschera (anche *fig.*).

mascherata *s.f.* **1** insieme di più persone mascherate **2** (*spreg.*) manifestazione improntata a chiassosità e cattivo gusto.

mascherina *s.f.* **1** piccola maschera, o personcina in maschera / *ti conosco,* —, si dice a persona che vuol nascondere qualcosa di sé, ma che si ritiene di conoscere bene **2** in alcune fogge di scarpe, la punta, spesso di diverso colore [*ill. Abbigliamento*] **3** parte della carrozzeria dell'automobile che nasconde il radiatore.

mascherone [-ró-] *s.m.* ornamento architettonico in forma di grossa faccia deforme o grottesca; per estens. spreg., volto deformato o deturpato.

maschiatura *s.f.* esecuzione di filettature interne per viti.

maschietta [-schièt-] *s.f.* ragazza dall'aria spregiudicata e birichina / *alla* —, si dice di acconciatura femminile con capelli corti e lisci.

maschietto [-schièt-] *s.m.* neonato di sesso maschile; bambino.

maschile *agg.* di, da maschio / *genere* —, una delle classi del genere grammaticale // *s.m.* (*gramm.*) il genere maschile.

maschilismo [-ʃmo] *s.m.* atteggiamento, comportamento sociale che presuppone la superiorità dell'uomo sulla donna.

maschilista *s.m.* e *f.* [pl.m. *-i*] chi pratica il maschilismo // *agg.* che riguarda, che sostiene il maschilismo.

maschio[1] [mà-] *agg.* **1** si dice di essere vivente che appartiene al sesso che ha funzione attiva nella fecondazione: *un figlio* —; *la lepre* —; *la felce* — **2** (*fig.*) virile, forte: *un viso* — // *s.m.* **1** essere vivente di sesso maschile **2** (*mecc.*) estremità di un pezzo foggiata in

modo da entrare in un incavo corrispondente **3** (*mecc.*) utensile usato per la filettatura dei fori.

maschio[2] [mà-] *s.m.* torre principale di un castello o di una rocca, per lo più di forma quadra o rotonda e più alta delle circostanti fortificazioni [*ill. Castello*].

maschista *agg.* e *s.m.* e *f.* [pl.m. *-i*] lo stesso, ma più ricercato, di → **maschilista**.

mascolinità *s.f.invar.* l'essere maschio o mascolino.

mascolinizzare [-niʒʒa-] *v.tr.* rendere mascolino // **-arsi** *v.rifl.* assumere atteggiamenti maschili (detto di una donna).

mascolino *agg.* maschile, proprio del maschio.

mascone [-scó-] *s.m.* ciascuno dei due lati della prora di una nave.

mascotte [*franc.*; *pr.* mascót] *s.f.* persona, animale o cosa tenuta come portafortuna da squadre sportive, reparti militari ecc.

maser [*ingl.*; *Microwave Amplification by Stimulated Emission of Radiation*] *s.m.invar.* apparecchio amplificatore di microonde perfettamente monocromatiche.

masnada [-ʃnà-] *s.f.* **1** (*ant.*) schiera, compagnia di gente armata **2** insieme di furfanti, di gente disonesta: *una* — *di ladroni*.

masnadiere [-ʃnadiè-] *s.m.* **1** (*ant.*) appartenente a una masnada **2** furfante, assassino di strada; persona poco raccomandabile. SIN. *brigante.*

maso [-ʃo] *s.m.* in alcune zone dell'Italia settentrionale, podere con casa colonica / — *chiuso*, podere non divisibile per eredità.

masochismo [-ʃochiʃmo] *s.m.* la caratteristica di chi è masochista.

masochista [-ʃo-] *s.m.* e *f.* [pl.m. *-i*] **1** (*psic.*) chi prova piacere sessuale nel ricevere umiliazioni o sofferenze dalla persona amata **2** per estens., chi, anche involontariamente, fa danno a sé stesso // anche *agg.: un comportamento* —.

masonite [-ʃo-] *s.f.* materiale da costruzione, usato spec. per rivestimenti interni, consistente in pannelli ottenuti comprimendo fibre di legno di scarso pregio ®.

massa *s.f.* **1** quantità di materia raccolta in un sol pezzo informe o che si presenta o si considera comunque come un insieme più o meno compatto: *una* — *di ferro, di argilla*; *una* — *d'aria, di neve* / *è una* — *di carne*, di persona grassa e stupida **2** grande quantità, moltitudine, folla, insieme di persone; il popolo come un tutto uniforme: *una* — *di vestiti*; *una* — *di sciocchezze*; *accorse una gran* — *di gente*; — *orchestrale, corale*; *una* — *di delinquenti*; *istruire le masse*; *partito di* — / *in* —, in folla, senza distinzione **3** (*fis.*) quantità di materia di cui un corpo è costituito **4** in elettrotecnica, si usa come sinonimo di *terra*: *collegamento a* —, a terra; *far* —, *mettere a* —, stabilire un contatto con la terra **5** (*arch.*) volume di una costruzione o di una sua parte: *l'equilibrio delle masse di un edificio* **6** (*dir.*) insieme di beni o debiti considerati come unità: — *passiva.*

massacrante *agg.* molto faticoso: *un lavoro* —.

massacrare *v.tr.* **1** uccidere con grande ferocia; fare strage: — *i prigionieri*. SIN. *trucidare* **2** picchiare con violenza: *lo massacrò di colpi* **3** (*fig.*) maltrattare; affaticare; rovinare, guastare: *quel lavoro mi ha massacrato*; — *un testo con una cattiva traduzione.*

massacratore [-tó-] *s.m.* [f. *-trice*] chi massacra.

massacro *s.m.* eccidio di animali o di persone, per lo più inermi. SIN. *strage, carneficina.*

massaggiare v.tr. [io massàggio ecc.] sottoporre a massaggi.

massaggiatore [-tó-] s.m. [f. -trice] chi per professione effettua massaggi.

massaggio [-sàg-] s.m. procedimento terapeutico che consiste nel praticare sul corpo, con le mani o con appositi apparecchi, frizioni o pressioni per riattivare le funzioni dei muscoli / — cardiaco, praticato sul torace per rimettere in movimento un cuore che si è fermato.

massaia [-sà-] s.f. donna che ha come compito il governo della casa.

massaio [-sà-] s.m., **massaro** s.m. (region.) capo di un'azienda agricola // agg. (antiq.) che fa economia, che arricchisce il patrimonio domestico.

massellare v.tr. [io massèllo ecc.] ridurre un metallo in masselli.

massello [-sèl-] s.m. **1** blocco non grande di metallo lavorato al maglio, alla pressa o al laminatoio **2** (edil.) blocco di pietra di forma parallelepipeda.

masseria [-rì-] s.f. (region.) azienda rurale condotta da un massaro.

masserizie [-rì-] s.f.pl. l'insieme dei mobili e delle suppellettili di cui è fornita una casa.

massese [-sé-] agg. di Massa // s.m. e f. abitante di Massa.

massetere [-tè-] s.m. (anat.) muscolo che muovendo la mandibola permette la masticazione.

massicciare v.tr. [io massìccio ecc.] ricoprire con la massicciata una strada.

massicciata s.f. lo strato di ghiaia o pietrisco che costituisce la sovrastruttura delle strade, o su cui poggiano le traverse di una strada ferrata [ill. Ferrovia].

massiccio [-sìc-] agg. (region.) **1** che è costituito da un'unica massa solida e piena: un vaso d'oro — **2** per estens., solido, grosso e tozzo: edificio — **3** di massa, numeroso; intenso; pesante: un — movimento emigratorio; un bombardamento — // s.m. **1** (geogr.) gruppo montagnoso di aspetto imponente, isolato rispetto agli altri elementi tettonici che lo circondano **2** (non com.) elemento compatto: — di poppa, struttura esterna di sostegno, nelle imbarcazioni [ill. Barca].

massificare v.tr. [io massifico, tu massifichi ecc.] rendere di massa ciò che era individuale; privare i singoli delle loro caratteristiche, uniformandoli alla massa.

massificato agg. di massa, indifferenziato (spec. con riferimento a una precedente situazione di differenziazione individuale): consumi, divertimenti massificati.

massificazione [-zió-] s.f. l'effetto del massificare.

massima [màs-] s.f. **1** principio al quale ci si attiene come norma dell'agire: è una buona — non fidarsi troppo del prossimo / in linea di —, in generale **2** frase breve e spesso arguta in cui è enunciata una norma di vita. SIN. sentenza, motto **3** la temperatura più alta: ieri la — fu di 25 °C.

massimale agg. e s.m. si dice di limite massimo, spec. con riferimento ad aspetti economici: rimborso —; il — dell'indennizzo assicurativo.

massimalismo [-ʃmo] s.m. in un partito politico e particolarmente in quelli socialisti, la corrente che mira a realizzare il massimo del proprio programma.

massimalista s.m. e f. [pl.m. -i] fautore del massimalismo.

massimo [màs-] agg. [superl. di grande] grandissimo, il più grande: porre la massima attenzione; il — dei nostri poeti / — comun divisore, (mat.) fra due o più numeri, il più grande fra i divisori comuni dei numeri dati / tem-

po —, (sport) nelle gare di corsa, il più lungo termine di tempo concesso agli atleti per compiere il percorso / peso —, nel pugilato, nella lotta e nel sollevamento pesi, l'atleta apparentemente alla maggiore categoria di peso // s.m. la quantità più grande possibile: ha raggiunto il — della pensione / al —, tutt'al più // **-mente** avv. soprattutto, principalmente.

massivo agg. (scient.) di massa, che costituisce massa; massiccio, abbondante.

mass media [ingl.; pr. màs mìdia] s.m.pl. (spesso, ma erroneamente, usato come s.m.sing.) mezzi di comunicazione di massa, come la stampa periodica, la radio, la televisione.

masso s.m. grosso blocco di pietra / cadere come un —, pesantemente.

massone [-só-] s.m. e f. chi appartiene alla massoneria.

massoneria [-rì-] s.f. società segreta, sorta in Inghilterra nel sec. XVIII, che si ispira ai principi del deismo e del razionalismo illuministico.

massonico [-sò-] agg. [pl.m. -ci] della massoneria.

massoterapia [-pì-] s.f. terapia con massaggi.

mastectomia [-mì-] s.f. intervento chirurgico di asportazione totale della mammella.

mastectomizzato [-miʒʒa-] agg. si dice di chi ha subito la mastectomia.

mastello [-stèl-] s.m. recipiente di legno a doghe, svasato verso l'alto, usato spec. come tino per il bucato.

masticare v.tr. [io màstico, tu màstichi ecc.] schiacciare, tritare il cibo con i denti / gomma da — / — le parole, non pronunciarle chiaramente: — un po' di inglese, parlarlo poco e malamente / — veleno, sentir rabbia; nutrire rancore.

masticatorio [-tò-] agg. che concerne la masticazione.

masticazione [-zió-] s.f. l'atto e la funzione del masticare.

mastice [mà-] s.m. prodotto naturale o artificiale pastoso, adesivo, di varia composizione, usato per saldare fra loro oggetti di materiale diverso o per otturare fessure, fori ecc.

mastino s.m. cane da guardia grosso e tarchiato con testa voluminosa, muso quadrato e pelame di color fulvo.

mastio [mà-] s.m. → **maschio**[2].

mastite s.f. (med.) infiammazione del tessuto ghiandolare o connettivo della mammella.

mastodonte [-dón-] s.m. **1** gigantesco mammifero proboscidato fossile, progenitore degli elefanti; aveva quattro zanne anziché due **2** (fig.) persona grossa e goffa.

mastodontico [-dòn-] agg. [pl.m. -ci] da mastodonte; enorme, gigantesco.

mastoide [-stòi-] s.f. (anat.) prominenza dell'osso temporale dietro il padiglione auricolare.

mastoidite s.f. (med.) infiammazione della mastoide.

mastro agg. e s.m. si dice del libro che raccoglie tutti i conti aperti da un'azienda per la rilevazione delle operazioni da essa compiute.

masturbare v.tr. provocare l'orgasmo senza accoppiamento genitale // **-arsi** v.rifl. procurare l'orgasmo a sé stesso.

masturbazione [-zió-] s.f. il masturbare, il masturbarsi.

masurio [-fù-] s.m. (chim.) → **tecnezio**.

matador [spagn.; pr. matadòr] s.m. chi uccide il toro a conclusione della corrida.

matassa s.f. **1** quantità di filo avvolto su sé stesso in più giri e legato con una delle sue estremità detta ban-

Matematica

algebra, analisi, aritmetica, geometria (*algebrica, analitica, descrittiva, differenziale, metrica*), insiemistica, metamatematica, statistica, teoria delle funzioni, topologia, trigonometria.

■ OPERAZIONI: addizione, bisezione, cologaritmo, divisione, dualità, elevazione a potenza, estrapolazione, estrazione di radice, fattoriale, gradiente, integrazione, interpolazione, intersezione, inversione, involuzione, logaritmo, moltiplicazione o prodotto, omografia, omologia, ottimizzazione, proiezione, riduzione (*ai minimi termini, allo stesso denominatore*), rotazione, scomposizione, seriazione, sezione, somma, sottrazione, tabulazione, trisezione.

■ CURVE, FUNZIONI, SUPERFICIE E SOLIDI: anello sferico, angolo (*acuto, adiacente, complementare, ottuso, retto, supplementare, al vertice*), arco, arcocoseno, arcoseno, arcotangente, calotta sferica, cardioide, catenaria, cerchio, cicloide, cilindro, circonferenza, cissoide, clotoide, concoide, coniche, cono, conoide, cosecante, coseno, cosinusoide, costante, cotangente, cubiche, cubo, decaedro, decagono, diedro, dodecaedro, dodecagono, elica, elicoide, ellisse, ellissoide, epicicloide, esacisottaedro, esaedro, esagono, esponenziale, gaussiana, icosaedro, iperbole, istogramma, logaritmo, losanga, ottaedro, ottagono, parabola, parallelepipedo, parallelogrammo, pentaedro, pentagono, piano, piramide, prisma, punto, quadrangolo, quadrato, quadrilatero, retta, rettangolo, rombo, romboedro, romboide, segmento, segmento sferico, semicerchio, semipiano, semiretta, seno, settore (*sferico, circolare*), sfera, sinusoide, spazio, spezzata, spicchio sferico, spirale, tangente, tetraedro, toro, trapezio, triangolo (*acutangolo, rettangolo, ottusangolo, equilatero, isoscele, scaleno*), triedro, zona sferica.

■ PROPRIETÀ E CONCETTI: addendo, aggregato, altezza, antecedenti, antiorario, apotema, approssimazione, area, argomento, arrotondamento, ascissa, asintoto, asse, associativa, assonometria, aut, base, bidimensionale, binomio, bisecante, bisettrice, braccio, campione, capacità, catastrofe, cateto, centro, coefficiente, commutativa, complementare, conseguenti, convessità, coordinata, corda, curva, curvatura, decimale, definizione, denominatore, derivata, determinante, diagonale, diagramma, diametro, differenziale, dimostrazione, direttrice, distributiva, disuguaglianza, disposizioni, distribuzione, divergenza, dividendo, divisore, eccentricità, equazione, equiangolo, equivalenza, errore, esponente, espressione, estremo, faccia, fattore, formula, frazione, funzione, generatrice, grafo, identità, impossibilità, incognita, incommensurabilità, incompatibilità, incremento, indice, indivisibilità, infinitesimo, infinito, insieme, integrale, interesse, intervallo, intorno, invariante, invariativa, iperspazio, ipotenusa, larghezza, lato, limite, linea, lunghezza, luogo, mantissa, massimo, massimo comun divisore, media, mediana, minimo, minimo comune multiplo, minore, minuendo, misura, modulo, moltiplicatore, monomio, multiplo, normale, numeratore, numerazione, numero (*algebrico, trascendente, negativo, positivo, nullo, pari, dispari, naturale, intero, relativo, frazionario, razionale, irrazionale, reale, complesso, immaginario, primo*), obliquità, omogeneità, operazione, opposto, ordinale, ordinata, origine, ortocentro, parallele, parallelismo, parametro, parentesi, percentuale, perimetro, periodo, permutazione, poliedro, poligono, polinomio, polo, possibilità, postulato, probabilità, proporzione, proporzionalità, prospettiva, quadrangolare, quadrante, quadratura, quadridimensionale, quadrinomio, quoziente, radiante, radicale, radice, raggio, rapporto, reciproco, resto, riporto, scala, scalare, secante, segno, sezione, sezione aurea, simbolo, simmetria, solido, soluzione, sottoinsieme, sottomultiplo, sottraendo, spigolo, stocastico, successione, superficie, tangente, teorema, trinomio, uguaglianza, unidimensionale, unità, validità, valore, valore assoluto, variabile, varietà, vel, verso, versore, vertice, vettore, virtuale, volume.

---

dolo **2** (*fig.*) situazione intricata: *cercare il bandolo della* —, il modo di risolvere un problema.

match [*ingl.*; *pr.* mèc] *s.m.* gara, partita, incontro, competizione.

mate *s.m.* arbusto proprio del Brasile; con le foglie si prepara un infuso simile al tè (*fam.* Agrifogliacee).

matematica [-mà-] *s.f.* la scienza delle grandezze numeriche e spaziali: — *pura*; — *applicata*, quella messa in relazione con altre scienze.

matematico [-mà-] *agg.* [pl.m. *-ci*] proprio della matematica, relativo alla matematica; (*fig.*) esatto; evidente: *calcolo, ragionamento* —; *avere la certezza matematica di qlco.*, esserne sicurissimi // *s.m.* studioso di matematica.

materanese [-né-] *agg.* di Matera // *s.m.* e *f.* abitante di Matera.

materassaio [-sà-] *s.m.* chi confeziona materassi, guanciali ecc.

materasso *s.m.* **1** sorta di grosso sacco di cotone imbottito per lo più di lana e trapuntato, oppure con interno a molle, avente le dimensioni del letto su cui si mette. DIM. *materassino* [*ill. Arredamento*] **2** nel gergo del pugilato, pugile destinato a essere sconfitto per dare prestigio a chi lo batterà.

materia [-tè-] *s.f.* **1** sostanza indifferenziata, di cui sono composti i corpi esistenti; corporeità: *alcuni filosofi proclamano l'indistruttibilità della* —; *l'uomo è composto di spirito e di* — **2** sostanza determinata, costituente di un corpo: *materie plastiche, tessili; materie prime,* sostanze grezze che servono di base a lavorazioni successive; *— grigia, (anat.)* il tessuto del cervello / *la ferita fa* —, emette pus **3** argomento, soggetto: *entrare in* —; *svolgere la* — / *in* — *di,* quanto a **4** qualunque disciplina che sia oggetto di studio o insegnamento: *essere competente in* —; *essere promosso in tutte le materie* **5** occasione, motivo: *dare* — *a nuove indagini.*

materiale *agg.* **1** proprio della materia; avente carattere di materia **2** contrapposto a spirituale, intellettuale, morale: *benessere* —; *lavoro* —; *soccorso* — / *necessità materiali,* imposte dalla vita / *errore* —, di fatto / *non avere il tempo* — *per fare qlco.,* il tempo effettivamente richiesto per compierla **3** di persona rozza, grossolana // *s.m.* ciò che serve ad un determinato uso: — *da costruzione,* mattoni, legname ecc. / — *ferroviario,* insieme di attrezzature necessarie per il funzionamento delle ferrovie / *raccogliere il* — *per una relazione, una tesi ecc.,* notizie, documenti, appunti.

materialismo [-ʃmo] *s.m. (fil.)* ogni dottrina che ponga come unico principio di tutta la realtà la materia e riduca la stessa attività intellettuale a una funzione o a un aspetto di essa.

materialista *s.m. e f.* [pl.m. *-i*] **1** chi è seguace del materialismo **2** *(spreg.)* chi si interessa solo di cose pratiche, tangibili.

materialistico [-li-] *agg.* [pl.m. *-ci*] del materialismo, dei materialisti.

materialità *s.f.invar.* l'essere materiale.

materializzare [-liʒ-ʒa-] *v.tr.* rendere materiale // **-arsi** *v.rifl.pron.* assumere forma corporea, detto di spiriti; *(scherz.)* comparire all'improvviso.

maternità *s.f.invar.* **1** l'essere madre; il complesso di vincoli affettivi che legano la madre ai figli: *le gioie, i dolori della* — **2** gravidanza: *una* — *difficile; interruzione di* —, l'aborto **3** periodo precedente e seguente il parto, durante il quale la donna lavoratrice ha diritto all'astensione dal lavoro: *essere in* —; *avere la* — *pagata* **4** ospedale o reparto ospedaliero riservato alle donne gestanti o partorienti **5** *(art.)* opera d'arte riproducente la Vergine col Figlio o un'altra madre col proprio figlio.

materno [-tèr-] *agg.* **1** di madre: *affetto, sguardo* — **2** da parte di madre: *nonno* — / *lingua materna,* la propria lingua, quella appresa da fanciulli dalla madre / *terra materna,* la patria // **-mente** *avv.* con affetto materno.

matinée [*franc.; pr.* matiné] *s.f. (teatr.)* → **mattinata**.

matita *s.f.* **1** strumento per scrivere o disegnare costituito da un cannello di legno racchiudente un sottile cilindro di grafite o di altro materiale colorante **2** bastoncino fatto con sostanze cosmetiche o medicinali: — *per le labbra,* — *emostatica.*

matraccio [-tràc-] *s.m.* recipiente di vetro di forma sferica dal collo sottile e lungo, usato dai chimici [*ill. Chimico, laboratorio*].

matriarcato *s.m.* forma di organizzazione sociale in cui la massima autorità all'interno della famiglia e nella vita pubblica spetta alla madre.

matrice *s.f.* **1** utero; *(fig.)* ciò da cui ha origine un fenomeno; occasione, causa **2** *(tip.)* la forma metallica incavata da cui si ottiene una forma in rilievo **3** nei registri a madre e figlia, la parte del modulo che rimane attaccata al registro, simile in tutto alla parte che si stacca.

matricida *s.m. e f.* [pl.m. *-i*] chi ha ucciso la propria madre.

matricidio [-cì-] *s.m.* il delitto di chi ha ucciso la propria madre.

matricola [-trì-] *s.f.* **1** registro in cui sono segnati i nomi delle persone o cose appartenenti a una determinata categoria; il numero attribuito a ciascuna persona o cosa: *la* — *degli studenti; un fucile con la* — *limata* **2** studente iscritto al primo anno di università; per estens., novellino.

matricolare *agg.* di matricola, di immatricolazione: *foglio* —.

matricolato *agg.* molto abile nell'esercizio di certe attività furfantesche o comunque cattive: *ladro* —; *bugiardo* —, *furbo* —.

matrigna *s.f.* **1** seconda moglie di un vedovo, rispetto ai figli di primo letto **2** *(fig.)* madre crudele, poco amorevole: *la natura gli fu* —.

matrilineare, matrilineo [-li-] *agg.* si dice di sistema sociale nel quale la discendenza è considerata per via materna.

matrimoniale *agg.* del matrimonio, concernente il matrimonio: *contratto* —; *vita* — / *letto* —, a due posti.

matrimonio [-mò-] *s.m.* **1** unione legalizzata dell'uomo e della donna per creare una famiglia e perpetuare la specie: *congiungersi, unirsi in* — **2** durata dell'unione matrimoniale: *dopo pochi anni di* — *si sono separati* **3** la cerimonia, il rito in cui un uomo e una donna dichiarano di voler essere marito e moglie: — *civile, religioso; assistere a* —.

matrona [-trò-] *s.f.* **1** presso gli antichi romani, donna maritata di ceto elevato **2** *(fig.)* donna alta, imponente.

matronale *agg.* di, da matrona (spec. *fig.*): *avere un aspetto* —.

matroneo [-nè-] *s.m.* nelle basiliche paleocristiane, il loggiato interno aperto verso la navata centrale, che era riservato alle donne [*ill. Chiesa*].

matta *s.f.* carta da gioco, prescelta dai giocatori, alla quale può venire attribuito qualsiasi valore.

mattacchione [-chió-] *s.m.* chi è allegro e bizzarro, amante degli scherzi. SIN. *pazzerellone.*

mattana *s.f. (fam.)* malumore improvviso, irascibilità irragionevole: *bisogna lasciargli passare la* —.

mattanza *s.f. (region.)* uccisione dei tonni nella tonnara.

mattarello [-rèl-] *s.m.* → **matterello**.

mattata *s.f.* azione da matto; follia.

mattatoio [-tó-] *s.m.* macello.

matterello [-rèl-] *s.m.* lungo cilindro di legno levigato che si usa in cucina per tirare in sfoglie la pasta.

mattina *s.f.* parte del giorno compresa tra il sorgere del sole e il mezzogiorno: *lunedì* —; *di prima* —; *lavorare dalla* — *alla sera,* tutto il giorno / *dalla sera alla* —, un tempo molto breve.

mattinata *s.f.* **1** lo spazio della mattina, considerato rispetto alle condizioni atmosferiche o a ciò che in esso si fa o accade: — *gelida, piovosa; lavorare un'intera* — **2** spettacolo, rappresentazione data di giorno, spec. di pomeriggio, e non di sera.

mattiniero [-niè-] *agg.* che si alza presto al mattino.

mattino *s.m.* la parte del giorno compresa tra il sorgere del sole e il mezzogiorno: *di buon* —, molto presto; *edizione del* —, di giornali che escono di primo mattino; *il* — *della vita,* *(fig.)* la giovinezza / *prov.: le ore hanno l'oro in bocca,* sono le più preziose all'attività dell'uomo.

matto[1] *agg.* **1** che ha perso in parte o completamente l'uso della ragione: — *da legare; sei* —*? / fossi* —*!,* per indicare che non si intende assolutamente fare una cosa. SIN. *pazzo, mentecatto, demente* **2** stravagante, strano, bizzarro: *un tipo un po' —; una testa matta.* ACCR. *mattacchione* **3** (*fig.*) rafforza il nome che segue: *avere un gusto —; una voglia matta di rispondergli come si merita; volersi un bene —* **4** opaco, non lucido, detto anche di una carta speciale per la stampa fotografica: *oro —* **5** (*fig.*) falso: *brillante — // s.m.* persona matta o bizzarra: *robe da matti!*

matto[2] *agg.* nell'espressione *scacco matto*, con cui si indica nel gioco degli scacchi la mossa che risolve la partita.

mattoide [-tòi-] *agg.* e *s.m.* e *f.* che, chi si comporta come se fosse un po' matto; stravagante.

mattone [-tó-] *s.m.* **1** laterizio pieno o cavo, a forma di parallelepipedo, usato per costruire muri o pavimenti / *ballo del —,* quello nel quale una coppia sta abbracciata senza quasi muovere i piedi **2** (*fig.*) peso molto gravoso; cosa o persona insopportabile o noiosa: *avere un — sullo stomaco,* digerire con fatica; *quel tuo amico è un —; quel libro è un —.*

mattonella [-nèl-] *s.f.* **1** mattone sottile o piastrella di materiale cementizio, usata per pavimentare **2** nome di vari oggetti di forma simile **3** ciascuna delle sponde del biliardo.

mattutino *agg.* della mattina, delle prime ore del mattino: *la luce mattutina; una passeggiata mattutina // s.m.* (*lit.*) **1** la prima parte dell'Ufficio divino, che un tempo si recitava prima del giorno **2** il suono della campana che annuncia il giorno.

maturando *s.m.* (*fam.*) chi deve sostenere esami di maturità.

maturare *v.intr.* **1** detto di vegetale, diventar maturo: *l'uva matura in settembre* **2** detto di persona, raggiungere la maturità fisica o intellettuale: *un tipo così non maturerà mai* **3** di cose, fenomeni, avvenimenti, compiere il proprio corso: *l'ascesso è maturato,* è giunto a suppurazione; *i tempi stanno maturando,* (*fig.*) sta per presentarsi il momento opportuno **4** (*econ.*) costituirsi, detto degli interessi di un capitale // *v.tr.* **1** rendere maturo (anche *fig.*): *il sole matura i frutti; i dolori l'hanno maturato* **2** valutare attentamente: *— una decisione* // -arsi *v.rifl.pron.* diventare maturo (anche *fig.*).

maturazione [-zió-] *s.f.* atto, effetto del maturare.

maturità *s.f.invar.* **1** l'essere maturo (anche *fig.*): *— di una persona* **2** esame che si sostiene alla fine della scuola media superiore per conseguire il relativo diploma: *— liceale, tecnica, artistica.*

maturo *agg.* **1** di frutto, che ha raggiunto il massimo sviluppo: *pesca matura.* CONTR. *acerbo* **2** di persona, che si trova in età compresa tra la giovinezza e la vecchiaia: *ormai è una donna matura* **3** di cose, avvenimenti, processi, che hanno compiuto il proprio corso: *ascesso —; tosse matura; vino —,* stagionato / *i tempi sono maturi,* è giunto il momento giusto per qlco. **4** di persona le cui doti intellettuali e morali hanno raggiunto il massimo sviluppo: *ora sei — e non devi più comportarti così* **5** preparato, pronto: *— per assolvere un compito* **6** sicuro, per l'esperienza: *consiglio —; senno —* **7** si dice del candidato che ha superato l'esame di maturità.

matusa [-fà] *s.m.invar.* termine prima usato dai giovani, poi scherzosamente da altri per indicare chi non è più giovane o ha una mentalità superata.

mauriziano *agg.* di Mauritius // *s.m.* abitante di Mauritius.

mausoleo [-ʃolè-] *s.m.* sepolcro monumentale.

max *agg.invar.* e *avv.* massimo, al massimo (spec. nelle

misure e nei prezzi): *velocità — 40 km/h; disposto a spendere — centomila lire.*

maxi *agg.invar.* molto grande; molto lungo.

maxi- [abbr.ingl. del lat. *maximus = massimo*] primo elemento di parole composte, inizialmente nella moda, poi in altri campi, con il significato di «molto grande, molto lungo» (*maximoto, maxicappotto*).

maxicappotto [-pòt-] *s.m.* cappotto lungo fin quasi alla caviglia.

maximoto [-mò-] *s.f.invar.* (*fam.*) motocicletta di grossa cilindrata.

maxinchiesta [-chiè-] *s.f.* nel linguaggio giornalistico, inchiesta complessa che coinvolge molte persone.

maxiprocesso [-cès-] *s.m.* nel linguaggio giornalistico, processo complesso con molti imputati.

maxwell [*pr.* màksuel] *s.m.* (*fis.*) unità di misura del flusso magnetico nel sistema di misura elettromagnetico.

mazurca [-ʒur-] *s.f.* danza di origine polacca, di andamento moderato, in tre tempi.

mazza *s.f.* **1** bastone da passeggio o per altri usi, spesso con grosso pomo all'estremità superiore: *la — del guardaportoni,* insegna del suo ufficio / *— ferrata,* antica arma con grossa testa metallica fornita di punte **2** grosso martello, usato per spaccar pietre o ceppi e per battere il ferro sull'incudine [*ill. Pittura e scultura; ill. Utensili*] **3** sorta di bastone usato in diversi sport (golf, hockey ecc.) per colpire la palla o simili.

mazzapicchio [-pic-] *s.m.* **1** grosso martello di legno a due teste, usato per cerchiare le botti **2** lo stesso arnese, in ferro, usato in macelleria per ammazzare i buoi.

mazzata *s.f.* **1** colpo di mazza **2** (*fig.*) dolore improvviso; danno imprevisto.

mazzeranga *s.f.* attrezzo simile a un grosso martello usato per costipare e livellare acciottolati appena fatti [*ill. Edilizia*].

mazzetta [-zét-] *s.f.* mazzo di biglietti di banca dello stesso taglio, o di documenti; anche, denaro usato per corrompere, bustarella.

mazziere [-ziè-] *s.m.* chi, munito di mazza, precede un corteo o segna il tempo a una banda musicale.

mazziniano *agg.* di G. Mazzini (1805-1872) // *agg.* e *s.m.* che, chi segue i principi della sua dottrina.

mazzo *s.m.* **1** insieme di più cose, spec. fiori o erbaggi, legate o comunque unite insieme: *un — di chiavi; fare un bel — di rose / mettere tutti in un —,* di persone, considerarle tutte in uno stesso modo. DIM. *mazzetto.* VEZZ. *mazzettino, mazzolino* **2** una intera serie di carte da gioco: *fare, mescolare il —.*

mazzuolo [-zuò-] *s.m.* **1** arnese simile al martello, usato da scalpellini, carpentieri ecc. **2** bacchetta con grossa capocchia, per sonare strumenti a percussione.

me [mé] *pron.pers.m.* e *f.* di prima persona *sing.* **1** forma complementare tonica del *pron.pers. io;* si usa come compl.ogg. quando gli si vuol dare particolare rilievo, e nei complementi con prep.: *cercano proprio me; parlavano di me; l'ha consegnato a me; è venuto da me ieri; si sacrifica per me; non prendertela con me / l'ho fatto da me,* senza l'aiuto altrui / *per me, quanto a me, per quel che mi riguarda / secondo me, a mio parere / così dicevo tra me* (o fam. *tra me e me*), nel mio intimo // si usa come sogg. nelle esclamazioni: *povero me!; nelle comparazioni dopo come* e *quanto: non sei come me; ne sapevano quanto me; come predicato dopo i verbi essere, parere, sembrare,* a meno che il sogg. non sia *io: tu non sei me;* ma *io non sono più io* **2** in forma atona, si usa come compl. di termine in luogo del

pron.pers. *mi*, in presenza delle forme pronominali atone *lo, la, li, le* e della particella *ne*, sia in posizione enclitica sia proclitica: *me lo disse*; *me li ha restituiti*; *me ne ha parlato*; *mandatemele*; *parlarmene*.

meandro *s.m.* **1** ampia e profonda ansa che un fiume forma nella pianura **2** disegno, tracciato ad andamento tortuoso e serpeggiante; (*fig.*) tortuosità, intrico: *perdersi nei meandri di una metropoli, di un ragionamento*.

meato *s.m.* stretta apertura, orifizio; si dice spec. di canali anatomici [*ill. Orecchio*; *Respiratorio, apparato*].

Mecca [mèc-] *s.f.* **1** la città santa dei musulmani **2** (*fig.*) luogo mitico in cui si spera di trovare vantaggi e benessere: *Roma è la — di chi aspira al cinema*.

meccanica [-cà-] *s.f.* **1** parte della fisica che studia il moto e l'equilibrio dei corpi **2** attività tecnologica avente per scopo la costruzione di macchine e meccanismi: *è appassionato di —* **3** il complesso degli elementi di un meccanismo: *la — di un orologio* **4** il modo in cui si svolgono certi processi naturali o certi avvenimenti: *la — della digestione, dell'inflazione*; *ricostruire la — di un incidente*.

meccanicismo [-ʃmo] *s.m.* (*fil.*) dottrina secondo la quale tutti i fenomeni della natura si riducono a movimento e si svolgono per una rigida concatenazione causale.

meccanicità *s.f.invar.* la qualità di ciò che è fatto come da una macchina, senza l'intervento della volontà o dell'intelligenza.

meccanico [-cà-] *agg.* [pl.m. -*ci*] **1** di una macchina; che si riferisce alle macchine: *congegno —*; *guasto —*; *industria meccanica* **2** che si fa con una macchina; (*fig.*) che viene fatto come da una macchina, quindi senza l'intervento della volontà o dell'intelligenza: *tessitura meccanica*; *lavoro, movimento —* **3** relativo alla meccanica: *leggi meccaniche* // *s.m.* chi costruisce o ripara macchine o pezzi di macchine // -**mente** *avv.* per mezzo di macchine; (*fig.*) senza intervento della volontà o dell'intelligenza.

meccanismo [-ʃmo] *s.m.* **1** il complesso degli elementi, fra loro collegati e articolati, che costituiscono una macchina o un apparecchio: *il — dell'orologio* **2** il modo in cui funziona il complesso suddetto; (*fig.*) il modo in cui funziona un'organizzazione oppure avviene un processo naturale: *il — dello stato*; *il — della digestione*.

meccanizzare [-niʒʒa-] *v.tr.* trasformare, mediante l'installazione di macchine, un'attività che era prima prevalentemente manuale: *— l'agricoltura*.

meccanizzato [-niʒʒa-] *agg.* **1** che si serve di macchine: *reparto —*, reparto militare che impiega mezzi meccanici **2** profondamente trasformato dalla diffusione delle macchine: *la vita di oggi è tutta meccanizzata*.

meccanizzazione [-niʒʒaʒió-] *s.f.* atto, effetto del meccanizzare: *la — dell'agricoltura*.

meccano *s.m.* giocattolo consistente in vari elementi meccanici che, uniti per mezzo di piccoli bulloni, compongono delle costruzioni e delle macchine in miniatura ®.

meccanografico [-grà-] *agg.* [pl.m. -*ci*] che si riferisce all'elaborazione di dati mediante strumenti meccanici: *calcolo —*; *ufficio —*.

mecenate *s.m.* chi aiuta e protegge le arti e le lettere.

mecenatismo [-ʃmo] *s.m.* qualità di chi è mecenate: *il — dei signori del rinascimento*.

meche [mè-] [*franc.*; *pr.* mèsc'] *s.f.* ciocca di capelli di colore diverso, e spec. chiari in una capigliatura scura.

meco [mé-] *pron. composto* (*lett.*) con me: *verrete —*.

meconio [-cò-] *s.m.* il materiale di rifiuto che si raccoglie nell'intestino del feto e che viene espulso nei primi due o tre giorni dopo la nascita.

medaglia [-dà-] *s.f.* **1** piastra di metallo (oro, argento, bronzo ecc.) a forma di disco, con figura e leggenda, destinata a ricordare una persona o un fatto: *— commemorativa* / *il diritto della —*, il lato principale su cui è impressa l'effigie; *il rovescio della —*, il lato opposto; (*fig.*) il lato meno bello, l'aspetto negativo di una persona o di una situazione **2** distintivo conferito in segno di onore o premio: *— d'argento, di bronzo, d'oro, al valor militare, civile*; *— olimpionica* / *è una — d'oro*, la persona stessa decorata.

medagliere [-glè-] *s.m.* raccolta di medaglie o monete antiche.

medaglietta [-glièt-] *s.f.* **1** piccola medaglia; in particolare quella, con effigie sacra, che si porta al collo per devozione: *una — di S. Francesco* **2** piccola medaglia d'oro data ai parlamentari come contrassegno: *aspirare alla —*, alla carica parlamentare.

medaglione [-gliò-] *s.m.* **1** grossa medaglia **2** pendente di metallo nobile, a forma di medaglia, che racchiude il ritratto di una persona cara **3** motivo architettonico ornamentale formato da una cornice, circolare od ovale, che racchiude un'immagine **4** breve saggio biografico-letterario su un autore o un personaggio storico **5** pietanza composta di carne tritata o altro, in forma di disco.

medaglista *s.m.* e *f.* [pl.m. -*i*] chi incide medaglie; chi raccoglie o studia le medaglie.

medesimo [-déʃi-] (*poet.* medèʃmo) *agg.dimostr.* **1** indica identità rispetto ad altra persona o cosa di cui si sta parlando; spesso sinonimo di *stesso* ma comunemente meno usato: *avremo il — maestro dell'altr'anno*; *viviamo nella medesima casa*; *fanno il — lavoro*; *essere della medesima idea* // con valore enfatico si pospone alla parola a cui si riferisce: *la legge medesima lo ammette*, perfino la legge; *è la virtù medesima*, personificata // rafforzato pleonasticamente da *stesso*: *si tratta della stessa (e) medesima cosa, persona* // con valore rafforzativo si usa dopo i pron.pers. *io, tu, egli* ecc.: *io —*; *noi medesimi* **2** uguale per quantità, qualità, grandezza: *hanno il — peso, la medesima forma* // *pron.* **1** la stessa persona: *il — rispose* **2** (*poco com.*) la stessa cosa.

media[1] [mè-] *s.f.* **1** (*mat.*) valore intermedio, secondo un criterio matematico definito e rappresentativo, fra i valori di quantità della stessa specie: *— aritmetica*, la somma di due o più numeri divisa per il numero di essi; *— geometrica*, di n numeri, la radice ennesima del prodotto degli n numeri / *— ponderata*, nella quale ogni valore è considerato per un numero di volte (peso) corrispondente al numero dei casi che lo presentano / *— oraria*, nel linguaggio sportivo, la velocità media sviluppata su un dato percorso in un tempo determinato / *in —*, nella quantità, nella misura media: *in — guadagna duecentomila lire al mese* **2** nel linguaggio scolastico, punto di merito che s'ottiene sommando il punteggio riportato in tutte le materie e dividendolo quindi per il numero di esse.

media[2] → **medium**[2].

mediale *agg.* (*anat.*) si dice di tutto ciò che è prossimo al piano mediano del corpo o di un organo: *muscolo —*; *— dell'occhio* [*ill. Occhio*].

mediana *s.f.* **1** (*geom.*) ciascuna delle rette o dei segmenti che in un triangolo congiungono un vertice con il punto medio del lato opposto **2** nel gioco del calcio, lo schieramento dei giocatori in seconda linea, fra i terzini e gli attaccanti.

medianico [-dià-] *agg.* [pl.m. *-cì*] che è proprio di un medium, che avviene per mezzo di un medium: *flusso* —; *fenomeni medianici.*

mediano *agg.* che è in mezzo // *s.m.* nel calcio, il giocatore di seconda linea [*ill. Calcio*].

mediante *prep. impropria* per mezzo di, con l'aiuto di: *fui assunto* — *il suo appoggio.*

mediare *v.tr.* [*io mèdio ecc.*] far raggiungere con una mediazione: — *un accordo,* — *la pace / assol.* far da mediatore; trovare mediazioni: *a questo punto bisogna* —.

mediastino *s.m.* regione mediana della cavità toracica nella quale si trova il cuore.

mediateca [-tè-] *s.f.* raccolta di prodotti d'informazione realizzati con media audiovisivi (diapositive, film, videocassette, dischi ecc.).

mediato *agg.* **1** indiretto, interposto: *cause mediate e immediate* **2** raggiunto, ottenuto con mediazione: *prezzo* —.

mediatore [-tó-] *s.m.* [f. *-trice*] chi si interpone fra due persone, enti ecc. per far loro conseguire un accordo: *fare da* —; — *d'affari.*

mediazione [-zió-] *s.f.* **1** l'attività svolta dal mediatore. SIN. *intercessione* **2** il compenso che gli spetta.

medicamento [-mén-] *s.m.* **1** ogni sostanza usata per curare una malattia. SIN. *farmaco, rimedio* **2** (*non com.*) il medicare, medicazione.

medicamentoso [-tó-] *agg.* che ha virtù curative.

medicare *v.tr.* [*io mèdico, tu mèdichi ecc.*] **1** praticare le cure esterne necessarie a far guarire le ferite: — *una piaga, un ferito* **2** trattare con sostanze antisettiche o medicamentose (usato spec. il p.pass.): *cerotto, bagno medicato.*

medicastro *s.m.* (*spreg.*) cattivo medico; chi cura malati non essendo medico.

medicazione [-zió-] *s.f.* atto, effetto del medicare: *cambiare la* — *a un ferito.*

medicina *s.f.* **1** la scienza e l'arte che studia, previene e cura le malattie: — *interna,* — *preventiva*; *libro di* —; *iscriversi a* —, alla facoltà universitaria di medicina e chirurgia; *laurearsi in* — / *reparto* —, in un ospedale, quella dove si prestano cure mediche e non chirurgiche / — *legale*, quella che tratta problemi medici, chirurgici o biologici in rapporto con le scienze giuridiche e sociali **2** sostanza che serve a curare; farmaco, spec. se da prendere per via orale: *una* — *efficace*; *somministrare una* —; *bere la* —; *una* — *disgustosa* **3** (*fig.*) ogni cosa utile a dare benessere, a procurare rimedio ai mali fisici o morali: *il tempo è la migliore* —.

medicinale *agg.* che serve come medicina: *erba* — // *s.m.* prodotto farmaceutico per la cura delle malattie (spec. in quanto oggetto di commercio).

medico [mè-] *agg.* [pl.m. *-cì*] **1** che riguarda la medicina: *pratica medica*; *cure mediche* **2** (*non com.*) curativo, medicinale: *proprietà mediche* **3** del medico, relativo ai medici: *visita medica*; *gabinetto* —; *personale* —, in un'organizzazione sanitaria, quello composto da laureati in medicina (contrapposto a *paramedico*) // *s.m.* chi professa, chi esercita la medicina: *fare il* —; *un* — *famoso*; *l'ordine dei medici*; — *curante*, quello che ha in cura un ammalato: — *generico*, *o di base*, quello che cura normalmente una persona e se è necessario richiede

l'intervento di specialisti; — *chirurgo*, titolo professionale dei laureati in medicina e chirurgia, anche se non esercitano abitualmente la professione chirurgica / *il tempo è un gran* —, fa passare o dimenticare dolori e delusioni.

medievale *agg.* **1** del medioevo: *storia* —; *latino* —, quello in uso nel medioevo **2** (*fig.*) si dice di mentalità o idee retrograde.

medio [mè-] *agg.* **1** che è nel mezzo tra due estremi: *statura media*; *di media età*; *intelligenza media*, normale / *dito* — (o *il medio*), il terzo dito della mano / *ceto* —, la media e piccola borghesia / *scuola media*, tra le elementari e l'università / *pesi medi*, categoria sportiva del pugilato, della lotta e del sollevamento pesi / *onde medie*, (*rad.*) la lunghezza d'onda compresa tra i 200 e i 545 metri **2** che è ottenuto facendo la media tra diverse grandezze: *velocità, temperatura media.*

mediocentro [-cèn-] *s.m.* → **centromediano.**

mediocre [-diò-] *agg.* che sta nel mezzo, fra due estremi, di poco pregio: *lavoro* — *difficoltà*; *statura* —; *intelligenza* —; *uomo, alunno, artista* — // *s.m.* persona di limitate capacità.

mediocrità *s.f.invar.* **1** l'essere mediocre: *uscire dalla* — **2** (*non com.*) persona mediocre.

medioevale *agg.* → **medievale.**

medioevo [-è-] *s.m.* l'età storica compresa tra l'età antica e l'età moderna, dalla caduta dell'Impero Romano d'Occidente (476) alla scoperta dell'America (1492).

medioleggero [-gè-] *agg.* e *s.m.* si dice di una delle categorie in cui sono divisi i pugilatori, i lottatori e i sollevatori di pesi.

mediomassimo [-màs-] *agg.* e *s.m.* si dice di una delle categorie in cui sono divisi i pugilatori, i lottatori e i sollevatori di pesi.

meditabondo [-bón-] *agg.* che sta meditando; che ha l'aspetto di chi medita. SIN. *pensoso, pensieroso, cogitabondo.*

meditare *v.tr.* [*io mèdito ecc.*] **1** fermare a lungo e con attenzione la mente sopra un oggetto, un'idea, un argomento ecc., per intenderli e indagarli: — *una dottrina, un passo della Bibbia* **2** preparare nella mente qlco. che si intende realizzare; progettare: — *un romanzo*; — *un delitto / assol.*: raccogliersi in sé stessi per considerare attentamente qlco.: *parole che invitano a* — // *v. intr.* **1** considerare con profonda attenzione un oggetto, un'idea, un argomento ecc.: — *sui problemi dell'esistenza* **2** riflettere: *ho meditato sulle tue proposte.* SIN. *pensare.*

meditativo *agg.* che è portato alla meditazione; che rivela meditazione: *atteggiamento* —; *carattere* —.

meditato *agg.* che è stato ben ponderato, che è frutto di seria meditazione: *parole, pagine meditate.*

meditazione [-zió-] *s.f.* **1** atto, effetto del meditare: *sprofondarsi nella* —; *quest'opera è frutto di lunga* —; *dopo un lungo silenzio, espose le sue meditazioni.* SIN. *riflessione* **2** (*rel.*) raccoglimento dello spirito intorno a verità della fede: *tutte le mattine fa un'ora di* — **3** predica o scritto di argomento religioso o filosofico su cui si medita.

mediterraneo [-rà-] *agg.* **1** si dice di mare quasi completamente circondato da terre / *mare Mediterraneo* (o *Mediterraneo*), quello che bagna le coste meridionali dell'Europa, quelle occidentali dell'Asia Anteriore e quelle settentrionali dell'Africa **2** che si riferisce alle terre bagnate dal mare Mediterraneo: *clima* —; *popoli*

Medicina

■ BRANCHE SPECIALISTICHE: allergologia, anatomia, andrologia, angiologia, biochimica, biologia, batteriologia, bromatologia, cancerologia od oncologia, cardiochirurgia, cardiologia, chirurgia, crioanestesia, criochirurgia, dermatologia, dietologia, ematologia, embriologia, endocrinologia, epidemiologia, farmacologia, fisiologia, fisiopatologia, foniatria, frenologia, genetica, gerontologia, ginecologia, igiene, istologia, microbiologia, neurochirurgia, neurologia, neuropsichiatria, oculistica, odontoiatria, ortofonia, ortopedia, ortottica, osteologia, ostetricia, otorinolaringoiatria, patologia, pediatria, psichiatria, psicologia, psicosomatica, radiologia, semeiotica, sessuologia, stomatologia, tanatologia, traumatologia, tisiologia, urologia, venereologia.

■ MEDICI SPECIALISTI: alienista, allergologo, anatomista, anestesista, angiologo, cancerologo, cardiochirurgo, cardiologo, chirurgo, dentista, dermatologo, dietologo, endocrinologo, farmacologo, fisiologo, geriatra, igienista, neurochirurgo, neurologo, neuropsichiatra, oculista, odontoiatra, oncologo, ortopedico, ostetrico, otoiatra, otorinolaringoiatra, pediatra, psichiatra, psicologo, radiologo, tisiologo, traumatologo, urologo.

■ MALATTIE: aborto, acne, acondroplasia, acromatopsia, acromegalia, actinomicosi, adenoma, alcolismo, alienazione mentale, amebiasi, anemia, angiocolite, annessite, appendicite, arteriopatia, arteriosclerosi, arterite, artrite, artropatia, artrosi, asbestosi, ascesso, asma, aspergillosi, astenopia, astigmatismo, atelettasia, azoospermia, balanite, bartolinite, benzolismo, blastoma, blefarite, blenorragia, borsite, bronchiectasia, bronchite, broncopolmonite, brucellosi, bubbone, calazio, calcolosi, cancrena, cannabismo, carie, cateratta, cellulite, cerebropatia, cervicite, cheilite, chemosi, cheratite, cirrosi, cistite, cloralismo, coccidiosi, colangite, colecistite, colelitiasi, colibacillosi, colica, colpite, condilite, condiloma, condroma, congiuntivite, corea, coriza, coronarite, dacriocistite, daltonismo, dendrite, dengue, dermatite, dermopatia, diabete, difterite, distomatosi, ebefrenia, eclampsia, emartro, ematosi, emeralgia, emiparesi, emmetropia, emofilia, emopatia, emorroidi, empiema, enantema, encefalite, endocardite, endometrite, enfisema, enterite, epatite, epulide, eritroblastosi, ernia, erotismo, faringite, farmacodipendenza, favismo, fenilchetonuria, filariosi, flebite, fosforismo, framboesia, ftiriasi, gastrite, gastroenterite, gastropatia, gastroptosi, gengivite, giardiasi, ginecomastia, glaucoma, glioma, glossite, gonilite, gonorrea, gotta, herpes, ictus, idramnios, idrargirismo, idrartro, idrocele, idronefrosi, idrope, idrosadenite, infarto, infezione, infiammazione, influenza, intertrigine, iperemesi, ipernefroma, ipertensione, ipertiroidismo, ipertricosi, ipervitaminosi, ipopion, ipotiroidismo, ipovitaminosi, ischemia, ittiosi, kala-azar, lambliasi, leishmaniosi, leptospirosi, leucoplachia, leucoplasia, lichen, lupus, madarosi, malacia, malaria, malassorbimento, malformazione, melanoma, meningioma o psammoma, meningite, menorragia, mesotelioma, meteoropatia, metrite, micetoma, micosi, microcitemia, mieloma, mielosi, miocardite, mioma, miopatia, miosi, miosite, mixedema, mixoma, mixomatosi, morbillo, morfinismo, mughetto, naupatia, nefrite, nefrolitiasi, nefrosi, neoplasia, neurite, neuroma, nevrite, nevrosi, nicotinismo, nictalopia, ninfomania, nosofobia, oligofrenia, onfalite, onichia, onicofagia, onicogrifosi, orchite, orecchioni, ossicarbonismo, osteite, osteoma, osteomalacia, osteomielite, osteopatia, osteoporosi, otite, otopatia, otosclerosi, ozena, pachimeningite, pancreatite, papilloma, paraplegia, paratifo, parotite, patereccio, pediculosi, pemfigo, periartrite, pericardite, periostite, peritonite, pertosse, peste, pica, pielite, piodermite, pionefrosi, piorrea, pitiriasi, pleurite, pneumoconiosi, poliartrite, poliomielite, pollinosi, polmonite, postite, presbiopia, priapismo, proctite, prostatite, pterigio, pulpite, pustola, rabbia, rachitismo, radicolite, radiodermite, raffreddore, ragade, raptus, retinite, rinite, rinofaringite, roseola, salmonellosi, salpingite, satiriasi, saturnismo, scabbia, scarlattina, schistosomiasi, scialolitiasi, sciatica, scirro, sclerite, scotoma, scrofola, seminoma, sepsi, setticemia, sifilide, sifiloma, sigmoidite, silicosi, sincope, sinechia, sinusite, siringomielia, sodoku, sordomutismo, spirochetosi, splenite, spondilite, spondiloartrosi, sporotricosi, sprue, stomatite, tabagismo, tabe, talassemia o anemia mediterranea, tanatofobia, TBC, tebaismo, tecnopatia, tendinite, teniasi, teratoma, tesaurismosi, tetania, tiflite, tifo, tigna, tiloma, tiroidite, tonsillite, tossicodipendenza, tossicosi, tossinfezione, tracheite, tracoma, trichiasi, trichinosi, trichomoniasi, tripanosomiasi, tromboangioite, tromboartrite, tromboflebite, tubercolosi, ulcera, ureterite, uretrite, urticaria, vaginite, vaiolo, varice, varicocele, vitiligine, vulvite, vulvovaginite, xantelasma, xantoma, xeroderma, xeroftalmia, xerosi, zoonosi, zoopsia.

■ MALFORMAZIONI: ablefaria, acefalia, amelia, atresia, brachicefalia, ciclopia, cofosi, diastasi, epispadia, fimosi, focomelia, invaginazione, ipospadia, macrocefalia, macrosomia, meningocele, microftalmia, microsomia, palatoschisi, plancnoptosi, rachischisi, rinofima, schisi, sindattilia, spondilostesi, teratoma, turricefalia, valgismo, varismo.

■ SINTOMI: abulia, acapnia, accesso, acetonemia, acetonuria, achilia, acidosi, acloridria, acme, →

→ acrocianosi, adinamia, adiposità, aerofagia, afasia, affanno, afonia, ageusia, aggravamento, agitazione, agonia, agrafia, albuminuria, alcalosi, alcolemia, alessia, allergia, allucinazione, allucinosi, amaurosi, ambliopia, amenorrea, ametropia, amiostenia, amiotonia, amiotrofia, amnesia, anafrodisia, anamnesi, anasarca, anisocitosi, anisocoria, anoressia, anosmia, ansia, anuria, apassia, apatia, apiressia, ascialia, ascite, asfissia, asinergia, asma, astenia, astenopia, ateroma, atimia, attacco, autismo, balbuzie, cachessia, calcemia, capogiro, catalessi, catarro, catatonia, causalgia, cefalea, cheilofagia, cheloide, chetonemia, chilotorace, chiluria, chinetosi, chirospasmo, cianosi, ciclotimia, claudicazione, claustrofobia, clono, cloracne, colemia, coma, conato, costipazione, crampo, craurosi, crisi, decubito, demenza, dermografismo, diarrea, disappetenza, disartria, discinesia, discrasia, disfagia, disforia, disgeusia, disidratazione, dislalia, dismenorrea, dismetria, dispareunia, dispepsia, dispnea, distimia, distonia, diuresi, dolore, ectasia, ematemesi, ematuria, emoglobinuria, emottisi, enuresi, epatomegalia, epistassi, eretismo, esoftalmo, euforia, extrasistole, flittena, flutter, fosfene, fotofobia, gastrospasmo, glicosuria, imbecillità, impotenza, incontinenza, insonnia, ipercapnia, iperemia, iperestesia, iperossiemia, iperpiressia, ipertermia, ipocloridria, ipoglicemia, ipotonia, ischialgia, isterismo, ittero, laringospasmo, letargia, leucorrea, linfocitopenia, linfocitosi, lipotimia, logorrea, lombalgia, malinconia, megalomania, microcito, miotonia, nervosismo, neurastenia, neutrofilia, neutropenia, nictofobia, nicturia, nistagmo, obesità, oligocitemia, oligoemia, oliguria, ortopnea, otolite, otorragia, otorrea, papula, paracusia, parageusia, paralisi, paresi, parestesia, paronichia, parosmia, patofobia, piastrinopenia, pica, piemia, pinguedine, pirosi, piuria, pletora, plombiemia, poichilocito, polidipsia, poliglobulia, poliuria, pollachiuria, porpora, prodromo, prurigine, prurito, pubalgia, rash, raucedine, recidiva, recrudescenza, reumatismo, ricaduta, riflesso, rigidità, rigurgito, rilassatezza, rinolalia, ritenzione, scialorrea, sclerosi, scotoma, seborrea, sibilo, siderosi, singulto, soffio, sordità, spasmofilia, splenomegalia, stanchezza, stenocardia, stitichezza, stranguria, sudore, suggestione, suppurazione, sventramento, tenesmo, tensione, torpore, trance, trisma, turgidità, uremia, uridrosi, vaginismo, valgismo, vertigine, vomito, zoppicamento.

■ INTERVENTI: ablazione, amniocentesi, amputazione, analgesia, anastomosi, anestesia, angiografia, appendicectomia, arteriografia, artrodesi, artroplastica, autopsia, biopsia, blefaroplastica, broncografia, broncoscopia, castrazione, cateterismo, cauterizzazione, cesareo, cineangiocardiografia, circoncisione, cistoscopia, cistostomia, clisma, colecistografia, cutireazione, devitalizzazione, diafanoscopia, dialisi, dissezione, drenaggio, ecografia, elettrocoagulazione, elettroencefalogramma, emocromo, emodialisi, emostasi, encefalografia, endoscopia, enteroclisma, enucleazione, erniotomia, escissione, estrazione, exeresi, fleboclisi, fonocardiografia, gastrectomia, gastroenterostomia, ibernazione, implantologia, incisione, ingessatura, innesto, inoculazione, inseminazione, insufflazione, intradermoreazione, intubazione, ipodermoclisi, isterectomia, laparoscopia, laparotomia, laringectomia, laringoscopia, laringotomia, lifting, lobotomia, mammografia, mastectomia, microchirurgia, monitoraggio, narcoanalisi, nefrectomia, neurotomia, optometria, oscillografia, osteosintesi, osteotomia, ovariectomia, pap-test o esame colpocitologico, paracentesi, peeling, pneumectomia, pneumografia, prostatectomia, puntura, raschiamento, resezione, rinoscopia, rivolgimento, salasso, schiascopia, scintigrafia, sfigmografia, shunt, sierodiagnosi, sondaggio, spirometria, sterilizzazione, striscio, sutura, termografia, tiroidectomia, tomografia, tonsillectomia, tracheotomia, trapanazione, trapianto, trasfusione, urografia, vaccinazione, vasectomia, vivisezione.

■ STRUMENTI: abbassalingua, ago, bisturi, by-pass, cardiografo, catetere, cauterio, cistoscopio, dilatatore, divaricatore, fonendoscopio, forcipe, inalatore, IUD, laringoscopio, laser, martello, microscopio, oftalmoscopio, oscilloscopio, osteotomo, otoscopio, pace-maker, pessario, pneumografo, preservativo, rettoscopio, sfigmomanometro, siringa, sonda, sospensorio, spirale, stetoscopio, termocauterio, termometro, trequarti.

■ FARMACI: afrodisiaco, alcaloide, allucinogeno, analettico, analgesico, anestetico, ansiolitico, antalgico, anticoncezionale, antidoto, antielmintico, antiemetico, antifecondativo, antiflogistico, antinfluenzale, antiofidico, antipiretico, antisettico, antispastico, antistaminico, astringente, balsamico, barbiturico, battericida, batteriostatico, bechico, betabloccante, cardiocinetico, cardiotonico, chemioterapico, colagogo, contraccettivo, corticosteroide, cortisonico, decongestionante, diaforetico, digestivo, disinfettante, diuretico, eccipiente, emetico, emmenagogo, emostatico, eupeptico, galenico, ganglioplegico, ipnotico, lassativo, lattagogo, miorilassante, narcotico, officinale, palliativo, placebo, profilattico, psicofarmaco, psicoterapico, psicotropo, purgante, revulsivo, ricostituente, sedativo, sonnifero, spermicida, stupefacente, sulfamidico, tonico, tranquillante, veleno vescicante.

mediterranei / anemia mediterranea, altro nome della
talassemia.

medium[1] [mè-] *s.m.* e *f.invar.* persona dotata di facoltà
capaci di produrre determinati fenomeni studiati dalla
metapsichica e per le quali, secondo l'ipotesi spiritisti-
ca, sarebbe in grado di far comunicare gli spiriti con gli
uomini.

medium[2] [*ingl.*; *pr.* mìdium; pl. *media*, *pr.* mìdia] *s.m.*
strumento di comunicazione, spec. in pubblicità: *quella
rivista è un — influente*.

medusa [-/a] *s.f.* **1** (*zool.*) animale marino dei celenterati, dal corpo gelatinoso a forma di ombrella, orlato
da una frangia di filamenti prensili e urticanti **2** (*mit.*)
una delle mitiche Gorgoni, con la testa cinta di serpenti, che pietrificava chiunque la guardasse.

meeting [*ingl.*; *pr.* mìtin] *s.m.* riunione, incontro (sportivo, politico, scientifico, organizzativo).

mefistofelico [-fè-] *agg.* [pl.m. *-ci*] di, da Mefistofele;
diabolico: *riso —*, maligno e sarcastico. SIN. *satanico*.

mefitico [-fì-] *agg.* [pl.m. *-ci*] irrespirabile, malsano:
aria mefitica.

mega- [mè-] [dal gr. *mègas = grande*] primo elemento
usato in composti foggiati modernamente per indicare
grandezza o eccessivo sviluppo (*megafono*, *megacolon*);
premesso a denominazioni di unità di misura le moltiplica per un milione (*megahertz*).

megaciclo *s.m.* (*rad.*) unità di misura della frequenza,
pari a 1 milione di periodi al secondo.

megacolon [-cò-] *s.m.invar.* (*med.*) dilatazione patologica del colon.

megafono [-gà-] *s.m.* strumento acustico a forma di
cono, con un'imboccatura, che serve ad amplificare la
voce.

megahertz [-hèrtz] *s.m.invar.* (*fis.*) unità di misura di
frequenza, pari a 1 milione di hertz.

-megalia [-li-] [dal gr. *mègas*, *megàlou = grande*] seconda parte di termini medici, che indica aumento di
volume, grandezza eccessiva (*epatomegalia*).

megalite *s.m.* monumento preistorico costituito da un
enorme blocco di pietra infisso nel terreno.

megalo- [mè-] [dal gr. *mègas*, *megàlou = grande*] primo elemento compositivo che figura, di solito, in termini scientifici moderni; significa «grande, grandezza»
(*megalomania*).

megalomane [-lò-] *agg.* e *s.m.* e *f.* che o chi è affetto
da megalomania.

megalomania [-nì-] *s.f.* mania di grandezza; esagerata
presunzione di sé, delle proprie capacità e forze.

megalopoli [-lò-] *s.f.invar.* grande metropoli (spec. con
riferimento ai suoi caratteri disumani, alienanti).

megaton [mè-] *s.m.invar.*, **megatone** [-tó-] *s.m.* (*fis.*)
unità di misura della potenza delle esplosioni nucleari;
è pari alla potenza di 1 milione di tonnellate di tritolo.

megattera [-gàt-] *s.f.* cetaceo di medie dimensioni, velocissimo nel nuoto (*ill. Cetacei*).

megera [-gè-] *s.f.* donna maligna, litigiosa, brutta; vecchia ripugnante.

meglio [mè-] *avv.* [*compar.* di **bène**] in modo migliore:
rifletteci —; *leggi un po' —* / *star —*, essere, trovarsi in
condizioni migliori o più soddisfacenti; riferito a cose,
essere più adatto; essere collocato in modo migliore:
oggi sto —; *stanno assai — di noi*; *quel quadro stava —
nel salotto* / *andar —*, procedere in modo migliore o
più soddisfacente: *le cose vanno —* / *andare di bene in
—*, continuare a migliorare (spesso *iron.*) / *cambiare in
—*, migliorare; quando accompagna un p.pass. dà ad

esso un valore compar.: *è — preparato di te*; se preceduto a sua volta dall'art.determ. forma un superl.rel. di
maggioranza: *gli alunni — preparati*; *le persone — edu-
cate* // *agg.compar.invar.* **1** migliore; preferibile: *questa traduzione è — dell'altra*; *nulla di —*; in mancanza di
— **2** con valore neutro, nel significato di *cosa migliore*, preferibile: *sarà — che tu parta*; *è — non parlare* /
prov.: *è — un uovo oggi che una gallina domani*; *— tardi che mai*; *— soli che male accompagnati* **3** in usi
region., immediatamente preceduto dall'art.det., ha valore di superl.rel., il migliore: *la — gioventù*; *il — chirurgo*; *i — scolari*; nell'uso fam. con valore di pron.: *si
sono presi i —* / *aver la —*, sottintendendo sorte o fortuna, riuscire vittorioso / *alla —*, *alla bell'e —*, non bene, in qualche modo (sottintendendo maniera) // *s.m.*
la cosa o la parte migliore: *prendersi il —*; *dimenticare il
—*; *è il — che tu potessi fare* / *fare il* (o *del*) *proprio —*,
tutto ciò che è possibile o ciò che è più vantaggioso /
per il —, nel modo migliore, più vantaggioso / *per il
tuo*, *suo —*, a tuo, a suo vantaggio / *prov.*: *il — è nemico
del bene*.

meiopragia [-gi-] *s.f.* (*med.*) condizione di ridotta funzionalità di un organo.

meiosi [-iò/i] *s.f.* (*biol.*) processo che determina, nelle
cellule germinali mature, la riduzione a metà del numero di cromosomi.

mela [mé-] *s.f.* frutto del melo, di forma tondeggiante,
con polpa bianca, dolce e buccia sottile, colorita (*fam.
Rosacee*) / *bianco e rosso come una —*, (*fam.*) si dice di
viso colorito, sano.

melagrana *s.f.* frutto del melograno, contenente numerosissimi grani rossi, dolci, commestibili.

melanconia [-nì-] *s.f.* e *deriv.* → **malinconia** e *deriv.*

melange [mè-] [*franc.*; *pr.* melànj] *s.m.* **1** mescolanza;
si dice di tinte, colori di tessuti, lane ecc. **2** caffè misto
a panna.

melanina *s.f.* (*biol.*) pigmento bruno o nero elaborato
da particolari cellule.

melanoma [-nò-] *s.m.* [pl. *-i*] tumore caratterizzato
dalla neoformazione di tessuto ricco di melanina,
quindi di colore scuro.

melanzana [-ʒa-] *s.f.* pianta erbacea con frutti allungati, dalla buccia violacea, commestibili (*fam. Solanacee*).

melario [-là-] *s.m.* negli alveari, la parte dell'arnia dove
le api depositano il miele // *agg.* del miele, che riguarda il miele.

melassa *s.f.*, **melasso** *s.m.* liquido sciropposo che rimane dopo che dalla canna da zucchero e dalle barbabietole si è estratto lo zucchero.

melato *agg.* **1** addolcito con miele **2** (*fig.*) dolciastro,
ostentatamente garbato: *parole melate*. SIN. *mellifluo*.

meleagrina *s.f.* mollusco dei mari caldi, con la conchiglia formata da due valve semicircolari spesse e verdastre; è il principale produttore di perle e di madreperla.

melenso [-lèn-] *agg.* che è tardo nell'intendere e nel
muoversi, goffo; scipito, privo di significato: *persona
melensa*; *sguardo —*. SIN. *sciocco*, *stupido*.

melfitano *agg.* di Melfi // *s.m.* abitante di Melfi.

melica [mè-] *s.f.* presso gli antichi greci, la poesia lirica
composta per la musica.

melico [mè-] *agg.* [pl.m. *-ci*] si dice della poesia per
musica, spec. della Grecia classica, e degli autori di tale
poesia: *poeta —*.

meliga [mè-] *s.f.* pianta erbacea che serve da foraggio
(*fam. Graminacee*).

meliloto [-lò-] *s.m.* pianta erbacea con fiori gialli, odorosi, in grappolo e foglie tripartite (*fam.* Leguminose).

melina *s.f.* nel gioco del calcio, e, per estens., in altri sport di squadra, l'azione del trattenere la palla senza giocarla per mantenere il risultato conseguito.

melissa *s.f.* pianta erbacea con fiori bianchi, profumati; dalle foglie si ricava un'essenza che ha proprietà calmanti (*fam.* Labiate).

mellifluo [-lì-] *agg.* dolce, ma d'una dolcezza affettata: *atteggiamento* —; *parole melliflue.* SIN. *melato.*

melma [mél-] *s.f.* **1** fanghiglia, limo depositato negli abissi marini o sul fondo di fiumi, di paludi, oppure lasciato dalle piene **2** (*fig.*) turpitudine: *sollevarsi dalla* —.

melmoso [-mó-] *agg.* pieno di melma.

melo [mé-] *s.m.* albero con rami lucidi, rosso-bruni, fiori bianchi raccolti in corimbi e foglie ovali seghettate; produce frutti di forma tondeggiante, commestibili (*fam.* Rosacee).

melodia [-dì-] *s.f.* **1** (*mus.*) successione di suoni di valore variabile che costituisce un pensiero musicale organico **2** per estens., dolcezza, armonia di voci, di suoni e simili: *la* — *dei versi di un poeta*; *la* — *del canto degli uccelli.*

melodica [-lò-] *s.f.* strumento musicale a fiato con cassa di risonanza a forma di parallelepipedo e tastiera [*ill.* Musicali, strumenti].

melodico [-lò-] *agg.* [pl.m. *-ci*] di melodia, che ha carattere di melodia: *motivo* —.

melodioso [-diò-] *agg.* pieno di melodia; dolce, soave: *canto* —.

melodramma *s.m.* [pl. *-i*] composizione drammatica in versi integralmente musicata e cantata; si dice però anche del solo testo poetico / *eroe, personaggio da* —, che si compiace di atteggiamenti, di espressioni esagerate.

melodrammatico [-mà-] *agg.* [pl.m. *-ci*] **1** proprio del melodramma **2** (*fig.*) esagerato, teatrale: *gesto, tono* —.

melograno *s.m.* arbusto con fiori rossi e foglie ovali che dà le melagrane (*fam.* Punicacee).

melone [-ló-] *s.m.* → **popone.**

membrana *s.f.* **1** (*anat.*) tessuto connettivale sottile, elastico, che avvolge determinati organi o ricopre alcune cavità dell'organismo: — *del timpano* [*ill.* Orecchio]; — *cellulare* **2** foglio sottile di pelle di animale essiccata e adibita a vari usi; in particolare, la pergamena.

membranaceo [-nà-] *agg.* che ha struttura e consistenza di una membrana; simile a una membrana: *organo* — / *codice* —, libro formato da fogli di pergamena.

membranoso [-nó-] *agg.* che è formato da una o più membrane; che è simile a membrana.

membratura *s.f.* **1** (*non com.*) forma e disposizione delle membra umane **2** (*arch.*) elemento costruttivo o decorativo evidente in un edificio.

membro [mèm-] *s.m.* [pl.f. *-a*, del corpo umano; pl.m. *-i*, negli altri significati] **1** ciascuna parte esterna del corpo umano, addetta a una funzione particolare: *un giovane dalle membra forti e vigorose* / *le sparse membra*, (*fig.*) parti disperse di qlco. che è stato distrutto **2** pene *s.f.* (*fig.*) ciascuna delle persone che formano un tutto: *i membri della famiglia, del parlamento, della commissione* **4** (*lett.* o *scient.*) parte, componente: *il primo* — *di un'equazione matematica.*

membruto *agg.* si dice di persona che ha membra grosse e forti.

memorabile [-rà-] *agg.* degno di essere ricordato: *un fatto* —.

memorando *agg.* (*lett.*) che deve essere ricordato; memorabile.

memorandum *s.m.invar.* **1** scritto in cui sono ricordati a sommi capi i termini di una questione: *l'ambasciatore lasciò un* — *al ministero* **2** libriccino di note in cui si segnano le cose da fare giorno per giorno, per non dimenticarsene.

memore [mè-] *agg.* (*lett.*) che non dimentica; grato, riconoscente: *sarò sempre* — *del tuo aiuto.*

memoria [-mò-] *s.f.* **1** facoltà della mente di conservare e rievocare esperienze e conoscenze passate: *ha una buona* — / *sapere, imparare a* —, conoscere, apprendere un testo, una frase e simili in modo tale da poterli ripetere punto per punto / — *visiva*, che ritiene la disposizione delle cose come si sono presentate alla vista / *a* — *d'uomo*, dai tempi più lontani di cui si ha ricordo **2** immagine o idea che resta di qlcu. o qlco.: *lasciare buona* — *di sé*, si dice di chi muore / *alla* — *di qlcu.*, per onorarne il ricordo / *se ne è persa la* —, non è più conosciuto da nessuno / *pro* —, appunto che serve a far ricordare un impegno e simili **3** componente esterna o interna di un elaboratore elettronico nella quale vengono conservate le informazioni o i risultati dei calcoli o tutti i dati necessari per le elaborazioni [*ill.* Elaboratore] **4** *pl.* autobiografia, ricordi di cose viste o fatte: *ha scritto le sue memorie*; *un libro di memorie* **5** *pl.* tutto ciò che costituisce un documento o un ricordo del passato: *le care memorie dell'infanzia*; *una città ricca di memorie gloriose* **6** breve scritto che riassume i punti principali di una questione: *la difesa ha presentato una* — *al giudice*; — *scientifica.*

memoriale *s.m.* narrazione di fatti degni di memoria ai quali l'autore ha partecipato in qualità di protagonista o testimone; raccolta di memorie.

memorialista *s.m.* e *f.* [pl. *-i*] chi scrive memorie.

memorizzare [-riʒʒa-] *v.tr.* **1** fissare nella memoria, imparare a memoria **2** registrare informazioni e dati nella memoria di un calcolatore elettronico.

memorizzato [-riʒʒa-] *agg.* si dice di informazione registrata nella memoria di un calcolatore elettronico.

memorizzazione [-riʒʒaʒió-] *s.f.* l'atto, l'effetto del memorizzare.

mena [mé-] *s.f.* spec. *pl.* maneggio, intrigo.

menabò *s.m.invar.* (*tip.*) facsimile di un libro, di una rivista e simili, che serve da schema per l'impaginazione.

menade [mè-] *s.f.* (*mit.*) baccante.

menadito solo nella locuz. *a menadito*, esattamente, benissimo: *conoscere a* —.

ménage [*franc.*; pr. *menàj*] *s.m.* andamento, gestione, spec. della vita di coppia o familiare.

menarca *s.m.* [pl. *-chi*] (*med.*) la prima mestruazione.

menare *v.tr.* [*io méno* ecc.] **1** condurre da un posto all'altro; portare in un luogo: — *il cavallo per la cavezza*; *questa strada mena alla stazione* / — *una vita, un'esistenza modesta, dispendiosa*, vivere nelle ristrettezze, tra gli agi / — *il can per l'aia*, tirare le cose in lungo, senza concludere / — *qlco. per le lunghe*, rinviarla nel tempo, spesso con malafede / — *qlcu. per il naso*, raggirarlo, fargli credere quel che si vuole / — *vanto di qlco.*, vantarsene / — *buono*, portar fortuna **2** muovere rapidamente, agitare: *il cane menava la coda* / — *le mani*, picchiare / — *un colpo, un ceffone*, darlo con forza, assestarlo **3** (*dial.*) picchiare, prendere a botte.

menata *s.f.* (*pop.*) lamentela, rimprovero, richiesta

troppo spesso ripetuta; situazione incresciosa che si ripete sempre uguale: *sono stufo di questa —*.

mencio [mén-] *agg.* (*region.*) floscio, cascante, molle.

menda [mèn-] *s.f.* (*lett.*) difetto, errore. SIN. *pecca*.

mendace *agg.* (*lett.*) che dice menzogne; che contiene menzogne: *uomo —*; *parole mendaci*. SIN. *menzognero, falso, fallace, ingannevole*.

mendacia [-dà-] *s.f.* (*lett.*) l'essere mendace.

mendacio [-dà-] *s.m.* (*lett.*) menzogna, bugia.

mendeliano *agg.* del biologo boemo J.G. Mendel (1822-1884); delle leggi sull'ereditarietà da lui formulate.

mendelismo [-ʃmo] *s.m.* complesso dei fenomeni ereditari soggetti alle leggi di Mendel; studio dell'ereditarietà dei caratteri.

mendicante *agg.* e *s.m.* e *f.* che o chi chiede l'elemosina; che o chi vive di elemosina: *un — ha bussato alla porta* / *Ordini mendicanti*, ordini di frati che vivono mendicando. SIN. *mendico, accattone*.

mendicare *v.tr.* [*io méndico, tu méndichi ecc.*] **1** chiedere per elemosina qlco.: *— una minestra*; *— un aiuto* / *assol.* chiedere l'elemosina: *è costretto a —*. SIN. *elemosinare, accattare, questuare* **2** per estens., chiedere con umiltà e insistenza una cosa desiderata; invocare: *— un incarico*; *— un po' d'amore*.

mendicità *s.f.invar.* condizione di mendicante: *ospizio di —*, per i poveri.

mendico *agg.* e *s.m.* [pl.m. *-chi*] (*lett.*) si dice di persona assai povera, costretta a mendicare per vivere. SIN. *accattone, mendicante*.

menefreghismo [-ʃmo] *s.m.* l'essere menefreghista.

menefreghista *agg.* e *s.m.* e *f.* [pl.m. *-i*] che, chi nutre e ostenta disinteresse per gli altri e trascura i propri impegni.

menestrello [-strèl-] *s.m.* nel medioevo, giullare che eseguiva, accompagnandosi con la musica, le poesie composte dai trovatori e dai trovieri o anche le proprie.

menhir [mèn-] *s.m.invar.* monumento megalitico costituito da una grande pietra di forma allungata infissa verticalmente in terra.

meninge *s.f.* (*anat.*) ciascuna delle tre membrane che avvolgono l'encefalo e il midollo spinale.

meningeo [-gè-] *agg.* attinente alle meningi.

meningioma [-giò-] *s.m.* [pl. *-i*] (*med.*) tumore che si sviluppa sulle meningi.

meningite *s.f.* (*med.*) infiammazione delle meningi.

meningococco [-còc-] *s.m.* [pl. *-chi*] il batterio sferico (cocco) che determina la meningite cerebro-spinale epidemica.

menisco *s.m.* [pl. *-chi*] **1** (*ott.*) lente convessa da una parte e concava dall'altra **2** (*fis.*) forma concava o convessa assunta dalla superficie libera di un liquido in un tubo di piccola sezione **3** (*anat.*) diaframma fibro-cartilagineo frapposto tra le superfici contigue di alcune articolazioni.

meno [mé-] *avv. di quantità* [*compar.* di *pòco*] **1** in minor quantità, grado o maniera; si premette ad aggettivi, avverbi e si pospone a verbi: *il viaggio è stato — lungo*; *— volentieri*; *dovresti lavorare —*; *più o meno interessante*; in unione ad agg. o avv. forma il compar. di minoranza: *l'argento è — prezioso dell'oro*; *è — permaloso di te*; *è riuscito — bene di quanto pensassi*; preceduto dall'art.det. forma il superl.rel. di minoranza: *il — abile* / *è stato — che onesto, disonesto* / *poco più poco —*, *più o —*, all'incirca / *né più né —*, per l'appunto, proprio / *— male*, esprime la soddisfazione, il sollievo di constatare che le cose sono andate meglio di come si pensava o si temeva: *è stato promosso, — male!* / *a — che, a — di*, eccetto che, sempre che, salvo che; *verrò, a meno che non piova* / *niente —*, (o, più com., *nientemeno*) addirittura; esprime stupore, meraviglia, dispetto: *sono già le sette, nientemeno!* / *per lo —* (o *perlomeno*), a dir poco; almeno: *vale per lo — due milioni* / *essere da —*, essere inferiore (per capacità, merito, condizione ecc.), generalmente in frasi negative: *lei è ricca, ma lui non è da —* / *fare a — di qlcu, di qlco.*, privarsene, farne senza; astenersene: *potresti fare a — di tante cose*; *non può fare a — di fumare* / *venir —*, mancare; venire a cessare: *gli vennero — le forze*; *venir — alla parola data*; di persona, in senso assoluto: *venir —*, svenire **2** in matematica indica la sottrazione, la differenza e i numeri negativi: *dieci — due uguale a otto*; *un chilogrammo — due etti*; *sono le sette — dieci*; *il termometro segna — tre*, tre gradi sotto zero / *cento lire (in) —* (o *di —*) // *agg.compar.invar.* minore; in minor numero; in quantità minore: *oggi ho impiegato — tempo*; *c'era — gente*; *ho — amici che nemici*; *— storie!*; con valore neutro, spesso sostantivato, anche nelle comparazioni: *ho mangiato — del solito*; *si può avere per —*, per minor prezzo; *ho lavorato non — (tempo) di tre ore*; *tra non — (minor tempo) di una settimana*; in men che non si dica, in un attimo // *prep.impropria* fuorché, tranne, eccetto: *c'erano tutti — loro, eccetto loro* // *s.m.* **1** la minor cosa, la parte minore: *questo è il — che si possa fare*; *è il — che gli potesse capitare* / *parlare del più e del —*, di cose poco importanti / *dal più al —*, all'incirca **2** in matematica, la lineetta che è simbolo di sottrazione o di quantità negativa **3** il minor numero; la minoranza: *coloro che firmarono furono i —*.

menomare [*io mènomo ecc.*] *v.tr.* danneggiare.

menomato *agg.* e *s.m.* che, chi ha subito una menomazione: *— nella vista*.

menomazione [-zió-] *s.f.* atto, effetto del menomare.

menomo [mè-] *agg.* minimo: *non avere il — sospetto*.

menopausa [-pàuʃa] *s.f.* fase involutiva degli organi generatori della donna per cui cessa la facoltà di generare.

menorragia [-gì-] *s.f.* (*med.*) aumento eccessivo del flusso mestruale.

mensa [mèn-] *s.f.* **1** tavola apparecchiata: *essere, sedere a —* / *togliere le mense*, (*antiq.*) sparecchiare **2** l'insieme delle vivande: *— frugale* **3** locale nel quale i membri di una comunità prendono i pasti in comune; anche l'organizzazione che provvede ad allestire i pasti di una comunità: *— degli ufficiali*; *— aziendale* **4** (*lit.*) parte dell'altare costituita dal piano orizzontale, a mo' di tavola, su cui si celebra la messa [*ill. Chiesa*] / *accostarsi alla — eucaristica*, comunicarsi **5** — *vescovile*, reddito assegnato a un vescovo.

menscevico *agg.* e *s.m.* [pl.m. *-chi*] (*st.*) minoritario, detto degli aderenti a una frazione del movimento socialista russo.

mensile *agg.* **1** del mese; che avviene o ricorre ogni mese: *pubblicazione —*; *salario —* **2** che dura un mese: *congedo —* // *s.m.* somma, stipendio che si riscuote ogni mese.

mensilità *s.f.invar.* **1** l'essere mensile: *— di controlli* **2** somma che si paga ogni mese; stipendio mensile.

mensola [mèn-] *s.f.* elemento architettonico incastrato nel muro per sostenere un oggetto o una parte di edificio; mobile a forma di tavoletta che si fissa alla parete per appoggiarvi oggetti vari.

mensuralismo [-ʃmo] *s.m.* (*mus.*) sistema di valutazione della durata esatta di ogni singola nota.

menta [mèn-] *s.f.* pianta erbacea aromatica con foglie ovate e piccoli fiori raccolti in spighe; la sua essenza viene usata in medicina e nell'industria (*fam.* Labiate).

mentale *agg.* della mente: *facoltà mentali* // **-mente** *avv.* con la mente.

mentalità *s.f.invar.* struttura mentale di un individuo o di un gruppo, di una comunità; modo particolare di considerare le cose: *la — degli studenti;* — *aperta, infantile.*

mente [mèn-] *s.f.* **1** l'insieme delle facoltà intellettive e la loro sede: — *acuta, ottusa; malato di —, pazzo, mentecatto; applicare la —,* prestare attenzione; *por — a una cosa,* badarci; *avere in — una cosa,* avere intenzione di farla; *a — fresca,* quando è piena di energia dopo il riposo; *nutrire la — di studi* **2** memoria: *tenere a —,* ricordare; *avere in — qlco.,* ricordarla; *mi viene in —,* mi ricordo; *richiamare alla —,* richiamare alla memoria; *scappare di —,* si dice di una cosa dimenticata; *levarsi dalla — un'idea,* non pensarci più **3** persona di eccezionale intelligenza: *le più belle menti del secolo / il braccio e la —,* chi esegue materialmente un'impresa e chi la organizza e dirige.

mentecatto *agg.* e *s.m.* infermo di mente. SIN. *matto, pazzo.*

mentina *s.f.,* **mentino** *s.m.* pasticca di menta.

mentire *v.intr.* [*io mènto o mentisco, tu mènti o mentisci ecc.*] dire, affermare il falso consapevolmente.

mentito *agg.* falso, finto: *sotto mentite spoglie,* travestito (anche *fig.*).

mentitore [-tó-] *s.m.* [f. *-trice*] chi mente. SIN. *bugiardo.*

mento [mén-] *s.m.* la parte inferiore del viso, situata al di sotto del labbro inferiore / *l'onor del —,* (*scherz.*) la barba.

mentolo [-tò-] *s.m.* olio aromatico che si estrae dalla menta, usato in farmacia e in profumeria.

mentoniera [-niè-] *s.f.* nella parte inferiore della cassa dei violini e delle viole, pezzo di legno concavo che serve all'esecutore per appoggiarvi il mento [*ill. Musicali, strumenti*].

mentore [mèn-] *s.m.* (*lett.*) consigliere fidato, guida.

mentovare *v.tr.* [*io mèntovo ecc.*] (*lett.*) menzionare.

mentre [mèn-] *cong.* **1** subordinativa temporale nel tempo in cui, nel momento in cui, quando, per tutto il tempo in cui, sino a quando: *uscì — pioveva;* — *passeggiavo, t'incontrai* **2** coordinativa avversativa quando invece: *quell'uomo non mi piace,* — *tutti lo esaltano* // *s.m.* [manca del *pl.*] momento: *in quel — sopraggiunse un'automobile che mi sfiorò.*

menu [*franc.*; pron. menü] *s.m.* lista delle vivande che compongono un pranzo; in particolare, quella che viene presentata alla clientela nei ristoranti; per estens., il pranzo stesso: *un — ricco, variato.*

menzionare *v.tr.* [*io menzióno ecc.*] far menzione di qlcu. o qlco. SIN. *nominare, ricordare.*

menzione [-zió-] *s.f.* accenno; ricordo di persona o cosa che si fa in uno scritto o in un discorso.

menzogna [-zò-] *s.f.* affermazione o dichiarazione consapevolmente e volontariamente contraria alla verità e al proprio pensiero. SIN. *bugia.*

menzognero [-gnè-] *agg.* che dice, che contiene menzogne. SIN. *bugiardo, mendace.* CONTR. *veritiero.*

meraviglia [-vì-] *s.f.* **1** sentimento di viva sorpresa suscitato da cosa straordinaria e inattesa / *destare la —,* stupire / *a —,* ottimamente. SIN. *ammirazione, stupo-*re **2** persona o cosa che suscita ammirazione: *le sette meraviglie del mondo / far meraviglie,* compiere imprese eccezionali; meravigliarsi molto.

meravigliare *v.tr.* [*io meraviglio ecc.*] destare meraviglia. SIN. *stupire* // **-arsi** *v.rifl.pron.* provar meraviglia: *si meravigliò di vedermi / mi meraviglio di voi!,* espressione di rimprovero o di biasimo.

meravigliato *agg.* pieno di meraviglia. SIN. *incantato, stupito, stupefatto.*

meraviglioso [-glió-] *agg.* che desta meraviglia. SIN. *magnifico, mirabile, stupendo.*

mercante *s.m.* chi commercia all'ingrosso / *fare orecchi da —,* far finta di non sentire / — *in fiera,* nome popolare di un gioco di carte.

mercanteggiamento [-mén-] *s.m.* il mercanteggiare; trattativa meschina.

mercanteggiare *v.intr.* [*io mercantéggio ecc.*] fare il mercante, commerciare (anche *fig.*): — *sull'onore* // *v.tr.* (*fig.*) far mercato di qlco.: — *il voto* // *assol.* contrattare, stiracchiare sul prezzo.

mercantile *agg.* di, da mercante; attinente al commercio: *attività, codice, marina, nave —* // *s.m.* bastimento da trasporto.

mercantilismo [-ʃmo] *s.m.* **1** (*non com.*) modo d'agire da mercante **2** politica economica mirante ad accrescere la ricchezza in valuta pregiata di uno stato diminuendo le importazioni e favorendo le esportazioni.

mercantilista *agg.* e *s.m.* e *f.* [pl.m. *-i*] che, chi segue il mercantilismo.

mercanzia [-zì-] *s.f.* **1** merce, insieme di merci / *saper vendere la propria —,* (*fig.*) saper fare apprezzare i propri meriti anche più del dovuto **2** (*ant.*) il mercanteggiare: *arte della —.*

mercato *s.m.* **1** luogo in cui convengono compratori e venditori per contrattare determinati prodotti: — *coperto, rionale, all'aperto; il — del giovedì* **2** complesso delle contrattazioni svolte da compratori e venditori: — *all'ingrosso, al minuto / a buon —,* a prezzo poco; (*fig.*) con poco danno o fatica / — *nero,* commercio illecito, a prezzi altissimi, di generi di cui vi è scarsità / — *del lavoro,* il complesso dei meccanismi attraverso i quali le imprese si procurano manodopera e le persone si procurano un lavoro **3** (*spreg.*) traffico, commercio illecito: *far — del proprio nome.*

mercatura *s.f.* (*ant.*) esercizio del commercio.

merce [mèr-] *s.f.* qualunque bene mobile, economicamente utile, destinato alla vendita / *carro merci,* vagone ferroviario adibito esclusivamente al trasporto di merci; *treno merci,* composto da carri merci.

mercé *s.f.invar.* (*lett.*) aiuto, grazia: *implorare — / essere alla — di qlcu.,* in suo potere.

mercede [-cé-] *s.f.* **1** (*antiq.*) compenso in denaro con cui si retribuisce qlcu. per l'opera prestata. SIN. *paga, salario* **2** (*lett.*) ricompensa, anche non materiale **3** (*ant.*) pietà, misericordia.

mercenario [-nà-] *agg.* **1** che presta la sua opera a pagamento (detto di persona): *milizie mercenarie* **2** che è fatto per un compenso (detto di cosa): *allattamento —* **3** (*spreg.*) venale, che pensa solo al vantaggio economico: *critico, scrittore —,* prezzolato // *s.m.* **1** soldato di una milizia mercenaria **2** (*spreg.*) chi non fa nulla se non per denaro.

mercenarismo [-ʃmo] *s.m.* **1** tendenza a far commercio anche di qualità intellettuali o morali **2** la pratica della milizia mercenaria.

merceologia [-gì-] *s.f.* scienza applicata che studia le merci secondo la loro origine, i caratteri fisici, gli usi, la produzione e il valore commerciale.

merceologico [-lò-] *agg.* [pl.m. *-cí*] che riguarda la merceologia.

merceologo [-ò-] *s.m.* [pl. *-gi*] studioso di merceologia.

merceria [-rì-] *s.f.* **1** spec. *pl.* l'insieme degli articoli minuti (p.e. filo, aghi, fettucce, bottoni) usati per lavori di cucito **2** bottega ove si vendono tali oggetti.

mercerizzare [-riʒʒa-] *v.tr.* (*ind. tessile*) conferire a un tessuto o a un filato di cotone, mediante trattamento chimico, una lucentezza simile a quella della seta.

mercerizzato [-riʒʒa-] *agg.* si dice del cotone che ha subito un processo di mercerizzazione.

mercerizzazione [-riʒʒaʒió-] *s.f.* operazione del mercerizzare.

merchandising [*ingl.; pr.* morciandàiʃin] *s.m.* (*comm.*) tecnica ottimale di esposizione al pubblico dei prodotti in vendita.

merciaio [-cià-] *s.m.* chi vende articoli di merceria.

mercificare *v.tr.* [*io mercifico, tu mercifichi ecc.*] trasformare in merce, considerare solo sotto il profilo economico: — *i sentimenti.*

mercificazione [-zió-] *s.f.* l'effetto del mercificare.

mercimonio [-mò-] *s.m.* (*rar.*) traffico illecito.

mercoledì *s.m.invar.* il terzo giorno della settimana, quello che segue il martedì.

Mercurio [-cù-] *s.m.* (*astr.*) pianeta del sistema solare.

mercurio [-cù-] *s.m.* elemento chimico (Hg; *n.at.* 80; *p.at.* 200,61); unico metallo liquido a temperatura ordinaria, pesante, mobile, di color argenteo, capace di sciogliere quasi tutti i metalli; usato per apparecchi di fisica, per amalgami e in medicina.

merda [mèr-] *s.f.* **1** (*volg.*) escremento **2** (*fig.*) cosa che disgusta.

merdoso [-dó-] *agg.* (*volg.*) sporco di merda.

merenda [-rèn-] *s.f.* spuntino fra il pranzo e la cena; anche il cibo che vi si mangia / *c'entra come i cavoli a* —, (*fam.*) non c'entra per nulla.

meretrice *s.f.* (*lett.*) prostituta.

meretricio [-trì-] *s.m.* (*lett.*) prostituzione.

meridiana *s.f.* orologio solare basato sulla posizione dell'ombra proiettata dallo gnomone durante le varie ore del giorno.

meridiano *agg.* di mezzogiorno: *le ore meridiane //* *s.m.* ognuno dei circoli o, più comunemente, dei semicircoli massimi passanti per i poli in cui è idealmente divisa la superficie terrestre: — *zero*, quello di Greenwich, dal quale convenzionalmente si parte per la misura della latitudine.

meridionale *agg.* **1** che è posto a sud, a mezzogiorno rispetto a qlco. che si prende come punto di riferimento: *Italia* — **2** che è proprio del meridione di un paese: *carattere* — / *questione* —, l'insieme dei problemi storici, sociali, politici del meridione d'Italia // *s.m.* chi è nativo del meridione di un paese.

meridionalismo [-ʃmo] *s.m.* **1** la tendenza, la volontà di risolvere i problemi delle regioni meridionali **2** termine, locuzione, costrutto, pronuncia propri delle regioni meridionali.

meridionalista *agg.* e *s.m.* e *f.* che, chi studia la storia e affronta i problemi delle regioni meridionali.

meridione [-dió-] *s.m.* **1** punto cardinale corrispondente al sud **2** insieme delle regioni di un paese situate a mezzogiorno.

meriggiare *v.intr.* [*io meriggio ecc.*] (*lett.*) far passare, riposando, le ore calde del meriggio.

meriggio [-rìg-] *s.m.* (*lett.*) le ore intorno al mezzogiorno, le più calde della giornata.

meringa *s.f.* dolce di bianco d'uova montato e zucchero, cotto al forno e servito per lo più con panna.

merino *agg.* e *s.m.*, **merinos** *agg.* e *s.m.invar.* si dice di una razza di pecore diffusa in Australia, della lana che se ne ottiene e del tessuto con essa fabbricato.

meritamente [-mén-] *avv.* secondo il merito; giustamente.

meritare *v.tr.* [*io mèrito ecc.*] **1** essere degno: *non merita che se ne parli; gli risposi come meritava; il suo comportamento meritò un premio;* —, *meritarsi una lode, un castigo / non merita comprarlo*, non ne vale la pena **2** far ottenere, procurare: *le sue capacità gli meritarono il successo* **3** (*lett.*) *assol.* rendersi benemerito di qlcu.: (*ben*) — *della patria.*

meritato *agg.* ottenuto secondo il merito, con giustizia: *castigo, premio* — // **-mente** *avv.* secondo il merito; giustamente.

meritevole [-té-] *agg.* che merita: — *di lodi, d'attenzione; è un alunno* —. SIN. *degno.*

merito [mè-] *s.m.* **1** ciò che rende una persona degna di stima o di ricompensa: *persona di* —; *di gran, poco, nessun* —; *acquistar* —; *ascrivere, attribuire a* —; *punire, premiare secondo il* — / *per* — *di qlcu., grazie a lui / medaglia al* —, come riconoscimento per atti di valore o simili. CONTR. *demerito* **2** qualità positiva di una cosa o di una persona: *ha molti meriti; il suo maggior* — *è l'onestà* **3** intima essenza: *entrare nel* — *di una questione / in* — *a qlco.*, riguardo ad essa.

meritocratico [-crà-] *agg.* [pl.m. *-cí*] ispirato alla meritocrazia: *criterio* —, *scuola meritocratica.*

meritocrazia [-zìa] *s.f.* sistema di distribuzione dei riconoscimenti e compensi basata esclusivamente sui meriti individuali.

meritorio [-tò-] *agg.* che dà merito; degno di merito: *atto* — // **-mente** *avv.* in modo meritorio.

merlano *s.m.* pesce di mare commestibile simile al merluzzo, ma più slanciato e senza bargiglio (*fam.* Gadidi).

merlato *agg.* (*arch.*) guarnito di merli.

merlatura *s.f.* (*arch.*) ordine di merli.

merlettaia [-tà-] *s.f.* donna che esegue o vende lavori di merletto.

merletto [-lét-] *s.m.* tessuto per guarnizioni, di filati diversi, trasparente e a disegni traforati.

merlo[1] [mèr-] *s.m.* **1** uccello dal piumaggio nero col becco giallo; ha canto sonoro e melodioso (*fam.* Turdidi) **2** (*fig.*) persona sciocca e inetta.

merlo[2] [mèr-] *s.m.* (*arch.*) ciascuno dei rialzi in muratura eretti a intervalli regolari come coronamento dei muri perimetrali di castelli, torri, palazzi ecc., a scopo di difesa: — *ghibellino*, a coda di rondine; — *guelfo*, rettangolare [*ill.* Castello].

merluzzo *s.m.* grosso pesce di mare di color verdastro a macchie gialle, con tre pinne dorsali e un bargiglio sotto la mascella inferiore; si consuma fresco, secco (*stoccafisso*), seccato e salato (*baccalà*); dal fegato si estrae un olio ricostituente (*olio di fegato di merluzzo*) (*fam.* Gadidi).

mero [mè-] *agg.* che è tale e niente altro; vero e proprio: *un* — *caso; una mera possibilità.*

mesata *s.f.* la paga di un mese di lavoro.

mescalina *s.f.* (*chim.*) principio attivo del peiote, che agisce sulla psiche determinando allucinazioni.

mescere [mé-] *v.tr.* [*io mésco, tu mésci ecc.*] versare il vino o altra bevanda in un recipiente da cui si possa bere / *assol.* versar da bere: *hai l'incarico di — ai convitati.*

meschinità *s.f.invar.* **1** l'essere meschino. SIN. grettezza **2** azione da meschino.

meschino *agg.* e *s.m.* si dice di chi è in povertà o in miseria: *diamo l'elemosina a quel —; una cena meschina.* SIN. *misero //* *agg.* povero, insufficiente (detto di cosa); moralmente angusto, limitato; che denota grettezza e povertà di spirito: *un sentimento —; ha fatto una ben meschina figura.* SIN. gretto.

mescita [mé-] *s.f.* **1** il mescere **2** (*antiq.*) bottega in cui si servono vino e liquori.

mescola [mé-] *s.f.* (*tecn.*) mescolanza, miscela.

mescolanza *s.f.* atto, effetto del mescolare o del mescolarsi; l'insieme delle cose mescolate: *— di colori, di razze.*

mescolare *v.tr.* [*io méscolo ecc.*] mettere insieme cose diverse in modo da formare una sola massa: *— la farina con lo zucchero / — fogli, oggetti ecc.*, metterli in disordine / *— le carte*, prima di giocare, in modo che risultino disposte a caso nel mazzo; (*fig.*) confondere le cose, oppure ripartire da zero, disfare un'organizzazione per rifarla. SIN. *mischiare //* **-arsi** *v.rifl.* **1** fondersi; confondersi: *— alla folla* **2** (*fig. non com.*) immischiarsi, impicciarsi.

mescolata *s.f.* il mescolare: *dare una — al riso.*

mescolatrice *s.f.* apparecchio costituito da un recipiente entro cui agiscono bracci rotanti e pale; si usa per mescolare sostanze solide o semisolide.

mese [mé-] *s.m.* **1** ciascuno dei dodici intervalli di tempo in cui è suddiviso l'anno civile; la sua durata varia da 28 a 31 giorni: *nascere nel — di dicembre / — lunare*, intervallo di tempo fra una luna nuova e la successiva, della durata di circa 29 giorni **2** periodo di circa trenta giorni: *starò a Londra sei mesi; non lo vedo da mesi*, da molto tempo / *essere al primo, secondo — ecc.*, si dice di donna in stato di gravidanza **3** paga di un mese; anche la quota d'affitto mensile.

mesencefalo [-fencè-] *s.m.* (*anat.*) parte mediana del cervello.

mesenchima [-fèn-] *s.m.* [pl. -*i*] (*anat.*) strato cellulare medio dell'embrione.

mesentere [-fentè-] *s.m.*, **mesenterio** [-fentè-] *s.m.* (*anat.*) ripiegatura membranosa del peritoneo che copre e tiene sospeso l'intestino tenue.

mesenterico [-fentè-] *agg.* [pl.m. -*ci*] (*anat.*) del mesentere.

meso- [mèʃo] [dal gr. *mèsos = mezzo, nel mezzo*] primo elemento usato nella composizione di parole scientifiche nelle quali significa «che è, che sta nel mezzo» (*mesocarpo, mesencefalo*).

mesocarpo [-ʃo-] *s.m.* (*bot.*) lo strato intermedio del frutto, tra l'epicarpo e l'endocarpo [*ill. Frutti*].

mesoderma [-fodèr-] *s.m.* [pl. -*i*] (*anat.*) strato intermedio di cellule embrionali, situato tra l'ectoderma e l'endoderma, da cui hanno origine i muscoli, gli apparati cardiovascolare e urogenitale, il tessuto linfatico e il sangue.

mesofita [-ʃò-] *s.f.* (*bot.*) pianta che vive in ambiente di media umidità.

mesolitico [-ʃoli-] *agg.* e *s.m.* [pl.m. -*ci*] si dice del secondo periodo dell'età della pietra, dopo il paleolitico e prima del neolitico.

mesone [-ʃò-] *s.m.* (*fis.*) particella elementare della fisica atomica, presente nei raggi cosmici.

mesosfera [-ʃosfè-] *s.f.* la regione dell'atmosfera terrestre situata tra i 45 e i 95 km di altitudine.

mesotelio [-ʃotèl-] *s.m.* (*anat.*) strato di cellule che riveste le sierose (pleure, pericardio, peritoneo).

mesotelioma [-ʃoteliò-] *s.m.* [pl. -*i*] tumore che deriva dal mesotelio.

mesozoico [-ʃoʒòi-] *agg.* [pl.m. -*ci*] appartenente alla terza delle cinque ere geologiche // *s.m.* la terza era geologica, caratterizzata da un grande sviluppo dei rettili e delle ammoniti.

messa[1] [més-] *s.f.* **1** nella religione cattolica, il sacrificio del corpo e del sangue di Cristo che, sotto le specie del pane e del vino, è offerto dal sacerdote a Dio, sull'altare, in memoria e rinnovazione del sacrificio della croce: *celebrare, dire, servire la —; — cantata, piana o letta; — da requiem, — novella*, la prima celebrata da un sacerdote **2** (*mus.*) composizione musicale comprendente le parti cantate della messa: *— per coro e orchestra.*

messa[2] [més-] *s.f.* il mettere; si usa solo in alcune locuz. come: *la — in atto di qlco.*, la sua attuazione concreta; *la — in vendita di un prodotto / — a fuoco*, (*fot.*) regolazione dell'obiettivo per ottenere immagini nitide; (*fig.*) l'esatta individuazione e collocazione di qlco.: *la — a fuoco di un problema / — a punto di un motore*, complesso di operazioni eseguite per ottenere migliori prestazioni / *— a punto di un argomento*, (*fig.*) il precisarne i termini / *— in marcia*, l'avviamento di un autoveicolo / *— in opera di un apparecchio*, l'installazione e l'adattamento di esso al luogo in cui deve funzionare / *— in piega*, operazione con cui si dà ai capelli una piega che resiste per qualche giorno.

messaggeria [-ri-] *s.f.* azienda di distribuzione o di spedizione.

messaggero [-gè-] *s.m.* **1** chi reca messaggi. SIN. nunzio **2** *— postale*, subalterno postale addetto al trasporto della corrispondenza sui treni e sulle navi.

messaggio [-sàg-] *s.m.* **1** notizia trasmessa ad altri a voce, per iscritto o per altro mezzo: *consegnare, ricevere un —; trasmettere un — per radio* **2** solenne discorso o annunzio rivolto al popolo da un'alta autorità politica o religiosa **3** (*fig.*) concezione innovatrice e feconda di sviluppi: *il — evangelico / il — di un testo*, significato profondo, spesso non esplicito, che l'autore vuole comunicare al lettore.

messale *s.m.* **1** grosso libro che contiene le preghiere recitate dal sacerdote nella messa e l'indicazione delle cerimonie **2** (*fig.*) libro grosso e pesante.

messe [mès-] *s.f.* **1** mietitura; l'insieme dei cereali da mietere o già mietuti: *il tempo della — / raccogliere una — di lodi*, molte lodi **2** *pl.* le piante del grano o di altri cereali: *le messi biondeggiano al sole.*

messere [-sè-] *s.m.* titolo di rispetto, comune un tempo.

messia [-si-] *s.m.invar.* **1** (*relig.*) *il Messia*, il salvatore promesso da Dio agli ebrei, nel quale i cristiani riconoscono Gesù Cristo **2** (*fig.*) salvatore miracoloso: *lo accolsero come un — / aspettare il —*, aspettare inutilmente una persona desiderata.

messianico [-sià-] *agg.* [pl.m. -*ci*] che riguarda il Messia; che si riferisce al Messia.

messianismo [-ʃmo] *s.m.* fede nell'avvento del Messia o di un messia (anche *fig.*).

messicano *agg.* del Messico // *s.m.* **1** abitante, nativo del Messico **2** grosso involtino di carne ripieno.

messidoro [-dò-] *s.m.* nome del decimo mese del calendario rivoluzionario francese.

messinese [-né-] *agg.* di Messina // *s.m.* e *f.* abitante di Messina.

messinscena [-scè-] *s.f.* **1** complesso delle attività necessarie a mettere in scena uno spettacolo teatrale **2** (*fig.*) l'insieme degli accorgimenti volti a mascherare la realtà: *il suo dolore era tutta una* —.

messo [més-] *s.m.* **1** (*lett.*) messaggero **2** chi è incaricato di portar lettere, avvisi ecc.; usciere, fattorino: — *comunale.*

mestare *v.tr.* [*io mésto ecc.*] **1** (*non com.*) agitare mescolando: — *la polenta* **2** *assol.* (*fig.*) darsi da fare intrigando.

mestatore [-tó-] *s.m.* [f. -*trice*] chi mesta (spec. *fig.*).

mestica [mè-] *s.f.* miscela di colori e olio di lino usata per la preparazione di tavole e tele da dipingere.

mesticheria [-rì-] *s.f.* (*dial. toscano*) bottega di colori e vernici.

mestierante *s.m.* **1** (*non com.*) chi esercita un mestiere **2** (*spreg.*) chi svolge male un'attività badando solo al guadagno.

mestiere [-stiè-] *s.m.* **1** attività, per lo più manuale, appresa con la pratica ed esercitata abitualmente per trarne guadagno: *il* — *del fabbro; fa il falegname di* — / *essere del* —, avere abilità, pratica / *i ferri del* —, tutto ciò che è necessario per eseguire un lavoro anche non manuale / *gli incerti del* —, gli inconvenienti connessi con una determinata attività **2** nozioni necessarie per svolgere bene una determinata attività: *è uno scrittore molto dotato, ma gli manca il* —.

mestizia [-stì-] *s.f.* sentimento d'afflizione contenuta e durevole: *volto soffuso di* —. SIN. *tristezza, malinconia, amarezza.*

mesto [mè-] *agg.* che prova mestizia; che rivela o suscita mestizia. SIN. *malinconico, triste.* CONTR. *lieto.*

mestola [mé-] *s.f.* **1** arnese di cucina a forma di grosso cucchiaio quasi piatto, e talvolta bucherellato, che serve per mescolare le vivande durante la cottura: — *forata* **2** cazzuola del muratore.

mestolo [mé-] *s.m.* **1** sorta di grande cucchiaio molto concavo, per versare minestre e sim.; ramaiolo **2** piccola mestola non bucata / *avere il* — *in mano,* (*fig.*) avere la direzione di qlco.; fare a proprio modo.

mestolone [-ló-] *s.m.* uccello simile all'anitra, col becco scuro lungo e dilatato all'apice, le zampe arancione e le ali variopinte (*fam.* Anatidi).

mestruale *agg.* della mestruazione: *flusso* —.

mestruato *agg.* si dice della donna nei giorni delle mestruazioni.

mestruazione [-zió-] *s.f.* (*biol.*) flusso periodico di sangue nella donna, che ha inizio con la pubertà e termina con la menopausa.

mestruo [mè-] *s.m.* mestruazione.

meta [mè-] *s.f.* **1** il punto al quale si è diretti, si deve giungere: *la nostra* — *era Londra; passeggiare senza* — **2** (*fig.*) fine da raggiungere: *le sue azioni sono rivolte a quell'unica* —. SIN. *scopo, mira* **3** nei circhi antichi, ciascuno dei due termini di pietra posti all'estremità della pista, attorno ai quali i carri in gara dovevano compiere il giro del circo.

metà *s.f.* **1** una delle due parti uguali che unite insieme formano un intero: *il quattro è la* — *di otto; la* — *degl'incassi; compiere la* — *di un percorso* / *a* —, a mezzo: *lasciare una cosa a* —, incompiuta; *fare le cose a* —, non interamente **2** (*fig.scherz.*) moglie: *la mia* —.

meta- [mè-] [dal gr. *metà* = *con, fra, dopo*] prefisso in parole derivate dal greco o coniate modernamente; in-

dica trasferimento, cambiamento, trasposizione (*metafora, metatesi*), oppure significa «che è posto dopo, che è al di là» (*metacarpo, metapsichica*).

metabolico [-bò-] *agg.* [pl.m. -*ci*] del metabolismo.

metabolismo [-ʃmo] *s.m.* (*biol.*) il complesso delle trasformazioni di natura chimica che avvengono negli organismi viventi / — *basale,* dispendio minimo di energia dell'organismo in condizioni di assoluto riposo, a digiuno e a temperatura di 16 °C.

metabolizzare [-liʒʒa-] *v.tr.* trasformare per metabolismo.

metacarpo *s.m.* (*anat.*) il complesso delle cinque ossa che formano lo scheletro della mano tra il carpo e le prime falangi delle dita.

metacrilato *s.m.* (*chim.*) composto organico usato per preparare resine o materie plastiche.

metadone [-dó-] *s.m.* (*farm.*) composto ad azione analgesica, usato in sostituzione della morfina e nel trattamento dei tossicodipendenti.

metafase [-ʃe] *s.f.* (*biol.*) seconda fase della cariocinesi, nella quale i cromosomi, già scissi longitudinalmente, si dispongono sul piano equatoriale della cellula.

metafisica [-fiʃi-] *s.f.* parte della filosofia che tratta dei principi universali della realtà, posti oltre la conoscenza sensibile e al di là di ogni esperienza diretta.

metafisico [-fiʃi-] *agg.* [pl.m. -*ci*] **1** della metafisica, che concerne la metafisica **2** (*fig.*) irreale, astratto: *sottigliezze metafisiche* / *pittura metafisica,* quella degli italiani De Chirico e Carrà, che negli anni dopo la prima guerra mondiale cercarono di rappresentare il mistero che sta dietro le apparenze delle cose // *s.m.* **1** studioso di metafisica **2** (*fig.*) chi vive fuori dalla realtà.

metafonesi [-nèʃi] *s.f.invar.,* **metafonia** [-nì-] *s.f.* in linguistica, fenomeno fonetico per il quale la vocale tonica di una parola si trasforma in altra vocale o in dittongo sotto l'influsso di una vocale seguente.

metafora [-tà-] *s.f.* figura retorica per la quale si esprime sulla base di una similitudine, una cosa diversa da quella nominata (p.e. *sei un fulmine,* sei velocissimo, come un fulmine) / *fuor di* —, in modo esplicito, senza significati nascosti.

metaforico [-fò-] *agg.* [pl.m. -*ci*] di metafora, che contiene una o più metafore; figurato: *linguaggio* —; *uso* — *di una parola* // -**mente** *avv.* mediante metafora: *esprimersi* —.

metagenesi [-gèneʃi] *s.f.invar.* (*biol.*) alternanza di generazioni sessuate e agamiche in moltissime specie vegetali e alcune animali.

metal detector [*ingl.*; *pr.* mètal ditècta] *s.m.* → **detector**.

metalinguaggio [-guàg-] *s.m.* il linguaggio con il quale si descrive e si analizza un linguaggio naturale (p.e. il linguaggio dei testi di linguistica, di grammatica e dei dizionari).

metalinguistico [-guì-] *agg.* che riguarda la funzione linguistica descrittiva costituita dal metalinguaggio.

metallico [-tàl-] *agg.* [pl.m. -*ci*] **1** di metallo, fatto di metallo **2** proprio del metallo: *suono* — / *voce metallica,* fredda e vibrante.

metallifero [-lì-] *agg.* che contiene metalli: *terreno, giacimento* —.

metallizzare [-liʒʒa-] *v.tr.* ricoprire di uno strato di metallo, spec. a scopo protettivo.

metallizzato [-liʒʒa-] *agg.* che ha o che dà un aspetto metallico: *carta, vernice metallizzata.*

metallo *s.m.* **1** elemento chimico quasi sempre solido allo stato naturale, dotato di lucentezza caratteristica, duttile e malleabile, buon conduttore del calore e dell'elettricità, capace di sostituire l'idrogeno negli acidi 2 lega formata da metalli diversi.

metallografia [-fi-] *s.f.* scienza che studia le proprietà dei metalli e delle loro leghe analizzandone la struttura con microscopi ottici, elettronici o mediante la diffrazione dei raggi X.

metalloide [-lòi-] *s.m.* elemento chimico privo di lucentezza, duttilità e malleabilità, cattivo conduttore del calore e dell'elettricità.

metalloscopio [-scò-] *s.m.* strumento che rivela le imperfezioni interne di oggetti metallici.

metallurgia [-gì-] *s.f.* tecnica che consente di estrarre i metalli puri dai grezzi e di prepararli per la lavorazione industriale.

metallurgico [-lùr-] *agg.* [pl.m. *-ci*] che riguarda la metallurgia // *s.m.* operaio che lavora nell'industria metallurgica.

metalmeccanico [-cà-] *agg.* [pl.m. *-ci*] che concerne la metallurgia e la meccanica insieme: *industria metalmeccanica* // *s.m.* operaio che lavora nelle industrie metallurgiche e meccaniche.

metamatematica [-mà-] *s.f.* scienza che analizza i fondamenti e i metodi della matematica per legittimarne logicamente le teorie.

metameria [-rì-] *s.f.* 1 (*biol.*) struttura particolare del corpo di alcuni animali, nel quale uno o più organi si ripetono in segmenti uguali disposti in serie 2 (*chim.*) isomeria che presentano i metameri.

metamero [-tà-] *s.m.* 1 (*biol.*) ciascuno dei segmenti uguali disposti in serie che formano il corpo di molti animali 2 (*chim.*) ciascuno dei composti chimici di uguale composizione e grandezza molecolare che hanno funzione e costituzione chimica diversa.

metamorfico [-mòr-] *agg.* [pl.m. *-ci*] 1 di metamorfosi, relativo a metamorfosi 2 (*geol.*) che ha subito metamorfismo: *rocce metamorfiche*.

metamorfismo [-fmo] *s.m.* (*geol.*) il complesso delle trasformazioni subite da minerali e rocce a causa di pressioni o di alte temperature.

metamorfosi [-mòrfofi] *s.f.* 1 trasformazione; mutamento profondo e radicale (anche *fig.*): *la — di Dafne in alloro; le sue idee hanno subito una profonda —* 2 in biologia la serie dei mutamenti di forma e di struttura cui vanno soggetti molti animali prima di giungere a completo sviluppo.

metaniero [-niè-] *agg.* che riguarda il metano.

metanifero [-nì-] *agg.* che ha, che produce metano; che riguarda l'estrazione del metano.

metano *s.m.* (*chim.*) il più semplice idrocarburo, gassoso, incolore, inodoro, infiammabile, di origine petrolifera od organica, usato come materia prima e come combustibile.

metanodotto [-dót-] *s.m.* conduttura per il trasporto del metano.

metapsichica [-psi-] *s.f.* scienza che studia i fenomeni metapsichici.

metapsichico [-psi-] *agg.* [pl.m. *-ci*] si dice di quelle manifestazioni psichiche che non si spiegano con le leggi fisiche o biologiche conosciute.

metasomatismo [-fmo] *s.m.* (*geol.*) cambiamento nella costituzione chimica delle rocce, con apporto di sostanze nuove e sottrazione di altre.

metastasi [-tàstafi] *s.f.invar.* (*med.*) il riprodursi di certi processi morbosi in un punto lontano dal focolaio d'origine.

metastatico [-stà-] *agg.* [pl.m. *-ci*] di metastasi.

metastoria [-stò-] *s.f.* la regolarità che, secondo alcune dottrine, sta alla base di tutti gli eventi storici apparentemente diversi e irregolari.

metatarso *s.m.* (*anat.*) l'insieme delle cinque ossa lunghe del piede, intermedie tra il tarso e le prime falangi.

metatesi [-tàtefi] *s.f.* (*gramm.*) trasposizione di fonemi all'interno di una parola.

metazoi [-ʒòi] *s.m.pl.* (*zool.*) animali formati da numerose cellule che, riunite in gruppi, provvedono alle diverse funzioni della vita.

meteco [-tè-] *s.m.* [pl. *-ci*] (*st.*) nella Grecia antica, forestiero che abitava in una città senza avere tutti i diritti e i doveri civili, politici e militari.

medredrina *s.f.* (*chim.*) anfetamina simile alla simpamina, usata come simpaticotonico e stimolante psichico.

metempsicosi [-còʃi] *s.f.invar.* in alcune dottrine religiose, la trasmigrazione dell'anima dei morti in altri corpi umani o animali.

meteora [-tè-] *s.f.* (*astr.*) 1 ogni fenomeno naturale nell'atmosfera 2 corpo solido che proviene dallo spazio interplanetario e si incendia attraversando l'atmosfera; stella cadente / *passare come una —*, si dice di chi o di ciò che compare e scompare rapidamente.

meteorico [-ò-] *agg.* [pl.m. *-ci*] di meteora, relativo a meteore.

meteorismo [-fmo] *s.m.* (*med.*) presenza anormale di gas nell'intestino o nello stomaco.

meteorite *s.m.* e *f.* quella parte di una meteora che, non essendosi consumata attraverso l'atmosfera, precipita sulla Terra.

meteorologia [-gì-] *s.f.* studio dei fenomeni atmosferici.

meteorologico [-lò-] *agg.* [pl.m. *-ci*] relativo ai fenomeni atmosferici o alla meteorologia.

meteorologo [-rò-] *s.m.* [pl. *-gi*] studioso di meteorologia.

meteoropatia [-ti-] *s.f.* (*med.*) termine generico per indicare un complesso di disturbi legati a particolari condizioni atmosferiche.

meteoropatico [-pà-] *agg.* e *s.m.* [pl.m. *-ci*] si dice di chi soffre di meteoropatia.

meticcio [-tìc-] *agg.* e *s.m.* si dice di persona nata da genitori appartenenti a due razze diverse, in particolare, alle razze bianca e india.

meticolosità *s.f.* l'essere meticoloso. SIN. *scrupolosità*.

meticoloso [-ló-] *agg.* si dice di cosa fatta in modo minuzioso; di persona che agisce con scrupolo e zelo: *ordine —; impiegato —*. SIN. *scrupoloso*.

metile *s.m.* (*chim.*) il più semplice radicale organico, derivante dall'alcool metilico.

metilico [-ti-] *agg.* [pl.m. *-ci*] (*chim.*) si dice di composto la cui molecola contenga il radicale metile / *alcool —*, liquido incolore, mobilissimo, di odore pungente, ottenuto dalla distillazione secca del legno o per sintesi catalitica da idrogeno e ossido di carbonio.

metodica [-tò-] *s.f.* lo studio e l'applicazione del metodo migliore per un fine.

metodico [-tò-] *agg.* [pl.m. *-ci*] si dice di cosa fatta con metodo; di persona che vive seguendo un metodo prestabilito di vita. SIN. *ordinato*.

metodista *s.m.* e *f.* [pl.m. *-i*] seguace della setta protestante fondata nel sec. XVIII da J. e Ch. Wesley, così detta per il rigido metodo di vita // *agg.* dei metodisti.

metodo [mè-] *s.m.* 1 modo di procedere razionale per raggiungere determinati risultati: *— didattico, pratico; — d'indagine, di studio; seguire, applicare un —; lavora-*

Meteorologia

bar, biometeorologia, climatologia, centibar, climatologo, igrometria, meteorologo, millibar.

■ CLIMA: atmosfera, calma (*equatoriale, tropicale*), clima (*continentale, insulare, marittimo, mediterraneo*), depressione, microclima, nebulosità, nuvolosità, ondata (*di caldo, di freddo*), piovosità, pressione (*atmosferica, barometrica*), siccità, stagione, umidità (*assoluta, relativa*) • anticiclonico, arido, asciutto, bello, burrascoso, calmo, coperto, costante, depressionario, incerto, incostante, innevato, mite, nevoso, piovoso, rannuvolato, rasserenato, rigido, secco, sereno, stabile, umido, variabile.

■ FENOMENI: alba, alone, arcobaleno, aurora (*boreale, australe*), baleno, crepuscolo, eclisse (*di luna, di sole*), fata morgana, fulmine, irradiazione o irraggiamento, lampo, macchie solari, miraggio, radiazione, saetta, sole di mezzanotte, tramonto • alisei, anticiclone, bora, breva, brezza (*di mare, di terra, di monte, di valle*), ciclone, controalisei, fon, ghibli, grecale, libeccio, maestrale, mistral, monsone, mulinello, occhio del tifone, scirocco, tempesta (*di polvere, di sabbia*), tifone, tormenta, tornado, tramontana, tromba (*d'aria, marina*), turbine, uragano, vento (*prevalente*) • banco di nebbia, bruma, caligine, fall-out, fall-down, foschia, nebbia, nube o nuvola, nuvolaglia, pulviscolo, smog, strato di nebbia • cirro, cirrocumulo, cirrostrato, cumulo, cumulonembo, nembo, strato, stratocumulo, stratonembo • acquerugiola, alluvione, antigrandine, blizzard, brina, bufera, burrasca, condensazione, diluvio, disgelo, evaporazione, fortunale, galaverna, gelo, grandinata, grandine, guazza, maretta, meteora, neve, nevischio, nubifragio, pioggia, precipitazione, rigelo, rovescio, rugiada, tempesta, temporale, valanga.

■ STRUMENTI E TRACCIATI: anemografo, anemometro, barografo, barometro, bussola (*magnetica*), carta meteorologica, gradiente, grado, igrometro, igroscopio, isobata, isoieta, isoterma, nivometro, pluviometro, previsioni del tempo, psicrometro, radar, radiosonda, rosa dei venti, segnavento, sonda, temperatura, termometro, udometro.

---

re con —, con ordine, con regolarità **2** testo in cui sono esposti con ordine gli elementi di una disciplina, corredati spesso di esercizi graduati: — *per lo studio del pianoforte, della lingua inglese* **3** modo abituale di vivere, di agire, di comportarsi: *usare metodi drastici* **4** nel gioco del calcio, tattica particolare, contrapposta a *sistema* [*ill. Calcio*].

metodologia [-gì-] *s.f.* **1** (*fil.*) dottrina del metodo; studio dei principi e delle regole che permettono la sistemazione e lo sviluppo delle conoscenze in una determinata disciplina **2** nel linguaggio corrente si usa anche con il significato di *metodo*.

metodologico [-lò-] *agg.* [pl.m. *-ci*] che concerne il metodo, la metodologia.

metonimia [-nì-] *s.f.* figura retorica consistente nell'uso del nome della causa per quello dell'effetto, del contenente per il contenuto, dell'autore per l'opera ecc. (p.e. *bere una bottiglia di vino*).

metopa [mè-] *s.f.* (*arch.*) spazio rettangolare fra due triglifi del fregio dorico, spesso occupato da motivi ornamentali in bassorilievo [*ill. Architettura*].

metraggio [-tràg-] *s.m.* lunghezza in metri; metratura: *che — ci vuole per un vestito? / film a lungo —, a corto —*, film di durata normale, inferiore al normale.

metratura *s.f.* il misurare a metri: *la tela si vende a —*.

metrica [mè-] *s.f.* **1** insieme delle norme tecniche che regolano la composizione dei versi **2** i metri usati in un'epoca, in un ambiente, da un poeta: *la — del Parini*.

metrico [mè-] *agg.* [pl.m. *-ci*] **1** che riguarda la misura o le misure / *sistema — decimale*, sistema in cui le unità di misura sono multipli e sottomultipli decimali delle unità fondamentali / *ufficio —*, che controlla gli strumenti di peso e misura dei venditori **2** del metro, della metrica: *poesia metrica*, basata sulla regolata successione di sillabe lunghe e brevi.

metrite *s.f.* (*med.*) infiammazione dell'utero.

metro[1] [mè-] *s.f.invar.*, **metrò** *s.m.invar.* metropolitana.

metro[2] [mè-] *s.m.* **1** unità di misura di lunghezza, nel sistema decimale / — *quadrato*, un quadrato con 1 m di lato, unità di misura di superficie / — *cubo*, un cubo con 1 m di lato, unità di misura di volume **2** nastro o regolo di varia materia (legno, metallo ecc.) della lunghezza di 1 m e con la graduazione dei decimetri e centimetri **3** (*fig.*) criterio di giudizio: *non si possono giudicare tutti con lo stesso —* **4** l'unità di misura nella poesia quantitativa greco-latina e anche il verso stesso o la strofa; con questo senso usato anche nella poesia moderna: — *elegiaco, alcaico, settenario*.

metro- [mè-] [dal gr. *métron* = misura] primo elemento di parole composte usato col significato generico di «misura» (*metrologia, metronomo*).

metrologia [-gì-] *s.f.* **1** scienza delle misure **2** (*poco com.*) studio dei metri poetici.

metronomo [-trò-] *s.m.* apparecchio consistente in un pendolo regolabile mosso da un congegno a molla, che serve per misurare il tempo nella musica.

metronotte [-nòt-] *s.m.invar.* guardia notturna in servizio negli abitati.

metropoli [-trò-] *s.f.invar.* **1** città principale; città di grande importanza: *la — lombarda*, Milano **2** spec. nella Grecia antica, la città madre o la madrepatria rispetto alle colonie.

metropolitana *s.f.* nelle grandi città, ferrovia in gran parte sotterranea per il trasporto rapido di persone.

metropolitano *agg.* **1** della madrepatria (contrapposto a *coloniale*) **2** di una metropoli, di una grande città // *s.m.* vigile urbano di una grande città.

metrorragia [-gì-] *s.f.* (*med.*) emorragia uterina.

mettere [mét-] *v.tr.* [pres. *io métto* ecc.; pass.rem. *io miṣi, tu mettésti* ecc.; p.p. *mésso*] **1** disporre, collocare (anche *fig.*): — *i libri sul tavolo*; *mettersi le mani in tasca*; *si è messo in testa di studiare musica / — in vendita, all'asta*, vendere, bandire / — *al mondo*, partorire / — *a morte*, uccidere / — *al bando*, bandire / — *alla porta*, scacciare / — *a nudo*, svelare, scoprire / — *mano a qlco.*, iniziarla / — *a parte di qlco.*, far partecipe / — *in versi*, scrivere in poesia / — *male*, seminare discordia / — *paura a qlcu.*, spaventarlo / — *in onda*, nel linguaggio radiofonico e televisivo, trasmettere / — *una cosa (a confronto) con un'altra*, paragonare l'una all'altra / — *conto*, valere la pena / — *su*, allestire, impiantare: — *su uno spettacolo*; (*fig.fam.*) istigare, sobillare: *lo hanno messo su contro i suoi amici* / — *giù*, deporre, depositare / — *insieme*, riunire; raccogliere / *chi più ne ha più ne metta*, si dice a conclusione di una enumerazione, di un elenco, per mettere in rilievo l'eccezionale quantità delle cose elencate. CONTR. *togliere* **2** indossare: — *la giacca*; *mettersi il cappello* **3** dedicare; spendere: — *ogni energia in un lavoro* / *ci ha messo del suo*, ha pagato di sua tasca; (*ci*) *ho messo più di tre ore per venire fin qui* / *mettercela tutta*, impegnarsi a fondo **4** ammettere: *mettiamo che non sia vero* **5** emettere (anche *fig.*): *il ciliegio ha messo i germogli*; — *un lamento* **6** (*fam.*) installare: *avete messo il telefono?* **7** far pagare: *quanto mette le pesche al chilo?* // *v.intr.* sboccare: *il vicolo mette in una piazzetta* // **-ersi** *v.rifl.* **1** porsi, collocarsi (anche *fig.*): *mettiamoci qui*; — *a letto*; — *in viaggio*; — *in salvo* / — *in malattia*, assentarsi dal lavoro per malattia / — *con qlcu.*, stringere una collaborazione **2** abbigliarsi: — *in abito da sera* **3** iniziare: — *a lavorare* / *il tempo si mette al bello*, si rasserena.

mettifoglio [-fò-] *s.m.invar.* (*tip.*) operaio che dispone i fogli nella macchina da stampa; dispositivo che esegue la stessa operazione.

meublé [*franc.*; *pr.* mëblé] *agg.* si dice di albergo adibito al solo alloggio: *hôtel* —.

MeV [*ingl.*; *Mega electron Volt*] *s.m.invar.* 1 milione di elettronvolt.

mezzadria [meʒʒadrì-] *s.f.* associazione fra un proprietario di terre e un colono per la coltivazione di un podere e la divisione degli utili.

mezzadro [meʒʒa-] *s.m.* chi coltiva un podere a mezzadria.

mezzala [meʒʒa-] *s.f.*, **mezz'ala** *s.f.* [pl. *mèzze ali*] nel calcio, il giocatore di prima linea posto fra il centrattacco e l'ala [*ill. Calcio*].

mezzaluna [meʒʒa-] *s.f.* [pl. *mezzelune*] **1** la parte di Luna che si vede quando il satellite è illuminato per metà; figura di mezza luna (emblema dell'islamismo) **2** coltello avente lama ricurva e due impugnature alle estremità, che serve per tritare carni e verdure **3** bandiera di alcune nazioni islamiche.

mezzana [meʒʒa-] *s.f.* **1** (*mar.*) la vela dell'albero più vicino a poppa nei velieri a tre alberi / *albero di* —, l'albero che regge questa vela **2** (*spreg.*) donna che favorisce illeciti amori; ruffiana.

mezzanino [meʒʒa-] *s.m.* → **ammezzato**.

mezzano [meʒʒa-] *agg.* che è in mezzo, di mezzo; che occupa un posto intermedio in una gradazione: *è di statura mezzana* // *s.m.* **1** chi fa da intermediario; mediatore **2** (*spreg.*) chi favorisce illeciti amori; ruffiano.

mezzanotte [meʒʒanòt-] *s.f.* la ventiquattresima ora del giorno che segna la fine di una giornata e l'inizio della successiva.

mezz'aria solo nella locuz.avv. *a mezz'aria*, a media altezza.

mezzatinta [meʒʒa-] *s.f.* [pl. *mezzetinte*] colore tra il chiaro e lo scuro; si usa per dipingere zone intermedie

tra la luce e l'ombra / *clichés a* —, con cui si riproducono tipograficamente le sfumature, il chiaroscuro.

mezzeria [meʒʒerì-] *s.f.* **1** punto, luogo di mezzo **2** la linea che divide in due parti una strada nel senso della lunghezza.

mezzero [meʒʒè-] *s.m.* grande telo di cotone per arredamento, stampato a colori vivaci, tipico dell'artigianato indiano.

mezzo¹ [mèʒʒo] *agg.* **1** che è metà dell'intero: — *litro* **2** (*fam.*) poco meno di, quasi: *un* — *trionfo*; *una mezza idea* / *mal comune* — *gaudio* // *avv.* per metà, quasi: *lo trovai* — *addormentato* // *s.m.* **1** la metà di un tutto: *un* — *del ricavato*; *sono le tre e* — **2** la parte centrale; il punto che divide in due parti uno spazio o un periodo di tempo: *in* — *alla strada*; *nel bel* — *della festa* / *la via di* —, la situazione intermedia / *andar di* —, subire le conseguenze di qlco. / *togliere di* —, allontanare, rimuovere, eliminare **3** (*scient.*) l'ambiente in cui avviene un fenomeno **4** l'aiuto di cui ci si serve per raggiungere uno scopo: *tentare ogni* — **5** *pl.* denaro, beni: *avere mezzi* **6** qualsiasi veicolo adibito al trasporto: *i mezzi pubblici*.

mezzo² [méʒ-] *agg.* **1** si dice di frutto troppo maturo, quasi marcio **2** (*fig.*) corrotto, tarato (di persona).

mezzobusto [meʒʒo-] *s.m.* [pl. *mezzibusti*] figura che rappresenta la testa, il collo e la parte superiore del busto; (*scherz.*) lo speaker o giornalista televisivo, che compare di solito seduto dietro una scrivania.

mezzodì [meʒʒo-] *s.m.* → **mezzogiorno**.

mezzofondista [meʒʒo-] *s.m.* e *f.* [pl.m. *-i*] atleta specializzato nelle prove di mezzofondo.

mezzofondo [meʒʒo-] *s.m.* in atletica, nuoto, ciclismo, gara disputata su media distanza.

mezzogiorno [meʒʒoǧiór-] *s.m.* **1** il culminare del Sole **2** le ore dodici **3** il sud; la parte meridionale di un paese.

mezzomarinaio [meʒʒomarinà-] *s.m.* (*mar.*) asta, spesso allungabile, terminante con puntale e gancio, usata nelle manovre di attracco.

mezzosangue [meʒʒosàn-] *s.m.invar.* cavallo purosangue sottanto da parte di uno dei genitori.

mezzosoprano [meʒʒo-] *s.m.* [pl. *mezzisoprani*] registro di voce femminile che sta tra il soprano e il contralto // *s.m.* e *f.* la cantante che ha tale voce.

mezzuccio [meʒʒùc-] *s.m.* espediente meschino, ridicolo.

mi¹ *pron.pers.m.* e *f.sing. di prima persona* me, a me; forma complementare atona di *io* che si usa al posto di *me* come compl.ogg., quando non gli si vuol dare speciale rilievo (*tu mi rimproveri*), o come compl. di termine (*a me: tu mi scrivi*); davanti a *la, lo, li, le, ne* viene sostituita da *me* (con la *e* chiusa): *me la pagherai*; si unisce a *ecco* e a imperativi, infiniti, gerundi: *eccomi*; *aprimi*; *vestirmi*; *vedendomi*; si usa nella coniugazione dei verbi rifl. e rifl.pron.: *mi vesto, mi pento*.

mi² *s.m.* nota musicale, terza della scala diatonica.

miagolare *v.intr.* [*io* miàgolo *ecc.*] **1** detto del gatto, emettere il tipico verso **2** (*fig.*) cantar male, in modo lezioso e strascicato.

miagolio [-lì-] *s.m.* il miagolare.

mialgia [-gì-] *s.f.* (*med.*) dolore muscolare.

mialgico [miàl-] *agg.* [pl.m. *-ci*] (*med.*) relativo alla mialgia.

miao [mià-] *voce onom.* imita il verso, la voce del gatto.

miasma [-ʃma] *s.m.* [pl. *-i*] esalazione fetida e nociva proveniente da sostanze in putrefazione o da acque stagnanti.

miastenia [-nì-] *s.f.* (*med.*) debolezza muscolare.

mica¹ *s.f.* briciola, granellino, parte piccolissima // *avv.* (*fam.*) punto, niente; si usa come particella invariabile rafforzativa di una negazione: *non lo so* —; *non sto* — *male.*

mica² *s.f.* minerale silicatico in lamelle bianche o nere, componente essenziale di certe rocce.

micascisto *s.m.* roccia metamorfica di colore grigiastro, ricca di mica bianca o nera, facilmente sfaldabile secondo piani paralleli.

miccia [mìc-] *s.f.* filo combustibile usato per trasmettere a distanza l'accensione a polveri od ordigni esplosivi / *dar fuoco alla* —, (*fig.*) far esplodere una situazione.

micelio [-cè-] *s.m.* (*bot.*) corpo vegetativo dei funghi, formato da filamenti biancastri detti *ife* [*ill. Funghi*].

micete [-cè-] *s.m.* (*bot.*) fungo.

micetologia [-gì-] *s.f.* lo studio dei funghi.

micetoma [-tò-] *s.m.* [pl. -*i*] (*med.*) nodulo di origine infiammatoria che si forma nei tessuti per azione di funghi microscopici.

michelangiolesco [-lé-] *agg.* [pl.m. -*chi*] **1** di Michelangelo Buonarroti (1475-1564) o della sua scuola **2** che ricorda la grandiosa solennità dell'arte di Michelangelo.

michetta [-chét-] *s.f.* (*region.*) panino rotondo.

micidiale *agg.* **1** che procura la morte **2** (*fig.*) estremamente nocivo o insopportabile: *clima* —.

micio [mì-] *s.m.* nel linguaggio infantile e familiare, il gatto domestico.

micologia [-gì-] *s.f.* lo studio dei funghi.

micosi [-còʃi] *s.f.invar.* (*med.*) malattia prodotta da funghi parassiti.

micro- [dal gr. *micròs* = *piccolo*] primo elemento compositivo che figura in parole di origine greca o in termini scientifici e tecnici formati modernamente per indicare piccolezza, sviluppo limitato (*microcosmo, microscopio, micromotore, microcefalo*); premesso a denominazioni di unità di misura, le divide per un milione (*microfarad*).

microbicida *agg.* e *s.m.* [pl.m. -*i*] si dice di mezzo capace di uccidere i microrganismi.

microbio [-crò-] *s.m.* microrganismo animale o vegetale, spesso causa di malattie.

microbiologia [-gì-] *s.f.* parte della biologia che studia i microrganismi agenti di malattie.

microbo [mì-] *s.m.* forma comune nell'uso in luogo di *microbio*, ricavata dal pl. *microbi*.

microcalcolatore [-tó-] *s.m.* piccolo calcolatore elettronico, normalmente da tavolo.

microcamera [-cà-] *s.f.* apparecchio fotografico di piccolissimo formato.

microcefalia [-lì-] *s.f.* (*med.*) arresto nello sviluppo del cranio.

microcefalo [-cè-] *agg.* **1** (*med.*) che ha il cranio poco sviluppato **2** (*fig.spreg.*) sciocco, senza cervello.

microchirurgia [-gì-] *s.f.* tecnica chirurgica che prevede l'uso del microscopio e di adatti strumenti e materiali di sutura per interventi di particolare finezza e precisione.

microcircuito [-cùi-] *s.m.* circuito elettronico con componenti miniaturizzati.

microcitemia [-mì-] *s.f.* presenza di microciti nel sangue, caratteristica dei cosiddetti portatori dell'anemia mediterranea.

microcito *s.m.* denominazione di globuli rossi anormali, più piccoli della media.

microclima *s.m.* [pl. -*i*] l'insieme delle condizioni climatiche esistenti, spec. nell'immediata vicinanza del suolo, in una definita area della superficie terrestre; anche, le condizioni climatiche di un ambiente interno (riscaldamento, ventilazione, condizionamento ecc.).

micrococco [-còc-] *s.m.* [pl. -*chi*] microbio che ha la forma di piccolo granulo.

microconflittualità *s.f.invar.* la piccola, ma frequente conflittualità nel rapporto di lavoro che si ha in certe situazioni aziendali.

microcosmo [-còʃmo] *s.m.* (*fil.*) l'uomo, inteso come un tutto organizzato, che riflette e riassume in sé l'intero universo.

microeconomia [-mì-] *s.f.* studio dei fatti economici dal punto di vista del singolo consumatore o imprenditore.

microeconomico [-nò-] *agg.* [pl.m. -*ci*] che riguarda la microeconomia.

microelettronica [-tró-] *s.f.* insieme di tecnologie elettroniche caratterizzate da un elevatissimo grado di miniaturizzazione.

microfarad [-fà-] *s.m.invar.* unità di misura di capacità elettrica, pari a 1 milionesimo di farad.

microfilm *s.m.invar.* **1** pellicola con particolare nitidezza di resa per la fotografia di oggetti minuti, documenti ecc. **2** fotogramma di un documento: *i* — *di un incunabolo.*

microfilmare *v.tr.* fotografare con microfilm.

microfonico [-fò-] *agg.* [pl.m. -*ci*] di, del microfono: *resa microfonica.*

microfono [-crò-] *s.m.* apparecchio che trasforma le vibrazioni acustiche in oscillazioni elettriche permettendo così la trasmissione del suono per radio o per telefono [*ill. Suono*].

microfotografia [-fì-] *s.f.* fotografia di oggetti minuscoli in scala uguale o di poco inferiore all'originale.

microlettore [-tó-] *s.m.* lettore per microfilm.

micrometria [-trì-] *s.f.* misurazione di oggetti microscopici.

micrometrico [-mè-] *agg.* [pl.m. -*ci*] relativo al micrometro / *vite micrometrica*, vite che permette di imprimere spostamenti dell'ordine dei micron a una parte di uno strumento di precisione.

micrometro [-crò-] *s.m.* strumento atto alla misura di precisione di piccole lunghezze o piccoli spessori.

micromotore [-tó-] *s.m.* piccolo motore, spec. applicato a biciclette o veicoli molto leggeri; anche la bicicletta o il veicolo che ne è dotato.

micron *s.m.invar.* unità di misura di lunghezza pari a 1 millesimo di millimetro.

microonda [-ón-] *s.f.* onda elettromagnetica di lunghezza inferiore al metro.

micropaleontologia [-gì-] *s.f.* studio sistematico dei microfossili rinvenuti nelle rocce sedimentarie.

microprocessore [-só-] *s.m.* complesso circuito logico costituente la parte fondamentale di un elaboratore.

microrganismo [-ʃmo] *s.m.* nome generico degli esseri animali e vegetali, generalmente unicellulari, visibili solo al microscopio.

microscopia [-pì-] *s.f.* osservazione al microscopio.

microscopico [-scò-] *agg.* [pl.m. -*ci*] **1** che, avendo dimensioni estremamente piccole, è visibile solo al microscopio; per estens., piccolissimo **2** che è fatto col microscopio: *analisi microscopica.*

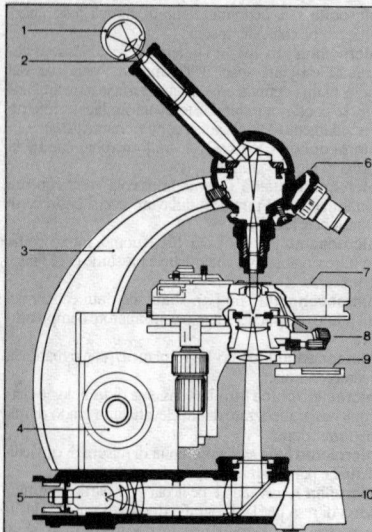

microscopio: 1 *occhio*, 2 *oculare*, 3 *stativo*, 4 *comandi*, 5 *lampada*, 6 *torretta*, 7 *piatto*, 8 *condensatore*, 9 *portafiltri*, 10 *specchio*.

microscopio [-scò-] *s.m.* strumento ottico che consente di vedere fortemente ingranditi oggetti piccolissimi invisibili a occhio nudo.

microsismografo [-ſmò-] *s.m.* strumento che segnala i più piccoli movimenti tellurici.

microsolco [-sól-] *s.m.* [pl. *-chi*] solco per l'incisione fonografica largo circa un terzo di quello normale; il disco fonografico così inciso.

microsomìa [-mì-] *s.f.* (*med.*) deficiente sviluppo del corpo in altezza; nanismo.

microspia [-spì-] *s.f.* minuscolo apparecchio per intercettare o registrare nascostamente conversazioni, anche telefoniche.

microtelefono [-lè-] *s.m.* la parte dell'apparecchio telefonico contenente i congegni di trasmissione e ricezione, detta comunemente *microfono* [*ill. Telefono*].

microtomo [-crò_] *s.m.* strumento per fare sezioni sottilissime da osservare al microscopio.

midolla [-dól-] *s.f.* 1 la parte molle del pane, mollica 2 midollo.

midollare *agg.* del midollo.

midollo [-dól-] *s.m.* [pl. (*rar.*) *-i*; pl.f. *-a*, in senso collettivo e fig.] 1 (*anat.*) sostanza polposa che occupa le cavità del tessuto osseo: — *spinale*, parte del sistema nervoso centrale che occupa il canale vertebrale 2 (*bot.*) parte centrale del fusto delle piante [*ill. Albero*] 3 (*fig.*) la parte più interna, spec. del corpo: *si bagnò fino al* —, *alle midolla* / *era inglese fino al* —, *alle midolla*, profondamente.

midriasi [-driaſi] *s.f.invar.* (*med.*) dilatazione della pupilla.

midriatico [-drià-] *agg.* [pl.m. *-ci*] della midriasi // *agg.* e *s.m.* si dice di farmaco che provoca midriasi.

miele [miè-] *s.m.* sostanza zuccherina, quasi sciropposa, di color biondo, molto dolce, prodotta dalle api / *dolce come il* —, dolcissimo / *latte e* —, panna montata e zuccherata / *parole di* —, (*fig.*) dolci, suadenti / *luna di* —, il primo mese di matrimonio.

mielina *s.f.* (*anat.*) sostanza lipoidea che avvolge certe fibre nervose.

mielite *s.f.* (*med.*) infiammazione della sostanza del midollo spinale.

mieloma [-lò-] *s.m.* [pl. *-i*] tumore che prende origine dal midollo delle ossa.

mielosi [-lòſi] *s.f.invar.* malattia del sangue caratterizzata dall'eccessiva produzione di globuli rossi.

mietere [miè-] *v.tr.* [*io mièto ecc.*] 1 tagliare, a mano o a macchina, le spighe dei cereali maturi. SIN. *falciare* 2 (*fig.*) detto di epidemie e simili, uccidere: *la spagnola ha mietuto vittime* 3 (*fig.*) raccogliere il frutto del proprio lavoro: *ha mietuto molti successi*.

mietitore [-tó-] *s.m.* [f. *-trice*] chi miete.

mietitrebbiatrice *s.f.* macchina mietitrice che esegue anche la trebbiatura del grano [*ill. Agricoltura*].

mietitrice *s.f.* macchina che compie la mietitura.

mietitura *s.f.* 1 operazione del tagliare i cereali maturi 2 il periodo in cui si miete.

migliaccio [-gliàc-] *s.m.* 1 vivanda a base di sangue di maiale 2 (*region.*) castagnaccio.

migliaio [-glià-] *s.m.* [pl.f. *-a*] il complesso di mille o circa mille unità.

migliarino *s.m.* uccellino di palude di color cinerino, con la testa nera e una grande macchia nera sotto la gola (*fam.* Fringillidi).

miglio[1] [mì-] *s.m.* [pl.f. *-a*] 1 unità di misura itineraria di valore diverso secondo i tempi e i luoghi / — *marino*, pari a 1852 m / — *terrestre*, usato nei paesi anglosassoni equivalente a 1609,3 m 2 distanza notevole (anche *fig.*): *ti sentono lontano un* —; *sono mille miglia lontano dal pensare ciò*.

miglio[2] [mì-] *s.m.* pianta erbacea con foglie lineari e infiorescenze a pannocchia; i piccoli frutti gialli sono usati come alimento per uccelli (*fam.* Graminacee) [*ill. Cereali*].

miglioramento [-mén-] *s.m.* 1 il rendere migliore: *i miglioramenti della rete stradale* 2 il divenire migliore; lo stare meglio: *il* — *di una situazione*; *il* — *di un malato*.

migliorare *v.tr.* [*io miglióro ecc.*] rendere migliore: — *la propria scrittura*; — *il livello culturale di una nazione*. CONTR. *peggiorare* // *v.intr.* divenire migliore: *le relazioni internazionali sono migliorate* / *assol.* ristabilirsi in salute: *l'ammalato va migliorando*. CONTR. *peggiorare*.

migliore [-glió-] *compar.* di → **buono**.

miglioria [-rì-] *s.f.* miglioramento, spec. di terreni, strade, edifici.

mignatta *s.f.* 1 sanguisuga 2 (*fig.*) persona che specula sul denaro altrui 3 (*fig.*) persona molto noiosa e importuna.

mignolo [mì-] *s.m.* il quinto dito della mano o del piede, il più piccolo.

mignon [*franc.*; *pr.* mignò(n)] *agg.* piccolo, più piccolo del normale; si dice spec. con riferimento a lampadine elettriche e al loro attacco.

mignotta [-gnòt-] *s.f.* (*region.volg.*) prostituta.

migrare *v.intr.* spostarsi dal luogo originario in un altro: *i popoli che migrarono verso l'occidente*; *gli uccelli migrano verso il sud*.

migratore [-tó-] *agg.* e *s.m.* [f. *-trice*] che o chi migra.

migratorio [-tò-] agg. degli emigranti, dell'emigrazione: movimento —.

migrazione [-zió-] s.f. il migrare; viaggio periodico di alcune specie di animali.

milanese [-né-] agg. di Milano // s.m. e f. abitante di Milano.

miliardario [-dà-] agg. e s.m. si dice di chi possiede uno o più miliardi di lire o di altre monete, e in generale di persona ricchissima.

miliardo s.m. indica una quantità composta da mille milioni di unità.

miliare[1] agg. si dice di pietra, colonnina e simili, che segna su una strada la progressione in miglia / pietra —, (fig.) avvenimento che costituisce una tappa fondamentale nello sviluppo storico.

miliare[2] agg. (med.) si dice di malattia caratterizzata dalla comparsa di manifestazioni piccolissime ma numerosissime e diffuse: tubercolosi —.

milionario [-nà-] agg. si dice di chi possiede uno o più milioni di lire o di altre monete, e in generale di persona molto ricca.

milione [-lió-] s.m. indica una quantità composta da mille migliaia di unità.

militante agg. e s.m. e f. si dice di chi si occupa attivamente dell'organizzazione o del movimento di idee di cui fa parte, attraverso la propaganda, la polemica ecc.: i militanti di un partito / critico —, che partecipa attivamente alla vita artistica e letteraria del suo tempo; si contrappone ad accademico / chiesa —, (teol.) il complesso dei fedeli ancora in vita.

militanza s.f. attività a sostegno di idee, di organizzazioni, spec. politiche; anche, l'insieme dei militanti.

militare[1] agg. relativo alle forze armate: servizio —; codice — // s.m. chi fa parte delle forze armate.

militare[2] v.intr. [io milito ecc.] 1 fare il soldato: — sotto le bandiere francesi 2 aderire a una corrente, a un movimento ecc.: militò nelle file dei futuristi 3 detto di fatti, di ragioni, essere di sostegno: argomenti che militano a favore della nostra tesi.

militaresco [-ré-] agg. [pl.m. -chi] di carattere simile a quello dei militari: passo, tono —.

militarismo [-ʃmo] s.m. il prevalere in una nazione della casta di spirito militare: — prussiano.

militarista agg. e s.m. e f. [pl.m. -i] si dice di chi è sostenitore del militarismo.

militarizzare [-riʒʒa-] v.tr. assoggettare alla disciplina e al codice militare: — i ferrovieri in tempo di guerra.

milite [mi-] s.m. chi fa parte di un corpo militare o militarizzato: — della strada / Milite Ignoto, combattente anonimo nella cui salma si onorano tutti i caduti in guerra.

militesente [-ʃèn-] agg. e s.m. chi non ha obblighi di servizio militare (usato in annunci su giornali e talora in altri testi spec. burocratici).

milizia [-lì-] s.f. 1 la pratica del mestiere di soldato 2 corpo armato e istruito al combattimento: milizie mercenarie 3 (fig.) la disciplina cui si assoggetta chi si dedichi alla realizzazione di un ideale: la sua vita fu una dura — 4 (teol.) l'insieme dei credenti, o le schiere degli angeli e dei beati: — celeste.

millantare v.tr. vantare esageratamente, anche proprietà o qualità che non si possiedono: — protezioni altolocate; millantato credito, (dir.) il vantare, a scopo di lucro, appoggi e aderenze che in realtà non si possiedono // **-arsi** v.rifl. vantarsi, gloriarsi.

millantatore [-tó-] agg. e s.m. [f. -trice] che o chi mil-

lanta o si millanta. SIN. vanaglorioso, fanfarone, spaccone, smargiasso.

millanteria [-ri-] s.f. 1 eccessivo concetto di sé. SIN. vanagloria 2 atto, parole con cui ci si vanta. SIN. fanfaronata, smargiassata, spacconata.

mille agg.num.card.invar. indica una quantità composta da dieci centinaia di unità; genericamente, un numero indeterminato assai elevato: — grazie; — ragioni; — scuse; — volte; diventare di — colori, per vergogna / a — a —, in grandissimo numero // s.m. il numero che è composto da dieci centinaia di unità / il Mille, l'anno mille / i Mille, i volontari di Garibaldi.

millefoglie [-fò-] s.m.invar. dolce di pasta sfoglia e crema a strati alterni // s.f.invar. → **achillea**.

millenario [-nà-] agg. che ha mille anni, che ricorre ogni mille anni: civiltà millenaria // s.m. ricorrenza che cade mille anni dopo un avvenimento memorabile.

millenarismo [-ʃmo] s.m. 1 la fede religiosa di una setta religiosa cristiana che crede in un futuro regno di Cristo della durata di mille anni 2 la credenza nella fine del mondo per l'anno mille, e poi per l'anno duemila, dell'era cristiana.

millenarista agg. e s.m. e f. [pl.m. -i] che, chi segue il millenarismo (in entrambi i sensi).

millennio [-lèn-] s.m. periodo di mille anni.

millepiedi [-piè-] s.m.invar. nome comune di alcune specie di miriapodi, dal corpo cilindrico, arrotolabile, diviso in segmenti e fornito di moltissime paia di zampe (due per ogni segmento); è frequente nel terriccio umido.

millerighe agg.invar. si dice di tessuto a righe, o di velluto a coste, molto sottili.

millesimo [-lèʃi-] agg.num.ord. che in una serie occupa il posto numero mille // s.m. 1 la millesima parte 2 in una data, la cifra delle migliaia 3 (non com.) l'anno in cui è avvenuto un dato fatto: il 1848 fu il — delle rivoluzioni europee.

milli- [dal lat. mille = mille] prefisso che divide per mille il valore di un'unità di misura; viene indicato col segno m (milligrammo-mg, millimetro-mm).

millibar [-bàr] s.m.invar. unità meteorologica di pressione, un millesimo di bar.

milligrammo s.m. misura, di massa o di peso, pari alla millesima parte del grammo.

millimetrato agg. suddiviso in millimetri.

millimetrico [-mè-] agg. [pl.m. -ci] di millimetro, suddiviso in millimetri; dell'ordine dei millimetri: precisione millimetrica.

millimetro [-li-] s.m. la millesima parte del metro.

millimicron s.m.invar. unità di misura di lunghezza pari a un millesimo di micron.

milonite s.f. nome generico di rocce frantumate a causa di movimenti tettonici e talora ricementatesi.

milza s.f. (anat.) grossa ghiandola di color rosso, situata nella parte superiore dell'addome, a sinistra, sotto il diaframma; è centro di produzione di globuli bianchi e di distruzione di globuli rossi alterati.

mimare v.tr. esprimere coi gesti: ha mimato una scena di disperazione.

mimesi [-mèʃi] s.f.invar. (fil.) imitazione: per Platone l'arte è — della realtà.

mimetico [-mè-] agg. [pl.m. -ci] 1 che imita, relativo all'imitazione: abilità mimetica 2 che mimetizza, si mimetizza o è mimetizzato: vernice mimetica; tuta mimetica.

mimetismo [-ʃmo] s.m. 1 fenomeno di imitazione,

per cui alcune specie animali e vegetali presentano forme e colori simili a quelli dell'ambiente in cui vivono, per confondersi con esso **2** (*fig.*) capacità di cambiare idee e atteggiamenti col mutare della situazione politica, dell'ambiente ecc.

mimetizzare [-ti̯ʒ̯ʒa-] *v.tr.* mascherare, camuffare qlco. in modo da renderlo irriconoscibile, a scopo difensivo: — *un accampamento militare* // **-arsi** *v.rifl.* **1** mascherarsi a scopo difensivo: *alcuni animali hanno la facoltà di* — **2** (*fig.*) cambiare il proprio atteggiamento politico o morale cercando nello stesso tempo di nascondere il proprio passato.

mimetizzazione [-ti̯ʒ̯ʒaʒió-] *s.f.* atto, effetto del mimetizzare o del mimetizzarsi.

mimica [mi-] *s.f.* **1** l'arte di esprimere sulla scena teatrale i sentimenti mediante gesti e movimenti del corpo **2** l'insieme dei gesti e dei movimenti del corpo con cui un attore, o chiunque in una conversazione, integra o sostituisce la parola pronunciata.

mimico [mi-] *agg.* [pl.m. *-ci*] che riguarda il mimo, l'espressione gestuale: *arte mimica*; *linguaggio* —.

mimo *s.m.* **1** attore che interpreta un'azione scenica valendosi esclusivamente della mimica, senza far uso della parola **2** nella letteratura greca e latina, breve azione drammatica buffonesca di carattere realistico-popolare.

mimosa [-mó-] *s.f.* nome che si dà a certe specie di acacia, con fiori profumati, gialli, simili a palline vellutate / — *sensitiva*, arbusto dai fiori rossi o violetti, le cui foglie si ripiegano al più leggero tocco (*fam.* Mimosacee).

mina¹ *s.f.* **1** cavità praticata artificialmente in cui viene inserito l'esplosivo per l'abbattimento di rocce o murature **2** ordigno esplosivo azionato da un opportuno sistema di accensione: *mine marittime, magnetiche* **3** sottile bastoncino di grafite che, incorporato o inserito nella matita, serve per scrivere.

mina² *s.f.* **1** antica misura di peso, pari a circa 0,5 kg **2** moneta greca pari a 100 dracme.

minaccia [-nàc-] *s.f.* **1** atto o parole con cui si minaccia. SIN. *intimidazione* **2** (*fig.*) pericolo incombente: *c'è* — *di tempesta*; *vive sotto la* — *del licenziamento*.

minacciare *v.tr.* [*io minàccio* ecc.] **1** far temere a qlcu. un male futuro, spec. per indurlo a fare o a non fare qlco.: *l'hanno minacciato di morte*; *ha minacciato di denunciarli tutti*; *lo minacciava con un bastone* **2** costituire un pericolo per qlco. o qlco.: *il fiume in piena minaccia la pianura* **3** far presentire un peggioramento, un pericolo, l'aggravarsi di una condizione: *il cielo minaccia un temporale*; *la febbre minaccia di salire*.

minaccioso [-ció-] *agg.* **1** che contiene o esprime minaccia: *sguardo, tempo* — **2** (*fig.*) si dice di cose che per la loro mole ispirino timore: *le vette minacciose*.

minare *v.tr.* **1** praticare mine in una roccia o in una costruzione in muratura **2** collocare mine in un terreno o nel mare a scopo di guerra **3** (*fig.*) insidiare, indebolire: — *una istituzione, la reputazione di qlcu.*; *una grave malattia mina la sua forte fibra.*

minareto [-ré-] *s.m.* torre annessa alla moschea, dalla quale il *muezzin* invita i credenti alla preghiera.

minatore [-tó-] *s.m.* [f. *-trice*] operaio che lavora nelle miniere.

minatorio [-tò-] *agg.* che esprime, che contiene minacce: *lettera minatoria.*

minchia [mìn-] *s.f.* (*region.volg.*) pene.

minchionare *v.tr.* [*io minchióno* ecc.] (*volg.*) **1** prendere in giro qlcu. trattandolo da sciocco **2** imbrogliare.

minchione [-chió-] *s.m.* (*volg.*) persona sciocca e credulona. SIN. *gonzo.*

minchioneria [-rì-] *s.f.* (*volg.*) l'essere minchione; atto o parola da minchione.

minerale *agg.* che ha la natura di minerale, si estrae da minerali o ne contiene: *carbone* —; *sale* — / *acqua* —, che contiene sali in percentuale superiore allo 0,5‰ / *regno* —, una delle tre partizioni dei corpi che si trovano in natura // *s.m.* sostanza in prevalenza solida, inorganica, omogenea e chimicamente definita, facente parte della litosfera terrestre.

mineralizzare [-li̯ʒ̯ʒa-] *v.tr.* trasformare in minerale // **-arsi** *v.rifl.pron.* trasformarsi in minerale.

mineralogia [-gì-] *s.f.* scienza che studia i minerali nei loro caratteri fisici e chimici.

mineralogista *s.m. e f.* [pl.m. *-i*], **mineralogo** [-rà-] *s.m.* [pl. *-gi*] studioso di mineralogia.

minerario [-rà-] *agg.* relativo alle miniere: *produzione mineraria*; *ingegnere* —.

minerogenesi [-gèneʃi] *s.f.invar.* processo di formazione dei minerali e dei giacimenti minerari.

minerva [-nèr-] *s.f.* in ortopedia, apparecchio rigido che mantiene fermi il collo e la testa.

minestra [-nè-] *s.f.* piatto caratteristico della cucina italiana, a base di pasta o riso con verdure variamente cucinata e condita; può essere asciutta o in brodo / *è sempre la stessa* —, (*fig.*) sempre la stessa faccenda / — *riscaldata*, (*fig.*) cosa passata che si vuol far rivivere ma che non ha più il valore di un tempo.

minestrone [-stró-] *s.m.* **1** minestra di pasta o riso con molte verdure **2** (*fig.*) insieme di cose confuse o di varia natura: *quel suo libro è un* — *di notizie e giudizi.*

mingherlino *agg.* (*fam.*) che ha una costituzione fisica gracile, esile.

mini *agg.invar.* piccolo; corto (spec. con riferimento a capi di vestiario).

mini- [abbr.ingl. del lat. *mìnimus* = *minimo*] primo elemento di parole composte, inizialmente nella moda, poi in altri campi, con il significato di «molto piccolo, molto corto» (*minigonna, minigolf*).

miniabito [-à-] *s.m.* abito femminile corto, molto sopra il ginocchio.

miniare *v.tr.* [*io mìnio* ecc.] **1** illustrare, ornare con miniature **2** (*fig.*) dipingere, disegnare o scrivere con molta finezza.

miniato *agg.* ornato da miniature: *codice* —.

miniatore [-tó-] *s.m.* [f. *-trice*] chi esegue miniature.

miniatura *s.f.* **1** l'arte del miniare **2** pittura di ornamenti e figure minute eseguite col minio e altri colori vivaci su pergamena, carta, rame, avorio ecc. **3** (*fig.*) dipinto, disegno, scritto eseguito con finezza ed esattezza di particolari / *in* —, di proporzioni ridotte: *una città in* — **4** (*fig.*) persona o parte del corpo aggraziata e minuta: *quel bambino è una* —.

miniaturista *s.m. e f.* [pl.m. *-i*] chi dipinge miniature.

miniaturizzare [-ri̯ʒ̯ʒa-] *v.tr.* riprodurre in dimensioni piccolissime.

miniaturizzato [-ri̯ʒ̯ʒa-] *agg.* riprodotto in dimensioni piccolissime.

miniaturizzazione [-ri̯ʒ̯ʒaʒió-] *s.f.* la tecnica della riduzione del peso e dell'ingombro, spec. dei circuiti e apparati elettronici.

minicalcolatore *s.m.* calcolatore elettronico di medie dimensioni.

miniera [-niè-] *s.f.* **1** l'insieme di un giacimento di minerale utile e di tutte le attrezzature necessarie per il

miniera

1 *scavo a cielo aperto,*
2 *pilastro orizzontale,*
3 *primo sottolivello,*
4 *secondo sottolivello,*
5 *livello di carreggio,*
6 *giacimento,* 7 *fornello di passaggio,* 8 *sondaggi,*
9 *fornello di ventilazione,*
10 *livello di servizio,*
11 *pozzo principale,*
12 *rampa,* 13 *primo livello principale,* 14 *fornello getto minerale,* 15 *secondo livello principale,*
16 *impianto di frantumazione,* 17 *silo del minerale,* 18 *stazione di caricamento,* 19 *pozzo di drenaggio,* 20 *pozzo di ricerca.*

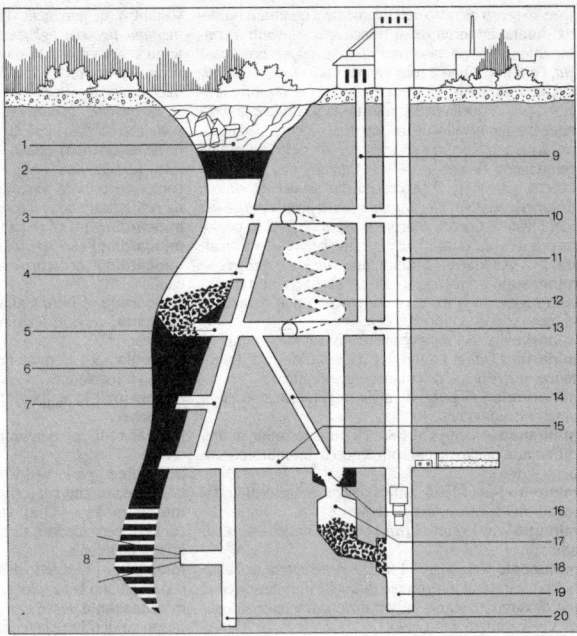

suo sfruttamento **2** (*fig.*) fonte ricchissima: *questo libro è una — di notizie.*

minigolf [-gòlf] *s.m.invar.* campo di golf in miniatura; il gioco che vi si fa.

minigonna [-gòn-] *s.f.* **1** gonna molto corta, che lascia scoperta almeno metà coscia **2** (*aut.*) accessorio che limita lateralmente l'accesso d'aria sotto le vetture da corsa.

minima [mì-] *s.f.* **1** (*mus.*) nota musicale di durata equivalente alla metà di una semibreve **2** la temperatura più bassa: *la — di ieri è stata di 10 °C.*

minimale *agg.* e *s.m.* si dice di limite che si considera il minimo; di ciò che corrisponde a tale limite: *proposta, analisi —.*

minimizzare [-miʒʒa-] *v.tr.* ridurre un fatto a minime proporzioni, presentandolo come poco importante: *cercano di — la loro sconfitta.*

minimo [mì-] *agg.* [*superl.* di *piccolo*] piccolissimo, il più piccolo / — *comune multiplo,* (*mat.*) il minore dei multipli comuni a più numeri / *ridurre ai minimi termini,* ridurre qlco. a piccolissime dimensioni // *s.m.* **1** il valore più piccolo di un insieme di numeri o di grandezze; la quantità più piccola possibile: *era il — che potessi fare* **2** nei motori a scoppio, il limite al di sotto del quale il motore non regge il carico a vuoto // **-mente** *avv.* molto poco; in misura minima: *non pensa — a loro,* nemmeno un po'.

minio [mì-] *s.m.* (*chim.*) ossido di piombo di colore rosso, usato per vernici protettive antiruggine.

ministeriale *agg.* del ministro o del ministero: *decreto —; crisi —.*

ministero [-stè-] *s.m.* **1** (*non com.*) compito alto e nobile: — *sacerdotale; svolgere un — di pace* **2** l'insieme dei ministri di uno stato costituzionale: *il — Giolitti* **3** ognuno dei settori, con a capo un ministro, nei quali si divide l'attività del governo; edificio nel quale ha sede: — *degli interni, delle finanze; recarsi al —* **4** *pubblico —,* nei processi penali, il magistrato che esercita la pubblica accusa.

ministrare *v.tr.* (*lett.*) somministrare: — *il cibo, un farmaco.*

ministro *s.m.* **1** chi ricopre un alto incarico: — *di Dio,* il sacerdote / *farsi — di pace,* svolgere un'opera attiva per la sua diffusione **2** chi amministra, chi cura l'amministrazione di qlco.: *i ministri della giustizia,* i magistrati; *il — della cresima,* il vescovo che amministra tale sacramento **3** ciascuno dei membri del governo normalmente preposti ai vari dicasteri: — *degli esteri / — senza portafoglio,* che non dispone di un proprio bilancio **4** in diplomazia, titolo inferiore a quello di ambasciatore: — *plenipotenziario.*

minoranza *s.f.* la parte meno numerosa di persone o cose in un gruppo: *era presente solo la — dei soci / — parlamentare,* l'insieme dei parlamentari dei partiti che sono in minoranza rispetto ai partiti al governo. CONTR. *maggioranza.*

minorare *v.tr.* [*io minóro* ecc.] (*non com.*) render minore, diminuire.

minorato *agg.* e *s.m.* si dice di chi, per cause congenite o acquisite, non ha integrità fisica o psichica.

minorazione [-zió-] *s.f.* **1** il minorare; diminuzione: — *dei prezzi* **2** la condizione di minorato e la causa di tale condizione: *essere inabile al lavoro per una grave —.*

minore [-nó-] *agg.* [*compar.* di *piccolo*] **1** più piccolo, spec. in senso astratto, relativamente a quantità, numero, durata, importanza; si tronca spec. davanti a consonante: *abbiamo speso una cifra — del previsto; la — età*, l'età in cui uno è minorenne; *i lirici minori dell'Ottocento / Dante —*, le sue opere meno importanti / *scala —*, (*mus.*) quella nella quale tra la seconda e la terza nota c'è l'intervallo di un semitono. CONTR. *maggiore* **2** più giovane fra due, inferiore in grado o in ordine gerarchico: *Giorgio è — di Antonio; mia figlia —*. CONTR. *maggiore* **3** preceduto dall'art.det. ha valore di superl. relativo: *con la minor fatica possibile; il — di tutti i fratelli*. CONTR. *maggiore // s.m.* e *f.* **1** la persona più giovane o inferiore in ordine gerarchico a un'altra: *il — dei fratelli* **2** minorenne: *tutela dei minori*.

minorenne [-rèn-] *agg.* e *s.m.* e *f.* che o chi non ha ancora raggiunto la maggior età e perciò non ha ancora la piena capacità giuridica di agire.

minorile *agg.* dei minorenni, relativo ai minorenni.

minorità *s.f.invar.* (*non com.*) età, condizione di minorenne: *uscire di —*, diventare maggiorenne.

minoritario [-tà-] *agg.* di, della minoranza: *trovarsi in posizione minoritaria*.

minuendo [-nuèn-] *s.m.* (*mat.*) il primo termine di una differenza, quello da cui sottraendo il diminutore si ottiene il resto.

minuetto [-nuét-] *s.m.* antica danza francese di andamento moderato, in tempo ternario.

minugia [-nù-] *s.f.invar.* (*rar.*) budello, budella, spec. di animali.

minuscolo [-nù-] *agg.* **1** si dice delle lettere dell'alfabeto di carattere più piccolo di quelle in maiuscolo **2** piccolissimo; di scarsa importanza: *una minuscola casa // s.m.* carattere minuscolo.

minuta *s.f.* prima stesura di uno scritto; brutta copia.

minutaglia [-tà-] *s.f.* insieme di cose minute (spesso *spreg.*).

minutante *s.m.* (*rar.*) chi stende le minute / *— pontificio*, funzionario delle sacre congregazioni vaticane.

minuto[1] *agg.* **1** molto piccolo; formato di minime parti; di poco conto: *ridotto in minuti frantumi; pioggerella minuta; frittura minuta*, di piccoli pesci; *spese minute / popolo —*, i meno abbienti **2** gracile, esile: *bambino —; lineamenti minuti* **3** preciso, minuzioso, curato nei particolari: *fornire minuti ragguagli; ricerche minute // s.m.* minuzia / *al —*, in piccola quantità / *vendere al —*, direttamente ai singoli consumatori //. **-mente** *avv.* **1** in piccole parti: *tritare —* **2** (*fig.*) con abbondanza di particolari: *descrivere — una scena*.

minuto[2] *s.m.* **1** unità di misura di tempo: *— primo*, la sessantesima parte dell'ora; *— secondo*, la sessantesima parte del minuto primo / *contare i minuti*, aspettare con ansia la scadenza di un termine di tempo / *tra un —*, subito **2** (*mat.*) unità di misura di angolo, pari ad un sessantesimo di grado.

minuzia [-nù-] *s.f.* cosa di poco conto: *non perdetevi in minuzie*. SIN. *nonnulla*.

minuziosità *s.f.invar.* l'essere minuzioso.

minuzioso [-zió-] *agg.* che bada alle minuzie. SIN. *scrupoloso*.

minuzzolo [-nùz-] *s.m.* (*non com.*) piccolo pezzo, briciola: *— di pane*.

minzione [-zió-] *s.f.* emissione dell'urina.

mio *agg.* e *pron.poss.* [pl.m. *mièi*] di me; indica che qlcu. o qlco. appartiene a un sogg. di prima persona sing.: *ho salutato il — maestro*; si può rafforzare con *proprio*: *l'ho visto con i miei propri occhi*; quando *mio* precede i sostantivi di parentela (tranne *nonno, nonna, babbo, mamma, figliuolo, figliuola*), che non siano plurali o alterati o accompagnati da attributo o da apposizione, rifiuta l'articolo: *— fratello; mia madre; — zio*; ma *i miei fratelli; il — babbo; la mia nonna; il — fratellino; il — caro padre; il padre —*; si omette il possessivo ogni volta che sia già chiara la designazione del possessore: *ho battuto la* (*mia*) *testa*.

mio- [dal gr. *mys, myòs* = muscolo] primo elemento compositivo usato in termini di medicina per indicare una relazione coi muscoli (*miocardio*).

miocardia [-dì-] *s.f.* (*med.*) insufficienza cardiaca.

miocardico[-càr-]*agg.*[pl.m. *-ci*] attinente al miocardio.

miocardio [-càr-] *s.m.* (*anat.*) la parete muscolare del cuore.

miocardite *s.f.* (*med.*) infiammazione del miocardio.

miocene [-cè-] *s.m.* terzo periodo geologico dell'era cenozoica.

miologia [-gì-] *s.f.* parte dell'anatomia che studia l'apparato muscolare.

mioma [miò-] *s.m.* [pl. *-i*] tumore costituito da tessuto muscolare.

miopatia [-tì-] *s.f.* qualsiasi malattia che colpisce i muscoli.

miopatico [-pà-] *agg.* [pl.m. *-ci*] relativo alla miopatia *// agg.* e *s.m.* che, chi soffre di miopatia.

miope [mi-] *agg.* **1** affetto da miopia **2** (*fig.*) mancante di perspicacia o di previdenza *// s.m.* e *f.* chi è affetto da miopia.

miopia [-pi-] *s.f.* difetto di rifrazione nell'occhio per cui si distinguono bene solo gli oggetti molto vicini.

miorilassante *agg.* e *s.m.* si dice di farmaco che ha la proprietà di ridurre la tensione dei muscoli.

miosi [miòsi] *s.f.invar.* (*med.*) restringimento della pupilla.

miosina [-ʃi-] *s.f.* proteina presente nei muscoli, che svolge una funzione essenziale nella loro contrazione.

miosite [-ʃi-] *s.f.* (*med.*) infiammazione di un muscolo.

miosotide [-ʃò-] *s.f.* pianta erbacea con piccoli fiori azzurri e foglioline pelose (*fam.* Borraginacee).

miotonia [-nì-] *s.f.* malattia congenita ereditaria caratterizzata da uno spiccato aumento dell'eccitabilità e del tono dei muscoli.

mira *s.f.* **1** l'atto e il modo di mirare: *avere buona —; prendere la —*, puntare l'arma / *prendere di — qlcu.*, perseguitarlo **2** mirino di un'arma da fuoco **3** il segno cui si mira il bersaglio: *cogliere la —* **4** (*fig.*) il fine cui si tende: *il denaro è la sua unica —*. SIN. *scopo*.

mirabile [-rà-] *agg.* degno di ammirazione; eccezionale. SIN. *ammirabile, ammirevole, meraviglioso*.

mirabilia [-bì-] *s.f.pl.* (*scherz.*) cose meravigliose, eccezionali.

mirabolante *agg.* (*scherz.*) stupefacente: *ci narrò le sue mirabolanti avventure*.

miracolato *agg.* e *s.m.* si dice di persona toccata dal miracolo.

miracolistico [-lì-] *agg.* [pl.m. *-ci*] si dice dell'atteggiamento di chi attende la soluzione di problemi politici, sociali o personali, da atti ed eventi insignificanti.

miracolo [-rà-] *s.m.* **1** fenomeno eccezionale non spiegabile con le leggi naturali conosciute e attribuito all'intervento diretto di Dio **2** (*fig.*) cosa meravigliosa, straordinaria, fuori del comune: *i miracoli dell'arte, della scienza / quella medicina fa miracoli*, è molto efficace / *è un — di bontà*, eccezionalmente buono.

miracoloso [-ló-] *agg.* **1** che compie miracoli (anche *fig.*): *reliquia miracolosa; medicina miracolosa* **2** fatto per miracolo (anche *fig.*): *intervento* —. SIN. *prodigioso, portentoso.*

miraggio [-ràg-] *s.m.* **1** fenomeno ottico, dovuto a rifrazione e riflessione totale di raggi luminosi sugli strati più bassi dell'atmosfera, per cui oggetti lontani appaiono come librati nell'aria o come riflessi in uno specchio d'acqua **2** (*fig.*) illusione, speranza effimera.

mirare *v.tr.* contemplare; osservare con ammirazione e stupore. SIN. *guardare // v.intr.* **1** rivolgere, con la maggior precisione possibile, un'arma puntata verso l'obiettivo da colpire **2** (*fig.*) tendere, aspirare: — *a una rapida carriera.*

miria- [mì-] [dal gr. *myriàs = diecimila*] prefisso che indica un'unità di misura diecimila volte maggiore dell'unità che gli fa seguito.

miriade [-rì-] *s.f.* numero grandissimo: *una* — *di stelle, di cavallette.*

miriagrammo *s.m.* multiplo del grammo, pari a diecimila grammi.

miriametro [-rià-] *s.m.* multiplo del metro, pari a diecimila metri.

miriapodi [-rià-] *s.m.pl.* (*zool.*) classe di artropodi dal corpo cilindrico molto allungato, ricoperto di un rivestimento duro e suddiviso in segmenti, ciascuno dei quali porta uno o due paia di zampe.

mirica *s.f.* specie di tamerice.

mirifico [-rì-] *agg.* [pl.m. -*ci*] (*lett.*) meraviglioso, che desta meraviglia.

mirino *s.m.* **1** piccolo rilievo posto quasi all'estremità della canna di un'arma a fuoco, che serve ad aggiustare la direzione del colpo [*ill. Fucile; Cannone*] **2** congegno ottico della macchina fotografica che permette di vedere l'inquadratura come risulterà nella fotografia [*ill. Fotografia*].

miristica [-rì-] *s.f.* albero sempreverde, tipico delle Molucche, il cui seme è conosciuto come noce moscata (*fam. Miristicacee*).

mirra *s.f.* resina aromatica di colore rosso bruno che trasuda dalla corteccia di alcuni alberi dell'Africa e dell'Arabia; è usata in farmacia e in profumeria.

mirtillo *s.m.* piccolo arbusto che produce bacche bluastre, dolci, commestibili (*fam. Ericacee*); il frutto di questa pianta.

mirto *s.m.* arbusto sempreverde, con foglie ovate e piccoli fiori bianchi (*fam. Mirtacee*).

mis- [etimo incerto] prefisso usato con funzione negativa e peggiorativa (*misconoscere, misfatto*).

misantropia [-ʃantropi-] *s.f.* avversione per il genere umano, che si manifesta con un bisogno di isolamento e con atteggiamenti scontrosi.

misantropo [-ʃàn-] *s.m.* chi odia il genere umano; persona poco socievole.

miscela [-scè-] *s.f.* **1** mescolanza di due o più sostanze **2** miscuglio di due o più carburanti per l'alimentazione dei motori a scoppio.

miscelare *v.tr.* [*io miscèlo ecc.*] mescolare più sostanze per farne una miscela: — *olio e benzina.*

miscelatore [-tó-] *s.m.* **1** [f. *-trice*] in diverse industrie, persona addetta alla preparazione di miscele **2** apparecchio per preparare miscele.

miscellanea [-là-] *s.f.* titolo di volume che raccoglie scritti di vario argomento di uno o più autori.

mischia [mì-] *s.f.* **1** tafferuglio di litiganti; combattimento accanito e disordinato. SIN. *rissa, zuffa* **2** nel rugby, azione compiuta dagli avanti.

mischiare *v.tr.* [*io mischio ecc.*] mettere insieme senza ordine oggetti, sostanze o anche persone diverse: — *l'acqua con la sabbia*; — *le carte*, mescolarle, prima di iniziare il gioco. SIN. *mescolare // -arsi v.rifl.* unirsi, confondersi: *non vuole — con persone di diverso ceto.*

misconoscere [-nó-] *v.tr.* [coniugato come *conoscere*] non riconoscere, non apprezzare: *il suo valore è misconosciuto.*

miscredente [-dèn-] *agg.* e *s.m.* e *f.* si dice di chi non crede nelle verità di fede, e per estens. di chi non accetta idee comunemente accettate.

miscredenza [-dèn-] *s.f.* l'essere miscredente.

miscuglio [-scù-] *s.m.* mescolanza confusa di cose o di sostanze diverse (anche *fig.*): — *di sapori*; — *d'interessi, d'idee.*

miserabile [-ʃerà-] *agg.* **1** degno di commiserazione per le sue miserie morali o materiali: *famiglia* —; *condizioni miserabili* **2** spregevole: *un* — *traditore* **3** (*fig.*) scarso, meschino: *un* — *stipendio.*

miserando [-ʃe-] *agg.* degno di grande compassione: *un caso* —.

miserere [-ʃerè-] *s.m.* (*lit.*) il salmo di penitenza che comincia con questa parola, che significa «abbi pietà».

miserevole [-ʃerè-] *agg.* che desta compassione.

miseria [-ʃè-] *s.f.* **1** stato di grave indigenza, estrema povertà: *vivere in* —; *cadere in* —, *ridursi alla* —, *perdere agiatezza e benessere / piangere* —, lamentarsi esageratamente e ad arte delle proprie condizioni economiche **2** condizione di infelicità; affanno, dolore; meschinità d'animo, debolezza morale: *le miserie umane* **3** inezia, cosa da poco: *ho guadagnato una* — **4** pianta erbacea sempreverde con fusto ricadente (*fam. Commelinacee*).

misericorde [-ʃericòr-] *agg.* (*lett.*) misericordioso.

misericordia [-ʃericòr-] *s.f.* **1** sentimento di profonda compassione che induce all'aiuto e al perdono: *la* — *di Dio*; *implorare* —; *senza* —, spietatamente. SIN. *pietà* **2** nel medioevo, sorta di pugnale a lama lunga e sottile, con cui il cavaliere dava il colpo di grazia all'avversario già disarcionato.

misericordioso [-ʃericordió-] *agg.* che sente o esprime misericordia: *Dio è*—; *atto* —. SIN. *pietoso.*

misero [mìʃe-] *agg.* [superl. *misèrrimo*] **1** che è in miseria; che non è felice. SIN. *povero, infelice* **2** insufficiente, scarso: — *compenso* **3** moralmente basso; meschino. SIN. *gramo.*

misfatto *s.m.* grave colpa, delitto. SIN. *scelleratezza.*

misirizzi *s.m.invar.* **1** pupazzetto che sta in piedi in qualunque posizione lo si metta **2** (*fig.*) persona che cambia idea facilmente, spec. per interesse.

miso- [-ʃo] [dal gr. *misos = odio*] primo elemento compositivo che indica avversione, odio (*misantropo, misoneismo*).

misoginia [-ʃoginì-] *s.f.* atteggiamento misogino.

misogino [-ʃò-] *agg.* si dice di chi o di ciò che esprime avversione per le donne, per il genere femminile: *un libro* —.

misoneismo [-ʃoneiʃmo] *s.m.* tendenza ad avversare le novità.

misoneista [-ʃo-] *agg.* e *s.m.* e *f.* [pl.m. -*i*] che o chi è avverso alle novità.

miss [*ingl.*; *pr.* mis] *s.f.* titolo che si dà alla vincitrice di un concorso di bellezza: — *Italia.*

missaggio [-sàg-] *s.m.* (*cinem.*) incisione su un'unica colonna sonora di suoni, rumori e dialoghi registrati separatamente in precedenza.

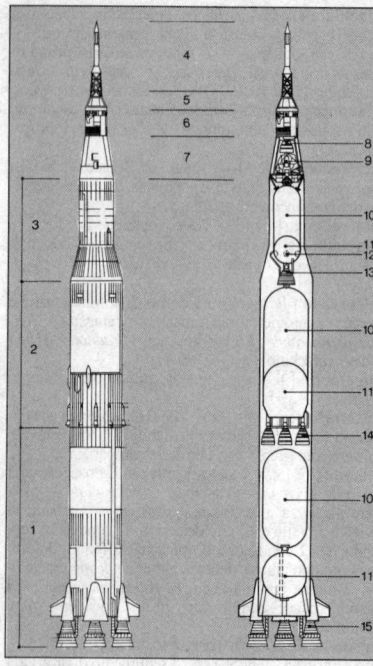

missile

1 *primo stadio*, 2 *secondo stadio*, 3 *terzo stadio*, 4 *razzo di emergenza*, 5 *abitacolo o capsula*, 6 *modulo di servizio (veicolo Apollo)*, 7 *modulo lunare*, 8 *motore del veicolo Apollo*, 9 *serbatoio dell'ossigeno*, 10 *serbatoio dell'idrogeno*, 11 *contenitori dell'elio*, 12 *motori del terzo stadio*, 13 *motori del secondo stadio*, 14 *motori del primo stadio*, 15 *ugelli di scarico*.

missile [mìs-] *s.m.* proietto, autocomandato o telecomandato, sospinto nello spazio da un sistema autopropulsore; usato per ricerche scientifiche, per la navigazione spaziale e per impiego bellico.

missilistica [-li-] *s.f.* la tecnica relativa alla costruzione e all'impiego dei missili.

missilistico [-li-] *agg.* [pl.m. *-ci*] relativo ai missili: *tecnica missilistica.*

missino *agg.* e *s.m.* che, chi appartiene al partito politico di ispirazione neofascista denominato Movimento Sociale Italiano (MSI).

missionario [-nà-] *agg.* dei missionari, delle missioni: *opera, suora missionaria / spirito —*, spirito di sacrificio, di abnegazione // *s.m.* sacerdote inviato in paesi dove la sua fede è ignota o scarsamente diffusa.

missione [-sió-] *s.f.* 1 il mandare, l'essere mandato ad assolvere un compito o un ufficio; anche l'incarico stesso e l'insieme delle persone cui esso è affidato: *— segreta, speciale; la — italiana al congresso internazionale* 2 compito morale: *la — del medico, del sacerdote* 3 invio di missionari in una terra per propagarvi o consolidarvi la fede religiosa; la sede dei missionari stessi.

missiva *s.f.* lettera; in particolare, quella che si invia a qlcu. per riceverne una risposta.

mister *s.m.invar.* allenatore di una squadra di calcio, spec. straniero.

misterioso [-rió-] *agg.* 1 che costituisce un mistero, che non si riesce a spiegare: *una malattia misteriosa.* SIN. *oscuro* 2 fatto o detto con segretezza: *un — convegno* 3 si dice di persona che si comporta in modo poco chiaro.

mistero [-stè-] *s.m.* 1 tutto ciò che non si riesce a spiegare o che è tenuto segreto: *il — della nascita; il suo passato è un —* 2 (*relig.*) verità dogmatica, d'ordine soprannaturale, che l'intelligenza umana non può comprendere: *il — dell'Incarnazione // s.m.pl.* 1 antichi culti religiosi conosciuti e praticati dai soli iniziati: *i misteri orfici, eleusini* 2 nel medioevo, azione scenica in volgare, di soggetto sacro.

mistica [mì-] *s.f.* 1 esperienza del divino da parte dell'uomo 2 la parte della teologia che ha per oggetto il ritorno dell'uomo a Dio attraverso un graduale itinerario ascetico.

misticismo [-ʃmo] *s.m.* atteggiamento di intensa vita ascetica in cui l'anima tende all'unione con la divinità, superando i limiti naturali.

mistico [mi-] *agg.* [pl.m. *-ci*] 1 che concerne i misteri della fede: *il corpo — di Cristo* 2 che concerne il misticismo: *estasi mistica* 3 puro, spirituale // *s.m.* chi si dedica al misticismo; chi scrive opere mistiche.

mistificante *agg.* che trae in inganno, fuorviante: *fornire una versione — dei fatti.*

mistificare *v.tr.* [*io mistifico, tu mistifichi ecc.*] 1 (*non com.*) ingannare qlcu. approfittando della sua credulità o buona fede 2 far apparire diverso dalla realtà; falsare, alterare.

mistificatore [-tó-] *s.m.* [f. *-trice*] chi mistifica.

mistificatorio [-tò-] *agg.* che mira a mistificare.

mistificazione [-zió-] *s.f.* atto, effetto del mistificare; imbroglio.

mistione [-stió-] *s.f.* mescolanza.

misto *agg.* mescolato con altri elementi; costituito da cose o persone di diversa natura: *vino — con acqua; popolazione mista; classe mista,* costituita da alunni maschi e femmine; *matrimonio —,* contratto tra persone di religione diversa // *s.m.* miscuglio, mescolanza.

mistrà *s.m.invar.* liquore di anice.

mistral [-stràl] *s.m.invar.* vento secco e freddo che spira da nord-ovest nelle regioni mediterranee.

mistura *s.f.* mescolanza di sostanze diverse, spec. di liquidi.

misura [-ʃu-] *s.f.* 1 espressione quantitativa del rapporto fra una grandezza e un'altra ad essa omogenea, scelta come unità: *unità di —,* unità convenzionale che serve come termine di confronto in tale rapporto; *calcolare le misure di un solido geometrico; prendere le misure di un oggetto; vestito, scarpe su —,* fatte apposta per una persona */ una giacca della — più grande,* della massima taglia di fabbricazione */ di —,* con una differenza minima */ a — che,* secondo che: *a — che il pericolo aumentava, cresceva anche l'agitazione* 2 atto e modo del misurare: *strumento per la — del tempo; — esatta, scarsa, approssimativa / far due pesi e due misure,* (*fig.*) giudicare in modo diverso due cose o persone dello stesso valore 3 moderazione: *senza, oltre —,* eccessivamente; *fuori di —,* smoderatamente 4 limite: *stai oltrepassando la —* 5 provvedimento: *ricorrere a misure drastiche / mezze misure,* provvedimenti poco incisivi **6** numero e disposizione delle sillabe e dei piedi in un verso **7** (*mus.*) battuta.

misurabile [-ʃurà-] *agg.* che si può misurare.

misurare [-ʃu-] *v.tr.* **1** determinare, calcolare la misura di qlco.; prendere le misure di qlco.: — *l'altezza, la lunghezza di un taglio di stoffa*; — *una strada, la temperatura* / — *a occhio*, senza l'aiuto di strumenti appositi / — *una stanza a grandi passi*, percorrerla in su e in giù **2** limitare alla misura strettamente necessaria: — *le parole, i gesti, le spese* / — *il cibo a qlcu.*, dargliene il minimo **3** (*fig.*) valutare, giudicare: — *una persona, una situazione* **4** provare indumenti indossandoli o facendoli indossare: *la sarta mi ha misurato il vestito; misurarsi i guanti* // *v.intr.* avere una determinata misura: *la casa misura in altezza venti metri* // **-arsi** *v.rifl.* mettere alla prova le proprie forze: — *in una gara*, cimentarsi, competere; — *con qlcu.*, paragonarsi, voler competere con lui.

misurato [-ʃu-] *agg.* **1** che è della misura o della quantità strettamente necessaria: *non sprecare le viti, sono misurate; preparare la minestra misurata* **2** (*fig.*) che non eccede; moderato: *è un tipo* —; — *nel parlare, nel bere.* SIN. *parco, sobrio.*

misuratore [-ʃurató-] *s.m.* **1** [f. *-trice*] chi misura **2** ogni strumento che serve a misurare.

misurazione [-ʃurazió-] *s.f.* il misurare.

misurino [-ʃu-] *s.m.* piccolo recipiente per la misurazione di sostanze liquide o in grani.

mite *agg.* **1** che è incline alla pazienza e all'indulgenza (detto di persona). SIN. *clemente, bonario, mansueto* **2** che rivela bonarietà, indulgenza, moderazione (detto di cosa): *carattere* —; *parole miti* **3** per estens., dolce, temperato (detto di clima): *l'inverno è stato* — / *prezzi miti*, non eccessivi.

mitezza [-téz-] *s.f.* l'essere mite. SIN. *clemenza, bonarietà, mansuetudine.*

mitico [mì-] *agg.* [pl.m. *-ci*] che concerne il mito; che appartiene al mito: *personaggio, racconto* —. SIN. *leggendario.*

mitigare *v.tr.* [*io mìtigo, tu mìtighi ecc.*] rendere più mite; temperare, attenuare: — *il dolore, l'ira*; — *il freddo* / — *una pena*, ridurne la durata. SIN. *moderare, lenire* // **-arsi** *v.rifl.pron.* diventare più mite, moderarsi, calmarsi: *il freddo si è mitigato.*

mitigazione [-zió-] *s.f.* il mitigare, il mitigarsi.

mitilo [mì-] *s.m.* mollusco marino dei lamellibranchi, commestibile, con la conchiglia costituita da due valve uguali, nere a forma di cuneo; cozza.

mitizzare [-tiʒʒa-] *v.tr.* assumere come mito, anche esagerando.

mitizzazione [-tiʒʒazió-] *s.f.* il mitizzare.

mito *s.m.* **1** narrazione favolosa delle gesta di dei o eroi relativa alle origini del mondo, del genere umano, di un popolo **2** (*fig.*) persona, cosa, fatto leggendario: *il* — *di Cesare.*

mitocondrio [-còn-] *s.m.* spec. *pl.* ciascuno dei granuli localizzati nel protoplasma delle cellule [*ill. Cellula*].

mitologia [-gì-] *s.f.* **1** il complesso dei miti dell'antichità; in particolare, di quella greco-romana **2** lo studio dei miti.

mitologico [-lò-] *agg.* [pl.m. *-ci*] della mitologia, relativo alla mitologia.

mitomane [-tò-] *s.m. e f.* chi è affetto da mitomania.

mitomania [-nì-] *s.f.* tendenza morbosa a raccontare fatti immaginari e menzogne, con consapevolezza di dire il falso.

mitosi [-tòʃi] *s.f.* → **cariocinesi.**

mitra¹ *s.f.* (*lit.*) copricapo alto e rigido con due punte e due larghi nastri che ricadono sulle spalle; è portata dai vescovi nelle funzioni solenni [*ill. Chiesa*].

mitra² *s.m.invar.* fucile mitragliatore.

mitraglia [-trà-] *s.f.* **1** (*st.*) insieme di schegge di ferro e di pallottole, con cui si usavano caricare i cannoni **2** l'insieme dei colpi sparati da una o più mitragliatrici.

mitragliamento [-mén-] *s.m.* azione di fuoco di più mitragliatrici.

mitragliare *v.tr.* [*io mitràglio ecc.*] colpire con raffiche di mitragliatrice o con tiri a mitraglia: — *i soldati* / — *uno di domande*, (*fig.*) rivolgergliene molte successivamente.

mitragliatore [-tó-] *agg.* si dice di arma automatica che può sparare raffiche di colpi: *fucile* —, piccola mitragliatrice leggera.

mitragliatrice *s.f.* arma da fuoco automatica e trasportabile, in grado di sparare diverse centinaia di colpi al minuto.

mitragliera [-gliè-] *s.f.* arma da fuoco automatica di calibro maggiore della mitragliatrice e ad alta celerità di tiro; viene impiegata come arma di bordo di navi, aerei e come arma contraerea.

mitragliere [-gliè-] *s.m.* soldato specializzato nell'impiego delle mitragliatrici.

mitrale *agg.* della mitra, simile a una mitra / *valvola* —, quella del ventricolo sinistro del cuore.

mitralico [-trà-] *agg.* [pl.m. *-ci*] della valvola mitrale del cuore.

mitridatismo [-ʃmo] *s.m.* assuefazione dell'organismo all'effetto dei veleni, presi a piccole dosi progressive.

mitridatizzazione [-tiʒʒa-] *s.f.* processo di immunizzazione dell'organismo nei confronti dei veleni assunti in dosi via via crescenti.

mitteleuropeo [-pè-] *agg.* della Mitteleuropa, cioè dell'Europa centrale (soprattutto dal punto di vista culturale).

mittente [-tèn-] *s.m. e f.* chi manda per mezzo della posta una lettera, un pacco e simili.

mixedema [-dè-] *s.m.* [pl. *-i*] (*med.*) accumulo di liquido nel tessuto sottocutaneo, determinato da insufficienza funzionale della tiroide.

mixer *s.m.invar.* **1** bicchiere graduato per miscele **2** nella tecnica cinematografica e radiotelevisiva, l'apparecchio, e anche l'addetto, che effettua il missaggio.

mixoma [-xò-] *s.m.* [pl. *-i*] tumore costituito da tessuto connettivo mucoso.

mixomatosi [-tòʃi] *s.f.invar.* malattia dei conigli determinata da un virus e caratterizzata da tumefazioni sulla cute e sulle mucose.

mnemonica [-mò-] *s.f.* l'arte di esercitare e aiutare la memoria con accorgimenti appropriati che permettano di richiamare e di collegare più facilmente le nozioni.

mnemonico [-mò-] *agg.* [pl.m. *-ci*] della memoria, concernente la memoria: *esercizio* —.

mo'¹ *avv.* [troncamento dell'avv.lat. *modo* = *appena, poco fa*] (*ant. e dial.*) ora, adesso: — *vediamo* / *guarda* —, guarda un po'.

mo'² *s.m.* troncamento di *modo*, usato solo nella locuz. *a mo' di*, a guisa di, in funzione di: *a* — *d'esempio*; *a* — *di mantello.*

mobile [mò-] *agg.* **1** che si può muovere, trasportare, spostare; che non è fisso: *scaffale a piani mobili / beni mobili*, denaro, gioielli ecc. che si possono trasportare da un luogo ad un altro / *caratteri mobili*, i caratteri per la stampa che si possono comporre e scomporre / *feste mobili*, che non cadono sempre nello stesso giorno dell'anno / *ricchezza* —, costituita dai redditi di lavoro / *scala* —, sorta di tappeto ruotante su rulli posti a livelli diversi, che permette di salire ai piani superiori senza far uso delle normali scale; (*econ.*) indennità accessoria della retribuzione che varia in rapporto al costo della vita. CONTR. *immobile* **2** che si muove facilmente: *l'acqua è* — **3** (*fig.*) mutevole, incostante: *la fortuna è* — // *s.m.* **1** (*fis.*) ogni corpo capace di muoversi **2** ciascuno degli oggetti che servono ad arredare la casa.

mobilia [-bi-] *s.f.* il complesso dei mobili di una casa o di una parte di essa.

mobiliare[1] *agg.* che concerne i beni mobili.

mobiliare[2] *v.tr.* [io mobilio ecc.] (*non com.*) fornire di mobili una casa, una stanza e simili; ammobiliare.

mobiliere [-liè-] *s.m.* chi fabbrica o vende mobili.

mobilificio [-fi-] *s.m.* fabbrica di mobili.

mobilio [-bi-] *s.m.* → **mobilia**.

mobilità *s.f.invar.* **1** l'essere mobile, mutevole. CONTR. *immobilità* **2** (*fig.*) incostanza, instabilità **3** trasferimento, concordato tra padronato e sindacati, di lavoratori di un reparto all'altro o da un'azienda all'altra / — *selvaggia*, quella decisa unilateralmente dal padronato.

mobilitare *v.tr.* [io mobìlito ecc.] **1** mettere un esercito in assetto di guerra **2** far muovere, impegnare attivamente, indurre a cooperare: — *l'opinione pubblica, le coscienze* / — *il capitale*, investirlo in attività produttive.

mobilitazione [-zió-] *s.f.* il complesso delle operazioni necessarie per mettere l'esercito in assetto di guerra.

mobilizzazione [-liʒʒazió-] *s.f.* il muovere ciò che era fermo; ripresa del movimento (spec. nel linguaggio medico).

moca [mò-] *s.m.invar.* qualità di caffè molto pregiata proveniente da Moca (Arabia).

mocassino *s.m.* calzatura di pelle morbida, molto flessibile, generalmente senza lacci.

moccichino *s.m.* (*non com.*) fazzoletto da naso.

moccio [móc-] *s.m.* (*fam.*) muco che cola dal naso.

moccioso [-ció-] *agg.* pieno di moccio, sporco di moccio // *s.m.* bambino, ragazzino che si dà arie da grande.

moccolo [mòc-] *s.m.* **1** mozzicone di candela **2** (*scherz.*) moccio che pende dal naso **3** (*pop.*) bestemmia: *tirava certi moccoli!*

moda [mò-] *s.f.* **1** usanza più o meno mutevole secondo il gusto prevalente, che s'impone nelle abitudini, nei modi di vivere e spec. nelle forme del vestire: *la* — *delle gonne lunghe*; (*fam.*) — *di dire parolacce* / *essere, andare di* —, essere conforme al gusto corrente / *uscire, passare di* —, non essere più conforme agli usi del tempo / *tornare di* —, imporsi nuovamente al gusto / *alla* —, conforme al gusto, alle tendenze del momento **2** tutto quel che riguarda l'abbigliamento, spec. femminile: — *parigina*; *alta* — **3** *pl.* acconciature, abiti, guarnizioni per signora: *negozio di mode*.

modale *agg.* di modo, che esprime il modo / *proposizione* —, che indica il modo con cui avviene quel che è espresso nella proposizione reggente.

modalità *s.f.invar.* **1** maniera particolare di essere: *la* — *di un rapporto, di un fatto* **2** circostanza relativa alla forma particolare di un procedimento giuridico o burocratico: *le modalità previste dalla legge*.

modanare *v.tr.* [io mòdano ecc.] eseguire la modanatura, ornare con modanature.

modanatura *s.f.* elemento decorativo architettonico costituito da una fascia sporgente variamente sagomata.

modano [mò-] *s.m.* **1** modello di forme diverse impiegato dai muratori, dai falegnami ecc. nell'eseguire i loro lavori **2** cilindretto di legno usato per tessere le reti da pesca.

modella [-dèl-] *s.f.* **1** donna che posa come modello

Moda

abbigliamento, accessorio, alta moda, collezione, confezione, cover-girl, fattura, figurino, fotomodella, fotomodello, guardaroba, indossatrice, linea, mannequin, modello, sarto, sartoria, sfilata, stilista, taglia, taglio.

■ CAPI DI ABBIGLIAMENTO: abito, bermuda, bikini, blazer, bolero, calzoni, camicetta, camicia, cappa, cappotto, cappuccio, cardigan, casacca, chemisier, clergyman, collant, completo, costume da bagno, due pezzi, duvet, eskimo, felpa, frac o marsina, giacca, gilet o panciotto, giubbotto, giubbotto, gonna, guru, jeans, kay-way, liseuse, mantella, mantello, minigonna, paletot (paltò), pantaloni, pants, pareo, piumino, poncho, pre-maman, princesse, pullover, safi, sahariana, salopette, sari, shorts, smoking, soprabito, spezzato, stola, tailleur, tee-shirt, tight, top, topless, tuta.

■ PARTI E FINITURE: abbottonatura, allacciatura, balza, barchetta, basca, baschina, bustino, campana, cannone, carré, cerniera, cintura, collo, corpino, davantino, décolleté, drappeggio, giro manica, giunta, godet, guarnizione, interno, jais, lampo, lustrino, martingala, motivo, paillettes, panneggio, pannello, pettorina, piega, piegone, pince, plissé, profilo, raglan, risvolti, sbieco, sbuffo, scollatura, scollo, sfondo piega, spacchetto, spacco, spallina, sprone, strascico, strass, volant (volante).

■ MODELLI E STILI: coreana, dolce vita, doppiopetto, geisha, girocollo, marinara, polo, redingote, tubino, tunica, tunichetta • lungo, maxi, mini; nove decimi, sette ottavi, tre quarti • accollato, aderente, arricciato, attillato, blusante, pieghettato, plissettato, scampanato, sciancrato, sciolto, scollato, svasato • casual, classico, executive, freak, hippy, new look, pre-maman, prêt-à-porter, punk, sartoriale, sportivo, unisex, up-to-date.

■ TESSUTI: bouclé, ciré, crêpe-de-Chine, double-face, fantasia, felpato, flanella, fresco, fustagno, gabardine, gessato, ingualcibile, lamé, madras, mélange, millerighe, mussola, operato, organza, organzino, patchwork, peloso, pettinato, pied-de-poule, a pois, principe di Galles, a quadri, rasatello, reps, rigato, scozzese, shantung, spinato, stampato, tweed, unito, velluto.

davanti a pittori, scultori o fotografi, anche per professione **2** indossatrice.

modellare *v.tr.* [*io modèllo ecc.*] **1** dare forma a qlco., spec. all'argilla o ad altro materiale plastico: *sta modellando una testa / questo vestito modella la figura*, le dà risalto. SIN. *plasmare* **2** fare qlco. secondo un determinato modello: *modellavano il loro stile su quello dei classici.*

modellato *s.m.* forma impressa alla materia scultorea dalla mano o dallo strumento col plasmarla; qualità plastiche di una scultura o pittura: *il — leonardesco.*

modellatura *s.f.* atto, effetto del modellare: *statua di delicata —.*

modellismo [-ʃmo] *s.m.* attività tecnica di riprodurre in scala ridotta particolari oggetti o strutture (spec. navi, veicoli, aeroplani).

modellista *s.m. e f.* [pl.m. *-i*] **1** chi per mestiere disegna o elabora modelli **2** chi inventa ed esegue piccoli modelli di veicoli, meccanismi e simili.

modellistica [-li-] *s.f.* **1** l'arte, la tecnica, l'attività volta a realizzare modelli di edifici, veicoli, macchine e simili, sia per studiare tipi nuovi sia per riprodurne di già esistenti **2** lo studio e la realizzazione di modelli relativi a varie discipline sia scientifiche che umanistiche.

modello [-dèl-] *s.m.* **1** ogni oggetto o persona che l'artista o l'artigiano tenga davanti ai suoi occhi per riprodurlo; per estens., ogni cosa o persona ritenuta perfetta e quindi degna di essere imitata: *lo scultore prese come — un vecchio; quella donna è un — di saggezza* **2** riproduzione in scala ridotta di un'opera esistente o progettata: *— in creta, in legno; — di una nave, di un velivolo; presentò un — in gesso del teatro.* DIM. *modellino* **3** prototipo industriale; tipo di prodotto industriale con determinate caratteristiche; l'insieme di tali caratteristiche; disegno di abito, spec. se inventato da un grande sarto; l'insieme dei pezzi tagliati in carta o tela, sui quali si conduce il taglio della stoffa per un abito: *inventare un nuovo — di chiusura; è uscito l'ultimo — di lavatrice; un bel — di scarpe; un — esclusivo, un abito di cui non esistono altri esemplari* **4** (*scient.*) riproduzione di un sistema materiale (meccanico, acustico ecc.) allo scopo di studiarne empiricamente la natura e le leggi **5** tipo di stampato che porta una sigla speciale ed è usato per usi particolari; modulo: *va compilato il foglio — C.*

modenese [-né-] *agg.* di Modena // *s.m. e f.* abitante di Modena.

moderare *v.tr.* [*io módero ecc.*] trattenere, porre entro giusti limiti: *— l'ira, le spese, la velocità / moderarsi nel fumo*, imporsi un limite. SIN. *mitigare, frenare, temperare.*

moderato *agg.* **1** si dice di cosa contenuta entro giusti limiti, di persona non eccessiva, equilibrata, ragionevole: *velocità moderata; — nel bere / partito —*, lontano da estremismi. SIN. *misurato, sobrio, modico.* CONTR. *smodato* **2** in musica, indicazione dinamica più rapida dell'andante e più lenta dell'allegro // *s.m.* chi appartiene a un partito moderato.

moderatore [-tó-] *agg. e s.m.* [f. *-trice*] **1** che o chi modera: *è il sommo — della politica internazionale / — di una discussione*, chi la dirige, spec. alla radio o alla televisione **2** in un reattore nucleare, sostanza che rallenta i neutroni di fissione per migliorare la reazione a catena.

moderazione [-zió-] *s.f.* atto, effetto del moderare; la virtù di essere moderato. SIN. *temperanza, sobrietà.*

modernismo [-ʃmo] *s.m.* **1** tendenza a rinnovare idee e sistemi per adeguarli alle necessità moderne **2** movimento, condannato dalla chiesa (secc. XIX-XX), che mirava ad accordare la tradizione cattolica con le esigenze della cultura contemporanea, e in particolare con la filosofia immanentistica.

modernità *s.f.invar.* qualità di ciò che è moderno.

modernizzare [-niʒʒa-] *v.tr.* rendere moderno: *— le idee.*

moderno [-dèr-] *agg.* che si riferisce o appartiene al tempo presente oppure ai tempi vicini a noi: *lingua, sensibilità moderna; stile, abito —; storia moderna*, che inizia con la scoperta dell'America (1492) / *donna moderna*, che ha gusti aderenti ai tempi attuali. CONTR. *antico* // *s.m.* **1** ciò che esprime il gusto dell'età moderna: *ammiro il —* **2** *pl.* gli uomini del tempo presente.

modestia [-dè-] *s.f.* **1** la virtù per cui l'uomo non si vanta dei propri meriti: *descriveva con — il suo gesto eroico / — a parte*, formula quasi di scusa, usata quando si riferiscono cose che ci fanno onore. SIN. *umiltà* **2** (*antiq.*) pudore, modo riservato di agire e di vestire; moderazione: *sono ricchi, ma vivono con —.* CONTR. *immodestia* **3** limitatezza di mezzi economici; mediocrità; scarsità: *la — delle sue capacità, del suo guadagno.*

modesto [-dè-] *agg.* **1** si dice di persona che ha o dimostra modestia: *è un giovane troppo —; fare il —*, affettare modestia. SIN. *umile* **2** si dice di ciò che denota pudore, moderazione ecc.: *ha sempre un contegno — / prezzo —*, non eccessivo, basso. CONTR. *immodesto* **3** semplice, non vistoso, mediocre: *casa modesta; uomo di modeste origini.*

modicità *s.f.invar.* qualità di ciò che è modico.

modico [mò-] *agg.* [pl.m. *-ci*] non eccessivo: *prezzo —.* SIN. *moderato.*

modifica [-dì-] *s.f.* atto, effetto del modificare. SIN. *cambiamento.*

modificare *v.tr.* [*io modìfico, tu modìfichi ecc.*] variare in parte la maniera di essere o la forma di qlco., spec. per migliorarla: *— un progetto.* SIN. *cambiare, mutare* // **-arsi** *v.rifl.pron.* subire un cambiamento, mutare in parte: *con gli anni il suo carattere si è modificato.*

modificazione [-zió-] *s.f.* atto, effetto del modificare. SIN. *cambiamento.*

modista *s.f.* donna che confeziona o vende cappelli femminili.

modisteria [-rì-] *s.f.* laboratorio o negozio di modista.

modo [mò-] *s.m.* **1** la forma particolare di essere, di presentarsi, o di agire, di procedere e simili: *il — di parlare; trattò in — vago della questione / — di dire*, parola o frase caratteristica di una lingua, di un dialetto, di una singola persona / *per — di dire*, per così dire, per esempio / *— di fare*, comportamento / *— di vedere*, opinione, giudizio **2** costume, maniera di fare; locuzione, maniera di dire: *ha modi cortesi; sono modi errati / a mio, a tuo —*, come pare a me, a te / *essere a —*, essere perbene / *oltre —*, in maniera sproporzionata **3** mezzo per raggiungere un fine: *scegliere un — giusto e rapido / ad ogni —*, comunque / *in tutti i modi*, con qualsiasi mezzo / *in nessun —*, per nessuna ragione / *in questo —*, così / *in che —*, come **4** (*gramm.*) categoria del verbo che esprime l'atteggiamento del soggetto di fronte all'azione verbale, e talora serve anche a denotare se il verbo è principale o subordinato: *— indicativo, congiuntivo ecc.* **5** (*mus.*) termine che indica particolari caratteristiche di una scala musicale, definito sempre come maggiore o minore.

modulare[1] *v.tr.* [*io mòdulo ecc.*] variare armonicamente il tono o l'intensità della voce o di un suono.

modulare[2] *agg.* costituito da elementi singoli uguali o analoghi e ricorrenti: *scaffali componibili modulari*.

modulato *agg.* si dice di suono o di voce educata, regolata.

modulazione [-zió-] *s.f.* **1** passaggio di una voce o di un suono da un tono a un altro **2** variazione di una grandezza fisica secondo leggi determinate; in radiotecnica, modificazione di un'onda portante, secondo le vibrazioni dei suoni da trasmettere: — *d'ampiezza, di frequenza dell'onda*.

modulistica [-lì-] *s.f.* la tecnica del predisporre moduli a stampa; l'insieme di moduli predisposti per un dato uso: *la nuova — postale*.

modulo [mò-] *s.m.* **1** stampato che contiene formule invariabili e che si deve riempire con lo scritto per compilare una domanda, rispondere a un questionario e simili; la forma stabilita per compilare alcuni documenti: *compilare un — per telegramma* **2** (*arch.*) il raggio della colonna assunto come unità di grandezza alla quale si riferiscono le dimensioni delle altre parti di un edificio **3** diametro di una medaglia **4** unità di misura delle acque di irrigazione; la portata media annua di un torrente **5** elemento autonomo ma progettato per inserirsi in un insieme: *mobile a moduli componibili // — lunare*, la navicella in grado di staccarsi dal razzo vettore e di allunare [*ill. Missile*].

modus vivendi [*lat.; pr.* mòdus vivèndi = *modo di vivere*] *s.m.* accordo provvisorio fra due o più parti in contrasto: *trovare un —*.

mofeta [-fé-] *s.f.* esalazione di anidride carbonica da terreni di origine vulcanica.

moffetta [-fét-] *s.f.* **1** piccolo mammifero carnivoro americano del corpo snello, con lunga coda e pelliccia bianca e nera, fornito di speciali ghiandole da cui schizza, per difesa, un liquido fetido (*fam.* Mustelidi) **2** pelliccia conciata, bruna, lucida, somigliante alla martora ma molto meno pregiata.

mogano [mò-] *s.m.* legno pregiato da ebanisteria, di color rosso bruno, ricavato dalla pianta tropicale che i brasiliani chiamano *acajú*.

moggio [mòg-] *s.m.* [pl.m. -*i*; pl.f. -*a*] antica misura di capacità per granaglie, che varia secondo i tempi e i luoghi / *mettere la fiaccola sotto il —*, nascondere una verità.

mogio [mò-] *agg.* (*fam.*) abbattuto, avvilito; stanco: *se ne andò tutto —, o —*.

moglie [mó-] *s.f.* la donna sposata, con riferimento al marito: *chiedere, dare, prendere, avere in —*; *essere marito e —, essere sposati / prov.: — e buoi dei paesi tuoi*, gli acquisti più importanti non vanno fatti troppo lontano; *tra — e marito non mettere il dito*, è meglio non intromettersi negli affari loro.

mohair [*franc.; pr.* moèr] *s.m.* fibra tessile di pelo di capra d'Angora; il tessuto che se ne ricava.

moina [-i-] *s.f.* affettuosità; vezzo infantile o lezioso: *gli fece mille moine*. SIN. *smanceria*.

moire [*franc.; pr.* muàr] *s.m.* stoffa di lana o seta a riflessi cangianti.

mola[1] [mò-] *s.f.* **1** la macina del mulino **2** utensile rotante a forma di disco o ruota di materia abrasiva; è usato per affilare utensili o levigare superfici scabrose.

mola[2] [mò-] *s.f.* pesce luna.

molare[1] *v.tr.* [*io* mòlo *ecc.*] affilare utensili, levigare superfici scabrose.

molare[2] *agg.* della mola // *s.m.* nell'uomo, ciascuno degli ultimi dodici denti (sei per lato, rispettivamente nella mascella e nella mandibola) che hanno il compito di tritare il cibo [*ill. Bocca*].

molassa *s.f.* (*geol.*) tipo di arenaria friabile.

molatura *s.f.* operazione, effetto del molare.

molazza *s.f.* macchina frantumatrice costituita da una vasca in lamiera entro cui ruotano delle mole di acciaio.

moldavo *agg.* della Moldavia // *s.m.* abitante della Moldavia.

mole [mò-] *s.f.* **1** grossezza, grandezza; (*fig.*) quantità: *la — dei suoi affari*; *la smisurata — della statua* **2** costruzione grandiosa: *la Mole Adriana* **3** (*chim.*) grammomolecola.

molecola [-lè-] *s.f.* **1** la più piccola unità chimica di una sostanza, formata da uno o più atomi della stessa specie (corpi semplici) o di specie diversa (corpi composti) **2** per estens., parte piccolissima di qlco.

molecolare *agg.* (*chim.*) della molecola: *peso —*.

molestare *v.tr.* [*io* molèsto *ecc.*] recar molestia. SIN. *infastidire, disturbare*.

molestatore [-tó-] *agg. e s.m.* [*f. -trice*] che o chi molesta.

molestia [-lè-] *s.f.* fastidio, disagio che disturba e irrita. SIN. *noia, tormento*.

molesto [-lè-] *agg.* che reca molestia. SIN. *fastidioso, noioso, importuno*.

molibdenite *s.f.* minerale di molibdeno, di color grigio-argento.

molibdeno [-dè-] *s.m.* elemento chimico (Mo; *n.at.* 42; *p.at.* 95,95); metallo bianco difficilmente fusibile, usato in metallurgia per acciai speciali e in elettrotecnica.

molino *s.m.* → **mulino**.

molisano [-ʃa-] *agg.* del Molise // *s.m.* abitante del Molise.

molitorio [-tò-] *agg.* che concerne la macinatura: *industria molitoria*.

molitura *s.f.* macinatura.

molla [mòl-] *s.f.* **1** organo meccanico elastico, per lo più in acciaio, che si deforma sotto l'azione di forze che tendano a comprimerlo o ad allungarlo, e riprende poi la sua forma primitiva al cessare di tale azione: *la — dell'orologio*; *le molle del materasso*; *meccanismo a — / scattare come una —*, con grande prontezza **2** (*fig.*) stimolo all'azione: *il denaro è la — del successo* **3** *pl.* attrezzo assai comune per afferrare carboni o legni accesi, costituito da due lunghe branche di ferro / *prendere con le molle*, (*fig.*) con le dovute cautele.

mollare *v.tr.* [*io* mòllo *ecc.*] **1** lasciar andare: *mollò la presa*; *— una fune, allentarla*; *— l'ancora, calarla / tira e molla si arrivò alla conclusione*, dopo ripetute esitazioni e contraddizioni **2** *assol.* (*fig.*) cedere: *non devi —*.

molle [mòl-] *agg.* **1** che cede al tatto: *terra —*; *cera —*; *palato —*, la parte posteriore del palato [*ill. Bocca*]. SIN. *morbido*. CONTR. *duro* **2** inzuppato: *— di sudore* **3** debole, fiacco: *un animo —* // *s.m.* ciò che è molle; terreno bagnato: *camminare sul —* // -**mente** *avv.* con mollezza, fiaccamente.

molleggiamento [-mén-] *s.m.* atto del molleggiare o del molleggiarsi.

molleggiare *v.intr.* [*io* molléggio *ecc.*] avere elasticità (detto di mobili, materassi a molle e simili) // -**arsi** *v. rifl.pron.* compiere movimenti elastici e leggeri: *— sulle ginocchia* // *v.tr.* dotare di molleggio: *— una vettura*.

molleggiato *agg.* fornito di molleggio.

molleggio [-lég-] *s.m.* dispositivo che conferisce elasticità mediante molle; elasticità, capacità di molleggiare: *poltrona, automobile con un buon —*.

molletta [-lét-] *s.f.* **1** piccolo arnese a molla, spec.

quello con cui si appuntano i capelli e quello con cui si fermano i panni stesi sulle corde **2** *pl.* arnese simile a piccole molle da fuoco, che serve a prendere zollette di zucchero, cubetti di ghiaccio ecc.

mollettiera [-tiè-] *s.f.* spec. *pl.* fascia di panno con cui i militari avvolgevano le gambe dalla caviglia al ginocchio.

mollettone [-tó-] *s.m.* telo, coperta di panno felpato, talvolta impermeabilizzato, per proteggere tavoli, materassi ecc.

mollezza [-lèz-] *s.f.* **1** qualità di ciò che è molle (spec. *fig.*): — d'animo **2** (*fig.*) *spec.pl.* eccessive comodità, lusso: *vivere nelle mollezze.*

mollica *s.f.* **1** la parte interna, molle, del pane **2** *pl.* briciole.

mollusco *s.m.* [pl. *-chi*] **1** tipo di animale invertebrato dal corpo molle, quasi sempre provvisto di conchiglia, unica o formata da due valve **2** (*fig.spreg.*) si dice di persona priva di volontà o di energia.

molo [mò-] *s.m.* muraglione che si protende nel mare per proteggere un porto dalle onde e agevolare le operazioni di approdo.

moloc [mò-] *s.m.invar.* **1** divinità orientale cui si sacrificavano vittime umane **2** (*fig.*) persona o potenza terribile.

molosso [-lòs-] *s.m.* feroce cane da guardia e da caccia, dal corpo tozzo, con muso piatto e labbra penzolanti.

molotov [mò-] *s.f.invar.* bottiglia incendiaria.

molteplice [-tè-] *agg.* che ha molte parti o aspetti (anche *fig.*): *molteplici difficoltà; una personalità —.* SIN. *numeroso, svariato.*

molteplicità *s.f.invar.* l'essere molteplice.

moltiplica [-tì-] **1** la ruota dentata posta al centro della pedaliera della bicicletta [*ill. Bicicletta*] **2** (*pop.*) moltiplicazione.

moltiplicando *s.m.* (*mat.*) il numero che si deve moltiplicare.

moltiplicare *v.tr.* [*io moltiplico, tu moltiplichi* ecc.] accrescere grandemente: — *i guadagni* / — *un numero per un altro*, (*mat.*) fare la somma di tanti addendi uguali al primo quante sono le unità del secondo / *assol.* eseguire la moltiplicazione matematica // **-arsi** *v. rifl.pron.* crescere di numero: *gli insetti si moltiplicano rapidamente; le difficoltà si sono moltiplicate.*

moltiplicatore [-tó-] *agg.* e *s.m.* [f. *-trice*] **1** si dice di dispositivi atti a moltiplicare qlco., spec. movimenti, giri di ruote ecc. **2** (*mat.*) si dice del numero per il quale se ne moltiplica un altro **3** (*fig.*) che, chi moltiplica, fa aumentare: *elemento — della crisi; un — dell'inflazione.*

moltiplicazione [-zió-] *s.f.* **1** il moltiplicare, il moltiplicarsi **2** operazione aritmetica mediante la quale si determina il prodotto di due fattori: *fare la —.*

moltitudine [-tù-] *s.f.* **1** gran quantità, gran numero di persone o cose **2** insieme di molte persone riunite, folla: *la — si radunò nella piazza.*

molto [mól-] *agg.indef.* indica generalmente grande quantità o numero: — *pane;* — *denaro; molte persone; faceva — freddo; ho molta fretta; con — piacere;* enfaticamente ripetuto: *dopo molti e molti anni;* con valore di *troppo: vogliono un milione, ma mi pare che sia — / in frase negativa dà luogo a litote: non ha molta fortuna,* ne ha poca, pochissima / in espressioni ellittiche: *era — che non lo vedevo,* molto tempo; *non c'è — da qui a casa,* molto spazio; *ci corre — tra te e lui,* una grande differenza; *non ci voleva — a capirlo,* molta intelligenza o un grande sforzo; *oggi ci vuole — per vivere,* molti de-

nari; *bere —,* vino o altri alcolici; *ci sarebbe da dire — sul suo conto,* molte cose; *a dir —, a far —,* al massimo, tutt'al più */ da —,* (*lett.*) riferito a persone di grande valore // *avv.* grandemente, assai, in unione ad aggettivi, avverbi, verbi e participi passati: — *strano; è riuscito — bene; mi piace —;* — *criticato;* — *conosciuto /* come rafforzativo di agg. o avv.compar.: — *peggiore;* — *meglio;* — *più;* — *meno bello / né poco né —, né — né poco,* per nulla: *questo non m'interessa né poco né — / di —* (o *dimolto*), (*pop.*) ha valore di *molto: è di — bella /* con valore enfatico posposto ad agg.: *è bella — /* in frase negativa dà luogo a litote: *non è — intelligente,* lo è poco; e senza la negazione: *m'importa —!,* non me ne importa affatto // *pron.indef.:* chiedili a lui che ne ha molti; molti di noi; molti fra loro // con valore di *s.m.,* grande quantità: *il — e il poco.*

momentaneo [-tà-] *agg.* che dura un momento. SIN. *passeggero, transitorio, temporaneo //* **-mente** *avv.* per il momento.

momento [-mén-] *s.m.* **1** brevissimo spazio di tempo; attimo, istante: *non ho un solo — da perdere; ebbe un — di esitazione / al primo —,* da principio, lì per lì */ sul —,* nell'atto stesso, immediatamente; dapprima: *vieni qui, sul —!; sul — non ci feci caso / nel — che,* nell'istante che */ dal — che,* dato che; *da quando / a momenti,* tra poco; quasi quasi: *arriverà a momenti; a momenti cadevo dalle scale / ogni —,* continuamente. DIM. *momentino* **2** periodo di tempo; circostanza: *è stato un — difficile per tutti; abbiamo vissuto momenti felici* **3** occasione, opportunità: *cogliere il — opportuno; è il — di dirgli quel che si merita / di grande, di poco —,* (*lett.*) di grande, di poca importanza **4** — *di una forza rispetto a un punto,* (*fis.*) prodotto della forza per la distanza del punto dalla retta d'azione.

monaca [mò-] *s.f.* religiosa di un ordine regolare, anche se non propriamente monastico.

monacale *agg.* di, da monaco o monaca: *abito —.*

monacarsi *v.rifl.* [*io mi mònaco, tu ti mònachi* ecc.] farsi monaco o monaca.

monachese [-ché-] *agg.* di Monaco di Baviera // *s.m.* e *f.* abitante di Monaco di Baviera.

monachesimo [-chéſi-] *s.m.* **1** fenomeno religioso per cui uomini o donne abbandonano la vita comune del mondo per cercare la perfezione spirituale e la comunione col divino attraverso la vita ascetica, in solitudine o in comunità **2** il complesso delle istituzioni monastiche.

monachino *s.m.* → **ciuffolotto.**

monaco [mò-] *s.m.* [pl. *-ci*] religioso di un ordine regolare, spec. di quelli più antichi: — *benedettino.*

monade [mò-] *s.f.* (*fil.*) elemento minimo e indivisibile della realtà.

monarca *s.m.* [pl. *-chi*] chi ha, da solo, il potere supremo di uno stato; re; sovrano.

monarchia [-chì-] *s.f.* **1** forma di governo in cui il potere è affidato a un solo individuo e trasmesso per via ereditaria ai successori: — *assoluta,* quella in cui il potere del sovrano non ha limitazioni; — *costituzionale,* quella in cui il re esercita il potere legislativo in collaborazione col parlamento, riservandosi il potere esecutivo; — *parlamentare,* quella in cui la sovranità effettiva è esercitata dal parlamento **2** stato in cui vige tale forma di governo.

monarchico [-nàr-] *agg.* [pl.m. *-ci*] della monarchia: *regime —; partito — //* *s.m.* chi è fautore della monarchia; chi è iscritto al partito monarchico.

monastero [-stè-] *s.m.* edificio dove monaci o monache conducono vita comunitaria. SIN. *convento*.

monastico [-nà-] *agg.* [pl.m. *-ci*] di, da monaco o monaca: *ordine* —; *regole monastiche*.

monatto *s.m.* (*st.*) chi, durante le pestilenze, trasportava i malati e seppelliva i morti.

moncherino *s.m.* braccio a cui sia stata troncata la mano.

monco [món-] *agg.* [pl.m. *-chi*] **1** privo di una o di ambedue le mani o le braccia **2** (*fig.*) incompleto, manchevole.

moncone [-có-] *s.m.* **1** arto a cui sia stata amputata un'estremità **2** (*fig.*) cosa incompleta.

monda [món-] *s.f.* pulitura delle risaie dalle erbe nocive.

mondanità *s.f.invar.* **1** l'essere mondano **2** cosa mondana **3** la società mondana.

mondano *agg.* **1** del mondo, della vita terrena: *felicità mondana*. SIN. *terreno* **2** proprio della società elegante: *cronaca mondana*.

mondare *v.tr.* [*io móndo ecc.*] **1** sbucciare e privare della parte guasta o non commestibile: — *la verdura* **2** togliere ciò che nuoce: — *il riso*, estirpare le erbacce dalle risaie **3** (*fig.*) rendere mondo, puro. SIN. *purificare, purgare.*

mondariso *s.m.* e *f.invar.* chi lavora alla monda delle risaie.

mondatura *s.f.* **1** atto, effetto del mondare **2** parte che si toglie nel mondare.

mondezzaio [-zà-] *s.m.* **1** luogo in cui si raccoglie l'immondizia; letamaio **2** (*fig.*) luogo sporco: *questa stanza è un* —.

mondiale *agg.* **1** del mondo, che riguarda il mondo intero: *guerra* — **2** (*scherz.*) eccezionale: *uno spettacolo* —.

mondina¹ *s.f.* operaia addetta alla monda del riso nelle risaie.

mondina² *s.f.* (*dial. toscano*) castagna mondata e lessata.

mondo¹ [món-] *agg.* **1** mondato, pulito, sbucciato **2** (*fig.lett.*) puro: — *da ogni peccato.*

mondo² [món-] *s.m.* **1** l'universo e tutto ciò che lo costituisce: *l'origine, la fine del* —; *sembra la fine del* —, si dice di ciò che produce un grande scompiglio; *è la fine del* —, è una cosa straordinaria; *da che* — *è* —, da sempre **2** il globo terrestre; una parte di esso: *ogni corpo celeste: fare il giro del* —; *stare in capo al* —, molto lontano, spec. in un luogo solitario; *il nuovo* —, le Americhe; *l'esistenza di altri mondi* / *vivere nel* — *della luna*, si dice di chi è distratto o non sa adattarsi alla vita reale **3** la superficie del globo terrestre con tutta la vita che vi si svolge; l'umanità e il suo modo di vivere; la vita terrena e materiale, spec. in opposizione a quella spirituale e religiosa: *mettere al* —, generare; *venire al* —, nascere; *essere al* —, vivere; *tornare al* —, rinascere (spec. *fig.*); *questo* —, questa vita; *l'altro* —, l'aldilà; *andare all'altro* —, morire; *così è il* —, questa è la natura, il destino degli uomini; *esporsi al giudizio del* —, della gente; *saper stare al* —, sapere come comportarsi in ogni occasione; *uomo, donna di* —, che fa vita di società; *fuggire il* —, condurre vita ritirata; *darsi alla vita religiosa* / *cose dell'altro* —, incredibili / *prov.*: — *è fatto a scale, chi le scende e chi le sale*, la vita umana ha vicende alterne **4** cerchia limitata di persone; ambiente particolare; sfera di idee, di sentimenti ecc.: *il* — *antico; il* — *artistico; il* — *di provincia; il bel* —, quello ricco ed elegante; *il* — *poetico del Verga* **5** (*fam.*) gran quantità: *ho un* — *di cose da fare* **6** gioco di ragazzi

che si fa tracciando uno schema per terra e saltellando nei riquadri.

mondovisione [-ſió-] *s.f.* trasmissione intercontinentale diretta, via satellite, di un programma televisivo.

monegasco *agg.* del Principato di Monaco // *s.m.* abitante del Principato di Monaco.

monelleria [-ri-] *s.f.* azione da monello. SIN. *ragazzata*.

monello [-nèl-] *s.m.* ragazzo discolo o poco educato; ragazzo di strada.

monema [-nè-] *s.m.* [pl.m. *-i*] il più semplice elemento linguistico dotato di un significato o di una funzione.

moneta [-né-] *s.f.* **1** mezzo di scambio consistente in banconote o pezzi di metallo coniato, emessi dallo stato, ai quali viene attribuito un determinato valore; per estens., mezzo di scambio in genere: *la* — *italiana è la lira; la* — *ha subito una notevole svalutazione; nei campi di concentramento la* — *era rappresentata dalle sigarette* / *ripagare della stessa* —, (*fig.*) rendere il contraccambio **2** ciascuno dei pezzi di metallo aventi funzione di mezzo di scambio, coniati a tale scopo dallo stato, generalmente a forma di piccolo disco; l'insieme di tali pezzi, e, per estens., anche di banconote di piccolo taglio: *una* — *d'oro; una collezione di monete antiche* / *non ho* —, non ho spiccioli; *in certi periodi scarseggia la* — **3** (*non com.*) denaro in genere: *il tempo è* —; *far qlco. per la vil* —, (*scherz.*) per interesse, per denaro.

monetare *v.tr.* [*io monéto ecc.*] (*non com.*) trasformare in moneta: — *l'argento.*

monetario [-tà-] *agg.* della moneta, che riguarda la moneta: *convenzione monetaria; sistema* —, insieme delle monete circolanti in uno stato in un dato momento.

monetarismo [-ſmo] *s.m.* teoria economico-monetaria che assegna alla moneta ruolo centrale nella determinazione di un ciclo economico o del livello generale dei prezzi.

monetarista *agg.* e *s.m.* [pl.m. *-i*] di, del monetarismo; legato al monetarismo: *scuola* —.

monetazione [-zió-] *s.f.* processo con cui si trasforma il metallo grezzo in moneta.

monetizzare [-tiʒʒa-] *v.tr.* convertire in denaro una conquista sindacale, o un diritto che dovrebbe essere irrinunciabile: — *le ferie; — la salute*, accettare, in cambio di un'indennità, condizioni di lavoro malsane o pericolose.

monferrina *s.f.* danza popolare piemontese, a ritmo vivace.

monferrino *agg.* del Monferrato // *s.m.* abitante del Monferrato.

mongolfiera [-fiè-] *s.f.* pallone aerostatico gonfiato per mezzo di aria calda inventato dai fratelli Montgolfier (1783).

mongolia [-gò-] *s.f.* pelliccia di una pecora a pelo lungo, originaria della Mongolia.

mongolismo [-ſmo] *s.m.* (*med.*) affezione congenita caratterizzata da insufficienza mentale e malformazioni somatiche (brachicefalia, occhi a fessura ecc.).

mongolo [mòn-] *agg.* della Mongolia // *s.m.* abitante della Mongolia.

mongoloide [-lòi-] *agg.* **1** che ha caratteristiche simili a quelle dei mongoli: *razza* — **2** (*med.*) che presenta i segni caratteristici del mongolismo.

monile *s.m.* (*lett.*) collana d'oro o di pietre preziose; gioiello in genere.

monismo [-ſmo] *s.m.* (*fil.*) ogni sistema filosofico che ponga a fondamento di tutta la realtà un unico principio.

monito [mò-] *s.m.* ammonimento solenne: *questo sia un — per tutti.* SIN. *ammonizione.*

monitor [mò-] *s.m.invar.* **1** dispositivo con teleschermo che, nelle telecomunicazioni, permette di sorvegliare l'andamento di una trasmissione [*ill. Televisione*] **2** qualsiasi apparecchio atto a rilevare in ogni istante lo stato di un sistema in evoluzione.

monitoraggio [-ràg-] *s.m.* controllo eseguito con un monitor.

monitore[1] [-tó-] *s.m.* [f. *-trice*] **1** (*ant.*) chi ammonisce, consigliere **2** in alcuni campi di attività, educatore, istruttore.

monitore[2] [-tó-] *s.m.* → **monitor**.

monitorio [-tò-] *agg.* che serve ad ammonire // *s.m.* lettera dell'autorità ecclesiastica con cui s'invita chi ne abbia conoscenza a palesare un fatto, sotto pena di scomunica.

monna [mòn-] *s.f.* (*ant.*) madonna, signora.

mono- [mò-] [dal gr. *mònos = solo, unico*] primo elemento di parole composte; significa «uno, formato di uno solo» (*monogenesi, monografia, monosillabo*).

monoalbero [-àl-] *agg.* (*aut.*) si dice del tipo di distribuzione del motore a scoppio a quattro tempi, con unico albero a camme in testa.

monoaurale *agg.* in elettroacustica, apparecchio o dispositivo che registra o riproduce non in stereofonia.

monoblocco [-blòc-] *agg.* [pl.m. *-chi*] che è costituito da un solo blocco: *motore —* // *s.m.* blocco unico; in particolare, quello in cui sono fusi i cilindri di un motore.

monocamerale *agg.* si dice di sistema parlamentare basato su una sola camera di rappresentanti del popolo.

monocilindrico [-lìn-] *agg.* [pl.m. *-ci*] (*aut.*) si dice di motore a un solo cilindro.

monocito *s.m.* denominazione di una varietà di globuli bianchi, simili ai linfociti ma più grandi.

monoclino *agg.* **1** (*bot.*) si dice del fiore che ha stami e pistilli; anche delle piante con tali fiori **2** (*min.*) si dice di uno dei sette sistemi cristallografici di simmetria e dei cristalli che vi appartengono.

monocolo [-nò-] *agg.* che ha un solo occhio; che vede da un occhio / *cannocchiale —,* una sola canna // *s.m.* lente che si applica a un occhio: *portare il —.*

monocolore [-ló-] *agg.invar.* che è di un solo colore / *governo —,* in cui tutti i ministri appartengono a uno stesso partito.

monocoltura *s.f.* coltura protratta per molti anni sullo stesso terreno di una sola specie vegetale.

monocordo [-còr-] *s.m.* antico strumento musicale a una sola corda.

monocotiledone [-lè-] *agg.* (*bot.*) si dice di pianta fanerogama col seme fornito di un solo cotiledone.

monocromatico [-mà-] *agg.* [pl.m. *-ci*] **1** che ha un solo colore **2** (*fis.*) si dice di fascio luminoso da un solo colore, composto di onde di una medesima lunghezza.

monocromo [-nò-] *agg.* di un solo colore // *agg. e s.m.* si dice di dipinto a chiaroscuro di un solo colore o con prevalenza di una sola tonalità.

monoculare *agg.* che riguarda un solo occhio: *strabismo —.*

monodia [-dì-] *s.f.* canto a una sola voce, con o senza accompagnamento strumentale.

monofase [-ʃe] *agg.invar.* si dice di grandezze aventi nel tempo un andamento periodico, e spec. di corrente elettrica alternata; anche di apparecchi che utilizzano tale corrente.

monofisita [-ʃi-] *s.m.* e *f.* [pl.m. *-i*] seguace di una setta eretica che ammette in Cristo la sola natura divina, negando quella umana // *agg.* proprio dei monofisiti e della loro setta.

monofondita [-fòn-] *s.f.* macchina monotipica usata per la fusione dei caratteri tipografici.

monofune *agg.invar.* si dice di un tipo di teleferica realizzata con una sola fune traente e portante.

monogamia [-mì-] *s.f.* **1** unione matrimoniale di un solo uomo con una sola donna **2** (*zool.*) accoppiamento di un solo maschio con una sola femmina.

monogamo [-nò-] *agg.* che pratica la monogamia.

monogenesi [-gèneʃi] *s.f.invar.* origine unica: *la — delle razze umane.*

monografia [-fi-] *s.f.* studio a carattere storico, scientifico, letterario, su un argomento particolare, un personaggio e simili.

monografico [-grà-] *agg.* [pl.m. *-ci*] che si riferisce a monografia; che ha carattere di monografia: *saggio — / corso —,* nell'insegnamento universitario, corso che riguarda un argomento particolare.

monogramma *s.m.* [pl. *-i*] insieme di più lettere intrecciate o sovrapposte con cui si indica un nome proprio.

monoicismo [-ʃmo] *s.m.* (*bot.*) fenomeno per cui una pianta presenta, nello stesso individuo, ma ben distinti, fiori maschili e fiori femminili.

monolingue [-lìn-] *agg.* **1** che parla una sola lingua **2** che è detto o scritto in una sola lingua: *dizionario —,* che non traduce ma definisce le parole.

monolitico [-li-] *agg.* [pl.m. *-ci*] costituito da un monolito: *statua monolitica.*

monolito [-nò-] *s.m.* **1** pietra in un sol pezzo di grandi dimensioni **2** elemento architettonico od ornamentale (colonna, statua e simili) ricavato da un unico blocco di pietra o di marmo.

monologo [-nò-] *s.m.* [pl. *-ghi*] **1** parte di un componimento teatrale in cui un personaggio parla da solo sulla scena **2** breve componimento drammatico concepito e scritto per un solo attore **3** (*fig.*) discorso di una persona con sé stessa. SIN. *soliloquio.*

monomania [-nì-] *s.f.* (*med.*) forma di malattia mentale caratterizzata dalla fissazione in un'idea.

monometallismo [-ʃmo] *s.m.* sistema monetario che usa come moneta legale un solo metallo, per lo più l'oro.

monomio [-nò-] *s.m.* (*mat.*) espressione algebrica formata da un solo termine.

monomotore [-tó-] *agg.* e *s.m.invar.* si dice di aeroplano con un solo motore.

mononucleosi [-òʃi] *s.f.invar. — infettiva,* (*med.*) malattia virale caratterizzata da tumefazione delle linfoghiandole.

monopattino [-pàt-] *s.m.* giocattolo per ragazzi consistente in un'assicella con due rotelle e un manubrio; ci si appoggia sopra con un piede puntando con l'altro a terra, così da muoversi per spinte successive.

monoplano *s.m.* aeroplano con un solo piano alare.

monopoli [-nò-] *s.m.invar.* gioco di dadi simile al gioco dell'oca che simula situazioni e problemi economici®.

monopolio [-pò-] *s.m.* **1** regime di mercato in cui l'offerta di un dato bene proviene da un'unica fonte: *esercitare, avere il — di una merce* **2** (*fig.*) privilegio, esclusiva, diritto riservato: *la verità non è — di nessuno.*

monopolistico [-li-] *agg.* [pl.m. *-ci*] di monopolio: *regime —.*

monopolizzare [-liʒʒa-] *v.tr.* far monopolio (anche *fig.*): *lo stato ha monopolizzato il commercio delle banane; si sono monopolizzati il diritto di critica.*

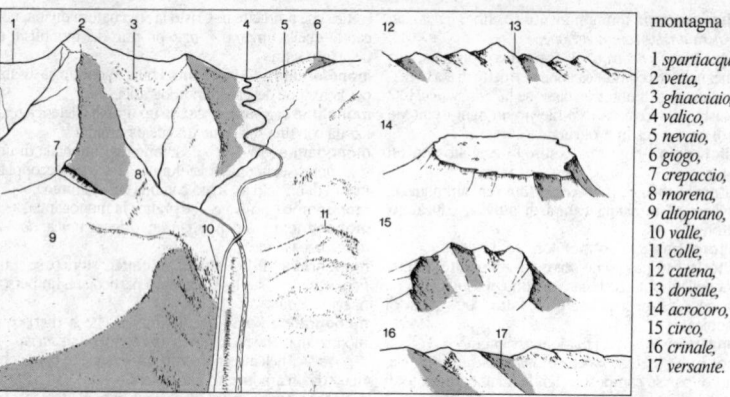

montagna

1 *spartiacque,*
2 *vetta,*
3 *ghiacciaio,*
4 *valico,*
5 *nevaio,*
6 *giogo,*
7 *crepaccio,*
8 *morena,*
9 *altopiano,*
10 *valle,*
11 *colle,*
12 *catena,*
13 *dorsale,*
14 *acrocoro,*
15 *circo,*
16 *crinale,*
17 *versante.*

monopolizzatore [-liʒʒató-] *agg.* e *s.m.* [f. *-trice*] che o chi monopolizza (anche *fig.*).

monopolizzazione [-liʒʒazió-] *s.f.* il monopolizzare.

monoposto [-pó-] *agg.invar.* si dice di autovettura o veicolo a un solo posto.

monoreattore [-tó-] *agg.* e *s.m.* si dice di aereo dotato di un solo motore a reazione.

monorotaia [-tà-] *agg.* e *s.f.* si dice di sistema di trasporto con veicoli che corrono su una sola rotaia.

monosaccaride [-cà-] *s.m.* (*chim.*) composto derivante dall'ossidazione parziale di un alcool polivalente (p.e. glucosio, fruttosio).

monoscopio [-scò-] *s.m.* (*rad.*) immagine fissa che le stazioni televisive trasmettono prima dell'inizio dei programmi, per consentire la messa a punto del ricevitore e il controllo degli apparecchi.

monosillabico [-là-] *agg.* [pl.m. *-ci*] formato di una sola sillaba / *lingua monosillabica,* quella in cui ogni parola è costituita da una sola sillaba (p.e. il cinese).

monosillabo [-sìl-] *agg.* che è formato di una sola sillaba // *s.m.* parola consistente in una sola sillaba.

monossido [-nòs-] *s.m.* (*chim.*) ossido la cui molecola ha un solo atomo di ossigeno.

monoteismo [-ʃmo] *s.m.* ogni dottrina religiosa o filosofica che affermi l'esistenza di un solo Dio.

monoteista *s.m.* e *f.* [pl.m. *-i*] chi segue il monoteismo.

monoteistico [-tei-] *agg.* [pl.m. *-ci*] del monoteismo: *religione monoteistica.*

monotipia [-pi-] *s.f.* composizione tipografica ottenuta con la monotipo.

monotipista *s.m.* e *f.* [pl.m. *-i*] operaio poligrafico addetto alla monotipo.

monotipo[1] *s.f.* macchina per la composizione tipografica che fonde distintamente i singoli caratteri ®.

monotipo[2] [-nò-] *s.m.* unica tiratura a stampa di un disegno eseguito su lastra metallica con inchiostro grasso.

monotonia [-nì-] *s.f.* l'essere monotono, uniforme, noioso.

monotono [-nò-] *agg.* **1** dal tono o dal colore uniforme **2** (*fig.*) sempre uguale, senza varietà. SIN. *noioso.*

monotremi [-trè-] *s.m.pl.* (*zool.*) l'unico ordine di mammiferi che depongono le uova; hanno il muso a forma di becco e sprovvisto di denti (p.e. l'*ornitorinco* e l'*echidna*).

monottongo [-tòn-] *s.m.* [pl. *-ghi*] in linguistica, la vocale semplice, considerata in contrapposizione a un dittongo.

monotype [*ingl.*; *pr.* mònotaip] *s.f.* → **monotipo**.

monovalente [-lèn-] *agg.* **1** (*chim.*) si dice di ogni elemento capace di combinarsi con un atomo di idrogeno o di sostituirlo **2** (*med.*) si dice di farmaco che agisce contro una sola malattia o un solo agente patogeno: *vaccino* —.

monoverbo [-vèr-] *s.m.* in enigmistica, sorta di rebus la cui soluzione è formata da una sola parola e non da una frase.

monozigote [-ʒigò-] *agg.* e *s.m.* spec. *pl.* si dice di gemelli risultanti dalla fecondazione di un solo uovo.

monsignore [-gnó-] *s.m.* titolo spettante ai vescovi e a ecclesiastici investiti di particolari dignità; un tempo si dava anche ai principi.

monsone [-só-] *s.m.* vento periodico che soffia dalla terra al mare in inverno e dal mare alla terra in estate; è proprio delle regioni tropicali e spec. dell'oceano Indiano.

monta [món-] *s.f.* **1** accoppiamento, spec. di bestie di allevamento (bovini ed equini) / *stazione di* —, luogo ove si tengono, a tal fine, tori o stalloni **2** atto e modo di cavalcare.

montacarichi [-cà-] *s.m.invar.* ascensore adibito al trasporto di merci e materiali.

montaggio [-tàg-] *s.m.* **1** operazione con cui si collegano i diversi elementi costitutivi di una macchina / *catena di* —, nastro che porta da un operaio all'altro i pezzi d'una macchina consentendone il montaggio in serie **2** (*cinem.*) la fase definitiva della preparazione di un film, in cui vengono scelte e organicamente collegate le singole parti in precedenza girate.

montagna *s.f.* **1** monte; per estens., luogo montuoso: *andare, vivere in* —; *far della* — / *mal di* —, disturbi della circolazione e della respirazione dovuti alle grandi altitudini / *montagne russe,* nei luna park, specie di ferrovia in miniatura che corre per ripidissime salite e discese **2** (*fig.*) gran quantità: *una* — *di libri.*

montagnoso [-gnó-] *agg.* ricco di monti.

montanaro *agg.* e *s.m.* che o chi vive in montagna.

montano *agg.* di monte: *villaggio* —.

montante *agg.* che monta: *colletto* —, alto sul collo // *s.m.* **1** elemento verticale di una struttura, di un telaio e simili; in particolare, ciascuno dei pali verticali che delimitano la porta nel gioco del calcio **2** asta che serve a sostenere e a tener rigide le ali di un aeroplano **3** (*sport*) nel pugilato, il colpo portato dal basso verso l'alto a braccio piegato.

montare *v.intr.* [*io mónto ecc.*] **1** portarsi da un luogo a un altro più alto, salire: — *a cavallo, in sella* / *il sangue gli montò alla testa*, perse la calma, si arrabbiò; *il vino gli monta alla testa*, gli fa perdere la ragione / — *in cattedra*, (*fig.*) parlare in tono solenne e autoritario / — *in collera, su tutte le furie*, arrabbiarsi **2** di un liquido, salire di livello: *la marea monta* // *v.tr.* salire: — *un gradino*; — *un cavallo*, cavalcarlo / *assol.* andare a cavallo **2** mettere insieme i vari pezzi di una cosa per renderla efficiente; procedere al montaggio di qlco.: — *un armadio, una gru*; — *una pietra preziosa*, incastonarla; — *un quadro*, incorniciarlo **3** gonfiare, far aumentare di volume: — *la panna*, frullarla perché aumenti di volume; — *una notizia*, riportarla sui giornali con eccessiva evidenza / *il successo gli ha montato la testa, lo ha montato*, lo ha insuperbito, esaltato **4** detto di grossi animali (bovini, equini), accoppiarsi con la femmina.

montata *s.f.* il montare; risalita / — *lattea*, inizio della secrezione del latte dalle mammelle della puerpera.

montato *agg.* che si è montato la testa; esaltato.

montatoio [-tó-] *s.m.* (*antiq.*) sporgenza su cui si mette il piede per montare più agevolmente in carrozza.

montatore [-tó-] *s.m.* [f. -*trice*] chi, spec. nell'industria meccanica, è addetto a operazioni di montaggio.

montatura *s.f.* **1** il montare **2** la struttura o telaio che tiene unite le varie parti di uno strumento: — *degli occhiali* **3** (*fig.*) esagerazione, gonfiatura: — *pubblicitaria, giornalistica*.

montavivande *s.m.invar.* negli alberghi, collegi ecc., piccolo ascensore per il trasporto delle vivande dalla cucina ai piani superiori.

monte [món-] *s.m.* **1** rilievo naturale di notevoli proporzioni, elevantesi oltre i 500 m: *una catena di monti* / *promettere mari e monti*, (*fig.*) far grandi promesse **2** (*fig.*) una gran quantità: *avere un — di ragioni* **3** nei giochi di carte, l'insieme delle carte scartate / *mandare a — una partita*, interromperla; *mandare a — qlco.*, sospenderla / *andare a —*, sfumare **4** complesso di beni, da cui il nome di vari istituti di credito / *Monte di pietà*, istituto che fa prestiti su pegno / — *premi*, la somma da ripartire fra i vincitori di una lotteria e simili / — *ore*, totale di ore a disposizione per una particolare attività, e spec. per attività sindacale.

montenegrino *agg.* del Montenegro // *s.m.* abitante del Montenegro.

montepremi [-prè-] *s.m.invar.* l'ammontare netto della somma a disposizione dei vincitori di una lotteria o di un concorso a totalizzatore: *il — del totocalcio*.

montevideano *agg.* di Montevideo // *s.m.* abitante di Montevideo.

montgomery [*ingl.; pr.* mongòmeri] *s.m.* sorta di cappotto corto con cappuccio, chiuso con alamari.

montone [-tó-] *s.m.* il maschio della pecora.

montuosità *s.f.invar.* **1** l'essere montuoso **2** rilievo montuoso.

montuoso [-tuó-] *agg.* che presenta monti o alti rilievi; che è costituito di monti: *terreno* —.

monumentale *agg.* **1** che è proprio dei monumenti, che è posto come monumento, che è ricco di monumenti: *stile, arco, zona* — **2** (*fig.*) di gran mole, solenne, grandioso: *un letto* —.

monumento [-mén-] *s.m.* **1** opera di scultura e architettura eretta per celebrare un personaggio, un avvenimento storico ecc. **2** qualsiasi costruzione che abbia un valore storico o artistico: *questa chiesa è un — dello stile barocco* **3** (*fig.*) si dice di opera d'arte molto importante, e anche di persona (spesso *iron.*): *i «Promessi Sposi» sono un — della letteratura italiana*.

monzese [-zé-] *agg.* di Monza // *s.m.* e *f.* abitante di Monza.

moog [*ingl.; pr.* mùug] *s.m.* strumento musicale elettronico a tastiera, molto versatile negli effetti.

moplen [-plèn] *s.m.invar.* materia plastica sintetica ottenuta dal propilene, simile al polietilene ®.

moquette [*franc.; pr.* mochèt] *s.f.* tipo di tessuto in lana ruvida, molto usato per rivestire pavimenti.

mora[1] [mò-] *s.f.* frutto del gelso o del rovo [*ill. Frutti*].

mora[2] [mò-] *s.f.* ritardo nell'adempiere a un obbligo / *essere in —*, in ritardo, in difetto.

morale *agg.* **1** che concerne la sfera della moralità, i valori etici: *senso* —, l'istintiva percezione del giusto e dell'onesto / *legge* —, quella dettata dalla coscienza / *scienze morali*, quelle filosofiche, storiche e giuridiche, contrapposte alle scienze fisico-matematiche **2** che è conforme ai principi del giusto e dell'onesto: *il messaggio di quel film è profondamente* — **3** che concerne lo spirito (in contrapposizione alla materia): *forza* —; *autorità* —, quella derivante dalla stima / *schiaffo* —, una cocente umiliazione // *s.f.* la dottrina filosofica o religiosa che definisce le norme dell'agire umano: *la — della chiesa* **2** l'insieme delle norme regolanti la vita individuale e sociale: *la schiavitù non ripugnava alla — dei greci* **3** l'insegnamento derivante da una favola, da una parabola o da qualsivoglia evento che si racconti // *s.m.* stato d'animo, situazione psicologica: *dopo l'esame era molto depresso nel* —.

moraleggiare *v.intr.* [*io moraléggio ecc.*] fare il moralista, fare osservazioni morali: *moraleggia su tutto*.

moralismo [-ʃmo] *s.m.* tendenza ad attribuire importanza preminente ai fatti morali; intransigenza morale esagerata.

moralista *s.m.* e *f.* [pl.m. -*i*] **1** chi ha la tendenza a considerare ogni azione sotto l'aspetto morale, talvolta con eccessivo rigore **2** studioso di filosofia morale; scrittore con prevalenti interessi morali.

moralistico [-lì-] *agg.* [pl.m. -*ci*] di, da moralista: *atteggiamento* —.

moralità *s.f.invar.* **1** l'esser conforme alla norma del giusto e dell'onesto **2** modo di vivere rispetto alla morale: *pubblica, privata* —.

moralizzare [-liʒʒa-] *v.tr.* rendere morale, adeguare alle norme morali: — *i costumi, la pubblica amministrazione*.

moralizzazione [-liʒʒaʒió-] *s.f.* atto, effetto del moralizzare.

moratoria [-tò-] *s.f.* **1** (*dir.*) dilazione a pagare, concessa in speciali circostanze ai debitori insolventi **2** sospensione: *la — degli esperimenti nucleari*.

moratorio [-tò-] *agg.* di sospensione, di attesa: *provvedimento* —.

morbidezza [-déz-] *s.f.* l'essere morbido.

morbido [mòr-] *agg.* **1** molle e cedevole al tatto, soffice, tenero: *guance morbide*; *capelli morbidi* / *disegno* —, dalle linee delicate **2** (*fig.*) arrendevole: *carattere* —.

morbilità *s.f.invar.* percentuale di frequenza, di una malattia o della malattia in generale in un dato campione di popolazione.

morbillo *s.m.* malattia contagiosa, spec. di bambini, che si manifesta con febbre, infiammazione delle vie respiratorie e macchie rosse su tutto il corpo.

morbo [mòr-] *s.m.* **1** malattia grave, spec. infettiva / — *di Parkinson*, paralisi agitante **2** (*fig.*) corruzione morale.

morbosità *s.f.invar.* l'essere morboso.

morboso [-bó-] *agg.* di morbo, che ha natura di morbo (anche *fig.*): *sintomi morbosi / affetto, attaccamento* —, eccessivo, innaturale.

morchella [-chèl-] *s.f.* genere di funghi con gambo dritto e cappello conico o arrotondato dalla superficie irregolarmente pieghettata (*fam.* Helvellacee).

morchia [mòr-] *s.f.* residuo lasciato dall'olio d'oliva; sudiciume untuoso in genere (della pipa, delle ruote dei veicoli ecc.).

mordace *agg.* **1** pronto a mordere: *cane* — **2** (*fig.*) aggressivo: *scrittore* —. SIN. *pungente.*

mordacità *s.f.* l'essere mordace.

mordente [-dèn-] *agg.* **1** che morde (anche *fig.*): *freddo* —; *satira* — **2** (*tecn.*) si dice di ruota che ingrana in un'altra // *s.m.* **1** sostanza che facilita l'adesione a una superficie di una tinta, di una vernice ecc.; nell'industria tessile, la sostanza impiegata per fissare sulle fibre certi coloranti **2** capacità di far presa, di persuadere; combattività, incisività: *un discorso privo di* —; *gareggiare con* —.

mordenzare *v.tr.* [*io mordènzo ecc.*] bagnare, intaccare con un mordente.

mordenzatura *s.f.* il mordenzare.

mordere [mòr-] *v.tr.* [pres. *io mòrdo ecc.*; pass.rem. *io mòrsi, tu mordésti ecc.*; p.pass. *mòrso*] afferrare e stringere con i denti / — *il freno*, dover tacere e ubbidire fremendo / — *la polvere*, cader ferito e boccheggiante / *mordersi le mani, le dita*, pentirsi / *mordersi le labbra, la lingua*, come per non parlare più e pentendosi di aver parlato. SIN. *morsicare.*

morello [-rèl-] *agg.* che è di colore quasi nero // *s.m.* cavallo dal manto nero.

morena [-rè-] *s.f.* (*geol.*) accumulo di materiali rocciosi staccati dalle pareti delle valli, trasportati e depositati dai ghiacciai ai loro margini o alla loro fronte.

morenico [-rè-] *agg.* [pl.m. *-ci*] di morena: *anfiteatro* —.

morente [-rèn-] *agg.* e *s.m* e *f.* che o chi sta per morire.

moresco [-ré-] *agg.* [pl.m. *-chi*] dei mori: *arte moresca*, l'arte araba di Spagna e d'Africa.

moretta [-rét-] *s.f.* anitra tuffatrice col capo e il collo neri cangianti, il ventre bianco e un caratteristico ciuffo di piume nere a riflessi rossi pendente dalla testa (*fam.* Anatidi).

morfema [-fè-] *s.m.* [pl.-*i*] elemento linguistico minimo, che serve a indicare la categoria grammaticale o il rapporto sintattico o modificazioni del significato di base di una parola; sono morfemi le desinenze, i suffissi, le preposizioni, le congiunzioni ecc.

morfina *s.f.* alcaloide estratto dall'oppio, usato in medicina come analgesico e sonnifero.

morfinismo [-fmo] *s.m.* (*med.*) stato di assuefazione alla morfina che richiede l'uso continuo della droga.

morfinomane [-nò-] *s.m.* e *f.* chi prende la morfina come stupefacente.

morfo- [mòr-] [dal gr. *morfè* = *forma*] primo elemento di parole composte, col significato di «forma, che si riferisce alla forma» (*morfologia*).

morfologia [-gì-] *s.f.* **1** parte della grammatica che si occupa delle parole secondo le loro forme e degli elementi di relazione grammaticale o *morfemi* **2** scienza che studia le forme e gli aspetti fisici degli animali e delle piante.

morfologico [-lò-] *agg.* [pl.m. *-ci*] relativo alla morfologia.

morganatico [-nà-] *agg.* [pl.m. *-ci*] si dice del matrimonio contratto da un sovrano con persona di condizione inferiore, restando esclusi dalla successione al trono i nati da esso.

moria [-rì-] *s.f.* grande mortalità di uomini o di animali per contagio o altra causa transitoria.

moribondo [-bón-] *agg.* e *s.m.* che o chi sta per morire.

morigeratezza [-téz-] *s.f.* l'essere morigerato.

morigerato *agg.* di buoni costumi; moderato nei desideri. SIN. *temperante.*

moriglione [-glió-] *s.m.* uccello palustre, dal piumaggio nero e grigio, con testa e collo rossastri e becco nero-azzurro (*fam.* Anatidi).

morione [-rió-] *s.m.* elmo con cresta alta e rialzi ai lati.

morire *v.intr.* [pres. *io muòio, tu muòri, egli muòre, noi moriamo, voi morite, essi muòiono*; fut. *io morirò o morrò ecc.*; pass.rem. *io morii ecc.*; cong.pres. *io muòia, noi moriamo, voi moriate, essi muòiano*; cond.pres. *io morirèi o morrèi ecc.*; p.pass. *mòrto*] **1** cessare di vivere: — *d'infarto, morì come un cane*, solo, abbandonato / — *dal, di freddo*, aver molto freddo; — *di rabbia*, essere molto adirato; — *di noia*, essere molto annoiato **2** (*fig.*) finire, spegnersi, cessare poco a poco: *il canto moriva nella notte; il sole muore dietro le colline*, tramonta; *la speranza morì nel suo cuore.*

morituro *agg.* e *s.m.* (*lett.*) che o chi sta per morire.

mormone [-mó-] *s.m.* appartenente alla setta religiosa dei mormoni, diffusa nell'America del Nord, che ammette la comunanza dei beni e la poligamia.

mormora [mór-] *s.f.* pesce di mare commestibile, dal corpo compresso bianco-argenteo con sette fasce trasversali (*fam.* Sparidi).

mormorare *v.intr.* [*io mórmoro ecc.*] **1** fare un rumore leggero e continuo, come le acque correnti o le fronde mosse dal vento **2** parlare sommessamente (detto di persona). SIN. *bisbigliare, sussurrare, brontolare, borbottare* **3** dire male di qlcu.: *si mormora sul suo conto* // *v.tr.* dire sommessamente: — *qlco. all'orecchio.*

mormorazione [-zió-] *s.f.* il mormorare contro qlcu.; le parole con cui si mormora. SIN. *diceria.*

mormorio [-rì-] *s.m.* un mormorare persistente. SIN. *bisbiglio, sussurro.*

moro[1] [mò-] *agg.* che ha il colorito, i capelli o il pelame scuro: *pelle mora; cavallo* — // *s.m.* **1** chi ha i capelli scuri. DIM. O VEZZ. *moretto, morettino* **2** (*non com.*) persona di razza nera / *mori*, in origine, gli abitanti della Mauritania, poi, per estens., dell'Africa.

moro[2] [mò-] *s.m.* → **gelso.**

morosità *s.f.invar.* l'essere in mora; il fenomeno, l'insieme di quanti sono in mora: *la* — *è limitata.*

moroso[1] [-ró-] *agg.* (*dir.*) che è in mora: *contribuente* —, *pensionante morosa.*

moroso[2] [-ró-] *s.m.* (*pop.*) innamorato.

morra [mòr-] *s.f.* gioco popolare in cui ciascuno dei due giocatori mostra alcune dita di una mano gridando contemporaneamente un numero inferiore a dieci; vince chi grida il numero pari alla somma delle dita mostrate dai due giocatori.

morsa [mòr-] *s.f.* **1** attrezzo formato da due ganasce, una fissa e l'altra mobile, avvicinabili mediante una vite; viene usato per fissare i pezzi al banco durante la lavorazione [*ill. Utensili*] **2** (*fig.*) stretta tenace che imprigiona: *la — del gelo, della dittatura* **2** *pl.* mattoni o pietre che si lasciano sporgere dai muri per collegarvi un altro muro.

morse [*pr.* mòrs] *agg.* e *s.m.* si dice di un codice alfabetico basato sulla combinazione di suoni brevi e lunghi (punti e linee), usato per comunicazioni telegrafiche: *trasmette in —*.

morsettiera [-tiè-] *s.f.* tipo di morsa usata in falegnameria.

morsetto [-sét-] *s.m.* **1** piccola morsa, usata per lavorare pezzi di proporzioni ridotte **2** (*elettr.*) dispositivo che permette di collegare per pressione due conduttori elettrici.

morsicare *v.tr.* [*io* mòrsico, *tu* mòrsichi ecc.] addentare; di insetti, pungere. SIN. *mordere*.

morsicatura *s.f.* atto, effetto del morsicare; il segno o la piaga di un morso.

morso [mòr-] *s.m* **1** l'atto del mordere (anche *fig.*): *i morsi della fame, dell'invidia* **2** il segno lasciato dal morso **3** boccone: *un — di pane* **4** arnese di ferro che si pone in bocca al cavallo e a cui si attaccano le redini [*ill. Cavallo*].

morsura *s.f.* nella tecnica delle incisioni grafiche, azione corrosiva del mordente sulla parte libera della lastra di metallo.

morta [mòr-] *s.f.* braccio morto di un fiume, ormai distaccato da esso.

mortadella [-dèl-] *s.f.* salume di carne suina a grana finissima farcito con grossi pezzi di lardo.

mortaio [-tà-] *s.m.* **1** recipiente in cui si pestano erbe, aromi ecc., ad uso di cucina o di farmacia [*ill. Chimico, laboratorio*]: *pestare l'acqua nel —*, fare una fatica inutile **2** pezzo di artiglieria con canna molto corta e traiettoria fortemente curva.

mortale *agg.* **1** che dà o può dare morte: *ferita — / peccato —*, (*relig.*) quello che priva l'anima della grazia divina / *offesa —*, (*spec.scherz.*) gravissima, per cui l'offensore merita la morte / *noia —*, insopportabile. SIN. *letale, fatale* **2** di, della morte: *pallore —* **3** soggetto a morire: *la vita —, umana* // **-mente** *avv.* in modo mortale, assai gravemente (anche *fig.*): *ferire, offendere —*.

mortalità *s.f.invar.* il numero delle morti rispetto al numero dei viventi, in un dato tempo e su una data popolazione.

mortaretto [-rét-] *s.m.* cannello carico di polvere da sparo, che si fa esplodere in segno di festa.

morte [mòr-] *s.f.* **1** cessazione della vita: *si diede a —, si uccise; morì di — naturale, violenta; essere in punto di —, stare per morire; condannare a —*, alla pena capitale / *— eterna*, dannazione / *atto di —*, con il quale il medico testimonia l'avvenuto decesso / *aver la — nel cuore*, essere profondamente addolorato / *avercela a — con qlcu*, nutrire odio o rancore verso di lui **2** fine; rovina: *ciò sarebbe la — dell'industria* **3** il modo più gustoso in cui le carni possono essere cucinate: *la — della lepre è in salmì*.

mortella [-tèl-] *s.f.* → **mirto**.

morticino *s.m.* bambino morto.

mortifero [-tì-] *agg.* (*lett.*) che porta o può portare morte. SIN. *letale*.

mortificare *v.tr.* [*io* mortìfico, *tu* mortìfichi ecc.] **1** far vergognare con rimproveri o altro: *— un alunno deridendolo davanti ai compagni* **2** rendere, far apparire meno pregevole: *— una poesia con una interpretazione*

scritta / *— la carne*, (*relig.*) reprimere gli istinti con la penitenza. SIN. *umiliare* // **-arsi** *v.rifl.pron.* provare vergogna, dispiacere.

mortificato *agg.* umiliato, dispiaciuto.

mortificazione [-zió-] *s.f.* atto, effetto del mortificare o del mortificarsi: *dare, subire una —*. SIN. *umiliazione*.

morto [mòr-] *agg.* che ha cessato di vivere: *un cane — / dare qlcu. per —*, non avere speranza che si salvi / *sono —, mi vedo —*, non ho via di scampo / *essere — di paura, di fame*, averne moltissima / *stanco —*, stanchissimo / *giungere a un punto —*, di situazione irresolubile / *darsi a corpo — a fare qlco.*, dedicarvisi a fondo / *fare la gatta morta*, fingere mitezza nascondendo la propria malizia ◆ *s.m.* persona morta / *un — di fame*, (*fig.*) uno spiantato / *sembra un — che cammina*, di persona emaciata / *fare il —*, restare immobile; galleggiare supino sull'acqua / *giocare col —*, in alcuni giochi di carte, quando si danno ugualmente le carte al quarto giocatore che manca.

mortorio [-tò-] *s.m.* **1** (*non com.*) funerale **2** (*fig.*) si dice di riunione o trattenimento senza vita né brio: *la festa era un —*.

mortuario [-tuà-] *agg.* che concerne i morti: *camera mortuaria*, stanza d'ospedale o di cimitero in cui si pongono le salme prima di seppellirle.

morula [mò-] *s.f.* (*biol.*) stadio iniziale di sviluppo dell'embrione, quando questo è costituito da una massa di cellule (*blastomeri*) di forma simile a una mora.

morva [mòr-] *s.f.* malattia infettiva degli equini, caratterizzata da neoformazioni nodulari tendenti a suppurare e ulcerarsi.

mosaicista [-ʃai-] *s.m.* e *f.* [*pl.m. -i*] chi fa lavori di mosaico.

mosaico [-ʃài-] *s.m.* [*pl. -ci*] **1** decorazione parietale o pavimentale ottenuta accostando e variamente componendo cubetti o frammenti colorati di pietra, vetro e simili **2** (*fig.*) composizione letteraria, scrittura, pezzo di musica risultante dalla mistione di disparati elementi.

mosca [mó-] *s.f.* **1** insetto dei ditteri, dal corpo scuro, con proboscide protrattile e un paio di ali trasparenti (*fam.* Muscidi) / *— tsè tsè*, insetto affine alla mosca comune, diffuso nelle zone tropicali, che trasmette la malattia del sonno / *è una — bianca*, si dice di persona o cosa rarissima / *non farebbe male a una —*, è persona molto mite / *non si sentiva volare una —*, c'era silenzio assoluto / *restare con un pugno di mosche*, deluso / *uccello —*, specie di colibrì / *pesi —*, categoria di atleti raggruppati secondo il peso, nel pugilato, nella lotta, nel sollevamento pesi / *— cieca*, gioco da ragazzi in cui uno, bendato, cerca di acchiappare un compagno che, preso e riconosciuto, viene a sua volta bendato **2** nella pesca, ciuffo di peli usato come esca per nascondere l'amo.

moscardino *s.m.* **1** mammifero roditore grande come un topo (*fam.* Gliridi) **2** mollusco marino commestibile simile al polpo **3** (*fig.*) damerino, zerbinotto.

moscatello [-tèl-] *s.m.* varietà di moscato.

moscato *s.m.* vino bianco dolce prodotto spec. in Piemonte, Toscana, Sardegna e Sicilia.

moscerino *s.m.* nome comune a varie specie di insetti, molto piccoli, che volano a sciami (*fam.* Drosofilidi).

moschea [-chè-] *s.f.* edificio sacro dei musulmani.

moschetteria [-rì-] *s.f.* scarica di molti moschetti; fucileria.

moschettiera [-tiè-] usato solo nella locuz. *alla —*, nella foggia usata dagli antichi moschettieri francesi: *guanti, cappello alla —*.

moschettiere [-tiè-] *s.m.* **1** negli eserciti di un tempo, soldato armato di moschetto **2** guardia del re di Francia, nei secc. XVI e XVII **3** nel gergo sportivo, calciatore che fa parte della rappresentativa nazionale.

moschetto [-schét-] *s.m.* fucile a canna corta, leggero e maneggevole.

moschettone [-tó-] *s.m.* anello di acciaio con apertura a molla, usato per assicurare un oggetto a un altro.

moschicida *agg.* e *s.m.* [pl.m. *-i*] si dice di ciò che è atto a uccidere le mosche: *prodotto —*.

mosciame *s.m.* nome ligure della carne di delfino essiccata e salata.

moscio [mó-] *agg.* (*fam.*) molle, fiacco fisicamente o moralmente: *sei stanco, hai un'aria moscia*.

mosco [mó-] *s.m.* [pl. *-chi*] mammifero ruminante asiatico simile al cervo ma senza corna; nel maschio una ghiandola ventrale secerne una sostanza odorosa chiamata *muschio* (*fam.* Moschidi).

moscone [-scó-] *s.m.* **1** nome dato a varie specie di mosche più grosse delle comuni (*fam.* Sarcofagidi e Callioridi) **2** (*scherz.fig.*) chi fa la corte a una ragazza: *molti mosconi girano per casa* **3** leggera imbarcazione da diporto, a remi, formata da due galleggianti accoppiati che portano sedili.

moscovita *agg.* [pl.m. *-i*] di Mosca // *s.m.* e *f.* abitante di Mosca.

mossa *s.f.* **1** atto, effetto del muovere o del muoversi; in particolare, il movimento di parti del corpo: *in montagna una — sbagliata può costare la vita / — di corpo*, copiosa evacuazione, diarrea **2** ogni movimento che abbia un fine preciso, spec. se diretto a contrastare l'azione di un avversario: *vincere in poche mosse*, a dama o agli scacchi; *fare una bella — / una —falsa*, un errore commesso in battaglia o in qualsiasi situazione delicata **3** punto di partenza di una corsa di cavalli; (*fig.*) partenza, spunto iniziale / *esser sulle mosse di, per fare qlco.*, stare per farla, preparavisi / *prendere le mosse da qlco.*, cominciare da essa un ragionamento, un'attività.

mossiere [-siè-] *s.m.* chi dà il segnale di partenza di una corsa.

mosso [mòs-] *agg.* **1** che è in movimento o che ha subito movimento (anche *fig.*) / *mare —*, agitato / *fotografia mossa*, non nitida / *capelli mossi*, ondulati / *paesaggio —*, vario, non piatto o uniforme **2** (*mus.*) indicazione dinamica per esecuzione animata, vivace.

mostacciolo [-ciò-] *s.m.* piccolo dolce a base di farina, zucchero, fichi secchi, canditi e uva passa.

mostarda *s.f.* **1** salsa a base di senape, aceto e aromi **2** frutta candita in sciroppo di senape (specialità di Cremona).

mosto [mó-] *s.m.* il succo ricavato dalla spremitura dell'uva, non ancora fermentato.

mostra [mó-] *s.f.* **1** il mostrare: *far — della propria ricchezza.* SIN. *ostentazione, sfoggio* **2** esposizione di oggetti vari, spec. d'arte.

mostrare *v.tr.* [*io móstro ecc.*] **1** mettere in mostra, esporre alla vista degli altri: *vi mostrerò i miei quadri*; *— i documenti / — i pugni*, in segno di minaccia / *— i denti*, digrignare i denti come per mordere; (*fig.*) assumere un atteggiamento aggressivo. SIN. *presentare* **2** far vedere, additare: *mostratemi l'uscita.* SIN. *indicare* **3** lasciar capire; palesare: *mostrava in viso la delu-*sione. SIN. *manifestare* **4** fingere: *— una falsa gioia*; *si mostrava addolorato.*

mostratore [-tó-] *s.m.* [f. *-trice*] (*non com.*) chi, nei circhi o nelle fiere e nel teatro di varietà, presenta animali ammaestrati o fenomeni umani.

mostravento [-vèn-] *s.m.invar.* bandierina, filo libero a un capo e altro dispositivo che, posto sull'albero di un veliero, sulla sommità di un tetto o simili, indica la direzione del vento.

mostrina *s.f.* ciascuno dei due distintivi uguali che i militari portano ai baveri della giacca; indica l'arma o il corpo cui appartengono.

mostrino *s.m.* negli orologi, il piccolo quadrante dei secondi.

mostro [mó-] *s.m.* **1** essere vivente che presenta forti anormalità (p.e. un cane con due teste) **2** creatura leggendaria che non trova corrispondenza in natura (p.e. la chimera) **3** (*fig.*) cosa orribile; persona bruttissima o che agisce con estrema malvagità.

mostruosità *s.f.invar.* **1** l'essere mostruoso **2** cosa o particolarità mostruosa.

mostruoso [-struó-] *agg.* **1** straordinario per deformità o grandezza: *naso —*. SIN. *deforme* **2** degno di un mostro (anche *fig.*): *cinismo —*.

mota [mò-] *s.f.* melma poco densa, spec. quella che si forma sulle strade quando piove. SIN. *fango.*

motel [*ingl.*; *pr.* motèl] *s.m.* albergo per automobilisti; autostello.

motilità *s.f.invar.* proprietà di muoversi, negli esseri viventi; in particolare, la proprietà di certi organi di muoversi indipendentemente dalla volontà.

motivare *v.tr.* **1** dar motivo, causare **2** dichiarare i motivi da cui procede una cosa: *— una sentenza, una richiesta.*

motivato *agg.* che ha motivo di essere o di fare qlco.: *una protesta motivata; un alunno poco — allo studio.*

motivazionale *agg.* che riguarda le motivazioni: *ricerca —*.

motivazione [-zió-] *s.f.* **1** esposizione dei motivi per cui si fa una determinata cosa: *la — di un decreto, di una concessione, di un premio* **2** spinta psicologica ad agire, convinzione: *questo lavoro non mi dà nessuna —*.

motivo *s.m.* **1** ciò per cui si fa o non si fa qlco.: *si mise a piangere senza alcun —*; *fu condannato per gravi motivi.* SIN. *cagione, causa, movente* **2** spunto melodico da cui si sviluppa l'intera opera musicale; melodia, aria facilmente orecchiabile: *canterellava un — della Traviata* **3** tema di un'opera letteraria: *i motivi autobiografici nella poesia del Foscolo* **4** nelle arti, elemento funzionale o decorativo più volte ripetuto: *il — floreale di un tempio.*

moto¹ [mò-] *s.m.* **1** lo spostarsi di un corpo nello spazio: *— accelerato, rettilineo*; *il — delle onde / mettere in — un'automobile*, avviarne il motore / *— perpetuo*, condizione irrealizzabile di una macchina che funzionerebbe sempre senza somministrazione di energia dall'esterno **2** il muoversi, il camminare, spec. per esercizio del corpo; movimento (anche *fig.*): *bisogna fare un po' di — ogni giorno*; *si voltò con un — brusco / i moti del cuore*, le emozioni, gli affetti **3** tumulto, agitazione di popolo, insurrezione: *i moti del risorgimento.* SIN. *sommossa* **4** (*mus.*) passaggio della voce da un suono all'altro: *— ascendente, discendente*; *con —*, si dice di brano musicale con andamento più rapido del normale.

moto² [mò-] *s.f.invar.abbr.* → **motocicletta**.

motocicletta

1 *forcella,*
2 *ammortizzatore,*
3 *indicatore di direzione
(freccia),* 4 *cupolino,* 5 *leva
della frizione,* 6 *manubrio,*
7 *serbatoio,* 8 *carburatore,*
9 *sella,* 10 *portapacchi,*
11 *parafango,* 12 *disco del
freno,* 13 *cerchione,*
14 *segnalatore acustico
(clacson),* 15 *testata,*
16 *cilindro,* 17 *telaio,*
18 *carter,* 19 *cavalletto,*
20 *marmitta,* 21 *catena,*
22 *corona.*

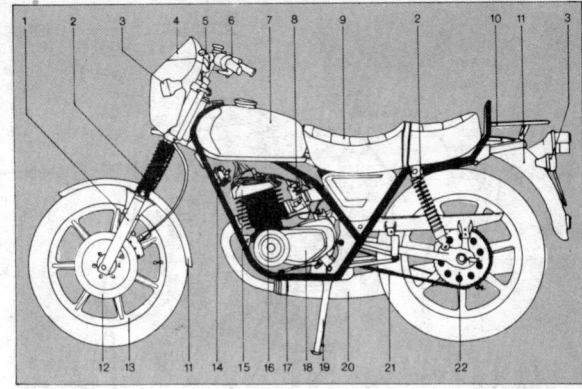

moto- [mò-] [*abbr.* di *motóre*] primo elemento di parole composte indicanti macchine, veicoli a motore o attività praticate con macchine a motore (*motocicletta, motopeschereccio, motonautica*).

motobarca *s.f.* barca a motore.

motocannoniera [-niè-] *s.f.* grosso motoscafo della marina da guerra, mosso da motore a combustione interna, armato di piccoli cannoni.

motocarro *s.m.* veicolo da trasporto a motore, con tre ruote e comando a manubrio.

motocarrozzetta [-zét-] *s.f.* motocicletta a tre ruote, con un carrozzino laterale per il trasporto di un passeggero.

motocicletta [-clét-] *s.f.* veicolo a due ruote, mosso da un motore a scoppio.

motociclismo [-ʃmo] *s.m.* sport della motocicletta.

motociclista *s.m.* e *f.* [pl.m. *-i*] chi va in motocicletta e spec. chi pratica il motociclismo.

motociclistico [-clì-] *agg.* [pl.m. *-ci*] di motociclismo; dei motociclisti: *giro —.*

motociclo *s.m.* motocicletta, spec. di piccola cilindrata.

motocoltivatore [-tó-] *s.m.* macchina agricola motorizzata usata nelle piccole colture per operazioni di erpicatura superficiale, falciatura, semina ecc. [*ill. Agricoltura*].

motocompressore [-só-] *s.m.* macchina costituita dall'unione di un compressore con un motore, per lo più a combustione interna, che serve a produrre aria compressa per vari usi industriali.

motocorazzato *agg.* si dice di unità militari che dispone di mezzi motorizzati e corazzati.

motocross [-cròss] *s.m.invar.* competizione motociclistica fuori strada, su terreno accidentato.

motofalciatrice *s.f.* macchina per la falciatura, azionata da un motore.

motoleggera [-gè-] *s.f.* motocicletta di piccola cilindrata.

motonautica [-nàu-] *s.f.* **1** la navigazione con imbarcazioni a motore, entro o fuoribordo, per diporto o competizione **2** la tecnica della costruzione e della guida dei motoscafi.

motonautico [-nàu-] *agg.* [pl.m. *-ci*] relativo alla motonautica: *club —.*

motonave *s.f.* nave mossa da motore a combustione interna.

motopeschereccio [-réc-] *s.m.* grossa barca da pesca a motore.

motopompa [-póm-] *s.f.* gruppo composto di un motore e di una pompa accoppiati, per usi agricoli, antincendio ecc.

motoraduno *s.m.* raduno sportivo o turistico di motociclisti.

motore [-tó-] *agg.* [f. *-trice*] che serve a muovere: *impianto —; forza motrice // s.m.* **1** macchina atta a trasformare una determinata forma di energia in energia meccanica, destinata alla locomozione di veicoli, all'alimentazione di impianti industriali ecc.: *— termico, idraulico, a combustione interna, a combustione esterna, a vapore, a reazione, a turbina, elettrico, Diesel, a scoppio; avviare il —* [*ill. a pag. seguente*] **2** (*fig.*) principio motore, impulso: *la ricerca del profitto è il — dell'economia.*

motoretta [-rét-] *s.f.* tipo di motociclo con ruote di piccolo diametro, provvisto di carenatura.

motorino *s.m.* (*fam.*) lo stesso che micromotore.

motorio [-tó-] *agg.* del moto; che serve al moto: *attività motoria; nervo —.*

motorismo [-ʃmo] *s.m.* nome con cui si indicano complessivamente tutti gli sport fatti con mezzi a motore.

motorista *s.m.* e *f.* [pl.m. *-i*] chi è addetto al funzionamento di un motore e può, all'occorrenza, smontarlo, montarlo, ripararlo.

motorizzare [-riʒʒa-] *v.tr.* munire di motore o di mezzi di trasporto a motore // **-arsi** *v.rifl.* (*fam.*) munirsi di un mezzo di trasporto a motore.

motorizzato [-riʒʒa-] *agg.* **1** adattato per funzionare a motore **2** dotato di mezzi di trasporto a motore.

motorizzazione [-riʒʒazió-] *s.f.* atto, effetto del motorizzare.

motor-scooter [*ingl.*; *pr.* moto-scùta] *s.m.* → **motoretta**.

motoscafo *s.m.* imbarcazione spinta da motore a scoppio.

motosega [-sé-] *s.f.* sega portatile azionata da un motorino a scoppio [*ill. Agricoltura*].

motosilurante *s.f.* veloce unità navale della marina da guerra, meno grossa del mas, armata principalmente con siluri, e spinta da un motore.

motoslitta [-ʃlit-] *s.f.* slitta azionata da un motore a elica.

motovedetta [-dét-] *s.f.* piccola motonave armata addetta alla vigilanza costiera.

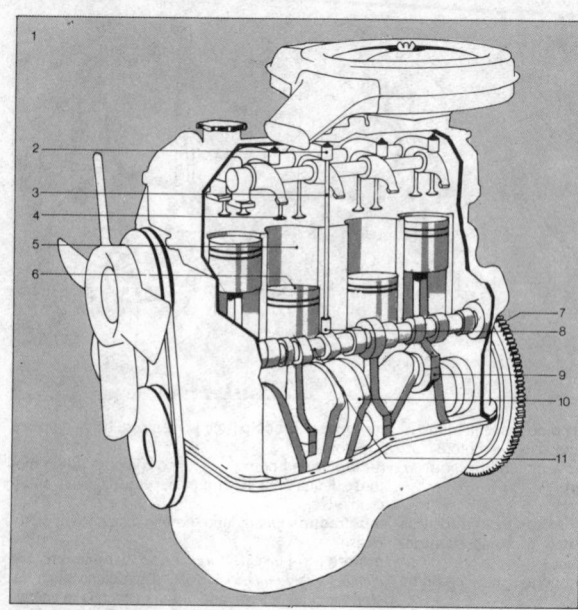

motore

1 *motore a scoppio,*
2 *bilanciere,* 3 *asta del bilanciere,* 4 *valvola,*
5 *cilindro,* 6 *pistone,*
7 *volano,* 8 *punteria,*
9 *biella,* 10 *albero motore,*
11 *albero a camme*

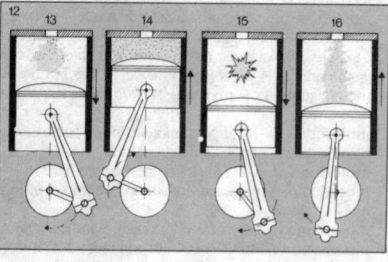

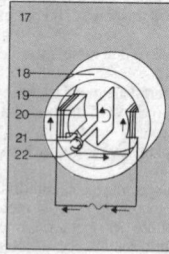

12 *fasi del motore a scoppio,* 13 *aspirazione,*
14 *compressione,*
15 *scoppio,* 16 *scarico,*
17 *motore elettrico,*
18 *statore,*
19 *avvolgimento induttore,*
20 *avvolgimento indotto,*
21 *collettore,* 22 *spazzole.*

motoveicolo [-i-] *s.m.* si dice di tutti i veicoli a motore che non abbiano più di tre ruote.

motrice *s.f.* macchina atta a produrre energia meccanica e a imprimere movimento a un veicolo; in particolare, carrozza tranviaria o ferroviaria provvista di motore, che traina le altre carrozze / — *a vapore,* macchina per la propulsione di navi a vapore, locomotive ecc.

motricità *s.f.invar.* complesso delle condizioni fisiologiche che consentono all'individuo tutti i movimenti corporei richiesti dalla vita di relazione.

motteggiare *v.intr.* [*io mottéggio ecc.*] dire motti ∥ *v.tr.* burlare, canzonare.

motteggiatore [-tó-] *agg.* e *s.m.* [f. -*trice*] che o chi motteggia; canzonatura.

motteggio [-tég-] *s.m.* il motteggiare; parole, atti con cui si motteggia; canzonatura.

mottetto [-tét-] *s.m.* (*mus.*) composizione sacra a più voci.

motto [mòt-] *s.m.* 1 detto scherzoso o pungente 2

frase breve e concettosa, spesso riportata con valore simbolico su uno stemma. SIN. *massima, sentenza* 3 parola, in espressioni come: *senza dir* —, senza proferir parola.

motuleso [-léſo] *agg.* e *s.m.* si dice dell'individuo i cui movimenti sono resi impossibili o limitati definitivamente da un trauma o da una malattia.

motuproprio [-prò-] *s.m.* (*lat.*) decreto che un sovrano emana di propria iniziativa: *un* — *del papa.*

movente [-vèn-] *s.m.* impulso, stimolo che induce all'azione: — *di un delitto.* SIN. *motivo.*

movenza [-vèn-] *s.f.* l'atteggiamento della persona nel muoversi: *una fanciulla dalle movenze aggraziate.*

movimentare *v.tr.* [*io moviménto ecc.*] muovere, dare animazione: — *una riunione.*

movimentato *agg.* pieno di movimento, agitato.

movimentismo [-ſmo] *s.m.* tendenza a privilegiare nel confronto politico le lotte spontanee rispetto all'iniziativa delle organizzazioni.

movimentista *agg.* e *s.m.* e *f.* [pl.m. -*i*] che, chi in politica privilegia il movimento spontaneo rispetto all'organizzazione.

movimento [-mén-] *s.m.* **1** azione del muovere e del muoversi; mossa; spostamento: *il — del pendolo, delle braccia, dei passeggeri / — di cassa*, il complesso delle entrate e delle uscite / *capo del —*, funzionario delle ferrovie che presiede al traffico dei treni in una stazione / *una strada piena di —*, di traffico, di animazione / *un quadro pieno di —*, che suscita una viva impressione di moto **2** tendenza, corrente artistica, letteraria, politica: *— impressionista, romantico, federalista* **3** (*mus.*) grado di velocità stabilito per l'esecuzione di una composizione.

moviola [-viò-] *s.f.* (*cinem.*) apparecchio per il montaggio dei film, consistente in un piccolo schermo e in congegni per l'incollamento dei pezzi di pellicola.

mozambicano *agg.* del Mozambico // *s.m.* abitante del Mozambico.

mozarabico [-ʒarà-] *agg.* dei Mozarabi, cristiani di Spagna sotto il dominio arabo: *arte mozarabica.*

mozione [-zió-] *s.f.* richiesta o proposta che nel corso di un'assemblea venga posta in discussione e approvata o meno mediante votazione / *— d'ordine*, relativa alle modalità di svolgimento dell'assemblea stessa.

mozzare *v.tr.* [*io mózzo ecc.*] tagliare violentemente, recidere con un sol colpo una parte da un tutto (anche *fig.*): *— il capo, le gambe / la paura le mozzò il respiro.* SIN. *troncare.*

mozzarella [-rèl-] *s.f.* latticino prodotto con latte vaccino o di bufala, a pasta soda, dolce e lattoso.

mozzetta [-zét-] *s.f.* sorta di mantellina con cappuccio, di vario colore e stoffa, portata da prelati ed ecclesiastici [*ill. Chiesa*].

mozzicone [-có-] *s.m.* ciò che rimane di una cosa mozzata, spezzata o bruciata: *un — di sigaretta, di candela.*

mozzo[1] [móz-] *agg.* mozzato, reciso, troncato.

mozzo[2] [móz-] *s.m.* ragazzo di età inferiore ai diciott'anni, imbarcato su una nave, per apprendervi il mestiere di marinaio.

mozzo[3] [mòʒʒo] *s.m.* perno d'una ruota [*ill. Bicicletta*]; parte centrale dell'elica, alla quale sono fissate le pale.

mucca *s.f.* vacca.

mucchio [mùc-] *s.m.* **1** quantità di cose ammassate: *un — di stracci.* SIN. *ammasso, cumulo* **2** per estens., grande numero, gran quantità: *un — di chiacchiere.*

mucido [mù-] *agg.* che ha l'odore, spiacevole, della muffa: *farina mucida* // *s.m.* odore di muffa: *pane che ha di —.*

mucillaggine [-làg-] *s.f.* sostanza derivante dalla trasformazione della membrana di cellule vegetali (semi di lino, foglie di malva) che si gonfia al contatto con l'acqua formando una sorta di gelatina usata come emolliente.

muco *s.m.* [pl. *-chi*] liquido denso e vischioso secreto dai tessuti mucosi, spec. se infiammati. SIN. *catarro.*

mucosa [-có-] *s.f.* membrana munita di epitelio che ricopre le cavità interne e i condotti e che secerne muco.

mucoso [-có-] *agg.* **1** delle mucose: *tessuti mucosi* **2** simile a muco: *secrezione mucosa.*

mucronato *agg.* che termina a punta: *asta, foglia mucronata.*

mucrone [-cró-] *s.m.* punta aguzza d'arma bianca; per estens., organo di una pianta sporgente e aguzzo.

muda *s.f.* annuale cambiamento delle penne degli uccelli, muta.

muezzin [mueʒʒin] *s.m.invar.* sacerdote musulmano che cinque volte al giorno dall'alto di un minareto chiama i fedeli alla preghiera canonica.

muffa *s.f.* insieme di funghi piccolissimi, biancastri o verdognoli, di odore caratteristico, che vivono su sostanze organiche / *far la —*, ricoprirsi di muffa; (*fig.*) restare in ozio, nell'inerzia.

muffire *v.intr.* [*io muffisco, tu muffisci ecc.*] fare la muffa, ammuffire (anche *fig.*): *sto qui a —.*

muffola [mùf-] *s.f.* (*tecn.*) involucro di materiale refrattario che, all'interno di speciali forni, serve a contenere sostanze che non devono stare a diretto contatto col combustibile.

muflone [-fló-] *s.m.* **1** pecora selvatica, diffusa in Sardegna e in Corsica (*fam.* Bovidi) **2** tessuto di lana, pesante e peloso.

muftì *s.m.* nei paesi arabi, esperto nei problemi di diritto e di religione; sapiente.

mugghiare *v.intr.* [*io mùgghio ecc.*] muggire forte, a lungo; (*fig.*) del mare o del tuono, rumoreggiare.

mugghio [mùg-] *s.m.* il mugghiare.

muggine [mùg-] *s.m.* → **cefalo.**

muggire *v.intr.* [*io muggisco, tu muggisci ecc.*] emettere muggiti / *il mare muggiva contro la scogliera*, (*fig.*) rumoreggiava.

muggito *s.m.* voce caratteristica dei bovini.

mughetto [-ghét-] *s.m.* **1** pianta erbacea con fiorellini bianchi profumati (*fam.* Liliacee) **2** malattia della mucosa della bocca, dovuta a un fungo, che si manifesta con chiazze biancastre.

mugik [-gik] *s.m.invar.* contadino russo.

mugnaio [-gnà-] *s.m.* chi fa il mestiere di macinare al mulino grano o granaglie.

mugo *s.m.* [pl. *-ghi*] arbusto con foglie aghiformi da cui si estrae una resina profumata (*fam.* Pinacee).

mugolare *v.intr.* [*io mùgolo ecc.*] **1** si dice spec. dei cani che si lamentano; guaiolare **2** (*fig.*) gemere, lamentarsi.

mugolio[1] [-lì-] *s.m.* il mugolare.

mugolio[2] [-gò-] *s.m.* olio essenziale distillato dai rami di una varietà di pino, usato spec. nella cura delle bronchiti ®.

mugugnare *v.intr.* (*region.*) brontolare.

mugugno *s.m.* espressione, quasi muta ma ostentata, di scontentezza e di protesta.

mulattiera [-tiè-] *s.f.* sentiero di montagna percorribile da muli o altri animali da soma.

mulattiere [-tiè-] *s.m.* chi guida muli.

mulatto *s.m.* figlio di un genitore di razza bianca e di uno di razza nera.

muleta [-lé-] *s.f.* (*spagn.*) drappo rosso usato dal matador per attirare il toro e finirlo.

muliebre [-li-] *agg.* di donna: *ornamento, grazia —.*

mulinare *v.tr.* **1** roteare, far girare in tondo: *— un bastone* **2** (*fig.*) macchinare: *— propositi di vendetta* // *v.intr.* **1** roteare, girare in tondo: *le foglie secche mulinano al vento* **2** (*fig.*) agitarsi, muoversi (detto di pensieri): *pensieri oscuri gli mulinavano nella mente.*

mulinello [-nèl-] *s.m.* **1** vortice formato dall'acqua corrente o dal vento / *far — con qlco.*, farla roteare **2** apparecchio costituito da un'elica rotante su un perno **3** congegno che si applica alla canna da pesca, consistente in una bobina attorno a cui si avvolge la lenza [*ill. Pesca*].

mulino *s.m.* edificio dove si esegue la macinatura del grano e di altri cereali; anche la macchina che esegue l'operazione: — *ad acqua, a vento / parlare come un — a vento,* assai velocemente / *tirar acqua al proprio —,* agire nel proprio interesse.

mullah [-làh] *s.m.invar.* teologo islamico.

mulo *s.m.* quadrupede domestico infecondo, nato dall'incrocio dell'asino con la cavalla; sobrio e resistentissimo, è usato come bestia da soma e come cavalcatura soprattutto in montagna (*fam.* Equidi) / *ostinato, cocciuto come un —,* testardo.

multa *s.f.* pena pecuniaria: *pagare una —.*

multare *v.tr.* infliggere una multa.

multi- [dal lat. *multus = molto*] prefisso che indica molteplicità, abbondanza (*multiforme, multicolore, multimilionario*).

multicolore [-ló-] *agg.* di vari colori. SIN. *variopinto.*

multiflash [*pr.* multiflèsc'] *agg.invar.* si dice di fotografie in cui il soggetto in movimento viene illuminato periodicamente da un flash e perciò ripreso in posizioni successive anche vicinissime.

multiforme [-fór-] *agg.* di varie forme / *ingegno —,* versatile.

multifunzione [-zió-] *agg.* si dice di ciò che può avere contemporaneamente diverse funzioni.

multigrade [*pr.* multigréid], **multigrado** *agg.* e *s.m.* si dice di olio per lubrificare i motori a scoppio adatto a una vasta gamma di temperature esterne.

multimediale *agg.* che si vale di diversi media, a stampa o audiovisivi: *campagna pubblicitaria —.*

multimiliardario [-dà-] *agg.* e *s.m.* ricco nell'ordine dei miliardi.

multimilionario [-nà-] *agg.* e *s.m.* ricco nell'ordine dei milioni.

multinazionale *agg.* e *s.f.* si dice di impresa che opera nel mercato mondiale attraverso unità presenti nei diversi paesi.

multipara [-ti-] *agg.* e *s.f.* si dice di donna che ha avuto numerosi parti o uno o più parti gemellari.

multiplo [mùl-] *agg.* che è composto di più parti // *agg.* e *s.m.* (*mat.*) si dice di quel numero che si ottiene moltiplicando un numero dato per un numero intero: *9 è — di 3.*

multipolare *agg.* che ha più poli / *politica —,* politica internazionale che contro il bipolarismo USA-URSS aspira a un mondo suddiviso in numerose aree di influenza economico-politica.

multiproprietà *s.f.invar.* proprietà indivisa di immobili, dei quali i diversi proprietari si suddividono il godimento nello spazio e nel tempo.

multiscafo *agg.* e *s.m.* si dice di imbarcazione a più scafi, come il catamarano e il trimarano.

multistadio [-stà-] *agg.invar.* si dice di razzo costituito da più parti che vengono sganciate e abbandonate quando hanno esaurito la loro funzione.

mummia [mùm-] *s.f.* **1** cadavere trattato con un processo di imbalsamazione, che si conserva per un tempo indefinito **2** (*fig.*) persona vecchia, incartapecorita e segaligna, oppure persona di idee ristrette ed antiquate.

mummificare *v.tr.* [*io mummìfico, tu mummìfichi ecc.*] ridurre allo stato di mummia // **-arsi** *v.rifl.pron.* diventar mummia (anche *fig.*).

mummificazione [-zió-] *s.f.* il procedimento per cui si riduce un cadavere a mummia.

mundio [mùn-] *s.m.* (*st.*) istituto di diritto feudale che regolava la tutela delle donne e dei minorenni.

mungere [mùn-] *v.tr.* [pres. *io mungo, tu mungi ecc.*; pass.rem. *io munsi, tu mungésti ecc.*; p.pass. *munto*] **1** spremere le mammelle di animali lattiferi per trarne il latte: *il pastore munse le sue pecore* **2** (*fig.*) sfruttare, succhiare, spillare / *— la borsa, il borsellino di uno, — qlcu.,* spillargli denari.

mungitoio [-tó-] *s.m.* ambiente in cui viene organizzata la mungitura.

mungitore [-tó-] *s.m.* [f. *-trice*] chi è addetto alla mungitura.

mungitrice *s.f.* apparecchiatura atta alla mungitura meccanica, spec. delle vacche.

mungitura *s.f.* operazione mediante la quale si spreme il latte dalle mammelle di vacche, pecore ecc.

municipale *agg.* **1** di, del municipio; comunale: *consiglio, giunta —* **2** (*spreg.*) particolaristico, grettamente attaccato alla propria cerchia cittadina: *ambizioni, lotte municipali.*

municipalismo [-ʃmo] *s.m.* tendenza a difendere interessi locali contro interessi più generali.

municipalità *s.f.invar.* l'insieme delle autorità di un municipio.

municipalizzare [-liʒʒa-] *v.tr.* far gestire un servizio direttamente dal municipio.

municipalizzazione [-liʒʒazió-] *s.f.* il municipalizzare.

municipio [-cì-] *s.m.* **1** comune; l'amministrazione comunale; la sede dell'amministrazione **2** (*st.*) città assoggettata ai romani, che manteneva il diritto di amministrarsi di sola ma non godeva dei diritti politici di Roma.

munificentissimo [-tis-] *superl.* di → **munifico.**

munificenza [-cèn-] *s.f.* **1** qualità di chi è munifico. SIN. *generosità, liberalità, larghezza* **2** azione munifica; dono fatto con generosità.

munifico [-nì-] *agg.* [pl.m. *-ci*; superl. *munificentissimo*] **1** che dona con grande munificenza. SIN. *generoso, liberale, largo* **2** che rivela munificenza, generosità: *dono —.*

munire *v.tr.* [*io munisco, tu munisci ecc.*] **1** dotare di mezzi atti alla difesa o all'offesa; fortificare: *— i confini; — una città di cannoni* **2** per estens., provvedere di qlco. che dia sicurezza: *— una porta di serratura.*

munizionamento [-mén-] *s.m.* (*mil.*) l'insieme delle munizioni in dotazione a un reparto; il complesso delle attività dirette al rifornimento di munizioni.

munizione [-zió-] *s.f.* spec. *pl.* (*mil.*) l'insieme dei proiettili, della polvere ecc. con cui si caricano le armi da fuoco / *munizioni da bocca,* (*rar.*) cibi, vettovaglie.

muovere [muò-] *v.tr.* [pres. *io muòvo, noi moviamo ecc.*; imperf. *io movévo ecc.*; pass.rem. *io mòssi, tu movésti ecc.*; p.pass. *mòsso*] **1** porre in moto, spingere, trascinare: *chi ha mosso quel tavolo?*; *— un macigno* **2** agitare: *il vento muove le foglie* **3** (*fig.*) indurre, persuadere, porre avanti, dichiarare: *mi ha mosso a compassione; — guerra; ti muove solo il tuo interesse* // *v.intr.* **1** procedere, andare, camminare, partire: *il corteo muove da piazza Garibaldi* **2** (*fig.*) cominciare, partire: *il tuo ragionamento muove da premesse sbagliate* // **-ersi** *v.rifl.* **1** entrare in moto: *tutti si mossero nello stesso momento* **2** camminare, allontanarsi, avviarsi: *non mi sono più mosso da casa; detto questo, si mosse verso l'uscita* **3** (*fam.*) affrettarsi: *bisogna —; muoviti!*

mura *s.f.* (*mar.*) cavo che serve a tirare e fissare verso prora l'angolo inferiore della vela quadra dal lato di sopravvento.

muraglia [-rà-] *s.f.* muro esterno alto e robusto, di difesa, protezione, sostegno (anche *fig.*): *la grande —; i suoi fans gli fecero intorno una — umana.*

muraglione [-glió-] *s.m.* grossa muraglia, spec. di contenimento.

muraiolo [-iò-] *agg.* e *s.m.* si dice di animali o di piante che vivono lungo i muri (lucertola, edera ecc.).

murale *agg.* di, da muro / *pittura —*, eseguita sul muro / *carta —*, grande carta geografica da appendersi a una parete // *s.m.* [pl. *murali* o *murales*] grande dipinto, in genere figurativo e di contenuto epico, sulla parete esterna di un edificio.

murare *v.tr.* 1 chiudere un'apertura con un muro; fissare qlco. nel muro con cemento e simili; nascondere qlco. in un vano del muro e poi rinchiuderlo con mattoni e simili: *— una porta, un gancio; — una cassetta di denaro / murarsi in casa*, starvi sempre rinchiuso / *assol.* costruire muri / *— a secco*, senza calcina 2 cingere di mura: *— una città*.

murario [-rà-] *agg.* relativo al murare, al muratore: *lavori murari*.

murata *s.f.* (*mar.*) parte laterale della carena della nave, al di sopra della linea di galleggiamento.

muratore [-tó-] *s.m.* operaio che costruisce opere in muratura.

muratura *s.f.* 1 operazione del murare: *per la — occorre una settimana* 2 lavoro murario, muro: *opere di —*.

murena [-rè-] *s.f.* pesce di mare simile all'anguilla, commestibile, con corpo maculato; è carnivoro e inocula col morso un liquido velenoso (*fam.* Murenidi).

muriatico [-rià-] *agg.* (*chim.*) *acido —*, nome dell'acido cloridrico.

muricciolo [-ciò-] *s.m.* muro basso che serve come delimitazione di terreni e aree in genere.

murice [mù-] *s.m.* mollusco gasteropodo marino con conchiglia spinosa avvolta a spira.

muro *s.m.* [pl.m. *-i*; pl.f. *-a*, nel senso 3] 1 costruzione in muratura, in sassi, mattoni o altro materiale ordinato e commesso con calcina o cemento: *— divisorio, di sostegno; i muri di un edificio / batter la testa contro il —*, sforzarsi inutilmente / *mettere qlco. con le spalle al —*, ridurlo all'impossibilità di ritirarsi da un impegno / *mettere al —*, fucilare, giustiziare / *avere le spalle al —*, trovarsi al sicuro / *è come parlare al —*, con riferimento a persona che non vuole intendere o dar retta. DIM. *muretto* 2 (*fig.*) barriera, ostacolo: *un — di silenzio, di odio / — del suono*, indica il brusco aumento della resistenza aerodinamica per velocità dell'ordine di quella del suono 3 *pl.f.* **mura** complesso di opere murarie; in particolare, quelle di una città o fortezza: *cingere di mura una città / le mura domestiche*, la casa / *chiudersi fra quattro mura*, fare vita ritirata.

musa [-ʃa] *s.f.* 1 (*mit.*) ciascuna delle nove dee protettrici delle arti e scienze / *alunno delle muse*, (*lett.*) poeta 2 per estens., la poesia, l'ispirazione poetica: *la — tragica; la — di Leopardi*.

musata [-ʃa-] *s.f.* (*fam.*) colpo dato col muso.

muscarina *s.f.* alcaloide presente nel fungo *amanita muscaria*, che ha azione eccitante sul nervo vago e causa intossicazione.

muschiato *agg.* che contiene muschio, che ha odore di muschio.

muschio[1] [mù-] *s.m.* sostanza odorosa prodotta da speciali ghiandole del *mosco* (mammifero ruminante) e di altri animali; viene usata in profumeria e in medicina.

muschio[2] [mù-] *s.m.*, **musco** *s.m.* [pl. *-chi*] nome comune di minute pianticelle briofite che ricoprono tronchi e rocce in luoghi umidi e ombrosi.

muscolare *agg.* di muscolo, proprio dei muscoli: *forza —; tessuto —*, quello che costituisce i muscoli e consta di cellule allungate (*fibre*) molto contrattili.

muscolatura *s.f.* il complesso dei muscoli.

muscolo [mù-] *s.m.* 1 (*anat.*) ciascun organo contrattile che serve al movimento / *avere i muscoli d'acciaio*, essere molto forte [*ill. Corpo*] 2 la parte più carnosa e muscolosa delle carni macellate 3 (*zool.*) → **mitilo**.

muscoloso [-ló-] *agg.* che ha muscoli forti e in rilievo: *braccia muscolose*. SIN. *nerboruto*.

muscoso [-scó-] *agg.* (*lett.*) coperto di musco.

muscovite *s.f.* (*geol.*) varietà di mica, incolore o giallo verdognola, in lamelle sottilissime e trasparenti.

museo [-ʃè-] *s.m.* luogo dove vengono raccolte collezioni di opere d'arte, documenti, oggetti di storia naturale o storia tecnica: *Museo della Scienza e della Tecnica / pezzo da —*, si dice di cosa o persona antiquata, superata dai tempi.

museruola [-ʃeruò-] *s.f.* arnese a gabbia, che si pone al muso dei cani perché non possano mordere; nei finimenti del cavallo, la striscia che passa sopra le narici [*ill. Cavallo*].

musette [*franc.*; *pr.* müʃɛt] *s.f.* 1 strumento aerofono, a serbatoio d'aria, simile alla cornamusa 2 ballo popolare di origine campestre, così denominato dallo strumento musicale che accompagnava le danze.

musica [mùʃi-] *s.f.* 1 l'arte di combinare insieme i suoni, secondo determinate regole: *studiare —; maestro di —* [*ill. e nomenclatura alle pagg. seguenti*] 2 ogni opera composta per mezzo di suoni: *ascoltare la —; una — lenta; un pezzo di —; — medievale; — sinfonica, vocale, da camera / — leggera*, intesa e fruita come svago e divertimento, in contrapposizione alla musica colta o seria, alla musica popolare, al jazz 3 (*fig.*) si dice di qualsiasi suono o rumore dolce e piacevole: *la — del mare, del vento* 4 (*scherz.*) si dice di voci o rumori spiacevoli e prolungati, anche di qualsiasi cosa spiacevole che dura a lungo o si ripeta: *tutti i giorni marito e moglie litigano, è sempre la solita —!; cerca di cambiare —*, discorso o comportamento.

musicabile [-ʃicà-] *agg.* che può essere musicato.

musical [*ingl.*; *pr.* mùʃicol] *s.m.* commedia musicale.

musicale [-ʃi-] *agg.* 1 che è musica; che somiglia alla musica: *composizione —; una voce —* 2 che ha disposizione alla musica: *avere orecchio —* 3 che riguarda la musica: *un critico —*.

musicalità [-ʃi-] *s.f.invar.* l'essere musicale: *la — dei versi; la — di una lingua*.

musicante [-ʃi-] *s.m.* e *f.* 1 (*spreg.*) musicista di mediocre levatura 2 ciascun componente di una banda.

musicare [-ʃi-] *v.tr.* [io mùsico, tu mùsichi ecc.] corredare di musica le parole di un testo: *— un libretto d'opera, una poesia*.

musicassetta [-ʃicassét-] *s.f.* cassetta magnetica con musica incisa non cancellabile.

music-hall [*ingl.*; *pr.* mùsic-hòl] *s.m.* 1 teatro di varietà 2 spettacolo di varietà, per lo più allestito con sfarzo.

musicista [-ʃi-] *s.m.* e *f.* [pl.m. *-i*] compositore di musica; anche suonatore, esecutore, cantante.

musico [mùʃi-] *s.m.* [pl. *-ci*] (*arc.* e *lett.*) musicista: *— di corte*.

musicologia [-ʃicologì-] *s.f.* studio dell'arte musicale esaminata sotto l'aspetto storico, estetico, sociale ecc.

musicologo [-ʃicò-] *s.m.* [pl. *-gi*] studioso o appassionato di musicologia.

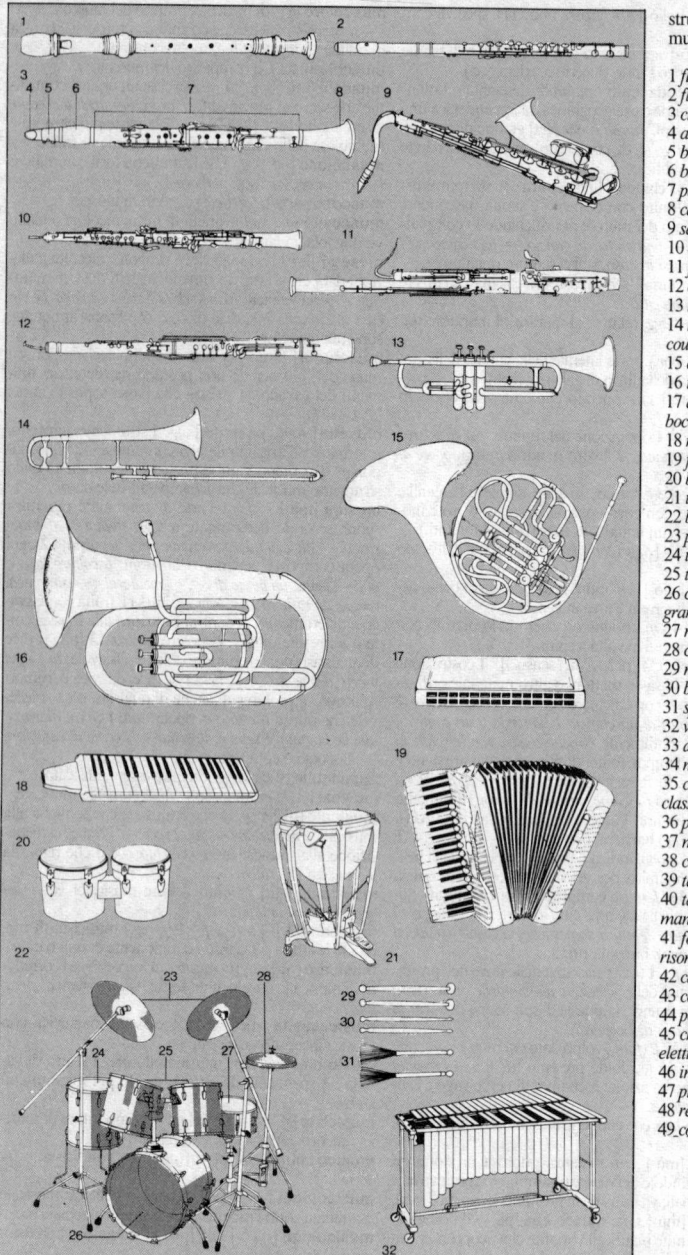

strumenti
musicali

1 *flauto dolce*,
2 *flauto traverso*,
3 *clarinetto*,
4 *ancia*,
5 *bocchino*,
6 *barilotto*,
7 *parte centrale*,
8 *campana*,
9 *sassofono*,
10 *oboe*,
11 *fagotto*,
12 *corno inglese*,
13 *tromba*,
14 *trombone a coulisse*,
15 *corno*,
16 *tuba*,
17 *armonica a bocca*,
18 *melodica*,
19 *fisarmonica*,
20 *bongos*,
21 *timpano*,
22 *batteria*,
23 *piatti*,
24 *timpano*,
25 *tom tom*,
26 *cassa o grancassa*,
27 *rullante*,
28 *charleston*,
29 *mallet*,
30 *bacchette*,
31 *spazzole*,
32 *vibrafono*,
33 *arpa*,
34 *mandolino*,
35 *chitarra classica*,
36 *paletta*,
37 *meccaniche*,
38 *capotasto*,
39 *tasti*,
40 *tastiera e manico*,
41 *foro di risonanza*,
42 *cassa*,
43 *corde*,
44 *ponticello*,
45 *chitarra elettrica*,
46 *interruttore*,
47 *pick-up*,
48 *regolatori*,
49 *cordiera*,

50 chitarra basso,
51 cassa piena,
52 banjo,
53 strumenti
ad arco,
54 violino,
55 viola,
56 violoncello,
57 contrabbasso,
58 riccio,
59 cavigliere,
60 bischero,
61 capotasto,
62 tastiera,
63 manico,
64 filetti,
65 tavola
armonica,
66 spigolo,
67 ponticello,
68 effe,
69 tendicantino,
70 cordiera,
71 mentoniera,
72 arco di violino,
73 punta,
74 bacchetta,
75 crini,
76 tallone,
77 bietta,
78 vite,
79 pianoforte
verticale,
80 pironi,
81 telaio,
82 ponticello,
83 corde triple,
84 corde doppie,
85 pedale del
piano,
86 pedale del
forte,
87 corde semplici,
88 tavola
armonica,
89 tastiera,
90 martelletti,
91 pianoforti a
coda,
92 piroli,
93 smorzatori,
94 organo
elettronico,
95 tastiere,
96 registri,
97 pedana,
98 pedaliera,
99 sintetizzatore.

Musica

armonia, composizione, cromatismo, diatonia, dodecafonia, melodia, modi (*maggiore*, *minore*), scala (*cromatica*, *diatonica*, *naturale*), tonalità.

■ SUONI, VOCI: altezza, ampiezza, beat, estensione, intensità, registro, sordina, sound, timbro, tono (*quarto di tono*, *semitono*), volume; acuto, chiaro, limpido, modulato, squillante, tenuto, vibrante.

■ SCRITTURA, NOTAZIONE: accidente (*bemolle*, *bequadro*, *diesis*), battuta, chiave, contrattempo, corona, intavolatura, intervallo, legatura, misura, note (*do, re, mi, fa, sol, la, si*), pausa, pentagramma, rigo, ritornello, solfeggio, tempo (*binario*, *ternario*), valori (*breve*, *semibreve*, *minima*, *semiminima*, *croma*, *semicroma*, *biscroma*, *semibiscroma*) • accompagnamento, armonizzazione, arrangiamento, contrappunto, orchestrazione.

■ GENERI E STILI: bandistica, barocca, bizantina, classica, dodecafonica, gregoriana, liturgica, melodramma, modale, monodica, new-wave, opera, operetta, polifonica, rinascimentale, romantica, seriale, sincopata, tonale • cameristica (o da camera), concertistica, lirica, operistica, sinfonica, strumentale, vocale; country, folk, jazz, cool-jazz, hot-jazz, rock, hard-rock, beat, disco-music, liscio, punk.

■ FORME: antifona, aria, arioso, assolo, ballata, barcarola, berceuse, burlesca, cadenza, cantata, canzone, cavatina, concerto, corale, divertimento, fantasia, fuga (*a due, tre, quattro voci*), giga, intermezzo, introduzione, lied, marcia, melodramma, messa, motetto, notturno, opera (*buffa*, *giocosa*, *lirica*, *seria*), operetta, oratorio, ouverture, polacca, preludio, quartetto, quintetto, rapsodia, recitativo, romanza, rondò, scherzo, serenata, siciliana, sinfonia, sonata, studio, suite, terzetto, toccata, trio, valzer, variazione.

■ STRUMENTI: ad arco, a corda, a fiato (*legni*, *ottoni*), a percussione, a tastiera; acustico, elettrico, elettronico; armonica, armonium, arpa, batteria, celesta, cembalo, cetra, chitarra, clarinetto, clavicembalo, contrabbasso, cornamusa, corno, diapason, fagotto, fisarmonica, flauto, gong, grancassa, lira, liuto, mandolino, melodica, moog (*sintetizzatore*), nacchere, oboe, organo, ottavino, pianoforte, piatti, piffero, sassofono, spinetta, tamburo, timpano, triangolo, tromba, trombone, vibrafono, viola, violino, violoncello, xilofono, zampogna • arco, archetto; bacchetta, podio; libretto; partitura, spartito.

■ PERSONE: accordatore, arpista, artista del coro, ballerino, cantante (*baritono*, *basso*, *contralto*, *mezzosoprano*, *soprano*, *tenore*, *voci bianche*), cantautore, chansonnier, chanteuse, chitarrista, clavicembalista, compositore, concertista, corista, critico musicale, direttore d'orchestra, disc-jockey, flautista, librettista, liutaio, liutista, maestro, maestro concertatore, maestro (direttore) del coro, musicista, musicologo, orchestrale, organista, paroliere, percussionista, pianista, primo violino, professore d'orchestra, solista, strumentista, violinista, violino di spalla; pifferaio, zampognaro • balletto, banda, complesso, coro, corpo di ballo, duo, ensemble, orchestra, quartetto, trio.

■ RIPRODUZIONE DEL SUONO: amplificatore, cassa, cassetta, cinebox, compact disc, disco, discografia, discografico, discoteca, equalizzatore, fonoregistratore, fonoriproduttore, fonoriproduzione, fonorivelatore, hi-fi, incisione, long-playing, mangiacassette, mangiadischi, mangianastri, monoaurale, musicassetta, nastro psichedelico, quadrifonia, registrazione, sintoamplificatore, sintonizzatore, sintonizzazione, sound, stereo, stereofonico, stroboscopia, stroboscopico.

---

musicomane [-ʃicò-] *s.m.* e *f.* chi ha la mania della musica.

musivo [-ʃì-] *agg.* di mosaico: *arte musiva*.

muso [-ʃo] *s.m.* **1** parte anteriore della testa degli animali; (*scherz.* o *spreg.*) il viso dell'uomo: *avere, tenere il —, il broncio* / *dire qlco. sul —*, apertamente. DIM. *musino*. VEZZ. *musetto* **2** per estens., si dice di oggetti a forma allungata, simile al muso di un animale; in particolare, la parte anteriore della carrozzeria di un'automobile o della fusoliera di un aeroplano.

musone [-ʃó-] *s.m.* (*fam.*) chi tiene il broncio; persona scontrosa.

musoneria [-ʃonerì-] *s.f.* l'essere musone.

mussare *v.intr.* (*non com.*) spumeggiare (detto spec. del vino).

mussola [mùs-] *s.f.*, **mussolina** *s.f.* tessuto fine, leggero e trasparente, in tela di seta, lana, cotone, raion.

mustang [mù-] *s.m.invar.* cavallo selvaggio americano.

mustelidi [-stè-] *s.m.pl.* famiglia di mammiferi carnivori di dimensioni medie o piccole, col corpo allungato e le zampe corte (*martora*, *faina*).

musulmano, **mussulmano** *agg.* che appartiene o si riferisce all'islamismo // *s.m.* chi professa la religione islamica.

muta[1] *s.f.* **1** (*antiq.*) l'atto del mutare; avvicendamento, cambio: *la — delle sentinelle* **2** (*biol.*) cambiamento di pelle o di rivestimento cutaneo che avviene in rettili, insetti e altri animali **3** (*antiq.*) insieme di oggetti necessari a un determinato uso e sostituibili con altri analoghi: *una — di biancheria* **4** tuta impermeabile indossata dai subacquei durante le immersioni [*ill. Pesca subacquea*].

muta[2] *s.f.* gruppo di cani per la caccia alla volpe, al cervo ecc.

mutabile [-tà-] *agg.* che si può mutare; che muta facilmente. SIN. *variabile*. CONTR. *immutabile*.

mutageno [-tà-] *agg.* in genetica, si dice di qualsiasi agente capace di indurre mutazioni.

mutamento [-mén-] *s.m.* atto, effetto del mutare, del mutarsi. SIN. *cambiamento, variazione*.

mutande *s.f.pl.* indumento intimo che copre la parte inferiore del tronco.

mutandine *s.f.pl.* mutande da donna e da bambino.

mutante *s.m.* **1** (*biol.*) gene, o carattere trasmesso da esso, sottoposto a mutazioni **2** nella fantascienza, alieno che assume sembianze umane.

mutare *v.tr.* **1** sostituire una cosa, una persona con altra simile o diversa: — *le penne*; — *idea, opinione*. SIN. *cambiare, variare, modificare* **2** rendere diverso: *la guerra ha mutato le condizioni del paese*; — *qlco. in meglio o in peggio* // *v.intr.* diventare diverso: *il tempo muta*; — *di parere*.

mutazione [-zió-] *s.f.* **1** atto, effetto del mutare, del mutarsi **2** (*biol.*) fenomeno per cui improvvisamente in una specie, animale o vegetale, si origina un individuo che presenta alcuni caratteri diversi dai suoi ascendenti e li trasmette alla discendenza **3** ciascuna delle prime due parti in cui si divide la strofa di una ballata o di una canzone.

mutevole [-té-] *agg.* che muta facilmente; incostante.

mutevolezza [-léz-] *s.f.* l'essere mutevole; incostanza.

mutico [mù-] *agg.* [pl.m. -ci] si dice di una varietà di grano la cui spiga è priva di ariste.

mutilamento [-mén-] *s.m.* sanguinosa asportazione di una parte del corpo.

mutilare *v.tr.* [*io mùtilo ecc.*] **1** mozzare una parte del corpo dell'uomo o dell'animale **2** (*fig.*) tagliare una parte di una cosa, in modo che rimanga incompleta: *hanno mutilato la commedia per ragioni di tempo*.

mutilato *agg.* e *s.m.* si dice di persona che ha perduto un arto o un organo, per cause di guerra o altro: *un* — *di guerra*; *un* — *del lavoro*. DIM. *mutilatino*.

mutilazione [-zió-] *s.f.* atto, effetto del mutilare.

mutilo [mù-] *agg.* **1** (*lett.*) mutilato **2** (*fig.*) privo di una sua parte (detto spec. di testi): — *del finale; manoscritto* —.

mutismo [-ʃmo] *s.m.* **1** (*med.*) incapacità di usare la favella, dovuta per lo più a deficienza di sviluppo o a malattie mentali **2** l'essere muto, spec. di chi tace con ostinazione, per puntiglio: *si è chiuso in un ostinato* —.

muto *agg.* **1** (*med.*) si dice di chi non può parlare perché affetto da mutismo **2** si dice di persona che rimane silenziosa per emozione improvvisa, spavento e simili; per estens., anche di cosa priva di voce o silenziosa: — *d'ammirazione, di stupore / essere* — *come un pesce*, non aprire bocca, astenersi dal parlare / *vivere in un* — *dolore*; *una muta simpatia*, che non si esprime a parole, segreta / *carta muta*, carta geografica in cui non sono indicati i nomi dei luoghi / *consonante muta*, che non si pronuncia, pur essendo scritta / *scena muta*, in cui gli attori si esprimono con la sola mimica; *fare scena* —, (*fig.*) non rispondere affatto, spec. a un'interrogazione scolastica / *cinema* —, fatto di sole immagini, senza suoni né parlato // *s.m.* persona affetta da mutismo: *il linguaggio dei muti*.

mutria [mù-] *s.f.* viso imbronciato o superbo.

mutua [mù-] *s.f.* istituto a cui è affidata l'assistenza dei lavoratori durante le malattie: *pagare la* — / *essere in* —, in malattia retribuita.

mutualismo [-ʃmo] *s.m.* (*biol.*) simbiosi tra due individui che procura vantaggio a entrambi.

mutualistico *agg.* [pl.m. -ci] che è relativo alla mutualità, o alla mutua: *principio* —; *contributo* —.

mutualità *s.f.invar.* soccorrersi vicendevolmente, attraverso l'unione e le associazioni di reciproco aiuto.

mutuare *v.tr.* [*io mùtuo ecc.*] **1** dare o ricevere a prestito **2** adoperare quanto appartiene ad altri: — *il proprio stile dai classici*.

mutuatario [-tà-] *s.m.* chi prende a mutuo.

mutuato *s.m.* chi è assistito dalla mutua: *assistenza gratuita ai mutuati*.

mutuo¹ [mù-] *agg.* scambievole: *mutua ammirazione*; *società di* — *soccorso*. SIN. *vicendevole, reciproco*.

mutuo² [mù-] *s.m.* → **prestito**.

N

n *s.f.* e *m.* [ènne] dodicesima lettera dell'alfabeto, consonante.

nababbo *s.m.* **1** titolo di principi indiani musulmani **2** (*scherz.*) persona molto ricca e incline ai piaceri.

nacchera [nàc-] *s.f.* **1** spec. *pl.* ciascuna delle due tavolette di legno, rotonde, riunite da un nastro e concave nella parte interna, che si applicano alle dita e che si agitano con percussione reciproca, per marcare il ritmo della danza **2** grande mollusco a due valve.

nadir [-dìr] *s.m.invar.* (*astr.*) il punto della sfera celeste opposto allo zenit.

nafta *s.f.* **1** petrolio grezzo **2** petrolio rettificato usato come carburante per motori Diesel.

naftalina *s.f.* (*chim.*) idrocarburo solido, in cristalli bianchi, che si ricava dal catrame e si usa come antitarmico e nell'industria chimica.

naftolo [-tò-] *s.m.* (*chim.*) fenolo derivante dalla naftalina, usato come antisettico.

naia¹ [nà-] *s.f.* genere di serpenti velenosi caratteristici per la facoltà di dilatare ed erigere la porzione anteriore del corpo; le specie più note sono: il *cobra* e l'*aspide di Cleopatra* (*fam.* Colubridi).

naia² [nà-] *s.f.* (*fam.scherz.*) la vita e la disciplina militare; anche il periodo della leva, il servizio militare.

naiade [nà-] *s.f.* (*mit.*) ninfa dei fiumi e delle fonti.

naïf [*franc.*; *pr.* naìf; *f.* naïve] *agg.* e *s.m.* si dice di pittore, e per estens. di altri artisti o persone, dotati di qualità naturali ma privi di scuola, e delle loro opere: *un pittore, un quadro* —; *un'opera naïve*.

nailon [nà-] *s.m.invar.* → **nylon**.

nandù *s.m.invar.* grosso uccello corridore dell'America meridionale, simile allo struzzo, ma più piccolo, con piumaggio cinerino, collo coperto di piume e zampe fornite di tre dita; viene cacciato per la carne e le piume.

nanismo [-ʃmo] *s.m.* sviluppo anomalo, assai ridotto, di uomini, animali o piante.

nanna *s.f.* nel linguaggio dei bambini, il dormire.

nano *agg.* e *s.m.* si dice di uomo, animale o vegetale di dimensioni molto inferiori alle normali: *un pino* — // *s.m.* personaggio delle fiabe, di piccolissima statura.

nano- [dal lat. *nanus, pr.* nànus = *nano, piccolo*] primo elemento che, premesso a denominazioni di unità di misura, le divide per un miliardo (*nanosecondo*).

nanosecondo [-cón-] *s.m.* (*scient.*) un miliardesimo di secondo.

napalm [nà-] *s.m.invar.* (*chim.*) miscela gelatinosa di sali organici d'alluminio usata per bombe incendiarie e per alimentare lanciafiamme.

napoleone [-ó-] *s.m.* moneta aurea da 20 franchi fatta coniare da Napoleone I (1803).

napoletana *s.f.* macchinetta per fare il caffè.

napoletano *agg.* di Napoli // *s.m.* **1** abitante di Napoli **2** il dialetto di Napoli.

nappa *s.m.* (*lett.*) coppa per bere.

nappo *s.f.* **1** fiocco formato da più fili di seta, cotone o altro, usato per ornamento **2** pelle sottile e morbidissima, che viene usata per guanti, borsette ecc.

narcisismo [-ʃiʃmo] *s.m.* (*psic.*) tendenza a contemplare con compiacimento eccessivo e abnorme la propria persona o il proprio mondo interiore.

narcisista [-ʃi-] *agg.* e *s.m.* e *f.* [pl.m. *-i*] si dice di chi presenta narcisismo.

narcisistico [-ʃi-] *agg.* [pl.m. *-ci*] del narcisismo; di, da narcisista: *atteggiamento* —; *compiacimento* —.

narciso [-ʃo] *s.m.* pianta erbacea con fiori bianchi, portanti nel mezzo una sottile corona arancione (*fam.* Amarillidacee).

narcoanalisi [-nàliʃi] *s.f.invar.* metodo di psicodiagnostica in cui il paziente viene interrogato dopo la somministrazione di farmaci ad azione ipnotica leggera.

narcosi [-còʃi] *s.f.invar.* stato di sonno prodotto da sostanze narcotiche (barbiturici, morfina ecc.); in chirurgia, è inoltre nel paziente per facilitare l'intervento.

narcoterapia [-pi-] *s.f.* psicoterapia effettuata previo trattamento del paziente con sostanze ipnotiche.

narcotico [-cò-] *agg.* [pl.m. *-ci*] che ha la virtù di procurare il sonno // *s.m.* sostanza che produce sopore.

narcotizzare [-tiʒʒa-] *v.tr.* far cadere in stato di narcosi.

nardo *s.m.* nome di varie piante profumate delle Labiate, tra cui la lavanda e lo spigo.

narghilè *s.m.invar.* sorta di pipa diffusa nei paesi musulmani, in cui il fumo arriva alla bocca filtrato attraverso un recipiente colmo di acqua profumata.

nari *s.f.pl.* (*lett.*) narici.

narice *s.f.* ciascuna delle due aperture del naso.

narrabile [-rà-] *agg.* che si può narrare.

narrare *v.tr.* esporre con ordine un avvenimento. SIN. *raccontare* // *v.intr.* parlare di un argomento: — *di Noè*.

narrativa *s.f.* il genere narrativo; l'insieme delle opere di carattere narrativo: *la* — *dell'Ottocento*.

narrativo *agg.* che riguarda il narrare.

narratore [-tó-] *s.m.* [f. *-trice*] chi narra.

narrazione [-zió-] *s.f.* **1** atto, modo del narrare: — *vivace* **2** esposizione verbale o scritta di un avvenimento. SIN. *racconto, relazione*.

nartece [-tè-] *s.m.* portico sorretto da colonne, addossato alla facciata delle basiliche cristiane; era riservato ai penitenti e ai catecumeni.

narvalo *s.m.* grosso mammifero cetaceo dei mari artici, dal corpo tozzo pisciforme, giallognolo a macchie scure; il maschio ha un dente canino sviluppatissimo attorcigliato a spirale, che sporge orizzontalmente per qualche metro (*fam.* Monodontidi) [*ill. Cetacei*].

nasale *agg.* del naso: *osso* —; *cavità nasali* // *agg.* e *s.f.* in linguistica, si dice di articolazione la cui risonanza si produce nelle cavità nasali; l'italiano ha tre suoni consonantici nasali: *m, n, gn*.

nascente [-scèn-] *agg.* che nasce, che ha inizio: *il giorno* —; *il* — *umanesimo europeo*.

nascere [nà-] *v.intr.* [pres. *io nasco, tu nasci ecc.*; fut. *io nascerò ecc.*; pass.rem. *io nacqui, tu nascésti ecc.*; cond.pres. *io nascerèi ecc.*; p.pass. *nato*] **1** essere partorito, venire alla luce (di uomini e animali); (*fig.*) possedere attitudini innate; sperimentare qlco. per la prima volta; essere inizialmente: — *in Italia, ricco, povero, da umile famiglia; è nato artista; — alla verità; nato come pittore, si è poi affermato come scultore* **2** cominciare a spuntare dal terreno (di vegetali) **3** detto di astri, spuntare, levarsi all'orizzonte **4** detto di fiumi, derivare, aver la sorgente: *il Po nasce dal Monviso* **5** (*fig.*) aver principio, origine, fondamento; derivare: *nasce il sospetto, l'invidia, il dubbio, un'idea nella mente, una polemica, una guerra, un giornale, un governo.*

nascita [nà-] *s.f.* **1** il nascere: *l'incremento, il calo delle nascite; atto di* —, documento che comprova la nascita di un bambino e ne registra i dati anagrafici **2** famiglia, origini: *ricco di* — **3** (*fig.*) principio, inizio: *la* — *di un'ideologia.*

nascituro *agg.* che nascerà; che è sul punto di nascere // *s.m.* il concepito non ancora nato.

nascondere [-scón-] *v.tr.* [pres. *io nascóndo ecc.*; pass. rem. *io nascósi, tu nascóndesti ecc.*; p.pass. *nascósto*] **1** mettere in luogo riposto, in modo che altri non veda o non trovi: — *un tesoro sotto terra.* SIN. *celare, occultare* **2** non mostrare, dissimulare: *vi nascosi il mio turbamento* **3** impedire la vista, non lasciar vedere o intendere: *il monte nascondeva la città; questa gentilezza nasconde un'insidia* // **-ersi** *v.rifl.* mettersi in un luogo in modo da non essere visto o trovato, sottrarsi alla vista altrui: *mi nascosi dietro una colonna.*

nascondiglio [-dì-] *s.m.* luogo atto a nascondere o a nascondersi.

nascondino *s.m.* gioco fra ragazzi in cui uno cerca gli altri che si sono nascosti: *giocare a* —.

nascosto [-scó-] *agg.* **1** che non si vede **2** segreto: *un pensiero* — // **-mente** *avv.* di nascosto.

nasello [-sèl-] *s.m.* comune pesce di mare commestibile, simile al merluzzo, ma più piccolo; bruno sul dorso e bianco argenteo sul ventre, ha due sole pinne dorsali e bocca ampia fornita di denti robusti (*fam.* Gadidi).

naso *s.m.* **1** parte prominente del viso, tra la fronte e la bocca; è sede dell'olfatto: *un* — *aquilino / aver buon* —, *odorato fine e, anche, intuito / mettere qlco. sotto il* — *a qlcu.,* mettergliela proprio davanti, perché la veda / *andare con il* — *all'aria,* spensierato / *cacciare il* — *dappertutto,* andar curiosando / *mi monta la mosca al* —, perdo la pazienza / *restar con un palmo di* —, canzonato / *giudicare a lume di* —, a fiuto / *non mettere la punta del* — *fuori di casa,* non uscire mai **2** la parte corrispondente del muso degli animali: *il* — *del cane.*

nassa *s.f.* sorta di cesta di vimini per la pesca, con l'apertura fatta in modo che il pesce, una volta entrato, non possa più uscirne [*ill. Pesca*].

nastie [-sti-] *s.f.pl.* movimenti delle piante dovuti a stimoli luminosi o termici.

nastro *s.m.* **1** tessuto stretto e lungo usato spec. per guarnizioni, fasce, cinture ecc. **2** in vari linguaggi tecnici, striscia, banda: *— isolante*, nastro gommato per coprire e isolare conduttori elettrici */ — per macchine per scrivere*, impregnato d'inchiostro */ — magnetico*, di materia plastica, contenente un ossido magnetico, atto a registrare le variazioni di frequenza acustica di un campo magnetico [*ill. Elaboratore*] */ — metallico*, prodotto metallurgico ottenuto per laminazione */ — a tazze*, di una draga */ — trasportatore*, supporto in movimento continuo, usato per trasporto di materiali in miniere e industrie, di persone e bagagli in stazioni, aeroporti ecc. */ — di mitragliatrice*, sostegno di tela o insieme di anelli metallici che unisce le cartucce e le allinea per il caricamento automatico dell'arma.

nasturzio [-stùr-] *s.m.* pianta erbacea con foglie rotonde e fiori color arancione o giallo (*fam.* Tropeolacee).

nasuto *agg.* che ha un grosso naso.

natale *agg.* si dice del luogo dove uno è nato o del tempo in cui è nato: *la terra, il giorno —* // **Natale** *s.m.* la festa della nascita di Cristo (25 dicembre) */ babbo —*, personificazione del Natale nella figura di un vecchio dalla barba bianca che porta doni ai bambini */ durare da — a santo Stefano*, di cosa che dura pochissimo */ prov.*: *— coi tuoi e Pasqua con chi vuoi* // *s.m.pl.* nascita, origine: *la città che diede i — al Manzoni*.

natalità *s.f.invar.* numero delle nascite in un luogo durante un certo periodo: *— alta, bassa, media, assoluta*.

natalizio [-li-] *agg.* **1** del Natale: *auguri natalizi* **2** che riguarda il giorno in cui qlcu. è nato: *giorno —*, il compleanno.

natante *agg.* che nuota; che galleggia // *s.m.* qualunque imbarcazione di piccole o medie dimensioni.

natatoia [-tó-] *s.f.* organo del movimento nei pesci.

natatorio [-tò-] *agg.* che riguarda il nuoto: *vescica natatoria*, vescica piena di gas, al di sotto della colonna vertebrale di molti pesci, che serve come organo di galleggiamento [*ill. Pesci*].

natica [nà-] *s.f.* ciascuna delle due parti carnose poste in fondo alla schiena.

natimortalità *s.f.invar.* nelle statistiche, il rapporto tra il numero dei nati morti e il totale dei nati.

natio [-tì-] *agg.* (*lett.*) che è luogo di nascita; del luogo di nascita; nativo: *terra natia; lingua natia*.

natività *s.f.invar.* nascita; per lo più riferito alla Madonna o a Cristo.

nativo *agg.* **1** che è luogo di nascita; del luogo di nascita: *il paese —; il dialetto —* **2** (*non com.*) che si possiede dalla nascita; innato, naturale: *il — coraggio.* SIN. *congenito* **3** (*chim.*) non combinato con altri (detto di elementi naturali): *zolfo allo stato —* // *s.m.* chi è nato in un luogo: *i nativi dell'isola*, gli indigeni.

nato *agg.* **1** venuto al mondo: *cieco —*, dalla nascita; *— morto*, venuto alla luce già morto */ Maria Bianchi nata Rossi*, per indicare il cognome della donna prima del matrimonio **2** trovarsi su nave che fa naufragio (detto di persona) **3** (*fig.*) fallire: *un'impresa destinata a —* **4** (*fig.*) perdersi, annullarsi: *— nella disperazione.*

natta *s.f.* (*med.*) sorta di tumore benigno che si forma sotto la pelle del capo.

natura *s.f.* **1** il complesso delle cose e degli esseri dell'universo; tutto ciò che esiste senza essere stato prodotto dall'uomo: *la conoscenza della —; la bellezza del-*

la —; la — della Sardegna; le risorse energetiche esistenti in — / i tre regni della —, animale, vegetale e minerale */ — morta*, pittura raffigurante un insieme di oggetti, fiori, frutta, vivande, selvaggina */ pagare in —*, in prodotti naturali **2** personificazione delle forze naturali: *la — è madre di tutti noi* **3** l'insieme delle proprietà e delle qualità innate e permanenti che fanno di un essere quello che è: *la — dell'uomo, di Dio; secondare la propria — / la — dei suoi studi*, il carattere di essi */ la — delle circostanze*, la specie e la qualità di esse */ cambiare —*, modo di essere. SIN. *carattere, temperamento*.

naturale *agg.* **1** della natura; che esiste in natura: *legge —; scienze naturali; ambiente, paesaggio —* **2** che deriva dalla natura: *diritto —*, che è intrinseco alla natura umana, opposto al diritto positivo **3** che è conforme alla natura di un essere, alle sue caratteristiche; che si produce senza sforzo: *una — vocazione; grandezza —*, quella propria di persone e cose. SIN. *genuino, semplice, spontaneo*. CONTR. *artificiale* **4** che è conforme alla natura di qlco.; logico, ovvio: *la — conclusione* // *s.m.* (*antiq.*) carattere, indole: *un — impetuoso / al —*, senza alterare l'aspetto, la realtà di qlcu., di qlco.: *ritrarre al —* // **-mente** *avv.* **1** secondo natura, per natura: *questa reazione chimica si è prodotta —* **2** ben s'intende, come è naturale; è usato anche, con valore affermativo, nelle risposte: «*Hai fatto il compito?*» «*Naturalmente!*»

naturalezza [-léz-] *s.f.* **1** l'esser conforme alla natura e al vero: *la — di un dipinto* **2** atteggiamento conforme alla propria natura, non studiato, spontaneo: *comportarsi, parlare con —; mancare di —.* SIN. *semplicità*.

naturalismo [-ʃmo] *s.m.* **1** ogni dottrina filosofica che non ammette nulla al di sopra della natura, e ne spiega l'esistenza senza ricondurla a un principio spirituale **2** indirizzo affermatosi in Francia sulla fine del sec. XIX, per cui gli artisti devono rappresentare la realtà naturale, umana e sociale, senza idealizzazioni.

naturalista *s.m.* e *f.* [pl.m. *-i*] **1** chi si dedica allo studio delle scienze naturali **2** seguace del naturalismo in filosofia o nell'arte.

naturalistico [-li-] *agg.* [pl.m. *-ci*] che riguarda il naturalismo oppure le scienze della natura.

naturalità *s.f.invar.* **1** (*dir.*) la condizione di cittadinanza ottenuta per concessione dello stato **2** (*ant.*) naturalezza.

naturalizzare [-liʒʒa-] *v.tr.* (*dir.*) concedere la cittadinanza a uno straniero.

naturalizzazione [-liʒʒaziò-] *s.f.* (*dir.*) la concessione della cittadinanza a uno straniero.

naturismo [-ʃmo] *s.m.* movimento che, per reazione agli eccessi dell'urbanesimo, propone un genere di vita più vicino alla natura (vita all'aria aperta, nudismo, alimentazione vegetariana ecc.).

naturista *s.m.* e *f.* [pl.m. *-i*] chi segue il naturismo.

naufragare *v.intr.* [*io nàufrago, tu nàufraghi ecc.*] **1** detto di nave, andare a fondo o essere ridotta a un relitto irrecuperabile dalla violenza del mare o da azioni ostili **2** trovarsi su nave che fa naufragio (detto di persona) **3** (*fig.*) fallire: *un'impresa destinata a —* **4** (*fig.*) perdersi, annullarsi: *— nella disperazione.*

naufragio [-frà-] *s.m.* **1** perdita di nave, affondata o distrutta **2** (*fig.*) fallimento.

naufrago [nàu-] *s.m.* [pl. *-ghi*] superstite di nave naufragata; persona caduta in mare.

naumachia [-chì-] *s.f.* spettacolo rappresentante una battaglia navale, in uso spec. presso gli antichi romani.

Nautica

■ IMBARCAZIONI: ammiraglia, baleniera, barca, bastimento, batiscafo, batisfera, battello, beccaccino (snipe), brigantino, cabinato, cacciasommergibili, cacciatorpediniere, caicco, canoa, canotto, caravella, cargo, catamarano, chiatta, cisterna, corazzata, corvetta, cruiser, cutter, dinghy, dragamine, dragone, entrobordo, finn, flying dutchman, fregata, fuoribordo, goletta, gommone, gondola, guardacoste, house boat, hovercraft, incrociatore, lancia, mercantile, moscone, motonave, motoscafo, motovedetta, multiscafo, nave, panfilo, paranza, pattino, peschereccio, petroliera, pilotina, piroga, piroscafo, portaerei, postale, rimorchiatore, rompighiaccio, sampan, sandolino, scialuppa, skiff, sloop, sommergibile, sottomarino, superpetroliera, tender, torpediniera, transatlantico, trimarano, turbonave, vaporetto, windsurf (tavola a vela), yawl.

■ PARTI E ATTREZZATURE: alberatura, albero, ancora, autogonfiabile, babordo, bagnasciuga, bitta, boccaporto, boma, bompresso, bussola, bussola giroscopica, cabina, cambusa, carena, cassero, castello, chiglia, cima, coperta, crocetta, destra, dritta, drizza, ecoscandaglio, elica, fiocco, fumaiolo, gavitello, gavone, giubbetto di salvataggio, gomena, lanciarazzi, log, mancina, mezzomarinaio, murata, oblò, ormeggio, pennone, plancia, poppa, pozzetto, prora o prua, randa, radiobussola, radiogoniometro, remo, rostro, salvagente, sartia, scafo, scalmo, scotta, segnavento, sestante, sinistra, sperone, spi, spinnaker, stiva, strallo, terzarolo, timone (*a barra*, *a ruota*), tolda, torre, tribordo, tuga, vela, velatura; cerata.

■ MANOVRE: accostare, affondare, ammainare, ancorare, armare, attraccare, beccheggiare, bordare, bordeggiare, carenare, carteggiare, costeggiare, dirottare, disincagliare, doppiare, incagliare, issare, naufragare, navigare, ormeggiare, orzare, pilotare, poggiare, rollare, salpare, sbarcare, speronare, strambare, stringere (*il vento*), terzarolare, virare, vogare • andatura (*di bolina, al traverso, al giardinetto, al lasco, al gran lasco, col vento in poppa*), arrembaggio, beccheggio, bordata, cabotaggio, carenaggio, carteggio, collisione, deriva, dragaggio, emersione, imbarco, immersione, naufragio, ormeggio, pescaggio, rollata, rollio, sbarco, strambata, varo, virata.

■ PERSONE: ammiraglio, armatore, arsenalotto, barcaiolo, cambusiere, capitano, comandante, commodoro, corsaro, equipaggio, guardiamarina, marinaio, marittimo, motonauta, mozzo, navigatore, nostromo, palombaro, pescatore, pilota, regatante, sommergibilista, sommozzatore, timoniere, uomo rana, vedetta, velista, yachtsman.

■ VARIE: ammiragliato, ammutinamento, armamento, arsenale, avamporto, bacino, banchina, bassofondo, battigia, bonaccia, calata, cantiere, cantieristico, capitaneria, crociera, darsena, embargo, faro, flotta, fondale, imbarcadero, molo, motonautica, navalmeccanica, nodo, off-shore, portata, porto, rada, radioassistenza, relitto, scandaglio, segnalamento, squero, stallia, stazza, tonnellaggio, yachting.

---

naupatia [-tì-] *s.f.* termine medico ricercato per indicare il mal di mare.

nausea [nàufe-] *s.f.* **1** sensazione molesta di fastidio e d'ingombro allo stomaco, cui spesso segue il vomito **2** (*fig.*) sentimento di repulsione: *così servile da far —; ripetere qlco. sino alla —*. SIN. *disgusto, schifo*.

nauseabondo [-feabón-] *agg.* che dà nausea.

nauseante [-fe-] *agg.* che suscita nausea.

nauseare [-fe-] *v.tr.* [*io nàuseo ecc.*] **1** eccitare in qlcu. la nausea (anche *fig.*): *questo odore mi nausea; il suo servilismo ha nauseato tutti*. SIN. *disgustare, stomacare* **2** (*ant.*) avere a nausea.

nautica [nàu-] *s.f.* l'arte del navigare e il complesso delle cognizioni e delle norme per condurre una nave.

nautico [nàu-] *agg.* [pl.m. *-ci*] che riguarda la navigazione, che serve alla navigazione: *carte nautiche*.

nautilo [nàu-] *s.m.* mollusco cefalopodo munito di grossa conchiglia avvolta a spirale e divisa in camere, di cui l'ultima è occupata dal corpo dell'animale, provvisto di tentacoli.

navale *agg.* di nave, delle navi / *accademia —*, la scuola militare in cui si preparano gli ufficiali di marina.

navalmeccanica [-cà-] *s.f.* la tecnica di costruzione delle parti meccaniche delle navi, e il relativo settore industriale.

navata *s.f.* (*arch.*) ciascuno degli spazi longitudinali in cui, mediante muri, colonne o pilastri, è divisa una chiesa: — *centrale, laterale* [*ill. Chiesa*].

nave *s.f.* galleggiante di notevoli dimensioni, fornito di propri mezzi di propulsione, adibito al trasporto di persone e cose: — *passeggeri, — da carico; — da guerra*, dotata di armamento guerresco; — *da battaglia, di linea, corazzata; — da trasporto*, attrezzata per il trasporto di armi, approvvigionamento e truppe; — *scorta*, unità militare analoga alla corvetta e alla fregata, ma non veloce; — *ammiraglia*, sulla quale è imbarcato l'ammiraglio che comanda la forza navale; — *civetta*, con armamento celato per cogliere di sorpresa il nemico; — *da sbarco*, attrezzata per operazioni militari anfibie; — *cisterna*, attrezzata per il trasporto di liquidi; — *officina*, provvista di installazioni e apparecchiature per riparazioni di altre navi; — *ospedale*, adibita al trasporto di feriti e malati; — *traghetto*, attrezzata per il trasporto di convogli ferroviari o di automezzi; ferry-boat.

navetta [-vét-] *s.f.* **1** parte del telaio e della macchina da cucire, in forma di navicella, che contiene la spola [*ill. Telaio*] **2** veicolo che percorre continuamente nei due sensi lo stesso percorso: *treno — / — spaziale*, veicolo spaziale utilizzabile per più viaggi.

navicella [-cèl-] *s.f.* **1** piccola nave **2** la parte del dirigibile che porta l'equipaggio **3** (*lit.*) recipiente a forma di piccola nave in cui si tiene l'incenso **4** nei veicoli spaziali, il modulo o capsula che porta l'equipaggio o gli strumenti scientifici.

navigabile [-gà-] *agg.* si dice di canale, fiume, specchio d'acqua in cui si può navigare.

navigabilità *s.f.invar.* **1** l'essere navigabile: *la — di un canale* **2** il complesso di requisiti necessari a un bastimento per poter navigare.

navigante *agg.* e *s.m.* che o chi naviga.

navigare *v.intr.* [*io nàvigo, tu nàvighi ecc.*] **1** viaggiare con nave, muoversi per via d'acqua: *Colombo navigò verso occidente* / *— col vento in poppa*, (*fig.*) trovarsi in una situazione favorevole e prospera; *— in cattive acque*, (*fig.*) trovarsi in condizioni economiche cattive **2** andare, viaggiare (detto di navi e anche di aerei) // *v.tr.* percorrere navigando: *navigò a lungo i mari d'Oriente.*

navigato *agg.* che ha esperienza della vita: *un uomo —.*

navigatore [-tó-] *s.m.* [f. *-trice*] **1** uomo di mare che naviga di frequente, su lunghi percorsi **2** l'ufficiale di rotta, che ha il compito di tracciare sulle carte la rotta che il bastimento o l'aereo deve seguire.

navigazione [-zió-] *s.f.* **1** l'atto, il modo del navigare: *arrivarono dopo mesi di —*; *— di lungo corso*, d'alto mare; *— costiera*, in prossimità della costa; *— interna*, su fiumi, laghi e canali; *— mista*, a vela e motore **2** l'organizzazione dei trasporti via d'acqua in una determinata località: *la — del lago Maggiore.*

naviglio [-vì-] *s.m.* **1** insieme di navi aventi determinate caratteristiche: *— da diporto, mercantile* **2** nave, spec. piccola **3** (*region.*) canale navigabile.

navone [-vó-] *s.m.* → **ravizzone.**

nazionale *agg.* della nazione: *territorio —, tradizione — / sentimento —*, la consapevolezza di appartenere a una nazione // *s.f.* squadra di atleti che rappresenta la nazione in gare internazionali.

nazionalismo [-ʃmo] *s.m.* indirizzo politico mirante all'affermazione egemonica della nazione; genericamente, l'esagerata esaltazione di tutto ciò che ad essa è proprio.

nazionalista *agg.* [pl.m. *-i*] del nazionalismo, incline al nazionalismo: *politica —* // *s.m.* e *f.* fautore del nazionalismo.

nazionalistico [-li-] *agg.* [pl.m. *-ci*] del nazionalismo; dei nazionalisti.

nazionalità *s.f.invar.* **1** appartenenza a una nazione; cittadinanza: *avere la — italiana* **2** qualità e condizione di ciò che è nazionale.

nazionalizzare [-liʒʒa-] *v.tr.* rendere statale un'azienda privata: *— le ferrovie.*

nazionalizzazione [-liʒʒazió-] *s.f.* il nazionalizzare.

nazionalsocialismo [-ʃmo] *s.m.* movimento politico tedesco fondato (1920) da A. Hitler, forma estrema di nazionalismo, basata su premesse razzistiche.

nazionalsocialista *agg.* e *s.m.* e *f.* [pl.m. *-i*] del nazionalsocialismo; appartenente, seguace del nazionalsocialismo.

nazione [-zió-] *s.f.* insieme di genti legate da comunanza di tradizioni storiche, lingua, costumi, ed aventi coscienza di tali comuni vincoli.

nazismo [-ʃmo] *s.m.* → **nazionalsocialismo.**

nazista *agg.* e *s.m.* e *f.* [pl.m. *-i*] → **nazionalsocialista.**

nazzareno [naʒʒarè-] *agg.* di Nazaret: *Gesù Nazzareno* / *capelli alla nazzarena*, che scendono sulle spalle.

'ndrangheta [-dràn-] *s.f.* (*region.*) la delinquenza organizzata in Calabria.

ne[1] [nè] *particella pron. atona m.* e *f.sing.* e *pl.* si usa in posizione sia enclitica sia proclitica e va sempre posposta a pronome atono che la accompagni; col pronome *gli* si fonde in *gliene*; va inoltre posposta ai modi infini-

nave

1 *transatlantico*, 2 *bandiera nazionale*, 3 *ponti*, 4 *fumaiolo*, 5 *lancia di salvataggio o scialuppa*, 6 *bandiera di cortesia*, 7 *radar*, 8 *plancia*, 9 *bandiera di compagnia*, 10 *nave mercantile*, 11 *cassero di poppa*, 12 *picco di carico*, 13 *castello di prua*, 14 *timone*, 15 *elica*, 16 *sala macchine*, 17 *stiva*.

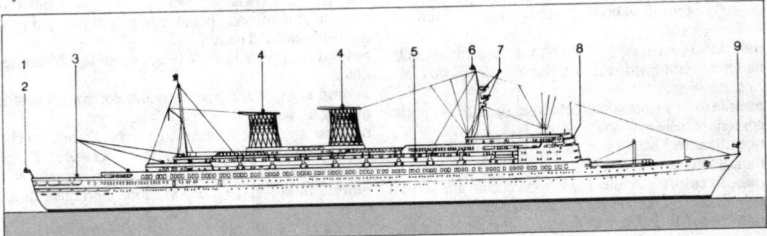

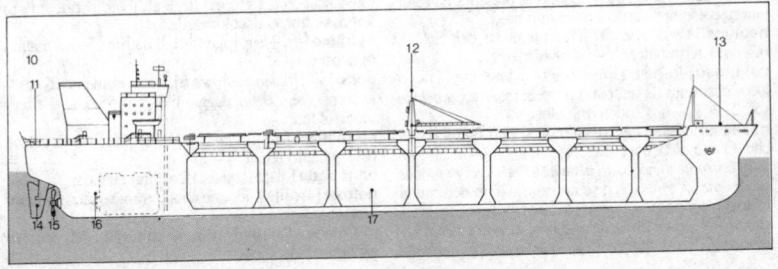

ti del verbo e preposta agli altri **1** di lui, di lei, di loro: *appena lo conobbe ne divenne amico* **2** di questo, di quello; di questa, di quella; di questi, di quelli; di queste, di quelle: *dammene ancora; ne vorrei ancora cinque o sei* **3** si può riferire a un'intera frase o a un concetto col valore di *di ciò*: *è il caso di dubitarne?*; *se ne pentirà!*; *non ne vale la pena*; talvolta indica conseguenza col valore di *da ciò*: *ne consegue che...* // *avv.* di lì, di là, di qui, di qua; indica allontanamento da un luogo (per quanto riguarda la posizione, si comporta come la *particella pron*): *non era più capace di uscirne; me ne vado via subito.*

ne² [né] *pron.* (*ant.* o *poet.*) sta per ci col valore di *noi, a noi.*

ne³ [né] *prep.* (*antiq.*) in: prima parte delle preposizioni articolate nel, nello, nella, nei, negli, nelle, che si scrivevano staccate: *ne lo, ne la* ecc.; si usa ancora oggi nelle citazioni dei titoli: *ne «I Promessi Sposi», ne «La Gerusalemme Liberata».*

né *cong.* usata in proposizioni negative; coordina due o più membri di una stessa proposizione, e in questo caso va sempre ripetuta davanti a ciascuno di essi: *non ti aiuteremo né io né lui; non mi ha risposto né sì né no*; coordina pure due o più proposizioni negative, con il valore di *e non*: *non fa freddo né piove.*

neanche *avv.* di negazione nemmeno: *siete venuti senza — avvertirmi* // *cong.* coordinativa copulativa negativa nemmeno: — *tu sei sicuro di ciò.*

nebbia [néb-] *s.f.* **1** massa di goccioline minutissime di acqua in sospensione nell'atmosfera: *una — rada, densa / una cortina di —*, prodotta artificialmente per nascondere obiettivi militari **2** (*fig.*) offuscamento: *la — dell'ignoranza* **3** (*bot.*) polvere biancastra che a volte ricopre i cereali, dovuta a piccoli funghi parassiti.

nebbiogeno [-biò-] *agg.* e *s.m.* si dice di apparecchio che produce cortine di nebbia.

nebbiolo [-biò-] *s.m.* vino rosso, asciutto, prodotto nel territorio di Cuneo.

nebbione [-bió-] *s.m.* nebbia molto densa.

nebbiosità *s.f.invar.* **1** l'essere nebbioso; tendenza a essere coperto di nebbia **2** nebbia leggera e diffusa: — *lungo le coste.*

nebbioso [-bió-] *agg.* **1** avvolto nella nebbia **2** che ha tendenza a coprirsi di nebbia: *la valle del Po è una zona nebbiosa.*

nebulare *agg.* (*astr.*) delle nebulose: *materia —*, quella contenuta nelle nebulose.

nebulizzare [-liʒʒa-] *v.tr.* ridurre un liquido in gocce minutissime.

nebulizzatore [-liʒʒató-] *s.m.* apparecchio che serve a nebulizzare un liquido per inalazioni o altro.

nebulosa [-ló-] *s.f.* (*astr.*) ammasso di stelle o di materia cosmica, che da lontanissimo si presenta all'osservatore come una sorta di nube luminosa.

nebulosità *s.f.invar.* **1** stato nuvoloso del cielo **2** (*fig.*) indeterminatezza: — *di pensiero.*

nebuloso [-ló-] *agg.* (*scient.* o *lett.*) **1** nebbioso, nuvoloso; costituito da nebbia o nuvola: *una massa nebulosa* **2** (*fig.*) oscuro, indeterminato.

necessario [-sà-] *agg.* di cui non si può fare a meno; che serve a qlcu. o a qlco.: *il riposo è —; un documento —; gli strumenti necessari al dentista.* SIN. indispensabile, occorrente // *s.m.* ciò che è necessario a un determinato uso o scopo: *il — per vivere, per scrivere; il puro, lo stretto —; essere privo del —*, non disporre dei mezzi essenziali di sostentamento // **-mente** *avv.* per necessità.

necessità *s.f.invar.* **1** l'essere necessario: *la — del cibo, dello studio; avere — di riposo; essere nella — di guadagnare; spese di prima — / in caso di —*, se fosse necessario / *fare di — virtù*, rassegnarsi all'inevitabile **2** situazione a cui è indispensabile far fronte, estremo bisogno: *le — della vita; trovarsi in grave —* **3** (*fil.*) qualità di ciò che non può non essere.

necessitare *v.tr.* [*io necèssito* ecc.] costringere, mettere in necessità, rendere necessario: *questo problema necessita una soluzione drastica* // *v.intr.* **1** essere necessario: *necessitano interventi urgenti* **2** avere necessità: *l'edificio necessita di urgenti riparazioni* // *v.intr.impers.* essere necessario: *necessita che ve n'andiate.*

necro- [nè-] [dal gr. *necròs* = morto] primo elemento di parole composte che si riferiscono ai morti (*necropoli, necroscopia*).

necrofilia [-li-] *s.f.* la caratteristica di chi è necrofilo.

necrofilo [-crò-] *s.m.* **1** chi prova attrazione sessuale per le persone morte **2** per estens., chi ama celebrazioni, rappresentazioni ecc. di tipo funebre; (*fig.*) chi è attaccato a idee, a istituzioni superate.

necroforo [-crò-] *s.m.* chi trasporta e seppellisce i morti; becchino.

necrologia [-gi-] *s.f.* (*rar.*) annuncio di morte.

necrologio [-lò-] *s.m.* **1** registro dei morti tenuto da una chiesa **2** annuncio di morte; scritto o breve discorso intorno alla morte di qlcu.

necropoli [-crò-] *s.f.invar.* **1** luogo di antiche sepolture, portato alla luce da scavi archeologici: — *etrusca* **2** per estens., vasto cimitero.

necroscopia [-pi-] *s.f.* autopsia.

necroscopico [-scò-] *agg.* [pl.m. *-ci*] che riguarda la necroscopia: *esame —.*

necrosi [-cròʃi] *s.f.invar.* morte delle cellule o dei tessuti dell'organismo.

necrotico [-crò-] *agg.* [pl.m. *-ci*] di necrosi; che presenta necrosi.

necrotizzare [-tiʒʒa-] *v.tr.* colpire con necrosi, con cancrena: *l'ustione ha necrotizzato i tessuti.*

necton [nèc-] *s.m.invar.* (*zool.*) il complesso degli animali che si muovono liberamente, con movimenti propri, nell'acqua del mare.

nefandezza [-déz-] *s.f.* **1** l'esser nefando **2** atto nefando.

nefando *agg.* terribilmente malvagio, che dimostra malvagità: *un delitto —.* SIN. infame, turpe.

nefasto *agg.* **1** nell'antica Roma, si diceva di ciò che era proibito dagli dei, pena gravi sciagure **2** che preannunzia, che comporta sciagura. SIN. infausto.

nefrectomia [-mì-] *s.f.* asportazione chirurgica di un rene.

nefrite *s.f.* **1** infiammazione del rene **2** (*min.*) minerale silicatico del gruppo degli anfiboli; si presenta in ammassi fibrosi di color verde.

nefritico [-frì-] *agg.* [pl.m. *-ci*] di nefrite / — *s.m.* malato di nefrite.

nefro [nè-] [dal gr. *nefròsrene*] primo elemento di parole composte, del linguaggio biol. e med., che si riferiscono al rene.

nefrolitiasi [-tiaʃi] *s.f.invar.* (*med.*) presenza di calcoli nel bacinetto renale.

nefropatia [-tì-] *s.f.* qualsiasi malattia dei reni.

nefrosi [-fròʃi] *s.f.* lesione renale cronica, senza infiammazione.

nefrotomia [-mì-] *s.f.* incisione chirurgica del rene, per asportare calcoli o altro.

negare *v.tr.* [*io négo, tu néghi ecc.*] **1** dichiarare che una cosa non è vera: — *di essere stato presente al fatto; non — la propria responsabilità*, ammetterla / *assol.* dire di no **2** non concedere: — *l'autorizzazione*.

negativa *s.f.* **1** (*fot.*) immagine, registrata su pellicola o lastra, con valori cromatici inversi a quelli che risulteranno nell'immagine positiva; la pellicola o lastra che reca tale immagine **2** rifiuto, risposta negativa: *mantenersi sulla* —.

negativo *agg.* **1** che esprime negazione: *proposizione negativa; risposta* —. CONTR. *affermativo* **2** contrario, sfavorevole; non costruttivo: *parere* —; *situazione negativa; atteggiamento* —. CONTR. *positivo* **3** (*mat.*) si dice di numero reale positivo preceduto dal segno — (meno) **4** (*fis.*) si dice per caratterizzare convenzionalmente oggetti, gruppi di oggetti o qualità di fenomeni in opposizione ad altri designati come positivi: *elettricità negativa; magnetismo* — **5** (*fot.*) che ha valori cromatici inversi a quelli che risulteranno nell'immagine positiva **6** si dice del risultato di una ricerca o di un'analisi che non ha permesso di trovare quanto voluto, o che ha accertato la non esistenza di un fenomeno, di una malattia, di una sostanza: *le ricerche dei carabinieri hanno avuto esito* —; *il test di gravidanza è* —. CONTR. *positivo* // *s.m.* (*fot.*) negativa / *al* —, (*fig.*) sotto gli aspetti peggiori: *vedere tutto al* —; *una cronaca fatta al* — // **-mente** *avv.* in modo negativo: *rispondere* —.

negato *agg.* che non ha nessuna inclinazione, predisposizione per qlco.: *un giovane* — *agli studi.*

negatore [-tó-] *agg.* e *s.m.* [f. *-trice*] che, chi nega: *dottrina negatrice di Dio.*

negazione [-zió-] *s.f.* **1** l'azione del negare; l'espressione che nega: *una esplicita* —; *«non» e «né» sono negazioni*, sono particelle che esprimono negazione. CONTR. *affermazione* **2** (*fig.*) ciò che è o appare contrario: *questo è la* — *della giustizia*, è sommamente ingiusto.

neghittoso [-tó-] *agg.* pigro nell'agire; svogliato. SIN. *infingardo, poltrone.*

negletto [-glèt-] *agg.* (*lett.*) **1** abbandonato da tutti, dimenticato **2** sciatto, non accurato: *abito* —; *stile* —. SIN. *trasandato, trascurato.*

negli [-né-] *prep. articolata* composta da *in* e *gli*; si usa davanti ai vocaboli plurali che cominciano per vocale, *s* impura, *gn, ps, x, z* e si apostrofa davanti a *i*: *negli stretti; negli aerei; negl'interessi.*

négligé [*franc.*; *pr.* negližé] *s.m.* vestaglia o veste da camera, per lo più femminile.

negligente [-gèn-] *agg.* che trascura i propri doveri: *uno studente* —. CONTR. *diligente.*

negligenza [-gèn-] *s.f.* **1** l'essere negligente: *la* — *di alcuni impiegati*. SIN. *incuria, trascuratezza.* CONTR. *diligenza* **2** atto di persona negligente: *commettere un'imperdonabile* —.

negligere [-gli-] *v.tr.* [pass.rem. *io neglèssi, tu negligésti ecc.*; p.pass. *neglètto*] (*lett.*) trascurare, disprezzare.

negoziabile [-zià-] *agg.* che può esser negoziato.

negoziale *agg.* (*dir.*) del negozio, contrattuale: *condizione* —.

negoziante *s.m.* e *f.* chi ha un negozio e lo gestisce; commerciante. SIN. *esercente.*

negoziare *v.tr.* [*io negòzio ecc.*] **1** commerciare; contrattare: — *una partita di zucchero; — azioni di borsa* **2** condurre le trattative di qlco.: — *la pace* // *v.intr.* esercitare il commercio: — *in olio, in grano.*

negoziato *s.m.* spec. *pl.* complesso di trattative, sia nazionali sia internazionali, per stipulare contratti o accordi.

negoziatore [-tó-] *s.m.* [f. *-trice*] chi partecipa a negoziati, a trattative.

negoziazione [-zió-] *s.f.* il negoziare, il condurre trattative; anche la compravendita.

negozio [-gò-] *s.m.* **1** (*econ.*) affare; trattativa commerciale; operazione: *concludere un cattivo* — / — *giuridico*, la dichiarazione di volontà del privato volta al raggiungimento di fini pratici protetti dall'ordinamento giuridico **2** luogo ove si vendono merci al minuto; o si svolge un'attività che serve un pubblico: — *di parrucchiere.* SIN. *bottega* **3** (*ant.*) occupazione, attività, incarico.

negriere [-griè-] *s.m.* **1** mercante di schiavi negri **2** (*fig.*) chi tratta duramente i propri dipendenti.

negriero [-griè-] *agg.* che riguarda la tratta dei negri: *nave negriera*, per il trasporto degli schiavi negri dall'Africa all'America // *s.m.* → **negriere**.

negritudine [-tù-] *s.f.* la consapevolezza e la riaffermazione dei valori etnici e culturali dei popoli di razza negra.

negro [né-] *agg.* **1** che è di pelle nera o scura, ha capelli lanosi, labbra tumide come molti popoli africani (spesso sostituito da *nero*, che non ha sfumature spregiative): *la razza negra; una tribù negra* **2** che si riferisce, che è proprio delle genti negre: *musica negra* // *s.m.* **1** chi è di razza negra: *la tratta dei negri* / *lavorare come un* —, duramente **2** (*gerg.*) chi lavora sotto il nome di un altro senza comparire.

negroide [-gròi-] *agg.* e *s.m.* e *f.* che, chi ha parzialmente le caratteristiche etniche dei negri.

negromante *s.m.* chi pratica la negromanzia.

negromanzia [-zì-] *s.f.* l'antica arte di predire il futuro evocando le ombre dei morti.

negus [nè-] *s.m.invar.* titolo dell'imperatore di Etiopia.

nei [néi] *prep. articolata* composta da *in* e *i*; si usa davanti ai vocaboli maschili plurali comincianti per consonante che non sia *s* impura, *gn, ps, x, z*: *nei boschi; nei monti.*

nel [né] *prep. articolata* composta da *in* e *il*; si usa davanti ai vocaboli maschili singolari comincianti per consonante che non sia *s* impura, *gn, ps, x, z*: *nel bosco, nel monte.*

nella [nél-] *prep. articolata* composta da *in* e *la*; si usa davanti a tutti i vocaboli femminili singolari e si apostrofa davanti a vocale.

nelle [nél-] *prep. articolata* composta da *in* e *le*; si usa davanti a tutti i vocaboli femminili plurali.

nello [nél-] *prep. articolata* composta da *in* e *lo*; si usa davanti ai vocaboli maschili singolari che comincian per vocale, *s* impura, *gn, ps, x, z* e si apostrofa davanti a vocale: *nello specchio; nello zoo; nell'autunno.*

nemasperma [-spèr-] *s.m.* [pl. *-i*] altro nome dello spermatozoo.

nematelminti *s.m.pl.* vermi cilindrici o filiformi, quasi sempre parassiti, col corpo ricoperto da una cuticola resistente e la bocca atta a fissarsi alla mucosa dell'ospite; vi appartengono: ascaridi, ossiuri ecc.

nematode [-tò-] *s.m.* denominazione di un gruppo di vermi dal corpo cilindrico, quasi tutti parassiti.

nembo [ném-] *s.m.* **1** nube oscura, densa di pioggia **2** (*fig.*) grande quantità: *un* — *di polvere.*

nembostrato *s.m.* insieme di nubi dense, basse (sui mille metri dalla superficie terrestre), estese, a bordi stracciati, di colore scuro quasi uniforme che apportano piogge e nevi [*ill. Nubi*].

Nemesi [Nèmeʃi] *s.f.* dea della giustizia nella mitologia greca / *nemesi storica*, la giustizia che, attraverso la storia, colpisce nei discendenti le ingiustizie dei progenitori.

nemico *agg.* [pl.m. *-ci*] **1** che nutre avversione verso qlcu. e cerca di danneggiarlo: *te lo sei fatto —.* SIN. ostile. CONTR. *amico* **2** (*fig.*) che ha avversione per qlco.: *— del fumo, delle chiacchiere* **3** che appartiene, che si riferisce allo stato o all'esercito con cui si è in guerra: *la flotta nemica* **4** (*fig.*) dannoso, nocivo: *la vita sedentaria è nemica della salute / il meglio è — del bene*, volendo far troppo, spesso si distrugge quel che si è fatto di buono // *s.m.* **1** chi nutre avversione verso qlcu. o qlco.: *un — mortale; i nemici della giustizia* **2** chi appartiene allo stato o all'esercito con cui si è in guerra: *abbiamo sconfitto i nemici, il — / il Nemico*, per antonomasia, il demonio / *il — pubblico numero uno*, malvivente pericoloso.

nemmanco *avv.* e *cong.* (*antiq.* o *region.*) nemmeno.

nemmeno [-mé-] *avv.* e *cong.* → **neanche**.

nenia [nè-] *s.f.* **1** canto lamentoso e monotono intonato nei funerali antichi **2** cantilena **3** (*fig.*) discorso lungo e noioso.

neo¹ [nè-] *s.m.* elemento chimico (Ne; *n.at.* 10; *p.at.* 20,18); gas nobile, usato per lampade speciali e in televisione.

neo² [nè-] *s.m.* macchia di varia misura localizzata sulla pelle dovuta a un eccesso di pigmentazione.

neo- [nè-] [dal gr. *nèos* = *nuovo*] primo elemento compositivo che significa «nuovo, più recente, di formazione moderna» e simili (*neodottore, neolitico, neologismo, neorealismo*).

neocapitalismo [-ʃmo] *s.m.* la forma attuale del capitalismo, caratterizzata, tra l'altro, dall'organizzazione internazionale della produzione e dei mercati e da uno stretto rapporto con l'informazione e le comunicazioni di massa.

neocapitalistico [-li-] *agg.* [pl.m. *-ci*] relativo al neocapitalismo.

neoclassicismo [-ʃmo] *s.m.* tendenza artistica e letteraria sorta in reazione al barocco e al rococò e manifestatasi nella seconda metà del Settecento e nei primi anni dell'Ottocento in vari paesi europei, mirante a ripristinare i canoni dell'arte e della letteratura classica greco-romana.

neoclassico [-clàs-] *agg.* [pl.m. *-ci*] del neoclassicismo // *s.m.* seguace del neoclassicismo.

neocolonialismo [-ʃmo] *s.m.* lo sfruttamento economico e la pressione politico-culturale di paesi potenti su altri più deboli, senza l'esistenza formale di un regime coloniale.

neodimio [-dì-] *s.m.* elemento chimico (Nd; *n.at.* 60; *p.at.* 144,27); metallo delle terre rare.

neofascismo [-ʃmo] *s.m.* la tendenza e l'attività politica volte a ricostruire un partito o una cultura fascista soprattutto in paesi nei quali la dittatura fascista è stata sconfitta.

neofascista *agg.* e *s.m.* e *f.* [pl.m. *-i*] che, chi sostiene il neofascismo.

neofita, neofito [-ò-] *s.m.* [pl. *-i*] **1** chi si è di recente convertito a una fede religiosa **2** per estens., chi ha abbracciato di recente un'idea, una dottrina, un partito, o ha iniziato da poco un'attività.

neoformazione [-zió-] *s.f.* **1** (*med.*) produzione, spesso patologica, di nuovi tessuti (p.e. un tumore) **2** in linguistica, parola formata recentemente.

neoguelfismo [-ʃmo] *s.m.* movimento cattolico-liberale del risorgimento, che auspicò una confederazione di stati italiani sotto la presidenza del papa.

neoguelfo [-guèl-] *agg.* e *s.m.* seguace del neoguelfismo.

neolatino *agg.* si dice di lingua che deriva dal latino, e della letteratura scritta in tale lingua, del popolo che la parla e dalla sua civiltà e cultura.

neoliberalismo, neoliberismo [-ʃmo] *s.m.* dottrina economica che rilancia i principi del liberismo in contrapposizione alla prassi keynesiana di grandi investimenti pubblici.

neolitico [-li-] *agg.* e *s.m.* [pl.m. *-ci*] si dice del terzo periodo dell'età della pietra, caratterizzato dall'uso di strumenti di pietra levigati, da insediamenti umani stabili, dalla nascita dell'agricoltura e dell'allevamento.

neologismo [-ʃmo] *s.m.* parola, espressione, costrutto introdotto recentemente in una lingua; anche nuova accezione di una parola già esistente nella lingua.

neon [nè-] *s.m.* → **neo¹**.

neonatale *agg.* di neonato, che riguarda i neonati: *medicina —.*

neonato *agg.* e *s.m.* che o chi è nato da poco.

neonazismo [-ʒiʃmo] *s.m.* la tendenza e l'attività politica volte a ricostruire un partito o un movimento d'opinione nazista.

neonazista [-ʒi-] *agg.* e *s.m.* e *f.* [pl.m. *-i*] che, chi sostiene il neonazismo.

neoplasia [-ʃi-] *s.f.* formazione spesso patologica di nuove cellule; tumore; recentemente, indica quasi sempre un tumore maligno.

neoplastico [-plà-] *agg.* [pl.m. *-ci*] di neoplasia, relativo alla neoplasia.

neoplatonismo [-ʃmo] *s.m.* ultimo indirizzo della filosofia greca (secc. III-VI) che, riprendendo motivi dottrinali di Platone e di altri pensatori classici, li fonde con elementi derivati dalle religioni orientali.

neoprene [-prè-] *s.m.* gomma sintetica assai resistente agli agenti chimici e atmosferici.

neorealismo [-ʃmo] *s.m.* tendenza dell'arte e della letteratura contemporanea a rappresentare con estrema aderenza al vero gli aspetti della realtà quotidiana.

neorealista *agg.* e *s.m.* e *f.* [pl.m. *-i*] seguace del neorealismo; ispirato ai principi del neorealismo: *autore, film —; corrente —.*

neorealistico [-li-] *agg.* [pl.m. *-ci*] del neorealismo; di, da neorealista: *elementi neorealistici di un'opera.*

neoscolastica [-là-] *s.f.* indirizzo filosofico che, riesaminando le dottrine di alcuni pensatori dell'età medievale, in particolare di san Tommaso d'Aquino, tende a mostrarne la validità anche di fronte alla problematica contemporanea.

neozelandese [-ʒelandé-] *agg.* della Nuova Zelanda // *s.m.* e *f.* abitante della Nuova Zelanda.

neozoico [-ʒòi-] *agg.* [pl.m. *-ci*] che si riferisce all'ultima delle cinque ere geologiche della Terra, in cui apparve l'uomo // *s.m.* l'era neozoica.

nepalese [-lé-] *agg.* del Nepal // *s.m.* e *f.* abitante del Nepal.

nepente [-pèn-] *s.m.* **1** pianta carnivora, propria dell'Indonesia, con foglie a forma di sacchetto (*fam.* Nepentacee) **2** bevanda, di cui si parla nella letteratura greca antica, che calmava gli affanni o faceva dimenticare il dolore.

nepotismo [-ʃmo] *s.m.* **1** la tendenza dei papi, in certi periodi storici, a favorire i propri familiari **2** per estens., il favorire parenti e amici nell'assegnazione di incarichi, uffici ecc.

nepotista *agg.* e *s.m.* e *f.* [pl. *-i*] chi usa del proprio potere per favorire i parenti.

neppure *avv.* e *cong.* neanche.

nequizia [-qui-] *s.f.* (*lett.*) malvagità d'animo.

nerastro *agg.* di colore che tende al nero.

nerbata *s.f.* colpo dato col nerbo.

nerbo [nèr-] *s.m.* **1** staffile formato di fibre cervicali di bue disseccate e intrecciate **2** (*fig.*) la parte più forte di qlco.; vigore: *il — delle truppe*; *oratoria senza —* **3** (*ant.*) nervo; anche muscolo o tendine.

nerboruto *agg.* fornito di muscolatura forte ed evidente: *uomo —*; *braccia nerborute*. SIN. *muscoloso*.

nereggiare *v.intr.* [*io neréggio ecc.*] (*lett.*) apparire nero; tendere al nero: *la foresta nereggiava all'orizzonte*; *il formicaio nereggiava di formiche* // *v.tr.* (*rar.*) tingere di nero.

nereide [-rèi-] *s.f.* (*mit.*) ciascuna delle ninfe del mare, figlie di Nereo.

neretto [-rét-] *agg.* e *s.m.* **1** si dice di carattere tipografico ad asta grossa, detto anche *grassetto* **2** breve articolo di giornale composto in questo carattere per attirare l'attenzione.

nero [né-] *agg.* **1** in ottica, si dice di superfici che assorbono completamente i raggi luminosi, quindi non li riflettono e appaiono prive di colore **2** che è del colore più scuro che vi sia: *inchiostro —*; *— come il carbone*; *nuvole nere*; *colletto —*, sudicio; *pane —*, integrale; *vino —*, rosso scuro; *caffè —*, puro; *razza nera*, quella dei negri; *continente —*, l'Africa; *occhiali neri*, con lenti scure / *aristocrazia nera*, legata al clero; *oro —*, il petrolio; *pecora nera*, (*fig.*) chi si fa notare, di solito negativamente perché si comporta in modo diverso dagli altri / *bestia nera*, (*fig.*) persona o cosa temuta, odiata / *libro —*, (*fig.*) lista di persone nemiche o sospette / *pozzo —*, quello dove si raccolgono i liquami delle fogne. CONTR. *bianco* **3** (*fig.*) luttuoso, doloroso; triste, malinconico; cattivo, scellerato: *una nera disperazione*; *essere di umore —*; *un'anima nera*; *nera ingratitudine*; *umorismo —*, che trae motivo di riso da situazioni macabre / *romanzo —*, dell'orrore / *cronaca nera*, quella dei delitti e degli incidenti / *mercato —*, clandestino, illecito / *borsa nera*, compravendita clandestina, in tempo di guerra, a prezzi altissimi / *lavoro —*, al di fuori delle leggi e degli accordi sindacali / *fondi neri*, la cui provenienza non è documentata e che non risultano nel bilancio. CONTR. *chiaro* // *s.m.* **1** il colore nero; sostanza di tale colore: *— di seppia* / *non distinguere il bianco dal —*, non avere capacità critica **2** lo stesso che *negro*, senza sfumature spregiative **3** nei giochi della dama e degli scacchi, il giocatore che manovra i pezzi neri ed è l'avversario del *bianco*.

nerofumo *s.m.* (*chim.ind.*) deposito di finissime particelle di carbone, ottenuto per combustione incompleta di sostanze organiche (gas, catrame) e usato come carica per gomma, caucciù per inchiostri, vernici ecc.

neroli [nè-] *s.m.invar.* essenza ricavata dai fiori d'arancio, usata in profumeria.

nervatura *s.f.* **1** il complesso e la disposizione dei nervi in un organismo vivente **2** il complesso dei fasci di tessuto conduttore nelle foglie [*ill. Foglia*] **3** ogni parte di rafforzo e sostegno in una struttura architettonica, spec. se sporgente all'esterno; in particolare, il complesso dei cordoni sagomati che limitano le sezioni delle volte gotiche a crociera **4** piegolina cucita in rilievo per guarnizione negli abiti **5** rilievo a fine ornamentale nel dorso dei libri rilegati.

nervino *agg.* si dice di farmaco o di altra sostanza che agisca sui nervi: *tonico —*; *gas —*.

nervo [nèr-] *s.m.* **1** (*anat.*) ciascuno dei fasci di fibre, avvolte da una guaina, che hanno origine dai centri del cervello e del midollo spinale e arrivano fino alle zone periferiche dell'organismo; sono organi della sensibilità e della trasmissione del moto: *— ottico* [*ill. Occhio*], *— acustico* / *avere i nervi*, (*fig.*) essere irritato, di cattivo umore / *dare ai nervi*, (*fig.*) irritare / *far venire i nervi a qlcu.*, infastidirlo / *tenere i nervi a posto*, (*fig.*) non perdere la calma, il controllo di sé / *guerra dei nervi*, (*fig.*) situazione di scontro in cui ciascun contendente mira a logorare la resistenza psicologica del rivale **2** (*fam.*) muscolo, tendine: *— accavallato* / *un uomo tutto nervi*, magro ed energico **3** nervatura della foglia **4** (*lett.*) corda: *il — dell'arco*.

nervosismo [-fmo] *s.m.* irritabilità dei nervi; suscettibilità.

nervoso [-vó-] *agg.* **1** (*anat.* e *med.*) dei nervi: *sistema, centro —*; *malattie nervose* / *tensione nervosa*, (*fig.*) stato di eccessiva ansietà emotività, irritabilità **2** (*fig.*) che manifesta esternamente la propria tensione emotiva, apparendo agitato, irritabile, eccessivamente reattivo: *temperamento —*; *questa lunga attesa mi rende —* **3** si dice di parte del corpo muscolosa e non grassa, di persona energica e scattante: *gambe nervose*; *atleta —* // *s.m.* (*fam.*) stato d'animo irritato, agitato: *non farmi venire il —*.

nesci [nè-] (*dial. toscano*) solo nella locuz. *fare il nesci*, fingere di non sapere.

nespola [nè-] *s.f.* **1** frutto del nespolo **2** (*fam. scherz.*) botta secca, colpo: *un sacco di nespole*, un sacco di botte.

nespolo [nè-] *s.m.* arbusto che dà frutti commestibili, di color arancio, dalla polpa dolce e succosa (*fam. Rosacee*).

nesso [nès- o nés-] *s.m.* connessione; legame logico: *stabilire il — tra due fatti*; *— sintattico*, parte del discorso che serve a collegare elementi della frase o del periodo: *«perché» è un — causale*.

nessuno *agg. indef. negativo* [manca del *pl.*; al *f.* si apostrofa davanti ai nomi comincianti per vocale: *nessun'altra*; al *m.* si tronca in *nessun* davanti ai nomi comincianti per vocale o per consonante che non sia *s* impura, *gn*, *ps*, *x*, *z*: *nessun amico*, *nessun cane*] **1** neppure uno; quando segue il verbo vuole la negazione, quando lo precede la rifiuta: *non voglio nessun incarico*; *nessun nemico mi vincerà* **2** alcuno, qualche (nelle proposizioni interrogative): *vuoi nessun giornale?* // *pron. indef. negativo* **1** neppure una persona: *non è venuto —* **2** (*fam.*) qualcuno (nelle proposizioni interrogative): *hai visto — dei nostri amici?*

net [nèt] *s.m.invar.* nel tennis e nel ping pong, rete, cioè servizio nullo in quanto la palla ha toccato, pur superandola, la rete.

nettapenne [-pén-] *s.m.invar.* insieme di dischi di panno cuciti insieme che si usava per pulire i pennini e le penne dall'inchiostro.

nettare[1] [nèt-] *s.m.* **1** sostanza zuccherina prodotta dai fiori; succhiata e elaborata dalle api si trasforma in miele **2** nella mitologia classica, la bevanda degli dei **3** (*fig.*) vino squisito.

nettare[2] *v.tr.* [*io nétto ecc.*] mondare; rendere pulito. SIN. *pulire, detergere*.

nettezza [-téz-] *s.f.* **1** l'essere netto / *— urbana*, servizio municipale che ha cura della pulizia delle strade e della raccolta delle immondizie. SIN. *pulizia* 2 (*fig.*) chiarezza: — *di idee.*

netto [nèt-] *agg.* 1 pulito, che non ha macchie (anche *fig.*): *camicia netta; mani nette, coscienza netta.* SIN. *nitido* 2 chiaro, preciso; secco, deciso: *contorno* —; *taglio* —; *colpo* — / *di* —, con un solo colpo 3 depurato (da tara, da tasse, da ciò che non è essenziale): *stipendio* —, tolte le trattenute; *peso* —, senza il recipiente, l'imballaggio; *capitale* —, eccedenza del totale dei valori attivi sui valori passivi componenti il capitale.

nettunio [-tù-] *s.m.* elemento chimico transuranico artificiale radioattivo (Np; *n.at.* 93; *p.at.* 239).

Nettuno *s.m.* (*astr.*) pianeta del sistema solare.

netturbino *s.m.* chi è addetto alla nettezza urbana.

network [*ingl.*; *pr.* nètuoc] *s.m.invar.* rete di emittenti televisive private.

neuma [nèu-] *s.m.* [pl. -*i*] nella musica medievale, segno usato per indicare l'altezza tonale di una nota.

neurastenia [-nì-] *s.f.* → **nevrastenia**

neurinoma [-nò-] *s.m.* [pl. -*i*] (*med.*) tumore benigno che si sviluppa sui nervi periferici.

neurite *s.f.* (*med.*) 1 (*antiq.*) → **nevrite** 2 → **cilindrasse**.

neuro [nèu-] *s.f.* o *m.* (*pop.*) clinica neurologica, ospedale, reparto neurologico o simili: *l'han preso e l'hanno portato di corsa alla* (*al*) —.

neuro- [nèu-] [dal gr. *nèyron* = nervo] primo elemento di parole scientifiche composte che hanno riferimento col sistema nervoso (*neurologia, neuropatia*).

neurochirurgia [-gi-] *s.f.* specialità chirurgica che opera sul sistema nervoso, in particolare sull'encefalo.

neurochirurgo *s.m.* [pl. -*ghi*] specialista in neurochirurgia.

neurologia [-gi-] *s.f.* parte della medicina che studia anatomia, fisiologia e patologia del sistema nervoso.

neurologico [-lò-] *agg.* [pl.m. -*ci*] della neurologia // *s.m.* ospedale, reparto neurologico.

neurologo [-rò-] *s.m.* [pl. -*gi*] medico specializzato in neurologia.

neuroma [-rò-] *s.m.* [pl. -*i*] qualsiasi tumore costituito da cellule nervose.

neurone [-ró-] *s.m.* (*anat.*) unità anatomica del sistema nervoso.

neuropatia [-tì-] *s.f.* malattia nervosa.

neuropatico [-pà-] *agg.* e *s.m.* [pl.m. -*ci*] si dice di persona affetta da neuropatia.

neuropatologia [-gi-] *s.f.* studio e cura delle malattie del sistema nervoso.

neuropsichiatra *s.m.* e *f.* [pl.m. -*i*] medico specializzato in neuropsichiatria.

neuropsichiatria [-trì-] *s.f.* disciplina medica che si occupa delle malattie nervose e mentali.

neuropsichico [-psì-] *agg.* [pl.m. -*ci*] che riguarda il sistema nervoso e la sfera psichica dell'uomo.

neurosi [-ròʃi] *s.f.invar.* → **nevrosi**.

neurotomia [-mì-] *s.f.* (*med.*) recisione di un nervo, accidentale o chirurgica.

neurotteri [-ròt-] *s.m.pl.* ordine di insetti di varie dimensioni, con corpo sottile e due paia di ali membranose fornite di un fitto reticolato di nervature.

neurovegetativo *agg.* inerente al sistema nervoso che presiede alla vita vegetativa.

neustria [nèù-] *s.f.* varietà di farfalla dei Bombici, di color giallo ocra con strisce bruno-rossicce sulle ali anteriori; assai nociva agli alberi da frutta.

neutrale *agg.* che non parteggia per nessuno tra i con-

tendenti // *s.m.* stato o persona neutrale: *la conferenza dei neutrali.*

neutralismo [-ʃmo] *s.m.* (*pol.*) dottrina che mira a limitare l'estensione dei conflitti internazionali mediante la neutralità del maggior numero possibile di stati.

neutralista *agg.* e *s.m.* e *f.* [pl.m. -*i*] che, chi sostiene la necessità del neutralismo o della neutralità del proprio paese.

neutralità *s.f.invar.* l'essere neutrale, spec. di uno stato.

neutralizzare [-liʒʒa-] *v.tr.* 1 rendere neutrale 2 (*chim.*) portare una soluzione a dare reazione neutra 3 (*fig.*) rendere vano qualche sforzo opponendo ad esso una forza opposta: — *i tentativi del nemico* 4 (*sport*) non computare, ai fini della classifica, un certo spazio di tempo uguale per tutti i concorrenti.

neutralizzazione [-liʒʒaʒió-] *s.f.* atto, effetto del neutralizzare.

neutrino *s.m.* (*fis.*) particella subatomica priva di carica elettrica.

neutro [nèu-] *agg.* non ben definito; che sta a mezzo tra due modi di essere o di fare: *nome di genere* —, che non è né maschile né femminile; *stato* —, neutrale; *tinta neutra*, indefinita, non vivace; *reazione neutra*, si dice in chimica quella che non è né acida, né basica; *animale* —, non destinato a riprodurre, come le api operaie.

neutrofilia [-lì-] *s.f.* (*med.*) aumento nel sangue dei granulociti neutrofili.

neutrofilo [-trò-] *s.m.* (*biol.*) denominazione della varietà di globuli bianchi granulociti, i cui granuli si colorano elettivamente con coloranti a reazione neutra.

neutrone [-tró-] *s.m.* (*fis.*) particella elementare priva di carica, costituente fondamentale del nucleo atomico.

neutropenia [-nì-] *s.f.* (*med.*) diminuzione nel sangue dei granulociti neutrofili.

nevaio [-và-] *s.m.* accumulo di neve perenne raccolto in conche montuose; anche il luogo dove si è ammassata la neve.

nevato *agg.* (*non com.*) coperto di neve; simile a neve // *s.m.* (*geol.*) ammasso di neve e ghiaccio che si accumula al disopra del limite delle nevi e che, consolidandosi, dà luogo ai ghiacciai.

neve [né-] *s.f.* vapore acqueo condensato nell'atmosfera sotto forma di esilissimi aghetti di ghiaccio che si aggregano e precipitano al suolo: *fiocchi, falde di* —; *un manto di* —; *bianco come la* — / *nevi perenni*, quelle che, al di sopra di una certa altitudine (che varia con la latitudine), non si sciolgono mai / *la* — *dei capelli*, (*fig.*) i capelli bianchi / *montare a* —, sbattere o frullare la chiara d'uovo o la panna, facendo loro incorporare aria, fino a renderle di consistenza spumosa / *prov.*: *sotto la* — *pane*, allude agli inverni nevosi che favoriscono il raccolto.

nevicare *v.intr.impers.* [névica] cader neve: *aveva nevicato; era nevicato molto;* — *a larghe falde.*

nevicata *s.f.* 1 il nevicare 2 quantità di neve caduta.

nevischio [-vì-] *s.m.* precipitazione formata da neve mista ad acqua, che cade portata dal vento.

nevoso [-vó-] *agg.* 1 che è coperto di neve: *cime nevose* 2 si dice di periodo o di stagione in cui cade o minaccia di cadere la neve: *è stato un inverno molto* — // *s.m.* nome del quarto mese del calendario rivoluzionario francese.

nevralgia [-gì-] *s.f.* (*med.*) intenso dolore, non localizzabile, senza alterazioni evidenti di un nervo.

nevralgico [-vràl-] *agg.* [pl.m. -*ci*] di nevralgia: *punto* —, dove il dolore è più forte / *il punto* — *di una perso-*

na, di una situazione, (*fig.*) il lato delicato, il momento difficile.

nevrasse *s.m.* (*anat.*) l'insieme dell'encefalo e del midollo spinale.

nevrastenia [-nì-] *s.f.* (*med.*) disturbo funzionale del sistema nervoso caratterizzato da eccessiva irritabilità, insonnia, debolezza ecc.

nevrastenico [-stè-] *agg.* [pl.m. *-ci*] **1** di nevrastenia **2** si dice di persona affetta da nevrastenia **3** (*fig.*) irritabile // *s.m.* persona nevrastenica.

nevrite *s.f.* (*med.*) infiammazione dei nervi.

nevritico [-vri-] *agg.* [pl.m. *-ci*] attinente alla nevrite.

nevro [nè-] [per l'etim. → *neuro-*] primo elemento di parole scientifiche composte che hanno riferimento col sistema nervoso (*nevrastenia*); si alterna con la forma *neuro-*.

nevroglia [-vrò-] *s.f.* (*anat.*) tessuto connettivo del sistema nervoso, che fa da sostegno alle cellule nervose.

nevrosi [-vròʃi] *s.f.invar.* malattia funzionale del sistema nervoso.

nevrotico [-vrò-] *agg.* [pl.m. *-ci*] di nevrosi // *s.m.* chi soffre di nevrosi.

nevvero [-vé-] *locuz.cong.interr.* non è vero?: — *che sono stato bravo?*

new look [*ingl.*; *pr.* niù lùuk] *s.m.* nuova moda, stile moderno, attuale // anche come *agg.* e *avv.*: *vestirsi* —.

newton [*pr.* niùton] *s.m.* (*fis.*) unità di misura della forza.

new wave [*ingl.*; *pr.* niù uéiv] *s.f.* nuova ondata, nuovo stile, nuova generazione (spec. nella musica, nel cinema) // anche come *agg.*: *un film, un complesso* —.

newyorkese [-ké-] *agg.* di New York // *s.m.* e *f.* abitante di New York.

nibbio [-nìb-] *s.m.* uccello rapace diurno, di color fulvo variegato di nero, con testa e gola biancastre e coda forcuta; vola a lente ruote, piombando dall'alto sulla preda (*fam.* Accipitridi).

nicaraguegno [-gué-] *agg.* del Nicaragua // *s.m.* abitante del Nicaragua.

nicchia [nìc-] *s.f.* **1** incavo nella facciata o in un muro interno di un edificio, in monumenti, fontane o simili per porvi statue, oggetti decorativi e simili **2** (*fig.*) posto tranquillo e comodo; sistemazione; rifugio.

nicchiare *v.intr.* [*io nìcchio* ecc.] mostrare incertezza; tentennare.

nichel [nì-] *s.m.invar.* elemento chimico (Ni; *n.at.* 28; *p.at.* 58,71); metallo tenace, grigio, lucente, malleabile, usato per leghe, rivestimenti galvanici e monete.

nichelare *v.tr.* [*io nichelo* ecc.] ricoprire con nichel un oggetto metallico a scopo protettivo e ornamentale.

nichelatura *s.f.* l'operazione del nichelare.

nichelcromo [-crò-] *s.m.* lega di nichel e cromo usata per resistenze elettriche e oggetti inossidabili.

nichelino *s.m.* moneta di nichel del valore di 20 centesimi usata in Italia prima della seconda guerra mondiale.

nichelio [-chè-] *s.m.* → **nichel**.

nichilismo [-ʃmo] *s.m.* la dottrina di un movimento rivoluzionario russo (sec. XIX) che, portando a estreme conseguenze l'individualismo anarchico, si proponeva di distruggere l'ordinamento politico e sociale esistente.

nichilista *s.m.* e *f.* [pl.m. *-i*] fautore del nichilismo.

nicotina *s.f.* alcaloide velenoso contenuto nel tabacco.

nicotinismo [-ʃmo] *s.m.* (*med.*) intossicazione cronica da nicotina.

nictalopia [-pì-] *s.f.* (*med.*) alterazione della funzione visiva, per cui si vede meglio nella penombra che in piena luce.

nictofobia [-bì-] *s.f.* (*med.*) paura ossessiva del buio notturno e dell'oscurità in genere.

nicturia [-tù-] *s.f.* (*med.*) emissione di urina più frequente durante la notte che di giorno, per alterazione della funzione renale.

nidiata *s.f.* l'insieme degli uccellini di un nido / *una* — *di bimbi*, un bel gruppo.

nidificare *v.intr.* [*io nidìfico, tu nidìfichi* ecc.] fare il nido.

nido *s.m.* **1** riparo di forma e materia varia, costruito spec. dagli uccelli, ma anche da taluni pesci e mammiferi, per custodirvi le uova o i piccoli / — *d'ape*, ricamo o lavoro di guarnizione secondo un disegno a cellette, come il favo delle api **2** (*fig.*) la casa / *asilo* —, in cui sono assistiti i bambini delle lavoratrici.

niellare *v.tr.* [*io nièllo* ecc.] lavorare di niello.

niellatore [-tó-] *s.m.* [f. *-trice*] chi lavora di niello.

niello [nièl-] *s.m.* tipo di lavoro d'oreficeria per cui i tratti incisi a bulino su oro o argento vengono riempiti di smalto nero.

niente [nièn-] *pron.indef.* **1** con valore negativo, nessuna cosa; posposto al verbo, come sogg. e come compl., richiede la negazione: — *si oppone al tuo progetto*; *non sapevo* — / *non so* — *di* —, assolutamente niente; *non se ne fa* —, la cosa va a monte, non si fa più / *nessuno fa* — *per* —, nessuno è completamente disinteressato / *di* —, si usa come risposta nelle formule di cortesia: «*Grazie*» «*Di* — » / *far finta di* —, fingere di non accorgersi **2** con valore positivo, qualche cosa; per lo più in proposizioni interrogative dirette e indirette: *ti serve* — ?; *c'è* — *di nuovo?*; *hai* — *in contrario?* **3** col valore di *poca cosa*: *è un tipo che si arrabbia per* — / *come* — (*fosse*), con la massima facilità // *agg.invar.* nessuno, nessuna (usato nel linguaggio fam.): *non ha* — *furbizia, non è per* — *furbo*; anche in frasi ellittiche: — *paura!* // con valore di *s.m.* nessuna cosa; poca cosa: *spero che tutto ciò non finirà in* —, che abbia un seguito, un risultato; *ha ottenuto un bel* —, nessun risultato // *avv.* affatto: *non costa* —; *non m'importa* — / — —, (*fam.*) appena: *se* — — *gli dai retta, non te ne liberi più.*

nientedimeno, nientemeno [-mé-] *avv.* addirittura, proprio così: *voleva* — *che mille lire* // *cong.* tuttavia, però.

nife *s.m.* (*geol.*) secondo alcune teorie, indica il nucleo terrestre formato da ferro e nichelio; così chiamato dalle prime lettere dei due elementi.

nigeriano *agg.* della Nigeria // *s.m.* abitante della Nigeria.

nigerino *agg.* del Niger // *s.m.* abitante del Niger.

night-club [*ingl.*; *pr.* nait-clàb] *s.m.* locale di ritrovo notturno.

nigritella [-tèl-] *s.f.* pianta erbacea montana con fiori profumati, di color rosso scuro (*fam.* Orchidacee).

nimbo *s.m.* (*lett.*) sfolgorio di luce; aureola.

ninfa *s.f.* **1** (*mit.*) ciascuna delle divinità minori che abitavano i boschi, i monti e le acque **2** (*fig.*) graziosa giovinetta **3** (*zool.*) → **pupa**.

ninfea [-fè-] *s.f.* pianta acquatica ornamentale, con larghe foglie carnose e fiori bianchi (*fam.* Ninfeacee).

ninfomane [-fò-] *agg.* e *s.f.* (*psic.*) donna che presenta ninfomania.

ninfomania [-nì-] *s.f.* (*psic.*) pulsione ossessiva della donna a ripetere esperienze sessuali con uomini diversi.

ninna *s.f.* nel linguaggio infantile, il sonno.

ninnananna *s.f.* canto monotono nell'andamento musicale e nel testo che si canta cullando i bambini.

ninnare *v.tr.* cercare di far addormentare i bambini cantando la ninnananna; cullare.

ninnolo [nin-] *s.m.* piccolo oggetto ornamentale; balocco.

niobio [niò-] *s.m.* elemento chimico (Nb; *n.at.* 41; *p.at.* 92,91); metallo raro, usato per acciai inossidabili.

nipiologia [-gì-] *s.f.* specialità della pediatria che si occupa del bambino lattante.

nipiologico [-lò-] *agg.* relativo alla nipiologia.

nipote [-pó-] *s.m.* e *f.* **1** il figlio o la figlia del figlio o della figlia. DIM. *nipotino, nipotina* **2** il figlio o la figlia del fratello o della sorella **3** *pl.* i discendenti, i posteri: *i nipoti d'Adamo,* il genere umano.

nipple [*ingl.; pr.* nip(o) l] *s.m.* (*mecc.*) piccolo tubo filettato che raccorda due tubi uguali o diversi.

nipponico [-pò-] *agg.* [pl.m. -*ci*] del Giappone.

nirvana *s.m.invar.* (*relig.*) **1** stato di perfetta quiete; ideale buddistico della liberazione dal dolore attraverso un progressivo distacco dalle cose e dalle passioni **2** (*fig.*) stato di felicità ideale.

nisseno [-sé-] *agg.* di Caltanissetta // *s.m.* abitante di Caltanissetta.

nistagmo *s.m.* (*med.*) movimento oscillatorio, ritmico e involontario, dei globi oculari in senso verticale, orizzontale o rotatorio, determinato da stimoli nervosi, fisiologici o patologici.

nitidezza [-déz-] *s.f.* l'essere nitido (anche *fig.*): — *di stile.*

nitido [ni-] *agg.* **1** pulito e splendente. SIN. *netto, limpido* **2** chiaro e preciso nei contorni: *immagine nitida* **3** (*fig.*) ben definito, semplice ed elegante: *stile —.* SIN. *forbito.*

niton [ni-] *s.m.* → **radon.**

nitore [-tó-] *s.m.* (*lett.*) nitidezza, lucentezza.

nitrato *s.m.* (*chim.*) sale dell'acido nitrico.

nitrazione [-zió-] *s.f.* operazione chimica consistente nel sottoporre una sostanza organica all'azione dell'acido nitrico concentrato.

nitrico [ni-] *agg.* (*chim.*) [pl.m. -*cí*] si dice di composti dell'azoto contenenti più ossigeno dei nitrosi: *acido —,* assai energico, composto di azoto, ossigeno e idrogeno, capace di attaccare tutti i metalli, esclusi quelli nobili (oro, platino ecc.).

nitrile *s.m.* (*chim.*) **1** estere dell'acido cianidrico **2** radicale monovalente dell'acido nitroso.

nitrire *v.intr.* [io *nitrisco,* tu *nitrisci* ecc.] detto del cavallo, emettere il tipico verso.

nitrito[1] *s.m.* l'atto del nitrire; il verso del cavallo.

nitrito[2] *s.m.* (*chim.*) sale dell'acido nitroso.

nitro *s.m.* → **salnitro.**

nitrocellulosa [-ló-] *s.f.* (*chim.ind.*) sostanza gialla, amorfa, derivante dalla cellulosa, usata per esplosivi, vernici, pellicole fotografiche.

nitroglicerina *s.f.* (*chim.*) esplosivo di alta potenza, ma di tale sensibilità che può essere impiegato solo se trattato e modificato fino a dare origine alla *dinamite.*

nitroso [-tró-] *agg.* (*chim.*) si dice di composti dell'azoto contenenti meno ossigeno dei nitrici: *acido —.*

nitruro *s.m.* (*chim.*) composto binario dell'azoto con altri elementi.

niuno *agg.* e *s.m.* (*ant.* e *lett.*) nessuno.

niveo [ni-] *agg.* (*lett.*) bianco come la neve: — *candore; una fronte nivea.*

nizzardo *agg.* di Nizza // *s.m.* abitante di Nizza.

no [nò] *avv.* equivale a una frase negativa; si usa: **1** nelle risposte: «*L'hai visto?*» «*No*»; «*Parti oggi?*» «*No, domani*» / *pare di no, speriamo di no,* che non sia così / *dire di no,* negare / *rispondere di no,* dare una risposta negativa / *non dire di no,* acconsentire; ammettere / *se no,* altrimenti: *devo andare a casa presto o saranno guai* **2** nelle proposizioni disgiuntive, per stabilire una contrapposizione: *dimmi se ti piace o no; chi studia, chi no / sì o no,* per esprimere impazienza: *vieni sì o no* **3** con il valore di *non è vero?: ti piacerebbe se fosse così, no?* // *s.m.invar.* risposta negativa, rifiuto: *il loro no mi ha molto stupito / stare tra il sì e il no,* essere indeciso.

nobelio [-bè-] *s.m.* elemento chimico transuranico artificiale radioattivo (No; *n.at.* 102; *p.at.* 254).

nobildonna [-dòn-] *s.f.* donna nobile, ma senza alcun titolo nobiliare specifico.

nobile [nò-] *agg.* **1** che per nascita o per privilegio concesso da un sovrano appartiene a una classe sociale superiore: *famiglia —; essere di — stirpe* **2** che possiede o denota finezza, elevatezza, generosità di sentimenti: *animo, azione —; una — gara / piano —,* il primo e il secondo piano di un edificio che tradizionalmente era più ampio ed elegante degli altri e destinato ad abitazione dei nobili padroni di casa / *elemento —,* (*chim.*) che si combina difficilmente con gli altri: *l'oro è un metallo —; il neon è un gas — / proteine nobili,* (*biol.*) quelle essenziali per l'organismo umano / *padre —,* nel linguaggio teatrale, chi sostiene la parte di padre autorevole o persona matura. CONTR. *ignobile* // *s.m.* e *f.* chi appartiene alla classe della nobiltà o a una famiglia nobile; chi è insignito di un titolo nobiliare // **-mente** *avv.* con nobiltà.

nobiliare *agg.* dei nobili; di nobiltà: *classe —; titolo —.* SIN. *gentilizio.*

nobilitare *v.tr.* [io *nobìlito* ecc.] **1** (*rar.*) dotare di un titolo nobiliare **2** (*fig.*) rendere nobile: *il lavoro nobilita l'uomo* // **-arsi** *v.rifl.* innalzarsi con azioni nobili: — *nell'amore del prossimo.*

nobilitazione [-zió-] *s.f.* atto, effetto del nobilitare.

nobiltà *s.f.invar.* **1** l'essere nobile: *la — di un casato* **2** il complesso dei nobili: *la — romana* **3** la qualità morale di chi è generoso e disinteressato: — *d'animo.* SIN. *altezza, elevatezza.*

nobiluomo [-luò-] *s.m.* uomo nobile, ma senza alcun titolo nobiliare specifico.

nocca [nòc-] *s.f.* **1** giuntura delle dita della mano e dei piedi **2** nel cavallo, articolazione arrotondata dello stinco col pasturale; nodello [*ill. Cavallo*].

nocchiere [-chiè-], **nocchiero** *s.m.* **1** (*lett.*) colui che guida una nave **2** marinaio esperto, uomo di mare addetto ai servizi marinareschi di imbarcazione o nave.

nocchio [nòc-] *s.m.* **1** ingrossamento, nodo del fusto di un albero **2** per estens., nodosità, formazione sporgente di frutti e simili.

nocchiuto *agg.* (*non com.*) nodoso.

nocciola [-ciò-] *s.f.* il frutto del nocciòlo [*ill. Frutti*] / *color —,* quello del guscio della nocciola, marrone chiaro.

nocciolaia [-là-] *s.f.* uccello con becco lungo e robusto, piume scure con macchie chiare, che vive nei boschi cibandosi prevalentemente di nocciole (*fam.* Corvidi).

nocciolo[1] [nòc-] *s.m.* la parte interna, legnosa, di certi frutti, contenente il seme / *il — della questione,* (*fig.*) il suo punto essenziale.

nocciolo[2] [-ciò-] *s.m.* pianta arbustacea con foglie ovali, frutti rotondi, commestibili, chiusi entro un guscio legnoso (*fam.* Betulacee).

nocciuola [-ciuò-] *s.f.* → **nocciola.**

noccoluto *agg.* con le nocche grosse.

noce[1] [nó-] *s.m.* grande albero con foglie composte, che dà un legno pregiato e frutti con semi (*gherigli*) commestibili da cui si estrae olio (*fam.* Juglandacee).

noce[2] [nó-] *s.f.* il frutto del noce [*ill.* Frutti] / — moscata, seme della miristica; ha sapore aromatico ed è usato come droga / — vomica, seme di un albero proprio dell'Asia; se ne estrae la stricnina / — di cocco, il grosso frutto della pianta tropicale / — del piede, (*fig.*) il malleolo / — di vitello, taglio ricavato dall'interno della coscia / una — di burro, (*fig.*) un pezzetto delle dimensioni di una noce / un guscio di —, (*fig.*) una piccola imbarcazione.

nocella [-cèl-] *s.f.* (*anat.*) osso rilevato del polso.

nocicettore [-cèt-] *s.m.* (*med.*) ricettore della nocività.

nocino *s.m.* **1** gioco di ragazzi che consiste nel lanciare una noce contro una piramide di altre noci **2** liquore fatto col mallo di noce.

nocività *s.f.invar.* l'essere nocivo; insieme di elementi nocivi: — *ambientale*.

nocivo *agg.* che nuoce: *un insetto* —. SIN. *dannoso, pernicioso.* CONTR. *innocuo.*

no comment [*ingl.*; *pr.* nó còment] *locuz.* usata anche in italiano con il significato di «non voglio, o non posso, fare commenti» oppure «è tanto chiaro da non aver bisogno di commenti».

nocumento [-mèn-] *s.m.* (*lett.*) atto, effetto del nuocere, danno.

nodale *agg.* **1** di nodo, relativo a un nodo, nei vari significati *scient.* del termine **2** (*fig.*) di fondamentale importanza e di difficile soluzione: *i problemi nodali dell'economia italiana.* SIN. *cruciale.*

nodello [-dèl-] *s.m.* **1** (*zool.*) nel cavallo, regione degli arti compresa fra lo stinco e la pastoia **2** l'ingrossamento a forma di anello nel fusto di una canna.

nodo [nò-] *s.m.* **1** legamento di due capi di fune, di due nastri, di due fili; avvolgimento di una fune, di un nastro, di un filo su sé stessi: — *semplice*; — *a laccio*; — *a otto*; *il — della cravatta* / *farsi un — al fazzoletto*, per ricordare qlco. **2** per estens., groviglio, intreccio: *i nodi dei capelli* / *tutti i nodi vengono al pettine*, (*fig.*) le difficoltà non risolte si ripresentano inevitabilmente **3** (*fig.*) legame spirituale: *il — dell'amicizia*; *il — coniugale* **4** (*fig.*) impedimento, groppo: *un — in gola*; *un — di tosse* **5** (*fig.*) punto da cui dipende la soluzione di un problema o anche lo scioglimento dell'intreccio di un dramma, di un romanzo: *il — della questione*, *il — della commedia* **6** (*biol.*) ingrossamento di tessuti animali o vegetali: — *del legno* [*ill.* Albero] **7** punto di incrocio: — *orografico*, di catene montuose; — *ferroviario, stradale*, punto di incrocio, di smistamento **8** (*fis.*) il punto di una rete elettrica in cui concorrono più conduttori **9** (*astr.*) il punto della sfera celeste nel quale l'orbita di un astro interseca il piano dell'eclittica **10** (*mar.*) unità di misura della velocità di una nave (1852 m all'ora).

nodosità *s.f.invar.* **1** l'esser nodoso **2** il nodo, spec. del legno.

nodoso [-dó-] *agg.* pieno di nodi.

nodulare *agg.* (*scient.*) che costituisce un nodulo, che è costituito da noduli, o riguarda i noduli: *struttura, formazione* —.

nodulo [nò-] *s.m.* **1** (*geol.*) masserella spesso concrezionata contenuta in rocce sedimentarie di differente natura **2** (*anat.*) nome con cui si indicano alcune formazioni rotondeggianti.

noi [nói] *pron.pers.m.* e *f.pl.* di prima persona si usa come sogg. (*noi leggiamo*) o come compl.ogg., quando gli si vuol dare speciale rilievo (*desidera proprio noi*); dopo una prep. (*a noi, con noi, da noi ecc.*); nelle esclamazioni (*poveri noi!*); nelle comparazioni dopo *come* e *quanto* (*voi siete intelligenti quanto noi*); come parte nominale del predicato dopo i verbi *essere, parere, sembrare* (*non sembriamo più noi*); si può rafforzare con *altri* o *altre* (*noi altri milanesi*); si può adoperare, al posto del sing. *io*, con valore di modestia, negli scritti o nelle conferenze (*noi riprendiamo il nostro argomento*), o come *plurale maiestatis*, quando parlano o scrivono i sovrani, i papi e le supreme autorità dello stato.

noia [nò-] *s.f.* **1** sensazione sgradevole prodotta dal ripetersi monotono delle stesse azioni, dalla mancanza di distrazioni, da uno stato di inerzia o di tristezza: *una — terribile*; *morir di* — / *venire a* —, stancare; divenire insopportabile. SIN. *fastidio, tedio, uggia* **2** fastidio, disagio: *il fumo mi dà* —; *procurare molte noie* / *dar — a qlcu.*, molestarlo. SIN. *molestia, seccatura* **3** (*fig.*) cosa noiosa: *questo spettacolo è una vera* —.

noialtri *pron.m.pl.* composto da *noi* e *altri* → **noi**.

noiosità *s.f.invar.* **1** l'essere noioso **2** (*non com.*) cosa molto noiosa.

noioso [-ió-] *agg.* **1** che procura noia: *una giornata noiosa.* SIN. *tedioso, uggioso, monotono* **2** che dà seccature: *ragazzo* —. SIN. *fastidioso, molesto.*

noleggiante *s.m.* (*mar.*) chi dà a noleggio una nave per trasporto di merci o passeggeri.

noleggiare *v.tr.* [*io noléggio ecc.*] **1** prendere a nolo: — *una barca* **2** dare a nolo: *mi ha noleggiato un'auto.*

noleggiatore [-tó-] *s.m.* [f. -*trice*] **1** chi prende a nolo **2** chi dà a nolo.

noleggio [-lég-] *s.m.* **1** contratto per il quale il proprietario o l'armatore di una nave si obbliga, dietro compenso, a cedere l'uso d'essa a chi vuole effettuare il trasporto di merci o di persone; si dice anche di altri mezzi di trasporto e, per estens., di altri beni: *il — di un'auto, di un televisore* **2** il prezzo che si paga per il noleggiare **3** la bottega dove si noleggiano veicoli: *il — delle biciclette.*

nolente [-lèn-] *agg.* (*lett.*) che non vuole: *volente o* —, sia che voglia, sia che non voglia.

nolo [nò-] *s.m.* **1** prezzo del trasporto di cose per nave o per aereo **2** compenso spettante a chi dà una nave, un veicolo o un oggetto a noleggio **3** l'atto di noleggiare: *dare, prendere a* — *un'automobile.*

nomade [nò-] *agg.* si dice di popolo o tribù che mutano spesso il luogo di dimora // *s.m.* **1** chi fa parte di tali popoli o tribù **2** per estens., chi muta spesso residenza o è senza fissa dimora.

nomadismo [-ʃmo] *s.m.* consuetudine di vita di alcuni popoli che non hanno dimora fissa.

nomare *v.tr.* [*io nómo ecc.*] (*ant.* e *lett.*) **1** dare il nome a qlcu. o a qlco. **2** nominare; invocare, chiamare per nome // -**arsi** *v.rifl.* chiamarsi; anche: essere famoso.

nome [nó-] *s.m.* **1** (*gramm.*) termine col quale si designano l'aggettivo e il sostantivo; comunemente si intende per nome il sostantivo, cioè quel vocabolo col quale indichiamo una persona, un animale, una cosa; il nome può essere *concreto* quando indica persone, animali o cose, che veramente esistono o si pensa che esistano (*gatto, Firenze, angelo, casa*), *astratto* quando indica cosa che non esiste in sé ma solo nel nostro pensiero (*amore, virtù, gioia*); quanto all'ampiezza di significato, si chiama *nome proprio* quello con cui indichiamo una singola persona o animale o cosa, e si scrive con l'iniziale maiuscola (*Alberto, Roma, Tevere*); *nome comune*, quello con cui indichiamo genericamente persone, animali o cose (*fiume, colle*); *nome collettivo*, quello con cui indichiamo un insieme di persone, animali o cose (*popolo, gregge*) / *in — di*, in rappresentanza di: *in — del governo italiano*; *in — della legge* / *a — di*, da parte di: *presentati a — mio* **2** il nome personale in contrapposizione al cognome: *indicare — e cognome*; *il mio — è Maria* **3** per estens., anche il cognome, o il nominativo completo di una persona: *rivelare i nomi dei complici* **4** indica qualità spirituali, onore, fama, reputazione, prestigio: *intendo difendere il mio —*; *godeva buon — / farsi un —*, acquistare notorietà.

nomea [-mè-] *s.f.* rinomanza, spesso di carattere poco buono: *acquistarsi la — di disonesto*. SIN. *fama*.

nomenclatura *s.f.* **1** (*non com.*) l'arte di assegnare il nome a qlco. **2** il complesso sistematico dei nomi di una certa disciplina: *— chimica* **3** insieme di parole relative a un dato oggetto, a un dato argomento: *— dell'automobile*.

nomignolo [-mì-] *s.m.* soprannome.

nomina [nò-] *s.f.* l'atto col quale si prepone una persona a un ufficio o le si conferisce una dignità.

nominale *agg.* **1** del nome: *suffisso —*, che forma i nomi; *appello —*, chiamata per nome / *predicato —*, costituito dalle forme del verbo *essere* seguite da un sostantivo o da un aggettivo **2** che esiste di nome / *valore — di un titolo*; *capitale —*, (*fin.*) espresso in una quantità fissa di moneta indipendente dall'effettivo valore, dal contenuto intrinseco.

nominalismo [-ʃmo] *s.m.* dottrina filosofica secondo cui soltanto gli individui sono reali, mentre i concetti generali non sono altro che *nomi* con cui denotiamo classi di individui.

nominalista *s.m.* e *f.* [pl.m. *-i*] seguace del nominalismo.

nominalistico [-lì-] *agg.* [pl.m. *-ci*] **1** del nominalismo **2** per estens., che riguarda i nomi e non le cose, le idee e non la realtà: *dibattito —*.

nominare *v.tr.* [io nòmino ecc.] **1** (*non com.*) dare il nome **2** chiamare per nome; ricordare: *— spesso qlcu*. SIN. *menzionare* **3** conferire una dignità, una carica, preporre a un ufficio: *è stato nominato presidente*.

nominatamente [-mén-] *avv.* a nome; a uno: particolarmente.

nominativamente [-mén-] *avv.* singolarmente per nome: *chiamare —*.

nominatività *s.f.invar.* l'esser nominativo: *la — dei titoli*.

nominativo *agg.* **1** che fa riferimento al nome, ai nomi **2** (*gramm.*) si dice del caso che esprime il soggetto della frase e tutte le parti che con esso concordano (nelle lingue che hanno declinazione nominale); *titolo —*, intestato a una persona; *elenco —*, di nomi in ordine alfabetico // *s.m.* **1** (*gramm.*) il caso nominativo **2** (*burocr.*) nome: *un elenco con molti nominativi*.

non [nón] *avv.* **1** serve a negare il concetto espresso dal vocabolo al quale si premette: *— voglio*; *una donna — bella* / si usa anche nelle interrogative retoriche: *— è vero?* **2** (*lett.*) è pleonastico dopo i verbi di timore, di dubbio, di sospetto: *temevo che — fosse partito* **3** è pleonastico anche nelle esclamazioni: *le cose che — mi ha detto!* **4** pure pleonastico in alcune locuz.: *prima che —*; *è mancato poco che —*; *— appena* **5** in certi casi diventa come un prefisso negativo e si unisce strettamente alla parola a cui si riferisce: *i — credenti*; *il principio del — intervento*; *un — so che*.

nona [nò-] *s.f.* (*lit.*) **1** una delle ore canoniche (quella

che cominciava a mezzogiorno) **2** la parte del breviario che si legge in tale ora.

nonagenario [-nà-] *agg.* che ha novanta anni di età; novantenne.

nonché *cong. coordinativa copulativa* **1** tanto più, tanto meno: *è consigliabile non parlarne — scrivere* **2** e, e anche, e inoltre: *lo dirò a lui, — a suo padre*.

nonconformista *s.m.* e *f.* [pl.m. *-i*] chi non uniforma, per spirito di indipendenza, il proprio modo di agire a quello della maggioranza.

noncurante *agg.* **1** che non si preoccupa: *— del pericolo*. SIN. *incurante* **2** che è trascurato in qlco.; poco diligente: *— nel fare il suo dovere*.

noncuranza *s.f.* il non aver cura; l'essere noncurante: *ha una totale — delle sue responsabilità*; *comportarsi con —*. SIN. *incuria, disprezzo*.

nondimeno [-mé-] *cong. avversativa* pure, tuttavia.

none [nò-] *s.f.pl.* presso gli antichi romani, il settimo giorno dei mesi di marzo, maggio, luglio, ottobre; il quinto negli altri mesi.

nonio [nò-] *s.m.* (*fis.*) regoletto scorrevole accostato ad altro regolo graduato che permette di misurare frazioni delle divisioni del regolo principale.

nonna [nòn-] *s.f.* la madre del padre o della madre / *mobili, vestiti, biancheria della —*, vecchi, anche se non antichi.

nonno [nòn-] *s.m.* il padre del padre o della madre / *le idee del —*, non rispondenti più alle esigenze moderne / *i nonni*, il nonno e la nonna // *nonno* e *nonna* si usano fam. per rivolgersi a persona anziana.

nonnulla *s.m.invar.* cosa da nulla, minima, di nessuna importanza: *te la prendi per un —*. SIN. *inezia, minuzia*.

nono [nò-] *agg.num.ord.* che in una serie occupa il posto numero nove // *s.m.* la nona parte di un tutto.

nonostante *prep.* malgrado; senza curarsi di: *è uscito — la pioggia / — ciò*, tuttavia // *cong.* per lo più seguita da *che*, benché: *— che piovesse volle andare a spasso*.

non plus ultra [*lat.*; *pr.* nón plùs ùltra = *non più oltre*] *s.m.* il punto più alto cui si può giungere, il massimo: *il — dell'erudizione, dell'eleganza*.

nonsenso [-sèn-] *s.m.* cosa senza senso; sciocchezza.

non-ti-scordar-di-me [-dàr-] *s.m.invar.* → **miosotide**.

nonviolento [-lèn-] *agg.* che ha scelto, che pratica la nonviolenza: *movimento —*.

nonviolenza [-lèn-] *s.f.* consapevole rifiuto di ogni forma di violenza, spec. come forma di lotta politica o sociale.

norcino *s.m.* (*region.*) chi macella i maiali e ne lavora la carne.

nord [nòrd] *s.m.invar.* punto cardinale individuato dalla direzione dell'ago magnetico e dalla Stella Polare; è detto anche *settentrione* o *mezzanotte*.

nordamericano *agg.* dell'America settentrionale // *s.m.* abitante dell'America settentrionale.

nordico [nòr-] *agg.* [pl.m. *-ci*] del nord // *s.m.* abitante delle regioni settentrionali.

nordista *agg.* e *s.m.* e *f.* [pl.m. *-i*] si dice di chi, nella guerra di secessione americana, apparteneva agli stati del Nord o parteggiava per essi; anche, di chi appartiene alla parte settentrionale di un paese politicamente diviso in due.

norma [nòr-] *s.f.* **1** precetto generale, ordine o comando della legge: *servire di —*; *norme del comporre*; *applicare le norme / a — di legge*, secondo quanto prescrive la legge. SIN. *direttiva, istruzione, regola* **2** in sociologia, l'insieme dei comportamenti che ogni società o gruppo offre o impone come modello ai propri membri, ai fini della propria conservazione materiale e culturale.

normale *agg.* **1** (*mat.*) perpendicolare: *una retta — a un piano* **2** che è conforme alla norma; regolare, ordinario: *stato* —. CONTR. *anormale* **3** che serve di norma // *s.f.* itinerario su roccia facile e comune per raggiungere la vetta di un monte.

normalità *s.f.invar.* l'esser normale; situazione normale, consueta: *ritorno alla* —. CONTR. *anormalità*.

normalizzare [-liʒʒa-] *v.tr.* **1** rendere normale: — *una situazione* **2** adottare sistemi uniformi, standardizzare.

normalizzazione [-liʒʒaʒió-] *s.f.* atto, effetto del normalizzare.

normanno *agg.* del popolo di razza scandinava che nel medioevo occupò terre di Francia, di Inghilterra e dell'Italia meridionale // *s.m.* **1** chi apparteneva a tale popolo **2** (*tip.*) carattere di stampa con l'asta molto grossa, ma con grazie finissime.

normativa *s.f.* l'insieme delle norme che regolano un dato rapporto: — *contrattuale*.

normatività *s.f.invar.* carattere normativo.

normativo *agg.* **1** che prescrive le norme: *grammatica normativa* **2** che ha valore di legge: *accordo* —.

normazione [-zió-] *s.f.* unificazione di denominazioni, simboli, unità di misura ecc.; standardizzazione.

normografo [-mò-] *s.m.* striscia di materia plastica in cui sono intagliate lettere che servono di modello per disegni tecnici [*ill. Disegno, strumenti*].

normotipo *s.m.* (*scient.*) si dice dell'individuo le cui dimensioni corporee si trovano in rapporti proporzionali normali.

norvegese [-gé-] *agg.* della Norvegia // *s.m.* **1** abitante della Norvegia **2** la lingua dei norvegesi.

nosocomio [-ʃoco-] *s.m.* (*non com.*) ospedale.

nosofobia [-ʃofobì-] *s.f.* (*med.*) paura ossessiva delle malattie.

nosografia [-ʃografì-] *s.f.* disciplina medica che si occupa della descrizione delle malattie in tutti i loro aspetti (cause, sintomi, diagnosi, prognosi, terapia).

nosologia [-ʃologì-] *s.f.* studio scientifico delle malattie.

nostalgia [-gì-] *s.f.* desiderio vivissimo della patria, di persone e di cose lontane.

nostalgico [-stàl-] *agg.* [pl.m. *-cì*] **1** di nostalgia **2** che soffre di nostalgia // *s.m.* [pl. *-cì*] chi ha frequenti nostalgie; (*iron.*) chi rimpiange l'epoca fascista.

nostoc [nò-] *s.m.invar.* genere di alghe (*fam.* Nostocacee).

nostrale, **nostrano** *agg.* del nostro paese, delle nostre parti: *formaggio* —; *abitudini nostrane*.

nostro [nò-] *agg.poss.* di noi, relativo a noi // quando precede i sostantivi di parentela, tranne *nonno, nonna, babbo, mamma, figliolo, figliola,* che non siano plurali o alterati o accompagnati da attributo o da opposizione, rifiuta l'articolo: — *padre, nostra sorella*; ma *le nostre sorelle; la nostra mamma; la nostra cara zia; il — zietto* // *pron.poss.*: *questi sono i tuoi amici, quelli i nostri* // *s.m.* **1** i nostri averi, le nostre ricchezze: *abbiamo speso del* — (*lett.*) il nostro autore, l'autore di cui si parla **3** *pl.* i nostri amici, i nostri fautori: *arrivano i nostri!*

nostromo [-strò-] *s.m.* sottufficiale preposto ai marinai di una nave.

nota [nò-] *s.f.* **1** contrassegno per cui si può riconoscere qlco. **2** segno convenzionale con il quale si indica graficamente un suono musicale / *trovar la — giu-*

sta, il termine adatto / *mettere una — stonata in un discorso,* una parola, una frase non conveniente **3** (*fig.*) segno chiaro e netto: *imprimere con note indelebili nell'animo; parlare a chiare note,* con schiettezza **4** spiegazione del passo di un libro aggiunta in margine o a piè di pagina: *una — critica.* SIN. *glossa, commento, postilla, chiosa* **5** un appunto per ricordare qlco.: *prendere — di qlco.* **6** comunicazione scritta su questione controversa: — *diplomatica* **7** elenco; distinta di spese: *la — dell'albergo* / *mettersi in —,* prenotarsi **8** giudizio espresso da un superiore su un dipendente, da un insegnante su un allievo: *note informative;* — *di biasimo.*

notabene [-bè-] o **nota bene** [nò- bè-] *s.m.invar.* indicazione per richiamare l'attenzione del lettore su qlco. (si abbrevia *N.B.*).

notabile [-tà-] *agg.* che è degno di nota; importante // *s.m.* persona importante: *i notabili della città.*

notaio [-tà-] *s.m.* pubblico ufficiale che scrive gli atti dei privati dando ad essi pubblica fede.

notare *v.tr.* [*io nòto ecc.*] **1** distinguere con segni: — *gli errori* **2** registrare in una lista: — *le spese* **3** prendere appunti: *notava tutto ciò che diceva l'insegnante* **4** accorgersi di qlco., rilevare, osservare, anche con particolare attenzione, sottolineare: *si nota qlco. di strano; non si notano particolari significativi; è da — che l'impresa era eccezionale* / *farsi* —, richiamare l'attenzione.

notariato *s.m.* la professione del notaio.

notarile *agg.* del notaio: *studio, atto* —.

notaro *s.m.* → **notaio.**

notazione [-zió-] *s.f.* **1** atto, effetto del notare: *la — delle pagine,* per mezzo dei numeri **2** il sistema dei simboli con cui rappresentano le note musicali **3** osservazione: *una — acuta.*

notes [nò-] *s.m.* → **block-notes.**

notevole [-té-] *agg.* degno di nota. SIN. *ragguardevole.*

notifica [-tì-] *s.f.* notificazione.

notificare *v.tr.* [*io notifico, tu notifichi ecc.*] rendere noto, portare a conoscenza: — *per mezzo dell'usciere.*

notificazione [-zió-] *s.f.* **1** il notificare **2** avviso che porta a conoscenza dell'interessato un determinato atto processuale o amministrativo.

notizia [-tì-] *s.f.* **1** nozione: *un libro pieno di notizie storiche* **2** annunzio, informazione su vicende recenti: *una buona* —; *diffondere una* —; *le notizie sportive; le notizie recentissime,* di un giornale.

notiziario [-zià-] *s.m.* **1** (*giorn.*) rubrica di notizie, generalmente di scarsa importanza **2** (*giorn.*) l'insieme delle notizie pubblicate: *quel giornale ha un — assai ricco* **3** trasmissione radiofonica di notizie.

noto [nò-] *agg.* che è ben conosciuto: *un — scrittore* / *alla questura* / *rendere* —, divulgare. SIN. *celebre.* CONTR. *ignoto* // *s.m.* ciò che si conosce: *il — e l'ignoto.*

notorietà *s.f.invar.* l'essere notorio, fama: *la — di un fatto; la — di un artista* / *atto di* —, dichiarazione giurata di quattro testimoni sulla verità di un fatto che è ad essi personalmente noto.

notorio [-tò-] *agg.* che è comunemente noto; molto conosciuto: *un fatto* —.

nottambulismo [-ʃmo] *s.m.* l'essere nottambulo.

nottambulo [-tàm-] *s.m.* chi, di notte, anziché dormire, va a passeggio o a divertirsi.

nottata *s.f.* la durata di una notte, considerata in rapporto alle condizioni atmosferiche o ai fatti umani: *una — di pioggia; una — di dolore, di divertimenti* / *far* —, trascorrere svegli l'intera notte per lavoro o altro.

notte [nòt-] *s.f.* parte del giorno solare, dal tramonto all'alba, in cui il Sole rimane sotto l'orizzonte: *una — stellata, piovosa; la — sul lunedì,* quella che lo precede; *lunedì —,* quella che lo segue; *la — di lunedì,* sia quella che lo precede sia quella che lo segue; *l'una di —,* un'ora dopo la mezzanotte; *un'ora di —,* un'ora dopo l'avemmaria; *di —,* durante la notte; *al calar della —; sul far della —,* all'imbrunire; *nel cuore della —,* a notte inoltrata; *buona —,* come saluto e augurio; *(fig.)* per troncare bruscamente qlco.: *non mi farò più vivo, e buona —! / far di — giorno,* star svegli l'intera nottata divertendosi o lavorando / *peggio che andar di —,* peggio di cosi non è possibile / *passare una — bianca,* senza dormire / *perdersi nella — dei tempi,* in periodi di cui non si ha notizia precisa / *prov.: la — porta consiglio.*

nottetempo [-tèm-] *avv.* di notte.

nottola [nòt-] *s.f.* **1** nome comune del pipistrello nostrale **2** *(ant.)* civetta.

nottolino *s.m.* **1** piccolo saliscendi **2** *(mecc.)* leva che impedisce a una ruota dentata di girare in senso contrario.

nottolone [-ló-] *s.m.* → **succiacapre**.

nottua [nòt-] *s.f.* *(zool.)* lepidottero dannoso a diverse colture agrarie.

notturno *agg.* di, della notte; che avviene, che si svolge di notte: *quiete notturna; spettacolo, lavoro —* // *s.m.* **1** *(mus.)* composizione generalmente strumentale e talvolta vocale da eseguirsi durante le ore notturne oppure ispirata alla notte: *i notturni di Chopin* **2** *(lit.)* ciascuna delle tre parti principali in cui si divide l'ufficio del mattutino.

noumeno [-ù-] *s.m.* *(fil.)* ciò che è oggetto della pura ragione, in contrapposto al *fenomeno,* che è oggetto della conoscenza sensibile.

nouvelle vague [*franc.*; *pr.* nuvèl vag] *s.f.* tendenza del cinema francese degli anni Cinquanta-Sessanta, con film di basso costo e di nuova concezione; per estens., qualsiasi tendenza innovatrice, spec. se interpretata da giovani: *la — degli imprenditori.*

nova [*lat.* = *nuova, pr.* nòva; pl. *novae, pr.* nòve] *s.f.* *(astr.)* stella che manifesta un improvviso aumento di luminosità.

novanta *agg.num.card.* indica una quantità composta di nove decine // *s.m.* il numero novanta e la cifra che lo rappresenta / *la paura fa —,* fa fare cose che non si farebbero / *pezzo da —,* pezzo d'artiglieria di calibro 90; *(fig.)* pezzo grosso della mafia.

novantenne [-tèn-] *agg.* e *s.m.* e *f.* che o chi ha novant'anni.

novantesimo [-tèʃi-] *agg.num.ord.* che in una serie occupa il posto numero novanta // *s.m.* la novantesima parte.

novantina *s.f.* il complesso di novanta o circa novanta unità / *avere superato la —,* avere oltre novant'anni.

novarese [-ré-] *agg.* di Novara // *s.m.* e *f.* abitante di Novara.

novazione [-zió-] *s.f.* *(dir.)* sostituzione di una nuova obbligazione a una vecchia.

nove [nò-] *agg.num.card.* indica una quantità composta di otto unità più una // *s.m.* il numero nove e la cifra che lo rappresenta / *prova del —,* semplice prova aritmetica per controllare se le operazioni aritmetiche elementari sono esatte; *(fig.)* prova semplice e inconfutabile, che non lascia adito a dubbi.

novecentesco [-té-] *agg.* [pl.m. *-chi*] proprio del Novecento, del secolo XX.

novecentista *agg.* [pl.m. *-i*] proprio delle correnti letterarie e artistiche del Novecento: *pittura —* // *s.m.* e *f.* **1** scrittore o artista seguace di tali correnti **2** autore vissuto nel Novecento **3** specialista di storia del Novecento.

novecento [-cèn-] *agg.num.card.* indica una quantità composta di nove volte cento unità // *s.m.* il numero novecento e la cifra che lo rappresenta / *il Novecento,* il secolo XX.

novella [-vèl-] *s.f.* **1** *(ant.* e *lett.)* notizia / *la buona —,* il Vangelo **2** genere letterario costituito da un breve racconto in prosa, più raramente in versi, di fatti reali o immaginari: *una — romantica; le novelle del Verga.*

novellare *v.intr.* [*io* novèllo *ecc.*] *(ant* e *lett.)* raccontare novelle; parlare, raccontare.

novellatore [-tó-] *s.m.* [f. *-trice*] *(lett.)* chi racconta novelle.

novelliere [-liè-] *s.m.* **1** chi scrive o racconta novelle **2** *(non com.)* raccolta di novelle.

novellino *agg.* **1** che comincia un'attività ed è ancora inesperto: *un avvocato —* **2** primaticcio: *patate novelline.*

novellista *s.m.* e *f.* [pl.m. *-i*] chi scrive novelle.

novellistica [-li-] *s.f.* l'arte di scrivere novelle; il genere letterario della novella; l'insieme delle novelle con riferimento a particolari ambienti ed età: *la — orientale.*

novello [-vèl-] *agg.* **1** che è nato o fatto da poco: *pollo — 2** che si trova da poco in una certa condizione: *sposo — 3** *(poet.)* giovane: *l'età novella,* la giovinezza **4** *(lett.)* si dice di persona o cosa che assomiglia a un'altra precedente e la rinnova: *— Amleto.*

novembre [-vèm-] *s.m.* undicesimo mese dell'anno.

novena [-vè-] *s.f.* insieme di preghiere che si fanno per nove giorni consecutivi in preparazione a una festa o per ottenere una grazia.

novenario [-nà-] *agg.* e *s.m.* si dice di verso formato da nove sillabe con gli accenti, solitamente, sulla seconda, quinta e ottava sillaba.

novendiale *s.m.* **1** presso gli antichi romani, periodo di lutto che durava nove giorni **2** pl. riti funebri, che durano nove giorni, per un papa defunto.

noverare *v.tr.* [*io* nòvero *ecc.*] *(lett.)* enumerare, contare.

novero [nò-] *s.m.* *(non com.)* numero complessivo; enumerazione; categoria: *porre qlcu. nel — degli amici.*

novilunio [-lù-] *s.m.* prima fase del mese lunare, durante la quale la Luna non è visibile dalla Terra.

novità *s.f.invar.* **1** l'esser nuovo, originale: *l'opera ha un carattere di indubbia —* **2** cosa nuova: *l'ultima — libraria* **3** notizia recente: *la — del giorno.*

noviziato *s.m.* **1** l'essere novizio; il periodo in cui uno è novizio, il collegio in cui studiano i novizi **2** per estens., tirocinio in genere: *il suo — nella pittura fu lungo e difficile.*

novizio [-vì-] *s.m.* **1** chi è accettato in un ordine religioso per un periodo di apprendimento e di prova, al termine del quale potrà prendere i voti **2** per estens., chi è all'inizio di una carriera, di un'attività.

novocaina *s.f.* *(farm.)* alcaloide sintetico, ad azione anestetica, usato per vincere temporaneamente il dolore o per anestesia locale; è detto anche *procaina* ®.

nozionale *agg.* *(rar.)* di nozione.

nozione [-zió-] *s.f.* conoscenza elementare nel campo di qlco.: *le prime nozioni di geometria / avere la — del tempo,* rendersi conto del tempo che passa.

nozionismo [-ʃmo] *s.m.* forma di preparazione o atteggiamento didattico che sopravvaluta l'importanza delle nozioni, a danno di una visione più approfondita.

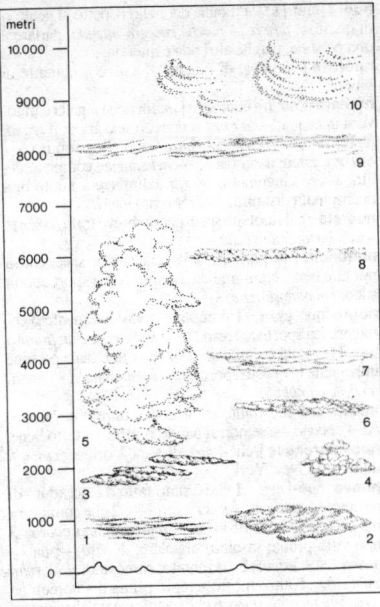

metri

10.000

9000   10

8000   9

7000

6000   8

5000

4000   7

3000   6

2000   4

1000   2

0

nubi

1 *strato*, 2 *nembostrato*, 3 *stratocumulo*, 4 *cumulo*,
5 *cumulonembo*, 6 *altocumulo*, 7 *altostrato*,
8 *cirrocumulo*, 9 *cirrostrato*, 10 *cirro*.

nozionistico [-nì-] *agg.* [pl.m. *-ci*] caratterizzato dal nozionismo: *testo* —; *esame* —.

nozze [nòz-] *s.f.pl.* sposalizio, matrimonio / *andare a* —, andare a una festa di nozze; (*fig.*) fare una cosa molto volentieri / — *d'argento, d'oro*, venticinquesimo, cinquantesimo anniversario del matrimonio.

nube *s.f.* **1** nuvola **2** ammasso di particelle o simili: — *cosmica*; — *tossica*.

nubifragio [-frà-] *s.m.* pioggia abbondante con vento impetuoso. SIN. *diluvio*.

nubile [nù-] *agg.* si dice di donna non maritata // *s.f.* la donna non sposata.

nuca *s.f.* la parte posteriore del collo [*ill. Corpo*].

nucleare *agg.* relativo al nucleo, in particolare al nucleo della cellula, dell'atomo: *membrana* — [*ill. Cellula*] / *fisica* —, la parte della fisica che studia le proprietà e i fenomeni relativi al nucleo degli atomi / *famiglia* —, formata solo da una coppia con i suoi figli // *agg.* e *s.m.* si dice dell'energia ricavata dall'atomo, dei mezzi che la impiegano e dei problemi produttivi e politici che ne derivano.

nucleico [-clèi-] *agg.* [pl.m. *-ci*] (*chim.*) si dice di acido contenuto nelle proteine del nucleo cellulare.

nucleina *s.f.* (*chim.*) sostanza organica proteica fosforata presente nel nucleo di tutte le cellule.

nucleo [nù-] *s.m.* **1** la parte più interna o centrale di qlco.; il primo elemento intorno a cui si è formato un più complesso organismo **2** (*biol.*) la parte interna della cellula che contiene i cromosomi con i geni e che regola le funzioni cellulari [*ill. Cellula*] **3** (*fis.*) parte centrale dell'atomo formata da protoni e neutroni **4** (*fig.*) piccolo gruppo di persone; reparto formato di pochi uomini con particolari mansioni.

nucleolo [-clèo-] *s.m.* (*biol.*) ciascuno dei corpuscoli omogenei, densi, presenti in numero vario nel nucleo della cellula [*ill. Cellula*].

nucleone [-ó-] *s.m.* (*fis.*) termine generico che indica le particelle elementari componenti il nucleo atomico: protoni e neutroni.

nucleoplasma *s.m.* [pl. *-i*] il plasma contenuto all'interno del nucleo della cellula vegetale [*ill. Cellula*].

nuclide *s.m.* (*fis.*) nucleo atomico.

nudismo [-ʃmo] *s.m.* la pratica dell'esporsi nudi al contatto con la natura, quando le condizioni ambientali lo permettono, propria del naturismo.

nudista *agg.* e *s.m.* e *f.* [pl.m. *-i*] di, del nudismo; che, chi pratica il nudismo.

nudità *s.f.invar.* **1** l'esser nudo **2** *pl.* le parti del corpo nude.

nudo *agg.* **1** non coperto da vesti: *un bambino* — **2** mancante di qlco. che si può immaginare come un rivestimento o copertura: *una montagna nuda di vegetazione*; *una parete nuda*, senza addobbi; *una spada nuda*, sguainata; *dormire sulla nuda terra*, senza un giaciglio; *guardare a occhio* —, senza lenti / *mettere a* — *qlco.*, scoprire una cosa nascosta. SIN. *spoglio* **3** (*fig.*) schietto, semplice; senza aggiunte: — *e crudo*, proprio come è nella realtà: *la verità nuda e cruda*; *nuda proprietà*, (*dir.*) senza godimento di usufrutto **4** (*fig.lett.*) privo di tutto; povero; indifeso // *s.m.* rappresentazione artistica di persona nuda: *un* — *classico*.

nugolo [nù-] *s.m.* **1** (*dial.* o *lett.*) nuvolo **2** (*fig.*) gran numero: *un* — *di soldati*.

nulla *pron.indef.invar.* e *avv.* **1** nessuna cosa; quando precede il verbo, rifiuta la negazione; quando lo segue, la richiede sempre: — *mi farà mutare opinione*; *non ho detto* — / — *di* —, assolutamente nulla **2** qualche cosa (solo in proposizioni condizionali e interrogative): *ti occorre* —?; *se ti serve* —, *avvertimi* // *s.m.* niente: *creare dal* —.

nullaosta [-ò-] *s.m.invar.* dichiarazione della competente autorità che non esistono impedimenti a una data richiesta.

nullatenente [-nèn-] *agg.* e *s.m.* e *f.* che, chi non possiede nulla.

nullipara [-lì-] *agg.* e *s.f.* (*scient.*) si dice di femmina adulta che non ha mai avuto parti.

nullità *s.f.invar.* **1** (*dir.*) condizione dell'atto giuridico che per la mancanza di un elemento essenziale non produce effetti **2** persona o cosa di nessun valore.

nullo *agg.* **1** che non ha valore: *la sentenza è stata dichiarata nulla* / *grandezza nulla*, in matematica, quella avente valore zero / *scheda nulla*, quella da cui non è chiara la volontà di chi ha votato **2** (*ant.* e *lett.*) nessuno.

nume *s.m.* (*lett.*) la volontà e la potenza di un dio; il dio stesso.

numerale *agg.* di numero; dei numeri: *nome* —, in matematica, la parola che indica il numero; *aggettivi numerali* (o *numerali*), quelli che determinano una quantità (*cardinali*; p.e. *uno, tre, cento* ecc.) o il posto occupato in una serie (*ordinali*; p.e. *primo, terzo, centesimo* ecc.).

numerare *v.tr.* [*io nùmero* ecc.] **1** (*non com.*) contare: — *denari* **2** segnare con numeri progressivi.

numerario [-rà-] *s.m.* (*fin.*) la moneta come misura del valore.

numerato *agg.* segnato con un numero: *posto* —, in teatro e simili, contrassegnato dallo stesso numero stampato sul biglietto.

numeratore [-tó-] *s.m.* **1** [f. *-trice*] (*non com.*) chi numera **2** (*mat.*) quello dei due termini delle frazioni che indica quante parti delle unità significate dal denominatore si assumono per formare la frazione: *il — di tre quarti è tre* **3** apparecchio per imprimere i numeri in serie progressiva.

numerazione [-zió-] *s.f.* **1** atto, effetto del numerare: *la — delle pagine* **2** il sistema dei numeri e il modo di esprimerli con simboli determinati: *— romana*.

numerico [-mè-] *agg.* [pl.m. *-ci*] dei numeri.

numero [nù-] *s.m.* **1** (*mat.*) ciascuno degli enti che, formando una serie, indicano la quantità di oggetti di un insieme; il segno che lo rappresenta: *la serie naturale dei numeri interi; i numeri frazionari; i numeri irrazionali; i numeri dispari* **2** la cifra o l'insieme di cifre che serve per distinguere persone o cose: *il — di targa di un'automobile; il — d'ordine; il — del telefono* **3** una quantità determinata o indeterminata: *il — legale,* quello per cui un'assemblea è valida; *un buon — / essere del —,* far parte di una compagnia */ far —,* contribuire a rendere consistente l'entità numerica di un gruppo di persone, di un insieme di cose, il cui valore individuale è irrilevante **4** ciascuno dei numeri del lotto o di altro gioco: *estrarre i numeri,* ricavare da un sogno i numeri da giocare */ avere i numeri (vincenti), avere tutti i numeri per qlco.; avere dei numeri,* (*fig.*) possedere i requisiti, le qualità per riuscire in qlco. */ dare i numeri,* (*fig.*) parlare o reagire in modo sconclusionato **5** un fascicolo di giornale o rivista: *i numeri arretrati; — unico,* pubblicazione che esce una volta sola, in particolari circostanze **6** una delle parti di uno spettacolo di varietà; anche il gruppo di due o più artisti che offrono insieme una determinata esibizione: *essere un —,* essere un tipo fuori dal comune; costituire un'attrazione **7** la categoria grammaticale che ha la funzione di indicare se la parola significa o riguarda un oggetto unico (*singolare*) o più di uno (*plurale*) **8** (*lett.antiq.*) ritmo: *il — della prosa ciceroniana*.

numeroso [-ró-] *agg.* **1** che è in gran numero: *numerose approvazioni*. SIN. *molteplice* **2** (*lett.antiq.*) armonioso, ritmico.

numismatica [-ʃmà-] *s.f.* studio scientifico delle monete nei loro rapporti con la storia, l'arte e l'economia.

numismatico [-ʃmà-] *agg.* [pl.m. *-ci*] che riguarda la numismatica // *s.m.* cultore di numismatica.

nummuliti *s.f.pl.* (*zool.*) foraminiferi (protozoi) fossili i cui gusci calcarei, depositati nei fondi marini, hanno contribuito alla formazione di importanti strati di rocce calcaree (*calcari nummulitici*).

nuncupativo *agg.* (*dir.*) orale: *testamento —*.

nunziatura *s.f.* (*eccl.*) ufficio, dignità, sede, durata in carica del nunzio apostolico.

nunzio [nùn-] *s.m.* **1** (*lett.*) messaggero, ambasciatore: *— apostolico,* ambasciatore del papa **2** (*lett.antiq.*) notizia, annuncio.

nuocere [nuò-] *v.intr.* [indic.pres. *io nòccio, tu nuòci, egli nuòce, noi nociamo, voi nocéte, essi nòcciono*; pass. rem. *io nòcqui, tu nocésti ecc.*; cong.pres. *io nòccia, noi nociamo, voi nociate, essi nocciano*; imp. *nuòci, nocéte*; p.pass. *nociuto*] danneggiare, offendere, far male. CONTR. *giovare*.

nuora [nuò-] *s.f.* la moglie del figlio rispetto ai genitori di questo */ dire a — perché suocera intenda,* parlare a una persona, perché altri oda e intenda.

nuorese [-ré-] *agg.* di Nuoro // *s.m.* e *f.* abitante di Nuoro.

nuotare *v.intr.* [*io nuòto ecc.*] mantenersi a galla e muoversi in acqua: *— a rana, a dorso, a stile libero, a grandi bracciate / — nell'abbondanza,* esser ben fornito; *— nell'oro,* essere assai ricco; *— nel sangue,* compiere delitti, essere sanguinario // *v.tr.* compiere a nuoto una determinata distanza: *— i duecento metri*.

nuotata *s.f.* il nuotare, spec. per un breve tratto o senza soste: *ho fatto una bella —*.

nuotatore [-tó-] *s.m.* [f. *-trice*] chi nuota; spec. chi sa nuotare bene, o chi pratica il nuoto come sport agonistico: *i nuotatori azzurri*.

nuoto [nuò-] *s.m.* **1** il nuotare occasionalmente o come pratica sportiva: *corso di —; attraversare un fiume a —* **2** (*sport*) il complesso delle attività e delle persone impegnate in questo sport: *i rappresentanti del — italiano delle olimpiadi*.

nuova [nuò-] *s.f.* (*antiq.*) notizia di fatti recenti */ nessuna —, buona —,* se non si hanno notizie, va tutto bene.

nuovaiorchese [-ché-] *agg.* di New York // *s.m.* e *f.* abitante di New York.

nuovo [nuò-] *agg.* **1** che è stato fatto o è accaduto di recente: *la strada nuova; un vestito —* **2** che comincerà tra poco, che è all'inizio: *il — anno; la luna nuova* **3** non visto prima; insolito, singolare: *un viso —; un — metodo.* SIN. *originale* **4** mutato; rinnovato: *il — volto della città* **5** altro (posto sempre prima del nome): *ho comprato un — vestito* **6** che sostituisce un'altra persona o cosa: *il dottore —; l'automobile nuova* **7** che adempie da poco a certe funzioni: *il — governo; il — professore; i nuovi deputati / esser — di un luogo,* esserci da poco tempo, non conoscerlo **8** si dice di cosa o cosa che assomiglia a un'altra precedente e la rinnova: *è un — Michelangelo // s.m.* ciò che è nuovo; la novità */ di —,* daccapo, un'altra volta; usato come saluto, arrivederci */ rimettere a —,* nella condizione di cosa nuova // *-mente avv.* di nuovo; un'altra volta: *si è — ammalato*.

n-uplo [ènnuplo] *agg.* si dice di valore moltiplicato per *n*, cioè per un numero imprecisato.

nuraghe *s.m.* costruzione preistorica della Sardegna, forse dimora fortificata, di forma tronco-conica a strati paralleli di grosse pietre sovrapposte senza malta.

nurse [*ingl.*; *pr.* nars] *s.f.* puericultrice, balia; infermiera.

nursery [*ingl.*; *pr.* narsri] *s.f.* locale di una casa o di una comunità riservato ai bambini piccoli, ai neonati.

nutazione [-zió-] *s.f.* (*astr.*) piccolo moto rotatorio e periodico (si compie in 18 anni) dell'asse terrestre intorno alla sua posizione media.

nutria [nù-] *s.f.* (*zool.*) piccolo mammifero roditore sudamericano, ricercato e allevato per la pelliccia (*castorino*) dal corto pelo marrone fitto e morbido (*fam.* Miocastoridi).

nutrice *s.f.* **1** donna che allatta un bambino suo o di altri; balia **2** (*fig.*) chi produce, alimenta, sostiene.

nutriente [-trièn-] *agg.* che nutre; che nutre bene: *cibo poco, molto —; il grano è —*.

nutrimento [-mén-] *s.m.* ciò che serve a nutrire (anche *fig.*): *un buon —; il — dello spirito.* SIN. *alimento*.

nutrire *v.tr.* [*io nutro o nutrisco, tu nutri o nutrisci ecc.*] alimentare per tenere in vita e far crescere (anche *fig.*): *il pane nutre; — la mente con lo studio / — un* *sentimento*, provarlo, conservarlo e coltivarlo: *nutro molta gratitudine per lui* // **-irsi** *v.rifl.* cibarsi (anche *fig.*): — *di cereali*; — *di buoni studi*.

nutritivo *agg.* che serve a nutrire bene.

nutrito *agg.* **1** forte; pasciuto **2** (*fig.*) intenso; folto; ricco: *un — applauso*; *un discorso —*.

nutrizionale *agg.* (*scient.* o *tecn.*) attinente alla nutrizione.

nutrizione [-zió-] *s.f.* **1** l'atto, l'effetto del nutrire e del nutrirsi, anche in relazione al modo e alla quantità: *l'importanza della —*; *una — sana, variata, ricca, povera* **2** (*biol.*) insieme dei processi biologici che consentono l'utilizzazione di sostanze alimentari per la sopravvivenza dell'organismo, con duplice funzione plastica ed energetica.

nuvola [nù-] *s.f.* **1** ammasso di densi vapori che si raccolgono nell'atmosfera / *avere il capo fra le nuvole*, essere distratto / *vivere nelle nuvole*, essere un sognatore / *cascar dalle nuvole*, essere o fingersi fortemente meravigliato **2** per estens., qualsiasi cosa che abbia la forma di una nuvola: *una — di polvere, di fumo*.

nuvolaglia [-là-] *s.f.* grande distesa di nuvole.

nuvolo [nù-] *agg.* (*region.*) nuvoloso: *oggi è —* // *s.m.* **1** tempo nuvoloso: *il — e il sereno* **2** (*lett.*) nuvola **3** (*fig.*) grande quantità di elementi addensati o riuniti: *un — di cavallette*; *un — di nemici*.

nuvolosità *s.f.invar.* l'essere nuvoloso; presenza di nuvole.

nuvoloso [-ló-] *agg.* coperto di nubi: *cielo —*.

nuziale *agg.* delle nozze: *cerimonia, giorno, anello, abito —*. SIN. *matrimoniale*.

nuzialità *s.f.invar.* in statistica, il numero dei matrimoni in un certo luogo e periodo.

nylon [*ingl.*; *pr.* nàilon] *s.m.* materia plastica sintetica, resistente, elastica, usata per fabbricare tessuti, laminati e oggetti vari ®.

O

o[1] [ò] *s.f.* e *m.* tredicesima lettera dell'alfabeto, vocale.

o[2] [ó] *cong. coordinativa disgiuntiva* **1** oppure, ovvero, ossia; unisce due proposizioni di uguale valore o due termini simili di una stessa proposizione in modo che uno escluda l'altro: *ti scriverò o verrò di persona*; *regalami un libro o un disco* **2** con valore esplicativo, introduce un sinonimo (*il cubo o esaedro*).

o[3] [ó] *particella vocativa* si premette ai nomi nel rivolgere il discorso a qlcu.: *o figlio, ascoltami!*

oasi [ò-] *s.f.invar.* **1** estensione ristretta di terreno, in mezzo a un deserto, resa fertile dalla presenza di acqua **2** (*fig.*) luogo o tempo sereno o migliore rispetto a quelli che gli son prossimi: *la tua casa è un' — di pace* / *— ecologica*, dove l'ambiente naturale è protetto in modo assoluto.

obbedire e *deriv.* → **ubbidire** e *deriv.*

obbligare *v.tr.* [*io* òbbligo, *tu* òbblighi ecc.] **1** imporre un vincolo legale o morale: *i giovani sono obbligati dalla legge al servizio militare*; *la tua coscienza ti obbliga a ciò* **2** imporre come obbligo: *fu obbligato a dimettersi*; *nessuno mi obbliga a venire*. SIN. *costringere, forzare*.

obbligato *agg.* **1** si dice di persona vincolata da un obbligo o costretta a qlco.: *— a letto da una malattia* **2** si dice di chi ha un forte senso di gratitudine e riconoscenza verso qlcu.: *vi sono —* **3** si dice di cosa che non si può omettere né variare / *discesa obbligata*, nelle gare di sci, discesa con percorso prefissato.

obbligatorietà *s.f.invar.* l'essere obbligatorio.

obbligatorio [-tò-] *agg.* che è d'obbligo; che è imposto per legge: *istruzione obbligatoria*; *fermata obbligatoria*. CONTR. *facoltativo*.

obbligazione [-zió-] *s.f.* **1** (*non com.*) l'obbligare, l'obbligarsi; l'impegno, il debito che ne consegue: *contrarre un' —*; *non ho più obbligazioni verso di te* **2** (*dir.*) il vincolo derivante da una legge o da un contratto che costringe a una prestazione; il documento che sancisce tale vincolo **3** (*fin.*) titolo di credito a reddito fisso emesso da una società per azioni o dallo stato.

obbligo [òb-] *s.m.* [pl. *-ghi*] vincolo imposto da una legge, da un'autorità o da ragioni morali: *d' —*, obbligatorio / *essere in — di*, essere obbligato / *ritenersi in —*, ritenersi obbligato. SIN. *dovere*.

obbrobrio [-brò-] *s.m.* infamia, disonore.

obbrobrioso [-brió-] *agg.* **1** che costituisce obbrobrio, che è cagione di infamia, disonorevole: *gesto —* **2** (*fig.*) brutto, sgraziato, di cattivo gusto: *questi quadri sono obbrobriosi*.

obelisco *s.m.* [pl. *-chi*] monumento monolitico dell'antico Egitto, a forma di guglia con base quadrangolare, terminante a piramide.

oberato *agg.* sovraccarico, spec. *fig.*: *— di lavoro*.

obesità [-ʃi-] *s.f.invar.* abnorme aumento del peso del corpo dovuto a un eccessivo accumulo di grassi nell'organismo.

obeso [-bèʃo] *agg.* affetto da obesità.

obice [ò-] *s.m.* pezzo di artiglieria con canna più corta di quella del cannone e tiro con traiettoria fortemente curva.

obiettare *v.tr.* [*io* obiètto ecc.] opporre le proprie ragioni; fare obiezione: *obiettò che le notizie non erano state confermate*. SIN. *oppugnare*.

obiettività *s.f.invar.* l'essere obiettivo: *l'— di una persona, di un'informazione*.

obiettivo *agg.* oggettivo; imparziale. SIN. *spassionato* // *s.m.* **1** sistema ottico, composto di una o più lenti, per proiettare l'immagine reale di un oggetto [*ill. Cinema*] **2** scopo di un'operazione militare; bersaglio nel tiro di artiglieria o nel bombardamento aereo; per estens., meta che ci si propone di raggiungere (spec. *fig.*): *gli obiettivi dell'educazione*.

obiettore [-tó-] *s.m.* [f. *-trice*] chi obietta; in particolare, chi utilizza una previsione di legge per rifiutare, per ragioni morali, di praticare aborti, di compiere il servizio militare.

obiezione [-zió-] *s.f.* **1** argomento che si oppone a un'opinione: *muovere, respingere un'—* **2** pregiudizia-

obito

_ le morale, in certi casi riconosciuta dalla legge, per la quale ci si rifiuta di compiere determinate azioni: — *di coscienza*, rifiuto di fare il militare.

obito [ò-] *s.m.* (*lett.*) morte.

obitorio [-tò-] *s.m.* camera in cui si conservano i cadaveri ignoti per il riconoscimento o quelli di cui l'autorità giudiziaria ha disposto l'autopsia o, più generalmente, in attesa del funerale.

oblatore [-tó-] *s.m.* [f. *-trice*] (*lett.*) chi fa un'offerta.

oblazione [-zió-] *s.f.* **1** (*lett.*) offerta **2** (*lit.*) parte della messa in cui si fa l'offerta del pane e del vino **3** (*dir.*) pagamento volontario di una contravvenzione.

obliare *v.tr.* [*io oblio ecc.*] (*lett.*) dimenticare. SIN. *scordare.*

oblio [-blì-] *s.m.* (*lett.*) dimenticanza: *cadere nell'—*, venire del tutto dimenticato.

obliquità *s.f.invar.* l'essere obliquo / — *dell'eclittica*, (*astr.*) angolo formato dal piano dell'eclittica con quello dell'equatore celeste.

obliquo [-blì-] *agg.* **1** (*mat.*) si dice di retta o piano che incontri altra retta o altro piano secondo un angolo non retto; per estens. inclinato, trasversale, non retto: *cammino —* / *casi obliqui*, (*gramm.*) genitivo, dativo, ablativo contrapposti al nominativo, all'accusativo e al vocativo che si chiamano *diretti* **2** (*fig.*) non retto, sleale, tortuoso: *una mente obliqua* // **-mente** *avv.* in senso obliquo.

obliterare *v.tr.* [*io oblitero ecc.*] **1** cancellare, rendere illeggibile una parola o uno scritto; annullare un biglietto o simili in modo che risulti già utilizzato **2** (*fig.*) far dimenticare.

obliteratrice *s.f.* strumento o macchina per obliterare, spec. biglietti di mezzi di trasporto o simili.

obliterazione [-zió-] *s.f.* annullo, spec. postale.

oblò *s.m.invar.* portello circolare praticato nella murata delle navi per arieggiare e illuminare i locali interni, o nella fusoliera degli aerei.

oblungo *agg.* [pl.m. *-ghi*] bislungo, più lungo che largo.

oboe [ò-] *s.m.* strumento a fiato, di legno, ad ancia doppia [*ill. Musicali, strumenti*].

obolo [ò-] *s.m.* **1** antica moneta greca, equivalente a 1/6 di dramma **2** offerta in denaro, per lo più di modesta entità.

obsolescente [-scèn-] *agg.* che è, o si avvia a essere, in stato di obsolescenza.

obsolescenza [-scèn-] *s.f.* (*econ.*) lo scadimento di un bene capitale (immobile, macchinario ecc.) perché superato dal progresso tecnologico, indipendentemente dal logorio materiale.

obsoleto [-lè-] (*lett.*) disusato.

oca [ò-] *s.f.* **1** grosso uccello palmipede, con collo lungo e becco robusto, allevato per le carni e per le piume (*fam.* Anatidi): *un cuscino di piume d'—* / *avere la pelle d'—*, rabbrividire / *gioco dell'—*, gioco che si fa con i dadi / *passo dell'—*, passo di parata militare caratterizzato dal fatto che la gamba, mentre la si protende in avanti, resta tutta rigida **2** (*fig.spreg.*) persona sciocca e impacciata.

ocaggine [-càg-] *s.f.* (*fam.*) stupidità.

ocarina *s.f.* strumento a fiato costruito in argilla e munito di fori.

occasionale [-ʃio-] *agg.* **1** che offre occasione: *causa — di qlco.* **2** che avviene per caso; fortuito: *incontro —.* SIN. *casuale.*

occasionalismo [-ʃionaliʃmo] *s.m.* dottrina filosofica secondo cui le cause dei fenomeni sono semplici occasioni dell'unica vera causa identificata in Dio.

occasionare [-ʃio-] *v.tr.* [*io occasióno ecc.*] nel linguaggio burocratico, causare.

occasione [-ʃió-] *s.f.* **1** insieme di circostanze, per lo più casuali, che offrono l'opportunità di dire o fare qlco.: *dare — a qlcu. di fare qlco.*; *lasciarsi sfuggire una buona —* / *all'—*, quando sia opportuno / *automobile d'—*, offerta a un prezzo inferiore a quello normale / *prov.: l'— fa l'uomo ladro* **2** eventualità, circostanza fortuita: *in — del suo arrivo.* SIN. *caso, evenienza* **3** motivo: *dare — a rimproveri.* SIN. *cagione, causa.*

occaso [-ʃo] *s.m.* (*poet.*) **1** tramonto **2** occidente.

occhiaia [-chià-] *s.f.* **1** orbita oculare: *le occhiaie del teschio* **2** *pl.* lividi sotto gli occhi, dovuti a stanchezza o a malessere.

occhialaio [-là-] *s.m.* chi fabbrica, ripara e vende occhiali.

occhiali *s.m.pl.* insieme di due lenti, incastrate in un'armatura di metallo o di materia plastica, che si portano a cavalcioni sul naso, davanti agli occhi, per correggere la vista difettosa o per ripararsi dall'eccessiva luce solare: *— da miope, da presbite*; *da sole*; *— a stanghetta*; *portare, mettersi, inforcare, levarsi gli —.*

occhialino *s.m.* tipo di occhiali senza stanghette ma con un piccolo manico.

occhialuto *agg.* (*scherz.*) che porta gli occhiali.

occhiata¹ *s.f.* il guardare senza fermare a lungo lo sguardo: *dare, lanciare, scambiare un'—*; *dare un'— ai bambini*, (*fam.*) sorvegliarli. SIN. *guardata, sguardo.*

occhiata² *s.f.* pesce marino commestibile, di color argenteo e dorato, con denti taglienti disposti in serie.

occhiato *agg.* che ha macchie o segni rotondi simili ad occhi: *le penne occhiate del pavone.*

occhieggiare *v.tr.* [*io occhiéggio ecc.*] guardare con intenzione o desiderio: *— le vetrine* // *v.intr.* fare capolino: *le margherite occhieggiano tra l'erba.*

occhiellaia [-là-] *s.f.* operaia che fa gli occhielli.

occhiellatrice *s.f.* macchina che fa gli occhielli.

occhiello [-chièl-] *s.m.* **1** piccolo taglio praticato nella stoffa e rifinito a filo, per farvi entrare il bottone; per estens., qualsiasi foro in cui si fanno passare ganci, stringhe ecc.: *portava un fiore all'—* / *punto a —*, usato per orlare e rinforzare gli occhielli **2** nella pagina del giornale, breve frase di corpo tipografico inferiore al titolo cui è preposta, e del quale serve a introdurre l'argomento; nei libri foglio bianco che precede il frontespizio o separa i vari capitoli; reca al centro il titolo dell'opera o dei singoli capitoli, senza altre indicazioni [*ill. Stampa*].

occhietto [-chiét-] *s.m.* → **occhiello** 3.

occhio [òc-] *s.m.* **1** organo della vista, di forma sferica, situato nell'orbita e protetto dalle palpebre: *cieco di* (o *da*) *un —*; *glielo mise davanti agli occhi*, glielo fece vedere; *mi cadde, mi capitò sotto gli occhi*, lo vidi per caso; *gettai l'— sulla lettera*, la guardai furtivamente, di sfuggita; *l'ho visto con i miei occhi*, quindi ne sono certo; *piantare gli occhi addosso a qlcu.*, *su qlco.*, fissarlo con intensità; *non staccare gli occhi da qlcu.*; *tenere d'— qlcu.*, osservarlo con attenzione, non perderlo di vista; *non voltar l'— un attimo*, non distrarsi / *cavarsi gli occhi*, rovinarsi la vista / *un bel colpo d'—*, una bella vista / *ad — nudo*, senza occhiali o simili / *a quattr'occhi*, da solo a solo, a tu per tu / *a perdita d'—*, fin dove si spinge lo sguardo / *a vista d'—*, visibilmente; rapidamente / *aprire gli occhi*, nascere; svegliarsi; (*fig.*) accorgersi di qlco. prima non osservato; *sognare ad occhi aperti*, fantasticare / *chiudere gli occhi*, morire; *non chiudere (un)*

occhio e apparato visivo

1 *nervo trocleare*, 2 *nervo oculomotore*, 3 *nervo ottico*, 4 *muscolo retto mediale*, 5 *muscolo retto superiore*, 6 *muscolo retto laterale*, 7 *muscolo obliquo superiore*, 8 *muscolo elevatore della palpebra*, 9 *muscolo obliquo inferiore*, 10 *muscolo retto inferiore*, 11 *nervo abducente*, 12 *papilla ottica*, 13 *sclera*, 14 *coroide*, 15 *retina*, 16 *cristallino*, 17 *cornea*, 18 *iride*, 19 *corpo vitreo*, 20 *fovea*, 21 *asse dell'occhio*, 22 *asse ottico*.

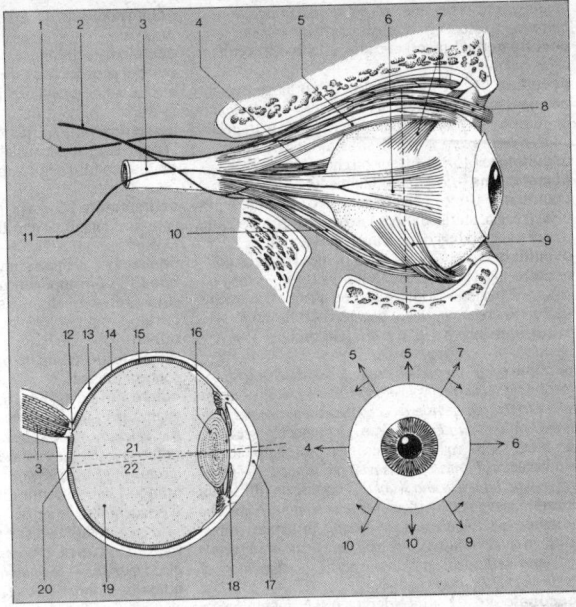

—, non dormire; *chiudere un* —, fingere di non vedere per indulgenza o complicità; *gli si chiudono gli occhi*, ha sonno; *accettai ad occhi chiusi*, con cieca fiducia / —*!*, attenzione!; — *al gradino! / dar nell'*—, destare l'attenzione / *far l'*— *a qlco.*, assuefarvisi / *essere come il fumo negli occhi*, essere antipatico, odioso; *essere un pugno nell'*—, ferire il buon gusto / *guardare di buon* —, *di mal* —, con, senza benevolenza / *mangiare, divorare con gli occhi*, guardare con intensità; con rabbia / *schizzare fumo, veleno dagli occhi*, essere furente / *averne fin sopra gli occhi*, non poterne più / *andar fuori dagli occhi*, esser venuto a noia / *strizzar l'*—, in segno di complicità / *leggere la paura negli occhi di qlcu.* / *in un batter d'*—, molto rapidamente / *prov.:* — *per* —, *dente per dente*, la legge del taglione. DIM. *occhietto, occhiolino* / *far l'occhietto, l'occhiolino*, strizzar l'occhio in segno di complicità. ACCR. *occhione*. PEGG. *occhiaccio* / *far gli occhiacci*, guardare in modo severo o minaccioso 2 molto spesso con uso analogico: — *del brodo*, affioramento di grasso sulla sua superficie / — *del formaggio*, i buchi, spec. del groviera / — *del pavone*, macchia circolare sulle penne della coda / — *della patata*, ogni gemma situata sul tubero / *fagioli dall'*—, con la macchiolina scura / — *di pernice*, callo fra le dita dei piedi / — *magico*, nella radio, l'indicatore visivo di sintonia / — *di gatto, di tigre*, nome di pietre ornamentali / — *del martello*, il foro in cui viene infilato il manico / — *di bue*, piccola finestra circolare / — *della staffa*, l'apertura in cui si mette il piede / — *del tifone*, l'area centrale calma, attorno a cui ruota la massa delle nubi ad altissima velocità 3 (*tip.*) la parte del carattere che porta la lettera in rilievo.

occhiuto *agg.* 1 (*antiq.*) che ha molti occhi 2 (spec. *fig.*) che vede e spia dappertutto.

occidentale *agg.* dell'occidente: *la civiltà* —, la civiltà europea e quelle da essa derivate, spec. quella nordamericana.

occidentalismo [-ʃmo] *s.m.* adesione ai valori culturali e politici dei paesi occidentali, in particolare a quelli legati al capitalismo e al neocapitalismo.

occidentalista *agg.* e *s.m.* e *f.* [pl.m. -*i*] che, chi aderisce all'ideologia, al sistema di vita dei paesi occidentali.

occidentalizzare [-liʒʒa-] *v.tr.* conformare, rendere simile ai modelli politici e culturali dei paesi occidentali.

occidentalizzazione [-liʒʒaʒió-] *s.f.* l'occidentalizzare, il suo effetto.

occidente [-dèn-] *s.m.* 1 la parte dove tramonta il Sole, ponente 2 tutte le regioni situate a ovest rispetto ad altre, spec. Europa e America rispetto all'Asia.

occipitale *agg.* (*anat.*) dell'occipite: *osso* —, osso che chiude il cranio posteriormente [*ill. Corpo*].

occipite [-cì-] *s.m.* (*anat.*) la regione posteriore del cranio.

occitanico *agg.* [pl.m. -*ci*] della lingua d'oc; provenzale.

occludere [-clù-] *v.tr.* [pass.rem. *io occlusi, tu occludésti* ecc.; p.pass. *occluso*] (*scient.*) chiudere, ingorgare, interrompere il flusso.

occlusione [-ʃió-] *s.f.* atto, effetto dell'occludere: — *intestinale*, arresto del corso delle feci nell'intestino.

occlusiva [-ʃi-] *agg.* e *s.f.* in linguistica, consonante nella cui articolazione il canale vocale rimane momentaneamente chiuso (*p, b, t, d, c* duro, *g* duro).

occorrente [-rèn-] *agg.* che serve, occorre: *il cibo* — *per il viaggio* // *s.m.* ciò che occorre per realizzare uno scopo, per un lavoro: *l'*— *per scrivere*. SIN. *necessario*.

occorrenza [-rèn-] *s.f.* circostanza in cui occorre qlco. / *all'*—, qualora ce ne fosse bisogno. SIN. *evenienza*.

occorrere [-cór-] *v.intr.* [coniugato come *correre*] bisognare, essere necessario: *occorrono diecimila lire* // *v. intr.impers.* essere necessario: *occorre che restiate*.

occultamento [-mén-] *s.m.* atto, effetto dell'occultare: — *di cadavere*.

occultare *v.tr.* **1** mettere qlco. in un luogo ove altri non possano trovarla: — *la refurtiva* / — *il grano*, farne incetta **2** (*fig.*) dissimulare, non lasciar trapelare: — *il proprio dolore, la verità*. SIN. *nascondere, celare*.

occultatore [-tó-] *s.m.* [f. -*trice*] chi occulta.

occultazione [-zió-] *s.f.* occultamento.

occultismo [-*fmo*] *s.m.* l'insieme di conoscenze e pratiche (magia, spiritismo ecc.) aventi per oggetto entità misteriose che sfuggono all'indagine scientifica.

occultista *s.m. e f.* [pl.m. -*i*] chi pratica l'occultismo.

occulto *agg.* **1** non manifesto: *pensiero* —. SIN. *nascosto* **2** misterioso, che si sottrae all'indagine scientifica: *forze occulte* / *scienze occulte*, l'occultismo.

occupante *agg. e s.m. e f.* che, chi occupa: *la polizia sgomberò gli occupanti*.

occupare *v.tr.* [*io òccupo* ecc.] **1** riempire uno spazio (anche *fig.*): *questo tavolo occupa troppo posto*, — *un posto in treno*; *quel pensiero occupava la sua mente*; *questo lavoro mi occupa tutto il giorno* **2** prender possesso di un luogo, spec. militarmente o per protesta politica o sindacale: *la Francia fu occupata dai tedeschi*; — *le terre*; — *una fabbrica, una scuola* **3** coprire un ufficio, un incarico; assegnarlo a qlcu.: *occupa un ottimo posto, l'ho occupato nella mia azienda* **4** detto di tempo, impiegarlo in qualche attività: *occupa tutte le sue ore leggendo* // -**arsi** *v.rifl.* dedicarsi, interessarsi: — *di politica, di archeologia, dei propri figli*.

occupato *agg.* **1** si dice di cosa che è stata in precedenza presa da altri: *il posto è* — / *paese* —, da eserciti nemici; *fabbrica, scuola occupata*, dagli operai o dagli studenti per protesta **2** che ha un impegno: *sono* — *col mio lavoro* // *agg. e s.m.* si dice di chi ha un lavoro, un'occupazione regolare: *la percentuale degli occupati, delle donne occupate*.

occupatore [-tó-] *s.m.* [f. -*trice*] chi occupa.

occupazionale *agg.* (*econ.*) che riguarda gli occupati, l'occupazione della forza-lavoro: *crisi* —.

occupazione [-zió-] *s.f.* **1** atto, effetto dell'occupare: *truppe d'*— **2** attività; lavoro, impiego **3** il complesso, il numero dei lavoratori occupati: *aumentare, ridurre l'*—.

oceanico [-à-] *agg.* [pl.m. -*ci*] **1** dell'oceano **2** (*fig.*) grandioso, immenso: *una folla oceanica*.

oceano [-cè-] *s.m.* vasta distesa di acqua salata che separa i continenti: — *Atlantico, Pacifico* / *è come una goccia d'acqua nell'*—, non ha nessuna importanza.

oceanografia [-fi-] *s.f.* scienza che studia il mare sotto l'aspetto fisico, chimico e biologico.

oceanografico [-grà-] *agg.* [pl.m. -*ci*] dell'oceanografia.

oceanografo [-nò-] *s.m.* studioso di oceanografia.

ocello [-cèl-] *s.m.* (*zool.*) **1** piccolo occhio semplice degli insetti e di altri invertebrati **2** ciascuna delle macchie rotonde sulle ali delle farfalle, sulle penne dei pavoni ecc.

ocelot [*franc.*; *pr.* oslò] *s.m.* → **ozelot**.

oclocrazia *s.f.* (*st.*) governo della plebe.

ocra [ò-] *s.f.* argilla gialla o rossa che s'adopera come materia colorante.

oculare *agg.* dell'occhio: *bagno* — / *testimone* —, che riferisce ciò che ha visto con i propri occhi // *s.m.* negli strumenti ottici, lente o insieme di lenti cui l'osservatore applica l'occhio [*ill. Cannocchiale*].

oculatezza [-téz-] *s.f.* l'essere oculato. SIN. *vigilanza, sagacia*.

oculato *agg.* che agisce, che viene fatto con prudenza e cautela: *persona, decisione oculata*. SIN. *sagace*.

oculista *s.m. e f.* [pl.m. -*i*] medico specializzato in oculistica.

oculistica [-lì-] *s.f.* parte della medicina che studia l'occhio e ne cura le malattie.

oculistico [-li-] *agg.* [pl.m. -*ci*] dell'oculistica; dell'oculista.

oculomotore [-tó-] *agg.* [f. -*trice*] (*anat.*) si dice di organi che fanno muovere gli occhi: *muscolo, nervo* — [*ill. Occhio*].

odalisca *s.f.* nei paesi turchi, schiava dell'harem.

ode [ò-] *s.f.* componimento lirico di metro e schema strofico diversi, e di vario argomento, per lo più di tono elevato.

odeon [-dè-] *s.m.invar.* edificio coperto, simile a un piccolo teatro, destinato nell'antica Grecia e in Roma a concerti musicali.

odiare *v.tr.* [*io òdio* ecc.] avere in odio; provare ripugnanza per qlco.: — *i dittatori*; — *le chiacchiere inutili*. SIN. *detestare*. CONTR. *amare*.

odierno [-dièr-] *agg.* di oggi; dei nostri giorni: *il comunicato* —; *gli usi odierni*.

odio [ò-] *s.m.* **1** sentimento di grande ostilità per cui si desidera il male altrui / *avere in* —, odiare / *esser in* — *a qlcu.*, esserne odiato. SIN. *avversione, animosità, livore, astio*. CONTR. *amore* **2** senso di intolleranza per qlco.: *avere in* — *le chiacchiere*.

odiosità *s.f.invar.* l'essere odioso; anche ciò che incita all'odio: *l'* — *di quel provvedimento*.

odioso [-dió-] *agg.* che suscita odio, avversione: *persona odiosa; azione odiosa*.

odissea [-sè-] *s.f.* serie di avventure, di peripezie, di disgrazie.

odontalgia [-gì-] *s.f.* (*med.*) mal di denti.

odontalgico [-tàl-] *agg. e s.m.* [pl.m. -*ci*] si dice di rimedio contro il mal di denti.

odonto- [-dòn-] [dal gr. *odùs, odòntos* = *dente*] primo elemento compositivo di parole scientifiche; indica relazione coi denti (*odontoiatria, odontalgia*).

odontoiatra *s.m. e f.* [pl.m. -*i*] medico specialista in odontoiatria.

odontoiatria [-trì-] *s.f.*, **odontologia** [-gì-] *s.f.* branca della medicina che studia i denti e ne cura le malattie.

odontoiatrico [-ià-] *agg.* [pl.m. -*ci*] di, dell'odontoiatria: *istituto* —, *cure odontoiatriche*.

odontotecnica [-tèc-] *s.f.* l'arte dell'odontotecnico.

odontotecnico [-tèc-] *agg.* [pl.m. -*ci*] che riguarda la tecnica del preparare protesi dentarie e altro materiale necessario ai dentisti // *s.m.* chi è esperto di questa tecnica.

odorare *v.tr.* [*io odóro* ecc.] sentire l'odore di qlco. (anche *fig.*): — *un fiore*; — *l'imbroglio*. SIN. *fiutare* // *v.intr.* mandare odore (anche *fig.*): — *di mughetto*; *quella proposta odora d'imbroglio*.

odorato *s.m.* senso dell'olfatto.

odore [-dó-] *s.m.* **1** sensazione dell'olfatto prodotta da particelle minutissime emanate da alcuni corpi: *mandare un* — *gradevole, sgradevole* **2** (*fig.*) indizio, sentore: *sentire* — *d'imbroglio* / *essere, morire in* — *di santità*, considerato santo dall'opinione popolare **3** *pl.* erbe che si usano per aromatizzare le vivande.

odorifero [-rì-] *agg.* (*scient.* o *lett.*) che emana odore; profumato.

odoroso [-ró-] *agg.* che ha, emana un grato odore. SIN. *profumato, olezzante.*

oersted [*pr.* ërsted] *s.m* (*fis.*) unità di forza magnetica o intensità di campo magnetico.

offendere [-fèn-] *v.tr.* [coniugato come *difendere*] **1** recare offesa, danno materiale o morale: — *nella dignità, nella roba;* — *qlcu. con ingiusti sospetti;* — *i diritti, la libertà;* — *il buon gusto di qlcu.* SIN. *ingiuriare, insultare, oltraggiare* **2** produrre una lesione; recare molestia: *il proiettile gli offese un polmone; questa luce offende gli occhi* // **-ersi** *v.rifl.pron.* aversene a male: *mi sono offeso per il tuo comportamento.* SIN. *impermalirsi.*

offensiva *s.f.* **1** azione di attacco in grande stile, che si propone la distruzione dell'esercito nemico: *sferrare un'—* **2** (*fig.*) azione energica per ottenere qlco.

offensivo *agg.* **1** che offende: *gesto* —. SIN. *ingiurioso, oltraggioso* **2** che è atto a offendere: *armi offensive.* CONTR. *inoffensivo.*

offensore [-só-] *s.m.* chi offende.

offerente [-rèn-] *s.m.* e *f.* chi fa un'offerta, spec. chi offre un prezzo nelle aste: *aggiudicare, vendere qlco. al miglior* —.

offerta [-fèr-] *s.f.* **1** l'offrire, l'offrirsi; proposta: *fare, accettare, respingere un'— di denaro, di matrimonio* **2** (*comm.*) le merci che si offrono in vendita: *l'—supera la domanda* **3** proposta di prezzo da parte dell'acquirente.

offertorio [-tò-] *s.m.* parte della messa nella quale il sacerdote offre a Dio il vino e l'ostia che dovranno essere consacrati.

offesa [-fé-] *s.f.* **1** atto, effetto dell'offendere; le parole o l'atto con cui si offende: *recare* —; *ricevere un'*—. SIN. *affronto, ingiuria, oltraggio* **2** (*mil.*) azione di attacco: *armi da* —. CONTR. *difesa.*

offeso [-fé-] *agg.* e *s.m.* **1** che o chi ha ricevuto un'offesa: *sentirsi, essere* —, risentirsi **2** si dice di organo o di parte del corpo che abbia subìto una lesione, un trauma: *avere un braccio* —.

office [*ingl.; pr.* òfis] *s.m.* negli alberghi e nelle case signorili, dispensa.

officiante *s.m.* il sacerdote che celebra un ufficio, un rito.

officiare *v.intr.* [*io officio* ecc.] celebrare gli uffici divini: — *la messa.*

officina *s.f.* il complesso degli impianti meccanici adibiti a lavorazioni di carattere artigianale o industriale; il locale o i locali in cui sono installati tali impianti.

officinale *agg.* che serve a scopi farmaceutici: *piante officinali.*

offrire *v.tr.* [pres. *io òffro* ecc.; pass.rem. *io offrìi* o *offèrsi, tu offristi* ecc.; p.pass. *offèrto*] **1** fare atto di dare a qlcu. una cosa, ritenuta gradita o utile, perché l'accetti; esprimere a parole tale intenzione: — *un gelato, una sigaretta;* — *il proprio aiuto;* — *un impiego a qlcu.,* proporgli di assumerlo in un'azienda, un'attività e simili; — *una merce,* porla in vendita. SIN. *porgere* **2** presentare, dare: *quel portone ci offrì un comodo riparo; una proposta che offre pochi vantaggi; la terrazza offre una magnifica vista* **3** dedicare, consacrare: *gli antichi offrivano sacrifici agli dei;* — *a Dio le proprie sofferenze* // **-irsi** *v.rifl.* **1** mettersi a disposizione di qlcu.: *si offrì di accompagnarmi;* — *come stenografa* **2** presentarsi: *uno spettacolo terrificante si offrì ai nostri occhi.*

offset [*ingl.; pr.* òfset] *s.m.* nome di un procedimento di stampa litografica indiretta e delle macchine che applicano tale procedimento.

off-shore [*ingl.; pr.* òf sciòa] *locuz.* che si usa in italiano con valore di *avv., agg.* e *s.m.* e *f.*; significa «al largo, in alto mare» e si riferisce a gare motonautiche d'altura, ai grandi motoscafi che le disputano, a giacimenti petroliferi sottomarini e, in senso *fig.*, a banche che operano con clienti esteri e godono di particolari vantaggi fiscali.

offside [*ingl.; pr.* ofsàid] *s.m.* nel gioco del calcio, fuorigioco.

offuscamento [-mén-] *s.m.* atto, effetto dell'offuscare, dell'offuscarsi.

offuscare *v.tr.* [*io offusco, tu offuschi* ecc.] rendere fosco, oscuro (anche *fig.*): *grosse nubi offuscano il cielo;* — *la gloria, la memoria di qlcu.* SIN. *oscurare, velare, ottenebrare* // **-arsi** *v.rifl.pron.* diventare oscuro (anche *fig.*): *gli si è offuscata la mente.*

oficleide [-clèi-] *s.m.* (*mus.*) strumento a fiato, di ottone, a forma di serpente.

ofidi *s.m.pl.* → **serpenti.**

oftalmia [-mì-] *s.f.* (*med.*) infiammazione degli occhi.

oftalmico [-tàl-] *agg.* [pl.m. *-ci*] che si riferisce agli occhi e alle malattie degli occhi: *clinica oftalmica.*

oftalmo- [dal gr. *oftalmòs = occhio*] primo elemento usato in composti moderni della terminologia medica per indicare relazione con gli occhi (*oftalmoscopia*).

oftalmologia [-gì-] *s.f.* studio scientifico dell'occhio e delle sue funzioni.

oftalmoscopia [-pì-] *s.f.* (*med.*) osservazione interna dell'occhio mediante illuminazione delle sue cavità.

oftalmoscopio [-scò-] *s.m.* strumento usato per l'oftalmoscopia.

oggettivare *v.tr.* rendere oggettivo.

oggettivazione [-zió-] *s.f.* atto, effetto dell'oggettivare: *l'— dei desideri.*

oggettivismo [-ʃmo] *s.m.* posizione filosofica che attribuisce al mondo esterno e ai valori spirituali una validità universale, in quanto si riferiscono a una realtà indipendente dal soggetto.

oggettività *s.f.invar.* qualità di ciò che è oggettivo.

oggettivo *agg.* **1** che concerne, che ha per fondamento la realtà per sé stessa, l'oggetto **2** (*gramm.*) che concerne l'oggetto: *proposizione oggettiva,* proposizione secondaria che nei riguardi del verbo della reggente ha la funzione di un complemento oggetto (p.e. *disse che non poteva venire; disse di non poter venire*); *complemento di specificazione oggettiva,* quello che dipende da un sostantivo derivato da un verbo e rappresenta l'oggetto di questo (p.e. *lo sgombero delle macerie*) **3** imparziale, spassionato: *dare un giudizio* —.

oggetto [-gèt-] *s.m.* **1** tutto ciò che è percepito dal soggetto come diverso da sé: — *reale, immaginario* **2** quel che costituisce il termine di un'attività, di un sentimento; fine; scopo: *l'— dei miei desideri / complemento* —, (*gramm.*) termine su cui si esercita direttamente l'azione del verbo transitivo attivo (*p.e.* ho letto *un bel libro*) **3** ciò che cade sotto i sensi; cosa, roba: — *artistico; buttar via gli oggetti ingombranti* **4** materia, argomento, tema: *l'— del discorso, della lettera.*

oggi [òg-] *avv. di tempo* **1** il giorno presente: — *non sto bene* **2** nell'epoca attuale: — *i giovani sono più indipendenti / come* —, *al giorno d'*—, attualmente // *s.m.* il presente: *l'— è più certo del domani / dall'*— *al domani,* subito, improvvisamente.

oggidì *avv. di tempo,* **oggigiorno** [-giòr-] *avv. di tempo* al giorno d'oggi, al tempo presente: — *la tecnica ha fatto progressi giganteschi // s.m.* il tempo presente: *gli uomini d'*—.

ogiva *s.f.* **1** nell'architettura gotica, nervatura diagonale di rinforzo delle volte **2** parte anteriore appuntita di un proiettile o di un missile.

ogivale *agg.* **1** conformato a ogiva: *finestra —* **2** per estens., caratteristico dell'arte gotica: *stile —*.

ogni [ó-] *agg.indef.m.* e *f.* [solo *sing.*] ciascuno; il nome che lo segue rifiuta l'art.: *— uomo, — cosa*, tutti gli uomini, tutte le cose / *— anno*, tutti gli anni, una volta l'anno / *ad — modo*, comunque / *per — dove*, dappertutto / *— due, tre*, uno sì e uno no, due no e uno sì: *lo vedo — tre giorni.*

ogniqualvolta [-vòl-] *cong. subordinativa temporale* ogni volta che: *— hai bisogno, chiamami.*

Ognissanti *s.m.* la festa di tutti i santi, che si celebra il 1° novembre.

ognora [-gnó-] *avv. di tempo* (*lett.*) sempre.

ognuno *pron.indef.* [solo *sing.*] ciascun uomo, tutti: *— si alzi; — è artefice del proprio destino.*

oh [con la *o* aperta] *inter.* esclamazione di dolore o piacere, meraviglia, sdegno, dubbio, sospetto, compassione, paura: *—, che onore!; —, che birbante!*

ohé *inter.* modo di richiamare l'attenzione altrui: *—, tu, vieni qui!*

ohi [òhi] *inter.* esclamazione di dolore, meraviglia, sospetto: *—, che male!*

ohibò *inter.* (*antiq.*) esclamazione di sdegno.

ohm [óhm] *s.m.invar.* (*fis.*) unità di misura della resistenza elettrica.

ohmmetro [òhm-] *s.m.* strumento, tarato in ohm, che misura la resistenza elettrica.

oidio [-i-] *s.m.* piccolo fungo biancastro, parassita della vite (*fam.* Erisifacee).

o.k. [*ingl.*; *pr.* okèi] *inter.* va bene, d'accordo.

okapi *s.m.* e *f.invar.* mammifero ruminante africano; ha pelame bruno-rossastro, muso allungato, arti alti e zebrati (*fam.* Giraffidi).

olà *inter.* modo di richiamare imperiosamente l'attenzione altrui: *—, fermatevi!*

olandese [-dé-] *agg.* dell'Olanda // *s.m.* **1** abitante, nativo dell'Olanda; lingua dell'Olanda **2** surrogato del caffè costituito da estratto di cicoria **3** formaggio simile alla fontina, dalla caratteristica forma sferica, originariamente prodotto in Olanda.

oleandro *s.m.* arbusto ornamentale, con fiori profumati, di vario colore, raccolti in corimbi (*fam.* Apocinacee).

oleario [-à-] *agg.* che concerne l'olio o l'olivo: *mercato —; mosca olearia.*

oleastro *s.m.* olivo selvatico.

oleato *agg.* cosparso d'olio; oliato / *carta oleata*, impregnata di cera, paraffina o altro e resa così impermeabile.

oleifero [-i-] *agg.* che dà olio: *seme —*.

oleificio [-fi-] *s.m.* stabilimento in cui si svolgono le operazioni necessarie alla preparazione dell'olio; industria olearia.

oleodotto [-dót-] *s.m.* conduttura per il trasporto di oli minerali.

oleografia [-fì-] *s.f.* riproduzione a stampa di un quadro a olio.

oleografico [-grà-] *agg.* [pl.m. *-ci*] relativo alla oleografia / *pittura oleografica*, banale, manierata, leziosa e priva di valore artistico.

oleoresina [-rèʃi-] *s.f.* soluzione di resina naturale in olii essenziali volatili, come l'essenza di trementina.

oleoso [-ó-] *agg.* che contiene olio; che ha l'aspetto o la consistenza dell'olio: *seme —; liquido —*.

olezzante [-leʒʒan-] *agg.* che olezza. SIN. *fragrante, odoroso.*

olezzare [-leʒʒa-] *v.intr.* [*io olézzo ecc.*] (*lett.*) emanare un odore gradevole; profumare.

olezzo [-léʒʒo] *s.m.* (*lett.*) odore gradevole. SIN. *fragranza, profumo.*

olfattivo *agg.* dell'olfatto: *nervo —; regione olfattiva* [*ill.* Respiratorio, apparato].

olfatto *s.m.* il senso con il quale si percepiscono gli odori; l'odorato.

olfattorio [-tò-] *agg.* → **olfattivo.**

oliare *v.tr.* [*io òlio ecc.*] **1** cospargere di olio; ungere; lubrificare **2** (*rar.*) condire con olio.

oliato *agg.* **1** unto, lubrificato con olio: *macchina ben oliata* **2** condito con olio: *insalata oliata.*

oliatore [-tó-] *s.m.* recipiente di lamiera munito di un manico e di un lungo becco, usato per oliare macchine o parti di esse.

oliera [-liè-] *s.f.* arnese da tavola costituito da due ampolle, una per l'olio, l'altra per l'aceto.

oligarchia [-chi-] *s.f.* tipo di governo in cui i poteri sono concentrati nelle mani di pochi cittadini.

oligarchico [-gàr-] *agg.* [pl.m. *-ci*] proprio dell'oligarchia: *governo —*.

oligo- [ò-] [dal gr. *oligos = poco*] primo elemento compositivo usato in parole di origine greca e soprattutto nella terminologia scientifica moderna, per significare «poco, pochi» (*oligarchia, oligominerale*).

oligocene [-cè-] *s.m.* (*geol.*) uno dei periodi dell'era cenozoica.

oligocitemia [-mì-] *s.f.* (*med.*) diminuzione degli elementi corpuscolati del sangue; anche, diminuzione dei soli globuli rossi.

oligoemia [-mi-] *s.f.* diminuzione della quantità totale di sangue nell'organismo.

oligofrenia [-nì-] *s.f.* (*med.*) condizione di deficienza intellettuale determinata da lesioni cerebrali.

oligofrenico [-frè-] *agg.* [pl.m. *-ci*] relativo a oligofrenia // *s.m.* chi, che è affetto da oligofrenia.

oligominerale *agg.* si dice di acqua minerale contenente sostanze minerali in percentuale molto ridotta.

oligopolio [-pò-] *s.m.* situazione di mercato caratterizzata dalla presenza di un piccolo gruppo di imprese che offrono un dato bene o servizio.

oligopsonio [-psò-] *s.m.* situazione di mercato caratterizzata dalla presenza di un piccolo numero di acquirenti per un dato bene o servizio.

oliguria [-gù-] *s.f.* (*med.*) eliminazione giornaliera dell'urina in quantità inferiore alla norma.

olimpiaco [-pì-] *agg.* [pl.m. *-ci*] di Olimpia; delle olimpiadi.

olimpiade [-pì-] *s.f.* spec. *pl.* feste e giochi celebrati anticamente a Olimpia col concorso di tutti i greci; oggi, manifestazione sportiva quadriennale cui partecipano atleti dilettanti di tutte le nazioni.

olimpico [-lìm-] *agg.* [pl.m. *-ci*] **1** dell'Olimpo; (*fig.*) divino; sereno, imperturbabile: *dei olimpici; calma olimpica* **2** di Olimpia o delle olimpiadi: *giochi olimpici.*

olimpionico [-piò-] *agg.* [pl.m. *-ci*] delle olimpiadi: *primato —* // *s.m.* il vincitore di un'olimpiade; chi partecipa a un'olimpiade.

Olimpo *s.m.* **1** monte della Grecia ritenuto dagli antichi sede degli dei; cielo **2** (*fig.*) il gruppo ristretto che è al vertice di una classe o di una categoria: *è entrato nell'— dei vincitori; appartiene all'— degli industriali.*

olio [ò-] *s.m.* prodotto liquido di varia natura, untuoso, viscoso, insolubile in acqua, usato come alimento, lubrificante o medicinale, a seconda della composizione: — *d'oliva, di semi, di noce, di ricino; lumino a —; insalata condita con — e aceto; cambiare l'— a una macchina / oli minerali,* idrocarburi / *oli essenziali,* sostanze volatili di odore acuto che si trovano in varie parti delle piante; usati in medicina e in profumeria / *dipingere a —,* con colori stemperati in olio di noce / *mare liscio come un —,* calmissimo; *tutto è andato liscio come l'—,* (*fig.*) senza contrasti / *gettare — sul fuoco,* rinfocolare ire o passioni / *espandersi a macchia d'—,* di città che si allarga rapidamente / *— santo,* (*relig.*) olio consacrato con cui si amministra l'estrema unzione; l'estrema unzione stessa: *dare, ricevere l'— santo.*

olismo [-ſmo] *s.m.* (*scient.*) concezione secondo la quale ogni realtà complessa va considerata come un tutto, superiore e quasi autonomo dalla somma dei componenti.

olistico [-lì-] *agg.* [pl.m. -*ci*] (*scient.*) di olismo, ispirato a olismo.

oliva *s.f.* frutto dell'olivo: *olio d'—; olive farcite / color verde —.*

olivastro *agg.* di color bruno tendente al verde (detto spec. di carnagione).

oliveto [-vé-] *s.m.* luogo piantato a olivi.

olivicoltura *s.f.* coltivazione dell'olivo.

olivina *s.f.* minerale del gruppo dei silicati ricco di ferro e di magnesio, di color verde oliva, componente di molte rocce eruttive; nella varietà trasparente (*crisolito*) si usa come gemma.

olivo *s.m.* albero sempreverde diffuso nella zona mediterranea, con foglie ovali di color verde scuro e drupe verdastre o nere, dalle quali si estrae l'olio (*fam.* Oleacee); simbolo di pace / *la domenica degli olivi,* la domenica delle palme / *— benedetto,* ramoscello di olivo distribuito nelle chiese la domenica delle palme.

olla [òl-] *s.f.* 1 (*lett.*) pentola di coccio o di metallo 2 (*archeol.*) vaso destinato a contenere le ceneri di un defunto.

olmio [òl-] *s.m.* elemento chimico (Ho; *n.at.* 67; *p.at.* 164,94); metallo delle terre rare.

olmo [òl-] *s.m.* albero di alto fusto con foglie ovali e piccoli fiori rossicci riuniti in mazzetti (*fam.* Ulmacee).

olocausto [-càu-] *s.m.* in origine, sacrificio religioso in cui la vittima veniva bruciata sull'altare; per estens., sacrificio grande o totale: *Gesù si offrì in — per l'umanità.*

olocene [-cè-] *s.m.* (*geol.*) il più recente periodo dell'era neozoica.

ologenesi [-gèneſi] *s.f.invar.* evoluzione biologica studiata nelle cause interne ai viventi anziché in quelle esterne.

olografia [-fi-] *s.f.* procedimento fotografico che utilizza il laser per la riproduzione tridimensionale di immagini.

olografo [-lò-] *agg.* scritto dal firmatario interamente di suo pugno: *testamento —.*

ologramma *s.m.* [pl. -*i*] il risultato della olografia; immagine tridimensionale.

olona [-ló-] *s.f.* tipo di tela robusta per tendoni, vele, zaini ecc.

oloturia [-tù-] *s.f.* piccolo echinoderma dal corpo a forma di sacco.

oltraggiare *v.tr.* [*io oltràggio ecc.*] fare oltraggio. SIN. *ingiuriare, insultare, offendere.*

oltraggio [-tràg-] *s.m.* ingiuria grave con parole o atti; danno: *recare — alla memoria di qlcu.* SIN. *insulto, offesa.*

oltraggioso [-gió-] *agg.* che costituisce o reca oltraggio: *un discorso —.* SIN. *ingiurioso, offensivo.*

oltralpe *avv.* di là dalle Alpi: *gente d'—.*

oltramontano *agg.* che è al di là dei monti; straniero: *paese —.*

oltranza solo nella locuz. *a oltranza,* senza porsi limiti o scrupoli: *resistere a —; sciopero a —.*

oltranzismo [-ſmo] *s.m.* estremismo politico.

oltranzista *s.m.* e *f.* [pl.m. -*i*] in politica, che, chi vuol giungere alle conseguenze estreme; estremista.

oltre [ól-] *avv.* 1 *di luogo* più là, più qua, più avanti: *non andate —* 2 *di tempo* ancora, più avanti: *non aspetterò più —* // *prep. impropria* 1 al di là, al di là da: *andremo — quei monti* 2 più che: *è via da — un anno* 3 in più; in questo caso si costruisce anche con la prep. *a* e con *che: — ai libri gli regalai dei dischi; — che essere ignorante è anche presuntuoso / — ogni limite, — ogni misura, — ogni speranza,* superando ogni limite, misura, speranza.

oltre- [ól-] [dal lat. *ultra* = oltre, al di là*] primo elemento di parole composte nelle quali significa «al di là» di un certo luogo o limite (usato spec. in geografia), oppure indica eccesso (*oltralpe, oltremare, oltremodo*).

oltremare *avv.* di là dal mare: *paesi d'—* // *s.m.* (*ant.*) il lapislazzuli; colore azzurro intenso.

oltremodo [-mó-] *avv.* (*lett.*) oltre la misura normale; moltissimo: *mi annoiai —.*

oltremondano *agg.* che si riferisce a mondi spirituali, al di là di quello terreno e sensibile.

oltreoceano [-cè-] *avv.* di là dall'oceano.

oltrepassare *v.tr.* passare oltre: *— i confini.* SIN. *superare, varcare.*

oltretomba [-tóm-] *s.m.* ciò che è al di là della morte; la vita che segue a quella terrena.

omaggio [-màg-] *s.m.* 1 l'atto con cui il vassallo si univa nel vincolo feudale al suo signore 2 atto di ossequio; *pl.* saluto rispettoso: *rendere — a qlcu.* 3 offerta gratuita: *ricevere un —; avere un libro in —; fare — di qlcu.,* donarla.

omai *avv.* di tempo (*lett.*) ormai.

omaro [ò-] *s.m.* gambero di mare; scampo.

omaso [òmaſo] *s.m.* la terza delle quattro cavità dello stomaco dei ruminanti.

ombelicale *agg.* (*anat.*) dell'ombelico: *cordone —.*

ombelico *s.m.* [pl. -*chi*] (*anat.*) cicatrice depressa e rotondeggiante situata nel mezzo della linea mediana dell'addome, nel punto in cui si allacciava al feto il cordone ombelicale.

ombra [óm-] *s.f.* 1 zona di oscurità prodotta da un corpo opaco che intercetti la luce (anche *fig.*): *all'— di una quercia; l'— del sospetto* 2 persona o cosa di cui si veda solo il contorno a causa dell'oscurità; per estens., la presenza spirituale di qlcu.: *nel buio vidi un'—; la sua — era sempre presente fra noi* 3 lo spirito dei morti, secondo la credenza popolare, conserva il simulacro del corpo; spettro, fantasma: *il mondo delle ombre* 4 tenebra, mancanza o scarsezza di luce; tono scuro in quadro o disegno marca la zona d'ombra: *le ombre della sera; questo disegno presenta un forte contrasto di luce e di —* 5 luogo nascosto in cui non arrivano gli sguardi altrui: *agire, tramare nell'— / restare nell'—,* si dice di persona che ama vivere modestamente appartata / *lasciare qlcu. nell'—,* fare in modo che il suo valore e i suoi meriti non vengano riconosciuti / *trarre dall'—,* mettere in luce, far conoscere 6 (*fig.*) riparo, difesa: *all'— della fede; all'— della legge* 7 cosa senza consistenza, mera apparenza; per estens., quantità minima di qlco.: *un' — di latte nel caffè / senza — di dubbio*, sicuramente */ neppure per —*, in nessuno modo.

ombrare *v.tr.* [*io ómbro ecc.*] **1** coprire d'ombra **2** graduare le ombre per dar rilievo a figure disegnate o dipinte // *v.intr.*, **-arsi** *v.rifl.pron.* **1** coprirsi d'ombra, farsi oscuro **2** velarsi **3** (*fig.*) adombrarsi.

ombrato *agg.* offuscato, velato.

ombreggiare *v.tr.* [*io ombréggio ecc.*] **1** fare ombra; coprire con l'ombra **2** fare le ombreggiature, i chiaroscuri in un disegno o in un dipinto.

ombreggiato *agg.* **1** coperto d'ombra: *viale —* **2** che ha le ombreggiature: *disegno —*.

ombreggiatura *s.f.* ombra fatta in un disegno o in un dipinto per dare rilievo alle figure.

ombrella [-brèl-] *s.f.* **1** intreccio di rami che fa ombra: *— del tiglio* **2** infiorescenza a peduncoli florali che ha forma simile a ombrello [*ill. Fiore*].

ombrellaio [-là-] *s.m.* chi fabbrica, vende o ripara ombrelli.

ombrellata *s.f.* (*fam.*) colpo dato con un ombrello.

ombrellificio [-fi-] *s.m.* fabbrica di ombrelli.

ombrello [-brèl-] **1** *s.m.* arnese per ripararsi dalla pioggia o dal sole, formato da una cupola di stoffa applicata a un telaio di stecche, apribile e chiudibile, che è sostenuto da un bastone: *aprire, chiudere l'—*. DIM. *ombrellino* **2** (*fig.*) riparo, difesa: *— atomico*.

ombrellone [-ló-] *s.m.* sorta di grosso ombrello, usato nelle spiagge, nei giardini ecc., per ripararsi dal sole.

ombretto [-brét-] *s.m.* pasta o polvere cosmetica di vario colore usata per ombreggiare le palpebre.

ombrina *s.f.* grosso pesce marino commestibile di color argenteo a strisce dorate; ha il muso ottuso, un bargiglio alla mascella inferiore e pinne con molti raggi (*fam. Scienidi*).

ombrinale *s.m.* (*mar.*) ciascuno dei fori praticati nella murata della nave, per lo scarico in mare dell'acqua dalla coperta.

ombrosità *s.f.invar.* l'essere ombroso.

ombroso [-bró-] *agg.* **1** pieno d'ombra: *luogo —*. CONTR. *assolato* **2** che fa ombra: *pino —* **3** si dice di animale che si spaventa facilmente: *cavallo —* **4** per estens., si dice di persona permalosa o diffidente.

omega [-mè-] *s.m.* ultima lettera dell'alfabeto greco / *dall'alfa all'—*, dal principio alla fine.

omelette [*franc.*; *pr.* omlèt] *s.f.* frittata ripiegata più volte e ripiena di ingredienti dolci o salati.

omelia [-li-] *s.f.* **1** sermone sacro, di tono semplice e familiare, tenuto durante la messa dal vescovo o da un prelato **2** (*scherz.*) discorso esortativo, predicozzo.

omento [-mén-] *s.m.* (*anat.*) membrana reticolata che avvolge l'intestino tenue.

omeopata [-ò-] *s.m. e f.* [pl.m. *-i*] medico omeopatico.

omeopatia [-ti-] *s.f.* (*med.*) terapia che consiste nel somministrare al malato, in piccolissime dosi, le medesime sostanze che in quantità maggiori in un organismo sano vi provocherebbero l'insorgere della stessa malattia, e che non prevede l'uso di farmaci chimici.

omeopatico [-pà-] *agg.* [pl.m. *-ci*] di omeopatia; che cura omeopaticamente: *medico —* / *dose omeopatica*, minima e molto diluita propria della medicina omeopatica.

omeotermo [-tèr-] *agg.* si dice degli animali che hanno la temperatura corporea costante (animali a sangue caldo).

omerale *agg.* (*anat.*) dell'omero.

omerico [-mè-] *agg.* [pl.m. *-ci*] di Omero, relativo a Omero: *poemi omerici / risata omerica*, risata lunga e sonora.

omero [ò-] *s.m.* (*anat.*) osso lungo che va dalla spalla al gomito; costituisce lo scheletro del braccio [*ill. Corpo*].

omertà *s.f.invar.* forma di solidarietà spec. della malavita, per cui si ostacola la ricerca e la punizione dell'autore di un reato.

omettere [-mét-] *v.tr.* [coniugato come *mettere*] tralasciare: *— una parola nel trascrivere una lettera; — di fare qlco.*

ometto [-mét-] *s.m.* **1** (*arch.*) tronco di legno verticale interposto tra i due puntoni alla sommità della capriata **2** gruccia per abiti.

omiciattolo [-ciàt-] *s.m.* (*spreg.*) uomo fisicamente e moralmente meschino.

omicida *agg.* [pl.m. *-i*] che ha dato la morte: *il coltello, la mano —* // *s.m. e f.* chi ha commesso un omicidio.

omicidio [-ci-] *s.m.* l'uccisione di una persona: *— colposo*, quando si cagiona la morte di qlcu. per imprudenza, per violazione di norme, regolamenti e simili.

ominide [-mi-] *s.m.* essere preistorico simile all'uomo, da cui sarebbe derivata la razza umana.

omissione [-sió-] *s.f.* l'omettere */ reato di —*, il reato di chi si astiene dal compiere atti ai quali è obbligato dalla legge o da un contratto.

omissis [*lat.*; *pr.* omìssis = *omesse le altre cose*] formula che per brevità si inserisce in documenti ecc. al posto di parole che si tralasciano.

omnibus [òm-] *s.m.invar.* **1** nell'Ottocento, diligenza a cavalli che faceva servizio pubblico nelle grandi città **2** (*antiq.*) treno o corriera in servizio locale su linee secondarie.

omnium [òm-] *s.m.invar.* (*sport*) corsa cui possono partecipare atleti senza distinzione di categoria; nell'ippica, corsa alla quale prendono parte cavalli di ogni età, razza e provenienza.

omo- [-ò-] [dal gr. *omòs* = *identico*] primo elemento di parole composte; indica uguaglianza, identità (*omogeneo, omonimo*).

omofonia [-nì-] *s.f.* **1** l'essere omofono **2** (*mus.*) caratteristica di una composizione a più parti che procedono all'unisono.

omofono [-mò-] *agg.* che ha ugual suono: *parole omofone*, con lo stesso suono ma significato diverso (p.e. *fiera*, belva - *fiera*, mercato).

omogeneità *s.f.invar.* l'essere omogeneo. CONTR. *eterogeneità*.

omogeneizzare [-neiʒʒa-] *v.tr.* rendere omogeneo.

omogeneizzato [-neiʒʒa-] *agg. e s.m.* si dice di sostanza, spec. alimentare, che è stata sottoposta a omogeneizzazione per essere più uniforme o digeribile.

omogeneizzazione [-neiʒʒaʒió-] *s.f.* procedimento per omogeneizzare sostanze, spec. alimentari.

omogeneo [-gè-] *agg.* **1** della medesima natura, del medesimo genere (anche *fig.*): *interessi omogenei* **2** composto di più parti affini tra loro: *un miscuglio —*.

omografia [-fi-] *s.f.* **1** l'essere omografo **2** (*mat.*) corrispondenza biunivoca tra due forme geometriche proiettive della stessa dimensione.

omografo [-mò-] *agg. e s.m.* si dice di suoni diversi o di parole dalla pronuncia diversa che si scrivono allo stesso modo (*g* di *gesto* - *g* di *gamba*; *vénti*, numero - *venti*, correnti d'aria).

omologare *v.tr.* [*io omòlogo, tu omòloghi ecc.*] **1** riconoscere conforme a una legge, a un regolamento; dare effetto legale **2** ratificare: — *un primato*, dichiararlo regolare e valido.

omologazione [-zió-] *s.f.* l'omologare.

omologia [-gì-] *s.f.* l'essere omologo.

omologo [-mò-] *agg.* [pl.m. *-ghi*] che corrisponde a un altro; che ha le stesse caratteristiche di un altro.

omonimia [-mì-] *s.f.* l'essere omonimo.

omonimo [-mò-] *agg.* che ha lo stesso nome: *due località omonime* // *s.m.* persona che ha lo stesso nome e cognome di un'altra.

omosessuale *agg.* e *s.m.* e *f.* si dice di persona che sente un'attrazione sessuale verso individui dello stesso sesso; anche, di ciò che ha diretta attinenza con tale condizione: *amore, rapporto* —; *un film* —.

omosessualità *s.f.invar.* **1** attrazione per persone del proprio sesso **2** la condizione di chi è omosessuale.

omozigote [-ʒigò-] *agg.* e *s.m.* in genetica, si dice di una coppia di cromosomi che ha, in due punti corrispondenti, due geni che trasmettono lo stesso identico carattere, il quale pertanto comparirà sicuramente nella discendenza.

onagro [ò-] *s.m.* asino selvatico, con mantello chiaro e striscia bruna lungo la schiena, che abita l'Asia (*fam.* Equidi).

onanismo [-ʃmo] *s.m.* masturbazione.

oncia [ón-] *s.f.* **1** misura di peso inglese corrispondente a g 30 ca **2** presso i latini, unità di peso e moneta pari alla dodicesima parte rispettivamente della libbra e dell'asse **3** (*fig.*) minima quantità.

onciale *agg.* e *s.f.* si dice di un tipo di antica scrittura latina maiuscola.

oncogenesi [-gèneʃi] *s.f.invar.* (*med.*) l'insieme dei processi che portano alla formazione dei tumori.

oncogeno [-cò-] *agg.* e *s.m.* (*med.*) si dice di qualsiasi fattore capace di provocare tumore.

oncologia [-gì-] *s.f.* parte della patologia che studia i tumori.

oncologico [-lò-] *agg.* [pl.m. *-ci*] che riguarda lo studio e la cura dei tumori.

oncologo [-cò-] *s.m.* [pl. *-gi*] specialista in oncologia.

onda [ón-] *s.f.* **1** increspatura più o meno forte della superficie del mare o di masse liquide, provocata dall'azione del vento o da altre cause: *sparire fra le onde*, in mare / *cresta dell'*—, la parte più alta di essa; *essere sulla cresta dell'*—, (*fig.*) in un momento fortunato, avere successo **2** movimento ondeggiante di una massa; parte curva e tondeggiante di una superficie: *un'*— *di popolo*; *un'*— *di gioia*; *un'*— *di luce invase la stanza* / *a onde*, ondulato / *farsi le onde*, ondularsi i capelli **3** (*fis.*) propagazione di energia di varia natura, caratterizzata da vibrazione od oscillazione progressiva di un certo mezzo: *onde elettromagnetiche, luminose, sonore*; *onde corte, medie, lunghe*, onde hertziane di varia lunghezza usate nelle radiocomunicazioni / *andare, mettere in* —, di programma radiotelevisivo, essere trasmesso o trasmetterlo.

ondata *s.f.* **1** colpo d'onda: *un'*— *capovolse la barca* **2** (*fig.*) afflusso, spec. improvviso e intenso, di qlco.: *un'*— *di fumo, di caldo*; *le ondate dei bombardieri*; *un'*— *di entusiasmo* / *a ondate*, con arrivi successivi.

onde [ón-] *avv.* (*lett.*) di dove: *tornò ond'era venuto* // *pron.* da cui, con cui // *cong. finale* affinché; è usata anche al posto di *per* con l'inf.: — *tu sappia*; — *trovare la ragione*.

ondeggiamento [-mén-] *s.m.* l'ondeggiare.

ondeggiante *agg.* che ondeggia. SIN. *fluttuante*.

ondeggiare *v.intr.* [*io ondéggio, tu ondéggi ecc.*] **1** muoversi a onde; alzarsi e abbassarsi con movimento alterno: *le messi ondeggiano al vento*. SIN. *fluttuare* **2** (*fig.*) essere indeciso: — *tra il sì e il no*.

ondina *s.f.* **1** nella mitologia germanica, divinità delle acque **2** (*fig.*) nuotatrice esperta.

ondoscopio [-scò-] *s.m.* (*fis.*) strumento per studiare le onde che si formano sulla superficie di un liquido.

ondoso [-dó-] *agg.* delle onde; agitato dalle onde: *moto, mare* —.

ondulare *v.tr.* [*io óndulo ecc.*] dare una piega a onda: — *i capelli* // *v.intr.* oscillare leggermente.

ondulato *agg.* simile alla superficie del mare quando è mosso da onde: *terreno* —; *lamiera ondulata*.

ondulatorio [-tò-] *agg.* che si propaga per onde: *moto* — / *terremoto* —, con movimento orizzontale.

ondulazione [-zió-] *s.f.* **1** movimento ondulatorio **2** disposizione a onde: — *dei capelli*; — *del terreno*.

onerare *v.tr.* [*io ònero ecc.*] (*lett.*) gravare, caricare.

onerato *s.m.* colui sul quale grava un peso; si dice spec. di erede al quale il testatore ha imposto di fare o dare alcunché ad altri.

onere [ò-] *s.m.* gravame, obbligo, impegno: *addossarsi un* —. SIN. *peso*.

onerosità *s.f.invar.* l'essere oneroso; pesantezza.

oneroso [-ró-] *agg.* che costituisce un peso, un obbligo: *impegno* —; *tasse onerose*. SIN. *grave*.

onestà *s.f.invar.* virtù di chi è onesto: *persona di grande* —; — *di vita, di costumi*. SIN. *probità, integrità, lealtà, coscienza, rettitudine*. CONTR. *disonestà*.

one step [*ingl.; pr.* uàn stèp] *s.m.* danza di origine americana (1910-20) eseguita con un passo per ogni unità di tempo.

onesto [-nè-] *agg.* **1** che agisce con rettitudine, con lealtà, con giustizia, astenendosi da cattive azioni, spec. ai danni del prossimo: *un commerciante* —; *essere, mantenersi* —; *uno studioso* —, coscienzioso; *una donna onesta*, si diceva un tempo di una donna il cui comportamento fosse giudicato irreprensibile dal punto di vista della morale sessuale. SIN. *coscienzioso, retto, leale*. CONTR. *disonesto* **2** conforme alla rettitudine, alla legge morale (detto di cosa): *un mezzo* —; *ha condotto una vita onesta*; *una critica onesta*, obiettiva // *s.m.* **1** spec. *pl.* la persona onesta **2** ciò che è onesto: *il giusto e l'*—.

onfalite *s.f.* (*med.*) infiammazione dell'ombelico.

onice [ò-] *s.f.* pietra dura, varietà di agata.

onichia [-chì-] *s.f.* (*med.*) qualsiasi malattia o malformazione che riguardi le unghie.

onico- [dal gr. *ónix, ónicos* = *unghia*] prima parte di termini medici che indica tutto ciò che ha attinenza con le unghie (*onicofagia*).

onicofagia [-gi-] *s.f.* (*med.*) abitudine, legata a imperfetto equilibrio nervoso, di rosicchiarsi le unghie.

onicogrifosi [-fòʃi] *s.f.invar.* (*med.*) deformazione dell'unghia, che appare incurvata a uncino.

onirico [-nì-] *agg.* [pl.m. *-ci*] relativo al sogno.

onisco *s.m.* [pl. *-chi*] piccolo crostaceo che vive nelle zone umide e, se toccato, si avvolge a palla (*fam.* Oniscidi).

onni- [òn-] [dal lat. *omnis* = *tutto*] primo elemento compositivo che figura in parole di origine latina o di formazione moderna; significa «tutto» o anche «dappertutto» (*onnipotente, onniveggente, onnipresente*).

onnicomprensivo *agg.* che comprende tutto; globale, completo: *compenso* —.

onnipossente [-sèn-] *agg.*, **onnipotente** [-tèn-] *agg.* **1**

che può tutto: *Dio* —; *l'— bontà divina* **2** si dice di persona che ha grande potere: *è un funzionario* —.

onnipotenza [-tèn-] *s.f.* l'essere onnipotente.

onnipresente [-ṣèn-] *agg.* che è presente dappertutto.

onnisciente [-scièn-] *agg.* che sa tutto.

onniscienza [-scièn-] *s.f.* l'essere onnisciente.

onniveggente [-gèn-] *agg.* che vede tutto.

onniveggenza [-gèn-] *s.f.* l'essere onniveggente.

onnivoro [-nì-] *agg.* si dice di animale che si ciba di tutto.

onomastica [-mà-] *s.f.* ramo della linguistica che studia i nomi propri di persona o di luogo.

onomastico [-mà-] *agg.* [pl.m. *-ci*] che riguarda il nome proprio: *lessico* —, dizionario dei nomi propri // *s.m.* il giorno dell'anno in cui la chiesa commemora il santo di cui qlcu. porta il nome, e nel quale perciò egli viene festeggiato.

onomatopea [-pè-] *s.f.* formazione linguistica di una parola atta a suggerire per armonia imitativa l'oggetto da designare (p.e. *bau bau, bisbiglio*).

onomatopeico [-pèi-] *agg.* [pl.m. *-ci*] formato per onomatopea, che concerne l'onomatopea.

onorabile [-rà-] *agg.* che può, che deve essere onorato.

onorabilità *s.f.invar.* l'essere onorabile.

onoranza *s.f.* spec. *pl.* onore, ossequio: *tributare solenni onoranze; onoranze funebri.*

onorare *v.tr.* [*io onóro* ecc.] **1** rendere onore, fare onore: — *la memoria dei caduti* **2** rendere onorato: — *la patria con nobili imprese* **3** rispettare un impegno, anche economico: — *un debito*, pagarlo // **-arsi** *v.rifl.* considerare per sé un onore: *pochi si onorano della sua amicizia.*

onorario[1] [-rà-] *agg.* che è fatto, che è conferito per onorare qlcu.: *presidente, incarico* —.

onorario[2] [-rà-] *s.m.* compenso spettante a un professionista.

onoratezza [-téz-] *s.f.* l'essere onorato.

onorato *agg.* che è oggetto di onore, di stima, di rispetto; onesto, rispettabile: *una famiglia, una professione onorata / ritenersi, considerarsi* —, ritenere per sé un onore: *mi considero — di averla con noi / l'onorata società,* la camorra.

onore [-nó-] *s.m.* **1** buona reputazione acquistata con l'onestà, coi meriti; rispettabilità, dignità; più genericamente, vanto, gloria: *ha difeso il suo* —; *perse l'—,* si coprì d'infamia / *era una questione d'*—, che riguardava l'onorabilità / *dare la parola d'*—, affermare o promettere qlco. impegnando il proprio onore / *parola d'*—!, inter. asseverativa / *uomo d'*—, che tiene fede agli impegni anche e soprattutto morali / *attento all'— di quella donna,* cercò di indurla ad azioni contrarie alla morale sessuale / *è in gioco il suo* —, prestigio / *tenere alto l'— della bandiera, della patria / l'— della vittoria è vostro / per punto d'*—, per puntiglio / *fa — alla sua famiglia,* si comporta lodevolmente / *questo gli fa* —, lo rende degno di stima / *questo lavoro non fa — alle sue capacità,* non ne dà prova / *si farà — negli studi,* riuscirà bene / *fare — ai propri impegni,* mantenerli / *tenere qlco. in grande* —, a *onor del vero,* per dir la verità. CONTR. *disonore* **2** atto d'omaggio, dimostrazione di riverenza a persona meritevole: *rendere gli onori / onori funebri,* esequie / *fare gli onori di casa,* ricevere gli ospiti / *posto d'— a tavola / tribuna d'*—, riservata alle autorità / *concedere l'— delle armi,* salutare con le armi il nemico che si è arreso dopo valorosa resistenza / *fare qlco. in — di qlcu.,* onorarlo / *fare — a un dolce,* man-

giarlo di gusto / *innalzare agli onori degli altari,* santificare **3** situazione, merito che rende onorati: *piazza d'* —, nello sport, il posto nell'ordine d'arrivo / *avere, non avere l'— di conoscere qlcu.,* formula di cortesia **4** spec. *pl.* grado, titolo, onorificenza: *pervenire ai più alti onori* **5** *pl.* le carte più importanti nel bridge, tressette ecc.

onorevole [-ré-] *agg.* **1** degno di onore; titolo che spetta ai membri del parlamento (abbr. *on.*) persona —; *l'— deputato* **2** che fa onore: *un accordo* — // *s.m.* e *f.* chi è membro del parlamento.

onorificenza [-cèn-] *s.f.* segno di onore concesso in riconoscimento di particolari benemerenze.

onorifico [-rì-] *agg.* [pl.m. *-ci*] che dà onore, che è conferito per onorare: *carica onorifica,* che non comporta alcuna retribuzione.

onta [-ón-] *s.f.* **1** disonore: *subire l'— della sconfitta.* SIN. *vergogna* **2** (*lett.*) offesa: *fare — a qlcu, a qlco. / ad — di,* a dispetto di, nonostante.

ontano *s.m.* albero con chioma larga, foglie ovate e legno duro usato per costruzioni (*fam.* Betulacee).

ontogenesi [-gèneṣi] *s.f.invar.* l'insieme dei processi di sviluppo, sia embrionali sia postembrionali, fino al raggiungimento dello stato adulto.

ontologia [-gì-] *s.f.* (*fil.*) parte della metafisica che studia il concetto e la struttura dell'essere in sé stesso.

ontologico [-lò-] *agg.* [pl.m. *-ci*] (*fil.*) dell'ontologia.

onusto *agg.* (*lett.*) carico: — *di preda, di gloria.*

ooblasto *s.m.* (*biol.*) cellula dalla quale deriva l'uovo.

ooforo [-ò-] *agg.* e *s.m.* (*biol.*) si dice del follicolo ovarico, in cui ha sede e si sviluppa il gamete femminile (uovo).

opacità *s.f.invar.* l'essere opaco.

opacizzare [-ciẓẓa-] *v.tr.* rendere opaco, non trasparente alla luce: — *un tessuto.*

opaco *agg.* [pl.m. *-chi*] **1** che non si lascia attraversare dalla luce: *vetro* — **2** che è privo di lucentezza: *marmo* — **3** (*fig.*) velato: *suono* —.

opale *s.m.* silice idrata, vitrea; le varietà iridescenti o di bella tinta vengono usate per scopi ornamentali: — *nobile,* di colore bianco-azzurro.

opalescente [-scèn-] *agg.* che ha riflessi iridescenti come l'opale nobile.

opalina *s.f.* **1** lastra di vetro traslucido **2** sostanza per rendere opaca la superficie delle ceramiche **3** tipo di cartoncino lucido.

opalino *agg.* di opale; opalescente.

open [*ingl.*; *pr.* ópen] *agg.* si dice di gara sportiva aperta a professionisti e dilettanti.

open space [*ingl.*; *pr.* ópen spéis] *s.m.* sistemazione di ambienti interni, spec. adibiti a uffici, con grandi locali suddivisi in zone da elementi di arredamento come armadi o scaffalature.

opera [ò-] *s.f.* **1** ogni attività, azione, lavoro diretto a un fine: — *della natura, dell'uomo, dell'ingegno; le opere di Dio;* — *di persuasione, di beneficenza / mettersi all'*—, intraprendere un lavoro / *per — di,* per mezzo o intercessione di / *mano d'*—, il lavoro materiale degli operai e ciò che esso costa **2** l'effetto, il risultato concreto di un'attività artistica, materiale ecc.: *questo palazzo è — di un valente architetto;* — *d'arte, di fortificazione; le opere del Petrarca, del Giorgione / opere pubbliche,* quelle fatte a servizio e a vantaggio della comunità **3** rappresentazione teatrale interamente musicata e cantata, con partecipazione di un'orchestra, del coro e con realizzazione scenica **4** giornata di lavoro nei campi; bracciante che lavora la campagna con compenso giornaliero: *lavorare a —; assumere le opere* **5** nome di istituti di beneficenza, di assistenza ecc. / *— del Duomo,* fabbrica, fabbriceria **6** *— viva, morta,* la parte di un'imbarcazione che sta sotto o sopra la linea di galleggiamento.

operabile [-rà-] *agg.* che si può operare.

operabilità *s.f.invar.* l'essere operabile, detto di un malato; in generale, l'essere fattibile, realizzabile.

operaio [-rà-] *agg.* degli operai: *movimento —; classe operaia; lotte operaie* // *s.m.* **1** chi fa lavori manuali: *— qualificato, specializzato* **2** (*non com.*) per estens., lavoratore in genere.

operaismo [-ʃmo] *s.m.* la tendenza politica a privilegiare interessi, scelte e cultura delle categorie operaie.

operaista [-ʃta] *agg.* e *s.m.* e *f.* [pl.m. *-i*] che, chi sostiene o pratica l'operaismo.

operante *agg.* **1** attivo: *intelligenza —* **2** efficace: *l'accordo diverrà presto —.*

opera omnia [*lat.*; *pr.* òpera òmnia = *tutte le opere*] *s.f.* raccolta di tutte le opere di un autore.

operare *v.intr.* [*io òpero ecc.*] **1** fare, eseguire, lavorare, agire: *ho operato nel vostro interesse; — bene, male* **2** compiere azioni di guerra: *la squadriglia operava sul fronte orientale* **3** compiere un'operazione chirurgica **4** produrre un effetto: *è una medicina che opera velocemente* // *v.tr.* **1** compiere, fare: *— miracoli* **2** sottoporre a un'operazione chirurgica: *— un malato di appendicite* **3** in tessitura, tessere una stoffa a disegni // **-arsi** *v.rifl.pron.* avvenire, compiersi: *s'è operato un radicale cambiamento.*

operatività *s.f.invar.* l'essere operativo; efficacia, praticità.

operativo *agg.* **1** che ha la capacità di operare: *efficacia operativa* **2** che serve a operare; fatto in vista di un'azione: *piano —.*

operato *agg.* **1** si dice di persona sottoposta a intervento chirurgico **2** si dice di stoffa tessuta a disegni // *s.m.* **1** chi ha subìto una operazione chirurgica **2** ciò che è stato fatto: *criticare l'— altrui.*

operatore [-tó-] *s.m.* [f. *-trice*] **1** chi opera, in senso generico: *gli operatori culturali, del turismo* **2** chi è addetto a far funzionare macchine, impianti ecc.: *— della televisione / — cinematografico,* chi manovra la macchina da presa / *— del suono,* (*cinem.*) chi manovra gli apparecchi per la registrazione dei suoni **3** *— economico,* persona che tratta affari di banca o di borsa per conto proprio o di terzi **4** addetto alle operazioni di input/output di un calcolatore elettronico.

operatorio [-tò-] *agg.* che riguarda un'operazione spec. chirurgica: *sala operatoria.*

operazione [-zió-] *s.f.* **1** atto, effetto dell'operare: *infilare un ago può essere un'— difficile* **2** insieme di atti volti a un fine: *— di polizia; — finanziaria* **3** intervento chirurgico: *fare, subire un'—* **4** (*mat.*) procedimento di calcolo: *la divisione è un'— matematica.*

operazionismo [-ʃmo] *s.m.* concezione filosofica secondo la quale le grandezze delle scienze esatte e quantificabili sono definite solo se sono praticamente eseguibili le operazioni per misurarle.

opercolo [-pèr-] *s.m.* (*biol.*) organo mobile che chiude l'apertura di una cavità in animali e vegetali [*ill. Pesce*].

operetta [-rét-] *s.f.* (*mus.*) azione teatrale popolare e di carattere leggero in cui la recitazione si alterna con brani cantati.

operistico [-rì-] *agg.* [pl.m. *-ci*] dell'opera musicale: *brano —.*

operosità *s.f.invar.* l'essere operoso. SIN. *laboriosità, solerzia.*

operoso [-ró-] *agg.* **1** che opera molto, che si impegna molto nel lavoro. SIN. *attivo, laborioso, solerte* **2** che è ricco, fecondo di opere: *una vita operosa* **3** (*lett.*) che richiede molto lavoro.

opificio [-fi-] *s.m.* fabbrica, stabilimento industriale.

opimo *agg.* (*lett.*) grasso: *vittime opime; terra opima / spoglie opime,* (*st.*) trofeo che il comandante di un esercito riportava dal comandante nemico.

opinabile [-nà-] *agg.* che si può opinare, supporre; che non è certo.

opinare *v.intr.* avere un'opinione, non una certezza. SIN. *ritenere, supporre.*

opinione [-nió-] *s.f.* ciò che si pensa di qlcu. o di qlco. pur senza la certezza di essere nel giusto: *secondo la mia —; è mia — che, sono dell'— che ciò sia giusto; avere una buona, cattiva — di qlcu., qlco. / articolo di —, pezzo giornalistico di interpretazione e valutazione di fatti / — pubblica,* della maggior parte della gente. SIN. *parere.*

opinionista *s.m.* e *f.* chi scrive articoli di opinione.

opinion leader [*ingl.; pr.* opìnion lìda] *s.m.* e *f.* chi, per il prestigio che ha o per i mezzi di cui dispone, crea o influenza l'opinione pubblica.

oplita *s.m.* [pl. *-i*] nell'antica Grecia, soldato di fanteria con armatura pesante.

opossum [-pòs-] *s.m.invar.* mammifero marsupiale americano simile al topo; è ricercato per il pelo lungo, folto e morbido (*fam.* Didelfidi).

opoterapia [-pi-] *s.f.* (*med.*) metodo terapeutico basato sulla somministrazione di preparati ricavati da certi organi animali.

oppiaceo [-pià-] *agg.* e *s.m.* si dice di sostanze che contengono oppio o suoi derivati.

oppiare *v.tr.* [*io òppio ecc.*] mescolare, trattare con oppio; drogare con oppio.

oppiato *agg.* e *s.m.* (*med.*) farmaco a base di oppio.

oppio [òp-] *s.m.* sostanza narcotica estratta dai frutti del papavero bianco, usata in farmacia come sedativo.

oppiomane [-piò-] *s.m.* e *f.* chi per vizio fuma o ingerisce oppio.

oppiomania [-nì-] *s.f.* il vizio del fumare o dell'ingerire oppio.

opponibile [-nì-] *agg.* che si può opporre: *pollice —,* che si può appoggiare contro ogni altro dito della stessa mano.

opporre [-pór-] *v.tr.* [coniugato come *porre*] porre contro, contrastare: *— argomenti nuovi agli avversari / — resistenza,* resistere // **-orsi** *v.rifl.pron.* porsi contro, contraddire: *mi sono opposto alla vostra richiesta.*

opportunismo [-ʃmo] *s.m.* atteggiamento di chi si adegua alle circostanze cercando di sfruttare a proprio vantaggio.

opportunista *s.m.* e *f.* [pl.m. *-i*] chi si comporta con opportunismo.

opportunistico [-nì-] *agg.* [pl.m. *-ci*] proprio dell'opportunismo, degli opportunisti.

opportunità *s.f.invar.* **1** l'essere opportuno. CONTR. *inopportunità* **2** occasione di luogo o tempo favorevole: *avere, dare, cogliere, lasciarsi sfuggire l'—.*

opportuno *agg.* che è adeguato, che si addice alla circostanza: *è — che tu vada.* SIN. *adatto.* CONTR. *inopportuno.*

oppositore [-ʃitó-] *s.m.* [f. *-trice*] chi si oppone.

opposizione [-ʃizió-] *s.f.* **1** atto, effetto dell'opporre o dell'opporsi; mezzo con cui ci si oppone **2** le forze politiche contrarie al governo: *essere, passare all'— / partito d'—* **3** (*dir.*) ricorso contro un provvedimento dell'autorità ritenuto lesivo del proprio interesse **4** (*astr.*) posizione di due corpi celesti che si trovino diametralmente opposti rispetto a un terzo, e spec. alla Terra.

opposto [-pó-] *agg.* **1** che è posto di fronte: *il marciapiede —; foglie opposte,* (*bot.*) che stanno sullo stesso nodo, una di fronte all'altra **2** (*fig.*) contrario: *opinioni opposte // s.m.* la cosa contraria / *all'—,* al contrario.

oppressione [-sió-] *s.f.* **1** l'opprimere o l'essere oppresso; stato di schiavitù politica e sociale **2** sensazione spiacevole di fastidio fisico o di ansietà: *sentiva un' — al cuore.*

oppressivo *agg.* che opprime.

oppresso [-près-] *agg.* e *s.m.* che o chi è sottoposto a oppressione: — *dalla fatica, dalla tirannide.*

oppressore [-só-] *s.m.* chi opprime. SIN. *tiranno.*

opprimente [-mèn-] *agg.* che opprime: *caldo —.*

opprimere [-pri-] *v.tr.* [pass.rem. *io opprèssi, tu opprimésti ecc.*; p.pass. *opprèsso*] **1** tiranneggiare, tener sotto: — *gli schiavi, un popolo* **2** aggravare, far peso sopra (anche *fig.*): *quest'afa opprime il respiro; sono oppresso dalla noia.*

oppugnare *v.tr.* **1** (*ant.*) assalire **2** (*fig.*) contrastare, confutare.

oppure *cong. coordinativa disgiuntiva* o, ovvero: *ti regalerò un libro — un disco.*

oprare *v.tr.* e *deriv.* (*poet.*) → **operare** e *deriv.*

optare *v.intr.* [*io òpto ecc.*] fare una scelta tra due o più cose: — *per il pensionamento anticipato.*

optimum [òp-] *s.m.invar.* il meglio a cui si possa giungere in un dato campo.

optional [*ingl.*; *pr.* òpscional] *s.m.* (usato spec. al pl. *optionals*) accessorio, variante che si può avere a richiesta e pagando un sovrapprezzo rispetto al modello di base, spec. di autoveicoli.

optometria [-trì-] *s.f.* determinazione dell'acutezza visiva.

optometrista *s.m.* e *f.* [pl.m. *-i*] tecnico specialista in optometria.

opulento [-lèn-] *agg.* (*lett.*) molto ricco, abbondante.

opulenza [-lèn-] *s.f.* (*lett.*) qualità di ciò che è opulento.

opuscolo [-pù-] *s.m.* libretto di poche pagine.

opzionale *agg.* che è frutto di opzione, di scelta; facoltativo.

opzione [-zió-] *s.f.* atto dell'optare, scelta.

or [òr] *avv.* troncamento di → **ora²**.

ora¹ [ó-] *s.f.* **1** unità di tempo pari alla ventiquattresima parte del giorno solare medio, uguale a 60 minuti primi, ossia 3600 secondi: — *del giorno, della notte; ore antimeridiane, pomeridiane; la lancetta delle ore; la pendola segna le ore / — astronomica,* regolata sul passaggio di un astro / — *locale,* calcolata in base all'esatta posizione del Sole in un luogo / — *di porto,* ritardo dell'onda di marea rispetto al passaggio della Luna sul meridiano del luogo / — *internazionale,* adottata per convenzione da quasi tutti i paesi e stabilita col sistema dei fusi orari / *fare le ore piccole,* stare alzati dopo la mezzanotte **2** spazio di tempo della durata di un'ora: *un'— di lezione; ci vorrà un'— di cammino; le ore volano / donna a ore,* domestica pagata secondo il numero delle ore di servizio prestato / *le quarant'ore,* solennità liturgica dell'esposizione del santissimo sacramento per quaranta ore consecutive **3** un particolare momento del tempo: — *x, — zero,* il momento in cui ha inizio un'operazione militare; — *di punta,* di maggior traffi-

co; *a che — parti?*; *uscirò alla solita —; l'— di pranzo / non vedere l'— di fare qlco.,* desiderarlo ardentemente / *sarebbe — di fare qlco.,* sarebbe tempo / *da un'— all'altra,* in brevissimo tempo / *di buon'—,* al mattino presto / *l'ultima —,* l'ultimo momento della vita / *passare un brutto quarto d'—,* trovarsi in un momento difficile e pericoloso **4** *ore canoniche,* le preghiere che preti e monaci devono recitare nelle singole ore / *libro d'ore,* contenente tali preghiere.

ora² [ó-] *avv.* [si tronca in *ór* in alcune locuzioni e nell'uso lett.] in questo momento, al presente: — *non posso uscire*; nel tempo presente, nell'epoca presente: — *non si usano più*; con riferimento al più vicino passato: *ci siamo lasciati* — (o raddoppiato *or —),* un momento fa; o a un futuro immediato: *arriverà —,* tra un momento / *alcuni mesi, giorni, anni or sono,* alcuni mesi, giorni, anni fa / *per —,* per il momento; attualmente / — *come —,* al presente, per il momento, in queste circostanze / *d'— in poi, d'— in avanti,* da questo momento in poi, in avanti / *fin* (o *sin) d'—,* fino da questo momento // *cong.* **1** con valore avversativo e significato affine a *ma*: *tu credi di aver ragione,* — *io ti dico che hai torto* **2** con valore introduttivo, per riprendere un discorso, un racconto: — *avvenne che...*; o per concluderlo:... *che faresti al mio posto?* **3** *ora... ora,* un momento... un altro momento, una volta... un'altra: — *dice di sì,* — *di no.*

oracolo [-rà-] *s.m.* responso che i popoli antichi credevano di ricevere dalle loro divinità; la divinità stessa; (*fig.* e *scherz.*) persona autorevole, di grande prestigio.

orafo [ò-] *s.m.* artigiano che lavora metalli preziosi.

orale *agg.* della bocca; detto a voce, non scritto: *cavità —; tradizione — // s.m.* esame non scritto: *domani farò l'— di greco.*

oralità *s.f.invar.* **1** l'essere orale **2** la capacità di usare la bocca come mezzo di conoscenza e di rapporto, tipica dei bambini piccoli.

oramai *avv. di tempo* → **ormai**.

orango *s.m.* [pl. *-ghi*], **orangutan** [-tàn] *s.m.invar.*, **orangutano** *s.m.* grossa scimmia antropomorfa dei climi equatoriali, con muso molto sporgente e braccia lunghissime, senza coda, molto intelligente e addomesticabile (*fam.* Pongidi).

orare *v.tr.* [*io òro ecc.*] (*ant.*) pregare.

orario [-rà-] *agg.* che concerne l'ora; che si compie in un'ora: *angolo, disco, segnale —; tabella oraria,* contenente le indicazioni di ciò che si deve fare in ogni ora; *velocità oraria,* velocità media di un oggetto mobile in un'ora / *senso —,* quello in cui ruotano le lancette dell'orologio // *s.m.* **1** ordine in cui debbono succedersi nel tempo determinati avvenimenti: — *invernale, notturno; — d'esami, di lavoro; essere in —,* essere puntuale **2** prospetto che illustra l'orario già disposto, spec. il fascicolo e il tabellone contenente le ore di arrivo e partenza dei treni: *consultare l'—.*

orata *s.f.* pesce di mare commestibile dal corpo piuttosto grosso, grigio-argenteo a macchie e strisce dorate (*fam.* Sparidi).

oratore [-tó-] *s.m.* [f. *-trice*] persona che professa l'arte oratoria o possiede le doti necessarie per pronunciare discorsi in pubblico; chi parla in pubblico anche occasionalmente: *Demostene fu un grande — greco; oggi sarai tu l'—.*

oratoria [-tò-] *s.f.* l'arte del dire; l'eloquenza; il complesso degli oratori e delle orazioni di un determinato periodo storico.

oratorio[1] [-tò-] *agg.* che concerne l'oratore e l'orazione: *stile* —.

oratorio[2] [-tò-] *s.m.* **1** luogo sacro per il culto, spesso privato (per confraternite, collegi ecc.); per estens., nome di alcune associazioni religiose: *l'— di S. Bernardino*; *i Padri dell'Oratorio*, dell'ordine di san Filippo Neri **2** edificio, solitamente attiguo alla chiesa parrocchiale, in cui si insegna ai giovani la dottrina cattolica e li si intrattiene con varie attività **3** azione sacra di carattere drammatico, interamente cantata ed eseguita da solisti, coro e orchestra, ma senza scene o costumi teatrali.

orazione [-zió-] *s.f.* **1** preghiera in senso religioso: *recitare le orazioni* **2** discorso pubblico e solenne: *— funebre*, in onore di un morto.

orbace *s.m.* stoffa di lana non sgrassata, tradizionalmente filata e tessuta a mano, tipica della Sardegna.

orbare *v.tr.* [*io* òrbo *ecc.*] (*lett.*) privare per sempre: *madre orbata del figlio*.

orbe [òr-] *s.m.* (*lett.*) circonferenza, oppure sfera: *l'— terrestre*, il mondo.

orbene [-bè-] *locuz.cong. coordinativa* dunque, or dunque, sempre in principio di frase: *—, ciò che è fatto, è fatto.*

orbettino *s.m.* rettile terrestre, innocuo, dal corpo serpentiforme (*fam.* Anguidi).

orbicolare *agg.* circolare // *s.m.* (*anat.*) muscolo disposto intorno alla bocca e alla palpebra, con la funzione di chiuderle [*ill. Corpo*].

orbita [òr-] *s.f.* **1** traiettoria seguita da un corpo celeste ruotante rispetto a un punto fisso **2** (*fig.*) cavità dell'osso tra la faccia e il cranio, che contiene l'occhio.

orbitale *agg.* relativo a orbita.

orbo [òr-] *agg.* privo, spec. della vista.

orca [òr-] *s.f.* enorme mammifero cetaceo, voracissimo, comune nei mari del nord; ha testa tondeggiante e pinna dorsale altissima (*fam.* Delfinidi) [*ill. Cetacei*].

orchestra [-chè-] *s.f.* **1** parte dell'antico teatro greco, davanti alla scena, riservata al coro; oggi, parte della sala teatrale occupata dai suonatori **2** insieme dei suonatori e degli strumenti necessari a un'esecuzione musicale: *— sinfonica*. DIM. *orchestrina*.

orchestrale *agg.* di, dell'orchestra // *s.m.* e *f.* chi suona in un'orchestra.

orchestrare *v.tr.* [*io* orchèstro *ecc.*] **1** scrivere la parte destinata a ciascuno strumento dell'orchestra in un'esecuzione musicale **2** (*fig.*) distribuire organicamente, organizzare: *— una scena, un piano*.

orchestrazione [-zió-] *s.f.* atto, effetto dell'orchestrare.

orchi- [dal gr. *órchis* = testicolo] prima parte di termini medici che indica attinenza con la gonade maschile o testicolo (*orchite*).

orchidea [-dè-] *s.f.* pianta erbacea ornamentale, con fiori di vario colore, propria delle regioni tropicali (*fam.* Orchidacee).

orchite *s.f.* (*med.*) infiammazione del testicolo.

orcio [òr-] *s.m.* grande vaso di terracotta, panciuto, per olio e simili.

orco [òr-] *s.m.* [pl. *-chi*] nelle favole, essere mostruoso e sanguinario; per estens., si dice di persona brutta e minacciosa.

orda [òr-] *s.f.* raggruppamento temporaneo di nomadi a scopo di razzia, caccia o migrazione; per estens., accozzaglia di gente.

ordalia [-li-] *s.f.* giudizio di Dio; prova fisica a cui nel medioevo si sottoponeva talora un accusato, e il cui risultato era ritenuto un diretto responso divino sulla sua innocenza o colpevolezza.

ordigno *s.m.* **1** strumento complesso, congegno; dispositivo spec. bellico, arma: *— nucleare* **2** (*scherz.*) arnese strano.

ordinale *agg.* e *s.m.* si dice di numero designante l'ordine in una successione (*primo, secondo ecc.*).

ordinamento [-mén-] *s.f.* atto, effetto dell'ordinare; il complesso di norme e di istituti vigenti in una determinata materia: *— giudiziario*.

ordinanza *s.f.* **1** provvedimento normativo di carattere amministrativo: *— del pretore* **2** nell'ambiente militare, qualsiasi prescrizione o ordinamento: *marciare in —*, in schiera / *ufficiale d'—*, subalterno addetto alla persona di un altro ufficiale / *tenuta d'—, fuori —*, divisa regolare, irregolare.

ordinare *v.tr.* [*io* órdino *ecc.*] **1** mettere in ordine; organizzare qlco. stabilendo e applicando norme, leggi ecc.: *— la biblioteca*; *— la legislazione di uno stato* **2** dare ordine che una cosa si faccia; commissionare una merce: *— di rispondere*; *— una cura*; *— una partita di tessuti* / *— un caffè*, in un bar, chiedere che venga servito. SIN. *comandare* **3** (*eccl.*) dare gli ordini sacri: *il vescovo ordinerà nuovi sacerdoti*.

ordinariato *s.m.* la qualifica, la condizione di professore ordinario.

ordinario [-nà-] *agg.* **1** che non esce dall'ordine, consueto: *seduta, spesa ordinaria* / *professore —*, di ruolo. SIN. *solito*. CONTR. *straordinario* **2** grossolano: *tessuto —*; *uomo —*. SIN. *rozzo, dozzinale* // *s.m.* **1** ciò che è consueto: *fuori dell'—*, insolito / *d'—*, abitualmente **2** professore di ruolo **3** *— militare*, vescovo delle forze armate.

ordinata[1] *s.f.* (*fam.*) il mettere in ordine frettolosamente.

ordinata[2] *s.f.* **1** (*mat.*) la misura della distanza di un punto dall'asse delle ascisse, nelle coordinate cartesiane **2** ciascuna delle sezioni trasversali dello scafo di una nave o della fusoliera di un aeroplano [*ill. Barca*].

ordinativo *s.m.* (*comm.*) ordine, ordinazione di merce.

ordinato *agg.* **1** che è in ordine (detto di cosa): *cassetto —* **2** che tiene le sue cose in ordine; che fa tutto con ordine (detto di persona). SIN. *metodico* **3** (*eccl.*) si dice di sacerdote che ha ricevuto gli ordini sacri.

ordinazione [-zió-] *s.f.* **1** commissione di merci a un venditore, di lavoro a un operaio **2** conferimento del sacramento dell'Ordine.

ordine [ór-] *s.m.* **1** disposizione d'ogni cosa al suo posto secondo un determinato criterio; il criterio stesso; lo stato della cosa così disposta: *— alfabetico, logico, numerico*; *mettere in — i libri, le idee*; *procedere con — / ritirarsi in buon —*, (*fig.*) desistere da un'impresa / *l'— pubblico*, stato di normale tranquilla convivenza fra i cittadini di una comunità / *i tutori dell'—*, gli agenti di polizia / *l'— costituito*, il complesso delle leggi e delle istituzioni su cui si fonda una società / *essere, mettersi in —*, ben vestiti e puliti **2** serie ordinata di cose uguali o diverse; posto occupato da ogni singola cosa: *l'— dei piani di un edificio / — di idee / di prim'—*, eccellente, di ottima qualità / *— architettonico*, nell'architettura classica, disposizione degli elementi fondamentali (colonne, trabeazioni) secondo precise norme stilistiche **3** insieme di persone o cose che, per condizione o per particolari caratteristiche, formano una categoria a sé: *— professionale*, associazione tra coloro che esercitano una stessa professione; *— religioso*, congregazione

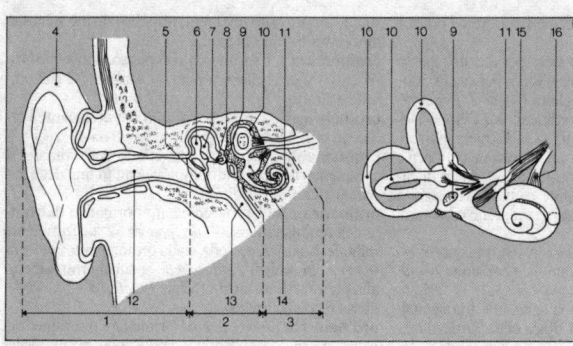

orecchio

1 *orecchio esterno,*
2 *orecchio medio,*
3 *orecchio interno,*
4 *padiglione,* 5 *membrana
timpanica,* 6 *martello,*
7 *incudine,* 8 *staffa,*
9 *finestra ovale,* 10 *canale
semicircolare,*
11 *chiocciola o coclea,*
12 *meato acustico,*
13 *tromba di Eustachi,*
14 *sacculo,* 15 *nervo
acustico,* 16 *nervo
cocleare.*

religiosa i cui membri sono vincolati al rispetto di una determinata regola: *ordini cavallereschi / scuole dell'— inferiore* 4 (*eccl.*) sacramento che conferisce il carattere sacerdotale; ogni grado della gerarchia ecclesiastica: *ordini minori, maggiori* 5 disposizione verbale o scritta, formulata in tono assoluto e preciso: *dare, ricevere un —, l'— di fare qlco.; leggere, portare gli ordini; prendere ordini da qlcu.*, dipendere da lui / *parola d'—*, parola e controparola segrete che servono di riconoscimento / *aspettiamo il vostro —*, (*comm.*) ordinazione / *all'—*, clausola dei titoli di credito che li rende trasferibili mediante girata / *impiegato d'—*, di grado inferiore / *in — a*, per ciò che riguarda. SIN. *comando, intimazione* 6 *— del giorno*, foglio diramato quotidianamente da un comando militare con comunicazioni varie; per estens., elenco degli argomenti da discutere in una seduta d'assemblea / *presentare un — del giorno*, una proposta scritta / *essere all'— del giorno*, (*fig.*) essere consueto.

ordire *v.tr.* [*io ordisco, tu ordisci ecc.*] 1 disporre i fili in senso longitudinale sul telaio da tessitura 2 (*fig.*) disporre nelle linee principali; macchinare: *— una congiura.* SIN. *tramare.*

ordito *agg.* preparato, cominciato; (*fig.*) macchinato, tramato // *s.m.* insieme di fili, tesi longitudinalmente sul telaio, destinati a incrociarsi con la trama per formare il tessuto [*ill. Telaio*].

orditore [-tó-] *s.m.* [f. *-trice*] operaio addetto all'orditura.

orditura *s.f.* operazione del disporre l'ordito sul telaio.

oreade [-rè-] *s.f.* (*mit.*) ninfa dei monti.

orecchia [-réc-] *s.f.* → **orecchio**.

orecchiabile [-chià-] *agg.* si dice di musica che si ricorda e si ripete facilmente.

orecchiante *agg.* e *s.m.* e *f.* 1 che o chi suona o canta a orecchio, senza conoscere la musica 2 (*fig.*) che o chi ripete quel che sente dire su una data materia, senza conoscerla a fondo.

orecchietta [-chiét-] *s.f.* 1 (*anat.*) ciascuna delle cavità superiori del cuore; atrio 2 (*cuc.*) tipo di pasta propria della tradizione pugliese: *orecchiette al sugo* 3 denominazione popolare di funghi del genere Otidea (*fam.* Pezizacee).

orecchino *s.m.* piccolo gioiello o ornamento di materiale vario che si porta all'orecchio.

orecchio [-réc-] *s.m.* [pl.f. *-e*; pl.m. *-i*] 1 l'organo dell'udito, che nell'uomo e negli animali superiori è duplice ed è costituito da un sistema di cavità situato in ciascun osso temporale e comunicante con l'esterno per mezzo di un condotto terminante nel padiglione: *parlare all'— / tapparsi gli orecchi*, cercare di non sentire / *arrivare all'—*, si dice di notizia che si viene a conoscere indirettamente / *prestar —*, ascoltare / *essere tutt'orecchi*, ascoltare con la massima attenzione / *fare — da mercante*, fingere di non aver udito / *mettere una pulce nell'—*, insinuare un dubbio, un sospetto 2 l'udito: *avere — fine; essere duro d'—*, sentirci poco / *— musicale*, sensibilità per la musica, oppure facoltà di apprendere e ricordare le melodie 3 la parte esterna dell'organo dell'udito, il padiglione, e per analogia ogni sporgenza o piegatura di forma simile: *fare un — alla pagina.*

orecchione [-chió-] *s.m.* 1 comune pipistrello con orecchie lunghe quasi quanto il corpo (*fam.* Vespertilionidi) 2 ciascuna delle alette laterali con cui una bocca da fuoco si impernia sull'affusto 3 *pl.* parotite, malattia contagiosa caratterizzata dall'infiammazione delle ghiandole parotidi.

orecchiuto *agg.* che ha orecchi grandi.

orefice [-ré-] *s.m.* 1 orafo 2 chi vende oggetti di oreficeria.

oreficeria [-rì-] *s.f.* 1 l'arte dell'orafo; il prodotto del suo lavoro 2 il negozio dell'orefice.

orfano [òr-] *agg.* e *s.m.* che o chi ha perduto entrambi i genitori o uno solo di essi: *essere —; — di padre.*

orfanotrofio [-trò-] *s.m.* istituto dove sono ricoverati e educati gli orfani.

orfico [òr-] *agg.* [pl.m. *-ci*] 1 di Orfeo e del suo culto 2 dell'arte, e spec. della poesia e della musica.

organdis *s.m.invar.* tessuto di cotone fine e leggero, simile alla mussolina, usato per confezionare abiti.

organetto [-nét-] *s.m.* strumento meccanico consistente in un cilindro provvisto di punte che, ruotando, aprono le valvole di una serie di canne nelle quali viene insufflata aria per mezzo di un mantice.

organicità *s.f.invar.* qualità di ciò che è organico.

organico [-gà-] *agg.* [pl.m. *-ci*] 1 fornito di organi; relativo ad organi di esseri viventi; derivante da organismi viventi: *corpi organici; disturbi organici; composti organici / chimica organica*, parte della chimica che studia i composti del carbonio, elemento che si trova in tutti gli organismi viventi 2 ben equilibrato, ordinato nelle sue parti: *racconto —* // *s.m.* il complesso del personale addetto a un ufficio: *ampliare l'— / — di guerra*, formazione di guerra di un reparto // **-mente** *avv.* in modo organico, con ordine.

organigramma *s.m.* [pl. *-i*] testo o schema grafico che descrive l'organizzazione gerarchica di un'azienda, di un ufficio.

organino *s.m.* piccolo organo; organetto.

organismo [-ʃmo] *s.m.* **1** insieme dei tessuti e degli organi di un corpo vivente **2** (*fig.*) complesso formato da più parti: *l'— amministrativo.*

organista *s.m.* e *f.* [pl.m. *-i*] sonatore di organo.

organizzare [-niʒʒa-] *v.tr.* preparare ordinatamente. SIN. *predisporre* // **-arsi** *v.rifl.* **1** formarsi e differenziarsi costituendosi in organo: *negli anellidi si è organizzato un apparato digerente completo* **2** prepararsi: — *per un viaggio, per eseguire un lavoro.*

organizzativo [-niʒʒa-] *agg.* che riguarda l'organizzazione: *capacità organizzative.*

organizzatore [-niʒʒató-] *agg.* e *s.m.* [f. *-trice*] che o chi organizza.

organizzazione [-niʒʒaʒió-] *s.f.* **1** l'organizzare; l'essere organizzato; il modo con cui si organizza qlco.: — *impeccabile, pessima* **2** organismo, associazione: — *mondiale della sanità.*

organo [òr-] *s.m.* **1** ogni parte dei corpi animali o vegetali, avente una particolare funzione nella vita; per estens., ogni singola parte di un congegno meccanico: *l'— dell'udito; l'— di trasmissione / l'— di stampa,* il giornale **2** strumento a tastiera in cui il suono viene prodotto immettendo aria in una serie di canne per mezzo di un mantice [*ill. Musicali, strumenti*]; — *Hammond,* strumento a tastiera in cui il suono viene generato da frequenze elettriche.

organogeno [-nò-] *agg.* si dice di rocce sedimentarie formate essenzialmente dall'accumulo di avanzi di organismi animali e vegetali.

organolettico [-lèt-] *agg.* [pl.m. *-ci*] si dice dei caratteri di una sostanza che determinano stimoli sensoriali (odore, sapore, colore), e dell'esame fatto attraverso tali caratteri.

organologia [-gì-] *s.f.* **1** parte dell'anatomia che studia la struttura e il funzionamento degli organi animali o vegetali **2** scienza che studia la storia, la struttura, la classificazione e il funzionamento degli strumenti musicali.

organometallo *s.m.* composto chimico contenente un metallo unito direttamente ad atomi di carbonio organico.

organza [-ʒa] *s.f.* → **organdis**.

organzino [-ʒi-] *s.m.* filato di seta naturale o sintetica, composto di più fili ritorti insieme.

orgasmo [-ʃmo] *s.m.* **1** forte eccitazione nervosa; per estens., irrequietezza, agitazione **2** il complesso dei fenomeni fisici che contraddistinguono la fase terminale, appagante, di un atto sessuale.

orgastico [-gà-] *agg.* [pl.m. *-ci*] di, dell'orgasmo; simile a orgasmo: *agitazione orgastica.*

orgia [òr-] *s.f.* [pl. *-ge* o *-gie*] festa che si faceva in onore di Bacco con cerimonie e danze sfrenate e rumorose; per estens., festa nella quale si ecceda nel cibo e nel divertimento: *— di colori,* abbondanza, ricchezza.

orgiastico [-già-] *agg.* [pl.m. *-ci*] di orgia: *rito —.*

orgoglio [-gó-] *s.m.* **1** grandissima stima di sé e dei propri meriti. SIN. *superbia, presunzione* **2** cosa o persona che sia motivo di vanto: *è l'— di suo padre.*

orgoglioso [-glió-] *agg.* **1** pieno di orgoglio. SIN. *superbo, presuntuoso* **2** soddisfatto di qlco. che fa onore: *il maestro è molto — del suo allievo.*

orientale *agg.* dell'oriente, relativo all'oriente; che è ad oriente.

orientalista *s.m.* e *f.* [pl.m. *-i*] studioso di lingue, letterature, civiltà orientali.

orientamento [-mèn-] *s.m.* **1** l'orientare, l'orientarsi: *senso di — / — scolastico e professionale,* l'insieme dei procedimenti che tendono ad accertare le attitudini di un individuo per indirizzarlo alla scelta di una scuola o di un lavoro **2** (*geogr.*) l'insieme delle operazioni fatte, a vista o con strumenti, allo scopo di riconoscere i punti cardinali.

orientare *v.tr.* [*io oriènto* ecc.] **1** disporre qlco. in modo che corrisponda con un dato punto cardinale; volgere a oriente, con il lato principale verso oriente / — *una carta geografica,* disporla in modo che la parte superiore sia volta a nord **2** (*fig.*) dirigere, indirizzare qlcu. verso una data attività: — *un giovane verso gli studi classici* // **-arsi** *v.rifl.* **1** identificare il luogo in cui ci si trova **2** raccapezzarsi, chiarirsi le idee.

orientativo *agg.* che orienta; che riguarda l'orientamento.

orientato *agg.* disposto in corrispondenza di un dato punto cardinale / *questa casa è ben orientata,* è ben esposta.

oriente [-rièn-] *s.m.* **1** la parte dove sorge il Sole; levante **2** l'insieme dei territori situati ad est rispetto a un dato punto; per estens., la civiltà, la popolazione del continente asiatico: *le tendenze dell'—.*

orifiamma *s.f.* bandiera con stelle e fiamme d'oro in campo rosso, insegna militare dei re di Francia nel medioevo.

orifizio [-fi-] *s.m.* **1** foro, stretta apertura di un vaso o all'estremità di un canale, spec. per il passaggio di un fluido: *l'— della cannella* (*anat.*) apertura che mette in comunicazione alcune cavità del corpo tra loro o con l'esterno: — *pilorico.*

origano [-ri-] *s.m.* erba aromatica con foglioline ovali e fiori color rosa (*fam.* Labiate).

originale *agg.* **1** dell'origine; che esiste dall'origine / *peccato —,* nella religione cristiana, il peccato di Adamo ed Eva, trasmesso a tutti gli uomini **2** si dice di scritto o di opera artistica o di prodotto autentico, non falsato: *un manoscritto —; stoffa — scozzese* **3** si dice di ciò che non è frutto di imitazione, ma presenta un carattere proprio: *opera —.* SIN. *nuovo, singolare* **4** fuori del comune; bizzarro: *un tipo —.* SIN. *stravagante* // *s.m.* **1** si dice di qualsiasi testo che serve da modello e da cui si traggono le copie: *trattenere l'— di un documento* **2** lingua originale: *questo libro è tradotto dall'— * **3** la persona rappresentata rispetto al ritratto: *questo dipinto non assomiglia all'—* **4** persona stravagante: *è proprio un —.*

originalità *s.f.invar.* qualità di ciò che è originale; gesto, discorso di persona originale. SIN. *singolarità, stravaganza.*

originare *v.tr.* [*io origino* ecc.] dare origine. SIN. *generare* // *v.intr.,* **-arsi** *v.rifl.pron.* avere origine.

originario [-nà-] *agg.* **1** che ha origine da un luogo; che dà origine: *è un popolo — dell'Asia; paese — di una stirpe* **2** primitivo, come era prima: *ha perso l'— splendore* // **-mente** *avv.* in origine, dapprima.

origine [-rì-] *s.f.* **1** principio da cui deriva qlco.; il punto in cui ha inizio qlco.: *l'— della vita, dell'universo; le origini della civiltà / l'— di un fiume,* la sorgente / *risalire all'—, alle origini,* alle prime manifestazioni di un fatto, di un fenomeno ecc. / *in —,* dapprima, dal principio **2** causa: *l'— di una malattia, di una disputa; dare — a qlco.,* provocarla, determinarla **3** provenienza; ambiente o condizione sociale da cui proviene una persona, una famiglia ecc.: *essere di nobile —, di origini modeste / luogo, paese d'—*, il paese nativo di una persona e dei suoi antenati.

origliare *v.intr.* [*io origlio ecc.*] ascoltare di nascosto: *— alla porta.*

origliere [-gliè-] *s.m.* (*antiq.*) guanciale.

orina *s.f.* liquido giallastro prodotto dalla secrezione dei reni, depositato nella vescica attraverso gli ureteri e quindi espulso.

orinale *s.m.* (*antiq.*) vaso nel quale si orina.

orinare *v.intr.* espellere l'orina.

orinatoio [-tó-] *s.m.* luogo di pubblico accesso per orinare.

oriolo[1] [-rió-] *s.m.* (*ant.*) orologio.

oriolo[2] [-rió-] *s.m.* → **rigogolo**.

oristanese [-né-] *agg.* di Oristano // *s.m.* e *f.* abitante di Oristano.

oritteropo [-tè-] *s.m.* mammifero sdentato africano dal muso lungo e sottile, con zampe corte dalle unghie taglienti e lingua protrattile, vischiosa, con la quale cattura le termiti (*fam.* Mirmecofagidi).

oriundo *agg.* che ha origine in un determinato luogo: *— di Parigi // s.m.* nel gioco del calcio, giocatore proveniente da federazioni estere, ma di origine italiana.

orizzontale [-riʒʒon-] *agg.* **1** parallelo al piano dell'orizzonte, contrapposto a verticale: *mettere, stare in posizione —* **2** (*fig.*) che è a pari livello, che opera sullo stesso piano; che attraversa diverse organizzazioni / *organizzazione —*, nel sindacato, quella territoriale, contrapposta a quella delle categorie (*verticale*) // **-mente** *avv.* in senso orizzontale.

orizzontare [-riʒʒon-] *v.tr.* [*io orizzónto ecc.*] mettere in una data posizione rispetto all'orizzonte, ai punti cardinali // **-arsi** *v.rifl.pron.* riconoscere il luogo in cui ci si trova o la direzione da prendere; orientarsi; (*fig.*) raccapezzarsi.

orizzonte [-riʒʒón-] *s.m.* **1** linea ideale che limita la nostra vista e sembra unire il cielo alla terra: *una nave appariva all'—; il sole tramonta sull'— / — astronomico*, circolo massimo che divide in due emisferi la sfera celeste e passa per il centro della Terra **2** (*fig.*) campo di azione, di attività; prospettiva futura: *l'— politico è oscuro; alla scienza si aprono sempre nuovi orizzonti / fare un giro d'—*, esaminare l'aspetto complessivo di una situazione.

orlare *v.tr.* [*io órlo ecc.*] fare l'orlo; provvedere di orlatura; bordare (anche *fig.*): *— un fazzoletto; nuvole orlate di rosa.*

orlatura *s.f.* l'orlare; anche l'orlo e ciò che serve per orlare.

orlo [ór-] *s.m.* **1** la parte con cui qlco. termina o inizia; margine: *l'— di un recipiente, del tetto; bicchiere pieno fino all'—*, colmo / *essere sull'— della follia*, sul punto di impazzire / *essere sull'— del precipizio*, (*fig.*) sul punto di rovinarsi **2** l'estremo lembo di un tessuto, ripiegato e cucito perché non si sfili.

orlon [òr-] *s.m.invar.* fibra tessile sintetica ®.

orma [ór-] *s.f.* **1** segno lasciato dal piede dell'uomo o dalla zampa di un animale sul terreno: *imprimere le proprie orme sulla neve / seguire, calcare le orme di qlcu.*, imitarlo, seguirne l'esempio **2** (*fig.*) resto, vestigio: *le orme di un passato glorioso.* SIN. *traccia, impronta.*

ormai *avv.* di tempo ora, a questo punto, infine, adesso, finalmente: *— siamo arrivati.*

ormeggiare *v.tr.* [*io orméggio ecc.*] fissare un'imbarca-

zione con l'ancora oppure assicurandola con cavi o catene a punti di solida presa // **-arsi** *v.rifl.* assicurarsi con ormeggi (detto di imbarcazione).

ormeggio [-még-] *s.m.* **1** l'atto, l'effetto dell'ormeggiare o dell'ormeggiarsi; anche il posto in cui si ormeggia: *— di prua, di poppa* **2** *pl.* i cavi o le catene con cui è ormeggiata un'imbarcazione: *levare, mollare gli ormeggi.*

ormonale *agg.* che riguarda gli ormoni; che contiene o utilizza ormoni: *preparato —.*

ormone [-mó-] *s.m.* (*anat.*) sostanza organica prodotta dalle ghiandole endocrine, che influisce sulle funzioni di determinati tessuti.

ormonoterapia [-pì-] *s.f.* terapia basata sull'impiego degli ormoni.

ornamentale *agg.* **1** che riguarda l'ornamento: *disegno —* **2** che serve da ornamento: *pianta —.*

ornamentazione [-zió-] *s.f.* complesso di ornamenti.

ornamento [-mén-] *s.m.* l'ornare; la cosa che serve a ornare (anche *fig.*): *oggetti d'—.*

ornare *v.tr.* [*io órno ecc.*] rendere più bello aggiungendo qlco. di ricco, di elegante (anche *fig.*): *— una tavola di fiori; i quadri ornano le pareti; — lo stile*, renderlo più raffinato con artifici retorici // **-arsi** *v.rifl.* abbellirsi con ornamenti.

ornatista *s.m.* e *f.* [*pl.m. -i*] artista che si dedica a lavori di ornamentazione.

ornato *agg.* adorno: *una camicetta ornata di pizzo // s.m.* **1** insieme di motivi ornamentali, spec. di opere architettoniche **2** parte dello studio del disegno che insegna l'arte di fare ornamenti architettonici.

orneblenda [-blèn-] *s.f.* minerale silicatico verde o nero appartenente al gruppo degli anfiboli, molto diffuso nelle rocce eruttive e metamorfiche.

ornello [-nèl-] *s.m.* pianta arborea, simile al frassino comune, coltivata per l'estrazione della manna (*fam.* Oleacee).

ornitologia [-gì-] *s.f.* ramo della zoologia che studia gli uccelli.

ornitologico [-lò-] *agg.* [*pl.m. -ci*] che riguarda l'ornitologia.

ornitologo [-tò-] *s.m.* [*pl. -gi*] studioso di ornitologia.

ornitorinco *s.m.* [*pl. -chi*] mammifero australiano dei monotremi, con corpo allungato ricoperto da una folta pelliccia bruna, largo becco d'anitra, coda grossa e piedi palmati; è oviparo e vive lungo i fiumi (*fam.* Ornitorinchidi).

ornitosi [-tòʃi] *s.f.invar.* qualsiasi malattia infettiva che colpisca gli uccelli.

orno [ór-] *s.m.* → **ornello**.

oro [ò-] *s.m.* **1** elemento chimico (Au; *n.at.* 79; *p.at.* 197,2); metallo pregiato, giallo lucente, tenero, resistente agli acidi, usato per oreficeria, monete, decorazioni ecc.; mezzo di scambio universalmente riconosciuto, è la base a cui si riporta il valore di ogni moneta: *— zecchino, lavorato; pagamento in —*, con monete d'oro / *a peso d'—*, a carissimo prezzo / *non lo cederei per tutto l'— del mondo*, a nessun prezzo / *vale tant'— quanto pesa*, vale molto / *nuotare nell'—*, essere molto ricco / *le sete dell'—, delle ricchezze / età dell'—*, favolosa età primitiva / *libro d'—*, in cui vengono notate persone o cose insigni / *un uomo, un cuore, un affare d'—*, eccellente / *secolo d'—*, il più glorioso nella storia dell'arte, della letteratura / *capelli d'—*, biondi come l'oro / *— bianco*, lega speciale simile al platino / *— nero*, il petrolio / *prov.: non è tutt'— quel che riluce,* l'apparenza spesso inganna **2** *pl.* oggetti d'oro **3** *pl.* uno dei quattro semi delle carte da gioco napoletane.

oro- [ò-] [dal gr. *òros* = *monte*] primo elemento compositivo che significa «monte, montagna» (*orografia*, *orogenesi*).

orobanche *s.f.* pianta parassita delle fave, priva di foglie, con una spiga di fiori biancoviolacei (*fam.* Orobancacee).

orobico [-rò-] *agg.* [pl.m. *-ci*] del territorio di Bergamo e delle montagne retrostanti.

orogenesi [-gèneʃi] *s.f.invar.* origine e formazione dei sistemi montuosi.

orogenetico [-nè-] *agg.* [pl.m. *-ci*] che riguarda l'orogenesi.

orografia [-fì-] *s.f.* **1** scienza che studia i rilievi terrestri **2** distribuzione dei rilievi sulla Terra o in una data regione; anche la relativa descrizione e rappresentazione cartografica.

orografico [-grà-] *agg.* [pl.m. *-ci*] che riguarda l'orografia.

oroidrografia [-fì-] *s.f.* scienza che studia i rilievi terrestri e i corsi d'acqua che ne derivano.

oroidrografico [-grà-] *agg.* [pl.m. *-ci*] che riguarda l'oroidrografia.

orologeria [-rì-] *s.f.* **1** l'arte di fabbricare orologi; il negozio dell'orologiaio **2** sorta di meccanismo simile a quello degli orologi: *bomba a —*, bomba congegnata in modo da esplodere al momento prestabilito.

orologiaio [-già-] *s.m.* chi fa, vende o ripara orologi.

orologio [-lò-] *s.m.* meccanismo atto a misurare il tempo, riproducendone artificialmente o con l'ausilio di fenomeni naturali, intervalli regolari (giorno, ora, minuto primo e secondo): *— da polso, da tasca, a pendolo; — solare*, meridiana; *— a sabbia*, clessidra / *essere un —*, si dice di meccanismo che funzioni perfettamente o di persona precisa, puntuale.

oroscopo [-rò-] *s.m.* **1** predizione del futuro d'un individuo basata sulla posizione degli astri nel momento della sua nascita **2** per estens., pronostico, previsione.

orpello [-pèl-] *s.m.* **1** lega di rame e zinco di colore simile all'oro (*fig.*) ornamento inutile atto a esaltare un'apparenza ingannevole: *un mobile, un discorso pieno di orpelli*.

orrendo [-rèn-] *agg.* che desta orrore. SIN. *orribile, atroce, spaventevole*.

orribile [-rì-] *agg.* che suscita orrore, spavento: *tempo —*, pessimo. SIN. *atroce, orrendo*.

orrido [òr-] *agg.* che desta orrore per la sua bruttezza o per il suo aspetto aspro o selvaggio: *— mostro*; *orrida valle* // *s.m.* **1** aspetto orrido **2** precipizio o canalone a fianchi aspri ed erti.

orripilante *agg.* che fa rizzare i capelli; raccapricciante.

orripilazione [-zió-] *s.f.* fenomeno per il quale i peli tendono a raddrizzarsi sulla pelle in seguito a freddo o a emozione.

orrore [-ró-] *s.m.* **1** sentimento di forte paura e di ribrezzo. SIN. *terrore, raccapriccio* **2** cosa che desta tale sentimento: *gli orrori della guerra civile / quella scultura è un —*, assai brutta. SIN. *atrocità*.

orsa [òr-] *s.f.* **1** la femmina dell'orso **2** *Orsa maggiore, minore*, (*astr.*) costellazioni dell'emisfero boreale composte di sette stelle ciascuna; l'ultima dell'Orsa minore è la Stella Polare.

orsacchiotto [-chiòt-] *s.m.* piccolo orso.

orso [ór-] *s.m.* genere di grossi mammiferi plantigradi, dalle forme tozze e robuste, con testa grossa, arti brevi,

grossi unghioni e coda brevissima; sono onnivori e hanno folta pelliccia (*fam.* Ursidi): *— bruno, grigio, polare / ballare, muoversi come un —*, in modo goffo / *essere un —*, si dice di persona scontrosa, poco socievole.

orsù *inter. impropria* (*lett.*) esprime incitamento, esortazione, impazienza: *—, andiamo!*

ortaggio [-tàg-] *s.m.* denominazione generale delle piante erbacee coltivate nell'orto per l'alimentazione [*ill. a pag. seguente*].

ortaglia [-tà-] *s.f.* terreno lavorato a orto.

ortensia [-tèn-] *s.f.* arbusto ornamentale con fiori raccolti in corimbi, di color rosa, azzurro o bianco (*fam.* Sassifragacee).

ortica *s.f.* pianta erbacea con fusto e foglie coperte di peli irritanti, fiori verdi in grappolo (*fam.* Urticacee) / *gettare la tonaca alle ortiche*, spretarsi.

orticaria [-cà-] *s.f.* malattia della cute caratterizzata da macchioline rosse o bianche, che produce prurito.

orticolo [-tì-] *agg.* che riguarda gli orti, l'orticoltura: *prodotto —, mercato —*.

orticoltore [-tó-] *s.m.* chi si occupa di orticoltura.

orticoltura *s.f.* la coltivazione razionale degli orti.

orticultore, orticultura → orticoltore, orticoltura.

ortivo *agg.* di orto o di orti: *colture ortive*.

orto [òr-] *s.m.* pezzo di terreno cinto da muro o da siepe, in cui si coltivano erbaggi e piante da frutto / *— botanico*, in cui sono coltivate diverse varietà di piante a scopo di studio. DIM. *orticello*.

orto- [òr-] [dal gr. *ortòs* = *diritto*)] primo elemento di parole composte derivate dal greco o coniate modernamente, nelle quali significa «diritto, giusto, corretto» (*ortodossia, ortografia, ortopedia*).

ortocentro [-cèn-] *s.m.* (*mat.*) punto di incontro delle tre altezze di un triangolo.

ortoclasio [-clàʃio] *s.m.* silicato di alluminio e potassio bianco o rosato, componente essenziale di molte rocce; viene usato nell'industria delle porcellane.

ortodontia [-tì-], **ortodonzia** [-zì-] *s.f.* (*med.*) **1** corretta collocazione dei denti e delle mascelle **2** disciplina medica che si occupa di questo settore.

ortodossia [-sì-] *s.f.* **1** l'essere ortodosso. CONTR. *eterodossia* **2** la religione greco-scismatica.

ortodosso [-dòs-] *agg.* **1** che aderisce a una religione seguendone integralmente le dottrine **2** che accetta integralmente una qualsiasi dottrina; che è conforme ad essa. CONTR. *eterodosso* // *s.m.pl.* i greco-scismatici.

ortodromia [-mì-] *s.f.* arco di circolo massimo che, congiungendo due punti della superficie del mare o della terra, corrisponde alla rotta più breve.

ortodromico [-drò-] *agg.* [pl.m. *-ci*] che riguarda o segue l'ortodromia: *linea ortodromica*.

ortoepia [-pi-] *s.f.* pronuncia corretta.

ortofonia [-nì-] *s.f.* **1** esatta pronuncia delle parole **2** disciplina che studia e applica tecniche rieducative per i difetti di pronuncia.

ortofonista *s.m. e f.* [pl.m. *-i*] tecnico specializzato in ortofonia.

ortofrutticolo [-tì-] *agg.* che concerne l'orticoltura e la frutticoltura: *mercato —*.

ortogenesi [-gèneʃi] *s.f.* la regolarità di sviluppo negli esseri viventi e spec. nell'organismo umano.

ortognato [-tò-] *agg.* (*anat.*) si dice di cranio con angolo facciale che si approssima all'angolo retto.

ortogonale *agg.* (*mat.*) perpendicolare.

ortografia [-fì-] *s.f.* il modo corretto di scrivere: *errori d'—*.

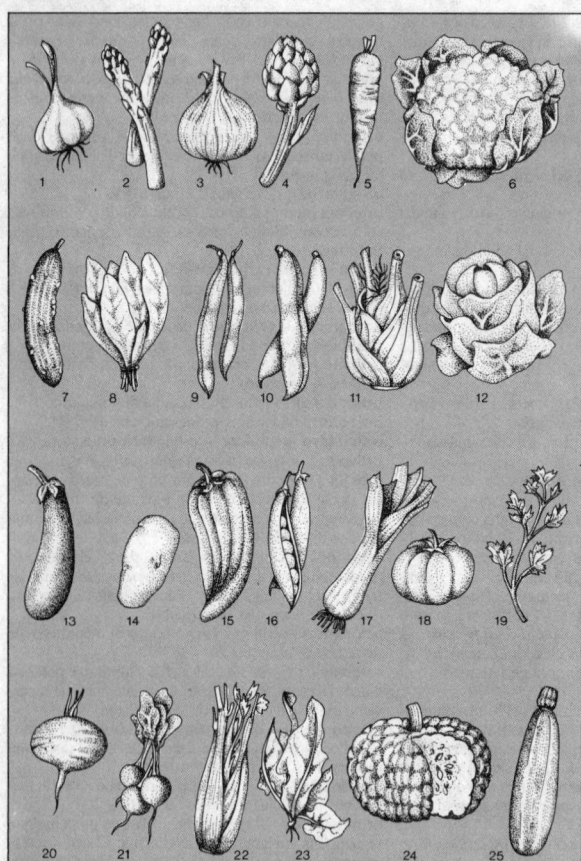

ortaggi

1 *aglio,* 2 *asparagi,*
3 *cipolla,* 4 *carciofo,*
5 *carota,* 6 *cavolfiore,*
7 *cetriolo,* 8 *cicoria,*
9 *fagioli,* 10 *fave,*
11 *finocchio,* 12 *lattuga,*
13 *melanzana,* 14 *patata,*
15 *peperone,* 16 *piselli,*
17 *porro,* 18 *pomodoro,*
19 *prezzemolo,* 20 *rapa,*
21 *ravanelli,* 22 *sedano,*
23 *spinacio,* 24 *zucca,*
25 *zucchina.*

ortografico [-grà-] *agg.* dell'ortografia.
ortolano *s.m.* **1** chi coltiva un orto e ne vende i prodotti **2** piccolo uccello commestibile con piumaggio variopinto e becco conico (*fam.* Fringillidi).
ortopedia [-dì-] *s.f.* **1** branca della medicina che si occupa di correggere le deformità congenite o acquisite **2** arte di costruire apparecchi per correggere difetti degli arti.
ortopedico [-pè-] *agg.* [pl.m. *-ci*] di ortopedia: *istituto — / scarpe ortopediche,* per correggere difetti anatomici o di deambulazione; anche calzature femminili con suola alta tutta d'un pezzo in uso negli anni '40 // *s.m.* **1** medico specialista in ortopedia **2** chi costruisce e vende apparecchi ortopedici.
ortopnea [-nè-] *s.f.* (*med.*) la respirazione che avviene in posizione ottimale.
ortosimpatico [-pà-] *agg.* e *s.m.* [pl.m. *-ci*] (*med.*) → **simpatico**.
ortosio [-tòʃio] *s.m.* → **ortoclasio**.
ortostatico [-stà-] *agg.* [pl.m. *-ci*] che riguarda, che è in relazione con la posizione eretta: *albuminuria ortostatica,* legata ad attività che costringono a stare in piedi molto a lungo.
ortotteri [-tòt-] *s.m.pl.* ordine di insetti volatori e saltatori, con ali anteriori lunghe e indurite, posteriori membranose, apparato boccale masticatore; sono quasi tutti forniti di un apparato stridulante (p.e. *i grilli*).
ortottica [-tòt-] *s.f.* disciplina e tecnica medica che si occupa della correzione dello strabismo.
ortottista *s.m.* e *f.* [pl.m. *-i*] tecnico specializzato in ortottica.
orza [òrʒa] *s.f.* (*mar.*) il cavo che serve a tirare la vela dalla parte dove soffia il vento; il lato della nave sopravvento / *andare all'*—, navigare con la prora orientata verso la direzione dalla quale spira il vento.
orzaiolo [-ʒaiò-] *s.m.* (*med.*) piccolo ascesso sull'orlo delle palpebre.
orzare [-ʒa-] *v.intr.* [*io òrzo ecc.*] (*mar.*) andare all'orza.
orzata [-ʒa-] *s.f.* bibita fatta con mandorle peste, zucchero e acqua.

orzo [òrʒo] *s.m.* pianta erbacea simile al frumento, con spighe munite di lunghe ariste; si impiega come foraggio, nella fabbricazione della birra e nell'alimentazione umana (*fam.* Graminacee) [*ill. Cereali*].

osanna [-ʃan-] *s.m.invar.* (*lett.*) grido di gioia, di esultanza: *levare un* — // *inter.impr.* (*lett. e lit.*) salve, gloria: — *a te, Signore!*

osannare [-ʃan-] *v.intr.* (*antiq.*) cantare osanna; gridare evviva: *il popolo osannava al re* // *v.tr.* fare oggetto di manifesta e accesa ammirazione: *quell'attrice è osannata dal pubblico e dalla critica.*

osare [-ʃa-] *v.tr.* [*io òso ecc.*] avere il coraggio di fare qlco.: *non oso tornare a casa / oserei dire, affermare, dichiarare,* si usa per attenuare un'espressione. SIN. *ardire.*

oscenità *s.f.invar.* **1** l'essere osceno **2** discorso, parola, azione oscena. SIN. *indecenza, sconcezza.*

osceno [-scè-] *agg.* **1** che offende gravemente il senso del pudore: *atti osceni, pubblicazioni oscene.* SIN. *indecente, scandaloso* **2** per estens., bruttissimo, deforme, immondo.

oscillare *v.intr.* **1** muoversi alternamente in qua e in là o in su e in giù: *la barca oscillava; la corda oscilla.* SIN. *dondolare, ciondolare* **2** (*fig.*) essere incerto, dubbioso: *è un uomo che oscilla sempre.*

oscillatore [-tó-] *s.m.* (*fis.*) generatore statico di correnti elettriche alternate.

oscillatorio [-tò-] *agg.* che ha carattere di oscillazione: *moto* —.

oscillazione [-zió-] *s.f.* l'oscillare / — *elettrica,* (*fis.*) corrente o tensione alternata ottenuta mediante un oscillatore.

oscillografia [-fi-] *s.f.* (*med.*) registrazione grafica mediante oscillografo delle espansioni ritmiche delle pareti delle arterie.

oscillografo [-lò-] *s.m.* strumento atto alla registrazione visiva, su uno schermo, di correnti o tensioni elettriche variabili, di uso fondamentale nella tecnica televisiva.

oscillogramma *s.m.* [pl. *-i*] rappresentazione grafica di una grandezza oscillante o ritmica o periodica ottenuta mediante oscillografo.

oscilloscopio [-scò-] *s.m.* strumento analogo all'oscillografo ma adatto alla sola osservazione, senza misurazione, di fenomeni oscillatori.

oscuramento [-mén-] *s.m.* atto, effetto dell'oscurare, dell'oscurarsi / — *di una città,* mascheramento notturno di tutte le luci di una città, imposto durante la guerra, per protezione dalle incursioni aeree nemiche.

oscurantismo [-ʃmo] *s.m.* opposizione sistematica al progresso e alla diffusione della cultura.

oscurantista *s.m. e f.* [pl.m. *-i*] fautore dell'oscurantismo; retrogrado.

oscurare *v.tr.* rendere oscuro, togliere o diminuire la luce (anche *fig.*): *il Sole oscura tutte le altre stelle;* — *la fama di qlcu.* SIN. *offuscare, ottenebrare* // **-arsi** *v.rifl. pron.* diventare oscuro o meno chiaro (anche *fig.*): *il cielo d'un tratto si oscurò; la vista si oscura,* si appanna; — *in volto,* farsi accigliato.

oscurità *s.f.invar.* l'essere oscuro; assenza di luce (anche *fig.*): *l'*— *della stanza, delle strade; un testo pieno di* —, difficilmente intelligibile; *visse e morì nell'*—, appartato, senza notorietà.

oscuro *agg.* **1** privo di luce, non illuminato: *cielo* —; *una stanza oscura.* CONTR. *chiaro* **2** (*fig.*) non chiaro, difficile a comprendersi: *discorso, pensiero* —. SIN. *incomprensibile, enigmatico, astruso, misterioso.* CONTR. *chiaro* **3** (*fig.*) privo di notorietà, non conosciuto: *conduce una vita oscura; ebbe oscuri natali.* SIN. *ignoto* // *s.m.* ciò che è oscuro (anche *fig.*): *siamo rimasti all'*—, al buio / *essere all'*— *di tutto,* non essere informati.

osmio [òʃmio] *s.m.* (*chim.*) elemento chimico (Os; *n.at.* 76; *p.at.* 190,2); metallo grigio, pesantissimo, durissimo, usato per leghe di elevata durezza, spec. insieme all'iridio.

osmosi [-moʃi] *s.f.invar.* fenomeno fisico consistente nel passaggio di fluidi attraverso membrane semipermeabili.

osmotico [-ʃmò-] *agg.* [pl.m. *-ci*] relativo all'osmosi: *processo* —.

oso [òʃo] *agg.* (*poet.*) ardito.

osol [òʃol] *s.m.invar.* (*geol.*) spesso involucro del nucleo terrestre, formato prevalentemente da ossidi e solfuri.

ospedale *s.m.* luogo nel quale si ricoverano e si curano gli ammalati.

ospedaliero [-liè-] *agg.* dell'ospedale, degli ospedali: *medico* —; *attrezzatura ospedaliera* // *s.m.* chi lavora in un ospedale.

ospedalizzare [-liʒʒa-] *v.tr.* ricoverare in ospedale.

ospedalizzazione [-liʒʒazió-] *s.f.* ricovero, degenza in ospedale.

ospitale *agg.* che ospita; di chi ospita con cortesia; accogliente (detto di luogo): *famiglia* —; *paese* —.

ospitalità *s.f.invar.* **1** l'essere ospitale: — *generosa* **2** l'accogliere, il dare alloggio a un ospite: *offrire* — *a un amico.*

ospitare *v.tr.* [*io òspito ecc.*] accogliere, offrire alloggio nella propria casa. SIN. *alloggiare.*

ospite [ò-] *s.m. e f.* chi accoglie in casa sua una persona; la persona accolta in casa d'altri: — *generoso; abbiamo un* — *per tre giorni* / *prov.: l'*— *e il pesce dopo tre giorni puzzano,* l'ospite, dopo qualche tempo, comincia a essere di peso.

ospizio [-spì-] *s.m.* luogo in cui sono ricoverate persone bisognose di assistenza, spec. i vecchi. SIN. *ricovero.*

ossalico [-sà-] *agg.* [pl.m. *-ci*] (*chim.*) si dice di acido organico alifatico presente in molti vegetali e usato in tintoria.

ossame *s.m.* (*spreg.*) ammasso di ossa.

ossario [-sà-] *s.m.* luogo dove sono raccolte e conservate ossa umane: *l'*— *del cimitero, dei caduti.*

ossatura *s.f.* **1** l'insieme delle ossa del corpo o di una sua parte; struttura e ordine delle ossa: — *solida;* — *del capo* **2** (*fig.*) l'insieme delle strutture di sostegno di una costruzione **3** (*fig.*) schema, trama: *l'*— *di un romanzo, di una commedia.*

osseina *s.f.* principale componente della sostanza organica delle ossa.

osseo [òs-] *agg.* dell'osso, delle ossa: *sostanza ossea.*

ossequente [-quèn-] *agg.* (*lett.*) che ha o mostra ossequio: — *alle leggi; figlio* —.

ossequiare *v.tr.* [*io ossèquio ecc.*] rendere ossequio: — *le autorità.* SIN. *riverire.*

ossequio [-sè-] *s.m.* **1** profondo rispetto dimostrato verso persone di alta dignità o di grande merito / *in* — *alla legge, agli ordini,* in conformità ad essi. SIN. *riverenza, deferenza* **2** atto, parola rispettosamente reverente: *porgo i miei ossequi.*

ossequiosità *s.f.invar.* l'essere ossequioso.

ossequioso [-quió-] *agg.* che ha, che esprime ossequio: *uomo* —; *lettera ossequiosa.* SIN. *deferente, riverente, rispettoso.*

osservabile [-và-] *agg.* che può essere osservato: *stella* — *a occhio nudo.*

osservante *agg.* che osserva, che rispetta una norma, una disposizione; che segue fedelmente i precetti della chiesa: — *delle leggi*; *è un cattolico* —.

osservanza *s.f.* 1 l'osservare le leggi, le prescrizioni ecc. / *con* —, con ossequio (in formule di chiusura di pratiche burocratiche ecc.). CONTR. *inosservanza* 2 *pl.* riti religiosi, usanze: *seguire le antiche osservanze*.

osservare *v.tr.* [*io ossèrvo ecc.*] 1 guardare con attenzione, esaminare con cura: — *un quadro* 2 far notare, rilevare: *non ho nulla da* — 3 rispettare, non trasgredire: — *la prescrizione del medico*.

osservatore [-tó-] *agg.* e *s.m.* [f. *-trice*] che o chi osserva: *essere presente a un congresso come* —, senza diritto a partecipare alle discussioni / *ufficiale* —, dell'equipaggio di un aereo col compito di far rilevamenti.

osservatorio [-tò-] *s.m.* luogo munito di strumenti adatti, da cui si può osservare: — *astronomico*.

osservazione [-zió-] *s.f.* 1 l'atto dell'osservare: *procedere all'* —. SIN. *considerazione, esame* 2 giudizio, critica, riprensione espressa osservando: *non voglio ricevere osservazioni dai superiori*. SIN. *rimprovero*.

ossessionare *v.tr.* [*io ossessióno ecc.*] assillare come un pensiero fisso: *mi ossessiona con le sue pretese*.

ossessione [-sió-] *s.f.* 1 (*relig.*) stato di chi si ritiene abbia l'anima posseduta dal demonio 2 (*fig.*) pensiero fisso, incubo: *è diventato un'* — *per tutti*.

ossessivo *agg.* che dà, che costituisce ossessione.

ossesso [-sès-] *s.m.* 1 indemoniato 2 (*fig.*) persona molto agitata e quasi fuori di sé.

ossia [-sì-] *cong. coordinativa* cioè; unisce due proposizioni dello stesso tipo, o due elementi simili di una proposizione, in modo che il secondo spieghi meglio il primo: *la matematica,* — *la scienza dei numeri*.

ossiacetilenico [-lè-] *agg.* [pl.m. *-ci*] (*chim.*) si dice di fiamma data da acetilene e ossigeno: *cannello* —, del saldatore a fiamma [*ill.* Utensili].

ossicarbonismo [-ʃmo] *s.m.* intossicazione determinata dall'ossido di carbonio.

ossidabile [-dà-] *agg.* che si può ossidare.

ossidante *agg.* (*chim.*) si dice di elemento, composto a radicale capace di ricevere elettroni.

ossidare *v.tr.* [*io òssido ecc.*] far combinare un metallo con l'ossigeno: *l'umidità ossida il ferro* // **-arsi** *v.rifl. pron.* combinarsi con l'ossigeno (detto di un metallo).

ossidasi [-ʃi] *s.f.invar.* categoria di enzimi che negli organismi animali o vegetali promuovono processi di ossidazione.

ossidazione [-zió-] *s.f.* l'ossidare, l'ossidarsi.

ossidiana *s.f.* roccia vulcanica di colore nero e di aspetto vetroso.

ossido [òs-] *s.m.* (*chim.*) composto dell'ossigeno con un altro elemento.

ossidrico [-sì-] *agg.* [pl.m. *-ci*] si dice del cannello a doppia tubatura concentrica con cui si fa bruciare nell'ossigeno una corrente d'idrogeno; anche della fiamma prodotta dalla combustione.

ossidrile *s.m.* (*chim.*) radicale chimico formato da un atomo di ossigeno e uno d'idrogeno, presente in molti composti.

ossiemoglobina *s.f.* (*med.*) sostanza risultante dalla combinazione dell'emoglobina con l'ossigeno; colora in rosso i globuli del sangue.

ossificare *v.tr.* [*io ossifico, tu ossifichi ecc.*] rendere osseo // **-arsi** *v.rifl.pron.* diventare osseo: *i tessuti si ossificano lentamente*.

ossificazione [-zió-] *s.f.* l'ossificare, l'ossificarsi.

ossigenare *v.tr.* [*io ossìgeno ecc.*] trattare con ossigeno una sostanza / —, *ossigenarsi i capelli*, trattarli con acqua ossigenata per renderli biondi.

ossigenato *agg.* che contiene ossigeno, che è stato trattato con ossigeno: *acqua ossigenata*, la cui molecola contiene un atomo di ossigeno in più del normale / *bionda ossigenata*, che ha i capelli di un biondo non naturale / *composti ossigenati*, in chimica, spec. inorganica, quelli che contengono nella propria molecola uno o più atomi di ossigeno.

ossigenatore [-tó-] *s.m.* apparecchio che serve a immettere ossigeno in un recipiente contenente un fluido.

ossigenazione [-zió-] *s.f.* atto, effetto dell'ossigenare.

ossigeno [-sì-] *s.m.* (*chim.*) elemento chimico (O; *n.at.* 8; *p.at.* 16); gas inodoro, incolore, costituente essenziale dell'aria e dell'acqua, indispensabile per la maggior parte dei processi vitali.

ossigenoterapia [-pi-] *s.f.* (*med.*) immissione di ossigeno nell'organismo, praticata con l'inalazione diretta o con la permanenza in camere di ossigeno.

ossitocico [-tò-] *agg.* e *s.m.* → **oxitocico**.

ossitono [-sì-] *agg.* si dice di parole, spec. greche, in cui l'accento tonico cade sull'ultima sillaba.

ossiuriasi [-rìaʃi] *s.f.invar.* (*med.*) malattia prodotta dalla presenza di vermi ossiuri nell'intestino retto.

ossiuro *s.m.* piccolissimo verme filiforme che vive come parassita nell'intestino retto dei bambini.

osso [òs-] *s.m.* [pl.m. *ossi*; pl.f. *ossa* in senso collettivo] 1 ciascuna delle parti dure e solide che formano lo scheletro dell'uomo e degli altri animali vertebrati: *le ossa del braccio*; — *nasale, sacro* / *è lui in carne e ossa*, è veramente lui / *è pelle e ossa*, è un *sacco d'ossa*, è un —, si dice di persona magrissima / *ha le ossa dure*, è resistente / *è un* — *duro*, una grossa difficoltà / *farsi le ossa*, far pratica, esperienza / *rompersi, rimettterci l'* — *del collo*, (*fig.*) rovinarsi 2 la parte più compatta delle ossa animali, lavorata per trarne vari oggetti d'uso: *manico, bottoni d'* — 3 ciò che somiglia a un osso: — *di seppia*, la conchiglia interna; — *di balena*, il fanone; — *di pesca*, il nocciolo.

ossobuco *s.m.* [pl. *ossibuchi*] (*cuc.*) muscolo dello stinco del vitello, tagliato in grosse fette con la corrispondente porzione di osso, con il quale si fa un piatto tipico della cucina milanese.

ossuto *agg.* che ha ossa grandi o sporgenti.

ostacolare *v.tr.* [*io ostàcolo ecc.*] opporre ostacoli, essere d'ostacolo. SIN. *impedire, intralciare, inceppare*.

ostacolista *s.m.* e *f.* [pl.m. *-i*] atleta o cavallo che partecipa alle corse a ostacoli.

ostacolo [-stà-] *s.m.* 1 tutto ciò che impedisce o intralcia (anche *fig.*): *scansare, vincere, abbattere un* —; *frapporre un* —; *essere d'* —. SIN. *impedimento, inciampo, incaglio, intoppo, difficoltà* 2 (*sport*) attrezzo o impedimento di altro genere disposto lungo il percorso di alcune gare di corsa per accrescere le difficoltà: *corsa a ostacoli*.

ostaggio [-stàg-] *s.m.* persona trattenuta per ottenere qlco. in cambio della sua incolumità o liberazione.

ostare *v.intr.* [*io òsto ecc.*; non sono usati né il pass.rem. né il p.pass.] impedire, essere d'ostacolo.

oste[1] [ò-] *s.m.* [f. *-éssa*] chi gestisce un'osteria.

oste[2] [ò-] *s.m.* e *f.* (*lett.*) esercito schierato in campo.

osteggiare *v.tr.* [*io ostéggio ecc.*] contrastare, essere avverso.

osteite *s.f.* (*med.*) processo infiammatorio del tessuto osseo.

ostello [-stèl-] *s.m.* (*lett.*) abitazione, dimora / — *della gioventù*, albergo organizzato in modo da alloggiare con poca spesa i giovani che viaggiano.

ostensibile [-sì-] *agg.* che si può mostrare, vedere.

ostensorio [-sò-] *s.m.* (*lit.*) arredo sacro che serve a esporre l'eucaristia all'adorazione dei fedeli [*ill. Altare*].

ostentare *v.tr.* [*io ostènto ecc.*] mostrare con affettazione perché non passi inosservato.

ostentato *agg.* messo in mostra con ostentazione.

ostentazione [-zió-] *s.f.* atto, effetto dell'ostentare. SIN. *affettazione, mostra, vanteria*.

osteo- [ò-] [dal gr. *ostèon* = *osso*] primo elemento che interviene nella composizione di parole moderne della terminologia medica per indicare relazione con le ossa (*osteologia*).

osteoblasti *s.m.pl.* (*med.*) cellule che elaborano la sostanza ossea.

osteologia [-gì-] *s.f.* branca dell'anatomia che si occupa dello studio delle ossa.

osteoma [-ò-] *s.m.* [pl. -*i*] tumore costituito da tessuto osseo.

osteomalacia [-cì-] *s.f.* (*med.*) rammollimento dello scheletro determinato da carenza di calcio e vitamina D, simile al rachitismo.

osteomielite *s.f.* (*med.*) infiammazione del tessuto e midollo osseo.

osteopatia [-tì-] *s.f.* malattia delle ossa.

osteoporosi [-ròʃi] *s.f.invar.* (*med.*) rarefazione del tessuto osseo, legata all'età o a malattie.

osteosintesi [-sìntefi] *s.f. invar.* intervento di chirurgia ortopedica con il quale si saldano i frammenti di un osso fratturato.

osteotomia [-mì-] *s.f.* resezione chirurgica di un osso.

osteria [-rì-] *s.f.* locale pubblico nel quale si serve principalmente vino.

osteriggio [-rìg-] *s.m.* (*mar.*) sulle navi, apertura rettangolare su un ponte per dar luce e aria ai locali sottostanti.

ostetrica [-stè-] *s.f.* donna che per professione assiste le gestanti e le partorienti.

ostetricia [-trì-] *s.f.* la parte della medicina che studia i fenomeni relativi alla riproduzione della specie umana, dall'inizio della gestazione alla fine del puerperio.

ostetrico [-stè-] *agg.* [pl.m. -*ci*] che riguarda l'ostetricia: *clinica ostetrica* // *s.m.* medico chirurgo specializzato in ostetricia.

ostia [ò-] *s.f.* **1** (*lit.*) sfoglia sottile di pane azzimo, di forma rotonda, che il sacerdote consacra nella messa [*ill. Altare*]. **2** sfoglia sottile di farina in cui si chiudono polveri medicinali da inghiottire.

ostico [ò-] *agg.* [pl.m. -*ci*] **1** (*lett.*) ripugnante: *una medicina ostica* **2** (*fig.*) duro, difficile da sopportare, da capire: *linguaggio, argomento* —.

ostiense [-stièn-] *agg.* di Ostia // *s.m. e f.* abitante di Ostia.

ostile *agg.* che è avverso, contrario, nemico: *atteggiamento* —; *essere* — *a qlco. o a qlcu.* SIN. *maldisposto, nemico.* CONTR. *amichevole*.

ostilità *s.f.invar.* **1** l'essere ostile. SIN. *inimicizia, malanimo, animosità* **2** pl. azioni di guerra: *riprendere, sospendere le* —.

ostinarsi *v.rifl.pron.* rimanere fermo in un'opinione o in un atteggiamento con irragionevole tenacia: — *a non rispondere*; — *in un'idea.* SIN. *intestarsi, impuntarsi, persistere*.

ostinatezza [-téz-] *s.f.* qualità di chi è ostinato.

ostinato *agg.* **1** si dice di persona tenace nei suoi propositi. SIN. *caparbio, testardo, pertinace* **2** (*fig.*) si dice di cosa che dura più a lungo del previsto: *un freddo* —. SIN. *persistente*.

ostinazione [-zió-] *s.f.* l'ostinarsi, l'essere ostinato. SIN. *testardaggine, caparbietà, cocciutaggine, pertinacia*.

ostio [ò-] *s.m.* (*anat.*) orifizio, apertura.

ostracismo [-ʃmo] *s.m.* nell'antica Atene, esilio inflitto ai cittadini che destavano gravi sospetti politici / *dare l'* — *a qlcu.*, bandirlo, allontanarlo da sé.

ostrica [ò-] *s.f.* mollusco marino dei lamellibranchi, commestibile, con conchiglia divisa in due valve diseguali (*fam.* Ostreidi) / — *perlifera*, mollusco lamellibranco dei mari caldi, che con una speciale secrezione produce le perle.

ostricaio [-cà-], **ostricaro** *s.m.* chi vende ostriche.

ostricoltura *s.f.* allevamento di ostriche perlifere o commestibili.

ostro[1] [ò-] *s.m.* vento che spira da sud; austro.

ostro[2] [ò-] *s.m.* (*lett.*) il succo con cui gli antichi tingevano la porpora; la porpora stessa.

ostruire *v.tr.* [*io ostruìsco, tu ostruìsci ecc.*] chiudere un passaggio: — *un tubo di scarico.* SIN. *ingorgare*.

ostruzione [-zió-] *s.f.* **1** atto, effetto dell'ostruire **2** ogni ostacolo che sbarri un passaggio; sbarramento.

ostruzionismo [-ʃmo] *s.m.* intralcio sistematico di un'attività collettiva operato dalle minoranze sfruttando tutte le possibilità concesse dai regolamenti.

ostruzionista *s.m. e f.* [pl.m. -*i*] chi fa ostruzionismo.

otalgia [-gì-] *s.f.* (*med.*) male d'orecchi.

otarda *s.f.* grosso uccello commestibile con zampe lunghe e robuste, dorso giallo-rossiccio, ventre biancastro, becco da gallina (*fam.* Otididi).

otaria [-tà-] *s.f.* mammifero pinnipede dei mari antartici, simile alla foca, da cui si distingue per gli arti più lunghi e per la presenza di minuti padiglioni auricolari (*fam.* Otariidi).

otite *s.f.* (*med.*) infiammazione dell'orecchio.

oto- [ò-] [dal gr. *ùs, otòs* = *orecchio*] primo elemento che interviene nella composizione di parole moderne della terminologia medica per indicare relazione con l'orecchio (*otoscopio*).

otoiatria [-trì-] *s.f.* parte della medicina che studia le malattie dell'orecchio.

otolite *s.m.* ciascuno dei granuli di carbonato di calcio contenuti nell'orecchio interno.

otopatia [-tì-] *s.f.* malattia dell'orecchio.

otorinolaringoiatra *s.m. e f.* [pl.m. -*i*] medico specialista in otorinolaringoiatria.

otorinolaringoiatria [-trì-] *s.f.* parte della medicina che studia le malattie dell'orecchio, del naso e della gola.

otorragia [-gì-] *s.f.* (*med.*) emorragia dall'orecchio.

otorrea [-rè-] *s.f.* (*med.*) deflusso di liquidi patologici dall'orecchio.

otosclerosi [-ròʃi] *s.f.invar.* malattia dell'orecchio che consiste nel saldarsi della staffa contro la finestra ovale, con conseguente fissità della catena degli ossicini e impossibilità della trasmissione delle onde sonore.

otoscopio [-scò-] *s.m.* (*med.*) strumento per esaminare la parte interna dell'orecchio.

otre [ò-] *s.m.* recipiente di pelle animale usato per il trasporto di liquidi; la quantità di liquido in esso contenuta / *pieno come un* —, (*fig.*) si dice di chi ha mangiato o bevuto senza misura.

ottaedro [-è-] *s.m.* (*geom.*) poliedro regolare di otto facce triangolari, dodici spigoli, sei vertici.

ottagonale *agg.* che ha forma di ottagono.

ottagono [-tà-] *s.m.* (*geom.*) poligono regolare di otto angoli e otto lati.

ottano *s.m.* idrocarburo della serie del metano / *numero di* —, indica, secondo una scala convenzionale, il potere antidetonante delle benzine.

ottanta *agg.num.card.invar.* indica una quantità composta di otto decine // *s.m.* il numero ottanta e la cifra che lo rappresenta.

ottante *s.m.* strumento usato in passato in astronomia nautica, simile al sestante, ma con arco graduato di 45 gradi anziché di 60.

ottantenne [-tèn-] *agg.* e *s.m.* e *f.* che o chi ha ottanta anni di età.

ottantesimo [-tèʃi-] *agg.num.ord.* che in una serie occupa il posto numero ottanta // *s.m.* l'ottantesima parte di qlco.

ottantina *s.f.* il complesso di ottanta o circa ottanta unità / *essere sull'*—, avere circa ottant'anni.

ottativo *agg.* e *s.m.* si dice del modo del verbo che in alcune lingue indoeuropee esprime desiderio e possibilità.

ottava *s.f.* **1** (*lit.*) periodo di sette giorni che precede o segue una solennità religiosa **2** nella metrica, strofa di otto endecasillabi, di cui i primi sei sono a rima alternata, i due ultimi a rima baciata **3** (*mus.*) intervallo che comprende otto note consecutive della scala diatonica.

ottavario [-và-] *s.m.* (*lit.*) spazio di otto giorni consecutivi in cui si ripetono riti e preghiere per celebrare una ricorrenza religiosa.

ottaviese [-vié-] *agg.* di Ottawa // *s.m.* e *f.* abitante di Ottawa.

ottavino *s.m.* (*mus.*) piccolo flauto con suoni di un'ottava superiore a quelli del flauto comune.

ottavo *agg.num.ord.* che in una serie occupa il posto numero otto // *s.m.* l'ottava parte di qlco. / *in* —, formato di un libro ottenuto ripiegando il foglio in otto parti.

ottemperanza *s.f.* (*burocr.*) atto, effetto dell'ottemperare: *in* — *alle disposizioni*, in obbedienza a esse.

ottemperare *v.intr.* [*io ottèmpero ecc.*] ubbidire a una prescrizione, adempiere a un obbligo: — *alle leggi*.

ottenebramento [-mén-] *s.m.* l'ottenebrare, l'ottenebrarsi: *l'* — *della mente*.

ottenebrare *v.tr.* [*io ottènebro ecc.*] rendere tenebroso, oscurare (spec. *fig.*): *l'ira ottenebra la mente* // *v.rifl. pron.* diventare tenebroso: *il cielo si ottenebrò*.

ottenere [-né-] *v.tr.* [coniugato come *tenere*] **1** riuscire ad avere quel che si desidera o si richiede; conseguire, raggiungere: — *un permesso*; — *la laurea* **2** ricavare, trarre: *la benzina si ottiene dal petrolio*.

ottentotto [-tòt-] *agg.* e *s.m.* che o chi appartiene alla tribù negroide sudafricana degli ottentotti.

ottetto [-tét-] *s.m.* complesso di otto strumenti; composizione musicale per otto strumenti.

ottica [òt-] *s.f.* **1** parte della fisica che studia i fenomeni delle radiazioni e spec. quelli della luce **2** tecnica del fabbricare strumenti ottici **3** (*fig.*) punto di vista, modo di considerare i problemi: *in un'*— *politica la cosa cambia aspetto*.

ottico [òt-] *agg.* [pl.m. -*ci*] che riguarda la vista o l'ottica: *nervo* — / *sistema* —, insieme di lenti, prismi o specchi di uno strumento ottico // *s.m.* chi costruisce o vende strumenti ottici.

ottimale *agg.* il migliore possibile.

ottimare *v.tr.* [*io òttimo ecc.*] (*scient.*) studiare il modo di ottenere da un processo o da un impianto il massimo rendimento finale, economico o tecnico.

ottimate *s.m.* nel mondo antico, persona influente per censo o per posizione sociale. SIN. *maggiorente*.

ottimismo [-ʃmo] *s.m.* tendenza dell'animo a cogliere della vita soprattutto gli aspetti buoni e a giudicare favorevolmente uomini e avvenimenti. CONTR. *pessimismo*.

ottimista *agg.* e *s.m.* e *f.* [pl.m. -*i*] chi giudica con ottimismo. CONTR. *pessimista*.

ottimistico [-mì-] *agg.* [pl.m. -*ci*] di, dell'ottimismo: *interpretazione ottimistica*.

ottimizzare [-miʒʒa-] *v.tr.* rendere ottimale, migliorare al massimo.

ottimizzazione [-miʒʒazió-] *s.f.* **1** l'ottimizzare **2** procedimento matematico che consente di trovare i valori delle variabili che rendono minimo o massimo il valore di una funzione sotto certi aspetti.

ottimo [òt-] *agg.* [superl. di *buono*] molto buono; il più buono / *Ottimo Massimo*, gli antichi romani lo dicevano del dio Giove // *s.m.* ciò che è o si considera ottimo; il risultato migliore possibile; lo stato ideale // -**mente** *avv.superl.* di → **bene**.

otto [òt-] *agg.num.card.* indica una quantità composta di sette unità più una // *s.m.* **1** il numero otto e la cifra che lo indica **2** tracciato in forma di otto (spec. nel pattinaggio artistico) **3** — *volante*, gioco del luna park che consiste in un castello di metallo a forma di otto orizzontale, su cui corrono dei vagoncini.

ottobre [-tó-] *s.m.* decimo mese dell'anno.

ottocentesco [-té-] *agg.* [pl.m. -*chi*] dell'Ottocento (sec. XIX).

ottocentesimo [-tèʃi-] *agg.num.ord.* che in una serie occupa il posto numero ottocento.

ottocentista *s.m.* e *f.* [pl.m. -*i*] **1** scrittore o artista dell'Ottocento (sec. XIX) **2** chi studia l'Ottocento **3** atleta specializzato nella corsa degli 800 metri piani.

ottocento [-cèn-] *agg.num.card.* indica una quantità composta di otto volte cento unità // *s.m.* il numero ottocento e la cifra che lo rappresenta / *l'Ottocento*, il secolo XIX.

ottomana *s.f.* divano con spalliera mobile, che facilmente si trasforma in letto.

ottomano *agg.* e *s.m.* turco: *impero* —.

ottomila *agg.num.card.* indica una quantità composta di otto volte mille unità // *s.m.* il numero ottomila e la cifra che lo rappresenta.

ottoname *s.m.* insieme di oggetti d'ottone.

ottonario [-nà-] *agg.* e *s.m.* verso di otto sillabe con gli accenti sulla terza e settima sillaba.

ottone [-tó-] *s.m.* **1** lega inossidabile di rame e zinco, di colore giallo **2** *pl.* gli strumenti a fiato fatti di ottone, come la tromba, il trombone, il corno.

ottriato *agg.* (*st.*) concesso; si dice spec. di statuti emanati dal sovrano per sua concessione, non votati dal popolo.

ottuagenario [-nà-] *agg.* (*lett.*) che ha ottant'anni di età.

ottundere [-tùn-] *v.tr.* [pass.rem. *io ottusi, tu ottundésti ecc.*; p.pass. *ottuso*] **1** (*lett.*) smussare una punta **2** (*fig.*) consumare, sciupare; rendere insensibile: — *l'ingegno, il carattere*.

otturare *v.tr.* turare, ostruire, chiudere: — *un buco, una falla*; — *un dente* // -**arsi** *v.rifl.pron.* intasarsi.

otturatore [-tó-] *s.m.* **1** pezzo mobile che assicura la perfetta chiusura posteriore di un'arma a retrocarica [*ill. Cannone*] **2** (*fot.*) congegno che regola la durata dell'esposizione della pellicola alla luce [*ill. Fotografia*].

otturazione [-zió-] *s.f.* **1** atto, effetto dell'otturare (spec. un dente cariato) **2** amalgama usato per otturare un dente.

ottusangolo [-ʃàn-] *agg.* (*geom.*) si dice di un triangolo avente un angolo ottuso.

ottusità [-ʃi-] *s.f.invar.* l'essere ottuso (spec. *fig.*): — *di mente*.

ottuso [-ʃo] *agg.* **1** non acuminato, smussato **2** (*geom.*) si dice di un angolo maggiore dell'angolo retto. CONTR. *acuto* **3** (*fig.*) poco perspicace, tardo a intendere, torpido: *cervello* —. CONTR. *acuto*.

out [*ingl.*; *pr.* àut] *prep.* che si usa con valore di *agg.* riferito a cose o persone antiquate, superate, fuori dal giro che conta (contrapposto a *in*).

output [*ingl.*; *pr.* àutput] *s.m.* l'uscita delle informazioni prodotte da un calcolatore elettronico e stampate o visualizzate su video o registrate su memoria magnetica; in diversi processi tecnici, punto di uscita, e l'uscita stessa.

outsider [*ingl.*; *pr.* ausàida] *s.m.* l'atleta o il cavallo che, pur non essendo favoriti alla vigilia, si ritiene possano vincere una gara.

ouverture [*franc.*; *pr.* uvertùr] *s.f.* pezzo strumentale che precede un'opera o un oratorio.

ovaia [-và-] *s.f.* organo genitale femminile destinato alla produzione degli ovuli.

ovale *agg.* e *s.m.* si dice di figura avente forma simile a un uovo o alla sezione longitudinale di un uovo.

ovalizzato [-liʒʒa-] *agg.* (*tecn.*) si dice di cilindro di motore a scoppio, o di altra parte meccanica a sezione circolare, deformato per usura fino a diventare ovale.

ovalizzazione [-liʒʒazió-] *s.f.* il processo per cui una struttura a sezione circolare si deforma fino a essere ovalizzata.

ovarico [-và-] *agg.* [pl.m. *-ci*] (*biol.*) inerente all'ovaia o all'ovario.

ovariectomia [-mì-] *s.f.* asportazione chirurgica di una o delle due ovaie.

ovario [-và-] *s.m.* **1** (*bot.*) parte inferiore allargata del pistillo, contenente gli ovuli [*ill. Fiore*] **2** (*anat.*) ovaia.

ovato *agg.* (*rar.*) che ha la forma dell'uovo; ovale: *foglia ovata* [*ill. Foglia*].

ovatta *s.f.* **1** feltro di cotone o seta, incollato dalle due parti, usato per imbottiture **2** cotone idrofilo per medicazioni; bambagia.

ovattare *v.tr.* **1** imbottire con ovatta **2** (*fig.*) smorzare, attenuare: *suono ovattato*.

ovazione [-zió-] *s.f.* **1** nell'antica Roma, cerimonia in onore di generali vincitori **2** per estens., accoglienze molto calorose, applausi entusiastici e prolungati.

ove [ó-] *avv.* **1** rel. di luogo (*lett.*) nel luogo nel quale **2** interr. di luogo (*lett.*) in quale luogo: — *sei?* // *cong. subordinativa* **1** *condizionale* (*lett.*) se, qualora; vuole il verbo al modo congiuntivo **2** *temporale* (*poet.*) quando; vuole il verbo al modo congiuntivo.

overdose [*ingl.*; *pr.* ovadóus] *s.f.* **1** dose eccessiva di un farmaco, e spec. di droga stupefacente **2** (*fig. scherz.*) eccesso, esagerazione: *un'*— *di vacanze*.

overdrive [*ingl.*; *pr.* òvadraiv] *s.m.* apparecchio montato sugli organi di trasmissione dell'automobile, che serve a moltiplicare i giri delle ruote o a ridurre quelli del motore durante la marcia in presa diretta, allo scopo di diminuire usure e consumi.

ovest [ò-] *s.m.invar.* uno dei quattro punti cardinali,

detto anche ponente o occidente, corrispondente alla parte dell'orizzonte dove il Sole tramonta; per estens., regione situata in quella direzione rispetto a un punto.

ovidotto [-dót-] *s.m.* (*anat.*) canale attraverso il quale l'uovo passa dall'ovaia all'esterno o in altro organo.

ovile *s.m.* edificio rustico per il ricovero di pecore e capre.

ovino *agg.* di pecora // *s.m.pl.* nome generico delle pecore e, talvolta, delle capre.

oviparo [-vì-] *agg.* si dice di animale la cui femmina depone le uova.

ovo [ò-] *s.m.* [pl.f. *ova*] → **uovo**.

ovoide [-vòi-] *agg.* e *s.m.* che ha forma d'uovo.

ovolaccio [-làc-] *s.m.* fungo velenoso con gambo di color giallo pallido, gonfio alla base, e cappello rosso coperto da numerose scaglie bianche (*fam.* Agaricacee).

ovolo [ò-] *s.m.* **1** fungo commestibile con gambo sottile e cappello di color aranciato, liscio (*fam.* Agaricacee) **2** gemma che si forma sul ceppo dell'ulivo e che può essere usata per la riproduzione **3** (*arch.*) modanatura in forma di uovo.

ovopositore [-ʃitó-] *agg.* e *s.m.* si dice di organo proprio degli insetti, atto a deporre le uova.

ovoviviparo [-vì-] *agg.* si dice di animale che si riproduce per mezzo di uova che si schiudono nel corpo della madre, anziché all'esterno (p.e. vipere, squali).

ovulazione [-zió-] *s.f.* produzione delle cellule germinative femminili, da parte dell'ovaia.

ovulo [ò-] *s.m.* **1** oggetto, spec. medicamento, in forma di piccolo uovo **2** cellula germinale femminile, racchiusa nell'ovario o nell'ovaia, che, dopo la fecondazione, si trasforma in seme nelle piante e in embrione negli animali.

ovunque *avv. di luogo* (*lett.*) dovunque.

ovvero [-vé-] *cong. coordinativa disgiuntiva* o, oppure.

ovviare *v.intr.* porre rimedio: — *a un imprevisto*. SIN. *rimediare*.

ovvio [òv-] *agg.* evidente, facile a comprendersi: *questo è* —. SIN. *intuitivo*.

oxitocico [-tò-] *agg.* e *s.m.* [pl.m. *-ci*] (*med.*) si dice di ciò che stimola la contrazione uterina, affrettando così il parto.

ozelot [-lòt] *s.m.invar.* mammifero carnivoro americano, ricercato per la bella pelliccia grigio-fulva a macchie e strisce scure (*fam.* Felidi).

ozena [-ʒè-] *s.f.* malattia caratterizzata dalla formazione di croste fetide nel naso.

oziare *v.intr.* [io òzio ecc.] stare in ozio.

ozio [ò-] *s.m.* lo stare senza fare nulla, per necessario riposo o per pigrizia: *la malattia mi costringe all'*— / *prov.*: *l'*— *è il padre dei vizi*. SIN. *inattività, inoperosità*.

oziosità *s.f.invar.* **1** l'essere ozioso. SIN. *inerzia* **2** (*fig.*) l'essere inutile: *l'*— *di certe domande*.

ozioso [-zió-] *agg.* **1** si dice di persona che ozia, spec. per abitudine. SIN. *inattivo, inoperoso, inerte* **2** (*fig.*) si dice di cosa inutile: *discorso* —.

ozonizzare [-ʒoniʒʒa-] *v.tr.* trattare con ozono: — *l'acqua*, per sterilizzarla.

ozonizzatore [-ʒoniʒʒató-] *s.m.* apparecchio elettrochimico che serve a preparare l'ozono.

ozonizzazione [-ʒoniʒʒazió-] *s.f.* (*chim.*) atto, effetto dell'ozonizzare: — *dell'acqua*.

ozono [-ʒò-] *s.m.* (*chim.*) gas allotropo dell'ossigeno, di odore caratteristico e dotato di forte potere ossidante; è usato come disinfettante, decolorante, deodorante.

ozonosfera [-ʒonosfè-] *s.f.* parte dell'atmosfera a circa 20/25 km di altezza, in cui predomina l'ozono.

P

p *s.f.* e *m.* [*pi*] quattordicesima lettera dell'alfabeto, consonante.

paca *s.m.invar.* mammifero roditore, con pelame bruno macchiettato di chiaro; animale notturno, vive in America, dove è ricercato per le carni (*fam.* Dasiprottidi).

pacare *v.tr.* [*io paco, tu pachi ecc.*] mettere in pace, acquietare.

pacatezza [-téz-] *s.f.* l'essere pacato. SIN. *calma, tranquillità.*

pacato *agg.* che ha o dimostra calma e serenità: *uomo, giudizio* —. SIN. *calmo, misurato.*

pacca *s.f.* colpo dato con la mano aperta: *una* — *amichevole sulla spalla.*

pacchetto [-chét-] *s.m.* **1** piccolo pacco; confezione di piccole dimensioni in cui è in vendita un prodotto: *un* — *di sigarette* **2** — *azionario,* (*econ.*) rilevante numero di azioni di una società in possesso di un solo individuo **3** nel rugby, l'insieme degli otto avanti di ognuna delle due squadre durante la mischia **4** (*tip.*) la composizione di un testo non impaginato **5** (*fig.*) insieme organico, legato da una logica interna: — *di proposte, di provvedimenti.*

pacchia [pàc-] *s.f.* mangiata; cuccagna, vita gioconda; (*fam.*) situazione comoda e gradevole.

pacchianata *s.f.* atto o discorso o oggetto pacchiano.

pacchiano *agg.* pretenzioso e grossolano; di cattivo gusto.

pacco *s.m.* [pl. *-chi*] involto ben confezionato: *un* — *di quaderni /* — *postale,* cassetta, cestino o involto confezionato e sigillato da spedire per posta, ferrovia ecc.

paccottiglia [-tì-] *s.f.* merce scadente e di poco valore; per estens., cosa di poco valore.

pace *s.f.* **1** condizione di uno stato che ha buone relazioni con altro o altri: *tempo di* —; *chiedere, fare la* —; *firmare la* —. CONTR. *guerra* **2** concordia sociale; buon accordo tra i singoli individui: — *pubblica; mettere* —, ristabilire l'accordo; *fare* — *con qlcu.,* porre fine ai litigi **3** stato d'animo di chi non è turbato da passioni o ansie: *la* — *del cuore; trovare* — */ mettersi il cuore in* —, rassegnarsi */ la* — *eterna,* la morte */ riposa in* —. SIN. *serenità* **4** tranquillità materiale: *non ho un momento di* —; *lasciare in* —, *in santa* —; *il male non gli dà* —, lo perseguita. SIN. *quiete.*

pacemaker [*ingl.*; *pr.* peisméica] *s.m.* apparecchio elettronico miniaturizzato che, inserito sotto la pelle del malato, ne stimola ritmicamente i ventricoli del cuore, regolarizzando il ritmo cardiaco.

pacese [-cé-] *agg.* di La Paz // *s.m.* e *f.* abitante di La Paz.

pacfong *s.m.invar.* lega di nichel, zinco e rame.

pachiderma [-dèr-] *s.m.* [pl. *-i*] **1** nome generico di mammiferi erbivori non ruminanti dalla pelle di notevole spessore: *l'ippopotamo è un* — **2** (*fig.*) persona grossa e insensibile.

pachimeninge *s.f.* (*med.*) altro nome della meninge detta *dura madre* (→ **madre 8**).

pachistano *agg.* del Pakistan // *s.m.* abitante del Pakistan.

paciere [-cè-] *s.m.* chi mette pace o tenta di mettere pace fra contendenti.

pacificare *v.tr.* [*io pacífico, tu pacifichi ecc.*] **1** indurre qlcu. a far pace con altri: — *il padre col figlio.* SIN. *riconciliare* **2** mettere in pace: — *il paese.* SIN. *calmare* // **-arsi** *v.rifl.* fare pace: *i contendenti si pacificarono.*

pacificatore [-tó-] *agg.* e *s.m.* [f. *-trice*] che o chi pacifica.

pacificazione [-zió-] *s.f.* atto, effetto del pacificare, del pacificarsi.

pacifico [-cì-] *agg.* [pl.m. *-ci*] **1** che ama la pace; che mira alla pace; che è o si fa in pace: *uomo* —; *intenzioni pacifiche; vita pacifica.* SIN. *calmo, placido* **2** (*fig.*) incontestabile: *è* — *che,* è fuori discussione.

pacifismo [-fmo] *s.m.* **1** movimento, tendenza di chi mira a risolvere le vertenze tra gli stati non con la guerra ma con trattative o arbitrati internazionali **2** per estens., amore della pace.

pacifista *agg.* e *s.m.* e *f.* [pl.m. *-i*] chi sostiene il pacifismo.

pacioccone [-có-] *s.m.* persona grassa dall'aspetto bonario e pacifico. SIN. *bonaccione.*

paciulì *s.m.invar.* pianta erbacea tropicale, simile alla menta, da cui si ricava un'essenza usata in profumeria (*fam.* Labiate).

pack [*ingl.*, *pr.* pèk; abbr. di *pack-ice,* *pr.* pèk àis] *s.m.* (*geogr.*) distesa di lastre di ghiaccio staccatesi dalla banchisa polare e galleggianti sul mare.

package [*ingl.*; *pr.* pèkig] *s.m.* pacchetto, insieme di programmi per calcolatore elettronico scritti per risolvere in modo generalizzato problemi di un certo tipo.

packaging [*ingl.*; *pr.* pèkigin] *s.m.* la confezione di un prodotto intesa come messaggio pubblicitario.

padano *agg.* del Po, della valle del Po: *delta* —; *pianura padana.*

paddock [*ingl.*; *pr.* pèdok] *s.m.* recinto erboso nell'interno di un ippodromo dove si radunano i cavalli prima della corsa.

padella [-dèl-] *s.f.* **1** recipiente per lo più metallico, tondo e poco fondo, con lungo manico, usato spec. per friggere: *pesce in* — */ prov.: cadere dalla* — *nella brace,* andare di male in peggio. DIM. *padellino* **2** recipiente che serve ai malati per soddisfare in letto i loro bisogni **3** (*caccia*) tiro mancato: *fare* —, sparare alla selvaggina senza colpirla **4** (*dial.*) macchia d'unto su abiti o tessuti.

padellata *s.f.* (*fam.*) **1** quantità di cibo che si cuoce nella padella in una volta sola: *una* — *di frittelle* **2** colpo dato con una padella.

padiglione [-glió-] *s.m.* **1** edificio isolato, che si collega ad altri per formare un complesso: — *dell'ospedale, della fiera* **2** tenda di forma quadrata o circolare usata in passato negli accampamenti militari per personaggi importanti **3** parte esterna e convessa di una struttura; in particolare, la parte superiore dell'abitacolo dell'automobile; la parte esterna cartilaginosa dell'orecchio, a forma di imbuto [*ill. Orecchio*].

padovano *agg.* di Padova // *s.m.* abitante di Padova.

padre *s.m.* **1** l'uomo che ha generato dei figli / — *di famiglia,* chi ha la responsabilità e la cura dei figli e della moglie / *i nostri padri,* i nostri vecchi, antenati / *è un* — *per i suoi alunni,* è sollecito e affettuoso / *il* — *spirituale,* sacerdote che guida un'anima nella vita spirituale **2** titolo di rispetto che si dà ai religiosi, spec. ai frati: — *Cristoforo / il Santo* —, il papa / *i padri della* *chiesa*, gli antichi dottori, di cui la chiesa ha accolto le dottrine **3** maestro, iniziatore; chi ha aperto la via alla scoperta di qlco.: *Fermi è il — della bomba atomica.*

padreggiare *v.intr.* [*io padréggio ecc.*] (*fam.*) somigliare al padre per qualità fisiche e morali.

padreterno [-tèr-] *s.m.* **1** Dio **2** (*fig.fam.*) persona importante o che si dà importanza.

padrino *s.m.* **1** chi tiene a battesimo o a cresima **2** chi fa da testimonio in un duello.

padronale *agg.* del padrone: *casa —*, in cui abita il padrone di un podere / *organizzazione —*, dei datori di lavoro.

padronanza *s.f.* **1** autorità di padrone / *con aria di —*, con atteggiamento da padrone / *perdere la — di sé*, perdere il controllo **2** (*fig.*) conoscenza perfetta: *ha una grande — dell'inglese.*

padronato *s.m.* il ceto padronale; nel linguaggio sindacale, la controparte, costituita dai datori di lavoro.

padroncino *s.m.* (*gerg.*) autotrasportatore che lavora con il proprio automezzo.

padrone [-dró-] *s.m.* **1** chi ha la proprietà di qlco. / *prov.: l'occhio del — ingrassa il cavallo*, è bene badare da sé ai propri affari / *— di casa*; chi ha qlcu. alle proprie dipendenze: *— di bottega*; *cambiar — / — di barca*, comandante di navi mercantili di piccolo tonnellaggio **3** (*fig.*) chi ha dominio di qlco. o qlcu.; chi può agire a suo arbitrio: *essere — di sé*; *sei — di andartene / essere — della materia*, conoscerla a fondo / *— del vapore*, (*iron.*) chi ha il potere effettivo in un luogo, in un'organizzazione.

padroneggiare *v.tr.* [*io padronéggio ecc.*] **1** signoreggiare, controllare: *— le proprie emozioni* **2** (*fig.*) conoscere alla perfezione: *padroneggia la materia.*

padule *s.m.* (*dial. toscano*) stagno, piccola palude.

paesaggio [-sàg-] *s.m.* **1** aspetto di un luogo che si abbraccia con lo sguardo: *— pittoresco* **2** pittura, fotografia che ha per soggetto un paesaggio: *pittore di paesaggi* **3** particolare fisionomia di una regione determinata dalle sue caratteristiche fisiche, antropiche, biologiche, etniche: *— montano, desertico, industriale.*

paesaggista [-sag-] *s.m. e f.* [pl.m. *-i*] → **paesista.**

paesaggistico [-sàggi-] *agg.* [pl.m. *-ci*] → **paesistico.**

paesano [-sa-] *agg.* di paese, proprio di un paese: *cucina paesana / alla paesana*, secondo il costume di paese // *s.m.* **1** abitante di paese **2** (*dial.*) compaesano: *i suoi paesani erano ad attenderlo.*

paese [-é∫e] *s.m.* **1** grande estensione di territorio abitato e coltivato: *— pianeggiante / i Paesi Bassi*, il Belgio e l'Olanda **2** patria, nazione, stato: *lasciare il proprio — / mandare a quel —*, mandare al diavolo / *prov.: tutto il mondo è —*, dappertutto si riscontrano uguali problemi e difetti; *— che vai, usanza che trovi*, bisogna adattarsi agli usi del luogo in cui ci si trova **3** piccolo centro abitato, villaggio, borgo: *— di montagna*; *il sindaco del —*. DIM. *paesello, paesetto, paesino.*

paesista [-∫i-] *s.m. e f.* [pl.m. *-i*] pittore di paesaggi.

paesistico [-∫i-] *agg.* [pl.m. *-ci*] che concerne la pittura di paesaggi.

paffuto *agg.* grassoccio: *guance paffute.* DIM. *paffutello.*

paga *s.f.* **1** salario, stipendio: *riscuotere la —*; *oggi è giorno di — / libro —*, libro in cui un'azienda registra i salari pagati. SIN. *retribuzione, mercede* **2** (*fig.*) ricompensa: *questa sarebbe la —.*

pagabile [-gà-] *agg.* che si può o si deve pagare.

pagaia [-gà-] *s.f.* piccolo remo a pala larga; corto remo a due pale.

pagamento [-mén-] *s.m.* **1** atto, effetto e modo di pagare: *— in contanti*; *si accomodi alla cassa per il —* **2** somma di denaro pagata o da pagare.

paganeggiare *v.intr.* [*io paganéggio ecc.*] vivere e pensare da pagano.

paganesimo [-né∫i-] *s.m.* l'insieme delle religioni politeistiche e spec. quelle dell'antichità greco-romana.

pagano *agg. e s.m.* che o chi pratica il paganesimo; per estens., si dice di ciò che si rifà a una concezione del mondo propria del paganesimo: *senso — della vita.*

pagare *v.tr.* [*io pago, tu paghi ecc.*] **1** corrispondere una somma di denaro dovuta: *— il pane*; *— la sarta*; *— un debito*; *— caro, salato, un occhio*, molto; *— in natura*, con beni di natura e non con denaro / *quanto pagherei per poter partire!*, lo desidero vivamente **2** per estens., offrire pagando: *— un caffè, una bibita a un amico* **3** (*fig.*) contraccambiare: dare ciò che uno si merita: *— di egual moneta*, contraccambiare allo stesso modo / *prov.: Dio non paga il sabato.* SIN. *ricompensare, rimunerare* **4** spesso assol. scontare; subire le conseguenze: *me la pagherà*, gliela farò scontare; *— il fio*, scontar la pena; *— di persona*, subire personalmente le conseguenze delle proprie azioni / *prov.: chi rompe paga*, (*fig.*) chi fa il danno deve porvi rimedio **5** portare vantaggio: *questa forma di lotta non paga*; *il delitto non paga.*

pagatore [-tó-] *s.m.* [f. *-trice*] chi paga / *ufficiale —*, incaricato dei pagamenti al personale, spec. nell'esercito.

pagella [-gèl-] *s.f.* documento scolastico su cui si scrivono i voti riportati da ciascun alunno agli scrutini e agli esami.

pagello [-gèl-] *s.m.* pesce di mare commestibile, dal corpo appiattito bianco argenteo con sette fasce trasversali (*fam.* Sparidi).

paggio [pàg-] *s.m.* **1** (*st.*) giovane nobile che serviva nelle corti: *acconciatura alla —* **2** bambino che sorregge lo strascico dell'abito di una sposa.

pagherò *s.m.invar.* cambiale contenente la promessa di pagare, alla scadenza indicata, una somma determinata al suo possessore.

pagina [pà-] *s.f.* **1** ciascuna delle due facce dei fogli di un libro, giornale, quaderno ecc.; per estens., il foglio stesso: *ho letto questa nota a — 210*; *ho strappato una — dal quaderno / terza —*, pagina del quotidiano in cui vengono pubblicati articoli di letteratura e di varia cultura **2** (*fig.*) passo di un testo: *le pagine immortali del Manzoni* **3** (*fig.*) episodio importante: *è una — gloriosa della nostra storia* **4** (*bot.*) superficie di un organo appiattito: *la — superiore di una foglia* [ill. *Foglia*] **5** (*tip.*) il pacco di composizione pronto per essere impresso sul piombo o stampato sulla carta.

paglia [pà-] *s.f.* l'insieme degli steli disseccati delle messi già mietute e battute; anche ciascun fuscello; per estens., oggetto di paglia lavorato: *balla di —*; *sedia di —*, col sedile impagliato; *le paglie di Firenze*, cappelli, borse e simili / *— di ferro*, paglietta / *fuoco di —*, (*fig.*) passione intensa ma breve / *uomo di —*, chi compie azioni, spec. illecite, per conto di qlcu. che rimane ignoto / *avere la coda di —*, essere suscettibile perché in colpa.

pagliaccetto [-cét-] *s.m.* vestitino, spec. per bambini, con mutandine e corpetto uniti; tutina.

pagliacciata *s.f.* atto da pagliaccio; azione o comportamento poco serio, ridicolo.

pagliaccio [-gliàc-] *s.m.* **1** buffone da circo; personaggio buffo dell'antico teatro italiano **2** (*fig.*) persona che si comporta in modo buffo e provoca il riso, o che non mantiene la parola data o che si comporta senza dignità.

pagliaio [-glià-] *s.m.* **1** cumulo di paglia, per lo più di forma conica, eretto all'aperto / *cercare un ago in un* —, cercare con scarse possibilità di trovare **2** edificio rustico dove si tiene la paglia.

pagliericcio [-ric-] *s.m.* saccone pieno di paglia o simili, usato come materasso.

paglierino *agg.* di colore giallo chiaro, simile a quello della paglia.

paglietta [-gliét-] *s.f.* **1** cappello di paglia da uomo, con cupola dura e piatta e tesa rigida **2** trucioli o filamenti metallici per lucidare pavimenti di legno o pulire utensili di cucina.

pagliolo [-glio-] *s.m.* il fondo interno della barca, che si può asportare per vuotarne l'acqua o altro.

paglione [-glió-] *s.m.* pagliericcio.

pagliuzza *s.f.* **1** piccolo fuscello di paglia **2** piccolissima parte d'oro o d'altro metallo lucente incorporato in una massa compatta di terra.

pagnotta [-gnòt-] *s.f.* forma di pane grande e tondeggiante / *si lavora per la* —, (*fig.*) per vivere. DIM. *pagnottella, pagnottina.*

pago *agg.* [pl.m. *-ghi*] (*lett.*) appagato. SIN. *contento, soddisfatto.*

pagoda [-gò-] *s.f.* edificio sacro buddista a foggia di torre piramidale, spesso a più piani sovrapposti / *tetto a* —, a linee curve e spioventi.

paguro *s.m.* nome di diversi generi di crostacei marini, detti anche bernardi eremiti, che hanno l'addome molle e lo introducono in gusci vuoti di conchiglie per proteggerlo (*fam.* Paguridi) [*ill.* Crostacei].

paillard [*franc.*; *pr.* paiàr] *s.f.* (*cuc.*) lombatina di vitello ai ferri.

paillettes [*franc.*; *pr.* paièt] *s.f.pl.* lustrini.

pain carré [*pr.* pèn caré] *s.m.* → **carré.**

paio [pà-] *s.m.* [pl.f. *-a*] due cose della medesima specie che sono o si considerano insieme; anche un solo oggetto formato da due parti distinte: *un — di guanti; un — di giorni; un — di forbici / è un altro — di maniche,* è una cosa del tutto diversa.

paiolo [-ió-] *s.m.* **1** vaso di rame rotondo e profondo che si appende a una catena al centro del camino: *la polenta si cuoce nel* — **2** basamento di assi o altro sul quale vengono disposte le artiglierie.

pala[1] *s.f.* attrezzo formato da una parte in ferro piatta, larga, e da un manico di legno che serve ad ammucchiare e rimuovere materiali vari; attrezzo simile tutto in legno, usato dai fornai per infornare o sfornare il pane; per estens., ciascuno degli elementi ricurvi allargati ad una estremità, che formano l'elica di una nave o di un aeroplano, la girante di una pompa, di una turbina ecc.; la parte terminale del remo, che viene immersa nell'acqua: *scavare una fossa con la* —; *le pale di un mulino / buttar via i quattrini con la* —, (*fig.*) con prodigalità.

pala[2] *s.f.* montagna con parete di roccia ripidissima; lungo prato molto inclinato che si spinge fin sotto la parete di roccia.

pala[3] *s.f.* grande tavola di soggetto sacro, per lo più dipinta, ma talora anche scolpita o lavorata a sbalzo, posta sopra l'altare in una chiesa.

paladino *s.m.* **1** ciascuno dei dodici valorosi cavalieri scelti da Carlo Magno come guardia del corpo **2** difensore: — *degli oppressi.*

palafitta *s.f.* **1** abitazione preistorica costruita su piattaforme sorrette da pali per lo più in torbiere o la-

ghi **2** complesso di pali di legno, ferro o cemento armato che si affondano in un terreno poco compatto per sostenere un edificio.

palafitticolo [-ti-] *agg.* e *s.m.* che o chi abita in capanne o villaggi costruiti su palafitte.

palafreniere [-niè-] *s.m.* **1** chi era adibito al governo di un palafreno e camminava alla staffa del signore **2** istruttore degli allievi cavallerizzi presso le scuole militari.

palafreno [-fré-] *s.m.* cavallo da viaggio e da parata, non da battaglia, dei cavalieri medievali; cavallo nobile.

palaia [-là-] *s.f.* → **sogliola.**

palamidone [-dó-] *s.m.* (*scherz.*) lunga giubba con falde o soprabito lungo da inverno.

palamita *s.f.* pesce di mare commestibile simile al tonno (*fam.* Scombridi).

palamite [-là-] *s.m.* attrezzo da pesca, costituito da una lunga corda sottile, a cui sono annodate delle cordicelle munite di ami.

palanca *s.f.* **1** grossa trave, tavolone **2** (*mar.*) ponticello mobile che si appoggia tra il bordo di un galleggiante e una banchina o tra due galleggianti **3** antica moneta da un soldo; (*scherz.*) denaro in genere.

palanchino *s.m.* specie di portantina in uso nei paesi orientali.

palandrana *s.f.* veste da casa per uomo, (*scherz.*) qualsiasi abito lungo e largo.

palata *s.f.* **1** quanto materiale si può raccogliere con un solo colpo di pala: *una — di neve / a palate,* (*fig.*) in grande quantità **2** colpo di pala; colpo di remo nell'acqua.

palatale *agg.* **1** del palato **2** si dice di consonante articolata appoggiando il dorso della lingua contro il palato // *s.f.* consonante palatale.

palatino[1] *agg.* di, del palazzo reale o imperiale o ducale ecc.: *guardia palatina,* milizia pontificia.

palatino[2] *agg.* del palato; palatale: *ossa palatine; consonante palatina.*

palato[1] *s.m.* **1** la volta ossea rivestita di mucosa, che limita superiormente la bocca (*fig.*) il senso del gusto: *cibo che stuzzica il* —; *avere un — fine.*

palato[2] *s.m.* (*arald.*) scudo coperto di sei pali alternati di smalto differente.

palatoschisi [-ʃi] *s.f.invar.* (*med.*) malformazione congenita consistente nell'imperfetta chiusura del palato.

palazzina *s.f.* **1** abitazione signorile non molto grande, per lo più con giardino **2** (*romanesco*) palazzo d'abitazione a più piani.

palazzinaro *s.m.* (*romanesco*) costruttore di palazzine, arricchitosi con la speculazione edilizia.

palazzo *s.m.* **1** edificio di grandi proporzioni e di pregio architettonico, adibito un tempo ad abitazione di re, principi o signori, oggi per lo più a sede di uffici pubblici / *andare a* —, a corte / *congiura di* —, organizzata a corte **2** per estens., casa di abitazione civile, grande e a più piani **3** (*fig.*) il potere politico: *essere escluso dal* —.

palazzotto [-zòt-] *s.m.* palazzo di dimensioni ridotte, massiccio e di aspetto severo.

palchettista *s.m.* [pl. *-i*] chi ha in proprietà o in abbonamento un palco a teatro.

palchetto [-chét-] *s.m.* piccolo palco; tavolato o ripiano non molto alto / — *di prua,* sorta di mensola che segue la curva concava della prua all'interno della barca [*ill.* Barca].

palco *s.m.* [pl. *-chi*] **1** piano di assi connesse tra loro; piano che copre superiormente un locale e sostiene il pavimento del locale soprastante; tavolato provvisorio per l'esecuzione di opere murarie o decorative; ripiano in genere; costruzione provvisoria rialzata da terra in occasione di cerimonie e simili: *scaffale a più palchi*; *il — delle autorità*; *la ghigliottina era disposta sul —* **2** (*teatr.*) piano di legno su cui recitano gli attori; palcoscenico **3** ciascuno dei vani aperti nella parete perimetrale della sala: *un — di proscenio*, a lato del palcoscenico. DIM. *palchetto* **4** nelle antiche navi, l'insieme dei banchi dei rematori **5** (*zool.*) ciascun ordine dei rami di cui sono costituite le corna dei cervidi.

palcoscenico [-scè-] *s.m.* [pl. *-ci*] **1** nel teatro, piano di legno dove recitano gli attori **2** per estens., teatro, arte teatrale / *calcare il —*, recitare; *aver pratica del —*.

paleo [pà-] *s.m.* specie di trottola che si fa girare a colpi di frusta; disco, nell'hockey su ghiaccio.

paleo- [pà-] [dal gr. *palaiòs = antico*] primo elemento compositivo di molte parole scientifiche, col significato di «antico» (*paleografia, paleolitico, paleontologo*).

paleocapitalismo [-ʃmo] *s.m.* stadio primitivo del capitalismo.

paleocristiano *agg.* riferito spec. all'arte, indica il periodo che abbraccia i primi secoli del cristianesimo, dall'inizio al sec. VI.

paleogeografia [-fì-] *s.f.* studio della forma, delle caratteristiche e della distribuzione delle terre e dei mari nelle ere geologiche passate.

paleografia [-fì-] *s.f.* scienza che studia le scritture antiche.

paleografo [-ò-] *s.m.* studioso di paleografia.

paleolitico [-lì-] *agg.* [pl.m. *-ci*] relativo alla più antica fase dell'età della pietra, caratterizzata dall'uso di strumenti di pietra scheggiata // *s.m.* l'età paleolitica.

paleontologia [-gì-] *s.f.* scienza che studia i resti fossili di organismi vegetali e animali.

paleontologico [-lò-] *agg.* [pl.m. *-ci*] proprio della paleontologia.

paleontologo [-tò-] *s.m.* [pl. *-gi*] studioso di paleontologia.

paleozoico [-ʒòi-] *agg.* [pl.m. *-ci*] che appartiene alla seconda delle cinque ere geologiche // *s.m.* l'era paleozoica.

paleria [-rì-] *s.f.* insieme di pali; in particolare, la dotazione di pali e paletti di una tenda da campeggio.

palermitano *agg.* di Palermo // *s.m.* abitante di Palermo.

palesare [-ʃa-] *v.tr.* [*io paléso ecc.*] render noto, manifesto: *— i propri pensieri, sentimenti*. SIN. *manifestare, rivelare, svelare*.

palese [-léʃe] *agg.* chiaro a tutti: *una contraddizione —*; *far —*, palesare. SIN. *manifesto, evidente, indubbio*.

palestinese [-né-] *agg.* della Palestina // *s.m.* e *f.* abitante della Palestina.

palestra [-lè-] *s.f.* **1** ampio locale fornito di attrezzi

palestra

1 *spalliera*,
2 *pertica*,
3 *parallele*,
4 *staggi*,
5 *montante*,
6 *collo d'oca*,
7 *cavallo con maniglie*,
8 *groppa*,
9 *maniglia*,
10 *sella*,
11 *anelli*,
12 *quadro svedese*,
13 *asse di equilibrio*,
14 *ritti*,
15 *pedana elastica*,
16 *clava*,
17 *manubrio*,
18 *appoggi*,
19 *bilanciere*,
20 *pesi*.

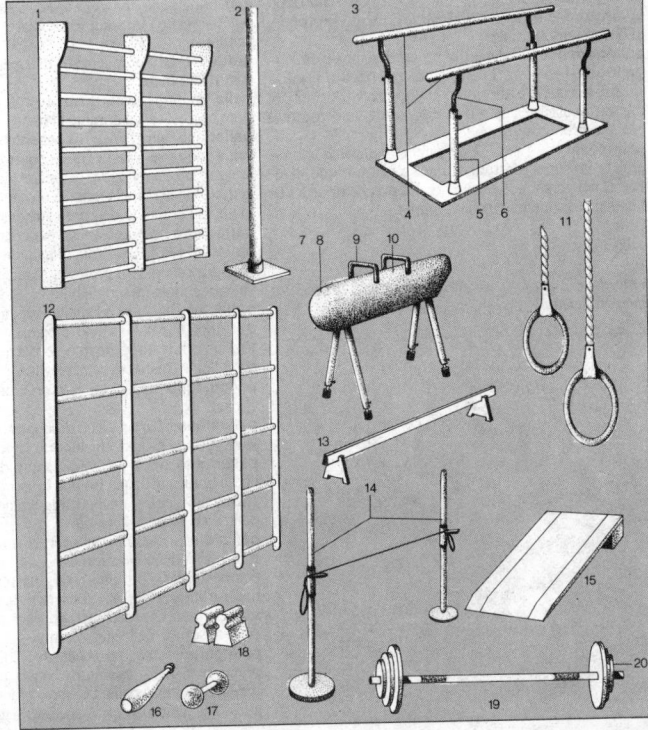

sportivi, per far ginnastica; per estens., esercizio ginnico compiuto in palestra: *da bambino ha fatto molta — ... di vita.*

paletnologia [-gì-] *s.f.* scienza che studia le civiltà dei popoli preistorici.

paletnologo [-nò-] *s.m.* [pl. *-gi*] studioso di paletnologia.

paletot [*franc.*; *pr.* paltó] *s.m.* cappotto, soprabito.

paletta [-lét-] *s.f.* **1** piccola pala, e spec. quella di ferro, usata per muovere la brace del focolare, e quella che usano i bambini per giocare nella sabbia **2** (*tecn.*) elemento della girante di una turbina o simili **3** disco con lungo manico con cui il capostazione dà il segnale per la partenza dei treni, o la polizia dà il segnale di fermarsi ad autoveicoli, o simili **4** parte terminale del manico della chitarra [*ill. Musicali, strumenti*].

paletto [-lét-] *s.m.* **1** piccolo palo in legno o in metallo che si infigge nel terreno; picchetto da tenda **2** sorta di chiavistello che scorrendo in apposite guide ferma il battente di porte o finestre.

palificare *v.tr.* [*io palìfico, tu palìfichi* ecc.] piantare pali nel terreno per gettare delle fondamenta.

palificazione [-zió-] *s.f.* **1** l'operazione del palificare **2** insieme di pali con funzioni di sostegno.

palina *s.f.* asta colorata a strisce bianche e rosse che serve agli agrimensori per misurazioni del terreno / *sostegno a —,* nelle reti telefoniche o elettriche, palo verticale che sostiene le traverse reggenti gli isolatori.

palingenesi [-gènɛʃi] *s.f.invar.* **1** (*fil.*) rinascita dopo la distruzione o la morte **2** rinnovamento profondo, anche in senso morale.

palingenetico [-nè-] *agg.* [pl.m. *-ci*] di palingenesi.

palinodia [-dì-] *s.f.* **1** componimento poetico in cui si ritratta ciò che si è affermato in uno precedente **2** per estens., qualsiasi scritto o discorso in cui si ritrattino idee già professate.

palinsesto [-sè-] *s.m.* **1** pergamena antica su cui, raschiata la prima scrittura, è stato scritto un nuovo testo **2** nel gergo radiotelevisivo, il testo che riporta i titoli delle trasmissioni in programma.

pallacanestro

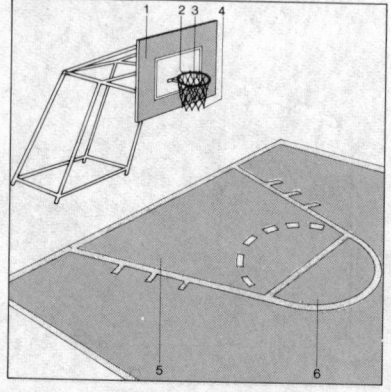

1 *tabellone,* 2 *anello,* 3 *canestro,* 4 *reticella,* 5 *area di tiro libero,* 6 *lunetta.*

palio [pà-] *s.m.* drappo che spettava in premio al vincitore di una gara, spec. equestre; per estens., la gara stessa: *il — di Siena / mettere in —,* offrire come premio in una gara.

paliotto [-liòt-] *s.m.* (*lit.*) rivestimento anteriore dell'altare, per lo più di stoffa, ma anche di legno, marmo o metallo, spesso di grande valore artistico [*ill. Altare*].

palischermo [-schér-] *s.m.* grossa barca a remi.

palissandro *s.m.* legno pregiato di color bruno violetto, fornito da un albero tropicale e usato in falegnameria e in ebanisteria.

palizzata *s.f.* **1** fila di pali affiancati infissi nel terreno per riparo, sostegno ecc. [*ill. Edilizia*] **2** (*bot.*) *tessuto a —,* tessuto vegetale composto da cellule allungate, ricche di clorofilla.

palla¹ *s.f.* **1** sfera, per lo più di gomma o di cuoio, con cui si gioca: *giocare a —; le palle del biliardo; una — da tennis / prendere la — al balzo,* cogliere l'occasione propizia / *— ovale,* quella utilizzata per il gioco del rugby e, per estens., il gioco stesso **2** piccola sfera di legno bianca o nera usata un tempo nelle votazioni: *dar — bianca o nera,* votare in favore o contro **3** grossa sfera di ferro o piombo che si legava al piede dei condannati / *mettere la — al piede,* impedire, ostacolare **4** proiettile delle armi da fuoco: *una — da cannone* **5** genericamente, qualsiasi corpo a forma sferica: *la — dell'occhio,* il globo oculare; *tondo come una —; una — di neve / pesce —,* pesce dei mari tropicali che può gonfiarsi come una palla **6** (*volg.*) spec. *pl.* testicoli: *rompere le palle,* (volg.fig.) infastidire, annoiare **7** (*volg.*) frottola, fandonia.

palla² *s.f.* (*st.*) ampia veste drappeggiata usata dalle matrone romane.

palla³ *s.f.* (*lit.*) piccolo quadrato di lino con cui il sacerdote copre il calice durante la messa.

pallabase [-ʃe] *s.f.invar.* → **baseball**.

pallacanestro [-nè-] *s.f.invar.* sport di origine statunitense in cui due squadre di cinque giocatori cercano di gettare con le mani la palla in un canestro di rete posto in alto all'estremità del campo avversario.

pallacorda [-còr-] *s.f.* antico gioco simile al tennis.

palladio¹ [-là-] *s.m.* statua di Pallade che presso gli antichi greci si credeva proteggesse la città che la venerava, rendendola inespugnabile.

palladio² [-là-] *s.m.* elemento chimico (Pd; *n.at.* 46; *p.at.* 106,7); metallo simile al platino che ha la proprietà di assorbire idrogeno in notevole quantità ed è usato spec. come catalizzatore per leghe.

pallamaglio [-mà-] *s.f.* e *m.invar.* antico gioco simile al cricket.

pallamano *s.f.invar.* gioco di squadra nel quale la palla viene giocata esclusivamente con le mani.

pallanuoto [-nuò-] *s.f.invar.* sport di origine inglese che si pratica in acqua tra due squadre di sette giocatori ciascuna; segna un punto la squadra che lancia la palla nella porta avversaria.

pallavolo [-vó-] *s.f.invar.* sport a squadre in cui due formazioni di sei giocatori ciascuna, su un campo relativamente piccolo e diviso da una rete alta circa due metri e mezzo, devono rinviarsi la palla con le mani senza lasciare che tocchi terra e senza colpirla più di tre volte di seguito nello stesso campo.

palleggiare *v.intr.* [*io palléggio* ecc.] **1** gettare e riprendere la palla, esercitarsi con la palla; gettarsi vicendevolmente la palla, tra due o più giocatori **2** (*fig.*) attribuirsi a vicenda qlco., spec. spiacevole: *palleggiarsi* *la responsabilità* // *v.tr.* vibrare, agitare come una palla: — *l'asta*.

palleggio [-lèg-] *s.m.* il palleggiare.

palliativo *agg.* e *s.m.* si dice di rimedio che mitiga il male senza guarirlo (anche *fig.*): *questo provvedimento è solo un —*.

pallidezza [-déz-] *s.f.* l'essere pallido. SIN. *pallore*.

pallido [pàl-] *agg.* **1** di colore tenue: *rosa —*. SIN. *scialbo, smorto* **2** senza colorito: *un viso —*. SIN. *cereo, terreo* **3** (*fig.*) vago, debole: *un — ricordo*.

pallino *s.m.* **1** nel gioco del biliardo e delle bocce, una palla più piccola a cui le altre devono accostarsi **2** (*fig.*) idea fissa, mania: *ha il — della pesca* **3** *pl.* sferette di piombo con cui si caricano le cartucce da caccia; dischetti di colore su un fondo, spec. tessuto, di colore diverso; pois: *una cravatta blu a pallini rossi*.

pallio [pàl-] *s.m.* **1** ampio mantello di lana bianca portato dagli antichi greci, e adottato poi dai romani **2** striscia circolare bianca ornata di crocette nere, con pendente anteriore, portata al collo dal papa e dagli arcivescovi in cerimonie solenni.

pallonata *s.f.* **1** colpo di pallone; **2** (*fig.scherz.*) grossa frottola, vanteria, esagerazione.

palloncino *s.m.* **1** involucro di materia elastica gonfiato con gas leggero e legato a un filo, con cui giocano i bambini **2** la camera d'aria degli aerostati **3** lampioncino di carta colorata per illuminazione festiva.

pallone [-ló-] *s.m.* **1** grossa palla, e spec. quella di cuoio con camera d'aria in gomma, che si usa nel gioco del calcio / *— gonfiato*, (*fig.*) persona boriosa e di poco valore **2** aerostato gonfiato con gas più leggero dell'aria, senza motore / *— sonda*, usato per esplorare gli strati superiori dell'atmosfera **3** denominazione di oggetti tondeggianti, spec. se cavi.

pallonetto [-nét-] *s.m.* nel tennis, tiro molto alzato; nel calcio, tiro alto ma smorzato per superare un avversario.

pallore [-ló-] *s.m.* colore pallido, spec. del viso. SIN. *pallidezza*.

pallottola [-lòt-] *s.f.* **1** piccola palla di materia solida. DIM. *pallottolina* **2** proiettile per armi da fuoco portatili.

pallottoliere [-liè-] *s.m.* arnese formato da un telaio con fili metallici paralleli nei quali sono infilate pallottole di vario colore; serve per i primi calcoli aritmetici dei bambini.

palma¹ *s.f.* **1** pianta dei paesi caldi con fusto a colonna, sormontato da un pennacchio di foglie verdi, lucenti e flessibili: *da cocco, da datteri / domenica delle palme*, (*lit.*) quella che precede la Pasqua, in cui i fedeli, commemorando l'entrata trionfale di Cristo in Gerusalemme, portano foglie di palma o più spesso rametti di olivo benedetti **2** (*fig.*) premio, vittoria: *riportare la —*.

palma² *s.f.* la parte inferiore, concava, della mano: *giungere le palme / tenere qlco. in — di mano*, (*fig.*) in grande considerazione e lode.

palmare *agg.* **1** della palma della mano: *muscolo —* [*ill. Corpo*] **2** (*fig.*) aperto, chiaro, evidente: *contraddizione —*.

palmato *agg.* che ha la forma della palma della mano: *foglia palmata* [*ill. Foglia*]; *piede —*, quello dei palmipedi.

palmento [-mén-] *s.m.* macina di mulino / *mangiare a quattro palmenti*, molto e avidamente.

palmer *s.m.invar.* **1** pneumatico speciale per biciclette da corsa **2** micrometro per misurare spessori o diametri.

palmeto [-mé-] *s.m.* bosco di palme.

palminervio [-nèr-] *agg.* si dice di foglia con le nervature partenti dall'inserzione del picciolo e divergenti come le dita di una mano aperta.

palmipedi [-mì-] *s.m.pl.* (*zool.*) uccelli aventi le dita delle zampe riunite da una membrana che li rende ottimi nuotatori.

palmizio [-mì-] *s.m.* albero della palma.

palmo *s.m.* **1** distanza tra la punta del pollice e quella del mignolo, misurata con la mano aperta e le dita distese; corrispondente misura di lunghezza: *un — d'acqua*; *aveva la barba lunga un —*, molto lunga; *era alto un —*, piccolissimo / *giungere con un — di lingua fuori*, trafelato / *restare con un — di naso*, sorpreso o deluso / *riconquistò il suo paese a — a —*, a poco a poco / *conoscere una città a — a —*, benissimo, nei minimi particolari. SIN. *spanna* **2** la palma della mano: *tenere in — di mano*, in gran considerazione.

palo *s.m.* **1** legno lungo e diritto, aguzzo a un'estremità, che si conficca nel terreno per sostenere qlco.; nel gioco del calcio, una delle aste verticali della porta: *— di sostegno*; *— della luce, del telegrafo / supplizio del —*, impalamento / *ritto come un —*, impettito / *fare il —*, si dice di chi sta a vigilare mentre i compagni commettono un furto, una rapina / *saltare di — in frasca*, da un argomento all'altro senza nesso logico **2** (*arald.*) pezza onorevole che occupa verticalmente il terzo di mezzo dello scudo.

palombaro *s.m.* chi esegue lavori sul fondo del mare (pesca, ricerche, ricuperi ecc.), munito di scafandro o di consimile attrezzatura.

palombo [-lóm-] *s.m.* **1** grosso pesce marino degli squali, con muso allungato, larghe pinne pettorali e pelle zigrinata; è commestibile **2** colombo selvatico.

palpabile [-pà-] *agg.* **1** che si può palpare **2** (*fig.*) evidente: *prova —*.

palpare *v.tr.* toccare premendo leggermente con il palmo della mano. SIN. *tastare*.

palpazione [-zió-] *s.f.* (*med.*) esame di alcune regioni del corpo o di alcuni organi eseguito con le mani a scopo diagnostico.

palpebra [pàl-] *s.f.* (*anat.*) ripiegatura muscolo-membranosa che, abbassandosi davanti al globo oculare, difende l'occhio dalla luce e dai corpi estranei.

palpeggiare *v.tr.* [*io palpéggio ecc.*] palpare ripetutamente.

palpitante *agg.* che palpita; vivo (anche *fig.*): *anguilla —*; *— d'affetto*.

palpitare *v.intr.* [*io pàlpito ecc.*] **1** sussultare, agitarsi; del cuore, battere frequentemente: *la rana palpitava ancora* **2** (*fig.*) fremere, sentire vivamente desiderio, paura ecc.: *— d'amore per qlcu*.

palpitazione [-zió-] *s.f.* il palpitare: *— cardiaca*, aumento della frequenza dei battiti del cuore accompagnato dalla sensazione molesta.

palpito [pàl-] *s.m.* **1** ciascun battito del cuore: *palpiti frequenti, irregolari* **2** (*fig.*) agitazione provocata da un forte sentimento: *un — di paura*.

palpo *s.m.* (*zool.*) ciascuna delle appendici articolate dell'apparato boccale degli artropodi [*ill. Insetti*].

paltò *s.m.invar.* soprabito invernale da uomo o da donna. SIN. *cappotto, pastrano*.

paltoncino *s.m.* paltò per bambini o paltò da donna di linea semplice.

paludamento [-mén-] *s.m.* **1** ampio e ricco mantello dei generali romani **2** qualsiasi veste ampia e solenne (anche *fig.*): *i paludamenti della retorica*.

paludato *agg.* **1** che è rivestito di paludamenti **2** *(fig.)* solenne: *linguaggio* —.

palude *s.f.* **1** estensione di basse acque stagnanti, spesso con vegetazione sul fondo: *bonificare, prosciugare una* — **2** *(fig.)* situazione poco chiara, faticosa, dalla quale è difficile uscire; ambiente corrotto, malsano.

paludoso [-dó-] *agg.* che è ricco di paludi, acquitrinoso: *terreno* —.

palustre *agg.* di palude: *pianta* —.

palvese [-vè-] *s.m.* scudo rettangolare per difendere tutta la persona.

pampa *s.f.* *(spagn.)* vasta prateria dell'America meridionale, simile alla steppa.

pamphlet [*franc.*; *pr.* panflè] *s.m.* scritto polemico; libello satirico.

pampino [pàm-] *s.m.* foglia della vite.

pan- [dal gr. *pan*, neutro dell'agg. *pas = tutto, intero*] primo elemento compositivo di molte parole dotte (filosofiche, scientifiche), col significato di «tutto» (*pangermanesimo, panteismo*).

panacea [-cè-] *s.f.* medicina che guarisce tutti i mali (anche *fig.*): *il denaro non è una* —.

panafricano *agg.* che riguarda tutta l'Africa, tutti i paesi dell'Africa: *movimento* —, che ne propugna l'unità politica.

panama [pà-] *s.m.invar.* leggero cappello estivo da uomo, fatto con una speciale paglia bianca.

panamense [-mèn-] *agg.* di Panamá // *s.m.* e *f.* abitante di Panamá.

panamericano *agg.* che riguarda tutta l'America, tutti i paesi dell'America (del nord e del sud): *conferenza panamericana.*

panarabo [-nà-] *agg.* che riguarda tutti i paesi, tutti i popoli arabi.

panare *v.tr.* *(cuc.)* passare le vivande nel pangrattato prima di friggerle.

panasiatico [-fià-] *agg.* [pl.m. *-ci*] che riguarda tutta l'Asia, tutti i paesi dell'Asia.

panca *s.f.* sedile di legno, per più persone, senza braccioli e senza spalliera.

pancetta [-cét-] *s.f.* adipe salato del ventre del suino; si usa come condimento o come salume.

panchetto [-chét-] *s.m.* piccola panca che può servire da sedile o per appoggiarvi i piedi: — *da calzolaio.*

panchina *s.f.* **1** sedile di legno, di pietra o di ferro, con o senza spalliera, che si colloca nei giardini **2** *(sport)* nei giochi di squadra, il sedile al bordo del campo dove siedono riserve, allenatore ecc.; per estens., l'insieme di queste persone / *calciatore in* —, di riserva.

pancia [pàn-] *s.f.* **1** ventre: *avere mal di* — / *grattarsi la* —, stare in ozio / *tenersi la* — *dalle risa*, ridere molto / *essere a* — *vuota*, essere a digiuno **2** *(fig.)* sporgenza, parte rigonfia di qlco.: *la* — *del fiasco.*

panciata *s.f.* urto con la pancia, spec. di un tuffatore contro la superficie dell'acqua.

panciera [-cè-] *s.f.* fascia di lana o tessuto elastico che si porta intorno alla pancia per tenerla calda o per sostenerla; ventriera.

panciolle [-ciòl-] solo nella locuz.avv. *in panciolle*, in ozio, con la pancia all'aria: *stare in* —.

panciotto [-ciòt-] *s.m.* corpetto corto e senza maniche che gli uomini portano tra la camicia e la giacca; gilè.

panciuto *agg.* che ha grossa pancia: *un signore* —. SIN. *pingue.*

pancotto [-còt-] *s.m.* zuppa di pane bollito, condito con sale e olio.

pancrazio [-crà-] *s.m.* competizione degli antichi greci comprendente gare di lotta e di pugilato.

pancreas [pàn-] *s.m.invar.* (*anat.*) ghiandola vicina al duodeno che secerne un ormone detto *insulina* e il succo pancreatico.

pancreatico [-à-] *agg.* [pl.m. *-ci*] (*med.*) del pancreas.

pancreatite *s.f.* (*med.*) infiammazione del pancreas.

panda *s.m.invar.* nome di due mammiferi carnivori himalaiani: — *minore*, grosso come un gatto, con grandi orecchie, lunga coda e pelo fulvo; — *maggiore*, più grosso, con pelo ruvido bianco e nero (*fam.* Procionidi).

pandemia [-mì-] *s.f.* (*med.*) epidemia diffusa in un intero continente.

pandemico [-dè-] *agg.* [pl.m. *-ci*] di pandemia, che ha carattere di pandemia.

pandemonio [-mò-] *s.m.* grande confusione e rumore: *fare un* —.

pandette [-dèt-] *s.f.pl.* una delle parti del codice di Giustiniano (sec. VI); genericamente, qualsiasi testo di legge o codice.

pandoro [-dò-] *s.m.* [pl. *-i* o *invar.*] dolce a base di uova, zucchero, burro, lievito e farina, tipico di Verona.

pane¹ *s.m.* **1** alimento costituito da un impasto di acqua e di farina, lievitato, condito con sale o altri ingredienti, e cotto al forno in forme diverse: *impastare il* —; *infornare, sfornare il* —; — *raffermo*; *affettare il* —; — *di semola*; — *all'olio*; — *azzimo* / *pan di Spagna*, dolce assai leggero a base di farina, uova e zucchero / *non è* — *per i miei denti*, non è cosa che fa per me / *per un pezzo di* —, a bassissimo costo / *buono come il* —, di persona molto mite / *dire* — *al* —, parlare chiaro **2** ciascuna delle forme di pasta lievitata che sono cotte al forno: *mangiare un* —; *la moltiplicazione dei pani* **3** (*fig.*) mezzo di sostegno, vitto: *il nostro* — *quotidiano*; *guadagnarsi il* — *col lavoro* / *l'uomo non vive di solo* — **4** (*fig.*) alimento spirituale: *il* — *della scienza* **5** pezzo di alcune sostanze, massa compatta ridotta in forma regolare, generalmente di parallelepipedo: *un* — *di burro*; *un* — *di sapone, di alluminio.*

pane² *s.m.* il filetto della vite.

panegirico [-gì-] *s.m.* [pl. *-ci*] **1** discorso in lode di illustre persona, spec. di un santo **2** per estens., esaltazione esagerata di qlcu. o qlco. SIN. *lode.*

panel [*ingl.*; *pr.* pènl] *s.m.* **1** campione fisso di persone usato per rilevazioni statistiche periodiche **2** gruppo di studio, di discussione.

panello [-nèl-] *s.m.* formella di sostanze compresse (semi oleosi ecc.) usata come alimento per il bestiame.

panereccio [-réc-] *s.m.* giraditro, patereccio.

panettatrice *s.f.* macchina che nei caseifici serve a preparare i pani di burro di una determinata forma.

panetteria [-rì-] *s.f.* luogo dove si fa o si vende il pane.

panettiere [-tiè-] *s.m.* chi fa il pane, fornaio.

panettone [-tó-] *s.m.* dolce a base di uova, zucchero, farina, lievito, burro, cedro candito e uva sultanina; viene cotto al forno ed assume la caratteristica forma a cupola; è dolce tradizionale milanese.

paneuropeo [-pè-] *agg.* che riguarda tutta l'Europa, tutti i paesi dell'Europa.

panfilo [pàn-] *s.m.* imbarcazione da diporto, yacht.

panflettista *s.m.* e *f.* [pl.m. *-i*] autore di pamphlet; scrittore satirico.

panforte [-fòr-] *s.m.* dolce di forma bassa e rotonda a base di zucchero, farina, mandorle, canditi; è tipico di Siena.

pangermanesimo [-néʃi-] *s.m.*, **pangermanismo**

pane

1 *pagnotte,* 2 *crosta,*
3 *mollica,* 4 *cornetto o*
chifel, 5 *galletta,*
6 *bastone,* 7 *grissini,*
8 *focaccia,* 9 *panini,*
10 *pain carré.*

[-ʃmo] *s.m.* movimento mirante a riunire in un unico stato tutti i popoli di stirpe germanica.

pangolino *s.m.* mammifero con corpo lungo rivestito di grosse squame, arti brevi, coda lunghissima e prensile; in caso di pericolo si appallottola (*fam.* Manidi).

pania [pà-] *s.f.* **1** sostanza attaccaticcia, fatta con le bacche del vischio, usata per catturare gli uccelli. SIN. *vischio* **2** (*fig.*) inganno, lusinga; situazione da cui è difficile uscire: *cadere nella* —.

panicato *agg.* si dice di carni suine e bovine affette da panicatura.

panicatura *s.f.* infestazione delle carni suine e bovine da parte di *tenie* allo stadio di *cisticerchi*, visibili in forma di puntini bianchi.

panico[1] [pà-] *agg.* [pl.m. *-ci*] **1** solo nell'espressione *timor panico,* paura improvvisa che impedisce di ragionare **2** della natura, in senso panteistico: *poesia panica // s.m.* timor panico; paura, terrore, sgomento: *lasciarsi prendere dal* —.

panico[2] *s.m.* [pl. *-chi*] pianta erbacea i cui piccoli semi sono ottimo alimento per gli uccelli (*fam.* Graminacee).

paniera [-niè-] *s.f.* cesta per lo più rotonda, larga e bassa, di vimini, con due manici; la roba in essa contenuta: *ho stirato una* — *di biancheria.*

panieraio [-rà-] *s.m.* chi fabbrica o vende panieri.

paniere [-niè-] *s.m.* **1** cesta, per lo più di vimini, di varie forme, provvista di manico arcuato per infilarvi il braccio; la roba in esso contenuta: *un* — *di funghi / rompere le uova nel* —, (*fig.*) far fallire i progetti altrui. DIM. *panierino* **2** (*econ.*) la lista dei beni e servizi il cui prezzo concorre a determinare l'indice del costo della vita, che a sua volta determina l'indennità di contingenza e altri valori indicizzati; anche, gruppo di beni in vendita a prezzo controllato.

panificare *v.tr.* [*io panifico, tu panifichi ecc.*] trasformare in pane: *farina panificata / assol.* fare il pane.

panificatore [-tó-] *s.m.* [f. *-trice*] chi fa il pane; fornaio.

panificazione [-zió-] *s.f.* insieme delle operazioni necessarie per trasformare la farina in pane.

panificio [-fì-] *s.m.* stabilimento per la fabbricazione del pane.

paniforte [-fòr-] *s.m.* tavola di legno molto robusta, costituita da listelli pressati tra due strati di compensato.

panino *s.m.* piccolo pane di forma rotonda: — *imbottito.*

panislamico [-ʃlà-] *agg.* [pl.m. *-ci*] che riguarda tutti i paesi, tutti i popoli di religione islamica.

panlogismo [-ʃmo] *s.m.* sistema filosofico che identifica tutta la realtà con la ragione e non pone nulla al di fuori di questa.

panna[1] *s.f.* la parte più grassa e densa del latte: — *montata,* panna zuccherata e sbattuta.

panna[2] *s.f.* disposizione delle vele per cui il vento non esercita pressione su di esse e la nave non procede; condizione di un veliero fermo, anche per mancanza di vento.

panna[3] *s.f.* guasto a un veicolo, tale da impedirne la marcia; anche la sosta che ne consegue: *rimanere in* —.

panne [*franc.; pr.* pan] *s.f.* → **panna**[3].

panneggiamento [-mén-] *s.m.* il panneggiare; la stoffa panneggiata ad arte.

panneggiare *v.intr.* e *tr.* [*io panneggio ecc.*] disporre una stoffa in modo che formi pieghe armoniose; avvolgere qlcu. in ampie vesti che ricadono in pieghe; in pittura e in scultura, rappresentare le pieghe delle vesti: *figura ben panneggiata.*

panneggio [-nég-] *s.m.* insieme di pieghe di un tessuto disposte armoniosamente; in arte, rappresentazione delle pieghe delle vesti.

pannello [-nèl-] *s.m.* **1** ciascuno degli elementi piani di cui si compone una copertura, un rivestimento ecc.: — *radiante,* sistemato nel pavimento, parete o soffitto entro cui circola un fluido che riscalda l'ambiente **2** quadro dei comandi di un apparecchio, di una macchina ecc. **3** riquadro decorativo, liscio, dipinto o scolpito **4** nella moda, lembo di tessuto che si stacca dal resto dell'abito.

pannicolo [-nì-] *s.m.* (*anat.*) membrana, strato: — *adiposo*, accumulo di tessuto adiposo sottocutaneo.

panno *s.m.* **1** tipo di tessuto di lana spesso e fitto, usato per cappotti, divise militari ecc. **2** pezzo più o meno grande di tessuto di lana usato per vari scopi: — *da stirare / panni caldi*, applicati per cura sul corpo / — *mortuario*, drappo steso sulla bara **3** *pl.* i capi di biancheria; gli indumenti, il vestito: *mettere i panni in bucato*; *rammendare i panni / i panni sporchi si lavano in famiglia*, le questioni interne non vanno divulgate / *essere bianco come un* — *lavato*, di persona pallidissima / *non stare più nei propri panni*, essere fuori di sé dalla gioia / *tagliare i panni addosso a qlcu*., sparlarne / *mettersi nei panni di qlcu*., immaginarsi nella situazione di qlcu. in genere difficile e non buona **4** pelle, membrana; strato sottile che si forma su un liquido: *il — dell'uovo*, la pellicola che si trova sotto il guscio.

pannocchia[1] [-nòc-] *s.f.* infiorescenza con fiori peduncolati inseriti su un lungo asse principale; comunemente è così chiamata la spiga del granturco [*ill. Cereali*; *Fiore*].

pannocchia[2] [-nòc-] *s.f.* → **canocchia**.

pannolino *s.m.* **1** piccola pezzuola di lino o cotone **2** confezione di materiale assorbente per uso igienico, spec. delle donne mestruate e dei neonati.

panoplia [-nò-] *s.f.* trofeo di armi antiche usato per decorazione.

panorama *s.m.* [pl. *-i*] **1** ampia veduta di un paesaggio quale si ha da un luogo elevato: *il — dei laghi è splendido* **2** (*fig.*) rassegna, esposizione sommaria di un fatto, di un periodo ecc.: *il — della letteratura inglese, della situazione economica*.

panoramica [-rà-] *s.f.* **1** (*fot.*) veduta di assieme, da lontano **2** (*cinem.*) ripresa di una scena ampia, effettuata spostando gradualmente la macchina da presa in senso laterale **3** strada panoramica.

panoramico [-rà-] *agg.* [pl.m. *-ci*] di, da panorama; che permette di godere una grandiosa vista del paesaggio: *veduta panoramica / schermo* —, di grande larghezza / *ripresa panoramica*, (*cinem.*) la ripresa effettuata facendo ruotare la macchina sul suo asse, da un lato all'altro oppure dall'alto in basso e viceversa.

panormita *agg.* [pl.m. *-i*] di Palermo // *s.m.* e *f.* abitante di Palermo.

panpepato *s.m.* dolce a base di zucchero, farina, spezie, canditi, mandorle e pepe.

panslavismo [-flavifmo] *s.m.* movimento tendente alla riunione di tutti i popoli slavi.

pantagruelico [-gruè-] *agg.* [pl.m. *-ci*] degno di un ghiottone, di un forte mangiatore.

pantalonaia [-nà-] *s.f.* donna che confeziona pantaloni.

pantaloni [-ló-] *s.m.pl.* calzoni.

pantano *s.m.* **1** terreno fangoso e coperto d'acque stagnanti **2** (*fig.*) situazione poco chiara, faticosa, intricata: *non cacciarti in quel* —.

pantanoso [-nó-] *agg.* che abbonda di pantani, che è simile a un pantano: *terreno* —.

panteismo [-fmo] *s.m.* dottrina religiosa e filosofica che identifica Dio con il mondo.

panteista *s.m.* e *f.* [pl.m. *-i*] seguace del panteismo.

panteistico [-i-] *agg.* [pl.m. *-ci*] del panteismo e dei panteisti.

pantera [-tè-] *s.f.* **1** specie asiatica del leopardo, a macchie più scure, o completamente nera (*fam.* Feli-

di) **2** la vettura delle pattuglie di pronto intervento della polizia.

pantheon [pàn-] *s.m.invar.* **1** tempio dedicato a tutti gli dei, in Roma antica **2** tempio dove sono sepolti i re e i grandi uomini di una nazione.

pantofola [-tò-] *s.f.* scarpa da casa, morbida, comoda e cedevole, di panno e simili [*ill. Abbigliamento*].

pantofolaio [-là-] *agg.* e *s.m.* (*spreg.*) che, chi ama la vita comoda e casalinga; inattivo, mediocre.

pantografo [-tò-] *s.m.* **1** strumento per copiare disegni in varie scale di grandezza [*ill. Disegno, strumenti*] **2** apparecchio che trasmette la corrente elettrica dai fili alla motrice ferroviaria [*ill. Ferrovia*] **3** (*tip.*) strumento che, partendo da matrici originali, disegna e incide le matrici dei caratteri.

pantomima *s.f.* **1** rappresentazione teatrale, di origine romana, comprendente danza e mimica **2** (*fig.*) il gestire, soprattutto di chi, senza parlare, vuol farsi intendere da qlcu. senza che altri se ne accorgano: *con la coda dell'occhio vidi la — che faceva dietro le mie spalle* **3** (*fig.spreg.*) messinscena, situazione fittizia creata per confondere.

pantomimo *s.m.* chi esegue la pantomima.

pants [*ingl.*; *pr.* pènts] *s.m.pl.* nel linguaggio della moda, pantaloncini, spec. da donna e di foggia originale.

panzana *s.f.* frottola, fandonia, bugia.

panzerotto [-ròt-] *s.m.* involtino fritto di pasta sfoglia ripieno di prosciutto, formaggio, pomodoro.

paolo [pà-] *s.m.* antica moneta italiana del valore di dieci baiocchi.

paonazzo *agg.* di colore violaceo scuro: *viso* —.

papà *s.m.* voce infantile e familiare per indicare il padre / *figlio di* —, chi vive alle spalle del padre e fa carriera per merito di lui.

papa *s.m.* [pl. *-i*] **1** il capo della chiesa cattolica: *esser creato* —; *la città dei papi*, Roma; — *Leone*; — *Roncalli / stare*, *vivere come un* —, di persona che conduce una vita agiata / *prov.*: *morto un — se ne fa un altro*, per dire che tutti sono sostituibili / *a ogni morte di* —, molto raramente.

papabile [-pà-] *agg.* e *s.m.* **1** si dice del cardinale che ha probabilità di essere eletto papa **2** (*fig.*) si dice di chi ha probabilità di essere nominato a un dato ufficio.

papaia [-pà-] *s.f.* pianta coltivata nei paesi caldi, che dà frutti commestibili dalla polpa succosa simili a meloni (*fam.* Caricacee).

papale *agg.* del papa: *benedizione*, *messa* —.

papalina *s.f.* copricapo tondo e rigido, un tempo anche da casa, oggi solo di prelati.

papalino *agg.* del papa, pontificio: *le truppe papaline* // *s.m.* fautore del potere temporale dei papi.

paparazzo *s.m.* fotoreporter mondano.

papato *s.m.* **1** dignità di papa; durata di tale dignità: *il — di Pio X* **2** il governo papale: *lotta tra il — e l'impero*.

papaverina *s.f.* (*chim.*) uno degli alcaloidi contenuti nell'oppio.

papavero [-pà-] *s.m.* pianta erbacea tipica dell'Asia, con fiori rosei o violacei e frutti a capsula dai cui semi si ricava l'oppio (*fam.* Papaveracee) / — *selvatico*, varietà dal fiore rosso che cresce spec. nei campi di frumento / *alto* —, (*fig.scherz.*) persona molto importante, pezzo grosso.

papaya [-pà-] *s.f.* → **papaia**.

papera [pà-] *s.f.* **1** l'oca giovane e spec. la femmina **2** errore di dizione commesso parlando, ma soprattutto recitando.

paperback [*ingl.*; *pr.* peipabèk] *s.m.* libro in brossura, economico.

papero [pà-] *s.m.* l'oca giovane e spec. il maschio.

papessa [-pés-] *s.f.* donna papa: *la — Giovanna*, la donna, che secondo la leggenda, fu papa.

papier collé [*franc.*; *pr.* papié colé] *s.m.* opera pittorica ottenuta con la composizione di pezzi di carta colorata incollati sulla tela.

papilla *s.f.* formazione anatomica a forma di piccolissima prominenza, di solito situata sulla mucosa: *— gustativa*; *— renale* [*ill.* Rene].

papillare *agg.* di papilla, delle papille.

papilloma [-lò-] *s.m.* [pl. *-i*] tumore benigno della pelle e delle mucose.

papiraceo [-rà-] *agg.* di papiro: *foglio —*.

papiro *s.m.* **1** pianta acquatica dal cui fusto gli egizi ricavavano, mediante opportuni procedimenti, fogli per scrivere **2** testo scritto su carta di papiro **3** foglio con motti e disegni che gli studenti universitari anziani rilasciano alle matricole **4** (*scherz.*) foglio scritto, carta, documento in genere.

papirologia [-gì-] *s.f.* scienza che si occupa dello studio e dell'interpretazione degli antichi papiri.

papismo [-ʃmo] *s.m.* l'essere papista; l'insieme dei papisti.

papista *agg.* e *s.m.* e *f.* [pl.m. *-i*] che, chi sostiene il papato, spec. in opposizione a un governo laico: *politica —*; *allearsi con i papisti.*

pappa *s.f.* minestra di pane, semolino o simili cotti in acqua o brodo; per estens., cibo dei bambini: *far la —*, nel linguaggio infantile, preparare da mangiare / *questa minestra è una —*, troppo cotta / *— molle*, persona fiacca, senza nerbo / *mangiare la — in capo a uno*, essere più alto di lui / *trovare la — fatta*, (*fig.*) ottenere qlco. senza fatica / *— reale*, speciale alimento energetico simile al miele, ora impiegato anche in medicina, con cui le api operaie nutrono le regine e le larve.

pappafico *s.m.* [pl. *-chi*] → **velaccino**.

pappagallesco [-lé-] *agg.* [pl.m. *-chi*] da pappagallo (solo *fig.*).

pappagallo *s.m.* **1** uccello rampicante esotico, addomesticabile, dai colori smaglianti; alcune specie imitano parole del linguaggio umano (*fam.* Psittacidi) **2** (*fig.*) chi ripete senza intendere ciò che dice: *dire la lezione da —* **3** si dice di giovanotto che molesta le donne per la strada **4** recipiente di cui si servono i malati per orinare senza lasciare il letto.

pappagorgia [-gòr-] *s.f.* grasso che sporge sotto il mento delle persone pingui.

pappardella [-dèl-] *s.f.* **1** scritto o discorso noioso e tirato in lungo **2** *pl.* (*cuc.*) nome toscano delle lasagne.

pappare *v.tr.* (*fam.*) **1** mangiare in abbondanza e con avidità **2** (*fig.fam.*) incamerare, prendere per sé: *si pappò tutti i proventi dell'affare.*

pappata *s.f.* atto, effetto del pappare.

pappataci *s.m.invar.* piccolo insetto dei ditteri simile a un moscerino col corpo molto peloso (*fam.* Psicodidi); ha volo silenzioso e succhia il sangue di molti vertebrati uomo compreso; la sua puntura provoca la *febbre da —* **2** (*fig.*) chi per tornaconto sopporta in silenzio cose vergognose.

pappatoria [-tò-] *s.f.* (*fam.*) **1** il mangiar molto; pranzo lauto e abbondante **2** (*fig.fam.*) il trar guadagno ampio e continuo da una situazione.

pappina *s.f.* **1** pappa leggera **2** impiastro, spec. di semi di lino.

pappo *s.m.* (*bot.*) ciuffo di setole che corona il seme di alcune piante.

paprica [pà-] *s.f.* droga alimentare assai piccante, ottenuta seccando e polverizzando peperoni rossi.

pap-test [-tèst] *s.m.invar.* (*med.*) prova che si esegue prelevando un campione di secrezione vaginale e che serve a diagnosticare con estrema precocità il cancro dell'utero.

papula [pà-] *s.f.* (*med.*) lesione elementare della pelle consistente in un rilievo circoscritto di forma variabile.

para *s.f.* cauccin naturale di prima qualità: *scarpe (con suola) di —.*

para-¹ [dal gr. *parà = accanto, presso*] prefisso usato in molte parole di origine dotta e anche di formazione recentissima; indica affinità, vicinanza, somiglianza (*paratifo, paramilitare, parastatale*).

para-² [dal verbo *parare*] primo elemento di parole composte nelle quali indica riparo o rimedio da ciò che è espresso nel secondo elemento (*parafango, parafulmine, paracadute*).

parà *s.m.* e *f.invar.* (*fam.*) paracadutista.

parabasi [-ràbaʃi] *s.f.invar.* nella commedia greca, specie di intervallo in cui il coro esprimeva le idee politiche ed estetiche dell'autore.

parabellum [-bèl-] *s.m.invar.* **1** pistola automatica da guerra **2** fucile mitragliatore con caricatore a disco.

parabola [-rà-] *s.f.* **1** (*mat.*) curva ottenuta sezionando un cono mediante un piano parallelo a una generatrice / *— di un proietto*, la curva che esso descrive nell'aria **2** (*fig.*) si dice di fenomeno, vicenda ecc., che raggiunge un culmine e poi declina: *la civiltà romana toccò il vertice della sua — con Augusto* **3** racconto allegorico di contenuto morale.

parabolica [-bò-] *s.f.* curva a parabola, molto sopraelevata, spec. nelle piste automobilistiche: *antenna —* [*ill.* Televisione].

parabolico [-bò-] *agg.* [pl.m. *-ci*] della parabola; che ha forma o proprietà di parabola.

parabordo [-bòr-] *s.m.* riparo applicato ai bordi di piccole imbarcazioni per attutire gli urti.

parabrezza [-bréʒʒa] *s.m.invar.* nei veicoli, vetro anteriore di protezione [*ill.* Automobile].

paracadutare *v.tr.* lanciare col paracadute: *— truppe, rifornimenti.*

paracadute *s.m.invar.* apparecchio a forma di grande ombrello, atto a frenare la caduta di un corpo: *gettarsi da un aereo col —.*

paracadutismo [-ʃmo] *s.m.* attività di lancio col paracadute, a scopo bellico o anche sportivo o spettacolare.

paracadutista *s.m.* e *f.* [pl.m. *-i*] **1** soldato addestrato a scendere col paracadute per compiere operazioni militari **2** chi fa paracadutismo sportivo.

paracarro *s.m.* ciascuna delle colonnine di pietra infisse a intervalli regolari lungo i bordi delle strade, per attutire o frenare eventuali urti o sbandamenti dei veicoli.

paracentesi [-cènteʃi] *s.f.invar.* (*med.*) incisione praticata per far scolare materie fluide da una cavità interna del corpo.

paracqua *s.m.invar.* ombrello.

paraculo *s.m.* (*region.volg.*) persona furba, abile nel fare il proprio interesse.

paracusia [-ʃì-] *s.f.* (*med.*) alterazione della percezione uditiva per cui certi suoni sordi odono meglio nel frastuono che nel silenzio.

paradenzio [-dèn-] *s.m.* → **periodonto**.

paradigma *s.m.* [pl. *-i*] **1** in grammatica, modello della coniugazione di un verbo, o della declinazione di un nome **2** (*fig.*) modello, schema fisso.

paradigmatico [-mà-] *agg.* [pl.m. *-ci*] del paradigma; che ha carattere di paradigma (anche *fig.*).

paradisea [-ʃè-] *s.f.* uccello della Nuova Guinea, il cui maschio porta ai lati del corpo due grandi ciuffi di penne variopinte (*fam.* Paradiseidi).

paradisiaco [-ʃi-] *agg.* [pl.m. *-ci*] **1** di, del paradiso **2** (*fig.*) dolcissimo, incantevole.

paradiso [-ʃo] *s.m.* **1** secondo la dottrina cattolica, eterno soggiorno beato promesso alle anime dei giusti, dopo la morte, con la visione beatifica di Dio / *stare in — a dispetto dei santi*, stare in un posto dove non si è voluti / *avere qualche santo in —*, godere della protezione di una persona influente **2** l'oltretomba dei buoni, variamente inteso secondo le varie religioni **3** — *terrestre*, il luogo di delizie dove, secondo la tradizione biblica, Dio pose Adamo ed Eva dopo averli creati **4** stato di serena felicità; luogo tranquillo e bellissimo: *questa campagna è un —* / *un volto, una voce di —*, bellissimi / *un giorno di —*, stupendo, incantevole / *uccello del —*, paradisea.

paradossale *agg.* che è o contiene un paradosso. SIN. *assurdo*.

paradosso [-dòs-] *s.m.* affermazione che è o sembra in contrasto con il buon senso o con le concezioni culturali usualmente accettate; cosa strana, incredibile: *sembra un —, ma è una verità*.

parafango *s.m.* [pl. *-ghi*] in un veicolo, parte della carrozzeria che copre parzialmente le ruote [*ill. Automobile*; *Motocicletta*].

parafare *v.tr.* apporre a un documento una firma abbreviata, una sigla.

parafernale *agg.* si dice di bene della moglie che non fa parte della dote e del quale pertanto essa dispone liberamente.

paraffina [-fi-] *s.f.* sostanza grassa, combustibile, solida, derivata dalla distillazione del petrolio usata nella preparazione di pomate, supposte ecc.

paraffo *s.m.* sigla che si usa al posto della firma, spec. nei documenti diplomatici.

parafiamma *s.m.invar.* riparo metallico posto alla bocca di un'arma da fuoco [*ill. Fucile*].

parafimosi [parafimò]ʃi *o* parafimòʃi] *s.f.invar.* alterazione anatomica per cui l'anello del prepuzio stringe alla base il glande e non può scorrervi liberamente.

parafrasare [-ʃa-] *v.tr.* [*io paráfraso ecc.*] esporre per mezzo di parafrasi: — *una poesia*.

parafrasi [-ràfraʃi] *s.f.* esposizione del contenuto di un testo, discorso ecc., in forma diversa e più ampia, generalmente a scopo esplicativo.

parafrastico [-frà-] *agg.* [pl.m. *-ci*] che contiene parafrasi, che è una parafrasi.

parafulmine [-fùl-] *s.m.* asta metallica appuntita, posta sul tetto di edifici e collegata al terreno con un grosso filo metallico, per attirare i fulmini e farli scaricare a terra.

parageusia [-ʃi-] *s.f.* (*med.*) percezione alterata di sensazioni gustative.

paraggio [-ràg-] *s.m.* spec. *pl.* tratto di mare vicino alla costa; per estens., detto di località terrestre, vicinanza, prossimità: *abito nei paraggi di casa tua*.

paragoge [-gò-] *s.f.* → **epitesi**.

paragonabile [-nà-] *agg.* che si può paragonare. SIN. *confrontabile, comparabile*.

paragonare *v.tr.* [*io paragóno ecc.*] **1** esaminare due

persone o cose per formulare un giudizio comparativo: — *un cappello con un altro*. SIN. *confrontare, comparare, raffrontare* **2** assomigliare: — *la terra ad una palla //* **-arsi** *v.rifl.* porsi a confronto: — *con qlcu*.

paragone [-gó-] *s.m.* **1** il paragonare: *fare, stabilire un —; mettere a —; i termini del —*, le cose o le persone che si confrontano tra loro / *complemento di —*, (*gramm.*) il secondo termine di paragone / *a — di, in — di, a*, rispetto a. SIN. *confronto, comparazione, raffronto* **2** esempio di cosa considerata simile; somiglianza: *portare un —; non c'è — tra questa e quella cosa / senza —*, si dice di cosa indiscutibilmente superiore ad altra analoga. SIN. *similitudine* **3** *pietra di —*, diaspro nero usato per saggiare l'oro; (*fig.*) termine di confronto.

paragrafare *v.tr.* [*io paràgrafo ecc.*] segnare con paragrafi, dividere in paragrafi.

paragrafo [-rà-] *s.m.* **1** ciascuna delle parti di testo in cui è suddiviso un capitolo **2** segno grafico per indicare il paragrafo (§).

paraguaiano *agg.* del Paraguay // *s.m.* abitante del Paraguay.

paralipomeni [-pò-] *s.m.pl.* aggiunte, appendice contenente cose tralasciate in un'opera letteraria, e spec. poetica.

paralisi [-ràliʃi] *s.f.invar.* **1** perdita della sensibilità o della mobilità di uno o più muscoli, per lesioni delle fibre nervose o dei centri nervosi: — *totale, progressiva* **2** (*fig.*) arresto, blocco di qlco.: — *del traffico; questo provvedimento provocherà la — delle esportazioni*.

paralitico [-lì-] *agg. e s.m.* [pl.m. *-ci*] si dice di persona affetta da paralisi.

paralizzare [-liʒʒa-] *v.tr.* **1** rendere paralitico **2** (*fig.*) arrestare, bloccare: *il maltempo paralizza le comunicazioni*.

paralizzato [-liʒʒa-] *agg.* colpito da paralisi (anche *fig.*): *braccio —; traffico —*.

parallasse *s.f.* (*scient.*) angolo tra le rette visuali di uno stesso oggetto, relative a due luoghi di osservazione differenti.

parallela [-lè-] *s.f.* **1** retta parallela **2** strumento usato per tracciare linee parallele **3** *pl.* attrezzo da ginnastica costituito da due sbarre di legno, parallele tra loro, sostenute da supporti [*ill. Palestra*].

parallelepipedo [-pì-] *s.m.* (*geom.*) prisma che ha per facce sei parallelogrammi.

parallelinervio [-nèr-] *agg.* (*bot.*) si dice delle foglie a nervature parallele.

parallelismo [-ʃmo] *s.m.* **1** (*geom.*) condizione di due o più rette o piani paralleli **2** (*fig.*) svolgimento parallelo di due o più serie di avvenimenti.

parallelo [-lè-] *agg.* **1** (*geom.*) si dice di rette complanari o di piani che non s'intersecano mai, se non all'infinito; per estens., di cose che procedono equidistanti nella stessa direzione: *linee parallele; la linea ferroviaria corre parallela alla costa* **2** (*fig.*) si dice di fatti che si svolgono contemporaneamente ad altri senza reciproca interferenza: *compirono un tentativo — di conquista // s.m.* **1** cerchio che si ottiene secando una superficie di rotazione con un piano perpendicolare all'asse; (*geogr.*) circolo immaginario tracciato sulla superficie terrestre, parallelo all'equatore e perpendicolare all'asse terrestre **2** base di confronto, di paragone: *stabilire un — tra la situazione italiana e quella francese*.

parallelogrammo *s.m.* quadrangolo avente i lati opposti paralleli fra loro.

paralogismo [-ſmo] *s.m.* ragionamento logico in apparenza, in realtà difettoso.

paralogistico [-gi-] *agg.* [pl.m. *-ci*] di paralogismo; ingannevole.

paraluce *s.m.invar.* (*fot.*) accessorio che si applica all'obiettivo fotografico per proteggerlo dalla luce.

paralume *s.m.* schermo di stoffa, carta e simili che difende gli occhi dalla luce diretta di una lampada [*ill. Arredamento*].

paramagnetico [-gnè-] *agg.* [pl.m. *-ci*] dotato di paramagnetismo.

paramagnetismo [-ſmo] *s.m.* (*fis.*) proprietà per cui molte sostanze presentano comportamento magnetico analogo a quello del ferro ma con minore intensità.

paramedico [-mè-] *agg.* e *s.m.* [pl.m. *-ci*] si dice di chi esercita professioni sanitarie, escluse quelle di medico e di farmacista (infermieri, fisioterapisti, tecnici di laboratorio ecc.), e delle professioni stesse.

paramento [-mén-] *s.m.* **1** l'atto, il mezzo con cui si para, si addobba una chiesa, una casa e simili **2** ciascuno degli indumenti indossati dal sacerdote durante la celebrazione delle sacre funzioni **3** (*edil.*) ciascuna delle superfici laterali di una costruzione muraria: *i paramenti di una diga*.

parametrio [-mè-] *s.m.* (*anat.*) tessuto connettivo a maglie larghe che circonda l'utero.

parametro [-rà-] *s.m.* **1** (*mat.* e *fis.*) variabile o coordinata che può assumere qualsiasi valore **2** per estens., rapporto, proporzione, e anche punto di vista, criterio; in particolare, il rapporto tra i diversi livelli di retribuzione previsti dai contratti collettivi di lavoro.

paramezzale [-meʒʒa-] *s.m.* ciascuno dei principali elementi longitudinali della struttura interna della chiglia [*ill. Barca*].

paramilitare *agg.* che ha caratteristiche simili a quelle militari.

paranco *s.m.* [pl. *-chi*] apparecchio composto di due o più carrucole, usato per sollevare grossi pesi demoltiplicando lo sforzo.

paraninfo *s.m.* nell'antica Grecia, colui che conduceva la sposa in casa del marito; oggi si dice di chi combina matrimoni.

paranoia [-nò-] *s.f.* malattia mentale caratterizzata da idee fisse deliranti (p.e. mania di persecuzione, di grandezza), mentre per il resto il malato si comporta in modo perfettamente logico.

paranoico [-nòi-] *agg.* e *s.m.* [pl.m. *-ci*] che o chi è affetto da paranoia.

paranormale *agg.* e *s.m.* si dice di quei fenomeni fisici e psichici che non appaiono spiegabili con le conoscenze scientifiche oggi disponibili.

paranza *s.f.* **1** grande barca da pesca con grande vela latina e, eventualmente, altre quattro vele minori **2** pesca in coppia, spec. per mezzo di una grande rete a sacco.

paraocchi [-òc-] *s.m.invar.* la parte dei finimenti del cavallo che ripara lateralmente gli occhi dell'animale [*ill. Cavallo*].

parapetto [-pèt-] *s.m.* muretto ai bordi di ponti, strade, terrazze, finestre e simili, costruito per sicurezza delle persone; riparo lungo il bordo della nave.

parapiglia [-pì-] *s.m.invar.* grande, improvvisa confusione di gente e di cose. SIN. *trambusto*.

parapioggia [-piòg-] *s.m.invar.* ombrello.

paraplegia [-gì-] *s.f.* (*med.*) paralisi della metà inferiore del corpo.

paraplegico [-plè-] *agg.* e *s.m.* [pl.m. *-ci*] si dice di chi è colpito da paraplegia.

parapsicologia [-gì-] *s.f.* lo studio scientifico dei fenomeni psichici paranormali.

parare *v.tr.* **1** ornare, rivestire di paramenti: — *la chiesa a lutto* **2** (*non com.*) difendere da qlco. o da qlcu. che rechi danno o molestia: *la tenda ci parava dalla pioggia*. SIN. *riparare* **3** sventare, deviare: — *il colpo*; — *le mosse avversarie* **4** *assol.* tendere, mirare a un effetto: *dove vai a* — *con le tue parole?* // **-arsi** *v.rifl.* presentarsi davanti all'improvviso: *gli si parò dinanzi*.

parasanga [-ſan-] *s.f.* misura lineare degli antichi persiani, pari a ca. 6 km.

parascolastico [-là-] *agg.* [pl.m. *-ci*] si dice di quelle attività che vengono organizzate nelle scuole al di fuori dello stretto programma di studio, e degli strumenti per esse utilizzati / *libri parascolastici*, che si usano a scuola pur non essendo libri di testo.

paraselene [-lè-] *s.m.* fenomeno atmosferico, dovuto a rifrazione e frequente nelle latitudini boreali, consistente nella comparsa, accanto al disco della luna, di altri dischi luminosi.

parasimpatico [-pà-] *agg.* e *s.m.* [pl. *-ci*] (*anat.*) si dice di una delle due parti del sistema neurovegetativo.

parasole [-só-] *s.m.invar.* **1** ombrello per ripararsi dai raggi del sole **2** (*fot.*) paraluce.

paraspigolo [-spì-] *s.m.* profilato metallico o listello di legno con sezione a L che si applica agli spigoli delle pareti.

parassita *agg.* e *s.m.* [pl.m. *-i*] **1** si dice di animale o vegetale che vive a spese di altro animale o vegetale (p.e. pidocchi, pulci) **2** (*fig.spreg.*) si dice di persone od organizzazioni che non producono ricchezza, che vivono a spese di altre.

parassitario [-tà-] *agg.* **1** dei parassiti, dovuto a parassiti: *malattia parassitaria* **2** degno di un parassita (in senso *fig.*): *rendita parassitaria*, che deriva da una posizione di potere e non da un'attività produttiva.

parassitismo [-ſmo] *s.m.* (*biol.*) condizione di vita di un essere che vive totalmente o parzialmente a spese di un altro, recandogli danno (anche *fig.*).

parassitologia [-gì-] *s.f.* parte della medicina che studia i parassiti in quanto causa di malattie per l'organismo umano.

parasta *s.f.* → **lesena**.

parastatale *agg.* si dice di quegli istituti autonomi, intermedi tra gli enti pubblici e i privati, che sono controllati dallo stato ma non gestiti direttamente da esso: *ente* — // *s.m.* impiegato di un ente parastatale.

parastato *s.m.* l'insieme degli enti parastatali.

parastinchi *s.m.invar.* cuscinetto protettivo degli stinchi, usato in vari sport.

parata[1] *s.f.* il parare un colpo; nel gioco del calcio, l'azione del portiere per impedire che la palla entri in rete.

parata[2] *s.f.* **1** preparativo / *veder la mala* —, intuire che le cose si mettono male **2** sfoggio, ricca mostra / *abito di* —, uniforme di gala / — *militare*, rivista di soldati e mezzi militari.

paratassi *s.f.invar.* la coordinazione, come aspetto della sintassi (contrapposto a *ipotassi*).

paratia [-tì-] *s.f.* (*mar.*) ciascuno dei tramezzi che dividono in tanti compartimenti la parte interna immersa della nave / *paratie stagne*, dispositivi che impediscono il passaggio dell'acqua da un locale all'altro della nave.

paratifo *s.m.* malattia infettiva simile al tifo, ma meno grave.

paratiroide [-ròi-] *s.f.* (*anat.*) ciascuna delle due piccole ghiandole endocrine che si trovano accanto alla tiroide.

parato *s.m.* **1** drappo che serve per ornare o rivestire pareti e simili / *carta da parati*, carta con cui si rivestono le pareti **2** durante il varo di una nave, ciascuno dei travi di legno disposti trasversalmente sopra lo scalo.

paratoia [-tó-] *s.f.* portello mobile di legno o di metallo che permette di regolare il flusso delle acque in un canale.

paratormone [-mó-] *s.m.* ormone prodotto dalle paratiroidi, che regola il ricambio del calcio e l'eccitabilità neuromuscolare.

paraurti *s.m.invar.* **1** dispositivo di metallo sistemato nella parte anteriore e posteriore delle automobili per attutire gli urti [*ill. Automobile*] **2** riparo posto in una stazione per impedire che i treni vadano oltre la fine del binario.

paravento [-vèn-] *s.m.* intelaiatura mobile ricoperta di stoffa o di carta o altro che serve a nascondere parte di una stanza, o una persona che si cambia d'abito, si lava ecc. / *fare o servire da —*, (*fig.*) coprire le malefatte altrui.

parcella [-cèl-] *s.f.* nota delle spese e degli onorari che un professionista presenta al cliente.

parcellizzare [-liʒʒa-] *v.tr.* suddividere in piccole parti o fasi successive (spec. con riferimento a mansioni lavorative).

parcellizzazione [-liʒʒaʒió-] *s.f.* l'effetto del parcellizzare; divisione orizzontale delle mansioni.

parcheggiare *v.tr.* [*io parchéggio ecc.*] collocare un'automobile nello spazio destinato a sosta, continua o temporanea, di automezzi.

parcheggio [-chég-] *s.m.* il parcheggiare; luogo destinato alla sosta di veicoli: *divieto di —*; *— a pagamento*.

parchimetro [-chi-] *s.m.* apparecchio che misura la durata di sosta di un veicolo in un parcheggio pubblico.

parco[1] *s.m.* **1** grande giardino con piante d'alto fusto, pubblico o privato, adibito a luogo di ricreazione e di riposo / *— nazionale*, territorio destinato a conservare (a fini scientifici, culturali, ricreativi) risorse e aspetti naturalistici di particolare interesse in ambienti tipici di una data regione **2** recinto in cui si custodiscono veicoli, artiglierie ecc.; il materiale stesso che vi è raccolto: *— mobile*, che raccoglie gli autoveicoli di una grande unità militare.

parco[2] *agg.* [pl.m. *-chi*] moderato: *— di lodi*; *nel mangiare*. SIN. *frugale, sobrio, misurato.*

parcometro [-cò-] *s.m.* → **parchimetro.**

parecchio [-réc-] *agg.indef.* alquanto, non poco (un po' meno di *molto*): *c'erano parecchie persone*; *ho — denaro da spendere // pron.indef.* **1** non poco, non poche cose (un po' meno di *molto*): *abbiamo speso —*; *otterremo — con questo sistema* **2** *pl.* alquante persone: *parecchi dicono che ciò non è vero // avv.* di quantità alquanto: *ho corso —.*

pareggiamento[-mén-]*s.m.* atto, effetto del pareggiare.

pareggiare *v.tr.* [*io paréggio, tu paréggi ecc.*] **1** rendere pari: *— un terreno*, spianarlo / *— il bilancio*, rendere le spese uguali alle entrate. SIN. *livellare* **2** uguagliare: *nessuno può — quell'atleta in agilità // v.intr.* (*sport*) si dice di due squadre che ottengono un punteggio pari in una competizione.

pareggiato *agg.* uguagliato, livellato.

pareggio [-règ-] *s.m.* **1** il pareggiare, il pareggiarsi: *— del bilancio*, quando le entrate sono uguali alle uscite **2** (*sport*) punteggio pari raggiunto da due squadre al termine di una competizione.

parelio [-rè-] *s.m.* fenomeno dovuto alla rifrazione dei raggi solari sulle alte nubi dell'atmosfera, per cui si formano attorno al Sole dei dischi luminosi.

parenchima [-rèn-] *s.m.* (*biol.*) tessuto che costituisce la parte attiva, funzionale di un organo animale o vegetale.

parenchimatico [-mà-] *agg.* [pl.m. *-ci*] (*biol.*) inerente al parenchima.

parentado *s.m.* **1** (spec. *scherz.*) l'insieme dei parenti: *ti farò conoscere tutto il mio —* **2** legame di parentela / *fare un —*, (*antiq.*) concludere un matrimonio.

parentale *agg.* (*scient.*) dei genitori, che riguarda i genitori: *cure parentali* / *figure parentali*, (*psic.*) persone adulte che psicologicamente sostituiscono il padre o la madre.

parente[-rèn-]*s.m.* e *f.* chi è legato ad altra persona da vincoli di parentela: *parenti stretti*, quelli il cui vincolo è più prossimo (fratelli, zii, cugini ecc.) **2** (*fig.*) si dice di cose simili, affini: *il sonno è — della morte.*

parentela [-tè-] *s.f.* **1** rapporto, vincolo naturale tra i discendenti da un capostipite comune e tra gli affini: *— stretta, lontana* / *— spirituale*, tra il padrino e il figlioccio **2** l'insieme dei parenti, il parentado: *v'era tutta la —* **3** (*fig.*) comunanza, affinità tra cose: *la — fra le lingue indoeuropee.*

parenterale *agg.* (*med.*) si dice di farmaci o altre sostanze che si somministrano per mezzo di iniezioni, e, in generale, per via diversa da quella gastro-intestinale.

parentesi [-rènteʃi] *s.f.invar.* **1** simbolo grafico utilizzato in espressioni matematiche per indicare l'ordine di esecuzione delle operazioni; nella scrittura comune per isolare un gruppo di parole con un senso distinto che s'interpongono in un discorso; per estens., la frase, il concetto chiuso fra i due segni: *— tonde* ( ), *quadre* [ ], *graffe* { } / *tra —*, per inciso **2** (*fig.*) intervallo di tempo in cui s'interrompe il normale svolgersi di un'attività o la continuità di uno sviluppo: *la — delle vacanze.*

parentetico [-tè-] *agg.* [pl.m. *-ci*] che è tra parentesi.

pareo [-rè-] *s.m.* capo di abbigliamento, originariamente del costume femminile tahitiano, consistente in un grande rettangolo di tela che si porta annodato in varie fogge.

parere[1] [-ré-] *v.intr.* [pres. *io pàio, tu pari, egli pare, noi pariamo, voi paréte, essi pàiono*; fut. *io parrò ecc.*; pass.rem. *io parvi, tu parésti, egli parve, noi parémmo, voi paréste, essi pàrvero*; cong.pres. *io pàia, noi paiamo, voi paiate, essi pàiano*; cond.pres. *io parrèi ecc.*; p.pres. *parvènte*; p.pass. *parso*] **1** avere l'apparenza per lo più senza essere: *pareva un santo*; *parevi un brigante* **2** sembrare, risultare al giudizio di qlcu.; apparire probabile, giusto, conveniente: *il tuo gesto mi pare inopportuno*; *è bello, non ti pare?*; *fai quello che ti pare // v.intr.impers.* apparire vero, probabile, giusto, conveniente: *mi pare che pioverà*; *vi pare che io abbia sbagliato?*

parere[2] [-ré-] *s.m.* ciò che uno pensa intorno a qlco.: *dare un —*; *sentire un —*. SIN. *opinione, giudizio.*

paresi [-rèʃi] *s.f.invar.* (*med.*) perdita parziale della mobilità muscolare, per lesioni delle strutture nervose.

parestesia [-ʃi-] *s.f.* (*med.*) alterazione della sensibilità; percezione sensoriale alterata.

paretaio [-tà-] *s.m.* terreno appositamente preparato ove si distendono le reti per catturare gli uccelli.

parete [-ré-] *s.f.* **1** (*edil.*) muro interno di edifici, solitamente di piccolo spessore, che forma e separa i vani **2** la superficie interna o esterna di un oggetto: *le pareti di una vena* **3** versante verticale o quasi di una montagna rocciosa: *la — nord del Cervino.*

pargolo [pàr-] *s.m.* (*lett.*) fanciullo. SIN. *bambino*.

pari *agg.invar.* **1** uguale a un'altra persona o cosa in qualità o quantità: *i due palazzi sono di — altezza*; *il loro peso è —*; *io sono — a te d'ingegno* / *un mio —*, un uomo della mia stessa condizione sociale / *si è comportato da par suo*, conformemente alle sue qualità e al suo carattere (buono o cattivo) / *al — di lui*, come lui, in modo simile / *trattare qlcu. da — a —*, mostrare di considerarlo di qualità o condizione uguali alle proprie / *tenere una ragazza alla —*, ospitarla come se fosse della famiglia, in cambio di piccole prestazioni domestiche o di baby-sitter / *stare alla — con qlco. o qlcu.*, reggere al confronto / *vendere alla —*, al prezzo di costo **2** si dice spec. di superficie piana e uguale, senza sporgenze e rientranze: *falciare l'erba —* / *saltare a piè —*, con le gambe unite e tenendo entrambi i piedi alla stessa altezza; *saltare a piè — una pagina, una difficoltà ecc.*, (*fig.*) non leggerla, evitarla ecc. / *siamo —!*, ognuno ha avuto ciò che gli spettava; si dice spec. quando si ricambia in egual misura un danno o un'offesa / *essere — al proprio compito*, esservi adatto **3** (*mat.*) si dice di numero intero divisibile esattamente per due. CONTR. *dispari* // *s.m.* anticamente, il nobile di rango uguale a quello del re: *i dodici pari di Carlo Magno*, i suoi paladini / *la camera dei pari*, la camera alta del parlamento britannico.

paria [pà-] *s.m.invar.* in India, coloro che appartengono alle classi infime o che sono fuori da ogni casta; per estens., si dice di chi è sfruttato ed escluso da ogni privilegio.

parietale *agg.* si dice di pitture o sculture fatte su parete // *s.m.* (*anat.*) osso che forma la parete supero-laterale del cranio.

parificare *v.tr.* [*io parìfico, tu parìfichi ecc.*] rendere o riconoscere pari: *— i diritti*.

parificato *agg.* che è reso pari / *scuola parificata*, scuola privata che agli effetti legali ha piena parità con le scuole statali.

parificazione [-zió-] *s.f.* atto, effetto del parificare.

parigino *agg.* di Parigi // *s.m.* abitante di Parigi.

pariglia [-rì-] *s.f.* **1** coppia di cose uguali, spec. di cavalli **2** contraccambio: *rendere la —*, ricambiare un danno o un'offesa in ugual misura.

parimenti [-mén-] *avv.* nello stesso modo.

paripennato *agg.* (*bot.*) si dice di foglia pennata, composta di un numero pari di foglioline.

parisillabo [-sìl-] *agg.* si dice di un verso che abbia un numero pari di sillabe // *s.m.* (*gramm.*) nella terza declinazione latina, nome che ha ugual numero di sillabe nel nominativo e nel genitivo.

parità *s.f.invar.* **1** l'essere pari / *— monetaria*, numero di unità di una moneta nazionale convenzionalmente corrispondente a un'unità di moneta estera presa come riferimento **2** (*sport*) risultato eguale degli avversari al termine della competizione.

paritario [-tà-] *agg.* in condizione di parità, in base alla parità, da pari a pari.

pariteticità *s.f.invar.* l'essere paritetico; parità di rappresentanza.

paritetico [-tè-] *agg.* [pl.m. *-ci*] che ha pari condizione; detto spec. di commissioni nominate per risolvere controversie nelle quali entrambe le parti sono parimenti rappresentate.

parkinsoniano *agg.* del morbo di Parkinson // *agg.* e *s.m.* che, chi è affetto da tale morbo.

parlamentare[1] *agg.* del parlamento, riferito al parlamento: *regime —*, regime politico in cui il governo dipende dalla fiducia che ad esso eventualmente accorda il parlamento // *s.m.* membro del parlamento, deputato o senatore.

parlamentare[2] *v.intr.* [*io parlaménto ecc.*] trattare a voce di qlco., spec. con la parte avversaria o con capi o rappresentanti dell'esercito nemico.

parlamentarismo [-ʃmo] *s.m.* dottrina e pratica politica che attribuisce al parlamento, oltre alla funzione legislativa, anche quella di convalidare e controllare il governo.

parlamento [-mén-] *s.m.* **1** negli stati democratici moderni, assemblea dei rappresentanti eletti dal popolo, con potere legislativo; in molti stati, articolata in due camere **2** l'edificio in cui tale assemblea si riunisce **3** (*st.*) adunanza pubblica: *chiamare il popolo a —*.

parlante *agg.* **1** che parla: *il grillo —* **2** si dice di un ritratto e simili, assai somigliante all'originale // *s.m.* (*ling.*) chi parla, chi fa uso di una lingua.

parlantina *s.f.* (*fam.*) lingua sciolta; abbondanza, facilità di parola. SIN. *loquacità*.

parlare[1] *v.intr.* **1** esprimere con la parola pensieri o sentimenti: *parlava da sé*, da solo a voce alta; *parlava fra sé*, pensava le parole senza pronunciarle; *parlarono di politica*; *si parlarono al telefono* / *— bene, male di qlcu.*, con benevolenza, malevolenza / *— a fior di labbra*, a voce bassa e incerta / *— al muro, al vento*, inutilmente, a chi non vuole ascoltare / *— al cuore, alla fantasia*, commuovere, eccitare l'immaginazione / *— col naso*, con voce nasale / *— come un libro stampato*, in modo scelto e ricercato / *— del più e del meno*, conversare di cose varie e non importanti / *— con gli occhi, a gesti*, esprimersi con gli occhi, a gesti / *— a una ragazza*, *parlarsi*, (*pop.*) amoreggiare / *far — di sé*, suscitare lode o biasimo **2** tenere una lezione, una conferenza: *egli parlerà sulla letteratura americana* **3** trattare di un argomento: *oggi il giornale parla dei problemi del turismo* **4** progettare, proporsi qlco.: *parlano di andare in Spagna* // *v.tr.* saper esprimersi in una lingua: *— russo* / *— ostrogoto, turco, arabo*, (*fam.*) non farsi intendere.

parlare[2] *s.m.* atto, modo di parlare. SIN. *parlata*.

parlata *s.f.* il particolare modo di esprimersi: *lo riconosco dalla —*; *la — toscana*.

parlato *agg.* usato nelle espressioni: *lingua parlata*, lingua viva dell'uso corrente; *cinema —*, in cui alle immagini si accompagnano i dialoghi // *s.m.* **1** cinema parlato **2** il dialogo registrato sulla colonna sonora.

parlatore [-tó-] *s.m.* [f. *-trice*] chi parla bene, con facilità e in modo persuasivo.

parlatorio [-tò-] *s.m.* nei collegi, nelle carceri, nei conventi ecc., il locale in cui i visitatori si incontrano con chi vive all'interno.

parlottare *v.intr.* [*io parlòtto ecc.*] parlare in modo impacciato; parlare a voce bassa come in segreto: *parlottavano fra loro*.

parlottio [-ti-] *s.m.* un parlottare continuato.

parmigiana *s.f.* pietanza cotta al forno a base di melanzane, salsa di pomodoro e parmigiano.

parmigiano *agg.* di Parma // *s.m.* **1** abitante di Parma **2** formaggio duro, semigrasso, a pasta granulosa, prodotto nel Parmense e nel Reggiano.

Parnaso [-ʃo] *s.m.* **1** monte sacro ad Apollo nell'antica Grecia **2** (*fig.*) la poesia; i poeti.

parodia [-di-] *s.f.* composizione letteraria o musicale o spettacolo che imita con intento comico o satirico un'opera conosciuta; imitazione scherzosa.

parodiare v.tr. [io paròdio ecc.] fare la parodia: — un testo; — un famoso attore.

parodista s.m. e f. [pl.m. -i] chi fa una parodia.

parodistico [-di-] agg. [pl.m. -ci] di, da parodia: tono, stile —.

parodo [pà-] s.m. e f. **1** nell'antico teatro greco, ciascuno dei passaggi laterali che immettevano nell'orchestra **2** nell'antico dramma greco, la prima entrata del coro in scena.

parola [-rò-] s.f. **1** suono o gruppo di suoni articolati propri di una lingua, con cui per convenzione si indica una cosa o si esprime un'idea; la sua rappresentazione grafica: — di una, di due sillabe; — tronca, piana, sdrucciola, bisdrucciola, rispetto alla posizione dell'accento; — dialettale / uomo di poche parole, poco loquace / la persona in —, di cui si sta parlando / parole incrociate, cruciverba / gioco di parole, scherzo basato sui diversi significati di una parola / buttò là mezza —, fece un'allusione / debbo dirti due parole, parlarti brevemente / non ne fece — con nessuno, non ne parlò / non ne sa una —, nulla / vennero a parole, litigarono / dire una buona — per qlcu., raccomandarlo / essere in — con qlcu., in trattative / levare la — di bocca a uno, prevenirlo in quello che sta per dire / misurare, pesare le parole, parlare con cautela, riflettendo su ciò che si dice / passarsi la —, trasmettersi un avvertimento, una notizia di interesse comune / ripetere, tradurre — per —, fedelmente / una — tira l'altra, è difficile interrompere un discorso una volta incominciato. DIM. parolina, paroletta. ACCR. parolona, parolone. PEGG. parolaccia **2** facoltà naturale di parlare; per estens., facoltà, possibilità data a qlcu. di parlare: la — all'imputato!; dare, domandare, negare, prendere la —, in un consesso / perdere la —, diventar muto / libertà di —, di esprimere le proprie idee **3** il modo in cui ci si esprime: avere la — facile **4** impegno, promessa: — d'onore!, lo affermo, lo prometto sul mio onore!; mantenere, rimangiare la —; prendere in —; credere sulla — / uomo di —, che mantiene i propri impegni **5** pl. chiacchiere, discorsi vani: a parole tutti sono eroi; ci vogliono fatti, non parole; mi sommerse in un mare di parole **6** pl. in una composizione per canto, i versi rispetto alla musica che li accompagna.

parolaccia [-làc-] s.f. parola sconcia o detta per offendere.

parolaio [-là-] agg. che è fatto solo di vane parole // s.m. chi parla molto e senza costrutto.

paroliere [-liè-] s.m. l'autore del testo di una canzonetta.

parolona [-ló-] s.f., **parolone** [-ló-] s.m. parola enfatica, ridondante, ma spesso vuota di senso.

paronichia [-chi-] s.f. (med.) infiammazione purulenta dei tessuti molli che circondano l'unghia.

paronomasia [-màʃia] s.f. figura retorica che consiste nell'accostare parole di suono affine (p.e. traduttori, traditori).

parosmia [-ʃmi-] s.f. (med.) alterazione qualitativa delle percezioni olfattive.

parossismo [-ʃmo] s.m. **1** (med.) in una malattia o accesso morboso, la fase in cui i sintomi raggiungono la massima intensità **2** (fig.) fase acuta: nel — dell'ira.

parossitono [-si-] agg. si dice di parole, spec. greche, in cui l'accento tonico cade sulla penultima sillaba.

parotide [-rò-] s.f. (anat.) ghiandola salivare voluminosa situata dietro il ramo della mandibola.

parotite s.f. infiammazione della ghiandola parotide / — epidemica, orecchioni.

parpagliola [-gliò-] s.f. moneta anticamente usata in varie parti d'Italia, di valore variante da città a città.

parquet [franc.; pr. parché] s.m. pavimento di legno fatto con tasselli di varia forma uniti tra loro.

parricida s.m. e f. [pl.m. -i] chi ha ucciso il proprio padre.

parricidio [-ci-] s.m. il delitto del parricida.

parrocchia [-ròc-] s.f. **1** la più piccola circoscrizione ecclesiastica le cui anime sono curate da un parroco **2** la chiesa in cui il parroco esercita le proprie funzioni o l'ufficio parrocchiale, o anche l'edificio ove si svolgono certe attività parrocchiali **3** il complesso dei parrocchiani **4** (fig. e scherz.) gruppo, categoria.

parrocchiale agg. della parrocchia; del parroco: chiesa —; messa —.

parrocchiano s.m. chi appartiene a una parrocchia.

parroco [pàr-] s.m. [pl. -ci, (rar.) -chi] sacerdote che ha la cura delle anime di una parrocchia con giurisdizione ordinaria e propria, ma subordinata al vescovo. SIN. prevosto.

parrucca s.f. **1** capigliatura posticcia, fabbricata con capelli veri o artificiali, usata per nascondere la calvizie, o per seguire la moda, o dagli attori in teatro per truccarsi **2** (scherz.) capelli lunghi, zazzera.

parrucchiere [-chiè-] s.m. **1** barbiere **2** chi acconcia i capelli alle donne.

parruccone [-có-] s.m. persona con idee antiquate, superate.

parsec s.m.invar. unità astronomica di distanza, pari a 30.840 miliardi di km.

parsimonia [-mò-] s.f. moderazione nelle spese o nel consumo di qlco. (anche fig.): — di parole.

parsimonioso [-nió-] agg. che usa o che è fatto con parsimonia: consumo —.

partaccia [-tàc-] s.f. si usa nelle locuz.: fare una partaccia, una figuraccia; mancare alla parola data; fare una partaccia a uno, trattare uno con durezza, sgridarlo.

parte s.f. **1** ciascuna delle porzioni o degli elementi in cui è diviso un tutto: una — del terreno; la — di una macchina; vol. I, — II, detto di trattati, romanzi; a ciascuno toccò la sua —; vorrei avere solo una — dei tuoi soldi; gran —, la maggior — dei presenti, molti, la maggioranza dei presenti / fare le parti, distribuire una portata tra i commensali / fare la — del leone, prendersi quasi tutto / mettere qlcu. a — di qlco., far — di qlco. a qlcu., comunicargliela / prender — a qlco., parteciparvi / prendere in buona, in mala —, accogliere senza o con risentimento / in —, parzialmente / d'altra —, del resto. DIM. particella **2** riferito allo spazio, luogo, lato, direzione: che si fa dalle tue parti?; le parti basse della città sono allagate; le parti montuose; le cinque parti del mondo, i continenti; da che — vai?, in quale direzione? / a —, separatamente / da —, in disparte; lasciar da —, non curare; mettere da —, riporre, accumulare / da — mia, per conto mio / da un anno a questa —, da un anno in qua **3** con riferimento al tempo: fu assente gran — dell'anno scolastico **4** partito: la — ghibellina; uomo di —, fazioso; spirito di —, faziosità / prender le parti di qlcu., difenderlo **5** ciascuno dei due contendenti in giudizio o dei contraenti di un contratto: la — avversaria; accordo fra le parti; la — contraente **6** l'insieme delle battute e dell'azione scenica che spettano all'attore che interpreti un determinato personaggio; il personaggio stesso: la — dell'amoroso / ciascuno deve fare la sua — nella vita, (fig.) il proprio dovere / mi fece una brutta —, (fig.) si comportò con me scorrettamente o duramente. DIM. particina. PEGG. partaccia **7** (mus.)

ruolo di un cantante o di uno strumento: *la — del soprano*; per estens., foglio o libro contenente i brani musicali che devono essere cantati o suonati **8** in forme correlative, ha valore di *gli uni... gli altri* o di *in parte: — dei convenuti erano favorevoli, — contrari*; *pagherò — subito, — a rate*.

partecipante *agg.* e *s.m.* e *f.* che o chi partecipa: *i partecipanti a un convegno*.

partecipare *v.intr.* [*io partécipo ecc.*] **1** prender parte: *— a un gioco; — alla gioia* **2** aver parte: *— di qlco.* // *v.tr.* **1** (*lett.*) dar parte, distribuire **2** rendere noto; annunziare, comunicare.

partecipativo *agg.* che ha, che consente a tutti una partecipazione diretta: *democrazia partecipativa*.

partecipazione [-zió-] *s.f.* **1** atto, effetto del partecipare: *la tua — è essenziale / partecipazioni statali*, quote maggioritarie del capitale sociale di società per azioni detenute dallo stato attraverso enti di gestione, sotto la vigilanza di un ministero apposito **2** biglietto con cui si partecipa un matrimonio, un lutto ecc.

partecipazionismo [-ſmo] *s.m.* tendenza a estendere al massimo la partecipazione ai fatti politici e sociali.

partecipe [-té-] *agg.* che prende parte: *fu — di importanti avvenimenti / rendere qlcu. — di una notizia*, comunicargliela.

parteggiare *v.intr.* [*io partéggio ecc.*] prendere le parti di qlcu., sostenere: *io parteggio per i repubblicani*.

partenogenesi [-gèneſi] *s.f.invar.* tipo di riproduzione in cui la femmina produce la sua progenie senza preventiva fecondazione.

partenopeo [-pé-] *agg.* della città di Partenope (antico nome di Napoli) // *s.m.* abitante di Napoli.

partenza [-tèn-] *s.f.* **1** atto del partire: *fissare il giorno della —; treno in — / punto di —*, (*fig.*) punto da cui ha inizio una ricerca, un discorso ecc. **2** (*sport*) modo con cui un atleta inizia una competizione: *ha fatto una falsa — / linea di —*, punto da cui ha inizio una corsa a piedi, ciclistica ecc.

parterre [*franc.*; *pr.* partèr] *s.m.* **1** giardinetto con aiole artisticamente disposte **2** platea di teatro o di altro luogo di spettacolo.

particella [-cèl-] *s.f.* **1** (*gramm.*) parola monosillabica o monosillabo enclitico che accompagna il verbo con valore di pronome o avverbio (p.e. *ti* consiglio di andar*ci*) **2** (*fis.*) costituente elementare della materia **3** — *catastale*, ciascuno degli appezzamenti di terreno segnati sulle mappe del catasto.

participiale *agg.* del participio: *suffisso —*, che serve a formare il participio.

participio [-cì-] *s.m.* forma nominale del verbo, usata con valore di aggettivo o di sostantivo; l'italiano ha un participio presente e uno passato, dei quali è raro l'uso verbale (il p.pass. serve a formare i tempi composti dei verbi attivi e passivi: *avere scritto; essere tradito*).

particola [-ti-] *s.f.* (*lit.*) piccola ostia consacrata che viene data ai fedeli nella comunione eucaristica.

particolare *agg.* **1** che non è proprio di tutti o di un tutto, ma solo di una parte: *un mio interesse —; il suo segretario —; leggi particolari sull'emigrazione / in —*, in modo specifico: *lo dico a tutti, ma in — a te*. SIN. *specifico*. CONTR. *generale* **2** non comune, insolito: *ha una — attitudine alla pittura* // *s.m.* elemento singolo, dettaglio di un tutto, di un complesso: *nota quel — del quadro; esaminare un problema in tutti i suoi particolari*.

particolareggiare *v.tr.* [*io particolaréggio ecc.*] narrare minutamente / *assol.* dare risalto ai particolari.

particolareggiato *agg.* fornito di particolari, minuzioso: *descrizione particolareggiata*.

particolarismo [-ſmo] *s.m.* **1** atteggiamento o attività di chi, per curare i propri interessi personali, danneggia e disgrega l'unità della comunità di cui fa parte: *— politico*, tendenza di una regione o gruppo etnico a sottrarsi a un potere politico centrale, per ottenere autonomia o indipendenza **2** favoritismo.

particolaristico [-ri-] *agg.* [pl.m. *-ci*] del particolarismo, di chi lo pratica (spec. in senso politico).

particolarità *s.f.invar.* **1** l'essere particolare **2** caratteristica, qualità peculiare.

partigiana *s.f.* antica arma costituita da una grossa lama affilata e appuntita infissa in una lunga asta di legno.

partigianeria [-rì-] *s.f.* la caratteristica, l'azione di chi parteggia.

partigiano *agg.* **1** che parteggia, proprio di chi parteggia; fazioso: *politica partigiana* **2** dei partigiani: *guerra partigiana* // *s.m.* **1** chi parteggia per un'idea o simili: *— della pace* **2** chi partecipa alla guerriglia contro gli invasori del proprio paese; in particolare, chi prese parte alla resistenza contro i nazi-fascisti in Europa durante la II guerra mondiale.

partire[1] *v.intr.* [*io parto ecc.*] **1** allontanarsi da un luogo per recarsi in altro luogo, spec. per molto tempo; iniziare il movimento: *— da Genova per l'Australia; la posta, il treno partirà alle cinque; i corridori partiranno ogni mezz'ora / — in quarta*, di chi parte a grande velocità con un veicolo; (*fig.*) di chi inizia qlco. con impeto / *fare — un'auto*, avviarla / *prov.*: *— è un po' morire*, con allusione al dolore provocato dal distacco da luoghi o persone care **2** (*fig.*) prendere le mosse; iniziare: *sospiro che parte dal cuore; i fili della luce partono dal contatore / -irsi v.rifl.pron.* allontanarsi: *— dalla vita*, morire.

partire[2] *v.tr.* [*io partisco, tu partisci ecc.*] (*lett.*) dividere in parti, suddividere.

partita *s.f.* **1** incontro, gara, competizione, spec. sportiva: *— a carte; — di calcio* **2** quantità di merce che si contratta nel commercio all'ingrosso: *una — di tessuti* **3** registrazione di un fatto amministrativo: *la — del dare e quella dell'avere* **4** una delle parti in cui si può dividere il battente di una porta, finestra ecc. **5** (*mus.*) composizione strumentale, costituita da una serie di danze di unica tonalità.

partitico [-tì-] *agg.* [pl.m. *-ci*] di partito politico.

partitismo [-ſmo] *s.m.* la tendenza alla partitocrazia.

partitivo *agg.* che indica partizione / *complemento —*, che indica una parte in opposizione al tutto (p.e. *alcuni degli scolari*).

partito[1] *s.m.* **1** associazione di cittadini per lo svolgimento di una comune attività politica: *— comunista, democristiano; iscriversi a un —* **2** decisione, alternativa: *non sapere quale — prendere / trarre — da qlco.*, trarne giovamento / *essere ridotto a mal —*, in cattive condizioni / *per — preso*, in modo preconcetto **3** occasione di matrimonio: *le si è presentato un buon —*.

partito[2] *s.m.* (*arald.*) scudo diviso in due parti uguali da una linea verticale passante per il centro.

partitocrazia [-zì-] *s.f.* accentramento del potere politico nei partiti, a danno del parlamento e del governo.

partitore [-tó-] *agg.* [f. *-trice*] che divide, suddivide // *s.m.* apparecchio o impianto che effettua una ripartizione di energia o di materia.

partitura *s.f.* (*mus.*) trascrizione, su carta da musica, di tutte le note eseguite dai cantanti e dagli strumenti in un'opera musicale, in modo che in ciascuna pagina le singole parti risultino sovrapposte rigo per rigo.

partizione [-zió-] *s.f.* atto, effetto del dividere in più parti. SIN. *divisione*.

partner [*ingl.*; *pr.* pa(r)tna] *s.m.* e *f.* **1** chi fa coppia con altri in una gara o partita, in una rappresentazione teatrale, in un film ecc. **2** chi fa coppia in un rapporto amoroso // *s.m.* alleato, collaboratore (detto di stati o anche di partiti o gruppi politici).

partnership [*ingl.*; *pr.* pà(r)tnascip] *s.f.* la condizione del partner; alleanza, collaborazione politica.

parto *s.m.* **1** il partorire **2** (*fig.*) qualsiasi prodotto dell'ingegno: — *letterario* / — *della fantasia*, (*scherz.*) bugia.

partone [-tó-] *s.m.* (*fis.*) ipotetica particella elementare che costituirebbe a sua volta gli adroni.

partoriente [-rièn-] *agg.* e *s.f.* si dice della donna che partorisce.

partorire *v.tr.* [*io partorisco, tu partorisci ecc.*] **1** dare alla luce: — *due gemelli* / *assol.* dare alla luce il proprio figlio: *partorirà tra un mese* **2** (*fig.*) produrre, generare: *la ricchezza partorisce l'invidia*.

part time [*ingl.*; *pr.* pàat tàim] *agg.* e *s.m.* e *f.* si dice del rapporto di lavoro a tempo parziale, cioè con orario e retribuzione ridotti rispetto a quelli previsti dai contratti collettivi, e di chi lo pratica (contrapposto a *full time*).

party [*ingl.*; *pr.* pàati] *s.m.* festa, ricevimento.

parure [*franc.*; *pr.* parür] *s.f.* insieme di più oggetti d'abbigliamento o d'ornamento, con caratteristiche comuni, destinati ad essere usati insieme: — *di gioielli*, insieme di collana, orecchini e braccialetto.

parvenza [-vèn-] *s.f.* apparenza; ombra, traccia: *una* — *di vita*.

parziale *agg.* **1** che riguarda una parte; che avviene in parte: *risultato* —; *eclissi* — **2** che parteggia per qlcu.; non equo: *giudice* —. CONTR. *imparziale*.

parzialità *s.f.invar.* l'essere parziale verso qlcu.; atto, comportamento parziale: *non faccio* — *per nessuno*. SIN. *ingiustizia, favoritismo.* CONTR. *imparzialità.*

parziario [-zià-] *agg.* (*dir.*) si dice di obbligazione o di contratto in cui vi siano più contraenti, ciascuno dei quali può richiedere o essere tenuto a compiere una parte della prestazione globale.

pascere [pà-] *v.tr.* [*io pasco, tu pasci ecc.*] **1** di animali, mangiare: — *l'erba* / *assol.* pascolare, essere al pascolo: *le pecore pascevano sul prato* **2** condurre al pascolo; nutrire (anche *fig.*): — *le mucche*, — *la mente di cognizioni* // **-ersi** *v.rifl.* nutrirsi (anche *fig.*): — *di illusioni*.

pascià *s.m.invar.* titolo di dignitari e governatori turchi / *vivere come un* —, in mezzo agli agi.

pasciuto *agg.* nutrito abbondantemente: *uomo ben* —.

pascolare *v.tr.* [*io pàscolo ecc.*] sorvegliare gli animali condotti al pascolo: — *le pecore* / *v.intr.* pascere, nutrirsi, riferito ad animali: *le pecore pascolano sul prato*.

pascolo [pà-] *s.m.* **1** terreno coperto di vegetazione erbacea, non falciata, ma brucata sul posto dal bestiame; le erbe stesse: *condurre i buoi al* —; *un* — *abbondante* **2** il pascolare: *divieto di* — / *dare una notizia in* — *al pubblico*, (*fig.*) offrirla alla sua avida curiosità.

paso doble [*spagn.*; *pr.* paso dóble] *s.m.* tipico ballo spagnolo moderno.

Pasqua *s.f.* **1** presso gli ebrei, la festa con cui si ricordava la liberazione dalla schiavitù dell'Egitto **2** per i cristiani, festa che commemora la resurrezione di Cristo / — *alta, bassa*, quando cade tardi, presto / *fare*,

prender —, accostarsi all'eucaristia nel periodo pasquale / — *di rose*, la Pentecoste / *buona* —!, augurio che si rivolge a Pasqua / *uova di* —, quelle tradizionali di cioccolato / *contento come una* —, molto contento.

pasquale *agg.* che si riferisce alla Pasqua: *precetto* —; *uova pasquali.*

pasquinata *s.f.* tipo di satira politica e antipapale, spesso anonima, in voga a Roma tra il sec. XVI e il XIX.

pass *s.m.invar.* documento che attesta l'autorizzazione a transitare per passaggi altrimenti proibiti.

passabile [-sà-] *agg.* che si può accettare; discreto: *il pranzo non è proprio buono, ma è* —. SIN. *tollerabile.*

passacaglia [-cà-] *s.f.* (*mus.*) danza di origine spagnola, diffusa nei secc. XVI-XVII, costituita da una serie di variazioni su un unico tema.

passaggio [-sàg-] *s.m.* **1** il passare: *il* — *dei ciclisti, dei pedoni; impedire il* — *della corrente elettrica* / — *di proprietà, di classe*, cambiamento / *il* — *della palla*, (*sport*) tra giocatori di calcio e simili / *essere di* —, fermarsi per poco tempo / *parlando, accennare a qlco. di* —, incidentalmente **2** luogo per cui si passa: *uno stretto* — *attraverso una siepe* / — *a livello*, luogo nel quale una ferrovia s'incrocia con una strada **3** breve tragitto compiuto su un veicolo: *offrire un* —, trasportare gratuitamente qlcu. sul proprio veicolo **4** brano musicale con speciali caratteristiche tecniche: *il pianista esegue un* — *difficile.*

passamaneria [-ri-] *s.f.* **1** guarnizione di passamani **2** fabbrica o negozio di passamani.

passamano[1] *s.m.* **1** atto compiuto da una fila di persone che si passano un oggetto di mano in mano: *far* — *per scaricare dei mattoni* **2** la parte superiore della ringhiera delle scale, su cui ci si appoggia con la mano salendo e scendendo.

passamano[2] *s.m.* nastro, cordoncino, fiocco, frangia ecc., di vario spessore e qualità che si applica sopra le cuciture o ai bordi per guarnizione; viene usato nell'abbigliamento e nell'arredamento.

passamontagna *s.m.invar.* copricapo aderente di lana che lascia scoperto solo il volto o solo gli occhi.

passanastro *s.m.* pizzo con aperture a occhiello, nelle quali si infila un nastro, usato come guarnizione di abiti o di biancheria.

passante *s.m.* e *f.* chi passa, chi cammina per la strada: *l'automobile investì un* — **2** piccola striscia di stoffa o cuoio, fermata alle estremità, attraverso la quale si fa passare una cintura o altro // *agg.* **1** (*arald.*) si dice dell'animale raffigurato in atto di camminare **2** *selezione* —, sistema di selezione telefonica per cui un centralino passa automaticamente un altro chiama dall'esterno i singoli utenti interni, senza intervento del centralinista.

passaporto [-pòr-] *s.m.* documento personale che consente al cittadino di uscire dai confini del proprio stato per recarsi all'estero.

passare *v.intr.* **1** muoversi attraversando, percorrendo un luogo per andare in un altro (anche *fig.*): — *per strade difficili; — attraverso i campi; — attraverso molte difficoltà; l'acqua passa nelle condutture; l'autostrada passa per Bergamo* / — *inosservato*, non essere notato / — *sopra a qlco.*, non curarsene, essere indulgente / — *per il rotto della cuffia*, cavarsela a stento / *passerò da te, ti verrò a trovare* **2** trasferirsi da un luogo a un altro; (*fig.*) cambiare stato, condizione; cambiare attività, occupazione: *da Roma passò a Milano; — dalla miseria all'agiatezza, da un argomento all'altro* / — *di mano in* *mano*, cambiare continuamente proprietario / *la notizia passò di bocca in bocca*, si diffuse rapidamente / — *al nemico*, disertare / — *alla storia*, esser tramandato alla memoria dei posteri / — *a nozze*, sposarsi / — *ad altro*, cambiare argomento / — *di mente*, venire dimenticato / — *di moda*, non usarsi più / — *a miglior vita*, morire 3 detto di tempo, trascorrere, fluire: *le ore passano veloci; sono passati due anni* / *tra quei due passa una bella differenza*, intercorre, c'è di mezzo 4 allontanarsi; (*fig.*) cessare, smettere: *il temporale è passato; è un dolore che passa subito* 5 ottenere approvazione, promozione; venire accettato: — *all'esame*; *la legge sui fitti è passata*, è stata approvata / *non è bello, ma può* — / *passi per questa volta, ma la prossima non perdonerò* / — *per*, essere considerato // *v.tr.* 1 attraversare, oltrepassare; superare (anche *fig.*): — *il confine*; — *da parte a parte*, trapassare, trafiggere / — *la sessantina*, avere più di sessant'anni; — *il metro*, essere più alto o lungo di un metro; — *gli esami*, ottenere la promozione / — *il segno*; — *tutti i limiti*, esagerare, spec. nel fare il male / — *un guaio*, passarne tante nella vita, (*fam.*) trovarsi in un guaio, avere tante tribolazioni / *passarla liscia*, (*fam.*) evitare la meritata punizione / *passarsela bene, male*, (*fam.*) trovarsi in buone, in cattive condizioni / *e passa*, (*fam.*) anche di più, e oltre: *ce ne saranno mille e passa* 2 far cambiare posto a qlco., spostarla; sottoporla a trattamento; (*fig.*) dare, cedere ad altri: — *un tavolo nella stanza accanto*; — *la carne nell'uovo sbattuto*; — *i prigionieri per le armi*, ucciderli; — *un vestito smesso al fratello*, — *gli alimenti alla moglie* / — *qlco. sotto silenzio*, non parlarne / — *la palla*, lanciarla a un compagno di squadra 3 (*region.*) far entrare o uscire qlco. da una apertura e simili; far passare: — *la mano tra le sbarre*; — *il filo nell'ago* 4 far scorrere qlco., su una superficie: — *lo straccio sui vetri* 5 trascorrere il tempo; vivere: — *l'estate al mare* 6 scorrere con lo sguardo; esaminare: *ho passato tutto il libro senza trovare quella citazione*; — *in rassegna* 7 ridurre un cibo in poltiglia facendogli attraversare un setaccio: — *la verdura*.

passascotte [-scòt-] *s.m.invar.* (*mar.*) ciascuno degli attrezzi che, posti a destra e sinistra dello scafo, trattengono la scotta del fiocco e dello spinnaker [*ill. Barca*].

passata *s.f.* il passare rapidamente o una sola volta: *una* — *di scopa, di vernice* / *di* —, di sfuggita, incidentalmente.

passatempo [-tèm-] *s.m.* occupazione più importante, che serve a passare il tempo piacevolmente: *giocano a carte per* —. SIN. *divertimento, svago*.

passatista *agg.* e *s.m.* e *f.* [pl.m. *-i*] *che*, chi preferisce le idee, i costumi, le tendenze artistiche del passato a quelle attuali.

passato *agg.* trascorso, superato; (*dial.*) avanzato di maturazione o di cottura: *l'anno* —; *pesche passate* // *s.m.* 1 il tempo trascorso, la vita trascorsa: *dimentica il* —; *ha avuto un* — *burrascoso* 2 (*gramm.*) tempo del verbo che indica azione già compiuta: — *prossimo* 3 verdura ridotta in crema o poltiglia: — *di piselli*.

passatoia [-tó-] *s.f.* striscia di tappeto o stuoia stesa lungo un corridoio o una scala.

passatoio [-tó-] *s.m.* pietra o serie di pietre o legni che permettono di attraversare a piedi asciutti un piccolo corso d'acqua.

passaverdura *s.m.invar.* utensile di cucina, usato per passare verdure, legumi ecc.

passeggero [-gè-] *agg.* che passa presto, che ha breve durata: *nuvole passeggere*. SIN. *transitorio, temporaneo, momentaneo* // *s.m.* chi è di passaggio in un luogo; chi viaggia su qualche mezzo di trasporto: *i passeggeri del treno*.

passeggiare *v.intr.* [*io passéggio ecc.*] camminare adagio per svago: — *lungo il mare*.

passeggiata *s.f.* 1 l'atto del passeggiare; il percorso che si compie passeggiando: *è l'ora della* —; *fare una* — 2 per estens., strada ampia e comoda in cui si può passeggiare: — *a mare*.

passeggiatrice *s.f.* prostituta di strada.

passeggino *s.m.* specie di seggiolino montato su telaio a ruote spinto a mano, che serve per portare a passeggio i bambini piccoli.

passeggio [-ség-] *s.m.* 1 il passeggiare: *andare a* — / *abito da* —, che s'indossa per andare a passeggiare 2 l'insieme della gente che passeggia; il luogo stesso in cui si passeggia: *dalla finestra vedo il* —.

passe-partout [*franc.*; *pr.* paspartù] *s.m.* 1 chiave che apre tutte le serrature; (*fig.*) soluzione buona per tutti i problemi 2 riquadro di cartone, spesso foderato di tessuto, che si mette tra la cornice e l'oggetto da incorniciare.

passeracei [-rà-] *s.m.pl.* (*zool.*) ordine di uccelli comprendente un gran numero di specie insettivore e frugivore.

passeraio [-rà-] *s.m.* 1 pigolio di molti passeri insieme 2 (*fig.*) gridio, cicaleccio.

passerella [-rèl-] *s.f.* 1 ponte leggero e piuttosto ridotto che consente di transitare sopra un corso d'acqua o altro ostacolo, e spec. al passeggero di salire e scendere da navi 2 nei teatri di varietà, pedana posta davanti al palcoscenico, sulla quale sfilano artisti e corpo di ballo; per estens., la sfilata stessa, spec. quella finale 3 corsia sopraelevata su cui sfilano le indossatrici per la presentazione di modelli.

passero [pàs-] *s.m.* uccello molto diffuso, di color castano-grigio, con becco conico e forte, piedi corti e robusti, ali corte; nutre di insetti e cereali (*fam.* Ploceidi).

passerotto [-ròt-] *s.m.* passero giovane.

passibile [-sì-] *agg.* che può subire qlco., spec. che può essere condannato a qlco. : *prezzo* — *di aumento*; *è* — *di tre anni di reclusione*.

passiflora [-flò-] *s.f.* pianta erbacea con fiori bianchi all'interno, verdi esternamente, forniti di una doppia corona di stami nerastri; comunemente chiamati *fiori della passione* (*fam.* Passifloracee).

passim [*lat.*; *pr.* pàssim = *senz'ordine*] *avv.* qua e là, in diversi luoghi; si usa nelle citazioni di libri per indicare che quello a cui ci si riferisce si trova in diversi passi dell'opera citata.

passino *s.m.* utensile da cucina munito di numerosi fori o di una fitta reticella di metallo, che serve a filtrare i liquidi, spec. tè e simili.

Passio [Pàs-] *s.m.* parte del Vangelo che racconta la passione di Cristo.

passionale *agg.* che sente fortemente le passioni, le emozioni, gli impulsi: *temperamento* — / *delitto* —, compiuto per amore o gelosia.

passionalità *s.f.invar.* l'essere passionale.

passione [-sió-] *s.f.* 1 (*ant.*) patimento fisico e morale; pena, sofferenza: *la* — *di Cristo*; per estens., la narrazione evangelica della passione di Cristo: *la* — *secondo S. Matteo* / *settimana di* —, quella precedente la settimana santa 2 sentimento violento che tiene l'animo in uno stato di grande agitazione; trasporto amoroso: *l'odio è una cattiva —; anni fa ebbe una — per uno straniero* **3** per estens., vivo interesse per qlco.; la cosa che suscita un tale interesse: *la — politica; ha — per la lettura; il risotto è la mia —*.

passionista *s.m.* [pl. *-i*] religioso che appartiene all'ordine fondato da san Paolo della Croce.

passista *s.m.* e *f.* [pl.m. *-i*] (*sport*) corridore, spec. ciclista, che sa mantenere a lungo un'andatura sostenuta, spec. in pianura.

passito *agg.* e *s.m.* si dice di vino fatto con uva passa.

passivante *agg.* si dice di forme che danno luogo a costruzione passiva: *si —*, la particella *si*, quando, precedendo un verbo in terza persona, dà luogo a forma passiva (p.e. *si sentì un boato*).

passività *s.f.invar.* **1** l'essere passivo **2** in un bilancio d'azienda, il complesso delle perdite, dei debiti ecc.: *la ditta ha una — di molti milioni*.

passivo *agg.* **1** che subisce l'azione altrui; privo di iniziativa: *assumere un atteggiamento — / verbo —*, (*gramm.*) indicante che un'azione non è fatta ma subita dal soggetto (p.e. *Paolo è stimato da tutti*) **2** (*econ.*) si dice di un bilancio d'azienda in cui le entrate sono inferiori alle uscite: *bilancio —*, che non dà utili. CONTR. *attivo* // *s.m.* (*econ.*) complesso delle perdite e dei debiti di un'azienda: *il — supera l'attivo / registrare al —*, registrare una spesa o un debito in un bilancio; (*fig.*) un danno o un insuccesso parziale. CONTR. *attivo*.

passo¹ *s.m.* **1** ciascuno dei movimenti che si compiono camminando, quando si porta un piede avanti all'altro: *volgere il —*, dirigersi / *fare due* (*o quattro*) *passi*, fare una breve passeggiata / *a grandi passi*, velocemente / *— —*, poco per volta / *fare un — avanti*, avanzare; (*fig.*) compiere un progresso / *fare un — falso*, mettere un piede in fallo; (*fig.*) commettere un errore / *muovere i primi passi*, si dice del bambino che comincia a camminare; (*fig.*) si dice di chi inizia un'attività nella quale è ancora inesperto / *far passi da gigante*, (*fig.*) progredire rapidamente / *tornare sui propri passi*, tornare indietro; (*fig.*) rivedere il lavoro già fatto o ricominciarlo / *seguire i passi di qlcu.*, (*fig.*) seguirne l'esempio. DIM. *passetto, passettino* **2** la distanza che si può superare con un passo: *a circa cento passi da casa mia / a ogni —*, molto frequentemente **3** la maniera di camminare, l'andatura: *l'ha ripreso dai passi*; l'orma: *con — veloce*; *di buon —; procedere di pari —*, tenere la stessa andatura; *sentii un —; si vedevano i suoi passi sul terreno / andare al —*, muovere i piedi contemporaneamente ad altre persone come fanno i soldati / *perdere il —*, perdere il ritmo nella marcia / *segnare il —*, arrestarsi durante la marcia, continuando a battere i piedi in terra con lo stesso ritmo; (*fig.*) procedere in un'attività con ritmo rallentato, con difficoltà / *— romano*, andatura di marcia adottata nelle parate delle organizzazioni fasciste / *ciclista forte sul —*, assai veloce in pianura **4** movimento particolare dei piedi, della gamba o di tutto il corpo in una figurazione di danza; per estens., la caratteristica dinamica di una danza: *— di valzer; — doppio* **5** andatura lenta di veicoli o di animali: *la macchina procedeva a — d'uomo; quel cavallo andava al —* **6** (*fig.*) ciascuno dei provvedimenti atti a raggiungere un determinato scopo / *fare il gran —*, prendere una decisione di grande gravità; per estens., morire **7** brano di uno scritto: *un — dell'«Orlando Furioso»* **8** (*mecc.*) la distanza costante tra due elementi di una successione qualunque: *il — di una vite*,

distanza tra due passaggi consecutivi dello stesso filetto **9** (*cinem.*) distanza tra due fori consecutivi disposti ai lati della pellicola, nei quali si inseriscono le griffe del rullo trascinatore: *— normale*, quello della pellicola di 35 mm di larghezza, usata per le riprese ordinarie; *— ridotto*, quello della pellicola di 16 mm di larghezza; anche il cinema praticato da dilettanti con apparecchi che usano queste pellicole.

passo² *s.m.* **1** luogo per cui si passa; passaggio: *sbarrare il — a qlcu.* **2** depressione in una catena montuosa che facilita la comunicazione fra due vallate: *— del Pordoi*.

passo³ *agg.* appassito: *uva passa*.

pasta *s.f.* **1** denominazione generica di ogni impasto a base di farina, acqua e altri ingredienti: *fare la —*; *spianare la — col matterello / — frolla*, pasta dolce a base di farina, zucchero, uova e burro, molto usata in pasticceria / *— sfoglia*, pasta a base di farina e burro lavorata con particolari accorgimenti in modo che, una volta cotta, risulti come divisa in tanti fogli sottili e friabili / *avere le mani in —*, essere addentro in un'impresa, in una situazione; fare maneggi / *una — d'uomo*, un bonaccione / *essere di — frolla*, essere debole **2** impasto a base di farina di frumento che, tagliato in varie forme ed essiccato, si cuoce e si mangia in brodo o asciutto: *— alimentare* **3** spec. pl. pasticcino: *paste alla crema* **4** ogni sostanza densa e plasmabile: *colla in —; — dentifricia*.

pastaio [-stà-] *s.m.* chi fa o vende paste alimentari.

pastasciutta *s.f.* minestra asciutta di pasta alimentare variamente condita, tipicamente italiana.

pasteggiare *v.intr.* [*io pastéggio* ecc.] consumare un pasto / *— a vino rosso*, bere vino rosso durante i pasti.

pastella [-stèl-] *s.f.* pasta molle di farina e acqua, usata per fare frittelle.

pastello [-stèl-] *s.m.* **1** impasto solido di colore in polvere e sostanze adesive, in forma di piccolo cilindro, usato per dipingere; matita colorata: *pastelli a cera / colori —*, tenui, luminosi **2** dipinto fatto coi pastelli.

pastetta [-stét-] *s.f.* **1** pastella **2** (*fig.*) imbroglio, accordo segreto per un fine illecito.

pastica *s.f.* piccolo disco di sostanza commestibile, dolce o più spesso medicamentosa: *pasticche di menta; pasticche per la tosse*.

pasticceria [-ri-] *s.f.* **1** l'arte di preparare dolci **2** assortimento di paste dolci **3** negozio dove si vendono e anche si fabbricano dolci.

pasticciare *v.tr.* [*io pasticcio* ecc.] eseguire male, in modo confuso; fare pasticci, sgorbi su qlco.; sporcare / *assol.* far pasticci, confusione.

pasticciere [-ciè-] *s.m.* chi fa o vende dolci.

pasticcino *s.m.* piccola pasta dolce.

pasticcio [-stic-] *s.m.* **1** denominazione generica di pietanze costituite da vari ingredienti, per lo più avvolti da una sfoglia di pasta e cotti al forno **2** (*fig.*) lavoro disordinato, male eseguito; situazione intricata, imbroglio.

pasticcione [-ció-] *s.m.* chi lavora in maniera disordinata.

pastificare *v.tr.* e *intr.* [*io pastìfico, tu pastifichi* ecc.] lavorare la farina e gli altri ingredienti per ottenere paste alimentari.

pastificazione [-zió-] *s.f.* l'operazione del pastificare.

pastificio [-fi-] *s.m.* fabbrica di paste alimentari.

pastiglia [-sti-] *s.f.* **1** pasticca **2** pasta di gesso e colla, modellata o anche dipinta, usata per decorazione.

pastina *s.f.* pasta alimentare di piccolo formato, che si mangia cotta nel brodo.

pastinaca *s.f.* **1** (*bot.*) pianta erbacea con infiorescenza gialla e radici carnose commestibili (*fam.* Ombrellifere) **2** (*zool.*) grande pesce di mare con aculeo velenoso.

pasto *s.m.* l'atto del mangiare, spec. in ore determinate; l'insieme dei cibi di cui ci si nutre quotidianamente: *vino da* —, adatto a essere bevuto durante i pasti; *saltare il* —, non mangiare; — *abbondante, frugale* / *dare in* — *al pubblico*, (*fig.*) offrire alla curiosità altrui.

pastoia [-stó-] *s.f.* **1** fune che si lega alle zampe degli animali al pascolo **2** (*fig.*) legame, impaccio fisico o spirituale: *le pastoie burocratiche* **3** (*zool.*) parte della zampa di un quadrupede presso l'articolazione del piede.

pastone [-stó-] *s.m.* **1** miscuglio di crusca, farina di granturco e simili, intriso d'acqua, che si dà come mangime agli animali **2** (*fig.*) pasta o minestra scotta e non buona; insieme di cose male assortite **3** (*giorn.*) articolo che riassume gli avvenimenti della giornata, per lo più politici, mescolando alle informazioni le opinioni di chi scrive.

pastorale *agg.* **1** di pastore; ispirato all'ambiente dei pastori — **2** di sacerdote, e spec. di vescovo: *attività* —; *visita* —, del vescovo in una zona della sua diocesi // *s.m.* bastone ricurvo che è insegna del vescovo [*ill. Chiesa*] // *s.f.* lettera inviata dal vescovo ai parroci della diocesi.

pastore [-stó-] *s.m.* **1** chi guida al pascolo greggi o armenti **2** (*fig.*) guida spirituale, e spec. sacerdote **3** si dice di cani di diversa razza, adatti alla custodia di armenti: — *bergamasco*, — *tedesco*.

pastorizia [-rì-] *s.f.* pratica di far pascolare e allevare il bestiame.

pastorizio [-rì-] *agg.* della pastorizia, delle greggi: *prodotti pastorizi.*

pastorizzare [-riʒʒa-] *v.tr.* sottoporre il latte o altro liquido organico a un processo di riscaldamento atto a neutralizzare i microbi dannosi presenti, secondo il metodo proposto da L. Pasteur (1822-1895).

pastorizzazione [-riʒʒazió-] *s.f.* operazione del pastorizzare.

pastosità *s.f.invar.* l'essere pastoso.

pastoso [-stó-] *agg.* **1** che ha consistenza di pasta; molle, cedevole **2** (*fig.*) morbido, gradevole: *colore* —; *vino* —, piuttosto dolce.

pastrano *s.m.* (*antiq.*) soprabito pesante da uomo. SIN. *cappotto, paltò.*

pastura *s.f.* **1** pascolo, luogo dove pascolano le mandrie; per estens., l'erba con cui si nutrono gli animali: *mettere la* — *nella mangiatoia* **2** (*fig.lett.*) ogni cosa con cui si nutra il corpo o la mente.

pasturare *v.tr.* condurre al pascolo; nutrire (anche *fig.*).

patacca *s.f.* **1** moneta grande, ma di poco valore; (*fig.*) cosa di poco pregio: *non vale una* — **2** (*scherz.*) medaglia, decorazione; macchia, spec. d'unto, sul vestito.

pataccone [-có-] *s.m.* **1** grossa patacca **2** (*fam.*) vecchio e grosso orologio da tasca; cipollone **3** persona che ha il vestito sempre pieno di macchie.

patarino *agg.* che è proprio dei Patarini // *Patarini, s.m.pl.* membri di un movimento religioso medievale milanese che si proponeva di combattere la corruzione del clero.

patata *s.f.* **1** pianta erbacea con fiori bianchi o violetti e foglie composte (*fam.* Solanacee) **2** il tubero commestibile di questa pianta, dal quale si ricavano fecola, amido e alcool / *spirito di* —, facezia sciocca / *sacco di patate*, persona pigra e goffa. DIM. *patatina* **3** — *dolce* o *americana*, batata.

patatrac [-tràc] *voce onom.* imita il rumore di qlco. di pesante e voluminoso che si sfascia // *s.m.invar.* crollo (anche *fig.*).

patchwork [*ingl.*; *pr.* pèc'uoc] *s.m.* lavoro di cucito formato da molte pezze, di solito multicolori, unite insieme // anche come *agg.*: *lo stile* —, *una coperta* —.

paté [*franc.*; *pr.* paté] *s.m.* pasticcio a base di carne, e spec. di fegato d'oca.

patella [-tèl-] *s.f.* piccolo mollusco marino commestibile con conchiglia a forma di cono appiattito che aderisce fortemente agli scogli a fior d'acqua.

patema [-tè-] *s.m.* [pl. -*i*] grave turbamento o ansietà: — *d'animo*, stato ansioso.

patena [-tè-] *s.f.* piattello d'oro o dorato su cui il sacerdote posa l'ostia durante la celebrazione della messa [*ill. Chiesa*].

patentato *agg.* **1** munito di patente; abilissimo **2** (*scherz.*) ben noto per certe qualità: *un cretino* —.

patente[1] [-tèn-] *agg.* chiaro, manifesto, evidente: *un'infrazione* — / *lettera* —, lettera pubblicata da un'autorità per rendere noto il proprio volere.

patente[2] [-tèn-] *s.f.* **1** concessione o licenza amministrativa che autorizza a esercitare un'attività o professione; spec. documento rilasciato a chi ha superato gli esami di guida e che lo autorizza a guidare autoveicoli **2** (*scherz.*) qualifica pubblica: *dare a uno la* — *di asino.*

patentino *s.m.* patente provvisoria o limitata: — *di caccia*, per alcuni tipi di uccellagione.

patera [pà-] *s.f.* tazza larga e bassa, senza anse, usata dagli antichi nelle libagioni alle divinità.

pateracchio [-ràc-] *s.m.* **1** (*pop.*) accordo, patto privato, e spec. promessa di matrimonio **2** (*spreg.*) accordo confuso, pasticcio.

patereccio [-réc-] *s.m.* infiammazione purulenta alle parti molli di un dito della mano.

paternale *s.f.* rimprovero grave e solenne, fatto da un superiore. SIN. *ramanzina, predicozzo.*

paternalismo [-ʃmo] *s.m.* atteggiamento di un sovrano, governo o autorità nei confronti dei sudditi o dei cittadini, tendente a fare alcune concessioni, spec. economiche, limitando però gravemente le libertà democratiche; per estens., atteggiamento analogo di un datore di lavoro, di un dirigente e simili verso i dipendenti.

paternalista *agg.* e *s.m.* e *f.* [pl.m. -*i*] che, chi pratica il paternalismo o lo dimostra.

paternalistico [-lì-] *agg.* [pl.m. -*ci*] ispirato a paternalismo.

paternità *s.f.invar.* **1** la condizione di padre: *i doveri della* — **2** identità del padre, dell'autore: *è ignota la* — *di quello scritto.*

paterno [-tèr-] *agg.* **1** del padre, da parte di padre: *beni paterni; nonno* — **2** da padre, affettuoso, benevolo: *gesto* —; *uomo* —.

paternoster [-nò-] *s.m.invar.*, **paternostro** [-nò-] *s.m.* **1** la preghiera insegnata da Cristo che comincia con le parole *Pater noster* **2** ciascuno dei grani grossi del rosario che indicano la recita di un paternoster.

patetico [-tè-] *agg.* [pl.m. -*ci*] commovente; (*scherz.*) svenevole: *gesto* — // *s.m.* **1** ciò che fa leva sul sentimento: *i suoi drammi volgono spesso al* — **2** persona svenevole: *non fare il* —.

pathos *s.m.invar.* viva commozione, suscitata spec. da un'opera d'arte.

patibolare *agg.* di patibolo, degno del patibolo / *faccia —*, da delinquente.

patibolo [-tì-] *s.m.* palco dove si esegue la condanna a morte; per estens., lo strumento dell'esecuzione capitale, spec. la forca e la ghigliottina: *salire al —*, subire la pena di morte.

patimento [-mén-] *s.m.* il patire. SIN. *sofferenza, tormento, pena.*

patina [pà-] *s.f.* 1 velatura, dovuta per lo più a ossidazione, che si forma su dipinti o altri oggetti antichi 2 strato di vernice o smalto che viene spalmato su oggetti diversi, e spec. quello che si stende sulla carta da stampa per renderla liscia e lucida 3 velo giallastro che appanna la lingua di persone indisposte e i denti non lavati.

patinare *v.tr.* [*io pàtino ecc.*] coprire di patina.

patinato *agg.* ricoperto di patina: *carta patinata.*

patio [pà-] *s.m.* (*spagn.*) cortile in stile spagnolo, con fontane e piante, circondato da porticati.

patire *v.tr.* [*io patisco, tu patisci ecc.*] 1 sentire qlco. con dolore o danno: *— il freddo / assol.* provare dolore; risentire danno: *ha patito molto; la campagna patisce per il freddo.* SIN. *soffrire* 2 subire, ammettere: *— un affronto.* SIN. *sopportare, tollerare // v.intr.* essere soggetto a certe malattie: *— di cuore.*

patito *agg.* 1 sofferto, subìto 2 deperito, sofferente: *è molto — // s.m.* chi è appassionato di qlco.: *è un — del calcio.*

pato- [dal gr. *pàtos = sofferenza, dolore*] primo elemento compositivo di termini medici col significato di «malattia» (*patologia, patogenesi*)

patofobia [-bi-] *s.f.* (*med.*) paura ossessiva delle malattie.

patogenesi [-gèneʃi] *s.f.invar.* origine di una malattia e delle sue manifestazioni.

patogenetico [-nè-] *agg.* [pl.m. *-ci*] di patogenesi.

patogeno [-tò-] *agg.* che provoca una malattia: *un germe —.*

patognomonico [-mò-] *agg.* [pl.m. *-ci*] (*med.*) si dice di sintomo che di per sé rivela una precisa malattia.

patologia [-gì-] *s.f.* parte della medicina che studia le cause e le manifestazioni delle malattie.

patologico [-lò-] *agg.* [pl.m. *-ci*] che riguarda la patologia / *è un caso —*, si dice scherzosamente di persona bizzarra.

patria [pà-] *s.f.* 1 la terra propria di un popolo, alla quale ciascuno dei suoi membri sente di appartenere per esservi nato e per i molteplici vincoli, storici, affettivi, culturali ecc., che lo legano agli altri componenti di esso; in particolare, la regione, la città natale: *l'Italia è la — degli italiani; la mia — è Milano / — d'elezione*, quella in cui uno si stabilisce, acquistando i diritti civili 2 (*fig.*) il luogo d'origine di animali o piante in cui essi trovano l'ambiente più adatto per vivere e svilupparsi: *l'Africa è la — degli elefanti, delle palme.*

patriarca *s.m.* [pl. *-chi*] 1 uomo vecchio, capo di numerosa famiglia 2 nell'Antico Testamento, ciascuno dei più antichi padri del popolo ebraico: Abramo, Isacco, Giacobbe 3 altissimo dignitario ecclesiastico: *il — di Venezia.*

patriarcale *agg.* di, da patriarca / *vita —*, improntata all'antica semplicità dei patriarchi.

patriarcato *s.m.* 1 (*eccl.*) dignità e giurisdizione di patriarca; il periodo in cui questi esercita la sua autorità; la sede in cui abita 2 tipo di organizzazione familiare fondata sul predominio del padre e nella quale la trasmissione dei beni e dei diritti avviene secondo la linea maschile.

patricida *s.m.* e *f.* [pl.m. *-i*] → **parricida**.

patrigno *s.m.* il nuovo marito della madre rispetto ai figli di un precedente matrimonio.

patrilineare, patrilineo [-lì-] *agg.* si dice di sistema sociale nel quale la discendenza è considerata per via paterna.

patrimoniale *agg.* di patrimonio, che si riferisce al patrimonio: *rendita, imposta —.*

patrimonio [-mò-] *s.m.* 1 i beni ricevuti in eredità dai genitori; il complesso dei beni posseduti da un privato, da una società o da un ente pubblico: *— familiare; — dello stato / è costato un —*, una somma rilevante 2 (*fig.*) complesso organico di elementi spirituali o culturali proprio di un individuo o di una collettività: *un — di tradizioni locali.*

patrio [pà-] *agg.* 1 del padre: *patria potestà* 2 della patria: *amor —; le patrie galere.*

patriota [-triò-] *s.m.* e *f.* [pl.m. *-i*] chi ama la patria, e spec. chi combatte per essa.

patriottardo *agg.* e *s.m.* che o chi esibisce un patriottismo fanatico, spesso poco sincero.

patriottico [-triòt-] *agg.* [pl.m. *-ci*] di, da patriota: ispirato da amor patrio: *spirito —; canto —.*

patriottismo [-ʃmo] *s.m.* vivo amor di patria.

patristica [-tri-] *s.f.* lo studio della storia e dell'opera dei padri della chiesa; il periodo di storia della chiesa in cui i padri vissero (secc. II-VII).

patriziato *s.m.* il ceto dei patrizi, dei nobili.

patrizio [-trì-] *agg.* e *s.m.* 1 che o chi apparteneva, in Roma antica, alla classe dei nobili 2 che o chi appartiene a famiglia aristocratica.

patrocinare *v.tr.* [*io patrocino ecc.*] difendere in giudizio; sostenere, appoggiare: *— una causa; — la candidatura di qlcu.*

patrocinatore [-tó-] *s.m.* [f. *-trice*] chi esercita un patrocinio, difensore.

patrocinio [-cì-] *s.m.* (*dir.*) difesa, assistenza: *il — dell'avvocato / gratuito —*, che la legge accorda a chi non può sostenerne le spese.

patrologia [-gì-] *s.f.* 1 patristica 2 raccolta delle opere dei padri della chiesa; manuale di patristica.

patron [*franc.*; *pr.* patrò(n)] *s.m.* organizzatore di un giro ciclistico a tappe; per estens., organizzatore o dirigente sportivo o di manifestazioni di spettacolo.

patronato *s.m.* 1 l'esser patrono; appoggio, tutela: *sotto il — del ministro* 2 istituzione benefica a scopo assistenziale 3 privilegio riconosciuto ai fondatori di chiese, cappelle ecc., di nominare o presentare un ecclesiastico a un beneficio vacante.

patronessa [-nés-] *s.f.* (*antiq.*) signora che partecipa a un'opera di beneficenza o fa parte di un patronato.

patronimico [-nì-] *agg.* e *s.m.* [pl.m. *-ci*] si dice di nome formato da quello del padre o dell'avo (p.e. *Pelìde* da *Peléo*).

patrono [-trò-] *s.m.* 1 difensore 2 santo riconosciuto come particolare protettore di una chiesa, di una comunità ecc. 3 membro o direttore di un'istituzione o di un'opera di beneficenza 4 nell'antica Roma, cittadino autorevole che tutelava e difendeva i clienti, e talora gli interessi di intere comunità straniere.

patta[1] *s.f.* (*moda*) risvolto esterno delle tasche.

patta[2] *s.f.* punteggio pari nel gioco delle carte, degli scacchi e simili: *far —*, terminare una partita alla pari.

patteggiare *v.tr.* e *intr.* [*io pattéggio ecc.*] venire a patti, trattare per concludere un patto: *— la resa; — col nemico.*

pattern [*ingl.*; *pr.* pètn] *s.m.* qualsiasi figura schematica che può rappresentare una procedura, uno schema, un modello, un riferimento.

pattinaggio [-nàg-] *s.m.* l'esercizio, lo sport del pattinare.

pattinare *v.intr.* [*io pàttino ecc.*] **1** scivolare coi pattini da ghiaccio; correre coi pattini a rotelle **2** sciare scivolando alternativamente sull'uno e sull'altro sci.

pattinatore [-tó-] *s.m.* [f. *-trice*] chi pratica lo sport del pattinaggio.

pattino¹ [pàt-] *s.m.* **1** (*sport*) lama di acciaio che si applica ad apposite scarpe e permette di scivolare sul ghiaccio / — *a rotelle*, supporto con quattro piccole ruote che, applicato alle scarpe, consente di scorrere su pavimenti levigati **2** (*mecc.*) ogni congegno che scivola su terreni o superfici levigate: — *dell'aeroplano*, organo strisciante che ne sostiene la coda durante il rullaggio; — *dell'elicottero*, struttura tubolare che sostituisce il carrello d'atterraggio; *pattini della slitta*; *pattini dell'ascensore*.

pattino² *s.m.* imbarcazione da diporto, a due remi, formata da due galleggianti affiancati, uniti da due sedili.

patto *s.m.* accordo fra due o più parti; condizioni previste da tale accordo: *concludere, stringere un* — *di alleanza, di amicizia; mantenere, violare i patti; stare ai patti*, mantenerli; *venire a patti*, scendere a un accordo / *a* — *che*, purché / *a nessun* —, a nessuna condizione / *prov.*: *patti chiari, amici cari* (*amicizia lunga*), per rimanere amici bisogna parlare chiaro. SIN. *trattato*.

pattuglia [-tù-] *s.f.* piccolo gruppo di militari incaricati di un'azione tattica: — *di ricognizione, di combattimento*.

pattugliare *v.intr.* [*io pattùglio ecc.*] andare in pattuglia, compiere il servizio di pattuglia // *v.tr.* sorvegliare: — *un ponte*.

pattuire *v.tr.* [*io pattuisco, tu pattuisci ecc.*] stipulare, contrattare: — *le condizioni di pagamento*.

pattuito *agg.* stabilito insieme, concordato: *stipendio* — // *s.m.* ciò che è stato patteggiato in precedenza.

pattume *s.m.* spazzatura; immondizie.

pattumiera [-miè-] *s.f.* recipiente in cui si raccolgono la spazzatura e le immondizie.

paturnie [-tùr-] *s.f.pl.* (*pop.*) malinconia, malumore: *avere le* —.

paulonia [-lò-] *s.f.* albero ornamentale di grandi dimensioni con foglie ovali e fiori violetti in grappolo (*fam.* Scrofulariacee).

pauperismo [-ʃmo] *s.m.* **1** (*st.*) l'ideale di povertà di alcuni ordini e comunità cristiane, spec. medievali **2** condizione di povertà di vasti strati della popolazione di un paese, causata da difetto della struttura economica o da cause particolari e transitorie.

pauperistico [-rì-] *agg.* [pl.m. *-ci*] di pauperismo, tendente al pauperismo come scelta di povertà.

paura *s.f.* **1** stato d'animo, costituito da inquietudine e grave turbamento, che si prova al pensiero o alla presenza di un pericolo: *aver* — / *avere una* — *del diavolo*, grandissima / *brutto da far* —, bruttissimo **2** timore, preoccupazione: *ho* — *che perderemo il treno*.

pauroso [-ró-] *agg.* **1** che ha paura. SIN. *pavido* **2** che incute paura: *vidi uno spettacolo* —. SIN. *spaventoso* **3** straordinario, fuori del comune: *ha una cultura paurosa*.

pausa [pàuʃa] *s.f.* **1** interruzione di breve durata: *il lavoro subì una breve* — **2** (*mus.*) silenzio momentaneo che interrompe, per motivi estetici, il canto o il suono degli strumenti.

pavana *s.f.* danza di ritmo moderato, in quattro tempi, fiorita nei secc. XVI-XVII, con caratteri di particolare eleganza.

paventare *v.tr.* [*io pavènto ecc.*] temere.

pavesare [-ʃa-] *v.tr.* [*io pavéso ecc.*] ornare con il pavese una nave; per estens., ornare a festa con bandiere.

pavese¹ [-vé-] *s.m.* **1** grande scudo rettangolare che copriva il corpo del combattente medievale e ne recava l'emblema **2** le bandiere, le fiamme e simili con cui si orna una nave in segno di festa: *gran* —.

pavese² [-vé-] *agg.* di Pavia // *s.m.* e *f.* abitante di Pavia.

pavido [pà-] *agg.* che è pieno di paura. SIN. *pauroso*. CONTR. *impavido*.

pavimentare *v.tr.* [*io paviménto ecc.*] fare il pavimento di una stanza o il lastricato di una strada.

pavimentazione [-zió-] *s.f.* atto, effetto del pavimentare: — *stradale*, il lastricato delle vie e delle strade.

pavimento [-mén-] *s.m.* strato di mattonelle o di tasselli di legno o d'altro materiale, con cui si rende liscio e uniforme il suolo: *il* — *dell'ingresso*; — *stradale*, l'asfalto o il lastricato / — *abissale*, (*geogr.*) il fondo degli oceani.

pavoncella [-cèl-] *s.f.* uccello dell'Europa settentrionale, col dorso verde metallico e un bel ciuffo di penne erigibili sulla testa (*fam.* Caradriidi).

pavone [-vó-] *s.m.* **1** grosso uccello dai colori smaglianti, il cui maschio è fornito, sul dorso e sulla coda, di magnifiche penne formanti uno strascico, che può alzare e allargare a ruota; sul capo ha una corona di piume (*fam.* Fasianidi) **2** (*fig.*) uomo fatuo e vanitoso.

pavoneggiarsi *v.rifl.pron.* [*io mi pavonéggio ecc.*] vantarsi, compiacersi di sé stesso.

pavonia [-vò-] *s.f.* grossa farfalla notturna con ali grigiastre e una macchia scura a cerchi concentrici su ogni ʼala (*fam.* Saturniidi).

pazientare *v.intr.* [*io paziènto ecc.*] avere pazienza.

paziente [-zièn-] *agg.* **1** che ha pazienza. CONTR. *impaziente* **2** che richiede pazienza: *un* — *lavoro di ricerca* // *s.m.* il malato, nei riguardi della cura cui il medico lo sottopone.

pazienza [-zièn-] *s.f.* qualità di chi sopporta serenamente avversità, molestie, indugi; calma, costanza: *una* — *da santo, da certosino*, assai grande; *con santa* —, con moltissima pazienza; *se non la smetti perdo, mi scappa la* —; *porta* —!, sii paziente; *armarsi di* —, prepararsi a sopportare avversità o molestie / *giochi di* —, quelli che richiedono molta calma e attenzione.

pazzerellone [-ló-] *agg.* e *s.m.* che o chi ama scherzare e divertirsi. SIN. *mattacchione*.

pazzesco [-zè-] *agg.* [pl.m. *-chi*] di, da pazzo; (*fig.*) insensato, eccessivo: *mi ha chiesto un prezzo* —.

pazzia [-zì-] *s.f.* **1** ogni forma di malattia che comporti un'alterazione durevole delle facoltà mentali: *essere colto da* — / *avere un ramo di* —, essere stravagante. SIN. *demenza, insania* **2** azione, discorso da pazzo; (*fig.*) azione avventata, sconsiderata: *uscire senza ombrello con questa pioggia è una* —!

pazzo *agg.* **1** che rivela pazzia; proprio di chi è malato di mente **2** (*fig.*) sconsiderato, insensato: *fare spese pazze*, eccessive; *darsi alla pazza gioia*, divertirsi senza freno // *s.m.* chi è affetto da pazzia, malato di mente; (*fig.*) sconsiderato, insensato / *cose da pazzi*, incredibili / *va* — *per la musica*, ne è entusiasta. SIN. *demente, matto, mentecatto* // **-mente** *avv.* moltissimo, eccessivamente: *lo amo* —.

peana *s.m.* [pl. *-i* o *-a*] **1** inno in onore di Apollo **2** antico canto di guerra e di vittoria.

pecari [pè-] *s.m.invar.* suino sudamericano simile a un piccolo cinghiale, addomesticabile e ricercato per la pelle (*fam.* Suidi).

pecca [pèc-] *s.f.* difetto non grave. SIN. *menda*.

peccaminoso [-nó-] *agg.* che è origine di peccato, che stimola al peccato.

peccare *v.intr.* [*io* pècco, *tu* pècchi ecc.] **1** commettere peccato: — *di superbia, contro il prossimo* **2** errare, avere qualche pecca: — *d'ingratitudine*; *quel disegno pecca nella prospettiva.*

peccato *s.m.* **1** secondo la dottrina cattolica, ogni violazione volontaria della legge di Dio: *fare, commettere un —; cadere, essere in —; rimettere i peccati*, si dice del sacerdote che assolve nella confessione / *brutto come il —*, bruttissimo. SIN. *colpa* **2** qualsiasi colpa o errore o causa di rammarico: *è un — che non sia potuto venire!*

peccatore [-tó-] *s.m.* [f. *-trice*] chi commette o ha commesso peccato.

pecchia [péc-] *s.f.* ape.

pece [pé-] *s.f.* residuo, vischioso e nerastro, della distillazione del catrame, del petrolio e simili; ha vari usi industriali.

pechblenda [-blèn-] *s.f.* minerale da cui si estrae l'uranio.

pechinese [-né-] *agg.* di Pechino // *s.m.* cagnolino di lusso con orecchie pendenti, muso rincagnato, pelame lungo e setoso.

pecora [pè-] *s.f.* **1** mite mammifero ruminante di media grandezza, allevato per il latte, la carne e la lana (*fam.* Bovidi) / *essere la — nera,* (*fig.*) distinguersi dagli altri, in senso cattivo **2** (*fig.*) persona imbelle e conformista: *siete un branco di pecore / prov.: chi — si fa, lupo lo mangia*, il più forte ha la meglio sul timido. DIM. *pecorella.*

pecoraggine [-ràg-] *s.f.* il comportarsi come una pecora, in modo stupidamente sottomesso.

pecoraio [-rà-] *s.m.* guardiano di pecore.

pecorino *s.m.* formaggio di latte di pecora, piccante e salato.

pecorone [-ró-] *s.m.* (*fig.*) uomo sottomesso e stupido.

peculato *s.m.* (*dir.*) reato del pubblico funzionario che si appropria di denaro o di beni che gli sono affidati dalla pubblica amministrazione per motivi inerenti alle sue funzioni.

peculiare *agg.* proprio, particolare: *qualità —.*

peculiarità *s.f.invar.* l'essere peculiare; tratto caratteristico di qlco. o qlco.: *il capire le cose al volo è una sua —.*

peculio [-cù-] *s.m.* si dice di somma di denaro pazientemente accumulata.

pecuniario [-nià-] *agg.* che si riferisce al denaro: *danno — / pena pecuniaria,* (*dir.*) multa, ammenda.

pedaggio [-dàg-] *s.m.* tassa dovuta per il passaggio su strade, ponti ecc. gestiti da enti pubblici o privati: — *autostradale,* per accedere alle autostrade.

pedagogia [-gì-] *s.f.* lo studio del problema educativo in tutti i suoi vari aspetti.

pedagogico [-gò-] *agg.* [pl.m. *-ci*] che riguarda la pedagogia.

pedagogismo [-ʃmo] *s.m.* tendenza a dare eccessiva importanza alla pedagogia, o a un dato metodo pedagogico.

pedagogista *s.m.* e *f.* [pl.m. *-i*] chi si occupa di pedagogia.

pedagogo [-gò-] *s.m.* [pl. *-ghi*] (*lett.*) educatore di fanciulli. SIN. *precettore.*

pedalare *v.intr.* muovere la bicicletta premendo i piedi sui pedali.

pedalata *s.f.* ogni spinta data dal piede al pedale; il modo di pedalare: *con poche pedalate lo superò*; *aveva una possente —.*

pedale *s.m.* **1** congegno meccanico che, azionato con il piede, produce vari effetti: — *della bicicletta* [*ill.* Bicicletta]; — *del freno, della frizione, dell'acceleratore;* — *del pianoforte,* per ottenere particolari variazioni del suono **2** striscia di cuoio usata dai calzolai per tener fermo il lavoro **3** la parte inferiore di un tronco d'albero **4** (*mus.*) una o più note tenute per varie misure, sulle quali si svolge un libero procedimento armonico.

pedaliera [-liè-] *s.f.* parte di una macchina in cui sono situati i pedali; insieme di pedali: — *dell'organo;* — *dell'aeroplano.*

pedana *s.f.* nome generico di vari oggetti su cui si appoggiano i piedi: — *della cattedra, della motocicletta / — di battuta,* piano inclinato in legno su cui l'atleta batte il piede per prendere lo slancio per il salto; — *di lancio,* piazzola circolare da cui si effettua il lancio del disco, del peso e del martello [*ill.* Atletica].

pedante *agg.* e *s.m.* e *f.* chi osserva o fa osservare le regole (grammaticali ecc.) o i regolamenti (burocratici ecc.) con eccessivo e spesso ridicolo scrupolo: *un professore —.* SIN. *pignolo.*

pedanteria [-ri-] *s.f.* l'essere pedante; atto, discorso da pedante. SIN. *meticolosità.*

pedantesco [-té-] *agg.* [pl.m. *-chi*] che è proprio di un pedante: *osservazione pedantesca.*

pedata *s.f.* **1** colpo dato col piede, calcio **2** larghezza dello scalino [*ill.* Scala] **3** impronta, orma, segno del piede: *si vedono le tue pedate sul pavimento.*

pederasta *s.m.* [pl. *-i*] uomo che prova attrazione sessuale per i giovani maschi; per estens., omosessuale in genere.

pedestre [-dè-] *agg.* umile, non geniale, spec. detto di stile, di idee.

pediatra *s.m.* e *f.* [pl.m. *-i*] medico specialista che pratica la pediatria.

pediatria [-tri-] *s.f.* parte della medicina che studia le malattie dei bambini.

pediatrico [-dià-] *agg.* [pl.m. *-ci*] che riguarda la pediatria: *clinica pediatrica.*

pedicello [-cèl-] *s.m.* **1** supporto filiforme di ogni fiore in una infiorescenza **2** — *ambulacrale,* rudimentale organo di locomozione degli echinodermi.

pediculosi [-lòʃi] *s.f.invar.* (*med.*) infestazione da pidocchi; insieme di lesioni cutanee provocate da essi.

pedicure [*franc.; pr.* pedicür] *s.m.* e *f.* **1** chi per mestiere cura i piedi (in particolare le unghie e i calli) **2** per estens. (solo in it.), l'operazione del curare i piedi.

pedigree [*ingl.; pr.* pèdigri] *s.m.* albero genealogico di un animale di razza (cavallo, cane ecc.).

pediluvio [-lù-] *s.m.* bagno ai piedi.

pedina *s.f.* ciascuno dei dischetti usati nel gioco della dama; nel gioco degli scacchi, ciascuno dei pezzi di minor valore: *muovere una — / essere una — nelle mani di qlcu.,* (*fig.*) agire per volontà d'altri.

pedinare *v.tr.* seguire qlcu. passo passo per osservarne le azioni.

pedissequo [-dis-] *agg.* che segue un modello, un esempio senza alcuna originalità: *imitazione, traduzione pedissequa.*

pedivella [-vèl-] *s.f.* sbarra rigida che a un'estremità porta un pedale e all'altra si innesta in un meccanismo [*ill.* Bicicletta].

pedologia [-gì-] *s.f.* scienza che studia la composizione e le caratteristiche del suolo.

pedonale *agg.* che è riservato ai pedoni: *passaggio —*.

pedone [-dó-] *s.m.* **1** chi va a piedi, spec. in opposizione a chi si serve di un veicolo qualsiasi **2** nel gioco degli scacchi, pedina [*ill. Scacchi*].

peduccio [-dùc-] *s.m.* **1** zampetto, spec. di maiale **2** (*arch.*) pietra sporgente che sostiene un arco o una volta.

pedule[1] *s.m.* nella calza, la parte a contatto con la pianta del piede e col calcagno.

pedule[2] *s.f.pl.* calzature leggere di tela o pelle, usate un tempo dai rocciatori, ora per lo più come scarpe da riposo o per passeggiate.

peduncolo [-dùn-] *s.m.* **1** il gambo che regge un fiore o un'infiorescenza [*ill. Frutti*] **2** (*anat.*) parte allungata di un organo.

peeling [*ingl.*; *pr.* piiling] *s.m.* intervento di chirurgia estetica con asportazione degli strati più superficiali dell'epidermide.

pegamoide [-mòi-] *s.f.* pelle artificiale per rivestimenti, valigie e simili.

peggio [pèg-] *compar.* di → **male**.

peggioramento [-mén-] *s.m.* atto, effetto del peggiorare.

peggiorare *v.tr.* [*io peggióro ecc.*] rendere peggiore: *il nuovo lavoro ha peggiorato la tua situazione*. CONTR. *migliorare // v.intr.* diventare peggiore: *la malattia, il tempo peggiora*. CONTR. *migliorare*.

peggiorativo *agg.* che fa peggiorare // *s.m.* (*gramm.*) forma alterata di un sostantivo o di un aggettivo ottenuta mediante l'aggiunta di un suffisso indicante cattiva qualità o cattivo stato: *-àccio -astro* (p.e. *ragazzo-ragazzaccio, poeta-poetastro*).

peggiore [-gió-] *compar.* di → **cattivo**.

pegmatite *s.f.* (*min.*) roccia cristallina a grana molto grossa contenente cristalli di minerali rari; si presenta sotto forma di filoni.

pegno [pé-] *s.m.* **1** bene mobile che il debitore dà al creditore a garanzia del pagamento di un debito: *gli ho lasciato in — la mia moto* **2** il contratto con cui si dà in pegno un bene **3** in alcuni giochi infantili o di salotto, oggetto depositato da chi perde finché non abbia eseguito una penitenza **4** (*fig.*) testimonianza, prova: *l'anello di fidanzamento è un — d'amore; ti do la mia parola come —*.

pei [péi] *prep. articolata* composta da *per* e *i*; oggi è quasi disusata in quanto si preferisce scrivere *per i*; si usa davanti ai vocaboli plurali comincianti per consonante che non sia *s* impura, *gn, ps, x, z.*

peignoir [*franc.*; *pr.* pegnuàr] *s.m.* mantellina che le donne mettono sulle spalle quando si pettinano.

peiote [-iò-] *s.m.invar.* cactus della regione messicana; la droga allucinogena che se ne estrae, detta anche *mescalina.*

pel [pél] *prep. articolata* composta da *per* e *il*; oggi è quasi disusata in quanto si preferisce scrivere *per il*; si usa davanti ai vocaboli singolari comincianti per consonante che non sia *s* impura, *gn, ps, x, z.*

pelagianismo [-[m]o] *s.m.* eresia iniziata in Africa da Pelagio (sec. v) il quale negava il peccato originale, e affermava che l'uomo si può salvare con le sue sole forze, senza la grazia divina.

pelagico [-là-] *agg.* (pl.m. *-ci*) che vive o si trova in mare aperto: *fauna, flora pelagica.*

pelame *s.m.* l'insieme dei peli di un animale; qualità e colore del pelo.

pelapatate *s.m.invar.* piccolo arnese da cucina, di varie forme, per sbucciare le patate.

pelare *v.tr.* [*io pélo ecc.*] **1** privare dei peli; (*scherz.*) privare dei capelli, tagliandoli a zero / *gatta da —*, problema, situazione difficile da risolvere **2** per estens., privare delle penne, di foglie, fiori o frutti, di vegetazione, di buccia, scorza, pelle: *— un'oca; — le patate; un bosco pelato dal temporale; una montagna pelata* **3** (*fig.*) essere troppo freddo o troppo caldo, quasi al punto di levar la pelle al contatto: *questo brodo pela la lingua*, scotta **4** (*fig.*) spillare denaro a qlcu., spec. richiedendo prezzi troppo alti per merci o prestazioni: *in quell'albergo pelano i clienti.*

pelargonio [-gò-] *s.m.* pianta simile al geranio, coltivata per ornamento e da cui si estrae un'essenza (*fam.* Geraniacee).

pelato *agg.* che è senza peli, piume, foglie, buccia / *testa pelata*, calva.

pelatura *s.f.* atto, effetto del pelare.

pellaccia [-làc-] *s.f.* [pl. *-ce*] **1** si dice di persona resistente a ogni strapazzo **2** persona senza scrupoli.

pellagra *s.f.* malattia dovuta a mancanza di vitamina PP, caratterizzata da eruzioni cutanee, disturbi digestivi e nervosi.

pellagroso [-gró-] *agg.* e *s.m.* malato di pellagra.

pellaio [-là-] *s.m.* chi concia o vende pelli.

pellame *s.m.* pelli conciate: *negozio di —.*

pelle [pèl-] *s.f.* **1** membrana che riveste il corpo dell'uomo e degli animali: *una — rugosa / è — e ossa*, magrissimo / *ha la — dura*, (*fig.*) è resistente agli strapazzi / *non stare più nella —*, (*fig.*) non riuscire a contenere la gioia / *avere la — d'oca*, rabbrividire per il freddo o la paura / *avere i nervi a fior di —*, essere particolarmente teso e nervoso. DIM. *pellicina* **2** vita: *salvare, rimetterci la — / fare la — a qlcu.*, ammazzarlo / *amici per la —*, intimi, inseparabili **3** pelle di animali conciata: *guanti di —* **4** strato sottile, membrana; buccia: *la — della pesca / — d'uovo*, tela finissima per biancheria.

pellegrina *s.f.* mantellina cortissima da donna, applicata di solito sopra un cappotto o una giacca.

pellegrinaggio [-nàg-] *s.m.* **1** il recarsi per devozione in un luogo che si considera sacro; per estens., visita di omaggio a luoghi o persone insigni: *— in Terrasanta; — ai luoghi di guerra* **2** comitiva di pellegrini.

pellegrino *agg.* (*lett.*) ramingo; straniero, strano: *uso — // s.m.* chi compie un pellegrinaggio.

pellerossa [-rós-] *s.m.* e *f.* [pl. *pellirosse*] indigeno dell'America del Nord.

pelletteria [-rì-] *s.f.* **1** insieme di oggetti di pelle lavorata e di cuoio, come borse, cinture, astucci e simili **2** bottega dove si fabbricano o dove si vendono tali oggetti.

pellettiere [-tiè-] *s.m.* chi fabbrica oggetti di pelletteria.

pellicano *s.m.* **1** uccello nuotatore e pescatore dall'enorme becco, sotto al quale pende una borsa che funge da serbatoio del cibo; ha piume bianche, ali rosee e piedi palmati (*fam.* Pelecanidi) **2** simbolo di pietà e amore perché si credeva che nutrisse i piccoli col suo sangue trafiggendosi il petto; nell'iconografia, simbolo di Cristo.

pellicceria [-rì-] *s.f.* **1** luogo dove si fanno o si vendono pellicce **2** pellicce confezionate o soltanto conciate: *commerciante di —.*

pelliccia [-lìc-] *s.f.* **1** pelle d'animale con pelo lungo **2** pelle d'animale conciata col pelo; per estens., mantello, cappotto confezionato con tali pelli.

pellicciaio [-cià-] *s.m.* chi confeziona o vende pellicce.

pellicola [-li-] *s.f.* **1** pelle sottile; membrana o strato superficiale molto sottile **2** (*fot.*) sottile striscia di celluloide che reca su un lato uno strato di emulsione sensibile alla luce, sul quale si registrano le immagini negative [*ill. Cinematografia*] **3** film.

pellirossa [-rós-] *s.m.* e *f.* → **pellerossa**.

pellucido [-lù-] *agg.* traslucido.

pelo [pé-] *s.m.* **1** formazione filamentosa di sostanza cornea dell'epidermide costituita di stelo, radice e bulbo; per estens., l'insieme dei peli di una persona o di un animale: *ha qualche — bianco nella barba; un cane dal — fulvo / di primo —,* inesperto / *non ha peli sulla lingua,* (fig.) parla senza riguardi / *ha il — sullo stomaco, sul cuore,* (fig.) è insensibile ai dolori altrui / *cercare il — nell'uovo,* (fig.) ogni minima imperfezione / *mancò un —, per un — non cadde,* (fig.) poco mancò, per poco non cadde / *il — dell'acqua,* la superficie di essa **2** peluria di vegetali, di tessuti: *il — della lana d'angora* **3** pelliccia: *un colletto di —.*

peloritano *agg.* del promontorio Peloro // *s.m.* abitante del Peloro.

peloso [-ló-] *agg.* che ha molti peli: *un uomo —; un tessuto —.* SIN. *villoso.*

pelota [-lò-] *s.f.* sport di origine spagnola, che si gioca con una palla e una speciale racchetta.

pelta [pèl-] *s.f.* piccolo scudo leggero rotondo o a mezzaluna, usato dagli antichi greci.

peltasta *s.m.* [pl. *-i*] soldato armato di pelta.

peltro [pél-] *s.m.* lega metallica di stagno, rame, piombo, di colore simile a quello dell'argento, con cui si fanno vasellame e altri oggetti.

peluche [*franc.*; *pr.* p(e)lùsc] *s.m.* tessuto che su una faccia presenta un pelo piuttosto lungo e fitto, che lo rende simile a una pelliccia: *un orsacchiotto di —.*

peluria [-lù-] *s.f.* insieme di peli radi, sottili e corti, che ricopre alcune parti del corpo dell'uomo e degli animali, e anche alcune parti di vegetali.

pelvi [pèl-] *s.f.invar.* l'insieme delle ossa che formano lo scheletro del bacino / *— renale,* formazione imbutiforme del rene in cui si raccoglie l'orina che si forma nei glomeruli [*ill. Rene*].

pelvico [pèl-] *agg.* [pl.m. *-ci*] del pelvi: *osso —.*

pemfigo [pèm-] *s.m.* (*med.*) denominazione di alcune forme di dermatite accompagnate da eruzione di bolle.

pemmican [*ingl.*; *pr.* pèmiken] *s.m.* carne seccata, affumicata e compressa, in uso spec. presso i pellirosse.

pena [pé-] *s.f.* **1** danno fisico o morale inflitto per punizione a chi ha commesso il male o è ritenuto colpevole: *— di morte; arrecare, condonare, infliggere, scontare una — / — pecuniaria,* multa / *sotto — di,* minacciando la pena di / *patire le pene dell'inferno,* soffrire molto **2** afflizione; compassione: *raccontare le proprie pene; provare — per qlcu.; fare — a qlcu. / è un'anima in —,* una persona irrequieta / *essere in — per qlcu.,* preoccuparsi / *darsi —,* affaticarsi / *non ne vale la — / a mala —,* con difficoltà. SIN. *dolore, affanno.*

penale *agg.* di pena, delle pene: *diritto —; codice —* // *s.f.* la pena pecuniaria inflitta a chi violi le clausole di un contratto: *pagare la —.*

penalista *agg.* e *s.m.* e *f.* [pl.m. *-i*] studioso di diritto penale; avvocato specializzato in cause penali.

penalità *s.f.invar.* **1** pena, penale **2** (*sport*) atto, effetto del penalizzare.

penalizzare [-liẓẓa-] *v.tr.* **1** (*sport*) infliggere una punizione al concorrente che ha commesso irregolarità **2** (fig.) trattare in modo peggiorativo, privare di qlco., spec. rispetto ad altri; danneggiare: *un sistema fiscale che penalizza le categorie a reddito fisso.*

penalizzazione [-liẓẓazió-] *s.f.* l'effetto del penalizzare; discriminazione.

penare *v.intr.* [*io péno* ecc.] **1** subire pene fisiche o morali; patire: *la malattia fa — / — per i figli.* SIN. *soffrire, stentare, tribolare* **2** darsi pena; faticare in vista di un obiettivo: *ha penato molto per ottenere quel posto.*

penati *s.m.pl.* **1** per gli antichi romani, le divinità che proteggevano la casa **2** (fig.lett.) domicilio, famiglia: *trasportare altrove i propri —.*

pencolare *v.intr.* [*io pèncolo* ecc.] pendere minacciando di cadere; (fig.) tentennare, essere incerto. SIN. *vacillare.*

pendaglio [-dà-] *s.m.* cosa che pende; ciondolo / *— da forca,* delinquente.

pendente [-dèn-] *agg.* **1** sospeso o inclinato: *torre — 2* non definito, non risolto: *conto —* // *s.m.* ciondolo; sorta di orecchino che pende dall'orecchio.

pendenza [-dèn-] *s.f.* **1** la condizione di ciò che è pendente: *strada a forte — 2* vertenza in sospeso; conto non liquidato.

pendere [pèn-] *v.intr.* [pres. *io pèndo* ecc.; pass.rem. *io pendéi* o *pendètti, tu pendésti* ecc.; p.pass. raro *penduto*] **1** essere sospeso (anche *fig.*); cadere, scendere al di sotto: *il quadro pende alla parete; la lampada pende dal soffitto; il vestito ti pende dal soprabito / un pericolo pende sul tuo capo,* (fig.) incombe, ti sovrasta / *— dalle labbra di qlcu.,* ascoltarlo attentamente **2** essere inclinato rispetto alla linea orizzontale o verticale / *la bilancia pende dalla sua parte,* (fig.) le circostanze gli sono favorevoli **3** (fig.) propendere (detto di persona); non essere definito o risolto (detto di cosa): *la lite pende ancora.*

pendice *s.f.* pendio; usato spec. al pl. nell'espressione *alle pendici di,* sul fianco, sulla costa.

pendio [-di-] *s.m.* superficie rispetto alla linea dell'orizzonte: *essere in — 2* luogo in pendenza. SIN. *declivio, china.*

pendola [pèn-] *s.f.* orologio il cui movimento è regolato dalle oscillazioni di un pendolo.

pendolare[1] *v.intr.* [*io pèndolo* ecc.] compiere un movimento ritmico di oscillazione simile a quello del pendolo.

pendolare[2] *agg.* si dice di movimento simile a quello del pendolo // *agg.* e *s.m.* si dice di lavoratore o studente che quotidianamente si sposta, con un lungo tragitto, dal proprio luogo di residenza a quello di lavoro o di studio.

pendolo [pèn-] *s.m.* **1** corpo sospeso a un filo o simili e oscillante intorno a un asse orizzontale per sola forza di gravità; in particolare, il dispositivo che regola il movimento di certi orologi: *orologio a — 2* il filo a piombo.

pendulo [pèn-] *agg.* che pende.

pene [pè-] *s.m.* (*anat.*) organo esterno, erettile, dell'apparato genitale maschile.

pene- [pè-] [dal lat. *paene = quasi*] primo elemento di vocaboli composti nei quali indica uno stato simile o prossimo a quello indicato nel secondo elemento (*penisola, penepiano, penombra*).

penepiano *s.m.* (*geogr.*) regione leggermente ondulata o quasi piana, formata dall'erosione di antiche catene montane.

penetrabile [-trà-] *agg.* in cui si può penetrare.

penetrali *s.m.pl.* presso gli antichi romani, la parte più interna della casa o del tempio.

penetrante *agg.* che penetra; (fig.) acuto, intelligente: *analisi —.*

penetrare *v.intr.* [*io pènetro* ecc.] entrare, spingersi dentro, spec. vincendo una resistenza (anche *fig.*): *— nel-*

l'animo altrui // *v.tr.* **1** passare attraverso, entrare **2** (*fig.*) capire, decifrare con fatica: — *un segreto*.

penetrazione [-zió-] *s.f.* **1** atto, effetto del penetrare (anche *fig.*): *la* — *del prodotto italiano nel mercato statunitense* **2** facoltà di comprendere con intelligenza e prontezza.

penicillina *s.f.* farmaco del gruppo degli antibiotici, ricavato da colture di uno speciale fungo, il *Penicillium notatum*.

peninsulare *agg.* di penisola; che è penisola.

penisola [-nìʃo-] *s.f.* territorio che si protende in un mare o in un lago: *l'Italia è una* — [*ill. Costa*].

penitente [-tèn-] *agg.* che fa penitenza dei propri peccati // *s.m.* e *f.* **1** chi compie qualche penitenza **2** chi si accosta al sacramento della penitenza; in particolare chi si confessa nei confronti del proprio confessore: *era un* — *di padre Cristoforo*.

penitenza [-tèn-] *s.f.* **1** rinuncia o mortificazione che ci si impone o viene imposta per espiare una colpa; castigo **2** sacramento istituito da Cristo per rimettere i peccati commessi dopo il battesimo **3** preghiera o opera buona che il confessore impone al penitente come parziale soddisfazione dei peccati commessi **4** in alcuni giochi da ragazzi o di società, la piccola pena scherzosa che si impone a chi perde o a chi sbaglia.

penitenziale *agg.* di penitenza.

penitenziario [-zià-] *agg.* relativo all'organizzazione degli stabilimenti carcerari // *s.m.* stabilimento carcerario, spec. per lunghi periodi di detenzione.

penna [pén-] *s.f.* **1** formazione epidermica di natura cornea caratteristica degli uccelli; è costituita di un asse centrale semirigido da cui si dipartono piccoli rami obliqui aderenti l'uno all'altro / *cane da* —, addestrato alla caccia degli uccelli / *lasciarci le penne*, (*fam.*) morire o andare in rovina **2** strumento per scrivere; un tempo una penna d'oca, temperata, oggi un'asticciola munita di pennino o di punta di vario tipo: *disegno a* —; *intingere la* — *nell'inchiostro* / — *stilografica*, munita di serbatoio per l'inchiostro; — *a sfera*, in cui il pennino è sostituito da una piccola sfera metallica bagnata da uno speciale inchiostro pastoso o liquido / *era una buona* —, scriveva bene / *mi è rimasto nella* —, *ho dimenticato di scriverlo* / *non sa tenere la* — *in mano*, non sa scrivere **3** per estens., oggetto appuntito, estremità: *la* — *della freccia, del piccone* **4** *pl.* tipo di pasta alimentare in forme romboidali, corte e bucate.

pennacchio [-nàc-] *s.m.* **1** ciuffo di penne colorate usate per ornamento, spec. di cappelli; (*fig.*) si dice di oggetti o figure di forma simile: *un* — *di fumo* **2** (*arch.*) tratto di muro triangolare curvilineo, che serve di raccordo tra la base di una volta sferica e la sottostante parte quadrata di un edificio [*ill. Architettura*].

pennarello [-rèl-] *s.m.* penna a serbatoio, con punta di feltro o di fibra sintetica e inchiostro volatile, a rapida essiccazione.

pennatifido [-tì-] *agg.* (*bot.*) si dice di foglia con il margine profondamente inciso, fin quasi all'asse centrale [*ill. Foglia*].

pennato[1] *s.m.* (*agr.*) attrezzo adunco e tagliente usato per potare.

pennato[2] *agg.* che ha penne; che ha forma di penna: *foglie pennate*, quelle formate da due file di foglioline disposte ai lati di un asse, o con i margini profondamente incisi così da avere aspetto analogo.

pennatopartito *agg.* (*bot.*) si dice di foglia con il margine inciso, ma non molto profondamente [*ill. Foglia*].

pennatosetto [-sèt-] *agg.* (*bot.*) si dice di foglia con il margine inciso molto profondamente fino all'asse centrale [*ill. Foglia*].

pennecchio [-néc-] *s.m.* quantità di lino, lana ecc. che si mette sulla rocca per filare.

pennellare *v.intr.* [*io pennèllo ecc.*] lavorare con il pennello.

pennellata *s.f.* tocco, colpo di pennello / *dar l'ultima* — *a un lavoro*, portarlo a termine.

pennelleggiare *v.tr.* [*ìb pennelléggio ecc.*] dipingere con il pennello.

pennellessa [-lés-] *s.f.* pennello a sezione rettangolare, largo e piatto [*ill. Pittura e scultura*].

pennello [-nèl-] *s.m.* **1** strumento formato da un mazzetto di peli fissato all'estremità di un manico, usato per dipingere o per spalmare qualche sostanza / *stare a* —, adattarsi perfettamente: *quel vestito ti sta a* — **2** argine, costruito perpendicolarmente alla riva, per dirigere o dividere il corso delle acque.

pennichella [-chèl-] *s.f.* (*romanesco*) sonnellino pomeridiano.

pennino *s.m.* piccola lamina appuntita, per lo più di metallo, che s'innesta sul cannello della penna e serve per scrivere.

pennivendolo [-vèn-] *s.m.* (*neol.*) scrittore, e spec. giornalista, che scrivendo esalta e favorisce chi lo paga meglio.

pennone [-nó-] *s.m.* **1** lunga asta che regge la bandiera, spec. all'esterno di edifici pubblici **2** (*mar.*) antenna trasversale all'albero, che regge certi tipi di vela **3** bandiera stretta e lunga, stendardo.

pennuto *agg.* provvisto di penne // *s.m.* uccello.

penny [*ingl.*; *pr.* pèni; pl. *pence*, *pr.* pèns] *s.m.* moneta inglese equivalente un tempo alla dodicesima parte di uno scellino, oggi alla centesima parte di una sterlina.

penombra [-nóm-] *s.f.* condizione intermedia tra la luce e l'ombra: *la stanza era in* —.

penoso [-nó-] *agg.* **1** che causa pena, fatica eccessiva, disagio: *attesa penosa*; *lavoro* —. SIN. *doloroso, tormentoso* **2** che fa pena, compassione; patetico, ridicolo: *una figuraccia penosa*.

pensante *agg.* che pensa, che ha la facoltà di pensare: *l'uomo è un essere* —.

pensare *v.intr.* [*io pènso ecc.*] **1** concepire con la mente; meditare, riflettere: *l'uomo pensa*; *lasciami* — / *dar da* —, causare preoccupazione **2** volgere il pensiero a qlco.; provvedere: — *al passato*; — *al domani* **3** opinare, giudicare: *chi pensa in un modo, chi in un altro*; *non* — *male di me* // *v.tr.* **1** raffigurare nella mente; immaginare; architettare: *ti penso molto*; *chi l'avrebbe pensato*; *una ne fa e cento ne pensa* **2** riflettere, meditare: *pensa che cosa fai!* **3** ritenere, credere, giudicare: *penso che tu abbia ragione* **4** progettare, decidere: *ho pensato di partire*.

pensata *s.f.* il pensare un espediente, qlco. di originale; trovata: *ebbe una bella* —.

pensatore [-tó-] *s.m.* [f. *-trice*] chi pensa; chi ha intelligenza e profondità nel pensare; filosofo / *libero* —, che rivendica piena libertà di coscienza in fatto di religione.

pensierino *s.m.* **1** piccolo pensiero **2** breve frase che gli alunni delle elementari compongono su di un tema proposto **3** (*fig.fam.*) regalino: *ti ho portato questo* — *da Roma*.

pensiero [-siè-] *s.m.* **1** l'attività del pensare, attraverso cui l'uomo acquista coscienza di sé e della realtà circostante; la facoltà del pensare; il risultato dell'attività del pensare, idea, concetto: *la forza del —; ha dei pensieri bizzarri / il — di Platone*, la dottrina, il sistema filosofico di Platone. SIN. *riflessione* **2** opinione, proposito: *ha cambiato — / prov.: — non paga debito*, non bastano i buoni propositi, occorrono i fatti **3** ansia, preoccupazione: *mi dai molti pensieri / stare in —*, essere preoccupato / *essere sopra —*, essere distratto **4** *(fam.)* cura, attenzione affettuosa; dono: *è un — gentile; gradisca questo —*.

pensieroso [-ró-] *agg.* che ha molti pensieri; assorto in pensieri: *starsene —*. SIN. *pensoso, meditabondo*.

pensile [pèn-] *agg.* (*lett.*) sospeso nell'aria; appeso: *archetto —*, non sostenuto da una colonna / *giardino —*, sistemato sopra una terrazza // *s.m.* mobile, spec. armadietto di cucina, che si appende alla parete.

pensilina *s.f.* tettoia posta al di sopra delle porte esterne, dei marciapiedi delle stazioni ecc. per riparo dalla pioggia e dal sole.

pensionabile [-nà-] *agg.* **1** che può esser computato ai fini della pensione: *periodo —* **2** che ha raggiunto i limiti di età e di servizio necessari per avere diritto a una pensione: *impiegato —*.

pensionamento [-mén-] *s.m.* il passaggio da lavoratore attivo a pensionato; la condizione di quest'ultimo.

pensionante *s.m.* e *f.* chi sta a pensione; ospite pagante.

pensionato *agg.* che riceve una pensione // *s.m.* **1** chi gode di una pensione: *— statale* **2** casa, istituto dove alloggiano persone di una determinata categoria: *— per studenti*.

pensione [-sió-] *s.f.* **1** somma di denaro che lo stato o un ente assicurativo versa periodicamente a ogni ex lavoratore che abbia superato una certa età e una certa anzianità di servizio e abbia sempre pagato gli appositi contributi, oppure ne abbia diritto per speciali condizioni **2** prestazione di vitto o alloggio, o di entrambi, a un prezzo stabilito; il luogo dove avviene tale prestazione; la somma che si paga per essa: *vive a — presso una famiglia; sto in una — in città; pagherò la — / mezza —*, comprendente l'alloggio e un solo pasto.

pensionistico [-nì-] *agg.* [pl.m. *-ci*] di pensione, delle pensioni: *trattamento —, riforma pensionistica*.

pensoso [-só-] *agg.* **1** assorto in pensieri. SIN. *pensieroso, cogitabondo* **2** (*lett.*) che si prende cura: *— del bene altrui*.

penta- [dal gr. *pènte* = *cinque*] primo elemento di parole composte di origine greca o di formazione dotta recente; significa «cinque» (*pentametro, pentathlon, pentavalente*).

pentaedro [-è-] *s.m.* (*geom.*) poliedro a cinque facce.

pentagono [-tà-] *s.m.* (*geom.*) poligono di cinque lati.

pentagramma *s.m.* [pl. *-i*] insieme di cinque linee orizzontali e parallele sulle quali e tra le quali si scrivono le note musicali e le pause.

pentametro [-tà-] *s.m.* verso classico costituito da cinque piedi; insieme all'esametro forma il distico elegiaco / *— italiano*, verso formato da un quinario o da un settenario unito a un settenario o a un novenario.

pentano *s.m.* (*chim.*) idrocarburo a cinque atomi di carbonio, presente nel petrolio grezzo.

pentaprisma [-ʃma] *s.m.* [pl.m. *-i*] prisma ottico del mirino di una macchina fotografica reflex.

pentathlon [pèn-] *s.m.invar.* gara di atletica articolata in cinque prove diverse.

pentatleta [-tlè-] *s.m.* e *f.* [pl.m. *-i*] chi pratica il pentathlon.

pentecostale *agg.* della Pentecoste // *s.m.pl.* seguaci

di alcune sette protestanti metodiste, che danno grande valore spirituale alla Pentecoste.

Pentecoste [-cò-] *s.f.* la festa religiosa che si celebra cinquanta giorni dopo Pasqua, per ricordare la discesa dello Spirito santo, nel Cenacolo, sulla Madonna e gli apostoli.

pentimento [-mén-] *s.m.* **1** sentimento di dolore, rincrescimento per aver commesso una cattiva azione, un peccato. SIN. *ravvedimento, rimorso* **2** cambiamento di opinione.

pentirsi *v.rifl.pron.* [*io mi pènto ecc.*] **1** provare dolore, rincrescimento, per aver commesso una cattiva azione: *si pentì di aver peccato*. SIN. *ravvedersi* **2** rammaricarsi di aver fatto o di non aver fatto qlco.: *— di non aver studiato* **3** cambiare opinione: *disse di no, ma si pentì subito*.

pentito *agg.* e *s.m.* che, chi si è pentito o ha cambiato idea; si dice in particolare di terrorista che ha abbandonato la lotta armata e collabora con gli inquirenti.

pentola [pèn-] *s.f.* recipiente di cucina, per lo più in metallo, di forma cilindrica con due manici e coperchio: *— a pressione*, con chiusura ermetica e valvola di sicurezza, permette una cottura rapidissima dei cibi / *ciò che bolle in —*, (*fig.*) ciò che si sta preparando e non è stato ancora reso noto.

pentolaccia [-làc-] *s.f.* gioco in cui i partecipanti, con gli occhi bendati, tentano di rompere a bastonate una pentola di coccio sospesa, piena di doni che costituiscono il premio.

pentosio [-tòʃio] *s.m.* zucchero semplice a cinque atomi di carbonio.

pentotal [-tàl] *s.m.invar.* anestetico generale, usato per via endovenosa, derivato dall'acido tiobarbiturico.

pentrite *s.f.* esplosivo più potente della nitroglicerina, usato per il caricamento di mine e di proiettili di artiglieria.

penultimo [-nùl-] *agg.num.ord.* indica chi o ciò che occupa il posto immediatamente precedente all'ultimo in una serie: *il — giorno // s.m.* chi occupa il penultimo posto: *venga qui il — della fila*.

penuria [-nù-] *s.f.* insufficienza di cose o di persone necessarie. SIN. *scarsità, difetto, carestia*.

penzolare [-ʒo-] *v.intr.* [*io pènzolo ecc.*] pendere dondolando.

penzoloni [-ʒoló-] *avv.* si dice di cosa posta in modo da pendere nel vuoto: *sedere con le gambe — / a —*, penzolando.

peocio [-ò-] *s.m.* → **mitilo**.

peon [-ón] [*spagn.; pr.* peôn; pl. *peones, pr.* peônes] **1** bracciante, contadino povero dei paesi dell'America latina **2** appellativo scherzoso dei deputati della Democrazia cristiana di scarso rilievo politico.

peonia [-ò-] *s.f.* pianta erbacea ornamentale con fiori grandi color rosa, bianco o violaceo, simili a rose ma non profumati (*fam.* Ranuncolacee).

pepaiola [- iò-] *s.f.* recipiente in cui si tiene il pepe; anche, macinino per il pepe.

pepare *v.tr.* [*io pépo ecc.*] condire con pepe.

pepato *agg.* **1** condito con pepe / *pan —*, dolce composto di molti ingredienti, tra cui il pepe **2** (*fig.*) pungente, mordace: *risposta pepata / prezzo —*, molto caro.

pepe [pé-] *s.m.* **1** pianta tropicale rampicante le cui bacche rotonde, nere, di forte aroma, sono usate come condimento (*fam.* Piperacee) **2** la spezie che se ne ricava: *— macinato / capelli color sale e —*, (*fig.*) brizzolati / *è tutto —*, (*fig.*) si dice di persona vivace e arguta.

peperino *s.m.* **1** roccia color grigio scuro, di origine vulcanica **2** *pl.* pasta alimentare a forma di piccolissimi grani.

peperonata *s.f.* pietanza a base di peperoni e sugo di pomodoro.

peperoncino *s.m.* varietà di peperone dal frutto piccolo e affusolato, usato (anche essiccato) come condimento dal sapore piccante.

peperone [-ró-] *s.m.* pianta erbacea che produce frutti a bacca commestibili, di vivacissimo color verde, rosso o giallo e di sapore piccante o dolciastro (*fam.* Solanacee); il frutto stesso.

pepita *s.f.* piccola massa di metallo nativo, spec. di oro, che si trova nei terreni alluvionali.

peplo [pè-] *s.m.* ampia e lunga veste di lana bianca che portavano le donne nell'antica Grecia.

peponide [-pò-] *s.m.* varietà di frutto con epicarpo duro ed endocarpo carnoso, molle verso la parte interna, ricca di semi: *la zucca è un —* [*ill. Frutti*].

peppola [pèp-] *s.f.* uccello con becco conico, testa e dorso nero lucente, ali, gola e petto giallo-fulvi; sverna in Italia (*fam.* Fringillidi).

pepsina *s.f.* enzima, contenuto nel succo gastrico, che scioglie e rende digeribili le sostanze proteiche.

peptico [pèp-] *agg.* [pl.m. *-ci*] (*med.*) che riguarda lo stomaco e la digestione.

peptide [pèp-] *s.m.* (*biol.*) sostanza azotata formata da pochi amminoacidi legati fra loro.

peptone [-tó-] *s.m.* (*chim.biol.*) prodotto di trasformazione delle sostanze proteiche per l'azione della pepsina nello stomaco.

per [pér] *prep. propria* [unita agli art.det. *il, lo, la, i, gli, le* forma le prep. articolate *pel, pello, pella, pei, pegli, pelle* che vanno scomparendo dall'uso] sia semplice, sia articolata serve alla formazione di sintagmi preposizionali complementi della frase **1** compl. di moto per luogo: *passai per Napoli* **2** compl. di moto a luogo: *parto per Roma* **3** compl. di tempo continuato: *ti aspettai per tre ore* **4** compl. di prezzo: *ho comperato questi mobili per poche lire* **5** compl. di causa: *fosti premiato per la tua bontà* **6** compl. di mezzo e strumento: *manderò i pacchi per un corriere* **7** compl. di comodo o incomodo, vantaggio o svantaggio: *fatelo per me; questo clima è nocivo per la salute* **8** compl. di modo o maniera: *parlare per scherzo* **9** compl. di scopo o fine: *libro per ragazzi* **10** compl. di limitazione: *per noi tu non sei un gentiluomo* **11** compl. distributivo: *soldati divisi per pattuglie; moltiplicare, dividere per dieci, cento ecc.* **12** indica scambio, sostituzione: *ti darò un libro per un disco; lo presi per un generale* **13** indica la proporzione, la percentuale: *interesse del cinque per cento* **14** introduce un giuramento, uno scongiuro, un'esclamazione: *lo giuro per i miei morti; per amor di Dio!* **15** seguita da un verbo all'infinito introduce una proposizione finale o causale o consecutiva: *farò ogni sacrificio per aiutarti; per aver parlato troppo, sono stato punito; sono troppo stanco per ascoltarti* **16** *essere per, stare per,* essere in procinto di, essere sul punto di: *sto per partire.*

pera [pé-] *s.f.* **1** frutto del pero / *cascare come una — cotta,* detto di chi facilmente crede, s'innamora o s'addormenta **2** per estens., qualsiasi oggetto a forma di pera: *— di gomma; — della luce,* interruttore / *ragionamento a —,* che non regge / *grattarsi la —,* (*scherz.*) la testa **3** (*gerg.*) iniezione di eroina.

peracido [-rà-] *s.m.* (*chim.*) acido contenente più ossigeno dell'acido normale che gli corrisponde.

peranco *locuz.avv.* di tempo (*lett.*) ancora: *non sono — stanco d'ascoltarti.*

perbacco *inter. impropria* (*scherz.*) espressione di disappunto o meraviglia.

perbene [-bè-] *agg.invar.* **1** che è onesto, serio, affidabile: *famiglia, persona —.* SIN. *ammodo* **2** si dice, spesso ironicamente, di chi appartiene al ceto borghese e vive secondo le norme della morale comune: *gente —* // *avv.* in modo esatto; con cura: *far le cose —.*

perbenismo [-ʃmo] *s.m.* atteggiamento onesto e decoroso, legato però più all'apparenza che alla sostanza del comportamento.

percalle *s.m.* tessuto di cotone molto leggero, che ha le due facce uguali.

percentuale *agg.* che si riferisce a cento unità: *incremento — della popolazione* // *s.f.* numero di persone o di cose considerato su cento di esse; somma calcolata un tanto per cento: *una buona — di alunni promossi; ricevere una — sulle vendite.*

percentualizzare [-liʒʒa-] *v.tr.* ricavare i risultati in percentuale da dati statistici o matematici.

percepibile [-pì-] *agg.* che si può percepire, riscuotere.

percepire *v.tr.* [*io percepisco, tu percepisci ecc.*] **1** acquistare coscienza della realtà esterna a noi per mezzo delle sensazioni o dell'istinto: *— un suono; — un pericolo.* SIN. *sentire* **2** riscuotere: *— un lauto stipendio.*

percettibile [-tì-] *agg.* che si può percepire, sentire.

percettività *s.f.* facoltà, capacità di percepire.

percettivo *agg.* che riguarda la percezione.

percettore [-tó-] *agg.* e *s.m.* [f. *-trice*] che, chi percepisce: *il — del reddito.*

percezione [-zió-] *s.f.* **1** il percepire: *avere la — del pericolo* **2** (*fil.*) processo conoscitivo complesso che comprende una molteplicità di sensazioni e le riferisce a un oggetto distinto **3** l'insieme delle facoltà percettive.

perché *cong.* **1** subordinativa causale poiché: *non sono venuto, — ero ammalato* **2** subordinativa finale affinché: *ti dico questo, — tu lo sappia* **3** subordinativa consecutiva: *tu sei troppo intelligente — gli altri ti possano comprendere* **4** subordinativa interrogativa: *— non sei venuto?; dimmi — non mi hai scritto* // *s.m.invar.* cagione, motivo, causa, ragione: *volli sapere il —; i — sono molti.*

perciò *cong.* conclusiva per questo motivo: *hai disubbidito, — sarai castigato.*

perclorato *s.m.* (*chim.*) sale dell'acido perclorico, dotato di grande potere ossidante.

percolare *v.intr.* [*io percólo ecc.*] colare attraverso, filtrare.

percorrenza [-rèn-] *s.f.* il tratto percorso da un mezzo di trasporto, e spec. da un treno; il tempo necessario a percorrerlo.

percorrere [-cór-] *v.tr.* [coniugato come *correre*] attraversare un luogo per tutta la sua lunghezza o estensione (anche *fig.*): *ha percorso tutti i gradi della magistratura.*

percorribile [-rì-] *agg.* che si può percorrere; transitabile, agibile (anche *fig.*): *una via non —.*

percorso [-cór-] *s.m.* il tratto che si percorre: *un — lungo; un nuovo —.* SIN. *tragitto, itinerario.*

percossa [-còs-] *s.f.* colpo che si dà a qlcu., con la mano o con altro, per fargli male e offenderlo.

percuotere [-cuò-] *v.tr.* [coniugato come *scuotere*] battere con le mani, con un bastone e simili, per far male; per estens., colpire (anche *fig.*): *percuotersi il petto,* in segno di dolore o pentimento; *un rumore mi percosse le orecchie / furono percossi da una grave sciagura.*

percussione [-sió-] *s.f.* **1** atto, effetto del percuotere (spec. nel linguaggio scientifico e tecnico) / *fucile a —*, munito di percussore / *strumenti a —*, che si suonano percuotendo membrane, lamine, tubi metallici (p.e. il tamburo) **2** spec. *pl.* strumento a percussione: *suonare le percussioni.*

percussionista *s.m.* e *f.* chi suona strumenti a percussione.

percussore [-só-] *s.m.* nelle armi da fuoco l'organo a forma di asticciola che, percuotendo la capsula contenente la miscela detonante, provoca l'accensione della carica di lancio e l'espulsione del proiettile [*ill. Pistola*].

perdere [pèr-] *v.tr.* [pres. *io* pèrdo *ecc.*; pass.rem. *io* pèrsi *o* perdètti, *tu* perdésti *ecc.*; p.pass. pèrso *o* perdùto] **1** restar privo di qlco. che si possedeva: *— un anello*; *— un braccio* / *— la voce*, diventare rauco / *— la vita*, morire / *— i genitori*, restarne privo, per morte / *— terreno*, rimanere indietro, regredire (anche *fig.*) / *— la via*, smarrirsi / *— la testa*, il controllo di sé / *— i sensi, la conoscenza*, svenire / *— di vista*, non vedere più; (*fig.*) non avere più rapporti con qlcu. / *— il filo del discorso, del ragionamento*, interrompersi, non riuscire a proseguire per distrazione **2** sciupare, non adoperare utilmente: *— il tempo, gli anni migliori; vetro, vuoto a —*, contenitore che, una volta svuotato, si getta via **3** non fare in tempo a prendere, a vedere: *— il treno, lo spettacolo* **4** rovinare: *i vizi lo hanno perduto* **5** non guadagnare, non vincere; rimetterci: *— la scommessa, una causa; — un milione al gioco* e *assol.* avere la peggio: *abbiamo combattuto con coraggio, ma abbiamo perso* **6** *assol.* lasciar sfuggire il contenuto: *questo recipiente perde* / **-ersi** *v.rifl.pron.* smarrirsi (anche *fig.*): *ci perdemmo nel bosco* / *— in un bicchier d'acqua*, non saper uscire da piccole difficoltà / *— d'animo*, scoraggiarsi.

perdifiato solo nella locuz.avv. *a perdifiato*, fino a restar senza fiato: *correre a —*.

perdita [pèr-] *s.f.* **1** atto, effetto del perdere: *è una — irreparabile; è una gran — di tempo / a — d'occhio*, fin dove l'occhio arriva a vedere **2** uscita di liquido o gas da un contenitore: *c'è una — nel serbatoio* **3** (*econ.*) eccedenza delle uscite sulle entrate: *lavorare in —*.

perditempo [-tèm-] *s.m.* **1** ciò che fa perder tempo inutilmente **2** *invar.* chi spreca il tempo.

perdizione [-zió-] *s.f.* rovina morale.

perdonabile [-nà-] *agg.* che si può perdonare.

perdonare *v.tr.* [*io* perdóno *ecc.*] **1** non punire, con atto nobile e generoso, un danno o un'offesa che altri ci hanno arrecato: *lo perdonò del male che gli aveva fatto; gli perdonò l'offesa / assol.* risparmiare la vita: *i nemici non perdonarono né a donne né a bambini* **2** in formule di cortesia, scusare: *mi perdoni se l'interrompo* // *v.intr.* concedere il perdono: *non gli perdonai.*

perdono [-dó-] *s.m.* atto, effetto del perdonare: *chiedere, concedere il —*. SIN. *scusa, venia.*

perdurare *v.intr.* **1** durare a lungo, continuare: *il maltempo perdura ancora in Italia* **2** perseverare: *— nei propri errori.*

peregrinare *v.intr.* andare vagando fuori dalla propria terra: *— di paese in paese.* SIN. *errare, vagabondare.*

peregrinazione [-zió-] *s.f.* il peregrinare; cammino percorso peregrinando: *dopo molte peregrinazioni.*

peregrino *agg.* raro, ricercato (spec. *iron.*); strano.

perenne [-rèn-] *agg.* **1** destinato a durare in eterno: *fama —.* SIN. *perpetuo* **2** continuo: *fonte —*, che sgorga ininterrottamente.

perento [-rèn-] *agg.* (*dir.*) si dice di diritto colpito da perenzione.

perentorio [-tò-] *agg.* che non ammette dilazioni o discussioni: *ordine —.*

perenzione [-zió-] *s.f.* (*dir.*) estinzione del diritto di compiere un atto processuale, per non averlo esercitato entro un certo termine.

perequare *v.tr.* [*io* perèquo *ecc.*] ripartire equamente; distribuire secondo criteri di giusta proporzionalità: *— le tasse.*

perequativo *agg.* che tende a perequare: *provvedimento —.*

perequazione [-zió-] *s.f.* atto, effetto del perequare; pareggiamento: *— fiscale.*

perfetto [-fèt-] *agg.* **1** compiuto in tutte le sue parti, completo: *ora il lavoro è —; una perfetta conoscenza dell'inglese / insetto —*, adulto, uscito dallo stadio di crisalide / *un — imbecille*, (*iron.*) imbecille del tutto **2** senza difetti, ottimo, bellissimo: *quell'atleta ha un fisico —* // *s.m.* (*gramm.*) tempo del verbo che indica un'azione compiuta nel passato; il termine è usato spec. in latino e in greco, in italiano corrisponde al passato remoto o al passato prossimo.

perfezionamento [-mén-] *s.m.* il perfezionare o il perfezionarsi; miglioramento: *il — della tecnica industriale; apportare molti perfezionamenti al modello originale / scuola di —*, dipendente da una facoltà universitaria, e destinata a offrire ai laureati una preparazione specializzata.

perfezionare *v.tr.* [*io* perfezióno *ecc.*] condurre a perfezione, migliorare: *si perfezionò in inglese; — un progetto* // **-arsi** *v.rifl.pron.* progredire verso la perfezione: *in dieci anni la tecnica di costruzione si è perfezionata.*

perfezione [-zió-] *s.f.* l'essere perfetti: *condurre un lavoro a —; — morale.* CONTR. *imperfezione.*

perfidia [-fì-] *s.f.* l'essere perfido; atto, discorso perfido. SIN. *cattiveria, slealtà.*

perfido [pèr-] *agg.* che agisce con intenzione malvagia, per fare del male; malvagio: *— traditore.*

perfino *avv.* esprime il limite estremo a cui si può giungere: *parla — il cinese.*

perfogliato *agg.* (*bot.*) si dice di foglia che alla base si avvolge intorno allo stelo.

perforante *agg.* che perfora: *proiettile —*, capace di penetrare nelle corazze di mezzi blindati.

perforare *v.tr.* [*io* perfóro *ecc.*] forare profondamente, anche da parte a parte: *— la parete rocciosa.*

perforato *agg.* che presenta uno o più fori.

perforatore [-tó-] *s.m.* **1** chi perfora **2** strumento che serve a perforare [*ill. Cancelleria*].

perforatrice *s.f.* macchina atta a perforare (p.e. schede, pellicole cinematografiche) o a scavare terreni, rocce e simili.

perforazione [-zió-] *s.f.* atto, effetto del perforare.

performance [*ingl.*; *pr.* pe(r)fòomans] *s.f.* prestazione, spec. sportiva o teatrale.

perfosfato *s.m.* tipo di concime chimico.

pergamena [-mè-] *s.f.* **1** pelle di agnello o pecora, tesa e seccata fino a divenire una liscia membrana, usata, spec. anticamente, per scriverci sopra; oggi, per copertine di libri, paralumi ecc. **2** documento scritto sul materiale suddetto: *un'antica —.*

pergamo [pèr-] *s.m.* pulpito.

pergola[1] [pèr-] *s.f.* reticolato di pali o altro, a forma di tettoia, che sostiene viti o altri rampicanti.

pergola[2] [pèr-] *s.f.* (*arald.*) pezza onorevole formata dalla riunione al centro dello scudo di tre bande, diminuite in larghezza, partenti dagli angoli del capo e dalla punta.

pergolato *s.m.* larga e lunga pergola; insieme di pergole.

peri- [pè-] [dal gr. *perì = intorno*] prefisso di parole derivate dal greco o coniate modernamente; significa «intorno» (*perifrasi, periplo, pericardio*); più raramente indica la vicinanza (*perigeo*).

perianzio [-riàn-] *s.m.* (*bot.*) involucro del fiore, costituito dal calice e dalla corolla.

periarterite *s.f.* malattia caratterizzata da infiammazione dello strato più esterno della parete delle arterie.

pericardio [-càr-] *s.m.* (*anat.*) membrana sierosa che riveste il cuore.

pericardite *s.f.* (*med.*) infiammazione del pericardio.

pericarpo *s.m.* (*bot.*) nel frutto, l'involucro esterno del seme.

pericolante *agg.* che minaccia di cadere (anche *fig.*): *edificio* —.

pericolare *v.intr.* [*io perìcolo ecc.*] (*non com.*) **1** minacciare di cadere (anche *fig.*): *la casa pericola* **2** correre pericolo.

pericolo [-rì-] *s.m.* **1** circostanza o situazione o altre entità da cui si teme derivi grave danno: *un percorso pieno di pericoli; — di morte / esser fuori —,* aver superato il momento critico di una malattia / *— pubblico,* persona particolarmente pericolosa. SIN. *rischio* **2** probabilità: *non c'è — che accada,* si può star certi che non accadrà.

pericoloso [-ló-] *agg.* **1** pieno di pericoli: *viaggio* — **2** che può danneggiare: *è un uomo* —.

peridotite *s.f.* roccia verde, formata quasi esclusivamente da olivina.

perielio [-riè-] *s.m.* (*astr.*) sull'orbita di un pianeta, il punto più vicino al Sole.

periferia [-rì-] *s.f.* (*ant.*) **1** circonferenza, perimetro **2** zona esterna di una città, di una regione, di un'area considerata: *abitare in* —, lontano dal centro della città.

periferico [-fè-] *agg.* [pl.m. *-ci*] della periferia; che è in periferia: *abito in un rione* —; *unità periferiche,* nell'elaboratore elettronico, tutte quelle parti che, a differenza dell'unità centrale, non compiono l'elaborazione dei dati [*ill. Elaboratore*].

perifrasi [-rìfraʃi] *s.f.invar.* circonlocuzione, giro di parole che si usa per evitare di esprimere direttamente un concetto: *parla chiaramente, senza tante* —!

perifrastico [-frà-] *agg.* [pl.m. *-ci*] costituito da una perifrasi; espresso mediante perifrasi.

perigeo [-gè-] *s.m.* (*astr.*) sull'orbita di un corpo celeste, il punto più vicino alla Terra.

perigonio [-gò-] *s.m.* (*bot.*) involucro di fiore, non differenziato in calice e corolla, e costituito da foglie simili tra loro, dette *tepali.*

perilinfa *s.f.* (*anat.*) liquido che circonda i canali del labirinto membranoso.

perimetrale *agg.* di perimetro; che sta lungo il perimetro: *muro* —, quello esterno di un edificio.

perimetro [-rì-] *s.m.* **1** (*geom.*) la linea spezzata chiusa che delimita un poligono, e la misura di essa: *il — di un poligono* **2** per estens., limite, zona esterna.

perinatale *agg.* (*med.*) che riguarda il periodo immediatamente prima e immediatamente dopo la nascita: *medicina* —, *mortalità* —.

perineale *agg.* (*med.*) del perineo.

perineo [-nè-] *s.m.* (*anat.*) la regione del corpo situata tra gli organi genitali esterni e l'orifizio anale.

periodare *v.intr.* [*io perìodo ecc.*] formare periodi, parlando e spec. scrivendo // si usa anche come *s.m.*: *ha un — sciolto.*

periodicità *s.f.invar.* l'essere periodico: *la — di una rivista; — mensile.*

periodico [-riò-] *agg.* [pl.m. *-ci*] **1** che si verifica a intervalli di tempo regolari: *vento* — **2** si dice di un numero decimale illimitato le cui cifre si ripetono da un certo punto in poi indefinitamente, a gruppi identici // *s.m.* pubblicazione che esce con frequenza regolare.

periodo [-rì-] *s.m.* **1** ciascuna delle parti in cui si può dividere la durata di qlco.; tempo caratterizzato da situazioni o fatti particolari: *il — aureo della letteratura latina; il cretaceo è un periodo dell'era mesozoica / quel ragazzo va a periodi,* è mutevole, incostante **2** (*gramm.*) insieme di più proposizioni (principale, coordinate e subordinate) formanti un senso compiuto, normalmente delimitato dal punto fermo **3** (*mus.*) insieme di frasi musicali collegate in successione logica **4** (*fis.*) in un moto oscillatorio, alternato, circolare ecc., tempo che intercorre tra due posizioni successive e uguali del sistema **5** (*astr.*) tempo impiegato da un astro a compiere un'intera rotazione sul proprio asse o un'intera rivoluzione intorno a un altro astro **6** (*mat.*) gruppo di cifre che si ripete all'infinito nei quozienti decimali periodici.

periodontite *s.f.* (*med.*) infiammazione della parte che circonda la radice del dente.

periodonto [-dòn-] *s.m.* (*anat.*) il complesso delle strutture che circondano il dente e lo fissano all'alveolo.

periostio [-riò-] *s.m.* (*anat.*) membrana fibrosa, ricca di vasi sanguigni, che riveste le ossa.

periostite *s.f.* (*med.*) infiammazione del periostio.

peripatetica [-tè-] *s.f.* espressione eufemistica per indicare la prostituta di strada.

peripatetico [-tè-] *agg. e s.m.* [pl.m. *-ci*] si dice di filosofi antichi appartenenti alla scuola di Aristotele, e delle loro dottrine.

peripezia [-zì-] *s.f.* spec. *pl.* circostanza complessa e pericolosa che pone in difficoltà; disavventura: *ho attraversato una serie di peripezie.*

periplo [pè-] *s.m.* navigazione intorno all'intero perimetro di un'isola o di un continente; viaggio marittimo intorno alla Terra: *— della Sicilia, dell'Africa.* SIN. *circumnavigazione.*

perire *v.intr.* [*io perisco, tu perisci ecc.*] **1** morire di morte non naturale: *perì nello scontro.* SIN. *soccombere* **2** andare distrutto: *tutta la biblioteca perì nell'incendio.*

periscopio [-scò-] *s.m.* strumento ottico costituito da un lungo tubo metallico con prismi e lenti, mediante il quale, da posizione coperta, si può esplorare la zona che interessa; è usato nei sommergibili e nei carri armati.

perispomeno [-spò-] *agg.* si dice delle parole greche che hanno sull'ultima sillaba l'accento circonflesso.

perissodattili [-dàt-] *s.m.pl.* (*zool.*) ordine di mammiferi ungulati con dita in numero dispari per ogni piede; il dito medio, assai sviluppato, regge il peso del corpo: comprende equini, rinoceronti, tapiri.

peristalsi *s.f.invar.* (*med.*) l'insieme delle contrazioni del tubo digerente, che ne spingono verso il basso il contenuto.

peristaltico [-stàl-] *agg.* [pl.m. *-ci*] (*med.*) di peristalsi: *movimento* —.

peristilio [-stì-] *s.m.* cortile interno circondato da un portico a colonne, tipico della casa greca e romana.

peritale *agg.* proprio di un perito o di una perizia: *accertamento —.*

peritarsi *v.rifl.pron.* [*io mi pèrito ecc.*] esitare, non osare per timidezza o altro: *— di dire, di fare qlco.*

perito *agg.* (*lett.*) che è assai esperto, abile // *s.m.* chi esegue una perizia: *nel processo gli accertamenti sono stati fatti da un —. /* — *industriale, tecnico, agrario, commerciale,* persona dotata di titolo legale, rilasciato da un istituto tecnico, con cui si attesta la sua competenza in una data professione e la facoltà di esercitarla.

peritoneale *agg.* (*med.*) del peritoneo.

peritoneo [-nè-] *s.m.* (*anat.*) membrana sierosa che riveste la cavità addominale e i visceri in essa contenuti.

peritonite *s.f.* (*med.*) infiammazione del peritoneo.

perituro *agg.* (*lett.*) che non durerà a lungo, che avrà vita breve: *successo —.* CONTR. *imperituro.*

perizia [-rì-] *s.f.* **1** l'essere abile o esperto in qlco.: *dimostrare — nel pilotaggio.* SIN. *bravura, pratica* **2** accertamento, consulenza da parte di persona esperta, per verificare il valore di un oggetto, l'autenticità di uno scritto, lo stato di salute di qlcu., spec. in un processo penale: — *calligrafica, psichiatrica.*

periziare *v.tr.* [*io perizio ecc.*] (*burocr.*) sottoporre a perizia.

perizoma [-ʒò-] *s.m.* [pl. *-i*] presso i popoli primitivi, fascia, di stoffa o d'altro materiale, portata intorno ai fianchi.

perla [pèr-] *s.f.* formazione solida prodotta da certi molluschi, spec. l'ostrica perlifera, quando un corpo estraneo si introduce nella loro conchiglia; ha forma simile a una piccola sfera o a una goccia, più o meno irregolare, ed è pregiatissima come ornamento / *perle false,* quelle fabbricate artificialmente / *grigio —,* grigio chiaro / *è una vera —!,* (*fig.*) si dice di persona esemplare, perfetta in tutto / *Venezia è la — dell'Adriatico,* (*fig.*) la città più bella e singolare / *— giapponese,* (*scherz.*) si dice di errore grossolano commesso parlando o scrivendo.

perlaceo [-là-] *agg.* che ha il colore della perla.

perlifero [-lì-] *agg.* che produce perle: *ostrica perlifera.*

perlina *s.f.* **1** piccola perla; qualsiasi piccola sfera di vetro o d'altro materiale, spec. se da infilare: *una collana di perline* **2** tavoletta di legno per perlinature.

perlinato *agg.* sottoposto a perlinatura.

perlinatura *s.f.* **1** rivestimento con tavolette di legno di pareti o soffitti **2** rivestimento con perline di vetro degli schermi cinematografici per aumentarne la riflessione e quindi la luminosità.

perlomeno [-mé-] *avv.* **1** almeno, se non altro: *se non vuoi venire, — telefonami* **2** a dir poco: *c'erano — trecento invitati.*

perlopiù *avv.* di solito: *— mi sveglio alle sette.*

perlustrare *v.tr.* percorrere un luogo ispezionandolo: *la pattuglia perlustrò la campagna.*

perlustrazione [-zió-] *s.f.* il perlustrare: *andare in —.*

permafrost [pèr-] [*ingl.*; *perma*nent *frost*] *s.m.* (*geogr.*) suolo o sottosuolo permanentemente gelato.

permalosità *s.f.* l'essere permaloso.

permaloso [-ló-] *agg.* che si offende facilmente per cose da nulla. SIN. *suscettibile.*

permanente [-nèn-] *agg.* che rimane, che dura / *mostra —,* mostra che non si chiude mai / *esercito —,* armato anche in tempo di pace. *stabile* // *s.f.* arricciatura artificiale e duratura dei capelli.

permanenza [-nèn-] *s.f.* **1** il permanere: *la tua — qui è durata anche troppo / buona —!,* augurio che chi parte

rivolge a chi rimane / *in —,* di continuo **2** ufficio, luogo di ritrovo permanente.

permanere [-né-] *v.intr.* [coniugato come *rimanere*] rimanere, perdurare: *la situazione permane critica.*

permanganato *s.m.* (*chim.*) sale dell'acido permanganico / *— di potassio,* energico disinfettante.

permeabile [-à-] *agg.* che si lascia attraversare, spec. da liquidi: *terreno —.* CONTR. *impermeabile.*

permeabilità *s.f.invar.* l'essere permeabile. CONTR. *impermeabilità.*

permeare *v.tr.* [*io pèrmeo ecc.*] detto spec. di liquido, passare attraverso un corpo, intriderlo, penetrarlo (anche *fig.*): *il suo libro è permeato di religiosità.*

permesso [-més-] *agg.* che può essere fatto; che non è proibito / *è —?,* formula di cortesia con cui si chiede di poter entrare // *s.m.* **1** il permettere; concessione, autorizzazione a fare qlco.: *chiedo il — di uscire; voglio un — scritto* **2** autorizzazione data a impiegati, militari ecc. ad assentarsi dall'ufficio o reparto: *il capitano ha una settimana di —.* SIN. *licenza.*

permettere [-mét-] *v.tr.* [coniugato come *mettere*] dare a qlcu. la possibilità di fare qlco.; concedere, lasciar fare: *il maestro ci permise di uscire / se la stagione ce lo permetterà, faremo un viaggio / non mi permetterei mai di contraddirti,* non mi prenderei mai tale libertà.

permiano *s.m.* ultimo periodo dell'era geologica paleozoica.

permissivismo [-fmo] *s.m.* atteggiamento permissivo, tendenza a lasciar fare.

permissivo *agg.* che tende a permettere, a lasciar fare: *educazione permissiva.*

permuta [pèr-] *s.f.* (*dir.*) contratto che sancisce uno scambio reciproco di oggetti tra due persone.

permutare *v.tr.* [*io pèrmuto ecc.*] **1** barattare. SIN. *scambiare* **2** (*mat.*) eseguire una permutazione.

permutazione [-zió-] *s.f.* **1** il permutare **2** (*mat.*) operazione consistente nello scambiare l'ordine di successione di due o più elementi di una serie ordinata.

pernacchia [-nàc-] *s.f.* suono volgare emesso con un forte soffio a labbra serrate in segno di disprezzo o beffa.

pernice *s.f.* uccello di media grossezza, con becco e piedi rossi, coda e ali corte e arrotondate, corto sperone nel maschio; è largamente cacciato per le carni squisite (*fam.* Fasianidi) / *— delle nevi,* con petto bianco d'estate, completamente candida d'inverno.

perniciosa [-ció-] *s.f.* (*med.*) febbre provocata da grave infezione malarica.

pernicioso [-ció-] *agg.* che reca grave danno / *anemia perniciosa,* (*med.*) dovuta a deficienza di vitamina B_{12}. SIN. *dannoso, nocivo.*

pernio, perno [pèr-] *s.m.* **1** asticciola, per lo più metallica, che tiene unite due parti mobili o fisse: *il — della bilancia* **2** (*fig.*) sostegno, elemento principale: *quel calciatore è il — della difesa.*

pernottamento [-mén-] *s.m.* il pernottare.

pernottare *v.intr.* [*io pernòtto ecc.*] passare la notte fuori di casa propria: *— in albergo.*

pero [pé-] *s.m.* albero che dà le pere; ha fiori bianchi e foglie ovali (*fam.* Rosacee).

però *cong. coordinativa avversativa* ma, tuttavia: *vi sono amico, — questa volta non vi aiuterò.*

perocché *cong. subordinativa causale* (*lett.*) poiché.

perone [-ró-] *s.m.* (*anat.*) osso laterale della gamba, fibula [*ill. Corpo*].

peroniero [-niè-] *agg.* (*anat.*) del perone: *muscolo — [ill. Corpo].*

peronospera, peronospora [-nò-] *s.f.* fungo microscopico, parassita della vite (*fam.* Peronosporacee).

perorare *v.tr.* [*io pèroro ecc.*] parlare in favore di qlcu.: — *una causa*.

perorazione [-zió-] *s.f.* **1** il perorare **2** in un discorso, la parte finale, tendente a commuovere.

perossido [-ròs-] *s.m.* (*chim.*) composto la cui molecola contiene due atomi d'ossigeno collegati fra loro / — *d'idrogeno*, acqua ossigenata.

perpendicolare *agg.* che segue la direzione del filo a piombo / *rette perpendicolari*, due rette che si tagliano formando angoli retti // *s.f.* la retta perpendicolare: *tracciare la* — *a un piano* // **-mente** *avv.* secondo la perpendicolare.

perpendicolo [-dì-] *s.m.* la linea segnata dal filo a piombo / *a* —, perpendicolarmente.

perpetrare *v.tr.* [*io pèrpetro ecc.*] compiere (con riferimento ad azioni disoneste): — *il tradimento, un'infamia.*

perpetuare *v.tr.* [*io perpètuo ecc.*] rendere durevole: — *il ricordo di qlcu.* SIN. *immortalare* // **-arsi** *v.rifl.pron.* prolungarsi nel tempo.

perpetuità *s.f.invar.* l'essere perpetuo.

perpetuo [-pè-] *agg.* che non ha fine: *in* — *ricordo dei caduti / moto* —, (*fis.*) quello, spesso teorizzato ma fisicamente irrealizzabile, di un sistema meccanico capace di produrre lavoro senza assorbire energia / *in* —, per sempre.

perplessità *s.f.invar.* l'essere perplesso. SIN. *dubbio, incertezza, indecisione, titubanza.*

perplesso [-plès-] *agg.* che è nel dubbio, poco convinto. SIN. *incerto, dubbioso, titubante.*

perquisire [-ʃi-] *v.tr.* [*io perquisisco, tu perquisisci ecc.*] cercare con la massima cura se in un luogo o su una persona siano nascosti oggetti attinenti a un reato.

perquisizione [-ʃizió-] *s.f.* il perquisire / *mandato di* —, autorizzazione a perquisire, concessa dall'autorità giudiziaria alla polizia.

persecutore [-tó-] *s.m.* [*f. -trice*] chi perseguita.

persecuzione [-zió-] *s.f.* il perseguitare: — *religiosa* / *mania di* —, convinzione, priva di fondamento, di essere osteggiati e odiati.

perseguibile [-guì-] *agg.* (*dir.*) che può provocare un'azione penale: *reato* — *dalla legge.*

perseguire *v.tr.* [*io perséguo ecc.*] tener dietro a qlco. per raggiungerla: — *uno scopo, il successo.*

perseguitare *v.tr.* [*io perséguito ecc.*] colpire o cercar di colpire ripetutamente qlcu. con una serie di azioni in suo danno, per odio o altro: — *gli ebrei; la sfortuna mi perseguita* / — *qlcu. con domande*, (*scherz.*) fargli continue domande.

perseguitato *s.m.* persona che subisce una persecuzione: — *politico.*

perseveranza *s.f.* il perseverare. SIN. *costanza, tenacia.*

perseverare *v.intr.* [*io persèvero ecc.*] mantenersi fermo nei propositi; continuare un'azione con fermezza: — *nel bene, nel lavoro.* SIN. *insistere, persistere.*

persiana *s.f.* chiusura esterna delle finestre formata da ante girevoli o scorrevoli, o da stecche di legno orizzontali avvolgibili su un telaio.

persiano *agg.* della Persia / *gatto* —, gatto domestico dal pelo lungo, lanoso, di colore grigio scuro // *s.m.* **1** abitante, nativo della Persia **2** la lingua dei persiani **3** pelliccia pregiata ricavata dagli agnelli caracul **4** gatto persiano.

persico [pèr-] *agg.* [pl.m. *-ci*] della Persia, spec. in locuz. geografiche: *golfo Persico* / *pesce* —, pesce d'acqua dolce, commestibile, giallo-verdiccio a strisce trasversali nerastre (*fam.* Percidi).

persino *avv.* → **perfino**.

persistente [-stèn-] *agg.* durevole: *odore* —. SIN. *ostinato, tenace.*

persistenza [-stèn-] *s.f.* il persistere.

persistere [-si-] *v.intr.* [coniugato come *assistere*] **1** mantenersi ostinatamente fermo in qlco.: — *nel rifiuto.* SIN. *perseverare, insistere, ostinarsi* **2** durare a lungo (detto di cosa): *il caldo persiste.*

persona [-só-] *s.f.* **1** termine con cui si designa genericamente un individuo umano, senza distinzione di sesso, condizione ecc.: *una famiglia di quattro persone* / *sono io in* —, proprio io / *andare di* —, direttamente **2** corpo umano: *aver cura della* — **3** (*gramm.*) categoria che indica colui che parla (*prima* —), colui al quale si parla (*seconda* —), ogni persona o cosa di cui si parla (*terza* —) **4** (*dir.*) ogni individuo, ente ecc., in quanto soggetto di diritto: — *giuridica.*

personaggio [-nàg-] *s.m.* **1** uomo importante, di alto grado o di grande rinomanza: — *del mondo artistico, culturale ecc.* **2** chi è fatto agire, dall'autore, in un'opera teatrale o narrativa: *Renzo è un* — *dei «Promessi Sposi»* **3** (*fam.*) tipo strano: *è proprio un* —.

personal computer [*ingl.*; *pr.* pèrsnl compiùta] *s.m.* elaboratore personale, piccolo computer da tavolo per uso di una persona o di una piccola comunità.

personale *agg.* relativo alla persona, proprio di una determinata persona / *documento* —, che serve a identificare una persona / *invito, biglietto* —, che non si può cedere ad altri / *lettera* —, riservata al destinatario / *interpretazione* —, originale, strettamente legata alla personalità dell'interprete // *s.m.* **1** l'aspetto della persona, la figura: *ha un bel* — **2** l'insieme delle persone addette a un ufficio, a un servizio ecc.: *il* — *della ditta; il* — *viaggiante*, in ferrovia // **-mente** *avv.* in, di persona; (*fam.*) quanto a me: *io,* —, *non ci credo.*

personalismo [-fmo] *s.m.* la tendenza a far prevalere su tutto interessi, rapporti, legami personali.

personalistico [-lì-] *agg.* [pl.m. *-ci*] ispirato a personalismo.

personalità *s.f.invar.* **1** il complesso delle qualità caratteristiche di una persona, in quanto distinta dalle altre: *sono due* — *differenti* **2** persona ragguardevole per fama, prestigio, autorità: *è una* — *del governo, del mondo culturale* **3** (*dir.*) il fatto di essere soggetto di diritto: — *giuridica.*

personalizzare [-liʒʒa-] *v.tr.* **1** interpretare come personale, o trasformare in personale, ciò che non lo è o non lo era: — *i contrasti politici* **2** adattare ai gusti, alle esigenze di una persona: — *un ambiente.*

personalizzato [-liʒʒa-] *agg.* reso tale da rispondere ai gusti, alle esigenze di una persona: *una vettura sportiva personalizzata.*

personificare *v.tr.* [*io personifico, tu personifichi ecc.*] **1** attribuire a un'idea astratta o a una cosa i caratteri di persona umana: — *la virtù, le forze della natura* **2** simboleggiare: *Marte personifica la guerra.*

personificazione [-zió-] *s.f.* atto, effetto del personificare.

perspicace *agg.* che ha fine intuito; che denota mente acuta e penetrante: *uomo* —; *politica* —. SIN. *intelligente, sagace.*

perspicacia [-cà-] *s.f.* l'essere perspicace. SIN. *intelligenza, sagacia.*

perspicuità *s.f.invar.* l'essere perspicuo.

perspicuo [-spì-] *agg.* trasparente, chiaro (spec. *fig.*).

persuadere [-dé-] *v.tr.* [pass.rem. *io persuasi, tu persuadésti ecc.*; p.pass. *persuaso*] indurre qlcu. a riconoscere che una cosa è vera e giusta o ad agire in un determinato modo: *lo persuasi dell'inutilità dei suoi sforzi*; *fu persuaso a partire*. SIN. *convincere, indurre*. CONTR. *dissuadere / assol.* (*fam.*) ottenere l'approvazione, ispirare fiducia: *quella faccia non mi persuade //* **-ersi** *v.rifl.* convincersi, riconoscere: — *dell'impossibilità dell'impresa*; *mi persuasi che aveva ragione.*

persuasione [-ʃió-] *s.f.* il persuadere, il persuadersi; lo stato di chi è persuaso: *ho la — che tutto andrà bene.* SIN. *convinzione, certezza.*

persuasivo [-ʃi-] *agg.* atto a persuadere, convincente.

persuaso [-ʃo] *agg.* che è indotto alla persuasione, convinto: *sono — che non è vero.* SIN. *certo.*

persuasore [-ʃó-] *s.m.* [f. non com. *persuaditrice*] chi persuade / *persuasori occulti*, si dice dei tecnici della pubblicità in quanto capaci di influenzare il pubblico agendo sul suo subcosciente.

pertanto *cong. coordinativa* **1** conclusiva perciò: *sono stanco, — non esco* **2** con valore concessivo, preceduta da negazione (*ciò*) *non* —, tuttavia.

pertica [pèr-] *s.f.* **1** lungo bastone; in particolare, attrezzo ginnico costituito da un palo levigato su cui ci si arrampica **2** (*ant.*) misura di lunghezza e di superficie di valore vario.

pertinace *agg.* tenace nelle idee e nei propositi. SIN. *ostinato, testardo.*

pertinacia [-nà-] *s.f.* l'essere pertinace. SIN. *ostinazione, costanza.*

pertinente [-nèn-] *agg.* che riguarda, che concerne qlco. o qlcu.; attinente: *domanda* —; *funzioni pertinenti a un ufficio.*

pertinenza [-nèn-] *s.f.* l'essere pertinente: *è di — del tribunale*, di sua competenza.

pertosse [-tós-] *s.f.* malattia infettiva e contagiosa delle vie respiratorie, frequente nei bambini.

pertugio [-tù-] *s.m.* buco, fessura; per estens., passaggio molto stretto.

perturbamento [-mén-] *s.m.* atto, effetto del perturbare.

perturbare *v.tr.* turbare profondamente, sconvolgere: *la disgrazia perturbò la sua mente.*

perturbatore [-tó-] *agg.* e *s.m.* [f. -trice] che o chi perturba: — *dell'ordine.*

perturbazione [-zió-] *s.f.* atto, effetto del perturbare, del perturbarsi (spec. riferito a fenomeni fisici): — *atmosferica*; — *mentale.*

Perù *s.m.* paese dell'America meridionale famoso un tempo per leggendarie miniere / *valere un perù*, moltissimo.

perugino *agg.* di Perugia // *s.m.* abitante di Perugia.

perula [pè-] *s.f.* (*bot.*) fogliolina che protegge la gemma.

peruviano *agg.* del Perú // *s.m.* abitante del Perú.

pervadere [-và-] *v.tr.* [coniugato come *invadere*] (*lett.*) penetrare e diffondersi (anche *fig.*): *un profumo di fiori pervase la stanza*; *si sentì pervaso da un'immensa gioia.*

pervenire *v.intr.* [coniugato come *venire*] arrivare, spec. per gradi o con difficoltà; venire, giungere: *mi pervenne una lettera*; — *al trono.*

perversione [-sió-] *s.f.* pervertimento; degenerazione di un istinto: — *del senso morale.*

perversità *s.f.invar.* l'essere perverso; azione perversa. SIN. *malvagità.*

perverso [-vèr-] *agg.* che ama fare il male, che è volto al male: *un uomo, un giudizio* —. SIN. *malvagio.*

pervertimento [-mén-] *s.m.* atto, effetto del pervertire o del pervertirsi. SIN. *depravazione.*

pervertire *v.tr.* [*io pervertò* o *pervertisco, tu pervèrti* o *pervertisci ecc.*] far deviare dalla retta via: — *gli animi.* SIN. *corrompere, depravare //* **-irsi** *v.rifl.pron.* degenerare: *il gusto si è pervertito.*

pervertito *agg.* che si è corrotto, che ha degenerato. SIN. *depravato.*

pervertitore [-tó-] *agg.* e *s.m.* [f. -trice] che o chi perverte: *influsso* —.

pervicace *agg.* ostinato, caparbio.

pervicacia [-cà-] *s.f.* l'essere pervicace.

pervinca *s.f.* pianta erbacea con fiori violacei e piccole foglie ovali (*fam.* Apocinacee).

pesa [pé-] *s.f.* **1** pesatura **2** apparecchio per pesare; anche il luogo in cui si effettua la pesatura: — *pubblica.*

pesante *agg.* **1** che ha notevole peso, che pesa (anche *fig.*): *valigia, coperta* —; *cibo* —, indigesto; *sonno* —, profondo; *industria* —, siderurgica; *persona* —, noiosa. CONTR. *leggero* **2** che richiede fatica e resistenza: *lavoro* —. SIN. *gravoso, faticoso.* CONTR. *leggero //* **-mente** *avv.* in modo pesante.

pesantezza [-téz-] *s.f.* **1** l'essere pesante (anche *fig.*) **2** sensazione di peso: — *di stomaco*, dovuta a cattiva digestione.

pesare *v.tr.* [*io péso ecc.*] **1** calcolare il peso di qlco.: — *la farina* **2** (*fig.*) valutare: — *le parole*, misurarle, essere prudente nel parlare; — *il pro e il contro di una decisione.* SIN. *ponderare //* *v.intr.* **1** avere un peso: *il neonato pesa tre chili*; *il baule pesa* **2** (*fig.*) avere importanza, autorità: *in quella risoluzione pesò il suo parere* **3** gravare (anche *fig.*): *la cupola pesa sui pilastri*; *il lavoro gli pesa*, gli riesce faticoso.

pesarese [-ré-] *agg.* di Pesaro // *s.m.* e *f.* abitante di Pesaro.

pesata *s.f.* atto del pesare; quantità di roba pesata in una sola volta.

pesatura *s.f.* il pesare.

pesca[1] [pè-] *s.f.* il frutto del pesco.

pesca[2] [pé-] *s.f.* **1** il pescare; ciò che si pesca, la quantità di pesce pescato: *andare alla* —; — *scarsa, abbondante / — subacquea*, che si pratica nuotando sotto la superficie dell'acqua, muniti di speciali attrezzature **2** (*fig.*) sorta di lotteria in cui si estraggono da un'urna dei biglietti, alcuni dei quali, con un particolare contrassegno, danno diritto a premi.

pescaggio [-scàg-] *s.m.* (*mar.*) l'altezza della parte della nave che rimane immersa nell'acqua.

pescaia [-scà-] *s.f.* sbarramento di pietre o di travi lungo il corso dei fiumi, per catturare i pesci o per deviare parte della corrente.

pescanoce [-nó-] *s.f.* varietà di pesca coltivata, dalla buccia liscia e lucida.

pescare *v.tr.* [*io pésco, tu péschi ecc.*] **1** prendere o cercare di prendere i pesci con mezzi adatti: — *con la lenza, con le reti*; per estens., cercare di prendere qlco. che si trova nell'acqua: — *coralli, un cappello caduto nel fiume* **2** prendere su a caso: — *un numero nell'urna* **3** trovare, venire a sapere: *guai se ti pesco ancora qui!*; *dove hai pescato questa notizia? /* — *nel torbido*, approfittare di agitazioni e tumulti per trarne vantaggio // *v. intr.* essere immerso fino a una certa profondità (detto di navi e simili).

pescarese [-ré-] *agg.* di Pescara // *s.m.* e *f.* abitante di Pescara.

pescatore [-tó-] *s.m.* [f. -trice] **1** chi si dedica alla pe-

pesca
e immersione

1 *mulinello,*
2 *canna,*
3 *filo,*
4 *galleggiante,*
5 *amo,*
6 *montatura,*
7 *esche artificiali,*
8 *cucchiaino,*
9 *nassa,*
10 *bilancia,*
11 *fucile,*
12 *fiocina,*
13 *maschera,*
14 *torcia,*
15 *respiratore,*
16 *erogatore,*
17 *bombola,*
18 *autorespiratore,*
19 *boccaglio,*
20 *muta,*
21 *pinne,*
22 *pesi o
zavorra.*

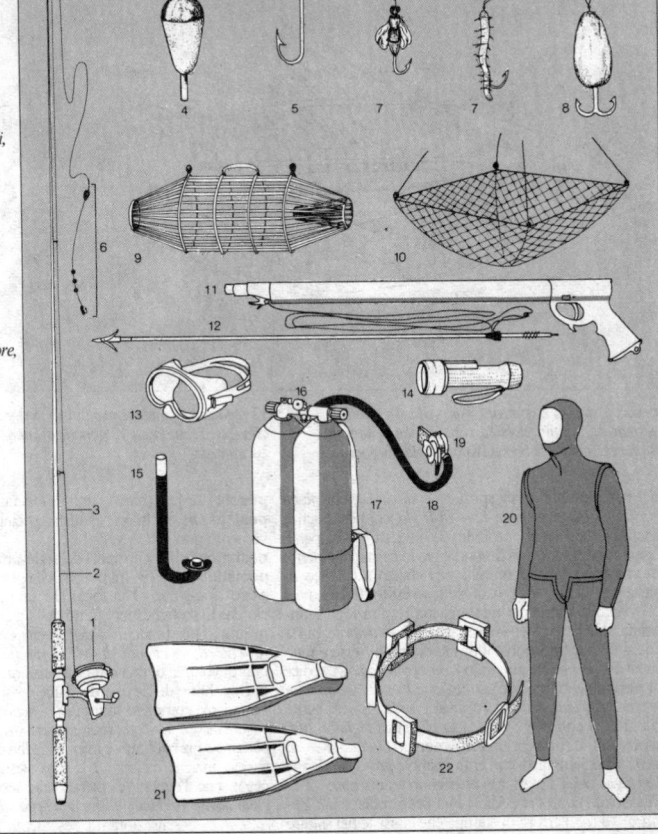

Pesca

fluviale, lacustre, marittima, subacquea.
■ OPERAZIONI E STRUMENTI: amo (*a paletta, storto, dritto, doppio, ancoretta*), canna (*a tre, a quattro, a cinque pezzi*), canna di tonchino, di bambù, di plastica, di fibra di vetro, di fibra di carbonio, canna da fondo, da lancio, lenza, setale, piombo, galleggiante, mulinello (*bobina, manovella*), guadino, esca animale e vegetale (*ape, baco da seta, bruco, cavalletta, gamberetto di fiume, lombrico rosso, verme di terra; ciliegie, more, prugne, uva, grano, granoturco, fave*); esca viva (*alborella, carpetta, tinchetta, lampreda, larva*); pesciolino morto; uova di salmone; impasto (*formaggio, sangue, budella di pollo*); esca artificiale, metallica (*mosca, cucchiaio rotante, cucchiaio ondulante, pesciolini finti*) • pesca al lancio, di fondo, al traino o a strascico
rete; bilancia, gamberana, giacchio, lampara, nassa, palamite, sciabica, tramaglio • boccaglio, fiocina, fucile, maschera, muta, peso, pinne, profondimetro, respiratore, torcia, zavorra.
■ PREDE: acciuga, agone, aguglia, alice, alborella, anguilla, aragosta, aringa, arsella, barbo, branzino, calamaro, carpa, cavedano, cefalo, cernia, dentice, gambero, luccio, merluzzo, mitilo, murena, nasello, ombrina, orata, ostrica, palombo, persico, pesce gatto, pesce spada, polpo, razza, rombo, salmone, sardina, scampo, scombro, scorfano, seppia, sogliola, spigola, storione, tellina, temolo, tinca, tonno, triglia, trota, volpina, vongola.

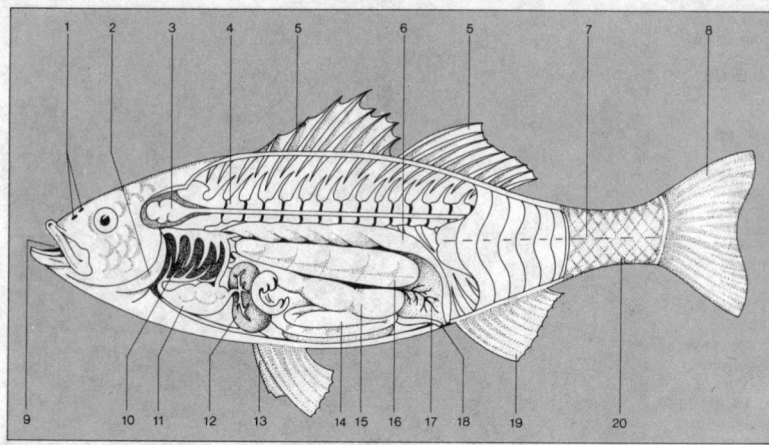

pesce: 1 *narici*, 2 *opercolo*, 3 *cervello*, 4 *colonna vertebrale*, 5 *pinna dorsale*, 6 *rene*, 7 *linea laterale*, 8 *pinna caudale*, 9 *bocca*, 10 *branchie*, 11 *cuore*, 12 *fegato*, 13 *pinna ventrale*, 14 *intestino*, 15 *stomaco*, 16 *vescica natatoria*, 17 *gonadi*, 18 *ano*, 19 *pinna anale*, 20 *squame*.

sca per mestiere o per sport / — *di canna*, chi pesca con la canna e la lenza / — *di frodo*, chi pesca senza licenza o con mezzi proibiti **2** (*mecc.*) utensile per il recupero degli attrezzi di sondaggio in caso di incidenti.
pesce [pé-] *s.m.* **1** animale vertebrato acquatico di varia grandezza, spec. fusiforme, rivestito di squame e provvisto di pinne per nuotare, con respirazione branchiale, scheletro osseo o cartilagineo / — *d'aprile*, burla che si fa, per tradizione, il primo di aprile / *essere sano come un —*, essere sanissimo / *muto come un —*, si dice di persona che tace con ostinazione / *essere, sentirsi un — fuor d'acqua*, sentirsi estraneo e a disagio tra gente che non si conosce / *non saper che pesci pigliare*, non sapere come risolvere una situazione / *buttarsi a — su qlco.*, accogliere qlco. con entusiasmo / *prov.*: *chi dorme non piglia pesci*, i pigri non ottengono grandi cose **2** *pl. Pesci*, (*astr.*) uno dei dodici segni dello zodiaco [*ill. Zodiaco*] **3** (*tip.*) errore di stampa che consiste nel saltare una parola o una frase dell'originale.
pescecane *s.m.* [pl. *pescicani* o *pescecani*] **1** denominazione comune di molti squali predatori che assalgono anche l'uomo **2** (*fig.*) affarista arricchitosi durante la guerra.
peschereccio [-réc-] *agg.* che si riferisce alla pesca: *barca peschereccia* // *s.m.* si dice di imbarcazione o nave specialmente attrezzata per la pesca.
pescheria [-rì-] *s.f.* mercato del pesce; luogo in cui viene raccolto e venduto il pesce.
peschiera [-schiè-] *s.f.* vivaio di pesci, vasca ove si tengono i pesci vivi.
pesciaiola [- iò-] *s.f.* recipiente di forma oblunga per lessare il pesce intero.
pesciaiolo [-iò-], **pescivendolo** [-vén-] *s.m.* chi vende pesci.
pesco [pè-] *s.m.* [pl. *-chi*] albero con fiori rosei e foglie lanceolate; dà frutti commestibili, tondeggianti, dalla polpa dolce (*fam.* Rosacee).
pescoso [-scó-] *agg.* ricco, abbondante di pesci.

peseta [-sé-] *s.f.* (*spagn.*) unità monetaria spagnola.
pesista *s.m.* e *f.* [pl.m. *-i*] atleta specializzato nel sollevamento pesi.
pesistica [-sì-] *s.f.* lo sport del sollevamento pesi.
pesistico [-sì-] *agg.* [pl.m. *-ci*] della pesistica.
peso¹ [pé-] *s.m.* **1** la forza che un corpo esercita su ciò che lo sostiene, per effetto della gravità terrestre; la misura di tale forza: *il — delle persone ha fatto affondare la barca*; *tre quintali di —* / *— specifico*, quello dell'unità di volume di una data sostanza rapportato all'unità di volume dell'acqua distillata / *— lordo*, quello di una merce compresa la tara / *— netto*, senza la tara / *pagare qlco. a — d'oro*, moltissimo / *— morto*, si dice di persona senza volontà e iniziativa, che è agli altri d'impaccio anziché d'aiuto **2** la cosa stessa che esercita il peso; spec. l'oggetto di metallo che serve a pesare: *toglimi questo — dalle spalle*; *i pesi della bilancia*. SIN. *carico, onere* **3** sensazione di pesantezza fisica; (*fig.*) affanno, preoccupazione: *avere un — sullo stomaco*, per cattiva digestione; *togliersi un — dallo stomaco*, (*fig.*) una preoccupazione; *avere un — sulla coscienza*, un rimorso **4** importanza: *sono cose di poco —*; *non dar — a quel che dicono* **5** (*sport*) ciascuna delle categorie in cui si dividono pugili e lottatori: *— piuma*; *— massimo* **6** (*sport*) attrezzo metallico sferico che l'atleta scaglia alla massima distanza possibile; attrezzo in forma di manubrio che si solleva a forza di braccia: *lancio del —*; *sollevamento pesi* [*ill. Atletica*].
peso² [*spagn.*; *pr.* péso, pl. *pesos*] *s.m.* unità monetaria di diversi paesi dell'America latina.
pessario [-sà-] *s.m.* (*med.*) dispositivo che, introdotto in vagina, serve a mantenere l'utero in posizione normale in caso di prolasso.
pessimismo [-ʃmo] *s.m.* disposizione dell'animo a cogliere soprattutto gli aspetti peggiori e negativi della vita e della realtà. CONTR. *ottimismo*.
pessimista *s.m.* e *f.* [pl.m. *-i*] chi giudica con pessimismo. CONTR. *ottimista*.

pessimistico [-mì-] *agg.* [pl.m. *-ci*] che è proprio del pessimismo, dei pessimisti.

pessimo [pès-] *superl.* di → **cattivo** // **-mente** *superl.* di → **male**.

pesta [pé-] *s.f.* spec. *pl.* **1** orma, traccia visibile lasciata da qlcu.: *essere sulle peste di qlcu.* **2** calca, folla, solo nelle espressioni: *essere, lasciare nelle peste*, in difficoltà.

pestaggio [-stàg-] *s.m.* il picchiare duramente qlcu.; collottazione, rissa.

pestare *v.tr.* [*io pésto ecc.*] **1** battere qlco. o su qlco. in modo da ammaccarla o ridurla in polvere: *— un piede ad uno; — il sale / — l'acqua nel mortaio, (fig.)* compiere inutili sforzi */ — i piedi*, in segno di stizza **2** picchiare sodo: *i compagni lo pestarono.*

pestata *s.f.* il pestare.

peste [pè-] *s.f.* **1** malattia contagiosa epidemica a decorso rapido, spesso mortale, che si manifesta con alterazioni cutanee e linfatiche che portano alla formazione di caratteristici bubboni **2** (fig.) si dice di tutto ciò che è pessimo o dannoso: *l'adulazione è la — dell'amicizia / dire — di uno,* dirne male */ quel bambino è una —, (scherz.)* è molto irrequieto.

pestello [-stèl-] *s.m.* arnese di ferro o legno usato per pestare nel mortaio.

pesticida *agg.* e *s.m.* [pl.m. *-i*] si dice degli agenti chimici usati in agricoltura per distruggere flagelli biologici come microrganismi, insetti, topi.

pestifero [-sti-] *agg.* **1** che porta, diffonde la peste **2** (fig.) che reca danno, molestia: *odore —; ragazzo —.*

pestilenza [-lèn-] *s.f.* **1** epidemia di peste o di altra grave malattia infettiva **2** (fig.) fetore.

pestilenziale *agg.* **1** di peste; che ha le caratteristiche della peste: *epidemia —* **2** (fig.) dannoso, molesto: *aria —.*

pesto [pé-] *agg.* pestato */ buio —,* molto fitto */ occhi pesti,* cerchiati // *s.m.* ogni composto di ingredienti tritati e pestati; condimento per minestre, tipico della cucina genovese, a base di basilico, olio, aglio e pecorino.

petalo [pè-] *s.m.* (*bot.*) ciascuna delle parti che formano la corolla del fiore [*ill. Fiore*].

petardo *s.m.* **1** bomba di carta, piccola e rudimentale, che viene fatta esplodere in segno di festa **2** ordigno esplosivo usato in caso di nebbia, per segnalare ai macchinisti dei treni la presenza di un ostacolo o di un pericolo.

petecchia [-téc-] *s.f.* (*med.*) eruzione cutanea puntiforme che accompagna determinate malattie, come il tifo esantematico.

petecchiale *agg.* (*med.*) che si manifesta con petecchie: *tifo —.*

petit-gris [*franc.; pr.* p(e)ti-gri] *s.m.* pelliccia pregiata, morbida, di colore grigio-azzurro, confezionata con pelli di scoiattoli siberiani.

petizione [-zió-] *s.f.* **1** domanda scritta, indirizzata da un privato a un'autorità; supplica: *rivolgere una —.* SIN. *istanza, richiesta* **2** *— di principio,* (*fil.*) errore di logica per il quale si pone come fondamento della dimostrazione ciò che si dovrebbe dimostrare.

peto [pé-] *s.m.* gas di spiacevole odore emesso dagli intestini.

petraia [-trà-] *s.f.* accumulo di pietre; terreno pietroso.

petrochimica [-chì-] *s.f.*, **petrochimico** [-chì-] *agg.* → **petrolchimica, petrolchimico**.

petrodollaro [-dòl-] *s.m.* si dice dei dollari ricavati dalla vendita di petrolio greggio da parte dei paesi produttori.

petrografia [-fì-] *s.f.* scienza che studia le caratteristiche delle rocce e la loro formazione.

petrolchimica [-chì-] *s.f.* la parte della chimica industriale che si occupa della lavorazione del petrolio e dei suoi derivati; l'insieme delle relative strutture industriali.

petrolchimico [-chì-] *agg.* [pl.m. *-ci*] della petrolchimica // *s.m.* stabilimento petrolchimico.

petroliera [-liè-] *s.f.* nave cisterna per il trasporto di liquidi combustibili.

petrolifero [-li-] *agg.* si dice di roccia contenente petrolio o di tutto ciò che ha attinenza con esso: *giacimento —; industria petrolifera.*

petrolio [-trò-] *s.m.* miscela di idrocarburi liquidi dovuti a trasformazione di residui organici accumulatisi in quantità enormi in epoche geologiche remote; purificato, è usato come illuminante o combustibile [*ill. a pag. seguente*].

petrologia [-gì-] *s.f.* → **petrografia**.

petroniano *agg.* di Petronio, di san Petronio; per estens. di Bologna // *s.m.* abitante di Bologna.

pettegola [-té-] *s.f.* uccello di palude con zampe rosse o gialle, becco lungo, groppone e gola bianchi (*fam.* Scolopacidi).

pettegolare *v.intr.* [*io pettégolo ecc.*] fare discorsi da pettegolo.

pettegolezzo [-léʒʒo] *s.m.* discorso maligno o indiscreto sui fatti altrui. SIN. *chiacchiera*.

pettegolo [-té-] *agg.* e *s.m.* si dice di persona che parla molto e con malizia dei fatti altrui. SIN. *chiacchierone, linguacciuto.*

pettinare *v.tr.* [*io pèttino ecc.*] **1** ravviare i capelli con il pettine **2** ripulire e raddrizzare fibre tessili con appositi strumenti.

pettinato *s.m.* si dice di tessuto che ha i fili lisci, non pelosi: *— di lana.*

pettinatrice *s.f.* **1** donna che per mestiere pettina le signore; parrucchiera **2** macchina per pettinare fibre tessili.

pettinatura *s.f.* **1** il pettinare **2** modo di disporre i capelli; acconciatura.

pettine [pèt-] *s.m.* **1** arnese di materiale vario, costituito da una serie di denti più o meno fitti innestati su una costola che serve da impugnatura; è usato per mettere in ordine e acconciare i capelli */ parcheggio a —, (fig.)* si dice di veicoli disposti perpendicolarmente a un marciapiede o altro */ prov.: tutti i nodi vengono al —,* presto o tardi le questioni o gli imbrogli si rivelano **2** (*ind.*) in tessitura, il riquadro formato da serie di lamelle verticali e parallele, fissate in una cornice rigida, per tener divisi i fili d'ordito e serrare sta trame [*ill. Telaio*] **3** (*zool.*) mollusco dei lamellibranchi, commestibile, con conchiglia bivalve.

pettineo [-tì-] *agg.* si dice di un muscolo della coscia che imprime all'arto un movimento di flessione e di rotazione laterale [*ill. Corpo*].

pettino *s.m.* → **pettorina**.

pettirosso [-rós-] *s.m.* uccellino dal becco sottile, con fronte, gola e petto rossi, dorso bruno-olivastro (*fam.* Tordidi).

petto [pèt-] *s.m.* **1** la parte superiore del tronco umano e quella anteriore degli animali, che racchiude cuore e polmoni: *— ampio, esile; malattie di —,* ai polmoni e ai bronchi; *una ferita al —,* la più naturale e limpida; *do di —,* il più acuto che può emettere un tenore; *i capelli le cadevano sul — / prendere a — qlco.,* metterci tutto l'impegno possibile */ prendere qlco., qlcu.*

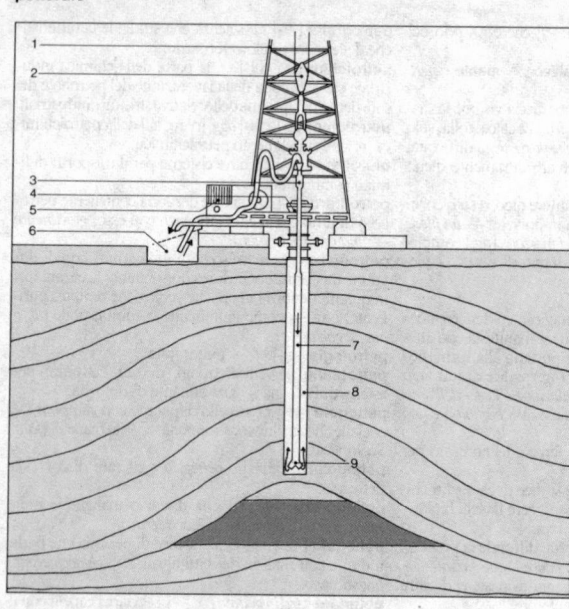

petrolio

1 *torre*, 2 *bozzello*, 3 *asta motrice*, 4 *tavola rotante*, 5 *motori e pompe*, 6 *fango*, 7 *asta di perforazione*, 8 *tubazione di rivestimento*, 9 *scalpello*.

di —, di punta, con irruenza / *battersi il* —, in segno di penitenza / *avere un bimbo al* —, allattarlo / *prendere qlcu. di* —, affrontarlo / *stare a* —, reggere al paragone / — *a* —, viso a viso, di fronte **2** (*cuc.*) taglio di carne bovina compresa tra il collo e i lati; negli uccelli la parte carnosa sopra lo sterno: — *di pollo* **3** nella moda, ciascuna delle due parti di un indumento, che copre il petto: *giacca a un* —; *a due petti*, cioè sovrapposti.

pettorale *agg.* del petto; si dice anche di medicamento utile nelle malattie di petto: *muscolo* — [*ill. Corpo*]; *decotto* — / *croce* —, d'oro con pietre preziose, portata sul petto dai vescovi e dai prelati // *s.m.* striscia di cuoio che passa davanti al petto del cavallo.

pettorina *s.f.* **1** pezzo di stoffa per vari usi; straccio; pannolino per neonati: *pulire i vetri con una* —; — *da piedi*, usata un tempo dai soldati al posto dei calzini / *esser considerati una* — *da piedi*, esser trattati male, trascurati **2** riquadro di tessuto o gomma con cui si copre uno strappo o si tappa una falla / *metterci una* —, rimediare in qualche modo / *un cavallo bianco con pezze nere*, macchie **3** il tessuto intero avvolto in rotolo come esce dalla fabbrica: *una* — *di seta* **4** documento: — *d'appoggio*, convalidante una spesa e simi-

pettoruto *agg.* **1** che ha un petto robusto **2** che cammina con il petto eretto; impettito, altero.

petulante *agg.* **1** che chiede e insiste in modo arrogante e importuno: *è un ragazzo* — **2** detto di atti o parole, molesto, sfrontato: *maniere petulanti*.

petulanza *s.f.* l'essere petulante.

petunia [-tù-] *s.f.* pianta erbacea ornamentale con fiori di vario colore, a corolla imbutiforme (*fam. Solanacee*).

peyote [-yò-], **peyoti** [-yòtl] *s.m.invar.* → **peiote**.

pezza [pèz-] *s.f.* **1** pezzo di stoffa per vari usi; straccio; pannolino per neonati: *pulire i vetri con una* —; —

le **5** denominazione di antica moneta: *una* — *da 12 ducati* **6** ciascuna delle figure araldiche, che si distinguono in *pezze onorevoli* e in *meno onorevoli* **7** (*antiq.* o *scherz.*) pezzo spec. nell'espressione *da lunga* —, da molto tempo.

pezzato *agg.* si dice di mantello di animale a larghe macchie di un colore diverso da quello del fondo; per estens., di superficie a vari colori: *cavallo* —; *marmo bianco* — *di rosso*.

pezzatura[1] *s.f.* l'insieme delle macchie sul mantello di un animale: *cavallo con* — *nera*.

pezzatura[2] *s.f.* la dimensione o la forma dei pezzi in cui si vende un prodotto: — *del sapone, del pane*.

pezzente [-zèn-] *s.m.* e *f.* mendicante, straccione; persona che vive in estrema miseria.

pezzenteria [-ri-] *s.f.* l'essere pezzente; azione da pezzente; l'insieme di molti pezzenti.

pezzo [pèz-] *s.m.* **1** parte di materia solida; porzione di un tutto; parte di una macchina; per estens., porzione di spazio o periodo di tempo: *un* — *di ferro*; *un* — *di torta*; *non trovo i pezzi di ricambio*; *un bel* — *di strada*; *quella donna è un* — *di legno*, insensibile / *un uomo tutto d'un* —, di carattere / *che* — *di giovanotto!*, robusto, forte / *è un* — *grosso*, personaggio importante, autorità **2** opera o passo di opera, spec. teatrale o musicale: *è il suo* — *forte*, l'interpretazione o l'argomento in cui riesce meglio (anche *fig.*) **3** in artiglieria, l'insieme della bocca da fuoco e dell'affusto **4** (*giorn.*) articolo o scritto di vario argomento: *manderò il* — *al giornale* **5** nel gioco degli scacchi, ciascuno dei sedici elementi a disposizione di ognuno dei due giocatori.

pezzullo *s.m.* (*giorn.*) breve articolo superficiale, non impegnativo.

pezzuola [-zuò-] *s.f.* piccola pezza; fazzoletto; riquadro di tessuto per usi vari.

pfennig [*ted.*; *pr.* fènig] *s.m.* moneta tedesca del valore di 1 centesimo di marco.

pH [potenziale *H* (= *idrogeno*)] *s.m.* il grado di acidità delle soluzioni acquose espresso attraverso la concentrazione in esse di ioni idrogeno.

pHmetro [piaccàmetro] *s.m.* (*chim.*) misuratore di pH.

phon *s.m.invar.* → **fon**[1].

phòn *s.m.invar.* → **fon**[2].

piacente [-cèn-] *agg.* che piace, detto per lo più di donna che ispira simpatia per le sue doti di avvenenza e cordialità.

piacentino *agg.* di Piacenza // *s.m.* abitante di Piacenza.

piacere[1][-cé-] *v.intr.* [pres. *io piàccio, tu piaci, egli piace, noi piacciamo, voi piacéte, essi piàcciono*; pass.rem. *io piacqui, tu piacésti* ecc.; p.pass. *piaciuto*] **1** riuscire gradevole o soddisfacente ai sensi, all'intelletto, all'animo: *mi piace il cioccolato; ti è piaciuto quel romanzo?; mi piace leggere; non gli piace che si parli di lui* / assol. suscitare l'approvazione, il consenso; attrarre: *la commedia è piaciuta; quella ragazza piace*. SIN. *soddisfare* **2** essere opportuno, conforme alla volontà o ai desideri di qlcu.: *piacque al senato di... / come a Dio piacque*, finalmente / *piaccia a Dio che*, auguriamoci, speriamo che.

piacere[2][-cé-] *s.m.* **1** sensazione gradevole derivante dalla soddisfazione dei sensi, dell'intelletto: *l'ho visto con enorme* — **2** cosa che dà piacere, divertimento: *i piaceri della mensa; dedito ai piaceri*, al godimento dei sensi / —*!*, formula nelle presentazioni / *ho il* — *di comunicarle*, formula di cortesia. SIN. *diletto, godimento, gusto, soddisfazione* **3** servizio, favore: *gli fece molti piaceri / fammi il santo* —*!*, detto in tono risentito **4** (*lett.*) libera scelta, arbitrio / *a* —, a volontà, senza limiti.

piacevole [-cé-] *agg.* che piace, che riesce simpatico: *una lettura* —. SIN. *gradevole, gradito, gustoso, divertente*. CONTR. *spiacevole*.

piacevolezza [-léz-] *s.f.* **1** l'essere piacevole **2** detto, atto scherzoso e garbato.

piacimento [-mén-] *s.m.* gradimento, voglia / *a* —, a piacere, come meglio si crede.

piaga *s.f.* **1** lesione della pelle, più o meno profonda, per malattia o ferita **2** (*fig.*) dolore sempre vivo e cocente; male grave, rovina: *riaprire la* —; *la* — *dell'ignoranza* / *mettere il dito sulla* —, toccare il punto dolente **3** (*scherz.*) persona noiosa e piagnucolosa: *non fare la* —*!*

piagare *v.tr.* causare una o più piaghe (anche *fig.*): — *il corpo, l'animo*.

piaggeria [-rì-] *s.f.* il piaggiare. SIN. *adulazione, cortigianeria*.

piaggiare *v.tr.* [*io piàggio* ecc.] (*lett.*) lusingare, lodare falsamente in vista di un determinato scopo. SIN. *adulare*.

piagnisteo [-stè-] *s.m.* pianto, lamento prolungato e noioso.

piagnucolare *v.intr.* [*io piagnùcolo* ecc.] piangere a lungo, sommessamente e lamentosamente. SIN. *frignare*.

piagnucolio [-lì-] *s.m.* il piagnucolare.

piagnucolone [-ló-] *s.m.* chi piagnucola facilmente.

piagnucoloso [-ló-] *agg.* che piagnucola, pronto a piagnucolare: *un bambino* —. SIN. *querulo*.

pialla *s.f.* utensile del falegname, usato per spianare e assottigliare il legno; è formato da un largo scalpello (*ferro*) incastrato obliquamente in un parallelepipedo di legno (*ceppo*) [*ill. Utensili*].

piallare *v.tr.* spianare e lisciare una superficie di legno o di metallo con la pialla o con la piallatrice.

piallatore [-tó-] *agg.* e *s.m.* che, chi pialla.

piallatrice *s.f.* macchina utensile per spianare superfici di legno o di metallo.

piallatura *s.f.* operazione, effetto del piallare.

piana *s.f.* terreno pianeggiante, pianura: *la* — *di Catania*.

pianeggiante *agg.* che è piano o quasi piano.

pianella [-nèl-] *s.f.* **1** pantofola morbida e leggera, priva della parte posteriore della tomaia; ciabatta [*ill. Abbigliamento*] **2** mattonella usata per coprire tetti o pavimenti.

pianerottolo [-ròt-] *s.m.* **1** ripiano tra due rampe successive di scale [*ill. Edilizia*] **2** spazio più o meno piano in una parete di roccia dove gli arrampicatori possono sostare.

pianeta[1] [-né-] *s.m.* [pl. *-i*] **1** corpo celeste non luminoso di luce propria, che gira intorno al Sole o a un'altra stella, da cui riceve luce **2** destino: — *della fortuna*, foglietto con l'oroscopo che zingari e mendicanti offrono ai passanti.

pianeta[2] [-né-] *s.f.* paramento che il sacerdote indossa sopra il camice durante la messa; è di diverso colore secondo il tempo liturgico e le feste celebrate [*ill. Chiesa*].

pianetino [-né-] *s.m.* ciascuno dei corpi celesti minori che ruotano intorno al Sole tra Marte e Giove.

piangente [-gèn-] *agg.* che piange, che è in lacrime / *salice* —, che ha i rami pendenti verso terra.

piangere [piàn-] *v.intr.* [pres. *io piango, tu piangi* ecc.; pass.rem. *io piansi, tu piangésti* ecc.; p.pass. *pianto*] **1** versare lacrime, in silenzio o con gemiti, per un dolore fisico o morale: — *dirottamente*; — *per la morte di un parente*; — *di gioia, di rabbia* **2** versare lacrime involontariamente: *la cipolla fa* — // **1** dolersi per la morte di qlcu.; dolersi per qlco.; rimpiangere: — *un amico*; — *i propri peccati*; — *miseria*, lamentarsi a ragione o a torto di essere povero; *piango la mia passata gioventù* / *prov.*: *chi è causa del suo mal pianga sé stesso* **2** versare (solo se seguito dal compl. dell'oggetto interno): *ha pianto tutte le sue lacrime*.

pianificare *v.tr.* [*io pianifico, tu pianifichi* ecc.] regolare secondo un piano una attività spec. economica: — *la produzione*.

pianificato *agg.* che è frutto di una pianificazione, regolato da un piano: *economia pianificata*.

pianificatore [-tó-] *agg.* e *s.m.* [f. *-trice*] che, chi pianifica o tende a pianificare: *volontà pianificatrice*.

pianificazione [-zió-] *s.f.* atto, effetto del pianificare: *la* — *industriale*.

pianista *s.m.* e *f.* [pl.m. *-i*] chi suona il pianoforte.

piano[1] *agg.* **1** che ha superficie liscia ed uguale; che ha andamento orizzontale / *figura piana*, (geom.) giacente su un piano / *geometria piana*, che concerne le figure piane / *mettere in* —, orizzontalmente, alla pari **2** (*fig.*) semplice, chiaro / *messa piana*, non cantata **3** (*gramm.*) si dice di parola accentata sulla penultima sillaba / *verso* —, quello che finisce con una parola piana // *s.m.* **1** superficie piana: — *stradale*; — *del tavolo* / *piani di coda*, (aer.) // *v.tr.* **1** superficie piana di comando necessarie alla manovra di un aeroplano / — *inclinato*, (fis.) macchina semplice consistente in un piano inclinato rispetto all'orizzonte lungo il quale è più facile sollevare un corpo che non in senso verticale **2** (geom.) superficie che contiene per intero ogni retta che ne congiunge due punti **3** distesa di terreno pianeggiante: *dal monte al* — **4** ciascuno dei piani in cui si può immaginare scomposta una composizione figurativa / *mettere due cose sullo stesso* —, trattarle come se avessero uguale importanza / *porre la questione* *su un altro* —, vederla da un altro punto di vista **5** (*cinem.*) distanza dell'immagine messa a fuoco dall'obiettivo della macchina da presa: *primo, primissimo* —, inquadratura di un personaggio dalle spalle in su, del solo volto **6** ciascuna delle parti sovrapposte di un edificio compresa tra il pavimento e il soffitto: — *nobile*, nei palazzi padronali di un tempo, il primo; — *terra*, pianterreno // *avv.* **1** lentamente: — —, assai lentamente / *prov.*: *chi va* —, *va sano e va lontano* **2** a voce bassa // **-mente** *avv.* con lentezza, con calma.

piano² *s.m.* **1** disegno rappresentante un oggetto o una struttura in proiezione su una superficie piana: *il* — *di una macchina tessile* **2** studio mirante a predisporre un'azione in tutti i suoi sviluppi; disposizione generale di un'opera: — *di battaglia*, con cui si predispone un'azione di guerra (anche *fig.*); *buttar giù il* — *di un'enciclopedia* / — *regolatore*, complesso di norme che regolano lo sviluppo edilizio e la viabilità di un centro abitato **3** ciò che si ha intenzione di fare: *avere dei piani per il futuro.* SIN. *progetto, proposito.*

piano³, **pianoforte** [-fòr-] *s.m.* strumento musicale a corde (percosse da due martelletti azionati da una tastiera), munito di due o tre pedali: — *a coda*, con cassa orizzontale; — *verticale*, con cassa verticale; *prendere lezioni di* — [ill. Musicali, strumenti].

pianola [-nò-] *s.f.* pianoforte al quale è applicato un meccanismo ad aria che, regolato da un rullo di carta opportunamente forato, muove automaticamente i tasti.

pianoro [-nò-] *s.m.* altopiano aperto, non molto vasto.

pianta *s.f.* **1** nome generico di ogni vegetale arboreo o arbustaceo; albero **2** la parte del piede che posa per terra **3** proiezione orizzontale di una struttura in proporzioni ridotte; rappresentazione in scala di una zona di terreno, carta topografica: *la* — *di un edificio, di una città* **4** in linguaggio burocratico, ruolo: *essere in* — *stabile*, impiegato fisso; (*fig.*) essere sempre presente **5** *di sana* —, completamente, dal principio alla fine.

piantaggine [-tàg-] *s.f.* pianta erbacea con foglie ovali e spighe cilindriche di piccoli fiori verdognoli (*fam.* Plantaginacee).

piantagione [-gió-] *s.f.* **1** (*non com.*) l'operazione di piantare **2** terreno su cui si coltiva una determinata specie di piante; spec. nei territori coloniali, vasta estensione coltivata con un'unica specie vegetale: — *di banane.*

piantagrane *s.m.* e *f.invar.* (*fam.*) chi solleva spesso problemi, contrasti; seccatore, rompiscatole.

piantana *s.f.* elemento verticale di sostegno di mobili, spec. scaffali, o altri oggetti di arredamento [ill. Arredamento].

piantare *v.tr.* **1** introdurre nel terreno un seme, un germoglio o una giovane piantina perché metta radici e si sviluppi: — *patate*; — *un terreno a patate* **2** conficcare, introdurre; collocare saldamente; mettere (anche *fig.*): *il nemico piantò una batteria sull'altura*; *si piantò in mezzo alla strada*; *mi pianta gli occhi addosso* / — *le tende*, accamparsi; (*fig.*) stabilirsi in un luogo **3** abbandonare, lasciare: *l'ha piantato*; *ha piantato tutto lì e se n'è andato* / — *baracca e burattini*, tutto e tutti / *piantala!*, (*fam.*) smettila!

piantato *agg.* **1** coltivato (detto di terreno): — *a gelsi* **2** fermo, impettito (detto di persona): *stava* — *in mezzo alla strada* / *ben* —, forte e robusto.

piantatore [-tó-] *s.m.* [f. -trice] **1** chi pianta: *un canto dei piantatori di cotone* **2** chi possiede una piantagione, spec. nei territori coloniali.

piantello [-tèl-] *s.m.* macchina per torcere fibre tessili.

pianterreno [-ré-] *s.m.* il piano più basso di un edificio, quello a livello del suolo.

pianto *s.m.* **1** il piangere; per estens., lacrime: *scoppiare, prorompere in* —; *avere il* — *facile*, piangere facilmente; *asciugare il* — **2** dolore, lutto: *avere il* — *nel cuore* / *essere un* —, causare tristezza; *quel vestito è un* —, (*scherz.*) è malfatto.

piantonamento [-mèn-] *s.m.* sorveglianza da parte di piantoni.

piantonare *v.tr.* [*io piantóno ecc.*] sorvegliare a mo' di piantone.

piantone¹ [-tó-] *s.m.* chi ha ricevuto l'ordine di sorvegliare a vista qlco., qlcu.: *stare, mettere di* —.

piantone² [-tó-] *s.m.* → **talea**.

pianura *s.f.* vasta zona pianeggiante: — *alluvionale*, formata da depositi fluviali.

pianuzza *s.f.* pesce di mare commestibile, dal corpo ovale molto schiacciato e i due occhi situati sullo stesso lato (*fam.* Pleuronettidi).

piare *v.intr.* (*poet.*) pigolare.

piastra *s.f.* **1** lastra di pietra o lamina di metallo più o meno spessa: — *elettrica*, lastra di metallo riscaldata elettricamente per la cottura dei cibi **2** parte in vista della serratura **3** nome di antiche monete auree o argentee; oggi, moneta di vario valore, in uso in Turchia, Egitto, Libano, Siria ed Etiopia **4** — *di registrazione*, apparecchio di registrazione e riproduzione a cassetta magnetica per impianti ad alta fedeltà.

piastrella [-strèl-] *s.f.* mattonella di piccolo spessore per coprire pavimenti o rivestire pareti.

piastrellare *v.tr.* [*io piastrèllo ecc.*] ricoprire con piastrelle.

piastrellista *s.m.* e *f.* [pl.m. -*i*] operaio edile con specializzazione nella posa in opera di piastrelle.

piastrina *s.f.* **1** targhetta metallica che ogni soldato porta nel risvolto della giubba o appesa al collo a scopo di identificazione **2** (*biol.*) elemento morfologico del sangue, di forma tondeggiante.

piastrinopenia [-ni-] *s.f.* (*med.*) diminuzione del numero delle piastrine nel sangue.

piattabanda *s.f.* (*arch.*) elemento in muratura, simile all'architrave, che delimita superiormente vani di porte e finestre.

piattaforma [-fór-] *s.f.* **1** spazio di terreno spianato e rinforzato; superficie piana per lo più metallica su cui si colloca una macchina, attrezzi ecc.: — *di lancio*, attrezzata per il lancio dei missili; — *di tiro*, dove si postano i pezzi di artiglieria; — *stradale*, la massicciata; — *girevole*, nelle stazioni ferroviarie, il meccanismo che consente di cambiar binario a una locomotiva o di invertirne la direzione **2** spazio senza sedili nella parte anteriore o posteriore di vetture filotranviarie o ferroviarie **3** — *continentale*, la striscia di terra, sotto il livello del mare, che circonda le terre emerse **4** (*fig.*) l'insieme dei principi che ispirano l'azione di una persona o di un movimento; insieme di richieste e proposte presentate per una trattativa sindacale o politica.

piattello [-tèl-] *s.m.* piccolo disco a forma di piatto che serve a vari usi: *il* — *del candeliere* / *tiro al* —, sport che consiste nello sparare a un bersaglio mobile costituito da un disco di materia plastica che viene lanciato da un apposito congegno.

piattina *s.f.* **1** cordone elettrico appiattito costituito da due conduttori tra di loro isolati contenuti in una sola guaina 2 sottile nastro metallico destinato a vari usi.

piatto agg. 1 dalla superficie piana; che non è né concavo né convesso / angolo —, di 180° / punto —, punto di ricamo 2 (fig.) che è privo di attrattive; mediocre: esecuzione piatta di un brano musicale // s.m. 1 recipiente spec. di ceramica in cui si servono o si mangiano le vivande; la quantità di cibo in esso contenuta: — fondo, concavo, per le minestre; — grande, tondo e ovale in cui si portano in tavola le vivande 2 ciascuna delle portate di cui si compone un pranzo: — forte, il più sostanzioso; (fig.) la cosa più interessante fra quelle presentate in uno spettacolo o simili; — tipico, vivanda propria di una determinata regione o nazione; primo, secondo —, la minestra, la pietanza 3 per estens., qualsiasi oggetto a forma di piatto: il — della bilancia; il — del giradischi, il piano girevole su cui si pone il disco [ill. Suono] / piatto, (mus.) strumento costituito da un disco di bronzo che viene percosso con un mazzuolo, o battuto contro un altro piatto [ill. Musicali, strumenti] 4 superficie piatta: il — di una lama, la parte piatta opposta al taglio; il — anteriore, posteriore di un libro, le parti, anteriore e posteriore, rigide della copertina [ill. Stampa] / colpire di —, con il piatto di una lama e simili 5 nei giochi d'azzardo, la posta messa in palio.

piattola [piàt-] s.f. 1 pidocchio parassita dell'uomo, soprattutto della regione inguinale (fam. Pediculidi) 2 (fig.volg.) persona noiosa, che si lagna di tutto.

piattonata s.f. colpo dato di piatto con la spada o la sciabola.

piazza s.f. 1 area più o meno vasta circondata da edifici e in cui convergono più strade: — S. Pietro; — del mercato; — d'armi, ampio spiazzo per le esercitazioni militari / mettere in — i propri affari, farli conoscere a tutti / scendere in —, organizzare manifestazioni politiche pubbliche, parteciparvi / prov.: brutto in fasce bello in —, brutto da piccolo e bello da grande 2 per estens., la gente adunata in una piazza: la — applaudi / movimenti di —, manifestazioni popolari 3 spazio libero, luogo esteso e sgombro / far — pulita, sgombrare, far fuori tutto / letto a due piazze, a due posti, matrimoniale / andare in —, (scherz.) diventare calvo 4 un luogo come centro di attività commerciale per un dato prodotto: è introdotto nelle piazze del Veneto / mi ha rovinato la —, (fig.) ha intralciato la mia attività facendomi concorrenza 5 (mil.) piazzaforte, centro fortificato.

piazzaforte [-fòr-] s.f. 1 città, luogo fortificato: il comandante della — 2 (fig.) baluardo.

piazzale s.m. ampio spiazzo; in un centro urbano, luogo simile a una piazza, spec. in zona periferica / — di stazione, (ferr.) zona cintata che ospita gli impianti per l'esercizio e i servizi della stazione.

piazzamento [-mén-] s.m. (sport) posizione in una classifica o graduatoria: ottenne un buon —.

piazzare v.tr. 1 collocare, mettere in posizione: ha piazzato la macchina proprio davanti al cancello 2 (comm.) vendere, collocare un prodotto su di una piazza // -arsi v.rifl. (sport) classificarsi fra i primi / ormai si è piazzato, (fig.) si è fatto una buona posizione.

piazzata s.f. litigio, schiamazzo, scenata volgare.

piazzato agg. si dice del cavallo arrivato secondo o terzo in una corsa; per estens., di chi in una gara sportiva arriva tra i primi o di chi ha conseguito una buona posizione: tuo fratello è ormai un uomo —.

piazzista s.m. e f. [pl.m. -i] chi rappresenta nelle piazze commerciali di una data zona una o più ditte, fa propaganda ai prodotti e riceve ordinazioni.

piazzola [-zò-] s.f. 1 piccola piazza 2 terreno adatto per collocarvi un pezzo d'artiglieria 3 area di sosta situata ai margini di una strada.

pica s.f. 1 gazza 2 (med.) alterazione del senso del gusto che spinge a ingerire sostanze non commestibili.

picacismo [-ʃmo] s.m. (med.) lo stesso che pica.

picaresco [-ré-] agg. [pl.m. -chi] di, da picaro; proprio della tradizione letteraria imperniata sulla vita e sulle avventure del picaro.

picaro [pì-] s.m. (spagn.) vagabondo, briccone, personaggio caratteristico di un genere letterario spagnolo (sec. XVII).

picca[1] s.f. 1 lunga asta con punta di ferro, usata un tempo dalla fanteria 2 pl. uno dei quattro semi delle carte da gioco francesi / contare come il fante di picche, contare poco o nulla / rispondere picche, rispondere negativamente, con un rifiuto.

picca[2] s.f. puntiglio, ostinazione dovuta a risentimento o rivalità: non volle uscire con me solo per —.

piccante agg. 1 pungente, di sapore forte e acuto: peperoncino, salsa — 2 (fig.) pungente, arguto, mordace: mi rispose con parole piccanti 3 (fig.) licenzioso: una storiella —.

piccarsi v.rifl.pron. [io mi picco, tu ti picchi ecc.] 1 insistere con puntiglio nel fare qlco.; pretendere di saper fare qlco.: si picca di essere un esperto di musica 2 (non com.) impermalirsi: si picca per cose da nulla.

piccata s.f. fettina di vitello cucinata in teglia con burro e condita con sugo di limone e prezzemolo trito.

picchè s.m.invar. forma italianizzata di → **piqué**.

picchettaggio [-tàg-] s.m. il picchettare in caso di sciopero.

picchettare v.tr. [io picchétto ecc.] 1 segnare un tracciato sul terreno mediante l'infissione di picchetti 2 presidiare con picchetti l'ingresso di un posto di lavoro in caso di sciopero.

picchettatura s.f. atto, effetto del picchettare.

picchetto[1] [-chét-] s.m. 1 paletto di legno o di cemento che viene conficcato nel terreno come segnale, per fissare una tenda ecc. 2 gruppo di soldati incaricato di servizi particolari o d'onore: ufficiale di —, che comanda il gruppo di guardia in una caserma 3 gruppo di scioperanti che sorvegliano le entrate di una fabbrica per scoraggiare o impedire l'ingresso di crumiri.

picchetto[2] [-chét-] s.m. gioco di carte diffuso in Francia, simile al tressette.

picchiare v.tr. [io picchio ecc.] colpire, battere: si sono picchiati di santa ragione. SIN. percuotere // v.intr. 1 dare colpi: — alla porta, bussare 2 (aer.) eseguire una picchiata.

picchiata s.f. manovra con cui un aeroplano esegue una rapida discesa.

picchiatello [-tèl-] agg. e s.m. si dice di persona un po' stravagante.

picchiatore [-tó-] s.m. [f. -trice] chi picchia; chi ha la capacità e l'abitudine di picchiare gli avversari; in politica, chi fa parte di squadre organizzate per questo scopo.

picchiere [-chiè-] s.m. soldato armato di picca.

picchiettare v.tr. [io picchiétto ecc.] 1 picchiare leggermente e con frequenza 2 punteggiare con piccole macchie o fori: tessuto nero picchiettato di rosso 3 (mus.) eseguire sul violino, con un solo colpo di arco, una serie di note brevi e staccate.

picchiettio [-tì-] *s.m.* un picchiettare continuo: *il — della pioggia.*

picchio [pìc-] *s.m.* uccello fornito di robustissimo becco, col quale fora la corteccia degli alberi per catturare gli insetti (*fam.* Picidi).

picchiotto [-chiòt-] *s.m.* arnese di metallo che applicato al battente esterno di una porta, serve per bussare.

piccineria [-rì-] *s.f.* azione o idea meschina, gretta.

piccino *agg.* **1** piccolo per età, statura, dimensioni **2** (*fig.*) piccolo di mente, meschino // *s.m.* bambino.

picciolo [-ciò-] *s.m.* (*bot.*) peduncolo che sostiene la foglia collegandola al ramo [*ill. Foglia*].

piccionaia [-nà-] *s.f.* **1** luogo in cui si ricoverano i piccioni **2** parte alta di una casa; soffitta **3** (*scherz.*) il loggione di un teatro; anche l'insieme delle persone che lo frequentano.

piccione [-ció-] *s.m.* uccello commestibile di media grandezza, forte e veloce, di color piombeo, con becco arcuato; è addomesticabile (*fam.* Colombidi): *— viaggiatore,* specie nota per il senso di orientamento, la resistenza e la rapidità nel volo / *prendere due piccioni con una fava,* sbrigare due faccende in una sola volta.

picciotto [-ciòt-] *s.m.* (*siciliano*) ragazzo, giovanotto (fuori dalla Sicilia si usa spec. con riferimento ai giovani gregari di cosche mafiose).

picco *s.m.* [pl. *-chi*] **1** cima aguzza di un monte o ripido pendio / *costa a — sul mare,* a perpendicolo / *andare, colare a —,* affondare (detto di nave) **2** asta di legno o di metallo applicata con una estremità a un albero della nave e alquanto inclinata verso l'alto; serve per sbarcare o imbarcare carichi, per manovrare la randa o per issarvi la bandiera nazionale [*ill. Nave*].

piccolezza [-léz-] *s.f.* **1** l'essere piccolo **2** cosa di poca importanza: *ti preoccupi per ogni —.*

piccolo [pìc-] *agg.* [compar. *più piccolo* o *minore*; superl. *piccolissimo* o *minimo*] **1** inferiore alla misura ordinaria: *una piccola automobile; una piccola somma / in —,* in proporzioni ridotte / *nel mio —,* nei limiti delle mie modeste possibilità. CONTR. *grande* **2** che ha dimensioni minori di una cosa della stessa specie: *mettilo sul tavolo —.* CONTR. *grande* **3** di bassa statura: *un uomo —.* CONTR. *grande* **4** di pochi anni di età: *da — avevo i capelli biondi.* CONTR. *grande* **5** di poco conto, di modeste proporzioni: *un — errore; la piccola borghesia; un — imprenditore* **6** meschino, gretto: *è di idee molto piccole; è molto — di mente* // *s.m.* **1** bambino **2** nato di un animale; cucciolo.

piccolo borghese [pìc-] [-ghé-] *agg.* e *s.m.* che, chi appartiene alla piccola borghesia (professionisti, funzionari, commercianti): *perbenismo —,* (*spreg.*) tipico di una mentalità borghese.

picconata *s.f.* colpo di piccone.

piccone [-có-] *s.m.* attrezzo di ferro, allungato e appuntito alle due estremità, con un foro centrale in cui è serrato un lungo manico; usato per scavi in terreno compatto o per demolire costruzioni in muratura [*ill. Edilizia*].

piccoso [-có-] *agg.* che si picca facilmente, puntiglioso.

piccozza [-còz-] *s.f.* sorta di piccone d'acciaio, di piccole dimensioni, con manico di legno, usato in alpinismo per la scalata su ghiaccio e neve dura [*ill. Alpinismo*].

pick-up [*ingl.*; *pr.* pik-àp] *s.m.* sul giradischi, organo costituito da una puntina che, percorrendo i solchi tracciati nei dischi, vibra nel seguirne le ondulazioni e trasmette le vibrazioni all'amplificatore [*ill. Musicali, strumenti*].

picnic [-nìc] *s.m.invar.* scampagnata con colazione o merenda sui prati.

picnometro [-nò-] *s.m.* (*chim.*) boccetta speciale atta a determinare la densità di corpi liquidi e solidi.

pico- [dallo spagn. *pico = pezzettino*] primo elemento che, premesso a denominazioni di unità di misura, le divide per un milione di milioni (*picofarad*).

picofarad [-fà-] *s.m.invar.* (*elettr.*) un milionesimo di milionesimo di farad.

picotismo [-ʃmo] *s.m.* (*med.*) lo stesso che *pica.*

picrico [pi-] *agg.* [pl.m. *-ci*] *acido —,* (*chim.*) fenolo nitrato, solido, giallo, velenoso, usato come disinfettante e come potente esplosivo.

pidgin [*ingl.*; *pr.* pìʤin] *s.m.* lingua mista di elementi di lingue diverse, formatasi in seguito a intensi rapporti commerciali fra popoli; lingua franca.

pidocchio [-dòc-] *s.m.* piccolo insetto dal corpo piatto, privo di ali, con zampe corte e robuste; succhia il sangue dell'uomo vivendo da parassita sulla testa o nei vestiti (*fam.* Pediculidi).

pidocchioso [-chió-] *agg.* **1** pieno di pidocchi **2** (*fig.*) avaro. SIN. *spilorcio, taccagno.*

piè, pie' *s.m.invar.* troncamento di → **piede.**

pied-à-terre [*franc.*; *pr.* piedatèr] *s.m.* piccolo alloggio usato non come normale abitazione, ma per frequenti e brevi soggiorni.

piede [piè-] *s.m.* **1** la parte estrema degli arti inferiori, che si compone di tarso, metatarso e dita [*ill. Corpo*]: *andare a piedi,* senza usare alcun mezzo di trasporto; *camminare in punta di piedi,* senza far rumore / *pestare i piedi,* (anche *fig.*) fare i capricci / *andare con i piedi di piombo,* agire con molta prudenza / *darsi la zappa sui piedi,* danneggiare sé stessi con un'azione che tenderebbe a danneggiare un altro / *licenziare qlcu. su due piedi,* immediatamente / *ad ogni piè sospinto,* continuamente e ripetutamente **2** (*fig.*) la parte bassa o di sostegno di qlco.: *i piedi della tavola / note a piè di pagina / prender —,* si dice di pianta che attecchisce; (*fig.*) di usanza che si stabilisce **3** condizione, stato: *esser sul — di guerra,* pronti per la guerra; *trattare qlcu. su un — di parità,* da pari a pari **4** unità di lunghezza, in uso presso parecchi popoli antichi e moderni; in Inghilterra è pari a cm 30,48 **5** unità ritmica della poesia greca e latina.

piedestallo, piedistallo *s.m.* sostegno in pietra o muratura per statue, colonne e simili / *mettere qlcu. sul —,* (*fig.*) esaltarlo.

piedritto *s.m.* (*arch.*) qualsiasi struttura verticale avente funzione di sostegno (p.e. colonna, pilastro).

piega [piè-] *s.f.* **1** atto, effetto, modo del piegare o del piegarsi; anche il punto in cui qlco. si piega **2** segno lasciato da pressatura occasionale o fatta ad arte; la parte del tessuto ripiegata su sé stessa, stirata o no, usata anche per ornamento: *vestito pieno di pieghe, spiegazzato; la — dei calzoni; gonna a pieghe* **3** (*geol.*) flessione, più o meno accentuata, degli strati rocciosi **4** (*fig.*) condotta: *prendere una cattiva —.*

piegare *v.tr.* [*io piègo, tu pièghi* ecc.] **1** fare assumere a qlco. una forma non rettilinea: *— una sbarra* **2** accostare un lembo di un foglio, di un tessuto ecc., al lembo opposto, spec. per riordinare e riporre: *— le lenzuola* **3** curvare, volgere a una parte; abbassare; chinare: *— il capo* **4** (*fig.*) domare; sottomettere: *— l'avversario* // *v.intr.* deviare, cambiare direzione: *la strada piega a destra* // **-arsi** *v.rifl.* inclinarsi, cedere; sottomettersi / *mi spezzo ma non mi piego.*

piegatrice *s.f.* nelle rotative, il meccanismo che piega e taglia i fogli che escono stampati; in legatoria, la macchina che effettua la piegatura.

piegatura *s.f.* atto, effetto del piegare; piega.

pieghettare *v.tr.* [*io pieghétto ecc.*] fare molte pieghe ravvicinate e ben marcate, spec. su una stoffa.

pieghevole [-ghé-] *agg.* che si piega facilmente: *metallo —; arbusto —.* SIN. *flessibile, elastico.*

pieghevolezza [-léz-] *s.f.* l'essere pieghevole. SIN. *elasticità, flessibilità.*

pielite *s.f.* (*med.*) infiammazione delle pelvi renali.

pielografia [-fi-] *s.f.* (*med.*) esame radiologico delle pelvi renali.

piemia [-mì-] *s.f.* (*med.*) presenza di pus nel sangue.

piemontese [-té-] *agg.* del Piemonte // *s.m.* abitante del Piemonte; dialetto del Piemonte.

piena [piè-] *s.f.* **1** forte aumento della portata di un corso d'acqua **2** (*fig.*) gran numero di persone affollantesi in un luogo.

pienezza [-néz-] *s.f.* l'essere pieno (spec. *fig.*): *— di vita, di sentimenti.*

pieno [piè-] **1** che contiene tutto quello che può contenere; riempito, colmato: *una bottiglia piena; un bicchiere — d'acqua; la piazza era piena di gente.* SIN. *colmo, zeppo, carico.* CONTR. *vuoto* **2** che contiene grande quantità di qlco.; che ha in abbondanza (anche *fig.*): *una pagina piena di errori; una scrivania piena di carte; — di debiti, di ammirazione / essere — di sé*, di persona molto vanitosa / *essere — di vita*, di persona dinamica e attiva **3** che ha mangiato abbastanza; rimpinzato (anche *fig.*): *sono — di queste chiacchiere.* SIN. *sazio* **4** si dice di oggetto composto di materia compatta o di cosa che si presenti con un certo volume o rilievo: *una sbarra di ferro —; un volto — / punto —*, nel ricamo, il punto rasato che riempie tutto il disegno [*ill. Cucito*] **5** che è al colmo; completo, senza limitazioni: *in — inverno; luna piena; avere pieni poteri / in —, a —*, completamente / *a tempo —*, a orario completo: *scuola a tempo —; lavoro a tempo —* // *s.m.* **1** colmo: *nel — dell'inverno; nel — delle forze* **2** il carico completo: *fare il —*, spec. di benzina nel serbatoio di un autoveicolo.

pienotto [-nòt-] *agg.* grassoccio, paffuto: *guance pienotte.*

Pierrot [*franc.*; *pr.* pieró] *s.m.* maschera del teatro francese che indossa un ampio costume bianco con bottoni neri; è il tipo dell'innamorato infelice.

pietà *s.f.invar.* **1** sentimento di compassione suscitato dai dolori o dalle infelicità altrui: *avere — di qlcu.; sentire —.* SIN. *commiserazione, commozione, misericordia* **2** (*lett.*) amore: *— filiale*, amoroso rispetto per i genitori **3** devozione: *pratiche di —* **4** immagine di Cristo morto sorretto dalla Madonna.

pietanza *s.f.* la vivanda che si serve a tavola dopo la minestra.

pietismo [-ʃmo] *s.m.* **1** corrente religiosa protestante del sec. XVII, tendente a una rigida moralità e all'interiorizzazione del sentimento cristiano **2** atto o atteggiamento dettato da pietà eccessiva o fuori luogo.

pietistico [-tì-] *agg.* [pl.m. *-ci*] di, del pietismo: *atteggiamento —.*

pietoso [-tó-] *agg.* **1** che desta pietà; (*fam.*) brutto: *un fatto —*, commovente / *una figura pietosa*, meschina **2** che sente pietà: *un'anima pietosa.* SIN. *caritatevole, misericordioso* **3** che è fatto per pietà: *un gesto —, una pietosa bugia.*

pietra [piè-] *s.f.* nome generico per indicare minerali o frantumi di roccia; sasso, ciottolo: *muro di —; scagliare*

una — / — viva, compatta e netta / *— dura*, di elevata durezza, usata come ornamento / *pietre preziose*, pietre rare e di particolare bellezza usate per gioielli / *— litografica*, pietra calcarea usata per il disegno e la stampa / *— filosofale*, sostanza immaginaria cercata dagli alchimisti per trasformare in oro altri metalli / *— infernale*, nitrato d'argento, usato in medicina come caustico / *età della —*, periodo preistorico in cui l'uomo usava solo arnesi di pietra / *porre la prima —*, dare inizio alla costruzione di un edificio / *avere un cuore di —*, non avere pietà / *mettere una — sopra qlco.*, non pensarci più.

pietraia [-trà-] *s.f.* → **petraia**.

pietrificare *v.tr.* [*io pietrifico, tu pietrifichi ecc.*] far diventare pietra o simile a pietra (anche *fig.*): *il suo sguardo lo pietrificò* // **-arsi** *v.rifl.pron.* diventare di pietra (anche *fig.*); restare immobile: *— per la paura.*

pietrificato *agg.* **1** che è diventato pietra: *la foresta pietrificata* **2** (*fig.*) stupefatto, stordito: *rimase — dalla meraviglia.*

pietrina *s.f.* cilindretto formato da una particolare lega che si usa negli accenditori per sprigionare scintille.

pietrisco [*s.m.* [pl. *-chi*] roccia ridotta in frantumi, usata per massicciate, terrapieni ecc., e per la fabbricazione del calcestruzzo.

pietroso [-tró-] *agg.* di pietra; pieno di pietre, sassoso.

pievania [-ni-] *s.f.* il territorio governato spiritualmente da un pievano.

pievano *s.m.* il sacerdote che regge una pieve.

pieve [piè-] *s.f.* chiesa parrocchiale (che un tempo aveva sotto di sé priorie e cappelle).

piezoelettricità [-ʒo-] *s.f.invar.* (*fis.*) proprietà di alcune sostanze cristalline (quarzo, tormalina ecc.) di elettrizzarsi quando vengono deformate meccanicamente e viceversa.

piezoelettrico [-ʒoelèt-] *agg.* [pl.m. *-ci*] (*fis.*) relativo alla piezoelettricità; che produce o sfrutta la piezoelettricità.

piezometrico [-ʒomè-] *agg.* [pl.m. *-ci*] (*fis.*) relativo alla misura della pressione di un liquido o al valore di essa.

piezometro [-ʒò-] *s.m.* strumento che serve a misurare le compressibilità dei liquidi.

pifferaio [-rà-] *s.m.* sonatore di piffero.

piffero [pif-] *s.m.* **1** strumento musicale a fiato, di suono acuto **2** sonatore di piffero.

pigiama *s.m.* [pl. *-a* e *-i*] indumento di foggia e tessuto morbidi, formato da calzoni larghi e giacca o maglioncino, che si indossa generalmente a letto o in casa.

pigia pigia [pi-] [pi-] *s.m.invar.* calca, folla che preme da tutte le parti.

pigiare *v.tr.* [*io pigio ecc.*] **1** premere, pestare: *— l'uva.* SIN. *calcare, comprimere* **2** spingere: *la folla mi pigiava da tutte le parti.*

pigiatura *s.f.* atto, effetto del pigiare: *la — dell'uva.*

pigionante *s.m.* e *f.* **1** chi vive in una casa a pigione **2** chi ha un podere in affitto.

pigione [-gió-] *s.f.* **1** locazione di una casa **2** canone, somma di denaro o corrispettivo in natura, che si paga per il godimento di una casa.

pigliare *v.tr.* [*io piglio ecc.*] prendere; afferrare.

piglio[1] [pì-] *s.m.* l'atto del pigliare: *dar di —*, afferrare.

piglio[2] [pi-] *s.m.* modo di guardare, atteggiamento del volto: *con mal —; con — brusco.*

pigmentazione [-zió-] *s.f.* formazione e distribuzione dei pigmenti: *la — della cute.*

pigmento [-mén-] *s.m.* **1** sostanza colorante organica presente nella cute, nei tessuti e nei liquidi del corpo, cui conferisce la loro colorazione caratteristica **2** sostanza colorata, inorganica od organica, naturale o artificiale, che serve a fabbricare vernici.

pigmeo [-mè-] *agg. e s.m.* che o chi appartiene ad alcune popolazioni dell'Africa equatoriale caratterizzate da bassissima statura // *s.m.* (*fig.*) si dice di persona molto piccola, o moralmente meschina.

pigna *s.f.* **1** frutto conico del pino, legnoso, a squame, che racchiude i semi **2** ornamento architettonico a forma di pigna **3** diaframma bucherellato che si applica all'estremità dei tubi di aspirazione delle pompe.

pignatta *s.f.* grossa pentola.

pignoleria [-rì-] *s.f.* **1** pedanteria, meticolosità eccessiva **2** atto da pignolo.

pignolo [-gnò-] *agg. e s.m.* si dice di persona eccessivamente meticolosa, pedante.

pignone [-gnó-] *s.m.* **1** argine trasversale di muraglia che protegge dall'erosione della corrente le testate dei ponti o le rive dei fiumi **2** la più piccola di due ruote di un ingranaggio [*ill. Bicicletta*].

pignoramento [-mén-] *s.m.* (*dir.*) il pignorare.

pignorare *v.tr.* [*io pignoro ecc.*] (*dir.*) sequestrare come pegno i beni di un debitore insolvente.

pigolare *v.intr.* [*io pigolo ecc.*] **1** mandar fuori la voce, detto dei pulcini o degli uccellini da nido **2** (*fig. non com.*) chiedere uggiosamente; piagnucolare.

pigolio [-lì-] *s.m.* il pigolare.

pigrizia [-gri-] *s.f.* l'essere pigro; lentezza nell'operare. SIN. *accidia, ignavia, indolenza, infingardaggine.*

pigro *agg.* lento nell'operare per indole o per svogliatezza. SIN. *accidioso, ignavo, indolente, svogliato.*

PIL [*Prodotto Interno Lordo*] *s.m.* (*econ.*) insieme dei beni e servizi prodotti in un anno sul territorio nazionale da residenti e non residenti.

pila *s.f.* **1** ciascuno dei pilastri di sostegno su cui poggiano le arcate di un ponte **2** insieme di oggetti sovrapposti sì da formare come una colonna: — *di libri, di piatti ecc.* **3** grande e profondo recipiente di pietra, marmo ecc.: *la — del lavandino / — dell'acqua santa,* grande vaso contenente l'acqua benedetta, all'ingresso delle chiese **4** (*elettr.*) apparecchio generatore di corrente elettrica continua: — *voltaica / — atomica,* apparato atto a trasformare in calore l'energia liberata nella fissione nucleare dell'uranio o di altri elementi pesanti [*ill. Elettrica, energia*].

pilastro *s.m.* **1** elemento costruttivo di pietra, mattoni ecc., di forma quadrangolare, che serve a sostenere archi, volte ecc. [*ill. Edilizia*] **2** (*fig.*) elemento centrale, importante: *l'opera di Kant è un — della filosofia moderna.*

pilatura *s.f.* operazione con cui si liberano chicchi del riso dalle glume.

pillacchera [-làc-] *s.f.* **1** schizzo di fango: *ha il vestito pieno di pillacchere.* SIN. *zacchera* **2** (*fig.*) difetto, magagna.

pilio *s.m.* **1** grosso ceppo con due manichi, con cui si battono o si spianano massicciate. SIN. *mazzeranga* **2** ceppo con impugnatura usato dai conciatori per pestare cuoio e pelli nel tinello di purga.

pillola [pil-] *s.f.* **1** pallottolina di sostanza medicinale / *in pillole,* un po' per volta: *cultura in pillole* **2** (*fig.*) dispiacere, amarezza: *ingoiare la —,* accettare qualcosa di sgradevole; *indorare la —,* cercare di rendere meno amaro un dolore, un dispiacere, un danno.

pilo *s.m.* arma da getto della fanteria romana, formata da un'asta di legno con la punta di ferro.

pilone [-ló-] *s.m.* **1** grosso pilastro in muratura o calcestruzzo, posto generalmente come sostegno di cupole o ponti. SIN. *pila* **2** palo di metallo o di cemento armato usato come sostegno di linee elettriche aeree **3** nel rugby, ciascuno dei due giocatori che sono in prima linea nella mischia.

piloro [-ló-] *s.m.* (*anat.*) orifizio dello stomaco, fornito di sfintere, che mette in comunicazione lo stomaco col duodeno [*ill. Intestino*].

pilota [-lò-] *s.m. e f.* [*pl.m. -i*] **1** (*mar.*) chi dirige le manovre di entrata e uscita delle navi dai porti **2** chi guida un aeroplano o un'automobile, spec. da corsa, o altro mezzo meccanico di trasporto / — *automatico,* complesso di strumenti che possono sostituire l'uomo nel pilotare una nave o un aereo // *agg.* **1** si dice di tutto ciò che fa da guida: *nave —; pesce —* **2** (*fig.*) si dice di tutto ciò che ha carattere sperimentale: *impianto —.*

pilotaggio [-tàg-] *s.m.* il pilotare.

pilotare *v.tr.* [*io pilòto ecc.*] **1** dirigere la rotta di una nave; guidare un aeroplano, un'automobile, una motocicletta **2** (*fig.*) guidare, anche occultamente, le azioni di altri o lo sviluppo di fenomeni in una data direzione: — *la crisi economica.*

pilotato *agg.* artificioso, provocato artificialmente: *una manifestazione pilotata / parto —,* quello che avviene sotto lo stimolo e la guida di mezzi artificiali.

pilotina *s.f.* piccola imbarcazione a motore cabinata, come quelle usate dai piloti dei porti.

pilotis [*franc.*; *pr.* pilotì] *s.m.* sistema costruttivo di edifici residenziali con pianterreno a pilastri destinato a portico o comunque a usi non abitativi.

piluccare *v.tr.* [*io pilucco, tu pilucchi ecc.*] **1** staccare a uno a uno i chicchi d'uva dal grappolo per mangiarli; per estens., mangiare staccando qua e là pezzetti da un cibo. SIN. *spilluzzicare* **2** (*fig.*) cercare piccoli guadagni qua e là.

pimpinella [-nèl-] *s.f.* genere di piante erbacee comprendente varie specie, tra cui l'anice (*fam.* Ombrellifere).

pina *s.f.* → **pigna.**

pinacee [-nà-] *s.f.pl.* (*bot.*) famiglia di piante d'alto fusto, resinose, tra cui il pino, il larice, l'abete.

pinacoteca [-tè-] *s.f.* luogo dove sono raccolte, conservate ed esposte opere d'arte pittorica.

pinastro *s.m.* pino marittimo.

pince [*franc.*; *pr.* pèns] *s.f.* piccolissima piega, rientrante e cucita, fatta negli abiti per modellarli o restringerli [*ill. Abbigliamento*].

pindarico [-dà-] *agg.* [pl.m. *-ci*] di Pindaro; che imita Pindaro / *volo —,* passaggio ardito da un'idea a un'altra.

pineale *agg. corpo —,* piccolo organo di natura ghiandolare, epifisi.

pineta [-né-] *s.f.* bosco formato da piante di pino.

pingere [pìn-] *v.tr.* [*pres.* io pingo, tu pingi ecc.; *pass.rem.* io pinsi, tu pingésti ecc.; *p.pass.* pinto] (*lett.*) dipingere.

ping-pong [-pòng] *s.m.invar.* gioco simile al tennis effettuato su un'apposita tavola di legno divisa da una reticella; tennis da tavolo.

pingue [pìn-] *agg.* **1** che ha molto adipe, grasso. SIN. *panciuto* **2** per estens., si dice di terreno fertile **3** (*fig.*) ricco, abbondante: *una — eredità.*

pinguedine [-guè-] *s.f.* l'essere grasso eccessivamente; adipe.

pinguino *s.m.* grosso uccello marino delle terre litoranee antartiche; ha piedi palmati situati posteriormente che gli permettono di stare eretto, ali foggiate a paletta, atte al nuoto anziché al volo (*fam.* Sfeniscidi).

pinna[1] *s.f.* **1** organo di movimento e stabilizzazione dei pesci, costituito in genere da una lamina membranosa sostenuta da raggi ossei, cartilaginei o cornei [*ill. Pesci*] **2** (*sport*) calzatura di gomma con la parte anteriore allungata e appiattita che indossano i nuotatori, spec. subacquei, per nuotare più velocemente **3** sporgenza orizzontale o verticale che, posta sui fianchi di navi, idrovolanti, automobili da corsa e simili, serve a dare stabilità.

pinna[2] *s.f.* grosso mollusco marino dei lamellibranchi con la conchiglia divisa in due valve coniche, grigie esternamente, rossastre internamente; è ricercato per il bisso che produce.

pinnacolo [-nà-] *s.m.* **1** guglia di forma piramidale o conica, caratteristica dello stile gotico **2** per estens., vetta sottile di montagna a pareti ripide e lisce.

pinnipedi [-nì-] *s.m.pl.* (*zool.*) mammiferi carnivori marini con il corpo fusiforme, capo rotondeggiante, arti corti e piedi pinniformi, coda breve, peli corti e lisci; comprendono: *foche, trichechi* ecc.

pino *s.m.* albero con foglie aghiformi, sempreverdi, semi raccolti in strobili, coperti da squame legnose (*fam.* Pinacee): — *marittimo, silvestre* [*ill. Piante*] / *olio di* —, essenza aromatica oleosa ricavata da certe conifere / — *vulcanico*, colonna di vapori che fuoriesce da un vulcano attivo.

pinocchio [-nòc-] *s.m.*, **pinolo** [-nò-] *s.m.* seme mangereccio del pino.

pinta *s.f.* antica misura per liquidi, di valore oscillante; viene ancora usata in Gran Bretagna e negli Stati Uniti.

pin-up [*ingl.*; *pr.* pinàp] *s.f.* forma abbreviata di *pin-up-girl* [*pr.* pinapghé(r)l], indica un tipo di ragazza bella e appariscente, di cui gli uomini ritagliano e appendono la fotografia.

pinza *s.f.* **1** sorta di tenaglia a ganasce diritte usata per afferrare e stringere [*ill. Utensili*] **2** ciascuna delle chele dei crostacei.

pinzare *v.tr.* **1** pungere, detto di insetti: *mi ha pinzato una zanzara* **2** unire con graffette metalliche, spec. fogli.

pinzetta [-zét-] *s.f.* **1** pinza di piccolo formato **2** spec. *pl.* strumento a forma di piccola molla usato per afferrare oggetti piccoli o delicati come francobolli, insetti ecc.

pinzimonio [-mò-] *s.m.* miscuglio di olio, pepe e sale in cui si intingono alcuni ortaggi, come sedani, finocchi ecc. per mangiarli crudi.

pinzochero [-zò-] *s.m.* bigotto, bacchettone.

pio *agg.* **1** che è sinceramente osservante delle pratiche religiose **2** pietoso, caritatevole: *opere pie, benefiche* / *è un* — *desiderio*, (*scherz.*) si dice di desiderio o speranza irrealizzabile.

piodermite *s.f.* (*med.*) processo infiammatorio della pelle, di tipo suppurativo.

piogeno [-pìò-] *s.m.* (*med.*) germe che provoca un'infiammazione purulenta.

pioggia [pióg-] *s.f.* [pl. -ge] precipitazione d'acqua dal cielo per condensazione del vapore acqueo delle nubi; per estens., si dice di cose che cadono in abbondanza dall'alto: — *dirotta, uggiosa*; *la* — *è cessata*; — *di fiori, di fuoco*.

piolet-traction [*franc.*; *pr.* piolé tracsiò(n)] *s.f.* in alpinismo, tecnica di arrampicata su ghiaccio con l'ausilio di due piccozze.

piolo [pìò-] *s.m.* **1** pezzetto di legno cilindrico appuntito ad una estremità che si conficca in una superficie per fissarvi o attaccarvi qlco.: *il* — *dell'attaccapanni*; *il* — *del pianoforte* / *scala a pioli*, scala portatile i cui gradini sono dei pioli infissi in due staggi / *stare dritto come un* —, impettito, immobile **2** colonnino di pietra o bronzo posto come ornamento o riparo dinanzi a portoni, monumenti e simili.

piombare *v.intr.* [*io piómbo* ecc.] **1** cadere con moto violento dall'alto: *gli piombò in testa un vaso di fiori* **2** (*fig.*) avventarsi su cose o persone; giungere all'improvviso: *i soldati piombarono sulla postazione nemica*; *il creditore piombò in casa* // *v.tr.* ricoprire o riempire di piombo; chiudere con un sigillo di piombo: — *un dente*; — *un pacchetto*; *vagone piombato*.

piombatura *s.f.* atto, effetto del piombare; il piombo stesso che serve a ricoprire una superficie o a riempire una cavità.

piombino *s.m.* pezzetto di piombo di varie forme, per vari usi, spec. quello del filo a piombo / — *dello scandaglio*, di forma cilindro-conica, appeso a una sagola, per misurare il fondale / — *della rete*, ciascuno dei piccoli pezzi di piombo fissati attorno all'orlo della rete da pesca per tenerla tesa sott'acqua / — *della lenza*, per renderla pesante / *chiudere un pacco con il* —, sigillarlo con un dischetto di piombo / *mettere i piombini a una giacca*, mettere nell'orlo dei pezzetti di piombo perché cada bene / *fare una trina a piombini*, avvolgendo il refe sugli appositi legnetti.

piombo [pióm-] *s.m.* **1** elemento chimico (Pb; *n.at.* 82; *p.at.* 207,21); metallo grigio, pesante, malleabile, tenero, usato per leghe facilmente fusibili, per tubature, stagnature e come zavorra; è simbolo di lentezza e pesantezza: *andare coi piedi di* —, procedere con la massima cautela **2** nome di oggetti fatti col medesimo metallo e destinati a vari usi, come i piombini per sigillare: *sigillare una cassa col* —, per garantire che la chiusura sia perfetta / *filo a* —, strumento per segnalare la verticale, formato da un filo a una delle cui estremità è fissato un peso [*ill. Edilizia*] / *a* —, verticale / *cadere di* —, di schianto, all'improvviso **3** (*lett.*) proiettile o proiettili: *fu ucciso dal* — *nemico*.

pione [pió-] *s.m.* (*fis.*) nome generale di tutti i mesoni π (pi greco).

pioniere [-niè-] *s.m.* chi apre la via agli altri nell'esplorazione di nuove terre, nel progresso, nella scienza, nella diffusione di un'idea.

pionierismo [-ſmo] *s.m.* attività di pioniere; tendenza all'avventura, alla scoperta, alla ricerca di novità.

pionieristico *agg.* [pl.m. -ci] di, da pioniere: *spirito* —; *iniziativa pionieristica*.

pio pio *voce onom.* che imita il verso dei pulcini o di altri uccelletti di nido e serve anche come richiamo per i pulcini.

pioppaia [-pà-] *s.f.*, **pioppeto** [-pé-] *s.m.* luogo piantato a pioppi.

pioppicoltura *s.f.* coltivazione dei pioppi.

pioppo [piòp-] *s.m.* albero con foglie a forma triangolare di color argenteo nella pagina inferiore; il legno è usato per mobili e per l'estrazione della cellulosa (*fam.* Salicacee).

piorrea [-rè-] *s.f.* (*med.*) formazione e fuoriuscita di pus: — *alveolare*, malattia dei denti che porta alla loro caduta con eliminazione di pus dalle gengive.

piota [piò-] *s.f.* **1** (*lett.*) pianta del piede; piede **2** zolla erbosa.

piovano *agg.* di pioggia: *acqua piovana*.

piovasco *s.m.* [pl. *-chi*] scroscio di pioggia accompagnato da vento.

piovere [piò-] *v.intr.impers.* [pres. *piòve*; pass.rem. *piòvve*] **1** cadere la pioggia: *è piovuto tutto il giorno*; *piove a catinelle*; *non smette mai di* — / *tanto tonò che piove*, di cosa, avvenimento ecc. che accade dopo essere stato a lungo minacciato **2** penetrare dell'acqua piovana: *qui sotto non piove*; *piove in casa* // *v.intr.* **1** (*fig.*) cadere dall'alto e in abbondanza; *piovono sassi*, *fiori* **2** (*fig.*) capitare in abbondanza; venire in folla: *mi piovvero inviti da ogni parte*; *mi son piovuti addosso molti guai*; *sono piovuti a Roma molti stranieri*.

piovigginare *v.intr.impers.* [*piovviggina*] piovere a piccole e rade gocce.

piovigginoso [-nó-] *agg.* proprio di quando piovviggina o sta per piovigginare: *cielo, tempo* —.

piovosità *s.f.invar.* quantità di pioggia che cade in una regione in un dato tempo.

piovoso [-vó-] *agg.* **1** che è apportatore di pioggia: *vento* — **2** si dice di periodo o di stagione in cui cade in abbondanza la pioggia: *aprile* —; *giornata piovosa* // *s.m.* nome del quinto mese del calendario rivoluzionario francese.

piovra [piò-] *s.f.* nome generico di molti molluschi cefalopodi marini, di grandi dimensioni, con lunghissimi tentacoli muniti di ventose.

pipa[1] *s.f.* **1** arnese per fumare, formato da un piccolo recipiente per il tabacco e una cannuccia da cui si aspira il fumo: *caricare, fumare la* — **2** quantità di tabacco con cui si carica la pipa **3** oggetto, parte di macchina o altro, di forma simile a una pipa; nella bicicletta, la parte che collega il manubrio al telaio [*ill. Bicicletta*].
pipa[2] *s.f.* anfibio sudamericano, simile alla rana; la femmina porta le uova in alveoli cutanei del dorso (*fam.* Pipidi).

pipare *v.intr.* (*fam.*) fumare la pipa.

pipata *s.f.* (*fam.*) **1** il fumare tanto tabacco quanto ne è stato messo nella pipa; il tirare una boccata di fumo dalla pipa **2** quantità di tabacco contenuta nella pipa.

pipeline [*ingl.*; *pr.* paiplàin] *s.m.* condotta, cioè linea di tubi connessi fra loro con valvole o altri dispositivi per trasportare fluidi (si dice spec. per oleodotto o gasdotto).

pipetta [-pét-] *s.f.* (*chim.*) attrezzo tubolare di vetro mediante il quale è possibile prelevare per aspirazione piccole quantità misurabili di liquido [*ill. Chimico, laboratorio*].

pipì *s.f.invar.* nel linguaggio infantile, orina: *fare la* —.

pipistrello [-strèl-] *s.m.* **1** piccolo mammifero notturno simile a un topo con ali membranose **2** pastrano senza maniche con mantellina.

pipita *s.f.* **1** malattia infettiva dei polli, che si manifesta con una pellicola bianca sulla punta della lingua **2** pellicola che si solleva intorno alle unghie della mano.

piqué [*franc.*; *pr.* pikè] *s.m.* tessuto operato di cotone con effetti in rilievo.

pira *s.f.* (*lett.*) catasta di legno sulla quale venivano cremati i cadaveri. SIN. *rogo*.

piramidale *agg.* che ha forma di piramide.

piramide [-rà-] *s.f.* **1** (*geom.*) solido geometrico compreso tra un poligono e i segmenti che congiungono i suoi vertici con un punto esterno **2** imponente costruzione egizia a forma di piramide quadrilatera innalzata come sepoltura del faraone.

piramidone [-dó-] *s.m.* prodotto chimico, usato come antifebbrile e antireumatico ®.

piranha [*portoghese*; *pr.* piràgna] *s.m.* pesce dei fiumi sudamericani di dimensioni piccole e di colori vivaci: vive in branchi molto aggressivi e pericolosi anche per l'uomo (*fam.* Caracinidi).

pirata *s.m.* [pl. *-i*] **1** chi corre il mare per depredare navi di qualunque nazionalità ed effettua scorrerie criminose lungo il litorale / — *della strada*, si dice di chi non si preoccupa di portare soccorso alle persone che ha investito con il suo automezzo **2** (*fig.*) chi ruba; chi sfrutta il lavoro altrui: *quell'impresario è un* — // *agg.* **1** che esercita la pirateria: *vascello* — **2** illecito, clandestino, non ufficiale: *edizione* —, fatta all'insaputa dell'autore e dell'editore da lui autorizzato.

pirateria [-rì-] *s.f.* attività da pirata; azione da pirata (anche *fig.*).

piratesco [-té-] *agg* [pl.m. *-chi*] di, da pirata.

pireliometro [-liò-] *s.m.* misuratore della radiazione solare.

pirenaico [-nài-] *agg.* [pl.m. *-ci*] dei Pirenei.

piressia [-sì-] *s.f.* (*med.*) temperatura corporea più alta del normale; febbre.

piretico [-rè-] *agg.* [pl.m. *-ci*] (*med.*) inerente alla febbre; che ha la febbre.

piretro [-rè-] (o *piretro*) *s.m.* erba che contiene una sostanza detta *piretrina*, dotata di azione insetticida e vermifuga.

pirex *s.m.invar.* vetro speciale resistente alle alte temperature ®.

pirico [pì-] *agg.* [pl.m. *-ci*] che concerne il fuoco: *polvere pirica*, polvere da sparo.

pirite *s.f.* minerale costituito da bisolfuro di ferro che viene usato per la fabbricazione di acido solforico.

piro- [dal gr. *pyr, pyròs* = *fuoco*] primo elemento compositivo che significa «fuoco, combustione, alta temperatura» (*pirografia, pirometro*), oppure «funzionamento a vapore» (*piroscafo*).

piroetta [-èt-] *s.f.* rapida rotazione del corpo intorno a sé stesso, compiuta sulla punta di un piede; è anche una figura di danza e del pattinaggio artistico.

piroettare *v.intr.* [*io piroétto ecc.*] far piroette.

pirofila [-rò-] *s.f.* materia resistente al fuoco; tegame fatto con tale materia.

pirofilo [-rò-] *agg.* si dice di sostanza che resiste al fuoco.

piroga [-rò-] *s.f.* imbarcazione primitiva a remi o a vela, scavata in un tronco d'albero o fabbricata con cortecce d'alberi e retta cuciti insieme.

pirografia [-fì-] *s.f.* tecnica del disegnare, con una punta metallica arroventata, su cuoio, cartone, legno e simili; anche il disegno ottenuto con tale tecnica.

pirolino (*fam.*) *s.m.* qualsiasi piccolo cilindro da ruotare per regolare qualche congegno.

pirolo [-rò-] *s.m.* chiave di regolazione della tensione delle corde del pianoforte o di altri strumenti a corda [*ill. Musicali, strumenti*].

piromane [-rò-] *s.m.* e *f.* chi è affetto da piromania.

piromania [-nì-] *s.f.* (*med.*) impulso irrefrenabile di dar fuoco alle cose; mania incendiaria.

pirometro [-rò-] *s.m.* (*fis.*) strumento atto alla misurazione di alte temperature.

piro-piro *s.m.invar.* uccello commestibile simile alla beccaccia, col becco lungo ricurvo in su (*fam.* Scolopacidi).

piropo [-rò-] *s.m.* granato di colore rosso fuoco, usato come pietra preziosa.

piroscafo [-rò-] *s.m.* (*antiq.*) nave a vapore.

piroscissione [-sió-] *s.f.* (*chim.ind.*) reazione chimica di scissione provocata dalla temperatura in composti costituiti da grandi molecole, con formazione di prodotti più semplici; usata nell'industria petrolifera.

pirosi [-rò∫i] *s.f.invar.* (*med.*) sensazione di bruciore allo stomaco.

pirosseno [-ròs-] *s.m.* nome generico di molti minerali silicatici verdi o neri, assai diffusi nelle rocce cristalline e metamorfiche.

pirotecnica [-tèc-] *s.f.* arte di preparare i fuochi artificiali.

pirotecnico [-tèc-] *agg.* [pl.m. *-ci*] dei fuochi artificiali o ad essi attinente: *spettacolo* — // *s.m.* chi fabbrica fuochi artificiali.

pirrotite *s.f.* minerale di color giallo bronzeo, costituito da solfuro di ferro; contiene spesso piccole percentuali di cobalto, nichel, rame, platino.

pisano *agg.* di Pisa // *s.m.* abitante di Pisa.

piscatorio [-tò-] *agg.* (*lett.*) di, da pescatore / *anello* —, anello del papa, in quanto successore di san Pietro, pescatore.

piscia [pì-] *s.f.* (*volg.*) urina.

pisciare *v.intr.* [*io piscio ecc.*] (*volg.*) **1** orinare **2** (*fig.*) lasciar uscire un filo di liquido; perdere // *v.tr.* (*volg.*) emettere, spec. insieme all'urina: — *sangue*.

pisciata *s.f.* (*volg.*) emissione di urina; quantità di urina emessa in una volta.

pisciatoio [-tó-] *s.m.* (*volg.*) orinatoio.

piscicoltura *s.f.* l'allevamento di pesci.

piscina *s.f.* grande vasca piena d'acqua per fare il bagno o per praticare il nuoto.

pisello [-sèl-] *s.m.* ● pianta erbacea rampicante con fiori bianchi o colorati, foglie composte e baccelli contenenti semi verdi rotondi (*fam.* Leguminose) **2** il seme commestibile di tale pianta **3** (*region.* o *infantile*) pene.

pisiforme [-∫ifór-] *agg.* e *s.m.* (*anat.*) denominazione di uno degli otto ossicini del polso.

pisolare [-∫o-] *v.intr.* [*io pisolo ecc.*] sonnecchiare, dormire di un sonno leggero.

pisolo [pi∫o-] *s.m.* (*fam.*) breve dormita; sonno leggero e breve: *schiacciare un* —, fare una dormitina. DIM. *pisolino*.

pispigliare *v.intr.* [*io pispiglio ecc.*] bisbigliare.

pispiglio[1] [-pì-] *s.m.* bisbiglio.

pispiglio[2] [-gli-] *s.m.* un bisbigliare continuo.

pispola [pì-] *s.f.* **1** uccello dalle piume olivastre e gialle, simile all'allodola (*fam.* Motacillidi) **2** fischietto imitante il verso della pispola usato dagli uccellatori come richiamo **3** (*fig.*) frottola, fandonia.

pisside [pìs-] *s.f.* **1** (*lit.*) vaso sacro fatto a coppa, con coperchio, di metallo prezioso o almeno dorato internamente, in cui si conservano le particole consacrate [*ill. Chiesa*] **2** (*bot.*) frutto secco che si apre con una fenditura trasversale e la cui parte superiore si stacca come un piccolo coperchio [*ill. Frutti*].

pissi pissi *voce onom.* indica bisbiglio, mormorio: *si sentiva un continuo* —.

pista *s.f.* **1** traccia, orma; per estens., percorso indicato da tracce, orme (anche *fig.*): *ritrovare una* —; *gli inquirenti seguivano diverse piste* **2** circuito chiuso a forma di anello o di ellisse, su cui si effettuano corse ippiche, automobilistiche, ciclistiche e simili [*ill. Atletica*]; per estens., spiazzo destinato allo svolgimento di manifestazioni: — *del circo*, l'arena circolare in cui si svolge lo spettacolo; — *da ballo* **3** (*aer.*) tratto di terreno appositamente preparato per le manovre degli aeroplani: — *di volo*, per facilitare l'involo e l'atterraggio; — *di*

rullaggio, per collegare la pista di volo con l'aerostazione [*ill. Aeroporto*].

pistacchio [-stàc-] *s.m.* albero con fiori rossi raccolti in pannocchie e semi commestibili di color verde (*fam.* Anacardiacee).

pistillo *s.m.* → **carpello**.

pistoiese [-ié-] *agg.* di Pistoia // *s.m.* e *f.* abitante di Pistoia.

pistola [-stò-] *s.f.* **1** arma da fuoco corta, che si maneggia con una sola mano: — *automatica*, dotata di congegni automatici **2** si dice di attrezzi da impugnare a mo' di pistola: — *a spruzzo*.

pistolettata *s.f.* colpo di pistola.

pistone [-stó-] *s.m.* **1** (*mecc.*) tipo di stantuffo, spec. quello dei motori a scoppio [*ill. Motore*] **2** dispositivo applicato agli strumenti a fiato di ottone per rendere esatta l'intonazione e facilitare l'esecuzione.

pitagorico [-gò-] *agg.* [pl.m. *-ci*] di Pitagora; conforme alla dottrina di Pitagora / *tavola pitagorica*, tabella di moltiplicazione dei primi dieci numeri naturali // *s.m.* seguace del pitagorismo.

pitagorismo [-∫mo] *s.m.* (*fil.*) il complesso delle dottrine filosofiche della scuola di Pitagora (sec. VI a.C.).

pitale *s.m.* orinale.

pitecantropo [-càn-] *s.m.* ominide che si ritiene sia vissuto nel pleistocene.

pitiriasi [-ria∫i] *s.f.invar.* (*med.*) nome di alcune affezioni della pelle caratterizzate da desquamazione.

pitoccheria [-rì-] *s.f.* l'esser pitocco, azione da pitocco. SIN. *tirchieria*.

pitocco [-tòc-] *s.m.* [pl. *-chi*] **1** (*antiq.* o *region.*) mendicante, accattone **2** chi vive poveramente per avarizia. SIN. *avaro*, *tirchio*.

pitone [-tó-] *s.m.* grosso serpente non velenoso, comune in Africa e in Asia (*fam.* Boidi).

pitonessa [-nés-] *s.f.* donna che predice il futuro; indovina.

pitosforo [-tò-] *s.m.* pianta ornamentale con foglie lucide e fiori bianchi profumati.

pittima[1] [pit-] *s.f.* uccello di ripa col becco lungo.

pittima[2] [pit-] *s.f.* **1** sorta di decotto usato come impiastro **2** (*fig.*) persona noiosa, lamentosa.

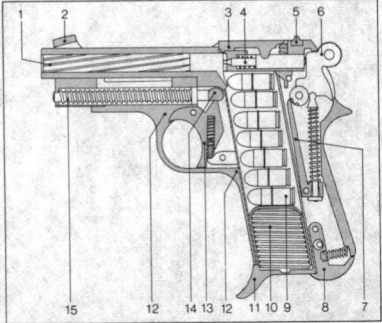

pistola: 1 *canna*, 2 *mirino*, 3 *estrattore*, 4 *percussore*, 5 *tacca di mira*, 6 *cane*, 7 *leva di scatto*, 8 *gancio per caricatore*, 9 *caricatore*, 10 *elevatore*, 11 *fondello del caricatore*, 12 *castello*, 13 *grilletto*, 14 *sicura*, 15 *molla recuperatrice*.

pittografia [-fì-] *s.f.* forma primitiva di scrittura che consiste nel rappresentare idee e fatti per mezzo di disegni.

pittogramma *s.m.* [pl. *-i*] ciascuno dei disegni usati in pittografia.

pittore [-tó-] *s.m.* [f. *-trice*] chi esercita l'arte della pittura.

pittoresco [-ré-] *agg.* [pl.m. *-chi*] **1** si dice di paesaggio, scena, oggetto ecc. caratteristici e vivaci **2** espressivo, efficace: *linguaggio —*.

pittorico [-tò-] *agg.* [pl.m. *-ci*] che si riferisce alla pittura: *tecnica pittorica.*

pittosporo [-tò-] *s.m.* → **pitosforo.**

pittura *s.f.* **1** l'arte di creare immagini per mezzo di linee e di colori; l'opera ottenuta con tale arte: *— murale, su tela, a olio* **2** (*fig.*) descrizione vivace ed efficace: *— di caratteri.*

pitturare *v.tr.* **1** dipingere, ornare con pitture **2** colorare, verniciare.

pituitario [-tà-] *agg.* (*anat.*) si dice di particolari organi di secrezione: *corpo —,* ipofisi.

più *avv.* [compar. di *molto*] **1** maggiormente, in maggior quantità, grado o maniera; si premette ad aggettivi, avverbi e verbi: *preferirei la bistecca più cotta; più velocemente;* preceduto da *di* ha lo stesso valore: *devi dormire di più / fare il di più,* darsi importanza, atteggiarsi a superiore; premesso ad *agg.* o *avv.* forma il compar.

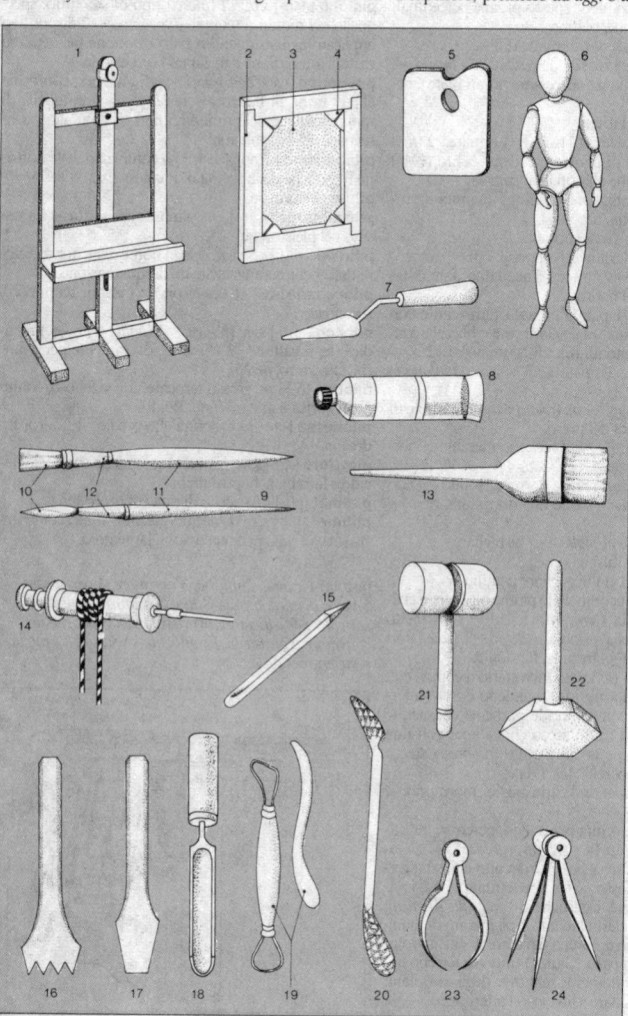

pittura e scultura

1 *cavalletto,*
2 *telaio,*
3 *tela,*
4 *chiave,*
5 *tavolozza,*
6 *manichino,*
7 *spatola,*
8 *tubo di colore,*
9 *pennelli,*
10 *setole,*
11 *manico,*
12 *ghiera,*
13 *pennellessa,*
14 *trapano a corda,*
15 *subbia,*
16 *gradina,*
17 *scalpello,*
18 *sgorbia,*
19 *stecche,*
20 *raspa,*
21 *mazza,*
22 *martellina,*
23 *compasso sferico,*
24 *compasso a tre punte.*

di maggioranza: *è più intelligente di te*; *più velocemente di quanto pensassi*; preceduto dall'art.det. forma il superl.rel. di maggioranza: *è il più simpatico di tutti*; *cerca di ritornare il più presto possibile* / *né più né meno*, proprio, appunto: *è né più né meno quello che dicevo io* / *poco più poco meno*, *più o meno*, all'incirca: *più o meno le cose stanno così* **2** in matematica indica l'addizione: *nove più tre è uguale a dodici* **3** in frasi negative indica il cessare di uno stato o di un'azione: *non è più buono*; *non parlò più*; *da allora non l'ho più incontrato* // *agg.compar.invar.* **1** maggiore; in maggior numero; in quantità maggiore: *occorre più denaro di quanto pensavo* **2** con il significato più generico di *più di uno*, *parecchi*: *mi fermerò più giorni* // *prep. impropria* inoltre, con l'aggiunta di: *c'eravamo tutti noi più il nonno* // con valore di *s.m.* **1** *il più è fatto*, la parte maggiore; *il più è incominciare*, la cosa più difficile o importante / *parlare del più e del meno*, di cose di poca importanza **2** *il segno del più o il più*, in matematica, la crocetta che è simbolo di addizione o, in algebra, di numero positivo **3** *pl.* la maggioranza; il maggior numero: *i più non approvano* / *è passato nel numero dei più*, è morto.

piuccheperfetto [-fèt-] *s.m.* tempo del verbo che indica un'azione compiuta prima di un'altra già avvenuta nel passato; il termine si usa solo per il latino e il greco, in italiano corrisponde al trapassato prossimo.

piuma *s.f.* **1** formazione cornea della pelle degli uccelli, simile alla penna, ma più corta, più morbida e fine / *leggero come una —*, leggerissimo **2** insieme delle piume, piumaggio **3** *peso —*, (*sport*) appartenente a una delle categorie di peso minore nel pugilato, nella lotta, nel sollevamento pesi.

piumaggio [-màg-] *s.m.* l'insieme di penne e di piume che rivestono il corpo degli uccelli.

piumato *agg.* coperto, adorno di piume: *cappello —*.

piumino *s.m.* **1** la parte più morbida e leggera del piumaggio degli uccelli, spec. di quelli acquatici, che si usa per imbottiture, spec. per riparare dal freddo **2** coperta, sacco-letto, indumento imbottito di piume **3** nappetta di piume, spec. di cigno, per spargere la cipria sul viso **4** ciuffo di piume, o simili, fissate a un manico e usato per spolverare **5** proiettile formato da una punta di metallo e una coda di piume, per fucili ad aria compressa.

piumone [-mó-] *s.m.* coperta da letto imbottita di piumino ®.

piuria [-ù-] *s.f.* (*med.*) presenza di pus nell'urina.

piuttosto [-tò-] *avv.* **1** più volentieri; più facilmente: *— che cedere, morirono*; *berrei — un caffè* **2** alquanto: *è — vecchia*.

piva *s.f.* cornamusa / *tornare con le pive nel sacco*, (*fig.*) senza aver combinato nulla.

pivello [-vèl-] *s.m.* giovane principiante, non ancora esperto.

piviale *s.m.* paramento sacro, fatto come un ampio mantello lungo fino ai piedi, che viene indossato dagli ecclesiastici nelle funzioni solenni [*ill. Chiesa*].

piviere [-viè-] *s.m.* piccolo uccello di palude, nerastro, a macchie gialle, con becco corto e gambe lunghe (*fam.* Caradriidi).

pivot [*franc.*; *pr.* pivò] *s.m.* giocatore d'attacco, nella pallacanestro.

pizia [pì-] *s.f.* profetessa e sacerdotessa di Apollo a Delfi.

pizza *s.f.* focaccia fatta di farina, lievito e acqua, che si cuoce in forno dopo avervi sovrapposto condimenti e ingredienti diversi.

pizzardone [-dó-] *s.m.* (*romanesco*) vigile urbano.

pizzeria [-rì-] *s.f.* locale ove si preparano, si vendono e si consumano al tavolo le pizze.

pizzicagnolo [-cà-] *s.m.* chi gestisce una bottega di salumi, formaggi ecc.

pizzicare *v.tr.* [*io pìzzico, tu pìzzichi ecc.*] **1** stringere la carne tra le punte del pollice e dell'indice: *— un braccio* **2** pungere, pinzare: *le zanzare mi hanno pizzicato la mano* / *questo formaggio pizzica*, è piccante **3** (*fig.*) riuscire a prendere; cogliere in fallo: *l'hanno pizzicato mentre rubava* **4** (*mus.*) far vibrare le corde di uno strumento toccandole con il polpastrello delle dita // *v.intr.* mi pizzica una mano.

pizzicato *s.m.* (*mus.*) particolare maniera di far vibrare le corde di uno strumento, toccandole con la punta delle dita; la musica che si esegue con tale tecnica.

pizzicheria [-rì-] *s.f.* bottega del pizzicagnolo.

pizzico [piz-] *s.m.* [*pl. -chi*] **1** pizzicotto: *dare un — a qlcu.* **2** quantità di roba che si può prendere con i polpastrelli delle dita; piccola quantità di qlco. (anche *fig.*): *un — di sale*; *un — di ironia*.

pizzicore [-có-] *s.m.* **1** prurito **2** (*scherz.*) voglia capricciosa; desiderio improvviso.

pizzicottare *v.tr.* [*io pizzicòtto ecc.*] (*fam.*) dar dei pizzicotti.

pizzicotto [-còt-] *s.m.* lo stringere le carni tra le punte dell'indice e del pollice, spesso per celia affettuosa o grossolana: *dar pizzicotti*.

pizzo *s.m.* **1** estremità appuntita di qlco.; in particolare, cima aguzza di un monte **2** foggia di barba tagliata a punta che ricopre il solo mento **3** merletto, trina: *— di San Gallo*.

placare *v.tr.* [*io placo, tu plachi ecc.*] ricondurre alla calma: *— l'ira, lo sdegno ecc.*, (*fig.*) smorzarli. SIN. *pacificare, sedare, sopire* // *-arsi v.rifl.pron.* diventare calmo: *il mare si è placato*.

placca *s.f.* **1** piastra di metallo larga e piatta / *— positiva, negativa*, le due piastre, generalmente di piombo, di un accumulatore **2** sorta di distintivo che alcune categorie di lavoratori portano sul vestito o sul berretto **3** (*med.*) bolla o macchia che si forma sulle mucose o sulla cute.

placcaggio [-càg-] *s.m.* azione del placcare un avversario, nel gioco del rugby.

placcare *v.tr.* [*io placco, tu placchi ecc.*] **1** rivestire un metallo con un sottile strato di metallo più prezioso (oro, argento) **2** nel rugby, bloccare un avversario afferrandolo alle gambe.

placcato *agg.* si dice di oggetto di metallo rivestito di un sottile strato di metallo più prezioso: *un orologio d'acciaio — in oro, d'oro*.

placcatura *s.f.* atto, effetto del placcare un metallo.

placebo [-cè-] *s.m.invar.* falso farmaco innocuo che si usa per dar sollievo a chi è convinto di essere malato oppure, nelle sperimentazioni, per pareggiare sul piano psicologico quanti sono sottoposti alla cura che si sperimenta e quanti non lo sono.

placenta [-cèn-] *s.f.* **1** (*anat.*) organo dotato di numerosi vasi sanguigni che provvede alla nutrizione del feto nell'utero e viene espulso dopo il parto **2** (*bot.*) parte dell'ovario sulla quale stanno attaccati gli ovuli.

placentare *agg.* (*med.*) della placenta.

placentati *s.m.pl.* (*zool.*) mammiferi dotati di placenta.

placet [*lat.*; *pr.* plàcet = *piace*] *s.m.* (*dir.*) formula con cui si indica l'approvazione da parte dell'autorità civile di atti dell'autorità ecclesiastica.

placidità *s.f.invar.* l'essere placido. SIN. *pacatezza, tranquillità, flemma.*

placido [plà-] *agg.* che è profondamente calmo, che mostra una gran pace. SIN. *pacifico, pacato, tranquillo, flemmatico.*

placito [plà-] *s.m.* 1 nel medioevo, sentenza emessa da un'autorità giudiziaria 2 assemblea in cui il sovrano o i feudatari emettevano decreti o rendevano giustizia.

plafond [*franc.*; *pr.* plafò(n)], **plafone** [-fó-] *s.m.* 1 soffitto 2 (*fig.*) limite massimo superiore.

plafoniera [-niè-] *s.f.* lampadario aderente al soffitto.

plaga *s.f.* estensione di terra o di cielo; regione.

plagiare *v.tr.* 1 commettere plagio di un'opera d'ingegno 2 (*dir.*) commettere plagio ai danni di una persona; per estens., influenzare, dominare psicologicamente.

plagiario [-già-] *agg.* e *s.m.* si dice di persona che commette un plagio artistico.

plagio [plà-] *s.m.* 1 l'illecita appropriazione dell'opera dell'ingegno altrui 2 (*dir.*) il reato di chi, sottoponendo taluno al proprio potere, lo riduce in totale stato di soggezione.

plaid [*ingl.*; *pr.* plèd] *s.m.* pesante scialle da viaggio, o coperta di lana, a quadri di vari colori.

planare *v.intr.* (*aer.*) compiere una planata.

planata *s.f.* (*aer.*) discesa controllata di un velivolo a motore spento.

plancia [plàn-] *s.f.* (*mar.*) ponte di comando della nave [*ill.* Nave].

plancton *s.m.invar.* complesso di microrganismi animali e vegetali che vivono sospesi nell'acqua marina, in balia delle correnti.

planctonico [-tò-] *agg.* [pl.m. -ci] (*biol.*) relativo al plancton.

planetario [-tà-] *agg.* dei pianeti; che concerne i pianeti: *moto* —; *sistema* — // *s.m.* 1 apparecchio che proietta l'immagine degli astri in movimento su una cupola rappresentante la volta celeste; l'edificio in cui si effettua tale proiezione 2 (*aut.*) ingranaggio del differenziale.

plani- [dal lat. *planus* = *piano*] primo elemento compositivo adoperato in alcune parole che si riferiscono alla raffigurazione in piano di qlco. (*planimetria, planisfero*).

planimetria [-tri-] *s.f.* 1 parte della topografia che studia la conformazione orizzontale del terreno 2 parte della geometria che studia le figure piane 3 disegno in pianta di una struttura tridimensionale secondo una certa scala rispetto all'originale.

planimetrico [-mè-] *agg* [pl.m. -ci] della planimetria; relativo alla planimetria.

planimetro [-nì-] *s.m.* strumento usato per misurare le superfici piane.

planisfero [-sfè-] *s.m.* carta geografica che rappresenta tutta la superficie terrestre.

plantigrado [-ti-] *agg.* e *s.m.* si dice di animale che camminando poggia a terra tutta la pianta del piede.

plasma [-ʃma] *s.m.* [pl.m. -i] 1 (*med.*) la parte liquida del sangue 2 (*fis.*) gas completamente ionizzato.

plasmabile [-ʃmà-] *agg.* che può essere plasmato.

plasmare [-ʃma-] *v.tr.* 1 dar forma a una materia malleabile (anche *fig.*): — *la cera*; *Dio plasmò l'uomo a sua immagine*. SIN. *foggiare, modellare* 2 (*fig.*) educare: — *l'animo, il carattere*.

plasmatico [-ʃmà-] *agg.* (*scient.*) 1 del plasma 2 (*bot.*) parte della membrana esterna della cellula vegetale [*ill.* Cellula].

plasmodio [-ʃmò-] *s.m.* (*biol.*) massa di protoplasma con multi nuclei.

plastica [plà-] *s.f.* 1 l'arte di modellare immagini in rilievo 2 operazione di chirurgia plastica: — *facciale* 3 materiale plastico sintetico che si usa per modelli e oggetti vari: *un modellino in* —.

plasticare *v.tr.* [*io* plàstico, *tu* plàstichi *ecc.*] lavorare materie plastiche; modellarle.

plasticità *s.f.invar.* qualità di ciò che è plastico.

plastico [plà-] *agg.* [pl.m. -ci] 1 si dice di materia malleabile che può essere plasmata: *l'argilla è plastica* / *materie plastiche*, composti sintetici di natura organica che si prestano a svariate applicazioni per le accentuate proprietà plastiche che hanno in determinate condizioni, e spec. a caldo 2 che plasma, che dà una forma / *arti plastiche*, le arti figurative in genere / *chirurgia plastica*, ramo della chirurgia che mediante innesti di tessuti viventi cura la ricostruzione di parti del corpo mancanti o deformate / *esplosivi plastici*, miscugli di composti esplosivi che formano una massa plasmabile 3 che rappresenta in rilievo, che dà effetto di rilievo; scultoreo: *una rappresentazione plastica dei rilievi alpini*; *posa plastica*, che si staglia nitida come scultura // *s.m.* 1 rappresentazione in rilievo di una determinata porzione di superficie terrestre; modello in scala ridotta di un'opera architettonica 2 esplosivo plastico: *bomba al* —.

plastidi *s.m.pl.* (*bot.*) corpuscoli presenti nel citoplasma delle cellule vegetali.

plastificante *s.m.* sostanza avente la proprietà di rendere più morbido, plastico, viscoso un materiale solido.

plastilina *s.f.* sostanza plastica da modellare ®.

plastron [*franc.*; *pr.* plastròn] *s.m.* specie di grossa cravatta a nodo piatto, che copre tutto lo sparato della camicia; oggi s'usa raramente.

platano [plà-] *s.m.* albero dalla corteccia grigiastra, foglie palmate, glomeruli fruttiferi penduli su lunghi peduncoli (*fam.* Platanacee).

platea [-tè-] *s.f.* 1 nel teatro moderno, la superficie della sala antistante il palcoscenico, destinata agli spettatori 2 il pubblico della platea: *la* — *fischiava* 3 (*edil.*) elemento delle fondazioni degli edifici, formato da una piattaforma in calcestruzzo posta a contatto del terreno.

plateale *agg.* volgare: *gesto* —.

plateatico [-teà-] *s.m.* [pl. -ci] (*fig.*) la tassa dovuta al comune per l'utilizzazione temporanea del suolo pubblico.

plateau [*franc.*; *pr.* plató] *s.m.* (*region.*) vassoio; cassetta per imballaggio di frutta e verdura; la quantità di merce in esso contenuta.

platelminti *s.m.pl.* (*zool.*) tipo di vermi parassiti dal corpo nastriforme, appiattito (tenia, distoma epatico ecc.).

plateresco [-ré-] *agg.* [pl.m. -schi] si dice di uno stile architettonico assai ricco di elementi decorativi, tipico della Spagna del sec. XVI.

platina [plà-] *s.f.* piano mobile delle macchine da stampa su cui poggia il foglio di carta; anche la macchina munita di tale piano.

platinare *v.tr.* [*io* plàtino *ecc.*] 1 ricoprire con uno strato di platino 2 dare a qlco. il colore del platino.

platinato *agg.* 1 ricoperto di platino 2 che ha il colore del platino: *capelli platinati*.

platinatura *s.f.* atto, effetto del platinare.

platino [plà-] *s.m.* elemento chimico (Pt; *n.at.* 78; *p.at.* 195,23); metallo prezioso, pesante, bianco-argenteo, malleabile, inattaccabile dagli acidi, usato per strumenti chimici e in oreficeria.

platirrine *s.f.pl.* (*zool.*) scimmie americane con naso largo e schiacciato e coda generalmente prensile.

platonico [-tò-] *agg.* [pl.m. *-ci*] di Platone (427-347 a.C.), conforme al pensiero di Platone / *amore* —, amore ideale // *s.m.* seguace delle dottrine di Platone.

platonismo [-ʃmo] *s.m.* la corrente di pensiero che fa capo a Platone.

plaudente [-dèn-] *agg.* che applaude, che approva.

plaudire *v.intr.* [*io plàudo ecc.*] (*lett.*) applaudire.

plausibile [-ʃi-] *agg.* che può essere accettato come vero e giusto: *scusa, spiegazione* —.

plausibilità [-ʃi-] *s.f.invar.* l'essere plausibile.

plauso [plàuʃo] *s.m.* **1** battimano. SIN. *applauso* **2** approvazione, consenso generale: *ottenere il — della folla.*

plaustro [plàu-] *s.m.* tipo di carro usato in Roma antica.

play [*ingl.*; *pr.* plèi] *inter.* usata nel tennis come avvertimento del battitore all'avversario, quando comincia il gioco.

playback [*ingl.*; *pr.* plèibèk] *s.m.* tecnica cinematografica consistente nel registrare i dialoghi e i suoni separatamente dalle riprese.

play-boy [*ingl.*; *pr.* pléi-bòi] *s.m.* uomo che frequenta la società mondana internazionale e si fa notare in pubblico con donne ricche e famose.

playmaker [*ingl.*; *pr.* pleiméka] *s.m.* e *f.* nella pallacanestro, chi imposta e guida le azioni d'attacco.

play-off [*ingl.*; *pr.* pleiòf] *s.m.* nella pallacanestro, girone di spareggio per l'assegnazione del titolo tra le squadre classificatesi ai primi posti di gironi paralleli.

plebaglia [-bà-] *s.f.* (*spreg.*) la parte peggiore della plebe; marmaglia.

plebe [plè-] *s.f.* **1** la parte del popolo romano di origini non nobili, dedita prevalentemente all'artigianato e al commercio, contrapposta ai patrizi, in origine priva di molti diritti **2** la parte più misera e meno evoluta della popolazione di uno stato o di una città.

plebeo [-bè-] *agg.* **1** della plebe: *origine plebea* **2** volgare, grossolano: *modi plebei* // *s.m.* chi appartiene alla plebe: *i plebei e i patrizi.*

plebiscitario [-tà-] *agg.* di plebiscito: *approvazione plebiscitaria,* unanime.

plebiscito *s.m.* **1** presso i romani, deliberazione presa dall'assemblea della plebe **2** votazione da parte di tutto il popolo di un atto o di una legge d'importanza nazionale **3** (*fig.*) consenso generale, unanime.

pleiade [plè-] *s.f.* **1** gruppo di persone che si distinguono per particolari meriti: *una — di scrittori* **2** *Pleiadi,* gruppo di stelle che fa parte della costellazione del Toro.

pleistocene [-cè-] *s.m.* (*geol.*) primo periodo dell'era quaternaria, chiamato anche *periodo glaciale.*

plenario [-nà-] *agg.* **1** completo nel numero: *assemblea, riunione plenaria* **2** assoluto, totale / *indulgenza plenaria,* (*eccl.*) remissione totale della pena temporale.

plenilunio [-lù-] *s.m.* luna piena: la fase lunare in cui la Luna, trovandosi in opposizione al Sole, mostra alla Terra il suo disco totalmente illuminato.

plenipotenziario [-zià-] *agg.* e *s.m.* si dice di persona delegata con pieni poteri riguardo a una particolare trattativa / *ministro* —, diplomatico, di grado inferiore a quello di ambasciatore, che regge una legazione.

plenum [*lat.*; *pr.* plènum = *pieno*] *s.m.* riunione plenaria (spec. con riferimento agli organi dirigenti di partiti comunisti dei paesi dell'est europeo).

pleonasmo [-ʃmo] *s.m.* espressione sovrabbondante, caratterizzata dalla presenza di un elemento che non aggiunge nulla al significato (p.e. *la bellezza di una bella donna*).

pleonastico [-nà-] *agg.* [pl.m. *-ci*] **1** di pleonasmo; che forma pleonasmo **2** per estens., superfluo, inutile.

plesso [plès-] *s.m.* **1** (*anat.*) intreccio formato da fibre nervose, da vasi sanguigni o linfatici: — *nervoso, vascolare* **2** (*fig.*) centro di attività, ambito: — *scolastico.*

pletora [plè-] *s.f.* **1** (*med.*) stato patologico dovuto ad anormale aumento della massa del sangue **2** (*fig.*) sovrabbondanza, eccesso.

pletorico [-tò-] *agg.* [pl.m. *-ci*] **1** (*med.*) affetto da pletora **2** (*fig.*) eccessivo, sovrabbondante.

plettro [plèt-] *s.m.* piccola lamina di osso, a forma di mandorla, con cui si fanno vibrare le corde di uno strumento (p.e. chitarra, mandolino).

pleura [plèu-] *s.f.* (*anat.*) ciascuna delle due membrane sierose che rivestono i polmoni.

pleurico [plèu-] *agg.* [pl.m. *-ci*] (*med.*) della pleura.

pleurite *s.f.* (*med.*) infiammazione della pleura.

plexiglas [-glàs] *s.m.invar.* materia plastica trasparente, usata come vetro di sicurezza ®.

plico *s.m.* [pl. *-chi*] busta suggellata contenente documenti, carte, lettere.

plinto *s.m.* **1** (*arch.*) base quadrangolare su cui poggia la colonna [*ill. Architettura*] **2** (*arald.*) figura rettangolare simile nella forma a un mattone.

pliocene [-cè-] *s.m.* (*geol.*) l'epoca più recente dell'era cenozoica o terziaria.

plissé [*franc.*; *pr.* plissé] *agg.* e *s.m.*, **plissettato** *agg.* e *s.m.* si dice di tessuto pieghettato a macchina, a pieghe minute e ben segnate.

plombiemia [-mì-] *s.f.* (*med.*) presenza di piombo nel sangue, che si ha nel saturnismo.

plotone [-tó-] *s.m.* reparto militare formato da più squadre e comandato da un ufficiale subalterno.

plotter [plòt-] *s.m.invar.* negli elaboratori elettronici, terminale in grado di produrre tracciati grafici; tracciatore di grafici.

plumbeo [plùm-] *agg.* **1** di piombo **2** del color del piombo: *cielo* —.

plum-cake [*ingl.*; *pr.* plàm-chéik] *s.m.* dolce a base di farina, uova, burro, uva passa e canditi, cotto al forno in stampi rettangolari.

plurale *agg.* (*gramm.*) riferito a più cose o persone: *sostantivo* — // *s.m.* (*gramm.*) forma della flessione del nome, del verbo e di altre parti del discorso, che indica la pluralità, in opposizione al *singolare.*

pluralismo [-ʃmo] *s.m.* **1** concezione filosofica che considera l'universo composto da una pluralità di enti, non riducibili a un unico principio **2** dottrina e pratica politica basata sul riconoscimento della molteplicità degli interessi e delle legittime aggregazioni dei cittadini.

pluralista *agg.* e *s.m.* e *f.* [pl.m. *-i*] che, chi afferma e pratica il pluralismo.

pluralistico [-li-] *agg.* [pl.m. *-ci*] relativo al pluralismo.

pluralità *s.f.invar.* molteplicità; maggior numero.

pluri- [dal lat. *plus, pluris = più*] primo elemento compositivo usato per indicare molteplicità numerica (*plurisecolare, pluricellulare*).

pluriaggravato *agg.* (*dir.*) si dice di reato caratterizzato da molte circostanze aggravanti.

pluricellulare *agg.* (*biol.*) composto di più cellule.

pluriclasse *s.f.* nella scuola elementare, gruppo di più classi riunite insieme.

pluriennale *agg.* della durata di parecchi anni.

plurimotore [-tó-] *agg.* si dice di aeroplano che ha più di un motore.

plurinominale *agg.* si dice di sistema elettorale in cui si vota per una lista di candidati e non per uno solo.

pluripara [-rì-] *agg.* e *s.f.* si dice di donna o femmina animale che abbia partorito almeno due volte.

pluripartitico [-tì-] *agg.* [pl.m. *-ci*] che prevede l'esistenza di più partiti politici.

pluripartitismo [-ʃmo] *s.m.* tendenza o sistema politico che prevede l'esistenza di più partiti.

plurisecolare *agg.* che dura da parecchi secoli.

pluristadio [-stà-] *agg.* si dice di missile nel quale parti successive vengono abbandonate dopo che hanno cessato l'azione propulsiva.

plusvalenza [-lèn-] *s.f.* (*econ.*) incremento di valore, differenza positiva tra due valori.

plusvalore [-ló-] *s.m.* nella teoria di K. Marx (1818-1883), la differenza tra il valore commerciale del lavoro prodotto dal prestatore d'opera e il valore della retribuzione a lui corrisposta.

pluteo [plù-] *s.m.* **1** nelle chiese, parapetto istoriato per limitare un recinto **2** nelle biblioteche, scansia per codici **3** riparo mobile usato anticamente per avvicinarsi alle mura delle città assediate.

plutocrate [-tò-] *s.m.* chi mediante la ricchezza esercita un potere politico e sociale.

plutocratico [-crà-] *agg.* [pl.m. *-ci*] che si riferisce alla plutocrazia e ai plutocrati.

plutocrazia [-zi-] *s.f.* **1** tipo di regime politico in cui il potere è nelle mani dei ricchi; oggi si usa per lo più con intento polemico per indicare il predominio politico dell'alta finanza e della grande industria **2** l'insieme dei plutocrati.

Plutone [-tó-] *s.m.* (*astr.*) l'ultimo pianeta del sistema solare.

plutonio [-tó-] *s.m.* elemento chimico (Pu; *n.at.* 94; *p.at.* 242); metallo radioattivo artificiale, impiegato nella bomba atomica.

pluviale *agg.* della pioggia.

pluviometro [-viò-] *s.m.* strumento per misurare la quantità di pioggia che cade in una località in un determinato periodo di tempo.

pneumatico [-mà-] *agg.* [pl.m. *-ci*] **1** che si riferisce all'aria / *macchina pneumatica*, (*fis.*) apparecchio che produce il vuoto in un recipiente aspirando l'aria in esso contenuta **2** che funziona ad aria compressa: *martello —; posta pneumatica // s.m.* l'insieme della camera ad aria compressa e del copertone in tela e caucciù che ricoprono la ruota di un veicolo [*ill. Bicicletta*].

pneumectomia [-mi-] *s.f.* l'intervento chirurgico con il quale si asporta un polmone.

pneumococco [-còc-] *s.m.* [pl. *-chi*] microrganismo patogeno che provoca la polmonite e altre malattie.

pneumoconiosi [-niòʃi] *s.f.invar.* malattia causata dall'inalazione prolungata di polveri.

pneumogastrico [-gà-] *agg.* e *s.m.* [pl.m. *-ci*] altra denominazione del nervo → *vago*.

pneumografia [-fi-] *s.f.* (*med.*) registrazione grafica della frequenza e della profondità dei movimenti respiratori.

pneumografo [-mò-] *s.m.* l'apparecchio con il quale si fa la pneumografia.

pneumonectomia [-mì-] *s.f.* → **pneumectomia**.

pneumotorace *s.m.* presenza di gas nella cavità pleurica, di natura traumatica, o provocata artificialmente per la cura della tubercolosi polmonare.

PNL [*Prodotto Nazionale Lordo*] *s.m.* (*econ.*) il totale dei beni e servizi prodotti in un anno in un paese.

po' *avv.* troncamento di *poco*, nell'uso familiare: *un — sorpreso / dimmi un — // pron.indef.*: *un — di pane / prov.*: *un — per uno non fa male a nessuno.*

pochade [*franc.*; *pr.* posciàd] *s.f.* commedia brillante, maliziosa e a volte anche scurrile, caratteristicamente parigina.

pochezza [-chéz-] *s.f.* l'essere poco; scarsità (spec. *fig.*): *la — della sua intelligenza.*

pocket [*ingl.*; *pr.* pòchit] *agg.* e *s.m.* si dice di edizione e di libro economici, in formato tascabile.

poco [pò-] *agg.indef.* [pl.m. *-chi*] che è in piccola quantità, in piccolo numero; piccolo, angusto, breve, corto, limitato, esiguo, ristretto, scarso, insufficiente, meschino: *poca gente; — spazio; — denaro; poca voglia di lavorare; — giudizio // pron.indef.* **1** *sing.m.* poche cose: *mi contento di —* **2** *pl.* pochi uomini, poche persone: *pochi sono contenti della loro sorte // avv.* **1** *di quantità,* scarsamente: *— bello; guadagnare —* **2** *di tempo:* *questo vestito durerà — / per —,* per poco tempo / *da —,* da breve tempo **3** *di prezzo: l'ho comperato per — // s.m.* poche cose: *gli lasciò il — che aveva.*

podagra *s.f.* (*med.*) forma di gotta localizzata ai piedi.

podalico [-dà-] *agg.* [pl.m. *-ci*] si dice del parto in cui il feto si presenta, anziché con la testa, con la parte inferiore del corpo.

podalirio [-li-] *s.m.* grande farfalla gialla striata di nero, con prolungamenti aguzzi neri alle ali posteriori (*fam.* Papilionidi).

podere [-dé-] *s.m.* fondo rustico messo a coltura.

poderoso [-ró-] *agg.* che ha forza, robustezza (anche *fig.*). SIN. *potente.*

podestà *s.m.invar.* **1** chi era a capo del comune medievale **2** durante il fascismo, il capo dell'amministrazione comunale, di nomina governativa.

podio [pò-] *s.m.* **1** basamento su cui s'innalza un edificio, spec. un tempio **2** palco per direttori d'orchestra o per oratori.

podismo [-ʃmo] *s.m.* lo sport e la tecnica della marcia e della corsa a piedi.

podista *s.m.e f.* [pl.m. *-i*] atleta specializzato nelle corse a piedi.

podistico [-dì-] *agg.* [pl.m. *-ci*] che riguarda il podismo o i podisti.

podofillina *s.f.* resina velenosa, usata in farmacia, che si estrae dal *Podofillum peltatum*, pianta coltivata in America.

podometro [-dò-] *s.m.* strumento che misura il piede del cavallo per la ferratura.

poema [-è-] *s.m.* [pl. *-i*] **1** componimento poetico di notevole ampiezza, generalmente ripartita in canti o libri, di tono e d'argomento vari: *— didascalico, epico, cavalleresco / — sinfonico,* componimento musicale per lo più a soggetto, simile alla sinfonia ma di schemi più liberi **2** (*fig.*) si dice in genere, scherzosamente, di cosa fuori dal comune: *aveva un vestito ch'era tutto un —.*

poemetto [-mét-] *s.m.* breve poema: *— didascalico, lirico.*

poesia [-ʃì-] *s.f.* **1** l'arte di comporre versi o, più generalmente, di esprimere in forma d'arte la propria visione della realtà **2** ogni impressione derivante dalla realtà, che commuova ed esalti l'animo: *la — del mare,* *della natura* **3** il complesso delle opere poetiche appartenenti a un periodo storico determinato, a una nazione, a una letteratura ecc.: *la — antica, italiana, romantica* **4** l'opera poetica di un autore: *la — del Petrarca* **5** componimento poetico: *scrivere poesie.*

poeta [-è-] *s.m.* [pl. *-i*] **1** chi compone poesie; l'autore che realizza una espressione poetica: *— lirico, epico, classico, romantico*; Leopardi è *— del dolore* **2** chi ha ricca fantasia ed è ammiratore delle cose belle ed elevate / *è un —!*, (iron.) si dice di chi ha scarso senso pratico e si abbandona facilmente a fantasticherie.

poetare *v.intr.* [io poèto ecc.] comporre poesie // *v.tr.* (non com.) trattare in versi, in poesia.

poetastro *s.m.* (spreg.) poeta da strapazzo.

poetessa [-tés-] *s.f.* donna che scrive poesie.

poetica [-è-] *s.f.* **1** l'arte del poetare e le sue regole **2** la concezione della poesia propria di un artista.

poetico [-è-] *agg.* [pl.m. *-ci*] **1** della poesia: *immagine poetica / parola poetica*, che si usa prevalentemente in poesia / *licenza poetica*, l'occasionale discostarsi del poeta dalle abituali norme della lingua o della metrica **2** che dimostra disposizione alla poesia; (iron.) esageratamente sentimentale: *animo —*; *com'è —! s.m.* ciò che ispira poesia: *non v'è nulla di —.*

poggia [pòg-] *s.f.* (mar.) **1** fune fissata all'estremità di un pennone, per tirare la vela dalla parte opposta a quella da cui soffia il vento **2** lato della nave opposto a quello da cui spira il vento.

poggiare[1] *v.intr.* [io pòggio ecc.] **1** fondarsi, basarsi: *la casa poggia sulla roccia* **2** (mil.) spostarsi: *— a sinistra* **3** (poet.) levarsi in alto // *v.tr.* (lett.) appoggiare.

poggiare[2] *v.intr.* [io pòggio ecc.] allontanare la prua della nave dalla direzione in cui spira il vento.

poggiatesta [-tè-] *s.m.invar.* accessorio o parte di poltrone, divani, sedili di veicoli, sul quale si può appoggiare la testa.

poggio [pò-] *s.m.* **1** modesta altura. SIN. *collina* **2** altura artificiale.

poggiolo [-giò-] *s.m.* terrazzino, balconcino.

pogrom [-gròm] *s.m.invar.* sollevazione di popolo contro gli ebrei, spesso provocata ad arte; massacro di ebrei, e, per estens., massacro o persecuzione di una minoranza.

poi [pòi] *avv.* **1** in seguito, dopo, appresso: *— verrò a casa vostra*; *l'acquistò, ma — se ne pentì*; per indicare successione: *prima il padre — la madre / prima o —*, in giorno o l'altro / *a —*, a più tardi: *arrivederci a — / in —*, in avanti: *d'ora in —*; *da domani in —* **2** in molti casi con valore affine a *inoltre in secondo luogo*: *e —*, *come ti dicevo, non mi sento bene*; *non sarebbe onesto e — non ne vedo la necessità* **3** posposto, serve a riprendere il discorso, a introdurre un altro argomento: *quanto — all'affitto...* **4** posposto, col valore di *insomma, dunque, infine*: *che ha detto — di male?* **5** con valore avversativo: *lui — che colpa ne ha?*; *questo è il mio consiglio, tu — fai come credi* **6** in espressioni enfatiche: *questa —!*; *questo — no!*; *perché, — devi prendertela così!*; *e — hai il coraggio di parlare! // cong.* (ant.) poiché, con valore temporale o causale // *s.m.* l'avvenire: *pensiamo al —.*

poiana *s.f.* uccello rapace diurno, di color bruno-rossiccio, simile al falco (fam. Accipitridi).

poiché *cong. subordinativa* **1** causale perché, giacché: *non sono partito, — le strade erano impraticabili* **2** temporale (lett.) dopo che; in questo caso si preferisce scriverla *poi che*: *poi che* (o *— *) *fu uscito, si mise a piovere.*

poichilocito *s.m.* denominazione di globuli rossi di forma diversa da quella normale.

pointer [ingl.; *pr.* pòinta] *s.m.* cane da caccia snello ed elegante, con muso allungato, orecchie pendenti, mantello dal pelo raso e pezzato.

pois [franc.; *pr.* puà] *s.m.* voce del linguaggio della moda, usata nella locuz. *a pois*, a pallini: *stoffa a —.*

poker [ingl.; *pr.* pòca] *s.m.* gioco di carte di origine americana, di cui è tipica l'omonima combinazione (quattro carte dello stesso valore).

polacca *s.f.* **1** danza e composizione musicale, moderata e solenne, di origine polacca **2** stivaletto femminile a punta tutto allacciato DIM. *polacchina.*

polacco *agg.* [pl.m. *-chi*] della Polonia // *s.m.* **1** abitante della Polonia **2** la lingua della Polonia.

polare *agg.* che si riferisce al polo, ai poli: *terre polari / Stella Polare*, stella dell'Orsa Minore, visibile a occhio nudo, la più vicina al polo nord celeste.

polarimetria [-tri-] *s.f.* (fis.) misurazione del potere, posseduto da certe sostanze, di far ruotare il piano della luce polarizzata.

polarimetro [-ri-] *s.m.* (fis.) apparecchio ottico usato per la polarimetria.

polarità *s.f.invar.* esistenza in una sostanza di proprietà fisiche opposte, localizzate in punti opposti tra loro detti *poli.*

polarizzare [-riʒʒa-] *v.tr.* **1** (fis.) provocare un fenomeno di polarizzazione **2** (fig.) orientare verso una direzione: *ha polarizzato su di sé l'interesse di tutti // -arsi v.rifl.pron.* orientarsi (verso un fine, un determinato movimento di idee ecc.).

polarizzatore [-riʒʒató-] *agg. e s.m.* si dice di apparecchio che provoca la polarizzazione della luce.

polarizzazione [-riʒʒaʒió-] *s.f.* **1** (fis.) fenomeno per cui la luce o altre propagazioni ondose caratterizzate da vibrazioni trasversali, possono essere fatte vibrare in un determinato piano o secondo un'elica circolare o ellittica: *— piana*; *— circolare*; *— ellittica / — elettrica*, insieme di fenomeni che si verificano durante il passaggio di corrente continua in un mezzo fluido e che si oppongono ad esso **2** (fig.) il concentrarsi intorno a uno o a pochi punti di attrazione: *— politica*, la convergere dei consensi sui partiti maggiori.

polaroid [-ròid] *agg e s.f.invar.* si dice di apparecchio fotografico che fornisce il positivo già pronto in pochi secondi, e di lenti da sole capaci di polarizzare linearmente la luce attenuandola ®.

polca [pòl-] *s.f.* danza veloce, a ritmo binario, di origine boema.

polder [pòl-] *s.m.invar.* in Olanda, estensione di terreno strappata al mare, prosciugata e coltivata.

polemica [-lè-] *s.f.* controversia accesa, per lo più scritta: *essere in — con qlcu.*

polemico [-lè-] *agg.* [pl.m. *-ci*] di polemica, che esprime polemica: *scritti polemici*; *tono —*; *scrittore —*; che attacca con decisione gli avversari.

polemista *s.m. e f.* [pl.m. *-i*] **1** autore di scritti polemici **2** chi suscita polemiche per difendere le proprie opinioni; chi ha spirito polemico.

polemizzare [-miʒʒa-] *v.intr.* fare polemiche, discutere, contendere con qlcu. con scritti o discorsi per sostenere le proprie idee.

polemologia [-gi-] *s.f.* studio sociologico delle cause e delle condizioni di guerra.

polena [-lè-] *s.f.* (mar.) figura o busto di legno che si poneva come ornamento sulla prora delle navi.

polenta [-lèn-] *s.f.* cibo fatto con farina di granturco cotta in acqua.

polentone [-tó-] *s.m.* **1** persona fiacca e lenta nel muoversi **2** (*spreg.*) gran mangiatore di polenta, detto dai meridionali ai settentrionali.

pole-position [*ingl.*; *pr.* póul poſiſcion] *s.f.* nelle gare motoristiche, la prima posizione in partenza, assegnata secondo i risultati delle prove.

polesano [-ſa-] *agg.* del Polesine // *s.m.* abitante del Polesine.

polese [-lé-] *agg.* di Pola // *s.m.* e *f.* abitante di Pola.

poli- [pò-] [dal gr. *polys = molto*] primo elemento di vocaboli composti, usato per indicare molteplicità numerica (*poliglotta, politeismo, politecnico, politeama*).

poliambulatorio [-tò-] *s.m.* ambulatorio attrezzato per la cura di varie malattie.

poliammide *s.f.* (*chim.*) composto polimerico la cui molecola contiene gruppi ammidici derivati da gruppi amminici e carbossilici, usato per la preparazione di materie plastiche tra cui il nailon.

poliammidico [-mì-] *agg.* [pl.m. *-ci*] di poliammide: *fibre poliammidiche*.

poliandria [-drì-] *s.f.* unione coniugale di una donna con più uomini.

poliarchia [-chì-] *s.f.* tipo di governo in cui il potere è nelle mani di molti cittadini.

poliartrite *s.f.* malattia infettiva che colpisce più articolazioni.

policlinico [-clì-] *s.m.* [pl. *-ci*] ospedale suddiviso in più reparti riservati alle diverse cliniche.

policromia [-mì-] *s.f.* molteplicità di colori in una pittura o altra opera d'arte.

policromo [-li-] *agg.* di vari colori, assai evidenti: *intarsio —*.

polidipsia [-si-] *s.f.* (*med.*) sensazione continua di sete, tipica del malato di diabete.

poliedrico [-liè-] *agg.* [pl.m. *-ci*] **1** (*geom.*) di poliedro: *forma poliedrica* **2** (*fig.*) che ha capacità, aspetti molteplici: *mente poliedrica*.

poliedro [-liè-] *s.m.* (*geom.*) solido limitato da facce poligonali.

poliennale *agg.* che dura molti anni: *buoni del tesoro poliennali*.

poliestere [-liè-] *s.m.* composto chimico di vari esteri, da cui si ricava una materia plastica // *agg.* di poliestere: *fibre poliesteri*.

polietilene [-lè-] *s.m.* (*chim.*) materia plastica ottenuta con un particolare trattamento dell'etilene.

polifonia [-nì-] *s.f.* (*mus.*) combinazione simultanea di più voci o strumenti, in cui ciascuno svolge un proprio disegno melodico indipendente.

polifonico [-fò-] *agg.* [pl.m. *-ci*] di polifonia: *canto —*.

polifosfato *s.m.* denominazione di un gruppo di composti chimici, derivati dall'anidride fosforica e da un ossido, usati in diversi procedimenti industriali e come conservanti alimentari.

poligala [-lì-] *s.f.* pianta erbacea con foglie lanceolate e fiori di vario colore disposti a spiga; dalle sue radici si estrae una sostanza medicinale usata come espettorante (*fam.* Poligalacee).

poligamia [-mì-] *s.f.* **1** unione coniugale di un uomo con più donne **2** (*zool.*) abitudine di un animale maschio di accoppiarsi con più femmine, o viceversa.

poligamo [-lì-] *agg.* e *s.m.* che ο chi è in stato di poligamia.

poligenesi [-gèneſi] *s.f.invar.* molteplicità dell'origine: *— delle lingue, delle razze.* CONTR. *monogenesi.*

poliglobulia *s.f.* (*med.*) aumento numerico dei globuli rossi nel sangue.

poliglotta [-glòt-] *s.m.* e *f.* [pl.m. *-i*] chi conosce e parla molte lingue.

poliglotto [-glòt-] *agg.* si dice di persona che conosce e parla molte lingue; di libro scritto in molte lingue; di luogo o collettività in cui si parlano diverse lingue.

poligonale *agg.* di poligono, che ha forma di poligono // *s.f.* (*geom.*) linea spezzata composta di segmenti di retta.

poligono [-lì-] *s.m.* **1** (*geom.*) figura piana chiusa, limitata da segmenti di retta **2** *— di tiro*, zona adibita alle esercitazioni di tiro delle varie armi.

poligrafare *v.tr.* [*io poligrafo ecc.*] riprodurre in più copie uno scritto e simili per mezzo del poligrafo.

poligrafia [-fì-] *s.f.* riproduzione in più copie di scritti o disegni.

poligrafico [-grà-] *agg.* [pl.m. *-ci*] **1** di poligrafia; che è ottenuto con la poligrafia: *inchiostro —*; *riproduzione poligrafica* **2** stampa con vari sistemi d'impressione: *stabilimento —* // *s.m.* operaio di uno stabilimento poligrafico.

poligrafo [-lì-] *s.m.* **1** chi scrive su svariati argomenti **2** apparecchio per la riproduzione in più copie di uno scritto e simili.

polimaterico [-tè-] *agg.* [pl.m. *-ci*] composto, formato con materie diverse.

polimeria [-rì-] *s.f.* (*chim.*) proprietà degli elementi polimeri.

polimerizzare [-riʒʒa-] *v.tr.* sottoporre a polimerizzazione.

polimerizzazione [-riʒʒaʒió-] *s.f.* (*chim.*) processo per cui molecole semplici si riuniscono a formare nuovi complessi molecolari assai più grandi con proprietà anche totalmente diverse.

polimero [-lì-] *agg.* e *s.m.* (*chim.*) si dice di composto ottenuto per mezzo di polimerizzazione.

polimetro [-lì-] *s.m.* (*lett.*) componimento poetico di metro vario.

polimorfismo [-ſmo] *s.m.* **1** presenza di individui di diverso aspetto in seno alla stessa specie **2** (*min.*) proprietà di taluni minerali di cristallizzare in diversi sistemi di simmetria.

polinesiano [-ſia-] *agg.* della Polinesia // *s.m.* abitante della Polinesia.

polinomio [-nò-] *s.m.* (*mat.*) somma algebrica di più monomi non simili.

polio [pò-] *s.f.invar.* poliomielite: *un'epidemia di —*.

poliomielite *s.f.* malattia infettiva, caratterizzata da infiammazione della sostanza grigia del midollo spinale, che provoca la paralisi e, in seguito, l'atrofia di alcuni gruppi muscolari.

poliomielitico [-lì-] *agg.* e *s.m.* [pl.m. *-ci*] si dice di persona affetta da poliomielite.

polipaio [-pà-] *s.m.* insieme di polipi marini che costituiscono una colonia.

polipeptide *s.m.* denominazione di sostanze azotate derivanti dalla digestione delle proteine.

polipo [pò-] *s.m.* **1** piccolo animale acquatico dei celenterati, a forma di calice, fisso per mezzo dell'estremità inferiore e munito di tentacoli nell'estremità superiore; vive spec. in colonie **2** (*med.*) tumore benigno con peduncolo che si sviluppa sulle mucose o sulla cute **3** impropriamente usato per *polpo*.

poliritmia [-mì-] *s.f.* (*mus.*) unione di più parti vocali o strumentali con ritmi diversi.

polisaccaridi [-cà-] *s.m.pl.* (*chim.*) composti organici derivanti dalla condensazione di monosaccaridi (p.e. l'amido e la cellulosa).

polisemia [-mì-] *s.f.* la presenza di significati diversi per una stessa parola (p.e. *cavallo*, animale e inforcatura dei pantaloni).

polisenso [-sèn-] *agg.* che ha più significati; che può essere variamente interpretato // *s.m.* gioco enigmistico basato su una parola che abbia più significati differenti.

polisillabo [-sìl-] *agg.* e *s.m.* si dice di parola che abbia più sillabe.

polisindeto [-sìn-] *s.m.* figura retorica consistente nella ripetizione della particella copulativa per unire più termini.

polisolfuro *s.m.* (*chim.*) solfuro contenente più atomi di zolfo del normale.

polisportivo *agg.* che pratica, che organizza diversi sport: *gruppo* —.

polistilo [-lì-] *agg.* (*arch.*) si dice di pilastro formato da più colonne.

polistirolo [-rò-] *s.m.* resina sintetica ottenuta per polimerizzazione di un composto organico detto *stirolo* o *stirene*.

politeama *s.m.* [pl. *-i*] edificio destinato a spettacoli di vario genere.

politecnico [-tèc-] *agg.* [pl.m. *-ci*] che concerne più arti e scienze, spec. nelle loro applicazioni pratiche: *istituto* — // *s.m.* istituto universitario per l'insegnamento delle scienze fisiche, chimiche e matematiche, e delle loro applicazioni.

politeismo [-ʃmo] *s.m.* forma di religione caratterizzata dal culto di molti dei.

politeista *agg.* e *s.m.* e *f.* [pl.m. *-i*] che o chi segue e pratica il politeismo.

politene [-té-] *s.m.* (*chim.*) materia plastica artificiale polimera dell'etilene, di largo impiego industriale.

politica [-lì-] *s.f.* **1** teoria e pratica del governo dello stato; insieme dei fini cui tende uno stato e dei mezzi impiegati per raggiungerli: *un trattato di* —; — *economica, tributaria, scolastica, coloniale*; — *interna, estera*; *fare della* —; *elezioni politiche*; *diritti politici*; *contrapposti ai diritti civili*; *vita, attività politica*; *uomo* —, che si interessa e si dedica alla politica; *prezzo* —, non remunerativo, applicato a beni o servizi di utilità pubblica **2** (*fig.*) che sa barcamenarsi con abilità // *s.m.* chi è esperto nella politica, chi partecipa alla vita politi-ca // -**mente** *avv.* **1** secondo la politica **2** con abilità, con astuzia.

politicone [-có-] *s.m.* persona che si destreggia abilmente per raggiungere i suoi fini.

politologia [-ʒì-] *s.f.* la scienza che studia le realtà politiche e i loro sviluppi.

politologo [-tò-] *s.m.* [pl. *-gi*] studioso di politologia.

politonalità *s.f.invar.* (*mus.*) sovrapposizione di due o più tonalità diverse nella medesima composizione.

polittico [-lìt-] *s.m.* [pl. *-ci*] insieme di più pannelli dipinti o scolpiti, che ornano spesso l'altare di una chiesa.

poliuretano *s.m.* (*chim.*) polimero organico, materia plastica usata come isolante termico, acustico, elettrico o per preparare colle, vernici.

poliuria [-liù-] *s.f.* (*med.*) aumento della quantità di urina eliminata nel corso di una giornata.

polivalente [-lèn-] *agg.* **1** (*chim.*) si dice di ogni elemento capace di variare la valenza e combinarsi con uno stesso elemento in proporzioni differenti, dando origine a composti diversi **2** (*fig.*) che si adatta a diversi usi; che produce effetti diversi: *una legge, un rimedio* —.

polivalenza [-lèn-] *s.f.* **1** (*chim.*) proprietà degli elementi polivalenti **2** (*fig.*) qualità di ciò che si presta a vari usi o può produrre effetti diversi: *la* — *di una disposizione*.

polivinile *s.m.* (*chim.*) denominazione comune di diverse resine sintetiche.

polizia [-zì-] *s.f.* **1** azione svolta dallo stato per prevenire i reati e tutelare l'ordine pubblico **2** il complesso dei servizi e degli agenti che lo stato impiega a tale scopo: — *giudiziaria*, — *tributaria, annonaria*; — *stradale*, addetta alla sorveglianza del traffico.

poliziesco [-ziè-] *agg.* [pl.m. *-chi*] (*spreg.*) di polizia, di poliziotto: *metodo, governo* — / *romanzo, film* —, che ha per argomento un delitto e le relative indagini della polizia.

poliziotto [-ziòt-] *s.m.* agente di pubblica sicurezza; anche chi svolge privatamente indagini poliziesche / *cane* —, ammaestrato per essere di aiuto alla polizia.

polizza [pò-] *s.f.* documento rappresentativo che serve da ricevuta, da contrassegno e simili: — *di assicurazione* / — *di carico*, documento che accompagna la merce dal luogo di spedizione fino alla consegna.

polizzino *s.m.* polizza di carico per piccoli trasporti di merce.

polka [pòl-] *s.f.* → **polca**.

polla [pòl-] *s.f.* vena d'acqua che scaturisce dal terreno.

pollachiuria [-chiù-] *s.f.* (*med.*) eccessiva frequenza delle minzioni.

pollaio [-là-] *s.m.* **1** locale rustico, chiuso o recinto, in cui si tengono i polli **2** (*fam.*) si dice di luogo sporco e disordinato o di riunione di persone schiamazzanti.

pollaiolo [-iò-] *s.m.* [f. *-a*] chi vende polli.

pollame *s.m.* termine comprensivo di polli, tacchini, anitre, oche e simili.

pollanca *s.f.* (*dial.*) **1** pollastra **2** tacchina giovane.

pollastra [-là-] *s.f.* **1** gallina giovane, che non ha ancora fatto uova. DIM. *pollastrella* **2** (*fig.scherz.*) giovane donna piacente e inesperta.

pollastro *s.m.* gallo giovane.

polleria [-rì-] *s.f.* bottega dove si vende pollame.

pollice [pòl-] *s.m.* **1** il dito grosso della mano, opponibile alle altre dita **2** unità di misura anglosassone, che equivale a 1/12 di piede.

pollicoltore [-tó-] *s.m.* chi si occupa di pollicoltura.

pollicoltura *s.f.* pratica e tecnica di allevare il pollame; l'allevamento stesso.

polline [pòl-] *s.m.* polvere, per lo più gialla, che germina sulle antere di un fiore; è formata da granellini che contengono l'elemento fecondatore della pianta.

pollino *agg.* del pollo, dei polli: *pidocchio* — / *occhio* —, callo tra due dita dei piedi, occhio di pernice.

pollinosi [-nòʃi] *s.f.invar.* (*med.*) il complesso delle manifestazioni allergiche conseguenti alla sensibilizzazione dell'organismo verso i pollini.

pollivendolo [-vén-] *s.m.* chi vende polli.

pollo [pól-] *s.m.* **1** nome generico del gallo e della gallina: *brodo di* — / *andare a letto con i polli*, prestissimo / *conosco i miei polli*, le persone con cui ho a che fare / *far ridere i polli*, comportarsi in modo ridicolo, balordo **2** gallo o gallina giovane la cui carne particolarmente tenera si presta a essere cucinata in vario modo — *arrosto, alla cacciatora* **3** (*fig.*) semplicione: *ha trovato il* —, qlcu. da imbrogliare.

pollone [-ló-] *s.m.* germoglio che si sviluppa dal rizoma o dal tronco di una pianta.

polluzione [-zió-] *s.f.* **1** contaminazione, inquinamento: — *atmosferica*, — *radioattiva* **2** eiaculazione spontanea che ha luogo spec. durante il sonno.

polmonare *agg.* del polmone, dei polmoni: *arteria* —.

polmonaria [-nà-] *s.f.* pianta erbacea con foglie ruvide e fiori azzurri e rosei (*fam.* Borraginacee).

polmone [-mó-] *s.m.* ciascuno dei due organi della respirazione dei vertebrati (esclusi i pesci), che si trovano nella cavità toracica [*ill. Respiratorio, apparato*] / *gridare a pieni polmoni*, con forza / *avere buoni polmoni*, (*scherz.*) si dice di chi, cantando o parlando, riesce a raggiungere tonalità altissime o ha un forte volume di suono / — *d'acciaio*, respiratore artificiale: apparecchio che facilita la respirazione a chi, per malattia, non è più in grado di respirare.

polmonite *s.f.* grave infiammazione dei tessuti polmonari, dovuta a germi diversi.

polo[1] [pò-] *s.m.* **1** ciascuno dei due punti estremi dell'asse intorno a cui ruota la Terra, e ciascuno dei corrispondenti punti del cielo: — *nord*, nell'emisfero artico; — *sud*, nell'emisfero antartico / — *magnetico*, punto indicato dall'ago della bussola / — *positivo, negativo*, (*elettr.*) in una pila o in un accumulatore, le estremità dei due elettrodi **2** per estens., le regioni intorno ai poli: *una spedizione al* — **3** (*fig.*) posizione antitetica ad un'altra: *tu ed io siamo ai poli opposti* **4** (*fig.*) punto di attrazione, momento centrale: — *economico, commerciale*.

polo[2] [pò-] *s.m.* gioco che si disputa fra due squadre, i cui componenti, a cavallo, cercano di mandare nella porta avversaria una palla colpendola con una mazza // *agg. e s.m. e f.* si dice di camiciola di maglia con colletto a camicia e breve allacciatura a tre bottoni.

polonaise [*franc.*; *pr.* polonèʃ] *s.f.* (*mus.*) polacca.

polonio [-lò-] *s.m.* elemento chimico (Po; *n.at.* 84; *p.at.* 210); metallo radioattivo derivante dalla disintegrazione del radio.

polpa [pól-] *s.f.* **1** la parte carnosa dell'animale macellato **2** la parte molle e succosa del frutto: *la* — *di un'albicocca* **3** la parte interna di qlco., spec. se molle: — *del dente*, la parte interna, in cui passano i vasi e il nervo [*ill. Bocca*] **4** *pl.* (*antiq.*) polpacci / *in polpe*, si dice di persona in costume settecentesco composto di calzoni corti e calze aderenti alle gambe.

polpaccio [-pàc-] *s.m.* la massa muscolosa e tondeg-

giante nella parte posteriore di gamba, sotto il ginocchio.

polpastrello [-strèl-] *s.m.* la parte carnosa e tondeggiante dell'ultima falange di ogni dito.

polpetta [-pét-] *s.f.* **1** pietanza di carne trita e condimenti diversi, preparata in piccole forme rotonde e schiacciate che vengono fritte o cotte in umido / *far polpette di qlcu*, (*scherz.*) annientarlo **2** (*fam.*) cibo avvelenato per uccidere cani o altri animali.

polpettone [-tó-] *s.m.* **1** impasto di carne trita e condimenti diversi; si cucina lesso, in umido o fritto, dopo avergli dato la forma di un grosso cilindro **2** opera farraginosa e pesante: *quel libro è un* —; *un* — *cinematografico*.

polpo [pòl-] *s.m.* mollusco cefalopode marino, commestibile; ha corpo molle e tondeggiante con due grossi occhi sporgenti e otto lunghi tentacoli provvisti di ventose.

polposo [-pó-] *agg.* ricco di polpa; simile a polpa.

polsino *s.m.* striscia di stoffa, chiusa da bottoni o da gemelli, con cui terminano le maniche delle camicie.

polso *s.m.* **1** negli arti superiori, la parte in cui la mano si congiunge con l'avambraccio [*ill. Corpo*] **2** battito prodotto dalla dilatazione dei vasi sanguigni, che si avverte tastando il polso: *il malato ha il* — *molto debole* **3** nella manica, la parte estrema che batte sul polso **4** (*fig.*) carattere energico, vigore, autorità: *aver* —; *uomo di* —.

poltergeist [*ted.*; *pr.* poltergaist] *s.m.* in metapsichica, presenza occulta spesso legata alla presenza di un medium inconsapevole, bambino o adolescente.

poltiglia [-tì-] *s.f.* **1** miscuglio, tra solido e liquido, di sostanze varie, di aspetto in genere disgustoso: *la minestra è diventata una* — **2** fanghiglia: *la pioggia ha reso le strade una* —.

poltrire *v.intr.* [*io poltrisco, tu poltrisci ecc.*] stare a letto per pigrizia; stare in ozio.

poltrona [-tró-] *s.f.* **1** sedia ampia e comoda, imbottita e provvista di braccioli **2** in teatro, posto di platea **3** (*fig.*) posto di potere.

poltronaggine [-nàg-] *s.f.* l'esser poltrone; pigrizia.

poltroncina *s.f.* **1** sedia di forma simile a poltrona: — *di vimini* **2** in teatro, posto in platea di rango inferiore alla poltrona.

poltrone [-tró-] *s.m.* **1** si dice di persona che ama stare in ozio. SIN. *neghittoso* **2** → **bradipo**.

poltroneria [-rì-] *s.f.* l'essere poltrone. SIN. *infingardaggine*.

polvere [pól-] *s.f.* **1** insieme di minutissimi e impalpabili frammenti di terra arida: *libri coperti di* —; *strade piene di* — / *mordere la* —, (*fig.*) esser vinto da un avversario / *gettare la* — *negli occhi*, ingannare con false apparenze **2** per estens., qualsiasi sostanza che ha aspetto di polvere: — *di marmo*; *caffè in* — / — *da sparo*, sostanza esplosiva / *fiutare odor di* —, (*fig.*) presentire una battaglia, una contesa. DIM. *polverina*.

polveriera [-riè-] *s.f.* **1** edificio in cui si custodiscono esplosivi **2** (*fig.*) si dice di luogo in cui l'accumularsi di tensioni, specialmente politiche, lasci prevedere l'esplosione di conflitti.

polverificio [-fi-] *s.m.* fabbrica di esplosivi.

polverio [-rì-] *s.m.* quantità di polvere sollevata dal vento, da un veicolo ecc.

polverizzare [-riʒʒa-] *v.tr.* **1** ridurre in polvere o in minuti frammenti; ridurre un liquido in goccioline **2** (*fig.*) annientare: — *il nemico*.

polverizzatore [-riʒʒató-] *s.m.* apparecchio usato per polverizzare.

polverizzazione [-riʒʒazió-] *s.f.* atto, effetto del polverizzare.

polverone [-ró-] *s.m.* grande quantità di polvere sollevata dal vento, da veicoli ecc. / *sollevare un —*, (*fig.*) suscitare una quantità esagerata di commenti, confondendo le cose.

polveroso [-ró-] *agg.* coperto di polvere.

pomario [-mà-] *s.m.* frutteto molto curato, acconciato a giardino.

pomata *s.f.* preparato farmaceutico, molle e cremoso, per applicazioni esterne; in esso la sostanza medicamentosa è associata a eccipienti quali lanolina, vaselina ecc.

pomellato *agg.* si dice di cavallo dal mantello grigio, con macchie tondeggianti più chiare o più scure.

pomello [-mèl-] *s.m.* **1** la parte rilevata e tondeggiante della gota **2** oggetto sferico o tondeggiante, per vari usi (impugnature, maniglie ecc.).

pomeridiano *agg.* del pomeriggio, che avviene nel pomeriggio: *ore pomeridiane; incontro —*.

pomeriggio [-rìg-] *s.m.* la parte del giorno compresa tra il mezzogiorno e la sera.

pomerio [-mè-] *s.m.* nell'antica Roma, lo spazio di terreno lungo le mura, libero da costruzioni, che non poteva essere oltrepassato in armi.

pomfo [pòm-] *s.m.* → **ponfo**.

pomice [pó-] *s.f.* lava leggera e spugnosa; polverizzata, è usata per levigare e lucidare.

pomiciare *v.intr.* [*io pómicio ecc.*] (*scherz.*) scambiarsi tenerezze fisiche, carezze; strofinarsi.

pomo [pó-] *s.m.* mela; propriamente, falso frutto di alcune Rosacee, derivato dall'ingrossamento carnoso del ricettacolo fiorale che avvolge i veri frutti, ridotti a squamette cartilaginee (p.e. mela) [*ill. Frutti*].

pomodoro [-dò-] *s.m.* pianta erbacea con foglie composte e frutti rossi, carnosi, commestibili (*fam.* Solanacee); il frutto di tale pianta / *— verde*, acerbo.

pompa¹ [póm-] *s.f.* ogni macchina atta a sollevare, spostare o comprimere liquidi e gas: *— aspirante, premente / — di calore*, apparecchio che preleva da un sistema una certa quantità di calore a una data temperatura e la cede a un altro sistema a temperatura più alta.

pompa² [póm-] *s.f.* solenne e fastoso apparato: *celebrare le nozze con — / impresa di pompe funebri*, quella che provvede a organizzare i funerali. SIN. *fasto, sfarzo, sontuosità.*

pompaggio [-pàg-] *s.m.* operazione del pompare.

pompare *v.tr.* [*io pómpo ecc.*] **1** aspirare o comprimere un liquido o un gas mediante una pompa **2** (*fig.*) istigare, gonfiare, montare.

pompeiano *agg.* di Pompei // *s.m.* abitante di Pompei.

pompelmo [-pèl-] *s.m.* albero con foglie ovali che dà frutti simili a grosse arance, con scorza gialla e polpa di sapore agrodolce (*fam.* Rutacee).

pompiere [-piè-] *s.m.* chi è addetto all'estinzione degli incendi; vigile del fuoco.

pompon [*franc.*; *pr.* pompòn] *s.m.* fiocco o nappa di lana o seta.

pomposità *s.f.invar.* l'essere pomposo.

pomposo [-pó-] *agg.* che è fatto con molta appariscenza, pieno di pompa: *una cerimonia pomposa.* SIN. *fastoso, sfarzoso.*

ponce [pòn-] *s.m.* forma italianizzata di *punch*.

poncho [*spagn.*; *pr.* póncio] *s.m.* indumento costituito da un pezzo quadrangolare di stoffa forato nel centro per passarvi la testa, usato come mantello dagli indigeni dell'America meridionale e della Polinesia.

poncio [pón-] *s.m.* forma italianizzata di *poncho*.

ponderabile [-rà-] *agg.* **1** che può essere pesato: *una quantità —* **2** (*non com.*) che si deve meditare, considerare con attenzione.

ponderare *v.tr.* [*io póndero ecc.*] considerare, esaminare con attenzione: *— una situazione.* SIN. *valutare / assol.* riflettere: *ha ponderato prima di agire.*

ponderatezza [-téz-] *s.f.* qualità, abitudine di chi pondera, di chi riflette. SIN. *considerazione, riflessione.*

ponderato *agg.* si dice di cosa fatta con riflessione, o di chi ha l'abitudine di riflettere: *un gesto —, una decisione ponderata; un uomo —.*

ponderazione [-zió-] *s.f.* atto, effetto del ponderare; riflessione.

ponderoso [-ró-] *agg.* **1** che richiede fatica e impegno: *uno studio —; un volume —* **2** (*lett.*) pesante.

ponente [-nèn-] *s.m.* **1** la parte dell'orizzonte ove tramonta il Sole; occidente **2** vento che spira da occidente.

ponfo [pòn-] *s.m.* (*pop.*) rigonfiamento della pelle, circoscritto e infiammato.

ponte [pón-] *s.m.* **1** costruzione in muratura, ferro o legno, che unisce le rive opposte di un fiume, di un canale ecc., consentendo il passaggio dall'una all'altra: *— stradale, ferroviario; — girevole*, che si apre per lasciar passare le imbarcazioni; *— levatoio*, quello sollevabile, all'ingresso di castelli e fortezze medievali [*ill. Castello*]; *gettare un —*, costruirlo / *tagliare, bruciare i ponti*, rompere le relazioni con qlcu. **2** per estens., qualsiasi mezzo o struttura che serva da collegamento: *— del cannocchiale; — aereo*, collegamento per mezzo di aerei; *— radio*, collegamento tra due località mediante comunicazioni radiofoniche **3** ciascuno dei piani orizzontali che dividono l'interno di una nave [*ill. Nave*]: *— di comando, di coperta; — di volo*, nelle portaerei, quello dal quale decollano e sul quale atterrano gli aerei **4** ciascuna delle impalcature di ferro su cui lavorano gli operai nella costruzione di un edificio **5** gruppo posteriore o anteriore dell'autoveicolo, che comprende il differenziale e i due semiassi **6** in odontoiatria, protesi che, fissata ad altri denti, sostituisce quelli mancanti **7** esercizio ginnico che consiste nel piegare il corpo all'indietro fino a poggiare la testa in terra **8** *— di Varolio*, (*anat.*) parte dell'encefalo dei vertebrati.

pontefice [-té-] *s.m.* **1** il papa, spesso chiamato *sommo —* **2** presso i romani, ciascuno dei membri del collegio sacerdotale che vigilava sul culto: *— massimo*, il capo di questo collegio.

ponteggio [-tèg-] *s.m.* impalcatura; l'insieme dei ponti su cui lavorano gli operai nella costruzione di un edificio [*ill. Edilizia*].

ponticello [-cèl-] *s.m.* **1** piccolo ponte **2** parte di macchina o simili a forma di ponte; negli strumenti musicali a corda, assicella di legno che tiene sollevate le corde e ne trasmette le vibrazioni alla cassa armonica [*ill. Musicali, strumenti*].

pontiere [-tiè-] *s.m.* soldato del genio addetto alla costruzione di ponti.

pontificale *agg.* del sommo pontefice o dei vescovi: *abito, sedia — // s.m.* **1** messa o altra funzione solenne celebrata da un vescovo **2** libro liturgico contenente le preghiere e il rituale per le funzioni celebrate dal vescovo.

pontificare *v.intr.* [*io pontifico, tu pontifichi ecc.*] **1** celebrare il pontificale (detto del papa o di un vescovo) **2** (*scherz.*) parlare con tono di autorità.

pontificato *s.m.* **1** dignità di pontefice; papato **2** il periodo di tempo durante il quale il papa esercita il suo potere.

pontificio [-fi-] *agg.* del pontefice: *lo stato —*; *bolla pontificia.*

pontile *s.m.* costruzione in legno, ferro o calcestruzzo armato che sporge perpendicolarmente dalla riva per agevolare l'attracco di imbarcazioni.

pontone [-tó-] *s.m.* galleggiante di pianta quasi rettangolare e di robusta costruzione, usato nei porti e cantieri per il sollevamento e il trasporto di grossi pesi.

pony [*ingl.*; *pr.* pòni] *s.m.* cavallo di piccola statura, dal pelo lungo, docilissimo, originario della Scozia e dell'Irlanda.

ponzare *v.intr.* [*io pónzo ecc.*] (*scherz.*) fare uno sforzo mentale, spremersi il cervello: *ha ponzato a lungo prima di trovare una soluzione.*

pool [*ingl.*; *pr.* pul] *s.m.* **1** denominazione di alcuni organismi internazionali che si propongono il coordinamento di commerci e industrie di vari paesi; cartello: *— del carbone e dell'acciaio* **2** gruppo che si dedica allo stesso lavoro: *— giornalistico, — di segreterie.*

pop [abbr.ingl. di *popular* = popolare, di massa] *agg.invar.* popolare, di massa: *musica — / — art*, movimento artistico caratterizzato dall'interesse per le espressioni di massa.

pop-corn [*ingl.*; *pr.* popcòn] *s.m.* granoturco in chicchi fatti scoppiare sul fuoco.

pope [pò-] *s.m.invar.* prete della religione greco-ortodossa.

popeline [*franc.*; *pr.* pòplin] *s.m.* stoffa leggera di lana, seta o cotone.

poplite [-li-] *s.m.* (*anat.*) muscolo della parte posteriore del ginocchio.

popolamento [-mén-] *s.m.* atto, effetto del popolare.

popolano *agg.* che è proprio del popolo: *fierezza popolana // — s.m.* persona che appartiene alle classi popolari.

popolare[1] *v.tr.* [*io pòpolo ecc.*] abitare in un luogo e mandare altri ad abitarlo: *le tribù che popolano il deserto*; *— una regione disabitata // -arsi v.rifl.pron.* riempirsi di gente: *la città si popola.*

popolare[2] *agg.* **1** del popolo: *movimento, manifestazione — / casa —*, adatta alle possibilità economiche del popolo / *governo —*, in cui è rappresentato il popolo / *leggenda, musica —*, creata dal popolo **2** che è molto noto e diffuso tra il popolo; che gode le simpatie del popolo: *attore —*; *giornale —.* CONTR. *impopolare.*

popolaresco [-ré-] *agg.* [pl.m. *-chi*] caratteristico, proprio del popolo: *maniere popolaresche.*

popolarismo [-ʃmo] *s.m.* **1** la caratteristica di ciò che è popolare; tendenza a essere popolare **2** la componente popolare di partiti e movimenti cattolici succedutisi in Italia.

popolarità *s.f.invar.* l'avere il favore del popolo: *godere di una vasta —.*

popolarizzare [-riʒʒa-] *v.tr.* diffondere tra il popolo; rendere adatto al popolo.

popolazione [-zió-] *s.f.* l'insieme degli abitanti di un luogo.

popolino *s.m.* (*spreg.*) il popolo minuto, che spesso viene rappresentato come ignorante e credulone.

popolo [pò-] *s.m.* **1** il complesso dei cittadini di un paese aventi origini, lingua, ordinamenti comuni; l'insieme degli abitanti di una qualsiasi circoscrizione amministrativa: *il — italiano*; *un — giovane*; *il — di Milano* **2** il complesso dei cittadini di uno stato in quanto contrapposto al sovrano, al governo: *guidare il —*; *il re era amato dal —* **3** l'insieme delle classi sociali di più modeste condizioni economiche: *una donna del —*; *gli interessi del —* **4** moltitudine, folla: *un accorrere di —.*

popoloso [-ló-] *agg.* che ha molti abitanti: *una città popolosa.*

popone [-pó-] *s.m.* pianta erbacea con foglie lobate (*fam.* Cucurbitacee); anche il frutto di tale pianta, dalla polpa gialla e profumata.

poppa[1] [póp-] *s.f.* la parte posteriore di un'imbarcazione / *navigare col vento in —*, (*fig.*) procedere senza difficoltà.

poppa[2] [póp-] *s.f.* mammella.

poppante *s.m.* e *f.* lattante.

poppare *v.tr.* [*io póppo ecc.*] succhiare il latte dal seno o dal poppatoio.

poppata *s.f.* il pasto del lattante.

poppatoio [-tó-] *s.m.* bottiglia di vetro munita di tettarella di gomma, usata nell'allattamento artificiale.

poppavia [-vì-] solo nella locuz.avv. *a poppavia*, verso poppa, rispetto a un altro punto della stessa imbarcazione.

poppiero [-piè-] *agg.* (*mar.*) si dice di ciò che a bordo sta più vicino alla poppa: *fumaiolo —.*

populismo [-ʃmo] *s.m.* **1** atteggiamento o movimento politico e sociale che tende in qualche modo all'elevamento delle classi più povere **2** in particolare, il movimento rivoluzionario russo della seconda metà del sec. XIX, che teorizzava il dovere degli intellettuali di mettersi al servizio del popolo.

populista *agg.* [pl.m. *-i*] del populismo // *s.m.* e *f.* chi segue o propugna idee proprie del populismo.

porca [pòr-] *s.f.* striscia rilevata di terra tra un solco e l'altro.

porcaio [-cà-] *s.m.* **1** guardiano o mercante di porci **2** (*fig.*) luogo sporco, sconcio, materialmente o moralmente.

porcaro *s.m.* guardiano o mercante di porci.

porcata *s.f.* (*region.*) porcheria, in tutti i significati.

porcellana *s.f.* sostanza bianca, compatta, traslucida, dura, ottenuta mediante cottura di sostanze argillose e usata per vasellami pregiati, oggetti ornamentali, strumenti chimici, isolatori ecc.

porcello [-cèl-] *s.m.* maiale giovane. DIM. *porcellino / porcellino d'India* → **cavia.**

porcheria [-rì-] *s.f.* **1** cosa sudicia, sudiciume: *non toccare quella —* **2** atto o detto indecente, moralmente sudicio: *non dite porcherie!* **3** cosa molto brutta: *questo romanzo è una —.*

porchetta [-chét-] *s.f.* maiale di latte riempito di droghe, lardo e altri ingredienti e cotto al forno; piatto tipico della cucina romana.

porcile *s.m.* **1** stalla per i porci **2** (*fig.*) luogo sudicio.

porcino *agg.* di porco: *carne porcina / occhi porcini*, simili a quelli del porco, piccoli e tondi // *s.m.* fungo commestibile con gambo grosso, biancastro e cappello spugnoso, bruno-castano (*fam.* Poliporacee).

porco [pòr-] *s.m.* **1** maiale / *mangiare come un —*, molto e con ingordigia / *grasso come un —*, eccessivamente grasso / *sudicio come un —*, molto sporco / *gettar le perle ai porci*, dare cose pregiate a chi non le sa apprezzare o non le merita / *piè di —*, leva speciale che nella forma ricorda il piede di maiale, usata spec. per scassinare **2** (*spreg.*) persona che fa o dice cose oscene **3** (*volg.*) si usa come apposizione in esclamazioni che esprimono disappunto: *porca miseria!*; — *cane!*

porcospino *s.m.* istrice; riccio.

porfido [pòr-] *s.m.* roccia durissima di origine vulcanica, di colore violetto, rosso o grigio, usata per pavimentazioni stradali, per monumenti ecc.

porgere [pòr-] *v.tr.* [pres. *io pòrgo, tu pòrgi* ecc.; pass.rem. *io pòrsi, tu porgésti* ecc.; p.pass. *pòrto*] presentare, offrire, dare: *gli porsi il bicchiere*; *porgimi il libro*; — *il braccio*; — *aiuto*; — *orecchio*, ascoltare / *assol.* pronunziare bene le parole accompagnandole con gesti (detto di oratori o attori): *porge con molta eleganza.*

porgitore [-tó-] *s.m.* [f. *-trice*] chi porge: *quell'oratore è un buon* —, *parla con garbo ed eloquenza.*

poricida *agg.* [pl.m. *-dì*] (*bot.*) si dice della deiscenza di alcuni frutti a capsula, che espellono i semi con l'apertura dei pori; anche, delle capsule stesse [*ill. Frutti*].

pornografia [-fi-] *s.f.* oscenità di parole, di scritti ecc.

pornografico [-grà-] *agg.* [pl.m. *-ci*] che ha carattere di pornografia, osceno: *scritto —.*

pornografo [-nò-] *s.m.* autore di pubblicazioni pornografiche.

poro [pò-] *s.m.* **1** ciascuno dei piccoli orifizi della cute in cui sboccano le ghiandole sudoripare e sebacee: *pori cutanei* / *sprizzava gioia da tutti i pori*, si dice di persona che mostra visibilmente la sua contentezza **2** piccolo spazio vuoto nell'interno dei corpi solidi, visibile e caratteristico nelle sostanze organiche.

porosità *s.f.* l'essere poroso.

poroso [-ró-] *agg.* che ha molti pori: *legno —*; *la pomice è una pietra porosa.*

porpora [pór-] *s.f.* **1** sostanza colorante rossa che gli antichi estraevano da un mollusco marino **2** pregiata stoffa tinta di porpora **3** (*fig.*) la dignità di cardinale; l'abito che questi indossa: *esser elevato alla —* **4** nome generico di diverse condizioni morbose caratterizzate da macule emorragiche sulla pelle.

porporato *agg.* vestito, ricoperto di porpora // *s.m.* cardinale.

porporina *s.f.* **1** sostanza colorante rossa **2** polvere metallica usata per colorare in oro o argento.

porporino *agg.* del color della porpora: *labbra porporine.*

porre [pór-] *v.tr.* [pres. *io póngo, tu póni, egli póne, noi poniamo, voi ponéte, essi póngono*; imperf. *io ponévo* ecc.; fut. *io porrò* ecc.; pass.rem. *io pósi, tu ponésti, egli póse, noi ponémmo, voi ponéste, essi pósero*; cong.pres. *io pónga, noi poniamo, voi poniate, essi póngano*; cong.imperf. *io ponéssi* ecc.; cond.pres. *io porrèi* ecc.; ger. *ponèndo*; p.pass. *pósto*] **1** mettere, collocare (anche *fig.*): *gli posi le mani sul capo*; *pongo in te ogni mia speranza* / — *un termine*, fissare un limite / — *termine*, terminare **2** rivolgere: — *una domanda*; — *mente*, rivolgere l'attenzione / — *una candidatura*, presentarla **3** supporre: *poniamo che tu ti sia sbagliato* / *posto che*, dato che, dal momento che: *posto che tu sia veramente ammalato, verrò a trovarti* **4** piantare: — *un terreno a vigna* // **porsi** *v.rifl.* **1** mettersi, collocarsi: *mi posi a sedere* **2** accingersi: *ci ponemmo all'opera.*

porro [pòr-] *s.m.* **1** pianta erbacea commestibile, con bulbo bianco, di sapore agliaceo e foglie tubolari (*fam.* Gigliacee) **2** piccola escrescenza carnosa e rotondeggiante che si forma sulla pelle, spec. delle mani.

porta [pòr-] *s.f.* **1** apertura attraverso la quale si entra in una stanza, in un edificio, in un luogo recintato, in una città, o se ne esce; l'infisso o l'insieme degli infissi per chiudere tale apertura / — *di sicurezza*, quella prescritta nei pubblici locali perché il pubblico possa rapidamente sfollare in caso di incendio / *processo*, *dibattimento a porte chiuse*, con esclusione del pubblico / *essere alle porte*, essere vicino alla città; (*fig.*) essere prossimo: *il nemico è alle porte*; *gli esami sono alle porte* / *prender la —*, andarsene / *indicare a qlcu. la —*, invitarlo ad andarsene / *mettere alla —*, licenziare bruscamente, scacciare / *battere a tutte le porte*, chiedere a molti, supplicando / *andare di — in —*, elemosinare di casa in casa; per estens., rivolgersi a molte persone / *vendere — a —*, offrendo la propria merce a clienti privati, nelle loro case/ *aprire la — a qlcu.*, accoglierlo,

---

porta

1 *porta tamburata*, 2 *battente*, 3 *stipite*, 4 *sopraluce*, 5 *coprifilo*, 6 *montante*, 7 *traverso*, 8 *specchiatura*, 9 *maniglia*, 10 *cerniera*, 11 *zoccolo*, 12 *controtelaio*, 13 *telaio fisso*, 14 *telaio mobile*, 15 *serratura a scanalature*, 16 *catenaccio*, 17 *nottolino d'arresto*, 18 *molla del nottolino*, 19 *chiave*, 20 *palettina della chiave*, 21 *scanalature della chiave*, 22 *guida per la scanalatura*, 23 *serratura cilindrica*, 24 *cilindro*, 25 *piolo*, 26 *molla.*

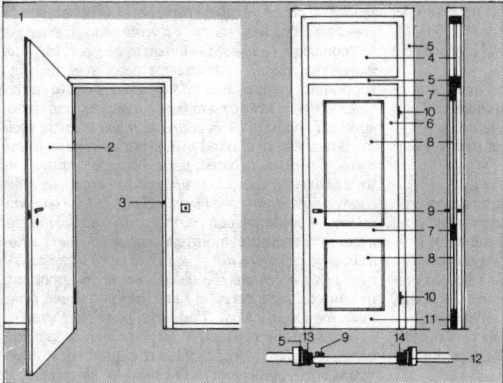
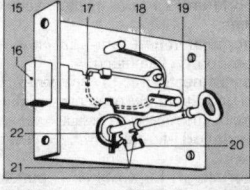
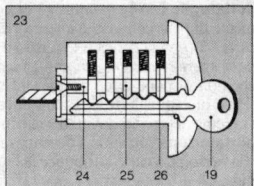

ammetterlo in un gruppo, in un consesso / *chiudere la — in faccia a qlcu.*, respingerlo con durezza / *trovare la — chiusa*, vedersi rifiutare qlco. **2** (*sport*) in alcuni giochi a squadre, intelaiatura di varia grandezza, posta ai due estremi del campo, entro la quale ciascuna squadra cerca di spedire la palla o il disco per ottenere il punto; nello sci, passaggio obbligato per i concorrenti, nelle gare di discesa obbligata **3** (*anat.*) si dice della vena che convoglia il sangue al fegato.

porta- [pòr-] [dal verbo *portare*] primo elemento di molte parole composte indicanti persone od oggetti che portano (*portalettere, portaerei*), sostengono (*portalampade*), custodiscono qlco. (*portafoglio*).

portabagagli *s.m.invar.* **1** facchino **2** struttura, di varia foggia e costruzione, che serve, soprattutto nei mezzi di trasporto, a contenere o a sostenere esternamente i bagagli / *carrello —*, mezzo, a traino o con motore, per trasportare valigie, bauli ecc.

portabandiera [-diè-] *agg.* e *s.m.invar.* che, chi porta la bandiera: *ufficiale —*.

portaborse [-bór-] *s.m.* e *f.invar.* **1** servile aiutante, galoppino, spec. di uomini politici **2** (*fig.*) chi fa il gioco di altri.

portacarte *s.m.invar.* nome generico di buste, cartelle e simili, in cui si custodiscono in ordine carte di varia natura.

portacatino *s.m.* struttura che sorregge il catino.

portacenere [-cé-] *s.m.invar.* recipiente che serve per raccogliere la cenere e i mozziconi delle sigarette e dei sigari.

portachiavi *s.m.invar.* gancio, anello o custodia in cui si fissano le chiavi.

portacipria [-ci-] *s.m.invar.* astuccio da borsetta contenente cipria, specchio e piumino.

portadischi *s.m.invar.* album, valigetta, mobiletto per riporre o trasportare dischi fonografici / *piatto —*, parte del giradischi, di forma circolare e con perno centrale, sulla quale si colloca il disco per la riproduzione sonora.

portaelicotteri [-còt-] *s.f.invar.* nave da guerra analoga alla portaerei, ma dotata di elicotteri ed equipaggiata per operazioni di aviosbarco.

portaerei [-è-] *s.f.invar.* nave da guerra di grande tonnellaggio, dotata di un ampio ponte di volo che permette l'involo e l'appontaggio di aerei da caccia e da bombardamento.

portaferiti *s.m.invar.* militare addetto al trasporto dei feriti.

portafiammiferi [-mì-] *s.m.invar.* scatola o astuccio per riporvi i fiammiferi.

portafinestra [-nè-] *s.f.* [pl. *portefinèstre*] finestra aperta sino a terra, che consente sia l'illuminazione dell'ambiente interno, sia il passaggio verso l'esterno.

portafiori [-fió-] *s.m.invar.* recipiente per tenervi i fiori recisi.

portafogli [-fò-] *s.m.invar.* → **portafoglio** 1.

portafoglio [-fò-] *s.m.* **1** piccola busta generalmente di pelle con tasche interne, per tenervi denaro o carte **2** (*fig.*) la carica e le funzioni di ministro: *il — degli esteri / ministro senza —*, membro del governo che non dispone di un proprio bilancio **3** (*econ.*) insieme di cambiali (o altri titoli di credito) / *— clienti*, l'insieme dei crediti dovuti dai clienti a un'azienda.

portafortuna *s.m.invar.* l'oggetto, ma anche l'animale o la persona, a cui si attribuisce la facoltà di portar fortuna.

portagioielli [-ièl-] *s.m.invar.* cofanetto per gioielli.

portalampada [-làm-] *s.m.invar.* dispositivo su cui si fissa una lampadina elettrica in modo da stabilire un contatto elettrico fra essa e il circuito d'alimentazione [*ill. Elettrica, energia*].

portale *s.m.* porta monumentale di chiese e palazzi [*ill. Architettura*].

portalettere [-lèt-] *s.m.invar.* chi distribuisce a domicilio le lettere giunte alla posta.

portamento [-mén-] *s.m.* **1** modo di atteggiare la persona, spec. nel muoversi e nel camminare **2** (*fig.antiq.*) modo di comportarsi.

portamina *s.m.*, **portamine** *s.m.invar.* matita con esterno metallico e mina interna intercambiabile.

portamonete [-né-] *s.m.invar.* piccola borsa tascabile per tenervi monete.

portamunizioni [-zió-] *s.m.invar.* militare addetto al trasporto delle munizioni.

portante *agg.* che porta, che sostiene / *fune —*, la fune d'acciaio cui è sospeso il carrello della teleferica / *muro —*, quello su cui grava il peso dell'edificio // *s.m.* ambio del cavallo.

portantina *s.f.* **1** sorta di sedia o cabina, per il trasporto di una persona, fissata a stanghe e portata da uomini **2** lettiga per trasporto di infermi.

portantino *s.m.* barelliere.

portanza *s.f.* **1** capacità massima di carico: *— di una struttura* **2** la componente verticale, verso l'alto, della forza aerodinamica che agisce su un'ala di aeroplano.

portaoggetti [-gèt-] *s.m.invar.* contenitore o supporto per oggetti vari.

portaombrelli [-brèl-] *s.m.invar.* vaso o altro contenitore in cui si collocano gli ombrelli.

portaordini [-ór-] *s.m.invar.* il militare che ha l'incarico di portare un ordine.

portapacchi *s.m.invar.* **1** fattorino addetto alla consegna a domicilio dei pacchi **2** sostegno, montato su biciclette o motociclette, per il trasporto di pacchi.

portapenne [-pén-] *s.m.invar.* asta su cui si infila il pennino per scrivere; astuccio per custodire le penne.

portare *v.tr.* [*io pòrto ecc.*] **1** trasportare, muovere da un luogo a un altro; recare con sé; (*fig.*) riferire: *il camion porta un carico di mele; gli portò un libro in regalo; la nuova conduttura gli porterà l'acqua in casa; mi portò la bella notizia; portarono la colazione al sacco; portò il bicchiere alle labbra; portò la mano alla ferita / gli portarono via il portafogli*, gliela rubarono / *la malattia se l'è portato via*, l'ha fatto morire / *il vento porta il bel tempo*, lo annunzia / *— alle stelle*, lodare assai / *portarsi in un luogo*, recarvisi **2** sostenere un peso; reggere; (*fig.*) sopportare: *portava un sacco sulle spalle; portava con dignità la sua miseria / porta bene i suoi anni*, non dimostra l'età che ha / *— in palma di mano*, stimare molto **3** recare su di sé o indosso; avere: *portava un vestito rosso, gli occhiali, la barba; porta il lutto*, è vestito a lutto; *il libro portava una litografia sulla copertina, un titolo curioso; portava sul volto i segni del pianto / — un nome celebre* **4** accompagnare, scortare: *lo portò dal medico, a teatro* **5** condurre; indurre: *questa strada porta a Roma?; dove ci porterà tutto questo?; lo portò alla pazzia / tutto porta a pensare che abbia ragione* **6** apportare; produrre: *il sacrificio portò i suoi frutti; — danno, bene, male, fortuna, sfortuna* **7** addurre: *portò delle scuse ridicole* **8** nutrire nell'animo: *gli porta un odio implacabile; — rispetto, pazienza* **9** essere in grado di sostenere un carico; contenere: *il camion porta due quintali; la* *sua auto porta cinque persone* **10** di una bocca da fuoco, avere una determinata portata: *quel cannone porta 26 km* // **-arsi** *v.rifl.* **1** trasferirsi: — *in un luogo* **2** (*antiq.*) comportarsi: *portati bene!*

portaritratti *s.m.invar.* cornice o custodia in cui si tengono ritratti e fotografie.

portariviste *s.m.invar.* mobiletto in cui si tengono giornali e riviste.

portasapone [-pó-] *s.m.invar.* sorta di piccola mensola o astuccio in cui si tiene il sapone.

portasigarette [-rét-] *s.m.invar.* astuccio tascabile o da tavolo per tenervi le sigarette.

portaspilli *s.m.invar.* cuscinetto nel quale si tengono infilati gli spilli.

portata *s.f.* **1** in un pranzo, ognuna delle vivande che vengono portate in tavola: *un pranzo di cinque portate* **2** la capacità di carico di un mezzo di trasporto o di una bilancia: *la — del bastimento*; *quella bilancia ha una — di 200 kg* **3** la massima distanza alla quale può arrivare un proietto; il punto dove si può giungere con la mano, la vista, la voce: *essere a — di mano, di voce* / *il suo discorso era alla — di tutti*, tutti potevano capirlo / *quella pelliccia è troppo cara, non è alla mia —*, non sono in grado di acquistarla **4** valore, importanza: *gli fece una rivelazione di enorme —* **5** la quantità d'acqua che passa attraverso una sezione di un corso d'acqua nell'unità di tempo: *la — del Po*.

portatile [-tà-] *agg.* che si trasporta con facilità: *macchina per scrivere —*.

portato *agg.* **1** mosso, spinto (anche *fig.*): *una foglia portata dal vento*; — *dall'ira* **2** (*fig.*) che ha inclinazione: — *alla matematica* // *s.m.* il risultato, l'effetto: *il — della civiltà*.

portatore [-tó-] *s.m.* [f. *-trice*] **1** chi porta; latore **2** chi è addetto al trasporto di carichi, in alta montagna o in zone spopolate e selvagge (*econ.*) ultimo possessore della cambiale o in genere di un titolo di credito: *titoli al —*, pagabili subito a chiunque li presenti **4** (*med.*) individuo che ospita, trasmettendoli ad altri, bacilli di malattie infettive senza contrarre la malattia o dopo esserne guarito.

portavoce [-vó-] *s.m.invar.* **1** megafono **2** tubo metallico che permette di trasmettere la voce da un ambiente a un altro, a distanza breve **3** (*fig.*) chi riferisce il pensiero di altri: *il — del governo*; *è — di tutti i pettegolezzi*.

porte-enfant [*pr.* portanfàn] *s.m.* specie di borsa a sacco nella quale si pongono i neonati per tenerli in braccio in particolari occasioni, p.e. al battesimo.

portegno *agg.* di Buenos Aires // *s.m.* abitante di Buenos Aires.

portello [-tèl-] *s.m.* **1** piccola porta praticata in un portone; imposta di un armadio; sportello **2** apertura rettangolare nella murata di una nave o nel fianco di un aeroplano o di un veicolo spaziale.

portento [-tèn-] *s.m.* cosa o avvenimento meraviglioso, straordinario. SIN. *prodigio*.

portentoso [-tó-] *agg.* che è straordinario, meraviglioso: *congegno —*; *medicina portentosa*. SIN. *prodigioso, miracoloso*.

porticato *s.m.* portico lungo e largo.

portico [pòr-] *s.m.* [pl. *-ci*] **1** fabbricato aperto su un lato o su entrambi al piano del suolo e sorretto da pilastri **2** nelle fattorie, tettoia su pilastri usata come ricovero di carri e attrezzi agricoli.

portiera [-tiè-] *s.f.* **1** lo sportello dell'automobile **2**

tenda pesante che si pone davanti alle porte, spec. delle chiese, per ornamento o riparo.

portierato *s.m.* mansione, funzione di portiere di uno stabile: *spese di —*.

portiere [-tiè-] *s.m.* **1** [f. *-a*] chi custodisce la porta negli edifici di abitazione o pubblici e fa altri servizi accessori come la pulizia **2** (*sport*) in alcuni giochi a squadra, il giocatore che difende la porta [*ill. Calcio*].

portinaio [-nà-] *s.m.* custode della porta di un'abitazione o di un convento.

portineria [-rì-] *s.f.* locale posto all'ingresso di edifici, sede del portiere.

portinsegna [-sé-] *s.m.invar.* **1** chi porta un'insegna **2** (*fig.*) chi incarna, rappresenta una idea, un partito.

porto¹ [pòr-] *s.m.* **1** (*mar.*) luogo costiero che per configurazione naturale o arte può dare sicuro ricovero alle navi e permettere operazioni di imbarco e di sbarco di merci e di passeggeri / — *canale*, che si trova nel punto di sbocco in mare di un canale / — *franco*, zona portuale ove le merci sono esenti dal pagamento di tasse doganali finché non vengano introdotte nell'entroterra [*ill. a pag. seguente*] **2** meta, rifugio: *arrivare in —*, raggiungere uno scopo.

porto² [pòr-] *s.m.* **1** l'atto del portare / — *d'armi*, licenza di portare con sé armi, rilasciata dal questore **2** prezzo del trasporto di merci: — *a carico del mittente*.

portoghese [-ghé-] *agg.* del Portogallo // *s.m.* **1** abitante, nativo del Portogallo **2** lingua del Portogallo, del Brasile, delle Azzorre e di Madera **3** (*fig.*) chi, con sotterfugi o con altri espedienti, riesce a entrare in teatro senza pagare il biglietto: *fare il —*.

portolano *s.m.* guida marittima che descrive coste, porti, condizioni idrografiche e meteorologiche.

portone [-tó-] *s.m.* porta di notevoli dimensioni, solitamente ingresso principale di palazzi o edifici pubblici.

portoricano *agg.* di Portorico // *s.m.* abitante di Portorico.

portoro [-tò-] *s.m.* marmo di color nero, venato di giallo.

portuale *agg.* di porto, attinente al porto // *s.m.* chi lavora in un porto.

portuario [-tuà-] *agg.* di porto: *norme portuarie*.

portuense [-èn-] *agg.* di Oporto // *s.m. e f.* abitante di Oporto.

portulaca *s.f.* piccola pianta con foglie carnose aghiformi e fiori di vario colore (*fam.* Portulacacee).

portuoso [-tuò-] *agg.* ricco di porti: *costa portuosa*.

porzione [-zió-] *s.f.* **1** una parte di un tutto: *una — di terreno*; *una — di patrimonio* **2** quantità di cibo servita a un commensale: *una — di dolce*; *fare le porzioni*.

posa [pò-] *s.f.* **1** l'atto del porre: *la — della prima pietra*; *la — degli impianti idraulici* **2** (*lett.*) riposo, quiete: *non avere mai —* **3** atteggiamento studiato di chi deve essere ritratto (anche *fig.*): *mettersi in —*; *assumere una — da superuomo* **4** (*fot.*) l'esposizione del materiale sensibile alla luce: *tempo di —*, la durata di tale esposizione **5** deposito, sedimento di un liquido: *la — del vino, del caffè*.

posa- [pò-] [dal verbo *posare*] primo elemento di vocaboli composti che indicano oggetti con cui si posa (*posamine, posacavi*) o su cui si posa qlco. (*posacenere*).

posacavi *s.f.invar.* nave attrezzata per la posa e la riparazione dei cavi telegrafici e telefonici sottomarini.

posacenere [-cé-] *s.m.invar.* → **portacenere**.

posamine *s.f.invar.* nave da guerra attrezzata per la posa in mare di mine o torpedini.

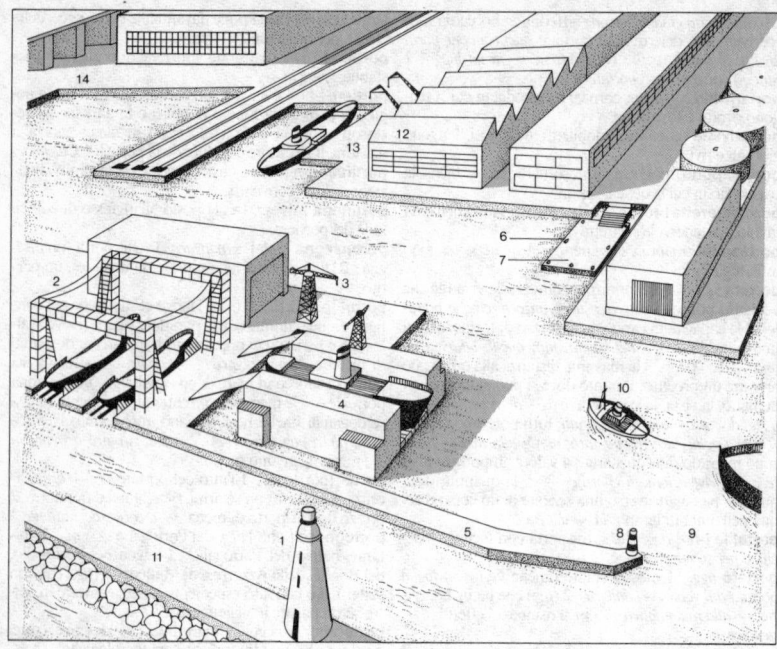

porto

1 *faro*, 2 *cantiere*, 3 *gru*, 4 *bacino di carenaggio*,
5 *frangiflutti*, 6 *bitta*, 7 *pontile di sbarco*, 8 *fanale*,
9 *imboccatura*, 10 *rimorchiatore*, 11 *diga foranea*,
12 *magazzini*, 13 *scalo merci*, 14 *banchina*.

posapiano *s.m.* e *f.invar.* (*scherz.*) si dice di persona lenta e placida.

posare *v.tr.* [*io pòso ecc.*] mettere giù, deporre: — *un piatto sul tavolo* // *v.intr.* **1** restare immobile, atteggiarsi per farsi ritrarre: *la modella posò per un'ora / una donna che posa*, (*fig.*) che parla e si muove con affettazione **2** poggiare su qlco. (anche *fig.*): *la cupola posa sui pilastri* **3** (*lett.*) riposare, aver tregua: *non so dove* —. SIN. *sostare* // **-arsi** *v.rifl.* fermarsi calando dall'alto: *la neve si posa sui monti; il passero si posò sul ramo.* SIN. *porre.*

posata *s.f.* ciascuno degli utensili (cucchiaio, forchetta, coltello ecc.) che servono per mangiare.

posateria [-rì-] *s.f.* insieme di posate.

posatezza [-téz-] *s.f.* l'essere posato.

posato *agg.* si dice di persona calma, che pensa a lungo prima di agire. SIN. *quieto, riflessivo.*

posatoio [-tó-] *s.m.* bacchetta su cui si posano gli uccelli e i polli in gabbia.

poscia [pò-] *avv. di tempo* (*lett.*) poi, dopo, in seguito.

poscritto *s.m.* ciò che si aggiunge a una lettera già firmata (si abbrevia *P.S.*).

posdatare [-ʃda-] *v.tr.* → **postdatare**

posdomani [-ʃdo-] *avv. di tempo* dopo domani.

positiva [-ʃi-] *s.f.* immagine fotografica in cui le luci e le ombre corrispondono direttamente a quelle dell'oggetto.

positivismo [-ʃitiviʃmo] *s.m.* **1** movimento filosofico della seconda metà del sec. XIX, che poneva i dati scientifici come unico fondamento della conoscenza filosofica **2** spirito pratico, positivo, di persona che bada al concreto.

positivista [-ʃi-] *agg.* e *s.m.* e *f.* [pl.m. *-i*] seguace del positivismo.

positivistico [-vì-] *agg.* di, del positivismo.

positivo [-ʃi-] *agg.* **1** che si basa su fatti certi; sicuro, effettivo: *fatto* —; *certezza positiva / scienze positive*, basate sull'esperienza, sui fatti / *lo so di* —, di certo / — !, senza dubbio, certamente **2** favorevole, buono, costruttivo: *dare un giudizio* —; *la prova d'esame è stata positiva* **3** si dice di persona che bada al concreto: *mi pare un tipo* — **4** si dice di cosa che ha ottenuto l'effetto desiderato o previsto: *l'esame ebbe un esito* —; *il lato* — *di questo affare* **5** (*mat.*) ogni numero reale maggiore dello zero, contrassegnato dal segno + (più) **6** si dice per caratterizzare convenzionalmente oggetti, gruppi di oggetti o qualità di fenomeni in opposizione ad altri detti negativi: *elettricità positiva* **7** *aggettivo* —, (*gramm.*) che presenta la qualità pura e semplice di una cosa, in contrapposizione al *comparativo* e al *superlativo* **8** (*med.*) si dice di analisi il cui esito conferma la diagnosi.

positrone [-ʃitró-] *s.m.* (*fis.*) particella atomica corrispondente all'elettrone, ma con carica elettrica positiva.

positura [-ʃi-] *s.f.* modo in cui è posta una cosa; per lo più posizione del corpo, modo in cui sono atteggiate le membra: *dorme in una strana* —.

posizionare [-ʃi-] *v.tr.* [*io posizióno ecc.*] (*tecn.*) mettere in posizione, nella posizione più opportuna.

posizione [-ʃizió-] *s.f.* **1** il luogo in cui è posta una cosa; sito, situazione (anche morale e ideologica): *la* — *di una stella; la sua villetta è in una* — *infelice / mi trovo in una* — *imbarazzante / mettiti in una* — *più comoda, positura / farsi una bella* —, riuscire nella vita, avere successo; *prendere* —, (*fig.*) assumere un determinato atteggiamento a proposito di una controversia / *è su posizioni superate,* ha idee, convinzioni superate **2** (*mil.*) luogo, terreno fortificato o difeso: — *imprendibile; attaccare, prendere una* — / *guerra di* —, in cui i due avversari si fronteggiano per lungo tempo restando al riparo di trincee o di opere fortificate.

posologia [-ʃologi-] *s.f.* parte della farmacologia che stabilisce la dose del medicamento da somministrare.

posporre [-spór-] *v.tr.* [coniugato come *pórre*] **1** mettere dopo **2** differire, posticipare, ritardare: *a causa del maltempo abbiamo posposto la data della partenza* **3** (*fig.*) lasciar da parte, valutar meno: — *la ricchezza alla virtù.*

posposizione [-ʃizió-] *s.f.* atto, effetto del posporre.

possa [pòs-] *s.f.* (*lett.*) forza, potenza, vigore: *a tutta* —, a tutta forza.

possedere [-dé-] *v.tr.* [coniugato come *sedere*] avere, tenere in possesso, tenere in dominio, dominare, occupare (anche *fig.*): *tu possiedi molte case; l'Inghilterra possedeva il più vasto impero coloniale; possiede molte qualità / — un'arte, una scienza, una lingua,* conoscerla bene.

possedimento [-mén-] *s.m.* il possedere; le terre possedute da un privato, i domini posseduti da uno stato: *ha dei vasti possedimenti in Piemonte; i possedimenti olandesi nelle Antille.*

posseduto *agg.* e *s.m.* invasato, indemoniato.

possente [-sèn-] *agg.* (*lett.*) → **potente**.

possessione [-sió-] *s.f.* **1** (*rar.*) possesso, possedimento **2** l'essere preda del demonio; invasamento da spiriti maligni.

possessivo *agg.* **1** che indica possesso: *aggettivi possessivi* (o *possessivi*): *mio, tuo, suo, nostro, vostro, loro,* e anche *proprio, altrui; complemento di specificazione possessiva,* che indica il possessore di qlco. (p.e. il cappello *dello zio*) **2** che ci tiene al possesso, al dominio, spec. morale: *un carattere* —, *un amore* —.

possesso [-sès-] *s.m.* **1** atto, effetto del possedere; nello specifico senso giuridico, il potere di fatto sulla cosa che non implica necessariamente il diritto di proprietà: — *legittimo,* valido perché conforme a legge; *ottenere il* —; *entrare in* —; *prendere* — *di un ufficio, di una carica,* entrarci con solennità e con le debite forme / *essere in* — *delle proprie facoltà mentali,* essere sano di mente **2** spec. *pl.* possedimento, terra posseduta: *ha molti possessi in pianura.*

possessore [-só-] *s.m.* chi ha il possesso di un bene.

possessorio [-sò-] *agg.* (*dir.*) che si riferisce al possesso: *giudizio* —, nel quale il possessore rivendica il possesso di un bene.

possibile [-si-] *agg.* che può avvenire, che si può fare: *questa è una soluzione* —; *non è una spesa* — / — *che tu non senta?,* per esprimere dubbio o incredulità. SIN. fattibile, eventuale. CONTR. impossibile // *s.m.* ciò che si può fare: *faremo il* — *per aiutarvi.*

possibilismo [-ʃmo] *s.m.* disponibilità a rinunciare al rigore delle proprie posizioni ideologiche per ottenere certi risultati, spec. in politica.

possibilista *agg.* e *s.m.* e *f.* [pl.m. *-i*] che o chi pratica il possibilismo.

possibilistico [-lì-] *agg.* di, del possibilismo; da possibilista.

possibilità *s.f.invar.* **1** l'essere possibile: *c'è la* — *di uscire.* SIN. eventualità **2** *pl.* mezzi materiali o morali per riuscire in qlco.: *farò secondo le mie* —, per quanto sta in me, per quanto posso.

possidente [-dèn-] *s.m.* e *f.* colui che possiede beni, spec. immobili.

post- [pòst] [dal lat. *post = dopo*] prefisso che indica posteriorità nel tempo (*postbellico*); davanti a consonante, la *t* cade quasi sempre (*posdomani, posporre*).

posta [pò-] *s.f.* **1** l'amministrazione pubblica che provvede alla spedizione e al recapito della corrispondenza / spesso nello stesso senso si usa il *pl.: lavora alle* — **2** l'edificio in cui hanno sede gli uffici postali **3** corrispondenza particolare di un ufficio o di una persona: *distribuire, leggere la* — **4** stazione per il cambio dei cavalli e per il rifornimento, nelle strade su cui carrozze e diligenze trasportavano viaggiatori, merci, corrispondenza **5** luogo dove si attende il passaggio della selvaggina scovata dai battitori / *fare la* — *a una persona,* (*fig.*) sorvegliare qlcu. **6** ciò che si arrischia al gioco o in una scommessa (anche *fig.*): *la* — *in gioco era alta.*

postagiro *s.m.invar.* operazione in base alla quale un correntista postale dispone del proprio credito presso l'amministrazione delle poste a favore di altro correntista.

postale *agg.* della posta, attinente alla posta // *s.m.* (*mar.*) si dice di nave mercantile, treno, automobile, aeroplano adibiti al servizio postale.

postazione [-zió-] *s.f.* (*mil.*) luogo riparato e difeso in cui si collocano armi pesanti (mitragliatrice, cannone ecc.).

postbellico [-bèl-] *agg.* [pl.m. *-ci*] del periodo che segue immediatamente una guerra.

postdatare *v.tr.* apporre su un documento, un assegno ecc. una data posteriore a quella effettiva.

posteggiare *v.tr.* [*io postéggio ecc.*] lasciare in sosta un autoveicolo, una bicicletta ecc. in un posteggio: — *l'automobile.*

posteggiatore [-tó-] *s.m.* [f. *-trice*] **1** custode di posteggio **2** (*region.*) commerciante ambulante che pone il banco in luoghi pubblici **3** (*region.*) chi canta e suona per i clienti di trattorie e simili, spostandosi da un locale all'altro.

posteggio [-stég-] *s.m.* spazio riservato alla sosta di un autoveicolo, di una bicicletta ecc.

postelegrafonico [-fò-] *agg.* [pl.m. *-ci*] che si riferisce ai servizi postali, telegrafici e telefonici // *s.m.* chi è addetto a tali servizi.

postelementare *agg.* si dice dei corsi di studio che seguono quelli elementari.

postema [-stè-] *s.f.* ascesso.

poster [pò-] *s.m.invar.* manifesto illustrato ornamentale, didattico o pubblicitario, destinato in genere ad ambienti interni.

posteri [pò-] *s.m.pl.* quelli che vivranno dopo di noi.

posteriore [-rió-] *agg.* che viene dopo, che segue nello spazio o nel tempo.

posterità *s.f.invar.* i posteri; i discendenti.

posterla [-stèr-] *s.f.* → **posterla**.

postfazione [-zió-] *s.f.* commento a un libro, analogo alla prefazione ma posto dopo il testo.

posticcio [-stìc-] *agg.* artificiale, finto (anche *fig.*); si dice di ciò che sostituisce qlco. che manca: *dente* —/ *un finale* —, che sembra aggiunto, che non si fonde bene col testo // *s.m.* ciuffo di capelli per acconciature.

posticipare *v.tr.* [*io posticipo ecc.*] rinviare a più tardi: — *il pranzo.* SIN. *differire, prorogare.* CONTR. *anticipare.*

posticipato *agg.* si dice di pagamento fatto ad opera compiuta o alla fine del tempo fissato: *stipendio, affitto* —.

posticipazione [-zió-] *s.f.* atto, effetto del posticipare. CONTR. *anticipazione.*

postierla [-stièr-] *s.f.* porticina nelle mura di una città o di una fortezza.

postiglione [-glió-] *s.m.* chi guidava i cavalli delle vetture di posta; anche il cocchiere che cavalcava uno dei cavalli delle carrozze signorili.

postilla *s.f.* breve nota scritta sul margine di un libro o di un documento. SIN. *nota, chiosa, commento, glossa.*

postillare *v.tr.* far postille. SIN. *annotare, chiosare, glossare, commentare.*

postino *s.m.* portalettere.

postite *s.f.* infiammazione del prepuzio.

postmaturo *agg.* (*med.*) si dice di bambino nato dopo un periodo di gravidanza più lungo del normale.

postmoderno [-dèr-] *agg.* si dice del periodo nel quale viviamo, in quanto considerato iniziale di un quarto evo della storia dell'umanità dopo l'evo antico, il medioevo e l'evo moderno, dal quale si differenzierebbero i radicali mutamenti dovuti alla rivoluzione tecnologica; in particolare si dice con riferimento a stili e tendenze culturali degli anni Settanta-Ottanta: *architettura postmoderna.*

posto [pó-] *s.m.* **1** luogo in cui si trova o potrebbe o dovrebbe trovarsi una persona o una cosa: *lo scolaro tornò al suo* —; *non c'è* — *per questo pacco*; *prenotare due primi posti*, poltrone di teatro o di altra sala di spettacolo / *essere a* —, in ordine / *mettere a* — *qlcu.*, (*fig.*) farlo stare a dovere / *mettersi a* —, (*fig.*) di persona, trovare una buona sistemazione economica / *tenere le mani a* —, non essere manesco / *tenere la lingua a* —, non fare pettegolezzi **2** luogo assegnato a soldati, guardie ecc. per lo svolgimento di determinati compiti: — *di combattimento*; — *di guardia* **3** spazio limitato fornito di particolari attrezzature: — *telefonico pubblico*; — *di ristoro* **4** località, paese: *visitò tanti bei posti*; *la polizia era già sul* —, nel luogo in cui era accaduto qlco. **5** impiego, attività regolarmente retribuita, grado, posizione gerarchica: *il* — *di lavoro*; *perdere il* —; *aspira a un* — *di caposezione*; *stare al proprio* —, comportarsi ed esprimersi in modo conforme al proprio grado.

postoperatorio [-tò-] *agg.* che viene dopo un'operazione chirurgica: *trattamento* —.

postribolo [-stri-] *s.m.* casa di prostituzione.

postulante *s.m.* e *f.* **1** chi domanda benefici, cariche e simili **2** chi chiede d'essere ammesso in un ordine religioso.

postulare *v.tr.* [*io pòstulo ecc.*] **1** domandare, fare istanza per ottenere benefici o cariche **2** (*fil.* e *mat.*) ammettere per vera una determinata proposizione.

postulato *s.m.* proposizione non dimostrata e non dimostrabile che si postula come necessaria per fondare una scienza o un sistema filosofico.

postumo [pò-] *agg.* si dice di figlio, nato dopo la morte del padre; per estens., di scritto pubblicato dopo la morte dell'autore o, in genere, di cosa che avviene in ritardo: *opera postuma*; *fama postuma*, ottenuta dopo la morte; *pentimenti postumi* // *s.m.* spec. *pl.* disturbi lasciati da una malattia: *i postumi di una bronchite.*

potabile [-tà-] *agg.* bevibile; che si può bere senza danno per la salute: *acqua* —.

potabilizzare [-liʒʒa-] *v.tr.* rendere potabile.

potabilizzazione [-liʒʒazió-] *s.f.* l'operazione di potabilizzare l'acqua.

potare *v.tr.* [*io póto ecc.*] tagliare i rami degli alberi per favorirne la crescita o modificarne la forma.

potassa *s.f.* carbonato di potassio, usato per la fabbricazione di saponi e detersivi.

potassico [-tàs-] *agg.* [pl.m. *-ci*] (*chim.*) relativo al potassio.

potassio [-tàs-] *s.m.* elemento chimico (K; *n.at.* 19; *p.at.* 39,1); metallo alcalino, bianco argenteo, leggerissimo, fusibile, tenero, ossidabile, presente nella maggior parte degli organismi viventi, nel mare e in molti minerali.

potatore [-tó-] *s.m.* [f. *-trice*] chi pota.

potatura *s.f.* il potare; il modo di potare; l'insieme dei rami potati.

potente [-tèn-] *agg.* che ha forza, autorità, efficacia: *stato, uomo* —; *aiuto* —; *farmaco* — *contro la tubercolosi.* SIN. *energico, poderoso, valido* // *s.m.* chi ha grande potere e autorità.

potenza [-tèn-] *s.f.* **1** l'essere potente: *la* — *di Dio, di uno stato, del vento*; — *economica, militare.* SIN. *energia, vigore* **2** persona, ente potente; ogni stato che abbia rilevante importanza internazionale: *potenze celesti, infernali*; *l'Unione Sovietica e gli Stati Uniti sono due grandi potenze* **3** (*fil.*) possibilità di produrre un mutamento o di subirlo; facoltà: — *intellettiva* / *in* —, che è nello stato di pura possibilità **4** (*mecc.*) lavoro sviluppato da una macchina nell'unità di tempo / — *specifica di un autoveicolo*, la potenza sviluppata da un motore in rapporto alla sua cilindrata **5** (*mat.*) prodotto di più fattori uguali: *elevare un numero alla terza* —.

potenziale *agg.* che è in potenza: *energia, pericolo* —/ *congiuntivo* —, (*gramm.*) che esprime possibilità d'azione // *s.m.* **1** (*fis.*) in un campo di forze, il lavoro necessario per spostare l'unità di massa o di carica positiva da un punto all'infinito **2** (*fig.*) insieme di mezzi, capacità ecc. di cui dispone un organismo: — *atomico, bellico, industriale di uno stato.*

potenzialità *s.f.invar.* **1** l'essere potenziale; per estens., capacità: — *finanziaria* **2** (*mecc.*) capacità di una macchina o di un impianto a produrre nell'unità di tempo una certa quantità di lavoro.

potenziamento [-mén-] *s.m.* il potenziare.

potenziare *v.tr.* [*io potènzio ecc.*] rendere potente o più potente: — *la flotta.*

potere[1] [-té-] *v.intr.* [pres. *io pòsso, tu puòi, egli può, noi possiamo, voi potéte, essi pòssono*; imperf. *io potévo ecc.*; pass.rem. *io potéi, tu potésti ecc.*; fut. *io potrò ecc.*; cong.pres. *io pòssa, noi possiamo, voi possiate, essi pòssano*; cong.imperf. *io potéssi ecc.*; cond.pres. *io potrèi, tu potrésti ecc.*; ger. *potèndo*; p.p. *potuto*] // usato come verbo indipendente, vuole l'ausiliare *avere*; quando è usato come verbo servile, vuole generalmente l'ausiliare richiesto dal verbo all'infinito con cui si accompagna (p.e. *ho potuto mangiare*; *non sono potuto venire*; ma *non ho potuto venire*, se si vuol dare maggior risalto all'idea di possibilità) **1** avere la forza, la facoltà, la libertà, la possibilità, la probabilità di fare qlco.: *qui non si può respirare*; *non posso camminare*; *non può essersi perduto*

/ *a più non posso*, con tutte le forze 2 essere lecito, permesso, conveniente: *queste cose non si possono dire; mi dispiace, ma non si può* 3 avere autorità, efficacia, valentia: *è un uomo che può; lui sì che può* 4 essere probabile, possibile, verosimile: *tutti possiamo sbagliare; chi può essere stato?*

potere[2] [-té-] *s.m.* 1 facoltà di fare o di non fare qlco.; autorità, diritto di compiere determinati atti: *è in nostro — di fare questo*, dipende da noi; *dare, conferire il — di rappresentare qlcu*; *compiere un abuso di —; concedere pieni poteri al governo*, per cause eccezionali; *— legislativo, esecutivo, giudiziario; avere un grande — su qlcu*, una grande influenza / *quarto —*, *(fig.)* la stampa, in quanto influisce grandemente sulla formazione dell'opinione pubblica 2 dominio: *sei in mio — 3* autorità politica: *impadronirsi del —; salire al —; essere al —*, avere il predominio politico; *— centrale, periferico*, l'amministrazione centrale, periferica dello stato. SIN. *comando, governo* 4 capacità; proprietà: *— assorbente, calorifico; — d'acquisto della moneta.*

potestà *s.f.invar.* 1 potere di disporre, di dirigere l'altrui attività / *patria —*, insieme di diritti e doveri dei genitori legittimi nei confronti dei figli minori non emancipati 2 *pl.* *(teol.)* una delle nove gerarchie angeliche.

potestativo *agg.* *(dir.)* si dice di condizione il cui verificarsi è affidato alla volontà di una o di entrambe le parti.

pot-pourri [*franc.*; *pr.* po-purì] *s.m.* 1 raccolta di pezzi musicali o letterari eterogenei 2 per estens., miscuglio di varie cose.

pouf [*franc.*; *pr.* puf] *s.m.* sorta di sgabello imbottito, a forma di tamburo.

povero [pò-] *agg.* 1 che non possiede mezzi per vivere o ne possiede scarsamente: *un uomo —; una famiglia, una nazione povera / — in canna*, poverissimo. CONTR. *ricco* 2 meschino, misero: *una casa, una vita povera; un pranzo, un abito —.* CONTR. *ricco* 3 scarso, privo di qlco.: *un paese — di acque; un'opera povera di idee profonde; uno stile —*, disadorno / *in parole povere*, brevemente e chiaramente / *— di spirito*, persona semplice; *(spreg.)* persona dappoco, imbecille. CONTR. *ricco* 4 preposto al nome, indica affetto, compassione, pietà, commiserazione, affettuoso rimpianto: *— me; povera donna; povera bestia; poveri denari miei spesi inutilmente; i poveri morti; il mio — padre* 5 per indicare disprezzo, ironia, minaccia: *— ingenuo; un — uomo, uno sciocco; — te, se non finisci questo lavoro! // s.m.* chi non ha mezzi per vivere; mendicante: *l'ospizio dei poveri; ho fatto la carità a un —.*

povertà *s.f.invar.* l'essere povero: *vivere in —; una dignitosa —; la — del raccolto; — di idee, di fantasia*. SIN. *indigenza.* CONTR. *ricchezza.*

pozione [-zió-] *s.f.* 1 bevanda medicinale 2 filtro magico.

pozza [póz-] *s.f.* 1 piccola concavità, depressione del terreno piena d'acqua: *una strada piena di pozze* 2 quantità di liquido versato in terra: *una — di sangue.*

pozzanghera [-zàn-] *s.f.* pozza d'acqua fangosa.

pozzetto [-zét-] *s.m.* 1 piccolo pozzo; piccola cavità per contenere liquidi 2 ciascuna delle aperture che consentono di ispezionare e pulire le fognature 3 nelle imbarcazioni, spec. da diporto, la parte bassa, a poppa, dove stanno al riparo i passeggeri.

pozzo [póz-] *s.m.* 1 scavo praticato verticalmente nel terreno, solitamente a sezione circolare e rivestito in muratura, per estrarre acqua dal sottosuolo: *attingere*

acqua dal —; la secchia, la carrucola del —; un — artesiano / essere un — di scienza, essere molto dotto / *mostrare la luna nel —*, far credere cose impossibili / *essere come il — di san Patrizio*, di persona o attività che richiede continuamente denari 2 qualsiasi foro, più o meno lungo e profondo, naturale o artificiale, spec. praticato nel terreno: *— carsico*, scavato dalle acque; *— petrolifero*, per l'estrazione del petrolio; *— di miniera*, che collega i vari piani di una miniera tra loro o con l'esterno, per la ventilazione o l'estrazione del minerale / *— nero*, fossa coperta che raccoglie gli escrementi e i rifiuti liquidi negli edifici sprovvisti di fogna / *— delle scale*, lo spazio vuoto che rimane all'interno di queste [*ill. Scala*].

pozzolana *s.f.* roccia tufacea, incoerente, di color grigio, rossastro o bruno; serve per malte idrauliche.

praghese [-ghé-] *agg.* di Praga // *s.m.* e *f.* abitante di Praga.

pragmatismo [-ʃmo] *s.m.* indirizzo della filosofia contemporanea che pone il criterio di valutazione di ogni principio teorico nelle conseguenze pratiche che ci si aspettano da esso.

pragmatista *s.m.* e *f.* [pl.m. *-i*] seguace del pragmatismo.

pragmatistico [-tì-] *agg.* [pl.m. *-ci*] del pragmatismo e dei filosofi che lo professano.

prammatica [-mà-] *s.f.* regola, costumanza stabilita dalle consuetudini: *una risposta di —.*

prammatico [-mà-] *agg.* [pl.m. *-ci*] che concerne l'attività pratica / *prammatica sanzione*, locuz. con cui si indicavano certi editti, provvedimenti, disposizioni importanti e simili emanati dai sovrani.

pranoterapia [-pì-] *s.f.* la pratica dell'imporre le mani su una parte malata per ottenere la guarigione.

pranzare [-ʒa-] *v.intr.* consumare il pranzo.

pranzo [-ʒo] *s.m.* 1 il pasto principale della giornata, consumato in certe regioni a mezzogiorno e in altre alla sera 2 si usa in varie locuz. per indicare con approssimazione l'ora di mezzogiorno: *all'ora di —; dopo —.*

praseodimio [-ʃeodì-] *s.m.* elemento chimico (Pr; *n.at.* 59; *p.at.* 140,95); metallo delle terre rare.

prassi *s.f.invar.* 1 l'attività pratica in quanto contrapposta a quella teoretica 2 procedura abituale, consueta, spec. di uffici e organi amministrativi: *seguire la —.*

prassia [-si-] *s.f.* *(med.)* la capacità di eseguire correttamente e agevolmente i movimenti necessari per uno scopo.

prataiolo [-iò-] *agg.* dei prati // *s.m.* fungo commestibile con cappello biancastro o bruno e gambo corto (*fam.* Agaricacee).

prateria [-rì-] *s.f.* 1 vasta distesa erbosa 2 formazione vegetale caratteristica dei climi temperati.

pratese [-té-] *agg.* di Prato // *s.m.* e *f.* abitante di Prato.

pratica [prà-] *s.f.* 1 l'insieme degli atti con cui si applicano o realizzano, concretamente a casi particolari, i principi appresi in teoria: *mettere in — un consiglio*, attuarlo / *in —*, in realtà, in effetti. CONTR. *teoria* 2 la conoscenza di qlco. e l'abilità nel fare qlco. ottenute con l'esperienza e l'esercizio: *ha — del mestiere; avere — di un luogo / far —*, esercitarsi. SIN. *perizia* 3 l'insieme degli atti e i documenti necessari ad avviare e concludere un affare: *dare corso alle pratiche per un acquisto; smarrire una — 4* spec. *pl.* gli atti del culto religioso: *pratiche religiose.*

praticabile [-cà-] *agg.* 1 che si può praticare 2 si dice di luogo per cui si può passare: *un valico — anche d'inverno.* CONTR. *impraticabile* // *s.m.* piattaforma, ponte, passaggio percorribile da persone, spec. da operai su grandi macchinari; in teatro, qualsiasi piattaforma sulla quale gli attori possono agire o sulla quale possono essere collocati altri elementi scenografici.

praticabilità *s.f.invar.* l'essere praticabile: *la — delle strade*.

praticaccia [-càc-] *s.f.* (*fam.*) si dice di abilità derivata dall'esperienza più che dalla teoria: *avere una certa — del mestiere*.

praticante *agg.* si dice di persona che osserva le pratiche religiose *//* *agg.* e *s.m.* si dice di persona che fa tirocinio in una professione: *fa il — presso un notaio*.

praticare *v.tr.* [*io pràtico, tu pràtichi ecc.*] **1** mettere in atto, in pratica: — *una virtù, una professione, uno sport*. SIN. *esercitare, professare* **2** avere relazione, rapporti di familiarità con qlcu., qlco.: *pratica gente disonesta*. SIN. *frequentare*.

praticità *s.f.invar.* **1** l'essere pratico **2** l'essere comodo a usarsi.

pratico [prà-] *agg.* [pl.m. *-ci*] **1** che concerne la pratica: *metodo —*, che unisce all'insegnamento della teoria esercitazioni pratiche. CONTR. *teorico* **2** che tiene conto della realtà delle situazioni: *un uomo —, un consiglio —* **3** si dice di persona che ha pratica di qlco.: — *della città; è un operaio molto —*. SIN. *esperto* **4** che è facile a usarsi, a portarsi: *un abito —; un mobile —* *//* **-mente** *avv.* **1** in modo pratico **2** in sostanza; quasi: *l'opera è — finita*.

pratile *s.m.* nome del nono mese del calendario rivoluzionario francese.

prativo *agg.* si dice di terreno messo a prato.

prato *s.m.* tratto di terreno coperto d'erba, spontanea o seminata. DIM. *praticello*.

pratolina *s.f.* margheritina dei prati (*fam.* Composite).

pravo *agg.* (*lett.*) malvagio, perverso.

pre- [dal lat. *prae = innanzi, prima*] prefisso che indica precedenza, anteriorità nel tempo (*predestinare, preavviso, prebellico*); più raramente nello spazio (*prealpino*).

preadolescente [-scèn-] *agg.* e *s.m.* e *f.* si dice dei ragazzi e delle ragazze tra gli 11 e i 14 anni.

preagonico [-gò-] *agg.* [pl.m. *-ci*] che precede l'agonia; (*fig.*) che precede la fine, lo scioglimento.

prealpino *agg.* delle Prealpi, relativo alle Prealpi: *la zona prealpina*.

preambolo [-àm-] *s.m.* parte introduttiva di un discorso */ entra in argomento senza tanti preamboli*, senza parole inutili.

preamplificatore [-tó-] *s.m.* apparecchio che svolge preventivamente parte delle funzioni di un amplificatore [*ill. Suono*].

preannunziare *v.tr.* [*io preannunzio ecc.*] dire, annunziare in precedenza (anche *fig.*): *questi fiori preannunziano la primavera*. SIN. *predire, preconizzare*.

preatletico [-tlè-] *agg.* [pl.m. *-ci*] che prepara a esercizi atletici: *ginnastica preatletica*.

preavvertire *v.tr.* [*io preavvèrto ecc.*] avvertire in precedenza.

preavvisare [-ʃà-] *v.tr.* avvisare in precedenza.

preavviso [-ʃo] *s.m.* il preavvisare; avvertimento dato da ufficio, amministrazione pubblica e simili prima dell'avviso formale.

prebellico [-bèl-] *agg.* [pl.m. *-ci*] del periodo che precede immediatamente una guerra.

prebenda [-bèn-] *s.f.* **1** reddito derivante da una carica ecclesiastica **2** per estens., ogni sorta di guadagno: *acquisire con poca fatica laute prebende*, facili guadagni.

precanceroso [-ró-] *agg.* si dice di lesioni che tendono a evolversi in tumore maligno.

precariato *s.m.* la condizione di lavoratore precario; l'insieme dei precari.

precarietà *s.f.invar.* l'essere precario.

precario [-cà-] *agg.* non stabile, di incerta durata: *impiego — / salute precaria*, cagionevole *//* *agg.* e *s.m.* si dice di chi ha un lavoro non stabile, con contratto a termine.

precauzionale *agg.* che è dettato da precauzione: *provvedimento —*.

precauzione [-zió-] *s.f.* **1** atteggiamento di chi è cauto: *bisogna agire con —* **2** provvedimento tendente ad evitare un danno: *ho preso le mie precauzioni*.

prece [prè-] *s.f.* (*lett.*) preghiera.

precedente [-dèn-] *agg.* immediatamente anteriore: *il giorno — alla festa //* *s.m.* **1** fatto, azione accaduta prima di un'altra dello stesso genere: *è un fatto senza precedenti*, mai accaduto prima */ creare un —*, in una data occasione, stabilire o concedere qlco. che possa poi servire come norma o pretesto in casi analoghi **2** *pl.* la condotta tenuta da qlcu. nel passato, tale che possa servire come giudizio, orientamento su di lui: *ha dei pessimi precedenti / precedenti penali*, condanne riportate in precedenza da chi è sottoposto a processo.

precedenza [-dèn-] *s.f.* **1** atto, effetto del precedere */ in —*, prima **2** diritto di precedere: *hanno dato la — a questo problema; dare la — agli autoveicoli provenienti da destra*.

precedere [-cè-] *v.tr.* [*io precèdo ecc.*] andare innanzi, venir prima (anche *fig.*): *l'alba precede il giorno*.

precessione [-sió-] *s.f.* lento movimento conico dell'asse di rotazione di un corpo che sia in rapido movimento rotatorio intorno all'asse medesimo */ — degli equinozi*, (*astr.*) movimento conico dell'asse terrestre, che provoca un lieve anticipo annuo degli equinozi e lo spostamento dei poli celesti.

precettare *v.tr.* [*io precètto ecc.*] **1** ordinare per mezzo di un precetto **2** richiamare alle armi i militari in congedo; destinare all'uso militare automezzi o quadrupedi.

precettazione [-zió-] *s.f.* l'atto ufficiale del precettare; in particolare, il precettare al lavoro chi sciopera in settori ritenuti di pubblica necessità.

precettistica [-ti-] *s.f.* l'insieme di precetti relativi a una particolare materia; l'arte di formulare precetti: — *morale*.

precetto [-cèt-] *s.m.* **1** norma, regola, comandamento: *i precetti della chiesa / festa di —*, quella in cui c'è l'obbligo di assistere alla messa e di non fare lavori servili. SIN. *regola, prescrizione* **2** intimazione ad adempiere un obbligo, emessa dall'autorità giudiziaria o militare */ cartolina —*, ordine scritto di chiamata alle armi.

precettore [-tó-] *s.m.* insegnante privato, istitutore. SIN. *pedagogo*.

precipitare *v.intr.* [*io precipito ecc.*] **1** piombare in un luogo profondo, in un precipizio. SIN. *cadere, cascare* **2** (*fig.*) cadere in miseria, in disgrazia; fallire. SIN. *rovinare* **3** correre verso la conclusione: *gli eventi ormai precipitano* **4** (*chim.*) il depositarsi, in una soluzione, di una sostanza in essa disciolta *//* *v.tr.* **1** gettare in un luogo profondo (*fig.*) affrettare: — *una decisione / si precipitò a casa*, andò a casa di corsa.

precipitato *agg.* **1** caduto a precipizio **2** fatto o detto troppo in fretta: *una decisione precipitata //* *s.m.* (*chim.*) sostanza che si deposita sul fondo di un recipiente separandosi da una soluzione.

precipitazione [-zió-] *s.f.* **1** atto del precipitare; anche la cosa stessa che precipita / *precipitazioni* (*atmosferiche*), pioggia, neve, grandine, considerate nel loro complesso **2** (*fig.*) fretta eccessiva: *agire con —*.

precipitevolissimevolmente [-mén-] *avv.* formato dal superlativo di *precipitevole*, si usa per lo più in tono scherzoso, come esempio di parola molto lunga / *chi troppo in alto sal cade sovente —*, l'ambizione porta spesso alla rovina.

precipizio [-pi-] *agg.* **1** che va a precipizio: *torrente —* **2** che agisce senza riflettere: *è un ragazzo —* **3** fatto con fretta eccessiva: *una decisione precipitosa.*

precipizio [-pi-] *s.m.* luogo scosceso e profondo in cui si può precipitare / *essere sull'orlo del —*, (*fig.*) sul punto di andare in rovina / *a —*, in modo precipitoso: *correre a —*.

precipuo [-cì-] *agg.* di primaria importanza; peculiare, caratteristico: *lo scopo —*; *l'interesse —*. SIN. *principale.*

precisare [-ʃa-] *v.tr.* determinare, specificare con esattezza: *— i fatti.*

precisazione [-ʃazió-] *s.f.* atto, effetto del precisare; parole con cui si precisa qlco.: *fornirò le precisazioni richieste.*

precisione [-ʃió-] *s.f.* l'essere preciso: *la — di un orologio.* SIN. *esattezza.*

preciso [-ʃo] *agg.* **1** si dice di cosa calcolata, fatta o detta con esattezza: *ora precisa*; *peso —* / *un'idea precisa*, chiara / *è tuo — dovere*, lo devi fare proprio tu. SIN. *esatto* **2** si dice di persona o cosa che agisce o funziona con accuratezza ed esattezza: *un disegnatore —*; *un orologio —*. CONTR. *impreciso* // **-mente** *avv.* proprio così.

preclaro *agg.* (*lett.*) illustre, celebre.

precludere [-clù-] *v.tr.* [pass.rem. *io preclusi, tu precludésti* ecc.; p.pass. *precluso*] (*lett.*) chiudere, impedire: *— la via, la carriera.* SIN. *vietare.*

preclusione [-ʃió-] *s.f.* pregiudizio negativo, esclusione a priori.

precoce [-cò-] *agg.* **1** che si sviluppa e matura prima del tempo ordinario: *pianta, frutto —*; *un ragazzo —*. CONTR. *tardivo* **2** che avviene innanzi tempo: *una morte —*. SIN. *prematuro.*

precocità *s.f.invar.* l'essere precoce (anche *fig.*).

precognizione [-zió-] *s.f.* conoscenza di fatti futuri, attribuita a fenomeni metapsichici.

preconcetto [-cèt-] *agg.* si dice di idea o di giudizio che si ha su qlcu. o qlco. prima di conoscerli: *hai per lui un'antipatia preconcetta* // *s.m.* idea preconcetta su qlcu. o qlco.: *giudichi falsamente perché parti da un —*. SIN. *pregiudizio.*

precongressuale *agg.* che precede e prepara un congresso: *assemblea —*.

preconizzare [-niʒʒa-] *v.tr.* **1** annunciare pubblicamente; prevedere, predire: *mi ha preconizzato una bella carriera.* SIN. *presagire, preannunziare* **2** detto del papa, annunziare in concistoro la creazione di un vescovo o di un cardinale.

precordi [-còr-] *s.m.pl.* (*lett.*) **1** le parti vicine al cuore; gli organi della cavità toracica **2** (*fig.*) la parte più intima dell'animo: *si commosse fino a —*.

precorrere [-cór-] *v.tr.* [coniugato come *correre*] precedere, prevenire: *— gli eventi*, agire prima che se ne sia rivelata la necessità.

precostituire *v.tr.* [*io precostituisco, tu precostituisci* ecc.] costituire in precedenza: *la maggioranza precostituita*, accertata prima di una votazione.

precotto [-còt-] *agg.* e *s.m.* si dice di cibo preparato industrialmente e venduto già cotto o parzialmente cotto.

precursore [-só-] *agg.* e *s.m.* [f. *precorritrice*] che o chi precorre, precede altri nel dire o nel fare: *i segni precursori del temporale*; *il Petrarca è un — del rinascimento.*

preda [prè-] *s.f.* bene di cui ci si impadronisce con la violenza, spec. in guerra, a caccia e simili; bottino; ciò che cade in potere d'altri (anche *fig.*): *i ladri hanno fatto una buona —*; *il cacciatore tornò con la sua —*; *sarai — dei rimorsi / uccelli da —*, quelli rapaci / *fare —*, fare razzia, trafugare / *essere, cadere in —*, in balìa, in potere assoluto: *la casa era in — alle fiamme*; *è caduto in — alla disperazione.*

predare *v.tr.* [*io prèdo* ecc.] prendere come preda; prendere con la violenza: *i nemici predarono tutto il raccolto.*

predatore [-tó-] *agg.* e *s.m.* [f. *-trice*] che, chi preda: *uccelli predatori*, rapaci.

predecessore [-só-] *s.m.* chi ha tenuto prima di un altro un ufficio, una carica, una dignità ecc.: *il — dell'attuale ministro.*

predella[1] [-dèl-] *s.f.* **1** largo gradino posto sotto la cattedra dell'insegnante o davanti all'altare [*ill.* Chiesa] **2** parte inferiore di un politico o di una pala d'altare, divisa in più pannelli dure dipinti.

predella[2] [-dèl-] *s.f.* parte della briglia a cui è attaccato il morso e che si prende per condurre il cavallo a mano.

predellino *s.m.* nelle vetture ferroviarie o tranviarie, il gradino su cui si poggia il piede per salire o per scendere.

predestinare *v.tr.* [*io predestino* (raro *predèstino*) ecc.] destinare, designare molto tempo prima.

predestinato *agg.* destinato, designato in precedenza.

predestinazione [-zió-] *s.f.* **1** l'essere predestinato **2** (*teol.*) dottrina secondo la quale Dio predetermina gli atti umani e quindi la salvezza o la dannazione dell'anima.

predetto [-dét-] *agg.* detto in precedenza, accennato prima: *per le predette ragioni questo non si può fare.*

prediale (*dir.*) che si riferisce a podere, a fondo rustico: *tassa —*.

predica [prè-] *s.f.* **1** discorso che il sacerdote fa ai fedeli in chiesa / *da che pulpito vien la —!*, (*iron.*) si dice di chi vuole impartire insegnamenti dei quali avrebbe bisogno lui stesso **2** (*fig. scherz.*) discorso, ammonimento noioso: *ha fatto la solita —!*

predicare *v.tr.* [*io prèdico, tu prèdichi* ecc.] **1** dichiarare, illustrare pubblicamente: *— il Vangelo / assol.* fare, tenere una predica: *il sacerdote predica ai fedeli* **2** esortare all'adempimento o all'osservanza di qlco.; esaltare, lodare pubblicamente: *— la virtù.*

predicativo *agg.* (*gramm.*) del predicato; che è un predicato: *verbo —*, quello che da solo costituisce un predicato; *complemento —*, che è un predicato del soggetto (p.e. trascorro i giorni *sereno*) o dell'oggetto (p.e. lo elessero *senatore*).

predicato *s.m.* (*gramm.*) quel che si dice del soggetto; si parla di *predicato verbale* quando nella frase c'è un verbo predicativo (p.e. *noi studiamo*; *essi viaggiano*), di *predicato nominale* quando c'è la copula e un elemento nominale (p.e. Franca è *buona*; tu *sei bravo* in matematica; questo è *un buon affare*).

predicatore [-tó-] *s.m.* [f. *-trice*] chi predica / *frati predicatori*, i domenicani.

predicazione [-zió-] *s.f.* atto, effetto del predicare.

predicozzo [-còz-] *s.m.* (*scherz.*) ammonimento, rimprovero. SIN. *paternale, ramanzina.*

prediletto [-lèt-] *agg.* amato più di tutti gli altri: *figlio* —. SIN. *preferito* // *s.m.* chi è amato sopra gli altri.

predilezione [-zió-] *s.f.* il prediligere; la cosa prediletta: *ha una — per il figlio maggiore; la pittura è la sua —.*

prediligere [-lì-] *v.tr.* [coniugato come *diligere*] amare più di ogni altro o di ogni altra cosa: *prediligeva il figlio minore.*

predire *v.tr.* [coniugato come *dire*] dire, annunziare in precedenza quel che avverrà. SIN. *preannunziare, presagire.*

predisporre [-spór-] *v.tr.* [coniugato come *porre*] disporre, ordinare in anticipo; apparecchiare: *— il piano di difesa; — gli animi alla notizia.* SIN. *organizzare, preparare.*

predisposizione [-fizió-] *s.f.* **1** il predisporre, l'esser predisposto: *dimostra — alla pittura.* SIN. *inclinazione* **2** (*med.*) particolare attitudine a contrarre determinate malattie.

predisposto *agg.* **1** si dice di apparecchiatura fatta in modo da poter essere eventualmente utilizzata per altri scopi: *un televisore — per la telematica* **2** (*med.*) si dice di persona portata a contrarre determinate malattie.

predizione [-zió-] *s.f.* atto, effetto del predire; la cosa predetta: *fece una tremenda —.* SIN. *vaticinio, pronostico.*

predominante *agg.* che domina sugli altri: *colore, pensiero —.* SIN. *prevalente.*

predominare *v.intr.* [*io predòmino ecc.*] avere dominio, essere superiore, prevalente: *predomina su tutti; in lui predomina la bontà.* SIN. *prevalere, preponderare* // *v.tr.* sopraffare, dominare: *l'ira spesso lo predomina.*

predominio [-mì-] *s.m.* il predominare; superiorità: *esercitare, perdere il —.* SIN. *prevalenza, supremazia, preponderanza.*

predone [-dó-] *s.m.* chi vive di rapine e saccheggi: *— del mare,* pirata.

preesistente [-fistèn-] *agg.* che già esisteva: *rimodernare un edificio —.*

preesistenza [-fistèn-] *s.f.* il preesistere.

preesistere [-fì-] *v.intr.* esistere prima, sin da prima.

prefabbricare *v.tr.* [*io prefàbbrico, tu prefàbbrichi ecc.*] fabbricare in precedenza.

prefabbricato *agg.* e *s.m.* si dice di elementi edili fabbricati in precedenza in sede diversa da quella in cui vengono messi in opera; anche di costruzione risultante dal montaggio di tali elementi: *casa prefabbricata; vivono in un —.*

prefabbricazione [-zió-] *s.f.* operazione e procedimento con cui si fabbricano elementi edili.

prefatore [-tó-] *s.m.* [f. *-trice*] chi scrive la prefazione a un libro.

prefazio [-fà-] *s.m.* (*lit.*) la parte della messa che precede il Canone.

prefazione [-zió-] *s.f.* breve scritto con opportune avvertenze, che l'autore premette alla sua opera.

preferenza [-rèn-] *s.f.* il preferire una cosa o una persona / *usare preferenze verso qlcu.,* favorirlo.

preferenziale *agg.* che indica una preferenza: *voto —,* che si dà a uno o più candidati di una lista, per indicare la propria scelta.

preferibile [-rì-] *agg.* che si può o si deve preferire.

preferire *v.tr.* [*io preferisco, tu preferisci ecc.*] scegliere, preporre ad altri: *preferisco la musica alla pittura.* SIN. *prediligere.*

preferito *agg.* e *s.m.* favorito, anteposto a tutti gli altri. SIN. *prediletto, prescelto.*

prefettizio [-ti-] *agg.* del prefetto: *decreto — / commis-*

sario —, funzionario nominato dal prefetto, che amministra temporaneamente un comune al posto del sindaco.

prefetto [-fèt-] *s.m.* **1** il rappresentante del governo in ogni provincia **2** titolo di chi ricopre vari uffici ecclesiastici, scolastici e simili **3** presso gli antichi romani, titolo del delegato di un magistrato civile o militare.

prefettura *s.f.* la carica di prefetto; la circoscrizione, gli uffici e la residenza del prefetto: *ottenere la —; andare in —.*

prefica [prè-] *s.f.* donna che gli antichi romani pagavano per piangere durante i funerali; (*scherz.*) persona che si lamenta per nulla.

prefiggere [-fig-] *v.tr.* [coniugato come *figgere*] prestabilire, fissare prima: *— un termine di tempo; mi sono prefisso questo scopo.*

prefigurare *v.tr.* rappresentare simbolicamente qlco., qlcu. non ancora esistito.

prefisso *s.m.* particella che si prepone a una parola per formarne un'altra (p.e. *pre*-disporre; *anti*-monarchico).

prefissoide [-sòi-] *s.m.* in linguistica, primo elemento di parole composte derivante dall'abbreviazione di una parola autonoma (p.e. *auto*- nel significato di «automobile»: *autocisterna, autorimessa, autocolonna*).

pregare *v.tr.* [*io prègo, tu prèghi ecc.*] **1** chiedere umilmente con parole o con atti: *lo pregai di ricevermi / farsi —,* concedere qlco. solo dopo ripetute richieste. SIN. *supplicare* **2** invitare cortesemente qlcu. a fare qlco.: *la prego, si accomodi; ti prego di uscire* **3** rivolgersi col pensiero alla divinità, spec. per chiedere grazie; recitare preghiere (anche *assol.*): *pregava per il figlio malato; prego Dio che mi aiuti.*

pregevole [-gé-] *agg.* che ha pregio; che merita stima, considerazione. SIN. *pregiato.* CONTR. *spregevole.*

preghiera [-ghiè-] *s.f.* **1** atto, modo di pregare; le parole con cui si prega: *esaudire la — di un amico* **2** il pregare Dio; la formula, il testo che si recita per rivolgersi alla divinità: *recitare una — alla Madonna.*

pregiare *v.tr.* [*io prègio ecc.*] (*lett.*) tenere in grande stima: *— un amico; — un autore* // *-arsi v.rifl.* ritenersi onorato: *mi pregio di scriverle questa lettera.*

pregiato *agg.* che ha pregio, che vale, che costa molto. SIN. *pregevole, caro.*

pregio [prè-] *s.m.* **1** considerazione: *avere in — una persona, una cosa,* stimarla molto **2** qualità positiva: *il — di quest'opera è di essere breve; ha il — della sincerità; i suoi pregi letterari.* SIN. *valore.*

pregiudicare *v.tr.* [*io pregiùdico, tu pregiùdichi ecc.*] compromettere l'esito favorevole di qlco. con un giudizio o un atto prematuro o inopportuno, danneggiare: *il tuo atteggiamento ha pregiudicato la riuscita dell'affare.*

pregiudicato *s.m.* chi ha riportato in passato condanne penali.

pregiudiziale *agg.* si dice di ogni questione che deve essere esaminata prima di prendere una decisione intorno a qlco., e in particolare prima di un processo, perché dalla sua soluzione dipende la sorte del giudizio; nel linguaggio politico, condizione che si pone come indispensabile per l'inizio o la continuazione di una trattativa / *s.f.* questione pregiudiziale.

pregiudizio [-dì-] *s.m.* giudizio, opinione errata dovuta a scarsa conoscenza dei fatti o ad accettazione non critica di errate opinioni altrui; credenza superstiziosa: *lo studio approfondito ci libera dai pregiudizi; è un — popolare.* SIN. *prevenzione, preconcetto.*

pregnante *agg.* si dice di parola o frase densa di significati.

pregno [pré-] *agg.* **1** gravido (detto spec. delle femmine di animali) **2** (*lett.*) impregnato: *parete pregna di umidità.*

pregresso [-grès-] *agg.* (*burocr.*) precedente, passato, avvenuto prima.

pregustare *v.tr.* gustare in anticipo, assaporare col pensiero (spec. *fig.*): *— le gioie delle vacanze.*

preindustriale *agg.* precedente lo sviluppo industriale; non ancora industrializzato.

preistoria [-stò-] *s.f.* il lungo periodo di tempo, precedente la storia del genere umano, di cui non si hanno documenti scritti, ma del quale si ricostruisce la civiltà in base ai rinvenimenti archeologici.

preistorico [-stò-] *agg.* [pl.m. *-ci*] della preistoria.

prelatino *agg.* precedente il latino: *nome —.*

prelatizio [-ti-] *agg.* di, da prelato: *abito —.*

prelato *s.m.* denominazione generale di ecclesiastici di rango elevato (arcivescovi, vescovi) e dei più alti dignitari della curia romana.

prelavaggio [-vàg-] *s.m.* leggero lavaggio che le lavatrici automatiche fanno prima del ciclo di lavaggio.

prelazione [-zió-] *s.f.* (*dir.*) diritto di priorità nell'acquisto di qlco. a un determinato prezzo; nelle procedure fallimentari, diritto di priorità di taluni creditori nella soddisfazione dei crediti che essi vantano verso uno stesso debitore.

prelevamento [-mén-] *s.m.* atto, effetto del prelevare: *— di un campione.*

prelevare *v.tr.* [io prelèvo *ecc.*] **1** prendere o ritirare parte di una quantità che sia accantonata o immagazzinata: *— denaro in banca* **2** requisire; catturare: *lo prelevarono come ostaggio.*

prelibare *v.tr.* (*lett.*) gustare, assaggiare in anticipo.

prelibato *agg.* eccellente: *pranzo —.* SIN. *squisito.*

prelievo [-liè-] *s.m.* atto, effetto del prelevare.

preliminare *agg.* che precede, iniziale: *nozioni preliminari*, elementari // *s.m.* spec. *pl.* premesse: *abbreviamo i preliminari; i preliminari di pace*, i primi accordi.

prelogico [-lò-] *agg.* [pl.m. *-ci*] che ancora non procede per schemi logici (soprattutto con riferimento alla conoscenza e al pensiero infantili).

preludere [-lù-] *v.intr.* [coniugato come *alludere*] **1** precedere, preannunziare: *quelle parole preludevano a un improvviso voltafaccia* **2** introdurre un argomento.

preludiare *v.intr.* [io prelùdio *ecc.*] far da preludio, sonare un preludio.

preludio [-lù-] *s.m.* **1** breve composizione strumentale che serve da introduzione a un'opera teatrale in musica / *il — di una crisi*, (*fig.*) i segni premonitori **2** breve pezzo musicale (spec. per pianoforte, arpa e simili) di tono intensamente lirico.

pre-maman [*pr.* premamà(n)] *agg.* e *s.m.* si dice di abbigliamento adatto alle gestanti.

prematrimoniale *agg.* che precede il matrimonio; che si fa in vista del matrimonio: *visita medica —.*

prematuro *agg.* che avviene innanzi tempo; che si fa o si dice prima del momento giusto: *un parto —; un giudizio —.* SIN. *precoce.*

premeditare *v.tr.* [io premèdito *ecc.*] preordinare, predisporre con la mente qlco., per lo più in senso non buono: *— un delitto.*

premeditato *agg.* preordinato, predisposto; si dice spec. di delitto che sia stato coscientemente pensato e preparato. SIN. *intenzionale.*

premeditazione [-zió-] *s.f.* atto, effetto del premeditare: *omicidio con —.*

premere [prè-] *v.tr.* [pres. io prèmo *ecc.*; pass.rem. io premètti o preméi, tu premésti *ecc.*; p.pass. premuto] esercitare una pressione su qlco., spingere (anche *fig.*): *premi forte il pulsante; la folla mi premeva da ogni lato / i soldati premevano il nemico*, lo incalzavano. SIN. *pigiare, comprimere* // *v.intr.* **1** gravare, fare forza stringendo: *il peso preme tutto sulla destra* **2** (*fig.*) importare, stare a cuore, con senso di urgenza: *mi premeva arrivare in tempo* **3** far pressione su qlco.

premessa [-més-] *s.f.* **1** asserzione, osservazione, notizia che si pone prima del discorso principale o come punto di partenza di un'argomentazione: *vorrei fare una —; senza tante premesse / — in un libro*, introduzione **2** (*fil.*) ciascuna delle due prime proposizioni del sillogismo, dalle quali si ricava la conclusione.

premettere [-mét-] *v.tr.* [coniugato come *mettere*] mettere innanzi, far precedere, detto di parole o di scritti: *bisogna — che non lo conoscevo; premise al suo libro una breve introduzione; ciò premesso*, si dice riassumendo un discorso che precede quello principale.

premiare *v.tr.* [io prèmio *ecc.*] dare il premio: *— il vincitore, — il merito.* SIN. *ricompensare, remunerare.*

premiazione [-zió-] *s.f.* atto del premiare; cerimonia in cui vengono distribuiti i premi: *la — dei migliori allievi.*

premier [*ingl.; pr.* prèmia] *s.m.* titolo dato in Inghilterra al presidente del consiglio dei ministri e, per estens., a chi rivece analoga carica in altri paesi.

première [*franc.; pr.* pr(e)mièr] *s.f.* prima teatrale o cinematografica; prima.

preminente [-nèn-] *agg.* che è superiore agli altri per importanza, meriti, onori ecc.: *posizione —.*

preminenza [-nèn-] *s.f.* l'essere preminente: *ottenere, conservare la —.* SIN. *primato, superiorità.*

premio [prè-] *s.m.* **1** dono elargito per ricompensare un merito o per una vittoria in una gara; ricompensa in genere: *al miglior allievo verrà assegnato un —; il miglior — alle nostre fatiche è il tuo successo; ottenere, conseguire, istituire un —* **2** somma di denaro o oggetto che si vince nelle lotterie e simili: *si procederà all'estrazione dei premi / — di consolazione*, piccolo premio dato a chi non ha vinto nessun premio importante **3** somma che si paga a una società di assicurazione o indennità che si riscuote: *contratto a —*, tipo di contratto a termine in cui una delle due parti contraenti, dietro il pagamento di un compenso (*premio*) si riserva il diritto di eseguire il contratto o di risolverlo o di modificarlo **4** nome di alcune gare sportive o di competizioni di varia natura: *il Gran Premio automobilistico di Monza; concorre al Premio Viareggio.*

premistoffa [-stòf-] *s.m.invar.* accessorio della macchina da cucire che tiene ferma la stoffa durante la cucitura [*ill. Cucito*].

premistoppa [-stóp-] *s.m.invar.* (*mecc.*) collare che comprime le guarnizioni assicurandone la tenuta.

premito [prè-] *s.m.* (*med.*) contrazione, talvolta dolorosa, dei muscoli dell'addome, dell'ultimo tratto dell'intestino o dell'utero; in particolare, quello che si verifica durante il travaglio del parto.

premolare *agg.* e *s.m.* ciascuno degli otto denti posti tra i canini e i molari dell'uomo [*ill. Bocca*].

premonitore [-tó-] *agg.* [f. *-trice*] che preannuncia, che ammonisce in anticipo: *sogno —.*

premonizione [-zió-] *s.f.* presagio, intuizione di fatti futuri attribuita a fenomeni metapsichici.

premorienza [-rièn-] *s.f.* (*dir.*) il fatto, considerato nelle sue conseguenze giuridiche, di morire prima di un altro.

premorire *v.intr.* [coniugato come *morire*] morire prima di un altro, in quanto determini conseguenze giuridiche: *il figlio premorì al padre*.

premunire *v.tr.* [*io premunisco, tu premunisci ecc.*] munire preventivamente; (*fig.*) provvedere di ciò che serve di difesa contro qlcu. o qlco.: — *una fortezza;* — *i giovani contro i pericoli della vita* // *-irsi v.rifl.* provvedersi di opportuni mezzi di difesa (anche *fig.*): — *di un fucile;* — *contro il freddo, contro le insidie.*

premura *s.f.* **1** fretta: *ho* — *di partire; lavoro fatto di* — */ far* —, sollecitare. SIN. *urgenza* **2** attenzione, riguardo particolare verso qlcu. o qlco.: *ha sempre dimostrato molte premure per me.* SIN. *zelo, cura, sollecitudine.*

premuroso [-ró-] *agg.* pieno di premure: *un ragazzo* —. SIN. *affettuoso, sollecito.*

prenatale *agg.* che precede la nascita; che riguarda la vita fetale.

prendere [prèn-] *v.tr.* [pres. *io prèndo* ecc.; pass.rem. *io prési, tu prendésti* ecc.; p.pass. *préso*] **1** afferrare, pigliare, sollevare da terra qlco. con le mani, con le braccia, con qualche arnese (di animali, con le zampe, col becco ecc.): — *la valigia;* — *il bambino per la mano;* — *con le molle; prese il tavolino sulle spalle* / — *il toro per le corna,* affrontare decisamente una difficile situazione / — *per il bavero, per il naso,* canzonare, ingannare / *uno in castagna,* coglierlo in errore palese / *prendersi a pugni,* azzuffarsi, venire alle mani **2** portare con sé, servirsi di qlco.: — *l'impermeabile;* — *il treno* **3** avere, ricevere: — *un grosso stipendio;* — *in affitto; il mio studio prende luce dal giardino; prendo lezioni di inglese* **4** rubare: *mi hanno preso il portafogli* **5** colpire, catturare, uccidere, sorprendere; impossessarsi con la forza: *ho preso due lepri; la polizia ha preso i ladri; presero la città dopo lungo assedio* **6** invadere, occupare (anche *fig.*): *questo mobile prende molto posto; mi ha preso la paura; sono preso dagli esami* **7** scegliere qlcu. o qlco. per determinati scopi: *ho preso mio fratello per compagno; ha preso moglie; ha preso la strada più breve* **8** mangiare, bere, ingoiare ecc.: — *un uovo, un aperitivo* **9** accogliere nel proprio animo qualche sentimento: — *amore, paura, gusto* **10** scambiare per sbaglio; stimare: *ti avevo preso per un altro; lo presero per un fannullone* / — *fischi per fiaschi, lucciole per lanterne,* prendere una cosa per un'altra molto differente **11** incominciare: *presi a proteggerlo* **12** seguito da un compl. oggetto assume particolari significati a seconda del complemento: — *fuoco,* incendiarsi, irritarsi; — *le mosse,* partire; — *nota,* annotare; — *sonno,* addormentarsi; — *servizio,* cominciare un'attività; — *tempo,* aspettare, indugiare; — *posto,* sedersi, in un locale pubblico; — *terra,* approdare / *prendersela comoda,* fare qlco. con troppa calma / *prendersela,* aversi a male di qlco. / *prenderla alla lontana,* cominciare da lontano a dire o fare qlco. / *prenderle,* buscare, ricevere percosse // *v.intr.* attecchire (detto di piante); accendersi (detto del fuoco); rapprendersi: *queste rose hanno preso bene; il fuoco non prende; il cemento ha preso* // *-ersi v.rifl.* trattenersi, aggrapparsi con le mani: *si prese alla maniglia per non cadere.*

prendisole [-só-] *s.m.invar.* **1** (*antiq.*) costume da spiaggia **2** abito estivo femminile, che lascia scoperte le spalle.

prenome [-nó-] *s.m.* presso i romani, il nome personale che precedeva quello della gente: *Caio è il* — *di Giulio Cesare.*

prenotare *v.tr.* [*io prenòto* ecc.] fissare in anticipo: — *un posto a teatro, una camera* // *-arsi v.rifl.* mettersi in nota per fissare qlco.: *mi sono prenotato per il viaggio.*

prenotazione [-zió-] *s.f.* atto, effetto del prenotare o del prenotarsi.

prensile [prèn-] *agg.* si dice di organo che può prendere, afferrare: *taluni animali hanno la coda* —.

prensione [-sió-] *s.f.* la capacità di prendere, di afferrare.

preoccupante *agg.* che desta preoccupazione: *una situazione* —.

preoccupare *v.tr.* [*io preòccupo* ecc.] mettere, tenere in apprensione, in ansia: *le sue ultime notizie mi preoccupano.* SIN. *impensierire, inquietare* // *-arsi v.rifl.pron.* essere in ansia, in pena; darsi da fare per qlco. occuparsi: *mi preoccupo per il tuo avvenire; è sempre lei che si preoccupa di tutto.*

preoccupato *agg.* ansioso, impensierito. SIN. *inquieto, turbato.*

preoccupazione [-zió-] *s.f.* **1** atto, effetto del preoccupare e del preoccuparsi; apprensione, ansia. SIN. *inquietudine* **2** ciò che preoccupa, che impensierisce: *quel ragazzo è la mia* —.

preolimpico [-lìm-], **preolimpionico** [-piò-] *agg.* [pl.m. *-ci*] che precede le olimpiadi, che si svolge in preparazione di esse.

preordinare *v.tr.* [*io preòrdino* ecc.] predisporre in vista di un fine. SIN. *prestabilire.*

preparare *v.tr.* **1** disporre qlco. in modo che sia pronta all'uso: — *gli strumenti, la tavola.* SIN. *apprestare, approntare* **2** mettere in grado di sostenere una prova, una difficoltà ecc.: — *un ragazzo agli esami;* — *l'animo a ricevere una notizia.* SIN. *predisporre* // *-arsi v.rifl.* predisporsi, mettersi nelle condizioni di fare qlco.: — *a uscire;* — *a un esame.*

preparativo *s.m.* spec. *pl.* ciò che si fa in vista di qlco.: *i preparativi di un viaggio.*

preparato *agg.* **1** disposto, apparecchiato: *tavola preparata.* SIN. *pronto* **2** che è in grado di svolgere bene le sue mansioni: *è un medico ben* — // *s.m.* **1** il risultato di una preparazione; in particolare, prodotto chimico, farmaceutico: *un* — *contro la tosse* **2** sezione anatomica conservata per uso scientifico.

preparatore [-tó-] *s.m.* [f. *-trice*] chi prepara.

preparatorio [-tò-] *agg.* che serve a preparare: *esercizio* —.

preparazione [-zió-] *s.f.* **1** atto, effetto del preparare o del prepararsi: *una* — *alimentare* **2** esercitazione, allenamento in vista di una prova: *la* — *alle gare inizierà presto* **3** complesso di cognizioni o di esperienze in un determinato campo: *l'alunno ha una scarsa* — *in storia.*

prepensionamento [-mén-] *s.m.* l'andare o il mandare in pensione prima del tempo stabilito.

preponderante *agg.* che ha maggior forza, peso, importanza: *l'opinione, il partito* —. SIN. *prevalente.*

preponderanza *s.f.* superiorità numerica, prevalenza.

preponderare *v.intr.* [*io prepòndero* ecc.] (*rar.*) avere maggior peso, maggior importanza. SIN. *predominare, prevalere.*

preporre [-pór-] *v.tr.* [coniugato come *porre*] **1** mettere prima, porre innanzi: — *il nome al cognome* **2** (*fig.*) anteporre, preferire: — *lo studio al gioco* **3** mettere a capo: — *qlcu. all'amministrazione di una ditta.*

prepositivo [-ji-] *agg.* (*gramm.*) che si prepone; che ha funzione di preposizione: *locuzione prepositiva.*

preposizione [-ʃizió-] *s.f.* parte invariabile del discorso che, preposta a sostantivi, aggettivi, pronomi, infiniti di verbi, indica la relazione che passa tra quelli e altre parti nominali o verbali; le preposizioni sono: *proprie* (*di, a, da, in, con, per, su, tra, fra*) e *improprie* (*davanti, dopo, lungo ecc.*); *preposizioni articolate* sono quelle risultanti dalla fusione di una preposizione propria con un articolo determinativo (*dello, della ecc.*).

preposto [-pó-] *s.m.* 1 → **prevosto** 2 chi sovrintende, si occupa di qlco.: — *al rifornimento*.

prepotente [-tèn-] *agg.* 1 cha fa valere con forza e arroganza la propria volontà. SIN. *dispotico, arrogante* 2 che si impone per la sua intensità, irresistibile: *un bisogno — di bere* // *s.m.* e *f.* persona prepotente.

prepotenza [-tèn-] *s.f.* 1 l'essere prepotente / *l'ottenerne di* —, con un atto di forza 2 azione da prepotente; sopruso: *non sopporto le sue prepotenze*.

prepotere [-té-] *s.m.* potere che supera gli altri; prevalenza, predominio.

prepuziale *agg.* (*med.*) del prepuzio.

prepuzio [-pù-] *s.m.* (*anat.*) piega cutanea che ricopre il glande.

preraffaellismo [-ʃmo] *s.m.* movimento artistico, sorto in Inghilterra alla metà del sec. XIX, che si rifaceva all'arte italiana anteriore a Raffaello.

preraffaellita *agg.* [pl.m. *-i*] che appartiene al preraffaellismo // *s.m.* e *f.* seguace del preraffaellismo.

prerogativa *s.f.* 1 diritto speciale concesso per legge a chi ricopre determinate cariche pubbliche: — *del senato* 2 per estens. qualità, dote caratteristica: *la sua grande — è la bontà*.

presa [pré-] *s.f.* 1 l'atto, l'effetto e il modo del prendere: *abbandonò la — / cane da —*, cane da caccia addestrato alla cattura della preda / *macchina da —*, cinematografica / — *di posizione*, l'assumere un atteggiamento deciso / — *di possesso*, atto attraverso cui si entra in possesso di un bene / — *in giro*, canzonatura / *far —*, detto di piante, attecchire; detto di sostanze adesive o leganti, aderire, attaccare rassodandosi: *questo cemento fa buona —*; (*fig.*) impressionare, colpire: *le sue parole fecero — sul pubblico* / *venire alle prese*, azzuffarsi / *essere alle prese*, essere impegnato in qualche difficoltà 2 la parte per cui si afferra un oggetto 3 sorta di cuscinetto per maneggiare utensili molto caldi, spec. in cucina. DIM. *presina* 4 la quantità che si prende in una volta: *una — di sale, di tabacco* 5 conquista, espugnazione di città, fortezza ecc.: *la — della Bastiglia* 6 apertura che serve a prelevare per determinati usi un liquido o un gas: — *d'acqua, d'aria* / — *di corrente*, congegno che permette di mettere in connessione un apparecchio utilizzatore con un circuito elettrico [*ill. Elettrica, energia*].

presagio [-jà-] *s.m.* 1 predizione. SIN. *profezia* 2 indizio di eventi futuri ricavato da segni ritenuti premonitori 3 presentimento.

presagire [-ʃa-] *v.tr.* [*io presagisco, tu presagisci ecc.*] 1 presentire ciò che avverrà 2 profetizzare. SIN. *predire*.

presago [-ʃa-] *agg.* [pl.m. *-ghi*] che presagisce, che presente il futuro.

presalario [-là-] *s.m.* somma di denaro che lo stato corrisponde a studenti universitari, come riconoscimento dell'utilità economico-sociale dello studio.

presbiopia [-ʃbiopì-] *s.f.* disturbo senile dell'occhio per cui si vede meglio da lontano che da vicino.

presbite [prèʃbi-] *agg.* e *s.m.* e *f.* che o chi è affetto da presbiopia.

presbiterianesimo [-ʃbiterianéʃi-] *s.m.* sistema di organizzazione di molte chiese protestanti, in cui ha grande importanza la partecipazione dei laici al governo della chiesa.

presbiteriano [-ʃbi-] *agg.* del presbiterianesimo // *s.m.* membro delle chiese protestanti organizzate secondo il sistema del presbiterianesimo.

presbiterio [-ʃbitè-] *s.m.* 1 (*arch.*) parte della chiesa fra la balaustra e l'altare maggiore, dove stanno i preti officianti 2 nelle chiese presbiteriane, rappresentanza della comunità composta di ecclesiastici e laici.

presbitismo [-ʃbitiʃmo] *s.m.* → **presbiopia**.

prescegliere [-scé-] *v.tr.* [coniugato come *scegliere*] scegliere a preferenza: *tra tutti gli amici ho prescelto voi*.

prescelto [-scél-] *agg.* e *s.m.* che o chi è stato oggetto di preferenza. SIN. *preferito*.

prescienza [-scièn-] *s.f.* (*fil.*) conoscenza che Dio ha ab aeterno di tutto ciò che dovrà accadere.

prescindere [-scìn-] *v.intr.* [coniugato come *scindere*] lasciar da parte, non considerare, fare astrazione: *prescindiamo da questi particolari* / *a — da*, eccettuando.

prescolare *agg.* che precede la scuola, l'età della scuola: *età* —.

prescolastico [-là-] *agg.* [pl.m. *-ci*] che precede e prepara le attività scolastiche.

prescrivere [-scrì-] *v.tr.* [coniugato come *scrivere*] stabilire, ordinare: *la legge prescrive di non uccidere*; — *una medicina* // *v.intr.* (*dir.*) cadere in prescrizione, estinguersi.

prescrizione [-zió-] *s.f.* 1 atto, effetto del prescrivere: — *medica*; *le prescrizioni di legge*; *attenersi alle prescrizioni* 2 (*dir.*) estinzione di un diritto che non venga esercitato entro il termine prescritto dalla legge: — *penale*, estinzione del reato per il trascorrere di un determinato periodo di tempo stabilito per legge.

presegnalazione [-zió-] *s.f.* segnalazione anticipata (spec. con riferimento a segnali stradali).

preselezione [-zió-] *s.f.* selezione anticipata, o precedente a un'altra / — *del traffico*, l'incanalare con anticipo diverse correnti di traffico verso le direzioni volute, per evitare ingorghi agli svincoli.

presentabile [-jentà-] *agg.* che si può presentare con decoro; decoroso: *questo lavoro non è* —. SIN. *decente*.

presentare [-ʃen-] *v.tr.* [*io presènto ecc.*] 1 esporre qlco. alla vista o all'attenzione di qlcu.; porgere; mostrare: — *il biglietto al controllore*; — *una domanda di lavoro*, farla pervenire a chi di dovere; — *la propria candidatura alle elezioni*, proporla; — *le dimissioni*; — *le proprie scuse*, esprimerle / — *le armi*, portare l'arma nella posizione prescritta dai regolamenti militari per rendere gli onori 2 offrire; illustrare; far apparire; *la città presentava un triste spettacolo di devastazione; presentò la cosa come un grosso affare* 3 far conoscere: *mi presentarono al circolo nautico*; — *un nuovo tipo di automobile*; — *qlcu.*, introdurlo presso chi non lo conosce dicendone nome e cognome / — *uno spettacolo*, intrattenere il pubblico illustrandone piacevolmente i numeri // **-arsi** *v.rifl.pron.* 1 apparire; comparire alla presenza di qlcu.; mostrarsi: *si presentò alla sua porta* 2 dire il proprio nome per farsi conoscere 3 capitare: *se si presenta l'occasione, ci vado volentieri* 4 prospettarsi: *la vendita si presenta come un grosso affare*.

presentatore [-ʃentató-] *s.m.* [f. *-trice*] chi presenta agli spettatori i numeri di uno spettacolo.

presentazione [-ʃentazió-] *s.f.* l'atto e il modo del presentare: *la — dei certificati, di un nuovo film* / *lettera di*

—, con cui si appoggia qlcu. presso persona influente; *fare le presentazioni*, far sì che due o più persone facciano reciprocamente conoscenza dichiarandone i nomi e i cognomi.

presente[1] [-fèn-] *agg.* **1** che è nel luogo di cui si parla: *alla riunione era — anche lui / è sempre — a sé stesso*, cosciente, lucido **2** che è o si svolge nel tempo in cui stiamo vivendo, attuale: *la — situazione politica; al momento —*, ora / *avere, tenere — qlco.*, non dimenticarla / *far — qlco.*, proporla all'attenzione // *s.m.* **1** il tempo, il momento attuale **2** (*gramm.*) tempo del verbo indicante che l'azione espressa si realizza, si verifica al momento in cui si parla // *s.m.* e *f.* spec. *pl.* persona presente in un luogo: *mi rivolgo ai presenti* // *s.f.* nel linguaggio epistolare e spec. commerciale, la lettera che si sta scrivendo.

presente[2] [-fèn-] *s.m.* ciò che si offre in segno di affetto o di stima: *fare un —*, offrirlo. SIN. *dono, regalo*.

presentimento [-mén-] *s.m.* il presentire; sensazione indefinita di qlco. che sta per accadere: *ebbe un triste —, il — della sua morte*.

presentire *v.tr.* [*io presènto ecc.*] immaginare confusamente, avere un indizio più o meno vago di ciò che accadrà; provare un senso di timore in previsione di un avvenimento: *presentivo che sarebbe successa una disgrazia*.

presenza [-fèn-] *s.f.* **1** l'essere presente in un dato luogo: *nessuno aveva notato la tua — / fare atto di —*, intervenire a un consesso, a una riunione e simili, senza prendervi parte attiva e trattenendosi per poco tempo / *— di spirito*, prontezza di chi non perde la calma in circostanze difficili / *in — di, alla — di*, al cospetto di / *di —*, di persona, personalmente. CONTR. *assenza* **2** aspetto fisico, figura: *un uomo di bella —*.

presenzialismo [-fmo] *s.m.* tendenza a esser presenti a ogni tipo di avvenimento, spec. pubblico.

presenziare [-fen-] *v.tr.* e *intr.* [*io presènzio ecc.*] assistere di persona, essere presente: *— una cerimonia*; *— agli esami*.

presepio [-fè-] *s.m.* **1** la stalla in cui, secondo i Vangeli, nacque Gesù **2** la rappresentazione dell'adorazione di Gesù da parte dei pastori e dei Magi, che si fa a Natale, con statuette di varia materia; opera d'arte che rappresenti la nascita di Gesù.

preservare *v.tr.* [*io presèrvo ecc.*] tenere lontano qlcu. da un pericolo, da un danno; salvare in anticipo; difendere, proteggere: *— dai danni del fumo*.

preservativo *agg.* (*rar.*) che serve a preservare // *s.m.* **1** rimedio preventivo **2** (*med.*) involucro elastico e sottile che si applica al pene a scopo antifecondativo o per prevenire le malattie veneree.

preservazione [-zió-] *s.f.* atto, effetto del preservare; conservazione.

preside [prè-] *s.m.* e *f.* chi presiede, chi è a capo, spec. di un istituto scolastico: *— di facoltà*, professore che sovrintende all'andamento di una facoltà universitaria.

presidente [-dèn-] *s.m.* e *f.* chi presiede, chi è a capo, spec. di assemblee, di organi collettivi, di istituzioni: *— della repubblica*; *— del consiglio*, il capo del governo / *— onorario*, chi ha il titolo per onore, senza esercitarne le funzioni / *— effettivo*, chi esercita effettivamente le funzioni di presidente.

presidentessa [-tés-] *s.f.* donna che esercita l'ufficio di presidente.

presidenza [-dèn-] *s.f.* **1** ufficio, carica di presidente o di preside; la durata della carica **2** sede di chi ricopre tale carica **3** complesso di persone che assiste il presidente nello svolgimento delle sue mansioni.

presidenziale *agg.* del presidente, del preside, della presidenza: *seggio — / repubblica —*, in cui il presidente della repubblica è anche capo del governo.

presidiare *v.tr.* [*io presidio ecc.*] munire di presidio; essere di presidio.

presidio [-sì-] *s.m.* **1** l'insieme delle truppe incaricate della difesa di una città; luogo in cui ha sede un presidio; circoscrizione territoriale sottoposta a un'unica autorità militare **2** (*fig.*) difesa, protezione: *a — della morale*.

presiedere [-siè-] *v.intr.* e *tr.* [*io presièdo ecc.*] **1** essere a capo di un istituto, assemblea e simili, come presidente o preside: *— agli scrutini degli esami*; *— la seduta* **2** (*fig.*) svolgere una determinata funzione: *il cuore presiede alla funzione circolatoria*.

pressa [près-] *s.f.* **1** il pressare **2** (*non com.*) calca, folla di persone: *in piazza c'è una gran —* **3** (*lett.* o *region.*) premura: *far —*, sollecitare **4** (*mecc.*) nome generico di macchine atte a comprimere o a tenere stesi materiali diversi, di solito resistenti: *— idraulica*; *— della paglia*.

pressa- [près-] [dal verbo *pressare*] primo elemento che interviene nella composizione di parole indicanti oggetti adoperati per tener ferma o comprimere qualcosa (*pressaforaggio*).

pressaforaggio [-ràg-] *s.m.invar.* macchina che comprime in balle il fieno o la paglia per ridurne il volume e facilitarne il trasporto.

pressante *agg.* che pressa, urgente: *affare —*.

pressappoco [-pò-] *avv.* all'incirca, più o meno, approssimativamente.

pressare *v.tr.* [*io prèsso ecc.*] **1** comprimere fortemente **2** stringere nella pressa **3** (*fig.*) incalzare, far fretta: *lo pressava con le sue insistenze*.

pressione [-sió-] *s.f.* **1** atto, effetto del premere **2** (*fis.*) azione esercitata da un corpo su un altro a causa del peso o di altra forza: *— atmosferica*, esercitata sull'unità di superficie dal peso dell'aria / *— sanguigna*, tensione del sangue nelle arterie / *a —*, si dice di macchine e di procedimenti tecnici che utilizzano una compressione o la forza della tensione di un vapore / *sotto —*, si dice di macchine a vapore quando la pressione di questo è tale da permettere il funzionamento; (*fig.*) di persona che ha molto da fare: *è sotto — tutto il giorno* **3** (*fig.*) insistenza: *fare —*, cercare di indurre qlcu. a fare qlco., insistendo.

presso [près-] *avv.* vicino: *abito qui —, esaminare più da —* // *prep. impropria* **1** vicino; si unisce ai nomi per lo più direttamente (*antiq.* o *lett.* con la prep. *a* o *di*), ai pronomi pers. con la preposizione *di*: *lavoro — Napoli*; *— alla strada*; *— di* **2** in casa di qlcu.: *vive — una zia* **3** nella civiltà o nell'ambiente di: *— gli antichi greci*; *— gli studenti inglesi* **4** negli scritti, nel pensiero di: *— Cicerone* // *s.m.pl.* vicinanze, sobborghi, dintorni: *abito nei pressi di Pavia*.

pressoché *avv.* quasi, circa: *erano — mille persone*.

pressofusione [-fió-] *s.f.* procedimento di colata consistente nell'introduzione di un metallo allo stato fluido o pastoso in uno stampo, sotto forte pressione.

pressore [-só-] *agg.* e *s.m.* [f. *premitrice*] (*scient.* o *tecn.*) si dice di organi, di parti di macchine che hanno la funzione di premere, di mantenere pressato qlco.: *pattino —* [*ill. Cinematografia*].

pressostato [-sò-] *s.m.* dispositivo atto a mantenere

costante la pressione di un fluido in un recipiente o condotto.

pressurizzare [-riʒʒa-] *v.tr.* (*tecn.*) rendere la pressione interna di un ambiente superiore a quella esterna: — *l'interno di un aereo.*

pressurizzazione [-riʒʒazió-] *s.f.* (*tecn.*) l'operazione del pressurizzare un ambiente.

prestabilire *v.tr.* [*io prestabilisco, tu prestabilisci ecc.*] stabilire prima: — *un piano.* SIN. *preordinare.*

prestabilito *agg.* stabilito, fissato prima: *nel giorno* —.

prestanome [-nó-] *s.m. e f. invar.* chi firma obbligazioni, contratti e simili invece di un altro, che non può o non vuole prendere impegni col proprio nome.

prestante *agg.* **1** robusto, vigoroso: *un giovane* — **2** (*ant.*) eccellente.

prestanza *s.f.* l'essere prestante: *la* — *giovanile.*

prestare *v.tr.* [*io prèsto ecc.*] **1** dare qlco. col patto che sia restituita: *mi prestò due libri; — denaro al venti per cento* **2** dare, porgere: — *aiuto, fede, attenzione, giuramento* // **-arsi** *v.rifl.* **1** dare il proprio aiuto: *si presta sempre volentieri* **2** essere adatto (detto di cosa): *l'alluminio si presta a molti usi.*

prestazione [-zió-] *s.f.* **1** (*dir.*) il dare o fare qlco. in adempimento a un'obbligazione: — *d'opera* **2** comportamento, rendimento di persone o di macchine in una data attività: *una brillante* — *sportiva; — di un motore.*

prestezza [-stéz-] *s.f.* (*non com.*) rapidità, sollecitudine.

prestidigitatore, prestigiatore [-tó-] *s.m.* [f. *-trice*] chi fa giochi di prestigio, illusionista.

prestigio [-sti-] *s.m.* **1** autorità, fascino: *perdere il* — **2** *gioco di* —, movimento, trucco per cui con destrezza si fa apparire ciò che non è.

prestigioso [-gió-] *agg.* che ha fascino, autorità.

prestito [prè-] *s.m.* **1** il prestare: *dare un libro in* — **2** la cosa prestata, e spec. una somma di denaro **3** (*econ.*) cessione, per finanziamento e simili, di una somma da restituire con gli interessi entro un tempo determinato; mutuo **4** in linguistica, l'adozione, da parte di una lingua, di un vocabolo o di un altro elemento linguistico da un'altra lingua; anche il vocabolo adottato.

presto [prè-] *avv. di tempo* **1** in poco tempo, tra poco, subito: *verrò* — **2** in fretta, con sollecitudine: *fate* — / *prov.*: — *e bene non stanno assieme,* un lavoro ben fatto richiede molto tempo **3** facilmente: *si fa — a dire* **4** di buon'ora: *alzarsi* — **5** prima dell'ora stabilita: *è ancora — per partire* // *agg.* (*lett.*) sollecito, pronto // *s.m.* indicazione dinamica di un brano musicale, p.e. il tempo di una sonata o di una sinfonia.

presule [prèʃu-] *s.m.* genericamente, un vescovo o un prelato.

presumere [-ʃù-] *v.tr.* [coniugato come *assumere*] **1** congetturare; immaginare: *dalle tue parole presumo che non verrai.* SIN. *supporre* **2** esigere oltre i limiti del lecito, pretendere: — *di giudicare gli altri* // *v.intr.* ritenersi capace di cose superiori alle proprie capacità: — *troppo di sé.*

presumibile [-ʃumì-] *agg.* che si può presumere // **-mente** *avv.* per quanto si può presumere, con ogni probabilità.

presuntivo [-ʃun-] *agg.* che si può presumere, calcolare in anticipo: *spesa presuntiva,* prevista secondo supposizioni più o meno valide.

presunto [-ʃun-] *agg.* supposto, ritenuto tale per congettura: *il — assassino; morte presunta,* non accertata, ma dichiarata da un tribunale nei confronti di una persona di cui non si abbia notizia da un dato numero di anni.

presuntuosità [-ʃun-] *s.f.invar.* l'essere presuntuoso; superbia.

presuntuoso [-ʃuntuó-] *agg.* che presume troppo di sé; orgoglioso.

presunzione [-ʃunzió-] *s.f.* **1** il presumere; congettura **2** l'essere presuntuoso; opinione troppo alta di sé: *peccare di* —. SIN. *orgoglio.*

presupporre [-pór-] *v.tr.* [coniugato come *porre*] **1** immaginare, supporre prima: *l'esame si svolse come avevo presupposto* **2** richiedere: *questa lettura presuppone una vasta cultura.*

presupposizione [-zió-] *s.f.* atto, effetto del presupporre.

presupposto [-pó-] *s.m.* ciò che si deve accettare come premessa necessaria di qlco.: *mancano i presupposti necessari alla vittoria.*

prêt-à-porter [*franc.; pr.* prèt a porté] *agg. e s.m.* si dice di abiti femminili confezionati in serie su modelli di sartoria; moda pronta.

prete [prè-] *s.m.* **1** sacerdote cattolico; ma si dice a volte anche dei ministri del culto della chiesa ortodossa o di altre religioni / *chiamare il* —, perché dia l'estrema unzione a un moribondo / *scherzo da* —, (*volg.*) di cattivo gusto **2** intelaiatura di legno entro cui si pone lo scaldino con brace per scaldare il letto.

pretendente [-dèn-] *s.m. e f.* chi aspira a qlco.: — *al trono; — alla mano di una ragazza.*

pretendere [-tèn-] *v.tr.* [coniugato come *tendere*] **1** volere per forza, richiedere con arroganza più del dovuto o del giusto: *pretende di comandare a tutti; pretende diecimila lire per un lavoro da nulla* **2** chiedere con energia e fermezza: *pretendo di essere rispettato; — una buona preparazione.* SIN. *esigere* **3** voler far credere, sostenere idee assurde: *pretende che la Terra non giri* **4** avere la presunzione; vantarsi: — *di saper fare tutto.* SIN. *presumere* // *v.intr.* aspirare: — *al trono.*

pretensione [-sió-] *s.f.* **1** il pretendere **2** presunzione: *un uomo pieno di* — **3** ostentazione di lusso e ambizione: *una casa arredata con troppa* —.

pretensioso [-sió-], **pretenzioso** [-zió-] *agg.* che ha molte pretese / *stile* —, ricercato.

preterintenzionale *agg.* che va oltre l'intenzione: *omicidio* —, (*dir.*) commesso da chi non voleva uccidere ma solo ferire.

preterizione [-zió-] *s.f.* figura retorica consistente nel fingere di passare sotto silenzio una cosa che in realtà si dice, per dare a essa maggior rilievo (p.e. *non ti dico la mia delusione*).

pretermine [-tèr-] *agg.invar.* si dice del parto che si verifica prima del termine normale.

pretesa [-té-] *s.f.* il pretendere; ciò che si pretende: *quel ragazzo ha troppe pretese / senza pretese,* in modo semplice, alla buona.

pretesta [-tè-] *s.f.* nell'antica Roma, toga listata di porpora, che portavano i magistrati e i giovani fino ai diciassette anni.

pretesto [-tè-] *s.m.* **1** ragione fittizia con cui si cerca di nascondere quella vera: *il tuo malessere è solo un* — *per non lavorare.* SIN. *scusa* **2** motivo, occasione; appiglio: *questa visita è un buon — per parlargli di quell'affare.*

pretonico [-tò-] *agg.* [pl.m. *-ci*] si dice di sillaba o vocale che precede quella accentata.

pretore [-tó-] *s.m.* **1** magistrato che giudica da solo le cause civili e penali di limitata entità **2** nell'antica Roma, magistrato che amministrava la giustizia.

pretoriano *s.m.* nell'antica Roma, soldato della guardia del corpo imperiale.

pretorio[1] [-tò-] *agg.* del pretore: *sentenza pretoria.*

pretorio[2] [-tò-] *s.m.* **1** nell'accampamento romano, spazio centrale su cui sorgeva la tenda del pretore; edificio in cui risiedeva il pretore **2** nell'antica Roma, l'insieme dei pretoriani e la loro sede.

pretto [prèt-] *agg.* puro, genuino: *un bicchiere di vino —; parla sempre in — milanese.* SIN. *schietto //* **-mente** *avv.* tipicamente; esclusivamente: *reazione — femminile.*

pretura *s.f.* **1** l'ufficio di pretore e il luogo dove egli amministra la giustizia **2** nell'antica Roma, carica e dignità di pretore.

prevalente [-lèn-] *agg.* **1** che prevale, che è superiore ad altri: *l'opinione —* **2** che è in maggioranza, che è più frequente: *la coltura — è il grano.* SIN. *preponderante, predominante //* **-mente** *avv.* in modo prevalente; il più delle volte: *alimentazione — vegetale; i frequentatori sono — contadini del luogo.*

prevalenza [-lèn-] *s.f.* il prevalere; l'essere prevalente / *in —,* per la maggior parte. SIN. *predominio, preponderanza, superiorità.*

prevalere [-lé-] *v.intr.* [coniugato come *valere*] **1** valere di più, essere di maggior valore; vincere, predominare: *non sempre il buonsenso prevale sulla stupidità; i nostri soldati riuscirono a —* **2** essere di più, essere in maggioranza, più frequente: *nel suo guardaroba prevale il genere sportivo //* **-ersi** *v.rifl.pron.* valersi, approfittarsi di qlco.: *— di un'occasione, della bontà di qlcu.*

prevaricare *v.intr.* [io prevàrico, tu prevàrichi ecc.] **1** uscire dai limiti dell'onesto e del giusto **2** trarre illeciti guadagni abusando della propria carica.

prevaricatore [-tó-] *agg. e s.m.* [f. *-trice*] che o chi commette prevaricazione.

prevaricazione [-zió-] *s.f.* **1** il prevaricare **2** (*dir.*) il reato di chi abusa del proprio potere per trarne illeciti guadagni.

prevedere [-dé-] *v.tr.* [coniugato come *vedere*] **1** vedere, conoscere in precedenza ciò che accadrà; presagire: *— l'esito di un'impresa, il futuro.* SIN. *indovinare* **2** contemplare, prendere in considerazione come possibile: *il regolamento non lo prevede.*

prevedibile [-dì-] *agg.* che si può prevedere; ovvio, scontato: *una conclusione —.*

preveggente [-gèn-] *agg.* (*lett.*) previdente.

prevenire *v.tr.* [coniugato come *venire*] **1** precedere qlcu. arrivando prima; per estens., fare o dire qlco. prima di altri: *quando arrivò, si accorse che lo avevano prevenuto; stavo per rispondere, ma egli mi prevenne / — un desiderio,* soddisfarlo prima che venga espresso / *— una domanda,* anticiparla, prima che venga formulata **2** provvedere in anticipo, cercando di evitare qlco.: *— i danni, lo scandalo* **3** avvertire, avvisare in precedenza: *vi prevengo che non potrete entrare.*

preventivare *v.tr.* fare un preventivo; calcolare in anticipo una spesa e stanziare i fondi necessari per essa.

preventivo *agg.* diretto a prevenire: *cura preventiva / censura preventiva,* che si esercita su un'opera letteraria, teatrale ecc. prima che venga divulgata / *carcere —,* che l'imputato subisce prima e durante il processo / *bilancio —,* in cui si prevede e si calcola l'ammontare di una spesa // *s.m.* previsione del costo di un lavoro prima che esso venga iniziato.

preventorio [-tò-] *s.m.* istituto in cui si ricoverano le persone predisposte alla tubercolosi o ad altre malattie perché siano sottoposte a cure preventive adeguate.

prevenuto *agg.* **1** preavvisato **2** che ha dei preconcetti, delle prevenzioni: *è — nei nostri riguardi //* **s.m.** accusato, imputato: *il — si dichiara innocente.*

prevenzione [-zió-] *s.f.* **1** atto, effetto del prevenire: *la — degli infortuni* **2** disposizione d'animo ostile verso qlcu. o qlco. che ancora non si conosce bene. SIN. *preconcetto, pregiudizio.*

previdente [-dèn-] *agg.* che pensa a quel che può accadere e prende in anticipo provvedimenti adeguati.

previdenza [-dèn-] *s.f.* **1** il prevedere i casi futuri e di provvedervi opportunamente. SIN. *prudenza* **2** provvedimento assistenziale a favore di una categoria di persone: *— sociale,* complesso di leggi e di istituti che hanno per fine di assicurare assistenza medica e pensione ai lavoratori.

previdenziale *agg.* che riguarda la previdenza sociale: *istituto —.*

previo [prè-] *agg.* precedente; solo in locuz. come: *— accordo, esame,* dopo un accordo, un esame che deve essere fatto in precedenza.

previsionale [-fio-] *agg.* di previsione: *bilancio —.*

previsione [-fió-] *s.f.* il prevedere; la cosa prevista: *le mie previsioni si sono avverate; in — di,* prevedendo / *bilancio di —,* calcolo preventivo delle spese. SIN. *pronostico.*

previsto *agg.* preveduto: *caso —; era — che le cose sarebbero andate così //* **s.m.** momento in cui si prevede avvenga qlco.: *è tornato prima del —.*

prevosto [-vò-] *s.m.* titolo di dignità ecclesiastica che si dà in alcune regioni ai parroci.

preziosismo [-fmo-] *s.m.* **1** ricercatezza, eleganza affettata **2** indirizzo letterario del Seicento francese, caratterizzato dalla ricerca di uno stile raffinato e artificioso.

preziosità *s.f.invar.* **1** l'esser prezioso **2** ricercatezza, eleganza affettata: *— di stile.*

prezioso [-zió-] *agg.* **1** di gran valore, pregio o prezzo / *pietre preziose,* le gemme **2** (*fig.*) che si tiene in gran conto per utilità, rarità, bellezza ecc.: *un'amicizia preziosa / stile —,* ricercato, artificioso // **s.m.** **1** oggetto prezioso: *negozio di preziosi* **2** persona che si fa desiderare, molto restia a concedere la propria amicizia: *non fare il —!*

prezzare *v.tr.* [io prèzzo ecc.] applicare a una merce il cartellino del prezzo.

prezzemolo [-zé-] *s.m.* pianta erbacea con foglie composte, aromatiche, usate come condimento (*fam.* Ombrellifere) / *essere come il —,* di persona che è sempre dappertutto.

prezzo [prèz-] *s.m.* **1** valore di una cosa calcolato in denaro: *il — d'acquisto, dell'oro, del lavoro, del biglietto; fissare, diminuire, alzare il —; — fisso,* che non si può contrattare; *— di favore,* quello minore del fissato, che si fa per amicizia o per convenienza; *vendere sotto —,* a meno di quanto è costato **2** il cartellino che si pone accanto alla merce per indicarne il prezzo **3** (*fig.*) qualsiasi cosa che si dà in cambio di un'altra: *i sacrifici sono il — della gloria; pagare una cosa a caro —,* ottenerla con grandi sacrifici; *mettere a — la propria onestà,* farne commercio per averne vantaggi materiali **4** (*fig.*) stima, pregio, conto: *tenere in gran — un amico, un consiglio.*

prezzolare *v.tr.* [io prèzzolo ecc.] pagare, assoldare qlcu. per scopi disonesti: *— un sicario.*

prezzolato *agg.* pagato, spec. per compiere azioni disoneste.

priapismo [-ʃmo] *s.m.* (*med.*) stato patologico di perdurante erezione del pene.

pricing [*ingl.*; *pr.* pràisin] *s.m.* la tecnica di stabilire il prezzo di un prodotto tenendo conto di tutte le componenti produttive e di mercato.

prigione [-gió-] *s.f.* **1** luogo in cui i condannati espiano la pena, e gli imputati attendono il giudizio. SIN. carcere, galera **2** (*fig.*) ambiente angusto e buio; luogo in cui vige una rigida disciplina: *questa casa è una —*.

prigionia [-nì-] *s.f.* condizione di chi è prigioniero, spec. di guerra.

prigioniero [-niè-] *agg.* e *s.m.* **1** che o chi è stato catturato, spec. dai nemici in guerra **2** che, chi si trova in prigione, o è rinchiuso in un luogo: *è rimasto — nell'a-scensore.* SIN. carcerato **3** (*fig.*) che, chi è privo in tutto o in parte della propria libertà: *è — di inveterati pregiudizi.*

prillare *v.intr.* girar su sé stesso con rapidità: *far — la trottola.*

prima¹ *avv.* **1** nel tempo anteriore, in precedenza: *questo palazzo — non c'era; avresti dovuto pensarci —; l'anno —; un'ora — / quanto —,* il più presto possibile: *ci vedremo quanto —* **2** avanti, riferito a luogo, a spazio: *— c'era un giardino e poi una piccola casa; un paragrafo —.* CONTR. *dopo* **3** in primo luogo: *non vengo, — perché sono stanco e poi perché non ho tempo; — lo studio, poi il divertimento* // *prep. impropria* riferito a tempo e a luogo; si unisce ai nomi per mezzo della prep. *di*: *tornò — di te; devi finire — di stasera; — di partire;* con valore di *piuttosto: morirebbe, — di darsi per vinto* // unito a *che* forma una locuz. congiuntiva: *raccogli i panni — che piova.*

prima² *s.f.* **1** prima rappresentazione di un'opera teatrale o cinematografica **2** la prima marcia nel cambio dei motori a scoppio: *partire in —* **3** la prima classe di un corso di studi **4** una delle posizioni della scherma e della ginnastica **5** (*lit.*) l'ora dell'ufficio divino che si recita al sorgere del sole **6** in locuz. particolari, la prima volta, la prima occasione: *a tutta —, —* sul momento, all'improvviso; *sulle prime,* all'inizio / *alla — che mi fai,* alla prima malefatta, al primo danno.

primario [-mà-] *agg.* **1** che è primo in una successione: *scuola primaria,* elementare / *era primaria,* (*geol.*) il paleozoico **2** che è primo per importanza, valore: *problema di primaria importanza // s.m.* il medico che dirige un reparto ospedaliero: *— radiologo.*

primate *s.m.* arcivescovo che ha il primato ecclesiastico in una regione.

primati *s.m.pl.* (*zool.*) ordine di mammiferi comprendente scimmie e proscimmie.

primaticcio [-tìc-] *agg.* si dice di frutto che matura prima degli altri della stessa specie.

primatista *s.m.* e *f.* [pl.m. *-i*] (*sport*) atleta che ha ottenuto un primato.

primato *s.m.* **1** supremazia in una determinata attività: *il Brasile ha il — mondiale nella produzione del caffè.* SIN. preminenza **2** il miglior risultato ottenuto in una specialità sportiva; record: *conquistare, battere, migliorare un —.*

primavera [-vè-] *s.f.* **1** stagione dell'anno compresa fra l'inverno e l'estate (21 marzo-21 giugno) / *avere molte primavere sulle spalle,* avere molti anni **2** (*fig.*) periodo sereno; inizio favorevole: *la giovinezza è la — della vita.*

primaverile *agg.* della primavera: *fiore, clima, aria —.*

primeggiare *v.intr.* [*io* priméggio *ecc.*] essere il primo o tra i primi; avere il primato in qlco.: *primeggia tra gli altri per la sua cultura.*

prime-rate [*ingl.*; *pr.* pràim réit] *s.m.* il tasso d'interesse che le banche praticano sui crediti concessi ai clienti principali.

primiera [-miè-] *s.f.* gioco di carte nel quale vince chi somma più punti con quattro carte di quattro semi diversi; è anche una delle combinazioni nel gioco della scopa.

primiero [-miè-] *agg.* (*poet.*) primo, di prima, primitivo: *l'età primiera // s.m.* il primo termine delle sciarade.

primipara [-mì-] *s.f.* donna che partorisce la prima volta.

primitivo *agg.* **1** che è primo, perciò originario, non derivato: *dare a un oggetto il suo — splendore; il significato — di una parola* **2** che appartiene all'età, alle popolazioni della preistoria; si dice anche di popoli e di costumi odierni rimasti ad un livello di civiltà preistorica: *i popoli primitivi dell'Africa; è un popolo —* **3** (*fig.*) rozzo, incivile: *è una persona di modi primitivi // s.m.* **1** chi vive a uno stadio di civiltà arcaica: *un — dell'Amazzonia* / spec. *pl.* gli uomini dei tempi preistorici **2** (*fig.spreg.*) persona rozza e incivile **3** nella critica d'arte, si dice degli artisti dei secoli anteriori al rinascimento.

primizia [-mì-] *s.f.* **1** frutto, ortaggio che matura per primo nella stagione ed è quindi considerato più pregiato: *le ciliegie nel mese di aprile sono una —* **2** per estens., si dice di notizia ricevuta in anticipo sugli altri, di composizione letteraria o musicale inedita: *ho una — da raccontarvi; queste pagine sono una —.*

primo *agg.num.ord.* **1** che precede tutti gli altri nell'ordine di tempo e di spazio: *il — uomo; i nostri primi ricordi; la prima ora del giorno; il — re di Roma / sulle prime,* all'inizio **2** indica la prima parte, il principio: *la prima giovinezza* **3** principale: *la prima causa; il — cittadino; la prima attrice / la prima donna,* la principale protagonista di un'opera lirica / *il — ministro,* il presidente del consiglio / *materie prime,* quelle fornite dalla natura, non ancora modificate dall'uomo; *numero —,* (*mat.*) divisibile solo per sé stesso e per l'unità // *s.m.* **1** la persona o cosa che è prima nell'ordine: *sono arrivato tra i primi; il — della classe / il — venuto,* (*fig.*) persona qualsiasi; estraneo: *mi ha preso per il — venuto* **2** il primo giorno o i primi giorni della settimana, del mese, dell'anno: *oggi è il — di settembre; partirò ai primi di agosto* **3** minuto primo, la sessantesima parte di un'ora: *un — e tre secondi.*

primogenito [-gè-] *agg.* e *s.m.* si dice del figlio nato per primo.

primogenitura *s.f.* la condizione di chi è primogenito; l'insieme dei privilegi e dei diritti a lui spettanti.

primordiale *agg.* dei primordi; originario: *l'aspetto — della Terra.*

primordio [-mòr-] *s.m.* spec. *pl.* inizio, principio, origine: *ai primordi della civiltà; i primordi della lingua italiana.*

primula [prì-] *s.f.* pianta erbacea con foglie ruvide color verde-chiaro e fiori gialli che sbocciano all'inizio della primavera (*fam.* Primulacee).

princesse [*franc.*; *pr.* prinsès] *s.f.* abito femminile da pomeriggio, in un solo pezzo.

principale *agg.* che è primo per grado, autorità e simili; che è il più importante, il più grande, di maggior valore: *la personalità —; il motivo —; la città — della* *regione*; *i principali scrittori italiani*; *proposizione —*, proposizione indipendente dalla quale dipendono tutte le altre // *s.m.* e *f.* (*fam.*) padrone, persona alle cui dipendenze si lavora.

principato *s.m.* ufficio e dignità di principe; il governo del principe e la sua durata; il territorio sul quale esercita la sua giurisdizione: *aspirare al —*; *sotto il — di Traiano*; *il — di Monaco.*

principe [prìn-] *s.m.* **1** sovrano, signore; figlio di sovrano regnante; il più eminente dei titoli nobiliari: *— ereditario*, designato alla successione al trono / *— consorte*, il marito della regina, quando non sia re / *i principi della chiesa*, i cardinali / *vivere come un —*, *far vita da —*, detto di persona agiata e ricca / *— azzurro*, nelle fiabe, figlio di re che sposa la protagonista; per estens., lo sposo ideale lungamente sognato / *— di Galles*, tessuto dal classico disegno di linee che incrociandosi formano riquadri di varia grandezza. DIM. *principino* **2** persona che in un gruppo o ambiente gode di maggiore prestigio e autorità (spesso in espressioni di tono enfatico): *il — degli Apostoli*, san Pietro; *il — delle tenebre*, il demonio; *il — del giornalismo, della canzone italiana* // *agg.* primo: *l'edizione — di un'opera.*

principesco [-pé-] *agg.* [pl.m. *-chi*] di, da principe; sontuoso: *un ricevimento —.*

principessa [-pés-] *s.f.* consorte o figlia di principe; figlia di un re. DIM. *principessina.*

principiante *s.m.* e *f.* chi solo da poco tempo si è applicato a uno studio, a un'arte e simili.

principiare *v.tr.* e *intr.* [*io principio* ecc.] cominciare: *— un lavoro*; *— a capire.*

principio [-ci-] *s.m.* **1** il principiare; inizio; la prima parte, la prima fase: *il — dell'anno*; *il — del viaggio, della strada*; *il — del libro* **2** origine, causa: *la morte della madre fu il — delle sue disgrazie* **3** ciò che sta alla base di un ragionamento, di una dottrina, di una scienza; norma a cui ci si ispira nell'agire: *questi ragionamenti muovono da un — sbagliato*; *i principi della meccanica*; *uomo di sani principi morali* / *una questione di —*, che verte su aspetti di correttezza teorica.

princisbecco [-fbéc-] *s.m.* lega di rame, zinco e stagno, di aspetto simile all'oro / *restare di —*, rimanere di stucco.

priora [prió-] *s.f.* superiora di un monastero o convento di suore; badessa.

priorato *s.m.* ufficio, dignità di priore o di priora; la durata di tale ufficio; la sede del priore.

priore [prió-] *s.m.* **1** superiore di un monastero **2** parroco **3** nella Firenze medievale, magistrato che esercitava il potere esecutivo.

prioria [-rì-] *s.f.* **1** titolo e dignità di priore **2** la chiesa parrocchiale retta da un priore.

priorità *s.f.invar.* **1** l'essere anteriore, precedente: *la — di una scoperta*; *avere la —* **2** l'avere un'importanza, un valore superiore rispetto ad altro: *la — dei principi morali.*

prioritario [-tà-] *agg.* che ha o deve avere la priorità; importante, urgente: *obiettivo —, scelta prioritaria.*

prisco *agg.* [pl.m. *-chi*] (*lett.*) primo, antico.

prisma [-fma] *s.m.* **1** poliedro limitato da due poligoni uguali (*basi*) posti su piani paralleli e dai parallelogrammi che si ottengono congiungendo i vertici corrispondenti dei poligoni (*facce laterali*) **2** sistema ottico rifrangente limitato da due piani non paralleli; è caratterizzato dall'angolo formato dai due piani e dall'indice di rifrazione [*ill.* Cannocchiale].

prismatico [-fmà-] *agg.* [pl.m. *-ci*] di prisma, che ha forma di prisma.

pristino [prì-] *agg.* (*lett.*) di prima; precedente a cambiamenti avvenuti poi.

privacy [*ingl.*; *pr.* pràivasi] *s.f.* la riservatezza della vita privata.

privare *v.tr.* togliere qlco. a qlcu., lasciare senza qlco.: *lo privò dell'eredità* // **-arsi** *v.rifl.* togliere volontariamente qlco. a sé stesso: *per i figli si priva di tutto.*

privatista *s.m.* e *f.* [pl.m. *-i*] chi frequenta una scuola privata; chi si presenta agli esami in una scuola dopo essersi preparato privatamente.

privatistico [-ti-] *agg.* [pl.m. *-ci*] (*econ.*) che si basa sull'iniziativa privata; che la preferisce a quella pubblica.

privativa *s.f.* privilegio che lo stato si riserva e concede ad altri di produrre o vendere certe merci: *— del sale*, *— dei tabacchi* / *— industriale*, protezione che lo stato accorda agli inventori di nuovi ritrovati industriali.

privativo *agg.* **1** che ha virtù di privare **2** in linguistica, l'elemento che in parole composte indica negazione (p.e. *in-* e *a-* in infedele e amorale).

privatizzare [-tiʒʒa-] *v.tr.* trasformare in proprietà privata ciò che era proprietà pubblica.

privatizzazione [-tiʒʒaʒió-] *s.f.* il privatizzare; passaggio alla gestione di privati.

privato *agg.* **1** che si riferisce o appartiene alla persona singola e non dipende dallo stato o da enti pubblici: *interessi privati*; *scuola privata*; *iniziativa privata* / *diritto —*, insieme delle norme che regolano i rapporti sociali tra privati **2** non pubblico, riservato a una persona o a poche persone: *i funerali si svolgeranno in forma privata*; *udienza privata* / *in —*, non pubblicamente, lontano dagli estranei // *s.m.* chi non ha cariche pubbliche: *quell'azienda è gestita da privati.*

privazione [-zió-] *s.f.* atto, effetto del privare o del privarsi; rinuncia: *la — dei diritti civili*; *vivere tra stenti e privazioni.*

privilegiare *v.tr.* [*io privilègio* ecc.] accordare un privilegio a qlcu.

privilegiato [-lè-] *agg.* e *s.m.* fornito di uno o più privilegi o vantaggi: *un essere —*; *creditore —*, che ha la precedenza su altri nell'essere pagato.

privilegio [-lè-] *s.m.* **1** diritto, vantaggio speciale; esonero da una legge: *i privilegi del clero* **2** documento attestante la concessione del privilegio **3** onore: *gli fu concesso il — di consegnare il premio al vincitore.*

privo *agg.* che manca di qlco., spec. utile o necessaria. SIN. *mancante, sprovvisto.*

pro- [prò] [dal lat. *pro = invece, in luogo di*] prefisso che significa «al posto di, invece di» (*prorettore, prosindaco*), o indica anteriorità, continuazione, estensione (*produrre, progenitore, progredire*).

pro [prò] *prep.* (*lat.*) in favore di: *offerta — infanzia abbandonata* // *s.m.* ciò che è favorevole: *valutare il — e il contro.*

prò *s.m.invar.* giovamento, utilità: *a che — affaticarsi tanto?*; *buon — vi faccia!*

proavo *s.m.* bisnonno.

probabile [-bà-] *agg.* si dice di ciò che si ammette possa accadere o sia accaduto; verosimile: *è — che io esca*; *è — che sia così*; *la tua è una congettura —.*

probabilismo [-fmo] *s.m.* dottrina filosofica che, riconoscendo irraggiungibile la certezza assoluta, ammette che nella vita pratica ci si attenga a ciò che è probabile.

probabilità *s.f.invar.* **1** (*poco com.*) l'essere probabile: *negare la — di una tesi* **2** il grado in cui si considera che un evento si possa verificare, sia probabile: *avere una — su mille / calcolo della —*, (*mat.*) lo studio che tende a stabilire la misura in cui si possono verificare fenomeni dipendenti dal caso.

probante *agg.* che costituisce prova; convincente.

probativo *agg.* che tende, che è atto a provare.

probatorio [-tò-] *agg.* (*dir.*) che riguarda le prove; che costituisce prova: *argomento non —*. SIN. *onestà, rettitudine.*

probità *s.f.invar.* (*lett.*) l'essere probo. SIN. *onestà, rettitudine.*

probiviri *s.m.pl.* persone di particolare prestigio e autorità elette in seno a società, istituzioni e simili, per risolvere divergenze fra i membri di esse.

problema [-blè-] *s.m.* [pl. *-i*] **1** questione in base alla quale si devono trovare uno o più elementi ignoti partendo dagli elementi noti contenuti nell'enunciato della questione stessa: *— di matematica* **2** per estens., situazione difficile che deve essere superata; cosa o persona che genera preoccupazione: *la disoccupazione è un — sociale; ho il — dei debiti; il comportamento di quel ragazzo è un —*.

problematica [-mà-] *s.f.* l'insieme dei problemi propri di una data disciplina: *la — filosofica.*

problematicismo [-ʃmo] *s.m.* corrente filosofica contemporanea, che considera sempre aperto ogni problema, senza soluzioni definitive.

problematicità *s.f.invar.* l'essere problematico.

problematico [-mà-] *agg.* [pl.m. *-ci*] **1** del problema: *i dati problematici* **2** (*fig.*) incerto, complicato: *è una situazione problematica.*

probo [prò-] *agg.* (*lett.*) onesto.

proboscidati *s.m.pl.* (*zool.*) ordine di mammiferi comprendente la famiglia degli elefantidi.

proboscide [-bò-] *s.f.* **1** organo prensile degli elefanti, costituito dal prolungamento del naso e del labbro superiore **2** appendice boccale di alcuni insetti (p.e. farfalle, mosche) **3** (*fig.scherz.*) naso lungo.

procaccia [-càc-] *s.m.invar.* chi trasporta roba da un posto a un altro e fa commissioni per conto di terzi a scopo di guadagno; postino.

procacciare *v.tr.* [*io procàccio ecc.*] cercare, trovar modo di ottenere: *— il pane alla famiglia.* SIN. *procurare.*

procacciatore [-tó-] *s.m.* [f. *-trice*] chi procaccia.

procace *agg.* provocante, sfacciatamente licenzioso: *sguardi procaci.* SIN. *sfrontato.*

procaina *s.f.* → novocaina.

procapite [*lat.*; *pr.* prò càpite] *locuz.* che significa «a testa, per ciascuno»: *fissare un'indennità —*.

procedere [-cè-] *v.intr.* [coniugato come *cedere*] **1** andare avanti, proseguire il cammino: *— a stento nella bufera* **2** (*fig.*) continuare, progredire in qlco.: *— nel discorso; il lavoro procede bene.* SIN. *proseguire* **3** dare avvio a qlco.: *— all'appello, a una data operazione* **4** agire, comportarsi: *bisogna — con la massima energia* **5** (*lett.*) derivare, avere origine: *da questo procede il danno* **6** iniziare un'azione legale: *— contro ignoti; non c'è luogo a —*, non esistono le condizioni per aprire un procedimento.

procedimento [-mén-] *s.m.* **1** il procedere **2** metodo con cui si risolve un problema, si conduce un'operazione: *— per l'estrazione dell'oro* **3** giudizio; provvedimento disciplinare: *— penale.*

procedura *s.f.* il complesso delle norme da seguire nello svolgimento di un processo, nelle pratiche amministrative, in un'organizzazione ecc.: *— penale; una lunga — burocratica; una nuova — contabile.*

procedurale *agg.* (*dir.*) che concerne la procedura: *questioni procedurali.*

procella [-cèl-] *s.f.* (*lett.*) tempesta.

procellaria [-là-] *s.f.* uccello marino con dorso bruno, ventre bianco, forte becco ricurvo; vola anche durante le tempeste (*fam.* Procellaridi).

procelloso [-ló-] *agg.* (*lett.*) tempestoso. SIN. *fortunoso.*

processare *v.tr.* [*io procèsso ecc.*] sottoporre a processo.

processing [*ingl.*; *pr.* prosèsin] *s.m.* in informatica, elaborazione di dati.

processionaria [-nà-] *s.f.* farfalla notturna, pelosa e grigiastra, i cui bruchi, voracissimi, procedono in lunghe file ininterrotte quando escono dai nidi a procurarsi cibo (*fam.* Taumatopee).

processione [-sió-] *s.f.* **1** corteo religioso che percorre l'interno di una chiesa o le strade, pregando e cantando nell'accompagnare il SS. Sacramento, un'immagine o una reliquia **2** lunga fila di persone, di automezzi ecc. che vanno nella stessa direzione: *una — di automobili si dirige verso lo stadio.*

processo [-cès-] *s.m.* **1** svolgimento, sviluppo successivo di fatti o di fenomeni che hanno tra loro un nesso più o meno profondo: *— d'invecchiamento dell'organismo / — morboso*, successione di manifestazioni tipiche di una malattia **2** metodo con cui si procede al trattamento di una sostanza o alla lavorazione di un manufatto industriale: *— di estrazione del petrolio* **3** (*dir.*) il complesso degli atti e delle forme con cui si istruisce una causa giudiziaria: *istruire un —; mettere sotto — / fare il — alle intenzioni*, giudicare una persona non in base a quanto ha detto o fatto, ma sulla base di ciò che si presume volesse dire o fare **4** *— verbale* (o soltanto *verbale*), scritto che attesta quanto si è avvenuto o è stato detto in una determinata circostanza.

processore [-só-] *s.m.* elaboratore di dati, in informatica.

processuale *agg.* (*dir.*) del processo, relativo al processo: *atti processuali.*

procinto usato solo nella locuz.avv. *in procinto*, sul punto di fare qlco.: *sono in — di partire.*

procione [-ció-] *s.m.* piccolo mammifero carnivoro che vive in America; ha il corpo corto e massiccio con lunga coda inanellata, pelliccia grigio-giallognola e mascherina nera sugli occhi (*fam.* Procionidi).

proclama *s.m.* [pl. *-i*] appello al popolo, dichiarazione solenne fatta da persona investita di alta autorità: *il — del sovrano.*

proclamare *v.tr.* **1** pubblicare, rendere noto con solennità: *— una legge* **2** affermare, dichiarare con fermezza: *— la propria innocenza.*

proclamazione [-zió-] *s.f.* il proclamare.

proclitico [-clì-] *agg.* [pl.m. *-ci*] si dice di parola priva d'accento che nella pronuncia si appoggia alla parola seguente come se fosse una cosa sola con essa (p.e. *la strada*, pr. *lastràda*).

proclive *agg.* che ha tendenza verso qlco.: *— alla benevolenza.* SIN. *propenso, incline.*

proconsolato *s.m.* (*st.*) ufficio del proconsole, e durata di tale ufficio.

proconsole [-còn-] *s.m.* in Roma antica, il console che, compiuto l'anno di carica, era inviato a governare una provincia.

procrastinare *v.tr.* [*io procràstino ecc.*] rimandare a un prossimo futuro: *— la data delle nozze.* SIN. *rinviare, prorogare.*

procreare *v.tr.* [*io procrèo ecc.*] avere prole. SIN. *generare.*

procreatore [-tó-] *s.m.* [f. *-trice*] chi procrea.

procreazione [-zió-] *s.f.* atto, effetto del procreare.

proctite s.f. (*med.*) infiammazione dell'intestino retto.

procura *s.f.* scritto notarile che autorizza qlcu. a operare per conto di un altro: *sposarsi per —*, quando, alla celebrazione del matrimonio, uno o entrambi i contraenti si fanno rappresentare da altri.

procurare *v.tr.* **1** provvedere, cercare di avere o fare qlco.: *il necessario per vivere*; *procura di studiare.* SIN. *procacciare* **2** causare: *— guai.*

procuratore [-tó-] *s.m.* [f. *-trice*] **1** chi ha una procura da parte di altri; chi amministra i beni altrui per procura: *— di una società* **2** il laureato in legge che, superato un particolare esame, è iscritto all'albo professionale / *— generale*, magistrato che ha l'incarico di promuovere l'azione giudiziaria.

proda [pró-] *s.f.* la parte della riva che corre lungo la linea dell'acqua: *la barca tocca la —.*

prode [pró-] *agg.* e *s.m.* e *f.* chi o chi ha e mostra valore. SIN. *valoroso*, *coraggioso.*

prodezza [-déz-] *s.f.* **1** l'esser prode **2** azione valorosa: *compiere prodezze / bella —!*, (*iron.*) si dice a chi ha commesso un atto vile, prepotente. SIN. *coraggio*, *valore.*

prodiere [-diè-] *s.m.* componente dell'equipaggio di un'imbarcazione a remi, a motore o a vela, il cui compito si svolge a prora.

prodiero [-diè-] *agg.* (*mar.*) che appartiene alla prua della nave: *cannone —.*

prodigalità *s.f.invar.* **1** l'esser prodigo **2** azione da prodigo. CONTR. *avarizia.*

prodigare *v.tr.* [io pròdigo, tu pròdighi ecc.] spendere senza misura; dare con larghezza (spec. *fig.*): *prodiga lodi e consigli // -arsi v.rifl.* impegnarsi con tutte le forze: *— nel soccorso ai terremotati.*

prodigio [-di-] *s.m.* **1** miracolo; cosa insolita, straordinaria. SIN. *portento* **2** cosa, opera, persona straordinaria, che abbia caratteristiche eccezionali: *un — della tecnica*; *essere un — di bravura.*

prodigioso [-gió-] *agg.* **1** che compie miracoli. SIN. *portentoso*, *miracoloso* **2** meraviglioso, straordinario: *un atleta —*, *dalle capacità eccezionali.*

prodigo [prò-] *agg.* [pl.m. *-ghi*] si dice di persona che spende o dà con eccessiva larghezza (anche *fig.*): *— di consigli.* CONTR. *avaro.*

proditorio [-tò-] *agg.* da traditore: *assassinio —.*

prodotto [-dót-] *s.m.* **1** si dice di tutto ciò che la natura o gli uomini producono: *i prodotti dei campi, del sottosuolo*; *un — industriale* **2** (*mat.*) il risultato di una moltiplicazione.

prodromo [prò-] *s.m.* indizio che precede il manifestarsi di qlco.: *i prodromi della malattia.*

producente [-cèn-] *agg.* che produce buoni risultati; utile, opportuno.

product manager [*ingl.*; *pr.* pròd(a)ct mènagia] *s.m.* in una grande azienda, il responsabile del marketing d'un prodotto o d'una linea di prodotti.

produrre *v.tr.* [pres. io produco, tu produci ecc.; fut. io produrrò ecc.; pass.rem. io produssi, tu producésti ecc.; condiz. io produrrèi ecc.; p.pass. prodótto] **1** far nascere, far germogliare, fruttare (anche *fig.*): *la terra produce fiori, erbe, frutti*; *questa nazione produsse molti poeti.* SIN. *generare* **2** fabbricare, fare: *questi oggetti si producono nella nostra fabbrica* **3** cagionare, causare: *l'incendio produsse molti danni.* SIN. *determinare* **4** presentare, allegare, citare: *— lettere, testimoni.*

produttivistico [-vì-] *agg.* [pl.m. *-ci*] che dà importanza, o troppa importanza, alla produzione, alla produttività.

produttività *s.f.invar.* **1** l'essere produttivo **2** (*econ.*) il rapporto tra la quantità di prodotto ottenuto e la quantità dei fattori produttivi impiegati.

produttivo *agg.* **1** che produce: *terreno —*, coltivato, fertile **2** relativo alla produzione: *fattori produttivi / ciclo —*, periodo di tempo in cui si attua la produzione industriale **3** che permette di conseguire un rendimento: *investimento —*; *lavoro —.* SIN. *redditizio.*

produttore [-tó-] *agg.* e *s.m.* [f. *-trice*] **1** che o chi produce: *una nazione produttrice di petrolio* **2** che o chi finanzia la realizzazione di un film // *s.m.* (*comm.*) agente che procura clienti.

produzione [-zió-] *s.f.* **1** atto, effetto del produrre (anche *fig.*): *la — della seta*; *la — di olive fu di 100 tonnellate*; *la — poetica del Manzoni* **2** (*dir.*) presentazione in giudizio, in un processo.

proemio [-è-] *s.m.* in uno scritto, in un discorso, parte che serve di introduzione all'argomento.

profanare *v.tr.* **1** violare ciò che è sacro: *— un tempio* **2** mancare del rispetto dovuto a qlco.: *— la memoria dei defunti.*

profanatore [-tó-] *s.m.* [f. *-trice*] chi profana.

profanazione [-zió-] *s.f.* il profanare; atto, discorso irriverente, sacrilego.

profanità *s.f.invar.* (*non com.*) l'essere profano; atto, discorso profano.

profano *agg.* **1** che è estraneo o contrario a ciò che è sacro: *arte profana.* CONTR. *sacro* **2** indegno di accostarsi a ciò che è sacro; empio, sacrilego: *mano profana // s.m.* **1** ciò che non è sacro **2** inesperto: *sono un — di musica.* SIN. *incompetente.*

profase [-fe] (*biol.*) prima fase della cariocinesi, durante la quale si rendono evidenti i cromosomi.

proferire *v.tr.* [pres. io proferisco, tu proferisci ecc.; pass.rem. io proferii, tu proferisti ecc.; p.pass. proferito] (*lett.*) dire: *non proferì parola.* SIN. *pronunziare.*

professare *v.tr.* [io profèsso ecc.] **1** dichiarare, mostrare apertamente un sentimento, un'idea e simili: *— il proprio amore allo studio*; *— il cattolicesimo*, seguirlo / *— i voti*, pronunziarli in forma solenne prima di entrare in un ordine religioso **2** esercitare una professione (anche *assol.*): *— l'insegnamento.* SIN. *praticare // -arsi v.rifl.* proclamarsi, dichiararsi.

professionale *agg.* della professione; che riguarda la professione: *malattia —*, causata dalle condizioni in cui è svolto un determinato lavoro o professione; *segreto —*, a cui sono tenuti i professionisti di alcune categorie; *scuola —*, che prepara i giovani all'esercizio di un mestiere nei vari settori economici.

professionalità *s.f.invar.* **1** la capacità professionale di un lavoratore **2** il contenuto, la qualificazione, il carattere professionale di un lavoro, un'attività.

professionalizzare [-li33a-] *v.tr.* **1** dare capacità professionali a un lavoratore **2** dare contenuti professionali a un lavoro.

professione [-sió-] *s.f.* **1** atto del professare un sentimento, un'idea e simili: *— di amicizia*; *— di fede* **2** mestiere, lavoro, attività svolta stabilmente allo scopo di trarne di che vivere: *esercitare la — di insegnante, di medico / libera —*, quella di chi non è alle dipendenze di altri.

professionismo [-ʃmo] *s.m.* esercizio di un'attività sportiva per professione: *quel corridore è passato al —.*

professionista *s.m.* e *f.* [pl.m. *-i*] **1** chi esercita una professione **2** chi esercita un'attività sportiva per professione. CONTR. *dilettante.*

professionistico [-nì-] *agg.* [pl.m. *-ci*] che riguarda il professionismo, i professionisti (spec. nello sport).

professorale *agg.* di, da professore; (*spreg.*) pedantesco: *esperienza* —; *tono* —.

professore [-só-] *s.m.* [f. *-éssa*] **1** chi insegna in una scuola non elementare: — *di liceo, di università* / — *d'orchestra,* chi fa parte di un'orchestra sinfonica **2** (*fam.*) persona dotta o che ama ostentare dottrina: *parla come un* —; *si dà l'aria di* —. DIM. *professorino.* ACCR. *professorone.*

profeta [-fè-] *s.m.* [pl. *-i*; f. *-éssa*] **1** chi predice il futuro per divina ispirazione: *il* — *Geremia* **2** chi preannunzia cose future basandosi sul proprio intuito, sull'osservazione di certi fatti ecc. / *cattivo* —, chi prevede cose che poi non si avverano / *prov.*: *nessuno è* — *in patria,* raramente una persona è apprezzata dai suoi concittadini o dalle persone che le sono più vicino.

profetare *v.tr.* [*io profèto* ecc.] preannunziare cose future, per divina ispirazione. SIN. *vaticinare.*

profetico [-fè-] *agg.* [pl.m. *-ci*] dei profeti; da profeta.

profetismo [-ʃmo] *s.m.* carattere profetico; la tendenza di certi periodi o ambienti culturali a suscitare o a seguire ispirazioni profetiche.

profetizzare [-tiʒʒa-] *v.tr.* → **profetare**.

profezia [-zì-] *s.f.* **1** predizione di avvenimenti futuri, per divina ispirazione: *le profezie dell'Antico Testamen-*

to. SIN. *vaticinio* **2** per estens., ogni predizione vera o falsa fatta basandosi su vari elementi.

profferire *v.tr.* [pres. *io profferisco, tu profferisci* ecc.; pass.rem. *io profferìi* o *proffèrsi, tu profferisti* ecc.; p. pass. *proffèrto*] (*lett.*) offrire: — *un consiglio.*

profferta [-fèr-] *s.f.* (*non com.*) offerta. SIN. *proposta.*

proficuo [-fì-] *agg.* che dà profitto; utile: *un lavoro, uno studio* —. SIN. *giovevole, vantaggioso.*

profilare *v.tr.* **1** delineare, disegnare il profilo di una persona o di una cosa **2** guarnire, orlare un abito o altro con un bordo sottile, per lo più di diverso colore **3** lavorare un oggetto metallico al laminatoio in modo che il suo profilo trasversale assuma una forma caratteristica // **-arsi** *v.rifl.pron.* **1** delinearsi, mostrarsi di profilo: *la nave si profilò all'orizzonte* **2** presentarsi, lasciarsi intravedere: *si profila una buona occasione.*

profilassi *s.f.* insieme delle regole da seguire e dei mezzi da usare per prevenire una malattia infettiva.

profilato *agg.* **1** che è ben delineato nel profilo: *una figura ben profilata* **2** guarnito di un orlo: *un pigiama — di bianco* // *s.m.* sbarra metallica con particolare profilo per determinati usi.

profilattico [-làt-] *agg.* [pl.m. *-ci*] che riguarda la profilassi; che protegge da malattie infettive // *s.m.* preservativo.

profilatura *s.f.* atto, effetto del profilare; profilo.

profilo *s.m.* **1** linea di contorno di un oggetto: *il — dei monti, di un edificio* / — *alare,* contorno della sezione dell'ala di un aereo, sagomata in modo da produrre

---

Professioni

imprenditore, libero professionista, free lance, lavoratore in proprio, artigiano; lavoratore dipendente, dirigente, caporeparto, caposervizio, caposquadra, caposala, capoturno, capufficio, funzionario, impiegato (*tecnico, amministrativo*; *d'ordine, di concetto*), segretario, dattilografo; operaio (*specializzato, qualificato*), manovale (*comune, specializzato*), apprendista (→ anche tavola *Impresa*).

■ SETTORE PRIMARIO: geologo, cavatore, minatore, solfataio • agrario, latifondista, agronomo, fattore, coltivatore diretto, contadino, colono, mezzadro, bracciante; floricoltore, frutticoltore, vivaista, giardiniere, mondariso • boscaiolo, carbonaio, legnaiolo • allevatore, mandriano, pastore (→ anche tavola *Agricoltura e allevamento*) • pescatore, baleniere.

■ INDUSTRIA E ARTIGIANATO: artigiano, industriale, produttore; calzaturiere, confezionista, costruttore, editore, mobiliere, stampatore; tecnico, capofficina, capocantiere, capomacchina, carrellista, impiantista; birraio, casaro, fornaio, frigorista, gelatiere, mugnaio, panettiere, pastaio, pasticciere • cardatore, filatore, tessitore; candeggiatore, tintore • sarto, bustaia, camiciaia, cucitrice in bianco, lavandaia, magliaia, pantalonaia, pellicciaio, rammendatrice, ricamatrice, stiratrice; indossatrice, stilista; modista, cappellaio; conciatore, pellettiere, guantaio, calzolaio; ombrellaio; materassaio, tappezziere • falegname, ebanista, tornitore in legno; intagliatore, intarsiatore; doratore, lucidatore, verniciatore, restauratore, vetraio • bottaio, cestaio, sediaio • fabbro ferraio, alesatore, fonditore, fresatore, saldatore, tornitore, verniciatore di metalli, smaltatore; meccanico (*generico, collaudatore*), montatore, meccanico di precisione; argentiere, armaiolo, orefice, orologiaio • chimico, fisico, biologo • designer; architetto, disegnatore, ingegnere, geometra, muratore, capomastro, marmista, piastrellista, scalpellino; gruista; ceramista, fornaciaio, mosaicista; manovale edile, sterratore, stradino, decoratore, stuccatore; imbianchino, tappezziere in carta; idraulico, stagnino; fumista, gasista; elettricista, elettrotecnico, radiotecnico • cartaio, cartotecnico, legatore; redattore, titolista, rubricista, corsivista, giornalista, pubblicista, redattore capo, caporedattore, editorialista; tipografo, proto, compositore, linotipista, monotipista, fotocompositore, correttore di bozze, grafico, impaginatore, cartografo, fotografo, fotoreporter.

■ SETTORE TERZIARIO: ambulante, broker, commerciante, campionarista, compratore (buyer), intermediario, mediatore, mercante, piazzista, rappresentante, sensale, viaggiatore di commercio; agente (*di cambio, di pubblicità, di vendita*), cassiere (*di esercizio pubblico, di negozio*),

→

poca resistenza   **2** linea del viso, dalla fronte al mento, visto esattamente di fianco: *un — grazioso, grossolano / di —*, di fianco   **3** (*geol.*) disegno riproducente la sezione verticale del terreno, con i vari strati che lo compongono   **4** bordo; in sartoria, orlatura fatta con tessuto di diverso colore   **5** breve saggio biografico: *un — di Leopardi*   **6** punto di vista; aspetto: *sotto il — tecnico*, dal punto di vista tecnico.

profittare *v.intr.*   **1** trar profitto, guadagnare: *ha profittato dei miei consigli*   **2** (*non com.*) progredire: *a scuola profitta abbastanza*.

profittatore [-tó-] *s.m.* [f. *-trice*] chi approfitta delle situazioni favorevoli; chi sfrutta il lavoro altrui.

profitto *s.m.*   **1** giovamento, utilità, beneficio: *trarre — da qlco.; mettere a — qlco.*, servirsene per trarne utilità   **2** progresso negli studi, nell'arte ecc.: *studia, lavora con — / voto di —*, nella scuola, il voto che rispecchia i risultati raggiunti nelle singole materie   **3** reddito, utile: *la sua industria dà profitti molto alti.* SIN. guadagno.

profluvio [-flù-] *s.m.*   **1** gran quantità di liquido traboccante: *— di sangue*   **2** (*fig.*) grande abbondanza: *un — di parole insensate.*

profondare *v.tr.* [*io profóndo ecc.*] (*non com.*) affondare; approfondire: *— le radici // v.intr.* sprofondare **// -arsi** *v.rifl.*   **1** immergersi   **2** (*fig.*) addentrarsi, penetrare col pensiero.

profondere [-fón-] *v.tr.* [coniugato come *fondere*] scialacquare; dare senza misura: *— tesori, grandi ricchezze; — lodi, complimenti // -ersi* *v.rifl.* fare o dire qlco. con calore, con effusione: *si profuse in ringraziamenti.*

profondimetro [-dì-] *s.m.* strumento per la misurazione della profondità.

profondità *s.f.invar.*   **1** l'essere profondo; qualità, condizione di ciò che è profondo (anche *fig.*): *le — inesplorate del mare; — del pensiero*   **2** la distanza tra il fondo di una cavità e la sua estremità superiore; l'altezza di una massa d'acqua: *la — di un cratere; la — del lago*   **3** luogo profondo; la parte più intima, più segreta: *risalire dalla — dell'abisso; nella — del cuore umano / in —*, profondamente.

profondo [-fón-] *agg.*   **1** che è scavato, che ha il fondo lontano dalla superficie; che penetra molto addentro (anche *fig.*): *un foro —; taglio — / sospiro —*, che sale dal fondo del petto / *voce profonda*, di timbro grave / *ingegno —; mente profonda*, che va addentro agli studi di cui si occupa / *essere — in una scienza*, conoscerla a fondo / *un discorso —*, che è fatto dopo essere stato a lungo meditato; che fa meditare / *sonno —*, che difficilmente può essere interrotto / *silenzio —*, assoluto / *notte profonda*, avanzata / *il — significato di qlco.*, il più riposto e il più vero   **2** si dice di sentimento, affetto radicato nell'animo, vivamente sentito: *un — sentimento religioso*   **3** totale, completo: *— rispetto; ignoranza pro-*

→

commesso, fattorino, garzone; magazziniere, spedizioniere • negoziante; droghiere, erbivendolo, fruttivendolo, gelataio, gioielliere, giornalaio (o edicolante), lattaio, libraio, macellaio, merciaio, oste, ottico, pescivendolo, pizzicagnolo, pollaiolo, profumiere, rosticciere, salumaio o salumiere, tabaccaio, vinaio • gestore di pubblico esercizio, albergatore, ascensorista (lift), barista, cameriere, cuoco, guardarobiere, lustrascarpe, maître, portiere d'albergo, sommelier • barbiere, parrucchiere, callista, manicure, pedicure; estetista, massaggiatore, truccatore, visagista • spazzacamino, spazzino; colf, domestico, maggiordomo; balia, bambinaia • guardia del corpo, guardia notturna, metronotte, guardia comunale (vigile), agente di polizia (poliziotto), agente di custodia (secondino), vigile del fuoco (pompiere), custode, portiere, usciere; sagrestano; guardaboschi, guardacaccia, guardapesca • autista, autotrasportatore, camionista, capostazione, capotreno, casellante, conduttore (*di filobus, di locomotori, di tram*), controllore, deviatore, ferroviere, fochista, frenatore, macchinista, manovratore, motorista, tranviere (→ anche tavola *Ferrovia*) • carburatorista, carrozziere, elettrauto, garagista, gommista, meccanico, posteggiatore, radiatorista, vulcanizzatore; armatore, pilota (*di nave, di aereo*), ufficiale (*di macchina, di coperta*), assistente di volo (→ anche tavola *Aeronautica e cosmonautica*); marinaio, marittimo di coperta, mozzo, nostromo (→ anche tavola *Nautica*); facchino, portabagagli, scaricatore; corriere, fattorino postale, portalettere, postino, barcaiolo, carrettiere, vetturino • insegnante, maestro, professore, direttore didattico, preside, rettore, ispettore scolastico, assistente universitario, ricercatore; bidello, segretario; bibliotecario • medico, cardiologo, chirurgo, dentista, ginecologo, oculista, ortopedico, pediatra, psichiatra; paramedico, ostetrica, infermiere, barelliere (lettighiere, portantino), inserviente; farmacista; veterinario (→ anche tavola *Medicina*) • avvocato, procuratore legale, commercialista, fiscalista, notaio; magistrato, giudice, pretore, cancelliere (→ anche tavola *Diritto*) • artista, gallerista, pittore, scultore; scrittore, poeta, critico letterario, traduttore; impresario, musicista, pianista, cantante, direttore d'orchestra, critico musicale, capocomico, attore, presentatore, regista, critico (*teatrale, cinematografico*), operatore (*cinematografico, televisivo*), ballerino, coreografo, sceneggiatore, scenografo, soggettista; fantasista, entraîneuse, spogliarellista, cartonista (→ anche tavole *Musica, Teatro, Fotografia e cinematografia*) • annunciatore, speaker, radiocronista, telecronista; presentatore • telefonista, centralinista, telegrafista, marconista (→ anche tavola *Telecomunicazioni e riproduzione del suono*) • arredatore, cartellonista, vetrinista, standista; indossatrice, fotomodella, stilista; banchiere; bancario, contabile, ragioniere, cassiere; finanziere; agente di cambio, agente di borsa; cambiavalute • allenatore, arbitro, atleta, istruttore sportivo, massaggiatore, pilota (→ anche tavola *Sport*).

fonda // **-mente** *avv.* **1** in profondità: *arbusto — radicato nel terreno* **2** vivamente, intensamente: — *addolorato* **3** completamente: — *ignorante in materia* // *s.m.* **1** la parte più profonda di una cosa: *il — del mare*; *nel — del cuore* **2** (*psic.*) l'inconscio.

pro forma [*lat.*; *pr.* prò fòrma = *per la forma*] *locuz.* che significa «per una formalità»: *ti rivolgeranno domande* — // anche *s.m.inuar.*: *è solo un —*.

profugo [prò-] *agg.* e *s.m.* [pl.m. *-ghi*] che o chi è costretto ad abbandonare il proprio paese in seguito a persecuzioni politiche, cataclismi o sciagure collettive. SIN. *fuggiasco*.

profumare *v.tr.* cospargere di profumo // *v.intr.* emanare profumo: *le rose profumano* // **-arsi** *v.rifl.* cospargere di profumo la propria persona o le proprie vesti.

profumato *agg.* intriso di profumo; che emana profumo. SIN. *odoroso, fragrante* // **-mente** *avv.* generosamente, largamente: *pagare —*.

profumeria [-rì-] *s.f.* **1** l'arte di preparare profumi; laboratorio in cui essi vengono preparati **2** assortimento di profumi e cosmetici; negozio in cui essi vengono venduti.

profumiere [-miè-] *s.m.* chi fabbrica o vende profumi e cosmetici.

profumo *s.m.* **1** odore gradevole naturale o ottenuto artificialmente: — *di fiori*. SIN. *olezzo, fragranza* **2** (*fig.*) manifestazione delicata e gradevole di una condizione spirituale: *il — della bontà* **3** miscela liquida di essenze odorose opportunamente dosate: *una goccia di — francese*.

profusione [-ſiò-] *s.f.* **1** atto, effetto del profondere, del versare fuori: — *di lacrime* **2** (*fig.*) grande abbondanza; eccessiva prodigalità: — *di ricchezze* / *a —*, in grande abbondanza.

progenie [-gè-] *s.f.invar.* **1** (*lett.*) discendenza, prole. SIN. *generazione, stirpe, schiatta* **2** (*lett.spreg.*) genìa: *maledetta — di cortigiani*.

progenismo [-ſmo] *s.m.* deformazione dello scheletro della faccia, per cui la mascella superiore sporge in avanti rispetto alla mandibola (al contrario del *prognatismo*).

progenitore [-tó-] *s.m.* [f. *-trice*] colui dal quale ha origine una famiglia o una stirpe; antenato; capostipite.

progesterone [-ró-] *s.m.* (*biol.*) ormone ovarico, prodotto dal corpo luteo dopo l'ovulazione.

progettare *v.tr.* [*io progètto ecc.*] ideare qlco. e studiare il modo di eseguirla: — *un ponte, una spedizione, una fuga*.

progettazione [-zió-] *s.f.* il progettare; elaborazione di un progetto: — *di nuove imprese*; *concorso per la — di un ospedale*.

progettista *s.m.* e *f.* [pl.m. *-i*] chi fa il progetto per la costruzione di qlco.; chi per professione fa progetti.

progettistica [-tì-] *s.f.* l'attività e la tecnica dell'eseguire progetti.

progetto [-gèt-] *s.m.* **1** tutto ciò che ci si propone di compiere: *un bel — di viaggio*; *sono in — nuove costruzioni*. SIN. *piano, proposito* **2** il complesso dei calcoli e dei disegni che precedono la costruzione di un edificio, una strada, una macchina e simili: *il — del ponte è ottimo*; *consegnò il — in tempo utile*.

progettuale *agg.* di progetto; di progettare: *attività —, capacità —*.

prognatismo [-ſmo] *s.m.* sporgenza anormale della mandibola.

prognato *agg.* si dice di viso che presenta prognatismo.

prognosi [prògnoſi] *s.f.invar.* previsione sull'esito di una malattia: — *fausta, infausta* / — *riservata*, espressione che indica il rinvio della prognosi in casi incerti / *sciogliere la —*, sciogliere la riserva sulla prognosi.

programma *s.m.* [pl. *-i*] **1** esposizione ordinata e particolareggiata di ciò che si vuole o deve fare: — *di lavoro*; — *politico di un partito*; — *scolastico*; — *d'esame*, elenco degli argomenti che sono materia d'esame **2** elenco delle parti di una rappresentazione o di tutti gli spettacoli che avranno luogo in un periodo di tempo prestabilito: *fissare il — del concerto*; *il — della stagione lirica*; *fuori —*, si dice di parte di spettacolo non compresa nel programma; (*fig.*) di avvenimento non previsto **3** opuscolo o foglio contenente le indicazioni attinenti a un determinato spettacolo: — *di sala* **4** per estens., progetto, piano: — *d'acquisti*; *avere qlco. in —* **5** insieme di elementi che, in un apposito codice, rappresentano gli ordini da dare a una macchina, e spec. a un calcolatore elettronico, per l'esecuzione di un insieme di operazioni.

programmare *v.tr.* **1** fare un programma; comprendere in un programma / — *un film*, proiettarlo in una sala pubblica **2** indirizzare l'attività economica secondo un programma **3** preparare il programma per una macchina programmabile, e spec. elettronica.

programmatico [-mà-] *agg.* [pl.m. *-ci*] che riguarda il programma; che è nel programma di qlcu.

programmato *agg.* che è frutto di programmazione / *economia programmata*, che non è del tutto libera né pianificata per legge, ma indirizzata dal pubblico potere con vincoli e incentivi.

programmatore [-tó-] *s.m.* [f. *-trice*] chi prepara i programmi per le macchine elettroniche.

programmazione [-zió-] *s.f.* **1** il fare, lo stabilire un programma / *il film di prossima —*, che verrà proiettato prossimamente **2** nei sistemi capitalistici il coordinamento e il controllo, da parte del governo, delle attività industriali, commerciali ecc.

programmista *s.m.* e *f.* [pl.m. *-i*] chi si occupa dei programmi radiofonici o televisivi.

progredire *v.intr.* [*io progredisco, tu progredisci ecc.*] avanzare, spec. verso una meta o verso il compimento di qlco.; migliorare: *i lavori progrediscono rapidamente*. SIN. *procedere*. CONTR. *regredire*.

progressione [-sió-] *s.f.* **1** il progredire continuo e regolare: *vi è una lenta — nel miglioramento del malato* **2** (*mat.*) successione di numeri: — *aritmetica*, successione di numeri tale che sia costante la differenza tra ogni numero e l'antecedente; — *geometrica*, successione di numeri tale che sia costante il rapporto tra ogni numero e l'antecedente; *in — geometrica*, (*fig.*) in numero sempre crescente.

progressista *agg.* e *s.m.* e *f.* [pl.m. *-i*] che o chi ha tendenze innovatrici in politica o in altri campi.

progressivo *agg.* che progredisce in modo regolare e continuo, che aumenta o diminuisce gradatamente: *numerazione progressiva*; *esercizi progressivi* / *imposta progressiva*, in cui l'aliquota cresce col crescere del reddito // **-mente** *avv.* per gradi; in modo crescente.

progresso [-grès-] *s.m.* **1** processo di avanzamento, di sviluppo, e spec. di miglioramento e perfezionamento: *il — della scienza*; *il — di una malattia*; *far progressi nello studio*. CONTR. *regresso* **2** miglioramento delle condizioni di vita e delle strutture sociali.

proibire *v.tr.* [*io proibisco, tu proibisci ecc.*] **1** ordinare che qlco. non venga fatta, vietare: *ti proibisco di alzarti*;

— *una manifestazione*; *è proibito fumare* / *frutto proibito*, quello che per ordine divino Adamo ed Eva non dovevano mangiare; (*fig.*) cosa vietata e per questo più desiderata. SIN. *interdire* **2** rendere impossibile: *la frana proibiva il passaggio.* SIN. *impedire.*

proibitivo *agg.* atto a proibire, che tende a proibire / *prezzo* —, eccessivo e tale da rendere l'acquisto difficile o impossibile; *tempo* —, pessimo.

proibizione [-zió-] *s.f.* atto, effetto del proibire. SIN. *interdizione*; *divieto.*

proibizionismo [-ʃmo] *s.m.* divieto di produzione e di vendita delle bevande alcoliche in vigore negli Stati Uniti dopo la prima guerra mondiale.

proibizionista *agg.* e *s.m.* e *f.* [pl.m. -*i*] che, chi è fautore del proibizionismo.

proiettare *v.tr.* [*io proiètto ecc.*] **1** gettar fuori o avanti, lanciare (anche *fig.*): *il corpo fu proiettato (fuori) dal veicolo in corsa*; *la lampada proiettava una luce rossa*; *proietta le sue speranze nel futuro* **2** (*cinem.*) inviare su uno schermo per mezzo di un proiettore l'immagine ingrandita di una diapositiva o di fotogrammi **3** (*mat.*) effettuare una proiezione.

proiettile [-ièt-] *s.m.* ogni corpo che sia lanciato da un'arma o da altro mezzo adatto, per offendere.

proiettivo *agg.* di proiezione (spec. in statistica).

proietto [-ièt-] *s.m.* corpo lanciato da una forza naturale o artificiale.

proiettore [-tó-] *s.m.* **1** apparecchio ottico per la proiezione di film o di diapositive [*ill. Cinematografia*] **2** fonte luminosa assai potente che proietta un fascio illuminante a grande distanza: *i proiettori dell'automobile* [*ill. Automobile*].

proiezione [-zió-] *s.f.* **1** il proiettare: *la — di un fascio di luce*; — *cinematografica* **2** (*geom.*) immagine piana di un oggetto, ottenuta congiungendo tutti i suoi punti con il centro di proiezione mediante sistemi particolari; anche l'operazione stessa / — *cartografica*, rappresentazione su un piano della superficie terrestre o di una sua parte **3** tecnica statistica che attraverso l'analisi di un adatto campione consente di prevedere approssimativamente le dimensioni di un fenomeno.

prolasso *s.m.* (*med.*) abbassamento e fuoruscita di un viscere o di una sua parte da un'apertura naturale per il rilassamento dei tessuti di sostegno.

prole [pró-] *s.f.* l'insieme dei figli: *la — umana*, (*lett.*) l'insieme degli uomini.

prolegomeni [-gò-] *s.m.pl.* lunga introduzione allo studio di un autore o di una scienza.

prolessi [-lès-] *s.f.invar.* **1** figura retorica con cui nel discorso si dà una risposta anticipata a una prevista opinione **2** figura sintattica per cui una o più parole vengono collocate prima di quel che vorrebbe il costrutto normale.

proletariato *s.m.* la condizione o classe dei proletari.

proletario [-tà-] *s.m.* **1** in Roma antica chi non possedeva nulla, tranne la prole **2** *agg.* e *s.m.* che o chi vive esclusivamente del suo lavoro; spec. i salariati.

proletarizzare [-riʒʒa-] *v.tr.* portare a condizioni di vita analoghe a quelle dei proletari.

proletarizzazione [-riʒʒazió-] *s.f.* il processo socioeconomico attraverso il quale ceti prima privilegiati vengono proletarizzati.

proliferare *v.intr.* [*io prolifero ecc.*] **1** riprodursi per proliferazione **2** per estens., moltiplicarsi, estendersi.

proliferazione [-zió-] *s.f.* **1** processo biologico per cui da cellule animali o vegetali si generano, per divisione,

altre cellule **2** per estens., moltiplicazione, allargamento: *la — delle armi nucleari.*

prolificare *v.intr.* [*io prolifico, tu prolifichi ecc.*] dar vita ad altri organismi della stessa specie; generare.

prolificità *s.f.invar.* l'essere prolifico.

prolifico [-li-] *agg.* [pl.m. -*ci*] che ha o che può avere molti figli; fecondo (anche *fig.*): *donna prolifica*; *mente prolifica.*

prolissità *s.f.invar.* l'essere prolisso. SIN. *verbosità.*

prolisso *agg.* si dice di scritto o discorso troppo lungo e particolareggiato.

pro loco [*lat.*; *pr.* prò lòco = *a favore del luogo*] *s.f.invar.* denominazione di enti sorti in località di villeggiatura per favorire il turismo.

prologo [prò-] *s.m.* [pl. -*ghi*] **1** scena introduttiva di un'opera teatrale; anche l'attore che recita tale scena **2** introduzione a un'opera in genere.

prolunga *s.f.* **1** nome generico di elementi usati per allungare qlco. (spec. macchine, attrezzi) **2** carro militare di trasporto.

prolungabile [-gà-] *agg.* che si può prolungare.

prolungamento [-mén-] *s.m.* **1** il prolungare **2** ciò che serve a prolungare.

prolungare *v.tr.* [*io prolungo, tu prolunghi ecc.*] **1** rendere più lungo: — *una strada* **2** far durare di più: *il soggiorno in montagna.* SIN. *allungare* // **-arsi** *v.rifl.pron.* **1** estendersi nello spazio e nel tempo: *il sentiero si prolungava nel bosco*; — *la conversazione* **2** dilungarsi: — *sui particolari.*

prolungato *agg.* che dura nel tempo: *un applauso* —.

prolusione [-ió-] *s.f.* **1** discorso introduttivo ad una serie di lezioni o conversazioni **2** lezione accademica di presentazione tenuta da un professore universitario di nomina recente.

promemoria [-mò-] *s.m.invar.* breve scritto o annotazione per ricordare qlco. a sé o ad altri.

promessa [-més-] *s.f.* **1** il promettere; le parole con cui si promette; la cosa promessa: — *di matrimonio*; *essere fedele alle promesse*, mantenerle / — *da marinaio*, fatta senza intenzione di mantenerla / *prov.*: *ogni — è debito*, chi promette ha il dovere di mantenere **2** (*fig.*) chi dimostra notevoli attitudini a una data attività: *è una — del ciclismo italiano.*

prometeo [-mè-] *s.m.* elemento chimico (Pm; *n.at.* 61; *p.at.* 145); metallo delle terre rare.

promettente [-tèn-] *agg.* che fa sperare bene di sé, che promette di dare buon esito: *è uno scrittore* —; *inizio* —.

promettere [-mét-] *v.tr.* [coniugato come *mettere*] impegnarsi con altri a fare o a dare qlco.: — *un regalo*; *ti prometto che verrò* / — *mari e monti*, fare eccessive promesse difficili a mantenere / *assol.* (*fig.*) fare sperare, detto di persona o cosa che dia indizio di riuscire bene: *è un ragazzo che promette.*

prominente [-nèn-] *agg.* che sporge in fuori: *mento* —. SIN. *sporgente.*

prominenza [-nèn-] *s.f.* l'essere prominente; la parte che è prominente. SIN. *sporgenza, protuberanza.*

promiscuità *s.f.invar.* l'essere promiscuo, il vivere promiscuamente (detto di comunità primitive o poverissime): — *dei sessi.*

promiscuo [-mì-] *agg.* **1** costituito dalla mescolanza di persone diverse o di cose eterogenee: *scuola promiscua*, frequentata da maschi e femmine; *matrimonio* —, contratto tra persone di razza o religione diverse **2** (*gramm.*) si dice di ogni nome di animale che, possedendo un unico genere grammaticale, si riferisce sia al maschio che alla femmina (p.e. *la pantera*).

promontorio [-tò-] *s.m.* sporgenza montuosa della costa [*ill. Costa*].

promosso [-mòs-] *agg.* e *s.m.* che o chi è ammesso, nelle scuole, a frequentare una classe di grado superiore.

promotion [*ingl.*; *pr.* promóscion] *s.f.* promozione, in senso commerciale.

promotore [-tó-] *agg.* e *s.m.* [f. *-trice*] che o chi promuove o dà impulso a qlco.: — *di opere benefiche*.

promozionale *agg.* che riguarda la promozione commerciale.

promozione [-zió-] *s.f.* **1** passaggio di un alunno ad una classe di grado superiore; avanzamento, miglioramento nella carriera: *ottenere la — a pieni voti*; — *a dirigente* **2** (*sport*) passaggio di una squadra da una serie inferiore a una superiore: *i giocatori festeggiarono la — della squadra in serie A* **3** (*comm.*) incremento, sviluppo, affermazione, spec. delle vendite di un prodotto o di attività, organizzazioni, idee.

promulgare *v.tr.* [*io promulgo, tu promulghi ecc.*] **1** pubblicare una legge imponendone l'osservanza: — *un decreto*. SIN. emanare **2** proclamare, diffondere: — *una teoria*.

promulgatore [-tó-] *s.m.* [f. *-trice*] chi promulga.

promulgazione [-zió-] *s.f.* l'atto, l'effetto del promulgare.

promuovere [-muò-] *v.tr.* [coniugato come *muovere*] **1** far avanzare di grado o di dignità: — *un alunno alla classe superiore*; *lo hanno promosso generale* **2** far avanzare, progredire; favorire, dare inizio: — *le arti*; — *una dimostrazione* **3** sollecitare: — *il vomito*.

pronao [prò-] *s.m.* (*arch.*) portico a colonne antistante i templi antichi e gli edifici di stile classico.

pronazione [-zió-] *s.f.* movimento che porta il palmo della mano verso il basso (al contrario della *supinazione*).

pronipote [-pó-] *s.m.* e *f.* figlio, figlia del nipote o della nipote; genericamente qualsiasi discendente.

prono [prò-] *agg.* (*lett.*) **1** volto verso terra, chino **2** (*fig.*) sottomesso: — *ai voleri altrui*.

pronome [-nò-] *s.m.* parte variabile del discorso che ha nella frase la funzione di sostituire il nome e soprattutto di designare qlco. che non sia nominato; i pronomi si dividono in *personali* (io, tu, noi, lui, loro ecc.), *riflessivi* (mi, ti, si ecc.), *possessivi* (il mio, il tuo, il suo ecc.), *dimostrativi* (questo, codesto, quello), *indefiniti* (alcuno, taluno, poco, tanto ecc.), *relativi* e *interrogativi* (che, chi, cui ecc.).

pronominale *agg.* del pronome / *particella* —, forma atona del pronome personale / *verbo riflessivo* (o *intransitivo*) *pronominale*, verbo che si coniuga come un verbo riflessivo, cioè con le particelle pronominali *mi, ti, si ecc.* ma non ha significato riflessivo (p.e. *pentirsi*).

pronosticare *v.tr.* [*io pronòstico, tu pronòstichi ecc.*] fare un pronostico, preannunziare. SIN. prevedere, predire.

pronostico [-nò-] *s.m.* [pl. *-ci*] previsione del futuro basata su indizi o su ipotesi: *fare un — sul tempo*; *fare pronostici sull'esito di una gara*.

prontezza [-téz-] *s.f.* l'essere pronto, rapidità, sveltezza: — *di movimenti, di memoria*; *ubbidire con* —. SIN. *sollecitudine*.

pronto [prón-] *agg.* **1** si dice di cosa preparata per l'uso: *la minestra è pronta*; *tutto era — per l'esperimento* **2** rapido, sollecito: *risposta pronta* **3** che afferra con facilità, vivace: *intelligenza pronta* **4** disposto ad agire, in grado di fare qlco.: *sarei — a giurarlo*; *siamo pronti per uscire*; *non era — per l'interrogazione* **5** incli-

ne, propenso: *essere — al riso, al perdono* // **-mente** *avv.* con prontezza; subito: *ubbidire* —.

prontuario [-tuà-] *s.m.* testo che contiene le principali nozioni di una disciplina scientifica o tecnica: — *medico*; — *dell'ingegnere*.

pronuncia [-nùn-] *s.f.*, **pronunciare** *v.tr.* ecc. → **pronunzia** ecc.

pronunciamento [-mén-] *s.m.* **1** sedizione militare a scopo politico **2** dichiarazione, presa di posizione pubblica.

pronunzia [-nùn-] *s.f.* **1** l'articolazione dei suoni di una lingua e il modo di articolarli: *la — della «z» sorda e della «z» sonora*; *difetto di* — **2** il complesso degli elementi caratteristici che fanno la fonetica di una lingua o di una parlata regionale o individuale: *si sente dalla — che è toscano* **3** per estens., la maniera di parlare: *ottima* —, — *chiara*.

pronunziare *v.tr.* [*io pronùnzio ecc.*] **1** articolare per mezzo della voce: — *un fonema, una parola*; *pronunzia male il tedesco* **2** dire, proferire (spec. con una certa solennità): — *un discorso*; — *un giudizio*, esprimerlo // **-arsi** *v.rifl. pron.* manifestare la propria opinione, il proprio giudizio: *non è facile — su tale argomento*; — *a favore, contro*; *la corte non si è ancora pronunziata*, non ha ancora emesso la sentenza.

pronunziato *agg.* accentuato, marcato: *naso* —.

propaganda *s.f.* attività volta a far conoscere e apprezzare determinate idee o dottrine o a presentare al pubblico prodotti commerciali per favorirne la vendita.

propagandare *v.tr.* diffondere, divulgare con mezzi propagandistici: — *un prodotto, un'idea*.

propagandista *s.m.* e *f.* [pl.m. *-i*] chi fa propaganda; in particolare, chi, alle dipendenze di una ditta, ne propaganda i prodotti.

propagandistico [-dì-] *agg.* [pl.m. *-ci*] che riguarda la propaganda: *foglietto* —.

propagare *v.tr.* [*io propago, tu propaghi ecc.*] **1** moltiplicare mediante la riproduzione (detto di animali e piante) **2** (*fig.*) diffondere, divulgare: — *una notizia* // **-arsi** *v.rifl. pron.* **1** diffondersi: *il panico si propagò tra la folla* **2** trasmettersi nello spazio: *la luce si propaga ad altissima velocità*.

propagatore [-tó-] *s.m.* [f. *-trice*] chi propaga (anche *fig.*).

propagazione [-zió-] *s.f.* il propagare, il propagarsi (anche *fig.*).

propagginare *v.tr.* [*io propàggino ecc.*] far riprodurre le piante per propagginazione.

propagginazione [-zió-] *s.f.* sistema di riproduzione delle piante, consistente nell'interrarne le propaggini.

propaggine [-pàg-] *s.f.* **1** ramo di pianta, piegato e interrato in parte affinché metta radici e costituisca, dopo essere stato staccato dalla pianta madre, un nuovo individuo **2** (*fig.*) diramazione: *le ultime propaggini delle Alpi*, *un ramo della propria famiglia principesca*.

propalare *v.tr.* diffondere; rendere noto a tutti qlco.: — *una notizia*. SIN. *propagare*.

propano *s.m.* (*chim.*) idrocarburo gassoso presente nei gas petroliferi; liquefatto per compressione, è usato in bombole come combustibile.

proparossitono [-si-] *agg.* si dice di parole, spec. greche, che hanno sulla terzultima sillaba l'accento acuto.

propedeutica [-dèu-] *s.f.* complesso di nozioni che occorre conoscere per prepararsi allo studio di una scienza.

propedeutico [-dèu-] *agg.* [pl.m. *-ci*] che serve per prepararsi allo studio di una scienza; preparatorio.

propellente [-lèn-] *agg.* che dà la spinta in avanti: *ca-*

rica — // *s.m.* sostanza combustibile, liquida o solida, che serve alla propulsione di razzi, missili ecc.

propendere [-pèn-] *v.tr.* [coniugato come *pendere*] essere favorevole, ben disposto verso qlcu. o qlco.: — *per la pace*; *propendo a credere che non sia stato lui.* SIN. *inclinare.*

propensione [-sió-] *s.f.* **1** il propendere verso qlcu. o qlco.: *avere — per qlcu.,* aver simpatia per lui. CONTR. *avversione* **2** naturale disposizione per qlco., attitudine: *sentire — per le scienze esatte.*

propenso [-pèn-] *agg.* che è disposto o ben disposto verso qlcu. o qlco.: *essere — ad accettare qlco.*; *mostrarsi — verso qlcu,* disposto a favorirlo. SIN. *proclive, incline.*

properispomeno [-spò-] *agg.* si dice di parole greche che hanno sulla penultima sillaba l'accento circonflesso.

propilene [-lè-] *s.m.* (*chim.*) idrocarburo gassoso da cui si ricavano materie plastiche, glicerina ecc.

propileo [-lè-] *s.m.* spec. *pl.* colonnato posto alla sommità di una gradinata per cui si accede ad un imponente edificio.

propina *s.f.* indennità, compenso speciale: — *d'esame,* quella dovuta ai membri di commissioni esaminatrici.

propinare *v.tr.* dare da bere qlco. (anche *fig.*): — *un veleno*; — *un mucchio di fandonie.*

propiziare *v.tr.* [*io propizio* ecc.] rendere propizio: — *gli dei con sacrifici*; *propiziarsi il favore di qlcu.*

propiziatore [-tò-] *s.m.* [f. *-trice*] chi propizia.

propiziatorio [-tò-] *agg.* atto a propiziare: *sacrificio —*; *parole propiziatorie.*

propiziazione [-zió-] *s.f.* il propiziare; cerimonia religiosa celebrata per propiziarsi la divinità.

propizio [-pi-] *agg.* **1** ben disposto, benigno: *rendersi — qlcu*; *la sorte non mi fu propizia.* SIN. *favorevole* **2** opportuno, adatto: *aspettare il momento —.* SIN. *favorevole, fausto.*

propoli [prò-] *s.f.* o *m.invar.* sostanza resinosa che le api prelevano da gemme e cortecce per rivestire e proteggere l'alveare.

proponente [-nèn-] *agg.* e *s.m.* e *f.* che, chi propone: *il — ritira la mozione.*

proponibile [-nì-] *agg.* che può essere proposto; ragionevole, non assurdo.

proponimento [-mén-] *s.m.* proposito, intenzione: *fare — di obbedire ai genitori*; *venire meno ai buoni proponimenti.*

proporre [-pór-] *v.tr.* [coniugato come *porre*] **1** presentare qlco. all'esame di qlcu.; consigliare come utile, opportuno, idoneo: — *un argomento, un affare*; — *qlco. come esempio*; — *un'escursione, un rimedio*; — *di fare una lunga vacanza*; — *qlcu. come direttore* **2** decidere, stabilire: *proporsi il raggiungimento di qlco.*; *proporsi di tacere.*

proporzionale *agg.* della proporzione, che è in proporzione, che riguarda le proporzioni: *pena — alla colpa / imposta —,* che è in proporzione al reddito globale / *rappresentanza, sistema —,* sistema elettorale in base al quale si assegna alle varie liste un numero di seggi in proporzione ai voti ottenuti // *s.f.* la rappresentanza, il sistema elettorale proporzionale // **-mente** *avv.* in modo proporzionale, nella stessa misura.

proporzionalità *s.f.invar.* l'essere proporzionale.

proporzionare *v.tr.* [*io proporzióno* ecc.] fare in modo che una cosa sia proporzionale a un'altra: *bisogna — le spese ai guadagni.*

proporzionato *agg.* di giusta proporzione, adeguato, conveniente: *ha un corpo ben —*; *ha un tenore di vita —*

alla sua posizione sociale. SIN. *corrispondente.* CONTR. *sproporzionato.*

proporzione [-zió-] *s.f.* **1** corrispondenza di misura fra cose in relazione tra di loro o di parti rispetto a un tutto; *ci dev'essere — tra la pena e la colpa*; *la — fra il piede e la gamba / in —,* in misura corrispondente / *in — a,* in rapporto, in confronto a: *ha guadagnato poco in — a quello che ha fatto.* CONTR. *sproporzione* **2** *pl.* grandezza, dimensione: *una casa, un'industria, un incendio di grandi, piccole proporzioni* **3** (*mat.*) uguaglianza fra due rapporti.

propositivo [-ʃi-] *agg.* di proposta; che fa proposte, e spec. proposte valide.

proposito [-póʃi-] *s.m.* **1** idea deliberata di fare qlco.; ciò che ci si propone: *ho il fermo — di riuscire*; *studia col — di giungere alla laurea*; *ha parlato proprio col — di offendermi / l'ho fatto di —,* apposta, seriamente / *un uomo di —,* serio e fermo nel carattere. SIN. *piano, progetto, fine, intendimento, intenzione* **2** argomento, tema di un discorso; situazione: *a questo — dovrei dare molte cose / sei giunto proprio a —,* nel momento giusto, opportuno / *quel che dici è fuor di —,* non c'entra col nostro discorso, con quello che stiamo facendo / *un uomo, un abito a —,* opportuno, conveniente / *a — di,* formula per introdurre l'argomento su cui si vuol parlare.

proposizione [-ʃizió-] *s.f.* **1** (*fil.*) giudizio espresso con parole **2** (*gramm.*) espressione di senso compiuto, formata almeno da un soggetto (che può essere sottinteso) e un predicato; possono seguire alcuni complementi / — *principale, reggente, dipendente o subordinata, coordinata* **3** (*ret.*) inizio di un'orazione o di un poema, in cui si enuncia l'argomento che sarà trattato.

proposta [-pó-] *s.f.* il proporre; discorso o scritto con cui si invita qlcu. a fare, dare o ricevere qlco.: — *di pace, di matrimonio*; *non ha accettato la mia — / — di legge,* disegno, progetto di legge. SIN. *profferta.*

propretore [-tó-] *s.m.* (*st.*) pretore che al termine della carica era inviato ad amministrare una provincia romana, senza responsabilità militari.

propriamente [-mén-] *avv.* **1** proprio, veramente: *le cose non sono andate — così* **2** in senso proprio: *«flagello» significa — «piccola frusta»* **3** in modo appropriato: *parlare molto —.*

proprietà *s.f.invar.* **1** l'essere proprio; precisione di significato (detto di parole o discorsi): *parla, adopera gli aggettivi con molta —* **2** qualità particolare, virtù propria di alcune cose: *le — dei liquidi*; *la malleabilità è una — dell'oro*; *alcune erbe hanno — medicamentose* **3** diritto di godere e disporre di un bene, entro i limiti fissati dalla legge: *la — di un terreno, di una casa / — letteraria, artistica,* ogni diritto spettante all'autore o all'editore di un'opera letteraria o artistica **4** la cosa posseduta, spec. case o terreni: *amministra egli stesso le sue —* **5** il proprietario, l'insieme dei proprietari di un bene: *le decisioni della —* **6** eleganza, decoro: *vestire con —.*

proprietario [-tà-] *agg.* e *s.m.* che o chi ha la proprietà di qlco. o spec. di beni immobili: *la società proprietaria della fabbrica*; *il — della casa, della macchina, del libro* // *agg.* della proprietà, dei proprietari: *l'assetto — dell'azienda non è chiaro,* non si sa bene a chi appartiene.

proprio [prò-] *agg.* **1** particolare, speciale, peculiare: *la ragione è propria dell'uomo.* SIN. *caratteristico.* CONTR. *improprio* **2** (*gramm.*) si dice di nome con cui si indica un singolo individuo o una singola cosa (p.e. *Luigi, Adige, Firenze*) **3** si dice di parola o frase che esprime esattamente ciò che si desidera significare con essa / *senso —*, significato primitivo, senso esatto della parola in opposizione ai sensi impropri e figurati // *agg.poss.* che appartiene solamente a una persona e non ad altri; di lui, di lei, di loro; sostituisce *suo* e *loro* riferendosi sempre al soggetto della proposizione; deve sostituire *suo* e *loro* quando il soggetto è indefinito o la proposizione è impersonale; si usa anche unito a *mio, tuo* ecc. per rafforzarli: *essi vedevano la propria immagine*; *nessuno è contento della propria sorte*; *bisogna difendere la propria famiglia*; *l'ho visto con i miei propri occhi* // *s.m.* ciò che è proprietà di qlcu.: *Carlo non voleva rimetterci del —* // *avv.* veramente, precisamente, addirittura, giustamente; si usa anche come affermazione nelle risposte: *sei — alto; sto — meglio; «Siete stati voi?»*, *«Proprio».*

propriocettore [-tó-] *s.m.* (*med.*) recettore che raccoglie gli stimoli provenienti dall'interno di un organo.

propugnare *v.tr.* sostenere con impegno, con tenacia: *— l'uguaglianza dei diritti.*

propugnatore [-tó-] *s.m.* [f. *-trice*] chi propugna: *fu un grande — della verità.*

propulsione [-sió-] *s.f.* spinta in avanti: *— a razzo.*

propulsivo *agg.* che serve a dare una spinta in avanti.

propulsore [-só-] *s.m.* complesso meccanico che comunica al veicolo, dal quale è portato, la forza che ne provoca il movimento in avanti: *— a reazione.*

prora [prò-] *s.f.* → **prua.**

proravia [-vì-] *locuz.avv.* verso prua / *a — dell'albero*, si dice di un oggetto che si trovi più verso prua rispetto all'albero.

proroga [prò-] *s.f.* prolungamento della durata di qlco.; dilazione: *concedere una —; — di un mese.*

prorogabile [-gà-] *agg.* che può essere prorogato.

prorogare *v.tr.* [*io pròrogo, tu pròroghi* ecc.] concedere un prolungamento del tempo stabilito per fare qlco.; differire una scadenza: *— i termini di un contratto.* SIN. *rinviare, rimandare, procrastinare, posticipare.*

prorompente [-pèn-] *agg.* incontenibile, impetuoso: *entusiasmo —.*

prorompere [-róm-] *v.intr.* [coniugato come *rompere*] uscir fuori con impeto (anche *fig.*): *il fiume prorompe dagli argini; lo sdegno prorompe dal mio cuore.*

prosa [pròſa] *s.f.* **1** l'espressione non legata a schemi metrici (contrapposta alla poesia): *scrive in buona — / teatro di —* , quello in cui i testi, in prosa o in versi, sono recitati e non cantati (si contrappone a *teatro lirico*) / *la — del Machiavelli*, lo stile **2** (*fig. non com.*) ciò che è legato agli aspetti quotidiani della vita: *la — di tutti i giorni.*

prosaicità [-ſai-] *s.f.invar.* l'essere prosaico.

prosaico [-ſài-] *agg.* [pl.m. *-ci*] **1** di prosa, che concerne la prosa **2** (*spreg.*) privo di idealità e di poesia; volgare, meschino: *come sei —!; una situazione prosaica.*

prosapia [-ſà-] *s.f.* (*lett.*) stirpe, schiatta.

prosastico [-ſà-] *agg.* [pl.m. *-ci*] di prosa; scritto in prosa: *scritti prosastici.*

prosatore [-ſató-] *s.m.* [f. *-trice*] scrittore in prosa.

proscenio [-scè-] *s.m.* la parte anteriore del palcoscenico / *palchi di —*, che si aprono sulla ribalta.

proscimmie [-scìm-] *s.f.pl.* mammiferi somiglianti alle scimmie, di vita notturna, hanno occhi molto grandi e muso appuntito.

prosciogliere [-sciò-] *v.tr.* [coniugato come *sciogliere*] liberare, sciogliere da impegni contratti; assolvere: *sei stato prosciolto da ogni accusa.*

proscioglimento [-mén-] *s.m.* atto, effetto del prosciogliere.

prosciugamento [-mén-] *s.m.* atto, effetto del prosciugare o del prosciugarsi.

prosciugare *v.tr.* [*io prosciugo, tu prosciughi* ecc.] rendere interamente asciutto; liberare da acque stagnanti: *— un terreno* // *-arsi v.rifl.pron.* diventare asciutto.

prosciutto *s.m.* coscia di maiale salata e fatta asciugare perché si conservi a lungo: *— crudo, cotto / cavarsi la sete col —*, far cosa che peggiora il danno / *avere gli orecchi foderati di —*, si dice di chi è duro d'udito o finge di non sentire.

proscritto *agg.* e *s.m.* esiliato, colpito da proscrizione; esule.

proscrivere [-scrì-] *v.tr.* [coniugato come *scrivere*] condannare all'esilio; per estens., bandire, abolire.

proscrizione [-zió-] *s.f.* il proscrivere: *liste di —*, nell'antica Roma, quelle dei nomi dei cittadini proscritti.

prosecuzione [-zió-] *s.f.* il proseguire: *la — dell'opera.* SIN. *continuazione, seguito.*

proseguimento [-mén-] *s.m.* atto, effetto del proseguire: *il — del viaggio / buon —*, formula con cui si augura la buona continuazione di ciò che è già cominciato. SIN. *continuazione, seguito.*

proseguire *v.tr.* e *intr.* [coniugato come *seguire*] continuare, andare avanti: *— il cammino; — il racconto; — a parlare.* SIN. *continuare, seguitare.*

proselitismo [-ſelitiſmo] *s.m.* azione volta a procurare proseliti: *fare opera di —.*

proselito [-ſè-] *s.m.* chi è passato di recente a diversa religione, dottrina, partito: *far proseliti*, acquistarsi seguaci.

prosieguo [-siè-] *s.m.* proseguimento, seguito / *in — di tempo*, in seguito.

prosit [*lat.*; *pr.* pròſit] *inter.* salute!

prosodia [-ſodì-] *s.f.* l'insieme delle norme concernenti la quantità delle sillabe, nella poesia greca e latina; nella poesia italiana, le regole che governano la corretta accentazione dei versi.

prosopopea [-ſopopè-] *s.f.* **1** figura retorica per cui si introducono a parlare persone assenti o morte, o si personificano cose inanimate o astratte **2** (*fig.*) sussiego, presunzione. SIN. *boria.*

prosperare *v.intr.* [*io pròspero* ecc.] crescere, star bene: *qui prospera la vite; — in salute.* SIN. *fiorire.*

prosperità *s.f.invar.* l'essere prospero. SIN. *floridezza.*

prospero [prò-] *agg.* fiorente; favorevole: *— commercio; condizione prospera.* SIN. *vegeto, florido.*

prosperoso [-ró-] *agg.* **1** fiorente: *commercio —* **2** pieno di salute: *un ragazzo —, donna prosperosa*, formosa, dall'aspetto sano. SIN. *robusto.*

prospettare *v.tr.* [*io prospètto* ecc.] **1** (*rar.*) essere volto verso qlco.: *il balcone prospetta la vallata* **2** (*fig.*) mostrare, presentare, far capire: *mi ha prospettato il problema* // *-arsi v.rifl.* presentarsi; mostrarsi: *il caso si prospetta difficile.*

prospettico [-spèt-] *agg.* [pl.m. *-ci*] della prospettiva; disegnato in prospettiva: *effetto —; rappresentazione prospettica.*

prospettiva *s.f.* **1** parte della geometria che insegna a rappresentare una figura tridimensionale su una superficie piana, in modo che osservando la rappresentazione si riceva la stessa impressione che la figura reale dà all'occhio / *in —*, secondo le leggi di questa disciplina / *errore di —*, (*fig.*) valutazione errata **2** panorama: *una vasta —* **3** (*fig.*) possibilità, eventualità: *la triste — di* *una guerra / un lavoro senza prospettive*, senza possibilità di cambiamenti o miglioramenti.

prospetto [-spèt-] *s.m.* **1** vista di ciò che sta di fronte; la cosa o il luogo visto di fronte / *di* —, di fronte **2** rappresentazione grafica di un solido in prospettiva **3** tabella, quadro, descrizione sintetica di una situazione, tale che a colpo d'occhio se ne comprenda la portata.

prospezione [-zió-] *s.f.* (*geol.*) complesso dei metodi usati per lo studio della composizione litologica e della struttura del sottosuolo.

prospiciente [-cièn-] *agg.* che guarda, che è volto verso qlco.: *villino — il mare.*

prossemica [-sè-] *s.f.* parte della semiologia che studia il significato dei rapporti di spazio nella comunicazione umana (p.e. il fare un passo avanti mentre si parla).

prossimale *agg.* indica, soprattutto in anatomia, ciò che è più vicino rispetto a un dato punto di riferimento (si contrappone a *distale*).

prossimità *s.f.invar.* l'essere prossimo nello spazio o nel tempo / *in* — *di*, vicino a.

prossimo [pròs-] *agg.* [*superl.* di *vicino*] **1** molto vicino nello spazio: — *alla stazione / parente* —, che ha stretti legami di parentela **2** il più vicino nel tempo futuro; seguente, successivo: *il mese* — **3** trascorso da poco / *passato* —, tempo del verbo che indica un'azione avvenuta in un recente passato o i cui effetti perdurano nel presente // **-mente** *avv.* in un futuro prossimo // *s.m.* l'insieme degli uomini, in quanto sono simili di ciascuno di noi: *sacrificarsi per il* —.

prostata [prò-] *s.f.* (*anat.*) ghiandola a forma di cono, che sta sopra la parte iniziale dell'uretra maschile.

prostatectomia [-mì-] *s.f.* intervento chirurgico di asportazione della prostata.

prostatico [-stà-] *agg.* [pl.m. *-ci*] della prostata.

prostatite *s.f.* infiammazione della prostata.

prosternare *v.tr.* [*io prostèrno ecc.*] (*lett.*) stendere a terra, abbattere // **-arsi** *v.rifl.* inchinarsi, sottomettersi: *noi ci prosterniamo dinanzi a voi.*

prostesi [pròsteʃi] *s.f.invar.* in linguistica aggiunta di un suono all'inizio di una parola (p.e. *per istrada*, anziché *per strada*).

prostilo [prò-] *s.m.* (*arch.*) tempio con portico a colonne sulla facciata anteriore.

prostituire *v.tr.* [*io prostituisco, tu prostituisci ecc.*] fare turpe commercio di qlco.; avvilire: — *l'ingegno* // **-irsi** *v.rifl.* vendersi, fisicamente o moralmente.

prostituta *s.f.* donna che si prostituisce.

prostituzione [-zió-] *s.f.* il prostituire, il prostituirsi (anche *fig.*).

prostrare *v.tr.* [*io pròstro ecc.*] (*lett.*) abbattere, stendere a terra; (*fig.*) render fiacco, stancare: *la lunga malattia l'ha prostrato* // **-arsi** *v.rifl.* inchinarsi profondamente: *si prostrò ai suoi piedi.*

prostrato *agg.* **1** abbattuto; profondamente inchinato a terra **2** (*fig.*) che è in stato di debolezza fisica; che è psichicamente o moralmente depresso. SIN. *spossato, sfinito, affranto.*

prostrazione [-zió-] *s.f.* stato di grande debolezza; depressione psichica o morale. SIN. *abbattimento.*

protagonismo [-ʃmo] *s.m.* tendenza a imporsi come protagonista.

protagonista *s.m.* e *f.* [pl.m. *-i*] **1** il personaggio principale di un'azione drammatica, di una narrazione **2** chi sostiene la parte principale in una vicenda.

protasi [pròtaʃi] *s.f.invar.* **1** la parte introduttiva di un poema, quella in cui l'autore espone l'argomento **2** (*gramm.*) la proposizione secondaria del periodo ipotetico dove si pone la condizione di cui l'apodosi esprime la conseguenza.

proteasi [-ʃi] *s.f.invar.* (*biol.*) enzima che scinde le proteine.

proteggere [-tèg-] *v.tr.* [pres. *io protèggo, tu protèggi ecc.*; pass.rem. *io protèssi, tu proteggésti ecc.*; p.pass. *protètto*] **1** dare aiuto, difesa, appoggio contro qlco., qlcu.: — *la patria dai nemici.* SIN. *difendere, tutelare* **2** favorire, promuovere: — *le arti* **3** riparare: *l'ombrello protegge dalla pioggia.*

proteico [-tèi-] *agg.* [pl.m. *-ci*] che contiene proteine: *sostanze proteiche.*

proteiforme [-fór-] *agg.* (*lett.*) che assume diverse forme, aspetti.

proteina *s.f.* (*biol.*) sostanza organica azotata di struttura complessa, costituente fondamentale dei tessuti animali e vegetali.

proteinico [-i-] *agg.* [pl.m. *-ci*] → **proteico**.

protendere [-tèn-] *v.tr.* [coniugato come *tendere*] tendere, spingere in avanti: *protese le braccia; si protese nello sforzo.*

proteo [prò-] *s.m.* anfibio vivente nelle acque sotterranee (p.e. nelle grotte di Postumia); lungo e sottile, di color carnicino, ha occhi rudimentali ricoperti di pelle, zampe ridotte, e respira per branchie anche allo stato adulto (*fam.* Proteidi).

protervia [-tèr-] *s.f.* (*lett.*) l'essere protervo; arrogante ostinazione.

protervo [-tèr-] *agg.* (*lett.*) superbo e arrogante.

protesi [pròteʃi] *s.f.invar.* **1** sostituzione di un organo del corpo umano, mancante o difettoso, con un apparecchio artificiale; l'apparecchio stesso: *fare, applicare una — dentaria* **2** → **prostesi.**

protesta [-tè-] *s.f.* **1** il disapprovare o l'opporsi a qlco.; le parole o gli atti con cui tale disapprovazione si esprime: *lo fece per — contro la società; la sua — fu accolta* **2** dichiarazione formale di un proprio sentimento o convinzione: — *d'amicizia.*

protestante *agg.* e *s.m.* e *f.* che o chi aderisce alle dottrine delle chiese cristiane riformate.

protestantesimo [-téʃi-] *s.m.* **1** l'insieme delle confessioni religiose cristiane che hanno avuto origine dalla Riforma **2** il pensiero religioso dei protestanti.

protestare *v.intr.* [*io protèsto ecc.*] esprimere la propria disapprovazione o opposizione a qlco.: *protestarono contro l'ingiustizia* // *v.tr.* **1** dichiarare formalmente un proprio sentimento o condizione: *protestò di essere in buona fede; si protestava innocente* **2** contestare il mancato pagamento; fare un protesto: — *una cambiale.*

protesto [-tè-] *s.m.* dichiarazione con la quale un pubblico ufficiale accerta il mancato pagamento di titolo di credito avente carattere esecutivo: *mandare in — una cambiale, un assegno.*

protettivo *agg.* **1** che serve a proteggere: *muro* — **2** che ha, che esprime l'intenzione di proteggere: *una madre troppo protettiva; parlare in tono* —.

protetto [-tèt-] *agg.* munito di difese; posto al riparo // *s.m.* chi gode di un particolare favore o appoggio: *è un suo* —, un suo favorito.

protettorato *s.m.* forma di tutela politica e militare esercitata da uno stato nei confronti di uno stato minore che gli consente in cambio una certa ingerenza nei propri affari; lo stato posto sotto tale tutela.

protettore [-tó-] *s.m.* [f. *-trice*] **1** chi protegge: — *delle arti* **2** sfruttatore di prostitute // usato come *agg.*:

santo —, il patrono di una nazione, di una città, di una categoria di persone ecc. / *stato* —, lo stato che esercita un protettorato.

protezione [-zió-] *s.f.* azione del proteggere, del riparare; attività di chi protegge o difende: *rivestimento di* —; *Ente Nazionale per la Protezione degli Animali* / *ha un'aria di* —, di sufficiente superiorità.

protezionismo [-ʃmo] *s.m.* indirizzo economico tendente a proteggere dalla concorrenza straniera i prodotti naturali e industriali di una nazione, mediante dazi sulle importazioni, esenzioni fiscali e altri provvedimenti analoghi.

protezionista *s.m.* e *f.* [pl.m. *-i*] chi sostiene il protezionismo.

protezionistico [-nì-] *agg.* [pl.m. *-ci*] del protezionismo: *regime* —.

protide [prò-] *s.m.* (*biol.*) → **proteina**.

protiro [prò-] *s.m.* (*arch.*) piccolo portico su due colonne, addossato alla facciata delle chiese romaniche.

proto [prò-] *s.m.* capotecnico di una tipografia che cura in particolare la composizione; genericamente, tipografo.

proto- [prò-] [dal gr. *pròtos* = *primo*] primo elemento di molte parole composte, spec. della terminologia scientifica; indica anteriorità, primato e simili (*protomartire*, *protomedico*, *protozoi*).

protoattinio [-tì-] *s.m.* elemento chimico (Pa; *n.at.* 91; *p.at.* 231); metallo radioattivo assai raro.

protocollare[1] *v.tr.* [*io protocòllo ecc.*] registrare nel protocollo: — *un documento*.

protocollare[2] *agg.* **1** che riguarda le norme del protocollo: *uso* — **2** (*fig.*) conforme alle norme dell'educazione.

protocollo [-còl-] *s.m.* **1** registro dove i notai trascrivono rogiti e testamenti; libro dove si registrano in ordine cronologico lettere, atti ecc. in partenza e in arrivo: *mettere a* —, registrare / *un foglio di carta* —, carta di formato stabilito **2** documento attestante un raggiunto accordo fra stati **3** l'insieme delle norme che regolano lo svolgimento di manifestazioni, visite, ricevimenti ufficiali.

protomartire [-màr-] *s.m.* appellativo di santo Stefano, che per primo subì il martirio.

protomedico [-mè-] *s.m.* [pl. *-ci*] il medico principale di un istituto, di una corte; il primario di ospedale.

protone [-tó-] *s.m.* (*fis.*) particella elementare con carica elettrica positiva di valore uguale alla carica negativa dell'elettrone; costituente fondamentale dei nuclei atomici.

protonico[1] [-tò-] *agg.* [pl.m. *-ci*] (*fis.*) del protone: *massa protonica*.

protonico[2] [-tò-] → **pretonico**.

protonotario [-tà-] *s.m.* in antico, funzionario di varie corti imperiali incaricato di compilare e registrare documenti.

protoplasma [-ʃma] *s.m.* [pl. *-i*] (*biol.*) sostanza di cui sono costituite tutte le parti viventi dell'organismo, e la cui unità minima è la cellula.

protoplasmatico [-ʃmà-] *agg.* [pl.m. *-ci*] del protoplasma.

protosincrotrone [-tró-] *s.m.* (*fis.*) macchina acceleratrice di protoni.

prototipo [-tò-] *s.m.* **1** primo modello, tipo originario da cui derivano gli altri; esemplare: *il* — *di una macchina* **2** (*fig.*) chi possiede in massimo grado determinate qualità: *mio fratello è il* — *degli sgobboni*.

protottero [-tò-] *s.m.* pesce dei dipnoi delle paludi africane; ha corpo allungato e presenta doppia respirazione.

protozoi [-ʒòi] *s.m.pl.* organismi microscopici unicellulari.

protrarre *v.tr.* [coniugato come *trarre*] prolungare nel tempo; spostare nel tempo, prorogare: — *il dibattito*; — *la data di una mostra* // **-arsi** *v.rifl.pron.* continuare, durare: *questa situazione si protrae da tempo*.

protrazione [-zió-] *s.f.* atto, effetto del protrarre.

protrombina *s.f.* (*biol.*) enzima presente nel sangue circolante, che trasformandosi in trombina mette in moto il meccanismo della coagulazione.

protuberanza *s.f.* escrescenza, gonfiore, bernoccolo; gobba: *ha una* — *sulla fronte* / *protuberanze solari*, giganteche fiamme, originate dalla combustione di gas, che si hanno sulla superficie del Sole. SIN. *prominenza*, *sporgenza*.

prova [prò-] *s.f.* **1** ciò che si fa per conoscere, dimostrare, verificare la qualità, la natura di una cosa, le attitudini e i sentimenti di una persona, il funzionamento di una macchina; esame: *sottoporre a una serie di prove*; *periodo di* —; *è ammesso alle prove orali*, agli esami orali; *mettere un abito in* —, farlo indossare per vedere se va bene e per apportare le modifiche necessarie; *banco di* —, impianto per il controllo e il collaudo di macchine; (*fig.*) situazione in cui si avrà un saggio delle qualità di qlcu. o di qlco.: *questo lavoro sarà il tuo banco di* —; *il banco di* — *di una teoria* / *a* — *di bomba*, di cosa solidissima / *onestà a tutta* —, sperimentata, che non lascia dubbi **2** (*mat.*) operazione di verifica di un calcolo: *fare la* — *del nove* **3** (*teatr.*) esecuzione parziale o totale di uno spettacolo a scopo di esercizio e di messa a punto: *la* — *generale*, l'ultima, prima della rappresentazione **4** cimento affrontato volontariamente o imposto da altri o dalla circostanza; tentativo: *lo vedremo alla* —; *è stata una* — *molto dura*, una esperienza difficile; *ho fatto la* — *di cosa vuol dire l'amicizia* / *la* — *del fuoco*, per un soldato, la prima esperienza di combattimento; (*fig.*) prova decisiva **5** competizione, gara: *vincere la* — *di salto* **6** tentativo: *rinunciò dopo alcune prove* **7** argomento, testimonianza o documento che si adduce per dimostrare la verità di un'affermazione, di un fatto: *le prove dell'immortalità dell'anima*; *fu assolto per insufficienza di prove*; *fino a* — *contraria*, fino a che sia dimostrato il contrario.

provare *v.tr.* [*io pròvo ecc.*] **1** sottoporre a prova, a verifica; sperimentare: — *un motore*; — *un abito*, indossarlo per vedere se va bene; — *il coraggio di qlcu.*; — *una nuova cura*; — *un nuovo ballo*; — *un cibo*, assaggiarlo **2** (*teatr.*) rappresentare uno spettacolo per metterlo a punto: — *una commedia* **3** cimentare, mettere a prova: *la sventura lo ha duramente provato* **4** fare un tentativo: *proviamo a entrare* / *assol.*: — *non costa niente*; *provaci!*, osa, detto in tono di minaccia; *tentare* **5** dimostrare con prove la verità di un'affermazione, di un fatto: *l'imputato riuscì a* — *la sua innocenza* **6** sentire; conoscere per esperienza: — *avversione per qlcu.*; *io che l'ho provato so cosa vuol dire* // **-arsi** *v.rifl.* cimentarsi, gareggiare con qlcu.

provato *agg.* **1** che è stato sottoposto a una prova pesante; affaticato, logorato: *un fisico* —; *uomo di provata fedeltà* **2** che è dimostrato con prove; certo, dimostrato: *uomo di provata fedeltà*; *complicità provata*.

provenienza [-nièn-] *s.f.* il luogo da cui proviene qlco., qlcu.: *la* — *di un treno*; *merci di* — *sospetta*; *la* — *dei turisti*.

provenire *v.intr.* [coniugato come *venire*] **1** venire da un luogo: *questi limoni provengono dalla Sicilia* **2** (*fig.*) trarre origine, causa. SIN. *derivare*.

provento [-vèn-] *s.m.* utile, guadagno, rendita: *non ha altri proventi all'infuori del suo stipendio*.

provenzale *agg.* della Provenza: *letteratura —* // *s.m.* **1** abitante, nativo della Provenza **2** la lingua della Provenza.

proverbiale *agg.* **1** che ha natura di proverbio: *detto —* **2** (*fig.*) che è passato in proverbio; noto a tutti: *la sua ignoranza è —*.

proverbio [-vèr-] *s.m.* breve detto popolare che contiene un insegnamento desunto dall'esperienza / *passare in —*, si dice di persona o cosa che siano portate ad esempio per qualche caratteristica.

provetta [-vét-] *s.f.* **1** tubetto di vetro chiuso a un'estremità, usato per le analisi chimiche [*ill. Chimico, laboratorio*] **2** (*tecn.*) campione di materiale (cemento, metalli ecc.) da sottoporre a una o più prove.

provetto [-vét-] *agg.* **1** che ha grande conoscenza o esperienza di qlco. SIN. *esperto* **2** (*lett.*) avanzato: *età provetta*.

provincia [-vìn-] *s.f.* [pl. *-ce* o *-cie*] **1** in Italia, circoscrizione amministrativa del territorio dello stato, retta da un consiglio elettivo e nella quale il governo è rappresentato da un prefetto; in generale, circoscrizione amministrativa; per estens., gli uffici che provvedono all'amministrazione e la loro sede: *la — di Milano; le scuole di Napoli e —; il territorio della colonia fu diviso in province; è impiegato alla —* **2** per estens., i piccoli centri in opposizione alle grandi città: *vivere in —; gente di —* **3** (*eccl.*) circoscrizione territoriale costituita da più diocesi, retta da un arcivescovo; più conventi dello stesso ordine dipendenti da un medesimo superiore **4** (*st.*) territorio conquistato dai romani fuori d'Italia e governato dai magistrati romani.

provinciale *agg.* **1** della provincia: *consiglio —*, organo elettivo che amministra la provincia; *giunta —*, il complesso degli assessori provinciali / *padre —*, frate a capo di più conventi dello stesso ordine posti in una provincia ecclesiastica **2** (*spreg.*) che ha abitudini, mentalità ecc. tipici della provincia: *gusti provinciali, arretrati* // *s.m. e f.* (*spreg.*) chi è nato o vive in provincia; chi ha abitudini, mentalità ecc. della provincia // *s.f.* strada provinciale.

provincialismo [-ʃmo] *s.m.* l'essere provinciale; l'aver modi, mentalità ecc. da provinciale.

provino *s.m.* **1** (*cinem.*) breve film fatto per saggiare le capacità interpretative di un aspirante attore **2** nome generico di strumenti che servono a determinare la densità dei liquidi, la resistenza dei materiali ecc.; anche il campione di un materiale da sottoporre a una o più prove.

provitamina *s.f.* (*biol.*) sostanza presente negli alimenti o nell'organismo, che in seguito a processi fisici o chimici si trasforma in vitamina.

provocare *agg.* **1** che provoca: *discorso —* **2** che suscita l'interesse e l'ammirazione degli uomini; procace: *sguardo —; vestito —*.

provocare *v.tr.* [io pròvoco, tu pròvochi ecc.] **1** eccitare: *— qlco. all'ira, allo sdegno / assol.* irritare; sfidare: *è stato provocato e ha reagito* **2** operare in modo da suscitare un determinato effetto: *— la tosse; — la simpatia; — un crollo / — un decreto*, sollecitarne l'emanazione. SIN. *cagionare, causare*.

provocatore [-tó-] *agg. e s.m.* [f. *-trice*] che, chi provoca

/ *agente —*, chi spinge altri a commettere un reato con lo scopo di incriminarlo; agitatore incaricato di fomentare disordini.

provocatorio [-tò-] *agg.* che tende a provocare.

provocazione [-zió-] *s.f.* **1** il provocare; parole, atti che provocano: *raccolse la —*, la sfida **2** (*dir.*) attenuante che spetta al reo per aver agito in stato di collera causata da offesa o ingiustizia ricevuta: *all'imputato fu riconosciuta la —*.

provola [prò-] *s.f.* formaggio, per lo più di latte di bufala, che si mangia fresco o affumicato (tipico del meridione).

provolone [-ló-] *s.m.* formaggio simile alla provola, ma di pasta dura (tipico del meridione).

provvedere [-dé-] *v.intr.* [coniugato come *vedere*] disporre quanto è necessario affinché qualcosa non manchi o non patisca danno o avvenga felicemente; badare, disporre per un bisogno di servizio pubblico; risolvere una situazione con misure opportune: *— alla sicurezza dei cittadini; — ai bisogni della famiglia; — alla manutenzione delle strade; — severamente nei confronti dei colpevoli* // *v.tr.* procacciare, fornire, somministrare, mettere in serbo, apparecchiare in tempo: *— quanto occorre per la partenza; — il combustibile necessario all'industria* // **-ersi** *v.rifl.* fornirsi, procacciarsi, premunirsi: *— di vestiti per il viaggio*.

provvedimento [-mén-] *s.m.* atto e modo del provvedere; la misura o la disposizione con cui si provvede: *provvedimenti igienici, finanziari / prendere provvedimenti*, adottare misure disciplinari.

provveditorato *s.m.* la carica e la residenza del provveditore: *— agli studi, alle opere pubbliche*.

provveditore [-tó-] *s.m.* **1** chi provvede alle necessità di qlcu. o qlco. **2** titolo di chi ha la responsabilità del settore amministrativo di un'azienda, di un'associazione e simili, spec. di chi è a capo di un determinato settore dell'amministrazione statale: *— agli studi*.

provvidenza [-dèn-] *s.f.* **1** il provvedere; l'atto con cui si provvede: *provvidenze in favore dei senzatetto* **2** secondo le religioni cristiane, l'opera costante che Dio esercita in favore delle sue creature: *confidiamo nella —* **3** dono, favore che giunge quando più è necessario: *l'eredità è stata una vera —*.

provvidenziale *agg.* della provvidenza; che è mandato da Dio; assai opportuno: *aiuto —*.

provvido [pròv-] *agg.* che provvede in tempo; opportuno, utile. SIN. *previdente*.

provvigione [-gió-] *s.f.* compenso in denaro dato al mediatore o commissionario che ha concluso un affare, e fissato in misura proporzionale all'affare stesso.

provvisionale [-ʃio-] *s.f.* (*dir.*) versamento di denaro che il giudice di una causa stabilisce in via provvisoria, come acconto.

provvisorietà [-ʃo-] *s.f.invar.* l'essere provvisorio.

provvisorio [-ʃò-] *agg.* che non è definitivo, che dovrà essere eliminato o modificato: *governo —; confine —*. SIN. *temporaneo*.

provvista *s.f.* ciò che si compera e si mette da parte per un uso successivo: *far — di burro; fare le provviste*. SIN. *riserva*.

prozio [-zì-] *s.m.* zio del padre o della madre.

prua *s.f.* la parte anteriore, di solito assottigliata, di qualsiasi nave o imbarcazione.

prudente [-dèn-] *agg.* che agisce con prudenza; improntato a prudenza: *uomo —; discorso —*. SIN. *cauto, assennato*. CONTR. *imprudente*.

prudenza [-dèn-] *s.f.* **1** capacità di ben giudicare e di scegliere il meglio in ogni circostanza; saggezza nell'operare **2** secondo la teologia cattolica, una delle quattro virtù cardinali.

prudenziale *agg.* ispirato da prudenza: *atteggiamento* —; *provvedimento* —.

prudere [prù-] *v.intr.dif.* [rarissimo il pass.rem. *prudé* o *prudètte*; manca il p.pass.] dar prurito, pizzicare / *sentirsi* — *le mani*, aver voglia di menar le mani / *sentirsi* — *la lingua*, aver voglia di parlare.

pruderie [*franc.*; *pr.* prüderì] *s.f.* moralismo, puritanesimo superficiale ed eccessivo.

prugna *s.f.* frutto del susino; susina.

prugnolo [prù-] *s.m.* arbusto spinoso con fiori bianchi e piccoli frutti commestibili, rotondeggianti, color nero bluastro (*fam.* Rosacee).

pruina [-i-] *s.f.* **1** sottilissimo strato di cera che ricopre alcuni frutti rendendoli impermeabili all'acqua **2** (*poet.*) brina.

prunaio [-nà-] *s.m.* **1** terreno ricoperto da pruni **2** (*fig.*) faccenda ingarbugliata, intrigo.

pruneto [-né-] *s.m.* luogo pieno di pruni.

pruno *s.m.* **1** nome generico dato agli arbusti selvatici spinosi: *una siepe di pruni* **2** spina del pruno: *gli è entrato un* — *in una mano.*

prurigine [-rì-] *s.f.* **1** leggero prurito (anche *fig.*) **2** (*med.*) alterazione cutanea accompagnata da prurito.

pruriginoso [-nó-] *agg.* **1** che causa prurito **2** (*fig.*) che eccita; che stuzzica.

prurito *s.m.* **1** sensazione molesta di irritazione cutanea che induce a grattarsi **2** (*fig.*) voglia improvvisa e intensa, capriccio.

prussico [prùs-] *agg.* [pl.m. *-ci*] (*chim.*) si dice dell'acido detto propriamente *cianidrico.*

psammoma [-mò-] *s.m.* [pl. *-i*] → **meningioma**.

psefologia [-gì-] *s.f.* lo studio delle elezioni, del comportamento e degli spostamenti dell'elettorato.

psefologo [-fò-] *s.m.* [pl. *-gi*] studioso di psefologia.

pseudo- [psèu-] [dal gr. *psèydos = falsità*] primo elemento compositivo che significa «falso» (*pseudonimo, pseudoletterato*); indica, spec. nella terminologia scientifica, una somiglianza esteriore con quel che è detto nel secondo termine della parola (*pseudomembrana, pseudocisti, pseudotumore*).

pseudonimo [-dò-] *s.m.* nome falso preso ad arte da un autore.

psicanalisi [-nàliʃi] *s.f.invar.* parte della psicologia, sviluppata soprattutto per opera di S. Freud (1856-1939), che studia i fatti dell'inconscio e si propone di riconoscere e guarire alcune manifestazioni morbose, la cui radice sta negli strati più profondi della psiche.

psicanalista *s.m.* e *f.* [pl.m. *-i*] chi esercita la psicanalisi come terapia.

psicanalitico [-lì-] *agg.* [pl.m. *-ci*] della psicanalisi, che riguarda la psicanalisi.

psicanalizzare [-liʒʒa-] *v.tr.* sottoporre qlcu. a trattamento psicanalitico.

psicastenia [-nì-] *s.f.* (*med.*) malattia caratterizzata da stanchezza, malinconia, depressione.

psiche¹ *s.f.* (*fil.*) il centro delle attività sensitive, affettive e mentali di un determinato essere senziente.

psiche² *s.f.* grande specchio con cornice e montanti in legno, per camera da letto.

psichedelico [-dè-] *agg.* [pl.m. *-ci*] si dice di fasci luminosi colorati lampeggianti e in movimento collegati con un impianto di amplificazione del suono in modo da riprodurre visivamente il ritmo, con effetto eccitante; per estens., colorato, vivace, eccitante.

psichiatra *s.m.* e *f.* [pl.m. *-i*] chi esercita la psichiatria.

psichiatria [-trì-] *s.f.* parte della medicina che studia e si propone di curare le malattie mentali.

psichiatrico [-chià-] *agg.* [pl.m. *-ci*] che riguarda la psichiatria, la cura delle malattie mentali; che è di competenza dello psichiatra: *esame* —; *clinica psichiatrica; malattia psichiatrica.*

psichico [psì-] *agg.* [pl.m. *-ci*] della psiche, che ha attinenza con la psiche: *turbamento* —.

psico- [dal gr. *psyché = anima*] primo elemento che interviene nella composizione di termini filosofici e scientifici che indicano attinenza con la psiche (*psicanalisi, psicoterapia, psicometria*).

psicodramma *s.m.* [pl. *-i*] azione scenica utilizzata come terapia psichica, nella quale il malato esprime i propri conflitti inconsci aiutato da personaggi che esprimono diversi aspetti della sua personalità; per estens., scena o scenata allucinante, venata di follia.

psicofarmaco [-fàr-] *s.m.* [pl. *-ci*] farmaco che agisce sulla psiche modificando l'umore, lo stato d'animo, quindi il comportamento.

psicofisico [-fiʃi-] *agg.* [pl.m. *-ci*] (*med.*) psichico e fisico nello stesso tempo; riguardante gli stretti rapporti tra reazioni psichiche e fisiche: *equilibrio* —.

psicologia [-gì-] *s.f.* **1** scienza che studia i fenomeni della vita affettiva e mentale e cerca di determinarne le condizioni **2** l'insieme delle disposizioni psichiche di un individuo o di un gruppo di individui prese in sé o considerate in particolari momenti: — *delle masse, dei fanciulli.*

psicologico [-lò-] *agg.* [pl.m. *-ci*] **1** relativo alla psicologia: *indagine psicologica* **2** che riguarda l'esperienza interna dell'individuo; che si fonda sull'introspezione: *romanzo* —, che dà particolare rilievo alla descrizione degli stati d'animo dei personaggi.

psicologismo [-ʃmo] *s.m.* (*fil.*) tendenza a dare molta, o troppa, importanza agli aspetti psicologici dei problemi.

psicologo [-cò-] *s.m.* [pl. *-gi*] studioso di psicologia; chi ha profonda conoscenza dell'anima umana.

psicometria [-trì-] *s.f.* parte della psicologia sperimentale che si occupa della misurazione dei fenomeni psichici, in relazione alla loro intensità, durata, frequenza.

psicometrico [-mè-] *agg.* [pl.m. *-ci*] inerente alla psicometria: *test* —.

psicomotorio [-tò-] *agg.* (*med.*) relativo alla componente psichica dell'attività motoria dell'uomo: *turbe psicomotorie.*

psicomotricista *s.m.* e *f.* [pl.m. *-i*] specialista nella rieducazione di persone affette da disturbi della psicomotricità.

psicomotricità *s.f.invar.* (*med.*) la capacità di muovere il proprio corpo, considerata nelle sue componenti psichiche.

psicopatia [-tì-] *s.f.* anomalia congenita o aberrazione del carattere, del senso morale.

psicopatico [-pà-] *agg.* [pl.m. *-ci*] relativo a psicopatia; che è affetto da psicopatia // *s.m.* malato di mente.

psicopatologia [-gì-] *s.f.* studio delle malattie psichiche.

psicopedagogia [-gì-] *s.f.* lo studio psicologico applicato ai problemi dell'educazione.

psicopedagogico [-gò-] *agg.* [pl.m. *-ci*] relativo alla psicopedagogia.

psicosi [-còʃi] *s.f.invar.* **1** malattia mentale acquisita **2** fenomeno di eccitazione collettiva che assume un carattere morboso: *la — dell'esame*.

psicosomatica [-mà-] *s.f.* disciplina medica che studia le malattie, i fenomeni psicosomatici.

psicosomatico [-mà-] *agg.* [pl.m. *-ci*] si dice di processi patologici organici originati o influenzati da fattori psichici.

psicotecnica [-tèc-] *s.f.* psicologia applicata nel campo della selezione e dell'addestramento professionale.

psicotecnico [-tèc-] *agg.* [pl.m. *-ci*] che riguarda la psicotecnica: *test* — // *s.m.* esperto in psicotecnica.

psicoterapeuta [-pèu-] *s.m. e f.* [pl.m. *-i*] → **psicoterapista**.

psicoterapia [-pì-] *s.f.* cura delle malattie mentali spec. con mezzi psichici (persuasione, ipnosi ecc.).

psicoterapico [-rà-] *agg.* [pl.m. *-ci*] di psicoterapia: *seduta psicoterapica*.

psicoterapista *s.m. e f.* [pl.m. *-i*] chi pratica la psicoterapia.

psicotico [-cò-] *agg.* [pl.m. *-ci*] relativo a psicosi // *agg. e s.m.* sofferente di psicosi.

psicotropo [-cò-] *agg. e s.m.* si dice di farmaco che influenza la psiche (psicofarmaco).

psicrometro [-crò-] *s.m.* apparecchio che serve a misurare l'umidità dell'aria.

psittacosi [-còʃi] *s.f.invar.* malattia infettiva dei pappagalli, trasmissibile all'uomo in forma spesso mortale.

psoriasi [-rìaʃi] *s.f.invar.* malattia della pelle caratterizzata da placche coperte da squame secche, biancastre.

pss *inter.* serve a richiamare l'attenzione altrui.

pterigio [-rì-] *s.m.* (*med.*) minuscola piega che si forma sulla congiuntiva, fino a invadere la cornea, per azione del vento e della polvere.

pterosauro [-sàu-] *s.m.* rettile preistorico con organi atti al volo, caratteristico del tardo mesozoico.

ptialina *s.f.* (*med.*) enzima contenuto nella saliva, che scinde le sostanze amidacee in zuccheri solubili, favorendo la digestione.

ptosi [ptòʃi] *s.f.invar.* (*med.*) lo spostarsi verso il basso di un organo, e spec. dei visceri addominali.

puah [puàh] *inter.* espressione di nausea, disprezzo, derisione.

pubalgia [-gì-] *s.f.* dolore alla regione pubica, tipico di certi sportivi, determinato da stiramento dei muscoli che si inseriscono sul pube.

pubblicabile [-cà-] *agg.* che si può pubblicare: *un manoscritto non* —.

pubblicano *s.m.* nell'antica Roma, chi prendeva in appalto la riscossione delle imposte pubbliche.

pubblicare *v.tr.* [*io pùbblico, tu pùbblichi ecc.*] rendere manifesto, far conoscere al pubblico, spec. per mezzo della stampa: *— una notizia, una legge, un romanzo*.

pubblicazione [-zió-] *s.f.* **1** il pubblicare: *la — di una legge / pubblicazioni di matrimonio*, esposizione in municipio e in chiesa dei dati anagrafici degli sposi prima della celebrazione del matrimonio **2** lo scritto, il libro pubblicato: *ho letto la tua recente —*.

pubblicista *s.m. e f.* [pl.m. *-i*] **1** studioso di diritto pubblico **2** chi scrive per il pubblico in giornali e periodici.

pubblicistica [-ci-] *s.f.* **1** studio, dottrina del diritto pubblico **2** attività dei giornalisti e scrittori di opuscoli, libelli politici e simili.

pubblicità *s.f.invar.* **1** l'esser pubblico: *la — delle udienze* **2** il divulgare in pubblico, l'attirare l'attenzione di esso: *sarebbe stato meglio non fare —* **3** il com-

plesso dei sistemi e dei mezzi con cui si fa conoscere al pubblico un prodotto commerciale: — *televisiva*; *fare — a un nuovo sapone / piccola* —, nei giornali, rubrica composta di avvisi economici ridotti a un minimo numero di parole.

pubblicitario [-tà-] *agg.* di, della pubblicità; che riguarda la pubblicità, che tende a far pubblicità: *campagna pubblicitaria*; *cartellone* — // *s.m.* chi lavora nella pubblicità.

pubblico [pùb-] *agg.* [pl.m. *-ci*] **1** che riguarda tutti, che è interesse di tutti: *ufficio* —; *agire per il bene* —; *servizi pubblici*, quelli che provvedono alle necessità della popolazione e sono gestiti dallo stato, dal comune ecc. / — *ufficiale*, funzionario dello stato. CONTR. *privato* **2** che è di tutti; fatto davanti a tutti; noto a tutti: *opinione pubblica*; — *riconoscimento / rendere qlco. di dominio* —, renderla nota a tutti **3** che tutti possono frequentare, accessibile a tutti: *giardino* —; *pubblici esercizi*, negozi, ristoranti ecc. // *s.m.* l'insieme delle persone considerate nella loro totalità, spec. dei lettori, degli spettatori, degli ascoltatori e simili: *cantare in* —; *il — applaudì gli attori*.

pube *s.m.* (*anat.*) osso che forma la parte anteriore del bacino; la parte inferiore mediana dell'addome [*ill. Corpo*].

pubere [pù-] *agg.* che è nella pubertà.

pubertà *s.f.invar.* l'età in cui nell'uomo e nella donna si completa lo sviluppo degli organi genitali.

pubico [pù-] *agg.* [pl.m. *-ci*] di, del pube: *osso* —, il pube.

public relations [*ingl.*; *pr.* pàblic rilèiscions] *s.f.pl.* relazioni pubbliche; rapporti con il pubblico, con il mondo esterno, in quanto utili all'attività di un'azienda, di un ente.

puddinga *s.f.* (*geol.*) roccia costituita dalla cementazione di ciottoli alluvionali.

pudenda, pudende [-dèn-] *s.f.pl.* (*non com.*) gli organi sessuali, le parti del corpo che per pudore non si portano di solito scoperte: *coprire le* —.

pudibondo [-bòn-] *agg.* che ha o dimostra grande pudore.

pudicizia [-ci-] *s.f.* profondo ritegno, istintiva vergogna per ciò che appare osceno o disonesto. SIN. *pudore*.

pudico *agg.* [pl.m. *-chi*] che ha o mostra pudicizia: *uomo, gesto* —. SIN. *verecondo, decente*. CONTR. *impudico*.

pudore [-dó-] *s.m.* **1** sentimento di avversione verso cose che appaiono oscene e disoneste. SIN. *pudicizia, verecondia, decenza, vergogna* **2** per estens., giusto ritegno, misura: *mentire senza* —.

pueblo [*spagn.*; *pr.* puéblo, *pl. pueblos*] *s.m.* tipo di villaggio primitivo con piccole case terrazzate cui si accede dall'alto per mezzo di scale, tipico dell'Arizona e del Nuovo Messico.

puericultrice *s.f.* infermiera specializzata nell'assistenza ai neonati o ai bambini nella prima infanzia.

puericultura *s.f.* ramo della pediatria che si occupa della cura e dell'allevamento del bambino nei primi anni di vita, seguendone lo sviluppo fisico e psichico.

puerile *agg.* **1** di, da fanciullo; proprio del fanciullo: *età* —; *linguaggio* — **2** (*spreg.*) che rivela immaturità, ingenuità: *comportamento, capriccio* —.

puerilità *s.f.invar.* **1** l'esser puerile **2** atto, detto puerile.

puerizia [-rì-] *s.f.* età puerile, dall'infanzia all'adolescenza. SIN. *fanciullezza*.

puerpera [puèr-] *s.f.* donna che ha partorito da poco.

puerperale *agg.* (*med.*) che riguarda il puerperio, la puerpera: *febbre —*.

puerperio [-pè-] *s.m.* periodo di tempo immediatamente successivo al parto.

pugilato *s.m.* combattimento sportivo in cui due atleti si colpiscono con i pugni, secondo determinate regole.

pugilatore [-tó-] *s.m.*, **pugile** [pù-] *s.m.* atleta che pratica il pugilato.

pugilistico [-li-] *agg.* [pl.m. *-ci*] che riguarda pugili o il pugilato.

pugliese [-glié-] *agg.* della Puglia // *s.m.* e *f.* abitante della Puglia.

pugna *s.f.* (*poet.*) battaglia (anche *fig.*).

pugnace *agg.* (*poet.*) battagliero.

pugnalare *v.tr.* ferire, uccidere con un pugnale: *— alle spalle*, colpire a tradimento (anche *fig.*).

pugnalata *s.f.* colpo dato col pugnale; (*fig.*) colpo doloroso e inaspettato: *il suo tradimento fu per lui una — al cuore.*

pugnale *s.m.* arma bianca con lama corta a due tagli e punta acuta.

pugnare *v.intr.* (*poet.*) combattere.

pugnitopo [-tò-] *s.m. invar.* → **pungitopo**.

pugno *s.m.* **1** la mano con le dita serrate e piegate sul palmo: *aprire, stringere il — / tenere, avere in — qlcu.*, averlo in proprio potere, dominarlo / *avere la vittoria in —*, aver quasi vinto, stare per vincere / *mostrare i pugni*, in segno di minaccia / *scrivere una lettera di proprio —*, di propria mano / *avere il — di ferro*, comportarsi con ferma determinazione e con durezza **2** colpo che si dà con le dita serrate a pugno: *affibbiare, assestare, sferrare un — a qlcu.* / *fare a pugni*, lottare coi pugni, azzuffarsi; (*fig.*) contrastare: *i due ragazzi hanno fatto a pugni; questi due colori fanno a pugni* **3** la quantità di roba che si stringe nella mano serrata; per estens., piccola quantità: *un — di riso; la città fu difesa da un — di eroi / rimanere con un — di mosche*, rimanere deluso per non aver ottenuto nulla, nessun vantaggio.

puh *inter.* espressione di disgusto o fastidio.

pula *s.f.* involucro del riso o di altri cereali ottenuto come prodotto di scarto nella trebbiatura.

pulce *s.f.* piccolo insetto saltatore, privo di ali, di color bruno rossastro, parassita dell'uomo e di animali cui succhia il sangue provocando un fastidioso prurito / *color —*, un colore indefinibile, tra il marrone e il grigio / *mettere una — nell'orecchio*, insinuare un sospetto nell'animo di qlcu.

Pulcinella [-nèl-] *s.m.* **1** maschera del teatro napoletano **2** (*fig.*) persona sciocca, insolente e assai volubile / *segreto di —*, quello che non lo è per nessuno.

pulcino *s.m.* il nato della gallina e in genere dei gallinacei / *bagnato come un —*, fino alle ossa, fradicio / *è un — bagnato*, assai timido e impacciato / *sembra un — nella stoppa*, non sa trarsi d'impaccio.

puledro [-lé-] *s.m.* giovane cavallo, asino o mulo, non ancora domato.

puleggia [-lég-] *s.f.* [pl. *-ge*] (*mecc.*) ruota scannellata su cui si avvolge una cinghia o una fune, usata per il sollevamento di carichi o per la trasmissione di un moto rotatorio.

pulimentazione [-zió-] *s.f.* (*tecn.*) levigatura e lucidatura di una superficie metallica per rifinirla o per prepararla per altri trattamenti.

pulire *v.tr.* [*io pulisco, tu pulisci ecc.*] **1** togliere lo sporco; ripulire: *— il pavimento; si pulì le mani nel grembiule; — un'aiola delle erbacce.* SIN. *nettare, detergere* **2**

(*poco com.*) rendere lustro; levigare: *— una lastra di marmo.*

pulita *s.f.* il pulire una volta e in fretta: *dare una — al tavolo.* DIM. *pulitina.*

pulito *agg.* **1** senza macchia o sudiciume: *lenzuola pulite; tenere pulita la casa; è una persona pulita*, che cura la pulizia personale / *fare piazza pulita*, cacciare via tutti da un luogo; portarsi via tutto quello che c'è / *rimanere —*, (*scherz.*) senza soldi / *stare nel —*, in luogo pulito; (*fig.*) in un ambiente onesto. SIN. *netto, lindo.* CONTR. *sporco* **2** lustro; levigato **3** (*fig.*) onesto; non sconcio: *è un affare —; ha la coscienza pulita*, a posto; *una barzelletta pulita*, non volgare.

pulitore [-tó-] *s.m.* [f. *-trice*] chi pulisce.

pulitrice *s.f.* macchina per levigare e tirare a lucido marmo, legno e simili.

pulitura *s.f.* l'operazione e il modo del pulire: *dare l'ultima — a un lavoro*, dare gli ultimi ritocchi.

pulizia [-zi-] *s.f.* **1** qualità, aspetto di ciò che è pulito. SIN. *nettezza.* CONTR. *sporcizia* **2** spec. *pl.* l'azione del pulire: *fare le pulizie*, mettere in ordine la casa scopando, spolverando ecc. / *fare —*, sgombrare; (*fig.*) fare piazza pulita.

pullman [pùl-] *s.m. invar.* (*ingl.*) **1** autopullman **2** carrozza ferroviaria di lusso, con poltrone, divani e servizi vari. DIM. *pulmino.*

pullover [-lò-] *s.m. invar.* (*ingl.*) indumento a maglia con scollatura a punta, che si infila dalla testa.

pullulare *v.intr.* [*io pùllulo ecc.*] spuntare, apparire in gran copia; essere pieno, gremito: *in questi giorni pullulano le cattive notizie; la città pullulava di turisti.*

pulmino *s.m.* piccolo pullman.

pulpite *s.f.* infiammazione della polpa del dente.

pulpito [pùl-] *s.m.* nelle chiese, piccola costruzione in pietra o in legno, con balcone cui si accede mediante una scaletta e dal quale si predica [*ill. Chiesa*] / *salire sul —*, parlare per sentenze, moraleggiare; *da che — vien la predica!*, si dice a chi pretende d'insegnare ciò che egli stesso non pratica.

pulsante *s.m.* **1** parte di un congegno che, premuta, mette in funzione il congegno stesso **2** (*elettr.*) dispositivo a forma di bottone che, premuto, chiude o apre un contatto sul circuito in cui è inserito [*ill. Elettrica, energia*].

pulsantiera [-tiè-] *s.f.* pannello che porta una serie di pulsanti.

pulsar [pùl-] *s.f. invar.* radiostella di natura ancora incerta che emette con regolarità onde radio.

pulsare *v.intr.* **1** battere, palpitare, spec. riferito al cuore e alle arterie: *il cuore mi pulsava per l'emozione* **2** essere animato; essere pieno di vitale fermento: *anche nel fondo marino pulsa la vita.*

pulsazione [-zió-] *s.f.* battito che si avverte in alcune parti dell'organismo ove passano vasi arteriosi.

pulsionale *agg.* di pulsione.

pulsione [-sió-] *s.f.* spinta psicologica, impulso.

pulvinare *s.m.* nell'antica Roma, letto su cui si posavano le immagini degli dei; per estens., palco dell'imperatore nei circhi e nei teatri.

pulvino *s.m.* (*arch.*) blocco a tronco di piramide con base maggiore in alto, posto tra il capitello e l'arco; tipico dello stile bizantino.

pulviscolo [-vì-] *s.m.* polvere finissima: *— atmosferico*, insieme di minutissime particelle di vario materiale, sospese nell'atmosfera.

pulzella [-zèl-] *s.f.* (*ant.*) fanciulla.

puma *s.m.* mammifero carnivoro americano robusto e agilissimo, con testa piccola, coda molto lunga e pelame rossastro-argentato (*fam.* Felidi).

punch [*ingl.*; *pr.* panc'] *s.m.* **1** bevanda calda, composta di acqua, zucchero, rum o altri liquori **2** nel pugilato, pugno secco e potente.

punching-ball [*ingl.*; *pr.* pàncin-bòl] *s.m.* palla di cuoio usata dal pugilatore come bersaglio d'allenamento.

pungente [-gèn-] *agg.* **1** che punge: *ago —* **2** (*fig.*) che produce la sensazione di una puntura; acuto: *odore, freddo —* **3** (*fig.*) che offende, che ferisce: *rimprovero —*. SIN. *mordace.*

pungere [pùn-] *v.tr.* [pres. *io pungo, tu pungi* ecc.; pass.rem. *io punsi, tu pungésti* ecc.; p.pass. *punto*] **1** forare una superficie penetrandovi con un oggetto appuntito: *mi sono punto con un ago*; *mi ha punto una vespa, una spina* / *assol.* produrre la sensazione di una puntura (anche *fig.*): *questa lana punge*; *il freddo pungeva* **2** (*fig.*) stimolare, spronare, sollecitare: *mi punse una grande curiosità* **3** (*fig.*) punzecchiare, offendere: *quel discorso lo aveva punto*; *— sul vivo*, offendere profondamente.

pungiglione [-glió-] *s.m.* appendice appuntita e penetrante con cui api, vespe, scorpioni e simili inoculano il veleno.

pungitopo [-tò-] *s.m.invar.* frutice con rami appiattiti a guisa di foglie verdi, dure, aculeate, alla cui ascella maturano piccole bacche rosse (*fam.* Liliacee).

pungolare *v.tr.* [*io pùngolo* ecc.] **1** colpire col pungolo: *— i buoi* **2** (*fig.*) sollecitare, incitare. SIN. *stimolare.*

pungolo [pùn-] *s.m.* **1** lungo bastone terminante con una punta di ferro, usato dai contadini per stimolare i buoi al lavoro **2** (*fig.*) sprone, incitamento. SIN. *stimolo.*

punibile [-nì-] *agg.* che si deve punire: *azione — per legge.*

punico [-pù-] *agg.* [pl. *-ci*] cartaginese: *guerre puniche,* quelle tra Roma e Cartagine.

punire *v.tr.* [*io punisco, tu punisci* ecc.] **1** infliggere una pena, un castigo: *— il colpevole; — un tradimento.* SIN. *castigare* **2** danneggiare, discriminare: *una tassa che punisce i commercianti.*

punitivo *agg.* **1** che punisce, che tende a punire: *provvedimento punitivo* **2** che dà svantaggio, che discrimina: *legge punitiva nei confronti dei lavoratori.*

punizione [-zió-] *s.f.* **1** atto, effetto del punire: *infliggere una —* **2** nel calcio, nella pallacanestro ecc., tiro o lancio che viene effettuato in seguito a fallo della squadra avversaria: *l'arbitro ha concesso la —.*

punk [*ingl.*; *pr.* pank] *agg.* e *s.m.* e *f.* si dice di un genere musicale nato tra i giovani dei tardi anni Settanta, estremamente violento e provocatorio; anche, di uno stile di vita (e dei giovani che lo adottano) altrettanto provocatorio, caratterizzato esternamente da colori violenti nel trucco e nei capelli, abiti caricaturali e talora simboli nazisti.

punta[1] *s.f.* **1** parte terminale, estremità aguzza e sottile: *la — dello spillo, del trapano; la — della lingua; la — del campanile,* la cima; *lavorare la pietra con la —,* con un grosso scalpello o subbia / *ha la materia sulla — delle dita,* la conosce bene / *avere qlco. sulla — della lingua,* saperlo, ma non riuscire a ricordarlo sul momento / *squadra, uomo di —,* si dice di chi tra gli altri si distingue per capacità e attività / *prendere uno di —,* contraddirlo vivacemente **2** (*geogr.*) piccolo promontorio; cima di monte: *oltre la — si apre il golfo; scalare la —* **3** la massima intensità o frequenza di un fenomeno: *la — massima del caldo / le ore di —,* quelle di più intenso traffico **4** si dice di particolari tagli di carne **5** (*arald.*) pezza onorevole di forma triangolare con il vertice sulla linea del centro **6** quantità minima di qlco.: *una — d'aceto; una — di ironia* **7** nel calcio, attaccante.

punta[2] *s.f.* l'atteggiamento del cane che punta la selvaggina: *quel setter ha una buona —.*

puntale *s.m.* finimento che si pone all'estremità di vari oggetti per protezione: *il — dell'ombrello.*

puntamento [-mén-] *s.m.* il volgere un'arma, spec. da fuoco, verso il bersaglio per prendere poi la mira: *il — delle artiglierie.*

puntare[1] *v.tr.* **1** appoggiare con forza su una superficie un oggetto, spec. appuntito: *— il bastone in terra; — la spada nel petto / — i piedi,* (*fig.*) ostinarsi **2** dirigere, volgere un oggetto, spec. un'arma, verso un punto determinato: *— il dito, il cannocchiale; — un cannone* **3** scommettere una somma di denaro al gioco: *— mille lire sul cavallo favorito / assol.: — sul rosso; — su qlco.,* (*fig.*) contare su qlco. per raggiungere un risultato: *— sulla pubblicità* **4** (*fam.*) appuntare // *v.intr.* dirigersi, avviarsi verso un luogo; (*fig.*) mirare: *l'esercito puntò verso la capitale; punta alla nomina.*

puntare[2] *v.tr.* mettersi in una data posizione volgendosi verso la selvaggina (detto di cani da caccia): *sta puntando la lepre.*

puntare[3] *v.tr.* segnare con un punto: *lettera puntata* (p.e. *s.*).

puntasecca [-séc-] *s.f.* [pl. *puntesecche*] **1** tecnica di incisione diretta, con una punta di acciaio, su una lastra di rame o di zinco non preparata con acidi **2** la stampa ottenuta con tale tecnica.

puntata[1] *s.f.* **1** colpo dato con una punta, spec. d'arma **2** incursione / *fare una — in un luogo,* andarci per breve tempo **3** puntare al gioco: *fare molte puntate per vincere.*

puntata[2] *s.f.* parte di un'opera pubblicata separatamente dalle altre, in fascicolo o su un numero di periodico; articolo giornalistico facente parte di una serie sullo stesso argomento: *la prima — del romanzo.*

puntatore [-tó-] *s.m.* **1** in artiglieria, il servente incaricato del puntamento di un'arma **2** [f. *-trice*] chi scommette al gioco: *è un — avventato.*

punteggiare *v.tr.* [*io puntéggio* ecc.] **1** segnare, forare con una serie di punti: *— una linea, un disegno* **2** mettere i segni di interpunzione in uno scritto.

punteggiatura *s.f.* **1** il punteggiare; insieme di punti, di macchioline **2** l'insieme dei segni ortografici usati per rappresentare in un testo scritto le pause e l'intonazione della voce; l'operazione e il modo di usarli: *hai una — un po' scarsa; attenti alla —.* SIN. *interpunzione.*

punteggio [-tég-] *s.m.* numero dei punti ottenuti da un partecipante in una gara, in un gioco, in un concorso ecc.: *raggiunse il massimo —.*

puntellare *v.tr.* [*io puntèllo* ecc.] rinforzare con puntelli di sostegno, sostenere (anche *fig.*): *occorre — questo muro; si puntellava il mento con la mano / devi — la tua opinione con argomenti più validi.*

puntellatura *s.f.* atto, effetto del puntellare; l'insieme dei puntelli in un'opera edilizia: *una solida —.*

puntello [-tèl-] *s.m.* grossa trave, per lo più di legno o ferro, posta come sostegno per prevenire crolli o frane; (*fig.*) elemento principale, sostegno morale, appoggio: *mettere un — a una parete; l'armatura della galleria è sorretta da puntelli; è il — della squadra.*

punteria [-rì-] *s.f.* **1** in un motore a scoppio, il congegno che regola l'apertura delle valvole dei cilindri [*ill. Motore*] **2** il complesso dei congegni e delle operazioni che servono al puntamento di una bocca da fuoco.

punteruolo [-ruò-] *s.m.* utensile sottile e appuntito, di materiale duro e resistente, con o senza manico, usato per praticare fori: *il calzolaio usa il* —.

puntiglio [-tì-] *s.m.* ostinazione caparbia di chi sostiene un'idea o compie un'azione più per imporsi ad altri che per vera convinzione: *nega solo per* —; *si è messo di* —, si è impegnato con tenacia.

puntiglioso [-glió-] *agg.* che è incline al puntiglio; ostinato, tenace: *un ragazzo* — *nello studio.*

puntina *s.f.* **1** tipo di chiodo molto sottile con testa larga e piatta usato dai disegnatori per fissare i fogli di carta **2** chiodo piccolissimo, con o senza testa, usato dai calzolai **3** ago di metallo che scorre nella scanalatura del disco fonografico.

puntinismo [-ʃmo] *s.m.* stile pittorico nell'ambito del divisionismo.

punto *s.m.* **1** (*geom.*) il più semplice degli enti geometrici, privo di dimensioni / *punti cardinali,* (*astr.*) i quattro punti fondamentali dell'orizzonte, ai quali si riferiscono tutte le direzioni possibili (nord, sud, est, ovest) / — *morto,* (*mil.*) luogo dove non giunge il tiro nemico; (*mecc.*) dove una forza cessa di agire; (*fig.*) difficoltà che non si riesce a superare / *di* — *in bianco,* improvvisamente / — *di vista,* quello dal quale si osserva un oggetto; (*fig.*) idea, criterio soggettivo, principio / *fare il* —, rilevare la posizione geografica, spec. di una nave, determinando la latitudine e la longitudine; (*fig.*) stabilire i termini, lo stato attuale di una questione, di una situazione: *facciamo il* — *prima di riprendere il lavoro* **2** segno grafico simile a una macchiolina che si pone sulla *i* minuscola; segno d'interpunzione / *mettere i punti sulle i,* (*fig.*) precisare scrupolosamente qlco. DIM. *puntolino, puntino / a puntino,* in ordine, con precisione; come si deve **3** per estens., oggetto o segno piccolissimo o che appaia tale: *l'aereo era ormai un piccolo* — *nel cielo* **4** luogo determinato; posto: — *di ritrovo / — franco,* in un porto, zona esente da imposte doganali **5** passo di uno scritto o di un discorso; per estens., argomento, questione: *un* — *poco chiaro / veniamo al* —, all'argomento principale / *qui sta il* —, il difficile / *raccontare qlco.* — *per* —, dettagliatamente **6** tempo determinato, momento; istante: *arrivare al* — *giusto;* — *di fusione;* — *critico,* quello a partire dal quale si verificano determinati fenomeni; (*fig.*) momento difficile / *essere in* — *di morte,* prossimo a morire / *essere sul* — *di,* stare per: *erano sul* — *di partire / in* —, esattamente: *arrivò alle due in* — **7** stadio, grado, limite: *fino a questo* —; *essere a buon* —; *un bel* — *di blu,* gradazione, sfumatura / *di tutto* —, interamente, alla perfezione / *mettere a* — *un motore,* metterlo nelle migliori condizioni di efficienza; *mettere a* — *un programma,* (*fig.*) definirlo, completarlo **8** ciascuna delle unità che costituiscono l'elemento di valutazione nel voto scolastico, nelle quotazioni di borsa, in alcuni concorsi, giochi, sport ecc.: *diplomarsi col massimo dei punti; la nostra squadra ha segnato due punti; ogni etichetta vale 10 punti; dare dei punti a qlcu.,* (*fig.*) essergli superiore / — *di contingenza,* — *di scala mobile,* nel sistema di indicizzazione dei salari, ciascuna delle quote di aumento salariale che formano l'indennità di contingenza e corrispondono a un dato aumento percentuale del costo della vita **9** nel cucito, tratto di filo teso tra due fori

successivi fatti dall'ago nella stoffa; nei lavori a maglia, all'uncinetto ecc., ogni elemento costitutivo dell'intreccio; maglia: — *lungo;* — *erba;* mettere su i punti, avviare un lavoro a maglia o all'uncinetto / — *metallico,* che unisce tessuti o fogli trapassandoli **10** (*chir.*) ciascun elemento della sutura di una ferita: *gli hanno dato tre punti; mettere, togliere i punti* **11** (*tip.*) unità di misura dell'altezza e del corpo del carattere // *agg.* (*region.*) preceduto da negazione, nessuno: *non ne ho punta voglia* // *avv.* preceduto da negazione, per niente, affatto: *senza pensarci né* — *né poco.*

puntuale *agg.* **1** che arriva all'ora stabilita; preciso negli impegni presi: — *nei pagamenti* **2** (*fig.*) fatto con precisione; esatto, circostanziato: *una relazione* — // **-mente** *avv.* al momento stabilito: *arriverò* — *alle otto;* *è* — *in ritardo,* (*iron.*) abitualmente, com'era da prevedere.

puntualità *s.f.invar.* l'essere puntuale: *la* — *negli appuntamenti.*

puntualizzare [-liʒʒa-] *v.tr.* definire con precisione i termini di una questione e simili; precisare: — *una controversia.*

puntura *s.f.* **1** atto, effetto del pungere: *la* — *di un'ape* **2** (*pop.*) iniezione di liquidi medicamentosi / — *lombare,* praticata nella colonna vertebrale **3** fitta, dolore acuto e improvviso (anche *fig.*): *una* — *al cuore.*

puntuto *agg.* appuntito, che finisce a punta.

punzecchiamento [-mén-] *s.m.* atto del punzecchiare.

punzecchiare *v.tr.* [*io punzécchio ecc.*] **1** pungere leggermente più volte **2** (*fig.*) molestare, suscitando irritazione con parole o con atti.

punzonare *v.tr.* [*io punzóno ecc.*] (*neol.*) **1** contrassegnare con punzone **2** applicare a un oggetto un marchio che garantisca l'assenza di manomissioni; nel ciclismo, automobilismo ecc., applicare particolari contrassegni alle macchine che partecipano a una corsa: — *le bilance;* far — *le biciclette.*

punzonatrice *s.f.* macchina per eseguire fori nelle lamiere.

punzonatura *s.f.* l'operazione del punzonare.

punzone [-zó-] *s.m.* matrice di metallo per coniare monete e medaglie, imprimere bolli ed eseguire decorazioni tipografiche.

pupa[1] *s.f.* bambola; (*region.*) bambina, ragazza.

pupa[2] *s.f.* stadio intermedio della metamorfosi delle farfalle; ha forma ovale ed è spesso racchiusa in un bozzolo di seta [*ill. Insetti*].

puparo *s.m.* (*region.*) artista del teatro dei pupi.

pupattola [-pàt-] *s.f.* **1** bambola **2** (*fig. spreg.*) ragazza dal volto carino ma inespressivo.

pupazzetto [-zét-] *s.m.* figurina disegnata; caricatura.

pupazzo *s.m.* **1** fantoccio: *un* — *di pezza* **2** (*fig. spreg.*) persona incostante, senza una volontà propria.

pupilla *s.f.* **1** (*anat.*) foro dilatabile, che si trova al centro dell'iride, attraverso il quale la luce penetra nell'occhio **2** per estens., l'occhio, la vista: *l'amava come le sue pupille.*

pupillare *agg.* **1** (*anat.*) della pupilla **2** (*dir.*) del pupillo, relativo al pupillo: *gestione dei beni pupillari.*

pupillo *s.m.* **1** (*dir.*) il minorenne sottoposto a tutela **2** per estens., protetto: *era il* — *del professore.*

pupo *s.m.* **1** (*fam.*) bambino: *che bel* —! **2** marionetta popolare siciliana rappresentante per lo più un personaggio dell'epopea cavalleresca: *il teatro dei pupi.*

purché *cong.* subordinativa *condizionale* a patto che, a condizione che; introduce una proposizione subordinata condizionale con il verbo al modo cong.: *verrò an-ch'io, — mi accompagniate con l'automobile.*

purchessia [-si-] *agg.indef.invar.* qualsiasi, di qualunque genere: *procurami un lavoro —.*

pure *cong.* **1** quand'anche; sebbene; introduce proposizioni concessive: *pur volendo non riuscirei a farlo; fosse — d'oro, non lo vorrei / sia —,* anche se: *ha bisogno di un aiuto, sia — modesto* **2** tuttavia, nondimeno, eppure; con valore avversativo: *quello che dici è vero, — hai anche tu la tua parte di torto // avv.* **1** anche; con valore aggiuntivo: *ci saremo noi tutti e spero che verrai — tu; Giancarlo parte oggi e io —* **2** con valore concessivo: *andiamo —; resta — seduto; fa' —; ammesso — che tu non lo sapessi* **3** *pur di,* al fine di: *pur di farla finita, gli diede ragione.*

purè *s.m.* e *f.invar.,* **purea** [-rè-] *s.f.* passato di patate o di altre verdure o legumi lessati.

purezza [-rèz-] *s.f.* **1** l'esser puro: *— di un minerale; — della lingua* **2** semplicità, eleganza: *— di linee* **3** *(fig.)* castità, onestà: *— di costumi.*

purga *s.f.* **1** medicamento che provoca l'evacuazione del contenuto intestinale **2** l'operazione del purgare, del liberare da impurità: *la — dei filati; la — delle lumache* **3** *(fig.)* drastica eliminazione di avversari politici da parte di un regime autoritario.

purgante *agg.* **1** che purga: *medicina —* **2** *(teol.)* che si purga, che espia le proprie colpe nell'aldilà: *anime purganti,* quelle del purgatorio // *s.m.* purga: *prendere un —.*

purgare *v.tr.* [*io purgo, tu purghi ecc.*] **1** somministrare una purga **2** liberare da impurità: *— un liquido / edizione purgata,* dalla quale sono state tolte espressioni immorali o comunque sconvenienti **3** *(fig.)* purificare, espiare: *— una colpa //* **-arsi** *v.rifl.* **1** prendere la purga **2** purificarsi: *nel purgatorio le anime si purgano.*

purgativo *agg.* che serve a purgare: *olio —.*

purgatorio [-tò-] *s.m.* **1** *(teol.)* secondo la dottrina cattolica stato o luogo di penitenza temporanea delle anime, prima dell'ascesa in paradiso: *le pene del —* **2** *(fig.)* stato di tormento, di pena: *la mia vita è un —.*

purificare *v.tr.* [*io purifico, tu purifichi ecc.*] rendere puro (anche *fig.*): *— il vino; — l'anima dal peccato.* SIN. *purgare, mondare.*

purificatoio [-tó-] *s.m. (lit.)* piccolo panno che il sacerdote adopera durante la messa per pulire il calice e la patena.

purificatore [-tó-] *agg.* e *s.m.* [f. *-trice*] che o chi purifica: *fuoco —.*

purificazione [-zió-] *s.f.* **1** atto, effetto del purificare **2** *(lit.)* cerimonia compiuta dal celebrante della messa detergendo pisside, calice, piattello dagli eventuali resti delle sacre specie.

purismo [-ʃmo] *s.m.* atteggiamento di linguisti e di letterati che, nell'intento di conservare intatta la tradizione linguistica del proprio paese, tendono a escludere dalla lingua le voci e le locuzioni nuove o derivate da lingue straniere.

purista *s.m.* e *f.* [pl.m. *-i*] studioso di lingua aderente al purismo; per estens., si dice anche di chi cura scrupolosamente la correttezza della lingua.

puristico [-rì-] *agg.* [pl.m. *-ci*] del purismo; di, da purista.

purità *s.f.invar.* l'essere puro, spec. in senso morale: *— di cuore.* SIN. *purezza.*

puritanesimo [-néʃi-] *s.m.* **1** movimento religioso sorto nel sec. XVII tra i calvinisti inglesi, caratterizzato da una rigida intransigenza morale e dalla stretta osservanza della Bibbia **2** per estens., ogni atteggiamento intransigente in materia morale.

puritano *agg.* del puritanesimo, dei suoi seguaci; per estens., ispirato a un rigido moralismo // *s.m.* seguace del puritanesimo; rigido moralista.

puro *agg.* **1** si dice di materia che non è mescolata ad altre sostanze che ne mutino le caratteristiche o ne diminuiscano i pregi: *seta pura / lingua pura,* priva di elementi dialettali o provenienti da lingue straniere / *cane di razza pura,* risultante dall'accoppiamento di cani della stessa razza / *linea pura,* semplice ed elegante. SIN. *genuino.* CONTR. *impuro* **2** si dice di discipline esenti da applicazioni pratiche: *matematica pura* **3** *(fig.)* non contaminato da colpe o da peccati **4** semplice, solo: *è la pura verità; per — zelo; il — necessario.*

purosangue [-sàn-] *s.m.invar.* cavallo pregiato, spec. da corsa, che discende da soggetti della stessa razza / *milanese —,* *(scherz.)* che discende da famiglia di cui tutti i componenti sono o sono stati milanesi.

purpureo [-pù-] *agg. (lett.)* del color della porpora.

purtroppo [-tròp-] *agg.* sfortunatamente, malauguratamente: *speravo che venisse, ma — non ha potuto.*

purulento [-lèn-] *agg.* di pus; che contiene pus.

pus *s.m.invar.* densa e giallastra contenente grande quantità di globuli bianchi, che si forma in seguito a processi infettivi in piaghe, ferite ecc.

pusillanime [-fìllà-] *agg.* e *s.m.* e *f.* si dice di chi è d'animo debole, pauroso. SIN. *vile.*

pusillanimità [-ʃil-] *s.f.invar.* l'essere pusillanime. SIN. *viltà, vigliaccheria.*

pustola [pù-] *s.f. (med.)* rigonfiamento della pelle contenente pus, causato da processi infiammatori o da malattie.

puszta [*ungherese; pr.* pùsta] *s.f.* estesa pianura stepposa dell'Ungheria.

puta caso [-fo] *locuz.avv.* per ipotesi, per caso: *se, —, lo incontrassi, salutalo da parte mia.*

putativo *agg.* che è ritenuto tale pur senza esserlo veramente: *San Giuseppe, padre — di Gesù Cristo.*

putiferio [-fè-] *s.m.* grande strepito di gente che schiamazza alterando; *(fig.)* confusione, vespaio.

putipù *s.m.invar.* sorta di tamburo a sfregamento, strumento della musica popolare napoletana.

putire *v.intr.* [*io putisco, tu putisci ecc.*] *(lett.)* puzzare.

putizza *s.f.* emanazione dal suolo di idrogeno solforato e di anidride solforosa.

putredine [-trè-] *s.f.* **1** l'esser putrefatto; insieme di cose in putrefazione **2** *(fig.)* corruzione morale.

putrefare *v.intr.* [coniugato come *fare*], **-arsi** *v.rifl. pron.* fermentare, corrompersi sviluppando gas fetidi (si dice di sostanze organiche). SIN. *imputridire.*

putrefatto *agg.* andato in putrefazione, marcito.

putrefazione [-zió-] *s.f.* decomposizione delle sostanze organiche dovuta a processi fermentativi, con sviluppo di gas dall'odore nauseabondo e di sostanze tossiche.

putrella [-trèl-] *s.f.* trave profilata di ferro a forma di doppia T usata nelle costruzioni.

putrescenza [-scèn-] *s.f.* il putrefarsi.

putrescibile [-sci-] *agg.* che è soggetto a putrefazione.

putrescina *s.f. (chim.)* sostanza organica azotata che si origina nella putrefazione delle proteine.

putrido [pù-] *agg.* che è in stato di putrefazione, marcio, corrotto (anche *fig.*): *pesce —, ambiente — // s.m.* corruzione, marciume: *in quella società c'è del —.*

putridume *s.m.* quantità, insieme di cose putride (anche *fig.*).

putsch [*ted.*; *pr.* puc'] *s.m.* sedizione, e spec. sedizione militare per realizzare un colpo di stato.

puttana *s.f.* (*volg.*) **1** prostituta **2** (*fig.*) persona (spec. uomo) furba; opportunista, ruffiano.

putto *s.m.* bambino, fanciullino dipinto o scolpito.

puzza *s.f.* → **puzzo**.

puzzare *v.intr.* **1** emanare puzzo **2** (*fig.*) dare indizio, avere sentore di qlco.: *questa storia mi puzza di losco* **3** (*fam.*) dare fastidio, noia: *gli puzzano i quattrini*, li spreca; *gli puzza la salute*, si espone a rischi.

puzzo *s.m.* **1** odore cattivo: *— nauseante* / *avere il —* (o *la puzza*) *sotto il naso*, darsi arie di superiorità, essere esigente, schizzinoso. SIN. *tanfo* **2** (*fig.*) indizio, sentore: *ci sento — di imbroglio*.

puzzola [*pùz-*] *s.f.* piccolo mammifero carnivoro dal corpo allungato e dalla pelliccia bruno-rossastra con lanetta gialla; se è aggredita emana un liquido fetido (*fam.* Mustelidi).

puzzolente [*-lèn-*] *agg.* che emana puzzo (anche *fig.*): *una piaga —* / *un tipo —*, lurido moralmente.

Q

q *s.f.* e *m.* [*cu*] **1** quindicesima lettera dell'alfabeto, consonante **2 Q** (abbr. dell'ingl. *queen*) simbolo della regina o donna nelle carte da gioco per il poker, il ramino ecc.

qua (errato *quà*) *avv.* in questo luogo; indica il luogo in cui si trova chi parla: *eccomi qua*; *venite qua* / *qua ti voglio!*, vedrò che cosa sei capace di fare // come rafforzativo dell'agg. o del pron., dell'imp. ecc.: *questo libro qua*; *fra i due preferisco questo qua*; *dammi qua* / in espressioni ellittiche del verbo: *qua i soldi!*, *qua la mano!* / contrapposto o correlativo a *là*: *qua e là*, in luoghi diversi, alla rinfusa // con *avv.* e *prep.*: *qua dentro, di qua*, da questo luogo / *per di qua*, da questa parte, in questa direzione / *essere più di là che di qua*, essere prossimo a morire / *in qua*, fino ad ora, a questa parte: *da tre anni in qua*.

quacchero, quacquero [*quàc-*] *s.m.* seguace di una setta religiosa protestante fondata in Inghilterra nel sec. XVII e diffusa anche negli Stati Uniti, che limita il culto esteriore, prescrive una vita semplice e fraterna, vieta la violenza.

quaderno [*-dèr-*] *s.m.* fascicolo di fogli cuciti insieme e raccolti in una copertina, usato dagli scolari o in genere per appunti, conti e simili.

quadrangolare *agg.* **1** di quadrangolo, a forma di quadrangolo: *superficie —* **2** (*fig.*) si dice di incontro o trattativa che vede coinvolte quattro parti // *s.m.* nello sport, torneo o manifestazione che vede coinvolte quattro squadre: *il — d'atletica*.

quadrangolo [*-dràn-*] *agg.* che ha quattro angoli // *s.m.* poligono con quattro angoli.

quadrante *s.m.* **1** ciascuna delle quattro regioni in cui due assi ortogonali dividono il piano; ciascuna delle quattro parti in cui due diametri perpendicolari dividono un cerchio / *— della bussola*, ciascuno dei quattro settori di 90° compresi tra due punti cardinali contigui / *— solare*, la meridiana **2** scala graduata di uno strumento di misura: *— dell'orologio* **3** strumento astronomico a forma di quarto di cerchio, usato per misurare la distanza angolare.

quadrare *v.tr.* **1** ridurre a forma quadrata **2** misurare un'area dai contorni irregolari scomponendola in unità quadrate // *v.intr.* **1** corrispondere, adattarsi perfettamente: *i conti non quadrano*; *le sue proposte quadrano con le nostre esigenze* **2** garbare, soddisfare: *il tuo comportamento non mi quadra*.

quadrato *agg.* **1** che ha forma di quadrato geometrico: *un tavolo —* / *metro, centimetro —*, quadrato con lato di un metro, di un centimetro / *spalle quadrate*, larghe e robuste / *radice quadrata di un numero*, quel numero che, moltiplicato per sé stesso, produce il numero dato **2** (*fig.*) che ragiona bene, che non perde la testa: *mente, persona quadrata* // *s.m.* **1** poligono con quattro lati uguali e angoli retti **2** oggetto o superficie di forma più o meno quadrata: *un — di terra* **3** numero ché si ottiene moltiplicando un numero per sé stesso: *il — di 4 è 16* **4** (*mil.*) schieramento in forma di quadrato **5** nelle navi da guerra, sala di mensa e di ritrovo degli ufficiali e dei sottufficiali **6** → **ring**.

quadratura *s.f.* **1** atto, effetto del ridurre a forma quadrata; scompartimento di una superficie divisa in quadrati: *le quadrature di un soffitto* / *— mentale*, (*fig.*) chiarezza e concretezza d'idee **2** riduzione di una figura geometrica a un quadrato di area uguale: *— del circolo*, operazione non eseguibile coi metodi della geometria elementare; per estens., problema insolubile **3** in contabilità, l'operazione del quadrare.

quadrello [*-drèl-*] *s.m.* **1** mattonella quadrata per pavimentazione **2** [pl.f. *-a*] (*lett.*) freccia, dardo.

quadreria [*-rì-*] *s.f.* luogo in cui sono raccolti molti quadri; la collezione stessa.

quadrettato *agg.* suddiviso in quadretti: *carta quadrettata*.

quadretto [*-drét-*] *s.m.* **1** oggetto o figura di piccole dimensioni e di forma quadrata: *un tessuto a quadretti* **2** piccolo quadro, dipinto, disegno **3** (*fig.*) scenetta graziosa: *un — di vita familiare*.

quadri- [dal lat. *quadri* = quattro] primo elemento di parole composte nelle quali significa «di quattro, che ha quattro» (*quadrilatero*, *quadrimotore*, *quadripartito*).

quadricipite [*-cì-*] *s.m.* muscolo anteriore della coscia [*ill.* Corpo].

quadricromia [*-mì-*] *s.f.* procedimento fotomeccanico che riproduce un originale a colori usando quattro cliché; anche, immagine ottenuta con tale procedimento.

quadridimensionale *agg.* a quattro dimensioni.

quadriennale *agg.* che dura quattro anni: *corso — di studi* // *agg.* e *s.f.* che ha luogo ogni quattro anni: *esposizione —*; *la — di Roma*.

quadriennio [*-èn-*] *s.m.* periodo di quattro anni.

quadrifoglio [*-fò-*] *s.m.* pianta di trifoglio avente, per anomalia, quattro foglie anziché tre / *raccordo a* —, svincolo stradale a forma di quadrifoglio, tipico delle autostrade, per eliminare l'incrocio e consentire il flusso continuo degli automezzi nelle quattro direzioni.

quadrifonia [-nì-] *s.f.* sistema stereofonico di registrazione e riproduzione dei suoni che usa quattro canali anziché due come il normale stereofonia, ottenendo effetti migliori.

quadrifora [-drì-] *agg.* e *s.f.* (*arch.*) si dice di finestra divisa in quattro aperture da tre colonne.

quadriga *s.f.* **1** antico cocchio a due ruote tirato da quattro cavalli **2** tiro di quattro cavalli.

quadrigemino [-gè-] *agg.* **1** si dice di parto in cui vengono alla luce quattro figli **2** *corpi* o *tubercoli quadrigemini*, (*med.*) formazioni del mesencefalo dei mammiferi, riunite nella lamina quadrigemina.

quadrigetto [-gèt-] *s.m.* aereo a reazione con quattro motori.

quadriglia [-drì-] *s.f.* danza figurata di società, in voga nel sec. XIX.

quadrilatero [-là-] *agg.* che ha quattro lati // *s.m.* **1** (*geom.*) figura piana limitata da quattro lati / *il Quadrilatero*, il sistema di fortificazioni austriache che aveva come capisaldi Mantova, Verona, Peschiera e Legnago **2** nel calcio, nello schema tattico detto «sistema», il gruppo costituito dai due mediani laterali e dalle due mezze ali [*ill. Calcio*].

quadrimestre [-mè-] *s.m.* periodo di quattro mesi.

quadrimotore [-tó-] *s.m.* aeroplano con quattro motori.

quadrinomio [-nò-] *s.m.* termine algebrico per indicare l'insieme di quattro monomi dissimili.

quadripartitico [-parti-] *agg.* [pl.m. *-ci*] riferito a un quadripartito.

quadripartito *agg.* diviso in quattro parti: *scudo* — // *agg.* e *s.m.* si dice di ciò che nasce dall'alleanza di quattro partiti: *governo* —.

quadrisillabo [-sìl-] *agg.* composto di quattro sillabe: *nome* — // *s.m.* parola di quattro sillabe; verso quaternario.

quadrivio [-drì-] *s.m.* **1** luogo in cui fanno capo quattro strade o si incrociano due strade **2** nel medioevo, le quattro arti liberali (*aritmetica, geometria, musica, astronomia*).

quadro¹ *agg.* che ha all'incirca la forma di un quadrato: *mattone* — / *vela quadra*, vela a forma di rettangolo o trapezio, sospesa a un pennone per il lato orizzontale superiore [*ill. Barca*] / *testa quadra*, (*scherz.*) persona ostinata, o tarda nel capire.

quadro² *s.m.* **1** dipinto su tela o legno: *una raccolta di quadri d'autore / pare un* —, si dice di spettacolo, spec. naturale, di particolare bellezza **2** (*fig.*) descrizione di una situazione, di una scena; spettacolo: *fare un* — / *dell'economia italiana; lo scrittore ci dà un divertente* — *della vita odierna / nel quadro dei rapporti italo-francesi*, nell'ambito **3** figura, oggetto di forma simile a un quadrato: *tessuto a quadri / — svedese*, attrezzo da ginnastica costituito da aste che, incrociate, formano un insieme di quadrati [*ill. Palestra*] **4** ciascuna delle parti in cui si divide l'atto di un'opera teatrale, con cambiamento di tempo e di luogo **5** schema, tabella: *il — dei risultati delle elezioni; i quadri degli scrutini*, fogli con l'elenco dei voti riportati dagli alunni alla fine dell'anno scolastico / *legge* —, che dà le linee generali di un sistema di procedimenti, destinate a essere integrate da altre leggi o decreti **6** pannello su cui sono installati gli strumenti di misura e gli organi di comando di un'apparecchiatura **7** nei cinematografi, il perimetro dell'immagine proiettata sullo schermo **8** *pl.* i ruoli degli ufficiali; gli ufficiali stessi; per estens., il complesso di quanti hanno responsabilità in una organizzazione: *i quadri del partito* / anche al *sing.*: *un buon* — **9** *pl.* uno dei quattro semi delle carte da gioco francesi.

quadruccio [-drùc-] *s.m.* **1** (*fot.*) sorta di mascherina che consente di limitare l'immagine ripresa sulla pellicola **2** *pl.* pasta alimentare all'uovo, tagliata in forma di piccoli quadrati.

quadrumane [-drù-] *agg.* e *s.m.* si dice della scimmia, in quanto ha quattro mani // *s.m.pl.* termine in disuso per designare le scimmie.

quadrumvirato *s.m.* (*st.*) magistratura, collegio di quattro membri con incarichi e poteri politici particolari; per estens., qualsiasi gruppo dirigente formato da quattro persone.

quadrumviro [-drùm-] *s.m.* membro di un quadrumvirato.

quadrupede [-drù-] *agg.* e *s.m.* si dice di mammifero a quattro zampe.

quadruplicare *v.tr.* [*io quadrùplico, tu quadrùplichi ecc.*] moltiplicare per quattro.

quadruplo [quà-] *agg.* quattro volte maggiore // *s.m.* quattro volte tanto: *questo vale il* —.

quaggiù *avv. di luogo* in questo luogo, qui in basso / *le cose di* —, di questo mondo.

quaglia [quà-] *s.f.* uccello migratore, con coda cortissima e piume scure, macchiettate di chiaro; è commestibile (*fam.* Fasianidi).

qualche *agg.indef.m.* e *f.* [solo *sing.*] indica quantità, numero indefinito e non grande **1** alcuni, più d'uno; si riferisce sia a persona sia a cosa: *— anno fa; fra — minuto; c'era solo — (altra) persona oltre a noi*; spesso può indicare anche una sola persona o cosa: *conosci — persona di tua fiducia a cui affidarlo?; troverò — scusa* **2** quando precede un sostantivo astratto ha valore di *un certo*: *film di — interesse*; anche preceduto dall'art.indet.: *non privo di un — fascino; rimarrà con noi per — tempo*.

qualcheduno *pron.indef.* [solo *sing.*] → **qualcuno**.

qualcosa [-cò-] *pron.indef.* qualche cosa; indica in modo indeterminato una o alcune cose: *vuoi — da bere?; posso far — per te?*; seguito da *altro* o da un compl. partitivo: *hai qualcos'altro da dirmi?; ho — di meglio da proporti / — mi dice che non verrà*, ne ho il presentimento / *c'è già — che abbia ammesso di aver torto, non è poco / quel libro è — di divertente*, è molto divertente.

qualcuno *pron.indef.* [solo *sing.*] si riferisce a cose o persone; indica numero indeterminato ma di solito non grande: *ho letto — dei suoi romanzi; se ti occorrono delle matite puoi trovarne qualcuna sul mio tavolo; — dei suoi amici*; spesso può indicare anche una sola persona: *— deve avergielo detto / essere, diventare* —, una persona importante.

quale *agg.m.* e *f.* [frequente la forma tronca davanti a *è, ero* ecc. (*qual è*) e davanti a consonante in espressioni del tipo: *per la qual cosa; qual buon vento!*] **1** *interr.* si usa nelle proposizioni interrogative dirette e indirette e nelle dubitative per chiedere la qualità, l'identità di qlco., di qlcu.; sostituito nel linguaggio comune da *che*: *quali libri preferisci?; non so — decisione prendere / non so* —, un certo: *sentii (un) non so — desiderio di...* **2** (*lett.*) con valore esclamativo ed enfatico per sottolineare la qualità: *più com. si usa* che: *— onore!* **3** *correlativo* come quello che; *più com. si dice* come; *spesso in esplicita correlazione con* tale, *espresso o sottinteso: il quadro,* (tale) *— tu lo vedi, è incompiuto, nelle condizioni in cui; fece* (tali) *cose quali nessuno si sarebbe aspettato da lui*; *si usa anche nelle enumerazioni: poeti, quali Foscolo, Leopardi...,* come / tale *—* (o tal *—* o tale e *—*), *identico: è tale e — sua sorella* **4** *indef.* (*lett.*) col valore di *qualunque*; anche seguito da *che: — che sia la tua opinione...* **5** (*lett.*) *— ... —,* uno... un altro **6** con valore pleonastico: *c'era una certa — amarezza nelle sue parole; in certo qual modo* **7** (*fam.*) *per la —,* con valore attributivo: *un pranzo per la —,* come dev'essere, in regola; *una persona non tanto per la —,* di dubbia moralità, di cui è meglio non fidarsi // *pron.interr.* **1** si usa nelle proposizioni interrogative dirette o indirette e nelle dubitative per chiedere la qualità, l'identità di qlco., di qlcu.: *— vuoi?*; *— dei due sarà stato?* **2** (*ant.*) chi // *pron.rel.* si riferisce a cosa o a persona; è sempre preceduto dall'art.det.; spesso è sostituito da *che* o da *cui*: *la persona della — tutti parlano* // *pron.indef.* (*lett.*): *qual(e)... qual(e), quali... quali* con valore di *chi ... chi, alcuni ... altri* // *avv.* col valore di *in qualità di*, come: *rappresentante della legge* // **-mente** *avv.* (*lett.*) come, in che modo.

qualifica [-lì-] *s.f.* **1** titolo, qualità: *— di dottore* **2** giudizio sintetico sulle capacità e il rendimento di un impiegato statale dato ogni anno dai suoi superiori diretti: *— di ottimo, di valente, di insufficiente* **3** posizione di chi presta lavoro alle dipendenze altrui: *— di impiegato, di operaio.*

qualificante *agg.* **1** che qualifica positivamente una proposta, una scelta: *elemento — della piattaforma* **2** che ha un elevato contenuto professionale: *lavoro, mansione —.*

qualificare *v.tr.* [*io qualifico, tu qualifichi ecc.*] **1** riconoscere in qlcu. o qlco. una qualità; designare: *l'aggettivo qualifica il nome; quell'opera lo qualifica tra i più grandi scrittori* **2** definire una persona o una cosa con un giudizio che ne metta in risalto le qualità positive o negative: *è stato qualificato ottimo; non so come — il suo modo di fare* **3** attribuire una qualifica; far conseguire una preparazione professionale: *occorre — la manodopera* // **-arsi** *v.rifl.* **1** dire il proprio nome, attribuirsi un appellativo, un titolo: *— per agente di polizia* **2** meritarsi una qualifica mediante una prova: *— idoneo all'esame* **3** (*sport*) superare prove di qualificazione per poter partecipare a determinate gare: *— per i campionati regionali.*

qualificato *agg.* che è adatto a qualificare, che serve a esprimere una qualità: *aggettivi qualificativi.*

qualificato *agg.* **1** dotato di titoli di qualità, di titoli, di attitudini, di una particolare preparazione professionale: *una persona qualificata; un medico —; è un ragazzo — per questo lavoro,* proprio adatto; *operaio —,* che ha particolari capacità per un determinato lavoro **2** che richiede qualificazione, capacità professionale: *lavoro —.*

qualificazione [-zió-] *s.f.* il qualificare: *corso di — professionale.*

qualità *s.f.invar.* **1** proprietà caratteristica di una cosa, che ne determina la natura e la distingue dalle altre: *il peso è una — della materia; roba di buona, di cattiva —; non mi interessa la quantità, ma la —* **2** caratteristica positiva: *un ragazzo di buone —; è un uomo pieno di — / di —,* di buona qualità: *un prodotto di —* **3**

specie, varietà (detto di cosa): *mele di — diverse; fiori di tutte le — / in — di,* in funzione di, riferendosi al grado, alla condizione sociale.

qualitativo *agg.* che riguarda la qualità: *analisi chimica qualitativa,* per determinare la natura dei componenti di una sostanza // *s.m.* (*comm.*) la qualità: *il — di una merce* // **-mente** *avv.* per quanto concerne la qualità: *questa roba è — superiore a quella.*

qualora [-ló-] *cong.* nel caso che, quando: *— tu non potessi venire, avvisami.*

qualsiasi [-sì-] *agg.indef.invar.* qualunque, l'uno o l'altro che sia: *verrò con — tempo; dammi dei libri — / è un libro —,* di nessun valore.

qualsivoglia [-vò-] *agg.indef.invar.* qualunque, qualsiasi.

qualunque *agg.indef.* [solo *sing.*] l'uno o l'altro che sia, ogni, tutti: *— avvocato agirebbe così; a — costo; in — modo; a — ora*; anche posposto: *damni un giornale —*; spesso con valore spreg.: *una donna —; un prodotto — / l'uomo —,* l'uomo medio, comune // *agg.indef.rel.* l'uno o l'altro il quale; in questo caso mette in relazione due proposizioni con il verbo al modo congiuntivo: (o, più propr., indicativo) *— cosa tu faccia, mi troverai consenziente; — cosa fa,* la fa bene.

qualunquismo [-fmo] *s.m.* movimento politico italiano del primo dopoguerra, che ispirò la sua azione agli interessi e ai sentimenti degli uomini comuni e non alle ideologie politiche; per estens., atteggiamento di indifferenza verso i problemi politici e sociali.

qualunquista *agg.* e *s.m.* e *f.* [pl.m. *-i*] seguace del qualunquismo, e, per estens., agnostico, spregiatore delle ideologie politiche.

qualunquistico [-quì-] *agg.* [pl.m. *-ci*] caratterizzato dal qualunquismo.

quando *avv.interr.* in quale tempo, in quale momento; si usa nelle proposizioni interrogative dirette e indirette e nelle dubitative: *— partirai?; non so — partiremo; chissà —, non si sa —, Dio sa — verrà*; come correlativo, ora... ora...: *— viaggio in treno, — in aereo; — sì no*; preceduto da prep.: *da —?,* da qual tempo, momento?; *per — pensi di poterlo consegnare?*; anche, in interrogazioni retoriche: *da — in qua si risponde così? / di — in — (*rar.* a — a —),* una volta ogni tanto // *cong.* **1** con valore temporale, nel tempo in cui, nel momento in cui: *verrò — avrò finito; da, per —,* dal, per il tempo o il momento in cui / *— meno te lo aspetti,* inaspettatamente / *quand'ero (che),* quando all'improvviso / *— che sia,* una volta o l'altra / con valore di *ogni volta che, tutte le volte che: — ragioni così, mi fai inquietare* **2** con valore causale, giacché, dal momento che: *— ti dico che è così, è così* **3** con valore avversativo, mentre: *non ha detto una parola, — avrebbe dovuto parlare* **4** con valore condizionale: *quand'anche fosse così, non potrei farci nulla* **5** preceduto da un sostantivo, sostituisce il pron.rel. *in cui: quel giorno — venni da te* // con valore di *s.m.invar.* il —, il momento, la circostanza: *ti dirò poi il come e il —.*

quantificare *v.tr.* [*io quantifico, tu quantifichi ecc.*] rendere esplicito nella quantità: *— il costo dell'iniziativa.*

quantificazione [-zió-] *s.f.* l'atto del quantificare.

quantistico [-ti-] *agg.* [pl.m. *-ci*] relativo alla teoria dei quanti: *fisica, meccanica quantistica.*

quantità *s.f.invar.* **1** proprietà delle cose di essere misurabili per il loro numero o per la loro grandezza: *badare più alla qualità che alla — di lavoro; grande, piccola — di cemento, di legname, di zucchero* **2** moltitudine, gran numero: *una — di gente, di tavole / in —*, in abbondanza **3** (*mat.*) ciò che può essere misurato o numerato: *— aritmetiche, geometriche* **4** in prosodia, proprietà delle vocali di essere lunghe o brevi.

quantitativo *agg.* che riguarda, esprime la quantità: *analisi chimica quantitativa*, per determinare la quantità dei componenti di una sostanza / *poesia quantitativa*, la poesia greca e latina, regolata dalla quantità delle vocali // *s.m.* (*comm.*) quantità: *un grosso — di tessuti.*

quantizzare [-tiʒʒa-] *v.tr.* (*fis.*) applicare i principi e le procedure della meccanica quantistica.

quantizzazione [-tiʒʒaʒió-] *s.f.* (*fis.*) applicazione dei principi e delle procedure della meccanica quantistica.

quanto[1] *agg.interr.* si usa nelle proposizioni interrogative dirette, indirette e nelle dubitative per chiedere la quantità, la misura di qlco.: *quanti libri hai?; gli domandai quanti anni avesse; non so — tempo ci vorrà //* *agg.* **1** usato in proposizioni esclamative: *— chiasso!* **2** in correlazione con *tanto: c'erano tanti posti quanti erano gli invitati* **3** come rafforzativo di *tutto: partirono tutti quanti //* *agg.rel.* (tutto) quello che, (tutti) quelli che: *lo puoi tenere — tempo vuoi //* *pron.interr.*: *— ne vuoi?; — costa?; non so quanti accetteranno / da — m'aspettavi?*, da quanto tempo / *— c'è da qui a casa tua?*, quanta strada / *a — la vende?*, a quale prezzo / *quanti ne abbiamo oggi?*, che giorno è // *pron.* usato in proposizioni esclamative: *— ne hai preso! //* *pron.rel.* **1** (tutti) coloro che; (tutti) quelli che: *quanti desiderano iscriversi, possono farne richiesta* **2** (tutto) quello che, (tutto) ciò che: *hanno fatto — potevano / è — di meglio si possa trovare;* con valore limitativo: *per — io ne sappia; a — dicono*, si dice; con valore concessivo: *per — egli faccia, non è mai abbastanza //* *pron.* in correlazione con *tanto: ho fatto (tanto) — te; ne ho (tanti) quanti ne hai tu.*

quanto[2] *avv.* **1** *interr.* in che misura, quantità: *— sei alto?; — bevi di solito?; non so — l'abbia apprezzato* **2** *esclamativo: — mi piace!* **3** *rel.* nella misura, nella quantità che: *ti aiuterò — sarà necessario* **4** in espressioni limitative, ha valore di *per ciò che riguarda*: (*in*) *— a me, non ho nulla da aggiungere* **5** in correlazione con *tanto*, nel periodo compar.: (*—*) *più lo conosco, (tanto) meno mi piace*; nei compar. di uguaglianza o in prop.compar.: *è tanto studioso — intelligente; è buono — te*; nei paragoni enfatici, per affermare la veridicità di quanto si afferma: *quant'è vero che mi chiamo, che sono ... / — mai, moltissimo: una persona — mai colta* **6** usato per dar valore di *superl.rel.*: *— più velocemente*, il più velocemente possibile; *— prima*, il più presto possibile; *— meno*, al minimo, almeno **7** in locuzioni particolari: *in — (che)*, per il fatto che, perché / *in —*, in qualità di: *in — medico / per —*, con valore concessivo, nonostante (tanto): *per — corresse, non lo raggiunse.*

quanto[3] *s.m.* **1** la quantità **2** (*fis.*) valore minimo, definito, di una grandezza fisica che può variare soltanto per multipli di esso: *— di energia; teoria dei quanti.*

quantum *s.m.invar.* (*lat.*; pl. *quanta*) (*fis.*) → **quanto**[3].

quantunque *cong.concessiva* benché, sebbene; spesso in correlazione a *pure, tuttavia: — non lo meriti, sarà promosso.*

quaranta *agg.num.card.* indica una quantità composta di quattro decine // *s.m.* il numero quaranta e la cifra che lo rappresenta.

quarantena [-tè-] *s.f.* periodo di quaranta giorni, o periodo di tempo non determinato, in cui le persone pro-

venienti da luoghi infetti vengono isolate e tenute in osservazione: *fare la — / mettere in — una notizia*, non pubblicarla in attesa di una conferma.

quarantenne [-tèn-] *agg.* e *s.m.* e *f.* che o chi ha quarant'anni.

quarantennio [-tèn-] *s.m.* periodo di quarant'anni.

quarantesimo [-tèʃi-] *agg.num.ord.* che in una serie occupa il posto numero quaranta // *s.m.* la quarantesima parte.

quarantina *s.f.* il complesso di quaranta o circa quaranta unità: *una — di ragazzi / essere sulla —*, avere circa quarant'anni.

quarantore [-tó-] *s.f.pl.* pratica religiosa cattolica consistente nell'esposizione e adorazione del sacramento per circa quaranta ore.

quarantotto [-tòt-] *agg.num.card.* quaranta unità più otto // *s.m.* (*fig.*) rivoluzione, confusione, baccano: *mandare a carte —*, mandare all'aria.

quaresima [-réʃi-] *s.f.* il tempo di quaranta giorni che precede la Pasqua e che è dedicato alla penitenza / *lungo come la —*, detto di persona, prolisso e noioso.

quaresimale [-ʃi-] *agg.* della quaresima // *s.m.* insieme di prediche tenute in quaresima, in una chiesa.

quark [quàrk] *s.m.invar.* (*fis.*) termine indicante ipotetiche particelle, i cui aggregati costituirebbero tutte le particelle elementari note e che rappresenterebbero così i costituenti «realmente elementari» della materia.

quarta *s.f.* **1** la quarta classe di un corso di studi **2** nei veicoli con motore a scoppio, la quarta velocità, marcia: *innestare la — / partire in —*, (*fig.*) intraprendere qlco. con baldanza **3** la quarta parte della circonferenza dell'orizzonte; (*mar.*) la trentaduesima parte della rosa dei venti **4** (*mus.*) intervallo di quattro suoni della scala diatonica.

quartana *s.f.* febbre malarica intermittente che si manifesta ogni quarto giorno.

quartetto [-tét-] *s.m.* **1** (*mus.*) composizione scritta per essere eseguita da quattro strumenti o da quattro voci **2** il complesso di quattro strumenti o voci: *— d'archi* **3** gruppo di quattro persone affiatate o bene assortite.

quartiere [-tiè-] *s.m.* **1** parte abbastanza ben delimitata di una città, avente particolari caratteristiche storiche, topografiche o urbanistiche: *— residenziale; un vecchio — popolare / quartieri alti*, la zona elegante della città **2** (*mil.*) complesso di edifici o di attendamenti dove alloggia un reparto dell'esercito: *— d'inverno, d'estate / quartier generale*, complesso degli ufficiali e degli altri elementi addetti al comando di una grande unità mobilitata; il luogo ove esso ha sede / *lotta senza —*, senza esclusione di colpi, spietata / *chiedere, dare —*, chiedere, concedere una tregua, la resa **3** (*region.*) appartamento **4** ciascuna delle due parti laterali posteriori della scarpa **5** (*arald.*) quarto.

quartina *s.f.* **1** strofa di quattro versi variamente rimati **2** formato grande di carta da lettere **3** (*mus.*) gruppo di quattro note che, quando il ritmo è ternario, va eseguito nel tempo di tre o di sei note.

quartino *s.m.* **1** strumento musicale simile al clarino, di suono più alto **2** misura di un quarto di litro; fiaschetto avente la capacità di un quarto di fiasco: *ordinò un — (di vino)* **3** (*tip.*) l'insieme delle quattro pagine stampate d'un foglio piegato in due.

quarto *agg.num.ord.* che in una serie occupa il posto numero quattro / *il — potere*, la stampa / *il — stato*, il popolo / *la quarta dimensione*, (*fis.mat.*) il tempo, nella teoria della relatività // *s.m.* **1** chi o ciò che viene al quarto posto **2** la quarta parte: *spese un — del previsto / bevve un — (di litro) di vino / un quarto di bue, di pollo,* ciascuna delle quattro parti in cui viene diviso l'animale macellato / *— d'ora* (o semplicemente *—*), periodo di tempo di quindici minuti, la quarta parte di un'ora: *sono le sette e un —, e tre quarti; stetti là un — d'ora / avere il proprio — d'ora di celebrità,* una notorietà improvvisa ed effimera / *passare un brutto — d'ora,* trovarsi per breve tempo in una situazione difficile **3** la prima e la terza fase della luna: *siamo al primo, all'ultimo — (di luna)* **4** *quarti di finale,* (*sport*) nelle gare a eliminazione, terzultima prova, disputata tra i vincitori degli ottavi di finale, che qualifica per le semifinali **5** (*arald.*) ciascuna delle parti in cui è diviso uno stemma inquartato: *— franco,* pezza onorevole di forma quadrata posta nell'angolo destro del capo dello scudo / *avere i quattro quarti di nobiltà,* essere di sangue interamente nobile **6** *in —,* formato di un libro che si otteneva piegando un foglio di stampa di misura stabilita in quattro: *edizione in —.*

quartultimo [-tùl-] *agg.* il quarto a partire dall'ultimo.

quarzifero [-zì-] *agg.* che contiene quarzo.

quarzite *s.f.* roccia dura e compatta di origine metamorfica, costituita essenzialmente da quarzo.

quarzo *s.m.* minerale costituito dal biossido di silicio, molto diffuso nelle rocce; si presenta in grossi cristalli trasparenti, incolori se puri, oppure variamente colorati e spesso usati come gemme (p.e. ametista, diaspro).

quasar [-ʃar] [*ingl.*: *quasi-stellar radio source*] *s.m.invar.* termine di astronomia con cui si indicano alcune sorgenti radio di natura ancora incerta scoperte per mezzo dei maggiori radiotelescopi.

quasi [-ʃi] *avv.* **1** circa, approssimativamente, pressappoco: *costa — mille lire;* indica anche incertezza, dubbio e si usa per attenuare un'osservazione o per proporre qlco.: *oserei — affermare che era migliore prima;* anche raddoppiato: *— — verrei anch'io* **2** accompagnato da un verbo spesso ha il valore di *mancò, mancava poco che...: — mi faceva cadere* **3** *quasi (che),* come se; sempre seguito dal verbo al cong.: *— (che) non glielo avessi mai fatto notare.*

quassia [quàs-] *s.f.* piccolo albero dell'America meridionale, dal cui legno si ricava una sostanza amara usata in medicina (*fam.* Simarubacee).

quassio [quàs-] *s.m.* legno della quassia.

quassù *avv.* indica il luogo alto dove uno si trova.

quaterna [-tèr-] *s.f.* **1** nel gioco del lotto, serie di quattro numeri giocati con un solo biglietto e vincenti se estratti sulla stessa ruota; nella tombola, quattro numeri estratti nella stessa fila di una cartella **2** lista di quattro nomi di persone da sottoporsi a una scelta ulteriore: *fu scelto in una — di candidati.*

quaternario [-nà-] *agg.* **1** che si compone di quattro elementi / *verso —,* di quattro sillabe con l'accento sulla terza **2** (*geol.*) appartenente al Neozoico // *s.m.* **1** verso quaternario **2** (*geol.*) l'era geologica meglio detta Neozoico.

quatto *agg.* che sta chinato a terra, raccolto in sé stesso per nascondersi: *starsene — / — —,* zitto e quieto.

quattordicesimo [-cèʃi-] *agg.num.ord.* che in una serie occupa il posto numero quattordici / *quattordicesima mensilità* (o soltanto *quattordicesima*), retribuzione straordinaria data una volta all'anno, in genere come gratifica estiva // *s.m.* la quattordicesima parte.

quattordici [-tór-] *agg.num.card.* indica una quantità composta di dieci unità più quattro // *s.m.* il numero quattordici e la cifra che lo rappresenta.

quattrino *s.m.* **1** moneta di rame del valore di quattro denari coniata in Italia fra il sec. XIII e il XIX; per estens., moneta di piccolo valore: *non ho un —; non vale un — 2 pl.* denaro: *stiamo buttando via tempo e quattrini; essere a corto di quattrini.*

quattro *agg.num.card.* **1** una quantità composta di tre unità più una / *tra — mura,* in casa o in un luogo in cui si è costretti a restare / *gridare ai — venti una notizia,* farla conoscere a tutti **2** indica un numero indeterminato, col significato di *alcuni, pochi: lavora per — soldi / far — passi,* una breve passeggiata / *far — chiacchiere,* chiacchierare un po' / *far — salti,* ballare un po' fra amici / *c'erano — gatti,* pochissima gente / *farsi in — per qlcu.,* adoperarsi in ogni modo per essergli utile / *gliene ho dette —,* l'ho sgridato, l'ho trattato duramente / *fare il diavolo a —,* far grande confusione // *s.m.* il numero quattro e la cifra che lo rappresenta / *in — e quattr'otto,* in poco tempo.

quattrocchi [-tròc-], **quattr'occhi** [òc-] solo nella locuz.avv. *a quattrocchi,* fra due persone sole, senza testimoni.

quattrocentesco [-té-] *agg.* [pl.m. -*chi*] del Quattrocento (sec. XV).

quattrocentista *s.m.* e *f.* [pl.m. -*i*] **1** scrittore o artista del Quattrocento (sec. XV) **2** (*sport*) atleta specializzato nella gara dei 400 metri.

quattrocento [-cèn-] *agg.num.card.* indica una quantità composta di quattro volte cento unità // *s.m.* **1** il numero quattrocento e la cifra che lo rappresenta **2** *il Quattrocento,* il secolo XV.

quattrofoglie [-fò-] *s.m.invar.* (*arald.*) fiore di quattro petali senza bottone.

quebracho [*spagn.*; *pr.* chebràcio] *s.m.* albero proprio dell'America meridionale che dà un legno durissimo, usato per fabbricare bocce, mobili (*fam.* Apocinacee); il legno del medesimo.

quegli [qué-] *pron.dimostr.m.* quell'uomo; si riferisce a persona e si usa solo come soggetto.

quello [quél-] *agg.dimostr.* precede sempre il sostantivo e si usa sia come sogg. sia come compl.; si hanno due forme per il m.sing.: *quello* e *quel* (si usa *quel* davanti ai vocaboli che cominciano per consonante che non sia *s* impura, *gn, ps, x, z*), e due forme per il m.pl.: *quegli* e *quei* (si usa *quei* negli stessi casi di *quel*) **1** indica persona o cosa lontana, nel tempo o nello spazio, sia da chi parla sia da chi ascolta: *dammi quel libro; quei ragazzi sono indisciplinati;* può essere rafforzato da *stesso, medesimo, tale: in — stesso, in quel medesimo momento* **2** indica persona o cosa nominata precedentemente e nota a chi ascolta: *hai più avuto notizie di quel ragazzo?, soffri ancora di quel disturbo?* // *pron.dimostr.* usato come sogg. e come compl.; il troncamento *quel* della forma m.sing. è d'obbligo nell'espressione *in quel di...,* nel territorio di; è facoltativo davanti a *che* e raro in altri casi; la forma m.pl. *quei* si può usare solo nell'espressione *quei di...,* gli abitanti di ... **1** indica persona o cosa lontana da chi parla e da chi ascolta: *— è il nuovo direttore; preferisco — in vetrina / buono —!,* alludendo a persona dalla quale bisogna stare in guardia; *— del piano di sotto,* che abita al piano di sotto; *— dei giornali,* la persona che vende i giornali; spesso contrapposto o correlativo di *questo: preferisci questo o — quell'altro?;* per evitare ripetizioni: *il libro di storia e — di geografia;* nel linguaggio lett., per indicare la più lontana di due persone o cose già menzionate: *Maria e Teresa sono sorelle, ma quella è bionda e questa è bruna*; con valore più indefinito di *l'uno... l'altro...*: *questo a piedi, — a cavallo / me ne ha dette di quelle!*, mi ha detto cose incredibili **2** seguito da pron.rel., col valore di *colui, ciò: non è — che cerco; tutto — che dice è vero* **3** *in quel di...*, nel territorio di...: *in quel di Milano*.

quercia [quèr-] *s.f.* [pl.-*ce*] albero di alto fusto con foglie lobate; il legno, molto duro, è usato per lavori di costruzione e falegnameria (*fam.* Fagacee) / *è forte come una —*, fortissimo.

querela [-rè-] *s.f.* **1** dichiarazione con la quale la parte che si ritiene lesa, nei reati non perseguibili d'ufficio, denuncia all'autorità giudiziaria il torto subìto chiedendo il procedimento penale a carico del colpevole: *— per diffamazione, per ingiurie; — di parte*, presentata dalla persona offesa; *sporgere, ritirare la —* **2** (*lett.*) lamento.

querelante *s.m.* e *f.* chi presenta querela.

querelare *v.tr.* [*io querèlo* ecc.] dare querela: *lo querelò per ingiurie* // **-arsi** *v.intr.pron.* (*lett.*) lamentarsi, rammaricarsi.

querelato *s.m.* colui contro il quale viene presentata una querela.

querelle [*franc.*; *pr.* cherèl] *s.f.* polemica, discussione, spec. culturale o politica.

querimonia [-mò-] *s.f.* (*lett.*) insistente lamentela per torti ricevuti: *le tue spesso inutili querimonie*.

querulo [què-] *agg.* (*lett.*) lamentoso: *una voce querula; un vecchio —*. - SIN. *lamentevole, piagnucoloso*.

quesito [-fì-] *s.m.* domanda, questione da risolvere: *— insolubile; un — di fisica; proporre, sciogliere un —*.

questi [quéi-] *pron.dimostr.m.* quest'uomo; si riferisce a persona e si usa solo come soggetto.

questionare *v.intr.* [*io questióno* ecc.] fare questione, disputare, altercare: *questionare di* (o *su*) *argomenti futili.* SIN. *litigare*.

questionario [-nà-] *s.m.* serie di quesiti scritti su un dato argomento; anche il foglio su cui sono scritti: *rispondere a un —; ritirare il —*.

questione [-stió-] *s.f.* **1** argomento controverso su cui si è aperta una discussione; problema: *una sottile — giuridica; la — della lingua; la — sociale; la — meridionale; — di capra caprina*, inutile e cavillosa; *porre, trattare, risolvere una —* **2** discussione, disputa: *sorse una — sull'interpretazione del testo; spostare la —; cambiare i termini della —*, allontanarsi dalla formulazione a essa data originariamente; *mettere in —; è in — la data della partenza* **3** controversia, vertenza, lite: *venire a —; la — gli costò un patrimonio; una — d'onore*, che mette in gioco l'onore (un tempo, che richiedeva un duello); *comporre la —*, eliminare i motivi di disaccordo **4** tema, argomento, fattore che determina una situazione: *la cosa in —, di cui si parla; è — di*, si tratta di: *è — di vita o di morte; è soltanto — di tempo*, basta aspettare.

questo [qué-] *agg.dimostr.* **1** precede sempre il s.; si usa sia come sogg. sia come compl.; indica persona o cosa vicina, nel tempo o nello spazio, a chi parla: *quest'ombrello è mio; questa lettera è appena arrivata; questa sera, questa mattina, stasera, stamattina; — mese*, il mese in corso; rafforzato da *stesso, medesimo: mi disse queste stesse, medesime parole / questa vita, — mondo*, contrapposto a quello dell'aldilà; *l'ho visto con questi occhi*, con i miei, di persona **2** indica persona o cosa da poco nominata o che verrà nominata in seguito: *posso darti solo — consiglio* **3** in espressioni temporali,

col valore di *prossimo* o *passato*: *verrò una di queste sere; le vicende di questi anni* **4** col valore più generico di *di questo genere*: *non uscire con — freddo* // *pron.dimostr.* **1** indica persona o cosa vicina a chi parla, o persona o cosa della quale si sta parlando: *— è il nuovo assistente; — è il mio*; contrapposto o correlativo di *quello: vuoi — o quello?*; nel linguaggio lett., per indicare la più vicina di due persone o cose menzionate: *Luigi e Giovanni sono fratelli, ma quello è biondo, — bruno*; con valore più indefinito di *l'uno... l'altro: lo va dicendo a — e a quello*, a tutti **2** con valore di *ciò: — mi preoccupa; da — deriva che.../ con (tutto) —*, nonostante ciò / *e con —?, e allora? / questa è bella*, espressione che indica meraviglia o sdegno.

questore [-stó-] *s.m.* **1** nella polizia, il grado superiore dei funzionari dirigenti: *è il — di Torino* **2** parlamentare incaricato di mantenere l'ordine durante le sedute **3** in Roma antica, ciascuno dei magistrati che amministravano l'erario pubblico.

questua [què-] *s.f.* raccolta di elemosina.

questuante *agg.* e *s.m.* e *f.* che o chi fa la questua: *frati questuanti*, degli ordini mendicanti.

questuare *v.intr.* [*io quèstuo* ecc.] fare la questua.

questura *s.f.* **1** organo dell'amministrazione statale che in ogni provincia è addetto alla tutela dell'ordine pubblico, alla investigazione sui reati ecc. **2** la sede degli uffici della questura **3** in Roma antica, ufficio, dignità del questore.

questurino *s.m.* addetto alla questura, guardia, poliziotto.

qui (errato *quì*) *avv.* **1** in questo luogo; indica il luogo dove si trova la persona che parla o un luogo ad essa molto vicino: *qui non c'è; vieni qui; abito qui da anni*; talvolta si usa come rafforzativo di *questo: questo libro qui*; usato pleonasticamente con valore per lo più enfatico o rafforzativo: *prendi qui!; guarda qui che ha combinato!*; spesso contrapposto o correlativo di *lì* o *là: di qua a lì; ora qui ora là* ‖ con avv. e prep.: *qui dentro, qui fuori; di qui, da qui*, da questo luogo: *se ne andò di qui; da qui alla stazione c'è molta strada / è di qui*, è nato in questo paese / *di qui, da qui, per qui, per di qui*, per, attraverso questo luogo: *per andare a Firenze si deve passare (per) di qui / fin qui*, fino a questo luogo **2** (*fig.*) a questo punto; in questo punto: *qui comincia il bello / non finirà qui!*, in tono di minaccia / *qui ci vuole molta calma*, in questo caso; con valore temporale: *di qui in avanti*, d'ora in avanti; *di qui a un anno, a un mese*, fra un anno, fra un mese a partire da ora; *fin qui*, fino ad ora.

quiescenza [-scèn-] *s.f.* stato di riposo, di inattività: *diritto di —*, pensione spettante all'impiegato statale per malattia od altro lascia il servizio.

quietanza *s.f.* ricevuta rilasciata dal creditore al debitore quale testimonianza dell'avvenuto adempimento di una obbligazione.

quietanzare *v.tr.* rilasciare una quietanza.

quietare *v.tr.* [*io quièto* ecc.] riportare alla quiete, calmare // **-arsi** *v.rifl.pron.* rassegnarsi, calmarsi.

quiete [quiè-] *s.f.* **1** calma esterna o calma dell'animo: *la — della campagna; disturbare la — pubblica.* SIN. *pace, tranquillità* **2** assenza di moto: *stato di — di un corpo*.

quietismo [-ʃmo] *s.m.* **1** dottrina religiosa che rifiuta le manifestazioni attive di religiosità e cerca l'abbandono in Dio **2** per estens., amore per il vivere tranquillo; stato di inerzia, di accettazione passiva della realtà.

quietista *s.m.* e *f.* [pl.m. *-i*] seguace del quietismo; per estens., uomo tranquillo, che cerca di evitare le situazioni difficili.

quieto [quiè-] *agg.* **1** che non si muove; silenzioso: *il lago era* —; *una strada quieta.* SIN. *calmo, tranquillo* **2** (*fig.*) si dice di persona pacifica, serena nell'animo; che non si turba facilmente: *gente quieta*, che ama la vita regolare, ordinata / — *vivere*, il vivere senza discordie o preoccupazioni. SIN. *posato* / **-mente** *avv.* in modo quieto, tranquillamente.

quinario [-nà-] *agg.* e *s.m.* verso di cinque sillabe con gli accenti sulla prima o seconda e sulla quarta sillaba.

quinci *avv.* (*lett.*) **1** *di luogo* da qui **2** *di tempo* da questo momento, poi.

quindi *cong. coordinativa conclusiva* perciò: *non avevo capito bene le sue parole,* — *non gli risposi* // *avv.* **1** *di tempo* in seguito: *andai diritto per un buon tratto,* — *voltai a destra* **2** *di luogo* (*lett.*) di qui, di qua.

quindicenne [-cèn-] *agg.* e *s.m.* e *f.* che o chi ha quindici anni.

quindicesimo [-cèʃi-] *agg.num.ord.* che in una serie occupa il posto numero quindici // *s.m.* la quindicesima parte.

quindici [quìn-] *agg.num.card.* indica una quantità composta di dieci unità più cinque // *s.m.* il numero quindici e la cifra che lo rappresenta.

quindicina *s.f.* **1** insieme di quindici o circa quindici unità: *una* — *di scolari* **2** quindici o circa quindici giorni: *verrò da te nella prima* — *di novembre* **3** la paga di quindici giorni: *ha speso tutta la* —.

quindicinale *agg.* che dura quindici giorni; che si verifica ogni quindici giorni: *rivista* —, che esce ogni quindici giorni // *s.m.* giornale che esce ogni quindici giorni.

quinquagesima [-gèʃi-] *s.f.* la domenica che cade cinquanta giorni prima di Pasqua.

quinquennale *agg.* che si verifica ogni cinque anni; che dura cinque anni: *piano* —.

quinquennio [-quèn-] *s.m.* periodo di tempo di cinque anni.

quinta *s.f.* **1** (*teatr.*) armatura rettangolare alta e stretta, rivestita di vario materiale, di solito disegnata o dipinta, disposta ai lati della scena per chiuderla [*ill. Teatro*] / *stare dietro le quinte*, ispirare, stando nascosti, le azioni altrui **2** la quinta classe di un corso di studi **3** nei veicoli con motore a scoppio, la quinta velocità, marcia **4** (*mus.*) intervallo di cinque note della scala diatonica.

quintale *s.m.* misura di peso corrispondente a 100 kg.

quinterno [-tèr-] *s.m.* fascicolo di cinque fogli di carta di un libro o di un quaderno, o anche sciolti.

quintessenza [-sèn-] *s.f.* **1** essenza purissima ottenuta mediante cinque distillazioni che gli alchimisti ritenevano la sostanza intima e fondamentale di un corpo **2** (*fig.*) caratteristica essenziale di qlco.: *scoprire la* — *di una cosa*, la sua natura più autentica e tipica; *il suo comportamento è la* — *dell'ipocrisia*, è estremamente ipocrita.

quintetto [-tét-] *s.m.* (*mus.*) **1** composizione scritta per essere eseguita da cinque strumenti o da cinque voci **2** complesso di cinque strumenti o voci **3** gruppo di cinque persone affiatate e ben assortite.

quinto *agg.num.ord.* che in una serie occupa il posto numero cinque / *quinta colonna*, l'insieme degli agenti che, in un paese, agiscono segretamente per conto di una potenza nemica / *il* — *potere*, i mezzi di comunicazione audiovisivi // *s.m.* la quinta parte.

quintultimo [-tùl-] *agg.* il quinto a partire dall'ultimo.

quintuplicare *v.tr.* [*io quintùplico, tu quintùplichi ecc.*] moltiplicare per cinque.

quintuplice [-tù-] *agg.* che è formato di cinque parti, cose o persone.

quintuplo [quìn-] *agg.* cinque volte maggiore // *s.m.* cinque volte tanto: *costa il* —.

quiproquò *s.m.invar.* scambio, confusione, di persone, di parole o di cose. SIN. *equivoco*.

quisquilia [-squì-] *s.f.* cosa di nessuna o di poca importanza. SIN. *inezia*.

quivi *avv. di luogo* (*lett.*) lì, nel luogo di cui si parla (lontano da chi parla e da chi ascolta).

quiz *s.m.invar.* indovinello, domanda; prova, esame, gioco o concorso giornalistico o radiotelevisivo, talvolta a premio, basato su una serie di quesiti, seguiti da diverse risposte, tra le quali il concorrente deve indicare quella esatta.

quorum [quò-] [*lat.*; *pr.* quòrum = *dei quali*] *s.m.* **1** numero minimo di membri di un'assemblea che devono essere presenti perché si possa indire una votazione; numero legale **2** numero minimo di voti necessari per ottenere la rappresentanza in una assemblea elettiva: *il* — *è di due terzi dei votanti.*

quota [quò-] *s.f.* **1** parte di un tutto; porzione di una somma che ciascun membro di un gruppo di persone legate da un interesse comune deve pagare o riscuotere; rata: *ho versato la mia* — / — *di ammortamento*, ciascuna delle rate periodiche con cui si estingue un debito in un tempo prefissato / *stabilire la* — *degli immigranti* **2** in topografia, distanza tra un punto del terreno e la sua proiezione su di un piano orizzontale prefissato di riferimento; distanza verticale dal livello del mare verso il basso, misurata ai fini nautici **3** altezza dal suolo (spec. di un velivolo): *ho raggiunto* — *2500*; *volare ad alta, bassa* — / *prendere* —, si dice di aereo che si alza in volo; *perdere* —, si dice di aereo che comincia a scendere o a precipitare **4** (*sport*) cifra che valuta la probabilità di vittoria di un cavallo da corsa sulla tabella dell'allibratore; il dividendo corrisposto dal totalizzatore per le scommesse vincenti.

quotare *v.tr.* [*io quòto ecc.*] **1** stabilire la quota da pagare **2** assegnare un determinato prezzo nel listino di borsa: — *un titolo* **3** nell'ippica, assegnare a un cavallo la quota per le scommesse in base alle probabilità che esso ha di vincere **4** (*fig.*) valutare, stimare: — *molto, poco i propri impiegati* // **-arsi** *v.rifl.* fissare la propria quota: *mi sono quotato per diecimila lire.*

quotato *agg.* **1** stimato, apprezzato: *uno studioso molto* — **2** che compare nel listino di borsa: *azioni quotate, titoli quotati.*

quotazione [-zió-] *s.f.* il valore assegnato a un titolo in borsa.

quotidianità *s.f.invar.* **1** l'essere quotidiano **2** la realtà quotidiana.

quotidiano *agg.* che è di ogni giorno; che avviene ogni giorno; normale, ordinario: *il lavoro* —; *la mia attività quotidiana* / *il pane* —, (*fig.*) ciò che occorre giornalmente per sostentarsi // *s.m.* giornale quotidiano: *un* — *del mattino* // **-mente** *avv.* tutti i giorni: *i ragazzi si recano* — *a scuola.*

quoziente [-zièn-] *s.m.* **1** il risultato della divisione aritmetica e algebrica **2** indice numerico che esprime un rapporto statistico: — *di mortalità* / — *d'intelligenza* (o — *intellettuale*), (*psic.*) il rapporto tra l'età mentale e l'età cronologica di una persona.

R

r *s.f.* e *m.* [èrre] sedicesima lettera dell'alfabeto, consonante.

rabarbaro [-bàr-] *s.m.* **1** pianta erbacea con infiorescenze giallastre e grandi foglie; dal rizoma si ricava una sostanza amara, medicinale (*fam.* Poligonacee) **2** liquore a base di rabarbaro.

rabberciare *v.tr.* [io rabbércio ecc.] adattare, accomodare alla meglio (anche *fig.*): — *un vestito*; — *un articolo.* SIN. *rattoppare, raffazzonare.*

rabberciatura *s.f.* il rabberciare; la cosa rabberciata.

rabbia [ràb-] *s.f.* **1** idrofobia, malattia infettiva trasmessa dal cane o altro animale all'uomo **2** violento turbamento dell'animo; ira, collera: *divorato dalla —; pieno di —.* SIN. *collera* **3** furia, violenza, accanimento: *la — del mare, del vento; lavorare con —* **4** disappunto, stizza: *sono atteggiamenti che fanno —.*

rabbino *s.m.* dottore della legge ebraica.

rabbioso [-bió-] *agg.* **1** che è malato di rabbia: *un cane —* **2** che si lascia trasportare dall'ira: *un uomo —* **3** violento, accanito: *un amore —; rabbiosa tenacia.*

rabbonire *v.tr.* [io rabbonisco, tu rabbonisci ecc.] far tornare tranquillo, buono *// -irsi v.rifl.pron.* calmarsi.

rabbrividire *v.intr.* [io rabbrividisco, tu rabbrividisci ecc.] sentire brividi, per una sollecitazione fisica oppure per un senso d'orrore o di repulsione: — *per il freddo,* — *per il terrore; cose che fanno —.* SIN. *raccapricciare, inorridire.*

rabbuffare *v.tr.* scompigliare; sconvolgere: — *i capelli // -arsi v.rifl.pron.* minacciar tempeste (detto del tempo).

rabbuffo *s.m.* forte rimprovero; sgridata severa.

rabbuiarsi *v.rifl.pron.* [io mi rabbùio ecc.] diventare buio (anche *fig.*): *il tempo si rabbuia;* — *in volto,* turbarsi.

rabdomante *s.m.* e *f.* **1** chi esercita l'arte divinatoria servendosi di una verghetta magica **2** chi, servendosi di una verghetta, riesce a scoprire una vena sotterranea di acqua o di metallo.

rabdomantico [-màn-] *agg.* [pl.m. -ci] proprio del rabdomante.

rabdomanzia [-zì-] *s.f.* l'arte del rabdomante.

rabescare *v.tr.* [io rabésco, tu rabéschi ecc.], **rabesco** [-bé-] *s.m.* → **arabescare, arabesco.**

raccapezzare *v.tr.* [io raccapézzo ecc.] **1** raccogliere, mettere insieme con diligenza: — *notizie, denari* **2** trovare a fatica, a stento: — *la via giusta;* — *il significato di un'opera // -arsi v.rifl.pron.* riuscire a capire: *in questo disordine non mi ci raccapezzo.*

raccapricciante *agg.* che suscita raccapriccio.

raccapricciare *v.intr.* [io raccapriccio ecc.] sentire raccapriccio. SIN. *rabbrividire.*

raccapriccio [-prìc-] *s.m.* turbamento profondo misto a spavento. SIN. *orrore.*

raccattapalle *s.m.* e *f.invar.* persona, spec. ragazzo che raccoglie le palle nel campo di tennis per rifornire i giocatori.

raccattare *v.tr.* **1** raccogliere da terra: — *un libro / — una maglia,* riprenderla quando è sfuggita dal ferro **2** raccogliere, mettere insieme a stento: *riuscì a — pochi soldi.*

racchetta [-chét-] *s.f.* attrezzo formato da un telaio ovale e una cordatura a rete, usato per il gioco del tennis; di legno gommato o ricoperto di sughero, per il ping-pong / — *da neve,* telaio di legno con cordatura da applicarsi sotto le scarpe per camminare sulla neve / — *da sci,* bastone di legno o di metallo, appuntito all'estremità terminante con una rotella, impugnato dallo sciatore per reggersi, mantenere l'equilibrio e acquisire spinta.

racchio [ràc-] *agg.* brutto, sgraziato // *s.m.* piccolo grappolo stentato che non si raccoglie e resta sulla vite dopo la vendemmia.

racchiudere [-chiù-] *v.tr.* [coniugato come *chiudere*] chiudere in sé, contenere (anche *fig.*): *una cartella che racchiude i documenti; espressione che racchiude molti significati.*

raccogliere [-cò-] *v.tr.* [coniugato come *cogliere*] **1** prendere, qlco. o qlcu., da terra; sollevare, tirare su: — *il cappello, il fazzoletto;* — *i feriti* **2** prendere e riunire i prodotti della terra: — *il grano;* — *i fiori* **3** radunare, mettere insieme, riunire; condensare, restringere; collezionare: — *le proprie cose; la tua proposta ha raccolto molti voti;* — *i raggi luminosi; il fiume raccoglie le acque della vallata;* — *molte idee in poche frasi;* — *francobolli* **4** accogliere per ricoverare e proteggere: *questo istituto raccoglie l'infanzia abbandonata* **5** avvolgere, ripiegare: — *le ali* // *-ersi v.rifl.pron.* **1** adunarsi, convenire in un luogo, stringersi: *si raccolsero nella piazza; ci siamo raccolti intorno a te* **2** concentrarsi, riflettere: — *nella preghiera, nei propri pensieri.*

raccoglimento [-mén-] *s.m.* il raccogliersi, il concentrarsi della mente: *pregare con —.*

raccogliticcio [-tìc-] *agg.* preso a caso, qua e là: *un esercito —* // *s.m.* insieme di persone o di cose raccolte a caso: *un — di oggetti.*

raccoglitore [-tó-] *s.m.* [f. *-trice*] **1** chi raccoglie (spec. per una collezione, per un'antologia) **2** cartella per tenere documenti.

raccolta [-còl-] *s.f.* **1** il raccogliere: *la — delle olive;* organizzare la raccolta di fondi **2** il complesso delle cose raccolte; collezione: *una magra — di noci; una — di francobolli* **3** (*ant.*) riunione, adunata: *chiamare a —; sonare a —.*

raccolto [-còl-] *agg.* **1** stretto, tenuto insieme, unito a qlco.: *capelli raccolti* **2** con le membra rannicchiate: *stare tutto —* **3** concentrato, contenuto, composto: *atteggiamento —* **4** tranquillo, appartato, intimo: *un ambiente —* // *s.m.* il complesso delle raccolte dell'annata.

raccomandabile [-dà-] *agg.* che è da raccomandarsi, che si può raccomandare: *un soggetto poco —.*

raccomandare *v.tr.* **1** affidare alla protezione o all'aiuto altrui: *ti raccomando mio figlio; raccomando l'anima a Dio* **2** (*lett.*) affidare: — *alla memoria* **3** spedire una lettera o un oggetto per raccomandata **4** attaccare: — *l'àncora a una catena* **5** consigliare; esortare autorevolmente: — *l'obbedienza; ti raccomando di leggere molto* **6** intercedere a favore di qlcu. perché venga aiutato e favorito in esami, concorsi e simili // *-arsi v.rifl.* affidarsi, chiedere protezione.

raccomandata *s.f.* lettera o plico che le poste registrano contro pagamento, attestandone l'accettazione e assicurandone l'inoltro al destinatario che ne firmerà la ricevuta.

raccomandato *agg.* e *s.m.* che o chi è affidato alla

protezione e all'aiuto altrui / *un — di ferro*, chi riesce sempre, tramite il favore altrui, a ottenere quanto vuole.

raccomandazione [-zió-] *s.f.* il raccomandare: *la — della mamma; una lettera di —.*

raccomodare *v.tr.* [*io raccòmodo ecc.*] rimettere una cosa in buono stato, in funzione, in ordine (anche *fig.*). SIN. *rappezzare, rassettare, riparare.*

raccomodatura *s.f.* atto, effetto del raccomodare.

racconciare *v.tr.* [*io raccóncio ecc.*] riparare; correggere migliorando (anche *fig.*): *— i capelli; — un discorso.*

racconciatura *s.f.* atto, effetto del racconciare.

raccontare *v.tr.* [*io raccónto ecc.*] riferire oralmente o per iscritto parole e fatti in maniera particolareggiata: *— episodi interessanti; — avventure / poterla —*, essere scampato a un pericolo / *raccontarne delle belle su qlcu.*, parlarne male. SIN. *narrare, riferire.*

racconto [-cón-] *s.m.* **1** il raccontare: *incominciò il — dell'accaduto.* SIN. *narrazione* **2** il fatto raccontato: *un — leggendario* **3** componimento letterario di carattere inventivo: *un libro di racconti.*

raccorciare *v.tr.* [*io raccórcio ecc.*] accorciare.

raccordare *v.tr.* [*io raccòrdo ecc.*] mettere in comunicazione, collegare per mezzo di un raccordo (due strade, due linee ferroviarie, due tubi e simili).

raccordo [-còr-] *s.m.* il raccordare; ciò che serve a raccordare / *— ferroviario, stradale*, il binario o la strada che collega ad altri binari, ad altre strade / *— anulare*, strada di circonvallazione.

raccostare *v.tr.* [*io raccòsto ecc.*] accostare, riaccostare.

raccozzare *v.tr.* [*io raccòzzo ecc.*] mettere insieme alla rinfusa.

racemo [-cè-] *s.m.* (*lett.*) grappolo, spec. d'uva [*ill. Fiore*].

racer [*ingl.; pr.* rèsa] *s.m.* motoscafo da regata e da competizione.

rachicentesi [-cèntefi] *s.f.invar.* puntura lombare.

rachide [rà-] *s.f.* **1** spina dorsale **2** nervatura centrale delle penne e delle foglie.

rachideo [-dè-] *agg.* della rachide, della spina dorsale.

rachidiano *agg.* (*med.*) che riguarda la colonna vertebrale: *liquido cefalo-rachidiano.*

rachischisi [-ʃi] *s.f.invar.* malformazione congenita della colonna vertebrale, che presenta una fessura verticale nell'arco posteriore di una o più vertebre; è detta anche *schisi vertebrale* o *spina bifida.*

rachitico [-chi-] *agg.* e *s.m.* [pl.m. *-ci*] che o chi è affetto da rachitismo (anche *fig.*): *un albero —*, stentato.

rachitismo [-ʃmo] *s.m.* malattia dell'infanzia dovuta a un difetto di calcificazione delle ossa per deficienza della vitamina D.

racimolare *v.tr.* [*io racìmolo ecc.*] **1** raccogliere i racimoli dopo la vendemmia **2** (*fig.*) raccogliere a poco a poco, a fatica: *—pochi soldi; — notizie.* SIN. *raggranellare.*

racimolo [-ci-] *s.m.* gruppo di chicchi in un grappolo d'uva; piccolo grappolo.

racket [*pr.* ràchet] *s.m.invar.* monopolio su affari illegali, gestito dalla malavita organizzata; per estens., organizzazione non apparente in margine ad affari legali: *il — delle estorsioni; il — dei posti letto in ospedale.*

rada *s.f.* insenatura riparata, adatta all'ancoraggio delle navi.

radar [*ingl.: Radio Detecting And Ranging*] *s.m.invar.* apparecchiatura radioelettrica per localizzare un corpo e determinarne la posizione [*ill. Aereo*].

radarista *s.m.* e *f.* [pl.m. *-i*] operatore del radar.

raddensare *v.tr.* [*io raddènso ecc.*] rendere denso o di maggiore consistenza.

raddobbare *v.tr.* [*io raddòbbo ecc.*] riparare una nave dai danni e avarie subiti.

raddobbo [-dòb-] *s.m.* riparazione delle avarie di una nave / *bacino di —*, bacino di carenaggio.

raddolcire *v.tr.* [*io raddolcisco, tu raddolcisci ecc.*] addolcire (anche *fig.*): *— il tono della voce.*

raddoppiamento [-mén-] *s.m.* atto, effetto del raddoppiare o del raddoppiarsi.

raddoppiare *v.tr.* [*io raddóppio ecc.*] rendere doppio; aumentare: *— la paga; — il coraggio.*

raddoppio [-dóp-] *s.m.* **1** il raddoppiare: *il — della linea ferroviaria* **2** l'andatura del cavallo che muove insieme i piedi anteriori e poi quelli posteriori **3** (*mus.*) ripetizione di un suono all'unisono o alla distanza di un'ottava.

raddrizzamento [-mén-] *s.m.* atto, effetto del raddrizzare.

raddrizzare *v.tr.* far tornare diritto (anche *fig.*): *— una lama; — le idee, — la corrente alternata*, convertirla in continua / *voler — le gambe ai cani*, tentare un'impresa impossibile, inutile.

raddrizzatore [-tó-] *s.m.* (*elettr.*) apparecchio atto a convertire corrente alternata in corrente continua.

radente [-dèn-] *agg.* **1** che percorre una traiettoria vicina al suolo: *volo —; tiro —*, di un cannone **2** (*fis.*) detto dell'attrito che agisce tangenzialmente al piano, in senso contrario a quello del moto impresso al corpo.

radere [rà-] *v.tr.* [pass.rem. *io rasi, tu radésti ecc.*; p.pass. *raso*] **1** tagliar via il pelo col rasoio: *— la barba, il mento; — qlcu.* **2** abbattere, tagliare fino alla base: *— al suolo una città; — a terra un bosco* **3** (*lett.fig.*) rasentare, costeggiare assai da vicino: *le rondini volavano basse, radendo la superficie dell'acqua //* **-ersi** *v.rifl.* farsi la barba.

radezza [-déz-] *s.f.* l'essere rado.

radiale[1] *agg.* che è nella direzione del raggio di un cerchio; avente la direzione del raggio di un cerchio; che si riferisce al raggio di un cerchio: *linea, velocità —.*

radiale[2] *agg.* (*anat.*) del radio, relativo al radio.

radiante[1] *agg.* **1** (*lett.*) che manda raggi; splendente **2** che emette luce, calore ecc. per irraggiamento: *pannello —.*

radiante[2] *s.m.* (*mat.*) unità di misura angolare, pari all'angolo al centro corrispondente a un arco di cerchio di lunghezza uguale al raggio.

radiare *v.tr.* [*io ràdio ecc.*] cancellare; espellere: *lo hanno radiato dalla società.*

radiatore [-tó-] *s.m.* dispositivo atto a disperdere il calore, formato in genere da un fascio di tubi nei quali circola un liquido che si raffredda a contatto dell'aria circostante; in particolare, quello del motore dell'automobile o quella parte dell'impianto di riscaldamento domestico da cui si irradia il calore [*ill. Automobile*].

radiatorista *s.m* e *f.* [pl.m. *-i*] chi è specializzato in montaggio e manutenzione di radiatori per autoveicoli.

radiazione[1] [-zió-] *s.f.* (*fis.*) fenomeno per cui dalla materia viene emessa energia in forma di corpuscoli materiali o di onde elettromagnetiche, che si propagano nello spazio; anche, i corpuscoli e le onde stesse.

radiazione[2] [-zió-] *s.f.* atto, effetto del radiare; cancellazione di un ruolo, da un albo, dall'elenco degli iscritti a un'organizzazione.

radica [rà-] *s.f.* **1** (*pop.*) radice, delle piante e dei denti **2** legno della radice dell'*Erica arborea*, usato per fabbricare pipe / *— di noce*, legname pregiato che si ricava dalla radice del noce.

radical-chic [*pr.* radìcàl scìc] *agg.* e *s.m.* e *f.invar.* si dice di chi, di ciò che si giudica radicale nelle affermazioni politiche ma profondamente borghese e aristocratico nella sostanza.

radicale *agg.* **1** della radice: *apparato* — **2** che rinnova dalle radici: *riforma* —; *partito* —, che vuole innovazioni fondamentali // **-mente** *avv.* dalle fondamenta; in modo decisivo // *s.m.* **1** (*gramm.*) la radice del vocabolo **2** (*mat.*) il simbolo della radice con l'indice e col radicando **3** (*chim.*) atomo o gruppo atomico generalmente incapace di esistenza indipendente, ma comportantesi come individuo chimico nelle reazioni // *s.m.* e *f.* appartenente o simpatizzante del Partito radicale.

radicaleggiare *v.intr.* [*io radicaléggio ecc.*] comportarsi da radicale, in politica (di solito con tono spreg.).

radicalismo [-ʃmo] *s.m.* tendenza alle riforme, alle innovazioni profonde e decisive.

radicalizzare [-liʒʒa-] *v.tr.* rendere radicale, profondo, definitivo: — *il conflitto ideologico.*

radicando *s.m.* (*mat.*) espressione o numero di cui si deve estrarre la radice.

radicare *v.intr.* [*io ràdico, tu ràdichi ecc.*] metter radici (anche *fig.*): *è radicato in quelle opinioni* // **-arsi** *v.intr.pron.* inserirsi, penetrare in modo definitivo: *gli si sono radicati nell'animo dei preconcetti.*

radicato *agg.* che ha messo le radici; tenace; profondo: *vizio* —.

radicchio [-dìc-] *s.m.* pianta erbacea con foglie lunghe, dentate, che si mangiano in insalata (*fam.* Composite); cicoria.

radice *s.f.* **1** parte delle piante superiori che solitamente si addentra nel terreno ed ha funzione di sostegno e di assorbimento degli alimenti [*ill.* Albero]: metter —, attecchire; (*fig.*) sistemarsi stabilmente, diventare duraturo; *svellere dalle radici*, sradicare / *alle radici del monte*, ai piedi **2** (*fig.*) origine, causa: *la — della questione* **3** (*anat.*) la parte che costituisce il tratto iniziale di un organo o serve a tenerlo fermo: *la — di un dente* [*ill.* Bocca]; *la — dei capelli* **4** (*geol.*) la zona da cui sembrano essersi originate le falde di ricoprimento **5** in linguistica, l'elemento comune a parole della stessa famiglia etimologica (p.e. *amare, amore, amico ecc.*); è detto anche *radicale* **6** (*mat.*) la quantità che, elevata alla potenza espressa dall'indice, riproduce la quantità data: — *quadrata.*

radicolare *agg.* (*med.*) **1** inerente alle radici dei nervi che escono dal midollo spinale **2** inerente alla radice del dente [*ill.* Bocca].

radicolite *s.f.* (*med.*) infiammazione delle radici dei nervi spinali.

radio¹ [rà-] *s.m.* (*anat.*) osso esterno dell'avambraccio [*ill.* Corpo].

radio² [rà-] *s.m.* elemento chimico (Ra; *n.at.* 88; *p.at.* 226,05); metallo fortemente radioattivo, assai usato in fisica e un tempo in medicina nella lotta contro i tumori.

radio³ [rà-] *s.f.invar.* radiofonia; apparecchio radiofonico; stazione trasmittente di radiofonia: *la — è una gran bella invenzione; ho comprato due — di gran marca; una — libera, una — locale* // con valore di *agg.*: *trasmissione* —, per via radiofonica; *assistenza* —, con mezzi radiofonici.

radio⁻¹ [rà-] [da lat. *radius = raggio*] primo elemento che interviene nella formazione di molte parole tecniche e scientifiche nelle quali indica relazione con l'elemento chimico radio (*radioattività*), coi raggi Roentgen

(*radiografia*), con le onde elettromagnetiche (*radiogoniometro, radiofonico*).

radio⁻² [rà-] [dal *s.f. ràdio*] primo elemento di parole composte che si riferiscono alla radiodiffusione (*radiodramma, radiocronista, radioabbonato*).

radioabbonato *s.m.* chi è abbonato alle trasmissioni radiofoniche.

radioamatore [-tó-] *s.m.* [*f. -trice*] chi si occupa per diletto di tecnica radiofonica.

radioascoltatore [-tó-] *s.m.* [*f. -trice*] chi ascolta le trasmissioni della radio.

radioassistenza [-stèn-] *s.f.* assistenza radio, spec. alla navigazione marittima e aerea.

radioassistere [-si-] *v.tr.* fornire assistenza radio, spec. a navi e aerei in navigazione.

radioastronomia [-mì-] *s.f.* nuovo ramo dell'astronomia che studia e osserva sorgenti di onde radio dell'universo per mezzo dei radiotelescopi.

radioattività *s.f.invar.* (*fis.*) proprietà posseduta da certi elementi instabili di emettere spontaneamente radiazioni, analoghe ai raggi X, utilizzabili in vari campi della scienza.

radioattivo *agg.* dotato di radioattività: *elemento* —.

radioaudizione [-zió-] *s.f.* ascolto per mezzo di apparecchi radiofonici.

radiobiologia [-gì-] *s.f.* ramo della biofisica che studia gli effetti delle radiazioni.

radiobussola [-bùs-] *s.f.* apparecchio posto su una nave o su un aereo, che, ricevendo le onde emesse da una stazione radiotrasmittente, indica la direzione esatta.

radiocentro [-cèn-] *s.m.* l'insieme delle attrezzature che formano un centro di radiodiffusione.

radiocollegamento [-mén-] *s.m.* collegamento per mezzo della radio.

radiocomandare *v.tr.* comandare a distanza, per mezzo di onde elettromagnetiche.

radiocomandato *agg.* si dice di nave, aeroplano o altro meccanismo manovrato a distanza mediante onde elettromagnetiche.

radiocomando *s.m.* comando a distanza mediante onde elettromagnetiche.

radiocomunicazione [-zió-] *s.f.* sistema di comunicazione a distanza realizzato senza fili mediante onde elettromagnetiche.

radiocronaca [-crò-] *s.f.* cronaca di un avvenimento trasmessa dalla radio nel momento in cui si svolge.

radiocronista *s.m.* e *f.* [pl.m. *-i*] chi fa una radiocronaca.

radiocronologia [-gì-] *s.f.* metodo di datazione geologica basato sul rapporto che vi è tra un elemento radioattivo e un suo derivato.

radiodermite *s.f.* (*med.*) alterazione della pelle provocata dall'azione dei raggi X o di sostanze radioattive.

radiodiffusione [-ʃió-] *s.f.* diffusione sistematica, mediante onde elettromagnetiche, di programmi radiofonici o televisivi.

radiodramma *s.m.* [pl. *-i*] dramma scritto appositamente per essere trasmesso alla radio.

radioestesia [-ʃì-] *s.f.* sensibilità a radiazioni emesse da oggetti anche lontani, che si rivelerebbero per mezzo di un pendolo che il ricercatore tiene nelle sue mani.

radiofaro *s.m.* stazione trasmittente costiera che, mediante emissione di segnali a orari determinati, permette a navi e aeroplani transitanti in prossimità di definire la loro posizione geografica.

radiofonia [-nì-] *s.f.* trasmissione di suoni mediante onde radio.

radiofonico [-fò-] *agg.* di radiofonia; che avviene mediante radiofonia: *programma* —.

radiofonografo [-nò-] *s.m.* apparecchio radioricevente che ha anche la possibilità di riprodurre dischi fonografici; radiogrammofono.

radiofoto [-fó-] *s.f.invar.* fotografia trasmessa da una località a un'altra mediante radioonde.

radiofrequenza [-quèn-] *s.f.* frequenza di una radioonda.

radiofurgone [-gó-] *s.m.* automezzo fornito di attrezzature per le trasmissioni radio.

radiogalassia [-làs-] *s.f.* (*astr.*) galassia che emette molta energia in radiofrequenze spesso da regioni dello spazio prive di materia visibile.

radiogoniometro [-niò-] *s.m.* apparecchio, installato a bordo di navi, che serve a determinare la direzione di provenienza dei segnali di un radiofaro e quindi, mediante l'intersecazione dei segnali di due radiofari, a stabilire la posizione della nave nel mare.

radiografare *v.tr.* [*io radiògrafo ecc.*] sottoporre a radiografia; (*fig.*) studiare, analizzare in profondità.

radiografia [-fì-] *s.f.* operazione del sottoporre una parte del corpo o un oggetto ai raggi X per ottenere l'immagine fotografica delle sue parti interne; anche, la fotografia ottenuta in questo modo; (*fig.*) studio accurato e in profondità: *ha fatto la — della situazione*.

radiografico [-grà-] *agg.* [pl.m. *-ci*] di, della radiografia; ottenuto per mezzo della radiografia.

radiogramma[1] *s.m.* [pl. *-i*] telegramma trasmesso via radio.

radiogramma[2] *s.m.* [pl. *-i*] pellicola radiografica impressionata.

radiogrammofono [-mò-] *s.m.* → **radiofonografo**.

radioisotopo [-fò-] *s.m.* isotopo radioattivo.

radiolari *s.m.pl.* (*zool.*) ordine di protozoi marini provvisti, in genere, di un guscio siliceo; tali gusci contribuiscono alla formazione di rocce dette *tripoli* o *farina fossile*.

radiolarite *s.f.* roccia silicea, compatta, variamente colorata, costituita prevalentemente da gusci fossili di radiolari.

radiolina *s.f.* piccolo apparecchio radioricevente portatile.

radiologia [-gì-] *s.f.* parte della medicina riguardante l'applicazione dei raggi X e delle sostanze radioattive a scopo diagnostico e curativo.

radiologico [-lò-] *agg.* [pl.m. *-ci*] della radiologia, fatto per mezzo della radiologia.

radiologo [-diò-] *s.m.* [pl. *-gi*] specialista in radiologia.

radiomessaggio [-sàg-] *s.m.* messaggio diffuso per radio: *il — natalizio del papa*.

radiomobile [-mò-] *s.f.* → **autoradio 2**.

radiomontatore [-tó-] *s.m.* [f. *-trice*] chi monta apparecchiature radioelettriche o elettroniche.

radionavigazione [-zió-] *s.f.* navigazione radioassistita.

radioonda [-ón-] *s.f.* onda elettromagnetica la cui frequenza è compresa fra una decina e qualche milione di chilocicli.

radiopropagazione [-zió-] *s.f.* trasferimento di energia attraverso lo spazio mediante radiazioni elettromagnetiche in radiofrequenze.

radioprotezione [-zió-] *s.f.* insieme di misure per ridurre e controllare l'esposizione alle radiazioni, spec. di quanti vi sono costretti per lavoro.

radioricevente [-vèn-] *agg.* che permette di ricevere radiocomunicazioni // *s.f.* stazione o apparecchio radioricevente.

radioricevitore [-tó-] *s.m.* apparecchio per ricevere segnali trasmessi mediante radioonde.

radioricezione [-zió-] *s.f.* il ricevere segnali trasmessi mediante radioonde; ricezione radio.

radiorilevamento [-mén-] *s.m.* rilevamento di un trasmettitore radio da parte di un ricevitore per mezzo di un ricercatore direzionale.

radioripetitore [-tó-] *s.m.* ripetitore di segnali radio.

radioscopia [-pì-] *s.f.* esame visivo di parti del corpo per mezzo dei raggi X.

radioscopico [-scò-] *agg.* [pl.m. *-ci*] della radioscopia, ottenuto per mezzo della radioscopia.

radioso [-dió-] *agg.* luminoso (anche *fig.*): *sole —, sorriso —, riso —*. SIN. *splendente, raggiante*.

radiosonda [-són-] *s.f.* apparecchio elettronico che, portato nell'atmosfera da un pallone-sonda, rileva la pressione atmosferica ai diversi livelli.

radiosorgente [-gèn-] *s.f.* sorgente extragalattica o interstellare di onde radio.

radiostella [-stél-] *s.f.* sorgente distinta di onde radio nello spazio celeste.

radiotaxi [-tà-] *s.m.invar.* taxi con radiotelefono a bordo.

radiotecnica [-tèc-] *s.f.* ramo dell'elettrotecnica che studia la produzione, trasmissione e ricezione di onde elettromagnetiche e le relative applicazioni pratiche.

radiotecnico [-tèc-] *agg.* [pl.m. *-ci*] che riguarda la radiotecnica // *s.m.* chi si occupa di radiotecnica.

radiotelefonia [-ni-] *s.f.* la trasmissione contemporanea in due sensi dei suoni, che può avvenire via filo o via radio.

radiotelefonico [-fò-] *agg.* [pl.m. *-ci*] che riguarda la radiotelefonia.

radiotelefono [-lè-] *s.m.* apparecchio che permette le comunicazioni telefoniche mediante radioonde.

radiotelegrafia [-fì-] *s.f.* sistema di comunicazioni telegrafiche con radioonde.

radiotelegrafico [-grà-] *agg.* [pl.m. *-ci*] che riguarda la radiotelegrafia; fatto mediante radiotelegrafia.

radiotelegrafista *s.m.* e *f.* [pl.m. *-i*] chi trasmette o riceve per mezzo della radiotelegrafia.

radiotelescopio [-scò-] *s.m.* speciale antenna radio che riceve le onde radio provenienti dallo spazio stellare.

radiotelevisione [-ſió-] *s.f.* l'insieme dei servizi radiofonici e televisivi.

radiotelevisivo [-ſì-] *agg.* che riguarda la radio e la televisione insieme.

radioterapia [-pì-] *s.f.* uso delle radiazioni ionizzanti per distruggere o modificare tessuti organici (p.e. tumori).

radioterapico [-rà-] *agg.* [pl.m. *-ci*] che riguarda la radioterapia; che si fa per mezzo di essa.

radiotrasmettere [-ſmét-] *v.tr.* [coniugato come *mettere*] trasmettere nello spazio, mediante radioonde, segnali telefonici, telegrafici o televisivi.

radiotrasmettitore [-ſmettitó-] *s.m.* apparecchio per radiotrasmettere.

radiotrasmissione [-ſmissió-] *s.f.* **1** il radiotrasmettere: — *di onde* **2** ciò che si radiotrasmette: *ascoltare una —*.

radiotrasmittente [-ſmittèn-] *agg.* e *s.f.* si dice di apparecchio che converte segnali telefonici, telegrafici o televisivi in radioonde, per trasmetterli a distanza.

radium [rà-] *s.m.invar.* → **radio**[2].

rado *agg.* che non ha compattezza; non fitto; non frequente: *panno —; capelli radi; visite rade / di —*, raramente.

radon [rà-] *s.m.* elemento chimico (Rn; *n.at.* 86); uno dei gas rari; si forma ed emana da elementi radioattivi.

radunare *v.tr.* riunire insieme: — *il bestiame, gli amici, dei soldi.* SIN. raccogliere // **-arsi** *v.rifl.* riunirsi in uno stesso luogo.

raduno *s.m.* il radunare, il radunarsi; l'insieme delle persone radunate: *il — degli alpini.*

radura *s.f.* **1** spazio prativo in un bosco o in una foresta **2** (*non com.*) il punto in cui una cosa è rada: *una — nel tessuto.*

rafano [rà-] *s.m.* pianta erbacea la cui radice carnosa, di sapore piccante, si usa come condimento (*fam.* Crocifere).

raffaellesco [-lé-] *agg.* [pl.m. *-chi*] di Raffaello (1483-1520); che si ispira alla maniera di Raffaello: *dipinto —; volto —.*

raffazzonamento [-mén-] *s.m.* il raffazzonare.

raffazzonare *v.tr.* [*io raffazzóno ecc.*] aggiustare una cosa mal fatta; correggere, abbellire alla meglio: — *un vestito, un lavoro.* SIN. rabberciare.

raffazzonatura *s.f.* atto, effetto del raffazzonare; la cosa raffazzonata: *quella commedia è una —.*

rafferma [-fér-] *s.f.* il raffermare, il raffermarsi in una carica: *la — dei militari.*

raffermare *v.tr.* [*io raffèrmo ecc.*] **1** riconfermare in una carica, in un ufficio. SIN. *confermare* **2** (*mil.*) ammettere, sottoporre a un rinnovo della ferma *v.intr.*, **-arsi** *v.rifl.pron.* rassodare, rassodarsi: *il budino si sta raffermando.*

raffermo [-fér-] *agg.* si dice di pane non fresco.

raffica [ràf-] *s.f.* **1** improvviso e violento colpo di vento: *vento a raffiche*, vento che soffia in modo incostante, con frequenti e repentine variazioni di intensità **2** successione rapida di colpi di arma automatica (anche *fig.*): *una —, l'ha investito con una — di domande.*

raffigurare *v.tr.* **1** riconoscere alla figura, all'aspetto **2** rappresentare con immagini, figurare: *un quadro che raffigura la caduta di Troia*; *se ne raffigurava nella mente una realtà ben diversa.* SIN. *rappresentare* **3** simboleggiare: *il leone raffigura spesso la violenza.*

raffilare *v.tr.* **1** affilare di nuovo: — *il rasoio* **2** pareggiare con le forbici, con una taglierina o altro, i bordi di qlco.: — *un panno, un foglio.*

raffilatoio [-tó-] *s.m.* strumento per raffilare.

raffilatura *s.f.* atto, effetto del raffilare.

raffinamento [-mén-] *s.m.* atto, effetto del raffinare e del raffinarsi: — *del gusto.*

raffinare *v.tr.* **1** rendere più fine; purificare, spec. prodotti industriali allo stato grezzo: — *l'olio, lo zucchero* **2** (*fig.*) ingentilire, perfezionare: — *i costumi, il gusto.* SIN. *dirozzare* // **-arsi** *v.rifl.* ingentilirsi, migliorarsi: *con gli anni il gusto si raffina.*

raffinatezza [-téz-] *s.f.* **1** l'essere raffinato (solo *fig.*); finezza, gentilezza: — *di maniere* **2** ricercatezza; cosa squisita: — *di stile*; *queste sono raffinatezze.*

raffinato *agg.* **1** si dice di sostanza che ha subito il processo di raffinazione: *zucchero —* **2** (*fig.*) perfezionato; squisito, ricercato: *gusto —.* SIN. *fine* // *s.m.* persona di gusti raffinati.

raffinazione [-zió-] *s.f.* (*ind.*) processo di purificazione di minerali, metalli grezzi e oli, per liberarli da componenti secondari.

raffineria [-rì-] *s.f.* stabilimento per la raffinazione di prodotti industriali.

raffio [ràf-] *s.m.* uncino di ferro che si usa per afferrare.

rafforzamento [-mén-] *s.m.* il rafforzare.

rafforzare *v.tr.* [*io rafforzo ecc.*] rinforzare, rendere più forte, più saldo: — *un convincimento.* SIN. fortificare // **-arsi** *v.rifl.pron.* rinforzarsi.

rafforzato *agg.* reso più forte (anche *fig.*) / *consonante rafforzata*, quella raddoppiata.

raffreddamento [-mén-] *s.m.* **1** il raffreddare, il raffreddarsi (anche *fig.*) — *nell'amicizia* **2** (*mecc.*) asportazione di calore da un motore o da una macchina in modo da mantenerne gli organi entro quei limiti di temperatura che assicurano le migliori condizioni di funzionamento: — *ad acqua, ad aria.*

raffreddare *v.tr.* [*io raffreddo ecc.*] rendere freddo (anche *fig.*): *far — il motore*; *la sua superbia raffredda il mio affetto* // **-arsi** *v.rifl.pron.* divenire freddo (anche *fig.*): *la sua amicizia si è raffreddata.*

raffreddato *agg.* che ha preso freddo; che ha il raffreddore.

raffreddore [-dó-] *s.m.* malattia di natura virale che colpisce le prime vie respiratorie; è caratterizzata da forte secrezione mucosa.

raffrenare *v.tr.* [*io raffréno ecc.*] tenere in freno, ridurre a freno (anche *fig.*): — *la lingua* // **-arsi** *v.rifl.* trattenersi nelle passioni; contenersi.

raffrontare *v.tr.* [*io raffrónto ecc.*] confrontare, porre a raffronto due persone o cose allo scopo, per lo più giuridico, di rilevarne le somiglianze o le differenze: — *due deposizioni, due testimoni.* SIN. *paragonare, riscontrare.*

raffronto [-frón-] *s.m.* il raffrontare: *istituire un —.* SIN. *paragone, riscontro.*

rafia [rà-] *s.f.* varietà di palma a foglie lunghe da cui si ricava una fibra resistente, usata per lavori di intreccio, di ricamo e nella preparazione di reti, corde e simili.

ragade [rà-] *s.f.* piccola ulcerazione della pelle o delle mucose (nelle mani, nel capezzolo ecc.).

raganella [-nèl-] *s.f.* **1** anfibio simile a una piccola rana, con dischi a ventosa alle dita, che gli consentono di arrampicarsi sugli alberi (*fam.* Ilidi) **2** (*mus.*) strumento di legno, che si suona facendo ruotare un telaio contenente una ruota dentata che striscia su una lamella.

ragazza *s.f.* giovinetta; donna non sposata / *avere la —,* (*fam.*) l'innamorata.

ragazzaglia [-zà-] *s.f.* (*spreg.*) turba di ragazzi maleducati.

ragazzata *s.f.* azione da ragazzo senza criterio. SIN. *monelleria.*

ragazzo *s.m.* **1** giovinetto che non ha ancora raggiunto l'età della pubertà: — *di bottega, garzone* / *da —,* all'età in cui si è ragazzi. SIN. *fanciullo, adolescente* **2** detto di adulto, nelle esortazioni: *animo, ragazzi!* / *un buon —, un buon uomo* **3** (*fam.*) l'innamorato: *si è trovata il —.*

raggelare *v.intr.*, **-arsi** *v.rifl.pron.* [*io mi raggèlo ecc.*] gelare, gelarsi.

raggiante *agg.* **1** luminoso; che manda raggi **2** (*fis.*) che emana dai corpi per irraggiamento **3** (*fig.*) esultante; splendido: — *di gioia*; — *di giovinezza.* SIN. *radioso, splendente, sfavillante.*

raggiare *v.intr.* [*io ràggio ecc.*] mandare, diffondere raggi (anche *fig.*): — *di contentezza* // *v.tr.* mandare (anche *fig.*): — *gioia.*

raggiato *agg.* disposto a raggi: *mollusco —.*

raggiera [-giè-] *s.f.* disposizione di un fascio di raggi che partono da un punto; ciò che è disposto a raggiera: *la — dell'ostensorio.*

raggio [ràg-] *s.m.* [pl.poet. *rai*] **1** ciascuna delle sottili linee lungo le quali la luce sembra propagarsi da un corpo luminoso: *i raggi solari; il — della luna* **2** (*fig.*) momento d'illuminazione spirituale, slancio: *un — d'intelligenza; un — di bontà* **3** (*fis.*) denominazione generica di enti fisici (corpuscoli o onde) che si propagano nello spazio: *raggi X,* radiazioni elettromagnetiche capaci di attraversare i corpi opachi e rivelarne la struttura interna, usate in medicina per diagnosi e terapie; *raggi cosmici,* insieme delle particelle che arrivano nell'atmosfera dagli spazi cosmici **4** (*geom.*) ciascuno dei segmenti condotti dal centro alla circonferenza; per estens., distanza intorno a una determinata cosa: *non c'è una casa nel — di un chilometro* **5** elemento della ruota che congiunge il mozzo al cerchione [*ill. Bicicletta*].

raggirare *v.tr.* trarre qlcu. in inganno, abbindolare: *lo raggirarono facilmente.* SIN. *circuire, truffare.*

raggiro *s.m.* atto, effetto del raggirare. SIN. *inganno, maneggio, astuzia, truffa.*

raggiungere [-giùn-] *v.tr.* [coniugato come *giungere*] **1** arrivare a toccare, a colpire, ad allinearsi con qlco. che ci preceda: *andava forte ma lo raggiunsi; la pallottola lo raggiunse* **2** arrivare in un luogo: *— la vetta* **3** (*fig.*) ottenere, conseguire: *— la meta, lo scopo, la pace dell'animo.*

raggiungimento [-mén-] *s.m.* atto, effetto del raggiungere uno scopo, una meta. SIN. *conseguimento, ottenimento.*

raggiustare *v.tr.* **1** aggiustare, rimettere in ordine **2** (*fig.*) accomodare, pacificare: *il nonno ha raggiustato tutto* // **-arsi** *v.rifl.* far pace.

raggomitolare *v.tr.* [*io raggomìtolo ecc.*] aggomitolare di nuovo // **-arsi** *v.rifl.* avvolgersi, ripiegarsi su di sé come un gomitolo: *— in una poltrona.*

raggranellare *v.tr.* [*io raggranèllo ecc.*] mettere insieme a stento qlco. poco alla volta. SIN. *racimolare.*

raggrinzare *v.tr.* [*io raggrinzo ecc.*], **raggrinzire** *v.tr.* [*io raggrinzisco, tu raggrinzisci ecc.*] riempire di grinze // **-arsi** *v.rifl.pron.*, **-irsi** *v.rifl.pron.* divenire grinzoso.

raggrumare *v.tr.* raccogliere in grumi // **-arsi** *v.rifl.pron.* condensarsi in grumi.

raggruppamento [-mén-] *s.m.* il raggruppare; complesso di persone raggruppate.

raggruppare *v.tr.* riunire in gruppo // **-arsi** *v.intr.pron.* riunirsi in gruppo.

raggruzzolare *v.tr.* [*io raggrùzzolo ecc.*] mettere insieme un gruzzolo.

ragguagliare *v.tr.* [*io ragguàglio ecc.*] **1** (*rar.*) pareggiare / *— le partite,* del dare e dell'avere, metterle in pari **2** (*fig.*) mettere a confronto, paragonare: *queste due situazioni non si possono —* **3** informare minutamente: *— qlcu. su qlco.*

ragguaglio [-guà-] *s.m.* **1** il ragguagliare, il confrontare: *tavola di —,* prospetto in cui le diverse misure sono poste a confronto **2** notizia particolareggiata: *dare i ragguagli sulla situazione.* SIN. *informazione.*

ragguardevole [-dé-] *agg.* meritevole di considerazione: *persona —; una — somma di denaro.* SIN. *notevole, importante.*

ragia [rà-] *s.f.* la resina che cola da certe conifere: *acqua (di) —, olio essenziale di trementina.*

ragià *s.m.invar.* principe indiano.

ragionamento [-mén-] *s.m.* l'atto del ragionare; discorso per mezzo del quale da una premessa si giunge a una conclusione; genericamente, qualsiasi discorso: *un — chiaro.*

ragionare *v.intr.* [*io ragióno ecc.*] **1** usare la ragione,

riflettere: *è proprio dell'uomo —; chi è innamorato non ragiona* **2** discorrere: *— di filosofia* **3** giudicare, calcolare: *si ragionava che avesse avuto molte perdite.*

ragionato *agg.* secondo ragione, meditato: *una frase ragionata.*

ragionatore [-tó-] *s.m.* [f. *-trice*] chi ragiona secondo la logica.

ragione [-gió-] *s.f.* **1** la facoltà del pensiero di stabilire rapporti e connessioni tra le idee, di passare da un'idea all'altra, al fine di conoscere il vero e di applicarlo coerentemente, anche nell'attività pratica: *l'età della —; lasciarsi guidare dalla / perdere il lume della —,* uscir di senno **2** (*ant.*) discorso logico, ragionamento **3** argomento che vuole provare o difendere qlco.; argomento valido; diritto: *esporre, far valere le proprie ragioni; ragioni infondate; non sentir —,* non lasciarsi persuadere; *dare — a qlcu.,* approvare le sue argomentazioni / *a chi di —,* a chi spetta di diritto; *a chi ne ha la responsabilità,* la competenza / *rendere di pubblica —,* divulgare, dando a ciascuno la possibilità di giudicare / *aver — di qlcu.,* vincerlo, batterlo / *a —,* a buon diritto, giustamente; *a maggior —,* con argomenti ancora più validi / *ragion di stato,* il diritto di far prevalere l'interesse dello stato **4** (*ant.*) tribunale; luogo in cui si amministra la giustizia: *il Palazzo della Ragione / far — a uno,* (*lett.*) rendergli giustizia **5** causa, motivo: movente: *la — del suo comportamento; li punì senza —; è assente per ragioni di famiglia; non è una buona —; la — ultima,* lo scopo / *farsi una —,* rassegnarsi / *ragion per cui,* perciò / *a ragion veduta,* dopo aver ben vagliato la situazione / *dare — della propria condotta,* giustificarla / *a santa —,* sacrosantamente, abbondantemente: *lo bastonarono di santa —* **6** calcolo, conto; rapporto, proporzione, misura: *in — del dieci per cento; rendere — / chiedere — di un'offesa,* chiedere proporzionata soddisfazione **7** *— sociale,* denominazione di una società: *sotto la — sociale di Compagnia dei Trasporti.*

ragioneria [-rì-] *s.f.* **1** la scienza che studia le norme dell'amministrazione e del controllo contabile di un'azienda; l'applicazione di tali leggi **2** il complesso degli uffici che esercitano il controllo economico di un'azienda / *— generale dello stato,* organo del ministero del tesoro preposto al controllo delle attività finanziarie dello stato.

ragionevole [-né-] *agg.* **1** che ha ragione; che si lascia guidare dalla ragione: *occorre essere ragionevoli* **2** giusto; conveniente; fondato: *un prezzo —; un sospetto —.*

ragionevolezza [-léz-] *s.f.* l'essere ragionevole.

ragioniere [-niè-] *s.m.* chi ha conseguito il diploma in ragioneria; chi esercita la ragioneria.

raglàn *s.m.invar.* usato spec. nella locuz. *alla raglàn,* riferita a una particolare attaccatura di maniche, con cuciture disposte a raggio partendo dal collo [*ill. Abbigliamento*].

ragliare *v.intr.* [*io ràglio ecc.*] **1** mandare uno o più ragli **2** (*fig.*) cantare male, con voce sgradevole: *senti come raglia quel tenore.*

raglio [rà-] *s.m.* **1** la voce che emette l'asino **2** (*fig.*) canto sgradevole.

ragna *s.f.* **1** ragnatela **2** rete sottile per catturare gli uccelli; (*fig.*) insidia, tranello.

ragnatela [-té-] *s.f.* **1** tela di ragno **2** (*fig.*) tessuto sottile e logoro.

ragno *s.m.* aracnide dal corpo breve diviso in due parti (*capotorace* e *addome*) con otto zampe e particolari apparati all'estremità dell'addome (*filiere*) che secernono il caratteristico filo / *non cavare un — dal buco*, (fig.) non concludere nulla.

ragtime [*ingl.; pr.* règtaim] *s.m.* forma primitiva di jazz, generalmente a tempo di marcia, con forte sincopazione ritmica.

ragù *s.m.invar.* sugo di carne che si usa spec. come condimento della pastasciutta.

ragusano *agg.* di Ragusa // *s.m.* abitante di Ragusa (Sicilia).

raguseo [-sè-] *agg.* di Ragusa (Dalmazia) // *s.m.* abitante di Ragusa.

raia [rà-] *s.f.* (*rar.*) → **razza**.

raid [*ingl.; pr.* rèid] *s.m.* **1** (*sport*) prova motoristica su lungo percorso **2** incursione navale o aerea; scorreria a scopo guerresco.

raion [rà-] *s.m.invar.* fibra tessile artificiale ricavata dalla cellulosa e usata come imitazione della seta.

rajah *s.m.invar.* → **ragià**.

ralla *s.f.* supporto metallico che sostiene un perno ad asse verticale.

rallegramento [-mén-] *s.m.* il rallegrarsi; usato spec. al pl.: *i miei rallegramenti*, formula con cui ci si congratula con qlcu. per una fausta occasione. SIN. *congratulazioni, felicitazioni*.

rallegrare *v.tr.* [*io rallégro ecc.*] rendere allegro: *una buona notizia rallegra l'animo.* SIN. *allietare* // **-arsi** *v. intr.pron.* **1** diventare allegro **2** congratularsi: *mi rallegro con te per il buon affare.* SIN. *felicitarsi*.

rallentamento [-mén-] *s.m.* il rallentare. CONTR. *acceleramento.*

rallentare *v.tr.* [*io rallènto ecc.*] rendere più lento, diminuire la frequenza: *— il passo, lo studio; ha rallentato le sue visite* // *v.intr.* diminuire di velocità, andare più lentamente: *il treno rallenta.* CONTR. *accelerare.*

rallentatore [-tó-] *s.m.* (*cinem.*) congegno che aumenta la velocità di ripresa delle immagini; queste, nella proiezione a velocità normale, danno l'impressione di uno svolgimento più lento dell'azione.

rally [*ingl.; pr.* rèli] **1** *s.m.* raduno, prova automobilistica su strada a velocità limitata **2** vettura prodotta o adattata per le particolari esigenze di tali prove sportive.

ramadan [-dàn] *s.m.invar.* nome arabo del nono mese del calendario islamico, dedicato al digiuno.

ramaglia [-mà-] *s.f.* insieme di rami e di frasche tagliati da un albero per la ripulitura.

ramaio [-mà-] *s.m.* artigiano che fa e vende oggetti di rame.

ramaiolo [-iò-] *s.m.* grande e fondo cucchiaio di metallo con lungo manico, usato in cucina per rimestare, schiumare, versare minestre e simili.

ramanzina [-ʒi-] *s.f.* sgridata: *prendersi una bella —.* SIN. *paternale, predicozzo.*

ramare *v.tr.* **1** rivestire di uno strato di rame **2** irrorare di solfato di rame: *— le viti.*

ramarro *s.m.* grossa lucertola color verde smeraldo, comune in Europa (*fam.* Lacertidi).

ramato *agg.* **1** del color del rame: *capelli ramati* **2** rivestito di rame: *filo —* **3** che contiene rame o solfato di rame // *s.m.* la soluzione di solfato di rame per le viti.

ramatura[1] *s.f.* **1** il ricoprire di rame **2** irrorazione delle piante con preparati a base di rame.

ramatura[2] *s.f.* il complesso dei rami di un albero.

ramazza *s.f.* scopa di rami sottili / *essere comandato di —*, nelle caserme, si dice di chi è addetto ai servizi di pulizia.

rame *s.m.* **1** elemento chimico (Cu; *n.at.* 29; *p.at.* 63,54); metallo rossastro, malleabile, tenace, buon conduttore del calore e dell'elettricità, usato per impianti elettrici, monete, recipienti **2** spec. *pl.* i vasi e gli utensili di rame: *i rami di cucina* **3** incisione su rame: *un — del Piranesi.*

ramiè *s.m.invar.* fibra tessile ricavata da una specie di ortica, propria della Cina.

ramifero[1] [-mì-] *agg.* che contiene rame: *giacimento —.*

ramifero[2] [-mì-] *agg.* (*lett.*) ramoso, ricco di rami: *pianta ramifera.*

ramificare *v.intr.* [*io ramifico, tu ramifichi ecc.*] produrre rami // **-arsi** *v.rifl.pron.* dividersi in rami (anche *fig.*): *i fiumi si ramificano alla foce.*

ramificazione [-zió-] *s.f.* **1** il dipartirsi di rami da un fusto o da altri rami **2** per estens., il ramificarsi di qualsiasi cosa che si stacchi da un corpo principale: *le ramificazioni di una galleria.*

ramina *s.f.* **1** la scaglia che cade nella lavorazione del rame **2** paglia di acciaio per la pulitura delle pentole.

ramingo *agg.* [pl.m. *-ghi*] si dice di persona che va errando. SIN. *randagio, vagabondo.*

ramino *s.m.* gioco di carte che si fa con due mazzi di 52 carte più quattro matte.

rammagliare *v.tr.* [*io rammàglio ecc.*] aggiustare un tessuto lavorato a maglia: *— le calze.*

rammaricare *v.tr.* [*io rammàrico, tu rammàrichi ecc.*] affliggere, provocare amarezza // **-arsi** *v.rifl.pron.* dolersi, rincrescersi: *si rammarica di non aver obbedito.*

rammarico [-mà-] *s.m.* [pl. *-chi*] il rammaricarsi. SIN. *rincrescimento, rimpianto.*

rammendare *v.tr.* [*io rammèndo ecc.*] raccomodare con una cucitura a intreccio un tessuto strappato o consunto: *— una camicia, i calzini.*

rammendatore [-tó-] *s.m.* [f. *-trice*] chi rammenda; in particolare, al *f.*, donna che fa lavori di rammendo.

rammendatura *s.f.* il rammendare; la parte rammendata.

rammendo [-mèn-] *s.m.* atto, effetto del rammendare tessuti strappati o logorati dall'uso: *— invisibile*, che ricostruisce perfettamente la trama della stoffa.

rammentare *v.tr.* [*io rammènto ecc.*] **1** aver presente alla memoria: *— il giuramento.* SIN. *ricordare* **2** far ritornare in mente: *— le passate tristezze / — qlcu. nei lineamenti*, assomigliargli. SIN. *ricordare* **3** suggerire a chi recita le parole della parte // **-arsi** *v.intr.pron.* ricordarsi di qlcu. o qlco.: *— dei caduti.*

rammollimento [-mén-] *s.m.* atto, effetto del rammollire o del rammollirsi (anche *fig.*): *il — dei costumi / — cerebrale*, lesione del cervello che provoca un grave indebolimento dell'attività intellettiva.

rammollire *v.tr.* [*io rammollisco, tu rammollisci ecc.*] rendere molle (anche *fig.*): *il calore rammollisce la cera* // *v.intr.*, **-irsi** *v.rifl.pron.* **1** diventar molle **2** (*fig.*) indebolirsi; rimbambire.

rammollito *agg.* infiacchito, rimbambito.

rammorbidire *v.tr.* [*io rammorbidisco, tu rammorbidisci ecc.*] **1** rendere morbido **2** (*fig.*) raddolcire // *v. intr.*, **-irsi** *v.intr.pron.* diventare morbido (anche *fig.*).

ramno *s.m.* pianta con fiori verdastri e foglie ovali; dalla radice si estrae la *cascara sagrada* (*fam.* Ramnacee) / *— dei tintori*, pianta da cui si estraggono sostanze coloranti.

ramo *s.m.* **1** ciascuna delle parti legnose dell'albero, aventi origine dal fusto e portanti fiori, foglie e frutti:

un — nodoso / avere un — di pazzia, essere strano **2** per estens., detto di qualsiasi cosa che si diparte da un corpo principale: *il fiume si divide in due rami*; *i rami delle corna dei cervi, dei coralli / i due rami del parlamento*, camera e senato **3** branca di studi: *— scientifico*; *non è il mio —* **4** linea di parentela: *quel principe è del — Absburgo*.

ramolaccio [-làc-] *s.m.* pianta crocifera, la cui radice si mangia condita con olio e sale.

ramoscello [-scèl-] *s.m.* piccolo ramo.

ramoso [-mó-] *agg.* che ha molti rami, ramificato: *un albero —*; *corna ramose*.

rampa *s.f.* **1** tratto di scala compreso tra due ripiani successivi [*ill. Scala*] **2** salita breve e molto ripida **3** (*poco com.*) zampa anteriore di animali munita di unghie (anche *arald.*) **4** torre metallica su cui poggia un missile: *— di lancio*.

rampante *agg.* **1** (*arald.*) si dice dell'animale raffigurato di profilo ritto sulla zampa posteriore sinistra: *leone —* **2** (*arch.*) arco — o collo d'oca, cioè con le due imposte a diversa altezza [*ill. Architettura*].

rampicante *agg.* e *s.m.* si dice di pianta a fusto debole, sottile, che si appoggia su muro o sostegno attaccandovisi con viticci, radichette // *s.m.pl.* uccelli arrampicatori, caratterizzati dall'avere i piedi con due dita rivolte in avanti e due rivolte indietro (p.e. pappagallo e picchio).

rampicare *v.intr.* [*io ràmpico, tu ràmpichi ecc.*] arrampicarsi, salire aggrappandosi.

rampichino *s.m.* **1** uccellino bruno a macchie bianche e rossicce, con lungo becco sottile e arcuato; si arrampica sugli alberi in cerca di insetti (*fam.* Cerziidi) **2** nome di piante rampicanti.

rampino *s.m.* **1** ferro fatto a uncino che serve ad afferrare o a sostenere qlco. **2** (*fig.*) appiglio, pretesto: *attaccarsi a tutti i rampini*.

rampogna [-pó-] *s.f.* duro rimprovero. SIN. *rimbrotto, sgridata*.

rampollare *v.intr.* [*io rampóllo ecc.*] **1** scaturire, derivare: *l'acqua rampolla dalla fonte* **2** germogliare (detto di rami) **3** (*fig.*) prendere, derivare l'origine (detto di famiglie).

rampollo [-pól-] *s.m.* **1** vena d'acqua **2** germoglio di una pianta **3** (*fig.*) discendente in linea retta di una famiglia; (*scherz.*) figlio: *il — di un'antica famiglia*; *il mio unico —*.

rampone [-pó-] *s.m.* **1** fiocina che si usa nella pesca dei grossi cetacei **2** ciascuno dei ferri appuntiti che si applicano agli scarponi per le scalate su ghiaccio o neve dura [*ill. Alpinismo*].

ramponiere [-niè-] *s.m.* chi lancia il rampone nella caccia alla balena; fiocinatore.

rana *s.f.* **1** anfibio anuro dal corpo tozzo, con occhi sporgenti, pelle verde e gialla, lunghe zampe posteriori atte al salto (*fam.* Ranidi) / *nuoto a —*, stile di nuoto con movimenti simili a quelli della rana / *uomo —*, nuotatore d'assalto della marina militare munito di autorespiratore, tuta di gomma e pinne, che trasporta cariche di esplosivo da applicare alla carena delle navi nemiche **2** *— pescatrice*, pesce dei fondi marini, commestibile, voracissimo, con corpo schiacciato, ampia bocca armata di denti ricurvi e una caratteristica appendice mobile sulla testa (*fam.* Lofidi).

ranch [*ingl.*; *pr.* rènc] *s.m.* negli Stati Uniti d'America e in Canada, fattoria per l'allevamento del bestiame.

rancidezza [-déz-] *s.f.* l'essere rancido.

rancido [ràn-] *agg.* **1** si dice di sostanze grasse che hanno preso un odore e un sapore forte e sgradevole: *burro —* **2** (*fig.*) fuori d'uso, antiquato: *dottrine rancide* // *s.m.* sapore, odore aspro e sgradevole: *sapore di —*.

rancidume *s.m.* **1** l'essere rancido; insieme di cose rancide **2** (*fig.*) una cosa o un'idea invecchiata, disusata, abbandonata.

rancio[1] [ràn-] *s.m.* il pasto dei militari: *l'ora del —*; *sonare il —*.

rancio[2] [ràn-] *agg.* (*ant.* o *poet.*) di colore arancione.

rancore [-có-] *s.m.* sentimento di odio nascosto; risentimento, malanimo: *serbare — verso qlcu.* SIN. *animosità*.

randa *s.f.* **1** vela di taglio, a forma trapezoidale, che viene inserita superiormente al picco e tenuta distesa inferiormente mediante il boma [*ill. Barca*] **2** arnese da artigiano che serve per tracciare archi.

randagio [-dà-] *agg.* si dice di chi va errando: *cane —*. SIN. *ramingo, vagabondo*.

randellare *v.tr.* [*io randèllo ecc.*] battere col randello. SIN. *bastonare*.

randellata *s.f.* colpo di randello. SIN. *bastonata*.

randello [-dèl-] *s.m.* **1** grosso bastone. SIN. *manganello* **2** (*ant.*) bastone corto e un po' curvo per legare some.

ranella [-nèl-] *s.f.* → **rondella**.

ranetta [-nét-] *agg.* e *s.f.* si dice di una varietà di mela molto gustosa.

ranger [*ingl.*; *pr.* rèngia] *s.m.* soldato addestrato per incursioni; esploratore; guardia forestale.

rango *s.m.* [*pl.* *-ghi*] **1** schiera, riga, fila di soldati: *serrare i ranghi / rientrare nei ranghi*, (*fig.*) rinunziare a una carica **2** grado, ceto sociale; numero: *donna d'alto —*; *essere nel — dei ballerini*.

ranista *s.m.* e *f.* [pl.m. *-i*] nuotatore specializzato nello stile a rana.

rannicchiarsi *v.rifl.pron.* [*io mi rannìcchio ecc.*] restringersi su sé stesso come in una nicchia: *— per il freddo / — nel proprio guscio*, (*fig.*) vivere isolato.

ranno *s.m.* acqua bollente versata sulla cenere per fare il bucato / *buttar via il — e il sapone*, perdere tempo e fatica.

rannuvolamento [-mén-] *s.m.* il rannuvolare, il rannuvolarsi.

rannuvolare *v.intr.*, **-arsi** *v.rifl.pron.* [*io mi rannìvolo ecc.*] **1** coprirsi di nuvole: *il cielo si rannuvola* **2** (*fig.*) oscurarsi in volto, rattristarsi d'un tratto: *il padre si rannuvolò*. SIN. *turbarsi*.

ranocchia [-nòc-] *s.f.* → **ranocchio**.

ranocchiaia [-chià-] *s.f.* luogo pantanoso, pieno di ranocchi.

ranocchio [-nòc-] *s.m.* **1** la rana comune **2** (*fig.*) persona deforme **3** (*scherz.*) bambino.

rantolare *v.intr.* [*io ràntolo ecc.*] emettere rantoli, ansare, agonizzare.

rantolio [-lì-] *s.m.* il rantolare continuo.

rantolo [ràn-] *s.m.* il respiro affannoso dei moribondi; il rumore prodotto dalla respirazione resa difficile dal liquido presente nei bronchi in diverse malattie polmonari.

ranuncolo [-nùn-] *s.m.* pianta erbacea con fiori gialli, bianchi o rossi (*fam.* Ranuncolacee).

rapa *s.f.* pianta erbacea con fiori gialli, coltivata per la radice commestibile, bianca, carnosa, di forma tondeggiante, e per le foglie giovani e gli steli fioriferi, detti *broccoli* (o *cime*) *di rapa*, anch'essi commestibili (*fam.* Crocifere) / *valere una —*, non valere nulla / *voler ca-*

var *sangue da una* —, richiedere a qlcu. ciò che non può dare / *testa di* —, sciocco.

rapace agg. **1** che rapisce con violenza l'altrui **2** (*fig.*) avido (detto di persona) // *s.m.pl.* uccelli predatori dalla vista acutissima, con becco ricurvo (*rostro*) e forti artigli adunchi.

rapacità s.f.invar. l'essere rapace.

rapare v.tr. tagliare a zero i capelli a qlcu. // **-arsi** v.rifl. tagliarsi o farsi tagliare i capelli a zero.

rapata s.f. atto del rapare: *una* — *ai capelli*.

rapato agg. rasato, tosato: *testa rapata*.

raperino s.m. → **verzellino**.

raperonzolo [-rón-] s.m. pianta erbacea con fiori violetti e foglie ovali (*fam.* Campanulacee).

rapida [rà-] s.f. tratto di fiume in forte pendenza ove l'acqua scorre rapidissima formando vortici impetuosi.

rapidità s.f.invar. celerità, prontezza.

rapido [rà-] agg. **1** molto veloce: *devi partire con il mezzo più* — **2** che avviene in poco tempo: *una lettura rapida* // *s.m.* treno più veloce del direttissimo.

rapimento [-mén-] s.m. **1** il rapire; l'essere rapito: *il* — *di una donna* **2** (*fig.*) profonda commozione, elevamento religioso dell'animo: *ascoltare una musica con* —. SIN. *estasi*.

rapina s.f. **1** furto commesso con minaccia o violenza alla persona; per estens., appropriazione illecita, richiesta economica disonesta: — *a mano armata / uccelli di* —, rapaci **2** (*lett.*) corrente che travolge.

rapinare v.tr. rubare con violenza o minaccia; per estens., appropriarsi illecitamente di qlco. SIN. *depredare*.

rapinatore [-tó-] s.m. [f. -*trice*] chi rapina.

rapinoso [-nó-] agg. (*lett.*) violento, travolgente.

rapire v.tr. [*io rapisco, tu rapisci ecc.*] **1** portar via con la forza o con la frode: *i banditi rapirono il bambino / fu rapito dalla morte*, (*lett.*) di persona morta improvvisamente. SIN. *rubare* **2** (*fig.*) attrarre fortemente: *la musica rapisce l'animo; fu rapito in estasi*.

rapito agg. **1** portato via con violenza; strappato **2** tratto in estasi; assorto in contemplazione: *con l'animo* —. SIN. *incantato*.

rapitore [-tó-] agg. e s.m. [f. -*trice*] che o chi rapisce.

rappacificamento [-mén-] s.m. atto, effetto del rappacificare.

rappacificare v.tr. [*io rappacifico, tu rappacifichi ecc.*] far tornare tra due persone la pace: *rappacificò il padre e il figlio* // **-arsi** v.rifl. fare pace: *non si sono ancora rappacificati*.

rappacificazione [-zió-] s.f. atto, effetto del rappacificare.

rappattumare v.tr. conciliare, ricongiungere in qualche modo, in pace, in amicizia.

rappezzamento [-mén-] s.m. atto, effetto del rappezzare.

rappezzare v.tr. [*io rappèzzo ecc.*] aggiustare un abito e simili mettendo una pezza; (*fig.*) aggiustare, mettere insieme alla meglio: — *un articolo / rappezzarla*, rimediare alla meglio a un errore. SIN. *rattoppare, raccomodare*.

rappezzatura s.f. il rappezzare; la cosa rappezzata.

rappezzo [-pèz-] s.m. il rappezzare; la pezza usata per rappezzare.

rappigliare v.tr. e intr. [*io rappiglio ecc.*] → **rapprendere**.

rapportare v.tr. [*io rappòrto ecc.*] **1** riferire, ridire qlco. spec. per metter male **2** calcolare il rapporto tra una grandezza e un'altra presa come riferimento; confrontare **3** riprodurre con scala diversa, trasportare un disegno da un foglio su un altro: — *la pianta della città*.

rapportatore [-tó-] s.m. [f. -*trice*] chi rapporta // *s.m.* strumento da disegno per la misura degli angoli.

rapporto [-pòr-] s.m. **1** relazione, informazione, denuncia; lo scritto in cui si riferiscono fatti: *stendere un* — / *mettersi a* —, (*mil.*) di inferiore che ricorre a un superiore / *chiamare a* —, (*mil.*) di superiore che chiama gli inferiori a riferire **2** relazione tra persone; legame, connessione tra cose: — *di amicizia, di parentela*; — *di causa ed effetto*; *essere in buoni rapporti con qlcu.* **3** (*mat.*) relazione di grandezza che corre tra due quantità **4** (*ind. tessile*) il singolo disegno, nella stampa, ripetuto poi infinite volte sul tessuto.

rapprendere [-prèn-] v.tr. [*io rapprèndo ecc.*] coagulare, far divenire più denso // v.intr., **-ersi** v.rifl.pron. coagularsi: *il latte acido si rapprende*.

rappresaglia [-sà-] s.f. azione intrapresa per ritorsione contro chi abbia recato danno o minaccia, spec. in guerra: *il villaggio fu incendiato per* —.

rappresentabile [-fentà-] agg. che si può rappresentare.

rappresentante [-fen-] s.m. e f. **1** chi in particolari attività o funzioni rappresenta un'altra persona: — *diplomatico, sindacale* / — *di commercio*, chi per conto di un'azienda promuove la conclusione di affari, agendo in nome di tale azienda **2** (*fig.*) chi simboleggia un'epoca, un'idea: *un* — *del romanticismo*.

rappresentanza [-fen-] s.f. **1** l'azione del rappresentare, del curare affari altrui / *spese di* —, quelle che si fanno per tenere alto il prestigio dell'ente rappresentato **2** la persona, le persone che rappresentano altri: *ricevere la* — *diplomatica / una* — *di studenti / la* — *nazionale*, il parlamento **3** il rapporto che sussiste tra rappresentante e rappresentato, l'attività che ne deriva, l'azienda che compie tale attività: *avere la* — *di una ditta straniera*.

rappresentare [-ʃen-] v.tr. [*io rappresènto ecc.*] **1** riprodurre la realtà mediante figure, immagini; descrivere; raffigurare: *il dipinto rappresenta una scena campestre*: — *la miseria delle popolazioni* **2** simboleggiare: *il leone rappresenta la violenza* **3** operare in nome di altri, interpretarne e difenderne gli interessi: — *una ditta; la scuola è rappresentata dal direttore; ecco l'avvocato che rappresenta la famiglia* **4** recitare: — *una commedia*; — *una parte* **5** avere importanza, costituire, valere: *ciò rappresenta un grave demerito; per me l'onore rappresenta tutto*.

rappresentatività [-ʃen-] s.f.invar. l'essere rappresentativo; l'effettiva capacità di rappresentare altri, spec. politicamente.

rappresentativo [-ʃen-] agg. **1** che rappresenta, che è atto a rappresentare: *uomo* — **2** basato sulla rappresentanza: *sistema politico* —.

rappresentazione [-ʃentazió-] s.f. **1** il rappresentare; la cosa rappresentata: — *simbolica; la* — *di un paesaggio*. SIN. *figurazione, descrizione* **2** (*fil.*) l'immagine con cui ci rappresentiamo nella mente un oggetto; l'elaborazione mentale di quanto è offerto dalle sensazioni **3** qualsiasi spettacolo teatrale o cinematografico / *sacra* —, sorta di dramma religioso del medioevo.

rapsodia [-di-] s.f. **1** componimento poetico di contenuto epico recitato pubblicamente **2** raccolta di brani e di pensieri di uno o più autori ordinati in modo da formare un'opera unitaria **3** (*mus.*) componimento musicale nel quale temi popolari sono collegati e svolti in libere interpretazioni: *rapsodie ungheresi*.

rapsodo [-sò-] s.m. nell'antica Grecia, cantore che recitava in pubblico composizioni epiche.

raptus [ràp-] *s.m.invar.* (*lat.*) fenomeno di automatismo psichico che, sulla base di una forte emozione, porta all'attuazione repentina e involontaria di un atto violento; per estens., ispirazione improvvisa: — *poetico*.

rara avis [*lat.*: *pr.* ràra àvis = *uccello raro*] *locuz.* con cui si suole indicare una persona o una cosa fornita di pregi eccezionali.

rarefare *v.tr.* [coniugato come *fare*] rendere meno denso // **-arsi** *v.rifl.pron.* diventare meno denso: *l'aria, a quest'altezza, si rarefà*.

rarefatto *agg.* che ha perduto di densità: *aria rarefatta*.

rarefazione [-zió-] *s.f.* atto, effetto del rarefare o del rarefarsi.

rarità *s.f.invar.* l'esser raro; la cosa rara: *una — bibliografica, un libro raro*.

raro *agg.* **1** non comune, non frequente, difficile a trovarsi: *alberi rari*; *un esempio — / una bestia rara*, si dice di persona fuori del comune. SIN. *infrequente* **2** eccellente; prezioso; singolare: *un uomo di intelligenza rara* **3** (*non com.*) rado: *rari alberi intorno alla casa* // **-mente** *avv.* di rado, infrequentemente.

ras *s.m.invar.* **1** nell'impero d'Etiopia, titolo di un governatore di provincia **2** (*fig. spreg.*) piccola autorità locale che assume atteggiamenti dispotici.

rasare *v.tr.* **1** rendere liscia una superficie; pareggiare: — *un prato, l'erba* **2** radere: — *la barba* // **-arsi** *v.rifl.* radersi i peli, spec. della barba.

rasatello [-tèl-] *s.m.* tessuto di cotone imitante il raso, ma più leggero e resistente.

rasato *agg.* **1** che ha subito la rasatura; liscio, senza peli **2** spianato **3** si dice di tessuto liscio come raso: *velluto — / maglia rasata*, ottenuta lavorando alternamente un ferro a diritto e un ferro a rovescio.

rasatrice *s.f.* (*ind. tessile*) macchina per rasare il feltro.

rasatura *s.f.* atto, effetto del rasare.

raschiamento [-mén-] *s.m.* atto, effetto del raschiare; in particolare, intervento chirurgico consistente nel raschiare un osso o la cavità di un organo.

raschiare *v.tr.* [*io ràschio ecc.*] fregare una superficie con uno strumento ruvido o tagliente per appianarla e levigarla: — *la parete, la ruggine / raschiarsi la gola*, fare un verso con la gola nel tentativo di liberarsi da catarro o da prurito, o per richiamare l'attenzione di qlcu.

raschiatoio [-tó-] *s.m.* arnese che serve per raschiare [*ill. Agricoltura*].

raschiatura *s.f.* atto, effetto del raschiare; ciò che si asporta raschiando.

raschietto [-schiét-] *s.m.* **1** coltellino per raschiare dalla carta macchie o scrittura d'inchiostro **2** arnese per raschiare muri, assiti e simili **3** lamina di ferro sistemata nel muro presso l'uscio di casa, per pulirsi le scarpe infangate.

raschio [rà-] *s.m.* il rumore che si fa raschiandosi la gola.

rasciugare *v.tr.* [*io rasciugo, tu rasciughi ecc.*] asciugare.

rasentare [-ʃen-] *v.tr.* [*io rasènto ecc.*] **1** passare rasente a qlco.: — *un muro* **2** (*fig.*) accostarsi; essere vicino: — *il successo, la quarantina / — il codice penale*, commettere azioni disoneste, che sono quasi reati.

rasente [-ʃèn-] *prep. impropria* vicino, a pelo, quasi toccando (con riferimento a cose o persone in movimento); si unisce ai nomi sia direttamente sia per mezzo della preposizione *a*: *l'automobile passò — la casa* o — *alla casa*.

rash [*ingl.*; *pr.* rèsc] *s.m.* (*med.*) denominazione di qualsiasi manifestazione esantematica.

raso *agg.* rasato; liscio: *cane dal pelo — / far tabula rasa*, eliminare tutto quel che c'è / *un bicchiere* —, pieno fino all'orlo // con valore di *avv.*: *raso terra*, rasentando la terra (anche *fig.*): *l'aereo volava — terra*; *un ragionamento — terra*, non molto profondo // *s.m.* tessuto di seta o cotone molto lucido e compatto.

rasoiata *s.f.* colpo di rasoio.

rasoio [-só-] *s.m.* lunga e affilatissima lama d'acciaio, per radere la barba: *affilare il — / — di sicurezza*, munito di lametta cambiabile col taglio protetto, così da evitare ferite / — *elettrico*, in cui la parte radente è azionata dall'energia elettrica / *essere, camminare sul filo del —*, (*fig.*) trovarsi in situazione incerta e pericolosa.

raspa¹ *s.f.* lima di grana grossa usata per raschiare superfici di legno o metallo [*ill. Utensili; Pittura e Scultura*].

raspa² *s.f.* ballo di origine messicana.

raspare *v.tr.* **1** levigare con la raspa: — *un'asse di legno* **2** irritare: *questo vino raspa la gola* **3** di animali, grattare la terra con le zampe o con le unghie **4** (*fam.*) rubare, portar via: *è venuto e ha raspato tutto* // *v.intr.* frugare: *ti ho visto — nel cassetto*.

raspatura *s.f.* atto, effetto del raspare.

raspino *s.m.* arnese per raspare.

raspo *s.m.* → **graspo**.

rassegare *v.intr.* [*io rasségo, tu rasséghi ecc.*] (*region.*) si dice di brodo o grasso fuso che raffreddandosi diventa come sego: *la minestra rassega*.

rassegna [-sé-] *s.f.* **1** esame, ispezione di reparti militari schierati da parte di un superiore **2** (*fig.*) esame minuzioso di cose o persone: *passare in — tutti i mobili di casa* **3** resoconto ordinato di fatti avvenuti, di opere pubblicate; pubblicazione periodica; mostra, concorso, festival: — *dell'attività parlamentare*; — *d'arte*; — *musicale*.

rassegnare *v.tr.* [*io rasségno ecc.*] presentare: — *le proprie dimissioni* // **-arsi** *v.rifl.pron.* accettare con animo umile e paziente qlco. di doloroso e di inevitabile: — *ai voleri divini*.

rassegnato *agg.* che accoglie con umiltà e pazienza un dolore, una prova.

rassegnazione [-zió-] *s.f.* il rassegnarsi; l'essere rassegnato: *sopportare con —*. SIN. *sottomissione*.

rasserenamento [-mén-] *s.m.* atto, effetto del rasserenare o del rasserenarsi (anche *fig.*).

rasserenare *v.tr.* [*io rasseréno ecc.*] rendere sereno, tranquillizzare: *quella notizia lo rasserenò* // **-arsi** *v. rifl.pron.* diventare sereno: *il cielo si è rasserenato*.

rasserenato *agg.* diventato sereno (anche *fig.*).

rasserenatore [-tó-] *agg.* [f. *-trice*] che rasserena.

rassettare *v.tr.* [*io rassètto ecc.*] assettare, accomodare; riordinare: — *un abito*; — *un cassetto*. SIN. *raccomodare, riordinare* // **-arsi** *v.rifl.* rimettersi in ordine nella persona e nell'abito.

rassettatura *s.f.* atto, effetto del rassettare o del rassettarsi.

rassicurare *v.tr.* rendere sicuro, liberare da dubbio, sospetto, timore. SIN. *rincorare, tranquillizzare* // **-arsi** *v.rifl.pron.* liberarsi dal timore: *vedendolo si rassicurò*.

rassodamento [-mén-] *s.m.* atto, effetto del rassodare o del rassodarsi.

rassodare *v.tr.* [*io rassòdo ecc.*] **1** render sodo o più sodo: — *il terreno* **2** (*fig.*) consolidare: — *un legame*. SIN. *raffermare* // *v.intr.*, **-arsi** *v.rifl.pron.* diventar sodo.

rassomiglianza *s.f.* il rassomigliare: *la — tra le due opere è notevole*.

rassomigliare *v.intr.* [*io rassomiglio ecc.*] essere simile a qlcu.: — *al padre* // **-arsi** *v.rifl.rec.* somigliare l'un l'altro: *i gemelli sovente si rassomigliano.*

rastrellamento [-mén-] *s.m.* il rastrellare (spec. *fig.*): *fu preso nel corso di un —.*

rastrellare *v.tr.* [*io rastrèllo ecc.*] **1** raccogliere col rastrello; percorrere col rastrello: — *il fieno; — il giardino* **2** (*fig.*) sottoporre a controlli militari o di polizia; raccogliere, catturare: — *un territorio; — i disertori.*

rastrellata *s.f.* **1** l'operazione del rastrellare; la quantità d'erba, di fieno ecc., raccolta col rastrello **2** colpo dato con un rastrello.

rastrelliera [-liè-] *s.f.* **1** sorta di telaio con pioli, che sta nelle stalle sopra la mangiatoia, collocato in modo che le bestie possano arrivare a trarne il fieno **2** arnese di cucina in cui si ripongono ad asciugare le stoviglie lavate **3** arnese in cui si dispongono in fila fucili, stecche da biliardo ecc.

rastrello [-strèl-] *s.m.* arnese costituito da un lungo manico recante all'estremità un'asta trasversale munita di denti; serve per raccogliere erba, fieno ecc. [*ill. Agricoltura*].

rastremare *v.tr.* [*io rastrèmo ecc.*] assottigliare o restringere gradualmente, dal basso verso l'alto, un elemento architettonico: — *un pilastro, una finestra.*

rastremazione [-zió] *s.f.* il rastremare; l'essere rastremato: — *di una colonna*, la progressiva diminuzione del diametro d'essa a partire dalla base.

rasura *s.f.* **1** il radere; ciò che si leva radendo **2** cancellatura di uno scritto su pergamena.

rata *s.f.* ciascuna delle parti in cui viene divisa una somma di denaro, e che si paga o si riscuote a una data scadenza: — *annuale; pagare a rate // — di caricazione, di discarico*, quantità di merce che deve essere caricata su una nave, o scaricata da essa, in un giorno.

ratafià *s.m.invar.* liquore prodotto con succo di ciliegie selvatiche, alcool e zucchero.

rateale *agg.* che si compie a rate; di ciascuna rata: *pagamento, vendita —; importo —.*

rateare *v.tr.* [*io ràteo ecc.*] dividere in rate.

rateazione [-zió] *s.f.* atto, effetto del rateare.

rateizzare [-teiʒʒa-] *v.tr.* → **rateare.**

rateizzazione [-teiʒʒazió-] *s.f.* → **rateazione.**

rateo [rà-] *s.m.* **1** in un bilancio, la parte di un guadagno o di una spesa già stabilita ma non ancora compiuta, che si attribuisce al tempo passato secondo un criterio proporzionale **2** il calcolo e l'ammontare degli interessi maturati in un periodo di tempo inferiore ai sei mesi.

ratiera [-tiè-] *s.f.* macchina usata sul telaio, che fa alzare i fili dell'ordito permettendo il passaggio della navetta.

ratifica [-tì-] *s.f.* atto con il quale viene approvato e confermato da chi ne ha il potere quanto da altri compiuto per conto di lui: — *del trattato di pace; il trattato stipulato dal governo è ora alla — del parlamento.*

ratificare *v.tr.* [*io ratìfico, tu ratìfichi ecc.*] fare una ratifica; approvare, dare validità a un atto compiuto da altri: — *la nomina.* SIN. *sanzionare.*

ratificazione [-zió] *s.f.* atto, effetto del ratificare. SIN. *sanzione.*

rat-musqué [*franc.*; *pr.* ra-müschè] *s.m.* la pelle conciata del topo muschiato, usata in pellicceria.

rato *agg.* (*dir.*) ratificato, legalmente compiuto.

rattenere [-né-] *v.tr.* [coniugato come *tenere*] (*rar.*) trattenere.

ratto[1] *s.m.* (*lett.*) rapimento, spec. di donna.

ratto[2] *s.m.* genere di grossi topi (*fam.* Muridi).

ratto[3] *agg.* (*lett.*) rapido, veloce.

rattoppare *v.tr.* [*io rattòppo ecc.*] aggiustare con toppe; (*fig.*) rimediare alla meglio: *mi ha rattoppato i calzoni; — una situazione.* SIN. *rappezzare, rabberciare.*

rattoppatura *s.f.*, **rattoppo** [-tòp-] *s.m.* l'operazione del rattoppare; il punto rattoppato e la toppa adoperata: — *invisibile.*

rattrappire *v.tr* [*io rattrappisco, tu rattrappisci ecc.*] far contrarre le membra di qlcu., in modo da essere faticoso il distenderle di nuovo: *il freddo mi ha rattrappito le mani //* **-irsi** *v.rifl.pron.* contrarsi (detto del corpo o di una parte di esso): *mi si è rattrappita una gamba.*

rattrappito *agg.* accorciato, contratto, impedito nel movimento: *un vecchietto —; arti rattrappiti.*

rattristare *v.tr.* rendere triste, contristare. SIN. *affliggere, accorare, addolorare //* **-arsi** *v.rifl.pron.* diventare triste, addolorarsi.

raucedine [-cè-] *s.f.* abbassamento o alterazione della voce per infiammazione delle mucose della laringe.

rauco [ràu-] *agg.* [pl.m. *-chi*] **1** affetto da raucedine (detto di persona): *sono — perché ho parlato troppo* **2** basso, aspro; fioco (detto di voce, suono e simili): *mi rispose con voce rauca.*

ravanello [-nèl-] *s.m.* pianta erbacea che si coltiva per la radice commestibile, rotondeggiante, di color rosso o bianco, dal sapore forte (*fam.* Crocifere).

ravaneto [-né-] *s.m.* nelle cave di pietra o marmo, luogo ove si fa scivolare il pietrame di scarto.

raveggiolo [-giò-] *s.m.* formaggio tenero da mangiare fresco, di latte di pecora o di capra.

ravennate *agg.* di Ravenna // *s.m. e f.* abitante di Ravenna.

raviolo [-viò-] *s.m.* spec. *pl.* involucro di pasta all'uovo ripieno di carne o di ricotta e verdura bollita.

ravizzone [-zó-] *s.m.* pianta erbacea con fiori gialli, che si coltiva per i semi oleosi (*fam.* Crocifere).

ravvedersi [-dér-] *v.rifl.* [coniugato come *vedere*; p.pass. *ravveduto*] riconoscere i propri errori e correggersi. SIN. *pentirsi.*

ravvedimento [-mén-] *s.m.* il ravvedersi. SIN. *pentimento, resipiscenza.*

ravviare *v.tr.* [*io ravvìo ecc.*] **1** riordinare: *si ravviò i capelli* **2** (*ant.*) rimettere sulla giusta via (spec. *fig.*).

ravviata *s.f.* il ravviare rapidamente: *datti una —*, mettiti un po' in ordine i capelli.

ravvicinamento [-mén-] *s.m.* il ravvicinare, il ravvicinarsi; (*fig.*) l'inizio di una riconciliazione.

ravvicinare *v.tr.* **1** avvicinare di più: *ravvicina la sedia alla finestra / ravviciniamo le nostre idee*, mettiamole a confronto **2** (*fig.*) riconciliare // **-arsi** *v.rifl.* riconciliarsi: *si ravvicinò alla madre.*

ravvisabile [-fà-] *agg.* che si può ravvisare.

ravvisare [-fa-] *v.tr.* riconoscere dal viso, dalla fisionomia; riconoscere, distinguere. SIN. *identificare.*

ravvivare *v.tr.* ridare vitalità, forza a qlcu., a qlco.: *la sua presenza ravvivò la festa*, la rese più vivace; — *il fuoco*, attizzarlo; — *un colore*, accentuarlo. SIN. *vivificare //* **-arsi** *v.rifl.pron.* riprendere vita, vigore (anche *fig.*).

ravvolgere [-vòl-] *v.tr.* [coniugato come *volgere*] avvolgere qlco. in una carta o simili in modo che sia tutta coperta; avvolgere più volte: *ravvolgi il vestito nel giornale; la vecchia si ravvolse nello scialle.*

ravvoltolare [-tó-] *v.tr.* avvolgere rigirando più volte, spec. in fretta / *il cane si ravvoltola per terra*, continua a rotolarsi su sé stesso.

rayon [rà-] *s.m.invar.* → **raion**.

raziocinante *agg.* che fa uso, o sa fare uso, della propria ragione; razionale.

raziocinare *v.intr.* [*io raziocìno ecc.*] discorrere, argomentare con raziocinio.

raziocinio [-cì-] *s.m.* **1** capacità di ragionare, di riflettere con buon senso e criterio: *parla con* — **2** ragionamento, argomentazione.

razionale *agg.* **1** che possiede la ragione: *anima* —; *l'uomo è un essere* —. CONTR. *irrazionale* **2** conforme alla ragione, che deriva dalla ragione; fondato su basi scientifiche, su principî logici: *ordine* —; *metodo* —. CONTR. *irrazionale* **3** elaborato o costruito in modo pienamente corrispondente al suo scopo, alla sua funzione: *architettura* —. CONTR. *irrazionale* **4** *numero* —, (*mat.*) si dice dei numeri interi e delle frazioni // **-mente** *avv.* in modo conforme alla ragione; in maniera scientifica, logica.

razionalismo [-ʃmo] *s.m.* (*fil.*) ogni dottrina che consideri la struttura della realtà come razionale e attribuisca solo alla ragione la capacità di conoscere.

razionalista *s.m.* e *f.* [pl.m. *-i*] seguace del razionalismo; per estens., si dice di chi si fida della ragione più che dell'intuizione o del sentimento.

razionalistico [-lì-] *agg.* [pl.m. *-ci*] che riguarda il razionalismo o i razionalisti.

razionalità *s.f.invar.* l'essere razionale: *la* — *dell'uomo, di un sistema.*

razionalizzare [-liʒʒa-] *v.tr.* **1** rendere razionale o più razionale, migliorare sul piano della funzionalità: — *il servizio postale* **2** trasferire in termini razionali ciò che era sentito o espresso in termini emotivi: — *la ribellione.*

razionalizzazione [-liʒʒazió-] *s.f.* l'atto, l'effetto del razionalizzare (in entrambi i significati).

razionamento [-mén-] *s.m.* l'atto del razionare: *il* — *del pane.*

razionare *v.tr.* [*io razióno ecc.*] dividere in razioni; limitare il consumo di qlco. assegnando a ciascuno solo la razione stabilita: *fu deciso di* — *il burro e l'olio.*

razione [-zió-] *s.f.* **1** parte, porzione spettante a ciascuno: *oggi voglio doppia* — *di spaghetti* **2** la quantità di beni di consumo, spec. commestibili, assegnata a ciascun cittadino in caso di guerra o calamità naturali.

razza¹ *s.f.* **1** (*biol.*) complesso di individui appartenenti alla stessa specie, che si distinguono per uno o più caratteri comuni, trasmissibili ai discendenti / *animale di* —, animale di razza pura / *far* —, riprodursi **2** per estens., famiglia, discendenza, tipo: — *contadina; sappiamo di che* — *è!* **3** tipo, sorta, qualità: *che* — *di discorsi sono questi?*

razza² [raʒʒa] *s.f.* pesce di mare commestibile, con corpo piatto romboidale, lunga coda e pelle spesso spinosa.

razzia [-zì-] *s.f.* spedizione armata a scopo di preda e saccheggio; per estens., ruberia in genere: *i ladri fecero* — *di polli.*

razziale *agg.* che concerne la razza; che si basa sulla razza: *caratteristiche razziali; discriminazioni razziali.*

razziare *v.tr.* [*io razzìo ecc.*] fare razzia: — *bestiame.*

razziatore [-tó-] *agg.* e *s.m.* [f. *-trice*] che o chi fa razzia.

razzismo [-ʃmo] *s.m.* tendenza a considerare una razza umana come superiore alle altre, costringendo perciò gli appartenenti a queste ultime in condizioni di vita peggiori e ostacolando i reciproci rapporti fra individui dell'una e delle altre.

razzista *agg.* e *s.m.* e *f.* [pl.m. *-i*] che, chi sostiene, pratica il razzismo: *teorie razziste; un comportamento da* —.

razzistico [-zì-] *agg.* [pl.m. *-ci*] del razzismo; di, da razzista: *politica razzistica.*

razzo [raʒʒo] *s.m.* **1** fuoco artificiale costituito da un tubo di cartone pieno di polvere pirica che, acceso, si innalza nell'aria lasciando una scia luminosa / *razzi di segnalazione*, quelli usati a scopo militare e in marina / *partire a* —, *come un* —, fulmineamente **2** propulsore in cui la spinta è provocata dalla rapida emissione di gas in direzione opposta a quella del moto che si desidera; per estens., il missile azionato da uno o più razzi [*ill. Missile*].

razzolare *v.intr.* [*io ràzzolo ecc.*] **1** raspare il terreno per trovare cibo, come fanno le galline e simili / *predicare bene e* — *male*, comportarsi rettamente solo a parole **2** (*fig.*) rovistare, frugare: — *fra le carte.*

re¹ [rè] *s.m.invar.* **1** monarca, sovrano di uno stato retto a monarchia / *il* — *dei cieli*, Dio **2** persona che eccelle in qualche attività, che ha una posizione preminente: *il* — *dell'acciaio*; *il* — *dei cuochi* **3** di animali o cose, il più forte, il migliore: *il leone è il* — *degli animali*; *il* — *dei vini* **4** il pezzo principale degli scacchi [*ill. Scacchi*]; una delle figure della carte da gioco **5** seguito da opportuna specificazione, forma la denominazione comune di alcune specie animali: — *delle aringhe*, pesce marino di profondità, dal corpo grigio-argenteo, con pinne rosse e lunghe appendici filiformi (*fam.* Trachitteridi).

re² [rè] *s.m.invar.* nota musicale, la seconda della scala diatonica.

re- [dal lat. *re-*] prefisso usato per indicare il ripetersi di un'azione, anche in senso contrario (*reidratare, reagire*).

reading [ingl.; *pr.* rìdin] *s.m.* lettura pubblica di poesia da parte degli autori.

reagente [-gèn-] *agg.* che reagisce, spec. nel significato scientifico // *s.m.* (*chim.*) sostanza che ha la proprietà di reagire facilmente al contatto con altre, mettendone in evidenza la composizione.

reagire *v.intr.* [*io reagisco, tu reagisci ecc.*] **1** agire in opposizione o sotto lo stimolo di un'altra azione: — *agli insulti*; *le pupille reagiscono alla luce*; *il suo organismo reagisce alle cure* **2** (*chim.*) subire trasformazioni a contatto di altre sostanze.

reale¹ *agg.* **1** che appartiene alla realtà, che esiste veramente: *esperienza* —; *vantaggio* — **2** (*mat.*) si dice di numero razionale o irrazionale (esclusi cioè quelli immaginari). CONTR. *irreale* // **-mente** *avv.* davvero, nella realtà e non nella finzione o immaginazione.

reale² *agg.* di, del, da re: *famiglia* —; *palazzo* — // *s.m.pl.* i *Reali*, il re e la regina, la loro famiglia.

realismo [-ʃmo] *s.m.* **1** (*fil.*) ogni dottrina che ritenga l'oggetto della nostra conoscenza, il mondo esterno, come esistente in sé **2** in arte e letteratura, ogni indirizzo che tenda a riprodurre il vero il più fedelmente possibile, senza arbitrarie idealizzazioni **3** atteggiamento di chi considera la realtà nella sua concretezza, senza lasciarsi guidare dal sentimento: *affrontò la difficile situazione con* —.

realista¹ *agg.* e *s.m.* e *f.* [pl.m. *-i*] **1** che, chi è seguace del realismo in filosofia, arte e letteratura **2** che, chi considera la realtà nella sua concretezza.

realista² *agg.* e *s.m.* e *f.* [pl.m. *-i*] che, chi sostiene il sistema monarchico, e in particolar modo la persona di un re / *più* — *del re*, si dice di chi si batte per una causa più di coloro che vi sono direttamente interessati.

realistico [-li-] *agg.* [pl.m. *-ci*] che è proprio del realista, del realismo: *comportamento* —; *dottrina realistica.*

realizzabile [-liʒʒà-] *agg.* **1** che si può realizzare: *progetto —*. SIN. *effettuabile, eseguibile, fattibile* **2** (*comm.*) che si può convertire in denaro liquido.

realizzare [-liʒʒa-] *v.tr.* **1** attuare, tradurre in realtà; mandare a effetto: *— un piano / — la propria personalità*, vivere come essa richiede. SIN. *effettuare, eseguire* **2** (*sport*) segnare: *ha realizzato due punti per la sua squadra* **3** (*comm.*) convertire in denaro liquido: *— un credito* **4** capire bene, rendersi conto di qlco.: *— la gravità della situazione* // *-arsi v.rifl.pron.* diventare reale, avverarsi: *il mio sogno si è realizzato* // *v.rifl.* raggiungere obiettivi sentiti come propri: *— nel lavoro*.

realizzatore [-liʒʒató-] *s.m.* [f. *-trice*] chi realizza.

realizzazione [-liʒʒazió-] *s.f.* atto, effetto del realizzare / *— scenica*, insieme delle operazioni necessarie alla messa in scena di un'opera o simili; la rappresentazione stessa. SIN. *effettuazione, esecuzione.*

realizzo [-liʒʒo] *s.m.* conversione in denaro liquido di un bene / *vendere a prezzi di —*, senza trarne guadagno.

realpolitik [*ted.*; pr. realpolitìk] *s.f.* politica realistica, che tiene conto delle situazioni di fatto più che di questioni di principio.

realtà *s.f.invar.* **1** tutto ciò che esiste: *l'osservazione della — / — esterna*, il mondo che ci circonda / *— interiore*, il mondo degli affetti, la psicologia di un individuo **2** cosa vera, concreta: *il sogno è divenuto —* **3** la qualità di essere reale, di esistere effettivamente: *la — dei fatti / in —*, realmente.

reame *s.m.* (*ant.* o *lett.*) regno.

reato *s.m.* azione commessa in violazione di una norma penale: *reati comuni, politici; commettere un — / corpo del —*, ogni prova materiale del reato.

reattino *s.m.* → **scricciolo.**

reattività *s.f.invar.* l'essere reattivo.

reattivo *agg.* che ha capacità di reagire; che si riferisce a reazione // *s.m.* **1** reagente **2** in psicologia, prova a cui viene sottoposto un individuo per studiare le sue caratteristiche psicologiche; test.

reattore [-tó-] *s.m.* **1** motore basato sul principio di azione e reazione, per cui l'uscita ad alta velocità da un ugello di una massa di gas provoca un avanzamento del mezzo in senso opposto; per estens., aereo azionato da questo sistema propulsivo **2** *— nucleare*, dispositivo o impianto capace di produrre e mantenere in modo controllabile, nei nuclei di materiali radioattivi, reazioni nucleari a catena che producono energia da utilizzare per scopi pratici; pila atomica.

reazionario [-nà-] *agg.* e *s.m.* fautore della reazione politica; sostenitore di idee conservatrici: *governo —; libro —*.

reazione [-zió-] *s.f.* **1** atto, effetto del reagire: *la sua — all'offesa fu violenta; alcuni farmaci provocano una forte —* **2** in politica, opposizione a ogni programma riformatore e progressista, e a ogni rivendicazione di libertà politica; anche le forze politiche che la attuano **3** (*fis.*) forza che si genera per applicazione di un'altra forza ed è uguale e opposta a quest'ultima / *aeroplano a —*, reattore / *— nucleare*, denominazione di ogni fenomeno di mutazione che si verifica spontaneamente nel nucleo di sostanze radioattive, o artificialmente in quello di altre sostanze **4** (*chim.*) trasformazione che modifica la composizione delle sostanze.

rebbio [réb-] *s.m.* ciascuna delle punte della forca; meno comunemente, della forchetta e del forchettone [*ill. Agricoltura*].

reboante *agg.* **1** (*lett.*) rimbombante: *voce —* **2** (*spreg.*) che risuona altamente, ma è di poca sostanza, detto di stile, versi, oratoria: *un discorso —*.

rebus [rè-] *s.m.invar.* **1** gioco enigmistico nel quale determinate lettere poste su figure di persone, animali o cose di una scenetta disegnata permettono di comporre una parola o una frase **2** si dice di cosa o persona difficili da comprendere: *il nostro caso è un —; quell'uomo è un —*.

recalcitrare *v.intr.* [*io recàlcitro ecc.*] → **ricalcitrare.**

recanatese [-té-] *agg.* di Recanati // *s.m.* e *f.* abitante di Recanati.

recapitare *v.tr.* [*io recàpito ecc.*] far pervenire a un recapito, consegnare al destinatario: *— un plico.*

recapito [-cà-] *s.m.* **1** luogo dove è possibile trovare qlcu., o dove gli si può far giungere qlco.: *non so il suo —, ha un — telefonico in città* **2** atto del recapitare: *provvedere al — della merce.*

recare *v.tr.* [*io rèco, tu rèchi ecc.*] **1** portare, detto di cose leggere; riferire: *— un mazzo di fiori; — una notizia* **2** arrecare, cagionare: *— dolore, gioia* // *-arsi v. rifl. pron.* andare: *si è recato in Francia.*

recedere [-cè-] *v.intr.* [coniugato come *cedere*] (*non. com.*) tirarsi indietro, rinunciare, desistere: *— da un proposito; non — dai programmi fatti.* SIN. *ritirarsi.*

recensione [-sió-] *s.f.* **1** articolo critico su un libro; per estens., resoconto critico di una rappresentazione teatrale, cinematografica, di un concerto e simili **2** in filologia, esame e raffronto delle diverse lezioni di un testo.

recensire *v.tr.* [*io recensisco, tu recensisci ecc.*] fare una recensione.

recensore [-só-] *s.m.* [f. raro *recensora, recensitrice*] chi fa una recensione.

recente [-cèn-] *agg.* avvenuto o fatto da poco tempo: *uno scandalo —; una scoperta — / di —*, poco tempo fa // *-mente avv.* poco tempo fa.

recentissime [-tis-] *s.f.pl.* le ultime notizie pubblicate dai giornali.

recepire *v.tr.* [*io recepisco, tu recepisci ecc.*] **1** accettare, far proprio, assorbire: *questa legge recepisce i diritti delle donne* **2** prendere atto di qlco.; capire, registrare: *abbiamo recepito la richiesta e daremo una risposta.*

recere [rè-] *v.intr.* [pres. *io rècio ecc.*; pass.rem. *io recéi* o *recètti, tu recésti ecc.*] p.pass. *reciuto*] (*lett.*) vomitare, rigettare.

recessione [-sió-] *s.f.* **1** atto, effetto del recedere / *— di caratteri*, (*biol.*) latenza di alcuni caratteri ereditari, mentre altri predominano / *— di querela*, (*dir.*) remissione **2** (*econ.*) rallentamento generale dell'attività produttiva.

recessivo *agg.* (*biol.*) detto di carattere ereditario che compare non in tutte le generazioni, ma solo in alcune.

recesso [-cès-] *s.m.* **1** (*lett.*) luogo solitario, appartato, nascosto: *si ritirò in un ombroso — / i più intimi recessi dell'anima*, la parte più segreta **2** il recedere, il ritirarsi: *accesso e — dell'onda*, flusso e riflusso / *— da un reato*, (*dir.*) quando si è iniziato e lo si abbandona / *— da un contratto*, (*dir.*) lo scioglimento del vincolo contrattuale / *— della febbre*, il diminuire di questa.

recettività *s.f.invar.* → **ricettività.**

recettivo *agg.* → **ricettivo.**

recettore [-tó-] *s.m.* (*biol.*) struttura situata all'interno dell'organismo, funzionalmente preposta alla ricezione di stimoli interni o esterni di natura fisico-chimica o sensitiva.

recidere [-ci-] *v.tr.* [pass.rem. *io recisi, tu recidésti ecc.*;

p.pass. *reciso*] tagliare netto, mozzare: — *i rami di un albero, una pianta, una fune.* SIN. *troncare.*

recidiva *s.f.* **1** (*dir.*) nuovo reato di chi sia stato precedentemente condannato per colpa analoga **2** (*med.*) ricaduta in una malattia precedentemente guarita.

recidività *s.f.invar.* l'essere recidivo.

recidivo *agg.* e *s.m.* che o chi è ricaduto nello stesso reato o nella stessa malattia: *l'imputato è —.*

recingere [-cìn-] *v.tr.* [coniugato come *cingere*] cingere tutt'intorno: *recìnsero l'orto con una siepe.*

recintare *v.tr.* chiudere in un recinto; circondare.

recinto *s.m.* **1** spazio circondato da uno steccato, una siepe o un muro **2** lo steccato, la siepe e simili, che recingono **3** piccola piattaforma circondata da sbarre in cui si mettono i bambini molto piccoli perché possano giocare senza pericolo.

recinzione [-ziò-] *s.f.* **1** atto, effetto del recingere **2** ciò che serve per recingere.

recipiente [-pièn-] *s.m.* termine generico che indica vasi, tegami e simili che possono contenere qlco., spec. liquidi.

reciprocità *s.f.invar.* l'essere reciproco: — *di un obbligo.*

reciproco [-ci-] *agg.* [pl.m. *-ci*] scambievole: *stima, affetto, favore —* / *verbo riflessivo —,* indica un'azione reciproca: *i cani non si mordono tra loro* / *numeri reciproci,* due numeri il cui prodotto è l'unità: *cinque e un quinto sono reciproci.* SIN. *vicendevole, mutuo* // **-mente** *avv.* l'un l'altro, a vicenda.

recisione [-siò-] *s.f.* atto, effetto del recidere.

reciso [-ʃo] *agg.* (*fig.*) **1** troncato, tagliato **2** (*fig.*) brusco, secco: *risposta recisa.* SIN. *secco, risoluto.*

recita [rè-] *s.f.* rappresentazione di un lavoro teatrale: *prender parte a una — di beneficenza.*

recital [*ingl.*; *pr.* risàitl] *s.m.* concerto o spettacolo teatrale, di prosa o arte varia, tenuto da un solo interprete.

recitante *agg.* si dice di voce che, accompagnata da una musica, non canta ma recita.

recitare *v.tr.* [*io* rècito ecc.] dire a memoria una cosa studiata, imparata; declamare; leggere ad alta voce; sostenere una parte (anche *assol.*): *l'attore recitò bene* (*la sua parte*); — *una poesia* / *la commedia,* fingere.

recitativo *agg.* che si può, si deve recitare // *s.m.* nel melodramma, declamazione cantata che chiarisce l'azione e ne collega le varie parti.

recitazione [-ziò-] *s.f.* atto, effetto del recitare; spec. interpretazione, mimica e vocale, di un personaggio eseguita da un attore: — *enfatica; scuola di —.*

reclamare *v.intr.* esporre lagnanze, reclami: — *presso qlcu.* SIN. *protestare* // *v.tr.* esigere: — *la propria parte di eredità.* SIN. *pretendere.*

réclame [*franc.*; *pr.* reclàm] *s.f.* propaganda, pubblicità; invito rivolto al pubblico mediante i giornali, la radio, la televisione e altri mezzi di diffusione, per invogliarlo ad acquistare un prodotto, a recarsi a uno spettacolo ecc.; foglietto, cartellone, opuscolo pubblicitario: — *luminosa* / *far — a qlcu., a qlco.,* farne conoscere le qualità.

reclamistico [-mì-] *agg.* [pl.m. *-ci*] che serve a far pubblicità; che ha carattere pubblicitario.

reclamizzare [-miʒʒa-] *v.tr.* far réclame a qlco. o qlcu.

reclamo *s.m.* lagnanza; richiesta scritta od orale di modificare una decisione che si ritiene ingiusta: *fare —; presentare un —.*

reclinare *v.tr.* piegare verso il basso: — *il capo.* SIN. *chinare.*

reclino *agg.* (*lett.*) chinato, volto in basso: *capo —.*

reclusione [-ʃió-] *s.f.* **1** l'essere recluso **2** pena restrittiva della libertà, carcerazione: *tre anni di —.*

recluso [-ʃo] *agg.* rinchiuso: *le monache recluse* // *s.m.* chi è condannato alla pena della reclusione.

reclusorio [-ʃò-] *s.m.* luogo di pena in cui i condannati scontano la reclusione; prigione.

recluta [rè-] *s.f.* **1** soldato appena arruolato, agli inizi della vita militare **2** novizio; chi è entrato da poco a far parte di un partito, di un'associazione, di un'attività professionale e simili: *le reclute del cinema.*

reclutamento [-mén-] *s.m.* il reclutare; il complesso delle operazioni di leva.

reclutare *v.tr.* [*io* rècluto ecc.] **1** scegliere e arruolare cittadini per il servizio militare: — *tutti gli uomini abili* **2** assumere personale; raccogliere seguaci: *hanno reclutato tutti i muratori della zona; il nuovo partito ha reclutato molti giovani.*

recondito [-còn-] *agg.* appartato, nascosto: *luogo, pensiero —.* SIN. *riposto, segreto.*

record [*ingl.*; *pr.* rècord] *s.m.* **1** il miglior risultato ottenuto in una specialità sportiva; primato: *battere un —,* superarlo / *a tempo di —,* in un tempo brevissimo **2** elenco delle gare disputate da un atleta con i dati relativi.

recordman [*ingl.*; *pr.* rècordman] *s.m.* chi ha conseguito un record.

recriminare *v.intr.* [*io* recrìmino ecc.] **1** ritorcere l'accusa contro l'accusatore **2** lamentarsi di ciò che si è fatto: *fa le cose storte e poi recrimina contro gli altri.*

recriminazione [-ziò-] *s.f.* **1** il ritorcere l'accusa contro l'accusatore **2** il lamentarsi per un danno sofferto.

recrudescenza [-scèn-] *s.f.* aggravamento o ripresa di un male già in via di guarigione (*anche fig.*): *una — della malattia, del freddo, della delinquenza.*

recto [rèc-] *s.m.invar.* la parte anteriore di un foglio, di una moneta o medaglia, contrapposta al verso o rovescio.

recuperare *v.tr.* [*io* recùpero ecc.] e *deriv.* → **ricuperare** e *deriv.*

redarguire *v.tr.* [*io* redarguisco, *tu* redarguisci ecc.] rimproverare energicamente qlcu. mostrandogli la sua colpa. SIN. *rimbrottare, riprendere.*

redarre *v.tr.* [*io* redigo, *tu* redigi ecc.] forma diffusa nell'uso per → **redigere** tratta dal p.pass. *redatto.*

redattore [-tó-] *s.m.* [f. *-trice*] **1** chi redige un atto, una relazione **2** chi lavora stabilmente nella redazione di un giornale, di una rivista e simili; chi, nelle case editrici, cura la messa a punto dei testi da pubblicare, redige note, didascalie ecc. / — *capo,* colui che coordina il lavoro dei redattori.

redazionale *agg.* di o della redazione; si dice spec. di articolo non firmato, di cui la redazione di un giornale assume la responsabilità.

redazione [-ziò-] *s.f.* **1** l'atto del redigere: — *di un documento, di un articolo* **2** l'insieme dei redattori di un giornale e simili: *all'articolo segue un commento della —* **3** la sede in cui si prepara un giornale e simili: *sono passato in —* **4** ciascuno dei testi, spesso diversi in parte nella forma e nel contenuto, in cui è stata tramandata un'opera scritta: *dei poemi omerici esistono diverse redazioni.*

redazza *s.f.* (*mar.*) fascio di filacce di canapa legate a un'estremità e unite a un manico, per asciugare i ponti di legno delle navi dopo il lavaggio.

redde rationem [*lat.*; *pr.* rèdde raziònem = *rendiconto*] *s.m.invar.* la resa dei conti, giudizio finale con implicita un'idea di condanna: *arriverà anche per lui il —.*

redditiere [-tiè-] *s.m.* chi ha un reddito, e spec. un alto reddito.

redditività *s.f.invar.* capacità di produrre un reddito.

redditivo *agg.* che produce un reddito.

redditizio [-tì-] *agg.* che dà reddito, frutto, guadagno: *un lavoro —*. SIN. *produttivo, fruttuoso.*

reddito [rèd-] *s.m.* provento, entrata netta, l'utile che si ricava da un mestiere, da una professione, da un impiego di capitali e simili: *— immobiliare*, che proviene da case, terreni; *denuncia dei redditi*, dichiarazione dei propri guadagni all'ufficio delle imposte; *imposta sul —*, tassa che si paga in base ai propri guadagni / *— nazionale*, insieme dei redditi ottenuti in un periodo di tempo dato dai cittadini di un paese come compensi di lavoro o come remunerazione di capitali.

redento [-dèn-] *agg.* liberato: *terre redente*, ricongiunte alla madrepatria dopo una dominazione straniera.

redentore [-tó-] *agg.* e *s.m.* [f. *-trice*] che o chi redime / *il Redentore*, Gesù Cristo.

redenzione [-zió-] *s.f.* **1** il redimere o l'essere redenti; riscatto **2** nella dottrina cristiana, la liberazione dell'uomo dal peccato e la sua riconciliazione con Dio per mezzo dell'incarnazione e morte di Cristo.

redibitorio [-tò-] *agg.* (*dir.*) che può dar luogo alla rescissione di un contratto di compravendita: *vizio —*; *azione redibitoria*, scioglimento del contratto condotto dal compratore a suo vantaggio.

redigere [-dì-] *v.tr.* [pres. *io redigo, tu redigi* ecc.; pass. rem. *io redassi, tu redigésti* ecc.; p.pass. *redatto*] stendere, compilare: *— un verbale, un articolo.*

redimere [-dì-] *v.tr.* [pass.rem. *io redènsi, tu redimésti* ecc.; p.pass. *redènto*] (*lett.*) affrancare, liberare (anche fig.): *— dalla schiavitù, dal servaggio; — dal disonore // -ersi *v.rifl.* liberarsi, riabilitarsi.

redimibile [-mi-] *agg.* che si può redimere / *prestito —*, debito pubblico che lo stato contrae, impegnandosi a rimborsarlo a epoche prefissate.

redimito *agg.* (*poet.*) cinto, incoronato.

redingote [*franc.*; *pr.* redengòt] *s.f.* **1** corto soprabito maschile in voga fino ai primi del Novecento; finanziera **2** soprabito da donna, aderente intorno alla vita e con gonna ampia.

redini [rè-] *s.f.pl.* **1** le due strisce di cuoio attaccate al morso del cavallo per guidarlo; briglie **2** (*fig.*) potere, autorità, direzione: *le — della famiglia, dello stato.*

redistribuire *v.tr.* [*io redistribuisco, tu redistribuisci* ecc.] distribuire diversamente.

redistribuzione [-zió-] *s.f.* diversa distribuzione: *— del reddito*, quella che avviene attraverso la tassazione crescente del reddito, e la fornitura di servizi o benefici ai meno abbienti.

redivivo *agg.* tornato in vita; che ha le doti, le qualità di una persona estinta: *è un Marconi —*.

redo [rè-] *s.m.* (*region.*) puledro o vitellino.

redolente [-lèn-] *agg.* (*lett.*) intensamente profumato.

red-shift [*ingl.*; *pr.* redscìft] *s.m.* (*astr.*) lo spostamento verso il rosso delle righe degli spettri delle galassie molto lontane, dal quale si deduce che i corpi celesti più lontani si allontanano a velocità elevatissime.

reduce [rè-] *agg.* e *s.m.* che o chi ritorna da una guerra, dall'esilio, da un'impresa pericolosa o faticosa.

refe [rè-] *s.m.* filo di lino o canapa, molto forte, usato per cucire.

referendario[1] [-dà-] *agg.* di referendum; che crede nel referendum, che ne fa uso politico.

referendario[2] [-dà-] *s.m.* relatore; chi studia problemi per riferirne poi a un collegio o a un'assemblea; è titolo di alcune magistrature laiche e religiose: *— della corte dei conti.*

referendum [-rèn-] *s.m.invar.* **1** votazione popolare diretta su questioni di interesse nazionale o regionale **2** votazione diretta degli interessati su una singola questione: *un — tra i lavoratori* **3** indagine, sondaggio dell'opinione pubblica intorno a qlco., condotta a fini statistici.

referente [-rèn-] *agg.* che ha il compito di riferire: *commissione —*, che trae le sue conclusioni e le riferisce a chi può decidere // *s.m.* che costituisce un punto di riferimento; in semiologia, l'elemento della realtà al quale si riferisce un segno, un messaggio.

referenza [-rèn-] *s.f.* informazione sulle capacità e sulla condotta di una persona; anche la persona che fornisce tali informazioni: *dare, presentare referenze*; *ha referenze altolocate.*

referenziare *v.tr.* [*io referènzio* ecc.] dare informazioni buone sul conto di qlcu.: *personale referenziato* // v. *intr.* presentare le proprie referenze: *scrivere referenziando.*

referto [-fèr-] *s.m.* relazione, spec. quella redatta dal medico legale e presentata all'autorità giudiziaria.

refettorio [-tò-] *s.m.* sala molto vasta di collegi, conventi e simili, dove si consumano i pasti in comune.

refezione [-zió-] *s.f.* pasto leggero: *— scolastica*, il pasto che fanno in comune dagli alunni delle scuole la cui attività continua nel pomeriggio.

refill [rè-] *s.m.invar.* (*ingl.*) cannello pieno di speciale inchiostro che serve come ricambio per le penne a sfera.

reflazione [-zió-] *s.f.* (*econ.*) la fase iniziale della ripresa economica dopo una crisi.

reflex [rè-] *agg.invar.* si dice di apparecchio fotografico in cui l'immagine è proiettata nel mirino direttamente dall'obiettivo attraverso specchi e prismi rifrangenti [*ill. Fotografia*].

refluo [rè-] *agg.* (*lett.* o *scient.*) che rifluisce; che ha subito un flusso di ritorno: *sangue —*.

refrain [*franc.*; *pr.* r(e)frèn] *s.m.* nella musica leggera, ritornello.

refrattarietà *s.f.invar.* l'essere refrattario; l'essere insensibile (anche fig.).

refrattario [-tà-] *agg.* **1** si dice di materiali che resistono a temperature elevate senza alterarsi: *mattoni refrattari* **2** (*fig.*) insensibile, che non reagisce a sollecitazioni: *— alla musica*, incapace di capirla **3** (*med.*) resistente a stimoli e ad agenti patogeni.

refrigerante *agg.* che dà refrigerio: *un bagno —* **2** che raffredda, che abbassa la temperatura: *miscela —*.

refrigerare *v.tr.* [*io refrigero* ecc.] **1** raffreddare, dare refrigerio. SIN. *rinfrescare* **2** conservare a bassa temperatura.

refrigeratore [-tó-] *s.m.* **1** si dice di tutto ciò che serve a refrigerare **2** nei frigoriferi, reparto dove si ha la temperatura più bassa.

refrigerazione [-zió-] *s.f.* abbassamento artificiale della temperatura; il refrigerare: *— delle carni.*

refrigerio [-gè-] *s.m.* **1** ristoro dato da qlco. che tempera il caldo, l'arsura, una scottatura e simili: *la brezza dà un po' di —* **2** (*fig.*) conforto in una situazione penosa: *le tue parole mi sono di —*. SIN. *sollievo.*

refurtiva *s.f.* il bene o i beni rubati: *recuperare la —*.

refuso [-ʃo] *s.m.* (*tip.*) lettera errata usata nella composizione al posto di quella giusta; errore di stampa.

regalare *v.tr.* **1** dare liberamente qlco. di utile o gradito: — *un libro a un amico* / *regalarsi qlco.*, (*scherz.*) concedersela. SIN. *donare* **2** vendere a basso prezzo.

regale *agg.* di, da re; per estens., magnifico: *scettro —*.

regalìa [-lì-] *s.f.* **1** regalo che si fa a un inferiore come compenso per una prestazione **2** (*st.*) nel medioevo, ciascuno dei diritti considerati di pertinenza del sovrano **3** *pl.* regali in natura che in certe regioni il colono deve portare al padrone.

regalità *s.f.invar.* la qualità di chi o di ciò che è regale; per estens., maestà.

regalo *s.m.* **1** ciò che si regala: *un — prezioso*. SIN. *dono, presente* **2** (*fig.*) cosa gradita, favore: *se vieni, mi fai un —*.

regata *s.f.* gara di velocità tra imbarcazioni a remi, a vela o a motore.

regatante *s.m.* e *f.* chi partecipa a una regata.

regèsto [-gè-] *s.m.* raccolta di atti e documenti, riassunti o trascritti nelle parti giudicate essenziali; anche, riassunto di un singolo documento storico.

reggènte [-gèn-] *agg.* e *s.m.* e *f.* che o chi regna in vece di altri, spec. in vece di un sovrano temporaneamente lontano, minorenne o incapace: *principe —* // *i capitani reggenti*, i due magistrati a capo della Repubblica di san Marino // *agg.* e *s.f.* (*gramm.*) si dice di elemento che regge dopo di sé un costrutto sintattico: *proposizione —*.

reggènza [-gèn-] *s.f.* **1** dignità, ufficio di reggente; la sua durata: *tenere la —* **2** il complesso dei reggenti **3** (*gramm.*) il costrutto sintattico che un elemento esige dopo di sé: *la — di un verbo*.

règgere [règ-] *v.tr.* (pres. *io règgo, tu règgi ecc.*; pass.rem. *io rèssi, tu reggésti ecc.*; p.pass. *rètto*] **1** tener su, sorreggere: *règgimi la scala*; *questo ramo mi reggerà* **2** sostenere, sopportare: *— una prova* / *il mare*, di nave abbastanza solida da resistere alle tempeste / *— il vino*, poterne bere molto senza ubriacarsi **3** guidare, dirigere; per estens., governare: *— il timone, un'azienda, uno stato* **4** (*gramm.*) richiedere un determinato costrutto sintattico: *questo verbo regge l'accusativo* // *v.intr.* resistere, durare, sopportare (anche *fig.*): *— alla fatica*, *la pirofila regge al fuoco*; *non — al confronto* / *non mi regge l'animo*, non ne ho il coraggio // *assol.* mantenersi, resistere: *partiremo se il tempo reggerà*; *l'obiezione non regge*, non resiste a un esame // **-ersi** *v. rifl.* **1** sostenersi (anche *fig.*): *non mi reggevo in piedi*; *il nostro commercio per ora si regge* **2** governarsi: *— a monarchia*.

règgia [règ-] *s.f.* l'abitazione del re, la sua residenza; per estens., casa grande e lussuosa.

reggiano *agg.* di Reggio nell'Emilia // *s.m.* abitante di Reggio nell'Emilia.

reggibraca *s.m.invar.* nei finimenti del cavallo, cinghia che passando sulla groppa regge la braca [*ill. Cavallo*].

reggicalze *s.m.invar.* indumento femminile composto da una fascetta di elastico, stoffa o pizzo che si porta attorno ai fianchi, dalla quale pendono quattro giarrettiere che sostengono le calze.

reggifreno *s.m.* nei finimenti del cavallo, cinghia che passando sul capo regge il morso [*ill. Cavallo*].

reggiménto [-mén-] *s.m.* **1** unità organica dell'esercito che si compone di più battaglioni o gruppi (a seconda dell'Arma) ed è comandata da un colonnello; (*fig.*) un grande numero: *— di artiglieria*; *c'era un — di marmocchi* **2** (*ant.*) governo.

reggino *agg.* di Reggio Calabria // *s.m.* abitante di Reggio Calabria.

reggipètto [-pèt-] *s.m.* [pl. *-i* o *invar.*], **reggiseno** *s.m.* [pl. *-i* o *invar.*] indumento femminile che copre e sostiene le mammelle.

reggistanga *s.f.* nei finimenti del cavallo, il punto della selletta nel quale si fissa la stanga del veicolo trainato [*ill. Cavallo*].

reggitóre [-tó-] *s.m.* [f. *-trice*] (*lett.*) chi regge, chi governa / *il sommo —*, Dio.

regìa [-gì-] *s.f.* direzione dell'allestimento di un'opera teatrale, cinematografica o radiotelevisiva; per estens., organizzazione di manifestazioni, giochi ecc.: *la — della propaganda elettorale*.

regicìda *s.m.* e *f.* [pl.m. *-i*] chi ha commesso un regicidio.

regicìdio [-cì-] *s.m.* l'uccisione del re o della regina.

regime *s.m.* **1** forma di governo; in particolare, sistema autoritario, che non tiene conto dei diritti dei cittadini: *— monarchico, repubblicano*; *questo non è un governo, è un —* **2** complesso di regole per governare il proprio corpo secondo i dettami dell'igiene: *— alimentare*, tipo di alimentazione; *— latteo, vegetariano*, a base di latte, di verdure; *essere a —*, seguire una dieta speciale **3** (*fis.* e *geogr.*) andamento di un fenomeno in particolari periodi e in determinate condizioni: *— dei venti*; *fiumi a — torrentizio* **4** funzionamento di una macchina: *il motore va a pieno —*.

regina *s.f.* **1** moglie del re; donna che è a capo di uno stato a regime monarchico: *la — d'Inghilterra*; *la — madre*, la madre del re **2** (*fig.*) donna o cosa che primeggia fra le altre: *la — della festa*; *la rosa è la — dei fiori* / *uva —*, qualità di uva bianca a grossi acini **3** la femmina feconda degli insetti sociali (api, vespe, formiche, termiti): *ape —* **4** nel gioco degli scacchi, il pezzo più potente posto a difesa del re [*ill. Scacchi*]; nelle carte, figura di valore immediatamente inferiore al re: *scacco alla —*; *— di picche*.

règio [rè-] *agg.* del re, che appartiene al re: *potere —*.

regionale *agg.* della regione, che è proprio di una sola regione: *consiglio —*; *piatto —* / *patti militari regionali*, quelli che riguardano una determinata area geopolitica.

regionalismo [-ʃmo] *s.m.* **1** attaccamento eccessivo per la propria regione e per tutto ciò che ha relazione con essa **2** (*pol.*) tendenza a concedere autonomia amministrativa alle regioni **3** particolarità linguistica propria di una regione.

regionalista *s.m.* e *f.* [pl.m. *-i*] **1** chi è eccessivamente attaccato agli usi e alle cose della propria regione **2** chi sostiene il regionalismo.

regionalistico [-lì-] *agg.* [pl.m. *-ci*] di, da regionalista, del regionalismo: *spirito —*.

regionalizzare [-liʒʒa-] *v.tr.* rendere regionale; estendere a una regione: *— il conflitto*.

regionalizzazione [-liʒʒaʒió-] *s.f.* l'atto, l'effetto del regionalizzare.

regióne [-gió-] *s.f.* **1** ampia zona della superficie terrestre, avente caratteristiche proprie; vasto tratto di cielo: *la — alpina, tropicale, delle nevi eterne*; *le costellazioni della — boreale* **2** territorio con caratteri storici, linguistici e culturali propri; ente territoriale autonomo previsto dalla costituzione con poteri amministrativi e in parte anche legislativi; *la Lombardia è una delle più fertili regioni d'Italia*; *la Valle d'Aosta è una — autonoma* **3** (*anat.*) ciascuno dei settori in cui è diviso il corpo umano: *la — lombare, parietale* [*ill. Corpo*].

regista *s.m.* e *f.* [pl.m. *-i*] chi dirige l'allestimento di lavori teatrali, cinematografici o radiotelevisivi: *— cine-*

matografico / aiuto —, il principale collaboratore del regista durante le riprese di un film.

registrare *v.tr.* **1** annotare, scrivere in un apposito libro; iscrivere in un registro: — *una spesa*; — *la nascita, la morte nei libri dello stato civile* / — *un vocabolo*, accoglierlo in un dizionario / — *un veicolo*, immatricolarlo **2** ricordare per iscritto, segnalare: *la storia antica registra esempi gloriosi di amor patrio*; *la cronaca registra atti di teppismo* **3** rappresentare l'andamento di un fenomeno, a mezzo di speciali apparecchi; raccogliere suoni e immagini per riprodurli: *il cardiografo registrò qualcosa di anormale*; *ora registreremo il vostro discorso* **4** (*tecn.*) mettere a punto un meccanismo, una macchina: — *un orologio, i freni della bicicletta*.

registratore [-tó-] *agg. e s.m.* **1** [f. *-trice*] che o chi registra **2** apparecchio o strumento per registrare in genere, spec. apparecchio che registra suoni con sistemi meccanici, ottici o magnetici [*ill. Suono*] / — *di cassa*, macchina che registra via via tutti gli incassi.

registrazione [-zió-] *s.f.* **1** atto, effetto del registrare **2** annotazione su pubblici registri o su libri appositi di atti, dichiarazioni e simili: — *di un contratto, di un testamento* **3** riproduzione di suoni o di immagini con sistemi meccanici, ottici o magnetici; in radiotelevisione, anche il locale dove si effettua la registrazione; rappresentazione dell'andamento di un fenomeno a mezzo di speciali apparecchi **4** (*tecn.*) la messa a punto di un meccanismo.

registro *s.m.* **1** libro o quaderno in cui si registra qlco.: *i registri della parrocchia*; *l'insegnante segnò il voto sul* — / *ufficio del* —, ufficio statale presso cui vengono registrati gli atti contrattuali perché abbiano piena validità legale **2** (*mus.*) estensione delle voci umane: — *di basso, di soprano* / — *dell'organo*, ciascuno dei timbri che l'organo può riprodurre [*ill. Musicali, strumenti*] / *cambiar* —, cambiar tono; cambiare tenore di vita / — *linguistico*, il modo di parlare o scrivere tipico di diverse situazioni (familiare, letterario, burocratico, giornalistico ecc.) **3** congegno che regola il movimento di un meccanismo: — *dell'orologio*.

regiudicata *agg. e s.f.* (*dir.*) si dice di sentenza definitiva che non può più andar soggetta ad appello.

regnante *agg.* che regna; (*fig.*) dominante: *il papa attualmente* —; *opinioni regnanti* // *s.m.pl.* coloro che regnano, i sovrani.

regnare *v.intr.* [*io régno ecc.*] **1** essere re; essere a capo di uno stato con autorità sovrana: *regnava Elisabetta I, papa Clemente VII, Augusto imperatore* **2** (*fig.*) dominare, aver prevalenza: *gli arabi regnarono sul bacino mediterraneo / in montagna regnano i pini*.

regno [ré-] *s.m.* **1** stato a regime monarchico sotto la sovranità di un re; l'autorità, la dignità di re: *il* — *d'Inghilterra*; *i confini del* —; *aspirare al* — **2** (*fig.*) luogo in cui domina qlcu. o qlco.: *il* — *dei ghiacci* / *il* — *dei cieli, il paradiso* / *il* — *animale, vegetale, minerale*, le tre grandi partizioni in cui vengono suddivisi i corpi.

regola [rè-] *s.f.* **1** l'ordine costante che si riscontra nello svolgimento dei fatti; la norma ricavata dall'esperienza o fissata per convenzione che serve di fondamento e di guida nello studio, nell'esercizio di un'attività: — *grammaticale*; *contravvenire a una* — / *essere in* —, nella condizione prescritta / *avere le carte in* —, avere i documenti richiesti; (*fig.*) avere i requisiti necessari per qlco. / *per tua* (*buona*) —, per tua norma / *a* — *d'arte*, in modo perfetto / *di* —, normalmente **2** in matematica, metodo pratico

per la soluzione di problemi o l'esecuzione di calcoli: — *del tre semplice* **3** moderazione, misura, freno: *mangia senza* — **4** l'insieme delle norme che governano la vita di un ordine religioso e di chi vi appartiene: *la Regola dei benedettini*.

regolabile [-là-] *agg.* che può essere regolato.

regolamentare[1] *agg.* conforme a regolamento, prescritto dal regolamento: *procedura* —.

regolamentare[2] *v.tr.* [*io regolaménto ecc.*] sottoporre a regolamento.

regolamentazione [-zió-] *s.f.* il sottoporre a regolamento; il complesso delle norme che regolano una data materia.

regolamento [-mèn-] *s.m.* **1** l'atto, l'effetto del regolare: — *di un corso d'acqua* / — *di un conto*, pagamento / — *di conti*, vendetta tra bande rivali / **2** il complesso delle norme con cui si regola qlco.; in particolare, il complesso delle norme giuridiche con cui si regola l'applicazione di una legge: *attenersi al* —.

regolare[1] *v.tr.* [*io régolo ecc.*] **1** ordinare, far procedere secondo una regola; disciplinare: — *il corso di un fiume*; — *il traffico* / — *i conti*, pagarli; (*fig.fam.*) dare a qlcu. la lezione che si merita **2** agire su particolari dispositivi per ottenere il miglior rendimento da un apparecchio, meccanismo ecc.: — *il cannocchiale* / — *l'orologio*, metterlo sull'ora esatta **3** moderare: — *la velocità* / **-arsi** *v.rifl.* **1** comportarsi in modo adeguato, conveniente **2** moderarsi: — *nel vitto*.

regolare[2] *agg.* che è conforme alla regola, che non contrasta con le norme stabilite; che non presenta irregolarità: *naso* —; *condotta* —; *polso* —, che ha il ritmo normale / *esercito* —, l'esercito permanente / *verbi regolari*, quelli che si coniugano come la maggioranza degli altri verbi / *poligono* —, che ha i lati e gli angoli uguali / *clero* —, appartenente a un ordine, a una comunità religiosa e quindi sottoposto a una regola. CONTR. *irregolare*.

regolarità *s.f.invar.* l'essere regolare.

regolarizzare [-riʒʒa-] *v.tr.* rendere regolare: *deve* — *la sua posizione*.

regolarizzazione [-riʒʒazió-] *s.f.* il regolarizzare; sistemazione regolare, legale.

regolata *s.f.* rapida messa a punto: *dare una* — *al motore / darsi una* —, (*fam.*) cambiare comportamento, rigare diritto.

regolatezza [-tèz-] *s.f.* l'essere abitualmente regolato: *la* — *del vivere conserva la salute*. CONTR. *sregolatezza*.

regolato *agg.* **1** conforme alle regole, ben ordinato **2** temperato, senza eccessi: *vita regolata*; *un uomo* — *nel bere*. CONTR. *sregolato*.

regolatore [-tó-] *agg. e s.m.* [f. *-trice*] che o chi regola / *piano* —, complesso di norme che regolano lo sviluppo edilizio dei centri abitati // *s.m.* dispositivo che serve a regolare il funzionamento di un meccanismo o di un impianto: — *di volume* [*ill. Televisione*].

regolazione [-zió-] *s.f.* atto, modo del regolare: *la* — *del traffico*.

regole [rè-] *s.f.pl.* (*pop.*) mestruazioni: *la ragazza aveva le* (*sue*) *regole*.

regolo[1] [rè-] *s.m.* **1** asticciola squadrata di legno o metallo per tirare linee rette; strumento in legno con cui il muratore verifica l'allineamento dei muri **2** listello squadrato di legno o metallo per vari usi: *i regoli delle gabbie* / — *calcolatore*, strumento composto di due scale numerate scorrevoli una nell'altra per eseguire rapidamente calcoli matematici.

regolo² [rè-] *s.m.* **1** (*spreg.*) re a capo di un piccolo stato **2** piccolo uccello dei passeracei di colore verdastro, assai domestico (*fam.* Silvidi).

regredire *v.intr.* [*io regredisco, tu regredisci ecc.*] tornare indietro (spec. *fig.*): — *negli studi*. CONTR. *progredire*.

regressione [-sió-] *s.f.* **1** il regredire **2** (*geol.*) lento ritiro delle acque marine da bacini precedentemente occupati **3** (*biol.*) ritorno di un tessuto o di un organo a una fase anteriore della sua evoluzione.

regressivo *agg.* che regredisce; che tende a regredire: *sviluppo* —.

regresso [-grès-] *s.m.* **1** il regredire (spec. *fig.*); decadimento: *il* — *della febbre fa sperare in una rapida guarigione*; *le arti figurative sono in* —. CONTR. *progresso* **2** (*dir.*) diritto del creditore di una cambiale, non pagata dal debitore principale, di rivalersi sui giranti.

reidratare *v.tr.* idratare ciò che era disidratato; arricchire di acqua.

reietto [-ièt-] *agg.* e *s.m.* che o chi è stato respinto, ripudiato: *un figlio* —; *i reietti della società*.

reiezione [-zió-] *s.f.* **1** (*rar.*) atto del respingere **2** (*dir.*) atto con cui si respinge una domanda, un documento perché incompleti o inesatti.

reificare *v.tr.* [*io reifico, tu reifichi ecc.*] trasformare in cosa, in semplice oggetto ciò che ha invece valori morali e affettivi: — *l'arte*, *l'amore*.

reificazione [-zió-] *s.f.* il reificare.

reimbarcare *v.tr.* [*io reimbarco, tu reimbarchi ecc.*] imbarcare di nuovo.

reimbarco *s.m.* [pl. -*chi*] l'imbarco di cose o persone sbarcate da poco.

reimpiegare *v.tr.* [*io reimpiègo, tu reimpièghi ecc.*] impiegare, utilizzare di nuovo: — *una macchina*; — *manodopera*.

reimpiego [-piè-] *s.m.* [pl. -*ghi*] il reimpiegare; nuova utilizzazione.

reincarnare *v.tr.* incarnare di nuovo // **-arsi** *v.rifl.pron.* secondo la credenza della reincarnazione, assumere un nuovo corpo.

reincarnazione [-zió-] *s.f.* **1** (*relig.*) credenza secondo cui, dopo la morte, lo spirito torna a vivere in un altro corpo, dimenticando la vita passata **2** (*fig.rar.*) persona che ne ricorda molto un'altra o ne ripete le gesta: *mio figlio è la* — *del nonno*.

reingaggio [-gàg-] *s.m.* nuovo ingaggio, spec. di atleta, riassunto in una società sportiva dopo che è scaduto il primo ingaggio.

reinnestare *v.tr.*, **reinnesto** *s.m.* → **rimestare**, **rimesto**.

reinserimento [-mén-] *s.m.* nuovo inserimento di qlcu. o qlco. perché torni a far parte di un sistema a cui era divenuto estraneo: *il* — *degli ex-carcerati nella vita sociale*.

reinserire *v.tr.* [*io reinserisco, tu reinserisci ecc.*] inserire di nuovo.

reintegrare *v.tr.* [*io reintegro ecc.*] **1** riportare qlco. ad una condizione di interezza; riportare qlcu. nella pienezza dei suoi diritti: *il riposo aiuta a* — *le forze*; *fu reintegrato nella sua carica*. SIN. *ripristinare* **2** *assol.* risarcire qlcu. dei danni subiti.

reintegrativo *agg.* atto a reintegrare.

reintegrazione [-zió-] *s.f.* l'atto, l'effetto del reintegrare.

reinvestire *v.tr.* [*io reinvèsto ecc.*] e *deriv.* → **rinvestire** e *deriv.*

reità *s.f.invar.* l'essere reo; colpevolezza.

reiterare *v.tr.* [*io reitero ecc.*] (*lett.*) fare di nuovo qlco.: — *una promessa*; — *i saluti*. SIN. *replicare*, *ripetere*.

reiterato *agg.* ripetuto // **-mente** *avv.* ripetutamente.

reiterazione [-zió-] *s.f.* il reiterare.

relais [*franc.*; *pr.* r(e)lè] *s.m.* dispositivo elettromagnetico per il comando della chiusura e apertura di un circuito elettrico.

relativismo [-ʃmo] *s.m.* ogni concezione filosofica che neghi la conoscenza assoluta della realtà.

relativistico [-vi-] *agg.* [pl.m. -*ci*] proprio del relativismo o della teoria della relatività.

relatività *s.f.invar.* la condizione, la proprietà di ciò che è relativo / *teoria della* —, teoria fisico-matematica, secondo la quale le misure delle grandezze fisiche, tra le quali gli intervalli di tempo e le distanze, sono relative all'osservatore, mentre le leggi e i principi fisici fondamentali devono essere uguali per tutti gli osservatori, inerziali (relatività ristretta) e anche non inerziali (relatività generale).

relativo *agg.* **1** che è in rapporto con altra cosa: *il risultato è* — *allo sforzo fatto*; *numeri relativi*, i numeri positivi e negativi **2** che è sottoposto a limiti o condizioni: *gode di una libertà relativa*. CONTR. *assoluto* **3** che si riferisce a qlco.: *questo è il denaro* — *alle spese di vitto e alloggio*; *proposizione relativa*, (*gramm.*) quella che si riferisce a un elemento di un'altra proposizione da cui dipende (p.e. *il libro che ho letto* è della biblioteca); *pronome* —, quello che serve a introdurre una proposizione relativa (p.e. *che, il quale, cui ecc.*) // **-mente** *avv.* in modo relativo, limitatamente: *discorso* — *interessante* / — *a*, in quanto a.

relato *agg.* che è in relazione; correlato, relativo.

relatore [-tó-] *s.m.* [f. -*trice*] chi riferisce ad altri su un determinato argomento: *il* — *di una proposta di legge*.

relax [-làx] *s.m.invar.* (*ingl.*) rilassamento fisico e psichico; stato di riposo totale.

relazionare *v.tr.* [*io relazióno ecc.*] fare un resoconto; mettere al corrente: *lo relazionò sul suo incontro con l'avvocato*.

relazione [-zió-] *s.f.* **1** resoconto orale o scritto su cose viste o sentite: *fare una* —. SIN. *rapporto, narrazione* **2** rapporto esistente tra due cose: — *di causa ed effetto* / *mettere in* — *due fatti*, stabilire un rapporto fra essi **3** legame intercorrente tra due persone, spec. d'affetto, d'amicizia, d'affari; la persona con cui si è stretto tale legame: — *sentimentale*; *c'è tra noi una* — *d'amicizia*; *ho con lui delle buone relazioni*, sono con lui in buoni rapporti; *ha molte relazioni*, conosce molte persone / *relazioni umane*, l'insieme delle attività che tendono a migliorare i rapporti tra i dirigenti di un'azienda e i loro dipendenti / *relazioni pubbliche*, l'insieme dei mezzi che tendono a migliorare i rapporti non direttamente economici di un'azienda o di un ente con il pubblico.

relè *s.m.invar.* → **relais**.

relegare *v.tr.* [*io rèlego, tu rèleghi ecc.*] allontanare qlcu. da un luogo costringendolo a risiedere in un altro non di sua scelta (anche *fig.*): *fu relegato in un paesino montano*.

relegazione [-zió-] *s.f.* il relegare; l'essere relegato.

religione [-gió-] *s.f.* **1** il complesso di credenze e di atti di culto che collega la vita dell'uomo a un ordine superiore e soprattutto alla divinità, intesa come fine ultimo di tutte le cose: — *cristiana, buddista*; — *rivelata*, che si fonda su una rivelazione divina; — *naturale*, deismo; *è morto con i conforti della* —, avendo ricevuto i sacramenti / *non c'è più* —!, (*scherz.*) deplorando le abitudini del nostro tempo **2** per estens., sentimento di riverenza: *la* — *del dovere*; *ascoltò con* — *le sue paro-*

le **3** ordine monastico, congregazione religiosa: *entrò in* —.

religiosità *s.f.invar.* **1** l'essere religioso **2** inclinazione alla pratica della religione; senso spontaneo del divino **3** per estens., scrupolosa esattezza.

religioso [-gió-] *agg.* **1** proprio di una religione: *insegnamento* — **2** che si comporta secondo gli insegnamenti della religione: *è un uomo* —. SIN. *pio* **3** che è conforme alle disposizioni della religione: *matrimonio* — **4** (*fig.*) devoto, diligente, rispettoso: *ha un affetto — per il padre; ascoltavano in — silenzio //* **s.m.** chi appartiene a un ordine, a una comunità religiosa // **-mente** *avv.* **1** in modo religioso **2** (*fig.*) devotamente, rispettosamente.

reliquia [-lì-] *s.f.* ciò che resta di qlco.; in particolare, i resti del corpo di un santo o di un oggetto che gli apparteneva; similmente, ciò che rimane di cosa alla quale si sia sentimentalmente legati: *conservare qlco. come una* —, con venerazione.

reliquiario [-quià-] *s.m.* urna o altra custodia, in cui si conservano le reliquie dei santi.

relitto *s.m.* **1** avanzo di un naufragio **2** (*fig.*) detto di persona decaduta e misera: *è un — della società*.

remainder [*ingl.*; *pr.* rimèinda] *s.m.* libro invenduto, che si mette in vendita a prezzo ridotto; anche, libreria specializzata in questo tipo di vendita.

remake [*ingl.*; *pr.* rimèik] *s.m.* rifacimento, nuovo allestimento, spec. di uno spettacolo.

remare *v.intr.* [*io rèmo ecc.*] maneggiare i remi in modo da imprimere il movimento a un'imbarcazione. SIN. *vogare*.

remata *s.f.* **1** l'atto o il movimento del remare: *vado a fare una bella* — **2** colpo di remo.

rematore [-tó-] *s.m.* [f. *-trice*] chi rema.

remeggiare *v.intr.* [*io reméggio ecc.*] remare; (*fig.*) muover le ali come remi.

remeggio [-mèg-] *s.m.* **1** il remeggiare; per estens. il movimento delle ali degli uccelli in volo **2** il complesso dei remi di una imbarcazione.

remiganti *s.f.pl.* (*zool.*) le penne lunghe e dure delle ali degli uccelli [*ill. Uccello*].

remigare *v.intr.* [*io rèmigo ecc.*] **1** (*lett.*) remare **2** di uccelli, battere lentamente e ritmicamente le ali volando.

reminiscenza [-scèn-] *s.f.* **1** il ricordarsi di qlco.; la cosa ricordata: — *di fatti quasi dimenticati*. SIN. *ricordo, rimembranza* **2** passo di un'opera d'arte in cui si nota una certa imitazione, più o meno consapevole, di altre opere: *reminiscenze mozartiane*.

remissione [-sió-] *s.f.* **1** il condonare in tutto o in parte una colpa, un debito ecc.: *la — dei peccati* **2** il rimettersi alla volontà altrui: *la sua — è totale* **3** (*med.*) superamento dello stato acuto di una malattia.

remissività *s.f.invar.* l'essere remissivo.

remissivo *agg.* che si sottomette facilmente alla volontà altrui: *un ragazzo* —. SIN. *sottomesso*.

remo [rè-] *s.m.* specie di lungo bastone con impugnatura, terminante a forma di pala; immerso nell'acqua, agisce come leva e consente di imprimere il movimento a un'imbarcazione: *una barca a remi / tirare i remi in barca*, portare a termine un'iniziativa o ritirarsi da un'impresa troppo rischiosa.

remora[1] [rè-] *s.f.* (*lett.*) indugio, ritardo: *tutto sarà fatto senza* —.

remora[2] [rè-] *s.f.* pesce marino provvisto, sul capo, di una specie di ventosa con la quale si attacca ad altri pesci, alle navi ecc. e si fa trasportare (*fam.* Echeneidi).

remoto [-mò-] *agg.* molto lontano: *luogo, tempo — / passato* —, (*gramm.*) tempo dell'indicativo che indica un fatto o un'azione considerati come definitivamente compiuti.

remunerare *v.tr.* [*io remùnero ecc.*] **1** dare una ricompensa: — *un sacrificio*; — *qlcu. con denaro, con lodi*. SIN. *ricompensare, retribuire, pagare, premiare* **2** dare profitto, rendere: *attività che remunera bene*.

remunerativo *agg.* che remunera, che dà un compenso: *affare* —.

remunerazione [-zió-] *s.f.* atto, effetto del remunerare: — *delle fatiche*. SIN. *ricompensa, retribuzione*.

rena [rè-] *s.f.* → **arena**.

renale *agg.* dei reni, che riguarda i reni: *vena* —; *capsula* —, (*anat.*) involucro adiposo che circonda il rene.

renano *agg.* del fiume Reno; del territorio, della valle del fiume Reno // *s.m.* abitante del Reno.

renard [*franc.*; *pr.* r(e)nàr] *s.m.* pelliccia di volpe che le signore portano attorno al collo.

rendere [rèn-] *v.tr.* [*pres. io rèndo ecc.*; pass.rem. *io rési* o *rendéi*, *tu rendésti ecc.*; p.pass. *réso*] **1** ridare, riconsegnare a qlcu. ciò che gli è stato tolto o che egli ci ha dato: *ti rendo il libro che mi avevi prestato; — la salute, la vista ai ciechi / — l'anima a Dio*, morire / — *grazie*, ringraziare / — *giustizia a uno*, riconoscerne i diritti / — *conto, ragione, spiegare, giustificare / rendersi conto di qlco.*, spiegarsene le ragioni / *a buon* —, si dice a chi ci ha fatto un favore, promettendo di restituirlo / *prov.*: — *pan per focaccia*, ricambiare uno sgarbo, una cattiva azione con altre peggiori. SIN. *restituire* **2** fruttare: *il mio podere rende cinquanta quintali di grano / assol.* dare frutto, svolgere bene le proprie mansioni: *il motore rende* **3** esprimere, manifestare, rappresentare, riprodurre: — *un'idea, un pensiero, dei personaggi sulla scena, l'espressione del volto in un quadro* **4** fare, far diventare; ridurre: *l'amore ti rende cieco, ridicolo //* **-ersi** *v. rifl.* **1** comportarsi in modo da essere, diventare: *si rende utile, prezioso* **2** recarsi: — *in un luogo* **3** (*lett.*) arrendersi.

rendiconto [-cón-] *s.m.* **1** rendimento dei conti; consuntivo: *devo presentare il — di questo mese* / (*fig.*) *il — d'una intera vita*, il suo bilancio **2** relazione, rapporto: *i rendiconti dell'Accademia delle Scienze*.

rendimento [-mén-] *s.m.* **1** il rendere: — *dei conti* **2** frutto, utile, resa: *il — del terreno, di un capitale*; — *scolastico* **3** in una macchina, rapporto tra il consumo di energia e il lavoro prodotto.

rendita [rèn-] *s.f.* **1** il frutto che si ricava dai beni mobili e immobili, da una professione, da un commercio ecc.: *la — dei poderi, del suo lavoro / vive di* —, vive senza aver bisogno di lavorare, del frutto dei suoi beni **2** l'interesse che lo stato corrisponde ai possessori di cartelle del debito pubblico: *titoli di* —; *una — del cinque per cento*.

rene [rè-] *s.m.* (*anat.*) ciascuna delle due ghiandole a forma di fagiolo, poste ai lati della colonna vertebrale, nella regione lombare, che hanno il compito di filtrare l'urina.

renella [-nèl-] *s.f.* (*med.*) concrezione dall'aspetto di polvere che si forma nei reni per causa di alcune malattie del ricambio e viene eliminata con le urine.

reni [rè-] *s.f.pl.* la regione lombare, tra l'ultima costa e la regione sacrale: *ho le — rotte dalla stanchezza / il filo delle* —, la spina dorsale.

reniforme [-fór-] *agg.* (*bot.*) che ha la forma di un rene: *foglia* — [*ill. Foglia*].

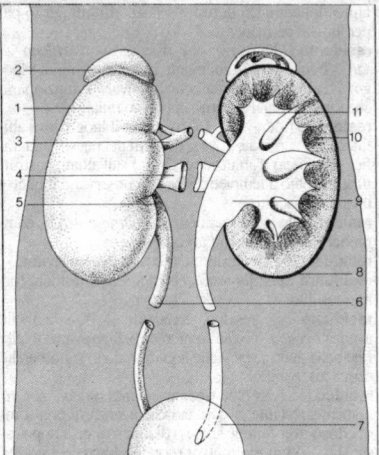

rene e apparato urinario

1 *rene*, 2 *surrene*, 3 *arteria renale*, 4 *vena renale*, 5 *bacinetto*, 6 *uretere*, 7 *vescica*, 8 *capsula renale*, 9 *pelvi renale*, 10 *papilla renale*, 11 *calice renale*.

renio [rè-] *s.m.* elemento chimico (Re; *n.at.* 75; *p.at.* 186,22); metallo rarissimo.

renitente [-tèn-] *agg.* che rifiuta di fare ciò che gli è detto o comandato: — *ai consigli, alla legge* / — *alla leva,* (anche *s.m.*) che non si presenta alla chiamata per il servizio militare obbligatorio.

renitenza [-tèn-] *s.f.* l'essere renitente; il sottrarsi a obblighi, spec. a quello del servizio militare.

renna [rèn-] *s.f.* **1** mammifero ruminante delle regioni polari, simile al cervo, allevato come animale da tiro, da soma e da latte (*fam.* Cervidi) **2** la pelle conciata della renna, molto pregiata, con cui si fanno giacche, guanti, borse ecc.

renoso [-nó-] *agg.* che contiene rena, che è simile a rena: *un terreno* —.

reo [rè-] *s.m.* colpevole; autore di un reato: — *di furto;* — *confesso,* che ha confessato il proprio delitto // *agg.* (*lett.*) malvagio, tristo: — *consiglio.*

reo- [rè-] [dal gr. *rèos = corrente*] primo elemento compositivo di parole scientifiche moderne nelle quali significa «corrente elettrica» o anche «corrente d'acqua» (*reoforo, reometro*).

reoforo [reò-] *s.m.* qualunque filo metallico conduttore di corrente elettrica.

reografo [reò-] *s.m.* qualunque strumento che misura la corrente elettrica.

reometro [reò-] *s.m.* **1** strumento per misurare la velocità delle correnti nei fluidi **2** strumento per misurare l'intensità, o altre caratteristiche, delle correnti elettriche.

reoscopio [-scò-] *s.m.* qualunque strumento che segnala la presenza di corrente elettrica.

reostato [-ò-] *s.m.* resistenza variabile che si inserisce in un circuito elettrico per regolare l'intensità della corrente.

reparto *s.m.* **1** sezione in cui è diviso un ospedale, un negozio ecc.: — *chirurgia;* — *confezioni* **2** gruppo di soldati impiegato isolatamente: *reparti d'assalto.*

repêchage [*franc.; pr.* r(e)pésciaj] *s.m.* nello sport, gara di recupero per l'ammissione al turno successivo di alcuni atleti precedentemente eliminati.

repellente [-lèn-] *agg.* **1** che respinge **2** (*fig.*) che provoca una sensazione di disgusto. SIN. *ripulsivo, ripugnante.*

repentaglio [-tà-] *s.m.* grave pericolo, spec. nella locuz. *mettere a repentaglio,* in pericolo. SIN. *rischio.*

repente [-pèn-] *agg.* (*poet.*) improvviso; spec. nella locuz. *di repente,* all'improvviso.

repentino *agg.* che avviene in un istante: *un* — *mutamento d'idea.* SIN. *improvviso, subitaneo.*

reperibile [-rì-] *agg.* che si può trovare: *è un testo facilmente* — *in biblioteca.*

reperire *v.tr.* [*io reperisco, tu reperisci ecc.*] trovare.

reperto [-pèr-] *s.m.* **1** l'oggetto trovato nel corso di una ricerca scientifica, di un'indagine di polizia, di una perquisizione ecc.: — *archeologico, giudiziario* **2** relazione fatta dal medico sui risultati degli esami clinici.

repertorio [-tò-] *s.m.* **1** l'insieme dei lavori teatrali che vengono rappresentati da una compagnia; l'insieme delle interpretazioni preferite di un attore, di un cantante e simili: *cantò un brano del suo* — **2** elenco di notizie e indicazioni varie di facile consultazione: — *bibliografico; immagini di* —, non attuali.

replay [*ingl.; pr.* riplèi] *s.m.* ripetizione, e spec. ripetizione televisiva, al rallentatore, di una fase saliente di un avvenimento trasmesso per esteso a velocità normale.

replica [rè-] *s.f.* **1** il replicare; la cosa replicata: *è una* — *senza nulla d'originale* **2** ogni rappresentazione di uno spettacolo successiva alla prima: *quella commedia ebbe una sola* — **3** risposta; obiezione: *le sue repliche continue lo irritavano.*

replicare *v.tr.* [*io rèplico, tu rèplichi ecc.*] **1** fare di nuovo: — *un'esperienza, uno spettacolo.* SIN. *ripetere, reiterare* **2** rispondere con un'obiezione: *aveva sempre qlco. da* —.

reportage [*franc.; pr.* r(e)portàj] *s.m.* servizio giornalistico, cronaca.

reporter [-pòr-] *s.m.invar.* giornalista incaricato di cercare notizie da trasmettere al giornale.

reprensibile [-si-] *agg.* (*lett.*) meritevole di reprensione. SIN. *biasimevole, riprovevole.*

reprensione [-sió-] *s.f.* (*lett.*) rimprovero, disapprovazione. SIN. *biasimo.*

repressione [-sió-] *s.f.* atto, effetto del reprimere: — *di una rivolta;* — *di un impulso.*

repressivo *agg.* che serve per reprimere: *mezzi repressivi; pene repressive.*

represso [-près-] *agg.* tenuto a freno, soffocato: *istinti repressi.*

repressore [-só-] *agg.* e *s.m.* [f.rar. *reprimitrice*] che o chi reprime.

reprimenda [-mèn-] *s.f.* (*rar.*) grave rimprovero.

reprimere [-prì-] *v.tr.* [pass.rem. *io repràssi, tu reprimésti ecc.*; p.pass. *repràsso*] **1** impedire con la forza, domare: — *la congiura, la rivolta* **2** contenere, raffrenare: — *le lacrime, l'ira.* SIN. *soffocare.*

reprobo [rè-] *agg.* empio, cattivo, riprovato da Dio: *i buoni saranno premiati e i reprobi puniti.*

reps [rèps] *s.m.invar.* tipo di tessuto resistente, a piccole coste.

repubblica [-pùb-] *s.f.* forma di governo nel quale la

sovranità risiede nel popolo, che la esercita direttamente o indirettamente per mezzo di rappresentanti scelti liberamente; lo stato in cui vige tale forma di governo: *la — si contrappone alla monarchia; — aristocratica, democratica; la — italiana, francese*.

repubblicano agg. **1** di repubblica, che costituisce repubblica: *governo, esercito —; paese —* **2** che è favorevole alla repubblica: *partito — // s.m.* fautore della repubblica.

repubblichino agg. e s.m. appartenente, fautore della Repubblica Sociale Italiana, che fu l'ultima espressione del fascismo in Italia (dicembre 1943 - aprile 1945).

repulisti s.m.invar. eliminazione, pulizia; usato spec. nella locuz. fam. e scherz. *far repulisti*, portar via tutto, rubando o mangiando; mandare via persone: *i ladri hanno fatto — in casa mia / dopo il — sono rimasti in pochi*, dopo che molti sono stati mandati via.

repulsione [-sió-] s.f. **1** → **ripulsione** **2** (*fis.*) forza che si esercita fra due enti fisici così da favorirne l'allontanamento reciproco.

repulsivo agg. → **ripulsivo**.

reputare v.tr. [*io rèputo ecc.*] ritenere, credere, stimare: *lo reputavo un bravo ragazzo; reputo utile che si faccia così; egli si reputa una persona importante*. SIN. giudicare.

reputazione [-zió-] s.f. stima, opinione che si ha di qlcu.; buon nome: *farsi una buona —; perdere la —*.

requie [rè-] s.f. calma, riposo: *è un pensiero che non mi dà requie / senza —*, senza soste *// s.m.* (*rar.*) requiem.

requiem [rè-] s.m.invar. (*lat.*) breve preghiera per i morti / *messa di —*, messa funebre.

requisire [-ʃi-] v.tr. [*io requisisco, tu requisisci ecc.*] prendere d'autorità, sequestrare per un bisogno pubblico: *— alloggi*.

requisito [-ʃi-] s.m. qualità, dote necessaria per poter accedere a una carica, sostenere un esame e simili: *per l'ammissione al concorso si richiedono i seguenti requisiti; il primo — per riuscire è la buona volontà*.

requisitoria [-ʃitò-] s.f. **1** (*dir.*) discorso d'accusa, fatto dal pubblico accusatore, col quale si chiede la condanna di un imputato **2** (*fig.*) rimprovero severo.

requisizione [-ʃizió-] s.f. atto del requisire: *si procedette alla — di tutti gli automezzi*.

resa [rè-] s.f. **1** l'arrendersi al nemico: *— incondizionata*. SIN. *capitolazione* **2** atto del restituire / *— dei conti*, rendiconto delle spese fatte per conto di altri; (*fig.*) il render conto del proprio operato **3** quantitativo di libri o giornali che vengono resi perché invenduti **4** ciò che una cosa rende, rendimento: *questo carbone è di poca —*.

rescindere [-scin-] v.tr. [coniugato come *scindere*] **1** (*lett.*) fare a pezzi **2** (*dir.*) annullare, cassare, rompere: *— un contratto*.

rescindibile [-di-] agg. (*dir.*) che si può rescindere: *contratto —*.

rescissione [-sió-] s.f. (*dir.*) il rescindere: *— di un contratto*.

rescritto s.m. **1** risposta scritta che gli imperatori romani davano a quesiti posti da magistrati; ogni consimile atto di sovrani dell'età antica e moderna **2** decisione del papa su questioni teologiche.

reseda [-sè-] s.f. pianta erbacea con fiori profumati, color giallo-verdognolo, raccolti in grappolo (*fam.* Resedacee).

resezione [-zió-] s.f. (*med.*) asportazione chirurgica parziale o totale di un organo: *— di un tendine*.

residence [*ingl.; pr.* rèsidens] s.m. albergo con appartamentini completi di tutti i servizi, affittati per lo più per lunghe permanenze.

residente [-dèn-] agg. che risiede: *— a Milano // s.m.* **1** chi risiede stabilmente in un determinato luogo: *accesso consentito solo ai residenti* **2** funzionario che rappresenta il governo in una colonia.

residenza [-dèn-] s.f. **1** il risiedere; il luogo dove abitualmente si risiede, dove si è iscritti nei registri anagrafici **2** edificio d'abitazione **3** (*lit.*) sull'altare, la struttura, di solito a tempietto, dove si conservano il pane e il vino consacrati.

residenziale agg. di residenza / *quartiere —*, che comprende edifici adibiti ad abitazione.

residuale agg. di residuo; che costituisce un residuo.

residuare v.intr. [*io resìduo ecc.*] essere il residuo, formar residuo.

residuato agg. residuo, eccedente *// s.m.* ciò che avanza / *residuati bellici*, materiale bellico avanzato alla fine della guerra che viene liquidato dallo stato perché ormai inservibile.

residuo [-sì-] agg. che rimane: *somma residua*. SIN. rimanente, restante *// s.m.* ciò che avanza di una somma dopo aver fatto le spese o di una sostanza dopo esser stata sottoposta a lavorazione industriale / *residui di bilancio*, somma iscritta preventivamente in un bilancio e non utilizzata. SIN. rimanenza, resto.

resilienza [-lièn-] s.f. rapporto tra il lavoro necessario per rompere una sbarretta di materiale e la sezione della sbarretta stessa; è una proprietà dei materiali non fragili.

resina [rèʃi-] s.f. sostanza viscosa di odore aromatico, che cola dal tronco di certe piante o si ottiene per via sintetica; è impiegata in usi diversi, quali la fabbricazione di vernici e di materie isolanti.

resinatura [-ʃi-] s.f. operazione di raccolta della resina dagli alberi resinosi.

resinoso [-ʃinó-] agg. di resina, che contiene resina: *sostanza resinosa; albero —*.

resipiscenza [-scèn-] s.f. (*lett.*) il rinsavire riconoscendo il proprio errore. SIN. ravvedimento.

resistente [-stèn-] agg. che resiste; tenace, durevole: *è molto — alle fatiche; tessuto —; colore —*, che non stinge.

resistenza [-stèn-] s.f. **1** atto, effetto del resistere: *— alla fatica; opporre — al nemico* **2** (*fis.*) ogni forza che si oppone a una forza agente o potenza / *— elettrica*, forza che la struttura materiale del conduttore oppone al passaggio della corrente; per estens., materiale dotato di particolare forza di resistenza usato in impianti elettrici, spec. per produrre calore **3** movimento di lotta politico-militare contro l'occupante tedesco e le forze filonaziste, sorto durante la seconda guerra mondiale nei vari paesi europei.

resistenziale agg. della resistenza come movimento politico-militare.

resistere [-sì-] v.intr. [pass.rem. *io resistétti o resistéi, tu resistésti ecc.*; p.pass. *resistito*] **1** opporre forza alla forza; per estens., non lasciarsi smuovere o abbattere: *— all'urto, all'assalto dei nemici; la nave resistette alla tempesta* **2** tollerare, sostenere: *ho resistito alle fatiche, alla fame, al dolore / assol.* reggere: *a quelle parole non resistetti*.

resistore [-stó-] s.m. conduttore elettrico avente una resistenza definita [*ill.* Ferrovia].

resoconto [-cón-] s.m. **1** relazione, descrizione di un avvenimento fatta per un superiore o per il pubblico: *presentare il — del congresso* **2** rendiconto.

respingente [-gèn-] *s.m.* congegno per attutire gli urti dei vagoni ferroviari, costituito da un piatto applicato a un'asta che appoggia su una molla [*ill. Ferrovia*].

respingere [-spìn-] *v.tr.* [coniugato come *spingere*] **1** cacciare indietro, spingere lontano da sé: — *i nemici, la folla* **2** mandare indietro, non accettare: — *un dono, una domanda* / — *un candidato agli esami*, bocciarlo. SIN. *rifiutare*.

respinta *s.f.* spinta in senso contrario; rinvio, spec. nel linguaggio sportivo: *il portiere eseguì una — di pugno*.

respinto *agg.* rifiutato, non accettato, riprovato, spec. agli esami: *una proposta respinta* // *s.m.* chi è stato bocciato, riprovato: *quest'anno ci sono stati molti respinti*.

respirabile [-rà-] *agg.* che si può respirare: *aria* —.

respirare *v.intr.* **1** compiere il processo di respirazione; per estens., vivere: — *a fatica*; *i pesci respirano con le branchie* **2** (*fig.*) aver riposo, conforto, sentirsi sollevato: *finiti gli esami, finalmente respiro* // *v.tr.* inspirare ed espirare l'aria: — *aria di montagna*.

respiratore [-tó-] *s.m.* qualsiasi congegno che permetta di respirare in condizioni anormali.

respiratorio [-tò-] *agg.* che riguarda la respirazione: *apparato* —.

respirazione [-zió-] *s.f.* il processo mediante il quale un organismo assume dall'ambiente esterno ossigeno ed elimina anidride carbonica / — *artificiale*, l'insieme dei movimenti coi quali si tenta di riattivare la respirazione naturale nei casi di asfissia.

respiro *s.m.* **1** il respirare; ogni singolo movimento della respirazione: *ha il* — *affannoso*; *emettere un profondo* —; *rendere l'ultimo* —, *morire* **2** (*fig.*) sollievo, riposo: *non ho mai* —; *qualche giorno di* —, di riposo, o di dilazione a un pagamento e simili **3** profondità di ispirazione, ampiezza di impostazione: *un'opera di largo* —, *che tratta per esteso argomenti complessi e importanti*.

responsabile [-sà-] *agg. e s.m.* **1** si dice di chi deve render ragione delle azioni proprie o altrui: *ciascuno è* — *di sé stesso*; *non sono* — *delle tue pazzie*; *direttore* —, chi si assume la responsabilità giuridica degli scritti pubblicati su un giornale **2** colpevole: — *di un efferato delitto* **3** conscio delle proprie responsabilità: *è una persona* —.

responsabilità *s.f.invar.* l'essere responsabile; il poter essere chiamato a rispondere degli effetti dannosi delle proprie o altrui azioni: *assumersi la* —.

responsabilizzare [-liʒʒa-] *v.tr.* caricare di responsabilità; spingere ad assumere le proprie responsabilità.

responsabilizzazione [-liʒʒazió-] *s.f.* il responsabilizzare; l'essere responsabilizzato: *chiedere la* — *dei dirigenti*.

responsivo *agg.* che serve a rispondere.

responso [-spòn-] *s.m.* risposta data per lo più in forma solenne: *il* — *del medico*; *il* — *di un oracolo*.

responsorio [-sò-] *s.m.* canto liturgico alternato tra solista e coro.

ressa [rès-] *s.f.* moltitudine di gente che preme e si agita: *in piazza c'è una gran* —. SIN. *folla*.

resta¹ [rè-] *s.f.* **1** → **arista 2** (*region.*) lisca; spiga, pannocchia.

resta² [rè-] *s.f.* uncino posto sulla destra della corazza, su cui il cavaliere appoggiava l'impugnatura della lancia correndo all'assalto: *mettere la lancia in* — / *partire con la lancia in* —, partire all'attacco con tutte le proprie forze.

resta³ [rè-] *s.f.* filza d'agli o di cipolle legati in treccia.

restante *agg.* che resta // *s.m.* ciò che resta.

restare *v.intr.* [*io rèsto ecc.*] **1** fermarsi in un luogo, trattenersi, rimanere: *ieri restai in casa*; *resto ancora qualche giorno*; *in città restarono solo le donne*; *restò a mezza strada* **2** permanere in un determinato stato: — *in piedi*; *se non studi resterai un asino* **3** divenire: — *vedovo*; — *di sasso, a bocca aperta*; — *al verde*, senza soldi **4** avanzare, esserci ancora: *mi restano poche lire e molte speranze*; *non mi resta che partire*, non posso far altro che partire **5** (*lett.*) cessare: *non restava dal lamentarsi*.

restaurare *v.tr.* [*io restàuro ecc.*] **1** rifare parti mancanti o rimettere a nuovo parti deteriorate di opere d'architettura, scultura, pittura e simili: — *un palazzo, un vaso, un libro* **2** rimettere qlco. nello stato di prima: — *un governo*; — *leggi, usanze*. SIN. *ripristinare*.

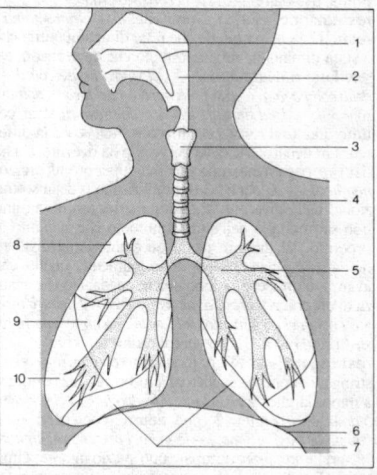

apparato respiratorio

1 *cavità nasale*, 2 *faringe*, 3 *laringe*, 4 *trachea*, 5 *bronchi*, 6 *diaframma*, 7 *polmoni*, 8 *lobo superiore*, 9 *lobo medio*, 10 *lobo inferiore*.

1 *seno frontale*, 2 *regione olfattiva*, 3 *meato superiore*, 4 *meato medio*, 5 *meato inferiore*, 6 *vestibolo*.

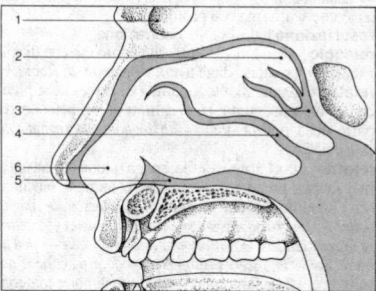

restauratore [-tó-] *s.m.* [f. *-trice*] **1** chi fa lavori di restauro, spec. di opere d'arte: — *di quadri* **2** chi ripristina: — *della disciplina.*

restaurazione [-zió-] *s.f.* il restaurare, detto spec. del ristabilimento di una dinastia, di un governo ecc.: *la — della monarchia.*

restauro [-stàu-] *s.m.* atto, effetto del restaurare edifici, opere d'arte e simili.

restìo [-sti-] *agg.* che non vuole procedere, detto di animali da soma; per estens., si dice di persona che è riluttante a fare qlco.: *quel ragazzo è — a ubbidire.* SIN. *ritroso.*

restituire *v.tr.* [*io restituisco, tu restituisci* ecc.] **1** ridare ciò che si è tolto o che si è stato dato o che qlcu. ha perso: *restituiscimi il disco / l'aria di montagna gli ha restituito le forze / — una visita, un favore,* ricambiare. SIN. *rendere, riconsegnare* **2** rimettere nello stato di prima, ristabilire: — *qlcu. nel proprio grado.*

restituzione [-zió-] *s.f.* il restituire: *la — della somma.*

resto [rè-] *s.m.* **1** quello che resta di una quantità che è stata diminuita; rimanenza; ciò che deve ancora essere fatto o detto: *bevi il — del vino; rimase con il — della compagnia; a casa finiremo il — del lavoro; domani saprai il — della storia / del —, è un bravo ragazzo,* per tutto quanto il resto, per altro. SIN. *residuo* **2** la differenza in denaro, che deve ricevere, o ha ricevuto, chi ha dato in pagamento una somma superiore al prezzo: *non ho il — da darle* **3** (*mat.*) il risultato della sottrazione; nella divisione di due numeri interi di cui uno non sia multiplo dell'altro, il numero che aggiunto al prodotto del divisore per il quoziente dà il dividendo **4** *pl.* avanzi, ruderi di monumenti; quello che avanza di un esercito dopo una battaglia; ciò che avanza di un pranzo: *i resti di un teatro greco; il nemico inseguì i resti del reggimento; sul tavolo ci sono solo pochi resti / i resti mortali,* la spoglia, il cadavere.

restringere [-strìn-] *v.tr.* [coniugato come *stringere*] **1** stringere di più, raccogliere in più breve spazio, ridurre a minor larghezza o misura: *il freddo fa — i corpi; dobbiamo — il vestito* **2** (*fig.*) ridurre, contenere: — *il campo di osservazione; — le spese, i prezzi.* SIN. *limitare* // **-ersi** *v.intr. pron.* occupare uno spazio minore; diminuire di volume, di diametro ecc.: *questa stoffa si restringe; la strada si restringe.*

restringimento [-mén-] *s.m.* atto, effetto del restringere o del restringersi.

restrittivo *agg.* che restringe, che serve a restringere, a limitare: *formula restrittiva; interpretazione restrittiva della legge,* quella che limita l'interpretazione della legge ai casi specifici in essa contemplati.

restrizione [-zió-] *s.f.* l'atto del restringere (spec. *fig.*); — *della libertà / — mentale,* riserva fatta con la mente a ciò che si afferma o si promette.

resurrezione [-zió-] *s.f.* → **risurrezione.**

retàggio [-tàg-] *s.m.* (*lett.*) eredità; tutto ciò che di spirituale si è ereditato dagli avi: *il — glorioso di Roma.*

retàta *s.f.* gettata di rete; quantità di pesce che si prende in una sola gettata; (*fig.*) cattura di più persone, da parte della polizia: *una — di sogliole; il pregiudicato cadde nella —.*

réte [rè-] *s.f.* **1** arnese di filo, spago o fune intrecciati a maglia per prendere uccelli, pesci, animali selvatici; (*fig.*) inganno, insidia, agguato: — *da pesca; le maglie della —; un grosso nasello si è impigliato nella —; gettare le reti; tendere le reti attorno al roccolo / la — dell'amore, del vizio; essere preso nella — di qlcu.,* cadere nei suoi lacci **2** qualunque lavoro, di qualunque materia,

fatto a intreccio: — *per la spesa,* sacchetto di spago o nylon a maglie larghe / — *per i capelli,* di seta o nylon o altro filo finissimo perché i capelli non si scompongano / — *del letto,* traliccio metallico elastico che sorregge il materasso [*ill. Arredamento*] / — *del tennis,* che divide in due parti uguali il campo / — *da ostruzione,* fatta di cavi d'acciaio, a difesa di porti, basi navali ecc. per impedire il passaggio di mezzi subacquei **3** nel linguaggio sportivo, la rete a sacco collocata dietro ciascuna delle due porte del campo di calcio; porta: *tiro in —; andare, scendere a —; far —,* segnare un goal; *vinsero per tre reti a una* **4** complesso di linee che si incrociano o che si diramano: *la — dei meridiani e dei paralleli / la — stradale, ferroviaria* ecc. **5** membrana adiposa che copre gli intestini degli animali (*omento*), usata per avvolgere i fegatelli di maiale cucinati allo spiedo o in padella.

reticèlla [-cèl-] *s.f.* **1** piccola rete in genere, spec. quella dei capelli **2** (*chim.*) riquadro di rete metallica, coperto in parte di amianto, usato in vari esperimenti e operazioni.

reticènte [-cèn-] *agg.* si dice di persona che tace con intenzione qlco. che dovrebbe dire: *un testimone — è punito.*

reticènza [-cèn-] *s.f.* **1** l'essere reticente; il tacere con intenzione ciò che si dovrebbe dire: *i tuoi discorsi pieni di — non mi piacciono* **2** figura retorica che consiste nell'interrompere una frase, lasciando il seguito all'immaginazione dell'ascoltatore (p.e. *se dici ancora una bugia..., beh, mi hai capito!*).

reticolare *agg.* che è fatto a reticolo: *tessuto —.*

reticolato [-tì-] *s.m.* **1** riparo, graticcio di fili metallici intrecciato a rete, spec. il groviglio di filo spinato, posto a difesa di trincee, postazioni ecc.: *circondarono il giardino con un —; il soldato riuscì a tagliare il —* **2** disegno a forma di rete; nelle parole incrociate, lo schema formato dalle caselle nelle quali si scrivono le lettere delle singole parole.

reticolo [-tì-] *s.m.* **1** disegno o corpo a forma di rete: — *geografico / — cristallino,* disposizione spaziale, geometricamente determinata, di atomi e molecole nei cristalli **2** insieme di tratti verticali e orizzontali impressi su una lastra di vetro o sistema di fili sottilissimi incrociati che, negli strumenti ottici, servono di riferimento ai punti dell'immagine **3** la seconda delle quattro cavità dello stomaco dei ruminanti.

retina[1] [-té-] *s.f.* (*anat.*) membrana dell'occhio ricca di fibre nervose che derivano dal nervo ottico [*ill. Occhio*].

retina[2] *s.f.* piccola e sottile rete, spec. quella usata per tenere a posto i capelli.

retinare *v.tr.* (*tip.*) riprodurre mediante retino un'immagine da cui verrà tratto il cliché per la stampa: — *una fotografia.*

retìno *s.m.* **1** piccola rete, usata spec. per raccogliere il plancton e le farfalle **2** (*tip.*) dispositivo a reticolo che, interposto tra l'immagine da riprodurre e l'obiettivo di una macchina fotografica, permette, scomponendo l'immagine, di riprodurre il chiaro-scuro dell'originale.

rètore [rè-] *s.m.* **1** nell'antica Grecia, l'oratore di professione, il maestro di eloquenza **2** (*spreg.*) chi, nel parlare e nello scrivere, si preoccupa solo della forma e dell'esteriorità.

retòrica [-tò-] *s.f.* **1** l'arte del parlare e dello scrivere in modo appropriato **2** (*spreg.*) modo di parlare e di scrivere che ricerca solo effetti formali.

retòrico [-tò-] *agg.* [pl.m. *-ci*] **1** della retorica: *figura* *retorica*, procedimento stilistico che serve ad accrescere l'efficacia di un discorso **2** (*spreg.*) ampolloso, vacuo, artificioso: *stile —; frasi retoriche.*

retrarre *v.tr.* [coniugato come *trarre*; viene usato solo nel p.pass. e nei tempi composti] (*rar.*) ritrarre: *l'aeroplano ha retratto il carrello.*

retrattile [-tràt-] *agg.* che si può retrarre: *gli artigli retrattili dei gatti.*

retrattilità *s.f.invar.* l'essere retrattile.

retratto *s.m.* (*dir.*) rivendicazione, riscatto, riacquisto.

retribuire *v.tr.* [*io retribuisco, tu retribuisci ecc.*] dare il compenso, spec. quello dovuto per una prestazione d'opera. SIN. *rimunerare, ricompensare.*

retribuzione [-zió-] *s.f.* compenso spettante a chi svolge un lavoro per conto di altri. SIN. *rimunerazione, paga.*

retrivo *agg.* e *s.m.* che o chi si oppone al progresso: *idee retrive.* SIN. *retrogrado.*

retro- [rè-] [dal lat. *retro* = dietro, indietro] prefisso che significa «dietro, che sta dietro, all'indietro nello spazio e nel tempo» e simili (*retrobottega, retroguardia, retrodatare*).

retro [rè-] *avv.* (*poet.*) dietro // *s.m.* la parte posteriore di qlco.: *il — della medaglia; sul — della casa; vedi —,* sull'altra faccia del foglio; *il —,* il retrobottega.

retroattività *s.f.invar.* (*dir.*) capacità di una norma a estendere i suoi effetti anche al passato.

retroattivo *agg.* (*dir.*) si dice di norma che estende i suoi effetti anche a ciò che riguarda il passato.

retroazione [-zió-] *s.f.* traduzione dell'ingl. → **feedback** che resta più usato nel linguaggio tecnico.

retrobottega [-té-] *s.m.invar.* stanza dietro una bottega, adibita a deposito di materiale.

retrocarica [-cà-] solo nella locuz.avv. *a retrocarica*: *armi a —,* che si caricano dalla culatta.

retrocedere [-cè-] *v.intr.* [pass.rem. *io retrocèssi* o *retrocedètti ecc.*; p.pass. *retrocèsso*; nelle altre forme coniugato come *cedere*] tornare indietro: *le truppe nemiche retrocessero.* SIN. *indietreggiare* // *v.tr.* **1** fare tornare indietro nel grado, nella posizione, per punizione; degradare: *il caporale fu retrocesso a soldato; quella squadra è stata retrocessa in serie B* **2** (*dir.*) restituire un diritto a chi in precedenza lo aveva trasferito.

retrocessione [-sió-] *s.f.* atto, effetto del retrocedere, dell'essere retrocesso.

retrodatare *v.tr.* mettere una data anteriore a quella reale: *— un documento; — un'opera letteraria,* attribuirle una data anteriore a quella ritenuta vera.

retrogrado [-trò-] *agg.* **1** che cammina, che va all'indietro: *il moto — degli astri,* che avviene in senso contrario a quello del Sole **2** (*fig.*) contrario al progresso e desideroso di tornare ai sistemi del passato: *un politicante —.* SIN. *retrivo.*

retroguardia [-guàr-] *s.f.* reparto armato di un esercito in marcia, del quale rappresenta la riserva e la difesa in caso di attacchi alle spalle / *stare, essere alla —,* (*fig.*) stare indietro, seguire gli altri senza mai prendere l'iniziativa.

retromarcia [-màr-] *s.f.* **1** nei veicoli, marcia all'indietro **2** il meccanismo, azionato dal cambio, che comanda la retromarcia.

retropalco *s.m.* [pl. *-chi*] nell'edificio teatrale, spazio situato dietro il palcoscenico.

retrorazzo *s.m.* razzo posto sopra o dentro un veicolo spaziale per produrre una spinta opposta alla direzione del moto; razzo frenante.

retroscena [-scè-] *s.f.* la parte del palcoscenico che è

dietro la scena ed è invisibile agli spettatori [*ill. Teatro*] // *s.m.invar.* **1** quello che accade dietro la scena **2** (*fig.*) maneggi occulti, operazioni che restano segrete e producono effetti evidenti: *i — della politica; svelare i —.*

retrospettivo *agg.* che guarda indietro nello spazio o nel tempo: *uno sguardo —; una indagine retrospettiva; mostra retrospettiva* (o soltanto *retrospettiva*), che vuole illustrare i diversi momenti di un processo evolutivo nel campo artistico, scientifico ecc.

retrostante *agg.* si dice di luogo che sta dietro a un altro: *il giardino — alla casa.*

retroterra [-tèr-] *s.m.invar.* **1** regione che si trova immediatamente nell'interno rispetto a una determinata zona costiera **2** per estens., l'insieme degli interessi che fanno da sfondo a una determinata attività.

retrovendita [-vén-] *s.f.* il vendere una cosa a chi ce l'ha venduta, generalmente per un patto precedente.

retroversione [-sió-] *s.f.* **1** rivolgimento indietro **2** traduzione nella lingua originale di testo già tradotto in altra lingua.

retrovia [-vì-] *s.f.* spec. pl. zona retrostante al fronte, attraverso la quale affluiscono rifornimenti e rinforzi.

retrovisore [-fó-] *agg.* e *s.m.* che serve a vedere all'indietro: *specchio —,* nei veicoli, lo specchio che serve al guidatore per vedere ciò che accade dietro senza girare la testa [*ill. Automobile*].

retta[1] [rèt-] solo nella locuz. *dar retta,* prestare ascolto, attenzione: *dai — a tuo padre!,* seguine gli ammonimenti e i consigli.

retta[2] [rèt-] *s.f.* somma che si paga, per lo più ogni mese, per il vitto e l'alloggio nei collegi e simili.

retta[3] [rèt-] *s.f.* (*geom.*) la linea più breve che unisce due punti, indefinitamente prolungata nei due versi.

rettale *agg.* che riguarda l'intestino retto.

rettangolare *agg.* che ha figura di rettangolo.

rettangolo [-tàn-] *agg.* si dice di ogni figura geometrica che ha uno o più angoli retti: *triangolo —* // *s.m.* quadrangolo che ha i quattro angoli retti.

rettifica [-ti-] *s.f.* **1** atto, effetto del rettificare: *— di un percorso* **2** atto che serve a correggere, modificare un atto precedente; in particolare, nell'uso giornalistico, correzione di una notizia inesatta pubblicata precedentemente: *la — di un documento; mandare una — al giornale* **3** (*mecc.*) operazione di molatura cui si sottopongono pezzi meccanici, cui si voglia conferire un grado molto elevato di precisione.

rettificare *v.tr.* [*io rettifico, tu rettifichi ecc.*] **1** rendere retto; dare a qlco. l'aspetto di una retta; raddrizzare: *— una curva; — il corso di un fiume* **2** (*fig.*) correggere: *— una data; — un'affermazione* **3** (*mecc.*) eseguire la rettifica **4** (*chim.*) separare un componente da una miscela.

rettificato *agg.* (*chim.*) ottenuto mediante rettificazione: *alcool —; benzina rettificata.*

rettificatore [-tó-] *s.m.* [f. *-trice*] operaio addetto alla macchina rettificatrice.

rettificatrice *s.f.* macchina utensile che, per mezzo di una mola, opera la rettifica di pezzi meccanici metallici.

rettificazione [-zió-] *s.f.* **1** atto, effetto del rettificare; rettifica **2** (*chim.*) purificazione di liquidi che vengono separati per distillazione da una miscela.

rettifilo *s.m.* nelle costruzioni stradali, tratto di tracciato rettilineo: *la strada, in quel tratto, corre in —.* SIN. *rettilineo.*

rettili [rèt-] *s.m.pl.* classe di animali vertebrati a sangue freddo dal corpo generalmente allungato e ricoperto di squame cornee o piastre ossee; privi di arti o provvisti di quattro zampe corte, camminano strisciando (p.e. *lucertola, tartaruga, serpente, coccodrillo*).

rettilineo [-li-] *agg.* **1** che è in linea retta, che procede in linea retta **2** (*fig.*) si dice di carattere o atteggiamento coerente con sé stesso, diritto: *ha una condotta rettilinea* // *s.m.* tratto di strada rettilinea: *sul — aumentavano la velocità*.

rettitudine [-tù-] *s.f.* l'esser retto; onestà di condotta, dirittura morale: — *della vita*; *giudicare con —*. SIN. *probità*.

retto [rèt-] *agg.* **1** diritto: *linea retta / angolo —*, che ha valore di 90° / *casi retti*, (*gramm.*) nelle lingue che hanno la declinazione dei nomi, il nominativo e l'accusativo **2** si dice di persona o cosa onesta, leale: *un uomo —* **3** esatto, corretto: *la retta pronunzia di una parola* // **-mente** *avv.* **1** con rettitudine: *vivere —* **2** in modo corretto: *interpretare — il senso di un discorso* // *s.m.* **1** ciò che è giusto, onesto **2** la faccia anteriore di una pagina, di una moneta **3** (*anat.*) l'ultima parte dell'intestino crasso [*ill. Intestino*].

rettorato *s.m.* dignità, ufficio, residenza del rettore; durata della sua carica.

rettore [-tó-] *s.m.* [f. *rettrice* o *rettora*] chi regge, chi dirige una comunità, un istituto: *il — di un seminario*; *il — dell'Università*.

rettorico [-tò-] e *deriv.* → **retorico** e *deriv.*

rettoscopio [-scò-] *s.m.* (*med.*) sonda con sistema ottico per osservare le pareti interne dell'intestino retto.

reuma [rèu-] *s.m.* [pl. *-i*] dolore di natura reumatica.

reumatico [-mà-] *agg.* [pl.m. *-ci*] del reumatismo; che causa il reumatismo: *dolori reumatici*; *virus —*.

reumatismo [-ʃmo] *s.m.* (*med.*) malattia caratterizzata da processi infiammatori a carico delle articolazioni.

reumatizzare [-tiʒʒa-] *v.tr.* causare un reumatismo // **-arsi** *v.rifl.pron.* prendersi un reumatismo.

revanscismo [-ʃmo] *s.m.* atteggiamento politico tendente a cercare una rivincita dopo una guerra perduta.

revanscista *agg.* e *s.m.* e *f.* [pl.m. *-i*] che, chi è animato da spirito di revanscismo: *politica revanscista*.

reverendo [-rèn-] *agg.* degno di riverenza; spec. usato come titolo rispettoso per sacerdoti e suore: *il — padre Ambrogio* // *s.m.* (*fam.*) sacerdote.

reverenza [-rèn-] *s.f.* → **riverenza**.

reversibile [-si-] *agg.* **1** si dice di rapporto o fenomeno che può essere invertito: *reazione —* **2** (*dir.*) si dice di beni che possono ritornare a chi li aveva ceduti / *pensione —*, che alla morte del beneficiario può essere trasferita a uno stretto congiunto.

reversibilità *s.f.invar.* l'essere reversibile: *pensione di —*.

reversione [-sió-] *s.f.* **1** (*dir.*) ritorno di beni o diritti a chi li possedeva in precedenza: *la — della dote alla famiglia* **2** (*biol.*) ricomparsa di alcuni caratteri di stadi di sviluppo precedenti.

revisionare [-ʃio-] *v.tr.* [*io revisióno ecc.*] (*tecn.*) sottoporre a revisione: — *una macchina*.

revisione [-ʃió-] *s.f.* l'atto, l'effetto del revisionare; esame fatto allo scopo di correggere o di controllare qlco.: *la — di una macchina, delle bozze*.

revisionismo [-ʃioniʃmo] *s.m.* **1** tendenza a rivedere, a cambiare la situazione politica internazionale stabilita dagli ultimi trattati **2** tendenza moderata sviluppatasi in seno al marxismo come reazione all'estremismo dei più intransigenti rivoluzionari.

revisionista [-ʃio-] *agg.* e *s.m.* e *f.* [pl.m. *-i*] chi sostiene il revisionismo.

revisionistico [-ʃionì-] *agg.* [pl.m. *-ci*] di, del revisionismo.

revisore [-ʃó-] *s.m.* [f.rar. *revisora, rivediltrice*] chi è addetto a una revisione: — *di conti, di bozze*.

reviviscenza [-scèn-] *s.f.* il riprendere vita (anche *fig.*): *la — di una tradizione*.

revoca [rè-] *s.f.* (*dir.*) il revocare: — *di un decreto*.

revocabile [-cà-] *agg.* che può essere revocato.

revocare *v.tr.* [*io rèvoco, tu rèvochi ecc.*] disdire, annullare: — *un decreto, un ordine*.

revocatorio [-tò-] *agg.* che serve a revocare: *provvedimento —*.

revocazione [-zió-] *s.f.* atto, effetto del revocare.

revolver [-vòl-] *s.m.invar.* rivoltella.

revolverata *s.f.* colpo di revolver.

revulsione [-sió-] *s.f.* (*med.*) metodo terapeutico consistente nel provocare un aumento di afflusso sanguigno in una parte infiammata del corpo.

revulsivo *agg.* e *s.m.* si dice di medicamento che provoca vasodilatazione e revulsione.

reziario [-zià-] *s.m.* nell'antica Roma, gladiatore armato di rete e tridente.

rezzo [réʒʒo] *s.m.* (*poet.*) luogo ombroso; frescura.

Rh [èrre àcca] *agg.* e *s.m.* denominazione di un particolare fattore (individuato nella scimmia *Macacus Rhesus*) che può essere presente o assente sulla membrana dei globuli rossi del sangue: *soggetto Rh positivo, Rh negativo*, la persona nel cui sangue il fattore è rispettivamente presente o assente.

rhum *s.m.invar.* → **rum**.

ri- [dal lat. *re-*] prefisso usato in molti verbi; serve a indicare ripetizione e simili (*rivedere, riamare*), a rafforzare l'idea esistente nel verbo originario (*riempire, ripulire*) oppure a cambiarne addirittura il significato (*rilegare, riprodurre*).

riabbracciare *v.tr.* [*io riabbràccio ecc.*] abbracciare di nuovo, spec. dopo una lunga assenza.

riabilitare *v.tr.* [*io riabilito ecc.*] **1** abilitare di nuovo **2** ridare a qlcu. i diritti che aveva perduto per effetto di una condanna **3** (*fig.*) rendere la stima, l'onore a chi li abbia perduti; redimere: *il suo comportamento lo ha riabilitato* // **-arsi** *v.rifl.* riacquistare fama; redimersi: *con questa buona azione ti sei riabilitato*.

riabilitazione [-zió-] *s.f.* atto, effetto del riabilitare, del riabilitarsi.

riaccendere [-cèn-] *v.tr.* [coniugato come *accendere*] accendere di nuovo.

riacchiappare *v.tr.* (*fam.*) acchiappare di nuovo.

riaccomodare *v.tr.* [*io riaccòmodo ecc.*] accomodare di nuovo.

riaccompagnare *v.tr.* accompagnare di nuovo.

riaccostare *v.tr.* [*io riaccòsto ecc.*] accostare di nuovo // **-arsi** *v.rifl.* accostarsi di nuovo (anche *fig.*): — *alla fede*.

riacquistare *v.tr.* **1** acquistare di nuovo **2** acquistare ciò che si era perduto: — *salute, fama*. SIN. *ricuperare*.

riacutizzare [-tiʒʒa-] *v.tr.* acutizzare di nuovo (spec. *fig.*): — *una crisi, un contrasto* // **-arsi** *v.rifl.pron.* acutizzarsi, acuirsi nuovamente: *il male si è riacutizzato*.

riadattamento [-mén-] *s.m.* il riadattare, il riadattarsi.

riadattare *v.tr.* adattare di nuovo (usato anche al *rifl.*).

riaddormentare *v.tr.* [*io riaddorménto ecc.*] addormentare di nuovo // **-arsi** *v.rifl.pron.* addormentarsi di nuovo dopo essersi svegliati.

riaffacciare v.tr. [io riaffàccio ecc.] affacciare di nuovo // **-arsi** v.rifl. affacciarsi di nuovo (anche fig.): il ricordo -li si riaffacciava spesso alla mente.

riaffermare v.tr. [io riaffèrmo ecc.] affermare di nuovo; affermare con forza: — un rifiuto // **-arsi** v.rifl. dare nuovamente prova delle proprie capacità: si è riaffermato come uno dei nostri migliori attori.

riafferrare v.tr. [io riafferro ecc.] afferrare di nuovo.

riaggiustare v.tr. aggiustare di nuovo.

rial [ri-] s.m.invar. unità monetaria dell'Iran.

riallacciare v.tr. [io riallàccio ecc.] allacciare di nuovo (anche fig.): — una relazione // **-arsi** v.rifl. (fig.) riconnettersi, ricollegarsi: questa teoria si riallaccia a quelle dei positivisti.

riallargare v.tr. [io riallargo, tu riallarghi ecc.] allargare di nuovo.

rialto s.m. luogo rialzato rispetto al terreno circostante.

rialzamento [-mén-] s.m. atto, effetto del rialzare; anche la parte rialzata: — del terreno.

rialzare v.tr. 1 alzare di nuovo; sollevare qlco. o qlcu. che sia caduto a terra o che si trovi in basso (anche fig.): rialzò il ferito; — la testa, (fig.) riprendere coraggio 2 rendere più alto: — una casa di due piani 3 far aumentare: — i prezzi // v.intr. aumentare di prezzo: l'argento tende a — // **-arsi** v.rifl. sollevarsi (anche fig.): si rialzò da terra a gran fatica; — dal vizio, dalla miseria.

rialzato agg. sollevato dal suolo: piano —, il piano di un edificio di poco sopraelevato rispetto al livello stradale.

rialzista agg. e s.m. e f. [pl.m. -i] 1 in Borsa che, chi specula sul rialzo dei prezzi o dei valori 2 in politica, che, chi punta al rialzo facendo sistematicamente proposte o richieste superiori a quelle fatte da altri, anche se non realistiche.

rialzo s.m. 1 aumento dei prezzi, del valore di titoli bancari e simili: — dei generi alimentari / essere in —, aumentare di prezzo, di valore (anche fig.): il suo credito, le sue azioni sono in —, (fig.) gode di una migliore reputazione / giocare al —, nella tecnica di Borsa, speculare sull'aumento dei prezzi 2 parte rialzata, elemento sporgente: un — del terreno.

riamare v.tr. contraccambiare l'amore di qlcu.

riammalare v.intr., **-arsi** v.intr.pron. cadere malato di nuovo.

riammettere [-mét-] v.tr. [coniugato come mettere] ammettere di nuovo; spec. accogliere di nuovo in un gruppo, in un luogo: — alle lezioni un alunno sospeso.

riammissione [-sió-] s.f. il riammettere, l'essere riammesso.

riammogliarsi v.rifl.pron. [io mi riammóglio ecc.] riprendere moglie.

riandare v.intr. [coniugato come andare; nell'uso tr. segue la flessione regolare] andare di nuovo: se rivai a Milano, avvertimi // v.tr. (lett.) percorrere di nuovo; (fig.) ricordare: riandò i tempi della sua giovinezza.

rianimare v.tr. [io riànimo ecc.] 1 far riprendere i sensi, restituire le forze a qlcu.: quel bicchiere di vino lo ha rianimato 2 (fig.) infondere di nuovo coraggio e fiducia: le sue parole mi rianimarono // **-arsi** v.intr.pron. 1 riprendere i sensi. SIN. riaversi 2 riprendere vita, animarsi di nuovo; (fig.) riprendere coraggio: alla fine dell'estate la città si rianima; a quella vista, tutti si rianimarono.

rianimazione [-zió-] s.f. 1 atto, effetto del rianimare, del rianimarsi 2 (med.) insieme di interventi (respirazione artificiale, stimolazione cardiaca ecc.) atti a ristabilire o sostituire funzioni vitali momentaneamente compromesse: sala di —.

riannettere [-nèt-] v.tr. [coniugato come annettere] annettere di nuovo.

riannodare v.tr. [io riannòdo ecc.] annodare di nuovo (anche fig.): — un'amicizia.

riapertura s.f. 1 atto, effetto del riaprire, del riaprirsi 2 momento in cui un luogo, un istituto, un teatro si riapre al pubblico; ripresa di un'attività: tornerò alla — delle scuole; la — delle iscrizioni.

riapparire v.intr. [coniugato come apparire] apparire di nuovo; ricomparire.

riappropriarsi v.rifl. [io mi riappròprio ecc.] riprendere, materialmente o moralmente, ciò di cui si era stati privati: — la felicità (comune, anche se inesatto, — della felicità).

riappropriazione [-zió-] s.f. il riappropriarsi; ripresa di possesso.

riaprire v.tr. [coniugato come aprire] 1 aprire di nuovo: — la porta / — gli occhi, tornare in sé, rinvenire; (fig.) perdere le illusioni, vedere le cose come stanno realmente / — una piaga, (fig.) rinnovare un dolore 2 (fig.) dare nuovamente inizio ad attività, iniziative prima interrotte: — l'università; — bottega // v.intr., **-irsi** v.rifl.pron. aprirsi di nuovo: le scuole (si) riaprono.

riardere [riàr-] v.tr. [coniugato come ardere] ardere di nuovo; ardere con intensità e violenza; disseccare: il sole riarse la campagna // v.intr. bruciare, riaccendersi (anche fig.): l'incendio riarse con maggior violenza.

riarmare v.tr. 1 armare di nuovo: — i soldati in vista di una battaglia 2 provvedere nuovamente di armatura: — una nave, un edificio // **-arsi** v.rifl. provvedersi nuovamente di armi, di mezzi difensivi.

riarmo s.m. il riarmare, il riarmarsi: il — navale; la corsa al —.

riarso agg. bruciato; secco, arido.

riasciugare v.tr. [io riasciugo, tu riasciughi ecc.] asciugare di nuovo.

riassestare v.tr. [io riassèsto ecc.] rimettere in sesto qlco.; assestare alla meglio.

riassettare v.tr. [io riassètto ecc.] rimettere in assetto; riordinare: ho riassettato la stanza.

riassetto [-sèt-] s.m. il riassettare; nuovo assetto: il — del sistema pensionistico.

riassicurare v.tr. 1 assicurare di nuovo 2 (econ.) garantire con contratto di riassicurazione.

riassicurazione [-zió-] s.f. (econ.) contratto in base al quale l'assicuratore si garantisce presso un altro assicuratore di tutti o di parte dei rischi assunti a favore dell'assicurato.

riassorbire v.tr. [io riassòrbo ecc.] assorbire di nuovo; assorbire: la parete ha riassorbito tutta l'umidità.

riassumere [-sù-] v.tr. [coniugato come assumere] 1 assumere di nuovo: ho riassunto il mio incarico 2 riepilogare, compendiare, ricapitolare: — un discorso, un libro. SIN. sintetizzare.

riassuntivo agg. che riassume: un capitolo —.

riassunto s.m. esposizione in forma abbreviata di uno scritto o di un discorso. SIN. riepilogo, sunto, compendio, sommario.

riassunzione [-zió-] s.f. atto, effetto del riassumere: — del personale licenziato; — di responsabilità.

riattaccare v.tr. [io riattacco, tu riattacchi ecc.] 1 attaccare di nuovo: — un bottone 2 ritornare all'attacco; (fam.) riprendere un'azione momentaneamente interrotta: — a parlare.

riattare *v.tr.* rimettere una cosa fuori uso in condizione di essere usata di nuovo: — *un vestito, una strada*.

riattivare *v.tr.* attivare di nuovo: — *un motore*; — *la circolazione*. SIN. *ripristinare*.

riattivazione [-zió-] *s.f.* il riattivare.

riattizzare *v.tr.* attizzare di nuovo: — *il fuoco*.

riavere [-vé-] *v.tr.* [coniugato come *avere*] **1** avere di nuovo: *ho riavuto l'influenza* **2** riacquistare, ricuperare: — *la vista* **3** avere indietro; ottenere in restituzione: *ho riavuto il libro che gli avevo prestato* // **-ersi** *v. rifl.pron.* **1** riacquistare i sensi o la salute; rianimarsi; (*fig.*) riprendere coraggio: *mi sono riavuto da una malattia*; *si è riavuto rapidamente dal colpo* **2** tornare in buone condizioni economiche: *si è riavuto da un dissesto*.

riavvicinamento [-mén-] *s.m.* il riavvicinare.

riavvicinare *v.tr.* avvicinare di nuovo (anche *fig.*): *riavvicina la sedia al tavolo*; — *due amici dopo una lite* // **-arsi** *v.rifl.* tornare vicino (anche *fig.*).

ribadire *v.tr.* [*io ribadisco, tu ribadisci ecc.*] **1** ripiegare a martellate la punta di un chiodo passata dalla parte opposta di una parete e simili, perché faccia maggior presa **2** (*fig.*) ripetere, avvalorare, rafforzare con nuove ragioni o prove: — *un'affermazione*.

ribalderia [-ri-] *s.f.* l'essere ribaldo; azione da ribaldo.

ribaldo *s.m.* **1** briccone, birbone. SIN. *mascalzone* **2** (*st.*) soldato a piedi, di bassa condizione, che seguiva gli eserciti saccheggiando.

ribalta *s.f.* **1** chiusura costituita da uno sportello o da un piano che gira intorno a perni e si può alzare o abbassare; anche lo sportello o il piano stesso: *scrivania a* — / *letto a* —, con piano imperniato a un muro o all'intelaiatura di un mobile **2** la parte anteriore del palcoscenico che sporge sotto l'arco scenico, lungo la quale sono disposte le luci; proscenio: *venire alla* — [*ill. Teatro*].

ribaltabile [-tà-] *agg.* che si può ribaltare // *s.m.* dispositivo atto a produrre il ribaltamento del piano di un automezzo per scaricare alla svelta il materiale.

ribaltamento [-mén-] *s.m.* atto, effetto del ribaltare.

ribaltare *v.tr.* capovolgere, mandare sottosopra (anche *fig.*): — *le sorti* // *v.intr.*, **-arsi** *v.rifl.pron.* rivoltarsi, andare sottosopra (detto spec. di veicoli): *l'automobile* (*si*) *è ribaltata*.

ribassare *v.tr.* abbassare, diminuire (detto spec. di prezzi e simili): — *i prezzi del pane*; — *l'affitto* // *v.intr.* divenire più basso, diminuire: *i prezzi ribassano*.

ribassato *agg.* più basso di prima; più basso del normale: *arco* — [*ill. Architettura*].

ribassista *agg.* e *s.m.* e *f.* [pl.m. *-i*] nella tecnica di Borsa, chi specula sul ribasso dei prezzi o dei valori.

ribasso *s.m.* il ribassare: — *dei prezzi, dei titoli* / *mi hanno fatto un bel* —, un bello sconto / *essere in* —, si dice di persona che ha perduto notorietà e prestigio.

ribattere [-bàt-] *v.tr.* **1** battere di nuovo o ripetutamente: — *un chiodo* / — *la palla*, rimandarla / — *un colpo*, rintuzzarlo / — *una cucitura*, raddoppiarla, ripiegando la stoffa così da cucirne quattro strati insieme / *assol.* tornare a insistere: *a forza di* —, *l'ho convinto* **2** confutare; contraddire: — *gli argomenti dell'avversario* / *assol.* replicare: *è sempre pronto a* —.

ribattezzare [-te33a-] *v.tr.* [*io ribattézzo ecc.*] **1** battezzare di nuovo quando il battesimo è ritenuto invalido **2** (*fig.*) chiamare con un nuovo nome: — *una città*.

ribattino *s.m.* chiodo usato per unire lamiere.

ribattuta *s.f.* nel calcio, nel tennis ecc., il colpo con cui si rimanda la palla nell'area avversaria.

ribeca [-bè-] *s.f.* (*mus.*) strumento ad arco con tre corde, di origine araba molto diffuso nel medioevo.

ribellare *v.tr.* [*io ribèllo ecc.*] (*rar.*) indurre qlcu. a disobbedire all'autorità costituita e a sollevarsi contro di essa // **-arsi** *v.intr.pron.* **1** insorgere, sollevarsi contro un'autorità costituita **2** opporsi risolutamente o violentemente; dissentire aspramente: — *alle ingiustizie*.

ribelle [-bèl-] *agg.* **1** che si ribella: *la città* — **2** indocile, insofferente di ogni costrizione: *ragazzo* — / *malattia* —, che non si lascia vincere // *s.m.* chi si ribella: *i ribelli furono puniti*. SIN. *rivoltoso, sovversivo, sedizioso*.

ribellione [-lió-] *s.f.* il ribellarsi: *domare la* —. SIN. *rivolta, sedizione, sommossa, insurrezione*.

ribellismo [-j́mo] *s.m.* tendenza politica alla ribellione, anche senza precisi progetti.

ribellistico [-lì-] *agg.* [pl.m. *-ci*] di ribelli, di ribellione; di ribellismo.

ribes [ri-] *s.m.invar.* arbusto con foglie palminervie e frutti commestibili, piccoli, rossi e rotondi, raccolti in grappolo (*fam.* Sassifragacee).

riboflavina *s.f.* → **lattoflavina**.

ribollimento [-mén-] *s.m.* il ribollire (anche *fig.*).

ribollire *v.intr.* [*io ribóllo ecc.*] fermentare, agitarsi (anche *fig.*): *il vino ribolle*; *il sangue gli ribolliva nelle vene* // *v.tr.* e *intr.* bollire di nuovo.

ribollitura *s.f.* atto, effetto del ribollire.

ribonucleico [-clèi-] *agg.* [pl.m. *-ci*] denominazione di acido nucleico di struttura simile al DNA.

ribosoma [-sò-] *s.m.* [pl. *-i*] (*biol.*) corpuscolo costituito di proteine e acido ribonucleico, che nella cellula interviene nella sintesi delle proteine [*ill. Cellula*].

ribrezzo [-bré33o] *s.m.* vivo moto di repulsione fisica o morale: *provare* —; *i serpenti mi fanno* —. SIN. *raccapriccio, ripugnanza, schifo*.

ributtante *agg.* che suscita ribrezzo, disgusto: *spettacolo* —. SIN. *ripugnante, schifoso, stomachevole*.

ributtare *v.tr.* **1** buttare di nuovo: — *la palla* **2** buttare a riva: *la marea ributtò i detriti* **3** *assol.* delle piante, rimettere i germogli **4** vomitare: *ributtò la medicina* **5** respingere violentemente (anche *fig.*): — *i nemici*; — *un'accusa* // *v.intr.* suscitare un senso di ribrezzo, di repulsione: *la volgarità mi ributta*. SIN. *ripugnare, stomacare*.

ricacciare *v.tr.* [*io ricàccio ecc.*] **1** cacciare, respingere di nuovo: — *il nemico* **2** mandar giù, indietro: — *un urlo in gola* // **-arsi** *v.rifl.* cacciarsi di nuovo: — *nel folto del bosco*.

ricadere [-dé-] *v.intr.* [coniugato come *cadere*] **1** cadere di nuovo (anche *fig.*): *ricadde sul letto*; — *nella miseria* **2** pendere, scendere con drappeggio: *i capelli le ricadevano sulle spalle*; *questa stoffa ricade bene* **3** cadere più o meno indirettamente: *tutte le responsabilità ricadono su di me*.

ricaduta *s.f.* atto, effetto del ricadere; il ripetersi di una malattia quando sembrava già prossima la guarigione: *una* — *potrebbe essere mortale*.

ricalcare *v.tr.* [*io ricalco, tu ricalchi ecc.*] **1** il calcare di nuovo o di più: — *le orme di qlcu.*, (*fig.*) seguirne l'esempio; *ricalcarsi il cappello in testa* **2** ricopiare un disegno facendone un calco **3** seguire fedelmente un esemplare: — *persino nei dettagli una descrizione*.

ricalcificare *v.tr.* [*io ricalcifico, tu ricalcifichi ecc.*] arricchire di calcio ciò che ne era impoverito.

ricalcitrare *v.intr.* [*io ricalcitro ecc.*] **1** detto di animali e spec. dei cavalli, impuntarsi indietreggiando o tirando calci **2** (*fig.*) fare opposizione, resistere.

ricalco *s.m.* [pl. *-chi*] l'operazione del ricalcare.

ricamare *v.tr.* **1** eseguire motivi ornamentali su un tessuto, con ago e filo **2** (*fig.*) eseguire un lavoro con particolare finezza; aggiungere particolari inventati a un racconto (anche *assol.*): — *su di un fatto.*

ricamatrice *s.f.* donna che fa lavori di ricamo.

ricambiare *v.tr.* [*io ricàmbio ecc.*] **1** cambiare di nuovo: *vatti a* — **2** contraccambiare: — *l'affetto.*

ricambio [-càm-] *s.m.* **1** atto, effetto del ricambiare; contraccambio: *il* — *di una gentilezza* **2** parte di oggetti o meccanismi che si sostituisce in caso di usura o avaria: *ricambi originali; colletto di* —; *pezzi di* — **3** (*med.*) l'insieme delle trasformazioni chimiche che avvengono nell'organismo per assicurare la conservazione, l'attività e il rinnovamento dei tessuti / *malattie del* —, quelle che derivano dall'incompleta eliminazione dei materiali inutili o dannosi da parte dell'organismo.

ricamo *s.m.* **1** l'operazione del ricamare: *scuola di* — **2** lavoro eseguito su un tessuto per ornamento seguendo un dato disegno **3** (*fig.*) lavoro artistico eseguito con particolare grazia e finezza **4** *pl.* particolari, per lo più inventati, aggiunti a un racconto.

ricantare *v.tr.* **1** cantare di nuovo **2** dire e ridire con insistenza: *gliel'ho ricantato in tutti i toni.*

ricapitalizzazione [-liʒʒaʒió-] *s.f.* aumento del capitale di una società, per maggiore attività o per compensare perdite.

ricapitolare *v.tr.* [*io ricapìtolo ecc.*] ridire in breve, in succinto. SIN. *riepilogare, riassumere.*

ricapitolazione [-zió-] *s.f.* il ricapitolare. SIN. *riepilogo.*

ricaricare *v.tr.* [*io ricàrico, tu ricàrichi ecc.*] caricare di nuovo: — *l'orologio.*

ricascare *v.intr.* [*io ricasco, tu ricaschi ecc.*] cascare di nuovo (anche *fig.*).

ricasso *s.m.* parte dell'impugnatura della spada che è tenuta dalle prime tre dita della mano.

ricattare *v.tr.* estorcere qlco. a qlcu. mediante minaccia di scandalo o di danno.

ricattatore [-tó-] *s.m.* [f. *-trice*] chi ricatta.

ricattatorio [-tò-] *agg.* che ha il fine di ricattare.

ricatto *s.m.* il ricattare.

ricavare *v.tr.* cavare fuori, trarre, ottenere: *da questi alberi si ricavano ottimi frutti;* — *una regola;* — *poco, tanto.*

ricavato *s.m.* **1** denaro che si ricava da una vendita o da altre iniziative: *il* — *di una sottoscrizione* **2** (*fig.*) frutto, prodotto: *ecco il* — *di tante fatiche!*

ricavo *s.m.* ricavato, profitto.

ricchezza [-chéz-] *s.f.* **1** l'esser ricco: *aspirare alla* —; — *di cuore* **2** i beni: *mostrare agli altri la propria* — **3** il patrimonio naturale o spirituale: *le ricchezze minerarie di una nazione* **4** abbondanza, varietà: — *di linguaggio;* — *di colore.* CONTR. *povertà.*

riccio¹ *agg.* ricciuto: *capelli ricci //* — *s.m.* **1** ciocca di capelli, di peli e simili, naturalmente avvolti a forma di stretta voluta: *ha la testa piena di ricci* **2** ogni cosa a forma di riccio; ricciolo: *un* — *di burro, di legno piallato / il* — *del violino*, la parte terminale del manico a forma di voluta [*ill. Musicali, strumenti*].

riccio² *s.m.* **1** piccolo mammifero insettivoro col dorso ricoperto di aculei, che si arrotola a palla in caso di pericolo (*fam.* Erinaceidi) / *chiudersi come un* —, comportarsi in modo molto riservato, scontroso **2** — *di mare*, animale marino degli echinodermi, dal corpo globoso ricoperto di piastre calcaree irte di pungentissimi aculei, commestibile **3** l'involucro spinoso delle castagne.

ricciolo [rìc-] *s.m.* **1** riccio di capelli. DIM. *riccioli-no* **2** riccio del violino.

riccioluto *agg.*, **ricciuto** *agg.* **1** avvolto a forma di ricciolo: *capelli ricciuti* **2** che ha i capelli ricci: *un bambino* —.

ricco *agg.* [pl.m. *-chi*] **1** che possiede molti beni oltre il necessario: *un uomo, un paese* —; *un* — *industriale.* SIN. *facoltoso, danaroso.* CONTR. *povero* **2** che ha abbondanza di qlco.: *un terreno* — *di minerali; una persona ricca di idee.* CONTR. *povero* **3** che è segno di ricchezza; molto ornato; vistoso, magnifico: *un* — *palazzo; una ricca veste.* SIN. *sontuoso.* CONTR. *povero* **4** che procura ricchezza: *una professione ricca.* CONTR. *povero // -mente* *avv.* da ricco, con ricchezza; in abbondanza // *s.m.* persona ricca, facoltosa.

ricedere [-cè-] *v.tr.* [coniugato come *cedere*] **1** cedere di nuovo **2** cedere a qlcu. ciò che ci è stato ceduto da altri.

ricerca [-cér-] *s.f.* **1** atto, effetto del ricercare **2** indagine volta a raccogliere documenti, prove, ad accertare una situazione di fatto ecc.: — *storica, di geografia;* — *su un dato argomento / ricerche di mercato*, quelle volte a scoprire le possibilità di vendita di un prodotto.

ricercare *v.tr.* [*io ricérco, tu ricérchi ecc.*] **1** cercare di nuovo **2** cercare con cura persona o cosa smarrita o nascosta: *la polizia continua a* — *i ladri e la refurtiva.*

ricercatezza [-téz-] *s.f.* cura eccessiva e leziosa: — *nel parlare, nel vestire.* SIN. *affettazione.*

ricercato *agg.* **1** che è oggetto di ricerca, d'indagini: *un uomo* — *dalla polizia* (usato anche come *s.m.*) **2** apprezzato, richiesto da molti per le sue qualità: *un medico, un prodotto* — **3** che è scelto con cura eccessiva; che ha troppe eleganze: *parole ricercate;* — *nel vestire.* SIN. *affettato, manierato.*

ricercatore [-tó-] *s.m.* [f. *-trice*] chi ricerca; chi fa ricerche, spec. scientifiche.

ricetrasmettitore [-ʃmettitó-] *s.m.* (*rad.*) apparecchio che, riunendo in sé le proprietà di un radiotrasmettitore e di un radioricevitore, è in grado sia di ricevere sia di trasmettere segnali telefonici o telegrafici.

ricetrasmittente [-ʃmittèn-] *agg.* che può ricevere e trasmettere *// s.f.* → **ricetrasmettitore.**

ricetta [-cèt-] *s.f.* **1** prescrizione scritta dal medico al paziente; (*fig.*) rimedio: *un buon libro è una* — *contro la noia* **2** indicazione degli ingredienti, delle loro dosi e del modo di impiegarli per preparare una vivanda o fabbricare un prodotto farmaceutico.

ricettacolo [-tà-] *s.m.* **1** luogo, oggetto in cui si raccoglie o si annida qlco.: *l'osteria era un* — *di malviventi; tutti quei ninnoli sono un* — *per la polvere* **2** (*bot.*) parte ingrossata dell'asse fiorale su cui sono inseriti sepali, petali, stami e pistilli [*ill. Fiore*].

ricettare¹ *v.tr.* [*io ricètto ecc.*] **1** (*lett.*) accogliere; celare **2** venire in possesso di qlco. con ricettazione.

ricettare² *v.tr.* [*io ricètto ecc.*] (*med.*) prescrivere con una ricetta: — *un ricostituente.*

ricettario [-tà-] *s.m.* **1** raccolta di ricette **2** blocchetto di fogli su cui i medici scrivono le ricette.

ricettatore [-tó-] *s.m.* [f. *-trice*] chi commette il reato di ricettazione.

ricettazione [-zió-] *s.f.* (*dir.*) la detenzione e l'occultamento, a scopo di lucro, di merci rubate.

ricettività *s.f.invar.* l'essere ricettivo.

ricettivo *agg.* che è aperto a nuove idee, sensazioni: *ha un'intelligenza ricettiva.*

ricetto [-cèt-] *s.m.* (*lett.*) rifugio: *dare* —.

ricevente [-vèn-] *agg.* **1** che riceve **2** (*rad.* e *tel.*) si dice di apparecchio atto a ricevere e rivelare segnali elettromagnetici [*ill. Cinematografia; Televisione*] *// s.m.* e *f.* chi riceve; il destinatario.

ricevere [-cé-] *v.tr.* [*io ricévo ecc.*] **1** prendere, accettare o subire ciò che vien dato o fatto da altri: — *una cattiva notizia*; — *un'ottima educazione*; — *la benedizione*; — *un pacco*; *i tessuti ricevono un trattamento antitarmico*; — *un favore, una promessa*; — *un'ingiustizia*; — *in consegna, in cambio, in prestito* **2** trarre: *ricevette conforto, giovamento, danno dalle tue parole* **3** ammettere in sé qlco. che venga dall'esterno: *il mare riceve le acque dei fiumi*; *il salone può — fino a trecento persone*; *la stanza riceve luce da due grandi finestre* **4** accogliere: *andarono a riceverlo alla stazione*; — *a braccia aperte*; *il medico riceve (i pazienti) al lunedì*, li visita */ assol.* avere ospiti: *riceve molto* **5** (*rad.* e *tel.*) trasformare in segni grafici, in immagini visive o in vibrazioni sonore l'energia elettromagnetica.

ricevimento [-mén-] *s.m.* **1** atto del ricevere; in particolare, l'accogliere un nuovo membro in una comunità: *al — della lettera*; *il — dei nuovi soci* **2** trattenimento offerto a più persone invitate: *dare un —*.

ricevitore [-tó-] *s.m.* **1** chi ha il compito di riscuotere somme per conto di enti pubblici o privati **2** (*rad.* e *tel.*) apparecchio ricevente: — *telefonico*, che ritrasforma le correnti generate dal microfono in vibrazioni sonore capaci di essere percepite dall'orecchio umano; — *telegrafico*, dispositivo atto a ricevere e a trasformare in segni grafici convenzionali impulsi elettrici.

ricevitoria [-rì-] *s.f.* sede di chi svolge funzioni di ricevitore: — *del lotto*, ove si accettano le giocate.

ricevuta *s.f.* scritto con cui si attesta l'avvenuto adempimento di una prestazione o il pagamento di una somma: *conserva la — della raccomandata*; *ebbe — del versamento*; *accusare —*, dichiarare di aver ricevuto.

ricezione [-zió-] *s.f.* **1** il ricevere **2** (*rad.* e *tel.*) l'atto, l'effetto del ricevere segnali telefonici, telegrafici o televisivi.

richiamare *v.tr.* **1** chiamare di nuovo: *lo chiamò e richiamò / — sotto le armi*, chiamare a nuove prestazioni militari i cittadini che abbiano già compiuto il servizio di leva **2** chiamare indietro; far tornare (anche *fig.*): *era sulla porta quando lo richiamarono*; *fu richiamato in patria dall'esilio*; *gli richiamava alla memoria suo padre* **3** far accorrere; attirare (anche *fig.*): — *un gran pubblico*; *l'attenzione* **4** rimproverare: *lo richiamò severamente // -arsi v.intr.pron.* fare riferimento; rifarsi a qlco.: — *alle disposizioni di legge*.

richiamata *s.f.* (*aer.*) manovra con cui un aeroplano si rimette in linea di volo dopo una picchiata.

richiamato *s.m.* persona che, avendo già compiuto il normale servizio di leva, viene nuovamente chiamata sotto le armi.

richiamo *s.m.* **1** l'atto del richiamare: *ordine di — alle armi*; *il — dell'ambasciatore fu male interpretato*; *è indifferente ai richiami del maestro*, ai suoi rimproveri; *ciò è un — alla realtà* **2** voce o gesto con cui si richiama: *accorsi ai suoi richiami* **3** attrazione, allettamento: *era per lui un — irresistibile*; *fare, servire da —* **4** segno grafico che rimanda a un altro punto dello stesso testo.

richiedente [-dèn-] *s.m.* e *f.* chi fa una richiesta.

richiedere [-chiè-] *v.tr.* [coniugato come *chiedere*] **1** chiedere di nuovo; chiedere con insistenza: *gliel'ho chiesto e richiesto*; *gli richiese aiuto e soccorso*; *le confezioni italiane sono richieste all'estero* **2** chiedere per sa-

pere; chiedere in restituzione: *mi hanno richiesto nome e cognome*; *gli ho richiesto il denaro che mi doveva* **3** fare richiesta, spec. di rilascio di documenti: — *la licenza, il passaporto* **4** volere, esigere: *questa cosa richiede tempo e denaro*; *per l'ammissione al concorso si richiedono i seguenti requisiti*; *si richiede che partiate subito*.

richiesta [-chie-] *s.f.* **1** l'atto del richiedere: *la sua — mi sorprese*; *vi è gran — di mano d'opera / a — di*, su domanda di **2** ciò che si vuole in cambio di un servizio, che si richiede come prezzo di una merce: *la sua — mi sembra eccessiva* **3** domanda scritta rivolta a ottenere una concessione; anche il foglio che la contiene.

richiesto [-chiè-] *agg.* che è oggetto di richiesta: *ùn prodotto assai —*, molto venduto.

richiudere [-chiù-] *v.tr.* [coniugato come *chiudere*] chiudere di nuovo; chiudere bene: *apri gli occhi e li richiuse*; *richiuse il cancello // -ersi v.rifl.pron.* chiudersi di nuovo.

riciclaggio [-clàg-] *s.m.* l'operazione di riciclare (in tutti i significati).

riciclare *v.tr.* **1** recuperare materiali o energie e, dopo opportuno trattamento, utilizzarli di nuovo: — *le acque di scarico industriali* **2** per estens., riutilizzare capitali; riqualificare personale; convertire beni o denaro di provenienza delittuosa in altri apparentemente legali.

riciclo *s.m.* → **riciclaggio**.

ricingere [-cin-] *v.tr.* [coniugato come *cingere*] **1** (*lett.*) cingere di nuovo: *ricinsi la spada* **2** recingere.

ricino [rì-] *s.m.* pianta a sviluppo arboreo nei climi tropicali, erbacea nei climi mediterranei, con larghe foglie palmate; dai semi si estrae un olio usato spec. come purgante (*fam.* Euforbiacee).

rickettsia [-chèt-] *s.f.* denominazione di un genere di microrganismi, intermedi tra i batteri e i virus, patogeni per l'uomo e trasmessi generalmente da insetti.

ricogliere [-cò-] *v.tr.* [coniugato come *cogliere*] (*ant.* o *region.*) **1** cogliere di nuovo, sorprendere una seconda volta **2** raccogliere.

ricognitore [-tó-] *s.m.* [f. *-trice*] **1** chi va in ricognizione **2** tipo di velivolo impiegato per la ricognizione aerea.

ricognizione [-zió-] *s.f.* **1** azione militare aerea o terrestre che ha lo scopo di accertare le forze o le intenzioni del nemico e le condizioni ambientali **2** (*dir.*) riconoscimento.

ricollegare *v.tr.* [io *ricollégo*, tu *ricolléghi* ecc.] collegare di nuovo (anche *fig.*): — *una linea elettrica*; — *le fila di un ragionamento // -arsi v.rifl.* fare riferimento a qlcu. o qlco.: *l'autore si ricollega alla tradizione*.

ricollocare *v.tr.* [io *ricòlloco*, tu *ricòllochi* ecc.] collocare di nuovo: *ricolloca il libro nello scaffale*.

ricolmare *v.tr.* [io *ricólmo* ecc.] **1** colmare di nuovo: *bisogna — la botte vuota* **2** colmare fino all'orlo, saturare (spec. *fig.*): — *qlcu. di favori*. SIN. *riempire*.

ricolmo [-cól-] *agg.* completamente pieno (anche *fig.*): *un vaso — d'acqua*; *un animo — di bontà*.

ricominciare *v.tr.* [io *ricomìncio* ecc.] cominciare di nuovo: — *una lettera*; — *a parlare // v.intr.* avere un nuovo inizio: *la partita ricominciò subito*. SIN. *riprendere*.

ricomparire *v.intr.* [coniugato come *apparire*] comparire di nuovo: *è ricomparso dopo una lunga assenza*.

ricomparsa *s.f.* il comparire di nuovo.

ricompensa [-pèn-] *s.f.* tutto ciò che si dà a qlcu. in cambio di un favore ricevuto, di un lavoro compiuto, o di un'azione meritevole: *come — farai un bel viaggio*. SIN. *rimunerazione, mercede*.

ricompensare *v.tr.* [io *ricompènso* ecc.] dare la ricompensa: *per il lavoro svolto ti ricompenserò bene*. SIN. *rimunerare, retribuire, pagare, premiare*.

ricomperare *v.tr.* → **ricomprare**.

ricomporre [-pór-] *v.tr.* [coniugato come *porre*] **1** comporre di nuovo, da capo: *dovetti — l'articolo* **2** rimettere in ordine, ricostruire: *— le fasi del processo / — il viso, ridargli l'espressione abituale*. SIN. *riordinare // -orsi v.rifl.* riprendere il dominio di sé e l'espressione abituale.

ricomposizione [-fìzió-] *s.f.* atto, effetto del ricomporre.

ricomprare *v.tr.* [*io ricómpro ecc.*] comprare di nuovo la stessa cosa o cose simili: *ha venduto la casa per poi ricomprarla*.

riconciliare *v.tr.* [*io riconcilio ecc.*] **1** rappacificare, rimettere d'accordo: *— gli avversari* **2** riconquistare: *riconciliarsi la simpatia di tutti // -arsi v.rifl.* e *rifl.rec.* far la pace.

riconciliazione [-zió-] *s.f.* atto, effetto del riconciliare o del riconciliarsi.

ricondannare *v.tr.* condannare di nuovo.

ricondurre *v.tr.* [coniugato come *condurre*] **1** condurre di nuovo **2** riportare nel luogo da cui si era allontanato; (*fig.*) riportare alla condizione di prima: *— qlcu. a casa; — la disciplina nella classe*.

riconferma [-fèr-] *s.f.* atto, effetto del riconfermare.

riconfermare *v.tr.* [*io riconférmo ecc.*] confermare di nuovo: *venne riconfermato nell'incarico*.

riconfortare *v.tr.* [*io riconfòrto ecc.*] confortare di nuovo o più vivamente: *— qlcu. con buone parole*.

riconfrontare *v.tr.* [*io riconfrónto ecc.*] confrontare di nuovo.

ricongiungere [-giùn-] *v.tr.* [coniugato come *giungere*] congiungere di nuovo: *— le parti staccate*. SIN. *riunire // -ersi v.rifl.* ritornare insieme: *si ricongiunse alla famiglia*. SIN. *riunirsi*.

ricongiungimento [-mén-] *s.m.* atto, effetto del ricongiungere o del ricongiungersi.

riconnettere [-nèt-] *v.tr.* [coniugato come *connettere*] connettere di nuovo // **-ersi** *v.rifl.pron.* essere in relazione con qlcu.: *questo fatto si riconnette al precedente*.

riconoscente [-scèn-] *agg.* si dice di chi sa riconoscere il valore del bene ricevuto: *con animo —*. SIN. *grato*.

riconoscenza [-scèn-] *s.f.* l'essere riconoscente. SIN. *gratitudine*.

riconoscere [-nó-] *v.tr.* [coniugato come *conoscere*] **1** ravvisare cosa o persona già conosciuta; identificare; individuare: *— qlcu. al passo, dal vestito; — un pezzo musicale dalle prime battute; non c'era nessuno che fosse in grado di riconoscerlo* **2** distinguere: *spesso è difficile — il vero dal falso*. SIN. *discernere* **3** ammettere, convenire; dichiarare, confessare: *— i meriti di qlcu.; — un errore, un torto; riconosco di aver sbagliato; l'imputato si riconosce colpevole* **4** accettare come legittimo; approvare pubblicamente e ufficialmente: *— l'autorità di qlcu.; lo riconobbero come loro capo; — un governo, uno stato,* ammetterne la legittimità; *— un figlio naturale,* dichiarare di esserne il genitore nelle forme stabilite dalla legge **5** (*antiq.*) esaminare con attenzione, ispezionare.

riconoscibile [-scì-] *agg.* che si può riconoscere.

riconoscimento [-mén-] *s.m.* il riconoscere: *segno di —, tessera di —*, che servono a identificare una persona / *in —*, a compenso, in ricompensa.

riconquista *s.f.* il riconquistare.

riconquistare *v.tr.* conquistare di nuovo; conquistare ciò che è stato perduto.

riconsacrare *v.tr.* consacrare di nuovo.

riconsegna [-sé-] *s.f.* il riconsegnare.

riconsegnare *v.tr.* [*io riconségno ecc.*] consegnare di nuovo; consegnare ciò che era stato tolto. SIN. *restituire*.

riconvenire *v.tr.* [coniugato come *convenire*] (*dir.*) detto di chi sia stato accusato, citare a sua volta in giudizio l'accusatore // *v.intr.* convenire di nuovo.

riconvenzione [-zió-] *s.f.* (*dir.*) il riconvenire qlcu. in giudizio.

riconversione [-sió-] *s.f.* il riconvertire; processo di trasformazione di imprese o impianti per adattarli a nuove esigenze: *la — dell'industria bellica*.

riconvertire *v.tr.* [*io riconvèrto ecc.*] **1** convertire di nuovo **2** modificare un impianto, riorganizzare un'impresa o un settore produttivo per adattarli a nuove esigenze.

riconvocare *v.tr.* [*io ricònvoco, tu ricònvochi ecc.*] convocare di nuovo: *— l'assemblea*.

riconvocazione [-zió-] *s.f.* il riconvocare.

ricopertura *s.f.* il ricoprire; la cosa con cui si ricopre: *una — di tegole*.

ricopiare *v.tr.* [*io ricòpio ecc.*] copiare di nuovo; mettere in bella copia.

ricopiatura *s.f.* atto, effetto del ricopiare.

ricoprire *v.tr.* [coniugato come *coprire*] **1** coprire di nuovo **2** coprire, rivestire: *— di stoffa* **3** (*fig.*) colmare: *ricoprì di carezze il figlioletto* **4** nascondere, dissimulare: *— le magagne* **5** assumere, tenere: *— un impiego, una carica*.

ricordanza *s.f.* (*poet.*) ricordo.

ricordare *v.tr.* [*io ricòrdo ecc.*] **1** serbare ricordo, aver presente nella memoria: *— un motivo musicale; — d'aver fatto qlco.* CONTR. *dimenticare* **2** richiamare alla memoria propria o altrui: *— a uno una promessa / — la madre nei lineamenti,* rassomigliarle. SIN. *rammentare, rimembrare, rievocare* **3** fare menzione: *— i meriti del premiato*. SIN. *menzionare // -arsi v.rifl.pron.* serbare ricordo, richiamare alla propria memoria: *mi ricordo bene di quella persona; me ne ricorderò per un pezzo / non si ricorda dal naso alla bocca,* è smemorato / *si ricordò di lui nel testamento,* gli lasciò qlco. in eredità.

ricordo [-còr-] *s.m.* **1** il ricordare; il ricordarsi; ciò che si ricorda: *avere, lasciare, serbare un buon —*. SIN. *rimembranza, reminiscenza* **2** ciò che serve a conservare o a rinnovare la memoria di qlcu. o di qlco.: *la nonna lasciò un libro di ricordi; questa collana è un — di mia zia,* è un suo dono; *è un — di Parigi; i ricordi della civiltà greca,* le vestigia.

ricorreggere [-règ-] *v.tr.* [coniugato come *correggere*] correggere di nuovo; correggere accuratamente.

ricorrente [-rèn-] *agg.* **1** che ricorre nel tempo: *fatti ricorrenti* **2** che fa o ha fatto ricorso // *s.m.* e *f.* chi fa o ha fatto ricorso.

ricorrenza [-rèn-] *s.f.* **1** il ricorrere di un fatto nel tempo **2** per estens., festa che ritorna ogni anno. SIN. *anniversario*.

ricorrere [-cór-] *v.intr.* [coniugato come *correre*] **1** correre indietro (anche *fig.*): *— a casa; — col pensiero all'infanzia* **2** rivolgersi a qlcu. o a qlco. per ottenere aiuto, informazioni ecc., per raggiungere lo scopo voluto, per chiedere giustizia: *— al medico, ai testimoni oculari / — alle minacce,* servirsene / *— in cassazione,* (*dir.*) impugnare una sentenza che si ritiene affetta da vizio di forma **3** ritornare nel tempo; per estens., ripetersi, detto di parole, frasi e simili: *ricorre oggi l'anniversario del vostro matrimonio; le similitudini ricorrono* *spesso in Omero* **4** correre intorno a un edificio, detto di fregio architettonico: *un bassorilievo ricorre sulla facciata.*

ricorso [-cór-] *s.m.* **1** il ricorrere contro un provvedimento amministrativo o giurisdizionale; il foglio su cui è scritto il ricorso; per estens., il ricorrere a qlcu. o a qlco.: *presentare — in appello; consegnare il —; ho fatto — alla sua generosità* **2** il ricorrere di fatti nella storia: *i corsi e i ricorsi storici.*

ricostituente [-tuèn-] *agg.* che rinvigorisce: *cura —* // *s.m.* medicina che rinvigorisce.

ricostituire *v.tr.* [*io ricostituisco, tu ricostituisci ecc.*] **1** costituire di nuovo: *la società fu ricostituita* **2** (*fig.*) rinvigorire l'organismo.

ricostituzione [-zió-] *s.f.* atto, effetto del ricostituire.

ricostruire *v.tr.* [*io ricostruisco, tu ricostruisci ecc.*] **1** costruire di nuovo **2** ricreare un testo, lo svolgimento di un fatto ecc., servendosi degli elementi noti e d'ipotesi: *— un delitto, una scena / — un testo letterario, ricondurlo alla lezione originaria.*

ricostruttore [-tó-] *s.m.* [f. -*trice*] chi ricostruisce.

ricostruzione [-zió-] *s.f.* . **1** atto, effetto del ricostruire; la cosa ricostruita **2** l'opera intesa a riparare i danni materiali e morali causati dalla guerra.

ricotta [-còt-] *s.f.* latticino molle e bianco, che si ottiene facendo bollire il siero di latte rimasto dopo aver fatto il formaggio.

ricottura *s.f.* atto, effetto del ricuocere.

ricoverare *v.tr.* [*io ricòvero ecc.*] dare ricovero: *— un pellegrino; — un ammalato in ospedale* // **-arsi** *v.rifl.* trovare ricovero. SIN. *rifugiarsi.*

ricoverato *s.m.* chi è accolto in un ospedale, in un ospizio ecc.

ricovero [-có-] *s.m.* **1** atto del ricoverare: *disporre il — in clinica* **2** luogo dove si può trovare riparo dalle intemperie o protezione e difesa dai pericoli: *— antiaereo.* SIN. *rifugio* **3** istituto dove si ospitano i poveri o le persone anziane: *— di mendicità; — dei vecchi.*

ricreare *v.tr.* [*io ricrèo ecc.*] **1** creare di nuovo **2** infondere nuovo vigore; dare sollievo e ristoro, rallegrare e ritemprare l'animo: *è uno spettacolo che ricrea l'animo.* SIN. *deliziare, divertire, svagare* // **-arsi** *v.rifl.* prendere svago, sollievo; distrarsi: *— dalle fatiche, dal lavoro.*

ricreativo *agg.* che serve a ricreare: *passatempo —.*

ricreatorio [-tò-] *s.m.* in collegi e simili comunità, luogo in cui si accolgono i ragazzi perché, opportunamente vigilati, possano divertirsi nelle ore libere dallo studio.

ricreazione [-zió-] *s.f.* **1** il ricreare l'animo **2** ciò che serve a ricreare l'animo: *la musica è un'eccellente —* **3** nelle scuole, pausa di riposo e svago tra le lezioni: *durante la — andremo in giardino.*

ricredersi [-cré-] *v.rifl.pron.* [*io mi ricrédo ecc.*] cambiare opinione riguardo a qlcu. o qlco. convincendosi d'aver sbagliato: *ho dovuto ricredermi sul suo conto.*

ricrescere [-cré-] *v.intr.* [coniugato come *crescere*] **1** crescere di nuovo **2** (*region.*) aumentare di peso, di volume: *è pasta che cuocendo ricresce.*

ricrescita [-cré-] *s.f.* atto, effetto del ricrescere: *la — dei capelli.*

ricucire *v.tr.* [*io ricùcio ecc.*] **1** cucire di nuovo **2** cucire accuratamente uno strappo o una ferita.

ricuocere [-cuò-] *v.tr.* [coniugato come *cuocere*] cuocere di nuovo.

ricuperabile [-rà-] *agg.* che si può ricuperare (anche *fig.*): *questo ragazzo è ancora —.*

ricuperare *v.tr.* [*io ricùpero ecc.*] **1** tornare in possesso

di una cosa perduta o che ci è stata tolta: *— il bottino, — la libertà.* SIN. *riacquistare, riprendere* **2** (*fig.*) riportare a condizioni di normalità: *— un delinquente alla società,* reinserirlo nella vita sociale **3** riguadagnare; rimontare uno svantaggio; spec. nel linguaggio sportivo, giocare una partita non effettuata il giorno fissato (anche *assol.*): *— il tempo; quel corridore ricuperava in salita* **4** riportare alla superficie; porre in salvo cose o persone cadute in mare.

ricuperatore [-tó-] *s.m.* (*mecc.*) dispositivo atto a utilizzare un'energia già adoperata / *— di rinculo,* nelle armi automatiche, congegno che permette il caricamento automatico dell'arma sfruttando l'energia dei gas che si sviluppano a ogni sparo.

ricupero [-cù-] *s.m.* il ricuperare (detto spec. di cose disperse in un disastro o rubate); l'oggetto ricuperato: *il — della refurtiva / corsi di —,* per alunni che presentano lacune in determinate materie / *partita di —,* (*sport*) si dice della partita disputata fuori calendario in sostituzione di un'altra non potuta giocare.

ricurvo *agg.* curvo, molto curvo: *bastone —.*

ricusa [-fà] *s.f.* l'atto del ricusare: *un'ostinata —.*

ricusabile [-fà-] *agg.* che si può ricusare.

ricusare [-fa-] *v.tr.* non accettare; non acconsentire a far qlco.: *— un regalo; — di partire.*

ricusazione [-fazió-] *s.f.* (*dir.*) l'atto processuale col quale, per gravi motivi, si chiede la sostituzione di un giudice o la mancata ammissione di un testimone.

ridacchiare *v.intr.* [*io ridàcchio ecc.*] ridere leggermente e a tratti, in modo ironico o spregiativo e senza spontaneità.

ridanciano *agg.* **1** che ride spesso: *un ragazzo —* **2** che fa ridere: *una novella ridanciana.*

ridare *v.tr.* [coniugato come *dare*] **1** dare di nuovo: *— fiducia* **2** restituire, rendere: *mi ha ridato i libri che gli avevo prestato.*

ridarella [-rèl-] *s.f.* (*fam.*) voglia di ridere; risata irrefrenabile.

ridda *s.f.* **1** movimento agitato e scomposto di cose o persone: *una — di pensieri; mi cacciai in una — di veicoli* **2** antica danza molto celere, che si faceva girando in tondo e cantando; per estens., danza degli spiriti infernali e simili: *menare la —; la — delle streghe.*

ridente [-dèn-] *agg.* **1** che ride: *viso —* **2** che dà letizia; gradevole: *luogo —.* SIN. *ameno.*

ridere [rì-] *v.intr.* [pass.rem. io risi, tu idésti ecc.; p.pass. riso] **1** contrarre i muscoli facciali ed emettere dalla gola un suono particolare, in segno di allegria, di compiacimento o per manifestare sprezzo, ironia e simili: *ho riso di cuore; le tue parole fanno — / — di cuore, a crepapelle,* ridere forte, senza ritegno / *— sotto i baffi,* ridere nascostamente / *far — i polli,* essere molto ridicolo / *me ne rido delle tue minacce,* lo sprezzo / *prov.:* chi ride in venerdì, piange in domenica; ride bene chi ride ultimo **2** (*fig.*) brillare, splendere, essere bello: *ride il cielo* **3** deridere: *rido di te.*

ridestare *v.tr.* [*io ridèsto ecc.*] **1** destare di nuovo: *il rumore del motore mi ridestò.* SIN. *risvegliare* **2** ravvivare, rinfocolare (detto di sentimenti, pensieri): *— la gelosia, la passione.*

ridicolaggine [-làg-] *s.f.* l'essere ridicolo; la cosa, il detto ridicolo: *è incredibile la — di quella donna; dice tante ridicolaggini.*

ridicolezza [-léz-] *s.f.* qualità di ciò che è ridicolo; atto, detto ridicolo; inezia, cosa da nulla: *il suo dono era proprio una —.*

ridicolizzare [-liʒʒa-] *v.tr.* rendere ridicolo; prendere in giro qlco. o qlcu.: *egli ridicolizza ogni cosa seria.*

ridicolo [-dì-] *agg.* **1** che fa ridere perché sciocco o goffo o strano: *stai facendo una ridicola figura* **2** non adeguato, meschino: *un'offerta ridicola* // *s.m.* qualità di ciò che è ridicolo, comicità: *non comprende il — della sua posizione* / *gettare il — su qlcu.*, renderlo oggetto di scherno / *cadere nel —*, diventare ridicolo.

ridimensionamento [-mén-] *s.m.* atto, effetto del ridimensionare.

ridimensionare *v.tr.* [*io ridimensióno ecc.*] riportare qlco. alle dimensioni giuste, e spec. a dimensioni inferiori alle precedenti: *— un'azienda*, ridurne il personale, l'attività / *— un personaggio*, non attribuirgli più le qualità eccezionali che prima gli venivano attribuite.

ridipingere [-pìn-] *v.tr.* [*io ridipingo, tu ridipingi ecc.*] dipingere di nuovo.

ridire *v.tr.* [coniugato come *dire*] **1** dire di nuovo: *dire e — le stesse cose* **2** riferire: *non ridite quello che vi ho detto* **3** raccontare, esprimere: *non si possono — le accoglienze che ho ricevuto* **4** biasimare, censurare: *in queste mie azioni non c'è nulla da —.*

ridiscendere [-scén-] *v.tr.* e *intr.* [coniugato come *scendere*] discendere di nuovo: *— le scale; — dal piano superiore.*

ridiscorrere [-scór-] *v.intr.* [coniugato come *correre*] discorrere di nuovo.

ridistribuire *s.m.*, **ridistribuzione** [-zió-] *s.f.* → **redistribuire, redistribuzione.**

ridiventare *v.intr.* [*io ridivènto ecc.*] diventare di nuovo.

ridomandare *v.tr.* **1** domandare di nuovo **2** chiedere in restituzione: *ho ridomandato i soldi prestati.*

ridonare *v.tr.* [*io ridóno ecc.*] **1** dare, donare di nuovo: *— coraggio* **2** dare, donare ad altri ciò che si è ricevuto in dono.

ridondante *agg.* sovrabbondante, eccessivamente ricco: *un discorso — di citazioni* / *stile —*, gonfio.

ridondanza *s.f.* **1** l'essere ridondante: *— di ornamenti.* SIN. sovrabbondanza **2** nella teoria dell'informazione, tutto ciò che in un messaggio non è portatore di nessuna quantità di informazione.

ridondare *v.intr.* [*io ridóndo ecc.*] sovrabbondare: *questa casa ridonda di ninnoli* / *— in danno, in favore di qlcu.*, essergli dannoso o favorevole: *quell'accusa ridondò in suo danno.*

ridosso [-dòs-] *s.m.* ciò che s'innalza dietro ad altra cosa a la ripara: *le scuderie formano un — alla casa* / *essere a —*, essere a riparo; (*fig.*) essere vicino, incalzare: *aveva i creditori a —; siamo a — delle vacanze*, vicini nel tempo / *stare a — di un'isola*, (*mar.*) esserne riparati dal vento e dal mare.

ridotta [-dót-] *s.f.* piccola opera di fortificazione campale.

ridotto [-dót-] *agg.* che ha subito una riduzione; rimpicciolito: *formato —; abito —* // *s.m.* **1** nei teatri, sala in cui si intrattengono gli spettatori tra un atto e l'altro dello spettacolo **2** sede di un circolo di ritrovo.

riducente [-cèn-] *agg.* che riduce, che opera una riduzione / *sostanza —*, (*chim.*) la sostanza capace di ridurne un'altra // SIN. sostanza riducente.

riducibile [-ci-] *agg.* che può essere ridotto.

ridurre *v.tr.* [pres. *io riduco, tu riduci ecc.*; pass.rem. *io ridussi, tu riducésti ecc.*; p.pass. *ridótto*] **1** ricondurre: *— qlcu. alla ragione* / *— una frattura*, (*med.*) ricollocare un segmento osseo nella sua normale posizione **2** convertire, mutare, far diventare: *— la casa un inferno;*

— in pezzi; — un romanzo per la radio, adattarlo; *— il ferro in acciaio* **3** rimpicciolire, restringere: *— le spese, un abito* / *— ai minimi termini*, (*mat.*) ottenere da una frazione data una equivalente con numeratore e denominatore primi fra di loro; (*fig.*) ridurre male, sminuire. SIN. abbreviare, diminuire, limitare **4** costringere: *mi hanno ridotto alla disperazione* **5** (*chim.*) sottoporre una sostanza alla reazione di riduzione // **-ursi** *v.rifl.* **1** portarsi ad una condizione fisica o morale peggiore: *ti sei ridotto alla miseria* **2** rifugiarsi, ritirarsi: *— a vita privata, in campagna.*

riduttivo *agg.* che tende a ridurre indebitamente, che limita arbitrariamente: *proposta, interpretazione riduttiva.*

riduttore [-tó-] *s.m.* **1** [f. *-trice*] chi riduce, spec. chi adatta un romanzo e simili **2** congegno usato per trasmettere il movimento rotatorio con riduzione del numero dei giri **3** dispositivo impiegato per ridurre la pressione di un gas all'uscita da un recipiente.

riduzione [-zió-] *s.f.* **1** atto, effetto del ridurre: *ho ottenuto una — sul prezzo* **2** (*chim.*) reazione con la quale un composto è liberato dell'ossigeno che contiene **3** (*mat.*) termine denotante varie operazioni matematiche: *— di più frazioni allo stesso denominatore* **4** (*med.*) ricollocamento di un viscere o di un segmento osseo nella sua posizione normale: *— dell'ernia, di una frattura.*

riduzionismo [-ʃmo] *s.m.* dottrina scientifica e filosofica secondo la quale un sistema complesso è completamente determinato e spiegato dalla struttura delle sue parti più semplici.

riecheggiare *v.intr.* [*io riechéggio ecc.*] echeggiare di nuovo: *il tuono riecheggiò per le valli* // *v.tr.* rendere l'eco (spec. *fig.*): *il tuo libro riecheggia lo stile del Verga.*

riedere [riè-] *v.intr.dif.* [usate le forme *rième, rièdono*] (*lett.*) ritornare.

riedificare *v.tr.* [*io riedifico, tu riedifichi ecc.*] edificare di nuovo (anche *fig.*).

riedificazione [-zió-] *s.f.* atto, effetto del riedificare.

rieducare *v.tr.* [*io rièduco, tu rièduchi ecc.*] **1** educare individui in condizioni fisiche o mentali anormali: *— i ciechi; — i bambini tardivi; — giovani traviati* **2** riattivare le funzioni di organi o membra menomate.

rieducazione [-zió-] *s.f.* atto, effetto del rieducare.

rielaborare *v.tr.* [*io rielàboro ecc.*] elaborare di nuovo; rifare con nuovi criteri: *— un pensiero, un'opera.*

rielaborazione [-zió-] *s.f.* atto, effetto del rielaborare.

rieleggere [-lèg-] *v.tr.* [coniugato come *eleggere*] eleggere di nuovo.

rieleggibile [-gì-] *agg.* che può essere rieletto alla stessa carica: *il presidente è — non più di due volte.*

rielezione [-zió-] *s.f.* atto, effetto del rieleggere.

riemergere [-mèr-] *v.intr.* [coniugato come *emergere*] risalire alla superficie; emergere di nuovo.

riempire *v.tr.* [*io riémpio ecc.*] **1** empire completamente (anche *fig.*): *— un fiasco di vino; le sue parole mi riempirono di gioia* / *—, riempirsi lo stomaco*, nutrire, mangiare a volontà. SIN. ricolmare. CONTR. vuotare **2** di moduli e simili, compilarli nelle parti in bianco // **-irsi** *v.rifl.* **1** diventare pieno **2** saziarsi: *mi sono riempito di dolci.*

riempitivo *agg.* che serve a riempire // *s.m.* parola, cosa che serve solo a riempire non aggiungendo nulla al concetto.

rientrante *agg.* che presenta concavità; incavato: *una spiaggetta —; guance rientranti.*

rientranza *s.f.* la parte rientrante: *la costa era tutta sporgenze e rientranze.*

rientrare *v.intr.* [*io riéntro ecc.*] **1** entrare nel luogo da cui si è usciti (anche *fig.*): — (*in casa*) *dopo una passeggiata; — nelle grazie di qlcu.*, (*fig.*) riacquistarle / — *in sé,* riprendere il controllo di sé stesso / — *in discorso,* riparlare di qlco. / — *in gioco,* tornare a giocare **2** di linee, corpi e simili, presentare una concavità: *qui il muro rientra* **3** di cose, far parte, essere contenuto: *non rientra nei miei compiti.*

rientro [rièn-] *s.m.* **1** atto del rientrare: *al mio — dalla villeggiatura* **2** restringimento, spec. di tessuti bagnati per la prima volta.

riepilogare *v.tr.* [*io riepìlogo, tu riepìloghi ecc.*] fare un riepilogo: — *il discorso.* SIN. *ricapitolare, riassumere.*

riepilogo [-pi-] *s.m.* [pl. *-ghi*] riassunto per sommi capi del contenuto di un discorso, di uno scritto: *un — della situazione.* SIN. *ricapitolazione.*

riesame [-ʃa-] *s.m.* il riesaminare.

riesaminare [-ʃa-] *v.tr.* [*io riesàmino ecc.*] esaminare di nuovo.

riesportare *v.tr.* [*io riespòrto ecc.*] esportare dopo una lavorazione merci importate come materie prime o semilavorati.

riesportazione [-zió-] *s.f.* il riesportare.

riessere [riès-] *v.intr.* [coniugato come *essere*] essere di nuovo / *ecco, ci risiamo!,* al ripresentarsi di una situazione spiacevole.

riesumare [-ʃu-] *v.tr.* **1** disseppellire, togliere dalla tomba: — *una salma* **2** (*fig.*) riportare alla luce; rimettere in uso, in valore: — *una costumanza antica.*

rietino *agg.* di Rieti // *s.m.* abitante di Rieti.

rievocare *v.tr.* [*io rièvoco, tu rièvochi ecc.*] evocare di nuovo; commemorare: — *il passato; rievocò la figura dello scomparso.* SIN. *ricordare.*

rievocazione [-zió-] *s.f.* il rievocare; la cosa rievocata; commemorazione.

rifacimento [-mén-] *s.m.* atto, effetto del rifare; spec. rielaborazione di un'opera letteraria.

rifare *v.tr.* [coniugato come *fare*] **1** fare di nuovo una cosa sciupata, malfatta o disordinata: — *un lavoro; è tutto da —; la camera, il letto,* riordinarli **2** compiere di nuovo, ripetere: — *la pace; — la strada in senso inverso,* ripercorrerla **3** imitare, contraffare: — *il verso del gatto* **4** ricucinare e presentare in altro modo cibi avanzati: *carne rifatta in umido //* **-arsi** *v.rifl.* **1** farsi, diventare di nuovo: — *bello / assol.* ristabilirsi: *era molto deperito, ma si è rifatto* **2** prendersi il compenso, la rivincita: — *dei danni subiti; — delle umiliazioni patite //* *v.rifl.pron.* prendere le mosse da qlco. in un discorso o scritto, richiamarsi: — *alla rivoluzione francese.*

rifasciare *v.tr.* [*io rifàscio ecc.*] fasciare di nuovo.

riferibile [-rì-] *agg.* **1** che si può riferire, ripetere: *non sono parole riferibili* **2** che può concernere, riguardare: *questo discorso è — a quell'argomento.*

riferimento [-mén-] *s.m.* **1** ciò che si riferisce a qlco.: *in questo libro c'è un — a Cicerone / con, in — alla vostra del...,* nella corrispondenza commerciale **2** relazione, rapporto: *punto di —,* punto del terreno od oggetto cui ci si riferisce a scopo di orientamento (anche *fig.*).

riferire *v.tr.* [*io riferisco, tu riferisci ecc.*] **1** far sapere, riportare notizie, discorsi e simili: — *le parole di qlcu. / assol.* fare una relazione: *la commissione riferì al ministro* **2** mettere in relazione, ascrivere: — *un effetto alla sua causa //* **-irsi** *v.rifl.* **1** rapportarsi: *mi riferisco a*

quanto ho già detto **2** riguardare, concernere: *l'aggettivo concorda col nome a cui si riferisce.*

riffa *s.f.* lotteria privata con premi in oggetti.

rifiatare *v.intr.* **1** respirare, ripigliar fiato (anche *fig.*) **2** pronunciare una parola: *non ha neppure rifiatato; guai a te se rifiati!*

rifilare *v.tr.* **1** tagliare a filo, rifinire i margini: — *le pagine di un libro; — l'orlo di un vestito* **2** (*fam.*) dire o dare tutto d'un fiato, di seguito **3** (*fam.*) affibbiare, per lo più con inganno: *mi hanno rifilato mille lire false.*

rifilatrice *s.f.* macchina utensile con cui si esegue la rifilatura.

rifilatura *s.f.* operazione del tagliare, pareggiare i margini di qlco.; in particolare, lavorazione dei bordi dei pezzi su di una fresatrice, limatrice e simili.

rifinire *v.tr.* [coniugato come *finire*] **1** perfezionare, dare l'ultima mano: — *un libro; — un quadro* **2** (*region.*) ridurre in cattivo stato.

rifinitezza [-téz-] *s.f.* qualità di ciò che è rifinito.

rifinito *agg.* **1** condotto a termine in tutti i particolari, perfezionato: *ricamo —; disegno —* **2** sfinito, esausto: — *dalla stanchezza.*

rifinitura *s.f.* atto, effetto del rifinire: *eseguire una —.*

rifiorimento [-mén-] *s.m.* il rifiorire (spec. *fig.*): — *degli studi.*

rifiorire *v.intr.* [*io rifiorisco, tu rifiorisci ecc.*] **1** fiorire di nuovo; (*fig.*) tornare in prospero stato: *gli alberi rifioriscono; la salute rifiorisce; le lettere e le arti rifiorirono* **2** riapparire, di macchie e simili: *l'umidità rifiorisce sui muri.*

rifioritura *s.f.* **1** nuova fioritura di una pianta; (*fig.*) ritorno di forza, di prosperità: *la — dei peschi; la — delle iniziative* **2** ricomparsa di macchie e simili.

rifiutare *v.tr.* **1** non voler accettare; non voler concedere; non voler acconsentire a fare: — *un invito; — la grazia; rifiutò di partire.* SIN. *declinare, respingere.* CONTR. *accettare* **2** (*rar.*) non riconoscere, rinnegare: *rifiuta le proprie opere giovanili //* **-arsi** *v.rifl.pron.* non voler accettare, concedere o acconsentire con ostinazione, decisione, disprezzo: *si rifiutò di riceverlo; mi rifiuto di crederlo.*

rifiuto *s.m.* **1** atto, effetto del rifiutare: *rispondere con un —; ricevere un —.* SIN. *ripulsa.* CONTR. *accettazione* **2** ciò che non serve; scarto (anche *fig.*): *buttare i rifiuti nella spazzatura; è un — della società.*

riflessione [-sió-] *s.f.* **1** il riflettere, il riflettersi **2** (*fis.*) fenomeno per cui un raggio di luce, incidendo su una superficie, viene rinviato secondo determinate leggi; per analogia si parla di riflessione del suono, di onde elettromagnetiche, degli elettroni ecc. **3** (*fig.*) il considerare attentamente, la considerazione stessa: *agire dopo matura —; fare a voce alta le proprie riflessioni.* SIN. *pensiero, meditazione.*

riflessivo *agg.* **1** che considera attentamente, che riflette; assennato: *è un ragazzo —.* SIN. *posato, ponderato* **2** (*gramm.*) che si riflette su sé stesso, che rappresenta un'azione che si riflette sul soggetto: *verbo, pronome —.*

riflesso [-flès-] *agg.* che ha subito una riflessione: *raggio —* // *s.m.* il riflettersi; riverbero: *il — troppo intenso nuoce alla vista / di —,* di rimbalzo, indirettamente **2** (*med.*) ogni movimento involontario che risponde a uno stimolo esterno su un organo periferico di senso: — *condizionato,* che dipende dall'associazione ripetitiva di uno stimolo a una reazione fisiologica o istintiva.

riflettente [-tèn-] *agg.* che riflette: *una superficie —*.

riflettere [-flèt-] *v.tr.* [coniugato come *flettere*] **1** riprodurre un'immagine per riflessione; *(fig.)* manifestare esteriormente: *lo specchio rifletté un volto radioso; gli occhi riflettono i sentimenti dell'animo*. SIN. *rispecchiare* **2** *(fis.)* rimandare per riflessione (onde, raggi luminosi ecc.) // *v.intr.* considerare attentamente: *rifletterò su quello che mi hai detto*. SIN. *pensare, ponderare* // **-ersi** *v.rifl.* **1** essere riflesso: *le nuvole si riflettevano nell'acqua*. SIN. *rispecchiarsi* **2** ripercuotersi, influire indirettamente: *l'aumento dei salari si riflette sul costo della vita*.

riflettore [-tó-] *s.m.* apparecchio costituito da una sorgente luminosa e da uno specchio concavo che concentra la luce proiettandola a grande distanza.

rifluire *v.intr.* [*io rifluisco, tu rifluisci* ecc.] **1** fluire, scorrere di nuovo **2** scorrere indietro: *dal cuore il sangue rifluisce per tutto il corpo* **3** tornare ad affluire (anche *fig.*): *la folla rifluiva sulle piazze*.

riflusso *s.m.* **1** l'atto del rifluire; il movimento in senso contrario (anche *fig.*): *il — del sangue; il — degli emigranti* **2** l'abbassamento del livello del mare durante la bassa marea; la bassa marea stessa; la corrente che essa produce alle foci dei fiumi e che rifluisce al mare **3** in politica, ritorno a concezioni e comportamenti già ritenuti superati.

rifocillamento [-mén-] *s.m.* atto, effetto del rifocillare o del rifocillarsi.

rifocillare *v.tr.* ristorare con cibi e bevande // **-arsi** *v.rifl.* ristorarsi mangiando.

rifondere [-fón-] *v.tr.* [coniugato come *fondere*] **1** fondere di nuovo **2** *(fig.)* ricomporre con modifiche: *rifuse il suo articolo, accorciandolo* **3** rimborsare, risarcire: *— i danni*.

riforma [-fór-] *s.f.* **1** il riformare; il modificare a scopo di miglioramento uno stato di cose, un'istituzione ecc.: *la — della scuola; introdurre riforme radicali* **2** riforma, *(st.)* il movimento religioso capeggiato da Lutero, che portò alla formazione della chiesa protestante / *la — cattolica*, la controriforma **3** giudizio di non idoneità al servizio militare per inabilità fisica.

riformare *v.tr.* [*io rifórmo* ecc.] **1** formare di nuovo **2** sottoporre a riforma: *— la scuola* **3** dichiarare qlcu. permanentemente inabile al servizio militare per malattia o imperfezione fisica // **-arsi** *v.rifl.pron.* formarsi di nuovo.

riformato *agg.* che è stato modificato in seguito a una riforma / *chiesa riformata*, chiesa protestante / *frati riformati*, frati che seguono una regola modificata rispetto a quella originaria // *s.m.* **1** chi è stato giudicato inabile al servizio militare **2** seguace della riforma, protestante.

riformatore [-tó-] *s.m.* [f. *-trice*] chi introduce ampie e sostanziali riforme.

riformatorio [-tò-] *s.m.* istituto di rieducazione dei minorenni traviati.

riformismo [-ʃmo] *s.m.* la tendenza a modificare gradualmente e con mezzi pacifici l'ordine della società e dello stato.

riformista *agg.* e *s.m.* e *f.* [pl.m. *-i*] che o chi è fautore di riforme; che o chi segue il riformismo: *socialismo —*, forma di socialismo che tende al rinnovamento della società attraverso riforme graduali.

riformistico [-mì-] *agg.* [pl.m. *-ci*] di, da riformista, relativo al riformismo: *politica riformistica*.

rifornimento [-mén-] *s.m.* **1** atto, effetto del rifornire o rifornirsi: *fare — d'acqua; stazione di —*, distributore

di benzina, o luogo dove a chi viaggia è possibile rifornirsi di ciò che gli serve **2** *pl.* provviste, cose di cui ci si rifornisce.

rifornire *v.tr.* [*io rifornisco, tu rifornisci* ecc.] fornire di nuovo; provvedere di cose necessarie: *— l'aereo di carburante* // **-irsi** *v.rifl.* provvedersi di qlco.

rifornitore [-tó-] *s.m.* [f. *-trice*] chi rifornisce.

rifrangere [-fràn-] *v.tr.* [coniugato come *frangere*] **1** *(rar.)* frangere, spezzare di nuovo; infrangere **2** *(fis.)* far subire a un raggio luminoso una rifrazione: *l'acqua rifrange i raggi del sole* // **-ersi** *v.rifl.pron.* **1** spezzarsi, infrangersi: *le onde si rifrangono sugli scogli* **2** subire una rifrazione.

rifrattore [-tó-] *s.m.* strumento atto a rifrangere onde luminose o acustiche.

rifrazione [-ʒió-] *s.f.* *(fis.)* fenomeno per cui un raggio luminoso, attraversando un corpo trasparente, viene deviato secondo determinate leggi; per analogia, si parla di rifrazione di onde sonore, elettromagnetiche e simili.

rifreddo [-fréd-] *agg.* e *s.m.* si dice di cibo cotto, ma conservato per essere mangiato freddo.

rifriggere [-frìg-] *v.tr.* [coniugato come *friggere*] **1** friggere di nuovo **2** *(fig.)* ripetere le medesime cose cercando di farle sembrare nuove: *non fai che — le stesse idee* // *v.intr.* cuocere in troppo olio e molto a lungo: *il pesce è lì che rifrigge*.

rifritto *agg.* **1** fritto di nuovo **2** *(fig.)* già detto molte volte, ben noto: *un discorso —*.

rifuggire *v.intr.* [*io rifuggo, tu rifuggi* ecc.] provare avversione, essere contrario: *— dai pettegolezzi, dalla fatica*.

rifugiarsi *v.rifl.pron.* [*io mi rifúgio* ecc.] cercar rifugio, mettersi al riparo, al sicuro: *— sotto un albero / — nella lettura, (fig.)* cercare svago, conforto leggendo.

rifugiato *agg.* e *s.m.* profugo, esiliato volontariamente: *— politico*, chi è costretto ad abbandonare il proprio paese per ragioni politiche.

rifugio [-fú-] *s.m.* luogo in cui si cerca e si trova riparo e protezione (anche *fig.*): *un — sicuro; cercar — nell'affetto di qlcu. / — alpino*, costruzione in legno o muratura destinata ad alloggiare alpinisti / *— antiaereo*, costruzione blindata, per lo più sotterranea, per proteggere persone e cose da attacchi aerei. SIN. *ricovero*.

rifulgere [-fùl-] *v.intr.* [pres. *io rifulgo, tu rifulgi* ecc.; pass.rem. *io rifulsi, tu rifulgésti* ecc.; p.pass. *rifulso*] mandare luce viva e brillante, risplendere (spec. *fig.*): *nei suoi occhi rifulgeva la bontà*.

rifusione [-ʃió-] *s.f.* il rifondere: *— dei danni*.

riga *s.f.* **1** ogni linea tracciata, segnata o impressa su una superficie: *tracciare una — su un foglio, per terra / fare la — dei capelli*, la scriminatura / *un abito a righe*, confezionato con tessuto rigato **2** l'insieme delle parole scritte su una stessa linea orizzontale: *ho scritto solo mezza — / ti manderò due righe*, ti scriverò brevemente / *leggere tra le righe*, capire anche quello che non viene espresso apertamente **3** serie di persone disposte a fianco a fianco: *mettersi in —; rompere le righe; la prima — venga avanti / rimettersi in —, uscire di —, (fig.)* comportarsi bene, male **4** stecca piatta, con bordo graduato, usata per tracciare linee rette [*ill. Disegno, strumenti*].

rigaglie [-gà-] *s.f.pl.* la cresta e le interiora del pollo, usate per varie ricette di cucina.

rigagnolo [-gà-] *s.m.* piccolo corso d'acqua, spec. come quelli che scorrono ai lati delle strade quando piove: *un — causato dalla pioggia*.

rigare *v.tr.* [*io rigo, tu righi* ecc.] segnare con righe: — *un foglio / le lacrime rigano il volto,* (*fig.*) lo solcano // *v.intr.* solo nella locuz. *rigare diritto,* fare il proprio dovere, filare.

rigatino *s.m.* tessuto di lino o cotone, a piccole righe colorate, usato per grembiuli.

rigato *agg.* segnato, solcato da righe: *tessuto, quaderno — / cannone —,* con la canna interiormente scanalata.

rigatoni [-tó-] *s.m.pl.* tipo di pasta per minestre asciutte a forma di corti tubi con grosse rigature.

rigattiere [-tiè-] *s.m.* chi compra e rivende roba usata.

rigatura *s.f.* **1** atto, effetto del rigare: *la — di un foglio* **2** l'insieme delle scanalature che si trovano nell'interno di una canna di fucile o di una bocca da fuoco, per imprimere un moto rotatorio ai proietti.

rigelo [-gè-] *s.m.* fenomeno per cui frammenti di ghiaccio, che fondendosi si sono separati, si risaldano tra loro.

rigenerare *v.tr.* [*io rigènero* ecc.] **1** generare di nuovo; far nascere a nuova vita (spec. *fig.*): *un farmaco che rigenera le forze; — l'umanità dal peccato; — una nazione* **2** (*biol.*) reintegrare o rinnovare le parti lese o amputate di un organismo: — *i tessuti ossei* **3** (*chim.*) ripristinare le proprietà originali di un materiale, perdute o alterate per usura, invecchiamento ecc.: — *la lana, le gomme* // **-arsi** *v.rifl.pron.* riprodursi: *i tumori spesso si rigenerano.*

rigenerato *agg.* che ha subito la rigenerazione: *cuoio — // s.m.* prodotto ottenuto mediante rigenerazione: *un — di caucciù.*

rigeneratore [-tó-] *agg.* e *s.m.* [f. *-trice*] che o chi rigenera: *sacramento —; un — di forze.*

rigenerazione [-zió-] *s.f.* atto, effetto del rigenerare, del rigenerarsi: — *della coda nelle lucertole; — morale di un popolo; — della lana.*

rigettare *v.tr.* [*io rigètto* ecc.] **1** gettare di nuovo **2** gettare fuori o lontano con violenza: *il lago rigettò i corpi degli annegati; — il caffè,* vomitarlo // *assol.* vomitare: *continua a —* **3** (*fig.*) respingere: — *la domanda.*

rigetto [-gèt-] *s.m.* **1** il respingere una domanda, un ricorso ecc.; rifiuto **2** fenomeno biologico di tipo immunitario, per cui le cellule di un organismo non sopravvivono quando vengono trapiantate in un individuo geneticamente diverso **3** (*fig.*) rifiuto o espulsione da parte di un corpo sociale di idee e comportamenti nuovi, estranei.

righello [-ghèl-] *s.m.* piccola riga per tracciare le linee.

rigidezza [-déz-] *s.f.* l'essere rigido (spec. *fig.*): — *di clima; — di principi,* inflessibilità. SIN. *durezza, rigore.*

rigidità *s.f.invar.* l'essere rigido (anche *fig.*): — *cadaverica,* stato di irrigidimento delle membra dopo la morte; — *della forza lavoro,* insieme di vincoli posti all'impresa nell'utilizzo della manodopera.

rigido [ri-] *agg.* **1** che non si può piegare: *bastone —; ho le dita rigide per il freddo / — sull'attenti,* immobile. SIN. *duro* **2** assai freddo, detto di clima, stagione ecc. **3** (*fig.*) severo, austero: *insegnante —; persona di rigidi principi.* SIN. *inflessibile* **4** (*fig.*) che ha o impone limiti fissi, che non ha margini di mutamento, di adattamento alle situazioni: *il mercato del lavoro in questa fase è —.*

rigirare *v.tr.* girare continuamente: — *qlco. tra le mani / — il discorso,* (*fig.*) travisarlo / *comunque la rigiri, ho sempre ragione io,* considerata la cosa sotto qualsiasi aspetto / — *uno,* farlo agire come si vuole // *v.intr.* andare in giro: *gira e rigira tornammo al punto di partenza*

// **-arsi** *v.rifl.* girare su sé stesso; rivoltarsi: — *nel letto; — davanti allo specchio.*

rigiro *s.m.* il rigirare, il rigirarsi (spec. *fig.*): *raccontò il fatto senza molti rigiri,* senza fare discorsi complicati.

rigo *s.m.* [pl. *-ghi*] **1** riga; ciò che è scritto o stampato su una riga: *non mi ha scritto un —,* neanche poche parole **2** — *musicale,* insieme di cinque linee parallele, su cui si scrivono le note musicali.

rigoglio [-gó-] *s.m.* **1** lussureggiante sviluppo di piante: *gli alberi sono nel loro pieno —* **2** per estens., esuberanza di energia, incremento, espansione: *il — della giovinezza; c'è un — di studi.*

rigogliosità *s.f.invar.* l'essere rigoglioso. SIN. *floridezza.*

rigoglioso [-glió-] *agg.* **1** che è in rigoglio, detto di pianta **2** (*fig.*) che è pieno di vigore, salute e simili: *crescere sano e —; fantasia rigogliosa.* SIN. *florido.*

rigogolo [rigò-] *s.m.* uccello cantatore dal becco forte e piumaggio giallo con ali e coda nere (*fam.* Oriolidi).

rigola [ri-] *s.f.* (*region.*) solco formato da slavine e scariche di sassi sulle pareti di ghiaccio.

rigonfiamento [-mén-] *s.m.* **1** il rigonfiare, il rigonfiarsi **2** parte rigonfia di qlco.

rigonfiare *v.tr.* [*io rigónfio* ecc.] gonfiare di nuovo // *v.intr.* gonfiare — // **-arsi** *v.rifl.pron.* gonfiarsi di nuovo.

rigonfio [-gón-] *agg.* molto gonfio, tumido.

rigore [-gó-] *s.m.* **1** freddo intenso, crudezza di clima: *il — della stagione invernale.* SIN. *rigidezza* **2** grande severità, rigorosità, austerità: *il — della pena, di una regola monastica / è di — l'abito da sera,* rigorosamente prescritto / *arresti di —,* punizione severa inflitta ad un ufficiale / *calcio di —,* nel gioco del calcio e in altri sport di squadra, il tiro di punizione inflitto alla squadra che ha commesso, attraverso un suo giocatore, un fallo nella propria area **3** precisione, esattezza: *nelle sue ricerche scientifiche si applica con — estremo / a — di termini,* secondo il significato preciso delle parole / *a — di logica,* secondo logica.

rigorismo [-fmo] *s.m.* eccessivo rigore nell'applicazione di una regola, di una legge ecc. / (*fil.*) ogni dottrina morale che prescriva la perentoria attuazione della legge morale, senza indulgere alle debolezze della natura umana.

rigorista *s.m.* e *f.* [pl.m. *-i*] seguace del rigorismo.

rigoristico [-rì-] *agg.* di, del rigorismo; improntato a rigorismo.

rigorosità *s.f.invar.* l'essere rigoroso.

rigoroso [-ró-] *agg.* detto di chi si comporta con severità, di cosa fatta con precisione ed esattezza: *è un professore molto —; tiene la casa in un ordine —; un ragionamento —,* logico // **-mente** *avv.* in modo rigoroso: *è — vietato.*

rigovernare *v.tr.* [*io rigovèrno* ecc.] **1** detto di stoviglie, lavarle con acqua calda e detersivo **2** di animali, pulirli e dare loro il nutrimento.

rigovernatura *s.f.* il rigovernare le stoviglie; l'acqua con cui si sono rigovernate: *sapere di —,* dell'odore cattivo dell'acqua usata per lavare i piatti.

riguadagnare *v.tr.* guadagnare di nuovo; ricuperare con impegno e fatica ciò che si era perduto: — *il tempo, la stima, il denaro.*

riguardare *v.tr.* **1** guardare di nuovo: *riguarda un attimo la lezione* **2** guardare con attenzione, esaminare con cura: *riguardò a lungo i conti* **3** detto di cosa, avere relazione, concernere, spettare: *per quel che mi riguarda, l'affare è combinato; sono cose che non ti riguardano; questo caso ormai riguarda la magistratura.* SIN.

*interessare // **-arsi** v.rifl.* aver cura della propria salute: *sei ancora debole, devi riguardarti!*

riguardata *s.f.* il riguardare una volta e alla svelta qlco.: *da' una — alla lezione, al motore.*

riguardevole [-dé-] *agg.* → **ragguardevole**.

riguardo *s.m.* **1** attenzione, avvertenza, cautela: *spolvera quel vaso col massimo —; se parli con lui di questo problema, fallo con —; spendere senza —*, senza badare al denaro **2** cura, precauzione per la salute: *gli anziani hanno bisogno di molti riguardi; abbiti —* **3** cortesia, premura, deferenza, stima: *non mancare di — verso tuo padre; persona di —*, che per la sua autorità e posizione deve essere trattata con ogni rispetto / *abito di —*, usato solo nelle occasioni importanti **4** relazione: *a questo —*, a proposito; *— a*, per quello che si riferisce a / *non posso dire nulla nei suoi riguardi*, contro di lui.

riguardoso [-dó-] *agg.* che ha riguardo; pieno di rispetto, di deferenza. SIN. *discreto, rispettoso.*

rigurgitare *v.intr.* [*io rigùrgito ecc.*] lo scorrere indietro o l'uscir fuori, dal luogo in cui è contenuta, di una massa liquida, per un'eccessiva pienezza o per un ostacolo (anche *fig.*): *l'acqua rigurgitava dal lavandino / la piazza rigurgitava di popolo*, era piena zeppa. SIN. *traboccare // v.tr.* emettere del liquido dalla bocca: *il bambino ha rigurgitato un po' di latte.*

rigurgito [-gùr-] *s.m.* **1** il rigurgitare; la sostanza che rigurgita o che è rigurgitata (anche *fig.*): *il — della grondaia; un — di latte; un — di rabbia* **2** breve e violento ritorno: *un — di regime autoritario.*

rilanciare *v.tr.* [*io rilàncio ecc.*] **1** lanciare di nuovo: *— la palla* **2** (*fig.*) ridare attualità, importanza, interesse a qlco.: *— la moda delle gonne corte; — una politica di pace* **3** nel gioco del poker, aumentare la posta stabilita dal giocatore precedente.

rilancio [-làn-] *s.m.* il rilanciare: *— della palla, di una moda.*

rilasciamento [-mén-] *s.m.* rilassamento.

rilasciare *v.tr.* [*io rilàscio ecc.*] **1** lasciare di nuovo **2** lasciar libero: *l'hanno rilasciato dietro cauzione* **3** dare, consegnare: *non si rilascia ricevuta; — il passaporto* **4** allentare la tensione: *— i muscoli // **-arsi** v.rifl.* distendersi in senso fisico e spirituale.

rilascio [-là-] *s.m.* **1** il lasciar libero: *dopo il — non si fece più vivo* **2** il dare, il consegnare: *il — della merce.*

rilassamento [-mén-] *s.m.* atto, effetto del rilassare o del rilassarsi.

rilassare *v.tr.* **1** allentare; distendere: *— i nervi; — la disciplina*, renderla meno severa **2** infiacchire: *costumi rilassati // **-arsi** v.rifl.* distendersi nel corpo e nello spirito; riposarsi // *v.rifl.pron.* allentarsi, dissolversi in senso morale: *l'austerità dei costumi si era molto rilassata.*

rilassatezza [-téz-] *s.f.* l'essere rilassato, detto spec. della disciplina e dei costumi.

rilegare *v.tr.* [*io rilégo, tu riléghi ecc.*] **1** legare di nuovo **2** procedere a una nuova legatura di un libro quando la normale si sia sfasciata o anche legarlo per la prima volta **3** incastonare una pietra preziosa.

rilegatore [-tó-] *s.m.* [*f. -trice*] chi rilega libri.

rilegatura *s.f.* atto, effetto o modo di rilegare un libro: *una bella — in cuoio.*

rileggere [-lèg-] *v.tr.* [coniugato come *leggere*] leggere di nuovo, anche con l'intenzione di correggere, rivedere.

rilento [-lèn-] *solo* nella locuz. *a rilento*, con grande lentezza: *andare a —.*

rilevamento [-mén-] *s.m.* l'atto del rilevare; spec. l'insieme delle operazioni con cui si tende a determinare

qlco.: *— topografico*, operazione con cui si determina la posizione relativa di vari punti d'un terreno e la si riporta sulla carta mediante segni convenzionali.

rilevante *agg.* di considerevole rilievo. SIN. *importante.*

rilevare *v.tr.* [*io rilèvo ecc.*] **1** levare di nuovo: *si rilevò il cappello* **2** ricavare (anche *fig.*): *— un calco; dal suo discorso si rileva che ha torto*, si deduce; *non ne rilevò un solo indizio* **3** mettere in evidenza: *ne rilevò tutti i difetti* **4** notare, rimarcare **4** raccogliere i dati inerenti a un fenomeno, a un incidente ecc., per darne una descrizione, una rappresentazione, compiere un rilevamento topografico: *— la posizione dei veicoli dopo l'incidente* **5** subentrare ad altri; dare il cambio: *rilevò il suo debito; rilevò la bottega; — una sentinella finito il turno di guardia* **6** andare a prendere qlcu. o qlco.: *andate a rilevarlo alla stazione // v.intr.* **1** prender rilievo; stagliarsi: *i particolari rilevano dal fondo* **2** avere importanza: *poco rileva che venga o no.*

rilevatario [-tà-] *s.m.* (*dir.*) chi rileva un impegno, un contratto, l'esercizio di un'attività altrui.

rilevato *agg.* rialzato, sporgente.

rilevazione [-zió-] *s.f.* raccolta di dati, di cognizioni utili per una ricerca: *— statistica.*

rilievo [-liè-] *s.m.* **1** ciò che sporge da una superficie; in particolare, cosa scolpita con aggetti da un fondo: *il — di una medaglia; ricamo in —* **2** (*geogr.*) sopraelevazione naturale della superficie terrestre; l'insieme delle montuosità di una regione: *i rilievi di oltre 600 m si dicono montagne; il — della Spagna* **3** risalto; importanza: *è una cosa di —*, importante; *dare — a qlco., mettere qlco. in —*, farla risaltare **4** l'insieme delle osservazioni con cui si tende a rilevare e rappresentare un fenomeno; rilevamento: *— topografico* **5** osservazione; critica: *fece dei rilievi intelligenti.*

riloga [-lò-] *s.f.* sostegno di tendaggi predisposto per consentirne lo scorrimento.

rilucente [-cèn-] *agg.* che ha splendore, lucentezza.

rilucere [-lù-] *v.intr.* [*io riluco, tu riluci ecc.*; manca il p.pass.] essere lucido; risplendere.

riluttante *agg.* che non vuole fare qlco. o non la fa volentieri: *era — a fare quel lavoro.* SIN. *restio, ritroso.*

riluttanza *s.f.* l'essere riluttante; ritrosia a fare qlco.: *accettò dopo qualche —.*

riluttare *v.intr.* essere restio a fare qlco., opporvisi: *riluttava ad accettare quell'invito.*

rima[1] *s.f.* **1** identità di suono nella parte finale di due parole dalla vocale accentata in poi; se ne fa uso in poesia secondo schemi prefissati: *— alternata*, di versi che rimano alternativamente; *— baciata*, di due versi consecutivi; *mettere in —*, volgere in versi; *cantare qlco. in —*, (*fig.*) dirlo chiaro e tondo; *rispondere per le rime*, (*fig.*) in modo aspro e risentito / *terza, sesta —*, terzina, sestina **2** *pl.* versi.

rima[2] *s.f.* (*scient.*) apertura, fenditura: *— palpebrale.*

rimalmezzo [-mèʒʒo] *s.f.invar.* rima che cade alla metà di un verso; rima interna.

rimandare *v.tr.* **1** mandare di nuovo: *se lo perdi, te lo rimandano* **2** mandare indietro: *se non va bene, te lo rimando* **3** differire ad altro tempo: *rimandò la decisione all'autunno / — a ottobre*, far sostenere a uno studente nella sessione autunnale esami nelle materie in cui non abbia ottenuto la sufficienza nella sessione estiva. SIN. *posticipare, prorogare, rinviare* **4** fare riferimento ad altro luogo di un testo, a cose già dette: *questa nota rimanda alla pagina precedente* **5** lasciare andar via; licenziare: *rimandò il taxi.*

rimandato *agg.* e *s.m.* si dice dello studente che deve sostenere esami nella sessione autunnale.

rimando *s.m.* **1** il rimandare: *il — della palla / di —*, di ritorno, con una risposta pronta e a proposito / *un — di otto giorni*, una dilazione **2** in uno scritto, parola o segno di richiamo che invita il lettore a cercare altrove: *in questo libro ci sono continui rimandi*.

rimaneggiamento [-mén-] *s.m.* **1** il rimaneggiare **2** l'opera rimaneggiata: *un — moderno di un romanzo antico*.

rimaneggiare *v.tr.* [*io rimanéggio ecc.*] **1** maneggiare di nuovo **2** rifare, riordinare; modificare: *sta rimaneggiando il suo poema*; *edificio gotico rimaneggiato in stile barocco*; *— un ufficio, un ministero*, rinnovarlo con mutamenti e spostamenti di incarichi.

rimanente [-nèn-] *agg.* che rimane: *coi soldi rimanenti abbiamo comprato un gelato*. SIN. restante, residuo // *s.m.* ciò che rimane: *il — della merce / i rimanenti*, tutti gli altri.

rimanenza [-nèn-] *s.f.* ciò che rimane; avanzo: *quel negozio liquida le rimanenze*. SIN. resto, residuo.

rimanere [-né-] *v.intr.* [pres. *io rimango, tu rimani, egli rimane, noi rimaniamo, voi rimanéte, essi rimàngono*; fut. *io rimarrò ecc.*; pass.rem. *io rimasi, tu rimanésti ecc.*; cong.pres. *io rimanga, noi rimaniamo, voi rimaniate, essi rimàngano*; cond.pres. *io rimarrèi ecc.*; p.pass. *rimasto*] **1** fermarsi in un luogo: *sono rimasto a Roma quindici giorni*. SIN. restare **2** essere, permanere in un determinato stato; essere situato, trovarsi: *rimasi stordito per un pezzo*; *sono rimasto in carica quattro anni*; *dove rimane la tua villa?* / *— male*, restare deluso / *rimanerci, rimanerci secco*, (*fam.*) essere molto sorpreso; anche, morire **3** divenire: *è rimasta vedova appena sposata* **4** avanzare: *mi sono rimaste poche lire* **5** *assol.* stupire: *a quella notizia rimasi*.

rimangiare *v.tr.* [*io rimàngio ecc.*] **1** mangiare di nuovo **2** (*fig.*) disdire: *— la promessa*, non mantenerla.

rimarcare *v.tr.* [*io rimarco, tu rimarchi ecc.*] osservare, notare: *trova sempre qlco. da —*. SIN. rilevare.

rimarchevole [-ché-] *agg.* che è degno di essere notato; importante. SIN. rilevante.

rimarco *s.m.* [pl. *-chi*] nota, osservazione, appunto: *continua a farmi dei rimarchi ingiusti*.

rimare *v.intr.* detto di parola, fare rima con un'altra: *«gatto» rima con «matto»* // *v.tr.* **1** trovare una parola che faccia rima con un'altra: *ha rimato «cuore» con «dolore»* **2** comporre versi.

rimarginare *v.tr.* [*io rimàrgino ecc.*] ricongiungere i margini di una ferita, cicatrizzare (anche *fig.*): *unguento per — le ferite*; *solo il tempo potrà — questa piaga nel mio cuore* // *v.intr.*, **-arsi** *v.rifl.pron.* cicatrizzarsi.

rimario [-mà-] *s.m.* prontuario alfabetico delle parole di una lingua che rimano tra loro; prontuario alfabetico delle rime contenute in un'opera poetica: *— italiano, dantesco*.

rimaritare *v.tr.* maritare di nuovo // **-arsi** *v.rifl.* riprendere marito.

rimasticare *v.tr.* [*io rimàstico, tu rimàstichi ecc.*] masticare di nuovo; (*fig.*) ripensare, ripetere con insistenza.

rimasuglio [-sù-] *s.m.* ciò che rimane; avanzo piccolo e di poco pregio.

rimatore [-tó-] *s.m.* [f. *-trice*] chi compone versi rimati.

rimbalzare *v.intr.* balzare indietro; si dice di corpo elastico che, lanciato, urta contro un ostacolo (anche *fig.*): *la palla rimbalza*; *la notizia rimbalza di bocca in bocca*.

rimbalzello [-zèl-] *s.m.* gioco che consiste nel lanciare di striscio ciottoli piatti sulla superficie dell'acqua in modo che rimbalzino più volte.

rimbalzo *s.m.* atto, effetto del rimbalzare / *esser colpito di —*, essere colpito da un corpo che ha già urtato contro un ostacolo; (*fig.*) essere toccato indirettamente, di riflesso.

rimbambimento [-mén-] *s.m.* il rimbambire, l'essere rimbambito.

rimbambire *v.intr.*, **-irsi** *v.rifl.pron.* [*io rimbambisco, tu rimbambisci ecc.*] (*spreg.*) perdere la capacità di ragionare a causa degli anni; rincretinire: *è rimbambito con l'età*.

rimbambito *agg.* che ha perso la capacità di ragionare; rincretinito.

rimbeccare *v.tr.* [*io rimbécco, tu rimbécchi ecc.*] rispondere prontamente e con arguzia a un giudizio, a un'osservazione ecc. // **-arsi** *v.rifl.rec.* discutere vivacemente, a botta e risposta.

rimbecco [-béc-] *s.m.* [pl. *-chi*] atto del rimbeccare / *di —*, rimbeccando prontamente e con arguzia.

rimbecillire *v.tr.* [*io rimbecillisco, tu rimbecillisci ecc.*] rendere imbecille // *v.intr.*, **-irsi** *v.rifl.pron.* diventare imbecille.

rimbecillito *agg.* che è diventato imbecille.

rimboccare *v.tr.* [*io rimbócco, tu rimbócchi ecc.*] ripiegare la parte estrema, l'orlo di qlco.: *— un sacco*; *— il lenzuolo*, ripiegarne l'estremità superiore sulla coperta; *— le maniche*, (*fig.*) rialzarle e arrotolarle / *rimboccarsi le maniche*, (*fig.*) disporsi di buona lena ad affrontare un lavoro pesante o impegnativo.

rimboccatura *s.f.* atto, effetto del rimboccare; la parte che si rimbocca, spec. del lenzuolo.

rimbocco [-bóc-] *s.m.* [pl. *-chi*] **1** rimboccatura **2** l'orlo alto e piatto dei lavori di cucito.

rimbombante *agg.* che rimbomba, fragoroso: *una voce — / frasi, discorsi rimbombanti*, (*fig.*) sonori e di facile effetto, ma sostanzialmente vuoti. SIN. risonante, tonante.

rimbombare *v.intr.* [*io rimbómbo ecc.*] risonare in modo cupo; rintronare: *il tuono rimbomba*; *il cannone rimbombava di lontano*; *la stanza rimbombava di violenti colpi*.

rimbombo [-bóm-] *s.m.* atto del rimbombare; suono che echeggia in modo cupo e fragoroso.

rimborsabile [-sà-] *agg.* che si può rimborsare: *viaggio, spesa —*.

rimborsare *v.tr.* [*io rimbórso ecc.*] restituire a qlcu. il denaro che ha speso per noi, o che ci ha dato: *— le spese del viaggio*; *— gli spettatori della spesa del biglietto*.

rimborso [-bór-] *s.m.* il rimborsare: *il — delle spese / — di banca*, modo di pagamento della merce acquistata per il quale il venditore spicca tratta non sul compratore, ma su una banca.

rimboscamento [-mén-] *s.m.* il rimboscare.

rimboscare *v.tr.* [*io rimbòsco, tu rimbòschi ecc.*] piantare alberi per ricostituire un bosco: *— la collina*.

rimboschimento [-mén-] *s.m.* il rimboschire.

rimboschire *v.tr.* [*io rimboschisco, tu rimboschisci ecc.*] rimboscare // *v.intr.* ridiventare boscoso: *la radura rimboschì*.

rimbrottare *v.tr.* [*io rimbròtto ecc.*] rimproverare borbottando: *— aspramente*. SIN. redarguire.

rimbrotto [-bròt-] *s.m.* rimprovero aspro e risentito. SIN. rampogna.

rimbucare *v.tr.* [*io rimbuco, tu rimbuchi ecc.*] imbucare di nuovo // **-arsi** *v.rifl.* rientrare nella buca, rintanarsi.

rimediabile [-dià-] *agg.* che si può rimediare.

rimediare *v.intr.* [*io rimèdio ecc.*] portare rimedio: — *a un inconveniente; come possiamo —?* SIN. *riparare, ovviare* // *v.tr.* (*fam.*) mettere insieme, procurarsi: — *mille lire, un invito a cena; — una giacca da un vecchio cappotto.*

rimedio [-mè-] *s.m.* **1** ogni mezzo, farmaco, cura medica che allevi o elimini un male: *un — per la tosse* **2** per estens., procedimento, riparo a una situazione difficile o incresciosa: *bisogna trovare un — a questo pasticcio / prov.: a mali estremi, estremi rimedi; spesso è peggiore il — del male.* SIN. *ripiego.*

rimembranza *s.f.* (*lett.*) il rimembrare; la cosa rimembrata. SIN. *reminiscenza, ricordo, memoria.*

rimembrare *v.tr.* [*io rimèmbro ecc.*] (*lett.*) ricordare.

rimeritare *v.tr.* [*io rimèrito ecc.*] (*lett.*) ricompensare: — *il benefattore; che Dio ve ne meriti!*

rimescolamento [-mén-] *s.m.* atto, effetto del rimescolare.

rimescolare *v.tr.* [*io riméscolo ecc.*] **1** mescolare di nuovo **2** mescolare più volte: — *la polenta, le carte / mi si rimescola il sangue,* (*fig.*) provo un senso di ribellione, raccapriccio.

rimescolio [-lì-] *s.m.* un rimescolare continuato; (*fig.*) turbamento: *vedendolo provai un gran —.*

rimessa [-més-] *s.f.* **1** il rimettere: — *in gioco,* nel calcio, rilancio del pallone uscito dal campo **2** il rimetterci; scapito: *ho avuto una forte —* **3** il riporre derrate in magazzino, la derrata riposta **4** invio di merce, di denaro: *le rimesse degli emigranti* **5** di piante, il mettere nuovi germogli **6** autorimessa per veicoli: *mettere in —.*

rimessaggio [-sàg-] *s.m.* custodia in rimessa di veicoli.

rimesso [-més-] *agg.* **1** messo di nuovo **2** condonato: *il peccato gli sarà —* // *s.m.* **1** intarsio **2** parte del tessuto che si ripiega per fare l'orlo.

rimestare *v.tr.* [*io riméstо ecc.*] **1** rimescolare **2** (*fig.*) rimettere in discussione: — *una vecchia faccenda.*

rimettere [-mét-] *v.tr.* [coniugato come *mettere*] **1** mettere di nuovo: — *qlco. al suo posto; — il cappotto / — la palla,* rimandarla in campo / — *piede in un luogo,* tornarci / — *in piedi qlco.,* ricostruirla, ricominciarla **2** consegnare; far pervenire: — *una fattura* **3** affidare, lasciare; differire, rinviare: *rimetto la questione al tuo giudizio; mi rimetto alla volontà di Dio* **4** condonare: — *i peccati* **5** vomitare (spec. *assol.*) **6** perdere: *rimetterci, scapitare; rimetterci la pelle,* morire // **-ersi** *v.rifl.pron.* tornare in buona salute, in buone condizioni: — *in forze; — da uno spavento* — *al bello,* si dice del tempo che torna sereno // *v.rifl.* mettersi di nuovo: — *in viaggio; — a dormire.*

rimirare *v.tr.* **1** mirare di nuovo **2** guardare con attenzione, con ammirazione: *sta tutto il giorno a rimirarsi allo specchio.*

rimisurare [-ʃu-] *v.tr.* misurare di nuovo.

rimmel [rìm-] *s.m.invar.* cosmetico liquido o pastoso per le ciglia ®.

rimodernamento [-mén-] *s.m.* atto, effetto del rimodernare.

rimodernare *v.tr.* [*io rimodèrno ecc.*] dare un aspetto moderno a qlco., rinnovarla, aggiornarla: — *la casa; devi — le tue idee.*

rimonta [-món-] *s.f.* **1** in una gara o campionato, il progressivo annullamento di uno svantaggio: *è partito male, ma ha fatto una bella —* **2** sostituzione degli animali in dotazione all'esercito **3** ricambio della parte anteriore delle tomaie delle scarpe **4** comunicazione inclinata fra due livelli di una miniera.

rimontare *v.tr.* [*io rimónto ecc.*] **1** montare di nuovo: *devo — l'orologio* **2** risalire il corso di un fiume: *rimontarono il Po; — una corrente,* navigare contro corrente **3** fare una rimonta // *v.intr.* **1** salire di nuovo **2** (*fig.*) risalire: *l'evento rimonta a cento anni prima.*

rimorchiare *v.tr.* [*io rimòrchio, tu rimòrchi ecc.*] **1** trainare un veicolo agganciato a un altro: *far — l'automobile* **2** (*fig.*) trascinare con sé, indurre qlcu. a far qlco.: *non farti — dai compagni.*

rimorchiatore [-tó-] *s.m.* nave piccola, con motori molto potenti, usata per manovrare le grandi navi nelle acque dei porti, per rimorchiare galleggianti e per il salvataggio e il rimorchio di navi danneggiate o in pericolo [*ill. Porto*].

rimorchio [-mòr-] *s.m.* **1** il rimorchiare: *prendere a — * **2** ciò che viene rimorchiato; spec. il veicolo agganciato a una motrice per il trasporto di materiali: *autocarro con —.*

rimordere [-mòr-] *v.tr.* [coniugato come *mordere*] **1** mordere di nuovo **2** mordere chi abbia morso **3** (*fig.*) detto della coscienza, rimproverare il mal fatto.

rimorso [-mòr-] *s.m.* sentimento di dolore che si prova per le colpe commesse. SIN. *pentimento.*

rimostranza *s.f.* espressione di rimprovero o protesta per un torto subito: *fare le proprie rimostranze.* SIN. *reclamo.*

rimostrare *v.tr.* [*io rimóstro ecc.*] **1** mostrare di nuovo **2** *assol.* fare rimostranze.

rimovibile [-vì-] *agg.* che si può rimuovere. SIN. *amovibile.*

rimozione [-zió-] *s.f.* **1** atto, effetto del rimuovere (anche *fig.*): — *di una statua; — forzata dei veicoli in sosta / — da una carica,* destituzione **2** (*psic.*) processo inconscio che impedisce agli impulsi, ai sentimenti, alle idee incompatibili con la personalità globale dell'individuo di insediarsi nella sfera della coscienza.

rimpacchettare *v.tr.* [*io rimpacchétto ecc.*] impacchettare di nuovo.

rimpallo *s.m.* nel gioco del calcio, rimbalzo della palla calciata contro un avversario o un palo; nel gioco del biliardo, scontro delle palle dopo il tiro.

rimpannucciare *v.tr.* [*io rimpannùccio ecc.*] rivestire qlcu. di panni migliori; (*fig.*) migliorare le condizioni economiche di qlcu. // **-arsi** *v.rifl.* migliorare le proprie condizioni economiche: *con quella eredità s'è un po' rimpannucciato.*

rimpastare *v.tr.* **1** impastare di nuovo: — *il pane* **2** (*fig.*) rifare, modificando in parte: — *un romanzo.*

rimpasto *s.m.* il rimpastare; la cosa rimpastata (spec. *fig.*): — *ministeriale,* sostituzione di uno o più membri di un ministero.

rimpatriare *v.intr.* [*io rimpàtrio ecc.*] tornare in patria // *v.tr.* fare tornare in patria o nel luogo d'origine: — *i prigionieri di guerra.*

rimpatriata *s.f.* (*fam.*) il ritrovarsi e lo stare insieme di amici che non si incontrano da lungo tempo.

rimpatrio [-pà-] *s.m.* atto, effetto del rimpatriare.

rimpiangere [-piàn-] *v.tr.* [coniugato come *piangere*] ricordare con desiderio e rammarico cose o persone che non si hanno più: — *la giovinezza perduta; rimpiango di non aver seguito i suoi consigli.*

rimpianto *s.m.* il rimpiangere. SIN. *rammarico.*

rimpiattare *v.tr.* nascondere in luogo angusto // **-arsi** *v.rifl.* nascondersi. SIN. *rincantucciarsi.*

rimpiattino *s.m.* gioco di ragazzi, in cui uno deve cercare i compagni che si sono nascosti: *giocare a —.*

rimpiazzare *v.tr.* mettere al posto di qlcu. o di qlco.; prendere il posto di qlcu.: *rimpiazzò un operaio con un altro*; *ti rimpiazzerò durante la tua assenza*. SIN. *sostituire*.

rimpiazzo *s.m.* il rimpiazzare; la persona che rimpiazza.

rimpiccolire *v.tr.* [*io rimpiccolisco, tu rimpiccolisci ecc.*] rendere più piccolo // *v.intr.*, **-irsi** *v.rifl.pron.* diventare più piccolo.

rimpinguare *v.tr.* [*io rimpinguo ecc.*] impinguare di nuovo (spec. *fig.*): *— le proprie finanze*.

rimpinzare *v.tr.* riempire eccessivamente (anche *fig.*): *si rimpinzò di frittelle* / *— i lettori di pubblicità*.

rimpolpare *v.tr.* [*io rimpólpo ecc.*] rimettere in polpa, conferire sodezza e consistenza (anche *fig.*): *— uno scritto con qualche citazione*, ampliarlo, arricchirlo.

rimproverare *v.tr.* [*io rimpròvero ecc.*] **1** esprimere biasimo per qlco.; muovere a qlcu. un rimprovero, censurare: *io ti rimprovero il tuo inganno*; *il maestro lo rimproverò per i suoi errori*. SIN. *biasimare, rimbrottare, sgridare* **2** rinfacciare: *mi rimproverava quel misero aiuto che mi aveva dato* // **-arsi** *v.rifl.* imputare a sé stesso; pentirsi di qlco.: *— l'eccessiva larghezza*; *mi rimprovero di un aver seguito l'istinto*.

rimprovero [-pró-] *s.m.* l'atto di rimproverare; le parole di censura rivolte a chi ha commesso un errore: *— aspro, giusto, grave*; *fare, muovere, ricevere un —*. SIN. *biasimo, osservazione, sgridata*.

rimuginare *v.tr.* [*io rimùgino ecc.*] agitare nella mente, pensare e ripensare: *— il passato*; *smettila di —*.

rimunerare e *deriv.* → **remunerare** e *deriv.*

rimuovere [-muò-] *v.tr.* [coniugato come *muovere*] **1** muovere di nuovo: *quel mobile l'ho mosso e rimosso più volte* **2** togliere dal posto, allontanare (anche *fig.*): *non — quel baule*; *è un ostacolo difficile da —*; *un complesso*, (*psic.*) guarirlo. SIN. *spostare, scostare* **3** destituire: *per la sua disonestà fu rimosso dal grado*.

rin- [dal lat. *re-* e *in-*] prefisso adoperato nella formazione dei verbi per indicare generalmente ripetizione o intensità dell'azione (*rimbalzare, rinvigorire*).

rinascenza [-scèn-] *s.f.* (*lett.*) il rinascere (anche *fig.*): *la — delle lettere* / *l'età della —*, il rinascimento.

rinascere [-nà-] *v.intr.* [coniugato come *nascere*] **1** nascere di nuovo: *uomini come quelli non rinascono più* **2** germogliare di nuovo, crescere di nuovo (anche *fig.*): *le rose rinascono in primavera*; *rinascono gli studi, le arti* **3** (*fig.*) ridestarsi, rinvigorire: *rinasce la speranza*.

rinascimentale *agg.* del rinascimento: *stile —*.

rinascimento [-mén-] *s.m.* **1** periodo storico che va dalla fine del sec. XIV a tutto il sec. XVI, a cui si fa risalire l'inizio della civiltà moderna **2** stile nelle arti, spec. decorative, ispirato alla bellezza classica e al fasto delle corti cinquecentesche.

rinascita [-nà-] *s.f.* l'atto del rinascere (anche *fig.*): *la — del melograno*; *la — del mezzogiorno* / *la —*, il rinascimento.

rincagnarsi *v.rifl.pron.* (*lett.*) detto del viso, prendere forma o espressione simile al muso di un cane.

rincagnato *agg.* detto di viso o di naso un po' schiacciati.

rincalzare *v.tr.* vangare attorno alle piante, accumulando la terra attorno alla base, per rinfrescare le radici o per rinvigorire le piante stesse; per estens. mettere terra o sassi attorno a qlco., conficcato nel terreno, per assicurarne l'equilibrio o la solidità: *— la vite*; *— un palo con delle pietre* / *— un tavolo*, mettere un pezzo di legno sotto un piede perché non tentenni / *— il letto*, infilare l'estremità delle lenzuola e delle coperte tra il materasso e la rete.

rincalzo *s.m.* **1** atto, effetto del rincalzare; aiuto, appoggio, sostegno: *truppe di —*; *andare, venire di —* / *di, per —*, in aggiunta **2** (*sport*) giocatore di riserva.

rincantucciare *v.tr.* [*io rincantùccio ecc.*] mettere, nascondere in un cantuccio // **-arsi** *v.rifl.* nascondersi, rifugiarsi in un cantuccio.

rincantucciato *agg.* nascosto come in un cantuccio: *il malato è sempre — nella sua poltrona*.

rincarare *v.tr.* rendere più caro qlco., aumentare il prezzo di qlco.: *gli affitti, gli ortaggi* / *— la dose*, aumentare rimproveri, accuse ecc. // *v.intr.* diventare più costoso, aumentare di prezzo.

rincaro *s.m.* aumento dei prezzi.

rincasare *v.intr.* tornare a casa: *— presto, tardi*.

rinchite *s.f.* insetto dei coleotteri, di colore metallico, spesso vistoso; è parassita delle foglie, che arrotola per deporvi le uova.

rinchiudere [-chiù-] *v.tr.* [coniugato come *chiudere*] chiudere dentro, segregare: *— il denaro nella cassaforte*; *— in collegio* // **-ersi** *v.rifl.* chiudersi dentro (anche *fig.*): *— in camera*; *— nel proprio dolore*.

rinchiuso *s.m.* recinto, luogo chiuso: *un — di assi*; *il — delle pecore*.

rincitrullire *v.tr.* [*io rincitrullisco, tu rincitrullisci ecc.*] rendere citrullo // *v.intr.* diventare citrullo.

rincivilire *v.tr.* [*io rincivilisco, tu rincivilisci ecc.*] rendere civile o più civile // *v.intr.*, **-irsi** *v.rifl.* diventare più civile.

rincoglionire *v.tr.* e *intr.* [*io rincoglionisco, tu rincoglionisci ecc.*] (*volg.*) rincretinire.

rincollare *v.tr.* [*io rincòllo ecc.*] incollare di nuovo.

rincominciare *v.tr.* [*io rincomìncio ecc.*] → **ricominciare**.

rincontrare *v.tr.* [*io rincóntro ecc.*] incontrare di nuovo.

rincoramento [-mén-] *s.m.* il rincorare.

rincorare *v.tr.* [*io rincuòro ecc.*] dar coraggio, confortare, consolare. SIN. *rassicurare* // **-arsi** *v.rifl.* riprendere coraggio, fiducia: *a quelle parole si rincuorò*.

rincorrere [-cór-] *v.tr.* [coniugato come *correre*] inseguire, correre dietro a chi fugge: *— un ladro*; *giocare a rincorrersi*, a inseguirsi l'un l'altro.

rincorsa [-cór-] *s.f.* breve corsa per acquistare più slancio, spec. per saltare: *prendere la —*.

rincoti [-cò-] *s.m.pl.* → **emitteri**.

rincrescere [-cré-] *v.intr.* [coniugato come *crescere*] arrecare dispiacere o noia: *queste cose rincrescono a tutti*; *mi rincresce di non poter venire*.

rincrescimento [-mén-] *s.m.* il rincrescere: *mostrare, provare —*. SIN. *dispiacere, rammarico*.

rincrudimento [-mén-] *s.m.* atto, effetto del rincrudire: *— del clima, di una malattia*.

rincrudire *v.tr.* [*io rincrudisco, tu rincrudisci ecc.*] rendere più crudo, più aspro (anche *fig.*): *— un dolore*; *queste cose lo hanno rincrudito* // *v.intr.* diventare più aspro, più rigido: *in questi giorni l'aria si è rincrudita*.

rinculare *v.intr.* **1** indietreggiare senza voltarsi: *il cavallo si spaventò e rinculò* **2** delle armi da fuoco, arretrare bruscamente per effetto dello sparo.

rinculo *s.m.* arretramento brusco di un'arma da fuoco al momento dello sparo, come reazione alla pressione dei gas.

rincuorare *v.tr.* → **rincorare**.

rinfacciare *v.tr.* [*io rinfàccio ecc.*] **1** ricordare a uno un beneficio, un favore, un dono fattogli, col fine di umiliarlo: *mi rinfaccia sempre quello che ha fatto per me* **2** rimproverare per una colpa: *continua a rinfacciarmi i miei errori*.

rinfocolare *v.tr.* [*io rinfòcolo ecc.*] **1** riattizzare il fuoco **2** riaccendere, istigare nuovamente una passione: *facendo così hai rinfocolato il suo odio.*

rinfoderare *v.tr.* [*io rinfòdero ecc.*] **1** rimettere nel fodero: *rinfoderò la spada* **2** (*fig.*) rinunciare a dire o fare ciò che si voleva: — *le richieste.*

rinforzare *v.tr.* [*io rinfòrzo ecc.*] rendere più forte; dare maggiore saldezza e stabilità (anche *fig.*): — *un muro*; — *una cucitura*; — *una tesi*, ribadirla, renderla più valida; — *un presidio*, con altre truppe // **-arsi** *v.rifl.pron.* diventare più forte. SIN. *rinvigorirsi.*

rinforzato *agg.* reso più forte, più resistente: *calze rinforzate* / *fucile* —, dotato di canna più spessa e resistente.

rinforzo [-fòr-] *s.m.* **1** atto del rinforzare; ciò che serve a rinforzare: *venire in* — *a qlcu.*; *il muro ha bisogno di un* —; *un* — *di pelle sui gomiti della giacca* / *di* —, come sostegno, in aiuto **2** *pl.* (*mil.*) truppe mandate in aiuto: *arrivano i rinforzi.*

rinfrancare *v.tr.* [*io rinfranco, tu rinfranchi ecc.*] ridare coraggio, rendere di nuovo sicuro: *il successo lo rinfrancò*; *le tue parole l'hanno rinfrancato* // **-arsi** *v.rifl.pron.* riprendere sicurezza, vigore.

rinfrancato *agg.* rassicurato, reso più forte moralmente.

rinfrescante *agg.* che rinfresca: *una bevanda* — / *s.m.* medicina leggermente lassativa: *prendere un* —.

rinfrescare *v.tr.* [*io rinfrésco, tu rinfréschi ecc.*] **1** rendere fresco: *il temporale ha rinfrescato l'aria*; — *una bibita* **2** restaurare, riportare alla primitiva freschezza: — *un dipinto, un abito* / — *la memoria a qlcu.*, richiamargli alla mente qlco. **3** (*med.*) purgare leggermente; togliere l'infiammazione: *questa medicina ti rinfrescherà* // *v.intr.* **1** diventare fresco: *l'aria, il tempo rinfresca* **2** (*mar.*) del vento, aumentare d'intensità, senza riferimento alla temperatura // **-arsi** *v.rifl.* ristorarsi con bevande fresche; di persona accaldata, lavarsi, rimettersi in ordine.

rinfrescata *s.f.* il rinfrescare, il rinfrescarsi: *quella pioggia ha portato una bella* —; *darsi una* —; *dare una* — *a una stanza*, tinteggiarla, imbiancarla.

rinfresco [-fré-] *s.m.* [*pl. -chi*] offerta di bevande e dolci, fuori dai pasti principali, che si fa in occasione di feste, cerimonie ecc.: *dopo lo sposalizio ci sarà un* —.

rinfusa [-ʃa] solo nelle locuz. *alla rinfusa*, confusamente, senza ordine: *gettare gli abiti nella valigia alla* —.

ring *s.m.invar.* (*ingl.*) palco, recinto da un triplice ordine di funi, sul quale si disputano gli incontri di pugilato; quadrato.

ringalluzzire *v.tr.* [*io ringalluzzisco, tu ringalluzzisci ecc.*] rendere vivace, allegro e baldanzoso come un galletto: *il complimento lo ha ringalluzzito* // *v.intr.*, **-irsi** *v.rifl.pron.* diventare vispo, baldanzoso.

ringalluzzito *agg.* allegro, vivace e baldanzoso.

ringhiare *v.intr.* [*io ringhio ecc.*] **1** emettere un urlio rabbioso, proprio di certi animali, spec. dei cani, quando sono irritati e digrignano i denti **2** (*fig.*) si dice di persone che parlano irosamente fra i denti.

ringhiera [-ghiè-] *s.f.* parapetto metallico che si mette, per riparo delle persone, a scale, terrazze, balconi, ballatoi ecc.

ringhio [rìn-] *s.m.* l'atto del ringhiare; verso di chi ringhia.

ringhioso [-ghió-] *agg.* **1** che ringhia: *un cane* — **2** (*fig.*) si dice di persona che si irrita facilmente e parla con tono iroso.

ringiovanimento [-mén-] *s.m.* l'atto, l'effetto del ringiovanire.

ringiovanire *v.tr.* [*io ringiovanisco, tu ringiovanisci ecc.*] far riprendere aspetto e vigore giovanile, rendere giovane: *una pettinatura che ringiovanisce* / — *un prato*, metterlo a nuova coltura, dopo averlo disfatto // *v.intr.* ritornare giovane; migliorare nella salute, nell'aspetto, come ritornando giovane.

ringiovanito *agg.* ridiventato giovane di aspetto, di vigore.

ringoiare *v.tr.* [*io ringóio ecc.*] **1** ingoiare di nuovo **2** (*fig.*) rimangiarsi, ritrattare: *gli fece* — *le sue calunnie.*

ringranare *v.tr.* seminare nuovamente in un campo un cereale che già vi era stato coltivato l'anno precedente.

ringraziamento [-mén-] *s.m.* il ringraziare; le parole con cui si ringrazia: *gradite i nostri ringraziamenti.*

ringraziare *v.tr.* [*io ringràzio ecc.*] esprimere, dimostrare con parole la propria gratitudine / *sia ringraziato Dio!*, esclamazione che esprime sollievo, contentezza ecc.

ringuainare *v.tr.* [*io ringuaino ecc.*] rimettere nella guaina.

rinite *s.f.* (*med.*) infiammazione della mucosa nasale.

rinnegamento [-mén-] *s.m.* atto, effetto del rinnegare.

rinnegare *v.tr.* [*io rinnégo, tu rinnéghi ecc.*] dichiarare di non voler più riconoscere una fede, un'idea ecc. che prima si professava o una persona che prima si amava e rispettava: — *la propria religione*; — *un amico.* SIN. *sconfessare.*

rinnegato *agg.* e *s.m.* chi, chi ha rinnegato la propria fede politica o religiosa.

rinnestare *v.tr.* [*io rinnèsto ecc.*] innestare di nuovo.

rinnesto [-nè-] *s.m.* nuovo innesto.

rinnovabile [-và-] *agg.* che si può rinnovare.

rinnovamento [-mén-] *s.m.* atto, effetto del rinnovare o del rinnovarsi. SIN. *ripristino.*

rinnovare *v.tr.* [*io rinnòvo ecc.*] **1** far di nuovo una cosa: — *un tentativo*; — *i ringraziamenti* **2** rendere nuovo, rimettere a nuovo: — *un appartamento* **3** sostituire ad una cosa vecchia una nuova: — *il mobilio*; — *una cambiale*, sostituirla con un'altra a scadenza prorogata // **-arsi** *v.rifl.pron.* **1** diventare nuovo (anche *fig.*): *col riposo la sua salute si è rinnovata* **2** accadere nuovamente, ripetersi: *si rinnovarono gli incidenti.*

rinnovatore [-tó-] *s.m.* [*f. -trice*] chi rinnova.

rinnovellare *v.tr.* [*io rinnovèllo ecc.*] (*poet.*) rinnovare, ripetere.

rinnovo [-nò-] *s.m.* atto, effetto del rinnovare: — *delle cambiali* / — *del terreno*, cambiamento di coltura.

rino- [dal gr. *rhis, rhinós* = naso] primo elemento di termini medici e zoologici, indica tutto ciò che ha attinenza con il naso (*rinoscopia*).

rinoceronte [-rón-] *s.m.* grosso mammifero dei perissodattili con pelle molto spessa a grandi pieghe, fornito, secondo la specie, di uno o due corni sul naso.

rinofaringe *s.f.* (*med.*) infiammazione delle cavità nasali e del faringe.

rinofima *s.f.* (*med.*) ipertrofia del naso, caratterizzata dal colore rosso-violaceo e dalla comparsa di bitorzoli.

rinolalia [-li-] *s.f.* (*med.*) alterazione della voce, caratterizzata dal timbro nasale.

rinomanza *s.f.* l'essere molto conosciuto, l'essere famoso: *acquistare una grande* —. SIN. *celebrità, fama.*

rinomato *agg.* si dice di persona o cosa molto conosciuta e apprezzata. SIN. *famoso, celebre.*

rinoplastica [-plà-] *s.f.* operazione di chirurgia plastica al naso.

rinoscopia [-pì-] *s.f.* (*med.*) esplorazione visiva diretta delle fosse nasali.

rinquarto *s.m.* nel gioco del biliardo, colpo che consiste nel battere la palla dell'avversario in modo da farle descrivere un quadrilatero, toccando tre sponde.

rinsaccare *v.tr.* [*io rinsacco, tu rinsacchi ecc.*] insaccare di nuovo // *v.intr.*, **-arsi** *v.rifl.pron.* far rientrare la testa nelle spalle a causa di un'andatura particolare o per indicare indifferenza.

rinsaldare *v.tr.* **1** rendere più saldo (solo *fig.*): — *i vincoli di amicizia*, renderli più tenaci **2** dare di nuovo la salda, inamidare nuovamente // **-arsi** *v.rifl.pron.* confermarsi: — *nelle proprie opinioni.*

rinsanguare *v.tr.* [*io rinsànguo ecc.*] infondere nuovo sangue; (*fig.*) dare nuova energia / — *l'erario esausto*, rifornire di denaro le casse dello stato // **-arsi** *v.rifl.pron.* riprendere vigore, riprendersi (anche *fig.*): *era andato in fallimento, ma ora si è rinsanguato.*

rinsanire *v.intr.* [*io rinsanisco, tu rinsanisci ecc.*] ritornare sano, spec. di mente.

rinsavire *v.intr.* [*io rinsavisco, tu rinsavisci ecc.*] riacquistare la ragione; tornare a essere ragionevole.

rinsecchire *v.intr.* [*io rinsecchisco, tu rinsecchisci ecc.*] insecchire, diventare secco, magro: *il vecchio rinsecchiva ogni giorno di più.*

rinserrare *v.tr.* [*io rinsèrro ecc.*] serrare di nuovo; rinchiudere // **-arsi** *v.rifl.* rinchiudersi.

rintanare *v.tr.* respingere nella tana; per estens., nascondere: *dove hai rintanato il cacciavite?* // **-arsi** *v. rifl.pron.* **1** rientrare nella tana; intanarsi: *la lepre si è rintanata* **2** (*fig.*) rifugiarsi, nascondersi: *non lo vedo mai, perché sta sempre rintanato in casa.*

rintavolare *v.tr.* [*io rintàvolo ecc.*] intavolare di nuovo: — *una discussione*, riprendere una discussione interrotta.

rintelatura *s.f.* operazione che consiste nel rinforzare la tela di un dipinto.

rinterzo [-tèr-] *s.m.* nel gioco del biliardo, colpo che consiste nel battere la palla dell'avversario in modo che, toccando due sponde, venga a tracciare come un triangolo.

rintoccare *v.intr.* [*io rintòcco, tu rintòcchi ecc.*] sonare con tocchi staccati: *la campana rintoccava.*

rintocco [-tóc-] *s.m.* [pl. *-chi*] ciascuno dei tocchi staccati e ripetuti di una campana, orologio e simili.

rintontire *v.tr.* [*io rintontisco, tu rintontisci ecc.*] intontire fortemente: *le tue grida mi rintontiscono* // *v.intr.*, **-irsi** *v.rifl.pron.* diventare tonto o diventare tonto di nuovo: *con questo lavoro mi rintontisco ogni giorno di più.*

rintracciare *v.tr.* [*io rintràccio ecc.*] trovare qlco. o qlcu. seguendo una traccia; (*fig.*) trovare dopo lunga ricerca: *il cane ha rintracciato la lepre; il bandito fu rintracciato sui monti;* — *un documento.*

rintronare *v.tr.* [*io rintròno ecc.*] rendere sordo, stordire con un grande rumore: *mi hai rintronato con le tue grida* // *v.intr.* risonare, detto del rumore del tuono; mandare un suono cupo e fragoroso come di tuono: *il tuono rintronò a lungo; la sala rintrona di applausi.* SIN. *rimbombare.*

rintronato *agg.* stordito, per stanchezza o per rumore.

rintuzzare *v.tr.* **1** rendere ottusa una punta, spuntare un'arma: — *la punta della spada, un chiodo* **2** (*fig.*) reprimere; respingere: — *l'orgoglio;* — *le accuse.*

rinuncia [-nùn-] *s.f.* [pl. *-ce*] **1** il rinunciare: *la* — *a un premio* **2** sacrificio, ristrettezza imposta dalla povertà: *fare una vita di rinunce.* SIN. *privazione.*

rinunciare *v.intr.* [*io rinùncio ecc.*] cedere spontaneamente qlco. che ci toccherebbe o che si possiede con ragione: — *al trono, all'eredità.* SIN. *desistere.*

rinunciatario [-tà-] *agg.* e *s.m.* che o chi rinuncia a un suo diritto o rinuncia a difenderlo: *carattere* —.

rinunziare *v.intr.* e *deriv.* → **rinunciare** e *deriv.*

rinvenimento [-mén-] *s.m.* atto, effetto del rinvenire: *il* — *di un tesoro; nel museo ci sono dei rinvenimenti archeologici.*

rinvenire[1] *v.tr.* [coniugato come *venire*] ritrovare: — *un oggetto smarrito.* SIN. *scoprire.*

rinvenire[2] [coniugato come *venire*] *v.intr.* **1** riprendere i sensi (detto di persone) **2** riprendere la propria freschezza, morbidezza, flessibilità (di cose): *la frutta secca rinviene nell'acqua.*

rinverdire *v.tr.* [*io rinverdisco, tu rinverdisci ecc.*] far tornare verde: *l'acquazzone ha rinverdito il giardino* // *v. intr.* ritornare verde: *il prato è tutto rinverdito / le speranze rinverdiscono*, (*fig.*) riprendono vigore.

rinvestire *v.tr.* [*io rinvèsto ecc.*] investire di nuovo, detto spec. di denaro, di capitali, quando vengono convertiti in azioni o altri valori.

rinviare *v.tr.* [*io rinvìo ecc.*] **1** mandare indietro o di nuovo: — *il plico al mittente* **2** differire ad altro tempo: *ho rinviato la decisione a domani / — una causa*, rimetterla ad un altro ufficio o tribunale, rimandarla ad altro giorno. SIN. *procrastinare, posticipare, prorogare.*

rinvigorimento [-mén-] *s.m.* atto, effetto del rinvigorire.

rinvigorire *v.tr.* [*io rinvigorisco, tu rinvigorisci ecc.*] rendere più vigoroso: *la montagna lo ha rinvigorito.* SIN. *rinforzare* // *v.intr.*, **-irsi** *v.rifl.pron.* ritornare vigoroso; diventare vigoroso o più vigoroso: *quel ragazzo rinvigorisce ogni giorno di più; le nostre speranze si rinvigorirono.*

rinvilire *v.tr.* [*io rinvilisco, tu rinvilisci ecc.*] far diminuire i prezzi: *hanno rinvilito il prezzo degli ortaggi* // *v.intr.* scemare di prezzo: *il burro rinvilisce.*

rinvio [-vì-] *s.m.* **1** il rinviare: *calcio, tiro di* —, nel gioco del calcio, quello che il portiere effettua dopo una parata **2** nel commento di un testo, il rimandare ad altro passo del testo stesso, o ad altra opera **3** differimento: — *della seduta; chiedere un* —.

rinvoltare *v.tr.* [*io rinvòlto ecc.*] involtare di nuovo o più volte.

rinzaffare *v.tr.* (*edil.*) ricoprire con il primo strato di intonaco.

rinzaffatura *s.f.* (*edil.*) il rinzaffare; rinzaffo.

rinzaffo *s.m.* (*edil.*) strato di malta che forma il rivestimento più grossolano delle murature.

rio[1] *s.m.* **1** (*poet.*) ruscello **2** a Venezia, nome di molti canali.

rio[2] *agg.* (*poet.*) malvagio.

rioccupare *v.tr.* [*io riòccupo ecc.*] occupare di nuovo // **-arsi** *v.rifl.pron.* tornare a occuparsi di qlcu. o di qlco.

rioccupazione [-zió-] *s.f.* il rioccupare un luogo.

rionale *agg.* del rione, limitato a un rione: *mercato* —.

rione [rió-] *s.m.* parte di una città; quartiere.

riordinamento [-mén-] *s.m.* atto, effetto del riordinare: — *dei musei.*

riordinare *v.tr.* [*io riórdino ecc.*] **1** rimettere in ordine: — *una camera.* SIN. *rassettare, ricomporre* **2** dare nuovo assetto, nuovo ordinamento: — *l'esercito.* SIN. *riorganizzare* **3** (*comm.*) fare una nuova ordinazione.

riordinatore [-tó-] *s.m.* [f. *-trice*] chi riordina.

riordinazione [-zió-] *s.f.* (*comm.*) nuova ordinazione.

riordino [-ór-] *s.m.* atto, effetto del rimettere in ordine.

riorganizzare [-niʒʒa-] *v.tr.* organizzare di nuovo e in modo più efficiente: — *un'azienda.*

riorganizzatore [-niʒʒató-] *s.m.* [f. *-trice*] chi riorganizza.

riorganizzazione [-niʒʒazió-] *s.f.* atto, effetto del riorganizzare.

riottosità *s.f.invar.* l'essere riottoso.

riottoso [-tó-] *agg.* che ama i litigi; indocile: *uomo* —; *ragazzo* — *alla disciplina*.

ripa *s.f.* (*lett.*) **1** riva, sponda, per lo più ripida e scoscesa / *uccelli di* —, trampolieri e simili **2** dirupo.

ripagare *v.tr.* [*io ripago, tu ripaghi ecc.*] **1** pagare di nuovo **2** rimborsare: *ti ripagherò il libro smarrito / un favore*, (*fig.*) ricambiarlo. SIN. *risarcire* **3** (*fig.*) ricompensare: *ti verrà ripagato il bene che fai / — con la stessa moneta*, ricambiare il male ricevuto.

riparametrare *v.tr.* [*io riparàmetro ecc.*] regolare i livelli retributivi dei lavoratori secondo nuovi parametri contrattuali.

riparametrazione [-zió-] *s.f.* modifica dei parametri contrattuali.

riparare¹ *v.tr.* **1** dare riparo, proteggere: *la lana ci ripara dal freddo*; *il casco ripara la testa* **2** porre riparo, rimedio: — *un'offesa, un torto*; — *un errore, scusandosi / — un esame, una materia* (o —) *a settembre*, ripetere un esame nella sessione autunnale **3** rimettere in sesto, in buono stato, eliminando guasti: — *un motore, le scarpe, un orologio*. SIN. *aggiustare, accomodare* // **-arsi** *v.rifl.* mettersi al riparo, difendersi: — *dalla pioggia*.

riparare² *v.intr.* rifugiarsi: — *all'estero*; *i partigiani ripararono in montagna*.

riparo *agg.* che è al riparo: *un luogo — dai venti*.

riparatore [-tó-] *agg. e s.m.* [f. *-trice*] che o chi ripara.

riparazione [-zió-] *s.f.* atto, effetto del riparare: *queste scarpe hanno bisogno di una —; — di un edificio*, restauro; — *dei danni di guerra*, risarcimento / *esami di* —, nella sessione autunnale, di materie in cui si sia stati bocciati.

riparlare *v.intr.* parlare di nuovo: *ti riparlerò di quell'affare / ne riparleremo*, si dice per troncare un discorso, o come minaccia.

riparo *s.m.* **1** difesa, protezione: *sono senza —; — dalle intemperie* **2** il riparare a un danno, a un'offesa: *porre — a qlco.*; *correre ai ripari*. SIN. *provvedimento, rimedio*.

ripartire¹ *v.intr.* [coniugato come *partire¹*] partire di nuovo, riavviarsi: *ripartì dopo pochi giorni; la moto non voleva* —.

ripartire² *v.tr.* [*io ripartisco, tu ripartisci ecc.*] dividere in parti da assegnare, da spartire: — *il tempo tra gioco e studio*; — *il guadagno tra gli operai*. SIN. *distribuire, suddividere*.

ripartizione [-zió-] *s.f.* atto, effetto del ripartire. SIN. *distribuzione*.

ripassare *v.tr.* **1** passare di nuovo: — *le Alpi*, riattraversarle **2** far passare di nuovo; passare sopra di nuovo: — *la farina nello staccio*; — *un disegno con l'inchiostro* **3** (*fig.*) rivedere leggendo o controllando: — *la lezione*; — *un motore* // *v.intr.* passare di nuovo da un luogo, ritornare: *ripasserò da Milano*; *sono ripassato da te alle nove*.

ripassata *s.f.* il ripassare una volta: *una — al motore*.

ripasso *s.m.* **1** il ripassare: *il — degli uccelli* **2** il rivedere una materia di studio: *fate il — di tutta la geografia*.

ripensamento [-mén-] *s.m.* atto, effetto del ripensare.

ripensare *v.intr.* [*io ripènso ecc.*] **1** pensare di nuovo riflettendo; rievocare: *ho ripensato a ciò che mi hai detto*; — *al passato* **2** cambiar parere: *ci ho ripensato, resto a casa*.

ripercorrere [-cór-] *v.tr.* [coniugato come *correre*] percorrere di nuovo (anche *fig.*): — *col pensiero la propria vita*.

ripercuotere [-cuò-] *v.tr.* [coniugato come *percuotere*] **1** percuotere di nuovo **2** respingere, rifrangere: *lo specchio ripercuote i raggi di luce* // **-ersi** *v.rifl.pron.* **1** tornare indietro, essere riflesso: *l'eco si ripercuote sui monti* **2** causare senza volerlo un contraccolpo, una scossa (anche *fig.*): *la scarsità dei raccolti si ripercuote sul costo della vita*.

ripercussione [-sió-] *s.f.* atto, effetto del ripercuotere, del ripercuotersi (anche *fig.*): *l'eccessiva fatica ha gravi ripercussioni sulla salute*.

ripescare *v.tr.* [*io ripésco, tu ripéschi ecc.*] **1** pescare di nuovo; riprendere qlco. caduta in acqua: — *il cadavere* **2** (*fig.*) scovare, riscoprire: — *una notizia in un documento d'archivio*.

ripetente [-tèn-] *agg. e s.m. e f.* si dice di scolaro che ripete l'anno scolastico.

ripetenza [-tèn-] *s.f.* il fatto che alunni bocciati ripetano la classe; la dimensione del fenomeno: *la — è in aumento*.

ripetere [-pè-] *v.tr.* [*io ripèto ecc.*] **1** eseguire di nuovo, rifare: — *l'esperienza*; — *l'esame*; — *l'anno* (o *assol.*), frequentare di nuovo la stessa classe di scuola. SIN. *reiterare, replicare* **2** dire di nuovo, riferire discorsi: — *la lezione*; — *quanto si è sentito dire / — cento volte la stessa cosa*, con impazienza tante volte una cosa per farla capire bene **3** (*dir.*) richiedere la restituzione di un bene o di un diritto del quale si sia stati ingiustamente spogliati: — *una tassa* // **-ersi** *v.rifl.* replicare troppo spesso i propri discorsi, i propri modi stilistici ecc.: *quello scrittore si ripete molto* // *v.rifl.pron.* accadere molte volte nel tempo: *le stagioni si ripetono*; *il — degli incidenti*.

ripetitività *s.f.invar.* l'essere ripetitivo.

ripetitivo *agg.* **1** che si ripete, che ripete le stesse cose: *stile* — **2** che costringe a ripetere continuamente le stesse operazioni fisiche o mentali: *lavoro —, monotono*.

ripetitore [-tó-] *agg. e s.m.* [f. *-trice*] **1** che, chi ripete; spec. insegnante privato che aiuta uno scolaro nelle materie in cui è debole **2** (*tecn.*) si dice di apparecchio che serve a ripetere o a ritrasmettere suoni, segnali ecc.; di apparecchio che amplifica e regolarizza i segnali radio a un certo punto di un lungo circuito.

ripetizione [-zió-] *s.f.* **1** atto, effetto del ripetere: — *di un tentativo, di un discorso / dare ripetizioni*, impartire lezioni private; *andare a* —, riceverne **2** (*dir.*) richiesta per riavere qlco. **3** espressione o concetto che si ripetono con noiosa insistenza: *parlare con molte ripetizioni*.

ripetuto *agg.* numeroso: *fare ripetute domande*; *ripetuti assalti* // **-mente** *avv.* più volte.

ripianamento [-mén-] *s.m.* il ripianare, in economia: — *del debito*.

ripianare *v.tr.* (*econ.*) eliminare un disavanzo, un deficit; sistemare una situazione finanziaria negativa.

ripiano *s.m.* **1** piccola zona pianeggiante che interrompe un pendio **2** ciascuno degli elementi orizzontali di uno scaffale, armadio ecc.: *mensola a due ripiani* [*ill. Arredamento*].

ripicca *s.f.*, **ripicco** *s.m.* [pl. *-chi*] ciò che si fa per puntiglio.

ripidezza [-déz-] *s.f.* l'essere ripido.

ripido [ri-] *agg.* che ha molta pendenza, difficile da salire: *sentiero* —. SIN. *erto*.

ripiegamento [-mén-] *s.m.* atto, effetto del ripiegare o del ripiegarsi.

ripiegare *v.tr.* [*io ripiègo, tu ripièghi ecc.*] **1** piegare di nuovo; piegare più volte, a più doppi: — *la tovaglia* **2** avvicinare al corpo: — *le ali*; — *le ginocchia //* *v.intr.* ritirarsi, detto spec. di un esercito: *le truppe ripiegarono in disordine*; — *su un'altra soluzione //* **-arsi** *v.rifl.* (*fig.*) rifugiarsi nella propria solitudine, nella propria tristezza: — *su sé stesso.*

ripiegatura *s.f.* il ripiegare.

ripiego [-piè-] *s.m.* [pl. *-ghi*] espediente, via d'uscita, mezzo ingegnoso per cavarsela: *cercare un —*; *vivere di ripieghi / di —*, si dice di cosa che ne sostituisca un'altra più soddisfacente. SIN. *rimedio.*

ripieno [-piè-] *agg.* **1** completamente pieno (anche *fig.*): *un vassoio —*; *animo — di odio* **2** si dice di cibo farcito, riempito con squisitezze: *pollo — //* *s.m.* ciò di cui è farcito un cibo: *il — del pollo.*

ripigliare *v.tr.* [*io ripiglio ecc.*] (*fam.*) riprendere.

ripiombare *v.tr.* [*io ripiómbo ecc.*] piombare di nuovo.

ripopolamento [-mén-] *s.m.* atto, effetto del ripopolare, del ripopolarsi: — *di una riserva di caccia.*

ripopolare *v.tr.* [*io ripòpolo ecc.*] popolare di nuovo: — *una regione //* **-arsi** *v.rifl.pron.* riempirsi di nuovo di gente.

riporre [-pór-] *v.tr.* [coniugato come *porre*] **1** mettere qlco. al suo posto, dov'era prima: — *la biancheria nei cassetti* **2** porre, affidare: — *in qlco. le proprie speranze.*

riportare *v.tr.* [*io ripòrto ecc.*] **1** portare di nuovo **2** ricondurre, portare indietro, restituire: — *un aereo alla base*; — *una cosa avuta in prestito* **3** rapportare, ripetere cose dette da altri: *il giornale riporta le notizie ufficiali.* SIN. *riferire* **4** conseguire: — *la vittoria.* SIN. *ottenere* **5** riprodurre qlco. in scala diversa o su altra materia: — *in bronzo un modello in creta* **6** nel conteggio, fare il riporto // **-arsi** *v.rifl.* ricondursi col pensiero o col discorso: — *al principio.*

riporto [-pòr-] *s.m.* **1** il riportare: *materiale da —*, quello che si scava dai canali e che serve a riempire e bonificare zone paludose: *cane da —*, addestrato a riportare al cacciatore la selvaggina abbattuta / — (*di capelli*), ciocca di capelli pettinata in modo da coprire un'incipiente calvizie **2** (*mat.*) nell'addizione, la cifra delle decine, delle centinaia ecc. che si aggiunge alla colonna delle cifre ancora da sommare.

riposante *agg.* che dà riposo: *una vacanza —.*

riposare *v.intr.* [*io ripòso ecc.*] interrompere la fatica, prendere riposo: — *dopo il lavoro / qui riposa*, nelle epigrafi sepolcrali, qui è sepolto / — *sugli allori*, (*fig.*) accontentarsi di un successo // *v.tr.* far riposare: *questo colore riposa la vista //* *v.rifl.pron.* prendere riposo.

riposato *agg.* ristorato dal riposo.

riposo [-pò-] *s.m.* **1** cessazione dell'attività, della fatica: *lavorare senza —* / *andare a —*, in pensione / *tenere un terreno in —*, non sfruttarlo con coltivazioni / *buon —!*, augurio di dormire bene / *l'eterno —*, la morte. SIN. *sosta* **2** quiete, pace: *la vista della campagna dà —.*

ripostiglio [-stì-] *s.m.* luogo appartato per riporvi varie cose: *quell'armadio a muro serve da —.*

riposto [-pó-] *agg.* appartato: *un luogo —*; *i più riposti pensieri.* SIN. *recondito.*

riprendere [-prèn-] *v.tr.* [coniugato come *prendere*] **1** prendere di nuovo: — *possesso di qlco.* / — *moglie*, risposarsi / — *le armi*, ricominciare a combattere **2** prendere indietro una cosa data, lasciata, deposta: *tornare a — il cappello* **3** riconquistare, rioccupare: *i nemici ripresero la città.* SIN. *riacquistare, ricuperare* **4**

colpire di nuovo: *mi riprese la febbre* **5** riacquistare, recuperare: — *forza, fiato*; — *i sensi*, rinvenire **6** ricominciare, continuare dopo un'interruzione: — *il discorso interrotto*; — *sonno* **7** ammonire, correggere: — *uno scolaro ribelle.* SIN. *biasimare, redarguire* **8** riprodurre in immagini fotografiche o cinematografiche: — *una scena con la cinepresa* **9** in sartoria, ritoccare le cuciture di un abito per stringerlo // *v.intr.* ricominciare: *ecco il rumore che riprende //* **-ersi** *v.rifl.pron.* tornare in sé; riacquistare energia; rinvenire: *dopo la malattia, si è ripreso benissimo.*

riprensione [-sió-] *s.f.* (*lett.*) rimprovero. SIN. *biasimo, ammonizione.*

riprensivo *agg.* (*lett.*) che rimprovera.

ripresa [-pré-] *s.f.* **1** il riprendere: *la — delle trattative* **2** ritorno alla condizione di normalità, alla pienezza delle prestazioni ecc.: — *economica*; *dopo la malattia ha avuto una lenta —*; *auto con una buona —*, che riprende rapidamente velocità **3** (*sport*) la seconda parte d'una partita di calcio; ogni parte in cui è diviso un incontro di pugilato **4** (*cinem.*) il riprendere con la macchina da presa; la scena ripresa: *una lunga —* **5** in sartoria, piccola piega cucita fatta negli abiti per modellarli e restringerli.

ripresentare [-ʃen-] *v.tr.* [*io ripresènto ecc.*] presentare di nuovo: — *una proposta.*

ripristinare *v.tr.* [*io ripristino ecc.*] rimettere nelle condizioni di prima; ristabilire, rimettere in vigore: — *una legge.* SIN. *restaurare, reintegrare, riattivare.*

ripristino [-pri-] *s.m.* il ripristinare; la cosa ripristinata. SIN. *rinnovamento.*

riproducibile [-ci-] *agg.* che si può riprodurre.

riprodurre *v.tr.* [coniugato come *produrre*] **1** produrre di nuovo **2** fare una o più copie: — *a colori, con la stampa //* **-ursi** *v.rifl.pron.* **1** dar vita a organismi della stessa specie (detto di animali e vegetali): — *per gemmazione* **2** formarsi di nuovo; ripetersi.

riproduttivo *agg.* atto a riprodurre: *cellula riproduttiva.*

riproduttore [-tó-] *agg.* e *s.m.* [f. *-trice*] che o chi riproduce // *s.m.* apparecchio capace di riprodurre suoni.

riproduzione [-zió-] *s.f.* **1** atto, effetto del riprodurre; copia: *una bella —* **2** generazione di organismi della stessa specie, propria di animali e vegetali **3** (*tecn.*) operazione mediante la quale si riproducono i suoni registrati.

riprografia [-fi-] *s.f.* l'insieme delle moderne tecniche di duplicazione di documenti con procedimenti automatici più rapidi di quelli fotografici.

ripromettere [-mét-] *v.tr.* [coniugato come *mettere*] promettere di nuovo // **-ersi** *v.rifl.pron.* prefiggersi, sperare in qlco.: — *molte soddisfazioni da qlcu.*

riproporre [-pór-] *v.tr.* [coniugato come *porre*] proporre di nuovo.

riprova [-prò-] *s.f.* nuova prova; conferma: *dare, avere la — / a —*, per confermare.

riprovare[1] *v.tr.* [*io ripròvo ecc.*] provare di nuovo: *bisogna — //* **-arsi** *v.rifl.pron.* provare di nuovo a fare qlco.: *non ti riprovare a farlo!*

riprovare[2] *v.tr.* [*io ripròvo ecc.*] (*lett.*) non approvare: — *il comportamento di qlcu.* / — *agli esami*, bocciare. SIN. *condannare, disapprovare, biasimare.*

riprovato *agg.* e *s.m.* che, chi è stato respinto agli esami.

riprovazione [-zió-] *s.f.* (*lett.*) il non approvare, il biasimare. SIN. *condanna, disapprovazione.*

riprovevole [-vé-] *agg.* (*lett.*) che merita riprovazione: *condotta —.* SIN. *biasimevole.*

ripubblicare *v.tr.* [*io ripùbblico, tu ripùbblichi ecc.*] pubblicare di nuovo.

ripudiare *v.tr.* [*io ripùdio ecc.*] **1** non riconoscere come propria una cosa che ci appartenga; respingere, allontanare da sé una persona con la quale si abbia un vincolo d'affetto, d'amicizia ecc.: *ripudiò i suoi scritti giovanili; — la moglie* **2** per estens., rinnegare: *— una fede, un'idea.*

ripudio [-pù-] *s.m.* **1** l'atto, l'effetto del ripudiare; rifiuto **2** deliberazione unilaterale di divorzio presa dal marito, ammessa dalle leggi di certe epoche e paesi.

ripugnante *agg.* che suscita avversione o disgusto: *odore —.* SIN. *disgustoso, repellente, ributtante, nauseante.*

ripugnanza *s.f.* disgusto, ribrezzo: *sentire — per qlco., a fare qlco.*

ripugnare *v.intr.* **1** suscitare avversione o disgusto: *il cibo gli ripugna; mi ripugna vedere tanta corruzione.* SIN. *ributtare* **2** essere contrario: *ciò ripugna alla verità.*

ripulire *v.tr.* [*io ripulisco, tu ripulisci ecc.*] **1** pulire di nuovo: *lo pulì e ripulì, ma senza risultato* **2** rendere di nuovo pulito; riordinare; (*fig.*) dirozzare, rifinire: *— la cucina; ripulì il manoscritto e lo consegnò all'editore / lo ripulirono,* gli portarono via tutto, spec. al gioco // **-irsi** *v.rifl.* mettere in ordine la propria persona lavandosi e indossando abiti puliti; (*fig.*) dirozzarsi, ingentilirsi nei modi.

ripulita *s.f.* il ripulire o il ripulirsi una volta in fretta: *si diede una — e uscì.*

ripulitura *s.f.* **1** il ripulire **2** ciò che si toglie da qlco. nel ripulirla: *la — del pavimento.*

ripulsa *s.f.* l'opporre un diniego a una richiesta. SIN. *rifiuto.*

ripulsione [-sió-] *s.f.* sentimento che si prova di fronte a cosa che ci ripugna: *provare — per qlco.* SIN. *avversione.*

ripulsivo *agg.* **1** che provoca ripulsione. SIN. *repellente* **2** (*fig.*) che denota avversione, ostilità: *atteggiamento —.*

ripungere [-pùn-] *v.tr.* [coniugato come *pungere*] pungere di nuovo.

riputazione [-zió-] *s.f.* → **reputazione.**

riquadrare *v.tr.* ridurre in forma quadrata / *— il cervello a qlcu.,* insegnargli a ragionare.

riquadratura *s.f.* atto, effetto del riquadrare.

riquadro *s.m.* parte di forma quadrangolare in cui è divisa una superficie; spazio quadrato: *riquadri del soffitto.*

riqualificare *v.tr.* [*io riqualifico, tu riqualifichi ecc.*] **1** qualificare, migliorare ciò che era dequalificato, decaduto: *— la spesa pubblica,* con scelte più oculate, più convincenti **2** qualificare manodopera per mansioni più impegnative, o comunque diverse dalle precedenti.

riqualificazione [-zió-] *s.f.* il riqualificare, l'essere riqualificato: *— professionale.*

risacca *s.f.* il ritorno dell'onda su sé stessa quando si rompe contro un ostacolo.

risaia [-sà-] *s.f.* terreno coltivato a riso.

risalire *v.tr.* [coniugato come *salire*] salire di nuovo / *— un fiume,* navigare contro corrente o camminare lungo le rive verso la sorgente // **1** salire di nuovo: *scendo e risalgo in pochi minuti; — in macchina* **2** (*fig.*) rincarare: *il prezzo del pane risale* **3** (*fig.*) ritornare col pensiero o attraverso un'indagine a fatti lontani: *— alle origini* **4** essere avvenuto in un certo tempo prima: *la sua morte risale a dieci giorni fa.*

risalita *s.f.* azione del risalire: *impianti di —,* che riportano gli sciatori all'inizio delle piste.

risaltare *v.tr.* e *intr.* saltare di nuovo // *v.intr.* sporgere da una superficie; staccarsi, apparire nitidamente; (*fig.*) distinguersi, emergere: *le figure risaltavano sul fondo; risalta per intelligenza.* SIN. *spiccare.*

risalto *s.m.* **1** il risaltare / *dar —, porre in —,* far risaltare. SIN. *spicco* **2** (*arch.*) particolare architettonico che sporge da una superficie.

risanabile [-nà-] *agg.* che si può risanare.

risanamento [-mén-] *s.m.* il risanare: *— urbanistico,* ristrutturazione di vecchi quartieri malsani e privi d'impianti igienici.

risanare *v.tr.* **1** rendere nuovamente sano; guarire (anche *fig.*): *questi giorni di riposo mi hanno risanato; — un dolore* **2** rendere salubre un luogo mediante lavori di bonifica: *— un terreno paludoso; — un quartiere popolare,* compiervi lavori utili all'igiene pubblica // *v. intr.* ritornare sano.

risapere [-pé-] *v.tr.* [coniugato come *sapere*] venire a sapere: *hanno risaputo quello che mi avevi confidato.*

risaputo *agg.* noto a tutti: *la cosa è ormai risaputa.*

risarcibile [-cì-] *agg.* che si può risarcire.

risarcimento [-mén-] *s.m.* atto, effetto del risarcire; anche la sua entità: *— di un danno.*

risarcire *v.tr.* [*io risarcisco, tu risarcisci ecc.*] **1** riparare, compensare con denaro o altro un danno arrecato: *— le spese; mi ha risarcito dei danni provocati alla mia macchina.* SIN. *ripagare, rifondere* **2** (*rar.*) restaurare, raccomodare: *— un edificio.*

risata *s.f.* il ridere in modo sonoro e prolungato: *tutti scoppiarono in una —; — omerica,* intensa e rumorosa.

riscaldamento [-mén-] *s.m.* **1** atto e modo del riscaldare; l'insieme dei mezzi che servono a riscaldare un'abitazione, un ufficio ecc.: *— a gas, a carbone; casa con —; — centrale,* impianto che serve per riscaldare tutto un edificio **2** leggera infiammazione del corpo, dovuta a indigestione, febbre o altra causa.

riscaldare *v.tr.* **1** scaldare di nuovo ciò che si era raffreddato: *— la minestra* **2** rendere caldo, scaldare: *il sole riscalda l'aria; — il letto, l'acqua* **3** provocare riscaldo: *i cibi piccanti riscaldano l'intestino* **4** (*fig.*) eccitare, infiammare: *la discussione ha riscaldato gli animi* // **-arsi** *v.rifl.pron.* **1** divenire caldo: *l'aria comincia a —* **2** (*fig.*) infiammarsi, eccitarsi.

riscaldatore [-tó-] *s.m.* apparecchio per riscaldare.

riscaldo *s.m.* leggera infiammazione del corpo e spec. dell'intestino.

riscattabile [-tà-] *agg.* che si può riscattare.

riscattare *v.tr.* **1** riacquistare, mediante consegna di denaro o di beni, persona o cosa che sia caduta in potere di altri: *— i prigionieri, un fondo* **2** (*fig.*) liberare: *— un popolo dalla tirannide; — una persona dalla cattiva fama.* SIN. *redimere* **3** (*dir.*) annullare gli effetti di un contratto, liberando i contraenti dagli obblighi assunti: *— un'assicurazione; — un appartamento,* acquistare un appartamento preso in locazione // **-arsi** *v.rifl.* liberarsi da infamia e simili; redimersi: *col suo sacrificio si è riscattato.*

riscatto *s.m.* **1** atto, effetto del riscattare, del riscattarsi **2** il prezzo richiesto per riscattare: *chiedere un grosso —* **3** (*dir.*) liberazione da un obbligo precedentemente assunto / *casa a —,* delle quali gli inquilini acquistano la proprietà dopo un certo numero di anni.

risceligere [-scé-] *v.tr.* [coniugato come *sceligere*] sceligere di nuovo.

rischiaramento [-mén-] *s.m.* atto, effetto del rischiarare.

rischiarare *v.tr.* rendere chiaro, più chiaro (anche *fig.*):

— la via / — la voce, renderla più nitida / *— le idee*, renderle meno confuse. SIN. *illuminare* // *v.intr.*, **-arsi** *v.rifl.pron.* diventare chiaro, più chiaro: *il cielo (si) rischiara*, si rasserena / *— in volto*, assumere un'espressione lieta.

rischiare *v.tr.* [*io rìschio ecc.*] **1** porre a repentaglio (anche *assol.*): *— la propria vita; è meglio non —* **2** correre il rischio di non arrivare a tempo.

rischio [rì-] *s.m.* pericolo al quale ci si espone o in cui ci si imbatte: *affrontare il —; c'è — di pioggia; c'era il — di perdere tutto / correre il — di*, rischiare / *a — di*, correndo il rischio di, a costo di / *a — del committente, del mittente*, (*comm.*) si dice di spedizioni il cui danno eventuale va a carico del committente, del mittente / *agire a proprio — e pericolo*, fare qlco. assumendone tutte le conseguenze e gli oneri. SIN. *pericolo*.

rischioso [-schió-] *agg.* pieno di rischio: *gioco —*. SIN. *pericoloso, aleatorio*.

risciacquare *v.tr.* [*io risciàcquo ecc.*] **1** sciacquare di nuovo **2** passare in acqua pulita cose già lavate per togliere ogni residuo di sapone o di altro detersivo: *— i panni, le stoviglie* **3** sciacquare: *bisogna — i fiaschi prima di mettervi il vino*.

risciacquata *s.f.* il risciacquare alla svelta: *dare una — a qlcu.*, (*fig.*) rimproverarlo.

risciacquatura *s.f.* **1** atto del risciacquare **2** acqua in cui si è risciacquato qlco. / *— di piatti*, (*spreg.*) liquido acquoso e di cattivo sapore.

risciacquo [-scià-] *s.m.* **1** il risciacquare la bocca con un liquido medicinale **2** il liquido usato per risciacquare la bocca.

risconto [-scón-] *s.m.* l'operazione con la quale la banca centrale nazionale sconta le cambiali o le tratte presentatele dagli istituti bancari.

riscontrabile [-trà-] *agg.* che si può riscontrare; controllabile.

riscontrare *v.tr.* [*io riscóntro ecc.*] **1** esaminare due cose confrontandole tra loro: *— un testo con un altro*. SIN. *raffrontare* **2** controllare l'esattezza, il funzionamento di qlco.: *— un conto; — un motore*. SIN. *verificare* // *v.intr.* corrispondere: *le affermazioni dei due testi non riscontrano*.

riscontro [-scón-] *s.m.* **1** il riscontrare: *fare il — della copia con l'originale / far —*, corrispondere: *questo fa — con quello / trovar —*, avere rapporto con altra cosa simile, corrispondere; trovare conferma / *dare —*, confermare di aver ricevuto una lettera o simili. SIN. *raffronto, verifica* **2** corrente d'aria fra due aperture corrispondenti: *sta' attento ai riscontri* **3** (*comm.*) lettera di risposta, ricevuta: *la ditta aspetta un vostro —*.

riscoperta [-pèr-] *s.f.* il riscoprire (spec. *fig.*): *andare alla — della cultura contadina; la — delle vacanze tranquille*.

riscoprire *v.tr.* [coniugato come *scoprire*] scoprire di nuovo.

riscossa [-scòs-] *s.f.* **1** riconquista di luoghi, cose o persone strappati dal nemico: *l'esercito partì alla —* **2** riconquista dei propri diritti combattendo contro un oppressore: *è sonata l'ora della —; alla —!*, grido d'incitamento.

riscossione [-sió-] *s.f.* atto, effetto del riscuotere denaro: *— di un credito*. SIN. *esazione, incasso*.

riscotibile [-ti-] *agg.* che si può riscuotere.

riscotimento [-mén-] *s.m.* il riscuotere, il riscuotersi.

riscrivere [-scri-] *v.tr.* [coniugato come *scrivere*] **1** scrivere di nuovo: *riscrivi il compito* **2** scrivere in risposta: *ti ho già riscritto*.

riscuotere [-scuò-] *v.tr.* [coniugato come *scuotere*] **1** scuotere di nuovo; scuotere: *lo riscossi a lungo prima che si destasse* **2** ritirare, ricevere una somma di denaro: *— lo stipendio* **3** (*fig.*) ottenere, conseguire: *ho riscosso molti applausi* // **-ersi** *v.rifl.pron.* **1** destarsi; ritornare in sé, trasalire, ricuperare i sensi: *a quel rumore si riscosse* **2** (*fig.*) riscattarsi: *il popolo si riscosse dalla servitù*.

risecare *v.tr.* [*io riséco, tu riséchi ecc.*] (*lett.* o *scient.*) tagliar via ciò che è superfluo (anche *fig.*): *— i rami di un albero; — le spese*.

risedere [-dé-] *v.intr.*, **-ersi** *v.rifl.pron.* [coniugato come *sedere*] sedere, sedersi di nuovo: *s'alzò e si risedette*.

risega [-sé-] *s.f.* rientranza che si presenta in una struttura muraria per brusca diminuzione del suo spessore.

riseminare *v.tr.* [*io risémino ecc.*] seminare di nuovo.

risentimento [-mén-] *s.m.* **1** sdegno provocato da un'ingiuria o da un'offesa che si desidera vendicare: *provare —* **2** il risentire gli effetti di una malattia: *— pleurico*.

risentire *v.tr.* [*io risènto ecc.*] **1** sentire di nuovo; sentire con intensità: *l'ho sentito e risentito* **2** provare le conseguenze di qlco.: *risentì giovamento dalla cura* // *v.intr.* essere soggetto alle conseguenze di qlco.: *risente della dura fatica* // **-irsi** *v.rifl.rec.* sentirsi di nuovo, detto di chi parla al telefono, alla radio ecc.: *a risentirci!*, formula di commiato // *v.rifl.pron.* **1** tornare in sé; destarsi **2** offendersi a un'ingiuria e simili: *si risentì per quelle male parole*.

risentito *agg.* **1** che nutre, che mostra risentimento: *atteggiamento —; tono —*.

riserbare *v.tr.* [*io risèrbo ecc.*] tenere in serbo.

riserbo [-sèr-] *s.m.* discrezione e prudenza nello svelare i propri sentimenti. SIN. *ritegno, riservatezza*.

riseria [-rì-] *s.f.* stabilimento dove si lavora il riso.

riserva [-sèr-] *s.f.* **1** l'atto, l'effetto del riservare qlco. a uno scopo determinato: *— di un diritto / — di caccia e pesca*, diritto esclusivo di cacciare o pescare in un luogo; anche il luogo dove si esercita tale diritto **2** territorio, facente parte di paesi colonizzati dai bianchi, in cui le popolazioni indigene possono continuare a vivere secondo le loro tradizioni **3** l'atto, l'effetto del mettere in serbo qlco., spec. per necessità future; l'insieme delle cose messe in serbo; scorta: *— di farina; essere in —*, avere nel serbatoio un quantitativo minimo di carburante che permette un'autonomia di alcuni chilometri / *— 1957*, annata di vino pregiato e invecchiato. SIN. *provvista* **4** (*econ.*) fondo costituito da somme che le società commerciali accantonano, prelevandole dagli utili, per destinarle a investimenti o a copertura di eventuali perdite future / *— metallica*, fondo di oro, argento o valuta pregiata che le banche di stato tengono immobilizzato a copertura della carta moneta messa in circolazione **5** (*mil.*) truppe tenute a disposizione del comandante per azioni di rinforzo; l'insieme delle classi in congedo che possono essere richiamate in caso di guerra **6** condizione, restrizione: *gli permise di andare con la — che tornasse presto; accettò senza riserve / fece delle riserve sulla sua onestà*, non se ne mostrò convinto **7** (*sport*) l'atleta che si tiene pronto a sostituire il titolare nella formazione di una squadra.

riservare *v.tr.* [*io risèrvo ecc.*] **1** destinare a una persona o a uno scopo determinato: *mi ha riservato il posto migliore; — una poltrona a teatro*, prenotarla **2** tenere in serbo, serbare: *ti ho riservato una bottiglia di quel vino; riserva la tua allegria per un'occasione migliore*.

riservatezza [-téz-] *s.f.* l'essere riservato. SIN. *riserbo*.

riservato *agg.* **1** prudente, discreto, riguardoso: *carattere*, *ragazzo* — **2** che è destinato a una determinata persona, non cedibile ad altri; privato: *posto* —; *lettera riservata* **3** che richiede riserbo: *notizia riservata*, *prognosi riservata* // **-mente** *avv.* con riservatezza; segretamente.

riservista *s.m.* [pl. *-i*] militare in congedo che può essere mobilitato in caso di guerra.

risguardo [-ʃguar-] *s.m.* pagina bianca che segue e precede la copertina, all'inizio e alla fine di un libro [*ill. Stampa*].

risibile [-sì-] *agg.* di cui si può ridere, che fa ridere: *un'offesa* —.

risicare [-ʃi-] *v.tr.* e *intr.* [*io risico, tu risichi ecc.*] (*pop.*) rischiare / *prov.*: *chi non risica non rosica*, non c'è guadagno senza rischio.

risicolo [-sì-] *agg.* che riguarda la coltivazione del riso; che produce riso: *paese* —.

risicoltura *s.f.* coltivazione del riso.

risiedere [-siè-] *v.intr.* [pres. *io risièdo ecc.*; pass.rem. *io risiedéi* o *risiedètti, tu risiedésti ecc.*; p.pass. *risieduto*] **1** avere sede; avere residenza: *l'ambasciata risiede a Roma*; *ha risieduto a lungo all'estero* **2** (*fig.*) stare, consistere: *il male risiede nella cattiva educazione*.

risipola [-ʃi-] *s.f.* → **erisipela**.

risma [-ʃma] *s.f.* **1** unità pratica per misurare il numero dei fogli di carta; corrisponde abitualmente a cinquecento fogli **2** (*fig.* e *spreg.*) genere, razza: *gente d'ogni* —; *sono tutti della stessa* —.

riso[1] *s.m.* pianta erbacea con foglie lineari, che produce piccole spighe con cariosside bianca, dura, ricca di amido (*fam.* Graminacee); i chicchi commestibili di tale pianta [*ill. Cereali*].

riso[2] *s.m.* [pl.f. *-a*] **1** il ridere: *uno scoppio di* —; *aveva un* — *sardonico sulle labbra*; *mise la cosa in* —, in burla; *tutto finì in* —; *muovere il* —, suscitarlo; *sbellicarsi dalle risa* / *prov.*: *il* — *abbonda sulla bocca degli sciocchi* **2** (*lett.*) aspetto allegro, ridente: *il* — *della primavera*.

risolare *v.tr.* [*io risuòlo ecc.*] dotare di nuove suole.

risolatura *s.f.* l'operazione, l'effetto del risolare.

risollevare *v.tr.* [*io risollèvo ecc.*] **1** sollevare di nuovo; (*fig.*) rialzare da una condizione di decadenza: *risollevò le sorti dell'industria* **2** ricreare, rallegrare: — *gli animi* // **-arsi** *v.rifl.* sollevarsi di nuovo (anche *fig.*).

risolubile [-lù-] *agg.* che può essere risolto, che può avere una risoluzione. CONTR. *insolubile*.

risolutezza [-téz-] *s.f.* l'essere risoluto. CONTR. *irresolutezza*.

risolutivo *agg.* **1** atto a risolvere: *formula risolutiva di un problema* **2** che determina l'esito: *momento* —.

risoluto *agg.* pronto nel decidere e nell'agire; fermo, ardito: *voce*, *azione risoluta*. SIN. *deciso*. CONTR. *irresoluto* // **-mente** *avv.* con risolutezza, con decisione; fermamente.

risolutore [-tó-] *agg.* e *s.m.* [f. *-trice*] che o chi risolve: *intervento* —.

risoluzione [-zió-] *s.f.* **1** atto, effetto del risolvere: — *di un problema* / — *di un contratto*, il suo scioglimento / — *di un composto*, (*chim.*) scomposizione **2** decisione: *prese una ferma* —. SIN. *deliberazione*, *determinazione*.

risolvere [-sòl-] *v.tr.* [pres. *io risòlvo ecc.*; pass.rem. *io risòlsi* o *risolvéi* o *risolvètti, tu risolvésti, egli risòlse* o *risolvé* o *risolvètte, noi risolvémmo, voi risolvéste, essi risòlsero* o *risolvérono* o *risolvèttero*; p.pass. *risòlto* o *risoluto*] **1** (*chim.*) scomporre: — *un composto nei suoi*

elementi **2** chiarire qlco. di difficile o di oscuro; trovare la soluzione di qlco.: — *un dubbio*, *un indovinello*, *un problema* **3** (*dir.*) sciogliere, annullare: — *un contratto* **4** deliberare, decidere: *risolvemmo di tornare a casa*. SIN. *determinare* // *v.intr.* combinare, concludere: *è un bravo ragazzo*, *ma risolve poco* // **-ersi** *v.rifl.pron.* **1** sciogliersi in liquido; (*fig.*) concludersi: *le nubi si risolsero in pioggia*; *tutto quell'affare si risolse in nulla* **2** decidersi: *mi risolsi a venirti in aiuto* **3** concludersi con la guarigione (detto di malattia): *l'influenza si risolverà in pochi giorni*.

risolvibile [-vì-] *agg.* che si può risolvere.

risommare[1] *v.tr.* [*io risómmo ecc.*] sommare di nuovo.

risommare[2] *v.intr.* [*io risómmo ecc.*] tornare a galla: *il sommergibile risomma*.

risommergere [-mèr-] *v.tr.* [*io risommèrgo, tu risommèrgi ecc.*] sommergere di nuovo.

risonante *agg.* che risuona; sonoro. SIN. *rimbombante*.

risonanza *s.f.* **1** (*fis.*) fenomeno per cui, in determinate condizioni, l'ampiezza delle vibrazioni di un corpo tende ad aumentare oltre ogni limite **2** l'amplificarsi dei suoni per effetto di detto fenomeno: *in questa stanza c'è una forte* — **3** (*fig.*) interesse suscitato da fatti, notizie ecc.; solo nella locuz. *avere risonanza*: *quella vicenda ha avuto vasta* —.

risonare [-só-] *v.intr.* [*io risuòno, noi risoniamo ecc.*] sonare di nuovo: *ho sonato e risonato il campanello* // *v.intr.* **1** sonare di nuovo: *la sveglia suona e risuona prima che io mi svegli* **2** (*fis.*) entrare in risonanza **3** mandare un suono profondo e prolungato (detto di corpi percossi); riecheggiare e ampliare i suoni (detto di luoghi chiusi); essere pieno di suoni: *la campana percossa risonò a lungo*; *la sala risonava di applausi*; *la campagna risuona di canti di uccelli* **4** diffondersi ed echeggiare in un luogo chiuso (detto di suoni; anche *fig.*): *uno squillo di tromba risonò nella piazza*; *mi risuonano nella mente le sue parole*. SIN. *rimbombare*.

risorgere [-sór-] *v.intr.* [coniugato come *sorgere*] **1** sorgere di nuovo **2** tornare in vita. SIN. *risuscitare* **3** (*fig.*) riprendersi, rifiorire, ritornare in prospera condizione: *la nostra industria potrà* —; *risorgono gli studi*, *le arti*.

risorgimentale *agg.* che riguarda il risorgimento.

risorgimento [-mèn-] *s.m.* **1** il risorgere (spec. *fig.*): *il* — *delle lettere* **2** *risorgimento*, il periodo storico in cui l'Italia ha riacquistato la sua indipendenza e ha compiuto la sua unità: *gli eroi del* —.

risorgiva *s.f.* sorgente d'acqua che ritorna alla superficie in pianura dopo un percorso sotterraneo.

risorsa [-sór-] *s.f.* **1** mezzo con cui si provvede ad un bisogno in caso di urgenza o di necessità: *la sua unica* — *è l'ingegno* / *uomo di molte risorse*, dotato di molti mezzi materiali o spirituali **2** fonte di ricchezza: *le risorse di quella regione sono grandi*.

risospingere [-spìn-] *v.tr.* [coniugato come *spingere*] sospingere di nuovo.

risotto [-sòt-] *s.m.* riso asciutto cotto in tegame con vari condimenti.

risovvenire *v.tr.* [coniugato come *venire*] (*lett.*) sovvenire, soccorrere di nuovo // **-irsi** *v.rifl.pron.* ricordarsi, spec. di qlco. di lontano e già dimenticato.

risparmiare *v.tr.* [*io rispàrmio ecc.*] **1** non usare, limitare l'uso di qlco.: — *le telefonate*; — *mille lire* / — *gli sforzi*, non affaticarli / — *le forze*, non affaticarsi / — *il fiato*, non sprecarlo / *assol.* ridurre le spese, fare economia: *devi* —; *in quel negozio risparmierai* **2** fare a meno di compiere azioni dannose a sé o agli altri: *risparmiò un dolore ai genitori*; *risparmia un poco tua madre!*, evitale di affaticarsi; *non posso risparmiarmi questo noioso incarico* **3** fare a meno di togliere; lasciare salvo, indenne: — *la vita a qlcu.*; *il cancro non risparmia neanche i giovani*; *è un maldicente, non risparmia nessuno*, parla male di tutti // **-arsi** *v.rifl.* aver riguardo della propria salute; riposarsi, non esporsi a rischi.

risparmiatore [-tó-] *s.m.* [f. *-trice*] chi risparmia.

risparmio [-spàr-] *s.m.* **1** il risparmiare: — *di energia, di tempo*; *prodigarsi senza —*. CONTR. *sperpero* **2** denaro messo da parte per essere destinato a soddisfare necessità future: *libretto di deposito a —*, documento rilasciato dall'istituto di credito presso cui il risparmiatore ha depositato somme di denaro.

rispecchiare *v.tr.* [io *rispècchio* ecc.] **1** specchiare di nuovo **2** riprodurre l'immagine; *(fig.)* esprimere: *il fiume rispecchia gli alberi*; *il tuo volto rispecchia i tuoi sentimenti*. SIN. *riflettere*.

rispedire *v.tr.* [io *rispedisco, tu rispedisci* ecc.] **1** spedire di nuovo **2** spedire indietro, rimandare indietro: *la lettera fu rispedita al mittente*; *fu rispedito a casa in tutta fretta*.

rispettabile [-tà-] *agg.* **1** che si deve rispettare: *persona* — **2** considerevole: *rendita —*; *età —*, avanzata.

rispettabilità *s.f.invar.* l'essere rispettabile.

rispettare *v.tr.* [io *rispètto* ecc.] **1** manifestare rispetto: — *i genitori, i vecchi*. SIN. *venerare* **2** riconoscere i diritti, la dignità degli altri; di cose, non sciuparle, non rovinarle: — *il prossimo*; — *le opinioni altrui*; — *gli animali*, non molestarli; — *le aiuole*, non calpestarle / — *sé stesso*, astenersi dal fare ciò che offende il proprio onore o la propria dignità / *farsi —*, far valere la propria autorità e dignità **3** osservare scrupolosamente ordini, regole ecc.: — *la legge*; — *le feste*, trascorrerle secondo i precetti religiosi; — *una promessa*, mantenerla.

rispettato *agg.* che gode del rispetto altrui.

rispettivo *agg.* relativo, proprio di ciascuna delle persone o cose nominate: *due scatole con i rispettivi coperchi* // **-mente** *avv.* relativamente a ciascuno degli elementi di una serie precedentemente nominati: *questi due costano — mille e duemila lire*.

rispetto [-spèt-] *s.m.* **1** sentimento di deferenza verso chi riteniamo superiore a noi: *nutrire, provare — per qlcu.*; *incutere, ispirare —*; *parlare con — di qlcu., di qlco. / i miei rispetti*, saluti rispettosi **2** sentimento che ci induce a riconoscere i diritti, la dignità di qlcu. o di qlco.: — *di un luogo sacro*; *portare — a qlcu.*, comportarsi educatamente; *mancare di — a qlcu.*, offenderlo / *tenere in —*, farsi rispettare, tenere a freno / *con — parlando*, formula di scusa usata quando si pronunciano espressioni ritenute poco decenti **3** osservanza scrupolosa di ordini, regole ecc.: — *del codice della strada / zona di —*, quella in cui è vietata o limitata la costruzione di edifici, l'accesso o altro **4** riguardo, considerazione; punto di vista: *sotto ogni — / — umano*, eccessiva considerazione delle opinioni altrui / — *alla sua domanda*, in relazione / — *a te, io sono piccola*, in confronto **5** breve componimento lirico popolare di contenuto amoroso, composto di quattro, sei o otto endecasillabi a rima alternata e di una ripresa a rima baciata.

rispettoso [-tó-] *agg.* che prova o dimostra rispetto: — *con qlcu.*; — *dei diritti altrui*; *gesto —*. SIN. *deferente, riverente, riguardoso, ossequioso*.

risplendente [-dèn-] *agg.* che risplende.

risplendere [-splèn-] *v.intr.* [coniugato come *splendere*] avere, mandare splendore (anche *fig.*): *le stelle risplendono*; *la piazza risplendeva di luci*; — *di bellezza, di grazia*. SIN. *splendere, rifulgere, brillare*.

rispolverare *v.tr.* [io *rispólvero* ecc.] spolverare di nuovo (anche *fig.*): — *la scrivania / — vecchie idee*, riproporle.

rispondente [-dèn-] *agg.* corrispondente, conforme, adatto: *parole non rispondenti al vero*; *arredamento — all'ambiente*.

rispondenza [-dèn-] *s.f.* l'esser rispondente.

rispondere [-spón-] *v.intr.* [pres. *io rispóndo* ecc.; pass.rem. *io rispósi, tu rispondésti* ecc.; p.pass. *rispósto*] **1** parlare o scrivere per soddisfare una richiesta: — *a una domanda*; — *a una lettera*; *gli fu risposto di aspettare*; *risposi che non sarei venuto*; — *di sì, di no* **2** far seguire un'azione in risposta a un'altra: *ha risposto con uno schiaffo*; — *al fuoco* **3** ribattere confutando, con arroganza: *non si risponde ai genitori!*; — *per le rime*, in modo aspro e risentito **4** rendere conto di un'azione; assumersi la responsabilità di qlcu. o qlco.: *rispondo io di quel ragazzo* **5** obbedire a uno stimolo: *il cavallo risponde al freno*; *il motore non risponde bene* **6** *(fig.)* essere corrispondente, adatto: *quello che dici risponde al vero*; *questo attrezzo non risponde allo scopo / risponde al nome di ...*, si chiama ... **7** aprirsi, dare, dietro di aperture: *la finestra risponde nel cortile* // *v.tr.* parlare o scrivere per soddisfare una richiesta: — *poche righe*; *non rispose una parola / — picche*, *(fam.)* negare recisamente, o non rispondere affatto.

risposare [-ʃa-] *v.tr.* [io *rispòso* ecc.] sposare di nuovo // **-arsi** *v.rifl.pron.* sposarsi di nuovo.

risposta [-spó-] *s.f.* **1** il rispondere; ciò che si risponde; lo scritto con cui si risponde: *dare una —*; *attendiamo la — del medico*; *non ho ancora ricevuto la — / in, per —*, rispondendo a **2** azione che segue ad un'altra, per lo più ostile; in particolare, nella scherma, attacco di rimando: — *all'attacco nemico / botta e —*, *(fig.)* replica pronta e pungente **3** obbedienza a uno stimolo, per lo più meccanico: *il motore ha una — pronta, lenta*.

rispuntare *v.intr.* spuntare di nuovo.

rissa *s.f.* lite clamorosa e volgare con scambio di ingiurie e percosse: *la — finì tragicamente*.

rissare *v.intr.* fare rissa.

rissoso [-só-] *agg.* incline alle risse, che litiga con facilità.

ristabilimento [-mén-] *s.m.* atto, effetto del ristabilire o del ristabilirsi.

ristabilire *v.tr.* [io *ristabilisco, tu ristabilisci* ecc.] **1** stabilire di nuovo, rendere di nuovo stabile, forte: — *l'ordine*; — *la repubblica*; — *la verità dei fatti* **2** rimettere in buone condizioni fisiche: *le cure e la tranquillità ristabiliscono la salute* // **-irsi** *v.rifl.pron.* rimettersi in salute: *finalmente ti sei ristabilito*.

ristabilito *agg.* che si è rimesso in salute: *tornò dalle vacanze completamente —*.

ristagnare *v.intr.*, **-arsi** *v.rifl.pron.* **1** arrestare il proprio flusso, cessare di scorrere, impaludarsi (detto di acque correnti ed in genere di liquidi): *in quel punto il fiume ristagna* **2** *(fig.)* ridursi d'intensità, arrestarsi (detto di attività spec. economiche): *in quel mese il commercio ristagnò*.

ristagno *s.m.* atto, effetto del ristagnare (anche *fig.*): *il — delle acque*; *si ebbe un grave — nelle vendite*.

ristampa *s.f.* **1** il ristampare: *curare una —* **2** il testo, l'opera ristampati: *è uscita la — del libro*.

ristampare *v.tr.* stampare di nuovo; ripubblicare senza sostanziali modifiche un'opera per lo più esaurita.

ristare *v.intr.* [coniugato come *stare*: *io ristò ecc.*] **1** (*lett.*) cessare di muoversi, fermarsi: *ristette immobile* **2** (*fig. lett.*) cessare: *non ristava dal guardare ammirato.*

ristorante *s.m.* locale pubblico nel quale si servono i pasti.

ristorare *v.tr.* [*io ristòro ecc.*] dare ristoro, dare nuova energia (anche *fig.*): — *lo stomaco con il cibo*; — *le forze dell'anima*; — *le finanze*, rifarsi di spese o perdite // **-arsi** *v.rifl.* riprendere energia con cibo, bevande, sonno: *ha bisogno di* —.

ristoratore [-tó-] *agg.* [f. *-trice*] che ristora, che è atto a ristorare // *s.m.* ristorante, spec. nelle stazioni.

ristorazione [-zió-] *s.f.* fornitura di pasti, spec. a collettività: *servizio di* — *aziendale.*

ristoro [-stò-] *s.m.* **1** atto, effetto del ristorare e del ristorarsi / *posto di* —, nelle stazioni ferroviarie o in luoghi di transito, locale attrezzato con cibi e bevande **2** conforto spirituale: *il* — *della lettura.* SIN. *sollievo.*

ristrettezza [-téz-] *s.f.* **1** l'esser ristretto: *la* — *della stanza* **2** (*fig.*) scarsità, povertà; grettezza: — *di tempo*; *vivere in ristrettezze*, in condizioni economiche disagiate; — *di mente, di idee.*

ristretto [-strét-] *agg.* **1** racchiuso, stretto: *il sentiero corre* — *tra due argini* **2** limitato, angusto; (*fig.*) gretto: *un* — *numero di amici*; *un locale* —; — *di mezzi*; — *di idee* **3** concentrato, condensato (anche *fig.*): *caffè, brodo* —; *un discorso* — *in poche parole / in* —, riassumendo: *in* —, *la questione sta così.*

ristrutturare *v.tr.* modificare nella struttura; riorganizzare.

ristrutturazione [-zió-] *s.f.* il ristrutturare: — *di un edificio*, — *aziendale.*

ristuccare *v.tr.* [*io ristucco, tu ristucchi ecc.*] **1** stuccare di nuovo **2** (*fig.*) saziare fino alla nausea.

ristudiare *v.tr.* [*io ristùdio ecc.*] studiare di nuovo.

risucchiare *v.tr.* [coniugato come *succhiare*] **1** succhiare di nuovo **2** attirare nel risucchio (anche *fig.*): *tentò di uscire da quell'ambiente, ma vi fu risucchiato prestissimo.*

risucchio [-sùc-] *s.m.* movimento vorticoso di una massa liquida che attrae i corpi vicini e li trascina con sé: *in quel tratto di fiume si formano molti risucchi.*

risultante *agg.* che risulta // *s.m.* (*fis.*) il vettore che si ottiene come risultato della composizione di più vettori.

risultanza *s.f.* spec. *pl.* ciò che risulta, risultato: *le risultanze di un'inchiesta.*

risultare *v.intr.* **1** provenire come conseguenza, effetto: *l'armonia risulta dall'esatta rispondenza delle parti*; *ne risultò un gran danno.* SIN. *conseguire* **2** apparire evidente; essere accertato: *dalle indagini risulta questo / assol.* apparire chiaro, esser noto: *mi risulta che sono partiti* **3** dimostrarsi, rivelarsi: *i nostri sforzi sono risultati insufficienti.*

risultato *s.m.* ciò che risulta: *il* — *di un'operazione.*

risuonare *v.tr.* e *intr.* e *deriv.* → **risonare** e *deriv.*

risurrezione [-zió-] *s.f.* atto, effetto del risorgere: *Pasqua di* —, festa che commemora la risurrezione di Cristo / *la* — *della carne*, la risurrezione dei corpi dei defunti per premio al castigo o al castigo eterno.

risuscitare *v.tr.* [*io risùscito ecc.*] **1** far ritornare in vita / *un vino che risuscita i morti*, che ristora dando nuovo vigore **2** (*fig.*) suscitare di nuovo, rimettere in uso: — *le discordie, le antiche speranze* // *v.intr.* **1** tornare in vita: *Cristo risuscitò da morte* **2** (*fam.*) riaversi, tornare a uno stato di salute e di vigore: *con quella cura si è risuscitato.*

risvegliare [-ʃve-] *v.tr.* [*io risvéglio ecc.*] **1** svegliare di nuovo; svegliare: — *i poltroni.* SIN. *ridestare* **2** (*fig.*) scuotere, ravvivare, rieccitare: — *le illusioni.* SIN. *ridestare* // **-arsi** *v.rifl.pron.* **1** svegliarsi di nuovo, svegliarsi **2** (*fig.*) riscuotersi dall'inerzia, dal torpore.

risveglio [-ʃvé-] *s.m.* il risvegliarsi (anche *fig.*).

risvolto [-ʃvòl-] *s.m.* **1** parte di un indumento in cui la stoffa è ripiegata all'infuori: *i risvolti del colletto, dei calzoni* **2** aspetto secondario di una questione, spec. politica **3** il lembo ripiegato all'interno della sopraccoperta di un libro, che porta di solito stampata la presentazione del libro e dell'autore [*ill. Stampa*] **4** nel linguaggio giornalistico, articolo di prima pagina che termina sulla seconda.

ritagliare *v.tr.* [*io ritàglio ecc.*] **1** tagliare di nuovo **2** tagliare tutt'intorno seguendo i contorni di un disegno: — *figurine da un album.*

ritaglio [-tà-] *s.m.* ciò che si toglie via ritagliando; il pezzetto ritagliato: *un* — *di carta*; *utilizzare i ritagli della carne / — di tempo*, spazio di tempo libero.

ritardante *agg.* e *s.m.* si dice di sostanza o dispositivo che rallenta un'azione o un fenomeno.

ritardare *v.intr.* tardare: *ritardò a rispondere / assol.* tardare a venire, essere in ritardo: *il treno ritarda*; *l'orologio ritarda*, va più lento del giusto // *v.tr.* far tardare, rallentare; differire: — *il moto*; — *il pagamento.*

ritardatario [-tà-] *s.m.* chi arriva in ritardo; chi indugia a far qlco. oltre il limite stabilito.

ritardato *agg.* che agisce più tardi; differito: *ordigno a scoppio* — // *agg.* e *s.m.* si dice di chi ha uno sviluppo psichico più lento del normale.

ritardo *s.m.* **1** il ritardare: *il* — *del treno*; *scusate il* —. CONTR. *anticipo* **2** (*mus.*) il prolungamento di una o più note di un accordo in quello successivo.

ritegno [-té-] *s.m.* capacità di trattenere i propri impulsi; giusta misura, discrezione: *si comportò con* —; *senza* —, in modo sfacciato. SIN. *riserbo.*

ritemprare *v.tr.* [*io ritèmpro ecc.*] ridare la tempera (o tempra); (*fig.*) rafforzare, rinvigorire: — *le forze* // **-arsi** *v.rifl.* (*fig.*) rinvigorirsi, riprendere forza.

ritenere [-né-] *v.tr.* [coniugato come *tenere*] **1** trattenere, fermare: *lo stomaco non ritiene questi cibi* **2** ricordare: *non ritengo quello che leggo* **3** stimare, giudicare: *ritengo che non verrà*; *si ritiene molto intelligente.* SIN. *credere, opinare* **4** (*non com.*) trattenere: — *una somma dallo stipendio.*

ritentare *v.tr.* [*io ritènto ecc.*] tentare di nuovo: *ritenterà l'impresa l'anno prossimo.*

ritenuta *s.f.* **1** somma non versata; trattenuta: — *d'acconto*, quella parte del compenso di una prestazione professionale che le aziende non versano all'interessato, ma allo stato come acconto dell'imposta globale che questi dovrà pagare sul proprio reddito **2** (*non com.*) ciò che trattiene, che fissa; (*mar.*) qualsiasi sagola che lega oggetti per impedire che sbattano o che cadano fuori bordo.

ritenzione [-zió-] *s.f.* **1** il ritenere **2** (*med.*) impossibilità di espellere certe sostanze dell'organismo: — *dei liquidi*; — *urinaria.*

ritingere [-tin-] *v.tr.* [coniugato come *tingere*] **1** tingere di nuovo **2** tingere con altro colore: — *un vestito di nero.*

ritirare *v.tr.* **1** tirare indietro: *sporse la testa dalla finestra e subito la ritirò.* SIN. *ritrarre* **2** richiamare, far tornare indietro: *ha ritirato il suo rappresentante*; *le sentinelle sono state ritirate dal confine* **3** prendere, farsi consegnare: — *lo stipendio, un pacco*; *la polizia gli ha ritirato il passaporto*; *lo stato ha ritirato le vecchie banconote*, le ha tolte dalla circolazione **4** tirare di nuovo: *ritirami la palla* **5** (*fig.*) ritrattare, disdire, dichiarare come non detto o non fatto: — *una promessa, la parola data, un'offesa, una querela* // **-arsi** *v.rifl.* **1** tirarsi indietro; indietreggiare: *i nostri soldati si sono ritirati dalle posizioni conquistate* **2** rientrare in casa; appartarsi in luogo solitario: *la sera preferisco ritirarmi presto*; *si è ritirato nella sua villa di campagna* / *la corte si ritira*, si ritira in camera di consiglio **3** interrompere un'attività; rinunziare a un'impresa, una gara: — *da un impiego, dalla politica*; — *da un esame, da una gara ciclistica* // *v.rifl.pron.* **1** accorciarsi, restringersi: *la tela si ritira bagnandola* **2** arretrare, defluire: *le acque si ritirano dai campi*.

ritirata *s.f.* **1** il ritirarsi delle truppe di fronte al nemico: *due battaglioni erano in* — **2** (*fig.*) il rinunciare, il cedere: *ha fatto una prudente* — *di fronte alle difficoltà* **3** il rientro dei soldati in caserma alla sera: *suona la* — **4** latrina.

ritirato *agg.* solitario, appartato: *fa vita ritirata*; *sta in un luogo* —.

ritiro *s.m.* il ritirare, il ritirarsi; *il* — *della posta*; *il* — *della patente*; *il* — *delle truppe* / — *spirituale*, il ritirarsi, spec. in un istituto religioso, per un periodo di istruzione e di meditazione; anche il tempo e il luogo in cui ci si ritira: *il* — *della squadra di calcio*; *un* — *di campagna*.

ritmare *v.tr.* scandire secondo un ritmo: — *la marcia*.

ritmato *agg.* che ha, che segue un ritmo: *passo* —.

ritmica [rìt-] *s.f.* teoria del ritmo in musica e in metrica.

ritmico [rìt-] *agg.* [pl.m. *-ci*] **1** del ritmo, che si svolge secondo un ritmo: *andatura ritmica* **2** che dà ritmo: *accento* —.

ritmo *s.m.* **1** il succedersi regolare nel tempo di suoni, cadenze, movimenti (anche *fig.*): *il* — *della danza*; *il* — *cardiaco*, il succedersi delle pulsazioni del cuore; *il* — *delle vendite*, l'andamento **2** (*mus.*) successione degli accenti e loro posizione nella frase musicale **3** composizione di musica leggera in cui il fattore ritmico prevale su quello melodico; ballabile: *ballare un* — *lento* **4** nella metrica, successione, regolata da norme fisse, delle sillabe toniche ed atone in un verso: *scandire il* — *di un verso*.

rito *s.m.* **1** cerimonia religiosa; norma che la regola; complesso delle cerimonie di un dato culto: *assistere a un* —; *attenersi al* —; *il* — *ambrosiano*. SIN. *funzione* **2** usanza, costume, procedura: *il* — *del tè*; *sposarsi con* — *civile* / *è di* —, è d'uso.

ritoccare *v.tr.* [*io ritócco, tu ritócchi ecc.*] **1** toccare di nuovo **2** apportare a qlco. una variazione per correggere o per abbellire: — *un disegno*; — *una fotografia*, attenuare i difetti dell'immagine / *ritoccarsi le labbra*, ravvivarne il colore con rossetto.

ritoccata *s.f.* il ritoccare rapidamente: *dare una* —.

ritoccatore [-tó-] *s.m.* [f. *-trice*] chi è addetto al ritocco, spec. di fotografie.

ritocco [-tóc-] *s.m.* [pl. *-chi*] atto, effetto del ritoccare; piccola modificazione: *fare un* — *a un quadro*.

ritogliere [-tò-] *v.tr.* [coniugato come *togliere*] togliere di nuovo, riprendere.

ritorcere [-tòr-] *v.tr.* [coniugato come *torcere*] **1** torcere di nuovo o con maggior forza **2** (*fig.*) rivolgere contro l'autore: — *un'accusa, un argomento* // **-ersi** *v.rifl.pron.* volgersi contro: *le sue parole si ritorsero contro di lui.*

ritorcitura *s.f.* operazione consistente nel torcere insieme due o più fili già torti singolarmente.

ritornare *v.intr.* [*io ritórno ecc.*] **1** andare al luogo da cui si era partiti; andare di nuovo in un luogo in cui si è già stati: — *a casa*; — *da un viaggio*; — *ogni giorno in ufficio* / — *su un argomento*, riparlarne, ripensarci **2** ripresentarsi, ripetersi: *è un'immagine che ritorna nella sua poesia* **3** ridiventare, riacquistare una qualità o uno stato: — *buono*; *il tempo ritorna sereno* // *v.tr.* restituire, ricambiare: *ti ritorno il denaro che mi hai prestato*; *gli ritornò la gentilezza ricevuta.*

ritornello [-nèl-] *s.m.* **1** verso o strofa poetica o musicale che si ripete uguale a intervalli regolari, spec. nelle composizioni di carattere popolare **2** (*fig.*) discorso fastidioso perché ripetuto troppo spesso.

ritorno [-tór-] *s.m.* **1** il tornare: *viaggio di* —; *il* — *delle rondini*, *sarò di* — *alle tre* / *analfabetismo di* —, quello di chi, avendo imparato a leggere e a scrivere, ma trascurandone la pratica, torna analfabeta / *girone di* —, seconda parte del campionato di calcio o di un torneo, in cui si ripetono tutte le partite del girone di andata, ma in sedi diverse / *cavallo di* —, si dice di notizia giornalistica che ritorna al primo divulgatore; anche, di parola che da una lingua passa a un'altra e ritorna poi alla prima modificata nella forma o nel significato **2** il restituire: *fiasco di* —, che si rende vuoto al venditore o al produttore.

ritorsione [-sió-] *s.f.* atto, effetto del ritorcere.

ritorto [-tòr-] *agg.* e *s.m.* si dice di filato formato da due o più capi, torti, uniti insieme e sottoposti ad una nuova torsione: *cotone* —; *una matassa di* —.

ritrarre *v.tr.* [coniugato come *trarre*] **1** (*lett.*) tirare indietro, allontanare, distogliere: — *la mano dal fuoco*; *la mente si ritrae da quel pensiero*. SIN. *ritirare* **2** trarre, ricavare, percepire: — *buoni guadagni dal commercio* **3** riprodurre, rappresentare in disegno, in pittura, in fotografia: *il pittore ritrasse sé stesso in quel quadro*; — *con la parola*, descrivere // **-arsi** *v.rifl.* tirarsi indietro.

ritrattabile [-tà-] *agg.* che si può ritrattare.

ritrattare *v.tr.* riconoscere errata e smentire una propria affermazione precedente; disdire: — *i propri giudizi*; — *un'accusa.*

ritrattazione [-zió-] *s.f.* l'atto del ritrattare; la pubblica dichiarazione con cui si ritratta qlco.

ritrattista *s.m.* e *f.* [pl.m. *-i*] chi fa ritratti; artista particolarmente abile nel fare ritratti; anche, scrittore che sa descrivere con efficacia i caratteri dei personaggi.

ritrattistica [-tì-] *s.f.* l'arte di fare ritratti.

ritratto *agg.* che è rappresentato // *s.m.* **1** immagine del viso, del busto o dell'intera figura di una persona; per estens., descrizione letteraria dell'aspetto fisico o del carattere di una persona: — *ad olio*; *il fotografo ha fatto un bel* —; *romanzo ricco di ritratti* **2** (*fig.*) si dice di persona che assomiglia molto a qlcu.: *è il* — *del nonno*; *sembra il* — *della miseria*, la personificazione.

ritrazione [-zió-] *s.f.* atto, effetto del ritirare o del ritirarsi.

ritrito *agg.* usato in senso fig. nell'espressione *trito e* —, ripetuto più volte fino alla noia: *argomento trito e* —.

ritrosia [-si-] *s.f.* qualità di chi sta in disparte o di chi difficilmente acconsente alla volontà altrui.

ritroso [-tró-] *agg.* **1** poco socievole per timidezza o per modestia; che non vuole acconsentire, testardo. SIN. *restio, riluttante* **2** che va all'indietro: *camminava* — // più com. nella locuz.avv. *a ritroso*, all'indietro, in senso inverso.

ritrovamento [-mén-] *s.m.* atto, effetto del ritrovare: *il — di documenti antichi*. SIN. *scoperta*.

ritrovare *v.tr.* [*io ritròvo ecc.*] **1** trovare qlco. smarrita o nascosta; scoprire in seguito a ricerche: — *gli occhiali*; — *un documento in archivio* **2** (*fig.*) riacquistare, recuperare: — *le forze*; — *la serenità* **3** trovare di nuovo: — *tutti i giorni le stesse persone* // **-arsi** *v.rifl.* **1** trovarsi di nuovo: — *insieme dopo tanti anni* **2** essere, capitare in un luogo o in una situazione: — *nei fastidi* **3** raccapezzarsi; trovarsi a proprio agio: *in mezzo alla confusione non mi ritrovo*.

ritrovato *s.m.* invenzione, espediente: *l'ultimo — della scienza; se l'è cavata con un bel —*.

ritrovo [-tró-] *s.m.* **1** atto, effetto del ritrovarsi insieme: *il — degli alpini*. SIN. *riunione, convegno* **2** luogo in cui ci si ritrova: — *pubblico*.

ritto *agg.* diritto, verticale: *stare —*, in posizione eretta; *mettere la bottiglia ritta / avere i capelli ritti*, (*fig.*) per lo spavento // *s.m.* nell'atletica leggera, l'asta graduata verticale a cui si appoggia la cordicella o l'asta orizzontale per il salto in alto [*ill. Palestra*].

rituale *agg.* **1** conforme ai riti; per estens., secondo la regola, secondo le consuetudini: *preghiere rituali; domanda —; dibattito —* // *s.m.* complesso di riti, di norme: *la cerimonia si svolge secondo un complicato —*.

ritualismo [-ʃmo] *s.m.* **1** la prevalenza del rito in una religione **2** la tendenza a ripetere cerimonie prive di significato.

rituffare *v.tr.* tuffare di nuovo // **-arsi** *v.rifl.* tuffarsi di nuovo (anche *fig.*): *si è rituffato nei suoi studi*.

riudire *v.tr.* [coniugato come *udire*] udire di nuovo.

riunione [-nió-] *s.f.* atto, effetto del riunire o del riunirsi; anche le persone convenute in un luogo per uno scopo: *si batte per la — delle forze democratiche; i soci tennero una —; non conosco le decisioni della —*. SIN. *adunanza, adunata, convegno, ritrovo*.

riunire *v.tr.* [*io riunisco, tu riunisci ecc.*] **1** unire di nuovo cose o persone disgiunte: *riunì i vari pezzi della collezione; dopo la gita, bisogna — i ragazzi / l'antico amore riunì i due sposi*, li riconciliò. SIN. *ricongiungere* **2** mettere insieme, radunare: — *alcuni amici a cena* // **-irsi** *v.rifl.* e *rifl.rec.* incontrarsi, unirsi dopo una separazione; raccogliersi, radunarsi: *i familiari si riunirono in salotto*.

riunito *s.m.* apparecchiatura che comprende vari strumenti necessari al dentista, come il trapano elettrico, lo spruzzatore d'acqua ecc.

riuscire *v.intr.* [coniugato come *uscire*] **1** uscire di nuovo: *è tornato a casa tardi ed è subito riuscito* **2** sboccare, mettere capo; arrivare: *questo vicolo riesce nella piazza* **3** (*fig.*) di cosa, avere esito; concludersi (è determinato in genere da un aggettivo, da un avverbio o da un'intera espressione; se usato assol., ha sempre valore di «avere buona riuscita»): — *bene, male*; — *dannoso; questa torta mi è riuscita* **4** (*fig.*) esser capace, essere in grado di fare qlco.; rivelare particolare attitudine, abilità: *non riesco a leggere*; — *bene in matematica / — nella vita* (anche solo —), avere successo: *è usato impersonalmente in costruzioni del tipo di: non mi riesce di fare, non gli è riuscito di entrare* **5** apparire, sembrare; fare una data impressione: *quell'uomo mi riesce antipatico*.

riuscita *s.f.* modo in cui una cosa si attua; esito, conclusione: *vedremo la — di questo tentativo; fare buona, cattiva —; la lavatrice ha fatto un'ottima riuscita*, ha avuto una lunga durata. SIN. *successo*.

riutilizzare [-liʒʒa-] *v.tr.* utilizzare di nuovo, spec. per uso diverso dal precedente.

riutilizzazione [-liʒʒazió-] *s.f.*, **riutilizzo** [-liʒʒo] *s.m.* utilizzazione successiva; riciclaggio.

riva *s.f.* striscia di terra che costeggia le acque di un mare, lago o fiume: — *alta, pianeggiante / toccare la —*, approdare. SIN. *sponda*.

rivaccinare *v.tr.* vaccinare di nuovo contro la stessa malattia.

rivaccinazione [-zió-] *s.f.* seconda vaccinazione contro una stessa malattia infettiva, e spec. contro il vaiolo.

rivale *agg.* e *s.m.* e *f.* che o chi lotta, compete con altri: *le città rivali; essere rivali in amore / non ha rivali*, è superiore a tutti.

rivaleggiare *v.intr.* [*io rivaléggio ecc.*] essere rivali. SIN. *gareggiare, competere*.

rivalersi [-lér-] *v.rifl.pron.* [coniugato come *valere*] **1** rifarsi: *mi rivarrò su di voi del danno che mi avete arrecato* **2** valersi di nuovo: *si rivarrà degli stessi mezzi*.

rivalicare *v.tr.* [*io rivàlico, tu rivàlichi ecc.*] valicare di nuovo.

rivalità *s.f.invar.* l'essere rivali; atteggiamento di ostilità ed emulazione: *tra i due paesi esiste un'antica —*.

rivalsa *s.f.* **1** il rivalersi: *cerca una — allo scacco subito; fare qlco. per —*. SIN. *rivincita* **2** (*econ.*) tratta a vista e all'ordine proprio spiccata dal possessore di una cambiale non pagata a scadenza, onde rivalersi della somma spettantegli.

rivalutare *v.tr.* [*io rivàluto ecc.*] **1** valutare di nuovo **2** dare un nuovo e maggior valore; in particolare, riconoscere i pregi di un'opera o di un artista reagendo a precedenti giudizi negativi: *la critica tende a — la pittura del nostro Ottocento / — la moneta*, (*econ.*) attribuirle una parità aurea superiore a quella precedente.

rivalutazione [-zió-] *s.f.* il rivalutare.

rivangare *v.tr.* [*io rivango, tu rivanghi ecc.*] vangare di nuovo // *v.tr.* e *intr.* riandare col pensiero a cose passate, spec. se spiacevoli: *è inutile — nel passato; è una vecchia storia, non rivangarla!*

rivedere [-dé-] *v.tr.* [coniugato come *vedere*] **1** vedere di nuovo; vedere dopo lunga lontananza o separazione: — *due volte lo stesso film; lo rivide l'anno dopo / prov.: chi non muore si rivede* **2** ripassare, scorrere di nuovo: — *la lezione* **3** esaminare, riscontrare, correggere; verificare il funzionamento di un meccanismo: — *i conti*; — *i compiti*; — *il motore*. SIN. *controllare* // **-ersi** *v.rifl.* ritrovarsi, incontrarsi di nuovo: *ci rivedemmo dopo molto tempo / a rivederci*, saluto tra due persone che si separano / *ci rivedremo!*, esclamazione di minaccia.

rivedibile [-dì-] *agg.* **1** che si può o si deve rivedere **2** si dice di militare di leva, dichiarato momentaneamente inabile, che deve ripresentarsi alla leva successiva.

riveduta *s.f.* il rivedere una volta e rapidamente un testo e simili, per correggerlo o riscontrarlo.

rivelare *v.tr.* [*io rivélo ecc.*] **1** far conoscere una cosa segreta o misteriosa: *gli rivelò le circostanze del delitto*. SIN. *svelare, confidare* **2** essere indizio di una cosa, renderla palese: *la risposta rivela la sua ignoranza*. SIN. *palesare, manifestare* **3** rendere percepibili, per mezzo di particolari congegni o processi, dei fatti non direttamente osservabili con i sensi: — *un campo magnetico* // **-arsi** *v.rifl.* farsi conoscere; mostrare ciò che si vale: *la divinità si rivela attraverso la bellezza del creato; con quel gesto si rivelò un uomo generoso*.

rivelatore [-tó-] *agg.* e *s.m.* [f. *-trice*] che o chi rivela // *s.m.* **1** dispositivo atto a rivelare la presenza di corpi estranei: — *di mine* **2** (*rad.*) apparecchio atto a segnalare acusticamente la presenza di radioonde **3** (*fot.*) soluzione chimica per lo sviluppo dell'immagine negativa.

rivelazione [-zió-] *s.f.* **1** il rivelare, il rivelarsi; la cosa rivelata **2** per iperbole, fatto inatteso, che produce viva sorpresa: *come attore è stato una —* **3** secondo la dottrina cristiana, atto soprannaturale per cui Dio parla all'uomo manifestando, insegnando verità che la ragione umana difficilmente potrebbe conoscere o non potrebbe conoscere affatto; il complesso delle verità così rivelate.

rivendere [-vén-] *v.tr.* [coniugato come *vendere*] vendere di nuovo; vendere ciò che si è comprato appunto a questo scopo: *rivendette la merce guadagnandoci il cinquanta per cento.*

rivendicare *v.tr.* [*io rivéndico, tu rivéndichi ecc.*] **1** vendicare di nuovo **2** richiedere la restituzione di un bene di cui si sia stati ingiustamente privati, riaffermare un diritto: *rivendicò l'eredità*; *rivendica il suo diritto alla vita*, — *la libertà di un popolo, un popolo a libertà*, fargli riacquistare la libertà politica.

rivendicativo *agg.* di rivendicazione, spec. sindacale: *piattaforma rivendicativa.*

rivendicatore [-tó-] *agg.* e *s.m.* [f. *-trice*] che o chi rivendica.

rivendicazione [-zió-] *s.f.* richiesta di restituzione di un bene del quale si sia stati ingiustamente privati; la cosa che si rivendica / *rivendicazioni sindacali*, richieste, avanzate dai lavoratori, di miglioramenti della situazione contrattuale esistente.

rivendicazionismo [-ʃmo] *s.m.* la tendenza a fare continue rivendicazioni, o a far prevalere gli aspetti rivendicativi in una attività politica o sindacale.

rivendita [-vén-] *s.f.* **1** il rivendere: *la — di un fondo* **2** spaccio dove si rivendono certe merci: *una — di tabacchi.*

rivenditore [-tó-] *s.m.* [f. *-trice*] chi rivende, spec. chi vende roba al minuto.

rivendugliolo [-dù-] *s.m.* rivenditore di cianfrusaglie.

riverberare *v.tr.* [*io rivèrbero ecc.*] riflettere la luce, e anche il calore o il suono // **-arsi** *v.rifl.pron.* riflettersi, tornare indietro; (*fig.*) ripercuotersi: *i raggi si riverberano; la sua gioia si riverberava sui familiari.*

riverberazione [-zió-] *s.f.* il riverberare, il riverberarsi; in acustica, rimbombo dovuto a riflessioni disordinate del suono sulle superfici di un ambiente.

riverbero [-vèr-] *s.m.* luce, calore o suono che si riverbera / *di —*, di riflesso / *lampada a —*, fornita di una superficie concava che riverbera la luce.

riverente [-rèn-] *agg.* che nutre rispetto: *mostrarsi — all'autorità.* SIN. rispettoso, ossequioso.

riverenza [-rèn-] *s.f.* **1** sentimento di rispetto e profonda considerazione: *ispirare —.* SIN. ossequio **2** inchino fatto in segno di deferenza: *fare una —.*

riverenziale *agg.* pieno di riverenza: *quell'uomo le ispirava un timore —.*

riverire *v.tr.* [*io riverisco, tu riverisci ecc.*] **1** manifestare un sentimento di profondo rispetto: — *i genitori* **2** salutare con particolare deferenza: *La riverisco!* SIN. ossequiare.

riverniciare *v.tr.* [*io rivernìcio ecc.*] verniciare di nuovo.

riversare *v.tr.* [*io rivèrso ecc.*] **1** versare di nuovo; versare, far passare da un luogo a un altro (spec. *fig.*): —

tutto l'affetto sui figli; — *la propria colpa su altri* **2** (*tecn.*) trasferire una registrazione da un disco o da un nastro su un altro supporto // **-arsi** *v.rifl.pron.* traboccare; spargersi (anche *fig.*): *la folla si riversò nella piazza.*

riverso [-vèr-] *agg.* rovesciato all'indietro: *cadde —.*

rivestimento [-mén-] *s.m.* atto, effetto del rivestire; il materiale usato per rivestire.

rivestire *v.tr.* [*io rivèste ecc.*] **1** vestire di nuovo **2** coprire, foderare (anche *fig.*): — *la parete*; *rivestirono il loro egoismo di generosità* **3** indossare: — *un'armatura* **4** (*fig.*) avere, tenere una carica ecc.: *riveste il grado di capitano* // **-irsi** *v.rifl.* **1** vestirsi di nuovo (anche *fig.*): *gli alberi si rivestono di foglie* **2** procurarsi nuovi abiti: — *da capo a piedi.*

rivestito *agg.* coperto di un vestito (anche *fig.*): *rivestiti di un'atmosfera leggendaria.*

rivestitura *s.f.* atto, effetto del rivestire; il materiale con cui si riveste: *una — di paglia.*

rivettatrice *s.f.* utensile a tenaglia usato per ribattere rivetti.

rivetto [-vét-] *s.m.* occhiello metallico ribattuto usato come fermaglio o elemento di giunzione o a protezione di un occhiello in un tessuto.

riviera [-viè-] *s.f.* **1** fascia di costa marina: — *di Levante*; — *di Ponente* **2** (*ant.*) ruscello, fiume **3** nelle gare ippiche, fossato pieno di acqua, posto come ostacolo.

rivierasco *agg.* [pl.m. *-chi*] della riviera, costiero: *la popolazione rivierasca.*

rivincere [-vìn-] *v.tr.* [coniugato come *vincere*] vincere di nuovo; recuperare vincendo: *ho rivinto tutto il mio denaro.*

rivincita [-vìn-] *s.f.* nei giochi e negli sport, la seconda partita, concessa dal vincente all'avversario; la vittoria riportata in questa competizione; per estens., ogni successo riportato a seguito di una precedente affermazione altrui: *prendersi la —.* SIN. rivalsa.

rivisitare [-ʃi-] *v.tr.* [*io rivisito ecc.*] **1** visitare di nuovo **2** (*fig.*) riscoprire intellettualmente o affettivamente: — *i poeti antichi.*

rivisitazione [-ʃitazió-] *s.f.* il rivisitare (spec. *fig.*).

rivista *s.f.* **1** il rivedere: *dare una — agli appunti* **2** ispezione dell'assetto dei soldati da parte degli ufficiali; parata di truppe: *passare in —* **3** pubblicazione periodica: — *medica* **4** spettacolo di varietà in cui numeri musicali si alternano a numeri comici spesso ispirati a motivi di attualità.

rivivere [-vì-] *v.intr.* [coniugato come *vivere*] **1** vivere di nuovo, risorgere **2** (*fig.*) riacquistare nuovo vigore: *oggi mi sento —* **3** (*fig.*) perpetuarsi, continuare: *nel figlio rivivono le virtù del padre* // *v.tr.* vivere di nuovo: *come vorrei — quegli anni felici!*

riviviscenza [-scèn-] *s.f.* → **reviviscenza**.

rivo *s.m.* (*lett.*) piccolo corso d'acqua o di altro liquido. SIN. ruscello.

rivolere [-lé-] *v.tr.* [coniugato come *volere*] **1** volere di nuovo **2** volere la restituzione di qlco. che ci appartiene: *rivoglio il mio libro.*

rivolgere [-vòl-] *v.tr.* [coniugato come *volgere*] **1** volgere di nuovo, volgere più volte **2** (*fig.*) meditare, macchinare: — *nella mente propositi di vendetta* **3** rovesciare, rivoltare: — *un sacco* **4** volgere, dirigere, indirizzare; distogliere, allontanare: — *lo sguardo altrove*; — *il pensiero, l'animo* // **-ersi** *v.rifl.* **1** volgersi indietro, volgersi in una determinata direzione o verso una determinata persona: *si rivolse verso di me con aria mi-*

nacciosa **2** (*fig.*) dirigersi, indirizzarsi, ricorrere: *ci rivolgemmo verso casa*; *se avete bisogno di aiuto rivolgetevi a noi*.

rivolgimento [-mèn-] *s.m.* **1** il rivolgere, il rivolgersi **2** (*fig.*) mutamento di un ordine politico, sociale o ideologico; sconvolgimento.

rivolo [ri-] *s.m.* piccolo rivo: *un — di sudore*.

rivolta [-vòl-] *s.f.* il rivoltarsi di più individui contro un ordine costituito: *reprimere una —*. SIN. *ribellione, insurrezione, sommossa*.

rivoltante *agg.* ripugnante: *un intruglio —*. SIN. *stomachevole*.

rivoltare *v.tr.* [*io rivòlto ecc.*] **1** voltare di nuovo **2** voltare dall'altra parte o più volte: *— una bistecca sulla graticola*; *— l'insalata nell'insalatiera* / *— un abito*, ricucirlo sostituendo il rovescio al diritto **3** turbare, sconvolgere: *— lo stomaco* // **-arsi** *v.rifl.* **1** volgersi da un'altra parte, girarsi: *— nel letto* **2** ribellarsi.

rivoltella [-tèl-] *s.f.* **1** pistola munita di un dispositivo rotante che si può caricare con più proiettili **2** qualunque utensile simile nella forma e nel funzionamento, impiegato per vari usi (p.e. per piantar chiodi).

rivoltellata *s.f.* colpo di rivoltella.

rivolto [-vòl-] *agg.* volto in una direzione; in particolare, volto indietro o di fianco.

rivoltolare *v.tr.* [*io rivòltolo ecc.*] voltolare di nuovo, più volte // **-arsi** *v.rifl.* continuare a voltolarsi: *rivoltolarsi nel letto*.

rivoltoso [-tó-] *agg.* che, chi si ribella agli ordini di un'autorità; che costituisce rivolta: *moti rivoltosi*; *i rivoltosi si sono arresi*. SIN. *sedizioso, ribelle*.

rivoluzionamento [-mèn-] *s.m.* cambiamento improvviso e disordinato.

rivoluzionare *v.tr.* [*io rivoluzióno ecc.*] trasformare radicalmente un ordine preesistente: *queste idee rivoluzioneranno il mondo* / *mi rivoluzionò tutta la stanza*, (*fig.*) la mise sottosopra. SIN. *sconvolgere, sovvertire*.

rivoluzionario [-nà-] *agg.* **1** che concerne una rivoluzione / *tribunale —*, operante durante una rivoluzione **2** (*fig.*) che rinnova profondamente, sconvolge: *atteggiamento —*. SIN. *sovvertitore* // *s.m.* fautore di una rivoluzione (anche *fig.*).

rivoluzionarismo [-ʃmo] *s.m.* concezione che vede la rivoluzione come unico sbocco politico.

rivoluzione [-zió-] *s.f.* **1** movimento politico o sociale diretto a provocare mutamenti radicali dell'ordine politico e sociale, mediante azione violenta e organizzata **2** (*fig.*) mutamento profondo e radicale: *ha portato la — in casa*; *— industriale*, la trasformazione del sistema di produzione industriale provocata da innovazioni tecniche **3** (*astr.*) il moto di un corpo celeste che gira intorno a un altro: *la — della Luna intorno alla Terra*.

rivulsione [-sió-] *s.f.* → **revulsione**.

rivulsivo *agg.* e *s.m.* → **revulsivo**.

riyal [*pr.* riàl] *s.m.invar.* unità monetaria dell'Arabia Saudita.

rizoma [-ʒò-] *s.m.* [pl. *-i*] (*bot.*) fusto sotterraneo, ricco di sostanze di riserva.

rizza *s.f.* sistema di freni, catene o puntelli che sulle navi serve a tener dritto e fermo un oggetto mobile (p.e. ancore, imbarcazioni).

rizzare *v.tr.* **1** mettere ritto, alzare: *— una tenda* / *gli orecchi*, (*fig.*) mettersi in ascolto **2** innalzare, costruire: *— un muro* // **-arsi** *v.rifl.* levarsi in piedi: *— da tavola* / *v.intr.pron.* divenire irto: *gli si rizzarono i capelli per lo spavento*.

roano *agg.* e *s.m.* si dice di cavallo dal mantello a peli bianchi, neri e rossicci.

roast-beef [*ingl.*; *pr.* róstbif] *s.m.* carne di manzo arrostita, lasciata al sangue.

roba [rò-] *s.f.* **1** termine generico che indica qualsiasi oggetto materiale, spesso con valore collettivo: *— di valore*, oggetti preziosi; *— da mangiare*, cibi in genere; *cos'è questa —?*; *non toccare quella —*; *di che — è fatto?*, di che materiale? / *è — da niente*, è cosa di poco valore, o di poca importanza / *non è — per te*, è una faccenda che tu non puoi sbrigare / *— da chiodi, da matti*, per esprimere un giudizio negativo su qlco. **2** l'insieme dei propri beni: *è tutta — mia*; *ha lasciato la sua — al nipote*; *radunò la sua —*, i suoi effetti personali **3** tessuto; indumenti in genere: *— fine*, tessuto di qualità; *— da lavare, da stirare*; *quella ragazza ha molta —*, molti abiti **4** merce: *si vende — usata, di scarto, di prima qualità* **5** nei gerghi di malavita indica merci clandestine o di contrabbando; in particolare, la droga.

robe-manteau [*franc.*; *pr.* rób-mantó] *s.f.* abito da donna con abbottonatura intera, simile a un soprabito.

robinia [-bi-] *s.f.* albero con foglie composte e fiori bianchi, profumati, in grappolo (*fam.* Leguminose).

robiola [-biò-] *s.f.* formaggio di pasta molle e sapore delicato, tipico del Piemonte e della Lombardia.

robivecchi [-vèc-] *s.m.invar.* chi compra e rivende roba usata; rigattiere.

roboante *agg.* → **reboante**.

robone [-bó-] *s.m.* lunga veste da uomo, un tempo portata da gentiluomini, avvocati, dottori ecc. e oggi propria di alcuni ordini cavallereschi.

robot [*franc.*; *pr.* robó, o all'italiana ròbot] *s.m.invar.* macchina automatica capace di svolgere alcune attività proprie dell'uomo; automa.

robotica [-bò-] *s.f.* ramo dell'automazione che si occupa dello studio e dell'utilizzo dei robot.

robotizzare [-tiʒʒa-] *v.tr.* dotare di robot; automatizzare.

robustezza [-stéʒ-] *s.f.* l'essere robusto; solidità, forza. SIN. *gagliardia, vigoria*.

robusto *agg.* che ha forza, resistenza: *un uomo —*; *braccia robuste* / *una parete robusta*, solida / *uno stile —*, efficace / *una donna robusta*, prosperosa / *un vino —*, che ha corpo e alta gradazione alcolica. SIN. *gagliardo, vigoroso*.

rocaille [*franc.*; *pr.* rocài] *s.f.* tipo di decorazione usata nel sec. XVIII in Francia.

rocambolesco [-lé-] *agg.* [pl.m. *-chi*] si dice di azione illecita compiuta con singolare destrezza e astuzia.

rocca¹ [ròc-] *s.f.* **1** fortezza costruita in luogo elevato, per lo più scosceso **2** roccia, solo nelle locuz. *cristallo di rocca*, varietà di quarzo purissimo; *allume di rocca*, solfato doppio di alluminio e potassio.

rocca² [róc-] *s.f.* arnese composto per lo più da una canna che presenta alla sommità un allargamento in cui si pone la lana che scorre via via per essere filata.

roccaforte [-fòr-] *s.f.* [pl. *rocchefòrti*] **1** fortezza, cittadella fortificata **2** (*fig.*) luogo da cui si trae la propria forza, il proprio potere: *Ginevra fu la — del calvinismo*.

roccatrice, rocchettiera [-tiè-] *s.f.* (*ind. tessile*) macchina per l'avvolgimento del filato su rocchetti.

rocchetto¹ [-chét-] *s.m.* **1** piccolo cilindro di legno su cui si avvolge il filato in tessitura o il filo da cucire / *— di filo, di spago*, il filo, lo spago così confezionati **2** (*mecc.*) la ruota dentata più piccola fra le due di un ingranaggio.

rocchetto[2] [-chét-] *s.m.* sopravveste di lino bianco indossata dal papa e da alti prelati.

rocchio [ròc-] *s.m.* blocco di pietra di forma simile a un cilindro.

roccia [ròc-] *s.f.* [pl. *-ce*] massa di aggregati di uno o più minerali che costituiscono la parte più dura della crosta terrestre; grosso blocco di pietra viva, scoscesa, affiorante alla superficie terrestre / *scarpe da —*, per ascensioni alpinistiche.

rocciatore [-tó-] *s.m.* [f. *-trice*] chi pratica l'alpinismo su roccia.

roccioso [-ció-] *agg.* costituito da roccia; ricco di rocce: *territorio —*.

rocco [ròc-] *s.m.* [pl. *-chi*] bastone pastorale dei vescovi.

roccolo [ròc-] *s.m.* appostamento per la caccia agli uccelli in cui le reti verticali sono nascoste sotto un pergolato di fronde.

rock [*ingl.*; *pr.* ròk] *agg.* e *s.m.* si dice di diversi stili musicali derivati negli anni '60 dal *rock-and-roll*, spesso caratterizzati da elettrificazione degli strumenti; inoltre, della cultura, spec. giovanile, a essi legata.

rock-and-rol [*ingl.*; *pr.* ròc-en-ról] *s.m.* musica da ballo e vocale, caratterizzata da un notevole dinamismo ritmico, diffusa a partire dagli anni '50.

rocker [*ingl.*; *pr.* ròcka] *s.m.* persona, spec. giovane, che vive nel mondo della musica rock, che lo frequenta o che lo apprezza culturalmente.

roco [rò-] *agg.* [pl.m. *-chi*] si dice di suono, e spec. di voce, che non siano limpidi, chiari; rauco.

rococò *s.m.invar.* stile architettonico e decorativo apparso in Francia ai primi dell'700 come evoluzione del barocco e diffuso poi in Europa // *agg.* si dice di cosa bizzarra, lambiccata, non priva di una certa grazia: *un ninnolo —*.

rodaggio [-dàg-] *s.m.* **1** (*mecc.*) periodo iniziale del funzionamento di un nuovo motore, spec. di automobile, durante il quale si mira, osservando particolari accorgimenti, a raggiungere un mutuo adattamento delle parti che lo compongono **2** (*fig.*) periodo di adattamento fisico o psicologico.

rodare *v.tr.* [*io ròdo ecc.*] sottoporre a rodaggio un motore, spec. di automobile.

rodense *agg.* di Rho // *s.m.* e *f.* abitante di Rho.

rodeo [-dè-] *s.m.* (*spagn.*) esibizione di cow-boy che cavalcano cavalli o torelli non domi o atterrano e marcano bovini.

rodere [ró-] *v.tr.* [pres. *io ródo ecc.*; pass.rem. *io rósi, tu rodésti ecc.*; p.pass. *róso*] **1** rosicchiare con i denti: *i topi han roso la fune* / *osso duro da —*, (*fig.*) cosa difficile da fare o da superare **2** consumare lentamente (anche *fig.*): *la lima rode il ferro*; *il sospetto rode l'animo* // **-ersi** *v.rifl.* consumarsi interiormente per pensieri tormentosi, assillanti.

rodigino *agg.* di Rovigo // *s.m.* abitante di Rovigo.

rodimento [-mén-] *s.m.* il rodere o il rodersi (spec. *fig.*): *quel pensiero era per lui un continuo —*.

rodio [rò-] *s.m.* elemento chimico (Rh; *n.at.* 45; *p.at.* 102,91); metallo raro, chimicamente inerte, usato per leghe speciali.

roditore [-tó-] *agg.* e *s.m.* [f. *-trice*] che o chi rode (anche *fig.*) // *s.m.pl.* (*zool.*) mammiferi di piccole o medie dimensioni, caratterizzati dalla presenza di forti denti incisivi a crescita continua, atti a rodere (*coniglio, topo, scoiattolo, castoro ecc.*).

rododendro [-dèn-] *s.m.* arbusto con fiori rossi o rosei in corimbi, comune sulle Alpi (*fam.* Ericacee).

rodomonte [-món-] *s.m.* chi si vanta con arroganza e temerarietà di imprese straordinarie. SIN. *spaccone*, *smargiasso*.

roentgen [*ted.*; *pr.* rëntghen] *s.m.* (*fis.*) unità di misura delle radiazioni X (Roentgen) o gamma.

roentgenterapia [*pr.* rëntghenterapìa] irradiazione con raggi X a scopo terapeutico.

rogante *s.m.* e *f.* (*dir.*) negli atti notarili, la parte che ha fatto scrivere il documento.

rogare *v.tr.* [*io rògo, tu ròghi ecc.*] (*dir.*) stipulare, stendere un atto, da parte di un notaio.

rogatario [-tà-] *s.m.* (*dir.*) chi su richiesta del rogante stende un atto notarile.

rogatore [-tó-] *s.m.* [f. *-trice*] (*dir.*) negli atti notarili, il rogante.

rogatoria [-tò-] *s.f.* (*dir.*) la richiesta del giudice ad un collega di altro stato o di altra città di interrogare testimoni o di compiere altri atti processuali propri della sua circoscrizione.

rogazione [-zió-] *s.f.* spec. *pl.* nel culto religioso cattolico, le processioni propiziatorie per la fecondità dei campi.

roggia [ròg-] *s.f.* [pl. *-ge*] (*region.*) canale d'irrigazione.

rogito [rò-] *s.m.* (*dir.*) atto notarile.

rogna [ró-] *s.f.* **1** scabbia **2** malattia provocata da un fungo che intacca il tronco di alcune piante: *la — dell'olivo* **3** (*fig.fam.*) cosa o persona che dà molto fastidio: *cercar rogne*, andare in cerca di brighe, provocare litigi o risse.

rognone [-gnó-] *s.m.* il rene dell'animale macellato.

rognoso [-gnó-] *agg.* **1** malato di rogna **2** (*fig.*) fastidioso: *questo lavoro è proprio —*.

rogo [ró-] *s.m.* [pl. *-ghi*] **1** catasta di legna su cui si bruciavano i cadaveri o i vivi condannati a morte; anche la pena prevista nel medioevo per alcuni delitti: *condannare al —*. SIN. *pira* **2** incendio: *in pochi istanti la casa divenne un —*.

rollare *v.intr.* [*io ròllo ecc.*] oscillare della nave nel rollio.

rollata *s.f.* ciascuna delle oscillazioni laterali della nave soggetta a rollio.

rollino *s.m.* → **rullino**.

rollio [-lì-] *s.m.* alterno movimento di oscillazione attorno al proprio asse longitudinale, cui è soggetta una nave per effetto del moto ondoso.

romagnolo [-gnó-] *agg.* della Romagna // *s.m.* abitante, nativo della Romagna; dialetto della Romagna.

romancio [-màn-] *agg.* che si riferisce alla lingua neolatina parlata nel cantone svizzero dei Grigioni // *s.m.* lingua romancia.

romanesco [-né-] *agg.* [pl.m. *-chi*] proprio del popolo di Roma in età moderna: *dialetto —*.

romanico [-mà-] *agg.* e *s.m.* [pl. *-ci*] si dice di uno stile d'arte figurativa, e spec. d'architettura, sorto nell'Europa occidentale tra i secc. X e XII, caratterizzato da un forte senso plastico della materia.

romanista *s.m.* e *f.* [pl.m. *-i*] **1** studioso della storia di Roma o del diritto romano o delle lingue romanze **2** tifoso della squadra di calcio della Roma.

romanità *s.f.invar.* **1** l'essere romano; lo spirito, la civiltà di Roma antica **2** l'insieme dei popoli che riconoscevano l'autorità di Roma: *il cristianesimo si diffuse in tutta la —*.

romano *agg.* **1** dell'antica Roma: *la conquista romana*; *diritto —* / *numeri romani*, quelli rappresentati simbolicamente da lettere (*I, V, X, L, C, D, M*) **2** dell'odierna Roma / *gnocchi alla romana*, di semolino / *pa-*

gare alla romana, ognuno la sua parte **3** della chiesa di Roma: *rito* — // *s.m.* **1** cittadino di Roma antica **2** abitante, nativo di Roma; dialetto di Roma **3** il contrappeso scorrevole della stadera [*ill. Bilancia*].

romanticheria [-rì-] *s.f.* esagerazione di sentimento e fantasia. SIN. *sentimentalismo*.

romanticismo [-ʃmo] *s.m.* **1** movimento culturale del sec. XIX che, opponendosi all'illuminismo in filosofia e al classicismo nel campo letterario e artistico, esaltava la spontaneità della creazione individuale e la superiorità della libera fantasia, del sentimento e dell'istinto sulla ragione **2** l'atteggiamento spirituale proprio dei romantici e l'insieme dei caratteri delle loro opere: *il — del Leopardi* **3** eccessiva sentimentalità, sentimentalismo: *quella ragazza è malata di —*.

romantico [-màn-] *agg.* [pl.m. *-ci*] **1** che è proprio dei romantici, del romanticismo: *la scuola romantica* **2** seguace del romanticismo: *uno scrittore —* **3** incline al sentimentalismo, alla malinconia: *un tipo —*. SIN. *sentimentale* **4** che ispira sentimenti malinconici, patetici, amorosi: *una passeggiata romantica*.

romanticume *s.m.* (*spreg.*) si dice di opere letterarie, di spettacolo ecc., che abbia contenuti eccessivamente sentimentali e languidi.

romanza [-ʒa] *s.f.* **1** componimento in versi di carattere lirico-narrativo, per lo più destinato ad esser messo in musica **2** aria musicale lirica e patetica cantata da una sola voce.

romanzare [-ʒa-] *v.tr.* dar carattere di romanzo a un'opera storica, biografica e simili, elaborando liberamente e aggiungendovi particolari di fantasia; per estens., raccontare fatti reali ma con aggiunte fantasiose.

romanzato [-ʒa-] *agg.* si dice di opera storica, biografica e simili che abbia forma e carattere di romanzo: *una storia romanzata*.

romanzesco [-ʒé-] *agg.* [pl.m. *-chi*] **1** che concerne il mondo cavalleresco del medioevo; cavalleresco: *un poema —* **2** che riguarda i romanzi: *scrittore —*; *letteratura romanzesca* **3** (*fig.*) che è più simile a un romanzo che alla realtà; straordinario, inverosimile: *avventura, vita, storia romanzesca*.

romanziere [-ʒiè-] *s.m.* scrittore di romanzi.

romanzo[1] [-ʒo] *agg.* neolatino: *lingue romanze* / *filologia romanza*, lo studio filologico delle lingue e delle letterature neolatine.

romanzo[2] [-ʒo] *s.m.* **1** nel medioevo, componimento narrativo in lingua volgare: *— cavalleresco* **2** in epoca moderna, componimento narrativo in prosa, di ampio respiro, imperniato sulle vicende storiche o inventate di uno o più personaggi / *— d'appendice*, che si pubblica a puntate sui quotidiani; si dice anche di romanzi rispondenti al gusto del grosso pubblico, ma di scarso valore letterario / *— epistolare*, nel quale la vicenda viene esposta attraverso una serie di lettere / *— storico*, in cui l'autore fa rivivere un'epoca, una vicenda storica / *— rosa*, che narra vicende d'amore a lieto fine / *— giallo*, imperniato su vicende poliziesche **3** vicenda complessa e avvincente come quelle dei romanzi: *la sua vita è un —*; *il — d'amore di due giovani*.

rombare *v.intr.* [*io rómbo ecc.*] produrre un rumore forte e cupo: *il cannone romba*.

rombico [róm-] *agg.* [pl.m. *-ci*] di rombo, che ha forma di rombo, di losanga.

rombo[1] [róm-] *s.m.* rumore cupo e forte, per lo più di breve durata: *il — del motore, del cannone*.

rombo[2] [róm-] *s.m.* (*geom.*) quadrilatero con i lati

uguali, nel quale le diagonali risultano fra loro perpendicolari / *— di vento*, ciascuna delle trentadue parti in cui si può dividere la rosa dei venti.

rombo[3] [róm-] *s.m.* pesce di mare, commestibile, affine alla sogliola; ha il corpo appiattito ed entrambi gli occhi sullo stesso lato (*fam.* Botidi).

rombododecaedro [-è-] *s.m.* (*geom.*) poliedro con dodici facce rombiche uguali.

romboedrico [-è-] *agg.* [pl.m. *-ci*] che ha forma di romboedro: *cristallo — / classe romboedrica*, in cristallografia, la classe del sistema trigonale che ha per tipo il romboedro.

romboedro [-è-] *s.m.* (*geom.*) poliedro avente come facce sei rombi uguali.

romboidale *agg.* che ha forma di romboide: *figura —*.

romboide [-bòi-] *s.m.* (*geom.*) parallelogramma avente gli angoli opposti uguali e le diagonali non perpendicolari.

romeno [-mè-] *agg.* della Romania // *s.m.* abitante, nativo della Romania; la lingua dei romeni.

romeo [-mè-] *s.m.* pellegrino, dal nome dato ai pellegrini che si recavano a Roma.

romitaggio [-tàg-] *s.m.* eremitaggio.

romito *agg.* (*lett.*) solitario: *dimora romita* // *s.m.* eremita: *vive solo come un —*.

romitorio [-tò-] *s.m.* **1** eremitaggio, eremo **2** (*fig.*) luogo isolato e solitario.

rompere [róm-] *v.tr.* [pres. *io rómpo ecc.*; pass.rem. *io ruppi, tu rompésti ecc.*; p.pass. *rótto*] **1** mandare in pezzi con la forza, infrangere; lacerare, disgregare, tagliare, troncare: *— i piatti, le pietre, un vestito, la carta, i vetri / rompersi un braccio, una gamba*, averne rotte le ossa / *rompersi il capo*, (*fig.*) scervellarsi / *— il ghiaccio*, fare o dire qlco. che vinca la freddezza iniziale dei rapporti / *— l'anima, le scatole*, (*fam.*) infastidire, seccare (anche *assol.*: *è uno che rompe*, un seccatore) / *prov.*: *chi rompe paga e i cocci sono suoi*, chi ha commesso un errore ne porta le conseguenze. SIN. *spezzare, spaccare*. CONTR. *aggiustare* **2** interrompere: *— il digiuno, un discorso / — il trotto*, si dice di cavallo che ad un certo punto di una gara di trotto prenda a galoppare **3** violare: *— i patti, la tregua* **4** (*lett.*) mettere in fuga: *i nemici* // *v.intr.* **1** interrompere i rapporti con qlcu.: *ha rotto con il fidanzato* **2** naufragare, frangersi: *la nave ruppe sugli scogli* **3** prorompere: *— in pianto* **4** detto di un fiume, allagare rompendo gli argini / *-ersi v.rifl.pron.* andare in pezzi, infrangersi: *il vaso cadde e si ruppe*; *l'onda si rompe sugli scogli*.

rompicapo *s.m.* **1** fastidio, molestia grave: *ho sempre dei rompicapi* **2** indovinello particolarmente difficile; per estens., questione, problema che non si riesce a risolvere.

rompicollo [-còl-] *s.m.* **1** uomo scapestrato e sconsiderato **2** usato anche nella locuz.avv. *a rompicollo*, precipitosamente.

rompighiaccio [-ghiàc-] *s.m.invar.* **1** nave con scafo molto robusto, dotata di apparecchiature per aprirsi la rotta tra i ghiacci marini **2** arnese appuntito per rompere il ghiaccio.

rompiscatole [-scà-] *s.m.invar.* (*fam.*) persona molesta e importuna. SIN. *seccatore*.

rompitore [-tó-] *s.m.* [f. *-trice*] chi rompe, e spec. chi rompe le scatole, seccatore.

ronca [rón-] *s.f.* → **roncola**.

ronciglio [-cì-] *s.m.* ferro adunco per uncinare. SIN. *uncino*.

roncola [rón-] *s.f.* strumento per potare e tagliare rami, consistente in una lama molto adunca fissata ad un manico [*ill. Agricoltura*].

ronda [rón-] *s.f.* il servizio che compiono i soldati quando vanno in giro per vigilanza o ispezione; la pattuglia che compie tale servizio: *essere, andare di — / far la —, (scherz.)* far la corte a una donna / *cammino di —,* spazio stretto e protetto che gira tutt'intorno a una fortezza.

rondella [-dèl-] *s.f.* (*mecc.*) piastrina metallica ad anello che si pone tra il dado di un bullone e il pezzo contro cui questo deve essere stretto [*ill. Utensili*].

rondine [rón-] *s.f.* **1** uccello migratore con dorso nero-azzurro, petto bianco, lunghe ali appuntite e coda forcuta (*fam.* Irundinidi): *il garrire delle rondini / (a) coda di —,* si dice di cosa che termina a due punte / *nido di —,* nido di salangana, considerato cibo prelibato dai cinesi / *prov.: una — non fa primavera,* un fatto isolato non determina una situazione / *— di mare,* uccello del genere delle sterne: ha corpo slanciato, ali appuntite, coda biforcuta, becco rosso, piumaggio grigio e bianco (*fam.* Irundinidi). DIM. *rondinella, rondinina* **2** *pesce —,* pesce di mare dal corpo affusolato, grigio argenteo, con ampie pinne pettorali che gli permettono di compiere lunghi salti fuori dall'acqua.

rondinotto [-nòt-] *s.m.* il piccolo della rondine.

rondò¹ *s.m.* composizione musicale, in cui un tema principale si ripete più volte, alternato con altri temi; usato spec. come conclusione di concerti o di sonate.

rondò² *s.m.* piazzale, spec. all'incrocio di viali, con al centro un'aiola o uno spartitraffico generalmente di forma circolare.

rondone [-dó-] *s.m.* uccello migratore simile alla rondine, ma più grosso; ha le ali falcate e i piedi brevissimi (*fam.* Apodidi).

ronfare *v.intr.* [*io rónfo ecc.*] (*fam.*) russare.

ronzare [-ʒa-] *v.intr.* [*io rónzo ecc.*] **1** mandare il rumore che fanno taluni insetti volando; per estens., si dice anche di aeroplani, motori ecc.: *ronzano le api, le vespe, le mosche, le zanzare; un aereo ronzava nel cielo* **2** (*fig.*) girare intorno ad un luogo o ad una persona: *è tanto che mi ronzi intorno; — intorno a una donna,* farle la corte **3** (*fig.*) mulinare: *quei pensieri mi ronzavano nella mente.*

ronzino [-ʒi-] *s.m.* cavallo di poco pregio.

ronzio [-ʒi-] *s.m.* il ronzare prolungato: *il — del calabrone.*

rorido [rò-] *agg.* (*poet.*) bagnato, spec. di rugiada: *fiore —; — di sudore.* SIN. *rugiadoso.*

rosa [rò∫a] *s.f.* **1** arbusto spinoso con fiori profumati di vario colore e foglie composte e seghettate (*fam.* Rosacee); spec. il fiore di tale pianta: *le ho donato una — / giovinetta fresca come una — / prov.: non c'è — senza spine,* non c'è mai una situazione così felice da non contenere qualche contrarietà; *se son rose, fioriranno,* prima o poi una cosa si rivela per quello che è **2** (*fig.*) cerchia, gruppo: *la — dei candidati* **3** nel linguaggio tecnico e scientifico, indica una figura o una formazione che abbiano una certa somiglianza con il fiore: *una — di cristalli / una — di pallini,* area circolare in cui si espandono i pallini di un fucile da caccia / *— dei venti,* disegno a forma di stella dalle molte punte, che rappresenta le varie direzioni da cui può provenire il vento **4** (*region.*) noce di bue macellato / *agg.invar.* di color rosa / *maglia —,* indossata dal primo in classifica nel giro d'Italia / *veder tutto —,* essere ottimisti / *una storia*

—, una storia d'amore // s.m. colore intermedio tra il bianco e il rosso.

rosaceo [-∫à-] *agg.* di rosa, di color rosa.

rosaio [-∫à-] *s.m.* pianta di rose.

rosario [-∫à-] *s.m.* **1** devozione consistente nel meditare i misteri della vita della Madonna e di Cristo recitando, per ogni mistero, un Paternoster, dieci Ave Maria e un Gloria patri **2** la corona che si adopera per recitare il rosario.

rosato [-∫a-] *agg.* **1** di color rosa: *labbra rosate* **2** che contiene essenza di rose: *miele — // s.m.* vino di color rosso chiaro.

rosbif [ròʒbif] *s.m.invar.* → **roast-beef**.

roseo [ròʃe-] *agg.* di color rosa (anche *fig.*): *avvenire —,* che si preannuncia sereno.

roseola [-ʃè-] *s.f.* lesione cutanea tondeggiante, di color rosso, che scompare alla pressione, tipica del tifo e delle malattie esantematiche.

roseto [-ʃè-] *s.m.* luogo piantato a rose.

rosetta [-∫èt-] *s.f.* **1** forma speciale di taglio dei diamanti **2** distintivo in forma di coccarda di talune onorificenze **3** (*mecc.*) rondella **4** piccolo panino rotondo, dalla superficie tagliata a forma di rosa.

rosicanti *s.m.pl.* → **roditori**.

rosicare *v.tr.* [*io rósico, tu rósichi ecc.*] rodere a poco a poco.

rosicchiare *v.tr.* [*io rosicchio ecc.*] rodere di continuo e a poco a poco: *— un pezzetto di pane.*

rosignolo [-∫ignò-] *s.m.* (*lett.*) usignolo.

rosmarino [-∫ma-] *s.m.* arbusto con piccole foglie lineari, aromatiche e fiori violacei (*fam.* Labiate).

rosolaccio [-∫olàc-] *s.m.* papavero dei prati con fiori rossi e foglie pelose (*fam.* Papaveracee).

rosolare [-∫o-] *v.tr.* [*io rósolo ecc.*] far cuocere a fuoco lento la carne o altra vivanda finché prenda un colore rossiccio.

rosolia [-∫olì-] *s.f.* (*med.*) malattia infettiva e contagiosa propria dell'infanzia, che si manifesta con piccole macchie rosse sulla pelle.

rosolio [-∫ò-] *s.m.* designazione generica dei liquori a bassa gradazione alcolica, molto zuccherati e aromatizzati con qualche essenza.

rosone [-∫ó-] *s.m.* finestra circolare a scomparti radiali collocata sopra il portale caratteristica delle chiese romaniche e gotiche.

rospo [rò-] *s.m.* **1** anfibio senza coda, dal corpo tozzo, con la pelle bitorzoluta, che secerne un liquido irritante; si ciba di insetti (*fam.* Bufonidi) / *ingoiare il —,* (*fig.*) essere costretti a tollerare una cosa sgradita **2** (*fig.spreg.*) persona brutta o scontrosa **3** *coda di —,* rana pescatrice.

rossastro *agg.* di colore tendente al rosso: *cielo —; un riflesso —.*

rosseggiare *v.intr.* [*io rosséggio ecc.*] tendere al rosso: *al tramonto il mare rosseggia.*

rossetta [-∫èt-] *s.f.* grosso pipistrello, rossiccio, dell'India e delle isole della Sonda (*fam.* Pteropidi).

rossetto [-∫èt-] *s.m.* sostanza che colora di rosso; in cosmesi, pasta, matita, bastoncino per ravvivare le labbra e le gote.

rossiccio [-sic-] *agg.* di colore rosso sbiadito: *pelo —.*

rosso [rós-] *agg.* del colore del sangue vivo: *inchiostro — / bandiera rossa,* quella dei partiti comunista e socialista // *s.m.* **1** il colore rosso: *— cupo* **2** uomo dai capelli rossi **3** (*pop.*) aderente ai partiti di estrema sinistra **4** il tuorlo dell'uovo **5** (*comm.*) posizione di debito in un conto: *andare in* —; *il suo conto in banca è sempre in* —.

rossola [rós-] *s.f.* fungo commestibile con cappello rosso (*fam.* Agaricacee).

rossore [-só-] *s.m.* colore rosso della pelle, spec. del viso, per vergogna o pudore: *un improvviso* — *le avvampò le gote.*

rosta [rò-] *s.f.* inferriata a forma di ventaglio posta sopra la porta d'ingresso.

rosticceria [-rì-] *s.f.* bottega in cui si preparano e si vendono carni arrostite e altre vivande calde.

rosticciere [-cè-] *s.m.* chi gestisce una rosticceria.

rostrato *agg.* munito di rostro: *navi rostrate / colonna rostrata*, era innalzata dai romani per una vittoria navale e ornata coi rostri delle navi nemiche.

rostro [rò-] *s.m.* **1** il becco ricurvo degli uccelli rapaci **2** sprone di bronzo o ferro che armava la prua delle navi antiche **3** *pl.* (*st.*) la tribuna nel Foro romano da cui parlavano gli oratori.

rotabile [-tà-] *agg.* e *s.f.* si dice di strada che si può percorrere con veicoli a ruote / *materiale* —, (*ferr.*) quella parte del materiale ferroviario che non è fisso (locomotrici, carrozze ecc.).

rotacismo [-ʃmo] *s.m.* in linguistica, il passaggio di un suono (p.e. *esse* intervocalico) ad *erre*.

rotaia [-tà-] *s.f.* **1** il solco lasciato dalle ruote nel terreno **2** ciascuna delle due verghe d'acciaio su cui si muovono treni, tram e simili: *uscire dalle rotaie*, deragliare; (*fig.*) non stare alle regole.

rotante *agg.* che ruota / *velivolo ad ala* —, l'elicottero, data la particolare forma della pala del rotore.

rotare *v.intr.* [*io* ruòto, *noi* rotiamo *ecc.*] **1** girare intorno al proprio asse o a un altro corpo: *la Luna ruota intorno alla Terra* **2** volare in circolo: *il falco rotava sopra la preda* // *v.tr.* volgere in giro con impeto: — *un bastone, gli occhi.*

rotariano *agg.* e *s.m.* del Rotary Club, associazione internazionale di uomini di alto livello professionale e sociale; per estens., elevato, distinto, selettivo.

rotativa *s.f.* (*tip.*) macchina che stampa rapidamente a grandi tirature fogli disposti su cilindri rotanti.

rotativo *agg.* **1** dotato di movimento rotatorio **2** che avviene per rotazione, per avvicendamento: *sistema agrario* —, che avvicenda le colture.

rotatorio [-tò-] *agg.* si dice del moto di un corpo intorno ad un altro: *il moto* — *degli astri.*

rotazione [-zió-] *s.f.* **1** movimento di un corpo intorno ad un altro o intorno al proprio asse / *solido di* —, figura solida ottenuta facendo rotare un'area piana intorno ad un asse / *regime di* —, numero di giri dell'albero motore in un minuto primo **2** (*fig.*) avvicendamento, successione ordinata: — *delle cariche;* — *agraria*, sistema agricolo che alterna su un terreno colture a prodotti diversi **3** (*astr.*) il moto di un corpo celeste che gira intorno al proprio asse: *la* — *della Terra avviene in ventiquattro ore.*

roteare *v.tr.* [*io* ròteo *ecc.*] volgere intorno con rapidità: — *gli occhi* // *v.intr.* volare descrivendo larghi giri: *l'aquila si abbassava roteando.*

rotella [-tèl-] *s.f.* **1** piccola ruota **2** elemento di un meccanismo, di piccole dimensioni e di forma circolare, rotante intorno a un perno / *gli manca qualche* —, (*fig.*) si dice di chi agisce in maniera stravagante **3** rotula.

rotismo [-ʃmo] *s.m.* meccanismo di trasmissione di moto rotativo da un albero a un altro mediante ruote dentate montate su un unico telaio.

rotocalco *s.m.* [pl. *-chi*] **1** sistema di stampa a grande tiratura mediante rotocalcografia: *giornali in* —; *stampare a* — **2** periodico stampato in rotocalco.

rotocalcografia [-fi-] *s.f.* procedimento di stampa per grandi tirature, derivato dalla calcografia, nel quale l'incisione, invece che su una lastra, è fatta su un cilindro di rame.

rotocalcografico [-grà-] *agg.* [pl.m. *-ci*] della rotocalcografia: *macchina rotocalcografica*, per la stampa a rotocalco [*ill. Stampa*].

rotolamento [-mén-] *s.m.* atto, effetto del rotolare.

rotolare *v.tr.* [*io* ròtolo *ecc.*] far girare su sé stesso un corpo di forma tondeggiante, spingendolo in avanti: — *un tronco d'albero lungo la china* // *v.intr.* avanzare girando su sé stessi: *la palla rotola veloce;* — *per le scale* // *-arsi v.rifl.* girare su sé stessi distesi: — *per terra.*

rotolio [-lì-] *s.m.* un rotolare continuato: *il* — *delle ruote; un* — *di ciottoli.*

rotolo [rò-] *s.m.* **1** involto di forma cilindrica: — *di cartone; un* — *di monete; un* — *di pellicola fotografica*, un rullino **2** usato anche nella locuz.avv. *a rotoli*, a precipizio, in malora: *è andato tutto a rotoli.*

rotolone [-ló-] *s.m.* caduta di chi rotola; anche il rotolarsi: *ha fatto un* — *inciampando sulle scale.*

rotoloni [-ló-] solo nella locuz.avv. *a rotoloni*, rotolando: *cadde a* —.

rotonda [-tón-] *s.f.* **1** edificio o costruzione di forma più o meno circolare **2** piattaforma di forma circolare **3** rondò.

rotondeggiante *agg.* che ha forma all'incirca rotonda.

rotondità *s.f.invar.* **1** l'essere rotondo (anche *fig.*): *la* — *della terra; la* — *del periodo* **2** *pl.* (*scherz.*) le forme e le parti tondeggianti: *le* — *del bambino.*

rotondo [-tón-] *agg.* **1** che ha forma curva a guisa di circonferenza o di sfera; tondo: *la Terra è rotonda; una piazza rotonda*, circolare; *viso* —, paffuto; *una forma rotonda*, tondeggiante / *la Tavola Rotonda*, quella a forma circolare intorno alla quale sedevano, con pari diritti, i cavalieri di re Artù **2** (*fig.*) pieno, armonico, sonoro: *un periodo, uno stile* —.

rotore [-tó-] *s.m.* **1** parte rotante di una macchina elettrica [*ill. Elettrica, energia*] **2** (*aer.*) insieme delle pale rotanti di un elicottero [*ill. Elicottero*].

rotta[1] [ròt-] *s.f.* il percorso di una nave, di un mezzo aereo: *tracciare la* —; *ufficiale di* —, incaricato di sorvegliare la rotta da seguire / *far* — *per Genova*, partire alla volta di Genova.

rotta[2] [ròt-] *s.f.* **1** breccia prodotta negli argini di un fiume dalla pressione delle acque in piena: *il Po minaccia una* — **2** (*fig.*) rottura, interruzione di un rapporto, di un'amicizia: *essere in* — *con qlcu.*, non aver più rapporti amichevoli / *a* — *di collo*, di gran fretta, rovinosamente **3** grave disfatta: *la* — *di Novara; l'esercito fu messo in* —, battuto e disperso. SIN. *sconfitta.*

rottamaggio [-màg-] *s.m.*, **rottamazione** [-zió-] *s.f.* raccolta e selezione di rottami da riutilizzare; il relativo commercio.

rottame *s.m.* **1** (spec. *pl.*) cosa o parte di cosa rotta, inutilizzabile: — *d'automobile; un ammasso di rottami* **2** (*fig.*) si dice di persona ridotta moralmente o fisicamente: *quell'uomo è un* —.

rotto [ròt-] *agg.* **1** ridotto in pezzi: *un vaso* — / *ho le gambe rotte*, stanche / *voce rotta dal pianto*, interrotta da singhiozzi **2** si dice di persona resistente, abituata a qlco.: — *alle fatiche;* — *a ogni vizio*, dedito // *s.m.* **1** rottura, solo nella locuz.avv. *per il rotto della cuffia*, a malapena **2** *pl.* frazione, piccola quantità non precisamente misurata che si aggiunge ad altre di dimensioni note: *ho pagato un milione e rotti.*

rottura *s.f.* **1** atto, effetto del rompere o del rompersi; la parte dove una cosa è rotta: *la — di un vaso* / *— di scatole*, (*fam.*) fastidio, seccatura **2** cessazione di rapporti: *— diplomatica.*

rotula [rò-] *s.f.* (*anat.*) osso piatto di forma rotondeggiante situato nella parte anteriore del ginocchio [*ill. Corpo*].

rough [*ingl.*; *pr.* raf] *s.m.* primo schizzo d'una idea pubblicitaria.

roulette [*franc.*; *pr.* rulèt] *s.f.* gioco d'azzardo che si fa gettando una pallina in una ruota girante, divisa in scompartimenti numerati e colorati alternativamente di rosso e di nero: *la pallina fermandosi in uno scomparto indica il numero e il colore vincenti.*

roulotte [*franc.*; *pr.* rulòt] *s.f.* tipo di rimorchio trainato da autovetture, attrezzato per servire da abitazione nei lunghi viaggi o durante le vacanze.

round [*ingl.*; *pr.* ràund] *s.m.* → **ripresa**.

routine [*franc.*; *pr.* rutìn] *s.f.* ritmo monotono di vita o di lavoro; abitudine: *la — dell'impiegato.*

rovente [-vèn-] *agg.* caldissimo, infocato (anche *fig.*): *sabbia —; ferro —; parole roventi.*

rovere [ró-] *s.f. o m.* varietà di quercia ∥ *s.m.* il legname della rovere: *una botte di —.*

rovescia [-vè-] *s.f.* [*pl. -sce*] (*non com.*) la parte rovescia di qlco.; il risvolto di un abito / *alla —*, al contrario, all'opposto (anche *fig.*): *mettersi il golf alla —; capire alla —.*

rovesciamento [-mén-] *s.m.* atto, effetto del rovesciare, del rovesciarsi.

rovesciare *v.tr.* [*io rovèscio ecc.*] **1** voltare sottosopra: *— le tasche, un sacco* / *— una situazione*, mutarla completamente. SIN. *capovolgere* **2** far cadere: *— un bicchiere* / *— un governo*, costringerlo alle dimissioni, farlo cadere **3** versare con violenza o per errore: *hai rovesciato il vino sulla tavola* / (*fig.*) *gli rovesciò addosso una serie d'insulti* ∥ **-arsi** *v.rifl.pron.* cader giù: *la pioggia si rovesciò sui passanti* / *i dimostranti si rovesciarono in piazza*, affluirono tumultuosamente.

rovesciata *s.f.* tiro al volo effettuato da un giocatore di calcio che, con un salto acrobatico, calcia il pallone inviandolo dietro le proprie spalle.

rovesciato *agg.* capovolto: *un tavolo —; un abito —*, rivoltato.

rovescio [-vè-] *agg.* voltato in modo contrario al normale: *maglia rovescia* / *fai tutto a —*, in modo contrario a quello giusto ∥ *s.m.* **1** l'opposto del diritto; in un tessuto, in un lavoro ai ferri e simili, la parte che, terminata la lavorazione, rimane all'interno / *fare tre rovesci*, nei lavori a maglia, punti o ferri lavorati a rovescio / *il — della medaglia*, l'aspetto negativo di una persona, di una situazione **2** nel tennis, colpo vibrato alla palla impugnando la racchetta col dorso della mano rivolto in fuori [*ill. Tennis*] **3** il cadere improvviso e violento, spec. della pioggia: *un — ci ha sorpreso per via* **4** danno finanziario, disgrazia: *una serie di rovesci lo ha rovinato.*

rovescione [-sció-] *s.m.* **1** colpo dato col rovescio della mano, di un'arma o di un arnese qualsiasi **2** violento rovescio di pioggia.

roveto [-vé-] *s.m.* luogo pieno di rovi.

rovigotto *agg.* (*pop.*) di Rovigo ∥ *s.m.* abitante di Rovigo.

rovina *s.f.* **1** il rovinare; disfacimento, distruzione: *il temporale ha provocato la — del raccolto; una casa in —*, abbandonata e cadente **2** *pl.* i resti di ciò che è andato in rovina; ruderi: *le rovine di Troia* **3** la causa della rovina: *le cattive compagnie sono la — dei giovani; la grandine è la — dei campi* **4** (*fig.*) grave disgrazia, danno irreparabile; fallimento: *ha mandato in — l'azienda.* SIN. *sfacelo.*

rovinare *v.tr.* recare danno o rovina; distruggere, guastare: *la furia dell'acqua ha rovinato il ponte; il gioco lo ha rovinato; ti rovinerai la salute.* SIN. *danneggiare, sciupare* ∥ *v.intr.* crollare; andare in rovina: *la casa rovinò al suolo.* SIN. *precipitare.*

rovinato *agg.* **1** che ha subìto un danno; guastato: *un libro, un abito —; un uomo — nella salute, nelle sostanze, nella reputazione.* SIN. *sciupato* **2** che è andato in rovina; diroccato, franato.

rovinìo [-nì-] *s.m.* cadere continuato e rumoroso: *— di pietre.*

rovinoso [-nó-] *agg.* **1** che produce rovina: *un temporale, un affare —.* SIN. *dannoso, funesto, esiziale* **2** furioso, impetuoso: *corrente rovinosa.*

rovistare *v.tr.* cercare disordinatamente: *ho rovistato ogni angolo per trovare quel documento.* SIN. *frugare.*

rovo [ró-] *s.m.* arbusto spinoso con foglie composte, fiori bianchi e piccoli frutti neri, detti *more*, che cresce frequente nelle siepi e nelle macchie (*fam.* Rosacee).

royalty [*ingl.*; *pr.* ròialti] *s.f.* compenso proporzionale ai ricavi, riconosciuto per l'uso di un brevetto o di una licenza; in generale, compenso percentuale, provvigione, anche quota di diritto d'autore.

rozza [ròz-] *s.f.* cavallo vecchio e malandato, senza più vigore.

rozzezza [rozzéz-] *s.f.* l'essere rozzo. SIN. *grossolanità, zotichezza, inciviltà.*

rozzo [ròzzo] *agg.* **1** si dice di cosa ancora ruvida, che non è stata ben levigata e rifinita: *una pietra rozza; un mobile, un disegno —* **2** (*fig.*) di persona, non ingentilito; inesperto, primitivo, non dirozzato dall'educazione: *un uomo, uno scrittore —; una civiltà ancora rozza.* SIN. *ignorante, grossolano, zotico, incivile, rude* ∥ **-mente** *avv.* in modo rozzo; senza precisione, senza finezza.

ruba solo nella locuz. *andare a ruba*, detto di merci molto richieste e vendute, contese tra i compratori.

rubacchiare *v.tr.* [*io rubàcchio ecc.*] rubare qua e là poco per volta, ma quasi continuamente: *sbarca il lunario rubacchiando quel che gli capita.*

rubacuori [-cuò-] *agg. e s.m.invar.* si dice di persona o cosa che si accattiva la simpatia e l'amore di tutti: *sorriso —.*

rubamazzo *s.m.invar.* gioco di carte in cui chi detiene una carta determinata si appropria del mazzo dell'avversario.

rubare *v.tr.* appropriarsi dei beni altrui; sottrarre ad altri (anche *fig.*): *gli rubò l'affetto del padre; — un'idea* / *— il tempo a qlcu.*, farglielo perdere / *— le ore al sonno*, dormire poco / *— sulla spesa, sul prezzo*, aumentarli indebitamente; *— sul peso*, pesare una quantità di merce inferiore a quella che si fa pagare / *— a man salva*, senza misura. SIN. *trafugare.*

rubato *s.m.* (*mus.*) effetto ritmico che si ottiene attribuendo alle note una durata diversa da quella prescritta.

rubbio [rùb-] *s.m.* misura di capacità, di valore variabile a seconda delle regioni, usata in passato per misurare grano, sabbia e altri corpi aridi.

ruberia [-rì-] *s.f.* atto ripetuto del rubare. SIN. *ladreria*.

rubicondo [-cón-] *agg.* si dice di persona, viso, guance dal colorito rosso intenso.

rubidio [-bì-] *s.m.* elemento chimico (Rb; *n.at.* 37; *p.at.* 85,47); metallo alcalino simile al potassio.

rubinetteria [-rì-] *s.f.* insieme di rubinetti e degli arnesi che con questi hanno attinenza.

rubinetto [-nét-] *s.m.* chiavetta che si applica all'estremità di una tubazione per regolare il flusso di un liquido o di un gas.

rubino *s.m.* pietra preziosa di color rosso vivo, trasparente; è una varietà pregiata di corindone: *color — / è un —*, si dice di vino rosso e limpido.

rubizzo *agg.* si dice spec. di persona anziana ancor florida e prestante.

rublo *s.m.* unità monetaria sovietica, divisa in 100 copechi.

rubrica *s.f.* **1** titolo o sommario, che anticamente si scriveva in rosso, dei capitoli di un libro */ rubriche*, norme cerimoniali intercalate nei messali ecc., scritte generalmente in rosso **2** quaderno con margini a scaletta contrassegnati dalle lettere dell'alfabeto, sul quale si scrivono indirizzi, appunti e simili: *— telefonica* **3** sezione di un giornale o di una trasmissione radiotelevisiva riservata ad un particolare argomento: *— letteraria*.

rubricare *v.tr.* [*io rubrìco, tu rubrìchi ecc.*] annotare in una rubrica; dividere in rubriche, in paragrafi.

rubricista *s.m.* e *f.* [*pl.m. -i*] chi, nell'informazione giornalistica, è titolare di una rubrica.

ruche [*franc.; pr.* rüsc'] *s.f.* striscia di tessuto increspato usata come guarnizione di indumenti femminili.

ruchetta [-chét-] *s.f.* erba aromatica e saporita che si mescola con l'insalata cruda.

rude *agg.* **1** semplice e grezzo; duro, faticoso: *un uomo —; una vita —* **2** che esprime rudezza: *voce —*. SIN. *rozzo //* **-mente** *avv.* in modo rude, con asprezza: *rispondere —*.

rudere [rù-] *s.m.* spec. *pl.* avanzo, rovine di costruzioni e di statue antiche */ sembra un —*, si dice di persona assai malandata fisicamente.

rudezza [-déz-] *s.f.* l'esser rude.

rudimentale *agg.* **1** elementare, limitato ai primi rudimenti: *conoscenza — dell'inglese* **2** appena abbozzato, informe: *organo —*, (*biol.*) non ben sviluppato o involuto. SIN. *primitivo*.

rudimento [-mén-] *s.m.* **1** (spec. *pl.*) primo ammaestramento in una disciplina; principio elementare di un'arte o di una scienza: *possiede i primi rudimenti del latino* **2** ciò che è appena abbozzato: *ha un — di coda*.

ruffianata *s.f.* azione da ruffiano.

ruffianesco [-né-] *agg.* [pl.m. -*chi*] di, da ruffiano.

ruffiano *s.m.* mezzano di amori illeciti e, per estens., di intrighi; intrigante, adulatore.

ruga *s.f.* grinza che si forma sulla pelle, spec. del viso, per vecchiaia o per la contrazione dei muscoli.

rugbista *s.m.* e *f.* [pl.m. -*i*] giocatore di rugby.

rugby [*ingl.; pr.* ragbi] *s.m.* gioco simile al calcio tra due squadre di quindici o tredici o undici giocatori i quali devono portare oltre una meta una palla ovale, che può essere giocata anche con le mani.

rugghio [rùg-] *s.m.* (*lett.*) ruggito.

ruggine [rùg-] *s.f.* **1** sostanza di colore bruno-rossastro che si forma per ossidazione sulla superficie del ferro e di altri metalli esposti all'aria e all'umidità, logorandoli */ color —*, marrone rossiccio */ mele —*, con la buccia color ruggine **2** (*fig.*) astio, rancore reciproco: *c'è una vecchia — tra loro* **3** malattia che colpisce i cereali, dovuta ad un fungo parassita; si manifesta con macchie rossicce sulle foglie.

rugginoso [-nó-] *agg.* coperto di ruggine; che ha il colore della ruggine: *ferro —; macchia rugginosa*.

ruggire *v.intr.* [*io ruggisco, tu ruggisci ecc.*] **1** si dice dell'urlare del leone o di altre belve simili **2** (*fig.*) urlare; mandare fragore: *il mare in tempesta ruggiva*.

ruggito *s.m.* **1** l'atto del ruggire, la voce che emette il leone **2** (*fig.*) l'urlo del vento, del mare, della tempesta, di una persona infuriata.

rugiada *s.f.* insieme di goccioline che si formano sui corpi al suolo per effetto della condensazione del vapore acqueo atmosferico.

rugiadoso [-dó-] *agg.* **1** bagnato di rugiada. SIN. *rorido* **2** (*lett.*) rigoglioso, fresco: *frutto — / gote rugiadose*, floride **3** (*spreg.*) sdolcinato, untuoso.

rugliare *v.intr.* [*io rùglio ecc.*] emettere un sordo brontolio (detto di animali) e, per estens., anche di elementi naturali: *il vento rugliava nella pineta*.

ruglio [rù-] *s.m.* il rugliare.

rugosità *s.f.invar.* qualità di ciò che è rugoso.

rugoso [-gó-] *agg.* pieno di rughe. SIN. *grinzoso*.

ruina *s.f.* e *deriv.* (*poet.*) → **rovina** e *deriv.*

rullaggio [-làg-] *s.m.* **1** (*aer.*) corsa di un velivolo con le ruote al suolo, prima del decollo o dopo l'atterraggio **2** in atletica, spinta impressa dal piede che consente al corpo di staccarsi da terra in alcuni tipi di salto.

rullante *s.m.* (*mus.*) nella batteria, tamburo con spirali metalliche che aumentano l'effetto di rullio [*ill. Musicali, strumenti*].

rullare *v.intr.* **1** mandare un suono (detto di tamburo battuto a colpi rapidissimi) **2** correre sulla pista (detto di velivoli) *// v.tr.* spianare con un rullo: *— un terreno*.

rullata *s.f.* rullaggio.

rullatura *s.f.* (*agr.*) lavorazione del terreno per mezzo di rulli allo scopo di frantumare le zolle dopo l'aratura.

rullino *s.m.* rotolo di pellicola fotografica.

rullio [-li-] *s.m.* **1** un rullare prolungato di tamburi **2** (*mar.*) rollio.

rullo *s.m.* **1** il rullare del tamburo **2** nome generico di vari arnesi di forma cilindrica */ — compressore*, che serve a spianare e rassodare il terreno */ — inchiostratore*, nelle macchine da stampa, organo rotante per stendere l'inchiostro sui caratteri **3** rotolo di carta, di pellicola fotografica ecc.

rum *s.m.invar.* liquore ottenuto dalla distillazione della melassa di canna da zucchero.

rumba *s.f.* danza sincopata cubana, di origine negro-africana.

rumeno [-mè-] *agg.* → **romeno**.

ruminante *agg.* e *s.m.* che rumina; appartenente al sottordine dei ruminanti: *il cervo è un — // s.m.pl.* mammiferi erbivori dallo stomaco atto a ruminare; hanno arti terminanti con zoccoli.

ruminare *v.tr.* [*io rùmino ecc.*] **1** far tornare il cibo dal rumine alla bocca per una nuova masticazione (detto di certi animali) **2** (*fig.*) meditare a lungo, agitare nella mente: *è tanto che rumina queste idee*. SIN. *rimuginare*.

ruminazione [-zió-] *s.f.* l'atto del ruminare.

rumine [rù-] *s.m.* la maggiore delle quattro cavità dello stomaco dei ruminanti.

rumore [-mó-] *s.m.* **1** qualsiasi perturbazione sonora sgradevole all'orecchio prodotta da un succedersi irregolare di vibrazioni in cui manca un preciso carattere di periodicità: *il — del fiume, del tuono, del treno, dei passi; un — confuso, assordante, molesto* / *prov.: una noce nel sacco non fa —* **2** insieme dei suoni prodotti dalla voce umana indistintamente o confusamente percepiti: *state zitti!, non fate —; il — della folla* **3** (*lett.*) fama; diceria **4** (*fig.*) scalpore: *quel libro fece molto —.*

rumoreggiare *v.intr.* [*io rumorèggio ecc.*] far rumore (anche *fig.*): *la folla rumoreggiava minacciosa.*

rumorio [-rì-] *s.m.* rumore sordo, prolungato e confuso.

rumorista *s.m.* e *f.* [pl.m. *-i*] chi è incaricato di produrre determinati rumori per la colonna sonora di un film o durante rappresentazioni teatrali, trasmissioni radiofoniche e simili.

rumorosità *s.f.invar.* l'essere rumoroso; alta produzione di rumori.

rumoroso [-ró-] *agg.* **1** che fa gran rumore: *un fiume —* **2** che è pieno di rumori: *strade rumorose.*

runa *s.f.* ciascuno dei segni alfabetici dell'antica scrittura germanica e scandinava.

runico [rù-] *agg.* [pl.m. *-ci*] che si riferisce alle rune: *alfabeto —.*

ruolino *s.m.* piccolo ruolo, piccolo registro: *— di marcia*, in cui sono segnati i nomi dei militari che formano una colonna in marcia; per estens., elenco dei compiti da assolvere e dei relativi tempi.

ruolo [ruò-] *s.m.* **1** elenco ufficiale e completo di persone o pratiche amministrative, giudiziarie ecc., alle quali derivano conseguenze giuridiche: *ruoli dell'esercito, della gente di mare, delle udienze, delle imposte* / *di —*, si dice di chi fa parte, in modo stabile e a pieno titolo, di una determinata organizzazione, spec. amministrativa; *fuori —*, si dice di chi non è compreso nell'organico, nel novero di quanti hanno pieno titolo **2** la parte svolta da un personaggio in un romanzo, in un'opera teatrale ecc.; (*fig.*) parte, funzione: *ha il — dell'attor giovane; gioca nel — di terzino.*

ruota [ruò-] *s.f.* **1** organo meccanico a forma di disco, pieno o formato da una corona circolare collegata al mozzo da un certo numero di raggi, che gira attorno all'asse passante per il suo centro ed è adoperato come portante o motrice nei veicoli e trova svariatissime applicazioni in un gran numero di meccanismi: *una — del carro, dell'automobile, del treno; un veicolo a due, a quattro ruote; le ruote dentate di un ingranaggio; la — del mulino*, quella, spesso mossa dall'acqua, che fa girare la macina; *la — del timone*, per mezzo della quale si manovra il timone di una nave / *— libera*, il meccanismo che permette il movimento della ruota posteriore di una bicicletta anche tenendo fermi i pedali / *parlare a — libera*, (*fig.*) liberamente, senza schema e senza rigore / *dar la — a un coltello*, affilarlo / *la — della fortuna*, il mutare continuo della fortuna, anticamente rappresentata in atto di far girare una ruota / *mettere il bastone tra le ruote*, procurare qualche impedimento / *essere l'ultima — del carro*, essere tenuto in nessun conto / *ungere le ruote*, dare una mancia per ottenere qlco. / *tenere la — di uno, seguire a —, arrivare a —*, si dice di un ciclista che segue un altro a brevissima distanza e anche, in senso fig., di chiunque segue un altro da vicino **2** urna girevole da cui si estraggono i numeri del lotto; sede dell'estrazione: *ho giocato un terno sulla — di Venezia* **3** specie di mobile girevole situato in un'apertura del muro nei conventi di clausura, mediante il quale si manda roba dall'esterno all'interno e viceversa **4** antico supplizio consistente nel far morire un

condannato legandolo ad una ruota orizzontale girevole **5** ogni cosa avente forma circolare: *il falco scendeva a larghe ruote* / *mantello, gonna a —*, formati da tagli di tessuto uniti a formare un cerchio / *far la —*, del pavone e del tacchino che spiegano le penne della coda a forma di ventaglio / *far la — intorno a una ragazza*, farle la corte / *la vita è una —*, è un succedersi più o meno regolare e immutabile di cose buone e cattive.

ruotare *v.intr.* e *intr.* → **rotare**.

rupe *s.f.* balza rocciosa, ripida e scoscesa di un monte: *cadere, gettarsi da una —; è saldo e fermo come una —.*

rupestre [-pè-] *agg.* **1** che riguarda le rupi: *paesaggio, flora —* **2** che è sopra o dentro una rupe: *una pittura, un tempio —.*

rupia [-pì-] *s.f.* unità monetaria dell'India.

rupicolo [-pi-] *agg.* che vive sulle rocce: *un animale —; una pianta rupicola.*

rurale *agg.* della campagna: *casa, paese, popolazione —*. SIN. *campestre, campagnolo.*

ruscello [-scèl-] *s.m.* piccolo corso d'acqua. DIM. *ruscelletto.* SIN. *rivo.*

rush [ingl.; *pr.* rasc'] *s.m.* nelle corse, scatto finale.

ruspa *s.f.* macchina escavatrice usata per livellare il terreno.

ruspante *agg.* **1** si dice di pollo allevato all'aperto **2** (*fig. scherz.*) rozzo, incolto ma efficace: *poeta —.*

ruspare *v.intr.* **1** rastrellare il terreno per cercare le castagne dopo la raccolta **2** razzolare (detto di polli) // *v.tr.* spianare con la ruspa.

russare *v.intr.* respirare rumorosamente nel sonno.

russo *agg.* della Russia / *insalata russa*, piatto freddo costituito da verdure e legumi lessati, tagliati a pezzetti e mescolati con maionese // *s.m.* abitante, nativo della Russia; lingua della Russia.

rusticano *agg.* da rustico, da contadino: *duello —*. SIN. *contadinesco.*

rustichezza [-chéz-] *s.f.* l'essere rustico nei modi. SIN. *selvatichezza.*

rusticità *s.f.invar.* l'essere rustico.

rustico [rù-] *agg.* [pl.m. *-ci*] **1** di campagna. SIN. *campestre, campagnolo, contadinesco* **2** poco socievole, rozzo (detto di persona): *è un po' —; è di maniere rustiche.* SIN. *zotico, selvatico, scontroso* **3** semplice, grezzo, non rifinito (detto di cose): *facciata rustica*, senza intonaco // *s.m.* **1** (*lett.*) contadino **2** locale o insieme di locali, nelle fattorie o ville, adibito a ripostiglio di prodotti o attrezzi agricoli o ad alloggio di contadini; *casa rustica.*

ruta *s.f.* pianta erbacea con foglie composte aromatiche e fiori color giallo verdastro (*fam.* Rutacee).

rutenio [-tè-] *s.m.* elemento chimico (Ru; *n.at.* 44; *p.at.* 101,07); metallo rarissimo, duro, difficilmente fusibile, poco reattivo.

rutilante *agg.* rosso splendente; risplendente.

rutilo [rù-] *s.m.* (*chim.*) ossido di titanio, cristallino, rossastro.

ruttare *v.intr.* fare rutti // *v.tr.* eruttare.

rutto *s.m.* aria emessa bruscamente e rumorosamente dalla bocca.

ruttore [-tó-] *s.m.* interruttore automatico usato per interrompere circuiti elettrici.

ruvidezza [-déz-] *s.f.*, **ruvidità** *s.f.invar.* l'essere ruvido (anche *fig.*): *— di carattere.*

ruvido [rù-] *agg.* **1** che ha una superficie non levigata: *pietra, pelle ruvida.* SIN. *scabro.* CONTR. *liscio* **2** (*fig.*) brusco, poco cortese: *un uomo —; maniere ruvide.*

ruzzare [ruʒʒa-] *v.intr.* correre e saltare per gioco (detto spec. di animali e di bambini).

ruzzo [ruʒʒo] *s.m.* **1** il ruzzare, la voglia di ruzzare **2** capriccio, voglia in genere.

ruzzola [rùz-] *s.f.* piccola ruota di legno che si fa rotolare per gioco.

ruzzolare *v.tr.* [*io rùzzolo ecc.*] far girare come una ruzzola: — *pietre* // *v.intr.* cadere rotolando: *ruzzolò per le scale.* SIN. *capitombolare.*

ruzzolone [-ló-] *s.m.* la caduta fatta ruzzolando. SIN. *capitombolo.*

ruzzoloni [-ló-] *avv.* ruzzolando: *cadere — per terra.*

S

s *s.f.* e *m.* [*èsse*] diciassettesima lettera dell'alfabeto, consonante.

s- prefisso che rappresenta generalmente la continuazione della preposizione latina *ex*; può avere valore negativo (*sleale*) o privativo (*sbucciare*), può indicare allontanamento e simili (*sconfinare, sfornare*) o avere funzione semplicemente derivativa (*sdoppiare*).

sabato [sà-] *s.m.* il sesto giorno della settimana, quello che precede la domenica / — *inglese*, in cui non si lavora nel pomeriggio / — *santo*, quello che precede la Pasqua.

sabaudo [-bàu-] *agg.* di casa Savoia: *stemma —.*

sabba *s.m.invar.* nella mitologia germanica, convegno di streghe e demoni che si svolgeva nella notte del sabato.

sabbatico [-bà-] *agg.* [pl.m. *-ci*] solo nella locuz. *anno sabbatico*, quello, ricorrente ogni sette anni, in cui presso gli ebrei si condonavano i debiti e si liberavano gli schiavi.

sabbia [sàb-] *s.f.* **1** deposito di minutissimi detriti provenienti dalla disgregazione delle rocce: *la — del deserto* / *sabbie mobili*, massa di sabbia o fango instabile, in cui si affonda e da cui si può difficilmente uscire / *costruire sulla —*, compiere un lavoro di precaria durata **2** *pl.* concrezioni granulose che possono formarsi nelle vie biliari e urinarie.

sabbiare *v.tr.* [*io sàbbio ecc.*] rifinire, lisciare a sabbia, spec. pezzi metallici.

sabbiatura *s.f.* **1** metodo terapeutico consistente nel ricoprire il corpo, o una parte di esso, con sabbia calda e asciutta **2** l'operazione di sabbiare pezzi metallici.

sabbione [-bió-] *s.m.* massa di sabbia mista a terra.

sabbioniccio [-nìc-] *s.m.* (*spreg.*) terra mista a sabbia, di poco valore.

sabbioso [-bió-] *agg.* **1** ricco di sabbia: *terreno —* **2** che ha la consistenza della sabbia: *roccia sabbiosa.*

sabina *s.f.* arbusto simile al ginepro, dai cui rami si estrae un olio usato in medicina (*fam.* Cupressacee).

sabotaggio [-tàg-] *s.m.* **1** azione di rappresaglia delle maestranze di un'azienda contro il datore di lavoro, consistente nel danneggiare gli impianti e rallentare il normale ritmo della produzione: *atti di —* **2** per estens., azione di chi, per ragioni politiche o anche in guerra, compie attentati contro enti e impianti di utilità pubblica; (*fig.*) qualsiasi azione che abbia come fine l'ostacolare l'attività di qlcu.

sabotare *v.tr.* [*io sabòto ecc.*] **1** danneggiare intenzionalmente: — *un'attrezzatura industriale, un treno* **2** (*fig.*) intralciare, ostacolare: — *l'opera del governo.*

sabotatore [-tó-] *s.m.* [f. *-trice*] colui che compie un sabotaggio.

sacca *s.f.* **1** borsa floscia grande e capace: — *da viaggio* **2** (*fig.*) rientranza: *il fiume ad un certo punto fa una —* **3** (*mil.*) spazio in cui viene accerchiato l'esercito nemico, con una manovra di aggiramento.

saccarasi [-ʃi] *s.f.invar.* enzima presente nel succo enterico che scinde lo zucchero in glucosio e fruttosio.

saccari- [sàc-] → **saccaro-**.

saccarifero [-rì-] *agg.* **1** che contiene zucchero: *bietola saccarifera* **2** inerente alla produzione dello zucchero: *industria saccarifera.*

saccarificazione [-zió-] *s.f.* processo mediante il quale gli idrati di carbonio vengono trasformati in zucchero.

saccarimetro [-rì-] *s.m.* strumento per la determinazione della quantità di zucchero in un composto.

saccarina *s.f.* composto organico della serie aromatica, con potere dolcificante assai superiore a quello dello zucchero.

saccaro-, saccari- [sàc-] [dal gr. *sàccaron = zucchero*] primo elemento compositivo che figura in termini scientifici moderni per indicare relazione con lo zucchero (*saccaromiceti, saccarimetro*).

saccaromiceti [-cè-] *s.m.pl.* (*biol.*) funghi microscopici che, nei liquidi zuccherini, provocano la fermentazione alcolica.

saccarosio [-ròʃio] *s.m.* (*chim.*) denominazione scientifica dello zucchero comune, costituito da glucosio e fruttosio.

saccata *s.f.* tanto quanto può entrare in un sacco.

saccente [-cèn-] *agg.* si dice di chi presume di sapere e non sa.

saccenteria [-rì-] *s.f.* modo di fare da saccente.

saccheggiare *v.tr.* [*io sacchéggio ecc.*] predare portando scompiglio e rovina: *i soldati saccheggiarono la città* / — *un libro*, (*fig.*) far proprie le idee in esso contenute.

saccheggiatore [-tó-] *s.m.* [f. *-trice*] colui che compie un saccheggio.

saccheggio [-chég-] *s.m.* atto, effetto del saccheggiare.

sacchetto [-chét-] *s.m.* piccolo sacco di carta, tela o plastica usato per conservare o trasportare cose varie; anche il suo contenuto: *un — di riso* / *giacca a —*, giacca di linea non aderente.

sacciforme [-fór-] *agg.* (*scient.*) che ha forma di sacco, di cavità a fondo cieco.

sacco *s.m.* [pl. *-chi*] **1** recipiente di tela, di carta o altro materiale lungo, stretto, aperto in alto, per conservare o trasportare roba: *la bocca, il fondo del —* / *mettere nel —*, ingannare / *vuotare il —*, dire senza riserve quello che si pensa / *tornare con le pive nel —*, tornare senza aver concluso nulla / *far qlco. con la testa nel —*, con sventatezza / *reggere, tenere il — a qlcu.*, favorirlo, esserne complice / *non è farina del tuo —*, non è opera tua, è un plagio / *cogliere qlcu. con le mani nel —*, sorprenderlo in flagrante / *corrispondenza fuori —*, (*giorn.*) corrispondenza inviata ai giornali per posta separatamente dalle lettere ordinarie in modo da rendere più rapido il suo inoltro **2** la quantità di roba contenuta in un sacco: *due sacchi di patate* **3** (*fig.*) grande quantità: *un — di soldi, di persone, di guai* **4** la tela ruvida, grossolana, con cui si fanno i sacchi; per estens., abito rozzo, confezionato con simile tela e indossato per penitenza: *vestire il —* **5** per estens., nome dato ad altri recipienti di vario materiale e di diversa capienza, che ricordano la foggia di un sacco comune, o che sono adibiti ad uso analogo: *— da montagna* o *alpino*, zaino usato da alpinisti e gitanti; *— a pelo*, sacco imbottito, talora esternamente impermeabile, in cui ci si infila per dormire all'aperto o in tenda / *colazione al —*, consumata all'aperto, durante una gita, con i viveri generalmente portati in un sacco da montagna **6** (*scient.*) nome di vari organi a forma di sacco: *— lacrimale*, (*anat.*) formazione membranosa con funzione di serbatoio nella parte mediale dell'orbita in cui sboccano i dotti lacrimali **7** saccheggio: *il — di Roma*.

saccoccia [-còc-] *s.f.* [pl. *-ce*] larga tasca d'abito o di soprabito.

saccone [-có-] *s.m.* grosso sacco, imbottito generalmente di paglia o foglie di granturco, che si mette sotto il materasso o si usa talvolta in sua vece.

sacculo [sàc-] *s.m.* (*anat.*) nell'orecchio interno, piccola cavità membranosa [*ill. Orecchio*].

sacello [-cèl-] *s.m.* piccola cappella votiva; presso i romani, recinto all'aperto con un'ara consacrata a una divinità.

sacerdotale *agg.* di, da sacerdote, relativo al suo ufficio: *abito —*.

sacerdote [-dò-] *s.m.* **1** ministro del culto, spec. il prete cattolico **2** (*fig.*) chi coltiva con grande passione una disciplina: *— delle muse*, cultore della poesia.

sacerdotessa [-tés-] *s.f.* nelle religioni pagane, donna investita di dignità sacerdotale.

sacerdozio [-dò-] *s.m.* **1** ufficio, dignità del sacerdote (anche *fig.*) **2** per la religione cattolica, ordine sacro che conferisce la potestà di offrire a Dio il sacrificio, di amministrare i sacramenti e di insegnare le divine verità.

sacrale[1] *agg.* (*relig.*) che ha carattere sacro: *rito —*.

sacrale[2] *agg.* (*anat.*) dell'osso sacro: *vertebre sacrali* [*ill. Corpo*].

sacramentale *agg.* **1** che è di un sacramento, che deriva da un sacramento: *grazia —* **2** (*scherz.*) abituale: *il suo — pisolino pomeridiano // sacramentali, s.m.pl.* riti, azioni o cose particolari delle quali la chiesa, quasi ad imitazione dei sacramenti, si suole servire per ottenere certi effetti, spec. spirituali (p.e. la preghiera, la benedizione ecc.).

sacramentare *v.tr.* [*io sacraménto ecc.*] **1** amministrare i sacramenti, spec. ai moribondi **2** giurare; (*pop.*) bestemmiare: *giurava e sacramentava di essere innocente*, affermava con forza; *inveiva e sacramentava*.

sacramento [-mén-] *s.m.* **1** (*teol.*) segno sensibile ed efficace della grazia, istituito da Gesù Cristo per la santificazione dei fedeli: *i sette sacramenti*: battesimo, cresima, eucaristia, penitenza, estrema unzione, ordine, matrimonio; *accostarsi ai sacramenti*, confessarsi e comunicarsi / *far qlco. con tutti i sacramenti*, farla proprio con tutte le regole **2** il sacramento dell'eucaristia, l'ostia consacrata: *l'esposizione del SS. Sacramento*.

sacrario [-crà-] *s.m.* **1** presso i romani, luogo dove si custodivano gli arredi sacri; cappella interna; tempietto di famiglia **2** edificio dedicato alla memoria di qlcu.: *— dei caduti* **3** (*fig.*) intimità: *il — domestico*; *nel — della coscienza*.

sacrato *agg.* (*rar.*) consacrato: *ostia sacrata // s.m.* → sagrato.

sacrestano *s.m.* → sagrestano.

sacrestia [-sti-] *s.f.* → sagrestia.

sacrificale *agg.* relativo al sacrificio, nel senso religioso: *rito —*, *ara —*.

sacrificare *v.tr.* [*io sacrifico, tu sacrifichi ecc.*] **1** offrire in sacrificio: *— un agnello a Latona / assol.* celebrare il rito del sacrificio; nella religione cattolica, celebrare la messa **2** per estens., rassegnarsi a perdere qlco. per un ideale o per necessità: *— la vita per il proprio ideale*; *per sfuggire all'inondazione dovettero — gli animali* **3** (*fig.*) mettere una persona in una situazione dannosa o sgradita o una cosa in posizione non adatta ai suoi pregi: *mi spiace, ti debbo — per un poco*; *— un quadro in un angolo buio // -arsi v.rifl.* **1** offrirsi in sacrificio **2** (*fig.*) accettare una danno o un disagio in favore di altri.

sacrificato *agg.* **1** offerto in sacrificio **2** (*fig.*) pieno di rinunce; danneggiato; impiegato male: *vita sacrificata*; *mobile — in un angolo buio*.

sacrificio [-fì-], **sacrifizio** [-fì-] *s.m.* **1** offerta di una cosa materiale fatta alla divinità per riconoscerne il dominio, per ringraziarla, per placarla: *offrire un'ecatombe in — a Giove* **2** nella religione cattolica, la messa, che è la rinnovazione incruenta del sacrificio di Cristo sulla croce: *il — eucaristico* **3** libera offerta della propria vita per un alto ideale: *fare — di sé* **4** (*fig.*) privazione, rinuncia, grave e continuo disagio: *una vita di sacrifici*.

sacrilegio [-lè-] *s.m.* **1** profanazione di persona o cosa sacra **2** (*fig.*) mancanza di rispetto verso persona o cosa degna di averlo: *è un — scarabocchiare questo bel libro*.

sacrilego [-cri-] *agg.* [pl.m. *-ghi*] colpevole di sacrilegio; che rappresenta un sacrilegio.

sacrista *s.m.* e *f.* [pl.m. *-i*] **1** sagrestano **2** vescovo titolare con particolari funzioni in Vaticano.

sacristia [-sti-] *s.f.* → sagrestia.

sacro[1] *agg.* **1** dedicato a Dio o agli dei; che riguarda la religione e il culto: *cosa sacra*; *musica sacra / il — fonte*, quello battesimale. CONTR. *profano* **2** (*fig.*) inviolabile; degno del massimo rispetto: *l'amico per me è — // s.m.* ciò che è sacro: *il — e il profano*.

sacro[2] *agg.* e *s.m.* (*anat.*) osso formato dall'insieme delle vertebre terminali della colonna vertebrale e situato fra le due ossa iliache.

sacrosanto *agg.* **1** sacro e santo **2** (*fig.*) inviolabile; indubitabile, vero; giusto: *verità sacrosanta*; *diritto —*.

sadico [sà-] *agg.* [pl.m. *-ci*] del sadismo; che dimostra sadismo // *s.m.* chi si comporta in modo sadico.

sadismo [-ʃmo] *s.m.* **1** pervertimento per cui si prova piacere nell'infliggere sofferenze fisiche e morali agli altri **2** per estens., crudeltà sottile e gratuita.

sadomasochismo [-ʃochiʃmo] *s.m.* sadismo e masochismo nella stessa persona.

saetta [-ét-] *s.f.* (*lett.*) **1** freccia, dardo. SIN. *strale* **2** fulmine: *correre come una — / è una —*, si dice di persona molto veloce o molto irrequieta **3** (*geom.*) segmento che unisce il punto mediano di un arco con quello della corda che lo sottende **4** tipo di punta del trapano.

saettare v.tr. [io saétto ecc.] **1** colpire con saette **2** lanciar saette; (fig.) raggiare (detto del sole); lanciare: — sguardi feroci **3** nel linguaggio del calcio, fare un tiro molto forte e velocissimo: — il pallone in porta.

saettatore [-tó-] s.m. [f. -trice] chi saetta.

saettone [-tó-] s.m. **1** (zool.) → **biacco 2** (edil.) elemento diagonale di una capriata.

safari s.m.invar. spedizione di caccia grossa in Africa / — fotografico, fatto con il solo scopo di fotografare gli animali in libertà.

safena [-fè-] s.f. (anat.) nome di ognuna delle due vene sottocutanee delle gambe.

saffico [sàf-] agg. [pl.m. -ci] si dice di un metro della lirica classica introdotto dalla poetessa greca Saffo (sec. VII a.C.).

safi s.m.invar. sciarpa di seta leggera, stampata a disegni vivacemente colorati, tipica dell'abbigliamento tradizionale indiano.

saga s.f. narrazione epica, leggendaria, propria delle antiche letterature nordiche; per estens., ampio racconto della storia di un popolo o di una famiglia: la — dei Nibelunghi.

sagace agg. **1** (lett.) che ha buon fiuto **2** (fig.) accorto, acuto, che rivela intelligenza, astuzia: — ingegno; mossa —. SIN. intelligente, astuto, perspicace, oculato.

sagacia [-gà-] s.f., **sagacità** s.f.invar. l'essere sagace. SIN. astuzia, perspicacia, oculatezza.

saggezza [-gèz-] s.f. l'esser saggio: agire con —. SIN. senno.

saggiare v.tr. [io sàggio ecc.] **1** verificare con procedimenti tecnici, spec. il valore di un metallo: — il platino **2** mettere alla prova: — le proprie forze.

saggiatore [-tó-] s.m. [f. -trice] **1** chi saggia la purezza dei metalli preziosi **2** piccola bilancia di precisione per saggiare i metalli preziosi.

saggiatura s.f. **1** l'operazione di saggiare, spec. metalli preziosi **2** il segno che resta sul metallo saggiato.

saggina s.f. pianta erbacea, le cui foglie lineari vengono usate per fabbricare scope (fam. Graminacee) [ill. Cereali].

sagginare v.tr. ingrassare, tenere all'ingrasso animali, spec. maiali e volatili.

saggio¹ [sàg-] agg. assennato, dotato di prudenza ed esperienza: è un uomo molto —; è un — consiglio. SIN. savio, giudizioso // s.m. persona accorta e sapiente // **-mente** avv. con saggezza.

saggio² [sàg-] s.m. **1** prova, esperimento, per determinare la qualità, le proprietà, il valore di qlco.: fare il — dell'oro **2** parte o esemplare di un tutto da prendere in esame; campione: un — di vino toscano; ti manderò un — dei miei scritti; copia di —, esemplare di una pubblicazione inviato gratuitamente dall'editore per propaganda **3** dimostrazione delle attitudini personali, del profitto scolastico e simili: dare un — della propria bravura; un — ginnico **4** (econ.) tasso: — di interesse.

saggio³ [sàg-] s.m. scritto di carattere critico su un particolare argomento: un — sul Manzoni.

saggista s.m. e f. [pl.m. -i] autore di saggi.

saggistica [-gì-] s.f. **1** l'arte di scrivere saggi **2** i saggi considerati nel loro complesso, come genere letterario.

saggistico [-gì-] agg. [pl.m. -ci] dei saggi letterari; relativo alla saggistica: letteratura saggistica.

sagittale agg. (anat.) si dice della sezione condotta lungo il piano ideale che divide il corpo umano in due metà simmetriche; si dice della sutura che unisce le due ossa parietali del cranio: sezione —; sutura —.

sagittario [-tà-] s.m. **1** arciere **2** (astr.) uno dei dodici segni dello zodiaco [ill. Zodiaco].

sagittato agg. (bot.) che ha forma di freccia: foglia sagittata [ill. Foglia].

sagola [sà-] s.f. funicella, a volte catramata, usata in marineria per scandagliare il fondo dell'acqua o per issare la bandiera.

sagoma [sà-] s.f. **1** linea, profilo di un mobile, di una vettura, di un'opera architettonica: la — di un armadio / — di carico, (ferr.) struttura metallica per verificare se l'ingombro di un carro merci rientra nei limiti di sicurezza **2** forma di legno, cartone o altro materiale che serve da modello per mobili, edifici e simili **3** bersaglio di forma umana, usato per il tiro a segno **4** (scherz.) persona bizzarra, piena di trovate: è proprio una —.

sagomare v.tr. [io sàgomo ecc.] foggiare secondo un profilo prefissato: — un mobile.

sagomato agg. che ha una determinata sagoma; modellato: cornice ben sagomata.

sagomatura s.f. l'operazione del sagomare; anche la sagoma.

sagra s.f. festa annuale per celebrare la ricorrenza della consacrazione di una chiesa; per estens., festa popolare con fiera e mercato.

sagrato s.m. spazio antistante alla chiesa, spesso sopraelevato di qualche gradino rispetto al livello della strada.

sagrestano s.m. chi è addetto alla sagrestia, tiene in ordine gli arredi sacri, cura la pulizia della chiesa e l'addobbo degli altari.

sagrestia [-stì-] s.f. locale annesso alla chiesa dove si conservano arredi e paramenti e dove i sacerdoti si parano per le funzioni.

sagrista s.m. e f. → **sacrista**.

sagù s.m.invar. fecola che si ricava dal midollo di una palma propria della Malesia.

sahariana s.f. giacca lunga, sportiva, con cintura e quattro tasche.

sahariano agg. del deserto del Sahara; per estens., adatto al deserto: fuoristrada con attrezzatura sahariana.

saia [sà-] s.f. stoffa leggera di lana, spinata.

saint-honoré [franc.; pr. sentonoré] s.m. dolce di pasta sfoglia, crema, panna e bignè.

saio [sà-] s.m. tonaca di frati e monache [ill. Chiesa] / vestire il —, farsi frate.

sakè s.m.invar. liquore distillato dal riso, bevanda tipica del Giappone.

sala¹ s.f. stanza ampia, bene arredata, destinata a vari usi: — da pranzo, da ricevimento, da ballo; — d'aspetto, per il pubblico in attesa, nelle stazioni o presso uffici e studi pubblici e privati; — di convegno, locale di ritrovo nelle caserme, nelle università e simili; — di lettura, nelle biblioteche, il locale dove si leggono i libri richiesti; — di scherma, palestra dove si impartiscono lezioni di scherma / — operatoria, quella dove il chirurgo opera i pazienti.

sala² s.f. l'asse della ruota di carri e carrozze.

sala³ s.f. nome di varie erbe palustri le cui foglie sono usate per impagliare sedie e rivestire fiaschi e simili.

salacca s.f. nome popolare di vari pesci, simili alle aringhe, che si mangiano seccati e affumicati; alosa / campare con una —, vivere poveramente / magro come una —, scarno, allampanato.

salace agg. (lett.) pungente e lascivo: motti salaci. SIN. scurrile.

salacità *s.f.invar.* l'essere salace.

salagione [-gió-] *s.f.* (*rar.*) salatura.

salamandra *s.f.* anfibio dal corpo allungato provvisto di coda e di quattro corte zampe; sono comuni la *salamandra pezzata* a macchie nere e gialle e la *salamandra nera* (*fam.* Salamandridi).

salamanna *s.f.* uva bianca da tavola con grossi acini.

salame *s.m.* **1** carne di maiale tritata e salata, insaccata con aggiunta di grasso, pepe e talvolta aromi **2** (*fig.scherz.*) persona sciocca o impacciata. DIM. *salamino*.

salamelecco [-lèc-] *s.m.* [pl. *-chi*] saluto troppo cerimonioso; complimento esagerato.

salamoia [-mò-] *s.f.* soluzione di sale da cucina usata per la conservazione di alcuni cibi.

salangana *s.f.* piccolo uccello asiatico simile al rondone, i cui nidi, fatti di saliva e alghe, costituiscono, per i cinesi, un cibo prelibato (*fam.* Apodidi).

salare *v.tr.* cospargere di sale qlco. per condirla o conservarla: *— la minestra; — il pesce / — la scuola*, (*region.scherz.*) non andarci.

salariale *agg.* che si riferisce al salario, ai salari: *aumento —*.

salarialismo [-ʃmo] *s.m.* tendenza a far prevalere, tra le rivendicazioni sindacali, quelle di miglioramento retributivo.

salariare *v.tr.* [*io salàrio ecc.*] dare un salario per prestazioni continuate di lavoro, per lo più manuale.

salariato *agg.* e *s.m.* che, chi lavora dietro determinato compenso periodico alle dipendenze di qlcu.

salario [-là-] *s.m.* rimunerazione spettante al lavoratore dipendente, in particolare all'operaio, computata in base alle giornate di lavoro effettivo. SIN. *mercede*.

salassare *v.tr.* **1** fare un salasso **2** (*fig.*) spillare molto denaro.

salasso *s.m.* **1** operazione a scopo terapeutico che consiste nel far defluire del sangue da una vena mediante un piccolo taglio o per mezzo di sanguisughe **2** (*fig.*) lo sborsare molto denaro: *il conto del ristorante è stato un vero — per il mio portafoglio*.

salatino *s.m.* pasticcino salato.

salato *agg.* **1** che contiene sale; anche, che contiene troppo sale: *acqua salata; questa minestra è salata* **2** conservato con sale: *carne salata* **3** (*fig.*) mordace, arguto: *una risposta salata* **4** (*fig.*) caro di prezzo: *un abito, un conto salato — / pagarla salata*, scontarla duramente // *s.m.* carne di maiale salata e insaccata.

salatura *s.f.* operazione del salare.

salciccia [-cic-] *s.f.* [pl. *-ce*] → **salsiccia**.

salcigno *agg.* **1** di salice; per estens., si dice di legno scadente, difficile a lavorarsi **2** si dice di carne o altro cibo, tiglioso e stopposo **3** (*fig.region.*) di carattere intrattabile, difficile.

salda *s.f.* soluzione di amido, gomma o altre materie vischiose usata per dare rigidità ai tessuti o alla biancheria da stirare.

saldare *v.tr.* **1** congiungere insieme due o più parti in modo da formare un corpo solo, e spec. unire pezzi metallici mediante saldatura: *l'osso fratturato si è saldato in fretta; — due tubi* **2** (*fig.*) coordinare idee, concetti, le varie parti di un tutto: *il terzo atto del dramma non mi pare ben saldato al resto* **3** pareggiare il dare e l'avere; pagare: *— il conto del sarto; — una partita*, chiudere i conti (anche *fig.*).

saldatore [-tó-] *s.m.* **1** [f. *-trice*] operaio specializzato nell'eseguire saldature **2** utensile, per lo più in rame, per eseguire saldature.

saldatrice *s.f.* macchina ad arco o a resistenza per la saldatura elettrica [*ill.* Utensili].

saldatura *s.f.* **1** atto, effetto del saldare; tecnica del saldare insieme pezzi metallici sotto l'azione del calore, con o senza l'apporto di altro metallo: *la — di un osso; la — di due tubi; — a stagno, elettrica; — autogena*, nella quale si fondono i metalli dei pezzi da saldare **2** il punto in cui due parti sono state saldate o si sono congiunte: *la catena si è rotta alla —* **3** (*fig.*) il congiungersi fra loro delle parti di un tutto: *la — degli episodi del romanzo non è ben riuscita / — del bilancio*, in economia, il congiungimento senza fratture di due bilanci consecutivi.

saldezza [-déz-] *s.f.* l'essere saldo; (*fig.*) fermezza, costanza. SIN. *solidità, stabilità*.

saldo¹ *agg.* **1** senza rotture e quindi robusto, resistente; stabile, sicuro: *una trave salda; reggersi saldi sulle gambe / tenersi —*, tenersi bene in modo da non cadere. SIN. *fermo, incrollabile, solido, stabile* **2** (*fig.*) costante, irremovibile nei suoi propositi; valido: *un uomo — nei suoi principi; vorrei delle ragioni più salde*. SIN. *incrollabile //* **-mente** *avv.* solidamente, in modo fermo e sicuro: *il carico è — assicurato al veicolo*.

saldo² *s.m.* **1** importo residuo dopo la corresponsione di acconti; per estens., estinzione di un debito residuo, e anche di un debito nel suo insieme: *il — di una fattura; versare una somma a —* **2** differenza tra importi a credito e a debito, attivi e passivi **3** liquidazione; ciò che rimane di una partita di merce e viene messo in vendita a un prezzo inferiore: *saldi di fine stagione*.

sale *s.m.* **1** composto chimico risultante dalla combinazione di un acido con una base / *— da cucina*, cloruro di sodio ottenuto dalle acque del mare per evaporazione / *restar di —*, restar di stucco / *— amaro o inglese*, solfato di magnesio usato come purgativo **2** (*fig.*) senno, buon senso: *non avere — in zucca*, esser privo di buon senso **3** (*fig.*) spirito, arguzia: *discorso, scritto senza —*.

salentino *agg.* del Salento // abitante del Salento.

salernitano *agg.* di Salerno // *s.m.* abitante di Salerno.

salesiano [-ʃia-] *agg.* e *s.m.* che o chi appartiene a una delle congregazioni religiose che si richiamano all'insegnamento di san Francesco di Sales; in particolare, che o chi appartiene alla congregazione fondata da san Giovanni Bosco.

salgemma [-gèm-] *s.m.* cloruro di sodio cristallizzato.

salice [sà-] *s.m.* albero dai rami flessibili, con foglie lanceolate (*fam.* Salicacee) / *— piangente*, quello con rami penduli.

salicilato *s.m.* (*chim.*) sale dell'acido salicilico; alcuni salicilati sono usati in medicina come antireumatici.

salicilico [-ci-] *agg.* [pl.m. *-ci*] (*chim.*) si dice dell'acido estratto dalla salicina o prodotto sinteticamente.

salicina *s.f.* (*chim.*) sostanza estratta dalla corteccia del salice; ha proprietà medicinali.

salico [sà-] *agg.* [pl.m. *-ci*] dei Franchi Salii, antica popolazione germanica / *legge salica*, quella che esclude le donne dalla successione al trono.

saliente [-lièn-] *agg.* **1** che sale, che forma un rilievo **2** (*fig.*) che risalta, notevole: *i fatti salienti di una guerra*. SIN. *rilevante //* *s.m.* **1** sporgenza: *— roccioso* **2** (*mil.*) fortificazione o tratto del fronte che sporge verso il nemico.

saliera [-liè-] *s.f.* piccolo recipiente in cui si contiene il sale per la tavola.

salifero [-lì-] *agg.* che contiene o produce sali.

salificare *v.tr.* [*io salífico, tu salifichi ecc.*] (*chim.*) trasformare in sale mediante reazione.

salina *s.f.* spec. *pl.* bacino in cui si raccolgono acque marine, che evaporando depositano il sale.

salinaio [-nà-] *s.m.* chi lavora in una salina.

salinatura *s.f.* l'operazione di estrarre il sale nelle saline.

salinità *s.f.invar.* la percentuale di sali contenuta nell'acqua del mare.

salino *agg.* di sale; contenente sale: *soluzioni saline; acque saline* // *s.m.* (*region.*) saliera.

salire *v.intr.* [pres.indic. *io salgo, tu sali, egli sale, noi saliamo, voi salite, essi sàlgono*; pass.rem. *io salii ecc.*; pres.cong. *io salga, noi saliamo, voi saliate, essi sàlgano*; p.pres. *salènte* o *saliènte* (spec. *agg.*); ger. *salèndo*] **1** andare verso l'alto, in su; innalzarsi (anche *fig.*): — *per le scale, in cima a un monte;* — *sul treno, a cavallo;* — *con l'ascensore; è salito in gran fama* / — *in cattedra,* prendere atteggiamenti da maestro / — *al trono,* incominciare a regnare / — *al cielo,* morire / — *agli onori degli altari,* essere canonizzato. CONTR. *scendere* **2** di cose, andare verso l'alto, levarsi nell'aria; di una strada, essere in salita: *il sole sale all'orizzonte; le fiamme salivano altissime; la strada sale lentamente.* CONTR. *scendere* **3** (*fig.*) crescere, aumentare: *la temperatura sale; i prezzi salgono* // *v.tr.* percorrere andando verso l'alto: — *le scale.* CONTR. *scendere.*

saliscendi [-scén-] *s.m.invar.* **1** congegno di chiusura per porte e finestre **2** l'alternarsi di salite e discese lungo una strada.

salita *s.f.* **1** il salire: — *delle scale; una strada in* —, *che sale; camminare in* —, salendo. CONTR. *discesa* **2** qualsiasi tratto o percorso che sale; (*fig.*) difficoltà: *una* — *molto ripida.* CONTR. *discesa.*

saliva *s.f.* liquido secreto dalle ghiandole salivari situate nella cavità boccale.

salivale, salivare[1] *agg.* della saliva: *ghiandole salivari.*

salivare[2] *v.intr.* secernere saliva.

salivazione [-zió-] *s.f.* secrezione di saliva.

salma *s.f.* **1** il cadavere: *il trasporto della* — **2** (*lett.*) peso, soma **3** antica unità di misura di capacità e di superficie.

salmastro *agg.* che sa di sale; che è ricco di sale: *acque salmastre* // *s.m.* sapore, odore di salsedine.

salmeggiare *v.intr.* [*io salméggio, tu salméggi ecc.*] cantare salmi.

salmeria [-rì-] *s.f.* spec. *pl.* l'insieme dei carri e degli animali da soma usati per il rifornimento delle truppe; anche le cose trasportate: *addetto alle salmerie.*

salmì *s.m.invar.* spezzatino di carne, per lo più di selvaggina, preparato e cotto con olio, vino, aceto ed erbe aromatiche: *lepre in* —.

salmista *s.m.* e *f.* [pl.m. -*i*] chi compone o canta salmi.

salmistrare *v.tr.* trattare la lingua di bue con sale e salnitro, lasciandola poi alcuni giorni in una salamoia drogata, in modo da assicurarle una lunga conservazione: *lingua salmistrata.*

salmo *s.m.* canto sacro ebraico, poi passato nella liturgia cristiana.

salmodia [-dì-] *s.f.* il canto dei salmi; il modo di cantarli.

salmodiare *v.intr.* [*io salmòdio ecc.*] cantare o recitare salmi, di solito in coro.

salmone [-mó-] *s.m.* pesce di media grossezza che vive nel mare e risale i fiumi per deporre le uova; ha carni rosee prelibate (*fam.* Salmonidi) // *agg.* e *s.m.* si dice di colore tra il giallo e il roseo, simile a quello delle carni affumicate del salmone: *una camicia* —.

salmonella [-nèl-] *s.f.* denominazione di un genere di batteri a bastoncino, patogeni, che entrano nell'organismo per via orale, spec. attraverso alimenti.

salmonellosi [-lòṣi] *s.f.invar.* denominazione di infezioni intestinali determinate da salmonelle.

salnitro *s.m.* nome popolare del nitrato di potassio usato per esplosivi e concimi; forma macchie biancastre sulle pareti molto umide.

salodiese [-diè-] *agg.* di Salò // *s.m.* abitante di Salò.

salone [-ló-] *s.m.* **1** ampio locale di ricevimento in palazzi o case signorili **2** mostra, esposizione, per lo più periodica, di prodotti vari; anche l'edificio o il locale in cui siffatta manifestazione ha luogo: *il* — *dell'automobile* **3** (*region.*) bottega di barbiere.

saloon [*ingl.*; *pr.* salùun] *s.m.* locale pubblico con spaccio di alcolici, caratteristico dell'ambiente *western.*

salopette [*franc.*; *pr.* salopèt] *s.f.* indumento da lavoro o sportivo, costituito da pantaloni con pettorina e bretelle, o con corpetto senza maniche, in pezzo unico.

salottiero [-tiè-] *agg.* di salotto, da salotto; per estens., frivolo, superficiale: *pettegolezzi salottieri.*

salotto [-lòt-] *s.m.* **1** piccola sala di ricevimento; per estens., le riunioni che vi si tengono periodicamente e la gente che vi partecipa: *la signora X tiene* — *tutti i lunedì; fa parte di un* —; — *letterario.*

salpa *s.f.* piccolo invertebrato marino degli Urocordati a forma di bariletto trasparente; vive in colonie fosforescenti.

salpare *v.tr.* far risalire l'ancora dal fondo del mare prima della partenza: — *le ancore* / *v. intr.* levare le ancore, sciogliere gli ormeggi; partire, prendere il largo: *la nave è salpata.*

salpinge *s.f.* **1** tromba militare dei greci antichi **2** (*anat.*) ciascuno dei due condotti che uniscono l'utero all'ovaia; condotto uditivo, che unisce l'orecchio medio con la faringe.

salpingite *s.f.* infiammazione della salpinge uditiva o uterina.

salsa[1] *s.f.* condimento semiliquido, di varia composizione, usato per arricchire le vivande e migliorarne il gusto: — *piccante;* — *di pomodoro* / *cucinare in tutte le salse,* (*fig.*) presentare la stessa cosa sotto aspetti diversi.

salsa[2] *s.f.* spec. *pl.* piccolo cono fangoso formato da eruzioni di acqua melmosa contenente cloruro di sodio, mista a gas.

salsapariglia [-rì-] *s.f.* pianta dell'America centrale e meridionale, la cui radice è usata per preparare decotti sudoriferi (*fam.* Asparagacee).

salsedine [-sè-] *s.f.* salinità; percentuale di sali disciolti nell'acqua del mare.

salsese [-sé-] *agg.* di Salsomaggiore // *s.m.* e *f.* abitante di Salsomaggiore.

salsiccia [-sìc-] *s.f.* [pl. -*ce*] carne suina o bovina tritata, salata, aromatizzata e insaccata / *far salsicce di uno,* (*fig.scherz.*) maltrattarlo.

salsicciaio [-cià-] *s.m.* chi fa o vende salsicce e simili.

salsicciotto [-ciòt-] *s.m.* sorta di grossa salsiccia che si mangia cruda.

salsiera [-siè-] *s.f.* recipiente di varia forma e materia usato per portare in tavola le salse.

salso *agg.* che ha sapore di sale: *acqua salsa* // *s.m.* salsedine.

salsoiodico [-iò-] *agg.* [pl.m. -*ci*] si dice di acque o fanghi termali che contengono cloruro e ioduro di sodio, e delle cure in cui essi vengono impiegati.

saltabecca [-béc-] *s.f.* (*pop.*) → **cavalletta**.

saltabeccare *v.intr.* [*io saltabécco, tu saltabécchi ecc.*] camminare a salti come una cavalletta.

saltamartino *s.m.* nome popolare di alcuni insetti saltatori (p.e. grillo, locusta).

saltare *v.intr.* **1** staccarsi di slancio da terra rimanendo per qualche istante sospeso in aria; spostarsi con un balzo in avanti, lateralmente, dall'alto in basso; schizzare: *saltò a piè pari*; *— dalla gioia* / *— fuori*, comparire d'un tratto / *— in aria*, esplodere / *far —*, distruggere, spec. con esplosivi / *— agli occhi*, apparire evidente / *— la mosca al naso*, perdere la pazienza / *— in mente*, si dice di idee improvvise / *— di palo in frasca*, passare bruscamente da un argomento all'altro **2** esplodere; guastarsi all'improvviso: *è saltato il deposito di munizioni*; *è saltato l'interruttore* / *farsi — le cervella*, uccidersi sparandosi alla testa // **1** superare, oltrepassare con un balzo: *— un muro* **2** omettere, tralasciare: *saltai una riga del dettato* / *— una classe*, non frequentarla / *— il pasto*, non mangiare **3** cuocere in tegame nell'olio, a fiamma viva: *— gli spinaci*.

saltarello [-rèl-] *s.m.* → **salterello**.

saltatore [-tó-] *agg.* e *s.m.* [f. *-trice*] che o chi salta: *uccello —*; *è un abile —*.

saltellante *agg.* che saltella.

saltellare *v.intr.* [*io saltèllo ecc.*] procedere a piccoli salti.

saltello [-tèl-] *s.m.* piccolo salto.

salterellare *v.intr.* [*io salterèllo ecc.*] fare piccoli e rapidi salti.

salterello [-rèl-] *s.m.* **1** piccolo salto **2** allegra danza in voga nel sec. XVI; oggi, con lo stesso ritmo, danza popolare dell'Italia centrale (spec. Abruzzi) **3** fuoco artificiale ottenuto con poca polvere in uno stretto involucro di carta **4** nel clavicembalo e in strumenti simili, piccola asta di legno applicata all'estremità del tasto, per far risonare le corde.

salterio [-tè-] *s.m.* **1** (*mus.*) strumento costituito da numerose corde stese su una cassa triangolare o trapezoidale **2** (*eccl.*) libro dei salmi.

saltimbanco *s.m.* [pl. *-chi*] acrobata che, in occasione di fiere, feste e simili, si esibisce sulla pubblica piazza in giochi di destrezza e agilità.

saltimbocca [-bóc-] *s.m.invar.* piccola fetta di vitello guarnita con prosciutto e salvia, cotta in tegame.

saltimpalo *s.m.* piccolo uccello dei passeracei, utile distruttore d'insetti.

salto *s.m.* **1** atto del saltare: *spiccare un —* / *— mortale*, quello eseguito compiendo in aria un giro su sé stessi: *fare salti mortali*, (*fig.*) compiere sforzi enormi per riuscire in qlco. / *— nel buio*, risoluzione presa alla cieca / *fare un — in un luogo*, recarvisi rapidamente e per breve tempo / *fare quattro salti*, ballare in famiglia o tra amici **2** (*sport*) specialità atletica praticata in diverse forme [*ill. Atletica*]: *— in alto, in lungo, con l'asta* **3** omissione: *a questo punto c'è un — di dieci pagine* **4** dislivello fra due sezioni di uno stesso corso d'acqua: *la cascata faceva un — pauroso* / *— di qualità*, notevole miglioramento.

saltrato *s.m.* spec. *pl.* sale profumato con proprietà emollienti ®.

saltuarietà *s.f.invar.* l'essere saltuario.

saltuario [-tuà-] *agg.* senza continuità, senza ordine // **-mente** *avv.* a intervalli irregolari.

saluberrimo [-bèr-] *superl.* di → **salubre**.

salubre *agg.* [superl. *saluberrimo*] che giova alla salute: *clima —*. SIN. *salutare, sano*. CONTR. *insalubre*.

salubrità *s.f.invar.* l'essere salubre.

salumaio [-mà-] *s.m.* chi vende salumi; pizzicagnolo.

salume *s.m.* spec. *pl.* denominazione generica di ogni prodotto della lavorazione della carne suina.

salumeria [-rì-] *s.f.* negozio in cui si vendono salumi.

salumiere [-miè-] *s.m.* salumaio.

salumificio [-fì-] *s.m.* fabbrica di salumi.

salutare¹ *agg.* **1** che ha salute; che giova alla salute. SIN. *salubre, igienico* **2** (*fig.*) giovevole: *è stata una lezione —*.

salutare² *v.tr.* **1** rivolgere parole o fare un gesto per esprimere affetto, deferenza o rispetto, quando si incontra o si lascia qlcu.: *— qlcu. con un cenno del capo*; *— dicendo «buongiorno»*; *— la bandiera, il comandante*; *ti saluto cordialmente*, formula per chiudere una lettera **2** accogliere con gioia o con acclamazioni: *— l'arrivo dei liberatori* **3** proclamare: *— un vincitore*.

salutazione [-zió-] *s.f.* (*rar.*) il salutare / *— angelica*, l'Ave Maria.

salute *s.f.* **1** stato dell'organismo non affetto da malattie: *godere* (di) *ottima —*; *avere una — cagionevole*; *conservarsi in —* / *scoppiare di —*, essere sanissimo, florido / *casa di —*, clinica psichiatrica o di malattie nervose. SIN. *sanità* (*lett.*) salvezza: *la — dell'anima* / *inter. impropria* espressione di augurio, di saluto, di meraviglia: *—!*, a chi starnuta; *alla —!*, quando si fa un brindisi: *bere alla — di qlcu.*.

salutifero [-ti-] *agg.* (*lett.*) che reca salute, spec. in senso morale: *rimedio —*.

salutista *s.m.* e *f.* [pl.m. *-i*] chi si preoccupa molto per la propria salute.

saluto *s.m.* atto del salutare; le parole o il gesto con cui si saluta: *fare, rendere il —*; *— gentile, freddo*; *militare / togliere il — a qlcu.*, non salutarlo più, in segno di ostilità o disprezzo / *cordiali, distinti saluti*, formula usata a chiusura delle lettere.

salva *s.f.* **1** insieme di più colpi sparati contemporaneamente contro un bersaglio o a sola polvere, in segno di saluto: *fu eseguita una — di venti colpi* / *colpi a —*, *a salve*, effettuati senza proiettile **2** l'esplodere simultaneo di qlcu.: *una — di fischi, di risate*.

salvabile [-và-] *agg.* che si può salvare.

salvacondotto [-dót-] *s.m.* permesso di transito accordato da comandanti militari a individui del campo avverso, o neutrali; dichiarazione di immunità.

salvadanaio [-nà-] *s.m.* piccolo recipiente di forma e materiale vari, in cui, attraverso una fessura, si introducono monete per metterle in serbo.

salvadoregno [-ré-] *agg.* di San Salvador // *s.m.* abitante di San Salvador.

salvagente [-gèn-] *s.m.invar.* **1** oggetto galleggiante a forma di ciambella, usato per imparare a nuotare o come mezzo di salvataggio **2** piccolo marciapiede costruito in alcune vie di grande traffico per proteggere chi scende dai tram o per facilitare ai pedoni l'attraversamento della strada.

salvagocce [-góc-] *s.m.invar.* tappo speciale o collarino di spugna che si applica a bottiglie e teiere per evitare lo scolo delle gocce.

salvaguardare *v.tr.* custodire: *— i propri diritti*. SIN. *difendere, tutelare*.

salvaguardia [-guàr-] *s.f.* custodia: *la — dell'onore*. SIN. *protezione, tutela*.

salvamento [-mén-] *s.m.* atto, effetto del salvare; salvataggio: *trarre a —*, salvare; *giungere a —*, salvarsi.

salvamotore [-tó-] *s.m.invar.* organo di protezione di

motori elettrici, costituito da valvole fusibili o da un interruttore automatico.

salvapunte *s.m.invar.* specie di cappuccio di protezione per la punta delle matite e delle penne.

salvare *v.tr.* **1** trarre fuori di pericolo, mettere in salvo; in particolare, sottrarre alla morte: — *la vita a qlcu; tutti i naufraghi furono salvati* / —, *salvarsi l'anima*, dall'inferno e quindi conseguire il paradiso / *prov.*: — *capra e cavoli*, due interessi opposti **2** difendere da un pericolo: — *dai nemici* / — *le apparenze* o *(fam.)* — *la faccia*, commettere un'azione scorretta riuscendo a non farla apparire come tale. SIN. *tutelare, preservare* // **-arsi** *v.rifl.* **1** mettersi in salvo; sottrarsi alla morte: *riuscirono a* — *dall'incendio* **2** difendersi, preservarsi: *nessuno si salva dalle sue calunnie.*

salvastrella [-strèl-] *s.f.* pianta erbacea con foglie aromatiche *(fam.* Rosacee).

salvatacco *s.m.* [pl. *-chi*] listello di materiale resistente, a forma semicircolare, che si applica al tacco delle scarpe per evitare che si consumi troppo presto.

salvataggio [-tàg-] *s.m.* **1** complesso di operazioni per salvare persone, navi o aerei in pericolo: *scialuppa, lancia di* — / *cintura di* —, *salvagente* **2** ciò che si fa per evitare a persone, enti ecc. una punizione, uno scandalo, un danno economico: *il* — *di un candidato agli esami*, l'evitargli una bocciatura.

salvatore [-tó-] *s.m.* [f. *-trice*] chi salva / *il Salvatore*, Gesù Cristo.

salvavita *s.m.invar.* circuito a monte di una rete elettrica, che interrompe l'erogazione della corrente quando vi è una piccola scarica verso terra, come accade in caso di contatto accidentale di un corpo umano.

salvazione [-zió-] *s.f.* il salvare, il salvarsi (spec. riferito alla salvezza dell'anima).

salve *inter. impropria* formula di saluto e di augurio: —, *amici!*

salve regina *s.f.invar.* preghiera alla Madonna che prende nome dalle prime due parole del testo.

salvezza [-véz-] *s.f.* **1** l'essere salvo **2** persona o cosa che salvi o abbia salvato: *fu lui la mia* — / *ancora di* —, quella che si usa solo nei casi di estrema necessità; *(fig.)* l'ultima speranza **3** *(lett.)* salvazione.

salvia [sàl-] *s.f.* pianta aromatica con foglie vellutate, di color verde pallido e fiori violacei *(fam.* Labiate).

salvietta [-viét-] *s.f.* tovagliolo; asciugamano.

salvo *agg.* che è fuori pericolo / *arrivare sano e* —, senza aver subito alcun danno // *s.m.* nella locuz. *in* —, al sicuro, in luogo sicuro; *mettersi in* — // *prep. impropria* fuorché: *tutti*, — *uno* / — *errore*, se non c'è errore / — *che*, eccetto che / — *errori ed omissioni*, clausola finale di contratti, inventari ecc.

samara [sà-] *s.f.* tipo di frutto secco provvisto di pericarpo alato (p.e. dell'acero).

samario [-mà-] *s.m.* elemento chimico (Sm; *n.at.* 62; *p.at.* 150,35); metallo delle terre rare.

samba *s.f.* o *s.m.invar.* ballo sincopato di origine brasiliana.

sambuca[1] *s.f.* **1** antico strumento musicale a corde pizzicate **2** antica macchina da guerra costituita da una specie di ponte di legno, usata per scalare le mura delle città nemiche.

sambuca[2] *s.f.* liquore simile all'anisetta, tipico della zona di Civitavecchia e di Viterbo.

sambuco *s.m.* [pl. *-chi*] arbusto a foglie composte, con fiori bianchi raccolti a ombrella, dai quali si ricavano infusi medicinali *(fam.* Caprifogliacee).

samiszdat [samiʃdàt] *s.m.invar.* l'editoria clandestina sovietica; le sue pubblicazioni, in genere ciclostilate.

sammarinese [-né-] *agg.* di San Marino // *s.m.* e *f.* abitante di San Marino.

samovar [-vàr] *s.m.invar.* recipiente di metallo usato dai russi per farvi bollire l'acqua per il tè.

sampan [-pàn] *s.m.invar.* sorta di piccola giunca attrezzata per la navigazione a vela, usata su fiumi e acque costiere nell'Estremo Oriente.

sampietrino *s.m.* **1** operaio della fabbrica di San Pietro **2** piastrella o cubetto di pietra di selciati stradali.

sampietro [-piè-] *s.m.* grosso pesce di mare, commestibile, dal corpo ovale e compresso, con una macchia scura sui fianchi *(fam.* Zeidi).

sampogna [-pó-] *s.f.* → **zampogna**.

samurai [-rà-] *s.m.invar.* nobile giapponese appartenente alla casta dei guerrieri.

san *agg.* troncamento di *santo*, davanti a nomi propri: *san Giovanni.*

sanabile [-nà-] *agg.* che si può sanare: *ferita* —.

sanare *v.tr.* **1** rendere sano, guarire (anche *fig.*): — *una ferita; il tempo sana anche i più grandi dolori* **2** porre rimedio a una situazione irregolare o difficile; riportare alle condizioni normali: — *il deficit del bilancio* **3** bonificare: — *un terreno paludoso.*

sanatoria [-tò-] *s.f.* (*dir.*) atto con cui l'autorità competente sana un'irregolarità procedurale o situazioni non regolari.

sanatoriale *agg.* di sanatorio, relativo a un sanatorio: *cure sanatoriali.*

sanatorio [-tò-] *s.m.* casa di cura in cui vengono ricoverati i malati di tubercolosi.

sancire *v.tr.* [*io sancisco, tu sancisci* ecc.] **1** stabilire, approvare solennemente; ratificare: — *un patto.* SIN. *sanzionare* **2** rendere stabile, confermare: *uso sancito dalla tradizione.* SIN. *stabilire.*

sanctus [*lat.*; *pr.* sànctus] *s.m.invar.* inno liturgico; il momento della messa in cui viene recitato.

sanculotto [-lòt-] *s.m.* termine spregiativo con cui gli aristocratici francesi chiamavano i rivoluzionari, che avevano abbandonato l'uso dei calzoni corti *(culottes).*

sandalo[1] [sàn-] *s.m.* albero tropicale dal legno roseo, assai pregiato, duro e profumato, impiegato in ebanisteria e per estrarne un'essenza odorosa *(fam.* Santalacee).

sandalo[2] [sàn-] *s.m.* calzatura costituita da una suola fermata al piede da sottili strisce di cuoio.

sandalo[3] [sàn-] *s.m.* piccola barca a remi dal fondo piatto, in uso nella laguna veneta.

sandolino *s.m.* piccola imbarcazione lunga e sottile, a fondo piatto, con remo a pagaia.

sandracca *s.f.* resina prodotta da una pianta detta *arar*, usata per preparare vernici e lacche.

sandwich [*ingl.*; *pr.* sènduic'] *s.m.* panino imbottito con prosciutto, salame, formaggio o altro / *uomo* —, che gira per le strade recando un cartellone pubblicitario davanti e uno dietro.

sanfedismo [-ʃmo] *s.m.* nome con cui si designano i moti contro la repubblica scoppiati a Napoli nel 1799 ad opera dei popolani organizzati nell'esercito della Santa Fede, e l'associazione a impronta reazionaria e antiliberale sorta nello stato pontificio dopo la restaurazione del 1815; per estens. tendenza reazionaria, antiliberale e clericale.

sanfedista *s.m.* e *f.* [pl.m. *-i*] seguace del sanfedismo; per estens. reazionario, clericale.

sanforizzare [-riʒʒa-] *v.tr.* sottoporre un tessuto al processo di sanforizzazione.

sanforizzazione [-riʒʒaʒió-] *s.f.* procedimento brevettato messo a punto dall'americano Sanfor per rendere irrestringibili i tessuti di cotone.

sangallo *s.m.* tipo di ricamo con disegni traforati eseguiti a cordoncino; il tessuto così ricamato.

sangiovese [-vé-] *s.m.* vino rosso, asciutto, prodotto in Romagna.

sangria [-grì-] *s.f.invar.* bevanda spagnola costituita da un'infusione di frutta in vino e cognac zuccherati, da bere ghiacciata.

sangue [sàn-] *s.m.* [solo *sing.*] **1** liquido organico in cui si trova una quantità enorme di corpuscoli (globuli bianchi, rossi ecc.), che circola attraverso un sistema di vasi chiusi (arterie e vene) nel corpo dei vertebrati, portando ai tessuti gli elementi nutritivi e asportandone i materiali da eliminare: *un grumo di — / trasfusione di — / animali a — caldo*, mammiferi e uccelli / *animali a — freddo*, rettili anfibi, pesci / *bistecca al —*, poco cotta / *donatore di —*, chi offre gratuitamente il proprio sangue per le trasfusioni ai malati / *battere uno a —*, fino a fargli uscire il sangue / *duello all'ultimo —*, in cui dei duellanti non cada ucciso / *un grave fatto di —*, ferimento, omicidio / *sudar —*, sostenere una gran fatica / *piangere lacrime di —*, piangere amaramente pentiti / *succhiare il — a qlcu.*, pretendere più di quanto egli può dare / *avere qlco. nel —*, avere una forte predisposizione a tale cosa / *sentirsi gelare il —*, avere un presentimento / *avere il — caldo*, un temperamento facile all'ira e all'entusiasmo / *— freddo*, perfetta padronanza di sé / *a — freddo*, con piena consapevolezza; senza scomporsi / *farsi il — cattivo, guastarsi il —*, tormentarsi, arrabbiarsi / *sentirsi rimescolare il —*, sentirsi prendere dallo sdegno / *sentirsi gelare il —*, restare sbigottiti per lo spavento / *fra loro non corre buon —*, i rapporti non sono cordiali / *gli va il — alla testa*, si incollerisce **2** discendenza, legame di parentela, stirpe: *di — nobile*; *è — del mio —*, è mio figlio / *tra i due popoli ci sono legami di — / avere il — blu*, essere di nobile stirpe / *cavallo puro —*, di razza / *prov.: il — non è acqua*, il vincolo della parentela si manifesta con forza; *buon — non mente*, si dice di giovane in cui compaiono certe tendenze che si ritengono ereditarie.

sanguetta [-guét-] *s.f.* in alcune regioni, nome popolare della sanguisuga.

sanguifero [-guì-] *agg.* (*med.*) che porta il sangue, in cui circola il sangue: *vasi sanguiferi*.

sanguigna *s.f.* sorta di pastello di colore rossastro; il disegno fatto con tale pastello.

sanguigno *agg.* **1** di sangue, relativo al sangue: *vaso — * **2** di colore simile al sangue: *nube sanguigna* **3** che ha molto sangue; (*fig.*) incline all'ira, collerico: *uomo —*.

sanguinaccio [-nàc-] *s.m.* **1** tipo di salume composto di sangue, grasso e, a volte, cervello di maiale insaccati **2** vivanda a base di sangue di maiale con l'aggiunta di ingredienti diversi a seconda delle regioni.

sanguinare *v.intr.* [*io sànguino* ecc.] **1** versare sangue: *mi sanguina il naso*; *la ferita continua a —*; *questa carne sanguina ancora, bisogna cuocerla di più* **2** (*fig.*) dare dolore: *quell'offesa sanguina ancora / mi sanguina il cuore*, provo un grandissimo dolore.

sanguinario [-nà-] *agg.* e *s.m.* che o chi per natura è portato a ferire o a uccidere.

sanguine [sàn-] *s.m.* arbusto simile al corniolo, con frutti nerastri, i cui rami si usano per far canestri (*fam.* Cornacee).

sanguinella [-nèl-] *s.f.* erba delle graminacee, così chiamata perché si crede che le sue foglie, introdotte nel naso, lo facciano sanguinare.

sanguinolento [-lèn-] *agg.* pieno di sangue; sanguinante: *mano, carne sanguinolenta*.

sanguinoso [-nó-] *agg.* **1** pieno di sangue; macchiato di sangue: *una ferita sanguinosa*; *tornò col volto — * **2** con molto spargimento di sangue: *una battaglia sanguinosa* **3** (*fig.*) che addolora, che offende profondamente: *un — insulto*.

sanguisuga *s.f.* **1** grosso verme delle acque stagnanti, di color bruno olivastro, provvisto di ventose con le quali si attacca agli animali e ne succhia il sangue; usato in medicina per fare salassi **2** (*fig.*) persona avida, che spilla continuamente denaro **3** (*fig.*) persona noiosa e indiscreta, di cui è difficile liberarsi.

sanioso [-nió∫ó] *agg.* (*med.*) si dice delle piaghe da cui esce pus.

sanità *s.f.invar.* **1** l'essere in condizioni di buona salute (con riferimento anche alle facoltà psichiche): *la — di un organismo*; *— di mente*. SIN. *salute* **2** l'essere sano moralmente: *— di costumi* **3** l'essere di giovamento alla salute: *la — dell'aria di montagna* **4** l'insieme delle persone e dei mezzi che hanno il compito di tutelare la salute di una comunità: *ufficio, reparto —*; *il ministero per l'Igiene e la Sanità.*

sanitario [-tà-] *agg.* che riguarda la sanità e l'igiene, che tutela la sanità pubblica: *assistenza sanitaria*; *il corpo — di un ospedale*; *l'ufficiale —*, il medico preposto all'ufficio di sanità di un comune // *s.m.* medico.

sannita *agg.* [pl.m. *-i*] del Sannio // *s.m.* e *f.* abitante del Sannio.

sano *agg.* **1** che è in buona salute; non malato: *un bambino, un cavallo —*; *ha tutti i denti sani*; *è ritornato — e salvo*; *una pera sana*, non bacata / *— come un pesce*, sanissimo. CONTR. *ammalato* **2** che giova alla salute: *un clima, un cibo —*; *conduce una vita sana*. SIN. *salubre* **3** (*fig.*) buono e onesto; moralmente retto: *una morale, un'educazione sana*; *un divertimento — * **4** intero, non rotto: *apri il pacco e guarda se i piatti sono ancora sani / di sana pianta*, interamente: *inventare di sana pianta*; *rifare di sana pianta*.

sanrocchino [-nròc-] *s.m.* corto mantello di tela incerata che usavano i pellegrini.

sansa *s.f.* ciò che resta delle olive dopo l'estrazione dell'olio e che viene ulteriormente trattato per ricavare un olio di qualità inferiore.

sanscritista *s.m.* e *f.* [pl.m. *-i*] studioso di lingua o letteratura sanscrita.

sanscrito [sàn-] *s.m.* antica lingua letteraria dell'India, di ceppo indoeuropeo.

sansevieria [-viè-] *s.f.* pianta ornamentale con lunghe foglie carnose, orlate di bianco (*fam.* Liliacee).

santabarbara [-bàr-] *s.f.* [pl. *santebàrbare*] deposito di munizioni sulle navi da guerra.

santarellina *s.f.* (*iron.*) ragazza o giovane donna che vuole apparire, senza esserlo, innocente e ingenua.

santarello [-rèl-] *s.m.* (*iron.*) chi ostenta pietà religiosa e umiltà che in realtà non possiede.

santiagheno [-ghé-] *agg.* di Santiago // *s.m.* abitante di Santiago.

santificante *agg.* che santifica, che rende santo: *grazia —*.

santificare *v.tr.* [*io santifico, tu santifichi* ecc.] **1** rendere santo: *la preghiera santifica* **2** dichiarare e riconoscere come santo, canonizzare: *la chiesa lo santificò pochi anni dopo la sua morte* **3** celebrare, osservando le prescrizioni religiose, le solennità della chiesa; onorare, venerare devotamente: *ricordati di — le feste; — il nome di Dio //* **-arsi** *v.rifl.* farsi santo, passare dal peccato alla grazia e progredire nella via della perfezione cristiana.

santificazione [-zió-] *s.f.* **1** il santificare, il santificarsi **2** canonizzazione.

santino *s.m.* piccolo rettangolo di carta o cartoncino su cui è riprodotta l'immagine di un santo o altra cosa sacra: *il — della prima comunione.*

santissimo [-tìs-] *agg.* [*superl.* di *santo*] che è santo in sommo grado, e si dice spec. della trinità, dell'eucaristia, della Madonna (*abbr.* SS.) *// il Santissimo, s.m.* il santissimo sacramento, l'eucaristia: *hanno esposto il Santissimo.*

santità *s.f.invar.* **1** l'essere santo; qualità propria di Dio e delle persone e cose a lui consacrate: *la — della chiesa; la — della preghiera* **2** qualità spirituale e morale propria di chi ha raggiunto la perfezione: *aspirare alla —; essere in fama di —; morire in odore di —,* ritenuto santo **3** (*fig.*) qualità di cose ritenute degne di grande rispetto e ossequio: *la — della patria, delle leggi* **4** titolo che si dà al papa: *Sua Santità.*

santo *agg.* **1** che è degno di venerazione, di religioso ossequio; detto di Dio e di tutto ciò che appartiene o è consacrato a Dio o che si riferisce alla religione, alla chiesa, al culto: *la santa croce; la santa messa; la santa comunione; la santa Pasqua; l'anno —,* quello del giubileo; *la settimana santa,* quella che precede la Pasqua; *il Santo Padre,* il papa **2** giusto, onesto, pio ecc.: *condurre una santa vita; guerra santa,* motivata da intenti religiosi **3** universalmente rispettato; degno di religioso ossequio: *venerare la santa memoria dei genitori* **4** con valore rafforzativo in locuz. popolari: *lavorare tutto il — giorno // s.m.* **1** (*teol.*) chi, possedendo la grazia, fa parte del corpo mistico di Cristo; più particolarmente chi, morto nella grazia, è in paradiso o in purgatorio; in senso speciale, chi è stato canonizzato ed è venerato con culto pubblico nella chiesa universale; il nome del santo, preceduto dal titolo, può indicare il giorno della festa: *per San Giovanni; per San Pietro e Paolo;* può anche indicare la chiesa intitolata a quel santo: *in San Petronio; in San Pietro / non sapere a che — votarsi,* non sapere a chi rivolgersi in un momento di particolare bisogno / *ha un — dalla sua,* si dice di chi riesce a evitare qualche pericolo, di chi ha fortuna / *non è uno stinco di —,* di persona senza scrupoli / *prov.: scherza coi fanti, ma lascia stare i santi,* non bisogna scherzare sulle cose sacre **3** dipinto, scultura e simili che rappresenti un santo *//* **-mente** *avv.* da santo, con perfetta onestà, con purezza: *ha vissuto —.*

santocchieria [-rì-] *s.f.* l'essere bigotto; atto di bigotto.

santocchio [-tòc-] *agg.* (*spreg.*) bigotto.

santone [-tó-] *s.m.* in taluni paesi orientali, persona dedita a pratiche ascetiche e oggetto di grande venerazione; per estens., persona autorevole, o anche guaritore.

santonina *s.f.* sostanza medicamentosa antielmintica estratta dall'Artemisia Cirea, pianta proveniente dall'Asia.

santoreggia [-rég-] *s.f.* pianta erbacea con foglie lineari lanceolate e fiori rosei, profumati, coltivata negli orti; si usa in profumeria e in liquoreria o in cucina, come condimento (*fam.* Labiate).

santuario [-tuà-] *s.m.* **1** chiesa in cui si conservano reliquie di santi o immagini miracolose e per questo per lo più meta di pellegrinaggi **2** (*fig.*) il luogo reale o ideale in cui si custodiscono i sentimenti più intimi: *il — della famiglia, della coscienza.*

sanzionare *v.tr.* [*io sanzióno* ecc.] approvare con autorità una legge, un provvedimento, una proposta. SIN. ratificare, sancire.

sanzione [-zió-] *s.f.* **1** atto del sanzionare. SIN. *ratifica* **2** (*dir.*) minaccia di una pena prevista dalla legge per i trasgressori di una norma; anche, la pena stessa; in diritto internazionale, misura di ritorsione nei riguardi di uno stato, che prevede provvedimenti economici o militari, diplomatici ecc.: *sanzioni economiche.*

sapere[1] [-pé-] *v.tr.* [*pres.* io *sò,* tu *sai,* egli *sa,* noi *sappiamo,* voi *sapéte,* essi *sanno;* fut. io *saprò* ecc.; pass.rem. io *sèppi,* tu *sapésti* ecc.; pres.cong. io *sàppia* ecc.; cond. io *saprèi* ecc.; imp. *sappi, sappiate;* ger. *sapèndo;* p.pass. *saputo*] **1** conoscere, avere cognizioni e nozioni più o meno vaste e approfondite acquisite attraverso lo studio, l'insegnamento; esser dotto in una disciplina: *— la geografia, l'inglese / — la lezione,* averla studiata bene ed essere in grado di esporla / *— di latino, di pittura,* averne una certa conoscenza. CONTR. *ignorare* **2** essere in possesso di cognizioni derivate da esperienza, dalla pratica: *quell'artigiano sa il suo mestiere; saper giocare a tennis; so bene che cos'è la vita / saperla lunga,* essere furbo **3** essere a conoscenza, aver notizia di qlco.: *so dove abita / ho saputo che sei stato malato,* ho appreso; *non ho saputo più nulla di lui,* non ho più avuto sue notizie / *venire a — qlco.,* esserne informato / *far —,* informare / *so esperto in materia,* lo conosco per tale / *non si sa mai,* per esprimere precauzione o incertezza / *non volerne — di qlcu. o di qlco.,* disinteressarsene, non curarsene / *non ne vuol — di andare,* non vuole assolutamente andare / *sappi, sappiate che...,* formula con cui si introduce un'ammonizione o si esprime con risolutezza la propria presa di posizione in merito a qlco. / *sai, sa, sapete, dovete — che,* usati pleonasticamente per richiamare l'attenzione dell'ascoltatore o introdurre la narrazione di un fatto / *se tu sapessi...!, se sapeste...!,* espressioni con cui si vuol fare immaginare cose spiacevoli o dolorose **4** aver chiaro nella mente, nell'animo; essere ben cosciente di qlco., rendersi conto: *so qual è il mio dovere; non sa quel che fa, quel che si dice; — ciò che si vuole,* aver le idee ben chiare; *non — come fare,* essere incerto sulla via da seguire per trarsi d'impaccio o altro / *un certo non so che,* qlco. di indefinito **5** essere in grado, essere capace; essere in possesso di un'abilità particolare: *non sai scrivere una lettera senza errori / è un uomo che ci sa fare,* accorto, abile, capace di cavarsela: *è uno che ci sa fare con i bambini, con i pennelli / sa il fatto suo,* di persona particolarmente abile o astuta / *il saper vivere,* il comportarsi bene, appropriatamente e correttamente in ogni circostanza / *sappimi dire,* tienimi informato, riferiscimi, fammi sapere *// v.intr.* aver sapore: *questa carne sa di bruciato / non — di nulla,* non avere alcun sapore, essere scipito; (*fig.*) avere scarso valore, nessuna dote o pregio che susciti interesse / *mi sa,* penso, ho l'impressione che: *mi sa che hai ragione tu.*

sapere[2] [-pé-] *s.m.* il complesso delle conoscenze, la dottrina: *il suo — non ha limiti.*

sapidità *s.f.invar.* l'essere sapido, gustoso: *la — di una vivanda.*

sapido [sà-] *agg.* **1** che ha sapore, gustoso. SIN. *sapo-*

rito, saporoso **2** (*fig.*) arguto, spiritoso: *scrittore* —; *ri- sposta sapida*. CONTR. *insipido.*

sapiente [-pièn-] *agg.* **1** che ha conoscenze vaste e profonde, che è dotato di senno e dottrina: *un medico* — **2** che rivela saggezza, abilità: *una risposta* — / *ma- ni sapienti*, allenate, capaci di svolgere un lavoro diffici- le *// s.m.* uomo saggio e dotto: *i sette sapienti della Grecia.*

sapientone [-tó-] *agg.* che dà a vedere di sapere molte cose. SIN. *saccente.*

sapienza [-pièn-] *s.f.* **1** l'essere sapiente **2** uno dei sette doni dello Spirito Santo e un attributo di Dio **3** denominazione di antiche università **4** uno dei libri della Sacra Scrittura.

saponaceo [-nà-] *agg.* che ha l'aspetto o le proprietà del sapone.

saponaria [-nà-] *s.f.* **1** pianta erbacea, con fiori color rosa, contenente saponina (*fam.* Cariofillacee) **2** pol- vere sgrassante, ricavata dalla radice della saponaria e di piante affini.

saponario [-nà-] *agg.* che riguarda il sapone: *prodotto* —, *radice saponaria.*

saponata *s.f.* soluzione schiumosa di acqua e sapone.

sapone [-pó-] *s.m.* nome di vari preparati, solubili in acqua, derivati da grassi animali o vegetali, usati come detersivi: *un pezzo di* —; — *liquido, in polvere, da buca- to*; — *per* (*la*) *barba.*

saponeria [-rì-] *s.f.* fabbrica di sapone.

saponetta [-nét-] *s.f.* **1** piccolo pezzo di sapone pro- fumato **2** orologio da tasca del sec. XIX.

saponiere [-niè-] *s.m.* chi fabbrica o vende sapone; chi lavora nell'industria del sapone.

saponiero [-niè-] *agg.* che riguarda la produzione in- dustriale del sapone.

saponificare *v.tr.* [*io saponifico, tu saponifichi ecc.*] sot- toporre al processo di saponificazione.

saponificazione [-zió-] *s.f.* (*chim.*) idrolisi alcalina di un grasso, da cui si ottiene sapone e glicerina; per estens., idrolisi degli esteri in genere.

saponificio [-fi-] *s.m.* fabbrica di sapone.

saponina *s.f.* (*chim.*) sostanza contenuta in certe pian- te e capace di produrre schiuma nell'acqua.

saponoso [-nó-] *agg.* che ha l'aspetto o le proprietà del sapone.

sapore [-pó-] *s.m.* **1** la sensazione del gusto; la pro- prietà di alcune cose di produrre tale sensazione: *non sento alcun* —; *il miele ha un buon* —. SIN. *gusto* **2** (*fig.*) tono; modo di esprimere un particolare senti- mento: *parole di* — *amaro* / *un racconto senza* —, ba- nale, sciocco / *dar* — *a qlco.*, renderla interessante. SIN. *gusto.*

saporito *agg.* **1** che ha sapore; che ha un buon sapo- re (anche *fig.*): *cibo* —; *linguaggio* —, arguto, espressi- vo, efficace. SIN. *sapido, saporoso.* CONTR. *insipido* **2** si dice di cibo salato più del giusto, ma non sgradevole: *un brodo piuttosto* — *// -mente* avv. di gusto; con pia- cere: *dormire* —.

saporosità *s.f.invar.* l'essere saporoso.

saporoso [-ró-] *agg.* che ha forte sapore, spec. che ha sapore gradevole (anche *fig.*): *un aneddoto* —. SIN. *gu- stoso, sapido, saporito.*

saproemia [-mi-] *s.f.* (*med.*) intossicazione dovuta al- l'assorbimento nel sangue di prodotti tossici di origine intestinale.

saprofito [-pró-] *agg.* e *s.m.* spec. *pl.* microrganismo vegetale privo di clorofilla che vive a spese di organismi

morti o di sostanze organiche in decomposizione: *pian- te saprofite; batteri saprofiti.*

sapropel [-pèl] *s.m.* melma formata in prevalenza da alghe unicellulari in putrefazione; da essa deriverebbe il petrolio.

saputo *agg.* e *s.m.* (*spreg.*) che o chi ritiene di saper tut- to, d'intendersi di tutto: *non fare il* —. DIM. *saputello.*

sarabanda *s.f.* **1** danza orientale, in origine ad anda- mento vivace, poi di movimento lento e grave (secc. XVI e XVII) **2** (*fig.*) movimento vivace, confusione; chiasso allegro.

saracca *s.f.* → **salacca.**

saracco *s.m.* [*pl. -chi*] sega a mano di forma trapezoi- dale con una impugnatura all'estremità più larga [*ill. Utensili*].

saraceno [-cè-] *s.m.* nome generico dato nel medioevo cristiano ai musulmani *// agg.* dei saraceni: *torre sara- cena / grano* —, pianta erbacea coltivata in località al- pina, i cui semi danno una farina usata per preparare una polenta grigia.

saracinesca [-né-] *s.f.* lamiera di ferro che si svolge da un tamburo scorrendo entro guide verticali, usata co- me chiusura di locali o di condutture.

sarago [sà-] *s.m.* [*pl. -ghi*] pesce marino commestibile, dal dorso ricurvo e dal corpo appiattito di colore ar- genteo con striature scure.

sarcasmo [-ʃmo] *s.m.* ironia pungente, amara, offensi- va; frase, parola sarcastica.

sarcastico [-cà-] *agg.* [*pl.m. -ci*] che esprime sarcasmo.

sarchiare *v.tr.* [*io sàrchio ecc.*] smuovere e rompere il terreno in superficie per ripulirlo dalle erbacce e attiva- re la respirazione delle radici.

sarchiatore [-tó-] *agg.* e *s.m.* [*f. -trice*] che o chi sarchia.

sarchiatrice *s.f.* macchina che esegue la sarchiatura; zappatrice.

sarchiatura *s.f.* operazione del sarchiare.

sarchiello [-chièl-] *s.m.* utensile per sarchiare il terreno [*ill. Agricoltura*].

sarchio [sàr-] *s.m.* attrezzo agricolo a forma di piccola zappa, con due denti di ferro e un lungo manico di le- gno, usato per la sarchiatura.

sarcofago [-cò-] *s.m.* [*pl. -gi* o *-ghi*] arca sepolcrale di pietra o di marmo, usata nell'antichità classica e nel medioevo.

sarcolemma [-lèm-] *s.m.* [*pl. -i*] (*anat.*) sottile mem- brana che avvolge ciascuna fibra muscolare striata.

sarcoma [-cò-] *s.m.* [*pl. -i*] tumore maligno del tessuto connettivo.

sarcoplasma *s.m.* [*pl. -i*] (*biol.*) protoplasma delle fi- bre muscolari.

sarda *s.f.* piccolo pesce marino di colore azzurro ar- genteo che vive in banchi; si consuma fresco o conser- vato (*fam.* Clupeidi).

sardella [-dèl-] *s.f.* sarda, per lo più conservata.

sardigna *s.f.* luogo ove in passato si distruggevano le carogne degli animali domestici e i rifiuti della macella- zione.

sardina *s.f.* sarda più piccola e pregiata, che si conser- va sott'olio.

sardista *agg.* e *s.m.* e *f.* [*pl.m. -i*] che, chi sostiene l'indi- pendenza o l'autonomia della Sardegna.

sardo *agg.* della Sardegna *// s.m.* abitante della Sar- degna; lingua della Sardegna.

sardonica [-dò-] *s.f.* pietra dura a zone brune e bianche.

sardonico [-dò-] *agg.* [*pl.m. -ci*] si dice di riso beffardo, maligno.

sargasso *s.m.* alga marina dal tallo verde, con espansioni laterali simili a foglie (*fam.* Feoficee).

sari *s.m.invar.* abito femminile indiano, costituito da una pezza di cotone o seta che si drappeggia intorno al corpo lasciando scoperta una spalla.

sarissa *s.f.* (*st.*) lancia lunga circa sei metri, usata dai soldati della falange macedone.

sarmento [-mén-] *s.m.* tralcio della vite; ramo di altre piante, lungo, debole e ricadente verso terra.

sarmentoso [-tó-] *agg.* **1** si dice di ramo che ha le caratteristiche del sarmento **2** si dice di pianta che abbia sarmenti.

sarong [-ròng] *s.m.invar.* veste maschile e femminile della Malesia e dell'Indonesia, costituita da una fascia di seta o di cotone che cinge il corpo.

sarrusofono [-fò-] *s.m.* strumento musicale di ottone, ad ancia doppia, usato nelle bande.

sarta *s.f.* donna che confeziona abiti, spec. femminili.

sartia [sàr-] *s.f.* (*mar.*) ciascuno dei cavi di canapa o acciaio che sostengono, di fianco e verso poppa, gli alberi delle navi [*ill.* Barca].

sartiame *s.m.* (*mar.*) l'insieme delle sartie di una nave.

sarto *s.m.* chi confeziona abiti, spec. maschili.

sartoria [-rì-] *s.f.* **1** laboratorio di sarto o di sarta **2** arte, lavoro del sarto; insieme delle attività che riguardano la confezione degli abiti: *le creazioni della — italiana.*

sartoriale *agg.* di sartoria, d'alta sartoria.

sartorio [-tò-] *s.m.* muscolo della coscia [*ill.* Corpo].

sassafrasso *s.m.* → **sassofrasso**

sassaia [-sà-] *s.f.* **1** luogo sassoso **2** riparo di sassi, costruito nei fiumi a difesa contro le frane.

sassaiola [-iò-] *s.f.* fitto lancio di sassi contro qlcu. o qlco.

sassarese [-ré-] *agg.* di Sassari // *s.m.* e *f.* abitante di Sassari.

sassata *s.f.* colpo di sasso.

sassella [-sèl-] *s.m.* vino rosso, da pasto, della Valtellina.

sassello [-sèl-] *s.m.* piccolo tordo.

sassifraga [-sì-] *s.f.* pianta erbacea con foglie carnose e fiori rosei (*fam.* Sassifragacee).

sassismo [-ʃmo] *s.m.* (*sport*) l'arrampicata su massi isolati o limitate formazioni rocciose.

sasso *s.m.* **1** roccia, masso; parete o cima rocciosa di monte: *nudo —; tomba scavata nel — / cuore di —,* spietato / *restare di —,* restare immobile, senza parlare, per meraviglia o paura **2** piccolo frammento di pietra: *tirare un —; una via piena di sassi / tirare sassi in colombaia,* compiere cose che torneranno poi a proprio danno / *far pietà ai sassi,* si dice di persona che suscita profonda commozione **3** (*poet.*) pietra tombale.

sassofonista *s.m.* e *f.* [pl.m. -*i*] → **saxofonista**

sassofono [-sò-] *s.m.* → **saxofono**

sassofrasso *s.m.* albero dell'America settentrionale dalla cui radice si estrae un olio essenziale usato in medicina (*fam.* Lauracee).

sassone [sàs-] *agg.* della Sassonia // *s.m.* e *f.* **1** abitante della Sassonia, antica e moderna **2** lingua degli antichi sassoni; dialetto tedesco parlato in Sassonia.

sassoso [-só-] *agg.* pieno di sassi.

Satana [Sà-] *s.m.* il demonio.

satanasso *s.m.* **1** Satana **2** (*fig.*) persona prepotente e violenta; persona troppo esuberante e dinamica.

satanico [-tà-] *agg.* [pl.m. -*ci*] **1** di Satana; diabolico **2** (*fig.*) perfido, malizioso, maligno.

satanismo [-ʃmo] *s.m.* **1** il culto di forze diaboliche;

insieme di cerimonie diaboliche **2** atteggiamento di alcuni scrittori, spec. d'epoca romantica, teso a esaltare la ribellione dell'uomo a ogni forza religiosa e morale.

satellite [-tèl-] *s.m.* **1** (*ant.*) guardia del corpo di un potente; servitore, uomo di fiducia di una persona potente **2** (*astr.*) corpo celeste che ruota intorno a un pianeta / *— artificiale,* complessa apparecchiatura immessa in un'orbita circumterrestre da un razzo vettore, per scopi scientifici **3** (*aut.*) ingranaggio del differenziale // *agg.* **1** si dice di stato o nazione, dominati politicamente da un altro stato: *l'URSS e i paesi satelliti* **2** si dice di centro urbano la cui vita economica è collegata a quella di una città più importante e sviluppata: *città, quartiere —.*

satelloide [-lòi-] *s.m.* satellite artificiale.

satin [*franc.*; *pr.* satèn] *s.m.* tessuto di cotone lucido che imita la seta.

satinare *v.tr.* rendere stoffe, carte ecc. lucide e lisce come la seta.

satinato *agg.* si dice di carta resa liscia con la calandra o di particolari tipi di tessuto rasato / *pelle satinata,* liscia come la seta.

satira [sà-] *s.f.* **1** componimento poetico che pone in ridicolo le debolezze e i vizi umani con l'intento di correggerli **2** il complesso delle satire di un poeta, di una letteratura o di un determinato periodo: *la — oraziana; la — latina* **3** opera o atteggiamento che critica o mette in ridicolo costumi, ambienti ecc.: *— politica; quel regista fa la — del mondo della borghesia.*

satireggiare *v.tr.* [*io satiréggio ecc.*] colpire con la satira: *il Parini satireggia i costumi della nobiltà del suo tempo* // *v.intr.* scrivere satire, fare della satira.

satiresco [-ré-] *agg.* [pl.m. -*chi*] (*lett.*) di satiro, da satiro: *un'espressione satiresca.*

satiriasi [-riaʃi] *s.f.invar.* (*med.*) abnorme esaltazione del desiderio sessuale nell'individuo di sesso maschile.

satirico [-tì-] *agg.* [pl.m. -*ci*] di satira; che è proprio della satira; che ha carattere di satira: *poesia satirica; tono —; opera satirica* // *s.m.* scrittore di satire: *i satirici latini.*

satiro [sà-] *s.m.* (*mit.*) **1** divinità dei boschi rappresentata come un uomo avente orecchie, coda ed estremità inferiori caprine **2** (*fig.*) persona morbosamente lascivа o lussuriosa.

satollare *v.tr.* [*io satóllo ecc.*] dare cibo a persona o animale finché sia sazio. SIN. *saziare, sfamare* // **-arsi** *v. rifl.* mangiare a sazietà.

satollo [-tól-] *agg.* che ha mangiato abbastanza. SIN. *sazio.*

satrapia [-pì-] *s.f.* (*st.*) provincia governata da un satrapo; durata del governo di un satrapo.

satrapo [sà-] *s.m.* **1** (*st.*) governatore di una provincia dell'antico impero persiano **2** personaggio potente, che impone la propria autorità personale.

saturare *v.tr.* [*io sàturo ecc.*] **1** (*chim.*) portare una soluzione o un miscuglio di gas al grado di massima concentrazione **2** (*fig.*) riempire, rendere saturo: *— la mente di nozioni* // **-arsi** *v.rifl.* diventare saturo.

saturazione [-zió-] *s.f.* l'essere o il diventare saturo; fenomeno per cui due sostanze o due stati fisici diversi della medesima sostanza (p.e. vapore col proprio liquido) raggiungono una condizione di equilibrio in cui non possono più avvenire scambi di materia tra loro: *stato di —; processo di —.*

saturnali *s.m.pl.* giorni di festa presso gli antichi romani, simili al nostro carnevale.

saturnia [-tùr-] *s.f.* genere di farfalla notturna, di grandi dimensioni, con macchie tonde (*fam.* Lepidotteri Eteroceri).

saturnio [-tùr-] *agg.* di Saturno // *agg. e s.m.* verso dell'antica poesia italica e latina.

saturnismo [-ʃmo] *s.m.* avvelenamento da piombo, frequente nei tipografi e nei verniciatori.

Saturno *s.m.* (*astr.*) uno dei pianeti del sistema solare.

saturo [sà-] *agg.* **1** che contiene qlco. in quantità sovrabbondante; pieno, ricolmo (anche *fig.*): *ambiente — di vapore*; *parole sature d'odio* **2** (*chim.*) si dice di soluzione o gas in cui la quantità di sostanza in essi disciolta ha raggiunto il massimo di concentrazione **3** (*lett.*) sazio.

saudita *agg.* [pl.m. -*i*] dell'Arabia Saudita // *s.m. e f.* abitante dell'Arabia Saudita.

sauna [sàu-] *s.f.* bagno a vapore in apposita capanna di travi di betulla, tipico dei popoli finnici; la capanna stessa.

sauri [sàu-] *s.m.pl.* rettili dal corpo allungato coperto di squame cornee, con occhi provvisti di palpebre mobili e, generalmente, quattro corte zampe; vi appartengono lucertole, ramarri, orbettini ecc.

sauro [sàu-] *agg. e s.m.* si dice di cavallo dal mantello rossastro uniforme.

saussuriano *agg.* di F. de Saussure, linguista svizzero (1857-1913); della sua teoria linguistica, considerata alla base dello strutturalismo.

savana *s.f.* vasta prateria tropicale ad erbe giganti.

savarin [*franc.*; *pr.* savarèn] *s.m.* dolce a forma di ciambella, fatto con un impasto simile a quello del babà.

saviezza [-viéz-] *s.f.* l'essere savio.

savio [sà-] *agg.* **1** che ha integre le facoltà mentali: *agire da uomo —*. CONTR. *pazzo* **2** dotato di buon senso, avveduto: *un ragazzo —*; *una savia proposta.* SIN. *saggio, assennato, sensato* // *s.m.* **1** uomo sapiente **2** (*st.*) chi apparteneva ad antiche magistrature collegiali a funzione spec. consultiva: *consiglio dei savi.*

savoiardo *agg.* della Savoia // *s.m.* **1** abitante della Savoia **2** biscotto di pasta leggera, di forma lunga e tondeggiante alle estremità.

savonarola [-rò-] *s.f.* tipo di sedia rinascimentale.

savonese [-né-] *agg.* di Savona // *s.m. e f.* abitante di Savona.

sax *s.m.* → **saxofono**.

saxofonista *s.m. e f.* [pl.m. -*i*] sonatore di saxofono.

saxofono [-xò-] *s.m.* strumento musicale a fiato, di metallo, ad ancia semplice; molto usato nella musica leggera e nel jazz [*ill. Musicali, strumenti*].

saziabile [-zià-] *agg.* che si può saziare.

saziabilità *s.f.invar.* l'essere saziabile.

saziare *v.tr.* [*io sàzio ecc.*] **1** rendere sazio, togliere la fame: *— gli affamati* / *assol.*: *la polenta sazia.* SIN. *satollare, sfamare* **2** (*fig.*) appagare, soddisfare desideri, aspirazioni: *— l'orgoglio* **3** (*fig.*) annoiare: *— gli ascoltatori con lunghe prediche.* SIN. *stuccare.*

sazietà *s.f.invar.* l'essere sazio: *a —*, fino a essere interamente soddisfatto; in abbondanza.

sazio [sà-] *agg.* **1** che ha soddisfatto completamente l'appetito: *— di carne.* SIN. *satollo, pieno.* CONTR. *affamato* **2** che ha appagato pienamente il desiderio di qlco.; nauseato: *— di svaghi.*

sbaciucchiare [ʃba-] *v.tr.* [*io sbaciùcchio ecc.*] baciare ripetutamente e con insistenza.

sbadataggine [ʃbadatàg-] *s.f.* **1** l'essere sbadato. SIN. *disattenzione, distrazione* **2** atto da sbadato.

sbadato [ʃba-] *agg. e s.m.* che, chi si comporta senza fare attenzione a ciò che fa. SIN. *disattento, distratto.*

sbadigliamento [ʃbadigliamén-] *s.m.* lo sbadigliare frequentemente.

sbadigliare [ʃba-] *v.intr.* [*io sbadìglio ecc.*] fare uno sbadiglio.

sbadiglio [ʃbadì-] *s.m.* atto involontario, col quale si apre la bocca inspirando, e poi si espira chiudendola, è segno di sonno, noia, fame ecc.

sbafare [ʃba-] *v.tr.* (*fam.*) mangiare in abbondanza, spec. a spese altrui.

sbafatore [ʃbafató-] *s.m.* [f. -*trice*] (*fam.*) chi sbafa.

sbafo [ʃba-] nella locuz. *mangiare a sbafo*, a spese altrui.

sbagliare [ʃba-] *v.intr.* [*io sbàglio ecc.*] commettere errore: *ha sbagliato, ma ora è pentito* / *prov.*: *sbagliando si impara*, per imparare, bisogna passare attraverso una serie di prove // *v.tr.* **1** scambiare, prendere una cosa per un'altra: *ho sbagliato porta* **2** eseguire male: *ho sbagliato i conti* **3** scegliere male: *ho sbagliato professione* // *-arsi v.rifl.pron.* ingannarsi nel giudizio: *lo credevo un galantuomo e invece mi sono sbagliato.* SIN. *errare.*

sbagliato [ʃba-] *agg.* si dice di ciò che è fatto o concepito male: *lavoro —*; *giudizio —*. SIN. *errato.*

sbaglio [ʃbà-] *s.m.* atto, effetto dello sbagliare / *per —*, per disattenzione, senza volere. SIN. *errore, fallo.*

sbalestramento [ʃbalestramén-] *s.m.* atto, effetto dello sbalestrare.

sbalestrare [ʃba-] *v.intr.* [*io sbalèstro ecc.*] **1** (*ant.*) tirando con la balestra, uscire dal segno **2** (*fig.*) nel parlare o nell'agire, sbagliare obiettivo, non raggiungerlo // *v.tr.* spostare qlcu. d'autorità, mandarlo altrove: *quel funzionario è stato sbalestrato in Sardegna.*

sbalestrato [ʃba-] *agg.* non equilibrato; smarrito, a disagio: *dopo l'incidente è rimasto —.*

sballare [ʃbal-] *v.tr.* **1** tirar fuori qlco. da un imballaggio, disfacendo la balla. CONTR. *imballare* **2** (*fig.*) raccontare, dire cose incredibili / *sballarla grossa*, raccontare una grossa fandonia // *v.intr.* **1** in alcuni giochi di carte, oltrepassare il punteggio massimo stabilito e perdere **2** per estens., sbagliare per eccesso.

sballato [ʃbal-] *agg.* **1** tirato fuori da un imballaggio: *merci sballate* **2** (*fig.*) si dice di ciò che è del tutto fuori dalla regola, dal buon senso: *ragionamento, affare —* // *agg. e s.m.* si dice, nel gergo giovanile, di chi fa una vita irregolare o vive fuori della realtà, e anche dei drogati.

sballo [ʃbal-] *s.m.* nel gergo giovanile, euforia, situazione eccitante, che porta fuori dalla realtà quotidiana.

sballottamento [ʃballottamén-] *s.m.* lo sballottare.

sballottare [ʃbal-] *v.tr.* [*io sballòtto ecc.*] trasportare scuotendo e sbattendo qua e là: *nelle curve, i passeggeri erano sballottati dal treno.*

sbalordimento [ʃbalordimén-] *s.m.* atto, effetto dello sbalordire.

sbalordire [ʃba-] *v.tr.* [*io sbalordisco, tu sbalordisci ecc.*] **1** stordire: *con un pugno lo ha sbalordito* **2** (*fig.*) stupire e impressionare vivamente: *quella notizia mi ha sbalordito* // *v.intr.* restare vivamente impressionati e stupiti: *a questa notizia, c'è da —!*

sbalorditivo [ʃba-] *agg.* che fa sbalordire, che stupisce: *un prezzo —.*

sbalordito [ʃba-] *agg.* molto sorpreso, pieno di stupore, stordito. SIN. *stupito, sbigottito.*

sbalzare[1] [ʃbal-] *v.tr.* far balzare lontano, scagliare, spostare bruscamente da un luogo all'altro (anche *fig.*): *— un re dal trono* // *v.intr.* cadere rimbalzando, sobbalzare.

sbalzare[2] [ʃbal-] *v.tr.* lavorare a sbalzo, spec. metalli.

sbalzo [ʃbal-] *s.m.* **1** brusco movimento, rapido e improvviso; salto (anche *fig.*): *lo — della temperatura / procedere a sbalzi*, irregolarmente **2** tecnica di lavorazione dei metalli per ottenerne immagini in rilievo.

sbancare[1] [ʃban-] *v.tr.* [*io sbanco, tu sbanchi ecc.*] vincere tutta la somma messa in gioco dal banco / — *qlcu.*, (*fig.*) mandarlo in rovina.

sbancare[2] [ʃban-] *v.tr.* [*io sbanco, tu sbanchi ecc.*] togliere un rialzo, una roccia per rendere piano un terreno.

sbandamento [ʃbandamén-] *s.m.* lo sbandare o lo sbandarsi: — *di un'automobile; lo — delle truppe.*

sbandare[1] [ʃban-] *v.intr.* **1** perdere la direzione giusta; inclinarsi su un fianco (detto delle navi); deviare dalla traiettoria di moto (di veicolo a ruote) **2** (*fig.*) inclinare verso idee, metodi diversi da quelli fino allora seguiti; deviare dalla retta via.

sbandare[2] [ʃban-] *v.tr.* disperdere una banda, un gruppo di persone; mandare in direzioni diverse // **-arsi** *v.rifl.pron.* **1** disperdersi, sciogliersi (di un aggruppamento di militari, della folla ecc.) **2** (*fig.*) detto di un nucleo sociale, familiare ecc., dividersi, disgregarsi.

sbandata [ʃban-] *s.f.* lo sbandare / *prendere una —*, (*fig.fam.*) prendere una cotta, innamorarsi.

sbandato [ʃban-] *agg.* e *s.m.* che o chi è disperso, confuso, disorientato: *un soldato —; raccogliere gli sbandati.*

sbandieramento [ʃbandieramén-] *s.m.* lo sbandierare (anche *fig.*): *uno — di patriottismo.*

sbandierare [ʃban-] *v.tr.* [*io sbandièro, tu sbandièri ecc.*] **1** sventolare le bandiere **2** (*fig.*) ostentare, sfoggiare: *sbandierava il suo coraggio.*

sbandire [ʃban-] *v.tr.* → **bandire**.

sbando [ʃban-] *s.m.* sbandamento, dispersione, caos: *andare, mandare allo—.*

sbaraccare [ʃba-] *v.tr.* [*io sbaracco, tu sbaracchi ecc.*] (*fam.*) rimuovere energicamente cose o persone dal loro posto / *assol.* raccogliere le proprie cose e andarsene.

sbaragliare [ʃba-] *v.tr.* [*io sbaràglio ecc.*] disperdere, vincere: — *l'esercito nemico.*

sbaraglio [ʃbarà-] *s.m.* lo sbaragliare; l'essere sbaragliato / *mandare, andare allo —*, esporre, esporsi a grave pericolo.

sbarazzare [ʃba-] *v.tr.* liberare da impacci, da molestie: *ti sbarazzerò dei tuoi nemici* // **-arsi** *v.rifl.* liberarsi di qlcu. o qlco.: — *di un seccatore.*

sbarazzino [ʃba-] *s.m.* ragazzo spigliato che ne fa di tutti i colori // *agg.* da sbarazzino: *un'aria sbarazzina.*

sbarbare [ʃbar-] *v.tr.* radere la barba // **-arsi** *v.rifl.* radersi la barba.

sbarbatello [ʃbarbatèl-] *s.m.* (iron. o spreg.) ragazzo imberbe, giovincello.

sbarbato [ʃbar-] *s.m.* (fam.) ragazzo, ragazzino; persona immatura. DIM. *sbarbatello.*

sbarbettatura [ʃbar-] *s.f.* (agr.) l'operazione dell'asportare le radici superficiali che si formano nelle piante al disopra del punto d'innesto.

sbarbina [ʃbar-] *s.f.* nel gergo giovanile, ragazza, ragazzina.

sbarcare [ʃbar-] *v.tr.* [*io sbarco, tu sbarchi ecc.*] togliere da una nave o barca, far scendere a terra, far passare su altro bastimento persone o cose / — *il lunario*, campare giorno per giorno // *v.intr.* lasciare una nave, scendere a terra, anche da altri mezzi di trasporto.

sbarcatoio [ʃbarcató-] *s.m.* (rar.) pontile.

sbarco [ʃbar-] *s.m.* [pl. *-chi*] lo sbarcare: *lo — dei soldati*, (mil.) il trasporto e la discesa a terra delle truppe /

mezzo da —, (mar.) galleggiante messo in mare in prossimità della costa per portare a terra cose o persone.

sbarra [ʃbar-] *s.f.* **1** trave, spranga e simili, spec. quando siano posti a sbarrare un passaggio; in particolare, la barriera che in un tribunale separa i giudici dagli imputati: *la — di un passaggio a livello; lo colpì con una —*; *il prigioniero guardava attraverso le sbarre* **2** (sport) attrezzo usato nel sollevamento pesi e composto da un'asta che porta alle estremità le masse del peso; attrezzo ginnico costituito da un'asta cilindrica posta orizzontalmente a una certa altezza dal suolo su cui si eseguono esercizi di appoggio e oscillazione; nelle scuole di danza, asta orizzontale infissa alla parete per esercizi specifici, spec. delle gambe: *esercizi alla —* **3** (arald.) pezza onorevole posta diagonalmente nello scudo dal cantone superiore sinistro all'inferiore destro **4** lineetta usata come segno grafico.

sbarramento [ʃbarramén-] *s.m.* **1** lo sbarrare: *disporre uno — / fuoco di —* (mil.) concentrazione del tiro dell'artiglieria in una zona di cui si vuole interdire l'accesso al nemico **2** ostacolo posto ad impedire il passaggio o l'accesso: *superò lo — di reticolati* **3** ostruzione naturale o artificiale che interrompe il corso di un fiume in modo da formare un lago: *diga di —.*

sbarrare [ʃbar-] *v.tr.* **1** chiudere con sbarre; sprangare: — *il portone* **2** impedire, ostacolare (anche *fig.*): *una frana sbarrava la strada* **3** spalancare, per meraviglia o paura (detto solo degli occhi): *a quella vista sbarrò gli occhi* **4** segnare con barre, con righe trasversali.

sbarrato [ʃbar-] *agg.* **1** che è traversato o chiuso da una sbarra / *assegno —*, quello su cui sono state tracciate due righe parallele, in modo che possa essere riscosso solo presso una banca **2** spalancato (detto solo degli occhi): *restò a guardarmi con gli occhi sbarrati* // *s.m.* (arald.) scudo coperto di sei sbarre alternate di smalto differente.

sbassare [ʃbas-] *v.tr.* render più basso, diminuire (anche *fig.*): — *un tavolo; — l'orgoglio.*

sbatacchiamento [ʃbatacchiamén-] *s.m.* lo sbatacchiare, l'essere sbatacchiato.

sbatacchiare [ʃba-] *v.tr.* [*io sbatàcchio ecc.*] sbattere, agitare con violenza in malo modo, ripetutamente: *la gallina sbatacchiava le ali* // *v.intr.* sbattere ripetutamente: *le finestre sbatacchiavano per il vento.*

sbattere [ʃbàt-] *v.tr.* **1** battere energicamente o scagliare con violenza: — *le ali; — tappeti; non sbattete la porta uscendo; la tempesta sbatté la nave contro gli scogli; nell'urto sbattei la testa contro il parabrezza; — qlco. per terra / non sapere dove — la testa*, non sapere che cosa fare / — *la porta in faccia a uno*, scacciarlo in malo modo / — *fuori qlcu.*, metterlo alla porta **2** agitare sostanze liquide o semisolide per ben mescolarle e amalgamarle o farle gonfiare: — *le uova* **3** (fig.fam.) far apparire pallido, smorto: *questo colore ti sbatte* **4** (volg.) possedere sessualmente una donna // *v.intr.* battere, urtare con violenza: *la finestra sbatte, se non è ben chiusa; sbatté con la gamba contro lo stipite* // **-ersi** *v.rifl.* nel gergo giovanile, darsi da fare, impegnarsi molto: *si è sbattuto come un matto per trovare una casa.*

sbattezzare [ʃbatteʒʒa-] *v.tr.* [*io sbattézzo ecc.*] obbligare ad abiurare la religione cristiana // **-arsi** *v.rifl.* abiurare la religione cristiana.

sbattimento [ʃbattimén-] *s.m.* lo sbattere, lo sbattersi, l'essere sbattuto.

sbattiuova [ʃbattiuò-] *s.m.invar.* arnese da cucina per amalgamare o montare le uova, la panna ecc.

sbattuta [ʃbat-] *s.f.* lo sbattere una volta: *diede una — al tappeto.*

sbattuto [ʃbat-] *agg.* **1** frullato **2** che mostra stanchezza, abbattimento: *viso —.*

sbavare [ʃba-] *v.intr.* **1** emettere bava: *la lumaca sbava* **2** di colore, spandersi oltre la linea di contorno // *v.tr.* **1** sporcare di bava **2** (*metall.*) togliere le bave a un pezzo fuso.

sbavatura [ʃba-] *s.f.* **1** lo sbavare; traccia di bava: *la — delle lumache* **2** traccia lasciata da un colore che si spande oltre la linea di contorno / *uno stile pieno di sbavature,* (*fig.*) pieno di inutili dispersioni o lungaggini.

sbellicarsi [ʃbel-] *v.intr.pron.* [*io mi sbellico, tu ti sbellichi ecc.*] usato solo nell'espressione *sbellicarsi dalle risa,* ridere a crepapelle.

sbendare [ʃben-] *v.tr.* [*io sbèndo ecc.*] levare la benda o le bende.

sberla [ʃber-] *s.f.* (*region.*) schiaffo, ceffone.

sberleffo [ʃberlèf-] *s.m.* **1** gesto di scherno: *gli attori facevano sberleffi al pubblico* **2** (*rar.*) cicatrice, sfregio sul viso.

sbertucciare [ʃber-] *v.tr.* [*io sbertùccio ecc.*] **1** schernire **2** rovinare; sgualcire.

sbevazzare [ʃbe-] *v.intr.* (*spreg.*) bere molto e a più riprese.

sbiadire [ʃbia-] *v.intr.* [*io sbiadisco, tu sbiadisci ecc.*] perdere il colore: *temo che la stoffa sbiadisca.* SIN. *scolorire* // *v.tr.* far perdere il colore: *il sole sbiadisce i tessuti delicati.* SIN. *scolorire.*

sbiadito [ʃbia-] *agg.* **1** che ha perduto il suo colore originale: *portava un abito —.* SIN. *scolorito* **2** (*fig.*) che manca di vivacità, di brio, di originalità: *stile —.* SIN. *scolorito, scialbo.*

sbiancante [ʃbian-] *agg.* e *s.m.* si dice di ciò che serve a rendere bianco: *azione —; usare uno — per il bucato.*

sbiancare [ʃbian-] *v.tr.* [*io sbianco, tu sbianchi ecc.*] render bianco // *v.intr.,* **-arsi** *v.rifl.pron.* diventar bianco, pallido: (*si*) *sbiancò in volto.*

sbicchierata [ʃbic-] *s.f.* bevuta fatta in compagnia.

sbieco [ʃbiè-] *agg.* [pl.m. *-chi*] che non è diritto; storto, obliquo / *di —, per —,* di traverso, obliquamente / *guardare di —,* con malanimo, con diffidenza // *s.m.* in sartoria, lembo di stoffa tagliato in diagonale e non in dritto filo.

sbigottimento [ʃbigottimén-] *s.m.* lo sbigottire, lo sbigottirsi. SIN. *sbalordimento, smarrimento.*

sbigottire [ʃbi-] *v.tr.* [*io sbigottisco, tu sbigottisci ecc.*] rendere attonito; sconcertare; impaurire: *quello spettacolo lo sbigottì.* SIN. *sbalordire, spaventare* // *v.intr.,* **-irsi** *v.rifl.pron.* provare turbamento, meraviglia, paura: *a quelle parole* (*si*) *sbigottì.*

sbigottito [ʃbi-] *agg.* che è turbato per meraviglia o paura. SIN. *sbalordito, spaventato, smarrito.*

sbilanciare [ʃbi-] *v.tr.* [*io sbilàncio ecc.*] **1** far perdere l'equilibrio portando il peso da una parte. SIN. *squilibrare* **2** (*fig.*) provocare difficoltà finanziarie // *v.intr.* perdere l'equilibrio: *il carico sbilancia a destra* // **-arsi** *v.rifl.* compromettersi, spec. nel dire o nel fare qlco., per cui non ci si possa più tirare indietro: *non risponde per non —.*

sbilancio [ʃbilàn-] *s.m.* **1** atto, effetto dello sbilanciare o dello sbilanciarsi. SIN. *squilibrio* **2** deficit finanziario.

sbilenco [ʃbilèn-] *agg.* [pl.m. *-chi*] storto; che pende da una parte; malfatto (anche *fig.*): *un uomo —; casa sbilenca; discorso —.*

sbirciare [ʃbir-] *v.tr.* [*io sbìrcio ecc.*] **1** guardare di sfuggita, per non essere notati, ma con curiosità e attenzione **2** (*rar.*) guardare con attenzione, socchiudendo gli occhi per rendere più acuta la vista.

sbirciata [ʃbir-] *s.f.* lo sbirciare una volta e frettolosamente. DIM. *sbirciatina.*

sbirraglia [ʃbir-] *s.f.* (*spreg.*) l'insieme degli sbirri.

sbirresco [ʃbirré-] *agg.* [pl.m. *-chi*] di, da sbirro.

sbirro[1] [ʃbir-] *s.m.* → **birro.**

sbirro[2] [ʃbir-] *s.m.* (*mar.*) anello di canapa non ritorta, usato per legare il paranco a un albero o a un cavo.

sbizzarrire [ʃbiʒʒar-] *v.tr.* [*io sbizzarrisco, tu sbizzarrisci ecc.*] far passare i capricci, la bizzarria a qlcu.: *è un ragazzo da —* // **-irsi** *v.rifl.* soddisfare i propri capricci, i propri desideri, ma anche il proprio estro: *mi sono sbizzarrito a dipingere.* SIN. *scapricciarsi.*

sbloccare [ʃbloc-] *v.tr.* [*io sblòcco, tu sblòcchi ecc.*] togliere un blocco, liberare da un blocco (anche *fig.*): *— la fortezza; non riesco a — il freno; i prezzi saranno sbloccati* // *v.intr.* nel biliardo, si dice della palla che batte sugli orli della buca e poi rimbalza fuori: *la palla ha sbloccato.*

sblocco [ʃblòc-] *s.m.* [pl. *-chi*] lo sbloccare (spec. *fig.*): *lo — degli affitti.*

sboccare [ʃboc-] *v.intr.* [*io sbócco, tu sbócchi ecc.*] **1** gettarsi in mare, in laghi, in fiumi (detto di corsi d'acqua): *il Tevere sbocca nel Tirreno; il Ticino sbocca nel Po* **2** di strade, aver termine in un'altra strada o in una piazza: *via Torino sbocca in piazza Duomo.* SIN. *sfociare* **3** di persone, giungere in un luogo da una strada e simili: *il corteo sboccò in piazza Mazzini* **4** (*fig.*) avere una determinata conclusione: *le proteste sboccarono in un vero e proprio tumulto* // *v.tr.* **1** togliere un po' di liquido dalla bocca di una bottiglia, di un fiasco e simili **2** rompere l'imboccatura di bottiglie, vasi e simili.

sboccato [ʃboc-] *agg.* **1** che parla in modo sconveniente: *quell'uomo è proprio —* **2** rotto all'imboccatura (detto di bottiglie, vasi e simili).

sbocciare [ʃboc-] *v.intr.* [*io sbòccio ecc.*] **1** aprirsi (detto dei fiori): *le rose sono sbocciate* **2** (*fig.*) manifestarsi, nascere: *sbocciano le speranze e gli amori.*

sboccio [ʃbòc-] *s.m.* lo sbocciare dei fiori.

sbocco [ʃbòc-] *s.m.* [pl. *-chi*] **1** lo sboccare; il luogo dove sbocca un corso d'acqua, una strada ecc. (anche *fig.*): *il ponte è allo — della valle; una strada senza —,* chiusa; *un corso di studi senza sbocchi professionali* **2** fuoruscita: *— di sangue,* emottisi **3** mercato che assorbe la sovrapproduzione di un paese: *cercare nuovi sbocchi per l'industria tessile.*

sbocconcellare [ʃboc-] *v.tr.* [*io sbocconcèllo ecc.*] **1** mangiare a piccoli bocconi, per lo più di malavoglia **2** rompere un poco all'orlo recipienti di terracotta o di vetro.

sboffo [ʃbòf-] *s.m.* → **sbuffo 2.**

sbollentare [ʃbol-] *v.tr.* [*io sbollènto ecc.*] immergere, per brevissimo tempo, cibi nell'acqua bollente.

sbollire [ʃbol-] *v.intr.* [*io sbollisco o sbóllo, tu sbollisci o sbólli ecc.*] cessare di bollire (spec. *fig.*): *la sua ira è sbollita.*

sbolognare [ʃbo-] *v.tr.* [*io sbológno ecc.*] **1** appioppare a qlcu. monete false o roba di poco valore: *ho sbolognato tutti i fondi di magazzino* **2** (*fig.*) mandar via una persona non gradita: *l'ha sbolognato con due parole / sbolognarsela,* svignarsela.

sbornia [ʃbor-] *s.f.* (*pop.*) ubriacatura: *prendere una —.*

sborniarsi [ʃbor-] *v.rifl.* [*io mi sbòrnio ecc.*] prendere una sbornia. SIN. *ubriacarsi.*

sborniato [ʃbor-] *agg.* ubriaco, sbronzo.

sborsamento [ʃborsamén-] *s.m.* lo sborsare.

sborsare [ʃbor-] *v.tr.* [*io sbórso ecc.*] togliere denaro dalla borsa; pagare: *devi — subito mille lire.*

sborso [ʃbór-] *s.m.* lo sborsare; la somma pagata.

sbottare [ʃbot-] *v.intr.* [*io sbòtto ecc.*] scoppiare; prorompere: *— a ridere, a piangere / assol.* dire impetuosamente tutto quello che si pensa; sfogarsi: *non ha saputo resistere, ed è sbottato.* SIN. *erompere.*

sbotto [ʃbòt-] *s.m.* lo sbottare; sfogo.

sbottonare [ʃbot-] *v.tr.* [*io sbottóno ecc.*] aprire la parte abbottonata di un abito facendo uscire i bottoni dagli occhielli: *— la giacca // -arsi v.rifl.* (*fig.* e *fam.*) confidare il proprio pensiero; manifestare liberamente ciò che si pensa: *non ama — con nessuno.*

sbozzare [ʃboz-] *v.tr.* [*io sbòzzo ecc.*] **1** dare la prima forma a una statua; per estens., abbozzare un dipinto, un disegno **2** (*fig.*) delineare la struttura o l'impianto di un'opera letteraria, di un progetto.

sbozzatore [ʃbozzató-] *s.m.* chi sbozza il marmo.

sbozzimare [ʃbozzi-] *v.tr.* [*io sbòzzimo ecc.*] togliere la bozzima ai filati o ai tessuti.

sbozzolare [ʃboz-] *v.intr.* [*io sbòzzolo ecc.*] uscire dal bozzolo (detto della farfalla del baco da seta) // *v.tr.* togliere i bozzoli dei bachi da seta dalle foglie a cui sono fissati.

sbracare [ʃbra-] *v.tr.* [*io sbraco, tu sbrachi ecc.*] togliere i calzoni // *-arsi v.rifl.* togliersi i calzoni o altri indumenti per star più libero e comodo.

sbracato [ʃbra-] *agg.* **1** che non ha indosso i calzoni; che ha gli abiti in disordine e sbottonati **2** (*fig.*) disordinato, sguaiato.

sbracciarsi [ʃbrac-] *v.intr.pron.* [*io mi sbràccio ecc.*] **1** scoprirsi il braccio o le braccia tirando su le maniche o portando abiti senza maniche **2** agitare troppo le braccia **3** (*fig.*) darsi da fare, affaccendarsi; affannarsi: *si sbracciava per farsi notare.*

sbracciato [ʃbrac-] *agg.* si dice di persona che abbia le braccia scoperte o di indumento senza maniche o con maniche molto corte.

sbraitare [ʃbrai-] *v.intr.* [*io sbràito ecc.*] parlare alzando troppo il tono della voce; gridare con ira. SIN. *vociare.*

sbranamento [ʃbranamén-] *s.m.* lo sbranare.

sbranare [ʃbra-] *v.tr.* fare a brani (anche *fig.*). SIN. *dilaniare // -arsi v.rifl.rec.* farsi a brani l'un l'altro (anche *fig.*): *in quelle discussioni si sbranano.*

sbrancare [ʃbran-] *v.tr.* [*io sbranco, tu sbranchi ecc.*] far uscire dal branco; disperdere il branco // *-arsi v.intr.pron.* uscire dal branco; (*fig.*) disperdersi: *i banditi si sbrancarono nella foresta.*

sbrattare [ʃbrat-] *v.tr.* togliere ciò che imbratta o ingombra; pulire (anche *fig.*): *— la tavola; — un paese dai banditi.*

sbrendolo [ʃbrén-] *s.m.* pezzo di vestito che casca; brandello.

sbrendolone [ʃbrendoló-] *s.m.* chi ha il vestito pieno di sbrendoli.

sbriciolamento [ʃbriciolamén-] *s.m.* lo sbriciolare, lo sbriciolarsi.

sbriciolare [ʃbri-] *v.tr.* [*io sbrìciolo ecc.*] ridurre in briciole: *— il pane.* SIN. *sminuzzare // -arsi v.intr.pron.* ridursi in briciole.

sbrigare [ʃbri-] *v.tr.* [*io sbrigo, tu sbrighi ecc.*] portare a termine lestamente un compito: *— una faccenda / sbrigarsela,* uscire d'impiccio *// -arsi v.intr.pron.* fare presto, affrettarsi. SIN. *spicciarsi.*

sbrigativo [ʃbri-] *agg.* **1** che vale a sbrigare qlco.; che viene sbrigato in fretta: *modi sbrigativi; lavoro —.* SIN. *spiccio* **2** si dice di persona che sbriga alla svelta e con risolutezza le proprie faccende: *è un tipo —.*

sbrigliare [ʃbri-] *v.tr.* [*io sbrìglio ecc.*] liberare dalle briglie; (*fig.*) lasciare libero da ogni freno: *— la fantasia // -arsi v.rifl.* sfrenarsi, agire liberamente.

sbrigliatezza [ʃbrigliatéz-] *s.f.* l'essere sbrigliato.

sbrigliato [ʃbri-] *agg.* libero da ogni freno; sfrenato.

sbrinamento [ʃbrinamén-] *s.m.* operazione con cui si eliminano i depositi di brina dalla superficie esterna dei vaporizzatori degli impianti frigoriferi.

sbrinare [ʃbri-] *v.tr.* compiere l'operazione di sbrinamento.

sbrinatore [ʃbrinató-] *s.m.* dispositivo col quale si comanda lo sbrinamento nei frigoriferi domestici.

sbrindellare [ʃbrin-] *v.tr.* [*io sbrindèllo ecc.*] ridurre a brindelli, lacerare // *v.intr.* essere stracciato, pendere a pezzi: *l'abito gli sbrindellava addosso.*

sbrindellato [ʃbrin-] *agg.* lacero, stracciato: *un abito —.*

sbrindello [ʃbrindèl-] *s.m.* brindello.

sbrodolamento [ʃbrodolamén-] *s.m.* atto, effetto dello sbrodolare e dello sbrodolarsi.

sbrodolare [ʃbro-] *v.tr.* **1** [*io sbròdolo ecc.*] sporcare di brodo; insudiciare **2** (*fig.*) esprimersi prolissamente: *sbrodolò un noioso discorso // -arsi v.rifl.* sporcarsi mangiando.

sbrodolato [ʃbro-] *agg.* **1** insudiciato, macchiato **2** (*fig.*) prolisso, tirato in lungo: *discorso —.*

sbrodolone [ʃbrodoló-] *s.m.* chi si fa macchie mangiando; chi brodola (anche *fig.*).

sbrogliare [ʃbro-] *v.tr.* [*io sbròglio ecc.*] **1** sciogliere nodi, intrichi, cose imbrogliate: *— la matassa,* dipanare il groviglio dei fili; (*fig.*) risolvere una questione intricata / *— le vele,* (*mar.*) scioglierle dagli imbrogli **2** (*fig.*) districare, risolvere una faccenda o una situazione complicata **3** liberare da ingombri, sgombrare: *— un cassetto // -arsi v.rifl.* (*fig.*) togliersi da una situazione intricata / *sbrogliarsela,* (*fig.*) togliersi d'impaccio.

sbronza [ʃbrón-] *s.f.* (*fam.scherz.*) sbornia.

sbronzarsi [ʃbron-] *v.rifl.* [*io mi sbrónzo ecc.*] (*fam.scherz.*) ubriacarsi, prendere una sbornia.

sbronzo [ʃbrón-] *agg.* (*fam.scherz.*) ubriaco.

sbruffare [ʃbruf-] *v.tr.* **1** spruzzare un liquido dalla bocca o dal naso **2** (*fig.region.*) raccontare esagerazioni, spacconate (anche *assol.*) **3** corrompere un funzionario con denaro o regali per ottenere favori.

sbruffata [ʃbruf-] *s.f.* lo sbruffare una volta (anche *fig.*).

sbruffo [ʃbruf-] *s.m.* **1** atto dello sbruffare; il liquido sbruffato **2** (*fig.*) compenso dato per ottenere un favore.

sbruffone [ʃbruffó-] *s.m.* (*region.*) millantatore, spaccone.

sbucare [ʃbu-] *v.intr.* [*io sbuco, tu sbuchi ecc.*] **1** uscire fuori da una buca, da una tana e simili (detto di animali); per estens., uscire da un luogo buio: *la lepre sbucò dal suo nascondiglio; — da una galleria* **2** comparire all'improvviso: *da dove sei sbucato?*

sbucciare [ʃbuc-] *v.tr.* [*io sbùccio ecc.*] **1** privare della buccia: *— una mela* **2** per estens., produrre una escoriazione: *la scarpone mi sbucciò il piede; mi sono sbucciato un ginocchio // -arsi v.rifl.pron.* uscire dall'involucro, dalla propria pelle (spec. riferito ad alcuni animali): *i serpenti si sbucciano periodicamente.*

sbucciatura [ʃbuc-] *s.f.* leggera escoriazione, abrasione superficiale. SIN. *spellatura.*

sbudellamento [ʃbudellamén-] *s.m.* lo sbudellare o lo sbudellarsi.

sbudellare [ʃbu-] *v.tr.* [*io sbudèllo ecc.*] **1** aprire il ventre a un animale. SIN. *sventrare* **2** colpire al ventre producendo una grave ferita // **-arsi** *v.rifl.* solo nella locuz. *sbudellarsi dalle risa,* ridere a crepapelle.

sbuffare [ʃbuf-] *v.intr.* **1** mandar fuori il fiato con impeto, rumorosamente (detto di animali e anche di persone): *i cavalli sbuffavano; — per il caldo, per l'impazienza* **2** emettere fumo a tratti: *la locomotiva sbuffa.*

sbuffata [ʃbuf-] *s.f.* l'atto dello sbuffare (detto spec. di persona).

sbuffo [ʃbuf-] *s.m.* **1** lo sbuffare; l'aria, il fumo o il vapore sbuffato; per estens., folata: *uno — di vento* **2** rigonfiamento di stoffa a forma di pallone, usato spec. per guarnire abiti femminili: *maniche a —.*

sbugiardare [ʃbu-] *v.tr.* dimostrare che uno è bugiardo: *lo sbugiardò pubblicamente.* SIN. *smentire.*

sbullettare [ʃbul-] *v.tr.* [*io sbullétto ecc.*] togliere le bullette: *— una cassa* // *v.intr.* scrostarsi per la formazione di bolle di umidità (detto dell'intonaco dei muri).

sbullonare [ʃbul-] *v.tr.* [*io sbullóno ecc.*] privare dei bulloni.

sbuzzare [ʃbuʒʒa-] *v.tr.* (*region.*) aprire il buzzo di polli, pesci ecc.; sventrare.

scabbia [scàb-] *s.f.* malattia contagiosa della pelle, prodotta da un acaro, che si manifesta con bollicine e forte prurito.

scabbioso [-bió-] *agg.* affetto da scabbia.

scabino *s.m.* nel medioevo, giudice, inquisitore.

scabro *agg.* **1** ruvido, aspro: *una superficie scabra* **2** (*fig.*) brullo: *terreno —* **3** conciso, privo di ornamenti: *stile —.*

scabrosità *s.f.invar.* **1** l'essere scabroso **2** sporgenza di una superficie.

scabroso [-bró-] *agg.* **1** scabro, ruvido: *una superficie scabrosa* **2** malagevole; (*fig.*) difficile, arduo: *un sentiero —; problema —* **3** (*fig.*) difficile a trattarsi, delicato; si dice spec. di ciò che può offendere la sensibilità, il pudore altrui: *argomento —; scene scabrose.*

scacchiare *v.tr.* [*io scàcchio ecc.*] (*agr.*) compiere l'operazione della scacchiatura.

scacchiatura *s.f.* (*agr.*) potatura con la quale si asportano dalla vite e da altre piante i germogli superflui.

scacchiera [-chiè-] *s.f.* tavola quadrata divisa in 64 quadratini colorati alternativamente di chiaro e scuro, su cui si gioca a dama e a scacchi [*ill. Scacchi*].

scacchiere [-chiè-] *s.m.* regione strategicamente autonoma, teatro di guerra / *Cancelliere dello Scacchiere,* titolo inglese del ministro delle finanze e del tesoro.

scacchista *s.m.* e *f.* [pl.m. *-i*] giocatore di scacchi.

scacchistico [-chì-] *agg.* [pl.m. *-ci*] del gioco degli scacchi, degli scacchisti: *convegno —.*

scacciacani *agg.* e *s.m.* e *f.invar.* si dice di rivoltella a salve, usata per intimorire cani e anche persone.

scacciapensieri [-siè-] *s.m. invar.* sorta di strumento musicale costituito da una laminetta d'acciaio fissata a un supporto, che si fa vibrare con un dito, tenendo fra i denti il supporto.

scacciare *v.tr.* [*io scàccio ecc.*] **1** allontanare con violenza, cacciare via: *— di casa* **2** (*fig.*) far passare: *— la tristezza, la noia.*

scacciata *s.f.* lo scacciare.

scaccino *s.m.* chi fa le pulizie in chiesa.

scacco *s.m.* [pl. *-chi*] **1** ciascuno dei 32 pezzi con cui si gioca a scacchi: *disporre gli scacchi* **2** (*pl.*) antico gioco di origine orientale che si svolge tra due giocatori, ciascuno dei quali manovra su una scacchiera 16 pezzi **3** nel gioco degli scacchi, minaccia portata a un pezzo che deve sottrarvisi per evitare di essere preso; (*fig.*) sconfitta, insuccesso, mortificazione: *— al re; la regina è sotto —; subire uno — / — matto,* lo scacco che fa vincere la partita, ponendo il re avversario nell'impossibilità di difendersi / *tenere in —,* contenere, impedire a qlcu. di avanzare **4** ciascuno dei 64 quadretti bianchi e neri in cui è divisa la scacchiera; per estens., quadretto, piccolo riquadro: *abito a scacchi.*

scaccografia [-fì-] *s.f.* trascrizione grafica, mediante un codice di numeri e sigle, delle mosse del gioco degli scacchi.

scadente [-dèn-] *agg.* di poco pregio, di cattiva qualità, insufficiente: *stoffa —; profitto —.*

scadenza [-dèn-] *s.f.* data stabilita entro la quale scade un'obbligazione, un contratto, una cambiale; termine di tempo che si pone allo svolgimento di un'impresa, alla realizzazione di un piano, alla durata di una carica: *— di un debito; — cambiaria,* giorno in cui la cambiale deve essere pagata / *a breve, a lunga —,* con un termine di tempo vicino, lontano.

scadenzario [-zà-] *s.m.* libro sul quale si registrano, in ordine cronologico, le varie scadenze.

scadere [-dé-] *v.intr.* [coniugato come *cadere*] **1** perdere il pregio, il valore, le forze: *siamo molto scaduti nell'opinione pubblica; queste usanze stanno scadendo.* SIN. *decadere* **2** di cambiali, obbligazioni, contratti, giungere al termine fissato per il pagamento, l'estinzione ecc.: *ieri scadeva la mia cambiale; domani scadrà il tuo permesso* **3** (*mar.*) spostarsi, detto di una nave rispetto a un'altra, o l'aumentare della loro distanza.

scadimento [-mén-] *s.m.* lo scadere: *lo — culturale di quell'età.* SIN. *decadenza.*

scafandro *s.m.* vestito impermeabile con elmo generalmente metallico a visiera e scarpe piombate, provvisto di un sistema di cavi per la respirazione e per comunicare con la superficie dell'acqua, che viene indossato dai palombari per immersioni in profondità.

scacchi

1 *scacchiera,* 2 *casa o scacco,* 3 *re,* 4 *regina,* 5 *alfiere,* 6 *cavallo,* 7 *torre,* 8 *pedone.*

scala

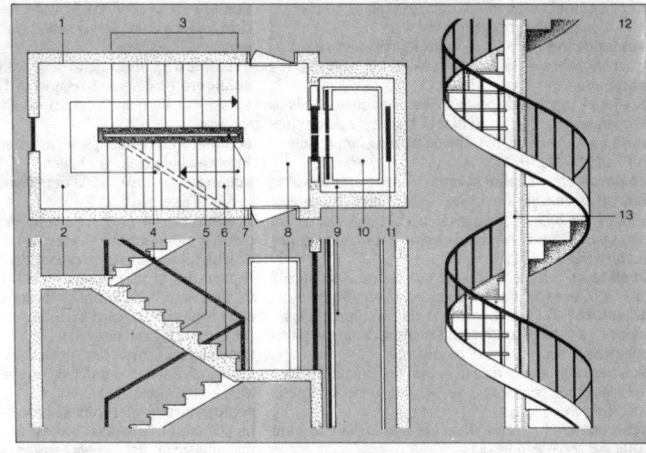

1 vano o gabbia,
2 pianerottolo di sosta,
3 rampa,
4 corrimano,
5 alzata,
6 pedata,
7 pozzo,
8 pianerottolo di partenza,
9 vano dell'ascensore,
10 cabina,
11 contrappeso,
12 scala a chiocciola,
13 spina.

scafato agg. e s.m. (region.) si dice di persona navigata, capace di cavarsela in ogni situazione.

scaffalare v.tr. **1** sistemare degli scaffali lungo le pareti di una stanza: devo — il negozio **2** collocare qlco. negli scaffali: ho scaffalato tutti i miei libri.

scaffalatura s.f. **1** lo scaffalare **2** l'insieme degli scaffali.

scaffale s.m. mobile aperto, costituito da una serie di ripiani sovrapposti, sui quali si ripongono libri o altri oggetti [ill. Arredamento].

scafo s.m. l'insieme dell'ossatura e del fasciame costituente il corpo galleggiante di un'imbarcazione; anche il corpo centrale di un idrovolante.

scafoide [-fòi-] agg. e s.m. (anat.) si dice di un ossicino della regione del carpo, nel polso, e di quella del tarso, nel piede.

scagionare v.tr. [io scagióno ecc.] liberare da un'accusa, dichiarare privo di colpa. SIN. discolpare, giustificare.

scaglia [scà-] s.f. **1** squama dei pesci e dei rettili **2** piastra, piccola lamina, frammento di metallo, di pietra o altro: il tetto è coperto con scaglie di lavagna; sapone a scaglie; le scaglie della forfora, pellicole che si staccano dal cuoio capelluto.

scagliare v.tr. [io scàglio ecc.] gettare lontano da sé con violenza (anche fig.): — un sasso; — insulti a qlcu. SIN. lanciare, scaraventare // **-arsi** v.rifl. **1** avventarsi, buttarsi: si scagliò contro il ladro **2** (fig.) inveire violentemente; assalire con minacce, ingiurie ecc.: si scagliò contro la povera donna con improperi d'ogni genere.

scagliola [-gliò-] s.f. **1** gesso puro, cotto e ridotto in polvere, che fa rapida presa ed è usato spec. per gli stucchi **2** erba delle graminacee, il cui seme si usa come mangime per gli uccelli.

scaglionamento [-mén-] s.m. atto, effetto dello scaglionare: lo — delle ferie.

scaglionare v.tr. [io scaglióno ecc.] disporre a scaglioni reparti militari; per estens., disporre persone o cose a determinate distanze o a intervalli di tempo: — le truppe; — le ferie.

scaglione [-gliò-] s.m. **1** ampio gradino, naturale o artificiale, sul pendio di un monte **2** ciascuno dei gruppi o dei reparti militari che si inviano o si impiega-

no a determinati intervalli; per estens., ciascuno dei gruppi in cui si suddividono persone o cose: inviare sul posto il battaglione a scaglioni; il primo — di aumento salariale **3** dente canino del cavallo **4** (arald.) pezza onorevole formata dall'unione della banda e della sbarra che, movendo dai cantoni della punta, toccano con il vertice il capo dello scudo.

scaglioso [-gliò-] agg. **1** ricoperto di scaglie, squamoso: superficie scagliosa **2** formato di scaglie minute: roccia scagliosa.

scagnozzo [-gnòz-] s.m. il tirapiedi di un potente.

scala s.f. **1** struttura, costituita da una o più serie di gradini, che permette di salire da un piano all'altro di un edificio; per estens., scalinata: — interna, esterna **2** apparecchio mobile formato da due montanti paralleli collegati da elementi trasversali che fungono da scalini: — a pioli; — di corda; — a libretto, costituita da un telaio munito all'estremità superiore di cerniera, che si apre a V rovesciata e non ha bisogno di appoggio; — porta o aerea, montata su automezzi, è costituita da più parti che si sfilano l'una dall'altra per mezzo di un argano / disporre a —, secondo un ordine crescente o decrescente d'altezza / — mobile, dotata di gradini mossi da un motore **3** (fig.) successione di cose disposte secondo un ordine di gradazione; in alcuni giochi, successione di un dato numero di carte in ordine progressivo: — dei colori; — delle difficoltà / — termometrica, per misurare la temperatura / — parlante, in un radioricevitore, la tabella graduata che indica la lunghezza d'onda e le principali stazioni trasmittenti / — musicale, successione di suoni, ordinata secondo un determinato rapporto, che sta alla base di un sistema musicale / — mobile dei salari, sistema per cui la retribuzione del lavoratore è periodicamente adeguata alle variazioni del costo della vita / — quaranta, gioco di carte che si fa con due mazzi cercando di costituire tris e scale **4** la parte di uno strumento di misurazione su cui si leggono i valori della grandezza misurata: — graduata della bilancia [ill. Bilancia]; — fissa, mobile del regolo calcolatore **5** nelle carte geografiche, topografiche e simili, il rapporto tra le distanze misurate sulla carta e quelle reali: — da uno a centomila, se la rappresentazione è centomila volte più piccola del reale / *su larga, vasta —*, in grandi proporzioni.

scalandrone [-dró-] *s.m.* (*mar.*) larga passerella con ringhiera che collega la banchina con la nave che vi è attraccata.

scalare[1] *agg.* **1** disposto a scala, graduato: *metodo* —; *interesse* — **2** (*fis.*) si dice di grandezze determinate da un numero relativo che ne dà la misura rispetto a un'unità fissata.

scalare[2] *v.tr.* **1** salire in cima a qlco.; arrampicarsi; fare un'ascensione alpinistica: *scalò il muro del castello; — il Monte Bianco* **2** disporre in scala, con gradualità: *— i salari a seconda del rendimento* **3** diminuire, ridurre: *ho scalato il debito.*

scalata *s.f.* atto dello scalare; ascensione alpinistica / *la* — *al potere*, (*fig.*) l'ascesa a una posizione di comando.

scalatore [-tó-] *s.m.* [f. *-trice*] **1** chi compie scalate, alpinista **2** (*fig.*) corridore ciclista che si distingue particolarmente nei percorsi di montagna.

scalcagnato *agg.* si dice di scarpa deformata e logora nel calcagno; per estens., di persona male in arnese. SIN. *scalcinato.*

scalcare *v.tr.* [*io scalco, tu scalchi ecc.*] tagliare le carni cotte per servirle in tavola.

scalciare *v.intr.* [*io scàlcio ecc.*] tirare, sferrare calci (detto spec. di animali).

scalcinato *agg.* **1** senza intonaco: *muro* — **2** (*fig.*) si dice di persona e di cosa mal ridotta, logora, in cattivo stato. SIN. *scalcagnato.*

scalco *s.m.* [pl. *-chi*] **1** antica denominazione di chi aveva l'incarico di scalcare le carni prima che fossero servite in tavola; per estens., chi predisponeva un banchetto **2** l'azione dello scalcare: *coltelli da —.*

scaldabagno *s.m.* [pl. *scaldabagni* o *invar.*] apparecchio a gas o elettrico per riscaldare l'acqua del bagno.

scaldaletto [-lèt-] *s.m.* [pl. *scaldaletti* o *invar.*] arnese per scaldare il letto, a carbonella o a corrente elettrica.

scaldamuscoli [-mù] *s.m.invar.* sorta di calza di lana senza piede che copre dalla caviglia alla coscia.

scaldapanche *agg.* e *s.m.* e *f.invar.* che o chi siede ozioso al suo posto senza prestare attenzione a ciò che accade intorno: *alunno* —, negligente, svogliato.

scaldapiedi [-piè-] *s.m.invar.* arnese per tenere caldi i piedi.

scaldare *v.tr.* **1** far diventare caldo, riscaldare **2** (*fig.*) infiammare, eccitare: *quelle idee gli scaldarono la testa* // **-arsi** *v.rifl.* procurarsi calore: *— al fuoco* // *v.intr.pron.* **1** diventare caldo o più caldo **2** (*fig.*) accalorarsi, eccitarsi: *farà bene a non — tanto e a rispondere con calma.*

scaldata *s.f.* l'atto, l'effetto dello scaldare: *la carne ha bisogno di una —.*

scaldavivande *s.m.invar.* arnese di foggia e funzionamento vario, usato per tenere in caldo le vivande.

scaldino *s.m.* vaso di metallo o di terracotta che, riempito di carboni accesi, serve per scaldarsi le mani.

scalea [-lè-] *s.f.* scalinata, spesso a più rampe, davanti a chiese o edifici monumentali.

scaleno [-lè-] *agg.* (*mat.*) si dice di un triangolo coi tre lati disuguali.

scaleo [-lè-] *s.m.* **1** doppia scala a pioli, apribile angolarmente in modo da reggersi da sé **2** mobiletto portatile a forma di scala.

scaletta [-lét-] *s.f.* **1** piccola scala **2** primo abbozzo delle scene o dei dialoghi di un film **3** brevi appunti da sviluppare in un testo o in un discorso.

scalfire *v.tr.* [*io scalfisco, tu scalfisci ecc.*] incidere, intaccare leggermente; ferire superficialmente: *— il diamante.* SIN. *graffiare.*

scalfittura *s.f.* atto, effetto dello scalfire; graffio.

scaligero [-li-] *agg.* **1** relativo ai Della Scala, antica famiglia di Verona **2** del teatro alla Scala di Milano: *spettacolo —.*

scalinare *v.tr.* in alpinismo, far scalini con la piccozza su pendii ghiacciati; gradinare.

scalinata *s.f.* (*arch.*) scala di notevoli proporzioni, per lo più all'esterno di edifici.

scalino *s.m.* **1** (*arch.*) ciascuno dei brevi ripiani, di pietra o muratura, che si susseguono lungo una rampa di scale; il gradino che segna il dislivello fra due ambienti o due piani: *inciampò nello — del marciapiedi* **2** in alpinismo, intaccatura praticata con la piccozza o con la punta dello scarpone su un pendio ghiacciato **3** per estens., piccolo dislivello.

scalmana *s.f.* malessere provocato dal freddo preso quando si è sudati o trafelati; vampa di calore al viso; (*fig.*) infatuazione.

scalmanarsi *v.rifl.* compiere eccessive fatiche, in fretta, sudando e arrossendo; darsi un gran da fare per raggiungere un fine: *— per arrivare prima.*

scalmanato *agg.* e *s.m.* tutto sudato e trafelato; (*fig.*) agitato, turbolento: *una folla di scalmanati.*

scalmo *s.m.* (*mar.*) **1** ciascuno dei pezzi di legno che formano le costole delle navi che non hanno struttura metallica **2** il supporto di legno o di metallo su cui si appoggia o si lega il remo [*ill. Barca*].

scalo *s.m.* **1** luogo di approdo delle navi, spec. per imbarco e sbarco di merci o passeggeri / *fare* —, di nave che entra o sosta in un porto / *— merci*, parte della stazione ferroviaria riservata alle operazioni di carico e scarico di merci / *— aereo*, località dove atterrano e partono gli aerei **2** opera in muratura sulla quale viene impostata la chiglia di nave da costruire.

scalogna [-ló-] *s.f.* (*fam.*) iettatura, disdetta. SIN. *sfortuna.*

scalognato *agg.* (*fam.*) disgraziato, sfortunato.

scalone [-ló-] *s.m.* ampia scala di un certo pregio architettonico, all'interno di edifici monumentali.

scaloppa [-lòp-] *s.f.* fettina di vitello.

scaloppina *s.f.* fettina di carne di vitello cotta al fuoco vivo.

scalpellare *v.tr.* [*io scalpèllo ecc.*] lavorare, incidere con lo scalpello: *— una statua* / *— un'iscrizione*, cancellarla con lo scalpello.

scalpellino *s.m.* operaio che lavora la pietra o il marmo per farne scalini, soglie ecc.

scalpello [-pèl-] *s.m.* **1** arnese di ferro o d'acciaio, con un'estremità affilata, sul quale si batte col martello per lavorare il legno o la pietra [*ill. Utensili; Pittura e scultura*]; strumento usato dal chirurgo per incidere le ossa / *l'arte dello —*, la scultura / *è un ottimo —*, un ottimo scultore **2** attrezzo usato per la perforazione dei pozzi petroliferi [*ill. Petrolio*].

scalpicciare *v.intr.* [*io scalpiccio ecc.*] camminare strofinando i piedi.

scalpiccio [-cì-] *s.m.* uno scalpicciare continuato; il rumore che si fa scalpicciando.

scalpitare *v.intr.* [*io scàlpito ecc.*] pestare il suolo con le zampe (detto di cavalli e simili); (*fig.*) essere impaziente.

scalpitio [-ti-] *s.m.* uno scalpitare frequente e continuo.

scalpo *s.m.* cuoio capelluto strappato dal cranio del nemico vinto, che i pellirosse conservavano come trofeo.

scalpore [-pó-] *s.m.* risentimento espresso rumorosamente con atti e parole d'ira / *fare —*, sollevare molto rumore, molti commenti: *è una notizia che farà —*.

scaltrezza [-tréz-] *s.f.* l'essere scaltro. SIN. *astuzia, furberia, abilità*.

scaltrire *v.tr.* [*io scaltrisco, tu scaltrisci ecc.*] rendere scaltro // **-irsi** *v.rifl.* diventare scaltro; diventare abile nella propria attività o professione.

scaltrito *agg.* esperto nella propria arte o professione.

scaltro *agg.* che sa condursi con accortezza e furberia. SIN. *astuto, furbo*.

scalzacane *s.m. e f.* persona malvestita, male in arnese; persona di mediocri capacità nella sua professione.

scalzamento [-mén-] *s.m.* atto, effetto dello scalzare.

scalzapelli [-pèl-] *s.m.invar.* sorta di paletta ricurva per la cura delle mani.

scalzare *v.tr.* **1** togliere le scarpe e le calze dai piedi **2** (*fig.*) levare del materiale intorno a qlco. privandola dell'appoggio; smuovere alla base: *— un albero, un muro / — l'autorità di qlcu.*, indebolirla / *— qlcu. da una carica*, far in modo che gli sia tolta.

scalzo *agg.* senza scarpe né calze / *a piedi scalzi*, a piedi nudi / *Carmelitani scalzi*, frati che portano sandali senza calze.

scambiare *v.tr.* [*io scàmbio ecc.*] **1** dare, prendere una cosa in cambio di un'altra: *scambiò l'orologio con un anello / — due parole*, conversare. SIN. *permutare* **2** confondere erroneamente una cosa o una persona con un'altra.

scambiatore [-tó-] *s.m.* (*tecn.*) dispositivo che consente uno scambio: *— di calore*, che permette lo scambio termico tra due fluidi; è in genere costituito da una serpentina, immersa in uno dei fluidi, in cui circola l'altro fluido, più caldo o più freddo.

scambievole [-bié-] *agg.* reciproco: *aiuto —*.

scambio [scàm-] *s.m.* **1** atto, effetto dello scambiare e dello scambiarsi: *— di merci; — di persona / zona di libero —*, in cui il passaggio delle merci da paese a paese non va soggetto a dazi protettivi, controlli ecc. **2** (*ferr.*) congegno che permette di far passare un convoglio ferroviario da un binario all'altro, facendo spostare tratti di rotaie mobili [*ill. Ferrovia*].

scambista *s.m. e f.* [pl.m. *-i*] chi manovra gli scambi nelle ferrovie.

scamiciarsi *v.rifl.* [*io mi scamìcio ecc.*] mettersi in maniche di camicia.

scamiciato *agg.* in maniche di camicia; per estens., scomposto // *s.m.* tunica o tuta scollata e senza maniche portata su camicette, pullover ecc.

scamorza [-mòr-] *s.f.* formaggio di latte di vacca simile alla mozzarella; è prodotto soprattutto negli Abruzzi e in Campania.

scamosciare *v.tr.* [*io scamòscio ecc.*] conciare le pelli in modo da renderle morbide come quella del camoscio.

scamosciato *agg. e s.m.* si dice di qualsiasi pelle conciata in modo da assomigliare a quella del camoscio.

scamosciatura *s.f.* l'operazione dello scamosciare.

scampagnata *s.f.* escursione in campagna. SIN. *gita*.

scampanare *v.intr.* sonare a lungo e a distesa (detto delle campane).

scampanato *agg.* si dice di un abito o di un cappello femminili che in basso si allarghino a campana.

scampanellare *v.intr.* [*io scampanèllo ecc.*] sonare forte e a lungo il campanello.

scampanellata *s.f.* squillo forte e prolungato del campanello.

scampanellio [-lì-] *s.m.* uno scampanellare vivace e continuo.

scampanio [-nì-] *s.m.* uno scampanare vivace e prolungato.

scampare *v.intr.* uscire salvo da un pericolo, sfuggire a un rischio: *scamparono alla strage; scampò alla malattia / scampò all'estero*, trovò rifugio fuori della patria // *v.tr.* salvare, liberare, proteggere da mali e pericoli; evitare (un pericolo ecc.): *Dio ci scampi; la nostra assistenza lo scampò dalla morte; — la prigione / scamparla, scamparsela*, salvarsi, evitare un grave danno: *l'ha scampata bella; me la scampai per un miracolo*.

scampato *agg.* evitato: *un pericolo —* // *agg. e s.m.* che o chi si è salvato: *gli scampati al naufragio*.

scampo[1] *s.m.* lo scampare; salvezza: *cercare — nella fuga / non c'è più —*, la situazione è disperata, non c'è via d'uscita.

scampo[2] *s.m.* crostaceo marino dal corpo bianco-rosato ricoperto di corazza, divisa in segmenti; la carne è cibo squisito [*ill. Crostacei*].

scampolo [scàm-] *s.m.* **1** piccolo taglio di tessuto che avanza da una pezza: *vendita di scampoli* **2** (*fig.*) avanzo, rimasuglio: *negli scampoli di tempo*.

scanalare *v.tr.* incavare un materiale eseguendo un solco in senso longitudinale, per ornamento o per creare l'alloggiamento di un pezzo scorrevole o a incastro: *— una colonna*.

scanalatura *s.f.* operazione dello scanalare; l'incavo lungo e stretto eseguito scanalando.

scandagliare *v.tr.* [*io scandàglio ecc.*] **1** misurare mediante lo scandaglio la profondità delle acque: *— il fondo del mare* **2** (*fig.*) cercare di conoscere, indagare, saggiare: *— le intenzioni di qlcu*.

scandaglio [-dà-] *s.m.* **1** strumento usato per misurare la profondità delle acque; il tipo più comune è costituito da un peso di piombo a forma tronco-conica e da una funicella graduata: *fare uno —* **2** (*fig.*) esame, indagine; esperimento.

scandalismo [-ʃmo] *s.m.* la tendenza, la volontà di creare scandali o di amplificarli a scopo politico.

scandalistico [-lì-] *agg.* [pl.m. *-ci*] che tende a sollevare scandali: *stampa scandalistica*.

scandalizzare [-liʒʒa-] *v.tr.* dare scandalo, turbare o indignare qlcu. con parole o atti: *— il pubblico* // **-arsi** *v.rifl.pron.* provare turbamento o indignazione per parole o atti ritenuti contrari alla morale o alle convenzioni sociali.

scandalizzato [-liʒʒa-] *agg.* indignato, risentito da fatti o parole scandalose.

scandalo [scàn-] *s.m.* **1** azione o discorso contrario alla morale e alla decenza, che susciti in altri un turbamento della coscienza; anche, cattivo esempio: *dare — / essere la pietra dello —*, provocare uno scandalo, dare cattivo esempio **2** evento o incidente che provochi vivace reazione nell'opinione pubblica: *sollevare uno —; lo — delle tangenti*.

scandaloso [-ló-] *agg.* che dà scandalo, che è motivo di scandalo: *spettacolo —; vita scandalosa / fortuna scandalosa*, (*scherz.*) esagerata. SIN. *osceno, vergognoso*.

scandere [scàn-] *v.tr.* (*ant.*) → **scandire**.

scandinavo [-di-] *agg.* della Scandinavia // *s.m.* abitante della Scandinavia.

scandio [scàn-] *s.m.* elemento chimico (Sc; *n.at.* 21; *p.at.* 44,96); metallo presente in alcuni minerali, non è stato ancora isolato allo stato puro.

scandire *v.tr.* [*io scandisco, tu scandisci ecc.*] **1** pronunziare le parole in modo distinto, spiccandone le sillabe: *parlava scandendo le parole*; *scandì il nome di lui* **2** leggere i versi latini e greci dividendoli in piedi e misurando la quantità delle sillabe / — *il tempo*, ritmarlo **3** (*tv.*) analizzare l'immagine da trasmettere, ossia decomporla in un gran numero di punti.

scannare *v.tr.* **1** uccidere, spec. animali, recidendo la gola; per estens., ammazzare barbaramente: — *gli agnelli*. SIN. sgozzare **2** (*fig.*) rovinare facendo pagare un prezzo eccessivo: — *con le imposte*.

scannatoio [-tó-] *s.m.* **1** luogo in cui si scannano bestie da macello **2** (*fig.*) luogo in cui si spilla molto denaro vendendo beni o servizi a un pubblico sprovveduto.

scannatore [-tó-] *s.m.* [f. *-trice*] chi scanna.

scannellare *v.tr.* [*io scannèllo ecc.*] → **scanalare**.

scannello [-nèl-] *s.m.* taglio magro e tenero di carne bovina, nella parte interna della coscia fra girello e controgirello.

scanner *s.m.invar.* apparecchio elettronico per l'esplorazione di una zona o strato determinato di un oggetto in esame.

scanno *s.m.* sedile di varia forma, per lo più imponente e severo, isolato o facente parte di una serie: *gli scanni dei monaci, dei deputati*. SIN. stallo.

scansafatiche *s.m.* e *f.invar.* chi non ha voglia di lavorare o non fa più dello stretto necessario.

scansare *v.tr.* **1** tirare da parte, spostare: — *il tavolo dal muro* **2** evitare, sfuggire: — *un colpo*; *tutti lo scansano*; — *le difficoltà*. SIN. schivare // **-arsi** *v.rifl.* tirarsi da parte.

scansia [-sì-] *s.f.* scaffale, mobile a ripiani.

scansione [-sió-] *s.f.* lo scandire, il dividere e misurare un verso della poesia classica nei suoi elementi metrici: *la — di un'ode di Orazio*.

scanso solo nella locuz. *a scanso di*, per evitare: *a — di responsabilità*.

scantinare *v.tr.* (*non com.*) **1** uscir di tono cantando o sonando **2** (*fig.*) dire o fare cose inopportune.

scantinato *s.m.* vano situato sotto il pianterreno di un edificio, che si adibisce a cantina, magazzino o altro.

scantonamento [-mén-] *s.m.* atto, effetto dello scantonare.

scantonare *v.intr.* [*io scantóno ecc.*] girare rapidamente l'angolo di una strada, spec. per evitare qlcu.; svignarsela; (*fig.*) evitare un argomento difficile // *v.tr.* (*non com.*) smussare qlco. agli spigoli.

scanzonato *agg.* si dice di chi tratta con disinvoltura e spregiudicatezza qualsiasi problema.

scapaccione [-ció-] *s.m.* colpo dato a mano aperta dietro il capo.

scapataggine [-tàg-] *s.f.* azione, frase da scapato; sventataggine.

scapato *agg.* e *s.m.* si dice di chi è imprudente, sventato.

scapestrataggine [-tàg-] *s.f.* azione da scapestrato.

scapestrato *agg.* e *s.m.* si dice spec. di giovani che conducono vita libera e disordinata.

scapezzare *v.tr.* [*io scapézzo ecc.*] scapitozzare; per estens., mozzare qlco. nella parte superiore.

scapicollarsi *v.rifl.* [*io mi scapicòllo ecc.*] correre a precipizio per luoghi ripidi; (*fig.*) affannarsi per raggiungere uno scopo.

scapigliare *v.tr.* [*io scapìglio ecc.*] spettinare, arruffare i capelli: *il vento l'ha scapigliata tutta*. SIN. scarmigliare.

scapigliato *agg.* **1** spettinato, arruffato **2** (*fig.antiq.*) scapestrato // *s.m.* appartenente al movimento letterario della scapigliatura.

scapigliatura *s.f.* **1** il condurre una vita da scapestrato **2** movimento letterario e artistico, fiorito in Lombardia nella seconda metà dell'Ottocento, che, in opposizione alla mentalità borghese, esaltava la libertà e l'individualismo dell'artista.

scapitare *v.intr.* [*io scàpito ecc.*] subire un danno materiale o morale, rimetterci: *non vorrei scapitarci*.

scapito [scà-] *s.m.* danno materiale o morale: *senza — / a — di...*, con danno, pregiudizio di...

scapitozzare *v.tr.* [*io scapitòzzo ecc.*] potare gli alberi tagliando i rami fino al tronco, capitozzare.

scapo *s.m.* **1** stelo senza foglie, con un fiore o un'infiorescenza all'estremità **2** il fusto di una colonna.

scapola [scà-] *s.f.* (*anat.*) osso piatto triangolare che si appoggia posteriormente sulla cassa toracica e si articola con la clavicola e con l'omero a formare la spalla [*ill Corpo*].

scapolare[1] *agg.* della scapola: *regione —* // *s.m.* lunga striscia rettangolare di stoffa, pendente sul petto o sulle spalle, munita di cappuccio; fa parte dell'abito monastico [*ill. Chiesa*]; immagine sacra che si porta per devozione appesa al collo con due striscioline di panno.

scapolare[2] *v.intr.* [*io scàpolo ecc.*] (*fam.*) sfuggire a una situazione rischiosa: — *da un pericolo* // *v.tr.* **1** (*fam.*) scamparla: *l'ha scapolata per miracolo* **2** (*mar.*) evitare un ostacolo in navigazione; liberare un oggetto (p.e. un cavo) da un ostacolo che lo trattiene.

scapolo [scà-] *agg.* e *s.m.* si dice di uomo non ammogliato, celibe: *uno — impenitente*, che non intende sposarsi.

scappamento [-mén-] *s.m.* la fuoriuscita dei gas di scarico del motore a scoppio; anche tubo attraverso il quale escono detti gas.

scappare *v.intr.* **1** allontanarsi in fretta, fuggire: — *di casa, dal collegio / di qui non si scappa*, la situazione non lascia alternative **2** correre: *scappo a casa* **3** (*fig.*) sfuggire: *lasciarsi — un'occasione*; *far — la pazienza, farla perdere*; *m'è scappato un errore*; — *di mente* **4** fuoriuscire; uscir fuori, prorompere (anche *fig.*): *la camicia gli scappava dai pantaloni / gli scappò detto*, disse inavvertitamente.

scappata *s.f.* **1** il recarsi di corsa e per breve tempo in un luogo: *fare una — a casa* **2** l'uscire con una frase imprevista, la frase stessa: *a quella — tutti rimasero interdetti*; *a volte ha certe scappate!* **3** errore commesso per leggerezza: *scappate di gioventù*.

scappatella [-tèl-] *s.f.* mancanza non grave, e spec. infedeltà passeggera in amore.

scappatoia [-tó-] *s.f.* via d'uscita, espediente per sottrarsi a una difficoltà, a un pericolo: *bisognerebbe trovare una —*. SIN. sotterfugio.

scappellarsi *v.rifl.* [*io mi scappèllo ecc.*] togliersi il cappello per salutare con deferenza.

scappellata *s.f.* atto dello scappellarsi.

scappellotto [-lòt-] *s.m.* lieve scapaccione, di solito dato con mossa confidenziale: *prendere qlcu. a scappellotti*.

scapricciare *v.tr.* [*io scapriccio o scapriccisco, tu scapricci o scapriccisci ecc.*] far passare un capriccio o i capricci a qlcu. // **-arsi** *v.rifl.* togliersi un capriccio, i capricci. SIN. sbizzarrirsi.

scarabattola [-bàt-] *s.f.* → **carabattola**.

scarabeo [-bè-] *s.m.* genere di insetti coleotteri, la cui specie più comune ha il corpo ovale nero lucente e il capo (nel maschio) armato di un corno rivolto all'indietro (*fam.* Scarabeidi).

scarabocchiare *v.tr.* [*io scarabòcchio ecc.*] fare scarabocchi. SIN. *sgorbiare*.

scarabocchiato *agg.* coperto di scarabocchi.

scarabocchio [-bòc-] *s.m.* **1** macchia, sbavatura d'inchiostro che capita di fare scrivendo; sgorbio, parola illeggibile: *questa firma non è che uno —; quaderno pieno di scarabocchi* **2** disegno mal fatto: *li chiami quadri questi scarabocchi?* **3** persona piccola e sgraziata.

scaracchiare *v.intr.* [*io scaràcchio ecc.*] scatarrare.

scaracchio [-ràc-] *s.m.* sputo catarroso.

scarafaggio [-fàg-] *s.m.* insetto dal corpo ovale, piatto, bruno, con lunghissime antenne filiformi; è frequente nelle abitazioni (*fam.* Blattidi).

scaramantico [-màn-] *agg.* [pl.m. -*ci*] di scaramanzia: *gesto —; pratica scaramantica.*

scaramanzia [-zì-] *s.f.* gesto, oggetto che si crede possa allontanare il malocchio e la iettatura. SIN. *scongiuro.*

scaramazza *agg.f.* si dice di perla non perfetta.

scaramuccia [-mùc-] *s.f.* [pl. -*ce*] **1** breve scontro tra pattuglie o reparti nemici **2** (*fig.*) scontro di parole, breve polemica. SIN. *schermaglia.*

scaraventare *v.tr.* [*io scaravènto ecc.*] **1** gettare con violenza: *— un libro contro il muro.* SIN. *scagliare, lanciare* **2** (*fig.*) trasferire improvvisamente in un luogo lontano: *l'hanno scaraventato da Milano a Trapani* // **-arsi** *v.rifl.* scagliarsi, lanciarsi contro qlcu. o qlco.

scarcerare *v.tr.* [*io scàrcero ecc.*] autorizzare a uscire dal carcere.

scarcerazione [-zió-] *s.f.* liberazione dal carcere.

scardassare *v.tr.* sgrovigliare e pettinare la lana con lo scardasso.

scardassatura *s.f.* operazione, effetto dello scardassare.

scardasso *s.m.* strumento con denti di ferro uncinati, usato per pettinare la lana.

scardinare *v.tr.* [*io scàrdino ecc.*] **1** levare dai cardini con violenza: *— una porta.* SIN. *sgangherare* **2** (*fig.*) privare delle basi teoriche o pratiche; privare di coesione, di stabilità: *— le accuse; — la famiglia.*

scarica [scà-] *s.f.* **1** sparo simultaneo di più armi da fuoco; rapida successione di colpi sparati da un'arma automatica: *— di fucileria; — di un mitra* **2** gran quantità di colpi o di cose che si scaricano: *— di colpi; — di grandine* **3** (*elettr.*) passaggio di corrente fra due corpi a diverso potenziale elettrico: *il fulmine è una — elettrica atmosferica.*

scaricabarili *s.m.invar.* gioco di ragazzi che consiste nel mettersi, a coppie, schiena contro schiena, intrecciando poi le braccia e sollevandosi a vicenda / *fare, giocare a —,* (*fig.*) scaricare a turno la responsabilità.

scaricamento [-mén-] *s.m.* lo scaricare.

scaricare *v.tr.* [*io scàrico, tu scàrichi ecc.*] **1** liberare, sgravare del carico: *— un carro* **2** deporre un carico: *— le casse sul marciapiede* **3** (*fig.*) liberarsi di un peso morale: *— l'ira; — la responsabilità* **4** togliere la carica ad un'arma da fuoco sparando tutti i colpi o togliendo il caricatore: *gli scaricò il fucile addosso* **5** far perdere la carica a un apparecchio elettrico: *— un accumulatore* **6** scagliare qlco. contro qlcu.: *— ingiurie* // **-arsi** *v.rifl.* **1** liberarsi di un carico (anche *fig.*) **2** riversarsi (detto di fiumi e altri corsi d'acqua) **3** perdere la carica (detto di apparecchi e fenomeni elettrici): *la batteria si è scaricata; il fulmine si era scaricato sul campanile.*

scaricatoio [-tó-] *s.m.* **1** cortile o spiazzo adibito allo scarico **2** condotto in cui si riversano le acque di rifiuto, fogna.

scaricatore [-tó-] *s.m.* [f. -*trice*] chi è addetto allo scaricamento: *uno — del porto.*

scarico [scà-] *agg.* [pl.m. -*chi*] privo di carico o di carica: *carro —; fucile —; accumulatore — / capo —,* (*fam.*) persona allegra e superficiale, buontempone // *s.m.* **1** operazione del togliere il carico: *— di una nave / a mio —,* (*fig.*) a mia discolpa **2** il materiale di rifiuto; luogo in cui si scaricano i rifiuti **3** il riversarsi, spec. di un liquido fuori da un bacino, da un condotto ecc. / *tubo di —,* tubo sistemato posteriormente negli autoveicoli a motore a scoppio, attraverso il quale escono i gas di scarico [*ill. Motore*] **4** uscita di merce da un magazzino: *registro di carico e —.*

scarificare *v.tr.* [*io scarifico, tu scarifichi ecc.*] incidere gli strati superficiali della cute.

scarificazione [-zió-] *s.f.* (*med.*) incisione superficiale nella pelle a scopo diagnostico o terapeutico.

scariola [-riò-], **scarola** [-rò-] *s.f.* varietà di lattuga.

scarlattina *s.f.* (*med.*) malattia infantile contagiosa, caratterizzata da febbre alta, mal di gola, desquamazione della pelle.

scarlatto *agg.* di colore rosso vivo: *— in viso per la vergogna* // *s.m.* colore scarlatto.

scarmigliare *v.tr.* [*io scarmiglio ecc.*] scompigliare, arruffare i capelli. SIN. *spettinare, scapigliare.*

scarmigliato *agg.* che ha i capelli arruffati, in disordine. SIN. *scapigliato.*

scarnificare *v.tr.* [*io scarnifico, tu scarnifichi ecc.*] togliere la carne, spolpare: *— un animale macellato.*

scarnire *v.tr.* [*io scarnisco, tu scarnisci ecc.*] scarnificare; rendere scarno (anche *fig.*): *— un osso; — un testo.*

scarno *agg.* molto magro: *un viso — / uno stile —,* (*fig.*) senza ornamenti, sobrio. SIN. *emaciato, asciutto.*

scarpa *s.f.* **1** calzatura, per lo più con suola di cuoio e tacco: *infilarsi le scarpe / non esser degno di lustrare le scarpe a qlcu.,* (*fig. fam.*) essergli in tutto inferiore. DIM. *scarpina, scarpetta* **2** cuneo che si pone sotto le ruote dei veicoli per tenerli fermi su un pendio **3** in costruzioni meccaniche, sostegno delle funi portanti **4** scarpata: *una muraglia a —.*

scarpaio [-pà-] *s.m.* venditore ambulante di scarpe.

scarpata *s.f.* la superficie inclinata di un terreno o d'una struttura / *— continentale,* il pendio costiero che congiunge la terraferma con il fondo marino.

scarpiera [-piè-] *s.f.* custodia o mobiletto in cui si ripongono le scarpe.

scarpinare *v.intr.* (*fam.* e *scherz.*) camminare a lungo, con fatica: *ho scarpinato tutto il giorno per te.*

scarpinata *s.f.* camminata lunga, disagevole: *la gita si è risolta in una terribile —!*

scarpone [-pó-] *s.m.* grossa scarpa robusta per lo più con suola chiodata, usata in montagna, a caccia o per marce militari ecc.

scarroccio [-ròc-] *s.m.* spostamento laterale di un'imbarcazione, spec. a vela, sotto l'azione del vento.

scarrozzare *v.tr.* [*io scarròzzo ecc.*] portare in giro in carrozza o con altro veicolo: *ha scarrozzato gli amici per la città* // *v.intr.* andare qua e là in carrozza o con altro veicolo (ma anche a piedi): *ho scarrozzato tutto il giorno per fare acquisti.*

scarrozzata *s.f.* passeggiata in carrozza, o anche in automobile.

scarrucolare *v.intr.* [*io scarrùcolo ecc.*] si dice di funi o catene che scorrono rapidamente in una carrucola facendola girare o che ne escono // *v.tr.* estrarre la fune dalla gola della carrucola.

scarseggiare *v.intr.* [*io scarséggio ecc.*] essere, divenire scarso; avere una cosa in misura insufficiente (anche *fig.*): *i viveri scarseggiano*; — *di intelligenza*. CONTR. *abbondare*.

scarsella [-sèl-] *s.f.* borsa di cuoio per il denaro / *metter mano alla* —, sborsar denaro, pagare / *in* —, in tasca, nel borsellino.

scarsezza [-séz-] *s.f.*, **scarsità** *s.f.invar.* l'essere scarso: — *di denaro*; — *di mano d'opera*. SIN. *difetto, insufficienza, penuria, mancanza.* CONTR. *abbondanza.*

scarso *agg.* manchevole, che non è disponibile nella misura occorrente: *peso, raccolto* —; — *di fantasia, di comprensione*; — *a quattrini*, con poco denaro; *luce scarsa*, fioca; *vento* —, debole / *sette etti scarsi*, un po' meno di sette etti. SIN. *insufficiente, limitato.* CONTR. *abbondante.*

scartabellare *v.tr.* [*io scartabèllo ecc.*] sfogliare un libro voltandone rapidamente le pagine alla ricerca di qlco.

scartafaccio [-fàc-] *s.m.* grosso quaderno o libro non rilegato e sgualcito.

scartamento [-mén-] *s.m.* la distanza fra le rotaie delle strade ferrate, misurata dall'uno all'altro dei lati interni / — *ridotto*, con distanza minore di quella normale [*ill. Ferrovia*] / *a* — *ridotto*, (*fig.*) si dice di cose troppo piccole o insufficienti: *un'automobile a* — *ridotto*.

scartare[1] *v.tr.* **1** togliere un oggetto dalla carta che lo avvolge: — *le arance* **2** nel gioco delle carte, scegliere ed eliminare una carta che non serve **3** mettere da parte, respingere come non buono, non utile: *scarta i libri inutili*; *scartava ogni proposta*; *lo scartarono alla visita medica*.

scartare[2] *v.intr.* fare un brusco balzo laterale, deviare dal cammino, detto di animali e veicoli // *v.tr.* evitare con uno scarto laterale (spec. negli sport): *scartò abilmente l'avversario*.

scartata *s.f.* lo scartare, lo sbandare (detto di animali o di veicoli).

scartavetrare *v.tr.* [*io scartavétro ecc.*] levigare con carta vetrata, carteggiare.

scartina *s.f.* **1** nei giochi di carte, carta di poco valore **2** cosa o persona di poco valore.

scarto[1] *s.m.* **1** la scelta e l'eliminazione di una cosa fra le altre; la cosa scartata: *lo* — *degli abiti vecchi*; — *di biblioteca* / *roba di* —, di nessun valore / *uno* — *d'uomo*, un uomo che non vale nulla **2** nel gioco delle carte, atto dello scartare e spec. la carta scartata: *attento agli scarti* **3** gioco enigmistico in cui scartando una lettera o una sillaba da una parola se ne ottiene un'altra di diverso significato.

scarto[2] *s.m.* **1** movimento laterale brusco, spec. di un cavallo o di un atleta; deviazione, scartata: *l'animale ebbe un brusco* — **2** distacco, differenza; scostamento dalla media: *lo vinse con uno* — *di due punti.*

scartocciare *v.tr.* [*io scartòccio ecc.*] svolgere, liberare da un cartoccio / — *il granturco*, liberare le pannocchie dalle foglie che le avvolgono.

scartoffia [-tòf-] *s.f.* spec. *pl.* (*spreg.scherz.*) carte su cui si studia o si lavora.

scassa *s.f.* (*mar.*) l'alloggiamento del piede dell'albero, nelle imbarcazioni a vela.

scassaquindici [-quìn-] *s.m.invar.* gioco affine alla morra.

scassare[1] *v.tr.* togliere qlco. dalla cassa che lo contiene.

scassare[2] *v.tr.* **1** aprire con forza **2** rompere, guastare: *ha scassato la valigia* **3** dissodare, lavorare il terreno in profondità.

scassato *agg.* **1** rovinato, guasto: *ho la bicicletta scassata* **2** dissodato.

scassinare *v.tr.* aprire porte, finestre e simili con la forza o manomettendo la serratura. SIN. *scardinare, scassare.*

scassinatore [-tó-] *s.m.* [f. *-trice*] chi scassina, per lo più a scopo di furto.

scasso *s.m.* atto, effetto dello scassinare: *furto con* — **2** dissodamento di un terreno, spec. a scopo agricolo: *lavoro di* —.

scatarrare *v.intr.* espellere catarro tossendo.

scatenamento [-mén-] *s.m.* atto, effetto dello scatenare o dello scatenarsi.

scatenare *v.tr.* [*io scaténo ecc.*] **1** (*rar.*) liberare da catene: — *il cane* **2** (*fig.*) eccitare, aizzare: — *la folla*, *l'odio contro qlcu.* // **-arsi** *v.rifl.* agire, muoversi con violenza, con impeto cieco: *si scatena un temporale*, comincia a infuriare; *si scatenarono gli istinti di ribellione.*

scatenato *agg.* (*fig.*) che non ha freno, misura: *furia scatenata* / *è un diavolo* —, si dice di persona particolarmente vivace. SIN. *sfrenato.*

scatola [scà-] *s.f.* **1** nome generico di recipienti, di materiale e forma diversi, forniti di coperchio: *una* — *di cartone*; — *di fiammiferi* / *rompere le scatole a qlcu.* (*fam.*) seccarlo / *comperare a* — *chiusa*, senza aver visto la merce **2** oggetto, congegno a forma di scatola: — *armonica, carillon* / — *cranica*, (*anat.*) l'insieme delle ossa che racchiudono il cervello / — *nera*, negli aerei, l'involucro che racchiude gli strumenti che recano registrati i dati di volo.

scatolame *s.m.* **1** assortimento di scatole per uso commerciale o industriale **2** generi alimentari conservati in scatola: *si mangia a base di* —.

scatolificio [-fi-] *s.m.* fabbrica di scatole.

scatologico [-lò-] *agg.* [pl.m. *-ci*] che tratta, scherzosamente, di escrementi; per estens., si dice di linguaggio volgare, scurrile.

scattante *agg.* agile, svelto, che ha i riflessi pronti: *un atleta* — / *una macchina* —, dotata di forte ripresa.

scattare *v.intr.* **1** di molle e congegni in tensione, rilasciarsi rapidamente: *fece* — *il grilletto* **2** balzare; slanciarsi: *l'atleta era pronto a* —; — *in piedi* **3** (*fig.*) prorompere in parole, per ira o indignazione: *è un tipo che scatta facilmente* // *v.tr.* agire sull'otturatore di una macchina fotografica per riprendere un'immagine: — *una fotografia.*

scattering [*ingl.*; *pr.* skètrin] *s.m.* (*fis.*) deviazione di una particella in seguito a un urto con un'altra particella; si traduce anche con *diffusione.*

scattista *s.m.* e *f.* [pl.m. *-i*] atleta specializzato nelle corse di scatto (corse piane fino a 400 m).

scatto *s.m.* **1** l'atto dello scattare, il rumore di un congegno che scatta: *lo* — *di una molla, del grilletto* / — *di stipendio*, aumento periodico **2** movimento brusco o improvviso; slancio: *un atleta dotato di* —; *una macchina che ha* —, che ha ripresa; *di* —; *a scatti*, con movimenti bruschi e improvvisi.

scaturigine [-rì-] *s.f.* (*lett.*) sorgente (anche *fig.*): *le scaturigini di un fenomeno*, le origini di esso.

scaturire *v.intr.* [*io scaturisco, tu scaturisci ecc.*] **1** di liquidi, zampillare, uscire fuori: *l'acqua scaturiva dalla roccia*; *le lacrime gli scaturirono dagli occhi.* SIN. *sgorgare* **2** (*fig.*) aver origine, principio: *talvolta il bene scaturisce dal male.* SIN. *derivare.*

scavalcare *v.tr.* [*io scavalco, tu scavalchi ecc.*] **1** passare al di sopra di un ostacolo: — *un muretto* **2** superare (anche *fig.*): *ha scavalcato tutti e ora è direttore* **3** buttar giù da cavallo // *v.intr.* scendere da cavallo.

scavare *v.tr.* **1** formare una cavità: — *il terreno;* — *una buca nel terreno;* — *una fossa, un pozzo, una galleria* / — *il collo, le maniche,* fare l'incavo **2** portare alla luce cose sepolte: *ha scavato una statua;* — *le rovine di Pompei;* — *il carbone* **3** (*fig.*) riportare alla memoria; escogitare, inventare: — *una vecchia storia;* — *degli strani argomenti* / *scavarsi la fossa con le proprie mani,* (*fig.*) procurarsi la propria rovina.

scavatore [-tó-] *s.m.* [f. *-trice*] **1** chi scava; operaio addetto agli scavi **2** macchina scavatrice.

scavatrice *s.f.* macchina per scavare, generalmente azionata da motori termici o elettrici.

scavatura *s.f.* **1** atto, effetto dello scavare; incavo, scavo **2** la terra o il materiale che si è scavato.

scavezzacollo [-còl-] *s.m.invar.* si dice spec. di un giovane imprudente e spericolato / *correre a* —, in gran furia, imprudentemente. SIN. *scapestrato.*

scavezzare *v.tr.* [*io scavézzo ecc.*] spezzare la cima degli alberi; per estens., rompere.

scavo *s.m.* **1** atto, effetto dello scavare: *lo* — *di un pozzo; fare lo* — *per gettare le fondamenta di una casa* **2** il luogo dove si scava e le cose scavate: *gli scavi archeologici; abbiamo visitato gli scavi di Ercolano* **3** incavatura del collo o delle maniche di un abito.

scazzottare *v.tr.* [*io scazzòtto ecc.*] (*pop.*) prendere a cazzotti, picchiare.

scegliere [scé-] *v.tr.* [pres. *io scélgo, tu scégli ecc.*; fut. *io sceglierò ecc.*; pass.rem. *io scélsi, tu scegliésti ecc.*; cong.pres. *io scélga ecc.*; condiz.pres. *io sceglieréi ecc.*; p.pass. *scélto*] **1** prendere, indicare ciò che si preferisce o si giudica migliore: *scelgo questa cravatta;* — *la strada* **2** separare la parte migliore da quella peggiore: — *la lana* **3** preferire: *sceglierei piuttosto la morte.*

sceglitore [-tó-] *s.m.* [f. *-trice*] chi sceglie; operaio addetto a un lavoro di scelta, spec. di frutta o verdura da conservare.

sceicco [-ìc-] *s.m.* [pl. *-chi*] presso gli arabi, titolo dato ai capi di tribù e a persone notevoli per virtù o dottrina.

scekerare *v.tr.* → **shakerare**.

scellerataggine [-tàg-], **scelleratezza** [-téz-] *s.f.* **1** l'essere scellerato **2** azione da scellerato. SIN. *infamia, misfatto.*

scellerato *agg.* malvagio, iniquo, nefasto; che possiede o rivela grande malvagità: *un uomo* —; *parole, azioni scellerate.* SIN. *sciagurato* // *s.m.* persona di grande malvagità.

scellino *s.m.* **1** unità monetaria dell'Austria **2** ventesima parte della sterlina inglese, prima dell'adozione del sistema decimale nel Regno Unito.

scelta [scél-] *s.f.* **1** lo scegliere; la possibilità di scegliere: *in quel negozio c'è molta* — / *a* —, con facoltà di scegliere / *di prima* —, di ottima qualità **2** quello che si è scelto; antologia: *una* — *della lirica italiana.*

sceltezza [-téz-] *s.f.* (*lett.*) l'essere scelto; squisitezza.

scelto [scél-] *agg.* **1** di ottima qualità: *merce scelta* **2** selezionato, distinto: *uno* — *pubblico* **3** bene addestrato in una specialità (detto spec. di soldati): *tiratore* —.

scemare *v.tr.* [*io scémo ecc.*] rendere minore: — *un prezzo* // *v.intr.* diminuire di intensità, di quantità: *la pioggia va scemando; le forze scemano.* SIN. *calare, decrescere.*

scemenza [-mèn-] *s.f.* **1** l'essere scemo: *quel film è di una* — *incredibile* **2** atto, detto da scemo: *non dire scemenze.* SIN. *scempiaggine, sciocchezza.*

scemo [scé-] *agg.* **1** sciocco, deficiente **2** degno di persona sciocca: *parole sceme* **3** (*non com.*) scarso: *luna scema,* calante; *arco* —, (*arch.*) più basso di quello a semicerchio // *s.m.* persona sciocca.

scempiaggine [-piàg-] *s.f.* scemenza. SIN. *sciocchezza.*

scempiare *v.tr.* [*io scémpio ecc.*] rendere scempio, sdoppiare.

scempio[1] [scém-] *agg.* semplice: *filo* —; *pronunziare scempie le consonanti doppie.*

scempio[2] [scém-] *s.m.* **1** (*lett.*) strazio: *fece* — *dei traditori.* SIN. *sterminio, strage* **2** (*fig.*) lo sciupare una cosa di particolare pregio: *uno* — *del paesaggio.*

scena [scè-] *s.f.* **1** parte del teatro nella quale recitano gli attori: *entrare in* — / *mettere in* — *un dramma,* allestirne la rappresentazione / *direttore di* —, chi dirige la rappresentazione / *essere di* —, si dice dell'attore che sta per entrare in scena; (*fig.*) di persona molto in vista spec. nel mondo politico o culturale / *uscire dalla* — *del mondo, morire* / *uscire dalla* — *politica, artistica ecc.,* ritirarsi da tali attività **2** l'insieme degli elementi che ricostruiscono sul palcoscenico l'ambiente in cui si svolge l'azione: *cambiamento di* — **3** luogo in cui accade o si immagina che accada la vicenda rappresentata in teatro: *la* — *è a Roma in Castel Sant'Angelo* **4** l'agire dei personaggi sulla scena / *avere, non avere* —, sapersi muovere o non sapersi muovere con disinvoltura sulla scena **5** ciascuno dei movimenti in cui si sviluppa l'azione o ciascuna parte in cui si divide un atto di una rappresentazione teatrale: *la* — *finale del primo atto* / — *madre,* quella principale / *colpo di* —, imprevisto che dà uno sviluppo nuovo all'azione **6** vista, spettacolo; veduta di paesaggio e simili rappresentate in dipinti o sculture: *una* — *incantevole, terrificante; il quadro rappresenta una* — *di caccia* **7** spec. *pl.* manifestazione esagerata, teatrale: *fare scene di gelosia, di disperazione* / *fare* —, (*fam.*) ostentare qlco.; fare un effetto vistoso.

scenario [-nà-] *s.m.* **1** apparato scenico **2** (*fig.*) il paesaggio naturale che serve di sfondo a un avvenimento: *il grandioso* — *delle Alpi.*

scenata *s.f.* rimprovero, litigio violento: *fare una* —.

scendere [scén-] *v.intr.* [*io scéndo ecc.*; pass.rem. *io scési, tu scendésti ecc.*; p.pass. *scéso*] **1** andare da un luogo più alto a uno più basso e anche da nord a sud (detto di persone, animali e cose); smontare: — *dal monte; sono sceso in cantina; siamo scesi fino alla Sicilia; il fiume scende a valle; scese da cavallo* / — *in campo,* disporsi a combattere o a fare una gara / — *in lizza,* disporsi a sostenere una gara sportiva / — *in piazza,* per fare manifestazioni (si dice di masse di popolo). CONTR. *salire* **2** (*fig.*) sottomettersi, piegarsi: — *a patti* **3** calare; pendere: *il termometro scende; le scendono i capelli sulla fronte* // *v.tr.* percorrere andando in basso: — *le scale, un monte.*

scendiletto [-lèt-] *s.m.invar.* tappetino che si stende accanto al letto.

sceneggiare *v.tr.* [*io scenéggio ecc.*] ripartire in scene, per scopi teatrali o cinematografici, un soggetto originale o un'opera letteraria.

sceneggiata *s.f.* **1** spettacolo della tradizione popolare napoletana consistente nella versione teatrale, con brani in musica, della situazione contenuta nel testo di una canzone di successo **2** per estens., messinscena, situazione fittizia creata per confondere o per far colpo.

sceneggiatore [-tó-] *s.m.* [f. *-trice*] autore di sceneggiature.

sceneggiatura *s.f.* **1** suddivisione in scene di un'opera teatrale **2** copione di un film o di una trasmissione radiotelevisiva, comprendente la suddivisione.in scene, i dialoghi, l'indicazione degli ambienti e dei movimenti della macchina da presa.

scenico [scè-] *agg.* [pl.m. *-ci*] di, della scena.

scenografia [-fì-] *s.f.* l'arte di dipingere e di realizzare le scene per uno spettacolo; l'insieme degli elementi che costituiscono l'ambiente scenico.

scenografico [-grà-] *agg.* [pl.m. *-ci*] **1** di, da scenografia: *studio —* **2** (*fig.spreg.*) si dice di qualsiasi manifestazione che colpisca per certi effetti artificiosi e spettacolari.

scenografo [-nò-] *s.m.* chi disegna o realizza le scene per il teatro, il cinema ecc.

scenotecnica [-tèc-] *s.f.* l'arte, la tecnica di creare l'ambiente scenico.

scepsi [scèp-] *s.f.invar.* (*fil.*) atteggiamento mentale di dubbio nella conoscenza.

sceriffo *s.m.* **1** in Inghilterra e negli Stati Uniti, magistrato con funzioni amministrative e giudiziarie **2** (*fam.*) agente di una polizia privata.

scernere [scèr-] *v.tr.* [pres. *io scèrno* ecc.; raro il pass.rem. *io scèrsi* o *scernéi* o *scernètti* ecc.] (*lett.*) **1** separare, sceverare, scegliere **2** distinguere.

scervellarsi *v.intr.pron.* [*io mi scervèllo* ecc.] lambiccarsi il cervello, rompersi la testa: *— intorno a un problema*.

scervellato *agg.* senza cervello, sbadato.

scesa [scé-] *s.f.* **1** lo scendere **2** luogo in pendio: *in fondo alla —*.

scetticismo [-fmo] *s.m.* **1** corrente filosofica che nega la possibilità di arrivare alla certezza assoluta nella conoscenza **2** tendenza a dubitare di tutto; incredulità abituale.

scettico [scèt-] *agg.* [pl.m. *-ci*] **1** dello scetticismo, che segue lo scetticismo: *dottrina scettica; filosofo —* **2** che dubita di tutto: *è un uomo — // s.m.* **1** spec. *pl.* i filosofi della scuola scettica **2** chi dubita di tutto.

scettro [scèt-] *s.m.* **1** bastone di materia preziosa, simbolo dell'autorità regia **2** (*fig.*) predominio in un ambiente: *detenere lo — dei massimi*, nel pugilato, avere il titolo di campione dei massimi.

sceverare *v.tr.* [*io scévero* ecc.] separare distinguendo: *— il bene dal male*.

scevro [scé-] *agg.* (*lett.*) privo: *— di colpe*.

scheda [schè-] *s.f.* **1** rettangolo di cartoncino o simili usato per trascrivere dati, annotazioni o simili e disposto con altri in un determinato ordine; anche qualsiasi foglietto per annotazioni: *le schede del catalogo* **2** foglio a stampa usato in pratiche burocratiche, nelle votazioni o per la raccolta di dati; modulo: *compilare la —; — elettorale / — bianca*, nelle votazioni, quella presentata regolarmente ma sulla quale non si scrive nulla, per incertezza o per protesta **3** tesserina, spec. magnetica: *telefono a —*.

schedare *v.tr.* [*io schèdo* ecc.] trascrivere su scheda, in particolare i dati relativi a determinate persone per averli a disposizione in caso di necessità.

schedario [-dà-] *s.m.* **1** insieme di schede disposte in un determinato ordine, per lo più alfabetico **2** mobile adibito alla conservazione di uno schedario.

schedarista *s.m.* e *f.* [pl.m. *-i*] chi è addetto all'ordinamento e all'aggiornamento di uno schedario.

schedato *s.m.* persona segnata negli schedari della polizia sia perché abbia precedenti penali sia perché ritenuta sospetta.

schedatura *s.f.* l'operazione dello schedare.

scheggia [schég-] *s.f.* [pl. *-ge*] frammento sottile e pungente di legno, ferro, vetro o altro materiale.

scheggiare *v.tr.* [*io schéggio* ecc.] far saltar via una o più schegge dalla superficie di un oggetto // **-arsi** *v. rifl.pron.* rompersi in schegge.

scheggiato *agg.* che presenta delle scheggiature: *un vaso —*.

scheggiatura *s.f.* **1** l'essere scheggiato **2** il punto dove in un oggetto è saltata via una scheggia.

scheletrico [-lè-] *agg.* [pl.m. *-ci*] **1** di scheletro **2** magrissimo (detto di persona), ridotto all'essenziale (detto di cosa).

scheletrire *v.tr.* [*io scheletrisco, tu scheletrisci* ecc.] ridurre a uno scheletro // *v.intr.*, **-irsi** *v.rifl.pron.* diventare come uno scheletro.

scheletrito *agg.* magrissimo; ridotto all'osso, all'essenziale.

scheletro [schè-] *s.m.* **1** l'impalcatura ossea sulla quale appoggiano tutte le parti molli, negli animali vertebrati e nell'uomo; il cadavere di cui non restano che le ossa / *sembra uno —*, di persona magrissima [*ill. Corpo*] **2** (*fig.*) ossatura, struttura fondamentale di qlco.; canovaccio, schema.

schema [schè-] *s.m.* [pl. *-i*] **1** rappresentazione semplificata, anche mediante segni grafici convenzionali, di un fenomeno, di un oggetto o del funzionamento di un apparecchio o simili: *lo — di un motore a scoppio* **2** piano preliminare di un lavoro, abbozzo: *buttò giù lo — del discorso* **3** modulo, modello rigido e chiuso: *non uscì dagli schemi del classicismo più vieto.*

schematicità *s.f.invar.* qualità di ciò che è schematico: *un libro che pecca di eccessiva —*.

schematico [-mà-] *agg.* [pl.m. *-ci*] di schema; che ha le caratteristiche di schema.

schematismo [-fmo] *s.m.* l'essere schematico; modo di procedere per schemi, per moduli.

schematizzare [-tiʒʒa-] *v.tr.* ridurre a schema.

schematizzazione [-tiʒʒaʒió-] *s.f.* lo schematizzare, il suo risultato; semplificazione.

scherano *s.m.* (*lett.*) sgherro.

scherma [schér-] *s.f.* sport da combattimento in cui i contendenti si battono con arma bianca (fioretto, spada o sciabola): *tirare di —*.

schermaggio [-màg-] *s.m.*, **schermatura** *s.f.* **1** lo schermare **2** dispositivo di protezione, schermo; in particolare, accorgimento tecnico atto a impedire disturbi elettrici.

schermaglia [-mà-] *s.f.* **1** (*ant.*) duello, zuffa **2** il complesso di botte, parate in uno scontro all'arma bianca **3** (*fig.*) contrasto di opinioni o di sentimenti espressi in modo abile o sottile. SIN. *scaramuccia.*

schermare *v.tr.* [*io schérmo* ecc.] mettere uno schermo a qlco.

schermidore [-dó-] *s.m.* → **schermitore**.

schermirsi *v.rifl.* [*io mi schermisco, tu ti schermisci* ecc.] ripararsi, proteggersi; destreggiarsi.

schermitore [-tó-] *s.m.* [f. *-trice*] atleta che pratica la scherma.

schermo [schér-] *s.m.* **1** riparo; protezione: *si fece — con la mano* **2** (*fis.*) dispositivo atto a impedire il passaggio di un ente fisico **3** (*cinem.*) riquadro di tela bianca variamente trattata o parte di parete dipinta di bianco, talora leggermente concava, sul quale si proiettano le immagini fotografiche o cinematografiche: *apparve la sua immagine sullo — / le dive dello —*, del ci-

nema 4 negli apparecchi televisivi o radioscopici, la superficie sulla quale appaiono le immagini / *il piccolo* —, la televisione.

schermografia [-fi-] *s.f.* fotografia dell'immagine che appare sullo schermo di un apparecchio radiologico.

schermografico [-grà-] *agg.* [pl.m. -*ci*] relativo alla schermografia: *esame* —.

schernire *v.tr.* [io schernisco, tu schernisci ecc.] farsi beffe di qlcu. con atti o parole sprezzanti. SIN. *deridere, motteggiare, dileggiare, irridere.*

scherno [schér-] *s.m.* **1** lo schernire. SIN. *derisione, irrisione* **2** l'atto, la parola, l'insieme degli atti o delle parole con cui si schernisce. SIN. *dileggio, motteggio* **3** la persona oggetto di scherno.

scherzare *v.intr.* [io schérzo ecc.] **1** giocare con vivacità e allegria: *i bambini scherzano volentieri; lo scoiattolo scherzava tra i rami* **2** (*fig.*) muoversi, agitarsi leggiadramente: *il vento scherza tra i fiori* **3** esprimersi e comportarsi senza serietà, celiare, fare scherzi, prendersi gioco di cose e persone: *scherza su tutto; c'è poco da* —, *è una cosa seria* / — *con il fuoco, con la morte,* esporsi imprudentemente a un pericolo grave, mortale // *v.tr.* schernire, canzonare: *i suoi compagni di scuola lo scherzano sempre.*

scherzevole [-zé-] *agg.* (*lett.*) scherzoso.

scherzo [schér-] *s.m.* **1** lo scherzare: *prendere qlco. in* — / *per* —, scherzosamente / *prov.*: lo — *è bello quando dura poco; — di mano, — da villano* **2** atto, parola scherzosa: — *simpatico, crudele / un brutto* —, che può avere gravi conseguenze; *cosa sgradita / scherzi d'acqua,* zampilli d'acqua che creano piacevoli effetti / *scherzi di luce,* effetti ottici singolari / — *di natura,* persona, animale o cosa fuori del comune; *mostro / è uno* —, è molto facile **3** (*mus.*) composizione di carattere gioioso che fa parte di una sonata (sec. XIX).

scherzoso [-zó-] *agg.* **1** che scherza volentieri: *un ragazzo* — **2** detto o fatto per scherzo: *frasi scherzose.* SIN. *giocoso.*

schettinare *v.intr.* [io schèttino ecc.] pattinare con i pattini a rotelle.

schettini [schèt-] *s.m.pl.* pattini a rotelle.

schiacciamento [-mén-] *s.m.* atto, effetto dello schiacciare o dello schiacciarsi / — *polare,* (*astr.*) appiattimento dei corpi celesti ai poli, per effetto della rotazione, così che il diametro polare è più corto di quello equatoriale.

schiaccianoci [-nó-] *s.m.invar.* arnese da tavola che si adopera per rompere noci, mandorle e simili.

schiacciante *agg.* **1** che schiaccia **2** (*fig.*) chiaro, evidente, inoppugnabile: *accusa, superiorità* —.

schiacciapatate *s.m.invar.* arnese da cucina di varie forme che serve per schiacciare le patate lesse.

schiacciare *v.tr.* [io schiàccio ecc.] **1** premere, comprimere una cosa in modo da modificarne la forma o da romperla: *sono caduto e ho schiacciato le uova; la macchina ha schiacciato un pedone; mi sono schiacciato un dito nella porta / — la palla,* nel tennis, nella pallavolo e simili, colpire la palla con violenza dall'alto in basso **2** (*fig.*) superare, vincere nettamente; umiliare: *i nostri in pochi giorni hanno schiacciato i nemici; con le sue pronte risposte lo ha proprio schiacciato / — un pisolino, un sonnellino,* fare una breve dormita.

schiacciasassi *s.m.invar.* macchina con rullo compressore, usata nei lavori stradali per comprimere lo strato di sassi del fondo stradale / *come uno* —, senza riguardi, con durezza e decisione.

schiacciata *s.f.* **1** lo schiacciare un poco, in fretta, una volta: *dare una* — **2** nel tennis e nella pallavolo, colpo violento dato alla palla dall'alto in basso **3** specie di focaccia che si fa con pasta di pane condita. DIM. *schiacciatina.*

schiacciato *agg.* **1** che ha perduto la sua primitiva forma, ammaccato: *hai il cappello* —; *una mela tutta schiacciata* **2** appiattito: *una persona col naso* —.

schiaffare *v.tr.* mettere, gettare violentemente, disordinatamente, con furia: *ho schiaffato un po' di roba nella valigia e sono partito di corsa; lo hanno preso e lo hanno schiaffato in prigione; si è schiaffato a letto e non si è più mosso.*

schiaffeggiare *v.tr.* [io schiafféggio ecc.] **1** prendere a schiaffi: *suo padre lo ha schiaffeggiato* **2** (*fig.*) battere con violenza: *le onde schiaffeggiavano da ogni lato la barca.*

schiaffo *s.m.* **1** percossa data sulla faccia a mano aperta: *dare, prendere uno* — / *avere una faccia da schiaffi,* essere indisponente e irritante / *tiro di* —, nel gioco del biliardo, il colpire la palla dell'avversario facendo prima rimbalzare la propria contro la sponda **2** (*fig.*) grave smacco, umiliazione: *quella risposta è stata uno* — *per me; ricevere uno* — *morale.*

schiamazzare *v.intr.* strillare, gridare, vociare (si dice di animali come polli e uccelli, ma anche di persone). SIN. *vociferare.*

schiamazzatore [-tó-] *s.m.* [f. -*trice*] chi schiamazza.

schiamazzo *s.m.* lo schiamazzare: *schiamazzi notturni.*

schiantare *v.intr.* (*fam.*) crepare, morire: — *dalla fatica, dalle risa* // *v.tr.* rompere con forza, spezzare (anche *fig.*): *l'uragano schiantò l'albero; le tue parole gli schiantarono il cuore* // -**arsi** *v.rifl.pron.* rompersi con fragore, fracassarsi: *l'automobile andò a* — *contro un albero.*

schianto *s.m.* **1** lo schiantare, lo schiantarsi / *di* —, all'improvviso **2** (*fig.*) acuto dolore: *provare uno* — *al cuore* **3** il rumore di cosa che si schianti o scoppi.

schiappa *s.f.* **1** (*rar.*) scheggia di legno **2** (*fig.*) persona inetta, incapace nel lavoro, nello sport, nel gioco.

schiarimento [-mén-] *s.m.* spiegazione, chiarimento: *dare, chiedere schiarimenti.* SIN. *delucidazione.*

schiarire *v.tr.* [io schiarisco, tu schiarisci ecc.] rendere chiaro o più chiaro (detto spec. di colori): *si è schiarito i capelli* // *v.intr.* divenire chiaro o più chiaro: *questo è un colore che schiarisce facilmente* // -**irsi** *v.rifl.pron.* divenire chiaro o più chiaro: *il cielo s'è schiarito.*

schiarita *s.f.* il divenire chiaro, il rasserenarsi del cielo (anche *fig.*): *è prevedibile una* — *nella tarda serata; una* — *della situazione politica.*

schiascopia [-pi-] *s.f.* (*med.*) accertamento delle condizioni di rifrazione dell'occhio basato sullo spostamento dell'ombra di un oggetto osservato dal paziente.

schiatta *s.f.* stirpe, discendenza. SIN. *progenie, generazione, lignaggio.*

schiattare *v.intr.* scoppiare (spec. *fig.*): — *dalla bile, dalla rabbia.*

schiavismo [-ʃmo] *s.m.* dottrina e sistema sociale basato sulla schiavitù; tendenza a privare altri della libertà e a considerarli schiavi.

schiavista *agg.* e *s.m.* e *f.* [pl.m. -*i*] che, chi sostiene lo schiavismo.

schiavistico [-vì-] *agg.* [pl.m. -*ci*] **1** di schiavismo, che pratica lo schiavismo **2** degno di uno schiavista; autoritario, disumano.

schiavitù *s.f.invar.* **1** l'essere schiavo; la condizione di chi è schiavo: *ridurre in* — **2** mancanza di libertà politica **3** (*fig.*) l'essere soggetto ad altre persone o a vincoli, vizi, consuetudini: *la — dell'orario di lavoro*; *la — del gioco*.

schiavo *agg.* e *s.m.* **1** che o chi, privato della libertà e dei diritti civili, appartiene ad altri come una cosa **2** che o chi è soggetto alla volontà o alla forza altrui e non può disporre liberamente di sé: *un popolo —*; *non voglio essere — di nessuno*; *essere — dell'orario*; *— dell'alcool*.

schidionata *s.f.* la cacciagione infilata nello schidione per essere arrostita o già arrostita.

schidione [-dió-] *s.m.* lungo spiedo per infilare ed arrostire le carni.

schiena [schiè-] *s.f.* parte posteriore del torso umano; la groppa degli animali: *trasporto a — di mulo* / *curvare la —*, sottomettersi / *voltar la —*, andarsene, fuggire / *rompersi la —*, per troppo lavoro / *colpire alla —*, a tradimento.

schienale *s.m.* **1** spalliera, parte di un sedile su cui si appoggia la schiena **2** parte dell'armatura che ricopriva la schiena **3** la schiena di un animale, anche come pezzo di carne macellata **4** *pl.* (*cuc.*) midollo spinale del bue e del vitello macellati.

schienata *s.f.* colpo della lotta, con il quale si pone l'avversario con la schiena a terra.

schiera [schiè-] *s.f.* **1** insieme di uomini armati disposti secondo un determinato ordine: *fecero avanzare le schiere*. SIN. *stuolo* **2** grande moltitudine ordinata: *una — di scioperanti* / *case a —*, abitazioni unifamiliari affiancate, così da costituire un unico blocco allungato / *a schiere*, in gran numero, in tanti.

schieramento [-mén-] *s.m.* **1** lo schierare, lo schierarsi / *lo — di una squadra*, (*sport*) la sua composizione e l'ordine dei giocatori in campo **2** disposizione delle truppe di fronte al nemico **3** (*fig.*) l'insieme delle persone e delle forze che sostengono un'idea o un interesse: *lo — dei partiti democratici*.

schierare *v.tr.* [*io schièro ecc.*] disporre in schiere, in gruppi ordinati: *— l'esercito*; *gli atleti* // **-arsi** *v. rifl.* **1** disporsi in schiere **2** (*fig.*) dichiararsi favorevole o contrario: *si schierò dalla mia parte*; *— contro la pena di morte*.

schiettezza [-téz-] *s.f.* l'essere schietto (spec. *fig.*): *— di modi*. SIN. *sincerità, lealtà, franchezza*.

schietto [schiét-] *agg.* **1** puro, semplice: *vino —*; *parla un italiano —*, privo d'inflessioni dialettali o straniere. SIN. *mero, pretto* **2** (*fig.*) sincero, onesto: *è un uomo —*; *le mie sono parole schiette*. SIN. *franco, leale*.

schifare *v.tr.* **1** avere a schifo, disdegnare: *— la compagnia di qlcu.* **2** fare schifo, disgustare: *la sua compagnia mi schifa* // **-arsi** *v.rifl.pron.* provare schifo: *mi sono schifato di questo ambiente*.

schifezza [-féz-] *s.f.* **1** l'essere schifoso **2** ogni cosa che fa schifo: *questo libro è una —*.

schifiltoso [-tó-] *agg.* che ha gusti difficili, spec. per i cibi. SIN. *schizzinoso*.

schifo[1] *s.m.* senso di disgusto provocato da cose o persone moralmente o materialmente ripugnanti: *le serpi mi fanno —*; *aver — di qlco.* / *fare —*, (*fig.*) si dice di cosa brutta e mal fatta o di chi ha dato una brutta prova di sé in qualche attività: *questo romanzo fa —*; *l'attacco della nostra squadra di calcio ha fatto —*. SIN. *nausea, ribrezzo*.

schifo[2] *s.m.* piccola imbarcazione per pesca costiera o per gare sportive.

schifoso [-fó-] *agg.* **1** che fa schifo: *una bestia schifosa*; *uno spettacolo —*. SIN. *ributtante, stomachevole* **2** pessimo: *il nostro portiere ha giocato in modo —* **3** esagerato: *quello là ha una fortuna schifosa*.

schiniere [-niè-] *s.m.* parte delle armature che proteggeva la gamba.

schioccare *v.intr.* [*io schiòcco, tu schiòcchi ecc.*] fare uno schiocco: *la frusta schiocca* // *v.tr.* far fare uno schiocco: *per chiamarmi schioccò le dita*.

schiocco [schiòc-] *s.m.* [pl. *-chi*] rumore secco, simile a un piccolo e rapido scoppio: *uno — di frusta*; *uno — con le dita, con la lingua*.

schiodare *v.tr.* [*io schiòdo ecc.*] togliere i chiodi: *— il coperchio di una cassa*.

schiodatura *s.f.* lo schiodare.

schioppettare *v.intr.* [*io schioppétto ecc.*] → **scoppiettare**.

schioppettata *s.f.* colpo di schioppo, di fucile.

schioppo [schiòp-] *s.m.* antica arma da fuoco; oggi si dice di fucile da caccia / *a un tiro di —*, alla distanza che può essere raggiunta da una fucilata.

schiribizzo [-bizzo] *s.m.* → **ghiribizzo**.

schisi [-fi] *s.f.invar.* (*med.*) fessura patologica congenita: *— del palato*, palatoschisi.

schisto *s.m.* → **scisto**.

schistoso [-stó-] *agg.* → **scistoso**.

schistosoma [-sò-] *s.m.* [pl. *-i*] verme trematode dal corpo appiattito, parassita dell'uomo.

schistosomiasi [-miafi] *s.f.invar.* (*med.*) malattia parassitaria determinata da schistosomi.

schiudere [schiù-] *v.tr.* [coniugato come *chiudere*] (*lett.*) aprire lentamente o in parte; dischiudere: *— le labbra, la porta*.

schiuma *s.f.* **1** aggregato di numerose bolliciine d'aria che si forma sulla superficie di un liquido fortemente agitato o in ebollizione / *aver la — alla bocca*, si dice di persona in preda a collera violenta / *la — dei delinquenti*, la parte peggiore **2** sostanza porosa, bianca o grigiastra, che serve a far pipe.

schiumare *v.tr.* togliere la schiuma: *— il brodo* / *i pirati schiumavano il mare*, lo percorrevano impadronendosi di quanto trovavano // *v.intr.* fare la schiuma: *il sapone schiuma*.

schiumarola [-rò-] *s.f.* grande mestola bucherellata che si usa per schiumare.

schiumogeno [-mò-] *agg.* che produce schiuma: *sostanze schiumogene* // *s.m.* apparecchio antincendio che a comando emette un getto di schiuma.

schiumoso [-mó-] *agg.* che produce schiuma; simile a schiuma: *liquido —*.

schiuso *agg.* (*lett.*) aperto, dischiuso: *porta schiusa*.

schivare *v.tr.* evitare: *— un pericolo*. SIN. *scansare, eludere*.

schivata *s.f.* movimento fatto per schivare qlco.

schivo *agg.* (*lett.*) che si mostra ritroso, che cerca di evitare qlco.: *— di lodi*.

schizofrenia [-3ofreni-] *s.f.* malattia mentale caratterizzata da mancata associazione dei vari elementi che costituiscono la struttura psichica dell'individuo.

schizofrenico [-3ofrè-] *agg.* e *s.m.* [pl.m. *-ci*] che o chi è affetto da schizofrenia.

schizoide [-3òi-] *agg.* e *s.m.* e *f.* termine psichiatrico con cui si designa l'individuo dal carattere chiuso, che non risente delle influenze ambientali sulla psiche (si contrappone a cicloide).

schizzare *v.intr.* zampillare all'improvviso e con forza; saltare, balzare via di scatto: *il vino schizzò dalla bottiglia*; *il ragazzo schizzò via* / *gli occhi gli schizzavano dalle* *orbite*, pareva che gli uscissero per la gran rabbia // *v.tr.* **1** gettare addosso con schizzi, sporcare con uno spruzzo: — *d'inchiostro* / — *fuoco dagli occhi*, lanciare sguardi minacciosi / — *veleno*, lasciar trasparire un profondo rancore o invidia. SIN. *spruzzare* **2** disegnare una figura a tratti rapidi e sommari: — *un ritratto*.

schizzata *s.f.* lo schizzare; ciò che schizza, schizzo.

schizzatoio [-tó-] *s.m.* (*non com.*) arnese usato per schizzare; pompa.

schizzetto [-zét-] *s.m.* **1** piccolo strumento a stantuffo per spruzzare liquidi, spec. a scopo curativo **2** (*spreg.*) fucile piccolo e di scarsa efficacia.

schizzinoso [-nó-] *agg.* di gusti troppo esigenti e difficili. SIN. *schifiltoso.*

schizzo *s.m.* **1** lo schizzare; il liquido schizzato: *uno* — *d'acqua.* SIN. *spruzzo* **2** disegno a tratti rapidi, sommariamente tracciato. SIN. *abbozzo, bozzetto.*

schnörchel [*ted.*; *pr.* sc'nèrchel] *s.m.* dispositivo che permette l'aerazione e il funzionamento dei motori termici del sommergibile durante l'immersione a poca profondità; è costituito essenzialmente da un tubo che vien fatto sporgere di poco oltre la superficie del mare e da una valvola che evita l'entrata d'acqua.

sci *s.m.* **1** ciascuna delle due assicelle di legno, lunghe e sottili, con la punta curvata all'insù, che si adattano agli scarponi per poter scivolare sulla neve; anche lo sport che si pratica con esse: *un bel paio di* —; *una gara di* — / — *d'acqua*, attrezzo analogo con cui si può sci-

---

sci

1 *sci,*
2 *spatola,*
3 *lamina,*
4 *scanalatura,*
5 *soletta,*
6 *spigolo,*
7 *coda,*
8 *bastoncino,*
9 *impugnatura,*
10 *rotella,*
11 *attacchi,*
12 *puntale,*
13 *talloniera,*
14 *ski stopper,*
15 *slalom,*
16 *porta,*
17 *palo,*
18 *salita a spina di pesce,*
19 *spazzaneve,*
20 *cristiania parallelo.*

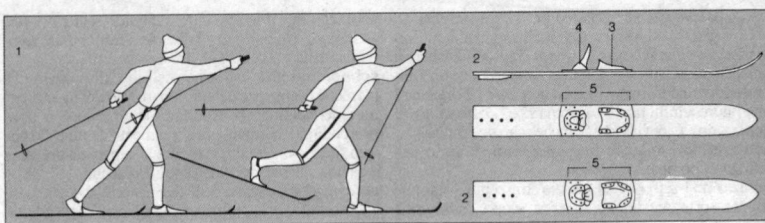

sci: 1 *fondo,* 2 *sci d'acqua,* 3 *puntale,* 4 *talloniera,* 5 *attacchi.*

volare sull'acqua facendosi trainare da un motoscafo [*ill. Sci*].

scia [scì-] *s.f.* solco spumeggiante lasciato in acqua dietro di sé per qualche tempo da un galleggiante in moto; per estens., traccia luminosa, di fumo, di vapore ecc. che rimane nell'aria dopo il passaggio di qlco. o di qlcu. / *navigare nella — di qlcu.,* (*fig.*) trarre vantaggio dalle sue azioni; imitarlo.

scià *s.m.* titolo del sovrano dell'Iran.

sciabica [scià-] *s.f.* **1** (*mar.*) grande rete a strascico, formata da due lunghe ali e da un sacco, usata per la pesca dei pesci più piccoli **2** (*zool.*) gallinella d'acqua.

sciabile [-à-] *agg.* si dice di neve sulla quale si può sciare.

sciabola [scià-] *s.f.* arma da taglio e da punta con la lama lunga e un po' ricurva.

sciabolare *v.tr.* [*io sciàbolo ecc.*] prendere a sciabolate.

sciabolata *s.f.* colpo dato con la sciabola.

sciabolatore [-tó-] *s.m.* [f. *-trice*] chi dà sciabolate; in particolare, chi pratica la scherma con la sciabola.

sciabordare *v.tr.* [*io sciabórdo ecc.*] agitare un liquido scuotendo il recipiente; agitare qlco. immerso in un liquido: *— una medicina; — la biancheria nell'acqua // v.intr.* battere contro qlco. (detto delle onde): *le onde sciabordano contro la costa.*

sciabordio [-dì-] *s.m.* uno sciabordare continuo.

sciacallo *s.m.* **1** mammifero carnivoro dal pelame rossiccio, simile al lupo, ma più piccolo e meno audace; vive in branchi e si nutre anche di carogne (*fam.* Canidi) **2** (*fig.*) persona vile, pronta ad approfittare della debolezza altrui.

sciacquare *v.tr.* [*io sciàcquo ecc.*] lavare sommariamente con acqua; lavare con acqua una cosa già lavata: *— i piatti, i panni; sciacquarsi la bocca.*

sciacquata *s.f.* lo sciacquare una volta e in fretta.

sciacquatura *s.f.* **1** l'atto, l'effetto dello sciacquare **2** l'acqua usata per sciacquare.

sciacquio [-quì-] *s.m.* **1** uno sciacquare continuato **2** rumore di onde; sciabordio.

sciacquo [sciàc-] *s.m.* **1** atto dello sciacquarsi la bocca, spec. con liquidi curativi **2** liquido con cui ci si sciacqua la bocca.

sciacquone [-quó-] *s.m.* dispositivo che consente di far scaricare l'acqua a comando nei gabinetti.

sciaguattare *v.intr.* **1** sguazzare in un liquido **2** agitarsi in un recipiente (detto di liquidi).

sciagura *s.f.* grave disgrazia. SIN. *sventura, catastrofe.*

sciagurato *agg.* **1** colpito da sciagura; che è causa di sciagura; sventurato: *fu un giorno —.* SIN. *disgraziato* **2** malvagio, empio. SIN. *scellerato.*

scialacquare *v.tr.* [*io scialàcquo ecc.*] spendere denaro senza misura (anche *assol.*): *— un patrimonio; è gente abituata a —.* SIN. *sperperare, scialare.*

scialacquatore [-tó-] *s.m.* [f. *-trice*] chi scialacqua. SIN. *dissipatore.*

scialacquio [-quì-] *s.m.* uno scialacquare continuato.

scialacquo [-làc-] *s.m.* lo scialacquare: *— di tutti i beni; — di parole,* (*fig.*) sperpero, profusione di parole.

scialappa *s.f.* → **gialappa**.

scialare *v.tr.* fare spreco di denaro; dissipare: *— un patrimonio.* SIN. *scialacquare, sperperare // v.intr.* vivere negli agi, nel lusso.

scialbare *v.tr.* dare lo scialbo; intonacare: *— un muro.*

scialbo *agg.* **1** smorto: *colore —.* SIN. *pallido, sbiadito* **2** (*fig.*) insignificante; privo di vivacità: *persona scialba // s.m.* strato di calce o di intonaco che si sovrappone a un affresco per coprirlo.

scialitico [-lì-] *agg.* [pl.m. *-ci*] si dice di un tipo di lampada usata in chirurgia per illuminare molto intensamente ed evitare il formarsi di ombre.

scialle *s.m.* indumento femminile, per lo più di forma triangolare, spesso ornato di frangia, che si porta sulle spalle / *bavero a —,* quello i cui risvolti si allungano fino a incrociarsi sul petto.

scialo *s.m.* **1** lo scialare. SIN. *sperpero, spreco* **2** sfarzo, lusso eccessivo.

scialo- [dal gr. *sìalon = saliva*] prima parte di termini medici, che indica saliva (*scialorrea*).

scialolitiasi [-tìaʃi] *s.f.invar.* (*med.*) presenza di calcoli nelle ghiandole salivari.

scialorrea [-rè-] *s.f.* (*med.*) aumento notevole della secrezione di saliva.

scialuppa *s.f.* piccola barca a remi, vela o motore, usata per i servizi delle grandi navi: *— di salvataggio.*

sciamannato *agg.* si dice di persona trascurata, disordinata nel vestire.

sciamano *s.m.* presso alcuni popoli primitivi, individuo considerato intermediario fra gli uomini e il mondo degli spiriti e capace di guarire i malati.

sciamare *v.intr.* **1** fare nuovo sciame (detto delle api) **2** (*fig.*) trasferirsi di molte persone dalle loro case verso altre dimore.

sciame *s.m.* **1** colonia d'api che, al seguito di una regina, abbandona l'arnia per fondare altrove una nuova colonia **2** gruppo numeroso di insetti; (*fig.*) gruppo di persone: *uno — di moscerini; uno — di ragazzi / — di meteoriti,* gruppo di meteoriti che si muovono nella stessa direzione.

sciampagna *s.f.* forma italianizzata di → **champagne**.

sciampo *s.m.* → **shampoo**.

sciancare *v.tr.* [*io scianco, tu scianchi ecc.*] rendere storpio // **-arsi** *v.rifl.pron.* diventare storpio.

sciancato *agg.* **1** si dice di persona storpia, che cammina male per imperfezione fisica **2** per estens., si dice di oggetto traballante: *un mobile —.*

sciangai *s.m.invar.* gioco da tavola che consiste nel lasciar cadere alla rinfusa numerosi bastoncini di legno o di plastica e nel sollevarli poi, a uno a uno, senza muovere quelli sottostanti o vicini.

sciantosa [-tó-] *s.f.* (*antiq.*) canzonettista di caffè concerto e di locali con spettacoli di varietà.

sciarada *s.f.* gioco enigmistico che consiste nell'indovinare una parola, risultante dall'unione di altre, aventi ciascuna un proprio significato (p.e. *mura-tori*).

sciare[1] *v.intr.* [*io scìo ecc.*] eseguire, con i remi, la manovra inversa a quella del vogare.

sciare[2] *v.intr.* [*io scìo ecc.*] percorrere con gli sci terreni coperti di neve.

sciarpa *s.f.* lunga striscia, per lo più di lana o seta, che si avvolge intorno al collo per ripararsi dal freddo o per ornamento; fascia per lo più di seta che viene portata a tracolla o attorno alla vita in alcuni costumi popolari, o come distintivo di grado o carica onorifica.

sciatica [scià-] *s.f.* nevralgia del nervo dell'ischio, causata da lesione infiammatoria, irritativa o reumatica.

sciatico [scià-] *agg.* [pl.m -*ci*] si dice del nervo dell'ischio.

sciatore [-tó-] *s.m.* [f. -*trice*] chi pratica lo sci.

sciatteria [-rì-] *s.f.* l'essere sciatto; cosa sciatta. SIN. *trascuratezza.*

sciatto *agg.* si dice di persona trascurata, malmessa, di cosa fatta in modo trasandato.

scibile [sci-] *s.m.* tutto ciò che la mente umana può conoscere: *l'immensità dello —.*

sciccheria [-rì-] *s.f.* (*pop.*) eleganza; cosa molto elegante.

sciente [scièn-] *agg.* che sa, conscio, consapevole // -**mente** *avv.* consapevolmente, apposta.

scientifico [-tì-] *agg.* [pl.m. -*ci*] **1** che è proprio della scienza; che adotta i metodi di ricerca e di studio validi per una scienza: *verità scientifica; metodo —* **2** che ha per oggetto le scienze positive: *studi scientifici.*

scientismo [-ʃmo] *s.m.* corrente di pensiero che vede nelle scienze esatte e sperimentali la sola possibile base di una filosofia umana.

scientista *agg.* e *s.m.* e *f.* [pl.m. -*i*] che, chi segue lo scientismo, o ha fiducia solo nella scienza.

scienza [scièn-] *s.f.* complesso organico e sistematico delle conoscenze che si posseggono intorno a un determinato ordine di fenomeni / *— infusa*, scienza che si ha per dono soprannaturale; (*scherz.*) scienza presunta, di chi in realtà non ha studiato / *arca di —, pozzo di —,* (*scherz.*) si dice di persona dottissima.

scienziato *s.m.* uomo di scienza; studioso di una scienza.

sciistico [-i-] *agg.* [pl.m. -*ci*] che riguarda lo sci: *gara sciistica.*

sciita *agg.* e *s.m.* e *f.* [pl.m. -*i*] si dice delle sette musulmane che riconoscono come califfi i discendenti di Alì, genero di Maometto, e hanno anche una propria interpretazione della religione musulmana; si dice anche dei loro seguaci.

scilinguagnolo [-guà-] *s.m.* (*anat.*) legamento della parte inferiore della lingua / *avere lo — sciolto*, si dice di chi parla molto e in fretta.

scimitarra *s.f.* corta sciabola a lama curva usata dai popoli orientali e spec. dai turchi.

scimmia [scim-] *s.f.* nome generico dei mammiferi superiori, per lo più arboricoli, con mani e piedi prensili, dentatura completa, occhi frontali, arti anteriori più lunghi dei posteriori, orecchie simili a quelle dell'uomo.

scimmiesco [-mié-] *agg.* [pl.m. -*chi*] di scimmia; che è simile a scimmia: *faccia scimmiesca.*

scimmiottare *v.tr.* [*io scimmiòtto ecc.*] **1** imitare malamente. SIN. *contraffare* **2** prendere in giro qlcu. facendogli il verso.

scimmiotto [-miòt-] *s.m.* scimmia giovane; piccola scimmia.

scimpanzé *s.m.invar.* scimmia antropomorfa piuttosto grossa, con pelame bruno, testa tondeggiante, muso prominente, labbra e orecchie grandi, senza coda; si ammaestra facilmente (*fam.* Pongidi).

scimunitaggine [-tàg-] *s.f.* l'essere scimunito; frase, atto da scimunito.

scimunito *agg.* che è incapace di ragionare; scemo, deficiente.

scinauta [-nàu-] *s.m.* e *f.* chi pratica lo sci nautico.

scindere [scìn-] *v.tr.* [pass.rem. *io scissi, tu scindésti ecc.;* p.pass. *scisso*] (*lett.*) separare nettamente (anche *fig.*): *vogliamo — le nostre responsabilità dalle vostre.*

scintigrafia [-fi-] *s.f.* (*med.*) metodo diagnostico fondato sull'uso degli isotopi radioattivi.

scintilla *s.f.* **1** particella di fuoco che si stacca dal carbone ardente, dal ferro arroventato e simili / *— elettrica*, sprazzo luminoso provocato da una scarica elettrica in un circuito **2** (*fig.*) sprazzo: *la — dell'ingegno; la — dell'intelligenza.*

scintillante *agg.* che risplende; sfavillante, luccicante.

scintillare *v.intr.* mandare bagliori di luce come di scintille: *l'acqua scintilla sotto il sole.* SIN. *sfavillare, luccicare, brillare.*

scintillatore [-tó-] *s.m.* (*fis.*) materiale che emette radiazioni luminose quando è colpito da radiazioni ionizzanti.

scintillazione [-zió-] *s.f.* (*astr.*) il tremolio della luce delle stelle.

scintillio [-lì-] *s.m.* uno scintillare intenso e frequente.

scintoismo [-ʃmo] *s.m.* religione nazionale dei giapponesi, caratterizzata da un politeismo naturalistico e dal culto degli antenati.

scintoista *agg.* e *s.m.* e *f.* [pl.m. -*i*] dello scintoismo; che, chi segue lo scintoismo.

scioccante *agg.* impressionante, pauroso.

scioccare *v.tr.* [*io sciòcco, tu sciòcchi ecc.*] (*fam.*) sottoporre a uno choc; colpire, impressionare, sconvolgere.

sciocchezza [-chéz-] *s.f.* **1** l'essere sciocco; atto, detto da sciocco. SIN. *scempiaggine, scemenza, balordaggine* **2** cosa da nulla, di nessuna difficoltà o di poco valore: *un viaggio che non è una —; le ho regalato una —.*

sciocco [sciòc-] *agg.* [pl.m. -*chi*] poco intelligente; insipido. SIN. *balordo, melenso, gonzo, insensato, fatuo.*

sciogliere [sciò-] *v.tr.* [pres.indic. *io sciòlgo, tu sciògli ecc.;* fut. *io scioglierò* (pop. o poet. *sciorrò*) *ecc.;* pass. rem. *io sciòlsi, tu scioglièsti ecc.;* p.pass. *sciòlto*] **1** svolgere un nodo, un legame, un vincolo; liberare da un nodo, da un impegno ecc. (anche *fig.*): *— una catena, un cane; — qlcu. da una promessa; — un contratto; — il parlamento* **2** liquefare, fondere: *il sole scioglie la neve* **3** risolvere, appianare, spiegare: *— un dubbio, un problema* **4** rendere agile: *— i muscoli* // -**ersi** *v.rifl.pron.* fondersi.

scioglilingua [-lìn-] *s.m.invar.* serie di parole disposte in modo che risulti difficile il pronunciarle rapidamente.

scioglimento [-mén-] *s.m.* atto, effetto dello sciogliere (anche *fig.*): *— delle nevi; — di un voto; — di un dramma*, risoluzione, conclusione.

sciolina *s.f.* speciale miscuglio che si spalma sotto lo sci per aumentarne la scorrevolezza.

sciolinare *v.tr.* spalmare con sciolina.

sciolinatura *s.f.* l'operazione di sciolinare.

scioltezza [-téz-] *s.f.* **1** l'essere sciolto, agile nei movimenti: *l'atleta esegui l'esercizio con* —. SIN. *agilità, destrezza* **2** (*fig.*) franchezza, eleganza nel parlare e nello scrivere. SIN. *disinvoltura*.

sciolto [sciòl-] *agg.* libero da qualsiasi legame (anche *fig.*): *movimenti sciolti*, armoniosi e spediti / *versi sciolti*, spec. endecasillabi, non legati fra loro dalla rima / *un abito* —, che non impaccia i movimenti / *aver la lingua sciolta*, parlare con facilità e franchezza / *a briglia sciolta*, di gran galoppo. SIN. *agile, destro, disinvolto*.

scioperante *s.m.* e *f.* chi partecipa a uno sciopero: *un corteo di scioperanti*.

scioperare *v.intr.* [*io sciòpero ecc.*] fare uno sciopero; prender parte a uno sciopero.

scioperataggine [-tàg-] *s.f.* l'essere scioperato; atto da scioperato. SIN. *dissipazione*.

scioperato *agg.* e *s.m.* che o chi non vuole lavorare e conduce una vita sregolata. SIN. *dissipato*.

sciopero [sciò-] *s.m.* astensione volontaria dal lavoro dei lavoratori dipendenti, per ottenere miglioramenti delle retribuzioni e delle condizioni di lavoro, o per scopi politici / *— bianco*, attuato lavorando con scrupolosa osservanza delle regole, così da rallentare il lavoro senza perdere retribuzione / *— della fame*, astensione volontaria dal cibo.

sciorinare *v.tr.* stendere, spiegare: *— il bucato* / *— la propria merce*, metterla in mostra / *— la propria cultura*, farne sfoggio / *— bugie*, raccontarne una dopo l'altra.

sciovia [-vi-] *s.f.* → **skilift**.

sciovinismo [-fmo] *s.m.* nazionalismo estremista e fanatico; per estens., ogni forma di particolarismo.

sciovinista *s.m.* e *f.* [pl.m. *-i*] nazionalista fanatico.

scipitaggine [-tàg-] *s.f.* scipitezza.

scipitezza [-téz-] *s.f.* l'essere scipito.

scipito *agg.* **1** senza sapore: *un brodo* —. SIN. *insipido* **2** (*fig.*) sciocco: *un umorismo* —.

scippare *v.tr.* aggredire per uno scippo; rubare con uno scippo: *— una donna della borsetta*; *— la borsetta a una donna*.

scippatore [-tó-] *s.m.* [f. *-trice*] chi fa scippi.

scippo *s.m.* furto compiuto strappando un oggetto a qlcu. con rapidità e violenza: *lo — di una borsetta*.

scirocco [-ròc-] *s.m.* **1** vento caldo umido che spira da sud-est, tipico delle regioni mediterranee **2** sud-est.

sciroppare *v.tr.* [*io sciròppo ecc.*] conservare la frutta nello sciroppo: *— le pesche* / *sciropparsi qlcu., qlco.*, sopportarlo pazientemente.

sciroppato *agg.* conservato nello sciroppo: *frutta sciroppata*.

sciroppo [-ròp-] *s.m.* liquido composto da acqua fortemente zuccherata, succhi di frutta o sostanze medicinali.

sciroppóso [-pó-] *agg.* denso, dolce come uno sciroppo (anche *fig.*): *un liquore* — / *un racconto* —, dolciastro, sentimentale.

scirro *s.m.* (*med.*) si dice di formazioni dure di tipo tumorale.

scisma [-fma] *s.m.* [pl. *-i*] separazione di un gruppo di fedeli da una comunità religiosa, per contrasti intorno a principî di fede; per estens., separazione interna a gruppi politici ecc.

scismàtico [-fmà-] *agg.* [pl.m. *-ci*] dello scisma; che segue uno scisma // *s.m.* chi segue uno scisma.

scissione [-sió-] *s.f.* **1** atto, effetto dello scindere e dello scindersi: *— di un partito*; *— dell'atomo*. SIN. *separazione* **2** (*biol.*) forma di riproduzione cellulare organica, consistente nella divisione della cellula in parti uguali.

scissionismo [-fmo] *s.m.* tendenza a provocare una scissione ideologica, e spec. politica.

scissionista *s.m.* e *f.* [pl.m. *-i*] chi appartiene a una corrente di scissionismo.

scissionistico [-ni-] *agg.* di, dello scissionismo: *movimento* —.

scissura *s.f.* **1** fenditura: *— di un osso* **2** (*fig.*) discordia.

scisto *s.m.* roccia costituita da lamine cristalline disposte parallelamente in masse variamente orientate.

scistosità *s.f.invar.* proprietà di alcune rocce di sfaldarsi secondo piani paralleli.

scistoso [-stó-] *agg.* che ha natura di scisto.

sciupare *v.tr.* **1** conciare male: *ho sciupato l'abito nuovo*. SIN. *sgualcire, rovinare, logorare* **2** spendere male, inutilmente: *hai sciupato il tuo tempo*. SIN. *sprecare*.

sciupato *agg.* logorato, conciato male. SIN. *sgualcito, rovinato*.

sciupio [-pì-], **sciupo** *s.m.* spreco, consumo inutile.

sciupóne [-pó-] *agg.* e *s.m.* che o chi sciupa molto. SIN. *sprecone*.

sciuscià *s.m.invar.* piccolo lustrascarpe; monello napoletano che nell'immediato dopoguerra viveva alla giornata, d'espedienti.

scivolare *v.intr.* [*io scivolo ecc.*] **1** scorrere su una superficie liscia o in declivio: *scivolò lungo la china ghiacciata* **2** sfuggire, squizzare via, sottrarsi: *— di mano*; *scivolò via dalla chetichella*.

scivolata *s.f.* lo scivolare per un tratto / *— d'ala, di coda*, (*aer.*) movimento che l'aeroplano compie inclinandosi sul fianco, a coda in giù.

scivolo [sci-] *s.m.* (*mar.* e *aer.*) piano inclinato di legno o muratura che serve a mettere in acqua imbarcazioni o idrovolanti, o a ritirarli nei capannoni o depositi.

scivolóne [-ló-] *s.m.* caduta fatta scivolando.

scivolóso [-ló-] *agg.* si dice di superficie sulla quale è facile scivolare. SIN. *sdrucciolevole*.

sclera [sclè-] *s.f.* membrana bianca, opaca, che serve da involucro esterno al globo oculare [*ill. Occhio*].

sclerenchima [-rèn-] *s.m.* [pl. *-i*] tessuto vegetale formato da cellule con membrana ingrossata; costituisce le parti dure della pianta.

sclerite *s.f.* (*med.*) infiammazione della sclerotica.

sclero- [sclè-] [dal gr.: *scleròs = duro*] primo elemento compositivo di parole scientifiche; indica durezza, rigidità e simili (*sclerometro*).

sclerometro [-rò-] *s.m.* apparecchio per misurare la durezza dei materiali, spec. minerali e cristalli.

sclerosi [-ròʃi] *s.f.invar.* (*biol.med.*) indurimento dei tessuti organici, a carattere patologico, che colpisce spec. arterie, fegato, reni.

sclerotica [-rò-] *s.f.* → **sclera**.

sclerotico [-rò-] *agg.* [pl.m. *-ci*] affetto da sclerosi.

scocca [scòc-] *s.f.* l'insieme dell'ossatura e del rivestimento esterno di un'autovettura, o anche di altre macchine e strutture.

scoccare *v.tr.* [*io scòcco, tu scòcchi ecc.*] **1** scagliare con forza, lanciare con impeto e rapidità (anche *fig.*): *scoccò con l'arco un dardo*; *gli scoccava baci da lontano*; *— suonare severi* **2** battere le ore: *la soneria dell'orologio scoccò le tre* // *v.intr.* **1** saltar via, balzare, balenare: *scoccò una scintilla* **2** sonare, detto di ore: *scoccava il mezzogiorno*.

scocciare *v.tr.* [*io scòccio ecc.*] (*fam.*) dar noia, infastidire. SIN. *seccare*.

scocciatore [-tó-] *s.m.* [f. *-trice*] (*fam.*) chi scoccia. SIN. *seccatore*.

scocciatura *s.f.* (*fam.*) lo scocciare; tutto ciò che scoccia: *non è una tragedia, ma è una bella —*.

scocco [scòc-] *s.m.* [pl. *-chi*] lo scoccare: *lo — dell'arco*.

scodare *v.tr.* [*io scódo ecc.*] tagliare la coda a un animale: *— un cane*.

scodato *agg.* si dice di animale privo di coda, per anomalia naturale o per taglio.

scodella [-dèl-] *s.f.* **1** piatto fondo per minestre **2** tazza tonda, senza manico.

scodellare *v.tr.* [*io scodèllo ecc.*] versare nella scodella: *— la zuppa / ha scodellato una bella bugia*, ha inventato con facilità e prontezza.

scodinzolare *v.intr.* [*io scodínzolo ecc.*] **1** dimenare la coda, detto spec. dei cani **2** (*fig.scherz.*) fare festeggiamenti o moine.

scodinzolio [-lì-] *s.m.* lo scodinzolare.

scoglia [scò-] *s.f.* la pelle che certi rettili perdono durante la muta annuale.

scogliera [-glié-] *s.f.* serie di scogli vicini tra loro.

scoglio [scò-] *s.m.* **1** roccia che affiora o emerge dalle acque del mare, fiumi e laghi; per estens., qualsiasi roccia scoscesa **2** (*fig.*) grave impedimento, ostacolo: *superare lo — degli esami*.

scoglioso [-glió-] *agg.* pieno di scogli: *costa scogliosa*.

scoiare *v.tr.* → **scuoiare**.

scoiattolo [-iàt-] *s.m.* agilissimo mammifero roditore, con muso appuntito, lunga e folta coda e pelo fulvo; vive di preferenza sugli alberi (*fam.* Sciuridi).

scolafritto *s.m.* arnese di cucina per scolare dall'olio i cibi fritti.

scolapasta *s.m.invar.* → **colapasta**.

scolare[1] *v.tr.* [*io scólo ecc.*] far uscire lentamente, ma completamente, il liquido contenuto in recipienti, o in cibi e verdure cotti o lavati: *— un fiasco*; *— il riso, il fritto, l'insalata / si è scolato una bottiglia*, se l'è bevuta tutta // *v.intr.* di liquidi, uscire fuori a poco a poco; colare.

scolare[2] *agg.* di scuola, relativo alla scuola: *età —*.

scolaresca [-ré-] *s.f.* il complesso degli scolari di una classe o di una scuola.

scolarità *s.f.invar.* la frequenza di corsi scolastici come fatto collettivo: *aumento della —*.

scolarizzare [-riʒʒa-] *v.tr.* far andare a scuola; diffondere la scolarità.

scolarizzazione [-riʒʒazió-] *s.f.* diffusione della scolarità.

scolaro *s.m.* chi frequenta una scuola elementare o media / *uno — di Leonardo*, un suo discepolo.

scolastica [-là-] *s.f.* la filosofia delle scuole monastiche e delle università medievali.

scolasticità *s.f.invar.* carattere scolastico (spec. in senso *spreg.*).

scolastico [-là-] *agg.* [pl.m. *-ci*] **1** di, della scuola: *ispettore —*; *aula scolastica / stile —*, (*spreg.*) impersonale, troppo legato ai canoni della scuola **2** della filosofia scolastica // *s.m.* seguace della filosofia scolastica.

scolatoio [-tó-] *s.m.* ciò che serve per far scolare.

scolatura *s.f.* atto, effetto dello scolare.

scoliasta *s.m.* [pl. *-i*], **scoliaste** *s.m.* nell'antichità, chi annotava i testi degli scrittori: *— di Omero*.

scolio[1] [scò-] *s.m.* nota grammaticale o di critica fatta da un grammatico antico a un testo.

scolio[2] [-lì-] *s.m.* uno scolare lento e prolungato.

scoliosi [-liòʃi] *s.f.invar.* (*med.*) deviazione laterale della colonna vertebrale.

scollacciato *agg.* **1** che è scollato in modo eccessivo **2** licenzioso: *racconto —*.

scollare[1] *v.tr.* [*io scòllo ecc.*] fare la scollatura a un vestito.

scollare[2] *v.tr.* [*io scòllo ecc.*] staccare due parti incollate insieme. CONTR. *incollare* // **-arsi** *v.rifl.* separarsi (detto di cose incollate che si staccano).

scollato *agg.* si dice di vestito femminile aperto sul collo o sulla schiena o anche di chi indossa un simile abito: *una signora scollata / scarpa scollata*, quella che lascia scoperto il collo del piede.

scollatura[1] *s.f.* apertura sul collo o sulla schiena, spec. nel vestito femminile: *— a punta, a V*.

scollatura[2] *s.f.* atto, effetto dello scollare o dello scollarsi di due parti incollate insieme.

scollo [scòl-] *s.m.* l'apertura intorno al collo degli abiti.

scolmare *v.tr.* [*io scólmo ecc.*] togliere liquido da un recipiente colmo; deviare acque da un bacino per evitare che in caso di piena essa tracimi allagando i terreni circostanti.

scolmatore [-tó-] *agg.* e *s.m.* si dice di canale realizzato come difesa da inondazioni.

scolmatura *s.f.* lo scolmare.

scolo [scò-] *s.m.* **1** atto, effetto dello scolare di liquidi; il luogo dove i liquidi scolano; il liquido che scola **2** (*volg.*) blenorragia.

scolopendra [-pèn-] *s.f.* piccolo artropodo dei miriapodi, col corpo formato da numerosi segmenti provvisti di un paio di zampe ciascuno.

scolopio [-lò-] *s.m.* religioso che appartiene alla congregazione delle Scuole Pie.

scoloramento [-mén-] *s.m.* atto, effetto dello scolorare.

scolorare *v.tr.* [*io scolóro ecc.*] far perdere il colore; sbiadire: *il sole scolora gli abiti*.

scolorimento [-mén-] *s.m.* atto, effetto del perdere il colore.

scolorina *s.f.* preparato chimico a base di cloro, usato per scolorire macchie d'inchiostro o scritture.

scolorire *v.tr.* [*io scolorisco, tu scolorisci ecc.*] far diventare sbiadito: *l'acqua di cloro scolorisce i tessuti* // *v.intr.* perdere il colore, diventare sbiadito: *le fotografie a colori col tempo scoloriscono*. SIN. *sbiadire, stingere* // **-irsi** *v.rifl.pron.* perdere colore, impallidire.

scolorito *agg.* che ha perso colore. SIN. *sbiadito, stinto*.

scolpare *v.tr.* [*io scólpo ecc.*] liberare qlcu. da una colpa, giustificarlo // **-arsi** *v.rifl.* giustificarsi, difendersi da un'accusa; discolparsi.

scolpire *v.tr.* [pres. *io scolpisco, tu scolpisci ecc.*; pass. rem. *io scolpìi* (poet. *sculsi*), *tu scolpisti ecc.*; p.pass. *scolpito* (poet. *sculto* o *scòlto*)] **1** formare figure a rilievo di marmo, pietra, legno: *— una statua* **2** incidere: *scolpì il suo nome sul banco / — qlco. nella memoria, nel cuore*, lasciarne un ricordo, un affetto profondo e duraturo.

scolta [scól-] *s.f.* vedetta, sentinella.

scombiccherare *v.tr.* [*io scombícchero ecc.*] scarabocchiare, disegnare o scrivere in fretta e male.

scombinare *v.tr.* **1** mettere in disordine, sottosopra **2** mandare a monte.

scombinato *agg.* e *s.m.* si dice di persona dalle idee confuse, dalla condotta sconclusionata.

scombro [scóm-] *s.m.* pesce di mare commestibile dal corpo fusiforme di media grandezza, blu metallico a strisce nere sul dorso, argenteo sul ventre (*fam.* Scombridi).

scombussolamento [-mén-] *s.m.* atto, effetto dello scombussolare. SIN. *sconvolgimento.*

scombussolare *v.tr.* [*io scombussolo ecc.*] mettere sottosopra, confondere: — *le idee*; *la notizia mi ha scombussolato.* SIN. *sconvolgere, turbare.*

scombussolio [-lì-] *s.m.* grande confusione.

scommessa [-més-] *s.f.* **1** accordo fra due o più persone, con il quale ciascuno si impegna a pagare una determinata somma di denaro o ad assolvere certi obblighi, se la sua opinione risulterà erronea; in particolare, il puntare somme di denaro sul previsto risultato di corse di cavalli, gare ecc. **2** la somma, l'obbligo pattuito: *una — di due milioni.*

scommettere[1] [-mét-] *v.tr.* [coniugato come *mettere*] staccare parti unite fra loro: — *un assito.*

scommettere[2] [-mét-] *v.tr.* [coniugato come *mettere*] fare una scommessa: *scommettiamo mille lire*; *ho scommesso su quel cavallo* / *scommetto che oggi verrà*, ne sono certo.

scommettitore [-tó-] *s.m.* [f. *-trice*] chi scommette.

scomodare *v.tr.* [*io scòmodo ecc.*] incomodare, disturbare: *scusa se ti ho scomodato.*

scomodità *s.f.invar.* l'essere scomodo; fatto, situazione scomoda.

scomodo [scò-] *agg.* **1** non comodo, disagevole: *un letto —*; *un viaggio —.* SIN. *incomodo, malagevole* **2** che si trova in posizione non comoda, che non è a suo agio: *qui ci sto —.* SIN. *disagiato* // *s.m.* disturbo, disagio: *vi ripagherò lo —.*

scompaginare *v.tr.* [*io scompàgino ecc.*] **1** guastare l'ordine, l'equilibrio; rovinare la struttura di qlco. (anche *fig.*): — *l'unità nazionale.* SIN. *scompigliare, scomporre* **2** (*tip.*) disfare l'impaginatura, spaginare **3** rovinare la legatura di un libro o simili.

scompaginato *agg.* **1** si dice di libro, quaderno e simili con le pagine slegate **2** (*fig.*) in disordine, fuori posto.

scompagnare *v.tr.* dividere cose abitualmente appaiate tra loro. SIN. *spaiare.*

scompagnato *agg.* spaiato: *ho trovato un guanto —.*

scomparire *v.intr.* [pres. *io scompàio, tu scompari ecc.*; pass.rem. *io scomparvi ecc.*; p.pass. *scomparso*; nel significato **2**, pres. *io scomparisco, tu scomparisci ecc.*; pass.rem. *io scomparii ecc.*; p.pass. *scomparito*] **1** sparire, non farsi più vedere, sottrarsi alla vista altrui: *improvvisamente sei scomparso* **2** (*fig.*) sfigurare: *di fronte a lui io scomparisco.*

scomparsa *s.f.* lo scomparire / *letto, scrittoio a —*, che si può ripiegare in un mobile.

scomparso *agg.* **1** che non si trova più, che non si sa dov'è **2** che non esiste più; morto; estinto // *s.m.* persona defunta.

scompartimento [-mén-] *s.m.* **1** ogni parte in cui è suddiviso qlco.: *gli scompartimenti di un armadio*; — *ferroviario*, ciascuna delle parti in cui è suddivisa una carrozza ferroviaria **2** atto, effetto dello scompartire.

scompartire *v.tr.* [*io scompartisco, tu scompartisci ecc.*] dividere in parti.

scomparto *s.m.* scompartimento.

scompenso [-pèn-] *s.m.* mancanza, insufficienza di compensazione; squilibrio / — *cardiaco*, vizio cardiaco per cui si rompe l'equilibrio circolatorio e il cuore non basta più alle esigenze meccaniche della circolazione.

scompiacente [-cèn-] *agg.* e *s.m.* si dice di persona che non ha garbo né gentilezza. SIN. *scortese.*

scompiacenza [-cèn-] *s.f.* l'essere scompiacente.

scompigliare *v.tr.* [*io scompiglio ecc.*] mettere in disordine, arruffare: *hai scompigliato i miei progetti.* SIN. *scompaginare.*

scompigliato *agg.* messo a soqquadro, arruffato: *una matassa scompigliata*; *idee scompigliate.* SIN. *confuso.*

scompiglio [-pì-] *s.m.* atto, effetto dello scompigliare. SIN. *confusione.*

scomponibile [-ni-] *agg.* che si può scomporre.

scomponibilità *s.f.invar.* l'essere scomponibile.

scomporre [-pór-] *v.tr.* [coniugato come *porre*] **1** dividere, disgregare: — *un composto chimico* / — *una composizione tipografica*, disfarla rimettendo al loro posto i caratteri **2** scompigliare, mettere in disordine: — *i capelli.* SIN. *scompaginare, sconnettere* // **-orsi** *v.rifl.pron.* mostrare turbamento, imbarazzo: *lo lasciò parlare senza —.*

scomposizione [-fizió-] *s.f.* atto, effetto dello scomporre.

scompostezza [-stéz-] *s.f.* l'essere scomposto.

scomposto [-pó-] *agg.* scompigliato, privo di compostezza: *capigliatura scomposta*; *posizione scomposta.*

scomunica [-mù-] *s.f.* censura ecclesiastica che esclude il battezzato dalla comunione dei fedeli, cioè dal godimento dei diritti e benefici spirituali e temporali che derivano dall'appartenere alla chiesa; per estens., condanna assoluta di posizioni ideologiche, politiche.

scomunicare *v.tr.* [*io scomùnico, tu scomùnichi ecc.*] colpire con la scomunica.

scomunicato *agg.* e *s.m.* colpito da scomunica.

sconcertante *agg.* che sconcerta, che turba: *un contegno —.*

sconcertare *v.tr.* [*io sconcèrto ecc.*] **1** turbare l'ordine di qlco.: — *un programma.* SIN. *sconvolgere* **2** turbare, lasciare perplesso: *il suo rifiuto lo sconcertò* // **-arsi** *v.rifl.pron.* turbarsi, confondersi: — *di fronte alle difficoltà.*

sconcertato *agg.* turbato, confuso: *quel gesto mi lasciò tutto —.*

sconcerto [-cèr-] *s.m.* turbamento, inquietudine.

sconcezza [-céz-] *s.f.* l'essere sconcio, qualità di ciò che è sconcio; atto o detto sconcio.

sconciare *v.tr.* [*io scóncio ecc.*] conciar male, guastare.

sconcio [scón-] *agg.* **1** turpe, osceno: *un libro —.* SIN. *sporco, vergognoso* **2** mal fatto, impresentabile: *un lavoro —* // *s.m.* cosa indecente, turpe, mal fatta.

sconclusionato [-ſio-] *agg.* **1** che agisce in modo illogico: *è un ragazzo un po' —* **2** che non ha senso: *un discorso —.*

sconfessare *v.tr.* [*io sconfèsso ecc.*] non riconoscere, ritrattare le proprie parole o azioni; non confermare le parole o le azioni di un altro, privandolo d'ogni riconoscimento: *sconfessò pubblicamente la sua fede politica*; *l'associazione ha sconfessato la sua attività.* SIN. *rinnegare, smentire.*

sconfessione [-sió-] *s.f.* lo sconfessare qlcu., smentirlo, negargli credito; il ritrattare quello che si era confessato.

sconficcare *v.tr.* [*io sconficco, tu sconficchi ecc.*] togliere ciò che è conficcato: schiodare: — *i chiodi, una cassa.* SIN. *svellere.*

sconfiggere[1] [-fig-] *v.tr.* [coniugato come *figgere*] vincere, sbaragliare in battaglia; superare in competizioni: — *il nemico in battaglia, gli avversari alle elezioni* / *i tentativi per* — *il cancro, per trovarne la cura.* SIN. *debellare, sgominare.*

sconfiggere[2] [-fig-] *v.tr.* [coniugato come *figgere*] sconficcare: — *i chiodi dal muro.*

sconfinamento [-mén-] *s.m.* atto, effetto dello sconfinare.

sconfinare *v.intr.* **1** oltrepassare i confini, entrare nel territorio altrui **2** (*fig.*) andare al di là delle proprie competenze: *questo lavoro sconfina dalle mie capacità* **3** (*fig.*) varcare i limiti proposti per un argomento: — *nel dibattito,* — *dal tema.*

sconfinato *agg.* senza confini, senza limiti, infinito: *la prateria sconfinata.* SIN. *immenso.*

sconfitta *s.f.* disfatta di un esercito in battaglia; insuccesso di una parte in una competizione: *ricevere, subire una* —; — *elettorale.* SIN. *rotta.* CONTR. *vittoria.*

sconfitto *agg.* vinto, abbattuto, che ha ricevuto una sconfitta: *restare* —.

sconfortante *agg.* che sconforta, scoraggia: *un discorso, un esito* —.

sconfortare *v.tr.* [*io sconfòrto ecc.*] far perdere coraggio, deprimere: *con il suo pessimismo lo sconfortava.* SIN. *scoraggiare, sconsolare //* **-arsi** *v.rifl.pron.* abbattersi, avvilirsi: *si sconforta facilmente.*

sconfortato *agg.* depresso, scoraggiato, abbattuto. SIN. *desolato, disperato, sconsolato, inconsolabile.*

sconforto [-fòr-] *s.m.* stato d'animo di chi è sconfortato: *lasciarsi prendere dallo* —. SIN. *desolazione, disperazione, scoraggiamento.*

scongelare *v.tr.* [*io scongèlo ecc.*] riportare a temperatura ambiente ciò che era stato congelato.

scongiurare *v.tr.* **1** (*lett.*) costringere con esorcismi uno spirito maligno ad abbandonare la persona o cosa di cui abbia preso possesso **2** (*fig.*) chiedere con insistenza, supplicare: *pregava e scongiurava; lo scongiurò di (a) rimanere.* SIN. *implorare* **3** (*fig.*) evitare, allontanare: — *un grave danno.*

scongiuro *s.m.* lo scongiurare; gesto superstizioso, formula magica contro la iettatura: *fare gli scongiuri.* SIN. *scaramanzia* **2** (*lett.rar.*) preghiera insistente, implorazione, supplica **3** (*ant.*) giuramento.

sconnessione [-sió-] *s.f.* mancanza di connessione.

sconnesso [-nès-] *agg.* **1** non ben connesso: *un tavolato* — **2** (*fig.*) che manca di connessione logica e sintattica: *diceva parole sconnesse.*

sconnettere [-nèt-] *v.tr.* [coniugato come *connettere*] disgiungere, disunire: — *le mattonelle di un pavimento.* SIN. *scomporre / assol.* non connettere, sragionare: *quell'uomo sconnette,* è fuori di sé.

sconoscente [-scèn-] *agg.* non riconoscente, ingrato.

sconoscenza [-scèn-] *s.f.* ingratitudine.

sconoscere [-nó-] *v.tr.* [coniugato come *conoscere*] disconoscere, non conoscere, non voler riconoscere: — *i meriti altrui.*

sconosciuto *agg.* **1** non conosciuto, o non ben conosciuto: *questa persona mi è sconosciuta; un pittore, un paese* — **2** non ancora identificato: *malattia dovuta a un virus* — *// s.m.* persona non riconosciuta, non identificata: *alcuni sconosciuti si presentarono a suo nome.*

sconquassare *v.tr.* **1** scuotere violentemente in modo da rovinare e deformare, rendere sgangherato: — *un libro, una sedia;* — *l'automobile in uno scontro; i bombardamenti sconquassavano le case.* SIN. *fracassare* **2** (*fig.*) causare una certa agitazione o malessere, scombussolare: *i viaggi in pullman mi sconquassano.*

sconquassato *agg.* **1** sgangherato, sformato: *armadio* — **2** (*fig.*) scombussolato, agitato, in preda a malessere.

sconquasso *s.m.* **1** lo sconquassare, l'essere sconquassato: *la bufera ha fatto un grande* — **2** (*fig.*) disor-

dine, scompiglio: *il suo arrivo improvviso ha portato uno* — *generale.*

sconsacrare *v.tr.* togliere la qualità di sacro a persona o luogo consacrati: — *un prete.*

sconsacrato *agg.* che ha perduto o a cui è stato tolto il carattere di sacro: *una chiesa sconsacrata.*

sconsideratezza [-téz-] *s.f.* l'essere sconsiderato. SIN. *irriflessione, imprudenza, avventatezza.*

sconsiderato *agg.* **1** che agisce senza ben riflettere. SIN. *avventato, sconsigliato, sventato* **2** che è fatto senza riflettere: *un gesto* — *// s.m.* chi agisce senza riflettere; imprudente, folle.

sconsigliare *v.tr.* [*io sconsiglio ecc.*] non consigliare; raccomandare di non dire o fare qlco.: — *la partenza; lo sconsigliai dall'accettare l'incarico.*

sconsigliato *agg.* che agisce o parla senza riflettere. SIN. *sconsiderato.*

sconsolante *agg.* che toglie conforto o speranza; sconfortante.

sconsolare *v.tr.* [*io sconsólo ecc.*] togliere ogni consolazione, conforto o speranza. SIN. *sconfortare.*

sconsolato *agg.* **1** che non ha o non trova consolazione: *vedova sconsolata.* SIN. *sconfortato* **2** che esprime tristezza, desolazione: *un'espressione sconsolata.*

scontabile [-tà-] *agg.* che si può scontare.

scontare *v.tr.* [*io scónto ecc.*] **1** detrarre da un conto; estinguere in tutto o in parte un debito: — *una parte di debito /* — *una cambiale,* riscuoterne o pagarne l'importo prima della scadenza detraendo una percentuale come tasso **2** pagare, espiare la pena per un male commesso; subire la conseguenza di errori: — *tre anni di carcere;* — *in vecchiaia i vizi di gioventù* **3** prevedere un evento, spec. dannoso, e valutarne le conseguenze: *la bocciatura era già scontata* **4** nella critica letteraria e artistica, assumere una situazione, un linguaggio, un modello: *non è stato facile alla critica del Novecento* — *l'esperienza crociana.*

scontato *agg.* detratto da un importo; espiato; previsto; prevedibile; superato: *un debito* —; *una pena scontata; un risultato* —; *un'esperienza scontata.*

scontentare *v.tr.* [*io scontènto ecc.*] rendere scontento, insoddisfatto: *non* — *l'insegnante.*

scontentezza [-téz-] *s.f.* l'essere scontento.

scontento [-tèn-] *agg.* che non è contento, che non si accontenta facilmente: *essere* — *di tutto.* SIN. *malcontento, insoddisfatto // s.m.* sentimento di insoddisfazione.

scontista *s.m. e f.* [pl.m. *-i*] chi sconta le cambiali.

sconto [scón-] *s.m.* **1** diminuzione di prezzo praticata dal venditore all'acquirente: *in quel negozio mi fanno sempre lo* — **2** riduzione degli interessi accordata a chi anticipa il pagamento di una cambiale **3** *a sconto,* a estinzione parziale o totale di un debito: *vi invio questa somma a* — *totale* **4** (*econ.*) differenza tra il valore di un credito e il suo prezzo di vendita in una data antecedente la scadenza.

scontrarsi *v.rifl.pron.* [*io mi scóntro ecc.*] **1** cozzare violentemente contro qlco. (detto spec. di veicoli): *l'automobile si scontrò con il tram* **2** incontrarsi, imbattersi: — *in qlcu., con qlcu.* **3** entrare in conflitto di interessi, di idee: *si scontrarono subito con il nuovo direttore // v.rifl.* azzuffarsi, venire a battaglia (anche *fig.*): *i due eserciti si scontrarono nella pianura; i nostri pareri si scontrano, divergono.*

scontrino *s.m.* biglietto di ricevuta, che attesta l'adempimento di un obbligo o dà diritto a una prestazione.

scontro [scón-] *s.m.* **1** urto violento (detto spec. di veicoli). SIN. *cozzo* **2** lo scontrarsi di due forze reciprocamente ostili; in particolare, quello di due eserciti. SIN. *combattimento* **3** (*fig.*) discussione violenta: *ha avuto uno — con la suocera* **4** spec. *pl.* la parte intagliata della mappa di una chiave.

scontrosità *s.f.invar.* l'essere scontroso.

scontroso [-tró-] *agg.* difficile a trattarsi; poco socievole; permaloso. SIN. *intrattabile, ruvido, ispido.*

sconveniente [-nièn-] *agg.* **1** che non è vantaggioso: *un prezzo —* **2** che contrasta con la correttezza, con la decenza: *discorso —.* SIN. *indecoroso, indecente.*

sconvenienza [-nièn-] *s.f.* mancanza di convenienza, di decoro; atto o detto sconveniente. SIN. *indecenza.*

sconvenire *v.intr.* [coniugato come *venire*] non convenire; non essere opportuno, adatto, conveniente.

sconvolgente [-gèn-] *agg.* che sconvolge; che impressiona moltissimo: *un'esperienza —.*

sconvolgere [-vòl-] *v.tr.* [coniugato come *volgere*] **1** mettere sossopra, disorganizzare; cambiare radicalmente: *la crisi sconvolse l'economia del paese; — le abitudini di qlcu.* **2** (*fig.*) turbare gravemente: *tutte queste novità mi sconvolgono.* SIN. *scombussolare, sconcertare.*

sconvolgimento [-mén-] *s.m.* atto, effetto dello sconvolgere (anche *fig.*): *— tellurico; — politico.*

sconvolto [-vól-] *agg.* sconquassato, disordinato; (*fig.*) gravemente turbato: *un territorio —; una faccia sconvolta.*

scoop [*ingl.*; *pr.* scùup] *s.m.* colpo giornalistico.

scoordinato *agg.* che manca di coordinamento; disordinato, confuso.

scooter [*ingl.*; *pr.* scuta] *s.m.* motoretta.

scooterista *s.m.* e *f.* [*pl.m -i*] → **scuterista**.

scopa¹ [scó-] *s.f.* → **erica**.

scopa² [scó-] *s.f.* arnese per spazzare.

scopa³ [scó-] *s.f.* gioco di carte che si fa in due, in tre o in quattro persone; presa del gioco con cui un giocatore si appropria di tutte le carte che sono in tavola e realizza un punto.

scopare *v.tr.* [*io* scópo *ecc.*] **1** spazzare via con la scopa **2** (*volg.*) fare l'amore (detto spec. di uomo o, con valore *intr.*, dell'uomo e della donna).

scopata *s.f.* colpo di scopa; atto dello scopare.

scoperchiare *v.tr.* [*io* scopèrchio *ecc.*] scoprire qlco. togliendo il coperchio o ciò che fa da copertura: *— una pentola; il vento scoperchiò il tetto.*

scoperta [-pèr-] *s.f.* **1** l'atto, l'effetto dello scoprire, spec. verità, cose, paesi e persone prima sconosciuti: *la — di un giacimento; la — dell'America; la — di un poeta, di un artista / che —!,* (*iron.*) si dice a chi proclama come nuove cose ormai ovvie. SIN. *ritrovamento* **2** (*mil.*) esplorazione, avanscoperta.

scoperto [-pèr-] *agg.* privo di copertura: *una carrozza scoperta; a capo —,* senza cappello; *una postazione scoperta,* priva di ripari; *un conto corrente —,* con un saldo passivo / *giocare a carte scoperte,* agire lealmente, senza sotterfugi. CONTR. *coperto // s.m.* **1** luogo non riparato, non difeso: *dormire allo —; marciare allo —* **2** (*econ.*) mancanza di copertura, di garanzia: *uno — di molti milioni; un assegno allo —,* quando presso la banca non vi siano fondi o ve ne siano in misura insufficiente.

-scopia [-pì-] [dal gr. *skopìa* = il *guardare*] seconda parte di parole scientifiche che indica osservazione, esame a vista (*endoscopia*).

scopiazzare *v.tr.* (*spreg.*) copiare male e senza discernimento: *questo compito è stato scopiazzato.*

scopino¹ *s.m.* piccola scopa, spazzolino.

scopino² *s.m.* spazzino.

scopo [scò-] *s.m.* il fine a cui si tende: *avere, realizzare uno —.* SIN. *mira, intento, meta.*

scopofilia [-li-] *s.f.* → **voyeurismo**.

scopola [scò-] *s.f.* → **scoppola**.

scopolamina *s.f.* alcaloide usato come sedativo, presente in alcune solanacee.

scopone [-pó-] *s.m.* variante del gioco della scopa; si gioca in quattro distribuendo in una sola volta tutte le carte del mazzo.

scoppiare¹ *v.intr.* [*io* scòppio *ecc.*] **1** dilatarsi per troppa tensione, esplodere istantaneamente con fragore; aprirsi, fendersi, non resistere (anche *fig.*): *gli scoppiò in mano la canna del fucile; scoppiava dalla voglia di vederlo; — a piangere,* abbandonarsi d'un tratto alle lacrime. SIN. *prorompere* **2** accadere o manifestarsi con subitanea violenza: *scoppiò una guerra, un'epidemia* **3** cedere improvvisamente per la stanchezza, per la tensione: *il corridore scoppiò a metà salita.*

scoppiare² *v.tr.* [*io* scòppio *ecc.*] separare una coppia, spaiare.

scoppiettante *agg.* che scoppietta; che fa un rumore come di scoppiettio: *una risata —.*

scoppiettare *v.intr.* [*io* scoppiétto *ecc.*] mandare brevi scoppi secchi, crepitare (anche *fig.*): *la legna bruciava scoppiettando; scoppiettavano frizzi e battute.*

scoppiettio [-tì-] *s.m.* lo scoppiettare vivace e frequente.

scoppio [scòp-] *s.m.* **1** combustione istantanea con sviluppo di rilevante massa gassosa che, espandendosi, produce violenti effetti acustici, termici e meccanici; esplosione; il rumore dell'esplosione / *motori a —,* i motori a combustione interna discontinua, che consiste in una serie di esplosioni di una miscela detonante [*ill. Motore*] **2** lo scoppiare (anche *fig.*): *— d'ira, di pianto, di collera, di risa; lo — della guerra.*

scoppola [scòp-] *s.f.* scappellotto, colpetto dato sulla nuca.

scoprimento [-mén-] *s.m.* lo scoprire, scoperta / *lo — di una statua,* cerimonia di inaugurazione in cui si mostra pubblicamente una statua.

scoprire *v.tr.* [coniugato come *coprire*] **1** togliere a una cosa ciò che la copre, la nasconde, la difende; togliere i panni che coprono il corpo o una parte di esso: *— il viso, le braccia, la pentola; scoprirsi il viso; scoprirsi il capo,* togliersi il cappello in segno di rispetto / *— gli altarini,* palesare ciò che qlcu. voleva tener segreto **2** lasciare indifeso: *il pugile scoprì il volto* **3** palesare, manifestare: *— le proprie intenzioni* **4** giungere alla conoscenza di verità, cose, luoghi prima sconosciuti: *scoprì una nuova stella.* SIN. *rinvenire, scovare.*

scopritore [-tó-] *s.m.* [*f. -trice*] chi scopre cose, fatti, paesi, persone prima ignoti.

scoraggiamento [-mén-] *s.m.* stato d'animo di chi è scoraggiato. SIN. *sconforto, scoramento.*

scoraggiante *agg.* che toglie il coraggio, che deprime: *una risposta —.*

scoraggiare *v.tr.* [*io* scoràggio *ecc.*] togliere coraggio, ingenerare timore: *lo hanno scoraggiato troppo // -arsi v.rifl.pron.* abbattersi, deprimersi, perdere coraggio. SIN. *sconfortare.* CONTR. *incoraggiare.*

scoraggiato *agg.* che ha perduto coraggio o fiducia, abbattuto, depresso.

scoramento [-mén-] *s.m.* stato d'animo di chi è privo di fiducia, triste. SIN. *scoraggiamento, sfiducia.*

scorato *agg.* scoraggiato.

scorbutico [-bù-] *agg.* [*pl.m. -ci*] **1** affetto da scorbuto **2** (*fig.*) di carattere astioso e incontentabile.

scorbuto *s.m.* malattia dovuta a carenza di vitamina C contenuta nella frutta e nei vegetali freschi.

scorciare *v.tr.* [*io scórcio ecc.*] accorciare, rendere più corto: *scorciò le maniche dell'abito* // *v.intr.*, **-arsi** *v. rifl.pron.* diventare più breve: *in autunno le giornate si scorciano*.

scorciatoia [-tó-] *s.f.* la via più breve che unisce due luoghi (anche *fig.*): *cercare, prendere una —; lo ottenne con una —*, con un espediente che lo facilitò.

scorcio [scór-] *s.m.* **1** rappresentazione grafica delle figure poste su piani obliqui / *di —*, con una forte angolazione; *di sfuggita* **2** breve spazio di tempo che rimane prima della fine di un periodo: *i temporali in quello — d'estate furono violenti*.

scordare[1] *v.tr.* [*io scòrdo ecc.*] dimenticare: *— un'offesa*. SIN. *obliare* // **-arsi** *v.rifl.pron.* dimenticarsi: *— di qlco.*

scordare[2] *v.tr.* [*io scòrdo ecc.*] far perdere l'accordatura: *— una chitarra* // **-arsi** *v.rifl.pron.* perdere l'accordatura: *il pianoforte s'è scordato*.

scordato *agg.* che ha perso l'accordatura, stonato: *un violino —*.

scoreggia [-rég-] *s.f.* [*pl. -ge*] emissione rumorosa di gas intestinali.

scoreggiare *v.intr.* [*io scoréggio ecc.*] (*volg.*) fare scoregge.

scorfano [scór-] *s.m.* **1** pesce di mare dall'aspetto sgradevole e dai colori vivaci, provvisto di aculei veleniferi (*fam.* Scorpenidi) **2** (*fig.*) persona molto brutta.

scorgere [scór-] *v.tr.* [*pres. io scòrgo, tu scòrgi ecc.*; *pass.rem. io scòrsi, tu scorgésti ecc.*; *p.pass. scòrto*] riuscire a vedere, distinguere, discernere: *ci scorsero nella nebbia*.

scoria [scò-] *s.f.* residuo della fusione dei metalli; per estens., residuo di lavorazione, scarto, rifiuto; (*fig.*) la parte peggiore: *scorie radioattive; le scorie della società / — vulcanica*, (geol.) materiale frammentario eruttato dai vulcani durante la fase esplosiva.

scornare *v.tr.* [*io scòrno ecc.*] **1** rompere a un animale le corna o un corno **2** (*fig.*) deludere e svergognare.

scornato *agg.* **1** con le corna rotte **2** deluso e beffato, deriso, svergognato.

scorno [scòr-] *s.m.* insuccesso che è causa di danno, umiliazione e beffa: *che —!*

scorpacciata *s.f.* il mangiare molto e con ingordigia, fino alla sazietà (anche *fig.*): *una — di ciliegie; una — di libri*. SIN. *mangiata*.

scorpione [-pió-] *s.m.* **1** (*zool.*) artropodo dal corpo allungato con due pinze anteriori, otto zampe e un postaddome mobile terminante con un aculeo velenifero (*fam.* Aracnidi) **2** *Scorpione*, (*astr.*) uno dei dodici segni dello zodiaco [*ill. Zodiaco*].

scorporare *v.tr.* [*io scòrporo ecc.*] togliere da un complesso; di dice spec. di beni terrieri che vengono smembrati e parzialmente espropriati, di rami di attività aziendale che divengono autonomi, di spese, costi ecc.

scorporo [scòr-] *s.m.* atto, effetto dello scorporare.

scorrazzare *v.intr.* correre qua e là, vagabondare per gioco; vagare per un territorio predando: *i ragazzi scorrazzavano negli orti; il nemico scorrazza nelle nostre terre*.

scorrere [scór-] *v.intr.* [coniugato come *correre*] **1** muoversi, spostarsi entro, su qlco.; fluire, detto spec. di liquidi: *la fune scorre nella carrucola; il fiume scorreva a fondo valle; il sangue gli scorse più rapido nelle vene* **2** per estens., svolgersi senza intoppi, incertezze, agevol-

mente: *il discorso scorreva benissimo* **3** passare più o meno velocemente, trascorrere: *le immagini scorrevano sullo schermo; scorrono lente le ore* // *v.tr.* **1** far scorrere in una zona: *i pirati scorrevano i mari* **2** guardare sfogliando; percorrere con l'occhio, con il pensiero: *scorre sempre tutti i giornali*.

scorreria [-rì-] *s.f.* incursione di truppe o di banditi a scopo di saccheggio.

scorrettezza [-téz-] *s.f.* **1** mancanza di correttezza, imprecisione; inesattezza, errore: *— di stile; traduzione piena di scorrettezze* **2** l'essere scorretto, poco educato; azione scorretta.

scorretto [-rèt-] *agg.* **1** che ha degli errori, non corretto: *una traduzione scorretta* **2** che non ha garbo e correttezza; poco educato: *un comportamento —*.

scorrevole [-ré-] *agg.* **1** che scorre lungo una superficie: *porta —* **2** che scorre facilmente, senza intoppi (anche *fig.*): *una penna —; prosa —*.

scorrevolezza [-léz-] *s.f.* l'essere scorrevole (anche *fig.*).

scorribanda *s.f.* **1** scorreria di una banda di armati **2** per estens., rapida escursione in un luogo (anche *fig.*): *fare una — nella storia*, dare una rapida scorsa ad argomenti storici.

scorrimento [-mén-] *s.m.* **1** atto, effetto dello scorrere; slittamento **2** (*fis.*) spostamento delle fibre dei corpi elastici nelle deformazioni dovute a taglio o torsione.

scorsa [scór-] *s.f.* lo scorrere in fretta qlco.; rapida lettura: *dare una — a un giornale*, sfogliarlo e leggerlo rapidamente e superficialmente.

scorso [scór-] *agg.* l'ultimo passato, trascorso: *lo conobbi l'anno —*.

scorsoio [-só-] *agg.* atto a scorrere; spec. nella locuz. *nodo —*, nodo fatto all'estremità di una corda in modo da formare un laccio che si stringe quanto più se ne tira l'altra estremità.

scorta [scòr-] *s.f.* **1** l'azione di scortare; la persona che compie tale azione: *fare da — ai prigionieri / sotto, sulla — di qlcu.*, sotto la sua guida, anche morale o intellettuale **2** (*mil.*) gruppo di armati, di navi o di aerei da guerra che accompagnano un convoglio difendendolo da insidie e attacchi nemici; l'azione di tali truppe: *unità di —; — navale, aerea / — d'onore*, che rende omaggio alle autorità in particolari occasioni **3** provvista di denaro, viveri o altro, messi da parte per casi di necessità: *fare una — di carbone; la ruota di — di un'automobile* **4** *pl.* (*agr.*) ciò che è al servizio dell'azienda agraria: *scorte vive*, animali da lavoro e da latte; *scorte morte*, gli attrezzi agricoli.

scortare *v.tr.* [*io scòrto ecc.*] accompagnare per mostrare il cammino, difendere da pericoli, vigilare: *lo scortarono fino al confine*.

scorteccíare *v.tr.* [*io scortéccio ecc.*] asportare la corteccia; per estens., togliere l'intonaco di un muro, la vernice di una parete e simili // **-arsi** *v.rifl.pron.* perdere la corteccia, l'intonaco; scrostarsi.

scortese [-téfe] *agg.* privo di garbo, brusco, villano. SIN. *sgarbato*. CONTR. *cortese*.

scortesia [-fì-] *s.f.* **1** l'essere scortese. CONTR. *cortesia* **2** atto scortese. SIN. *sgarbo*. CONTR. *cortesia*.

scorticare *v.tr.* [*io scórtico, tu scórtichi ecc.*] **1** strappare la pelle a un animale ucciso; scuoiare / *— qlcu.*, (*fig.*) estorcergli denaro, vendergli qlco. a prezzo eccessivo; sottoporlo a prove molto difficili in esami ecc.; sgridarlo, maltrattarlo **2** per estens., produrre una piccola lacerazione della pelle: *mi sono scorticato un piede contro un sasso*.

scorticatore [-tó-] *s.m.* [f. *-trice*] chi scortica.

scorticatura *s.f.* atto, effetto dello scorticare.

scortichino *s.m.* (spreg.) usuraio, strozzino.

scorza [scòrʒa] *s.f.* **1** corteccia degli alberi; buccia grossa di alcuni frutti, spec. degli agrumi **2** per estens., pelle di alcuni animali **3** (fig.) aspetto esteriore: *non badate alla — perché ha il cuore buono.*

scorzonera [-ʒoné-] *s.f.* pianta erbacea con radice amara, biancastra, commestibile (fam. Composite).

scoscendere [-scén-] *v.tr.* [coniugato come *scendere*] (lett.) rompere con violenza: *il vento scoscende i rami* // *v.intr.*, **-ersi** *v.rifl.pron.* **1** franare, cadere rovinando: *masso che scoscende dal monte* **2** (lett.) aprirsi, fendersi.

scoscendimento [-mén-] *s.m.* **1** atto, effetto dello scoscendere o scoscendersi **2** luogo scosceso.

scosceso [-scé-] *agg.* dirupato, ripido: *pendio —.*

scossa [scòs-] *s.f.* **1** atto, effetto dello scuotere e dello scuotersi: *— di terremoto;* — *elettrica*, quella provocata dalla corrente elettrica; *prendere la —*, ricevere una scossa elettrica **2** (fig.) grave turbamento; confusione, danno: *quella notizia le provocò una forte —.*

scossalina *s.f.* (tecn.) striscia di lamiera posta sopra le giunzioni delle parti esterne di un edificio per impedire le infiltrazioni di acqua piovana.

scosso [scòs-] *agg.* emozionato, turbato; danneggiato: *è assai — per la morte dell'amico; finanze scosse.* SIN. *agitato.*

scossone [-só-] *s.m.* forte scossa; (fig.) sconvolgimento, confusione: *uno — nella vita politica.*

scostante *agg.* che suscita antipatia; poco socievole: *è un individuo —.*

scostare *v.tr.* [io *scòsto* ecc.] allontanare una cosa da un'altra: *— una sedia dal muro* / assol. allontanare un'imbarcazione da un'altra, dalla riva: *scosta!* SIN. *rimuovere.* CONTR. *accostare* // *v.intr.* (rar.) stare discosto: *la scrivania scosta dal muro* // **-arsi** *v.rifl.* allontanarsi (anche fig.): *— dal tavolo;* — *dalla retta via.* CONTR. *accostarsi.*

scostumatezza [-téz-] *s.f.* qualità di chi è scostumato; atto da scostumato. SIN. *dissolutezza.*

scostumato *agg.* **1** che opera contro le norme della morale e del costume; di cattivi costumi; vizioso. SIN. *dissoluto, libertino, licenzioso* **2** (region.) maleducato.

scotch [ingl.; pr. scòc'] *s.m.* **1** whisky scozzese **2** nastro autoadesivo ®.

scotennare *v.tr.* [io *scoténno* ecc.] **1** togliere la cotenna ad animali: *— il maiale* **2** togliere a qlcu. il cuoio capelluto: *gli indiani scotennavano i nemici catturati.*

scotennatore [-tó-] *s.m.* [f. *-trice*] chi scotenna.

scotennatura *s.f.* atto dello scotennare; presso alcuni popoli primitivi, l'uso di scotennare i nemici vinti.

scotolare *v.tr.* [io *scòtolo* ecc.] battere il lino o la canapa per separare le fibre tessili da quelle legnose.

scotoma [-tò-] *s.m.* [pl. *-i*] (med.) cecità limitata a una piccola porzione del campo visivo.

scotta[1] [scòt-] *s.f.* (mar.) cavo che serve a tenere nella direzione voluta certi tipi di vela quando sono distesi al vento [ill. Barca].

scotta[2] [scòt-] *s.f.* siero che rimane nella caldaia quando si è fatto il formaggio o la ricotta.

scottante *agg.* **1** che scotta **2** (fig.) che suscita un interesse vivo e quasi morboso: *argomento —; problema —*, grave, che va risolto immediatamente.

scottare *v.tr.* [io *scòtto* ecc.] **1** causare una ustione, una sensazione di bruciore; per estens., far cuocere per brevissimo tempo: *il brodo mi ha scottato il palato; mi*

sono scottato un dito; — *le uova* / *mi sono già scottato troppe volte,* (fig.) ho avuto esperienze spiacevoli **2** (fig.) offendere, irritare vivamente: *quel giudizio mi scotta* // *v.intr.* emanare molto calore, essere molto caldo: *il sole scotta; gli scotta la fronte* / *la terra gli scotta sotto i piedi,* ha fretta di andarsene / *un problema che scotta,* difficile, preoccupante / *una merce che scotta,* di provenienza illecita.

scottata *s.f.* lo scottare, spec. vivande.

scottato *agg.* **1** che ha subìto una scottatura; cotto per brevissimo tempo: *una cipolla scottata* **2** (fig.) deluso, amareggiato.

scottatura *s.f.* atto, effetto dello scottare o dello scottarsi (anche fig.); ustione.

scotto[1] [scòt-] *agg.* si dice di vivanda troppo cotta: *la pasta è ormai scotta.*

scotto[2] [scòt-] usato solo nella locuz. *pagare lo scotto,* espiare, pagare il fio.

scout [ingl.; pr. scàut] *s.m.* **1** → **boy-scout 2** nel west americano, esploratore, guida.

scoutismo [scautiʃmo] *s.m.* movimento giovanile internazionale, con scopo educativo e formativo, fondato nel 1908 dall'inglese R. Baden-Powell.

scovare *v.tr.* [io *scóvo* ecc.] **1** stanare, far uscire dal covo: *— una lepre* **2** (fig.) riuscire a trovare, rintracciare: *ho scovato un posticino tranquillo; vedi se riesci a scovarlo.* SIN. *scoprire.*

scovolino *s.m.* piccolo scovolo, in particolare quello usato per pulire il cannello della pipa.

scovolo [scó-] *s.m.* spazzola cilindrica, in particolare quella usata per pulire l'interno delle bocche da fuoco.

scozzare *v.tr.* [io *scòzzo* ecc.] mescolare le carte da gioco.

scozzese [-zé-] *agg.* della Scozia / *doccia —*, con acqua alternativamente calda e fredda / *stoffa, tessuto —*, di lana o cotone a riquadri di dimensioni e colori diversi // *s.m.* abitante, nativo della Scozia; la lingua della Scozia // *s.f.* danza popolare della Scozia; nel sec. XIX, composizione musicale da essa derivata.

scozzonare *v.tr.* [io *scozzóno* ecc.] domare e ammaestrare cavalli e altri animali da sella e da tiro; (fig.) insegnare i primi elementi di un mestiere, di una disciplina; dirozzare.

screanzato *agg.* e *s.m.* che o chi è senza creanza. SIN. *ineducato, maleducato, zotico, villano.*

screditare *v.tr.* [io *scrédito* ecc.] far perdere il credito, il prestigio; rovinare la reputazione di qlcu. SIN. *demolire, denigrare, diffamare.*

screditato *agg.* che ha perso il credito, la stima.

scredito [scrè-] *s.m.* discredito.

screening [ingl.; pr. scriinin] *s.m.* **1** (elettr.) schermaggio **2** selezione, vaglio; in particolare, collaudo o controllo di manufatti all'uscita o all'entrata di una catena di montaggio; controllo e selezione di dati per interventi di medicina, spec. preventiva.

scremare *v.tr.* [io *scrèmo* ecc.] togliere la panna, la crema del latte.

scrematrice *s.f.* la macchina che separa la panna dal latte.

scrematura *s.f.* l'operazione dello scremare.

screpolare *v.tr.* [io *scrèpolo* ecc.] produrre crepe sottili e poco profonde: *l'aria fredda screpola la pelle* // **-arsi** *v.rifl.pron.* fendersi in crepe sottili: *l'intonaco si screpola.*

screpolatura *s.f.* lo screpolare o lo screpolarsi; il punto dove una superficie è screpolata.

screziare *v.tr.* [io *scrèzio* ecc.] macchiare di vari colori.

screziato *agg.* cosparso di macchie di vari colori.

screziatura *s.f.* **1** l'essere screziato **2** insieme di macchie, di chiazze, spec. di vari colori: *la — del leopardo*.

screzio [scrè-] *s.m.* disaccordo non privo di asprezza: *c'è qualche — tra loro*. SIN. *dissapore*.

scriba *s.m.* [pl. *-i*] **1** (*ant.*) scrivano, amanuense **2** (*st.*) dotto ebraico seguace del farisaismo.

scribacchiare *v.tr.* [*io scribàcchio ecc.*] scrivere senza impegnarsi o senza avere doti di scrittore (anche *assol.*).

scribacchino *s.m.* chi scribaccia; scrittore di poco conto.

scricchiolamento [-mén-] *s.m.* atto, effetto dello scricchiolare.

scricchiolare *v.intr.* [*io scrìcchiolo ecc.*] produrre un rumore secco e leggero (detto spec. di cosa dura che si fenda o rompa): *il ghiaccio scricchiolava sotto gli scarponi*.

scricchiolio [-lì-] *s.m.* uno scricchiolare continuato e insistente.

scricciolo [scrìc-] *s.m.* uccello nostrano molto piccolo dalla coda diritta e dal volo basso (*fam.* Trogloditidi) / *è, sembra uno —,* è piccolo, mingherlino.

scrigno *s.m.* cassetta, forziere per conservarvi gioielli o altri oggetti preziosi (anche *fig.*): *è uno — di virtù*.

scriminatura *s.f.* la riga che spartisce i capelli: *porta la — a sinistra*.

scrimolo [scrì-] *s.m.* **1** orlo, margine estremo di qlco.: *lo — di un burrone* **2** (*geogr.*) tipo di cresta montuosa.

scristianizzare [-niʒʒa-] *v.tr.* privare della religione, della fede cristiana // **-arsi** *v.rifl.* rinnegare la fede cristiana.

scriteriato *agg.* e *s.m.* che o chi è senza criterio, senza giudizio: *un ragazzo —; è uno —*.

scritta *s.f.* **1** parole scritte, spec. su un cartello, un'insegna o simili **2** obbligo, contratto messo per iscritto: *— di vendita*.

scritto *agg.* espresso, rappresentato per mezzo della scrittura: *un ordine — / lingua scritta*, quella che si usa scrivendo, più regolata e meno spontanea rispetto a quella parlata // *s.m.* **1** l'espimere per mezzo della scrittura; la scrittura stessa: *lo — è più impegnativo della parola; è uno — illeggibile; mettere per —, per iscritto,*

scrivere **2** ogni cosa scritta, opera in prosa o in poesia di qualsiasi genere o argomento.

scrittoio [-tó-] *s.m.* scrivania, o qualsiasi ripiano per scrivere: *scaffale con — ribaltabile*.

scrittore [-tó-] *s.m.* [f. *-trice*] chi, spec. per professione, scrive opere con intento artistico.

scrittura *s.f.* **1** lo scrivere; il modo di scrivere: *l'uso della —; ha una bella — / prov.: è asino di natura chi non conosce la sua —* **2** testo scritto; (*dir.*) atto, documento scritto: *— privata*, sottoscritta di pugno dall'interessato; *— pubblica*, redatta da un notaio o da altro pubblico ufficiale / *la Sacra scrittura*, la Bibbia **3** contratto con cui una impresa teatrale o una casa cinematografica ingaggia un attore, un cantante.

scritturale[1] *s.m.* scrivano, copista; in particolare, il soldato addetto agli uffici di un comando.

scritturale[2] *agg.* concernente la Sacra scrittura // *s.m.* chi si attiene rigorosamente ai testi della Sacra scrittura.

scritturare *v.tr.* (*teatr.*) ingaggiare con una scrittura.

scritturista *s.m.* e *f.* [pl.m. *-i*] studioso di problemi biblici.

scrivania [-nì-] *s.f.* mobile di varia forma usato per scrivere, comunemente costituito da un piano orizzontale e da uno o più cassetti.

scrivano *s.m.* chi per mestiere copia scritti altrui, o scrive per conto di altri.

scrivente [-vèn-] *agg.* e *s.m.* che o chi scrive, spec. una lettera, un esposto e simili.

scrivere [scrì-] *v.tr.* [pass.rem. *io scrissi, tu scrivésti ecc.*; p.pass. *scritto*] **1** tracciare segni convenzionali corrispondenti a suoni o concetti: *— con la matita; — note sul rigo musicale; — correttamente; imparare a — / macchina da* (o *per*) *—*, macchina a tastiera che consente di realizzare testi scritti assai regolari, e in più copie **2** fissare parole e frasi, pensieri e sentimenti mediante la scrittura; comporre un'opera letteraria o musicale: *— un romanzo, una sinfonia; — su un argomento; — con stile fluido / — nella mente, nel cuore*, ricordare, sentire profondamente / *assol.* scrivere lettere e simili: *sono mesi che non scrive*.

scroccare *v.tr.* [*io scròcco, tu scròcchi ecc.*] godersi qlco.

macchina per scrivere

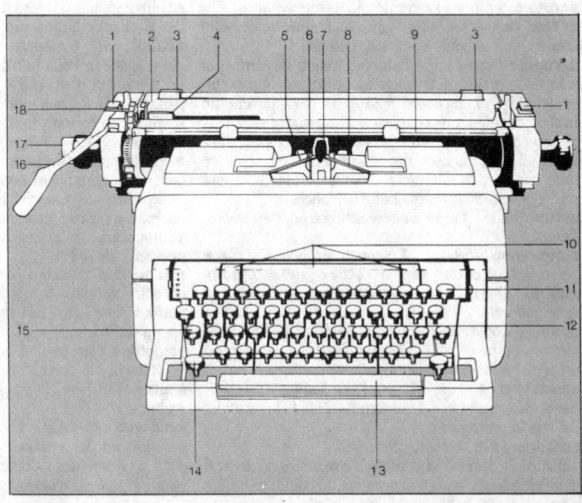

1 *comando sblocco carrello*, 2 *carrello*, 3 *marginatore*, 4 *guida carta scorrevole*, 5 *nastro*, 6 *martelletti*, 7 *ferma schede*, 8 *guida caratteri*, 9 *telaio premi carta*, 10 *tasti di tabulazione*, 11 *comando del ritorno*, 12 *tastiera*, 13 *barra spaziatrice*, 14 *tasto per le maiuscole*, 15 *tasto fissa maiuscole*, 16 *leva dell'interlinea e ritorno a capo del carrello*, 17 *frizione del rullo*, 18 *selettore dell'interlinea*.

a spese altrui o senza merito: *gli ho scroccato un pranzo*; *il premio se lo scroccherà lui.*

scrocco[1] [scròc-] *s.m.* lo scroccare: *bere, vivere a* —, a spese altrui.

scrocco[2] [scròc-] *s.m.* scatto; suono di uno scatto / *coltello a* —, a serramanico.

scroccone [-có-] *s.m.* chi è solito scroccare. SIN. *parassita.*

scrofa [scrò-] *s.f.* femmina del maiale.

scrofola [scrò-] *s.f.*, **scrofolosi** [-lòʃi] *s.f.invar.* malattia, spec. infantile, di natura tubercolare, che si manifesta soprattutto con ingrossamento delle ghiandole linfatiche.

scrofoloso [-ló-] *agg.* e *s.m.* che o chi è affetto da scrofola.

scrollare *v.tr.* [*io* **scròllo** *ecc.*] scuotere energicamente: — *un albero*; — *il capo*, muoverlo a destra e a sinistra in segno di diniego; — *le spalle*, alzarle in segno di indifferenza / *scrollarsi di dosso la paura*, reagire energicamente a essa // **-arsi** *v.rifl.* scuotersi, muoversi con energia.

scrollata *s.f.* atto, effetto dello scrollare. DIM. *scrollatina.*

scrollo [scròl-] *s.m.* lo scrollare, lo scrollarsi.

scrosciante *agg.* che scroscia; impetuoso (anche *fig.*): *pioggia* —; *applausi scroscianti.*

scrosciare *v.intr.* [*io* **scròscio** *ecc.*] **1** cadere con impeto e con rumore (detto di acque): *la pioggia scrosciò tutta la notte; il torrente in piena scrosciava a fondo valle* **2** (*fig.*) prodursi con violenza, a getto continuo, producendo un rumore simile a quello delle acque: *gli applausi scrosciarono nella sala; si udivano* — *gli spari.*

scroscio [scrò-] *s.m.* atto, effetto dello scrosciare (anche *fig.*): *uno* — *di pioggia, uno* — *di applausi* / *piovere a* —, con violenza, con impeto.

scrostare *v.tr.* [*io* **scròsto** *ecc.*] **1** togliere la crosta a una ferita e simili **2** per estens., asportare da qlco. uno strato superficiale rigido: — *l'intonaco da un muro* // **-arsi** *v.rifl.pron.* perdere la crosta; essere privato dello strato superficiale: *il tavolo si sta scrostando.*

scrostatura *s.f.* lo scrostare; la parte scrostata.

scrotale *agg.* (*med.*) inerente allo scroto: *ernia* —.

scroto [scrò-] *s.m.* (*anat.*) involucro nel quale sono contenute le ghiandole sessuali maschili.

scrupolo [scrù-] *s.m.* **1** dubbio, paura di agire o di aver agito male o in maniera inopportuna; incertezza: — *religioso, di coscienza; farsi* — *di qlco.*, farsene un motivo di colpa, preoccuparsene: *non vi fate* — *di telefonarmi a qualunque ora* / *persona senza scrupoli*, disonesta **2** cura estrema, impegno nel fare qlco.: *lavoro fatto con* —. SIN. *diligenza* **3** antica unità di misura pari alla ventiquattresima parte dell'oncia.

scrupolosità *s.f.invar.* l'essere scrupoloso. SIN. *meticolosità.*

scrupoloso [-ló-] *agg.* **1** pieno di scrupoli; che agisce con coscienza e con scrupolo **2** che è fatto coscienziosamente: *lavoro* —. SIN. *meticoloso, coscienzioso, minuzioso, diligente.*

scrutare *v.tr.* osservare con attenzione cercando di capire o scoprire qlco.: — *il firmamento*; — *una persona per scoprirne le intenzioni.*

scrutatore [-tó-] *agg.* [f. *-trice*] che scruta: *mi guardò con occhio* — // *s.m.* **1** chi scruta **2** chi fa lo scrutinio dei voti in un'elezione.

scrutinare *v.tr.* fare uno scrutinio.

scrutinio [-ti-] *s.m.* **1** conteggio e ripartizione dei voti in un'elezione / — *segreto*, scrutinio in cui lo scrutatore non è in grado di identificare chi ha votato in un modo e chi in un altro / — *di lista*, sistema elettorale in cui si vota per liste di più candidati **2** valutazione del profitto e assegnazione dei voti agli alunni di una scuola da parte della commissione degli insegnanti.

scucire *v.tr.* [*io* **scùcio** *ecc.*] togliere una cucitura a un abito e simili // **-irsi** *v.rifl.pron.* perdere la cucitura.

scucito *agg.* **1** che non è più cucito **2** (*fig.*) che manca di nesso: *discorso* —.

scucitura *s.f.* lo scucire, lo scucirsi; la parte scucita: *c'è una* — *nella manica.*

scuderia [-ri-] *s.f.* **1** complesso di locali adibiti a stalla e a deposito delle attrezzature e di quanto occorre all'allevamento dei cavalli **2** organizzazione per l'allevamento e l'addestramento dei cavalli da corsa **3** organizzazione sportiva che riunisce le macchine da corsa che gareggiano per una stessa casa e provvede all'assistenza tecnica dei corridori.

scudetto [-dét-] *s.m.* **1** distintivo a forma di piccolo scudo; in particolare, quello tricolore portato sulla maglia dagli atleti della squadra vincitrice del campionato italiano di calcio **2** (*zool.*) in alcuni coleotteri, parte del mesatorace visibile come un piccolo triangolo sulla parte dorsale, all'attaccatura delle elitre.

scudiero [-diè-] *s.m.* **1** giovane di nobile famiglia che nel medioevo accompagnava un cavaliere assistendolo e reggendogli lo scudo **2** titolo di dignitari di corte che presiedono alle scuderie di un sovrano.

scudisciare *v.tr.* [*io* **scudiscio** *ecc.*] colpire con lo scudiscio. SIN. *sferzare, staffilare.*

scudisciata *s.f.* colpo di scudiscio.

scudiscio [-di-] *s.m.* frustino flessibile e robusto usato dai cavallerizzi per incitare il cavallo. SIN. *staffile, frusta, sferza.*

scudo[1] *s.m.* **1** arma difensiva di forma e materia varia che si imbracciava per difendere dai colpi la persona: — *di metallo, di cuoio, tondo, rettangolare* / *fare* —, difendere, riparare / (*fig.*) *portare qlcu. sugli scudi*, esaltarlo **2** robusta piastra metallica che protegge gli artiglieri dalle schegge e dalle pallottole [*ill. Cannone*] **3** stemma gentilizio, blasone (dall'uso dei cavalieri medievali di raffigurare il proprio stemma sullo scudo).

scudo[2] *s.m.* **1** moneta d'argento da cinque lire di corso legale in Italia fino alla seconda guerra mondiale **2** moneta d'oro o d'argento diffusa in passato in parecchi stati italiani, e recante impresso lo stemma del sovrano o dello stato emittente.

scuffia [scúf-] *s.f.* **1** (*pop.*) cuffia **2** (*mar.*) capovolgimento di un'imbarcazione, spec. a vela: *fare* — **3** (*pop.*) innamoramento, cotta: *prendersi una* —.

scugnizzo *s.m.* monello napoletano, ragazzo di strada; anche, ragazzo, giovanetto.

sculacciare *v.tr.* [*io* **sculàccio** *ecc.*] picchiare con la mano aperta sul sedere.

sculacciata *s.f.* colpo dato sculacciando o l'insieme dei colpi così dati.

sculaccione [-ció-] *s.m.* forte colpo dato con la mano aperta sul sedere.

sculettare *v.intr.* [*io* **sculétto** *ecc.*] camminare dimenando i fianchi e il sedere.

scultore [-tó-] *s.m.* [f. *-trice*] chi scolpisce, chi esercita la scultura.

scultoreo [-tò-] *agg.* **1** di scultura, che riguarda la scultura: *attività scultorea* **2** che ha caratteri propri della scultura; degno di essere rappresentato con la scultura: *bellezza scultorea* **3** (*fig.*) incisivo: *stile* —.

scultura *s.f.* **1** l'arte di scolpire **2** l'opera scolpita: *una — di Michelangelo*.

scuoiare *v.tr.* [*io scuòio, noi scoiamo ecc.*] cavare la pelle a un animale ucciso: *— una lepre*.

scuola [scuò-] *s.f.* **1** istituzione organizzata sistematicamente a scopo di istruzione ed educazione; l'insieme delle istituzioni scolastiche di un paese: *— pubblica*, alle dirette dipendenze dello stato; *— privata*, gestita da enti o da privati; *— dell'obbligo*, che per legge deve essere frequentata da tutti i cittadini; *— materna*, per i bambini dai tre ai cinque anni; *— inferiore, superiore*; *— di recitazione*; *la — italiana* **2** ogni singolo istituto scolastico; il complesso dei suoi insegnanti e alunni; il luogo o l'edificio dove esso ha sede: *frequenta una buona —*; *la mia — è lontana da casa* **3** attività rivolta a far apprendere una o più discipline o arti; l'insegnamento; indirizzo di studi o metodo didattico e pedagogico adottato: *— attiva*, quella in cui si cerca di stimolare l'iniziativa e l'autonomia dell'allievo; *fare — / andare a — da qlcu.*, imparare il metodo di qlcu. / *mancare di —*, essere privo di una buona formazione **4** (*fig.*) ammaestramento; pratica, esercizio: *la — della storia*; *la — del delitto* **5** insieme di artisti, scrittori, filosofi, scienziati che seguano un medesimo indirizzo o maestro: *la — di Raffaello*; *la — del dolce stil novo*; *la — peripatetica*.

scuolabus [scuò-] *s.m.invar.* autobus o pulmino che porta gli studenti da casa a scuola e viceversa.

scuotere [scuò-] *v.tr.* [pres. *io scuòto, noi scotiamo ecc.*; pass.rem. *io scòssi, tu scotésti ecc.*; p.pass. *scòsso*] **1** agitare con forza con moto alterno, da una parte all'altra o dall'alto in basso o viceversa: *— un ramo, i panni, i tappeti*; *il terremoto scosse la terra*; *— la testa / — qlcu.*, indurlo ad agire. SIN. *scrollare* **2** (*fig.*) turbare, commuovere: *quelle parole mi avevano scosso* // **-ersi** *v.rifl.pron.* **1** sobbalzare: *a questo rumore si scosse* **2** (*fig.*) commuoversi.

scure *s.f.* strumento per spaccar legna e simili costituito da una robusta lama infissa in un lungo manico di legno: *abbattere un palo a colpi di — [ill. Agricoltura]*.

scurire *v.tr.* [*io scurisco, tu scurisci ecc.*] rendere scuro: *— i capelli* // *v.intr.*, **-irsi** *v.rifl.pron.* **1** diventare scuro: *l'argento a contatto dell'aria scurisce* **2** venir notte, imbrunire.

scuro *agg.* **1** che è poco o male illuminato: *locale —*. CONTR. *chiaro* **2** di colore non chiaro; che tende al nero: *vestito —*; *marrone —*; *carnagione scura*. CONTR. *chiaro* **3** (*fig.*) fosco, corrucciato: *era — in viso // s.m.* **1** buio, oscurità: *lo — della stanza / essere allo — di qlco.*, ignorarla **2** parte scura, in ombra, di quadro, disegno ecc. **3** colore scuro: *vestire di —* **4** imposta interna applicata alle finestre per impedire alla luce di entrare: *chiudere gli scuri*.

scurrile *agg.* d'una comicità licenziosa e volgare: *rivista —*; *parole e gesti scurrili*. SIN. *salace*.

scurrilità *s.f.invar.* l'essere scurrile; anche gesto o parola scurrile.

scusa [-ʃa] *s.f.* **1** l'atto dello scusare, dello scusarsi: *chiedere —*. SIN. *perdono* **2** le parole o gli atti con cui uno si scusa: *accettare le scuse* **3** attenuante: *ha una — nella giovane età* **4** motivo fittizio con cui si cerca di nascondere quello vero: *ha sempre una — pronta*; *troverò una — per parlargli*.

scusabile [-ʃà-] *agg.* che può essere scusato; non grave.

scusante [-ʃan-] *agg.* che scusa // *s.f.* giustificazione: *non avere scusanti*.

scusare [-ʃa-] *v.tr.* **1** discolpare, giustificare il comportamento di qlcu.: *— sempre i propri figli*. SIN. *scagionare, difendere, perdonare* **2** chiedere venia, spec. in formule di cortesia o per mitigare un rimprovero: *scusi se disturbo*; *scusate il mio appunto*. SIN. *perdonare* // **-arsi** *v.rifl.* chiedere scusa, giustificarsi: *— per il disturbo, per il ritardo / prov.*: *chi si scusa s'accusa*, chi tenta di giustificarsi rivela di essere colpevole.

scusato [-ʃa-] *agg.* giustificato, scagionato: *è — da ogni colpa*.

scuterista *s.m.* e *f.* [pl.m. *-i*] chi viaggia su uno scooter, e spec. chi lo guida.

sdamare *v.intr.* nel gioco della dama, muovere una pedina dell'ultima fila.

sdaziare [fda-] *v.tr.* [*io sdàzio ecc.*] pagare il dazio di una merce perché possa entrare in un territorio.

sdebitarsi [fde-] *v.rifl.* [*io mi sdébito ecc.*] pagare i propri debiti; (*fig.*) disobbligarsi soddisfacendo a un debito morale: *si sdebitò con un regalo*.

sdegnare [fde-] *v.tr.* [*io sdégno ecc.*] **1** avere a sdegno, disdegnare, rifiutare con disprezzo: *— le false lusinghe*; *— le lodi*. SIN. *spregiare, sprezzare* **2** irritare, provocare corruccio: *le sue parole lo sdegnarono*. SIN. *indignare* // **-arsi** *v.rifl.pron.* andare in collera: *— per le promesse non mantenute*. SIN. *indignarsi, corrucciarsi*.

sdegnato [fde-] *agg.* pieno di sdegno e di corruccio.

sdegno [fdé-] *s.m.* risentimento, irritazione provocata da qlco. che non si può tollerare spec. perché offende il senso morale; disprezzo: *sentire —*; *lo guardò con —*. SIN. *indignazione, corruccio, ira*.

sdegnoso [fdegnó-] *agg.* **1** che prova sdegno, si sdegna: *ragazza sdegnosa* **2** che mostra sdegno, che ha un atteggiamento altero: *sguardo —*. SIN. *sprezzante*.

sdentare [fden-] *v.tr.* [*io sdènto ecc.*] togliere, rompere i denti a una persona, a un animale, a un arnese.

sdentati [fden-] *s.m.pl.* ordine della vecchia classificazione dei mammiferi, comprendente animali privi di denti o con denti rudimentali (p.e. formichiere, armadillo).

sdentato [fden-] *agg.* che non ha, che ha perduto i denti: *un pettine —*; *una vecchia sdentata*.

sdilinquimento [fdilinquimén-] *s.m.* lo sdilinquirsi. SIN. *svenevolezza*.

sdilinquirsi [fdi-] *v.rifl.pron.* [*io mi sdilinquisco, tu ti sdilinquisci ecc.*] **1** indebolirsi; andare in deliquio **2** (*fig.*) intenerirsi, perdersi in smancerie, in effusioni.

sdoganare [fdo-] *v.tr.* svincolare merci dalla dogana pagando l'importo stabilito.

sdolcinato [fdol-] *agg.* **1** troppo dolce **2** (*fig.*) lezioso, stucchevole: *frasi sdolcinate*. SIN. *svenevole, smanceroso*.

sdolcinatura [fdol-] *s.f.* atto, detto da sdolcinato.

sdoppiamento [fdoppiamén-] *s.m.* lo sdoppiare, lo sdoppiarsi / *— della personalità*, (psic.) il comparire, in una persona, di atteggiamenti e modi di agire differenti da quelli abituali e caratteristici della sua personalità.

sdoppiare [fdop-] *v.tr.* [*io sdóppio ecc.*] **1** dividere in due una cosa doppia: *— un filo* **2** per estens., dividere in due ciò che di per sé è unitario // **-arsi** *v.rifl.pron.* dividersi in due.

sdraia [fdrà-] *s.f.* sedia, poltrona a sdraio.

sdraiare [fdra-] *v.tr.* [*io sdràio ecc.*] coricare, mettere a giacere: *— qlcu. sul letto* // **-arsi** *v.rifl.* stendersi: *si sdraiò sul prato*.

sdraiato [fdra-] *agg.* che giace disteso: *stava — sull'erba*.

sdraio [fdrà-] *s.m.* lo sdraiarsi; lo stare sdraiato; usato spec. nella locuz. *a sdraio*, sdraiato: *mettersi a — / sediа —*, costruita in modo che ci si possa sdraiare; sdraia.

sdrammatizzare [ʃdrammatiʒʒa-] *v.tr.* riportare a dimensioni normali problemi che sono stati esagerati.

sdrucciolare [ʃdruc-] *v.intr.* [*io sdrùcciolo ecc.*] **1** perdere l'equilibrio, cadere scivolando: *sdrucciolò dalle scale; — sul ghiaccio* **2** (*fig.*) sorvolare; dire qlco. di sfuggita: *— su un argomento scabroso.*

sdrucciolevole [ʃdrucciolé-] *agg.* su cui è facile sdrucciolare: *terreno —.* SIN. *scivoloso.*

sdrùcciolo [ʃdrùc-] *agg.* che ha l'accento sulla terz'ultima sillaba: *parola sdrucciola; verso —*, quello che termina con una parola sdrucciola e ha, perciò, l'ultimo accento tonico sulla terz'ultima sillaba // *s.m.* ripida pendenza del terreno; vicolo in pendio.

sdrucciolone [ʃdruccioló-] *s.m.* il cadere sdrucciolando: *prendere, fare uno —.*

sdruccioloni [ʃdruccioló-] *avv.* sdrucciolando: *scendemmo —.*

sdruccioloso [ʃdruccioló-] *agg.* sdrucciolevole.

sdrucire [ʃdru-] *v.tr.* [*io sdrucisco* o *sdrùcio, tu sdrucisci* o *sdrùci ecc.*] **1** scucire strappando; per estens., lacerare: *— una camicia; s'è sdrucito la pelle.* SIN. *strappare* // **-irsi** *v.rifl.pron.* scucirsi: *s'è sdrucito l'orlo del vestito.*

sdrucito [ʃdru-] *agg.* lacero: *un cappotto —.* SIN. *logoro, strappato.*

sdrucitura [ʃdru-] *s.f.* atto, effetto dello sdrucire: *hai una — sul dietro della giacca.*

se¹ [sé] *cong.* **1** posto che, ammesso che; con valore condizionale; introduce la protasi, cioè la subordinata condizionale, di un periodo ipotetico: *se si metterà a parlare non la smetterà più; se fossi in te andrei in vacanza; se tu avessi studiato di più, saresti stato promosso;* anche, in espressioni enfatiche, in frasi incidentali che attenuano un'affermazione e in espressioni di cortesia; *non glielo darei se mi coprisse d'oro; che mi venga un accidente se non è vero!; tu, se ben ricordo, sostenevi il contrario / se mai* (o *semmai*), nel caso che: *se mai venisse, chiamami;* anche, col valore di *tutt'al più*: *siamo noi, semmai, che abbiamo bisogno di te / se non*, soltanto, tranne che: *non devi far altro se non portar pazienza / se non altro*, almeno, per lo meno: *se non altro è onesto* **2** con valore desiderativo: *se vincessi alla lotteria!* **3** dato che, dal momento che; con valore causale: *se non è proprio sicuro, ti credo* **4** preceduto da *come*, introduce una prop.compar.ipotetica: *mi guardava come se non avesse capito* **5** con valore dubitativo, introduce proposizioni dubitative e interrogative indirette: *non sapeva se avrebbe finito in tempo; non so che cosa fare, se partire o restare // s.m.invar.* **1** incertezza, esitazione: *lui e i suoi se e ma* **2** condizione: *accetto, ma c'è un se.*

se² [sé] *pron.pers.m.* e *f.* di terza persona sing. e pl. si usa in luogo della forma pronominale atona *si* davanti ai pron.pers. *lo, la, li, le* e alla particella *ne*, sia in posizione enclitica sia proclitica: *se lo lasciò scappare; se ne andò; andandosene; godersela.*

sé *pron.pers.rifl.m.* e *f.* di terza persona sing. e pl. si usa solo quando si riferisce al soggetto della proposizione, altrimenti si sostituisce con *lui, lei, loro;* sempre sostituito da *loro* quando vi sia reciprocità d'azione (*si consultarono tra loro e non tra sé*); si usa come compl.ogg. quando gli si vuol dare particolare rilievo e nei complementi retti da preposizione; spesso è rafforzato (quasi sempre nel compl.ogg.) da *stesso* e *medesimo* e in questo caso viene spesso anche scritto senza l'accento: *ama solo sé* (*stesso* o *medesimo*); *si preoccupano solo di*

sé stessi; spesso è preceduto da una prep.composta: *lo tenne presso di sé / esser pieno di sé*, avere una grande opinione di sé stessi / *sta a sé, vive a sé*, dicesi di persona che vive appartata, che ama stare per proprio conto / *tenere per sé qlco.*, non rivelarla ad altri / *dentro di sé, fra sé e sé*, nel proprio intimo / *in sé, in sé stesso, in sé e per sé, di per sé, (di) per sé stesso*, dicesi di cosa che viene considerata soltanto nella sua essenza / *(non) essere in sé*, (non) essere nel pieno possesso delle proprie facoltà mentali / *uscire di sé*, perdere il controllo dei propri nervi, il possesso delle proprie facoltà mentali / *essere fuori di sé*, non riuscire a dominarsi per collera, dolore, follia ecc. / *rientrare in sé, tornare in sé*, rinvenire; riacquistare il possesso delle proprie facoltà mentali / *a sé, a parte, separatamente: è un caso a sé; va considerato a sé / da sé*, da solo, senza l'aiuto d'altri: *vuol fare tutto da sé / va da sé che*, è naturale che: *va da sé che provvederò io / prov.*: *chi fa da sé, fa per tre.*

sebaceo [-bà-] *agg.* di sebo, relativo al sebo: *ghiandole sebacee*, piccole ghiandole della pelle che secernono sebo.

sebbene [-bè-] *cong. concessiva* benché, malgrado che: *— tardasse, lo aspettarono.*

sebo [sé-] *s.m.* sostanza grassa secreta dalle ghiandole sebacee.

seborrea [-rè-] *s.f.* eccessiva secrezione delle ghiandole sebacee.

seborroico [-ròi-] *agg.* [pl.m. *-ci*] di seborrea.

secante *agg.* e *s.f.* (*geom.*) si dice di ogni retta o segmento che taglia una curva // *s.f.* (*mat.*) funzione trigonometrica inversa del coseno.

secca [séc-] *s.f.* **1** zona in cui il fondale marino, essendo poco profondo rispetto alla superficie dell'acqua, ostacola la navigazione: *andare in —*, incagliarsi con un'imbarcazione **2** tempo di siccità; mancanza o scarsità d'acqua in un lago, fiume e simili.

seccante *agg.* importuno, noioso; spiacevole: *una persona —; una situazione —.* SIN. *fastidioso.*

seccare *v.tr.* [*io sécco, tu sécchi ecc.*] **1** rendere secco: *il sole ha seccato l'erba.* SIN. *inaridire* **2** importunare, tediare: *la presenza di estranei lo secca.* SIN. *annoiare, infastidire, scocciare // v.intr.* diventare secco: *i fiori recisi seccano presto //* **-arsi** *v.rifl.pron.* **1** diventare secco **2** sentir noia, fastidio: *è gente che si secca ad aspettare.*

seccato *agg.* annoiato, infastidito: *tornai piuttosto —.*

seccatore [-tó-] *s.m.* [f. *-trice*] chi secca, infastidisce. SIN. *importuno, scocciatore, rompiscatole.*

seccatura *s.f.* il seccare; cosa, situazione seccante; noia: *dare seccature.* SIN. *incomodo, fastidio.*

seccherello [-rèl-] *s.m.* (*dial. toscano*) pezzetto di pane secco.

secchezza [-chéz-] *s.f.* l'essere secco (spec. *fig.*): *— di modi*, maniera sbrigativa.

secchia [séc-] *s.f.* **1** recipiente metallico a forma di tronco di cono, con manico semicircolare, usato soprattutto per attingere acqua / *a secchie*, in gran quantità **2** nel gergo scolastico, alunno che riesce bene perché disciplinato e studioso, pur senza brillare per eccessiva intelligenza.

secchiello [-chièl-] *s.m.* **1** piccolo secchio: *— per il ghiaccio; il bambino giocava col — e la paletta* **2** borsa da donna, a forma di secchio e con lunga cinghia, che si porta a tracolla.

secchio [séc-] *s.m.* recipiente simile alla secchia, di vari materiali e adibito a vari usi: *il — del latte, della spazzatura.*

secchione [-chió-] *s.m.* **1** grande secchio **2** nel gergo scolastico, secchia.

secco [séc-] *agg.* [pl.m. *-chi*] **1** privo d'acqua, d'umidità; arido: *pozzo* —; *terreno* —; *aria secca / pesce* —, essiccato / *pane* —, rafferno / *vino* —, non dolce. SIN. *asciutto, riarso* **2** si dice di persona asciutta, rinsecchita: *sei* — *come un chiodo*. SIN. *magro* **3** (*fig.*) risoluto, brusco, senza commenti: *tono* —; *risposta secca / stile* —, disadorno / *un colpo* —, deciso e improvviso / *ambo, terno* —, nel gioco del lotto, giocato da solo, senza puntare su altre combinazioni. SIN. *reciso* // *s.m.* **1** luogo senz'acqua: *tirare in* — *una barca*, sulla riva / *restare in* —, (*fig.*) senza mezzi, senza risorse **2** siccità, mancanza d'acqua: *con questo* — *i raccolti si rovinano* / *a* —, senz'acqua: *lavare a* —, chimicamente / *murare a* —, senza calcina; (*scherz.*) mangiare senza bere.

seccume *s.m.* insieme di cose secche.

secentesco [-té-] *agg.* [pl.m. *-chi*] del Seicento (sec. XVII).

secentismo [-ʃmo] *s.m.* il gusto letterario e artistico del Seicento, spec. in quanto tendente all'artificio e alla complicazione.

secentista *s.m.* e *f.* [pl.m. *-i*] **1** scrittore o artista del Seicento (sec. XVII) **2** studioso della storia, dell'arte ecc. del Seicento.

secernere [-cèr-] *v.tr.* [pres. *io secèrno ecc.*; p.pass. *secrèto*] (*scient.*) elaborare ed emettere particolari sostanze (detto delle ghiandole): *il fegato secerne la bile.*

secessione [-sió-] *s.f.* il distaccarsi di un gruppo dall'unità politica o sociale di cui faceva parte: *la* — *della plebe / guerra di* —, quella combattuta negli Stati Uniti tra la Confederazione degli stati del Sud, che volevano rendersi indipendenti, e l'Unione degli stati del Nord.

secessionismo [-ʃmo] *s.m.* tendenza a distaccarsi dal gruppo sociale o dalla corrente ideologica cui si appartiene.

secessionista *agg.* e *s.m.* e *f.* [pl.m. *-i*] che, chi vuole, favorisce una secessione.

seco [sé-] *pron.* composto (*lett.*) con lui, con lei, con loro: *lo portò, lo portarono* —.

secolare *agg.* **1** che ha l'età di uno o più secoli: *albero* —; *tradizione* — **2** che avviene ogni secolo: *festa* — **3** che appartiene al secolo, all'ambiente laico (in opposizione a ecclesiastico): *il potere* — / *clero* —, l'insieme dei sacerdoti che vivono a contatto con il mondo laico, contrapposto al *clero regolare* che vive in comunità proprie.

secolarizzare [-riʒʒa-] *v.tr.* sciogliere dai voti; laicizzare: — *un prete, un istituto.*

secolarizzazione [-riʒʒaʒió-] *s.f.* atto, effetto del secolarizzare.

secolo [sè-] *s.m.* **1** periodo di tempo di cent'anni: *due secoli dopo*; *dura da tre secoli / alla fine dei secoli*, alla fine del mondo / *per tutti i secoli*, per sempre **2** periodo storicamente determinato, ma senza precisi limiti di tempo: *il* — *di Dante*; *il* — *d'oro della pittura italiana*; *i secoli barbari / è roba dell'altro* —, ormai fuori moda, in disuso / *l'avvenimento del* —, che è ritenuto il più importante del proprio tempo **3** periodo di tempo assai lungo: *è un* — *che non ti vedo* **4** la vita mondana, contrapposta alla vita religiosa: *ha lasciato il* — *per entrare in convento / al* —, locuz. che precede il nome e il cognome di un religioso, o di chi ha adottato uno pseudonimo.

seconda [-cón-] *s.f.* **1** (*aut.*) la seconda marcia nel cambio dei motori a scoppio: *mettere, innestare la* —; *partire in* — **2** una delle posizioni della scherma e della ginnastica **3** *in* —, in seconda posizione, secondo di grado: *comandante in* — / *a* — *di*, in modo conforme a; relativamente a: *tutto si è svolto a* — *degli ordini*; *partirò oggi o domani, a* — *delle ultime notizie.*

secondamento [-mén-] *s.m.* (*med.*) l'ultima fase del parto, in cui vengono espulse la placenta e le membrane fetali.

secondare *v.tr.* [*io secóndo ecc.*] assecondare. SIN. *favorire.*

secondario [-dà-] *agg.* **1** che viene come secondo in una successione: *scuole secondarie*, che succedono alle elementari **2** che ha importanza o valore minore: *una questione secondaria / ferrovie secondarie*, tronco ferroviario di minore importanza, a traffico ridotto.

secondino *s.m.* carceriere.

secondo[1] [-cón-] *agg.num.ord.* **1** che segue immediatamente il primo: *ho ottenuto il* — *posto*; *verrò il* — *giorno / di seconda mano*, si dice di cosa che si vende già usata / *un* — *Giotto*, un pittore degno di stargli a pari **2** minore, inferiore: *non essere* — *a nessuno* **3** (*lett.*) favorevole: *navigare col vento* — // *s.m.* **1** minuto secondo, la sessantesima parte di un minuto primo: *un primo e due secondi / in un* —, in brevissimo tempo: *faccio in un* — **2** la seconda persona in un ordine, in una serie: *dei ragazzi che vedi il* — *è mio fratello* **3** il padrino in un duello; chi assiste un pugilatore durante un incontro **4** l'ufficiale che succede gerarchicamente al capitano di una nave.

secondo[2] [-cón-] *prep.impropria* conforme: — *le regole*; — *me, te*, a mio, a tuo parere; — *le circostanze*, in base alle esigenze del caso, del momento / — *che*, conforme a ciò che; introduce una proposizione subordinata limitativa: *decideremo il programma domani*, — *che gli ospiti siano arrivati o no.*

secondogenito [-gè-] *agg.* e *s.m.* che, chi è nato per secondo.

secondogenitura *s.f.* l'essere secondogenito; la condizione, lo stato del secondogenito.

secrétaire [*franc.*; *pr.* s(e)cretèr] *s.m.* mobile con molti cassetti e un piano ribaltabile per scrivere.

secreto[1] [-crè-] *agg.* e *s.m.* (*poet.*) segreto.

secreto[2] [-crè-] *s.m.* (*biol.*) il prodotto della secrezione di qualsiasi ghiandola.

secretore [-tó-] *agg.* [f. *-trice*] che secerne.

secrezione [-zió-] *s.f.* il secernere; la sostanza secreta: *una* — *sierosa.*

sedano [sè-] *s.m.* pianta erbacea con foglie aromatiche, dalle grosse costole commestibili (*fam.* Ombrellifere).

sedare *v.tr.* [*io sèdo ecc.*] calmare: — *il dolore, una rivolta.* SIN. *placare.*

sedativo *agg.* che serve a calmare // *s.m.* farmaco che esercita un'azione calmante, spec. sul sistema nervoso. SIN. *calmante, lenitivo.*

sede [sè-] *s.f.* **1** seggio, nelle espressioni: *Santa Sede, Sede apostolica, Sede papale*, con riferimento alla Cattedra di san Pietro e per indicare quindi il papa e il governo della chiesa / — *vacante*, periodo fra la morte di un papa e l'elezione del successore **2** stabile dimora: *avere* — *a Roma* **3** luogo, edificio dove risiede un ente, un ufficio e simili: *la* — *del governo / in separata* —, (*dir.*) presso un altro magistrato; per estens., a parte: *te lo dirò in separata* — / *in* — *d'esami*, durante gli esami **4** (*med.*) il punto del corpo in cui si manifesta una malattia.

sedentario [-tà-] *agg.* che richiede poco movimento:

lavoro — // *agg.* e *s.m.* che o chi si muove poco o fa vita poco attiva.

sedente [-dèn-] *agg.* (*arald.*) si dice dell'animale raffigurato in posizione di riposo sulle zampe posteriori.

sedere[1] [-dé-] *v.intr.* [pres. *io* sièdo (lett. sèggo), *tu* sièdi, *egli* siède, *noi* sediamo, *voi* sedéte, *essi* sièdono (lett. sèggono); fut. *io* sederò ecc.; cong.pres.*io* sièda (lett. sègga), *noi* sediamo, *voi* sediate, *essi* sièdano (lett. sèggano); cond. *io* sederèi ecc.; imp. sièdi, sedéte; ger. sedèndo] **1** poggiare sopra qlco. con le parti posteriori del corpo: — *su una sedia, in terra, sul letto*; *mettersi* —; *stare seduto*; *dare da* —, offrire un posto a chi è in piedi / — *a tavola*, consumare il pasto **2** per estens., avere seggio: *siede in parlamento*; — *sul trono*, regnare; — *in cattedra*, insegnare **3** (*lett.*) essere situato: *il castello sedeva sul monte*.

sedere[2] [-dé-] *s.m.* **1** atto del sedere, posizione di chi è seduto: *il* — *su questa roccia è scomodo* **2** la parte del corpo su cui si sta seduti; le natiche.

sedia [sè-] *s.f.* mobile su cui ci si siede, costituito da un piano orizzontale, che poggia su quattro gambe, fornito di spalliera: — *impagliata*, con sedile di paglia; — *a dondolo*, che in luogo delle gambe ha un'intelaiatura su cui ci si dondola; — *a sdraio*, fatta in modo da potervisi sdraiare e costituita da un'armatura a inclinazione regolabile e a un fondo di tela pesante / — *elettrica*, dispositivo per l'esecuzione di condanne a morte, per mezzo di una scarica elettrica.

sediario [-dià-] *s.m.* chi era incaricato di portare il papa sulla sedia gestatoria.

sedicenne [-cèn-] *agg.* e *s.m.* e *f.* che, chi ha sedici anni.

sedicente [-cèn-] *agg.* si dice di chi si attribuisce titoli e qualifiche che non ha: *il* — *dottore*.

sedicesimo [-cèſi-] *agg.num.ord.* che in una serie occupa il posto numero sedici // *s.m.* **1** la sedicesima parte **2** foglio di stampa ripiegato a formare sedici pagine / *in* —, formato di un libro che si ottiene piegando il foglio di stampa in sedici parti.

sedici [sé-] *agg.num.card.* indica una quantità composta di dieci unità più sei.

sedile *s.m.* termine generico per qualsiasi oggetto fatto per sedere: *il* — *della barca, di un tram*; — *anteriore, posteriore, imbottito*; — *a ribalta*, ripiano di legno ribaltabile.

sedimentare *v.intr.* [*io* sediménto ecc.] depositarsi sul fondo (detto di una sostanza sospesa in un liquido); (*fig.*) consolidarsi lentamente, rimanere.

sedimentario [-tà-] *agg.* si dice delle rocce formate da accumulo di materiali detritici o residui organici o per deposito chimico.

sedimentazione [-zió-] *s.f.* processo di deposito, sul fondo, del materiale in sospensione nelle acque fluviali e marine.

sedimento [-mèn-] *s.m.* **1** deposito lasciato in fondo a un recipiente da una sostanza in sospensione; (*fig.*) **2** (*geol.*) massa composta di particelle organiche o inorganiche che si accumulano per gravità sul fondo di un bacino.

sediolo [-diò-] *s.m.* carrozzino leggerissimo a due ruote, per una sola persona, usato nelle corse al trotto.

sedizione [-zió-] *s.f.* tumulto, pubblica dimostrazione di malcontento contro il potere costituito. SIN. *sommossa, insurrezione, ribellione*.

sedizioso [-zió-] *agg.* e *s.m.* che o chi suscita o sostiene sedizioni; turbolento, rissoso. SIN. *sovversivo, rivoltoso, ribelle*.

seducente [-cèn-] *agg.* che seduce, alletta, piace: *un sorriso* —. SIN. *incantevole*.

sedurre *v.tr.* [coniugato come *addurre*] **1** sviare, indurre in errore: *lo sedusse la speranza di guadagno* **2** allettare, attrarre: *quella prospettiva mi seduce* / — *una donna*, ottenerne l'amore.

seduta *s.f.* **1** riunione di un'assemblea o di un gruppo di persone per discutere e deliberare: — *consiliare*; — *del tribunale*, pubblica discussione di una causa **2** la posa di un modello per un artista; l'incontro di un cliente con un professionista.

seduttore [-tó-] *agg.* e *s.m.* [f. *-trice*] che o chi seduce.

seduzione [-zió-] *s.f.* **1** atto, effetto del sedurre: *le seduzioni della vita sono molte* **2** capacità di sedurre; fascino: *la* — *della musica*.

sega [sé-] *s.f.* attrezzo usato per tagliare legname o metalli, costituito da una lama dentata di acciaio inserita in un telaio o in un manico: — *a mano* [*ill. Utensili*]; — *circolare*, con lama a forma di ruota dentata; — *chirurgica*, usata per le amputazioni / *pesce* —, grosso pesce marino con un lungo prolungamento della mascella simile alla lama di una sega (*fam.* Pristidi).

segala, segale [sé-] *s.f.* pianta erbacea simile al grano, ma con cariossidi più allungate, meno ricche di glutine (*fam.* Graminacee) / — *cornuta*, alterata per azione di un piccolo fungo parassita [*ill. Cereali*].

segaligno *agg.* **1** (*rar.*) di segala: *pane* — **2** (*fig.*) magro, asciutto: *ha un fisico* —.

segantino *s.m.* chi sega, per mestiere, il legname per farne legna da ardere, travi, assi ecc.

segare *v.tr.* [*io* ségo, *tu* séghi ecc.] **1** tagliare un oggetto in due facendovi scorrere con moto alterno la lama della sega; recidere, fendere **2** stringere fortemente: *il bracciale gli segava il polso*.

segatrice *s.f.* macchina per segare: — *alternativa*, con lama a moto alternativo; — *a nastro*, quella in cui la lama è costituita da un nastro metallico dentato o zigrinato; — *a disco*, quella in cui un motore imprime moto rotatorio a un disco dentato [*ill. Utensili*].

segatura *s.f.* **1** atto del segare, taglio, recisione: *la* — *dei fieni* **2** polvere di minuti frammenti di legno che si produce durante la segatura del legno.

seggetta [-gét-] *s.f.* sedia con orinale.

seggio [sèg-] *s.m.* **1** sedia o poltrona imponente per alti personaggi: *il* — *reale* / *balzar di* — *qlcu.*, privarlo della sua autorità **2** carica pubblica, diritto a sedere in un collegio: *ottenere il* — *di senatore* / — *elettorale*, ufficio preposto a raccogliere e a scrutinare i voti di una elezione; l'edificio, il locale dove si trova l'ufficio.

seggiola [sèg-] *s.f.* sedia.

seggiolaio [-là-] *s.m.* chi fabbrica, vende, accomoda seggiole.

seggiolino *s.m.* piccola sedia con braccioli per bambini; sedia pieghevole e trasportabile; sedile basso usato nei mezzi di trasporto.

seggiolone [-ló-] *s.m.* sedia alta con piano d'appoggio ribaltabile che permette ai bambini piccoli di giocare e mangiare al piano del tavolo senza cadere.

seggiovia [-vì-] *s.f.* sistema di trasporto meccanico a mezzo di un cavo metallico a corsa continua al quale sono sospesi dei seggiolini, usato spec. in montagna per raggiungere alte quote.

segheria [-rì-] *s.f.* stabilimento nel quale si segano, per lo più a macchina, tronchi di legname da costruzione.

seghettare *v.tr.* [*io* seghétto ecc.] dentellare, provvedere di denti simili a quelli di una sega.

seghettato agg. dentellato come una lama di sega: *foglia seghettata* [ill. *Foglia*].

seghetto [-ghét-] s.m. piccola sega per metalli con lama rigida, telaio di ferro e impugnatura a manico [ill. *Utensili*].

segmentazione [-zió-] s.f. **1** divisione in segmenti (anche *fig.*) **2** (*biol.*) il processo di divisione della cellula uovo fecondata.

segmento [-mén-] s.m. **1** (*geom.*) tratto di retta compreso fra due punti / — *circolare*, porzione di piano limitata da un arco di circonferenza e dalla sua corda / — *sferico*, ciascuna delle parti in cui una sfera è divisa da un suo piano secante **2** (*zool.*) ciascuno degli elementi costituenti il corpo di un verme **3** parte tagliata di qlco. **4** (*fig.*) parte, componente: *fondere diversi segmenti culturali*.

segnacaso [-fo] s.m.invar. elemento grammaticale premesso al nome per indicarne il caso: *la preposizione «di» è il — del genitivo*.

segnacolo [-gnà-] s.m. (*lett.*) insegna, segnale.

segnalamento [-mén-] s.m. insieme di segnali che formano un dato messaggio: *il — del porto*.

segnalare v.tr. **1** indicare con un segnale: — *un pericolo, il passaggio di un treno* **2** (*fig.*) indicare all'attenzione o alla stima altrui; far notare: — *i migliori collaboratori* // **-arsi** v.rifl. distinguersi, farsi notare: — *per particolari capacità*.

segnalatore [-tó-] agg. e s.m. [f. *-trice*] che o chi fa segnalazioni.

segnalazione [-zió-] s.f. atto, effetto del segnalare (anche *fig.*): *segnalazioni luminose*; *la — dei meritevoli*.

segnale s.m. **1** segno convenzionale per indicare o far conoscere qlco.: — *della partenza*; — *orario*; *ricevere, aspettare il* — **2** congegno ottico o acustico che serve per dare segnali: *tirare il* — *d'allarme*.

segnaletica [-lè-] s.f. insieme di segnali: — *stradale*.

segnaletico [-lè-] agg. [pl.m. *-ci*] che riguarda i segnali; che serve a segnalare / *dati segnaletici*, misurazioni antropometriche, fotografie ecc. che permettono di riconoscere una persona.

segnalibro s.m. foglietto o striscia che si mette tra le pagine di un libro per ritrovare il punto voluto.

segnalinee [-lì-] s.m.invar. → **guardalinee**.

segnaprezzo [-prèz-] s.m. cartellino indicante il prezzo di una merce esposta in pubblico.

segnapunti s.m.invar. **1** chi è addetto a segnare i punti di una partita, spec. di pallacanestro **2** oggetto su cui si segnano i punti conseguiti nel gioco del biliardo e simili.

segnare v.tr. [io ségno ecc.] **1** mettere il segno, notare con uno o più segni; per estens., prendere nota di qlco.: — *un libro con una matita*; — *i punti più importanti di un libro*; *segnarsi qlco. su un taccuino* **2** indicare, mostrare: *una pietra segnava il confine del podere*; *l'orologio segna le tre*; — *a dito* **3** colpire lasciando il segno: *i pugni ricevuti gli hanno segnato tutto il viso* **4** (*sport*) nei giochi di squadra, conseguire un punto; nel calcio, fare un gol (anche *assol.*): *il centravanti ha segnato alla fine del primo tempo* // **-arsi** v.rifl. fare il segno di croce.

segnatasse s.m.invar. marca che gli uffici postali applicano sulla corrispondenza non sufficientemente affrancata, e che indica l'importo da pagare per ritirarla.

segnatempo [-tèm-] s.m.invar. → **marcatempo**.

segnatore [-tó-] s.m. [f. *-trice*] s.m. **2** nel calcio e in altri giochi di squadra, chi realizza il punto.

segnatura s.f. **1** atto, effetto del segnare **2** nelle biblioteche, sigla usata per la catalogazione di un libro, riportata nel catalogo e sul libro stesso **3** (*tip.*) numero o lettera stampata in fondo alla prima pagina di ogni foglio di stampa **4** nel calcio e in altri giochi, il complesso dei punti ottenuto da una squadra nel corso della partita.

segnavento [-vèn-] s.m.invar. → **mostravento**.

segno [sé-] s.m. **1** ogni impronta visibile lasciata da qlco.; indizio: *fare un — con la penna*; *le nubi sono — del temporale*; *non dà — di vita* / *segni caratteristici* (o *particolari*), tipici elementi (nei, cicatrici ecc.) che consentono di identificare più facilmente una persona / *in — di amicizia*, come dimostrazione di amicizia. SIN. *traccia* **2** ogni figura o espressione grafica usata convenzionalmente per rappresentare qualcosa; simbolo: *i segni d'interpunzione* / *i segni dello zodiaco*, ciascuna delle dodici parti uguali in cui è diviso lo zodiaco, corrispondenti alle dodici costellazioni zodiacali; anche le figure simboliche che li rappresentano **3** qualsiasi oggetto o figura che serva a contrassegnare o a indicare un punto: *ho lasciato un — nel libro*; *perdere il* —, non trovare più il punto in cui si era arrivati leggendo **4** cenno, gesto: *gli fece un — con la mano*; *non dava — di volersi muovere* **5** bersaglio: *tiro a* —; *colpire nel* —, indovinare esattamente qlco. / *essere fatto — all'ammirazione*, essere oggetto di ammirazione **6** limite, punto che non si dovrebbe oltrepassare: *passare il* —, esagerare; *superare i limiti* / *avere la testa a* —, avere la testa a posto; *stare bene attento* / *rimettere l'orologio a* —, riportarlo all'ora esatta / *raccontare per filo e per* —, con tutti i particolari e con ordine.

sego [sé-] s.m. grasso di origine animale, consistente, usato come lubrificante, per fabbricare candele ecc.

segregare v.tr. [io sègrego, tu sègreghi ecc.] allontanare, separare dagli altri: — *i malati contagiosi*.

segregato agg. separato: *paese — dal mondo*.

segregazione [-zió-] s.f. il segregare, l'esser segregato / — *cellulare*, pena per cui il condannato deve stare in una cella, separato dagli altri / — *razziale*, sistema applicato da governi razzisti in paesi a popolazione mista, per cui le persone di razza diversa sono tenute il più possibile separate.

segregazionismo [-ʃmo] s.m. la dottrina, la pratica politica della segregazione razziale.

segregazionista agg. e s.m. e f. [pl.m. *-i*] che, chi sostiene e pratica la segregazione razziale: *governo* —.

segreta [-gré-] s.f. cella per lo più stretta e scura, in cui si tiene segregato il prigioniero.

segretariato s.m. ufficio, carica di segretario generale di una grande organizzazione; la sede in cui il segretario generale svolge le sue mansioni e il personale che a lui fa capo: *il — delle Nazioni unite*.

segretario [-tà-] s.m. **1** chi sbriga la corrispondenza e svolge altri incarichi di fiducia per conto di qlco.: *il — del direttore* **2** chi ha il compito di redigere i verbali e i resoconti di riunioni, assemblee ecc.; chi, in enti e organismi pubblici o privati, tiene i registri, comunica le deliberazioni, rilascia documenti ecc.: *il — comunale, provinciale* **3** chi, in un'associazione, un partito, o simili, guida l'attività quotidiana per mandato degli organi direttivi / — *di stato*, in alcuni stati (USA, Vaticano), il ministro degli esteri; in Italia, titolo che spetta a tutti i ministri.

segreteria [-rì-] s.f. l'ufficio del segretario di un ente pubblico o privato; la sede dell'ufficio e il complesso degli impiegati addetti / — *di stato*, il dicastero che, in alcuni paesi, presiede ai rapporti con l'estero.

segretezza [-téz-] *s.f.* qualità di ciò che è segreto; il rimanere segreto / *in tutta* —, in gran segreto.

segreto [-gré-] *agg.* **1** non manifesto, ignorato; che non deve essere fatto conoscere: *passaggio* —; *trattato* —; *avere delle virtù segrete*, nascoste / *fondi segreti*, di cui un funzionario può disporre senza doverne rendere conto / *cameriere* —, dignitario della corte pontificia **2** appartato, nascosto; *(fig.)* intimo, riposto: *un luogo* —; *gioia segreta*. SIN. *recondito* **3** si dice di persona che non rivela ciò che è venuto a sapere o che gli è stato confidato // *s.m.* **1** cosa che non deve essere divulgata, che deve rimanere celata: *custodire, mantenere, svelare un* — / *ve lo dico in* —, con segretezza **2** ogni espediente, mezzo o artificio, che si tiene celato per utilità o prudenza: — *di fabbricazione*.

seguace *agg.* *(poet.)* che segue // *s.m.* e *f.* chi segue e sostiene una dottrina, una scuola, un maestro ecc.: *i seguaci dell'aristotelismo*; *i seguaci di Cristo*.

seguente [-guèn-] *agg.* che viene dopo: *il giorno* —; *la pagina* —.

segugio [-gù-] *s.m.* **1** cane da caccia di media taglia dall'odorato finissimo, con muso lungo, occhi prominenti, ampie orecchie pendenti, pelo raso **2** *(fig.)* poliziotto.

seguire *v.tr.* [*io séguo ecc.*] **1** andare dietro, tenere dietro a qlcu.; succedere immediatamente a qlco.: *il cane segue il padrone*; *il tuono segue il lampo* / — *un racconto*, tener dietro con la mente alla lettura di esso **2** procedere prendendo qlco. come guida o come punto di riferimento: — *la rotta*; — *le orme* **3** *(fig.)* accettare una dottrina, un'idea e simili; imitare: — *la filosofia di Kant*; — *l'esempio di qlcu.*; — *un consiglio*, agire di conseguenza // *v.intr.* **1** continuare: *il testo segue nell'altra pagina* **2** accadere successivamente o in conseguenza di qlco.: *seguirono anni felici*; *alla guerra seguì un'epidemia*.

seguitare *v.tr.* [*io séguito ecc.*] **1** seguire **2** continuare: — *il discorso* // *v.intr.* proseguire, continuare: *seguitano a parlare*.

seguito [-sè-] *s.m.* **1** le persone che accompagnano un personaggio per servizio o per onore **2** complesso di fautori, di sostenitori; *(fig.)* consenso, favore che circonda una dottrina, un partito, una persona: *quell'uomo ha molto* — **3** ordine di cose che si succedono: *fu un — di disgrazie / di* —, senza interruzione / *in* —, più avanti / *in* — *a*, per, a causa di **4** la parte seguente: *il — del racconto*. SIN. *prosecuzione, continuazione*.

segusino [-ʃi-] *agg.* di Susa // *s.m.* abitante di Susa.

sei [sèi] *agg.num.card.* indica una quantità composta di cinque unità più una // *s.m.invar.* il numero sei e la cifra che lo rappresenta.

seicentesimo [-tèʃi-] *agg.num.ord.* che in una serie occupa il posto numero seicento // *s.m.* la seicentesima parte di qlco.

seicento [-cèn-] *agg.num.card.* indica una quantità composta di sei volte cento unità // *s.m.invar.* **1** il numero seicento e la cifra che lo rappresenta **2** *il Seicento*, il secolo XVII.

seigiorni [-giór-] *s.f.invar.* complesso di prove sportive che si protraggono per sei giorni.

selaci *s.m.pl.* pesci a scheletro cartilagineo, con branchie scoperte; vi appartengono: squali, razze ecc.

selce [sél-] *s.f.* **1** mescolanza di silici di vari tipi, generalmente sotto forma di incrostazioni incluse in altre rocce **2** *spec. pl.* blocchetti di roccia, squadrati, per pavimentare strade.

selciare *v.tr.* [*io sélcio ecc.*] ricoprire il suolo di strade, piazze ecc. con lastre di pietra, cubetti di porfido e simili.

selciato *agg.* lastricato // *s.m.* pavimentazione a selci di strade, piazze, cortili; il pavimento stesso.

selciatore [-tó-] *s.m.* [f.-*trice*] l'operaio specializzato nel selciare.

selciatura *s.f.* atto, effetto del selciare.

selenio [-lè-] *s.m.* elemento chimico (Se; *n.at.* 34; *p.at.* 78,96); metalloide assai simile allo zolfo, amorfo, cristallino, di lucentezza metallica, buon conduttore dell'elettricità.

selenita *s.m.* e *f.* [pl.m. -*i*] abitante della Luna.

selenite *s.f.* *(min.)* varietà di gesso.

selenografia [-fi-] *s.f.* studio e descrizione cartografica della Luna.

selenologia [-gì-] *s.f.* branca dell'astronomia che si occupa della Luna.

selenologo [-nò-] *s.m.* [pl.m. -*gi*] specialista in selenologia.

selenosi [-nòʃi] *s.f.invar.* intossicazione da selenio.

selettività *s.f.invar.* **1** l'essere selettivo **2** *(rad.)* attitudine di un apparecchio radioricevente a cogliere onde di data lunghezza escludendo le altre.

selettivo *agg.* **1** atto a selezionare: *criterio* — **2** che fa una forte selezione **3** *(rad.)* si dice di apparecchio o di fenomeno che presenta selettività.

selettore [-tó-] *s.m.* dispositivo che opera una selezione; in particolare, organo che, nella commutazione telefonica automatica, permette di scegliere la linea; nella macchina fotografica, che seleziona automaticamente tempi d'esposizione e apertura del diaframma; nel televisore, comando per la selezione di sintonia e canali; nella macchina da scrivere, per la scelta dello spazio di interlinea [*ill. Scrivere, macchina per*].

selezionare *v.tr.* [*io selezióno ecc.*] fare una selezione, una scelta: — *i migliori allievi*.

selezionato *agg.* scelto: *elementi selezionati*.

selezionatore [-tó-] *agg.* e *s.m.* [f. -*trice*] che o chi seleziona.

selezionatrice *s.f.* macchina per la selezione automatica di oggetti diversi.

selezione [-zió-] *s.f.* **1** scelta degli elementi migliori: *la — dei concorrenti* / — *naturale*, quella che avviene in natura, con la maggior sopravvivenza degli organismi animali e vegetali più dotati / — *artificiale*, accoppiamento di organismi scelti dall'uomo per migliorare la specie **2** scelta di brani musicali o letterari **3** operazione con cui viene scelta la linea telefonica richiesta.

self-control [*ingl.*; *pr.* sèlf-contról] *s.m.* autocontrollo.

self-service [*ingl.*; *pr.* sèlf-sèvis] *s.m.* ristorante o negozio in cui i clienti si servono da sé.

sella [sèl-] *s.f.* **1** arnese di cuoio che si fissa sul dorso della cavalcatura: *montare in* — / *cavallo da* —, atto a essere cavalcato **2** sedile della bicicletta, della motocicletta e simili **3** valico montano ampio e poco profondo **4** parte del dorso dell'agnello macellato.

sellaio [-là-] *s.m.* chi fa o ripara selle, valigie e altri oggetti di cuoio.

sellare *v.tr.* [*io sèllo ecc.*] provvedere di sella: — *un cavallo*.

selletta [-let-] *s.f.* nei finimenti da tiro del cavallo, la parte superiore della fascia che cinge le reni e continua nel sottopancia [*ill. Cavallo*].

sellino *s.m.* **1** finimento da tiro **2** piccola sella per bicicletta o motocicletta.

seltz [sèltz] *s.m.invar.* → **selz**.

selva [sél-] *s.f.* **1** bosco per lo più fitto ed esteso **2** (*fig.*) moltitudine confusa: *una — di numeri, di capelli.*

selvaggina *s.f.* termine generico con cui si indicano gli animali selvatici che si cacciano e si mangiano.

selvaggio [-vàg-] *agg.* [pl.m. *-i*] **1** selvatico: *un animale — / luogo —*, deserto; incolto; pauroso **2** che è, che vive al di fuori delle forme di civiltà considerate evolute; primitivo: *tribù selvagge* **3** (*fig.*) crudele, disumano: *un — omicidio // s.m.* chi appartiene a popoli selvaggi: *i selvaggi dell'Amazzonia* **4** (*fig.*) libero, spontaneo, non regolato da leggi o contratti o addirittura contro di essi: *speculazione selvaggia / sciopero —*, quello attuato da gruppi di lavoratori indipendentemente dalle scelte del sindacato, oppure quello attuato da sindacati corporativi in forme particolarmente pesanti, spec. nei servizi pubblici; *aquila selvaggia*, lo sciopero dei piloti d'aereo.

selvatichezza [-chéz-] *s.f.* (*lett.*) l'essere poco socievole. SIN. *rusticitezza*.

selvatico [-và-] *agg.* [pl.m. *-ci*] **1** si dice di pianta o di animale che nasce e cresce liberamente, senza cure / *terreno —*, non coltivato **2** (*fig.*) si dice di persona poco socievole o affabile. SIN. *rustico*.

selvicoltura *s.f.* scienza che studia la coltivazione e la conservazione dei boschi.

selvoso [-vó-] *agg.* ricco, coperto di selve.

selz [sèlz] *s.m.invar.* acqua resa gassosa dall'aggiunta di anidride carbonica, usata per preparare bevande.

semaforico [-fò-] *agg.* [pl.m. *-ci*] di semaforo, di semafori: *impianto —*.

semaforo [-mà-] *s.m.* **1** apparecchio che, mediante segnalazioni luminose, serve a regolare il traffico ferroviario o stradale **2** costruzione dotata di stazioni radiotelegrafiche e telefoniche, posta in punti ben visibili di una costa, che serve per segnalazioni alle navi e per rilievi meteorologici.

semantema [-tè-] *s.m.* [pl. *-i*] elemento portatore del significato fondamentale, in una parola (p.e. in *sbatacchiare* è *-bat-* che dà l'idea di «battere»).

semantica [-màn-] *s.f.* ramo della linguistica che si occupa dei significati delle parole e dei cambiamenti di essi.

semantico [-màn-] *agg.* [pl.m. *-ci*] **1** relativo alla semantica: *studio —* **2** che riguarda il significato di un vocabolo: *mutamento — di una parola.*

semasiologia [-ʃiologì-] *s.f.* → **semantica**.

sembiante *s.m.* (*ant.*) volto; aspetto, apparenza.

sembianza *s.f.* **1** (*ant.*) somiglianza / *a — di*, a somiglianza di **2** (*non com.*) aspetto, sembiante: *avere — di brav'uomo* **3** *pl.* l'aspetto o l'apparenza esteriore, le fattezze di una persona: *gli apparve in sogno sotto le sembianze di Napoleone.*

sembrare *v.intr.* [*io sémbro ecc.*] → **parere**.

seme [sè-] *s.m.* **1** parte del frutto derivata dall'ovulo fecondato, capace di produrre una nuova pianta: *il — del grano*, il chicco; *il — della ciliegia*, il nocciolo / *olio di semi*, quello non d'oliva, ricavato dai semi oleosi di varie piante **2** (*fig.*) ciò che è cagione o stimolo ad altro: *il — dell'odio*; *il — della discordia* **3** ciascuno dei quattro simboli delle carte da gioco napoletane (*denari, bastoni, spade, coppe*) o francesi (*cuori, quadri, fiori, picche*).

semeiotica [-iò-] *s.f.* parte della medicina che studia i sintomi delle malattie per stabilire la diagnosi di esse.

sementa [-mén-] *s.f.* **1** operazione del seminare, spec. il grano **2** l'epoca in cui si compie tale operazione **3** semente.

semente [-mén-] *s.f.* (*agr.*) insieme di semi della stessa specie destinati alla semina.

semenza [-mèn-] *s.f.* **1** (*agr.*) semente **2** chiodo piccolo, affilato e a testa piatta, usato spec. in calzoleria.

semenzaio [-zà-] *s.m.* vivaio in cui si fanno nascere da seme le piantine destinate al trapianto.

semenzale *s.m.* (*agr.*) la piantina di poco nata dal seme.

semestrale *agg.* **1** che dura un semestre: *pubblicazione, contratto d'affitto —* **2** che avviene ogni semestre: *pubblicazione, pagamento —*.

semestre [-mè-] *s.m.* periodo di sei mesi; per estens., somma che si paga o si riscuote ogni sei mesi: *deve pagare due semestri d'affitto.*

semi- [sè-] [dal lat. *semi- = mezzo*] prefisso che significa «mezzo, per metà, in parte» (*semicerchio, semiaperto, semiserio, semiautomatico*).

semiaperto [-pèr-] *agg.* aperto a metà; un po' aperto.

semiasse *s.m.* ognuno degli alberi che trasmettono il moto dal differenziale alle ruote dell'autoveicolo.

semiautomatico [-mà-] *agg.* [pl.m. *-ci*] si dice di procedimento o di dispositivo parzialmente automatico.

semicerchio [-cér-] *s.m.* (*geom.*) figura piana racchiusa da una semicirconferenza e dal suo diametro; per estens., mezzo cerchio: *erano disposti a —*.

semichiuso *agg.* chiuso a metà; quasi chiuso.

semicingolato *agg.* e *s.m.* si dice di autoveicolo militare in cui le ruote posteriori sono sostituite da cingoli.

semicircolare *agg.* **1** in forma di semicirconferenza, di semicerchio **2** (*anat.*) in particolare, si dice dei tre canali che hanno parte nell'orecchio e che presiedono al senso dell'equilibrio.

semicirconferenza [-rèn-] *s.f.* (*geom.*) ciascuna delle due parti in cui una circonferenza è divisa da un diametro.

semiconduttore [-tó-] *s.m.* corpo la cui resistenza elettrica è piuttosto alta a temperatura ordinaria, ma va rapidamente decrescendo con l'aumentare della stessa.

semiconsonante *s.f.* → **semivocale**.

semicupio [-cù-] *s.m.* **1** vasca da bagno in cui ci si immerge parzialmente stando seduti **2** il bagno fatto in tale vasca: *fare un —*.

semidio [-dì-] *s.m.* [pl. *semidèi*] (*mit.*) essere umano divinizzato; il figlio di un dio e di una mortale.

semifinale *s.f.* (*sport*) ultima fase di selezione per l'ammissione dei concorrenti alla gara finale.

semifreddo [-fréd-] *s.m.* dolce simile al gelato da cui si differenzia per alcuni ingredienti e per la temperatura meno bassa a cui è tenuto.

semigrasso *agg.* si dice di prodotti alimentari che contengono una percentuale di grasso entro limiti fissati.

semilavorato *agg.* e *s.m.* si dice di prodotto industriale che deve subire un'ulteriore lavorazione prima di essere messo sul mercato come prodotto finito.

semilibertà *s.f.invar.* regime carcerario che consente al detenuto di passare alcune ore fuori dal carcere.

semilunare *agg.* e *s.m.* (*anat.*) denominazione di uno degli otto ossicini del carpo, nella regione del polso.

semimembranoso [-nó-] *agg. muscolo —*, (*anat.*) uno dei muscoli posteriori della coscia [*ill. Corpo*].

semina [sé-] *s.f.* il seminare, il tempo in cui si semina: *si era giunti alla —*.

seminabile [-nà-] *agg.* che si può seminare.

seminagione [-gió-] *s.f.* (*ant.*) semina.

seminale *agg.* **1** del seme; che contiene semi **2** inerente al seme maschile: *liquido —*, lo sperma.

seminare *v.tr.* [*io sémino ecc.*] **1** porre il seme di una pianta nella terra per farlo germogliare: *— il grano nel campo; — il campo a grano / prov.: chi non semina non raccoglie*, chi resta inattivo non otterrà mai nulla **2** per estens., spargere in qua e in là; diffondere (anche *fig.*): *hai seminato le tue robe dappertutto; quell'individuo semina l'odio ovunque vada / prov.: chi semina vento, raccoglie tempesta*, chi compie il male, ne subirà poi le conseguenze **3** (*fig.*) nelle gare, spec. di corsa, lasciare indietro gli avversari.

seminario [-nà-] *s.m.* **1** istituto dove si istruisce chi diventerà sacerdote **2** l'istituto o l'aula ove si fanno esercitazioni in certe facoltà universitarie; le esercitazioni stesse.

seminarista *s.m.* [pl. *-i*] alunno di un seminario religioso.

seminativo *agg.* e *s.m.* si dice di terreno adatto alla semina.

seminato *agg.* **1** che è stato cosparso di semi: *campo — 2* (*fig.*) cosparso, pieno: *la vita è seminata di sofferenze* **3** (*arald.*) si dice dello scudo e delle pezze cosparsi di figure piccole come gigli, stelle ecc. // *s.m.* terreno seminato / *uscire dal —*, uscire dall'argomento.

seminatore [-tó-] *s.m.* [f. *-trice*] chi semina.

seminatrice *s.f.* (*agr.*) macchina per seminare / *— a falcioni*, dotata di organi che segnano il punto del terreno in cui va a cadere il seme [*ill. Agricoltura*].

seminatura *s.f.* → **semina**.

seminfermità *s.f.invar.* infermità parziale.

seminfermo [-fér-] *agg.* e *s.m.* si dice di chi soffre di infermità parziale: *— di mente*.

seminoma [-nò-] *s.m.* [pl. *-i*] (*med.*) tipo di tumore del testicolo.

seminterrato *s.m.* il piano di una costruzione che si trova in parte sotto il livello del suolo.

seminudo *agg.* quasi nudo; pochissimo vestito.

semiografia [-fi-] *s.f.* scrittura abbreviata mediante segni convenzionali.

semiologia [-gì-] *s.f.* **1** la scienza generale dei segni, linguistici e non linguistici **2** (*med.*) → **semeiotica**.

semiologico [-lò-] *agg.* [pl.m. *-ci*] della semiologia; dei segni, di segno: *valore —*.

semioscurità *s.f.invar.* oscurità parziale, scarsità di luce.

semiotica [-mió-] *s.f.* **1** sistema di segni; codice **2** nella filosofia del linguaggio, scienza dei segni; semiologia **3** (*med.*) → **semeiotica**.

semipiano *s.m.* (*geom.*) ciascuna delle due parti in cui un piano è diviso da una retta in esso contenuta.

semiretta [-rèt-] *s.f.* (*geom.*) ciascuna delle due parti in cui una retta è divisa da un punto.

semiserio [-sè-] *agg.* che sta tra il serio e lo scherzoso: *opera semiseria*.

semisfera [-sfè-] *s.f.* (*geom.*) ciascuna delle due parti in cui è divisa una sfera da un piano che passa per il centro.

semispazio [-spà-] *s.m.* (*geom.*) ciascuna delle due parti in cui lo spazio è diviso da un piano in esso contenuto.

semita *agg.* e *s.m.* e *f.* [pl.m. *-i*] che o chi appartiene ai semiti, cioè a quel gruppo etnico-linguistico del Vicino Oriente che, secondo la Bibbia, discende da Sem, figlio di Noè.

semitendinoso [-nó-] *agg.* *muscolo —*, (*anat.*) uno dei muscoli posteriori della coscia [*ill. Corpo*].

semitico [-mi-] *agg.* [pl.m. *-ci*] dei semiti.

semitono [-tò-] *s.m.* intervallo musicale di mezzo tono.

semivivo *agg.* che è più morto che vivo.

semivocale *s.f.* (*gramm.*) suono intermedio tra la vocale e la consonante, che non forma sillaba a sé (p.e. *i* in *piatto*; *u* in *seguire*).

semola [sé-] *s.f.* **1** crusca **2** (*pop.*) l'insieme delle lentiggini del viso **3** farina di grano duro: *pane di —*.

semolato *agg.* si dice di zucchero raffinato.

semolino *s.m.* **1** farina granulosa di grano duro, usata per minestre e altri piatti **2** la minestra fatta con tale farina.

semovente [-vèn-] *agg.* che si muove da sé: *cannone —*, montato su un automezzo di solito corazzato // *s.m.* pezzo di artiglieria montato su carro armato.

sempiterno [-tèr-] *agg.* (*lett.*) eterno.

semplice [sém-] *agg.* **1** formato da un solo elemento (a volte è contrapposto a *doppio*, altre volte a *composto*): *un filo —* **2** non complicato, facile, elementare: *un problema, un ragionamento —* **3** senza ricercatezza, senza affettazione, naturale: *abito, stile —; abitudini semplici* **4** sincero, schietto, alla buona, ingenuo (detto di persona): *un uomo —* **5** (preposto al sostantivo) limitato, senza aggiunte o complicazioni: *un — sospetto; rispondi con un — sì o no; è un — apprendista* **6** si dice di persona che occupi il grado più basso di una carriera o gerarchia: *soldato —* // *-mente avv.* **1** con semplicità, con naturalezza, con sincerità: *esprimersi, trattare, vivere —* **2** soltanto: *volevo — aiutarlo*.

semplicione [-ció-] *s.m.* persona ingenua, alla buona: *è un —*.

sempliciotto [-ciòt-] *agg.* e *s.m.* che o chi è molto ingenuo e un po' ottuso.

semplicismo [-ʃmo] *s.m.* modo troppo semplice di considerare le cose.

semplicistico [-cì-] *agg.* [pl.m. *-ci*] fatto con semplicismo: *giudizio —*.

semplicità *s.f.invar.* l'essere semplice; naturalezza, modestia, schiettezza, ingenuità: *vestire, comportarsi con —*.

semplificare *v.tr.* [*io semplifico, tu semplifichi ecc.*] rendere semplice o più semplice: *— un procedimento, un servizio* // *-arsi v.rifl.pron.* divenire più semplice, più chiaro: *la faccenda si va semplificando*.

semplificazione [-zió-] *s.f.* il semplificare, il semplificarsi.

sempre [sèm-] *avv.* di tempo senza interruzione, in ogni tempo: *ti penso — / per —*, senza limite di tempo, per l'eternità / *— più, — meglio, — peggio*, ogni volta più, meglio, peggio / *— che*, purché: *ti verrò a trovare, — che tu lo voglia*.

sempreverde [-vér-] *agg.* e *s.m.* pianta che conserva le foglie verdi durante l'inverno (p.e. l'alloro).

semprevivo *s.m.* piccola pianta erbacea perenne con foglie carnose (*fam.* Crassulacee).

sena [sè-] *s.f.* nome dato alle foglie amare e purgative di una pianta delle Leguminose.

senapa [sè-] *s.f.* → **senape**.

senapato *agg.* che contiene senape.

senape [sè-] *s.f.* **1** pianta erbacea dai cui semi si ricava una farina usata per cataplasmi o per fare una salsa piccante (*fam.* Crocifere) **2** la salsa o la farina di senape.

senapismo [-ʃmo] *s.m.* cataplasma fatto con farina di senape.

senario [-nà-] *agg.* e *s.m.* verso di sei sillabe con gli accenti sulla seconda e sulla quinta sillaba.

senato *s.m.* **1** il supremo consiglio di stato nell'antica Roma **2** uno dei due rami del parlamento negli stati con regime bicamerale **3** la sede dove i senatori si riuniscono **4** nome di alcune assemblee non politiche: — *accademico*, nell'ordinamento universitario italiano, — l'insieme dei presidi delle facoltà presieduti dal rettore.

senatore [-tó-] *s.m.* [f. *-trice*] **1** membro del senato **2** per estens., chi da lungo tempo, e autorevolmente, fa parte di un'organizzazione.

senatoriale *agg.* del senato; di senatore: *dignità, iniziativa —*.

senegalese [-lé-] *agg.* del Senegal // *s.m.* e *f.* abitante del Senegal.

senescente [-scè-] *agg.* (*scient.*) che si avvia alla vecchiaia; che dimostra invecchiamento.

senescenza [-scèn-] *s.f.* (*scient.*) invecchiamento, vecchiaia.

senese [-né-] *agg.* di Siena // *s.m.* e *f.* abitante di Siena.

senile *agg.* di, da vecchio: *esperienza, malattia —*.

senilità *s.f.invar.* vecchiezza, vecchiaia.

senior [sè-] *agg.* [pl. *seniòres*] (*lat.*) più anziano, più vecchio; si usa posposto ai nomi propri di persona, quando si debbano distinguere due membri omonimi della stessa famiglia // *agg.* e *s.m.* e *f.* (*sport*) atleta che per requisiti tecnici particolari o per età fa parte di una categoria superiore.

senna [sèn-] *s.f.* → **sena**.

senno [sèn-] *s.m.* la qualità di chi giudica e agisce con avvedutezza e prudenza: *il — si acquista con l'esperienza / perdere il —; uscir di —*, impazzire / *prov.*: *del — di poi son piene le fosse*, è facile, ma inutile, dar buoni consigli su qlco. di cui si conosce già l'esito. SIN. *giudizio, saggezza, prudenza*.

seno [sè-] *s.m.* **1** la parte anteriore del petto umano; per lo più si dice delle donne: *coprire il — / stringere al —*, abbracciare / *nascondere qlco. in —*, tra la veste e il petto / *nutrire in — sentimenti di rivolta*, nell'animo / *in —*, entro, tra; *tornare in — alla famiglia; in — all'assemblea*, tra i membri dell'assemblea // si usa anche, benché infrequente, nel senso di «mammella»: *è stata operata a un —; ha i seni molto grossi* **2** termine generico che indica cavità, proprio del linguaggio dell'anatomia: *— frontale*, cavità situata sopra e ai lati della radice del naso, comunicante con le fosse nasali [*ill. Respiratorio, apparato*] / *nel — della terra*, nelle profondità della terra **3** (*geogr.*) piccola insenatura **4** (*mat.*) funzione trigonometrica: *in un triangolo rettangolo, seno di uno degli angoli acuti è il rapporto fra il cateto opposto all'angolo considerato e l'ipotenusa*.

senonché *cong.* coordinativa avversativa ma: *ero su punto di partire, — cambiai idea*.

sensale *s.m.* mediatore, spec. di prodotti agricoli e di bestiame.

sensatezza [-téz-] *s.f.* l'essere sensato.

sensato *agg.* che ha buon senso; ragionevole: *un ragazzo, un consiglio —*. SIN. *savio*.

sensazionale *agg.* che suscita viva impressione, che fa colpo: *un avvenimento —*.

sensazione [-zió-] *s.f.* **1** l'avvertire l'effetto prodotto sugli organi di senso da stimoli esterni o interni: *— tattile, auditiva, visiva, olfattiva, gustativa; — di dolore, di freddo* **2** (*fig.*) impressione più o meno viva: *fare —*, suscitare l'interesse, lo stupore generale.

senseria [-rì-] *s.f.* il compenso spettante al sensale per l'attività svolta; l'opera del sensale.

sensibile [-sì-] *agg.* **1** che può essere percepito mediante i sensi: *mondo, oggetto — / rumore, differenza —*, che si manifesta in modo evidente **2** che ha la capacità di percepire mediante i sensi; per estens., di strumenti, congegni e simili, che hanno la capacità di registrare le minime variazioni, perturbazioni e simili: *alcune parti del corpo sono più sensibili di altre; termometro, pellicola —* **3** (*fig.*) si dice di persona che ha particolari capacità di sentire e di comprendere gli affetti, le emozioni, i sentimenti propri o altrui, le creazioni dell'arte, le manifestazioni della natura: *essere — al dolore, alla musica, alla bellezza*. SIN. *impressionabile, emotivo*.

sensibilità *s.f.invar.* l'essere sensibile (anche *fig.*): *— di uno strumento; — artistica*.

sensibilizzare [-liʒʒa-] *v.tr.* rendere sensibile; (*fig.*) rendere qlcu. cosciente e partecipe di una situazione: *— l'opinione pubblica*.

sensibilizzazione [-liʒʒaʒió-] *s.f.* (*biol.*) processo di stimolazione dell'organismo da parte di determinate sostanze, che conduce all'allergia nei confronti di esse.

sensismo [-ʃmo] *s.m.* dottrina filosofica che fa derivare ogni nostra conoscenza dalle sensazioni.

sensista *s.m.* e *f.* [pl.m. *-i*] seguace del sensismo.

sensistico [-sì-] *agg.* [pl.m. *-ci*] del sensismo, relativo al sensismo.

sensitiva *s.f.* → **mimosa**.

sensitività *s.f.invar.* l'esser sensitivo.

sensitivo *agg.* **1** atto a sentire, che sente: *organo —* **2** facile a commuoversi e a impressionarsi, emotivo // *agg.* e *s.m.* chi, per particolari doti psichiche e fisiche, avverte o intuisce elementi che sfuggono ai sensi delle persone normali.

senso [sèn-] *s.m.* **1** facoltà di ricevere le sensazioni; ciascuna delle funzioni per cui l'organismo è atto a riceverle: *gli animali sono dotati di —; il — dell'udito / perdere i sensi*, perdere la conoscenza **2** sensazione fisica; stato d'animo, sentimento: *avvertire un — d'amaro in bocca; un — di tristezza; ha il — del retto / buon —*, assennatezza / *far — causare viva impressione e turbamento / i piaceri dei sensi*, quelli di natura esclusivamente fisica **3** il significato di una parola, di una proposizione ecc.: *il — del discorso / ripetere qlco. a —*, ripeterne il contenuto con parole proprie / *doppio —*, frase che si presta a una duplice interpretazione / *in un certo —*, sotto un certo rispetto **4** direzione di un movimento: *in — contrario / — vietato*, in cui non è consentito ai veicoli di passare / *— unico*, l'unico verso in cui è consentito ai veicoli di procedere in una strada.

sensor [sèn-] *s.m.invar.*, **sensore** [-só-] *s.m.* (*tecn.*) tipo di trasduttore che produce segnali elettrici.

sensoriale *agg.* dei sensi, che riguarda i sensi: *organi sensoriali; dati sensoriali*.

sensorio [-sò-] *agg.* del senso: *nervi sensori* // *s.m.* organo di senso.

sensuale *agg.* **1** che concerne la soddisfazione dei sensi: *appetiti sensuali* **2** che apprezza e ricerca il piacere fisico: *uomo di natura —*.

sensualità *s.f.invar.* l'esser sensuale; atto, parola sensuale.

sentenza [-tèn-] *s.f.* **1** (*dir.*) giudizio pronunciato da un magistrato: *— di condanna* **2** frase per lo più concisa e incisiva che enuncia una verità o una norma morale / *sputar sentenze*, esprimere giudizi presuntuosi e inopportuni **3** parere, opinione: *mutar —*.

sentenziare *v.tr.* e *intr.* [*io sentenzio* ecc.] **1** emettere una sentenza: *il giudice sentenziò che l'imputato venisse liberato* **2** esprimere giudizi fuori luogo e con scarsa competenza; parlare in tono sentenzioso e cattedratico.

sentenzioso [-zió-] *agg.* che contiene sentenze, che ha la forma concettosa e il tono autorevole di una sentenza; che tende a far uso di sentenze, spesso con esagerazione: *stile —; maestro —.*

sentiero [-tiè-] *s.m.* **1** strada stretta e sommariamente tracciata in zone campestri o montuose. SIN. *viottolo* **2** (*fig.*) via: *seguire il retto —.* SIN. *cammino.*

sentimentale *agg.* **1** che concerne i sentimenti: *vita —* **2** che dimostra sentimenti gentili e malinconici, spesso con esagerazione; che ispira tali sentimenti o ne è l'effetto: *giovane —; canzone —.* SIN. *romantico.*

sentimentalismo [-ſmo] *s.m.* l'esser sentimentale; atto, parola sentimentale (per lo più in senso *spreg.*). SIN. *romanticheria.*

sentimentalità *s.f.invar.* l'esser sentimentale, per lo più in modo affettato ed esagerato.

sentimento [-mén-] *s.m.* **1** ogni stato affettivo della coscienza; ogni moto soggettivo dell'animo che dia una particolare tonalità affettiva, di gioia o di dolore, alle nostre sensazioni, rappresentazioni, idee: *il — dell'amicizia* **2** l'affettività in generale; la sensibilità, la finezza di sentire: *educazione del —* **3** modo di sentire, di valutare soggettivamente qlco.: *— della natura; sentimenti estetici; — religioso* **4** la consapevolezza dei propri atti: *uscire di —; perdere i sentimenti / — di sé,* la coscienza della propria esistenza.

sentina *s.f.* **1** l'interno della parte inferiore dello scafo di una nave, dove si raccolgono le acque di scolo / *pompa di —,* pompa che scarica i liquidi di scolo fuori bordo **2** (*fig.*) luogo infimo, raccolta di rifiuti: *una — di vizi,* un luogo frequentato da gente viziosa.

sentinella [-nèl-] *s.f.* soldato armato posto di guardia a una sede militare / *montare di —,* fare la guardia.

sentire[1] *v.tr.* [*io* **sènto** *ecc.*] **1** avvertire sensazioni e impressioni suscitate da stimoli sia interni che esterni; prenderne coscienza: *— caldo, freddo, fame, sete, sonno; — dolori in tutto il corpo; — un profumo; non sente i sapori; senti se ti piace questo vino; sentivo i brividi lungo la schiena; il cavallo sente la frusta e si mise a galoppare / — il polso a qlcu.,* per controllarne le pulsazioni **2** udire, ascoltare, prestare attenzione: *— un rumore; l'ho sentito parlare; — una conferenza; sentimi un po',* stammi ad ascoltare, dammi retta / *non sentirci,* essere sordo; (*fig.*) far finta di non capire / *non sente ragione,* non vuole cambiare idea, per quanto si tenti di convincerlo / *farsi —,* affermare con decisione le proprie ragioni / *— Messa,* assistervi / *— il dottore,* consultarlo / *prov.: non c'è peggior sordo di chi non vuol —* **3** informarsi, venire a sapere; intendere, intuire, presentire: *senti che cosa vuole; ho sentito la brutta notizia; lo sentivo che sarebbe accaduto* **4** provare sentimenti e reazioni emotive intime; avere la capacità di provare un sentimento: *— un rimorso / — la musica,* comprenderla // *v.intr.* (*non com.*) avere odore, sapore (anche *fig.*): *questa stanza sente di chiuso; questa faccenda sente d'imbroglio //* **-irsi** *v.rifl.* **1** provare una sensazione fisica: *— stanco; — svenire; — bene, male, meglio* **2** essere in un determinato stato d'animo: *— commosso / sentirsela,* avere la forza, il coraggio, essere in grado di fare qlco.: *non me la sento di dargli questa notizia / sentirsi in debito verso qlcu.,* ritenersi obbligato alla riconoscenza nei suoi confronti.

sentire[2] *s.m.* sentimento morale, sensibilità: *è un uomo d'alto —.*

sentito *agg.* **1** udito: *cose sentite e risentite / per — dire,* per conoscenza indiretta **2** (*fam.*) vivo, sincero,

partecipato: *sentiti auguri //* **-mente** *avv.* con partecipazione intensa.

sentore [-tó-] *s.m.* **1** indizio, notizia vaga e indiretta: *ne ebbe — dalle chiacchiere degli amici* **2** sentimento indistinto **3** (*lett.*) odore: *— di viole.*

senza [sèn-] *prep.propria* **1** regge il compl. di esclusione e indica mancanza, esclusione, privazione; si unisce direttamente a nomi, tranne che con i pronomi personali, nel qual caso vuole la prep. *di: partirò — valigie; resterò — di voi / — dubbio,* certamente / *senz'altro,* sicuramente / *non —,* con **2** oltre, non calcolando: *possiede cento milioni — la casa che ha a Milano* **3** seguita da un verbo all'infinito regge una proposizione subordinata esclusiva o modale: *sei partito — avvertirmi; studiavo — distrarmi* **4** seguita da *che,* introduce una proposizione subordinata esclusiva, col verbo al cong.: *parti — che ne fossi avvertito.*

senzatetto [-tét-] *s.m.invar.* chi è privo di una casa dove dormire, generalmente per una calamità naturale.

senziente [-zièn-] *agg.* (*scient.* o *lett.*) che sente, che è dotato di sensi e sensibilità.

sepalo [sè-] *s.m.* ciascuna delle foglioline che formano il calice del fiore [*ill. Fiore*].

separabile [-rà-] *agg.* che può essere separato; indipendente, autonomo: *i due problemi non sono separabili.*

separare *v.tr.* [*io* **separo**] (*lett.* **sèparo**) *ecc.*] **1** dividere, disgiungere, disunire cose o persone unite o vicine: *accorse a — i litiganti; un fiume separa le due regioni; questo dubbio ci separa.* SIN. *allontanare* **2** distinguere, sceverare: *— il bene dal male, la verità dall'errore //* **-arsi** *v.rifl.* lasciarsi, allontanarsi, porre termine a una compagnia o a una convivenza: *si separò per sempre dagli amici; i coniugi furono d'accordo nel —.*

separatismo [-ſmo] *s.m.* corrente d'opinione che mira a sottrarre un territorio alla sovranità dello stato a cui appartiene o a ottenere larga autonomia politica.

separatista *agg.* e *s.m.* e *f.* [pl.m. *-i*] del separatismo; che, chi sostiene il separatismo.

separativo *agg.* che separa o serve a separare.

separato *agg.* che sta a sé, che vive lontano, che non ha legame. SIN. *disgiunto, diviso //* **-mente** *avv.* a parte, da sé, disgiuntamente, senza legame.

separazione [-zió-] *s.f.* il separare, il separarsi, l'esser separati: *la — fu lunga e dolorosa / — legale,* cessazione della convivenza di due coniugi confermata da una sentenza del tribunale. SIN. *distacco, scissione.*

sepolcrale *agg.* di, da sepolcro: *pietra —; iscrizione —; / silenzio —,* totale e pauroso.

sepolcreto [-cré-] *s.m.* cimitero con sepolcri, per lo più antichi; cappella funeraria in una chiesa.

sepolcro [-pól-] *s.m.* **1** costruzione scavata nel suolo o eretta sopra di esso per riporvi il cadavere; tomba: *il — di famiglia,* quello dove sono raccolti i familiari morti / *il Santo Sepolcro,* quello di Cristo in Gerusalemme / *sepolcri imbiancati,* denominazione degli ipocriti nel Vangelo **2** *pl.* cerimonia religiosa celebrata nelle chiese il giovedì e il venerdì santo in ricordo della morte di Gesù Cristo.

sepolto [-pól-] *agg.* **1** seppellito **2** (*fig.*) nascosto, travolto sotto qlco., sommerso / *morto e —,* scomparso e dimenticato.

sepoltura *s.f.* **1** seppellimento, e cerimonia che lo accompagna: *fui presente alla sua —; dar —,* seppellire **2** tomba, sepolcro.

seppellimento [-mén-] *s.m.* atto, effetto del seppellire; sepoltura. SIN. *inumazione.*

seppellire *v.tr.* [pres. *io seppellisco, tu seppellisci ecc.*; p.pass. *seppellito* o *sepólto*] **1** deporre nella tomba. SIN. *inumare* **2** sotterrare, nascondere sotto terra, coprire di terra, sabbia o altro, travolgere: *— un tesoro; la valanga ha sepolto il villaggio; la campagna sepolta dalla neve* **3** (*fig.*) dimenticare, obliare, eliminare: *— i ricordi, il passato* // **-irsi** *v.rifl.* rinchiudersi, appartarsi, sprofondarsi: *— tra i libri, in campagna.*

seppellitore [-tó-] *s.m.* [f. *-trice*] chi seppellisce.

seppia [sép-] *s.f.* mollusco marino commestibile a forma di sacco ovale e depresso, con bocca munita di tentacoli e provvisto di conchiglia interna (*osso di seppia*) // *agg.invar.* e *s.m.* colore di tonalità grigio-bruna: *stampare in — / carta —*, (*fot.*) carta speciale per stampare fotografie.

seppure *cong. condizionale* anche se, se.

sepsi [sèp-] *s.f.invar.* (*med.*) infezione con processo suppurativo.

sequela [-què-] *s.f.* seguito di cose, spec. moleste: *una — di guai.*

sequenza *s.f.* **1** sequela, seguito **2** (*cinem.*) serie di inquadrature successive sullo stesso episodio o argomento **3** nel gioco delle carte, serie di carte in ordine progressivo **4** seguito di melodie nell'antica musica liturgica; inno che si recita nella Messa in alcune solennità.

sequestrabile [-strà-] *agg.* che si può sequestrare.

sequestrare *v.tr.* [*io sequèstro ecc.*] **1** sottoporre a sequestro, togliere al possessore la disponibilità di un bene in attesa di un giudizio sulla sorte del bene stesso: *— i mobili a un debitore* **2** porre sotto sequestro da parte dell'autorità giudiziaria oggetti incriminati o un corpo di reato: *— le copie di un libro; — la refurtiva ai ladri* **3** portar via, requisire: *il professore ha sequestrato un giornalino allo scolaro* **4** privare qlcu. della libertà di movimento: *— una persona a scopo di estorsione.*

sequestratario [-tà-] *s.m.* chi custodisce un oggetto sequestrato.

sequestrato *agg.* e *s.m.* si dice di cosa o persona sottoposta a sequestro; di chi è vittima di un sequestro, è in potere dei sequestratori: *la vita del — è in pericolo.*

sequestratore *s.m.* [f. *-trice*] autore di un sequestro.

sequestro [-què-] *s.m.* **1** provvedimento legale che sottrae una cosa alla disponibilità di chi la detiene: *— per debiti* **2** il ritirare da parte dell'autorità giudiziaria oggetti incriminati o il corpo di un reato **3** *— di persona*, il privarla della sua libertà d'azione.

sequoia [-quò-] *s.f.* pianta gigantesca delle conifere con foglie persistenti, color verde lucente, propria della California (*fam.* Taxodiacee) [*ill.* Piante].

ser [sèr] troncamento di → **sere**.

sera [sé-] *s.f.* **1** ultima parte del giorno compresa fra il tramonto e l'inizio della notte: *viene, scende la —; da mattina a —*, tutto il giorno; *mattina e —*, sempre / *sul far della —*, all'imbrunire / *abito da —*, da cerimonia **2** (*fig.* e *lett.*) vecchiaia / *l'ultima —*, la morte.

seraccata *s.f.* insieme di seracchi; parte di ghiacciaio coperta di seracchi.

seracco *s.m.* [pl. *-chi*] blocco o cumulo di ghiaccio prodotto da una fessurazione longitudinale e trasversale del ghiacciaio.

serafico [-rà-] *agg.* [pl.m. *-ci*] **1** dei serafini, da serafino **2** (*fig.*) ingenuo; mite; pacifico: *calma serafica.*

serafino *s.m.* nella teologia cattolica, angelo appartenente alla gerarchia più alta.

serale *agg.* di sera, della sera; che avviene di sera: *ore serali; scuola —.*

serata *s.f.* **1** la sera, considerata nella sua durata o in rapporto alle condizioni atmosferiche: *ho passato una bella — in casa tua; una — piovosa* **2** festa, ricevimento, spettacolo serale; ciascuna delle recite eseguite da una compagnia teatrale / *— d'onore*, spettacolo dato in onore di un attore, di un interprete / *— d'addio*, ultima esibizione.

serbare *v.tr.* [*io sèrbo ecc.*] **1** mettere da parte una cosa perché si ritiene utile per altra occasione o perché particolarmente cara (anche *fig.*): *— gli avanzi; — una lettera, un ricordo.* SIN. *conservare* **2** mantenere: *— una promessa; — odio verso qlcu.*, continuare a odiarlo.

serbatoio [-tó-] *s.m.* **1** cisterna o recipiente per tenere in deposito liquidi o gas **2** luogo o bacino artificiale per la raccolta di grandi masse d'acqua per irrigazione, produzione di energia elettrica ecc.

serbo[1] [sèr-] solo nelle locuz. *tenere, mettere in serbo*, serbare.

serbo[2] [sèr-] *agg.* della Serbia // *s.m.* **1** abitante, nativo della Serbia **2** lingua della Serbia.

sere [sè-] *s.m.* (*ant.*) signore (spec. come appellativo di notai e preti).

serenare *v.tr.* [*io seréno ecc.*] (*poet.*) rasserenare // *v.intr.* (*lett.*) accamparsi di notte e all'aperto.

serenata *s.f.* **1** canto d'amore o di omaggio, spesso accompagnato dalla musica, che si fa di notte sotto le finestre dell'amata o di altra persona **2** (*mus.*) composizione vocale e strumentale destinata in origine a tale scopo.

serenella [-nèl-] *s.f.* (*pop.*) → **lillà**.

serenissimo [-nìs-] *agg.* un tempo riservato ai sovrani e ai principi di sangue reale: *Sua Altezza Serenissima / la Serenissima*, la Repubblica di Venezia.

serenità *s.f.invar.* **1** l'essere sereno **2** (*fig.*) stato di calma; assenza di dolore, di preoccupazioni. SIN. *beatitudine, tranquillità* **3** *Serenità*, titolo onorifico che si dava ai principi.

sereno [-ré-] *agg.* **1** limpido, chiaro, senza nubi: *cielo —; aria, notte serena / fulmine a ciel —*, cattiva notizia, disgrazia giunta all'improvviso **2** (*fig.*) che è esente da preoccupazioni, da dolori e simili: *animo, volto —; vita serena / un giudizio —*, imparziale. SIN. *beato, calmo, tranquillo* // *s.m.* cielo sereno: *è tornato il —*, (*fig.*) è tornata la calma.

sergente [-gèn-] *s.m.* **1** sottufficiale comandante di squadra: *— maggiore*, sottufficiale di grado immediatamente superiore a sergente **2** arnese a vite usato dai falegnami per tenere uniti due pezzi appena incollati.

serial [sè-] *s.m.invar.* pubblicazione a puntate; film televisivo a episodi.

seriale *agg.* **1** *musica —*, quella dodecafonica, cioè basata su dodici suoni **2** in diversi tipi di organizzazione, si dice di ciò che avviene secondo un ordine prestabilito o che è contraddistinto da un numero di serie.

seriare *v.tr.* [*io sèrio ecc.*] disporre in serie, in successione numerica.

seriazione [-zió-] *s.f.* (*mat.*) funzione che indica la frequenza relativa dei valori che una variabile può assumere tra un insieme di valori possibili, detta anche *distribuzione di frequenza.*

sericeo [-rì-] *agg.* (*lett.*) simile alla seta; che ha la lucentezza della seta.

sericite *s.f.* (*min.*) varietà di mica bianca che si presenta in lamine minutissime.

serico [sè-] *agg.* [pl.m. *-ci*] di seta: *mantello —.*

sericoltore [-tó-] *s.m.* [f. *-trice*] chi alleva bachi da seta.

sericoltura *s.f.* allevamento dei bachi da seta.

serie [sè-] *s.f.invar.* **1** successione ordinata e continua di persone, di cose o di eventi che siano in relazione tra loro: — *di imperatori, di numeri; una — di fatti, di disgrazie / — di francobolli,* due o più francobolli che appartengono alla stessa emissione / *in —,* in ordine continuato, senza interruzioni / *produzione in —,* di oggetti fabbricati a macchina secondo uno stesso modello **2** nello sport, ciascuno dei gruppi in cui vengono suddivisi, in base al loro valore, atleti o squadre: *campionato di — A.*

serietà *s.f.invar.* **1** l'essere serio. SIN. *austerità* **2** gravità; importanza.

serigrafia [-fi-] *s.f.* sistema di stampa in cui si fa passare l'inchiostro attraverso un tessuto di seta e che permette di stampare su materiali diversi dalla carta.

serio [sè-] *agg.* **1** si dice di persona che affronta la vita e i suoi problemi con coscienza dei propri diritti, doveri e compiti: *un uomo, un ragazzo —* **2** che non ride, accigliato; preoccupato: *aveva un volto —; se ne stava tutto —* **3** grave; importante: *una malattia seria; un problema, un discorso — / un libro —,* che tratta con profondità e rigore scientifico di problemi importanti / *un sentimento —,* profondo e sincero / *sul —,* davvero: *verrò sul —; è bello sul — / fare sul —,* non scherzare.

seriore [-rió-] *agg.* posteriore, più tardo (detto spec. di fenomeni linguistici).

serioso [-rió-] *agg.* serio con affettazione, talora con sottintesa ironia.

sermone [-mó-] *s.m.* (*lett.*) **1** discorso di argomento serio, spec. sacro; predica: *il — della domenica / mi ha fatto un lungo —,* una paternale **2** componimento poetico di carattere didascalico e di tono moraleggiante: *i Sermoni del Gozzi* **3** (*ant.*) lingua, linguaggio: *l'italico —.*

sermoneggiare *v.intr.* [io *sermonéggio* ecc.] far sermoni, predicare.

serotino [-rò-] *agg.* **1** tardivo: *fichi serotini* **2** serale, che accade verso sera.

serpa [sèr-] *s.f.* nelle carrozze, cassetta a due posti su cui siede il cocchiere; nelle diligenze, sedile coperto dietro quello del cocchiere.

serpaio [-pà-] *s.m.* luogo pieno di serpi, nido di serpi.

serpe [sèr-] *s.m.* e *f.* serpente, biscia spec. non grande e di specie non velenosa; (*fig.*) persona ipocrita e malvagia: *scaldarsi la — in seno,* beneficare una persona che poi si rivelerà nemica.

serpeggiante *agg.* che serpeggia, che ha andamento tortuoso: *strada —.* SIN. *sinuoso.*

serpeggiare *v.intr.* [io *serpéggio* ecc.] procedere tortuosamente come fanno i serpenti (anche *fig.*): *il sentiero serpeggia sulla collina / il malcontento serpeggia tra la folla,* s'insinua e si diffonde.

serpentario [-tà-] *s.m.* uccello rapace africano con zampe lunghissime e ciuffo di piume sul capo, gran divoratore di serpenti (*fam.* Catartidi).

serpente [-pèn-] *s.m.* **1** nome generico con cui si designano vari rettili a corpo cilindrico, privi di zampe, che strisciano tortuosamente sul terreno; (*fig.*) persona maligna e subdola: — *boa;* — *a sonagli; quell'uomo è un — / — di mare,* notizia inventata, frottola **2** (*mus.*) antico e grosso strumento a fiato da cui deriva il trombone.

serpentina *s.f.* **1** piccolo tubo a spirale in cui si fa passare un liquido o un gas perché si riscaldi o si raffreddi più rapidamente [*ill. Chimico, laboratorio*] / *stra-*

da a —, di andamento tortuoso, con molte curve **2** pezzo d'artiglieria in uso nei secoli passati.

serpentino[1] *agg.* di, da serpente, simile al serpente (anche *fig.*): *denti serpentini / lingua serpentina,* malefica.

serpentino[2] *s.m.* roccia verde costituita da un silicato di magnesio idrato.

serqua [sèr-] *s.f.* (*fam.*) fila, gran numero: *una — di legnate.*

serra [sèr-] *s.f.* **1** sbarramento per regolare un corso d'acqua **2** costruzione, di solito con pareti e soffitto di vetro, adibita alla coltivazione di fiori o piante in condizioni climatiche particolari / *effetto —,* il riscaldamento di un ambiente chiuso che ha pareti termicamente trasparenti verso l'interno e non verso l'esterno / *un fiore di —,* una persona delicata e cagionevole di salute.

serrafila *s.m.* e *f.* [pl. -e] **1** chi viene per ultimo in una fila **2** (*mar.*) nave di coda in una formazione militare.

serrafilo *s.m.* pinzetta o morsetto per tener serrati fili elettrici.

serraggio [-ràg-] *s.m.* (*tecn.*) il serrare, lo stringere: — *delle viti.*

serraglio[1] [-rà-] *s.m.* il complesso degli animali appartenenti a un circo.

serraglio[2] [-rà-] *s.m.* palazzo degli antichi sultani di Costantinopoli.

serramanico [-mà-] solo nella locuz.avv. *a serramanico: coltello a —,* coltello la cui lama è ripiegabile nel manico.

serrame, serramento [-mén-] *s.m.* [pl.m. *-i,* pl.f. *-a*] **1** ogni congegno che serve a chiudere porte, finestre e simili **2** *pl.* complesso degli infissi e delle imposte per la chiusura di finestre e porte.

serranda *s.f.* → **saracinesca.**

serrare *v.tr.* [io *sèrro* ecc.] **1** chiudere: — *l'uscio, la finestra* **2** chiudere stringendo, stringere: — *i pugni;* — *le file,* diminuire la distanza tra persona e persona, stringersi assieme // *v.intr.* combaciare, delle parti di un serramento: *questo uscio serra bene.*

serrata *s.f.* **1** il serrare **2** (*econ.*) chiusura temporanea degli stabilimenti da parte dei datori di lavoro come azione di forza contro gli scioperi dei dipendenti.

serrate *s.m.* nella locuz. *il — finale,* lo sforzo degli atleti negli ultimi minuti di gara; per estens., sforzo finale in vista di un risultato.

serrato *agg.* chiuso: *l'uscio era — / stile —,* stringato, conciso / *galoppo —,* rapido e continuo.

serratura *s.f.* congegno metallico per chiudere a chiave porte, cancelli, casseforti ecc. / — *di sicurezza,* serratura congegnata in modo da impedire che possa venire forzata con grimaldelli e simili / — *a combinazione,* tipo di serratura che non ha chiave ma bottoni di comando contrassegnati da lettere o numeri e si apre premendo i bottoni secondo una determinata combinazione.

serto [sèr-] *s.m.* (*poet.*) corona: — *di fiori.*

serva [sèr-] *s.f.* **1** donna che sta al servizio di qlcu., domestica **2** donna di mentalità ristretta e volgare: *pettegolezzi da —.*

servaggio [-vàg-] *s.m.* (*lett.*) → **servitù.**

serventese [-té-] *s.m.* componimento poetico di origine provenzale, di vario metro, di contenuto politico, morale, religioso e simili.

servibile [-vì-] *agg.* utilizzabile.

servigio [-vì-] *s.m.* azione compiuta in favore di qlcu.: *i servigi resi alla patria.*

servile *agg.* **1** di, da servo: *lavoro —; atteggiamento —; animo —* / *lavori servili*, quelli che impegnano essenzialmente le forze fisiche e che sono vietati dalla chiesa nelle feste di precetto **2** (*gramm.*) si dice di verbi che reggono comunemente un altro verbo di modo infinito (*dovere, potere, volere*).

servilismo [-ʃmo] *s.m.*, **servilità** *s.f.invar.* l'esser servile; inclinazione a sottomettersi ai potenti: *offrire le proprie prestazioni solo per —.* SIN. *cortigianeria.*

servire *v.tr.* [*io* **sèrvo** ecc.] **1** essere servo, soggetto completamente alla volontà altrui: *— lo straniero* **2** essere a servizio di qlcu. (si dice di domestici, di commercianti, di artigiani ecc.): *— per molti anni la stessa famiglia; — i clienti; quel sarto mi serve da sette anni / — l'esercito, lo stato,* essere militare, impiegato statale / *— messa,* rispondere alle orazioni e assistere il celebrante / *— il Signore,* fare vita monastica / *assol.*: *ho servito molti anni; — in tavola; — prima le signore* // *v.intr.* **1** giovare, essere utile; essere strumento di; fare l'ufficio di: *i pettegolezzi non servono a nulla; le posate servono per mangiare; le letture servono per arricchire lo spirito; ci servì da interprete* **2** occorrere: *mi servono mille lire* // **-irsi** *v.rifl.pron.* usare qlco., giovarsi dell'opera di qlcu., prendere una parte di ciò che è offerto: *— di un'automobile; — di una guida.*

servita *s.m.* [pl. *-i*] religioso dell'ordine dei Servi di Maria.

servitorame *s.m.* il complesso dei servitori.

servitore [-tó-] *s.m.* chi presta servizio per mestiere, spec. presso privati. SIN. *domestico, cameriere.*

servitù *s.f.invar.* **1** qualità, condizione di servo; per estens., mancanza di libertà, di indipendenza **2** il complesso delle persone di servizio: *ha una numerosa —* **3** (*dir.*) limitazione del diritto di proprietà: *— di passaggio,* quella per cui l'attraversamento di una proprietà è regolato da certe norme.

serviziale *s.m.* (*antiq.*) apparecchio per enteroclismi.

servizievole [-zié-] *agg.* che fa volentieri servizi, che cerca di rendersi utile: *è un tipo —.*

servizio [-vì-] *s.m.* **1** il prestare la propria opera alle dipendenze di altri; in particolare, il lavoro svolto da domestici in casa altrui; l'attività di impiegati e funzionari dello stato o di complessi privati: *persone da —; quell'impiegato lascia il — per anzianità / donna a mezzo —,* che lavora in casa altrui solo per una parte della giornata / *— militare,* adempiere degli obblighi di leva **2** atto utile o gradito: *fammi questo — / mi hai fatto un bel —!,* (*iron.*) si dice a chi ci ha procurato dei danni **3** prestazione fornita da enti pubblici o privati per soddisfare a un pubblico bisogno: *— postale, telefonico, di corriere* **4** l'insieme degli oggetti che servono a un dato scopo: *un — di posate, da toeletta* **5** pl. il complesso dei vani di un appartamento destinati alla cucina e alle apparecchiature igieniche: *appartamento di tre stanze più servizi* **6** (*giorn.*) articolo, corrispondenza su di un determinato avvenimento o argomento **7** (*sport*) il lancio iniziale della palla nel gioco del tennis [*ill. Tennis*].

servo [sèr-] *s.m.* **1** chi è privo di libertà, soggetto ad altri, schiavo: *gli italiani erano servi dello straniero* **2** chi svolge servizi alle dipendenze altrui: *un — fedele; — vostro!,* a vostra disposizione; *— di Dio,* uomo pio, che si dedica al servizio della chiesa.

servocomando *s.m.* comando realizzato attraverso un servosistema (talora usato come sinonimo di *servosistema* o *servomeccanismo*).

servofreno [-fré-] *s.m.* (*aut.*) meccanismo che serve a ridurre lo sforzo esercitato dal guidatore nel premere sul pedale del freno.

servomeccanismo [-ʃmo] *s.m.* sistema di controllo automatico retroattivo per movimenti meccanici (talora usato come sinonimo di *servosistema*).

servosistema [-stè-] *s.m.* [pl. *-i*] sistema di controllo e di comando autoregolato, in cui il segnale di comando ha una potenza molto inferiore a quella richiesta per attuare il comando stesso.

servosterzo [-stèr-] *s.m.* (*aut.*) meccanismo che serve a ridurre lo sforzo esercitato dal guidatore nell'azionare il volante.

sesamo [sè ʃa-] *s.m.* **1** pianta erbacea con fiori rosei, dai cui semi si ricava un olio commestibile (*fam.* Pedaliacee) **2** *apriti —,* secondo una famosa novella orientale, formula magica capace di aprire la porta che sbarrava una caverna; (*fig.*) aiuto miracoloso, prodigioso.

sesamoide [-mòi-] *s.f.* (*anat.*) ciascuna delle piccole ossa che sono incluse nello spessore di certi tendini muscolari.

sesquipedale *agg.* (*rar.*) enorme, smisurato.

sessa [sès-] *s.f.* oscillazione del livello dell'acqua analogo alla marea, in laghi o mari interni.

sessagenario [-nà-] *agg.* e *s.m.* (*lett.*) che o chi ha sessant'anni di età.

sessagesima [-gèʃi-] *s.f.* la domenica che precede di due settimane la prima di quaresima, circa sessanta giorni prima di Pasqua.

sessagesimale [-ʃi-] *agg.* che si esprime in sessantesimi di unità / *sistema di numerazione —,* quello a base sessanta: si usa nelle misurazioni di angoli.

sessanta *agg.num.card.* indica una quantità composta di sei decine // *s.m.* il numero sessanta e la cifra che lo rappresenta.

sessantenne [-tèn-] *agg.* e *s.m.* e *f.* che o chi ha sessant'anni.

sessantennio [-tèn-] *s.m.* periodo di sessanta anni.

sessantesimo [-tèʃi-] *agg.num.ord.* che in una serie occupa il posto corrispondente al numero sessanta // *s.m.* la sessantesima parte.

sessantina *s.f.* il complesso di sessanta o circa sessanta unità / *essere sulla —,* avere circa sessant'anni.

sessantottesco [-té-] *agg.* [pl.m. *-chi*] del sessantotto, degno del sessantotto (spec. con riferimento alle componenti utopistiche e velleitarie di quel movimento).

sessantotto [-tòt-] *s.m.* termine con cui si indica il 1968, anno di grandi movimenti politici in Italia e in altri paesi d'Europa, considerato come data di nascita di una nuova sinistra e di inizio di profondi cambiamenti nel costume / *ha fatto il —,* ha partecipato attivamente a quei movimenti.

sessile [sès-] *agg.* si dice di foglia o fiore privo di picciolo o peduncolo, che si attacca direttamente al ramo.

sessione [-sió-] *s.f.* periodo in cui, a intervalli più o meno regolari, si riunisce un'assemblea, un collegio, una commissione ecc.: *— estiva d'esami; — della Corte d'Assise.*

sessismo [-ʃmo] *s.m.* la tendenza a discriminare le persone in base al sesso.

sessista *agg.* e *s.m.* e *f.* che, chi discrimina le persone in base al sesso: *atteggiamento —, società —.*

sesso [sès-] *s.m.* **1** l'insieme dei caratteri anatomici per cui gli esseri viventi si distinguono in maschi e femmine / *il — forte,* gli uomini; *il — debole,* le donne **2** gli organi genitali.

sessola [sès-] *s.f.* paletta fortemente concava che si usa per togliere acqua dal fondo delle barche.

sessuale *agg.* del sesso, relativo al sesso: *educazione* —; *rapporti sessuali.*

sessualità *s.f.invar.* il complesso dei fattori fisiologici e psicologici che riguardano il sesso, l'istinto sessuale e la riproduzione.

sessuato *agg.* (*biol.*) si dice di essere provvisto degli organi per la generazione.

sessuologia [-gì-] *s.f.* disciplina medica e psicologica che si occupa di tutti i problemi riguardanti l'attività sessuale dell'uomo.

sessuologico [-lò-] *agg.* [pl.m. *-ci*] che riguarda la sessuologia.

sesta [sè-] *s.f.* **1** una delle ore canoniche: *è sonata la* — **2** (*mus.*) intervallo di quattro toni e un semitono maggiore **3** *pl.* compasso con apertura fissa pari al lato dell'esagono inscritto nel cerchio da esso tracciato.

sestante *s.m.* strumento per misurare angoli e in particolare l'altezza apparente degli astri sopra l'orizzonte e la distanza angolare tra due astri; serve a determinare la posizione di una nave.

sesterzio [-stèr-] *s.m.* moneta romana d'argento del valore di due assi e mezzo.

sestetto [-stét-] *s.m.* (*mus.*) composizione vocale o strumentale da eseguirsi con sei strumenti o sei cantanti.

sestiere [-stiè-] *s.m.* ciascuno dei sei rioni in cui erano divise alcune città.

sestina *s.f.* **1** strofa di sei versi, spec. endecasillabi, dei quali i primi quattro a rima alternata e gli ultimi due a rima baciata **2** componimento lirico con strofe di sei versi non rimati in cui le parole finali della prima strofa si ripetono, con ordine diverso, nelle altre **3** (*mus.*) sei note successive che devono corrispondere al tempo in cui se ne eseguono quattro.

sesto¹ [sè-] *agg.num.ord.* che in una serie occupa il posto corrispondente al numero sei // *s.m.* la sesta parte.

sesto² [sè-] *s.m.* **1** ordine, sistemazione, assetto: *mettere in — i propri affari*, sistemarli; *essere fuori di —*, confuso, sconvolto **2** curvatura di un arco: *arco a tutto —*, semicircolare [*ill. Architettura*].

sestogradista *s.m.* e *f.* [pl.m. *-i*] alpinista capace di superare le maggiori difficoltà, quelle di sesto grado.

sestuplo [sè-] *agg.num.* sei volte più grande // *s.m.* quantità sei volte più grande.

set [sèt] *s.m.* **1** (*sport*) ciascuna partita di un incontro di tennis; l'insieme di sei game **2** (*cinem.*) ambiente interno costruito per le riprese di un film **3** insieme di attrezzi, di strumenti.

seta [sé-] *s.f.* filamento sottilissimo e lucente secreto dal baco da seta per fabbricarsi il bozzolo e usato come fibra tessile; tessuto di seta: *cravatta di — / — artificiale*, il raion / — *selvaggia*, prodotta da bachi che vivono allo stato selvatico / *capelli di —*, morbidi e lucenti.

setacciare *v.tr.* [*io setàccio ecc.*] **1** far passare attraverso il setaccio: — *la farina* **2** (*fig.*) esaminare minuziosamente; vagliare: *la polizia ha setacciato la zona*; — *le informazioni.*

setaccio [-tàc-] *s.m.* utensile costituito da una rete di crine o fili metallici tesa su un cerchio di legno, usato per separare le parti più fini o meno dense di qlco. dalle altre: *passare al — la farina, il pomodoro.*

setaiolo [-iò-] *s.m.* chi lavora la seta.

setale *s.m.* filo che costituisce la parte terminale della lenza e unisce il galleggiante all'amo.

sete [sé-] *s.f.* **1** bisogno di bere, che si manifesta con una sensazione di arsura alla bocca e alla gola: *patire, soffrire la — / le piante hanno —*, hanno bisogno di essere innaffiate **2** (*fig.*) desiderio intenso, avidità: — *di ricchezze.*

seteria [-rì-] *s.f.* **1** fabbrica di seta **2** spec. *pl.* drappo, tessuto di seta.

setificio [-fì-] *s.m.* stabilimento in cui si lavora la seta.

setola¹ [sé-] *s.f.* **1** pelo rigido e resistente del dorso dei maiali e dei cinghiali o della coda dei cavalli, usato per fabbricare spazzole e pennelli; (*scherz.*) capello o pelo di barba ispido **2** spazzola di setole.

setola² [sé-] *s.f.* screpolatura della pelle, o dello zoccolo dei cavalli.

setoloso [-ló-] *agg.* pieno, coperto di setole; duro e ispido come setole: *cinghiale —; capelli setolosi.*

setta [sèt-] *s.f.* **1** insieme di persone che seguono una dottrina filosofica, religiosa, politica che si distacca e dissente da una dottrina già diffusa e affermata **2** gruppo politico o ideologico intollerante, chiuso in sé stesso.

settanta *agg.num.card.* indica una quantità composta di sette decine // *s.m.* il numero settanta e la cifra che lo rappresenta.

settantenne [-tèn-] *agg.* e *s.m.* e *f.* che o chi ha settant'anni.

settantesimo [-tèʃi-] *agg.num.ord.* che in una serie occupa il posto numero settanta // *s.m.* la settantesima parte.

settantina *s.f.* il complesso di settanta o circa settanta unità / *essere sulla —*, avere circa settant'anni.

settario [-tà-] *agg.* **1** di setta, che concerne le sette **2** per estens., intollerante, fazioso soprattutto in senso politico // *s.m.* chi appartiene a una setta; individuo fazioso.

settarismo [-ʃmo] *s.m.* qualità, atteggiamento di chi è settario; intolleranza, particolarismo.

sette [sèt-] *agg.num.card.* indica una quantità composta di sei unità più una / *portare qlcu. ai — cieli*, esaltarlo con entusiasmo // *s.m.* **1** il numero sette e la cifra che lo rappresenta **2** strappo nella stoffa, spec. di indumenti, fatto ad angolo così da richiamare la forma del sette.

settebello [-bèl-] *s.m.* nel gioco della scopa, il sette di denari o di quadri.

settecentesco [-té-] *agg.* [pl.m. *-chi*] del Settecento (sec. XVIII).

settecentesimo [-tèʃi-] *agg.num.ord.* che in una serie occupa il posto numero settecento // *s.m.* la settecentesima parte di qlco.

settecentista *s.m.* e *f.* [pl.m. *-i*] scrittore o artista del Settecento (sec. XVIII); chi studia la storia del Settecento.

settecento [-cèn-] *agg.num.card.* indica una quantità composta di sette volte cento unità // *s.m.* il numero settecento e la cifra che lo rappresenta / *il Settecento*, il secolo XVIII.

sette e mezzo [sèt-] [mèʒʒo] *s.m.* gioco di carte, in cui con due o più carte si cerca di raggiungere il sette e mezzo o di avvicinarvisi il più possibile.

settembre [-tèm-] *s.m.* nono mese dell'anno.

settembrino *agg.* di settembre.

settenario [-nà-] *agg.* e *s.m.* si dice di verso di sette sillabe con accento mobile.

settenne [-tèn-] *agg.* e *s.m.* e *f.* di sette anni.

settennio [-tèn-] *s.m.* periodo di sette anni.

settentrionale *agg.* del settentrione: *Italia —* // *s.m.* persona del settentrione.

settentrione [-trió-] *s.m.* **1** nord **2** regione situata a nord.

sette-ottavi [sèt-] *s.m.invar.* completo formato da gonna o abito intero, e giacca di un ottavo più corta.

setter [sèt-] *s.m.invar.* (*ingl.*) cane da ferma con pelo lungo e ondulato.

setticemia [-mì-] *s.f.* infezione prodotta da germi patogeni.

setticlavio [-clà-] *s.m.* l'insieme delle sette chiavi musicali.

settico [sèt-] *agg.* [pl.m. *-ci*] che produce infezione.

settimana *s.f.* periodo di sette giorni, spec. quello dal lunedì alla domenica: *partirò fra una* — / *Settimana Santa*, quella che precede la Pasqua / *riscuotere la* —, la paga settimanale / *— corta*, settimana lavorativa di cinque giorni.

settimanale *agg.* della settimana: *orario* — // *s.m.* giornale che esce una volta alla settimana.

settimino[1] *s.m.* (*mus.*) composizione per sette voci o sette strumenti.

settimino[2] *agg. e s.m.* si dice di bimbo nato al settimo mese di gravidanza.

settimo [sèt-] *agg.num.ord.* che in una serie occupa il posto numero sette // *s.m.* la settima parte.

setto [sèt-] *s.m.* (*anat.*) membrana che divide due cavità: *— nasale*.

settore [-tó-] *s.m.* **1** chi taglia: *— anatomico*, chi prepara i cadaveri sezionati per le lezioni di anatomia; *— rito* —, medico che fa l'autopsia dei cadaveri per fini legali **2** *— circolare*, (*geom.*) porzione di cerchio limitata da un arco e da due raggi **3** arnese, spazio a forma di settore circolare; per estens., qualsiasi spazio, ambito delimitato: *il — tessile*; *il — sinistro del fronte*.

settoriale *agg.* che riguarda un settore: *spesso gli interessi settoriali prevalgono su quelli generali*.

settorialismo [-ʃmo] *s.m.* la tendenza a tener presenti interessi settoriali piuttosto che generali.

settuagenario [-nà-] *agg. e s.m.* (*lett.*) che o chi ha settant'anni di età: *una settuagenaria ancora arzilla*.

settuagesima [-gèʃi-] *s.f.* la domenica che precede di tre settimane la prima di quaresima, circa settanta giorni prima di Pasqua.

severità *s.f.invar.* l'essere severo; rigore e rigidità di giudizio e di atteggiamento. SIN. *austerità*.

severo [-vè-] *agg.* **1** che osserva con rigore e fermezza le norme morali e ne esige dagli altri il rispetto; poco indulgente: *un giudice* —; *uno sguardo* — **2** semplice, senza frivolezze: *una bellezza severa*. SIN. *austero, rigoroso*.

sevizia [-vì-] *s.f.* maltrattamento fisico e morale, trattamento crudele, tortura: *infliggere sevizie*.

seviziare *v.tr.* [*io sevìzio ecc.*] sottoporre a sevizie, a torture. SIN. *maltrattare, torturare*.

seviziatore [-tó-] *s.m.* [f. *-trice*] chi sevizia.

sex-appeal [*ingl.*; *pr.* secsepiìl] *s.m.* attrattiva sessuale, fascino erotico.

sex shop [*ingl.*; *pr.* sècs sciòp] *s.m.* negozio specializzato nella vendita di testi, fotografie, film e materiale vario legato all'erotismo.

sexy [*ingl.*; *pr.* sècsi] *agg.* **1** dotato di sex-appeal **2** erotico, di argomento erotico; pornografico: *rivista, film* —.

sezionamento [-mèn-] *s.m.* atto, effetto del sezionare.

sezionare *v.tr.* [*io sezióno ecc.*] **1** dividere in sezioni **2** (*med.*) sottoporre ad autopsia; anatomizzare: *— un cadavere*.

sezione [-zió-] *s.f.* **1** suddivisione, ripartizione; cia-

scuna delle parti in cui è divisa un'unità amministrativa, giudiziaria, politica ecc.: *la quinta — del tribunale*; *la — B del liceo*; *la — rionale del partito* **2** (*chir.*) taglio eseguito su un cadavere per studio o autopsia **3** (*geom.*) operazione geometrica per cui si attraversa una figura con un piano o una retta determinandone l'intersezione; in disegno, la rappresentazione della figura così ottenuta: *la — di un cono* / *— aurea*, (*mat.*) parte di un segmento media proporzionale fra l'intero segmento e la rimanente parte **4** (*mus.*) nel jazz, parte dell'orchestra: *— melodica*, gli strumenti a fiato; *— ritmica*, gli strumenti a percussione.

sfaccendare *v.intr.* [*io sfaccèndo ecc.*] lavorare attivamente, spec. per faccende domestiche.

sfaccendato *agg. e s.m.* che o chi non ha nulla da fare, non fa nulla; ozioso. SIN. *sfaticato*.

sfaccettare *v.tr.* [*io sfaccétto ecc.*] tagliare e lavorare una superficie, spec. di pietra o cristallo, in modo da rilevare vari piani o faccette: *— una gemma*.

sfaccettato *agg.* a faccette; per estens., ricco di aspetti e sfumature.

sfaccettatura *s.f.* atto, effetto dello sfaccettare: *la — di questo brillante è assai bella*.

sfacchinare *v.intr.* compiere un lavoro faticoso, da facchino; sgobbare: *ho sfacchinato tutto il giorno*.

sfacciataggine [-tàg-] *s.f.* l'essere sfacciato; azione sfacciata: *è una vera* —. SIN. *sfrontatezza, impudenza, inverecondia*.

sfacciato *agg.* **1** privo di ritegno, vergogna, pudore: *un ignorante* —; *un atteggiamento* —; *un'ingiustizia sfacciata* / *una ricchezza sfacciata*, enorme e ostentata. SIN. *impudente, inverecondo, sfrontato* **2** vivace, vistoso, intenso: *colore* —. SIN. *chiassoso* **3** si dice di cavallo che ha una chiazza bianca sulla fronte.

sfacelo [-cè-] *s.m.* stato o processo di disfacimento (anche *fig.*): *l'impero era nel più grande* —. SIN. *rovina*.

sfaglio [sfà-] *s.m.* **1** lo scarto delle carte nel gioco **2** il movimento brusco del cavallo che scarta.

sfagno *s.m.* muschio dei luoghi acquitrinosi.

sfaldamento [-mén-] *s.m.* lo sfaldare, lo sfaldarsi (anche *fig.*).

sfaldare *v.tr.* dividere in falde // **-arsi** *v.rifl.pron.* dividersi in falde: *l'ardesia si sfalda facilmente*.

sfaldatura *s.f.* sfaldamento / *superficie di* —, il piano lungo il quale un minerale sottoposto a pressione o ad urto si sfalda.

sfalsare *v.tr.* **1** disporre in posizioni contrapposte, alternare **2** (*region.*) disporre diagonalmente, di sbieco.

sfamare *v.tr.* togliere la fame: *— la famiglia*; *non riesce a sfamarsi*. SIN. *saziare, satollare*.

sfangare *v.intr.* [*io sfango, tu sfanghi ecc.*] uscire dal fango / *sfangarla*, (*fam.*) liberarsi da un ostacolo, cavarsela; andarsene, squagliarsi.

sfare *v.tr.* [coniugato come *fare*] disfare.

sfarfallamento [-mén-] *s.m.* lo sfarfallare.

sfarfallare *v.intr.* **1** detto della crisalide, uscir farfalla dal suo involucro o bozzolo **2** svolazzare come una farfalla **3** di lampade fluorescenti e proiettori, tremolare.

sfarfallio [-lì-] *s.m.* lo sfarfallare continuato.

sfarfallone [-ló-] *s.m.* (*fam.*) errore grossolano. SIN. *svarione, sproposito*.

sfarinare *v.tr.* ridurre in farina, in polvere // **-arsi** *v. rifl.pron.* dissolversi in farina: *queste patate si sfarinano*.

sfarzo *s.m.* lusso appariscente. SIN. *pompa, fasto*.

sfarzosità *s.f.invar.* l'essere sfarzoso; sfarzo ostentato.

sfarzoso [-zó-] *agg.* fatto con sfarzo. SIN. *lussuoso, fastoso, pomposo.*

sfasamento [-ʃamèn-] *s.m.* **1** lo sfasare **2** (*fis.*) differenza di fase fra due grandezze alternate di ugual periodo.

sfasare [-ʃa-] *v.tr.* mettere fuori fase.

sfasato [-ʃa-] *agg.* **1** (*fis.*) si dice di una grandezza periodica avente lo stesso periodo di un'altra, quando fra le due esiste uno sfasamento **2** (*fig.*) fuori posto, fuori forma, sconclusionato: *oggi mi sento —; idee sfasate.*

sfasatura [-ʃa-] *s.f.* **1** l'essere sfasato **2** (*fis.*) la differenza di fase.

sfasciare¹ *v.tr.* [*io sfàscio ecc.*] togliere la fascia o le fasce: *— un braccio.* CONTR. *fasciare.*

sfasciare² *v.tr.* [*io sfàscio ecc.*] sconquassare, rompere: *— una sedia //* **-arsi** *v.rifl.pron.* rompersi, fracassarsi, andare a pezzi: *la barca si sfasciò contro la scogliera; una vecchia auto sfasciata.*

sfascio [sfà-] *s.m.* l'effetto dello sfasciare o dello sfasciarsi (spec. in senso *fig.*); rovina, dispersione totale.

sfatare *v.tr.* togliere prestigio a qlco., screditare: *— la leggenda; — una fama.*

sfaticato *agg.* scansafatiche. SIN. *sfaccendato.*

sfatto *agg.* disfatto, guasto, sciupato: *un frutto, un volto —.*

sfavillante *agg.* che sfavilla, splendente: *sole —; volto — di gioia.* SIN. *scintillante, luccicante, raggiante.*

sfavillare *v.intr.* mandar faville (anche *fig.*): *il fuoco sfavilla; le sfavillavano gli occhi.* SIN. *scintillare, luccicare, splendere.*

sfavillio [-lì-] *s.m.* uno sfavillare continuato.

sfavore [-vó-] *s.m.* disfavore. CONTR. *favore.*

sfavorevole [-ré-] *agg.* avverso, ostile: *un giudizio —.* SIN. *contrario.* CONTR. *favorevole //* **-mente** *avv.* in modo negativo: *gli rispose —.*

sfebbrare *v.intr.* [*io sfèbbro ecc.*] guarire dalla febbre: *il malato sfebbrò rapidamente.*

sfegatarsi *v.rifl.* [*io mi sfégato ecc.*] prendere parte a qlco. con passione, impegno e logorio della salute; affaticarsi.

sfegatato *agg.* appassionato, impulsivo, eccessivo.

sfenoide [-nòi-] *s.m.* (*anat.*) osso della base del cranio, formato da un corpo centrale e tre coppie di appendici.

sfera [sfè-] *s.f.* **1** luogo e solido geometrico in cui i punti sono tutti equidistanti da un punto interno detto centro; per estens., corpo di forma sferica: *— terrestre,* la Terra; *— celeste,* il cielo, sfera ideale esterna e concentrica alla Terra sulla quale sembrano disposti i corpi celesti **2** zona di espansione di una forza, campo d'azione; (*fig.*) grado e ambiente sociale: *la — militare; la — d'attrazione; rappresentanti delle alte sfere* **3** lancetta dell'orologio, spec. di quelli grandi da parete o campanile.

sfericità *s.f.invar.* qualità dei corpi sferici.

sferico [sfè-] *agg.* [pl.m. *-ci*] che ha la forma di una sfera.

sferisterio [-stè-] *s.m.* stadio per alcuni tipi di giochi con il pallone, per il tamburello ecc.

sferoidale *agg.* di forma simile a quella della sfera.

sferragliare *v.intr.* [*io sferràglio ecc.*] mandare un rumore forte di ferraglie mosse: *il treno sferragliava lontano.*

sferrare *v.tr.* [*io sfèrro ecc.*] **1** togliere il ferro o i ferri: *— il cavallo* **2** (*fig.*) tirare con gran forza: *— un calcio, un attacco, un pugno //* **-arsi** *v.rifl.* slanciarsi, per lo più contro qlcu.

sferruzzare *v.intr.* lavorare con i ferri da maglia.

sferza [sfèr-] *s.f.* **1** scudiscio. SIN. *frusta* **2** (*fig.*) il colpire violentemente: *la — del sole.*

sferzante *agg.* che sferza; in senso *fig.*, che esprime pesante condanna, giudizio negativo: *ironia —, sarcastica.*

sferzare *v.tr.* [*io sfèrzo ecc.*] **1** colpire con la sferza. SIN. *frustare, flagellare, scudisciare* **2** (*fig.*) biasimare, riprendere aspramente.

sferzata *s.f.* colpo di sferza; (*fig.*) motteggio aspro.

sfiammare *v.intr.* bruciare con grandi fiamme.

sfiancare *v.tr.* [*io sfianco, tu sfianchi ecc.*] **1** urtare e rompere al fianco: *lo scoglio sfiancò la nave* **2** (*fig.*) logorare, affaticare eccessivamente: *si sfiancava dalla fatica.* SIN. *spossare, stremare.*

sfiatare *v.intr.* **1** emettere vapori, gas ecc.: *questa tubazione sfiata* **2** uscir fuori da un'apertura naturale o artificiale: *il gas sfiatava lentamente //* **-arsi** *v.rifl.pron.* **1** perdere il fiato parlando, gridando: *si sfiatava a spiegare la lezione.* SIN. *spolmonarsi, sgolarsi* **2** perdere il timbro e l'intensità del suono (detto di strumenti a fiato).

sfiatato *agg.* che non ha più fiato, voce (detto di persona); che ha perso il timbro e l'intensità del suono (detto di strumento a fiato): *cantante —; tromba sfiatata.*

sfiatatoio [-tó-] *s.m.* **1** apertura praticata in un ambiente chiuso per far uscire aria, gas o vapore **2** (*zool.*) apertura sul capo dei cetacei attraverso la quale essi espellono l'acqua introdotta dalla bocca.

sfibbiare *v.tr.* [*io sfìbbio ecc.*] sciogliere le fibbie, slacciare da fibbie: *— le scarpe.*

sfibrante *agg.* che fiacca le forze fisiche e morali: *un lavoro —; un'incertezza —.*

sfibrare *v.tr.* **1** privare delle fibre: *— il legno* **2** per estens., indebolire la fibra di un organismo, fiaccarne le forze fisiche e morali. SIN. *svigorire.*

sfibrato *agg.* snervato, fiacco: *un uomo —.*

sfibratrice *s.f.* macchina di vari tipi impiegata in alcune industrie per l'operazione di sfibratura.

sfibratura *s.f.* (*ind.*) operazione che consiste nel privare delle fibre tessuti vegetali, carta ecc.

sfida *s.f.* invito a battersi in duello o a competere in gare sportive o altre prove (anche *fig.*): *accettare, lanciare la —; la — elettorale; uno sguardo di —.*

sfidante *agg.* e *s.m.* che o chi sfida a duello o a una gara, a una prova spec. sportiva: *la squadra —; lo — ha rinunciato all'incontro.*

sfidare *v.tr.* **1** provocare un avversario a battersi in duello o a misurarsi in una gara, spec. sportiva; per estens., invitare qlcu. a dire o a fare qlco. che si ritiene falso o impossibile: *— a duello, alla corsa; vi sfido a dimostrarmi il contrario / sfido!, sfido io!,* per sottolineare che una cosa è facile oppure ovvia, inevitabile, e non poteva andare diversamente **2** (*fig.*) affrontare con audacia una forza avversa, un pericolo: *— il mare in tempesta; — i secoli,* si dice di opera che sopravvive alle ingiurie del tempo.

sfidatore [-tó-] *s.m.* [f. *-trice*] chi sfida (anche *fig.*).

sfiducia [-dù-] *s.f.* mancanza di fiducia, diffidenza / *voto di —,* quello con il quale il parlamento respinge la politica del governo. SIN. *scoramento.* CONTR. *fiducia.*

sfiduciare *v.tr.* [*io sfidùcio ecc.*] far perdere la fiducia: *ogni piccola contrarietà lo sfiducia //* **-arsi** *v.rifl.pron.* perdere la fiducia.

sfiduciato *agg.* che ha perso la fiducia, avvilito, sconfortato. SIN. *disperato.*

sfiga *s.f.* (*volg.*) sfortuna.

sfigato *agg.* e *s.m.* (*volg.*) sfortunato.

sfigmico [sfig-] *agg.* [pl.m. *-ci*] (*med.*) attinente alle pulsazioni arteriose: *onda sfigmica.*

sfigmografia [-fi-] *s.f.* (*med.*) registrazione grafica della forma e dell'ampiezza delle onde di pulsazione delle arterie.

sfigmomanometro [-nò-] *s.m.* apparecchio per misurare la pressione arteriosa.

sfigurare *v.tr.* alterare, rovinare la figura, l'aspetto: *la bruciatura gli ha sfigurato il viso* // *v.intr.* fare una brutta figura; destare cattiva impressione: *teme di — tra voi.*

sfigurato *agg.* alterato, mutato nell'aspetto: *viso — dalla sofferenza*, stravolto.

sfilacciare *v.tr.* [*io sfilàccio ecc.*] ridurre in filacce: *— un pezzo di stoffa* // *v.intr.*, **-arsi** *v.rifl.pron.* perdere i fili dell'ordito: *quel tessuto si sfilaccia facilmente.*

sfilacciato *agg.* che perde i fili: *maniche sfilacciate.*

sfilacciatura *s.f.* lo sfilacciare, lo sfilacciarsi; la parte sfilacciata.

sfilare[1] *v.tr.* **1** togliere una cosa infilata: *— le perle della collana; sfilarsi le scarpe*, togliersele / *— (tutto) il rosario*, (*scherz.*) dire di qlcu. tutto il male possibile **2** togliere qualche filo da un tessuto, spec. per eseguire lavori di ricamo: *— la tela* // **-arsi** *v.rifl.pron.* **1** sfuggire dal filo: *le perle si sono sfilate* **2** disfarsi, perdere le fila: *il tessuto si sfila.*

sfilare[2] *v.intr.* **1** procedere in file ordinate; in particolare, passare disposti in squadra davanti a superiori o al pubblico (detto di reparti militari, squadre sportive ecc.): *il corteo sfilò nella piazza* **2** (*fig.*) succedersi, susseguirsi: *i ricordi gli sfilavano nella mente.*

sfilata *s.f.* **1** il procedere disposti in fila: *la — dei soldati* **2** serie di cose poste in fila: *una — di case.*

sfilatino *s.m.* forma allungata di pane; filoncino.

sfilato *s.m.* ricamo ottenuto sfilando parti della tela e coprendo i vuoti con punti decorativi.

sfilza *s.f.* lunga filza, gran quantità: *una — di spropositi.*

sfinge *s.f.* **1** nella mitologia greca, mostro alato con corpo di leone, capo e petto di fanciulla; nell'arte egizia, statua monumentale con corpo leonino accovacciato e testa eretta rappresentante il faraone **2** (*fig.*) persona che non lascia scorgere i propri sentimenti **3** genere di farfalle crepuscolari dal corpo grosso fusiforme e le ali strette; vi appartengono la sfinge dell'oleandro, del ligustro ecc. (*fam.* Sfingidi).

sfinimento [-mén-] *s.m.* lo sfinirsi, il sentirsi sfinito.

sfinire *v.tr.* [*io sfinisco, tu sfinisci ecc.*] far perdere le forze, stancare, prostrare: *la febbre l'ha sfinito.* SIN. *spossare* // *v.intr.*, **-irsi** *v.rifl.pron.* perdere le forze: *a forza di lavorare di notte, mi sono sfinito.*

sfinitezza [-téz-] *s.f.* l'essere sfinito; stato di grande debolezza.

sfinito *agg.* privo di forze, molto debole. SIN. *esausto*, *spossato.*

sfintere [-tè-] *s.m.* (*anat.*) anello muscolare che, contraendosi, provoca la chiusura dell'orifizio a cui sta attorno.

sfiorare *v.tr.* [*io sfióro ecc.*] **1** passare vicino toccando appena (anche *fig.*): *l'aereo sfiorò la superficie del lago; mi sfiorò la mano; — un argomento*, accennarvi appena. SIN. *rasentare* **2** togliere il fiore, la parte più pregiata a qlco.: *— il latte*, scremarlo.

sfioratore [-tó-] *s.m.* opera idraulica che ha lo scopo di scaricare da un serbatoio o da un canale l'acqua che eccede il livello voluto.

sfiorire *v.intr.* [*io sfiorisco, tu sfiorisci ecc.*] **1** perdere i petali, appassire: *le rose ormai sfioriscono.* CONTR. *fiorire* **2** (*fig.*) perdere la bellezza, la freschezza, invecchiare.

sfiorito *agg.* che ha perduto il fiore (anche *fig.*): *una bellezza sfiorita.*

sfirena [-rè-] *s.f.* pesce di mare dal corpo allungato con bocca grande; velocissimo e forte predatore, a volte è pericoloso anche per l'uomo (*fam.* Sfirenidi).

sfittare *v.tr.* (*non com.*) rendere sfitto // **-arsi** *v.rifl.pron.* restare sfitto: *questa casa si sfitterà a novembre.*

sfitto *agg.* non affittato: *appartamento —.*

sfizio [sfi-] *s.m.* (*region.*) capriccio, passione o gusto di qlco. di superfluo: *togliersi lo —*, accontentare, soddisfare il proprio desiderio.

sfizioso [-zió-] *agg.* (*region.*) che è frutto di sfizio, di capriccio: *una macchina sfiziosa*, lussuosa, che piace, al di là della sua utilità.

sfocare *v.tr.* [*io sfòco, tu sfòchi ecc.*] mettere non a fuoco; (*fig.*) confondere, rendere indefinito.

sfocato *agg.* (*fot.*) non a fuoco; si dice di immagine non nitida, dai contorni confusi (anche *fig.*): *una critica sfocata.*

sfocatura *s.f.* l'effetto dello sfocare (anche *fig.*); oscurità, punto non chiaro.

sfociare *v.intr.* [*io sfócio ecc.*] mettere foce, sboccare; (*fig.*) metter capo, causare: *il Po sfocia nell'Adriatico; questi incidenti possono — in una tragedia.*

sfoderare[1] *v.tr.* [*io sfòdero ecc.*] **1** estrarre dal fodero: *— la spada*, sguainarla **2** (*fig.*) fare inaspettatamente mostra; ostentare: *ha sfoderato per l'occasione il suo più bel sorriso; — tutta la propria cultura.*

sfoderare[2] *v.tr.* [*io sfòdero ecc.*] togliere la fodera: *— una giacca.*

sfoderato *agg.* senza fodera interna: *un soprabito —.*

sfogare *v.tr.* [*io sfógo, tu sfóghi ecc.*] manifestare con atti o con parole sentimenti o stati d'animo precedentemente repressi o controllati: *— l'ira, il dolore* // *v. intr.* uscir fuori liberamente; (*fig.*) manifestarsi: *il fumo sfoga dalla cappa del camino; il dolore sfogò in pianto* // **-arsi** *v.rifl.* **1** aprire il proprio animo con qlcu. confidandogli le proprie pene, ansie ecc.: *— con un amico / — su qlcu.*, riversare ingiustamente su di lui il proprio malumore **2** soddisfare un bisogno, un desiderio: *— a bere, a cantare.*

sfoggiare *v.intr.* [*io sfòggio ecc.*] fare sfoggio: *— nei ricevimenti* // *v.tr.* indossare, possedere con compiacimento qlco. di raffinato, di elegante; (*fig.*) ostentare: *— un abito nuovo; — la propria erudizione.*

sfoggio [sfòg-] *s.m.* ostentazione di lusso; (*fig.*) ostentazione di doti, di qualità spec. morali: *uno — di argenteria; fare — di cultura.*

sfoglia [sfò-] *s.f.* **1** lamina sottile **2** strato di pasta stesa e assottigliata col matterello / *pasta —*, dolce o salata, a base di burro e farina che, cuocendo, si divide in strati leggeri.

sfogliare[1] *v.tr.* [*io sfòglio ecc.*] togliere le foglie, i petali: *— una margherita* // **-arsi** *v.rifl.pron.* perdere le foglie, i petali: *quella rosa si è sfogliata.*

sfogliare[2] *v.tr.* [*io sfòglio ecc.*] **1** voltare le pagine di un libro, di una rivista; per estens., scorrere in fretta, leggere qua e là: *— un album; l'ho appena sfogliato, ma non mi sembra un libro interessante* **2** dividere in fogli, o per estens., in lamine: *— un quaderno; — un blocco di zinco* // **-arsi** *v.rifl.pron.* **1** ridursi in strati sottili, in sfoglie: *questo dolce si sfoglia nel tagliarlo* **2** perdere fogli, dividersi in fogli: *l'album si sfoglia.*

sfogliata[1] *s.f.* lo scorrere in fretta libri e simili: *darò una — ai libri, prima dell'esame.*

sfogliata[2] *s.f.* dolce di pasta sfoglia.

sfogliatella [-tèl-] *s.f.* dolce napoletano fatto di pasta sfoglia ripiegata e farcita con crema alla ricotta, cioccolato, canditi, cannella.

sfogliatrice *s.f.* macchina per tagliare il legno in fogli dello spessore voluto.

sfogliatura *s.f.* operazione che consiste nel togliere tutte o parte delle foglie a una pianta, spec. per alimentare il bestiame / — *della vite*, per dare luce ai grappoli e favorirne la maturazione.

sfogo [sfó-] *s.m.* [pl. *-ghi*] **1** lo sfogare; l'apertura per cui qlco. può sfogare: *valvola di —; uno — per il fumo* **2** (*fig.*) lo sfogarsi; manifestazione libera di sentimenti, stati d'animo ecc.: *dare — alle lacrime; uno — di rabbia* **3** (*pop.*) eruzione cutanea.

sfolgorante *agg.* che sfolgora, splendente (anche *fig.*): *sole, sguardo —*.

sfolgorare *v.intr.* [*io sfólgoro* ecc.] risplendere come folgore; per estens., risplendere di una luce molto intensa (anche *fig.*): *il sole sfolgorava nel cielo; il suo sguardo sfolgorava di gioia.*

sfolgorio [-ri-] *s.m.* uno sfolgorare continuo.

sfollagente [-gèn-] *s.m.invar.* bastone flessibile usato dalle forze di polizia per disperdere assembramenti di folla.

sfollamento [-mén-] *s.m.* lo sfollare; spec. l'allontanamento di persone dalle località abitate per ragioni di sicurezza.

sfollare *v.intr.* [*io sfòllo* ecc.] **1** diradarsi (detto di folla ammassata in un luogo): *aspettiamo che sfolli* **2** allontanarsi da località abitate per misura di sicurezza, spec. in tempo di guerra: *— in campagna // v.tr.* sgombrare un luogo dalle persone o da gran numero di esse: *— una piazza.*

sfollato *agg.* e *s.m.* che, chi si è allontanato dalla sua sede, spec. da un centro abitato per evitare i pericoli bellici.

sfoltimento [-mén-] *s.m.* atto, effetto dello sfoltire.

sfoltire *v.tr.* [*io sfoltisco, tu sfoltisci* ecc.] rendere meno folto, diradare: *— un bosco, i capelli.*

sfondamento [-mén-] *s.m.* atto, effetto dello sfondare; (*mil.*) rottura del fronte nemico // nella pallacanestro, movimento per il quale un attaccante in corsa finisce contro un difensore fermo.

sfondare *v.tr.* [*io sfóndo* ecc.] rompere il fondo; aprirsi un varco passando da parte a parte: *i bambini sfondano le scarpe; sfondò la parete e penetrò nel vano* / *— una porta aperta*, fare sforzi per superare un ostacolo inesistente / *assol.* affermarsi, avere successo: *in quell'ambiente ha sfondato // -arsi v.rifl.pron.* sfasciarsi, perdere il fondo: *per il troppo peso la cesta si sfondò.*

sfondato *agg.* **1** con il fondo rotto; per estens., rotto, sfasciato: *cappello —* / *ricco —*, (*fig.*) ricchissimo **2** (*fig.*) insaziabile, ingordo, senza misura // *s.m.* tecnica di pittura, spec. murale, che per mezzo di un'illusione prospettica permette di simulare l'apertura di un vano o di un paesaggio al di là della parete.

sfondo [sfón-] *s.m.* **1** la vista in prospettiva di oggetti o figure lontane; la parte rappresentata come più lontana di un dipinto, di una fotografia e simili; la parte più lontana di una veduta, di un paesaggio: *pittore abilissimo negli sfondi; dipinse la Madonna su uno — di montagne; un vecchio castello sullo — del mare; lo — della scena*, in teatro, il fondale / *— piega*, in sartoria, motivo formato da due pieghe che combaciano [*ill. Abbigliamento*] **2** l'ambiente storico, sociale; l'insieme di oggetti o persone che abitualmente circondano qlcu.:

lo — del romanzo / *sullo — di*, a paragone, in contrasto con ciò che circonda.

sforbiciare *v.tr.* [*io sfòrbicio* ecc.] tagliare con le forbici, tagliuzzare.

sforbiciata *s.f.* **1** colpo di forbici **2** (*sport*) rapido movimento a forbici delle gambe, nel salto, nel nuoto, nel calcio e nel sollevamento pesi.

sformare *v.tr.* [*io sfórmo* ecc.] **1** deformare, far perdere la forma: *hai sformato i guanti* **2** togliere dalla forma: *— un dolce.*

sformato *agg.* che ha perduto la forma: *scarpe sformate.* SIN. *deforme // s.m.* (*cuc.*) pietanza a base di vari ingredienti, cotta al forno o a bagnomaria in uno stampo: *— di spinaci.*

sfornare *v.tr.* [*io sfórno* ecc.] togliere dal forno; (*fig.*) mandar fuori, produrre in abbondanza e con velocità: *— il pane, i dolci; sfornava un romanzo dopo l'altro.*

sfornire *v.tr.* [*io sfornisco, tu sfornisci* ecc.] privare qlcu. o qlco. dei rifornimenti, del necessario.

sfornito *agg.* privo di rifornimenti, di mezzi: *un negozio —; — di denari.* SIN. *sprovvisto.*

sfortuna *s.f.* sorte avversa; infortunio, contrattempo: *la — lo perseguita; è una vera —.* SIN. *scalogna.* CONTR. *fortuna.*

sfortunato *agg.* perseguitato dalla sfortuna; disgraziato: *— negli affari; è un uomo —.* SIN. *scalognato, infausto, sventurato.* CONTR. *fortunato // -mente* *avv.* per sfortuna, purtroppo.

sforzare *v.tr.* [*io sfòrzo* ecc.] sottoporre a uno sforzo; far forza su qlcu. o qlco.: *— la voce; — una pianta*, fare in modo che dia più fiori o più frutti; *è inutile sforzarlo, se non vuole // -arsi v.rifl.pron.* impegnarsi in ogni modo, fare tutti gli sforzi possibili: *si sforza di studiare; si sforzai di non piangere.*

sforzato *agg.* fatto con sforzo o per forza; non naturale: *un sorriso —.*

sforzo [sfòr-] *s.m.* atto, effetto dello sforzare e dello sforzarsi; intensa applicazione e impegno (anche *fig.*): *uno — muscolare, mentale; sottoporre il motore a uno —; fare uno — di volontà* / *fare ogni — per...*, impegnarsi con tutte le forze / *costare molto —*, richiedere un grande impegno / *senza —*, facilmente.

sfottere [sfót-] *v.tr.* [*io sfótto* ecc.] prendere in giro, deridere.

sfottò *s.m.invar.* (*region.*) lo sfottere; presa in giro.

sfracellare *v.tr.* [*io sfracèllo* ecc.] rompere rovinosamente, fracassare, ridurre a pezzi o a cosa informe: *si sfracellò contro un muro.*

sfrangiare *v.tr.* [*io sfràngio* ecc.] fare una frangia all'orlo di un tessuto.

sfrangiato *agg.* sfilacciato a forma di frangia.

sfratarsi *v.rifl.* deporre la tonaca di frate e abbandonare l'ordine religioso.

sfrattare *v.tr.* mandar via da un fondo, da una casa, da uno stato: *— un inquilino; — uno straniero indesiderabile // v.intr.* andarsene da un fondo, da un alloggio, per costrizione.

sfrattato *agg.* e *s.m.* che, chi ha subìto uno sfratto: *gli sfrattati alloggiavano in baracche.*

sfratto *s.m.* lo sfrattare, l'essere sfrattato: *dare lo —; subire uno —.*

sfrecciare *v.intr.* [*io sfréccio* ecc.] passare con la velocità di una freccia; correre velocemente: *— in automobile.*

sfregamento [-mén-] *s.m.* atto, effetto dello sfregare.

sfregare *v.tr.* [*io sfrégo, tu sfréghi* ecc.] **1** passare e ripassare un oggetto sulla superficie di qlco., spec. per pulirla. SIN. *strofinare* **2** strisciare fregando: *— un fiammifero contro il muro / — la macchina*, danneggiarne la carrozzeria in piccoli incidenti.

sfregiare *v.tr.* [*io sfrègio ecc.*] deturpare con uno o più sfregi (anche *fig.*): *— il viso a qlcu*; *— l'onore di qlcu*.

sfregiato *agg.* deturpato da uno o più sfregi: *viso —*.

sfregio [sfrè-] *s.m.* **1** taglio sul viso, cicatrice; taglio superficiale, graffio: *lo — di un antico duello; uno — sullo specchio* **2** (*fig.*) disprezzo; disonore.

sfrenare *v.tr.* [*io sfrèno ecc.*] togliere il freno; (*fig.*) lasciare libero da ogni freno // **-arsi** *v.rifl.pron.* liberarsi dal freno; (*fig.*) scatenarsi, comportarsi senza moderazione o controllo.

sfrenatezza [-téz-] *s.f.* qualità, condizione di chi o di ciò che è sfrenato.

sfrenato *agg.* privo di ogni freno o misura: *odio —*. SIN. *scatenato*.

sfrigolare *v.intr.* [*io sfrìgolo ecc.*] scoppiettare friggendo; fare un rumore simile.

sfrondare *v.tr.* [*io sfróndo ecc.*] privare delle fronde; (*fig.*) togliere ciò che è superfluo: *— un albero; — un testo* // **-arsi** *v.rifl.pron.* perdere le fronde.

sfrondato *agg.* privo di fronde; (*fig.*) a cui si è tolto il superfluo; senza esagerazioni.

sfrontatezza [-téz-] *s.f.* qualità di chi è sfrontato; azione da sfrontato. SIN. *sfacciataggine, impudenza*.

sfrontato *agg.* che non prova vergogna; che ha troppo ardire. SIN. *sfacciato, impudente, procace*.

sfruttamento [-mén-] *s.m.* atto, effetto dello sfruttare.

sfruttare *v.tr.* **1** ottenere il massimo rendimento possibile da un terreno; esaurirne il vigore; (*fig.*) trarre illecito profitto dal lavoro altrui; non remunerare adeguatamente chi lavora **2** saper utilizzare: *— il successo*.

sfruttatore [-tó-] *s.m.* [f. *-trice*] chi sfrutta.

sfuggente [-gèn-] *agg.* che sfugge, inafferrabile; (*fig.*) non chiaro, non leale: *è un essere —; sguardo —*.

sfuggevole [-gé-] *agg.* che sfugge facilmente (anche *fig.*): *immagini sfuggevoli*.

sfuggire *v.intr.* [*io sfuggo, tu sfuggi ecc.*] **1** sottrarsi a qlco. o a qlcu.: *— agli inseguitori; — alla giustizia; — alla vista* **2** uscire inavvertitamente; passare inosservato: *gli sfuggì un commento inopportuno; non gli sfugge nulla; mi è sfuggito di mente*, l'ho dimenticato // *v.tr.* evitare, scansare: *— uno*, evitarlo; *lasciarsi — qlco.*, perderla, non approfittarne.

sfuggita solo nelle locuz.avv. *di sfuggita, alla sfuggita*, fuggevolmente.

sfumare *v.intr.* **1** dileguarsi, dissiparsi; (*fig.*) andare in fumo, sparire: *le illusioni sono sfumate*. SIN. *svanire* **2** farsi gradatamente più tenue: *un rosso che sfuma nel rosa* // *v.tr.* far diminuire gradatamente d'intensità (detto di colore, suono ecc.): *— i colori; — un suono*.

sfumato *agg.* **1** svanito: *occasione sfumata* **2** si dice di colore che digrada in un altro tono, di contorno ombreggiato; (*fig.*) di ciò che è vago, non ben definito: *tinte sfumate; sentimenti sfumati* // *s.m.* procedimento consistente nell'eliminare la nitidezza dei contorni delle figure per mezzo del chiaroscuro.

sfumatura *s.f.* **1** lo sfumare, l'essere sfumato; spec. il graduale passaggio da un colore a un altro o da una nota musicale all'altra; particolare tonalità espressiva di un'opera letteraria ecc., ottenuta mediante una sapiente gradazione dei particolari secondari: *delicate sfumature di azzurro; ha saputo cogliere tutte le sfumature del testo* **2** taglio di capelli a gradazione: *— alta, bassa*.

sfumo *s.m.* il colorire una figura disegnata a matita o a carboncino, passandovi sopra un pezzetto di carta o simili, per attenuarne i tratti e sfumare delicatamente le tinte.

sfuocato *agg.* e *deriv.* → **sfocato** e *deriv.*

sfuriata *s.f.* sfogo violento di collera: *una improvvisa — / una — di vento*, una ventata impetuosa e passeggera; refolo.

sfuso [-ʃo] *agg.* **1** fuso, liquefatto, sciolto: *burro —* **2** si dice di merce venduta sciolta, non confezionata in pacchetti o simili: *sigarette sfuse*.

sgabello [ʃgabèl-] *s.m.* piccolo sedile senza spalliera né braccioli; panchetto per appoggiarvi i piedi.

sgabuzzino [ʃgabuʒʒi-] *s.m.* stanza molto piccola, per lo più adibita a ripostiglio.

sgambettare [ʃgam-] *v.intr.* [*io sgambétto ecc.*] **1** muovere, dimenare le gambe stando sdraiati (detto spec. di bambini) **2** camminare a passi corti e rapidi.

sgambetto [ʃgambét-] *s.m.* **1** l'attraversare intenzionalmente il passo a qlcu. per farlo cadere / *fare lo — a qlcu.*, (*fig.*) cercare di soppiantarlo, di subentrargli nell'impiego con mezzi sleali **2** colpo di lotta giapponese; nel gioco del calcio, tentativo di far cadere l'avversario.

sganasciare [ʃga-] *v.tr.* [*io sganàscio ecc.*] slogare le ganasce // **-arsi** *v.rifl.pron.* slogarsi le ganasce / *— dalle risa*, ridere molto e di gran gusto.

sganascione [ʃganasció-] *s.m.*, **sganassone** [ʃganassó-] *s.m.* (*dial.*) colpo dato con forza sulla guancia, ceffone.

sganciamento [ʃganciamén-] *s.m.* lo sganciare, sganciarsi.

sganciare [ʃgan-] *v.tr.* [*io sgàncio ecc.*] liberare, staccare da un gancio: *— il rimorchio dalla motrice / — le bombe*, farle cadere da un aereo / *— biglietti da mille*, (*scherz.*) sborsarli, anticiparli con una certa reticenza e di malavoglia // **-arsi** *v.rifl.* **1** liberarsi, sciogliersi dal gancio **2** (*fig.*) sottrarsi all'inseguimento nemico (detto di truppe); liberarsi da persona molesta: *s'è sganciato da quel seccatore*.

sgancio [ʃgàn-] *s.m.* lo sganciare, il momento in cui si sganciare qlco.

sgangherare [ʃgan-] *v.tr.* [*io sgànghero ecc.*] levare dai gangheri; per estens., sconquassare, sfasciare. SIN. *scardinare* // **-arsi** *v.rifl.pron.* andare fuori dai gangheri; sfasciarsi (anche *fig.*): *— dal ridere*.

sgangherato [ʃgan-] *agg.* divelto dai cardini; sconquassato, sconnesso: *tavolo — / sintassi sgangherata*, scorretta e disordinata / *risa sgangherate*, sguaiate, scomposte.

sgarbataggine [ʃgarbatàg-], **sgarbatezza** [ʃgarbatéz-] *s.f.* l'essere sgarbato; atto, discorso sgarbato. CONTR. *garbatezza*.

sgarbato [ʃgar-] *agg.* che si comporta con mal garbo; privo di garbo, scortese: *uomo —; risposta sgarbata*. SIN. *scortese, villano*. CONTR. *garbato*.

sgarberia [ʃgarberi-] *s.f.* atto sgarbato, villano.

sgarbo [ʃgar-] *s.m.* maniera di trattare ineducata, priva di garbo; azione, parola scortese: *fare uno —*. SIN. *scortesia, villania*.

sgargiante [ʃgar-] *agg.* appariscente, molto vivace: *colori sgargianti*. SIN. *chiassoso, vistoso*.

sgarrare [ʃgar-] *v.intr.* sbagliare, mancare d'esattezza: *il tuo orologio non sgarra*.

sgarro [ʃgar-] *s.m.* **1** lo sgarrare; mancanza **2** (*region.*) mancato rispetto, da parte di un mafioso, delle regole dell'organizzazione.

sgarza [ʃgarʒa] *s.f.* airone cinerino.

sgarzino [ʃgar-] *s.m.* raschietto sottile usato nella tecnica grafica.

sgattaiolare [ʃgat-] *v.intr.* [*io sgattàiolo ecc.*] allontanarsi di soppiatto; svignarsela: *riuscì a — via*.

sgelare [ʃge-] *v.tr.* e *intr.* [*io sgèlo ecc.*] disgelare.

sgelo [ʃgè-] *s.m.* disgelo.

sghembo [ʃghém-] *agg.* obliquo, storto: *retta sghemba / a —, di —*, obliquamente, di traverso.

sgheronato [ʃghe-] *agg.* fatto, tagliato a gheroni: *sottana sgheronata*, fatta di teli triangolari così da avere molta ampiezza in basso.

sgherro [ʃghèr-] *s.m.* uomo d'arme al servizio di qlcu.; birro, sicario.

sghignazzamento [ʃghignazzamén-] *s.m.* lo sghignazzare.

sghignazzare [ʃghi-] *v.intr.* ridere sguaiatamente e con scherno.

sghignazzata [ʃghi-] *s.f.* risata sguaiata, di sarcasmo e scherno.

sghimbescio [ʃghimbè-] *agg.* sghembo / *di —, a —*, di traverso, obliquamente.

sghiribizzo [ʃghiribiʒʒo] *s.m.* ghiribizzo.

sgobbare [ʃgob-] *v.intr.* [*io sgòbbo ecc.*] lavorare molto e a lungo: *sgobba tutto l'anno*.

sgobbata [ʃgob-] *s.f.* lo sgobbare senza posa: *ha fatto una — negli ultimi giorni*.

sgobbo [ʃgòb-] *s.m.* lo sgobbare, lo sforzo, il lavoro.

sgobbone [ʃgobbó-] *s.m.* chi lavora con assiduità, spec. chi studia con grande applicazione.

sgocciolare [ʃgoc-] *v.intr.* [*io sgócciolo ecc.*] gocciolare, cadere a gocce: *l'acqua sgocciolava dal soffitto // v.tr.* far cadere le ultime gocce: *— il fiasco*, berlo fino al fondo.

sgocciolatura [ʃgoc-] *s.f.* atto, effetto dello sgocciolare; il liquido sgocciolato; le poche gocce che rimangono sul fondo di un recipiente.

sgocciolio [ʃgocciolì-] *s.m.* uno sgocciolare continuo e monotono: *lo — della grondaia*.

sgocciolo [ʃgóc-] *s.m.* sgocciolatura, ultimo resto di liquido sul fondo di un recipiente / *essere agli sgoccioli*, (*fig.*) stare per finire; trovarsi alla fine di un periodo determinato o alle ultime battute di un evento.

sgolarsi [ʃgo-] *v.rifl.pron.* [*io mi sgólo ecc.*] parlare molto, gridare affaticando la gola. SIN. *sfiatarsi, spolmonarsi.*

sgomberare [ʃgom-] *v.tr.* [*io sgómbero ecc.*] e *deriv.* → **sgombrare** e *deriv.*

sgombero [ʃgóm-] *s.m.* l'atto, l'effetto dello sgombrare; in particolare, operazione di polizia per sloggiare chi occupa illegalmente un edificio.

sgombrare [ʃgom-] *v.tr.* [*io sgómbro ecc.*] **1** spostare ingombri, togliere impedimenti, sgomberare: *— il passo, la strada.* SIN. *sbarazzare* **2** lasciar libero un appartamento, una casa, un centro abitato / *è ora di —*, di andarsene **3** allontanare la popolazione da un luogo, spec. per ragioni di sicurezza.

sgombro[1] [ʃgóm-] *agg.* non ingombro, libero: *la camera è sgombra // s.m.* atto, effetto dello sgombrare.

sgombro[2] [ʃgóm-] *s.m.* → **scombro.**

sgomentare [ʃgo-] *v.tr.* [*io sgoménto ecc.*] causare sgomento, sbigottire. SIN. *spaventare // v.intr.*, **-arsi** *v.rifl.pron.* provar sgomento, rimanere attonito: *non si sgomenta di nulla.*

sgomento [ʃgomén-] *agg.* sgomentato, spaventato: *aveva il viso — // s.m.* stato di smarrimento e di timore di fronte a ostacoli, avversità, dispiaceri improvvisi. SIN. *spavento, panico.*

sgominare [ʃgo-] *v.tr.* [*io sgòmino ecc.*] mettere in gran disordine; far fuggire seminando lo scompiglio: *— i nemici.* SIN. *sconfiggere.*

sgomitolare [ʃgo-] *v.tr.* [*io sgomìtolo ecc.*] disfare un gomitolo, un filo avvolto a gomitolo o simili.

sgommare [ʃgom-] *v.tr.* [*io sgómmo ecc.*] **1** privare dell'ingommatura **2** sottoporre la seta alla sgommatura // **-arsi** *v.rifl.pron.* perdere l'ingommatura: *questi francobolli si sgommano facilmente.*

sgommato [ʃgom-] *agg.* **1** privo di gomma: *francobollo* — **2** si dice di autoveicoli non provvisti di gomme o con gomme molto logore.

sgommatura [ʃgom-] *s.f.* operazione con la quale si libera la seta di alcune sostanze, per sbiancarla.

sgonfiamento [ʃgonfiamén-] *s.m.* lo sgonfiare, lo sgonfiarsi.

sgonfiare [ʃgon-] *v.tr.* [*io sgónfio ecc.*] vuotare dell'aria che contiene un recipiente dalle pareti elastiche; fare in modo che qlco. perda la gonfiezza: *— i pneumatici.* CONTR. *gonfiare // v.intr.*, **-arsi** *v.rifl.pron.* **1** perdere la gonfiezza, il gonfiore: *il pallone si è sgonfiato* **2** (*fig.*) perdere la boria, la presunzione: *dopo quell'insuccesso, s'è sgonfiato.*

sgonfiato [ʃgon-] *agg.* che ha perduto la gonfiezza, il gonfiore.

sgonfiatura [ʃgon-] *s.f.* atto, effetto dello sgonfiare.

sgonfio [ʃgon-] *agg.* privo di gonfiezza, sgonfiato. CONTR. *gonfio // s.m.* sbuffo: *una gonna a sgonfi.*

sgonnellare [ʃgon-] *v.intr.* [*io sgonnèllo ecc.*] andare in giro qua e là, affaccendarsi per farsi notare e ammirare (detto di donna).

sgorbia [ʃgór-] *s.f.* scalpello con la lama incavata usato dal falegname e dall'intagliatore per fare sgusci e intagli [*ill. Utensili; Pittura e scultura*].

sgorbiare [ʃgor-] *v.tr.* [*io sgòrbio ecc.*] macchiare con sgorbi, riempire di sgorbi: *— un foglio.* SIN. *scarabocchiare.*

sgorbiatura [ʃgor-] *s.f.* atto, effetto dello sgorbiare.

sgorbio [ʃgòr-] *s.m.* **1** macchia d'inchiostro fatta scrivendo; ghirigoro, scrittura contorta e illeggibile **2** (*fig.*) persona piccola e brutta.

sgorgare [ʃgor-] *v.intr.* [*io sgórgo, tu sgórghi ecc.*] uscir fuori a fiotti e con un certo impeto; zampillare: *l'acqua sgorga dalla fonte / parole che sgorgano dal cuore*, (*fig.*) che escono spontanee. SIN. *scaturire.*

sgorgo [ʃgór-] *s.m.* [pl. *-ghi*] lo sgorgare.

sgottare *v.tr.* [*io sgòtto ecc.*] (*mar.*) svuotare il fondo di una barca con la sessola.

sgozzare [ʃgoz-] *v.tr.* [*io sgózzo ecc.*] **1** tagliare la gola: *— un agnello.* SIN. *scannare* **2** (*fig.*) sfruttare, spec. dando denaro a prestito a condizioni da strozzino: *sgozza la povera gente.*

sgradevole [ʃgradé-] *agg.* spiacevole: *una sensazione* —. CONTR. *gradevole.*

sgradito [ʃgra-] *agg.* che non fa piacere, che dà fastidio: *un complimento* —.

sgraffiatura [ʃgraf-] *s.f.* → **graffiatura.**

sgraffignare [ʃgraf-] *v.tr.* (*pop.*) portar via con lestezza; (*fig.*) rubare. SIN. *carpire.*

sgraffio [ʃgràf-] *s.m.* → **graffio.**

sgrammaticare [ʃgram-] *v.intr.* [*io sgrammàtico, tu sgrammàtichi ecc.*] fare errori di grammatica.

sgrammaticato [ʃgram-] *agg.* si dice di uno scritto o di un discorso che contenga molti errori di grammatica.

sgrammaticatura [ʃgram-] *s.f.* errore di grammatica.

sgranamento [ʃgranamén-] *s.m.* lo sgranare.

sgranare [ʃgra-] *v.tr.* **1** togliere granelli, semi ecc. dal guscio: — *i piselli* / — *il rosario*, recitarlo / — *gli occhi*, spalancarli in segno di meraviglia **2** (*mecc.*) staccare due parti dell'ingranaggio che si trovano a contatto // **-arsi** *v.rifl.pron.* **1** perdere la compattezza: *un minerale che si sgrana facilmente* / *il gruppo dei ciclisti si sgranò in salita*, si sciolse e i singoli atleti si distanziarono **2** (*mecc.*) staccarsi dall'ingranaggio: *la catena si è sgranata*.

sgranato [ʃgra-] *agg.* tolto dal guscio: *fagioli sgranati* / *con gli occhi sgranati*, spalancati.

sgranatrice [ʃgra-] *s.f.* **1** (*agr.*) macchina per sgranare il granturco **2** (*ind. tessile*) macchina per sgranare il cotone.

sgranchire [ʃgran-] *v.tr.* [*io sgranchisco, tu sgranchisci ecc.*] ridare il movimento a un arto aggranchito o a tutto il corpo: *vado a piedi per sgranchirmi un po' le gambe*.

sgranocchiare [ʃgra-] *v.tr.* [*io sgranòcchio ecc.*] mangiare con gusto qlco. che scricchiola sotto i denti: — *caramelle*.

sgrassare [ʃgras-] *v.tr.* togliere il grasso: — *il brodo*.

sgravare [ʃgra-] *v.tr.* alleggerire: — *qlcu. da una preoccupazione*. CONTR. *gravare* // **-arsi** *v.rifl.pron.* partorire.

sgravio [ʃgrà-] *s.m.* atto, effetto dello sgravare: — *d'imposta*, esonero totale o parziale dall'imposta / *a, per* — *di coscienza*, per scarico di coscienza, per poter avere la coscienza tranquilla.

sgraziato [ʃgra-] *agg.* senza grazia, privo di armonia e bellezza: *una figura sgraziata*. SIN. *brutto*. CONTR. *aggraziato*.

sgretolamento [ʃgretolamén-] *s.m.* atto, effetto dello sgretolare o dello sgretolarsi.

sgretolare [ʃgre-[*v.tr.* [*io sgrétolo ecc.*] rompere in minuti frammenti: *il gelo sgretola le rocce* // **-arsi** *v.rifl.pron.* rompersi in minuti frammenti.

sgretolato [ʃgre-] *agg.* ridotto in minuti frammenti, frantumato; che va in pezzi: *muro* —.

sgretolio [ʃgretolì-] *s.m.* un rompere continuo di qlco. in minuti frammenti; il rumore che produce.

sgridare [ʃgri-] *v.tr.* riprendere ad alta voce e con severità. SIN. *rimproverare, ammonire*.

sgridata [ʃgri-] *s.f.* atto dello sgridare; discorso di rimprovero ad alta voce. SIN. *rimprovero, rabbuffo, rampogna*.

sgrinfia [ʃgrìn-] *s.f.* → **grinfia**.

sgrommare [ʃgrom-] *v.tr.* [*io sgròmmo ecc.*] pulire dalla gromma: — *una botte*.

sgrondare [ʃgron-] *v.intr.* [*io sgróndo ecc.*] cadere dalle gronde // *v.tr.* far scolare o sgocciolare: — *un ombrello, un fiasco*.

sgroppare[1] [ʃgrop-] *v.tr.* [*io sgròppo ecc.*] **1** sciogliere un nodo, un groppo **2** sciogliere da un groppo: — *le funi*.

sgroppare[2] [ʃgrop-] *v.intr.* [*io sgróppo ecc.*] detto del cavallo, sollevare la groppa per buttar giù il cavaliere // *v.tr.* sfiancare un animale da sella o da soma.

sgroppata [ʃgrop-] *s.f.* **1** atto dello sgroppare (detto di un cavallo) **2** cavalcata breve e veloce **3** nel ciclismo, breve corsa di allenamento.

sgroppónare [ʃgrop-] *v.intr.* [*io sgroppóno ecc.*] sgroppare // *v.intr.*, **-arsi** *v.rifl.pron.* (*fig.*) compiere un lavoro gravoso.

sgrossamento [ʃgrossamén-] *s.m.* atto, effetto dello sgrossare: *effettuare la prima* — *del legno*.

sgrossare [ʃgros-] *v.tr.* [*io sgròsso ecc.*] **1** dare la prima forma a un oggetto che si sottopone a lavorazione; fare il primo abbozzo di un lavoro: — *un blocco di marmo*; — *un articolo* **2** (*fig.*) dirozzare, dare a qlcu. i primi rudimenti di un'arte.

sgrossatura [ʃgros-] *s.f.* atto, effetto dello sgrossare: *effettuare la prima* — *del legno*.

sgrovigliare [ʃgro-] *v.tr.* [*io sgrovìglio ecc.*] sciogliere un groviglio.

sgrumare [ʃgru-] *v.tr.* → **sgrommare**.

sguaiataggine [ʃguaiatàg-] *s.f.* **1** l'essere sguaiato **2** atto o detto da sguaiato.

sguaiato [ʃgua-] *agg.* scomposto e maleducato; volgare: *riso* —, *atteggiamento* —.

sguainare [ʃguai-] *v.tr.* [*io sguàino ecc.*] togliere dalla guaina: — *la spada*. SIN. *sfoderare*.

sgualcire [ʃgual-] *v.tr.* [*io sgualcisco, tu sgualcisci ecc.*] spiegazzare, far prendere pieghe a stoffe, carte ecc.: — *il vestito, il giornale*. SIN. *sciupare* // **-irsi** *v.rifl.pron.* spiegazzarsi.

sgualcito [ʃgual-] *agg.* spiegazzato, detto di stoffe o carte. SIN. *sciupato*.

sgualdrina [ʃgual-] *s.f.* prostituta.

sguancio [ʃguàn-] *s.m.* strombatura.

sguardo [ʃguar-] *s.m.* **1** atto del guardare: *mi lanciò uno* — *di sfuggita* / *al primo* —, a prima vista. SIN. *occhiata, guardata* **2** la vista, gli occhi: *volgere, fissare, sollevare lo* — **3** l'espressione dell'occhio: *lo fissava con uno* — *attento*.

sguarnire [ʃguar-] *v.tr.* [*io sguarnisco, tu sguarnisci ecc.*] **1** privare delle guarnizioni: — *un abito* **2** (*mil.*) privare di ciò che munisce, difende; per estens., privare di attrezzature, di forze: — *il fronte*, ritirarne le truppe; — *l'ufficio*, ridurne il personale.

sguarnito [ʃguar-] *agg.* **1** privo di guarnizione: *un locale* — **2** privo di difesa, di guarnigione: *fortezza sguarnita*.

sguattero [ʃguàt-] *s.m.* addetto ai servizi di pulizia della cucina, in aiuto del cuoco; lavapiatti.

sguazzare [ʃguaz-] *v.intr.* **1** essere immersi in un liquido e agitarsi sollevando schizzi: *i bambini sguazzavano nell'acqua* / — *nell'oro, nel benessere*, avere ricchezze in grandissima quantità / — *nelle scarpe, nell'abito*, avere scarpe, abiti troppo larghi **2** si dice di liquidi agitati in recipienti non pieni: *il latte sguazza nel fondo del bidone*.

sguinzagliare [ʃguin-] *v.tr.* [*io sguinzàglio ecc.*] **1** sciogliere dal guinzaglio: *sguinzagliò il cane* **2** (*fig.*) lanciare alla ricerca, all'inseguimento: *la polizia sguinzagliò i suoi uomini migliori*.

sguisciare [ʃgui-] *v.intr.* [*io sguìscio ecc.*] sguisciare.

sgusciare [ʃgu-] *v.tr.* [*io sgùscio ecc.*] levare dal guscio: — *i piselli, le fave* // *v.intr.* uscire da un guscio, da un involucro, da un luogo chiuso, spec. nascostamente e di fretta; sfuggire di mano, scappare alla presa.

sgusciatura [ʃgu-] *s.f.* atto, effetto dello sgusciare: *la* — *dei piselli*.

sguscio [ʃgù-] *s.m.* **1** incavo ornamentale a forma di guscio **2** strumento incavato per cesellare.

shaker [*ingl.*; *pr.* scéica] *s.m.* recipiente per mescolare i liquori di un cocktail.

shakerare *v.tr.* [*pr.* scecheràre; *io scékero ecc.*] (*fam.*) mescolare con lo shaker.

shampoo [*ingl.*; *pr.* sciàmpo] *s.m.* miscela per lo più liquida, profumata e atta a produrre molta schiuma, che si usa per lavare i capelli; anche, il lavaggio stesso.

shampooing [*ingl.*; *pr.* sciàmpoin] *s.m.* l'operazione del lavare i capelli con lo shampoo.

shantung [*ingl.*; *pr.* sciàntung] *s.m.* tessuto di seta a superficie irregolare.

sherpa [*pr.* scèrpa] *s.m.invar.* portatore o guida indigena delle regioni dell'Himalaia: *partirono in venti con quaranta* —.

sherry [ingl.; *pr.* scèri] *s.m.* vino bianco di Xeres (oggi Jerez) in Spagna.

shetland [ingl.; *pr.* scétland] *s.f.* lana pregiata prodotta dalle pecore delle isole Shetland; anche il filato che se ne ottiene, ruvido, peloso e molto caldo.

shimmy [ingl.; *pr.* scimi] *s.m.* **1** ballo di origine nordamericana, più rapido del fox-trot, dal quale derivò intorno al 1920 **2** vibrazione di un veicolo ad alta velocità, per difetto nell'assetto delle ruote.

shock [ingl.; *pr.* sciòc] *s.m.* collasso, stato di abbattimento che si manifesta nei feriti o in chi ha subito una forte impressione; per estens. stupore, spavento.

shocking [ingl.; *pr.* sciòkin] *agg.* scioccante, impressionante / *rosa* —, vivo, molto brillante.

shopping [ingl.; *pr.* sciòpin] *s.m.* l'andare in giro per i negozi, a fare acquisti e a guardare.

short [ingl.; *pr.* sciórt] *s.m.* breve filmato pubblicitario trasmesso per televisione.

shorts [ingl.; *pr.* sciórts] *s.m.pl.* calzoncini corti.

show [ingl.; *pr.* sciò] *s.m.* spettacolo di varietà, anche televisivo.

showdown [ingl.; *pr.* sciodàun] *s.m.* il mettere le carte in tavola; resa dei conti, chiarificazione.

showman [ingl.; *pr.* sciomàn] *s.m.* uomo di spettacolo dalle molteplici capacità, capace di intrattenere il pubblico.

shrapnel [ingl.; *pr.* sc'ràpnel] *s.m.* proiettile di artiglieria o mina che esplode a poca distanza dal suolo proiettando schegge all'intorno.

shunt [ingl.; *pr.* sciànt] *s.m.* **1** resistenza collegata in parallelo con un circuito elettrico allo scopo di diminuire l'intensità della corrente che vi circola **2** in fisiologia, mescolanza di sangue per formazione di una comunicazione tra due vasi.

shuttle [ingl.; *pr.* sciàtl] *s.m.* navetta spaziale.

si¹ *pron.pers.rifl.m.* e *f.sing.* e pl. di terza *persona* forma complementare atona di *sé*; si usa al posto di *sé* come complemento oggetto (*egli si loda*; *essi si lodano*) e al posto di *a sé*, come complemento di termine (*egli si fa un regalo*); davanti a *lo, la, li, le, ne* si cambia in *se*: *gliel'ho detto, ma se n'è dimenticato*; si unisce a infiniti, participi, gerundi: *lodarsi*; *lodatosi*; *lodandosi*; con i verbi transitivi attivi dà luogo alla forma riflessiva o reciproca: *lavarsi, vestirsi, salutarsi*; unito ai verbi intransitivi dà loro valore pronominale (questi verbi sono detti *intransitivi pronominali* o *riflessivi pronominali*, perché hanno la forma di un verbo riflessivo ma il valore di un verbo intransitivo, dal quale si differenziano per la costruzione appunto pronominale): *dolersi*; *accorgersi*; *vergognarsi // particella pron.* **1** unito a un verbo di terza persona gli dà valore impersonale e in questo caso è soggetto ed equivale a uno: *quando si ha paura* **2** unito a un verbo transitivo attivo di terza persona singolare o plurale gli dà valore passivo (detto perciò *si passivante*): *la mostra si è inaugurata il 5 febbraio*, è stata inaugurata; *si vendono quadri*; *si desidera la felicità*.

si² *s.m.* nota musicale, la settima della scala diatonica.

sì *avv. di affermazione* nelle risposte equivale a una proposizione affermativa: «*Hai pranzato?*» «*Sì*» / *dire di sì*, annuire / *rispondere di sì*, rispondere affermativamente / *uno sì e uno no*, *un giorno sì e uno no*, alternativamente // *s.m.*: *la lingua del sì*, la lingua italiana / *stare tra il sì e il no*, essere incerti // *avv.* (*lett.*) così: *una*

donna sì bella; *un uomo sì forte* / *sì... che*, sicché / *sì... come*, siccome / *sì... sì*, così... come, tanto... quanto.

sia *cong.* coordinativa correlativa usata in correlazione con un altro *sia*, o con *che*, equivale a *così... (come)*, *non solo... (anche)*: *lo dirò a tutti*, — *agli amici* — (o *che*) *ai nemici*; *mi obbedirai*, — *che tu voglia* — *che tu non voglia*.

sial [si-] *s.m.invar.* (*geol.*) involucro esterno del globo terrestre, costituito prevalentemente da composti di silicio e alluminio.

siamese [-mé-] *agg.* del Siam / *fratelli, sorelle siamesi*, coppia di individui che nascono congiunti da una membrana; (*fig.*) si dice di persone che stanno sempre insieme // *s.m.* abitante del Siam.

sibarita *s.m.* e *f.* [pl.m. *-i*] uomo dedito al lusso e a piaceri raffinati.

sibaritico [-rì-] *agg.* [pl.m. *-ci*] da sibarita: *costumi sibaritici*.

siberiano *agg.* della Siberia // *s.m.* abitante della Siberia.

sibilante *agg.* **1** che sibila: *il vento* — *tra gli alberi* **2** si dice di suono pronunciato con un soffio prolungato contro i denti // *s.f.* consonante sibilante (in italiano *s*, *z*).

sibilare *v.intr.* [*io sibilo ecc.*] emettere fischi sottili e acuti: *la serpe sibila*; *il vento sibilava // v.tr.* dire tra i denti, con suono quasi sibilante: «*Basta!» sibilò il vecchio*.

sibilla *s.f.* nell'antichità classica, indovina, donna dotata di qualità profetiche per ispirazione degli dei.

sibillino *agg.* **1** di, della sibilla **2** oscuro, misterioso: *discorso* —. SIN. *enigmatico, astruso*.

sibilo [si-] *s.m.* fischio sottile e acuto: *il* — *del fuoco*.

sic *avv.* (*lat.*) significa «così, proprio così» e si scrive fra parentesi, come avvertenza, accanto a citazioni che si vogliono riferire nella loro precisa formulazione.

sicario [-cà-] *s.m.* chi ferisce o uccide per altrui incarico.

sicché *cong.* **1** subordinativa consecutiva così che, tanto che, talmente che: *in quel momento si mise a piovere*, — *fummo costretti a rientrare* **2** coordinativa conclusiva perciò, quindi: *sei deciso a rimanere*, — *non possiamo che assecondarti* **3** coordinativa interrogativa dunque: — *non vieni con noi?*

sicciolo [sic-] *s.m.* → **cicciolo**.

siccità *s.f.invar.* lungo periodo di tempo con precipitazioni scarse o nulle.

siccome [-có-] *avv.* **1** giacché: — *ero in ritardo, telefonai* **2** (*lett.*) così come.

siciliano *agg.* della Sicilia // *s.m.* **1** abitante della Sicilia **2** dialetto della Sicilia.

sicofante *s.m.* **1** nell'antica Grecia, chi denunciava gli esportatori abusivi di generi alimentari, spec. di fichi **2** per estens. delatore, calunniatore.

sicomoro [-mò-] *s.m.* grande albero africano dal cui legno gli egizi ricavavano i sarcofaghi per riporvi le mummie (*fam.* Urticacee); il frutto di tale albero.

siconio [-cò-], **sicono** [-cò-] *s.m.* (*bot.*) l'infiorescenza propria del fico; il falso frutto che ne deriva [*ill. Frutti*].

sicosi [-còʃi] *s.f.invar.* malattia della pelle caratterizzata da un'infiammazione suppurativa dei follicoli dei peli e del tessuto perifollicolare.

siculo [si-] *agg.* degli antichi siculi // *agg.* e *s.m.* (*lett.*) siciliano.

sicumera [-mè-] *s.f.* ostentata sicurezza di sé: *non devi parlare con tanta* —!

sicura *s.f.* congegno di sicurezza con cui si blocca il funzionamento di un meccanismo (spec. di armi da fuoco e serrature): *mettere, togliere la* — [*ill. Pistola*].

sicurezza [-rèz-] *s.f.* **1** l'essere esente da pericoli: *la — del viaggio; ciò non dà garanzia di —; per maggiore — gli scrissi*, come misura di precauzione / *camera di —*, cella in cui vengono temporaneamente custodite le persone arrestate dalla polizia / *lampada di —*, tale da non provocare lo scoppio di gas nelle miniere / *(manovra di) —*, nelle ascensioni alpinistiche, manovra per cui un componente della cordata procede mentre un altro sosta pronto a sostenerlo con la corda in caso di necessità / *Pubblica sicurezza*, vecchia denominazione della Polizia di stato; oggi è denominazione del dipartimento del ministero degli interni dal quale dipende, tra l'altro, la polizia **2** la qualità di chi è sicuro di sé o compie con abilità e senza esitazione determinati atti: *— di giudizio; guidava con —; la sua — sconcertò gli esaminatori* **3** certezza: *voglio avere la — di trovarlo.*

sicuro *agg.* **1** che non presenta alcun pericolo: *le strade non erano sicure; cercò un rifugio —; è un — impiego di capitale* **2** che non è in pericolo; che non ha tre alcun timore: *vicino a lui mi sentivo — / — di sé*, conscio del proprio valore, delle sue capacità **3** che compie determinati atti senza esitazione o con perizia; che rivela abilità, destrezza: *salì — sul palcoscenico; è molto — nel suo lavoro; lo colpì con mira sicura; lo afferrò con mano sicura*, forte e ferma **4** (*fig.*) di cosa o di persona di cui non si dubita: *la vittoria è sicura; mi diede notizie sicure; è un rimedio —*, che produce senz'altro il suo effetto; *è un amico —*, fidato / *di —*, con certezza; senza dubbio: *voglio saperlo di —; verrà di —*. SIN. *certo* // *s.m.* luogo che non presenta pericoli: *essere, mettere al — / camminare, andare sul —*, (*fig.*) non correre rischi.

sicurtà *s.f.invar.* (*arc.*) sicurezza.

side-car [*ingl.; pr.* sàidcar] *s.m.* → **motocarrozzetta.**

siderale, sidereo [-dè-] *agg.* **1** delle stelle; per estens., dei corpi celesti: *spazio —* **2** (*fig.*) grandissimo, incommensurabile: *distanza —; idiozia —.*

siderite *s.f.* minerale di ferro, di color giallo bruno.

siderosi [-ròʃi] *s.f.invar.* (*med.*) pneumoconiosi causata dalla inalazione cronica di polvere di ferro.

siderurgia [-gì-] *s.f.* fabbricazione e lavorazione del ferro e dell'acciaio.

siderurgico [-rùr-] *agg.* [pl.m. *-ci*] della siderurgia // *s.m.* operaio che lavora nell'industria siderurgica.

sidro *s.m.* bevanda leggermente alcolica ottenuta per fermentazione del sugo di frutta, spec. di mele.

siemens [*ingl.; pr.* simens] *s.m.invar.* (*elettr.*) unità di misura della conduttanza.

sienite *s.f.* roccia intrusiva cristallina e granulare assai resistente e usata spec. per pavimentazioni stradali.

siepe [siè-] *s.f.* **1** fila di arbusti disposta a recingere appezzamenti di terreno, come bordura di strade, come ostacolo nelle gare ippiche ecc. / *siepi morte, artificiali*, quelle fatte di sterpi o anche di filo spinato o simili in contrapposizione alle siepi *naturali* o *vive* **2** per estens., insieme di persone disposte a formare barriera: *una — di armati.*

siero [siè-] *s.m.* **1** liquido che si separa dalla parte solida del sangue, del latte ecc., per effetto della coagulazione **2** siero di sangue di animale immunizzato, che si usa nella sieroterapia.

sierodiagnosi [-diàgnoʃi] *s.f.invar.* (*med.*) accertamento diagnostico di malattie infettive, basato sulla capacità del siero del sangue del malato di agglutinare gli stessi microrganismi che hanno determinato la malattia.

sierologia [-gì-] *s.f.* ramo della biologia che studia le proprietà e la costituzione chimica del siero del sangue.

sierologico [-lò-] *agg.* [pl.m. *-ci*] della sierologia; del siero.

sieroprofilassi *s.f.invar.* sieroterapia preventiva.

sierosa [-ró-] *s.f.* (*anat.*) denominazione delle membrane che avvolgono gli organi di alcuni cavità e tappezzano le cavità stesse (pleura, peritoneo, pericardio).

sierosità *s.f.invar.* l'essere sieroso.

sieroso [-ró-] *agg.* che è simile a siero; che contiene o secerne siero: *liquido —.*

sieroterapia [-pì-] *s.f.* terapia usata nelle malattie infettive, che si basa sulla somministrazione di sieri immunizzanti contro gli agenti patogeni specifici.

sieroterapico [-rà-] *agg.* [pl.m. *-ci*] relativo alla sieroterapia: *procedimento —.*

sierra [sièr-] *s.f.* catena montuosa con cresta molto frastagliata, caratteristica della Spagna e dell'America latina.

siesta [siè-] *s.f.* breve riposo pomeridiano: *fare la —.*

siffatto *agg.* così fatto; tale.

sifilide [-fì-] *s.f.* grave malattia infettiva del sangue.

sifilitico [-li-] *agg.* [pl.m. *-ci*] della sifilide // *agg.* e *s.m.* che o chi è malato di sifilide.

sifiloma [-lò-] *s.m.* [pl. *-i*] (*med.*) prima manifestazione clinica della sifilide, consistente in un'ulcera.

sifone [-fó-] *s.m.* **1** conduttura idraulica piegata ad angolo alle due estremità che, innescata, permette di travasare un liquido da un serbatoio più alto a uno più basso scavalcando argini od ostacoli sopraelevati **2** recipiente a forma di bottiglia ermeticamente chiuso e atto a contenere liquidi gassati che fuoriescono azionando una leva a molla.

sigaraia [-rà-] *s.f.* **1** operaia addetta alla lavorazione industriale del tabacco **2** ragazza che vende sigari, sigarette ecc. nei locali pubblici.

sigaraio [-rà-] *s.m.* operaio addetto alla lavorazione industriale del tabacco.

sigaretta [-rét-] *s.f.* tubicino di carta sottile pieno di tabacco trinciato che si fuma.

sigaro [si-] *s.m.* sorta di rotolo di una o più foglie di tabacco che si fuma: *fumava un grosso — avana.*

sigillante *s.m.* materiale plastico usato per chiudere le fessure di serramenti o di altre strutture.

sigillare *v.tr.* **1** imprimere un sigillo; chiudere con un sigillo: *— un documento, una lettera* **2** per estens., chiudere ermeticamente: *— un barattolo.*

sigillatura *s.f.* atto, effetto del sigillare.

sigillo *s.m.* **1** strumento di pietra o metallo che serve a imprimere su cera o ceralacca un'immagine, uno stemma, un motto, incisi sulla sua superficie **2** l'impronta stessa che apposta su plichi, documenti, oggetti li sigilla o ne garantisce l'autenticità; per estens., qualsiasi tipo di chiusura ermetica: *— apporre a qlco. i sigilli*, garantire con sigilli che beni controversi non subiscano manomissioni / *violazione dei sigilli*, reato di chi rompe i sigilli apposti dall'autorità.

sigla *s.f.* abbreviazione di una o più parole, per lo più formata dalle loro iniziali.

siglare *v.tr.* apporre una sigla a un oggetto, a un testo, a un documento ecc.: *— un accordo*, per approvazione provvisoria, in attesa della firma definitiva.

sigma *s.m.invar.* **1** la lettera S dell'alfabeto greco **2** (*anat.*) parte dell'intestino che segue il colon e precede il retto.

sigmoidite *s.f.* (*med.*) infiammazione del sigma.

ificante** 834

significante *agg.* che ha un significato; significativo (si contrappone a *insignificante*) // *s.m.* in semiologia, l'aspetto esterno, materiale di un segno (si contrappone a *significato*).

significare *v.tr.* [*io signìfico, tu signìfichi* ecc.] **1** voler dire; esprimere qlco. con segni o parole (anche *fig.*): *che cosa significa ciò?*; «*ottuso*» *significa* «*sciocco*» **2** equivalere; avere importanza: *quel posto per lui significa la sicurezza; non significa molto per me.*

significativo *agg.* **1** che ha particolare significato o importanza: *un successo molto —* **2** pieno di espressione. SIN. *espressivo.*

significato *s.m.* l'accezione, il senso di una parola o di un discorso; il valore, l'importanza di un atto.

significazione [-zió-] *s.f.* (*lett.*) atto del significare; significato.

signora [-gnó-] *s.f.* **1** appellativo rispettoso di donna maritata o vedova (ma la distinzione tra *signora* e *signorina* è ormai in parte superata): *la — Rossi; la — Maria; la — direttrice; si accomodi, — * **2** (*pop.*) moglie: *mi saluti la sua —* **3** donna di condizione sociale o di cultura elevata o di comportamento nobile, generoso **4** padrona; donna autorevole; dominatrice: *la — del luogo; la — è uscita; Genova, — del mare / Nostra Signora,* la Madonna.

signore [-gnó-] *s.m.* **1** appellativo rispettoso di un uomo: *il signor Rossi; il signor dottore; egregio — / signorsì, signornò,* risposta affermativa o negativa in uso nell'ambiente militare **2** uomo ricco o di alta condizione sociale: *è un — gentile verso i domestici; il popolo era contro i signori; non è certo un —* **3** padrone; persona autorevole; principe, in particolare chi governava in Italia una signoria: *lo Sforza, — di Milano / il Signore, Nostro Signore,* Dio.

signoreggiare *v.tr.* e *intr.* [*io signoréggio* ecc.] esercitare una signoria, un dominio. SIN. *dominare.*

signoria [-rì-] *s.f.* **1** autorità, dominio, capacità di comando: *aveva la — dell'esercito / essere in — di qlcu.,* essere in potere, in balia di lui **2** nel medioevo e nel rinascimento, nome con cui si designava la suprema magistratura dello stato; anche ciascuna delle unità territoriali rette da un signore: *Palazzo della Signoria; l'età delle signorie* **3** titolo dato un tempo a signori e persone autorevoli: *Sua Signoria.*

signorile *agg.* di, da signore; nobile, raffinato: *una dimora —; contegno —.*

signorilità *s.f.invar.* l'essere signorile: *— di modi.*

signorina *s.f.* **1** appellativo rispettoso di donna non maritata (ma la distinzione tra *signora* e *signorina* è in parte superata): *buongiorno, —; la — Bianchi; la — Anna* **2** giovane donna, spec. di condizione sociale elevata: *la — non è in casa; la — che bada ai bambini.*

signorino *s.m.* **1** (*antiq.*) appellativo di giovane uomo, usato spec. dalle persone di servizio per il giovane figlio del padrone di casa **2** (*spreg.*) uomo viziato, debole, capriccioso.

signorone [-ró-] *s.m.* uomo molto ricco.

signorotto [-ròt-] *s.m.* (*spreg.*) signore di un piccolo dominio: *— di campagna.*

silente [-lèn-] *agg.* (*lett.*) tacito, silenzioso: *una valle —.*

silenziare *v.tr.* [*io silènzio* ecc.] ridurre, attutire il rumore emesso da una macchina o simili: *— il motore.*

silenziatore [-tó-] *s.m.* dispositivo che riduce il rumore dello scarico dei gas nelle automobili, dello sparo nelle armi da fuoco ecc. [*ill. Automobile*].

silenzio [-lèn-] *s.m.* l'assenza di suoni e rumori; il tace-

re: *il — della sera; restò in un lungo penoso —; imporre, raccomandare, mantenere il — / un — di tomba,* profondo, assoluto / *fare —, non parlare / passare qlco. sotto —,* non parlarne / *— stampa,* totale assenza di notizie, imposta di solito per ragioni di sicurezza in caso di rapimenti, terrorismo ecc. / *sonare il —,* dare con la tromba ai soldati il segnale del riposo / *cadere nel —,* (*fig.*) cadere nell'oblio / *vivere nel —,* (*fig.*) vivere inosservato.

silenzioso [-zió-] *agg.* **1** che mantiene il silenzio: *un giovane —.* SIN. *taciturno* **2** che non produce rumori: *un congegno —* **3** quieto, non disturbato da rumori: *un appartamento —* // **-mente** *avv.* senza far rumori: *se ne andarono —.*

silfide [sìl-] *s.f.* **1** nelle leggende nordiche, la compagna del silfo **2** (*fig.*) donna leggera, snella, agile, piena di grazia.

silfo *s.m.* nelle leggende nordiche, spiritello dell'aria.

silhouette [*franc.*; *pr.* siluèt] *s.f.* figura nera su fondo bianco, di cui sono disegnati solo i contorni; profilo, sagoma in genere: *ha una graziosa —,* ha una figura, una linea aggraziata.

silicato *s.m.* (*chim.*) sale degli acidi silicici.

silice [si-] *s.f.* biossido di silicio, presente in molti minerali e nelle sabbie, in varietà cristalline (quarzo, selce) o amorfe (opale, forma fossile).

siliceo [-li-] *agg.* di silice, che contiene silice: *sabbie silicee.*

silicico [-li-] *agg.* [pl.m. *-ci*] di silicio: *acido —.*

silicio [-li-] *s.m.* elemento chimico (Si; *n.at.* 14; *p.at.* 28,09); metalloide, costituente fondamentale di molte rocce e minerali.

silicone [-có-] *s.m.* (*chim.*) composto organico del silicio, di origine sintetica, di proprietà e applicazioni assai varie (lubrificanti, vernici, isolanti, resine ecc.).

siliconico [-còi-] *agg.* [pl.m. *-ci*] di silicone; costituito in gran parte di silicone.

silicosi [-còʃi] *s.f.invar.* grave malattia polmonare che colpisce i minatori, i lavoratori del vetro ecc., ed è provocata dalla continua inalazione di polvere di silice.

siliqua [si-] *s.f.* (*bot.*) frutto secco che giunto a maturità si apre lungo due linee longitudinali [*ill. Frutti*].

sillaba [sìl-] *s.f.* unità fonica della lingua in cui sono divise le parole, costituita da una vocale o un dittongo soli o accompagnati da consonanti / *non dire una —,* rimanere in silenzio / *non cambiare una —,* non apporre mutamenti a un testo / *non capire una —,* non capire nulla.

sillabare *v.tr.* [*io sìllabo* ecc.] pronunciare o scrivere le sillabe d'una parola, staccandole l'una dall'altra.

sillabario [-bà-] *s.m.* libretto sul quale si impara a leggere e a scrivere.

sillabazione [-zió-] *s.f.* atto, modo del sillabare.

sillabico [-là-] *agg.* [pl.m. *-ci*] di sillaba, delle sillabe; formato di sillabe / *alfabeto —,* in cui ogni segno corrisponde a una sillaba.

sillabo [sìl-] *s.m.* documento emanato da Pio IX, in cui si elencano, in ottanta proposizioni, le dottrine moderne che la chiesa considera erronee.

silloge [sìl-] *s.f.* raccolta, spec. di iscrizioni, di brani di uno o più scrittori ecc.

sillogismo [-ʃmo] *s.m.* nella logica aristotelica, forma tipica del ragionamento, nella quale si pongono come premesse due giudizi che abbiano un termine in comune, e se ne deduce necessariamente un terzo come conclusione.

sillogistica [-gì-] *s.f.* (*fil.*) parte della logica che tratta della natura e delle forme del sillogismo.

sillogistico [-gì-] *agg.* [pl.m. *-ci*] di sillogismo; che si basa su sillogismi: *procedimento —*.

sillogizzare [-giʒʒa-] *v.intr.* ragionare per sillogismi // *v.tr.* esporre in forma di sillogismo.

silo [si-] *s.m.* costruzione per lo più cilindrica, in lamiera o in muratura, per la conservazione e il deposito di materiali vari come foraggi, cereali, minerali [*ill. Edilizia; Miniera*].

silofono [-lò-] *s.m.* → **xilofono**.

silografia [-fi-] *s.f.* → **xilografia**.

silometro [-lò-] *s.m.* strumento usato per misurare la velocità delle navi.

silos [si-] *s.m.invar.* → **silo**.

siluramento [-mén-] *s.m.* atto, effetto del silurare (anche *fig.*).

silurante *agg.* si dice di nave, aereo o mezzo da guerra destinato a impiegare siluri: *aereo —* // *s.f.* nave leggera da guerra, armata principalmente di siluri.

silurare *v.tr.* **1** colpire una nave con uno o più siluri **2** (*fig.*) danneggiare o rovinare la carriera di qlcu. spec. con manovre occulte: *— un alto funzionario / — un progetto di legge*, operare di nascosto perché non venga approvato.

siluratore [-tó-] *agg.* e *s.m.* [f. *-trice*] che o chi silura.

siluriano *s.m.*, **silurico** *s.m.* [pl. *-ci*] il secondo periodo geologico dell'era paleozoica.

silurificio [-fi-] *s.m.* stabilimento in cui si fabbricano siluri.

siluripedio [-pè-] *s.m.* bacino per collaudare siluri.

siluro[1] *s.m.* grosso pesce commestibile d'acqua dolce con corpo allungato, testa grande con grosse labbra e sei lunghi barbagli (*fam.* Siluridi).

siluro[2] *s.m.* grosso proiettile subacqueo semovente e fusiforme, lanciato da navi, sommergibili e aerei contro navi nemiche.

silvano *agg.* (*lett.*) di selva, delle selve: *animale —*.

silvestre [-vè-] *agg.* (*lett.*) **1** di selva, delle selve **2** che vive nelle selve, selvatico: *fauna —*; *piante silvestri*.

silvia [sil-] *s.f.* **1** (*bot.*) anemone dei boschi **2** (*zool.*) piccolo uccello di bosco passeriforme, canoro.

silvicoltore [-tó-] *s.m.* [f. *-trice*] chi si dedica alla silvicoltura.

silvicoltura *s.f.* tecnica agraria riguardante la coltivazione dei boschi.

sima *s.m.* solo *sing.* strato del globo terrestre, compreso tra il sial e l'osol e costituito prevalentemente da silicati di magnesio.

simbiosi [-biòʃi] *s.f.invar.* **1** associazione durevole tra animali o piante di specie diverse, con vantaggio reciproco **2** (*fig.*) rapporto molto stretto tra due persone o cose: *la — tra musica e poesia*.

simbiotico [-biò-] *agg.* [pl.m. *-ci*] di simbiosi (anche *fig.*): *rapporto —*.

simboleggiare *v.tr.* [*io simboléggio ecc.*] rappresentare, manifestare con simboli; essere simbolo di qlco.: *in quella danza essi simboleggiano l'aurora*; *la colomba simboleggia la pace*.

simbolico [-bò-] *agg.* [pl.m. *-ci*] **1** che riguarda i simboli; che ha un significato nascosto; che è espresso con simboli: *linguaggio —*; *rappresentazione simbolica di qlco.* SIN. *emblematico* **2** molto significativo; tipico: *è — che egli sia entrato per primo*.

simbolismo [-ʃmo] *s.m.* tendenza a esprimersi con simboli nelle arti figurative, in letteratura ecc.; spec. il

movimento letterario sorto in Francia fra il 1870 e il 1880 e diffusosi poi negli altri paesi europei.

simbolista *agg.* e *s.m.* e *f.* [pl.m. *-i*] che, chi si ispira al simbolismo.

simbolistico [-lì-] *agg.* [pl.m. *-ci*] (*lett.*) del simbolismo; proprio di un simbolista: *poema —*.

simbolizzazione [-liʒʒaʦió-] *s.f.* **1** creazione di simboli **2** interpretazione simbolica.

simbolo [sìm-] *s.m.* **1** oggetto o figura di cose concrete, che rappresenta un concetto astratto: *l'ancora è il — della salvezza*; *la bandiera è il — della patria.* SIN. *emblema* **2** segno convenzionale usato per esprimere in forma sintetica un ente matematico, una grandezza fisica, un'operazione, un elemento chimico ecc.: *v è il — della velocità*; *H è il — dell'idrogeno.*

simbologia [-gì-] *s.f.* **1** scienza che studia i simboli **2** insieme organico di simboli concernenti un dato argomento: *— matematica.*

similare *agg.* analogo, omogeneo, dello stesso tipo.

simile [sì-] *agg.* **1** che presenta analogie e somiglianze con certi aspetti di altra cosa o persona: *hanno una voce —*; *l'anitra è — all'oca.* SIN. *somigliante, analogo* **2** tale, siffatto: *non immaginavo una cosa —* **3** si dice di enti geometrici che hanno forma uguale e grandezze diverse: *triangoli simili* // *s.m.* spec. *pl.* ogni essere della stessa specie; gli altri, il prossimo: *ogni — ama il suo —*; *non sopporta i suoi simili.*

similitudine [-tù-] *s.f.* **1** (*antiq.*) rassomiglianza: *tra essi vi era molta —* **2** (*lett.*) figura retorica con la quale si chiarisce un concetto paragonandolo a un altro analogo e ben noto. SIN. *paragone.*

similoro [-lò-] *s.m.* lega di rame, zinco e stagno, simile all'oro per il colore giallo.

similpelle [-pèl-] *s.f.* materiale sintetico che imita la pelle.

simmetria [-trì-] *s.f.* esatta corrispondenza nella grandezza, nella figura e nell'ordine fra le varie parti di uno stesso oggetto o complesso; (*fig.*) corrispondenza concettuale: *la — delle due metà di una mela, degli edifici nella piazza*; *non vi è — tra le due parti del testo.*

simmetrico [-mè-] *agg.* [pl.m. *-ci*] che ha simmetria, disposto in simmetria (anche *fig.*): *disporre i banchi in modo —* // **-mente** *avv.* in modo simmetrico: *edifici disposti—.*

simonia [-nì-] *s.f.* traffico di cose sacre e di cariche religiose, per lucro.

simoniaco [-nì-] *agg.* e *s.m.* [pl.m. *-ci*] che o chi compie simonia: *un prete —.*

simpamina *s.f.* composto organico usato in medicina come stimolante del sistema nervoso ®.

simpatia [-tì-] *s.f.* **1** sentimento di attrazione, di benevolenza, di amicizia verso qlcu.: *la — è spontanea e reciproca*; *provare, ispirare —.* CONTR. *antipatia* **2** affinità fra cose, elementi, organi, per cui a una modificazione in uno ne corrisponde una simile nell'altro.

simpatico [-pà-] *agg.* [pl.m. *-ci*] che ispira simpatia; affabile, cortese / *inchiostro —*, usato per lettere segrete, in quanto diventa visibile solo sotto l'azione di determinate sostanze chimiche // *s.m.* (*med.*) sezione del sistema nervoso vegetativo.

simpatizzante [-tiʒʒan-] *agg.* e *s.m.* e *f.* che o chi è favorevole a un'organizzazione, spec. politica, ma non vi appartiene direttamente.

simpatizzare [-tiʒʒa-] *v.intr.* entrare in rapporto di simpatia con qlcu.: *— con i nuovi compagni di scuola.*

simpetalo [-pè-] *agg.* (*bot.*) si dice di fiore che ha i petali uniti fra loro.

simplex [sìmplecs] *s.m.invar.* impianto telefonico con una linea a disposizione di un solo abbonato (si contrappone a *duplex*); si dice anche *singolo*.

simposio [-pòſio] *s.m.* **1** banchetto, convito **2** (*fig.*) congresso di studiosi allo scopo di discutere un argomento di comune interesse: *il — dei medici.*

simulacro *s.m.* **1** figura, statua raffigurante una divinità **2** immagine non corrispondente alla realtà; parvenza, ombra: *un — di gloria.*

simulare *v.tr.* [*io simulo ecc.*] **1** manifestare sentimenti insinceri; mostrare le cose diverse da come sono: *simulava d'essere contento.* SIN. *fingere* **2** imitare: *sapeva — il canto degli uccelli* **3** (*tecn.*) riprodurre artificialmente le condizioni nelle quali si svolge un determinato fenomeno, per verificarne gli effetti: *— il volo spaziale.*

simulato *agg.* non vero; finto, insincero; riprodotto artificialmente.

simulatore [-tó-] *s.m.* **1** [f. *-trice*] chi simula **2** (*tecn.*) sistema o impianto per la simulazione sperimentale: *— di volo.*

simulatorio [-tò-] *agg.* fatto per simulare: *atto —.*

simulazione [-zió-] *s.f.* **1** atto, effetto del simulare; finzione: *la — gli riuscì perfetta* **2** (*tecn.*) il simulare un fenomeno, a scopo sperimentale.

simultaneità *s.f.invar.* coincidenza perfetta degli eventi nel tempo; contemporaneità.

simultaneo [-tà-] *agg.* che avviene nel medesimo tempo, in coincidenza con altra cosa // **-mente** *avv.* contemporaneamente.

simun [-mùn] *s.m.invar.* vento caldo, secco, che soffia nelle regioni desertiche dell'Africa settentrionale.

sin- [dal gr. *syn = con, insieme*] prefisso che indica unione, contemporaneità (*sinfonia, sincrono*).

sinagoga [-gò-] *s.f.* edificio dove hanno luogo i riti della religione ebraica; adunanza degli ebrei; la comunità e la religione ebraica: *l'ordine della — internazionale.*

sinalefe [-lè-] *s.f.* (*gramm.*) lettura unita della vocale finale di una parola e di quella iniziale della seguente, che assumono così il valore metrico di una sola sillaba.

sinapsi *s.f.invar.* (*biol.*) collegamento fra la terminazione di una fibra nervosa e il corpo cellulare della fibra successiva, che assicura la trasmissione dell'impulso nervoso.

sincerare *v.tr.* [*io sincèro ecc.*] convincere della verità di qlco. // **-arsi** *v.rifl.* accertarsi: *si sincerò personalmente del fatto.*

sincerità *s.f.invar.* **1** l'essere sincero. SIN. *franchezza, schiettezza, lealtà* **2** genuinità, autenticità: *la — di un documento.*

sincero [-cè-] *agg.* **1** si dice di persona che non mente, che non inganna, che sente e agisce senza falsità o doppiezza: *un amico —.* SIN. *schietto, franco, leale* **2** non falso, non simulato, sentito: *risposta sincera; un augurio —* **3** genuino, non alterato: *vino —* // **-mente** *avv.* **1** con sincerità: *amare —* **2** onestamente, veramente: *—, non capisco il tuo comportamento.*

sincizio [-ci-] *s.m.* (*biol.*) grossa cellula che deriva dalla fusione di due o più cellule semplici e che risulta costituita da un solo corpo cellulare e da più nuclei.

sinclinale *s.f.* (*geol.*) piega degli strati rocciosi con la concavità rivolta verso l'alto.

sincopare *v.tr.* [*io sìncopo ecc.*] **1** (*gramm.*) ridurre una parola mediante sincope **2** (*mus.*) dare a un brano musicale un ritmo caratterizzato da sincopi.

sincopato *agg.* si dice di parola sottoposta a sincope o di brano musicale in cui sia frequente la sincope.

sincope [sìn-] *s.f.* **1** (*gramm.*) caduta di lettera o sillaba all'interno di un parola (p.e. *spirto* per *spirito*) **2** (*mus.*) andamento ritmico in cui gli accenti sono posti in modo da alterarne il ritmo regolare **3** (*med.*) perdita della coscienza per anemia cerebrale.

sincretismo [-ſmo] *s.m.* termine, usato originariamente nella storiografia religiosa, per designare la tendenza a fondere in un unico sistema dottrine religiose o filosofiche diverse.

sincrociclotrone [-tró-] *s.m.* → **ciclosincrotrone**

sincronia [-nì-] *s.f.* l'essere sincrono; contemporaneità, sincronismo.

sincronico [-crò-] *agg.* [pl.m. *-ci*] della sincronia; in linguistica, si dice di studi che prescindono dall'aspetto storico.

sincronismo [-ſmo] *s.m.* l'essere sincrono; contemporaneità di fatti o di movimenti / *regolatori di — orizzontale e verticale*, negli apparecchi televisivi, congegni che permettono di regolare la frequenza delle oscillazioni in modo da ottenere la formazione di immagini nitide e stabili sullo schermo televisivo.

sincronizzare [-niʒʒa-] *v.tr.* rendere sincroni due o più movimenti / *— la colonna sonora di un film*, fare in modo che i suoni corrispondano esattamente al movimento delle immagini sullo schermo.

sincronizzato [-niʒʒa-] *agg.* che è in sincronia: *movimenti sincronizzati* / *marce sincronizzate*, quelle delle vetture con cambio dotato di sincronizzatore.

sincronizzatore [-niʒʒató-] *s.m.* nome di diversi dispositivi che servono a sincronizzare due o più movimenti; nelle automobili, dispositivo incorporato nel cambio di velocità che rende agevole la manovra del cambio di marcia.

sincronizzazione [-niʒʒazió-] *s.f.* atto, effetto del sincronizzare.

sincrono [sìn-] *agg.* **1** che avviene nello stesso momento, nello stesso intervallo di tempo: *oscillazioni sincrone* **2** contemporaneo: *documenti sincroni.*

sincrotrone [-tró-] *s.m.* (*fis.*) acceleratore di elettroni o di protoni a camera circolare, in cui le particelle vengono accelerate ad alta velocità e via via accelerate con impulsi elettrici in sincronismo con l'aumentato ritmo delle rotazioni delle particelle.

sindacabile [-cà-] *agg.* che si può sindacare; criticabile.

sindacale *agg.* **1** di un sindacato, dei sindacati: *organizzazione —* **2** (*rar.*) del sindaco: *ufficio —.*

sindacalese [-lé-] *agg.* e *scm.* (*scherz.*) si dice del linguaggio sindacale, pieno di termini tecnici, talora quasi gergali, e di espressioni astratte.

sindacalismo [-ſmo] *s.m.* il complesso di dottrine e di movimenti che mirano, mediante l'associazione dei lavoratori in sindacati, a ottenere per essi migliori condizioni di vita e a garantirne gli interessi economici e politici.

sindacalista *s.m.* e *f.* [pl.m. *-i*] **1** seguace, sostenitore del sindacalismo **2** attivista, dirigente delle organizzazioni sindacali.

sindacalizzare [-liʒʒa-] *v.tr.* rendere cosciente dei diritti dei lavoratori e dei problemi sindacali; organizzare in sindacato.

sindacalizzato [-liʒʒa-] *agg.* cosciente dei problemi sindacali; organizzato nel sindacato.

sindacalizzazione [-liʒʒazió-] *s.f.* l'effetto del sindacalizzare, dell'essere sindacalizzato.

sindacare *v.tr.* [*io sìndaco, tu sìndachi ecc.*] **1** rivedere, controllare minutamente l'attività di enti, amministrazioni o singoli individui **2** (*fig.*) indagare con minuziosa severità, criticare: — *la condotta di qlcu.*

sindacato *s.m.* **1** associazione di lavoratori o di datori di lavoro costituita per tutelare gli interessi di categoria **2** (*meno com.*) atto del sindacare: *sottoporre a — l'operato degli amministratori.*

sindacatore [-tó-] *s.m.* [f. *-trice*] chi sindaca.

sindaco [sin-] *s.m.*[pl. *-ci*] **1** capo dell'amministrazione di un comune, eletto dal consiglio comunale **2** nelle società commerciali, ciascuna delle persone incaricate di controllare l'attività degli amministratori.

sindattilia [-li-] *s.f.* (*med.*) malformazione congenita caratterizzata dalla saldatura di due o più dita della mano o del piede.

sinderesi [-dèreʃi] *s.f.invar.* (*fil.*) coscienza del bene e del male / *perdere la —*, il controllo di sé.

sindone [sin-] *s.f.* lenzuolo di lino in cui gli ebrei avvolgevano i cadaveri / *Sacra Sindone*, il lenzuolo in cui fu avvolto secondo la tradizione il corpo di Cristo e che ora si conserva in una cappella della cattedrale di Torino.

sindrome [sin-] *s.f.* (*med.*) il complesso dei sintomi che caratterizzano una determinata malattia: — *emorragica.*

sinechia [-chì-] *s.f.* (*med.*) aderenza.

sinecura *s.f.* **1** beneficio ecclesiastico senza obblighi di rito, d'ufficio ecc. **2** per estens., incarico senza responsabilità e impegni.

sineddoche [-nèd-] *s.f.* figura retorica consistente nell'esprimere un'immagine per mezzo di un'altra che la comprende o ne è compresa (p.e. la parte per il tutto, la specie per il genere, il singolare per il plurale).

sine die [*pr.* sìne dìe] *locuz.lat.* che significa «senza stabilire una scadenza, a tempo indeterminato»: *l'approvazione della legge è stata rinviata —.*

sinedrio [-nè-] *s.m.* **1** presso gli antichi greci, assemblea dei rappresentanti delle città riuniti a scopo politico o religioso **2** presso gli antichi ebrei, consiglio supremo, senato.

sineresi [-nèreʃi] *s.f.invar.* (*gramm.*) trasformazione di uno iato in dittongo.

sinergia [-gì-] *s.f.* (*med.*) attività simultanea di vari organi o funzioni che provocano un determinato effetto sull'organismo.

sinergismo [-ʃmo] *s.m.* (*med.*) fenomeno per cui un farmaco esalta la sua attività se viene associato ad un altro farmaco avente la medesima azione.

sinfisi [sìnfiʃi] *s.f.invar.* (*anat.*) articolazione fra due ossa riunite per mezzo di un tessuto fibroso: — *pubica.*

sinfonia [-nì-] *s.f.* **1** composizione musicale per sola orchestra; nei secc. XVIII e XIX, articolata generalmente in quattro o tre movimenti; oggi, anche in forme più libere **2** il pezzo strumentale che talvolta precede un'opera teatrale in musica: *la — del «Barbiere di Siviglia»* **3** (*fig.*) accordo, insieme di suoni, di colori ecc.: *una — di luci* **4** (*fam.*) insieme di suoni o rumori che risultano sgradevoli all'orecchio: *smetti con quella —, ho mal di testa.*

sinfonico [-fò-] *agg.* [pl.m. *-ci*] attinente a sinfonia, che ha carattere o forma di sinfonia: *pezzo —; concerto —.*

singalese [-lé-] *agg.* dello Sri Lanka // *s.m.* e *f.* abitante dello Sri Lanka.

singhiozzare *v.intr.* [*io singhiózzo ecc.*] avere il singhiozzo; per estens., piangere dirottamente a singhiozzi.

singhiozzo [-ghiòz-] *s.m.* rapida inspirazione per improvvisa contrazione del diaframma, accompagnata da un suono particolare: *soffriva spesso di —; scoppiare in singhiozzi*, in pianto convulso / *a —*, a sbalzi / *scio-*

pero a —, in cui si alternano astensioni e riprese del lavoro.

singolare *agg.* proprio di una sola cosa o persona; particolare; insolito, strano: *un atteggiamento —; una maschera —.* SIN. *originale* // *agg.* e *s.m.* si dice delle forme grammaticali che indicano una sola cosa o persona: *caso —; il — di questo nome è poco usato* // *s.m.* (*sport*) nel tennis, partita disputata tra due giocatori.

singolarità *s.f.invar.* **1** l'essere singolare; stravaganza. SIN. *originalità* **2** cosa che distingue; particolarità.

singolo [sin-] *agg.* considerato a sé, separato dagli altri, isolato: *il — caso non è importante* // *s.m.* **1** l'individuo: *la libertà dei singoli* **2** impianto telefonico per un solo abbonato; simplex **3** (*sport*) imbarcazione da regata per un solo vogatore; nel tennis, partita disputata tra due giocatori.

singulto *s.m.* (*lett.*) singhiozzo, scoppio di pianto.

siniscalco *s.m.* [pl. *-chi*] nel medioevo, titolo di maggiordomo o di altri dignitari di corte.

sinistra *s.f.* **1** la mano sinistra, il lato, la direzione ad essa corrispondente **2** (*pol.*) l'insieme dei partiti innovatori e progressisti, i cui deputati siedono in parlamento alla sinistra del presidente **3** (*mar.*) il fianco sinistro della nave, guardando da poppa verso prua.

sinistrare *v.tr.* danneggiare gravemente.

sinistrato *agg.* e *s.m.* che o chi è stato colpito, danneggiato da un sinistro: *casa sinistrata dai bombardamenti; provvidenze in favore dei sinistrati.*

sinistrese [-strè-] *agg.* e *s.m.* (*scherz.*) si dice del linguaggio tipico della cultura di sinistra e spec. di quella giovanile, spesso astratto e pieno di luoghi comuni.

sinistro *agg.* **1** si dice di ciò che nel corpo umano sta dalla parte del cuore e anche di tutto ciò che si trova nel lato o nella direzione corrispondente: *occhio —; il lato — della strada* **2** di cattivo augurio, funesto; malvagio, bieco: *un — presagio; un'occhiata sinistra; un personaggio —* // *s.m.* **1** disgrazia, disastro: *è accaduto un —.* SIN. *infortunio* **2** (*sport*) colpo sferrato dal pugilatore con il pugno sinistro.

sinistroide [-stròi-] *agg.* e *s.m.* (*spreg.*) si dice di chi politicamente inclina o finge di inclinare verso la sinistra.

sinistrorso [-stròr-] *agg.* **1** (*fis.*) che gira avanzando nel senso opposto a quello delle lancette dell'orologio: *vite sinistrorsa; movimento —* **2** che va da destra a sinistra: *scrittura sinistrorsa* **3** (*fig.scherz.*) che ha tendenze politiche di sinistra.

sinistrosità *s.f.invar.* nel linguaggio delle assicurazioni, il numero o la percentuale di incidenti verificatisi per colpa di un assicurato, o in una data area geografica.

sinizesi [-ʒèʃi] *s.f.invar.* → *sineresi.*

sino *prep. impropria* → *fino.*

sinodale *agg.* del sinodo; prescritto da un sinodo / *età —*, l'età minima prescritta dal sinodo di Trento per le perpetue, cioè le domestiche dei preti.

sinodico [-nò-] *agg.* [pl.m. *-ci*] (*astr.*) relativo alla congiunzione di due o più astri / *rivoluzione sinodica*, intervallo di tempo intercorrente tra due congiunzioni di un pianeta col Sole.

sinodo [sì-] *s.m.* **1** (*st.*) concilio ecclesiastico **2** riunione dei sacerdoti di una diocesi, indetta dal vescovo, per trattare cose che riguardano la cura pastorale.

sinologo [-nò-] *s.m.* [pl. *-gi* o *-ghi*] studioso di lingua e letteratura cinese.

sinonimia [-mì-] *s.f.* l'essere sinonimo; il sinonimo stesso: *tra le due parole c'è —.*

sinonimo [-nò-] *agg.* e *s.m.* si dice di parola che, con qualche leggera differenza di tono o di significato, esprime la stessa nozione di un'altra.

sinopia [-nò-] *s.f.* **1** varietà di ocra rossa **2** *pl.* disegni preparatori di affreschi eseguiti sull'intonaco, in genere con tale colore rossastro.

sinora [-nó-] *avv. di tempo* fino a questo momento: — *sono stato contento di voi*.

sinossi [-nòs-] *s.f.invar.* esposizione sintetica e sistematica di una materia; compendio.

sinottico [-nòt-] *agg.* [pl.m. *-ci*] che è in forma di sinossi: *tavole sinottiche di storia medievale / vangeli sinottici*, quelli di Matteo, Marco e Luca, sostanzialmente concordi.

sinovia [-nò-] *s.f.* (*anat.*) liquido giallastro, vischioso, che facilita il movimento delle articolazioni ossee.

sinoviale *agg.* (*anat.*) di sinovia: *membrane sinoviali*, sottili membrane delle cavità articolari che secernono la sinovia.

sinovite *s.f.* (*med.*) infiammazione delle membrane sinoviali dovuta a traumi, reumatismi, infezioni.

sintagma *s.m.* [pl. *-i*] si dice di ogni elemento linguistico che abbia un valore sintattico autonomo.

sintantoché *cong.* → **fintantoché.**

sintassi *s.f.invar.* **1** lo studio delle relazioni che le parole hanno nella frase **2** l'insieme delle norme che regolano queste relazioni; il testo che ne tratta.

sintattico [-tàt-] *agg.* [pl.m. *-ci*] di, della sintassi: *regole sintattiche.*

sinterizzato [-riʒʒa-] *agg.* (*tecn.*) ottenuto per sinterizzazione.

sinterizzazione [-riʒʒaʒió-] *s.f.* tecnica per ottenere materiali solidi da polveri metalliche o ceramiche, con procedimenti termici e meccanici.

sintesi [sìnteʃi] *s.f.invar.* **1** processo di unificazione di varie parti o elementi o termini in un tutto; (*fil.*) concetto o giudizio che compone in un'unità dialettica posizioni (*tesi* e *antitesi*) tra loro contraddittorie. CONTR. *analisi* **2** compendio, esposizione riassuntiva *in —*, in modo breve e conciso **3** (*chim.*) reazione con cui un composto chimico si forma dai suoi elementi componenti: — *clorofilliana*, fotosintesi.

sintetico [-tè-] *agg.* [pl.m. *-ci*] **1** che costituisce una sintesi o ne risulta: *giudizio — / metodo —*, quello per cui nello studio di una scienza si passa dalle nozioni più semplici e generali a quelle più complesse / *prodotto —*, ottenuto artificialmente mediante sintesi chimiche. CONTR. *analitico* **2** conciso, alieno dai particolari, rapido: *discorso —.*

sintetizzare [-tiʒʒa-] *v.tr.* riunire in sintesi. SIN. *riassumere.* CONTR. *analizzare.*

sintetizzatore [-tiʒʒató-] *s.m.* strumento musicale elettronico a tastiera, dal suono freddo e ricco di effetti [*ill. Musicali, strumenti*].

sintoamplificatore [-tó-] *s.m.* apparecchio che comprende in un unico sistema un amplificatore e un sintonizzatore.

sintogramma *s.m.* [pl. *-i*] in un apparecchio radioricevente, riquadro con l'indicazione delle stazioni su cui esso può essere sintonizzato per mezzo di un apposito indice mobile.

sintomatico [-mà-] *agg.* [pl.m. *-ci*] **1** che costituisce un sintomo; (*fig.*) evidente, significativo: *un fenomeno —, un comportamento —* **2** *medicamento —*, che cura i sintomi, ma non le cause della malattia.

sintomatologia [-gì-] *s.f.* il complesso dei sintomi di una malattia e lo studio di essi.

sintomo [sìn-] *s.m.* segno rivelatore di un fenomeno, spec. di una malattia: *questi sono sintomi della scarlattina.* SIN. *indizio.*

sintonia [-nì-] *s.f.* (*rad.*) condizione di due circuiti oscillanti nei quali la frequenza delle oscillazioni elettriche è uguale: *mettere in — un apparecchio*, accordarne il circuito ricevente con la frequenza d'onda di una stazione trasmittente.

sintonico [-tò-] *agg.* [pl.m. *-ci*] che è in sintonia.

sintonizzare [-niʒʒa-] *v.tr.* portare in sintonia due circuiti oscillanti.

sintonizzatore [-niʒʒató-] *s.m.* apparecchio radioricevente per sintonizzarsi con radio trasmittenti in modulazione di frequenza, in genere associato a impianti ad alta fedeltà [*ill. Suono*].

sintonizzazione [-niʒʒaʒió-] *s.f.* l'operazione del sintonizzare, il suo risultato.

sinuato *agg.* (*bot.*) che presenta rientranze, ondulazioni: *foglia sinuata* [*ill. Foglia*].

sinuosità *s.f.invar.* l'essere sinuoso; parte sinuosa. SIN. *tortuosità.*

sinuoso [-nuó-] *agg.* che presenta curve frequenti: *sentiero —; il moto — del serpente.* SIN. *tortuoso, serpeggiante.*

sinusite [-ʃi-] *s.f.* (*med.*) infiammazione, acuta o cronica, dei seni frontali o di altri canali mascellari.

sinusoide [-ʃòi-] *s.f.* diagramma della funzione trigonometrica seno, con andamento regolare a onde, spesso assunto da fenomeni periodici permanenti.

sionismo [-ʃmo] *s.m.* movimento politico che si proponeva di ricondurre gli ebrei nell'antica patria palestinese.

sionista *s.m.* e *f.* [pl.m. *-i*] fautore del sionismo.

siparietto [-riét-] *s.m.* sorta di sipario che viene calato fra un quadro e l'altro per consentire i cambiamenti di scena; nei teatri di varietà, il breve numero che si svolge durante tale pausa.

sipario [-pà-] *s.m.* nei teatri, grande tendaggio di stoffa pesante che, chiuso o abbassato, serve a isolare il palcoscenico dalla sala.

siracusano [-ʃa-] *agg.* di Siracusa // *s.m.* abitante di Siracusa.

sire *s.m.* signore, sovrano (antico appellativo dei re).

sirena [-rè-] *s.f.* **1** dispositivo capace di produrre suoni prolungati e acuti, che si usano come segnali: *la — dei pompieri; la — del mezzogiorno* **2** mitica creatura marina con l'aspetto di fanciulla nella parte superiore del corpo, di pesce nella parte inferiore, famosa per la voce dolcissima che affascinava i naviganti; per estens., donna ammaliatrice.

sirenidi [-rè-] *s.m.pl.* (*zool.*) grandi mammiferi acquatici dal corpo fusiforme con pinna codale orizzontale, gli arti posteriori rudimentali e quelli anteriori trasformati in pinne.

siriano *agg.* della Siria // *s.m.* abitante della Siria.

sirima [si-] *s.f.* ultima parte della strofe della canzone petrarchesca.

siringa *s.f.* **1** apparecchio costituito da un cannello di vetro con stantuffo, in cui si innesta un ago forato, per iniettare liquidi medicinali nell'organismo o per prelevarne sangue o siero **2** arnese di cucina per introdurre la crema nei dolci o per eseguire decorazioni con crema, panna o burro montato **3** strumento musicale a fiato di origine pastorale, con canne multiple di lunghezza decrescente: *la — di Pan*, del mitico dio greco che ne sarebbe stato il creatore.

siringare *v.tr.* [*io siringo, tu siringhi ecc.*] (*med.*) **1** (*an-*

tiq.) → **cateterizzare** 2 svuotare una cavità aspirandone liquido con una siringa.

siringatura *s.f. (med.)* atto, effetto del siringare.

siringomielia [-lì-] *s.f.* malattia nervosa caratterizzata dalla formazione di cavità cilindriche nel midollo spinale.

sirventese [-té-] *s.m.* → **serventese**.

sisal [si∫al] *s.m.invar.* fibra tessile ricavata da una varietà di agave.

sisma [-∫ma] *s.m.* [pl. *-i*] terremoto.

sismicità [-∫mi-] *s.f.invar.* la caratteristica delle zone sismiche.

sismico [si∫mi-] *agg.* [pl.m. *-ci*] 1 di terremoto: *fenomeni sismici* 2 che ha caratteristiche geologiche tali da far ritenere probabili scosse di terremoto: *zona sismica*.

sismografia [-∫mografi-] *s.f.* la registrazione grafica dei sismi attraverso il sismografo.

sismografico [-∫mogrà-] *agg.* [pl.m. *-ci*] di sismografia, di sismografo: *registrazione sismografica*.

sismografo [-∫mò-] *s.m.* strumento usato per registrare le vibrazioni della crosta terrestre.

sismogramma [-∫mo-] *s.m.* [pl. *-i*] registrazione grafica delle vibrazioni della crosta terrestre, ottenuta mediante sismografo.

sismologia [-∫mologì-] *s.f.* scienza che studia le vibrazioni della crosta terrestre.

sismologo [-∫mò-] *s.m.* [pl. *-gi*] studioso di sismologia.

sistema [-stè-] *s.m.* [pl. *-i*] 1 complesso di elementi uniti tra loro o interdipendenti: *un — di lenti; un — di fortificazioni / — filosofico,* complesso ordinato di cognizioni e di ragionamenti scaturenti da principi comuni / — *nervoso,* (anat.) l'insieme di organi o tessuti che nell'organismo concorrono allo svolgimento della funzione nervosa / — *di unità di misura,* (mat.) insieme delle unità fondamentali di misura e delle unità derivate: — *metrico decimale* 2 modo con cui è organizzato e ordinato un istituto, un ente o un complesso: *un — razionale d'insegnamento;* — *di governo* 3 modo di comportarsi e di agire; tattica: *usare il — forte,* ricorrere a mezzi drastici 4 nel gioco del calcio, disposizione tattica che consente una marcatura degli avversari più rigida che nel *metodo [ill. Calcio].*

sistemare *v.tr.* [*io sistèmo ecc.*] 1 mettere in ordine; dare un assetto; definire (anche *fig.*): — *la casa;* — *gli appunti;* — *una vertenza;* — *i rapporti concettuali* 2 procurare un lavoro o una posizione o una residenza stabile a qlcu.: *ha sistemato il figlio in banca / — una ragazza,* (antiq.) darle marito 3 (*fam.*) dare una punizione; dare una lezione a qlcu.: *ora lo sistemo io!* // **-arsi** *v.rifl.* 1 mettersi a posto; trovare un impiego o un alloggio: *ti scriverò, quando mi sarò sistemato; si è sistemato nell'azienda dell'amico; ci siamo sistemati in periferia* 2 (antiq.) sposarsi; prender marito: *le sue figlie si sono tutte sistemate.*

sistematica [-mà-] *s.f.* 1 disciplina che si occupa della classificazione, del raggruppamento in unità sistematiche, degli animali e delle piante 2 la parte sistematica di una scienza.

sistematico [-mà-] *agg.* [pl.m. *-ci*] 1 di sistema; che risponde a un sistema; che avviene secondo precise leggi, con regolarità: *metodo —; lavoro —; fenomeno —* 2 metodico, preciso, meticoloso: *è uno studioso —; è una mente sistematica,* che segue principi, concetti regolari 3 che è fatto per partito preso: *una opposizione sistematica* // **-mente** *avv.* 1 seguendo un ordine rigoroso; sempre regolarmente, senza eccezioni: *procedere*

—; *arrivare in ritardo —* 2 per partito preso: *si rifiuta — di rispondere.*

sistemazione [-zió-] *s.f.* atto, effetto del sistemare o del sistemarsi (anche *fig.*): *questi elementi scientifici attendono ancora una —.*

sistemica [-stè-] *s.f.* teoria generale dei sistemi.

sistemico [-stè-] *agg.* [pl.m. *-ci*] relativo a un sistema, ai sistemi.

sistemista *s.m.* e *f.* [pl.m. *-i*] specialista di informatica che ha il compito di analizzare problemi complessi per verificarne la possibile soluzione tramite elaboratore.

sistola [sì-] *s.f.* (*dial.*) tubo di gomma per innaffiare.

sistole [sì-] *s.f.* (med.) il movimento di contrazione del cuore per cui il sangue viene espulso dalle sue cavità.

sistro *s.m.* antico strumento musicale a percussione.

sitibondo [-bón-] *agg.* (lett.) assetato (anche *fig.*): — *di vendetta.*

sit-in [ingl.; *pr.* sitìn] *s.m.* manifestazione di protesta che si fa sedendosi per terra in luogo pubblico, eventualmente con resistenza passiva all'ordine di sgombero.

sito[1] *s.m.* (lett.) luogo, località: *non conosceva bene il —* // *agg.* (lett.) posto, collocato: *una casa sita sulla collina.*

sito[2] *s.m.* (dial.) cattivo odore, puzzo: *un — di muffa; un — di chiuso.*

sitologia [-gì-] *s.f.* scienza dei cibi; dietetica.

situare *v.tr.* [*io situo ecc.*] porre; collocare in un luogo stabilmente (anche *fig.*): — *un problema nella sua dimensione storica* // **-arsi** *v.rifl.pron.* essere, collocarsi, stare (anche *fig.*).

situato *agg.* disposto, collocato: *è una casa ben situata.*

situazione [-zió-] *s.f.* 1 luogo nel quale qlco. è collocato: *la — dell'edificio,* la sua posizione 2 stato, condizione; insieme di circostanze: *trovarsi in una — difficile; la — economica di un paese / essere, mostrarsi all'altezza della —,* comportarsi in maniera più consona, in una determinata circostanza.

siviera [-viè-] *s.f.* nelle fonderie, grande caldaia in cui è contenuto il metallo fuso.

sizigia [-∫ì-] *s.f.* (astr.) ognuno dei punti dell'orbita della Luna o dei pianeti in cui si verifica l'allineamento con Terra e Sole.

skai [skài] *s.m.invar.* tipo di similpelle robusta, per valigeria e arredamento ®.

skate-board [ingl.; *pr.* skèit bòad] *s.m.* piccola tavola su rotelle, che si spinge montandovi sopra con uno o con tutti e due i piedi; il gioco stesso.

sketch [ingl.; *pr.* schèc'] *s.m.* breve scena o dialogo teatrale, radiofonico o televisivo, arguto e movimentato, di solito con un finale sorprendente: *in quella rivista ci sono degli — irresistibili.*

skiff [ingl.; *pr.* skif] *s.m.* imbarcazione da regata per un solo vogatore.

skilift [ingl.; *pr.* schìli∫t] *s.m.* sistema di traino meccanico per mezzo di un cavo metallico a corsa continua, di cui si servono gli sciatori per risalire le piste di discesa.

skipper [schìpper] *s.m.* e *f.invar.* nell'equipaggio di una barca a vela, chi dirige la manovra.

ski stopper [ingl.; *pr.* schi stòpa] *s.m.* dispositivo per l'arresto sulla neve di uno sci perduto dallo sciatore [ill. Sci].

skunk [ingl.; *pr.* scanc] *s.m.* pelliccia di moffetta.

slabbrare [∫lab-] *v.tr.* 1 rompere l'orlo di un vaso, di un piatto e simili 2 lacerare, allargare i labbri d'una ferita.

slabbrato [∫lab-] *agg.* 1 rotto negli orli: *vaso —* 2 con i labbri allargati o lacerati: *ferita slabbrata.*

slabbratura [ʃlab-] *s.f.* lo slabbrare, l'essere slabbrato; il punto in cui una cosa è slabbrata.

slacciare [ʃlac-] *v.tr.* [*io slàccio ecc.*] sciogliere, liberare da ciò che tiene allacciato: — *le scarpe, slacciarsi la camicia // -arsi v.rifl.* sciogliersi da ciò che tiene allacciato: *mi si è slacciata la giacca.*

slalom [slà-] *s.m.* gara di sci, che si effettua su di un percorso segnato da paletti con passaggi obbligati, detti porte [*ill. Sci*].

slalomista *s.m.* e *f.* [pl.m. *-i*] specialista in slalom.

slam *s.m.invar.* **1** nel gioco del bridge, dichiarazione, e realizzazione, di tutte le tredici prese **2** nel tennis, vincita nello stesso anno dei quattro principali tornei mondiali.

slanciare [ʃlan-] *v.tr.* [*io slància ecc.*] lanciare con forza *// -arsi v.rifl.* **1** gettarsi avanti con forza: *si slanciò su di lui* **2** (*fig.*) protendersi: *il campanile si slancia verso il cielo.*

slanciato [ʃlan-] *agg.* alto e snello.

slancio [ʃlàn-] *s.m.* **1** lo slanciarsi: *con uno — gli balzò addosso / di —,* con moto rapido **2** (*fig.*) vivo e improvviso impulso: *in uno — d'affetto; l'abbracciò con —.* SIN. *impeto, foga.*

slang [*ingl.; pr.* slèng] *s.m.* nome dato nei paesi anglosassoni all'insieme di espressioni e parole usate al posto di quelle della lingua usuale, spec. in certi ambienti e gruppi (p.e. — *studentesco*).

slargare [ʃlar-] *v.tr.* [*io slargo, tu slarghi ecc.*] rendere più largo: — *un passaggio / — il cuore,* consolare, rallegrare *// -arsi v.rifl.pron.* diventare più largo: *verso il lago la strada si slarga // v.rifl.* scostarsi per far posto: *se ci slarghiamo un po' ci stai anche tu.*

slattamento [ʃlattamén-] *s.m.* atto, effetto dello slattare.

slattare [ʃlat-] *v.tr.* togliere il latte materno, divezzare: — *un bambino.*

slavato [ʃla-] *agg.* **1** sbiadito, pallido: *capelli slavati; viso —* **2** (*fig.*) scialbo, poco espressivo: *stile —.*

slavatura [ʃla-] *s.f.* l'essere slavato; la parte slavata.

slavina [ʃla-] *s.f.* lavina; frana di neve asciutta.

slavismo [ʃlaviʃmo] *s.m.* **1** parola, costrutto propri di una lingua slava, di origine slava **2** tendenza dei popoli slavi a costituirsi in unità etnica e politica.

slavo [ʃla-] *agg.* proprio dei russi e dei popoli dell'Europa orientale affini a essi per lingua e per civiltà *// s.m.* **1** chi appartiene a un popolo slavo **2** la lingua degli slavi.

sleale [ʃle-] *agg.* che non ha lealtà, che non osserva i patti. SIN. *perfido.* CONTR. *leale.*

slealtà [ʃle-] *s.f.invar.* l'essere sleale. SIN. *malafede.*

slegare [ʃle-] *v.tr.* [*io slégo, tu sléghi ecc.*] sciogliere, liberare da un legame: — *il cane.* CONTR. *legare.*

slegato [ʃle-] *agg.* incoerente, sconnesso: *frasi slegate.*

slip [ʃlip] *s.m.* (*ingl.*) mutandine da uomo molto succinte, spec. da bagno.

slitta [ʃlit-] *s.f.* **1** veicolo con due lunghi pattini al posto delle ruote, per trasportare persone o cose su terreni nevosi o ghiacciati **2** denominazione generica di ogni congegno che faciliti lo scorrimento di altri meccanismi od oggetti [*ill. Cannone*].

slittamento [ʃlittamén-] *s.m.* atto, effetto dello slittare (anche *fig.*): — *ideologico,* deviazione, allontanamento dall'ideologia originale / — *della moneta,* diminuzione del suo potere d'acquisto.

slittare [ʃlit-] *v.intr.* **1** andare in slitta; scivolare su di una superficie umida o viscida (detto spec. di autoveicoli, le cui ruote, per mancanza d'attrito, non riescano

a far presa sul terreno) **2** (*fig.*) allontanarsi progressivamente da un'idea, da un comportamento; detto di moneta, perdere valore.

slittino *s.m.* piccola slitta per bambini; nello sport, slitta monoposto sulla quale si sta in posizione prona.

slittovia [ʃlittovì-] *s.f.* grossa slitta trainata lungo i pendii nevosi da un cavo metallico azionato da un motore; serve spec. per il trasporto di sciatori.

slogan [ʃlò-] *s.m.invar.* (*ingl.*) formula sintetica e molto espressiva, spesso ritmata e rimata, usata a fini pubblicitari o di propaganda politica.

slogare [ʃlo-] *v.tr.* [*io slògo, tu slòghi ecc.*] spostare un arto dalla sua articolazione naturale: *si è slogato una caviglia // -arsi v.rifl.* detto di articolazione, spostarsi: *la spalla si è slogata.*

slogatura [ʃlo-] *s.f.* atto, effetto dello slogare o dello slogarsi; lussazione.

sloggiare [ʃlog-] *v.intr.* [*io slòggio ecc.*] **1** andar via da un luogo, lasciare un alloggio. CONTR. *alloggiare* **2** allontanarsi, rimuovere da un luogo: — *di, da casa.*

slombare [ʃlom-] *v.tr.* [*io slómbo ecc.*] (*non com.*) sfiancare.

sloop [*ingl.; pr.* slùmp] *s.m.* barca a vela da turismo e regata, simile al cutter.

slot-machine [*ingl.; pr.* slòt mascìn] *s.f.* macchina meccanica o elettronica predisposta per un gioco, funzionante a monete o a gettoni, spec. in locali pubblici.

slow [*ingl.; pr.* slò] *s.m.* fox-trot lento.

smaccato [ʃmac-] *agg.* esagerato, troppo evidente; stucchevole: *adulazioni, lodi smaccate; dolce —.*

smacchiare [ʃmac-] *v.tr.* [*io smàcchio, tu smacchi ecc.*] nettare da macchie. CONTR. *macchiare.*

smacchiatore [ʃmacchiató-] *s.m.* **1** [f. *-trice*] chi lavora alla smacchiatura **2** preparato chimico che serve a smacchiare.

smacchiatura [ʃmac-] *s.f.* l'operazione del togliere le macchie.

smacco [ʃmac-] *s.m.* [pl. *-chi*] insuccesso umiliante: *subire un grave —.*

smagliante [ʃma-] *agg.* splendente, sfavillante: *un sorriso —.*

smagliare[1] [ʃma-] *v.tr.* [*io smàglio ecc.*] rompere, disfare le maglie di una catena o di un tessuto *// -arsi v. rifl.pron.* **1** detto di indumenti e tessuti a maglia, subire una smagliatura per la rottura di una o più maglie **2** si dice di tessuti cutanei nei quali si sono prodotte delle smagliature.

smagliare[2] [ʃma-] *v.intr.* [*io smàglio ecc.*] (*rar.*) brillare, sfavillare.

smagliato [ʃma-] *agg.* si dice di tessuto a maglia che presenta smagliature: *calze smagliate.*

smagliatura [ʃma-] *s.f.* **1** strappo in un tessuto a maglia prodotto dalla rottura di una o più maglie **2** ciascuna delle lesioni degli strati superficiali della cute, simili a cicatrici di colore madreperlaceo, dovute spesso a brusche variazioni di peso.

smagnetizzare [ʃmagnetiʒʒa-] *v.tr.* ridurre l'intensità di polarizzazione magnetica di un corpo magnetizzato.

smagnetizzazione [ʃmagnetiʒʒazió-] *s.f.* operazione dello smagnetizzare.

smagrire [ʃma-] *v.intr.* [*io smagrisco, tu smagrisci ecc.*] *// -irsi v.rifl.pron.* diventare magro, dimagrire.

smagrito [ʃma-] *agg.* dimagrato.

smaliziare [ʃma-] *v.tr.* [*io smalizio ecc.*] rendere più esperto, scaltrire *// -arsi v.rifl.pron.* scaltrirsi, diventare esperto.

smaliziato [ʃma-] *agg.* non più ingenuo, scaltrito, esperto.

smaltare [ʃmal-] *v.tr.* ricoprire, ornare di smalto; anche decorare di colori vivaci.

smaltato [ʃmal-] *agg.* rivestito, decorato a smalto; per estens., cosparso di colori brillanti: *un cielo — di stelle*.

smaltatore [ʃmaltató-] *s.m.* [f. *-trice*] chi fa lavori di smaltatura o di decorazione in smalto.

smalteria [ʃmalterì-] *s.f.* laboratorio in cui si eseguono lavori di smaltatura.

smaltire [ʃmal-] *v.tr.* [*io smaltisco, tu smaltisci ecc.*] **1** digerire; mandar giù (anche *fig.*): — *una sbornia*; *è un'offesa che non ho ancora smaltito* **2** consumare del tutto; vendere, esaurire merci e simili **3** dare libero scolo ad acque, immondizie; distruggere o asportare scorie.

smaltista [ʃmal-] *s.m.* e *f.* [pl.m. *-i*] chi fa decorazioni a smalto.

smalto [ʃmal-] *s.m.* **1** vernice vetrosa, di vario colore e composizione, che serve a ricoprire ceramiche e altri oggetti metallici, a scopo protettivo e decorativo: — *delle unghie*, usato dalle signore per laccare le unghie **2** (*anat.*) tessuto bianco e lucente che forma lo strato esterno della corona del dente [*ill. Bocca*] **3** (*arald.*) termine generico che designa comprensivamente i *colori*, i *metalli* e le *pellicce* **4** (*fig.*) freschezza, qualità naturale e spontanea: *il regista non ha più lo — dei suoi primi anni*.

smammare [ʃmam-] *v.intr.* (*region.*) andarsene, levarsi di torno.

smanceria [ʃmancerì-] *s.f.* (spec. *pl.*) gesto e atteggiamento lezioso. SIN. *affettazione, svenevolezza, moina*.

smania [ʃmà-] *s.f.* **1** desiderio intenso, voglia impaziente: *una — di libertà.* SIN. *ambizione, brama, struggimento* **2** agitazione, disagio fisico e morale che non lascia quiete: *si sentiva le smanie per il caldo / dare in smanie*, manifestare impazienza, nervosismo.

smaniare [ʃma-] *v.intr.* [*io smànio ecc.*] avere le smanie, essere agitato da un desiderio ossessivo per qlco.: — *per i gioielli; smaniava di fare un lungo viaggio.*

smanierato [ʃma-] *agg.* (*non com.*) privo di buone maniere, sgarbato.

smanioso [ʃmanió-] *agg.* **1** che smania, che è preso dal prepotente desiderio di qlco.: — *di successo.* SIN. *ambizioso, bramoso* **2** che causa smania: *un dubbio —.*

smantellamento [ʃmantellamén-] *s.m.* demolizione, spec. di opere in muratura di proporzioni notevoli; (*fig.*) distruzione, scioglimento di un'organizzazione.

smantellare [ʃman-] *v.tr.* [*io smantèllo ecc.*] **1** demolire, abbattere, diroccare spec. opere murarie; per estens., privare un complesso industriale delle attrezzature e dei macchinari: *smantellarono le navi e le officine del porto* **2** (*fig.*) sciogliere un'organizzazione, abolire un ufficio: — *i servizi segreti.*

smarcare [ʃmar-] *v.tr.* [*io smarco, tu smarchi ecc.*] nel gioco del calcio, aiutare un compagno di squadra a sottrarsi alla marcatura degli avversari // **-arsi** *v.rifl.* liberarsi dalla sorveglianza di un giocatore avversario.

smargiassata [ʃmar-] *s.f.* atto o detto da smargiasso. SIN. *gradassata, millanteria, fanfaronata.*

smargiasseria [ʃmargiasserì-] *s.f.* atteggiamento da smargiasso, da spavaldo.

smargiasso [ʃmar-] *s.m.* chi si vanta, attribuendosi imprese grandiose e qualità eccezionali. SIN. *fanfarone, gradasso, millantatore, rodomonte.*

smarginare [ʃmar-] *v.tr.* [*io smàrgino ecc.*] **1** tagliare i margini di libri, stampati ecc. **2** impaginare un'illustrazione in modo che invada i margini della pagina.

smarrimento [ʃmarrimén-] *s.m.* **1** atto, effetto dello smarrire **2** lo smarrirsi; turbamento, sconcerto per timore o confusione: *ebbe un improvviso —.* SIN. *disorientamento, sbigottimento.*

smarrire [ʃmar-] *v.tr.* [*io smarrisco, tu smarrisci ecc.*] non trovare più persona o cosa che si aveva con sé: — *le chiavi / — il cammino*, non ritrovare la strada giusta / — *la ragione*, impazzire // **-irsi** *v.rifl.pron.* **1** perdersi, non trovare più la strada: *si smarrì nelle viuzze* **2** turbarsi, confondersi, sbigottirsi: *a quella domanda si smarrì.*

smarrito [ʃmar-] *agg.* **1** che non si trova più **2** (*fig.*) sperduto, in uno stato di confusione e turbamento: *lo trovai tutto —.* SIN. *disorientato, sbigottito.*

smascellare [ʃmascel-] *v.tr.* [*io smascèllo ecc.*] (*rar.*) slogare le mascelle a qlcu. // **-arsi** *v.rifl.* solo nell'espressione *smascellarsi dalle risa*, ridere smodatamente a bocca aperta.

smascheramento [ʃmascheramén-] *s.m.* lo smascherare.

smascherare [ʃma-] *v.tr.* [*io smàschero ecc.*] **1** render manifesta la vera natura di ciò che si cela dietro ipocrisia o finzione. SIN. *sbugiardare* **2** (*non com.*) privare, liberare di una maschera.

smascheratore [ʃmascherató-] *s.m.* [f. *-trice*] chi smaschera (solo *fig.*): — *di inganni.*

smash [ingl.; *pr.* smèsc'] *s.m.* nel tennis, colpo vibrato dall'alto verso il basso.

smegma [ʃmèg-] *s.m.* [pl. *-i*] prodotto di secrezione delle ghiandole sebacee del prepuzio.

smembramento [ʃmembramén-] *s.m.* l'atto, l'effetto dello smembrare (anche *fig.*): *lo — di una nazione.*

smembrare [ʃmem-] *v.tr.* [*io smèmbro ecc.*] dividere un tutto in più parti (anche *fig.*): — *una nazione; — una frase.*

smemorataggine [ʃmemoratàg-] *s.f.* l'essere smemorato; atto da smemorato.

smemorato [ʃme-] *agg.* che ha poca o nessuna memoria; distratto, disattento.

smentire [ʃmen-] *v.tr.* [*io smentisco, tu smentisci ecc.*] **1** dimostrare la falsità di quanto è stato detto o scritto; dimostrare che altri ha mentito; sbugiardare: — *un testimone; — una notizia* **2** ritrattare quanto si è detto in precedenza: *l'imputato ha smentito la sua confessione* **3** venir meno a qlco.: *non — mai la tua onestà* // **-irsi** *v.rifl.* fare o dire qlco. che contrasti con l'abituale modo di agire o di parlare: *anche questa volta il suo pessimo gusto non si è smentito / tu non ti smentisci mai*, sei sempre lo stesso.

smentita [ʃmen-] *s.f.* atto dello smentire; parole o fatti con cui si smentisce: *pubblicare una —.*

smeraldino [ʃme-] *agg.* di smeraldo; di color smeraldo: *prato —.*

smeraldo [ʃme-] *s.m.* pietra preziosa di color verde trasparente, varietà di berillo.

smerciare [ʃmer-] *v.tr.* [*io smèrcio ecc.*] vendere merce: *bisogna — tutto quel che rimane.*

smercio [ʃmer-] *s.m.* lo smerciare; vendita: *c'è un grande — di quel prodotto.*

smergo [ʃmèr-] *s.m.* [pl. *-ghi*] uccello nuotatore simile all'anitra, con un ciuffo di piume sul capo e il becco diritto, uncinato in punta (*fam.* Anatidi).

smerigliare [ʃme-] *v.tr.* [*io smeriglio ecc.*] **1** strofinare, lucidare con lo smeriglio o con altri abrasivi **2** lavorare a smeriglio: — *il vetro*, renderlo ruvido e translucido con lo smeriglio.

smerigliato [ʃme-] *agg.* **1** levigato, lucidato con lo smeriglio: *vetro* — **2** ricoperto di polvere di smeriglio: *carta smerigliata*.

smerigliatore [ʃmerigliató-] *s.m.* [f. *-trice*] chi fa lavori di smerigliatura.

smerigliatrice [ʃme-] *s.f.* macchina utensile usata per smerigliare.

smerigliatura [ʃme-] *s.f.* l'operazione dello smerigliare; lavorazione a smeriglio.

smeriglio[1] [ʃmeri-] *s.m.* **1** (*min.*) pietra dura, varietà granulare compatta del corindone: ridotta in polvere, viene usata per levigare superfici / *lavorare a* —, con polvere abrasiva **2** nome pop. di diversi squali dalla pelle assai ruvida.

smeriglio[2] [ʃmerì-] *s.m.* piccolo falco, audace e battagliero, dal dorso color piombo, con lunga striatura nera all'estremità della coda.

smerlare [ʃmer-] *v.tr.* [*io smèrlo ecc.*] ricamare a smerlo.

smerlo [ʃmèr-] *s.m.* ricamo a festoni di varia forma, eseguito sul lembo di un tessuto e poi intagliato lungo il lato esterno.

smesso [ʃmés-] *agg.* che non si usa, che non si mette più: *vestito* —.

smettere [ʃmét-] *v.tr.* [coniugato come *mettere*] **1** interrompere qlco. temporaneamente o per sempre: — *un lavoro;* — *una discussione* **2** non portare più, cessare di usare (indumenti e simili): — *un vestito* // *v.intr.* cessare, tralasciare di fare qlco.: — *di lavorare;* *smettetela di parlare!*

smezzare [ʃmeʒʒa-] *v.tr.* [*io smèzzo ecc.*] **1** dividere, spezzare a metà: — *un'arancia* **2** consumare fino a metà: — *un fiasco di vino*.

smidollare [ʃmi-] *v.tr.* [*io smidóllo ecc.*] **1** privare del midollo **2** (*fig.*) privare del vigore.

smidollato [ʃmi-] *agg.* **1** svuotato del midollo **2** (*fig.*) privo di energia; debole, fiacco.

smielare [ʃmie-] *v.tr.* [*io smièlo ecc.*] togliere il miele dai favi.

smielatura [ʃmie-] *s.f.* operazione dello smielare.

smilitarizzare [ʃmilitariʒʒa-] *v.tr.* restituire agli usi e alle condizioni civili territori, luoghi o categorie di persone che erano stati militarizzati.

smilitarizzazione [ʃmilitariʒʒazió-] *s.f.* l'atto, l'effetto dello smilitarizzare.

smilzo [ʃmil-] *agg.* **1** di corporatura esile, asciutta: *ragazzo* — **2** sottile, breve, piccolo: *uno* — *riassunto*.

sminuire [ʃmi-] *v.tr.* [*io sminuisco, tu sminuisci ecc.*] diminuire, rendere o far apparire minore; ridurre (spec. *fig.*): — *i meriti di qlcu.*

sminuito [ʃmi-] *agg.* diminuito, menomato: *sentirsi* — *nei propri diritti*.

sminuzzare [ʃmi-] *v.tr.* **1** ridurre in pezzetti minuti: — *il pane*. SIN. *sbriciolare, tritare* **2** (*fig.*) esporre minuziosamente: — *una narrazione*.

smistamento [ʃmistamén-] *s.m.* atto, effetto dello smistare.

smistare [ʃmi-] *v.tr.* **1** separare persone o cose inviando ciascuna alla sua destinazione: — *la posta;* — *un treno merci su un binario secondario;* — *le nuove reclute* **2** nel gioco del calcio, passare il pallone a uno dei compagni di squadra.

smisurato [ʃmiʃu-] *agg.* senza misura, infinito; enorme: *uno spazio* —; *una bontà, un'ignoranza smisurata*. SIN. *immenso*.

smitizzare [ʃmiti3ʒa-] *v.tr.* riportare alle dimensioni, ai valori reali ciò che era stato mitizzato.

smobilitare [ʃmo-] *v.tr.* [*io smobilito ecc.*] **1** riportare in assetto di pace reparti militari prima mobilitati; congedare: — *l'esercito, un reparto* **2** (*fig.*) ricondurre allo stato normale ciò che si era mobilitato: — *l'industria, l'opinione pubblica*.

smobilitazione [ʃmobilitazió-] *s.f.* atto, effetto dello smobilitare.

smoccolare [ʃmoc-] *v.tr.* [*io smòccolo ecc.*] togliere il moccolo; togliere la parte carbonizzata dello stoppino di una candela o di un lume // *v.intr.* (*volg.*) tirar moccoli, bestemmiare.

smoccolatoio [ʃmoccolató-] *s.m.* arnese a forma di forbici che serve per smoccolare le candele o i lumi a petrolio.

smoccolatura [ʃmoc-] *s.f.* **1** atto, effetto dello smoccolare **2** parte dello stoppino di una candela o di un lume a petrolio che si toglie smoccolando.

smodato [ʃmo-] *agg.* che passa la giusta misura; smoderato, eccessivo: *un desiderio* —. SIN. *immoderato*. CONTR. *moderato*.

smoderatezza [ʃmoderatéz-] *s.f.* l'essere smoderato. SIN. *intemperanza*.

smoderato [ʃmo-] *agg.* senza moderazione, eccessivo. SIN. *incontinente, intemperante*.

smog [ingl.; pr. ʃmòg] *s.m.invar.* nebbia sporca, costituita da vapor acqueo e da pulviscolo scuro prodotto dalle combustioni, tipica dei centri industriali e dei grandi centri urbani.

smoking [ingl.; pr. smóchin] *s.m.* giacca maschile da sera, bianca o nera, con risvolti di seta lucida; il completo di tale giacca con pantaloni neri.

smonacare [ʃmo-] *v.tr.* [*io smònaco, tu smònachi ecc.*] privare dello stato e dell'abito monacale o / **-arsi** *v.rifl.* abbandonare lo stato e l'abito monacale: *si è smonacata perché non aveva una vera vocazione*.

smontabile [ʃmontà-] *agg.* che si può smontare; che si smonta e rimonta facilmente: *armadio* —.

smontaggio [ʃmontàg-] *s.m.* operazione con cui si smonta una macchina e simili.

smontare [ʃmon-] *v.tr.* [*io smónto ecc.*] **1** scomporre una macchina, un congegno e simili nei suoi vari elementi: — *il motore dell'automobile, un mobile* / — *una pietra preziosa*, toglierla dal gioiello nel quale è incastonata / — *un abito*, dividerlo nelle sue parti, per rifarlo diversamente **2** far tornare allo stato liquido una sostanza emulsionata: — *la panna, un uovo sbattuto* **3** (*fig.*) far perdere l'entusiasmo, la fiducia, la boria: *le sue parole mi hanno smontato; è entrato con aria altezzosa, ma l'ho smontato con una occhiata* // *v.intr.* **1** scendere da dove si era montati: — *da cavallo, dal treno* / — *di guardia, di servizio*, terminare il proprio turno: *la sentinella è appena smontata* **2** perdere la vivezza, sbiadire (detto di colori): *alcuni colori smontano al sole* **3** perdere l'emulsione (detto di liquidi): *l'uovo sbattuto smonta facilmente* // **-arsi** *v.rifl.pron.* perdere l'entusiasmo, la fiducia; scoraggiarsi: *alle prime difficoltà si è smontato*.

smorfia [ʃmòr-] *s.f.* **1** alterazione dei lineamenti del viso prodotta da contrazione dei muscoli: *una* — *di dolore, di rabbia, di scherno; fa le smorfie per prendermi in giro* **2** moina, atto lezioso e svenevole: *cerca di incantarmi con le sue smorfie*.

smorfioso [ʃmorfió-] *agg.* pieno di smorfie, di moine: *quel ragazzo è troppo* —. SIN. *lezioso, svenevole*.

smorto [ʃmòr-] *agg.* che non ha vivezza di colori, sbiadito; (*fig.*) privo di vivacità, scialbo: *una tinta smorta*; *un volto —; uno stile —.* SIN. *pallido.*

smorzamento [ʃmorzamén-] *s.m.* l'atto, l'effetto dello smorzare e dello smorzarsi.

smorzare [ʃmor-] *v.tr.* [*io smòrzo ecc.*] **1** attenuare, rendere meno intenso (anche *fig.*): *— la luce con un paralume; — le tinte* **2** spegnere (anche *fig.*): *— il fuoco.*

smorzata [ʃmor-] *s.f.* nel tennis, colpo con cui si manda a cadere la palla appena al di là della rete.

smorzato [ʃmor-] *agg.* attenuato, spento: *luce smorzata; fuoco —.*

smorzatore [ʃmorzató-] *s.m.* ognuno dei tasselli di legno ricoperti di feltro che, poggiando sulle corde del pianoforte, servono a smorzare le vibrazioni [*ill. Musicali, strumenti*].

smottamento [ʃmottamén-] *s.m.* scivolamento di terreno, per lo più argilloso o sabbioso, che perde coesione per infiltrazione d'acqua.

smottare [ʃmot-] *v.intr.* [*io smòtto ecc.*] scivolare verso il basso (detto di terreni); franare.

smozzicare [ʃmoz-] *v.tr.* [*io smózzico, tu smózzichi ecc.*] spezzare in molte piccole parti: *— il pane / — le parole,* pronunciarle male e in modo incompleto.

smozzicato [ʃmoz-] *agg.* spezzettato, mozzo (anche *fig.*): *un dolce tutto —; un discorso —.*

smunto [ʃmun-] *agg.* emaciato; magro e pallido: *era tutto — in viso.*

smuovere [ʃmuò-] *v.tr.* [coniugato come *muovere*] **1** muovere, spostare con fatica; rimuovere in superficie: *— un masso, un armadio; — la terra* **2** (*fig.*) rimuovere da un proposito, far mutare opinione: *quando ha deciso una cosa, nessuno riesce a smuoverlo.*

smussare [ʃmus-] *v.tr.* arrotondare un angolo vivo, uno spigolo, una punta; (*fig.*) attenuare: *— gli spigoli di un tavolo; ha smussato alcune punte del suo carattere.*

smussato [ʃmus-] *agg.* che è stato arrotondato (detto di angolo, spigolo o punta o di oggetto che abbia tali caratteristiche); (*fig.*) attenuato: *un tavolo — ai bordi; una polemica ormai smussata.*

smusso[1] [ʃmus-] *s.m.* **1** lo smussare, il punto smussato **2** scalpello atto a smussare.

smusso[2] [ʃmus-] *agg.* (*tecn.*) smussato: *strumento a punta smussa.*

snack-bar [*ingl.*; *pr.* snecbàa] *s.m.* bar con servizio di spuntini.

snaturare [ʃna-] *v.tr.* alterare la natura di qlcu. o di qlco. (spec. *fig.*): *— il pensiero di qlcu.,* con interpretazioni devianti.

snaturato [ʃna-] *agg.* che ha perduto in tutto o in parte la propria natura; che è contro la natura umana; disumano: *idee snaturate; padre —.*

snazionalizzare [ʃnazionaliʒʒa-] *v.tr.* **1** restituire all'iniziativa privata un'attività o un'azienda che era stata nazionalizzata: *— un'industria* **2** privare o impoverire di caratteristiche nazionali.

snebbiare [ʃneb-] *v.tr.* [*io snébbio ecc.*] liberare dalla nebbia; rendere chiaro (spec. *fig.*): *— la mente.*

snellezza [ʃnelléz-] *s.f.* l'essere snello.

snellire [ʃnel-] *v.tr.* [*io snellisco, tu snellisci ecc.*] rendere o far sembrare snello o più snello (anche *fig.*): *questo abito ti snellisce; occorre — questa frase //* **-irsi** *v.rifl.pron.* diventare snello o più snello.

snello [ʃnèl-] *agg.* sottile di forma e agile (anche *fig.*): *un ragazzino —; una snella colonna; un testo —.*

snervante [ʃner-] *agg.* che snerva, che fiacca: *un caldo —; un'attesa —.* SIN. *estenuante, spossante.*

snervare [ʃner-] *v.tr.* [*io snèrvo ecc.*] togliere l'energia fisica e morale; fiaccare: *queste discussioni mi snervano; un caldo che snerva //* **-arsi** *v.rifl.pron.* perdere le energie fisiche e morali, logorarsi.

snervato [ʃner-] *agg.* che ha perso ogni energia; estenuato.

snidare [ʃni-] *v.tr.* far uscire dal nido o dalla tana (anche *fig.*): *— una lepre; — i ladri dal loro covo.* SIN. *stanare.*

snipe [*ingl.*; *pr.* snàip] *s.m.* barca a vela da regata, detta in italiano *beccaccino.*

snob [ʃnòb] *agg.* e *s.m.* e *f.invar.* (*ingl.*) che o chi, per ostentare raffinatezza, distinzione e originalità, segue con voluto entusiasmo ogni moda nuova ed eccentrica.

snobbare [ʃnob-] *v.tr.* [*io snòbbo ecc.*] umiliare qlcu. trattandolo dall'alto in basso o fingendo di ignorarlo: *lo hanno invitato alla festa ma poi l'hanno snobbato.*

snobismo [ʃnobíʃmo] *s.m.* l'essere snob; atteggiamento da snob: *il suo — è insopportabile.*

snobistico [ʃnobì-] *agg.* [pl.m. *-ci*] proprio di persona snob; ispirato a snobismo: *atteggiamento —.*

snocciolare [ʃnoc-] *v.tr.* [*io snòcciolo ecc.*] **1** raccontare apertamente, senza interruzioni o reticenze, con abbondanza di particolari: *snocciolava le sue storie; — i segreti altrui.* SIN. *spiattellare* **2** versare, sborsare denaro con facilità, estraendo una banconota dopo l'altra: *snocciola milioni come niente fosse* **3** privare dei noccioli: *— le amarene.*

snodabile [ʃnodà-] *agg.* che si può snodare, articolare.

snodare [ʃno-] *v.tr.* [*io snòdo ecc.*] **1** disfare, sciogliere i nodi di qlco. CONTR. *annodare* **2** rendere agili, sciolte le articolazioni di arti (anche *fig.*): *il nuoto snoda le braccia; — la lingua,* parlare con facilità e con abbondanza // **-arsi** *v.rifl.pron.* svolgersi, slegarsi; articolarsi in più parti; avere un tracciato irregolare, sinuoso: *il serpente si snodava lentamente; l'autobus si snoda a metà; il sentiero si snoda per la montagna.*

snodato [ʃno-] *agg.* agile, sciolto nelle articolazioni e nei movimenti (detto di persona); che ha una snodatura, un'articolazione (detto di cosa).

snodatura [ʃno-] *s.f.* atto, effetto dello snodare; il punto in cui qlco. si snoda.

snodo [ʃnò-] *s.m.* snodatura, tipo di giunto meccanico che permette movimenti di rotazione.

snudare [ʃnu-] *v.tr.* **1** (*ant.*) denudare **2** (*rar.*) estrarre un'arma dal fodero: *— la spada.*

soave[1] *agg.* che dà sensazioni fisiche o spirituali piacevoli e delicate: *un profumo —; una — malinconia.* SIN. *dolce.*

soave[2] *s.m.* vino bianco asciutto, prodotto in provincia di Verona.

soavità *s.f.invar.* qualità di ciò che è soave; grazia delicata: *le rispose con —.*

sobbalzare *v.intr.* **1** fare piccoli balzi (detto di cose): *l'automobile sobbalzava sul selciato* **2** scuotersi, trasalire: *il bambino sobbalzò da paura.*

sobbalzo *s.m.* il sobbalzare; il trasalire / *di —,* di soprassalto. SIN. *sussulto.*

sobbarcare *v.tr.* [*io sobbarco, tu sobbarchi ecc.*] caricare qlcu. di un peso, di una responsabilità // **-arsi** *v.rifl.* sottoporsi a una fatica, assumersi un onere: *mi sono sobbarcato volentieri a questo sacrificio.*

sobbollire *v.intr.* [*io sobbóllo ecc.*] bollire leggermente, in modo non evidente (anche *fig.*).

sobborgo [-bór-] *s.m.* [pl. *-ghi*] quartiere periferico, piccolo borgo nelle immediate vicinanze di una città: *nei sobborghi di Parigi.*

sobillare *v.tr.* istigare, incitare nascostamente alla ribellione.

sobillatore [-tó-] *agg.* e *s.m.* [f. *-trice*] che, chi sobilla.

sobrietà *s.f.invar.* qualità di chi o di ciò che è sobrio (anche *fig.*): — *nel bere*; — *di stile.* SIN. *moderazione.*

sobrio [sò-] *agg.* **1** temperante e controllato, spec. nel mangiare e nel bere. SIN. *parco, moderato* **2** (*fig.*) semplice, alieno da ornamenti superflui. SIN. *misurato.*

socchiudere [-chiù-] *v.tr.* [coniugato come *chiudere*] chiudere solo in parte, lasciando uno spiraglio: — *la finestra, l'uscio*; — *gli occhi.*

socchiuso *agg.* accostato, non del tutto chiuso: *porta socchiusa.*

soccida [sòc-] *s.f.* contratto associativo con cui il proprietario affida ad altri il proprio bestiame da allevare e custodire con l'obbligo di ripartire gli utili o le perdite a metà.

soccombente [-bèn-] *agg.* e *s.m.* che o chi è vinto, spec. in una causa giudiziaria: *la parte* —.

soccombere [-cóm-] *v.intr.* [*io soccómbo ecc.*] essere costretto a cedere, a sottostare a una forza superiore; morire: — *al male*, morire a causa di malattia / — *in giudizio*, perdere la causa. SIN. *perire.*

soccorrere [-cór-] *v.tr.* [coniugato come *correre*] venire in aiuto, assistere: — *i poveri*; *il comandante ordinò di* — *i feriti* // *v.intr.* (*lett.*) venire alla memoria, sovvenire.

soccorritore [-tó-] *agg.* e *s.m.* [f. *-trice*] che, chi soccorre.

soccorso [-cór-] *s.m.* **1** il soccorrere; aiuto prestato a chi versa in gravi necessità o in pericolo / *pronto* —, locale, generalmente annesso a un ospedale, attrezzato per prestare le prime cure a feriti, a persone colpite da malore ecc. / — *di Pisa*, (*scherz.*) aiuto inutile perché arriva troppo tardi **2** *pl.* rinforzi, rifornimenti: *i soccorsi ai sinistrati.*

socialdemocratico [-crà-] *agg.* e *s.m.* [pl.m. *-ci*] che o chi s'ispira ai principi della socialdemocrazia.

socialdemocrazia [-zì-] *s.f.* movimento socialista che, rifiutando il metodo rivoluzionario, persegue l'attuazione di riforme graduali delle strutture sociali nell'ambito degli ordinamenti politici esistenti.

sociale *agg.* **1** che vive in società; che riguarda la società umana o l'ambiente in cui si vive; che si riferisce alla struttura e all'organizzazione di una data società storica: *l'uomo è un animale* —; *le convenzioni sociali*; *le lotte sociali*; *livello* —, la posizione di una persona nella società per quanto riguarda possibilità economiche, cultura, prestigio / *forze sociali*, quelle organizzate al di fuori dei partiti, come sindacati, associazioni femminili, giovanili ecc. / *scienze sociali*, che studiano i fenomeni sociali **2** che concerne una società commerciale o una associazione: *capitale* —; *tessera* —.

socialismo [-ſmo] *s.m.* nome generico con cui si designano le dottrine economiche che propugnano l'abolizione della proprietà privata dei mezzi di produzione e l'avvento di una società senza classi.

socialista *agg.* e *s.m.* e *f.* [pl.m. *-i*] del socialismo; che, chi professa il socialismo.

socialistico [-li-] *agg.* [pl.m. *-ci*] (*rar.*) del socialismo.

socialistoide [-stòi-] *agg.* e *s.m.* e *f.* (*spreg.*) che, chi esprime superficialmente tendenze socialiste.

socialità *s.f.invar.* **1** la tendenza dell'uomo a vivere in società **2** il complesso dei rapporti che regolano la vita degli individui appartenenti a una data società; la coscienza di essi: *non ha nessun senso di* —.

socializzare [-liʒʒa-] *v.tr.* **1** trasferire la proprietà di beni e mezzi di produzione dai privati alla collettività;

nazionalizzare: — *un'industria* **2** trasferire, comunicare a una collettività più ampia: — *le esperienze* **3** inserire in un gruppo sociale: *l'attività scolastica socializza i bambini* // *v.intr.* avere rapporti sociali: *persona incapace di* —.

socializzazione [-liʒʒaʒió-] *s.f.* **1** l'atto, l'effetto del socializzare **2** comunicazione a un gruppo sociale, a una collettività **3** inserimento in un gruppo sociale.

società *s.f.* **1** il complesso degli uomini uniti da vincoli naturali e da leggi e convenzioni comuni intese a stabilire le regole dei rapporti di convivenza: *vivere in* — / *la* — *medievale*, l'organizzazione, il sistema di vita degli uomini del medioevo / *la* — *delle api, delle formiche*, il complesso di tali animali della stessa specie associati tra loro per le esigenze della vita **2** associazione di persone che si propongono di collaborare per uno scopo comune; impresa commerciale costituita con capitali comuni da due o più persone: — *scientifica*; — *sportiva*; — *dei telefoni*; — *mineraria* / *fare un affare in* —, dividendo i guadagni e le perdite / *far* — *con qlcu.*, mettersi insieme, spec. in affari **3** ceto, ambiente elegante, mondano: *essere presentato in* —; *abito da* — / *giochi di* —, passatempi organizzati tra persone riunite per un trattenimento **4** compagnia di altre persone: *fugge la* —.

societario [-tà-] *agg.* di società, nel senso di associazione o impresa: *spirito* —; *assetto* —.

socievole [-cié-] *agg.* **1** che ama la compagnia; che tratta gli altri con affabilità e gentilezza **2** che tende per natura a vivere in società coi suoi simili.

socievolezza [-léz-] *s.f.* l'esser socievole.

socio [sò-] *s.m.* **1** chi è membro di un'associazione, di un circolo ecc.: *i soci del Circolo filologico*; — *onorario, effettivo* **2** chi fa parte di una società commerciale e partecipa alla spartizione degli utili; per estens., chi fa affari o ha attività insieme a qlcu. / *mio figlio con i suoi soci*, (*scherz.*) i suoi amici.

socioculturale *agg.* che riguarda la condizione sociale e quella culturale, in quanto legate tra loro: *uno stato di inferiorità* —.

sociodramma *s.m.* [pl. *-i*] azione scenica analoga allo psicodramma, nella quale si esprimono e si scaricano le tensioni psicologiche non di un singolo ma di una collettività.

socioeconomico [-nò-] *agg.* [pl.m. *-ci*] che riguarda la condizione sociale e quella economica, in quanto legate tra loro: *lo sviluppo* — *è lento.*

sociolinguistica [-guì-] *s.f.* branca della linguistica che studia il rapporto tra linguaggio e società.

sociologia [-gì-] *s.f.* scienza che studia i fenomeni sociali.

sociologico [-lò-] *agg.* [pl.m. *-ci*] della sociologia: *metodo* —.

sociologo [-ciò-] *s.m.* [pl. *-gi*] studioso di sociologia; chi conduce ricerche sociologiche.

sociometria [-tri-] *s.f.* metodo di misurazione degli aspetti quantitativi dei fenomeni sociali.

socratico [-crà-] *agg.* [pl.m. *-ci*] di Socrate, filosofo ateniese (469-399 a.C.) / *metodo* —, quello che consiste nel portare il discepolo a scoprire da sé stesso la verità // *s.m.* seguace di Socrate.

soda [sò-] *s.f.* (*chim.*) **1** carbonato di sodio; polvere bianca, cristallina; è un importante prodotto industriale, largamente usato anche come detersivo / — *caustica*, idrossido di sodio; molto corrosivo, è impiegato nell'industria dei saponi, della carta, in tintoria ecc. **2** acqua con soluzione di carbonato di sodio e acido tartarico, detta anche *acqua di soda*, usata per allungare bevande.

sodaglia [-dà-] *s.f.* terreno sassoso e incolto.

sodalizio [-lì-] *s.m.* **1** associazione, confraternita **2** (*lett.*) legame di amicizia, convivenza di amici.

sodare *v.tr.* [*io sòdo ecc.*] rassodare, dare maggiore consistenza a tessuti, spec. al feltro.

sodatrice *s.f.* **1** operaia addetta alla sodatura **2** macchina per sodare.

sodatura *s.f.* operazione industriale del sodare.

soddisfacente [-cèn-] *agg.* che soddisfa, che dà soddisfazione: *un risultato —.*

soddisfare *v.tr.* e *intr.* [pres. *io soddisfàccio o soddisfò o soddisfo, tu soddisfài o soddisfi, egli soddisfà o soddisfa, noi soddisfacciamo* (fam. *soddisfiamo*)*, voi soddisfate, essi soddisfanno o soddisfàno*; cong.pres. *io soddisfàccia o soddisfi ecc.*; il resto è coniugato come *fare*] **1** dare risposta; dar compimento, adempiere: *— un desiderio; — agli obblighi di leva* / *— un debito, pagarlo* / *— l'offeso*, riparare l'offesa fattagli, chiedergli scusa **2** dare piacere, contentezza: *questa soluzione non mi soddisfa.* SIN. *appagare, contentare, piacere.*

soddisfatto *agg.* **1** accontentato, contento: *fu — del risultato.* SIN. *pago* **2** pagato, adempiuto: *un debito, un obbligo —.*

soddisfazione [-zió-] *s.f.* **1** stato d'animo di chi è soddisfatto: *lo ascoltò con grande —.* SIN. *piacere* **2** atto, effetto del soddisfare: *chiedere — di un'offesa* / *si è preso le sue soddisfazioni*, ha fatto, ottenuto ciò che voleva.

sodio [sò-] *s.m.* elemento chimico (Na; *n.at.* 11; *p.at.* 22,99); metallo alcalino, bianco, tenero, assai reattivo, presente in tutti gli organismi animali e nell'acqua marina allo stato di cloruro di sodio (o sale da cucina).

sodo [sò-] *agg.* **1** compatto, duro, denso: *carne soda / uova sode*, bollite col guscio / *darle, prenderle sode*, percuotere, essere percosso duramente **2** fermo, solido, saldo: *possiede una soda cultura* // *s.m.* il terreno fermo: *costruire sul — / mettere in —*, accertare, stabilire la verità di una cosa // *avv.* **1** con forza: *picchiate — * **2** molto, di buona lena: *lavoriamo —.*

sodoku *s.m.invar.* malattia infettiva causata da una spirocheta, trasmessa all'uomo dal morso di topi infetti.

sodomia [-mì-] *s.f.* omosessualità maschile.

sodomita *s.m.* [pl. *-i*] omosessuale maschio.

sodomitico [-mì-] *agg.* [pl.m. *-ci*] di sodomia: *rapporti sodomitici.*

sodomizzare [-miʒʒa-] *v.tr.* sottoporre a un rapporto sodomitico.

sofà *s.m.invar.* sedile imbottito a più posti, talvolta provvisto di spalliera e di braccioli. SIN. *divano, canapè.*

sofferente [-rèn-] *agg.* che soffre, spec. di una malattia fisica: *è — di cuore.*

sofferenza [-rèn-] *s.f.* atto, effetto del soffrire; dolore fisico o morale. SIN. *patimento* **2** in —, (*fin.*) si dice di effetti cambiari non pagati alla loro scadenza.

soffermare *v.tr.* [*io soffèrmo ecc.*] trattenere, fermare per breve tempo: *— il passo, l'attenzione* // **-arsi** *v.rifl.* fermarsi un poco, indugiare: *si soffermò a guardare.* SIN. *sostare, trattenersi.*

soffiare *v.intr.* [*io sóffio ecc.*] **1** emettere con forza il fiato da una piccola fessura lasciata tra le labbra riunite e protese / *— sul fuoco*, per ravvivarlo; (*fig.*) fomentare discordie, rancori / *il vento soffia da ponente*, proviene, muove da ponente **2** sbuffare, respirare affannosamente: *nel far la salita soffiava* // *v.tr.* **1** mandar fuori, spingere col fiato o con uno strumento: *— fumo*

dal naso; — l'aria col mantice / *— qlco. nell'orecchio a qlcu.*, dire in segreto; insinuare con intenzione maligna / *— il vetro*, soffiare attraverso una cannula nella pasta fusa del vetro per modellarla / *soffiarsi il naso*, liberarlo del muco espellendo con forza l'aria attraverso le narici **2** nel gioco della dama, togliere all'avversario una pedina con la quale questi avrebbe dovuto compiere una mossa obbligatoria / *— un posto, l'impiego a qlcu.*, portarglielo via con astuzia.

soffiata *s.f.* **1** il soffiare una volta: *una — di naso* **2** (*gergale*) delazione, spec. di chi fa la spia alla polizia.

soffiato *agg.* si dice del vetro lavorato mediante soffiatura.

soffiatore [-tó-] *s.m.* [f. *-trice*] **1** chi soffia; spec. l'operaio che soffia il vetro **2** (*fig.*) persona maldicente.

soffiatura *s.f.* operazione del soffiare.

soffice [sòf-] *agg.* cedevole alla pressione; elastico: *guanciale, cuscino —.* SIN. *morbido.*

soffietto [-fiét-] *s.m.* **1** piccolo mantice per accendere e ravvivare il fuoco o per spargere polveri e simili **2** involucro di pelle che costituiva la camera oscura in tipi antiquati di macchine fotografiche **3** *porta a —*, porta interna di materiale semirigido, che chiusa è distesa e aperta è raccolta contro uno dei montanti laterali **4** (*giorn.*) articolo elogiativo che tende a mettere in luce favorevole presso il pubblico qlcu. o qlco.

soffio [sóf-] *s.m.* **1** atto del soffiare; il fiato emesso, l'aria spostata soffiando / *un — di vento*, un vento leggero e breve / *in un —*, (*fig.*) in un attimo **2** (*fig.lett.*) ispirazione: *figura animata dal — dell'arte* **3** (*med.*) rumore anormale, simile a un soffio, che rivela difettoso funzionamento di un organo: *— al cuore.*

soffione [-fió-] *s.m.* **1** canna di ferro con cui si soffia nel fuoco **2** getto di vapore acqueo misto a sostanze chimiche varie, che esce ad altissima temperatura da fenditure del suolo **3** (*bot.*) pianta erbacea con foglie dentate e fiori gialli (*fam.* Composite).

soffitta *s.f.* la parte dell'edificio compresa tra l'ultimo piano e il tetto, talora abitabile.

soffittare *v.tr.* fare il soffitto: *— una stanza.*

soffitto *s.m.* la superficie inferiore, visibile dal basso, della copertura di una stanza.

soffocamento [-mén-] *s.m.* atto, effetto del soffocare; l'essere soffocato: *mori per —.*

soffocante *agg.* che soffoca; che dà la sensazione di soffocare, opprimente: *una nube di gas —; un caldo —.*

soffocare *v.tr.* [*io sòffoco, tu sòffochi ecc.*] **1** impedire la respirazione anche fino a uccidere: *il fumo ci soffoca; lo soffocò con un cuscino* / *le fiamme*, spegnerle **2** (*fig.*) reprimere, impedire che si manifesti: *— la ribellione, lo scandalo* // *v.intr.* **1** morire per soffocazione **2** per estens., respirare a fatica: *qui si soffoca.*

soffocato *agg.* represso, attutito: *rumore —.*

soffocazione [-zió-] *s.f.* atto, effetto del soffocare.

soffondere [-fón-] *v.tr.* [coniugato come *fondere*] (*lett.*) cospargere, colorire leggermente: *l'aurora soffonde le nubi di rosa.*

soffriggere [-frìg-] *v.tr.* [coniugato come *friggere*] far friggere a fuoco moderato: *— le cipolle* // *v.intr.* friggere a calore moderato: *il burro soffrigge nella padella.*

soffrire *v.tr.* [coniugato come *offrire*] **1** provar dolore fisico o morale / *— le pene dell'inferno*, provare sofferenze gravissime **2** subire, sopportare; tollerare, permettere: *— ogni offesa; non posso — che tutti ne approfittino / non poter — qlcu.*, aver per lui forte antipatia // *v.intr.* **1** sentir dolore fisico o morale: *ho molto sof-*

ferto. SIN. *patire, penare* **2** avere un disturbo, una malattia: *soffro di cuore, d'emicranie*.

soffritto *s.m.* battuto di cipolla e odori fatto soffriggere.

soffuso [-ʃo] *agg.* (*lett.*) cosparso: *un volto — di rossore*.

sofisma [-ʃma] *s.m.* [pl. *-i*] ragionamento cavilloso, fondamentalmente errato ma presentato in modo da apparire giusto.

sofista *s.m.* [pl. *-i*] nella Grecia antica, filosofo appartenente alla sofistica // *s.m.* e *f.* chi fa spesso uso di sofismi.

sofistica [-fi-] *s.f.* il movimento filosofico e culturale greco dei sofisti (sec. v a.C.), caratterizzato da una concezione pragmatica del sapere, valido in quanto utile, dalla negazione dell'oggettività del pensiero e da un atteggiamento critico verso i valori tradizionali.

sofisticare *v.intr.* [*io sofistico, tu sofistichi ecc.*] usare sofismi, sottilizzare: *gli piace — su ogni questione* // *v.tr.* adulterare prodotti alimentari: *— il formaggio, il vino*.

sofisticato *agg.* **1** adulterato, non genuino (detto spec. di prodotti alimentari): *vino —* **2** ricercato, affettato: *modi sofisticati*.

sofisticazione [-zió-] *s.f.* adulterazione dei cibi.

sofisticheria [-ri-] *s.f.* ragionamento sofistico; per estens., pedanteria.

sofistico [-fi-] *agg.* [pl.m. *-ci*] **1** che costituisce o contiene sofisma: *ragionamento —* **2** di, da sofista: *insegnamento —* **3** si dice di persona noiosa, pedante, oppure capricciosa, incontentabile.

softball [*ingl.; pr.* softbòl] *s.m.* gioco simile al baseball giocato soprattutto da squadre femminili.

software [*ingl.; pr.* sòftuea] *s.m.* insieme di programmi e procedure che consentono il funzionamento di un calcolatore elettronico (si contrappone a *hardware*).

soggettista *s.m.* e *f.* [pl.m. *-i*] chi scrive un soggetto cinematografico o teatrale o televisivo.

soggettivismo [-ʃmo] *s.m.* **1** qualsiasi dottrina filosofica che ponga esclusivamente nel soggetto ogni criterio di verità e di valore **2** tendenza a interpretare in modo soggettivo, secondo idee, sentimenti, preferenze personali.

soggettività *s.f.invar.* l'essere soggettivo.

soggettivo *agg.* **1** che concerne il soggetto: *proposizione soggettiva*, (*gramm.*) che funge da soggetto; *complemento di specificazione soggettiva*, (*gramm.*) quello che dipende da un sostantivo derivato da un verbo e rappresenta il soggetto di questo (p.e. *le invenzioni di Leonardo*) **2** personale: *è un giudizio —*. CONTR. *obiettivo*.

soggetto [-gèt-] *agg.* esposto, sottoposto: *l'uomo è — alle malattie, alla morte; un popolo — allo straniero* // *s.m.* **1** argomento (di uno scritto, di un quadro, di un'opera teatrale, di un film ecc.): *il — di un dramma* / *recitare a —*, su un tema prefissato ma improvvisando battute, gesti **2** (*fil.*) l'essere pensante contrapposto all'oggetto del suo pensiero **3** (*gramm.*) il termine che esprime la persona o cosa della quale si dice ciò che è espresso dal predicato, e con il quale il predicato concorda; *soggetto logico* è invece, in certi tipi di proposizioni, la persona o cosa che compie l'azione pur non essendo il soggetto grammaticale **4** individuo in genere: *un — difficile* **5** (*med.*) individuo, persona, spec. dal punto di vista di particolari caratteri clinici e disposizioni patologiche: *un — linfatico* **6** (*rar.*) suddito: *angariare i soggetti*.

soggezione [-zió-] *s.f.* **1** l'essere soggetto, sottomes-

so: *— allo straniero*. SIN. *sottomissione, schiavitù* **2** senso di rispetto e di timidezza: *ispirare —*.

sogghignare *v.intr.* fare un risolino di disprezzo. SIN. *ghignare*.

sogghigno *s.m.* il sogghignare. SIN. *ghigno*.

soggiacere [-cé-] *v.intr.* [coniugato come *giacere*] essere soggetto, sottoposto: *— alla volontà altrui*. SIN. *sottostare*.

soggiogare *v.tr.* [*io soggiógo, tu soggióghi ecc.*] vincere, assoggettare (anche *fig.*): *— i nemici*; *— la volontà altrui*. SIN. *sottomettere*.

soggiornare *v.intr.* [*io soggiórno ecc.*] trattenersi, dimorare per breve tempo in un luogo.

soggiorno [-giór-] *s.m.* **1** sosta, periodo in cui ci si trattiene in un luogo; il luogo stesso: *fu un piacevole —*; *fare —*, dimorare / *tassa di —*, quella che si paga nelle località di villeggiatura. SIN. *dimora* **2** stanza della casa in cui ci si raccoglie per la vita in comune, di solito arredata con divani e poltrone.

soggiungere [-giùn-] *v.tr.* [coniugato come *giungere*] aggiungere qlco. a quanto già detto.

soggolo [-gó-] *s.m.* **1** benda che nell'abito monacale fascia il collo, passando sotto la gola e scendendo sul petto [*ill. Chiesa*] **2** striscia di cuoio che passando sotto il mento assicura al capo certi cappelli, per lo più militari.

soglia [sò-] *s.f.* **1** lastra di pietra o tavola di legno che regge gli stipiti e limita inferiormente il vano della porta; limitare, ingresso (anche *fig.*): *si fermò sulla —*; *varcare la —*, entrare / *la — della vecchiaia*, gli anni in cui si comincia a invecchiare **2** (*scient.*) il valore più basso a cui può aver luogo un fenomeno, un processo, una reazione: *la — di udibilità*; *valore di —* / *— della coscienza*, (*psic.*) il grado minimo di intensità di uno stimolo perché possa essere avvertito e produrre una sensazione.

soglio [sò-] *s.m.* (*lett.*) trono, seggio: *— reale*; *— pontificio*; *— celeste*, di Dio, delle creature sante.

sogliola [sò-] *s.f.* pesce di mare commestibile, dal corpo ovale molto appiattito, con entrambi gli occhi sullo stesso lato (*fam.* Soleidi).

sognante *agg.* che sogna, immerso nel sogno; che appare legato al sogno più che alla realtà: *sguardo —*.

sognare *v.tr.* [*io sógno ecc.*] **1** vedere, immaginare in sogno: *ho sognato un grosso cane*; *mi sono sognata di essere partita* / *assol.* fare sogni: *sognava tutte le notti* **2** immaginare, pensare, spec. con desiderio: *— una carriera brillante*; *sogna già le vacanze* / *— a occhi aperti*, fantasticare / *chi se lo sarebbe sognato!*, chi poteva supporlo! / *che ti sogni?*, cosa credi?

sognatore [-tó-] *agg.* e *s.m.* [f. *-trice*] che o chi volentieri si abbandona a sogni e fantasticherie.

sogno [só-] *s.m.* **1** serie di rappresentazioni visive, incontrollate dalla coscienza e dalla volontà, che ci si presentano nelle ore del sonno **2** vagheggiamento di cose desiderate e irrealizzabili; illusione, fantasticheria: *i bei sogni della giovinezza* / *nemmeno per —*, assolutamente no.

soia [sò-] *s.f.* pianta simile al fagiolo, i cui germogli e semi, ricchi di proteine, hanno uso alimentare (*fam.* Leguminose).

sol [sòl] *s.m.invar.* nota musicale, la quinta della scala diatonica.

solaio [-là-] *s.m.* **1** soffitta, ripostiglio sotto i tetti; stanza a palco aperta da un lato, frequente nelle case rurali per porvi a seccare il foraggio **2** ciascuno dei piani orizzontali che suddividono l'edificio, servendo da soffitto alle stanze sottostanti e da pavimento a quelle soprastanti [*ill. Edilizia*].

solare *agg.* **1** del Sole: *eclissi* — / *sistema* —, l'insieme del Sole e dei corpi celesti che gli ruotano intorno **2** causato o azionato dal Sole: *orologio* —; *pannello* —, dispositivo che trasforma la radiazione solare in calore **3** ricco di luce, chiaro, evidente: *ragionamento* — **4** *plesso* —, (*anat.*) formazione viscerale a reticolo posto all'incirca davanti all'ultima vertebra toracica // *s.m.* il settore tecnologico dello sfruttamento dell'energia solare.

solarimetro [-ri-] *s.m.* strumento per misurare l'intensità della radiazione solare diretta e diffusa dall'aria.

solatio [-ti-] *agg.* esposto al sole. SIN. *soleggiato, assolato.* CONTR. *bacio //* — *s.m.* il terreno volto a mezzogiorno.

solcare *v.tr.* [*io sólco, tu sólchi ecc.*] fendere tracciando solchi (anche *fig.*): — *il terreno con l'aratro;* — *le onde con la nave; le lacrime gli solcavano il viso.*

solcato *agg.* attraversato, inciso da solchi: *una fronte solcata da rughe.*

solcatore [-tó-] *s.m.* **1** [f. *-trice*] chi solca **2** dispositivo della seminatrice meccanica, atto a tracciare solchi nel terreno [*ill. Agricoltura*].

solcatura *s.f.* atto, effetto del solcare.

solco [sól-] *s.m.* pl. *-chi*] incavo scavato nel terreno con l'aratro o altro strumento agricolo; per estens., ogni traccia impressa su una superficie: *gettare il seme nel* —; *il* — *della ruota; il* — *della nave; la sua scia; il* — *delle rughe / uscire dal* —, deviare (anche *fig.*).

solcometro [-cò-] *s.m.* barchetta galleggiante legata a poppa da una sagola a nodi, usata come strumento per misurare la velocità delle navi.

soldataglia [-tà-] *s.f.* insieme disordinato e aggressivo di soldati.

soldatesca [-té-] *s.f.* l'insieme dei soldati.

soldatesco [-té-] *agg.* [pl.m. *-chi*] di, da soldato: *un linguaggio* —,

soldato *s.m.* **1** chi milita in un esercito: *i soldati marciavano; i nostri soldati,* le nostre truppe / — *di ventura,* uomo d'arme assoldato / *andare* —, arruolarsi, andare sotto le armi / *tornare da* —, dal servizio militare **2** chi milita nell'esercito senza ricoprire alcun grado: *il* — *semplice; i soldati e gli ufficiali* **3** (*fig.*) chi combatte per una causa: — *della libertà.*

soldo [sòl-] *s.m.* **1** denominazione di vari tipi di monete, in particolare di pezzi di poco o minimo valore (anche *fig.*): *moneta da tre soldi / quattro soldi,* un po' di denaro / *a* — *a* —, uno dopo l'altro / *roba da pochi soldi,* di scarso valore / *uomo che non vale un* —, che non vale nulla / *non avere, non spendere, non guadagnare un* —, non avere, non spendere, non guadagnare nulla **2** *pl.* denaro, ricchezza: *senza soldi non si fa nulla / fare i soldi,* diventar ricco / *mettere da parte i soldi,* risparmiare **3** paga, stipendio, per lo più militare (anche *fig.*): *riscuotere il* — / *essere al* — *di qlcu.,* essere al suo servizio, pagato da lui (per lo più si usa in tono spreg.).

sole [só-] *s.m.* **1** la stella fissa a noi più vicina, attorno alla quale girano i pianeti del sistema solare, fra i quali la Terra, ricevendone luce e calore (si scrive con iniziale maiuscola quando è usato come nome proprio del corpo celeste): *il Sole si leva a oriente; occhiali da* —; *cura del* — / *chiaro come il* —, evidente, lampante / *bello come il* —, bellissimo / *alla luce del* —, apertamente, senza sotterfugi / *vedere il* — *a scacchi,* essere in prigio-

ne / *prendere il* —, esporsi ai raggi solari per una cura, per abbronzarsi / *avere qlco. al* —, possedere terreni o case. DIM. *solicello* **2** (*astr.*) ogni astro che sia centro di un sistema planetario **3** (*fig.*) simbolo di grandezza e luce, potenza, eccellenza: *il* — *della libertà.*

solecchio [-léc-] *s.m.* solo nella locuz. *far solecchio,* ripararsi con la mano agli occhi dalla luce del sole.

solecismo [-fmo] *s.m.* errore di sintassi, di grammatica.

soleggiare *v.tr.* [*io soléggio ecc.*] esporre al sole, fare asciugare al sole.

soleggiato *agg.* illuminato e riscaldato dai raggi solari: *luogo* —. SIN. *solatio, assolato.*

solenne [-lèn-] *agg.* **1** imponente, straordinario: *un gesto, un tono* — / *un* — *imbroglione, uno schiaffo* —, (*iron.*) un imbroglione matricolato, uno schiaffo potente **2** che si celebra con cerimoniale fastoso: *ingresso* —; *messa* — / *encomio* —, lode resa pubblica a scopo esemplare.

solennità *s.f.invar.* **1** qualità di ciò che è solenne gravità imponente e fastosa: *si movevano con* — **2** festa, ricorrenza solenne: *la* — *della Pasqua.*

solennizzare [-niʒʒa-] *v.tr.* celebrare con solennità: — *una ricorrenza.*

solenoide [-nòi-] *s.m.* conduttore elettrico avvolto ad elica su di una bobina, nel quale passa una corrente che genera un campo magnetico.

solere [-lé-] *v.intr.dif.* [pres. *io sòglio, tu suòli, egli suòle, noi sogliamo, voi soléte, essi sògliono*; pass.rem. *io soléi, tu solésti ecc.*; cong.pres. *io sòglia ecc.*; p.pass. *sòlito*] avere per abitudine o per vezzo; essere avvezzo, usare: *solevo passeggiare dopo cena.*

solerte [-lèr-] *agg.* diligente, accurato e attento nel fare il proprio dovere: *è una persona, un impiegato* —. SIN. *sollecito, operoso.*

solerzia [-lèr-] *s.f.* l'essere solerte. SIN. *alacrità, sollecitudine, operosità.*

soletta [-lét-] *s.f.* **1** parte della calza che ricopre la punta e la pianta del piede [*ill. Abbigliamento*]; è detta anche *staffa* **2** suola di feltro o di sughero che si mette dentro la scarpa **3** suola di cuoio più leggero che si cuce sopra la suola della scarpa **4** la parte inferiore dello sci [*ill. Sci*] **5** (*edil.*) lastra di cemento armato o di laterizi impiegata nelle strutture dei solai o per pareti.

solfa [sòl-] *s.f.* **1** solfeggio **2** (*fig.*) discorso o cosa che si ripete fino alla noia: *è sempre la solita* —,

solfara *s.f.* giacimento di zolfo.

solfare *v.tr.* [*io sólfo ecc.*] cospargere, irrorare di zolfo le piante: — *le viti.*

solfatara *s.f.* fenomeno vulcanico consistente in esalazioni di vapore acqueo misto ad anidride carbonica e acido solfidrico.

solfato *s.m.* (*chim.*) sale dell'acido solforico: — *di rame.*

solfeggiare *v.tr.* [*io solféggio ecc.*] leggere o intonare la musica col solfeggio.

solfeggio [-fég-] *s.m.* pratica musicale che consiste nella lettura delle singole note, pronunziandone il nome e rispettandone la durata: — *cantato,* quello in cui si dà anche la giusta intonazione alle note.

solfidrico [-fi-] *agg.* [pl.m. *-ci*] si dice dell'acido formato da idrogeno e zolfo.

solfito *s.m.* (*chim.*) sale dell'acido solforoso.

solfo [sòl-] *s.m.* → **zolfo.**

solforare *v.tr.* [*io sólforo ecc.*] trattare con zolfo o composti di zolfo.

solforato *agg.* contenente zolfo; trattato con zolfo o suoi composti.

solforatrice *s.f.* apparecchio usato per spargere lo zolfo a scopo antiparassitario (p.e. sulle viti).

solforatura *s.f.* operazione del solforare, spec. le piante per proteggerle da parassiti.

solforico [-fó-] *agg.* [pl.m. *-ci*] (*chim.*) si dice di composto ossigenato dello zolfo: *anidride solforica / acido —*, liquido viscoso, incoloro, caustico, di essenziale importanza nell'industria chimica.

solforoso [-ró-] *agg.* (*chim.*) si dice di composto contenente zolfo tetravalente.

solfuro *s.m.* (*chim.*) sale dell'acido solfidrico.

solidale *agg.* **1** che è concorde con le idee e le aspirazioni di altri e le sostiene: *— con i ribelli* **2** (*tecn.*) si dice di pezzo meccanico rigidamente collegato con altri e che si muove insieme con essi.

solidarietà *s.f.invar.* **1** l'insieme dei legami affettivi e morali che uniscono gli uomini tra loro e li spingono all'aiuto reciproco **2** appoggio, aiuto nelle difficoltà / *concreta —*, aiuto materiale, anche economico.

solidario [-dà-] *agg.* → **solidale**.

solidarismo [-ʃmo] *s.m.* tendenza alla solidarietà sociale.

solidaristico [-rì-] *agg.* [pl.m. *-ci*] di solidarietà, di solidarismo.

solidarizzare [-riʒʒa-] *v.intr.* essere, mostrarsi solidale con qlcu.

solidificare *v.tr.* [io solidìfico, tu solidìfichi ecc.] rendere solido // **-arsi** *v.rifl.pron.* diventare solido.

solidificazione [-zió-] *s.f.* passaggio di una sostanza dallo stato liquido allo stato solido.

solidità *s.f.invar.* l'essere solido (anche *fig.*): *la — di un muro; la — di un'opinione*.

solido [sò-] *agg.* **1** si dice di corpo avente volume e forma propri e definiti: *i metalli sono corpi solidi / figura solida*, (*geom.*) che ha tre dimensioni: *lunghezza, larghezza, altezza / geometria solida*, la scienza che studia i solidi geometrici / *stato —*, condizione di un corpo solido **2** (*fig.*) che ha fermezza, che è ben radicato e stabile: *un — edificio; una solida cultura // s.m.* **1** corpo solido: *i solidi e i liquidi* **2** (*geom.*) ogni figura geometrica limitata da superfici piane o curve, e con tre dimensioni: *la sfera è un —*.

soliflussione [-sió-] *s.f.* slittamento lentissimo della superficie del terreno lungo zone in pendenza.

soliloquio [-lò-] *s.m.* il parlare da solo, tra sé. SIN. *monologo*.

soling [*ingl.; pr.* sóulin] *s.m.* imbarcazione a vela da regata con chiglia fissa.

solingo *agg.* [pl.m. *-ghi*] (*poet.*) solitario.

solino *s.m.* (*antiq.*) il colletto della camicia da uomo, spec. se si può staccare: *— duro*, inamidato.

solipsismo [-ʃmo] *s.m.* posizione filosofica che nega la realtà e il valore del mondo esterno, attribuendo esistenza e importanza al solo soggetto individuale e pensante.

solista *agg.* e *s.m.* e *f.* [pl.m. *-i*] cantante o strumentista che esegue da solo un pezzo di musica, o che ha in esso una parte di particolare importanza.

solitario [-tà-] *agg.* **1** che ama star solo: *un uomo —* **2** di luogo, non frequentato: *un viottolo —*. SIN. *deserto // s.m.* **1** grosso brillante incastonato da solo su un anello; l'anello stesso **2** gioco di carte per un solo giocatore.

solito [sò-] *agg.* consueto: *incontrarsi al — posto / essere —*, solere. SIN. *abituale, ordinario, usuale // s.m.* consuetudine: *come il —, arrivò tardi / di —*, abitualmente.

solitudine [-tù-] *s.f.* **1** lo stare, il vivere solo: *amare la —* **2** luogo solitario: *la — dei boschi*.

sollazzare *v.tr.* far divertire: *— la compagnia //* **-arsi** *v.rifl.pron.* divertirsi. SIN. *svagarsi*.

sollazzo *s.m.* divertimento: *dare / era il — della compagnia*, lo zimbello. SIN. *spasso, svago*.

sollecitare *v.tr.* [io sollécito ecc.] **1** far pressione perché qlco. sia fatta al più presto; brigare: *— il ritorno, la promozione / — qlcu.*, spronarlo **2** (*mecc.*) sottoporre un elemento meccanico a uno sforzo.

sollecitazione [-zió-] *s.f.* **1** il sollecitare: *una lettera di —* **2** (*mecc.*) l'azione di una forza, o di un insieme di forze, su un sistema: *— esterna*.

sollecito [-lé-] *agg.* **1** che fa con prontezza, con premura: *lavoratore —; — dell'educazione dei figli / un uomo —*, mattiniero. SIN. *pronto, solerte, zelante, premuroso* **2** fatto con prontezza: *un — ritorno // s.m.* (*neol.*) sollecitazione: *fare un —*.

sollecitudine [-tù-] *s.f.* l'essere sollecito: *— nel lavoro, verso i propri cari*. SIN. *prontezza, solerzia, zelo, alacrità, impegno, premura*.

solleone [-ó-] *s.m.* il periodo più caldo dell'estate.

solleticamento [-mén-] *s.m.* il solleticare.

solleticare *v.tr.* [io sollético, tu sollétichi ecc.] **1** fare il solletico: *— la pianta dei piedi*. SIN. *vellicare, titillare* **2** (*fig.*) eccitare, stimolare: *— l'amor proprio di qlcu*. SIN. *stuzzicare*.

solletico [-lé-] *s.m.* [pl. *-chi*] **1** sensazione nervosa provocata dal sentirsi sfiorare in certe parti del corpo; può produrre riso e movimenti convulsi: *fare il — sotto le ascelle* **2** (*fig.*) stimolo: *il — della curiosità*.

sollevamento [-mén-] *s.m.* il sollevare o il sollevarsi: *— di pesi; — del terreno dopo un terremoto*.

sollevare *v.tr.* [io sollèvo ecc.] **1** levare, tirare verso l'alto: *— un peso / — proteste*, protestare / *— una questione*, farla sorgere. SIN. *alzare, innalzare, issare* **2** (*fig.*) confortare; ricreare: *— gli afflitti; il riposo ti solleverà* **3** (*fig.*) far ribellare: *— il popolo contro gli invasori //* **-arsi** *v.rifl.* **1** levarsi verso l'alto, innalzarsi: *l'aereo si sollevò dalla pista* **2** ribellarsi: *il popolo si sollevò*.

sollevato *agg.* migliorato nelle condizioni fisiche o morali: *oggi appare più —*.

sollevatore [-tó-] *s.m.* [f. *-trice*] chi solleva / *— di pesi*, chi si dedica alla specialità atletica del sollevamento pesi.

sollevazione [-zió-] *s.f.* **1** il sollevarsi, ribellione **2** grande coro di critiche, di opposizioni.

sollievo [-liè-] *s.m.* alleviamento di un dolore o di un disagio fisico o morale: *senti un gran — dopo aver bevuto; provò — nel vederlo*. SIN. *ristoro, refrigerio*.

solluchero [-lù-], **solluchero** [-lùc-] *s.m.* senso di intimo e profondo godimento e di viva compiacenza: *andare, mandare in —*.

solmisazione [-ʃazió-] *s.f.* (*mus.*) sistema col quale si indicano i gradi della scala musicale a mezzo di sillabe anziché delle lettere.

solo [só-] *agg.* **1** senza compagnia, senz'altra persona insieme: *vive tutto —; se ne sta — / prov.: meglio soli che male accompagnati*, meglio rimanere soli che in compagnia di persone che possono recare noia o danno **2** che è in compagnia di pochi, con esclusione di altre persone: *eravamo noi quattro soli / riservato ai soli soci*, esclusivamente ad essi / *da — a —*, senza la presenza di testimoni **3** senza la partecipazione di altri: *l'ha fatto da —* **4** unico; semplice: *credere in un — Dio; una volta sola; il suo corpo era una piaga sola*, tutto piagato // *avv.* soltanto, unicamente: *commise — un* *errore*; — *per oggi*; *voglio* — *vederlo* / — *che*, se, pur che: — *che dica una parola, è spacciato* // **-mente** *avv.* unicamente, soltànto: *ho detto* — *questo*.

solstiziale *agg.* (*astr.*) del solstizio: *punto* —.

solstizio [-stì-] *s.m.* ciascuna delle due date dell'anno in cui si hanno in ogni emisfero rispettivamente la notte più lunga e il giorno più lungo: il 22 dicembre e il 22 giugno.

soltanto *avv.* solamente, unicamente.

solubile [-lù-] *agg.* che si può sciogliere: *sostanza* — *nell'acqua*.

solubilità *s.f.invar.* l'essere solubile.

solubilizzare [-liʒʒa-] *v.tr.* rendere solubile.

soluto *s.m.* (*chim.*) in una soluzione, la sostanza disciolta.

soluzione [-zió-] *s.f.* **1** lo sciogliere una sostanza in un liquido; miscela omogenea di una o più sostanze disciolte entro un'altra sostanza liquida o gassosa **2** il risolvere, il modo con cui si risolve: — *di un problema, di un enigma*; *escogitare, proporre una* — / *venire a una* —, prendere una decisione / — *di continuità*, interruzione: *quella dinastia regnò senza* — *di continuità per tre secoli* / *pagare in un'unica* —, in una sola rata.

solvente [-vèn-] *agg. e s.m.* si dice di liquido che ha la proprietà di sciogliere altre sostanze senza alterarne la natura chimica.

solvibile [-vì-] *agg.* che è in grado di pagare; che può essere pagato: *persona* —; *debito* —.

solvibilità *s.f.invar.* l'essere solvibile; possibilità di pagare.

soma [sò-] *s.f.* **1** il carico che si pone sulla groppa di una bestia da trasporto / *bestia da* —, adatta a trasportare pesi; (*fig.*) si dice di persona costretta a lavori faticosi **2** (*fig.*) grave responsabilità, onere: *scaricare la* — *sulle spalle altrui* **3** antica misura di capacità per liquidi o granaglie.

somalo [sò-] *agg.* della Somalia // *s.m.* abitante, nativo della Somalia.

somaraggine [-ràg-] *s.f.* l'essere somaro (solo *fig.*); parola, azione da somaro.

somaro *s.m.* **1** asino **2** (*fig.*) persona ignorante e stupida.

somatico [-mà-] *agg.* [pl.m. -*ci*] (*scient.*) che si riferisce al corpo degli organismi: *caratteri somatici*.

somatizzare [-tiʒʒa-] *v.tr.* trasferire nella sfera organica, con reazioni di vario tipo (p.e. disturbi gastrici), emozioni o tensioni mentali.

sombrero [-bré-] *s.m.* cappello a larghe tese, in uso nell'America meridionale.

someggiare *v.tr.* [*io* soméggio *ecc.*] trasportare a dorso di bestia da soma: — *barili d'acqua*.

someggiato *agg.* si dice di materiale, spec. d'artiglieria, trasportato a dorso di mulo.

somiere [-miè-] *s.m.* nell'organo, cassa di legno per mezzo della quale si distribuisce l'aria nelle canne.

somigliante *agg.* che somiglia: *l'immagine è molto* —. SIN. *simile*.

somiglianza *s.f.* l'essere somigliante: *hanno una certa* —. SIN. *analogia*.

somigliare *v.intr. e tr.* [*io* somìglio *ecc.*] essere simile: — *a qlcu.*; *somiglia molto la nonna*; *due strade che si somìgliano* // *v.tr.* (*lett.*) paragonare, confrontare: *i poeti spesso somìgliano il sonno alla morte*; *non può certo somigliarsi a te*.

somma [sóm-] *s.f.* **1** l'operazione dell'addizionare; il risultato di tale operazione: *fare, riportare la* — / *tirare*

le somme, (*fig.*) concludere. SIN. *addizione*. CONTR. *sottrazione* **2** quantità complessiva, spec. di denaro: *vincere al gioco una grossa* —. DIM. *sommetta* **3** conclusione, sunto: *la* — *del ragionamento* **4** titolo di opere scientifiche e filosofiche medievali: *la Somma Teologica* di san Tomaso.

sommacco *s.m.* [pl. -*chi*] piccolo albero le cui foglie e la cui corteccia, ricche di tannino, si adoperano nella concia delle pelli (*fam.* Anacardiacee).

sommare *v.tr.* [*io* sómmo *ecc.*] fare la somma; computare: — *gli addendi*; — *i pro e i contro* / *tutto sommato*, considerato tutto. SIN. *addizionare*. CONTR. *sottrarre* // *v.intr.* ammontare: *le perdite sommano a tre milioni*.

sommario [-mà-] *agg.* **1** fatto, esposto per sommi capi, senza particolari: *esame* — / *fare giustizia sommaria*, immediatamente, senza rispettare la procedura legale **2** (*dir.*) si dice dell'istruttoria penale svolta direttamente dal procuratore della repubblica o pretore anziché dal giudice istruttore (si contrappone a *formale*) // *s.m.* **1** compendio; sunto **2** (*giorn.*) insieme di una o più frasi poste sotto il titolo e che lo spiegano dettagliatamente [*ill.* Stampa].

sommelier [*franc.*; *pr.* soméljé] *s.m.* professionista dell'assaggio dei vini.

sommergere [-mèr-] *v.tr.* [pres. *io* sommèrgo, *tu* sommèrgi *ecc.*; pass.rem. *io* sommèrsi, *tu* sommergésti *ecc.*; p.pass. *sommèrso*] **1** mettere, far andare sott'acqua: *le onde sommersero la barca* **2** (*fig.*) coprire, inabissare: *tutto fu sommerso nell'oblio*.

sommergibile [-gì-] *agg.* che può sommergersi // *s.m.* nave militare costruita in modo da poter immergersi e navigare anche sott'acqua.

sommergibilista *s.m. e f.* [pl.m. -*i*] chi fa parte dell'equipaggio di un sommergibile.

sommerso [-mèr-] *agg.* coperto dalle acque: *terre sommerse*.

sommesso [-més-] *agg.* **1** sottomesso, pieno di sommissione: — *ai genitori* **2** basso, umile, detto spec. di suono: *tono* —.

somministrare *v.tr.* dare, fornire: — *viveri, medicine* / — *un ceffone*.

somministratore [-tó-] *s.m.* [f. -*trice*] chi somministra.

somministrazione [-zió-] *s.f.* il somministrare; la cosa somministrata: — *di viveri*.

sommissione [-sió-] *s.f.* sottomissione; docilità, rispetto: *ubbidire con* —.

sommità *s.f.invar.* la parte più elevata di una cosa (anche *fig.*): *la* — *di un monte*; *Napoleone raggiunse la* — *della gloria*. SIN. *cima, vetta, culmine*.

sommo [sóm-] *agg.* [superl. di *alto*] **1** altissimo: *le somme vette dei monti* **2** (*fig.*) che è superiore agli altri; il più grande, massimo: *il* — *bene*; *l'essere sommo*, Dio; *il* — *pontefice*, il papa; *il* — *dei nostri poeti*, Dante / *in* — *grado*, al massimo / *per sommi capi*, soffermandosi solo sui punti essenziali // *s.m.* sommità (anche *fig.*): *il* — *del monte, della gloria*. SIN. *cima, vetta, culmine* // **-mente** *avv.* in modo sommo; moltissimo.

sommossa [-mòs-] *s.f.* tumulto, violenta manifestazione popolare. SIN. *insurrezione, ribellione, sedizione, moto, rivolta*.

sommozzatore [-tó-] *s.m.* **1** esperto nuotatore subacqueo, munito di respiratore, che si immerge anche a notevole profondità per eseguire lavori vari **2** (*mil.*) appartenente al corpo speciale di volontari di marina che compiono azioni subacquee di offesa ai mezzi nemici.

sommuovere [-muò-] *v.tr.* [coniugato come *muove-*

re] **1** muovere, agitare: *il vento sommuove le acque* **2** (*fig.*) eccitare, istigare alla ribellione: — *il popolo, gli animi*.

sonagliera [-gliè-] *s.f.* striscia di cuoio cui sono attaccati dei sonagli, che si mette al collo dei cavalli, degli asini ecc.

sonaglio [-nà-] *s.m.* **1** sferetta cava di metallo contenente una pallina che, scossa, produce un suono squillante **2** *serpente a sonagli*, crotalo.

sonar [sò-] *s.m.invar.* → **ecogoniometro**.

sonare *v.tr.* [*io suòno ecc.*; in tutta la coniugazione, -*uò*- (region. o lett. -*ò*-) se tonico, -*o*- (meglio che -*uo*-) se atono] **1** fare in modo che un corpo, uno strumento ecc. mandi un suono: — *le campane, il violino, la tromba; egli suona molto bene il pianoforte* / *assol.* esercitare la professione di sonatore: *suona alla Scala* **2** eseguire sonando un brano musicale: *ha sonato alcune romanze del Settecento; l'orchestra sta sonando Verdi* **3** dare un segnale con un suono: — *la tromba; il trombettiere sonò la ritirata; la campana suona l'Avemaria; l'orologio ha sonato le cinque* **4** (*fig.*) significare: *le sue parole mi suonano offesa, minaccia* **5** (*fig.*) dire a uno ciò che gli spetta, senza reticenza: *gliel'ho sonate chiare e tonde* **6** (*fam.*) picchiare forte: *lo hanno sonato per bene; gliele abbiamo sonate a dovere* **7** (*fam.*) imbrogliare / *andarono per* — *e furono sonati*, si dice di chi, credendosi furbo, si lascia invece ingannare // *v.intr.* **1** emettere, produrre un suono: *l'organo è rotto e non suona più; le campane suonano a festa; suona il telefono, la sirena d'allarme / suona la fine dell'ora*, il campanello che l'annuncia / *denaro sonante*, in contanti / *ha cinquant'anni sonati*, già compiuti **2** risonare: *la casa sonava delle voci dei bambini; batti qui la parete e sentirai come suona* **3** essere più o meno armonioso, gradito all'orecchio: *questi versi, queste parole suonano bene* **4** (*lett.*) esser detto, esser noto; aver fama: *il nome di Dante suona dovunque*.

sonata *s.f.* **1** atto, effetto del sonare: *una* — *di campanello* **2** composizione musicale da eseguirsi con determinati strumenti: *una* — *di Beethoven per piano e violino* **3** (*fam.*) bastonatura: *gli abbiamo dato una buona* — **4** (*fam.*) imbroglio: *prendere una* —, essere imbrogliato.

sonatore [-tó-] *s.m.* [f. -*trice*] chi suona uno strumento musicale: *è un* — *di violino; un* — *ambulante / e buona notte, sonatori*, non c'è più nulla da fare o da dire, tutto è finito.

sonda [són-] *s.f.* denominazione di strumenti e dispositivi usati per misurazioni, prelievi, perforazioni; scandaglio: — *mineraria* / — *medica*, apparecchio cilindrico, pieno o cavo, usato dal medico a scopo diagnostico o terapeutico per l'esplorazione di cavità del corpo umano e per estrarne o introdurvi liquidi / — *atmosferica*, veicolo a missile o a pallone per lo studio dell'alta atmosfera e per rilevamenti meteorologici / — *spaziale*, strumento per il prelievo di materiali o lo studio di ambienti nello spazio cosmico.

sondaggio [-dàg-] *s.m.* operazione di ricerca compiuta per mezzo di una sonda; per estens., indagine, rilevamento: — *medico;* — *statistico;* — *d'opinione* / — *marino*, operazione per misurare la profondità del mare / — *geofisico*, esplorazione del sottosuolo, perforazione del terreno; scavo di pozzi artesiani [*ill. Miniera*].

sondare *v.tr.* [*io sóndo ecc.*] **1** fare sondaggi a scopo di ricerca o di sfruttamento: — *il sottosuolo di una regione;* — *l'opinione pubblica* **2** (*fig.*) saggiare, indagare: — *il terreno, gli umori*.

sondriasco *agg.* della provincia di Sondrio // *s.m.* abitante della provincia di Sondrio.

sondriese [-é-] *agg.* di Sondrio // *s.m.* e *f.* abitante di Sondrio.

soneria [-rì-] *s.f.* dispositivo che produce suoni: *la* — *dell'orologio; una* — *elettrica*.

sonetto [-nét-] *s.m.* componimento lirico costituito da quattordici versi endecasillabi variamente rimati e divisi in due quartine e due terzine.

sonico [sò-] *agg.* [pl.m. -*ci*] del suono: *velocità sonica*.

sonito [sò-] *s.m.* (*lett.*) suono collettivo, risonanza.

sonnacchioso [-chió-] *agg.* pieno di sonno. SIN. *sonnolento*.

sonnambulismo [-ʃmo] *s.m.* lo stato di chi è sonnambulo.

sonnambulo [-nàm-] *s.m.* chi durante il sonno si muove, cammina, agisce senza averne coscienza.

sonnecchiare *v.intr.* [*io sonnécchio ecc.*] dormicchiare, cedere a tratti al sonno.

sonnellino *s.m.* breve sonno, spec. durante la giornata.

sonnifero [-ni-] *agg.* che provoca il sonno. SIN. *soporifero* // *s.m.* sostanza sonnifera: *una pasticca di* —.

sonno [són-] *s.m.* **1** fenomeno periodico di riposo delle funzioni psicofisiche, caratterizzato dalla sospensione della coscienza e della volontà: *essere immerso nel* —; *prender* —; *esser vinto dal* — / *malattia del* —, malattia tropicale dovuta alla puntura della mosca tsètsè / *rubare le ore al* —, sottrarle al riposo per dedicarle ad altro **2** bisogno, desiderio di dormire: *aver* —; *far venir* —, (*fig.*) annoiare / *morto di* —, incapace di fare perché troppo addormentato **3** spec. *pl.* riposo, tranquillità: *dormire sonni tranquilli*, essere sereno, non avere problemi, non avere rimorsi; *difendere i propri sonni*, la propria tranquillità / *il* — *del giusto*, quello di chi non ha rimorsi; per estens., di chi è morto / *l'ultimo*, *l'eterno* —, la morte.

sonnolento [-lèn-] *agg.* **1** che ha desiderio e bisogno di sonno. SIN. *sonnacchioso* **2** che dà sonno: *giornata sonnolenta*.

sonnolenza [-lèn-] *s.f.* torpore provocato dal bisogno e dal desiderio di sonno, talvolta da malattia.

sonora [-nò-] *s.f.* consonante sonora (p.e. *b*, *g*, *m*).

sonorità *s.f.invar.* **1** qualità di ciò che è sonoro: *la* — *della voce* **2** capacità di conservare e trasmettere i suoni: *la* — *di questa sala*.

sonorizzare [-riʒʒa-] *v.tr.* **1** rendere sonoro **2** (*cinem.*) registrare la colonna sonora sulla pellicola già sviluppata.

sonorizzazione [-riʒʒaʒió-] *s.f.* (*cinem.*) l'operazione del sonorizzare.

sonoro [-nò-] *agg.* **1** che dà e trasmette suono: *corpi sonori; onde sonore* **2** che risuona con forza e vivacità: *risa sonore; applausi sonori / consonanti sonore*, quelle che si articolano con vibrazione delle corde vocali (p.e. *b*, *g*, *m*) **3** (*cinem.*) si dice di film le cui immagini sono sincronizzate a una registrazione sonora // *s.m.* cinema sonoro; colonna sonora.

sontuosità *s.f.invar.* l'essere sontuoso. SIN. *fastosità*, *pompa*.

sontuoso [-tuó-] *agg.* realizzato con lusso e sfarzo: *un arredamento, un ricevimento* —. SIN. *lussuoso, fastoso, ricco*.

soperchieria [-ri-] *s.f.* → **soverchieria**.

sopire *v.tr.* [*io sopisco, tu sopisci ecc.*] **1** indurre al sonno, alla calma **2** (*fig.*) lenire, far cessare: *sopì l'ira e la passione*. SIN. *placare*.

sopore [-pó-] *s.m.* stato di abbandono fisico simile al sonno, con perdita parziale della coscienza.

soporifero [-rì-] *agg.* **1** che dà sopore. SIN. *sonnifero* **2** (*fig.*) noioso: *un libro —*.

soppalco *s.m.* [pl. -*chi*] locale secondario ricavato con una suddivisione intermedia da ambienti di notevole altezza; spec. soffitta sotto il tetto.

soppanno *s.m.* fodera, imbottitura.

sopperire *v.intr.* [io *sopperisco, tu sopperisci* ecc.] far fronte: *sopperiva ai bisogni di tutti.* SIN. *supplire.*

soppesare *v.tr.* [io *soppéso* ecc.] **1** sentire e valutare il peso di un oggetto, tenendolo in mano **2** (*fig.*) valutare, considerare: *soppesava i pro e i contro,* i vantaggi e gli svantaggi.

soppiantare *v.tr.* rimuovere o far allontanare da un posto qlcu. e sostituirglisi, per lo più slealmente: *lo soppiantò in quell'incarico.*

soppiatto solo nella locuz. *di soppiatto,* di nascosto: *uscì di —.*

sopportabile [-tà-] *agg.* che si può sopportare: *è un dolore —.* SIN. *tollerabile.*

sopportare *v.tr.* [io *soppòrto* ecc.] **1** reggere: *il tetto sopporta il peso della neve* **2** resistere a fatiche, dolori, noie ecc.: *sopportai la sua presenza; sopportava che gli altri lo schernissero.* SIN. *tollerare, sostenere, patire.*

sopportazione [-zió-] *s.f.* **1** il sopportare **2** capacità di sopportare con pazienza. SIN. *tolleranza.*

soppressata *s.f.* salume da affettare, fatto di carne di maiale cotta e pressata.

soppressione [-sió-] *s.f.* atto, effetto del sopprimere; abolizione: *la — dell'incarico.*

soppresso [-près-] *agg.* **1** abolito, annullato, rimosso **2** ucciso.

sopprimere [-prì-] *v.tr.* [pass.rem. io *soppréssi, tu sopprimésti* ecc.; p.pass. *sopprèsso*] **1** eliminare, togliere di mezzo; far cessare: *— un ufficio, una fermata del treno* **2** uccidere: *il gatto era così malato che fu necessario sopprimerlo.*

sopra [só-] *prep. impropria* indica luogo, posizione più elevata rispetto ad altra; si usa con verbi sia di stato sia di moto; si unisce ai nomi direttamente o, nel linguaggio familiare, mediante la prep. *a,* e ai pronomi mediante la prep. *di* o, più rar., *a*; si elide davanti a vocale, spec. nell'uso lett. **1** con riferimento a cose che sono a contatto: *il telefono è — la scrivania; stendere la tovaglia — la tavola; aveva un golf — le spalle; mettere dei piatti uno — l'altro / — la terra,* nel mondo / *mettiamoci una pietra —,* (*fig.*) dimentichiamo ciò che è stato / *prendere qlco. — di sé,* accettarne il carico, la responsabilità / *giocare — una carta, un numero,* puntarlo / *giurare — qlcu., qlco. / è meglio dormirci —,* rifletterci, lasciar passare tempo; *non dormirci —,* non perdere tempo / *beviamoci —,* per festeggiare o per dimenticare // in espressioni fig. indica il rapido succedersi di cose o avvenimenti: *fare debiti — debiti; gli accade una disgrazia — l'altra* **2** con riferimento a cose sovrastanti e non a contatto tra loro: *il ritratto era appeso — il caminetto; abita — di* (o *a*) *noi / piangere — qlcu., qlco.,* dolersi per qlcu., qlco. / *passar — a qlco.,* non tenerne conto / *tornar — a qlco.,* riesaminarla / *averne fin — i capelli,* essere nauseato di qlco. o aver raggiunto il limite della sopportazione / *essere — pensiero,* assente con la mente **3** riferito a cose che cade dall'alto: *le bombe caddero — la casa* **4** per indicare immediata vicinanza; vicino ma sempre in posizione più elevata: *una villa — il lago* **5** oltre, più di; riferito a cose che superano

un determinato limite: *bambini — i cinque anni; — il livello del mare;* nelle determinazioni geografiche con il valore di «più a nord»: *Bolzano è un po' — Trento; — il 10° parallelo;* anche, con il valore di «più in alto»: *Cervinia è — Valtournenche* **6** col valore di *più di, più che: amare — ogni cosa* **7** intorno a, riguardo a; nei compl. di argomento: *parlare — un argomento //* avv. in luogo o posizione più elevata, anche preceduto dalla prep. *di: era lì —; c'è qualcuno di sopra?* le camere sono (*di*) *—,* al piano superiore; riferendosi a cosa che precede in un testo: *gli esempi — citati; vedi —, come —,* nei rinvii; preceduto da *prep.: mi chiamò da —; passiamo per di — / al di —,* usato in luogo di *sopra, di sopra,* ma meno bene: *al di — dei sei anni; è al di — di ogni sospetto //* con valore di *agg.,* anche preceduto da *di*: *la riga —; il piano di —, superiore //* con valore di *s.m.: il* (*di*) *—,* la parte superiore, ciò che sta sopra: *il — è di velluto.*

sopra- [prep. *sópra*] prefisso di largo uso; significa «che è, che sta sopra» e indica, in genere, superiorità anche in senso fig.; di norma esige il raddoppiamento della consonante semplice con cui ha inizio la parola seguente (*soprattassa, soprammobile, soprannumero, soprannaturale*); talvolta la *a* finale si elide dinanzi a vocale (*soprelevare*).

soprabito [-prà-] *s.m.* cappotto leggero, lungo sino alle ginocchia, maschile o femminile, che si indossa nelle stagioni intermedie.

sopraccennato *agg.* a cui si è accennato prima; già nominato.

sopracciliare *agg.* del sopracciglio, delle sopracciglia.

sopracciglio [-cì-] *s.m.* sporgenza a forma di arco ricoperta di peli, che forma il margine superiore dell'orbita dell'occhio.

sopraccitato *agg.* citato precedentemente: *l'autore —.*

sopraccoda [-cò-] *s.f.* negli uccelli, la parte dorsale estrema terminante con la coda.

sopraccoperta [-pèr-] *s.f.* **1** coperta o copertura che si mette sopra un'altra o sopra le lenzuola **2** foglio stampato a colori che ricopre la copertina di un libro, fascicolo ecc. [*ill. Stampa*] // *avv.* (*mar.*) sul ponte di coperta.

sopraddetto [-dét-] *agg.* detto precedentemente.

sopraddominante *s.f.* sesto grado della scala musicale, così detto perché viene dopo la *dominante.*

sopraelencato *agg.* spec. *pl.* si dice di elementi già elencati in precedenza in un testo.

sopraffare *v.tr.* [coniugato come *fare*] avere la meglio con prepotenza e violenza su qlcu.; opprimere (anche fig.): *furono sopraffatti dal numero; siamo sopraffatti dalla stanchezza.* SIN. *soverchiare.*

sopraffazione [-zió-] *s.f.* il sopraffare. SIN. *sopruso.*

sopraffino *agg.* finissimo: *qualità sopraffina / astuzia sopraffina,* (*iron.*) raffinatissima.

sopraggitto *s.m.* punto di cucito con cui si fermano i margini liberi di due lembi di stoffa già uniti con una cucitura.

sopraggiungere [-giùn-] *v.intr.* [coniugato come *giungere*] giungere all'improvviso; capitare: *è sopraggiunta la febbre a peggiorare le condizioni del malato.*

sopraggiunta *s.f.* aggiunta fatta a un'altra / *per —,* per di più, inoltre.

sopraindicato *agg.* indicato precedentemente.

sopralluogo [-luò-] *s.m.* [pl. -*ghi*] visita, ispezione dell'autorità; ispezione del magistrato sul luogo della contestazione.

sopraluce *s.m.invar.* la parte superiore vetrata, non apribile, di certi tipi di porta.

soprammercato solo nella locuz. *per soprammercato*, per giunta.

soprammettere [-mét-] *v.tr.* [coniugato come *mettere*] mettere sopra, sovrapporre.

soprammobile [-mò-] *s.m.* piccolo oggetto decorativo che si colloca sopra ai mobili.

soprannaturale *agg.* e *s.m.* si dice di ciò che si ritiene trascenda l'ordine naturale delle cose.

soprannazionale *agg.* → **supernazionale**.

soprannome [-nó-] *s.m.* nome che si dà a una persona per caratterizzarla più tipicamente, movendo da una caratteristica fisica o da un dato storico, biografico (p.e. *Giovanni dalle Bande Nere*; *il Barbarossa*).

soprannominare *v.tr.* [*io soprannòmino ecc.*] dare un soprannome.

soprannumerario [-rà-] *agg.* che è in soprannumero.

soprannumero [-nù-] usato nella locuz. *in soprannumero*, che è in numero superiore a quello previsto o d'uso.

soprano *s.m.* il registro più acuto della voce femminile // *s.m.* e *f.* la cantante con voce di soprano.

soprappensiero [-siè-] *avv.* assorto in pensieri; distratto.

soprappiù *s.m.* ciò che si dà o si ottiene in più.

soprapporta [-pòr-] *s.f.* **1** tratto di parete decorato o dipinto sopra l'architrave della porta **2** apertura pratica sopra una porta per illuminare o aerare l'ambiente interno.

soprapprofitto *s.m.* guadagno maggiore conseguito da un imprenditore a causa di situazioni di mercato particolarmente favorevoli.

soprascarpa *s.f.* scarpa di gomma che s'indossa sulla scarpa comune per ripararsi dalla pioggia.

soprascritta *s.f.* ciò che si scrive sopra una busta o lettera da far recapitare; indirizzo.

soprascritto *agg.* che è scritto sopra.

soprasensibile [-sì-] *agg.* che non può essere conosciuto mediante i sensi; spirituale.

soprassalto *s.m.* balzo improvviso: *fare un —* / *di —*, all'improvviso, bruscamente.

soprassata *s.f.* → **soppressata**.

soprassedere [-dé-] *v.intr.* [coniugato come *sedere*] indugiare, rimandare, differire ad altro tempo: *soprassedette alla sua decisione*.

soprassoldo [-sòl-] *s.m.* mercede, ricompensa speciale concessa in aggiunta a quella ordinaria: *— di guerra*.

soprassuolo [-suò-] *s.m.* **1** la parte superficiale del suolo **2** l'insieme della vegetazione che si sviluppa sopra un terreno.

soprastampa *s.f.* → **sovrastampa**.

soprastare *v.intr.* [coniugato come *stare*] soprintendere, star sopra ad altri per autorità o merito.

soprastruttura *s.f.* → **sovrastruttura**.

sopratonica [-tò-] *s.f.* secondo grado della scala musicale, così detto perché viene dopo la *tonica*.

soprattassa *s.f.* tassa addizionale, aggiunta ad altra tassa o imposta al contribuente moroso.

soprattutto *avv.* sopra ogni cosa, in modo particolare: *m'interessa — la puntualità*.

sopravanzare *v.tr.* superare // *v.intr.* essere in eccedenza, avanzare.

sopravanzo *s.m.* ciò che avanza; eccedenza, rimanenza.

sopravvalutare *v.tr.* [*io sopravvàluto ecc.*] stimare maggiore o più importante del vero: *hai sopravvalutato la sua intelligenza*.

sopravvenienza [-nièn-] *s.f.* il sopravvenire; ciò che sopravviene.

sopravvenire *v.intr.* [coniugato come *venire*] venire all'improvviso, sopraggiungere; accadere inaspettatamente: *sopravvenne la polizia*; *gli sopravvenne una disgrazia*.

sopravvento[1] [-vèn-] *s.m.* (*fig.*) vantaggio, superiorità, preminenza: *avere il — su qlcu.*

sopravvento[2] [-vèn-] *avv.* (*mar.*) dalla parte da cui soffia il vento.

sopravveste [-vè-] *s.f.* **1** veste che si porta sopra un'altra **2** la veste che un tempo i cavalieri portavano sopra l'armatura.

sopravvissuto *agg.* e *s.m.* che o chi è rimasto in vita dopo la morte di altri o dopo un sinistro, una sciagura.

sopravvivenza [-vèn-] *s.f.* il sopravvivere, il rimanere in vita.

sopravvivere [-vì-] *v.intr.* [coniugato come *vivere*] **1** restare vivo, spec. dopo la morte di altri o dopo un evento calamitoso **2** (*fig.*) durare, continuare: *la moglie sopravvisse al marito*; *nel mio cuore sopravvive il ricordo*.

sopredificare *v.tr.* [*io sopredìfico, tu sopredifichi ecc.*] costruire sopra un edificio già esistente: *sopredificarono un attico sul palazzo*.

soprelevare *v.tr.* [*io soprelèvo ecc.*] rialzare un edificio costruendovi sopra uno o più piani; costruire al disopra del livello normale: *— la casa di due piani*; *— la ferrovia*.

soprelevato *agg.* costruito al disopra di un edificio o del piano stradale: *piano —*; *ferrovia soprelevata*.

soprelevazione [-zió-] *s.f.* il soprelevare; la parte di edificio soprelevata.

soprintendente [-dèn-] *s.m.* → **sovrintendente**.

soprosso [-pròs-] *s.m.* nome popolare di ogni formazione anormale che alteri la superficie delle ossa provocando gonfiore esterno.

sopruso [-ʃo] *s.m.* imposizione, prepotenza fatta a qlcu. abusando della propria superiorità. SIN. *sopraffazione*.

soqquadro *s.m.* grave confusione, scompiglio: *mettere a —*.

sorba [sòr-] *s.f.* **1** frutto del sorbo **2** (*fig.pop.*) percossa, colpo: *te le do io, le sorbe!*

sorbettare *v.tr.* [*io sorbétto ecc.*] ridurre a sorbetto un liquido facendolo gelare.

sorbettiera [-tiè-] *s.f.* recipiente cilindrico di metallo in cui si mettono le sostanze da congelare per fare i sorbetti.

sorbetto [-bét-] *s.m.* gelato non molto duro.

sorbire *v.tr.* [*io sorbisco, tu sorbisci ecc.*] bere un liquido a piccoli sorsi, succhiando: *— una bibita* / *sorbirsi qlco.*, (*scherz.*) doverla sopportare: *doversi — una conferenza noiosa*. SIN. *sorseggiare*.

sorbo [sòr-] *s.m.* piccolo albero con foglie pennate, fiori bianchi a corimbo e piccoli frutti a forma di pera, rossi, commestibili (*fam.* Rosacee) / *— selvatico*, con frutti rossi, piccoli, rotondi, non commestibili.

sorcio [sòr-] *s.m.* topo / *far vedere i sorci verdi*, far molta paura.

sorda [sòr-] *s.f.* consonante sorda (p.e. *p, c, t*).

sordastro *agg.* e *s.m.* si dice di chi è leggermente sordo.

sordidezza [-déz-] *s.f.* **1** l'essere sordido. SIN. *sozzura* **2** gretta avarizia.

sordido [sòr-] *agg.* **1** sporco, lurido (anche *fig.*): *un luogo —*. SIN. *sozzo* **2** avaro: *un — usuraio*.

sordina *s.f.* congegno per attutire i suoni, di forma varia a seconda dello strumento musicale cui è applicato / *in* —, senza far rumore, di nascosto.

sordità *s.f.invar.* lo stato di chi è sordo: *essere affetto da* —.

sordo [sór-] *agg.* **1** che ha perduto il senso dell'udito, che non ode distintamente suoni e rumori; che non presta ascolto (anche *fig.*): — *dalla nascita; — ai consigli; — alle preghiere,* duro di cuore / — *come una campana,* completamente sordo / *prov.: non vi è peggior — di chi non vuole udire,* è inutile parlare a chi non vuole ascoltare **2** privo di risonanza, cupo, grave: *voce sorda, rumore* — / *consonanti sorde,* quelle nella cui articolazione non vibrano le corde vocali (p.e. *p, c, t*) **3** (*fig.*) che non si rivela, nascosto: *un dolore* —; *un'ostilità sorda; una guerra sorda,* che cova senza venire alla luce // *s.m.* persona sorda // **-mente** *avv.* senza far rumore; anche, celatamente.

sordomutismo [-ʃmo] *s.m.* la condizione di chi è sordomuto.

sordomuto *agg.* e *s.m.* che o chi è privo dell'udito e quindi della parola.

sorella [-rèl-] *s.f.* **1** nata con altri dallo stesso padre e dalla stessa madre: *fratello e* —; — *maggiore, minore* / — *di latte,* la figlia della balia che ha dato il latte **2** (*fig.*) si dice di cose che abbiano origine comune o grande affinità: *lingue sorelle; civiltà, arti sorelle* **3** appellativo delle monache, per lo più non seguito da nome proprio, e anche di donne laiche in alcune comunità religiose.

sorellastra *s.f.* colei che è figlia dello stesso padre ma non della stessa madre, o viceversa.

sorgente [-gén-] *s.f.* **1** getto d'acqua che scaturisce dal sottosuolo; il punto in cui l'acqua sgorga; anche, fonte di altri liquidi, di calore, di luce, di gas ecc.: *giunsero a una fresca* —; — *mineraria, petrolifera* **2** (*fig.*) causa, origine: — *di guadagno, di dolore/ risalire alla* —, indagare la fonte di una notizia, di un documento ecc.

sorgere [sór-] *v.intr.* [pres. *io* **sórgo,** *tu* **sórgi** ecc.; pass. rem. *io* **sórsi,** *tu* **sorgésti,** *egli* **sórse** ecc.; p.pass. **sórto**] **1** levarsi da luogo basso, alzarsi: *il sole sorge all'orizzonte; il monte sorge dalla pianura* **2** scaturire (detto di corsi d'acqua): *il Po sorge dal Monviso* **3** (*lett.*) detto di persona, levarsi in piedi; (*fig.*) assurgere, venire: *sorse a gran fama* **4** (*fig.*) derivare, nascere: *sorgono dubbi, difficoltà.*

sorgivo *agg.* di sorgente: *acqua sorgiva.*

sorgo [sór-] *s.m.* [pl. *-ghi*] → **saggina.**

soriano *agg.* e *s.m.* si chiama così una varietà di gatto domestico dal mantello grigio lionato, a strisce nere.

sormontare *v.tr.* [*io* **sormónto** ecc.] superare, passare oltre (anche *fig.*): — *gli ostacoli, le difficoltà.* SIN. *sorpassare.*

sornione [-nió-] *agg.* e *s.m.* che o chi mantiene un atteggiamento indifferente o riservato: *il gatto è* —; *aria sorniona.*

sorosio [-ròʃio] *s.m.* (*bot.*) infruttescenza del gelso, dell'ananas e di altre piante [*ill. Frutti*].

sorpassare *v.tr.* **1** sopravvalzare: — *in altezza, in velocità; sorpassava il livello normale.* SIN. *sormontare, superare* **2** oltrepassare un altro veicolo: *lo sorpassò dopo mezz'ora.* SIN. *superare.*

sorpassato *agg.* superato, lasciato indietro; caduto in disuso: *è un metodo* —; *aveva idee sorpassate.*

sorpasso *s.m.* manovra con cui si passa oltre qlco. (spec. di veicolo): *l'automobile compì un — pericoloso.*

sorprendente [-dèn-] *agg.* che sorprende, stupisce; strano, impreveduto: *un esito* —. SIN. *stupefacente.*

sorprendere [-prèn-] *v.tr.* [coniugato come *prendere*] **1** cogliere all'improvviso: *lo sorpresero mentre stava rubando /* — *la buona fede di qlcu.,* ingannarlo **2** causare viva e improvvisa meraviglia: *mi sorprende che tu non sia partito //* **-ersi** *v.rifl.pron.* provar sorpresa: *ci sorprendemmo di vederti.*

sorpresa [-pré-] *s.f.* **1** lo stato d'animo di chi è sorpreso: *lo vide con grande* —. SIN. *stupore* **2** il sorprendere; cosa o avvenimento che giunge inaspettato: *che brutta* —! **3** visita improvvisa che provochi piacevole stupore. SIN. *improvvisata.*

sorpreso [-pré-] *agg.* preso da meraviglia e stupore: *ci guardò* —. SIN. *stupito.*

sorreggere [-règ-] *v.tr.* [coniugato come *reggere*] sostenere, reggere (anche *fig.*): *sorreggeva il fratellino che moveva i primi passi; mi sorreggeva la speranza di vincere.*

sorridente [-dèn-] *agg.* che sorride: *un viso* —.

sorridere [-ri-] *v.intr.* [coniugato come *ridere*] **1** ridere leggermente, a fior di labbra **2** (*fig.*) arridere, essere favorevole; piacere: *le sorrideva la vita; mi sorride l'idea di rivederli.*

sorriso *s.m.* **1** atto del sorridere; riso leggero / *ha un bel* —, è bello quando sorride **2** (*fig.*) grazia lieta e rasserenante: *il* — *della primavera, della giovinezza, del cielo.*

sorsata *s.f.* atto del sorseggiare; la quantità di liquido così inghiottito.

sorseggiare *v.tr.* [*io* **sorséggio** ecc.] bere a sorsi: *sorseggiava pian piano quel buon vino.* SIN. *sorbire.*

sorso [sór-] *s.m.* la quantità di liquido che si inghiotte in una sorsata: *bere a lunghi, piccoli sorsi / in un* —, tutto in una volta.

sorta [sòr-] *s.f.* specie, tipo, qualità: *ogni* — *di avventure; merci di tutte le sorte.*

sorte [sòr-] *s.f.* **1** forza misteriosa e imprevedibile che sembra regolare le vicende umane; fortuna, destino: *la buona, cattiva* —; *la* — *favorevole, avversa; in balìa della* —; *tentare la* —. SIN. *fato* **2** esito, risultato di eventi che non dipendono dalla nostra volontà; stato, condizione in cui si viene a trovare per effetto di essi: *il mio tentativo ebbe una cattiva* —; *la nostra è proprio una cattiva* —; *toccare, avere in* — **3** caso: *per* — *c'ero anch'io; estrarre, tirare a* —, fare un sorteggio, rimettendosi al caso.

sorteggiare *v.tr.* [*io* **sortéggio** ecc.] estrarre a sorte: *sorteggiarono i premi della lotteria.*

sorteggio [-tég-] *s.m.* l'atto del sorteggiare.

sortilegio [-lè-] *s.m.* operazione di magia: *fare un* —. SIN. *incantesimo.*

sortire[1] *v.tr.* [*io* **sortisco,** *tu* **sortisci** ecc.] avere in sorte o, più semplicemente, avere: *sortì un buon carattere; l'esame non sortì buon esito.*

sortire[2] *v.intr.* [*io* **sòrto** ecc.] (*lett.* o *region.*) uscire, andar fuori; e spec. uscir di casa.

sortita *s.f.* **1** uscita improvvisa e impetuosa di truppe da un luogo chiuso o assediato, per aprirsi un varco o assalire i nemici: *tentarono un'audace* — **2** comparsa di un attore sulla scena.

sorvegliante *s.m.* e *f.* chi sorveglia: — *ai lavori.*

sorveglianza *s.f.* il sorvegliare: *sfuggire alla* — *degli agenti.* SIN. *vigilanza.*

sorvegliare *v.tr.* [*io* **sorvéglio** ecc.] tener d'occhio qlcu. o qlco. per evitare errori o danni: — *i bambini, i lavori; la polizia lo sorveglia.* SIN. *vigilare.*

sorvolare *v.tr.* e intr. [*io* **sorvólo** ecc.] **1** volare sopra:

— *il mare* **2** (*fig.*) passar oltre, non soffermarsi: — *un argomento delicato*; — *su ciò è meglio*.

sorvolo [-vó-] *s.m.* il volare sopra.

SOS [èsse ò èsse] *s.m.* richiesta di aiuto; propriamente, il segnale internazionale radiotelegrafico di richiesta di soccorso in caso di grave pericolo.

soscrivere [-scrì-] *v.tr.* → **sottoscrivere**.

soscrizione [-zió-] *s.f.* **1** indicazione, che si trova in certi libri, del nome dello stampatore **2** particolare disposizione tipografica delle ultime righe del testo per ottenere un effetto ornamentale.

sosia [sòʃia] *s.m.invar.* persona tanto somigliante a un'altra da poter essere scambiata per essa: *essere il — di qlcu.*

sospendere [-spèn-] *v.tr.* [pres. *io sospèndo ecc.*; pass. rem. *io sospési, tu sospendesti ecc.*; p.pass. *sospéso*] **1** appendere: — *un lampadario al soffitto* **2** (*fig.*) interrompere rinviando ad altro tempo: — *la partenza, una riunione* **3** (*fig.*) privare per qualche tempo di una carica, di un impiego e simili a fine di punizione: *l'impiegato fu sospeso per otto giorni* / — *uno scolaro dalle lezioni*, allontanarlo dalla scuola.

sospensione [-sió-] *s.f.* **1** il sospendere, l'interrompere; in particolare, il sospendere per punizione: *gli hanno dato tre giorni di —; la riunione riprenderà dopo la —.* SIN. *interruzione* **2** l'essere sospeso, appeso: *lampada a —* / — *d'animo*, ansia, incertezza **3** (*ret.*) figura consistente nel ritardare con un giro di parole la conclusione di un periodo **4** (*chim.*) dispersione di minutissime particelle di una sostanza solida in un liquido **5** (*mecc.*) dispositivo che sostiene un meccanismo permettendogli un libero movimento; in un veicolo, collegamento molleggiato delle ruote al telaio **6** nella pallacanestro, la condizione del giocatore che si trova staccato dal suolo in un salto.

sospensiva *s.f.* nell'uso burocratico, rinvio: *chiedere una —.*

sospensivo *agg.* che sospende, rinvia: *ordine —.*

sospensorio [-sò-] *s.m.* indumento che serve a sorreggere la borsa scrotale, usato spec. dagli atleti.

sospeso [-spé-] *agg.* **1** appeso, sollevato; *restare — nel vuoto* **2** interrotto, rinviato: *riunione sospesa* / *col fiato —*, trattenendo il respiro **3** incerto, ansioso: *col cuore —* / *stare in —*, nell'incertezza / *tenere in —*, non definire.

sospettabile [-tà-] *agg.* che può essere sospettato.

sospettare *v.tr.* e *intr.* [*io sospètto ecc.*] ritenere colpevole: — *qlcu. di tradimento; sospettavano di lui* // *v.tr.* **1** intuire attraverso indizi qlco. di grave: — *un attentato.* SIN. *subodorare* **2** supporre: *nessuno sospetterebbe in lui tanta energia* // *v.intr.* diffidare: — *di tutto.*

sospetto [-spèt-] *agg.* che desta diffidenza: *silenzio —* // *s.m.* il sospettare; dubbio: *su di lui pesa il — di omicidio; avere sospetti circa la sincerità di qlcu.*

sospettoso [-tó-] *agg.* facile a sospettare, diffidente.

sospingere [-spìn-] *v.tr.* [coniugato come *spingere*] (*lett.*) spingere (anche *fig.*): — *un carro; ti hanno sospinto alla disperazione.*

sospirare *v.intr.* emettere uno o più sospiri, spec. per un senso di stanchezza, di malinconia o di angoscia // *v.tr.* desiderare ardentemente: *sospirava il ritorno.*

sospiro *s.m.* inspirazione ed espirazione profonda, spec. per moto dell'animo: *un lieve —; un — di rimpianto* / *mandare l'ultimo —*, spirare, morire.

sospiroso [-ró-] *agg.* che sospira spesso; malinconico: *un animo —.*

sossopra [-só-] *avv.* → **sottosopra**.

sosta [sò-] *s.f.* **1** il sostare; arresto, fermata: *abbiamo fatto tutto il viaggio senza una —* / *divieto di —*, dove non è permesso parcheggiare i veicoli **2** cessazione, posa: *il male non gli dà — un momento; lavora giorno e notte senza —.* SIN. *pausa, riposo, tregua.*

sostantivare *v.tr.* adoperare come sostantivo un'altra parte del discorso: — *un aggettivo.*

sostantivato *agg.* usato come sostantivo: *aggettivo —.*

sostantivo *s.m.* (*gramm.*) il nome sostantivo, la parte cioè del discorso che indica persone, animali e cose sia singolarmente sia come classe (p.e. *uomo, cane, tavolo, bontà*).

sostanza *s.f.* **1** (*fil.*) ciò che costituisce l'essenza immutabile di una cosa: — *materiale*, la materia, che è il substrato delle qualità sensibili; — *spirituale*, l'anima, che è il substrato dei fatti psichici **2** si dice di qualunque cosa materiale in genere: — *liquida, gassosa; sostanze organiche, vegetali, minerali, medicinali* **3** la parte o la qualità fondamentale o più importante di qlco.: *non bisogna badare alla forma, ma alla —; la — di un discorso, di un racconto* / *in —*, in realtà; insomma, in conclusione **4** nutrimento: *la carne è un cibo di molta —* **5** patrimonio: *suo padre gli ha lasciato una bella —; dilapidare le proprie sostanze.*

sostanziale *agg.* che riguarda la sostanza; fondamentale, importante: *tra le due cose ci sono differenze sostanziali; la parte — di una questione.* SIN. *essenziale* // **-mente** *avv.* in sostanza; per quanto riguarda l'essenziale.

sostanzialità *s.f.invar.* l'essere sostanziale; fondamentale importanza.

sostanzioso [-zió-] *agg.* che ha molta sostanza; che è molto nutrimento: *un cibo —* / *un libro —*, ricco di pensiero, che nutre lo spirito / *un — compenso*, ricco, abbondante.

sostare *v.intr.* [*io sòsto ecc.*] fermarsi un poco; fare una sosta, una pausa: *a metà strada sostammo per riposarci.* SIN. *soffermarsi, posare, restare.*

sostegno [-sté-] *s.m.* tutto ciò che sostiene: *pilastri di —; — economico, morale* / *a — di una tesi*, per confermarla.

sostenere [-né-] *v.tr.* [coniugato come *tenere*] **1** tenere su: *grossi pilastri sostengono il ponte; non si sostiene sulle gambe.* SIN. *reggere* **2** secondare, aiutare: — *qlcu.; lo sostenne nelle difficoltà.* SIN. *favorire, difendere* **3** affermare: — *una teoria, la propria innocenza* **4** assumere, tollerare: — *tutte le spese di casa* / — *il vino*, non ubriacarsi facilmente / — *gli esami*, sottoporvisi / — *una parte*, interpretarla / — *un assalto*, resistergli. SIN. *sopportare.*

sostenibile [-nì-] *agg.* che si può sostenere: *spesa, teoria —.*

sostenimento [-mén-] *s.m.* il sostenere, il sostenersi.

sostenitore [-tó-] *s.m.* [f. *-trice*] chi sostiene, favorisce: — *di qlcu., di un'iniziativa, di una teoria.* SIN. *fautore.*

sostentamento [-mén-] *s.m.* il sostentare; ciò che sostenta; *mezzi di —.*

sostentare *v.tr.* [*io sostènto ecc.*] fornire il necessario per vivere: — *la famiglia.* SIN. *mantenere.*

sostentazione [-zió-] *s.f.* in fisica, l'equilibrio che assume un corpo immerso in un fluido: — *dinamica*, quella conferita dalle ali agli aerei in moto, e dai rotori nell'elicottero.

sostenutezza [-téz-] *s.f.* l'essere sostenuto.

sostenuto *agg.* dignitoso, riservato: *tono —* **1** nel linguaggio economico, con tendenza al rialzo: *mercato*

—; *prezzi sostenuti*, che non ribassano **2** *andante* —, (*mus.*) con ritmo piuttosto vivace.

sostituibile [-tuì-] *agg.* che si può sostituire: *pezzo* —.

sostituire *v.tr.* [*io sostituisco, tu sostituisci ecc.*] **1** mettere al posto di un altro, cambiare: — *una parte a, con un'altra* ; — *un vetro rotto.* SIN. rimpiazzare **2** prendere il posto di un altro: *il vicepreside sostituisce il preside.*

sostitutivo *agg.* atto a sostituire: *dichiarazione sostitutiva di atto notorio.*

sostituto *agg. e s.m.* che, chi sostituisce una persona e ne fa le veci: — *del funzionario.*

sostituzione [-zió-] *s.f.* atto, effetto del sostituire: — *in* — *di*, al posto di, invece di.

sostrato *s.m.* → **substrato**.

sottabito [-tà-] *s.m.* indumento femminile che si porta sotto l'abito; sottoveste.

sottacere [-cé-] *v.tr.* [coniugato come *tacere*] (*lett.*) omettere, tacere con l'intenzione d'ingannare.

sottaceto [-cé-] *s.m.* spec. *pl.* verdura conservata sott'aceto e usata come contorno.

sottana *s.f.* **1** propriamente, l'indumento femminile (sottoveste) che si porta sotto la veste; più genericamente, la parte inferiore del vestito femminile, dalla cintola in giù / *sta sempre attaccato alle sottane della mamma*, detto di bambino, o anche di adulto, molto legato alla mamma / *correre dietro alle sottane*, essere un donnaiolo **2** la veste talare dei preti.

sottarco *s.m.* [*pl. -chi*] (*arch.*) la faccia inferiore di un arco.

sottecchi [-téc-] solo nella locuz. *di sottecchi*, con occhio quasi socchiuso e guardingo: *guardare di* —.

sottentrare *v.intr.* [*io sottèntro ecc.*] prendere il posto di un altro o di un'altra cosa: — *nell'impiego a qlcu.* SIN. subentrare, succedere.

sotterfugio [-fù-] *s.m.* atto che si compie di nascosto per ingannare altri o per evitare un danno: *ricorrere a un* —. SIN. scappatoia.

sotterra [-tèr-] *avv.* sotto terra: *nascose i denari* —.

sotterramento [-mén-] *s.m.* atto, effetto del sotterrare.

sotterranea [-rà-] *s.f.* linea ferroviaria che corre sotto terra; metropolitana.

sotterraneo [-rà-] *agg.* che è sotto terra, che proviene di sotto terra: *galleria sotterranea*; *boato* — // *s.m.* locale posto sotto il livello del terreno circostante: *i sotterranei del castello.*

sotterrare *v.tr.* [*io sottèrro ecc.*] **1** mettere, nascondere sotto terra: — *i semi, un tesoro* **2** seppellire / — *una questione*, non parlarne più.

sotteso [-té-] *agg.* (*geom.*) si dice dell'arco delimitato da due punti che costituiscono gli estremi di un segmento detto *corda.*

sottigliezza [-gliéz-] *s.f.* l'essere sottile (anche *fig.*): la — *d'un filo, d'un ragionamento / è una* —, una minuzia, un cavillo.

sottile *agg.* **1** di spessore o grossezza inferiore alla media: *lastra, foglio* — / *aria* —, fine, leggera **2** ben fatto e agile, riferito a forme: *una gamba, una figura* —. SIN. snello **3** (*fig.*) acuto: *osservazione, odorato* — / *guardare, andare per il* —, badare troppo alle minuzie / *mal* —, tisi // **-mente** *avv.* con acutezza, minutamente: *ragionare* —.

sottilizzare [-liʒʒa-] *v.intr.* fare osservazioni o distinzioni troppo sottili e cavillose: — *su un argomento.*

sottinsù *avv.* dal basso verso l'alto: *guardare di* —.

sottintendere [-tèn-] *v.tr.* [coniugato come *tendere*] **1** tacere qlco. che si può intuire facilmente: — *il soggetto*

di una proposizione / i diritti sottintendono dei doveri, li portano con sé **2** intendere qlco. non espressa: *sottintesi da quel discorso le sue intenzioni / si sottintende*, si capisce senza bisogno di dirlo.

sottinteso [-té-] *agg.* non espresso: *verbo* — / *resta* —, ovvio // *s.m.* concetto non espresso ma intuibile: *parlare per sottintesi.*

sotto [sót-] *prep. impropria* indica luogo, posizione inferiore rispetto ad altra; si usa con verbi sia di stato sia di moto; si unisce ai sostantivi direttamente o, nel linguaggio familiare, mediante la prep. *a*, e ai pronomi mediante la prep. *di* o, più raramente, *a*; si può elidere davanti a vocale, spec. in espressioni del tipo: *sott'acqua, sott'aceto* **1** con riferimento a cose che sono a contatto: *portare i libri* — *il braccio*; *è finito* — *un'automobile / mettere* — *i piedi*, (*fig.*) umiliare, assoggettare, non considerare **2** per indicare la parte inferiore di qlco.: *si è fatto un taglio* — *il piede* **3** con riferimento a cose non a contatto fra loro: *abita proprio* — *di* (o rar. *a*) *me* — *dormire* — *le stelle*, all'aperto / *non c'è niente di nuovo* — *il sole*, in questo mondo / *l'ho cercato per mezz'ora e l'avevo* — *gli occhi*; *il naso*, vicinissimo; *tienilo sempre sott'occhio*, non perderlo di vista / — *le armi*, nell'esercito // in alcune espressioni figurate per indicare relazione, dipendenza: *nacque* — *Cesare*; *ha molti impiegati* — *di sé*; — *l'alto patronato del presidente*; — *gli auspici di...*; *gemere* — *la tirannide*; *è nato* — *il* (*segno del*) *Capricorno*; per esprimere causa: *parlava* — *l'effetto della droga*; con valore modale: — *giuramento*; — *buona scorta* / — *questo rapporto*, — *questo aspetto*, da questo punto di vista **4** con riferimento a cosa che scende dall'alto: *correva* — *la pioggia*; *morire* — *un bombardamento* **5** per indicare immediata vicinanza, prossimità di luogo: *la battaglia infuriava* — *le mura* **6** per indicare prossimità di tempo, imminenza: *l'ho incontrato* — *Natale* **7** per indicare che qualcosa non raggiunge un determinato limite: *bambini* — *i tre anni*; — *il livello del mare*; nelle determinazioni geografiche, col valore di *più a sud*: *50 km* — *Bologna*; — *il 38° parallelo // avv.* in luogo o posizione inferiore rispetto ad altra; anche preceduto dalla prep. *di*: *è qui* —; *scendo* (*di*) — *un momento*, al piano inferiore; facendo riferimento a quanto verrà citato in seguito: *come dimostrato qui* —; *vedi* —, nei rinvii, vedi oltre; anche preceduto da prep.: *è uscito da* —; *guardare di* — *in su / c'è* — *qlco.*, un inganno, o simili, nascosto / *farsi* —, avvicinarsi a poco a poco, per lo più con intenzioni ostili; —*!*, per incitare all'attacco / *metter* —, di veicolo, investire / *al di* —, usato in luogo di *sotto*, *di sotto*: *numeri al di* — *del cento*; *al di* — *della media //* con funzione di *agg.*: *la riga* —; *il piano* (*di*) —, inferiore // con valore di *s.m.*: *il* (*di*) —, la parte inferiore, ciò che sta sotto: *il* — *di legno.*

sotto- [prep. *sótto*] prefisso che interviene nella formazione di molte parole composte, con vari significati. Indica qlco. che stia o si ponga sotto un'altra, in posizione inferiore (*sottoscala, sottoveste, sottobosco*), anche in senso *fig.* (*sottoalimentazione, sottosviluppo*); in parole riferite a persona, indica inferiorità di grado (*sottotenente*); indica anche sezioni o parti in cui qlco. è divisa (*sottocommissione, sottoclasse*); interviene infine nella formazione di verbi mantenendo il significato della preposizione *sotto* (*sottomettere, sottoscrivere*).

sottoalimentazione [-zió-] *s.f.* alimentazione insufficiente in quantità o in qualità o in entrambe.

sottobanco *avv.* di nascosto: *vendere* —.

sottobosco [-bò-] *s.m.* [pl. -chi] l'insieme di erbe e di arbusti che crescono nei boschi di alberi d'alto fusto.

sottobraccio [-bràc-] *avv.* con il braccio incrociato con quello di un altro: *tenere — qlcu.*

sottocchio [-tòc-] *avv.* sotto gli occhi: *tenere — i bambini,* sorvegliarli.

sottoccupato *agg.* e *s.m.* si dice di lavoratori che hanno un'occupazione, ma per un tempo, e con una retribuzione, inferiori al normale.

sottoccupazione [-zió-] *s.f.* 1 situazione economica in cui, a causa di un'utilizzazione soltanto parziale dei fattori produttivi, non vengono impiegate tutte le forze lavorative 2 la condizione dei sottoccupati; anche, l'insieme di essi.

sottocipria [-ci-] *s.m.* e *f.invar.* cosmetico da stendere sul viso prima d'incipriarlo.

sottoclasse *s.f.* nella terminologia delle scienze biologiche e naturali, ciascuna delle suddivisioni di una classe.

sottocoda [-có-] *s.m.invar.* 1 parte dei finimenti che passa sotto la coda delle bestie da sella e da tiro [*ill. Cavallo*] 2 negli uccelli, piumaggio della parte posteriore dell'addome fino alla coda [*ill. Uccello*].

sottocommissione [-sió-] *s.f.* ciascun gruppo in cui si divide una commissione.

sottocoperta [-pèr-] *avv.* (mar.) sotto il ponte di coperta: *andare —.*

sottocoppa [-còp-] *s.f.* piattino o centrino su cui si collocano i bicchieri.

sottocosto [-cò-] *avv.* a prezzo inferiore a quello di costo: *vendere —.*

sottocultura *s.f.* cultura di bassa qualità; subcultura.

sottocutaneo [-tà-] *agg.* che si trova o si fa sotto la pelle: *tessuto —; iniezione sottocutanea.*

sottodivisione [-ʃió-] *s.f.* → **suddivisione**.

sottodominante *s.f.* quarto grado della scala musicale, così detto perché viene prima della *dominante.*

sottoesporre [-spór-] *v.tr.* [coniugato come *esporre*] (fot.) esporre il materiale sensibile alla luce in misura insufficiente, cosicché l'immagine positiva risulta troppo scura.

sottoesposizione [-ʃizió-] *s.f.* (fot.) atto di esporre per un tempo di posa insufficiente.

sottofondazione [-zió-] *s.f.* platea di grossi pali infissi nel terreno, talora connessi da una gettata di calcestruzzo, su cui poggiano le fondazioni in terreni poco compatti.

sottofondo [-fón-] *s.m.* 1 strato, superficie o piano sottostante al fondo visibile 2 l'insieme dei suoni e dei rumori sommessi inseriti nella colonna sonora di un film o in una trasmissione radiotelevisiva per ottenere particolari effetti.

sottogamba *avv.* con grande leggerezza, senza attribuire importanza: *prendere un lavoro —.*

sottogola [-gó-] *s.f.* → **soggolo**.

sottogonna [-gòn-] *s.f.* sottana che si porta sotto la gonna, spec. per tenerla gonfia.

sottogoverno [-vèr-] *s.m.* l'insieme di quanti, per rapporti clientelari con il partito o i partiti al governo, hanno posti di potere in ministeri, enti, banche, industrie; la pratica politica che porta a tale situazione.

sottogruppo *s.m.* ciascuna delle parti in cui è diviso un gruppo.

sottoinsieme [-siè-] *s.m.* (mat.) insieme che è parte di un insieme più ampio.

sottolineare *v.tr.* [io *sottolineo* ecc.] 1 tracciare una linea sotto una parola o una frase scritta per darle risalto: — *gli errori di un compito* 2 (fig.) mettere in rilievo, dare particolare importanza a qlco.: *tengo a — l'importanza della cosa.*

sottolineatura *s.f.* effetto del sottolineare; ciò che serve a sottolineare (anche *fig.*).

sottolivello [-vèl-] *s.m.* nelle miniere, ciascuno dei piani orizzontali compresi tra due livelli [*ill. Miniera*].

sottomano *locuz. avv.* 1 a portata di mano: *ho tutti i libri —* 2 di nascosto: *vendere — sigarette di contrabbando // s.m.* 1 cartella che si tiene sulla scrivania per appoggiarvi il foglio su cui si scrive e per riporvi i fogli stessi 2 nella pallacanestro, movimento di un attaccante che avanza reggendo in alto la palla sulla mano aperta.

sottomarino *agg.* che sta sotto la superficie del mare: *cavo —; flora sottomarina // s.m.* tipo di nave quasi esclusivamente militare, costruita in modo da navigare sott'acqua.

sottomesso [-més-] *agg.* 1 ridotto all'ubbidienza, soggiogato: *un popolo —* 2 docile; che esprime docilità, sottomissione: *un carattere —; uno sguardo —.* SIN. *remissivo, ubbidiente.*

sottomettere [-mét-] *v.tr.* [coniugato come *mettere*] 1 assoggettare politicamente, ridurre all'ubbidienza: *sottomisero le popolazioni confinanti; in famiglia ha sottomesso tutti.* SIN. *soggiogare* 2 sottoporre a vaglio: *lo sottomise al suo giudizio //* **-ersi** *v.rifl.* ammettere il dominio, l'autorità altrui; piegarsi al volere altrui: *si sottomise al sovrano.*

sottomissione [-sió-] *s.f.* 1 il sottomettere: *la — dei paesi rivieraschi* 2 il sottomettersi; ubbidienza, umiltà. SIN. *soggezione, rassegnazione.*

sottomultiplo [-múl-] *agg.* e *s.m.* si dice di un numero o d'una grandezza contenuti un numero esatto di volte in un'altra: *il centimetro è — del metro.*

sottooccupato *s.m.*, **sottooccupazione** *s.f.* → **sottoccupato**, **sottoccupazione**.

sottopalco *s.m.* [pl. -chi] nei teatri, vano ricavato sotto il palcoscenico [*ill. Teatro*].

sottopancia [-pàn-] *s.m.invar.* finimento che passando sotto la pancia del cavallo assicura sul dorso la sella [*ill. Cavallo*].

sottopassaggio [-sàg-] *s.m.* tratto di strada o passaggio pedonale che passa sotto un piano stradale o ferroviario intersecandolo.

sottopiede [-piè-] *s.m.* striscia di cuoio o di stoffa che, passando sotto il piede, serve a fermare il calzone, la ghetta o lo sperone.

sottoporre [-pór-] *v.tr.* [coniugato come *porre*] 1 sottomettere, costringere a qlco.: *lo sottopose a una ferrea disciplina* 2 esporre a un vaglio, a un giudizio: *sottopose la sua opera ai critici; fu sottoposto a un lungo esame //* **-orsi** *v.rifl.* accettare o affrontare una situazione, una prova; assoggettarsi: *si sottopose a un'operazione; si sottoposero di buon grado alle fatiche.*

sottoposto [-pó-] *agg.* e *s.m.* che, chi è gerarchicamente inferiore; subordinato.

sottoprodotto [-dót-] *s.m.* nell'industria, prodotto secondario derivato dalla lavorazione di altri prodotti.

sottoproduzione [-zió-] *s.f.* (econ.) produzione inferiore al consumo e alla domanda.

sottoproletariato *s.m.* la classe sociale più bassa, in condizioni socioeconomiche inferiori a quelle del proletariato agricolo e industriale.

sottordine [-tór-] *s.m.* 1 nelle scienze biologiche e naturali, suddivisione dell'ordine 2 *in —,* in grado subordinato ad altri; d'importanza secondaria: *è in — a tutti*; *in — si può verificare quest'altra ipotesi.*

sottoscala *s.m.invar.* spazio vuoto sotto una rampa di scala, spesso adibito a ripostiglio.

sottoscritto *s.m.* nell'uso burocratico, termine con cui designa sé stesso chi redige una domanda, un atto ecc.

sottoscrivere [-scrì-] *v.tr.* [coniugato come *scrivere*] **1** apporre la propria firma a un documento, a un atto ecc.; *(fig.)* approvare, condividere **2** confermare la propria partecipazione a un'iniziativa, a una contribuzione di denaro ecc.

sottoscrizione [-zió-] *s.f.* **1** il sottoscrivere **2** raccolta di firme o di contributi in denaro.

sottosegretariato *s.m.* incarico, ufficio di sottosegretario di stato.

sottosegretario [-tà-] *s.m.* impiegato di grado inferiore al segretario / *— di stato*, collaboratore del ministro (*segretario di stato*) nell'amministrazione di un dicastero.

sottosopra [-só-] *avv.* **1** alla rovescia, capovolto **2** in grande disordine e turbamento fisico o spirituale: *essere —*; *la camera era —*; *gli si presentò tutta — // s.m.* scompiglio, confusione: *che — qui dentro!*

sottospecie [-spè-] *s.f.invar.* nelle scienze biologiche e naturali, suddivisione di una specie; per estens., con prevalente tono spregiativo, ogni suddivisione in cui una cosa può presentarsi: *quella non è che una — d'arte.*

sottospinato *agg. e s.m.* (*anat.*) denominazione di un muscolo del dorso, sotto il deltoide.

sottostante *agg.* posto sotto: *guardava dalla vetta il paesaggio —*. CONTR. *sovrastante.*

sottostare *v.intr.* [coniugato come *stare*] **1** stare sotto **2** (*fig.*) essere soggetto, sottoposto, sottomesso: *non — a compromessi.* SIN. *soggiacere.* CONTR. *sovrastare.*

sottostazione [-zió-] *s.f.* impianto elettrico per trasformazioni di tensione e di frequenza, conversioni di corrente alternata in continua e smistamento di energia da una linea principale a linee secondarie.

sottosterzante *agg.* si dice di autoveicoli che nella sterzata tendono ad allargare la curva.

sottosuolo [-suò-] *s.m.* **1** terreno sottostante alla superficie del suolo; in agraria, strato del terreno in cui non arrivano le radici delle piante **2** locale posto sotto il livello del suolo; sotterraneo: *un — umido e freddo.*

sottosviluppato [-ʃvi-] *agg.* si dice di paese il cui sviluppo economico e sociale, trascurato e arretrato, è inferiore alle sue potenziali capacità o allo sviluppo di altri paesi più evoluti.

sottosviluppo [-ʃvi-] *s.m.* mancato sviluppo, spec. economico e sociale; la condizione dei paesi sottosviluppati.

sottotenente [-nèn-] *s.m.* ufficiale dell'esercito di grado inferiore a tenente; comanda di solito un plotone.

sottoterra [-tèr-] *avv.* sotto la terra / *andare —*, morire.

sottotesta [-tè-] *s.m.* parte zigrinata del gambo, sotto la testa del chiodo.

sottotetto [-tét-] *s.m.invar.* piano sottostante al tetto; soffitta.

sottotitolo [-tì-] *s.m.* titolo secondario che spiega e amplia il titolo principale.

sottovalutare *v.tr.* [*io sottovàluto* ecc.] non valutare abbastanza, valutare meno del giusto: *sottovalutarono la sua costanza.*

sottovalutazione [-zió-] *s.f.* valutazione inferiore al giusto, errata per difetto.

sottovento [-vèn-] *avv.* dalla parte opposta a quella da dove soffia il vento: *navigare —.*

sottoveste [-vè-] *s.f.* indumento femminile senza maniche, di maglia o tessuto leggero, che s'indossa sotto l'abito.

sottovoce [-vó-] *avv.* a bassa voce: *canterellava —.*

sottraendo [-èn-] *s.m.* (*mat.*) il secondo termine di una differenza, quello che deve essere sottratto al diminuendo per ottenere il resto.

sottrarre *v.tr.* [coniugato come *trarre*] **1** levare, portar via da qlcu. o da qlco.: *— alla curiosità, agli sguardi del pubblico / — a un pericolo* **2** (*fig.*) togliere con l'astuzia o l'inganno; rubare: *gli sottrasse il portafogli* **3** (*mat.*) determinare la differenza di due numeri togliendo dal più grande il più piccolo. SIN. *detrarre.* CONTR. *addizionare // -arsi v.rifl.* esimersi; scansare, sfuggire: *— a un impegno.*

sottrazione [-zió-] *s.f.* **1** il sottrarre **2** operazione aritmetica che serve a calcolare la differenza di due numeri.

sottufficiale *s.m.* denominazione di ciascun membro della categoria di militari posta tra gli ufficiali e la truppa, e composta di sergenti, sergenti maggiori e marescialli.

soubrette [*franc.*; *pr.* subrèt] *s.f.* attrice che, negli spettacoli di varietà, recita, danza e canta, generalmente con il ruolo di protagonista.

soufflé [*franc.*; *pr.* suflé] *s.m.* vivanda composta spec. di carni e formaggi passati e impastati con tuorli d'uovo e chiare montate che, cuocendo in forno, la fanno gonfiare.

sound [*ingl.*; *pr.* sàun] *s.m.* nella musica leggera recente, la sonorità come elemento dominante anche per effetto delle fonti sonore elettroniche; la particolare immagine sonora di un complesso o di un esecutore.

souplesse [*fr.*; *pr.* suplès] *s.f.* scioltezza, naturalezza, elasticità, sia fisica (spec. nel linguaggio sportivo) sia di comportamento e di rapporto sociale.

souvenir [*franc.*; *pr.* suvnìr] *s.m.* piccolo oggetto che ricorda un luogo o un paese in cui si è stati: *negozio di —.*

sovente [-vèn-] *avv.* spesso.

soverchiante *agg.* molto superiore: *il — numero degli avversari.*

soverchiare *v.tr.* [*io soverchio* ecc.] (*lett.*) superare, oltrepassare; (*fig.*) opprimere, vincere con prepotenza: *l'acqua del fiume soverchiò gli argini*; *— i deboli con la forza.* SIN. *sopraffare // v.intr.* sovrabbondare.

soverchiatore [-tó-] *agg. e s.m.* [f. *-trice*] che o chi commette soverchierie, sopraffazioni.

soverchieria [-rì-] *s.f.* prepotenza, abuso. SIN. *sopraffazione.*

soverchio [-vèr-] *agg.* eccessivo: *questa è una spesa soverchia*; *con — zelo // s.m.* ciò che è in eccesso, che sovrabbonda.

sovesciare *v.tr.* [*io sovèscio* ecc.] (*agr.*) eseguire il sovescio (anche *assol.*): *— le fave.*

sovescio [-vè-] *s.m.* pratica agraria che consiste nel sotterrare piante erbacee allo scopo di arricchire il terreno di sostanze organiche.

soviet [sò-] *s.m.invar.* organo elettivo nel sistema amministrativo e politico dell'Unione Sovietica / *Soviet Supremo*, il parlamento bicamerale dell'Unione Sovietica.

sovietico [-viè-] *agg.* [pl.m. *-ci*] dei soviet, che è fondato sui soviet; dell'Unione Sovietica: *lo stato —*; *le truppe sovietiche // s.m.* cittadino dell'Unione Sovietica.

sovra [só-] *avv. e prep.* → **sopra.**

sovra- [só-] prefisso usato con gli stessi significati di *sopra*, col quale molto spesso si alterna (*sovrastare*, *sovrapporre*, *sovrintendere*).

sovrabbondante *agg.* più che abbondante.

sovrabbondanza *s.f.* eccessiva abbondanza: *in —*, in grande quantità, in misura maggiore del necessario. SIN. *ridondanza*.

sovrabbondare *v.intr.* [*io sovrabbóndo ecc.*] esservi in grande quantità, abbondare molto: *il grano quest'anno sovrabbonda*; *questo scrittore sovrabbonda in citazioni*.

sovraccaricare *v.tr.* [*io sovraccàrico, tu sovraccàrichi ecc.*] caricare in modo eccessivo (anche *fig.*): *— un'automobile*; *— gli alunni di compiti*.

sovraccarico [-cà-] *agg.* [pl.m. *-chi*] carico in modo eccessivo (anche *fig.*): *un carro —*; *una persona sovraccarica di lavoro*.

sovraccoperta [-pèr-] *s.f.* → **sopraccoperta**.

sovraesporre [-pór-] *v.tr.* [coniugato come *esporre*] (*fot.*) esporre la pellicola sensibile alla luce per un periodo superiore al necessario, così che l'immagine positiva risulta troppo chiara.

sovraesposizione [-fizió-] *s.f.* (*fot.*) il sovraesporre.

sovraffaticare *v.tr.* [*io sovraffàtico, tu sovraffàtichi ecc.*] affaticare eccessivamente.

sovraffollamento *s.m.* l'essere sovraffollato; condizione di luogo sovraffollato: *il — delle ferie*.

sovraffollato *agg.* eccessivamente affollato: *un treno*, *un locale —*.

sovrainnesto [-nè-] *s.m.* parte dell'innesto che darà origine alla chioma della nuova pianta.

sovralimentato *agg.* 1 ipernutrito 2 si dice di motore a sovralimentazione.

sovralimentazione [-zió-] *s.f.* 1 alimentazione, nutrizione eccessiva 2 alimentazione di un motore a combustione interna con aria a pressione superiore a quella atmosferica.

sovrallenamento [-mén-] *s.m.* → **superallenamento**.

sovrana *s.f.* antica moneta d'oro inglese; oggi, sterlina.

sovranità *s.f.invar.* 1 autorità, diritto, qualità di chi è sovrano: *la — del re, del popolo, dello stato* 2 (*fig.*) superiorità: *la — del sapere*.

sovrano *agg.* 1 che sta sopra, che è superiore a tutti: *poeta —*; *onore —* 2 si dice di potere, dignità, diritto e simili, che non derivi da altra autorità: *potere, stato —*; *il popolo —* 3 che si riferisce al capo di uno stato monarchico: *diritto, decreto —*; *per grazia sovrana // s.m.* il capo di uno stato in cui vige la monarchia: *l'incoronazione del — / i sovrani*, il capo di tale stato e la sua o il suo consorte.

sovraoccupazione *s.f.* occupazione di lavoratori con orario di lavoro superiore al livello economicamente utile.

sovrappasso *s.m.* cavalcavia, spec. stradale.

sovrappopolare *v.tr.* [*io sovrappòpolo ecc.*] popolare in modo eccessivo.

sovrappopolato *agg.* popolato eccessivamente: *un paese —*, che ha troppi abitanti in proporzione alla superficie e alle risorse naturali.

sovrappopolazione [-zió-] *s.f.* condizione di un paese sovrappopolato.

sovrapporre [-pór-] *v.tr.* [coniugato come *porre*] mettere sopra (anche *fig.*): *— un libro a un altro*; *— due figure tra loro*; *— le proprie interpretazioni ai dati obiettivi*.

sovrapporta [-pòr-] *s.m.* → **soprapporta**.

sovrapposizione [-fizió-] *s.f.* atto, effetto del sovrapporre (anche *fig.*).

sovrapposto [-pó-] *agg.* posto sopra: *un fucile da caccia con le canne sovrapposte*, poste l'una sopra l'altra.

sovrapprezzo [-prèz-] *s.m.* prezzo aggiunto a quello normale.

sovrapproduzione [-zió-] *s.f.* (*econ.*) produzione di beni di consumo superiore alla domanda.

sovrascorrimento [-mén-] *s.m.* (*geol.*) movimento tettonico consistente nello scivolamento di masse rocciose sopra il basamento preesistente.

sovrasensibile [-si-] *agg.* → **soprasensibile**.

sovrastampa *s.f.* atto, effetto del sovrastampare: *possiedo dei francobolli con la —*.

sovrastampare *v.tr.* stampare un'iscrizione o altro sopra un foglio già stampato, per cancellare o modificare la stampa primitiva.

sovrastante *agg.* 1 che sta sopra: *la cupola — il palazzo*. CONTR. *sottostante* 2 (*lett.*) imminente, incombente: *una sciagura —*.

sovrastare *v.intr.* e *tr.* 1 stare sopra: *il colle sovrastava a una vasta pianura*; *il campanile sovrasta la chiesa*. CONTR. *sottostare* 2 essere vicino, imminente: *continuò a lavorare incurante del pericolo che gli sovrastava*. SIN. *incombere* 3 (*fig.*) essere superiore, vincere, superare: *sovrasta a tutti i suoi compagni*; *il campione sovrastò gli avversari*.

sovrasterzante *agg.* si dice di autoveicoli che tendono a chiudere una curva, cioè a esaltare l'effetto della sterzata.

sovrastruttura *s.f.* 1 ogni struttura innalzata sull'ultimo piano di un edificio, sul ponte di una nave ecc. 2 (*fig.*) ciò che costituisce un'inutile aggiunta ad altra cosa 3 nella dottrina marxista, ogni manifestazione politica, religiosa e culturale, in quanto determinata e condizionata dalla struttura economica.

sovreccitabile [-tà-] *agg.* che si eccita molto facilmente e in modo eccessivo.

sovreccitare *v.tr.* [*io sovrèccito ecc.*] provocare in qlcu. eccessiva eccitazione nervosa.

sovreccitazione [-zió-] *s.f.* eccessiva eccitazione, spec. nervosa.

sovresporre [-pór-] *v.tr.* [coniugato come *esporre*] → **sovraesporre**.

sovresposizione [-fizió-] *s.f.* → **sovraesposizione**.

sovrimposta [-pò-] *s.f.* tributo aggiunto alle normali imposte fondiarie statali, a beneficio degli enti locali.

sovrimpressione [-sió-] *s.f.* (*fot.*) impressione di due o più immagini su di una stessa pellicola.

sovrintendente [-dèn-] *s.m.* titolo di funzionari dello stato aventi mansioni direttive e di vigilanza nei settori delle antichità e belle arti e della pubblica istruzione; nella polizia, il grado superiore all'assistente, un tempo denominato *brigadiere*.

sovrintendenza [-dèn-] *s.f.* 1 il sovrintendere 2 l'ufficio, la carica del sovrintendente; la sua sede.

sovrintendere [-tèn-] *v.intr.* [coniugato come *intendere*] svolgere il compito di vigilare, controllare, dirigere qlco.: *— ai lavori*.

sovrumano *agg.* 1 che supera i limiti e le capacità della natura umana 2 per estens., straordinario, grandioso: *sforzo —*.

sovvenire *v.tr.* [coniugato come *venire*] (*lett.*) soccorrere, aiutare: *ti sovvenni nel bisogno // v.intr.* (*lett.*) 1 sopperire, rimediare: *sovvennero alle sue disgrazie* 2 (*lett.*) venire in mente: *gli sovvenne la figura del padre*.

sovventore [-tó-] *s.m.* [f. *-trice*] chi aiuta materialmente, chi fa una sovvenzione.

sovvenzionare *v.tr.* [*io sovvenzióno ecc.*] aiutare con una sovvenzione, finanziare: *le grandi industrie sovvenzionano la ricerca scientifica.*

sovvenzione [-zió-] *s.f.* denaro concesso in aiuto sotto forma di elargizione, oppure di prestito a condizioni vantaggiose, a enti o individui singoli: *quella ditta ha ricevuto sovvenzioni dallo stato.* SIN. *sussidio.*

sovversione [-sió-] *s.f.* atto, effetto del sovvertire: — *dell'ordinamento dello stato.*

sovversivismo [-ʃmo] *s.m.* l'essere sovversivo; carattere, tendenza di chi o di ciò che è sovversivo.

sovversivo *agg.* e *s.m.* che o chi mira a sovvertire l'ordinamento politico e sociale, ispirandosi più a disordinati istinti di ribellione che a chiare idee rivoluzionarie: *discorso* —; *un gruppo di sovversivi.* SIN. *sedizioso.*

sovvertimento [-mén-] *s.m.* il sovvertire; sovversione: — *dell'ordine pubblico.*

sovvertire *v.tr.* [*io sovvèrto ecc.*] sconvolgere e mutare profondamente; rovesciare con la forza: — *l'ordinamento vigente.* SIN. *rivoluzionare.*

sovvertitore [-tó-] *agg.* e *s.m.* [f. *-trice*] *agg.* che o chi sovverte: — *dell'ordine pubblico.*

sozzo [sóz-] *agg.* (*lett.*) **1** lurido, sporco: *mani sozze di fango* **2** (*fig.*) turpe: *libro* —.

sozzume *s.m.* insieme di cose sozze; sudiciume.

sozzura *s.f.* (*lett.*) qualità di ciò che è sozzo; cosa sozza; sporcizia.

spaccalegna [-lé-] *s.m.* e *f.invar.* chi, per mestiere, spacca la legna.

spaccamonti [-món-] *s.m.* e *f.invar.* chi si vanta di fare cose straordinarie e inverosimili.

spaccapietre [-piè-] *s.m.* e *f.invar.* operaio che spacca le pietre usate in lavori di pavimentazione stradale.

spaccare *v.tr.* [*io spacco, tu spacchi ecc.*] spezzare, aprire in due parti con colpi violenti: — *la legna con l'accetta* / *un sole che spacca le pietre,* ardente / *un orologio che spacca il minuto,* esattissimo. SIN. *rompere, fendere* // **-arsi** *v.rifl.pron.* subire una spaccatura, rompersi (anche *fig.*): *il ghiaccio si era spaccato; il congresso si spaccò sulla questione degli emigrati.*

spaccata *s.f.* in ginnastica, posizione delle gambe tese e divaricate al massimo; si dice anche di posizioni simili nella scherma e nella danza.

spaccato *agg.* divenuto in due, rotto, spezzato: *legna spaccata* **2** (*fig.*) schietto, vero e proprio: *parla romanesco* — **3** (*fam.*) identico: *è suo padre* — // *s.m.* disegno che rappresenta la sezione verticale di un edificio.

spaccatura *s.f.* atto, effetto dello spaccare o dello spaccarsi; il punto in cui la cosa è spaccata: *terreno pieno di spaccature.* SIN. *fenditura, crepa, fessura.*

spacchettare *v.tr.* [*io spacchétto ecc.*] svolgere, togliere dal pacchetto: — *i libri.*

spacciare *v.tr.* [*io spàccio ecc.*] **1** vendere rapidamente o in gran quantità: *è riuscito a — i suoi libri* **2** mettere in circolazione sotto aspetto contraffatto e a scopo d'inganno: — *monete false*; — *notizie tendenziose*; — *una merce per l'altra* **3** (*fam.*) dare per morto, considerare finito, rovinato: *i medici l'hanno spacciato; l'avevano spacciato e invece è tornato a vincere* // **-arsi** *v.rifl.* far credere d'essere quello che non si è: *si spaccia per avvocato.*

spacciato *agg.* (*fam.*) privo di ogni speranza di salvarsi, di evitare la morte o la rovina: *è bell'e —.*

spacciatore [-tó-] *s.m.* [f. *-trice*] chi spaccia moneta falsa, merci proibite, per estens. notizie non vere ecc.: *spacciatori di biglietti falsi; piccolo — di droga.*

spaccio [spàc-] *s.m.* **1** vendita al pubblico: *questo ne-*

---

gozio è autorizzato allo — di carni suine / — *di monete false,* il metterle in circolazione **2** negozio in cui si vende merce al minuto; in particolare, rivendita di sali e tabacchi: — *di generi alimentari.*

spacco *s.m.* [pl. *-chi*] **1** spaccatura, fenditura: *uno — nel piano del tavolo* / *innesto a —,* fatto inserendo un rametto in un ramo tagliato per il lungo dell'albero da innestare **2** strappo, rottura: *ha uno — nei pantaloni* **3** apertura praticata in abiti maschili e femminili per comodità ed eleganza: *una giacca con gli spacchi.*

spacconata *s.f.* atto, discorso da spaccone. SIN. *millanteria, fanfaronata.*

spaccone [-có-] *s.m.* chi si vanta di saper compiere cose straordinarie. SIN. *millantatore, fanfarone, rodomonte.*

spada *s.f.* **1** arma con lama di varia lunghezza diritta e appuntita, ad uno o due tagli; oggi usata quasi esclusivamente nella scherma / *difendersi a — tratta,* con grande accanimento / *riporre la —,* cessare il combattimento / *passare a fil di —,* uccidere, passare per le armi / *cameriere di cappa e —,* titolo di dignitari della corte pontificia / *la — di Damocle,* si dice di un pericolo sempre sovrastante **2** *pl.* uno dei semi delle carte da gioco napoletane **3** *pesce —,* grosso pesce di mare dalla mascella superiore prolungata e appuntita come una spada (*fam.* Xifiidi); ha carni pregiate.

spadaccino *s.m.* chi è abile nel maneggiare la spada.

spadaio [-dà-] *s.m.* fabbricante di spade.

spadino *s.m.* piccola spada.

spadona [-dò-] *agg.* si dice di una varietà di pera dalla forma allungata, di color verde chiaro, con polpa bianca e molto sugosa.

spadroneggiare *v.intr.* [*io spadronéggio ecc.*] fare da padrone comportandosi con boria e prepotenza: — *in casa altrui.*

spaesato [-ʃa-] *agg.* che si sente a disagio trovandosi fuori dal proprio ambiente abituale.

spaghetto[1] [-ghét-] *s.m.* spec. *pl.* pasta alimentare, di forma lunga e sottile, che si mangia generalmente asciutta.

spaghetto[2] [-ghét-] *s.m.* (*fam.*) fifa, paura.

spaginare *v.tr.* [*io spàgino ecc.*] disfare l'impaginatura.

spagliare *v.tr.* [*io spàglio ecc.*] liberare una cosa dalla paglia che la ricopre o la avvolge: — *le bottiglie*; — *i fiaschi* // *v.intr.* agitarsi spargendo paglia: *i vitelli spagliano* **2** nutrirsi di paglia // **-arsi** *v.rifl.pron.* perdere il rivestimento di paglia: *le sedie si spagliano.*

spagnolesco [-lé-] *agg.* [pl.m. *-chi*] conforme a certi modi altezzosi o fastosi che si consideravano propri degli spagnoli: *boria spagnolesca, lusso* —.

spagnoletta [-lét-] *s.f.* **1** rotolo cilindrico attorno a cui si avvolgono filati **2** tipo di chiusura per imposte costituita da un'asta metallica verticale girevole, manovrabile mediante maniglia.

spagnolismo [-ʃmo] *s.m.* **1** termine, locuz. o costrutto derivati dalla lingua spagnola **2** gusto della magniloquenza e del fasto nella vita individuale e sociale, proprio della dominazione spagnola al culmine della sua potenza.

spagnolo [-gnò-] *agg.* della Spagna // *s.m.* **1** abitante nativo della Spagna **2** la lingua degli spagnoli.

spago[1] *s.m.* [pl. *-ghi*] funicella sottile, ritorta a più capi / *dare — a qlcu.,* (*fam.*) incoraggiarlo col proprio contegno a discorrere liberamente o a prendersi confidenze.

spago[2] *s.m.* [pl. *-ghi*] (*fam.*) paura, fifa: *avere, prendere uno — terribile; che —!*

spaiare *v.tr.* [*io spàio ecc.*] separare due cose o persone appaiate: — *gli orecchini.*

spaiato *agg.* si dice di cose disunite che formavano un paio, una coppia: *scarpe spaiate.*

spalancare *v.tr.* [*io spalanco, tu spalanchi ecc.*] aprire completamente: — *la porta, la finestra*; — *gli occhi*, per vedere meglio o per meraviglia.

spalancato *agg.* completamente aperto: *un portone* —; *a occhi spalancati.*

spalare *v.tr.* **1** togliere, levare mediante una pala: — *la neve, la terra* **2** — *i remi*, disporli, tra una palata e l'altra, con le pale orizzontali perché incontrino meno la resistenza dell'aria.

spalatore [-tó-] *s.m.* [f. *-trice*] chi spala, spec. la neve.

spalatrice *s.f.* (*agr.*) macchina che serve a rimuovere e ad aerare grandi masse di cereali.

spalatura *s.f.* atto, effetto dello spalare.

spalla *s.f.* **1** parte superiore del corpo umano che va dall'attaccatura del braccio alla base del collo; più genericamente, sta per schiena, dorso [*ill. Corpo*]: *la — destra, sinistra; mi batté una mano sulla* —; *portare qlco. a* — *o sulle spalle; voltare le spalle a uno; assalire il nemico alle spalle / avere le spalle grosse*, essere in grado di resistere, di sopportare qlco. / *avere molti anni sulle spalle*, avere un'età avanzata / *prendersi una cosa sulle spalle*, assumersene il peso, la responsabilità / *addossare la colpa, la responsabilità sulle spalle di qlcu.*, addossargliela ingiustamente / *avere la famiglia sulle spalle*, dover provvedere al suo mantenimento / *mettersi qlco. dietro le spalle*, non curarsene / *alzare le spalle, stringersi nelle spalle*, non curarsi di qlco.; mostrare indifferenza o rassegnazione / *ridere alle spalle di uno*, burlarsi di lui / *sparlare alle spalle di qlcu.*, quando è assente / *colpire qlcu. alle spalle*, di sorpresa, a tradimento / *mettere uno con le spalle al muro*, costringerlo a fare qlco., togliergli le vie d'uscita / *vivere alle spalle di qlcu.*, farsi mantenere / *accarezzare le spalle a qlcu.*, bastonarlo / *volgere le spalle*, fuggire / *voltare le spalle a qlcu.*, non voler più avere rapporti con lui / *fare — a qlcu.*, *essere la — di qlcu.*, essergli di valido aiuto / *essere, stare alle spalle di qlcu.*, seguirlo molto da vicino / *violino di* —, (*mus.*) il secondo violino di un'orchestra; (*fig.*) valido collaboratore / *articolo di* —, nei giornali, l'articolo posto in alto a destra della prima pagina **2** nei quadrupedi, la parte superiore degli arti anteriori; la stessa parte degli animali macellati: *una — di bue, d'agnello; prosciutto di* —, salume preparato con la spalla del maiale **3** la parte del vestito che copre la spalla: *ti sei fatto una macchia sulla — della giacca* **4** il fianco, la parte superiore di una cosa: *una casa sulla — della collina* **5** (*arch.*) ciascuno dei piedritti su cui poggiano le estremità di un ponte, di una volta ecc. **6** in gergo teatrale, chi in una scenetta comica sostiene il comico principale e gli dà l'imbeccata.

spallata *s.f.* **1** spinta, urto dato con la spalla **2** alzata di spalle, in segno di indifferenza.

spalleggiare *v.tr.* [*io spalléggio ecc.*] **1** aiutare, difendere, sostenere, proteggere: *è spalleggiato da tutti i suoi amici* **2** (*mil.*) portare a spalla: *le armi furono spalleggiate fino al valico.*

spalletta [-lét-] *s.f.* **1** parapetto in muratura che si costruisce come riparo ai margini di un fiume, di un burrone, ai lati di un ponte e simili **2** ciascuno dei lati verticali di una porta o di una finestra.

spalliera [-liè-] *s.f.* **1** parte di un sedile che serve per appoggiarvi la schiena: *la — della sedia, della poltrona,*

del divano **2** ciascuna delle sponde che chiudono da capo e da piedi il letto **3** insieme di piante che ricoprono un muro, un recinto o sono disposte a siepe: *una — di rose; meli a* — **4** (*sport*) arnese a forma di scala a pioli, che serve per esercizi di ginnastica.

spallina *s.f.* **1** ornamento posto sulle spalle delle divise militari, spec. degli ufficiali **2** nastro o sottile striscia di tessuto che regge, passando sopra le spalle, alcuni indumenti femminili **3** imbottitura tra la fodera e la stoffa nelle spalle degli abiti maschili.

spallucce solo nella locuz. *far spallucce*, alzare le spalle in segno di disinteresse.

spallucciata *s.f.* alzata di spalle, in segno di noncuranza.

spalmare *v.tr.* stendere sostanze semiliquide o pastose su una superficie solida: — *il burro sul pane*; — *di pece la carena di una nave; spalmarsi il viso di crema.*

spalmatrice *s.f.* macchina per spalmare l'appretto sui tessuti o per eseguire la gommatura nell'industria della gomma o delle materie plastiche.

spalto *s.m.* **1** muro o massa di terra disposti a scarpata lungo il fronte di un'opera di fortificazione; bastione **2** spec. *pl.* l'insieme delle gradinate di uno stadio.

spampanare *v.tr.* [*io spàmpano ecc.*] togliere i pampini: — *le viti* // -**arsi** *v.rifl.pron.* allargare e abbassare i petali, si dice di un fiore che incomincia ad avvizzire: *quella rosa comincia a* —.

spampanato *agg.* **1** che non ha più i pampini: *vite spampanata* **2** che ha i petali troppo aperti e prossimi ad avvizzire: *una rosa spampanata.*

spampanatura *s.f.* atto, effetto dello spampanare.

spanare *v.tr.* guastare la filettatura di una vite // -**arsi** *v.rifl.pron.* perdere la filettatura, detto di vite: *questa vite si è spanata.*

spanato *agg.* si dice di vite che ha perso la filettatura e quindi non la prende.

spanciare *v.tr.* [*io spàncio ecc.*] (*rar.*) sventrare / *spanciarsi dalle risa, dal ridere*, ridere molto e forte // *v.intr.* cadere battendo la pancia, spec. in un tuffo.

spanciata *s.f.* **1** panciata **2** scorpacciata: *mi sono fatta una — di frutta.*

spandere [spàn-] *v.tr.* [pass.rem. *io spandéi* (rar. *spansi*), *tu spandésti ecc.*; p.pass. *spanto* (rar. *spanduto*)] **1** stendere in modo uniforme e in strati sottili: — *il frumento sull'aia.* SIN. *spargere* **2** versare in copia: — *lacrime* **3** divulgare: — *una notizia* // -**ersi** *v.rifl.pron.* dilatarsi, diffondersi: *una macchia d'olio si spande; dalla cucina si spande un buon profumo.*

spanna *s.f.* misura corrispondente all'apertura della mano, palmo: *è alto una* —, è piccolino.

spannare *v.tr.* scremare il latte della panna.

spannocchiare *v.tr.* [*io spannòcchio ecc.*] liberare le pannocchie di granturco dalle brattee che le avvolgono.

spaparacchiarsi *v.rifl.* [*io mi spaparàcchio ecc.*], **spaparanzarsi** *v.rifl.* (*region.*) sdraiarsi comodamente.

spappagallare *v.intr.* ripetere come un pappagallo le parole altrui; chiacchierare inutilmente.

spappolare *v.tr.* [*io spàppolo ecc.*] ridurre a pappa, a poltiglia: *frutta spappolata* // -**arsi** *v.rifl.pron.* perdere forma e consistenza; ridursi a massa informe e sfatta.

sparagiaia [-già-] *s.f.* terreno coltivato ad asparagi.

sparare[1] *v.tr.* aprire un lungo taglio nel corpo di animali morti; sventrare: — *il pesce, il maiale.*

sparare[2] *v.tr.* **1** azionare un'arma da fuoco; far partire un colpo (anche *assol.*): — *il cannone*; — *due colpi di moschetto* / — *a salve*, senza proiettili **2** (*fig.*) sferrare, assestare con violenza: — *calci* / — *in porta*, nel calcio tirare forte la palla in rete **3** dire cose esagerate o inventate: *ne spara delle grosse*.

sparata *s.f.* **1** atto, effetto dello sparare **2** *(fig.)* smargiassata, vanteria, spec. a parole.

sparato *s.m.* apertura sul davanti degli abiti da sera maschili; il petto inamidato delle camicie che si accompagnano a tali abiti [*ill. Abbigliamento*].

sparatore [-tó-] *s.m.* [f. *-trice*] chi spara.

sparatoria [-tò-] *s.f.* scambio di colpi d'arma da fuoco, di spari: *seguì una grande —*.

sparecchiare *v.tr.* [io sparécchio, tu sparécchi ecc.] **1** togliere dalla tavola stoviglie, posate e tovaglia. CONTR. *apparecchiare* **2** *(fig.scherz.)* mangiare avidamente tutto ciò che è in tavola.

spareggio [-rég-] *s.m.* **1** disparità, disuguaglianza; in un bilancio, disavanzo **2** *(sport)* incontro supplementare disputato tra due squadre o avversari che alla fine delle gare abbiano totalizzato lo stesso numero di punti.

spargere [spàr-] *v.tr.* [pres. *io spargo, tu spargi ecc.*; pass.rem. *io sparsi, tu spargésti ecc.*; p.pass. *sparso*] **1** gettare qua e là: *— fiori, il seme nel campo*. SIN. *spandere* **2** versare: *— l'olio / — lacrime, piangere / — sangue*, ferire o uccidere **3** mandare in giro, diffondere, divulgare (anche *fig.*): *sparsero messi all'intorno; — notizie false, calunnie*. SIN. *propagare* // **-ersi** *v.rifl.pron.* andare qua e là, diffondersi: *la folla si sparse per il borgo*. SIN. *sparpagliarsi*.

spargimento [-mén-] *s.m.* atto, effetto dello spargere o dello spargersi / *— di sangue*, atto cruento, uccisione.

sparigliare *v.tr.* [io spariglio ecc.] rompere una pariglia separando gli elementi che la compongono / *— i sette*, nel gioco della scopa, prendere un sette con una carta superiore, in modo che gli altri sette risultino scompagnati.

sparire *v.intr.* [pres. *io sparisco, tu sparisci ecc.*; pass.rem. *io sparii o sparvi, tu sparisti ecc.*] **1** dileguarsi, sottrarsi alla vista altrui (anche *fig.*): *il sole sparisce dietro le nubi; fra poco di lui sparirà anche il ricordo*. SIN. *svanire, scomparire* **2** consumarsi rapidamente, venir meno: *le merci sparirono in un batter d'occhio*.

sparizione [-zió-] *s.f.* atto, effetto dello sparire; scomparsa: *una misteriosa —*.

sparlare *v.intr.* **1** parlare male di qlcu.: *— del prossimo* **2** parlare a sproposito, inopportunamente: *parla e sparla in ogni occasione*.

sparo *s.m.* atto dello sparare; scarica di arma da fuoco, e anche il rumore così prodotto.

sparpagliare *v.tr.* [io sparpàglio ecc.] spargere qua e là; disseminare: *— le carte sulla scrivania* // **-arsi** *v.rifl.pron.* disperdersi qua e là, prendendo varie direzioni.

sparpagliato *agg.* sparso qua e là senza ordine.

sparso *agg.* **1** gettato qua e là senza ordine: *i fogli sparsi sul tavolo; le case sparse sul pendio* **2** cosparso: *un prato — di fiori* **3** versato: *sangue — in guerra*.

spartano *agg.* **1** di Sparta **2** *(fig.)* severo, austero.

sparteina *s.f.* alcaloide estratto dalla ginestra, usato in medicina come cardiotonico.

spartiacque [-tiàc-] *s.m.invar.* cresta montuosa che separa bacini idrografici situati in versanti opposti.

sparticampo *s.m.invar.*, **spartigrano** *s.m.invar.* *(agr.)* organo delle macchine mietitrici che serve a deviare verso la sega i culmi che devono essere tagliati, separandoli da quelli che rimangono in piedi [*ill. Agricoltura*].

spartineve [-né-] *s.m.invar.* **1** automezzo impiegato per la rimozione della neve dalla strada **2** dispositivo a forma di sperone che si applica davanti alle locomotive per liberare le rotaie dalla neve.

spartire *v.tr.* [io spartisco, tu spartisci ecc.] dividere in parti da distribuirsi: *i ladri si spartirono il bottino / non avere nulla da — con qlcu.*, non avere a che fare con lui; non avere alcun interesse comune.

spartisemi [-sé-] *s.m.invar.* *(agr.)* macchina per separare i vinaccioli dalle vinacce esaurite dalla torchiatura.

spartito *s.m.* *(mus.)* trascrizione per pianoforte, o per canto e pianoforte, di una composizione strumentale.

spartitore [-tó-] *s.m.* [f. *-trice*] chi, ciò che spartisce.

spartitraffico [-tràf-] *s.m.invar.* rialzo sul piano stradale, in legno o muratura, fornito talvolta di segnali luminosi, che serve a dividere correnti di traffico parallele o incrociantisi.

spartizione [-zió-] *s.f.* atto, effetto dello spartire.

sparto *s.m.* pianta erbacea con foglie dure, usate per fare cordami *(fam.* Graminacee).

sparuto *agg.* magro e pallido: *un viso —*.

sparviere, sparviero [-viè-] *s.m.* **1** uccello rapace diurno con ali piuttosto corte e piumaggio grigio-plumbeo, striato di bruno sul petto *(fam.* Accipitridi) **2** tavoletta quadrata con impugnatura sulla superficie inferiore, su cui il muratore mette quel tanto di calcina che gli serve di volta in volta.

spasimante [-ʃi-] *s.m.* e *f.* *(scherz.)* innamorato, innamorata.

spasimare [-ʃi-] *v.intr.* [io spàsimo ecc.] essere turbato da pene d'amore; soffrire di un dolore cocente: *— per una ragazza; — d'amore; — dal dolore*.

spasimo [spàʃi-] *s.m.* dolore fisico forte, acuto; struggimento angoscioso.

spasmo [-ʃmo] *s.m.* *(med.)* contrazione dolorosa di un muscolo.

spasmodico [-ʃmò-] *agg.* [pl.m. *-ci*] **1** che provoca spasimi: *una sofferenza spasmodica* **2** *(med.)* che provoca spasmi; che è effetto di spasmi: *contrazione spasmodica*.

spasmofilia [-ʃmofili-] *s.f.* *(med.)* condizione dell'organismo caratterizzata da ipereccitabilità dei nervi periferici, con tendenza alle convulsioni.

spasmolitico [-ʃmoli-] *agg.* e *s.m.* [pl.m. *-ci*] si dice di farmaco atto a eliminare gli spasmi.

spassare *v.tr.* dare spasso, divertire // **-arsi** *v.rifl.* divertirsi / *spassarsela*, passare il tempo allegramente. SIN. *svagarsi*.

spassionato *agg.* che giudica senza passioni, con imparzialità; sereno ed equo: *uomo —; giudizio —*. SIN. *imparziale, equanime, obiettivo*.

spasso *s.m.* **1** piacevole passatempo, divertimento / *prendersi — di qlcu.*, prendersene gioco, beffarsi di lui / *per —*, per divertimento. SIN. *svago, sollazzo* **2** passeggiata non molto lunga, fatta per svago: *andare a — / portare a — qlcu.*, lusingarlo con promesse vane / *mandare a — qlcu.*, levarselo dai piedi; licenziarlo / *essere a —*, essere disoccupato.

spassoso [-só-] *agg.* che dà spasso: *racconto —; un tipo —*. SIN. *divertente*.

spastico [spà-] *agg.* [pl.m. *-ci*] *(med.)* di spasmo; caratterizzato da spasmi: *colite spastica*.

spata *s.f.* *(bot.)* grande brattea che avvolge l'infiorescenza di alcune piante.

spato *s.m.* *(min.)* nome generico di minerali a struttura cristallina, facilmente sfaldabili secondo facce regolari.

spatola [spà-] *s.f.* **1** stecca di metallo o di legno allargata a un'estremità, che serve per impastare e mescolare sostanze pastose; arnese che serve al muratore e allo stuccatore per ritoccare l'intonaco, per rifinire particolari ecc. [*ill. Pittura e scultura*] / *dita a —*, con le estremità molto piatte **2** nello sci, la parte anteriore, leggermente curva [*ill. Sci*] **3** (*zool.*) mestolone.

spatolato *agg.* a forma di spatola: *foglia spatolata* [*ill. Foglia*].

spatriare *v.tr.* [*io spàtrio ecc.*] cacciare dalla patria // *v.intr.* andare via dalla patria: *dovette —*.

spauracchio [-ràc-] *s.m.* **1** spaventapasseri **2** (*fig.*) persona o cosa che incute paura (anche *scherz.*): *lo zio è lo — dei bambini*.

spaurire *v.tr.* [*io spaurisco, tu spaurisci ecc.*] mettere grande paura; impaurire, spaventare // **-irsi** *v.rifl.pron.* prendere paura: *si spaurisce per nulla*.

spaurito *agg.* che ha, che esprime paura: *bambino —*; *faccia spaurita*. SIN. *spaventato*.

spavalderia [-ri-] *s.f.* l'essere spavaldo; atto da spavaldo: *dimostra una grande —*. SIN. *baldanza*.

spavaldo *agg.* che ostenta eccessiva sicurezza di sé e audacia: *si presentò con aria spavalda*. SIN. *baldanzoso, baldo*.

spaventapasseri [-pàs-] *s.m.invar.* fantoccio che si mette in mezzo ai campi per spaventare gli uccelli; (*fig.*) persona brutta, magra e malvestita.

spaventare *v.tr.* [*io spavènto ecc.*] incutere spavento; mettere una gran paura. SIN. *impaurire, intimorire, spaurire, sgomentare* // **-arsi** *v.rifl.pron.* prender spavento: *a quella vista si spaventò*. SIN. *inorridire*.

spaventoso *agg.* pieno di paura. SIN. *spaurito, sbigottito*.

spaventevole [-té-] *agg.* che incute spavento; orribile: *boato —*; *ha un aspetto —*. SIN. *terrificante, orrendo*.

spavento [-vèn-] *s.m.* **1** paura violenta e improvvisa, causata dalla sensazione o dalla vista di un pericolo o di un danno; con valore iperbolico si dice di persona o cosa molto brutta: *si sentì prendere dallo —*; *quella donna è un —* **2** malattia dei cavalli per cui il moto delle zampe posteriori non è coordinato con quello delle anteriori.

spaventoso [-tó-] *agg.* che incute spavento; che desta profonda impressione (anche con valore iperbolico): *una disgrazia spaventosa*; *un disordine —*. SIN. *pauroso, terribile*.

spaziale *agg.* dello spazio, che riguarda lo spazio; in particolare, che si riferisce allo spazio cosmico: *valore —*; *volo —*; *era —*, quella attuale, in cui è stata intrapresa la conquista dello spazio.

spazialità *s.f.invar.* l'effetto di spazio proprio di un'opera pittorica o architettonica.

spaziare *v.intr.* [*io spàzio ecc.*] muoversi in un ampio spazio; (*fig.*) librarsi con la mente in un ampio orizzonte di idee ecc.: *le aquile spaziano nel cielo*; *spazia liberamente in tutti i campi del sapere* // *v.tr.* (*tip.*) distanziare convenientemente secondo gli spazi fissati una parola o una lettera dall'altra.

spaziatore [-tó-] *agg.* [f. *-trice*] che serve a spaziare: *barra spaziatrice* [*ill. Scrivere, macchina per*].

spaziatura *s.f.* distribuzione degli spazi nella composizione tipografica.

spazieggiare *v.tr.* [*io spaziéggio ecc.*] **1** disporre nello spazio più oggetti a distanze opportune **2** (*tip.*) spaziare più del normale parole o lettere per metterle in particolare risalto.

spazientirsi *v.rifl.pron.* [*io mi spazientisco, tu ti spazientisci ecc.*] perdere la pazienza.

spazio [spà-] *s.m.* **1** estensione non circoscritta e indefinita con capacità illimitata di contenere corpi: *l'infinità dello —* **2** estensione in cui sono e si muovono i corpi celesti: *lanciare un satellite nello —* **3** estensione di luogo illimitata o limitata, libera o occupata da corpi: *gli uccelli volano nei liberi spazi*; *c'è poco — in questa stanza*; *bisogna tagliare l'articolo perché non c'è più —* **4** estensione di tempo: *nello — di un mese* **5** (*tip.*) nella pagina stampata, ciascuno degli intervalli bianchi fra lettera e lettera, fra parola e parola **6** (*mus.*) nel pentagramma, intervallo tra riga e riga.

spaziosità *s.f.invar.* l'essere spazioso, ampiezza.

spazioso [-zió-] *agg.* che ha molto spazio, ampio: *locale —*. SIN. *vasto, capace*.

spazzacamino *s.m.* chi pulisce dalla fuliggine la canna dei camini: *nero come uno —*.

spazzamine *s.m.invar.* nave specialmente attrezzata per individuare e neutralizzare le mine nemiche.

spazzaneve [-né-] *s.m.invar.* **1** spartineve **2** (*sport*) posizione sugli sci ottenuta allargando le code e avvicinando le punte, con lo scopo di rallentare la velocità: *scendere a —* [*ill. Sci*].

spazzare *v.tr.* **1** pulire con la scopa o simili; (*fig.*) liberare da qlcu. o da qlco.: *— il pavimento*; *— la città dai delinquenti* **2** togliere, portar via con la scopa o simili; (*fig.*) distruggere, togliere di mezzo: *— la neve*; *— via i pregiudizi* / *ha spazzato via tutto*, ha divorato tutto quello che c'era.

spazzatura *s.f.* lo spazzare; l'immondizia spazzata.

spazzino *s.m.* chi spazza le strade, netturbino.

spazzola [spàz-] *s.f.* **1** arnese costituito da un corpo rigido sul quale sono infissi setole o fili di vario materiale o anche una striscia di materiale flessibile, per pulire vestiti, capelli, superfici: *— per le scarpe*; *le spazzole del tergicristalli* / *baffi, capelli a —*, tagliati corti e pari **2** (*elettr.*) il conduttore che connette, mediante contatto strisciante, una parte fissa e una rotante [*ill. Elettrica, energia*] **3** (*mus.*) bacchetta per strumenti a percussione, che porta all'estremità un pennello di fili metallici.

spazzolare *v.tr.* [*io spàzzolo ecc.*] pulire con la spazzola: *— gli abiti*.

spazzolata *s.f.* lo spazzolare; uno o più colpi di spazzola: *dare una — al vestito*.

spazzolino *s.m.* piccola spazzola per i denti, le unghie o per piccoli oggetti.

spazzolone [-ló-] *s.m.* grossa spazzola; in particolare, quella con lungo manico usata per pulire i pavimenti.

speaker [*ingl.*; *pr.* spìca] *s.m.* **1** annunciatore radiofonico o televisivo; nello sport, chi dà comunicazioni al pubblico, attraverso gli altoparlanti, sui particolari di una gara, i risultati ecc. **2** in Gran Bretagna, colui che presiede la Camera dei comuni.

speakeraggio [spìkeràggio] *s.m.* attività di chi parla, di solito attraverso impianti di amplificazione volanti, a un pubblico occasionale spec. durante manifestazioni politico-sindacali come cortei, raccolte di firme.

specchiarsi *v.rifl.* [*io mi spècchio ecc.*] **1** guardarsi nello specchio, e, per estens., in altra superficie riflettente; di cosa, riflettersi nell'acqua: *— nei vetri*; *le case si specchiavano nel lago* **2** (*fig.lett.*) guardare a qlcu. o a qlco. come esempio da imitare: *— nelle virtù dei padri*.

specchiato *agg.* (*fig.*) integro, immacolato: *uomo di specchiata onestà*.

specchiatura *s.f.* l'insieme degli specchi di porte e finestre [*ill. Porta*].

spedalità

specchiera [-chiè-] *s.f.* **1** grande specchio con cornice **2** tavolino con lo specchio e l'occorrente per acconciarsi.

specchietto [-chiét-] *s.m.* **1** piccolo specchio, per lo più accessorio delle borsette da donna / — retrovisivo o retrovisore, quello interno o esterno applicato agli automezzi / — per le allodole, arnese con più specchietti usato per attirare le allodole; (*fig.*) promessa ingannatrice **2** prospetto riassuntivo: *lo — dei verbi*.

specchio [spèc-] *s.m.* **1** superficie liscia che produce una riflessione regolare dei raggi luminosi; in genere è costituito da una lastra di cristallo metallizzata nella faccia posteriore: *guardarsi nello — / tenere la casa come uno —*, pulitissima / *essere uno — di onestà*, onestissimo / *gli occhi sono lo — dell'anima*, riflettono i sentimenti / *essere a — del lago*, essere sulle sue rive / *— d'acqua*, tratto di mare o lago **2** superficie piana: *— di poppa*, nelle imbarcazioni a poppa piatta, la superficie verticale sulla quale si incardina il timone o si monta un motore fuoribordo **3** prospetto: *— delle votazioni* **4** pannello, di vetro o d'altro materiale, intelaiato nei battenti di porte e finestre.

speciale *agg.* che riguarda le specie, contrapposto a generale; particolare, non comune; di qualità ottima, scelto: *quel libro sarà stampato su carta —; incarico —; un vino — / in modo —*, particolarmente // **-mente** *avv.* in modo particolare, soprattutto.

specialista *s.m.* e *f.* [pl.m. -*i*] chi si è specializzato in un'attività o studio particolare: *— dei cento metri piani; — di medicina legale*.

specialistico [-li-] *agg.* [pl.m. -*ci*] di, da specialista; di specializzazione: *ambulatorio —*.

specialità *s.f.invar.* **1** l'essere speciale, particolarità **2** settore di un'attività artistica, scientifica, sportiva ecc. in cui si è particolarmente competenti: *la pittura di paesaggi è la sua —* **3** prodotto caratteristico, piatto tipico e simili: *le ceramiche sono una — di Faenza; qui si servono le — locali / — farmaceutiche*, prodotti medicinali già preparati per l'uso **4** (*mil.*) reparti speciali dell'esercito all'interno delle varie armi.

specializzare [-li-] *v.tr.* delimitare un'attività in un campo ristretto e specifico: *— la produzione nel campo dei detersivi* // **-arsi** *v.rifl.* dedicarsi a un settore particolare di attività, di studi, di produzione: *si è specializzato in fisica nucleare*.

specializzato [-li-] *agg.* **1** che ha conseguito una specializzazione: *operaio —* **2** che opera in un campo limitato, con tecniche particolari: *rivolgersi a un'impresa specializzata / coltura specializzata*, (*agr.*) quella di piante arboree in cui si coltiva una sola specie.

specializzazione [-li-] *s.f.* **1** lo specializzarsi, l'essere specializzato: *ha la — in fisica nucleare* **2** il suddividersi della scienza e della tecnica in vari settori, ciascuno con problemi e metodi propri: *la — è ormai un fenomeno universale*.

specie [spè-] *s.f.* [pl. invar. o -*ci*] **1** ciascuna delle suddivisioni del genere, in particolare nelle scienze biologiche, aggregato di individui con caratteri simili che li distinguono da altri individui dello stesso genere; per estens., sorta, qualità: *piante di varie —; c'era gente di ogni — / in —*, specialmente **2** forma esteriore, apparenza; spec. di cosa che ha più o meno l'aspetto di un'altra: *l'eucaristia sotto le — del pane e del vino; ho mangiato una — di dolce veramente cattivo / sotto —*, sotto forma, nell'aspetto, sotto pretesto di / *mi fa —*, mi sorprende, mi fa meraviglia.

specifica [-ci-] *s.f.* (*comm.*) elenco, distinta di cose ben specificate: *— delle merci spedite*.

specificare *v.tr.* [*io specifico, tu specifichi ecc.*] precisare per mezzo di dati specifici, con chiarezza e abbondanza di particolari: *specificherò come avvennero i fatti; — le accuse*. SIN. *determinare*.

specificato *agg.* determinato con precisione; circostanziato // **-mente** *avv.* in modo particolareggiato.

specificazione [-zió-] *s.f.* lo specificare; indicazione particolareggiata / *complemento di —*, (*gramm.*) quello che specifica, cioè precisa un sostantivo o un aggettivo, ed è sempre costruito con la preposizione *di* (p.e. il figlio *dell'avvocato*; il manico *dell'ombrello*).

specificità *s.f.invar.* **1** l'essere specifico **2** insieme di caratteristiche specifiche.

specifico [-ci-] *agg.* [pl.m. -*ci*] caratteristico di una specie; per estens., determinato, particolare: *prerogative specifiche*; *una conoscenza specifica di un dato argomento / malattia specifica*, causata da un germe particolare (spec. tubercolosi) / *peso —*, rapporto tra il peso di un corpo e il suo volume. SIN. *particolare*. CONTR. *generico* // *s.m.* **1** (*farm.*) rimedio, farmaco, medicamento con azione particolare: *uno — per il cuore* **2** specificità, caratteristica, peculiarità: *lo — femminile*, ciò che rende la donna non inferiore o superiore, ma differente dall'uomo // **-mente** *avv.* in modo particolare, con preciso riferimento.

specillo *s.m.* (*med.*) sonda sottile e lunga, per lo più di metallo, con una sferetta a un estremo, usata per esplorare ferite o piaghe.

specimen [spè-] *s.m.invar.* saggio, campione; in particolare, pubblicazione di poche pagine a scopo pubblicitario contenente saggi di una grande opera editoriale in preparazione.

speciosità *s.f.invar.* l'essere specioso.

specioso [-ció-] *agg.* che è bello e vero solo in apparenza, detto spec. di argomenti che tendono a persuadere: *è un pretesto —*.

speco [spè-] *s.m.* [pl. -*chi*] (*lett.*) caverna, antro.

specola [spè-] *s.f.* (*ant.*) parte elevata di un edificio da cui è possibile osservare il cielo; osservatorio astronomico.

speculare[1] *v.intr.* [*io spèculo ecc.*] **1** indagare con la ragione, meditare: *— sulla natura dell'universo* **2** trarre forti profitti da operazioni finanziarie e commerciali; per estens., trarre il massimo vantaggio, con mezzi spesso illeciti, da situazioni favorevoli a sé e sfavorevoli ad altri: *speculò sul suo fallimento* // *v.tr.* indagare con la ragione: *— i misteri della natura*.

speculare[2] *agg.* di, da specchio: *superficie —*.

speculativo *agg.* **1** incline alla speculazione filosofica: *ingegno —*; *scienze speculative*, scienze teoretiche, senza applicazioni pratiche **2** che concerne una speculazione, un lucro: *mire speculative*.

speculatore [-tó-] *agg.* e *s.m.* [f. -*trice*] **1** che, chi fa speculazioni finanziarie o commerciali o comunque interessate: *è uno — senza scrupoli* **2** che, chi medita, indaga filosoficamente: *un'intelligenza speculatrice*.

speculazione [-zió-] *s.f.* **1** attività razionale della mente, avente per scopo il conoscere teoretico, senza intenti pratici: *la — scientifica* **2** operazione commerciale o finanziaria che mira a trarre un forte utile spec. giocando sulla differenza prevista tra il prezzo di acquisto e quello di vendita: *la — edilizia*.

spedalità *s.f.invar.* degenza in ospedale; la cura che vi si riceve; il costo della degenza e delle cure.

spedalizzare [-liʒʒa-] *v.tr.* → **ospedalizzare**.

spedire *v.tr.* [*io spedisco, tu spedisci ecc.*] **1** inviare qlco. per mezzo della posta: — *una raccomandata, un pacco, un assegno* / — *una ricetta,* preparare e consegnare **2** (*fam.*) mandare con premura una persona in un luogo o da qlcu.: *si sentiva male, perciò l'ho spedito dal medico*.

speditezza [-téz-] *s.f.* l'essere spedito; prontezza e celerità nel fare qlco.

spedito *agg.* pronto; sciolto; sicuro e veloce: *pronuncia spedita; passo* — *// -mente avv.* in modo spedito / *parlare e scrivere* —, correntemente; senza errori.

speditore [-tó-] *s.m.* [f. *-trice*] chi spedisce.

spedizione [-zió-] *s.f.* **1** atto, effetto dello spedire: *la* — *di un oggetto; le spese di* — **2** viaggio di più persone per un'impresa scientifica o militare; anche le persone stesse: *una — polare; la — dei Mille*.

spedizioniere [-niè-] *s.m.* chi per mestiere spedisce merci per conto di terzi e si incarica di svincolarle e consegnarle ai destinatari.

spegnare *v.tr.* [*io spégno ecc.*] liberare un oggetto, dato in pegno, pagando la somma stabilita.

spegnere [spè-] *v.tr.* [pres. *io spèngo, tu spègni* o *spèngi ecc.;* pass.rem. *io spènsi, tu spegnésti* o *spengésti ecc.;* cong.pres. *io spènga ecc.;* p.pass. *spènto*] **1** far cessare di ardere: — *un incendio, una candela.* CONTR. *accendere* **2** (*fig.*) smorzare, estinguere; distruggere a poco a poco: — *la sete, il ricordo, l'amore.* CONTR. *accendere* **3** interrompere il funzionamento di un apparecchio o dispositivo elettrico: — *la radio, la luce.* CONTR. *accendere // -ersi v.rifl.pron.* **1** cessare di ardere: *il fuoco si è spento* **2** (*fig.*) finire; per eufemismo, morire: *il suo entusiasmo si sta spegnendo; egli si è spento l'anno scorso* **3** smettere di funzionare, detto di un apparecchio o dispositivo elettrico: *la lampada si è spenta*.

spegnimento [-mén-] *s.m.* atto, effetto dello spegnere.

spegnitoio [-tó-] *s.m.* arnese a forma di imbuto rovesciato per spegnere la fiamma di candele, lumi a petrolio ecc.

spelacchiare *v.tr.* [*io spelàcchio ecc.*] levare il pelo qua e là *// -arsi v.rifl.pron.* perdere il pelo qua e là.

spelacchiato *agg.* che ha pochi peli; per estens., che ha poche penne: *una pelliccia spelacchiata*.

spelare *v.tr.* [*io spélo ecc.*] togliere il pelo o, per estens., le penne *// -arsi v.rifl.pron.* perdere il pelo.

speleologia [-gì-] *s.f.* studio delle grotte, della loro origine e delle loro caratteristiche fisiche e biologiche.

speleologico [-lò-] *agg.* [pl.m. *-ci*] riguardante la speleologia.

speleologo [-ò-] *s.m.* [pl. *-gi*] studioso di speleologia.

spellare *v.tr.* [*io spéllo ecc.*] **1** levare, strappare la pelle: — *un coniglio* / *spellarsi le mani,* applaudire molto **2** (*scherz.*) chiedere un prezzo, un compenso esagerato: *in quel negozio spellano i clienti // -arsi v.rifl.pron.* perdere la pelle: *mi sono spellate le mani*.

spellatura *s.f.* atto, effetto dello spellare, dello spellarsi; sbucciatura.

spelonca [-lón-] *s.f.* **1** antro naturale, profondo, nei fianchi di un monte. SIN. *caverna, grotta* **2** (*fig.*) abitazione tetra, squallida.

speme [spè-] *s.f.* (*poet.*) speranza.

spendaccione [-ció-] *s.m.* chi spende smodatamente, con eccessiva facilità.

spendere [spèn-] *v.tr.* [pres. *io spèndo ecc.;* pass.rem. *io spési, tu spendésti ecc.;* p.pass. *spéso*] **1** dare, cedere denaro ad altri per pagare qlco.: — *molto, poco;* — *mille*

lire per un libro / — *un occhio della testa,* moltissimo **2** (*fig.*) consumare, impiegare, adoperare: — *le proprie energie in imprese inutili;* — *i migliori anni sui libri.*

spendereccio [-réc-] *agg.* che ama spendere molto, con facilità.

spengere [spèn-] *v.tr.* → **spegnere**.

spennacchiare *v.tr.* [*io spennàcchio ecc.*] togliere, strappare le penne qua e là: *il cane ha spennacchiato i polli // -arsi v.rifl.pron.* perdere parzialmente le penne.

spennacchiato *agg.* che è privo di penne qua e là.

spennare *v.tr.* [*io spénno ecc.*] **1** strappare le penne **2** (*fig.fam.*) derubare, privare di denaro, sfruttare *// -arsi v.rifl.pron.* perdere le penne.

spennellare *v.tr.* [*io spennèllo ecc.*] passare un pennello intinto in un liquido su una superficie; dare una spennellata: *spennellarsi la gola con la tintura di iodio*.

spennellata *s.f.* pennellata ampia e rapida: *dare una* — *di vernice*.

spennellatura *s.f.* atto, effetto dello spennellare.

spensierataggine [-tàg-] *s.f.* spensieratezza che confina con la leggerezza; atto compiuto con leggerezza.

spensieratezza [-téz-] *s.f.* l'essere spensierato.

spensierato *agg.* che non ha preoccupazioni; senza pensieri: *età spensierata,* la fanciullezza *// -mente avv.* in modo spensierato, senza alcun pensiero.

spento [spèn-] *agg.* **1** che non brucia più; (*fig.*) privo di luce, smorto: *un fuoco* —; *sguardo* —; *colori spenti* / *calce spenta,* mescolata con acqua. CONTR. *acceso* **2** si dice di apparecchio o dispositivo elettrico non in funzione: *un televisore* —. CONTR. *acceso* **3** morto, non più esistente: *una civiltà ormai spenta*.

spenzolare [- zó-] *v.tr.* [*io spènzolo ecc.*] far penzolare; tenere qlco. sospeso nel vuoto in modo che penzoli: *spenzolava un braccio fuori dal finestrino // v.intr.* stare sospeso; penzolare *// -arsi v.rifl.* sporgersi in modo eccessivo.

spenzoloni [-ʒoló-] *avv.* penzoloni.

sperabile [-rà-] *agg.* che si può sperare: *un risultato* —.

speranza *s.f.* **1** lo sperare; attesa viva e fiduciosa di un bene futuro: *nutrire una* —; *perdere ogni* — / *prov.:* *finché c'è vita c'è* — **2** persona, cosa in cui si spera: *tu sei la mia unica* —; / *giovane di belle speranze,* che sembra destinato a un brillante avvenire.

speranzoso [-zó-] *agg.* pieno di speranza (spesso *scherz.*): *aspettava* —.

sperare[1] *v.tr.* [*io spèro ecc.*] attendere con fiducia che accada una cosa desiderata: *spera di conseguire la promozione; spero che non piova* / *voglio sperarlo, spero bene,* per esprimere quasi una certezza *// v.intr.* nutrire speranza, fiducia: — *in Dio;* — *nella vittoria.*

sperare[2] *v.tr.* [*io spèro ecc.*] osservare contro luce qlco. più o meno trasparente: — *le uova,* per controllarne la freschezza.

speratura *s.f.* esame delle uova attraverso una intensa sorgente luminosa mediante un apparecchio speciale.

sperauovo [-uò-] *s.m.* [pl. *sperauova*] apparecchio provvisto di una sorgente luminosa, usato per la speratura delle uova.

sperdere [spèr-] *v.tr.* [coniugato come *perdere*] **1** (*lett.*) disperdere **2** smarrire, perdere: — *il sentiero* — *// -ersi v.rifl.pron.* perdersi, smarrirsi (anche *fig.*): *ci sperdemmo nel buio*.

sperduto *agg.* solitario, solo: *paesino* — / *sentirsi, trovarsi* —, solo e a disagio in un ambiente non familiare.

sperequazione [-zió-] *s.f.* mancanza di uniformità, spec. in campo economico: — *della ricchezza,* disuguaglianza nella distribuzione della ricchezza fra le diverse classi sociali; — *tributaria*, distribuzione ineguale e sproporzionata degli oneri fiscali fra i vari contribuenti.

spergiurare *v.intr.* giurare il falso / *giurare e* —, affermare con ripetuti giuramenti.

spergiuro *agg.* che giura il falso, che non mantiene un giuramento // *s.m.* giuramento falso.

spericolato *agg.* che disprezza, che sfida il pericolo.

sperimentabile [-tà-] *agg.* che si può sperimentare; dimostrabile sperimentalmente.

sperimentale *agg.* **1** che si basa sull'esperimento, sulla sperimentazione: *indagine* — / *scienza* —, che acquisisce e conferma le proprie conoscenze mediante verifica empirica **2** si dice di attività volta a sperimentare nuovi sistemi in un determinato campo: *cinema* —; *scuola* —.

sperimentalismo [-ʃmo] *s.m.* teoria, metodologia, attività che privilegia il metodo sperimentale.

sperimentare *v.tr.* [*io speriménto* ecc.] **1** verificare con esperimenti; mettere alla prova qlco. per verificarne l'efficacia, la funzionalità ecc.: — *una legge chimica*; — *una macchina* **2** (*fig.*) mettere alla prova una persona o i suoi sentimenti: — *la fedeltà di un amico* **3** fare esperienza di qlco.; provare: — *la durezza dell'esilio* / — *ogni mezzo*, tentarli tutti.

sperimentatore [-tó-] *s.m.* [f. *-trice*] chi sperimenta.

sperimentazione [-zió-] *s.f.* l'atto, la pratica dello sperimentare a scopo scientifico: *metodo di* —.

sperma [spèr-] *s.m.* [pl. *-i*] (*biol.*) sostanza che contiene gli elementi fecondanti del maschio.

spermaceti [-cè-] *s.m.invar.* liquido grasso biancastro, che solidifica all'aria, ricavato dalla testa di alcuni cetacei (p.e. dal capodoglio) e usato per candele, cosmetici e come lubrificante.

spermatico [-mà-] *agg.* [pl.m. *-ci*] di sperma / *liquido* —, lo sperma stesso.

spermatogenesi [-gèneʃi] *s.f.invar.* il processo biologico che porta alla formazione degli spermatozoi.

spermatozoo [-ʒò-] *s.m.* (*biol.*) cellula maschile fecondante.

spermicida *agg.* e *s.m.* [pl.m. *-i*] si dice di prodotti capaci di distruggere gli spermatozoi, usati generalmente a scopo anticoncezionale.

speronamento [-mén-] *s.m.* lo speronare, l'essere speronato.

speronare *v.tr.* [*io speróno* ecc.] **1** colpire con lo sperone o con la prua (detto di nave): *un mercantile è stato speronato da un transatlantico* **2** per estens., colpire con la parte anteriore (detto di autoveicoli, aerei).

speronata *s.f.* colpo di sperone.

speronato *agg.* **1** si dice di animale provvisto di speroni: *il gallo ha le zampe speronate* **2** si dice di edificio rafforzato da speroni.

sperone [-ró-] *s.m.* **1** arnese di metallo che si applica al tacco dello stivale del cavaliere per stimolare il cavallo nei fianchi **2** robusta prominenza nella prua delle navi da guerra che serviva a danneggiare, urtandole, le navi nemiche **3** robusto aculeo corneo di forma conica che sporge in corrispondenza dei tarsi del gallo e di altri uccelli **4** breve diramazione laterale di una catena montuosa **5** (*edil.*) rinforzo in muratura costruito trasversalmente a un muro **6** (*bot.*) prolungamento tubolare della corolla o del calice di alcuni fiori.

sperperare *v.tr.* [*io spèrpero* ecc.] spendere, consumare senza criterio; sciupare inutilmente: — *il patrimonio*; — *le forze*. SIN. *dissipare, scialacquare, dilapidare*.

sperperio [-rì-] *s.m.* lo sperperare continuo o frequente.

sperpero [spèr-] *s.m.* atto, effetto dello sperperare: — *di denaro, di energie*. SIN. *spreco*. CONTR. *risparmio*.

spersonalizzare [-liʒʒa-] *v.tr.* **1** privare della personalità **2** togliere a qlco. un'impronta troppo personale: — *una questione*.

sperticarsi *v.rifl.pron.* [*io mi spèrtico, tu ti spèrtichi* ecc.] fare qlco. in maniera eccessiva e affettata; profondersi: — *in elogi*.

sperticato *agg.* **1** esageratamente lungo, sproporzionato: *naso* — **2** (*fig.*) eccessivo, esagerato: *lodi sperticate*.

spesa [spé-] *s.f.* **1** atto dello spendere; il danaro che si dà in pagamento di qlco., come ricompensa di una prestazione d'opera ecc.: *spese ordinarie*; *spese di manutenzione* / *far fronte a una* —, riuscire a sostenerla / *spese minute*, per le piccole necessità d'ogni giorno / *non badare a spese*, pagare qualsiasi somma; (*fig.*) essere disposti a qualunque sacrificio pur di raggiungere uno scopo / *a spese mie*, essendo le spese a mio carico / *a proprie spese*, *a spese di qlcu.*, a proprio danno, a danno di altri **2** la cosa acquistata con una spesa; in particolare, la roba che si acquista giornalmente per il mantenimento della famiglia: *ho fatto una grossa* —; *è uscita a fare la* — / *stare sulle spese*, essere costretto a provvedere al proprio mantenimento vivendo fuori dalla propria sede abituale.

spesare *v.tr.* [*io spéso* ecc.] mantenere a proprie spese: — *qlcu. di tutto*.

spesato *agg.* provveduto di vitto e alloggio.

spessimetro [-sì-] *s.m.* (*tecn.*) tipo di calibro usato per misurare piccoli spessori o piccole distanze.

spesso [spés-] *agg.* **1** denso, folto, compatto: *nebbia spessa*; *alberi spessi*. SIN. *fitto* **2** grosso: *un muro — quaranta centimetri* **3** frequente: *spesse volte* // *avv.di tempo* frequentemente: *ti scriverò* — / — *e volentieri*, assai frequentemente.

spessore [-só-] *s.m.* la distanza fra due superfici opposte che delimitano esternamente un corpo; grossezza: *lo — del muro*.

spettabile [-tà-] *agg.* rispettabile, ragguardevole (usato solo negli indirizzi di lettere commerciali): — *ditta*.

spettacolare *agg.* che ha le caratteristiche, l'attrattiva di uno spettacolo grandioso; straordinario a vedersi; eccezionale: *gara* —; *incidente* —.

spettacolo [-tà-] *s.m.* **1** manifestazione artistica che si tiene davanti a un pubblico in un teatro, in un cinema ecc. / *dar* —, attirare su di sé l'attenzione di tutti **2** vista di cosa straordinaria o impressionante: *lo — dell'aurora boreale*.

spettacoloso [-ló-] *agg.* **1** che sorprende per la sua grandiosità: *gara spettacolosa* **2** straordinario, eccezionale: *è di una grossezza spettacolosa*.

spettanza *s.f.* **1** competenza, pertinenza: *la questione non è di nostra* — **2** ciò che spetta a una persona per un lavoro compiuto.

spettare *v.intr.* [*io spètto* ecc.] appartenere per diritto; essere di pertinenza di: *vi spetta una forte somma*; *spetta a voi salutare*.

spettatore [-tó-] *s.m.* [f. *-trice*] chi assiste a uno spettacolo.

spettegolare *v.intr.* [*io spettégolo* ecc.] fare pettegolezzi. SIN. *chiacchierare*.

spettinare *v.tr.* [*io spèttino* ecc.] scompigliare, mettere in disordine i capelli: *il vento mi ha spettinato*. SIN. *scarmigliare* // **-arsi** *v.rifl.* scompigliarsi i capelli.

spettinato *agg.* che ha i capelli scomposti.

spettrale *agg.* di, da spettro; pauroso e triste; detto di persona, magro, macilento.

spettro [spèt-] *s.m.* **1** fantasma, larva / *pare uno —*, si dice di persona magra ed emaciata / *lo — della miseria*, il suo triste prospettarsi **2** (*fis.*) striscia di luce variamente colorata prodotta da un raggio o da una radiazione luminosa che attraversi un prisma ottico / *— solare*, ottenuto dalla luce del sole e composto dai sette colori dell'iride.

spettrografia [-fi-] *s.f.* (*fis.*) tecnologia della produzione e dell'osservazione degli spettri.

spettrografico [-grà-] *agg.* [pl.m. *-ci*] di spettrografia, ottenuto per spettrografia.

spettroscopia [-pì-] *s.f.* parte della fisica che studia gli spettri luminosi e le cause che li determinano.

spettroscopico [-scò-] *agg.* [pl.m. *-ci*] della spettroscopia: *esame —*.

spettroscopio [-scò-] *s.m.* apparecchio atto a rilevare e studiare gli spettri luminosi; consiste essenzialmente di un prisma ottico.

speziale *s.m.* **1** venditore di spezie **2** (*ant.* o *pop.*) farmacista.

spezie [spè-] *s.f.pl.* denominazione degli aromi che si usano per condimento dei cibi.

spezieria [-rì-] *s.f.* bottega dello speziale.

spezzare *v.tr.* [*io spèzzo ecc.*] rompere in pezzi: *— il pane, il vetro* / *— un ramo*, staccarlo dall'albero / *— il cuore a qlcu.*, dargli un forte dolore // **-arsi** *v.rifl.pron.* rompersi: *la corda si spezzò.*

spezzatino *s.m.* pietanza di carne tagliata in piccoli pezzi e cucinata in umido.

spezzato *agg.* diviso in parti; rotto: *legna spezzata; braccio —* / *— orario*, orario di lavoro interrotto da uno o più intervalli / *periodo —*, frammentario / *linea spezzata*, composta da più segmenti non allineati // *s.m.* **1** spec. *pl.* moneta corrispondente a una frazione dell'unità monetaria: *spezzati d'argento* **2** abito completo, spec. maschile, di due colori o due tipi di stoffa **3** (*teatr.*) elemento in carta o tela dipinta rappresentante un particolare della scena **4** spezzatino.

spezzatrice *s.f.* macchina usata nella panificazione per dividere la pasta nei pezzi desiderati.

spezzettamento [-mén-] *s.m.* atto, effetto dello spezzettare.

spezzettare *v.tr.* [*io spezzétto ecc.*] dividere in piccoli pezzi.

spezzino *agg.* di La Spezia // *s.m.* abitante di La Spezia.

spezzonare *v.tr.* [*io spezzóno ecc.*] colpire con spezzoni.

spezzone [-zó-] *s.m.* **1** piccola bomba, molto usata nell'aviazione da bombardamento: *— incendiario* **2** (*cinem.*) pezzo di pellicola di lunghezza inferiore a quella di un rullo intero **3** parte staccata, segmento: *uno — del corteo.*

spi *s.m.invar.* nel linguaggio dei velisti, spinnaker.

spia *s.f.* **1** chi di nascosto riferisce notizie segrete o fatti compromettenti; chi esercita lo spionaggio per il nemico: *fu scoperta una — / fare la —*, riferire di nascosto **2** indizio, sintomo; denominazione di vari dispositivi di controllo / *lampada —*, che si accende quando un apparecchio o un dispositivo si trova in un determinato stato di funzionamento / *— di una porta, di un muro*, apertura che permette di vedere o sorvegliare chi sta al di là.

spiaccicare *v.tr.* [*io spiàccico, tu spiàccichi ecc.*] schiacciare: *— una mosca sul muro* // **-arsi** *v.rifl.pron.* schiacciarsi: *l'uovo si spiacciò sul pavimento.*

spiacente [-cèn-] *agg.* che prova dispiacere; dispiaciuto: *fu molto — dell'accaduto.*

spiacere [-cé-] *v.intr.* [coniugato come *piacere*] dispiacere: *mi spiace molto che non siate venuti*; *mi spiace il vostro atteggiamento.*

spiacevole [-cé-] *agg.* che dà dispiacere o fastidio: *notizia, contrattempo —*. SIN. *increscioso, antipatico, brutto.* CONTR. *piacevole.*

spiaggia [spiàg-] *s.f.* [pl. *-ge*] striscia di terra costiera, sabbiosa e pianeggiante: *le spiagge d'estate sono affollate.*

spianamento [-mén-] *s.m.* atto, effetto dello spianare.

spianare *v.tr.* **1** rendere piano o pianeggiante, eliminando le disuguaglianze: *— il terreno*; *— la pasta*, distenderla a foglio / *— le pieghe di un abito*, stirarle ribattendole / *— la fronte*, appianarla le rughe, rasserenarsi / *— il fucile*, porre l'arma in posizione orizzontale, pronta allo sparo / *— la strada a qlcu.*, facilitargliela **2** demolire, abbattere (anche *fig.*): *— una roccaforte*; *— gli ostacoli*; *— le difficoltà.*

spianata *s.f.* **1** vasto spiazzo pianeggiante e aperto **2** atto, effetto dello spianare.

spianatoia [-tó-] *s.f.* tavola di legno piallata che si usa per fare la pasta e tirare la sfoglia.

spianatoio [-tó-] *s.m.* ogni strumento per spianare; matterello.

spianatore [-tó-] *s.m.* [f. *-trice*] chi spiana.

spianatrice *s.f.* macchina per spianare il terreno.

spiano *s.m.* **1** lo spianare; il luogo spianato **2** *a tutto —*, senza interruzioni, a tutto andare: *correre, lavorare a tutto —.*

spiantare *v.tr.* **1** sradicare, svellere dalle radici o dalle fondamenta: *— un bosco*; *— un edificio* **2** (*fig.*) mandare in rovina.

spiantato *agg. e s.m.* che o chi è andato in rovina; chi è in miseria o guadagna molto poco.

spianto *s.m.* atto, effetto dello spiantare; rovina, decadimento.

spiare *v.tr.* osservare e indagare attentamente e di nascosto il comportamento e l'attività altrui: *i soldati spiavano le mosse nemiche*; *la polizia spiava le sue mosse* / *— l'avversario*, (*sport*) cercare di prevedere il gioco altrui per pararlo o prevenirlo / *— l'occasione*, seguire con ansia lo sviluppo di una situazione per cogliere il momento favorevole.

spiata *s.f.* atto, effetto dello spiare; informazione di una spia.

spiattellare *v.tr.* [*io spiattèllo ecc.*] dichiarare, dire apertamente, senza riguardi ad alcuno, senza segreto: *gli spiattellò in faccia la verità.* SIN. *snocciolare, spifferare.*

spiazzamento [-mén-] *s.m.* **1** lo spiazzare **2** (*econ.*) riduzione di valore degli investimenti privati come effetto indiretto d'una emissione di titoli pubblici da parte dello stato.

spiazzare *v.tr.* **1** nello sport, ingannare l'avversario inviando la palla o il pallone dalla parte opposta a quella in cui se l'aspetta **2** (*fig.*) anticipare qualcuno portandogli via o impedendogli un'azione o una battuta.

spiazzo *s.m.* ampio spazio libero e piano; radura, piazza.

spiccagnolo [-cà-] *agg.* si dice del frutto la cui polpa si stacca con facilità dal nocciolo (p.e. pesca, albicocca).

spiccare *v.tr.* [*io spicco, tu spicchi ecc.*] **1** staccare, dividere cose congiunte: *— un frutto da un ramo*; *la mannaia gli spiccò il capo dal busto* / *— le parole*, pronunciarle distaccandole le une dalle altre / *— un mandato di cattura, un ordine*, emetterli **2** staccarsi da terra con un brusco movimento: *— un salto, un balzo* / *— il volo*, levarsi in volo (detto di uccelli); (*fig.*) fuggire // *v.intr.* distinguersi, fare spicco (anche *fig.*): *il rosso è un colore che spicca*; *spiccava per prontezza e intelligenza.*

spiccato *agg.* **1** che si distingue bene, che risalta **2** tipico, non comune: *un carattere* —; *una qualità spiccata.*

spicchio [spìc-] *s.m.* suddivisione naturale del frutto degli agrumi e dell'aglio, rivestita da una sottile pellicola; per estens., ciascuna delle parti di forma simile in cui si possano tagliare altre frutta o corpi solidi: *uno* — *d'arancia, di pera, di torta, di luna*; — *sferico*, parte della sfera, limitata da due semipiani passanti per il centro / *a spicchi*, disposto, tagliato a forma di spicchi; *berretta a spicchi*, quella a tre punte dei preti.

spicciare *v.tr.* [*io spìccio ecc.*] **1** sgombrare, liberare da ciò che impiccia: — *un tavolo* **2** sbrogliare: *spicciami questa faccenda* // *v.intr.* zampillar fuori: *il sangue spiccia dalla ferita* // **-arsi** *v.rifl.* fare in fretta; sbrogliarsi. SIN. *sbrigarsi.*

spicciativo *agg.* sbrigativo; che ha modi spicci, rapidi e bruschi: *è un sistema* —.

spiccicare *v.tr.* [*io spìccico, tu spìccichi ecc.*] staccare ciò che è appiccicato: — *i fogli l'uno dall'altro* / — *le parole*, (*fig.*) pronunciarle distintamente separandole // **-arsi** *v.rifl.pron.* staccarsi; (*fig.fam.*) liberarsi da persone noiose, impicci, situazioni imbarazzanti.

spiccio [spìc-] *agg.* **1** rapido, sollecito, spedito: *modi spicci / andare per le spicce*, rapidamente, con soluzioni sbrigative e senza badar troppo alle forme **2** libero, sgombro da impicci **3** spicciolo: *denaro* —.

spicciolame *s.m.* quantità di cose spicciole; quantità di spiccioli.

spicciolare[1] *v.tr.* [*io spìcciolo ecc.*] cambiare in moneta spicciola.

spicciolare[2] *v.tr.* [*io spìcciolo ecc.*] staccare dal picciòlo.

spicciolata solo nella locuz. *alla spicciolata*, a piccoli gruppi, pochi per volta: *giungevano alla* —.

spicciolo [spìc-] *agg.* **1** si dice di denaro minuto, spezzato **2** semplice, ordinario: *è roba spicciola* // *s.m.* spec. *pl.* moneta spicciola: *non ho neppure uno* —; *dammi degli spiccioli.*

spicco *s.m.* [*pl. -chi*] l'emergere da ciò che circonda attirando l'attenzione: *fare* —. SIN. *risalto.*

spicola [spì-] *s.f.* elemento cristallino che costituisce lo scheletro interno delle spugne.

spider [*ingl.; pr.* spàida] *s.f.* tipo di carrozzeria scoperta a due posti; l'automobile che ha tale carrozzeria.

spidocchiare *v.tr.* [*io spidòcchio ecc.*] togliere i pidocchi.

spiedata *s.f.* la quantità di cibo che s'infila in uno spiedo: *una* — *di uccelletti.*

spiedino *s.m.* vivanda fatta con pezzetti di carne, pesce o verdure infilati in uno stecco e cotti alla brace o arrosto.

spiedo [spiè-] *s.m.* asticella di ferro in cui si infilano i cibi da arrostire alla fiamma; schidione.

spiegabile [-gà-] *agg.* che si può spiegare.

spiegamento [-mèn-] *s.m.* **1** lo spiegare truppe o forze di polizia; l'insieme dei reparti spiegati **2** per estens., impiego e anche esibizione di molti mezzi, di persone o cose: *uno* — *di camerieri, di automobili.*

spiegare *v.tr.* [*io spiègo, tu spièghi ecc.*] **1** svolgere, allargare ciò che era piegato o avvolto: — *la tovaglia* / — *la voce*, emetterla in tutta la sua sonorità / — *le truppe, le forze*, ordinarle nella formazione di battaglia; schierarle in gran numero per impedire sommosse, manifestazioni ecc. **2** (*fig.*) far comprendere, rendere chiaro ciò che è oscuro e difficile; insegnare, indicare: — *una*

parola, un teorema; *mi spiegò come dovevo fare.* SIN. *descrivere, definire, dichiarare* // **-arsi** *v.rifl.* esprimere il proprio pensiero: *mi sono spiegato chiaramente* // *v. rifl.rec.* trovare un accordo, un chiarimento: *hanno litigato ma poi si sono spiegati.*

spiegato *agg.* allargato, aperto: *a vele spiegate.*

spiegazione [-zió-] *s.f.* **1** lo spiegare dichiarando, illustrando, commentando: *la* — *di un teorema, di un testo* **2** ciò che serve a spiegare le ragioni di un fatto ecc.: *abbiamo trovato una* — *plausibile di quel fenomeno / chiedere una* —, una precisazione di qlco. ch'era parso poco chiaro o offensivo.

spiegazzare *v.tr.* piegare malamente: — *un foglio.* SIN. *gualcire.*

spiegazzatura *s.f.* atto, effetto dello spiegazzare.

spietato *agg.* che non ha pietà, crudele: *uomo* —; *sentenza spietata / fare una corte spietata a una ragazza*, incessante e insistente. SIN. *inesorabile.*

spifferare *v.tr.* [*io spìffero ecc.*] raccontare, riferire senza riguardo: *ha spifferato a tutti quel che gli ho raccontato.* SIN. *spiattellare* // *v.intr.* soffiare da una fessura (detto di vento).

spiffero [spif-] *s.m.* soffio di vento, corrente d'aria che penetra attraverso una fessura.

spiga *s.f.* infiorescenza con asse principale allungato portante fiori senza picciòlo: *la* — *del grano* [*ill. Fiore*] / *a* —, a forma di spiga / *pavimento a* —, con le mattonelle che s'incontrano ad angolo.

spigare *v.intr.* [*io spigo, tu spìghi ecc.*] di cereali, mettere la spiga; per estens., invecchiare sulla pianta (detto di ortaggi): *a quest'epoca i cavoli hanno già spigato.*

spigato *agg.* si dice di tessuto lavorato a spighe.

spighetta [-ghét-] *s.f.* cordoncino di seta o di cotone tessuto a spiga, usato per rifiniture o guarnizioni.

spigliatezza [-téz-] *s.f.* qualità di chi è spigliato. SIN. *disinvoltura.*

spigliato *agg.* che ha scioltezza di modi o facilità di parola, non impacciato: *è* — *anche nelle situazioni più difficili; un discorso* —. SIN. *disinvolto.*

spigo *s.m.* [*pl. -ghi*] pianta odorosa, lavanda.

spigola [spì-] *s.f.* pesce di mare piuttosto grosso, grigio argenteo con pinne brune, vorace e velocissimo (*fam.* Serranidi); è commestibile.

spigolare *v.tr.* (anche *assol.*) [*io spìgolo ecc.*] **1** raccogliere le spighe rimaste sul terreno dopo la mietitura: — *il grano* **2** (*fig.*) andare raccogliendo qua e là: — *aneddoti e fatti curiosi.*

spigolatore [-tó-] *s.m.* [*f. -trice*] chi spigola.

spigolatura *s.f.* atto, effetto dello spigolare.

spigolo [spì-] *s.m.* **1** linea d'intersezione di due superfici contigue; ogni parte di un oggetto che abbia tale caratteristica: *il cubo ha dodici spigoli; batté la testa contro lo* — *del tavolo* **2** *pl.* (*fig.*) asprezza, scontrosità: *gli spigoli del carattere; un uomo tutto spigoli* **3** in alpinismo, breve cresta sottile e molto inclinata.

spigoloso [-ló-] *agg.* **1** che ha molti spigoli **2** (*fig.*) aspro, intrattabile: *carattere* —.

spigrire *v.tr.* [*io spigrisco, tu spigrisci ecc.*] togliere dalla pigrizia; rendere più vivace, attivo. CONTR. *impigrire.*

spilla *s.f.* spillo; ornamento per lo più prezioso che si appunta sugli indumenti: *una* — *di brillanti; — da cravatta.*

spillare *v.tr.* **1** far uscire un liquido, per lo più vino, da una botte e simili: — *un boccale di moscato* **2** (*fig.*)

carpire a poco a poco e con astuzia: *gli ha spillato una bella sommetta // v.intr.* uscire o lasciar uscire a stille: *la birra spilla dal barile* ; *la botte spilla.*

spillatico [-là-] *s.m.* [pl. -*ci*] nella famiglia tradizionale, il denaro dato dal marito alla moglie per le piccole spese.

spillo *s.m.* **1** sottile bastoncino in acciaio, appuntito a un'estremità e munito di capocchia all'altra, che serve per fissare provvisoriamente due lembi di tessuto, fogli di carta ecc./ — *da balia, di sicurezza,* doppio spillo ripiegato a molla, con una chiusura che trattiene e ricopre la punta / — *di sicurezza,* asticciola metallica che impedisce a un'arma da fuoco di funzionare prima del tempo / *a* —, sottile e appuntito: *tacchi a* — **2** asticciola acuminata che serve a forare una botte; il foro fatto con essa.

spillone [-ló-] *s.m.* lungo spillo dalla capocchia ornata di perle o pietre, usato per fissare il cappello da donna.

spilluzzicare *v.tr.* [*io spillùzzico, tu spillùzzichi ecc.*] **1** mangiare a piccoli bocconi, un pezzetto alla volta: — *un grappolo d'uva; a pranzo, spilluzzica un po' di tutto* **2** (*fig.*) ragranellare un po' di soldi qua e là.

spilorceria [-rì-] *s.f.* qualità di chi è spilorcio; azione da spilorcio. SIN. *avarizia, taccagneria.*

spilorcio [-lòr-] *agg.* che è molto avaro. SIN. *taccagno, tirchio, pidocchioso.*

spilungone [-gó-] *s.m.* uomo molto alto e magro.

spin *s.m.invar.* (*ingl.*) **1** (*fis.*) misura del momento angolare intrinseco di una particella elementare che corrisponde in modo intuitivo ma non rigoroso alla rotazione della particella su sè stessa **2** (*sport*) effetto rotatorio impresso alla palla.

spina *s.f.* **1** organo legnoso e pungente di cui sono fornite alcune piante; (*fig.*) sensazione di dolore, sofferenza, pena: *avere una* — *nel cuore / essere, stare sulle spine,* essere in ansia / *prov.*: *non c'è rosa senza spine,* ogni cosa piacevole è accompagnata da qualche sofferenza **2** *pl.* piante, rami spinosi: *un cespuglio di spine; una corona di spine* **3** ognuno degli aculei che si trovano sul tegumento di alcuni animali o che compongono lo scheletro dei pesci: *le spine del riccio; la triglia è un pesce pieno di spine / a* — *di pesce,* in forma simile a una spina di pesce; si dice di disegno o struttura i cui elementi si incontrano ad angolo, a due a due lungo una retta: *tessuto a* — *di pesce; passo a* — *di pesce,* modo di procedere in salita con gli sci **4** — *dorsale,* la colonna ossea dell'uomo e dei vertebrati, costituita dalla sovrapposizione delle diverse vertebre **5** nome di vari elementi o oggetti sottili, spesso appuntiti, che vengono introdotti in apposite cavità: *la* — *elettrica,* dispositivo che si innesta in una presa di corrente per stabilire un contatto elettrico [*ill. Elettrica, energia*]; *la* — *della botte,* la cannella della botte e il foro in cui essa si inserisce / *birra alla* —, spillata direttamente dalla botte che la contiene **6** nome di strutture verticali, *spec.* in edilizia; nella scala a chiocciola, il sostegno centrale [*ill. Scala*].

spinacio [-nà-] *s.m.* pianta erbacea con foglie triangolari color verde scuro che si mangiano cotte (*fam.* Chenopodiacee).

spinale *agg.* della spina dorsale: *midollo* —.

spinarolo [-rò-] *s.m.* squalo dal corpo slanciato, con un pungente aculeo davanti a ogni pinna dorsale; è commestibile.

spinato *agg.* **1** si dice di filo di ferro munito di punte simili a spine, usato per recingere aiole o per fare reticolati **2** si dice di tessuto a spina di pesce.

spinello[1] [-nèl-] *s.m.* nome generico di vari minerali isomorfi, tra cui i più importanti sono la cromite e la magnetite.

spinello[2] [-nèl-] *s.m.* (*gerg.*) sigaretta con hascisc o marijuana.

spineto [-né-] *s.m.* luogo pieno di spini; roveto.

spinetta [-nét-] *s.f.* antico strumento musicale a tastiera, simile al clavicembalo ma più piccolo.

spingarda *s.f.* **1** fucile a canne molto lunghe che, poggiato sopra un cavalletto, viene usato per la caccia agli uccelli acquatici sul battello **2** antica macchina militare per lanciare grosse pietre **3** pezzo d'artiglieria del sec.XVI, simile al mortaio.

spingere [spìn-] *v.tr.* [pres. *io spingo, tu spingi ecc.*; pass.rem. *io spinsi, tu spingésti ecc.*; p.pass. *spinto*] **1** allontanare, spostare con forza, imprimere movimento a un corpo: — *la sedia, un carretto* **2** (*fig.*) far giungere: *ho spinto lo sguardo molto lontano* **3** (*fig.*) incitare, indurre: *ti spinsi a partire // -ersi v.rifl.pron.* inoltrarsi, giungere (anche *fig.*): *mi spinsi fino al bosco; la sua sincerità si spinge fino alla sfacciataggine.*

spinite *s.f.* grave malattia che colpisce il midollo spinale.

spinnaker [spinnàker] *s.m.invar.* grande vela di prora, detta anche *fiocco pallone,* che si usa per navigare con il vento in poppa, lasciandola gonfiare appunto come un pallone.

spino *s.m.* **1** pianta spinosa; pruno **2** spina // *agg.* spinoso, solo come denominazione di varietà di frutti o di animali: *uva spina.*

spinone [-nó-] *s.m.* cane da caccia con muso quadrato e folto pelame ispido, quasi spinoso.

spinoso [-nó-] *agg.* **1** pieno di spine: *un ramo* — **2** (*fig.*) pieno di difficoltà, scabroso: *una questione spinosa.*

spinotto [-nòt-] *s.m.* (*aut.*) perno che collega il pistone alla biella.

spinta *s.f.* **1** atto, effetto dello spingere: *dare una* — (*fis.*) la pressione che si esercita su una superficie; la forza che mantiene a galla un corpo galleggiante: *calcolare la* — *di un arco; la* — *di un natante* **3** (*fig.*) stimolo; aiuto: *la* — *della vanità; gli occorre una* — *per passare agli esami.*

spintarella [-rèl-] *s.f.* piccola spinta; (*fig.*) favore, raccomandazione che aiuta una persona a procedere nella carriera.

spinterogeno [-rò-] *s.m.* (*aut.*) l'intero complesso dell'apparecchiatura d'accensione del motore a scoppio [*ill. Automobile*].

spinto *agg.* estremista, arrischiato; scabroso: *idee spinte; uno spettacolo* —.

spintone [-tó-] *s.m.* spinta violenta.

spiombare *v.tr.* [*io spiómbo ecc.*] **1** togliere l'impiombatura o i piombini: — *un dente, un pacco* **2** far cadere all'improvviso // *v.intr.* non essere a piombo: *questa colonna spiomba* **2** essere molto pesante: *un sacco che spiomba.*

spionaggio [-nàg-] *s.m.* il fare la spia; attività volta a conoscere la preparazione e i segreti militari di uno stato.

spioncino *s.m.* piccola apertura praticata in una porta, che permette di vedere chi si trova dall'altra parte.

spione [spió-] *s.m.* (*spreg.*) spia.

spiovente [-vèn-] *agg.* **1** che ricade in giù: *barba* — **2** inclinato verso terra: *tetto* — **3** (*sport*) che ricade dall'alto, si dice della traiettoria del pallone: *un tiro* — // *s.m.* **1** ciascuno dei piani inclinati che formano il tetto **2** versante di un monte su cui scorrono le acque scendendo a valle.

spiovere [spió-] *v.intr.impers.* [coniugato come *piovere*] cessare di piovere: *è spiovuto // v.intr.* **1** scolare, scorrere in giù: *l'acqua spiove sul pendio del monte* **2** pendere in giù: *i capelli gli spiovevano sulle spalle.*

spira *s.f.* **1** ciascuno dei giri di una spirale: *le spire di un avvolgimento elettrico, di una bobina* **2** ciascuno degli anelli che formano i serpenti quando sono avvolti su sé stessi: *il serpente stritolò l'agnello tra le sue spire.*

spiraglio [-rà-] *s.m.* **1** piccola apertura in un muro, una porta e simili per cui passano l'aria e la luce **2** l'aria o la luce che entra da uno spiraglio: *desiderava almeno uno — di luce* **3** (*fig.*) barlume, indizio: *uno — di speranza.*

spirale *agg.* si dice di linea che, partendo da un punto e allontanandosi uniformemente, compie infiniti giri intorno a esso *// s.f.* **1** linea spirale **2** molla metallica avvolta a spirale, molto elastica, e spec. quella che regola il bilanciere di un orologio **3** denominazione corrente dei dispositivi anticoncezionali intrauterini (iud), fatti a spirale o d'altra forma.

spirante *agg.* (*ling.*) si dice delle consonanti più propriamente dette *fricative.*

spirare *v.intr.* **1** soffiare, detto dei venti: *spirava una leggera brezza / qui non spira buon vento per te,* sei in una situazione difficile, l'ambiente ti è ostile **2** esalare: *dal giardino spirava un profumo* **3** per eufemismo, morire **4** (*fig.*) finire, scadere: *allo — del tempo prefissato; domani spira il termine per la presentazione delle domande // v.tr.* emanare, mandar fuori (anche *fig.*): *il pozzo spirava un odore nauseante.*

spirilli *s.m.pl.* (*med.*) microrganismi a forma di spirale: *gli — del colera.*

spiritato *agg.* **1** invasato, posseduto dal demonio **2** eccitato, preso dalla paura; che mostra paura o eccitazione: *entrò in casa tutto —; occhi spiritati.*

spiritico [-rì-] *agg.* [pl.m. *-ci*] che riguarda lo spiritismo: *una seduta spiritica.*

spiritismo [-ʃmo] *s.m.* dottrina secondo la quale alcuni fenomeni metafisici o metapsichici, provocati dal medium in virtù di poteri sconosciuti, sono attribuiti agli spiriti dei defunti.

spiritista *s.m.* e *f.* [pl.m. *-i*] chi studia e pratica lo spiritismo.

spiritistico [-tì-] *agg.* [pl.m. *-ci*] attinente allo spiritismo.

spirito [spì-] *s.m.* **1** il principio, ritenuto immateriale, del pensare e del volere, delle attività mentali superiori e dei sentimenti più alti, sia riferito al singolo individuo sia considerato impersonalmente: *lo — ha esigenze diverse da quelle della carne; la creazione artistica, la riflessione filosofica, l'esperienza religiosa sono attività dello —; i valori dello —,* i più alti ideali umani */ le scienze dello —,* la psicologia, la storia, il diritto, l'economia, contrapposte alle scienze della natura **2** secondo quasi tutte le concezioni religiose, e in particolare secondo quella cristiana, realtà immateriale che si manifesta in Dio come principio generatore di vita, nell'uomo come anima immortale: *Dio è puro —; lo Spirito Santo,* la terza persona della SS. Trinità; *gli spiriti angelici,* gli angeli; *gli spiriti maligni,* i demoni; *gli spiriti beati,* le anime dei defunti in paradiso; *evocare gli spiriti,* le anime dei morti */ aver paura degli spiriti,* degli spettri, dei fantasmi **3** disposizione dell'animo che è alla base delle azioni e delle opere dell'uomo; il complesso delle tendenze e delle esigenze caratteristiche di un dato periodo o ambiente: *vivere con — sereno, turbato; essere nelle migliori condizioni di —; avere — pratico, di sacrificio; adeguarsi allo — dei tempi / lo — di una legge,* di

un *libro,* l'autentico significato in essi riposto, le intenzioni che ne sono alla base **4** ingegno pronto, vivace; senso dell'umorismo: *presenza di —; un uomo di — / un bello —,* persona brillante, arguta */ povero di —,* persona semplice, priva di ambizioni; (*spreg.*) semplicciotto */ battuta di —,* motto arguto */ far dello —,* dire cose divertenti, prendere in giro qlcu. **5** la parte volatile di una sostanza, ottenuta per distillazione; alcool: *lampada, fornello a —* **6** (*gramm.*) nell'alfabeto greco, segno a forma di apostrofo che serve a indicare se un suono è aspirato o no: *— dolce, aspro* **7** (*lett.*) respiro, anima: *esalare l'ultimo — / — vitale,* nella fisiologia antica, fluido sottile che si credeva determinasse i moti e le sensazioni dell'animo.

spiritosaggine [-sàg-] *s.f.* l'essere spiritoso; atto, detto spiritoso (spec. *spreg.*).

spiritoso [-tó-] *agg.* **1** dotato di umorismo; pieno di vivacità: *discorso —; narratore —.* SIN. *arguto, brillante, faceto, lepido* **2** (*antiq.*) che contiene alcool; alcolico.

spiritual [*ingl.; pr.* spìritual] *s.m.* canto di ispirazione biblica dei neri degli Stati Uniti; dotato di forte accentuazione ritmica, è tra gli antecedenti del jazz.

spirituale *agg.* **1** che consta unicamente di spirito e non di materia: *sostanza —; la natura — degli angeli* **2** che si riferisce allo spirito: *valore —; godimento —; necessità spirituali / potere —,* quello religioso; in particolare, nella chiesa cattolica, quello del pontefice e della chiesa sulle anime, contrapposto al potere temporale, che concerne le cose terrene */ libri, canti spirituali,* di carattere religioso *// -mente* avv. in ispirito; con lo spirito.

spiritualismo [-ʃmo] *s.m.* corrente filosofica che sostiene la supremazia e l'autonomia dello spirito.

spiritualista *agg.* e *s.m.* e *f.* [pl.m. *-i*] seguace dello spiritualismo.

spiritualità *s.f.invar.* **1** l'essere spirituale: *la — dell'anima* **2** tendenza a sentire i valori spirituali, ad avere sentimenti nobili ed elevati; religiosità: *uomo di profonda —.*

spiritualizzare [-liʒʒa-] *v.tr.* **1** rendere spirituale, svincolare dai legami con le cose materiali: *— la propria vita* **2** vedere soltanto sotto l'aspetto spirituale: *— la persona amata.*

spirocheta [-chè-] *s.f.* termine che indica vari generi di batteri di forma allungata, a spirale: *— della sifilide.*

spirochetosi [-tòʃi] *s.f.invar.* (*med.*) genericamente, qualsiasi malattia causata da spirochete, e in particolare il tifo esantematico o petecchiale (spirochetosi itteroemorragica).

spirometria [-trì-] *s.f.* (*med.*) determinazione del complesso dei dati fisiologici riguardanti la respirazione.

spirometrico [-mè-] *agg.* [pl.m. *-ci*] di, della spirometria: *esame —.*

spizzicare *v.tr.* [*io spizzico, tu spizzichi ecc.*] mangiare a piccoli bocconi; spilluzzicare.

spizzico [spìz-] *s.m.* [pl. *-chi*] solo nella locuz. *a spizzico, a spizzichi,* un poco alla volta, saltuariamente: *mangiare, lavorare a —.*

splancno- [dal gr. *splàncnon = víscere*] prima parte di termini medici che indica tutto ciò che ha attinenza con i visceri (*splancnologia*).

splancnologia [-gì-] *s.f.* parte dell'anatomia che studia i visceri.

splancnoptosi [-tòʃi] *s.f.invar.* (*med.*) l'abbassamento di un qualsiasi viscere rispetto alla sua sede naturale.

splashdown [*ingl.; pr.* splesc'dàun] *s.m.* l'arrivo in mare di capsule o navicelle di ritorno da una missione spaziale.

spleen [*ingl.*; *pr.* splìin] *s.m.* stato d'animo di profonda malinconia.

splendente [-dèn-] *agg.* che manda luce intensa. SIN. *radioso, lucente, luminoso, raggiante.*

splendere [splèn-] *v.intr.* [*io splèndo ecc.*] avere, emanare luce intensa (anche *fig.*): *il sole splende; in quel tempo splendeva la sua gloria.* SIN. *risplendere, brillare, sfavillare.*

splendido [splèn-] *agg.* **1** che ha o manda grande splendore: *un sole* —. SIN. *fulgido* **2** (*fig.*) meraviglioso, stupendo: *un libro* — / *un uomo* —, molto bello, oppure munifico, largo nello spendere. SIN. *magnifico.*

splendore [-dó-] *s.m.* **1** luce intensa e fulgente: *lo* — *del sole, dell'oro.* SIN. *lucentezza, luminosità* **2** (*fig.*) indica il carattere eccezionale, straordinario di qlcu. o di qlco.: *lo* — *della bellezza; lo* — *del vero; uno* — *di ragazza* / *lo* — *della festa,* il fasto, la magnificenza.

splenectomia [-mì-] *s.f.* (*chir.*) asportazione della milza.

splenetico [-nè-] *agg.* [pl.m. *-ci*] della milza // *agg.* e *s.m.* che o chi è malato alla milza; che o chi tende alla malinconia.

splenico [splè-] *agg.* [pl.m. *-ci*] della milza, che riguarda la milza.

splenite *s.f.* infiammazione della milza.

splenomegalia [-lì-] *s.f.* (*med.*) ingrossamento della milza, di origine patologica.

spocchia [spòc-] *s.f.* vanagloria, sussiego. SIN. *boria.*

spocchioso [-chió-] *agg.* pieno di spocchia. SIN. *borioso.*

spodestare *v.tr.* [*io spodèsto ecc.*] **1** togliere il potere, l'autorità: — *il re* **2** per estens., privare: *è stato spodestato dei suoi beni.*

spoetizzare [-tiʒʒa-] *v.tr.* far dileguare l'atmosfera di poetica illusione in cui si vedeva qlcu. o qlco.; disgustare: *le sue volgarità mi hanno spoetizzato.*

spoglia [spò-] *s.f.* **1** ciò di cui qlcu. o qlco. si spoglia: *la* — *della biscia,* la pelle che questa perde durante la muta / *sotto mentite spoglie,* sotto false vesti **2** (*poet.*) il cadavere, la salma: *la* — *mortale* **3** *pl.* l'armatura che il vincitore toglieva al nemico vinto; per estens., bottino di guerra.

spogliare *v.tr.* [*io spòglio ecc.*] **1** togliere i panni di dosso, svestire: — *il bambino* / — *il nemico vinto,* togliergli le armi e quel che ha indosso **2** (*fig.*) togliere, portare via; privare di qlco.: *fu spogliato di ogni avere;* — *qlcu. dei suoi diritti* **3** fare lo spoglio di libri, corrispondenza ecc. // **-arsi** *v.rifl.* **1** togliersi gli abiti / *si spogliò di ogni suo avere,* si privò di ogni cosa **2** abbandonare, allontanare da sé.

spogliarellista *s.f.* e *m.* artista di spogliarello.

spogliarello [-rèl-] *s.m.* spettacolo di varietà che consiste nello spogliarsi lentamente e con arte, di solito a tempo di musica.

spogliatoio [-tó-] *s.m.* stanza in cui si si spoglia o si depositano gli indumenti: *gli spogliatoi dello stadio, della scuola.*

spogliazione [-zió-] *s.f.* → **spoliazione.**

spoglio[1] [spò-] *agg.* **1** spogliato, denudato: *rami spogli.* SIN. *nudo* **2** (*fig.*) libero: — *di pregiudizi.*

spoglio[2] [spò-] *s.m.* **1** suddivisione e selezione di cose messe insieme alla rinfusa; scelta degli abiti che non si porteranno più, e gli abiti stessi: *regalare gli spogli di guardaroba* **2** raccolta di notizie e di dati attraverso l'attento esame di libri e documenti: — *della corrispon-*

denza; — *dei giornali* / — *dei voti,* scrutinio, conteggio dei voti dati in un'elezione o simili.

spoiler [spòi-] *s.m.invar.* struttura rigida applicata su autoveicoli per deviare durante la marcia il flusso d'aria, a scopo di stabilizzazione o di riduzione della resistenza dell'aria.

spola [spò-] *s.f.* bobina che s'introduce nella navetta e viene fatta passare avanti e indietro tra i fili dell'ordito durante la tessitura; rocchetto inserito nella navicella delle macchine per cucire, attorno a cui s'avvolge uno dei due fili che servono a fare la cucitura / *fare la* —, andare e venire da un luogo all'altro.

spolatrice *s.f.* macchina impiegata per avvolgere filati e simili sopra bobine.

spolatura *s.f.* operazione in cui si avvolge il filo attorno alle spole da mettere a telaio.

spoletta [-lét-] *s.f.* **1** piccola spola, spec. quella della macchina per cucire **2** oggetto di forma analoga; in particolare, congegno che provoca l'esplosione dei proiettili d'artiglieria, delle bombe d'aereo ecc. / — *a percussione,* che esplode quando il proiettile urta contro il bersaglio / — *a tempo,* che fa esplodere il proiettile in un momento predeterminato mediante un meccanismo ad orologeria.

spoliazione [-zió-] *s.f.* atto, effetto dello spogliare; sottrazione arbitraria di beni altrui.

spoliticizzare [-ciʒʒa-] *v.tr.* liberare, privare dell'aspetto politico.

spolmonarsi *v.rifl.pron.* [*io mi spolmóno ecc.*] parlare o gridare tanto da affaticare i polmoni: — *a chiamare qlcu.* SIN. *sfiatarsi, sgolarsi.*

spolpare *v.tr.* [*io spólpo ecc.*] **1** togliere la polpa: — *un pollo* **2** (*fig.scherz.*) togliere a qlcu. molto denaro; spennare: — *qlcu. al gioco.*

spolpato *agg.* privo della carne: *un osso* — / *magro* —, molto magro.

spoltrire *v.tr.* [*io spoltrisco, tu spoltrisci ecc.*] togliere di dosso la poltroneria; spigrire // **-irsi** *v.rifl.pron.* scuotersi di dosso la poltroneria.

spolverare *v.tr.* [*io spólvero ecc.*] togliere la polvere, ripulendo: — *i mobili* / — *le spalle a qlcu,* bastonarlo / — *di zucchero un dolce,* cospargerlo di zucchero / — *un disegno,* riprodurlo con lo spolvero.

spolverata *s.f.* lo spolverare una volta e sommariamente: *dare una* —.

spolverino *s.m.* **1** soprabito leggero **2** (*region.*) bastone con un mazzo di penne a un'estremità, per spolverare; piumino **3** recipiente con coperchio bucherellato per spargere sostanze in polvere.

spolverizzare [-riʒʒa-] *v.tr.* **1** polverizzare; cospargere con una sostanza in polvere: — *di zucchero* **2** riprodurre un disegno con la tecnica dello spolvero.

spolvero [spól-] *s.m.* **1** lo spolverare; polvere sparsa di qlco.: *lo* — *dei mobili; uno* — *di farina*/ *erudizione di* —, superficiale **2** tecnica di riporto di un disegno su una superficie, spec. su un muro: si fora la carta lungo le linee del disegno in modo che della polvere di carbone o gesso o simili, passando attraverso le fessure, si depositi e aderisca alla superficie sottostante.

sponda [spón-] *s.f.* **1** riva **2** bordo laterale di un letto, carro e simili.

spondaico [-dài-] *agg.* [pl.m. *-ci*] si dice di verso composto di spondei.

spondeo [-dè-] *s.m.* piede della poesia greca e latina formato da due sillabe lunghe.

spondilite *s.f.* processo infiammatorio delle vertebre.

spondiloartrosi [-tròʃi] *s.f.invar.* artrosi che ha sede nelle articolazioni della colonna vertebrale.

spondilolistesi [-stèʃi] *s.f.invar.* (*med.*) scivolamento di una vertebra su quella sottostante.

sponsali *s.m.pl.* (*lett.*) la promessa di matrimonio; il matrimonio stesso: *celebrare gli —.*

sponsor [spòn-] *s.m.invar.* operatore economico che a fini pubblicitari finanzia attività sportive, culturali, di spettacolo.

sponsorizzare [-riʒʒa-] *v.tr.* finanziare, per pubblicità, un'iniziativa sportiva, culturale o di spettacolo.

spontaneismo [-ʃmo] *s.m.* l'atteggiamento degli spontaneisti.

spontaneista *agg.* e *s.m.* e *f.* [pl.m. *-i*] che, chi in politica privilegia l'assoluta spontaneità dell'azione sull'organizzazione, sulle strutture rappresentative.

spontaneità *s.f.invar.* l'essere spontaneo. SIN. *naturalezza.*

spontaneo [-tà-] *agg.* **1** istintivo, senza artifici: *gesto —*; *scrittore —* / *vegetazione spontanea*, non dovuta all'opera dell'uomo. SIN. *naturale* **2** detto, fatto liberamente, senza imposizioni: *rinunzia spontanea*; *sciopero —*, fatto dai lavoratori senza attendere le indicazioni delle organizzazioni sindacali / *di spontanea volontà*, spontaneamente. SIN. *volontario* // **-mente** *avv.* in modo spontaneo: *comportarsi, decidere —.*

spopolamento [-mén-] *s.m.* atto, effetto dello spopolare, dello spopolarsi: *lo — delle campagne.*

spopolare *v.tr.* [*io spòpolo ecc.*] rendere meno popolato: *la peste spopolò la città* // *v.intr.* attrarre a sè gran folla: *un oratore che spopola* // **-arsi** *v.rifl.pron.* divenire meno popolato: *le campagne si spopolano.*

spopolato *agg.* privo di popolazione: *regione spopolata.* SIN. *deserto, disabitato.*

spora [spò-] *s.f.* (*biol.*) tipo di cellula destinata alla riproduzione agamica in alcuni organismi vegetali e animali (p.e. funghi, protozoi) [*ill. Funghi*].

sporadicità *s.f.invar.* frequenza discontinua, saltuarietà, rarità.

sporadico [-rà-] *agg.* [pl.m. *-ci*] saltuario; si dice di fenomeno o avvenimento che si verifica a intervalli di tempo discontinui o in casi isolati: *incontri sporadici* // **-mente** *avv.* una volta ogni tanto.

sporangio [-ràn-] *s.m.* (*bot.*) involucro membranoso che contiene le spore delle piante crittogame.

sporcaccione [-ció-] *agg.* e *s.m.* si dice di chi è molto sporco oppure di chi dice e fa cose sudicie e turpi.

sporcare *v.tr.* [*io spòrco, tu spòrchi ecc.*] **1** imbrattare di macchie e sudiciume: *si è sporcato di catrame.* SIN. *insudiciare, insozzare, lordare* **2** (*fig.*) deturpare, macchiare: *— la propria fama, il proprio nome* / *— la fedina penale*, commettere un reato.

sporcizia [-ci-] *s.f.* **1** l'essere sporco, fisicamente o moralmente: *la — dell'ambiente lo indisponeva.* SIN. *sordidezza.* CONTR. *pulizia* **2** il sudiciume: *togli via quella —.* SIN. *immondezza.*

sporco [spòr-] *agg.* [pl.m. *-chi*] **1** sudicio, imbrattato di sporcizia: *un abito —*; *una camera sporca.* SIN. *lercio, lurido, immondo.* CONTR. *pulito* **2** (*fig.*) disonesto, equivoco, volgare: *un'azione sporca*; *un gesto —*; *una barzelletta sporca* / *farla sporca*, agire in modo poco onesto, senza scrupoli. SIN. *sconcio* // *s.m.* il sudiciume: *vivere nello —.*

sporgente [-gèn-] *agg.* che sporge, viene in fuori: *denti sporgenti.* SIN. *prominente.*

sporgenza [-gèn-] *s.f.* l'essere sporgente; la parte che sporge. SIN. *prominenza, protuberanza.*

sporgere [spòr-] *v.intr.* [coniugato come *porgere*] venire un poco in fuori: *vidi una testa che sporgeva dalla finestra* // *v.tr.* mettere fuori, stendere in avanti: *non sporgete la testa* / *— denuncia*, presentarla all'autorità // **-ersi** *v.rifl.* protendersi in avanti: *è pericoloso — dal finestrino.*

sporifero [-rì-] *agg.* (*bot.*) che porta, che produce spore: *cellula sporifera* [*ill. Funghi*].

sporogonia [-nì-] *s.f.* riproduzione per spore propria di taluni organismi vegetali e animali.

sporotricosi [-còʃi] *s.f.invar.* (*med.*) affezione cronica da funghi, caratterizzata dalla formazione di noduli sulla pelle.

sporozoo [-zò-] *s.m.* (*biol.*) denominazione di una classe di protozoi che si riproducono in modo agamico oppure attraverso gameti che portano alla formazione di spore.

sport [spòrt] *s.m.invar.* (*ingl.*) gioco o esercizio praticato, spec. all'aria aperta, per diletto o per esibizione; l'in-

Sport

alpinismo, arti marziali, atletica, automobilismo, aviazione, baseball, calcio, canottaggio, ciclismo, cricket, croquet, deltaplano, frisbee, ginnastica (*con attrezzi, a corpo libero*), golf, hockey (*su prato, a rotelle, su ghiaccio*), ippica, judo, karatè, kartismo, kendo, lotta (*greco-romana, libera, giapponese, americana o catch*), motociclismo, motonautica, nuoto, pallacanestro (basketball o basket), pallamano, pallanuoto, pallavolo, pelota, pattinaggio (*su ghiaccio, a rotelle; di velocità, artistico*), pesistica o sollevamento pesi, polo, pugilato, rugby (palla ovale), scherma (*fioretto, sciabola, spada*), sci, skate-board, slittino, softball, surfing, tennis, windsurf.

■ ATTIVITÀ E GARE: allenamento, antidoping, attacco, batteria, campionato (*nazionale, internazionale, europeo, mondiale*), categoria, classifica, combine, defaticamento, difesa, eliminatoria, fallo, finale, fotofinish, francobollare, gara, girone, giuria, graduatoria, incontro, indoor, ingaggio, intertempo, marcamento, match, meeting, olimpiade, omologazione, open, palestra, panchina, penalità, performance, pista, polisportiva, preolimpico, primato, punteggio, quadrangolare, quarti di finale, record, repêchage, rush, scudetto, semifinali, seminare, serie, serrate, spiazzare, squalifica, supplementare, team, tempo, training, triangolare, under.

■ PERSONE: allenatore (trainer), arbitro, atleta, azzurrabile, azzurro, campione, coach, competitore, concorrente, dilettante, direttore tecnico, leader, manager, massaggiatore, mister, olimpionico, professionista, recordman, sponsor, starter, supporter.

→

→

■ ALPINISMO: alpinista, arrampicata (*libera, in artificiale*), attacco, blocchetto, capocordata, chiodi, cordata, croda, direttissima, discensore, discesa, ferrata, gradinare, gradino, guida, incrodarsi, martello, moschettone, piccozza, piolet-traction, portatore, rampone, rocciatore, sassismo, scalatore, scalata, scalinare, scalino, sestogradista, staffa.

■ ATLETICA LEGGERA: corsa (*piana, a ostacoli*; *su pista, su strada, campestre*; *gara di velocità, di mezzofondo, di fondo, maratona*; *staffetta*), marcia, salto (*in lungo, in alto, con l'asta, triplo*), lancio (*del disco, del giavellotto, del martello, del peso*), decathlon, pentathlon.

■ CALCIO: stadio, campo, area (*di rigore, di porta*), porta, corner (angolo); calciatore, squadra, formazione, capitano, attaccanti (*ali, centrattacco o centravanti*), centrocampisti (*mediani, mezzali*), difensori (*portiere, libero, terzini, stopper*), arbitro, guardalinee; cannoniere (bomber), capocannoniere, goleador; calcio (*d'angolo, di punizione, di rigore*), cross (traversone), dribbling, goleada, marcatura, melina, palleggio, pallonetto, parata, passaggio, rimessa, stoppata; fuorigioco (offside); goal (rete); autorete; partita, metodo, sistema, catenaccio, zona; calciomercato.

■ CICLISMO: americana, gara (*su pista, su strada, su percorsi misti*; *in linea, in circuito, a cronometro, a tappe*; *individuale, a squadre*), ciclocross (gara ciclocampestre), omnium, seigiorni; capitano, gregario, passista, patron, scalatore, stayer, velocista; allungo, bagarre, inseguimento, sprint (scatto), surplace; traguardo, maglia (*gialla, rosa, tricolore, iridata*).

■ IPPICA: corsa (*al galoppo, al trotto, con ostacoli*), derby, handicap; fantino, allibratore; totalizzatore; campione, puledro, purosangue; accoppiata, piazzato, vincente; alta scuola, andatura, frusta, gran premio, ippodromo, lunghezza, pronostico, scuderia; sediolo (sulky), trotter, trotto; rompere.

■ NUOTO: crawl, delfino, dorso, farfalla, rana, stile libero, fondo; battuta, bracciata, sforbiciata, virata; vasca, corsia.

■ PALLACANESTRO: canestro o cesto (*anello, rete*), tabellone, lunetta; cestista, ala, pivot (centro), playmaker; assist, difesa (*a zona, a uomo*), gancio, fallo (*personale, tecnico*), palleggio, passaggio, passi, rimbalzo, schema, schiacciata, sfondamento, sospensione, sottomano, stoppata, terzo tempo, tiro (*libero*); playoff.

■ PUGILATO: peso (*mosca, gallo, piuma, leggero, welter, medio, mediomassimo, massimo*); ring, gong, round (ripresa), break; posizione di guardia, allungo, gancio (crochet), cross, diretto, jab, montante (uppercut), sventola (swing), knock down, knock out (KO), suonato (groggy), abbandono.

■ SCI: discesa libera, slalom gigante, slalom speciale, slalom parallelo, gara (*di fondo, di mezzofondo*), salto, spazzaneve, cristiania, derapage, spina di pesce; apripista, battipista, bidonvia, cabinovia, doposci, sciabile, sciolinare.

■ TENNIS: set (partita: *singolare, doppia, doppio mista*), game (gioco), rete, linee (*di fondo, laterali, di mezzo*), campo di battuta, servizio, diritto, rovescio, ace, drive, lift, net, pallonetto, play, spin, volée, schiacciata (smash), smorzata (drop), vantaggio.

---

sieme delle competizioni atletiche e delle attività connesse: *i miei — preferiti sono il nuoto e lo sci; le — del calcio, del ciclismo; le regole dello — / fare qlco. per —, per divertimento, senza necessità.*

sporta [spòr-] *s.f.* **1** larga e comoda sacca per lo più di paglia, usata per fare la spesa **2** quantità di roba contenuta in una borsa: *una — d'arance, di doni / una — di legnate*, un fracco di botte, molte percosse / *un sacco e una —*, (*fig.*) una grande quantità.

sportellista *s.m.* e *f.* [pl.m. *-i*] impiegato che lavora agli sportelli, a contatto con il pubblico.

sportello [-tèl-] *s.m.* **1** piccola imposta girevole di alcuni mobili; portiera di autoveicoli; portello: *lo — del comodino si è rotto; apri lo — e sali in vettura* **2** negli uffici, banco o sorta di finestrino attraverso il quale gli impiegati comunicano con il pubblico / *chiudere gli sportelli*, in una banca, sospendere i pagamenti.

sportivo *agg.* che riguarda lo sport // *agg.* e *s.m.* che o chi ama o pratica lo sport // **-mente** *avv.* con spirito sportivo, accettando lealmente anche le sconfitte.

sporto [spòr-] *s.m.* (*arch.*) denominazione di cosa che sporga, che sia in rilievo in una costruzione; aggetto.

sposa [spò∫a] *s.f.* la donna nel giorno del matrimonio; la giovane moglie e anche la fidanzata promessa in moglie: *una bella — / farsi, andare —*, sposarsi, maritarsi / *— di Dio*, la chiesa; *una — di Cristo*, una suora.

sposalizio [-∫ali-] *s.m.* cerimonia del matrimonio / *lo — del mare*, cerimonia con cui il doge celebrava le simboliche nozze di Venezia con il mare. SIN. nozze.

sposare [-∫a-] *v.tr.* [*io spòso ecc.*] **1** stringere con qlcu. vincoli di matrimonio, detto sia di uomo sia di donna: *lo sposò senza esitazioni; si sposarono dopo un anno* **2** unire in matrimonio: *li sposò il sindaco della città* **3** dare in matrimonio: *i genitori erano contenti di sposarla a un giovane così onesto* **4** (*fig.*) abbracciare, fare propria un'idea, una causa ecc.; congiungere strettamente: *non ho sposato nessuna delle due soluzioni / — l'utile al dilettevole* // *v.intr.* contrarre matrimonio: *ha sposato in municipio* / *prov.*: *né di Venere né di Marte non si sposa né si parte*, con allusione alla credenza popolare che considera il venerdì e il martedì giorni infausti // **-arsi** *v.rifl.* e *rifl.rec.* unirsi in matrimonio con qlcu.; (*fig.*) unirsi strettamente, accordarsi.

sposo [spò∫o] *s.m.* **1** l'uomo nel giorno del matrimonio e in genere il marito giovane; anche il fidanzato alla vigilia delle nozze: *lo — tardava ad arrivare* **2** *pl.* il marito e la moglie nel giorno delle nozze; i coniugi da poco sposati: *viva gli sposi!*; *sposi promessi, fidanzati.*

spossamento [-mén-] *s.m.* spossatezza, sfinimento.

spossante *agg.* che toglie energie e vigore: *un caldo —.* SIN. *estenuante, snervante.*

spossare *v.tr.* [*io spòsso ecc.*] togliere vigore ed energie, infiacchire: *questo lavoro mi spossa.* SIN. *estenuare, fiaccare, sfinire, sfiancare.*

spossatezza [-tèz-] *s.f.* condizione di grande stanchezza. SIN. *prostrazione.*

spossato *agg.* privo di forza e di energia. SIN. *estenuato, sfinito, esausto, affranto, prostrato.*

spossessare *v.tr.* [*io spossèsso ecc.*] privare della proprietà: *lo spossessarono dei suoi beni.*

spostamento [-mén-] *s.m.* atto, effetto dello spostare o dello spostarsi.

spostare *v.tr.* [*io spòsto ecc.*] **1** togliere una cosa dal posto in cui si trova abitualmente; (*fig.*) trasferire; differire: *sposta il tuo letto*; *non — l'ora della partenza.* SIN. *smuovere, rimuovere* **2** danneggiare, dissestare (anche *fig.*): *quell'individuo lo ha spostato con i suoi consigli* // **-arsi** *v.rifl.* mutar luogo, lasciare il proprio posto.

spostato *agg.* e *s.m.* si dice di persona dissestata, che non ha trovato una collocazione nella società né un equilibrio interiore.

spot [spòt] *s.m.invar.* **1** brevissimo comunicato pubblicitario televisivo **2** in teatro, riflettore con fascio di luce molto concentrato; per estens., faretto, nell'arredamento.

spranga *s.f.* sbarra, traversa di legno o di ferro, usata spec. per chiudere e sbarrare usci, imposte ecc.

sprangare *v.tr.* [*io sprango, tu spranghi ecc.*] chiudere con una spranga porte, finestre ecc.

sprangato *agg.* sbarrato, chiuso con spranghe: *la casa aveva le finestre sprangate.*

spray [sprài] *agg.* e *s.m.invar.* si dice di prodotti liquidi confezionati in bombolette con spruzzatore nebulizzante, e della confezione stessa: *vernice —*; *usare lo —.*

sprazzo *s.m.* **1** getto d'acqua improvviso; repentino fascio di luce: *gli sprazzi del mare*; *uno — di sole* **2** (*fig.*) intuizione, illuminazione improvvisa: *uno — di ingegno.*

sprecare *v.tr.* [*io sprèco, tu sprèchi ecc.*] consumare inutilmente denaro, tempo, energie ecc.: *hai sprecato quell'occasione* / *— il fiato*, parlare invano, senza essere ascoltato // **-arsi** *v.rifl.* (*fig.*) disperdersi senza costrutto; (*iron.*) fare qlco. meschinamente, senza grande sforzo: *quel ragazzo si spreca*; *s'è proprio sprecato nell'aiutarti!* SIN. *sciupare.*

sprecato *agg.* sciupato, speso male e invano: *fatica sprecata* / *fiato —*, si dice per constatare la mancata efficacia degli avvertimenti rivolti a qlcu.

spreco [sprè-] *s.m.* [pl. *-chi*] atto, effetto dello sprecare, perdita inutile; la cosa sprecata: *combattere gli sprechi.* SIN. *dissipazione, sperpero, scialo.*

sprecone [-có-] *agg.* e *s.m.* che o chi spreca senza riguardi e spende senza misura. SIN. *sciupone.*

spregevole [-gé-] *agg.* degno di disprezzo: *una persona —*; *un gesto —.* SIN. *ignobile, indegno, inqualificabile.*

spregiare *v.tr.* [*io sprègio ecc.*] disprezzare; non tenere in alcun conto: *— gli adulatori*; *— gli onori.*

spregiativo *agg.* che esprime disprezzo // *s.m.* (*gramm.*) → **peggiorativo**.

spregiatore [-tó-] *s.m.* [f. *-trice*] chi spregia.

spregio [sprè-] *s.m.* **1** sentimento di disprezzo: *avere in —*, spregiare **2** atto che si compie per manifestare disprezzo: *fare uno —.*

spregiudicatezza [-tèz-] *s.f.* comportamento, azione da spregiudicato.

spregiudicato *agg.* che non ha pregiudizi o scrupoli.

spremere [sprè-] *v.tr.* [*io sprèmo ecc.*] premere qlco. per farne uscire il liquido contenuto: *— un'arancia*; *— il succo da un limone* / *— le lacrime*, costringere al pianto / *spremersi le meningi*, affaticarsi per risolvere un problema.

spremiagrumi *s.m.invar.* apparecchio manuale o elettrico per spremere agrumi.

spremifrutta *s.m.invar.* apparecchio manuale o elettrico per spremere il succo dalla frutta.

spremilimoni [-mó-] *s.m.invar.* arnese per spremere manualmente i limoni.

spremitura *s.f.* operazione dello spremere.

spremuta *s.f.* **1** bevanda che si ottiene spremendo un frutto sugoso: *una — d'arancia* **2** l'atto dello spremere: *dare una — a un limone.*

spremuto *agg.* **1** che è stato estratto con la spremitura **2** sottoposto a spremitura: *un'arancia spremuta* / *un limone —*, una cosa o persona sfruttata completamente o considerata ormai inutile.

spretarsi *v.rifl.* [*io mi sprèto ecc.*] abbandonare l'abito talare; rinunziare all'ufficio di prete.

spretato *agg.* e *s.m.* che o chi ha abbandonato l'ufficio di prete.

sprezzante *agg.* che mostra, che ostenta disprezzo; altezzoso: *una persona —*; *un atteggiamento —.* SIN. *disdegnoso, sdegnoso.*

sprezzare *v.tr.* [*io sprèzzo ecc.*] (*lett.*) disprezzare. SIN. *sdegnare.*

sprezzo [sprèz-] *s.m.* (*lett.*) disprezzo: *agì con — del pericolo*, con molto coraggio.

sprigionare *v.tr.* [*io sprigióno ecc.*] emettere; emanare abbondantemente: *questa stufa sprigiona fumo* // **-arsi** *v.rifl.pron.* uscire con forza propagandosi: *si sprigionarono gas velenosi.*

sprimacciare *v.tr.* [*io sprimàccio ecc.*] battere un guanciale o un piumino per renderlo più soffice.

sprint *s.m.invar.* (*ingl.*) scatto; sforzo breve e intenso di un corridore, spec. ciclista, per battere un avversario su una breve distanza; anche la capacità di produrre tale sforzo: *vinse con un bello — in salita*; *non ha resistenza, ma ha molto —.*

sprinter *s.m.* e *f.invar.* (*sport*) corridore velocista.

sprizzare *v.intr.* zampillare, spruzzare; emanare (anche *fig.*): *l'acqua sprizza dalla sorgente*; *— gioia dagli occhi.*

sprizzo *s.m.* getto di liquido, sprazzo, lampo (anche *fig.*): *uno — d'acqua*; *uno — di luce*; *ho colto uno — di gioia nel suo volto.*

sprofondamento [-mén-] *s.m.* atto, effetto dello sprofondare.

sprofondare *v.intr.* [*io sprofóndo ecc.*] cadere in basso; precipitare in una voragine; affondare: *il pavimento è sprofondato* // *v.tr.* far cadere in basso; far affondare, immergere (anche *fig.*) // **-arsi** *v.rifl.* affondarsi, immergersi / *— in poltrona*, mettersi ben comodo / *— nella lettura*, leggere senza curarsi d'altro // *v.rifl.pron.* essere inghiottito da una voragine: *il terreno si sprofondò.*

sproloquiare *v.intr.* [*io sprolòquio ecc.*] fare sproloqui, parlare a vanvera.

sproloquio [-lò-] *s.m.* discorso assai lungo e inutile.

spronare *v.tr.* [*io spróno ecc.*] **1** stimolare con lo sprone: — *il cavallo nella corsa* **2** (*fig.*) incitare, incoraggiare: — *allo studio.*

spronata *s.f.* **1** colpo dato con lo sprone **2** (*fig.*) incitamento: *quel ragazzo ha bisogno di una bella —.*

sprone [spró-] *s.m.* **1** lo sperone del cavaliere: *dar di —,* spronare / *a spron battuto,* di gran galoppo; (*fig.*) immediatamente: *vuol essere obbedito a spron battuto* **2** (*fig.*) incitamento, stimolo / *esser di — a qlcu.,* stimolarlo **3** nelle camicie da uomo e negli abiti da donna, rettangolo di tessuto che copre le spalle e la parte superiore del petto e del dorso; carré [*ill. Abbigliamento*].

sproporzionato *agg.* **1** che manca di proporzione: *una statua sproporzionata all'altare su cui è collocata.* CONTR. *proporzionato* **2** eccessivo: *una spesa sproporzionata.* SIN. *spropositato.*

sproporzione [-zió-] *s.f.* mancanza di proporzione. CONTR. *proporzione.*

spropositare [-ʃi-] *v.intr.* [*io spropòsito ecc.*] fare, dire o scrivere spropositi.

spropositato [-ʃi-] *agg.* **1** eccessivo; troppo piccolo o troppo grande. SIN. *sproporzionato* **2** sbagliato, errato. SIN. *madornale.*

sproposito [-pòʃi-] *s.m.* **1** detto o fatto fuori di proposito, sconsiderato: *se non mi aiuti commetto uno —* / *a —,* inopportunamente, in modo errato, sconveniente: *parlare a —* **2** grosso errore, sbaglio: *una lettera piena di spropositi.* SIN. *sfarfallone, strafalcione* **3** (*fig.*) prezzo eccessivo; gran quantità: *l'ho pagato uno —; ne mangiai uno —.*

spropriare *v.tr.* [*io spròprio ecc.*] espropriare, spossessare.

sprovvedersi [-dér-] *v.rifl.* [coniugato come *vedere*] privarsi di ciò di cui si è provvisti.

sprovvedutezza [-téz-] *s.f.* l'essere sprovveduti; inesperienza, leggerezza.

sprovveduto *agg.* e *s.m.* si dice di persona scarsamente dotata, che manca d'intelligenza o di abilità.

sprovvisto *agg.* che non è fornito, che non dispone a sufficienza di qlco.: *un negozio — di pane* / *alla sprovvista,* di sorpresa, inaspettatamente: *fu assalito alla —.* SIN. *sfornito, privo.*

sprue *s.f.invar.* (*med.*) affezione tropicale caratterizzata da diarrea e anemia, dovuta a carenze vitaminiche.

spruzzare *v.tr.* **1** gettare acqua o altri liquidi in piccole gocce: — *la vernice sui muri.* SIN. *schizzare* **2** bagnare con piccoli getti: — *la biancheria prima di stirarla.*

spruzzata *s.f.* **1** l'atto dello spruzzare **2** (*fig.*) pioggia fine, di breve durata.

spruzzatore [-tó-] *s.m.* [f. *-trice*] **1** chi spruzza **2** arnese che serve per spruzzare: — *per profumo.*

spruzzo *s.m.* piccolo getto d'acqua o d'altri liquidi; *verniciatura a —,* fatta spargendo a spruzzi la vernice con una pistola speciale. SIN. *schizzo.*

spudoratezza [-téz-] *s.f.* l'essere spudorato. SIN. *inverecondia.*

spudorato *agg.* senza pudore, senza riguardi; insolente: *una donna, una menzogna spudorata.* SIN. *inverecondo, impudente, svergognato.*

spugna *s.f.* **1** animale marino, simile a un sacchetto provvisto di numerosi fori e fisso sul fondo, con scheletro di natura cornea, calcarea o silicea **2** lo scheletro delle spugne, costituito da un intreccio di fibre finissime e molto poroso, disseccato e usato come oggetto da toletta; sostanza simile prodotta artificialmente da materie plastiche: *lavarsi con la —* / *bere come una —,* ri-

ferendosi all'alta capacità assorbente / *dare un colpo di — sul passato,* cancellare il ricordo, non parlarne più / *getto della —,* nel pugilato, l'atto del secondo di un pugile che provoca la sospensione dell'incontro **3** tessuto di cotone, lavorato in modo che risulti molto morbido e assorbente, usato per asciugamani, accappatoi e simili.

spugnatura *s.f.* il bagnarsi, il bagnare per mezzo di una spugna.

spugnola [-gnò-] *s.f.* fungo commestibile con cappello spugnoso di colore scuro (*fam.* Elvellacee).

spugnosità *s.f.invar.* l'essere spugnoso.

spugnoso [-gnó-] *agg.* bucherellato come una spugna; che assorbe liquidi come una spugna.

spulare *v.tr.* liberare dalla pula: — *il grano.*

spulciare *v.tr.* [*io spùlcio ecc.*] **1** liberare dalle pulci cercandole con cura: — *il cane* **2** (*fig.*) osservare qlco. con attenzione minuziosa per cercare piccoli oggetti o dati, notizie ecc.: — *il vocabolario.*

spuma *s.f.* schiuma.

spumante *agg.* e *s.m.* si dice di vino bianco e frizzante di qualità pregiata, che produce spuma abbondante e leggera quando si stura la bottiglia.

spumare *v.intr.* far la schiuma: *il vino spuma nei bicchieri.*

spumeggiante *agg.* **1** che spumeggia **2** (*fig.*) vivace, movimentato: *una commedia —.*

spumeggiare *v.intr.* [*io spuméggio ecc.*] spumare (si dice per lo più di acque agitate): *il mare spumeggia.*

spumone [-mó-] *s.m.* tipo di dolce o di gelato leggero e spumoso fatto con chiare d'uovo o panna montata.

spumoso [-mó-] *agg.* che fa molta spuma; che è leggero e soffice come la spuma.

spuntare¹ *v.tr.* **1** rompere la punta; accorciare un poco tagliando la punta: — *una matita;* — *i capelli* **2** staccare una cosa che era appuntata: — *un nastro* **3** (*fig.*) superare: — *una difficoltà* / *assol.* avere la meglio, conseguire quel che si desidera: *l'ha spuntata // v. intr.* **1** mettere fuori la punta; cominciare ad apparire, a nascere: *l'erba comincia a —* **2** apparire, venir fuori all'improvviso: *lo vidi — di dietro un colle.*

spuntare² *v.tr.* verificare un elenco facendo un segno accanto a ciascuno dei dati che sono stati controllati: — *il listino prezzi.*

spuntato *agg.* senza punta: *spada spuntata* / *argomenti spuntati,* senza mordente, inconsistenti.

spuntatura *s.f.* l'atto di tagliare la punta; la parte tagliata spuntando: *dare una — ai capelli; le spuntature dei sigari.*

spuntino *s.m.* leggero pasto che si fa durante la giornata tra uno e l'altro dei pasti principali o in sostituzione di essi.

spunto *s.m.* **1** in teatro, le prime parole di una battuta suggerite all'attore per richiamargli facilmente alla memoria la parte; per estens., occasione, motivo che dà l'avvio a un progetto, a una creazione artistica ecc. **2** sapore acido che prende il vino quando comincia ad alterarsi: *questo vino ha preso lo —.*

spuntone [-tó-] *s.m.* **1** robusta punta, di legno o di metallo **2** antica arma costituita da una lunga asta con punta corta e robusta **3** sporgenza acuta di una roccia.

spunzone [-zó-] *s.m.* spuntone: *gli spunzoni del cancello.*

spurgare *v.tr.* [*io spurgo, tu spurghi ecc.*] pulire, purgare da ciò che ostruisce: — *la fognatura //* **-arsi** *v.rifl.pron.* espellere il muco, espettorare.

spurgo *s.m.* [pl. *-ghi*] atto, effetto dello spurgare; ciò che si elimina spurgando o spurgandosi: *gli spurghi della fognatura; lo — del naso.*

spurio [spù-] *agg.* non legittimo; non autentico, falsificato: *figlio —; opera spuria / costole spurie,* (*anat.*) le due costole inferiori di ciascun lato dello scheletro che non arrivano a congiungersi con lo sterno.

sputacchiare *v.intr.* [*io sputàcchio ecc.*] sputare qua e là // *v.tr.* coprire di sputi.

sputacchiera [-chiè-] *s.f.* recipiente colmo di segatura o di sabbia in cui si può sputare.

sputacchina *s.f.* piccola cicala la cui larva succhia la linfa delle piante erbose stando avvolta in una sostanza schiumosa e bianca che ricorda lo sputo (*fam.* Emitteri).

sputacchio [-tàc-] *s.m.* grosso sputo.

sputare *v.intr.* emettere lo sputo; espettorare: *è vietato — per terra / — su qlco., addosso a qlcu.,* (*fig.*) mostrare grande disprezzo / — *nel piatto in cui si mangia,* (*fig.*) sparlare di qlcu. o qlco. che ci è utile // *v.tr.* **1** mandar fuori dalla bocca: *— un osso, la medicina / — veleno,* dire cose ingiuriose, piene di rabbia e d'invidia contro qlcu. / *— sentenze,* parlare con molta autorità, dare consigli anche quando non occorrono / *— i polmoni, — sangue,* (*fig.*) impegnarsi e affaticarsi molto in una cosa **2** (*fig.*) buttar fuori; lanciare con violenza.

sputasentenze [-tèn-] *s.m.* e *f.invar.* chi parla con ostentata autorità e dà giudizi e consigli su tutto. SIN. *saccente.*

sputo *s.m.* atto dello sputare; la saliva o l'espettorato che si emette dalla bocca / *una cosa appiccicata con lo —,* che si stacca facilmente.

sputtanare *v.tr.* (*volg.*) svergognare // **-arsi** *v.rifl.* perdere credito per un comportamento vergognoso.

squadernare *v.tr.* [*io squadèrno ecc.*] **1** scartabellare, sfogliare le pagine di un libro per cercarvi qlco. **2** (*fig.*) mettere sotto gli occhi, dimostrare chiaramente: *si è convinto quando gli ho squadernato il documento.*

squadra *s.f.* **1** strumento a forma di triangolo rettangolo, adoperato per costruire o per misurare angoli retti [*ill. Disegno, strumenti*]: *nel disegno si adopera il compasso, la riga e la —; i muratori controllano con la — gli angoli dei muri / a —,* ad angolo retto / *essere fuori di —,* non essere ad angolo retto; (*fig.*) essere disordinato, fuori posto, anche mentalmente **2** (*mil.*) la più piccola unità organica dell'esercito, composta da una decina d'uomini e comandata da un sergente o caporalmaggiore; gruppo di militari: *una — di fanteria; le squadre nemiche / — mobile,* un reparto della polizia giudiziaria / — *d'azione,* gruppo di armati fascisti **3** gruppo di persone che attendono allo stesso lavoro o sono regolate e ordinate per un fine comune: *una — di operai, di ragazzi, di pompieri; una — di calcio, di pallacanestro* **4** (*mil.*) complesso di due o più divisioni di navi da guerra o di aerei agli ordini di un solo comandante.

squadraccia [-dràc-] *s.f.* squadra, gruppo organizzato di picchiatori, spec. politici e spec. di destra.

squadrare *v.tr.* **1** verificare, ed eventualmente correggere, con la squadra, la perpendicolarità dei lati ad angolo retto di una figura geometrica: *— un foglio da disegno,* tracciarvi, servendosi di squadra e compasso, il riquadro entro cui si farà il disegno **2** ridurre in forma più o meno quadrata: *— una pietra, una lastra di marmo, una trave* **3** (*fig.*) guardare attentamente e da un capo all'altro: *mio padre mi squadrò in silenzio.*

squadratura *s.f.* atto, effetto dello squadrare.

squadriglia [-drì-] *s.f.* **1** (*mil.*) piccola squadra: *una — di guardie* **2** piccolo gruppo di navi da guerra leg-

gere, di sommergibili o di aerei agli ordini di un solo comandante: *— navale.*

squadrismo [-ʃmo] *s.m.* movimento violento di sopraffazione fisica degli avversari politici, storicamente legato alla nascita del fascismo, ma praticato anche in seguito da altri.

squadrista *s.m.* [*pl. -i*] membro di una squadra d'azione fascista; per estens., picchiatore, spec. di destra.

squadristico [-drì-] *agg.* di squadrista; di, da squadrista: *azioni squadristiche,* di sopraffazione politica violenta.

squadro[1] *s.m.* grosso pesce simile al pescecane, pesce angelo.

squadro[2] *s.m.* **1** lo squadrare: *operazione di —* **2** strumento topografico che serve a tracciare sul terreno misurazioni ad angolo retto.

squagliare *v.tr.* [*io squàglio ecc.*] fondere, liquefare: *il calore ha squagliato il burro* // **-arsi** *v.rifl.pron.* **1** sciogliersi: *la neve si squaglia al sole* **2** (*scherz.*) svignarsela, andarsene in fretta e senza dir nulla.

squalifica [-li-] *s.f.* **1** atto, effetto dello squalificare **2** provvedimento disciplinare sportivo, che consiste nell'escludere da una gara un atleta o una squadra.

squalificare *v.tr.* [*io squalifico, tu squalifichi ecc.*] **1** dichiarare non idoneo, incapace **2** eliminare, escludere da una gara sportiva l'atleta o la squadra che abbia commesso infrazioni al regolamento: *— un ciclista, un calciatore; — il campo di una squadra,* proibirle per un dato periodo di giocare nel proprio campo **3** screditare, rendere meno pregiato: *è un comportamento che squalifica l'azienda* // **-arsi** *v.rifl.* screditarsi, dimostrarsi inabile, inadatto o indegno a un lavoro, un incarico ecc.

squalificato *agg.* che ha subìto squalifica.

squallido [squàl-] *agg.* triste e desolato; spoglio di ogni grazia o ornamento; misero: *un ambiente —; uno — sorriso.*

squallore [-ló-] *s.m.* l'essere squallido; miseria e abbandono: *viveva in uno stato di —.* SIN. *desolazione.*

squalo *s.m.* nome generico di vari pesci per lo più grandi, fusiformi, veloci, con dentatura da carnivori, bocca ventrale e fessure branchiali scoperte (p.e. pescecane, palombo, pesce martello).

squama *s.f.* **1** piastra cornea o ossea presente, in forma e grandezza varie, sulla pelle di molti vertebrati (p.e. pesci, rettili) [*ill. Pesci*] **2** pellicola che si stacca dall'epidermide umana, spesso per malattia **3** (*bot.*) formazione lamellare, con funzione protettiva [*ill. Fiore*].

squamare *v.tr.* privare delle squame: *— un pesce* // **-arsi** *v.rifl.pron.* perdere le squame (detto dell'epidermide di animali, e per estens. di quella dell'uomo).

squamato *agg.* fatto a squame; rivestito o decorato di ornamenti a forma di squame.

squamoso [-mó-] *agg.* coperto di squame.

squarciagola [-gó-] *solo nella locuz.avv. a squarciagola,* a gran voce, con tutto il fiato che si ha in gola: *gridare a —.*

squarciare *v.tr.* [*io squàrcio ecc.*] **1** aprire con violenza, provocando strappi e lacerazioni: *la pallottola gli squarciò il petto* **2** (*fig.*) aprire, rompere: *— il mistero* // **-arsi** *v.rifl.pron.* fendersi, lacerarsi: *la camicia si squarciò.* SIN. *strappare.*

squarcio [squàr-] *s.m.* **1** ampia e profonda lacerazione: *uno — nella tenda.* SIN. *strappo* **2** passo di un componimento letterario o musicale: *uno — storico nel romanzo*.

squartare *v.tr.* tagliare in quarti o in grosse parti: — *un bue*.

squartatore [-tó-] *s.m.* [f. *-trice*] chi squarta.

squassare *v.tr.* scuotere con violenza.

squattrinato *agg.* e *s.m.* si dice di chi ha poco o punto denaro.

squaw [*ingl.*; *pr.* squó] *s.f.* donna pellerossa.

squero [squè-] *s.m.* (*region.*) piccolo cantiere nautico attrezzato per riparazione e varo di imbarcazioni.

squilibrare *v.tr.* far perdere l'equilibrio (anche *fig.*): *la crisi economica lo ha squilibrato*. SIN. *sbilanciare* // **-arsi** *v.rifl.pron.* perdere l'equilibrio.

squilibrato *agg.* che non ha equilibrio (anche *fig.*): *uno sviluppo* — // *agg.* e *s.m.* si dice di chi non ha perfetto controllo delle proprie facoltà mentali.

squilibrio [-li-] *s.m.* **1** mancanza di equilibrio: — *mentale*, stato morboso simile alla pazzia **2** differenza, divario. SIN. *sbilancio*.

squilla[1] *s.f.* campana o campanella dal suono acuto.

squilla[2] *s.f.* → **canocchia**.

squillante *agg.* acuto, vivace: *suono* —; *colore* —.

squillare *v.intr.* emettere un suono alto e acuto: *il telefono squilla*; *la sua voce squillava da lontano*.

squillo *s.m.* suono acuto, alto e chiaro (di tromba, campana, suoneria e anche di voce): *uno — di telefono / ragazza* —, prostituta che dà appuntamenti per telefono.

squinternare *v.tr.* [*io squintèrno ecc.*] **1** slegare, squadernare i quinterni di un libro o di un fascicolo sfogliandolo in malo modo **2** per estens., sfasciare, scompigliare, mettere sottosopra.

squinternato *agg.* **1** si dice di libro o fascicolo che abbia fogli sconnessi **2** (*fig.*) si dice di cosa disordinata e di persona poco equilibrata, dalla vita e dal comportamento disordinati.

squisitezza [-sítéz-] *s.f.* l'essere squisito: *la — dei cibi*.

squisito [-ʃi-] *agg.* **1** eccellente, detto spec. di cibi dal sapore delicato: *vino* —. SIN. *prelibato* **2** raffinato; nobile: *modi squisiti*; *gusto* —.

squittio [-tì-] *s.m.* lo squittire prolungato.

squittire *v.intr.* [*io squittisco, tu squittisci ecc.*] emettere suoni brevi e acuti (si dice del topo, del pappagallo e d'altri uccelli, e anche, scherz., dell'uomo).

sradicamento [ʃradicamén-] *s.m.* atto, effetto dello sradicare (anche *fig.*).

sradicare [ʃra-] *v.tr.* [*io sràdico, tu sràdichi ecc.*] **1** strappare una pianta con le sue radici: — *un albero*. SIN. *divellere*, *estirpare*, *svellere* **2** per estens., allontanare dal luogo d'origine o dall'ambiente abituale **3** (*fig.*) eliminare completamente, distruggere.

sragionare [ʃra-] *v.intr.* [*io sragióno ecc.*] ragionare male, senza logica. SIN. *vaneggiare*.

sregolatezza [ʃregolatéz-] *s.f.* **1** l'essere sregolato / *genio e* —, si dice con riferimento ad artisti dalla vita irregolare, stravagante **2** atto sregolato: *una vita piena di sregolatezze*.

sregolato [ʃre-] *agg.* che è senza regola; scapestrato, dissoluto: *essere — nel bere*; *una vita sregolata*. CONTR. *regolato*.

stabbiare *v.intr.* [*io stàbbio ecc.*] detto di pecore e altri animali, passare la notte su un terreno concimandolo // *v.tr.* **1** far pernottare animali su un terreno per concimarlo **2** ingrassare un terreno con il letame.

stabbiatura *s.f.* atto, effetto dello stabbiare.

stabbio [stàb-] *s.m.* **1** recinto all'aperto in cui si chiude il bestiame durante la notte **2** letame.

stabile [stà-] *agg.* **1** ben fermo, fisso: *fondamenta stabili / beni stabili*, i fabbricati. SIN. *saldo* **2** per estens., costante, durevole, regolare: *proposito* —; — *assetto di marcia / tempo* —, che si mantiene costantemente sereno // *agg.* e *s.m.* si dice di compagnia o di teatro che svolge attività continuativa in una data città // *s.m.* edificio, fabbricato (nel linguaggio legale e burocratico).

stabilimento [-mén-] *s.m.* **1** complesso di edifici e di installazioni destinati ad attività industriali; fabbrica, opificio **2** edificio o insieme di costruzioni in cui ha sede un servizio di pubblica utilità: — *termale / — balneare*, luogo pubblico per bagni attrezzato con cabine **3** (*rar.*) lo stabilire; fissazione: *lo — dei patti*.

stabilire *v.tr.* [*io stabilisco, tu stabilisci ecc.*] **1** istituire, costituire in modo stabile: *Dio stabilì l'ordine dell'universo* **2** rendere stabile, fissare durevolmente: — *la propria dimora in un luogo* **3** decretare, decidere, da soli o di comune accordo: — *le condizioni*; *stabilirono di studiare insieme*. SIN. *determinare* // **-irsi** *v.rifl.* prendere dimora stabile in una località.

stabilità *s.f.invar.* l'essere stabile (anche *fig.*): *la — di un edificio*; — *di propositi*.

stabilito *s.m.* (*dir.*) nota compilata dal mediatore ad affare concluso e da lui consegnata a ciascuno dei due contraenti con la firma reciproca.

stabilizzare [-liʒʒa-] *v.tr.* rendere stabile: — *la moneta*.

stabilizzatore [-liʒʒató-] *s.m.* **1** dispositivo che serve a stabilizzare, spec. l'assetto di movimento di veicoli terrestri, marini o aerei [*ill. Aereo*] **2** (*elettr.*) dispositivo che ha la funzione di inviare una tensione pressoché costante agli apparecchi utilizzatori (radio, televisori ecc.) eliminando le variazioni della tensione della rete di alimentazione.

stabilizzazione [-liʒʒaʒió-] *s.f.* atto, effetto dello stabilizzare: *la — dei prezzi*.

stabulazione [-zió-] *s.f.* l'alloggiare il bestiame nelle stalle.

stacanovismo [-ʃmo] *s.m.* sistema tendente a ottenere l'aumento della produttività mediante la razionalizzazione tecnica del lavoro, adottato nell'Unione Sovietica e denominato da A. Stakhanov, minatore che nel 1935 trovò un metodo per migliorare il rendimento del lavoro in miniera; (*iron.*) impegno eccessivo nell'attaccamento al lavoro: *è un atto di* —.

stacanovista *agg.* [pl.m. *-i*] relativo allo stacanovismo: *tendenza* — // *s.m.* e *f.* campione di produttività del lavoro nell'Unione Sovietica; (*iron.*) chi mostra eccessivo zelo nello svolgere il proprio lavoro.

staccabile [-cà-] *agg.* che si può staccare.

staccare *v.tr.* [*io stacco, tu stacchi ecc.*] **1** togliere, separare ciò che è attaccato o congiunto: — *un foglio / non — lo sguardo da qlcu.*, guardarlo a lungo, con insistenza / — *le note*, eseguirle lasciando un lieve intervallo tra una e l'altra **2** distanziare: *il corridore ha staccato il gruppo* // *v.intr.* spiccare, risaltare: *questo colore stacca sul rosso* // **-arsi** *v.rifl.* **1** cadere, venir via: *il bottone s'è staccato* **2** (*fig.*) allontanarsi: *non poteva — dai suoi cari*.

staccato *s.m.* (*mus.*) modo di esecuzione in cui le note si separano nettamente l'una dall'altra, lasciando tra esse una brevissima pausa.

stacciare *v.tr.* [*io stàccio ecc.*] → **setacciare**.

stacciatura *s.f.* lo stacciare; quel che rimane nello staccio.

staccio [stàc-] *s.m.* → **setaccio**.

staccionata *s.f.* **1** recinto formato da traverse di legno sostenute da pali che serve a delimitare terreni **2** barriera di traverse di legno o di sterpi posta come ostacolo nelle corse ippiche.

stacco *s.m.* [pl.m. *-chi*] **1** atto dello staccare o dello staccarsi: *lo — dei biglietti* **2** (*fig.*) intervallo, discontinuità: *c'è troppo — tra una parola e l'altra* **3** contrasto, risalto / *fare —*, risaltare. SIN. *spicco*.

stadera [-dè-] *s.f.* bilancia con un solo piatto e un lungo braccio graduato sul quale scorre un peso costante [*ill. Bilancia*].

staderaio [-rà-] *s.m.* chi fabbrica, ripara, vende stadere.

stadia [stà-] *s.f.* (*agr.*) lunga asta graduata che, abbinata a cannocchiali distanziometrici, serve alla misura indiretta delle distanze e ad operazioni di livellazione.

stadio [stà-] *s.m.* **1** campo attrezzato per le competizioni sportive e per accogliere il pubblico che vi assiste **2** (*fig.*) periodo, fase di un processo, momento di una serie: *la malattia è all'ultimo —; uno — avanzato* **3** ciascuna delle parti di un missile, o di apparecchi simili, che intervengono successivamente nel suo funzionamento e nella propulsione di esso: *primo, secondo — del missile* [*ill. Missile*] **4** antica misura lineare greca pari a 185 m circa.

staff *s.m.invar.* **1** gruppo di collaboratori di un alto dirigente aziendale o politico **2** l'insieme dei funzionari dei servizi ausiliari che, in un'azienda, si affiancano al *line*.

staffa *s.f.* **1** ciascuno dei due arnesi di metallo pendenti da corregge di cuoio ai lati della sella, così che il cavaliere possa infilarvi e appoggiarvi i piedi [*ill. Cavallo*] / *perdere le staffe*, (*fig.*) perdere il controllo di sé, abbandonarsi all'ira / *tenere il piede in due staffe*, bilanciare tra due alternative senza voler abbracciare l'una o l'altra **2** nome di vari oggetti in cui s'inserisce o s'appoggia il piede: *la — della vanga; la — dell'alpinista*, scaletta di corda o anello fissato con chiodi alla roccia [*ill. Alpinismo*] / *la — della calza*, la parte rinforzata sotto la pianta del piede [*ill. Abbigliamento*]; è detta anche *soletta* / *la — del calzone*, la striscia di stoffa o di cuoio che passando sotto il piede tiene il calzone o la ghetta tesa **3** (*edil.*) nelle costruzioni in legno e in ferro, elemento metallico che collega o tiene unite le parti di una struttura **4** (*anat.*) ossicino dell'orecchio a forma di staffa [*ill. Orecchio*].

staffetta [-fét-] *s.f.* **1** messaggero a cavallo o motorizzato che porta ordini **2** si dice di veicoli che facciano da battistrada ad altri, e spec. a una colonna motorizzata **3** (*sport*) gara podistica in cui l'intera lunghezza della corsa è divisa in tratti (*frazioni*) percorsi da corridori della stessa squadra che succedono l'uno all'altro: *corsa a —* [*ill. Atletica*].

staffettista *s.m.* e *f.* [pl.m. *-i*] atleta che corre una gara di staffetta.

staffiere [-fiè-] *s.m.* colui che reggeva la staffa al cavaliere, palafreniere.

staffilare *v.tr.* **1** colpire, battere violentemente con lo staffile **2** colpire con critiche aspre e violente. SIN. *scudisciare, frustare*.

staffilata *s.f.* **1** colpo di staffile **2** (*fig.*) severo biasimo, aspra critica.

staffile *s.m.* **1** frusta a strisce di cuoio. SIN. *sferza, scudiscio* **2** nei finimenti del cavallo, correggia di cuoio che unisce la staffa alla sella.

stafilococco [-còc-] *s.m.* [pl. *-chi*] (*med.*) microrganismo batterico le cui cellule a forma sferica si dispongono a grappolo.

stage [*fr.*; *pr.* staj', *ma spesso pr. all'ingl.* stéig] *s.m.* periodo trascorso in un ufficio o presso un'organizzazione per acquisirne esperienza.

stagflazione [-ziò-] *s.f.* situazione economica caratterizzata nello stesso tempo da incremento dei prezzi e aumento del tasso di disoccupazione (stagnazione e inflazione).

staggio [stàg-] *s.m.* denominazione delle aste di legno lunghe e solide che in alcuni mobili, strumenti ecc. servono a sostenere o a tener ferme le altre parti del congegno: *gli staggi del telaio, della rete per gli uccelli; negli staggi della sedia è inserita la spalliera*.

stagionale *agg.* proprio di una stagione, dipendente dalle stagioni, legato al ciclo delle stagioni: *lavoro —* // *s.m.* e *f.* chi lavora solo per una certa parte dell'anno: *il turismo impiega un gran numero di stagionali*.

stagionare *v.tr.* [*io stagióno ecc.*] tenere in serbo qlco. perché acquisti col tempo certe qualità: *— il legno*, farlo prosciugare // *v.intr.* migliorare con il tempo: *mettere il prosciutto a —*.

stagionato *agg.* tenuto in serbo per un certo tempo: *vino —; legno —* / *scapolo —*, (*iron.*) molto in là con gli anni.

stagionatura *s.f.* lo stagionare, il periodo di tempo o il procedimento necessari perché certi prodotti acquistino determinate caratteristiche: *la — dei formaggi; la — della semente*.

stagione [-giò-] *s.f.* **1** ciascuno dei quattro periodi, convenzionalmente di tre mesi ciascuno, in cui è suddiviso l'anno e che si differenziano per il rapporto tra luce e oscurità giornaliere e per il clima (primavera, estate, autunno, inverno): *il ritmo delle stagioni; l'alternarsi delle stagioni* / *abito di mezza —*, né leggero né pesante, adatto all'autunno e alla primavera **2** le particolari condizioni atmosferiche che caratterizzano ciascun periodo: *— calda, piovosa, buona, cattiva* **3** periodo in cui maturano determinati frutti; per estens., il tempo dedicato ai lavori agricoli di semina e di raccolta; periodo dell'anno in cui si svolgono attività economiche, manifestazioni pubbliche e sociali: *la — dell'uva, dei fichi; — della vendemmia, della mietitura; la — delle vendite; la — teatrale*, il periodo delle rappresentazioni / *frutto fuori —*, maturato prima o dopo la sua stagione / *bassa, alta —*, quella in cui l'attività, spec. turistica, è ridotta, intensa / *— morta*, quella in cui le attività economiche subiscono una pausa **4** (*lett.*) periodo di tempo: *in quella — della vita*.

stagliare *v.tr.* [*io stàglio ecc.*] tagliare irregolarmente un contorno, frastagliare // *-arsi* *v.rifl.pron.* risaltare, segnare un netto contrasto: *si stagliava nitido contro un cielo chiaro*.

stagnaio [-gnà-] *s.m.* chi fa saldature con lo stagno e lavori con latta e lamiera.

stagnante *agg.* **1** si dice di acqua o aria che ristagna **2** (*fig.*) detto di attività economiche inerti o che procedono molto lentamente: *la domanda è —*.

stagnare[1] *v.intr.* **1** restar fermo, detto dell'acqua o di altri fluidi: *il fumo stagna in una stanza chiusa* **2** (*fig.*) detto di attività, spec. economica, mancare di nuovi sviluppi, ristagnare: *il commercio stagna in quella regione* // *v.tr.* far cessare l'uscita di un liquido: *— il sangue di una ferita*.

stagnare[2] *v.tr.* **1** rivestire o aggiustare con lo stagno: *— una pentola di rame* **2** rendere stagno, fare in modo che un recipiente tenga un liquido senza lasciarlo penetrare o sfuggire : — *una botte, il fondo di una barca*.

stagnatura *s.f.* **1** operazione con cui si riveste un metallo mediante uno strato protettivo di stagno; lo strato stesso **2** l'operazione di rendere stagno, cioè a tenuta di liquidi.

stagnazione [-zió-] *s.f.* **1** lo stagnare dell'acqua o di liquidi **2** (*fig.*) situazione ferma, e spec. situazione economica caratterizzata da assenza di crescita della produzione e del reddito.

stagnino *s.m.* stagnaio.

stagno[1] *s.m.* elemento chimico (Sn; *n.at.* 50; *p.at.* 118,7); metallo bianco-argenteo, facilmente fusibile, malleabile, usato per leghe diverse, per saldature e per ricoprire altri metalli.

stagno[2] *s.m.* specchio d'acqua stagnante, poco profondo e poco esteso.

stagno[3] *agg.* che è a tenuta perfetta, impenetrabile all'acqua: *chiusura stagna; compartimento —; in quell'ambiente la gente vive in compartimenti stagni*, (*fig.*) ogni comunicazione in campo spirituale o intellettuale è impossibile.

stagnola [-gnò-] *s.f.* **1** sottile foglio di stagno adoperato per avvolgere tavolette di cioccolato, formaggio, ecc. **2** recipiente di latta a forma di parallelepipedo; bidone.

staio [stà-] *s.m.* [pl.f. *-a*; pl.m. *stai* nel significato 2] **1** misura di capacità per aridi che varia secondo i tempi e i luoghi **2** vaso di legno cilindrico a doghe cerchiate per misurare uno staio **3** quantità contenuta in uno staio: *tre staia di grano* **4** la superficie di terreno che si semina con uno staio di grano.

stalagmite *s.f.* concrezione calcarea a forma di colonna o di cono che s'innalza dal pavimento delle grotte per deposito del calcare contenuto nell'acqua che gocciola dall'alto.

stalattite *s.f.* concrezione calcarea, analoga alla stalagmite, che pende dal soffitto delle grotte.

staliniano *agg.* relativo a Iosif V. Stalin, alla sua opera, ai suoi tempi.

stalinismo [-ʃmo] *s.m.* l'interpretazione del marxismo-leninismo e la pratica di governo adottate in URSS da Iosif V. Stalin (1879-1953); per estens., atteggiamento di chi auspica l'adozione delle teorie e dei metodi di Stalin.

stalinista *agg.* e *s.m.* e *f.* [pl.m. *-i*] si dice di chi sostiene la teoria o pratica il metodo dello stalinismo, e di azioni ispirate a esso.

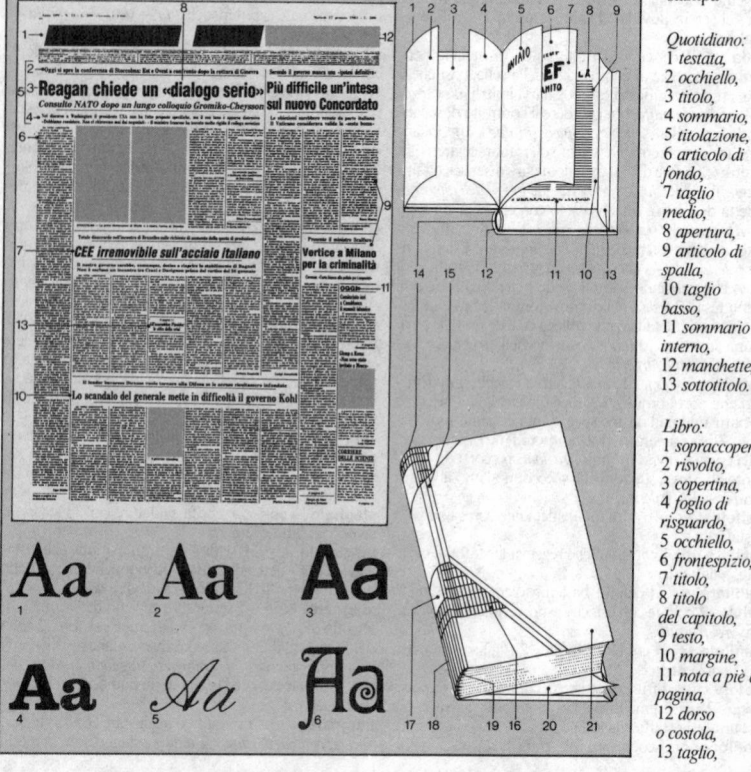

stampa

Quotidiano:
1 *testata,*
2 *occhiello,*
3 *titolo,*
4 *sommario,*
5 *titolazione,*
6 *articolo di fondo,*
7 *taglio medio,*
8 *apertura,*
9 *articolo di spalla,*
10 *taglio basso,*
11 *sommario interno,*
12 *manchette,*
13 *sottotitolo.*

Libro:
1 *sopraccoperta,*
2 *risvolto,*
3 *copertina,*
4 *foglio di risguardo,*
5 *occhiello,*
6 *frontespizio,*
7 *titolo,*
8 *titolo del capitolo,*
9 *testo,*
10 *margine,*
11 *nota a piè di pagina,*
12 *dorso o costola,*
13 *taglio,*

stalla *s.f.* **1** luogo chiuso e coperto in cui si tengono gli animali domestici e spec. buoi, mucche e cavalli: *ha molte bestie nella —* / *prov.: chiudere la — quando sono fuggiti i buoi*, prendere provvedimenti quando non si è più in tempo **2** l'insieme degli animali contenuti nella stalla **3** (*fig.*) luogo sudicio.

stallaggio [-làg-] *s.m.* **1** stalla, di solito annessa a locande o alberghi, in cui si ospitavano i cavalli dei viaggiatori **2** la somma richiesta per albergarvi le bestie.

stallatico [-là-] *agg.* [pl.m. *-ci*] di stalla // *s.m.* **1** concime di stalla **2** stallaggio.

stallia [-lì-] *s.f.* il tempo che le autorità portuali mettono a disposizione di una nave per caricare o scaricare.

stalliere [-liè-] *s.m.* chi ha cura dei cavalli di una stalla o di una scuderia.

stallo *s.m.* **1** sedile di legno con schienale e braccioli, di solito allineato con altri a formare un ordine di posti: *gli stalli del coro della chiesa.* SIN. *scanno* **2** nel gioco degli scacchi, posizione del re che, pur non potendo muoversi senza cadere sotto scacco, è però immune da offesa avversaria **3** (*fig.*) punto morto, situazione senza sbocco: *uno — nelle trattative* **4** (*aer.*) diminuzione della portata di un'ala di un aereo causata dal distacco della corrente fluida dal dorso di essa.

stallone [-lô-] *s.m.* cavallo maschio destinato alla riproduzione.

stamane, stamani, stamattina *avv.* questa mattina, la mattina di oggi.

stambecco [-béc-] *s.m.* [pl. *-chi*] mammifero ruminante alpino simile alla capra, con pelame grigio-rossastro, barbetta sotto il mento e lunghe corna anellate nel maschio (*fam.* Bovidi).

stamberga [-bèr-] *s.f.* casa sudicia e squallida: *abitare in una —.* SIN. *tugurio.*

stambugio [-bù-] *s.m.* piccola stanza, molto buia e misera.

stamburare *v.intr.* sonare con insistenza il tamburo // *v.tr.* decantare, vantare qlco.: *i giornali stamburano questo prodotto.*

stame[1] *s.m.* **1** filo, spec. dell'ordito / *lo — della vita*, il corso della vita **2** la parte più fine della lana; filo di lana sottile e resistente.

stame[2] *s.m.* (*bot.*) organo maschile del fiore, costituito dall'antera e dal filamento [*ill. Fiore*].

stamigna *s.f.* tela fitta e robusta.

stampa *s.f.* **1** lo stampare; l'insieme delle operazioni tecniche, il procedimento dello stampare; il tipo di immagini e di caratteri che ne risulta: *l'inventore della —;*

14 *capitello,*
15 *canalino,*
16 *garza,*
17 *dorsetto,*
18 *segnature,*
19 *tondo,*
20 *risguardo,*
21 *piatto.*

Caratteri:
1 *romano antico,*
2 *romano moderno,*
3 *bastone,*
4 *egiziano,*
5 *calligrafico,*
6 *fantasia.*

Sistemi di stampa:
1 *stampa tipografica,*
2 *stampa litografica,*
3 *stampa rotocalcografica,*
4 *carta,*
5 *matrice,*
6 *inchiostro,*
7 *guide per la carta,*
8 *rullo di pressione,*
9 *carta stampata,*
10 *acqua,*
11 *rullo di caucciù,*
12 *carta in rotoli,*
13 *lama.*

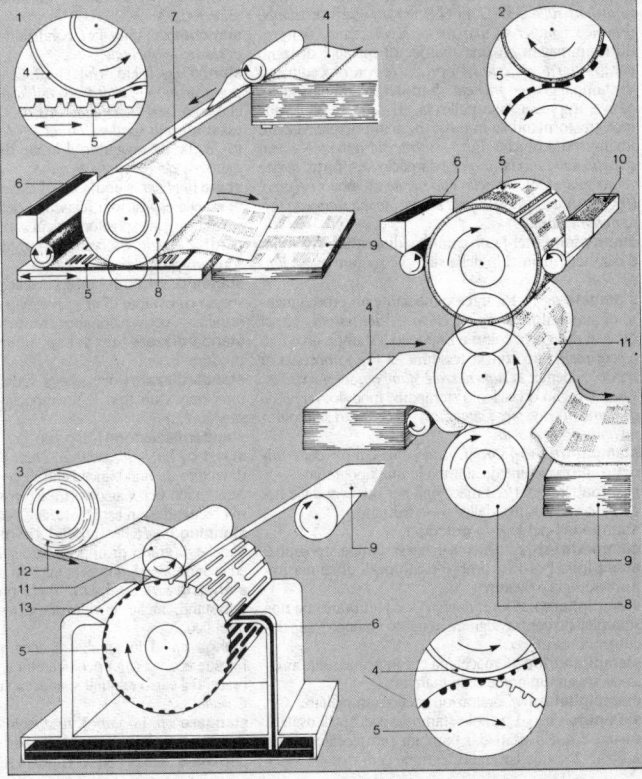

la — *litografica*; *è una* — *nitida* / *dare alle stampe*, far pubblicare **2** l'insieme delle pubblicazioni giornalistiche; il complesso dei giornalisti: *sottoporre la* — *alla censura*; *la* — *estera*; *convocare la* — / *libertà di* —, libertà di riferire fatti e di esprimere le proprie idee e opinioni a mezzo della stampa / *sala* —, riservata ai giornalisti in parlamento, negli stadi ecc. / *conferenza* —, intervista collettiva concessa da una personalità ai giornalisti / *ufficio* —, ufficio di un ente, di un partito, di un'azienda ecc. al quale spetta di trasmettere ai giornali notizie o comunicati **3** riproduzione su carta di un'immagine incisa su rame, zinco ecc.: *una bella* — *dell'Ottocento* **4** (*fot.*) processo con cui l'immagine negativa impressa sulla pellicola viene trasferita, trasformata in positiva, su carta sensibile alla luce; copia positiva stampata su carta.

stampaggio [-pàg-] *s.m.* **1** lavorazione dei metalli e materiali malleabili a caldo o a freddo, che si esegue mediante presse e apposite matrici o stampi **2** stampa: — *dei tessuti*.

stampante *s.f.* apparecchiatura che consente di stampare le informazioni elaborate da un calcolatore elettronico [*ill. Elaboratore*].

stampare *v.tr.* **1** riprodurre scritti e illustrazioni in più copie mediante procedimenti tipografici: — *in rotocalco*; *questo libro è stampato male*; — *la seta*; *stampare di fiori sulla seta* **2** pubblicare uno scritto: *stampa articoli scientifici su una rivista specializzata* **3** riprodurre immagini da una matrice di metallo, di legno ecc.: — *un'acquaforte* **4** riprodurre con procedimenti di stampaggio: — *monete* **5** trasferire l'immagine negativa, impressa sulla pellicola, su carta sensibile alla luce, trasformandola in positiva **6** imprimere, lasciare un'impronta (anche *fig.*): — *orme sul terreno*; — *uno schiaffo sulla faccia di qlcu.*, dargli elo ben forte; *queste verità sono stampate nella mia mente* // **-arsi** *v.rifl.pron.* (*fig.*) restare impresso: *quell'immagine si è stampata nella mia memoria*.

stampatello [-tèl-] *s.m.* carattere di scrittura che imita il carattere maiuscolo della stampa: *scrivere in* —; *il titolo è a* —.

stampato *agg.* **1** impresso mediante un procedimento di stampa: *un libro* —; *cuoio* —; *un tessuto* —, nel quale il disegno a colori è impresso a stampa invece di essere realizzato con la tessitura **2** (*fig.*) impresso in modo evidente: *la stanchezza è stampata sul suo viso* // *s.m.* **1** foglio o fascicolo stampato; modulo: *un pacco di stampati*; *riempire l'apposito* — **2** tessuto stampato: *un abito in* — *di seta*.

stampatore [-tó-] *s.m.* [f. -*trice*] chi stampa, chi è addetto alle macchine della stampa in una tipografia.

stampatrice *s.f.* (*fot.*) macchina per ottenere dalle negative copie positive dello stesso formato.

stampella [-pèl-] *s.f.* → **gruccia 1**.

stamperia [-rì-] *s.f.* officina in cui si stampa, tipografia.

stampiglia [-pi-] *s.f.* timbro usato negli uffici per imprimere sigle o diciture.

stampigliare *v.tr.* [*io stampiglio ecc.*] timbrare con una stampiglia o contrassegnare in modo analogo fogli, documenti, tessuti ecc.

stampigliatrice *s.f.* macchina che imprime sulla cimosa dei tessuti un nome o un marchio.

stampigliatura *s.f.* operazione dello stampigliare.

stampino *s.m.* **1** piccolo stampo, spec. quelli usati in cucina e quelli usati dai bambini per giocare con la sabbia **2** sottile lamina di cartone o di metallo sagomata e traforata secondo un disegno che, applicata su una superficie, lo riproduce fedelmente quando vi si passi il colore col pennello o a spruzzo.

stampo *s.m.* **1** recipiente di varie fogge e dimensioni ove si versano e si cuociono (o si fanno raffreddare) sostanze semiliquide così che, indurendosi, ne acquistino la forma: — *per dolci* **2** matrice usata per la formatura di pezzi di serie: — *per mattoni*; *lo* — *di un disco* **3** (*fig.*) tempra, qualità, natura: *persona di vecchio* —; *sono tutti dello stesso* —, hanno tutti le stesse qualità, o gli stessi difetti **4** arnese usato per stampare disegni su stoffa o carta **5** figura di uccello in legno o altro materiale, che serve ai cacciatori come richiamo per la caccia in palude.

stampone [-pó-] *s.m.* prova di stampa di un'illustrazione.

stanare *v.tr.* **1** far uscire dalla tana: — *una volpe*. SIN. *snidare* **2** (*fig.*) far uscire di casa qualcuno che non esce mai; far uscire qlcu. dall'isolamento o dall'anonimato; scoprire chi si tiene nascosto.

stancare *v.tr.* [*io stanco, tu stanchi ecc.*] **1** logorare nelle forze fisiche o morali: *questa lunga passeggiata mi ha stancato*; *lo studio intenso lo stancherà certamente* **2** annoiare, infastidire: *i suoi pettegolezzi mi stancano* // **-arsi** *v.rifl.pron.* **1** perdere le energie; affaticarsi **2** annoiarsi: *non ti sei ancora stancato di ascoltare quelle sciocchezze?*

stanchezza [-chéz-] *s.f.* condizione di chi è stanco: — *di vivere*; — *mentale*.

stanco *agg.* [pl.m. -*chi*] **1** affaticato, desideroso di riposo: *occhio* —; *ritornò* — *dal lavoro* / — *morto*, stanchissimo. SIN. *stremato*, *stracco* **2** privo di vitalità, esaurito: *uno scrittore ormai* — / *terreno* —, sfruttato **3** che ha raggiunto il limite di sopportazione; tediato: — *delle prepotenze altrui*; — *di vivere*.

stand [*ingl.*; *pr.* stènd] *s.m.* **1** ciascun reparto nelle fiere e nelle esposizioni; ciascuna delle ripartizioni riservate ai singoli espositori, in cui sono suddivisi i vari reparti **2** spazio riservato al pubblico negli spettacoli sportivi; campo per il tiro a volo.

standard *s.m.invar.* (*ingl.*) **1** livello; modello, tipo // spesso con valore di *agg.*: *prodotto* —, in serie / *unità*, *misura* —, convenzionalmente accettata e diffusa.

standardizzare [-diʒʒa-] *v.tr.* ridurre a un tipo unico; produrre in serie.

standardizzato [-diʒʒa-] *agg.* si dice di tutto ciò che si uniforma a un tipo, a un modello: *prodotto* —; *idee standardizzate*.

standardizzazione [-diʒʒazió-] *s.f.* lo standardizzare.

stand-by [*ingl.*; *pr.* stenbài] *s.m.* **1** forma di apertura di credito da una banca centrale a un'altra **2** metodo economico per viaggiare in aereo senza prenotazione ma mettendosi in lista d'attesa.

standing [*ingl.*; *pr.* stèndin] *s.m.* nel linguaggio delle banche, il grado di importanza, sul piano finanziario ed economico, di una persona o di un'azienda.

standista *s.m.* e *f.* [pl.m. -*i*] chi progetta e costruisce uno stand; anche chi vi lavora, tenendo i contatti con il pubblico.

stanga *s.f.* **1** lunga sbarra, spec. per sbarrare porte, finestre ecc. **2** (*fig.*) persona alta e magra **3** *pl.* i due bracci del carro ai quali si attacca l'animale da tiro [*ill. Cavallo*].

stangare *v.tr.* [*io stango, tu stanghi ecc.*] **1** sprangare, chiudere con una stanga, spec. porte e finestre **2** colpire con la stanga **3** (*fig.*) infliggere un colpo, un danno economico / — *qlcu.* agli esami, riprovarlo, respingerlo / *quell'avvocato stanga bene i suoi clienti,* si fa pagare profumatamente.

stangata *s.f.* **1** colpo di stanga **2** (*fig.*) grave colpo causato da un insuccesso o da un rifiuto; grosso danno economico, batosta: *prendere una — agli esami; il governo progetta una nuova —,* nuovi aumenti di prezzi, di tasse e imposte.

stanghetta [-ghét-] *s.f.* **1** spranghetta di ferro che, fatta uscire o rientrare dal volgere della chiave, chiude o apre la serratura **2** ciascuna delle due asticciole che poggiando sulle orecchie reggono gli occhiali **3** linea verticale che sul rigo musicale delimita una misura.

stanotte [-nòt-] *avv.* questa notte.

stantio [-tì-] *agg.* che ha perso la freschezza: *pane —* / *sapere di —,* di rinchiuso, di muffa.

stantuffo *s.m.* (*mecc.*) organo meccanico che scorre con moto alternativo in un cilindro, ricevendo e trasmettendo la spinta della pressione del fluido contenutovi: *— della locomotiva* [*ill.* Ferrovia].

stanza *s.f.* **1** ciascuno degli ambienti interni di un edificio, divisi l'uno dall'altro da pareti: *— di soggiorno; — da bagno.* DIM. *stanzetta, stanzino.* ACCR. *stanzone* **2** luogo in cui si dimora (detto spec. di truppe): *il reparto di cavalleria è di — a Torino* **3** (*lett.*) strofa di una canzone; ciascuna ottava di un componimento poetico: *le stanze dell'Ariosto.*

stanziale *agg.* che dimora stabilmente in un luogo; permanente: *esercito —; fauna — e di passo.*

stanziamento [-mén-] *s.m.* **1** lo stanziare una somma di denaro; la somma stanziata: *— di fondi per la costruzione di scuole* **2** lo stanziarsi; insediamento.

stanziare *v.tr.* [*io stànzio ecc.*] **1** (*fin.*) destinare una somma di denaro per un determinato scopo; inscrivere una spesa nel bilancio preventivo **2** (*ant.*) ordinare, stabilire // *v.intr.* (*ant.*) dimorare // **-arsi** *v.rifl.* stabilirsi, fissare la propria dimora, insediarsi: *popoli germanici si stanziarono nella penisola italiana.*

stappare *v.tr.* togliere il tappo a qlco.: *— una bottiglia.* SIN. *sturare.* CONTR. *tappare.*

star *s.f.invar.* (*ingl.*) **1** stella del cinema; diva **2** imbarcazione a vela da regata, con bulbo fisso, un solo albero e grande superficie velica.

stare *v.intr.* [*pres. io sto* (stò), *tu stài, egli sta, noi stiamo, voi state, essi stanno;* fut. *io starò ecc.;* pass.rem. *io stètti, tu stésti, egli stètte, noi stémmo, voi stéste, essi stèttero;* cong.pres. *io stìa..., noi stiamo, voi stiate, essi stìano;* cong.imperf. *io stéssi ecc.;* cond. *io starèi ecc.;* imp. *sta o sta' o stai;* p.pass. *stato*] **1** (*poet.*) fermarsi interrompendo il movimento **2** rimanere immobile, fermo; essere in una data posizione (spesso con un agg. o un avv. di luogo che determina il verbo); restare: *stavo sotto l'arco; non sta mai senza far nulla; sta' dove sei; — fermo* / *— al proprio posto,* (*fig.*) comportarsi in modo adeguato alla propria posizione sociale / *— ai patti,* mantenerli / *— ai fatti,* attenersi ad essi **3** trattenersi; per estens., indugiare: *state qui quanto vi pare / — poco, molto, tanto a,* impiegare poco, molto, tanto tempo a fare qlco. / *lasciare —,* non toccare, non occuparsi di qlco., non dar noia / *lasciando — che,* prescindendo dal fatto che **4** porsi, essere in un luogo o in un particolare stato: *— in casa, in cucina; — al sole; — in compagnia;* in questo significato, accompagnato dalla particella pron., è usato nella forma *starsene: starsene appartato, in un angolo* **5** abitare, dimorare, vivere: *sto in via Garibaldi; stava al primo piano / — come un papa,*

vivere con tutti i comodi / *— con qlcu.,* abitare insieme a qlcu.; (*fig.*) allearsi con, parteggiare per lui **6** trovarsi, essere situato, contenuto (detto di cose): *i vestiti stanno nell'armadio* / *cose che non stanno né in cielo né in terra,* prive di fondamento, assurde / *non — in sé dalla gioia,* (*fig.*) non riuscire a nascondere la propria felicità **7** sta' spesso i significati generici di *essere, porsi, trovarsi, sistemarsi, restare* ecc., affiancato da varie determinazioni che ne specificano il senso: *le cose stanno così; — seduto o a sedere; — a letto; — a proprio agio / — su,* reggersi sulla vita, tenere le spalle diritte; (*fig.*) non coricarsi / *— su con lo spirito,* non demoralizzarsi / *— sulle sue,* fare il sostenuto / *— addosso a qlcu,* (*fig.*) sollecitare, far pressione / *— agli scherzi,* riceverli senza impermalirsi / *— alle apparenze,* giudicare da queste, farci molto caso / *— bene, male,* essere in buona o cattiva salute; essere in buone o cattive condizioni economiche; di indumenti, essere o non essere adatti a chi li porta / *mi sta bene,* mi convince; sono d'accordo / *gli sta bene (o ben gli sta),* se lo è meritato / *— a cuore,* importare moltissimo / *stando così le cose,* a queste condizioni / *sta di fatto che,* locuz. con cui si puntualizza o rafforza un'affermazione **8** essere in facoltà, dipendere; consistere: *sta a voi decidere; la libertà sta in questo* **9** seguito da *per* e l'infinito, essere sul punto di: *stavo per partire / starei per dire,* frase incidentale con cui si attenua un concetto **10** seguito dal gerundio, indica azione continuata: *stava studiando* **11** seguito da *a* e l'infinito, indica azione continuata o stato, condizione, posizione: *— a leggere, a fumare / — a vedere,* aspettare le conseguenze o la conclusione di qlco. senza intervenire **12** (*mat.*) essere in rapporto: *sei sta a come dieci sta a cinque.*

starlet *s.f.invar.* (*ingl.*) stellina del cinema; attrice giovane e non molto conosciuta.

starna *s.f.* pernice grigia dalle carni prelibate (*fam.* Gallinacei).

starnazzare *v.intr.* agitare le ali gettandosi la terra addosso (detto degli uccelli, spec. dei gallinacei); (*fig.*) far chiasso con grida e chiacchiere inutili.

starnutare *v.intr.,* **starnutire** *v.intr.* [*io starnutisco, tu starnutisci ecc.*] emettere uno o più starnuti.

starnuto *s.m.* forte e rumorosa espirazione provocata da stimoli che irritano le terminazioni nervose della mucosa nasale.

starter *s.m.invar.* (*ingl.*) **1** chi dà il segnale di partenza nelle competizioni sportive; mossiere **2** (*aut.*) nei motori a carburazione, dispositivo per l'avviamento.

stasare *v.tr.* liberare un condotto da ciò che lo intasa; sgorgare: *— un acquaio.*

stasera [-sé-] *avv. di tempo* questa sera.

stasi [-ʃi] *s.f.invar.* **1** (*med.*) rallentamento della circolazione del sangue nei vasi sanguigni; ristagno di liquidi nell'organismo: *— linfatica* **2** (*fig.*) momentaneo arresto di uno sviluppo, di un'attività: *un periodo di — economica.*

stasimo [stàʃi-] *s.m.* nella tragedia greca, canto del coro che separava un episodio dall'altro.

statale *agg.* dello stato, che riguarda lo stato: *autorità —; ferrovie statali,* gestite dallo stato // *s.m.* e *f.* chi lavora alle dipendenze dello stato: *la categoria degli statali* // *s.f.* strada statale.

statalismo [-ʃmo] *s.m.* atteggiamento, insito in alcune interpretazioni della teoria marxista, che tende ad attribuire eccessivo potere nella società all'apparato burocratico statale.

statalizzare [-liʒʒa-] *v.tr.* rendere di proprietà dello stato; mettere sotto il controllo dello stato.

statalizzazione [-liʒʒaziò-] *s.f.* lo statalizzare.

statica [stà-] *s.f.* parte della meccanica che studia le condizioni di equilibrio dei corpi.

staticità *s.f.invar.* condizione di ciò che è statico (anche *fig.*).

statico [stà-] *agg.* [pl.m. -ci] **1** che riguarda l'equilibrio, la quiete: *sollecitazione statica*, quella applicata a un corpo in modo da non turbarne l'equilibrio: *condizioni statiche di un edificio*, condizioni di stabilità **2** (*fig.*) che non ha movimento, sviluppo, evoluzione: *concezione statica della vita*; *una politica statica*. CONTR. *dinamico*.

statino *s.m.* documento che in talune università attesta la situazione individuale, rispetto al corso di studi, dello studente iscritto a un esame.

statista *s.m.* e *f.* [pl.m. -i] uomo di stato; persona esperta nell'arte di governare uno stato.

statistica [-ti-] *s.f.* **1** scienza che studia con metodi matematici fenomeni sociali collettivi e trae le sue conclusioni in base a indagini dirette, ipotesi, analogie e simili **2** qualsiasi raccolta di dati ottenuta con i metodi della statistica; per estens., calcolo: *— della disoccupazione*; *fare una —*.

statistico [-ti-] *agg.* [pl.m. -ci] relativo alla statistica; proprio della statistica: *metodo, studio —*.

stativo *s.m.* supporto particolarmente stabile, per microscopi e altri strumenti di precisione.

statizzare [-liʒʒa-] *v.tr.* (*non com.*) statalizzare.

stato *s.m.* **1** lo stare: *complemento di — in luogo* **2** modo di essere, di trovarsi; situazione: *— di salute, d'a-*nimo*; *è ridotto in uno — pietoso*; *stati di aggregazione*, modi diversi (*solido, liquido, gassoso*) nei quali possono trovarsi associate le molecole di una sostanza; *— di natura*, le condizioni in cui vivono i popoli primitivi; *— fallimentare di un'azienda* **3** condizione economica; posizione sociale: *migliorare il proprio — / — civile*, il complesso delle qualità giuridiche appartenenti a una persona fisica; ufficio del comune che registra la cittadinanza, le nascite, le morti, i matrimoni / *— di famiglia*, dichiarazione anagrafica della composizione familiare / *— di grazia*, (*teol.*) la condizione dell'uomo che possiede la grazia santificante; *essere in — di grazia*, (*fig.*) in condizione di euforia, ispirazione, forma **4** comunità stanziata permanentemente in un dato territorio, politicamente organizzata sotto un governo sovrano; la forma stessa del governo: *— indipendente*; gli *Stati Uniti d'America*; *— repubblicano*; *uomo di —*, statista / *colpo di —*, mutamento improvviso di governo / *affare di —*, che riguarda strettamente lo stato: *farne un affare di —*, (*fig.*) fare molto rumore per cosa da poco / *— maggiore*, l'insieme degli ufficiali destinati a coadiuvare l'autorità militare centrale o i comandanti di grandi unità nello studio e nella soluzione dei problemi militari.

statolatria [-tri-] *s.f.* culto dello stato, fede cieca nel potere e nell'azione dello stato.

statore [-tò-] *s.m.* in una macchina elettrica, la parte fissa, contrapposta al rotore, mobile [*ill. Elettrica, energia*; *ill. Motore*].

statoreattore [-tó-] *s.m.* tipo di motore a reazione in cui la compressione dell'aria comburente è ottenuta aerodinamicamente.

Stato Italiano

repubblica, costituzione, indipendenza, sovranità; potere legislativo, esecutivo, giudiziario; capo dello stato, presidente della repubblica, segreteria generale della presidenza della repubblica.

■ PARLAMENTO: camera dei deputati, senato della repubblica; parlamentare, deputato, senatore; suffragio universale, comizio elettorale, elettore, elezione, immunità parlamentare; circoscrizione, collegio, seggio, sezione, scrutinio di lista, scrutinio uninominale, voto di preferenza; legislatura, sessione, seduta; maggioranza, minoranza, numero legale, quorum; discussione, emendamento, votazione, voto palese, voto segreto; approvazione, astensione, scheda bianca, voto contrario; decreto-legge, disegno di legge, iter, legge, legge costituzionale; interpellanza, interrogazione, mozione, mozione di fiducia, ordine del giorno; presidente, vicepresidente, segretario, questore; commissione permanente.

■ GOVERNO: consiglio dei ministri, presidenza del consiglio, presidente del consiglio, vicepresidente del consiglio, ministro senza portafoglio; ministro segretario di stato; sottosegretario di stato ● ministero; gabinetto del ministro; ufficio legislativo; ufficio stampa; direzione generale; servizio, ufficio.

■ PUBBLICA AMMINISTRAZIONE: ente (*statale, parastatale*); parastato; industria pubblica; dipendente (*statale, parastatale*); *affari esteri*: memorandum, nota, nota verbale, trattato; ambasciata, legazione, consolato generale, consolato; lettere credenziali, ambasciatore, ministro plenipotenziario, incaricato d'affari; primo consigliere, consigliere, primo segretario, segretario, addetto (commerciale, culturale, militare, stampa); console generale, console; *interno*: affari di culto, amministrazione civile, assistenza pubblica, pubblica sicurezza; provincia, prefetto, prefettura, questore, questura; *grazia e giustizia*: organizzazione giudiziaria, affari civili, affari penali, istituti di prevenzione e di pena; *bilancio*: entrate, spese; stato di previsione, conto generale delle spese e delle entrate, esercizio provvisorio; *finanze*: catasto, demanio, imposte dirette, anagrafe tributaria, dogane e imposte indirette, finanza locale, lotto e lotterie, monopoli di stato; intendenza di finanza, intendente di finanza; *tesoro*: buono del tesoro (ordinario, poliennale), debito pubblico, prestito redimibile; ragioneria generale dello stato, ufficio provinciale del tesoro; *difesa*: stato maggiore della difesa, capo di stato maggiore della difesa; consiglio superiore delle forze armate; esercito: stato maggiore, capo di stato maggiore; comando militare territoriale

statua [stà-] *s.f.* scultura a tutto tondo raffigurante una persona o un animale: *una — di marmo*; *— equestre*, in cui il personaggio è raffigurato a cavallo / *è una —*, si dice di persona dal portamento maestoso, o anche di chi se ne sta muto, senza prender parte alla conversazione.

statuale *agg.* dello stato, inteso come organizzazione politico-giuridica: *repubblica e monarchia sono forme statuali diverse.*

statuaria [-tuà-] *s.f.* l'arte di scolpire statue; l'insieme delle statue di un dato genere o stile.

statuario [-tuà-] *agg.* delle statue, adatto per statue: *arte statuaria*; *marmo —* / *bellezza statuaria*, perfetta.

statuire *v.tr.* [io *statuisco*, tu *statuisci ecc.*] (*lett.*) stabilire, deliberare: *— una legge.* SIN. *decretare.*

statuizione [-zió-] *s.f.* (*dir.*) lo statuire; l'ordine contenuto in una legge, in un decreto ecc.: *— di una norma.*

statunitense [-tèn-] *agg.* degli Stati Uniti d'America // *s.m.* abitante, nativo degli Stati Uniti d'America.

statu quo, **status quo** [dal lat. moderno *in statu quo*; *pr.* in stàtu, *o* stàtus, quò = *nelle condizioni nelle quali*] *s.m.* espressione giuridico-diplomatica con cui ci si richiama a una situazione esistente al momento in cui viene stipulato un accordo che la riconosce giuridicamente: *mantenere lo status quo*, *essere nello statu quo.*

statura *s.f.* **1** altezza del corpo umano; altezza del corpo di alcuni animali considerata da terra alla spalla: *uomo di media —* **2** (*fig.*) altezza d'animo, d'ingegno: *è una persona di grande —* *morale.*

status *s.m.invar.* (*lat.*) condizione socioeconomica di una persona, figura socialmente riconosciuta e accettata: *lo — di funzionario* / *— symbol*, oggetto, circostanza che si ritiene propria di uno status, spec. elevato: *le vacanze esotiche come — symbol.*

statutario [-tà-] *agg.* dello statuto, sancito dallo statuto: *norme statutarie.*

statuto *s.m.* **1** legge fondamentale che stabilisce l'ordinamento politico di uno stato non assolutistico; costituzione; per estens., ordinamento di associazioni commerciali, accademie, confraternite e simili / *lo Statuto*, la costituzione concessa da Carlo Alberto allo stato sardo (1848) **2** per estens., legge o documento che tutela o afferma i diritti fondamentali di categorie di persone: *— dei diritti del bambino* / *— dei lavoratori*, nome corrente di una legge italiana che tutela la libertà e dignità del lavoratore e la libertà sindacale sul luogo di lavoro **3** (*st.*) norme legislative che nel medioevo regolavano il governo di un comune o l'esercizio di un'arte.

stauroteca [-tè-] *s.f.* nell'arte cristiana, custodia per lo più a forma di croce per piccole reliquie o frammenti di reliquia.

stayer [*ingl.*; *pr.* stèia] *s.m.* e *f.* atleta specialista nelle gare di fondo o mezzofondo; in particolare, ciclista che corre il mezzofondo dietro motori.

stazionamento [-mén-] *s.m.* lo stazionare.

stazionare *v.intr.* [io *stazióno ecc.*] sostare, stare fermo in un luogo (detto spec. di veicoli): *qui le automobili possono —.*

stazionario [-nà-] *agg.* **1** che non si allontana dal luogo in cui si trova: *uccello —* **2** (*fig.*) che non varia, che rimane costante: *situazione stazionaria.*

stazione [-zió-] *s.f.* **1** luogo dove si fa sosta; in particolare, il complesso di edifici e di impianti in cui si di regione; distretto militare; marina: stato maggiore, capo di stato maggiore; comando della squadra navale, dipartimento militare marittimo, comando militare marittimo autonomo; aeronautica: stato maggiore, capo di stato maggiore; comando territoriale di regione aerea; comando generale della difesa aerea territoriale; *pubblica istruzione*: istruzione (elementare, secondaria di primo, di secondo grado), classica, scientifica, magistrale, tecnica, professionale, universitaria; ricerca scientifica; educazione popolare; scambi culturali; *lavori pubblici*: viabilità, acque e impianti elettrici, opere marittime, urbanistica, edilizia statale e sovvenzionata; Azienda nazionale autonoma strade; genio civile; provveditorato regionale alle opere pubbliche; *agricoltura e foreste*: produzione agricola, bonifica, miglioramenti fondiari, tutela economica dei prodotti agricoli, economia montana e foreste, alimentazione; Cassa per la formazione della piccola proprietà contadina; enti di riforma fondiaria; *trasporti*: Azienda autonoma delle ferrovie dello stato; Ispettorato generale della motorizzazione civile e dei trasporti in concessione; Commissariato per l'aviazione civile; *poste e telecomunicazioni*; *industria e commercio*; *lavoro e previdenza sociale*; *commercio con l'estero*; *marina mercantile*; *partecipazioni statali*; *protezione civile*; *sanità*; *turismo e spettacolo*; *beni culturali.*

■ CORTE COSTITUZIONALE (*presidente, giudice*): Consiglio nazionale dell'economia e del lavoro (*presidente, consigliere*); organi ausiliari del governo e della pubblica amministrazione (*consiglio di stato, corte dei conti, avvocatura dello stato*).

■ MAGISTRATURA: Consiglio superiore della magistratura; Corte suprema di cassazione; primo presidente; sezione (*unita, penale, civile*); procura generale, procuratore generale; corte d'appello; tribunale, pretura, tribunale amministrativo regionale; presidente, giurato popolare; tribunale superiore delle acque pubbliche; tribunale supremo militare, tribunale militare territoriale.

■ ENTI LOCALI: regione (*a statuto speciale*), assemblea regionale, consiglio regionale, giunta regionale, presidente della regione; assessore, deputato regionale, consigliere regionale; provincia, consiglio provinciale, giunta provinciale, presidente della giunta, assessore, consigliere provinciale; comune, consiglio comunale, giunta comunale, sindaco, assessore, consigliere comunale; comprensorio, consorzio; circoscrizione, zona, quartiere, consiglio di circoscrizione (*di quartiere, di zona*), consigliere, presidente.

svolgono tutte le operazioni relative al movimento di merci e passeggeri; per estens., luogo di soggiorno per villeggiatura, cura ecc.: — *ferroviaria*, *marittima*; — *balneare*, *termale* 2 fermata, sosta, spec. di veicoli / *le stazioni della Via Crucis*, ciascuna delle quattordici immagini che rappresentano episodi della passione di Cristo, davanti alle quali i fedeli sostano in preghiera 3 edificio, impianto, posto in genere dove ha sede un determinato servizio: — *sanitaria*, ambulatorio; — *ricevente*, *trasmittente*; — *di servizio*, per automobilisti, con distributore di benzina ecc.; — *dei carabinieri*, sede di un distaccamento di carabinieri; anche il distaccamento stesso 4 posto attrezzato per ricerche scientifiche, piccolo osservatorio: — *meteorologica*, *sismica*.

stazza *s.f.* volume complessivo degli spazi interni di una nave mercantile misurato in unità speciali dette *tonnellate di stazza* / — *netta*, volume degli spazi utilizzabili per il carico / — *lorda*, volume interno di tutti gli spazi chiusi, compresi quelli non utilizzabili per il carico.

stazzare *v.tr.* 1 misurare la stazza di una nave o di un'imbarcazione a vela 2 avere una determinata stazza (detto di nave).

stazzatura *s.f.* il complesso delle operazioni per calcolare la stazza di una nave.

stearico [-à-] *agg.* [pl.m. *-ci*] 1 *acido* —, (chim.) sostanza solida bianca, estratta dal sego animale; brucia con fiamma bianca illuminante 2 *candela stearica*, candela di stearina.

stearina *s.f.* (chim.) gliceride dell'acido stearico, costituente degli oli e dei grassi animali; serve per la fabbricazione di candele (*steariche*) e nell'apprettatura dei tessuti.

steatite *s.f.* (min.) varietà di talco a struttura compatta, usata per scrivere sulla lavagna e dai sarti per tracciare segni sui tessuti.

steato- [dal gr. *stéar, stéatos* = *grasso*] prima parte di termini medici che indica tutto ciò che ha attinenza con i grassi.

stecca [stéc-] *s.f.* 1 asticella sottile, piccola verga per lo più di legno 2 nome generico di vari arnesi a forma di stecca: *stecche dell'ombrello*, verghette d'acciaio che costituiscono l'ossatura dell'ombrello; *stecche di balena*, usate un tempo nei busti, nei ventagli ecc.; — *dello scultore*, usata per modellare creta, cera e simili [*ill.* Pittura e scultura]; — *del biliardo*, asta levigata, rastremata, fornita, all'estremità più sottile, di un girello di cuoio che serve per colpire meglio la palla / *fare una* —, nel gioco del biliardo, colpire male la palla; (*fig.*) sbagliare una nota cantando o suonando 3 per estens., confezione di sigarette contenente dieci o venti pacchetti.

steccare *v.tr.* [io *stécco*, tu *stécchi* ecc.] 1 munire di stecche, sostenere con stecche: — *un giardino*, chiuderlo con uno steccato; — *un braccio*, proteggerlo con fasciatura rinforzata da una stecca 2 fare buchi nella carne per lardellarla // *v.intr.* fare una stecca giocando al biliardo; (*fig.*) stonare cantando o sonando.

steccata *s.f.* 1 steccato 2 colpo di stecca.

steccato *s.m.* 1 riparo o barriera fatti con stecconi o pali di legno affiancati e infissi nel terreno; in particolare, riparo che limita i bordi della pista di un ippodromo 2 spiazzo chiuso da stecconi dove si svolgevano un tempo giostre, tornei e simili.

stecchetto [-chét-] solo nella locuz.avv. *a stecchetto*, a corto: *stare*, *tenere a* —, a corto di denaro, di cibo.

stecchino *s.m.* piccolo stecco; stuzzicadenti.

stecchire *v.intr.* [io *stecchisco*, tu *stecchisci* ecc.] diventare secco e sottile come uno stecco // *v.tr.* far diventare secco; per estens., uccidere sul colpo: *lo stecchì con un pugno*.

stecchito *agg.* rinsecchito, molto magro; rigido: *un albero* —; *un vecchio* —; *le sue parole mi lasciarono* —, di stucco / *morto* —, proprio morto, morto da un pezzo.

stecco [stéc-] *s.m.* [pl. *-chi*] ramoscello secco; bastoncino sottile e appuntito: *un fuoco di stecchi* / *magro come uno* —; *è uno* —, (*fig.*) si dice di persona molto magra.

stecconata *s.f.*, **stecconato** *s.m.* steccato.

steccone [-có-] *s.m.* asse di legno piatta e appuntita usata per ripari e recinti.

steeple-chase [*ingl.*; *pr.* stipl-céis] *s.m.* (sport) corsa di cavalli che si disputa su un percorso disseminato di ostacoli naturali e artificiali.

stegomia [-gò-] *s.f.* zanzara che trasmette la febbre gialla.

stegosauro [-sàu-] *s.m.* rettile fossile terrestre, del gruppo dei dinosauri, fornito di una cresta ossea sviluppata lungo la spina dorsale.

stele [stè-] *s.f.* cippo; lastra di pietra, funeraria o commemorativa, con iscrizione.

stella [stél-] *s.f.* 1 astro dotato di luce propria; per estens., ogni corpo celeste luminoso, esclusi il Sole e la Luna: *al chiarore delle stelle* / *Stella Polare*, quella dell'Orsa Minore che si trova allo zenit del polo nord / — *cadente*, meteorite / *nascere sotto una buona o una cattiva* —, avere buona o cattiva sorte / *andare*, *salire alle stelle*, di prezzi, aumentare / *portare*, *levare alle stelle qlcu.*, esaltarlo / *vedere le stelle*, sentire un dolore fisico acutissimo / *a* —, a forma di stella 2 oggetto, raffigurazione a forma di stella: *una* — *di carta* / — *di mare*, echinoderma con bracci disposti a raggiera / — *alpina*, pianta erbacea con fiori vellutati, biancastri (*fam.* Composite) / — *filante*, rotolino di carta colorata che si lancia per gioco a carnevale 3 attrice, spec. cinematografica, molto popolare 4 (*mar.*) → **star**.

stellante *agg.* (*poet.*) 1 che splende di stelle: *cielo* — 2 luminoso come stella: *occhi stellanti*.

stellare *agg.* di stelle; che concerne le stelle: *sistema* — / *motore* —, in cui i cilindri sono disposti come i raggi di una stella.

stellato *agg.* con stelle, coperto di stelle; a forma di stella: *cielo* —; *poligono* —.

stelletta [-lét-] *s.f.* 1 distintivo militare a forma di stella a cinque punte: *portare le stellette*, essere sotto le armi 2 segno tipografico a forma di stella; asterisco.

stellina *s.f.* giovane attrice, spec. cinematografica, poco nota.

stelloncino *s.m.* (*giorn.*) notizia di poche righe, senza titolo, di cronaca mondana o di argomento leggero.

stelo [stè-] *s.m.* 1 fusto delle piante erbacee: *lo* — *di un fiore* 2 elemento, spec. di sostegno, a forma di fusto: *lo* — *dello stantuffo* / *lampada a* —, con supporto che poggia sul pavimento.

stemma [stèm-] *s.m.* [pl. *-i*] 1 arme gentilizia 2 albero genealogico, spec. quello dei codici di un testo; rappresentazione grafica di aspetto ramificato.

stemperare *v.tr.* [io *stèmpero* ecc.] 1 sciogliere una sostanza in un liquido, diluire (anche *fig.*): — *la farina nel latte*; *ha stemperato l'immagine in troppi particolari* 2 togliere la tempera a un metallo 3 spuntare la punta a una matita, a un bastone ecc. // *-arsi* *v.rifl.pron.* perdere la tempera, la punta; (*fig.*) sciogliersi, struggersi: — *in lacrime*.

stempiarsi *v.rifl.pron.* [*io mi stèmpio ecc.*] perdere i capelli, spec. sulle tempie.

stempiato *agg.* con pochi capelli sulle tempie.

sten [stèn] *s.m.invar.* pistola mitragliatrice inglese a canna corta.

stendardo *s.m.* insegna di un esercito; bandiera distintiva della nave del capo di stato. SIN. *vessillo.*

stendere [stèn-] *v.tr.* [coniugato come *tendere*] **1** distendere, allungare: — *le gambe, le braccia, la mano;* — *i panni al sole* **2** spalmare: — *una vernice, il burro sul pane* **3** porre disteso: *lo hanno steso sul letto* **4** svolgere per iscritto, comporre: — *un verbale* // **-ersi** *v.rifl.pron.* distendersi, occupare una superficie: *la Toscana si stende dagli Appennini al mar Tirreno* // *v.rifl.* porsi disteso: *mi sono steso al sole.*

stenocardia [-dì-] *s.f.* malattia del cuore chiamata anche *angina pectoris.*

stenodattilografia [-fì-] *s.f.* tecnica della stenografia abbinata a quella della dattilografia.

stenodattilografo [-lò-] *s.m.* chi è stenografo e dattilografo.

stenografare *v.tr.* [*io stenògrafo ecc.*] scrivere con i caratteri e i segni stenografici.

stenografia [-fì-] *s.f.* scrittura veloce sintetica basata sull'uso di segni semplici e di abbreviazioni fisse o facoltative.

stenografico [-grà-] *agg.* [pl.m. *-ci*] della stenografia; proprio, conforme alla stenografia: *metodo* —; *rapidità stenografica.*

stenografo [-nò-] *s.m.* chi scrive usando una tecnica stenografica, spec. l'impiegato che ha questa specializzazione.

stenosi [-nòʃi] *s.f.invar.* (*med.*) abnorme restringimento di un orifizio o di un condotto: — *vascolare, bronchiale.*

stenotermo [-tèr-] *agg.* si dice di organismo che non sopporta variazioni termiche se non entro limiti molto ristretti: *piante stenoterme.*

stenotipia [-pì-] *s.f.* sistema di scrittura rapida per mezzo di speciali macchine per scrivere.

stentare *v.intr.* [*io stènto ecc.*] fare fatica, incontrare difficoltà nel fare qlco.: — *a imparare, a scrivere; stento a crederlo,* mi riesce difficile crederlo. SIN. *faticare, penare* // *v.tr.* guadagnare con grande sforzo: — *la vita, il pane* / *assol.* patire, soffrire per gravi strettezze economiche: *in quella famiglia sono in tanti e stentano.*

stentato *agg.* **1** ottenuto con fatica, a malapena; eseguito malamente; che tradisce lo sforzo e la mancanza di naturalezza: *un lavoro* —; *un testo* — **2** pieno di fatiche e di stenti: *una vita stentata.*

stenterello [-rèl-] *s.m.* **1** maschera popolare fiorentina **2** per estens., persona allampanata, gracile, ridicola per la sua goffaggine.

stento [stèn-] *s.m.* sforzo penoso causato spec. da mancanza di denaro; sofferenza; difficoltà nel fare qlco.: *vivono negli stenti* / *senza* —, facilmente / *a* —, a fatica, con difficoltà: *è riuscito a* —. SIN. *pena, fatica* // *agg.* (*region.*) stentato, cresciuto senza forza, poco sviluppato: *uno* — *alberello.*

stentoreo [-tò-] *agg.* si dice di voce forte, tonante, potente.

steppa [stép-] *s.f.* vasta prateria incolta, tipica di zone continentali soggette a lunghi periodi di siccità: *le steppe della Russia.*

stepposo [-pó-] *agg.* che ha carattere di steppa: *regioni steppose.*

steradiante *s.m.* (*mat.*) unità di misura dell'angolo solido.

sterco [stèr-] *s.m.* [pl. *-chi*] feci, escrementi, spec. degli animali.

stereo [stè-] *agg.* e *s.m.invar.* (*fam.*) si dice di apparecchio stereofonico per la riproduzione del suono, e della riproduzione stessa.

stereo- [dal gr. *stereòs* = *rigido, solido*] primo elemento compositivo di parole dotte e scientifiche; significa «solido, spaziale» (*stereografia, stereometria, stereofonico*).

stereofonia [-nì-] *s.f.* **1** sistema acustico che permette all'orecchio umano di individuare la posizione relativa delle diverse sorgenti sonore **2** (*rad.*) tecnica con cui si riproducono i suoni in modo che sembrino provenire da diverse direzioni e distanze, come avviene nella realtà.

stereofonico [-fò-] *agg.* [pl.m. *-ci*] **1** che riguarda la stereofonia: *effetto* — **2** che riproduce i suoni in stereofonia: *giradischi* —.

stereofotografia [-fì-] *s.f.* tecnica di ripresa di immagini accoppiate che danno a chi osserva la sensazione dello spazio tridimensionale.

stereografia [-fì-] *s.f.* arte di rappresentare i solidi sopra una superficie piana.

stereografico [-grà-] *agg.* [pl.m. *-ci*] che riguarda la stereografia: *un disegno* —.

stereogramma *s.m.* [pl. *-i*] rappresentazione tridimensionale della struttura geologica di una parte del terreno.

stereometria [-trì-] *s.f.* parte della geometria che ha per oggetto lo studio e la misurazione dei solidi.

stereoscopia [-pì-] *s.f.* **1** la percezione della terza dimensione di un oggetto che si ottiene guardando con tutt'e due gli occhi **2** parte dell'ottica che studia le immagini e gli effetti tridimensionali **3** sistema di fotografare un oggetto riprendendone due immagini che, guardate con lo stereoscopio, danno l'impressione di rilievo **4** fotografia stereoscopica.

stereoscopico [-scò-] *agg.* [pl.m. *-ci*] che riguarda la stereoscopia: *effetto* — / *fotografia stereoscopica*, quella che, grazie ad alcuni accorgimenti tecnici, pur essendo stampata su una superficie piana, dà a chi la guarda la sensazione dello spazio tridimensionale.

stereoscopio [-scò-] *s.m.* strumento ottico simile a un binocolo mediante il quale, guardando contemporaneamente due immagini dello stesso oggetto prese da due diversi punti di vista, si ha la sensazione di vedere una sola immagine in rilievo.

stereotipato *agg.* **1** (*tip.*) stampato con la stereotipia **2** (*fig.*) ripetuto sempre allo stesso modo; convenzionale: *le solite frasi stereotipate; un sorriso* —.

stereotipia [-pì-] *s.f.* (*tip.*) **1** tecnica tipografica che consiste nel riprodurre su una lastra metallica tutta d'un pezzo una pagina prima composta in caratteri mobili e nell'eseguire così la stampa **2** lastra così ottenuta **3** stampa fatta con tali lastre.

stereotipista *s.m.* e *f.* [pl.m. *-i*] operaio addetto alla stereotipia.

stereotipo [-ò-] *agg.* della stereotipia // *agg.* e *s.m.* si dice di ciò che risponde rigidamente a un modello: *parlare per stereotipi,* per luoghi comuni.

sterile [stè-] *agg.* **1** infecondo, incapace di riprodursi: *ibrido* —; *donna* —. CONTR. *fertile* **2** (*fig.*) senza frutto, inutile, vano: *una discussione, un desiderio* — **3** (*med.*) sterilizzato, privato di germi: *siringa* —.

sterilità *s.f.invar.* l'essere sterile (anche *fig.*).

sterilizzare [-liʒʒa-] *v.tr.* **1** rendere sterile **2** liberare da germi infettivi distruggendoli con appositi procedimenti: — *il latte*; — *gli strumenti chirurgici* **3** (*fig.*) privare di forza, di efficacia.

sterilizzatore [-liʒʒató-] *agg.* e *s.m.* [f. *-trice*] che o chi sterilizza // *s.m.* apparecchio usato per la sterilizzazione.

sterilizzazione [-liʒʒazió-] *s.f.* **1** effetto dello sterilizzare **2** processo termico o chimico che ha lo scopo di distruggere ogni forma di vita microbica in una sostanza o in un corpo qualsiasi **3** eliminazione della possibilità di generare.

sterleto [-lé-] *s.m.* piccolo pesce simile allo storione, le cui uova forniscono la migliore qualità di caviale (*fam.* Acipenseridi).

sterlina *s.f.* unità monetaria inglese, in uso anche in altri paesi (Irlanda, Nuova Zelanda, Unione Sudafricana ecc.).

sterling [stèr-] *s.m.invar.* vernice isolante usata in elettrotecnica per ricoprire carte, nastri, fili, tessuti e gli avvolgimenti delle macchine elettriche.

sterminare *v.tr.* [*io stèrmino ecc.*] annientare disperdendo o distruggendo: — *la selvaggina.*

sterminato *agg.* immenso, senza confini o misura: *un territorio* —; *un numero* — *di formiche.*

sterminatore [-tó-] *agg.* e *s.m.* [f. *-trice*] che o chi stermina: *una guerra sterminatrice.*

sterminio [-mi-] *s.m.* **1** atto, effetto dello sterminare; violenta distruzione generale; *guerra di* —; *campi di* —, campi di concentramento in cui i prigionieri venivano sterminati in massa. SIN. *scempio, strage* **2** (*fig.fam.*) quantità grandissima: *ne ho visti uno* —.

sterno [stèr-] *s.m.* (*anat.*) osso piatto situato nella parte anteriore e mediana del torace [*ill. Corpo*].

sternocleidomastoideo [-dè-] *agg.* e *s.m.* si dice del muscolo che attraversa diagonalmente il collo e contraendosi flette e ruota la testa [*ill. Corpo*].

sterpaglia [-pà-] *s.f.* groviglio di sterpi.

sterpaia [-pà-] *s.f.*, **sterpaio** [-pà-] *s.m.* terreno pieno di sterpi.

sterpazzola [-pàz-] *s.f.* uccello che vive nei boschetti e nelle campagne, presente in Italia solo d'estate (*fam.* Silvidi).

sterpo [stèr-] *s.m.* ramoscello secco e inaridito, spesso spinoso; pruno.

sterrare *v.tr.* [*io stèrro ecc.*] togliere terra spianando o scavando (anche *assol.*): *sterrava alla miniera.*

sterratore [-tó-] *s.m.* [f. *-trice*] operaio addetto allo sterro.

sterro [stèr-] *s.m.* l'operazione dello sterrare; la terra asportata.

sterzare *v.tr.* [*io stèrzo ecc.*] **1** azionare lo sterzo per cambiare la direzione di un veicolo **2** (*fig.*) mutare bruscamente indirizzo o tendenza.

sterzata *s.f.* atto, effetto dello sterzare (anche *fig.*).

sterzo [stèr-] *s.m.* insieme di dispositivi che permettono di mutare la direzione di marcia di un veicolo: *lo* — *dell'automobile, della bicicletta.*

stesa [sté-] *s.f.* lo stendere, ciò che è steso; insieme di cose stese: *una* — *di vernice*; *una* — *di panni.*

stesso [stés-] *agg.* e *pron.dimostr.* identico, uguale: *quei due hanno gli stessi gusti; siamo nati nello* — *giorno*; *vengono sempre gli stessi; verrò lo* — *anche se piove*, verrò ugualmente, nonostante la pioggia; *si usa per rinforzare il pron.pers.*: *non mi preoccupo di me* — // *agg.* persino, anche; proprio, in persona: *l'automobile era malridotta, il motore* — *non funzionava più; l'ho visto io* — // *s.m.* la stessa cosa / *fa, è lo* —, non importa: *anche se non vieni fa lo* —.

stesura *s.f.* lo stendere, spec. uno scritto; redazione: *la* — *del contratto.*

stetoscopio [-scò-] *s.m.* strumento di forma tubolare adoperato dai medici per auscultare il cuore e gli organi della respirazione.

steward [*ingl.*; *pr.* stiùard] *s.m.* assistente di volo.

stewardess [*ingl.*; *pr.* stiùardes] *s.f.* assistente di volo, hostess.

stia *s.f.* gabbia in cui si tengono rinchiusi i polli per allevarli o trasportarli.

stiacciato *s.m.* termine con cui gli artisti del rinascimento indicavano un tipo di rilievo a leggerissima sporgenza.

stick [*ingl.*; *pr.* stìc] *s.m.* bastoncino, cilindretto (di sapone, di profumo solido, di rossetto, di collante ecc.).

stiffelius [-fè-] *s.m.invar.* abito lungo maschile da cerimonia.

stigma *s.m.* [pl. *-i*] **1** il marchio che s'imprimeva sulla fronte ai delinquenti o agli schiavi **2** (*bot.*) rigonfiamento terminale del pistillo, sul quale si deposita il polline [*ill. Fiore*] **3** (*zool.*) ciascuna delle piccole aperture della trachea attraverso cui avviene la respirazione degli insetti [*ill. Insetti*].

stigmate [stìg-] *s.f.pl.* **1** le piaghe di Cristo nelle mani, nei piedi e nel costato, che secondo la tradizione religiosa si sarebbero riprodotte sul corpo di alcuni santi **2** segno distintivo, caratteristico: *le* — *della miseria.*

stigmatico [-mà-] *agg.* [pl.m. *-ci*] **1** relativo allo stigma **2** in ottica, si dice di sistema per cui a ogni punto reale corrisponde, nell'immagine, un punto ben determinato.

stigmatizzare *v.tr.* **1** imprimere lo stigma **2** (*fig.*) biasimare energicamente, disapprovare con asprezza: — *il comportamento di qlcu..*

stilare¹ *v.tr.* stendere un documento, una lettera, nella forma dovuta, secondo un determinato modulo.

stilare² *agg.* (*bot.*) dello stilo: *cicatrice* — [*ill. Frutti*].

stilb *s.m.invar.* (*fis.*) unità di misura dell'intensità luminosa di una superficie irraggiante riferita all'unità di superficie; equivale a una candela per cm².

stile *s.m.* **1** particolare modo dell'espressione letteraria o artistica, proprio di un autore, di un'epoca, di una tradizione: *lo* — *di Dante, di Michelangelo; lo* — *barocco, neoclassico* / — *Luigi XV, XVI ecc.*, l'insieme delle caratteristiche dei mobili e degli oggetti d'arredamento che vennero di moda al tempo di Luigi XV, XVI ecc. **2** sistema di computare l'inizio dell'anno: — *dell'Incarnazione*, quello che faceva iniziare l'anno il 25 marzo **3** il particolare modo di essere e di comportarsi, di esercitare un'attività sportiva o d'altro genere: *ha cambiato* —; *nuota con perfetto* — / *un abito di* — *inglese*, di taglio e di tessuto tipici della moda inglese; *una giacca* — *marina*, — *cavallerizzo*, del tipo di quelle portate dai marinai, dai cavallerizzi / *in grande* —, si dice di cosa fatta con particolare larghezza e signorilità **4** → **stilo 1.**

stilema [-lè-] *s.m.* [pl. *-i*] costrutto o procedimento stilistico caratteristico e ripetuto in un dato autore, in una scuola, in un periodo storico.

stilettata *s.f.* **1** colpo di stiletto; trafittura **2** (*fig.*) sensazione, impressione dolorosa provocata da notizie spiacevoli ecc.

stiletto [-lét-] *s.m.* arma bianca, simile a un pugnale, dalla lama molto sottile e acuminata.

stilismo [-ʃmo] *s.m.* atteggiamento creativo eccessivamente attento allo stile.

stilista *s.m.* e *f.* [pl.m. *-i*] **1** chi ha grande cura dello stile: *quello scrittore è un perfetto —* **2** chi inventa e disegna modelli di capi d'abbigliamento.

stilistica [-li-] *s.f.* studio storico-critico delle forme stilistiche proprie di uno scrittore o di una determinata epoca.

stilistico [-li-] *agg.* [pl.m. *-ci*] dello stile, che riguarda lo stile: *caratteri stilistici.*

stilita *s.m.* [pl. *-i*] anacoreta che, per penitenza, viveva in cima a una colonna.

stilizzare [-liʒʒa-] *v.tr.* raffigurare qlco. riducendola agli elementi essenziali e modificandone i tratti secondo un determinato criterio stilistico.

stilizzato [-liʒʒa-] *agg.* rappresentato nei suoi elementi essenziali: *fiore —.*

stilizzazione [-liʒʒazió-] *s.f.* atto, effetto dello stilizzare.

stilla *s.f.* piccola goccia: *una — di sudore / a — a —,* a goccia a goccia.

stillante *agg.* (*lett.*) gocciolante, coperto di stille: *un fiore — di rugiada.*

stillare *v.tr.* e *intr.* emettere stille; uscire a stille: *— sudore; la resina stilla dal tronco / stillarsi il cervello,* lambiccarsi il cervello.

stillicidio [-ci-] *s.m.* **1** il cadere dell'acqua a goccia a goccia: *lo — di una grondaia* **2** (*fig.*) ripetizione, insistenza fastidiosa e snervante: *uno — di richieste.*

stilnovista *s.m.* [pl. *-i*] poeta della stil novo.

stilo *s.m.* **1** asticciola aguzza da una parte e piatta dall'altra, usata dagli antichi per scrivere sulle tavolette cerate e per raschiare la cera **2** arnese o sostegno a forma di asta, come il pugnale, detto comunemente stiletto, il braccio graduato della stadera ecc. **3** (*bot.*) prolungamento del pistillo che regge lo stigma [*ill. Fiore*] **4** nome di appendici dell'addome di alcuni insetti.

stilobate [-lò-] *s.m.* (*archeol.*) il basamento delle colonne del tempio greco; per estens., la gradinata del tempio stesso.

stilografica [-grà-] *s.f.* penna stilografica.

stilografico [-grà-] *agg.* della penna a serbatoio: *penna stilografica; inchiostro —,* quello adatto per penne stilografiche.

stima *s.f.* **1** valutazione spec. economica, di un bene: *fare la — di un podere / stime morte,* (*agr.*) capitale costituito da sementi e attrezzi, preso in consegna dal colono; *stime vive,* capitale costituito da animali / *— della rotta,* operazione con cui si determina la rotta di una nave o di un aereo **2** buona opinione: *avere — di qlcu.,* stimarlo / *successo di —,* quello che dà apprezzamento, riconoscimento di meriti, ma nessun vantaggio materiale. SIN. *apprezzamento, credito, considerazione.* CONTR. *disistima.*

stimabile [-mà-] *agg.* che si può, si deve stimare: *una persona molto —.* SIN. *degno.*

stimare *v.tr.* **1** valutare, apprezzare: *— un podere* **2** credere, ritenere: *lo stimavo più intelligente; si stima un superuomo.* SIN. *giudicare, considerare* **3** ritenere buono, valido, capace: *tutti lo stimano.* CONTR. *disistimare.*

stimato *agg.* che gode stima: *un professore —.*

stimatore [-tó-] *s.m.* [f. *-trice*] **1** chi fa stime: *— di gioielli* **2** estimatore, ammiratore: *essere sincero — di qlcu.*

stimma *s.m.* [pl. *-i*] → **stigma.**

stimmate *s.f.pl.* → **stigmate.**

stimmatizzare [-tiʒʒa-] *v.tr.* e *deriv.* → **stigmatizzare** e *deriv.*

stimolante *agg.* che stimola: *un medicinale —; un esempio —.*

stimolare *v.tr.* [*io stìmolo* ecc.] **1** esortare, eccitare, spingere a qlco.: *— lo spirito di competizione; lo stimolarono a partire.* SIN. *incitare, spronare, istigare* **2** risvegliare una reazione dell'organismo: *il camminare stimola l'appetito* **3** usare lo stimolo per mandare avanti le bestie da tiro o da corsa. SIN. *pungolare.*

stimolo [stì-] *s.m.* **1** atto, effetto dello stimolare; ciò che stimola: *ha bisogno di uno — per continuare.* SIN. *incitamento, sprone, incentivo, fomite, spinta* **2** qualunque sostanza o fattore capace di provocare una reazione dell'organismo: *lo — della fame* **3** bastone acuminato che serve a pungolare buoi e bestie da soma. SIN. *pungolo.*

stinco *s.m.* [pl. *-chi*] la parte ossea della gamba, dal ginocchio al piede; tibia / *non è uno — di santo,* ha i suoi difetti, i suoi vizi.

stingere [stin-] *v.tr.* [coniugato come *tingere*] levare la tinta: *la pioggia ha stinto le assi dello steccato.* SIN. *scolorire* // *v.intr.,* **-ersi** *v.rifl.pron.* perdere il colore: *questa stoffa stinge.*

stinto *agg.* che ha perso il colore, sbiadito, smorto: *un abito —.* SIN. *scolorito.*

stipa *s.f.* **1** insieme di ramoscelli secchi, sterpi, piccoli arbusti che servono ad accendere il fuoco **2** denominazione generica di molte graminacee.

stipare *v.tr.* ammassare molte persone o cose in uno spazio piccolo, ammucchiare: *stiparono le valigie nel ripostiglio.* SIN. *stivare, gremire* // **-arsi** *v.rifl.* mettersi stretti con altri in uno spazio limitato: *— in cinque in una vetturetta.*

stipato *agg.* **1** pigiato, stretto con molti altri in un ambiente piccolo: *stavano stipati in una stanza* **2** pieno, affollato: *il vagone era —.* SIN. *zeppo.*

stipendiare *v.tr.* [*io stipèndio* ecc.] avere al proprio stipendio; pagare lo stipendio a qlcu.

stipendiato *agg.* e *s.m.* chi o chi riceve uno stipendio.

stipendio [-pèn-] *s.m.* retribuzione, per lo più mensile, di un'attività stabile; spec. il compenso degli impiegati / *avere al proprio —,* come proprio dipendente retribuito / *essere allo —, agli stipendi di qlcu.,* essere al servizio di qlcu.

stipettaio [-tà-] *s.m.* chi fabbrica stipi, scrigni e simili mobili preziosi ed eleganti.

stipite [stì-] *s.m.* **1** ciascuno dei due elementi architettonici verticali che limitano lateralmente porte e finestre e sostengono l'architrave [*ill. Porta*] **2** (*bot.*) fusto legnoso dell'albero, spec. il tronco della palma **3** (*fig.lett.*) ceppo, famiglia: *provengono dallo stesso —.*

stipo *s.m.* piccolo armadio di legno pregiato in cui si ripongono oggetti di valore, carte, documenti.

stipsi *s.f.* (*med.*) stitichezza.

stipula [stì-] *s.f.* nel linguaggio burocratico, stipulazione, formalizzazione di un contratto.

stipulante *agg.* e *s.m.* (*dir.*) che o chi conclude con un altro una stipulazione.

stipulare *v.tr.* [*io stìpulo* ecc.] (*dir.*) realizzare con un accordo; contrarre con obbligazione ufficiale: *— un contratto, una vendita, un patto.*

stipulazione [-zió-] *s.f.* (*dir.*) obbligazione pubblica ed ufficiale; l'atto con cui si stipula.

stiracchiamento [-mén-] *s.m.* atto, effetto dello stiracchiare o dello stiracchiarsi (anche *fig.*).

stiracchiare *v.tr.* [*io stiràcchio* ecc.] **1** tirare più volte, cercando di distendere / *stiracchiarsi,* stendere le membra, per scacciare il sonno o la stanchezza; stirarsi **2** (*fig.*) discutere a lungo, cavillare; fare qlco. in modo stentato; modificare con fatica: — *sul prezzo*; — *il senso di una frase* / — *la vita*, vivere stentatamente.

stiracchiato *agg.* (*fig.*) stentato, sforzato: *un ragionamento, un periodo* —.

stiramento [-mèn-] *s.m.* **1** atto, effetto dello stirare o dello stirarsi **2** (*med.*) distensione brusca di muscoli o tendini, con o senza lacerazione.

stirare *v.tr.* distendere un oggetto tirandolo; spianarlo col ferro caldo: — *la tovaglia con le mani*; — *la biancheria* / *assol.* stirare i panni: *in questa casa ogni giorno bisogna* — // **-arsi** *v.rifl.* (*fam.*) distendere, allungare le membra; stiracchiarsi.

stiratora [-tó-] *s.f.*, **stiratrice** *s.f.* donna che per mestiere stira la biancheria.

stiratura *s.f.* atto, effetto dello stirare, spec. la biancheria o capi di vestiario.

stireria [-ri-] *s.f.* bottega in cui si stira, spec. biancheria o abiti lavati.

stiro solo nella locuz. *da stiro*, per stirare: *ferro, tavolo da* —.

stirpe *s.f.* origine, discendenza; il complesso degli individui discendenti da uno stesso capostipite: *famiglia di* — *reale*; *popoli di* — *diversa*; *la* — *di Enea*. SIN. *progenie, lignaggio, generazione, casata, famiglia*.

stitichezza [-chèz-] *s.f.* difficoltà nell'espulsione delle feci; stipsi.

stitico [sti-] *agg.* [pl.m. *-ci*] affetto da stitichezza; (*fig.*) avaro, restio; poco produttivo sul lavoro.

stiva[1] *s.f.* nelle navi e negli aeroplani, ciascuno degli spazi interni, situati nella parte più bassa, destinati ad accogliere il carico [*ill. Nave*].

stiva[2] *s.f.* il manico dell'aratro.

stivaggio [-vàg-] *s.m.* l'operazione dello stivare.

stivale *s.m.* calzatura che arriva sino al ginocchio o alla coscia: *stivali da caccia, da pesca, da equitazione* / *dei miei stivali*, (*spreg.*) di nessun valore, da nulla / *lo Stivale*, l'Italia.

stivaletto [-lét-] *s.m.* stivale corto, che arriva fino al collo del piede o a metà polpaccio.

stivamento [-mèn-] *s.m.* atto, effetto dello stivare.

stivare *v.tr.* **1** porre il carico nelle stive **2** ammucchiare cose o persone in uno spazio ristretto. SIN. *stipare*.

stizza *s.f.* **1** ira improvvisa e passeggera, provocata spec. da impazienza e contrarietà: *un atto di* —; *mi rispose pieno di* —. SIN. *collera* **2** ghiandola di grasso che i polli hanno nel codrione.

stizzire *v.tr.* [io *stizzisco*, tu *stizzisci* ecc.] seccare, indispettire, irritare; far venire la stizza: *quelle chiacchiere lo avevano stizzito* // *v.intr.*, **-irsi** *v.rifl.pron.* andare in collera, lasciarsi prendere dalla stizza: *si stizzisce per niente*. SIN. *inquietarsi*.

stizzito *agg.* preso dalla stizza: *mi rispose tutto* —. SIN. *arrabbiato*.

stizzoso [-zó-] *agg.* che si stizzisce facilmente; che ha, che esprime stizza: *è un ragazzo troppo* —; *parole stizzose*. SIN. *bilioso, collerico*.

stocastico [-cà-] *agg.* [pl.m. *-ci*] probabilistico; casuale: *procedimento* —.

stoccafisso *s.m.* **1** merluzzo non salato, seccato all'aria **2** (*fig.*) persona magra e rigida.

stoccaggio [-càg-] *s.m.* immagazzinamento di merci destinate alla vendita; le merci stesse.

stoccata *s.f.* **1** colpo dato di punta con lo stocco o altra arma bianca **2** nel gioco del calcio, forte tiro in porta: *quel giocatore ha una buona* — **3** (*fig.*) battuta amara, pungente e ironica: *ogni volta che apre bocca ti*

dà qualche — **4** (*fig.*) improvvisa richiesta di denaro, che giunge importuna a chi la riceve.

stoccatore [-tó-] *s.m.* [f. *-trice*] (*non com.*) **1** chi dice parole pungenti e ironiche **2** chi fa improvvise e importune richieste di denaro.

stocco[1] [stòc-] *s.m.* [pl. *-chi*] arma bianca più corta e più sottile della spada, a sezione triangolare, per ferire di punta.

stocco[2] [stòc-] *s.m.* [pl. *-chi*] il fusto del granturco senza la pannocchia.

stock [stòk] *s.m.invar.* quantità di merci o prodotti; giacenza di merci in attesa d'essere vendute.

stoffa [stòf-] *s.f.* **1** tessuto di lana, cotone e simili per fare abiti, tappezzerie e altro: *per un vestito da uomo ci vogliono tre metri di* — **2** (*fig.*) qualità; attitudine, disposizione naturale: *quel ragazzo ha proprio la* — *del musicista*.

stoicismo [-ʃmo] *s.m.* **1** dottrina filosofica fondata in Atene da Zenone (sec. IV a.C.), che pone la vera saggezza e felicità nell'accettare con impassibilità il bene e il male, nel vincere le passioni, nel disprezzare i beni materiali e nel considerare la virtù come unico vero bene **2** (*fig.*) impassibilità, serenità, apparente disinteresse di fronte al dolore e alle avversità: *sa sopportare le sue disgrazie con grande* —.

stoico [stòi-] *agg.* [pl.m. *-ci*] **1** che riguarda lo stoicismo; che segue lo stoicismo: *la scuola, la morale stoica; un filosofo* — **2** (*fig.*) degno dei filosofi stoici; sereno e impassibile di fronte ai dolori e alle avversità della vita // *s.m.* **1** seguace dello stoicismo: *Seneca fu uno* — **2** (*fig.*) chi ha, chi dimostra stoicismo.

stoino *s.m.* piccola stuoia ruvida che si mette sull'uscio per pulirvisi le scarpe o alle porte e finestre per ripararsi dal sole.

stola [stò-] *s.f.* **1** striscia di stoffa, di vario colore secondo l'ufficio, che il sacerdote si pone intorno al collo e che scende sul petto, di solito sopra il camice o la cotta [*ill. Chiesa*] **2** larga striscia di pelliccia da portare sulle spalle **3** lunga e ampia veste delle matrone romane.

stolidità *s.f.invar.* **1** l'essere stolido **2** atto, detto di persona stolida; sciocchezza.

stolido [stò-] *agg.* stolto; che dimostra scarsa intelligenza: *un ragazzo, un servo* —; *parole stolide*.

stollo [stòl-] *s.m.* **1** palo intorno a cui si ammucchia la paglia per fare il pagliaio **2** per estens., asta di legno verticale.

stolone [-ló-] *s.m.* **1** (*eccl.*) fregio ricamato che scende dalle due parti davanti del piviale **2** (*bot.*) ramo che cresce strisciando orizzontalmente sul terreno ed emette radici che danno origine a nuove piante: *gli stoloni delle fragole* **3** (*zool.*) negli animali invertebrati, prolungamento del corpo che dà origine a un nuovo organismo.

stoltezza [-tèz-] *s.f.* **1** l'essere stolto. SIN. *fatuità* **2** atto, detto di stolto; sciocchezza, stupidità: *non dire stoltezze*.

stolto [stòl-] *agg.* che dimostra poca intelligenza, poco cervello; stolido, sciocco, stupido: *un uomo* —; *non fare domande stolte*. SIN. *insensato, fatuo*.

stoma [stò-] *s.m.* [pl. *-i*] (*bot.*) ciascuna delle piccole aperture sull'epidermide delle parti aeree delle piante, che ne regolano la traspirazione e la respirazione.

stomacare *v.tr.* [io *stòmaco*, tu *stòmachi* ecc.] far rivoltare lo stomaco, disgustare (anche *fig.*): *il suo modo di parlare mi stomaca*. SIN. *nauseare, ributtare*.

stomachevole [-ché-] *agg.* che stomaca, nauseante (anche *fig.*): *bevanda* —; *romanzo* —. SIN. *rivoltante, schifoso, ributtante.*

stomachico [-mà-] *agg.* e *s.m.* [pl.m. *-ci*] si dice di farmaco capace di incrementare la secrezione del succo gastrico.

stomaco [stò-] *s.m.* [pl. *-ci* o *-chi*] organo dell'apparato digerente, a forma di sacco, posto tra l'esofago e l'intestino [*ill. Intestino*] / *dar di* —, vomitare / *avere uno* — *di ferro, di struzzo*, digerire di tutto con facilità / *avere sullo* — *qlcu.*, non sopportarlo.

stomatico [-mà-] *agg.* [pl.m. *-ci*] **1** (*scient.*) che riguarda la bocca; che riguarda lo stoma **2** che giova nelle malattie della bocca: *rimedio* —.

stomatite *s.f.* infiammazione delle mucose della bocca.

stomatologia [-gì-] *s.f.* parte della medicina che studia le malattie della bocca e dei denti.

stomatologico [-lò-] *agg.* [pl.m. *-ci*] relativo alla stomatologia.

stonare *v.tr.* [*io* stòno *ecc.*] **1** (*mus.*) sbagliare tonalità: — *un sol* / *assol.* cantando o sonando, prendere una nota sbagliata: *il tenore stonò più volte.* CONTR. *intonare* **2** (*fig.*) turbare, sconcertare: *quella notizia mi ha stonato* // *v.intr.* (*fig.*) non intonarsi, non armonizzarsi, detto di cose e spec. di colori e di forme: *questo mobile stona con il resto dell'arredamento.*

stonato *agg.* **1** si dice di persona che tende a stonare, di strumento che è male accordato: *un cantante, un violino* —. CONTR. *intonato* **2** (*fig.*) mentalmente non a posto: *tornò dal viaggio un po'* — che non si armonizza col resto: *una cravatta stonata; un discorso* —, fuori luogo. CONTR. *intonato.*

stonatura *s.f.* **1** atto, effetto dello stonare (anche *fig.*) **2** nota stonata.

stop [stòp] *s.m.* (*ingl.*) **1** nel linguaggio telegrafico, termine che indica il punto fermo **2** segnale stradale che impone l'arresto dei veicoli agli incroci pericolosi **3** nel gioco del calcio, il fermare la palla **4** intimazione verbale di arresto.

stoppa [stóp-] *s.f.* filaccia, sottoprodotto della pettinatura della canapa, del lino ecc. che non può essere filato e serve per imbottitture / *gambe di* —, deboli, tremanti, incapaci di sorreggere / *uomo di* —, debole, privo di energia e autorità / *essere come un pulcino nella* —, non sapere fare da sé, essere incapaci di sbrigarsela.

stoppaccio [-pàc-] *s.m.* batuffolo di stoppa che si comprimeva nella canna di un'arma da fuoco per stipare la carica; per estens., ogni batuffolo di stoppa che serva ad otturare: *lo* — *del calamaio.*

stoppaccioso [-ció-] *agg.* stopposo.

stoppare[1] *v.tr.* [*io* stòppo *ecc.*] otturare, chiuder bene con uno stoppaccio: *si rese necessario* — *la falla.*

stoppare[2] *v.tr.* [*io* stòppo *ecc.*] (*sport*) bloccare, e spec. nel calcio arrestare il pallone, nella pallacanestro arrestarlo nella traiettoria ascendente verso il canestro.

stoppata *s.f.* (*sport*) lo stoppare.

stopper [stòp-] *s.m.* e *f.invar.* nel calcio, chi nella difesa ha il ruolo di marcare strettamente il centravanti avversario [*ill. Calcio*].

stoppia [stóp-] *s.f.* spec. *pl.* gli steli del grano o di altro cereale che restano nel campo dopo la mietitura.

stoppino *s.m.* **1** fibra ritorta che serve da lucignolo nella candela **2** miccia per fuochi d'artificio.

stopposo [-pó-] *agg.* simile alla stoppa: *arancia stopposa*, fibrosa, senza sugo; *capelli stopposi*, del color giallo della stoppa; *carne stopposa*, dura, filacciosa.

storace *s.m.* balsamo usato in profumeria e in medicina, ricavato dalla resina di una pianta orientale.

storcere [stòr-] *v.tr.* [coniugato come *torcere*] **1** torcere piegando da un lato: — *un ferro;* — *un braccio*, lussarlo / — *gli occhi*, stralunarli / — *la bocca, le labbra*, piegarle in una smorfia di disgusto o disapprovazione **2** (*fig.*) interpretare alterando il senso; distorcere: — *le parole, il pensiero altrui* // **-ersi** *v.rifl.* divincolarsi, piegarsi, contorcersi: *si storceva per il dolore.*

stordimento [-mén-] *s.m.* atto, effetto dello stordire, dello stordirsi; stato di chi è stordito. SIN. *sbalordimento.*

stordire *v.tr.* [*io* stordisco, *tu* stordisci *ecc.*] **1** frastornare, confondere, far quasi perdere l'udito e la lucidità di mente: *questo baccano mi stordisce; lo stordirono con una bastonata.* SIN. *intontire* **2** (*fig.*) lasciare stupefato: *la notizia lo stordì.* SIN. *sbalordire* // **-irsi** *v.rifl.* distrarsi da qlco. con forti emozioni: *cercava di* — *per non ricordare.*

storditaggine [-tàg-] *s.f.* l'essere stordito; atto sbadato: *la tua* — *è preoccupante; è stata proprio una* —. SIN. *balordaggine, sventatezza.*

stordito *agg.* **1** sbalordito, intontito, frastornato: *rimase là tutto* —; *cadde a terra* —, privo di sensi **2** molto distratto, sbadato: *un ragazzo* —. SIN. *balordo, sventato.*

storia [stò-] *s.f.* **1** narrazione sistematica e interpretazione critica delle vicende degne di memoria della società umana: — *antica, medievale, moderna; la* — *d'Italia; la* — *della pittura / l'ora di* —, quella dedicata all'insegnamento della storia nelle scuole / — *naturale*, lo studio del regno animale, vegetale, minerale / *passerà alla* —, *ne parlerà la* —, si dice di persona o avvenimento importante, degno di essere ricordato **2** l'accadere degli eventi umani, lo svolgersi della civiltà: *la scoperta dell'America influenzò radicalmente la* — *dell'Europa; la* — *sacra*, quella dell'antico popolo ebraico / *non è fantasia, è* —, è un fatto realmente accaduto **3** esposizione di fatti; racconto; favola: *la* — *particolareggiata del viaggio; una* — *d'amore; la nonna raccontava ai nipotini lunghe storie* **4** serie di vicende personali; fatto o episodio: *la* — *della mia vita; la sua è una* — *dolorosa; una* — *senza importanza / ha avuto una* — *con una ragazza inglese*, una vicenda amorosa / *è sempre la medesima* —, *basta con questa* —, si dice di una situazione che si ripete sempre uguale **5** frottola, fandonia inventata spesso per scusa: *raccontava spudoratamente una* — *dopo l'altra / fare delle storie*, tergiversare, trovare pretesti: *non fare tante storie! / quante storie!*, quante smancerie!

storicismo [-ʃmo] *s.m.* orientamento di pensiero che valuta ogni manifestazione della cultura umana rapportandola all'ambiente storico in cui si è formata e in cui ha avuto sviluppo.

storicità *s.f.invar.* l'essere soggetto al divenire storico; veridicità storica: *negava la* — *dell'arte; garantire la* — *di un avvenimento.*

storicizzare [-ciʒʒa-] *v.tr.* interpretare come processo storico: — *la letteratura.*

storico [stò-] *agg.* [pl.m. *-ci*] **1** della storia, che ha per oggetto la storia: *sviluppo* —; *senso* —; *metodo* —; *ricerca storica* **2** realmente accaduto, accertato storicamente: *fatto* —; *personaggio* —, esistito nella realtà; *romanzo* —, quello che rappresenta fatti o personaggi di fantasia ambientati tra i veri fatti e personaggi di una determinata epoca / *è* —, *è noto, è risaputo; è famoso* **3** che riguarda le origini di un fenomeno, di un

movimento: *i capi storici*; *le femministe storiche* // *s.m.* studioso e scrittore di storia // **-mente** *avv.* **1** dal punto di vista della storia: *considerare le cose —*; *non è — provato* **2** di fatto, realmente: *è — accaduto*.

storiella [-rièl-] *s.f.* racconto breve, per lo più aneddotico o umoristico; barzelletta; fandonia, pretesto inventato per scusa: *raccontava storielle oscene*; *inventò lì per lì una —*.

storiografia [-fi-] *s.f.* l'arte di scrivere la storia; la metodologia della ricerca storica; l'insieme dei metodi e delle opere degli storici di un determinato periodo: *i problemi della —*; *la — americana*.

storiografico [-grà-] *agg.* [pl.m. *-ci*] della storiografia, che concerne la ricerca storica: *lo sviluppo —*; *l'attività storiografica*.

storiografo [-riò-] *s.m.* chi fa studi storiografici; cultore della storiografia.

storione [-rió-] *s.m.* grosso pesce marino che risale i fiumi per deporvi le uova; ha corpo allungato e muso sporgente con bargigli; è commestibile; con le uova si fabbrica il *caviale* e con la vescica natatoria la *colla di pesce* (*fam.* Arcipenseridi).

stormire *v.intr.* [*io stormisco, tu stormisci ecc.*] fare un rumore leggero (detto spec. di fronde agitate dal vento).

stormo [stór-] *s.m.* **1** branco di uccelli; per estens., moltitudine di persone o di animali: *uno — di gabbiani*; *uno — di ragazzini attraversava la piazza* / *sonare le campane a —*, a martello, per radunare gente in caso di grave pericolo pubblico **2** (*aer.*) raggruppamento di più squadriglie.

stornare *v.tr.* [*io stórno ecc.*] allontanare (anche *fig.*): *— un pericolo*; *— qlcu. da un proposito*, dissuaderlo / *— una somma*, devolverla a un fine diverso da quello stabilito.

stornellare *v.intr.* [*io stornèllo ecc.*] comporre, cantare stornelli.

stornellata *s.f.* cantata di stornelli.

stornello [-nèl-] *s.m.* breve canto popolare italiano, generalmente improvvisato, formato da un quinario, che contiene di solito l'invocazione a un fiore, e da due endecasillabi.

storno[1] [stór-] *agg.* si dice di cavallo con mantello grigio macchiettato di bianco: *un cavallo —*.

storno[2] [stór-] *s.m.* uccello dal piumaggio scuro macchiettato di bianco e dal becco diritto e giallognolo (*fam.* Stornidi).

storno[3] [stór-] *s.m.* operazione contabile con la quale si devolve una somma a scopi diversi da quelli stabiliti.

storpiamento [-mén-] *s.m.* atto, effetto dello storpiare (anche in senso *fig.*).

storpiare *v.tr.* [*io stòrpio ecc.*] rendere storpio (anche *fig.*): *quel colpo lo ha storpiato* / *— le parole*, pronunciarle in modo errato.

storpiatura *s.f.* atto, effetto dello storpiare.

storpio [stòr-] *agg.* e *s.m.* **1** che o chi ha braccia o gambe mal conformate; sciancato **2** (*fig.*) malfatto, incompleto: *un film —*.

storta[1] [stòr-] *s.f.* atto dello storcere, dello storcersi; distorsione: *dare una — a qlco.*, storcerla; *sono inciampato e ho preso una —*.

storta[2] [stòr-] *s.f.* recipiente con fondo largo e piatto e lungo collo ripiegato verso il basso, usato in chimica per distillare [*ill. Chimico, laboratorio*].

stortezza [-téz-] *s.f.* l'essere storto.

storto [stòr-] *agg.* che non è diritto (anche *fig.*): *un tronco —*; *idee storte*, false, sbagliate.

stortura *s.f.* l'essere storto; cosa storta (spec. *fig.*): *una — morale*.

story board [*ingl.*; *pr.* stóri bóad] *s.m.* sceneggiatura, accompagnata talvolta da bozzetti descrittivi, di uno short pubblicitario.

stoviglie [-vì-] *s.f.pl.* piatti e vasellame che si usano a tavola e in cucina.

stoviglieria [-rì-] *s.f.* insieme di stoviglie; fabbrica di stoviglie.

stozzare *v.tr.* [*io stòzzo ecc.*] lavorare con lo stozzo.

stozzo [stòz-] *s.m.* tipo di cesello per lavorare a sbalzo lastre di metallo.

stra- [dal lat. *extra = fuori*] prefisso di molte parole soprattutto moderne, che indica eccesso, superiorità (*strafare, stravincere*), o dà valore superlativo (*stragrande*); a volte, più strettamente, mantiene il significato di «fuori» (*strapirare*).

strabico [strà-] *agg.* e *s.m.* [pl.m. *-ci*] che o chi è affetto da strabismo.

strabiliante *agg.* che fa strabiliare; meraviglioso: *una notizia —*; *una bellezza —*.

strabiliare *v.tr.* [*io strabilio ecc.*] far meravigliare, sbalordire: *ci ha strabiliato con i suoi racconti*. SIN. *stupire* // *v.intr.* meravigliarsi grandemente. SIN. *trasecolare*.

strabiliato *agg.* molto meravigliato.

strabismo [-ʃmo] *s.m.* difetto dell'occhio dovuto a una deviazione degli assi oculari rivolti in direzioni diverse.

straboccare *v.intr.* [*io strabócco, tu strabócchi ecc.*] → **traboccare**.

strabocchevole [-ché-] *agg.* eccessivo, innumerevole: *abbondanza —*; *folla —*.

strabuzzare *v.tr.* solo nell'espressione *strabuzzare gli occhi*, spalancarli e rivolgerli verso l'alto, per malore o per stupore. SIN. *stralunare*.

stracannatura *s.f.* (*ind. tessile*) l'operazione del trasportare il filato da un rocchetto a un altro.

stracarico [-cà-] *agg.* [pl.m. *-chi*] molto carico: *il bagagliaio è —*.

straccale *s.m.* **1** finimento per animali da tiro che fascia orizzontalmente i fianchi e le cosce **2** *pl.* bretelle.

straccare *v.tr.* [*io stracco, tu stracchi ecc.*] stancare molto: *questa corsa mi ha straccato* // **-arsi** *v.rifl.pron.* stancarsi molto.

stracchino *s.m.* formaggio di pasta grassa e morbida.

stracciaiolo [-iò-] *s.m.* straccivendolo.

stracciare *v.tr.* [*io stràccio ecc.*] **1** fare a pezzi lacerando: *— un foglio*; *si stracciò i calzoni*. SIN. *lacerare, strappare* **2** estrarre la seta dai bozzoli col pettine.

stracciatella [-tèl-] *s.f.* minestra fatta con brodo, uova sbattute e parmigiano.

stracciato *agg.* strappato, con uno o più strappi: *una pagina stracciata*; *un abito —*. SIN. *lacero*.

straccio [stràc-] *s.m.* **1** brandello di stoffa logora, residuo di vesti: *— per lavare i pavimenti* / *ridursi uno —*, diventare magro, deperito **2** spec. *pl.* indumento logoro e dimesso **3** seta estratta dal bozzolo col pettine.

straccione [-ció-] *s.m.* chi per miseria indossa abiti stracciati, logori. SIN. *pezzente*.

straccivendolo [-vén-] *s.m.* chi compra e rivende stracci.

stracco *agg.* [pl.m. *-chi*] molto stanco, svigorito (anche *fig.*): *un'andatura stracca*; *una pagina stracca*.

stracittà *s.f.invar.* denominazione di una tendenza letteraria italiana del primo Novecento, che volle dare alla letteratura un tono cosmopolita.

stracotto [-còt-] *agg.* troppo cotto: *pasta stracotta* //

s.m. pietanza di carne cotta in umido, a lungo, in un recipiente ben chiuso.

stracuocere [-cuò-] *v.tr.* [coniugato come *cuocere*] cuocere troppo.

strada *s.f.* **1** striscia di terreno battuto o pavimentato che serve da via di comunicazione: *una — larga / — ferrata*, ferrovia / *tagliare la — a qlcu.*, impedirgli d'avanzare mettendosi sul suo cammino / *mettere qlcu. in mezzo alla —*, gettarlo nella miseria **2** percorso per andare da un luogo a un altro; passaggio, varco: *insegnare a qlcu. la —; farsi — tra la folla / essere sulla buona —*, fare la strada giusta per arrivare in un luogo; *(fig.)* avere idee corrette; avvicinarsi alla verità / *fare — a qlcu., a qlco.*, precederli e guidarli / *fare, farsi —*, progredire nella carriera / *andare fuori di —*, di veicolo, uscire in corsa dai limiti della strada; *(fig.)* allontanarsi dalla meta o dalla retta via / *ragazzo di —*, ragazzaccio / *donna di —*, prostituta / *andare per la propria —*, badare ai fatti propri / *tentare tutte le strade*, tutti i mezzi / *prov.*: *tutte le strade conducono a Roma*, molte strade portano alla stessa meta.

stradale *agg.* della strada: *incidente — // s.m.* viale, per lo più fuori dal centro abitato.

stradario [-dà-] *s.m.* elenco alfabetico delle vie, piazze ecc. di una città, con le indicazioni necessarie per localizzarle o per raggiungerle.

stradino *s.m.* operaio addetto alla manutenzione delle strade.

stradista *s.m.* e *f.* [pl.m. *-i*] corridore ciclista specialista delle gare su strada.

strafalcione [-ció-] *s.m.* **1** grosso errore: *ha detto uno —.* SIN. *sproposito* **2** chi spesso compie sbagli grossolani.

strafare *v.intr.* [coniugato come *fare*] fare più di quel che è necessario o conveniente: *chi vuole —, fa male il lavoro.*

strafatto *agg.* troppo maturo (detto di frutto).

straforo [-fó-] solo nella locuz. *di straforo*, di nascosto, di sfuggita: *gli ho dato il biglietto di —.*

strafottente [-tèn-] *agg.* che dimostra noncuranza sfacciata: *risposta —.*

strafottenza [-tèn-] *s.f.* l'essere strafottente.

strafottersi [-fót-] *v.rifl.pron.* (*volg.*) disinteressarsi del tutto: *se ne strafotte della carriera / a strafottere*, in gran quantità: *ha quattrini a strafottere.*

strage *s.f.* **1** uccisione violenta di molte persone o animali: *il terremoto ha fatto —; una — di passeri / c'è stata una — agli esami*, vi sono state numerose bocciature. SIN. *carneficina, sterminio, massacro, scempio* **2** (*fam.*) grandissima quantità: *ce n'è una —.*

stragiudiziale *agg.* → **extragiudiziale**.

straglio [strà-] *s.m.* ciascuno dei tiranti che fissano l'albero allo scafo di un'imbarcazione, dalla parte di prora.

stragrande *agg.* grandissimo: *la — maggioranza della popolazione.*

stralciare *v.tr.* [*io stràlcio ecc.*] **1** togliere i tralci della vite **2** togliere via da un insieme: *— un passo da un testo / — una società commerciale*, metterla in liquidazione arrivando a una transazione coi creditori.

stralcio [stràl-] *s.m.* il togliere; ciò che si toglie da un insieme; scelta, cernita: *legge —*, che regola solo alcuni dei casi contemplati in un disegno di legge più ampio / *ufficio —*, che disbriga gli affari che erano precedentemente di competenza di un ente soppresso.

strale *s.m.* (*poet.*) freccia (anche *fig.*): *gli strali di Cupido.* SIN. *saetta.*

strallo *s.m.* spec. *pl.* (*mar.*) ciascuno dei cavi fissati alla coperta che sostengono l'albero di una nave dalla parte di prua [*ill. Barca*].

stralunare *v.tr.* solo nell'espressione *stralunare gli occhi*, spalancarli arrovesciandoli. SIN. *strabuzzare.*

stralunato *agg.* stravolto, sconvolto: *lo trovai tutto —.*

stramaledire *v.tr.* [coniugato come *dire*] maledire con tutta l'anima, con particolare avversione.

stramazzare *v.intr.* cadere a terra di colpo e pesantemente: *stramazzò colto da malore // v.tr.* far cadere a terra di colpo.

stramazzo[1] *s.m.* **1** lo stramazzare, il cadere pesantemente **2** apertura praticata negli argini dei fiumi e dei canali, dalla quale l'acqua fluisce solo se supera un determinato livello.

stramazzo[2] *s.m.* saccone di rozza fattura usato come giaciglio, pagliericcio.

strambare *v.intr.* (*mar.*) fare una strambata.

strambata *s.f.* brusca sbandata sottovento di una barca a vela; anche, virata sottovento.

stramberia [-rì-] *s.f.* l'essere strambo; atto, discorso strambo. SIN. *stravaganza, bizzarria.*

strambo *agg.* **1** (*fig.*) strano e stravagante: *è un uomo —; discorso —.* SIN. *bislacco, bizzarro* **2** (*rar.*) storto, sbilenco.

strambotto [-bòt-] *s.m.* breve componimento poetico in sei o otto endecasillabi, di origine popolare e di contenuto amoroso o satirico.

strame *s.m.* stoppia falciata, erba secca che serve da foraggio o da lettiera per il bestiame.

stramonio [-mò-] *s.m.* → **datura**.

strampalato *agg.* strano; stravagante, sconclusionato: *uomo —; discorso —.*

stranezza [-nèz-] *s.f.* l'essere strano; atto, discorso strano: *disse molte stranezze.* SIN. *stravaganza.*

strangolamento [-mèn-] *s.m.* atto, effetto dello strangolare.

strangolare *v.tr.* [*io stràngolo ecc.*] **1** uccidere stringendo con forza la gola fino a impedire il respiro. SIN. *strozzare* **2** (*mar.*) stringere una vela con un cavo per sottrarla rapidamente all'azione del vento.

strangolatore [-tó-] *s.m.* [f. *-trice*] chi strangola.

stranguria [-gù-] *s.f.* (*med.*) alterazione della minzione consistente nell'emissione dell'urina in piccole quantità successive.

straniamento [-mèn-] *s.m.* lo straniare, lo straniarsi.

straniare *v.tr.* [*io strànio ecc.*] allontanare, rendere estraneo da ciò cui si era legati: *i compagni l'hanno straniato dagli studi // -arsi v.rifl.* rendersi estraneo, allontanarsi, distaccarsi: *— dal proprio ambiente.*

straniero [-niè-] *agg.* di un'altra nazione, di un altro paese: *un turista —; una lingua straniera // s.m.* chi appartiene a un'altra nazione.

stranito *agg.* intontito, smarrito: *ancora — dal sonno; con aria stranita.*

strano *agg.* insolito, singolare, che lascia perplessi e stupiti: *comportamento —; ragazzo —; strani costumi.* SIN. *stravagante, curioso.*

straordinarietà *s.f.invar.* l'essere straordinario, carattere straordinario.

straordinario [-nà-] *agg.* **1** non ordinario, non comune: *vendita straordinaria; treno —*, quello che funziona in periodi di particolare movimento di passeggeri / *lavoro —*, fatto oltre l'orario normale / *impiegato —*, assunto temporaneamente. CONTR. *ordinario* **2** grandissimo: *una forza straordinaria.* SIN. *eccezionale, fenome-*

nale // *s.m.* **1** impiegato, professore straordinario **2** lavoro straordinario; compenso per esso: *fare gli straordinari*; *lo — prevede una maggiorazione del 30%.*

strapaesano [-ʃa-] *agg.* e *s.m.* che o chi segue la tendenza letteraria dello strapaese.

strapaese [-éʃe] *s.m.* denominazione di una tendenza letteraria italiana del primo Novecento, che volle dare alla letteratura un tono tipicamente nazionale e nostrano; per estens., si dice di ogni tipo di cultura volutamente e strettamente locale.

strapagare *v.tr.* [*io strapago, tu strapaghi ecc.*] pagare abbondantemente, più del dovuto: *la sua opera l'ho pagata e strapagata.*

straparlare *v.intr.* parlare fuor di proposito, farneticare.

strapazzare *v.tr.* **1** trattare senza riguardo, rimproverare aspramente: *— i dipendenti.* SIN. *maltrattare, malmenare* **2** usare senza riguardo, sciupare: *— i pantaloni, i libri / — un autore,* tradurlo o commentarlo male */ — un'arte, una professione,* esercitarla male // **-arsi** *v. rifl.* non aver riguardo per la propria salute, affaticarsi troppo: *nel suo stato non dovrebbe —.*

strapazzata *s.f.* **1** violenta sgridata: *dare, prendersi una —* **2** fatica eccessiva: *quella gita è stata una —.*

strapazzato *agg.* **1** malconcio, maltrattato: *il cappello è tutto — / uova strapazzate,* cotte in tegame rimestandole **2** affaticato: *un fisico —.*

strapazzo *s.m.* eccesso di fatica, disagio: *per lo — si ammalò; gli strapazzi del viaggio / un vestito da —,* da usare senza riguardo */ poeta, oratore da —,* di scarso valore.

strapazzoso [-zó-] *agg.* pieno di strapazzi, disagevole: *vita strapazzosa; viaggio —.*

strapieno [-piè-] *agg.* pieno zeppo: *l'aula era strapiena.*

strapiombare *v.intr.* [*io strapiómbo ecc.*] non essere a piombo, sporgere: *il muro strapiomba; un picco che strapiomba sul mare.*

strapiombo [-pióm-] *s.m.* lo strapiombare; parete rocciosa sporgente oltre la perpendicolare: *lo — di un muro; roccia a —.*

strapotente [-tèn-] *agg.* assai potente; irresistibile.

strapotere [-té-] *s.m.* potere illimitato e arrogante.

strappalacrime [-là-] *agg.invar.* che cerca smaccatamente di commuovere: *un film, un discorso —.*

strappare *v.tr.* **1** distaccare, portar via con violenza: *— le erbacce dal terreno; gli strapparono la borsa di mano / — una confessione, una promessa,* ottenerli con l'insistenza o con la costrizione **2** lacerare: *— una lettera, il vestito; uno spettacolo che strappava il cuore.* SIN. *stracciare, squarciare* // **-arsi** *v.rifl.pron.* subire uno strappo, una lacerazione: *la camicia si è strappata sotto l'ascella.*

strappato *agg.* lacero, con uno o più strappi: *un vestito —.* SIN. *sdrucito.*

strappo *s.m.* **1** atto, effetto dello strappare; punto strappato: *farsi uno — ai calzoni; in questa stoffa c'è uno —; rammendare uno — / — muscolare,* stiramento di un muscolo */ — di sereno,* squarcio di azzurro fra le nuvole **2** (*fig.*) infrazione, eccezione; soluzione di continuità: *fare uno — alle regole / a strappi,* a più riprese, irregolarmente **3** (*sport*) serie di pedalate violente con cui un ciclista cerca di staccare gli avversari, spec. in salita; anche, breve tratto di salita assai ripida.

strapuntino *s.m.* seggiolino ripiegabile cui si ricorre, spec. nei teatri e nei mezzi di trasporto, quando tutti i posti a sedere normali sono occupati.

strapunto *s.m.* specie di materasso sottile, pagliericcio.

straricco *agg.* [pl.m. *-chi*] (*pop.*) ricchissimo.

straripamento [-mén-] *s.m.* atto, effetto dello straripare (anche *fig.*).

straripare *v.intr.* **1** traboccare dell'acqua di un fiume al disopra degli argini: *il Po straripa molto spesso* **2** (*fig.*) essere in abbondanza, in gran numero; superare i limiti, i confini.

strascicamento [-mén-] *s.m.* atto, effetto dello strascicare.

strascicare *v.tr.* [*io stràscico, tu stràscichi ecc.*] **1** tirarsi dietro a fatica, a stento: *la vecchiaia gli fa — le gambe; — i piedi,* camminare senza sollevarli da terra. SIN. *trascinare* **2** (*fig.*) tirare in lungo; non riuscire a liberarsi: *— un lavoro, una malattia* **3** (*fig.*) pronunciare lentamente, con suono prolungato: *— le parole* // *v. intr.* toccare per terra: *un mantello che strascica.*

strascico [strà-] *s.m.* [pl. *-chi*] **1** atto dello strascicare */ rete a —,* rete da pesca molto lunga, trascinata da due barche o gettata e poi tirata da terra */ caccia a —,* quella in cui ci si attira dietro la preda, spec. la volpe, con l'odore di un pezzo di carne strascicata sul terreno **2** parte del vestito che strascica per terra: *un abito da sposa con un lungo —* **3** residuo, seguito; conseguenza: *la lumaca lascia uno — di bava; gli strascichi della guerra, della malattia; il litigio ebbe un lungo — di pettegolezzi.*

strascinare *v.tr.* trascinare con fatica o vincendo una certa resistenza o riluttanza: *il muratore strascinava un sacco di cemento.*

strass [ted.; *pr.* stras] *s.m.* brillante artificiale, di sostanza vetrosa lucentissima e resistente.

stratagemma [-gèm-] *s.m.* [pl. *-i*] mossa improvvisa e astuta per trarre in inganno il nemico; astuzia, espediente ben congegnato per raggiungere un fine: *si tolse da quella situazione con un abile —.* SIN. *astuzia.*

stratega [-tè-] *s.m.* [pl. *-ghi*] → **stratego.**

strategia [-gì-] *s.f.* **1** arte di condurre gli eserciti in guerra **2** branca dell'arte militare che studia, imposta e coordina nelle grandi linee le operazioni di guerra **3** (*fig.*) abilità nell'affrontare le situazioni difficili: *ho dovuto usare molta — per declinare il suo invito.*

strategico [-tè-] *agg.* [pl.m. *-ci*] **1** che riguarda la strategia; fatto con strategia; *piano —; ritirata strategica,* voluta appositamente, in vista di altre operazioni **2** (*fig.*) fatto con molta abilità, con capacità di previsione: *è riuscito a togliersi d'impaccio con una trovata strategica.*

stratego [-tè-] *s.m.* [pl. *-ghi*] **1** comandante di un esercito **2** esperto in strategia; abile condottiero: *Cesare fu un grande —.*

stratificare *v.tr.* [*io stratifico, tu stratifichi ecc.*] disporre a strati // **-arsi** *v.rifl.pron.* disporsi a strati: *i sedimenti si stratificano.*

stratificato *agg.* disposto a strati: *rocce stratificate.*

stratificazione [-zió-] *s.f.* **1** atto, effetto dello stratificare **2** (*geol.*) l'insieme degli strati geologici e la loro disposizione **3** (*fig.*) disposizione parallela o successiva nel tempo: *le stratificazioni storiche.*

stratiforme [-fór-] *agg.* (*scient.*) che ha forma di strato; disposto in più strati.

stratigrafia [-fi-] *s.f.* **1** (*geol.*) parte della geologia che studia gli strati del terreno formatisi durante le ere geologiche **2** (*med.*) radiografia con cui si esamina un organo a diversi livelli del suo spessore: *la — degli organi respiratori.*

stratigrafico [-grà-] *agg.* [pl.m. *-ci*] riguardante la stratigrafia: *studio —.*

strato *s.m.* **1** quantità di materiale steso con una certa uniformità su una superficie: — *di sassi;* — *di vernice* **2** (*archeol.*) il livello di scavo in cui si rinvengono resti che risalgono a una stessa età **3** (*geol.*) deposito di rocce sedimentarie esteso più in lunghezza e in larghezza che in spessore **4** (*meteor.*) nuvola bassa, grigiastra, di forma stretta e allungata [*ill. Nubi*] **5** (*fig.*) ceto, classe sociale: *gli strati più indigenti della popolazione.*

stratocumulo [-cù-] *s.m.* nuvola bassa, densa e scura, a forma di grosso globo o di rotolo [*ill. Nubi*].

stratonembo [-nèm-] *s.m.* nube bassa e scura dai contorni frastagliati, estesa orizzontalmente, apportatrice di pioggia continua o di neve.

stratosfera [-sfè-] *s.f.* parte superiore dell'atmosfera, oltre gli 11 km, caratterizzata da temperatura pressoché costante e da scarsissima umidità.

stratosferico [-sfè-] *agg.* [pl.m. -ci] **1** della stratosfera, che si riferisce alla stratosfera: *ascensioni stratosferiche* **2** (*fig.*) altissimo, sproposito: *una somma stratosferica.*

strattone [-tó-] *s.m.* scossa, tirata violenta e improvvisa: *si liberò con uno —.*

stravaccarsi *v.rifl.* (*dial.*) distendersi scompostamente e in totale abbandono; (*fig.*) lasciarsi andare, perdere la dignità.

stravaccato *agg.* (*dial.*) si dice di persona in posa sdraiata e scomposta.

stravagante *agg.* **1** che esce dai limiti prefissi o consueti / *rime stravaganti,* rimaste fuori dalla raccolta curata dall'autore **2** (*fig.*) strano, bizzarro: *uomo, discorso —.* SIN. *originale, strambo, eccentrico.*

stravaganza *s.f.* l'essere stravagante; atto, discorso stravagante: *mi divertono le sue stravaganze.*

stravecchio [-vèc-] *agg.* molto vecchio: *vino —.*

stravedere [-dé-] *v.tr.* e *intr.* [coniugato come *vedere*] vedere anche ciò che non c'è; vedere qlco. diversamente da come è: *non era lui, tu hai straveduto / i genitori spesso stravedono per i figli,* per troppo amore non ne vedono i difetti.

stravincere [-vìn-] *v.tr.* [coniugato come *vincere*] vincere l'avversario superandolo in modo netto: *li hanno vinti e stravinti.*

straviziare *v.intr.* [*io stravìzio ecc.*] fare stravizi.

stravizio [-vì-] *s.m.* disordine nel mangiare, nel bere, nei piaceri dei sensi: *s'è rovinato per gli stravizi.*

stravolgere [-vòl-] *v.tr.* [coniugato come *volgere*] **1** torcere con forza, deviare fortemente dalla direzione normale: — *gli occhi* **2** (*fig.*) turbare profondamente, alterare: *la notizia gli ha stravolto il cervello* **3** (*fig.*) interpretare arbitrariamente o erroneamente, travisare: — *le parole altrui.*

stravolto [-vòl-] *agg.* sconvolto, stralunato; profondamente turbato: *occhi stravolti; viso —.*

straziante *agg.* che provoca un violento dolore fisico o morale: *dolore —; grida strazianti.*

straziare *v.tr.* [*io stràzio ecc.*] **1** tormentare crudelmente lacerando, dilaniando; provocare una profonda afflizione, un intenso dolore morale: — *il corpo, l'animo.* SIN. *dilaniare, tormentare* **2** (*scherz.*) eseguire male, rendere sgradevole: *non — la musica!*

straziato *agg.* **1** dilaniato, lacerato **2** profondamente tormentato: — *dai rimorsi.*

strazio [strà-] *s.m.* **1** atto, effetto dello straziare: *fece — di lui; gli strazi del rimorso / fare — di un patrimonio,* dissiparlo, sciuparlo. SIN. *supplizio, tormento* **2** fastidio, noia insopportabile: *quel discorso è uno —.*

strega [strè-] *s.f.* **1** donna cui si attribuivano poteri malefici e rapporti col diavolo; nella mitologia popolare, essere fantastico, dall'aspetto di vecchia bruttissima, dotato di poteri magici / *caccia alle streghe,* qualsiasi persecuzione dettata da superstizione o da timori esagerati o infondati **2** (*fig.*) donna maligna e cattiva; donna vecchia e brutta.

stregare *v.tr.* [*io strégo, tu stréghi ecc.*] esercitare malefici, opere di magia contro qlco., qlcu.; (*fig.*) affascinare. SIN. *incantare.*

stregone [-gó-] *s.m.* **1** uomo cui si attribuivano poteri soprannaturali, malefici o benefici; nella mitologia popolare, essere fantastico dotato di poteri magici **2** presso alcuni popoli primitivi, persona ritenuta dotata di facoltà particolari, che svolge funzioni sacrali.

stregoneria [-rì-] *s.f.* **1** l'arte delle streghe e degli stregoni: *fu accusata di —.* SIN. *magia* **2** operazione magica compiuta ai danni di qlcu. SIN. *maleficio.*

stregua [strè-] solo nella locuz. *alla stregua di,* con la misura, col criterio usato per: *non puoi giudicarlo alla — di tutti gli altri.*

stremare *v.tr.* [*io strèmo ecc.*] ridurre all'estremo delle forze, delle risorse: *lo studio lo ha stremato.* SIN. *sfiancare, sfinire.*

stremato *agg.* che non ha più forza; che è privo di risorse: *giunsi a casa —; la nazione è stremata.* SIN. *esausto.*

stremo [strè-] *s.m.* l'estremo limite della debolezza, delle risorse economiche: *ridursi allo —.*

strenna [strèn-] *s.f.* il dono che si fa in occasione del Natale e del Capodanno.

strenuo [strè-] *agg.* coraggioso e tenace: *uno — combattente; uno — lavoratore,* infaticabile. SIN. *valoroso.*

strepitare *v.intr.* [*io strèpito ecc.*] fare strepito per lo più gridando: *smettila di — per nulla.*

strepitio [-tì-] *s.m.* strepito ripetuto e continuo.

strepito [strè-] *s.m.* fragore, rumore di voci disordinate o confuso, schiamazzo: *lo — delle onde, di una macchina; lo — della folla eccitata.*

strepitoso [-tó-] *agg.* **1** che fa strepito: *applausi strepitosi* **2** (*fig.*) grandissimo, eccezionale: *successo —.*

streptococco [-còc-] *s.m.* [pl. -*chi*] germe a forma di cocco che si dispone in catena.

streptomicina *s.f.* antibiotico usato per curare numerose infezioni.

stress [strèss] *s.m.invar.* stimolo intenso che provochi nell'organismo una reazione che può dare origine a manifestazioni morbose; in particolare, tensione mentale, affaticamento: *lavoriamo sempre sotto —.*

stressante *agg.* che induce stress: *viaggio —.*

stressare *v.tr.* [*io strèsso ecc.*] sottoporre a stress; impressionare, colpire, affaticare.

stretta [strét-] *s.f.* **1** lo stringere, per lo più con forza: *una — di mano; una — di freni; dare una — di vite; liberarsi dalla — della folla,* dalla calca / *sentire una — al cuore,* un turbamento profondo, una sensazione dolorosa **2** momento culminante, situazione critica: *giungere alla — finale; mettere, essere alle strette* **3** passaggio angusto, per lo più tra montagne: *la — delle Termopili.*

strettezza [-téz-] *s.f.* **1** l'essere stretto: *la — di una strada, di una scarpa* **2** *pl.* indigenza, miseria: *vivere in strettezze.*

stretto [strét-] *agg.* **1** non ampio, angusto; poco sviluppato nel senso della larghezza: *una stanza, una strada stretta; scarpe strette; un vestito —,* troppo attillato, che impedisce i movimenti. CONTR. *lar-*

go **2** serrato con forza; che si scioglie con difficoltà: *un nodo —*; *tenere i pugni stretti* / *a denti stretti*, forzatamente o con tenacia: *ridere, resistere a denti stretti* **3** (*fig.*) rigoroso: *disciplina, vigilanza stretta*; *lutto —*, osservato con rigore / *lo — necessario*, nulla più del necessario / *parlare un siciliano —*, il puro dialetto siciliano / *attenersi allo — significato di una parola, di una frase*, al significato preciso **4** molto vicino, addossato: *se ne stavano stretti stretti*; *tenersi — al muro* / *parenti stretti*, prossimi / *prendere una curva stretta*, rasentando il bordo della strada **5** di vocale, che ha suono chiuso: *la o di dove è stretta* // *s.m.* **1** braccio di mare tra due terre, che congiunge due mari: *lo — di Messina* **2** (*mus.*) la parte conclusiva della fuga.

strettoia [-tó-] *s.f.* tratto in cui una strada si restringe; (*fig.*) situazione difficile, scomoda.

stria *s.f.* **1** riga sottile di colore diverso dal fondo **2** scanalatura di una colonna.

striare *v.tr.* segnare con una o più strie una superficie.

striato *agg.* segnato, decorato con strie: *tessuto —* / *muscoli striati*, quelli che governano i movimenti volontari.

striatura *s.f.* atto, effetto dello striare.

stricnina *s.f.* alcaloide velenosissimo estratto dalla noce vomica e da altri vegetali, usato in medicina per la sua azione eccitante.

stridente [-dèn-] *agg.* discordante, contrastante: *colori stridenti.*

stridere [strì-] *v.intr.* **1** mandare gridi o suoni acuti e aspri: *stridevano le cicale, gli uccelli*; *stride la fiamma, il vento, una porta.* SIN. *cigolare, scricchiolare* **2** (*fig.*) essere in forte contrasto, stonare (detto spec. di colori): *il marrone sul rosso stride.*

stridio [-di-] *s.m.* uno stridere prolungato e insistente: *lo — dei cardini.* SIN. *cigolio.*

strido [stri-] *s.m.* [pl.f. *-a*; pl.m. (*rar.*) *-i*] voce acuta e sgradevole emessa da chi stride (di uomini e di animali o anche di cose).

stridore [-dó-] *s.m.* rumore di cosa che stride: *lo — della carrucola* / *— di denti*, rumore prodotto quando si digrignano i denti per il freddo o per la collera.

stridulo [stri-] *agg.* che manda suono acuto e sgradevole: *voce stridula.*

strige *s.f.* nome generico di uccelli notturni rapaci.

striglia [stri-] *s.f.* arnese di metallo con laminette dentate con cui si frega con forza il pelo dei cavalli e simili, per pulirlo e renderlo lucente.

strigliare *v.tr.* [*io striglio ecc.*] **1** pulire con la striglia **2** (*fig.*) redarguire severamente // **-arsi** *v.rifl.* (*scherz.*) ripulirsi, pettinarsi con cura (detto di persone).

strigliata *s.f.* **1** colpo, passata di striglia **2** (*fig.*) aspro rimprovero, rabbuffo.

strillare *v.intr.* urlare con voce acuta // *v.tr.* **1** dire a voce altissima: *gli strillò la notizia dalla finestra* **2** (*fam.*) sgridare: *la mamma strilla i bambini.*

strillo *s.m.* grido acuto di chi strilla: *fece uno — e fuggì.*

strillone [-ó-] *s.m.* **1** (*non com.*) chi strilla molto o parla a voce troppo alta **2** chi, per mestiere, vende giornali per le strade gridando ad alta voce le notizie più interessanti.

strillozzo [-lòz-] *s.m.* comune uccello con piumaggio bruno striato di nero e becco conico (*fam.* Emberizidi).

striminzire *v.tr.* [*io striminzisco, tu striminzisci ecc.*] costringere il corpo entro un busto e simili per renderlo più sottile // **-irsi** *v.rifl.* stringersi per sembrare più sottile.

striminzito *agg.* **1** stretto, misero: *abito —* **2** gracile e magro: *ragazzo —* **3** (*fig.*) povero, da poco: *un discorso —.*

strimpellare *v.tr.* [*io strimpèllo ecc.*] sonare in modo maldestro strumenti a corda o a tastiera: *il pianoforte, la chitarra.*

strimpellata *s.f.* lo strimpellare; sonata fatta strimpellando.

strimpellatore [-tó-] *s.m.* [f. *-trice*] chi strimpella.

strinare *v.tr.* bruciacchiare le penne o i peli di animali uccisi: *— un pollo* / *— la camicia*, bruciacchiarla stirandola col ferro troppo caldo.

strinato *agg.* bruciacchiato: *camicia strinata* / *magro —*, (*scherz.*) magrissimo

stringa *s.f.* cordicella, legaccio per allacciare scarpe, busti ecc.

stringare *v.tr.* [*io stringo, tu stringhi ecc.*] stringere, legare forte, spec. con lacci o stringhe.

stringatezza [-téz-] *s.f.* l'essere stringato: *ha esposto i suoi argomenti con molta —.* SIN. *brevità, concisione.*

stringato *agg.* **1** legato strettamente **2** (*fig.*) condensato, succinto, ridotto all'essenziale: *stile —*; *argomentazioni stringate.* SIN. *breve, conciso.*

stringente [-gèn-] *agg.* **1** urgente, incalzante: *necessità stringenti* **2** serrato, di grande rigore logico, fortemente conclusivo: *argomento —.*

stringere *v.tr.* [pres. *io stringo, tu stringi ecc.*; pass.rem. *io strinsi, tu stringésti ecc.*; p.pass. *strétto*] **1** accostare, avvicinare, serrare con maggiore o minor forza una cosa o un'altra: *— le tenaglie, le labbra*; *— un vestito*, stringerlo. CONTR. *allargare* **2** chiudere, premere qlco. in un'altra (anche *fig.*): *gli strinsi la mano*; *lo strinse fra le braccia*; *— la spada*, (*lett.*) impugnarla; *il dolore mi stringe il cuore* / *prov.*: *chi troppo vuole, nulla stringe*, chi vuole troppo finisce per non avere nulla / *stringi stringi*, in conclusione **3** costringere qlcu. ad accostarsi a qlco., fare addossare: *mi hanno stretto al muro* / *— d'assedio*, assediare / *il tempo stringe*, incalza **4** mettersi in rapporti amichevoli con qlcu., stipulare, concludere: *— un'amicizia, un accordo, un'alleanza.*

stringimento [-mén-] *s.m.* **1** lo stringere: *— di freni* **2** (*fig.*) senso di oppressione: *quella vista mi diede uno — al cuore.*

strip-tease [*ingl.*; pr. *strip-tìiʃ*] *s.m.* spogliarello.

striscia [stri-] *s.f.* [pl. *-sce*] **1** pezzo stretto e lungo: *una — di stoffa, di terreno* **2** ciò che ha la figura, la forma di una striscia; traccia lunga e stretta: *una maglia a strisce*; *il proiettile lasciò dietro di sé una — luminosa* **3** nei fumetti, serie di vignette disposte sulla stessa linea orizzontale che sviluppano autonomamente una situazione.

strisciante *agg.* **1** che striscia **2** (*fig.*) lento e progressivo, non immediatamente evidente: *inflazione —* **3** (*fig.*) che adula e ossequia servilmente.

strisciare *v.intr.* [*io striscio ecc.*] **1** passare sopra qlco. sfregando; passare rasente a qlco.: *le serpi strisciano sul terreno* **2** (*fig.*) umiliarsi, essere servile // *v.tr.* **1** muovere strofinando: *— i piedi sul pavimento* **2** sfiorare, rasentare: *la pallottola gli strisciò il braccio* // **-arsi** *v.rifl.* **1** strofinarsi: *l'orso si strisciò contro l'albero* **2** (*fig. non com.*) stare attorno a qlcu., adulandolo.

strisciata *s.f.* atto dello strisciare; segno lasciato da qlco. che striscia.

striscio [stri-] *s.m.* **1** lo strisciare, in particolare, i piedi, ballando: *ballo con lo —* / *colpire di —*, sfiorando, non in pieno / *fare lo —*, nel gioco del tressette, lo strisciare la carta sul tavolo per indicare al compagno che si hanno parecchie carte dello stesso seme **2** (*med.*) metodo di prelievo, mediante tampone, di secrezioni organiche da sottoporre ad analisi.

striscione [-sció-] *s.m.* grossa striscia di carta, di tela ecc. che viene posta di traverso a strade e piazze: — *del traguardo*; *un corteo con bandiere e striscioni*.

stritolamento [-mén-] *s.m.* atto, effetto dello stritolare.

stritolare *v.tr.* [*io stritolo ecc.*] **1** ridurre in minutissimi pezzi: *fu stritolato dal treno* **2** (*fig.*) annientare, demolire: — *l'avversario con una solida argomentazione*.

strizzare *v.tr.* stringere energicamente qlco. per farne uscire il liquido / — *l'occhio*, ammiccare in segno d'intesa.

strizzata *s.f.* lo strizzare una volta: *una — d'occhio*.

strizzone [-zó-] *s.m.* una strizzata forte; dolore forte e improvviso: *sentiva degli strizzoni al ventre*.

strobilazione [-zió-] *s.f.* tipo di riproduzione organica di animali dei celenterati, nei quali il polipo si divide in più parti per dare origine a più meduse.

strobilo [strò-] *s.m.* frutto a forma di cono delle conifere.

stroboscopia [-pi-] *s.f.* metodo che consente di osservare un fenomeno periodico veloce (rotazione di una ruota, vibrazione) come se avvenisse lentamente o in fasi successive, per mezzo di una speciale illuminazione o della visione a intermittenza.

stroboscopico [-scò-] *agg.* [pl.m. *-ci*] di, dello stroboscopio; ottenuto per stroboscopia o con uno stroboscopio: *luci stroboscopiche*, quelle a intermittenza rapidissima che accompagnano la musica in discoteche e in spettacoli.

stroboscopio [-scò-] *s.m.* apparecchio per la rilevazione della frequenza di fenomeni periodici (p.e. rotazione di un'elica, oscillazione di un bilanciere).

strofa [strò-] *s.f.* → **strofe**.

strofanto [strò-] *s.m.* frutice a forma di liana dai cui semi si ricava un alcaloide detto strofantina (*fam.* Apocinacee).

strofe [strò-] *s.f.invar.* insieme di più versi disposti in un ordine determinato, che formano un periodo ritmico, ripetuto più volte / — *libera*, quella in cui i versi non sono legati dalla rima.

strofico [strò-] *agg.* [pl.m. *-ci*] di, della strofe.

strofinaccio [-nàc-] *s.m.* cencio per strofinare, spolverare, pulire in genere.

strofinamento [-mén-] *s.m.* atto, effetto dello strofinare.

strofinare *v.tr.* fregare ripetutamente una superficie per pulirla, asciugarla o lucidarla: — *i mobili, le scarpe*. SIN. *fregare, sfregare //* **-arsi** *v.rifl.* rasentare strisciando; (*fig.*) stare attorno a qlcu. per ottenere favori; adulare.

strofinio [-nì-] *s.m.* **1** lo strofinare ripetuto e continuo **2** (*fis.*) sfregamento continuo di due superfici che si effettua per produrre energia statica.

strolaga [strò-] *s.f.* → **colimbo**.

stroma [strò-] *s.m.* [pl. *-i*] (*biol.*) trama del tessuto connettivo di sostegno che costituisce l'impalcatura di un organo.

strombatura *s.f.* svasatura obliqua nello spessore del muro, attorno all'apertura di una porta o di una finestra, per migliorare l'illuminazione.

strombazzare *v.tr.* rendere noto, vantare qlco. in modo esagerato e chiassoso: — *i propri meriti, le qualità di un prodotto //* *v.intr.* (*scherz.*) sonare la tromba a tutto volume ma con scarsa perizia.

strombazzatore [-tó-] *s.m.* [f. *-trice*] chi strombazza.

strombazzatura *s.f.* atto, effetto dello strombazzare.

strombettare *v.intr.* [*io strombétto ecc.*] sonare la tromba rumorosamente e stonando; sonare la tromba dell'automobile e simili.

strombettio [-tì-] *s.m.* lo strombettare ripetuto e continuo.

strombo[1] [stróm-] *s.m.* mollusco gasteropodo dei mari caldi con grossa conchiglia a spira, rosea all'interno, usata nella fabbricazione di cammei.

strombo[2] [stróm-] *s.m.* → **strombatura**.

stroncare *v.tr.* [*io strónco, tu strónchi ecc.*] **1** troncare con violenza: *il fulmine stroncò un albero*; *la sua vita fu stroncata da un incidente*; — *una rivolta*, reprimerla **2** (*fig.*) criticare in modo violento e radicale: — *un libro, un film*.

stroncatura *s.f.* **1** (*non com.*) atto, effetto dello stroncare **2** (*fig.*) critica fortemente negativa: *quel film ha subito molte stroncature*.

stronzio [strón-] *s.m.* elemento chimico (Sr; *n.at.* 38; *p.at.* 87,63); metallo alcalino-terroso, bianco, ossidabile.

stronzo [strón-] *s.m.* (*volg.*) **1** escremento di forma cilindrica **2** (*fig. volg.*) persona stupida, odiosa.

stropicciamento [-mén-] *s.m.* lo stropicciare.

stropicciare *v.tr.* [*io stropìccio ecc.*] passare e ripassare con energia una cosa contro un'altra: — *i piedi per terra*; *stropicciarsi le mani*, per il freddo / *stropicciarsene di qlco.*, (*pop.*) non curarsene affatto. SIN. *strofinare*.

stropiccio [-ci-] *s.m.* lo stropicciare continuo; in particolare, rumore di piedi stropicciati.

stroppiare *v.tr.* [*io stròppio ecc.*] (*rar.*) storpiare / *prov.*: *il troppo stroppia*, qualunque eccesso è nocivo.

strozza [stròz-] *s.f.* (*non com.*) gola.

strozzamento [-mén-] *s.m.* **1** atto, effetto dello strozzare **2** — *erniario*, (*med.*) complicazione dell'ernia che può portare alla necrosi e alla perforazione di un'ansa intestinale.

strozzare *v.tr.* [*io stròzzo ecc.*] **1** stringere con forza alla gola fino a uccidere; impedire il respiro, soffocare: *lo trovarono strozzato nel suo letto*; *il boccone lo strozzava*. SIN. *strangolare* **2** occludere; restringere: *il masso strozza l'entrata della caverna* **3** prestare denaro a qlcu. a forte usura; far pagare troppo caro qlco. a qlcu.

strozzato *agg.* **1** si dice di voce che esce a stento dalla gola: *parole strozzate dal pianto* **2** che presenta una strozzatura: *tubo* — **3** *ernia strozzata*, (*med.*) che ha subito strozzamento.

strozzatura *s.f.* **1** atto e spec. effetto dello strozzare **2** il punto in cui qlco. si restringe: *la — di una bottiglia*.

strozzino *s.m.* chi presta denaro a forte usura. SIN. *usuraio*.

struccare *v.tr.* [*io strucco, tu strucchi ecc.*] togliere il trucco dal viso di qlcu. // **-arsi** *v.rifl.* togliersi il trucco dal viso.

strudel *s.m.invar.* (*ted.*) dolce di pasta arrotolata e farcita di mele, uva passa ecc. (è specialità dei paesi tedeschi).

struggente [-gèn-] *agg.* tormentoso: *aveva un desiderio — di vederlo*.

struggere [strùg-] *v.tr.* [pres. *io struggo, tu struggi ecc.*; pass.rem. *io strussi, tu struggésti ecc.*; p.pass. *strutto*] **1** fondere con il calore: — *la neve, la cera* **2** (*fig.*) consumare lentamente: — *con l'amore //* **-ersi** *v.rifl.pron.* **1** fondersi con il calore **2** (*fig.*) consumarsi di desiderio o passione: *si strugge di vederti*. SIN. *tormentarsi*.

struggimento [-mén-] *s.m.* **1** lo struggere **2** desiderio tormentoso; affanno.

struma *s.f.* (*med.*) → **gozzo**.

strumentale *agg.* **1** dello strumento, relativo allo strumento **2** eseguito con strumenti musicali: *musica* — **3** che serve da strumento **4** funzionale // *agg.* e *s.m.* caso della declinazione di alcune lingue antiche e, tra le moderne, del russo; indica il mezzo con cui si agisce.

strumentalismo [-ʃmo] *s.m.* dottrina filosofica secondo cui il pensiero non si limita a registrare l'esperienza passata, ma è uno strumento operante nella realtà per migliorarla.

strumentalizzare [-liʒʒa-] *v.tr.* sfruttare avvenimenti o persone ai fini di un proprio disegno.

strumentalizzazione [-liʒʒaʒió-] *s.f.* atto, effetto dello strumentalizzare.

strumentare *v.tr.* [*io struménto ecc.*] (*mus.*) assegnare a ciascuno strumento, nell'esecuzione di un pezzo musicale, la parte più conveniente alle sue possibilità timbriche e melodiche.

strumentatore [-tó-] *agg.* e *s.m.* [f. *-trice*] che o chi prepara strumentazioni musicali.

strumentazione [-zió-] *s.f.* **1** (*mus.*) l'arte, il modo e l'effetto dello strumentare **2** l'insieme degli strumenti di cui è dotata una macchina: — *elettronica*.

strumentini *s.m.pl.* (*mus.*) nell'orchestra, gli strumenti a fiato della famiglia dei legni.

strumentista *s.m.* e *f.* [pl.m. *-i*] chi per professione suona uno strumento musicale.

strumento [-mén-] *s.m.* **1** arnese atto all'esecuzione di determinate operazioni proprie di un'arte, di un mestiere o di una tecnica: *gli strumenti del fabbro*; *strumenti astronomici*; *strumenti di bordo*, (*aer.*) quelli necessari per la guida del velivolo; *strumenti di precisione*, strumenti di misura che forniscono indicazioni più esatte di quelli d'uso corrente / *strumenti musicali*, capaci di produrre suoni armonici **2** (*fig.*) ciò di cui ci si serve per ottenere qlco.: *il figlio fu — della sua vendetta* **3** (*dir.*) atto pubblico redatto da un notaio.

strusciare *v.tr.* [*io strùscio ecc.*] **1** strascicare per terra; strofinare / *strusciarsi a qlcu.*, stargli intorno con intenzioni amorose, oppure adulandolo per riceverne favori **2** logorare; sciupare.

strutto *s.m.* grasso, usato in cucina, che si ottiene facendo struggere i tessuti adiposi del maiale.

struttura *s.f.* **1** il complesso delle parti che costituiscono l'ossatura di qlco.; costruzione: *la — della barca è di legno*; *l'antenna fu posta su una — muraria* **2** il modo in cui le singole parti di un'opera, di un'organismo, di un'organizzazione sono disposte e ordinate fra di loro: *la — del corpo umano*; *la — sintattica della lingua latina è assai complessa*; *rinnovare le strutture commerciali dell'azienda* **3** (*chim.*) il modo in cui sono disposti gli atomi nella molecola di un composto; (*geol.*) nei cristalli e nelle rocce la disposizione, rispettivamente, degli atomi e dei minerali che le compongono.

strutturale *agg.* **1** che riguarda la struttura **2** che riguarda, che segue lo strutturalismo // **-mente** *avv.* per quel che riguarda la struttura.

strutturalismo [-ʃmo] *s.m.* orientamento scientifico che propone di studiare i fatti linguistici, sociali ecc. come facenti parte di una struttura avente proprie leggi interne.

strutturalista *agg.* e *s.m.* e *f.* [pl.m. *-sti*] si dice di chi o di ciò che si rifà allo strutturalismo.

strutturare *v.tr.* ordinare, disporre qlco. secondo un ordine, una struttura.

strutturazione [-zió-] *s.f.* lo strutturare; il modo in cui una struttura è organizzata.

strutturistica [-rì-] *s.f.* (*chim.* e *fis.*) scienza che studia la costituzione intima dei corpi solidi.

struzzo *s.m.* uccello corridore africano, il più grande degli uccelli viventi, dalle lunghe zampe nude con due dita rivolte in avanti, lungo collo nudo con testa piccola e pregiate piume (*fam.* Struzionidi): *un ventaglio di penne di —* / *avere uno stomaco di —*, digerire ogni cosa / *fare lo —*, si dice di chi, non volendo affrontare una situazione difficile, finge di ignorarla.

stuccare[1] *v.tr.* [*io stucco, tu stucchi ecc.*] **1** ricoprire con uno strato di stucco; turare una cavità, una fessura con lo stucco **2** decorare con stucchi.

stuccare[2] *v.tr.* [*io stucco, tu stucchi ecc.*] indurre a noia, a fastidio, a disgusto.

stuccatore [-tó-] *s.m.* [f. *-trice*] **1** chi fa lavori di stuccatura **2** chi fa stucchi per decorare pareti e soffitti.

stuccatura *s.f.* **1** operazione dello stuccare **2** strato di stucco indurito.

stucchevole [-ché-] *agg.* che infastidisce, disgusta. SIN. nauseante.

stucco[1] *s.m.* [pl. *-chi*] **1** materiale formato da un impasto a base di gesso in polvere, che ha la proprietà di indurire fortemente e rapidamente ed è usato come intonaco, per rivestimenti di pareti, per decorazioni architettoniche ecc.: *turare le fessure con lo —* / *essere di —*, essere privo di vivacità, di sentimento / *rimanere di —*, restare meravigliato **2** ornamento, rilievo, decorazione, statua fatta con lo stucco: *questo è uno — molto antico*; *un salone con stucchi e affreschi*.

stucco[2] *agg.* [pl.m. *-chi*] sazio e annoiato: *sono — di questo cibo, delle vostre chiacchiere*.

studente [-dèn-] *s.m.* chi studia e spec. chi è iscritto in una scuola media o in una università: *uno — di liceo, di medicina*.

studentesco [-té-] *agg.* [pl.m. *-chi*] di studenti; che è proprio di uno studente o degli studenti.

studiacchiare *v.tr.* [*io studiàcchio ecc.*] studiare poco e di malavoglia.

studiare *v.tr.* [*io stùdio ecc.*] **1** applicare il proprio ingegno per imparare qlco., col sussidio di libri, di maestri, di esercizi e simili: — *il latino, una poesia, musica, medicina*; — *su un buon testo, con un valente maestro* / *assol.* seguire gli studi; frequentare una scuola: *studia al liceo, all'università*; *gli piace —*; *purtroppo non ha potuto continuare a —* **2** esaminare con la mente per cercare di risolvere: — *un problema, le varie possibilità, il modo per riuscire a fare qlco.* / *le studia tutte*, ha sempre qualche nuova trovata **3** riferito al proprio comportamento, controllare con molta attenzione o anche con troppa ricercatezza: — *le maniere, le parole* // **-arsi** *v.rifl.pron.* ingegnarsi, darsi da fare; cercare: *si studia di fare meglio che può*.

studiato *agg.* ricercato, affettato: *un comportamento —*; *frasi studiate* // **-mente** *avv.* in modo ricercato; di proposito.

studio [stù-] *s.m.* **1** atto dello studiare; applicazione della mente per imparare, conoscere qlco.: *lo — del greco, della legge*; *lo — richiede concentrazione* / *uomo di —*, dedito allo studio / *borsa di —*, sovvenzione data a studenti meritevoli perché possano dedicarsi agli studi **2** ciò che è oggetto dello studio: *uno — che piace*; *gli studi letterari, delle scienze* / *fare gli studi*, seguire i corsi regolari che preparano al conseguimento di un titolo e all'esercizio di una professione / *provveditore agli studi*, chi è preposto all'organizzazione scolastica di una provincia **3** indagine, ricerca, osservazione; lavoro, scritto scientifico su un argomento: *ha fatto lunghi studi sulla storia antica*; *uno — su Dante, sulla riproduzione dei virus* 4 lavoro preparatorio, progetto; bozzetto di un artista per un'opera: *— per la costruzione di un ponte*; *— dal vero, per una statua equestre* / *progetto che è allo —*, che è ancora in esame 5 (*mus.*) composizione musicale per uno strumento, originariamente scritta per esercitare l'esecutore in una particolare tecnica: *gli studi di Chopin* 6 cura, premura, diligenza: *i suoi lavori sono sempre fatti con molto —* / *a bello —*, di proposito, a bella posta, deliberatamente 7 stanza dove si studia: *la sera si ritira nello — in mezzo ai suoi libri* 8 stanza o insieme di stanze dove un professionista o un artista svolge il suo lavoro: *— legale, di pittore*; *— fotografico*, laboratorio del fotografo 9 insieme di locali in cui si allestiscono gli spettacoli trasmessi per radio o per televisione o si girano le scene di un film: *stiamo trasmettendo dagli studi di Roma*; *questo film è stato girato negli studi di Los Angeles*; *scene girate in —*, in ambienti ricostruiti artificialmente 10 nel medioevo, università: *lo — di Bologna*.

studioso [-diò-] *agg.* 1 che studia con diligenza e applicazione: *un ragazzo —* 2 (*lett.*) premuroso, sollecito: *— del bene altrui* // *s.m.* chi si dedica agli studi o allo studio di una particolare disciplina: *è uno — di fama mondiale*; *uno — di storia romana*.

stufa *s.f.* 1 apparecchio di metallo, terracotta o altro materiale in cui si bruciano combustibili per riscaldare un ambiente: *— a legna, a gas, elettrica* 2 (*rar.*) serra 3 (*ant.*) stanza riscaldata e attrezzata per poter fare bagni caldi.

stufare *v.tr.* 1 (*fam.*) seccare, infastidire, stancare: *le tue chiacchiere mi hanno stufato* 2 riscaldare in una stufa: *— i bozzoli* 3 cuocere in stufato.

stufato *s.m.* pietanza di carne tagliata a pezzetti, condita con olio, sale, pepe, pomodoro e altri ingredienti e cotta a fuoco lento in un tegame ben chiuso.

stufo *agg.* annoiato, seccato; stanco: *sono — di fare questo lavoro*.

stunt-car [*ingl.*; *pr.* stant càa] *s.f.* vettura usata per girare scene cinematografiche o televisive, o per spettacoli di abilità e coraggio, nei quali si prevedono scontri, capovolgimenti, incendi; per estens., spec. al pl. (*stunt-cars*), lo spettacolo stesso.

stunt-man [*ingl.*; *pr.* stantmàn] *s.m.* → **cascatore**.

stuoia [stuò-] *s.f.* tessuto di giunchi, canne, paglia o simili che si usa come tappeto, tendaggio, rivestimento o come leggero materiale da costruzione.

stuoiato *s.m.* soffitto fatto con una stuoia ricoperta di intonaco.

stuolo [stuò-] *s.m.* moltitudine, più o meno ordinata, di persone o di animali: *uno — di ragazzi*; *uno — di rondini*. SIN. *schiera, torma*.

stupefacente [-cèn-] *agg.* che provoca stupore, che sbalordisce // *s.m.* sostanza alcaloide che agisce sul sistema nervoso provocando uno stato di torpore rotto da allucinazioni.

stupefare *v.tr.* [coniugato come *fare*, ma usato quasi soltanto nei tempi composti] far stupire: *la sua abilità mi ha stupefatto*.

stupefatto *agg.* pieno di stupore, che mostra stupore. SIN. *meravigliato, stupito*.

stupefazione [-zió-] *s.f.* atto, effetto dello stupefare. SIN. *stupore*.

stupendo [-pèn-] *agg.* splendido, che stupisce per la sua bellezza. SIN. *meraviglioso*.

stupidaggine [-dàg-] *s.f.* 1 atto, discorso stupido; anche, cosa da nulla: *costa una —* 2 l'essere stupido; stupidità.

stupidire *v.tr.* [*io stupidisco, tu stupidisci ecc.*] → **istupidire**.

stupidità *s.f.invar.* 1 l'esser stupido 2 atto, parola da stupido; sciocchezza.

stupido [stù-] *agg.* 1 tardo nel comprendere; poco intelligente: *una persona stupida*. SIN. *sciocco, imbecille* 2 che denota scarsa intelligenza: *un atto, un discorso — 3 (*ant.*) stupefatto, attonito.

stupire *v.tr.* [*io stupisco, tu stupisci ecc.*] riempire di stupore: *mi stupisce che tu abbia agito così*, non me lo aspettavo da te. SIN. *meravigliare, sorprendere, strabiliare* // *v.intr.*, **-irsi** *v.rifl.pron.* essere preso da stupore; meravigliarsi.

stupito *agg.* preso da stupore. SIN. *meravigliato, sbalordito, sorpreso, stupefatto*.

stupore [-pó-] *s.m.* meraviglia grande e improvvisa; stupefazione.

stuprare *v.tr.* sottoporre a violenza sessuale.

stupratore [-tó-] *s.m.* colpevole di stupro.

stupro *s.m.* violenza sessuale.

stura *s.f.* l'atto dello sturare un recipiente in modo che ne esca il liquido: *dare la — a una botte* / *dare la —*, prendere la —, (*fig.*) dare ampio sfogo ai propri pensieri, alle proprie idee, parlando o scrivendo.

sturare *v.tr.* privare del tappo: *— una bottiglia*. SIN. *stappare*.

stuzzicadenti [-dèn-] *s.m.invar.* stecchino per togliere i frammenti di cibo rimasti tra i denti.

stuzzicante *agg.* stimolante, eccitante.

stuzzicare *v.tr.* [*io stùzzico, tu stùzzichi ecc.*] 1 tastare qua e là, spec. con un oggetto sottile e appuntito; (*fig.*) molestare: *stuzzicarsi i denti*; *stuzzicarsi una ferita*; *non mi — mentre studio* 2 far sognare, stimolare: *— l'appetito*; *ha stuzzicato la sua curiosità in mille modi*. SIN. *solleticare, eccitare*.

stuzzichino *s.m.* si dice delle piccole tartine, salatini, olive e simili che accompagnano l'aperitivo.

su *prep.* 1 si unisce agli articoli det. *il, lo, la, i, gli, le* formando le prep. articolate *sul, sullo, sulla, sui, sugli, sulle*; (*ant.* o *lett.*) *su'l, su lo, su la*; (*rar.*) *su i, su gli, su le*; si elide soltanto, ma raramente, davanti alla vocale *u*) si unisce ai nomi direttamente ed ai pronomi personali per mezzo della prep. *di*; per lo più sinonimo di *sopra* (di cui è più pop.), tranne in alcuni casi e locuzioni speciali; serve alla formazione di alcuni sintagmi preposizionali complementi della frase 1 compl. di stato in luogo e di moto a luogo; per lo più con riferimento a cose che sono a contatto: *la lettera era sul tavolo*; *salire su una scala, una torre* (meno corretto *su di una scala, su di una torre*) / *d'in su*, (*lett.*) da su, da sopra, dalla parte superiore di qlco. / *mettere una pietra sul passato*, (*fig.*) dimenticare / *piangere su qlcu., qlco.* / *fare assegnamento su qlcu., qlco.* / *puntare sul rosso* 2 riferito a cose sovrastanti e non a contatto fra loro: *un ponte sul fiume*; (*fig.*) *una minaccia pendeva sul suo capo*; *a mille metri sul livello del mare* / *regnare su molti popoli* / *esercitare un controllo su qlcu., su qlco.* 3 riferito a cosa che viene, cade dall'alto: *le bombe caddero sulla città*; riferito a persona: *si scagliò su di me*; (*fig.*) *la responsabilità ricadde su di noi* / *capita come il cacio sui maccheroni* 4 col valore di *verso* o *contro*: *puntare su una città*; *sparare sulla folla* 5 indica immediata vicinanza, adiacenza: *una casa sul mare*; *una finestra sul cortile* 6 compl. di argomento: *parlare su un tema*; *trattato sulla morale* **7** compl. di tempo, intorno a, verso, circa: *sul far del giorno / la notte sul sabato*, che precede il sabato **8** indica approssimazione nei complementi di quantità e di età, assumendo il valore di *circa*, *pressappoco*: *pesa sui venti chili*; *costerà sulle mille lire*; *un uomo sulla sessantina* **9** richiedono espressamente *su* anziché *sopra* espressioni di questo tipo: *dipinto su tela*; *fatto su misura*; *su richiesta*, in seguito a richiesta; *sull'esempio di*, seguendo l'esempio; *credere sulla parola*; *rivalersi su qlcu.*; *nove volte su dieci*; *su due piedi*; *sul momento*; *sul serio*; *stare sulle spine*, *sull'avviso*, *sulle sue*, per esprimere modo, atteggiamento; *essere sul punto di partire*, in procinto di // *avv.* **1** in alto; verso l'alto; in posizione o luogo superiore rispetto a un altro: *guardò su e lo vide*; *vieni qui su*; *guardare in su*, di sotto in su; *in su*, verso l'alto; *dal cento in su*, in avanti; *su le mani!*; *vai su a prendermi gli occhiali*, al piano superiore / *andare su*, *(fig.)* di prezzi, valori, salire / *venire su*, salire; di esseri viventi, crescere; di cibo, tornare in gola, stare per essere vomitato / *è venuto su dal nulla*, da umile famiglia / *tirar su*, raccattare, raccogliere; allevare, far crescere, far diventare grandi (figli) / *tirarsi su*, sollevarsi (da terra ecc.); *(fig.)* rimettersi in buone condizioni di salute o finanziarie / *mettere su la pentola*, l'acqua per la pasta, metterla sul fuoco; *metter su casa*, *metter su famiglia*, farsi una casa, formarsi una famiglia; *l'hanno messo su contro di lui*, istigato, aizzato contro di lui / *contrapposto a giù*: *correre su e giù* (o *in su e in giù*), avanti e indietro; *su per giù*, *poco su poco giù*, pressappoco // anche sostantivato: *un su e giù*, un via vai **2** con valore esortativo: *su con la vita!*; *su*, *coraggio!*; *su*, *sbrigati!*; *alzati*, *su!*; anche ripetuto: *su*, *su*, *che faremo tardi!*

suaccennato *agg.* sopraccennato.

suadente [-dèn-] *agg.* *(lett.)* che persuade, che convince.

suasivo [-ʃi-] *agg.* *(lett.)* persuasivo.

sub *s.m.invar.* nuotatore specializzato nel nuoto e nella pesca subacquea / *scuola di —*, corso di addestramento a questa specialità.

sub- [dal lat. *sub* = *sotto*] prefisso che figura in molte parole sia di origine latina che di formazione moderna; significa «sotto, inferiormente, vicino, prossimo» (*subentrare*, *supporre*, *sublocare*, *subacqueo*, *subordinato*, *subalpino*).

subacqueo [-bàc-] *agg.* che sta sott'acqua, che vive o agisce sott'acqua: *cavo —*; *piante subacquee*; *nuotatore —*; *caccia*, *pesca subacquea*, quella che si fa nuotando sott'acqua, con appositi fucili che proiettano una fiocina.

subaffittare *v.tr.* affittare ad altri ciò che si è preso in affitto: *— un negozio*.

subaffitto *s.m.* l'affitto di un bene da parte di chi non ne è proprietario ma lo ha a sua volta in affitto: *dare*, *prendere in —*.

subaffittuario [-tuà-] *s.m.* chi prende qlco. in subaffitto.

subalpino *agg.* che è ai piedi delle Alpi: *regione subalpina / parlamento —*, quello del regno di Sardegna, all'epoca del risorgimento.

subalterno [-tèr-] *agg.* **1** che dipende da altri, che è sottoposto ad altri, spec. nelle pubbliche amministrazioni: *impiegato —* **2** per estens., mantenuto in condizione di inferiorità; privo di autonomia, secondario: *classi*, *culture subalterne*; *linea politica subalterna* // *s.m.* **1** persona subalterna: *in quell'ufficio è un semplice —* **2** nell'esercito, ufficiale comandante di plotone; tenente o sottotenente.

subappaltare *v.tr.* appaltare ad altri ciò che si ha in appalto.

subappalto *s.m.* il cedere ad altri in appalto beni, terreni, attività che si erano ricevuti in appalto.

subatomico [-tò-] *agg.* [pl.m. *-ci*] *(fis.)* proprio, relativo a un ordine di fenomeni fisici che avvengono in zone di spazio aventi dimensioni inferiori a quelle degli atomi.

subbia [sùb-] *s.f.* specie di grosso scalpello per lavorare la pietra [*ill. Pittura e scultura*].

subbio [sùb-] *s.m.* ognuno dei due cilindri del telaio per tessere su cui si avvolge l'ordito e il tessuto [*ill. Telaio*].

subbuglio [-bù-] *s.m.* agitazione, confusione, scompiglio. SIN. *fermento*, *trambusto*, *tumulto*.

subconscio [-còn-] *agg.* si dice di fenomeno psichico che viene avvertito solo vagamente dalla coscienza // *s.m.* subcosciente.

subcontinente [-nèn-] *s.m.* termine d'uso corrente per indicare una parte di un continente, considerata come omogenea da un punto di vista geografico, etnico ecc.

subcosciente [-scièn-] *agg.* → **subconscio** // *s.m.* il complesso dei fenomeni psichici che si svolgono ai margini della coscienza senza essere avvertiti chiaramente.

subcultura *s.f.* cultura di basso livello, di cattiva qualità.

subdolo [sùb-] *agg.* falso, ingannevole: *un uomo —*; *modi subdoli*.

subenfiteusi [-tèuʃi] *s.f.invar.* *(dir.)* la concessione di un fondo in enfiteusi da parte di chi non ne sia proprietario, ma enfiteuta.

subentrare *v.intr.* [io subéntro ecc.] entrare al posto di un altro per sostituirlo: *il figlio subentrò al padre*; *spesso al divertimento subentra la noia*. SIN. *succedere*, *sottentrare*.

subentro [-bèn-] *s.m.* il subentrare in un'impresa economica, in un ufficio ecc.

subire *v.tr.* [io subisco, tu subisci ecc.] sostenere, sopportare; spesso, essere costretto a sostenere, sopportare: *— una pena*, *un affronto*; *— le conseguenze di un fatto*.

subissare *v.tr.* **1** sprofondare, mandare in rovina: *— una città* **2** *(fig.)* ricoprire, colmare: *lo subissò di lodi*.

subisso *s.m.* **1** grande rovina, sfacelo: *ha mandato in — un patrimonio* **2** quantità enorme: *un — di applausi*.

subitaneo [-tà-] *agg.* che avviene d'un tratto: *un cambiamento —*; *ebbe un — moto di stizza*. SIN. *improvviso*, *repentino*.

subito [sù-] *avv.* di tempo immediato, immediatamente, senza alcun indugio: *sei sparito —*; *te lo porto — //* *agg.* *(lett.)* improvviso, repentino: *fu preso da subita paura*.

sublimare *v.tr.* **1** *(lett.)* elevare spiritualmente; interpretare in modo spirituale; purificare: *nel linguaggio lirico ha saputo — l'arida materia del racconto* **2** *(chim.)* depurare una sostanza solida facendola passare direttamente allo stato aeriforme, e condensando quindi il vapore in modo da ottenere un solido cristallizzato.

sublimato *agg.* *(lett.)* portato a sublimazione; spirituale, puro // *s.m.* *(chim.)* sostanza che ha subito il processo della sublimazione: *— corrosivo*, cloruro di mercurio, veleno potentissimo.

sublimazione [-zió-] *s.f.* atto, effetto del sublimare (anche *fig.*).

sublime *agg.* **1** *(lett.)* elevatissimo: *vette sublimi*. SIN. *alto* **2** *(fig.)* eccelso, nobile, spirituale (anche *iron.*): *una mente*, *un sentimento —*; *che — idea!*

subliminale *agg.* che è sotto la soglia della coscienza; che agisce sull'inconscio.

sudare

sublimità s.f.invar. l'essere sublime, qualità di ciò che è sublime.

sublocazione [-zió-] s.f. (dir.) la concessione in locazione di un bene da parte di chi a sua volta l'abbia in locazione da altri.

sublunare agg. che sta sotto la Luna, cioè tra la Luna e la Terra: il mondo —, la Terra.

subnormale agg. e s.m. e f. si dice di persona di intelligenza inferiore alla media.

subnucleare agg. (fis.) si dice di particelle o di fenomeni riguardanti la struttura dei nuclei atomici.

subodorare v.tr. [io subodóro ecc.] avere sentore di cosa nascosta: ha subodorato il segreto, l'inganno. SIN. fiutare, sospettare.

suborbitale agg. si dice di volo spaziale che ha una traiettoria inferiore a quella necessaria per far entrare in orbita l'oggetto lanciato.

subordinare v.tr. [io subórdino ecc.] posporre una cosa a un'altra valutando la prima meno importante della seconda; far dipendere una cosa da un'altra: subordinò sempre il suo interesse a quello degli altri; subordinava la sua partenza all'arrivo del padre.

subordinata agg. e s.f. (gramm.) si dice di proposizione che dipende grammaticalmente da un'altra (reggente), alla quale può essere unita direttamente o per mezzo di congiunzioni, preposizioni.

subordinato agg. e s.m. che o chi dipende, è sottoposto, sottomesso ad altra persona o cosa: è un ragazzo —; non conosce tutti i suoi subordinati.

subordinazione [-zió-] s.f. **1** atto, effetto del subordinare e dell'essere subordinato; dipendenza; sottomissione: la sua — era assoluta **2** (gramm.) dipendenza di un elemento grammaticale da un altro (in particolare, di proposizioni).

subornare v.tr. [io subórno ecc.] indurre qlcu. con denaro o inganno a venir meno al proprio dovere, spec. indurre un testimone a dare falsa testimonianza. SIN. corrompere.

subornazione [-zió-] s.f. atto, effetto del subornare.

subsonico [-sò-] agg. [pl.m. -ci] (fis.) si dice di velocità inferiore a quella del suono nell'aria (in contrapposizione a supersonico), e di veicoli che viaggiano a tali velocità.

substrato s.m. **1** (geol.) strato di terreno o di roccia che sta al di sotto di un altro **2** (fig.) ciò che, pur non apparendo direttamente, ha una parte importante nella formazione di qlco.: il — politico di un'opera letteraria **3** in linguistica, la lingua a cui un'altra si è sovrapposta e della quale appaiono ancora tracce: il — etrusco nella lingua latina.

submano agg. si dice di condizioni di vita al limite della sopravvivenza materiale, o comunque inferiori a quelle considerate degne di un uomo.

suburbano agg. che si trova nel suburbio, in prossimità della città; periferico.

suburbio [-bùr-] s.m. sobborgo, agglomerato alle porte della città.

succedaneo [-dà-] agg. e s.m. si dice di una sostanza che può sostituirne un'altra: l'orzo tostato è un — del caffè.

succedere [-cè-] v.intr. [pres. io succèdo ecc.; pass.rem. io succèssi o succedéi o succedètti (le due ultime forme non si usano nel significato 3), tu succedésti ecc.; p.pass. succèsso o succeduto (la seconda forma non si usa nel significato 3)] **1** prendere il posto di un altro, subentrare: Umberto I succedette a Vittorio Emanuele II **2**

venir dopo: alla tempesta successe una grande bonaccia. SIN. sottentrare **3** accadere, avvenire (di fatti avvenuti in conseguenza di altri o dopo altri; anche per indicare il semplice verificarsi di qlco.): queste cose succedono a chi non bada ai propri interessi; ciò successe dieci anni fa // v.intr.impers. accadere: può — che una busta vada perduta.

successione [-sió-] s.f. **1** il succedere a un altro in una carica, nella proprietà d'un bene ecc.: — al trono; — nell'eredità **2** il susseguirsi di eventi o fenomeni: la — delle stagioni **3** serie ordinata di enti matematici: la — naturale dei numeri.

successivo agg. che succede a un altro, seguente: tornò il giorno —. SIN. susseguente.

successo [-cès-] s.m. esito, risultato favorevole: l'iniziativa ebbe —. SIN. riuscita. CONTR. insuccesso.

successore [-só-] s.m. chi succede: il — di Vittorio Emanuele II fu Umberto I / i successori di Pietro, i papi.

succhiare v.tr. [io sùcchio ecc.] trarre nella bocca aspirando: — il latte dal poppatoio; succhiarsi il dito / le radici delle piante succhiano gli umori della terra, li assorbono / l'ape succhia il nettare, lo trae dai fiori / — il sangue a qlcu., (fig.) sfruttarlo.

succhiellare v.tr. [io succhièllo ecc.] praticare fori col succhiello: — un'asse.

succhiello [-chièl-] s.m. arnese per forare, costituito da un ferro terminante a vite e da un manico a esso perpendicolare [ill. Utensili].

succhio [sùc-] s.m. (non com.) l'atto del succhiare.

succhiotto [-chiòt-] s.m. (fam.) → **tettarella**.

succiacapre s.m.invar. uccello notturno dal piumaggio scuro, con becco corto (fam. Caprimulgidi).

succiamele [-mé-] s.m.invar. pianta parassita, con foglie prive di cloroplasti e fiori bianco-violacei (fam. Orobanacee).

succinto agg. **1** si dice di vesti di dimensioni ridotte, che coprono poco **2** (fig.) breve, conciso: un discorso — / in —, in breve.

succlavio [-clà-] agg. (anat.) si dice di formazione anatomica che si trova sotto la clavicola: muscolo —; arteria, vena succlavia.

succo s.m. [pl. -chi] **1** sugo, umore contenuto nei frutti: — d'arancia, d'uva / — pancreatico, (anat.) liquido secreto dal pancreas **2** (fig.) sostanza, contenuto: il — d'un discorso.

succoso [-có-] agg. **1** che ha molto succo: frutto —. SIN. succulento, sugoso **2** (fig.) sostanzioso, espressivo: un discorso —.

succube, succubo [sùc-] agg. che soggiace alla volontà altrui: è — della sorella.

succulento [-lèn-] agg. **1** ricco di succo **2** gustoso: una pietanza succulenta. SIN. succoso.

succursale s.f. sezione distaccata di una azienda, di una società, di un ufficio; filiale.

sud s.m. uno dei quattro punti cardinali individuato dalla posizione del Sole quando raggiunge la massima altezza sull'orizzonte.

sudafricano agg. della Repubblica Sudafricana // s.m. abitante della Repubblica Sudafricana.

sudamericano agg. dell'America del sud // s.m. abitante dell'America del sud.

sudamina [-dà-] s.f. malattia della pelle caratterizzata dalla comparsa di punticini rossastri e da prurito.

sudanese [-né-] agg. del Sudan // s.m. e f. abitante del Sudan.

sudare v.intr. **1** emettere sudore: — per il caldo, per la *fatica*; — *freddo*, per uno stato morboso, per paura o per ansia. SIN. *traspirare* **2** (*fig.*) lavorare molto, affaticarsi: — *sui libri* // *v.tr.* **1** trasudare: *le pareti sudavano gocce di umidità / — sangue*, (*fig.*) faticare, soffrire per ottenere qlco. / — *sette camicie*, faticare moltissimo **2** guadagnarsi con grande fatica: — *il pane.*

sudario [-dà-] *s.m.* **1** lenzuolo funebre, panno con cui si ricopriva il volto della salma presso gli antichi **2** sindone.

sudata *s.f.* il sudare copiosamente per uno sforzo, una corsa, il caldo eccessivo; (*fig.*) fatica eccezionale, gran lavoro.

sudaticcio [-tìc-] *agg.* che è alquanto sudato: *mani sudaticce.*

sudato *agg.* **1** bagnato di sudore: *sono tutto* — **2** (*fig.*) ottenuto, guadagnato con fatica: *una sudata promozione.*

suddetto [-dét-] *agg.* che è stato nominato precedentemente: *l'articolo* —.

suddiacono [-dià-] *s.m.* (*eccl.*) chi ha ricevuto il primo degli ordini sacri maggiori.

sudditanza *s.f.* l'essere suddito; (*fig.*) dipendenza, spec. politico-militare, da qlcu.

suddito [sùd-] *s.m.* **1** colui che è soggetto a un sovrano **2** l'abitante di colonie e possedimenti, privo di diritti politici.

suddividere [-vì-] *v.tr.* [coniugato come *dividere*] dividere in parti minori ciò che era già stato diviso: *suddivise una parte del premio fra i collaboratori.* SIN. *ripartire.*

suddivisibile [-ʃì-] *agg.* che si può suddividere.

suddivisione [-ʃió-] *s.f.* atto, effetto del suddividere.

sudiceria [-rì-] *s.f.* **1** l'essere sudicio **2** cosa sudicia (anche *fig.*): *dire, fare sudicerie.*

sudicio [sù-] *agg.* **1** macchiato, imbrattato, molto sporco: *una casa, una camicia sudicia; mani sudicie.* SIN. *lurido, lercio, sordido* **2** (*fig.*) disonesto; immorale: *discorsi, atti sudici* // *s.m.* sporcizia, sudiciume (anche *fig.*): *vivere nel* —.

sudicione [-ció-] *s.m.* si dice di persona poco pulita, materialmente o moralmente. SIN. *sporcaccione.*

sudiciume *s.m.* **1** insieme di cose sudicie; sporcizia. SIN. *immondezza* **2** (*fig.*) immoralità, disonestà.

sudista *agg. e s.m. e f.* [pl.m. *-i*] **1** nella guerra di secessione americana (1861-65) chi apparteneva agli stati del Sud o parteggiava per essi **2** chi vive nella parte meridionale di un paese politicamente diviso in due // *agg.* della parte meridionale di un paese politicamente diviso in due: *esercito* —.

sudorazione [-zió-] *s.f.* la secrezione del sudore.

sudore [-dó-] *s.m.* liquido incolore, prodotto dalle ghiandole sudoripare: *gocce di* —; *grondare* —; *Lo studio mi costa* —, (*fig.*) molta fatica / *guadagnarsi il pane col* — *della fronte*, con il proprio lavoro.

sudorifero [-rì-] *agg.* che provoca o accresce la secrezione del sudore: *sostanza sudorifera.*

sudoriparo [-rì-] *agg.* (*anat.*) che secerne il sudore: *ghiandole sudoripare.*

sufficiente [-cièn-] *agg.* **1** che basta al bisogno, che serve allo scopo: *un guadagno* — / *compito* —, a scuola, quello che viene giudicato con un punteggio appena superiore alla metà dei punti disponibili (quindi sei su dieci). CONTR. *insufficiente* **2** (*scient.*) si dice di una condizione che basta da sola al verificarsi di determinati fenomeni / *ragion* —, (*fil.*) giustificazione razionale necessaria a che un fatto o una enunciazione possano essere riconosciuti veri **3** presuntuoso, che si valuta

troppo: *rispose con tono* — // *s.m.* ciò che basta, il necessario: *per fortuna, ha il* — *per vivere.*

sufficienza [-cièn-] *s.f.* **1** l'essere sufficiente / *a* —, quanto basta: *mangiare a* — **2** (*fig.*) alterigia, presunzione: *aria di* — **3** votazione scolastica del sei su dieci: *ha ottenuto la* —.

suffisso *s.m.* in linguistica, elemento che unito a una radice o a un tema forma un derivato (p.e. bosco, bosc*aglia*; musica, music-*ista*).

suffragare *v.tr.* [*io suffrago, tu suffraghi* ecc.] **1** appoggiare, sostenere con il proprio suffragio, con il proprio appoggio: *suffragava la sua tesi con ottimi argomenti* **2** (*relig.*) rendere suffragi alle anime dei defunti, raccomandarle a Dio con preghiere e opere buone.

suffragio [-frà-] *s.m.* **1** voto, dichiarazione di volontà: *negare il proprio* — / — *universale*, diritto di voto riconosciuto a tutti i cittadini che abbiano raggiunto un'età determinata, senza limitazioni di censo, istruzione ecc. **2** aiuto; in particolare, nella religione cattolica, l'aiuto spirituale, l'offerta di buone opere da parte dei fedeli e della chiesa alle anime del purgatorio per la remissione della loro pena temporale: *far dire una messa in* — *di qlcu.*

suffrutice [-frù-] *s.m.* (*bot.*) pianta il cui fusto è legnoso solo alla base.

suffumigio [-mì-] *s.m.* esposizione a vapori medicamentosi di persone o cose a scopo terapeutico o di disinfezione; evaporazione di certe sostanze.

suggellare [*io suggèllo* ecc.] **1** sigillare: — *una lettera* (*fig.*) confermare definitivamente: — *un patto.*

suggello [-gèl-] *s.m.* sigillo; gesto o parola che costituisce una conferma definitiva.

suggere [sùg-] *v.tr.* (*pres. io suggo, tu suggi* ecc.; manca il p.pass.) (*lett.*) succhiare.

suggerimento [-mén-] *s.m.* atto, effetto del suggerire; la cosa suggerita: *per suo* —. SIN. *consiglio.*

suggerire *v.tr.* [*io suggerisco, tu suggerisci* ecc.] **1** far venire in mente; consigliare, proporre, indicare: *quell'incontro gli suggerì nuove idee; la prudenza gli suggeriva di allontanarsi; non so cosa suggerirti...* **2** comunicare o rammentare a qlcu. cose non saputo o dimenticate, spec. in modo che altri non se ne accorga: *in classe gli suggerivo sempre la lezione; lo guardava suggerendogli con gli occhi la risposta.*

suggeritore [-tó-] *s.m.* [f. *-trice*] chi suggerisce; spec. chi ricorda le battute agli attori in teatro.

suggestionabile [-nà-] *agg.* che può essere suggestionato; facile alla suggestione.

suggestionare *v.tr.* [*io suggestióno* ecc.] influire su qlcu. determinandone la condotta, per mezzo della suggestione; per estens., indurre abilmente qlcu. a comportarsi in un dato modo: *le sue parole lo suggestionarono.*

suggestionato *agg.* in preda alla suggestione, ipnotizzato; per estens., fortemente impressionato, anche affascinato: *era* — *dalla sua voce.*

suggestione [-stió-] *s.f.* **1** fenomeno psicologico per cui un'idea, un sentimento, un comportamento s'impongono allo spirito, per l'azione ripetuta di una forza esterna irresistibile: — *ipnotica; per forza di* — **2** per estens., insinuazione, suggerimento; impressione, fascino esercitato da qlcu. o qlco.: *la* — *della musica, del paesaggio.*

suggestività *s.f.invar.* qualità di ciò che è suggestivo.

suggestivo *agg.* che insinua per suggestione; per estens., che affascina: *una domanda suggestiva*, che suggerisce la risposta; *un luogo —*, che fa nascere un'emozione estetica.

sughereto [-ré-] *s.m.* bosco di sugheri.

sugherificio [-fi-] *s.m.* stabilimento dove si lavora il sughero.

sughero [sù-] *s.m.* **1** albero sempreverde con scorza molto grossa porosa e piccole foglie ovali (*fam.* Cupulifere) **2** la sostanza elastica, spugnosa, ricavata dalla corteccia di tale albero e lavorata per vari usi; oggetto di sughero: *scarpe con suole di —*; *i sugheri delle reti*, i pezzi di sughero (o d'altra materia più leggera dell'acqua) che servono per tenere a galla i bordi delle reti da pesca **3** (*bot.*) tessuto secondario di protezione in alcune piante.

sugli *prep. articolata* composta da *su* e *gli*; si usa davanti ai vocaboli pl. che cominciano per vocale, *s* impura, *gn, ps, x, z* e si apostrofa davanti a *i*: *sugli stagni; sugli zoccoli; sugli asini; sugl'illusi*.

sugna *s.f.* le parti grasse del maiale da cui si ricavano lo strutto da cucina e altri grassi per pomate, saponi ecc.; anche lo strutto medesimo.

sugo *s.m.* [pl. *-ghi*] **1** il liquido, il succo contenuto in molte frutta, verdure ecc.; l'umore saporito che si ha in vivande cotte, spec. di carne: *il — del pomodoro*; *il — dell'arrosto / fare il —*, preparare con burro, olio, erbe aromatiche ecc. un condimento per il riso o la pasta asciutta **2** (*fig.*) il senso fondamentale, la sostanza: *il — del discorso / ironia senza —*, priva di mordente, sciocca / *non c'è —*, non vale la pena, non c'è gusto.

sugosità *s.f.invar.* qualità di ciò che è sugoso.

sugoso [-gó-] *agg.* che contiene molto sugo (anche *fig.*): *un'arancia sugosa*; *un discorso —*. SIN. *succoso.*

sui *prep. articolata* composta da *su* e *i*; si usa davanti ai vocaboli pl. comincianti per consonante che non sia *s* impura, *gn, ps, x, z*: *sui campi, sui velivoli.*

suicida *agg.* [pl.m. *-i*] che tende al suicidio: *mania, scopo —* // *s.m.* e *f.* chi uccide sé stesso; (*fig.*) chi si mette volontariamente in situazioni difficili.

suicidarsi *v.rifl.* **1** uccidersi, togliersi la vita **2** (*fig.*) provocare a sé stesso un grave danno fisico o morale: *quella ragazza lavora troppo, vuole —*.

suicidio [-ci-] *s.m.* l'uccidere sé stessi; atto con cui ci si dà volontariamente la morte: *la disperazione lo portò al —*; *la sua vita è un lento — / — morale*, azione con cui ci si priva dell'onore, della dignità, della stima.

suidi [sùi-] *s.m.pl.* famiglia di mammiferi dal corpo tozzo coperto di setole, con muso a tronco di cono e zampe poggianti al suolo per mezzo di due unghie (vi appartengono: *maiale, cinghiale, facocero, pecari* ecc.).

sui generis [*lat.*; *pr.* sùi gèneris = *di genere proprio*] *locuz.* che si usa per indicare persona o cosa singolare, strana, o non definibile facilmente in altro modo: *quella pietanza ha un sapore —*.

suini *s.m.pl.* sottofamiglia dei suidi caratterizzata dalle zanne rivolte all'indietro (comprende il maiale e il cinghiale).

suinicoltura *s.f.* l'allevamento dei suini.

suino *agg.* di porco, che riguarda il porco: *carne suina* // *s.m.* ogni animale della sottofamiglia dei suini, spec. il maiale: *un allevamento di suini, di maiali.*

suite [*franc.*; *pr.* süìt] *s.f.* **1** (*mus.*) composizione strumentale costituita da una serie di danze di unica tonalità; oggi, anche una serie di pezzi strumentali tratti da un'opera o da un balletto ed eseguiti in concerto **2** appartamento, spec. d'albergo.

sul *prep. articolata* composta da *su* e *il*; si usa davanti ai

vocaboli sing. comincianti per consonante che non sia *s* impura, *gn, ps, x, z*: *sul mare, sul trono.*

sulcitano *agg.* del Sulcis // *s.m.* abitante del Sulcis.

sulfamidico [-mì-] *s.m.* [pl. *-ci*] (*chim.*) composto organico sintetico, solforato e azotato, di varia composizione, largamente usato in medicina, da solo o associato con antibiotici, per la sua attività battericida.

sulfureo [-fù-] *agg.* di zolfo, che contiene zolfo: *acque sulfuree*, con azione curativa.

sulky [*ingl.*; *pr.* sàlchi] *s.m.* sediolo, nel trotto.

sulla *prep. articolata* composta da *su* e *la*; si usa davanti a tutti i vocaboli sing. e si apostrofa davanti a vocale: *sulla tavola; sull'acqua.*

sulle *prep. articolata* composta da *su* e *le*; si usa davanti a tutti i vocaboli pl.: *sulle amache, sulle navi, sulle spiagge.*

sullo *prep. articolata* composta da *su* e *lo*; si usa davanti ai vocaboli sing. che cominciano per vocale, *s* impura, *gn, ps, x, z* e si apostrofa davanti a vocale: *sullo scettro, sullo zaino, sull'armadio.*

sultanato *s.m.* **1** territorio soggetto all'autorità di un sultano **2** la dignità di sultano.

sultanina *agg.* e *s.f.* si dice di una qualità di uva passa con piccoli acini dolcissimi senza semi.

sultano *s.m.* titolo dei sovrani turchi e di altri principi musulmani / *fare una vita da —*, (*fig.*) condurre una vita sfarzosa e senza far nulla.

sunnita *s.m.* e *f.* [pl.m. *-i*] maomettano ortodosso.

sunto *s.m.* esposizione abbreviata, orale o scritta, di un testo. SIN. *riassunto, compendio, sommario.*

suo *agg.* e *pron.poss.* [pl.m. *suòi*] di lui, di lei; indica che una persona, un animale o una cosa appartengono a un soggetto di terza persona singolare: *quel ragazzo aiutò i suoi compagni* (del ragazzo); *Carla invitò le sue amiche* (di Carla); *gli diedi il mio libro in cambio del —* / *paga del —*, con il suo denaro; (*fig.*) prende personalmente la responsabilità di ciò che fa / *sta sulle sue*, non dà confidenza; si può rafforzare con *proprio* (*campava col — proprio lavoro*); è sostituito da *proprio* quando il soggetto è indeterminato; quando precede i sostantivi di parentela (tranne *nonno, nonna, babbo, mamma*), che non siano plurali o alterati o accompagnati da attributo o da apposizione, rifiuta l'articolo: *— padre, — zio, sua sorella*; ma: *i suoi fratelli, il — babbo, la sua mamma, il — figliolo, il — nonno, il — zietto, il — caro padre, il padre —*; si omette il possessivo ogni volta che sia già chiara la designazione del possessore: *il cane dimenava la coda* (non *la sua coda*).

suocera [suò-] *s.f.* la madre del marito o della moglie, rispetto all'altro coniuge; (*fig.*) donna litigiosa, maligna, autoritaria: *non fare la —.*

suocero [suò-] *s.m.* il padre del marito o della moglie, rispetto all'altro coniuge.

suola [suò-] *s.f.* **1** la parte della scarpa che poggia sul terreno: *— di cuoio, di gomma* **2** parte di oggetti o macchine che sta a contatto con un piano sottostante o con il suolo: *la — della pialla; la — degli sci* **3** parte dello zoccolo del cavallo.

suolo [suò-] *s.m.* **1** la superficie del terreno sul quale si sta o si cammina: *cadere al —* **2** il terreno, la terra: *— fertile / il — natio*, (*poet.*) la patria.

suonare *v.tr.* [*io* suòno ecc.] e *deriv.* → **sonare** e *deriv.*

suonato *s.m.* (*pop.*) si dice di pugile che ha riportato lesioni cerebrali permanenti; per estens., di chi è tonto, lento a capire.

suono [suò-] *s.m.* **1** sensazione acustica prodotta dalle vibrazioni di un corpo eccitato, trasmesse attraverso

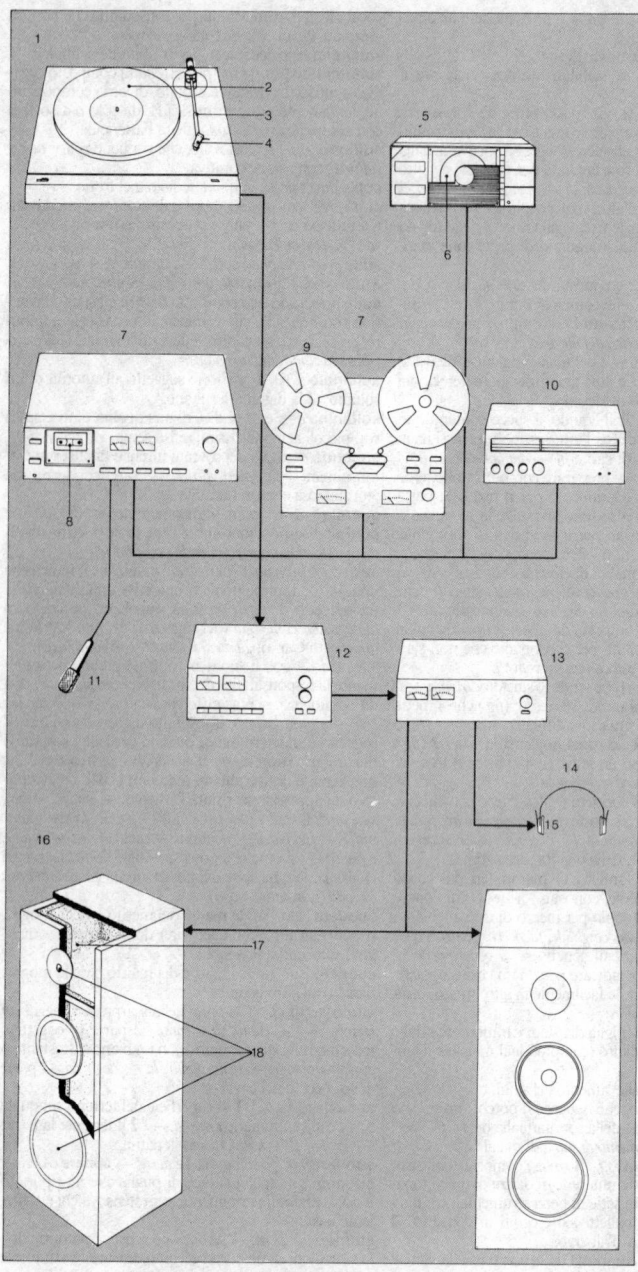

suono,
registrazione e
riproduzione

1 *giradischi,*
2 *piatto,*
3 *braccio,*
4 *testina,*
5 *lettore digitale,*
6 *compact disc,*
7 *registratore,*
8 *cassetta,*
9 *bobina,*
10 *sintonizzatore,*
11 *microfono,*
12 *preamplifica-*
tore,
13 *amplificatore*
di potenza,
14 *cuffia,*
15 *auricolare,*
16 *cassa*
acustica,
17 *materiale*
fonoassorbente,
18 *altoparlanti.*

l'aria; si dice soprattutto a proposito della voce umana, di strumenti musicali e simili: *il — del campanello, delle campane, del violino / l'arte dei suoni,* la musica */ al — di,* con l'accompagnamento musicale di */ a suon di pugni, di calci ecc.,* (*scherz.*) con pugni, calci ecc.: *glie'l'ha fatto capire a suon di pugni* **2** ciascuno degli elementi più semplici del linguaggio, fonema: *— vocalico, consonantico* **3** (*poet.*) fama.

suora [suò-] *s.f.* **1** (*ant.poet.*) sorella **2** monaca, religiosa: *si fece —; suor Teresa.*

super *agg.invar.* usato come abbreviazione di *superiore* anche per effetto del largo uso di *super-* come primo elemento di parole composte, indica superiorità, qualità elevata: *un caffè —, una festa —,* un ottimo caffè, una festa molto divertente // *s.f.* benzina ad alto numero di ottano.

super- [dal lat. *super = sopra*] prefisso usato in molte parole moderne; dà genericamente valore superlativo ed in particolare indica eccesso (*superallenamento*), preminenza (*supervisione*), superamento di un limite (*supersonico*), sovrapposizione (*superstrato*).

superabile [-rà-] *agg.* che si può superare.

superaffollato *agg.* eccessivamente affollato.

superalcolico [-cò-] *agg.* e *s.m.* [pl.m. *-ci*] si dice di bevanda il cui contenuto alcolico è superiore a una data percentuale: *licenza di vendita di superalcolici.*

superalimentazione [-zió-] *s.f.* alimentazione superiore al fabbisogno normale del corpo.

superallenamento [-mén-] *s.m.* (*sport*) allenamento troppo intenso, preparazione eccessivamente faticosa e mal graduata.

superamento [-mén-] *s.m.* atto, effetto del superare.

superare *v.tr.* [*io sùpero ecc.*] **1** essere superiore per dimensioni; andare al di sopra (anche *fig.*): *questa montagna supera le altre in altezza; — il traguardo; questo supera le mie possibilità.* **SIN.** oltrepassare, sorpassare **2** essere più dotato, più valente di un altro, riuscir superiore in qlco.; vincere, sostenere vittoriosamente: *lo supera per ingegno; mi ha superato in velocità; — una difficoltà, gli esami / — sé stesso,* dare una prova delle proprie capacità maggiore di quelle già date.

superato *agg.* antiquato, sorpassato: *opinioni superate; uno scrittore —.*

superattico [-àt-] *s.m.* [pl. *-ci*] appartamento situato un piano sopra l'attico.

superbia [-pèr-] *s.f.* eccessiva stima di sé accompagnata da un'ambizione smodata e dal disprezzo verso gli altri. **SIN.** alterezza, alterigia, orgoglio.

superbo [-pèr-] *agg.* **1** che ha in sé o dimostra superbia: *uomo — / va — di suo figlio,* va giustamente fiero di lui. **SIN.** altero, orgoglioso, arrogante. **CONTR.** umile **2** splendido, magnifico: *ha una casa superba; una donna di bellezza superba / la Superba,* epiteto della città di Genova.

supercarburante *s.m.* benzina ad alto numero di ottano.

supercolosso [-lòs-] *s.m.* si dice di film di grande effetto spettacolare, realizzato con grande profusione di mezzi.

superconduttività *s.f.invar.* proprietà di alcuni metalli, portati a una temperatura assai prossima allo zero assoluto, di avere una resistenza elettrica praticamente nulla.

supercongelato *agg.* → **surgelato.**

superdotato *agg.* che ha doti superiori alla media.

superficiale *agg.* **1** che è alla superficie, che costitui-

sce la superficie: *ferita, strato —* **2** (*fig.*) che non conosce, non esamina a fondo le cose; generico, poco profondo: *uomo —; istruzione —.*

superficialità *s.f.invar.* l'essere superficiale (spec. *fig.*).

superficie [-fi-] *s.f.* [pl. *-ci* o *-cie*] **1** ogni estensione in lunghezza e in larghezza; più genericamente, la parte estesa che delimita esternamente un corpo: *— piana; calcolare la — di un triangolo,* trovarne l'area; *la — di una tavola / la — della Terra,* la superficie fisica, che comprende la parte solida e la parte liquida **2** (*fig.*) apparenza, esteriorità: *fermarsi alla, in —,* non approfondire.

superfluidità *s.f.invar.* l'insieme delle straordinarie proprietà dell'elio liquido a temperature inferiori a 2,18° Kelvin, come quella di scorrere senza attrito attraverso capillari e di fuoriuscire dai recipienti risalendone le pareti.

superfluo [-pèr-] *agg.* eccessivo rispetto al bisogno, non necessario; inutile: *ricchezze superflue; raccomandazioni superflue* // *s.m.* ciò che è in più del necessario.

super-io *s.m.invar.* nella psicanalisi, l'esigenza morale presente nell'individuo e tendente a controllare gli istinti.

superiora [-rió-] *s.f.* monaca o suora a capo di una comunità religiosa.

superiore [-rió-] *agg.* [*compar.* di *alto*] **1** che sta sopra, più in alto: *piano —; gli arti superiori* **2** più alto, maggiore: *età, statura —; prezzi superiori / ufficiali superiori,* il maggiore, il tenente colonnello, il colonnello **3** che ha maggior valore, pregio; di persona, che ha maggiori capacità, meriti: *stoffa di qualità —; è molto — al fratello* // *s.m.* chi, in una gerarchia, occupa un posto di grado più elevato: *per questo occorre la firma del mio —.*

superiorità *s.f.invar.* l'essere superiore (spec. *fig.*): *— di uomini e di mezzi; tutti hanno riconosciuto la sua —.* **SIN.** prevalenza, preminenza.

superlativo *agg.* superiore a tutti; eccellente, sublime: *bellezza superlativa* // *s.m.* il grado superlativo dell'aggettivo e dell'avverbio: indica il grado più alto di una qualità in senso assoluto (*superlativo assoluto:* la mia casa è *bellissima*) o in relazione ad altri (*superlativo relativo:* la mia casa è *la più bella di tutte*); più raramente esprime il grado di un sostantivo riferendosi a certe sue qualità intrinseche (p.e. campione, *campionissimo*).

superlavoro [-vó-] *s.m.* lavoro eccessivo.

supermarket *s.m.invar.* (*ingl.*), **supermercato** *s.m.* grande emporio, per lo più limitato ai prodotti alimentari e di uso domestico, caratterizzato da un'organizzazione di vendita senza commessi, per cui il cliente si serve da solo e paga prima dell'uscita l'equivalente della merce acquistata.

supernazionale *agg.* che è al di sopra delle singole nazioni: *comunità —.*

supernova [-nò-] *s.f.* stella nova che subisce un aumento così sensibile di luminosità, probabilmente a causa di un'esplosione.

supernutrizione [-zió-] *s.f.* alimentazione superiore al fabbisogno normale del corpo.

supero[1] [sù-] *agg.* (*lett.*) superiore, che sta in alto: *gli dei superi,* nella mitologia pagana, gli dei del cielo e della terra in contrapposto agli dei infieri.

supero[2] [sù-] *s.m.* (*comm.*) ciò che sopravanza, che è in sovrappiù.

superpetroliera [-liè-] *s.f.* petroliera la cui stazza supera le 50.000 tonnellate.

superpotenza [-tèn-] *s.f.* nazione militarmente ed economicamente fortissima / *le due superpotenze*, USA e URSS.

superproduzione [-zió-] *s.f.* → **sovrapproduzione**.

supersonico [-sò-] *agg.* [pl.m. *-ci*] che supera la velocità del suono: *velocità supersonica; aereo* —.

superstite [-pèr-] *agg.* e *s.m.* e *f.* che o chi sopravvive ad altri: *il figlio* —; *i superstiti della sciagura*.

superstizione [-zió-] *s.f.* credenza determinata dall'ignoranza e dalla suggestione per cui si tende ad attribuire a cause occulte o soprannaturali avvenimenti che possono essere spiegati con cause naturali.

superstizioso [-zió-] *agg.* che crede alle superstizioni; che deriva da superstizione: *uomo*—; *paura superstiziosa*.

superstrada *s.f.* sorta di autostrada senza pedaggio.

superuomo [-uò-] *s.m.* [pl. *superuòmini*] **1** secondo F. Nietzsche (1844-1900), l'uomo dotato di ingegno eccezionale, che riesce ad affermare pienamente le sue energie vitali e si sottrae alla morale comune, vivendo al di là del bene e del male **2** uomo dotato di qualità fisiche e intellettuali d'eccezione; (*iron.*) chi si ritiene tale.

supervisione [-fió-] *s.f.* l'attività del supervisore; in cinematografia, la direzione generale di un film.

supervisore [-fó-] *s.m.* chi soprintende alla realizzazione artistica e tecnica di un'opera cinematografica o teatrale, e, più genericamente, di un'opera qualsiasi.

supinatore [-tó-] *agg.* e *s.m.* (*anat.*) si dice di muscolo che provoca la supinazione (*ill. Corpo*).

supinazione [-zió-] *s.f.* movimento dell'avambraccio che porta la palma della mano verso l'alto (al contrario della *pronazione*).

supino[1] *agg.* che è disteso sulla schiena con il viso rivolto in su / *con le mani supine*, con la palma delle mani rivolta all'insù / *obbedienza supina*, cieca, servile.

supino[2] *s.m.* (*gramm.*) nella lingua latina, forma del verbo infinito che esprime lo scopo o il fine di un'azione.

suppellettile [-lèt-] *s.f.* l'insieme degli oggetti che costituiscono l'arredamento di una casa, e per estens. di una chiesa, di una scuola ecc.; in archeologia, l'insieme degli oggetti rinvenuti nello scavo di una casa, di una tomba ecc.

suppergiù *avv.* all'incirca, pressappoco.

supplementare *agg.* che serve di supplemento: *razione* — / *angolo* —, (*geom.*) quello che, aggiunto all'altro, forma un angolo piatto / *tempi supplementari*, negli sport a squadre, il supplemento di partita che si gioca in caso di parità o che può essere deciso dall'arbitro per motivi vari.

supplemento [-mén-] *s.m.* aggiunta fatta a qlco. che era incompleta o insufficiente; in particolare, pubblicazione che serve di integrazione o aggiornamento a un'altra: *un — di viveri; il — all'enciclopedia / questo giornale esce spesso con un* —, con pagine illustrate dedicate ad argomenti vari.

supplente [-plèn-] *agg.* e *s.m.* e *f.* che, chi sostituisce temporaneamente un impiegato, insegnante ecc. quando è assente; sostituto.

supplenza [-plèn-] *s.f.* **1** l'incarico di supplire temporaneamente qlcu. nel suo lavoro: *ottenere una — in un anno* **2** l'opera di chi supplisce, di chi integra carenze, vuoti di attività.

suppletivo *agg.* che serve da supplemento: *esame* —.

supplì *s.m.invar.* grossa crocchetta di riso, con carne, mozzarella o altri ingredienti.

supplica [sùp-] *s.f.* il supplicare; parole con cui si supplica: *in atto di* —, in tono supplichevole; *presentare una* —, rivolgere una domanda a un'autorità per ottenerne una grazia o un intervento. SIN. *implorazione, istanza, preghiera*.

supplicante *agg.* e *s.m.* e *f.* (*lett.*) che, chi supplica: *sguardo* —.

supplicare *v.tr.* [*io sùpplico, tu sùpplichi* ecc.] pregare umilmente e con fervore: *lo supplicò di non partire*. SIN. *implorare, impetrare*.

supplice [sùp-] *agg.* (*lett.*) supplichevole.

supplichevole [-ché-] *agg.* che supplica: *occhi supplichevoli*.

supplire *v.intr.* [*io supplisco, tu supplisci* ecc.] integrare qlco. che è scarsa o mancante: *lo studio supplisce a una memoria labile; — con la fantasia alla mancanza di mezzi; spesso i magistrati devono — a vuoti legislativi*. SIN. *sopperire* // *v.tr.* sostituire una persona, farne le veci: *il preside supplisce il professore ammalato*.

supplizio [-pli-] *s.m.* grave pena corporale; per estens., pena di morte; (*fig.*) insopportabile patimento fisico o morale: *il — della flagellazione; il — della sete / l'estremo* —, la pena di morte. SIN. *martirio, tortura, tormento, strazio*.

supponente [-nèn-] *agg.* arrogante, presuntoso.

supponenza [-nèn-] *s.f.* presunzione, arroganza.

supporre [-pór-] *v.tr.* [coniugato come *porre*] immaginare, fare una congettura: *suppongo che tu non mi creda; supponiamo che sia vero*.

supportare *v.tr.* [*io suppòrto* ecc.] sostenere (anche *fig.*): — *le proprie tesi con dati statistici*.

supporter [*ingl.*; *pr.* sapóta] *s.m.* tifoso, sostenitore, spec. delle squadre di pallacanestro.

supporto [-pór-] *s.m.* **1** appoggio, sostegno, spec. di perni o di altre parti mobili d'una macchina; il mezzo, il veicolo fisico, spec. nei sistemi d'informazione: *la carta è il — dell'informazione stampata; elaboratore a — magnetico*, che registra dati e informazioni su nastro o disco magnetico **2** (*fig.*) ciò che conferma, che rende credibile: *senza — di prove*.

supposizione [-fizió-] *s.f.* atto, effetto del supporre; cosa supposta: *una — fondata, probabile*. SIN. *congettura, ipotesi*.

supposta [-pó-] *s.f.* medicamento da somministrare per via rettale.

suppurare *v.intr.* (*med.*) venire a suppurazione.

suppurazione [-zió-] *s.f.* (*med.*) processo infiammatorio con formazione di pus: *la piaga è venuta a* —.

supremazia [-zì-] *s.f.* autorità suprema; preminenza sulle altre autorità; primato: *la — dello stato; ha la — in campo letterario*.

suprème [*franc.*; *pr.* süprèm] *s.f.* pietanza a base di petti di pollo o di tacchino, cucinati in casseruola con una salsa assai densa.

supremo [-prè-] *agg.* **1** massimo, sommo, eccelso: *l'autorità suprema; la suprema ragione di vita* **2** estremo, ultimo: *il — saluto di un morente / l'ora suprema*, quella della morte.

sur- [dal lat. *super* = *sopra*] prefisso che significa genericamente «sopra»: *surrealismo, surrenale, surriscaldare*.

surah *s.f.invar.* tessuto di seta o cotone molto morbido e pregiato.

surale *agg.* (*anat.*) del polpaccio.

surclassare *v.tr.* (*sport*) superare l'avversario in modo netto, con indiscutibile superiorità.

surf [*ingl.*; *pr.* sàaf] *s.m.* **1** tavola galleggiante su cui si sta in piedi, mentre viene spinta dall'onda o dal vento: — *a vela* **2** ballo che richiama, nei movimenti, lo sforzo d'equilibrio di chi pratica il surfing.

surfing [*ingl.*; *pr.* sàafin] *s.m.* lo sport che si pratica con il surf.

surgelare *v.tr.* [*io surgèlo ecc.*] portare una sostanza, e spec. un commestibile, a temperatura bassissima e conservarlo a non più di − 20°.

surgelato *agg.* e *s.m.* si dice di sostanza e spec. alimento che, dopo essere stato portato a temperatura bassissima, si può conservare a bassa temperatura per lunghissimo tempo.

surgelazione [-zió-] *s.f.* l'atto, l'effetto, la tecnica del surgelare.

surménage [*franc.*; *pr.* sürmenàj] *s.m.* stato risultante da una fatica eccessiva.

surplace [*franc.*; *pr.* sürplàs] *s.m.* (*sport*) posizione di equilibrio assunta dai ciclisti, immobili sulla bicicletta ferma, in attesa del momento più adatto per scattare.

surplus [-plùs] *s.m.invar.* **1** nella contabilità nazionale, l'avanzo attivo della bilancia dei pagamenti **2** rendita di un prodotto.

surreale *agg.* che evoca immagini fuori della realtà.

surrealismo [-ʃmo] *s.m.* movimento artistico e letterario sorto in Francia nel 1924, che si proponeva, astraendo dalla realtà esterna, di esprimere la vita dell'inconscio.

surrealista *agg.* e *s.m.* e *f.* [pl.m. *-i*] si dice di seguace del surrealismo: *pittore* —.

surrealistico [-li-] *agg.* [pl.m. *-ci*] pertinente al surrealismo, ai surrealisti.

surrenale *agg.* (*anat.*) del surrene, relativo al surrene: *ghiandole surrenali.*

surrene [-rè-] *s.m.* (*anat.*) ghiandola endocrina situata sul polo superiore di ciascun rene [*ill. Rene*].

surrettizio [-tì-] *agg.* nel linguaggio giuridico, si dice di ciò che è stato ottenuto abusando dell'altrui buona fede, e si basa pertanto su presupposti falsi.

surriscaldamento [-mén-] *s.m.* processo di riscaldamento di un vapore saturo, per alzarne la temperatura oltre quella di ebollizione della fase liquida.

surriscaldare *v.tr.* **1** riscaldare eccessivamente (anche *fig.*): *un ambiente surriscaldato; una platea surriscaldata* **2** sottoporre a surriscaldamento.

surrogabile [-gà-] *agg.* (*rar.*) sostituibile.

surrogare *v.tr.* [*io surrògo* o *sùrrogo, tu surròghi* o *sùrroghi ecc.*] **1** porre una cosa o una persona al posto di un'altra; sostituire, supplire: — *una rendita con un'altra;* — *un impiegato con un altro* **2** subentrare a qlcu. in un ufficio, in un incarico o simili: *sono stato chiamato a* — *il direttore.*

surrogato *s.m.* prodotto o preparato che ne sostituisce o ne rimpiazza un altro; succedaneo: — *di caffè* // *agg.* si dice di ciò che si sostituisce a qlco.: *bene* —, *bene* succedaneo, che può sostituirne un altro con risultati analoghi.

survivalismo [-ʃmo] *s.m.* (*ingl.*) pratica del tempo libero, che consiste nell'esercitarsi a riuscire a sopravvivere con pochi mezzi in zone deserte o pericolose; anche, l'insieme di accorgimenti ed esperienze a ciò necessari.

suscettibile [-tì-] *agg.* **1** capace di subire modificazioni: *situazione* — *di miglioramento; il pensiero umano è* — *di sviluppo* **2** si dice di persona che si offende con eccessiva facilità. SIN. *permaloso.*

suscettibilità *s.f.invar.* l'essere suscettibile.

suscitare *v.tr.* [*io sùscito ecc.*] far sorgere (spec. *fig.*); causare, eccitare: — *odio;* — *il riso.*

suscitatore [-tó-] *s.m.* [f. *-trice*] chi suscita: — *di scandali.*

susina *s.f.* frutto del susino, prugna.

susino *s.m.* albero con foglie ovali, fiori bianchi e frutti commestibili, dalla polpa dolce e sugosa (*fam.* Rosacee).

suspense [*ingl.*; *pr.* sàspens] *s.m.* o *f.* stato d'animo di ansiosa incertezza di chi attende lo scioglimento di una situazione drammatica o di chi segue narrazioni o spettacoli terrificanti: *un film che ha molto* (o *molta*) —.

suspicione [-ció-] *s.f.* (*ant.*) sospetto / *legittima* —, (*dir.*) legittimo sospetto che, nel corso di un processo, testimoni e giudici possano essere influenzati da motivi estranei alla giustizia.

susseguente [-guèn-] *agg.* che segue, che viene dopo: *il giorno* — *alla partenza.* SIN. *successivo.*

susseguire *v.intr.* [*io susséguo ecc.*] venire subito dopo; derivare come conseguenza, conseguire: *al giorno susseguì la notte; all'eccessivo lavoro susseguì la stanchezza* // **-irsi** *v.rifl.pron.* venire l'uno dopo l'altro: *i giorni si susseguono tristemente.*

sussidiare *v.tr.* [*io sussidìo ecc.*] provvedere a sussidio; aiutare, sovvenzionare.

sussidiario [-dià-] *agg.* che è di sussidio: *una truppa sussidiaria; fermata sussidiaria,* la fermata di un mezzo pubblico di linea, vicina a quella normale, che viene utilizzata quando più vetture devono fermarsi contemporaneamente.

sussidio [-sì-] *s.m.* **1** (*lett.*) aiuto, soccorso: *mandare truppe in* — *agli alleati* **2** aiuto in denaro: *ottenne un piccolo* —. SIN. *sovvenzione.*

sussiego [-siè-] *s.m.* pl. *-ghi*] contegno dignitoso e serio con una punta di superbia.

sussistente [-stèn-] *agg.* che sussiste; che ha validità: *ragioni sussistenti.*

sussistenza [-stèn-] *s.f.* **1** il sussistere **2** quanto occorre al sostentamento, alla vita materiale **3** (*mil.*) corpo preposto al vettovagliamento delle truppe.

sussistere [-sì-] *v.intr.* **1** essere, esistere: *non sussistono prove contro di lui* **2** essere valido; avere un fondamento: *scuse che non sussistono.*

sussultare *v.intr.* fare un balzo con moto spontaneo, per gioia o per emozione. SIN. *sobbalzare, trasalire.*

sussulto *s.m.* piccolo balzo, causato dalla contrazione involontaria dei muscoli, per improvvisa emozione; movimento improvviso e violento: *nell'udire la notizia ebbe un* —. SIN. *sobbalzo.*

sussultorio [-tò-] *agg.* (*geol.*) relativo a scosse sismiche che si propagano per vibrazioni verticali.

sussurrare *v.tr.* **1** pronunciare a bassa voce: *gli ha sussurrato una frase all'orecchio.* SIN. *mormorare, bisbigliare* **2** dire nascostamente con disapprovazione: *si sussurra che abbia perso tutto al gioco.* SIN. *mormorare* // *v.intr.* produrre un rumore lieve e indistinto: *le foglie sussurrano al vento.*

sussurrio [-rì-] *s.m.* un sussurrare prolungato.

sussurro *s.m.* il sussurrare. SIN. *mormorio, bisbiglio.*

sutura *s.f.* **1** (*chir.*) riunione, mediante cucitura, dei margini di una ferita **2** (*anat.*) tipo di articolazione in cui le ossa sono unite da tessuto fibroso che ne impedisce il movimento.

suturare *v.tr.* praticare una sutura.

suvvia [-vì-] *inter.impr.* (*antiq.*) esprime esortazione, incoraggiamento o impazienza: *calmati,* —*!;* —, *affrettati!*

svaccato [ʃvac-] *agg.* (*fam.*) che si lascia andare, che non si impegna più; rassegnato, passivo.

svagare [ʃva-] *v.tr.* [*io svago, tu svaghi ecc.*] **1** divertire, ricreare: *questo spettacolo mi ha svagato* **2** distrarre: *non mi* —, *mentre lavoro* // **-arsi** *v.rifl.pron.* **1** divertirsi. SIN. *sollazzarsi, spassarsi* **2** distrarsi, divagare col pensiero.

svagato [ʃva-] *agg.* distratto.

svago [ʃva-] *s.m.* [pl. *-ghi*] **1** lo svagare, lo svagarsi: *mi sono preso un po' di* — **2** ciò che svaga: *in questo paese ci sono pochi svaghi.* SIN. *divertimento, passatempo, ricreazione.*

svaligiamento [ʃvaligiamén-] *s.m.* lo svaligiare.

svaligiare [ʃva-] *v.tr.* [*io svaligio ecc.*] portare via rubando; saccheggiare, derubare: *i ladri hanno svaligiato l'appartamento.*

svaligiatore [ʃvaligiató-] *s.m.* [f. *-trice*] chi svaligia.

svalutare [ʃva-] *v.tr.* [*io svalùto o svalùto ecc.*] togliere valore o pregio; (*fig.*) deprezzare, sottovalutare: — *la moneta*; — *il lavoro altrui.*

svalutazione [ʃvalutazió-] *s.f.* lo svalutare: *la* — *della moneta*, diminuzione del suo valore rispetto all'oro o ad altre monete; nel linguaggio corrente, deprezzamento.

svampito [ʃvam-] *agg.* svanito (detto di persona): *un vecchio* —.

svanire [ʃva-] *v.intr.* [*io svanisco, tu svanisci ecc.*] **1** perdere a poco a poco la forza, l'intensità: *la grappa svanisce se non chiudi bene la bottiglia; la memoria svanisce con l'età* **2** dileguarsi a poco a poco: *l'automobile svanì nel buio della notte.* SIN. *sparire, scomparire* **3** (*fig.*) cessare di esistere; andare in fumo: *la speranza purtroppo svanì.* SIN. *sfumare.*

svanito [ʃva-] *agg.* **1** che ha perso l'essenza, il vigore: *un profumo* —; *mente svanita* **2** si dice di persona che non ha più la pienezza delle sue forze mentali: *il nonno mi sembra un po'* — **3** (*fig.*) scomparso, sfumato: *una speranza svanita.*

svantaggio [ʃvantàg-] *s.m.* **1** condizione sfavorevole, di inferiorità rispetto ad altri; danno: *questo è utile per te, ma per me è uno* —. SIN. *scapito.* CONTR. *vantaggio* **2** (*sport*) distacco, differenza negativa di spazio, di tempo, di punteggio: *alla fine del primo tempo la nostra squadra era in* —. CONTR. *vantaggio.*

svantaggioso [ʃvantaggió-] *agg.* che procura svantaggio; sfavorevole: *patto* —; *posizione svantaggiosa.* CONTR. *vantaggioso.*

svanzica [ʃvàn-] *s.f.* **1** nome italiano della vecchia moneta argentea austriaca da venti soldi **2** (*fig.fam.*) spec. *pl.* denaro, quattrini: *è pieno di svanziche.*

svaporamento [ʃvaporamén-] *s.m.* lo svaporare.

svaporare [ʃva-] *v.intr.* [*io svapóro ecc.*] **1** emettere sotto forma di vapore la parte essenziale, detto di una sostanza: *l'acqua lasciata al sole svapora; l'etere svapora rapidamente.* SIN. *evaporare* **2** (*fig.*) svanire: *la rabbia gli sta svaporando; ti è svaporata la sbornia?*

svariamento [ʃvariamén-] *s.m.* lo svariare.

svariare [ʃva-] *v.tr.* [*io svàrio ecc.*] **1** rendere vario, variare: — *i colori* **2** (*fig.*) divertire: *bisogna un po'* — *i ragazzi, altrimenti si annoiano // v.intr.* (*lett.*) essere o apparire di diversi colori: *le frasche svariano sullo sfondo.*

svariato [ʃva-] *agg.* **1** che ha molte varietà; variato: *uno spettacolo* —; *un mazzo di fiori svariati.* SIN. *vario, molteplice* **2** *pl.* molti e diversi: *mi sono comperato svariati libri; quest'anno ho fatto svariati viaggi.*

svarione [ʃvarió-] *s.m.* grosso errore di lingua che si fa parlando o scrivendo. SIN. *sfarfallone.*

svasare [ʃvaʃa-] *v.tr.* **1** riferito a piante, togliere da un vaso **2** ridurre a forma di un tronco di cono: — *una gonna*, farla scampanata, più ampia verso il basso.

svasato [ʃvaʃa-] *agg.* fatto a forma di tronco di cono / *albero* —, coi rami tagliati in modo che formino un tronco di cono rovesciato / *gonna svasata*, scampanata, che s'allarga in fondo a forma di campana.

svasatura [ʃvaʃa-] *s.f.* atto, effetto dello svasare: *la* — *di una gonna*; *una* — *molto ampia.*

svasso [ʃvas-] *s.m.* grosso uccello di palude bianco e nero, con un ciuffo di piume sul capo e le zampe poste all'indietro, che gli conferiscono la caratteristica posizione eretta (*fam.* Podicipidi).

svastica [ʃvà-] *s.f.* croce a quattro bracci uguali e ripiegati ad angolo retto; fu simbolo del nazismo.

svecchiamento [ʃvecchiamén-] *s.m.* lo svecchiare.

svecchiare [ʃvec-] *v.tr.* [*io svècchio ecc.*] liberare dal vecchiume; rinnovare, rimodernare.

svedese [ʃvedé-] *agg.* della Svezia / *fiammifero* —, fiammifero di legno che si accende solo se sfregato su fosforo rosso // *s.m.* e *f.* abitante, nativo della Svezia; lingua della Svezia.

sveglia [ʃvé-] *s.f.* **1** l'atto di svegliare o di svegliarsi: *la* — *è alle sei* **2** suono di tromba, soneria o altro con cui si sveglia qlcu. e spec. gli appartenenti a una comunità: *sonare la* — **3** orologio munito di soneria che suona all'ora prestabilita.

svegliare [ʃve-] *v.tr.* [*io svéglio ecc.*] **1** scuotere dal sonno: *non lo sveglierebbero neppure le cannonate*, ha il sonno molto pesante / *prov.: non* — *il can che dorme*, non provocare chi potrebbe reagire danneggiandoti. SIN. *destare* **2** (*fig.*) scuotere dal torpore, dall'inerzia; scaltrire: *ha bisogno di essere svegliato* **3** (*fig.*) stimolare; far nascere: *una bella passeggiata sveglia l'appetito // -arsi v.rifl.pron.* **1** scuotersi dal sonno; (*fig.*) uscire dal torpore, dall'inerzia; scaltrirsi **2** (*fig.*) manifestarsi, spec. se non per la prima volta: *mi si è svegliato il mal di denti.*

sveglio [ʃvé-] *agg.* **1** che non dorme, che veglia: *sono stato* — *tutta la notte* **2** (*fig.*) d'ingegno pronto e vivace: *un ragazzo* —.

svelare [ʃve-] *v.tr.* [*io svélo ecc.*] render noto, manifesto: — *un segreto.* SIN. *rivelare, palesare.*

svelenire [ʃve-] *v.tr.* [*io svelenisco, tu svelenisci ecc.*] liberare dall'astio, dall'odio; mitigare, addolcire: — *la discussione.*

svellere [ʃvèl-] *v.tr.* [pres. *io svèllo o svèlgo, tu svèlli ecc.*; pass.rem. *io svèlsi, tu svellésti ecc.*; cong.pres. *io svèlla o svèlga ecc.*; p.pass. *svèlto*] togliere, strappare con forza (anche *fig.*): — *una pianta, un vizio.* SIN. *sconficcare, sradicare, estirpare.*

sveltezza [ʃveltéz-] *s.f.* **1** l'essere rapido, veloce **2** l'essere agile, snello **3** (*fig.*) l'essere d'ingegno pronto.

sveltire [ʃvel-] *v.tr.* [*io sveltisco, tu sveltisci ecc.*] **1** rendere più pronto, disinvolto; scaltrire: *la vita in città l'ha sveltito* **2** rendere rapido, veloce: *la nuova autostrada sveltirà il traffico* **3** rendere sottile, slanciato.

svelto [ʃvèl-] *agg.* **1** che agisce con prontezza, rapidità / — *di mano*, che ha l'abitudine di rubare o di venire alle mani / — *di lingua*, linguacciuto e maldicente. SIN. *lesto* **2** veloce, spedito: *camminava con passo* — / *alla svelta*, in fretta, rapidamente **3** sottile e slanciato: *aveva una figuretta svelta* **4** d'ingegno pronto.

svenare [ʃve-] *v.tr.* [*io svéno ecc.*] **1** uccidere tagliando le vene; dissanguare **2** (*fig.*) privare di tutto il denaro che uno possiede; portare alla rovina.

svendere [ʃvén-] *v.tr.* [coniugato come *vendere*] vendere a un prezzo di molto inferiore a quello normalmente praticato; anche vendere sotto costo.

svendita [ʃvén-] *s.f.* lo svendere: — *di fine stagione.*

svenevole [ʃvené-] *agg.* che ha o che mostra una sensibilità eccessiva e affettata. SIN. *sdolcinato, lezioso, smorfioso.*

svenevolezza [ʃvenevolézz-] *s.f.* **1** l'essere svenevole **2** atto svenevole. SIN. *smanceria, sdilinquimento.*

svenimento [ʃvenimén-] *s.m.* perdita momentanea della coscienza.

svenire [ʃve-] *v.intr.* [coniugato come *venire*] perdere i sensi, cadere in deliquio.

sventagliare [ʃven-] *v.tr.* [*io sventàglio ecc.*] **1** far vento con il ventaglio; per estens., agitare come un ventaglio: *stava in panciolle a sventagliarsi; gli sventagliò sotto il naso un biglietto da mille* **2** disporre, allargare a ventaglio: *il tacchino sventaglia la coda.*

sventagliata [ʃven-] *s.f.* **1** lo sventagliare **2** disposizione a ventaglio; insieme di cose disposte a ventaglio **3** raffica di arma da fuoco: *una — di mitra.*

sventare [ʃven-] *v.tr.* [*io svènto ecc.*] rendere vano, far fallire: *— un'insidia.*

sventatezza [ʃventatéz-] *s.f.* l'essere sventato; atto da sventato. SIN. *avventatezza, storditaggine.*

sventato [ʃven-] *agg.* e *s.m.* si dice di persona che agisce senza riflettere; incauto. SIN. *sbadato, avventato, sconsiderato, stordito.*

sventola [ʃvèn-] *s.f.* **1** (*fam.*) ventola / *orecchie a —*, con il padiglione molto sporgente in avanti **2** (*fig.*) percossa data con la mano aperta, schiaffo; nel pugilato, colpo che arriva a segno col dorso della mano.

sventolamento [ʃventolamén-] *s.m.* atto, effetto dello sventolare.

sventolare [ʃven-] *v.tr.* [*io svèntolo ecc.*] **1** agitare qlco. al vento o per far vento: *— il fazzoletto, il ventaglio* **2** far vento a qlcu., a qlco.: *— il fuoco,* per ravvivarlo; *si sventolava con il cappello // v.intr.* muoversi al vento: *le bandiere sventolano sui pennoni.*

sventolio [ʃventolì-] *s.m.* un vivace sventolare al vento: *— di bandiere.*

sventramento [ʃventramén-] *s.m.* **1** atto, effetto dello sventrare; anche la demolizione di quartieri cittadini: *in quella zona sono in corso lavori di —* **2** (*med.*) fuoruscita dei visceri dalla cavità addominale.

sventrare [ʃven-] *v.tr.* [*io svèntro ecc.*] **1** togliere le interiora a un animale prima di cucinarlo. SIN. *sbudellare* **2** trafiggere, uccidere colpendo al ventre **3** (*fig.*) demolire edifici e quartieri di una città per ragioni urbanistiche.

sventura [ʃven-] *s.f.* **1** sorte avversa: *si ritiene perseguitato dalla —* **2** avvenimento che provoca danno o dolore: *fu colpito da gravi sventure.* SIN. *sciagura, disgrazia.*

sventurato [ʃven-] *agg.* e *s.m.* colpito, perseguitato dalla sventura. SIN. *disgraziato, sfortunato, infelice.*

svenuto [ʃve-] *agg.* privo di sensi; colpito da svenimento.

sverginare [ʃver-] *v.tr.* [*io svèrgino ecc.*] **1** privare della verginità **2** (*fig.scherz.*) usare per la prima volta.

svergognamento [ʃvergognamén-] *s.m.* atto, effetto dello svergognare.

svergognare [ʃver-] *v.tr.* [*io svergógno ecc.*] **1** far vergognare qlcu. muovendogli aspri rimproveri **2** esporre alla disapprovazione, al biasimo: *fu svergognato pubblicamente.*

svergognato [ʃver-] *agg.* e *s.m.* si dice di persona che non prova vergogna per ciò che di sconveniente fa o dice. SIN. *spudorato.*

svernamento [ʃvernamén-] *s.m.* il passare l'inverno in luoghi o condizioni particolari.

svernare [ʃver-] *v.intr.* [*io svèrno ecc.*] **1** trascorrere l'inverno al riparo dai rigori della stagione: *portare le pecore a — in pianura; — in regioni dal clima mite* **2** uscire dall'inverno.

sverza [ʃvérʒa] *s.f.* scheggia lunga e sottile di legno o altro materiale.

svestire [ʃvè-] *v.tr.* [*io svèsto ecc.*] togliere le vesti a qlcu. CONTR. *vestire // -irsi v.rifl.* togliersi le vesti, spogliarsi.

svettare [ʃvet-] *v.intr.* [*io svétto ecc.*] **1** agitare la vetta al vento (detto di alberi) **2** ergersi contro lo sfondo del cielo: *la torre svettava alta e snella // v.tr.* tagliare la cima di un albero: *— un pino.*

svettatoio [ʃvettató-] *s.m.* arnese per svettare gli alberi.

svettatura [ʃvet-] *s.f.* lo svettare gli alberi.

svezzamento [ʃvezzamén-] *s.m.* atto, effetto dello svezzare; il periodo in cui il bambino passa da un'alimentazione lattea a una più ricca e varia.

svezzare [ʃvez-] *v.tr.* [*io svézzo ecc.*] **1** far perdere un vezzo, un'abitudine: *— dal fumo* **2** porre termine all'allattamento del bambino cominciando a nutrirlo con gli stessi cibi degli adulti.

sviamento [ʃviamén-] *s.m.* atto, effetto dello sviare o dello sviarsi.

sviare [ʃvia-] *v.tr.* **1** far uscire dalla direzione, dalla via presa (anche *fig.*): *— un colpo; riuscì a — le indagini / — un discorso,* portarlo su un argomento diverso. SIN. *deviare* **2** allontanare qlcu. dalle proprie occupazioni; da una vita onesta: *— un giovane dagli studi; le cattive compagnie lo hanno sviato // -arsi v.rifl.pron.* uscire di strada, o dalla strada giusta (anche *fig.*).

svignare [ʃvi-] *v.intr.* (*ant.;* oggi usato solo nella forma pron. e con il pron. generico *la*) allontanarsi, spec. in fretta e di nascosto: *se la svignò.*

svigorire [ʃvi-] *v.tr.* [*io svigorisco, tu svigorisci ecc.*] togliere vigore, indebolire: *— l'autorità di qlcu.; l'ozio l'ha svigorito.* SIN. *infiacchire, sfibrare // v.intr.,* **-irsi** *v. rifl.pron.* perdere vigore: *si svigorisce ogni giorno di più.*

svilimento [ʃvilimén-] *s.m.* svalutazione, spec. in senso morale: *— della teoria.*

svilire [ʃvi-] *v.tr.* [*io svilisco, tu svilisci ecc.*] togliere valore, pregio, rendere vile: *— un sentimento, una merce.*

svillaneggiare [ʃvil-] *v.tr.* [*io svillanéggio ecc.*] trattare con villania, ingiuriare.

sviluppare [ʃvi-] *v.tr.* **1** sciogliere da un viluppo: *il serpente sviluppa le sue spire,* le allarga **2** far crescere, potenziare: *l'esercizio sviluppa il corpo, la mente; — il turismo / — un concetto, un argomento,* trattarlo esaurientemente **3** suscitare: *una scintilla può — un incendio* **4** (*fot.*) trattare la pellicola impressionata con una soluzione chimica che rende visibile l'immagine fotografica **5** (*geom.*) fare lo sviluppo di una superficie *// -arsi v.rifl.pron.* **1** crescere; giungere alla pubertà **2** prodursi, manifestarsi: *l'infezione può — più o meno rapidamente.*

sviluppato [ʃvi-] *agg.* **1** che ha raggiunto un buon grado di sviluppo in proporzione all'età, alle circostanze: *il turismo è —, ma l'agricoltura è arretrata; una pianta sviluppata* **2** che è giunto alla pubertà: *una ragazza sviluppata.*

sviluppatore [ʃviluppató-] *s.m.* [f. *-trice*] **1** chi sviluppa, spec. in relazione alla fotografia **2** sostanza chimica usata per sviluppare pellicole.

sviluppo [ʃvi-] *s.m.* **1** lo sviluppare, lo svilupparsi: *lo — dell'industria, di una pellicola fotografica / età dello —,* la pubertà **2** (*geom.*) l'operazione del riportare su un piano una superficie non piana.

svinare [ʃvi-] *v.tr.* togliere il vino dai tini per metterlo nelle botti.

svinatura [ʃvi-] *s.f.* l'operazione con cui, dopo la fermentazione, si separa il vino dalle vinacce.

svincolare [ʃvin-] *v.tr.* [*io svincolo ecc.*] liberare da un vincolo: *si svincolò dalla stretta e fuggì*; — *un terreno da un'ipoteca* / — *merci, bagagli*, ritirarli pagandone il trasporto o il dazio. CONTR. *vincolare.*

svincolo [ʃvìn-] *s.m.* **1** lo svincolare: *lo — dei bagagli* **2** complesso di costruzioni per l'entrata o l'uscita di una o più correnti di traffico da un grande asse stradale.

sviolinata [ʃvio-] *s.f.* lungo discorso fatto per adulare, per esaltare qlcu. o qlco.

svisare [ʃviʃa-] *v.tr.* far apparire diverso, interpretare male, alterare: — *di proposito i fatti.* SIN. *travisare.*

sviscerare [ʃvi-] *v.tr.* [*io sviscero ecc.*] **1** sventrare: — *un pesce* **2** studiare a fondo: — *un argomento* // **-arsi** *v.rifl.pron.* dare dimostrazione d'affetto e di stima profonda: — *per qlcu.*

sviscerato [ʃvi-] *agg.* appassionato, profondo: *attaccamento* —, quasi eccessivo.

svista [ʃvi-] *s.f.* errore sfuggito per distrazione o fretta, di solito non grave: *è stata una* —. SIN. *sbaglio.*

svitare [ʃvi-] *v.tr.* allentare una vite; staccare i pezzi tenuti assieme da viti. CONTR. *avvitare.*

svitato [ʃvi-] *agg.* **1** non più fissato da viti **2** (*scherz.*) si dice di persona stravagante e bizzarra.

svizzera [ʃvìz-] *s.f.* bistecca di carne trita, senza sale o aromi mescolati.

svizzero [ʃvìz-] *agg.* della Svizzera / *guardia svizzera*, corpo armato pontificio al quale è affidata la persona del pontefice // *s.m.* abitante, nativo della Svizzera.

svogliatezza [ʃvogliatéz-] *s.f.* l'essere svogliato; il non aver voglia di niente. SIN. *fiacca, malavoglia.*

svogliato [ʃvo-] *agg.* che non ha voglia di fare: *uno scolaro* — / *sentirsi* —, annoiato, senza iniziativa.

svolazzare [ʃvo-] *v.intr.* **1** volare qua e là senza direzione (anche *fig.*): *le farfalle svolazzavano nel giardino*; *svolazzavo da un pensiero a un altro* **2** (*fig.*) essere agitato dal vento: *i tuoi capelli svolazzavano.*

svolazzo [ʃvo-] *s.m.* **1** lo svolazzare **2** lembo svolazzante di abito **3** abbellimento calligrafico: *firma con lo* — **4** (*fig.*) ornamento superfluo.

svolgere [ʃvòl-] *v.tr.* [coniugato come *volgere*] **1** sciogliere, spiegare una cosa avvolta o un involto: — *un gomitolo*; — *la carta di un pacco.* CONTR. *avvolgere* **2** (*fig.*) sviluppare, trattare per esteso: — *un tema*; — *il programma scolastico* / — *un'attività*, operare in un determinato campo // **-ersi** *v.rifl.pron.* (*fig.*) accadere, avvenire secondo un determinato ordine: *raccontate come si sono svolti i fatti* / *la storia di «Giulietta e Romeo» si svolge a Verona*, è ambientata là.

svolgimento [ʃvolgimén-] *s.m.* **1** lo svolgere, lo svolgersi (spec. *fig.*): *lo — di una tesi*; *lo — dei fatti* **2** nel linguaggio scolastico, lavoro scritto, eseguito da un alunno su un tema proposto.

svolta [ʃvòl-] *s.f.* **1** lo svoltare: *divieto di* —; — *a destra, a sinistra* **2** punto in cui una strada o anche un corso d'acqua descrive una curva **3** (*fig.*) momento in cui il corso degli avvenimenti muta profondamente: *una — importante nella sua carriera artistica.*

svoltare [ʃvol-] *v.intr.* [*io svòlto ecc.*] fare una svolta, curvare: *svolti a destra e poi vada sempre diritto* // *v.tr.* (*non com.*) svolgere una cosa avvolta; svoltolare.

svoltata [ʃvol-] *s.f.* atto dello svoltare; svolta.

svoltolare *v.tr.* [*io svòltolo ecc.*] svolgere ciò che era avvoltolato: — *un pacco.*

svuotamento [ʃvuotamén-] *s.m.* atto, effetto dello svuotare.

svuotare [ʃvuo-] *v.tr.* [*io svuòto ecc.*] vuotare completamente, privare del contenuto (anche *fig.*): — *una frase del suo significato più vero.*

swap [*ingl.*; *pr.* suòp] *s.m.* nel linguaggio finanziario, prestito messo a disposizione di una banca centrale di un paese in crisi da parte di grandi banche internazionali.

sweater [*ingl.*; *pr.* suèta] *s.m.* ampio pullover sportivo.

swing [*ingl.*; *pr.* suing] *s.m.* **1** ritmo continuo e vibrante che caratterizza la musica jazz **2** (*sport*) nel pugilato, colpo inferto descrivendo col braccio un semicerchio **3** nel golf, il moto rotatorio imposto dal giocatore alla mazza.

T

t *s.f.* e *m.* [*ti*] diciottesima lettera dell'alfabeto, consonante.

tabaccaio [-cà-] *s.m.* chi gestisce una tabaccheria.

tabaccare *v.intr.* [*io tabacco, tu tabacchi ecc.*] fiutare tabacco.

tabaccheria [-rì-] *s.f.* bottega in cui si vendono tabacchi e altri generi di monopolio statale.

tabacchiera [-chiè-] *s.f.* scatoletta per tenervi il tabacco da fiuto.

tabacco *s.m.* [pl. -*chi*] **1** pianta erbacea con fiori imbutiformi e grandi foglie ovate (*fam.* Solanacee) **2** il prodotto ottenuto essiccando, trinciando o polverizzando le foglie di tabacco: — *da fiuto, da fumo, da masticare* / *color* —, gradazione di marrone chiaro **3** *pl.* le diverse qualità e le diverse confezioni del tabacco.

tabaccoso [-có-] *agg.* sporco di tabacco, che puzza di tabacco: *mani tabaccose*; *un vecchio* —.

tabagismo [-ʃmo] *s.m.* (*med.*) intossicazione da tabacco.

tabarin [*franc.*; *pr.* tabarèn] *s.m.* luogo di ritrovo notturno, con danze e numeri di varietà.

tabarro *s.m.* ampio e pesante mantello da uomo.

tabe *s.f.* **1** nome generico di malattie che distruggono i tessuti, spec. il midollo spinale **2** (*lett.*) marcia, pus.

tabella [-bèl-] *s.f.* quadro, prospetto con indicazioni varie: — *dei prezzi* / — *di marcia*, (*sport*) prospetto indicante l'ora approssimativa in cui i corridori dovrebbero passare da certi punti del percorso.

tabellione [-lió-] *s.m.* nome dato in antico ai notai.

tabellone [-ló-] *s.m.* **1** grande tabella; spec. quella con le votazioni degli studenti, con l'orario dei treni e simili **2** tavola usata per le affissioni **3** (*sport*) quadro che regge il cesto della pallacanestro [*ill. Pallacanestro*].

tabernacolo [-nà-] *s.m.* **1** (*arch.*) nicchia, edicola con una immagine sacra **2** (*lit.*) piccola edicola chiusa, sull'altare, in cui vengono conservate le sacre specie.

tabloid [*ingl.*; *pr.* tablòid] *s.m.* formato di giornale notevolmente ridotto rispetto a quello tradizionale; il giornale stesso.

tabù *s.m.invar.* **1** presso i polinesiani, divieto sacrale **2** per estens., si dice di cosa assolutamente proibita o evitata, non per ragioni logiche ma per fatti psichici soggettivi o per tradizione, costume sociale: *è pieno di —; in casa mia questo argomento è —*.

tabula rasa [*lat.*; *pr.* tàbula ràsa = *tavoletta per scrivere raschiata*] *s.f.* in filosofia si usò per indicare la mente umana, considerata come un foglio bianco su cui man mano si scrivono i dati dell'esperienza; oggi, per estens., si dice di persona priva di idee e di cognizioni, o di luogo vuoto: *quel ragazzo è una — / far —*, consumare; finire; distruggere; portar via tutto; scacciare tutti.

tabulare[1] *agg.* (*scient.*) a forma di tavola; piano.

tabulare[2] *v.tr.* [*io tàbulo ecc.*] **1** (*mat.*) fare la tabulazione di una funzione **2** stampare in un tabulato.

tabulato *s.m.* modulo di carta sul quale la stampante di un calcolatore elettronico riporta le informazioni desiderate [*ill. Elaboratore*].

tabulatore [-tó-] *s.m.* nella macchina per scrivere tasto per la tabulazione.

tabulazione [-zió-] *s.f.* **1** (*mat.*) compilazione delle tavole di una funzione, con il calcolo dei valori corrispondenti ai diversi valori attribuiti alle sue variabili indipendenti **2** nella macchina per scrivere, la disposizione del testo dattiloscritto su più colonne [*ill. Scrivere, macchina per*].

TAC [*Tomografia Assiale Computerizzata*] *s.f.* o *m.invar.* tipo perfezionato di tomografia.

tacca *s.f.* **1** piccola incisione con i tagli convergenti, intaccatura: *l'orlo del banco è pieno di tacche; le tacche del braccio della stadera.*; i segni corrispondenti a un determinato peso; *— di mira*, segno posto sull'estremità anteriore della canna di un'arma da fuoco, per facilitare il puntamento; *— dei caratteri tipografici*, piccolo incavo sul fusticino di ogni lettera di piombo, che indica il verso secondo cui la lettera va messa nel compositoio **2** stampo, levatura, valore: *sono tutti della medesima —*; *persona di mezza —*, di media statura, o anche mediocre; *roba di mezza —*, di scarso valore.

taccagneria [-rì-] *s.f.* l'essere taccagno. SIN. *avarizia, spilorceria, tirchieria.*

taccagno *agg.* che è restio a spendere. SIN. *avaro, spilorcio, tirchio.*

taccheggiare[1] *v.tr.* [*io tacchéggio ecc.*] (*tip.*) fare il taccheggio.

taccheggiare[2] *v.tr.* e *intr.* [*io tacchéggio ecc.*] rubare col sistema del taccheggio.

taccheggiatore [-tó-] *s.m.* [f. *-trice*] chi ruba merci esposte per la vendita in supermercati e simili.

taccheggio[1] [-chég-] *s.m.* (*tip.*) l'operazione di applicare dei *tacchi*, ossia piccole strisce di carta, sul foglio che ricopre il cilindro, per correggerelievi disuguaglianze di stampa.

taccheggio[2] [-chég-] *s.m.* furto di merci esposte per la vendita.

tacchete [tàc-] *voce onom.* imita un piccolo colpo, un piccolo rumore, spec. di cose che cadono.

tacchettio [-tì-] *s.m.* **1** rumore prodotto dai tacchi di

persone che camminano rapidamente **2** rumore della fuciletria e delle mitragliatrici.

tacchino *s.m.* grosso uccello da cortile dal corpo pesante, con penne nerastre, testa e collo nudi rosso-violacei, coda erigibile a ruota nel maschio (*fam.* Fasianidi); è commestibile.

taccia [tàc-] *s.f.* [pl. *-ce*] imputazione attribuita dalla voce pubblica; cattiva fama: *— di bugiardo; ha la — di essere usuraio.*

tacciare *v.tr.* [*io tàccio ecc.*] dare la taccia, accusare: *— uno di truffa, di traditore.*

tacco *s.m.* [pl. *-chi*] **1** rialzo di cuoio o legno, più o meno alto, che si applica all'estremità posteriore della suola delle scarpe, su cui posa il calcagno: *— alto, a spillo; scarpe senza tacchi, con tacchi bassi; rifare i tacchi / alzare, battere i tacchi*, (*fig.*) fuggire **2** pezzo di legno usato per tenere fermo un oggetto o per sollevarlo **3** (*tip.*) la striscia di carta usata nel taccheggio[1].

taccola[1] [tàc-] *s.f.* uccello che vive nel mezzogiorno e nelle isole, simile al corvo, ma di minori proporzioni (*fam.* Corvidi).

taccola[2] [tàc-] *s.f.* sorta di pisello con semi piccoli e grosso baccello piatto, commestibile.

taccuino *s.m.* libriccino per appunti, per lo più tascabile.

tacere [-cé-] *v.intr.* [pres. *io tàccio, tu taci, egli tace, noi taciamo, voi tacéte, essi tàcciono*; pass.rem. *io tacqui, tu tacésti ecc.*; p.pass. *taciuto*] **1** non parlare, smettere di parlare; stare zitto: *detto questo, tacque*; *non sapendo che cosa dire, tacqui* **2** non far rumore: *tutto tace* **3** (*fig.*) non dir nulla: *a questo riguardo la legge tace* // *v.tr.* passare sotto silenzio, non dire, non rivelare: *mi hai taciuto la verità; tacque i nomi dei complici / prov.: chi tace acconsente.*

tacheometro [-ò-] *s.m.* strumento a cannocchiale destinato alla misura rapida di angoli, dislivelli, distanze, nei lavori di rilievo topografico.

tachi- [dal gr. *takys* = *veloce*] primo elemento compositivo usato in parole scientifiche nelle quali significa «veloce» o «velocità» (*tachicardia*; *tachimetro*).

tachicardia [-dì-] *s.f.* (*med.*) aumento patologico della frequenza dei battiti del cuore.

tachicardico [-càr-] *agg.* [pl.m. *-ci*] (*med.*) di tachicardia // *agg.* e *s.m.* si dice di soggetto che presenta tachicardia.

tachimetro [-chì-] *s.m.* strumento atto alla misurazione di velocità: *il — della vettura segnava 120 km all'ora.*

tachione [-chió-] *s.m.* (*fis.*) ipotetica particella più veloce della luce prevista dagli sviluppi logico-matematici della teoria della relatività.

tachipessi [-pès-] *s.f.invar.* (*tecn.*) processo di congelamento ultrarapido usato nella produzione industriale delle conserve.

tacitare *v.tr.* [*io tàcito ecc.*] far tacere, indurre al silenzio qlcu. sborsando denaro: *ha tacitato i creditori.*

tacitiano *agg.* **1** di Tacito (sec. I-II) **2** alla maniera di Tacito, cioè stringato, conciso (detto di stile): *prosa tacitiana.*

tacito [tà-] *agg.* **1** che non fa rumore, silenzioso **2** (*fig.*) che non è espresso in modo palese: *un — rimprovero* // **-mente** *avv.* senza parlare, segretamente.

taciturno *agg.* che abitualmente tace o parla poco. SIN. *silenzioso.* CONTR. *loquace.*

tafano *s.m.* insetto dittero, simile a una grossa mosca, dal corpo bruno con peli gialli e ali grigiastre; succhia il sangue del bestiame domestico e dell'uomo (*fam.* Tabanidi).

tafferuglio [-rù-] *s.m.* scompiglio causato da persone che si azzuffano. SIN. *baruffa, tumulto.*

taffetà, taffettà *s.m.invar.* stoffa di seta o di fibra artificiale, lucida e frusciante.

taglia [tà-] *s.f.* **1** il prezzo fissato per un riscatto; il premio che autorità o privati promettono a chi arresti o faccia arrestare un malfattore: *sul capo dell'assassino pende una forte —* **2** statura, corporatura; il complesso delle misure del corpo di una persona; in sartoria, la misura stessa dell'abito, indicata anche con numeri convenzionali: *un cane di grande —; un abito di — più grande; una giacca di — 42* **3** congegno con carrucole per sollevare carichi.

tagliaboschi [-bò-] *s.m.* e *f.invar.* chi per mestiere abbatte gli alberi e ne taglia i tronchi e i rami in pezzi trasportabili.

tagliacarte *s.m.invar.* arnese a forma di coltello usato per tagliare carte o le pagine di libri intonsi.

taglialegna [-lé-] *s.m.* e *f.invar.* chi per mestiere taglia i tronchi e i rami degli alberi in pezzi adatti ad essere trasportati e venduti.

tagliamare *s.m.invar.* parte anteriore e inferiore della carena di una nave, che taglia l'acqua.

tagliando *s.m.* parte staccabile di una bolletta, di un biglietto e simili; cedola.

tagliapasta *s.m.invar.* utensile da cucina provvisto di una rotella dentata che si usa per tagliare la pasta sfoglia.

tagliapietre [-piè-] *s.m.invar.* scalpellino.

tagliare *v.tr.* [*io tàglio ecc.*] **1** fendere qlco. in più parti o pezzi per mezzo di una lama o strumento affilato; recidere: *— un nastro; — i rami di un albero / — a pezzi,* ridurre qlco. in più pezzi / *— la corda,* svignarsela / *— la testa al toro,* decidere una situazione, concluderla in modo sbrigativo / *— un diamante,* sfaccettarlo / *— un film,* separare le pagine di un libro intonso col tagliacarte / *— un vestito,* tagliare la stoffa seguendo il modello del vestito / *— i panni addosso a qlcu.,* dire malignità sul suo conto / *— il traguardo,* arrivarci per primo / *— le carte,* dividere il mazzo in due parti per poi sovrapporle in ordine inverso / *— un vino,* mescolarlo con vini più alcolici per migliorarne la qualità **2** produrre un taglio; praticare una incisione: *una scheggia di vetro mi ha tagliato un piede; mi sono tagliato un dito; si è tagliato maneggiando il coltello* **3** interrompere, impedire: *— la comunicazione / — la strada a qlcu.,* impedirgli di proseguire / *— i viveri a qlcu.,* privarlo dei mezzi di sussistenza / *— corto,* abbreviare o troncare un discorso; cessare gli indugi // **-arsi** *v.rifl.pron.* rompersi, fendersi (detto di tessuto): *la seta si taglia facilmente.*

tagliata *s.f.* **1** atto del tagliare in modo sbrigativo e sommario: *darsi una — ai capelli* **2** area di un bosco in cui sono stati tagliati gli alberi **3** (*mil.*) interruzione di una strada ottenuta ammassando i tronchi di alberi abbattuti **4** (*sport*) nella scherma, colpo tirato dall'alto in basso.

tagliatella [-tèl-] *s.f.* spec. *pl.* pasta alimentare all'uovo tagliata in lunghe strisce larghe circa 1 cm; si mangia come minestra asciutta.

tagliato *s.m.* (*arald.*) scudo diviso diagonalmente da una linea che parte dal cantone sinistro del capo e giunge al cantone destro della punta.

tagliatore [-tó-] *s.m.* [*f. -trice*] chi è addetto a lavori di taglio, che taglia i modelli degli abiti nelle sartorie, chi taglia pietre e marmi.

tagliatrice *s.f.* macchina per tagliare; in particolare,

nelle miniere, la macchina che traccia un solco nei blocchi di carbone per facilitarne l'estrazione.

taglieggiare *v.tr.* [*io taglièggio ecc.*] imporre taglie; gravare con tributi un paese occupato, un popolo vinto.

tagliente [-glièn-] *agg.* **1** che taglia bene; affilato: *una lama —* **2** (*fig.*) mordace, pungente: *una frase —* **3** senza sfumature o morbidezza: *un disegno — // s.m.* la parte tagliente di uno strumento: *il — dello scalpello.*

tagliere [-gliè-] *s.m.* tavoletta di legno su cui si taglia qlco.

taglierina *s.f.* qualsiasi macchina per tagliare; piccola trancia.

taglierino *s.m.* spec. *pl.* → **tagliolino**.

taglio [tà-] *s.m.* **1** atto, operazione del tagliare: *il — dell'erba; il taglio dei capelli; recidere i fiori con un — netto / strumenti da —,* atti a tagliare, come il coltello, la falce e simili / *armi da —,* armi bianche destinate non a infilzare, come la lancia, ma a tagliare, come l'ascia, la sciabola e simili / *— cesareo,* incisione della parete addominale e uterina per estrarne il feto / *fare un — in un articolo, in un'opera teatrale,* sopprimerne una parte: *i tagli della censura / il — di un vestito,* la linea / *scuola di —,* quella in cui si insegna a tagliare gli abiti / *il — di una fotografia,* l'impostazione, l'inquadratura **2** l'effetto del tagliare, la lesione, l'incisione prodotta da un corpo tagliente: *mi sono fatto un — a una mano / il — di una lettera dell'alfabeto, di una nota musicale,* lineetta che si segna sulle lettere di alcuni alfabeti e sulle note per determinarle / *articolo di —,* (*giorn.*) quello posto nella parte centrale o inferiore della pagina **3** ciascuno dei pezzi tagliati da un tutto; spec. ciascuna delle parti della bestia macellata: *un buon — per l'arrosto / un — d'abito,* la stoffa occorrente per fare un abito / *vendere a —,* togliendo da un tutto la parte richiesta **4** la parte affilata, sottile e tagliente di una lama: *la spada è un'arma a due tagli; il — delle forbici; un'arma a doppio —,* (*fig.*) argomento che può ritorcersi contro chi lo sostiene / *il — di un libro,* il lato di un libro opposto alla costola / *porre qlco. di —,* non di faccia, ma per ritto dalla parte stretta: *mettere i mattoni di —* **5** dimensione, formato, taglia: *lastre dello stesso — / biglietti di piccolo, di grosso —,* nel linguaggio bancario, banconote di piccolo o di grande valore.

tagliola [-gliò-] *s.f.* trappola di metallo a scatto per prendere la selvaggina.

tagliolino *s.m.* spec. *pl.* tipo di pasta alimentare, più sottile delle tagliatelle, che si mangia in brodo.

taglione[1] [-glió-] *s.m.* denominazione di un'antica pena per la quale il reo era punito nello stesso bene e nella stessa misura in cui aveva arrecato danno alla vittima.

taglione[2] [-gliò-] *s.m.* struttura in muratura che, nelle costruzioni idrauliche, costituisce una solida base per le strutture sovrastanti / *— di una diga di ritenuta,* diaframma murario di tenuta.

tagliuzzamento [-mén-] *s.m.* atto, effetto del tagliuzzare.

tagliuzzare *v.tr.* tagliare minutamente.

tahitiano *agg.* → **taitiano**.

taiga [tài-] *s.f.* foresta di conifere caratteristica della Siberia.

tailleur [*franc.*; *pr.* taièr] *s.m.* completo da donna formato da una gonna e da una giacca di taglio classico, per lo più maschile.

tailorismo [-[mo] *s.m.* → **taylorismo**.

taitiano *agg.* di Taiti // *s.m.* abitante di Taiti.

talalgia [-gì-] *s.f.* (*med.*) dolore persistente al calcagno.

talaltro, tal altro *pron.indef.* qualche altro; si usa sempre in correlazione con *taluno*, al femminile anche in correlazione con *talvolta*: *taluno vuole questo, — quello*; *talvolta mi avvisa, talaltra no*.

talamo [tà-] *s.m.* **1** (*lett.*) letto nuziale; anche la camera degli sposi e, per estens., il matrimonio **2** (*bot.*) parte del fiore che sostiene gli stami e i pistilli **3** (*anat.*) parte del cervello, situata alla base di questo, che svolge un'importante funzione di smistamento degli impulsi sensoriali, in particolare di quelli ottici.

talare *agg.* si dice della veste sacerdotale che arriva fino ai piedi.

talassemia [-mi-] *s.f.* grave anemia determinata da un'anomalia ereditaria dei globuli rossi, detta anche *anemia mediterranea*.

talasso- [dal gr. *tàlassa = mare*] primo elemento compositivo di parole dotte e scientifiche nelle quali significa «mare» (*talassografia*).

talassografia [-fi-] *s.f.* scienza che studia il mare nei suoi vari aspetti fisici e chimici.

talassologia [-gì-] *s.f.* (*scient.*) → **oceanografia**.

talassoterapia [-pì-] *s.f.* terapia basata sull'azione benefica dei bagni e del clima di mare.

talco *s.m.* [pl *-chi*] minerale, silicato di magnesio, biancastro, tenero, untuoso al tatto, inalterabile; ridotto in polvere è molto usato come cosmetico, come lubrificante secco ecc.

tale *agg.* [troncamento *tal* davanti a consonante, e davanti a vocale (scritto sempre senza apostrofo); pl.m. e f. *tali*] **1** di questa o di quella specie; che ha la qualità o la natura o certe caratteristiche cui si è accennato o si accennerà più o meno chiaramente nel discorso: *tali cose non si possono tollerare*; frequente in correlazione con *che* o *da* consecutivi e con *quale*: *le sue parole sono tali che non meritano risposta* (o *da non meritare risposta*); *fece tali cose quali nessuno si sarebbe aspettato* **2** esprime eccesso, grado estremo; spesso correlativo di *che* o *da* consecutivi: *come puoi sopportare una tal villania?* **3** in correlazione con *quale* per esprimere somiglianza, identità: *la figlia è — (e) quale la madre* // *agg.dimostr.* quello, questo: *dette tali parole se ne andò* // *agg.indef.* **1** con valore di *certo*; sempre preceduto al sing. dall'art.indet.: *un tal colonnello / un tal quale, una tal quale*, (*fam.*) *un certo, una certa* **2** preceduto dall'art.det. indica una cosa o una persona in modo indeterminato: *quanto hai pagato la tal cosa e la tal altra?* / preceduto da *questo* o *quello*, indica persona o cosa con maggiore determinatezza: *quel — amico di cui ti avevo parlato...* // *pron.dimostr.* sostituisce un nome proprio nel racconto di fatti o nella citazione di esempi: *me l'ha detto il tal dei tali* (o *la tal dei tali*) // *pron. indef.* **1** preceduto dall'art. *un* indica persona indeterminata: *c'è un — di là che ti aspetta* **2** preceduto da *quel* indica persona ben nota, di cui si sta parlando o si è parlato precedentemente: *c'è quel — dell'assicurazione* // *avv.* (*ant.* e *lett.*) col valore di *talmente*, per lo più in correlazione con *che* o **-mente** *avv.* in maniera tale, così: *sono — stanco che non voglio muovermi*.

talea [-lè-] *s.f.* ramoscello di albero o arbusto che si pianta nel terreno per ottenere un nuovo individuo.

taleggio [-lég-] *s.m.* tipo di stracchino stagionato prodotto nel Bergamasco.

talento¹ [-lèn-] *s.m.* nell'antica Grecia, unità di misura di peso e moneta di valore diverso secondo i luoghi e i tempi.

talento² [-lèn-] *s.m.* **1** desiderio; volontà; disposizione, inclinazione dell'animo: *seguire il proprio —*; *fare a proprio — / di mal —*, controvoglia, malvolentieri **2** grande ingegno; genialità: *è un ragazzo di —*; *avere — musicale*. SIN. *genio*.

talent-scout [*ingl.*; *pr.* tèlnt scàut] *s.m.* e *f.* scopritore di talenti; si dice di chi va alla ricerca di soggetti che possono avere successo, spec. nel campo dello spettacolo.

talidomide *s.f.* psicofarmaco, noto per avere causato gravi malformazioni in bambini nati da donne che lo avevano preso nel corso della gravidanza.

talismano [-fma-] *s.m.* oggetto, con impresse figure o caratteri, che, secondo la credenza popolare, preserva da malattie e pericoli o dona ricchezza e felicità.

tallero [tàl-] *s.m.* moneta d'argento che ebbe corso negli stati germanici e in Austria dal sec. XVI al XIX con valori diversi.

tallio [tàl-] *s.m.* elemento chimico [Tl; *n.at.* 81; *p.at.* 204,37]; metallo tenero, simile al piombo; usato come veleno per topi e per colorare in verde la fiamma nei fuochi artificiali.

tallito *agg.* si dice di pianta, e spec. di cereale, che ha buttato più foglie o steli da un solo ceppo: *orzo —*.

tallo *s.m.* (*bot.*) corpo vegetativo delle piante inferiori, non differenziato in radice, fusto e foglie.

tallofite *s.f.pl.* (*bot.*) piante inferiori il cui corpo vegetativo è costituito da un tallo.

tallonamento [-mén-] *s.m.* l'atto del tallonare.

tallonare *v.tr.* [*io tallóno* ecc.] seguire, inseguire da vicino.

tallonata *s.f.* nel gioco del calcio, il colpo inferto alla palla con il tallone.

talloncino *s.m.* piccola cedola che, staccata da una scheda o simili, serve da riscontro.

tallone [-ló-] *s.m.* **1** la parte posteriore e inferiore del piede [*ill. Corpo*]: *battere i talloni*; *girare sui talloni / il — d'Achille*, il punto debole di una persona o di un ragionamento **2** nelle calze da donna, il rinforzo posteriore della pianta del piede **3** termine generico che indica la parte posteriore o inferiore, per lo più sporgente, di vari oggetti: *il — del coltello*, la parte che penetra nel manico; *il — dello sci*, la parte posteriore; *il — dell'arco*, parte dell'impugnatura dell'arco del violino e degli altri strumenti simili [*ill. Musicali, strumenti*].

talloniera [-niè-] *s.f.* la parte di un attrezzo che regge i talloni di chi lo usa, o vi è fissata: *la — dell'attacco dello sci* [*ill. Sci*].

talmud [-mùd] *s.m.invar.* il complesso delle dottrine e degli insegnamenti ebraici postbiblici, raccolti per iscritto verso il sec. V.

talora [-ló-] *avv. di tempo* qualche volta, alle volte.

talpa *s.f.* piccolo mammifero insettivoro, dal corpo tozzo coperto da una pregiata pelliccia grigio-scura; ha muso a grugno, occhi piccoli e zampe corte dalle unghie robuste atte a scavare gallerie sotterranee (*fam.* Talpidi).

taluno *agg.indef.* qualche, alcuni, certi: *taluni scrittori affermano il contrario* // *pron.indef.* qualcuno, alcuno, certuno: *— potrà dire*; *taluni sono abbigliati in modo particolare*.

talvolta [-vòl-] *avv.di tempo* qualche volta, alle volte.

tamarindo *s.m.* albero con foglie pennate e fiori biancastri; i frutti sono baccelli dalla polpa acidula, usati per fare sciroppi (*fam.* Leguminose).

tamburato *agg.* si dice di pannello costituito da due piani paralleli esterni uniti da uno spessore di materiale leggero, o lavorato a nido d'ape o simili; anche, delle porte costituite da tali pannelli [*ill. Porta*].

tambureggiamento [-mén-] *s.m.* **1** il tambureggiare (anche *fig.*) **2** nel pugilato, rapida serie di colpi.

tambureggiare *v.intr.* [*io tambureggio ecc.*] **1** sonare il tamburo **2** (*fig.*) crepitare fittamente (detto di armi da fuoco): *le artiglierie tambureggiavano incessantemente.*

tamburellare *v.intr.* [*io tamburèllo ecc.*] battere su qlco. con colpi rapidi, facendo un rumore simile a quello di un tamburello: *— con le dita sul tavolo.*

tamburello [-rèl-] *s.m.* **1** strumento per accompagnare canti e danze popolari, costituito da una membrana tesa su un cerchio di legno; si suona battendovi con le nocche o agitandolo per far tintinnare i sonagli che vi sono adattati **2** piccolo cerchio di legno sul quale è tesa una membrana, usato come racchetta per rilanciare la palla in un gioco individuale o a squadre; il gioco stesso **3** telaio per i lavori di ricamo.

tamburino *s.m.* chi suona il tamburo, spec. in una banda o nell'esercito.

tamburo *s.m.* **1** strumento a percussione costituito da una cassa cilindrica di metallo o di legno, chiusa alle estremità da due membrane, su una delle quali si batte con due bacchette: *battere, sonare il — / a — battente,* senza indugio **2** chi suona il tamburo **3** nome di diversi oggetti di forma simile a quella di un tamburo / *il — della cupola,* la parte della struttura, a pianta cilindrica o poligonale, su cui s'imposta la calotta della cupola / *il — dell'orologio,* scatola cilindrica in cui è contenuta la molla / *il — del freno,* il dispositivo entro il quale si espandono le ganasce, producendo l'effetto frenante [*ill. Automobile*] / *il — dell'ancora,* il cilindro attorno a cui si avvolge l'ancora.

tamerice *s.f.,* **tamerisco** *s.m.* [*pl.-chi*] albero ornamentale con piccolissime foglie di color verde opaco e fiori rosei (*fam.* Tamaricacee).

tamia [tà-] *s.m.invar.* genere di roditori (*fam.* Sciuridi).

tampinare *v.tr.* (*fam.*) assillare, seccare, perseguitare con una presenza continua, con domande.

tamponamento [-mén-] *s.m.* atto, effetto del tamponare / *muro di —,* in un edificio con struttura in cemento armato, la parte muraria che non ha funzione portante.

tamponare *v.tr.* [*io tampóno ecc.*] **1** chiudere con un tampone: *— una ferita* **2** chiudere, tappare (anche *fig.*): *— le falle* **3** urtare contro un veicolo che precede.

tampone [-pó-] *s.m.* **1** grosso batuffolo di garza o di ovatta usato per arrestare un'emorragia; (*fig.*) intervento provvisorio, d'emergenza: *un provvedimento, una legge —* **2** cuscinetto imbevuto di inchiostro per timbri **3** cuscinetto formato da diversi strati di carta assorbente **4** respingente delle carrozze ferroviarie.

tam-tam *s.m.invar.* strumento a percussione simile al gong; grande tamburo di legno usato dai popoli primitivi per trasmettere segnali a distanza.

tana *s.f.* **1** buca profonda, covo che serve da riparo agli animali selvatici **2** (*fig.*) casa sporca, malsana.

tanaglia [-nà-] *s.f.* → **tenaglia**.

tanagra *s.f.* nome di un tipo di statuette di terracotta dell'arte ellenistica rinvenute nella città di Tanagra.

tanatofobia [-bì-] *s.f.* (*med.*) paura ossessiva della morte.

tanatologia [-gì-] *s.f.* disciplina scientifica che studia la morte in tutti i suoi aspetti.

tanatologo [-tò-] *s.m.* [pl. *-gi*] studioso di tanatologia.

tanca *s.f.* cassa stagna di una nave per contenere acqua o combustibili liquidi.

tandem *s.m.invar.* bicicletta a due sedili e due coppie di pedali, che serve per due pedalatori uno dietro l'altro.

tanfata *s.f.* ondata di tanfo; ventata fetida.

tanfo *s.m.* puzzo stagnante e intenso.

tangente [-gèn-] *agg.* si dice di figura geometrica che abbia con un'altra un sol punto in comune *// s.f.* **1** (*geom.*) retta tangente a una circonferenza / *andarsene, filare per la —,* allontanarsi rapidamente **2** (*mat.*) funzione trigonometrica; in un triangolo rettangolo, tangente di un angolo è il rapporto fra il cateto opposto e quello adiacente all'angolo stesso **3** quota di guadagno, e spec. di guadagno illecito: *lo scandalo delle tangenti; prenderà anche lui la sua —.*

tangenza [-gèn-] *s.f.* **1** condizione di ciò che è tangente **2** (*aer.*) la massima altezza che può raggiungere un aereo.

tangenziale *agg.* della tangente, che si riferisce alla tangente o alle tangenti *// s.f.* **1** retta tangente **2** strada che collega direttrici importanti lasciando fuori un centro abitato: *la — est; la — di Bologna.*

tangere [-gèn-] *v.tr.dif.* [*io tango, tu tangi ecc.*]; mancano il pass.rem., il p.pass. e i tempi composti (*poet.*) toccare.

tanghero [tàn-] *s.m.* persona grossolana e sciocca.

tangibile [-gì-] *agg.* che si può toccare, immediatamente evidente: *prove tangibili.*

tangibilità *s.f.invar.* l'essere tangibile.

tango *s.m.* [pl. *-ghi*] danza a ritmo lento di origine popolare, introdotta in Europa dall'Argentina.

tangone [-gó-] *s.m.* (*mar.*) asta che mantiene fisso lo spinnaker, nelle imbarcazioni a vela [*ill. Barca*].

tanica [tà-] *s.f.* recipiente portatile per liquidi, rigido, a forma grossolanamente di parallelepipedo.

tank [*ingl.;* *pr.* tènk] *s.m.* tipo di carro armato della prima guerra mondiale; anche, carro armato in generale.

tannante *agg.* e *s.m.* si dice di sostanza con proprietà simili a quelle dei tannini, usata per la concia delle pelli.

tannico [tàn-] *agg.* [pl.m. *-ci*] (*chim.*) del tannino.

tannino *s.m.* (*chim.*) denominazione di diversi tipi di prodotto vegetale, solubile, amaro, astringente, usato per inchiostri e come concante.

tantalio [-tà-] *s.m.* elemento chimico (Ta; *n.at.* 73; *p.at.* 180,94); metallo piuttosto raro, inattaccabile dagli acidi, è usato per filamenti di lampade da raggi X e per leghe speciali.

tanto¹ *agg.indef.* **1** *sing.* riferito a cosa, così grande, e per estens., così lungo, ampio, esteso, forte, intenso, vivo ecc.: *dopo — tempo non posso ricordarmelo; ho tanta fame; ci vuole tanta pazienza con i bambini!* **2** in così gran quantità; in così gran numero: *perché vuoi — pane?; tra tanti pensieri* **3** *assol.* molto, in gran quantità o in gran numero: *gliel'ho detto tante volte; tante grazie!* (o *grazie tante!*), anche usato in tono ironico **4** con valore di *molto,* in espressioni ellittiche, riferito a tempo: *è — che non mi scrive / non ci voleva — a capirlo,* molta intelligenza o un grande sforzo / *hai speso —? / è già — se potremo finire tra un mese,* è già gran cosa / *a dir —, a far —,* al massimo, tutt'al più / *giungere a —, arrivare a—,* a tal punto **5** in correlazione con *che* o *da* consecutivi: *ha — denaro da potersi permettere ciò che vuole; c'era tanta gente che non si poteva entrare* **6** in correlazione con *quanto* nelle proposizioni comparative (per indicare corrispondenza di numero o di quantità): *i banchi erano tanti quanti gli allievi; ho — denaro quanto lui* **7** in correlazione con sé stesso: *tanto... tanto, quanto... altrettanto: tante parole, tanti errori / prov.: tante teste tanti pareri* **8** con valore di *altrettanto: se non comportati come tanti sciocchi* **9** indica numero o quantità generica o che non si può o non si vuol determinare; può essere anche sostantivato e preceduto dall'art. o simili: *ti ho dato 500.000 lire, tante per..., tante per ... ecc.*; *vogliono un — per cento*, (*un*) *— il mese*; *ha quel — e basta / se — mi dà —*, (*fig.*) se le cose stanno o vanno avanti così; preceduto da *ogni*, in locuzioni distributive: *ogni tante persone // pron.indef.* **1** *pl.* molti, con riferimento sia a persone sia a cose: *tanti dicono che non sia vero*; *mi piacciono le ciliegie, dammene tante*; *tanti ne ha, tanti ne spende, tanti soldi ha...*: *gliene diede tante, tante botte*; *gliene dissi tante*, lo rimproverai ben bene **2** in correlazione con *quanto*, per indicare corrispondenza di numero o di quantità: *prendine pure tanti quanti te ne occorrono*; *comprane — quanto basta // con valore di pron.dimostr.* ciò, questo: *ti ho detto ciò che avevo da dirti, e — basta / — di guadagnio*, meglio così, è un vantaggio *// con valore di s.m.* indica quantità determinata: *ne vorrei — (così)*; spec. nell'uso fam. enfatico determinato da un compl. partitivo: *ascoltare con — d'orecchi, guardare con — d'occhi, venne con — di berlina e autista / quel — che basta*, un po', non troppo.

tanto[2] *avv.* **1** in tal modo, in tale misura e simili: *non preoccuparti —* **2** correlativo di *che* o *da* in proposizioni consecutive: *ci si vedeva — poco che cademmo dalle scale* **3** correlativo di *quanto* in comparativi di uguaglianza: *è — buono quanto intelligente* **4** assai: *sei — buona*; *ho sofferto —* **5** solo, soltanto: *per una volta —* **6** concludendo frasi, per esprimere rassegnazione o sfiducia: *è inutile rimproverarlo, — fa come vuole / — che*, cosicché: *mi mise alle strette — che non seppi più cosa rispondergli.*

tanzaniano *agg.* della Tanzania *// s.m.* abitante della Tanzania.

taoismo [-ʃmo] antico sistema filosofico-religioso cinese che riconosce in un essere infinito e indeterminato, detto Tao, il principio dell'ordine cosmico.

tapino *agg.* e *s.m.* (*lett.*) misero, infelice.

tapioca [-piò-] *s.f.* farina alimentare ricavata dalle radici della manioca.

tapiro *s.m.* mammifero dei perissodattili grande come un asino, col muso fornito di una piccola proboscide, coda corta e pelame bruno; la pelle viene usata in pelletteria (*fam.* Tapiridi).

tapis roulant [*franc.*; *pr.* tapì rulàn] *s.m.* piano scorrevole, solitamente a forma di nastro, azionato da congegni meccanici ed elettrici, per trasportare persone o cose da un luogo all'altro; nastro trasportatore.

tappa *s.f.* **1** luogo di sosta e di rifornimento di soldati o viaggiatori **2** la sosta stessa: *fare —* **3** la distanza tra una tappa e l'altra: *dividere un viaggio in tappe* **4** (*sport*) frazione di una corsa ciclistica o simili.

tappabuchi *s.m.* e *s.invar.* si dice scherzosamente di chi, non avendo un compito fisso, si presta o è chiamato a sostituire altri.

tappare *v.tr.* chiudere con un tappo; per estens., chiudere bene: *— porte e finestre /* **-arsi** *v.rifl.* chiudersi in qualche luogo per non farsi vedere: *— in casa.*

tapparella [-rèl-] *s.f.* negli edifici moderni, persiana avvolgibile fatta con stecche di legno, di metallo leggero o di materiale plastico, incernierate tra loro.

tappatrice *agg.* e *s.f.* si dice di attrezzatura o macchina per tappare bottiglie, barattoli ecc. [*ill. Vino*].

tappeto [-pé-] *s.m.* drappo di tessuto eseguito con tecnica particolare, usato nell'arredamento per coprire pavimenti o tavoli: *— persiano*, fabbricato in Persia e molto pregiato */ mandare l'avversario al —*, atterrare l'avversario in un incontro di pugilato */ — verde*, che

copre il tavolo da gioco; per estens., il tavolo da gioco e il gioco stesso */ mettere la questione sul —*, affrontare apertamente un argomento */ — erboso*, (*fig.*) l'erba fitta dei prati.

tappezzare *v.tr.* [*io tappézzo ecc.*] rivestire o ricoprire con una tappezzeria: *— le poltrone, i muri.*

tappezzeria [-rì-] *s.f.* carta o stoffa, per lo più ornata, con cui si ricoprono le pareti delle stanze, l'interno di veicoli, i mobili imbottiti */ far —*, (*fam.*) si dice di donna che in una festata ballo non viene invitata a ballare.

tappezziere [-ziè-] *s.m.* chi fa lavori di rivestimento con tessuti da tappezzeria, prepara e monta tende, imbottisce poltrone ecc.

tappo *s.m.* arnese, per lo più di sughero, con cui si turano bottiglie, botti e simili: *mettere, togliere il — / è un —*, (*scherz.*) si dice di persona piccola e grassoccia.

tara *s.f.* **1** quanto si deve detrarre dal peso lordo di una merce per avere il peso netto; per lo più è il peso dell'imballaggio o del veicolo che trasporta la merce: *far la — a una notizia*, (*fig.*) sminuirla, togliere da essa ciò che appare esagerato o inventato **2** malattia o difetto per lo più ereditario.

tarabuso [-ʃo] *s.m.* airone di palude dal collo corto, con piumaggio fulvo a macchie scure (*fam.* Ardeidi).

tarallo *s.m.* sorta di biscotto dolce della tradizione meridionale. DIM. *taralluccio / finire a tarallucci e vino*, finire, dopo un aspro contrasto, con una composizione amichevole, o con un compromesso poco dignitoso.

tarantella [-tèl-] *s.f.* danza popolare napoletana di andamento molto vivace.

tarantino *agg.* di Taranto *// s.m.* abitante di Taranto.

tarantola [-ràn-] *s.f.* **1** grosso ragno peloso, giallo e nero, dell'Europa meridionale; il suo morso è doloroso ma non pericoloso **2 → geco.**

tarare *v.tr.* **1** fare la tara a una merce **2** eseguire la taratura di uno strumento: *— un contachilometri.*

tarassaco [-ràs-] *s.m.* [*pl. -chi*] → **soffione.**

tarato *agg.* **1** si dice di peso da cui sia stata detratta la tara o di strumento di misura che abbia subìto la taratura **2** (*fig.*) si dice di persona non sana, spec. dal punto di vista psichico.

taratura *s.f.* (*tecn.*) operazione con cui si gradua uno strumento di misurazione perché le indicazioni dello strumento corrispondano ai valori delle grandezze da misurare.

tarchiato *agg.* si dice di persona robusta e tozza.

tardare *v.intr.* arrivare in un luogo, fare o dire qlco. oltre il termine di tempo stabilito, necessario, conveniente: *— a venire*; *— nel pagamento dell'affitto // v.tr.* ritardare, differire: *tardava la consegna del manoscritto.*

tardezza [-dèz-] *s.f.* l'essere tardo.

tardi *avv.di tempo* **1** dopo il tempo debito: *arrivai —*; *se non mi sbrigo faccio —*; *te ne accorgerai troppo — / più —*, alcun tempo dopo */ al più —*, al massimo */ prov.: chi — arriva male alloggia* **2** a ora tarda: *mi alzo —*; *vado a letto —*.

tardivo *agg.* **1** che viene tardi, si dice spec. di pianta che germoglia o matura in ritardo; (*fig.*) di ragazzo ritardato nello sviluppo psichico e intellettuale: *una rosa tardiva*; *un bambino —*. CONTR. *precoce* **2** che viene troppo tardi per avere l'effetto dovuto: *quella situazione ha avuto uno sviluppo —*; *scuse tardive*. CONTR. *precoce*.

tardo *agg.* **1** lento nel muoversi, nel fare qlco.: *è — a prendere decisioni / — d'ingegno, di mente*, poco sveglio **2** che è fatto, che avviene tardi o troppo tardi; tardivo: *un — aiuto* **3** che è avanzato nel tempo;

estremo, ultimo: *la tarda età*; *a tarda notte*, a notte inoltrata / *il — umanesimo*, l'ultima fase di esso.

tardona [-dó-] *s.f.* (*scherz.*) donna di mezza età che è ancora piacente e ci tiene a esserlo.

targa *s.f.* **1** lastra su cui sia scritto un nome o altra indicazione; in particolare, quella applicata alla porta di una casa, su cui è scritto il cognome di chi vi abita; quella applicata a veicoli a motore, su cui sono scritti i dati di immatricolazione per il riconoscimento **2** lastra di metallo che viene data come premio **3** grande scudo militare del medioevo per lo più di forma rettangolare, con gli angoli arrotondati.

targare *v.tr.* [*io targo, tu targhi ecc.*] munire di targa.

targatura *s.f.* l'operazione del targare un veicolo.

target [*ingl.*; *pr.* tàag(i)t] *s.m.* obiettivo quantitativo di una campagna di vendita.

tarì *s.m.invar.* antica moneta aurea araba, che ebbe larga circolazione in Sicilia, poi nelle Puglie e in tutto il regno di Napoli.

tariffa *s.f.* tabella dei prezzi unitari fissati dai privati o dalle autorità per la vendita di merci o per il compenso di determinate prestazioni: *— del grano, del sale*; *— doganale*, misura del dazio che colpisce certe merci indicate in apposito elenco; *— postale, ferroviaria*; *alzare, abbassare la —*; *stare alla —*.

tariffare *v.tr.* imporre una tariffa a una prestazione, un servizio e simili.

tariffario [-fà-] *agg.* che riguarda una tariffa, della tariffa // *s.m.* elenco dei prezzi che costituiscono una tariffa.

tarlare *v.intr.*, **-arsi** *v.rifl.pron.* riempirsi di tarli o, per estens., di tarme: *il tavolo si tarla*; *questa giacca si è tarlata*.

tarlatana *s.f.* tessuto di cotone molto leggero.

tarlo *s.m.* nome di varie specie di insetti che rodono il legno; (*fig.*) si dice di pena segreta che rode l'animo; *il — della gelosia, del dubbio*.

tarma *s.f.* → **tignola**.

tarmare *v.intr.*, **-arsi** *v.rifl.pron.* riempirsi di tarme, essere invaso dalle tarme.

tarmicida *agg.* e *s.m.* [pl.m. *-i*] si dice di sostanza usata per distruggere le tarme.

tarocco¹ [-ròc-] *s.m.* [pl. *-chi*] ciascuna delle carte figurate, solitamente 22, dette «trionfi», che unite alle 56 altre carte, 14 per ogni seme (denari, spade, bastoni e coppe), formano il gioco dei *tarocchi*, che si fa in tre o in quattro persone.

tarocco² [-ròc-] *s.m.* [pl. *-chi*] varietà di arancia dalla buccia sottile e polpa rosso chiaro.

tarpan [-pàn] *s.m.invar.* cavallo selvatico dell'Asia, ritenuto progenitore dei cavalli domestici (*fam.* Equidi).

tarpano *agg.* zotico, rozzo.

tarpare *v.tr.* tagliare la punta delle penne alle ali di un uccello, per impedirgli di volare: *— le ali a qlcu.*, (*fig.*) indebolirlo, impedirgli di agire.

tarsia [-si-] *s.f.* l'arte dell'intarsiare; lavoro ottenuto commettendo pezzi di legno, d'avorio, di pietra ecc. di vari colori, seguendo un disegno preordinato.

tarsiospettro [-spèt-] *s.m.* piccola proscimmia arboricola della Malesia con occhi grandi e coda lunghissima (*fam.* Tarsidi).

tarso *s.m.* la parte posteriore dello scheletro del piede, situata tra la gamba e il metatarso e composta di sette ossa.

tartagliamento [-mén-] *s.m.* il tartagliare.

tartagliare *v.intr.* [*io tartàglio ecc.*] articolare male le parole, ripetendo con fatica la prima sillaba; balbettare

// *v.tr.* pronunciare male, stentatamente: *uscì, tartagliando qlco.*

tartaglione [-glió-] *s.m.* chi tartaglia molto, balbuziente.

tartan¹ *s.m.invar.* (*ingl.*) tessuto di lana scozzese dal caratteristico disegno quadrettato a colori diversi.

tartan² *s.m.invar.* resina sintetica impiegata per piste di atletica, campi di gioco e simili.

tartana *s.f.* **1** grossa barca, da carico e da pesca, con un albero a vela latina e due o tre fiocchi **2** rete da strascico per la pesca, usata dalle paranze.

tartareo [-tà-] *agg.* (*lett.*) del tartaro.

tartarico [-tà-] *agg.* [pl.m. *-ci*] del tartaro: *acido —*, acido organico ricavato dai depositi di incrostazione delle botti da vino, usato in medicina.

tartaro¹ [tàr-] *s.m.* **1** deposito di sostanze minerali che si forma attorno ai denti o sulle pareti di recipienti in cui sono state conservate acque ricche di bicarbonato / *cremore di —*, sale potassico dell'acido tartarico, usato come medicamento **2** incrostazione che si forma nelle botti del vino durante la fermentazione; gruma.

tartaro² [tàr-] *agg.* della Tartaria / *salsa tartara*, specie di salsa maionese con aggiunta di capperi, prezzemolo, cipolline e senape // *s.m.* antico guerriero di razza mongolica.

Tartaro [tàr-] *s.m.* nella religione greco-romana, l'abisso profondo in cui Giove precipitò i Titani; per estens., l'inferno.

tartaruga *s.f.* nome comune dei rettili cheloni spec. marini, con corpo ricoperto in un robusto guscio, dal quale sporgono capo, zampe e coda.

tartassare *v.tr.* trattare in malo modo: *— uno strumento*, sonarlo male / *— un candidato agli esami*, sottoporlo a domande insidiose e difficili.

tartina *s.f.* fettina di pane spalmata di burro e guarnita di altri ingredienti.

tartufaia [-fà-] *s.f.* terreno coltivato a tartufi.

tartufare *v.tr.* guarnire, condire con tartufi: *risotto tartufato*.

tartufo *s.m.* fungo sotterraneo a forma di tubero dal caratteristico profumo penetrante; è assai ricercato per guarnire vivande (*fam.* Eutuberacee).

tasca *s.f.* **1** specie di sacchetto cucito per la bocca all'interno di un vestito in corrispondenza di un taglio nel tessuto e usato per riporvi piccoli oggetti che si voglia portare indosso: *fazzoletto, orologio da —*, da portare in tasca / *non mi venne in — nulla*, non ne ricavai alcun guadagno o vantaggio / *starsene con le mani in —*, stare senza far nulla **2** per estens., borsa, cartella per riporvi documenti o arnesi da lavoro; partizione interna di un portafoglio, una valigia o simili **3** (*anat.*) organo o cavità di forma simile a una tasca: *— faringea*.

tascabile [-scà-] *agg.* di misura tale che si può tenere in tasca: *un vocabolario —*.

tascapane *s.m.invar.* borsa che i militari, gli alpinisti, i cacciatori portano a tracolla per metterci il cibo o altro.

tascata *s.f.* ciò che una tasca può contenere: *una — di nocciole*.

taschino *s.m.* piccola tasca posta lateralmente in alto nelle giacche e camicie da uomo, e in posizioni diverse in vari indumenti.

tasmaniano [-ʃma-] *agg.* della Tasmania // *s.m.* abitante della Tasmania.

tassa *s.f.* **1** tributo corrisposto allo stato o ad altro ente pubblico per un servizio speciale reso ai privati su loro richiesta: *tasse scolastiche* **2** imposta: *le tasse sono in continuo aumento*.

tassabile [-sà-] *agg.* che può essere tassato.

tassametro [-sà-] *s.m.* apparecchio contatore installato sulle automobili da piazza per indicare l'importo dovuto dal cliente in relazione al tragitto percorso.

tassare *v.tr.* sottoporre a tassa o a imposta: — *i cittadini in proporzione al reddito;* — *le attività produttive;* — *le rendite da speculazione.*

tassativo *agg.* che stabilisce qlco. in modo perentorio: *pagare entro un termine* —.

tassazione [-zió-] *s.f.* atto, effetto del tassare.

tassellare *v.tr.* [*io tassèllo ecc.*] 1 mettere tasselli; fissare qlco. a un muro per mezzo di tasselli 2 applicare un talloncino comprovante il pagamento della tassa erariale su oggetti d'importazione soggetti al monopolio dello stato.

tassello [-sèl-] *s.m.* 1 blocchetto di legno o di pietra che si incastra nelle strutture murarie o nelle opere in legno per mascherare una cavità, come ornamento o per permettere l'applicazione di elementi estranei: *misero un* — *nella parete per collocarvi un gancio* 2 (*fig.*) elemento che va a completare un insieme: *manca un* — *nella ricostruzione del delitto* 3 pezzo che si taglia via da un cocomero o da una forma di formaggio per saggiarne la qualità 4 (*metall.*) blocchetto di sabbia da fonderia usato nella fusione per sagomare parti rientranti del pezzo.

tassì *s.m.invar.* → **taxi**.

tassia [-sì-] *s.f.* (*bot.*) disposizione di determinate parti su un corpo vegetale: *la* — *dei rami sul tronco.*

tassista *s.m. e f.* [pl.m. -*i*] chi per mestiere guida un tassì.

tasso[1] *s.m.* tozzo mammifero carnivoro dagli arti corti, muso allungato, pelame grigio, con una striscia nera ai due lati della testa bianca (*fam.* Mustelidi).

tasso[2] *s.m.* albero sempreverde delle Conifere, dalle foglie lineari color verde scuro e bacche rosse (*fam.* Taxacee).

tasso[3] *s.m.* rapporto che si verifica tra due quantità nell'unità di tempo e si esprime generalmente in percentuale annua: — *di natalità, di mortalità,* rapporto tra nati e viventi, tra morti e viventi in un dato luogo e periodo / — *di interesse,* (*econ.*) rapporto tra la quantità di denaro fruttata, nell'unità di tempo, da un capitale e questo capitale; — *di sconto,* (*econ.*) tasso d'interesse richiesto per il pagamento di una somma prima della scadenza alla quale è dovuta.

tassonomia [-mì-] *s.f.* ramo delle scienze biologiche che si occupa della classificazione e della nomenclatura degli esseri viventi e dei fossili.

tastare *v.tr.* toccare più volte e leggermente per sentire una cosa al tatto: *tastò il muro in cerca di un appiglio /* — *il polso a qlcu.,* per misurarne la frequenza e la forza dei battiti; (*fig.*) saggiare le sue intenzioni o cercare di valutarne la personalità, la preparazione / — *il terreno,* (*fig.*) indagare preventivamente su uno stato di cose o sulle intenzioni di qlcu.

tastata *s.f.* il tastare una volta.

tastiera [-stiè-] *s.f.* 1 (*mus.*) negli strumenti a tasto, l'insieme dei tasti bianchi e neri; negli strumenti ad arco, parte del manico, costituita da una striscia di ebano liscia sulla quale si premono, con le dita, le corde: — *dell'organo, del violino* 2 in particolare, la tastiera dell'organo elettronico e del sintetizzatore, e per estens. lo strumento stesso 3 l'insieme dei tasti di una macchina da scrivere, di un elaboratore, di una macchina compositrice e simili [*ill. Elaboratore*].

tastierista *s.m. e f.* [pl.m. -*i*] 1 chi lavora alla tastiera di una macchina compositrice monotype 2 chi suona l'organo elettronico o il sintetizzatore.

tasto *s.m.* 1 il tastare: *andare a* —, tastando 2 negli strumenti a tasto, piccola leva su cui si preme il dito per ottenere la nota voluta; negli strumenti a corde pizzicate, tassello di legno, posto sul manico per indicare la divisione delle corde / *toccare un* — *falso,* (*fig.*) un argomento inopportuno 3 nelle macchine da scrivere, compositrici e simili, piccola leva su cui si preme il dito 4 prelievo di materiale a scopo d'esame: — *di terreno,* buca scavata per saggiare il terreno; — *di formaggio,* tassello tolto dalla forma.

tastoni [-stó-] *avv.* usato spec. nella locuz. *a tastoni,* alla cieca, tastando il terreno o le pareti a causa dell'oscurità (anche *fig.*); *andare a* —.

tattica [tàt-] *s.f.* 1 parte dell'arte militare che studia il movimento delle unità terrestri, aeree e navali in un combattimento 2 (*fig.*) modo di agire accorto e prudente: *in questo caso ci vuole molta* — / — *di gioco,* negli sport a squadre, particolare schieramento che l'allenatore fa assumere agli atleti.

tatticismo [-fmo] *s.m.* tendenza a far uso di espedienti tattici.

tattico [tàt-] *agg.* [pl.m. -*ci*] che concerne la tattica; che si riferisce a una singola operazione bellica: *esercitazione tattica; obiettivo* —; *missile* —, impiegato in operazioni militari d'appoggio.

tattile [tàt-] *agg.* del tatto: *sensazione* —.

tattismi [-fmi] *s.m.pl.* movimenti causati da stimoli esterni (luce, calore e simili) compiuti da organismi unicellulari.

tatto *s.m.* 1 senso che, mediante il contatto con la pelle, permette di riconoscere la forma, la consistenza e le caratteristiche esterne degli oggetti: *i ciechi hanno il* — *molto fine; oggetto ruvido al* — 2 (*fig.*) modo di agire e parlare con delicatezza, senso dell'opportunità: *avere, non avere* —.

tatuaggio [-tuàg-] *s.m.* disegno indelebile tracciato sulla pelle mediante iniezioni di sostanze coloranti o con altri procedimenti.

tatuare *v.tr.* [*io tàtuo ecc.*] praticare un tatuaggio; ornare con tatuaggi.

tatzebao [-bà-], **tatzepao** [-pà-] *s.m.invar.* → **dazibao**.

taumaturgia [-gì-] *s.f.* la capacità di operare miracoli.

taumaturgico [-túr-] *agg.* [pl.m. -*ci*] di, da taumaturgo; per estens., molto efficace, convincente.

taumaturgo *s.m.* [pl. -*ghi* o -*gi*] chi opera miracoli (anche *fig.*): *un santo* —.

taurino *agg.* di, da toro (anche *fig.*): *forza taurina; collo* —, tozzo e robusto.

tauromachia [-chì-] *s.f.* 1 presso gli antichi romani, spettacolo di circo consistente in una battaglia fra tori o fra uomini e tori 2 corrida.

tautologia [-gì-] *s.f.* (*lett.*) ripetizione di uno stesso concetto con parole diverse.

tautologico [-lò-] *agg.* [pl.m. -*ci*] di tautologia, che costituisce tautologia.

tavella [-vèl-] *s.f.* (*edil.*) laterizio di piccolo spessore usato nei tetti per costituire il supporto delle tegole.

taverna [-vèr-] *s.f.* 1 osteria di infimo ordine 2 ristorante, locale notturno arredato in stile rustico.

taverniere [-niè-] *s.m.* (*lett.*) chi gestisce o chi frequenta una taverna.

tavola [tà-] *s.f.* 1 asse di legno stretta e lunga e di piccolo spessore: *capanna costruita con tavole di quercia /*

tavola: 1 *vasssoio*, 2 *bricco*, 3 *tazza*, 4 *zuppiera*, 5 *oliera*, 6 *insalatiera*, 7 *teiera*, 8 *fruttiera*, 9 *formaggiera*, 10 *caraffa*, 11 *saliera*, 12 *calice*, 13 *coppa*, 14 *bicchiere*, 15 *orlo*, 16 *parete*, 17 *fondo*, 18 *antipastiera*, 19 *ciotola o* *scodella*, 20 *zuccheriera*, 21 *molle*, 22 *schiaccianoci*, 23 *salsiera*, 24 *piatto fondo*, 25 *piatto*, 26 *forchetta*, 27 *coltello*, 28 *cucchiaio*, 29 *macinapepe*, 30 *portauovo*, 31 *coppette*, 32 *paletta*.

calcare le tavole del palcoscenico, (*fig.*) dedicarsi all'arte drammatica / *— di salvezza*, quella a cui si aggrappa il naufrago; (*fig.*) unica via di scampo **2** mobile costituito da un piano orizzontale sostenuto per lo più da quattro gambe; senza altra specificazione indica la tavola a cui ci si siede per consumare i pasti: *— da lavoro*; *— da gioco*; *— da pranzo*; *— apparecchiata* / *— a ribalta*, fornita di pezzi incernierati che servono ad aumentare la superficie del piano / *mettere, portare in —*, servire il pranzo / *è in —*, il pranzo è servito / *amare la buona —*, essere un buongustaio / *— calda*, locale pubblico in cui si servono pasti da consumare al banco / *— rotonda*, convegno di esperti, riuniti per discutere su un problema d'attualità / *mettere le carte in —*, (*fig.*) dichiarare apertamente ciò che si ha intenzione di fare **3** piano di legno o di altro materiale usato per vari scopi, anche per scrivere, per dipingere, per incidere; dipinto su legno: *— da spianare*, spianatoia; *un dipinto su —*; *— votiva*; *una — del Pisanello* / *— armonica*, negli strumenti a corda, piano di legno che serve ad aumentare la risonanza [*ill. Musicali, strumenti*] / *Tavole della Legge*, i dieci comandamenti dettati da Dio a Mosè / *leggi delle Dodici Tavole*, quelle romane dei decemviri **4** pagina di un libro o foglio recante un'illustrazione, un prospetto, un elenco: *— a colori*; *tavole fuori testo*; *— pitagorica*; *tavole sinottiche*; *— dei logaritmi* / *tavole di fondazione*, le norme su cui si regge un istituto, un'opera pia ecc. **5** *— reale*, gioco che si fa su una speciale scacchiera con trenta pedine, le cui mosse sono determinate dai punti ottenuti gettando due dadi **6** in filatelia, l'insieme dei cliché che servono per stampare a fogli interi i francobolli **7** unità di misura agraria di superficie usata in varie parti d'Italia prima dell'adozione del sistema metrico decimale.

tavolaccio [-làc-] *s.m.* panca inclinata su cui dormono i soldati puniti, i carcerati ecc.

tavolata *s.f.* gruppo di parecchie persone sedute alla stessa tavola per pranzare: *una allegra —*.

tavolato *s.m.* **1** parete o pavimento fatto o sostenuto con tavole di legno [*ill. Edilizia*] **2** altopiano.

tavoletta [-lét-] *s.f.* **1** piccolo pezzo di materiale rigido, spec. se quadrangolare: *— di cioccolata* / *andare a —*, (*fam.*) andare in automobile con il pedale dell'acceleratore premuto al massimo, quindi alla massima velocità 2 (*mar.*) rinforzo rigido nell'angolo della vela, a cui si aggancia la drizza.

tavoliere [-liè-] *s.m.* vasta regione bassa e piatta: — *delle Puglie*.

tavolino *s.m.* piccola tavola per scrivere, per studiare ecc.: *stare tutto il giorno a —*, compiere un lavoro sedentario; *i tavolini dei caffè / — da notte*, comodino.

tavolo [tà-] *s.m.* mobile costituito da un piano orizzontale sostenuto per lo più da quattro gambe.

tavolozza [-lòz-] *s.f.* **1** asse di legno su cui i pittori mescolano i colori [*ill. Pittura e scultura*] **2** per estens., l'insieme dei colori tipici di un pittore.

taxi [tàcsi] *s.m.invar.* automobile per il trasporto pubblico di passeggeri, dotata di tassametro.

taxi-girl [*ingl.*; *pr.* tècsi gól] *s.f.* ragazza che lavora in un locale pubblico con il compito di ballare con i clienti.

taxista [tacsìsta] *s.m.* e *f.* [pl.m. *-i*] conducente di taxi.

taylorismo [-ʃmo] *s.m.* (*st.econ.*) teoria di organizzazione del lavoro industriale, elaborata dall'americano F. W. Taylor (1856-1915), secondo cui il rendimento si accresce facendo fare a ciascun lavoratore sempre la stessa operazione; anche l'applicazione di tale teoria.

tazza *s.f.* **1** piccolo recipiente di ceramica, di porcellana, di terraglia o di plastica, con manico ad ansa; la quantità di liquido contenuto nel recipiente stesso: *una — di brodo* **2** vaso che raccoglie lo zampillo di una fontana; vaso del water-closet.

tazzina *s.f.* piccola tazza; in particolare, tazza per il caffè.

tbc, T.B.C. [tibicì] *s.f.invar.* tubercolosi.

te [té] *pron.pers. di seconda pers.sing.* **1** forma complementare tonica del *pron.pers. tu*; si usa come compl.ogg. quando gli si vuol dare particolare rilievo e nei complementi retti da prep.: *vogliono proprio te*; *per te sarebbe meglio*; *secondo te*, secondo il tuo parere; può essere rafforzato con *stesso* e *medesimo*: *conosci te stesso*; si usa come sogg. nelle esclamazioni: *povero te!*; nel-le comparazioni dopo *come* e *quanto*: *ne so quanto te*; *non è come te*; come predicato dopo i verbi *essere*, *parere*, *sembrare*, a meno che il sogg. non sia *tu*: *io non sono te*, ma *non sei più tu* **2** come forma atona, si usa in luogo del *pron.pers. ti* in presenza delle forme pronominali atone *lo*, *la*, *li*, *le* e della particella *ne*, in posizione sia enclitica sia proclitica: *te ne parlerò*; *studiatelo*.

tè *s.m.invar.* **1** arbusto sempreverde con fiori bianchi e foglie lanceolate che, seccate, servono per fare una bevanda (*fam.* Teacee) **2** foglie disseccate di tale arbusto e bevanda che se ne ottiene **3** ricevimento familiare pomeridiano in cui si beve il tè: *un invito per il —*; *dare un — / — danzante*, trattenimento pomeridiano in cui si balla.

te' [con la *e* aperta] (*arc.* e *dial.*) apocope di *tene*, tieni; si dice offrendo o porgendo qlco.

tea [tè-] *agg.f. rosa —*, di colore giallo e con un lieve odore di tè.

teak [*ingl.*; *pr.* tiik] *s.m.* **1** albero dell'Asia tropicale che dà un legno molto duro e resistente (*fam.* Verbenacee) **2** legno ottenuto da tale albero e usato spec. in costruzioni navali e in ebanisteria.

team [*ingl.*; *pr.* tiim] *s.m.* squadra; gruppo organizzato per compiere insieme un'attività sportiva o di studio o di lavoro; équipe.

tea room [*ingl.*; *pr.* tii rum] *s.f.* sala da tè, in un locale pubblico.

teatrale *agg.* **1** di, da teatro: *spettacolo —* **2** (*fig.*) esagerato; spettacolare: *gesto —*, *comportamento —*.

teatralità *s.f.invar.* l'essere teatrale (anche *fig.*).

teatrante *s.m.* **1** (*spreg.*) chi ama i gesti e le parole teatrali **2** attore di teatro di basso rango.

teatro *s.m.* **1** edificio destinato alla rappresentazione di opere drammatiche o musicali o ad altri spettacoli pubblici: — *di prosa*, *di musica*, *di varietà* **2** l'insieme degli spettatori che assistono a uno spettacolo teatrale: *il — era in delirio* **3** il complesso della produzione

---

Teatro

drammaturgia, scenografia, scenotecnica • animazione, avanspettacolo, cabaret, commedia (*dell'arte*, *di carattere*, *musicale*), dramma, farsa, happening, intermezzo, melodramma, mimo, opera lirica, pantomima, psicodramma, rivista, sceneggiata, sociodramma, tragedia, underground, varietà, vaudeville.

■ AZIONE TEATRALE: allestimento, anteprima, applauso, atto, azione, battuta, bis, canovaccio, cartellone, cassetta, chiamata, clou, copione, debutto, dialogo, epilogo, festival, finale, gag, gala, locandina, matinée (mattinata), messinscena, monologo, numero, parte, prima, programma, prova (*generale*), quadro, rappresentazione, recita, recital, regia, remake, repertorio, replica, ruolo, sceneggiatura, scrittura, serata (*di gala*), sketch, tournée • andare in scena, bissare, debuttare, esordire, fare fiasco, fare (sostenere) una parte, recitare, sceneggiare, truccarsi • dizione, gestualità, immedesimazione, mimica, recitazione, straniamento, travestitismo, verve.

■ LUOGHI E STRUTTURE: balconata, barcaccia, boccascena, botteghino, buca del suggeritore, camerino, fondale, foyer, galleria, loggione, palchetto, palco, palcoscenico, panorama, parapettata, passerella, platea, praticabile, proscenio, quinte, retropalco, retroscena, ribalta, ridotto, scena, scenario, sipario, sottopalco, spezzato, spot, tela, telone, velario.

■ PERSONE: compagnia (*comica*, *drammatica*; *stabile*); attore, attor giovane, boy, capocomico, commediante, comparsa, divo, gigione, guitto, interprete, istrione, mattatore, mimo, pantomimo, personaggio, prima donna, primo attore, protagonista, showman, spalla, stella, vedette, voce recitante; amoroso, brillante, caratterista, comico, drammatico, fantasista, generico, macchietta; burattino, marionetta, pupo; agente teatrale, animatore, attrezzista, autore, bozzettista, burattinaio, buttafuori, claque, commediografo, costumista, critico teatrale, direttore di scena, drammaturgo, figurante, impresario, marionettista, maschera, presentatore, puparo, rammentatore, regista, scenografo, suggeritore, talent-scout, trovarobe, truccatore.

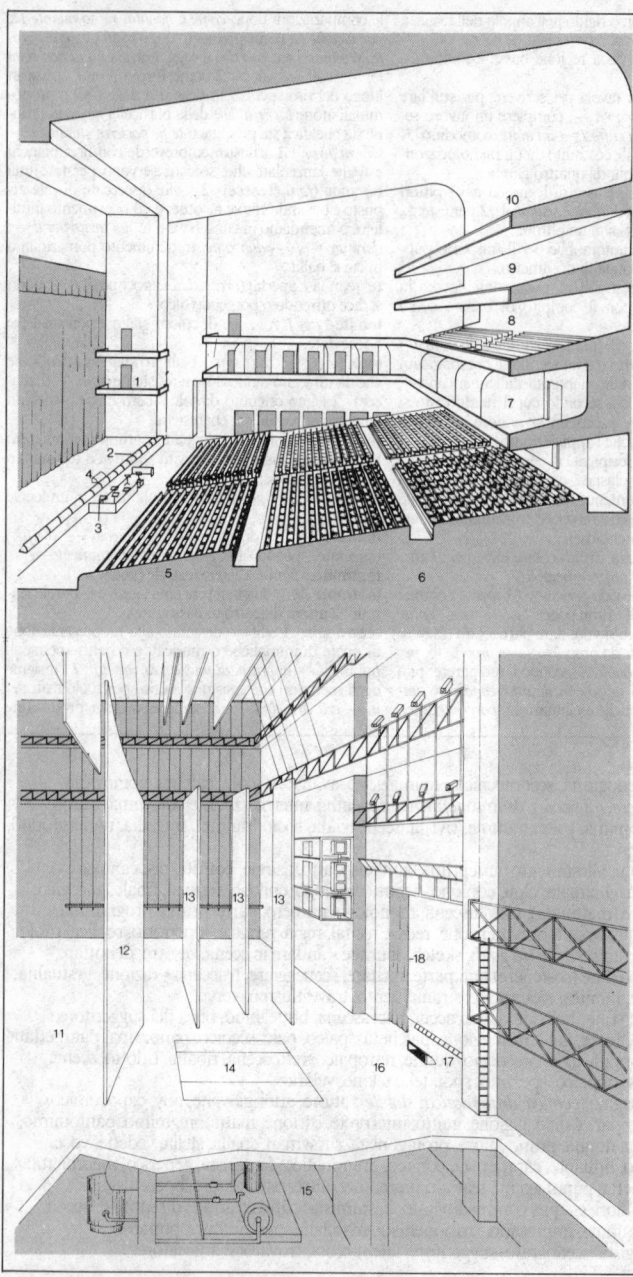

teatro

1 *barcaccia,*
2 *luci della ribalta,*
3 *orchestra,*
4 *buca del suggeritore,*
5 *poltrone,*
6 *poltroncine,*
7 *palchi,*
8 *1ª galleria,*
9 *2ª galleria,*
10 *loggione,*
11 *retroscena,*
12 *fondale,*
13 *quinta,*
14 *botola,*
15 *sottopalco,*
16 *palcoscenico,*
17 *ribalta,*
18 *sipario.*

drammatica di un autore, di un'epoca, di un paese: *il — di Shakespeare*; *il — dell'Ottocento*; *il — classico* **4** attività professionale e artistica connessa con lo spettacolo: *gente di —*; *mi piacerebbe fare del —*.

tebaismo [-ʃmo] *s.m.* (*med.*) intossicazione da oppio.

tebano *agg.* di Tebe // *s.m.* abitante di Tebe.

teca [tè-] *s.f.* custodia in cui si conserva una reliquia; astuccio.

techinas astens., custodia, astuccio.

technicolor [*ingl.*; *pr.* tecnicòlor] *s.m.* procedimento per riprodurre i colori naturali sulla pellicola cinematografica® / *in —*, (*fam.*) con colori vivi, sgargianti.

tecneto [-nè-], **tecnezio** [-nè-] *s.m.* elemento chimico (Tc; *n.at.* 43; *p.at.* 99); metallo ottenuto artificialmente.

tecnica [tèc-] *s.f.* **1** insieme delle regole pratiche da applicare nell'esecuzione di un'attività manuale o intellettuale; procedimento specifico seguito nell'esecuzione di un'opera: *— del disegno, del ragionamento, di uno sport*; *— edilizia* **2** applicazione della scienza a fini pratici; in particolare, attività umana che tende a creare congegni, a inventare macchine ecc.: *il progresso della — moderna*.

tecnicismo [-ʃmo] *s.m.* **1** applicazione rigorosa delle norme nell'esecuzione di un'attività pratica **2** eccessiva importanza attribuita alla tecnica da un individuo o da una società, a scapito delle altre attività umane **3** uso eccessivo di termini tecnici nel parlare o nello scrivere **4** parola o locuzione tecnica.

tecnicista *s.m.* e *f.* [pl.m. *-i*] studioso di tecnica, di applicazioni tecniche in diversi settori (industriale, commerciale ecc.).

tecnicistico [-ci-] *agg.* [pl.m. *-ci*] di tecnicismo, che mostra tecnicismo.

tecnicità *s.f.invar.* la caratteristica di ciò che è tecnico; aspetto tecnico.

tecnicizzare [-ciʒʒa-] *v.tr.* organizzare o riorganizzare una produzione con il ricorso alle tecnologie; rendere un lavoro o una produzione più tecnico; automatizzare.

tecnico [tèc-] *agg.* [pl.m. *-ci*] che riguarda la tecnica: *nozioni tecniche*; *progresso —*; *linguaggio —*, proprio di una tecnica determinata / *scuole tecniche*, quelle che preparano a una professione pratica // *s.m.* persona esperta in un campo particolare della tecnica.

tecnigrafo [-nì-] *s.m.* apparecchio formato di aste articolate, usato nel disegno tecnico per tracciare rette parallele e perpendicolari [*ill. Disegno, strumenti*].

tecnocrate [-nò-] *s.m.* e *f.* chi ha una posizione di potere a causa delle sue conoscenze tecniche; chi sostiene la tecnocrazia.

tecnocratico [-crà-] *agg.* [pl.m. *-ci*] di tecnocrate; di tecnocrazia.

tecnocrazia [-zì-] *s.f.* predominio dei tecnici nella direzione della vita sociale; direzione dello stato affidata ai tecnici.

tecnologia [-gì-] *s.f.* **1** studio teorico dei problemi generali della tecnica **2** studio dei procedimenti impiegati a trasformare i materiali greggi in prodotti industriali.

tecnologico [-lò-] *agg.* [pl.m. *-ci*] della tecnologia / *dizionario —*, quello che registra e spiega i vocaboli tecnici.

tecnopatia [-tì-] *s.f.* (*med.*) malattia professionale.

tecnostruttura *s.f.* la struttura tecnico-decisionale di una grande impresa, l'insieme delle persone che ne fanno parte.

teco [tè-] *pron. composto* (*lett.*) con te: *verrò —*.

teda [tè-] *s.f.* **1** fiaccola resinosa **2** (*poet.*) pino selvatico.

teddy-boy [*ingl.*; *pr.* tèdi bòi] *s.m.* giovane teppista; ragazzo che, per lo più in gruppo, compie atti di violenza inutile sia per istinto di ribellione sia per esibizionismo; (*scherz.*) ragazzaccio.

tedesco [-dé-] *agg.* [pl.m. *-chi*] della Germania // *s.m.* abitante, nativo della Germania; la lingua dei tedeschi.

tedescofilo [-scò-] *agg.* e *s.m.* che, chi parteggia per i tedeschi; chi ama i paesi germanici e la loro civiltà.

tedescofobo [-scò-] *agg.* e *s.m.* che, chi odia, detesta i tedeschi.

tedeum [-dè-] *s.m.invar.* inno liturgico di ringraziamento a Dio, cantato nelle funzioni mattutine dei giorni festivi e, in forma molto solenne, in occasioni particolari; prende il nome dalle parole iniziali: *Te Deum laudamus* = ti lodiamo Signore.

tediare *v.tr.* [*io tèdio ecc.*] infastidire; provocare una sensazione di tedio: *non voglio tediarvi*. SIN. *annoiare*.

tedio [tè-] *s.m.* sensazione tormentosa di stanchezza e di disinteresse nei confronti della vita propria e altrui; mancanza di entusiasmo, di slancio vitale. SIN. *noia, uggia*.

tedioso [-dió-] *agg.* che reca, provoca tedio: *un lavoro —*. SIN. *noioso, uggioso*.

teen-ager [*ingl.*; *pr.* tiin èigia] *s.m.* e *f.* giovane tra i tredici e i diciannove anni; adolescente.

tee-shirt [*ingl.*; *pr.* tìi sciót] *s.f.* maglietta accollata a maniche corte, che stesa in piano ha la forma di una grossa T.

tegame *s.m.* recipiente da cucina rotondo, di terracotta o metallo, con bordi bassi e uno o due manici: *un — di alluminio / uova al —*, fritte con burro in un tegame. DIM. *tegamino*.

teglia [té-] *s.f.* recipiente da cucina, per lo più di metallo, rotondo, con bordi molto bassi e senza manici, per cuocere in forno.

tegola [té-] *s.f.* **1** ciascuna delle lastre di terracotta, di forma semicilindrica allungata, disposte sulle falde del tetto come copertura **2** (*fig.*) disgrazia inaspettata: *è difficile riprendersi dopo una — simile*.

tegumento [-mén-] *s.m.* tessuto, animale o vegetale, avente funzione di rivestimento e di protezione di un organo o di un intero organismo.

teiera [-iè-] *s.f.* recipiente di materiale vario, panciuto, con beccuccio, in cui si prepara il tè.

teina [-ì-] *s.f.* alcaloide contenuto nel tè, lo stesso che nel caffè prende il nome di *caffeina*.

teismo [-ʃmo] *s.m.* ogni dottrina religiosa e filosofica che ammetta un Dio, unico e trascendente, con caratteri personali.

teista *s.m.* e *f.* [pl.m. *-i*] seguace del teismo.

teistico [-i-] *agg.* [pl.m. *-ci*] del teismo; di, da teista.

tek [tèk] *s.m.invar.* → **teak**.

tela [té-] *s.f.* **1** tessuto uniforme e compatto, per lo più di cotone, lino, canapa e seta: *una pezza di —*; *vestiti, biancheria di — / — cerata*, resa impermeabile con uno strato di gomma e vernice / *la — del ragno*, la ragnatela **2** dipinto a olio o a tempera, eseguito su un riquadro di tela appositamente preparata: *una — del Carpaccio* **3** sipario teatrale: *cala la —*, lo spettacolo è finito; (*fig.*) è tutto finito, la vicenda è conclusa **4** (*fig.rar.*) trama, per lo più di un imbroglio, di un inganno.

telaio [-là-] *s.m.* **1** macchina che serve per tessere: *— a mano*; *— meccanico* **2** struttura costituita da diversi pezzi connessi tra loro per sostenere altre parti di qlco.; armatura metallica di automezzi, biciclette e simili: *il*

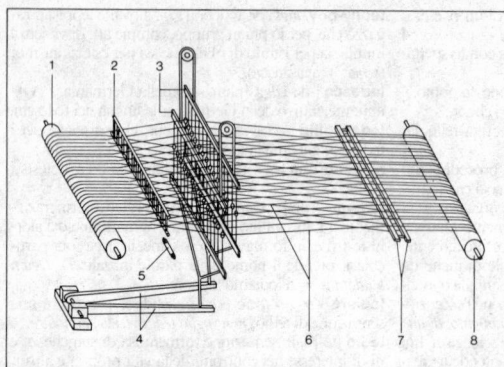

telaio

1 *subbio del tessuto*, 2 *pettine*, 3 *licci*,
4 *calcole*, 5 *navetta*, 6 *ordito*,
7 *verghe*, 8 *subbio di ordito*.

— *della finestra, del quadro; il — dell'automobile /* — *da ricamo,* arnese di forma per lo più circolare sul quale si tende la tela da ricamare.

telamone [-mó-] *s.m.* cariatide in figura di uomo.

telato *agg.* che ha l'aspetto della tela: *carta telata.*

tele-1 [tè-] [dal gr. *tèle = lontano*] primo elemento compositivo di molte parole moderne tecniche e scientifiche; significa «da lontano, a distanza» (*telescopio, telefono, televisione, telecomando*).

tele-2 [tè-] [abbr. di *televisione*] primo elemento compositivo di termini che si riferiscono alla televisione (*telespettatore, telegiornale, teleabbonato*).

teleabbonato *s.m.* abbonato alla televisione.

telearma *s.f.* [pl. *-i*] proiettile con propulsione autonoma, a grande raggio d'azione.

telecabina *s.f.* cabina, vagoncino di teleferica.

telecamera [-cà-] *s.f.* apparecchiatura per la ripresa e la trasmissione delle immagini televisive [*ill. Televisione*].

telecomandare *v.tr.* comandare a distanza; in particolare, azionare a distanza dei dispositivi mediante

corrente elettrica o per mezzo di onde radio inviate da un'apposita stazione trasmittente.

telecomandato *agg.* guidato, controllato a distanza: *missile —.*

telecomando *s.m.* **1** atto, effetto del telecomandare **2** dispositivo di vari tipi usato per telecomandare.

telecomunicare *v.tr.* e *intr.* [*io telecomùnico, tu telecomùnichi ecc.*] trasmettere per telecomunicazione.

telecomunicazione [-zió-] *s.f.* comunicazione a distanza: *sistema di —* / *telecomunicazioni,* il complesso dei mezzi di comunicazione (radio, telefono, televisione ecc.) che permettono di trasmettere suoni e immagini a distanza.

telecronaca [-crò-] *s.f.* ripresa e trasmissione di un avvenimento per mezzo degli impianti televisivi.

telecronista *s.m.* e *f.* [pl.m. *-i*] chi effettua una telecronaca.

teleferica [-fè-] *s.f.* impianto per il trasporto a distanza in luoghi montagnosi, di merci o persone costituito da vagoncini sospesi mediante carrucole a una fune e trai-

---

Telecomunicazioni e riproduzione del suono

■ POSTE E TELEGRAFI: ufficio postale, posta centrale; posta aerea, posta pneumatica, telescrivente • corriera postale, furgone postale, nave postale • casella postale, casellario, levata, fermo in posta • corrispondenza; lettera (*assicurata, espresso, raccomandata*), biglietto postale, cartolina (*postale, illustrata*); pacco postale, manoscritti aperti, stampe; conto corrente, vaglia postale; campione senza valore, contro assegno, franchigia postale, ricevuta di ritorno, valore dichiarato; cablogramma, marconigramma, radiotelegramma, telegramma, telex; indirizzo, destinatario, mittente, codice di avviamento postale, francobollo, bollo, segnatasse • marconista, postelegrafonico, radiotelegrafista, telegrafista; fattorino postale, portalettere.
■ TELEFONO: servizio telefonico, linea, rete, centrale telefonica, centralina, commutazione, centralino; comunicazione (*urbana, intercomunale, interurbana*), telecomunicazione, teleselezione, filodiffusione • apparecchio (*a muro, da tavolo*), microtelefono, ricevitore, microfono, microspia, disco combinatore, tastiera, suoneria; posto telefonico pubblico, gettone; singolo (simplex), duplex, impianto telefonico interno, impianto a spina, impianti intercomunicanti, impianto a centralino, apparecchio principale, derivazione semplice, citofono, videofono, video telefono, elenco telefonico o guida, numero, prefisso • chiamare, chiamata (*urgente, con preavviso*), segnale acustico, comporre il numero, essere in linea, parlare; pronto, libero, occupato • abbonato, centralinista, telefonista.
■ RADIO E TELEVISIONE: radiocomunicazioni, telecomunicazioni, radiotrasmissione, teletrasmissione • onde radio (*lunghe, medie, corte, cortissime, ultracorte*), lunghezza d'onda, frequenza, audiofrequenza, ciclo, chilociclo, modulazione (*di ampiezza, di frequenza*), trasmissione,

telefono

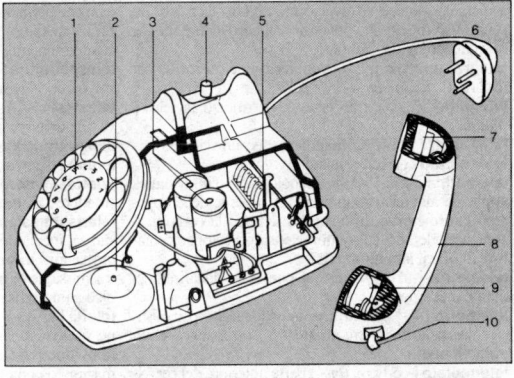

1 *disco combinatore,* 2 *suoneria,*
3 *condensatori,* 4 *pulsante della*
forcella, 5 *molle della forcella,*
6 *spina,* 7 *microtelefono,* 8 *ricevitore,*
9 *microfono,* 10 *cordone.*

nati da un'altra fune mobile, oppure dalla stessa fune portante.

teleferico [-fè-] *agg.* [pl.m. *-ci*] della teleferica, relativo alla teleferica: *impianto* —.

telefilm *s.m.invar.* film trasmesso per televisione.

telefonare *v.tr.* [*io telèfono ecc.*] comunicare, parlare per mezzo del telefono (anche *assol.*): *ha telefonato che verrà; non sono riuscito a* —.

telefonata *s.f.* comunicazione telefonica.

telefonato *agg.* comunicato per telefono: *telegramma* — / *tiro* —, nel gergo calcistico, passaggio di palla così lento e prevedibile da poter essere facilmente intercettato dagli avversari.

telefonia [-nì-] *s.f.* sistema di trasmissione a distanza mediante il telefono.

telefonico [-fò-] *agg.* [pl.m. *-ci*] che riguarda il telefono, la telefonia: *impianto* —; *rete telefonica.*

telefonista *s.m.* e *f.* [pl.m. *-i*] chi è addetto al servizio del telefono, spec. alla trasmissione e ricezione di comunicazioni telefoniche.

telefono [-lè-] *s.m.* dispositivo che permette la trasmissione della voce a distanza convertendo le vibrazioni acustiche in oscillazioni di corrente elettrica.

telefotografia [-fi-] *s.f.* trasmissione di un'immagine fotografica per telegrafo; l'immagine così trasmessa.

telegenico [-gè-] *agg.* [pl.m. *-ci*] che riesce bene in televisione: *un viso, un personaggio* —.

telegiornale *s.m.* notiziario trasmesso per televisione, accompagnato dalla proiezione di inserti filmati sui fatti più importanti della giornata.

telegrafare *v.tr.* [*io telègrafo ecc.*] comunicare, trasmettere per mezzo del telegrafo.

telegrafia [-fi-] *s.f.* sistema di trasmissione delle notizie mediante il telegrafo.

telegrafico [-grà-] *agg.* [pl.m. *-ci*] relativo al telegrafo, alla telegrafia: *impianto* —.

telegrafista *s.m.* e *f.* [pl.m. *-i*] chi è addetto al servizio del telegrafo, spec. alla trasmissione e ricezione di comunicazioni telegrafiche.

telegrafo [-lè-] *s.m.* apparecchio con cui si trasmettono

---

allocazione • stazione trasmittente, stazioni riceventi, ripetitori, ponte radio, ricetrasmittente, baracchino, walkie-talkie, ponte televisivo • radiotecnica; gamma d'onda, microfono, antenna (*trasmittente, ricevente*), mixer, dipolo, apparecchio radioricevente, radiolina, autoradio, condensatore variabile, valvola termoionica, transistor, amplificatore (*a bassa, ad alta frequenza; a valvola, a transistor*), rivelatore (*a cristallo, a valvola*), cinescopio, iconoscopio, altoparlante, sintonia, regolatore del volume, regolatore del tono, commutatore di gamma, occhio magico, scala parlante, auricolare, cuffia • sincronismo (*orizzontale, verticale*), interferenza, evanescenza o fading, disturbi (*atmosferici, industriali*)

☐ canale televisivo, telecamera, televisore, monitor, tubo catodico, stabilizzatore di tensione, ampex • uscita, programma (*radiofonico, televisivo*), ripresa televisiva (*diretta, differita*), replay, radiocronaca, radioaudizione, ricezione (*audio, video*), eurovisione, mondovisione; videoregistratore, videocassetta (videotape), videodisco, videogioco (videogame), videoteca

☐ annunciatore o speaker, radiocronista, telecronista, presentatore, disc-jockey, radioabbonato, teleabbonato, radioamatore (CB), radioascoltatore, telespettatore • segnale orario, palinsesto, giornale radio, telegiornale, telefilm, teleromanzo, telequiz, sceneggiato, serial.

■ VARIE: mass media, medium, audience, teleguida, laser, maser; utente, utenza.

■ ALTA FEDELTÀ: altoparlante, amplificatore, anecoico, antifruscio, auricolare, automatismo, braccio, cablaggio, casse, cassetta, cuffia, decibel, diffusore, distorsione, equalizzatore, fonoisolante, fonometria, fonoregistratore, fonoriproduttore, fonoriproduzione, fonorivelatore, frequenza, frequenziometro, giradischi, insonorizzazione, mangiacassette, mangiadischi, mangianastri, piatto, quadrifonia, registratore, registrazione, sensibilità, sintoamplificatore, sintogramma, sintonizzatore, sintonizzazione, stereo, stereofonia, testina.

a distanza notizie attraverso un circuito elettrico, facendo uso di segnali convenzionali corrispondenti alle normali lettere dell'alfabeto.

telegramma *s.m.* [pl. *-i*] comunicazione trasmessa per telegrafo: *ricevere un* —.

teleguida *s.f.* guida a distanza, per mezzo di telecomandi.

teleguidare *v.tr.* telecomandare, spec. un veicolo.

teleguidato *agg.* telecomandato.

telematica [-mà-] *s.f.* la tecnologia dell'informatica applicata alle telecomunicazioni; l'insieme delle apparecchiature e procedure che consentono la comunicazione tra telefono, calcolatori elettronici e apparecchiature di uffici, laboratori ecc.

telemetria [-tri-] *s.f.* misurazione delle distanze mediante il telemetro.

telemetro [-lè-] *s.m.* strumento ottico usato per misurare la distanza intercorrente tra l'osservatore e un punto lontano.

telencefalo [-cè-] *s.m.* (*biol.*) parte anteriore del cervello embrionale, da cui hanno origine gli emisferi cerebrali.

teleobiettivo *s.m.* obiettivo per fotografare a grande distanza.

teleologia [-gì-] *s.f.* dottrina filosofica che considera il mondo della natura e della storia regolato da un ordine orientato a un fine.

teleologico [-ló-] *agg.* [pl.m. *-ci*] che ammette una causa finale, che riguarda le cause finali: *concezione teleologica del mondo*.

teleostei [-ò-] *s.m.pl.* pesci caratterizzati da scheletro osseo, branchie coperte da un opercolo e pinna caudale divisa in due lobi uguali; vi appartengono: *sardina, trota, merluzzo ecc.*

telepatia [-ti-] *s.f.* fenomeno, non spiegato scientificamente, per cui si percepisce a distanza, senza il concorso dei comuni organi di senso, ciò che pensa o sente una persona lontana o ciò che le accade.

telepatico [-pà-] *agg.* [pl.m. *-ci*] di telepatia, fatto per telepatia.

telequiz [-quiz] *s.m.invar.* quiz televisivo.

teleria [-rì-] *s.f.* spec. *pl.* assortimento di tele, di tessuti di tela.

teleriscaldamento [-mén-] *s.m.* sistema di riscaldamento di quartieri o piccoli centri urbani con impianto centralizzato, o mediante il recupero e il pompaggio dell'acqua calda prodotta da impianti industriali, centrali termoelettriche.

teleromanzo [-zo] *s.m.* riduzione televisiva di un romanzo, in genere trasmessa a puntate.

teleschermo [-schér-] *s.m.* schermo dell'apparecchio televisivo.

telescopico [-scò-] *agg.* [pl.m. *-ci*] si dice di dispositivi meccanici costituiti da due o più tubi inseriti l'uno nell'altro in modo da poter scorrere, come alcuni telescopi allungabili.

telescopio [-scò-] *s.m.* (*astr.*) strumento ottico a lenti o a specchio, usato per l'osservazione dei corpi celesti.

telescrivente [-vèn-] *s.f.* macchina telegrafica munita di una tastiera simile a quella di una normale macchina da scrivere, su cui si batte il messaggio che la macchina ricevente riproduce in alfabeto comune.

telescriventista *s.m.* e *f.* [pl.m. *-i*] chi è addetto alle telescriventi.

teleselettivo *agg.* di teleselezione, che riguarda la teleselezione telefonica.

teleselezione [-zió-] *s.f.* sistema di trasmissione telefonica che permette il collegamento diretto, senza l'interposizione di un centralino, fra due apparecchi telefonici appartenenti a due diverse reti urbane.

telespettatore [-tó-] *s.m.* [f. *-trice*] chi assiste a una trasmissione televisiva.

telestesia [-ʃì-] *s.f.* visione o percezione a distanza, dove non arrivano i comuni organi di senso, di un fatto o di un oggetto lontano.

teletext [teletèkst] *s.m.invar.* → **televideo**.

teletrasmettere [-ʃmét-] *v.tr.* [*io teletrasmétto ecc.*] trasmettere a distanza immagini e suoni.

teletrasmissione [-ʃmissió-] *s.f.* **1** trasmissione a distanza, mediante onde elettromagnetiche, di suoni e di immagini; trasmissione televisiva **2** in informatica trasmissione di informazioni da un calcolatore elettronico a un terminale a distanza.

teletta [-lét-] *s.f.* tessuto rado, ma molto forte, di cotone, usato in sartoria.

televideo [-vì-] *s.m.invar.* sistema di fornitura di informazioni da una banca dei dati agli utenti per mezzo di terminali passivi, che cioè possono solo ricevere i dati ma non interagire con il sistema.

televisione [-ʃió-] *s.f.* **1** trasmissione a distanza di immagini in movimento per mezzo di onde radio o, in speciali circuiti chiusi, via cavo **2** (*fam.*) gli impianti per tale trasmissione; l'ente che li gestisce; l'insieme dei programmi trasmessi: *lavora come tecnico alla* —; *la italiana*; *compare spesso alla* — **3** (*fam.*) l'apparecchio che riceve i programmi trasmessi per televisione; televisore: *è sempre davanti alla* —.

televisivo [-ʃi-] *agg.* che concerne la televisione: *spettacolo* —.

televisore [-ʃò-] *s.m.* apparecchio ricevente le immagini e i suoni trasmessi mediante il sistema della televisione: *passa le serate davanti al* —.

telex [tè-] *s.m.invar.* servizio internazionale di comunicazioni mediante telescriventi; anche, il testo così trasmesso.

tellina *s.f.* piccolo mollusco marino commestibile, la conchiglia formata da due valve grigie striate.

tellurico [-lù-] *agg.* [pl.m. *-ci*] della terra: *scossa tellurica*, scossa di terremoto.

tellurio [-lù-] *s.m.* elemento chimico (Te; *n.at.* 52; *p.at.* 127,61); metalloide bianco, fragile, di lucentezza metallica, usato in metallurgia nella preparazione di leghe con rame e piombo.

telo [tè-] *s.m.* pezzo di tela o di altro tessuto che, cucito insieme con altri di uguale ampiezza, serve a confezionare un lenzuolo, una gonna ecc.: *lenzuolo a due teli* / — *da tenda*, ciascuno dei quattro teli che servono a formare la tenda militare / — *di salvataggio*, quello dei pompieri, che viene teso per raccogliere chi si getti dall'alto per salvarsi dal fuoco o altro.

telofase [-ʃe] *s.f.* (*biol.*) ultima fase della cariocinesi, in cui si costituiscono due nuclei e la cellula madre si divide nelle due cellule figlie.

telone [-ló-] *s.m.* telo di grandi dimensioni; sipario rigido del teatro: *calare il* —.

telson [tèl-] *s.m.invar.* (*zool.*) ultima sezione dell'addome degli artropodi [*ill. Crostacei*].

tema¹ [tè-] *s.f.* [solo *sing.*] (*lett.*) timore: *per* — *di sbagliare*; *senza* — *di smentite*.

tema² [tè-] *s.m.* [pl. *-i*] **1** argomento di un discorso o di uno scritto; motivo fondamentale e ricorrente in un'opera letteraria o artistica, in un autore, in un movimento o periodo storico: *il* — *della conferenza*; *nei suoi*

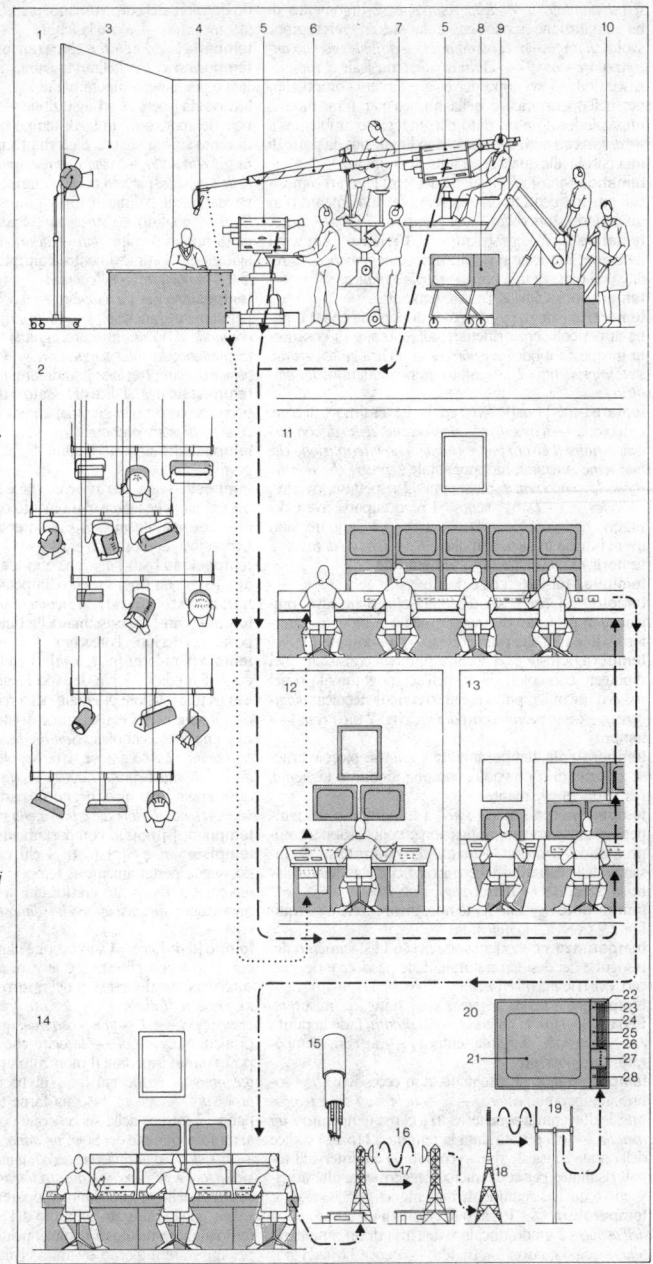

televisione

1 *studio,*
2 *parco lampade,*
3 *scenografia,*
4 *microfono,*
5 *telecamera,*
6 *giraffa,*
7 *assistente di studio,*
8 *monitor,*
9 *cameramen,*
10 *carrellista,*
11 *cabina regia,*
12 *controllo audio,*
13 *controllo video,*
14 *controllo centrale,*
15 *cavo coassiale,*
16 *stazioni ripetitrici di ponte radio,*
17 *antenna parabolica direzionale,*
18 *stazione trasmittente,*
19 *antenna ricevente,*
20 *televisore,*
21 *cinescopio,*
22 *griglia dell'altoparlante,*
23 *regolatore del volume,*
24 *regolatore del tono,*
25 *regolatore della luminosità,*
26 *regolatore del contrasto,*
27 *selettori dei canali e sintonia,*
28 *interruttore di accensione.*

scritti domina il — della solitudine **2** argomento di un'esercitazione scolastica, e la stessa esercitazione svolta: *il professore ci ha dato un — difficile; non ho ancora consegnato il —* **3** (*mus.*) idea musicale compiuta, suscettibile di sviluppo per creare l'intera composizione; nell'opera lirica e nella musica per film, motivo musicale legato a un dato personaggio o ambiente: *il — di Violetta nella Traviata* **4** in linguistica, la parte di una parola alla quale si sia tolta la desinenza.

tematica [-mà-] *s.f.* l'insieme dei temi letterari o musicali più frequenti in un autore, in un movimento o in un periodo storico: *la — del Manzoni; la — idealistica.*

tematico [-mà-] *agg.* [pl.m. *-ci*] **1** relativo a un tema letterario, musicale o simili: *variazione tematica* **2** relativo al tema di una parola: *vocale tematica.*

temerarietà *s.f.invar.* l'essere temerario.

temerario [-rà-] *agg.* **1** si dice di persona che si espone ai pericoli senza riflettere, alla cieca, e di cosa fatta in questo modo: *un uomo —; un'azione temeraria.* SIN. *imprudente* **2** avventato, non ponderato: *un giudizio —.*

temere [-mé-] *v.tr.* [*io témo ecc.*] **1** aver timore di qlcu. o di qlco.: *— il maestro; le malattie; temo di non farcela a finire il lavoro per le cinque / un'affermazione che non teme smentita,* inoppugnabile / *prezzi che non temono la concorrenza,* bassissimi **2** rispettare, onorare: *— la legge; — Dio* // *v.intr.* **1** preoccuparsi, avere dei timori: *temo assai per la sua salute* **2** dubitare, non avere fiducia in qlco. o in qlco.: *teme sempre di tutto.*

temerità *s.f.invar.* (*lett.*) → **temerarietà.**

temibile [-mi-] *agg.* che è da temersi.

temolo [tè-] *s.m.* pesce d'acqua dolce dalle carni pregiate con profumo di timo, di media grandezza, caratterizzato da un'alta pinna dorsale (*fam.* Timallidi).

tempera [tèm-] *s.f.* **1** tecnica pittorica consistente nel dipingere con colori diluiti nell'acqua gommata o nel rosso d'uovo; il dipinto eseguito con tale tecnica: *dipingere a —; una bella mostra di tempere* **2** (*non com.*) → **tempra.**

temperalapis, temperamatite *s.m.invar.* piccolo arnese a forma di cono vuoto, con una fenditura tagliente, per temperare le matite.

temperamento [-mèn-] *s.m.* **1** atto, effetto del temperare; alleviamento, mitigazione; conciliazione, compromesso: *trovare un — tra due tesi contrastanti* **2** l'insieme delle caratteristiche psicologiche che determinano la condotta: *— mite, collerico.* SIN. *indole.*

temperante *agg.* che ha temperanza; moderato, equilibrato. CONTR. *intemperante.*

temperanza *s.f.* moderazione nel soddisfacimento dei bisogni e dei desideri naturali, delle passioni e dei piaceri. CONTR. *intemperanza.*

temperare *v.tr.* [*io tèmpero ecc.*] mitigare, misurare, frenare: *— l'ira, lo sdegno / — la matita,* farle la punta / *— un metallo,* dargli la tempra / *— i colori,* stemperarli. SIN. *moderare.*

temperato *agg.* **1** attenuato, non eccessivo; (*fig.*) sobrio, temperante: *calore —; è — nel bere / zone temperate,* le due grandi zone terrestri a clima temperato / *un metallo —,* cui è stata data la tempra **2** (*mus.*) si dice della scala musicale di uso comune, i cui intervalli tonali risultano per convenienza leggermente alterati rispetto a quelli strettamente matematici.

temperatura *s.f.* **1** grado di calore di un corpo: *la — dell'acqua* **2** grado di calore dell'aria di un ambiente: *alta —,* calda; *bassa —,* fredda; *— mite* **3** (*med.*) gra-

do di calore del corpo umano: *prendere la —,* misurarla / *avere (la) —,* avere la febbre.

temperie [-pè-] *s.f.invar.* clima (anche *fig.*).

temperino [-pè-] *s.m.* coltellino tascabile a serramanico, con una o più lame; temperamatite.

tempesta [-pè-] *s.f.* **1** agitazione violenta della superficie del mare o di un lago; tempo burrascoso; bufera di vento accompagnata da forti precipitazioni: *la barca fu travolta dalla —; oggi il tempo minaccia — / uccello delle tempeste,* piccolo uccello marino con lunghe zampe dai piedi palmati e fitto piumaggio grigio-scuro (*fam.* Idrobatidi). SIN. *uragano* **2** per estens., esplosione di rumori o colpi: *una — di urla e di fischi* **3** (*fig.*) agitazione, sommovimento, confusione; turbamento: *una — monetaria; con il cuore in —* **4** (*region.*) grandine.

tempestare *v.tr.* [*io tempèsto ecc.*] colpire con forza, ripetutamente (anche *fig.*): *— il tavolo di colpi; — qlcu. di domande* // *v.intr.* infuriare, agitarsi (anche *fig.*): *i venti tempestano; la folla tempestava gridando* // *v.intr.impers.* infuriare; (*region.*) grandinare: *piove e tempesta.*

tempestato *agg.* si dice di tessuto o di oggetto prezioso decorato con molte gemme; carico, adorno: *un bracciale — di pietre preziose.*

tempestività *s.f.invar.* qualità di chi, di ciò che è tempestivo.

tempestivo *agg.* che avviene, che è fatto al momento opportuno; che agisce al momento opportuno: *un aiuto —.* CONTR. *intempestivo* // **-mente** *avv.* in maniera tempestiva; al momento giusto.

tempestoso [-stó-] *agg.* che è in tempesta; agitato da una tempesta; (*fig.*) violento, impetuoso; agitato, contrastato: *cielo —; una notte tempestosa; un amore —.*

tempia [tèm-] *s.f.* ciascuna delle due regioni del capo poste tra l'occhio e l'orecchio.

tempio [tèm-] *s.m.* [pl. *tèmpli*] **1** edificio consacrato al culto di un dio o di altri dei, spec. nell'antichità pagana e in alcune religioni orientali; nella religione ebraica indica il tempio di Gerusalemme; usato a volte per indicare una chiesa cattolica: *San Pietro, il maggior — della cristianità* **2** chiesa dove siano sepolte persone illustri: *il — di Santa Croce a Firenze* **3** (*fig.*) qualsiasi luogo dove abbia sede qlco. degno di particolare rispetto o venerazione: *il tribunale è il — della giustizia.*

tempismo [-fmo] *s.m.* comportamento di chi è tempista.

tempista *s.m.* e *f.* [pl.m. *-i*] **1** chi, cantando o sonando, segue perfettamente il tempo **2** (*fig.*) chi sa intervenire al momento giusto; chi sa cogliere il tempo opportuno: *in quell'affare ha dimostrato di essere un vero —.*

tempo [tèm-] *s.m.* **1** successione illimitata di istanti in cui si svolgono gli eventi e le variazioni delle cose; il succedersi dei diversi stati del nostro spirito: *— passato, presente, futuro; il — passa in fretta; ho perduto la nozione del —; il — non passa mai,* quando ci si annoia di qlco. / *dar — a —,* lasciare che le cose vadano a posto da sé; aspettare il momento opportuno / *il — è galantuomo,* rende giustizia, fa trionfare la verità / *prov.: il — è denaro,* bisogna farne tesoro e non sciuparlo **2** misura della successione degli istanti, riferita al moto apparente del Sole: *un anno, un giorno di —; il — si suddivide in millenni, secoli, anni, mesi, settimane, giorni, ore ecc.; l'orologio misura il trascorrere del —; — sidereo,* quello riferito al moto apparente delle stelle; *— solare,* quello misurato sul moto del Sole; *— medio,* riferito al moto medio di rivoluzione della Terra e usato per misurare il giorno e l'anno civile **3** spazio più o meno ampio di tempo; periodo, epoca: *un lungo, breve intervallo di —; non c'è — da perdere; vado in vacanza per qualche —; è tanto — che non ti vedo; ti concedo un mese di —; durante il — della mia infanzia; — di guerra, di pace / al — di uno*, quando viveva o comandava / *ai miei tempi*, quando ero giovane, o quando ero nel pieno delle forze / *al — che Berta filava*, in un tempo molto antico / *al — dei tempi, nella notte dei tempi*, molto anticamente / — *fa*, in un tempo non molto lontano / *un —*, molto tempo fa / *da —*, da molto tempo / *di — in —*, ogni tanto / *nel — che*, mentre **4** età, spec. di un bambino inferiore ai due anni o di un animale giovane: *Quanto — ha tuo figlio? Diciotto mesi* **5** intervallo di una certa durata che occorre perché si compia un'azione o per fare un lavoro: — *di lavorazione, di cottura*; — *di posa*, durata dell'esposizione alla luce di una lastra o pellicola fotografica; — *di marcia*, quello prestabilito per coprire un percorso / *avere fatto il proprio —*, si dice di persona o cosa scaduta di autorità, di valore, passata di moda / — *legale*, stabilito dalla legge per compiere certi atti / — *utile*, entro il quale si deve fare qlco. / *assol.* estensione di tempo non breve: *ci vuole — per fare questo esercizio; c'è — prima che parta il treno / prov.: chi ha — non aspetti —*, bisogna saper cogliere il momento opportuno, non bisogna rimandare a domani quello che si può fare oggi / **6** periodo di tempo assegnato a un'operazione o a qlco. o proprio di esse: *è — di mangiare, di dormire, di studiare, degli esami*; *il — della semina, del raccolto*; *il — delle fragole*, quando sono mature; *il — delle quaglie*, quando è permesso dar loro la caccia; *ogni cosa va fatta a suo — — proibito*, quello in cui, secondo la chiesa cattolica, non si possono celebrare solennemente le nozze / *fare buon uso del —*, impiegarlo in cose buone e utili / *perdere il —*, fare cose inutili / *a — perso*, quando non si ha niente da fare / *ingannare lo ammazzare il —*, fare qlco. per non annoiarsi / *fare, arrivare in — a fare qlco.*, riuscire a compierla prima che scada il tempo utile / *a —*, nel tempo opportuno / *a — e luogo*, quando le circostanze lo permetteranno / *a un —*, nello stesso tempo / *per —*, di buon'ora **7** condizioni atmosferiche: — *bello, brutto, sereno, piovoso, primaverile*; *il — cambia / — da cani, da lupi*, bruttissimo / *prov.: rosso di sera, bel — si spera.* PEGG. *tempaccio* **8** (*mus.*) cadenza ritmica: — *di valzer, di minuetto; andare a —*, osservare bene il ritmo **9** (*mus.*) divisione della battuta: *questa battuta si divide in quattro tempi* **10** (*mus.*) ciascuna parte, caratterizzata da un ritmo diverso, di una composizione musicale: *il primo — della sinfonia* **11** parte di uno spettacolo, spec. cinematografico: *è già cominciato il secondo —* **12** (*gramm.*) il momento (presente, passato, futuro, rispetto al momento nel quale ci si esprime) in cui avviene l'azione espressa dal verbo; il sistema di forme che, nella coniugazione verbale, serve a indicarlo **13** (*sport*) spazio di tempo assegnato a una gara sportiva; parte in cui essa è suddivisa: *il — è già scaduto; primo, secondo —*; — *supplementare*, tempo aggiunto a quello ordinario quando alla fine di questo i due avversari sono ancora in parità / — *massimo*, quello entro il quale gli atleti devono giungere al traguardo per non essere squalificati **14** (*mecc.*) nei motori a scoppio, la corsa del pistone nel cilindro nel compiere le quattro fasi di aspirazione, compressione, scoppio e scarico: *motore a due o a quattro tempi*, quello in cui le quattro fasi si compiono rispettivamente in due o in quattro corse del pistone.

tempoparietale *agg.* (*anat.*) della tempia e dell'osso parietale del cranio: *muscolo —* [*ill. Corpo*].

tempora [tèm-] *s.f.pl.* (*relig.*) i tre giorni, mercoledì, venerdì e sabato, all'inizio di ogni stagione, in cui la chiesa prescrive il digiuno: *le quattro —*.

temporale¹ *agg.* **1** che è soggetto a limiti di tempo; che riguarda la vita terrena, in contrapposizione a eterno, spirituale: *beni, interessi temporali*; *il potere — dei papi*, la loro sovranità politica **2** che riguarda il tempo; che indica il tempo in cui avviene qlco.: *limiti temporali*; *avverbio —*; *proposizione —*, (*gramm.*) subordinata che esprime una nozione di tempo; può essere introdotta da *quando, finché, appena che, mentre, prima che, dopo che* ecc.

temporale² *agg.* (*anat.*) che corrisponde alla tempia: *regione, osso, muscolo —*.

temporale³ *s.m.* improvvisa perturbazione dell'atmosfera, a volte molto violenta, accompagnata da lampi, tuoni e scrosci di pioggia, frequente spec. d'estate.

temporalesco [-lé-] *agg.* [pl.m. *-chi*] da temporale: *vento —*; *nuvole temporalesche*.

temporalismo [-ʃmo] *s.m.* la tendenza all'intervento nei fatti economici e politici da parte di autorità religiose.

temporaneità *s.f.invar.* l'essere temporaneo, transitorio.

temporaneo [-rà-] *agg.* che ha durata limitata nel tempo: *ho un impiego —*. SIN. *passeggero, provvisorio, momentaneo, transitorio*.

temporeggiamento [-mén-] *s.m.* il temporeggiare.

temporeggiare *v.intr.* [*io temporéggio* ecc.] prendere tempo; ritardare di fare qlco. o di prendere una decisione, aspettando il tempo opportuno: *temporeggiava per avere un'occasione più favorevole.* SIN. *indugiare*.

temporeggiatore [-tó-] *s.m.* [f. *-trice*] chi temporeggia.

temporizzatore [-riʒʒató-] *s.m.* dispositivo capace di entrare automaticamente in funzione a intervalli prefissati di tempo, consentendo così l'esecuzione automatica di cicli di operazioni successive. SIN. *timer*.

tempra [tèm-] *s.f.* **1** trattamento dei metalli e del vetro che consiste nel sottoporli a forte calore, seguito da brusco raffreddamento, allo scopo di conferire loro maggiore durezza e resistenza alle sollecitazioni; (*fig.*) complesso delle qualità di una persona; indole, spec. se salda e forte: *lama di buona —; dare la — all'acciaio; una straordinaria — d'uomo* **2** qualità particolare del suono di uno strumento o della voce umana; timbro: *ha una bella — di voce.*

temprare *v.tr.* [*io tèmpro* ecc.] dare la tempra; (*fig.*) rendere più forte: — *l'acciaio, il vetro*; *le sventure temprano gli animi // -arsi v.rifl.pron.* ricevere la tempra; (*fig.*) diventare più forti: *con le fatiche il corpo si tempra.*

temprato *agg.* che ha ricevuto la tempra; (*fig.*) che è divenuto più forte: *acciaio —*; *carattere — dalle sventure.*

tenace *agg.* **1** che fa presa; che resiste alla trazione e alla deformazione: *colla —*; *filo —* **2** (*fig.*) forte, resistente, saldo nei propositi: *memoria —*; *un ragazzo — nelle sue idee.* SIN. *fermo, persistente, perseverante.*

tenacia [-nà-] *s.f.* l'essere tenace (solo *fig.*): *egli si applica con grande —*, volontà. SIN. *perseveranza.*

tenacità *s.f.invar.* l'essere tenace; la qualità di ciò che è tenace, in senso proprio: *la — dell'acciaio; la — del terreno, coesione.*

tenaglia [-nà-] *s.f.* spec. *pl.* **1** utensile formato da due ganasce imperniate nel mezzo, che serve per afferrare, strappare, stringere [*ill. Utensili*]: *le tenaglie del fabbro, del dentista, del falegname; togliere un chiodo con le tenaglie / ci vogliono le tenaglie per farlo parlare*, non parla volentieri / *manovra a* —, movimento strategico con cui si tenta di accerchiare il nemico sui due fianchi **2** (*fig.*) le chele degli scorpioni, dei granchi ecc.

tenar [tè-] *s.m.invar.* (*anat.*) rilievo del palmo della mano in corrispondenza del pollice.

tenda [tèn-] *s.f.* **1** drappo di tela o d'altro tessuto che viene steso sopra o davanti a ciò che si vuole riparare o nascondere: *abbassare, chiudere la* —; *tirare la* —, farla scorrere; *coprire un vano con una* —; *ripararsi sotto la* — *del negozio* **2** piccolo padiglione facilmente smontabile, formato da teli di grosso tessuto impermeabile e sostenuto da pali e picchetti, usato come abitazione da popoli nomadi e come ricovero provvisorio da soldati e turisti: — *da campo,* militare; *fissare la* — *al terreno*; *piantare le tende,* accamparsi; (*fig.*) restare a lungo presso qlcu. abusando della sua ospitalità; *levare le tende,* togliere il campo; (*fig.*) andarsene; *ritirarsi sotto la* —, appartarsi sdegnato.

tendaggio [-dàg-] *s.m.* insieme di tende, usate a scopo ornamentale: *il salone aveva tendaggi di seta.*

tendente [-dèn-] *agg.* che tende, che ha per mira, che è proclive: *un rosso* — *al viola*; *parole tendenti a scopi disonesti.*

tendenza [-dèn-] *s.f.* **1** disposizione naturale, attitudine: *ha una spiccata* — *per la musica*; *quel ragazzo ha delle brutte tendenze.* SIN. inclinazione **2** orientamento, direzione: *nella situazione politica si delineano tendenze verso sinistra*; *la* — *della congiuntura è verso l'espansione.*

tendenziale *agg.* che ha una tendenza, che tende a qlco.: *è un delinquente* — // **-mente** *avv.* per tendenza, secondo le proprie tendenze: *Paola è* — *cattiva.*

tendenziosità *s.f.invar.* qualità di ciò che è tendenzioso.

tendenzioso [-zió-] *agg.* non obiettivo, parziale, che mira a determinati scopi.

tender [tèn-] *s.m.invar.* (*ingl.*) **1** nei treni a vapore, il carro ausiliario della locomotiva che portava carbone e acqua **2** piccolo veicolo ausiliario di uno più grande (un battellino per un panfilo, una motoretta per un camper).

tendere [tèn-] *v.tr.* [pres. *io* tèndo *ecc.*; pass.rem. *io* tési, *tu* tendésti *ecc.*; p.pass. téso] **1** allargare, distendere o tirare quanto è possibile (di cosa avvolta, allentata): — *l'arco, le corde di un violino* **2** preparare: *il cacciatore tese le trappole*; — *un'insidia* **3** porgere: — *le braccia, la mano* // *v.intr.* **1** mirare a un fine: *ambedue tendiamo allo stesso scopo* **2** inclinare naturalmente verso qlco.: *egli tende alla malinconia* **3** essere sul punto di modificarsi (detto di cose): *il tempo tende al bello* **4** accostarsi a una certa gradazione (detto di colori, sapori e simili): *quel colore tende al rosso.*

tendicantino *s.m.* vite di regolazione della quarta corda del violino [*ill. Musicali, strumenti*].

tendifilo *s.m.invar.* nella macchina per cucire, dispositivo che tiene teso il filo che si svolge dal rocchetto [*ill. Cucito*].

tendina *s.f.* piccola tenda posta ai vetri delle finestre.

tendine [tèn-] *s.m.* (*anat.*) ciascuno dei cordoni di tessuto fibroso, per i quali i muscoli si attaccano alle ossa.

tendinite *s.f.* (*med.*) infiammazione di un tendine.

tenditore [-tó-] *s.m.* **1** [f. *-trice*] chi tende **2** arnese che serve a tendere: — *della racchetta,* apparecchio che racchiude la racchetta da tennis tenendola alla giusta tensione.

tendone [-dó-] *s.m.* grossa tenda; sipario.

tendopoli [-dò-] *s.f.invar.* l'insieme di molte tende di turisti.

tenebra [tè-] *s.f.* spec. *pl.* mancanza di ogni luce, oscurità totale (anche *fig.*): *tenebre fitte, paurose*; *uscimmo nelle tenebre della notte* / *le tenebre dell'ignoranza, del peccato* / *le tenebre eterne,* l'inferno / *il re delle tenebre,* il demonio.

tenebroso [-bró-] *agg.* avvolto nelle tenebre; (*fig.*) misterioso, nascosto: *cielo, mare* —; *pensieri tenebrosi*; *trame tenebrose* / *un bel* —, (*scherz.*) un uomo bello e affascinante di carattere, autoritario, chiuso e un po' misterioso.

tenente [-nèn-] *s.m.* nell'esercito italiano, ufficiale subalterno, superiore a sottotenente e inferiore a capitano: — *colonnello,* grado immediatamente inferiore a colonnello; — *generale,* in alcuni eserciti stranieri, grado superiore a maggiore generale / — *di vascello,* nella marina, grado corrispondente al capitano nell'esercito.

tenenza [-nèn-] *s.f.* ufficio e circoscrizione comandati da un tenente; spec. una sezione territoriale dei carabinieri e delle guardie di finanza.

tenere [-né-] *v.tr.* [pres. *io* tèngo, *tu* tièni, *egli* tiène, *noi* teniamo, *voi* tenéte, *essi* tèngono; fut. *io* terrò *ecc.*; pass.rem. *io* ténni (ant. *io* tenéi o tenètti), *tu* tenésti *ecc.*; cong.pres. *io* tènga, *noi* teniamo, *voi* teniate, *essi* tèngano; cond.pres. *io* terrèi *ecc.*; imp. tièni, tenéte; p.pass. tenuto] **1** avere in mano, stringere in modo da non lasciar cadere o sfuggire; reggere: *tenevo in mano un bastone*; *la mamma tiene in braccio il bambino*; *teneva un sacco sulle spalle*; *tengo la scala mentre tu sali* **2** mantenere qlco. in una condizione o posizione che, nella frase, è indicata con un complemento o da un predicato; mantenere una direzione: — *le mani in tasca, il cappotto abbottonato, il cappello in testa*; — *la finestra spalancata, la casa in ordine*; — *il gatto in cortile*; — *qlco. da conto,* conservarla con cura **3** con vari e particolari significati, come prendere, conservare; trattenere; occupare uno spazio; dipendere; contenere: *tieni questo libro*; — *a mente, a memoria, mi ha tenuto a cena*; *quel mobile tiene poco posto*; *le truppe sbarcate tenevano saldamente la spiaggia*; *questo fiasco tiene due litri* / — *stretto,* stringere / — *d'occhio,* vigilare / — *compagnia,* far compagnia **4** stimare: *lo tenevo per un amico* / — *qlcu. in molto, in poco conto,* stimarlo molto, poco // **-ersi** *v.rifl.* **1** reggersi: *mi tengo alla ringhiera delle scale* **2** mantenersi in una data condizione o posizione; seguire una data direzione: — *vicino, pronto, al corrente*; — *a destra* **3** considerarsi: *mi tengo onorato della sua fiducia* **4** trattenersi: *non si tenne dal rispondergli male* // *v.intr.* **1** di una chiusura o di un recipiente, stare ben chiuso, non fare uscire liquido: *la serratura non tiene*; *dopo la riparazione la vasca tiene bene* **2** parteggiare: *tengo per la squadra di casa.*

tenerezza [-rèz-] *s.f.* **1** l'essere tenero **2** (*fig.*) sentimento di affetto delicato, talora misto a rimpianto: *la* — *materna*; *a quel ricordo fu invaso da un'immensa* —. SIN. *affetto* **2** *pl.* atti, parole tenere, affettuose: *i due fidanzati si scambiavano tenerezze.*

tenero [tè-] *agg.* **1** non duro; cedevole al tatto, che si mastica facilmente: *legno* —; *pietra tenera, la plastilina è tenera*; *questa carne è molto tenera.* SIN. morbido **2** delicato, molto piccolo: *in tenera età*; *un* — *bambino*; *un germoglio* — **3** carezzevole, facile alla commozione, non severo: *sguardo* —; *cuore* —; *sei troppo* — *con chi non lo merita.* SIN. *affettuoso* // *s.m.* **1** le parti tenere, spec. della carne: *mangia solo il* — **2** affetto, inclinazione // **-mente** *avv.* con tenerezza: *amare* —.

tenerume *s.m.* **1** cartilagine molle di bestia macellata: — *di manzo* **2** (*spreg.*) complesso di cose tenere; (*fig.*) smancerie, sdolcinature.

tenesmo [-nèʃmo] *s.m.* (*med.*) contrazione involontaria e duratura dei muscoli sfinteri che presiedono alla minzione e alla defecazione.

tenia [tè-] *s.f.* lungo verme piatto, parassita dell'intestino umano; ha corpo biancastro, nastriforme, costituito da numerosi segmenti (*proglottidi*) pieni di uova generati dalla testa (*scolice*); lo si contrae mangiando carne infetta cruda (*panicata*) di maiale o di bue.

teniasi [-nìaʃi] *s.f.invar.* (*med.*) infestazione determinata dalle tenie.

tenifugo [-ni-] *agg.* e *s.m.* [pl. *-ghi*] si dice di medicamento che aiuta l'espulsione della tenia dall'intestino.

tennis [tèn-] *s.m.invar.* gioco di origine inglese, fra due o quattro giocatori che si rimandano una palla per mezzo di racchette / — *da tavolo*, gioco con le stesse regole del tennis, eseguito con palline di celluloide su un tavolo.

tennista *s.m.* e *f.* [pl.m. *-i*] giocatore di tennis.

tennistico [-ni-] *agg.* [pl.m. *-ci*] del tennis: *gara tennistica*.

tenore [-nó-] *s.m.* **1** modo di comportarsi, atteggiamento; tono: *il — di una lettera, di un discorso*, il contenuto, il tono di essi / — *di vita*, modo di vivere, con particolare riferimento alle condizioni economiche e sociali **2** percentuale di una sostanza contenuta in una soluzione: *bevanda ad alto — alcolico* **3** il registro più alto della voce maschile; chi canta con tale voce.

tenorile *agg.* di, da tenore: *voce —*.

tensioattivo *agg.* e *s.m.* si dice di sostanza capace di ridurre la tensione superficiale dei sistemi liquido-vapore, liquido-liquido, liquido-solido, per provocare schiuma, emulsione, imbibizione.

tensione [-sió-] *s.m.* **1** atto, effetto del tendere; stato di un corpo teso: — *di un corpo teso* si produce e si esercita fra le molecole di un corpo solido sottoposto a una forza che tende a deformarlo / —

elettrica, differenza di potenziale; *alta —*, ogni tensione elettrica superiore a 30.000 volt / — *sanguigna*, pressione esercitata dal sangue sui vasi sanguigni **3** (*fig.*) stato di ansietà o di eccitazione nervosa **4** (*fig.*) contrasto, nervosismo: *la — politica*; *c'è della — in famiglia*.

tentabile [-tà-] *agg.* e *s.m.* che, ciò che si può tentare: *tentare il —*.

tentacolare *agg.* di tentacolo, che ha forma di tentacolo / *città —*, grande metropoli.

tentacolo [-tà-] *s.m.* **1** ciascuna delle appendici mobili presenti sul corpo di alcuni animali (*polipi, meduse ecc.*), di cui essi si servono per muoversi e afferrare la preda **2** (*fig.*) si dice di cosa che avvinghia, che afferra con violenza e in modo tenace: *i tentacoli della malavita*.

tentare *v.tr.* [*io tènto ecc.*] **1** sperimentare, mettere alla prova; cercare di fare: — *un nuovo sistema*; — *di aprire la porta* / *prov.*: *tentar non nuoce*. SIN. *provare* **2** (*fig.*) cercare di corrompere, indurre al male **3** (*fig.*) allettare: *questa prospettiva mi tenta* **4** (*lett.*) toccare; saggiare la presenza o la consistenza di qlco.

tentativo *s.m.* atto del tentare; ciò che si tenta per riuscire in qlco.: *ogni — è fallito*.

tentatore [-tó-] *agg.* e *s.m.* [f. *-trice*] che o chi induce al male o alletta a far qlco.

tentazione [-zió-] *s.f.* **1** il tentare, l'essere tentato: *cadere in —* **2** ciò che tenta, spec. al male **3** (*fig. scherz.*) desiderio, voglia: *avrei la — di telefonargli*.

tentennamento [-mén-] *s.m.* il tentennare.

tentennante *agg.* esitante, incerto.

tentennare *v.tr.* [*io tennénno ecc.*] scuotere leggermente: — *il capo*. SIN. *ciondolare* // *v.intr.* **1** oscillare: *questa sedia tentenna*. SIN. *vacillare* **2** (*fig.*) essere indeciso, incerto. SIN. *titubare*.

tentone, tentoni [-tó-] *avv.* usati anche nelle locuz. a *tentone, a tentoni*, alla cieca, toccando con le mani e coi piedi gli oggetti circostanti; (*fig.*) a casaccio.

tenue [tè-] *agg.* **1** sottile: *un — filo di voce* / *intestino*

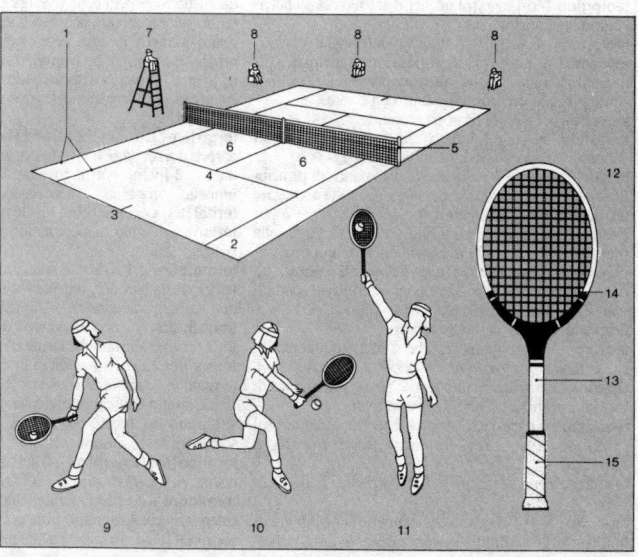

tennis

1 *linee laterali,*
2 *corridoio,*
3 *linea di fondo,*
4 *linea di metà campo,*
5 *rete,*
6 *rettangolo di servizio,*
7 *giudice di sedia,*
8 *giudice di linea,*
9 *colpo diritto,*
10 *colpo rovescio,*
11 *servizio,*
12 *racchetta,*
13 *manico,*
14 *telaio,*
15 *impugnatura.*

—, parte dell'intestino compresa fra lo stomaco e il colon 2 debole: *una — speranza*. SIN. *lieve*.

tenuità *s.f.invar.* qualità di ciò che è tenue.

tenuta *s.f.* 1 proprietà di una chiusura, o di un recipiente, di impedire il passaggio o la fuoruscita di gas e liquidi; capacità di contenere: *recipiente a perfetta — 2* modo, capacità di tenere: *— di strada*, capacità di un autoveicolo di evitare sbandamenti durante la marcia; *(fig.)* resistenza: *la — del movimento operaio* 3 vasto possedimento fondiario, spec. agricolo 4 divisa militare; uniforme; abito: *— di gala*; *— di servizio*, uniforme prescritta ai militari durante le ore di servizio.

tenutario [-tà-] *agg.* e *s.m.* che o chi ha il possesso o la gestione di qlco.

tenzone [-zó-] *s.f.* 1 *(lett.)* combattimento: *singolar —*, duello 2 nella letteratura medievale, disputa poetica su argomenti amorosi, politici, morali e simili.

teo- [tè-] [dal gr. *théos = dio*] prefisso che indica rapporto con la divinità *(teologia)*.

teobromina *s.f.* *(chim.)* alcaloide cristallino amaro, bianco, presente nei semi di cacao, usato in medicina.

teocratico [-crà-] *agg.* [pl.m. *-ci*] di teocrazia: *governo, potere —*.

teocrazia [-zì-] *s.f.* forma di governo in cui il potere civile e politico è sottomesso al potere religioso.

teodolite *s.m.* strumento ottico a cannocchiale per la misurazione degli angoli, usato per rilievi geodetici e topografici.

teofania [-nì-] *s.f.* apparizione o manifestazione sensibile della divinità.

teogonia [-nì-] *s.f.* nelle religioni politeistiche, il racconto dell'origine e della genealogia degli dei.

teologale *agg.* della teologia / *virtù teologali*, nella religione cattolica, la fede, la speranza, la carità.

teologia [-gì-] *s.f.* scienza che per mezzo della ragione e della fede tratta di Dio e delle creature in rapporto a Dio.

teologico [-lò-] *agg.* [pl.m. *-ci*] della teologia, che riguarda la teologia.

teologo [-ò-] *s.m.* [pl. *-gi*] studioso di teologia.

teorema [-rè-] *s.m.* [pl. *-i*] proposizione matematica dimostrabile sulla base di altre proposizioni già dimostrate precedentemente o assunte come vere.

teoretica [-rè-] *s.f.* la filosofia teoretica.

teoretico [-rè-] *agg.* [pl.m. *-ci*] che si riferisce all'attività conoscitiva; speculativo: *filosofia teoretica*.

teoria [-rì-] *s.f.* 1 formulazione sistematica di principi filosofici o scientifici; insieme di ipotesi volte a spiegare un determinato fenomeno: *— della relatività* 2 per estens., insieme di precetti che servono di guida alla pratica / *in —*, in base al ragionamento, non necessariamente corrispondente alla realtà, alla pratica 3 modo di pensare: *le sue teorie sul matrimonio sono discutibili* 4 *(lett.)* corteo; fila: *una — di santi*.

teoricità *s.f.invar.* carattere teorico.

teorico [-ò-] *agg.* [pl.m. *-ci*] che si riferisce alla teoria; che è teoria: *insegnamento —*. CONTR. *pratico // s.m.* chi conosce o sviluppa una teoria; *(spreg.)* chi manca di capacità pratiche // **-mente** *avv.* in teoria.

teorizzare [-riʒʒa-] *v.tr.* ridurre a teoria, discutere sul piano teorico // *v.intr.* formulare teorie: *teorizza su ogni cosa*.

teorizzazione [-riʒʒaʒió-] *s.f.* il teorizzare, il suo risultato.

teosofia [-fi-] *s.f.* dottrina che ammette la possibilità di una conoscenza diretta, esoterica della divinità, conce-

pita panteisticamente; si connette con le scienze occulte e si ispira a dottrine religiose dell'India.

teosofico [-sò-] *agg.* [pl.m. *-ci*] della teosofia.

tepalo [tè-] *s.m.* *(bot.)* ciascuna delle parti del fiore che compongono il perigonio.

tepidario [-dà-] *s.m.* *(arch.)* nelle antiche terme locale per i bagni d'acqua tiepida.

tepore [-pó-] *s.m.* temperatura non elevata e gradevole: *il — delle coperte*.

teppa [tèp-] *s.f.* *(region.)* malavita; l'insieme dei malviventi delle grandi città; *(scherz.)* gente spensierata, ragazzacci.

teppismo [-ʃmo] *s.m.* modo di agire proprio dei teppisti.

teppista *s.m.* e *f.* [pl. *-i*] malvivente; chi compie violenze e atti vandalici, anche senza scopo preciso.

tequila [*spagn.*; *pr.* techìla] *s.f.* bevanda alcolica messicana, distillata dall'agave.

ter [tèr] *avv.* per la terza volta.

terapeutico [-pèu-] *agg.* [pl.m. *-ci*] relativo alla terapia: *metodo —*.

terapia [-pì-] *s.f.* branca della medicina che si occupa della cura delle malattie; la cura stessa.

terapista *s.m.* e *f.* [pl.m. *-i*] chi studia e applica terapie mediche.

teratologia [-gì-] *s.f.* *(scient.)* studio della mostruosità congenita negli esseri viventi.

teratoma [-tò-] *s.m.* [pl. *-i*] *(med.)* tumore in genere benigno ma voluminoso, tale da deformare vistosamente un organo o un tessuto.

terbio [tèr-] *s.m.* elemento chimico (Tb; *n.at.* 65; *p.at.* 158,92); metallo delle terre rare.

terebinto *s.m.* albero resinoso da cui si ricava una resina detta *trementina di Cipro* (*fam.* Anacardiacee).

tergere [tèr-] *v.tr.* [pres. *io tèrgo, tu tèrgi* ecc.; pass.rem *io tèrsi, tu tergésti* ecc.; p.pass. *tèrso*] *(lett.)* asciugare, pulire: *— il sudore*.

tergicristallo *s.m.* dispositivo automatico, formato da due asticciole metalliche rivestite di gomma, che scorrendo sul parabrezza dei veicoli servono a mantenerlo pulito in caso di pioggia, neve o polvere [*ill. Automobile*].

tergiversare *v.intr.* [*io tergivèrso* ecc.] cercare di sfuggire a una domanda rispondendo in modo ambiguo; evitare di prendere una decisione ricorrendo a pretesti o sotterfugi.

tergo [tèr-] *s.m.* 1 [pl.f. *-a*] *(lett.)* la parte posteriore del corpo; dorso: *stare a —*, dietro; *seguire da —*, stando dietro 2 [pl.m. *-ghi*] il rovescio di un foglio, di una moneta: *scrivere sul — di un foglio*.

terital [tè-] *s.m.invar.* fibra tessile poliestere ®.

terlano *s.m.* vino bianco, asciutto, prodotto nell'Alto Adige.

termale *agg.* 1 si dice di acqua minerale che sgorga a temperatura elevata: *sorgente —*; *cura —*, a base di acque termali; *stabilimento —*, in cui si praticano le cure termali; *città —*, ricca di acque e di stabilimenti termali 2 relativo alle antiche terme romane.

terme [tèr-] *s.f.pl.* 1 edificio in cui si praticano cure termali: *le — di Salsomaggiore* 2 presso gli antichi romani, ampio edificio pubblico con sale, portici e palestre usato per bagni, per esercizi ginnici, letture e discussioni: *le — di Caracalla*.

termico [tèr-] *agg.* [pl.m. *-ci*] del calore; che concerne il calore: *raggi, effetti termici / bottiglia termica*, il termos.

termidoro [-dò-] *s.m.* nome dell'undicesimo mese del calendario rivoluzionario francese.

terminal [tèr-] *s.m.invar.* terminale, spec. aereo.

terminale *agg.* **1** che segna il confine di qlco.: *pietra — di un podere* **2** che è al termine, che si trova nel punto in cui qlco. ha fine: *stazione — di un oleodotto; parte — di un ramo. finale // s.m. finale //* s.m. **1** punto, parte finale; estremità **2** stazione urbana dove fanno capolinea i mezzi di collegamento terrestri con l'aeroporto **3** apparecchiatura che consente di prelevare o di introdurre, anche a distanza, informazioni e dati da o in un calcolatore elettronico: *— video,* dotato di schermo televisivo per visualizzare i dati; *— attivo,* che può introdurre dati; *— passivo,* che può solo prelevarli.

terminare *v.tr.* [*io* **tèrmino** *ecc.*] **1** portare a compimento: *— il proprio lavoro.* SIN. *finire, ultimare* **2** (*rar.*) porre, segnare il termine, il confine // *v.intr.* aver fine: *lo spettacolo termina alle cinque; la strada termina qui.* SIN. *finire.*

terminazione [-zió-] *s.f.* **1** il suono, il complesso dei suoni con cui termina una parola: *la — in «-are» dei verbi della prima coniugazione* **2** estremità, parte finale: *terminazioni nervose,* estremità delle fibre nervose.

termine [tèr-] *s.m.* **1** limite estremo di tempo, convenuto o stabilito, entro il quale si deve compiere qlco.: *il — ultimo per la presentazione delle domande di assunzione; pagare, presentarsi entro i termini prescritti / contratto a —,* con scadenza prefissata **2** linea di delimitazione di una regione, di una proprietà e simili; pietra o altro segno che indica i confini: *il fiume segna il — della proprietà; ha oltrepassato ogni —,* (*fig.*) ogni limite posto dalla convenienza, dal dovere. SIN. *limite, confine* **3** il punto in cui qlco. termina, cessa di essere: *giungere al — del cammino, della vita; porre — a una situazione spiacevole* **4** punto, grado, condizione in cui si è giunti, in cui ci si trova: *le cose stanno in questi termini; essere a buon —,* a buon punto, in un lavoro o simili / *sono in buoni termini con lui,* in buone relazioni **5** meta cui qlco. è rivolta: *il — delle mie aspirazioni / complemento di —,* (*gramm.*) quello che indica a chi è indirizzata l'azione espressa dal verbo **6** ciascuno degli elementi che si considerano parti individuabili, ma integranti di un tutto: *i termini di un paragone, di una similitudine; i termini di una frazione,* numeratore e denominatore **7** parola; vocabolo o locuzione, spec. quelli propri di una determinata scienza o arte: *scientifico, tecnico; moderare i termini,* controllare il proprio linguaggio, non usare parole offensive o volgari / *a rigor di termini,* attenendosi allo stretto significato delle parole / *a — di legge,* in conformità alla legge, secondo la legge / *senza mezzi termini,* senza eufemismi o compromessi, con parole chiare.

terminologia [-gì-] *s.f.* il complesso dei termini propri e caratteristici di una scienza o di un'arte: *— filosofica, tecnica.*

terminus ad quem, ante quem [*lat.*; *pr.* **tèrminus ad quèm, ànte quèm** = *termine a cui, prima del quale*] *s.m.* il limite, la data prima della quale è avvenuto un dato fatto; è espressione del linguaggio storico.

terminus a quo, post quem [*lat.*; *pr.* **tèrminus a quò, pòst quèm** = *termine da cui, dopo il quale*] *s.m.* il limite, la data dopo la quale è avvenuto un dato fatto; è espressione del linguaggio storico.

termistore [-stó-] *s.m.* (*elettr.*) resistore la cui resistenza diminuisce al crescere della temperatura, contrariamente a quanto accade normalmente.

termitaio [-tà-] *s.m.* il nido di una colonia di termiti.

termite [tèr-] *s.f.* insetto, molto diffuso nei paesi caldi, dal corpo tozzo, spesso gialliccio, con piccole zampe; le termiti vivono in immense colonie e causano gravi danni alle strutture in legno.

termo- [tèr-] [dal gr. *termòs = caldo*] primo elemento che interviene nella composizione di vocaboli tecnici e scientifici; significa «calore, temperatura» (*termodinamica, termometro, termoelettricità*).

termoaderente [-rèn-] *agg.* che aderisce in modo stabile se trattato a caldo.

termocauterio [-tè-] *s.m.* strumento usato in chirurgia per cauterizzare.

termochimica [-chì-] *s.f.* branca della chimica che studia le manifestazioni termiche che accompagnano le reazioni chimiche.

termochimico [-chì-] *agg.* [pl.m. *-ci*] che riguarda la termochimica.

termoconvettore [-tó-] *s.m.* apparecchio riscaldante costituito di tubi alettati entro i quali circola un fluido caldo (acqua o vapore).

termocoppia [-còp-] *s.f.* (*elettr.*) coppia di conduttori di materiale differente, saldati alle estremità, che sfrutta il fenomeno della termoelettricità.

termodinamica [-nà-] *s.f.* parte della fisica che studia le trasformazioni di calore in lavoro e viceversa.

termodinamico [-nà-] *agg.* [pl.m. *-ci*] (*fis.*) che si riferisce al calore in quanto forma di energia.

termoelettricità *s.f.invar.* (*fis.*) fenomeno per cui in un circuito costituito dalla successione di due metalli, riscaldando una delle saldature si ha produzione di corrente elettrica.

termoelettrico [-lèt-] *agg.* [pl.m. *-ci*] relativo alla termoelettricità.

termoelettronico [-trò-] *agg.* [pl.m. *-ci*] si dice di un effetto elettronico consistente nella emissione di elettroni dalla superficie di un metallo portato a temperature elevate; anche, di ciò che ha attinenza con tale fenomeno.

termofissaggio [-sàg-] *s.m.* operazione cui si sottopongono materiali, spec. i filati e i tessuti, per renderli stabili al calore.

termoforo [-mò-] *s.m.* apparecchio che viene usato a scopo terapeutico e antidolorifico ed è costituito da una resistenza elettrica capace di produrre calore, racchiusa in un'apposita busta di stoffa.

termogenesi [-gènefi] *s.f.invar.* (*biol.*) processo fisiologico per cui i tessuti e gli organi del corpo animale sviluppano calore.

termogeno [-mò-] *agg.* (*scient.*) che produce calore.

termografia [-fi-] *s.f.* (*med.*) procedimento diagnostico che consiste nel rilevare i raggi infrarossi emanati dalle parti del corpo in cui sono presenti lesioni interne.

termografo [-mò-] *s.m.* strumento per misurare e registrare graficamente le variazioni di temperatura.

termoindurente [-rèn-] *agg.* si dice di sostanza che indurisce se riscaldata: *resina —.*

termoionica [-iò-] *s.f.* parte dell'elettrologia che si occupa dello studio dei fenomeni connessi con l'effetto termoionico.

termoionico [-iò-] *agg.* [pl.m. *-ci*] (*fis.*) relativo all'effetto elettrico del calore su certi metalli / *effetto —,* emissione di ioni dalla superficie di un corpo ad alta temperatura.

termoisolante [-ʃo-] *agg. e s.m.* si dice di materiale o di struttura capace di realizzare isolamento termico.

termolabile [-là-] *agg.* che non resiste al calore, che si decompone o altera quando subisce una sensibile variazione di temperatura.

termologia [-gì-] *s.f.* parte della fisica che studia i fenomeni del calore.

termometria [-trì-] *s.f.* misurazione della temperatura.

termometrico [-mè-] *agg.* [pl.m. *-ci*] della termometria, del termometro.

termometro [-mò-] *s.m.* **1** strumento atto alla misurazione di temperatura e basato sulla dilatazione dei corpi per effetto del calore / — *clinico*, usato in medicina e graduato secondo la temperatura minima e massima del corpo **2** (*fig.*) fattore o circostanza che dà la misura di un fenomeno: *i consumi sono il — del tenore di vita*.

termonucleare *agg.* (*fis.*) **1** si dice di quelle reazioni nucleari che avvengono solo ad altissime temperature (p.e. lo scoppio della bomba a idrogeno) **2** detto di impianto o apparato che trova impiego nei processi volti a ottenere energia termica da energia nucleare.

termoplastico [-plà-] *agg.* [pl.m. *-ci*] si dice di materie che, riscaldate, diventano molli e deformabili plasticamente.

termoreattore [-tó-] *s.m.* (*tecn.*) reattore in cui la forza propulsiva è aumentata dalla somministrazione di calore prodotto da speciali combustibili.

termoregolatore [-tó-] *s.m.* apparecchio atto a mantenere costante la temperatura di un oggetto, di un liquido, di un ambiente.

termoregolazione [-zió-] *s.f.* **1** (*biol.*) capacità di taluni animali (mammiferi, uccelli) di mantenere costante la temperatura interna del corpo, pur variando la temperatura ambiente **2** (*tecn.*) regolazione automatica della temperatura mediante termoregolatori.

termos [tèr-] *s.m.invar.* bottiglia a doppia parete, atta a mantenere i liquidi a temperatura costante o quasi per un certo periodo di tempo.

termosaldatura *s.f.* saldatura a caldo (di colle, materie plastiche ecc.).

termosensibile [-sì-] *agg.* sensibile alle variazioni di temperatura.

termosifone [-fó-] *s.m.* sistema di riscaldamento di edifici o appartamenti mediante circolazione di aria o acqua calda in una rete di tubazioni collegata a radiatori posti nei vari ambienti.

termostatico [-stà-] *agg.* [pl.m. *-ci*] che si riferisce al termostato.

termostato [-mò-] *s.m.* apparecchio che viene applicato a motori e a impianti di riscaldamento o di raffreddamento per mantenerne costante la temperatura.

termotecnica [-tèc-] *s.f.* la tecnica che ha per oggetto la produzione, la trasmissione e l'utilizzazione dell'energia termica.

termoterapia [-pì-] *s.f.* cura medica per mezzo di applicazioni di calore.

termoventilazione [-zió-] *s.f.* riscaldamento di ambienti con circolazione forzata di aria calda.

terna [tèr-] *s.f.* insieme di tre persone o cose; in particolare, insieme di tre candidati fra i quali uno verrà prescelto a un ufficio.

ternano *agg.* di Terni // *s.m.* abitante di Terni.

ternario [-nà-] *agg.* **1** che è composto di tre elementi **2** si dice di un verso di tre sillabe // *s.m.* verso di tre sillabe.

terno [tèr-] *s.m.* **1** nel gioco del lotto, combinazione di tre numeri estratti sulla stessa ruota **2** nel gioco della tombola, tre numeri estratti nella stessa fila di una cartella.

terpina *s.f.* (*chim.*) alcool cristallino ottenuto dall'essenza di trementina e usato soprattutto in medicina come balsamico.

terra [tèr-] *s.f.* **1** il terzo pianeta in ordine di distanza dal Sole, sul quale vive il genere umano (si scrive con iniziale maiuscola quando è usato come nome proprio del corpo celeste): *la Terra ruota intorno al Sole*; *le viscere della terra* **2** per estens., gli uomini, la vita terrena, spesso in contrapposizione al cielo e al mondo soprannaturale / *son cose che non stanno né in cielo né in* —, insensate, incredibili / *i beni della* —, quelli materiali **3** la superficie esterna del globo terrestre; il suolo su cui si cammina; per estens., pavimento o altra superficie piana su cui poggia un corpo: *alla prima scossa di terremoto la — si aprì*; *nascose il tesoro sotto* —; *sedersi, sdraiarsi in, per* — / *essere a* —, stanco, demoralizzato, o anche economicamente dissestato / *sentirsi mancare la — sotto i piedi*, sentirsi perduto / *avere una gomma a* —, un pneumatico sgonfio / *scaricare a* —, far scaricare sul suolo, con un filo, una carica elettrica / *a fior di* —, *raso* —, rasente il suolo / *volare* — —, volare basso, quasi a contatto del suolo / *è una persona — —*, (*fig.*) di scarso ingegno, mediocre **4** la superficie terrestre emersa, in contrapposizione al mare: *presero, toccarono — a Napoli* / *cercare per mare e per* —, dappertutto / *rimanere a* —, non riuscire a imbarcarsi su una nave in partenza; per estens., perdere il treno, l'aereo e simili **5** estensione di terreno; paese; regione: *le terre polari*; *aveva nostalgia della sua* — / *— di nessuno*, zona neutra che divide due eserciti contrapposti; (*fig.*) luogo, organizzazione sulla quale nessuno esercita un reale potere / *— bruciata*, il terreno che si abbandona al nemico dopo avervi distrutto ogni cosa **6** materiale incoerente e friabile formato di detriti di rocce o altro che ricopre parte della superficie terrestre e contiene gli elementi necessari alla nutrizione delle piante: *una zolla di* —; *— magra, grassa*, povera, ricca di sostanze necessarie alla nutrizione delle piante / *verme di* —, lombrico / *porcellino di* —, (*pop.*) onisco **7** terreno coltivabile; campagna; possedimento rurale: *i lavoratori della* —, i contadini; *aver* — (o *terre*) *al sole*, possedere del terreno **8** luogo abitato, borgo **9** sostanza naturale pulverulenta e incoerente: *terre coloranti* / *— di Siena*, ocra di color giallo o rosso scuro usata come colorante.

terracotta [-còt-] *s.f.* [pl. *terrecotte*] **1** argilla modellata e cotta nella fornace, usata per la fabbricazione di utensili vari, materiali edilizi, oggetti artistici ecc. **2** oggetto artistico fatto di questo materiale.

terracqueo [-ràc-] *agg.* → **terraqueo**.

terraferma [-fèr-] *s.f.* [pl. *terreferme*] la parte continentale di una regione, spec. in contrapposizione alle isole.

terraglia [-rà-] *s.f.* **1** varietà di ceramica porosa verniciata, impiegata nella fabbricazione di vasellame ed articoli igienici **2** *pl.* vasellame, stoviglie fatte di questo materiale.

terramara *s.f.* [pl. *terramare* o *terremare*] formazione caratteristica del terreno sotto la quale si trovano i resti di villaggi preistorici costruiti su palafitte.

terranova [-nò-] *s.m.invar.* grosso cane con pelo lungo e ondulato, testa grande e orecchie penzolanti.

terrapieno [-piè-] *s.m.* terra ammassata come rinforzo di muri, argini e simili.

terraqueo [-rà-] *agg.* che è composto di terra e di acqua: *globo* —.

terrazza [-rà-] *s.f.* **1** parte più alta e scoperta di un edificio, recinta da parapetto o balaustrata, con funzione di belvedere e di copertura totale o parziale in luogo del tetto 2 grande terrazzo 3 — *costiera*, spianata rocciosa, poco al di sotto del livello marino, dovuta all'erosione della costa.

terrazziere [-ziè-] *s.m.* operaio sterratore.

terrazzo *s.m.* 1 piano sporgente o rientrante rispetto al muro esterno di un edificio, cinto da balaustrata o ringhiera e sul quale si aprono una o più porte-finestre 2 (*geogr.*) ripiano orizzontale dovuto all'erosione fluviale e marina o a lavori di sistemazione del terreno.

terremotato *agg.* che è stato devastato dal terremoto: *zone terremotate* // *s.m.* abitante di una zona devastata dal terremoto.

terremoto [-mò-] *s.m.* 1 rapida e violenta vibrazione della crosta terrestre 2 (*fig.scherz.*) si dice di persona, animale o cosa che produce scompiglio: *quel bambino è un —*.

terreno[1] [-rè-] *agg.* 1 che è di questa terra: *vita terrena*, contrapposta alla vita eterna, alla vita spirituale. SIN. *mondano* 2 che si trova a livello del suolo: *piano —* // *s.m.* pianterreno: *abitare a —*.

terreno[2] [-rè-] *s.m.* 1 parte superficiale della crosta terrestre: — *alluvionale, argilloso, paludoso* 2 porzione di terra più o meno estesa, spec. se coltivata o coltivabile, oppure destinata a costruzioni edilizie, riservata ad aree pubbliche ecc.: — *arido, fertile; comperare, espropriare un — fabbricabile / preparare il —*, lavorarlo; (*fig.*) predisporre il buon esito di qlco. / *trovare il — adatto*, le condizioni favorevoli / *il comandante perlustrò il —*, la zona di combattimento / *guadagnare, perdere —*, avanzare, retrocedere; (*fig.*) si dice di persona o cosa che prevale o perde forza e valore / *scendere sul —*, venire a duello / *affrontare un — infido*, un argomento difficile 3 suolo: *si sentì mancare il — sotto i piedi*, per uno sprofondamento, o per un avvallamento non visto; (*fig.*) si sentì perduto.

terreo [tèr-] *agg.* si dice di colorito giallo livido: *viso — per lo spavento*. SIN. *pallido*.

terrestre [-rè-] *agg.* 1 proprio della Terra, relativo alla Terra: *la superficie —* 2 di terra, che opera sul suolo, sulla terraferma: *uno schieramento di forze terrestri e marittime; mezzi di trasporto aerei e terrestri* // *s.m.* e *f.* abitante della Terra.

terribile [-rì-] *agg.* 1 che incute terrore: *una — sciagura*. SIN. *spaventoso, tremendo* 2 usato per iperbole, rafforza un sostantivo: *un freddo —*. SIN. *tremendo*.

terriccio [-ric-] *s.m.* strato superficiale del terreno, meno compatto di quello sottostante; terra scelta e concimata usata nel giardinaggio.

terrier [*franc.*; *pr.* teriè; *ingl.*; *pr.* tèria] *s.m.* razza di cani da caccia di taglia piuttosto piccola ma forti e molto coraggiosi; se ne conoscono numerose varietà.

terriero [-riè-] *agg.* di terra, di terre: *proprietario —*, chi possiede terre, spec. agricole.

terrificante *agg.* che incute terrore. SIN. *spaventevole*.

terrificare *v.tr.* [*pres. io terrifico, tu terrifichi ecc.*] (*non com.*) incutere terrore; atterrire.

terrigeno [-rì-] *agg.* 1 (*geol.*) originato dalla disgregazione delle rocce 2 (*lett.*) nato, generato dalla terra; terrestre.

terrina *s.f.* recipiente di terracotta, di forma rotonda, con i bordi alti e svasati, usato per servire minestre o condire insalate.

territoriale *agg.* di un territorio, del territorio: *confine —* / *acque territoriali*, tratti di mare che giuridicamente fanno parte del territorio di uno stato / *milizia —*,

quella composta dei soldati più anziani, che era impiegata a presidiare le città e in altri servizi nelle retrovie.

territorialità *s.f.invar.* appartenenza a un territorio.

territorio [-tò-] *s.m.* regione, paese soggetto a una particolare amministrazione: — *nazionale, comunale / servizi psichiatrici sul* (o *nel*) —, capillarmente diffusi tra la popolazione, e non accentrati nei grandi ospedali o manicomi.

terrone [-ró-] *s.m.* (*spreg.*) soprannome dato dagli abitanti dell'Italia settentrionale a quelli dell'Italia meridionale.

terrore [-ró-] *s.m.* 1 sentimento di forte sgomento, di intensa paura. SIN. *spavento, orrore* 2 cosa o persona che sgomenta, che incute terrore: *quell'insegnante è il — degli alunni* 3 *il Terrore*, periodo della rivoluzione francese (giugno 1793-luglio 1794) in cui i giacobini esercitarono una spietata dittatura; per estens., qualunque periodo di spietata dittatura.

terrorismo [-ſmo] *s.m.* il ricorso a metodi spietatamente violenti e illegali nella lotta politica; per estens., l'insieme di quanti praticano questi metodi.

terrorista *s.m.* e *f.* [pl. *-i*] chi compie atti terroristici.

terroristico *agg.* [pl.m. *-ci*] 1 fondato sul terrore: *regime —* 2 relativo al terrorismo e ai terroristi: *attentato —*.

terrorizzare [-riʒʒa-] *v.tr.* incutere, diffondere il terrore.

terroso [-ró-] *agg.* 1 che contiene terra, che è sporco di terra: *verdura terrosa* 2 che ha aspetto simile a terra: *sostanza terrosa*.

terso [tèr-] *agg.* nitido, pulito. SIN. *limpido, forbito*.

terza [tèr-] *s.f.* 1 (*aut.*) la terza marcia nel cambio dei motori a scoppio: *mettere, innestare la —* 2 (*mus.*) accordo o intervallo che comprende tre gradi di una scala 3 una delle ore canoniche.

terzana *agg.* e *s.f.* si dice di febbre malarica il cui accesso si verifica ogni terzo giorno, cioè a giorni alterni.

terzarolare *v.tr.* [*io terzaròlo ecc.*] (*mar.*) diminuire la superficie di una vela esposta al vento, cioè prendere una o più mani di terzaroli.

terzarolo [-ró-], **terzaruolo** [-ruò-] *s.m.* (*mar.*) ciascuna delle parti della vela che può venire ripiegata nel senso dell'altezza, mediante i *matafioni* (file parallele orizzontali di cordicelle cucite sulla vela) per diminuire la superficie di vela esposta al vento / *prendere una o più mani di —*, ripiegare la vela secondo l'ampiezza desiderata.

terzeria [-rì-] *s.f.* (*dir.*) tipo di contratto per lo sfruttamento di terreni in comune fra un concedente e un colono al quale viene attribuita la terza parte degli utili.

terzetto [-zét-] *s.m.* 1 (*mus.*) composizione scritta per tre esecutori 2 l'insieme di tre persone con qualche particolarità in comune (anche *iron.*): *un bel —*.

terziario[1] [-zià-] *agg.* 1 che sta al terzo posto; che viene, in una successione, dopo altri due 2 (*econ.*) si dice delle attività di servizio contrapposte a quelle di produzione di beni agricoli o industriali // *s.m.* il settore economico terziario.

terziario[2] [-zià-] *s.m.* si dice di laico che senza pronunziare i voti segue la regola di un ordine religioso (*terzo* dopo quello dei frati e quello delle monache): — *francescano*.

terziarizzare [-riʒʒa-] *v.tr.* (*econ.*) sottoporre a terziarizzazione: — *l'economia di un paese, di un'area*.

terziarizzazione [-riʒʒazió-] *s.f.* (*econ.*) aumento del settore terziario rispetto a quello agricolo e industriale: *progressiva — delle aree urbane*.

terziere [-ziè-] *s.m.* ciascuna delle tre circoscrizioni in cui si consideravano divise alcune città medievali.

terziglio [-zì-] *s.m.* gioco di carte simile al tressette, che si fa in tre giocatori.

terzina *s.f.* **1** strofe di tre versi, per lo più endecasillabi, dei quali il primo e il terzo sono rimati tra loro, mentre il secondo fa rima col primo e col terzo della strofa successiva **2** (*mus.*) complesso di tre note di ugual valore che si esegue in un tempo corrispondente alla durata di due.

terzino *s.m.* **1** giocatore di calcio che gioca in terza linea con compiti di difesa [*ill. Calcio*] **2** misura di capacità che corrisponde alla terza parte di un fiasco **3** clarinetto, una terza minore sopra il clarinetto ordinario.

terzo [tèr-] *agg.num.ord.* che in una serie occupa il posto numero tre **2** — *mondo*, i paesi e i popoli rimasti estranei o subalterni allo sviluppo economico del blocco dei paesi capitalisti legati agli USA e di quello dei paesi socialisti legati all'URSS, in Asia, Africa e America latina // *s.m.* **1** la terza parte **2** un'altra persona diversa da chi parla e da chi ascolta: *il parere di un* — **3** *pl.* gli altri / *per conto terzi*, per conto di altre persone / *a danno di terzi*, a danno di altre persone non coinvolte nell'accordo o contratto di cui si tratta **3** *vela al* —, (*mar.*) vela di taglio, con pennone sospeso all'albero a un terzo della sua lunghezza.

terzomondismo [-ʃmo] *s.m.* la tendenza politica a privilegiare i rapporti con i paesi del terzo mondo, o a interessarsi dei loro problemi.

terzomondista *agg.* e *s.m.* e *f.* [pl.m. -*i*] che, chi si interessa del terzo mondo.

terzultimo [-zùl-] *agg.* il terzo a partire dall'ultimo.

terzuolo [-zuò-] *agg.* (*pop.*) si dice del fieno di terzo taglio.

tesa [té-] *s.f.* **1** parte sporgente del cappello che gira attorno alla base della cupola; falda **2** il tendere le reti agli uccelli **3** antica misura di lunghezza italiana e francese di valore oscillante da luogo a luogo.

tesare *v.tr.* [*io téso ecc.*] (*mar.*) tirare un cavo fino a renderlo perfettamente teso.

tesaurismosi [-smòʃi] *s.f.invar.* (*med.*) abnorme accumulo, negli organi del corpo umano, di sostanze diverse.

tesaurizzare [-ʃauriʒʒa-] *v.intr.* **1** accumulare beni senza investirli in imprese produttive **2** (*lett.*) accumulare tesori.

tesaurizzazione [-ʃauriʒʒazió-] *s.f.* l'atto, l'effetto del tesaurizzare.

teschio [tè-] *s.m.* l'insieme delle ossa del capo; cranio.

tesi [tèʃi] *s.f.invar.* **1** proposizione che si enuncia come vera, argomento che si discute e si svolge per dimostrarne la verità: *sostenere una* — / — *di laurea*, dissertazione scritta su un determinato argomento che lo studente discute davanti a un gruppo di professori per conseguire la laurea / *commedia, romanzo a* —, in cui l'autore si propone di dimostrare una determinata tesi **2** nella metrica classica, il tempo debole del piede.

tesina [-ʃi-] *s.f.* saggio, esercitazione scolastica su un argomento circoscritto.

teso [té-] *agg.* tirato, disteso: *corda tesa* / *avere i nervi tesi*, essere agitato per ansia, ira ecc. / *rapporti tesi*, prossimi a rompersi, quasi ostili / *stare con le orecchie tese*, protese, intente, per ascoltare.

tesoreria [-ʃoreri-] *s.f.* ufficio pubblico che provvede a riscuotere e fare pagamenti per conto dello stato o di altri enti: *la* — *dello stato*, *del comune*.

tesoriere [-ʃoriè-] *s.m.* **1** chi è a capo di una tesoreria **2** custode, amministratore di un tesoro.

tesoro [-ʃò-] *s.m.* **1** quantità accumulata di monete, di oggetti preziosi, di metallo pregiato, custodita con cura: *accumulare un* — **2** (*fig.*) persona o cosa di grande pregio o molto amata: *i tesori della scienza*; *la salute è un* — / *far* — *di qlco.*, tenerla in gran conto e valersene al bisogno / *caccia al* —, gioco di società, spec. all'aperto, in cui si devono ritrovare in un tempo determinato oggetti nascosti dall'organizzatore del gioco **3** erario pubblico: *il ministero del* — **4** titolo di enciclopedie medievali, di raccolte di grandi repertori lessicali: *il Tesoro di Brunetto Latini*.

tessera [tès-] *s.f.* **1** cartoncino di forma rettangolare con indicazioni varie e talora con la fotografia della persona a cui è intestato, che serve di riconoscimento o conferisce al proprietario speciali diritti: — *di giornalista*; — *di viaggio* / — *annonaria*, per il prelievo di generi alimentari; *mostrare la* — **2** ciascuno dei piccoli tasselli cubici di pietra usati per comporre un mosaico.

tesseramento [-mén-] *s.m.* atto, effetto del tesserare.

tesserare *v.tr.* [*io tèssero ecc.*] **1** munire di tessera, dare la tessera di iscrizione a un partito, a un sindacato, a una associazione; per estens., iscrivere, affiliare **2** razionare viveri, vestiti ecc., in tempi di restrizioni.

tesserato *agg.* **1** che ha preso la tessera di un partito **2** che è soggetto a tesseramento: *generi tesserati*.

tessere *v.tr.* [pres. *io tèsso ecc.*; pass.rem. *io tесséi, tu tessésti, egli tessé ecc.*; p.pass. *tessuto*] **1** intrecciare nel telaio, per mezzo della spola, i fili paralleli che costituiscono l'ordito con il filo a questo perpendicolare (detto *trama*) per fare la tela: — *un panno*; *imparare a* — **2** comporre qlco. ordinatamente: — *un discorso*; — *le lodi di qlcu.* **3** ordire, macchinare: — *congiure, tradimenti*.

tessile [tès-] *agg.* che riguarda la tessitura: *industria* —; *prodotti tessili* // *s.m.* e *f.* **1** operaio o industriale delle industrie tessili **2** *pl.* materiale prodotto dall'industria tessile: *negozio di tessili*.

tessilsacco *s.m.* [pl. -*chi*] sacco di plastica o carta speciale in cui si ripongono gli abiti per difenderli dalle tarme ®.

tessitore [-tó-] *s.m.* [f. -*trice*] chi tesse, operaio addetto alla tessitura.

tessitura *s.f.* **1** atto, effetto, modo del tessere: *la* — *della canapa, della lana*; — *fitta, rada*; *devi pagare la* — **2** opificio industriale in cui si tesse: *domani visiteremo la* — *nuova* **3** intreccio, lavoro d'intreccio: *la* — *di un cestello, di una stuoia* **4** (*fig.*) trama, intreccio, di un'opera letteraria ecc.: *la* — *di questo romanzo è debole* **5** (*geol.*) disposizione dei componenti minerali di una roccia.

tessuto *s.m.* **1** il manufatto ricavato dalla tessitura: — *rado, pregiato, impermeabile, a maglia, di seta*; *trama di un* —; *negozio di tessuti* **2** (*fig.*) complesso di cose, spec. astratte; intreccio: *le sue parole sono sempre un* — *di menzogne*; *è notevole la* — *di questa opera* **3** (*anat.*) insieme di cellule con struttura e funzioni analoghe: — *muscolare, adiposo*; *la necrosi dei tessuti*.

test [tèst] *s.m.invar.* (*ingl.*) **1** prova, esperimento: *la cessazione dei* — *nucleari* **2** prova, consistente per lo più nell'interpretazione o nella varia composizione di scritti o figure, a cui si sottopone una persona a scopo di studio psicologico: *li sottoposero a vari* — *prima di assumerlo in quell'industria*.

testa [tè-] *s.f.* **1** negli uomini e negli animali, la parte del corpo che contiene il cervello e i principali organi di senso [*ill. Corpo*]: — *calva, ricciuta, bionda, rossa*, con riferimento ai capelli e al loro colore; *a — coperta, scoperta,* con, senza copricapo; *mal di —*; *mi gira la —*; *voce di —*, molto acuta, in falsetto / *far girare la — a qlcu.*, farlo innamorare di sé; frastornarlo / *andare con la — alta*, non aver nulla di cui vergognarsi / *agire senza —*, *con la — nel sacco*, senza riflettere / *perdere la —*, perdere il controllo di sé; confondersi / *camminare con la — nelle nuvole*, senza badare a dove si va / *dove hai la —?*, *(fam.)* si dice a chi fa qlco. senza riflettere / *dare alla —*, inebriare, esaltare / *mettere la — a partito*, *a posto*, rinsavire / *piegare la —*, rassegnarsi, cedere / *non sapere dove battere la —*, non saper come uscire da una situazione difficile / *tenere — a qlcu.*, non lasciarsi sopraffare / *fare a — e croce*, buttare una moneta e prendere una decisione a seconda della faccia che la moneta mostra ricadendo a terra / *chiedere la — di qlcu.*, reclamarne la morte o, per estens., la punizione / *pena la —*, pena la vita / *un tanto a —*, per persona **2** *(fig.)* la sede del pensiero; l'intelletto, la mente / *è una gran —!*, si dice di persona di grande ingegno / *mettersi in — qlco.*, convincersene / *mettersi in — di fare qlco.*, decidere di farla / *avere in —*; *entrare*, *far entrare in —*, in mente / *levarsi una cosa di —*, non pensarci più / *passare per la —*, si dice di pensiero improvviso / *fare di — propria*, agire senza accettare consigli / *prov.: chi non ha — abbia gambe*, chi non ha intelligenza o accortezza è costretto a faticare più degli altri **3** parte anteriore, superiore di qlco.; estremità, parte terminale: *la — del letto*, la parte verso cui si trova il capo di chi vi dorme; *— d'aglio*, il bulbo della piantina; *— del martello*, la parte metallica che si fissa al manico; *— d'albero*, *(mar.)* estremità superiore dell'albero di una nave; *— del femore*, *(anat.)* la parte arrotondata; *— di una ruota*, il mozzo; *— motrice*, nel tornio, la parte che contiene gli elementi di trasmissione del moto; *— di una pagina*, il margine superiore bianco / *essere*, *mettersi alla — di qlco.*, averne, assumerne il comando, la guida / *essere*, *passare in —*, avanti a tutti / *— di ponte*, *(mil.)* zona occupata al di là di un corso d'acqua in territorio controllato dal nemico / *— coda*, brusco movimento di un autoveicolo che sbanda e, girando su sé stesso, viene a trovarsi nella direzione opposta a quella in cui marciava **4** nelle corse ippiche, la lunghezza della testa del cavallo, presa come unità di misura nella classificazione dei vincenti: *vincere per una —* **5** *— di morto*, *(zool.)* → **atropo**.

testaceo [-stà-] *agg.* si dice di mollusco fornito di guscio o conchiglia / *membrana testacea*, quella più esterna nell'uovo degli uccelli [*ill. Uccello*].

testamentario [-tà-] *agg.* **1** del testamento, che si fa per testamento: *esecutore*, *erede —*; *disposizione testamentaria* **2** che concerne il Vecchio e il Nuovo Testamento: *studio —*.

testamento [-mén-] *s.m.* **1** atto scritto con cui una persona dispone del proprio patrimonio o di parte di esso per quando avrà cessato di vivere: *— valido*, *nullo*; *— olografo*, scritto di propria mano; *fare revocare un — / — spirituale*, insieme di idee e di principi morali lasciato ai posteri da uomini di grande levatura spirituale **2** ciascuna delle due parti della Bibbia, così chiamate dall'antico significato di *patto*: *l'Antico* (o *Vecchio*), *il Nuovo Testamento*.

testardaggine [-dàg-] *s.f.* l'essere testardo. SIN. *caparbietà*, *cocciutaggine*, *ostinazione*.

testardo *agg.* si dice di persona che vuol fare sempre a modo suo, che persiste in un atteggiamento o in una decisione, rifiutando di ascoltare i consigli e le ragioni degli altri. SIN. *caparbio*, *cocciuto*, *ostinato*, *pertinace*.

testare[1] *v.intr.* [*io tèsto ecc.*] *(dir.)* far testamento.

testare[2] *v.tr.* [*io tèsto ecc.*] sottoporre a test; provare, sperimentare.

testata *s.f.* **1** la parte estrema, anteriore di qlco.: *la — di una trave*; *la — di un molo*, la parte in mare; *la — del letto*, la spalliera che sta dalla parte della testa; *— di un libro*, i margini superiori; *— di un missile*, la parte anteriore dell'ultimo stadio che contiene una carica esplosiva o porta un satellite artificiale: *missile a — nucleare*; *— di un motore a scoppio*, la parte che chiude il cilindro [*ill. Motocicletta*] **2** il ripiano superiore della pagina di un giornale, contenente il titolo e l'indicazione del numero progressivo, del prezzo ecc.; anche il solo titolo [*ill. Stampa*] / *vendere*, *comprare una —*, cedere, assicurarsi la proprietà di un giornale **3** colpo dato con la testa.

testatico [-stà-] *s.m.* [*pl. -ci*] antica imposizione fiscale per testa.

testatore [-tó-] *s.m.* [*f. -trice*] *(dir.)* chi fa testamento.

teste [tè-] *s.m. e f.* *(dir.)* la persona chiamata a deporre intorno a fatti o circostanze, dei quali sia a diretta conoscenza. SIN. *testimone*.

testé *avv. di tempo* *(lett.)* **1** poco fa **2** tra poco.

tester [tè-] *s.m.invar.* piccolo apparecchio per misura le differenze di potenziale, le intensità di corrente continua e alternata, le resistenze elettriche.

testicolo [-sti-] *s.m.* *(anat.)* ciascuna delle due ghiandole genitali maschili.

testiera [-stiè-] *s.f.* **1** la parte dei finimenti del cavallo che passa sopra la testa [*ill. Cavallo*] **2** arnese, per lo più di legno, a forma di testa, usato da parrucchieri e modiste per disporvi parrucche o capelli **3** la spalliera del letto che sta dalla parte della testa.

testificare *v.tr.* [*io testìfico*, *tu testìfichi ecc.*] *(rar.)* dichiarare solennemente fatti o circostanze dei quali si abbia personale e diretta conoscenza.

testimone [-mò-] *s.m. e f.* **1** la persona che assiste a un fatto, o ne è a diretta conoscenza / *— oculare*, quello che ha visto con i propri occhi: *l'incidente avvenne senza testimoni oculari* **2** *(fig.)* la persona chiamata a comprovare la validità di una tesi; tutto ciò che attesta l'esistenza di qlco.: *chiamo a testimoni i grandi filosofi dell'antichità*; *queste rovine*, *testimoni di una passata grandezza* **3** *(dir.)* la persona chiamata in un processo per rivelare o esporre fatti a scopo di prova: *— d'accusa*, *di difesa*. SIN. *teste* **4** *(dir.)* la persona che assiste alla stesura di un atto pubblico e lo sottoscrive: *occorre un — per la firma del contratto*; *far da — alle nozze* **5** *(sport)* il bastoncino che ogni componente di una squadra di staffetta passa al compagno che correrà la frazione successiva.

testimoniale *agg.* *(dir.)* di un testimone, dei testimoni: *prova —* // *s.m.* l'insieme dei testimoni addotti in un processo da una delle due parti: *— d'accusa*, *di difesa*.

testimonianza *s.f.* **1** l'atto del testimoniare; la dichiarazione, la deposizione di un testimone: *— autorevole*, *falsa*, *favorevole* **2** prova, attestato: *— d'affetto*, *di riconoscenza*, *di deferenza*.

testimoniare *v.tr.* [*io testimònio ecc.*] **1** dichiarare, esporre fatti di cui si è stati testimoni: *testimoniò che l'incidente era avvenuto per colpa mia* / *assol.* deporre in giudizio: *furono chiamati a —* **2** *(fig.)* di cose, costituire una prova: *queste parole testimoniano la sua onestà*.

testimonio [-mò-] *s.m.* **1** ciò che si dichiara testimoniando; testimonianza **2** (*pop.*) testimone: *ha fatto da — alla sposa.*

testina *s.f.* dispositivo che legge, registra o cancella dati su un supporto come un disco, un nastro, una pellicola [*ill. Suono*].

testo[1] [tè-] *s.m.* **1** l'insieme delle parole che compongono un documento o una trattazione manoscritta o stampata: *il — di una lettera*; *riprodurre il — di un codice* **2** lo scritto originale, distinto da ciò che viene aggiunto come commento, spiegazione ecc., o dalla traduzione: *un commento che travisa il —*; *fu dettato il — del tema da tradurre*; *traduzione con — a fronte / tavole fuori —*, illustrazioni inserite in un volume con una numerazione propria **3** libro autorevole: *testi classici / testi sacri*, la Bibbia e i Vangeli / *far —*, essere un modello autorevole / *libri di —*, quelli usati nelle scuole.

testo[2] [tè-] *s.m.* specie di teglia di terracotta o di metallo, priva di orlo rilevato, usata per cuocere torte e simili; disco di terracotta o di pietra, arroventato, su cui si cuocevano schiacciate di castagne.

testone [-stó-] *s.m.* **1** testa grossa **2** (*fig.*) si dice di persona stupida o testarda: *tuo figlio è sempre stato un gran —* **3** grossa moneta d'argento, coniata in vari stati italiani, a partire dal sec. xv, che recava incisa l'effigie del sovrano.

testosterone [-ró-] *s.m.* ormone sessuale maschile prodotto dal testicolo, che determina la comparsa dei caratteri sessuali secondari e stimola la spermatogenesi.

testuale *agg.* **1** che si riferisce al testo di un'opera: *critica —*, quella esercitata propriamente sul testo di un'opera al fine di accertarne la stesura originaria **2** che riproduce esattamente il testo; per estens., che corrisponde con esattezza a ciò che è stato detto: *citazione —*; *queste sono le sue testuali parole.*

testuggine [-stùg-] *s.f.* **1** → **tartaruga 2** particolare disposizione assunta dagli antichi soldati romani quando si avvicinavano alle mura di una città assediata, serrati l'uno all'altro e con gli scudi alzati per difendersi dai proiettili **3** antica macchina d'assedio costituita da una tettoia mobile che proteggeva un ariete.

tetania [-nì-] *s.f.* (*med.*) condizione permanente di ipereccitabilità neuromuscolare.

tetanico [-tà-] *agg.* [pl.m. -ci] del tetano; provocato dal tetano: *infezione tetanica.*

tetano [tè-] *s.m.* malattia infettiva, i cui sintomi consistono in violente e diffuse contrazioni muscolari.

tetra- [tè-] [dal gr. *tetra-*, prefisso corrispondente a *tèttares = quattro*] primo elemento che figura in parole composte di origine greca o di formazione moderna (spec. scientifiche): significa «quattro» (*tetralogia, tetraedro, tetravalente*).

tetraciclina *s.f.* capostipite di un gruppo di antibiotici ad ampio spettro d'azione, la cui molecola contiene quattro anelli benzenici condensati.

tetracordo [-còr-] *s.m.* **1** presso gli antichi greci, gruppo di quattro note consecutive costituenti la base del sistema musicale **2** antico strumento musicale a quattro corde.

tetracromia [-mì-] *s.f.* (*tip.*) stampa a quattro colori.

tetradimensionale *agg.* (*fis.*) quadrimensionale.

tetraedro [-è-] *s.m.* (*geom.*) poliedro con quattro facce triangolari; è una piramide a base triangolare.

tetraetile *s.m.* (*chim.*) si dice di un composto che ha nella molecola quattro gruppi etilici / *piombo —*, composto metallico-organico usato come antidetonante per benzine.

tetraggine [-tràg-] *s.f.* l'essere tetro.

tetragono [-trà-] *agg.* **1** (*geom.*) che ha quattro angoli **2** (*fig.*) resistente, saldo: *— alla sventura //* *s.m.* (*geom.*) poligono con quattro angoli.

tetralogia [-gì-] *s.f.* complesso di quattro opere teatrali; in particolare, nell'antica Grecia quello costituito di tre tragedie e un dramma satiresco.

tetrametro [-trà-] *agg.* e *s.m.* si dice di un verso dell'antica poesia greca e latina composto di quattro piedi, ciascuno dei quali formato da quattro sillabe.

tetraone [-ó-] *s.m.* gallo cedrone.

tetrarca *s.m.* [pl. *-chi*] titolo di antichi re, ciascuno dei quali governava la quarta parte di un dominio.

tetrarchia [-chì-] *s.f.* governo di quattro re o di quattro formazioni politiche.

tetrastico [-trà-] *agg.* [pl.m. *-ci*] che consta di quattro versi: *strofa tetrastica.*

tetravalente [-lèn-] *agg.* (*chim.*) si dice di atomo o radicale che abbia quattro valenze libere e possa combinarsi con quattro atomi di idrogeno.

tetro [tè-] *agg.* **1** scuro, buio, poco luminoso; squallido: *tetra prigione* **2** (*fig.*) cupo, malinconico, triste: *un personaggio —*, *una tetra storia.*

tetrodo [tè-] *s.m.* (*tecn.*) tubo elettronico con quattro elettrodi (catodo, griglia di controllo, griglia schermo, placca).

tetrossido [-tròs-] *s.m.* (*chim.*) ossido la cui molecola contiene quattro atomi di ossigeno.

tetta [tét-] *s.f.* (*region.*) mammella.

tettarella [-rèl-] *s.f.* copperchietto di gomma elastica che, forato, si applica al poppatoio, così che il lattante possa succhiarne il latte; anche il consimile oggetto di gomma che si dà al bambino perché succhiandolo si calmi.

tetto [tét-] *s.m.* **1** struttura atta a coprire un edificio, costituita da una travatura ricoperta da embrici, tegole o altro materiale impermeabile: *— a due spioventi; — a capanna / a —*, sotto il tetto: *stanza a —*, stanza posta proprio sotto il tetto / *non avere un —*, una casa **2** per estens., parte superiore, copertura: *il — dell'automobile.* DIM. *tettino, tettuccio* **3** nel linguaggio degli alpinisti, esteso tratto di roccia sporgente con forte angolazione da una parete a picco **4** (*fig.*) limite superiore, spec. economico: *— salariale; — delle pensioni.*

tettoia [-tó-] *s.f.* copertura di un luogo aperto, a forma di tetto, ottenuta con lastre di lamiera o con altro materiale, e sorretta da pilastri: *la — della stazione.*

tettonica [-tò-] *s.f.* parte della geologia che studia le dislocazioni delle rocce nella formazione della crosta terrestre.

tettonico [-tò-] *agg.* [pl.m. *-ci*] della tettonica.

teutonico [-tò-] *agg.* [pl.m. *-ci*] degli antichi teutoni; per estens., dei tedeschi (spesso spreg.): *rigore —.*

texano *agg.* del Texas: *cappello — //* *s.m.* abitante del Texas.

thailandese [-dé-] *agg.* della Thailandia // *s.m.* e *f.* abitante della Thailandia.

the *s.m.invar.* → **tè**.

thermos [thèr-] *s.m.invar.* → **termos**.

thrilling [*ingl.*; *pr.* trillin] *agg.* e *s.m.* si dice di racconti, film e simili che diano al lettore o allo spettatore un brivido di ansia o di paura.

ti *pron.pers.m.* e *f.sing. di seconda persona* te, a te; forma complementare atona di *tu* che si usa come complemento oggetto, quando non gli si vuol dare speciale rilievo (*io ti saluto*), o come complemento di termine (*a* *te*): *io ti parlo*; davanti a *la, lo, le, li, ne* si cambia in *te* (con la *e* stretta): *te lo dico*; si unisce ad *ecco* e ad imperativi, infiniti, gerundi: *eccoti, vestiti, legarti, vedendoti.*

tiara *s.f.* **1** alto copricapo rigido, di forma simile a quella di un cono, con tre corone sovrapposte, che il papa porta come segno di autorità e giurisdizione **2** copricapo di forma varia portato anticamente da re e sacerdoti orientali.

tibetano *agg.* del Tibet // *s.m.* abitante del Tibet.

tibia [tì-] *s.f.* **1** osso lungo della gamba che, insieme alla fibula, ne costituisce lo scheletro [*ill. Corpo*] **2** presso gli antichi romani, strumento musicale a fiato, a una o due canne, simile al flauto.

tibiale *agg.* (*anat.*) della tibia [*ill. Corpo*] / *muscolo — anteriore*, quello che consente al piede la flessione dorsale // *s.m.* (*lett.*) schiniere.

tiburio [-bù-] *s.m.* nelle chiese romaniche lombarde, struttura architettonica a pianta poligonale che racchiude internamente la cupola.

tiburtino *agg.* del Tevere e di Tivoli // *s.m.* abitante di Tivoli e del territorio percorso dal Tevere.

tic *voce onom.* imita un rumore lieve e secco // *s.m.invar.* **1** contrazione frequente, rapida e involontaria di certi muscoli e spec. di quelli facciali: *— nervoso* **2** (*fig.*) abitudine singolare, quasi maniaca.

ticchettio [-tì-] *s.m.* rumore prodotto da colpi secchi e lievi: *il — della macchina per scrivere.*

ticchio[1] [tìc-] *s.m.* **1** malattia nervosa dei cavalli **2** (*fig.*) capriccio, idea o voglia bizzarra: *mi è saltato il — di andare al Polo Nord.*

ticchio[2] [tìc-] *s.m.* piccola macchia sul marmo o su frutti.

ticchiolatura *s.f.* (*agr.*) termine generico per indicare malattie delle piante provocate da funghi, caratterizzate da piccole macchie scure sulle foglie e sui frutti.

ticinese [-né-] *agg.* del Ticino e del Canton Ticino // *s.m.* e *f.* abitante del Canton Ticino e del territorio percorso dal Ticino.

ticket [*ingl.*; *pr.* tìchit] *s.m.* **1** buono, scontrino, tesserino: *— restaurant*, buono/quello che rappresenta il contributo di un'azienda alla spesa dei dipendenti per il pasto in un locale convenzionato ® **2** quota a carico degli utenti per un servizio parzialmente gratuito, o che era gratuito e del quale si vuole limitare l'uso o il costo.

tic-tac *voce onom.* e *s.m.invar.* imita un rumore a colpi secchi e lievi: *il — dell'orologio; l'orologio faceva —.*

tiepido [tiè-] *agg.* **1** poco caldo: *caffè —* **2** (*fig.*) poco affettuoso, poco espansivo: *— negli affetti.*

tifare *v.intr.* (*neol.*) fare il tifo per una squadra o per un campione sportivo; per estens., parteggiare per qlcu.

tiflite *s.f.* (*med.*) infiammazione dell'intestino cieco.

tifo *s.m.* **1** malattia infettiva epidemica che provoca lesioni intestinali e un grave stato generale tossinfettivo **2** entusiasmo fanatico per un atleta o una squadra; partigianeria sportiva: *fare il — per una squadra di calcio*, parteggiare vivamente per essa.

tifoidea [-dé-] *s.f.* febbre da infezione tifica.

tifoideo [-dè-] *agg.* che ha le caratteristiche del tifo.

tifone [-fó-] *s.m.* ciclone frequente nelle regioni tropicali, che porta con sé venti violentissimi e piogge torrenziali.

tifoso [-fó-] *agg.* e *s.m.* appassionato, entusiasta di una squadra o di un atleta.

tight [*ingl.*; *pr.* tàit] *s.m.* abito maschile per cerimonia, da giorno, composto di giacca stretta a code e calzoni a righini.

tiglio [tì-] *s.m.* **1** albero con foglie cuoriformi e fiori

giallastri profumatissimi, usati per infusi (*fam.* Tigliacee) **2** il legno del tiglio **3** le fibre resistenti di piante legnose, della carne o delle frutta.

tiglioso [-glió-] *agg.* duro, fibroso: *carne tigliosa.*

tigna *s.f.* malattia della pelle dovuta a un fungo parassita e caratterizzata da croste, prurito ecc.

tignola [-gnò-] *s.f.* farfallina le cui larve sono dannose alle sostanze alimentari o vegetali in cui si sviluppano: *— dei panni, del grano, delle olive* (*fam.* Tineidi).

tignosa [-gnó-] *s.f.* nome comune di funghi velenosi a cappello, con il gambo provvisto di un anello ad una certa altezza e di valva alla base, con lamelle e spore bianche: *— bigia.*

tignoso [-gnó-] *agg.* malato di tigna.

tigrato *agg.* a strisce, come il mantello della tigre.

tigre *s.f.* o *m.* grosso e ferocissimo felino asiatico dal corpo lungo, snello e agilissimo, fulvo a strisce scure, col ventre e parte delle guance bianchi (*fam.* Felidi) / *crudele come una —*, crudelissimo.

tigrino *agg.* del Tigrè // *s.m.* abitante del Tigrè.

tigrotto [-gròt-] *s.m.* il piccolo della tigre.

tilde *s.m.* e *f.* segno (~) che nella lingua spagnola si sovrappone alla *n* per indicarne il suono palatale *gn*, e nella lingua portoghese si sovrappone alle vocali per indicarne il suono nasale.

tilt [*ingl.*; *pr.* tìlt] *s.m.* guasto improvviso di un circuito elettrico, con conseguente blocco di un meccanismo: *andare in —*, subire un tale blocco; (*fig.*) trovarsi improvvisamente smarrito, confuso, per stanchezza o tensione nervosa.

timballo *s.m.* vivanda consistente in un involucro di pasta frolla ripieno di paste alimentari, carni, pollame ecc., che si cuoce al forno in apposito stampo.

timbrare *v.tr.* apporre un timbro su qlco.: *— un foglio.*

timbro *s.m.* **1** strumento di metallo o di gomma che serve per imprimere bolli **2** il bollo che viene da esso impresso: *il — porta la data di ieri* **3** qualità di un suono non dipendente dalla sua intensità e frequenza, ma dal tipo delle armoniche che lo compongono: *una nota del clarinetto ha un — diverso dalla stessa nota del violino; hai un bel — di voce.*

timer [tàimer] *s.m.invar.* temporizzatore.

timidezza [-déz-] *s.f.* l'essere timido.

timido [tì-] *agg.* **1** che ha timore; che è poco coraggioso; che è impacciato, poco disinvolto, insicuro: *con gli estranei è molto —*. CONTR. *audace* **2** che è fatto o detto con timidezza: *gli rivolse un — saluto.*

timo[1] *s.m.* (*anat.*) ghiandola endocrina situata nel torace dietro lo sterno; ha il massimo sviluppo nel periodo infantile e regola l'accrescimento.

timo[2] *s.m.* pianta aromatica coltivata per ricavarne un olio odoroso (*fam.* Labiate).

timone [-mó-] *s.m.* **1** strumento delle imbarcazioni, formato da un piano di legno o di metallo imperniato verticalmente a poppa e comandato da meccanismi che lo fanno girare intorno al proprio asse per mutare o mantenere la direzione del moto: *la ruota, la barra del —; il — fu spezzato dalla tempesta* [*ill. Barca*] **2** analogo organo degli aerei, dei sommergibili, dei siluri e simili, che serve per mantenere o variare la direzione del moto: *— di direzione*, quello che serve per la guida in senso orizzontale; *— di profondità*, quello che serve per la discesa o la salita del velivolo [*ill. Elicottero; ill. Aereo*] **3** stanga del carro, dell'aratro e simili a cui si attaccano gli animali **4** (*fig.*) guida; governo, direzione: *dopo la morte del padre s'è messo lui al — della ditta.*

timonella [-nèl-] *s.f.* tipo di carrozza leggera a quattro ruote.

timoniere [-niè-] *s.m.* chi è addetto alla manovra del timone di una nave o di altra imbarcazione.

timoniero [-niè-] *agg.* del timone; che ha funzione di timone / *penne timoniere*, quelle grosse della coda degli uccelli che servono da timone nel volo [*ill. Uccello*].

timorato *agg.* scrupoloso; che ha timore di far cosa non giusta: *è un ragazzo —/— di Dio*, che sta attento a non far cose contrarie ai dettami della religione.

timore [-mó-] *s.m.* **1** sentimento di ansia, di sgomento, di incertezza, per lo più non grave, che si prova davanti a un pericolo o a un danno vero o supposto: *aveva — di non essere promosso: bisogna incutergli un po' di — perché si impegni di più*. SIN. *apprensione, trepidazione* **2** sentimento di affetto, rispetto e venerazione: *avere — di Dio*, stare attenti a non offenderlo / *un uomo senza — di Dio*, senza scrupoli, spregiudicato.

timoroso [-ró-] *agg.* che è pieno di timore. SIN. *trepido.*

timpanico [-pà-] *agg.* [pl.m. *-ci*] (*anat.*) che si riferisce al timpano, all'orecchio medio: *osso —* [*ill. Orecchio*].

timpanista *s.m.* e *f.* [pl.m. *-i*] sonatore di timpano.

timpano [tìm-] *s.m.* **1** (*anat.*) cavità situata tra il condotto uditivo esterno e l'orecchio interno, contenente gli ossicini dell'udito e divisa dal condotto esterno da una membrana (membrana del timpano) che trasmette le vibrazioni agli ossicini **2** (*mus.*) strumento a percussione formato da un bacino metallico semisferico rivestito di cuoio e coperto con pelle d'asino; tamburo verticale della batteria [*ill. Musicali, strumenti*] **3** (*arch.*) spazio triangolare, compreso fra la trabeazione orizzontale e le cornici oblique del frontone [*ill. Architettura*].

tinca *s.f.* pesce d'acqua dolce dal corpo tozzo, di media grandezza, color verde-oliva, le cui carni sono commestibili; vivono in fondali fangosi (*fam.* Ciprinidi).

tinello [-nèl-] *s.m.* **1** piccolo tino **2** stanza dove le famiglie signorili facevano mangiare i servitori **3** stanza attigua alla cucina, adibita a saletta da pranzo.

tingere [tìn-] *v.tr.* [pres. *io tingo, tu tingi ecc.*, pass.rem. *io tinsi, tu tingésti ecc.*; p.pass. *tinto*] **1** dare ad una cosa un colore diverso da quello che ha: *— una giacca di marrone; — i capelli, la barba.* SIN. *colorare* **2** macchiare, sporcare: *il carbone mi ha tinto il vestito* **3** (*lett.*) colorare: *il tramonto tingeva di rosso tutto l'occidente.*

tingitano *agg.* di Tangeri // *s.m.* abitante di Tangeri.

tinnire *v.intr.* [*io tinnisco, tu tinnisci ecc.*] tintinnare.

tinnulo [tìn-] *agg.* (*lett.*) squillante, tintinnante.

tino *s.m.* grande recipiente di legno a doghe che serve per la pigiatura dell'uva e la fermentazione del vino [*ill. Vino*].

tinozza [-nòz-] *s.f.* recipiente simile al tino ma più piccolo e più basso usato per raccogliere il mosto, per fare il bucato e il bagno.

tinta *s.f.* **1** materia con cui si tinge: *barattolo di —* **2** colore assunto da un oggetto tinto: *— vivace, pallida, rossa; — di una stoffa; mezze tinte*, né chiaro né scuro; *smorzare la —*, indebolirla **3** per estens., colore che acquistano naturalmente oggetti o parti del corpo umano: *— dei capelli, della carnagione; — di un fiore, del cielo* **4** (*fig.*) modo di considerare e di giudicare le cose: *vedere tutto a fosche tinte*, con pessimismo; *vedere le cose a rosee tinte*, con fiducia ottimistica.

tintarella [-rèl-] *s.f.* (*fam.*) abbronzatura.

tinteggiare *v.tr.* [*io tintéggio ecc.*] **1** dare la tinta a tratti e con colori diversi **2** dare il colore alle pareti.

tinteggiatura *s.f.* **1** atto, effetto e modo di tinteggiare **2** coloritura delle pareti interne o esterne di un edificio con colori sciolti in acqua.

tintinnare *v.intr.* emettere ripetutamente un breve suono argentino.

tintinnio [-ni-] *s.m.* un tintinnare prolungato.

tintinno *s.m.* atto del tintinnare.

tinto *agg.* ricoperto di tinta; colorato.

tintore [-tó-] *s.m.* [f. *-tóra*] chi provvede alla tintura di fibre tessili, tessuti, pelli o di articoli di abbigliamento.

tintoria [-ri-] *s.f.* **1** laboratorio, industria dove si tingono tessuti, pelli ecc. **2** tecnica del tingere.

tintura *s.f.* **1** atto, effetto e modo del tingere: *la — delle pelli* **2** sostanza che serve a tingere: *— per i capelli* **3** soluzione alcolica di sostanze medicinali, vegetali o minerali: *— di iodio.*

tiorba [tiòr-] *s.f.* strumento musicale a doppio ordine di corde, simile al liuto.

tipico [ti-] *agg.* [pl.m. *-ci*] **1** proprio di una determinata persona o cosa: *segni tipici; questa è una sua frase tipica.* SIN. *caratteristico* **2** che può servire da tipo, da caso caratteristico in un determinato genere; esemplare: *esempio —; è un — caso di artrite //* **-mente** *avv.* in modo caratteristico.

tipo *s.m.* **1** esemplare da cui si traggono copie: *i tipi delle monete* **2** carattere tipografico: *libro stampato per i tipi bodoniani*, edito da Bodoni **3** caso caratteristico di un determinato genere; esemplare; modello: *il — della bellezza; il vero — del professore; un nuovo — di automobile; frequenta persone del suo —*, simili a lui, che hanno la sua stessa qualità; *sul — di*, simile a **4** insieme di caratteristiche comuni agli individui di una razza o di una specie animale o vegetale: *— di ragazza nordica; — meridionale; — asiatico; esistono diversi tipi di vino* **5** persona originale, bizzarra: *ma guarda che —!; è un — strano.*

tipografia [-fi-] *s.f.* **1** procedimento di stampa con i caratteri in rilievo; per estens., arti grafiche **2** luogo in cui si stampa.

tipografico [-grà-] *agg.* [pl.m. *-ci*] **1** della tipografia: *stampa tipografica* [*ill. Stampa*]; *carattere —* **2** per estens., della stampa: *stabilimento —.*

tipografo [-pò-] *s.m.* **1** chi possiede una tipografia ed esercita l'arte della stampa **2** operaio che lavora in una tipografia.

tipologia [-gì-] *s.f.* studio della classificazione e della descrizione dei diversi tipi umani nelle loro caratteristiche fisiche e psichiche.

tipometro [-pò-] *s.m.* asta graduata che riporta le misure tipografiche per misurare i caratteri e la distanza fra essi.

tiptologia [-gì-] *s.f.* **1** linguaggio convenzionale usato dai carcerati e consistente in piccoli colpi battuti sul muro **2** arte di interpretare i colpi battuti da uno spirito sul tavolino durante le sedute spiritiche.

TIR [*franc.*; *Transports Internationaux Routiers*] *s.m.* convenzione internazionale che disciplina il trasporto di merci su strada; il sistema stesso di trasporto e, nel linguaggio corrente, il pesante automezzo che lo effettua: *guidare un —.*

tirabozze [-bòz-] *s.m.invar.* (*tip.*) macchina per stampare le bozze.

tiraggio [-ràg-] *s.m.* aspirazione di aria o gas entro un camino: *— naturale*, dovuto alla minor densità del gas entro il condotto del camino; *— forzato*, attivato con ventilatori.

tiralinee [-lì-] *s.m.invar.* strumento da disegno usato per tracciare linee in inchiostro.

tiranese [-né-] *agg.* di Tirana e di Tirano // *s.m.* e *f.* abitante di Tirana e di Tirano.

tiranneggiare *v.tr.* [*io tirannéggio ecc.*] governare, trattare con modi tirannici: — *i propri figli* // *v.intr.* governare, agire da tiranno: *tiranneggiò a lungo nel suo paese.*

tirannia [-nì-] *s.f.* **1** governo dispotico, dittatoriale; autorità crudele; atto, comportamento da prepotente: *ribellarsi alla — straniera; questa è una —* **2** (*fig.*) costrizione, necessità inevitabile: *la — del tempo.*

tirannicida *s.m.* e *f.* [pl.m. *-i*] chi uccide, chi ha ucciso un tiranno.

tirannicidio [-ci-] *s.m.* uccisione di un tiranno.

tirannico [-ràn-] *agg.* [pl.m. *-ci*] di, da tiranno: *regime —.* SIN. *dispotico.*

tirannide [-ràn-] *s.f.* **1** nell'antica Grecia, governo di un tiranno **2** governo dispotico e assoluto.

tiranno *s.m.* **1** nell'antica Grecia, chi concentrava nelle proprie mani tutti i poteri di una città libera, facendosene signore **2** chi usa del potere politico o della propria autorità in modo dispotico: *è un — nella sua azienda.* SIN. *oppressore* // *agg.* che è crudele, dispotico: *una passione tiranna.*

tirannosauro [-sàu-] *s.m.* dinosauro fossile americano del cretaceo caratterizzato da un grosso cranio.

tirante *s.m.* **1** nome generico di cose in metallo, cuoio o altro materiale, che, per trazione, tengono fermo o unite qlco.: — *di manovra; — del tamburo, degli stivali* **2** tiraggio / — *d'aria,* lo spazio aperto tra l'arco di un ponte, spec. fluviale, e la superficie dell'acqua.

tirapiedi [-piè-] *s.m.invar.* (*spreg.*) chi senza dignità serve altri secondandone i desideri.

tirapugni *s.m.invar.* rinforzo di ferro che, infilato nelle dita, rende micidiale il pugno.

tirare *v.tr.* **1** spostare con sforzo, trascinare in una direzione: *i cavalli tirano il carro; la calamita tira il ferro / — in lungo qlco.,* non farla sollecitamente, prolungarla nel tempo / — *in ballo,* introdurre nel discorso / *tirarsi dietro qlcn., qlco.,* trascinarlo (*fig.*); influenzarne il comportamento / *tirarsi indietro,* retrocedere; (*fig.*) sottrarsi a un impegno / *tirarsi addosso un castigo,* comportarsi in modo da procurarselo / — *via,* asportare; (*fig.*) fare senza cura, abborracciare / — *giù,* abbassare; (*fig.*) copiare in fretta / — *su,* sollevare: — *su di morale qlcu.,* consolarlo, rincuorarlo / *tirarsi su,* riprendere animo; ristabilirsi dopo una malattia / — *fuori,* estrarre; — *fuori una scusa,* addurla; — *fuori uno dai guai,* aiutarlo a liberarsene / — *un filo,* stenderlo / — *una linea,* tracciarla / — *le somme,* fare l'addizione; (*fig.*) concludere / — *gli orecchi a uno,* rimproverarlo / — *il gruppo,* nel ciclismo, mettersi in testa al gruppo ed imporgli l'andatura (anche *assol.*) **2** succhiare, aspirare: — *il fiato,* inspirare; (*fig.*) avere un temporaneo sollievo **3** scagliare, lanciare: — *un pugno, un sasso* / *assol.* sparare: — *alle anitre* / — *di scherma,* praticarla **4** (*tip.*) stampare: *di quel libro furono tirate ventimila copie* // *v.intr.* **1** tendere; avere propensione; mirare: — *al denaro, alla carriera* / — *a campare,* non prendersela, pensare ai propri interessi **2** del vento, spirare con forza: *tira la tramontana* / *tira vento di guai,* si avvicina un momento difficile **3** aspirare, lasciar passare l'aria o il fumo (si dice di camini, pipe ecc.) **4** con avv. di luogo, procedere: — *avanti,* andare avanti senza incertezze (anche *fig.*); vivere alla meno peggio / — *via,* affrettarsi, non indugiare.

tirata *s.f.* **1** il tirare una sola volta: *una — di capelli; una — d'orecchi,* (*fig.*) un rimprovero **2** ciò che si fa tutto di seguito: *sono andato da Milano a Parigi facendo tutta una —,* senza interrompere il viaggio **3** lungo discorso, spec. contro o in difesa di qlcu. o qlco.: *fece una — contro il direttore.*

tiratore [-tó-] *s.m.* [f. *-trice*] chi tira; spec. chi è abile nel tirare con armi da fuoco / — *scelto,* tiratore di particolare abilità; (*sport*) nel gioco del calcio, attaccante che segna molti goal / *franchi tiratori,* partigiani; per estens., parlamentari che, nelle votazioni segrete, votano contro il proprio partito.

tiratura *s.f.* **1** il tirare copie per mezzo della stampa **2** numero complessivo delle copie stampate: *giornale ad alta —.*

tirchieria [-rì-] *s.f.* l'essere tirchio; atto di persona tirchia. SIN. *taccagneria, avarizia, pitoccheria.*

tirchio [tìr-] *agg.* che è tirato nello spendere. SIN. *avaro, spilorcio, taccagno, pitocco.*

tirella [-rèl-] *s.f.* ciascuna delle strisce di cuoio che uniscono una traversa del carro con il pettorale del cavallo [*ill. Cavallo*].

tiretto [-rét-] *s.m.* (*antiq.*) cassetto.

tiritera [-tè-] *s.f.* discorso lungo e noioso, filastrocca.

tiro *s.m.* **1** il tirare un veicolo; anche, i cavalli che tirano la carrozza e la carrozza stessa tirata: *bestia da —; — a quattro* **2** il tirare con armi da getto, da fuoco ecc.; anche ogni singolo colpo: *un — corto, lungo / — a segno,* esercitazione di tiro al bersaglio con armi da fuoco; il luogo in cui si tengono queste esercitazioni / *a un — di schioppo,* alla distanza che può essere raggiunta da un tiro di schioppo / *essere a —,* essere a portata di mano / *venire a —,* capitare opportuno / *trovarsi a —,* a portata di mano **3** il tirare a un gioco; anche ogni singolo lancio: *un — di dadi, di palla di biliardo / giocare, fare un brutto — a qlcu.,* fargli di nascosto un danno, metterlo in una situazione difficile.

tirocinante *agg.* e *s.m.* e *f.* che, chi fa tirocinio; apprendista.

tirocinio [-cì-] *s.m.* addestramento delle reclute nell'esercito romano; per estens., addestramento pratico in una professione o in un mestiere.

tiroide [-ròi-] *s.f.* ghiandola a secrezione interna situata nella parte anteriore del collo.

tiroidectomia [-mì-] *s.f.* asportazione chirurgica della tiroide.

tiroideo [-dè-] *agg.* della tiroide.

tiroidina *s.f.* sostanza che si estrae dalla tiroide e si usa in medicina per curare alcune disfunzioni ghiandolari.

tirolese [-lé-] *agg.* del Tirolo / *cappello alla —,* cappello da uomo, di feltro o di velluto, con calotta alta e una penna sul dietro // *s.f.* danza e melodia popolare del Tirolo a tempo ternario e di movimento moderato.

tirso *s.m.* asta sormontata da un groviglio di pampini e di edera, che portavano i seguaci di Bacco [*ill. Fiore*].

tisana [-ʃa-] *s.f.* decotto, infuso di erbe medicinali.

tisi [-ʃi] *s.f.invar.* tubercolosi polmonare.

tisico [tìʃi-] *agg.* e *s.m.* [pl.m. *-ci*] che o chi è affetto da tisi.

tisiologia [-ʃiologì-] *s.f.* branca della medicina che riguarda lo studio e i sistemi di cura della tubercolosi, spec. polmonare.

tisiologo [-ʃiò-] *s.m.* [pl. *-gi*] medico specialista in tisiologia.

tissutale *agg.* (*biol.*) dei tessuti, che ha riferimento con i tessuti: *anomalia —.*

titanico [-tà-] *agg.* [pl.m. *-ci*] di, da titano; gigantesco, straordinario: *impresa titanica.*

titanio [-tà-] *s.m.* elemento chimico (Ti; *n.at.* 22; *p.at.* 47,9); metallo d'aspetto argenteo, splendente, duro, usato per leghe speciali, resistenti e leggere e per pigmenti.

titano *s.m.* persona di forza e di doti eccezionali, straordinariamente eccellente in un'arte ecc.: *sforzo da —; Beethoven, il — della musica.*

titillamento [-mén-] *s.m.* (*lett.*) il titillare.

titillare *v.tr.* (*lett.*) solleticare leggermente. SIN. *vellicare.*

titoismo [-ʃmo] *s.m.* la linea politica di non allineamento tra i due blocchi dominati da USA e URSS, praticata dal presidente comunista jugoslavo Tito [1892-1980].

titolare *agg.* e *s.m.* che o chi esercita un ufficio e ne ha il titolo per nomina stabile: *professore —* // *agg.* **1** si dice di ecclesiastico che ha il titolo senza averne l'ufficio: *vescovo —* **2** si dice di santo al cui nome si intitola una chiesa.

titolato *agg.* e *s.m.* che o chi ha un titolo nobiliare.

titolazione [-zió-] *s.f.* **1** il mettere i titoli; l'insieme dei titoli: *— del giornale* **2** (*chim.*) procedimento analitico inteso a determinare la quantità di una sostanza contenuta in una soluzione di volume noto.

titolista *s.m.* e *f.* [pl.m. *-i*] chi redige o prepara titoli, nell'editoria o nella tecnica audiovisiva.

titolo [ti-] *s.m.* **1** nome che si dà a un'opera per indicarne il soggetto; intestazione dei singoli capitoli di un libro **2** intestazione dei vari conti di un libro d'amministrazione: *— delle spese ordinarie* **3** appellativo che spetta a una persona per il suo grado, gli studi compiuti, l'attività che esercita o i meriti particolari; per estens., ogni documento che comprovi una determinata capacità e dia diritto a ricevere un determinato appellativo: *— di ingegnere, di avvocato; — di conte; non ha i titoli richiesti* **4** epiteto: *mi assalì con titoli ingiuriosi* **5** (*fig.*) motivo, diritto: *non hai alcun — alla mia riconoscenza; a che — mi chiedi ciò?* **6** *— di credito*, documento, carta che comprova un credito nei riguardi del debito pubblico o di enti privati **7** (*chim.*) la percentuale di una determinata sostanza in una soluzione / *— dell'oro*, proporzione dell'oro puro rispetto alla lega.

titubante *agg.* che si mostra incerto. SIN. *irresoluto, dubbioso, perplesso.*

titubanza *s.f.* l'essere titubante; atteggiamento di chi è titubante. SIN. *dubbio, incertezza, perplessità.*

titubare *v.intr.* [io *titubo* ecc.] essere, mostrarsi incerto, dubbioso. SIN. *esitare, dubitare, tentennare.*

tivù *s.f.invar.* (*fam.*) televisione, televisore.

tizianesco [-né-] *agg.* [pl.m. *-chi*] di Tiziano (1477 ca-1576); della scuola o della maniera di Tiziano / *biondo —*, colore biondo-fulvo usato dal Tiziano per i capelli femminili.

tizio [tì-] *s.m.* nome con cui si indica genericamente una persona o anche qlcu. a cui si attribuisce scarsa importanza: *è venuto un — a cercarti; un — qualsiasi.*

tizzo *s.m.* pezzo di legno o di carbone che sta bruciando.

tizzone [-zó-] *s.m.* grosso tizzo / *— d'inferno*, si dice di persona malvagia e scellerata.

tmesi [tmèʃi] *s.f.invar.* divisione in parole distinte delle parti di una parola composta; è frequente nelle lingue classiche e molto rara in italiano.

to' *inter.* [troncamento di *tògli*, imp. di *togliere*] (*fam.*) **1** si dice nel porgere qlco. o per chiamare il cane: *to', prendi!* **2** con valore esclamativo esprime meraviglia: *to', guarda chi si vede!*

toast [*ingl.*; *pr.* tóst] *s.m.* → **tosto**.

toboga [-bò-] *s.m.invar.* slitta piccola e molto maneggevole, costituita da un solo largo pattino.

toccare *v.tr.* [io *tócco, tu tócchi* ecc.] **1** accostare la mano o altra parte del corpo, avvicinare un oggetto a qlcu., a qlco. stabilendo un contatto, sfiorando, premendo: *chi tocca i fili muore; gli toccò la fronte con un dito; mi toccava il naso con un fuscello; — le corde di uno strumento*, farle vibrare; *— una reliquia*, come pratica religiosa; *toccar ferro*, per superstizione; (*fig.*) augurarsi che non si verifichino danni / *— con mano*, accertarsi della realtà di qlco.; (*fig.*) cercar prove sicure di una verità **2** spostare; manomettere; usare: *non toccate le mie cose; è vietato — la merce esposta; non ha toccato un libro in tutto questo tempo*, non ha letto, studiato / *non tocca cibo*, non mangia / *la libertà non si tocca*, (*fig.*) è irrinunciabile, la difenderemo **3** raggiungere: *è così alto che tocca il soffitto; — terra*, di nave, approdare; di velivolo, atterrare; di persona, posare i piedi sul terreno dopo un salto e simili / *— il cielo con un dito*, essere al massimo della felicità / *assol.* nella scherma, colpire l'avversario in un bersaglio valido: *l'ha toccato due volte* **4** essere a contatto con qlco., con qlco.: *il tavolo tocca il muro; eravamo così vicini da toccarci / assol.* raggiungere coi piedi il fondo stando in acqua e tenendo fuori la testa: *qui non si tocca più* **5** (*fig.*) dire, fare qlco. che provochi risentimento o turbamento: *non bisogna — i suoi figli; — qlcu. nei suoi interessi / — il cuore di qlcu.*, commuoverlo / *questo problema non mi tocca*, mi lascia indifferente / *— nel vivo qlcu.*, colpirlo in un punto debole, irritarlo // *v.intr.* **1** capitare, giungere in sorte: *gli è toccata una bella fortuna, una disgrazia; cosa mi tocca sentire!; mi tocca partire proprio oggi*, sono costretto **2** spettare: *il premio toccherebbe a lui; tocca a te giocare.*

toccasana *s.m.invar.* medicina efficacissima, quasi miracolosa (spec. *fig.*): *la lettura, per me, è un —.*

toccata *s.f.* **1** il toccare una volta **2** breve composizione musicale per strumenti a tastiera.

toccato *agg.* nella scherma, si dice dell'atleta colpito dal ferro dell'avversario / *— nel cervello*, si dice di persona stravagante.

tocco[1] [tóc-] *agg.* [pl.m. *-chi*] si dice di frutto un po' guasto o ammaccato o di persona stravagante, che non ha il cervello a posto: *una pera tocca; un ragazzo un po' — nel cervello* // *s.m.* **1** atto, effetto del toccare: *un — di cipria; con un — di bacchetta; dar gli ultimi tocchi a un lavoro*, completarlo, rifinirlo **2** impronta personale che caratterizza il modo di esprimersi di un artista: *quel pittore ha un — audace, inconfondibile; in questa descrizione c'è una grande sensibilità di —* **3** il modo di suonare uno strumento, a tasto o a corde, in cui alla pura tecnica si uniscono particolari doti naturali: *un pianista dal — leggerissimo, incisivo* **4** colpo secco; rintocco di campana: *diede un — alla porta; i tocchi dell'Angelus / è il —*, (*region.*) l'una dopo mezzogiorno.

tocco[2] [tòc-] *s.m.* [pl. *-chi*] **1** berretto tondo, senza tesa, usato dai magistrati, dagli avvocati, dai professori universitari quando indossano la toga **2** cappello da donna rotondo, rigido e senza tesa.

tocco[3] [tòc-] *s.m.* [pl. *-chi*] grosso pezzo, per lo più di carne: *un — di manzo / un — di ragazza*, robusta, prosperosa.

tocoferolo [-rò-] *s.m.* nome generico della vitamina E.

toeletta [-lét-] *s.f.* → **toletta**.

toga [tò-] *s.f.* **1** ampio e lungo mantello di lana bianca che gli antichi romani portavano sopra la tunica **2** lunga sopravveste nera indossata dai magistrati e dagli avvocati in giudizio e dai professori universitari in occasioni e cerimonie particolari.

togato *agg.* **1** che indossa la toga **2** (*fig.*) solenne, aulico: *discorso —*.

togliere [tò-] *v.tr.* [pres. *io* tòlgo, *tu* tògli, *egli* tòglie, *noi* togliamo, *voi* togliéte, *essi* tòlgono; fut. *io* toglierò (pop. o poet. *torrò*) *ecc.*; pass.rem. *io* tòlsi, *tu* togliésti *ecc.*; cong.pres. *io* tòlga, *noi* togliamo, *voi* togliate, *essi* tòlgano; cond.pres. *io* toglierèi (pop. o poet. *torrèi*) *ecc.*; p.pass. *tòlto*] **1** rimuovere, spostare: *— un libro dallo scaffale*, *un tegame dal fornello*, *un ostacolo dal passaggio* / *— di mezzo*, allontanare; uccidere / *togliersi dai piedi*, andarsene per non infastidire / *togliersi dai piedi qlcu.*, allontanarlo, mandarlo via. SIN. levare **2** privare di qlco.: *la guerra gli tolse il padre* / *— la vita a qlcu.*, ucciderlo / *togliersi la vita*, uccidersi / *— la parola a qlcu.*, privarlo della facoltà di parlare, p.e. in un'assemblea / *— il saluto a qlcu.*, non salutarlo più / *— l'onore*, disonorare / *— il rispetto*, non rispettare più **3** sottrarre, trar via in parte: *se da cinque togli due*, *resta tre*; *— un po' di vino dal fiasco*. SIN. levare. CONTR. aggiungere **4** (*ant. lett.*) prendere, trarre, citare: *ho tolto questo esempio da quel libro* **5** impedire, escludere, solo nella espressione «ciò non toglie che»: *anche se sono solo*, *ciò non toglie che sia felice*.

toglitorsoli [-tór-] *s.m.invar.* attrezzo di cucina che serve a togliere i torsoli da mele ecc. senza tagliarle.

toilette [*franc.*; *pr.* tualèt] *s.f.* **1** mobile con specchio e tutto l'occorrente per pettinarsi e truccarsi; lavabo **2** stanza da bagno; gabinetto **3** abito, acconciatura femminile molto elegante / *far —*, abbigliarsi.

tokay *s.m.invar.* varietà di vino bianco secco prodotto in Ungheria.

tolda [tòl-] *s.f.* (*ant.*) coperta della nave.

tolemaico [-mài-] *agg.* [pl.m. *-ci*] di Tolomeo, astronomo greco (138-180) / *sistema —*, quello che pone la Terra al centro del sistema solare.

toletta [-lét-] *s.f.* (*antiq.*) → **toilette**.

tollerabile [-rà-] *agg.* che si può tollerare: *caldo*, *offesa —*. SIN. sopportabile, passabile.

tollerante *agg.* e *s.m.* che o chi dimostra, denota tolleranza; che o chi si comporta con tolleranza: *un maestro —*; *un governo —*. SIN. indulgente, longanime. CONTR. intollerante.

tolleranza *s.f.* qualità per cui si permettono a sé e si accettano idee e atteggiamenti diversi dai propri. CONTR. intolleranza.

tollerare *v.tr.* [*io* tòllero *ecc.*] **1** accettare con rispetto e larghezza d'idee le opinioni, gli atteggiamenti, i comportamenti altrui, anche quando li si giudichi errati: *— le intemperanze dei giovani* **2** resistere senza danno a qlco.: *— il freddo*, *i cibi pesanti*. SIN. sopportare.

toluene [-luè-], **toluolo** *s.m.* idrocarburo usato come solvente e per preparare coloranti, tritolo ecc.

tomahawk [*ingl.*; *pr.* tòmahoc] *s.m.* ascia di guerra dei pellirosse: *disseppellire il —*, prepararsi alla guerra, scatenarla (anche *fig.*).

tomaia [-mà-] *s.f.*, **tomaio** [-mà-] *s.m.* la parte superiore della scarpa che copre il piede.

tomba [tòm-] *s.f.* **1** luogo di sepoltura di una salma: *— di famiglia*; *— umile*, *monumentale* / *muto come una —*, si dice di persona che sa conservare un segreto **2** (*fig.*) luogo angusto, buio, tetro: *quella casa è una —*.

tombale *agg.* della tomba: *pietra —*, che copre la tomba.

tombino *s.m.* (*pop.*) chiusino con pozzetto sottostante per convogliare l'acqua di scarico alla fognatura.

tombola¹ [tóm-] *s.f.* gioco di famiglia, e talvolta pubblico, fatto con delle cartelle su cui sono segnati dei numeri da 1 a 90, che vengono estratti a sorte; vince la cartella i cui numeri sono sorteggiati per primi.

tombola² [tóm-] *s.f.* (*fam.*) caduta: *fare una —*, cadere.

tombolare *v.intr.* [*io* tómbolo *ecc.*] (*fam.*) cadere.

tombolo [tóm-] *s.m.* **1** cordone sabbioso che unisce un'isola alla terraferma; serie di dune poste in prossimità dei delta fluviali **2** cuscino cilindrico che serve per eseguire un pizzo: *merletto al —*.

-tomia [-mì-] [dal gr. *tomìa = taglio*] seconda parte di termini medici che indica incisione, taglio chirurgico (*appendicectomia*, *laparatomia*).

tomino *s.m.* formaggio, preparato per lo più con latte di capra, che si conserva fermentato con pepe.

tomismo [-fmo] *s.m.* il sistema filosofico e teologico di san Tommaso d'Aquino (1225-1274), adottato come dottrina ufficiale dalla chiesa cattolica.

tomista *s.m.* e *f.* [pl.m. *-i*] seguace del tomismo.

tomistico [-mi-] *agg.* [pl.m. *-ci*] relativo al tomismo.

tomo [tò-] *s.m.* **1** ciascuna parte in cui è divisa un'opera a stampa **2** volume, libro: *un grosso —* **3** (*fig. fam.*) si dice di persona che ha qualche singolarità: *sei un bel —*, un tipo bizzarro.

tomografia [-fi-] *s.f.* tecnica che consente di eseguire la radiografia di un organo a strati diversi, quindi alla profondità che si desidera.

tomolo [tó-] *s.m.* unità di superficie agraria, in uso nell'Italia meridionale.

tom tom *s.m.invar.* tamburo di tipo militare, di solito in coppia o in serie, nelle orchestre moderne e nella batteria (*ill. Musicali*, *strumenti*).

tonaca [tò-] *s.f.* veste lunga fino ai piedi, cinta spesso alla vita con un cordone o una cintura, che portano i frati e le monache; anche la veste dei preti / *vestire*, *indossare la —*, farsi frate o monaca.

tonale *agg.* **1** (*mus.*) che si riferisce al tono, alla tonalità: *accordo —* **2** si dice di pittura basata sugli accordi coloristici, tendente ad armonizzare i toni per ottenere una fusione delle forme.

tonalità *s.f.invar.* **1** (*mus.*) l'insieme delle relazioni che sussistono tra i suoni **2** tono di colore, gradazione di tinta: *le pareti sono un verde di —* più scura.

tonante *agg.* che tuona (spec. *fig.*): *voce —*; *tonanti rimproveri*. SIN. rimbombante.

tonare *v.intr.* [pres. *io* tuòno *ecc.*; imperf. *io* tonavo *ecc.*; p.pass. *tonato*] **1** rimbombare: *il cannone tonava* **2** (*fig.*) parlare con veemenza contro qlcu.: *Cicerone tonò in senato contro Catilina //* *v.intr.impers.* prodursi il fragore del tuono: *tonò per tutto il pomeriggio / prov.: tanto tonò che piovve*, si dice di cose che hanno effetto dopo lunghi preparativi o dopo molta attesa.

tonchio [tón-] *s.m.* nome comune di diversi coleotteri la cui larva rode i semi delle leguminose.

tondeggiante *agg.* che ha forma rotonda, arrotondata.

tondello [-dèl-] *s.m.* **1** piccolo oggetto piatto di forma rotonda: *— di cartone* **2** disco metallico pronto per ricevere il conio o l'impronta di una moneta.

tondino **1** (*tecn.*) ferro trafilato di sezione circolare, usato nelle armature metalliche delle costruzioni in cemento armato **2** (*arch.*) → **astragalo**.

tondo [tón-] *agg.* rotondo: *viso —*; *luna tonda*, luna piena; *cifra tonda*, arrotondata; *cappello —*; *un mese —*, preciso / *gliel'ho detto chiaro e —*, in modo esplicito

// s.m. **1** (*tip.*) si dice del carattere latino con occhio diritto, contrapposto al carattere inclinato e corsivo **2** piatto rotondo.

toner [tò-] *s.m.invar.* (*tecn.*) rivelatore xerografico costituito da polvere cerosa, isolante, colorata, usato nelle fotocopiatrici.

tonfo [tón-] *s.m.* rumore sordo e cupo prodotto dalla caduta di un corpo, spec. in acqua: *cadde con un — sordo.*

tonica [tò-] *s.f.* prima nota di una scala musicale, su cui si costruisce una tonalità, e che dà il nome alla scala stessa.

tonico [tò-] *agg.* [pl.m. *-ci*] si dice di vocale o sillaba su cui cada l'accento di intensità, e dell'accento stesso *// s.m.* rimedio capace di stimolare l'attività organica; digestivo.

tonificare *v.tr.* [*io tonìfico, tu tonìfichi ecc.*] rinvigorire; fortificare.

tonnara *s.f.* particolare sistema di reti disposte in modo da costituire delle camere subacquee in cui vengono convogliati e poi uccisi i tonni.

tonnato solo nella locuz. *vitello tonnato,* vitello lessato e condito con tonno.

tonneau [*franc.; pr.* tonnó] *s.m.* manovra acrobatica di un aereo con la quale si compie una vite orizzontale.

tonneggio [-nég-] *s.m.* manovra consistente nello spostare una nave, in un porto, da un punto d'ormeggio a un altro, per mezzo di cavi: *cavi da —,* quelli usati a tale scopo.

tonnellaggio [-làg-] *s.m.* volume, in tonnellate di stazza lorda, di una nave mercantile; peso, in tonnellate, di una nave militare.

tonnellata *s.f.* misura di peso pari a mille chilogrammi */ — di stazza,* unità di misura del volume interno di una nave, pari a m^3 2,831.

tonno [tón-] *s.m.* grosso pesce di mare, dal corpo molto assottigliato posteriormente e con coda a forma di mezzaluna; le sue carni vengono consumate sia fresche sia conservate, spec. sott'olio (*fam.* Scombridi).

tono [tò-] *s.m.* **1** grado di elevazione o di abbassamento di un suono: *alzare il — della voce* **2** intonazione della voce; caratteristica stilistica di uno scritto: *— arrogante, imperioso, canzonatorio / — giornalistico di un saggio / darsi un —,* assumere un comportamento molto dignitoso e quasi superbo **3** unità di misura degli intervalli musicali: *tra re e mi c'è un —; esser fuori —,* stonare */ rispondere a —,* a proposito */ venire a —,* al momento opportuno **4** grado d'intensità di un colore: *in questo quadro prevalgono i toni cupi* **5** (*med.*) vigore dell'organismo */ — muscolare,* lieve tensione dei muscoli anche in stato di riposo */ essere, sentirsi in —,* star bene.

tonsilla *s.f.* ciascuna delle due glandole a forma di mandorla poste in fondo alla bocca in corrispondenza degli archi palatini [*ill. Bocca*].

tonsillectomia [-mi-] *s.f.* asportazione chirurgica delle tonsille.

tonsillite *s.f.* infiammazione delle tonsille.

tonsura *s.f.* **1** cerimonia sacra mediante la quale un laico diviene chierico; consiste nel taglio di alcune ciocche di capelli come segno di rinuncia al mondo **2** la chierica degli ecclesiastici.

tonto [tón-] *agg.* (*fam.*) stupido, sciocco; tardo a comprendere e ad agire: *fare il finto —,* fingere di non capire.

top *s.m.invar.* **1** il vertice (in senso *fig.*); il livello più alto: *il — aziendale,* l'altissima dirigenza *//* con valore di *agg.* in espressioni come *— secret,* segretissimo, segreto della massima importanza **2** indumento femminile di varia foggia, destinato alla parte del corpo sopra la cintura.

topaia [-pà-] *s.f.* **1** tana di topi **2** (*fig.*) casa misera, squallida e sporca.

topazio [-pà-] *s.m.* pietra preziosa di color giallo, trasparente; è un minerale formato da silicato di alluminio e ferro.

topica [tò-] *s.f.* parte della retorica antica volta alla ricerca degli argomenti atti a sostenere e dimostrare una tesi determinata.

topicida *s.m.* [pl. *-i*] veleno per i topi.

topico [tò-] *agg.* [pl.m. *-ci*] **1** della topica **2** si dice di medicamento che si applica esternamente sulla parte malata.

topinambur [-bùr] *s.m.invar.* pianta erbacea, affine al girasole, coltivata per i tuberi ricchi di amido, usati come alimento per l'uomo, come foraggio e per estrarne l'alcool (*fam.* Composite).

topless [tò-] *s.m.invar.* costume femminile, di solito da bagno o da sole, privo di top, quindi a seno scoperto.

topo [tò-] *s.m.* piccolo mammifero roditore con pelo corto e folto, generalmente grigio, zampe anteriori più corte delle posteriori, muso aguzzo e lunga coda coperta di squame (*fam.* Muridi) */ — d'albergo,* ladro che ruba negli alberghi */ — di biblioteca,* chi lavora tutto il giorno tra i libri */ far la fine del —,* finire in trappola; cadere vittima di un'insidia.

topo- [tò-] [dal gr. *tópos = luogo*] primo elemento compositivo di vocaboli dotti; significa genericamente «luogo» (*topografia, toponomastica*).

topografia [-fì-] *s.f.* **1** rappresentazione grafica sopra un piano di una determinata zona di terreno **2** la scienza che studia i procedimenti e i sistemi necessari a una tale rappresentazione.

topografico [-grà-] *agg.* [pl.m. *-ci*] relativo alla topografia: *rilievo —.*

topografo [-pò-] *s.m.* chi si occupa di topografia; chi esegue topografie.

topologia [-gi-] *s.f.* **1** studio delle caratteristiche del suolo e del paesaggio **2** (*gramm.*) studio dell'ordine delle parole in una proposizione **3** parte della geometria che studia le proprietà geometriche di un corpo in determinate condizioni.

topologico [-lò-] *agg.* [pl.m. *-ci*] di topologia; relativo alla collocazione spaziale.

toponimo [-pò-] *s.m.* nome proprio di luogo (p.e. di città, fiume, monte ecc.).

toponomastica [-mà-] *s.f.* **1** studio dell'origine e del significato dei nomi di luogo **2** l'insieme dei toponimi di una regione, di una città.

toponomastico [-mà-] *agg.* [pl.m. *-ci*] che concerne i toponimi, la toponomastica.

toporagno *s.m.* piccolo mammifero insettivoro simile a un topo, ma col muso più aguzzo e la coda pelosa (*fam.* Soricidi).

toppa [tòp-] *s.f.* **1** pezzo di cuoio o di stoffa con cui si ripara uno strappo o un buco negli abiti o nelle scarpe; (*fig.*) rimedio provvisorio */ mettere una — a qlco.,* porvi riparo, rimediarvi **2** buco della serratura **3** gioco d'azzardo fatto con tre carte.

torace *s.m.* (*anat.*) la parte del tronco compresa fra l'ultima costa e la radice del collo, nella quale sono contenuti i polmoni e il cuore [*ill. Corpo*].

toracentesi [-cèntefi] *s.f.invar.* operazione chirurgica con la quale si estrae un liquido dalla cavità pleurica.

toracico [-rà-] *agg.* [pl.m. -*ci*] del torace: *cavità toracica* [*ill. Corpo*].

torba [tòr-] *s.f.* carbon fossile spugnoso, povero di carbonio; rappresenta il primo stadio di carbonizzazione dei resti vegetali.

torbidezza [-déz-] *s.f.* l'essere torbido.

torbido [tór-] *agg.* **1** si dice di liquido privo di chiarezza, limpidezza e trasparenza: *acqua torbida* **2** (*fig.*) oscuro, poco sereno e poco onesto: *sguardo —; tempi torbidi,* inquieti ed agitati da discordie civili. CONTR. *limpido // s.m.* **1** situazione poco chiara, poco onesta / *pescare nel —,* cercare di trarre vantaggio da situazioni equivoche **2** *pl.* principi di rivolta; contrasti, tumulti: *la polizia non riuscì a sedare i torbidi.*

torbiera [-biè-] *s.f.* fondo di lago o di palude dove si accumulano ammassi vegetali che, decomponendosi, danno luogo alle torbe.

torcere [tòr-] *v.tr.* [pres. *io* tòrco, *tu* tòrci ecc.; pass.rem. *io* tòrsi, *tu* torcésti ecc.; p.pass. tòrto] **1** avvolgere qlco. intorno a sé stessa; avvolgere insieme più fili: *— i panni bagnati; — la lana,* sottoporla al processo di torcitura / *non — un capello,* non fare alcun male / *dare filo da —,* ostacolare, procurare noie, grattacapi **2** piegare, curvare: *— un ferro* **3** (*fig.*) allontanare, far deviare: *— qlcu. dal retto cammino // v.intr.* (*rar.*) cambiare direzione, voltare: *— a destra; la strada torce a sinistra // -*ersi *v.rifl.* contorcersi: *si torceva dalla risa, dal dolore.*

torchiare *v.tr.* [*io* tòrchio ecc.] **1** spremere con il torchio: *— l'uva, le olive* **2** (*fig.fam.*) sottoporre qlcu. a intense pressioni per ottenere informazioni, denaro o altro.

torchiatura *s.f.* atto, effetto del torchiare.

torchietto [-chiét-] *s.m.* piccolo torchio da stampa, spec. quello usato dai fotografi.

torchio [tòr-] *s.m.* macchina destinata a produrre una pressione graduale su corpi posti fra due piani, uno fisso, l'altro mobile: *— per l'uva* [*ill. Vino*]; *— per l'olio, per l'industria casearia; — per la stampa,* macchina primitiva per stampare, ora usata solo per lavori accessori / *essere sotto il —,* essere in corso di stampa; (*fig.*) detto di persona, essere sottoposto a un lavoro o a un interrogatorio pressante.

torcia [tòr-] *s.f.* [pl. -*ce*] **1** fiaccola formata da corde ritorte o da stoppa, imbevute di resina o altro: *— a vento,* la cui fiamma resiste al vento: *— elettrica,* lampada portatile con alimentazione a pile **2** cero, grossa candela usata nelle processioni.

torcicollo [-còl-] *s.m.invar.* **1** posizione viziata del collo dovuta a contrazioni o a lesioni anatomiche dei muscoli **2** piccolo uccello simile al picchio, con morbido piumaggio grigio striato di nero e collo mobile in tutti i sensi (*fam.* Picidi).

torciera [-ciè-] *s.f.* grosso candeliere per uno o più ceri.

torcitoio [-tó-] *s.m.* → **torcitrice.**

torcitore [-tó-] *s.m.* [f. -*trice*] operaio addetto alla torcitura dei filati.

torcitrice *s.f.* nell'industria tessile, macchina impiegata per l'operazione di torcitura.

torcitura *s.f.* (*ind. tessile*) operazione della filatura che serve a conferire al filato una maggior resistenza.

tordela [-dé-] *s.f.* grosso tordo, grigio sul dorso, bianco a macchie nere sul ventre, dal canto melodioso (*fam.* Tordidi).

tordo [tór-] *s.m.* genere di uccelli di media grandezza, commestibili, dal becco appuntito (*fam.* Tordidi).

toreador [*spagn.; pr.* toreadòr] *s.m.* torero.

torero [-rè-] *s.m.* colui che combatte il toro nella corrida.

toreutica [-rèu-] *s.f.* l'arte di lavorare il metallo mediante cesello o incisione.

torinese [-né-] *agg.* di Torino // *s.m.* e *f.* abitante di Torino.

torio [tò-] *s.m.* elemento chimico (Th; *n.at.* 90; *p.at.* 232,03); metallo radioattivo naturale, usato nelle reticelle ad incandescenza delle lampade a gas.

torlo [tór-] *s.m.* → **tuorlo.**

torma [tór-] *s.f.* **1** insieme di persone che vanno senza ordine: *si avvicinava una — di gente urlante.* SIN. *stuolo, schiera* **2** branco, spec. di animali grossi: *passano torme di cavalli.*

tormalina *s.f.* minerale di colore vario, dal giallo al verde, azzurro e nero e lucentezza vitrea, usato nelle qualità migliori come pietra preziosa.

tormenta [-mén-] *s.f.* bufera di neve o di vento, caratteristica dell'alta montagna.

tormentare *v.tr.* [*io* torménto ecc.] **1** dare, provocare tormenti. SIN. *torturare, straziare, martirizzare* **2** per estens., molestare, affliggere: *mi tormenta con le sue domande inutili.* SIN. *perseguitare // -*arsi *v.rifl.* affliggersi: *non ti tormentare, tutto finirà bene.* SIN. *struggersi.*

tormentato *agg.* che è soggetto a tormenti; che vive in uno stato d'inquietudine: *una vita tormentata; uno spirito —.*

tormento [-mén-] *s.m.* **1** dolore fisico violento e continuato: *morì fra crudeli tormenti.* SIN. *tortura, supplizio* **2** per estens., violento dolore morale: *i tormenti della gelosia.* SIN. *strazio, angoscia, patimento* **3** molestia, seccatura: *anche, persona molesta: è ancora qui, quel —!* **4** (*st.*) antica macchina da guerra per scagliare pietre.

tormentone [-tó-] *s.m.* (*region.*) persona o cosa noiosa, opprimente.

tormentoso [-tó-] *agg.* **1** che dà tormento: *un — mal di denti; un pensiero —.* SIN. *penoso, angoscioso* **2** molesto.

tornaconto [-cón-] *s.m.* l'interesse, l'utile personale: *pensare al proprio —.* SIN. *vantaggio, utilità.*

tornado *s.m.* (*spagn.*) violenta bufera che si forma, durante le stagioni calde, negli Stati Uniti, nella zona delle Montagne Rocciose.

tornante *s.m.* **1** ciascuna svolta molto stretta di una strada che si snoda a serpentina in montagna **2** *ala —,* (*sport*) giocatore di calcio che fa la spola fra il settore d'attacco e la zona centrale del campo [*ill. Calcio*].

tornare *v.intr.* [*io* tórno ecc.] **1** riportarsi nel luogo da cui si è partiti o ci si è allontanati: *torna al tuo posto; — in città, in ufficio, a casa, al lavoro,* dopo un'assenza / *— sulla retta via / — in sé,* riprendere conoscenza; (*fig.*) rinsavire / *— al punto di partenza,* ricominciare daccapo un lavoro; non fare alcun progresso / *— all'antico,* dar nuova vita a modi, usi, costumi, abitudini dei tempi passati / *— in vita,* risuscitare; recuperare le forze, le energie dopo una malattia, o una grave crisi spirituale / *— a galla,* riemergere (detto di persone o fatti già dimenticati o messi da parte); tornare a far parlare di sé / *— sulle proprie decisioni,* cambiare parere **2** andare, venire di nuovo: *oggi devo — in biblioteca; torni presto a trovarmi; è tornata l'estate,* è ricomparsa / *— a fare qlco.,* ripetere un'azione, riprendere un'attività / *— con la mente a qlcu., a qlco.,* rievocare cose passate; ripensare a qlco. / *— su un argomento,* rimetterlo in discussione, riprenderlo in esame **3** (*fig.*) ridiventare: *— pulito, bianco; — ricco, povero* **4** (*fig.fam.*) essere, riuscire; essere esatto, quadrare (detto di conto, di ragionamento): *mi torna utile, opportuno agire così*; *questi conti non tornano*; *il tuo discorso non mi torna*, non mi pare logico // v.tr. **1** (*lett.*) ricondurre, far tornare: — *i costumi all'antica semplicità* **2** (*ant.* e *poet.*) volgere: — *il viso*; — *il pianto in allegrezza*.

tornasole [-só-] *s.m.* (*chim.*) sostanza colorante vegetale usata come indicatore nelle analisi chimiche perché si colora in rosso in ambiente acido e in azzurro in ambiente basico o alcalino.

tornata *s.f.* **1** adunanza, seduta di un'assemblea, di un'accademia e simili **2** (*lett.*) il commiato, la stanza finale di una canzone **3** (*ant.*) ritorno.

tornatura *s.f.* unità di misura di superficie, di valore vario, usata in varie parti d'Italia prima dell'adozione del sistema metrico decimale.

torneare *v.intr.* [*io tornèo ecc.*] combattere in un torneo.

torneo [-nè-] *s.m.* **1** nel medioevo, spettacolo consistente in un combattimento di uomini a cavallo che si affrontavano a squadre o a coppie con armi spuntate o no; oggi, spettacolo che simula e rievoca questi combattimenti **2** in alcuni sport, serie di gare con eliminatore, tra squadre o singoli atleti e giocatori: *un — di tennis, di scacchi.*

tornese [-né-] *s.m.* antica moneta di modesto valore, coniata in diversi stati europei.

tornio [tór-] *s.m.* macchina utensile usata per dare al pezzo in lavorazione una forma tonda o tondeggiante, per praticarvi incavi, filettature e simili [*ill. Utensili*].

tornire *v.tr.* [*io tornisco, tu tornisci ecc.*] **1** lavorare un pezzo al tornio **2** (*fig.*) rifinire con accuratezza, rendere armonioso: — *una frase, dei versi.*

tornito *agg.* **1** lavorato al tornio; che sembra lavorato al tornio: *un vaso —*; *un braccio ben —* **2** (*fig.*) elaborato; rifinito con cura, in modo che risulti armonioso: *parole tornite; un verso —*.

tornitore [-tó-] *s.m.* [*f. -trice*] operaio che lavora al tornio.

tornitura *s.f.* l'operazione del tornire.

toro[1] [tò-] *s.m.* **1** il maschio non castrato dei bovini / *essere, sembrare un —*, (*fam.*) si dice di persona robusta e tarchiata. DIM. *torello* **2** *Toro*, (*astr.*) uno dei dodici segni dello zodiaco [*ill. Zodiaco*].

toro[2] [tò-] *s.m.* **1** (*geom.*) superficie generata dalla rotazione di una circonferenza intorno a una retta esterna che si trovi sullo stesso piano **2** nell'architettura classica, modanatura nel basamento della colonna.

torpedine [-pè-] *s.f.* **1** pesce cartilagineo dei fondi marini, con capo e torace fusi in un largo disco, coda corta e carnosa, pelle nuda; emette, per difesa, scariche elettriche **2** (*mil.*) arma subacquea a fondo costituita da una cassa metallica per lo più sferica contenente l'esplosivo che detona in seguito ad urto.

torpediniera [-niè-] *s.f.* piccola nave da guerra veloce, a scafo sottile di acciaio, destinata all'impiego del siluro.

torpedo [-pè-] *s.f. invar.* carrozzeria per automobile la cui linea è simile alla sagoma di un siluro.

torpedone [-dó-] *s.m.* (*antiq.*) pullman; autoveicolo per il trasporto di più persone, spec. impiegato per gite turistiche.

torpido [tòr-] *agg.* colpito da torpore; che è pigro e lento nel ragionare o nell'agire: *sentirsi un braccio —*; *una mente torpida.*

torpore [-pó-] *s.m.* **1** stato fisico caratterizzato dalla perdita della sensibilità in tutto il corpo o in una sua parte **2** (*fig.*) mancanza di vitalità, pigrizia mentale.

torr *s.m. invar.* (*fis.*) unità di misura di pressione pari alla pressione barometrica di un millimetro di mercurio.

torre [tór-] *s.f.* **1** costruzione di pianta circolare o poligonale, di altezza assai superiore a quella dell'edificio a cui è annessa come ornamento, fortificazione o luogo di osservazione: — *merlata*; — *campanaria*, il campanile / *è una — di Babele*, si dice di luogo in cui regna una grande confusione / *chiudersi in una — d'avorio*, appartarsi, spec. per dedicarsi ad attività intellettuali, ignorando il mondo circostante **2** nome generico di cose che hanno forma o struttura di torre: — *degli scacchi* [*ill. Scacchi*]. — *d'artiglieria*, sulle navi da guerra, soprastruttura corazzata che circonda e protegge i cannoni / — *di controllo*, in un aeroporto, costruzione in cui si trovano tutti gli apparati e il personale di controllo per l'assistenza al decollo, volo e atterraggio [*ill. Aeroporto*] / — *di lancio*, costruzione che serve per l'erezione e il lancio dei missili.

torrefare *v.tr.* [coniugato come *fare*] sottoporre al procedimento di torrefazione.

torrefazione [-zió-] *s.f.* **1** procedimento con cui una sostanza, sottoposta ad una elevata temperatura, viene disidratata: — *del caffè* **2** luogo in cui il caffè viene torrefatto o messo in vendita.

torreggiare *v.intr.* [*io torréggio ecc.*] elevarsi, sovrastare come una torre.

torrente [-rèn-] *s.m.* **1** breve corso d'acqua montano con forte pendenza e velocità e soggetto ad eccessi di magra e di piena **2** per estens., si dice di qlco. che scenda con impeto e abbondanza: *un — di lacrime / a torrenti*, in grande quantità.

torrentizio [-tì-] *agg.* di, da torrente: *corso d'acqua a carattere —.*

torrenziale *agg.* si dice di pioggia che cade abbondante ed impetuosa.

torretta [-rét-] *s.f.* **1** piccola torre di palazzi signorili, solitamente culminante a loggia o a terrazza **2** nome generico di cose che hanno forma o struttura di torre: — *dei sommergibili*, sovrastruttura al centro dello scafo in comunicazione con la camera di manovra / — *del carro armato*, complesso formato da un pezzo di artiglieria montato su affusto girevole e da un blindamento protettivo / — *della macchina da presa*, piastra porta-obiettivi, per lo più rotante.

torrido [tòr-] *agg.* che è molto caldo: *clima —* / *zona torrida*, la parte della superficie della Terra compresa tra i due tropici.

torrione [-rió-] *s.m.* **1** torre di limitata altezza e di solida costruzione, culminante per lo più con merlature **2** sulle grandi navi da guerra, sovrastruttura corazzata nella parte centroprodiera dello scafo contenente gli organi di comando e le centrali operative di combattimento.

torrone [-ró-] *s.m.* dolce alquanto duro a base di zucchero, miele, mandorle tostate, pistacchi o nocciole.

torsione [-sió-] *s.f.* il torcere, il torcersi.

torso [tór-] *s.m.* **1** parte del corpo umano compresa fra il collo e la cintura; busto, tronco **2** statua priva del capo e degli arti.

torsolo [tór-] *s.m.* **1** fusto di alcune piante erbacee privato delle foglie: — *di cavolo* **2** parte centrale di alcuni frutti, contenente i semi e non commestibile.

torta [tór-] *s.f.* nome generico di varie vivande, per lo più dolci, di forma rotonda e di una certa consistenza.

tortellino *s.m.* piccolo tortello ripieno di carne, formaggio e altri ingredienti; si mangia in brodo o asciutto.

tortello [-tèl-] *s.m.* **1** involucro di pasta sfoglia, a forma di mezzaluna, ripieno di vari ingredienti; si mangia in brodo o asciutto **2** dolce milanese a base di farina, burro e uova, che si frigge nell'olio; frittella.

tortiera [-tiè-] *s.f.* teglia per cuocere al forno le torte.

tortile [tòr-] *agg.* che è fatto a spirale: *colonna —*.

tortino *s.m.* vivanda, simile a una torta, a base di vegetali e latticini disposti a strati e cotti al forno.

torto[1] [tòr-] *agg.* piegato, deviato, attorcigliato: *filo — / andare con il collo —*, affettare compunzione // *s.m.* filato che ha subito il processo di torcitura.

torto[2] [tòr-] *s.m.* **1** ciò che è contrario al diritto, al giusto, al vero: *fare, ricevere un —*, un'ingiustizia; *avere dei torti verso qlcu.*, essersi comportato ingiustamente nei suoi riguardi / *questo gli fa —*, non è degno di lui **2** l'essere contrario al diritto, al giusto, al vero: *avere —*, non avere diritto di comportarsi in un determinato modo; *mettersi, passare dalla parte del —*, agire ingiustamente / *a —*, ingiustamente. CONTR. *ragione*.

tortora [tór-] *s.f.* uccello simile al piccione, ma più piccolo e snello, col piumaggio color nocciola chiaro (*fam.* Colombidi).

tortrici [tòr-] *s.f.pl.* comuni farfalline le cui larve danneggiano gli alberi da frutto, divorando boccioli, foglie, fiori, frutti ecc. (*fam.* Tortricidi).

tortuosità *s.f.invar.* l'essere tortuoso (anche *fig.*); curva: *— di percorso*. SIN. *sinuosità*.

tortuoso [-tuó-] *agg.* **1** che procede a curve: *un sentiero —*. SIN. *serpeggiante, sinuoso* **2** (*fig.*) troppo complicato; subdolo, ambiguo: *un ragionamento —*.

tortura *s.f.* **1** tormento corporale a cui si sottoponevano un tempo gli imputati per costringerli a confessare: *strumenti di —; mettere alla —*. SIN. *supplizio* **2** per estens., qualsiasi mezzo di coercizione per estorcere una confessione o per pura crudeltà; vessazione, sevizia **3** (*fig.*) grave sofferenza, afflizione; fastidio: *la — del mal di denti*.

torturare *v.tr.* **1** sottoporre alla tortura. SIN. *seviziare* **2** (*fig.*) tormentare, angustiare: *la torturava con la sua gelosia* // *-arsi* *v.rifl.* crucciarsi, affliggersi.

torvo [tór-] *agg.* che esprime malanimo, avversione, cattive intenzioni: *sguardo —*. SIN. *bieco*.

tosare [-ʃa-] *v.tr.* [*io tóso* ecc.] **1** tagliare la lana alle pecore e il pelo ai cani, cavalli e simili **2** per estens., tagliare pareggiando siepi, spalliere ecc. **3** (*scherz.*) tagliare i capelli alle persone, accorciandoli molto: *il tenente fece — tutte le reclute* **4** (*fig.*) spogliare con richieste economiche eccessive; pelare.

tosato [-ʃa-] *agg.* che è stato sottoposto a tosatura: *pecora tosata / moneta tosata*, tagliata in giro per asportarne una parte di metallo, a scopo di lucro.

tosatore [-ʃató-] *s.m.* [f. *-trice*] chi tosa.

tosatrice [-ʃa-] *s.f.* macchinetta per tosare pecore o altri animali.

tosatura [-ʃa-] *s.f.* **1** atto, effetto del tosare **2** la materia portata via tosando **3** (*scherz.*) taglio quasi totale di capelli: *per questi ragazzi ci vuole una buona —*.

toscaneggiare *v.intr.* [*io toscanéggio* ecc.] imitare, parlando e scrivendo, le caratteristiche regionali toscane.

toscanismo [-ʃmo-] *s.m.* vocabolo, locuzione, costrutto, propri del parlare toscano.

toscano *agg.* della Toscana // *s.m.* **1** abitante, nativo della Toscana **2** lingua parlata in Toscana **3** tipo di sigaro italiano fatto con tabacco forte.

tosco [tó-] *agg.* [pl.m. *-chi*] (*lett.*) toscano; usato spec. come primo elemento di aggettivi composti: *Appennino tosco-emiliano*.

tosse [tòs-] *s.f.* espirazione forzata e rumorosa provo-

cata da irritazione delle vie respiratorie per cui l'aria espulsa da esse tende a trascinare con sé il muco che vi è condensato: *un colpo di — / — convulsiva, canina, asinina*, pertosse.

tossicchiare *v.intr.* [*io tossicchio* ecc.] tossire leggermente e ripetutamente.

tossicità *s.f.invar.* proprietà di ciò che è tossico.

tossico [tòs-] *agg.* [pl.m. *-ci*] velenoso // *s.m.* veleno di sapore sgradevole / *è amaro come —*, molto amaro.

tossicodipendente [-dèn-] *s.m.* e *f.* chi, avvezzo a una droga, è biologicamente costretto a continuare a prenderla perché, non facendolo, subirebbe gravi disturbi (la cosiddetta crisi di astinenza).

tossicodipendenza [-dèn-] *s.f.* la condizione del tossicodipendente.

tossicologia [-gì-] *s.f.* branca della medicina che studia la natura e gli effetti delle sostanze velenose e dei loro antidoti.

tossicologo [-cò-] *s.m.* [pl. *-gi*] studioso di tossicologia.

tossicomane [-cò-] *s.m.* e *f.* chi è in preda alla tossicomania; tossicodipendente.

tossicomania [-nì-] *s.f.* uso abituale di sostanze stupefacenti o tossiche, di cui non si può più fare a meno; tossicodipendenza.

tossicosi [-còʃi] *s.f.invar.* (*med.*) stato di intossicazione dell'organismo.

tossina *s.f.* sostanza organica velenosa elaborata dai germi patogeni, da alcune piante e da certi animali.

tossinfezione [-zió-] *s.f.* infezione da germi che producono sostanze tossiche per l'organismo.

tossire *v.intr.* [*io tossisco* o *tósso, tu tossisci* o *tóssi* ecc.] avere un accesso di tosse o simulare di averlo: *il fumo mi fa —; — per avvertire qlcu.*

tostapane *s.m.invar.* apparecchio elettrico usato per abbrustolire le fette di pane.

tostare *v.tr.* [*io tòsto* ecc.] abbrustolire chicchi di caffè, di orzo ecc., o fette di pane.

tostatura *s.f.* atto, effetto del tostare.

tosto[1] [tò-] *avv. di tempo* subito, immediatamente: *uscirò —; te lo diremo — / ben —*, intensivo di *tosto* // *agg.* (*ant.*) veloce, rapido: *la sua risposta fu tosta / — che, appena: — che fui uscito, si mise a piovere*.

tosto[2] [tò-] *agg.* **1** (*rar.*) duro, sodo: *carne tosta / faccia tosta*, sfacciataggine, impertinenza **2** (*fam.*) forte, deciso; in gamba, capace.

tosto[3] [tò-] *s.m.* coppia di fette di pane abbrustolite, ripiene di formaggio, prosciutto, sottaceti e altro.

tot [tòt] *s.m.invar.* un numero imprecisato (in espressioni fam. o tecn.): *hanno stampato un — di moduli*.

totale *agg.* **1** che è completo, intero, assoluto: *silenzio —; sconfitta —* **2** che riguarda tutti gli aspetti della vita umana: *istituzioni totali*, quelle che assorbono completamente le persone, come il carcere, l'ospedale, il manicomio. // *s.m.* il risultato dell'addizione; somma.

totalità *s.f.invar.* l'insieme di tutte le persone o cose di cui si parla: *la — dei presenti approvò la proposta*.

totalitario [-tà-] *agg.* della totalità: *adesione totalitaria / stato —*, quello in cui tutto il potere è tenuto da un gruppo dominante che si assume ogni responsabilità ed esclude qualsiasi interferenza di altri gruppi.

totalitarismo [-ʃmo-] *s.m.* la dottrina che è alla base di un regime totalitario; la tendenza ad applicare i metodi caratteristici di uno stato totalitario.

totalizzare [-liʒʒa-] *v.tr.* raggiungere una determinata somma di risultati; spec. nello sport, raggiungere una certa somma di punti, di vittorie o di penalità.

totalizzatore [-liʒʒató-] *s.m.* **1** sistema di scommessa che prevede l'unificazione di singole puntate in un monte che viene poi diviso tra i vincitori; anche, il banco, l'ufficio in cui si fanno le scommesse **2** la parte di una macchina calcolatrice meccanica che esegue le somme.

totano [tò-] *s.m.* **1** nome comune di alcuni molluschi commestibili, simili al calamaro **2** uccello trampoliere di palude di color grigio-bruno e bianco (*fam.* Scolopacidi).

totem [tò-] *s.m.invar.* presso molti popoli primitivi, feticcio dal quale, per magica trasformazione, sarebbero derivati gli appartenenti a una tribù, che quindi si sentono legati tra loro da parentela.

totemico [-tè-] *agg.* [pl.m. *-ci*] del totem, che concerne il totem: *culto* —.

totemismo [-ʃmo] *s.m.* il culto del totem, e il complesso delle credenze e delle costumanze che da esso deriva.

totip [tò-] *s.m.* sistema di pubbliche scommesse sui risultati delle corse dei cavalli ®.

totocalcio [-càl-] *s.m.* sistema di pubblici pronostici sui risultati delle partite di calcio ®.

toto corde [*lat.*; *pr.* tòto còrde] espressione che significa «con tutto il cuore» e indica adesione cordiale, piena; usata a volte enfaticamente.

toupet [*franc.*; *pr.* tupé] *s.m.* parte di un'acconciatura formata da capelli posticci.

tour [*franc.*; *pr.* tur] *s.m.* giro, turistico o sportivo; in particolare, il giro ciclistico di Francia.

tour de force [*franc.*; *pr.* tur d' fòrs] *s.m.* prova di resistenza o di abilità, superiore alle prestazioni abituali; lunga faticata.

tournée [*franc.*; *pr.* turné] *s.f.* insieme di spettacoli o di gare, compiuti da un artista, da una compagnia o da una squadra sportiva in diverse città situate lungo un itinerario stabilito.

tourniquet [*franc.*; *pr.* turniché] *s.m.* tratto di strada in salita e in curva strettissima; tornante: *una strada in salita e tutta a* —.

tovaglia [-và-] *s.f.* tessuto che si stende sulla tavola per apparecchiare: — *ricamata*; — *di lino*.

tovagliolo [-gliò-] *s.m.* tessuto quadrangolare di piccole dimensioni, per pulirsi la bocca e proteggere il vestito da eventuali macchie.

tozzo[1] [tòz-] *agg.* grosso e largo in modo eccessivo rispetto all'altezza: *uomo* —; *edificio* —.

tozzo[2] [tòz-] *s.m.* pezzo di pane raffermo: *gettare un* — *al cane*; *elemosinare un* — *di pane*.

tra *prep.* [si unisce direttamente ai nomi, ma con i pron. pers. si può costruire con la prep. *di*: *tra valli e monti*; *tra noi* o *tra di noi*) serve a formare alcuni complementi (sintagmi preposizionali); equivale a *fra*, e la scelta è di solito determinata da ragioni di suono nei singoli contesti **1** compl. di luogo: *tra due monti*; *tra il colle e il fiume* **2** compl. di tempo: *verrò tra due giorni* **3** compl. partitivo: *uno tra molti*; *qlcu. tra di voi* **4** esprime la relazione che può indicare compagnia, contrasto, solidarietà, reciprocità ecc.: *passai la festa tra gli amici*; *la guerra tra due popoli*; *l'alleanza tra due nazioni*.

tra- [dal lat. *trans* = *al di là*, *attraverso*] prefisso che significa «oltre, al di là» e indica quindi passaggio da una cosa a un'altra o attraverso qualcosa (*trascrivere*, *traforare*); in altri casi significa «in mezzo, fra» (*trascegliere*).

trabaccolo [-bàc-] *s.m.* piccolo bastimento da pesca o trasporto, con due alberi a vela.

traballamento [-mén-] *s.m.* il traballare.

traballare *v.intr.* barcollare, non stare in equilibrio: *traballò e cadde.* SIN. *vacillare.*

traballio [-lì-] *s.m.* il traballare a lungo e continuo.

trabalzare *v.intr.* cadere sbalzando.

trabalzone [-zó-] *s.m.* forte scossa di persona o cosa, nel trabalzare.

trabeazione [-zió-] *s.f.* (*arch.*) il complesso dell'architrave, del fregio e della cornice [*ill. Architettura*].

trabiccolo [-bic-] *s.m.* **1** insieme di stecche di legno a forma di cupola, entro cui si pone uno scaldino, usato per asciugare biancheria e simili o per scaldare il letto **2** (*scherz.*) oggetto vecchio, malfermo e sconnesso.

traboccare *v.intr.* [*io trabócco, tu trabócchi ecc.*] uscire dai bordi di un recipiente (detto di liquido); versare un liquido dai bordi, detto di recipiente troppo colmo (anche *fig.*): *l'acqua trabocca dal vaso*; *la pentola trabocca*; *la città traboccava di immigrati.* SIN. *rigurgitare.*

trabocchetto [-chét-] *s.m.* **1** dispositivo consistente in un pavimento mobile che cede, di solito a comando, facendo precipitare chi vi sta sopra **2** (*fig.*) insidia, tranello: *tendere un* — *a qlcu.*, attirarlo in un'insidia.

trabucco *s.m.* [pl. *-chi*] antica misura di lunghezza piemontese e lombarda usata prima del sistema metrico decimale e con valore oscillante da luogo a luogo.

tracagnotto [-gnòt-] *s.m.* si dice di persona bassa e tarchiata.

tracannare *v.tr.* bere avidamente: — *un bicchiere di vino.*

traccheggiare *v.intr.* [*io tracchéggio, ecc.*] temporeggiare, tergiversare.

traccia [tràc-] *s.f.* [pl. *-ce*] **1** impronta lasciata sul terreno; pesta; *le tracce dell'automobile*; *le tracce della lepre.* SIN. *segno, orma* **2** (*fig.*) ricordo, testimonianza, vestigio: *è rimasta* — *dell'antico castello*; *le tracce dell'antica civiltà.* SIN. *indizio* **3** abbozzo, sommario di un lavoro. SIN. *schema.*

tracciamento [-mén-] *s.m.* l'operazione del tracciare, come fase di lavoro.

tracciante *agg.* e *s.m.* si dice di proiettili che materializzano la traiettoria percorsa con una scia di fumo o una viva luce.

tracciare *v.tr.* [*io tràccio ecc.*] **1** segnare una traccia per l'esecuzione di un lavoro e simili: — *una strada*; — *il percorso di una gara* **2** disegnare: — *una linea* **3** descrivere in modo sintetico: — *uno schema.*

tracciato *s.m.* (*edil.*) l'insieme dei segni o picchetti che delimitano una parte di terreno su cui si farà una strada, un edificio, uno scavo e simili: *il* — *dell'autostrada.*

tracciatore [-tó-] *s.m.* [f. *-trice*] nelle lavorazioni meccaniche, operaio addetto alla tracciatura.

tracciatura *s.f.* **1** atto, effetto del tracciare **2** operazione che serve a segnare sulla superficie di un materiale il grezzo le tracce per il taglio e la lavorazione.

trachea [-chè-] *s.f.* parte dell'apparato respiratorio, a forma di tubo, costituita da una serie di anelli cartilaginei, compresa fra laringe e origine dei bronchi e posta davanti all'esofago [*ill. Respiratorio, apparato*].

tracheale *agg.* della trachea.

tracheite *s.f.* infiammazione della trachea.

tracheotomia [-mì-] *s.f.* operazione chirurgica che consiste nel taglio della trachea.

trachite *s.f.* (*geol.*) roccia di colore grigio e di composizione simile a quella della sienite.

tracimare *v.intr.* superare gli argini o gli sbarramenti, traboccare (detto di corsi d'acqua o di bacini idrografici): *in seguito alle abbondanti piogge, il fiume ha tracimato.*

tracimazione [-zió-] *s.f.* il tracimare.

tracolla [-còl-] *s.f.* lunga striscia di cuoio che si porta attraverso la spalla e che regge per lo più una borsa o altro / *portare il fucile a —*, sostenuto da una cinghia che dalla spalla sinistra scende sotto il braccio destro.

tracollare *v.intr.* [*io tracòllo ecc.*] pendere di lato, perdere l'equilibrio: *la bilancia tracolla.*

tracollo [-còl-] *s.m.* **1** il tracollare **2** (*fig.*) crollare in senso fisico o morale: *dopo la disgrazia ebbe un vero — un —.*

tracoma [-cò-] *s.m.* [pl. *-i*] (*med.*) congiuntivite virale caratterizzata dalla presenza di granulazioni sulle palpebre.

tracomatoso [-tó-] *agg.* affetto da tracoma.

tracotante *agg.* si dice di chi manifesta prepotenza e presunzione. SIN. *arrogante.*

tracotanza *s.f.* l'essere tracotante. SIN. *arroganza, insolenza.*

trade-union [*ingl.*; *pr.* treid-iùnion] *s.f.* sindacato, associazione inglese di lavoratori.

tradimento [-mén-] *s.m.* il tradire / *alto —*, (*dir.*) delitto contro lo stato o le persone che lo rappresentano / *a —*, per mezzo d'inganno e, per estens., improvvisamente, senza che si potesse prevedere: *gli fece una domanda a — / mangiare il pane a —*, senza guadagnarselo.

tradire *v.tr.* [*io tradìsco, tu tradìsci ecc.*] **1** venir meno alla fede data a qlcu.: *— la patria, l'amico, il marito / un vino che tradisce*, un vino che ubriaca senza che ci si accorga / *— un autore*, tradurre, interpretare male un autore **2** rivelare: *— un segreto, una confidenza* **3** manifestare involontariamente: *quel gesto tradì il suo stato d'animo //* **-irsi** *v.rifl.pron.* manifestare involontariamente il proprio animo: *con una parola si tradì.*

traditore [-tó-] *agg.* e *s.m.* [f. *-trice*; rar. *-tora*] che o chi tradisce.

tradizionale *agg.* della tradizione, che è secondo la tradizione: *una cerimonia —.*

tradizionalismo [-fmo] *s.m.* atteggiamento, modo di vita di chi è attaccato alla tradizione.

tradizionalista *s.m.* e *f.* [pl.m. *-i*] chi segue per gusti e orientamenti, la tradizione.

tradizionalistico [-lì-] *agg.* [pl.m. *-ci*] del tradizionalismo, dei tradizionalisti.

tradizione [-zió-] *s.f.* **1** la trasmissione, di generazione in generazione, di qualsiasi elemento della vita e della cultura di un popolo (leggi, notizie, costumi ecc.), spec. attraverso l'insegnamento orale anziché mediante documenti scritti: *non tutto ciò che la — insegna è vero* **2** ciascuna delle notizie o usanze così trasmesse: *questo rito è un'antica —* **3** (*teol.*) l'insieme delle verità di fede rivelate, trasmesse non mediante la Bibbia, ma oralmente **4** (*dir.*) la consegna di un bene mobile o immobile.

tradotta [-dót-] *s.f.* convoglio ferroviario riservato al trasporto di militari.

traducibile [-cì-] *agg.* che si può tradurre.

tradurre *v.tr.* [pres. *io traduco, tu traduci ecc.*; pass.rem. *io tradussi, tu traducésti ecc.*; p.pass. *tradòtto*] **1** trasportare, dire in altra lingua: *— una lettera dal francese in italiano*; *— Cesare, Cicerone, i loro testi*; *— a senso, alla lettera / — in parole chiare, in parole povere*, spiegare, ripetere qlco. con chiarezza, alla buona / *— un'idea sulla tela*, realizzarla in un'opera di pittura / *— in atto*, mettere in atto, eseguire qlco. **2** condurre, trascinare: *fu tradotto davanti al magistrato; — alle carceri.*

traduttore [-tó-] *s.m.* [f. *-trice*] **1** chi traduce; chi ha fatto una traduzione: *un buon —* **2** piccolo libro con la traduzione di un testo classico, solitamente consultato dagli studenti: *ha copiato dal —.*

traduzione [-zió-] *s.f.* **1** il tradurre; testo tradotto: *si dedica alla — di un classico inglese; questa è una buona — di Shakespeare* **2** nel linguaggio burocratico, il trasporto dei detenuti da un carcere all'altro.

traente [-èn-] *agg.* che tira: *cavo — // s.m.* chi emette una tratta nei confronti di un suo debitore.

trafelato *agg.* affannato, ansante: *arrivò tutto —.*

trafficante *s.m.* mercante; (*spreg.*) chi esercita traffici senza correttezza, mirando al guadagno: *— di avorio / quell'uomo è un vero —*, un imbroglione.

trafficare *v.intr.* [*io tràffico, tu tràffichi ecc.*] **1** commerciare in qlco.: *traffica in vini* **2** darsi da fare, affaccendarsi: *traffica tutto il giorno per casa.*

traffichino *s.m.* chi fa continuamente piccoli traffici, intrighi, imbrogli.

traffico [tràf-] *s.m.* [pl. *-ci* o *-chi*] **1** il trafficare, spec. illecitamente: *un — clandestino di diamanti* **2** il movimento dei veicoli e dei pedoni in una città o in una strada: *a Roma il — è molto intenso.*

trafiggere [-fìg-] *v.tr.* (coniugato come *figgere*) passare da parte a parte, trapassare, ferire gravemente: *i congiurati trafissero Cesare coi pugnali / quelle parole gli trafissero il cuore*, lo addolorarono grandemente.

trafila *s.f.* **1** serie di operazioni da compiere o prove e difficoltà da superare per raggiungere un determinato scopo: *la pratica deve passare per tutta la — dei vari uffici* **2** → **filiera 1** e **3**.

trafilare *v.tr.* (*tecn.*) ridurre in fili un materiale facendolo passare per la trafila.

trafilato *s.m.* (*tecn.*) manufatto prodotto per trafilatura.

trafilatrice *s.f.* macchina per trafilatura.

trafiletto [-lét-] *s.m.* (*giorn.*) notizia o commento breve ma pubblicato con notevole rilievo tipografico.

trafitta *s.f.* ferita prodotta trafiggendo; fitta.

trafittura *s.f.* atto, effetto del trafiggere; fitta.

traforare *v.tr.* [*io tràforo ecc.*] **1** forare da parte a parte; fare in qlco. un buco profondo: *— una tavola per introdurvi un piolo*; *— una roccia* **2** lavorare a traforo.

traforato *agg.* lavorato a fori: *un ricamo —.*

traforo [-fó-] *s.m.* **1** atto, effetto del traforare; galleria scavata attraverso una montagna: *il — del monte Bianco* **2** l'arte di traforare secondo un disegno la stoffa per farvi un ricamo, oppure il legno, l'avorio e altri materiali per scopi decorativi.

trafugamento [-mén-] *s.m.* il trafugare.

trafugare *v.tr.* [*io trafugo, tu trafughi ecc.*] portare via di nascosto; sottrarre furtivamente: *hanno trafugato oggetti di valore da quell'appartamento.* SIN. *rubare.*

tragedia [-gè-] *s.f.* **1** componimento drammatico che in tono solenne narra i casi di personaggi importanti, con conclusione dolorosa e funesta **2** avvenimento tragico, luttuoso: *è accaduta una — / far tragedie*, (*iron.*) avere reazioni esagerate per piccoli contrattempi.

tragediografo [-diò-] *s.m.* autore di tragedie.

traghettare *v.tr.* [*io traghétto ecc.*] trasportare da una sponda all'altra con una barca; traversare in barca: *— due passeggeri*; *— il Po.*

traghetto [-ghét-] *s.m.* **1** il traghettare; passaggio con una barca da una sponda all'altra; il punto della riva in cui inizia e quello in cui termina tale passaggio **2** imbarcazione che serve a traghettare.

tragicità *s.f.invar.* l'essere tragico; carattere tragico.

tragico [trà-] *agg.* [pl.m. *-ci*] **1** di, della tragedia: *attore —*; *lo stile —* **2** (*fig.*) luttuoso, triste, doloroso: *una si-*

tuazione tragica / prendere qlco. in —, preoccuparsi eccessivamente, dare in smanie, considerando drammatico un fatto che in realtà non lo è // *s.m.* **1** autore di tragedie ; anche, attore che recita tragedie: *i tragici greci* **2** ciò che è tragico: *il — di una situazione* // **-mente** *avv.* secondo lo stile tragico; in modo luttuoso, doloroso; in circostanze tragiche: *trattare — un argomento*; *l'episodio si è concluso —*; *è morto —*.

tragicomico [-cò-] *agg.* [pl.m. *-ci*] **1** di, della tragicommedia **2** *(fig.)* si dice di ciò che ha insieme aspetto comico e tragico: *è una situazione tragicomica*.

tragicommedia [-mè-] *s.f.* **1** componimento drammatico in cui a vicende gravi e dolorose fanno contrasto elementi comici **2** *(fig.)* avvenimento tragico e comico insieme: *è stata una vera —!*

tragittare *v.tr.* *(lett.)* traghettare.

tragitto *s.m.* il percorso compreso tra il luogo di partenza e il luogo di arrivo: *durante il —*; *il — non è lungo.* SIN. *cammino.*

traguardo *s.m.* **1** *(sport)* il punto di arrivo di una competizione; la linea o il segno convenzionale che indica il punto di arrivo: *i corridori sono arrivati insieme al —* **2** *(fig.)* ciò a cui si tende, che si considera un punto d'arrivo: *il — degli esami.*

traiettoria [-tò-] *s.f.* linea descritta nello spazio da un punto mobile: *la — di un missile.*

trainare *v.tr.* [io tràino ecc.] tirare con fatica un carico; rimorchiare: *un carro trainato da buoi.* SIN. *trascinare.*

trainer [*ingl.; pr.* tréina] *s.m.* *(sport)* allenatore.

training [*ingl.; pr.* trèinin] *s.m.* allenamento; nell'organizzazione aziendale, addestramento a compiti specifici // *s.f.pl.* scarpe da allenamento.

traino [trài-] *s.m.* l'atto del trainare; ciò che viene trainato.

trait d'union [*franc.; pr.* trè d'ùnion] *s.m.* **1** trattino grafico che si pone tra due parole che formino una stretta unità concettuale (p.e. *vagone-ristorante*) **2** *(fig.)* cosa o persona che serve da collegamento, che mette in contatto: *era il — tra i banditi in carcere e quelli in libertà.*

tralasciare *v.tr.* [io tralàscio ecc.] lasciare da parte; lasciare a mezzo; omettere: *ho tralasciato gli studi per lavorare*; *ho tralasciato alcuni particolari.*

tralcio [tràl-] *s.m.* ramo verde della vite e di altre piante rampicanti.

traliccio [-lìc-] *s.m.* **1** tipo di tessuto rozzo e robusto usato per coprire materassi, cuscini e simili **2** struttura di sostegno o di copertura costituita da aste, di metallo o di materiali diversi, unite in modo da costituire un reticolato: *i tralicci delle linee elettriche.*

tralice solo nella locuz.avv. *in tralice*, obliquamente, di sbieco: *guardare in —*, di sottecchi; *(fig.)* con ostilità.

tralignamento [-mén-] *s.m.* atto, effetto del tralignare. SIN. *degenerazione.*

tralignare *v.intr.* perdere le qualità, fisiche o morali, caratteristiche della propria razza o dei propri ascendenti. SIN. *degenerare.*

tralucere [-lù-] *v.intr.dif.* [coniugato come *lucere*] **1** mandar luce, risplendere attraverso un corpo trasparente, una fessura ecc.: *attraverso la tenda traluce un lume* **2** *(fig.)* trasparire, esprimersi: *la felicità ti traluce dagli occhi.*

tram *s.m.invar.* veicolo di forma allungata, azionato elettricamente su rotaie, è usato per trasporto pubblico di persone nelle città.

trama *s.f.* **1** il filo, il complesso dei fili che, intrecciato

perpendicolarmente con l'ordito, forma il tessuto **2** *(fig.)* macchinazione, intrigo teso ai danni di qlcu.: *ordire, scoprire una — / le trame nere*, quelle ordite da fascisti per mettere in crisi la democrazia **3** *(fig.)* l'insieme delle vicende, dei fatti che si svolgono in un romanzo, in un lavoro teatrale o in un film: *quel libro ha una — avvincente.* SIN. *intreccio.*

tramaglio [-mà-] *s.m.* sorta di rete da pesca formata da tre teli sovrapposti, mantenuti verticali.

tramandare *v.tr.* trasmettere di generazione in generazione notizie, idee, usi e costumi: *— la propria fama ai posteri.*

tramare *v.tr.* **1** *(rar.)* intrecciare la trama con l'ordito **2** *(fig.)* tessere inganni, congiure, insidie (spec. *assol.*): *— nell'ombra.*

trambusto *s.m.* agitazione disordinata; confusione rumorosa prodotta da un continuo muoversi di cose e persone: *in quel — non si riusciva assolutamente a parlare.* SIN. *subbuglio, parapiglia.*

tramenare *v.tr.* [io tраméno ecc.] spostare oggetti in qua e in là, facendo rumore e creando confusione (anche *assol.*): *sta tramenando nel suo ufficio.*

tramenio [-nì-] *s.m.* **1** il tramenare, l'affaccendarsi spostando oggetti: *con gli imbianchini in casa c'è un gran — / un — di persone*, un andirivieni disordinato **2** il rumore di cose spostate di continuo: *un — di seggiole.*

tramestare *v.intr.* [io traméstо ecc.] rimescolare // *v. intr.* muoversi in modo rumoroso; far disordine.

tramestio [-stì-] *s.m.* il tramestare; il muoversi rumoroso e disordinato di persone o di cose.

tramezzare [-mezza-] *v.tr.* [io tramèzzo ecc.] **1** dividere con un tramezzo: *— un locale* **2** mettere qlco. tra due altre.

tramezzino [-mezzi-] *s.m.* coppia di fette di pane imbottita con vari ingredienti.

tramezzo [-mèzzo] *s.m.* sottile parete, in legno o muratura, che divide in due parti un locale.

tramite [trà-] *s.m.* passaggio / *far da —*, da intermediario / *— qlco., qlcu.*, per mezzo di qlco, qlcu.: *diffondere una notizia — la radio.*

tramoggia [-mòg-] *s.f.* [pl. *-ge*] cassone a pareti inclinate con un'apertura sul fondo, impiegato per travasare o scaricare materiali: *— del mulino*, quella che serve per immettere il frumento nella macina; *— del seme*, nelle macchine seminatrici, parte che serve per la distribuzione dei semi [ill. Agricoltura]; *— della draga*, parte che serve allo scarico del materiale aspirato dalle pompe.

tramontana *s.f.* vento freddo e secco che spira dal nord; per estens., il Nord: *ieri c'era —*; *una finestra che guarda a — / perdere la —*, non saper più che cosa fare in una situazione difficile.

tramontare *v.intr.* [io tramónto ecc.] **1** degli astri, scendere sotto l'orizzonte, scomparendo alla nostra vista: *d'estate il sole tramonta più tardi* **2** *(fig.)* finire, venir meno: *questa moda è tramontata*; *la sua notorietà tramonterà presto.* SIN. *declinare.*

tramonto [-món-] *s.m.* **1** il calare degli astri sotto l'orizzonte; da solo, il vocabolo indica il tramontare del Sole: *l'ora del —* **2** l'insieme dei fenomeni luminosi e di colore che accadono al tramontare del Sole: *ho visto un — magnifico* **3** *(fig.)* il declinare, il venir meno di qlco.: *il — di una civiltà / quell'attore è al —*, non ha più la capacità e la notorietà di un tempo.

tramortire *v.tr.* [io tramortisco, tu tramortisci ecc.] colpire qlcu. con forza, lasciandolo come morto: *lo tramortì*

con un pugno // *v.intr.* cadere come morto (anche *fig.*): — *per lo spavento.*

trampolieri [-liè-] *s.m.pl.* ordine della vecchia classificazione degli uccelli comprendente specie di grandi e medie dimensioni, caratteristiche dei luoghi paludosi; sono generalmente forniti di zampe, collo e becco lunghi e sottili (p.e. cicogna, gru, airone).

trampolino *s.m.* costruzione a impalcatura o a mensola usata per i tuffi, o per il salto con gli sci / *servir da — a qlcu.*, (*fig.*) aiutarlo a fare carriera.

trampolo [tràm-] *s.m.* spec. *pl.* ciascuno dei due lunghi bastoni con una mensoletta ad una certa altezza, con cui è possibile camminare; si usano per passare acquitrini, o per travestimento nelle mascherate.

tramutare *v.tr.* mutare, trasformare: *quella notizia tramutò in gioia il suo dolore.*

trance [*ingl.*; *pr.* trans] *s.f.* stato ipnotico caratterizzato da perdita più o meno completa della coscienza; in esso cadono i *medium* nelle sedute spiritiche / *essere in —*, (*scherz.*) essere distratto, chiuso nei propri pensieri.

tranche [*franc.*; *pr.* transc'] *s.f.* quota, parte, spec. di denaro o di lavoro / — *de vie*, brano di vita vissuta, descritto in un racconto, in un'illustrazione o altro.

trancia [tràn-] *s.f.* [*pl.* -ce] (*mecc.*) macchina utensile a cesoia usata nelle lavorazioni meccaniche.

tranciare *v.tr.* [*io tràncio ecc.*] tagliare con la trancia.

tranciatore [-tó-] *s.m.* [f. -trice] operaio addetto alle operazioni di tranciatura.

tranciatura *s.f.* operazione del tranciare.

tranello [-nèl-] *s.m.* insidia maligna. SIN. *trappola.*

tranguiare *v.intr.* [*io trangùgio ecc.*] **1** mandare giù, inghiottire rapidamente: — *la minestra* **2** (*fig.*) tollerare, subire: *fu necessario — amari bocconi*, subire molte umiliazioni.

tranne *prep. impropria* [talvolta seguita da *che*] salvo, eccetto: *tutti mi hanno salutato — voi due; ha fatto tutto — che studiare / — che*, a meno che: *io non vengo, — che la mia presenza sia proprio indispensabile.*

tranquillante *agg.* che tranquillizza: *una notizia —* // *s.m.* medicinale con effetto calmante che agisce sul sistema nervoso.

tranquillare *v.tr.* (*lett.*) tranquillizzare. SIN. *rassicurare* // **-arsi** *v.rifl.* mettersi quieto, tranquillizzarsi.

tranquillità *s.f.invar.* l'essere tranquillo. SIN. *quiete, serenità, calma.*

tranquillizzante [-liʒʒan-] *agg.* che tranquillizza, che tende a tranquillizzare: *un discorso —.*

tranquillizzare [-liʒʒa-] *v.tr.* rendere tranquillo. SIN. *rassicurare* // **-arsi** *v.rifl.* mettersi quieto, ritrovare la tranquillità.

tranquillo *agg.* che non è turbato, che è in uno stato di serenità: *uomo —; coscienza tranquilla / mare —*, calmo, non agitato. SIN. *quieto, sereno.*

trans- [dal lat. *trans = al di là, attraverso*] prefisso usato spec. in termini geografici di formazione recente, col significato di «al di là, oltre, attraverso» (*transalpino, transatlantico, transiberiano*).

transalpino *agg.* che è al di là delle Alpi. CONTR. *cisalpino.*

transaminasi [-fi] *s.f.invar.* (*biol.*) denominazione di enzimi presenti in certi organi e che si liberano in caso di lesione, così che la loro presenza nel sangue costituisce un elemento di diagnosi della lesione stessa.

transatlantico [-tlàn-] *s.m.* [*pl.* -ci] nave per passeggeri, grande, lussuosa e veloce // *agg.* che è situato al di là

dell'Atlantico; che passa attraverso l'Atlantico: *rotta transatlantica.*

transazione [-zió-] *s.f.* (*dir.*) l'accordo col quale le parti, facendosi reciproche concessioni, pongono fine ad una controversia.

transcontinentale *agg.* che attraversa un continente: *ferrovia —.*

transeat [*lat.*; *pr.* trànseat = *passi*] (*fam.*) voce usata col significato di «sia pure, si concede, si può ammettere»: *farlo una volta al mese —, ma tutti i giorni no!*

transenna [-sèn-] *s.f.* **1** (*arch.*) parapetto di tavole di marmo artisticamente traforate e intarsiate, che divide il presbiterio dalla navata, per lo più nelle chiese di stile bizantino e paleocristiano **2** barriera provvisoria elevata in luoghi pubblici per regolare il traffico **3** tipo di chiusura per finestre.

transessuale *agg.* e *s.m.* e *f.* si dice di chi assume caratteristiche somatiche e atteggiamenti del sesso opposto, fino a identificarsi con esso.

transetto [-sèt-] *s.m.* (*arch.*) la navata trasversale nelle chiese con pianta a croce latina.

transeunte *agg.* (*lett.*) che passa, che è destinato a finire.

transfert *s.m.invar.* **1** in psicanalisi, il trasferimento di uno stato affettivo da una persona a un'altra; in particolare il trasferimento su terapista di sentimenti già provati dal paziente per altre persone **2** nel linguaggio corrente, identificazione, partecipazione sentimentale.

transfuga [tràn-] *s.m.* e *f.* [*pl.*m. -ghi] (*lett.*) disertore.

transiberiano *agg.* che attraversa la Siberia: *ferrovia transiberiana.*

transigere [-sì-] *v.tr.* [pres. *io transigo, tu transigi ecc.*; pass.rem. (*rar.*) *io transigéi* o *transigètti ecc.*; p.pass. *transatto*] **1** troncare, accomodare con reciproche concessioni (spec. liti giudiziali e controversie): *sono sicuro che le due parti in causa finiranno col —* **2** essere arrendevole, cedevole: *quel professore in fatto di disciplina non transige.*

transistor [-stór] *s.m.* (*fis.elettr.*) dispositivo a semiconduttori che consente l'amplificazione di correnti e tensioni elettriche.

transistore *s.m.invar.* → **transistor.**

transistorizzare [-riʒʒa-] *v.tr.* realizzare un dispositivo elettronico utilizzando come componenti dei transistor.

transistorizzazione [-riʒʒazió-] *s.f.* l'operazione del transistorizzare, il suo risultato.

transitabile [-tà-] *agg.* si dice di luogo attraverso cui si può transitare.

transitabilità *s.f.invar.* l'essere transitabile: *bollettino della — delle strade.*

transitare *v.intr.* [*io trànsito ecc.*] passare: *i veicoli transitano lentamente a causa della nebbia.*

transitivo *agg.* (*gramm.*) si dice di verbo esprimente un'azione che passa dal soggetto all'oggetto / *proprietà transitiva*, in matematica, quella per cui, data una quantità eguale ad un'altra e questa eguale ad una terza, la terza è eguale anche alla prima.

transito [tràn-] *s.m.* **1** passaggio di persone, autoveicoli o merci attraverso un luogo: — *riservato ai soli mezzi pubblici; — interrotto / merci di —*, quelle che attraversano il territorio di uno stato, per raggiungere il luogo di destinazione in un altro stato **2** (*lett.*) morte; trapasso.

transitorietà *s.f.invar.* l'essere transitorio; provvisorietà.

transitorio [-tò-] *agg.* non durevole; non definitivo; provvisorio: *soluzione, sistemazione transitoria / disposizioni transitorie*, quelle che si aggiungono a una nuova legge per regolare il passaggio dalla legge vecchia alla nuova. SIN. *momentaneo, passeggero, temporaneo, fugace.*

transizione [-zió-] *s.f.* passaggio da uno stato, da una condizione, da una situazione ad un'altra: *viviamo in un'epoca di —.*

transoceanico [-à-] *agg.* [pl.m. *-ci*] che attraversa un oceano: *linee, rotte transoceaniche.*

transonico [-sò-] *agg.* [pl.m. *-ci*] si dice di velocità prossima a quella del suono, intermedia tra la subsonica e la supersonica; anche, di ciò che si muove a tale velocità.

transpadano *agg.* che è al di là del Po (rispetto a Roma). CONTR. cispadano.

transumanza *s.f.* trasferimento delle greggi, per ragioni di pascolo, dal monte al piano o viceversa, secondo le stagioni.

transunto *s.m.* compendio di un documento, di un atto, o di un discorso, che ne conserva solo le parti essenziali.

transuranico [-rà-] *agg.* [pl.m. *-ci*] si dice di elementi chimici artificiali, per lo più radioattivi, assai simili all'uranio ma con numero atomico superiore.

transustanziazione [-zió-] *s.f.* (*teol.*) conversione totale della sostanza del pane e del vino nella sostanza del corpo e del sangue di Cristo in forza della formula di consacrazione.

trantran [-tràn-], **tran tran** *s.m.invar.* modo di vivere, ritmo di lavoro uniforme e monotono: «*Come va?*» «*È il solito —.*»

tranvai *s.m.invar.* (*pop.*) tram.

tranvia [-vì-] *s.f.* linea di comunicazione mediante tram in zone urbane ed extraurbane; anche gli impianti di tale linea.

tranviario [-vià-] *agg.* che riguarda i tram o le tranvie: *servizio —; linea tranviaria.*

tranviere [-viè-] *s.m.* chi è addetto o impiegato nei servizi tranviari.

trapanamento [-mén-] *s.m.* il trapanare.

trapanare *v.tr.* [*io tràpano ecc.*] forare col trapano.

trapanatore [-tó-] *s.m.* [f. *-trice*] operaio che esegue lavori col trapano.

trapanatura *s.f.* operazione del trapanare.

trapanazione [-zió-] *s.f.* intervento chirurgico che consiste nel trapanare ossa per intervenire sulle parti malate: *— del cranio.*

trapanese [-né-] *agg.* di Trapani // *s.m. e f.* abitante di Trapani.

trapano [trà-] *s.m.* strumento manuale o macchina utensile di varia forma e grandezza impiegata per eseguire fori; è costituita essenzialmente da una punta (a lancia, a corona, elicoidale) che viene fatta ruotare velocemente [*ill. Utensili; Pittura e scultura*]: *— a mano, elettrico; il — del dentista.*

trapassare *v.tr.* **1** (*lett.*) attraversare, passare al di là: *— le Alpi, il confine* **2** attraversare da parte a parte (anche *fig.*): *il proiettile gli ha trapassato un braccio; — il cuore,* affliggere profondamente. SIN. *trafiggere* // *v. intr.* **1** passare attraverso; passare ad altri: *la luce trapassa dalle persiane; l'eredità è trapassata a un nipote* **2** (*lett.*) morire, finire: *è trapassato dolcemente.*

trapassato *agg.* trafitto, passato da parte a parte // *s.m.* **1** (*lett.*) defunto: *le anime dei trapassati* **2** (*gramm.*) tempo del verbo che indica un'azione precedente ad un'altra già passata: *— prossimo; — remoto.*

trapasso[1] *s.m.* **1** il trapassare (anche *fig.*); il luogo dove si trapassa: *il — del torrente; rapido — da un'idea*

a un'altra; — di proprietà; qui il — del fiume è facile **2** (*lett.*) morte.

trapasso[2] *s.m.* andatura difettosa del cavallo, consistente in un trotto irregolare.

trapelare *v.intr.* [*io trapélo ecc.*] **1** uscir fuori, filtrare attraverso aperture o fessure piccolissime (detto spec. di liquidi, luce ecc.): *la luce trapelava da una fessura* **2** (*fig.*) manifestarsi, venirsi a sapere da piccoli indizi: *la notizia è trapelata in paese; il suo sguardo sereno non lasciava — l'intimo turbamento* // *v.tr.* (*rar.*) venire a conoscere da piccoli indizi.

trapelo [-pè-] *s.m.* bestia da tiro che si attacca di rinforzo nei tratti malagevoli di un percorso o quando il carico è molto pesante.

trapezio [-pè-] *s.m.* **1** (*geom.*) quadrangolo con due lati opposti paralleli **2** attrezzo ginnico costituito da una sbarra orizzontale appesa a due funi parallele **3** (*anat.*) muscolo superficiale a forma di triangolo tra la nuca e la spalla [*ill. Corpo*] **4** (*mar.*) attrezzatura della deriva a vela consistente in un cavo fissato all'albero che consente al prodiere di sporgersi sopravento per equilibrare lo scafo [*ill. Barca*].

trapezista *s.m. e f.* [pl.m. *-i*] acrobata che esegue esercizi al trapezio.

trapezoidale *agg.* che ha forma di trapezio.

trapiantare *v.tr.* **1** estrarre una pianta con le radici da un terreno per piantarla in un altro; (*fig.*) trasferire da un luogo ad un altro: *— rose; — un'usanza* **2** (*chir.*) eseguire il trapianto di un tessuto o di un organo // **-arsi** *v.rifl.pron.* trasferirsi da un luogo ad un altro: *la sua famiglia si è trapiantata in Australia.*

trapiantatoio [-tó-] *s.m.* attrezzo a forma di paletta, opportunamente sagomato, usato per trapiantare [*ill. Agricoltura*].

trapiantatrice *s.f.* macchina agricola per il trapianto di ortaggi o cereali.

trapianto *s.m.* **1** (*agr.*) operazione del trapiantare: *— del riso* **2** (*chir.*) trasporto di una parte di organo o di tessuto da una regione all'altra dello stesso organismo o di organismi diversi: *un — di pelle; — della cornea.*

trappa *s.f.* convento di trappisti.

trapper [*ingl.; pr.* trèpa] *s.m.* chi per sport trascorre un periodo di tempo in ambienti naturali (foresta, deserto) con pochi mezzi, mettendo così alla prova la propria capacità di superare da solo ogni difficoltà.

trappista *agg. e s.m.* [pl.m. *-i*] frate dell'ordine cisterciense riformato o della stretta osservanza / *fare una vita da —,* (*fig.*) vivere solitario.

trappola [tràp-] *s.f.* **1** arnese di forma e funzionamento diversi, usato per catturare topi o altri animali **2** (*fig.*) insidia, inganno: *gli hanno teso una —; cadere in —.* SIN. *tranello* **3** (*fam.*) macchina, arnese che non funziona o che funziona male: *dove vuoi arrivare con quella —?*

trapungere [-pùn-] *v.tr.* [coniugato come *pungere*] (*lett.*) ricamare: *ha trapunto una bella tovaglia.*

trapunta *s.f.* coperta imbottita e impuntita.

trapuntare *v.tr.* ricamare; impuntire.

trapunto *agg.* impuntito; ricamato (anche *fig.*): *tessuto —; un cielo — di stelle* // *s.m.* tipo di ricamo in bianco.

trarre *v.tr.* [pres. *io traggo, tu trai, egli trae, noi traiamo, voi traéte, essi tràggono;* imperf. *io traévo ecc.;* fut. *io trarrò ecc.;* pass.rem. *io trassi, tu traésti ecc.;* cong.pres. *io tragga, noi traiamo, voi traiate, essi tràggano;* cong.imperf. *io traéssi ecc.;* cond.pres. *io trarrèi ecc.;* ger. *traèndo;* p.pres. *traènte;* p.pass. *tratto*] **1** portare con la forza qlcu. o qlco. da un luogo all'altro, da uno stato all'altro; (*fig.*) indurre, spingere a qlco.: *il ladro è tratto in prigione*; — *la barca a riva*; — *in inganno*; *fu tratto qui dal desiderio di pace* **2** portar via, tirar fuori da qlco., estrarre: — *la spada*; — *a sorte* / — *d'impiccio qlcu.*, toglierlo dalle difficoltà **3** ricavare, derivare (anche *fig.*); dedurre: — *un vantaggio*; *da quel romanzo è stato tratto un film*; *da ciò trai le conseguenze.*

tras- [dal lat. *trans* = *al di là*, *attraverso*] prefisso che indica passaggio attraverso qlco. (*traspirare*), passaggio da una cosa a un'altra (*trasbordare*, *traslocare*) e da una condizione a un'altra (*trasformare*); è usato soprattutto con i verbi.

trasalire *v.intr.* [*io trasalisco*, *tu trasalisci* ecc.] sobbalzare per un'improvvisa e forte emozione: *quando entrai*, *ti vidi* —. SIN. *sussultare.*

trasandato [-ʃan-] *agg.* trascurato, spec. nel vestire. SIN. *malmesso*, *sciatto.*

trasbordare [-ʃbor-] *v.tr.* [*io trasbórdo* ecc.] far passare persone o cose da una nave a un'altra, e per estens., da un treno a un altro // *v.intr.* passare da una nave a un'altra, da un treno a un altro: *alla stazione di Genova si trasborda.*

trasbordo [-ʃbór-] *s.m.* il trasbordare.

trascegliere [-scé-] *v.tr.* [coniugato come *scegliere*] (*rar.*) scegliere tra più persone o cose con cura: — *tra molti oggetti i più preziosi.*

trascendentale *agg.* **1** (*fil.*) si dice di ciò che trascende, che va al di là dei limiti della conoscenza e dell'esperienza umana **2** (*fig.*) si dice di cosa che presenti difficoltà insormontabili, inattuabili: *tecnica* —, (*mus.*) quella richiesta da pezzi di difficile esecuzione / *non è niente di* —, (*fam.*) è una cosa molto facile a capirsi.

trascendentalismo [-ʃmo] *s.m.* qualsiasi sistema o indirizzo filosofico che ponga a proprio fondamento non i dati dell'esperienza sensibile ma le capacità intuitive dello spirito.

trascendente [-dèn-] *agg.* **1** (*fil.*) ciò che è al di là di ogni esperienza, come realtà assoluta e perfetta: *il cristianesimo concepisce Dio come un essere* — **2** (*mat.*) si dice di un numero reale che non può essere soluzione di un'equazione algebrica.

trascendenza [-dèn-] *s.f.* (*fil.*) il carattere di ciò che è trascendente: *la* — *di Dio.*

trascendere [-scén-] *v.tr.* [coniugato come *scendere*] superare, oltrepassare; nel linguaggio filosofico, esistere al di fuori e al di sopra della realtà sensibile: *queste sono cose che trascendono le possibilità umane*; *Dio trascende il mondo* // *v.intr.* (*fig.*) oltrepassare il giusto limite, eccedere: *so di aver trasceso e vi chiedo scusa.*

trascinare *v.tr.* tirarsi dietro qlco. facendola strisciare per terra; per estens., condurre a forza: *il bambino trascinava il giocattolo*; *il ladruncolo fu trascinato al commissariato* / — *la vita*, vivere a stento per sofferenza o miseria / — *le folle*, ottenere entusiastici consensi // **-arsi** *v.rifl.* strisciare faticosamente col corpo per terra (anche *fig.*): *il ferito si trascinò fino alla porta*; — *nel vizio*, non riuscire a liberarsene / *la sua malattia si trascina da diversi mesi*, si prolunga senza fasi acute.

trascinatore [-tó-] *agg. e s.m.* [f. -*trice*] che, chi trascina (anche *fig.*): *rullo* —, *— di animi.*

trascolorare *v.intr.* [*io trascolóro* ecc.] cambiare colore, impallidire.

trascorrere [-scór-] *v.tr.* [coniugato come *correre*] **1** (*lett.*) percorrere un luogo, andando oltre: — *una pianura* **2** passare il tempo: *ho trascorso le vacanze in*

montagna // *v.intr.* **1** passare (detto del tempo): *sono trascorsi due giorni dalla vostra partenza* **2** (*fig.*) passare i limiti del giusto e del conveniente: — *con le parole*, *con il bere.*

trascorso [-scór-] *s.m.* errore; fallo non grave: *un* — *di penna*; *trascorsi di gioventù.*

trascrittore [-tó-] *s.m.* [f. -*trice*] chi trascrive.

trascrivere [-scri-] *v.tr.* [coniugato come *scrivere*] **1** scrivere un testo copiandolo da un altro testo; ricopiare: — *un brano*, *in bella copia* **2** (*dir.*) provvedere alla trascrizione di un atto: — *un documento* **3** scrivere in un sistema grafico diverso: — *un nome in lettere greche.*

trascrizione [-zió-] *s.f.* **1** atto, effetto del trascrivere / — *fonetica*, procedimento per cui si rappresenta, mediante opportuni segni, l'esatta pronunzia di una parola **2** (*dir.*) trascrizione di un atto, spec. relativo al possesso o al trasferimento di beni immobili, nei pubblici registri **3** (*mus.*) redazione moderna di un'antica composizione; adattamento di una composizione a strumento o voce diversi da quelli cui era destinata.

trascurabile [-rà-] *agg.* che può essere trascurato; irrilevante: *errore* —.

trascurare *v.tr.* **1** non curare a sufficienza, non darsi pensiero di qlcu. o di qlco.: — *i figli*, *la famiglia* **2** tralasciare di fare qlco.; non tenere conto: *trascurò di avvertirmi*; *trascuriamo i particolari* // **-arsi** *v.rifl.* non avere sufficiente cura di sé, spec. nella salute, nell'igiene, nell'abbigliamento.

trascuratezza [-téz-] *s.f.* l'essere trascurato. SIN. *negligenza*, *sciatteria*, *incuria.* CONTR. *accuratezza.*

trascurato *agg.* **1** non curato a sufficienza; negletto: *un giardino*, *un lavoro* — **2** che opera senza precisione; negligente, sciatto: — *nel vestire*, *nello scrivere.* CONTR. *accurato.*

trasduttore [-ʃduttó-] *s.m.* dispositivo che trasforma un tipo di energia in un altro (p.e. energia elettrica in meccanica o viceversa), usato nei dispositivi di ingresso e uscita dei sistemi di elaborazione dati e dei servosistemi.

trasecolare *v.intr.* [*io trasècolo* ecc.] rimanere stupefatto, essere fuori di sé per la meraviglia: *a quella vista trasecolammo.* SIN. *strabiliare.*

trasecolato *agg.* sbalordito, pieno di stupore; che esprime profondo stupore: *rimase* —; *sguardo* —.

trasferibile [-rì-] *agg.* che si può trasferire; che può essere ceduto / *assegno non* —, pagabile soltanto alla persona cui è intestato // *s.m.* disegno, lettera, cifra impressa su un supporto dal quale, con un semplice procedimento, può essere trasferito su un altro: *fare i titoli con i trasferibili.*

trasferimento [-mén-] *s.m.* il trasferire, il trasferirsi; l'essere trasferito: *il* — *di un impiegato.*

trasferire *v.tr.* [*io trasferisco*, *tu trasferisci* ecc.] spostare, mandare da un luogo a un altro: — *la sede di un ufficio*; — *un impiegato* / — **-irsi** *v.rifl.* spostare il proprio domicilio, la propria sede di lavoro: *mi trasferirò a Milano.*

trasferta [-sfèr-] *s.f.* **1** viaggio compiuto da pubblico funzionario per motivi di servizio **2** indennità spettante a chi lavora fuori sede.

trasfigurare *v.tr.* far cambiare l'aspetto esteriore come riflesso di un mutamento interiore: *la felicità gli trasfigurò il volto* / — *i fatti*, *la verità*, darne un'interpretazione diversa // **-arsi** *v.rifl.* mutare aspetto: *dopo la malattia si è quasi trasfigurato.*

trasfigurazione [-zió-] *s.f.* atto del trasfigurare, del trasfigurarsi / *la Trasfigurazione*, l'apparizione in gloria di Cristo sul monte Tabor; la solennità della chiesa che la commemora; la sua raffigurazione pittorica.

trasfocatore [-tó-] *agg.* e *s.m.* denominazione dell'obiettivo più noto come *zoom*.

trasfondere [-sfón-] *v.tr.* [coniugato come *fondere*] **1** (*rar.*) versare un liquido da un recipiente a un altro **2** (*fig.*) infondere in altri i propri sentimenti, le proprie idee: *gli ha trasfuso il suo amore per l'arte*.

trasformabile [-mà-] *agg.* che si può trasformare.

trasformare *v.tr.* [*io trasfórmo ecc.*] far mutare forma, aspetto a qlco. o a qlcu.; mutare l'animo, l'indole di qlcu.: *ha trasformato la casa; la ricchezza l'ha trasformato*. SIN. *cambiare, tramutare*.

trasformato *agg.* che ha cambiato forma, aspetto, indole.

trasformatore [-tó-] *s.m.* [f. *-trice*] **1** chi trasforma **2** apparecchio elettrico per mutare la tensione e l'intensità di una corrente alternata [*ill. Elettrica, energia*].

trasformazionale *agg.* si dice di una teoria linguistica secondo la quale tutti gli enunciati di qualsiasi lingua si sviluppano, attraverso successive e regolari trasformazioni, da un numero limitato di enunciati elementari; anche, delle grammatiche che applicano a una singola lingua tale teoria.

trasformazione [-zió-] *s.f.* atto del trasformare, del trasformarsi: *il progetto subirà una completa —; in lui si è verificata un'inattesa —*. SIN. *cambiamento*.

trasformismo [-ʃmo] *s.m.* **1** metodo politico che consiste nel formare maggioranze parlamentari con uomini di varie tendenze, dissolvendo gli schieramenti tradizionali **2** tendenza ad adattarsi alle situazioni; opportunismo.

trasformista *s.m.* e *f.* [pl.m. *-i*] **1** artista comico di varietà che esegue una serie di imitazioni o macchiette, cambiando rapidamente trucco e costume **2** chi pratica il trasformismo in politica o nella vita quotidiana.

trasformistico [-mi-] *agg.* [pl.m. *-ci*] di trasformismo; di, da trasformista: *abilità trasformistica*.

trasfusionale [-ʃio-] *agg.* che riguarda le trasfusioni di sangue: *centro —*.

trasfusione [-ʃió-] *s.f.* il trasfondere: *— del sangue*, immissione nelle vene di un individuo del sangue di un altro individuo appartenente allo stesso gruppo sanguigno; si pratica nei casi di emorragie, gravi anemie ecc.

trasgredire [-ʃgre-] *v.tr.* e *intr.* [*io trasgredisco, tu trasgredisci ecc.*] oltrepassare i limiti del lecito e del consentito, non rispettare: *— gli ordini, agli ordini di qlcu.* SIN. *contravvenire, violare*.

trasgressione [-ʃgressió-] *s.f.* **1** la mancata obbedienza a un ordine o a una norma. SIN. *contravvenzione, violazione, infrazione* **2** (*geogr.*) progressiva sommersione di regioni costiere.

trasgressore [-ʃgressó-] *agg.* e *s.m.* che o chi viola un ordine. SIN. *contravventore*.

traslato [-ʃla-] *s.m.* parola, espressione figurata; figura retorica: *«coniglio» significa per — «persona timida, vigliacca»*.

traslazione [-ʃlazió-] *s.f.* il trasportare; il trasferire; il trasferirsi da un luogo in un altro / *moto di —*, (*astr.*) moto del sistema solare verso la costellazione di Ercole / *— di dominio*, (*dir.*) passaggio di proprietà da un possessore all'altro / *moto di —*, (*fis.*) movimento di un corpo rigido di cui tutti i punti si muovono con identica velocità e nella stessa direzione.

traslitterazione [-ʃlitterazió-] *s.f.* trascrizione di una parola da un alfabeto a un altro, in modo da riflettere nel modo migliore la pronuncia originale.

traslocare [-ʃlo-] *v.tr.* [*io traslòco, tu traslòchi ecc.*] trasferire, trasportare altrove: *— i mobili // v.intr.* cambiar casa: *hanno traslocato*.

trasloco [-ʃló-] *s.m.* [pl. *-chi*] atto, effetto del traslocare; il trasporto delle masserizie in una nuova casa.

traslucido [-ʃlù-] *agg.* (*fis.*) si dice di corpo che lascia passare la luce, diffondendola però in modo che gli oggetti che sono di là di esso non appaiono nitidi (p.e. il vetro smerigliato).

trasmettere [-ʃmét-] *v.tr.* [coniugato come *mettere*] **1** tramandare, far passare ad altri: *questa malattia si trasmette per contagio*; *un diritto, un'eredità* **2** mandare, far pervenire: *— un plico* **3** comunicare per mezzo della radio o di altri sistemi di comunicazione: *— un discorso, un telegramma*.

trasmettitore [-ʃmettitó-] *s.m.* [f. *-trice*] **1** chi trasmette; chi è addetto alla trasmissione di segnali telefonici o telegrafici **2** dispositivo che trasmette segnali telefonici o telegrafici.

trasmigrare [-ʃmi-] *v.intr.* **1** emigrare: *gli uccelli trasmigravano in paesi caldi* **2** trasmettersi, passare da una persona all'altra: *il coraggio del padre è trasmigrato nel figlio*.

trasmigrazione [-ʃmigrazió-] *s.f.* il trasmigrare: *la — dell'anima*, il passaggio dell'anima da un corpo all'altro secondo la dottrina della metempsicosi.

trasmissibile [-ʃmissi-] *agg.* che si può trasmettere.

trasmissione [-ʃmissió-] *s.f.* **1** atto del trasmettere: *— di un diritto, di un titolo nobiliare* **2** diffusione di suoni, segni o immagini sotto forma di corrente elettrica, che si propagano lungo i fili di una linea o attraverso lo spazio: *— su filo; — via radio; la — di un telegramma, di uno spettacolo televisivo* **3** programma radiofonico o televisivo: *una — molto seguita dal pubblico* **4** (*mecc.*) l'insieme degli organi e delle parti meccaniche con cui si trasmette il moto da un motore alle ruote motrici / *rapporto di —*, valore del rapporto tra il numero dei giri del motore e quello delle ruote.

trasmittente [-ʃmittèn-] *agg.* che trasmette; nelle telecomunicazioni, si dice di dispositivo che trasmette i segnali ad apparecchi riceventi: *stazione —* [*ill. Televisione*] *// s.f.* stazione radio o teletrasmittente.

trasognato *agg.* sbalordito, stordito; si dice di persona che, assorta nei propri pensieri, non si accorge della realtà circostante: *occhi trasognati; una persona trasognata*.

traspadano *agg.* → **transpadano**.

trasparente [-rèn-] *agg.* **1** si dice di corpo che lascia passare la luce e permette di individuare con chiarezza gli oggetti che stanno di là di esso: *vetro —* **2** (*fig.*) si dice di espressione non esplicita ma che lascia intendere facilmente il suo significato; anche, di organizzazione, istituzione ecc. di cui sono chiari il funzionamento, i fini, la situazione economica: *lo scopo di quella domanda era —; una gestione assolutamente — // s.m.* **1** schermo di tela o carta dipinta con motivi pubblicitari che si espone in pubblico illuminandolo da dietro **2** il tessuto per lo più colorato che viene posto sotto un pizzo per farne risaltare meglio il disegno.

trasparenza [-rèn-] *s.f.* qualità di ciò che è trasparente (anche *fig.*): *la — del vetro; la — dell'amministrazione dell'ospedale / guardare qlco. in —*, guardarla controluce ponendola tra l'occhio e una sorgente luminosa /. *la — del colore*, la sua luminosità.

trasparire *v.intr.* [coniugato come *apparire*] **1** traluce-re, apparire attraverso un corpo diafano: *dai vetri traspariva una luce debole* **2** (*fig.*) apparire attraverso (di sentimenti, pensieri, situazioni): *dalla voce traspariva la sua gioia.*

traspirare *v.intr.* **1** filtrare, uscire in minutissime gocce attraverso i pori; sudare: *col caldo si traspira maggiormente* **2** (*fig.*) trapelare.

traspirazione [-zió-] *s.f.* il traspirare / *la — cutanea*, il sudore / *la — delle piante*, l'eliminazione di acqua attraverso la cuticola e gli stomi delle foglie.

trasporre [-spór-] *v.tr.* [coniugato come *porre*] invertire l'ordine di qlco.: *— una parola in una frase*, collocarla in un punto diverso.

trasportabile [-tà-] *agg.* che si può trasportare (anche *fig.*).

trasportare *v.tr.* [*io traspòrto ecc.*] **1** portare da un luogo all'altro; trascinare: *ho trasportato i libri in un'altra stanza*; *l'acqua del fiume trasportava i rami degli alberi* **2** (*fig.*) ripetere, riprodurre in situazione diversa: *non si può — questa esperienza in un ambiente diverso* **3** sopraffare, vincere: *si lascia — dall'ira.*

trasportatore [-tó-] *s.m.* **1** [f. *-trice*] chi trasporta **2** (*tecn.*) macchina o attrezzatura per il trasporto di materiali su percorsi brevi o orizzontali, costituita generalmente da un nastro che scorre poggiando su rulli **3** (*cinem.*) nel proiettore, rocchetto dentato su cui scorre la pellicola passando dalla bobina debitrice alla bobina ricevente [*ill. Cinematografia*].

trasporto [-spòr-] *s.m.* **1** azione del trasportare: *— di persone, animali, cose* / *— funebre*, trasporto di una salma al cimitero, funerale / *mezzi di —*, tutto ciò che può essere usato per trasportare cose o persone **2** (*fig.*) impeto, entusiasmo: *in un — d'ira*; *amare con —.*

trasposizione [-ſizió-] *s.f.* azione del trasporre, cambio di posizione tra due elementi.

trassato *agg.* si dice, nel linguaggio bancario, del trattario, che riceve l'ordine di pagare.

trastullare *v.tr.* far divertire: *— un bimbo* // **-arsi** *v.rifl.* divertirsi; perdere tempo: *non studia, si trastulla con i libri.* SIN. *gingillarsi.*

trastullo *s.m.* **1** modo di trastullarsi o trastullare; gioco, passatempo, divertimento: *è un — come un altro* **2** (*non com.*) giocattolo.

trasudare *v.tr. e intr.* passare di umori dell'organismo attraverso i pori; sudare; (*fig.*) lasciar trapelare: *gli umori trasudano dal corpo*; *il muro trasuda umidità*; *ogni sua parola trasuda invidia.*

trasudato *agg.* sudato // *s.m.* liquido che si raccoglie nei tessuti e nelle membrane sierose per stasi sanguigna.

trasudazione [-zió-] *s.f.* (*scient.*) il trasudare; gli umori trasudati.

trasumanare [-ſu-] *v.intr.* (*lett.*) andare al di là dei limiti della natura umana, avvicinandosi alla divinità.

trasversale [-ſver-] *agg.* **1** che attraversa, che è posto di traverso: *strada —* **2** (*geom.*) obliquo, che non è parallelo: *retta —* **3** (*fis.*) si dice di elemento perpendicolare ad un altro: *onde trasversali*, onde le cui vibrazioni avvengono su un piano perpendicolare alla linea di propagazione.

trasvolare [-ſvo-] *v.tr.* passare in volo: *— il Pacifico* // *v.intr.* (*fig. non com.*) accennare fuggevolmente, sorvolare: *ha trasvolato sull'argomento.*

trasvolata [-ſvo-] *s.f.* atto, effetto del trasvolare.

trasvolatore [-ſvolató-] *s.m.* [f. *-trice*] chi trasvola.

tratta *s.f.* **1** tipo di cambiale che contiene l'ordine di pagare una somma determinata al suo possessore alla scadenza indicata **2** illecito commercio di persone: *la — dei negri*; *la — delle bianche.*

trattabile [-tà-] *agg.* **1** che si può trattare **2** (*fig.*) affabile, gentile, ben disposto: *è una persona —.*

trattamento [-mén-] *s.m.* **1** atto, effetto del trattare: *— chimico di un metallo* **2** modo di trattare: *in quell'albergo il — è pessimo.*

trattare *v.tr. e intr.* **1** parlare o scrivere su un determinato argomento: *— un tema*; *— della situazione politica* / *si tratta di vita o di morte* **2** discutere per venire ad un accordo; venire a patti: *— la pace*; *alla fine hanno dovuto —* **3** parlare comunemente, avere relazione con qualcuno: *ho trattato con la signora* // *v.tr.* **1** avere un determinato contegno nei riguardi di qualcuno: *l'ho trattato bene*; *mi ha trattato come un cane* **2** condurre una pratica, un affare: *ha trattato l'affare con ottimi risultati* **3** lavorare: *— il ferro* **4** sottoporre a una lavorazione, a un procedimento tecnico, industriale: *— un tessuto con certe sostanze* // *v.intr.impers.* essere oggetto; essere necessario: *qui si tratta di decidere* // **-arsi** *v.rifl.* mantenersi: *si tratta bene nel mangiare.*

trattario [-tà-] *agg. e s.m.* che o chi riceve, con la tratta, l'ordine di pagare.

trattatista *s.m. e f.* [pl.m. *-i*] scrittore di trattati.

trattativa *s.f.* vaglio e scambio di proposte e di idee che precedono la conclusione di un affare; (*pl.*) negoziati: *le trattative hanno avuto buon esito* / *essere in trattative con qlcu.*, discutere per arrivare a un accordo.

trattato *s.m.* **1** opera che svolge un argomento storico, letterario o scientifico, con metodo e ordine: *è un — di storia moderna* **2** atto avente valore giuridico stipulato tra due o più stati, allo scopo di regolare una materia di comune interesse, per porre fine ad un conflitto e simili: *— di pace, di alleanza.* SIN. *patto.*

trattazione [-zió-] *s.f.* il trattare un argomento; il discorso o scritto in cui si tratta un argomento.

trattaggiare *v.tr.* [*io trattéggio, tu trattéggi ecc.*] **1** tracciare con la matita, con il pennello ecc. piccole linee ravvicinate: *— un disegno* / *— un ritratto*, disegnarlo a grandi linee, abbozzarlo **2** (*fig.*) descrivere, esporre per sommi capi, ma con efficacia: *— la figura di un poeta.*

tratteggio [-tég-] *s.m.* insieme di piccoli tratti più o meno ravvicinati con cui nel disegno e nell'incisione si ottengono effetti di chiaroscuro e ombreggiature.

trattenere [-né-] *v.tr.* [coniugato come *tenere*] **1** far rimanere, far indugiare: *vi vorrei — a colazione* **2** impedire, anche con la forza, che qlcu. si muova, dica o faccia qlco.: *se non mi avessero trattenuto lo avrei preso a pugni.* SIN. *frenare* **3** (*fig.*) tener dentro: *— le lacrime.* SIN. *frenare* **4** tener fermo in un luogo; tenere per sé: *trattienimi le lettere durante la mia assenza*; *trattengo il dieci per cento dell'incasso* // **-ersi** *v.rifl.* **1** frenarsi: *mi trattenni dal piangere* **2** indugiare; fermarsi: *si tratterrà due giorni a Roma.* SIN. *soffermarsi, restare.*

trattenimento [-mén-] *s.m.* **1** atto del trattenere, del trattenersi **2** l'insieme dei passatempi escogitati per intrattenere piacevolmente gli ospiti; spettacolo, festa: *— danzante, musicale.*

trattenuta *s.f.* parte di una somma di denaro che, per vari motivi, non viene consegnata: *— sullo stipendio*; *trattenute fiscali.*

trattino *s.m.* breve linea.

tratto *s.m.* **1** il trarre, il tirare: *un — di dadi*; *— di corda*, metodo di tortura che consisteva nell'avvolgere intorno al collo della vittima una corda cui venivano dati strappi sempre più forti **2** linea semplice e isolata di matita, penna, pennello e simili (anche *fig.*): *cancellare con un — di penna*; *esporre a larghi tratti*, sommariamente / *i tratti del volto*, i lineamenti / *cliché a —*, (*tip.*) quello che riproduce un disegno senza ombreggiature **3** parte di una strada, di un corpo esteso in lunghezza; brano di uno scritto: *un — della ferrovia*; *un — di tubo*; *un — di mare*; *camminarono per un — abbastanza lungo*; *un — del Vangelo / ad un —*, all'improvviso **4** mossa di un pezzo nel gioco degli scacchi: *il — iniziale spetta al bianco* **5** modo di comportarsi nei rapporti con gli altri: *ha un — signorile*.

trattore[1] [-tó-] *s.m.* [f. *-trice*] **1** chi trae la seta dai bozzoli **2** automezzo dotato di un motore potente che serve a trainare altri veicoli, spec. macchine agricole.

trattore[2] [-tó-] *s.m.* [f. (*rar.*) *-trice*; (*pop.*) *-tóra*] chi gestisce una trattoria.

trattoria [-rì-] *s.f.* locale dove si consumano pasti a pagamento.

trattorista *s.m.* e *f.* [pl.m. *-i*] chi guida un trattore.

trattrice *s.f.* trattore agricolo.

trattura *s.f.* l'arte di trarre la seta dai bozzoli, unendo più bave di essi per ottenere un filo solo che assume il nome di *seta tratta*.

tratturo *s.m.* strada o sentiero erboso, tracciato dal passaggio delle greggi.

trauma [tràu-] *s.m.* [pl. *-i*] **1** lesione prodotta nell'organismo da cause esterne violente / *— psichico*, emozione violenta non dominata dalla personalità del soggetto **2** (*fig.*) sconvolgimento, brusco cambiamento: *un profondo — politico*.

traumatico [-mà-] *agg.* [pl.m. *-ci*] di trauma, provocato da trauma (anche *fig.*).

traumatizzare [-tiʒʒa-] *v.tr.* colpire con un trauma fisico o psichico; (*fig.*) impressionare, sconvolgere.

traumatologia [-gì-] *s.f.* branca della medicina che si occupa dei traumi.

traumatologico [-lò-] *agg.* [pl.m. *-ci*] inerente alla traumatologia: *istituto —*.

traumatologo [-tò-] *s.m.* [pl. *-gi*] medico specializzato in traumatologia.

travagliare *v.tr.* [io travàglio ecc.] dar travaglio, tormentare // *v.intr.* soffrire fisicamente o spiritualmente // **-arsi** *v.rifl.* affliggersi, affannarsi: *— per superare gli ostacoli*.

travaglio [-và-] *s.m.* **1** periodo che precede il parto, caratterizzato da contrazioni uterine spesso dolorose **2** disagio, patimento, fatica: *vivere in continuo —*. SIN. *affanno, ambascia.*

travasare [-ʃa-] *v.tr.* versare un liquido da un recipiente in un altro: *— il vino dalla damigiana nelle bottiglie.*

travaso [-ʃo] *s.m.* atto, effetto del travasare / *— di sangue*, fuoriuscita di sangue dai vasi sanguigni.

travata *s.f.* (*edil.*) intelaiatura di travi poggianti sulle estremità di ponti viadotti ecc., con funzione di sostegno.

travatura *s.f.* (*edil.*) l'insieme delle travi portanti che formano l'intelaiatura di un solaio, di una copertura o simili.

trave *s.f.* (*edil.*) elemento delle costruzioni, costituito da un tronco d'albero squadrato o da analoghe strutture di metallo o di cemento armato, che si pone in opera in posizione orizzontale o inclinata per sostenere il peso delle strutture sovrastanti e trasmetterne la spinta alle strutture verticali [*ill. Edilizia*] / *— di coda*, struttura di un aeroplano atta a sostenere gli organi del governo di coda, quando non c'è la fusoliera / *d'ogni fuscello fare* *una —*, ingrandire ogni minuzia / *non vedere la — nel proprio occhio*, non vedere i propri difetti. DIM. *travicello.*

travedere [-dé-] *v.intr.* [coniugato come *vedere*] ingannarsi nel vedere (anche *fig.*): *— per l'ira*, non giudicare esattamente per il turbamento prodotto dalla passione.

traveggole [-vég-] *s.f.pl.* si usa solo nella locuz. *avere le —*, vedere una cosa per un'altra.

traveller's cheque [*ingl.*; *pr.* trèvla cèk] *s.m.* assegno in moneta estera che viene emesso da una banca come corrispettivo di una somma in moneta nazionale, e può essere riscosso all'estero.

traversa [-vèr-] *s.f.* **1** sbarra di legno o di ferro messa di traverso per sostegno o rinforzo di altre o per impedimento: *le traverse della sedia*, le stecche della spalliera e i regoletti che uniscono le gambe tra loro; *le traverse della ferrovia*, ciascuna delle travi di legno o di ferro su cui sono fissate le rotaie [*ill. Ferrovia*]; traversine; *hanno messo una — sulla porta della casa pericolante* **2** ostacolo o opera di sbarramento posta attraverso un corso d'acqua per deviarne l'acqua a scopo di irrigazione o produzione di energia elettrica **3** strada trasversale: *una — del corso* **4** lenzuolo ripiegato che si pone di traverso nel letto dei bambini o dei malati per evitare che sporchino il materasso **5** nel gioco del calcio, sbarra superiore della porta.

traversare *v.tr.* [*io travèrso ecc.*] attraversare; passare da una parte all'altra: *il fiume traversa tutto il paese*; — *la strada*; — *in bicicletta tutta l'Italia*; — *a nuoto il fiume.*

traversata *s.f.* **1** il traversare: *— di un fiume* **2** navigazione da una sponda all'altra su mare, lago, fiume **3** in alpinismo, percorso orizzontale lungo un tratto di parete; itinerario alpinistico che comprende l'attraversamento di un monte.

traversia [-sì-] *s.f.* **1** vento impetuoso che colpisce perpendicolarmente il litorale o una nave che segue la sua rotta **2** (*fig.*) avversità, disgrazia, vicenda dolorosa.

traversina *s.f.* **1** ciascuna delle travi di legno o di ferro sulle quali sono fissate le rotaie **2** ciascuna delle sottili liste fissate trasversalmente sul manico di alcuni strumenti a corda come la chitarra [*ill. Musicali, strumenti*].

traversino *s.m.* (*mar.*) cavo sussidiario di ormeggio teso fra il traverso di un'imbarcazione e un molo o una boa [*ill. Barca*].

traverso [-vèr-] *agg.* **1** che va da parte a parte perpendicolarmente; trasversale; obliquo: *via traversa*, via che ne attraversa un'altra; *flauto —*, con imboccatura laterale [*ill. Musicali, strumenti*] **2** (*fig.*) si dice di un modo non leale di agire: *arriva sempre allo scopo per vie traverse* // *s.m.* **1** estensione di un corpo per la sua larghezza; si usa nelle locuz.avv.: *di —*, *per —*, trasversalmente / (*mar.*) *andatura al —*: in senso perpendicolare al vento; (*fig.*) in modo torvo; *a —*, alla rovescia; *andare di —*, si dice di cibi e bevande che, deglutiti male, finiscono nella laringe e provocano la tosse; *guardar di —*, in modo bieco; *prendere una frase di —*, interpretarla a rovescio, in senso cattivo; *per dritto e per —*, in ogni senso, in ogni modo **2** oggetto posto di traverso; traversa; struttura orizzontale: *il — della porta* [*ill. Porta*].

traversone [-só-] *s.m.* **1** grossa traversa **2** forte vento di levante **3** (*sport*) nella scherma, fendente di sciabola tirato di traverso al petto dell'avversario; nel calcio, forte tiro con cui si lancia il pallone dai lati verso la parte centrale del campo.

travertino *s.m.* roccia calcarea, porosa, giallastra, formata per precipitazione da acque ricche di carbonato di calcio.

travestimento [-mén-] *s.m.* atto, effetto del travestire o del travestirsi; abiti con cui si o ci si traveste; (*fig.*) mutamento dell'aspetto di qlco.: *un — perfetto; il — di un'opera letteraria*, trasformazione in modi parodistici o popolareschi.

travestire *v.tr.* [*io travèsto ecc.*] **1** vestire qlcu. con abiti diversi dai suoi per renderlo irriconoscibile; mascherare **2** (*fig.*) cambiare nelle apparenze, rendere irriconoscibile; (*poet.*) trasformare // **-irsi** *v.rifl.* vestirsi con abiti diversi dai propri per rendersi irriconoscibile; (*fig.*) cambiare modi, comportamento: *si è travestito da frate*; *i più reazionari spesso si travestono da progressisti*.

travestitismo [-ʃmo] *s.m.* **1** il fenomeno, la condizione dei travestiti **2** l'uso teatrale di attori maschi in vesti di personaggi femminili, e viceversa.

travestito *agg.* che è o si è travestito: *un poliziotto —* // *s.m.* **1** maschio con tendenze omosessuali, che si pettina, trucca e veste secondo la moda femminile **2** attore che recita in una parte femminile.

travet [-vèt] *s.m.invar.* (*region.*) impiegato di basso grado, addetto a un lavoro minuto e monotono.

traviamento [-mén-] *s.m.* atto, effetto del traviare.

traviare *v.tr.* [*io travio, tu travii ecc.*] sviare, corrompere, pervertire: *fu traviato dall'ambiente* // **-arsi** *v.rifl.pron.* corrompersi; deviare dalla retta via: *si traviò frequentando quelle persone*.

traviato *agg.* che si è allontanato dalla retta via; corrotto: *giovani traviati*.

travisamento [-ʃamén-] *s.m.* atto, effetto del travisare.

travisare [-ʃa-] *v.tr.* **1** far apparire diverso dal vero: *— i fatti*. SIN. *svisare* **2** (*ant.*) travestire.

travolgente [-gèn-] *agg.* impetuoso; (*fig.*) che trascina, affascinante: *vento —; vittoria —*.

travolgere [-vòl-] *v.tr.* [coniugato come *volgere*] abbattere, trascinare via con furia (anche *fig.*): *la frana travolse il paese; la passione lo travolse*.

trazione [-zió-] *s.f.* **1** atto, effetto del trarre **2** forza necessaria per muovere e mantenere in moto un veicolo: *— animale, meccanica, elettrica; veicolo a — animale* **3** sollecitazione a cui è sottoposto un corpo quando vi si applicano due forze eguali e contrarie passanti per il suo asse, tali da provocarne un allungamento **4** (*med.*) metodo di cura applicato in alcuni casi di frattura di arti, consistente nella applicazione di pesi all'arto fratturato.

tre [tré] *agg.num.card.* **1** indica una quantità composta di due unità più una / *prov.*: *chi fa da sé fa per —* **2** per indicare un numero indeterminato: *non è capace di dire — parole; prima di venire ci penserò — volte*, cioè molte volte // *s.m.* il numero tre e la cifra che lo rappresenta / *prov.*: *non c'è due senza —*, a due casi simili ne segue, quasi per fatalità, un terzo.

treatment [*ingl.*; *pr.* trìtment] *s.m.* → **scaletta 2**.

trebbia [trèb-] *s.f.* **1** trebbiatrice **2** (*st.*) strumento di tortura.

trebbiano *s.m.* vitigno di uva bianca; vino che se ne ricava.

trebbiare *v.tr.* [*io trébbio ecc.*] estrarre i chicchi del grano e di altri cereali dal loro involucro, dagli steli e dalle spighe, battendoli con bastoni o per mezzo di macchine apposite.

trebbiatrice *s.f.* macchina per trebbiare.

trebbiatura *s.f.* operazione del trebbiare; tempo in cui si trebbia.

treccia [tréc-] *s.f.* [pl. -ce] **1** intreccio di tre o più fili ottenuto facendo passare alternamente ognuno dei capi sopra l'altro **2** acconciatura femminile fatta avvolgendo a questo modo le ciocche dei capelli **3** pane lavorato in forma di treccia.

trecentesco [-té-] *agg.* [pl. -chi] del Trecento.

trecentesimo [-tèʃi-] *agg.num.ord.* che in una serie occupa il posto numero trecento // *s.m.* la trecentesima parte.

trecentista *s.m.* [pl. -i] scrittore o artista del Trecento.

trecento [-cèn-] *agg.num.card.* indica una quantità composta di tre volte cento unità // *s.m.* **1** il numero trecento e la cifra che lo rappresenta **2** *il Trecento*, il secolo XIV.

tredicenne [-cèn-] *agg.* e *s.m.* e *f.* che o chi ha tredici anni.

tredicesima [-cèʃi-] *s.f.* cosa che viene al tredicesimo posto in una successione; in particolare, mensilità retributiva in più, data di solito a fine anno.

tredicesimo [-cèʃi-] *agg.num.ord.* che in una serie occupa il posto numero tredici // *s.m.* la tredicesima parte.

tredici [tré-] *agg.num.card.* indica una quantità composta di dieci unità più tre // *s.m.* il numero tredici e la cifra che lo rappresenta.

tregenda [-gèn-] *s.f.* **1** schiera di diavoli, di streghe ecc. che, secondo credenze popolari nordiche, si dà convegno o va in giro di notte a fare ridda **2** (*fig.*) pandemonio, confusione caotica.

tregua [tré-] *s.f.* **1** sospensione temporanea delle ostilità concordata tra le parti in conflitto: *— di Dio*, sospensione delle armi che la chiesa imponeva nel medioevo, sotto pena di scomunica, durante la Quaresima e l'Avvento **2** (*fig.*) cessazione, interruzione momentanea di un malanno, di un affanno, del continuo succedersi di un fatto: *il male non gli dà —; la pioggia cade senza —*. SIN. *riposo, sosta*.

trekking [*ingl.*; *pr.* trèkin] *s.m.* escursionismo a piedi, su lunghi percorsi di montagna o campagna, con pernottamenti al campo.

tremare *v.intr.* [*io trèmo ecc.*] **1** contrarsi, agitarsi in modo rapido e convulso dei muscoli per effetto del freddo, della paura, di una malattia / *assol.* aver paura: *è un uomo che trema per nulla / — come una foglia*, fortemente **2** oscillare, essere agitato da scosse continue (detto di cose): *non fate — il tavolo / la voce, la vista gli trema*, è poco ferma, vacillante.

tremarella [-rèl-] *s.f.* (*fam.*) stato di profonda agitazione, dovuta a paura, talvolta accompagnato da un vero e proprio tremito.

trematodi [-tò-] *s.m.pl.* (*zool.*) classe di platelminti alla quale appartengono numerose specie di parassiti patogeni dell'uomo e degli animali.

tremebondo [-bón-] *agg.* tutto tremante, spec. per paura o viltà.

tremendo [-mèn-] *agg.* che fa tremare di paura: *pericolo — / il freddo è —*, eccessivo, insopportabile. SIN. *atroce, terribile*.

trementina *s.f.* resina estratta dal pino, utilizzata in medicina per le sue proprietà balsamiche e nell'industria come solvente.

tremito [trè-] *s.m.* ciascuno dei movimenti convulsi di chi trema; rapida successione di tali movimenti.

tremolante *agg.* un poco tremante; incerto, esitante: *fiamma, voce —*.

tremolare *v.intr.* [*io trèmolo ecc.*] tremare, ondeggiare leggermente: *la fiamma tremolava; le foglie tremolano*.

tremolio [-lì-] *s.m.* il tremolare: *il — delle foglie*.

tremolo [trè-] *s.m.* **1** nell'esecuzione di un pezzo musicale, rapida ripetizione di un suono **2** meccanismo dell'organo e dell'armonium che fa uscire l'aria a brevi scatti, rendendo il suono tremolante.

tremore [-mó-] *s.m.* il tremare fortemente, per malattia, per freddo o per paura: *sentiva un — alle gambe*.

tremulo [trè-] *agg.* tremante, non ben fermo: *la luce tremula della candela; voce tremula*.

trench [*ingl.*; *pr.* trenc'] *s.m.* impermeabile sportivo di stile militare.

trend [*ingl.*; *pr.* trènd] *s.m.* andamento, tendenza di lungo periodo, spec. di un sistema economico.

treno¹ [trè-] *s.m.* **1** complesso di vagoni o carri trascinati dalla locomotiva sulla strada ferrata **2** corteggio, seguito di carrozze e servi, con cui un tempo uscivano in pubblico sovrani e grandi personaggi **3** (*fig.*) maniera di vivere, tenore di vita **4** l'insieme dei carri, dei cavalli e delle persone addetti ai trasporti militari **5** affusto di artiglieria.

treno² [trè-] *s.m.* nella poesia greca antica, canto funebre.

trenta [trèn-] *agg.num.card.* indica una quantità composta di tre decine // *s.m.* il numero trenta e la cifra che lo rappresenta.

trentenne [-tèn-] *agg.* e *s.m.* e *f.* che o chi ha trent'anni.

trentennio [-tèn-] *s.m.* periodo di trent'anni.

trentesimo [-tè-] *agg.num.ord.* che in una serie occupa il posto numero trenta // *s.m.* la trentesima parte.

trentina *s.f.* complesso di trenta o circa trenta unità / *essere sulla —*, avere circa trent'anni.

trentino *agg.* della Venezia Tridentina, della città di Trento // *s.m.* abitante, nativo della Venezia Tridentina o di Trento.

trepestio [-sti-] *s.m.* calpestio confuso.

trepidante *agg.* che è pieno di ansia e timore.

trepidare *v.intr.* [*io trèpido ecc.*] provare ansia e timore: *la madre trepidava per la sorte del figlio*.

trepidazione [-zió-] *s.f.* il trepidare; ansia, pena: *non stare in —, perché tutto andrà bene*. SIN. *timore*.

trepido [trè-] *agg.* pieno di ansia e di timore; inquieto. SIN. *timoroso*.

treponema [-nè-] *s.m.* [pl. *-i*] → **spirocheta**.

treppiede [-piè-] *s.m.* qualunque sostegno che poggia su tre piedi: *il — della macchina fotografica*.

trequarti *s.m.invar.* **1** giacca o soprabito da donna che arriva quasi al ginocchio **2** (*chir.*) strumento formato da un cannello da cui esce una punta triangolare, che serve per estrarre, mediante puntura, liquidi formatisi sotto la cute.

tresca [trè-] *s.f.* **1** intrigo, maneggio occulto e disonesto: *la — è stata scoperta* **2** relazione amorosa clandestina.

trescare *v.intr.* [*io trésco, tu tréschi ecc.*] ordire una tresca; avere una relazione amorosa clandestina.

trescone [-scó-] *s.m.* antico ballo di contadini, con movimenti molto vivaci.

tresette [-sèt-] *s.m.invar.* → **tressette**.

trespolo [trè-] *s.m.* **1** arnese formato da una tavola che poggia su tre o su quattro piedi; serve per sostenere qlco. o come sgabello **2** (*fig.scherz.*) macchina, arnese, veicolo malandato.

tressette [-sèt-] *s.m.invar.* gioco di carte che si fa solitamente tra due coppie di giocatori, distribuendo tutte le quaranta carte.

trevisano *agg.* di Treviso: *insalata trevisana*, sorta di insalata rossa // *s.m.* abitante di Treviso.

tri- [dal lat. *tres = tre*] prefisso che significa «tre, di tre, formato da tre» (*trifase, triangolo, triciclo, tripartito*).

triade [tri-] *s.f.* **1** complesso di tre persone o cose, poste tra loro in qualche rapporto **2** (*mus.*) accordo di tre note.

triangolare *agg.* **1** che ha tre angoli **2** (*fig.*) si dice di incontro o trattativa che vede coinvolte tre parti // *s.m.* nello sport, torneo o manifestazione che vede coinvolte tre squadre: *il — di tennis*.

triangolazione [-zió-] *s.f.* **1** operazione geodetica consistente nel rilevamento di zone molto estese di terreno che si suddividono a fine di misurazione in una rete di triangoli adiacenti **2** (*sport*) nel gioco del calcio, serie di passaggi fra giocatori della stessa squadra.

triangolo [triàn-] *s.m.* **1** poligono avente tre lati e tre angoli: — *equilatero, isoscele, scaleno*, che ha rispettivamente tutti e tre i lati uguali, due o nessuno; — *acutangolo, rettangolo, ottusangolo*, avente rispettivamente tutti e tre gli angoli acuti, uno retto, uno ottuso **2** qualunque oggetto, disegno ecc., a forma di triangolo **3** (*mus.*) strumento a percussione costituito da una sbarra di metallo piegata a triangolo su cui si batte con una verga dello stesso metallo **4** lima a sezione triangolare **5** (*fig.*) situazione con tre protagonisti: *il classico — sentimentale*, un uomo, o una donna, che due legami amorosi.

triario [trià-] *s.m.* soldato romano che combatteva nella terza fila della legione.

trias [tri-] *s.m.invar.* (*geol.*) il più antico periodo dell'era geologica mesozoica.

triassico [triàs-] *agg.* [pl.m. *-ci*] che è proprio del trias: *uno strato* — *s.m.* trias.

tribale *agg.* di tribù: *organizzazione — della società; guerre tribali*.

triboelettricità *s.f.invar.* elettricità statica ottenuta per strofinio.

triboelettrico [-lèt-] *agg.* di, della triboelettricità.

tribolare *v.tr.* [*io tribolo ecc.*] affliggere, far soffrire molto fisicamente o moralmente: *ha un male che lo tribola da molti anni* // *v.intr.* soffrire molto: *con questo mestiere bisogna — tutta la vita*. SIN. *penare*.

tribolato *agg.* **1** che soffre; che è afflitto fisicamente o moralmente **2** pieno di tribolazioni: *vita tribolata*.

tribolazione [-zió-] *s.f.* **1** il tribolare; la sofferenza di chi è tribolato **2** ciò che è causa di dolore, di patimenti: *le tribolazioni della vita*.

tribolo [tri-] *s.m.* **1** (*lett.*) pruno o altra pianta spinosa **2** (*fig.*) sofferenza, dolore: *una vita piena di triboli*.

triboluminescenza [-scèn-] *s.f.* luminescenza provocata dallo sfregamento tra due corpi.

tribordo [-bór-] *s.m.* il lato destro di un'imbarcazione, guardando da poppa a prua, detto più propriamente *dritta* o *destra*.

tribù *s.f.invar.* **1** (*st.*) ciascuna delle parti in cui in origine fu diviso il popolo romano **2** raggruppamento umano composto di più famiglie unite da vincoli di sangue e aventi un proprio ordinamento e un proprio capo: *conflitti di — nell'Africa centrale* **3** (*scherz.*) famiglia molto numerosa; (*spreg.*) gruppo legato da interessi, clientele.

tribuna *s.f.* **1** posto elevato dal quale gli oratori parlano al pubblico **2** palco riservato a determinate categorie di persone o al pubblico in assemblee, congressi e simili: *la — delle autorità, della stampa* **3** costruzione a gradinate in legno o in muratura, intorno ai campi sportivi, dove prendono posto gli spettatori **4** nelle basiliche cristiane, la parte chiusa dell'abside, dietro l'altare maggiore.

tribunale *s.m.* **1** il luogo dove viene amministrata la giustizia: *è impiegato al —* **2** l'autorità, il corpo che amministra la giustizia; in particolare, organo giudicante composto da un presidente e due giudici cui, in sede civile e penale, compete la giurisdizione in primo grado o in appello: *— civile e penale, ordinario, speciale, militare, dei minorenni*; *contro la sentenza del pretore si può far ricorso in — / questa storia finirà in —*, sarà decisa in un processo civile o penale / *trascinare qlcu. in —*, accusarlo per via legale / *il — della storia, della coscienza*, il loro giudizio.

tribunato *s.m.* l'ufficio e la dignità di tribuno; il periodo di permanenza nella carica.

tribuno *s.m.* **1** nell'antica Roma, il nome di vari magistrati: *— della plebe*, quello che difendeva i diritti della plebe contro i patrizi; *— militare*, comandante della fanteria nella legione romana **2** (*spreg.*) politicante che si atteggia a difensore del popolo con notevoli capacità oratorie.

tributare *v.tr.* dare qlco. a qlcu. come omaggio dovuto: *— onori, lodi*.

tributario [-tà-] *agg.* **1** che concerne i tributi, le tasse, le imposte: *reato —*, violazione delle leggi fiscali; *riforma tributaria* **2** che è soggetto al pagamento di un tributo: *un popolo — dei romani* **3** si dice di fiume che versa le sue acque in altro fiume o lago: *il Ticino è — del Po*. SIN. *affluente*.

tributo *s.m.* **1** termine generico che indica ogni versamento di denaro dovuto dai cittadini allo stato **2** (*fig.*) tutto ciò che si dà come cosa dovuta, per assolvere a un obbligo: *— di riconoscenza, di sangue*; *— di lodi, di omaggi* **3** presso gli antichi romani, contributo obbligatorio, pagato allo stato per tribù.

tricheco [-chè-] *s.m.* [pl. *-chi*] mammifero dei mari artici, con corpo tozzo, zampe trasformate in pinne, testa piccola e canini sporgenti come zanne; viene cacciato per la pelle, il grasso e le zanne (*fam.* Odobenidi).

trichiasi [-chìaſi] *s.f.invar.* (*med.*) deviazione delle ciglia verso l'interno.

trichina *s.f.* piccolissimo verme filiforme dei nematelminti, parassita intestinale dell'uomo e di altri mammiferi; lo si prende mangiando carne cruda contenente le larve.

trichinosi [-nòſi] *s.f.invar.* malattia provocata dall'ingestione di carne infestata dalla trichina.

trichomonas [-mò-] *s.m.invar.* protozoo, di cui due varietà (*— vaginalis* e *— intestinalis*) sono patogene per l'uomo.

trichomoniasi [-nìaſi] *s.f.invar.* infezione determinata da trichomonas: *— vaginale*.

triciclo *s.m.* **1** veicolo a tre ruote, a pedali o a motore, fornito di una piattaforma o di una cassa per il trasporto di merci **2** velocipede a tre ruote per bambini.

tricipite [-cì-] *agg.* (*lett.*) che ha tre teste // *agg. e s.m.* si dice di muscolo che si origina con tre capi: *— del braccio*, quello che occupa la parte posteriore del braccio, (*ill. Corpo*).

triclinio [-clì-] *s.m.* presso gli antichi romani, insieme di tre divani, disposti su tre lati, su ciascuno dei quali si sdraiavano, per mangiare, tre persone; per estens., la sala da pranzo dell'antica casa romana.

triclino *agg. e s.m.* in cristallografia, si dice di uno dei sistemi cristallini e dei cristalli ad esso appartenenti.

triclorofenolo [-nò-] *s.m.* composto organico con tre

atomi di cloro, usato come funghicida, battericida, defogliante, erbicida.

trico- [dal gr. *trix*, *tricós = pelo, capello*] prima parte di termini scientifici che indica tutto ciò che ha attinenza col sistema pilifero (*tricologia*).

tricologia [-gì-] *s.f.* il complesso delle conoscenze scientifiche che riguardano il sistema pilifero.

tricolore [-ló-] *agg.* che ha tre colori: *bandiera —* // *s.m.* la bandiera italiana: *sventola il —*.

tricorno [-còr-] *s.m.* **1** antico cappello a tre punte **2** il berretto a tre spicchi usato dal clero.

tricot [*franc.*; *pr.* tricó] *s.m.* lavoro, tessuto a maglia per lo più fatto a mano.

tricromia [-mi-] *s.f.* **1** procedimento di riproduzione a stampa di un'immagine a colori mediante la sovrapposizione di tre matrici inchiostrate con i tre colori fondamentali, rosso, giallo e blu **2** la riproduzione ottenuta mediante tale procedimento.

tric-trac *s.m.invar.* tavola reale.

tricuspidale *agg.* che termina con tre cuspidi o punte.

tricuspide [-cù-] *agg.* che ha tre cuspidi / *valvola —*, (*anat.*) quella che mette in comunicazione l'atrio e il ventricolo destro del cuore.

tridente [-dèn-] *s.m.* forcone con tre rebbi.

tridentino *agg. e s.m.* trentino; usato solo in locuz. storiche o geografiche: *Concilio Tridentino*; *Venezia Tridentina*.

tridimensionale *agg.* a tre dimensioni / *cinema —*, sistema di ripresa e di proiezione mediante il quale si dà allo spettatore l'impressione di vedere le immagini in rilievo, cioè dotate di tre dimensioni.

triduo [trì-] *s.m.* funzione sacra o devozione privata che si fa per tre giorni consecutivi in preparazione a una festa o per ricevere una grazia.

triedro [-triè-] *s.m.* (*geom.*) angoloide con tre facce.

trielina *s.f.* (*chim.*) composto organico, contenente cloro, usato come solvente e per smacchiare gli abiti.

triennale *agg.* che dura tre anni; che si verifica ogni tre anni // *s.f.* manifestazione che si organizza ogni tre anni: *la — di Milano*.

triennio [trièn-] *s.m.* tempo di tre anni.

triestino *agg.* di Trieste // *s.m.* abitante di Trieste.

trifase [-ſe] *agg.* che ha tre fasi / *sistema —*, quello costituito da tre correnti alternate a tre fasi opportunamente sfasate tra di loro.

trifoglio [-fò-] *s.m.* pianta erbacea con foglie composte di tre o, raramente, quattro foglioline, e con fiori bianchi o rossi (*fam.* Leguminose).

trifola [trì-] *s.f.* (*region.*) tartufo.

trifolato *agg.* si dice di carne o verdura tagliata sottile, come si tagliano i tartufi, e cotta con olio, aglio e prezzemolo.

trifora [trì-] *s.f.* finestra a tre aperture divise da pilastri o colonnine.

triforme [-fór-] *agg.* che ha tre forme.

trigemino [-gè-] *agg.* **1** si dice di parto con tre nati; di ciascuno di tre nati contemporaneamente **2** (*anat.*) il quinto dei nervi dell'encefalo che con fibre motorie e sensitive si distribuisce sulla faccia.

trigesimo [-gèſi-] *agg. e s.m.* trentesimo: *nel — della morte*, nel trentesimo giorno dalla morte di qlcu.

triglia [trì-] *s.f.* pesce di mare commestibile di media grandezza, con grandi squame, muso corto e due bargigli al mento (*fam.* Mullidi).

trigliceride [-cè-] *s.m.* (*chim.*) nome dei grassi neutri, formati dall'unione della glicerina con acidi grassi.

triglifo [trì-] *s.m. (arch.)* elemento decorativo del fregio dorico; alternato alle metope, è costituito da tre scanalature verticali [*ill. Architettura*].

trigonometria [-trì-] *s.f.* parte della matematica che, giovandosi delle relazioni fra i lati e gli angoli, si propone di calcolare i valori di tutti gli elementi di un triangolo quando ne siano noti tre, fra cui almeno un lato / — *sferica*, parte della matematica che tratta delle relazioni tra gli elementi dei triangoli sferici.

trigonometrico [-mè-] *agg.* [pl.m. *-ci*] relativo alla trigonometria.

trilingue [-lìn-] *agg.* **1** che è scritto in tre lingue: *un testo* — **2** che parla tre lingue: *un interprete* —.

trilione [-lió-] *s.m.* l'unità di mille miliardi.

trillare *v.intr.* fare dei trilli: *gli usignoli trillavano allegramente.*

trillo *s.m.* **1** *(mus.)* rapido alternarsi di una nota con un'altra superiore o inferiore di un tono o di un semitono rispetto alla precedente **2** per estens., ogni suono o canto simile ad esso: *il — del campanello.*

trilobiti *s.m.pl.* crostacei fossili caratteristici dell'era paleozoica inferiore.

trilogia [-gì-] *s.f.* **1** nella Grecia antica, complesso di tre composizioni drammatiche, per lo più di argomento affine **2** opera letteraria composta di tre parti distinte, che costituiscano però un'unità: *la — dantesca.*

trilustre *agg.* che ha, che dura tre lustri.

trimarano *s.m.* imbarcazione a vela analoga al catamarano, ma con tre scafi.

trimestrale *agg.* che dura tre mesi; che avviene ogni tre mesi: *un affitto —; uno scrutinio —.*

trimestralizzare [-liʒʒa-] *v.tr.* rendere trimestrale; far scadere ogni tre mesi.

trimestralizzazione [-liʒʒazió-] *s.f.* il trimestralizzare; il diventare trimestrale: — *dell'affitto.*

trimestre [-mè-] *s.m.* **1** tempo di tre mesi: *pago l'affitto ogni* — **2** ciascuna delle tre suddivisioni dell'anno scolastico: *gli scrutini dell'ultimo* — **3** rata che si paga o si riscuote ogni tre mesi: *ho riscosso il* —.

trimotore [-tó-] *agg.* che ha tre motori // *s.m.* aeroplano con tre motori.

trina *s.f.* merletto, pizzo.

trinca *s.f. (mar.)* salda legatura, fatta a bordo mediante cavo o catena per fissare oggetti mobili a parti stabili della nave.

trincare¹ *v.tr.* [*io trinco, tu trinchi ecc.*] legare con una o più trinche.

trincare² *v.tr.* [*io trinco, tu trinchi ecc.*] *(pop.)* bere molto e con avidità (spesso *assol.*): *ha trincato un litro di vino.*

trincarino *s.m. (mar.)* serie di tavole di legno o di lamiera poste internamente allo scafo che servono a collegare i bagli alla murata.

trincea [-cè-] *s.f.* **1** *(mil.)* opera di fortificazione consistente in un fosso scavato nel terreno che protegge gli uomini dal tiro delle armi nemiche e dalla quale si indirizza il fuoco contro gli avversari / *guerra di* —, guerra statica, di posizione / *essere in* —, (fig.) in posizione di difesa, in una situazione scomoda **2** scavo praticato nel terreno per costruire una strada a un livello più basso del terreno circostante.

trinceramento [-mén-] *s.m.* **1** atto, effetto del trincerare, del trincerarsi **2** luogo trincerato.

trincerare *v.tr.* [*io trincèro ecc.*] munire di una o più trincee // **-arsi** *v.rifl.* **1** ripararsi in una trincea: *i soldati si trincerarono* **2** *(fig.)* farsi scudo, farsi forte di qlco.: *si trincerò nel silenzio.*

trincerato *agg.* munito di una o più trincee.

trincetto [-cét-] *s.m.* strumento del calzolaio consistente in una lama d'acciaio un po' curva, appuntita e tagliente, usato per tagliare il cuoio.

trinchetto [-chét-] *s.m.* primo albero verso prora di un veliero a tre alberi / *vela di* —, la vela più grande di tale albero.

trinciante *s.m.* grosso coltello per tagliare la carne o altre vivande.

trinciapollo *s.m.,* **trinciapolli** [-pól-] *s.m.invar.* tipo di robuste forbici, provviste di molla a pressione, che serve per tagliare polli, lepri e simili prima di servirli in tavola.

trinciare *v.tr.* [*io trìncio ecc.*] tagliare in piccoli pezzi o strisce sottili: — *il pollo;* — *le foglie di tabacco* / — *i panni addosso a qlcu.,* parlarne male, spettegolare / — *l'aria con i gesti,* gesticolare in fretta o in modo esagerato / — *giudizi,* giudicare in modo avventato e con presunzione // **-arsi** *v.rifl.pron.* tagliuzzarsi, spec. nelle pieghe: *un tessuto che si trincia facilmente.*

trinciato *agg.* tagliuzzato, sminuzzato: *paglia, stoffa trinciata* // *s.m.* **1** tabacco per sigarette o per pipa tagliato in strisce sottilissime **2** *(arald.)* scudo diviso diagonalmente da una linea.

trinciatore [-tó-] *s.m.* [f. *-trice*] chi trincia; operaio addetto alla trinciatura del tabacco.

trinciatrice *s.f.* nome generico di varie macchine usate per sminuzzare materiali.

trinciatura *s.f.* **1** l'operazione del trinciare **2** il materiale trinciato.

trinità *s.f.invar.* l'essere trino; si usa quasi esclusivamente a proposito della natura e sostanza divina unica sussistente, secondo alcune religioni cristiane tra le quali è la cattolica, in tre persone, padre, figlio e spirito santo: *l'unità e la — di Dio / la (santissima) Trinità,* le tre persone divine.

trinitario [-tà-] *agg.* della Trinità divina.

trino *agg.* che è costituito di tre; si usa spec. in teologia con riferimento a Dio: *Dio uno e* —.

trinomio [-nò-] *s.m. (mat.)* espressione algebrica costituita da tre monomi.

trio *s.m.* **1** composizione musicale per tre strumenti **2** complesso costituito da tre cantanti o da tre strumenti **3** seconda parte di alcuni ballabili.

triodo [tri-] *s.m. (fis.)* tubo termoelettronico a tre elettrodi: il filamento, che emette gli elettroni, la griglia, che ne controlla il passaggio e la placca che li raccoglie; è usato come amplificatore di tensione e come generatore di oscillazioni elettriche.

trionfale *agg.* di, da trionfo: *carro* —; *marcia* —; *ingresso* —.

trionfante *agg.* **1** che trionfa; che ha conseguito un trionfo; che ha ottenuto l'onore del trionfo / *la chiesa* —, la chiesa come comunità di anime beate in cielo **2** esultante, per un successo ottenuto: *mi annunciò tutto* — *di essere stato promosso.*

trionfare *v.intr.* [*io trionfo ecc.*] **1** ottenere gli onori del trionfo **2** per estens., vincere gloriosamente i nemici; (fig.) riportare una piena e clamorosa vittoria, un successo strepitoso: — *sui propri nemici; quell'attore trionfa sulle scene; non sempre l'innocenza trionfa* **3** esultare; (spreg.) vantarsi, insuperbire: *guarda come trionfa.*

trionfatore [-tó-] *s.m.* [f. *-trice*] chi trionfa.

trionfo [trión-] *s.m.* **1** presso gli antichi romani, il massimo onore concesso a un generale vittorioso: *decretare, riportare il* — **2** per estens., vittoria gloriosa, clamorosa, splendida (anche *fig.*): *il — della verità* **3** successo strepitoso: *quello spettacolo fu un vero —* / *portare in — qlcu.*, alzarlo e portarlo sulle spalle **4** rappresentazione artistica del trionfo **5** alzata, coppa a più ripiani riccamente decorata che si pone sulla tavola per ornarla.

triossido [triòs-] *s.m.* (*chim.*) ossido la cui molecola possiede tre atomi di ossigeno.

trip [*ingl.*; *pr.* trip] *s.m.* viaggio (spec. nel senso *fig.* che questo termine ha nel gergo della droga).

tripanosoma [-sò-] *s.m.* [pl. *-i*] genere di protozoi (*flagellati*) parassiti dei vertebrati; nell'uomo provocano gravi malattie quali quella del sonno ecc.

tripanosomiasi [-mìaʃi] *s.f.invar.* malattia infettiva determinata dai tripanosomi: *— africana*, la cosiddetta malattia del sonno.

tripartitico [-tì-] *agg.* [pl.m. *-ci*] che si basa su tre partiti politici.

tripartito[1] *agg.* diviso in tre / *patto —*, sottoscritto da tre parti.

tripartito[2] *agg.* e *s.m.* si dice di governo formato da elementi di tre partiti politici.

tripartizione [-zió-] *s.f.* divisione in tre.

triplicare *v.tr.* [*io triplico, tu triplichi ecc.*] moltiplicare per tre; rendere triplo: *— i guadagni.*

triplicato *agg.* aumentato di tre volte: *prezzo —.*

triplice [trì-] *agg.* che è formato di tre parti, cose o persone: *la — alleanza.*

triplo *agg.* tre volte maggiore: *una somma tripla*; *uno stipendio —* // *s.m.* tre volte tanto: *ti darò il — di quanto guadagnavi prima.*

tripode [trì-] *s.m.* **1** sgabello di bronzo a tre gambe su cui sedeva la sacerdotessa di Apollo a Delfi quando vaticinava **2** treppiede di metallo per sostenere vasi ecc.

tripolare *agg.* **1** (*tecn.*) si dice di dispositivo elettrico con tre conduttori: *spina —* **2** (*fig.*) che ha tre elementi, tre punti di riferimento principali: *politica —.*

tripoli [trì-] *s.m.invar.* sostanza naturale derivata dall'accumulo dei gusci silicei di alghe microscopiche e di protozoi, che si usa per lucidare metalli; farina fossile.

tripolino *agg.* di Tripoli // *s.m.* abitante di Tripoli.

trippa *s.f.* **1** stomaco di bovini macellati; si cucina in vari modi come vivanda **2** (*scherz.*) pancia, ventre: *ha messo su —*, di persona che si è ingrassata.

tripsina *s.f.* (*med.*) enzima proteolitico, secreto dal pancreas, che agisce sulle sostanze proteiche scindendole fino ad aminoacidi.

tripudiare *v.intr.* [*io tripùdio ecc.*] esprimere rumorosamente la propria gioia; esultare.

tripudio [-pù-] *s.m.* **1** gioia rumorosa: *i corridori furono accolti con grande —.* SIN. *giubilo, esultanza* **2** (*fig.*) gioia degli occhi: *un — di colori.*

triregno [-ré-] *s.m.* la tiara un tempo portata dal papa, cosiddetta perché reca tre corone sovrapposte.

trireme [-rè-] *s.f.* antica nave da guerra a tre ordini di remi.

tris *s.m.invar.* in alcuni giochi di carte, combinazione di tre carte dello stesso valore: *un — d'assi.*

trisavolo [-ʃà-] *s.m.* [f. *-a*] padre del bisavolo o antenato in genere.

trisezione [-zió-] *s.f.* divisione di un angolo o di un segmento in tre parti uguali.

trisillabo [-sil-] *agg.* di tre sillabe // *s.m.* parola o verso di tre sillabe.

trisma [-ʃma] *s.m.* [pl. *-i*] contrazione spasmodica delle mascelle che impedisce di aprire la bocca.

triste *agg.* **1** che è in preda a un sentimento di dolore. SIN. *malinconico, mesto, afflitto, amaro, accorato.* CONTR. *allegro* **2** che dà dolore: *un — annuncio.*

tristezza [-stéz-] *s.f.* l'essere triste. SIN. *malinconia, afflizione, accoramento.* CONTR. *allegria.*

tristizia [-sti-] *s.f.* (*lett.*) l'essere tristo; malvagità.

tristo *agg.* **1** (*lett.*) malvagio: *un ragazzo —*; *un'opera trista.* SIN. *cattivo* **2** infausto, minaccioso: *un — presentimento.* SIN. *sinistro* **3** meschino, misero: *fare una trista figura.*

tritacarne *s.m.invar.* apparecchio, a mano o elettrico, per tritare la carne.

tritare *v.tr.* tagliare carni, verdure o altri cibi in pezzi minutissimi. SIN. *sminuzzare.*

tritatutto *s.m.invar.* apparecchio, a mano o elettrico, simile al tritacarne, usato per tritare ogni genere di cibi.

tritello [-tèl-] *s.m.* → **cruschello.**

tritio [tri-] *s.m.* (*chim.*) → **trizio.**

trito *agg.* **1** tritato, ridotto in pezzi piccolissimi: *carne, verdura trita* **2** (*fig.*) usato, logorato dall'uso, notissimo: *argomenti triti e ritriti.*

tritolo [-tò-] *s.m.* (*chim.*) sostanza organica nitrata, solida, incolora, usata come alto esplosivo dirompente.

tritone[1] [-tó-] *s.m.* genere di anfibi simili alle salamandre, forniti di coda appiattita e, spesso, di una cresta dorsale (*fam.* Salamandridi) [*ill.* Anfibi].

tritone[2] [-tó-] *s.m.* (*fis.*) il nucleo dell'atomo di trizio, isotopo dell'idrogeno.

trittico [trìt-] *s.m.* [pl. *-ci*] **1** polittico formato da tre elementi, dipinti o intagliati in avorio o legno, tenuti insieme dalla cornice o da cerniere **2** opera letteraria o teatrale divisa in tre parti autonome **3** documento doganale necessario per la temporanea esportazione di un automezzo.

trittongo [-tòn-] *s.m.* [pl. *-ghi*] complesso di tre suoni vocalici in una sola sillaba (*p.* mìei).

tritume *s.m.* insieme di cose ridotte in pezzi piccolissimi; minuzzaglia.

triturare *v.tr.* ridurre in parti assai minute, tritare: *— il cibo coi denti.*

triumvirato *s.m.* **1** (*st.*) dignità, ufficio dei triumviri **2** per estens., si dice di un gruppo di tre persone con funzioni direttive: *il — che è a capo del partito di minoranza.*

triumviro [triùm-] *s.m.* nell'antica Roma, ciascuno dei tre membri di una magistratura composta da tre persone.

triunviro [triùn-] e *deriv.* → **triumviro** e *deriv.*

trivalente [-lèn-] *agg.* (*chim.*) si dice di un elemento, di cui ciascun atomo ha la proprietà di combinarsi con tre atomi di idrogeno.

trivella [-vèl-] *s.f.* **1** congegno meccanico o anche elettrico costituito da uno stelo d'acciaio che termina con una punta a spirale; serve a praticare buchi nel legno **2** attrezzo di ferro per eseguire fori nel terreno, solitamente munito di una punta a spirale che ruota attorno al proprio asse azionata da motori termici o elettrici.

trivellamento [-mén-] *s.m.* trivellazione.

trivellare *v.tr.* scavare, sondare con la trivella.

trivellazione [-zió-] *s.f.* l'operazione del trivellare, il suo effetto.

triviale *agg.* da trivio; molto volgare: *atto, parola —*; *donna —.* SIN. *volgare.*

trivialità *s.f.invar.* l'essere triviale; atto, parola triviale: *— di modi; dice sempre delle —.* SIN. *volgarità.*

trivio [trì-] *s.m.* **1** luogo dove si uniscono tre vie: *là in* *fondo c'è un — / maniere da —*, volgari, sguaiate **2** (*lett.*) nelle scuole medievali, le tre arti liberali, ossia la grammatica, la retorica, la dialettica: *arti del —*.

trizio [tri-] *s.m.* (*chim.*) isotopo radioattivo dell'idrogeno (T; *n.at.* 1; *p.at.* 3).

trocaico [-cài-] *agg.* [pl.m. *-ci*] di trocheo, formato da trochei: *ritmo, metro —*.

trocantere [-tè-] *s.m.* (*anat.*) ciascuna delle due protuberanze del femore: *grande, piccola —*.

trocheo [-chè-] *s.m.* nella metrica classica, un piede formato da una sillaba lunga e una breve.

troclea [tròclea] *s.f.* (*anat.*) superficie ossea di certe articolazioni, che ha forma di puleggia.

trocleare *agg.* (*anat.*) della troclea: *nervo — [ill. Occhio].*

trofeo [-fè-] *s.m.* **1** armi e spoglie di un guerriero vinto che il vincitore appendeva ad un albero o ammucchiava sul luogo della battaglia; per estens., bandiere, armi, incrociate per ornamento: *— di caccia*, corna, pelli, teschi di animali uccisi **2** distintivo di metallo sul berretto o sull'elmetto dei soldati.

trofismo [-ʃmo] *s.m.* (*scient.*) lo stato di nutrizione dei tessuti.

troglodita *s.m.* e *f.* [pl.m. *-i*] essere umano abitatore di caverne; (*fig.spreg.*) persona rozza, primitiva nei modi.

troglodítico [-di-] *agg.* [pl.m. *-ci*] di, da troglodita: *abitazioni trogloditiche.*

trogolo [trò-] *s.m.* **1** recipiente in muratura, basso, largo, usato per lavarvi i panni o per altri usi **2** mangiatoia per suini a forma di conca.

troia [trò-] *s.f.* (*volg.*) scrofa.

troiano *agg.* di Troia // *s.m.* abitante di Troia.

troica [tròi-], **troika** [tròika] *s.f.* **1** tiro a tre cavalli usato in Russia per trainare slitte e carretti **2** (*fig.*) gruppo di comando di tre persone; triumvirato.

trolley [*ingl.*; *pr.* tròli] *s.m.* antenna metallica a puleggia mediante la quale le motrici tranviarie e ferroviarie ricevono la corrente elettrica dai fili della rete aerea.

tromba [tróm-] *s.f.* **1** strumento musicale a fiato formato da un tubo che termina allargandosi a campana; per lo più è fornito di valvole a pistoni che permettono di ottenere tutti i suoni della scala cromatica: *uno squillo di — [ill. Musicali, strumenti]; le trombe del giudizio*, quelle che saranno sonate degli angeli per annunciare il giudizio universale / *grammòfono a —*, fornito di un tubo metallico che si apre a padiglione per rinforzare i suoni / *la — dell'elefante*, la proboscide / *partire in —*, lanciarsi in un'impresa con entusiasmo **2** sonatore di tromba; (*ant.*) banditore: *è prima — al teatro dell'Opera* **3** *— d'aria*, colonna d'aria che si sposta rapidamente e vorticosamente, causando gravi danni; *— marina*, colonna d'acqua che sale vorticosamente, aspirata da una tromba d'aria **4** *— delle scale*, in un edificio, lo spazio vuoto intorno a cui si avvolgono le rampe **5** (*anat.*) condotto: *— di Eustachi*, il condotto che parte dall'orecchio medio e arriva alla faringe [*ill. Orecchio*] **6** (*antiq.* o *region.*) pompa: *— da incendio.*

trombare *v.tr.* [io trómbo ecc.] (*scherz.*) bocciare; bloccare in un'attività, impedire nel raggiungimento di uno scopo; non eleggere un candidato.

trombettiere [-tiè-] *s.m.* soldato che dà i segnali con la tromba.

trombina *s.f.* (*biol.*) enzima che determina la coagulazione del sangue, trasformando il fibrinogeno in fibrina.

trombo [tróm-] *s.m.* coagulo di sangue entro i vasi sanguigni.

tromboangioite *s.f.* (*med.*) denominazione dei processi di occlusione progressiva delle arterie, noti anche come morbo di Bürger.

tromboarterite *s.f.* (*med.*) processo infiammatorio che colpisce le arterie, determinando contemporaneamente la formazione di trombi.

trombochinasi [-ʃi] *s.f.invar.* (*biol.*) enzima prodotto dalle piastrine del sangue, che partecipa al processo di coagulazione trasformando la protrombina in trombina.

trombocito *s.m.* elemento del sangue, → **piastrina**.

tromboflebite *s.f.* (*med.*) infiammazione delle vene con formazione di un coagulo di sangue nel loro interno.

trombone [-bó-] *s.m.* **1** strumento a fiato di ottone simile alla tromba ma di maggiori dimensioni e di tonalità più bassa [*ill. Musicali, strumenti*] **2** (*st.*) arma da fuoco portatile con canna corta e allargata verso la bocca **3** (*fig.*) persona enfatica e priva di originalità.

trombosi [-bòʃi] *s.f.invar.* (*med.*) occlusione di un vaso sanguigno provocata dalla formazione d'un trombo.

troncamento [-mén-] *s.m.* **1** atto, effetto del troncare **2** (*gramm.*) apocope.

troncare *v.tr.* [io trónco, tu trónchi ecc.] **1** tagliare, spezzare violentemente con un colpo netto: *la lama gli troncò una mano.* SIN. *mozzare, recidere* **2** per estens., stroncare, stancare grandemente: *questa camminata mi ha troncato le gambe* **3** (*fig.*) far cessare improvvisamente e bruscamente: *— i rapporti con qlcu.; — il discorso.* SIN. *interrompere.*

troncato *agg.* spezzato, reciso: *speranze troncate* // *s.m.* (*arald.*) scudo diviso in due parti uguali da una linea orizzontale.

tronchese [-ché-] *s.m.* sorta di tenaglia con ganasce taglienti per recidere fili e sbarrette metalliche. DIM. *tronchesino.*

tronchesina *s.f.* piccolo tronchese usato per tagliare unghie e per la cura delle mani.

tronco¹ [trón-] *agg.* [pl.m. *-chi*] **1** troncato / *parola tronca*, parola accentata sull'ultima sillaba; parola che ha subito il troncamento / *verso —*, quello che termina con una vocale tronca / *licenziar in —*, di colpo, senza preavviso **2** (*fig.*) interrotto, incompiuto: *parole tronche*, non pronunciate per intero per timore o ritegno; *notizie tronche*, frammentarie; *lasciare in — un lavoro*, lasciarlo interrotto a mezzo **3** stroncato, sfinito: *avere le braccia tronche per il lavoro.*

tronco² [trón-] *s.m.* **1** fusto legnoso degli alberi e degli arbusti da cui si staccano i rami: *tagliare il — di un abete / famiglie di uno stesso —*, della stessa stirpe **2** parte principale del corpo umano, compresa tra il collo e gli arti; per estens., parte di una statua di cui si conserva solo il torso **3** parte o tratto di qlco. considerata staccata dal tutto; la parte maggiore di un oggetto spezzato: *— di una colonna; — ferroviario*, diramazione della linea principale; *costruire un — di una strada*, costruirne un tratto **4** (*geom.*) solido che si ottiene secando una piramide o un cono con un piano parallelo alla base, oppure tagliando un prisma o un parallelepipedo con un piano obliquo rispetto alla base.

troncoconico, tronco-conico [-cò-] *agg.* [pl.m. *-ci*] che ha forma di tronco di cono.

troncone [-có-] *s.m.* parte maggiore di cose troncate o spezzate: *— di una spada; — di una gamba*, moncone.

troneggiare *v.intr.* [io tronéggio ecc.] stare come su un trono; sovrastare, dominare; avere un comportamento da persona che si sente superiore: *seduto sul carro, troneggiava in mezzo agli altri ragazzi.*

tronfio [trón-] *agg.* **1** gonfio di superbia e di boria: *camminava tutto —*. SIN. *pettoruto* **2** ridondante (detto dello stile). SIN. *ampolloso, gonfio*.

trono [trò-] *s.m.* **1** seggio dei sovrani, elevato su alcuni gradini e usato nelle cerimonie ufficiali: *— pontificio, imperiale* **2** (*fig.*) potere, autorità del sovrano: *salire al —*, assumere il regno **3** *pl.* nella teologia scolastica, uno dei nove ordini delle gerarchie angeliche.

tropicale *agg.* del tropico dei tropici: *clima —*; *regioni tropicali*.

tropico [trò-] *s.m.* [pl. *-ci*] ognuno dei due paralleli che passano per i punti solstiziali posti alla latitudine di 23° 27′ rispettivamente a nord (*tropico del Cancro*) e a sud (*tropico del Capricorno*) rispetto all'equatore.

tropismo [-ʃmo] *s.m.* fenomeno per cui un organismo vegetale si orienta diversamente a seconda degli stimoli esterni.

tropo [trò-] *s.m.* traslato, figura retorica.

tropopausa [-pàuʃa] *s.f.* zona dell'atmosfera compresa tra la troposfera e la stratosfera.

troposfera [-sfè-] *s.f.* parte bassa e densa dell'atmosfera caratterizzata dalla presenza di nubi, di venti e dalla diminuzione della temperatura con l'altitudine.

troppo [tròp-] *agg.indef.* che è più del dovuto, del convenevole; eccessivo: *c'è — traffico; c'erano troppe persone; ho mangiato troppa carne* // *pron.indef.* **1** quantità eccessiva di qlco.: *ho bevuto poco vino e tu —* **2** *pl.* troppe persone: *troppi credono ancora in queste cose* // *avv.indef.* in quantità eccessiva, più del dovuto: *ho lavorato —; avete parlato —*.

trota [trò-] *s.f.* pesce commestibile d'acqua dolce, dal corpo slanciato di media grandezza, coperto da piccole squame e con pinna dorsale piuttosto alta (*fam.* Salmonidi) / *— salmonata*, trota caratterizzata dalle macchioline rosse sulla pelle.

trottare *v.intr.* [*io tròtto ecc.*] **1** andare di trotto (detto di cavallo e cavaliere) **2** (*fig.*) di persona, camminare rapidamente e a lungo.

trottata *s.f.* **1** corsa o passeggiata fatta a cavallo, trottando **2** (*fig.*) camminata veloce.

trottatore [-tó-] *s.m.* [f. *-trice*] cavallo addestrato per le corse al trotto.

trotterellare *v.intr.* [*io trotterèllo ecc.*] **1** di cavallo, andare di piccolo trotto **2** camminare a piccoli passi svelti (detto di persona, e spec. di bambini).

trotto [tròt-] *s.m.* **1** andatura del cavallo o di altri quadrupedi tra il passo ordinario e il galoppo: *andare al —; corse al —; piccolo —*, che non richiede particolare sforzo; *rompere il —*, mettersi a galoppare **2** (*fig.fam.*) il camminare svelto: *su, al — a scuola!*

trottola [tròt-] *s.f.* giocattolo di legno o d'altro materiale, a forma di cono rovesciato terminante con una punta di ferro, che si fa girare svolgendo rapidamente uno spago avvolto intorno ad esso: *gira come una —*, (*fig.*) di persona che è sempre affaccendata.

trottolino *s.m.* bambino molto vivace.

trotzkista *agg.* e *s.m.* e *f.* [pl.m. *-i*] che, chi segue le dottrine comuniste di L. Trotzkij (1879-1940).

troupe [*franc.*; *pr.* trup] *s.f.* gruppo; spec. il gruppo di attori, registi, tecnici ecc. che lavorano insieme per realizzare un film: *la — si è spostata da Madrid a Roma*.

trousse [*franc.*; *pr.* trus] *s.f.* borsetta elegante per signora, a forma di astuccio.

trovare *v.tr.* [*io tròvo ecc.*] **1** rinvenire ciò che si cerca o si desidera: *— casa, marito; — il colpevole*, scoprirlo / *andare a — qlcu.*, fargli visita / *troviamoci alla stazione,*

incontriamoci **2** scorgere, incontrare per caso: *— un anello* **3** constatare, giudicare: *ti trovo molto cambiato* // **-arsi** *v.rifl.pron.* essere in un luogo o in una condizione; essere situato: *si trova in città; mi trovo in pericolo* / *— d'accordo con qlcu.*, essere d'accordo.

trovarobe [-rò-] *s.m.* e *f.invar.* in teatro, chi ha il compito di provvedere, prima e durante lo spettacolo, gli oggetti necessari all'azione scenica.

trovata *s.f.* espediente, ripiego: *fu una bella —*.

trovatello [-tèl-] *s.m.* bambino abbandonato dai genitori e affidato alla pubblica assistenza.

trovatore [-tó-] *s.m.* poeta lirico provenzale del medioevo.

troviero [-viè-] *s.m.* trovatore della Francia settentrionale.

truccare *v.tr.* [*io trucco, tu trucchi ecc.*] **1** trasformare l'aspetto di una persona con parrucca, cerone ecc.; per estens., dare il trucco al viso: *lo truccarono da vecchio* **2** (*fig.*) dare a qlco. un aspetto diverso per ingannare; alterare: *— un risultato / — un motore*, modificarlo in modo da renderlo più potente // **-arsi** *v.rifl.* darsi il trucco al viso.

truccatore [-tó-] *s.m.* [f. *-trice*] esperto di cosmetica, che provvede a truccare gli attori teatrali e cinematografici.

truccatura *s.f.* **1** atto, effetto del truccare o del truccarsi (detto spec. di attori) **2** ciò che serve a truccare o a truccarsi.

trucco *s.m.* [pl. *-chi*] **1** l'abbellire o il trasformare il viso con cosmetici; l'insieme dei cosmetici necessari: *— teatrale; completo per il —* **2** (*fig.*) inganno escogitato per far vedere una cosa per un'altra: *i trucchi dei prestigiatori; un — meschino*.

truce *agg.* bieco, minaccioso: *uno sguardo —; un — delitto*. SIN. *sinistro*.

trucidare *v.tr.* [*io trùcido ecc.*] uccidere barbaramente. SIN. *massacrare*.

truciolo [trù-] *s.m.* sottile strato di materiale asportato da un utensile durante la lavorazione: *trucioli di legno, di ferro, di carta*.

truculento [-lèn-] *agg.* che ha aspetto truce.

truffa *s.f.* il ricavare illecito profitto ingannando qlcu. con raggiri: *gli hanno fatto una —*. SIN. *frode, inganno*.

truffaldino *s.m.* imbroglione, truffatore // *agg.* da truffatore: *impresa truffaldina*.

truffare *v.tr.* sottrarre con truffa; imbrogliare con una truffa: *gli ha truffato un milione; lo ha truffato di un milione*. SIN. *raggirare*.

truffatore [-tó-] *s.m.* [f. *-trice*] chi truffa. SIN. *lestofante, farabutto*.

trullo *s.m.* costruzione di pietre a copertura conica, tipica di alcuni villaggi della Puglia.

trumeau [*franc.*; *pr.* trümò] *s.m.* **1** mobile che ha la parte inferiore a forma di cassettone a ribalta e la parte superiore, alta, chiusa da due ante **2** pannello decorativo o specchiera tra due porte o finestre.

truogolo [trùo-] *s.m.* → **trogolo**.

truppa *s.f.* **1** spec. *pl.* organico insieme di forze militari; l'insieme dei soldati con esclusione dei sottufficiali e degli ufficiali: *le truppe dell'ONU / graduati di —*, caporali e caporalmaggiori **2** quantità di gente raccolta: *vennero in —*, in gruppo, in frotta.

trust [*ingl.*; *pr.* trast] *s.m.* raggruppamento di più imprese in un unico complesso, sotto un'unica direzione, per combattere la concorrenza ed affermarsi sul mercato.

tse-tse [zezzè] *s.f.invar.* insetto affine alla mosca comune, diffuso nelle zone tropicali, che trasmette la malattia del sonno.

T-shirt *s.f.invar.* → **tee-shirt**.

tu *pron.pers.m.* e *f. di seconda persona sing.* **1** si usa solo come sogg. rivolgendo il discorso a persona con cui si è in familiarità; come compl.ogg. e come compl. di termine si usano le forme *te*, *ti*; per i compl. retti da prep. si usa la forma *te*: *ha visto te non me*; *ti aiuta sempre*; *te lo disse lui?*; *ti ha telefonato?*; *a te, da te, con te ecc.*; si usa inoltre *te*: dopo *come* o *quanto*, in frasi comparative (a meno che il verbo non sia ripetuto): *si è applicato quanto te*; *gli disse di comportarsi come te*; quando ha valore predicativo (a meno che il sogg. non sia il medesimo): *pareva te*; *sei sempre tu*; nelle esclamazioni ellittiche: *povero te!*; *beato te!* / *dare del tu*, rivolgersi a qlcu. usando confidenzialmente il «tu» / *essere, stare, trovarsi a tu per tu*, faccia a faccia **2** con valore impers.: *se tu pensi che...*, se si pensa che...

tuareg [tuà-] *agg.* e *s.m.* e *f.invar.* si dice di una popolazione berbera del Sahara, e di ciò che a essa si riferisce.

tuba *s.f.* **1** presso gli antichi greci e i romani, tromba di bronzo con la canna lunga e diritta, usata nell'esercito, negli spettacoli e nelle cerimonie religiose; oggi, strumento a fiato con il tubo di forma conica munito di pistone [*ill. Musicali, strumenti*] **2** denominazione scherzosa del cappello a cilindro **3** (*anat.*) altro nome della *salpinge* dell'utero.

tubare *v.intr.* **1** emettere il suono grave e gutturale che fanno colombi e tortore **2** (*fig.*) sussurrarsi dolci parole (detto di innamorati).

tubatura *s.f.* insieme di tubi che formano un sistema di distribuzione o di scarico di acqua, gas ecc.

tubazione [-zió-] *s.f.* complesso di tubi per il trasporto di fluidi: *la — dell'acquedotto è insufficiente*.

tubercolare *agg.* che è effetto di tubercolosi; di tubercolo.

tubercolina *s.f.* (*med.*) sostanza usata a scopo diagnostico per gli ammalati di tubercolosi.

tubercolo [-bèr-] *s.m.* **1** (*anat.*) sporgenza tondeggiante presente in alcuni organi **2** (*med.*) lesione tipica della tubercolosi.

tubercolosario [-fà-] *s.m.* ospedale dove si curano i malati di tubercolosi, sanatorio.

tubercolosi [-lòfi] *s.f.invar.* malattia infettiva dovuta al bacillo di Koch, che può colpire vari organi.

tubercoloso [-ló-] *agg.* e *s.m.* malato di tubercolosi.

tubercolotico [-lò-] *agg.* [pl.m. *-ci*] che concerne la tubercolosi; tubercoloso.

tubero [tù-] *s.m.* fusto sotterraneo ingrossato, ricco di sostanze amidacee.

tuberosa [-ró-] *s.f.* pianta erbacea ornamentale con fiori bianchi, profumati, raccolti in grappolo (*fam.* Amarillidacee).

tubetto [-bét-] *s.m.* **1** piccolo cilindro di varia materia usato per la confezione di medicinali, caramelle e simili: *— di aspirina* **2** piccolo tubo deformabile a pressione, con tappo a vite, usato per conservare pomate e simili: *— del dentifricio*.

tubino *s.m.* (*moda*) piccolo cappello a tubo; abito femminile diritto e stretto.

tubo *s.m.* **1** condotto cavo, di sezione solitamente circolare, di materiale e di dimensioni varie, usato per convogliare liquidi, gas o altro / *— di scarico*, parte dello scappamento nei motori a combustione interna / *— elettronico*, ampolla di vetro all'interno della quale è praticato il vuoto e dove possono trovare posto da 2 a 9 elettrodi a seconda dell'effetto voluto (raddrizzatore, rivelatore, oscillatore, amplificatore ecc.) **2** per estens., oggetto a forma di cilindro allungato, cavo all'interno.

tubolare *agg.* che ha forma di tubo // *s.m.* pneumatico leggero, senza camera d'aria per bicicletta da corsa [*ill. Bicicletta*].

tubulo [tù-] *s.m.* **1** tubo sottile **2** (*anat.*) si dice di elementi di organi aventi forma cilindrica: *tubuli renali*.

tucano *s.m.* grosso uccello dell'America meridionale con piumaggio nero e un grande becco giallo a margini dentati (*fam.* Ramfastidi).

tucul [-cùl] *s.m.invar.* abitazione cilindrica con tetto conico di paglia, tipica dell'Africa orientale.

tufaceo [-fà-] *agg.* di tufo: *roccia tufacea*.

tuffare *v.tr.* immergere rapidamente e interamente: *— un remo nell'acqua*; *— la penna nell'inchiostro* // *-arsi v.rifl.* immergersi (anche *fig.*): *— negli studi*.

tuffatore [-tó-] *agg.* e *s.m.* [f. *-trice*] che o chi si tuffa; atleta specializzato nelle gare di tuffi.

tuffetto [-fét-] *s.m.* uccello tuffatore con piumaggio bruno-fulvo, piedi palmati, ali e coda corte (*fam.* Podicipidi).

tuffo *s.m.* **1** atto del tuffare, del tuffarsi; immersione in acqua a capofitto **2** (*fig.*) forte emozione: *un — al cuore*.

tufo *s.m.* roccia formata da materiale incoerente eruttato dai vulcani durante la fase esplosiva e poi consolidato e cementato.

tuga *s.f.* a bordo di imbarcazioni, sovrastruttura di larghezza inferiore a quella dello scafo, a scopo di alloggio, passaggio coperto ecc.

tugurio [-gù-] *s.m.* abitazione squallida: *dormire in un —*. SIN. stamberga.

tuia [tù-] *s.f.* pianta delle Conifere, simile al cipresso.

tularemia [-mi-] *s.f.* malattia infettiva che colpisce i roditori, spec. i conigli, e da essi può trasmettersi anche all'uomo.

tulio [tù-] *s.m.* elemento chimico (Tm; *n.at.* 69; *p.at.* 168,93); metallo delle terre rare.

tulipano *s.m.* pianta erbacea ornamentale con grandi foglie allungate e fiori di vario colore a forma di calice (*fam.* Liliacee).

tulle *s.m.* tessuto costituito di fili sottili formanti un intreccio traforato.

tumefare *v.tr.* [coniugato come *fare*] gonfiare, enfiare // *-arsi v.rifl.pron.* enfiarsi (detto di parti del corpo).

tumefatto *agg.* gonfio, tumido.

tumefazione [-zió-] *s.f.* gonfiezza, ingrossamento di alcuni tessuti o organi. SIN. enfiagione.

tumido [tù-] *agg.* **1** gonfio: *ventre —*; *labbra tumide*, grosse, che sembrano enfiate. SIN. turgido **2** (*fig.*) ampolloso, ridondante: *stile —*.

tumore [-mó-] *s.m.* formazione patologica di cellule che si riproducono in modo anormale su tessuti animali e vegetali: *— benigno*, quello che ha un accrescimento delimitato; *— maligno*, quello che aumenta continuamente danneggiando i tessuti vicini e che, penetrando nel sangue, può riprodursi altrove.

tumulare *v.tr.* [*io tùmulo ecc.*] seppellire, mettere nel sepolcro.

tumulazione [-zió-] *s.f.* il tumulare.

tumulo [tù-] *s.m.* monticello di terra o di pietre, ammassato spec. sopra un sepolcro; per estens., tomba.

tumulto *s.m.* **1** sommossa, sollevazione popolare; pubblica manifestazione di malcontento, di protesta:

esplosero gravi tumulti **2** confusione, movimento disordinato e scomposto di persone. SIN. *tafferuglio* **3** (*fig.*) grave turbamento, agitazione dell'animo: *aver il cuore in* —. SIN. *subbuglio.*

tumultuante *agg.* che è in tumulto: *folla, popolo* — // *s.m.* e *f.* chi prende parte a un tumulto, a una sommossa.

tumultuare *v.intr.* [*io tumùltuo ecc.*] far tumulto: *la folla tumultuosa.*

tumultuoso [-tuó-] *agg.* che si muove o si svolge in disordine, con confusione e chiasso: *una folla tumultuosa*; *un comizio* — / *grida tumultuose,* confuse, di protesta / *acque tumultuose,* che scorrono torbide e impetuose / *un sentimento* —, pieno di contrasti.

tundra *s.f.* pianura acquitrinosa caratteristica delle terre artiche, la cui vegetazione è limitata a muschi, licheni e a rari arbusti.

tungsteno [-stè-] *s.m.* elemento chimico detto anche wolframio [W; *n.at.* 74; *p.at.* 183,85]; metallo grigio, durissimo, malleabile, difficilmente fusibile; è usato per leghe dure, resistenti alle alte temperature.

tunica [tù-] *s.f.* **1** veste bianca di lana o di lino, lunga fino al ginocchio, indossata dagli antichi greci e romani; per estens., qualsiasi abito di linea morbida simile all'antica tunica. DIM. *tunichetta* **2** antica giubba militare lunga e liscia **3** membrana, rivestimento sottile di organi animali o di bulbi vegetali: *la* — *dell'occhio*; *la* — *della cipolla.*

tunicati *s.m.pl.* → **urocordati.**

tunisino *agg.* di Tunisi // *s.m.* abitante di Tunisi.

tunnel *s.m.invar.* galleria; traforo.

tuo *agg.poss.* di seconda persona sing. [f. *tua*; pl.m. *tuòi*; pl.f. *tue*] di te, che appartiene a te; indica proprietà, possesso: *la tua casa*; *i tuoi quadri*; *c'è ben poco di tuo in questo saggio,* di personale, di originale; si riferisce anche a ciò che è relativo alla persona con cui si parla o che da essa procede: *il tuo cuore*; *i tuoi pensieri*; *al tuo arrivo,* quando arrivasti o arriverai; *lo fa per amor tuo,* perché ti ama / *sono dalla tua,* dalla tua parte / *ne hai fatta un'altra delle tue,* delle tue sciocchezze; spesso indica relazione di parentela e quando precede il sostantivo (tranne *nonno, nonna, babbo, mamma, figliolo, figliola*), che non sia pl. o alterato o accompagnato da attributo o da apposizione, rifiuta l'articolo: *tua madre*; *tuo zio*; ma *i tuoi fratelli*; *il tuo babbo*; *la tua cara sorella*; può indicare anche relazione d'amicizia, di lavoro, di dipendenza ecc.: *un tuo amico*; *i tuoi clienti* // *pron.poss.* di seconda persona sing.: *le mie scarpe sono come le tue* // con valore di *s.m.* **1** *il tuo,* i tuoi averi, i tuoi beni; ciò che ti appartiene materialmente o moralmente: *ci rimetti del tuo* **2** (*pl.*) *i tuoi,* i tuoi genitori, parenti, amici, seguaci ecc.

tuonare *v.intr.* e *intr.impers.* → **tonare.**

tuono [tuò-] *s.m.* **1** fenomeno acustico che accompagna le scariche elettriche atmosferiche: *al lampo seguì il* — **2** rimbombo cupo, fragore di schianto.

tuorlo [tuòr-] *s.m.* la parte rossa, globosa, ricca di sostanze nutrienti, dell'uovo.

tuppè *s.m.invar.* forma italianizzata di *toupet.*

turacciolo [-ràc-] *s.m.* ogni tappo che, come quelli di sughero, si introduce nel collo di bottiglie e simili.

turare *v.tr.* chiudere, introducendovi e pressandovi qlco., un buco, una fessura, la bocca di un vaso o simili: — *le bottiglie* / — *la bocca a qlcu.,* impedirgli di parlare con qualsiasi mezzo, ridurlo al silenzio / *turarsi gli occhi, le orecchie,* rifiutarsi di vedere, di sentire ciò che accade. SIN. *tappare.*

turba¹ *s.f.* (*lett.*) insieme di molte persone: *la* — *dei fedeli*; *una* — *di straccioni.* SIN. *moltitudine.*

turba² *s.f.* (*med.*) turbamento di una funzione; disturbo, alterazione: *turbe digestive, nervose, psichiche.*

turbamento [-mén-] *s.m.* **1** il turbarsi dell'animo e della mente: *provocare un profondo* —. SIN. *sconcerto, commozione, confusione* **2** l'atto del turbare una situazione o il normale svolgimento di un evento: — *della quiete, dell'ordine pubblico*; — *di una funzione.*

turbante *s.m.* copricapo orientale costituito da una fascia, variamente colorata, di seta o altro tessuto, avvolta in più giri attorno alla testa.

turbare *v.tr.* **1** alterare l'equilibrio spirituale di qlcu.: *questi avvenimenti mi turbano.* SIN. *commuovere, confondere, scombussolare* **2** recar danno, molestia a uno stato di tranquillità, di ordine; disturbare lo svolgimento regolare di qlco.: — *la pace domestica, la disciplina*; — *il sonno*; *alcuni interventi turbarono la seduta* / — *il possesso,* (*dir.*) danneggiare il possessore di una bene impedendogli di goderne **3** agitare, per lo più intorbidando: *la tempesta turbò le acque del lago* // **-arsi** *v.rifl.pron.* subire una modificazione negativa; agitarsi, passare da uno stato di quiete a uno di confuso movimento: *un ragazzo che si turba facilmente*; *si turbò nel volto*; *il cielo si è turbato di colpo.*

turbativa *s.f.* (*dir.*) atto che turba una condizione o un'azione: — *del processo.*

turbato *agg.* agitato, sconvolto nella mente e nell'animo. SIN. *commosso, preoccupato, confuso, sconcertato.*

turbina *s.f.* (*mecc.*) macchina motrice costituita da una ruota a pale fatta girare da un fluido (acqua, vapore o gas combusti): — *idraulica,* che trasforma una caduta di acqua in energia meccanica [*ill. Elettrica, energia*].

turbinare *v.intr.* [*io tùrbino ecc.*] girare come mosso da un vortice; aggirarsi vorticosamente (anche *fig.*): *le foglie turbinavano nella tempesta*; *un pensiero assillante mi turbina nel cervello.*

turbine [tùr-] *s.m.* **1** vortice impetuoso formato dal vento: *i pini furono divelti dal* —; *si smarrirono in un* — *di neve* **2** (*fig.*) l'infuriare, di sentimenti e passioni: *fu travolta dal* — *della passione.*

turbinio [-nì-] *s.m.* un turbinare continuo (anche *fig.*): *il* — *della sabbia*; *un gran* — *di gente.*

turbinoso [-nó-] *agg.* mosso da turbine, vorticoso: *un vento* —; *una danza turbinosa.*

turbo *agg.* e *s.m.* abbreviazione di *turbocompressore* // *agg.* e *s.f.* si dice di vettura dotata di tale compressore.

turbo- [da *turbina*] primo elemento che interviene nella composizione di vocaboli tecnici recenti; significa «turbina, a turbina» (*turbonave, turbocisterna, turboreattore*).

turboalternatore [-tó-] *s.m.* (*elettr.*) alternatore collegato all'albero di una turbina a vapore e quindi costruito per girare a forte velocità.

turbocisterna [-stèr-] *s.f.* nave cisterna con apparato motopropulsore a turbina.

turbocompressore [-só-] *s.m.* compressore per gas costituito da una turbina funzionante in senso inverso, usato nei motori a scoppio per aumentare il rapporto di compressione e quindi il rendimento.

turboelettrico [-lèt-] *agg.* [pl.m. *-ci*] propulsione *turboelettrica,* quella di un veicolo a turbine, il cui apparato motore aziona un gruppo elettrogeno (dinamo o alternatore) producente l'energia che aziona un motore elettrico.

turboelica [-è-] *s.m.invar.* sistema propulsivo per aerei, composto da un motore a turbina accoppiato a un'elica.

turbogetto [-gèt-] *s.m.* → **turboreattore**.

turbolento [-lèn-] *agg.* **1** che turba l'ordine, la disciplina: *è un uomo, un ragazzo —* **2** agitato, burrascoso: *tempi, anni turbolenti*.

turbolenza [-lèn-] *s.f.* **1** la tendenza a suscitare turbamenti; il turbamento stesso: *la — della plebaglia; è un'epoca di turbolenze* **2** (*rar.*) torbidezza, mancanza di chiarezza: *la — dell'aria, dell'acqua*.

turbomotore [-tó-] *s.m.* motore a turbina.

turbonave *s.f.* piroscafo a turbina.

turbopropulsore [-só-] *s.m.* lo stesso che *turboelica*.

turboreattore [-tó-] *s.m.* (*aer.*) motore a reazione in cui l'aria, per la combustione, viene compressa da un compressore rotante; l'aereo dotato di tale motore [*ill. Aereo*].

turcasso *s.m.* custodia per le frecce.

turchese [-ché-] *s.m.* pietra pregiata (fosfato idrato di alluminio), opaca, di color azzurro pallido, spesso venata in scuro.

turchinetto [-nét-] *agg.* di color turchino pallido // *s.m.* materia colorante che si unisce all'amido per dare alla biancheria stirata un leggerissimo riflesso azzurro.

turchino *agg.* di colore azzurro cupo: *cielo —* // *s.m.* il colore turchino.

turco *agg.* [pl.m. *-chi*] della Turchia // *s.m.* **1** abitante, nativo della Turchia / *fumare come un —*, in modo eccessivo / *parlare —*, esprimersi in modo incomprensibile, oscuro / *bestemmiare come un —*, dir bestemmie orribili **2** lingua della Turchia.

turcomanno *agg.* del Turchestan // *s.m.* abitante del Turchestan.

turf [*ingl.*; *pr.* tèrf] *s.m.* **1** terreno erboso su cui si svolgono le corse dei cavalli **2** per estens., lo sport ippico e tutto ciò che è in relazione con esso.

turgidezza [-déz-] *s.f.*, **turgidità** *s.f.invar.* l'essere turgido.

turgido [tùr-] *agg.* **1** gonfio, pieno: *occhi turgidi di lacrime*. SIN. *tumido* **2** (*fig.*) retorico, ampolloso.

turgore [-gó-] *s.m.* (*lett.*) turgidezza.

turibolo [-rì-] *s.m.* piccolo vaso di metallo, sostenuto da tre catenelle per le quali scorre il coperchio, che si porta nelle funzioni religiose per bruciarvi l'incenso [*ill. Altare*].

turiferario [-rà-] *s.m.* **1** chi nelle funzioni sacre ha il compito di portare il turibolo **2** (*fig.*) incensatore, adulatore.

turione [-rió-] *s.m.* germoglio giovane e carnoso di alcune piante erbacee e perenni (p.e. dell'asparago).

turismo [-ʃmo] *s.m.* **1** la pratica del viaggiare per diletto e istruzione: *fare del —* **2** l'insieme delle attività, anche economiche, a ciò connesse.

turista *s.m. e f.* [pl.m. *-i*] chi viaggia per turismo.

turistico [-rì-] *agg.* [pl.m. *-ci*] che riguarda il turismo o i turisti: *attrezzatura turistica; il movimento — in Italia è in continuo aumento*.

turlupinare *v.tr.* raggirare, ingannare: *fu vergognosamente turlupinato*.

turlupinatore [-tó-] *s.m.* [f. *-trice*] chi si fa gioco di qlcu.

turlupinatura *s.f.* inganno, raggiro.

turma *s.f.* (*lett.*) torma.

turnista *s.m. e f.* [pl.m. *-i*] chi è di turno o fa parte di un turno di lavoro.

turno *s.m.* l'ordine fissato secondo cui ci si alterna con altri nello svolgere una certa attività professionale o operaia o nel fruire di qlco.; ciascuno dei periodi ricorrenti secondo tale ordine: *il — dei servizi; il — della*

distribuzione dei premi; andrai quando sarà il tuo — / a —, uno dopo l'altro.

turn over [*ingl.*; *pr.* tan oùva] *s.m.* ricambio delle scorte; ricambio del personale: *un veloce — / fare*, applicare *il —*, da parte di un'azienda, sostituire con nuove assunzioni i dimissionari e i pensionati.

turo *s.m.* (*dial. toscano*) ciò che serve per turare; turacciolo.

turpe *agg.* che è molto brutto moralmente; vergognoso: *— tradimento; parole turpi*. SIN. *infame, nefando*.

turpiloquio [-lò-] *s.m.* il parlare senza ritegno di cose turpi, il far uso di un linguaggio osceno.

turpitudine [-tù-] *s.f.* l'esser turpe; cosa turpe: *non dire turpitudini!* SIN. *oscenità*.

turricolato *agg.* (*scient.*) che ha forma di piccola torre: *conchiglia turricolata*.

turritano *agg.* di Porto Torres // *s.m.* abitante di Porto Torres.

turrito *agg.* munito di torri: *castello —*.

tuscanico [-scà-] *agg.* [pl.m. *-ci*] si dice di uno degli ordini architettonici classici, di derivazione etrusca, caratterizzato dalla colonna senza scanalature e dal capitello simile a quello dorico.

tussor *s.m.invar.* tessuto fabbricato in India con seta ricavata dal baco da seta selvatico.

tuta *s.f.* indumento composto di camiciotto e pantaloni, spesso uniti insieme, portato spec. dagli operai sopra o invece degli abiti ordinari, e dagli sportivi ecc.; anche, indumento analogo composto di pantaloni, pettorina e bretelle / *— spaziale*, speciale scafandro indossato dagli astronauti / *le tute blu*, gli operai (contrapposto a *colletti bianchi*, gli impiegati e i tecnici).

tutela [-tè-] *s.f.* **1** (*dir.*) istituto giuridico per cui un minorenne non soggetto alla patria potestà, o un interdetto, viene affidato a un tutore che lo rappresenti negli atti civili e ne amministri i beni **2** difesa, protezione: *la — dell'ordine pubblico*. SIN. *salvaguardia*.

tutelare[1] *v.tr.* [*io tutèlo ecc.*] difendere, proteggere esercitando la tutela, o, generalmente, in altro modo: *— i propri interessi*. SIN. *salvaguardare, salvare*.

tutelare[2] *agg.* che protegge, che tutela: *divinità tutelari di Roma; santo —; angelo —*, l'angelo custode.

tutolo [tù-] *s.m.* il torsolo legnoso della pannocchia di granturco.

tutore [-tó-] *s.m.* [f. *-trice*] **1** (*dir.*) chi è incaricato della tutela di un minorenne o di un interdetto **2** protettore / *i tutori dell'ordine pubblico*, gli agenti di polizia.

tutorio [-tò-] *agg.* (*dir.*) proprio del tutore: *autorità tutoria*, autorità cui spetta il controllo dei provvedimenti presi dagli enti pubblici da essa controllati.

tuttavia [-vi-] *cong. concessiva* pure, nondimeno // *avv.* (*lett.*) sempre, ancora.

tutto *agg.* usato con funzione attributiva è seguito dall'articolo o dal pron. dimostrativo, ma li rifiuta con i nomi propri di persona o i nomi di città e piccole isole, che com. non sono preceduti dall'articolo, e in alcune altre espressioni; rara l'elisione davanti a verbo anche nell'uso lett. **1** riferito a s.sing. indica l'intera estensione (nello spazio e nel tempo), la quantità totale: *— mondo; tutta Milano; in tutta Italia; si lamentò tutta (la) notte; — Leopardi*, tutta l'opera del Leopardi; spesso rafforzato con *quanto* e *intero*: *tutta quanta la vita; ha speso — quanto* (rar. *tuttoquanto*), tutti quanti i soldi / *a tutt'oggi* (rar. *tuttoggi*), fino a tutta la giornata di oggi inclusa; con valore intensivo: *con — il cuore; in tutta confidenza / a tutta forza / con tutta la mia buona volon-

tà, *non posso aiutarti*, nonostante la mia buona volontà **2** riferito a s.pl. o a nomi collettivi, indica la totalità delle persone o delle cose considerate: *tutti i cittadini*; *noi tutti, voi tutti*; — *il denaro* / *una volta per tutte*, per tutte le volte, per sempre / *le inventa, le pensa tutte*, tutte le astuzie possibili e immaginabili; spesso rafforzato con *quanto*: *tutti quanti i presenti*; con i numeri cardinali, per indicare un determinato numero di persone o di cose considerate insieme; *tutt'e due, tutt'e tre ecc.*; *tutt'e due* (o meno com. *tutti due*, meno bene *tutti e due*) *i fratelli* **3** qualsiasi, ogni, riferito a s.pl.: *a tutte le ore*; *a tutti i costi* / *in tutti i modi*, a qualsiasi costo; comunque / *di — punto*, perfettamente **4** con valore intensivo che si accosta quasi a quello di un avv., interamente, totalmente; in ogni parte: *era tutta felice*; *sei — sporco*; *la campagna era tutta verde* / *è tutta sua madre*, somiglia interamente alla madre / *essere — naso, — bocca, tutt'occhi*, avere il naso o la bocca o gli occhi molto grandi / *essere tutt'orecchi*, ascoltare con moltissima attenzione / *essere — casa, — famiglia, — lavoro*, interamente dedito alla casa, alla famiglia, al lavoro **5** in numerose locuzioni: — *a dritta,* — *a sinistra*, (mar.) ordine di dare la massima inclinazione di timone a destra o a sinistra; *avanti —, indietro —,* (mar.) ordine di andare avanti o indietro con la massima forza / *tutt'intorno, tutt'in giro*, intorno intorno / — *il, al contrario*, proprio il, al contrario / *essere di tutt'altro parere*, di parere ben diverso / *«Sei stanco?» «Tutt'altro!»*, niente affatto / *è tutt'uno*, è la stessa cosa o pressoché / *del —*, (lett.) al —, interamente / *tutt'a un tratto*, improvvisamente // *pron.* **1** *pl.* tutte le persone; è comunemente usato con riferimento a persone sia m. sia f. (solo il m. può avere valore indef.): *sono arrivati tutti, tutte*; *non tutti la pensano come te* **2** ogni cosa, spesso con valore indeterminato: — *è bello per lui* / *prima di —, innanzi —* / *ecco —, questo è —*, non c'è altro da aggiungere / *e non*

è —!, c'è dell'altro / *o — o niente*, rifiutando un compromesso / — *sta che...*, l'importante è che; tutto dipende da / *sa far* (*di*) —, *fa di* —, ogni genere di lavoro, di servizio: *fare di* — *per*, adoperare ogni mezzo / *essere capace di* —, di qualunque cattiva azione / *mangiar di* —, senza alcuna preferenza o limitazione / *in* —, complessivamente / *in* — *e per* —, interamente / *con* — *che*, malgrado, nonostante // *s.m.invar. il* —, il totale, l'insieme.

tuttoché *cong.* (antiq.) benché, quantunque.

tuttodì *avv.* (lett.) continuamente, di continuo.

tuttofare *agg.* e *s.m.invar.* si dice di personale domestico non specializzato che si presta ad ogni servizio necessario per la casa; per estens., si dice di persona che svolge un'attività non ben determinata, o che si presta a fare qualsiasi lavoro.

tuttora [-tó-] *avv.* **1** ancora **2** di continuo.

tutù *s.m.invar.* costume tipico delle ballerine di danza classica, con corpetto aderente e gonna corta, leggera, trasparente, composta di vari strati di tulle.

tuziorismo [-ʃmo] *s.m.* dottrina morale che prescrive di attenersi, nei casi dubbi, alla più stretta interpretazione della legge.

tuziorista *agg.* e *s.m.* e *f.* [pl.m. -*i*] del tuziorismo; che, chi segue il tuziorismo.

TV [*TeleVisione*; *pr.* ti vu] *s.f.* **1** il complesso degli impianti televisivi; l'insieme dei programmi trasmessi **2** l'apparecchio ricevente; televisore.

tweed [*ingl.*; *pr.* tuìd] *s.m.* tessuto sportivo di lana, a trama grossa a due o più colori, fabbricato in Scozia ®.

twist [*ingl.*; *pr.* tuist] *s.m.* ballo di origine nord-americana, con movimenti molto rapidi di torsione del tronco rispetto alle gambe e ai piedi.

tze-tze [zezzè] *s.f.invar.* → **tse-tse.**

tzigano *agg.* che è proprio degli tzigani: *musica tzigana* // *s.m.* zingaro, spec. delle regioni danubiane.

U

u *s.f.* e *m.* diciannovesima lettera dell'alfabeto, vocale.

uadi *s.m.invar.* nome generico dei corsi d'acqua, sempre asciutti fuorché nella stagione delle piogge, caratteristici delle zone desertiche africane.

ubbia [-bì-] *s.f.* pregiudizio, opinione infondata che è causa di timore o avversione ingiustificati: *avere la testa piena di ubbie.*

ubbidiente [-dièn-] *agg.* che ubbidisce, che è solito ubbidire. SIN. *disciplinato, sottomesso.*

ubbidienza [-dièn-] *s.f.* **1** l'ubbidire; l'abitudine, il comportamento di chi ubbidisce **2** la sottomissione dovuta dai religiosi ai loro superiori: *far voto di —*; in — *alla badessa* / *far l'—*, eseguire l'ordine, osservare la penitenza.

ubbidire *v.intr.* e *tr.* [*io ubbidisco, tu ubbidisci ecc.*] fare ciò che viene ordinato; sottostare all'altrui volontà; per estens., corrispondere a un ordine, a un comando (detto di organi fisici o di meccanismi): — *ai genitori*; *il cane ubbidisce il padrone*; *il volante di quest'automobile non ubbidisce bene.*

ubbioso [-bió-] *agg.* (rar.) pieno di ubbie; sospettoso.

ubbriacare *v.tr.* [*io ubbriaco, tu ubbriachi ecc.*] e *deriv.* → **ubriacare** e *deriv.*

ubertà *s.f.invar.* (lett.) l'essere fertile, fecondo (detto di terreno): *l'— dei colli toscani.*

ubertosità *s.f.invar.* (lett.) fertilità, produttività di un terreno.

ubertoso [-tó-] *agg.* (lett.) fertile, produttivo: *terreno, paese —.*

ubicare *v.tr.* [*io ùbico, tu ùbichi ecc.*] situare, porre in un luogo.

ubicato *agg.* situato, posto: *un palazzo male —*, in brutta posizione.

ubicazione [-zió-] *s.f.* il luogo in cui è situato un edificio, un fondo e simili: *l'— dell'albergo è felice.*

ubiquità *s.f.invar.* l'essere contemporaneamente presente in ogni luogo (facoltà che, secondo la religione cattolica, è propria di Dio e di alcuni santi) / *non ho il dono dell'—*, (fam. scherz.) non posso essere dappertutto nello stesso tempo.

ubriacare *v.tr.* [*io ubriaco, tu ubriachi ecc.*] **1** rendere ubriaco: *due dita di vino bastano a ubriacarmi; i liquori dolci ubriacano più facilmente* **2** (*fig.*) stordire; esaltare fino a offuscare il giudizio: *il caldo e la confusione mi hanno ubriacato; tutte quelle lodi lo avevano ubriacato* // **-arsi** *v.rifl.* diventare ubriaco. SIN. *sbornarsi.*

ubriacatura *s.f.* l'ubriacarsi, l'essere ubriaco (anche *fig.*): *passa da un'— all'altra.*

ubriachezza [-chéz-] *s.f.* lo stato di chi è ubriaco; il vizio di ubriacarsi: *lo arrestarono per —; l'— è più diffusa nei paesi nordici che da noi.*

ubriaco *agg.* e *s.m.* [pl.m. *-chi*] **1** si dice di chi, avendo abusato di alcolici, non è nel pieno possesso delle sue facoltà psichiche e mentali: *tornò a casa —; c'era un — nella via; — fradicio, molto ubriaco* **2** (*fig.*) stordito, esaltato: *— di sonno; — di gioia.*

uccellagione [-gió-] *s.f.* l'uccellare; anche gli uccelli presi a caccia.

uccellaio [-là-] *s.m.* venditore di uccelli vivi, da tenere in gabbia o da usare come richiamo.

uccellare *v.intr.* [*io uccèllo ecc.*] andare a caccia di uccelli con reti, pania ecc.: *— alle allodole.*

uccellatore [-tó-] *s.m.* [f. *-trice*] chi pratica la caccia agli uccelli per prenderli vivi.

uccelliera [-liè-] *s.f.* luogo chiuso o grande gabbia in cui si tengono uccelli.

uccello [-cèl-] *s.m.* **1** animale vertebrato oviparo dal corpo coperto di penne e piume, con ali anteriori e zampe posteriori, becco corneo, respirazione polmonare e sangue caldo: *il canto degli uccelli / — del malaugurio*, chi predice disgrazie / *uccel di bosco*, chi si è reso irreperibile / *a volo d'—*, dall'alto; di sfuggita / *prov.: meglio uccel di bosco che uccel di gabbia*, è meglio essere liberi con qualche incomodo che servi o prigionieri **2** (*volg.*) pene.

uccidere [-cì-] *v.tr.* [pass.rem. *io uccisi, tu uccidésti ecc.*; p.pass. *ucciso*] **1** privare della vita: *i congiurati uccisero Cesare; è stato ucciso da un infarto* **2** per estens., far perire, abbattere, opprimere: *il gelo ha ucciso le piante; è un freddo che uccide; la dittatura uccide la libertà* // **-ersi** *v.rifl.* dare la morte a sé stesso; togliersi la vita.

uccisione [-fió-] *s.f.* l'uccidere, l'essere ucciso.

uccisore [-fó-] *s.m.* [f. *rar.* ucciditrice] chi uccide.

ucraino [*ucràino* o *ucraìno*] *agg.* dell'Ucraina // *s.m.* abitante dell'Ucraina.

udibile [-dì-] *agg.* che può essere udito, percepito dall'orecchio.

udienza [-dièn-] *s.f.* **1** permesso di essere ricevuti da personaggi che occupano alte cariche; il colloquio che ne consegue: *chiedere, negare, accordare un'—; l'— fu*

molto breve / *dare —*, prestare la propria attenzione a qlcu. **2** la fase di un processo che si svolge alla presenza del giudice: *oggi c'è — in pretura; l'— è aperta* **3** (*ant.* e *lett.*) gruppo di ascoltatori.

udinese [-né-] *agg.* di Udine // *s.m.* e *f.* abitante di Udine.

udire *v.tr.* [pres. *io òdo, tu òdi, egli òde, noi udiamo, voi udite, essi òdono*; fut. *io udirò o udrò ecc.*; cond.pres. *io udirèi o udrèi ecc.*] **1** percepire rumori o suoni per mezzo dell'orecchio: *— un grido, un canto* **2** venire a sapere, conoscere per mezzo di informazioni: *ho udito che verrai qui per qualche giorno* **3** dare ascolto, esaudire: *Dio ha udito le nostre preghiere.*

uditivo *agg.* che concerne l'udito: *condotto —; facoltà uditiva.*

udito *s.m.* il senso con cui si percepiscono i rumori e i suoni.

uditore [-tó-] *s.m.* [f. *-trice*] **1** chi ode, chi ascolta **2** chi è ammesso a frequentare le lezioni in una scuola senza esservi iscritto, e perciò non può sostenere esami e ottenere un diploma **3** titolo di alcuni giudici e magistrati: *— giudiziario*, il primo grado nella carriera del magistrato.

uditorio [-tò-] *agg.* (*rar.*) che concerne l'udito // *s.m.* l'insieme delle persone che, raccolte in un luogo, ascoltano qlcu. o qlco.: *l'oratore aveva un — attentissimo.*

udometro [-dò-] *s.m.* → pluviometro.

uff *inter.*, **uffa** *inter.* esprime noia o impazienza.

ufficiale *agg.* **1** si dice di notizia, documento e simili, emanati dall'autorità competente, con garanzia, quindi, di autenticità: *comunicato, bollettino —* **2** che è detto, fatto, secondo le formule e il protocollo prescritti, da un ente pubblico o funzionari che lo rappresentati: *ricevimento, discorso —; andare in visita — / fidanzamento —*, reso noto a parenti e amici // *s.m.* **1** chi esercita un pubblico ufficio: *— postale, sanitario, giudiziario; pubblico —*, persona che svolge mansioni pubbliche e riveste carattere di autorità quando è nell'esercizio delle sue funzioni **2** denominazione generica dei militari che ricoprono un grado, da sottotenente, o da guardiamarina, in su: *ufficiali inferiori, superiori, generali; — di fanteria; — di rotta*, nelle navi e sugli aerei, chi ha il compito di dirigerne la rotta **3** grado di alcuni ordini cavallereschi: *Grand' —.*

ufficialità *s.f.invar.* **1** qualità, condizione di ciò che è ufficiale: *l'— dell'incarico* **2** l'insieme degli ufficiali di un reparto, di un presidio e simili.

ufficializzare [-liʒʒa-] *v.tr.* rendere ufficiale, formalizzare; rendere pubblico.

ufficiare *v.intr.* [*io ufficio ecc.*] celebrare le sacre funzioni: *il sacerdote sta per —* // *v.tr.* nel linguaggio burocratico, invitare, sollecitare con ossequio alti personaggi: *il ministro fu ufficiato ad intervenire.*

ufficio [-fi-] *s.m.* **1** dovere morale; compito relativo a una carica ricoperta, a un incarico ricevuto (anche *fig.*): *è — dei genitori educare i figli; è — del giudice / interporre i propri buoni uffici*, interporsi a favore di qlcu. **2** la funzione che una persona svolge per il posto che occupa o per incarico ricevuto; il posto, la carica stessa: *è stato assunto con l'— di direttore; sospendere qlcu. da un — / d'—*, nelle forme che l'ufficio richiede, con l'autorità che l'ufficio consente / *difensore d'—*, avvocato incaricato dal giudice di difendere un imputato che non può provvedere da solo. SIN. *mansione* **3** l'insieme degli impiegati che in un determinato luogo svolgono un'attività; anche il luogo in cui lavorano gli impiegati:

uccello: 1 *penne timoniere*, 2 *sopraccoda*, 3 *groppone*, 4 *dorso*, 5 *becco*, 6 *gozzo*, 7 *petto*, 8 *tarso*, 9 *penne remiganti*, 10 *sottocoda*, 11 *uovo*, 12 *guscio*, 13 *albume*, 14 *membrana testacea*, 15 *tuorlo*, 16 *calaza.*

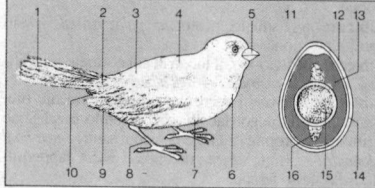

— *postale*; *andare in* — **4** le preghiere che i religiosi devono leggere durante il giorno; il libro che contiene tali preghiere: *leggere l'*— / — *funebre*, funzione religiosa in suffragio dei defunti.

ufficiosità *s.f.invar.* l'essere ufficioso; carattere ufficioso.

ufficioso [-ció-] *agg.* **1** si dice di notizia, proposta e simili, comunicata da fonti abbastanza sicure ma non ufficiali: *giornale* — **2** (*rar.*) che compie volentieri buoni uffici; generoso: — *verso tutti* / *bugia ufficiosa*, quella detta a fin di bene // **-mente** *avv.* in forma ufficiosa, in via confidenziale, non ufficialmente: — *la notizia è confermata.*

uffizio [-fì-] *s.m.* ufficio, spec. in senso ecclesiastico e liturgico: *recitare l'*—; *l'*— *della Madonna* / *Sant'Uffizio*, sacra congregazione romana che ha lo scopo di difendere la fede, la morale, l'unità della chiesa da eresie, apostasie, scismi ecc.

ufo[1] solo nella locuz.avv. *a ufo*, senza spese, senza pagare: *mangiare a* —.

ufo[2], **UFO** [*ingl.*; *Unidentified Flying Object*] *s.m. invar.* **1** (*tecn.*) qualsiasi corpo volante che sia stato avvistato senza poterne stabilire la natura **2** nel linguaggio corrente, astronave o essere vivente extraterrestre.

ufologia [-gì-] *s.f.* lo studio, la ricerca di conoscenze intorno agli oggetti volanti non identificati e alla loro ipotetica origine extraterrestre.

ufologo [-fò-] *s.m.* [pl. *-gi*] esperto di ufologia.

ugello [-gèl-] *s.m.* parte terminale di un condotto o apertura opportunamente sagomata che serve all'uscita dei gas o a trasformare in energia cinetica l'energia dei fluidi che fuoriescono [*ill. Missile*].

uggia [ùg-] *s.f.* [pl. *-ge*] **1** senso di fastidio accompagnato da inquietudine: *questo tempo mi mette l'*— *addosso* / *avere*, *prendere in* — *qlcu.*, averlo, prenderlo in antipatia. SIN. *noia*, *tedio* **2** mancanza di luce, ombra nociva alle piante.

uggiolare *v.intr.* [*io ùggiolo ecc.*] guaire piano e lamentosamente (detto spec. dei cuccioli): *il cagnolino uggiola quando è solo.*

uggiolio [-lì-] *s.m.* un uggiolare insistente e continuo.

uggiosità *s.f.invar.* l'essere uggioso.

uggioso [-gió-] *agg.* che fa uggia; che prova uggia (solo *fig.*): *tempo* —; *letture uggiose*; *questa pioggia mi rende* —. SIN. *noioso*, *tedioso*.

ugna *s.f.* (*ant.*) → **unghia**.

ugola [ù-] *s.f.* (*anat.*) appendice conica situata nella parte mediana del velo palatino; separa la bocca dal retrobocca: *ha un'*— *d'oro*, si dice di cantante che ha un'ottima voce / *bagnarsi l'*—, (*scherz.*) bere.

uguaglianza *s.f.* **1** l'essere uguali ad altro **2** (*mat.*) la relazione di due espressioni diverse con lo stesso valore numerico: *i membri dell'*—, ciascuna delle due espressioni; *segno di* —, **3** l'essere tutti uguali; principio politico-sociale secondo cui tutti gli uomini hanno pari dignità umana e gli stessi diritti e doveri.

uguagliare *v.tr.* [*io uguàglio ecc.*] **1** rendere uguale una cosa a un'altra o più cose tra loro; pareggiare (anche *fig.*): — *due tubi in lunghezza*; *la morte uguaglia tutti* **2** giudicare uguale, paragonare: *non uguaglio Raffaello a Leonardo*; *le nostre ricchezze non si possono* — *alle loro* **3** essere pari; nel linguaggio sportivo, raggiungere un risultato uguale: *la mia forza uguaglia la sua*; — *un primato* // **-arsi** *v.rifl.pron.* essere uguali, pareggiarsi: *le due squadre si uguagliavano in resistenza.*

uguagliatore [-tó-] *s.m.* [f. *-trice*] chi uguaglia.

uguale *agg.* **1** che non differisce per nulla da altro o altri; identico: *colore* —; — *di statura*; *gli uomini sono uguali davanti alla legge* **2** che è sempre lo stesso o mantiene lo stesso aspetto; uniforme, monotono: *la legge è* — *per tutti*; *battere con ritmo* —; *cielo tutto* —, coperto o modo uniforme; *voce sempre* —, monotona **3** (*mat.*) si dice di una grandezza rispetto a un'altra alla quale sia legata da una relazione di uguaglianza; di figure geometriche, sovrapposte, coincidono // *s.m.* cosa uguale a un'altra; persona di uguale condizione sociale: *solo con i suoi uguali si sente a suo agio* / *non ha l'*—, *non ha uguali*, è straordinario, superiore.

ugualitario [-tà-] *agg.* che si fonda sull'uguaglianza politica e sociale: *principio* —.

ugualitarismo [-fmo] *s.m.* → **egualitarismo**.

uh *inter.* esprime dolore, disgusto, meraviglia: *uh, che schifo!*

uhi *inter.* esprime dolore acuto o rammarico.

uhm *inter.* esprime incertezza, incredulità o indifferenza.

ukase *s.m.invar.* (*russo*) ordine perentorio, ultimatum.

ukulele [-lè-] *s.m.invar.* piccola chitarra a quattro corde e col manico molto lungo, di origine hawaiana.

ulano *s.m.* (*st.*) in alcuni eserciti stranieri, soldato di cavalleria armato di lancia.

ulcera [ùl-] *s.f.* (*med.*) lesione della pelle o delle mucose che non tende spontaneamente a rimarginarsi; è dovuta a cause varie, meccaniche, chimiche, infettive ecc.: — *gastrica.*

ulcerare *v.tr.* [*io ùlcero ecc.*] produrre un'ulcera // **-arsi** *v.rifl.pron.* essere leso da ulcera: *il tessuto si è ulcerato.*

ulcerato *agg.* (*med.*) leso da un'ulcera.

ulcerazione [-zió-] *s.f.* (*med.*) **1** formazione, presenza di ulcere **2** ulcera.

ulceroso [-ró-] *agg.* e *s.m.* (*med.*) che o chi è affetto da ulcera.

uligine [-lì-] *s.f.* (*rar.*) umidità del terreno.

ulite *s.f.* (*med.*) infiammazione delle gengive.

uliva *s.f.* → **oliva**.

ulivo *s.m.* → **olivo**.

ulna *s.f.* (*anat.*) osso dell'avambraccio che forma la sporgenza del gomito [*ill. Corpo*].

ulster *s.m.invar.* (*ingl.*) ampio cappotto maschile da viaggio, con mantellina e grandi tasche, in uso nell'Ottocento.

ulteriore [-rió-] *agg.* **1** successivo, nuovo: *attendere un'*— *comunicazione* **2** che è al di là rispetto ad altra cosa: *Gallia* —. CONTR. *citeriore*.

ultimare *v.tr.* [*io ùltimo ecc.*] condurre a termine: — *un lavoro*. SIN. *terminare*, *finire*, *perfezionare*.

ultimativo *agg.* che ha carattere di ultimatum; definitivo: *ordine* —.

ultimatum *s.m.invar.* **1** intimazione inviata da uno stato a un altro, con la quale si minaccia di ricorrere alla forza o di rompere le trattative se le proprie richieste verranno respinte **2** per estens., ingiunzione o richiesta perentoria fatta a un'altra persona.

ultimazione [-zió-] *s.f.* l'ultimare; compimento.

ultimissima [-mìs-] *s.f.* **1** l'edizione più recente di un giornale **2** spec. *pl.* notizia recentissima.

ultimo [ùl-] *agg.* **1** che viene dopo tutti gli altri nello spazio o nel tempo: *l'ultima fila*; *l'*— *giorno dell'anno*, *della settimana*; *sono arrivato* — / *l'ultima parola*, quella decisiva / *in ultima analisi*, in conclusione / *esalare l'*— *respiro*, morire **2** che è il più recente: *ho sentito le ultime notizie*; *notizie dell'ultima ora*, recentissime / *la sai* *l'ultima?*, l'ultima notizia, l'ultima barzelletta e simili **3** estremo: *le ultime propaggini della catena montuosa* **4** (*lett.*) il più lontano nel tempo e quindi primo, fondamentale: *la causa ultima* **5** che non ha alcuna importanza, che è inferiore agli altri: *l'— dei poeti* / *l'ultima ruota del carro*, persona che conta poco o nulla // *s.m.* chi viene dopo tutti gli altri; chi è inferiore agli altri: *arrivare fra gli ultimi*; *l'— della classe*; *l'— del mese*, l'ultimo giorno del mese / *sull'—, da —, all'—, in —,* alla fine, negli ultimi tempi, finalmente / *fino all'—,* fino alla fine.

ultore [-tó-] *s.m.* [f. *-trice*] (*poet.*) vendicatore.

ultrà *agg.* e *s.m.* e *f.invar.* (anche, alla franc., *ultra,* pl. *ultras; pr.* ultrà) politicamente estremista.

ultra- [dal lat. *ultra* = *oltre*] primo elemento compositivo che significa «al di là, oltre» (*ultraterreno, ultrasuono*) oppure indica eccesso (*ultrasensibile*).

ultradestra [-dè-] *s.f.* l'estrema destra politica.

ultramicroscopico [-scò-] *agg.* [pl.m. *-ci*] non visibile con un microscopio normale; piccolissimo.

ultramicroscopio [-scò-] *s.m.* microscopio a illuminazione laterale indiretta, che permette di vedere particolari altrimenti invisibili della sostanza da esaminare.

ultramoderno [-dèr-] *agg.* modernissimo.

ultramontano *agg.* → oltremontano.

ultrarosso [-rós-] *agg.* (*fis.*) infrarosso.

ultrasensibile [-sì-] *agg.* sensibilissimo.

ultrasinistra *s.f.* l'estrema sinistra politica.

ultrasonico [-sò-] *agg.* [pl.m. *-ci*] **1** (*fis.*) che concerne gli ultrasuoni **2** che ha velocità superiore a quella del suono; supersonico.

ultrasonoro [-nò-] *agg.* (*fis.*) → ultrasonico 1.

ultrasuono [-suò-] *s.m.* (*fis.*) vibrazione meccanica elastica della materia, simile ad una vibrazione sonora, ma avente una frequenza superiore alla massima percepibile dall'orecchio umano (15.000-20.000 hertz).

ultrasuonoterapia [-pì-] *s.f.* cura medica eseguita mediante applicazione di ultrasuoni.

ultraterreno [-ré-] *agg.* che è oltre le cose della terra; celeste: *vita ultraterrena.*

ultravioletto [-lét-] *agg.* (*fis.*) si dice di raggio non percepibile da occhio umano, poiché nello spettro si trova oltre il violetto, dalla parte delle frequenze superiori.

ululare *v.intr.* [*io* ù*lulo ecc.*] urlare a lungo e in tono lamentoso (come fanno p.e. il cane e il lupo) (anche *fig.*): *il vento ulula.*

ululato *s.m.,* **ululo** [ù-] *s.m.* l'ululare.

ululone [-ló-] *s.m.* anfibio anuro simile a un piccolo rospo con dorso scuro e ventre aranciato; il maschio emette un caratteristico ululato (*fam.* Discoglossidi).

umanesimo [-néʃi-] *s.m.* **1** movimento culturale dei secc. XIV e XV tendente a rivalutare i valori specificamente umani, in contrasto con quelli prevalentemente religiosi del medioevo, spec. attraverso un rinnovato studio delle civiltà greca e romana **2** tendenza a esaltare in ogni forma di cultura i valori umani **3** l'interesse per la cultura classica; gli studi filologici e letterari.

umanista *s.m.* e *f.* [pl.m. *-i*] **1** (*st.*) esponente dell'umanesimo **2** cultore di letteratura e di arte, e spec. di quelle dell'antichità classica.

umanistico [-nì-] *agg.* [pl.m. *-ci*] dell'umanesimo, degli umanisti.

umanità *s.f.invar.* **1** la natura umana, l'essenza dell'uomo: *— e divinità di Cristo* **2** il complesso di tutti gli uomini, il genere umano: *il benessere dell'—* **3** sentimento di fratellanza e di solidarietà fra gli uomini;

comprensione intelligente dei problemi umani: *lo accolse con profonda —* **4** la cultura e gli studi letterari considerati come fondamentali per la formazione della compiuta personalità umana.

umanitario [-tà-] *agg.* improntato ai migliori sentimenti umani; altruistico, disinteressato.

umanitarismo [-ʃmo] *s.m.* lo spirito di chi, mosso da sentimenti di solidarietà, cerca di migliorare materialmente e moralmente la vita degli altri uomini.

umanizzare [-niʒʒa-] *v.tr.* **1** rendere umano; rendere adatto, umano **2** dotare di aspetto, di sentimenti umani: *i protagonisti del racconto sono animali umanizzati.*

umano *agg.* **1** dell'uomo, dell'umanità: *la vita umana* **2** conforme, adeguato alla persona umana: *sbagliare è —; questo non è un trattamento —* **3** comprensivo, buono // **-mente** *avv.* **1** secondo la natura umana: *ha fatto quanto era — possibile* **2** secondo le esigenze della persona umana; cortesemente, con belle maniere: *trattare — i prigionieri.*

umanoide [-nòi-] *agg.* e *s.m.* quasi umano, quasi uomo; si usa, spec. nella letteratura fantascientifica, con riferimento a esseri viventi simili all'uomo o ad automi.

umbilico *s.m.* [pl. *-chi*] → ombelico.

umbratile [-brà-] *agg.* (*lett.*) **1** che è in ombra **2** (*fig.*) che conduce vita solitaria: *è uomo alquanto schivo e —.*

umbro *agg.* dell'Umbria // *s.m.* abitante, nativo dell'Umbria.

umerale *agg.* dell'omero, degli omeri / *velo —,* quello con cui il sacerdote si copre le spalle e le mani quando benedice col SS. Sacramento o lo porta in processione.

umettare *v.tr.* [*io* umétto *ecc.*] bagnare leggermente.

umidezza [-déz-] *s.f.* l'essere umido.

umidiccio [-dìc-] *agg.* un poco umido: *pareti umidicce.*

umidificare *v.tr.* [*io* umidifico, *tu* umidifichi *ecc.*] rendere umido o più umido: *— l'ambiente.*

umidificatore [-tó-] *s.m.* apparecchio per aumentare, o per mantenere costante a un livello determinato, l'umidità dell'aria in un ambiente.

umidificazione [-zió-] *s.f.* l'atto, l'effetto dell'umidificare.

umidità *s.f.invar.* **1** l'essere umido **2** presenza di vapore acqueo nell'atmosfera; contenuto idrico di un corpo: *l'— della notte; l'— della parete / — assoluta,* quantità di vapore esistente in un metro cubo di aria / *— relativa,* rapporto fra la quantità di vapore esistente nell'aria e la quantità che l'aria alla medesima temperatura ne potrebbe contenere se fosse satura.

umido [ù-] *agg.* bagnato o intriso di acqua o di altro liquido: *mani umide* // *s.m.* **1** umidità: *l'— nuoce ai mobili* **2** cibo, per lo più a base di carne o pesce, cotto in un sugo di pomodoro, olio e altre verdure e condimenti.

umidore [-dó-] *s.m.* (*lett.*) umidità.

umile [ù-] *agg.* **1** si dice di persona che pratica l'umiltà, che si comporta con umiltà; che denota umiltà: *il vero sapiente è —; avere un contegno —.* SIN. modesto. CONTR. superbo **2** non elevato, dimesso: *essere di — condizione* // *s.m.* **1** chi ha un atteggiamento sottomesso: *gli umili saranno esaltati* **2** chi ha origini socialmente basse: *gli umili talvolta sono protagonisti di fatti importanti* // **-mente** *avv.* in modo umile, con sottomissione: *chiese — perdono.*

umiliante *agg.* si dice di cosa che umilia, che pone in condizione d'inferiorità: *patti umilianti.*

umiliare *v.tr.* [*io* umilio *ecc.*] avvilire; far riconoscere a qlcu. la propria inferiorità, le proprie colpe: — *i prepotenti*; — *qlcu. pubblicamente*. SIN. *mortificare* // **-arsi** *v.rifl.* farsi umile, fare atto di sottomissione: *chi si umilia sarà esaltato*.

umiliazione [-zió-] *s.f.* atto, effetto dell'umiliare o dell'umiliarsi: *subire un'—*. SIN. *mortificazione*.

umiltà *s.f.invar.* **1** virtù per cui l'uomo non si esalta dei propri meriti e riconosce i suoi limiti naturali; sentimento di riverenza; contegno sottomesso: *predicare, praticare l'—*; *pregare Dio con —*. SIN. *modestia* **2** l'essere socialmente basso: *l'— dei suoi natali*.

umore[1] [-mó-] *s.m.* **1** liquido presente in alcune cavità o organi di animali e vegetali: *l'— delle piante*, la linfa / *— acqueo*, liquido incolore contenuto nella parte anteriore dell'occhio / *— vitreo*, sostanza gelatinosa trasparente che occupa gran parte del globo oculare **2** indole, temperamento; qualità costante o passeggera dell'animo: *— volubile*; *buon —*; *cattivo —*; *cambiare —*; *comportarsi secondo l'—* / *— faceto*, inclinazione a scherzare e canzonare.

umore[2] [-mó-] *s.m.* (*lett.*) umorismo.

umoresca [-ré-] *s.f.* composizione pianistica a carattere capriccioso, con spunti umoristici.

umorismo [-ſmo] *s.m.* attitudine a considerare quegli aspetti divertenti o bizzarri della realtà che consentono una più ampia e umana comprensione di essa.

umorista *s.m.* e *f.* [pl.m. *-i*] **1** chi è dotato di umorismo **2** chi crea testi, disegni, film ecc. umoristici.

umoristico [-rì-] *agg.* dell'umorismo, degli umoristi: *libro —* // **-mente** *avv.* in modo umoristico.

un *art.indet.m.sing.*, **una** *art.indet.f.sing.* → **uno**.

unanime [-nà-] *agg.* che ha sentimenti e intenzioni comuni con altri, concorde: *essere tutti unanimi nel condannare un reo*; *approvare una legge con voto —*.

unanimismo [-ſmo] *s.m.* la pretesa dell'unanimità spec. politica, anche solo apparente.

unanimità *s.f.invar.* consenso di tutti; approvazione generale: *eleggere all'—*.

una tantum [*lat.*; *pr.* una tàntum = *per una volta soltanto*] si dice di erogazione o prelievo economico che avvengono in via straordinaria.

uncinato *agg.* che ha la forma di uncino; che è munito di uncini / *croce uncinata*, la svastica.

uncinetto [-nét-] *s.m.* asticciola con punta a forma di uncino usata per far pizzi e altri lavori a rete.

uncino *s.m.* oggetto di ferro appuntito e ricurvo a un'estremità per afferrare e sorreggere (anche *fig.*): *ripescare qlco. con l'—*; *appendere all'—*; *tirare un ragionamento con gli uncini*, (*fig.*) cavillare. SIN. *ronciglio*.

undecimo [-dè-] *agg.num.ord.* undicesimo.

under [*ingl.*; *pr.* ànda] *prep.* sotto; si usa in espressioni del linguaggio sportivo come *— 21*, *— 25*, per indicare squadre composte di atleti al di sotto di quell'età.

underground [*ingl.*; *pr.* andagràund] *agg.* e *s.m.* si dice di attività teatrali, letterarie, artistiche che vengono presentate al pubblico attraverso canali diversi da quelli ufficiali.

undicesimo [-cèſi-] *agg.num.ord.* che in una serie occupa il posto numero undici // *s.m.* l'undicesima parte.

undici [ùn-] *agg.num.card.* indica una quantità composta di dieci unità più una **2** // *s.m.* **1** il numero undici e la cifra che lo rappresenta **2** il complesso dei giocatori di una squadra di calcio: *l'— azzurro*, la nazionale.

ungarico [-gà-] *agg.* (*rar.*) ungherese.

ungere [ùn-] *v.tr.* [pres. *io ungo, tu ungi ecc.*; pass.rem. *io unsi, tu ungésti ecc.*; p.pass. *unto*] **1** spalmare di materia grassa; insudiciare con materia grassa (anche *assol.*): *— le ruote con olio*; *mi sono unto tutto il vestito*; *questa padella unge* **2** (*fig.*) adulare, fare regali a qlcu. per ottenere favori (anche *assol.*): *per ottenere quella licenza ho dovuto —* // **-ersi** *v.rifl.* **1** spalmarsi di grasso **2** insudiciarsi, macchiarsi di unto.

ungherese [-ré-] *agg.* dell'Ungheria // *s.m.* **1** abitante, nativo dell'Ungheria **2** la lingua degli ungheresi.

unghia [ùn-] *s.f.* formazione cornea dell'epidermide che riveste l'estremità delle dita: *le unghie delle mani*, *dei piedi*; *le unghie del gatto* / *avere le unghie lunghe*, essere ladro / *mettere fuori le unghie*, mostrarsi aggressivo / *cadere sotto, tra le unghie di qlcu.*, cadere in suo potere. DIM. *unghietta*. ACCR. *unghione*.

unghiata *s.f.* **1** graffio o ferita fatta con le unghie **2** intaccatura nella lama dei temperini, che consente di aprirli con l'unghia.

unghiato *agg.* fornito di unghie.

unghione [-ghió-] *s.m.* artiglio di animali.

ungueale *agg.* (*scient.*) dell'unghia, delle unghie.

unguento [-guèn-] *s.m.* **1** medicamento in cui la sostanza medicinale viene incorporata in un miscuglio untuoso, a base di grassi **2** pomata profumata.

ungulati *s.m.pl.* (*zool.*) mammiferi con le dita munite di zoccoli (p.e. cavallo, bue, pecora ecc.).

uni- [dal lat. *unus = uno*] primo elemento compositivo che significa «uno, formato da uno» (*unicellulare*, *unilaterale*, *uninominale*).

unibile [-nì-] *agg.* che può essere unito.

unicamerale *agg.* (*pol.*) di una sola camera, detto di quei regimi nei quali la sovranità è esercitata da una sola assemblea legislativa.

unicellulare *agg.* (*biol.*) si dice di un organismo, animale o vegetale, costituito da una sola cellula.

unicità *s.f.invar.* la proprietà di ciò che è unico.

unico [ù-] *agg.* [pl.m. *-ci*] che è senza uguali o in assoluto o relativamente ad alcuni aspetti o caratteristiche: *è figlio —*; *fu quella l'unica volta che andai a Vienna*; *è l'unica copia in vendita*; *è un ragazzo —*, per le sue qualità eccezionali; *quel bambino era la sua unica gioia* / *rimedio —*, straordinario.

unicorno [-còr-] *agg.* si dice di animale che ha un solo corno: *il rinoceronte è —* // *s.m.* mitico animale dal corpo di cavallo, con un caratteristico lungo corno in fronte.

unicum [*lat.*; *pr.* ùnicum = *cosa unica*] *s.m.* esemplare unico, oggetto del quale non esistono copie identiche; per estens., caso unico, singolare, fuori dal comune.

unidimensionale *agg.* che ha una sola dimensione (anche *fig.*).

unidirezionale *agg.* che ha una sola direzione (anche *fig.*): *percorso —*; *indagine —*.

unifamiliare *agg.* che serve per una sola famiglia: *casetta —*.

unificabile [-cà-] *agg.* che si può unificare.

unificare *v.tr.* [*io unifico, tu unifichi ecc.*] **1** ridurre a unità: *il problema di — l'Europa* **2** ridurre a un tipo unico; standardizzare: *— un prodotto industriale*.

unificato *agg.* ridotto a tipo unico; standardizzato: *produzione unificata*.

unificatore [-tó-] *agg.* e *s.m.* [f. *-trice*] che o chi unifica.

unificazione [-zió-] *s.f.* **1** atto, effetto dell'unificare: *l'— d'Italia* **2** riduzione a un tipo unico; standardizzazione: *— industriale*.

uniformare *v.tr.* [*io uniformo ecc.*] **1** rendere uniforme **2** rendere conforme: *— la propria condotta alle* *leggi* / *uniformarsi all'ambiente*, cercare di adattare il proprio carattere.

uniformazione [-zió-] *s.f.* atto, effetto dell'uniformare o dell'uniformarsi.

uniforme [-fór-] *agg.* **1** che ha la stessa forma, uguale: *pezzi uniformi* / *terreno* —, piano, senza dislivelli / *esistenza* —, senza mutamenti, monotona **2** (*fis.*) si dice di un moto a cui velocità è costante in intensità // *s.f.* abito uguale per tutti coloro che fanno parte di un corpo, di un collegio, di una milizia: *alta* —, quella prescritta per speciali occasioni.

uniformità *s.f.invar.* qualità di ciò che è uniforme.

unigenito [-gè-] *agg.* (*lett.*) che è figlio unico: *figlio —* / *l'Unigenito*, Gesù Cristo, in quanto unico figlio di Dio.

unilaterale *agg.* **1** (*dir.*) che concerne una sola delle due parti **2** che è fatto da una sola delle parti: *proposta* — **3** che considera un lato solo di una questione: *visione* —.

unilateralità *s.f.invar.* qualità di ciò che è unilaterale.

uninominale *agg.* (*pol.*) si dice di scrutinio o di collegio elettorale in cui si vota per i singoli candidati.

unione [-nió-] *s.f.* **1** l'unire, l'unirsi, l'essere uniti: *l'— dell'anima con il corpo*; *l'— di due parti del discorso*; — *coniugale*; — *internazionale*, accordo tra due o più stati allo scopo di cooperare per la soluzione di problemi comuni / *prov.*: *l'— fa la forza* **2** denominazione di varie associazioni di persone aventi interessi comuni, e anche di organismi internazionali e di stati federali: *Unione nazionale ciechi*; *Unione europea dei pagamenti* **3** (*fig.*) accordo; spirito di solidarietà: *nella tua famiglia c'è un'— perfetta.*

unipolare *agg.* **1** che ha un solo polo: *spina* — **2** (*fig.*) che ha un solo punto di riferimento.

unire *v.tr.* [*io unisco, tu unisci ecc.*] **1** fare in modo, avvicinandosi o collegandole, che due o più cose diventino o appaiano una sola: — *i pezzi di un vestito*; — *due tavole*; — *le proprie forze*; *si unì a noi per passare la serata*, si accompagnò a noi / — *l'utile al dilettevole*, far qlco. di piacevole ricavandone un utile materiale. CONTR. *dividere* **2** legare due persone con vincoli legali o morali: — *in matrimonio*; *sono uniti da una forte stima reciproca.* CONTR. *dividere* **3** collegare due o più cose distanti tra loro: — *due punti con una linea*; *un'ampia strada unisce la città al mare.*

unisessuale *agg.* **1** (*scient.*) che ha le caratteristiche di un solo sesso (contrapposto a *ermafrodito*): *pianta, fiore* — **2** si dice di capo di abbigliamento adatto sia all'uomo sia alla donna.

unisex [-sèx] *agg.invar.* nel linguaggio della moda, unisessuale.

unisono [-nì-] *agg.* e *s.m.* si dice di suoni simultanei che si corrispondono in altezza, anche se di timbro diverso: *cantare, sonare all'*—, eseguire simultaneamente la stessa melodia / *il tuo modo di pensare è all'*— *col mio*, (*fig.*) concorda con esso; *agire all'*—, concordemente.

unità *s.f.invar.* **1** l'essere uno, compiuto in sé stesso e indivisibile: *l'— di Dio* **2** unicità / — *di tempo, di luogo, d'azione*, le tre norme del teatro classico per cui una tragedia doveva essere imperniata su una sola azione drammatica e svolgersi in un sol luogo, nello spazio di un solo giorno **3** il formare un tutto unico di più parti; in particolare, l'unione politica di un popolo: *l'— della lingua*; *le lotte per l'— d'Italia* **4** convergenza, coesione nel pensare o nell'agire: — *d'intenti, di propositi* **5** (*mat.*) il numero uno: *questa divisione dà come*

risultato l'— / le — di un numero, le cifre dall'uno al nove, scritte alla destra di un numero intero / — *di misura*, grandezza di una certa specie (p.e. lunghezza, peso ecc.) assunta come base di riferimento per la valutazione delle altre grandezze della stessa specie **6** (*mil.*) denominazione generica di ciascun reparto dell'esercito; ciascun elemento di una flotta navale o aerea: *flotta di dieci* —; *alcune — della divisione risultano disperse* / *grande* —, divisione o corpo d'armata **7** elemento distinto, autonomo, non scomponibile: — *significativa*, (*ling.*) la parte minima di una parola che è portatrice di significato; — *periferica di un calcolatore.*

unitario [-tà-] *agg.* **1** che tende all'unità, all'unificazione: *politica unitaria*; *sforzo* — **2** che riguarda l'unità, che ha valore di unità: *misura unitaria* // *s.m.* fautore dell'unità politica, religiosa ecc.

unito *agg.* **1** compatto: *marciare in schiere unite* / *un tessuto di tinta unita*, di un solo colore e senza disegni **2** (*fig.*) si dice di persone legate da vincoli legali o morali che siano solidali tra loro: *una famiglia molto unita*; *parenti poco uniti* **3** denominazione di confederazioni di stati o di organismi internazionali: *Stati Uniti*; *Nazioni unite.*

universale *agg.* **1** che concerne l'universo, l'umanità intera; che è valido per tutti gli uomini: *legge, principio* —; *storia* —, di tutta l'umanità, in tutti i tempi / *giudizio* —, quello in cui verranno giudicati tutti i vivi e i morti, alla fine del mondo **2** che concerne tutte le persone o le cose cui ci si riferisce: *consenso, disapprovazione* —, generale, di tutti i presenti / *suffragio* —, (*pol.*) diritto di voto esteso a tutti i cittadini che abbiano raggiunto l'età prefissata / *erede* —, (*dir.*) di tutti i beni // *s.m.* **1** (*fil.*) concetto generale, astratto, che può essere applicato a più cose individuali **2** (*rar.*) la totalità degli uomini.

universalismo [-ʃmo] *s.m.* tendenza a superare ogni particolarismo e ad assumere valori riconosciuti da tutti gli uomini: *l'— della chiesa.*

universalità *s.f.invar.* **1** qualità di ciò che è universale: *l'— di un concetto* **2** più cose o più persone considerate tutte insieme: *l'— degli uomini.*

universalizzare [-liʒʒa-] *v.tr.* rendere universale; diffondere ampiamente.

universiadi [-sì-] *s.f.pl.* giochi sportivi analoghi alle olimpiadi, riservati a studenti universitari.

università *s.f.invar.* **1** istituto di studi superiori, diviso in più facoltà, che conferisce al termine degli studi il diploma di laurea; anche l'edificio in cui si tengono i corsi universitari: *frequentare l'*—; *iscriversi all'* — / *popolare*, istituto per la diffusione della cultura fra il popolo mediante conferenze, lezioni e simili **2** associazione, corporazione.

universitario [-tà-] *agg.* dell'università: *ordinamento, corso, studente, insegnante* — // *s.m.* chi studia all'università; si dice anche di professore che insegna all'università.

universo [-vèr-] *s.m.* **1** l'insieme di tutti i corpi celesti e dello spazio che li contiene **2** tutto il mondo; la totalità degli uomini (per lo più *scherz.*): *crede di poter comandare all'*—! // *agg.* tutto quanto, usato spec. nell'espressione: *l'*— *mondo.*

univocità *s.f.invar.* l'essere univoco; chiarezza, mancanza di ambiguità.

univoco [-nì-] *agg.* [pl.m. *-ci*] **1** si dice di vocabolo, frase o discorso che ha un solo significato, che si presta a un'unica interpretazione **2** si dice di cose dello stesso genere, che hanno lo stesso nome; di vocabolo che designa più cose dello stesso genere.

uno *agg.num.card.*, *pron.indef.*, *art.indet.* [come agg. num. e art. maschile si tronca in *un* davanti a s. o agg. che cominci per vocale o consonante scempia o muta più liquida (*un amico*, *un cane*, *un brigante*); ma non sempre si tronca se il s. o l'agg. comincia per *ps* (*uno iettatore*, *uno o uno psichiatra*); come agg.num. non seguito da s. o agg. si tronca in alcune locuzioni come: *l'un* (o *l'uno*) *per cento*, *per mille*; *un* (o *uno*), *due e tre*; come pron. maschile il troncamento è raro e dell'uso lett. (*un di loro*); nell'uso comune si ha sempre la forma intera (eccettuate le locuz.: *l'un l'altra*, *l'un con l'altro*); il numerale e l'articolo femminile *una* hanno l'elisione davanti a s. o agg. che cominci per vocale accentata (*un'aquila*), ma non sempre se comincia per vocale non accentata o per semiconsonante (*un'amica* o *una amica*, *un'iettatura* o *una iettatura*); sempre *una* davanti a consonante e come pronome; pl.m. *uni* e pl.f. *une* nelle locuz. *gli uni e gli altri*, *le une e le altre* e nell'uso poetico come agg.; pl.m. *uni* (numero 1): *tre uni*, *cinque uni*] *agg.num.card.* **1** indica una quantità corrispondente a una unità; talvolta indica anche una piccola quantità indeterminata: *inviterò uno o due amici*; in unione ai numeri indicanti le decine, le centinaia ecc.: *ventun(o) versi*; *trentun(o) libri*; *ventun(o) schede*; si usa talvolta in funzione di num.ord.: *pagina uno*; *le ore una* (o più com. *l'una*); riferito a una sola persona o cosa (spesso in costruzioni partitive o in locuz. distributive): *uno di questi impiegati*; *ne avrete due per uno*, due a testa; *uno alla volta*, *uno al mese*; *a uno a uno* / *contare per uno*, per una sola persona / *vederlo e fuggire fu tutt'uno*, le due azioni avvennero simultaneamente / *uno per tutti*, *tutti per uno*, si dice stringendo un patto di solidarietà **2** unico (spesso rafforzato dall'agg. *solo*, dall'avv. *soltanto* e simili): *una volta sola*; *si mossero come un sol uomo*, tutti insieme, concordi / *a un tempo*, nello stesso tempo; *a una voce*, parlando o gridando tutti insieme; *a un modo*, allo stesso modo **3** (*lett.*) unito, moralmente o politicamente: *l'Italia una e libera* // *s.m.* **1** il numero con cui si inizia la numerazione; la cifra corrispondente **2** (*fil.*) *l'Uno*, il principio unico di tutta la realtà, cioè, nelle religioni monoteistiche, Dio // *art.indet.* **1** serve ad indicare una persona o cosa in modo indeterminato: *un bimbo piangeva*; *un po'*, *un poco*; *in un primo tempo* **2** indica approssimazione in locuz. quantitative: *l'avrà pagato un diecimila lire*; *mancherà una mezz'ora* // *pron.indef.* **1** un tale, un certo, una certa persona: *è uno che la sa lunga*; seguito da partitivo, anche riferito a cosa: *ho parlato con uno dei suoi assistenti*; *è uno dei tanti*, una persona comune; *uno di questi giorni verrà a trovarti*; unito, contrapposto o correlativo di *altro*: *l'uno o l'altro*; *gli uni*, *le une dicevano di sì*, *gli altri*, *le altre di no*; *l'uno e l'altra*, *l'una e l'altra*, entrambi, entrambe, anche con valore di agg.; con valore reciproco: *aiutarsi l'un l'altro* (o *l'un con l'altro*) / *dir male l'uno dell'altro* **2** con valore impers.: *se uno vuole, può farlo*.

unto *agg.* cosparso, insudiciato di sostanze grasse: *mani unte* // *s.m.* **1** chi è stato consacrato con l'olio santo: *l'— del Signore*, il sacerdote **2** materia grassa che unge; il condimento di certe vivande: *l'— dell'arrosto*.

untore [-tó-] *s.m.* [f. *ungitrice*] **1** chi unge **2** (*st.*) chi si credeva diffondesse la peste ungendo muri e porte con sostanze infette.

untume *s.m.* materia grassa che insudicia.

untuosità *s.f.invar.* **1** l'essere untuoso **2** (*fig.*) l'aver modi insinuanti, subdoli.

untuoso [-tuó-] *agg.* **1** si dice di cosa che unge, che è cosparsa di sostanze che ungono: *capelli untuosi* **2** (*fig.*) subdolo, ipocrita, falsamente umile: *maniere untuose*; *discorso —*.

unzione [-zió-] *s.f.* **1** l'ungere, spec. con sostanze medicamentose; l'ungere con olio consacrato in alcune cerimonie liturgiche e spec. nell'amministrazione di alcuni sacramenti / *estrema unzione*, il sacramento dei cristiani gravemente infermi **2** (*fig.*) ipocrisia, falsa umiltà.

uomo [uò-] *s.m.* [pl. *uòmini*] **1** individuo adulto, di sesso maschile, appartenente alla specie umana: *un abito da —*; *non sei più un ragazzo*, *sei un —* / *un buon —*, un uomo semplice, bonario / *un pover'—*, uomo dappoco, sfortunato / *un — di coscienza*, coscienzioso / *un — di poche parole*, taciturno / *— di fatica*, che è addetto a lavori servili, faticosi / *un — alla mano*, cordiale / *— di mondo*, che va molto in società / *l'— della strada*, il cittadino di condizione media / *sii —!*, comportati virilmente! **2** (*scient.*) mammifero superiore caratterizzato dalla posizione eretta, dal linguaggio articolato, dallo sviluppo relativamente grande del cervello e dalle elevate attività psichiche (*fam.* Ominidi) **3** la specie umana; ciascun componente di essa: *la dignità dell'—* / *a memoria d'—*, per quanto è possibile ricordare / *andare a passo d'—*, si dice di veicolo che procede a velocità assai ridotta / *prov.*: *l'— propone e Dio dispone*, i progetti dell'uomo non hanno sempre la realizzazione desiderata **4** marito, compagno della donna: *attendeva il ritorno del suo —* — *dalla guerra* **5** persona, spec. in quanto membro di un'organizzazione, o incaricato di un servizio: *piazzare i propri uomini nelle banche*; *manderemo un nostro — per la manutenzione* / *— nero*, essere fantastico con il quale si spaventano i bambini; anche, gioco di carte.

uopo [uò-] *s.m.* (*lett.*) bisogno, necessità, spec. nelle locuz.: *essere*, *fare d'—*, essere necessario; *all'—*, in caso di bisogno.

uosa [uòʃa] *s.f.* sorta di alto stivale che protege la gamba, spec. usato dai cacciatori; ghetta.

uovo [uò-] *s.m.* [pl.f. *-a*] cellula femminile rotondeggiante, talora di dimensioni cospicue, da cui si forma, all'interno o all'esterno del corpo materno, l'embrione degli animali; (*assol.*) quello di gallina, usato come alimento: *— del baco da seta*, *di storione*, *di struzzo* / *stantio*, *di giornata* / *— gallato*, fecondato / *covare*, *deporre le uova* / *l'albume*, *il tuorlo dell'—* / *la pelle dell'—*, la pellicola che sta sotto il guscio; (*fig.*) mussolina finissima / *pasta all'—*, fabbricata o fatta in casa con farina, uova, acqua e sale / *— da bere*, appena fatto oppure scaldato in acqua bollente / *— sodo*, cotto finché il tuorlo diventa duro / *uova strappazzate*, sbattute e cotte in tegame / *sbattere le uova*, per fare la frittata o lo zabaione / *rompere le uova nel paniere*, guastare i piani altrui / *cercare il pelo nell'—*, essere minuzioso, sofisticare / *è l'— di Colombo*, detto di cosa facilissima da risolvere / *testa d'—*, intellettuale, teorico.

uperizzato [-riʒʒa-] *agg.* si dice di alimento sottoposto a uperizzazione: *latte —*.

uperizzazione [-riʒʒazió-] *s.f.* procedimento per la conservazione di sostanze alimentari attraverso l'azione di vapore ad alta temperatura.

uppercut [*ingl.*; *pr.* àppercat] *s.m.* nel pugilato, colpo montante, portato dal basso in alto.

up-to-date [*ingl.; pr.* ap-tu-dèit] *agg.* aggiornato; all'ultima moda.

upupa [ù-] *s.f.* uccello di media grandezza con penne del capo erigibili a guisa di cresta e piumaggio fulvo a strie bianche e nere (*fam.* Upupidi).

uragano *s.m.* **1** violentissima tempesta di vento che raggiunge velocità superiori ai 120 km orari; ciclone: *l' — devastò l'aeroporto* **2** (*fig.*) grande fragore: *un — di fischi.*

uranifero [-ni-] *agg.* che contiene, che produce uranio: *minerali uraniferi; giacimento —.*

uraninite *s.f.* → **pechblenda.**

uranio [-rà-] *s.m.* elemento chimico (U; *n.at.* 92; *p.at.* 238,03); metallo radioattivo naturale, bianco argenteo, duro, pesante, usato per la produzione di energia nucleare.

uranite *s.f.* gruppo di minerali di uranio, lamellari, madreperlacei, di colore verdastro; sono chiamati anche *miche di uranio.*

Urano *s.m.* (*astr.*) uno dei pianeti del sistema solare.

uranografia [-fì-] *s.f.* (*astr.*) descrizione e rappresentazione del cielo, mediante le carte celesti.

urbanesimo [-néʃi-] *s.m.* fenomeno di trasferimento delle popolazioni dalle campagne nelle città, spec. nelle metropoli.

urbanista *s.m.* e *f.* [*pl.m.* -*i*] chi si occupa di urbanistica.

urbanistica [-ni-] *s.f.* l'arte della sistemazione razionale degli agglomerati urbani.

urbanistico [-ni-] *agg.* [*pl.m.* -*ci*] di urbanistica; degli urbanisti: *progetto —*, di sistemazione edilizia e stradale.

urbanità *s.f.invar.* cortesia, civiltà: *rispondere con —.*

urbanizzare [-niʒʒa-] *v.tr.* dare a un centro abitato di carattere di città; estendere una città; dotare un territorio di infrastrutture urbane.

urbanizzativo *agg.* di urbanizzazione, che serve a urbanizzare.

urbanizzazione [-niʒʒaʒió-] *s.f.* atto, effetto dell'urbanizzare: *opere di —.*

urbano *agg.* **1** della città: *nettezza urbana* **2** (*fig.*) civilmente cortese: *usare modi urbani* // **-mente** *avv.* cortesemente.

urbe *s.f.* (*lett.*) città; per antonomasia, la città di Roma.

urbi et orbi [*lat.* = *a Roma e al mondo*] si dice delle benedizioni papali rivolte ai cattolici di Roma e di tutto il mondo; (*scherz.*) di cosa detta a tutti, pubblicamente: *lo ha fatto sapere —.*

urbinate *agg.* di Urbino // *s.m.* abitante di Urbino.

urea [-rè-] *s.f.* (*chim.*) sostanza organica azotata, cristallina, incolora, presente nelle urine dei carnivori.

ureico [-rèi-] *agg.* [*pl.m.* -*ci*] dell'urea, che contiene urea: *resine ureiche*, gruppo di resine sintetiche.

uremia [-mì-] *s.f.* intossicazione dovuta all'abnorme presenza nel sangue di sostanze organiche tossiche che il rene è incapace di eliminare.

uremico [-rè-] *agg.* [*pl.m.* -*ci*] affetto da uremia.

ureterale *agg.* (*med.*) dell'uretere.

uretere [-tè-] *s.m.* (*anat.*) canale che dal rene porta l'urina alla vescica [*ill.* Rene].

ureterite *s.f.* (*med.*) infiammazione dell'uretere.

uretra [-rè-] *s.f.* (*anat.*) canale che mette in comunicazione la vescica con l'esterno e attraverso il quale si elimina l'urina.

uretrale *agg.* (*med.*) dell'uretra.

uretrite *s.f.* (*med.*) infiammazione dell'uretra.

urgente [-gèn-] *agg.* che richiede un'azione o una risoluzione immediata: *ho un affare — / lettera —*, che de-

ve essere consegnata subito. SIN. *pressante, impellente, stringente.*

urgenza [-gèn-] *s.f.* l'essere urgente: *chiamata d'—*, per un pronto intervento, spec. medico.

urgere [ùr-] *v.tr.dif.* [*pres. ui urgo, tu urgi ecc.*; manca il pass.rem. e il p.pass.] incalzare, spingere: *i nemici lo urgevano da presso* // *v.intr.* essere necessario subito: *urge la tua presenza; urgevano rinforzi.*

uria [ù-] *s.f.* uccello marino che vive lungo le coste delle regioni nordiche.

uricemia [-mì-] *s.f.* (*med.*) accumulo di acido urico nel sangue.

uricemico [-cè-] *agg.* [*pl.m.* -*ci*] affetto da uricemia.

urico [ù-] *agg.* [*pl.m.* -*ci*] *acido —*, composto azotato che si trova nell'urina dell'uomo e degli animali.

uridrosi [-dròʃi] *s.f.invar.* (*med.*) eccessivo aumento dell'eliminazione dell'urea, e di altre componenti dell'urina, attraverso il sudore.

urina *s.f.* → **orina.**

urinare *v.intr.* → **orinare.**

urlare *v.intr.* **1** gridare (detto di lupi e di altre belve) **2** per estens., mandare grida forti e prolungate: *— per il dolore.*

urlatore [-tó-] *agg.* e *s.m.* [*f.* -*trice*] **1** che o chi urla: *scimmie urlatrici*, varietà americana di scimmie che emettono acute strida **2** si dice di cantanti che cantano a voce spiegata secondo il cosiddetto stile urlato.

urlio [-li-] *s.m.* l'urlare, continuo o frequente, di molte persone.

urlo *s.m.* [*pl.m.* -*i*, degli animali; pl.f. -*a*, degli uomini] grido forte e prolungato: *l'— del lupo; cacciare un —; urla di gioia.*

urna *s.f.* **1** cassetta in cui si introducono le schede di una votazione o dalla quale vengono estratti i numeri di una lotteria, spec. del lotto / *andare alle urne*, votare / *il responso delle urne*, l'esito di una votazione **2** vaso di terracotta o altro materiale usato dagli antichi per serbarvi acqua o altri liquidi / *— cineraria*, il vaso in cui si conservano le ceneri di un defunto **3** (*poet.*) sepolcro, tomba.

uro *s.m.* grosso toro selvatico dalle grandi corna, ormai estinto; è ritenuto il progenitore di una parte dei bovini domestici (*fam.* Bovidi).

urobilina *s.f.* (*biol.*) pigmento che colora l'urina.

urocordati *s.m.pl.* (*zool.*) sottotipo di cordati, in cui la corda dorsale è quasi scomparsa e ridotta alla coda: comprende molte specie di fauna marina.

urodeli [-dè-] *s.m.pl.* anfibi che, a differenza degli anuri, conservano la coda per tutta la vita (p.e. salamandra, tritone).

urogallo *s.m.* gallo cedrone.

urogenitale *agg.* che riguarda l'apparato urinario e quello genitale.

urografia [-fì-] *s.f.* (*med.*) procedimento radiografico che rende visibili le vie urinarie.

urologia [-gì-] *s.f.* parte della medicina che studia le malattie dell'apparato urinario.

urologico [-lò-] *agg.* [*pl.m.* -*ci*] che riguarda l'urologia, l'apparato urinario.

urologo [-rò-] *s.m.* [*pl.* -*gi*] medico specialista in urologia.

uropigio [-pi-] *s.m.* parte posteriore del corpo degli uccelli, sulla quale si trova la coda.

uroscopia [-pi-] *s.f.* (*scient.*) esame dell'urina a scopo diagnostico.

urotropina *s.f.* (*med.*) sostanza usata quale disinfettante delle vie urinarie.

urrà, urrah [-rà] *inter.* esclamazione di applauso o di gioia: —, *siamo salvi!*

urtante *agg.* si dice di atteggiamento o fatto che dà molestia e offende: *il tuo contegno è* —.

urtare *v.tr.* **1** dare un urto; spingere, colpendo all'improvviso: *uscendo, lo ha urtato e fatto cadere* **2** (*fig.*) irritare, infastidire: *il tuo comportamento li ha urtati* // *v.intr.* cozzare contro un ostacolo (anche *fig.*): *la barca urtò contro uno scoglio*; *ha urtato nell'incomprensione dell'amico* // **-arsi** *v.rifl.pron.* irritarsi, offendersi: *si è molto urtato per la tua partenza improvvisa.*

urticante *agg.* (*scient.*) che, al contatto, produce una sensazione di bruciore come fa l'ortica: *alcune piante contengono un liquido* —.

urticaria [-cà-] *s.f.* → **orticaria**.

urto *s.m.* **1** collisione più o meno violenta di due corpi, di cui almeno uno in movimento; spinta data a qlcu. o a qlco.: *l'— tra il tram e l'autocarro fu violento*; *dare un — a qlcu.* / *sostenere l'— dei nemici*, lo scontro con le truppe nemiche. SIN. *cozzo* **2** (*fig.*) contrasto: *essere in — con qlcu.*

urtone [-tó-] *s.m.* spinta violenta.

uruguagio [-guà-], **uruguaiano** *agg.* dell'Uruguay // *s.m.* abitante dell'Uruguay.

usanza [-ʃan-] *s.f.* modo di vivere o di agire, generalmente ammesso o seguito / *prov.*: *paese che vai, — che trovi*, bisogna adattarsi ai modi di vivere del paese in cui ci si trova. SIN. *consuetudine, costume.*

usare [-ʃa-] *v.tr.* **1** servirsi, valersi di qlco.: — *l'automobile per andare in ufficio*; — *prudenza*; — *la cortesia di*, fare la cortesia di. SIN. *adoperare, impiegare* **2** essere solito: *da molti anni usa andare al mare*; *fece come s'usa* // *v.intr.* **1** servirsi, valersi: — *e abusare della propria autorità* **2** essere conforme alle consuetudini o alla moda: *quest'anno usano i vestiti più lunghi.*

usato [-ʃa-] *agg.* **1** si dice di ciò che non è nuovo ed è consumato dall'uso: *un vestito* — **2** che è conforme alla consuetudine; solito: *lo accolse nella maniera usata.*

usbergo [-ʃbèr-] *s.m.* [pl. -*ghi*] **1** nel medioevo, armatura a lamine di metallo che difendeva il collo e il busto; corazza **2** (*fig.*) difesa, protezione: *sotto l'— della legge.*

uscente [-scèn-] *agg.* **1** si dice di tempo che sta per finire: *l'anno* — **2** che sta per finire di essere in una data condizione, in un dato ufficio: *il consigliere* — **3** di parole, finire: — *in vocale.*

usciere [-sciè-] *s.m.* **1** chi, negli uffici pubblici o privati, sta in anticamera per annunciare i visitatori, prestare minuti servizi ecc. **2** (*pop.*) ufficiale giudiziario.

uscio [ù-] *s.m.* apertura in un muro o in una parete per passare dall'interno all'esterno di un luogo, di una stanza o simili; per estens., l'imposta o le imposte per chiuderla / *prendere l'—*, andarsene.

uscire *v.intr.* [pres. io èsco, tu èsci, egli èsce, noi usciamo, voi uscite, essi èscono; cong.pres. io èsca, noi usciamo, voi usciate, essi èscano; imp. èsci, uscite; gli altri tempi sono regolari; si ha il tema *usc-* quando l'accento cade sulla desinenza, èsc- quando cade sul tema] **1** andare, venire fuori: — *di casa, dalla scuola, di città*; — *sulla strada, all'aperto, a fare la spesa* / — *da un pericolo*, salvarsi da esso / — *di minorità*, diventare maggiorenne / — *di senno*, impazzire. CONTR. *entrare* **2** allontanarsi da un gruppo di persone: — *dalla folla, dall'assemblea* **3** avere origine: *esco da un'ottima famiglia* **4** venir fuori da un luogo chiuso (detto di cosa): *il fumo esce dalla finestra*; *gli esce il sangue dalla ferita* / — *di mente*, di

cosa che si sia dimenticata / — *di moda*, non essere più di moda **5** essere pubblicato: *il mio libro uscirà fra pochi giorni* **6** apparire d'un tratto; dire all'improvviso: *di dove è uscito quel tale?*; — *in un grido, in una battuta scherzosa* **7** sfociare, sboccare (detto di fiumi o strade): *via Manzoni esce in piazza Cavour* **8** finire (detto di parole): *le parole che escono in consonante.*

uscita *s.f.* **1** l'uscire: *l'— degli spettatori dal cinematografo* / *l'— di un attore*, il suo abbandono della scena o, talvolta, il suo ingresso in scena / *la libera* —, ore di libertà concesse a militari, domestiche e simili. CONTR. *entrata* **2** luogo per cui si esce; parte di un edificio attraverso cui si passa per uscire: *l'— della stazione*; — *di sicurezza* / *non c'è via d'—*, (*fig.*) di cosa che offre una sola soluzione. CONTR. *entrata* **3** parte passiva di un bilancio; spesa: *mettere a* —, tra le spese / *buona* —, compenso dato a chi cede un'attività o una proprietà **4** atto o detto improvviso: *ebbe un'— spiritosa* **5** (*gramm.*) terminazione di un vocabolo **6** l'insieme di ciò che viene trasmesso da un'emittente radio o televisiva: *la qualità dell'— è buona.*

usignolo [-ʃignò-] *s.m.* uccello dal canto melodioso col corpo snello grigio-rossastro (*fam.* Tordidi) / *canta come un* —, con voce dolcissima (detto di persona).

usitato [-ʃi-] *agg.* (*lett.*) che è usato frequentemente; solito. SIN. *consueto.*

uso[1] [-ʃo] *agg.* (*lett.*) abituato, solito: *è — alle fatiche*; *non sono — ad arrivare in anticipo.*

uso[2] [-ʃo] *s.m.* atto e modo dell'usare o dell'essere usato; scopo per cui si usa qlco.: *l'— del vocabolario*; *medicine per* — *esterno*; *istruzioni per l'—*; *testo di storia ad* — *dei licei*, adatto ai programmi d'insegnamento e alle capacità degli alunni dei licei; *fare* — *di qlco.*, servirsene; *essere fuori d'— o fuori* —, inservibile; *perdere l'— della parola*, la capacità di parlare; *avere l'— di qlco.*, (*dir.*) il diritto di servirsi di una cosa altrui facendone propri i frutti. SIN. *impiego* **2** esercizio, pratica: *apprendere il francese con l'—* **3** usanza, consuetudine: *gli usi e i costumi di un paese*; *usi interpretativi*, (*dir.*) modi di interpretare le leggi; *è d'— ricambiare gli auguri* / *venire, tornare in—*, di moda / *all'— francese*, secondo la moda francese / *una borsa — pelle*, che imita la pelle / *seguire l'— comune*, il modo comune di usare le parole e le locuz. della lingua.

ussaro [ùs-] *s.m.* in alcuni eserciti stranieri, soldato di cavalleria leggera.

usta *s.f.* odore lasciato sul terreno da un animale, spec. da una lepre.

ustionare *v.tr.* [io ustióno ecc.] produrre ustioni: *il fuoco gli ustionò le braccia.*

ustionato *agg.* e *s.m.* che, chi ha riportato ustioni.

ustione [-stió-] *s.f.* lesione dei tessuti dell'organismo provocata dal calore; scottatura, bruciatura.

usto *agg.* (*rar.*) bruciato: *magnesia usta*, calcinata.

ustolare *v.intr.* [io ùstolo ecc.] uggiolare, guaiolare: *il cane ustolava per la fame.*

ustorio [-stò-] *agg.* che serve a bruciare: *specchio* —, specchio concavo usato per concentrare i raggi solari e bruciare oggetti infiammabili.

usuale [-ʃua-] *agg.* **1** abituale, consueto: *con l'— abilità.* SIN. *solito* **2** ordinario, non di prima qualità: *carta, sapone* —.

usucapione [-ʃucapió-] *s.f.* (*dir.*) l'acquisto della proprietà di un bene mediante il suo possesso per un periodo di tempo richiesto dalla legge, e senza che il proprietario abbia dato notizia di sé.

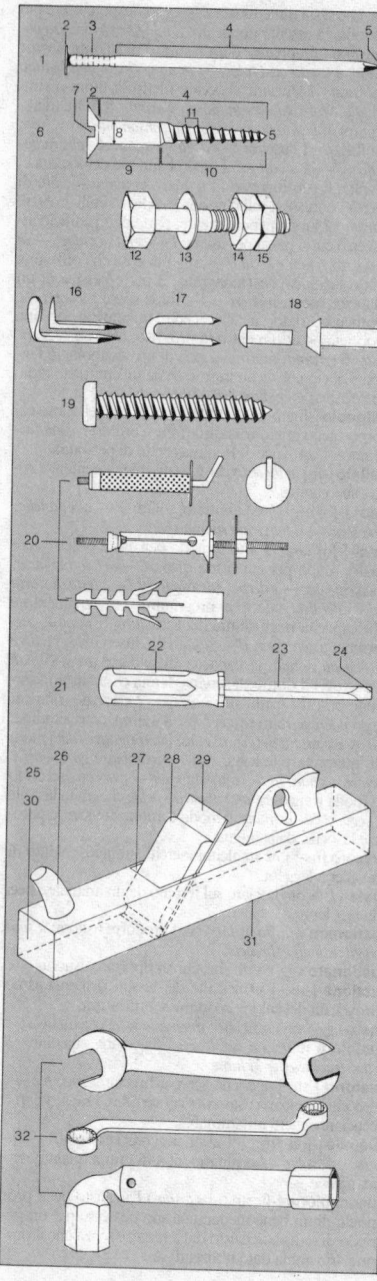

usucapire [-ʃu-] *v.tr.* [*io usucapisco, tu usucapisci ecc.*] (*dir.*) acquistare il possesso di un bene per usucapione.

usufruire [-ʃu-] *v.intr.* [*io usufruisco, tu usufruisci ecc.*] avere in usufrutto; per estens., approfittare, valersi di qlco.: — *di un'amnistia, di un privilegio.* SIN. *godere.*

usufrutto [-ʃu-] *s.m.* diritto di godere di un bene altrui, senza poter apportare modifiche all'uso e alla destinazione del bene stesso: *diede il campo in* — *al colono.*

usufruttuario [-ʃufruttuà-] *s.m.* chi gode di un bene in usufrutto.

usura[1] [-ʃu-] *s.f.* interesse eccessivo richiesto per un prestito di denaro: *prestare, prendere a* —; *esercitare l'* —, la professione dell'usuraio / *gli ho fatto del male, ma mi ha ripagato a* —, (*fig.*) in misura assai maggiore.

usura[2] [-ʃu-] *s.f.* logorio superficiale di un oggetto causato da sfregamento o uso prolungato: *l'*— *dei freni.*

usuraio [-ʃurà-] *s.m.* chi presta denaro chiedendo un interesse eccessivo; chi esercita abitualmente l'usura. SIN. *strozzino.*

usurpare [-ʃur-] *v.tr.* appropriarsi di un bene o di un diritto altrui: — *il trono.*

usurpatore [-ʃurpató-] *s.m.* [f. *-trice*] chi usurpa.

usurpazione [-ʃurpazió-] *s.f.* l'usurpare.

ut *s.m.invar.* (*mus.*) antico nome del → **do.**

utensile[1] *s.m.* arnese usato nei lavori domestici, spec. in cucina o nell'esercizio di un mestiere manuale per lavorare metalli, legno ecc.: *le pentole sono utensili da cucina; gli utensili del falegname.*

utensile[2] [-tèn-] *agg.* solo in *macchina* —, che compie lo stesso lavoro degli utensili a mano: *la segatrice è una macchina* —.

utente [-tèn-] *agg. e s.m. e f.* che o chi fa uso di qlco. e spec. si serve di un servizio pubblico: *gli utenti del gas.*

utenza [-tèn-] *s.f.* **1** l'essere utente: *l'*— *del telefono comporta il pagamento di un canone* **2** l'insieme degli utenti: *tener conto delle esigenze dell'*—.

uterino *agg.* dell'utero, attinente all'utero: *dolore* — / *fratelli uterini,* figli della stessa madre ma non dello stesso padre.

utero [ù-] *s.m.* organo della femmina dei mammiferi, situato nel basso ventre, entro cui si sviluppa il feto.

utile [ù-] *agg.* **1** che può essere usato, che può servire: *dei tre vani dell'appartamento solo due sono utili; le mandò in regalo un oggetto* — / *tempo* —, entro il quale una cosa deve esser fatta per esser valida. CONTR. *inutile* **2** di ciò che apporta un vantaggio, un profitto: *medicina* — *al fegato; conoscere le lingue è* — *per far carriera.* SIN. *fruttuoso, giovevole.* CONTR. *inutile* **3** di persona, che è d'aiuto: *posso esserle* —?, posso aiutarla? // *s.m.* **1** cosa vantaggiosa, giovevole: *unire l'*— *al dilettevole* **2** ciò che si ricava da qlco.; (*econ.*) guadagno: *non ne ricavarono alcun* —. SIN. *profitto* // **-mente** *avv.* con utilità, con buon esito.

utilità *s.f.invar.* **1** l'essere utile: *l'*— *dell'esperienza.* CONTR. *inutilità* **2** ciò che di utile si ricava da qlco.: *non ne ebbi grande* —. SIN. *tornaconto.*

utilitaria [-tà-] *s.f.* autovettura di piccole dimensioni, cilindrata ridotta e basso costo di acquisto ed esercizio.

utilitario [-tà-] *agg. e s.m.* che o chi mira esclusivamente all'utile.

utilitarismo [-ʃmo] *s.m.* dottrina filosofica che identifica il bene con l'utile, inteso come benessere durevole e non come piacere momentaneo.

utilitarista *s.m. e f.* [pl.m. *-i*] **1** chi tien conto solo del proprio tornaconto personale **2** (*fil.*) seguace dell'utilitarismo.

utensili

1 chiodo,
2 testa,
3 sottotesta,
4 gambo,
5 punta,
6 vite,
7 taglio,
8 diametro,
9 radice,
10 filettatura,
11 passo,
12 bullone,
13 rondella,
14 dado,
15 controdado,
16 cancani,
17 cambretta,
18 ribattini,
19 vite autofilettante,
20 tasselli a espansione,
21 cacciavite,
22 manico,
23 stelo,
24 tagliente,
25 pialla,
26 corno,
27 bocca,
28 cuneo,
29 ferro,
30 ceppo,
31 suola,
32 chiavi,
33 martello,
34 scalpello,
35 sgorbia,
36 lima,
37 raspa,
38 sega a mano,
39 trapano a mano,
40 succhiello,
41 incudine,
42 saracco,
43 seghetto,
44 tenaglie,
45 pinze,
46 morsa,
47 ganasce,
48 mazza,
49 calibro,
50 chiave inglese.

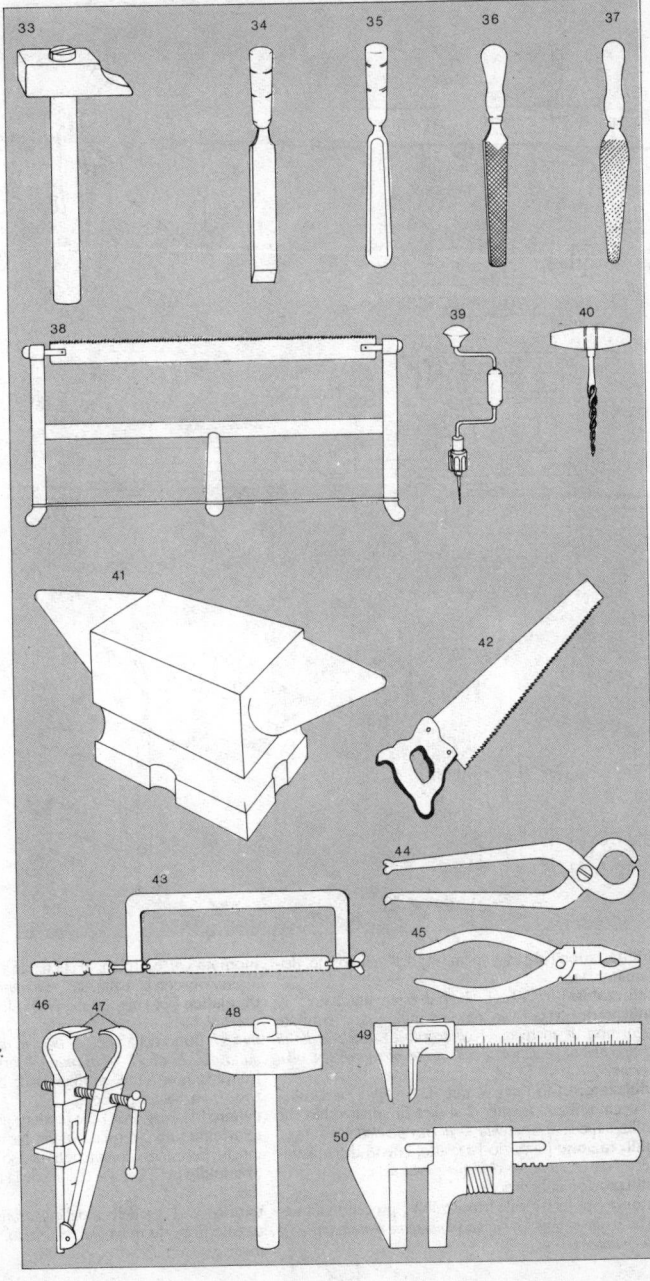

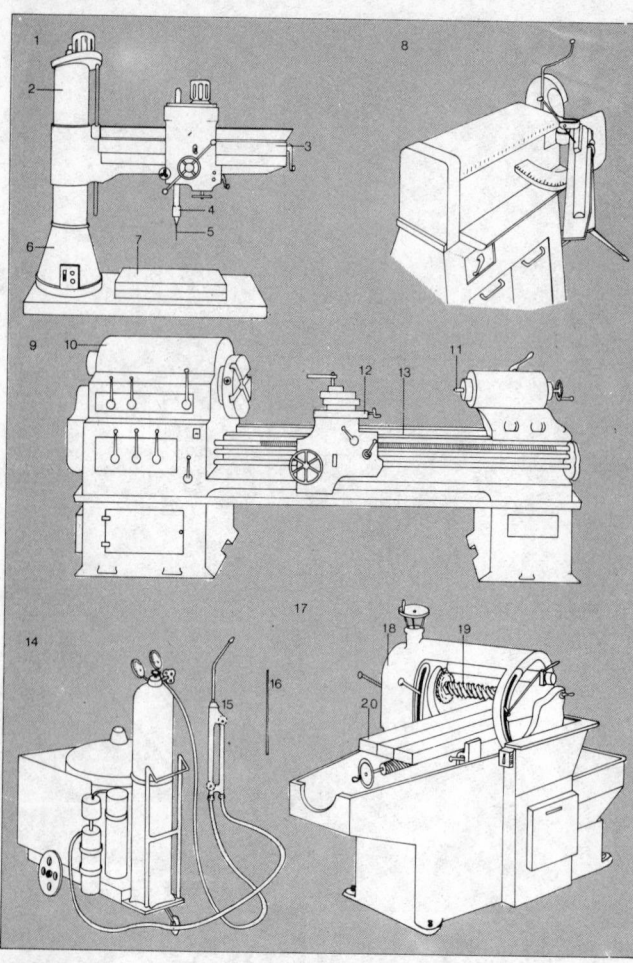

macchine utensili

1 *trapano,*
2 *colonna,*
3 *braccio,*
4 *mandrino,*
5 *punta,*
6 *base,*
7 *tavola portaoggetti,*
8 *segatrice a disco,*
9 *tornio,*
10 *testa motrice,*
11 *contropunta,*
12 *carrello portautensili,*
13 *banco,*
14 *saldatrice,*
15 *cannello ossiacetilenico,*
16 *filo da saldatore,*
17 *fresatrice,*
18 *testa motrice,*
19 *albero portafresa,*
20 *slitta portaoggetti.*

utilitaristico [-rì-] *agg.* [pl.m. *-ci*] dell'utilitarismo, dell'utilitarista.

utilizzabile [-liʒʒà-] *agg.* che può essere utilizzato.

utilizzare [-liʒʒa-] *v.tr.* rendere utile, usare; sfruttare ogni tipo di energia: — *gli scarti; — ogni ritaglio di tempo libero; — la forza delle acque montane.* SIN. *adoperare.*

utilizzatore [-tó-] *agg.* e *s.m.* [f. *-trice*] **1** (*non com.*) che, chi utilizza; utente **2** si dice di apparecchio che utilizza qlco.: *apparecchio — di energia elettrica.*

utilizzazione [-liʒʒazió-] *s.f.* atto, effetto dell'utilizzare: — *dei cascami; — dell'energia nucleare.*

utilizzo *s.m.* utilizzazione.

utopia [-pì-] *s.f.* ideale irrealizzabile; progetto inattuabile: *molti credono che la pace mondiale non sia un'—; il tuo piano è un'—.*

utopista *s.m.* e *f.* [pl.m. *-i*] chi tende a scambiare le sue aspirazioni con la realtà. SIN. *visionario.*

utopistico [-pì-] *agg.* [pl.m. *-ci*] di utopia, da utopista; irrealizzabile.

uva *s.f.* frutto della vite: — *bianca, nera; — secca; — da tavola, da vino / — di mare,* il sargasso / — *spina,* frutice spinoso simile al ribes, dalle bacche giallicce e rosse (*fam.* Sassifragacee).

uvifero [-vì-] *agg.* (*rar.*) che produce uva.

uxoricida *s.m.* e *f.* [pl.m. *-i*] chi ha ucciso la propria moglie; per estens., donna che ha ucciso il proprio marito.

uxoricidio [-cì-] *s.m.* l'uccisione della moglie o del marito.

uxorio [-xò-] *agg.* della moglie: *patrimonio —.*

uzzolo [ùʒʒo-] *s.m.* voglia, capriccio: *gli venne l'— di mangiare i tartufi.*

V

v *s.f. e m.* [vu o vi] **1** ventésima lettera dell'alfabeto, consonante **2** *V*, nei numeri romani, significa cinque.

vacante *agg.* si dice di impiego, ufficio, benefizio privo del titolare; non occupato / *sede —*, trono papale o sede vescovile nel tempo compreso tra la morte del titolare e la nomina del successore.

vacanza *s.f.* **1** l'essere vacante; la condizione di un ufficio privo del titolare: *la — di una cattedra al liceo* **2** sospensione temporanea dell'attività negli uffici, nelle scuole, nelle assemblee per ragioni di riposo o per celebrare una ricorrenza: *domani è — / mezza —*, sospensione del lavoro limitata a mezza giornata **3** *pl.* lungo periodo di riposo concesso a chi lavora o studia: *le vacanze estive; le vacanze di Natale.*

vacazione [-zió-] *s.f.* **1** (*dir.*) periodo durante il quale un perito compie certe operazioni per conto dell'autorità giudiziaria **2** (*ant.*) vacanza.

vacca *s.f.* **1** femmina del toro che ha già figliato. DIM. *vaccherella* **2** carne di vacca macellata **3** spec. *pl.* bachi da seta che non fanno il bozzolo / *andare, mandare in —*, (*volg.*) andare, mandare in rovina, in niente.

vaccaio [-cà-] *s.m.*, **vaccaro** *s.m.* guardiano di vacche, mandriano.

vaccata *s.f.* (*region.volg.*) cosa mal fatta o mal detta; sproposito.

vaccheria [-ri-] *s.f.* **1** stalla dove si allevano vacche **2** latteria di campagna.

vacchetta [-chét-] *s.f.* **1** pelle conciata di vacca, usata per calzature **2** registro, per lo più lungo e stretto e rilegato in pelle, usato un tempo per annotazioni di spese.

vaccinare *v.tr.* inoculare vaccino nell'uomo o negli animali per immunizzarli da malattie.

vaccinazione [-zió-] *s.f.* atto, effetto del vaccinare: *— antidifterica.*

vaccino *agg.* di vacca: *latte —* // *s.m.* siero ricavato dal pus delle vacche malate di vaiolo che si inocula nell'uomo per immunizzarlo dal tale malattia; per estens., ogni sostanza, generalmente di natura microbica, che, iniettata in un organismo umano o animale, provoca immunità.

vaccinoprofilassi *s.f.invar.* (*med.*) profilassi attuata con l'impiego di vaccini.

vaccinoterapia [-pì-] *s.f.* (*med.*) terapia attuata con l'impiego di vaccini.

vacillamento [-mén-] *s.m.* il vacillare.

vacillante *agg.* che vacilla, incerto (anche *fig.*): *passo —; fede —.*

vacillare *v.intr.* **1** muoversi qua e in là, accennando a cadere: *lo vidi — per la debolezza; il candeliere vacillò e cadde.* SIN. *pencolare, traballare, tentennare* **2** (*fig.*) cominciare a venire meno; essere incerto: *la memoria gli vacilla; le sue convinzioni cominciano a —.* SIN. *pencolare, tentennare.*

vacuità *s.f.invar.* l'essere vacuo (spec. *fig.*): *la — dei suoi ragionamenti.*

vacuo [và-] *agg.* (*lett.*) vuoto (spec. *fig.*): *mente vacua* // *s.m.* spazio vuoto; il vuoto.

vacuolo [-cù-] *s.m.* (*biol.*) piccola cavità nel citoplasma delle cellule vegetali, contenente un fluido acquoso [*ill. Cellula*].

vacuometro [-cuò-] *s.m.* (*fis.*) misuratore di pressioni molto inferiori a una atmosfera.

vademecum [-mè-] *s.m.invar.* manuale, spec. tascabile, contenente notizie utili.

vagabondaggine [-dàg-] *s.f.* l'essere vagabondo.

vagabondaggio [-dàg-] *s.m.* **1** il vagabondare; vita di chi fa il vagabondo. SIN. *peregrinazione* **2** il fenomeno sociale dell'esistenza di molti vagabondi: *combattere il —.*

vagabondare *v.intr.* [io vagabóndo ecc.] fare il vagabondo; per estens., andare vagando per diporto: *ho passato l'estate vagabondando per l'Italia.* SIN. *girovagare, peregrinare.*

vagabondo [-bón-] *agg.* che va errando qua e là: *un cane — / sguardo —*, che si sposta di continuo. SIN. *girovago, randagio, ramingo* // *s.m.* chi erra senza meta vivendo di espedienti; per estens., chi non ha voglia di lavorare.

vagare *v.intr.* [io vago, tu vaghi ecc.] andare qua e là senza meta (anche *fig.*): *— per i campi; — con la fantasia di luogo in luogo.* SIN. *errare.*

vagheggiamento [-mén-] *s.m.* il vagheggiare.

vagheggiare *v.tr.* [io vaghéggio ecc.] **1** contemplare con compiacenza, amore, desiderio: *— il volto della donna amata* **2** immaginare con amore e desiderio: *— la vittoria.* SIN. *sognare.*

vagheggino *s.m.* chi fa il galante con le donne. SIN. *bellimbusto, damerino.*

vaghezza [-ghéz-] *s.f.* **1** l'essere vago, leggiadro: *la — di un paesaggio.* SIN. *bellezza, amenità* **2** (*lett.*) l'essere indeterminato: *— di propositi* **3** voglia, desiderio capriccioso: *mi prese la — di rivederla.*

vagina *s.f.* (*anat.*) canale dell'apparato sessuale femminile, che mette in comunicazione l'utero con l'esterno.

vaginale *agg.* (*med.*) della vagina.

vaginite *s.f.* (*med.*) infiammazione della vagina.

vagire *v.intr.* [io vagisco, tu vagisci ecc.] **1** piangere, di bambini lattanti **2** (*fig.lett.*) essere ai primordi: *la civiltà occidentale vagiva ancora, quando quella orientale era già matura.*

vagito *s.m.* **1** pianto dei bambini lattanti: *mandare il primo —* **2** (*fig.*) la prima manifestazione di un'arte, di una civiltà ecc.

vaglia[1] [và-] *s.f.* [solo *sing.*] valore, pregio, solo nelle locuz. *di vaglia, di gran vaglia.*

vaglia[2] [và-] *s.m.invar.* nome che si dà ad alcuni titoli di credito: *— postale, telegrafico, bancario; emettere, riscuotere un —.*

vagliare *v.tr.* [io vaglio ecc.] **1** separare materiali fini da altri più grossi, per mezzo del vaglio: *— l'avena, il grano, la ghiaia* **2** esaminare, sottoporre a una critica minuziosa: *— una proposta.*

vagliatura *s.f.* atto, effetto del vagliare; ciò che rimane sul vaglio.

vaglio [và-] *s.m.* **1** attrezzo formato essenzialmente da un diaframma bucherellato di cuoio o di metallo, attraverso il quale si fa passare con bruschi movimenti il materiale minuto per separarlo da quello più grosso; nelle costruzioni civili, nell'industria mineraria ecc., la macchina atta a suddividere il materiale secondo la pezzatura: *— a mano, a corda, meccanico* **2** esame accurato, critica minuziosa: *non resistere al —; fare un —, una scelta attenta.*

vago *agg.* [pl.m. *-ghi*] **1** non molto chiaro, incerto: *una vaga impressione, speranza.* SIN. *indeterminato* **2** (*lett.*) grazioso, piacevole. SIN. *ameno, bello* // *s.m.* **1** ciò che è indeterminato, impreciso: *il tuo discorso cade spesso nel* — **2** (*anat.*) il decimo paio dei nervi encefalici, che si estende dal midollo allungato fin sotto il diaframma e fornisce rami ai visceri del collo, del torace e dell'addome.

vagolare *v.intr.* [*io vàgolo ecc.*] vagare lentamente, con molta incertezza.

vagone [-gó-] *s.m.* veicolo con ruote per il trasporto su rotaie di persone o merci: — *letto,* con cuccette per dormire; — *ristorante,* dove si servono pasti.

vaiato *agg.* (*arald.*) si dice di una varietà del vaio.

vainiglia [-nì-] *s.f.* → **vaniglia**

vaio [và-] *s.m.* **1** pelliccia dello scoiattolo grigio e bianco, usata soprattutto per cappotti **2** (*arald.*) pelliccia composta da quattro file di campanelle d'argento in campo azzurro.

vaiolo [-iò-] *s.m.* **1** grave malattia contagiosa, caratterizzata dall'eruzione di pustole che lasciano profonde cicatrici: *innesto del —,* vaccinazione **2** — *della vite,* (*agr.*) nome generico di diverse malattie delle piante, che provocano sulle foglie macchie rotondeggianti di vari colori.

vaioloso [-ló-] *agg.* colpito, affetto da vaiolo.

valanga *s.f.* **1** massa di neve che precipita a valle ingrossandosi progressivamente e trascinando con sé tutto quello che incontra: *le case del villaggio furono travolte dalla —* **2** (*fig.*) una quantità enorme: *una — di lettere.*

valchiria [-chì-] *s.f.* nella mitologia germanica ciascuna delle vergini guerriere che nelle battaglie aiutavano i combattenti e accompagnavano i caduti nel Walhalla, paradiso degli eroi.

valdese [-dé-] *s.m.* e *f.* seguace di una setta religiosa cristiana che si formò nel sec. XII per opera del lionese P. Valdo, il quale predicava la povertà evangelica e sosteneva il diritto dei laici all'esercizio della predicazione; la setta aderì nel sec. XVI alla riforma protestante: *un raduno di valdesi* // *agg.* di P. Valdo, dei suoi seguaci, della sua dottrina.

valdostano *agg.* della Valle d'Aosta // *s.m.* **1** abitante, nativo della Valle d'Aosta **2** dialetto della Valle d'Aosta.

vale [*lat.* = *sta' bene*] espressione di saluto nel commiato // *s.m.* (*lett.*) saluto di addio a chi muore o di chi muore: *dare l'estremo —.*

valenciennes [*franc.; pr.* valansièn] *agg.* e *s.m.* si dice di un tipo di pizzo leggero originariamente lavorato al tombolo.

valente [-lèn-] *agg.* **1** che vale, che è di grande abilità nella sua professione, arte ecc.: *un medico, un ebanista —.* SIN. *bravo* **2** prode, valoroso.

valentia [-tì-] *s.f.* qualità di chi è valente. SIN. *bravura.*

valentuomo [-tuò-] *s.m.* [pl. *valentuomini*] uomo di valore, uomo di merito.

valenza [-lèn-] *s.f.* **1** (*chim.*) la proprietà di un atomo o di un radicale di combinarsi con altri atomi o radicali in proporzioni definite, e spec. il numero di atomi di idrogeno (scelto come unità) capaci di combinarsi, anche solo teoricamente, con un atomo di un altro elemento **2** (*fig.*) valore, significato particolare dovuto al contesto, alla situazione.

valere [-lé-] *v.intr.* [pres. *io valgo, tu vali, egli vale, noi valiamo, voi valéte, essi vàlgono;* fut. *io varrò, tu varrai ecc.;* pass.rem. *io valsi, tu valésti ecc.;* cong.pres. *io valga, noi valiamo, voi valiate, essi vàlgano;* cond.pres. *io varrèi, tu varrésti ecc.;* p.pass. *valso* (rar. *valuto*)] **1** avere forza, potenza, autorità, merito, pregio, prezzo: *il nostro esercito vale più di quello del loro; è un avvocato che vale molto; i quadri di quel pittore non valgono nulla; queste scarpe valgono ottomila lire / — un Perú, valere molto / non — uno zero, un'acca, un fico secco,* non valere niente / — *la pena,* meritare, metter conto / *prov.: contro la forza la ragion non vale* **2** avere efficacia, contare; giovare: *il tuo appoggio non è valso a nulla; non gli è valso agire con astuzia* **3** equivalere, corrispondere: *in quel periodo un dollaro valeva circa millecinquecento lire; è un uomo che vale per due / uno vale l'altro,* per indicare due persone o cose che valgono poco / *vale a dire,* serve a spiegare una precedente affermazione // *v.tr.* (*lett.*) procurare: *il suo ultimo romanzo gli ha valso il premio —;* **-ersi** *v.rifl.pron.* servirsi di qlco. o di qlcu.: *mi valsi della mia autorità per ristabilire l'ordine.*

valeriana *s.f.* pianta erbacea medicinale con foglie pennate e fiori bianchi in corimbo (*fam.* Valerianacee).

valetudinario [-nà-] *agg.* e *s.m.* (*lett.*) si dice di chi, pur non essendo malato, è debole di salute.

valevole [-lé-] *agg.* che vale, utile, efficace: *argomento, scusa —; biglietto — per un mese; rimedio —.*

valgismo [-ʃmo] *s.m.* (*med.*) la condizione di un arto valgo.

valgo *agg.* [pl.m. *-gi*] (*med.*) si dice di arto o segmento di arto che è deviato in fuori: *alluce, ginocchio, piede —.*

valicabile [-cà-] *agg.* che si può valicare: *un passo di montagna facilmente —.*

valicare *v.tr.* [*io vàlico, tu vàlichi ecc.*] passare al di là di un ostacolo; in particolare, attraversare una catena montuosa: *l'esercito di Annibale valicò le Alpi.* SIN. *varcare.*

valico [và-] *s.m.* [pl. *-chi*] **1** varco, luogo per dove si passa; in particolare, il passaggio che permette di attraversare una barriera montuosa: *un — alpino* **2** atto del valicare: *l'esercito iniziò il — delle Alpi.*

validità *s.f.invar.* l'essere valido: *la — di un documento.*

valido [và-] *agg.* **1** si dice di argomento che si basa su elementi certi, concreti, di atto che abbia efficacia giuridica: *sono ragioni valide; è un testamento —* **2** vigoroso, forte fisicamente e intellettualmente, efficace: *un vecchio ancora —; un — collaboratore; un rimedio —.*

valigeria [-rì-] *s.f.* **1** insieme di valigie **2** fabbrica di valigie; negozio dove si vendono valigie, bauli e simili.

valigia [-lì-] *s.f.* [pl. *-gie* o *-ge*] sorta di cassetta di cuoio, tela o fibra, provvista di manico, per portare abiti e oggetti in viaggio: *depositare la — alla stazione / far le valigie,* partire / — *diplomatica,* l'insieme della corrispondenza, esente da qualsiasi controllo, che una missione diplomatica invia al proprio governo e viceversa.

valigiaio [-già-] *s.m.* chi fabbrica o vende valigie, bauli, borse e simili.

vallata *s.f.* l'estensione di una valle, da un capo all'altro di essa.

valle *s.f.* **1** ampia e profonda depressione della superficie terrestre, formata dall'erosione di un fiume o di un ghiacciaio: *una — ombrosa, ridente / i fianchi della —,* le pendici dei monti che la determinano / *a —,* in basso, giù: *rotolare a — / la — di lacrime,* la vita terrena con le sue sofferenze **2** depressione paludosa nei pressi di un delta fluviale o di una laguna: *le valli di Comacchio.*

vallea [-lè-] *s.f.* (*poet.*) valle.

vallesano [-ʃa-] *agg.* del Vallese // *s.m.* abitante del Vallese.

valletta [-lét-] *s.f.* nel gergo televisivo, giovane donna che collabora con il presentatore di una trasmissione, spec. di giochi.

valletto [-lét-] *s.m.* **1** usciere municipale che, in livrea di cerimonia, segue, nei cortei solenni, la bandiera del comune **2** (*neol.*) fattorino che aiuta il presentatore di uno spettacolo televisivo nello svolgimento dei vari compiti.

vallicoltura *s.f.* allevamento di pesci in valli lagunari.

valligiano *agg.* abitante della valle.

vallivo *agg.* (*lett.*) di valle; si dice per lo più del terreno basso e paludoso del fondovalle.

vallo *s.m.* **1** palizzata, recinto difensivo di pali, posto attorno all'accampamento romano **2** per estens., ogni trinceramento difensivo.

vallone [-ló-] *s.m.* **1** valle stretta e selvaggia **2** depressione delle zone montuose con solco stretto e pareti quasi a picco.

valore [-ló-] *s.m.* **1** l'insieme delle qualità intellettuali e morali di una persona o il suo grado di capacità professionale: *uomo di* —; *medico, musicista di* — **2** coraggio: *atti di* —; *combattere con* — / *croce al* — *militare, civile*, decorazione militare o civile per atti di grande coraggio **3** principio di vita intellettuale o morale: *valori umani, civili, morali* **4** il pregio che un oggetto ha per la sua materia, fattura, rarità ecc.: *un quadro, un gioiello, un libro di* —; *il* — *della vita* **5** prezzo; equivalente in denaro: *libri per un* — *di 700.000 lire* / *campione senza* —, di nessun pregio, prezzo **6** importanza: *una scoperta di immenso* —; *non hai capito il* — *della mia proposta* **7** validità: *il documento non ha* — *se non è firmato* **8** significato: *il* — *di un vocabolo, di un segno* / *aver* — *di, con* — *di*, avere l'importanza, fare la funzione: *con* — *di aggettivo; il suo silenzio ha il* — *di una rinunzia* **9** carattere costitutivo dello stile ed elemento del linguaggio figurativo: *i valori tonali della pittura veneziana* **10** (*mat.*) ogni determinazione cui è suscettibile una variante numerica **11** come termine scientifico, indica la misura di una grandezza espressa in un numero secondo criteri convenzionali: *la temperatura oscillava entro questi valori*.

valorizzare [-riʒʒa-] *v.tr.* mettere in valore, dare valore a qlco. o a qlcu.: *un terreno; bisognerebbe* — *meglio quel collaboratore*, fargli fare un lavoro più consono alle sue capacità.

valorizzazione [-riʒʒazió-] *s.f.* atto, effetto del valorizzare.

valoroso [-ró-] *agg.* **1** che ha valore e coraggio: *soldato, uomo* —. SIN. *coraggioso, prode, strenuo* **2** abile, valente: *medico* —.

valpolicella [-cèl-] *s.m.* denominazione dei vini bianchi e rossi, asciutti, prodotti nell'omonima zona del Veronese.

valsente [-sèn-] *s.m.* valore commerciale.

valsesiano [-ʃià-] *agg.* della Valsesia // *s.m.* abitante della Valsesia.

valsuganotto [-nòt-] *agg.* della Valsugana // *s.m.* abitante della Valsugana.

valtellinese [-né-] *agg.* della Valtellina // *s.m.* e *f.* abitante della Valtellina.

valuta *s.f.* **1** moneta; carta moneta: — *monetaria*; *francese, inglese* **2** nel linguaggio bancario, il giorno a partire dal quale incominciano a decorrere gli interessi su una certa somma: — *primo ottobre*.

valutabile [-tà-] *agg.* che si può valutare.

valutare *v.tr.* [*io valuto* o *vàluto* ecc.] **1** fare la stima commerciale di qlco.: *valutarono quel possedimento cento milioni* **2** (*fig.*) stimare, tener conto: *tu non valuti nulla la vita*.

valutario [-tà-] *agg.* che si riferisce alla valuta, alle valute: *sistema* —.

valutazione [-zió-] *s.f.* atto, effetto del valutare. SIN. *stima, apprezzamento*.

valva *s.f.* **1** (*bot.*) ciascuna delle due parti in cui si divide il guscio di certi frutti (p.e. del fagiolo) **2** ciascuna delle due parti che formano la conchiglia dei molluschi bivalvi (p.e. ostrica, mitilo).

valvassino *s.m.* (*st.*) nel sistema feudale, il vassallo del valvassore.

valvassore [-só-] *s.m.* (*st.*) nel sistema feudale, il vassallo di un vassallo.

valvola [vàl-] *s.f.* **1** (*mecc.*) dispositivo, a comando diretto o automatico, che serve a regolare il passaggio di un fluido in una conduttura [*ill. Motore*] **2** negli impianti elettrici, dispositivo in cui è inserito un filo che fonde in caso di cortocircuito **3** dispositivo degli apparecchi radiofonici e televisivi che serve ad amplificare e modificare opportunamente le radioonde **4** (*anat.*) formazione membranosa o muscolosa che, posta nell'interno di un organo cavo, permette il passaggio di liquidi in una sola direzione.

valzer *s.m.invar.* ballo in tre tempi nato verso la fine del sec. XVIII.

vamp *s.f.invar.* donna, per lo più attrice cinematografica, dalla bellezza vistosa e sensuale.

vampa *s.f.* **1** grande fiamma; ondata di calore proveniente da cosa ardente o arroventata: *le vampe dell'incendio; la* — *del sole* **2** arrossamento improvviso del volto, causato da un forte afflusso di sangue: *per la vergogna gli vennero le vampe al viso*.

vampata *s.f.* impetuosa ondata di calore / *una* — *di rossore*, improvvisa, bruciante vergogna.

vampeggiare *v.intr.* [*io vampéggio* ecc.] mandar vampe.

vampiro *s.m.* **1** pipistrello dell'America centromeridionale con grandi orecchie e incisivi superiori taglienti; è insettivoro, ma può succhiare il sangue ai grandi mammiferi (*fam.* Fillostomatidi) **2** in certe credenze popolari, spettro che si crede lasci di notte la tomba e assalga gli esseri umani per succhiarne il sangue **3** (*fam.*) strozzino.

vanadio [-nà-] *s.m.* elemento chimico (V; *n.at.* 23; *p.at.* 50,94); metallo duro, bianco argenteo, difficilmente fusibile; è usato per leghe.

vanagloria [-glò-] *s.f.* il vano orgoglio di chi si vanta di qualità e meriti inesistenti. SIN. *boria, millanteria*.

vanagloriarsi *v.rifl.pron.* [*io mi vanaglòrio* ecc.] mostrare vanagloria, vantarsi per cose o meriti da nulla.

vanaglorioso [-rió-] *agg.* che è pieno di vanagloria: *un uomo, un discorso* —. SIN. *borioso*.

vandalico [-dà-] *agg.* [pl.m. -*ci*] di, da vandalo, distruttore: *gesto, atto* —.

vandalismo [-ʃmo] *s.m.* la tendenza a distruggere o guastare per puro gusto di distruzione; anche, singolo atto vandalico.

vandalo [vàn-] *agg.* e *s.m.* che o chi apparteneva all'antico popolo barbaro dei vandali // *s.m.* (*fig.*) chi distrugge o guasta cose di valore, spec. opere d'arte, per puro gusto di distruzione.

vandeano *agg.* della Vandea // *s.m.* abitante della Vandea.

vaneggiamento [-mén-] *s.m.* il vaneggiare.

vaneggiare *v.intr.* [*io vanéggio ecc.*] **1** pensare o dire cose prive di senso comune, assurde; parlare in modo sconnesso, per lo più per un'alterazione della mente: *la febbre lo fa —*. SIN. *farneticare, delirare, sragionare* **2** (*lett.*) aprirsi, detto di un vuoto, di un abisso.

vanesio [-nèʃio] *agg.* e *s.m.* si dice di persona che, volendo ostentare intelligenza ed eleganza, finisce coll'apparire sciocca e ridicola. SIN. *fatuo, vanitoso.*

vanessa [-nés-] *s.f.* nome di alcune specie di farfalle diurne dalle grandi ali vivacemente colorate (*fam.* Ninfalidi).

vanga *s.f.* attrezzo costituito da una lama triangolare fissata a un robusto manico che si usa in agricoltura per dissodare il terreno [*ill. Agricoltura*].

vangare *v.tr.* [*io vango, tu vanghi ecc.*] lavorare la terra con la vanga.

vangata *s.f.* **1** il vangare **2** colpo di vanga.

vangatore [-tó-] *s.m.* [f. *-trice*] chi vanga.

vangelo [-gè-] *s.m.* **1** *Vangelo*, ciascuno dei primi quattro libri del Nuovo Testamento che contengono la vita e l'insegnamento di Gesù Cristo: *il — di Matteo, di Marco, di Luca, di Giovanni* **2** *Vangelo*, il libro che contiene i Vangeli; il brano del Vangelo che si legge nella messa e il momento della messa in cui si legge tale brano **3** l'annunzio, contenuto nei Vangeli, dell'avvento del regno di Dio e della redenzione degli uomini compiuta da Cristo **4** (*fig.*) l'insieme dei principi che sono fondamento di una dottrina **5** (*fig.fam.*) qualunque affermazione vera e indiscutibile: *se te l'ha detto lui, è —!*

vangile *s.m.* staffa di ferro fissata al manico della vanga, su cui si preme col il piede [*ill. Agricoltura*].

vanificare *v.tr.* [*io vanifico, tu vanifichi ecc.*] (*neol.*) rendere inutile.

vaniglia [-nì-] *s.f.* pianta rampicante con foglie oblunghe e fiori bianchi profumati; i frutti e l'essenza che si ricava da essi sono usati nell'industria dolciaria e in profumeria (*fam.* Orchidacee).

vanigliato *agg.* aromatizzato con l'aggiunta di vaniglia: *zucchero —.*

vaniloquio [-lò-] *s.m.* discorso futile e frivolo oppure sconnesso.

vanire *v.intr.* [*io vanisco, tu vanisci ecc.*] (*poet.*) svanire, dileguarsi, scomparire.

vanità *s.f.invar.* **1** l'essere vano, infondato, inutile: *la — dei suoi sforzi è ormai palese* **2** leggerezza, fatuità: *purtroppo la bellezza si associa sovente con la —.*

vanitoso [-tó-] *agg.* pieno di vanità, che dimostra vanità: *un uomo —; un atteggiamento —.* SIN. *vanesio.*

vano *agg.* **1** che non serve a nulla, inefficace; privo di fondamento, di consistenza: *ogni mia parola è vana; i tuoi sono vani timori; nutrire di vane promesse.* SIN. *inutile, infruttuoso* **2** leggero, sciocco: *discorsi vani.* SIN. *futile, frivolo* **3** (*lett.*) vuoto, che non contiene nulla // *s.m.* **1** spazio vuoto, apertura: *il — della scala* [*ill. Scala*]; *collocare un mobile in un — della parete* **2** stanza di un appartamento.

vantaggio [-tàg-] *s.m.* **1** l'essere superiore a qlcu. in qlco.: *ho su di te il — dell'età, dell'esperienza; essere liberi è un gran —.* SIN. *privilegio* **2** utilità, frutto: *un impiego che offre molti vantaggi; non c'è alcun — nell'agire così; volge tutto a suo —,* in suo favore. SIN. *guadagno, profitto, tornaconto, utile.* CONTR. *svantaggio* **3** la distanza, l'intervallo di tempo che intercorre tra persone o veicoli che fanno lo stesso percorso; nello sport, il di-

stacco acquistato sull'avversario: *due minuti, cento metri, quattro punti di —; accordare un —,* un abbuono **4** (*tip.*) lastra rettangolare di legno o di ferro su cui si pongono le righe man mano che vengono composte per formare la colonna e le colonne per la composizione della pagina.

vantaggioso [-gió-] *agg.* che arreca vantaggio: *un affare —.* SIN. *giovevole, proficuo.* CONTR. *svantaggioso.*

vantare *v.tr.* **1** lodare in modo sproporzionato e con ostentazione: *i propri successi, le proprie ricchezze; — la qualità di un prodotto.* SIN. *magnificare, esaltare* **2** essere fiero, orgoglioso di qlco.: *la città vanta splendidi monumenti* // *-arsi v.rifl.* esaltarsi, compiacersi senza ragione o per motivi futili: *si vanta continuamente delle sue nobili origini; è uno sciocco che non fa che —.* SIN. *gloriarsi.*

vantatore [-tó-] *agg.* e *s.m.* [f. *-trice*] (*non com.*) che o chi vanta o si vanta.

vanteria [-rì-] *s.f.* il vantarsi di meriti e qualità inesistenti; il magnificare le proprie azioni. SIN. *ostentazione.*

vanto *s.m.* **1** il vantarsi / *menar — delle proprie ricchezze* **2** atto o qualità che costituisce motivo di orgoglio o di gloria: *ha il — di aver dato inizio a questa impresa; questa ditta ha il — dell'onestà.*

vanvera [vàn-] solo nella locuz. *a vanvera,* senza riflettere, a casaccio: *parlare, agire a —.*

vapiti [và-] *s.m.invar.* cervo dell'America settentrionale, simile al cervo europeo, ma più grande (*fam.* Cervidi).

vapore [-pó-] *s.m.* **1** sostanza aeriforme che si sviluppa da un liquido per ebollizione o evaporazione, o anche da un solido per sublimazione; spec. quella che si sviluppa dall'acqua che bolle: *— acqueo; vapori di benzina, di zolfo; pareti umide di — / caldaia a —,* che produce vapore acqueo / *macchina, locomotiva a —,* che funziona sfruttando l'energia termica del vapore acqueo / *a tutto —,* (*fig.*) con riferimento alla locomotiva, con la massima celerità: *il lavoro procede a tutto — / cuocere al —,* di cibi che si cucinano non immergendoli nell'acqua, ma esponendoli al calore del vapore acqueo / *bagno a —,* idroterapia consistente nell'esposizione del corpo all'azione termica del vapore acqueo **2** locomotiva, nave a vapore: *la partenza del —* **3** spec. pl. nebbia poco densa: *lago coperto di vapori* **4** pl. esalazioni, anche invisibili: *vapori mefitici / i vapori del vino,* (*fig.*) lo stordimento che l'alcool dà al cervello.

vaporetto [-rét-] *s.m.* piccola nave a vapore, adibita generalmente alla navigazione lacustre o fluviale.

vaporiera [-riè-] *s.f.* locomotiva a vapore.

vaporizzare [-riʒʒa-] *v.tr.* **1** ridurre un liquido in vapore o in minutissime goccioline; spruzzare un liquido così ridotto **2** in alcune operazioni tecniche, esporre all'azione del vapore // *v.intr.,* *-arsi v.rifl.pron.* trasformarsi in vapore.

vaporizzatore [-riʒʒató-] *s.m.* apparecchio usato per vaporizzare un liquido.

vaporizzazione [-riʒʒazió-] *s.f.* atto, effetto del vaporizzare.

vaporosità *s.f.invar.* qualità di ciò che è vaporoso.

vaporoso [-ró-] *agg.* **1** leggerissimo e trasparente (detto di tessuti e simili) **2** vago, indeterminato: *concetti vaporosi* **3** (*rar.*) avvolto, coperto di vapori.

varano *s.m.* rettile dei paesi caldi simile a un'enorme lucertola, dai colori spesso vivaci (*fam.* Varanidi).

varare *v.tr.* **1** far discendere in mare una nave appena costruita: *— un transatlantico* **2** (*fig.*) portare a termine; presentare o pubblicare; introdurre nell'uso: *—*

un'impresa; — *una commedia; il parlamento ha varato una legge* // -**arsi** *v.rifl.pron.*: — *in costa, in secca* (*mar.*), arenarsi, incagliarsi.

varata *s.f.* nelle cave di marmo, il distacco e la discesa di una falda.

varcabile [-cà-] *agg.* che si può varcare.

varcare *v.tr.* [*io varco, tu varchi ecc.*] valicare, oltrepassare (anche *fig.*): — *una montagna, l'oceano;* — *la sessantina;* — *il limite della sopportazione.*

varco *s.m.* [pl. *-chi*] apertura, generalmente angusta, attraverso la quale si passa; passaggio: *aprirsi un* — *tra la folla / aspettare al* — *qlcu.*, (*fig.*) aspettare il momento opportuno per rivalersi di lui, per sorprenderlo e metterlo alla prova.

varea [-rè-] *s.f.* (*mar.*) estremità affusolata di un'asta di veliero: — *del pennone.*

varesino [-ʃi-] *agg.* di Varese // *s.m.* abitante di Varese.

varesotto [-ʃòt-] *agg.* della provincia di Varese // *s.m.* abitante della provincia di Varese.

varia [*lat.* = *cose varie*] *s.m.pl.* cose di vario argomento, varie; si usa come titolo di libri, rubriche ecc.

variabile [-rià-] *agg.* che varia, che può variare; mutevole: *tempo* —; *prezzo* —; *una persona di umore* —, non uniforme, incostante / *il barometro segna* —, segna tempo incerto / *parti variabili del discorso,* (*gramm.*) quelle che mutano la loro forma grammaticale secondo la funzione logica e sintattica (p.e. il nome, il verbo ecc.) / *grandezze variabili,* (*mat.*) quelle che possono assumere valori diversi.

variabilità *s.f.invar.* l'essere variabile.

variante *s.f.* **1** modificazione di un tipo che si considera fondamentale o base: prefissata, stabilita, tradizionale: *questa auto è prodotta in più varianti; è stata introdotta una* — *nel percorso della Milano-Sanremo* **2** (*filol.*) ciascuna delle diverse lezioni, cioè parole o frasi scritte in maniera differente o mancanti o diversamente collocate, che si trovano nei vari codici manoscritti o nelle stampe che tramandano uno stesso testo.

variare *v.tr.* [*io vàrio ecc.*] cambiare qlco. anche più volte, per evitare l'uniformità o per diletto; apportare un mutamento: — *i cibi, gli abiti, le letture;* — *la disposizione dei libri;* — *un programma.* SIN. *mutare* // *v. intr.* **1** cambiare, mutare: — *di opinioni, di idee* **2** essere differente, presentare differenze: *gli usi variano da paese a paese.*

variato *agg.* vario; che è diverso nelle sue parti; non uniforme, non monotono: *uno spettacolo* —; *cibi variati; una conversazione variata e piacevole.*

variatore [-tó-] *s.m.* denominazione di vari dispositivi di variazione, regolazione, controllo: — *di pressione.*

variazione [-ziό-] *s.f.* **1** atto, effetto del variare / *le variazioni della Luna,* le fasi lunari. SIN. *mutamento* **2** (*mus.*) modificazione ritmica, melodica o armonica, di un tema musicale, che rimane però inalterato nella sua essenza; successione di brani musicali elaborati su un tema comune.

varice *s.f.spec.pl.* (*med.*) dilatazione delle pareti delle vene, spec. delle gambe.

varicella [-cèl-] *s.f.* (*med.*) malattia dell'infanzia, epidemica e contagiosa, che si manifesta con febbre leggera ed eruzione di vescicole sulla pelle.

varicocele [-cè-] *s.m.* (*med.*) dilatazione varicosa delle vene che raccolgono il sangue dal testicolo e formano un plesso all'interno dello scroto.

varicoso [-có-] *agg.* (*med.*) si dice di vena che presenta varici.

variegato *agg.* **1** di colore vario, per lo più a strisce: *pelo* — **2** (*fig.*) non uniforme, di vario aspetto: *un ambiente* —.

varietà *s.f.invar.* **1** la qualità di cose diverse tra loro o differenti solo in alcuni particolari aspetti: — *di opinioni, di vedute* **2** la molteplicità di aspetti sotto i quali si presenta una cosa singola: *la* — *del paesaggio;* — *di stile, di clima* **3** ogni singolo oggetto o individuo dotato di caratteristiche che lo differenzino da altri della stessa specie: *una bella* — *di rose; una preziosa* — *di marmo* **4** (*scient.*) suddivisione di specie // *s.m.* spettacolo teatrale di carattere leggero composto da numeri di vario genere (musicali, comici ecc.): *teatro, numero di* —.

vario [và-] *agg.* **1** diverso, differente, mutevole: *la vita è varia; tempo* —, incostante; *avere interessi vari,* molteplici. SIN. *svariato* **2** con i sostantivi plurali, esprime idea di diversità e pluralità (spesso precede il sostantivo): *c'erano varie persone; negozio di generi vari; queste cose si possono fare in vari modi* // *s.m.* **1** ciò che è diverso, mutevole e simili: *il bello e il* — **2** pl. varie persone: *vari sostengono il contrario* **3** pl.f. varie, cose di vario argomento; si usa come titolo di libri, rubriche ecc.: *l'ultimo punto nell'ordine del giorno è* «*varie ed eventuali*» // -**mente** *avv.* in vari modi: *quella notizia fu* — *interpretata.*

variopinto *agg.* di vari colori che si armonizzano tra loro: *fiori variopinti.* SIN. *multicolore.*

varismo [-ʃmo] *s.m.* (*med.*) la condizione di un arto varo.

varistore [-stó-] *s.m.* dispositivo elettronico a semiconduttore con due elettrodi la cui resistenza varia con la tensione applicata agli elettrodi.

varo[1] *s.m.* l'operazione con cui si fa scendere in mare una nave nuova.

varo[2] *agg.* (*med.*) si dice di arto o segmento di arto deviato in dentro.

varsaviano *agg.* di Varsavia // *s.m.* abitante di Varsavia.

vasaio [-ʃà-] *s.m.* chi fabbrica vasi, per lo più di ceramica; chi vende vasi.

vasca *s.f.* **1** grande recipiente in pietra, in ferro o in altri materiali, spesso affondato nel terreno, per raccogliere acqua o altri liquidi: — *da bagno,* recipiente di ferro smaltato o di porcellana fissato al pavimento, usato per la pulizia personale e per fare il bucato / — *di sedimentazione,* quella in cui il liquido immesso può depositare le sostanze trasportate. DIM. *vaschetta* **2** (*sport*) la lunghezza del lato maggiore di una piscina: *fare le vasche.*

vascello [-scèl-] *s.m.* nave da guerra a vela, con tre alberi e tre ordini di cannoni.

vascolare *agg.* **1** che riguarda la decorazione dei vasi di terracotta e ceramica: *pittura* — **2** (*anat.*) che concerne i vasi sanguigni e linfatici: *tessuto* —; *sistema* —, l'insieme dei vasi sanguigni e linfatici.

vascolarizzato [-riʒʒa-] *agg.* (*biol.*) dotato di vasi sanguigni.

vascolarizzazione [-riʒʒaziό-] *s.f.* (*biol.*) l'essere vascolarizzato; il complesso dei vasi sanguigni in una zona di un organismo.

vasectomia [-ʃectomì-] *s.f.* intervento chirurgico con il quale si seziona il condotto che trasporta gli spermatozoi, producendo quindi nell'uomo la sterilità.

vaselina [-ʃe-] *s.f.* (*chim.*) sostanza organica semisolida, untuosa, formata da una miscela di idrocarburi; si ricava dal petrolio ed è usata come lubrificante e come eccipiente per pomate, unguenti e simili.

vasellame [-ʃel-] *s.m.* insieme di vasi per lo più in materiale pregevole; in particolare, insieme di stoviglie in ceramica o simili.

vasistas [-stàs] *s.m.invar.* (*region.*) battente a vetri ribaltabile verso l'interno, posto sopra porte o finestre.

vaso [-ʃo] *s.m.* **1** nome generico di ogni recipiente di terracotta, vetro, metallo e simili usato per lo più per conservare liquidi o a scopo ornamentale: *vasi sacri*, quelli che servono per riti religiosi; — *da fiori*, forato sul fondo, in cui si coltivano i fiori; — *da notte*, orinale / *portar vasi a Samo*, fare un lavoro inutile / — *d'elezione*, appellativo di san Paolo; comunemente, anima eletta **2** ciascuno dei canali o condotti degli organismi animali e vegetali: *vasi sanguigni, linfatici.*

vasocostrittore [-ʃocostrittó-] *agg. e s.m.* (*med.*) si dice di sostanza avente la proprietà di restringere i vasi sanguigni.

vasodilatatore [-ʃodilatató-] *agg. e s.m.* (*med.*) si dice di sostanza avente la proprietà di dilatare i vasi sanguigni.

vasomotore [-ʃomotó-] *agg.* si dice dei nervi che determinano la ritmica contrazione dei vasi sanguigni.

vasomotorio [-ʃomotò-] *agg.* che riguarda la contrazione dei vasi sanguigni: *disturbo —.*

vassallaggio [-làg-] *s.m.* **1** (*st.*) condizione di dipendenza del vassallo **2** (*fig.*) soggezione servile ai voleri altrui.

vassallo *s.m.* nell'età feudale, chi dietro giuramento di fedeltà riceveva l'investitura di un feudo dal signore, al quale restava legato da un rapporto di dipendenza.

vassoio [-só-] *s.m.* grande piatto di forma e materiale vario, usato per portare e servire tazze, bicchieri, piatti, dolci e simili.

vastità *s.f.invar.* **1** l'essere vasto, l'aver grande estensione (anche *fig.*): *la — del mare; la — del suo ingegno* **2** l'estensione di ciò che è vasto: *la — degli spazi.*

vasto *agg.* **1** che si estende per grande spazio in larghezza e larghezza: *il — mare; una sala molto vasta.* SIN. *ampio, esteso, spazioso* **2** (*fig.*) che abbraccia molti campi del sapere: *un ingegno —; una vasta cultura.*

vate *s.m.* (*lett.*) **1** profeta **2** poeta di alta ispirazione.

vaticanista *s.m. e f.* [pl.m. *-i*] studioso, conoscitore del Vaticano e dei suoi problemi.

vaticano *agg.* della Città del Vaticano: *poste vaticane; musei vaticani.*

vaticinare *v.tr.* (*lett.*) predire: *i profeti vaticinarono la nascita di Cristo.* SIN. *profetare, pronosticare.*

vaticinio [-cì-] *s.m.* (*lett.*) il predire cose future; ciò che viene predetto: *il — del profeta si è avverato.* SIN. *predizione, profezia.*

vattelappesca [-pé-] *inter. impropria* (*fam.*) va a indovinarlo; espressione che indica ignoranza assoluta di una cosa: — *dove è andato tuo fratello.*

vaudeville [*franc.*; *pr.* vodvìl] *s.m.* commedia brillante e leggera, di facile comicità e inframmezzata da canzonette.

ve *pron.pers.pl.m. e f. di seconda persona* → **vi.**

ve' *inter.* (con la *e* stretta) [troncamento di *vedi*] esprime avvertimento o minaccia: *attento, —, a quello che fai!; non provarti, —, a ripetere quello che hai detto!*

vecchiaia [-chià-] *s.f.* l'ultima età della vita naturale: *in — i processi biologici rallentano; la — è piena di malanni; questo cane è mal ridotto dalla —; le piante nella — crescono poco / essere il bastone della — di qlcu.*, essere di sostegno morale e materiale a un vecchio. CONTR. *giovinezza.*

vecchiezza [-chiéz-] *s.f.* l'essere vecchio: *è vecchio, ma ...*

di una — sana e robusta; questi mobili mostrano bene la loro —.

vecchio [vèc-] *agg.* **1** che si trova nell'ultimo periodo della vita naturale; con significato più ampio, anziano, in contrapposizione a giovane: *il — nonno; un — elefante; essere, sentirsi —; sembrare, diventare —; è più — della sorella*, è maggiore. CONTR. *giovane* / posposto al nome di artisti, di uomini altrimenti noti, o di appartenenti a qualche casata principesca, ha valore comparativo: *Palma il Vecchio*, contrapposto al Giovane **2** che risale a molto tempo addietro: *una vecchia conoscenza / una vecchia storia*, risaputa / *essere — del mestiere*, avere esperienza / *il Vecchio Testamento*, le fonti scritte della religione ebraica. CONTR. *recente* **3** di un altro tempo, di un'altra epoca; non attuale: — *stile*; — *palazzo / giornale —*, del giorno o dei giorni precedenti / *un — procedimento*, antiquato **4** si dice di raccolto agricolo anteriore all'ultimo; di prodotto stagionato: *grano —; parmigiano —.* CONTR. *nuovo // s.m.* [f. *-a*] **1** chi si trova nella vecchiaia: *un povero — / i nostri, i miei vecchi*, i genitori o anche gli antenati / *i vecchi dell'azienda*, gli anziani. DIM. *vecchino, vecchietto* **2** ciò che è vecchio, superato: *il — e il nuovo.*

vecchiume *s.m.* insieme di cose vecchie, o di idee o di usanze vecchie.

veccia [vèc-] *s.f.* [pl. *-ce*] pianta erbacea con foglie pennate e fiori violacei, usata come foraggio (*fam.* Leguminose).

vece [vé-] *s.f.* **1** (*lett.*) mutazione, avvicendamento / *in —*, in luogo, in cambio di: *va' tu in — mia* **2** pl. mansioni, funzioni: *fare le veci del padre.*

vedente [-dèn-] *agg. e s.m. e f.* che, chi ha l'uso della vista; usato spec. nell'espressione *non vedente*, cieco.

vedere[1] [-dé-] *v.tr.* (*pres. io* védo (lett. véggo; ant. o poet. véggio), *tu* védi, *egli* véde, *noi* vediamo (ant. o poet. veggiamo), *voi* vedéte, *essi* védono (lett. véggono; ant. o poet. véggiono); fut. *io* vedrò, *tu* vedrai ecc.; pass.rem. *io* vidi, *tu* vedésti ecc.; cong.pres. *io* véda (lett. végga; ant. o poet. véggia) *..., noi* vediamo (lett. veggiamo), *voi* vediate (ant. o poet. veggiate), *essi* védano (lett. véggano; ant. o poet. véggiano); cond.pres. *io* vedrèi ecc.; imp. védi, vedéte; ger. vedèndo (ant. o poet. veggèndo); p.pr. vedènte e veggènte, usati spec. come sostantivi; p.p. visto o veduto) **1** percepire con l'occhio: — *un uomo, un albero; — da lontano, da vicino qlco.; lo vidi partire / l'ho visto con i miei occhi*, si dice per assicurare di essere stati presenti ad un fatto / *lo vedrebbe anche un cieco*, si dice di cosa molto evidente / *la casa che lo vide bambino*, in cui trascorse la fanciullezza / *non poter — qlcu.*, averlo in antipatia / *far —*, mostrare / *gliela faremo — noi!*, si dice in tono di minaccia / *si faccia —!*, venga a trovarmi! / *chi s'è visto s'è visto*, è inutile stare a pensare a quello che è successo / *veder bene, male, non vedere qlcu. in un ruolo, a far qlco.* (*fam.*), pensare che sia, non sia adatto, capace: *non ti vedo a rubare!; me lo vedi a dirigere l'azienda da solo!; lo vedrei bene come Romeo, come regista / vedersela brutta*, essere in pericolo / *mi par di vederlo!*, me lo immagino / *non — l'ora di fare, di sapere qlco.*, essere in ansiosa attesa di qlco.; pregustarne la gioia / *non avere nulla a che — con qlcu. o con qlco.*, non aver rapporti, relazioni / *assol.: — bene, male, — lontano*, avere la vista acuta; (*fig.*) prevedere: — *chiaro*, rendersi conto di una situazione; *vederci doppio*, percepire l'immagine di un oggetto raddoppiata / *prov.: chi vivrà, vedrà*, è inutile cercar di prevedere **2** scoprire casualmente; incontrare: — *una notizia sul* *giornale*; *ci vedremo a teatro* / *lieto di vederla!*, si dice per complimento riconoscendo qlcu. / *guarda chi si vede!*, (*fam.*) salutando qlcu. che non ci si aspettava di incontrare **3** prendere in considerazione, in esame: *ho visto il suo ultimo libro, l'ho esaminato*; *vediamo un po' come stanno le cose*, riflettiamo su di esse / — *una commedia*, assistervi / — *per credere!*, bisogna — *che cose!*, si dice per esprimere la propria meraviglia / *la vedremo!*, *si vedrà!*, *è da* —, si dice in tono di minaccia / *veda*, *vedi*, *vediamo* ecc., incisi con cui si inizia o che si intercalano in un discorso per richiamare l'attenzione di chi ci ascolta / *vedo*, nel gioco del poker, formula con cui un giocatore accetta la giocata e chiede all'avversario di mostrare le proprie carte per stabilire chi ha vinto / *vedi*, indicazione che appare negli scritti, specie nella forma abbreviata *V.*, per rimandare ad altri passi dell'opera o ad un'altra opera **4** conoscere, riconoscere: *vedo bene che non ti riesco* / *vedrai*, *vedrete*, giudicherai o giudicherete dai fatti / *visto che*, dato che, posto che / *si vede che non ne vuol sapere*, è chiaro **5** decidere, risolvere, cercare un mezzo: *vedi un po'*, *vedi tu*, lascio a te decidere; *vedrò di darti un aiuto*; *vedrò*, *vedremo*, si dice per tergiversare, per non prendere posizione in un senso o in un altro // **-ersi** *v.rifl.* **1** vedere sé stessi, la propria immagine; riconoscersi: — *nello specchio*; *mi vedo in questa descrizione* / *non mi vedo in questo ruolo*, non sono adatto **2** scoprire di essere; trovarsi: *si vide in pericolo*; — *costretto a ringraziare*.

vedere[2] [-dé-] *s.m.* **1** facoltà di vedere **2** aspetto, apparenza, impressione visiva: *fa un bel* —, ha bell'aspetto.

vedetta [-dét-] *s.f.* **1** luogo d'osservazione spec. a scopo di difesa / *stare in* —, (*fig.*) stare all'erta **2** marinaio incaricato di vigilare **3** piccola nave da guerra usata per l'esplorazione.

vedette [*franc.*; *pr.* vedèt] *s.f.* nel teatro di varietà, l'attrice o l'attore di maggiore spicco in uno spettacolo.

vedova [-vé-] *s.f.* donna cui è morto il marito / — *nera*, nome comune di un ragno diffuso in America; di colore nero lucente, lungo circa 1 cm, inocula col morso un veleno pericoloso anche per l'uomo.

vedovanza *s.f.* l'essere vedovo o vedova; durata della condizione di vedovanza: *una triste* —; *una lunga* —.

vedovare *v.tr.* [*io védovo* ecc.] **1** lasciare vedova; (*rar.*) lasciare vedovo **2** (*fig.lett.*) privare.

vedovile *agg.* di vedova o vedovo.

vedovo [-vé-] *agg.* che ha perduto, per morte, il marito o la moglie; (*fig.lett.*) che è rimasto privo di persona o cosa necessaria: *una pianta vedova di fiori* // *s.m.* uomo cui è morta la moglie.

vedretta [-drét-] *s.f.* piccolo e breve ghiacciaio su un ripido pendio.

veduta *s.f.* **1** spazio che si abbraccia con la vista: *dalla torre si può ammirare una* — *bellissima* **2** quadro, disegno o fotografia che raffigura un paesaggio o una parte di una città: *una* — *alpina*; *una* — *di Venezia* **3** *pl.* idee, opinioni, modo di vedere: *persona di vedute ampie*, *moderne*, *antiquate* / *larghezza di vedute*, atteggiamento libero da preconcetti.

veemente [-mèn-] *agg.* che agisce o sente con passione; che ha grande impeto. SIN. *ardente*, *impetuoso*.

veemenza [-mèn-] *s.f.* l'essere veemente. SIN. *impeto*, *impetuosità*.

vegetale *agg.* che concerne le piante // *s.m.* ogni organismo vivente che appartiene al regno vegetale; pianta.

vegetaliano *agg.* e *s.m.* che, chi si nutre di cibi dai quali sono rigorosamente esclusi tutti i prodotti di ori-

gine animale (quindi oltre la carne anche il latte, i latticini e le uova).

vegetare *v.intr.* [*io végeto* ecc.] il vivere nel modo proprio dei vegetali; per estens., condurre una vita puramente organica; (*fig.spreg.*) condurre un'esistenza monotona, limitata, meschina, senza grandi stimoli, iniziative, ideali.

vegetariano *agg.* e *s.m.* che o chi si nutre di cibi dai quali è rigorosamente esclusa la carne.

vegetativo *agg.* **1** che è proprio dei vegetali / *apice* —, nelle piante, il punto dove si sviluppa l'accrescimento [*ill. Albero*] **2** che si riferisce, negli organismi animali, alle funzioni inerenti alla vita organica, distinte dalle funzioni della vita di relazione: *vita vegetativa*, insieme delle funzioni relative alla nutrizione, respirazione, circolazione dell'organismo / *anima vegetativa*, (*fil.*) nella psicologia aristotelica l'anima come principio della vita vegetativa.

vegetazione [-zió-] *s.f.* **1** atto, effetto del vegetare; insieme delle piante che crescono in un luogo: — *equatoriale*; *mancanza di* — **2** (*med.*) denominazione di escrescenze di varia natura: *vegetazioni adenoidi*.

vegeto [vè-] *agg.* **1** che cresce prosperamente, rigoglioso (detto di piante). SIN. *prospero* **2** (*fig.*) che conserva salute e forza anche in età avanzata (detto di persone): *il nonno è ancora* — / *vivo e* —, in perfetta salute.

vegeto-minerale [vè-] *agg.* usato solo nella locuz. *acqua vegeto-minerale*, soluzione di acetato basico di piombo usata come medicamento per contusioni e distorsioni.

veggente [-gèn-] *agg.* e *s.m.* e *f.* (*ant.*) che o chi vede: *i ciechi e i veggenti* // *s.m.* e *f.* (*lett.*) **1** profeta **2** indovino.

veggenza [-gèn-] *s.f.* (*non com.*) **1** facoltà di vedere **2** (*fig.*) capacità di prevedere il futuro.

veglia [vé-] *s.f.* **1** il vegliare, lo star desto, spec. di notte per insonnia o per assistenza: *lunghe ore di* —; *tra il sonno e la* —; — *di un malato*; — *funebre*, il vegliare recitando preghiere per il morto **2** serata trascorsa, fino a tarda notte, in conversazione o in altri svaghi, in casa di amici o in luoghi pubblici: *cose che si raccontano a* —, novelle, favole ecc.; — *danzante*, festa da ballo.

vegliardo *s.m.* (*antiq.*) vecchio la cui figura incute rispetto e quasi venerazione.

vegliare *v.intr.* [*io véglio* ecc.] **1** stare sveglio, spec. di notte, per insonnia, assistenza, lavoro ecc.: *per prepararsi agli esami veglia fino a tarda notte* **2** (*fig.*) vigilare, fare molta attenzione: *i genitori vegliano sulla salute dei figli* // *v.tr.* assistere di notte: — *un infermo* / — *un morto*, fare la veglia funebre.

veglio [vè-] *s.m.* (*lett.*) vecchio.

veglione [-glió-] *s.m.* festa da ballo tenuta in luoghi pubblici, che si prolunga nel corso della notte.

veh *inter.* → **ve'**.

veicolare[1] *agg.* di, dei veicoli: *traffico* —.

veicolare[2] *v.tr.* [*io veícolo* ecc.] (*scient.* o *fig.*) trasportare, fare da veicolo per qlco.: *elementi veicolati dal sangue*; — *nuove idee*.

veicolo [-i-] *s.m.* **1** mezzo di trasporto; in particolare mezzo meccanico guidato da uomini e circolante su strada: — *a trazione animale*; *i veicoli circolanti in Italia*; — *spaziale* [*ill. Missile*]; — *a cuscino d'aria*, scafo aeromobile dotato di due potenti eliche che creano tra esso e l'acqua un cuscino d'aria capace di sostenerlo **2** per estens. mezzo che serve a propagare qlco. (anche *fig.*): *l'anofele è* — *della malaria*; *quel libro fu* — *di nuove idee* **3** (*chim.*) sostanza inattiva che si mescola a una sostanza attiva per poterla adoperare nella forma voluta: *l'olio è il — nelle vernici*.

vel (*lat.*; *pr.* vèl = *o*) *cong.* usata in logica e in matematica con valore di alternativa non escludente (come la formula *e/o* in italiano).

vela [vé-] *s.f.* **1** ampia tela di canapa rinforzata e variamente sagomata che si applica agli alberi di una imbarcazione e che viene manovrata in modo da sfruttare il vento ai fini della propulsione [*ill. Barca*]: *barca a —; — quadrata*, a forma di trapezio; *— triangolare* o *latina*; *alzare le vele*, metterle al vento; *ammainare le vele*, abbassarle, calarle; *far —*, salpare; navigare; *mollare le vele*, scioglierle dai pennoni / *a gonfie vele*, col favore del vento; (*fig.*) in modo favorevole / *raccogliere le vele*, (*fig.*) arrivare alla conclusione di un discorso o di un'operazione / *volo a —*, volo con alianti / *volta a —*, volta atta a coprire un locale a pianta quadrata [*ill. Architettura*] **2** (*sport*) insieme delle gare tra imbarcazioni leggere a vela.

velaccino *s.m.* nei velieri a vele quadre, la vela e il rispettivo pennone dell'albero di trinchetto posti sopra il parrocchetto.

velaccio [-làc-] *s.m.* spec. *pl.* nei velieri a vele quadre, denominazione delle vele poste sopra la gabbia e dei rispettivi pennoni.

velame[1] *s.m.* (*lett.*) ciò che vela; (*fig.*) ciò che nasconde: *parlare senza velami*.

velame[2] *s.m.* insieme delle vele di una imbarcazione: *ridurre, aumentare il —*.

velare[1] *v.tr.* [*io vélo ecc.*] **1** coprire con un velo o (*fig.*) coprire o nascondere in parte con qlco. che si interponga: *la nebbia vela la campagna*; *le lacrime le velano gli occhi*; *— una luce*, schermarla; *— un colore*, distendere uno strato di colore su un altro più intenso per modificarne l'effetto. SIN. *offuscare* **3** (*fig.*) nascondere, attenuare: *— i propri sentimenti*; *— la verità* // **-arsi** *v.rifl.* **1** coprirsi con un velo (anche *fig.*): *gli occhi si velano di lacrime*; *la voce si vela di pianto*; *la campagna si vela di nebbia* **2** (*fig.*) farsi suora // *v. rifl.pron.* perdere chiarezza e forza (detto della vista, della voce, della mente).

velare[2] *v.tr.* [*io vélo ecc.*] munire di vele.

velare[3] *agg.* **1** (*anat.*) del velo palatino **2** in linguistica, si dice di suono articolato fra il dorso della lingua e il velo del palato (p.e. *c* duro, *g* duro); è detto anche gutturale // *s.f.* consonante velare.

velario [-là-] *s.m.* **1** (*st.*) nei teatri romani, tendone di stoffa usato per proteggere pubblico e attori dai raggi del Sole **2** per estens., sipario.

velato *agg.* **1** coperto da un velo: *donna musulmana velata* **2** (*fig.*) annebbiato; debole: *vista velata* **3** (*fig.*) non esplicito, nascosto: *minaccia velata*; *accennare in modo — a qlco*.

velatura[1] *s.f.* **1** atto, effetto del velare **2** offuscamento, appannatura; lieve strato di qlco.: *— di un colore*, strato sottilissimo di colore steso su altri più intensi per modificarne l'effetto.

velatura[2] *s.f.* **1** il complesso delle vele di un'imbarcazione **2** insieme delle superfici portanti di un velivolo.

velcro [vèl-] *s.m.* tipo di chiusura rapida per vestiti, borse ecc., costituito da due strisce che si uniscono tra loro per semplice pressione e si aprono a strappo ®.

veleggiare *v.intr.* [*io veléggio ecc.*] **1** navigare a vela **2** di velivoli e spec. di alianti, volare senza l'aiuto del motore // *v.tr.* **1** (*poet.*) percorrere navigando **2** fornire di vela una imbarcazione.

veleggiatore [-tó-] *s.m.* **1** tipo di imbarcazione a vela **2** aliante.

velenifero [-nì-] *agg.* che contiene o produce veleno: *ghiandole velenifere*.

veleno [-lé-] *s.m.* **1** sostanza di varia natura che penetrata nell'organismo e raggiunta una certa concentrazione, vi può causare gravissimi danni e perfino la morte: *il cianuro è un — potente*; *uccidere col —* **2** per estens., ogni sostanza che nuoce all'organismo; cibo o bevanda molto amara o sgradevole **3** (*fig.*) passione o sentimento dannoso o malvagio; astio: *il — dell'odio, dell'invidia*; *parole piene di —*.

velenosità *s.f.invar.* qualità di ciò che è velenoso.

velenoso [-nó-] *agg.* **1** che contiene o inietta veleno: *fungo —*; *puntura velenosa*. SIN. *tossico* **2** (*fig.*) dannoso; pieno di astio, di rancore, di perfidia: *dottrine velenose*; *complimento —*; *scritto —*.

veletta[1] [-lét-] *s.f.* piccola vela; ciascuna di quelle poste in cima all'albero o agli alberi di una nave, sopra le gabbie / *stare alle velette*, stare di vedetta.

veletta[2] [-lét-] *s.f.* piccolo velo da appuntare sul cappello femminile, talvolta calato a coprire il viso.

velia [vè-] *s.f.* → **averla**.

velico [vè-] *agg.* [pl.m. *-ci*] della vela, delle vele: *la superficie velica*; *regate veliche*.

veliero [-liè-] *s.m.* bastimento a vela // *agg.* (*rar.*) fornito di vele.

velina *agg. e s.f.* **1** si dice di un tipo di carta leggerissima, senza colla, usata spec. per copie dattiloscritte **2** copia su carta velina di un dattiloscritto **3** nel gergo giornalistico, notizia che si pubblica dietro suggerimento di qualche autorità, e nella forma da essa voluta.

velismo [-{mo] *s.m.* lo sport della navigazione a vela.

velite [vè-] *s.m.* nell'antica Roma, fante armato alla leggera.

velivolo [-lì-] *agg.* (*poet.rar.*) si dice di nave a vela che corre molto veloce o di mare solcato da navi a vela // *s.m.* ogni aeromobile più pesante dell'aria.

velleità *s.f.invar.* voglia piena di ambizione, ma senza fondamento ed efficacia: *in gioventù aveva grandi —, ma poi non è riuscito a nulla*.

velleitario [-tà-] *agg.* che ha, che dimostra velleità: *rivendicazioni velleitarie*.

velleitarismo [-{mo] *s.m.* tendenza, spec. in politica, a esprimere velleità e obiettivi da volontà realizzabili.

vellicare *v.tr.* [*io vèllico, tu vèllichi ecc.*] **1** toccare in modo leggero provocando il solletico: *mi vellicava i piedi con la punta delle dita*. SIN. *titillare, solleticare* **2** (*fig.*) stimolare: *questo odore mi vellica l'appetito*; *un racconto che vellica la fantasia*.

vello [vèl-] *s.m.* **1** la massa del pelo di un animale lanuto **2** la pelle intera e non tosata di tale animale.

velloso [-ló-] *agg.(lett.)* meno com. di *villoso*.

vellutato *agg.* **1** che ha la qualità o l'apparenza del velluto: *una stoffa vellutata* **2** (*fig.*) liscio e morbido come velluto: *pelle, guancia, foglia vellutata*.

vellutino *s.m.* **1** velluto leggero **2** nastro di velluto usato come guarnizione per abiti da donna.

velluto *agg.* (*lett.*) coperto di pelo; villoso // *s.m.* **1** stoffa che sul diritto è ricoperta di pelo corto, fitto e molto morbido: *— di seta, di lana*; *una giacca di —* **2** (*fig.*) cosa liscia e morbidissima: *hai una pelle che è un — / camminare sul —*, agire senza incontrare ostacoli.

velo [vé-] *s.m.* **1** spec. nel linguaggio della liturgia, drappo che ripara o cela qlco.: *— del calice*, pezzo quadrato di stoffa, dello stesso colore della pianeta, che copre il calice all'inizio e alla fine della messa [*ill. Altare*]; — *umerale*, quello di seta bianca che il sacerdote si mette sulle spalle e che gli ricopre il petto e le mani quando porta l'ostensorio o la pisside; — *religioso*, quello che portano sul capo le monache / *prendere il* —, farsi monaca **2** tessuto finissimo e trasparente di seta o cotone che serve per vari usi: *il* — *della sposa*; *le donne si mettono un* — *sul capo quando entrano in chiesa*; *una camicetta di* — **3** per estens., strato molto sottile che ricopre qlco. (anche *fig.*): *c'era un* — *di nebbia*; *spargi sulla torta un* — *di zucchero*; *c'è nei suoi occhi un* — *di tristezza* **4** (*fig.*) ciò che impedisce la vera conoscenza di qlco.: *la passione fece* — *alla sua ragione*; *togliti il* — *dagli occhi e guarda in faccia la realtà*; *finalmente è caduto il* — *di mistero che circondava questo affare* / *stendere un* — (*pietoso*) *su qlco.*, dimenticarla, *non parlarne più* **5** tessuto di crine che si tende sulla intelaiatura di un setaccio **6** — *palatino*, — *pendulo*, (*anat.*) lamina muscolo-membranosa che pende dal fondo del palato e separa la bocca dalle fosse nasali [*ill. Bocca*] **7** membrana che avvolge qlco.: *il* — *della cipolla*, la sottile squama che avvolge il bulbo; — *totale*, *parziale dei funghi*, quella membrana biancastra che ricopre alcuni funghi interamente o solo nella parte del cappello.

veloce [-ló-] *agg.* **1** che si sposta con moto rapido, molto svelto: *un cavallo*, *un treno*, *un'automobile* —; *un ragazzo* — *nella corsa* **2** che agisce con rapidità: *una dattilografa* —; *ha una mano* —; *tuo figlio ha un ingegno* — che passa in fretta: *i giorni*, *gli anni scorrono veloci* // **-mente** *avv.* con velocità.

velocipede [-ci-] *s.m.* (*ant. o scherz.*) biciclo o bicicletta.

velocista *s.m. e f.* [pl.m. *-i*] **1** atleta molto veloce, dotato di scatto, specializzato nelle gare di velocità spec. podistiche e ciclistiche **2** aviatore che appartiene ai reparti di alta velocità.

velocità *s.f.invar.* **1** l'essere veloce: *la* — *di un ciclista*, *della lepre*, *del fulmine*, *del vento*, *del pensiero*; *scrive a macchina con grande* — / *gara di* —, quella su percorso piuttosto breve, in cui si mette alla prova lo scatto più che la resistenza degli atleti **2** (*fis.*) rapporto tra lo spazio percorso da un mobile e il tempo impiegato a percorrerlo: *quest'automobile può raggiungere la* — *di 150 km all'ora*; *la* — *della luce*, *del suono*; *cambio di* —, meccanismo che serve a cambiare i rapporti di trasmissione del moto nelle biciclette, nei motoveicoli e negli autoveicoli / *a piccola*, *grande* —, si dice di merci spedite con treni merci o con altri più veloci.

velodromo [-lò-] *s.m.* **1** pista a tracciato ellittico, in cemento, terra battuta o legno, coperta o scoperta, destinata alle gare ciclistiche **2** stadio in cui si trova tale pista.

velours [*franc.*; *pr.* velùr] *s.m.* tessuto simile al velluto, ma con pelo più morbido.

veltro [vél-] *s.m.* cane da caccia assai veloce, affine al levriero.

vena [vé-] *s.f.* **1** (*anat.*) vaso o canale membranoso che porta il sangue dalla periferia al cuore; per estens., sangue in genere, comprese le arterie [*ill. Cuore*] / *non aver sangue nelle vene*, essere fiacco, apatico / *sentirsi ribollire il sangue nelle vene*, sentirsi scosso ed eccitato per lo sdegno o l'ira o altra passione / *le vene della pietra*, *del legno*, le venature **2** rigagnolo sotterraneo di acqua sorgiva; filone sotterraneo di un minerale: *trovare una* — *d'acqua*; *una* — *di rame* / *acqua di* —, acqua sorgiva **3** (*fig.*) felice disposizione dello spirito a

fare qlco.; ispirazione creativa; estro: — *poetica*; — *musicale* / *essere in* —, sentirsi bene e ben disposti.

venale *agg.* si dice di persona avida di denaro che agisce per lucro o che si lascia comprare; si dice di ciò che si vende o che si può vendere: *è gente* — *di cui non ci si può fidare*; *merce* — / *prezzo* —, il prezzo al quale si vende un oggetto.

venalità *s.f.invar.* l'essere venale.

venare *v.tr.* [*io véno ecc.*] segnare con venature.

venato *agg.* segnato da venature: *marmo grigio* — *di nero*; *parole venate di malinconia*.

venatorio [-tò-] *agg.* della caccia, relativo alla caccia; dei cacciatori: *arte venatoria*; *una partita venatoria*.

venatura *s.f.* **1** complesso di segni o rigature naturali che si ramificano sulla superficie del legno e del marmo e che sono di colore diverso dal fondo **2** (*fig.*) lieve traccia, sfumatura.

vendemmia [-dém-] *s.f.* la raccolta dell'uva; l'uva stessa che viene raccolta; il periodo dell'anno in cui si procede alla raccolta: *la festa della* —; *è stata una* — *assai ricca*; *si avvicina la* —.

vendemmiaio [-mià-] *s.m.* nome del primo mese del calendario rivoluzionario francese.

vendemmiare *v.intr.* [*io vendémmio ecc.*] **1** raccogliere l'uva: *è arrivato il tempo di* — **2** (*fig.*) far grossi guadagni: *nel commercio ha veramente trovato da* —.

vendemmiatore [-tó-] *s.m.* [f. *-trice*] chi vendemmia.

vendere [vén-] *v.tr.* [*io véndo ecc.*] **1** cedere ad altri la proprietà di qlco. ricevendone il prezzo: — *una casa*; — *scarpe*; — *al minuto*, *al dettaglio*, *all'ingrosso*; — *a buon prezzo*; — *all'asta*; — *sotto costo* / *un romanzo che vende*, *ha venduto centomila copie* / *saper* — *la propria merce*, sapersi far valere; apparire più di quanto si vale in realtà. CONTR. *comprare* **2** (*fig.*) cedere per lucro cose non venali: — *l'ingegno*, *la propria arte*, asservirli per lucro; — *il voto* / — *la patria al nemico*, tradirla / — *cara la pelle*, difendersi accanitamente prima di cedere / — *fumo*, *frottole*, *ciance*, parlare a vuoto, dire cose vane, fare promesse con leggerezza senza aver l'intenzione di mantenerle **3** (*fig.*) far credere cose non vere; spacciare per proprie cose dette o scritte da altri // **-ersi** *v.rifl.* lasciarsi corrompere; prostituirsi: *è una persona capace di* —.

vendetta [-dét-] *s.f.* offesa morale o danno materiale che si arreca ad altri per ripagarsi di un danno subito: *preparare la* —; *una sanguinosa* —; *abbandonare ogni proposito di* —; *uccidere per* —; *vendette a catena*, ciascuna delle quali ne provoca un'altra.

vendeuse [*franc.*; *pr.* vandéʃ] *s.f.* commessa, venditrice, spec. in negozi di moda.

vendibile [-di-] *agg.* che si può vendere, che si vende.

vendicare *v.tr.* [*io véndico*, *tu véndichi ecc.*] far vendetta; ripagare con una vendetta: — *un'offesa*; — *qlcu.*, far vendetta di un danno da lui sofferto; — *l'onore*, riscattarlo con una vendetta // **-arsi** *v.rifl.pron.* far vendetta contro il proprio offensore: — *di qlcu.*, *contro qlcu.*, — *delle offese*, *per le offese subite*.

vendicativo *agg.* che è istintivamente portato alla vendetta; pronto a farsi vendetta: *un uomo* —; *ha un carattere* —.

vendicatore [-tó-] *agg. e s.m.* [f. *-trice*] che, chi vendica; (*lett.*) che, chi riscatta da oppressione e ingiustizia: *il* — *dei popoli oppressi*; *la spada vendicatrice*.

vendita [vén-] *s.f.* **1** il vendere: *la* — *di una proprietà*; *permesso di* — / *mettere in* — *qlco.*, offrirla per l'acquisto / *essere in* —, essere offerto all'acquisto **2** quantità di merce venduta; il locale in cui si vende: *le vendite sono in aumento; aprire una — di stoffe.*

venditore [-tó-] *s.m.* [f. *-trice*] chi vende, chi ha un negozio di vendita.

venduto *agg.* **1** che è stato messo in vendita e comprato: *un oggetto — a buon prezzo* **2** (*fig.spreg.*) che si è venduto; corrotto, prostituito: *un'intelligenza venduta; arbitro —! // s.m.* (*comm.*) la merce venduta: *il valore del — è molto alto.*

veneficio [-fi-] *s.m.* omicidio commesso somministrando veleno: *fu accusato di —.*

venefico [-nè-] *agg.* [pl.m. *-ci*] **1** velenoso: *una sostanza venefica* **2** (*fig.*) insalubre: *aria venefica.*

venerabile [-rà-] *agg.* **1** che è degno di essere venerato **2** (*eccl.*) si dice di persona morta in concetto di santità e per la quale è stata promossa la causa di beatificazione.

venerabilità *s.f.invar.* l'essere venerabile.

venerando *agg.* che si deve venerare: *un vecchio — / età veneranda,* molto avanzata.

venerare *v.tr.* [*io* vènero *ecc.*] onorare con ossequio e devozione, fare oggetto di reverenza: *— la Madonna, le reliquie di un santo, i genitori.* SIN. *rispettare.*

venerazione [-zió-] *s.f.* il venerare, l'essere venerato: *la — della sacra immagine; è degno di —.*

venerdì *s.m.invar.* il quinto giorno della settimana, quello che segue il giovedì / *— santo,* (*lit.*) quello della settimana santa in cui si commemora la passione e morte di Gesù / *osservare il —,* mangiare di magro secondo le intenzioni della chiesa, che commemora la morte di Cristo / *magro come un —,* (*scherz.*) magrissimo, malnutrito / *gli manca qualche —,* (*scherz.*) è un po' matto, un po' strambo.

venere [vè-] *s.f.* **1** donna di straordinaria bellezza (dal nome della dea della mitologia greca) / *monte di —,* (*anat.*) accumulo di grasso presente nella regione pubica femminile **2** *Venere,* (*astr.*) uno dei pianeti del sistema solare.

venereo [-nè-] *agg.* (*med.*) si dice di malattie trasmesse attraverso i rapporti sessuali, e di ciò che ha attinenza con esse.

venereologia [-gì-] *s.f.* (*med.*) il complesso delle conoscenze che riguardano le malattie veneree.

veneto [vè-] *agg.* del Veneto; più genericamente, delle Tre Venezie // *s.m.* **1** abitante del Veneto; più genericamente, delle Tre Venezie **2** nome generico dei vari dialetti del Veneto.

veneziana *s.f.* **1** piccolo dolce molto soffice, di forma semisferica **2** schermo per finestre costituito da stecche di legno o plastica, variamente inclinabili a seconda della luce che si desidera.

veneziano *agg.* di Venezia / *alla veneziana,* alla maniera dei veneziani / *pavimento alla veneziana,* fatto con pezzetti di marmo di vario colore // *s.m.* **1** abitante, nativo di Venezia **2** dialetto di Venezia.

venezolano *agg.* del Venezuela // *s.m.* abitante del Venezuela.

venia [vè-] *s.f.* (*lett.*) perdono, per colpa non grave: *chiedere —.*

veniale *agg.* **1** (*relig.*) si dice di peccato non grave che non comporta la perdita della grazia **2** per estens., si dice di cosa non grave, che merita indulgenza: *una dimenticanza —.*

venire *v.intr.* [pres. *io* vèngo, *tu* vièni, *egli* viène, *noi* veniamo, *voi* venite, *essi* vèngono; fut. *io* verrò *ecc.*; pass.rem. *io* vénni, *tu* venisti *ecc.*; pres.cong. *io* vènga *ecc., noi* veniamo, *voi* veniate, *essi* vèngano; cond. *io* verrèi *ecc.*; imp. vièni, venite; p.pr. veniènte; p.p. venuto; si può usare come ausiliare in luogo di *essere* nella coniugazione passiva dei verbi, ma solo nei tempi semplici: *io vengo punito; tu verrai lodato; egli venne amato*] **1** recarsi nel luogo dove è o dove va la persona cui ci si rivolge o la persona stessa che parla: *verrò da voi a Roma; veniamo con voi; gente che va, gente che viene / un va e vieni,* un movimento continuo e alterno. CONTR. *andare* **2** giungere, arrivare, provenire; (*fig.*) derivare: *è venuto il momento di partire; l'inverno è venuto presto quest'anno; il mese che viene, l'anno che viene; una parola che viene dal latino / a —, di là da —,* di eventi che si verificheranno in futuro / *far —,* mandare a chiamare; farsi mandare / *m'è venuto agli orecchi,* ho sentito dire / *— a sapere qlco., — a conoscenza di un fatto,* esserne messo al corrente / *— a proposito, a pennello,* giungere opportuno / *— alla conclusione,* concludere / *— al fatto,* arrivare al nocciolo di una questione / *— alle mani, alle prese,* azzuffarsi / *— in odio, antipatia,* diventare odioso, antipatico **3** manifestarsi, presentarsi: *mi è venuta un'idea!; mi è venuto un dubbio — da...,* sentire l'impulso; si usa sempre nella forma impers.: *mi viene da piangere, da ridere / mi viene spontaneo fare così,* è nella mia natura, lo faccio senza sforzo, senza ragionamento **4** riuscire, avere un risultato; essere il risultato: *— male, bene; il vestito è venuto troppo largo / — a costare,* costare complessivamente, definitivamente / *quanto viene?,* (*fam.*) quanto costa? / *come viene,* come capita, alla meno peggio; *come viene, viene,* si dice di cosa al cui esito non si dà troppa importanza **5** seguito da *avv.* o da *prep.* assume diversi significati: *— giù,* (*fam.*) cadere, scendere / *— su,* (*fam.*) crescere: *il grano viene su bene quest'anno / — via,* (*fam.*) cedere alla trazione, staccarsi: *la maniglia è venuta via / — prima, dopo,* avere maggiore, minore importanza / *— meno,* svenire / *— fuori con...,* dire inaspettatamente **6** seguito da gerundio, indica azione ripetuta e metodica: *veniva dicendo* **7** seguito da p.pass. indica azione spontanea o irrefrenabile: *mi venne fatto di reagire così; mi venne detto così.*

venoso [-nó-] *agg.* **1** delle vene: *sangue —,* che scorre nelle vene ed affluisce al cuore **2** con le vene o le venature in evidenza; segnato da vene o venature: *una mano venosa; un legno —.*

ventaglio [-tà-] *s.m.* **1** arnese fatto di stecche di legno, d'avorio o d'altro materiale, imperniate ad una estremità, alle quali è incollata una striscia di carta, di seta o altro in modo che possa aprirsi a raggiera; serve per farsi vento / *a —,* si dice di cose che si dipartono a raggiera da un punto: *le truppe si sparsero a — nella pianura* **2** (*fig.*) gamma, serie, gruppo differenziato internamente: *un — di proposte.*

ventata *s.f.* colpo di vento; (*fig.*) il manifestarsi rapido e improvviso di qlco.: *una — di follia.*

ventennale *agg.* che dura vent'anni: *un permesso, una concessione, un contratto — // s.m.* anniversario a vent'anni dall'inizio di qlco.; celebrazione di qlco. a vent'anni di distanza: *il — della liberazione.*

ventenne [-tèn-] *agg.* e *s.m.* e *f.* che o chi ha venti anni.

ventennio [-tèn-] *s.m.* periodo di venti anni; si dice spec. del periodo storico in cui vi fu in Italia il regime fascista (1922-1943).

ventesimo [-tèsi-] *agg.num.ord.* che in una serie occupa il posto numero venti // *s.m.* la ventesima parte.

venti [vén-] *agg.num.card.* indica una quantità composta di due decine // *s.m.* il numero venti e la cifra che lo rappresenta.

ventilabro *s.m.* arnese a forma di pala per ventilare il grano.

ventilare *v.tr.* [io vèntilo ecc.] **1** rinfrescare facendo circolare aria; arieggiare: — *un ambiente* **2** di grano o altro, gettarlo in aria con la pala controvento o farlo investire da una corrente d'aria per separare i chicchi dalla pula **3** (*fig.*) proporre in maniera sommaria e non definitiva, far balenare, buttar là: — *un'idea*, — *una proposta*.

ventilato *agg.* investito da correnti d'aria fresca naturali o artificiali: *un colle* —; *un ambiente ben* —.

ventilatore [-tó-] *s.m.* **1** apertura nelle pareti, fatta per rinnovare l'aria in ambienti chiusi **2** apparecchio, per lo più elettrico, munito di elica o ruota a palette che serve a ventilare un ambiente chiuso **3** apparecchio atto a creare una corrente d'aria o di altro aeriforme.

ventilazione [-zió-] *s.f.* atto, effetto del ventilare: *la — di un ambiente* / *quell'automobile ha una buona* —, *di buon ricambio d'aria* / *procedere alla — di un materiale*, (*tecn.ind.*) sottoporlo all'azione di una corrente d'aria per raffreddarlo, essiccarlo o levigarlo.

ventina *s.f.* il complesso di venti o circa venti unità.

ventino *s.m.* moneta da venti centesimi; per estens., monetina di poco valore.

ventiquattrore [-tró-] *s.f.invar.* **1** *pl.* la durata di un giorno **2** piccola valigia usata per brevi viaggi.

vento [vèn-] *s.m.* **1** spostamento di masse d'aria atmosferiche dovuto a differenza di temperatura o di pressione: — *teso*, di notevole forza; *colpo di* —, improvviso e violento ma di breve durata; — *di tramontana*, di settentrione: — *fresco*; — *caldo*; *soffiare del* —; *spirare del* —; *fischiare del* —; *terra battuta dal* —; *in balìa del* —; *stormire di foglie al* —; *venti costanti*, quelli che spirano tutto l'anno nella medesima direzione; *venti regolari periodici*, quelli che invertono periodicamente il senso / *rosa dei venti*, diagramma delle otto direzioni principali e intermedie dei venti, riferite ai punti cardinali / — *di prora*, quando spira diritto dalla parte di prora / *guadagnare il* —, navigare con le vele in modo da risalire, bordeggiando, verso la direzione onde esso spira / *presentarsi al* —, orientare il bastimento in modo che riceva il vento di prora / *tenersi al* —, mantenersi in posizione sopravvento rispetto ad altra nave, a un'isola ecc. / *appoggiarsi al* —, di uccelli quando volano migrando nella stessa direzione in cui esso spira / *qual buon* — (*ti porta*)?, vedendo arrivare una persona inaspettata / *mulino a* —, mulino che funziona sfruttandone la forza; (*fig.*) persona che parla moltissimo / *gridare a tutti i venti*, divulgare una notizia / *parlare al* —, inutilmente / *voltarsi a tutti i venti*, essere una banderuola / *tira — di ribellione*, se ne avverte la tendenza / *cattivo* —, situazione pericolosa **2** aria: *far* —, mettere in movimento aria con ventaglio o simili; *pascersi di* —, di nulla **3** (*mar.*) ciascuno dei cavi fissi che servono a mantenere ritti i fumaioli e a tenere orientate e fisse aste che sporgono fuori bordo, come il compresso ecc. **4** lieve differenza tra il calibro del proietto d'artiglieria e quello dell'anima della bocca da fuoco.

ventola [vèn-] *s.f.* **1** arnese, simile a un ventaglio, che serve per ravvivare il fuoco / *orecchie a* —, grandi e sporgenti **2** arnese di legno dorato che si appende ai muri delle chiese per sostenere candele **3** dispositivo usato per schermare la luce di lampade e simili **4**

(*mecc.*) termine usato per indicare la girante dei ventilatori o delle turbine; elemento di chiusura delle dighe mobili.

ventosa [-tó-] *s.f.* **1** piccola coppa di gomma che, premuta su di una superficie piana e liscia, vi rimane attaccata per effetto della pressione dell'aria **2** (*med.*) piccolo vaso di vetro che si applica sulla pelle a scopo revulsivo **3** organo di alcuni molluschi che serve per afferrare un oggetto o per aderire a qlco.

ventosità *s.f.invar.* **1** l'essere ventoso **2** l'accumularsi di gas nello stomaco e nell'intestino; la loro emissione attraverso l'ano.

ventoso [-tó-] *agg.* **1** che è battuto dal vento; esposto al vento: *collina ventosa* **2** si dice di stagione o di periodo in cui soffia spesso il vento: *marzo è un mese per lo più* — // *s.m.* nome del sesto mese del calendario rivoluzionario francese.

ventrale *agg.* del ventre.

ventre [vèn-] *s.m.* **1** addome, parte cava del corpo contenente gli intestini e lo stomaco e, nella femmina, anche gli organi della riproduzione; la corrispondente regione esterna: — *piatto*, — *gonfio*; *basso* —, la parte inferiore; *mal di* —, *riempirsi il* —, mangiare molto; — *materno*, quello di una donna che ha partorito dei figli / *il frutto del* —, il figlio / *nel — di una metropoli*, (*fig.*) nelle sue zone più intime e segrete / *nel — di un'istituzione*, (*fig.*) al suo interno, nei suoi centri vitali **2** (*fig.*) l'interno di qlco., la parte rigonfia: *il — della terra*; *il — di una botte* / *far* —, incurvarsi **3** (*fis.*) nelle onde stazionarie, il punto di maggiore ampiezza dell'oscillazione.

ventresca [-tré-] *s.f.* la carne del ventre del tonno conservata sott'olio.

ventricolare *agg.* (*med.*) di ventricolo; in particolare, dei ventricoli del cuore.

ventricolo [-trì-] *s.m.* **1** (*pop.*) lo stomaco **2** (*anat.*) nome attribuito a varie cavità dell'organismo; *ventricoli cerebrali*; *ventricoli cardiaci*, ciascuna delle due cavità cardiache, destra e sinistra, che ricevono il sangue e contraendosi lo mandano ai polmoni o all'aorta [*ill. Cuore*].

ventriera [-triè-] *s.f.* panciera.

ventriglio [-trì-] *s.m.* parte dello stomaco degli uccelli fornita di potenti muscoli atti a triturare i duri semi ingeriti.

ventriloquio [-lò-] *s.m.* l'arte del ventriloquo.

ventriloquo [-trì-] *s.m.* chi sa parlare a labbra chiuse e senza alterare i muscoli lisci facciali, con voce modificata che pare uscita dal ventre.

ventura *s.f.* **1** sorte, caso: *buona, cattiva* — / *predire la* —, il futuro / *andare alla* —, affidandosi al caso / *compagnia di* —, banda di soldati mercenari che nel medioevo e rinascimento agivano al soldo di un condottiero; *capitano di* —, il condottiero, a sua volta assoldato da governi o privati / *capitale di* —, disponibile per investimenti immediati e di breve durata **2** buona, felice sorte: *per mia* —. SIN. *fortuna*.

venturimetro [-rì-] *s.m.* strumento di misura della velocità di un fluido, usato sugli aeromobili per misurare la velocità rispetto all'aria.

venturo *agg.* che sta per venire; prossimo nel tempo: *l'anno* —; *martedì* —.

venturoso [-ró-] *agg.* (*lett.*) fortunato.

venusiano [-fia-] *agg.* (*astr.*) relativo a Venere // *s.m.* ipotetico abitante di Venere.

venustà *s.f.invar.* l'essere venusto. SIN. *bellezza*.

venusto *agg.* (*lett.*) leggiadro e aggraziato: *forme venuste.* SIN. *bello.*

venuta *s.f.* il venire: *aspettare la — di qlcu*; *la — della primavera.*

venuto *agg.* e *s.m.* che o chi è giunto in un luogo: *avvisare i nuovi venuti*; *parlare col primo —*, con uno sconosciuto in cui ci si imbatta a caso; *non è il primo —*, è una persona esperta, conosciuta.

vera [vé-] *s.f.* **1** anello matrimoniale **2** parapetto in muratura attorno alla bocca di un pozzo.

verace *agg.* **1** che risponde al vero; che non è ingannevole né falso: *parole veraci*; *amicizia —.* CONTR. *fallace* **2** di persona, che dice il vero, che non dissimula: *testimone —* // **-mente** *avv.* in modo verace, veritiero.

veracità *s.f.invar.* l'essere verace. CONTR. *fallacia.*

veranda *s.f.* loggia o balconata chiudibile con tende o vetrate.

verbale *agg.* **1** fatto di parole; fatto o detto a voce: *linguaggio —*; *insulto —*; *ordine, esame — / nota —*, nota diplomatica su questioni di minore importanza **2** (*gramm.*) del verbo, che concerne il verbo: *forme verbali*, le forme della coniugazione del verbo / *predicato —*, nell'analisi logica, il predicato costituito da un verbo non accompagnato da un sostantivo o da un aggettivo // *s.m.* documento compilato per lo più da un pubblico ufficiale, con lo scopo di attestare o di registrare un fatto, una dichiarazione e simili: *redigere, firmare un —*; *mettere qlco. a —*, inserirla nel documento // **-mente** *avv.* a parole, a viva voce.

verbalismo [-ʃmo] *s.m.* eccessiva cura per le parole, per gli aspetti verbali più che per la sostanza delle cose.

verbalizzare [-liʒʒa-] *v.tr.* mettere a verbale: *— le deposizioni dei testimoni* // *assol.* redigere un verbale.

verbasco *s.m.* [pl. *-chi*] pianta con fiori per lo più gialli, disposti in grappolo (*fam.* Scrofulariacee).

verbena [-bè-] *s.f.* pianta erbacea con piccoli fiori di vario colore (*fam.* Verbenacee).

verbigrazia [-grà-] (*lett.* o *scherz.*) *locuz.* che significa «per esempio».

verbo [vèr-] *s.m.* **1** (*gramm.*) parte del discorso che indica un'azione o uno stato in riferimento a un soggetto; assume forme diverse secondo le persone che compiono quell'azione o sono in quello stato e secondo il tempo in cui l'azione avviene e il modo in cui avviene **2** parola: *non disse, non rispose —*; *non fatene — / il — divino*, la parola di Dio / *il Verbo*, la seconda persona della Trinità incarnatasi in Gesù Cristo; la parola di un'autorità; consegna; ideologia che si applica senza discutere: *quello che vi dite è — per noi.*

verbosità *s.f.invar.* l'essere verboso. SIN. *prolissità.*

verboso [-bó-] *agg.* che si dilunga in parole inutili e spesso alisonanti: *un oratore —.*

vercellese [-lé-] *agg.* di Vercelli // *s.m.* e *f.* abitante di Vercelli.

verdastro *agg.* di colore che tende al verde.

verde [vér-] *agg.* **1** di colore simile a quello dell'erba e delle foglie: *un prato, un tessuto — / zona —*, in una città, insieme di parchi e di giardini **2** pallidissimo, di colorito livido (detto di persona): *era — di paura, d'invidia, di bile* **3** che non è ancora maturo o secco: *grano, frutta —*; *la legna — non brucia bene* **4** (*fig.*) giovanile; ancora pieno di vigore: *una — vecchiezza / gli anni verdi*, l'adolescenza e la prima giovinezza **5** che riguarda la natura, o l'agricoltura: *partito —*, ecologista; *piano —*, di sviluppo agricolo // *s.m.* **1** il colore verde: *vestirsi di — / essere al —*, senza un soldo **2** le

piante, i prati, l'erba: *in città non c'è più — / — agricolo*, zona destinata a colture agricole.

verdeggiante *agg.* che appare verde e rigoglioso: *prato, colle —.*

verdeggiare *v.intr.* [*io verdéggio ecc.*] apparire verde, rigoglioso: *la pianura verdeggiava.*

verdemare *s.m.invar.* colore verde simile a quello dell'acqua del mare.

verderame *s.m.invar.* **1** (*chim.*) il solfato di rame usato per combattere la peronospora della vite **2** la patina verdastra che si forma sulla superficie degli oggetti di rame.

verdesca [-dé-] *s.f.* grosso squalo dal corpo affusolato azzurro-verde con pinne lunghissime; è pericoloso anche per l'uomo.

verdetto [-dét-] *s.m.* **1** (*dir.*) la risposta dei giurati ai quesiti posti dal giudice **2** per estens., qualsiasi decisione stabilita da una giuria o da un arbitro: *il — dei giudici di gara* **3** (*fig.*) giudizio: *il — della storia, dei posteri.*

verdicchio [-dìc-] *s.m.* vino bianco, asciutto, prodotto nelle Marche.

verdognolo [-dó-] *agg.* di color verde pallido.

verdone [-dó-] *agg.* di color verde scuro // *s.m.* **1** il colore verde scuro **2** (*zool.*) uccello giallo-verdastro con becco corto e grosso e coda forcuta; ha canto melodioso (*fam.* Fringillidi).

verdura *s.f.* **1** (*lett.ant.*) verzura **2** l'insieme degli ortaggi: *zuppa di —.*

verecondia [-cón-] *s.f.* l'essere verecondo. SIN. *pudore.*

verecondo [-cón-] *agg.* (*lett.*) che evita tutto ciò che possa offendere il pudore: *una giovane vereconda*; *discorsi verecondi.* SIN. *pudico.*

verga [vér-] *s.f.* **1** bacchetta lunga e sottile, per lo più flessibile: *la — del pastore*; *le verghe dei fasci*; *battere qlcu con le verghe / la — del rabdomante*, la bacchetta biforcuta / *gemere sotto la — della tirannide*, sotto l'oppressione / *tremare — a —*, tremare tutto per febbre, per paura o altro sentimento **2** asticella metallica: *una — di ferro*; *— d'oro, d'argento*, lingotto; *la — del pendolo*, l'asta; *le verghe del telaio* [*ill. Telaio*] **3** (*non com.*) il pene.

vergare *v.tr.* [*io vérgo, tu vérghi ecc.*] **1** battere con verghe **2** listare panni e simili; rigare la carta **3** (*lett.*) scrivere: *— uno scritto.*

vergata *s.f.* colpo dato con la verga.

vergatina *agg.* e *s.f.* tipo di carta sottile e resistente adatta per copie dattiloscritte.

vergato *agg.* si dice di alcuni tipi di carta che presentano controluce una caratteristica vergatura.

vergatura *s.f.* **1** l'operazione del vergare una stoffa o una carta **2** l'insieme delle linee che si scorgono, guardando controluce, in alcuni tipi di carta.

vergere [vér-] *v.intr.* [*io vèrgo, tu vèrgi ecc.*; manca del pass.rem. e del p.pass.] (*lett.*) volgersi, piegarsi, tendere verso un lato; (*fig.*) convergere: *— a settentrione; lì vergevano tutti i nostri sforzi.*

verginale *agg.* di, da vergine; adatto a una vergine: *stato —*; *decoro —.*

vergine [vér-] *agg.* **1** (*anat.*) di donna che conserva l'imene; per estens., di persona che non ha avuto rapporti sessuali **2** (*fig.*) intatto, puro: *cuore ancor —*; *animo —*, innocente, che non conosce malizia **3** si dice di ciò che è rimasto allo stato naturale: *foresta —*, mai tagliata; *miele —, cera —*, non raffinati; *terra —*, mai lavorata; *lana —*, lana pura // *s.f.* **1** donna che non ha avuto rapporti sessuali, spec. di giovane età: *sant'Orsola, — e martire*; *le sacre vergini*, *le suore* / *la Vergine*, la Madonna; *preghiere alla santissima Vergine*, *alla Vergine immacolata* **2** Vergine, *(astr.)* uno dei dodici segni dello zodiaco [*ill. Zodiaco*].

vergineo [-gì-] *agg.* (*lett.*) di, da vergine: *modestia verginea*.

verginità *s.f.invar.* stato di chi è vergine; purezza.

vergogna [-gó-] *s.f.* **1** il turbamento dello spirito di chi ha commesso o sta per commettere un atto disonorevole; mortificazione: *sento una terribile — a riparlarne*; *—!, che —!*, esclamazioni di rimprovero **2** senso di pudore o timidezza: *avampare di —*; *l'allievo aveva — di leggere davanti al direttore* **3** atto o persona che rechi vergogna: *ha un figlio che è la — della famiglia.*

vergognarsi *v.rifl.pron.* [*io mi vergógno ecc.*] **1** sentire vergogna: *mi vergogno di te* **2** aver pudore, non osare: *si vergogna a cantare in pubblico.*

vergognoso [-gnó-] *agg.* **1** che prova vergogna e lo dimostra: *— del male commesso*; *fare il —*, simulare un sentimento di vergogna che non si sente **2** detto di persona che si comporta male o di cosa che reca vergogna: *un egoismo, un vizio, uno spettacolo —.* SIN. *sconcio, scandaloso.*

vergola [vèr-] *s.f.* filo di seta ritorto che si usa per fare gli occhielli.

veridicità *s.f.invar.* l'essere veridico.

veridico [-ri-] *agg.* [pl.m. *-ci*] che dice la verità, veritiero: *un testimone —.*

verifica [-rì-] *s.f.* atto del verificare; riscontro, controllo: *— di un prodotto*; *— dell'affrancatura di una lettera*; *— della moltiplicazione*, l'accertarsi che l'operazione sia esatta; *— di un impianto idraulico*; *— della preparazione di un allievo*, interrogazione o compito in classe.

verificabile [-cà-] *agg.* che si può verificare.

verificare *v.tr.* [*io verifico, tu verifichi ecc.*] **1** accertare mediante controllo la rispondenza al vero, l'autenticità di una cosa, la regolarità di un atto, l'esattezza di un procedimento: *— un documento*; *— un bilancio*; *— una scrittura privata*; *— una radice quadrata*; *ho verificato che avevate ragione*, che le vostre informazioni erano esatte // **-arsi** *v.rifl.pron.* accadere, avvenire: *si verificò un fatto strano.*

verificatore [-tó-] *s.m.* [f. *-trice*] addetto a verifica; spec. l'operaio che verifica prodotti lavorati nelle fabbriche e chi, nelle ferrovie, controlla l'efficienza dei carrelli, dei freni ecc.

verificazione [-zió-] *s.f.* atto del verificare; verifica.

verisimile [-sì-] *agg.* → **verosimile.**

verismo [-ʃmo] *s.m.* **1** movimento letterario caratterizzato dalla preoccupazione di esprimere il «vero», la «natura», anche nei suoi aspetti più crudi, che si sviluppò in Italia tra la fine dell'Ottocento e i primi del Novecento; per analogia, tutto il movimento artistico dello stesso periodo **2** carattere di opera letteraria o artistica che si propone di essere il più aderente possibile alla verità; atteggiamento di chi affronta senza reticenze gli aspetti più crudi della realtà.

verista *agg.* [pl.m. *-i*] relativo al verismo: *romanzo, narratore, arte —* // *s.m.* e *f.* seguace, esponente del verismo.

veristico [-rì-] *agg.* [pl.m. *-ci*] del verismo, dei veristi.

verità *s.f.invar.* **1** la qualità di ciò che è vero, conforme alla realtà: *la — di una notizia* **2** ciò che è vero, in assoluto o relativamente a determinati fatti: *la ricerca della —*; *tacere la —* / *— di ragione*, quelle che dipendono da esigenze della ragione, come i principi logici /

— rivelate, (*relig.*) quelle che Dio stesso ha fatto conoscere agli uomini / *è la bocca della —*, detto di persona del tutto sincera / *in —*, veramente, davvero **3** verosimiglianza, realismo: *la — di una scena, di un personaggio.*

veritiero [-tiè-] *agg.* che è conforme alla verità; che dice la verità: *affermazione veritiera*; *testimone —.* CONTR. *menzognero.*

verla [vèr-] *s.f.* → **averla.**

verme [vèr-] *s.m.* **1** animale invertebrato dal corpo molle, contrattile, privo di zampe e diviso per lo più in segmenti / *— solitario*, nome popolare della tenia / *— di terra*, lombrico / *avere i vermi*, avere vermi parassiti nell'intestino **2** (*fig.spreg.*) persona vile, abietta: *quell'uomo è un —* **3** (*mecc.*) filetto della vite.

vermena [-mè-] *s.f.* (*lett.*) ramoscello giovane e flessibile.

vermicaio [-cà-] *s.m.* luogo pieno di vermi; brulichio di vermi.

vermicello [-cèl-] *s.m.* spec. *pl.* pasta alimentare secca simile agli spaghetti, ma più sottile.

vermiculite *s.f.* minerale silicato di magnesio e alluminio, usato come isolante termoacustico.

vermiforme [-fór-] *agg.* che ha forma di verme.

vermifugo [-mì-] *agg.* e *s.m.* [pl.m. *-ghi*] (*farm.*) si dice di sostanza che espelle dal corpo i vermi parassiti dell'intestino.

vermiglio [-mì-] *agg.* di colore rosso acceso: *un fiore —* // *s.m.* il colore vermiglio.

verminoso [-nó-] *agg.* pieno di vermi.

vermouth, vermut [vèr-] *s.m.invar.* vino liquoroso e aromatizzato, bianco o rosso, ad alta gradazione alcolica; si beve come aperitivo ed entra nella composizione di molti cocktail.

vernaccia [-nàc-] *s.f.* vino bianco, asciutto, ad alta gradazione alcolica, prodotto in provincia di Cagliari.

vernacolare *agg.* che concerne il vernacolo; che scrive in vernacolo; che è espresso in vernacolo: *poeta —*; *poesia, tradizione —*, spec. quella che esprime in vernacolo contenuti locali, municipali.

vernacolo [-nà-] *s.m.* parlata propria di un luogo, dialetto ricco di espressioni idiomatiche: *— toscano*; *— bergamasco* // usato anche come *agg.*

vernale *agg.* (*ant.*) primaverile / *punto —*, (*astr.*) punto equinoziale di primavera.

vernice *s.f.* **1** soluzione più o meno densa di composizione varia che, stesa su un oggetto, solidifica formando una pellicola protettiva od ornamentale: *— a olio* / *scarpe, borsa di —*, di pelle resa lucida e brillante con uno speciale trattamento **2** (*fig.*) apparenza superficiale: *ha solo una — di buona educazione* **3** inaugurazione di una mostra d'arte, a cui intervengono, su invito, solo critici, autorità e un pubblico scelto.

verniciare *v.tr.* [*io vernìcio ecc.*] coprire di uno strato di vernice: *— le porte.*

verniciatore [-tó-] *s.m.* [f. *-trice*] operaio addetto alla verniciatura.

verniciatura *s.f.* **1** operazione ed effetto del verniciare: *— a spruzzo* **2** (*fig.*) apparenza, conoscenza superficiale: *una — di educazione.*

vernissage [*franc.*; *pr.* vernissàʒ] *s.m.* → **vernice** 3.

vero [vé-] *agg.* **1** che è reale, effettivo, autentico, detto di persona o cosa; che è pienamente conforme alla realtà: *è il — autore del libro*; *non mi hai detto il — motivo della tua venuta*; *una notizia vera*; *è incredibile ma —*; *non è —?*; *non mi par —*, possibile / *è — o non è — che*, per chiedere conferma a una propria asserzione **2** schietto, genuino; non falsificato: *provare un — penti-*

mento; *vera lana* **3** unito a un sostantivo, e anche all'aggettivo *proprio*, sottolinea la sincerità di un sentimento, la pienezza di un significato: *il suo è — amore*; *è — e proprio egoismo*; *è una vera ingiustizia*; *è un — mascalzone*; *è un capolavoro — e proprio / com'è — Dio*, per dar forza di verità alle proprie parole // *s.m.* **1** ciò che è vero, in assoluto o relativamente a determinati fatti: *ricerca del —*; *non dire il —*, mentire / *a dire il —*, per affermare una verità o correggere un'opinione altrui **2** la realtà concreta, in quanto soggetto di una rappresentazione artistica: *disegno dal — // -mente* avv. in realtà, effettivamente.

veronal [-nàl] *s.m.invar.* farmaco barbiturico ®.

verone [-ró-] *s.m.* (*poet.*) balcone.

veronese [-né-] *agg.* di Verona // *s.m.* e *f.* abitante di Verona.

veronica[1] [-rò-] *s.f.* pianta erbacea con piccoli fiori azzurri raccolti in spiga (*fam.* Scrofulariacee).

veronica[2] [-rò-] *s.f.* figura della corrida nella quale il torero attende l'assalto del toro tenendo stesa la cappa davanti a sé con le due mani.

veronica[3] [-rò-] *s.f.* il panno che secondo una tradizione religiosa porta impresso il volto di Gesù.

verosimigliante *agg.* verosimile.

verosimiglianza *s.f.* l'essere verosimile.

verosimile [-sì-] *agg.* che ha l'aspetto del vero, che può essere vero: *un racconto — // s.m.* verosimiglianza: *la tua storia ha del —*.

verricello [-cèl-] *s.m.* piccolo argano con tamburo ad asse orizzontale.

verro [vèr-] *s.m.* porco non castrato, atto alla riproduzione.

verruca *s.f.* (*med.*) neoformazione cutanea a superficie liscia o irregolare, di varia grandezza, provocata da un virus.

versamento [-mén-] *s.m.* **1** il versare, il versarsi (detto di liquidi) **2** consegna, deposito di una somma di denaro: *— della prima rata*; *effettuare un — in banca* **3** (*med.*) raccolta di liquido in una cavità dell'organismo: *— pleurico.*

versante[1] *s.m.* ciascuno dei due fianchi di un monte o di una catena montuosa rispetto alla linea spartiacque: *il — orientale del Cervino.*

versante[2] *s.m.* chi effettua un versamento di denaro.

versare *v.tr.* [*io vèrso ecc.*] **1** far uscire il contenuto da un recipiente: *— il vino nei bicchieri*; *— la farina dal sacco*; *— il vino*, *il sale sulla tovaglia / — lacrime*, piangere / *— il sangue*, essere ferito o ucciso / *— fiumi d'inchiostro*, scrivere moltissimo / *assol.* lasciar sfuggire parte del contenuto, perdere (detto di recipienti): *la botte versa* **2** far affluire un liquido in qualche luogo: *il canale versa le sue acque in un bacino* **3** consegnare o depositare una somma di denaro a chi deve riscuotere o ricevere: *— la prima rata*; *— un milione in banca // v.intr.* essere, trovarsi: *— in buone, cattive condizioni // -arsi* v.rifl.pron. **1** uscir fuori da un recipiente: *si è versato un po' di vino sulla tovaglia* **2** far affluire le proprie acque (detto di corso d'acqua): *il Po si versa nell'Adriatico.*

versatile [-sà-] *agg.* che ha attitudini molteplici, che nutre e coltiva interessi diversi: *un uomo, un ingegno —*.

versatilità *s.f.invar.* l'essere versatile: *un uomo di grande —*; *— d'ingegno.*

versato *agg.* che ha inclinazione naturale, che riesce con facilità in qlco.: *è — negli studi scientifici.*

verseggiare *v.tr.* [*io verséggio ecc.*] mettere in versi: *— un dramma già scritto in prosa // v.intr.* comporre versi.

verseggiatore [-tó-] *s.m.* [f. *-trice*] chi verseggia; (*spreg.*) poeta che conosce la tecnica della composizione metrica, ma è privo di ispirazione.

verseggiatura *s.f.* il verseggiare; il modo di verseggiare.

versetto [-sét-] *s.m.* ciascuno dei brevi periodi in cui sono suddivisi i capitoli della Bibbia.

versiera [-siè-] *s.f.* **1** (*pop.* o *lett.*) divinità infernale femminile; la moglie del diavolo; strega **2** (*fig.spreg.*) donna brutta e cattiva.

versificare *v.tr.* [*io versìfico, tu versìfichi ecc.*] mettere in versi // *v.intr.* comporre versi.

versificazione [-zió-] *s.f.* il modo, la tecnica di comporre versi: *regole di —*.

versione [-sió-] *s.f.* **1** traduzione in altra lingua: *temi di — in latino*; *— dal greco*; *la — inglese di un film russo* **2** trasposizione in altro linguaggio: *— cinematografica di un'opera teatrale, di un romanzo / — in prosa*, parafrasi di un testo poetico **3** rifacimento, modifica; interpretazione, chiave interpretativa: *— sportiva di un'auto di media cilindrata*; *— invernale di un modello*; *lo stesso articolo è offerto in — di pelle e di stoffa*; *la — italiana di una linea francese*; *suonare Bach in — jazz* **4** diverso racconto, diversa interpretazione di uno stesso fatto: *dell'avvenimento esistono almeno due versioni*; *la — dell'imputato è diversa da quella dei testimoni.*

verso[1] [vèr-] *s.m.* **1** unità ritmica di una composizione poetica, costituita da un numero fisso di metri nella poesia quantitativa e da un certo numero di sillabe nella poesia accentuativa: *— esametro, endecasillabo / versi sciolti*, liberi dalla rima **2** *pl.* le composizioni poetiche di uno scrittore: *i versi del Leopardi* **3** suono particolare, modulazione della voce o del grido di animali, per estens., mossa, gesto particolare: *il — del gatto, del cane / rifare il — a qlcu.*, imitarne il suono della voce o le mosse, per canzonarlo **4** linea di direzione, senso di un moto: *se andiamo per quel —, raggiungeremo la strada / questa cosa procede per il suo —*, procede regolarmente / *cose senza —*, senza capo né coda / *rispondere per il —*, a tono / *pigliare qlcu. per il suo —*, trattarlo conformemente alla sua indole e alle sue inclinazioni / *intendere qlco. per il suo —*, nel suo giusto significato / *per un —*, per un rispetto, per una parte / *non c'è — di farlo parlare*, non c'è mezzo di farlo parlare.

verso[2] [vèr-] *s.m.* la parte posteriore di un foglio; la faccia di una moneta o di una medaglia opposta al retto.

verso[3] [vèr-] *prep.propria* **1** indica tendenza, direzione; si unisce ai nomi direttamente e ai pron. personali anche mediante la prep. *di*: *andavamo — i monti*; *guardavo — di te* **2** circa, in prossimità: *ti telefonerò — le sei*; *ci vedremo — il tramonto* **3** indica il termine di un sentimento: *amore — il prossimo* **4** (*lett.*) in confronto: *— di te sono un principiante.*

versoio [-só-] *s.m.* parte dell'aratro che rimuove e frantuma le zolle [*ill. Agricoltura*].

versore [-só-] *s.m.* (*mat.*) vettore di lunghezza unitaria atto a definire una direzione e un verso.

versta [vèr-] *s.f.* antica unità di lunghezza russa (1067 m ca).

vertebra [vèr-] *s.f.* (*anat.*) ciascuna delle ossa discoidi che formano la colonna vertebrale, costituite da una massa compatta anteriore, da un *foro* e da due prolungamenti laterali (*apofisi*).

vertebrale *agg.* della vertebra, che riguarda le vertebre; formato di vertebre: *apofisi —*; *colonna —*.

vertebrato *agg.* e *s.m.* si dice di animale caratterizzato dalla presenza di uno scheletro osseo o cartilagineo, il cui asse (*colonna vertebrale*) è formato da vertebre (sono vertebrati: *mammiferi, uccelli, rettili, anfibi, pesci e ciclostomi*).

vertenza [-tèn-] *s.f.* controversia che genera discussione fra due o più persone o gruppi: — *giudiziaria, sindacale; risolvere una —*.

vertenzialità *s.f.invar.* la tendenza ad aprire vertenze; l'insieme delle vertenze, spec. legali o sindacali.

vertere [vèr-] *v.intr.dif.* [*io vèrto ecc.*; usato solo nelle terze persone dei tempi semplici; manca il p.pass.] (*lett.*) aggirarsi su, consistere: *la lite verteva sul possesso di quel podere*.

verticale *agg.* **1** (*geom.*) perpendicolare a un piano orizzontale; per estens., che sta ritto con la parte superiore in alto e l'inferiore in basso: *linea —; posizione —; pianoforte —*, con cassa rettangolare disposta verticalmente **2** (*rar.*) che passa per il vertice **3** (*fig.*) che è, che opera a diversi livelli: *integrazione —*, quella che unifica attività economiche operanti a livelli successivi (p.e. agricoltura, industria alimentare, supermercati) / *organizzazione —*, nel sindacato, quella delle categorie, come metalmeccanici, grafici ecc., contrapposta a quella territoriale // *s.f.* **1** (*geom.*) linea verticale **2** (*geogr.*) punto situato esattamente a piombo su chi osserva: *a mezzogiorno il sole è sulla —* **3** esercizio ginnastico che si compie con le gambe in alto, reggendosi sulle mani appoggiate al suolo.

verticalità *s.f.invar.* l'esser verticale.

vertice [vèr-] *s.m.* **1** la sommità, il punto più alto (anche *fig.*): *i vertici dei monti; essere al — della carriera, del successo; i vertici della speculazione filosofica / riunione al —* (o anche soltanto *—*), riunione dei capi di stato o di governo delle maggiori potenze mondiali. SIN. *cima, culmine* **2** (*geom.*) il punto di incontro dei lati di un angolo o di un poligono o in cui concorrono spigoli e facce di un poliedro.

verticillo *s.m.* (*bot.*) l'insieme di tre o più organi simili (foglie, fiori ecc.) che crescono su uno stesso piano intorno a un asse comune.

vertigine [-ti-] *s.f.* **1** turbamento del senso dell'equilibrio e della vista per cui sembra che ogni cosa si muova intorno: *soffrire di vertigini, avere le vertigini* **2** (*fig.*) forte emozione, turbamento del pensiero o dei sentimenti: — *amorosa*. SIN. *capogiro*.

vertiginoso [-nó-] *agg.* che dà le vertigini (anche *fig.*): *altezza vertiginosa; velocità vertiginosa; carriera vertiginosa*.

veruno *agg.indef.* (*lett.*) nessuno, si usa solo in frasi negative.

verve [*franc.; pr.* vèrv] *s.f.* estro, vena; brio, vivacità: *un attore che ha molta —*.

verza [vérʒa] *s.f.* varietà di cavolo.

verzellino [-ʒel-] *s.m.* uccellino dal piumaggio giallo e verde, con largo becco rigonfio e coda biforcuta (*fam.* Fringillidi).

verziere [-ʒiè-] *s.m.* **1** (*ant.*) giardino, frutteto, orto; terreno coltivato contemporaneamente a ortaggi e a fiori **2** (*region.*) mercato ortofrutticolo.

verzotto [-ʒòt-] *agg.* si dice di una varietà di cavolo con foglie larghe e una gran palla.

verzura [-ʒu-] *s.f.* (*lett.*) l'insieme di erbe, fiori e foglie: *prato coperto di fresca —*.

vescia [vé-] *s.f.* [pl. *-ce*] fungo di forma globosa, biancastro, commestibile nel primo periodo del suo sviluppo (*fam.* Licoperdiacee).

vescica *s.f.* (*anat.*) **1** organo cavo muscolo-membranoso situato nella cavità pelvica, nel quale si raccoglie l'urina che viene poi eliminata attraverso l'uretra; anche l'organo a forma di sacco membranoso in cui si raccoglie la bile; per estens., simile organo in animali o piante [*ill. Rene*] **2** (*med.*) piccolo rigonfiamento della pelle, pieno di liquido sieroso, provocato da una scottatura ecc.

vescicante *agg.* e *s.m.* si dice di medicamento composto di sostanze vescicatorie che si applica sulla parte malata.

vescicatorio [-tò-] *agg.* e *s.m.* si dice di sostanza fortemente revulsiva, che provoca vesciche sulla pelle.

vescicola [-scì-] *s.f.* piccola vescica che si forma sulla pelle.

vescicolare *agg.* che ha forma di piccola vescica; pieno di vescicole.

vescovado *s.m.* **1** vescovato **2** l'edificio in cui risiede il vescovo.

vescovato *s.m.* dignità, ufficio di vescovo e sua durata.

vescovile *agg.* del vescovo, dei vescovi.

vescovo [vè-] *s.m.* (*eccl.*) chi ha la pienezza del sacerdozio, conferita mediante la consacrazione episcopale, ed ha il governo di una diocesi, sotto l'autorità del papa, col potere di insegnare, ordinare altri sacerdoti, consacrare chiese, oli santi ecc.

vespa [vè-] *s.f.* insetto imenottero, scuro a macchie gialle, con una forte strozzatura tra torace e addome; le femmine sono armate di un pungiglione velenoso (*fam.* Vespidi) / *aver un vitino di —*, (*fig.*) di donna, aver vita sottile.

vespaio [-spà-] *s.m.* **1** nido di vespe / *suscitare un —*, una reazione clamorosa, un coro di proteste **2** (*edil.*) intercapedine, vuota o riempita di materiale poroso, che si inserisce tra il suolo e il pavimento delle stanze a pianterreno per proteggerle dall'umidità [*ill. Edilizia*].

vespasiano [-ʃia-] *s.m.* orinatoio pubblico.

vespero [vè-] *s.m.* **1** (*lett.*) vespro **2** *Vespero*, nome del pianeta Venere quando appare al tramonto del Sole.

vespertino *agg.* del vespro, della sera.

vespro [vè-] *s.m.* **1** (*poet.*) l'ora verso il tramonto **2** (*lit.*) la penultima delle ore canoniche, e l'ufficio divino che in essa si recita o si canta: *cantare i vespri*.

vessare *v.tr.* [*io vèsso ecc.*] opprimere, maltrattare: — *i sudditi*. SIN. *molestare, tartassare, perseguitare*.

vessatore [-tó-] *agg.* e *s.m.* [f. *-trice*] che o chi vessa.

vessatorio [-tò-] *agg.* che vale a vessare: *fiscalismo —*.

vessazione [-zió-] *s.f.* il vessare: *è un'intollerabile —*.

vessillifero [-lì-] *s.m.* (*lett.*) chi porta il vessillo, alfiere.

vessillo *s.m.* bandiera, insegna: *il — d'Italia; sotto il — della libertà*. SIN. *stendardo*.

vestaglia [-stà-] *s.f.* **1** veste da camera, per lo più lunga, spec. da donna **2** camice da lavoro.

vestaglietta [-gliét-] *s.f.* veste da donna, semplice e comoda, aperta davanti, da casa o da mare.

vestale *s.f.* (*st.*) vergine sacerdotessa di Vesta e custode del fuoco sacro; (*fig.*) custode rigorosa di un principio: *è una — del femminismo*.

veste [vè-] *s.f.* **1** ogni indumento e spec. quello esteriore; per estens., ciò che riveste una cosa: *indossava una bella —; la — di paglia di un fiasco; la campagna nella sua —; — primaverile / — da camera*, comoda, aperta davanti, che s'indossa in casa, spec. alzandosi dal letto **2** forma, qualità: *venne in — d'amico / — tipografica*, insieme degli elementi (carta, illustrazioni ecc.) che caratterizzano un'opera a stampa.

vestiario [-stià-] *s.m.* **1** il complesso delle vesti di una persona; assortimento di indumenti: *capo di —*, una veste singola; *articoli di —* **2** il complesso dei costumi indossati dagli attori sulla scena.

vestibolare *agg.* (*anat.*) di, del vestibolo: *lesione —*.

vestibolo [-stì-] *s.m.* **1** spazio, chiuso da tre lati, davanti alla porta della casa romana; per estens., ampio vano che precede le scale in palazzi, teatri e simili **2** (*anat.*) nome di alcune cavità che danno adito ad altre maggiori: *— del naso* [*ill. Respiratorio, apparato*].

vestigio [-stì-] *s.m.* [pl.f. *-a*; (*rar.*) pl.m. *-i*] (*lett.*) orma, traccia: *le vestigia di un'antica civiltà.*

vestimento [-mén-] *s.m.* [pl.f. *-a*] (*ant.*) **1** tutto ciò che si indossa per coprire la persona; veste **2** modo di vestire, di vestirsi.

vestire *v.tr.* [*io vèsto ecc.*] **1** mettere le vesti indosso a qlcu.: *— i bambini prima di uscire*; *si è vestito con cura* / *— gli ignudi*, procurare vesti ai poveri / *un sarto che veste le signore dell'alta società*, che confeziona abiti per loro. CONTR. *svestire* **2** mettersi, portare indosso qlco.: *— un abito nuovo*; *— l'armatura* / *— la toga*, iniziare a esercitare la professione di magistrato; *— la divisa*, prestar servizio militare. SIN. *indossare* **3** (*fig.*) rivestire; ornare: *— un fiasco di paglia*; *— la chiesa di paramenti* // *v.intr.* **1** portare indosso abiti di una certa foggia, in un modo particolare: *— alla moda, a lutto, di bianco*; *— bene, con trascuratezza* / *— elegante, sportivo*, in modo elegante, sportivo **2** di abiti, adattarsi alla persona: *un abito che veste bene* // **-irsi** *v.rifl.* **1** indossare una o più vesti: *si vestì per uscire* **2** fornirsi di abiti: *si veste da un sarto di gran classe* **3** rivestirsi, ricoprirsi: *la campagna si veste di fiori.*

vestito *agg.* **1** che è coperto di vesti: *una bimba vestita di rosso* **2** (*fig.*) ricoperto, rivestito; ornato: *un muro — d'edera* **3** (*bot.*) si dice di organi avvolti da involucri, spec. di semi di cereali: *riso, orzo —* // *s.m.* **1** qualsiasi capo di vestiario che si indossa sopra la biancheria: *— da uomo*, l'insieme di giacca, calzoni e talvolta gilè; *— da lavoro*; *— di lana, di seta* **2** (*fig.*) rivestimento: *la montagna nel suo — invernale.*

vestizione [-zió-] *s.f.* (*eccl.*) la cerimonia del vestire per la prima volta l'abito religioso.

vesuviano *agg.* del territorio circostante il Vesuvio.

veterano *s.m.* **1** soldato che presta servizio da molto tempo, anziano **2** (*fig.*) chi da molto tempo esercita una professione, svolge un'attività.

veterinaria [-nà-] *s.f.* scienza che studia le malattie degli animali, spec. domestici, e il modo di curarle e prevenirle.

veterinario [-nà-] *s.m.* medico che esercita la veterinaria.

veto [vè-] *s.m.* **1** opposizione all'esecuzione di una legge o di una sentenza: *i tribuni della plebe in Roma avevano il diritto di* (*porre il*) *—* **2** per estens., parere contrario: *mio padre ha posto il — alla mia partenza.*

vetraio [-trà-] *s.m.* **1** chi lavora il vetro **2** chi vende o applica lastre di vetro.

vetrario [-trà-] *agg.* che riguarda la lavorazione del vetro: *industria vetraria.*

vetrata *s.f.* chiusura a vetri, talora artisticamente decorati, sostenuti da un telaio: *la veranda era chiusa da una —*; *le vetrate del duomo.*

vetrato *agg.* che ha vetro o vetri: *una finestra vetrata* / *carta vetrata*, carta che ha su una faccia minutissimi e fittissimi frammenti di vetro e serve per levigare superfici ruvide // *s.m.* sottile velo di ghiaccio che si forma sopra le rocce.

vetreria [-rì-] *s.f.* **1** fabbrica, magazzino o negozio di vetri o di oggetti di vetro: *una famosa — di Murano* **2** *pl.* quantità di oggetti di vetro: *una stanza piena di vetrerie.*

vetrice [vé-] *s.f.* o *m.* specie di salice, i cui rami si usano per fare canestri o simili.

vetrificare *v.tr.* [*io vetrìfico, tu vetrìfichi ecc.*] far diventare vetro o simile a vetro; ricoprire con uno strato vetroso // *v.intr.*, **-arsi** *v.rifl.pron.* diventare vetro o simile al vetro.

vetrificazione [-zió-] *s.f.* l'operazione del vetrificare.

vetrina [1] *s.f.* vernice vetrosa che si spalma sulle stoviglie o su altri oggetti di terra prima di cuocerli al forno, perché acquistino lucentezza e impermeabilità.

vetrina [2] *s.f.* **1** mostra di negozio in cui si espongono le merci perché possano essere vedute da chi passa per la strada: *la — del libraio, del gioielliere* / *mettersi in —*, (*fig.*) ostentare i propri meriti **2** mobile a vetri con cui si conservano oggetti di particolare fragilità o valore, nei musei e simili: *le ceramiche greche erano chiuse in una —* **3** credenza a vetri: *i bicchieri sono nella —.*

vetrinista *s.m.* e *f.* [pl.m. *-i*] chi prepara le vetrine dei negozi, disponendovi le merci con una certa arte.

vetrinistica [-nì-] *s.f.* la tecnica dell'allestire vetrine.

vetrino [1] *agg.* (*non com.*) di vetro; fragile come il vetro.

vetrino [2] *s.m.* lastrina di vetro e spec. quella su cui si pongono i preparati che si devono osservare al microscopio.

vetrioleggiare *v.tr.* [*io vetrioléggio ecc.*] sfregiare, deturpare col vetriolo.

vetriolo [-triò-] *s.m.* (*chim.*) nome di alcuni composti dello zolfo: *— bianco*, solfato di zinco; *— azzurro*, solfato di rame; *— verde*, solfato di ferro; *olio di —*, acido solforico.

vetro [vé-] *s.m.* **1** materia dura, trasparente, fragile, che si ottiene con la fusione a temperatura elevata di sabbie silicee mescolate a calcio, soda, potassio; è usato come materiale isolante, protettivo, per recipienti ecc.: *il — resiste all'azione degli acidi ed è cattivo conduttore di calore e di elettricità*; *il — si rompe facilmente*; *bicchieri, fiaschi di —*; *— smerigliato*, quello che impedisce di vedere oltre; *— ghiacciato*, quello che in una delle facce è simile a una superficie ghiacciata; *soffiare il —*, lavorarlo, quando è ancora semiliquido, soffiando con un cannello nella pasta per ottenere oggetti cavi; *— vulcanico*, materia vetrosa prodotta tra le rocce dal calore di un vulcano / *essere di —*, essere fragile e delicato come il vetro **2** oggetto di vetro: *un — artistico di Murano* **3** lastra di vetro che si inserisce nel telaio di una finestra, di una porta e simili: *i vetri della cucina*; *il — della credenza* **4** frammento di un oggetto di vetro: *si è fatto male con un —.*

vetrocamera [-cà-] *s.f.* (*edil.*) l'insieme di due lastre parallele di vetro sigillate ermeticamente e distanziate in modo da contenere una camera d'aria disidratata da sostanze igroscopiche, utilizzato come isolante termoacustico.

vetrocemento [-mén-] *s.m.* (*edil.*) struttura edilizia costituita da lastre di vetro molto resistente inserite in un'armatura di cemento armato; è usato nella costruzione di pensiline, tetti, terrazzi e simili.

vetrocromia [-mì-] *s.f.* pittura su vetro.

vetrofania [-nì-] *s.f.* foglio di materia semitrasparente, con disegni o figure a colori, che s'attacca ai vetri in modo che sembrino dipinti.

vetroresina [-rèʃi-] *s.f.* fibra vetrosa che costituisce un materiale resistente ed elastico.

vetroso [-tró-] *agg.* **1** che contiene vetro: *materiale* — **2** che è simile a vetro: *ghiaccio* —.

vetta [vét-] *s.f.* **1** la parte superiore, spec. di piante e di montagne, anche di costruzioni; cima, sommità: *la — dell'abete, del pino; ci troviamo in — al monte; la — della torre* **2** (*fig.*) punto culminante; altissimo risultato: *le vette dell'arte* **3** (*bot.*) la parte terminale di un ramo; in genere, il ramoscello sottile.

vettore [-tó-] *s.m.* **1** (*mat.* e *fis.*) ente che caratterizza una grandezza dotata oltreché del valore numerico anche di direzione e di verso, rappresentabile con un segmento orientato avente lunghezza pari, in una certa unità di misura, al valore numerico della grandezza **2** (*dir.*) chi esegue il trasporto di merci e passeggeri per conto di terzi // *agg.* che trasporta: *il satellite si staccò dal razzo* —.

vettoriale *agg.* (*mat.* e *fis.*) che è inerente a vettori: *analisi, calcolo* —.

vettovagliamento [-mén-] *s.m.* atto, effetto del vettovagliare.

vettovagliare *v.tr.* [*io vettovàglio ecc.*] provvedere di vettovaglie: — *le truppe*.

vettovaglie [-và-] *s.f.pl.* il complesso dei viveri, spec. per reparti militari: *l'esercito rimase privo di* —.

vettura *s.f.* **1** carrozza per servizio pubblico guidata da un vetturino e trainata da cavalli, in uso prima dell'avvento del motore: — *di piazza, pubblica; noleggiare una* — **2** carrozza ferroviaria o tranviaria: — *ristorante; attaccare nuove vetture; signori, in* —! **3** nome generico dato all'automobile **4** trasporto: *lettera di* —, documento di accompagnamento di merci.

vetturale *s.m.* chi, dietro mercede, trasportava merci con animali da soma o carri.

vetturino *s.m.* conduttore di vetture pubbliche a cavalli.

vetustà *s.f.invar.* (*lett.*) qualità di ciò che è vetusto.

vetusto *agg.* (*lett.*) molto antico: *templi vetusti*.

vezzeggiare *v.tr.* [*io vezzéggio ecc.*] fare dei vezzi, delle moine a qlcu.: *tu vezzeggi troppo il bambino*.

vezzeggiativo *agg.* che tende a vezzeggiare // *s.m.* (*gramm.*) forma alterata di un sostantivo o aggettivo ottenuta mediante l'aggiunta di un suffisso tendente a dare tono affettivo alla parola: *-ùccio, -ino, -étto* (p.e. *bocca-boccuccia, fratello-fratellino, naso-nasetto*).

vezzo [véz-] *s.m.* (*non com.*) **1** abitudine non bella: *ha il* — *di succhiarsi il pollice; fare qlco. per* — **2** carezza, atto affettuoso: *fare un* — *a un bambino; i vezzi degli innamorati* / *cedere ai vezzi di una fanciulla*, lasciarsi conquistare dalla sua grazia leggiadra **3** collana di perle o pietre preziose: — *di opali.* SIN. *monile*.

vezzoso [-zó-] *agg.* (*lett.*) pieno di grazia, leggiadro.

vi *pron.pers.* di seconda persona pl. forma complementare atona di *voi* **1** si usa come compl.ogg. e come compl. di termine quando non si vuol dar loro particolare rilievo, sia in posizione enclitica sia proclitica: *egli vi guarda; faremo in modo di accontentarvi;* in presenza delle forme pronominali atone *lo, la, le, li* e della particella *ne* viene sostituito da *ve: ve lo dissi: potremo mandarvelo domani;* si usa nella coniugazione dei verbi riflessivi e degli intransitivi pronominali: *vestitevi; vi pentirete* // con valore di *pron.dimostr.*, riferito a cosa, equivale a ciò preceduto da prep.: *non vi capisco nulla* **2** esprime intensa partecipazione all'azione espressa dal verbo (*dativo etico*): *godetevi le vacanze* // *avv.* usato con verbi di stato e moto; meno frequente di *ci* **1** qui, in questo luogo: là, in quel luogo: *vi abito da sette anni; vi andrò domani;* si unisce spesso alle forme

del verbo *essere; vi sono parecchi che credono...* **2** per questo, per quel luogo: *vi passo tutti i giorni.*

via¹ *s.f.* **1** striscia di terreno, generalmente lastricata, che collega diversi punti di un centro abitato o diversi abitati fra loro e consente il traffico: — *stretta, tortuosa, di campagna, di città; passare per la* — *Aurelia; abitare in* — *Verdi* **2** sentiero, passaggio, percorso: *aprirsi una* — *nella boscaglia; linea Roma-Milano,* — *Genova; spedire qlco.* — *mare, per* — *aerea* / *dare la* —, dare libero passaggio a qlcu. o qlco. / — *d'acqua,* (*mar.*) falla attraverso la quale penetra l'acqua nello scafo **3** cammino, tragitto, viaggio (anche *fig.*): *la* — *percorsa dalla pallottola / rimettersi in* —, riprendere a camminare / *essere in* — *di miglioramento / camminare sulla retta* — / *andare per vie traverse / prendere la* — *degli affari, dello studio / in* —, *per* —, lungo la strada **4** partito, mezzo, maniera: *l'unica* — *di scampo* / — *di mezzo*, soluzione intermedia / *tentare ogni* — *per convincere / trovare la* — *del cuore*, il modo di commuovere / *arrivare alla conclusione per altre vie / adire le vie legali*, fare ricorso ai tribunali / *scendere a vie di fatto*, ricorrere ad atti violenti / *in* — *provvisoria*, temporaneamente; *in* — *eccezionale*, eccezionalmente; *in* — *privata*, privatamente **5** (*anat.*) condotto, canale dell'organismo: *le vie respiratorie; prendere una medicina per* — *orale.*

via² *avv.* esprime allontanamento, per lo più usato con verbi di moto: *correre, fuggire, cacciar* — / *andare* —, *andarsene; scomparire* (detto di cose): *questa macchia non va* — / *gettar* —, disfarsi di qlco. che non serve più / *dar* —, vendere, distribuire, regalare: *ho dato* — *il mio vecchio orologio / mandar* —, cacciare; licenziare; far scomparire (macchie e simili) / *tirar* —, lavorare male e in fretta / *essere* —, non essere in casa; essere lontano dalla propria sede abituale / *e così* —, *e* — *dicendo* ecc. (si dice spec. per interrompere un'enumerazione) / — —, di mano in mano: — — *che le ore passavano, l'incertezza aumentava* // *inter. impropria* **1** incoraggiamento; suvvia: —, *non lasciarti abbattere per così poco!* **2** esprime l'ordine di andar via: —, *voglio rimanere solo!* **3** esclamazione di comando per dare inizio a una gara, a un gioco ecc.: *uno, due, tre...* —! // *s.m.* segnale di partenza dato ai concorrenti di una gara, di un gioco ecc.: *al* —, *i corridori scattarono; dare il* —, dare inizio a una gara e simili: *dare il* — *ai lavori*, (*fig.*) iniziarli.

viabilità *s.f.invar.* **1** possibilità di transito e stato delle strade: *la* — *fu subito ripristinata* **2** rete stradale: *in questo paese la* — *è pessima.*

Via Crucis [*lat.*; *pr.* via crùcis = *via della Croce*] *s.f.* **1** (*lit.*) devozione che consiste nel meditare quattordici episodi della passione di Cristo, soffermandosi davanti ad altrettante immagini che raffigurano quegli episodi **2** l'insieme delle immagini che raffigurano i quattordici episodi **3** *via crucis*, (*fig.*) serie di sofferenze, di umiliazioni.

viadotto [-dót-] *s.m.* (*arch.*) costruzione ad archi o a travi poggiate su piedritti, che permette a una strada o a una ferrovia di superare una valle, una depressione di terreno e simili.

viaggiante *agg.* **1** che svolge il suo lavoro viaggiando: *personale ferroviario* — **2** che viaggia o può viaggiare / *casa* —, la roulotte.

viaggiare *v.intr.* [*io viàggio ecc.*] **1** di persona, spostarsi da un luogo a un altro, generalmente con un mezzo di trasporto; fare viaggi: — *a piedi, a cavallo, in macchina, in treno, in aeroplano;* — *per terra, per mare;* — *nel-*

lo spazio; *— per piacere, per lavoro*; *mi piace —* **2** di mezzo, effettuare un percorso: *i treni viaggiano secondo un orario*; *l'espresso da Roma viaggia con 20 minuti di ritardo*; *il diretto viaggia sul secondo binario* **3** di bagaglio, essere trasportato: *i bagagli viaggiano sull'ultimo vagone* **4** esercitare la professione di commesso viaggiatore: *viaggia per una ditta di profumi*.

viaggiatore [-tó-] *agg.* che viaggia / *piccione —*, varietà di piccione in grado di raggiungere una località prestabilita e di tornare al punto di partenza; usato per inviare messaggi // *s.m.* [f. *-trice*] **1** chi compie viaggi, spec. di scoperta o di esplorazione: *i grandi viaggiatori del secolo XVI* **2** chi viaggia con mezzi di trasporto pubblici: *i viaggiatori devono munirsi di biglietto* **3** commesso viaggiatore.

viaggio [viàg-] *s.m.* **1** lo spostarsi da un luogo a un altro, che sia distante dal primo; il compiere un lungo percorso, reale o fantastico, spec. alla ricerca di qlco.: *un — da Milano a Roma*; *un — intorno al mondo*; *i viaggi di Magellano*; *un — interplanetario*; *un — di piacere, di lavoro, di studio, di esplorazione, di scoperta*; *un — tranquillo, un — pericoloso*; *mettersi in — / l'estremo —*, la morte **2** il tragitto, il percorso compiuto da un mezzo di trasporto: *— Milano-Roma*; *— di andata, di ritorno*; *il prezzo del —* **3** ogni singolo spostamento richiesto per compiere un lavoro o simili: *per trasportare tutto il materiale occorsero tre viaggi*.

viale *s.m.* strada larga e, di regola, alberata.

viandante *s.m.* e *f.* (*lett.*) chi compie un viaggio a piedi.

viatico [vià-] *s.m.* (*relig.*) l'eucaristia amministrata ai fedeli infermi: *portare, ricevere il —*.

viatore [-tó-] *s.m.* [f. *-trice*] (*poet.*) viandante.

viavai *s.m.invar.* l'andare e venire di più persone; andirivieni; traffico: *in questa stanza c'è un tale — che è impossibile lavorare bene*.

vibonese [-né-] *agg.* di Vibo Valentia // *s.m.* e *f.* abitante di Vibo Valentia.

vibrafonista *s.m.* e *f.* [pl.m. *-i*] suonatore di vibrafono.

vibrafono [-brà-] *s.m.* strumento a percussione costituito da una serie di piastre metalliche poggianti su risuonatori elettrici tubolari [*ill. Musicali, strumenti*].

vibrante *agg.* **1** che vibra: *le corde vibranti di uno strumento* **2** (*fig.*) che esprime forza e intensità di sentimenti: *una voce —*; *con parole vibranti di affetto*.

vibrare *v.tr.* far oscillare, scuotere; scagliare: *vibrò la lancia / — un colpo, darlo con violenza* // *v.intr.* muoversi oscillando, tremare: *le corde del violino vibrano*; *una voce che vibra*; *lo scafo vibra sotto la spinta dei remi*.

vibratile [-brà-] *agg.* che vibra, che può vibrare / *ciglia vibratili*, appendici a forma di peli, dotate di movimento vibratorio, organi di moto di alcuni microrganismi.

vibrato *agg.* **1** scagliato: *un dardo ben —* **2** energico, vigoroso: *una vibrata protesta* // *s.m.* negli strumenti ad arco, suono tremolante ottenuto con l'oscillazione della mano mentre si tiene il dito fermo sulla corda.

vibratore [-tó-] *s.m.* (*tecn.*) apparecchio atto a imprimere vibrazioni.

vibratorio [-tò-] *agg.* di vibrazione: *movimento —*.

vibrazione [-zió-] *s.f.* atto, effetto del vibrare; oscillazione di piccola ampiezza e grande frequenza: *la — delle corde di uno strumento*.

vibrione [-brió-] *s.m.* batterio a forma di bastoncino contorto, con ciglia vibratili.

vibrisse *s.f.pl.* **1** peli tattili lunghi e setolosi di molti mammiferi carnivori e roditori (p.e. i baffi del gatto) **2** i peli che crescono nell'interno del naso umano.

vicaria [-rì-] *s.f.* l'ufficio e la carica del vicario; vicariato.

vicariato *s.m.* ufficio, carica, dignità di vicario; tempo in cui egli resta in carica; territorio sottoposto alla sua giurisdizione; la sede del vicario.

vicario [-cà-] *s.m.* chi, nella gerarchia ecclesiastica, fa le veci di un suo superiore: *cardinal —*, il cardinale che fa le veci del papa come vescovo di Roma / *il — di Cristo*, il papa.

vice *s.m.* e *f.invar.* (*fam.*) chi fa le veci di qlcu. altro, sostituto: *in assenza del direttore ho parlato col —*.

vice- [dal lat. *vice = in luogo di*] primo elemento di molti vocaboli composti indicanti persone che fanno le veci di chi ha un'autorità e talora lo assistono nei suoi compiti (*vicesindaco, vicepreside*) o sono di grado immediatamente inferiore (*vicequestore*).

vicecomitale *agg.* di visconte.

vicedirettore [-tó-] *s.m.* [f. *-trice*] chi fa le veci di un direttore o collabora con lui.

vicenda [-cèn-] *s.f.* **1** successione alternata: *una — di successi e di insuccessi / a —*, scambievolmente, alternativamente **2** per estens., l'avvicendarsi, il susseguirsi di fatti, di fenomeni; serie: *lunga — di mesi* **3** avvenimento: *dopo molte vicende giunse a casa.* SIN. *fatto* **4** (*agr.*) rotazione agraria.

vicendevole [-dé-] *agg.* reciproco: *un — rispetto.* SIN. *scambievole, mutuo* // **-mente** *avv.* reciprocamente.

vicentino *agg.* di Vicenza // *s.m.* abitante di Vicenza.

vicepreside [-prè-] *s.m.* e *f.* chi aiuta il preside nello svolgimento delle sue funzioni e può farne le veci.

vicepresidente [-dèn-] *s.m.* e *f.* chi assiste il presidente e all'occasione ne fa le veci.

vicequestore [-stó-] *s.m.* nella polizia, il secondo grado dei funzionari dirigenti, intermedio tra commissario e questore.

viceré *s.m.invar.* chi governa in nome del re una parte remota del regno o una colonia; chi regna in assenza del re.

vicereame *s.m.* territorio sul quale esercita i suoi poteri un viceré.

viceregina *s.f.* moglie del viceré.

vicesindaco [-sìn-] *s.m.* [pl. *-ci*] chi fa le veci del sindaco.

viceversa [-vèr-] *avv.* **1** in direzione contraria: *andare da Milano a Torino e —* **2** al contrario: *pensavo stesse meglio, — è peggiorato*.

vicinale *agg.* del vicinato / *strada —*, strada di campagna che collega poderi e abitazioni vicine.

vicinanza *s.f.* **1** l'essere vicino: *la loro — mi disturba / in — di*, vicino a, nei pressi di: *in — del fiume* **2** pl. i dintorni.

vicinato *s.m.* **1** l'essere vicini di casa: *rapporti di —* **2** insieme delle persone che abitano vicino, nelle case o nelle strade adiacenti; luogo vicino a quello in cui si abita: *tutto il — era alle finestre*; *gli uomini del —*.

viciniore [-nió-] *agg.* più vicino: *il progetto interessa la città e le campagne viciniori*.

vicino *agg.* **1** non lontano, poco lontano nello spazio e nel tempo: *il municipio è — a casa mia*; *la Francia è vicina all'Italia*, confinante; *la fine del lavoro è vicina*; *essere — a fare qlco.*, stare per farla. CONTR. *lontano* **2** (*fig.*) che ha rapporti di parentela, di amicizia, di somiglianza: *un parente —*; *Carlo gli è molto — e saprà certamente cosa gli è successo*; *è una tinta più vicina al rosso che al marrone* // *s.m.* chi è o abita vicino: *il mio — di banco non è studioso*; *i nostri vicini sono quasi sempre assenti* // *avv.* a poca distanza di spazio e di tempo; accanto: *allora abitavamo —*; *quei fatti accaddero molto*

— // *prep. impropria* presso, accanto, non lontano; si unisce ai nomi con la prep. *a: abito — a te*; *partirò — a Natale.*

vicissitudine [-tù-] *s.f.* vicenda; caso non lieto: *le vicissitudini della vita*; *dopo tante vicissitudini riuscì a salvarsi.*

vicolo [vi-] *s.m.* via stretta e secondaria: *un — tortuoso e male illuminato* / *— cieco*, senza uscita; (*fig.*) situazione da cui non si sa come uscire.

video [vi-] *s.m.invar.* **1** nella televisione, lo schermo ove appaiono le immagini e tutto ciò che concerne la parte visiva della trasmissione **2** unità di uscita di un calcolatore elettronico, costituita da uno schermo televisivo sul quale vengono visualizzati i dati elaborati.

video- [vi-] [dalla voce precedente] primo elemento di parole composte riferite a dispositivi o operazioni che utilizzano uno schermo televisivo per la diffusione di immagini o per la visualizzazione di dati (*videocassetta, videoterminale*).

videocassetta [-sét-] *s.f.* cassetta con nastro magnetico per videoregistrazione, utilizzabile su un televisore.

videodisco *s.m.* [pl. -*chi*] disco magnetico per videoregistrazione, utilizzabile su un televisore.

videofono [-ò-] *s.m.* videotelefono.

videogame [*ingl.*; *pr.* vidioghéim] *s.m.* gioco elettronico programmato per simulare schematicamente su un video gli eventi di un incontro sportivo, di una battaglia o simili, provocati dai giocatori attraverso appositi comandi.

videogioco [-giò-] *s.m.* [pl. -*chi*] traduzione di *videogame.*

videonastro *s.m.* nastro magnetico per videoregistrazione, utilizzabile su un televisore.

videoregistratore [-tó-] *s.m.* apparecchio per videoregistrazione.

videoregistrazione [-zió-] *s.f.* registrazione su nastro o disco magnetico di programmi televisivi; anche, il nastro o disco registrato.

videotape [*ingl.*; *pr.* vidiotéip] *s.m.* nastro magnetico o cassetta a nastro per videoregistrazione.

videoteca [-tè-] *s.f.* raccolta, archivio di videoregistrazioni.

videotel [-tèl] *s.m.invar.* sistema di telecomunicazione costituito da telefono, televisore, terminale a tastiera, collegato a una banca di dati ®.

videotelefono [-lè-] *s.m.* telefono collegato a un impianto televisivo a circuito chiuso che consente di vedere la persona con cui si parla.

videoterminale *s.m.* terminale di un calcolatore elettronico costituito da un video [*ill.* Elaboratore].

vidimare *v.tr.* [*io vìdimo ecc.*] vistare; autenticare: *— un documento.*

vidimazione [-zió-] *s.f.* atto, effetto del vidimare; autenticazione.

viennese [-né-] *agg.* di Vienna // *s.m.* e *f.* abitante di Vienna.

viepiù, vie più, vieppiù *avv.* (*lett.*) molto più; sempre più.

vietare *v.tr.* [*io vièto ecc.*] proibire, non permettere: *— l'ingresso agli estranei*; *gli vietò di uscire.* SIN. *precludere, interdire.* CONTR. *permettere.*

vietato *agg.* proibito: *senso —*; *spettacolo — ai minori.*

vietnamita *agg.* [pl.m. -*i*] del Vietnam // *s.m.* e *f.* abitante del Vietnam.

vietnamizzare [-miʒʒa-] *v.tr.* occupare militarmente un paese senza dichiarazione di guerra, sotto l'apparenza di aiuto a un governo amico, come fecero gli USA in Vietnam negli anni Sessanta-Settanta.

vieto [vjè-] *agg.* antiquato: *vieti pregiudizi.*

vigente [-gèn-] *agg.* che è in vigore (detto di leggi, usanze e simili): *norme vigenti.*

vigere [vi-] *v.intr.dif.* [si usa solo nelle terze persone del pres., imperf., fut.indic.; manca il p.pass.] (*lett.* o *burocr.*) essere in vigore (detto di leggi, usanze e simili): *questa legge vige ormai da molti anni.*

vigesimo [-gèʃi-] *agg.num.ord.* ventesimo.

vigevanasco *agg.* [pl.m. -*chi*] di Vigevano // *s.m.* abitante di Vigevano.

vigilante *agg.* attento: *siate vigilanti* // *s.m.* e *f.* (spesso con pl. alla spagn. *vigilàntes*) agente di una polizia privata; sceriffo.

vigilanza *s.f.* **1** atto, effetto del vigilare; attenzione scrupolosa: *occorre un'accurata —*; *sottrarsi alla —.* SIN. *sorveglianza* **2** sorveglianza speciale, stabilita dalla legge, a cui devono sottostare alcuni condannati, dopo aver espiato la pena.

vigilare *v.intr.* [*io vigilo ecc.*] **1** (*lett.*) stare sveglio **2** fare estrema attenzione; stare all'erta; badare con cura: *— che i bambini non si facciano male* // *v.tr.* sorvegliare con cura: *— i figli*; *la polizia vigila persone sospette.* SIN. *sorvegliare.*

vigilato *s.m.* chi è sottoposto a vigilanza da parte delle forze di polizia: *è un — speciale.*

vigilatrice *s.f.* donna incaricata della sorveglianza dei bambini in colonie estive, asili e simili / *— sanitaria*, incaricata di sorvegliare lo stato di salute dei bambini in una scuola.

vigile [vì-] *agg.* che vigila, attento: *occhio, sguardo —* // *s.m.* e *f.* chi fa parte di determinati corpi di guardie: *— urbano*, guardia che vigila sull'applicazione dei regolamenti di polizia urbana; *— del fuoco*, addetto alla prevenzione e allo spegnimento degli incendi.

vigilessa [-lés-] *s.f.* (*fam.*) donna che esercita la professione di vigile urbano.

vigilia [-gi-] *s.f.* **1** giorno che precede una solennità religiosa; obbligo di digiuno o di magro imposto in tali giorni dalla chiesa: *la — di Natale*; *osservare la —* **2** per estens., giorno o periodo di tempo che precede un evento imminente: *— d'esami*; *alla — della partenza.*

vigliaccheria [-rì-] *s.f.* **1** l'essere vigliacco. SIN. *codardia, viltà, pusillanimità* **2** azione da vigliacco. SIN. *codardia, viltà.*

vigliacco *agg.* e *s.m.* [pl.m. -*chi*] che o chi manca di coraggio; che o chi è prepotente con i deboli e arrendevole con i potenti. SIN. *codardo, vile.*

vigna *s.f.* terreno coltivato a vite; l'insieme delle viti.

vignaiolo [-iò-] *s.m.* chi lavora la vigna.

vigneto [-gné-] *s.m.* terreno molto esteso coltivato a vite.

vignetta [-gnét-] *s.f.* figura o scenetta stampata per illustrare libri o giornali.

vignettista *s.m.* e *f.* [pl.m. -*i*] chi disegna vignette.

vigogna [-gó-] *s.f.* **1** mammifero ruminante delle Ande; addomesticabile, fornisce carne, latte e lana pregiata (*fam.* Camelidi) **2** tessuto fabbricato con lana di vigogna.

vigore [-gó-] *s.m.* **1** forza vitale di un organismo animale o vegetale: *un uomo, un albero pieno di —.* SIN. *gagliardia* **2** (*fig.*) forza, efficacia: *il — delle sue parole.* SIN. *potenza* **3** validità di leggi, decreti ecc.: *andare, entrare, essere in —.*

vigoria [-rì-] *s.f.* vigore (spec. *fig.*): *— di corpo, di mente, di stile.* SIN. *robustezza.*

vigorosità *s.f.invar.* l'essere vigoroso.

vigoroso [-ró-] *agg.* che ha vigore, che è pieno di vigore (anche *fig.*): *un uomo, una spinta vigorosa; un animo* — . SIN. *forte, robusto.*

vile *agg.* 1 si dice di persona che manca di coraggio; che è prepotente con i deboli e arrendevole con i potenti. SIN. *codardo, vigliacco, pusillanime* 2 si dice di cosa che denota viltà: *un — tradimento* 3 si dice di merce che costa o vale pochissimo / *tenere a —*, (*lett.*) disprezzare 4 (*ant.*) di nascita o condizione sociale umile // *s.m.* persona vile.

vilipendere [-pèn-] *v.tr.* [pres. *io vilipèndo ecc.*; pass. rem. *io vilipési, tu vilipendésti ecc.*; p.pass. *vilipéso*] (*lett.*) tenere a vile, offendere: *tu vilipendi la virtù; lo hanno pubblicamente vilipeso.* SIN. *disprezzare.*

vilipendio [-pèn-] *s.m.* il vilipendere; l'essere vilipeso.

vilipeso [-pé-] *agg.* che è stato disprezzato, tenuto a vile.

villa *s.f.* 1 casa signorile di campagna, circondata da un giardino o da un parco 2 (*ant.*) campagna, villeggiatura: *andare in —.*

villaggio [-làg-] *s.m.* 1 piccolo paese di campagna 2 nome di quartiere o di gruppi di edifici urbani destinati a una determinata categoria di persone: *— olimpico / — turistico*, gruppo di abitazioni con strutture e servizi per la vacanza e il turismo, di solito a uso stagionale.

villanata *s.f.* atto, discorso da villano.

villanella [-nèl-] *s.f.* 1 (*lett.*) contadinella 2 (*mus.*) breve componimento poetico popolare per musica (secc. XVI-XVII).

villania [-nì-] *s.f.* 1 l'essere villano. SIN. *inciviltà, zotichezza* 2 atto da villano: *fare villanie.* SIN. *contumelia, sgarbo.*

villano *s.m.* 1 (*spreg.*) persona rozza: *— rifatto, rivestito*, si dice di chi si è arricchito, ma ha conservato animo e modi rozzi. SIN. *zotico, incivile* 2 (*lett.*) uomo di campagna // *agg.* scortese: *un atto —; un ragazzo —.* SIN. *screanzato, maleducato, sgarbato.*

villanzone [-zó-] *s.m.* chi è molto villano: *quel ragazzo è un —.*

villeggiante *s.m.* e *f.* chi villeggia: *il paese è pieno di villeggianti.*

villeggiare *v.intr.* [*io villéggio ecc.*] trascorrere un periodo di tempo in campagna, al mare o in montagna, per riposarsi e ricrearsi.

villeggiatura *s.f.* il villeggiare; anche il luogo e il tempo in cui si villeggia: *ho fatto una — tranquilla; tornare dalla —.*

villereccio [-réc-] *agg.* (*lett.*) campagnolo: *costume —.*

villetta [-lét-] *s.f.* piccola casa unifamiliare, in campagna o in città, con giardino proprio.

villico [vìl-] *s.m.* [pl. *-ci*] (*antiq.*) contadino, abitante di villaggio.

villino *s.m.* palazzina, per lo più in città, circondata da un giardino.

villo *s.m.* 1 (*lett.*) pelo 2 (*anat.*) ciascuna delle piccole sporgenze di forma cilindrica presenti nella mucosa dell'intestino tenue, attraverso le quali avviene l'assorbimento del chilo.

villoso [-ló-] *agg.* coperto di vello; che ha molti peli: *braccia villose.* SIN. *peloso.*

villotta [-lòt-] *s.f.* (*mus.*) componimento popolare veneto per canto e danza, affine alla villanella.

viltà *s.f.invar.* l'essere vile, bassezza d'animo; azione da vile: *ha dimostrato la sua —; questa è una —.* SIN. *codardia, vigliaccheria, pusillanimità.*

vilucchio [-lùc-] *s.m.* pianta erbacea rampicante con fiori bianchi a forma di campana (*fam.* Convolvulacee).

viluppo *s.m.* 1 gruppo intricato di fili ecc.; groviglio:

un — di sterpi 2 (*fig.*) confusione inestricabile: *un — di fatti, di idee.*

vimine [vì-] *s.m.* spec. *pl.* ramo sottile e flessibile di salice o di altre piante, adoperato per fare canestri, stuoie e oggetti vari.

vinaccia [-nàc-] *s.f.* spec. *pl.* [pl. *-ce*] ciò che rimane dell'uva pigiata (graspi, bucce, vinaccioli) dopo che ne è stato ricavato il mosto.

vinacciolo [-ciò-] *s.m.* ognuno dei semi che si trovano in un acino d'uva.

vinaio [-nà-] *s.m.* chi vende vino.

vinario [-nà-] *agg.* si dice dei vasi che servono per conservare il vino / *cella vinaria*, nelle case romane antiche, cantina in cui si conservavano le anfore di vino.

vinavil [-vìl] *s.m.invar.* colla a freddo costituita di acetato di polinivinile ®.

vincaia [-cà-] *s.f.* terreno in cui crescono spontaneamente i vinchi.

vincastro *s.m.* (*lett.*) bacchetta di vinco, spec. quella usata dai pastori per guidare il gregge.

vincente [-cèn-] *agg.* e *s.m.* e *f.* che o chi vince: *il numero —; i vincenti saranno premiati.*

vincere [vìn-] *v.tr.* [pres. *io vinco, tu vinci ecc.*; pass. rem. *io vinsi, tu vincésti ecc.*; p.pass. *vinto*] 1 sopraffare nella lotta, in una gara, nel gioco; avere il meglio contro qlcu. o tra molti concorrenti (anche *assol.*): portare a termine con successo; *i nostri vinsero i nemici in battaglia; il campione vinse tutti gli avversari; vince tutti al biliardo; — la guerra, una gara, una corsa, una partita a bocce; — nella corsa, nel pugilato; — una lite, una causa in tribunale, un concorso, una scommessa, un terno al lotto / vincerla*, riuscire nel proprio intento. CONTR. *perdere* 2 ottenere: *ha vinto il primo premio, un milione al totocalcio* 3 convincere; indurre a fare ciò che vogliamo: *si è lasciato — dalle sue moine* 4 superare: *nessuno la vince in bellezza; la luce del sole vince ogni luce artificiale; il suo fisico forte è riuscito a — il male* 5 dominare: *— i propri vizi, le passioni, la gola, la timidezza, l'ostilità dell'ambiente; — sé stesso*, dominare le proprie passioni.

vincheto [-ché-] *s.m.* luogo molto umido dove crescono vinchi.

vinciano *agg.* di Vinci // *s.m.* abitante di Vinci.

vincita [vìn-] *s.f.* 1 il vincere al gioco: *una — al gioco della tombola, alla lotteria.* CONTR. *perdita* 2 la cosa, la somma vinta: *questa è la —.*

vincitore [-tó-] *agg.* e *s.m.* [f. *-trice*] che o chi vince: *l'esercito —; il — sarà premiato.*

vinco *s.m.* [pl. *-chi*] vimine.

vincolante *agg.* che vincola; che obbliga: *una data —; una promessa —.*

vincolare *v.tr.* [*io vincolo ecc.*] 1 stringere, legare, impacciare: *quest'abito stretto mi vincola i movimenti* 2 (*fig.*) obbligare, legare con vincoli morali o legali: *la coscienza mi vincola; il contratto vincola i contraenti.* CONTR. *svincolare.*

vincolato *agg.* legato, obbligato: *— da una promessa, da un patto / deposito bancario —*, che deve sottostare a determinate condizioni.

vincolo [vìn-] *s.m.* 1 ciò che lega: *fu stretto con vincoli ben saldi.* SIN. *legame* 2 (*fig.*) ciò che vincola in conseguenza di un obbligo morale o legale: *i vincoli dell'amicizia, del matrimonio, di sangue, dell'ipoteca.* SIN. *legame.*

vindice [vìn-] *agg.* (*lett.*) che vendica: *— della libertà della patria, del proprio onore: combatté con mano —.*

vinello [-nèl-] *s.m.* 1 vino alquanto leggero ma molto

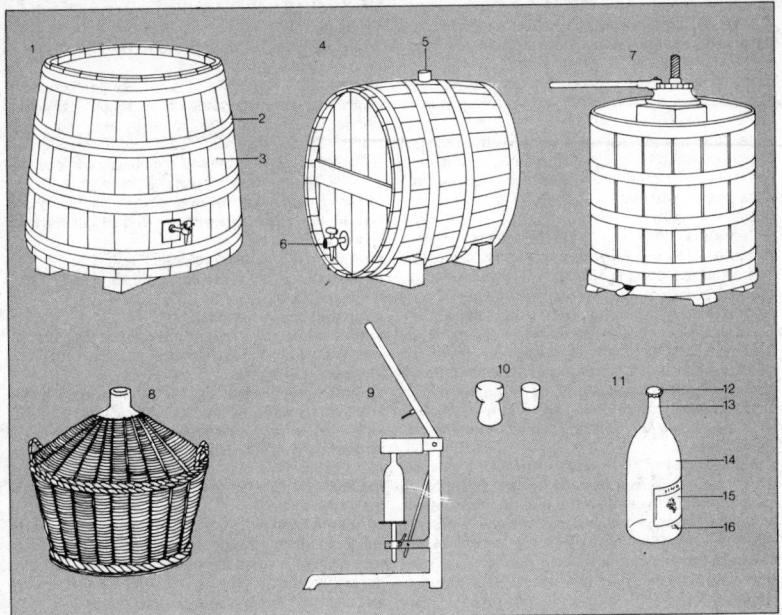

vino: 1 *tino*, 2 *cerchio*, 3 *doga*, 4 *botte*, 5 *zaffo*, 6 *spina*, 7 *torchio*, 8 *damigiana*, 9 *macchina tappatrice*, 10 *tappi di sughero*, 11 *bottiglia*, 12 *capsula*, 13 *collo*, 14 *corpo*, 15 *etichetta*, 16 *fondo*.

piacevole a bersi **2** bevanda ottenuta facendo passare dell'acqua sulle vinacce.

vinicolo [-nì-] *agg.* che riguarda il vino e la produzione d'esso: *società, industria vinicola.*

vinificazione [-zió-] *s.f.* serie di modificazioni attraverso le quali si ricava dall'uva il vino; la produzione vinicola.

vinile *s.m.* (*chim.*) radicale derivato dall'etilene per sottrazione di un atomo di idrogeno, costituente di molte resine e composti organici.

vinilico [-nì-] *agg.* [pl.m. *-ci*] si dice di composti che contengono il radicale vinile.

vinilpelle [-pèl-] *s.f.invar.* finta pelle di materiale vinilico ®.

vino *s.m.* **1** bevanda alcolica ottenuta dalla fermentazione delle uve pigiate: — *bianco, rosso; fare, travasare, infiascare il* —; *un buon bicchiere di* —; *i fumi del* —, i suoi effetti inebrianti; — *leggero, generoso;* — *abboccato, amabile, dolce, spumante, secco;* — *nuovo, vecchio; vin santo,* fatto con uve bianche passite; *mezzo* —, vinello; *vin brûlé,* vino fatto bollire con zucchero, cannella e chiodi di garofano, che si beve caldo per curarsi una costipazione / *prov.: buon* — *fa buon sangue* **2** bevanda simile al vino ottenuta da frutti fermentati: — *di mele, di pere,* sidro.

vinto *agg.* **1** sopraffatto, battuto: *la città vinta; il nemico* — / *darsi per* —, cedere, riconoscere la propria inferiorità **2** portato a compimento con successo: *una guerra, una causa vinta* / *darla vinta a qlcu.,* accondiscendere alle sue pretese / *volerla vinta,* volere sempre avere ragione / *averla vinta,* riuscire nel proprio intento **3** convinto; indotto a condiscendere: — *dalle lacrime* // *s.m.* chi è stato sopraffatto, superato: *i vinti in guerra; l'umiliazione dei vinti.*

viola¹ [viò-] *s.f.* **1** pianta delle Violacee, di varie specie: *mi hanno regalato un vaso di viole; il profumo della* — / — *mammola,* pianta erbacea, con un breve rizoma, foglie cuoriformi e fiori retti da un peduncolo, violetti e molto odorosi / — *del pensiero,* pianta erbacea con fiori simili a quelli della mammola, ma di vari colori, vellutati e non profumati **2** il fiore della viola, spec. della mammola: *un mazzo di viole.* DIM. *violetta* // *agg.* e *s.m.invar.* si dice di ciò che è del colore della viola: *il color* —; *un abito* —.

viola² [viò-] *s.f.* strumento musicale ad arco, simile al violino ma un po' più grande e dal suono più grave [*ill. Musicali, strumenti*] / — *d'amore, da gamba,* antichi strumenti ad arco, di dimensioni varie.

violacciocca [-ciòc-] *s.f.* pianta erbacea con fiori profumati, di vario colore, raccolti in grappolo (*fam.* Crocifere).

violacee [-là-] *s.f.pl.* famiglia di piante dicotiledoni.

violaceo [-là-] *agg.* del colore della viola mammola: *paramenti violacei.*

violare *v.tr.* [*io vìolo ecc.*] **1** contaminare, guastare con la violenza ciò che è integro; profanare: — *una tomba, una chiesa* **2** forzare, invadere illegalmente: — *i confini, il territorio di uno stato* **3** non rispettare, trasgredire: — *i patti, un segreto, una promessa, una legge.*

violatore [-tó-] *s.m.* [f. *-trice*] chi viola.

violazione [-zió-] *s.f.* **1** profanazione **2** il forzare, l'invadere illegalmente: — *dei confini di uno stato / — di domicilio*, il reato di chi penetra illegalmente e con la forza nella dimora altrui 3 il trasgredire una legge ecc.: — *dei patti / — di corrispondenza, del segreto epistolare*, il reato di chi legge lettere o scritti destinati ad altri e ne divulga il contenuto. SIN. *trasgressione, infrazione*.

violentare *v.tr.* [*io violènto* ecc.] 1 costringere qlcu. con la violenza a subire l'iniziativa altrui, spec. in campo sessuale 2 per estens., sottoporre a massiccia pressione psicologica; forzare, falsare: — *le coscienze*; — *l'opinione pubblica*; — *la verità*.

violentatore [-tó-] *s.m.* [f. *-trice*] chi violenta.

violento [-lèn-] *agg.* 1 si dice di persona che ricorre facilmente alla forza per affermare la propria volontà a danno degli altri. SIN. *aggressivo, brutale, bruto* 2 che è proprio di persona violenta; che è detto, fatto con violenza: *modi violenti; discorso, carattere — / morte violenta*, provocata da un atto di violenza. SIN. *aggressivo, brutale* 3 che abbatte e distrugge; impetuoso, travolgente: *un — temporale, incendio; un — assalto* 4 forte, intenso, carico: *febbre violenta; uno sforzo —; un suono, un colore —; una luce, una tinta violenta // -mente* avv. con violenza.

violenza [-lèn-] *s.f.* 1 l'essere violento: *la — di un uomo, di un discorso, di una tempesta* 2 atto violento, con cui si sopraffà la volontà altrui usando mezzi brutali, minacce e simili: *fu trascinato via con la —; ricorrere alla — / — privata*, il delitto di chi con la forza costringe qlcu. a fare o a non fare qlco. / *far dolce — a qlcu.*, persuaderlo con modi affettuosi a fare o a non fare qlco.

violetto [-lét-] *agg.* di color viola: *luci violette // s.m.* color viola.

violinista *s.m.* e *f.* [pl.m. *-i*] chi suona il violino.

violino *s.m.* 1 il più piccolo degli strumenti musicali ad arco [*ill. Musicali, strumenti*] 2 sonatore di violino: — *di spalla*, il secondo violinista in un complesso; (*fig.*) si dice del collaboratore più vicino e fidato di un'altra persona 3 (*scherz.*) prosciutto.

violista *s.m.* e *f.* [pl.m. *-i*] chi suona la viola.

violle [viòl-] *s.m.* (*fis.*) unità di misura di intensità della luce.

violoncellista *s.m.* e *f.* [pl.m. *-i*] chi suona il violoncello.

violoncello [-cèl-] *s.m.* 1 strumento simile al violino, ma di grandi dimensioni, sonato verticalmente e appoggiato per terra [*ill. Musicali, strumenti*] 2 sonatore di violoncello.

violone [-ló-] *s.m.* antico contrabbasso, poco diverso da quello attuale.

viottola [viòt-] *s.f.*, **viottolo** [viòt-] *s.m.* stradina serpeggiante tracciata nei prati, nei boschi ecc. dal passaggio di uomini e di animali. SIN. *sentiero*.

vip [*ingl.; Very Important Person*] *s.m.* e *f.invar.* (*scherz.*) persona ricca e potente.

vipera [vì-] *s.f.* 1 serpente velenoso lungo circa mezzo metro, con testa triangolare, coda corta, lingua bifida e due denti che comunicano con le ghiandole velenifere (*fam.* Viperidi) 2 (*fig.*) si dice di persona maligna e infida, oppure di chi ha facili scatti di rabbia.

viperino *agg.* di vipera; (*fig.*) maligno: *lingua viperina; ha un carattere —*, irritabile e maligno.

vipla *s.f.* (*chim.*) materia plastica sintetica usata per pavimentazioni e simili ®.

viraggio [-ràg-] *s.m.* (*fot.*) procedimento chimico a cui si sottopone una pellicola fotografica o cinematografica, perché la positiva assuma particolari tonalità.

virago *s.f.* [pl. *viràgini*] (*scherz.*) donna dall'aspetto e dai modi virili.

virale *agg.* (*med.*) di virus; dovuto a virus: *studi di patologia —; epatite —*.

virare *v.tr.* 1 manovrare in modo che l'imbarcazione o l'aeroplano muti direzione (anche *assol.*): — *di poppa, di prua / — di bordo*, (*fig.*) cambiare idea, mutare alleanza 2 *assol.* per estens., cambiare direzione in un movimento; (*fig.*) cambiare opinione, posizione, alleanza 3 (*fot.*) sottoporre una pellicola a viraggio.

virata *s.f.* mutamento di direzione di una imbarcazione o di un aeroplano, e per estens. di qualsiasi corpo in movimento.

virente [-rèn-] *agg.* (*lett.*) verdeggiante.

virgiliano *agg.* del poeta latino Virgilio (70-19 a.C.): *poesia virgiliana*.

virginale¹ *agg.* → **verginale**.

virginale² *s.m.* (*mus.*) strumento della famiglia del clavicembalo diffuso in Inghilterra già nel sec. XVI.

virgineo [-gì-] *agg.* (*lett.*) di, da vergine.

virginia *s.f.invar.* → **verginità**.

virgola [vìr-] *s.f.* 1 segno d'interpunzione che indica la pausa più breve in un periodo / *non cambiare neanche una —*, nulla 2 nelle acconciature, ciocca di capelli a forma di virgola.

virgoletta [-lét-] *s.f.* ciascuno dei segni ortografici, tra cui si chiudono talvolta alcune parole di uno scritto (p.e. quando si riportano le parole di qlcu. usando il discorso diretto).

virgulto *s.m.* piccola pianta giovane; pollone.

virile *agg.* 1 di, da uomo; maschile: *aspetto —* 2 (*fig.*) forte, animoso: *animo —*.

virilismo [-ʃmo] *s.m.* 1 esaltazione delle qualità e dei comportamenti virili, o tradizionalmente ritenuti tali 2 in una donna, aspetto e comportamento mascolino.

virilità *s.f.invar.* 1 l'età dell'uomo adulto tra la giovinezza e la vecchiaia 2 (*fig.*) l'essere virile, forte: — *di propositi*.

virologia [-gì-] *s.f.* parte della biologia e della medicina che studia i virus e le malattie da essi provocate.

virosi [-ròʃi] *s.f.invar.* malattia da virus: *una forma di — finora sconosciuta*.

virtù *s.f.invar.* 1 (*relig.*) abito morale per cui si vive rettamente, facendo il bene e fuggendo il male: *praticare, esercitare la —; essere esempio di — / — teologali*, fede, speranza, carità — *cardinali*, prudenza, giustizia, fortezza, temperanza. CONTR. *vizio* 2 ogni buona qualità: *è un ragazzo che ha molte — / fare di necessità —*, adattarsi alle necessità 3 facoltà, capacità; efficacia, forza: — *visiva; la — terapeutica di un farmaco, di una pianta / in — di*, grazie a, a causa di.

virtuale *agg.* 1 che esiste in potenza, che è semplicemente possibile: *vincitore —* 2 (*fis.*) fittizio, non reale: *immagine —*.

virtualità *s.f.invar.* possibilità di realizzazione; potenzialità.

virtuosismo [-ʃmo] *s.m.* sfoggio di eccezionali capacità tecniche in un artista, spec. cantante o esecutore di brani musicali.

virtuoso [-tuó-] *agg.* 1 che ha virtù o molte virtù (detto di persona); conforme a virtù (detto di cosa): *una donna, una vita virtuosa* 2 (*tecn.*) che ha efficacia nel senso voluto: *circuito —*, sistema di cause ed effetti che, al contrario del circuito *vizioso*, ottiene un rendimento sempre migliore // *s.m.* solista dotato di eccezionali capacità tecniche: *è un — di violino.*

virulento [-lèn-] *agg.* **1** che presenta virulenza, detto di microrganismo: *microbo —* **2** prodotto da virus molto attivo, detto di malattia **3** (*fig.*) pieno di violenza, di asprezza: *linguaggio —; satira virulenta.*

virulenza [-lèn-] *s.f.* **1** attitudine dei microrganismi o dei virus a produrre le malattie infettive **2** proprietà tossica di un veleno **3** (*fig.*) asprezza, violenza; capacità di nuocere.

virus *s.m.invar.* (*biol.*) agente patogeno parassita delle cellule animali e vegetali; più piccolo dei comuni batteri, è visibile solo all'ultramicroscopio.

vis [*lat. = forza, energia*] *s.f.* forza istintiva e facilmente comunicabile: *— comica, — teatrale.*

visagista [-ʃa-] *s.m.* e *f.* [pl.m. *-i*] estetista che si dedica soprattutto al miglioramento dell'estetica del viso.

vis-à-vis [*franc.; pr.* vis-a-vì] *locuz.avv.* e *prep. impropria* di faccia, di fronte: *stavano — e parlavano fitto.*

viscerale *agg.* **1** dei visceri: *dolore —* **2** (*fig.*) sentimentale, istintivo, non razionale: *un odio —.*

viscere [vì-] **1** *s.m.* [pl.m. *-i*] ciascuno degli organi contenuti nella cavità toracica e addominale: *il cuore e l'intestino sono visceri* **2** *s.f.pl.* la parte più interna di qlco.: *gli speleologi scendono nelle viscere della terra.*

vischio [vì-] *s.m.* **1** pianta parassita con foglie carnose, disposte a due a due, e piccole bacche bianche (*fam.* Lorantacee); i rami sono usati come ornamento augurale per le feste di capodanno **2** la sostanza appiccicosa che si estrae dalle bacche del vischio, usata per catturare gli uccelli. SIN. *pania.*

vischiosità *s.f.invar.* l'essere vischioso.

vischioso [-schió-] *agg.* si dice di sostanza appiccicaticcia.

viscidità *s.f.invar.* l'essere viscido.

viscido [vì-] *agg.* **1** che dà al tatto una sgradevole sensazione di attaccaticcio e scivoloso a un tempo: *le serpi sono viscide; viscida fanghiglia* **2** (*fig.*) che ha modi insinuanti, subdoli.

viscidume *s.m.* roba viscida.

visciola [vì-] *s.f.* frutto di una varietà di ciliegio, di sapore acidulo.

visconte [-scón-] *s.m.* titolo che nella gerarchia nobiliare precede quello di barone e segue quello di conte.

viscontessa [-tés-] *s.f.* **1** colei che è stata investita del titolo vicecomitale **2** la consorte del visconte.

viscosa [-scó-] *s.f.* sostanza ottenuta mediante un opportuno trattamento della cellulosa con soda caustica e solfuro di carbonio; serve per la produzione del raion e di altre fibre tessili artificiali.

viscosimetro [-si-] *s.m.* apparecchio per la misura della viscosità dei liquidi.

viscosità *s.f.invar.* (*fis.*) resistenza che le particelle di un corpo incontrano nello scorrere le une rispetto alle altre; in particolare, la minore o maggiore scorrevolezza di un fluido.

viscoso [-scó-] *agg.* dotato di notevole viscosità.

visibile [-ʃì-] *agg.* che può essere percepito dall'occhio umano.

visibilio [-ʃìbì-] *s.m.* [solo *sing.*] **1** nelle locuz. *andare, mandare in visibilio*, provare, far provare un grande piacere o entusiasmo per qlco., qlcu.: *la gente va in — per quel cantante; lo spettacolo ha mandato tutti in —* **2** (*fam.*) gran quantità di persone o cose: *c'era un — di gente.*

visibilità [-ʃì-] *s.f.invar.* **1** l'essere visibile **2** il grado

di trasparenza dell'atmosfera in rapporto alla visione umana: *c'è buona, scarsa —.*

visiera [-ʃiè-] *s.f.* **1** la parte dell'elmo che si calava sul viso per proteggerlo **2** piccola tesa a forma di mezzaluna che sporge sul davanti di alcuni berretti militari e copricapi sportivi; serve a proteggere gli occhi dalla luce **3** maschera da scherma **4** cappuccio delle confraternite.

visionare [-ʃio-] *v.tr.* [*io visióno ecc.*] **1** proiettare un film per un pubblico ristretto, spec. di critici, prima che venga messo in circolazione **2** per estens., guardare con attenzione, spec. per operare una scelta: *— la merce, — i candidati.*

visionario [-ʃionà-] *agg.* e *s.m.* si dice di persona che crede reali cose inesistenti, o che formula progetti irrealizzabili: *una politica da visionari.*

visione [-ʃió-] *s.f.* **1** l'atto, la capacità del vedere: *— diretta, indiretta; — da lontano, da vicino; — limpida, disturbata, parziale / prendere, dar — di un documento,* prenderlo in esame, renderlo noto **2** (*fig.*) punto di vista; idea, concezione, interpretazione, modo di vedere: *avere una chiara — delle cose; la — materialistica della realtà* **3** proiezione di spettacolo cinematografico: *film in prima, in seconda —,* la prima, la seconda, le successive visioni di un film **4** apparizione di cose soprannaturali; il vedere in sogno o per effetto di allucinazione: *crede di avere delle visioni* **5** vista, spettacolo: *una — raccapricciante apparve ai suoi occhi.*

visir [-ʃir] *s.m.invar.* (*st.*) ministro dell'impero ottomano: *gran —,* primo ministro.

visita [viʃi-] *s.f.* **1** il recarsi e il fermarsi presso per qualche tempo presso qlcu.: *— di congedo, di convenienza; andare in —; fare una —* **2** l'insieme degli esami che il medico compie su un individuo per accertarne le condizioni di salute: *— medica; — dentistica; — specialistica; — di controllo; — a domicilio; — ambulatoriale; — di leva,* quella cui sono sottoposti i coscritti per controllare se siano idonei o no alla vita militare; *marcare —,* si dice di soldato che dichiara di essere ammalato **3** l'andare in un luogo per ispezionare, esaminare, osservare ecc.: *— a una città; — pastorale,* quella fatta dal vescovo per esaminare la situazione della sua diocesi **4** esame, ispezione: *— doganale dei bagagli.*

visitare [-ʃi-] *v.tr.* [*io visito ecc.*] **1** recarsi da qlcu. o in un determinato luogo per scopi vari: *— gli amici, i parenti; — un museo, un paese straniero; — i luoghi santi* **2** sottoporre a visita medica **3** ispezionare, esaminare: *negli uffici doganali si visitano i bagagli.*

visitatore [-ʃitató-] *s.m.* **1** [f. *-trice*] chi fa visita; in particolare, chi visita musei e simili: *un — inopportuno; guardaroba per i visitatori* **2** chi nelle dogane e simili ispeziona i bagagli **3** *— apostolico,* prelato che ha dalla Santa Sede l'incarico di compiere un'ispezione a una diocesi.

visitazione [-ʃitazió-] *s.f.* (*ant.*) visita / *la Visitazione,* festa della chiesa cattolica celebrata per ricordare la visita della Vergine a santa Elisabetta.

visivo *agg.* della vista, che riguarda la vista: *organi visivi; campo —,* lo spazio che si abbraccia con lo sguardo; *memoria visiva,* capacità di ricordare in particolar modo le immagini.

viso [-ʃò] *s.m.* faccia: *un bel — / a — aperto,* francamente / *fare buon — a qlcu.,* buona accoglienza / *prov.: fare buon — a cattivo gioco,* saper accettare la cattiva sorte. DIM. *visino, visetto.*

visone [-ʃó-] *s.m.* mammifero dalla pelliccia castana e lucente, con coda lunga pelosa e gambe corte (*fam.* Mustelidi); la pelliccia stessa.

visore [-ſó-] *s.m.* apparecchio per guardare, in trasparenza, diapositive fotografiche.

vispo *agg.* pieno di vita e di brio: — *come un uccellino.*

vissuto *agg.* che ha esperienza della vita, anche nei suoi aspetti più complessi: *un uomo —.*

vista *s.f.* **1** il vedere; il senso che permette di vedere; l'apparato di tale senso: *perdere la —*, diventare cieco; *avere la — corta*, vederci poco; *malattie della —*; *offendere, offuscare la —*; *presentarsi, sottrarsi alla — di qlcu.* / *a — d'occhio*, per quanto l'occhio può spaziare; *calare, crescere a — d'occhio*, (*fig.*) molto rapidamente / *conoscere qlcu. di —*, superficialmente / *perdere di — qlcu.*, non vederlo più, non avere più occasione di incontrarlo / *essere in —*, essere visibile, essere imminente; (*fig.*) essere molto noto; *è in — un cambiamento di orario*; *è un'attrice molto in —* / *avere qlco. in —*, averla di fronte a sé; (*fig.*) averla in mente / *in — di*, in considerazione di / *punto di —*, nella prospettiva, il punto da cui è osservato un oggetto; (*fig.*) il modo di pensare, di giudicare di una persona / *far —*, *far le viste di*, fingere, far finta di / *cambiare a —*, pagabile alla presentazione **2** ciò che si vede; panorama, veduta: *a quella —, alla sua — si rallegrò*; *da questo punto si gode una — incantevole* **3** occhiata; esame rapido: *dare una — ai documenti* / *a prima —*, alla prima occhiata; sul primo momento: *a prima — mi sembrò un buon affare.*

vistare *v.tr.* mettere il visto a un documento: — *un certificato.*

visto *s.m.* formula scritta con cui si attesta di aver letto e approvato un documento, un atto e simili.

vistoso [-stó-] *agg.* **1** che attira la vista, l'attenzione: *un ornamento —.* – SIN. sgargiante **2** che è di grande entità: *una vistosa ricompensa.*

visual [vì-] *s.m.invar.* inserto illustrato in un'opera a stampa.

visuale [-ſua-] *agg.* proprio della vista, che riguarda il vedere: *angolo —*, la prospettiva sotto cui si vede qlco. (anche *fig.*) // *s.f.* vista, prospettiva: *quel muro mi toglie la —.*

visualizzare [-ſualiʒʒa-] *v.tr.* esprimere per mezzo di immagini visive: — *per mezzo di grafici i risultati dell'inchiesta.*

visualizzatore [-ſualiʒʒató-] *s.m.* dispositivo per visualizzare dati o simili; in particolare, schermo televisivo utilizzato come terminale nei calcolatori elettronici.

visualizzazione [-ſualiʒʒaʒió-] *s.f.* l'atto, l'effetto del visualizzare; l'immagine prodotta.

visura [-ſu-] *s.f.* nel linguaggio burocratico, il visionare, visione: *chiedere una — alla camera di commercio.*

visus *s.m.invar.* (*med.*) capacità, potenza visiva.

vita[1] *s.f.* **1** stato di attività naturale di un organismo, il quale può spontaneamente conservarsi, accrescersi e riprodursi: *la — dell'uomo può arrivare a cento anni*; *la — delle piante è solo vegetativa* / *togliersi la —*, suicidarsi / *in fin di —*, sul punto di morire / *è questione di — o di morte*, di capitale importanza / *dare la — per qlco.*, impiegare in essa tutte le energie, o morire per essa / *vender cara la —*, affrontare la morte procurando grave danno all'avversario / *— natural durante*, fino alla morte / *il costo della —*, l'insieme delle spese necessarie per mantenersi / *passare a miglior —*, morire / *l'altra —*, quella che si pensa esistere dopo la morte **2** detto di cosa, la sua durata; di istituzione, società, comunità o simili, il suo funzionamento e sviluppo: *quest'orologio ha avuto — breve*; *la — della scuola, di una società*; *la — civile*; *la — militare*; *la — di città, di campagna* **3** il vivere particolare di ciascun individuo o di gruppi di individui, caratterizzato dal modo e dalla durata: *la mia, la tua —*; *la — dei bambini, dei vecchi*; *una — felice, infelice*; *facile, difficile, breve, lunga*; *laboriosa, inutile, oziosa*; *far — attiva, far — sedentaria* / *cambiar —*, cambiare radicalmente modo di vivere, spec. per migliorare, redimersi / *fare la —*, (*gerg.*) esercitare la prostituzione **4** essere vivente, spec. uomo: *la guerra è costata molte giovani vite* **5** l'insieme dei fatti più importanti della vita di qlcu.; anche la sua narrazione, la biografia: *leggere le vite dei santi*; *la — di Napoleone* **6** salute, vitalità, animazione: *un ragazzo pieno di —*; *una città piena di —.*

vita[2] *s.f.* **1** nel corpo umano, la parte incavata sopra i fianchi, intorno a cui si pone la cintura: *essere stretto di —*; *avere una — snella* **2** negli abiti, la parte corrispondente: *una giacca con la — segnata, stretta in —* / *— alta, bassa.*

vitaiolo [-iò-] *s.m.* (*spreg.* o *scherz.*) chi fa vita mondana e gaudente.

vitalba *s.f.* (*bot.*) pianta rampicante con fiori bianchi, profumati, raccolti in pannocchie (*fam.* Ranuncolacee).

vitale *agg.* **1** della vita; necessario per vivere: *forza —*; *spazio —* / *questione —*, di essenziale importanza **2** che è in grado di vivere; che ha vita, vigoria: *un feto —*; *un impulso energico e —.*

vitalismo [-ſmo] *s.m.* concezione filosofica secondo la quale i fenomeni biologici non sono riducibili a fenomeni fisico-chimici, ma sono governati da entità immateriali.

vitalità *s.f.invar.* l'essere vitale: *è un uomo che manca di —*, è poco vivace ed energico.

vitalizio [-li-] *agg.* che dura tutta la vita: *rendita vitalizia, socio —* // *s.m.* contratto con cui uno cede a un altro i suoi beni in cambio di una rendita vitalizia.

vitamina *s.f.* composto organico indispensabile al normale svolgimento dei processi biologici.

vitaminico [-mì-] *agg.* [pl.m. -*ci*] delle vitamine, che contiene vitamine: *gli agrumi sono un alimento —.*

vitaminologia [-gì-] *s.f.* parte della biologia e della medicina che studia le vitamine in riferimento alla vita dell'organismo.

vite[1] *s.f.* arbusto rampicante con foglie palmate e piccoli fiori verdi in grappolo; il suo frutto è l'uva da cui si ricava il vino (*fam.* Vitacee) / *— del Canada*, pianta rampicante ornamentale / *piangere come una — tagliata*, (*fig.*) a dirotto.

vite[2] *s.f.* **1** strumento meccanico costituito da un gambo cilindrico recante inciso un solco elicoidale; introdotto in un foro a spire elicoidali corrispondenti, è usato per fermare e stringere e per ogni genere di collegamenti [*ill. Utensili*]: *stringere, allentare una —* / *— perpetua*, macchina costituita da una vite i cui filetti ingranano in una ruota dentata elicoidale **2** (*aer.*) manovra acrobatica compiuta da un aereo che scende verticalmente compiendo un moto elicoidale.

vitello[1] [-tèl-] *s.m.* **1** il nato della vacca, fino all'età di un anno **2** la carne di tale animale: *mezzo chilo di — 3** la pelle conciata e tinta, usata per scarpe, borse ecc.

vitello[2] [-tèl-] *s.m.* (*biol.*) parte dell'uovo in cui si sviluppa l'embrione.

vitellone [-ló-] *s.m.* **1** vitello che ha superato un anno di età **2** modo scherzoso, diffuso negli anni '50, per indicare un giovane, spec. di provincia, ozioso e incapace di occupazioni serie.

viterbese [-bé-] *agg.* di Viterbo // *s.m.* e *f.* abitante di Viterbo.

viticcio [-tìc-] *s.m.* **1** ciascuna delle appendici filiformi che servono come organo di sostegno alle piante rampicanti **2** decorazione architettonica ispirata alla vite.

viticolo [-tì-] *agg.* che concerne la viticoltura.

viticoltore [-tó-] *s.m.* [f. *-trice*] agricoltore che si dedica alla coltura della vite.

viticoltura *s.f.* coltivazione della vite.

vitigno *s.m.* la pianta della vite, considerata rispetto alla coltura cui appartiene.

vitiligine [-lì-] *s.f.* malattia della pelle, che si manifesta con chiazze biancastre più o meno estese sulla superficie corporea.

vitreo [vì-] *agg.* del vetro; simile al vetro: *pasta vitrea*; *splendore —*; *occhi vitrei*, immobili e inespressivi / *corpo —*, (*anat.*) massa trasparente e gelatinosa che riempie la cavità del bulbo oculare compresa tra la retina e la faccia posteriore del cristallino [*ill. Occhio*].

vittima [vìt-] *s.f.* **1** l'animale e anche l'uomo che gli antichi destinavano al sacrificio e poi immolavano **2** per estens., chi senza colpa perde la vita o subisce danni: *le vittime dell'incidente aereo*; *la — della prepotenza altrui*; *— del dovere* **3** (*fam.*) chi si sente o vuol sembrare perseguitato o trascurato: *sentirsi una —*; *povera —!*; *fare la —*.

vittimismo [-ʃmo] *s.m.* disposizione ad atteggiarsi a vittima del malvolere altrui o delle circostanze.

vittimista *s.m.* e *f.* [pl.m. *-i*] chi tende al vittimismo, chi si atteggia a vittima.

vittimistico [-mì-] *agg.* [pl.m. *-ci*] di vittimismo; di, da vittimista.

vitto *s.m.* insieme di cibi di cui uno si nutre: *— abbondante*, *scarso*, *frugale*; *mezzo —*, quello ridotto che si dà ai malati; *spese di — e alloggio*. SIN. *alimento*.

vittoria [-tò-] *s.f.* il vincere combattendo o gareggiando (anche *fig.*): *— terrestre*, *navale*; *riportare una — in guerra*, *contro i nemici*; *ha ottenuto due vittorie nelle gare di atletica*; *cantare —*, (anche *fig.*) esultare prima di averla ottenuta / *— di Pirro*, quella che lascia il vincitore in condizioni non molto migliori del vinto; *la — contro il male*; *cantare — su sé stessi*. CONTR. *sconfitta*.

vittorioso [-rió-] *agg.* **1** che ha riportato vittoria: *esercito —* **2** in cui si è riportata vittoria: *guerra vittoriosa*.

vituperare *v.tr.* [*io vitupero* ecc.] (*lett.*) infamare, screditare, disonorare, insultare.

vituperatore [-tó-] *s.m.* [f. *-trice*] chi vitupera.

vituperevole [-ré-] *agg.* che arreca vituperio: *comportamento —*.

vituperio [-pè-] *s.m.* **1** (*lett.*) infamia, grave disonore **2** (spec. *pl.*) ingiuria: *ricoprire qlcu. di vituperi*. SIN. *contumelia*.

vituperoso [-ró-] *agg.* (*rar.*) **1** che è macchiato di vituperio **2** che reca vituperio: *guadagni vituperosi*.

viuzza *s.f.* via angusta, vicolo.

viva *inter. impropria* esclamazione di applauso; si adopera anche con nomi plurali [abbr. in W]: *— la Juventus!*; *— l'Italia!*; *— gli azzurri!*

vivacchiare *v.intr.* [*io vivàcchio* ecc.] vivere stentatamente, alla meglio / *si vivacchia*, (*scherz.*) così e così, né bene, né male.

vivace *agg.* **1** pieno di vita; pronto e sveglio: *ragazzo —*; *ingegno —*; *un ambiente —* / *discussione —*, molto animata / *pianta —*, rigogliosa, che vegeta per più di un anno. SIN. *brioso*, *brillante* **2** assai vivido, intenso e gaio: *luce —*; *colori vivaci* / *allegro —*, (*mus.*) indicazione dinamica di un brano musicale da eseguirsi con movimento veloce e concitato.

vivacità *s.f.invar.* l'esser vivace: *la — dei fanciulli*; *— d'ingegno*; *un colore*.

vivacizzare [-ciʒʒa-] *v.tr.* rendere più vivace; movimentare, rallegrare: *— la riunione*; *un colore che vivacizza l'arredamento*.

vivagno *s.m.* ciascuno dei margini laterali di una pezza di tessuto; cimosa.

vivaio [-và-] *s.m.* **1** vasca in cui si allevano pesci per averli freschi al bisogno **2** terreno in cui si trapiantano le piantine tolte dal semenzaio **3** (*fig.*) ambiente in cui crescono e si formano persone che si distinguono per doti particolari o per determinate capacità: *quella scuola è un — di grandi uomini*.

vivanda *s.f.* ogni cibo crudo o cotto preparato per essere mangiato / *la mistica —*, (*relig.*) l'ostia consacrata. SIN. *alimento*.

vivandiera [-diè-] *s.f.*, **vivandiere** [-diè-] *s.m.* chi è autorizzato a vendere vivande ai soldati nelle caserme, negli accampamenti e simili.

vivente [-vèn-] *agg.* che vive: *essere —* // *s.m.* e *f.* chi vive; chi appartiene alla specie umana.

vivere¹ [vì-] *v.intr.* [pass.rem. *io vissi* (ant. *vivéi* o *vivètti*), *tu vivésti* ecc. fut. *io vivrò* (ant. *viverò*) (radd.sint.) ecc.; p.p. *vissuto* (ant. *visso* e *vivuto*)] **1** di organismi vegetali o animali, avere vita: *piante che vivono nell'acqua*; *la palma vive nei climi tropicali*; *la tigre vive in Asia*; *i lombrichi vivono sottoterra*. CONTR. *morire* **2** dell'uomo, condurre la vita, spec. con riferimento al tempo o alla durata della vita, al modo in cui si vive, alle scelte morali o alle condizioni economiche: *è vissuto cent'anni*; *Alessandro Magno visse nel sec. IV a.C.*; *un poeta vissuto nella seconda metà del Cinquecento*; *— in pace*; *— in campagna*, *in città*; *— religiosamente*, *in peccato*; *— in miseria*, *del proprio lavoro* / *cessare di —*, morire / *— alla giornata*, procurandosi i mezzi di sostentamento di giorno in giorno, senza potere o volere preoccuparsi per il futuro / *prov.: chi vuol — e star bene prenda il mondo come viene*, vive tranquillamente solo chi si adatta alle circostanze della vita; *chi muore giace*, *chi vive si dà pace*. CONTR. *morire* // usato talvolta transitivamente col complemento dell'oggetto interno: *— giorni sereni e riposanti*; *— un brutto momento* **3** (*fig.*) durare: *la sua gloria vivrà eternamente* / *vive*, nel linguaggio dei tipografi, locuz. che, scritta sul margine della bozza, annulla una cancellatura.

vivere² [vì-] *s.m.* **1** modo di vivere: *il — degli antichi*; *il — civile* **2** quel che è necessario al vivere: *il — è più caro di una volta*.

viveri [vì-] *s.m.pl.* derrate alimentari; in particolare, quel che serve al mantenimento di un esercito.

viverra [-vèr-] *s.f.* carnivoro asiatico o africano dal corpo lungo, con pelame grigio a macchie nere; secerne una sostanza profumata adoperata in medicina e nell'industria dei profumi (*fam.* Viverridi).

viveur [*franc.*; *pr.* vivèr] *s.m.* chi fa vita mondana, facendo esperienza di ogni raffinatezza e di ogni piacere.

vivezza [-vèz-] *s.f.* l'esser vivo, vivace: *— d'ingegno*, *di stile*, *di colori*.

vivido [vì-] *agg.* **1** vivace; rigoglioso; intenso: *una luce vivida*; *un colore —* **2** (*poet.*) che dà vita: *le vivide aure*.

vivificare *v.tr.* [*io vivifico*, *tu vivifichi* ecc.] **1** dar vita, infondere vivacità, vivezza: *aria che vivifica; — un ambiente.* SIN. ravvivare 2 (*fig.*) dare nuovo impulso, vigore: *questi provvedimenti hanno vivificato il commercio.*

vivificatore [-tó-] *s.m.* [f. *-trice*] chi vivifica.

vivinatalità *s.f.invar.* nelle statistiche, il rapporto tra il numero dei nati vivi e il totale dei nati.

viviparo [-vì-] *agg.* si dice di animale il cui embrione si sviluppa completamente all'interno del corpo materno: *i mammiferi sono vivipari.*

visezione [-zió-] *s.f.* dissezione praticata a scopo di studio su organismi viventi.

vivo *agg.* 1 che vive / *non c'era anima viva,* non c'era nessuno / *farsi* —, dar notizia di sé / *esser più morto che* —, confuso, stordito per lo spavento ecc. / — *e vegeto,* vivo e vigoroso, in buona salute / *carne viva,* dotata di tutta la sensibilità / *roccia viva,* non ricoperta di terriccio 2 che permane tuttora: *una tradizione ancora viva / lingua viva,* tuttora parlata 3 pieno di vivacità: *ragazzo* —; *occhi vivi* 4 forte, intenso: *un* — *bisogno; un* — *sdegno / a viva voce,* parlando direttamente / *a viva forza,* costringendo con la violenza / *cuocere a fuoco* —, con una fiamma intensa // *s.m.* 1 persona che vive: *i vivi e i morti* 2 la parte vitale di qlco.: *penetrare nel* — *della carne / toccare nel* —, nell'intimo dell'animo, della sensibilità / *entrare nel* — *della questione,* nel punto sostanziale d'essa / *ritrarre dal* —, rappresentare, in pittura o in altro modo, una realtà della quale si ha esperienza diretta // -mente *avv.* calorosamente, sentitamente: *ringraziare* —.

viziare *v.tr.* [*io vìzio* ecc.] 1 indulgere nei confronti dei vizi o della condotta indisciplinata di qlcu.: — *i figli* 2 rendere non valido: *quella data vizia il certificato* 3 rendere di minor pregio: *queste proporzioni viziano la bellezza della riproduzione* 4 inquinare, rendere impuro: *esalazioni che viziano l'aria //* -arsi *v.rifl.pron.* prendere vizi o difetti: *crescendo in quell'ambiente si è viziato.*

viziato *agg.* 1 che manifesta debolezze e abitudini dovute alla mancanza di una saggia educazione: *ragazzo* — 2 non valido: *contratto* — *nella forma* 3 difettoso, di minor pregio 4 inquinato: *aria viziata.*

vizio [-vì-] *s.m.* 1 acquiescenza abituale a una tendenza riprovevole; abitudine dannosa: *è un uomo pieno di vizi; ha il* — *del gioco, del fumo, della droga.* CONTR. *virtù* 2 abitudine, costume biasimevole: *quel ragazzo ha il* — *di dire bugie.* SIN. difetto 3 imperfezione, difetto di funzionamento: — *cardiaco* 4 (*dir.*) mancanza di forma legale, che rende non valido un atto giuridico: *questo documento ha un* — *di forma.*

vizioso [-zió-] *agg.* 1 che ha vizi; pieno di vizi: *un uomo* —; *vita viziosa.* SIN. depravato 2 difettoso: *pronuncia viziosa.*

vizzo *agg.* che ha perduto la freschezza: *fiore* —; *un volto ormai* —.

vocabolario [-là-] *s.m.* 1 opera in cui sono raccolti, per lo più in ordine alfabetico, i vocaboli e le locuzioni di una lingua oppure di un suo particolare settore; nei vocabolari bilingui le voci e le locuzioni sono affiancate da quelle corrispondenti in un'altra lingua. SIN. dizionario 2 l'insieme dei vocaboli e dei modi di dire usati in un dato ambiente, oppure da una persona e spec. da uno scrittore: *il suo è un* — *molto ricco; il* — *della chimica; il* — *di Manzoni.*

vocabolarista *s.m.* e *f.* [pl.m. *-i*] chi compila vocabolari; lessicografo.

vocabolo [-cà-] *s.m.* ciascuna parola di una lingua: *uso, significato di un* —.

vocale[1] *agg.* della voce: *musica* —, musica per canto / *organi vocali,* (*anat.*) atti alla fonazione.

vocale[2] *s.f.* 1 suono articolato col canale orale aperto che si può pronunciare da solo; le vocali in italiano sono sette (*a, è, é, i, ò, ó, u*), ma i segni che le rappresentano sono cinque / — *tonica,* vocale si cui cade l'accento / — *atona,* vocale su cui non cade l'accento 2 ciascuno dei segni grafici che rappresentano tali suoni.

vocalico [-cà-] *agg.* [pl.m. *-ci*] di vocale, che ha le caratteristiche delle vocali: *segni, suoni vocalici.*

vocalist [*ingl.; pr.* vòkalist] *s.m.* e *f.* cantante, solista di voce nei gruppi jazz e rock.

vocalizzare [-liʒʒa-] *v.tr.* [*io vocalizzo* ecc.] in linguistica, trasformare in suono vocalico un suono consonantico // *v.intr.* in musica, fare vocalizzi // -arsi *v.rifl.pron.* divenire vocalico (detto di un suono consonantico): *la v si vocalizza in u.*

vocalizzazione [-liʒʒazió-] *s.f.* il vocalizzare.

vocalizzo [-liʒʒo] *s.m.* (*mus.*) melodia che viene eseguita cantando una sola vocale.

vocativo *agg.* si dice di categoria grammaticale esprimente richiamo o invocazione a qlcu. o qlco. cui ci si rivolge con un discorso diretto / *caso* — (o *vocativo*), uno dei casi delle lingue antiche e moderne che hanno declinazione nominale; esprime l'invocazione, la chiamata.

vocazionale *agg.* di vocazione, delle vocazioni, spec. religiose: *crisi* —.

vocazione [-zió-] *s.f.* 1 inclinazione naturale verso un'arte, una professione o un genere di studi: *ha una forte* — *alla letteratura, all'insegnamento* 2 (*relig.*) la percezione, da parte dell'uomo, di essere chiamato da Dio, o da un valore morale superiore, a dedicarvisi.

voce [vó-] *s.f.* 1 suono emesso dalla laringe e dovuto al passaggio dell'aria nel canale orale e alla vibrazione delle corde vocali; anche il timbro di tale suono: — *di testa, di petto;* — *limpida, nasale;* — *dolce, suadente;* — *squillante, stridula, stentorea;* — *da soprano, da tenore, da contralto, da baritono, da basso; dire qlco. a* —, oralmente, di persona; *parlare ad alta, a bassa* —; *essere senza* —, essere afono; *emettere la* —; *impostare la* — 2 per estens. il verso emesso dagli animali e il suono degli strumenti musicali: *la* — *del leone; la* — *del violino* 3 le parole di una persona indeterminata; ammonimento, richiamo; opinione: *non una* — *si levò a difenderlo; la* — *della coscienza, del dovere; la* — *pubblica lo assolve / darsi la* —, diffondere una parola d'intesa, mettersi d'accordo 4 notizia indeterminata: *corre* — *che ci sarà uno sciopero; spargere la* —, diffondere una notizia 5 (*gramm.*) forma verbale, vocabolo, parola: *«sono» è* — *del verbo essere;* — *attiva, passiva; questa* — *è dell'uso letterario* 6 (*mus.*) ognuna delle parti melodiche che formano una composizione polifonica: *coro a due voci* 7 lemma di un dizionario, di un'enciclopedia; punto di un elenco; intestazione del capitolo di una trattazione; per estens., singolo elemento di un insieme: *consultare un'enciclopedia alla* — *«rivoluzione francese»; la* — *«turismo» è una delle più importanti della nostra economia.*

vociare *v.intr.* [*io vócio* ecc.] parlare confuso e strepitoso di più persone. SIN. schiamazzare, strepitare.

vociferare *v.intr.* [*io vocìfero* ecc.] 1 parlare ad alta voce e a lungo 2 (*fig.*) mormorare, spargere una voce: *si vocifera che avverranno dei cambiamenti.*

vociferazione [-zió-] *s.f.* atto, effetto del vociferare.

vocio [-cì-] *s.m.* rumore confuso e continuo di voci.

vodka [vòd-] *s.f.* acquavite di cereali, prodotto tipico dell'Unione Sovietica e della Polonia.

voga¹ [vó-] *s.f.* (*mar.*) forte spinta data a un'imbarcazione facendo forza sui remi: — *corta*, a palate che rimangono brevemente in acqua; — *lunga*, a palate lunghe; — *alla veneziana*, col vogatore ritto, rivolto verso prora e un solo remo; — *reale*, in cui i vogatori si sollevano dai banchi durante la palata in acqua.

voga² [vó-] *s.f.* moda, usanza che è nel favore dei più: *tornano in* — *gli abiti da sera lunghi*; *un ballo, un cantante molto in* — *tra i giovani*.

vogare *v.intr.* [*io vógo, tu vóghi ecc.*] spingere un'imbarcazione con i remi; remare.

vogata *s.f.* atto, effetto del vogare; la spinta data con il remo.

vogatore [-tó-] *s.m.* **1** [f. *-trice*] chi voga **2** apparecchio per la ginnastica che riproduce il movimento della vogata.

voglia [vò-] *s.f.* **1** desiderio causato da stimoli naturali, indipendenti dalla volontà; capriccio, impulso passeggero: — *di dormire, di correre; che* — *di un gelato!*; *le voglie delle donne incinte*, improvvise attrazioni per particolari cibi / *far venire la* —, detto di cosa appetitosa, che mette desiderio / *cavarsi tutte le voglie*, i capricci. SIN. *brama* **2** desiderio dettato da precisi motivi, da qualità dell'oggetto desiderato: *ho* — *di vedere un bel film*; *ho* — *di andare a Venezia* **3** volontà, disposizione: *ho molta* — *di studiare*; *lavorare di buona* — / *fare qlco. contro* —, mal volentieri / *stare di buona* —, di buon animo **4** (*med.*) macchia cutanea congenita dovuta ad una pigmentazione abnorme o ad un angioma.

voglioso [-glió-] *agg.* che ha molte voglie; che prova un'intensa voglia: — *di divertimenti*. SIN. *bramoso, avido.*

voi *pron.pers.m.* e *f.* di seconda persona *pl.* **1** si usa come sogg. ed è spesso sottinteso; viene sempre espresso: quando gli si vuol dare particolare rilievo (*voi potete farlo, noi no*); in unione con *stessi* e *medesimi* (*voi stessi ne vedete l'utilità*); quando è posposto a *anche, nemmeno, proprio, appunto ecc.* (*dovete andarci proprio voi*); ha valore predicativo dopo i verbi *essere, parere, sembrare* (*non siete più voi*); si può rafforzare con *altri* o *altre* (*voi altri romani*) **2** si usa come compl.ogg. quando si vuol dare ad esso particolare rilievo e nei compl. retti da prep.: *vuole proprio voi*; *posso venire con voi?* / *da voi*, nel vostro paese; nella vostra famiglia **3** con valore impers.: *quando voi considerate che non ha che dieci anni*, quando si considera **4** nel passato (e ancora oggi nell'uso di alcune regioni) fu usato invece di *lei* nel rivolgere la parola a una singola persona in segno di deferenza o anche in segno di distacco verso persona di grado sociale o rango inferiore; si verbo si coniuga alla seconda persona pl., i participi e gli aggettivi restano al sing. m. o f.: *voi siete stata molto buona con noi* / *dare del voi*, rivolgersi a qlcu. usando la seconda persona pl.

voialtri *forma pron.* composta da *voi* e *altri* → **voi**.

voile [*franc.*; *pr.* vuàl] *s.m.* tessuto leggerissimo, per lo più di seta, usato per abiti femminili eleganti.

volano *s.m.* **1** mezza sfera di sughero con una corona di penne conficcate nella faccia piana che si lancia, giocando, con una racchetta o un tamburello **2** (*mecc.*) organo rotante costituito da un mozzo collegato mediante raggi a una pesante corona: serve a conferire regolarità di marcia alle macchine alternative o ad accumulare energia in talune macchine operatrici [*ill. Motore*].

volante¹ *agg.* **1** che vola: *insetto* — / *pesce* —, pesce del genere Exocetiali, provvisto di pinne pettorali molto sviluppate che gli permettono di compiere brevi voli fuori dall'acqua / *cervo* —, l'aquilone / *foglio* —, foglio di carta che sta a sé e non fa parte di un libro o di un quaderno; *volantino* / *letto* —, provvisorio, che si toglie appena cessata la necessità di usarlo / *squadra* —, squadra di polizia celere / *colonna* —, reparto militare pronto ad accorrere velocemente dove sia necessario / *traguardo* —, quello lungo il percorso di una gara ciclistica con la dotazione di un premio al corridore che vi passa per primo **2** (*fig.*) si dice di chi svolge un incarico, un lavoro, un ruolo in modo non stabile ma saltuario e dietro chiamata improvvisa; anche, di tale prestazione: *un collaboratore, una collaborazione* —; *indossatrice* —, quella non impegnata stabilmente con una cassa di mode, ma che si reca dove venga richiesta // *s.f.* squadra di polizia di pronto intervento; la vettura che la trasporta.

volante² *s.m.* manubrio a forma di ruota, che serve alla guida dell'automobile, dell'aeroplano ecc.: *stare al* —, guidare / *asso del* —, campione di automobilismo.

volante³ *s.m.* striscia di stoffa arricchita o pieghettata che si usa come guarnizione nei vestiti femminili. DIM. *volantino* [*ill. Abbigliamento*].

volantinaggio [-nàg-] *s.m.* distribuzione di volantini al pubblico.

volantinare *v.intr.* distribuire volantini al pubblico, fare volantinaggio // *v.tr.* far conoscere per mezzo di volantini: — *il testo dell'accordo*.

volantino¹ *s.m.* (*mecc.*) organo a forma di ruota o di disco che serve all'avviamento e alla manovra di apparecchi elettrici, idraulici ecc.: — *d'elevazione*, nel cannone, manovella che serve ad alzare e ad abbassare la bocca del cannone.

volantino² *s.m.* foglio stampato a scopo di pubblicità o di propaganda che viene distribuito al pubblico.

volare *v.intr.* [*io vólo ecc.*] **1** trascorrere per l'aria, muoversi in aria (detto di animali alati, oppure di aerei e simili e delle persone che in essi si trovano): *volano le aquile, i pipistrelli, le zanzare*; *l'aereo volava a bassa quota; lo zio non ha mai volato* **2** librarsi in aria (detto di cose leggere o sospinte dal vento): *i giornali volarono via; volano le piume, le foglie secche* **3** essere scagliati in aria: *volavano le frecce, i sassi* **4** (*fig.*) muoversi con moto rapidissimo: *l'auto volava sull'autostrada; volai alla stazione* **5** (*fig.*) andare con rapidità, trascorrere, passare velocemente: *il pensiero vola agli amici lontani; la notizia vola di bocca in bocca; il tempo vola.*

volata *s.f.* **1** il volare per un certo tratto; (*fig.*) l'andar velocemente e per breve tempo in un luogo; corsa, salto: *faccio una* — *a casa e torno* / *una* — *d'ingegno*, una trovata **2** (*sport*) lo scatto finale che un corridore compie in prossimità del traguardo: *battere in* — *l'avversario* / *di* —, di corsa, in fretta, in breve tempo **3** la parte anteriore della bocca della fuoco, opposta alla culatta [*ill. Cannone*].

volatica [-là-] *s.f.* (*med.*) irritazione della pelle, caratterizzata dalla comparsa di macchie rossastre dalla superficie ruvida.

volatile [-là-] *agg.* **1** (*rar.*) che è atto a volare: *gli animali volatili* **2** (*chim.*) che evapora rapidamente (detto di liquidi): *l'etere e il cloroformio sono volatili* // *s.m.* ogni animale che può volare (comunemente gli uccelli).

volatilità *s.f.invar.* proprietà dei liquidi volatili.

volatilizzare [-lizʒa-] *v.tr.* rendere volatile una sostanza liquida // *v.intr.*, **-arsi** *v.rifl.pron.* **1** evaporare rapidamente (detto di liquidi): *l'etere volatilizza facilmente* **2** (*fig.*) scomparire improvvisamente (detto di persona): *il ladro si è volatilizzato.*

volatore [-tó-] *s.m.* [f. *-trice*] chi vola.

vol-au-vent [*franc.; pr.* vol-o-vàn] *s.m.* involucro di pasta sfoglia con ripieno a base di verdure, carni, frattaglie ecc.

volée [*franc.; pr.* volé] *s.f.* nel tennis, colpo a volo; volata.

volente [-lèn-] *agg.* che vuole, che è d'accordo / — *o nolente,* sia che voglia sia che non voglia.

volenteroso [-ró-] *agg.* → **volonteroso**.

volentieri [-tiè-] *avv.* di buona voglia, con piacere: *studia* —; *verrò ben* —.

volere[1] [-lé-] *v.tr.* [pres. *io vòglio, tu vuòi, egli vuòle, noi vogliamo, voi volète, essi vògliono;* fut. *io vorrò* ecc.; pass. rem. *io vòlli, tu volésti* ecc.; pres.cong. *io vòglia* ecc.; cond. *io vorrèi* ecc.; p.pr. *volènte;* ger. *volèndo;* imp. *vògli;* p.p. *voluto* // usato come verbo indipendente, richiede l'ausiliare *avere;* quando è usato come verbo servile, richiede generalmente l'ausiliare richiesto dal verbo all'infinito con cui si accompagna (p.e. *ho voluto sentire quello che diceva; son voluto andarci da solo;* ma *ho voluto andarci da solo,* se si vuol dare maggiore risalto all'idea di volontà) **1** tendere fermamente a fare o a conseguire qlco. o pretendere che altri la faccia; comandare, esigere, chiedere: *chi vuole, ottiene; voglio fatti e non parole; non voglio fare questo lavoro; la sorte ha voluto così; lo ha voluto Dio / l'automobile non vuol partire,* non si riesce a farla partire / — *è potere,* la volontà ferma riesce a superare ogni ostacolo / *neanche a* —, si dice per significare che una cosa è impossibile in ogni modo: *se fai quello che ti dico, non puoi sbagliare neanche a — / — senza* —, involontariamente, senza intenzione / *non volevo credere ai miei occhi,* non credevo a quel che vedevo / — *o no,* — *o volare,* (*fam.*) se per amore o per forza / *qui ti voglio!,* voglio vedere come ti comporti alla prova dei fatti / *l'hai voluto tu!,* è colpa tua se ti trovi in queste condizioni **2** desiderare (a volte ardentemente e cercando di fare o di ottenere ciò che si desidera): *vuoi che andiamo in campagna?; voi volete la mia rovina; la povera bestia voleva uscire dalla gabbia / è un bel vestito, ma a quel prezzo nessuno lo vuole,* nessuno lo compera / *ce n'è quanto ne vuoi, quanto ne volete,* in grande quantità, in abbondanza / — *piuttosto,* preferire: *voglio andarci di persona piuttosto che mandare un altro / — una persona,* cercare di lei per vederla o parlarle: *tuo zio ti voleva al telefono / voglio dire,* formule con cui si vuole correggere o precisare il proprio discorso: *ho incontrato tuo fratello, voglio dire tuo cugino / volevo ben dire!,* per significare che la cosa si era prevista o doveva accadere / *prov.: chi troppo vuole, nulla stringe* (o *nulla ottiene*) **3** permettere, consentire; accettare, gradire: *se mio padre vuole, ti accompagnerò; vuole venire da me? / Dio voglia che, Dio volesse che, Dio voglia!, Dio volesse!, volesse il cielo!,* frasi con cui si esprime il desiderio e l'augurio che una cosa sia o accada come si desidera **4** richiedere, pretendere: *cosa vuoi ancora da me?; queste piante vogliono molte cure; è un verbo che vuole l'ausiliare «avere»; per questa camicia vuole cinquemila lire / volerci,* essere necessario, opportuno: *per comperare quell'auto ci vorranno parecchi milioni; quello è l'uomo che ci vuole; ce n'è voluto per fargliela capire!,* c'è voluto tempo e fatica / *ci vuol altro che...,* per indicare che una persona o una cosa è inadatta o è insufficiente per un determinato scopo: *ci vuol altro che un ragazzo per questo lavoro; tu mi dici*

buone parole, ma ci vuol altro! **5** seguito da *bene, male,* provare un sentimento di affetto, di odio: *ti vuole un gran bene, un bene dell'anima; c'è gente che mi vuol male / volerne a qlcu.,* serbargli rancore per qlco. **6** *voler dire,* significare: *che cosa vuol dire questa parola?; questo vuol dire che non possiamo più fidarci di lui / non vuol dire,* non ha importanza: *se non puoi venire tu, non vuol dire, verrò io da te* **7** (*lett.*) tramandare, affermare; pensare, ritenere: *una tradizione locale vuole che...* **8** usato nella seconda persona sing. del pres.indic. come cong. correlativa: *vuoi... vuoi,* (*antiq.*) sia... sia: *riesce bene in tutto, vuoi nella musica vuoi nella pittura.*

volere[2] [-lé-] *s.m.* **1** volontà / *a mio, tuo* —, a mio, tuo piacimento / *il buon* —, la buona volontà **2** *pl.* intenti, determinazioni: *concordia di voleri; i divini voleri.*

volframio [-frà-] *s.m.* → **tungsteno**.

volgare *agg.* **1** (*ant.*) del volgo, del popolo **2** banale, comune, di poco valore: *una* — *imitazione* **3** grossolano, sguaiato: *persona* —; *gesto* —. SIN. *triviale* **4** si dice della lingua usata dal popolo nel periodo delle origini e della formazione delle lingue moderne, in contrapposto al latino, usato dai dotti: *la prosa* — *del Duecento* // *la* — lingua volgare, neolatina: *Dante scrisse in* —; — *fiorentino, siciliano, francese* // **-mente** *avv.* **1** in modo triviale: *parlare* — **2** comunemente: *il pollice è* — *detto dito grosso.*

volgarità *s.f.invar.* l'esser volgare; atto, parola volgare. SIN. *trivialità.*

volgarizzamento [-riʒʒamén-] *s.m.* il tradurre in volgare; l'opera tradotta in volgare.

volgarizzare [-riʒʒa-] *v.tr.* **1** diffondere tra larghi strati di persone senza preparazione specifica nozioni difficili e complesse, esponendole in forma facile e piana; divulgare: — *una scienza* **2** anticamente, tradurre in lingua volgare, spec. dal latino e dal greco.

volgarizzatore [-riʒʒató-] *s.m.* [f. *-trice*] **1** chi traduceva, spec. dal latino e dal greco, in volgare **2** chi divulga tra il pubblico problemi di scienza e di cultura.

volgarizzazione [-riʒʒazió-] *s.f.* **1** il volgarizzare, il divulgare: *la* — *dei principi della fisica quantistica* **2** anticamente, il tradurre in volgare; l'opera tradotta in volgare: *la* — *della «Rhetorica ad Herennium».*

volgere [vòl-] *v.tr.* [pres. *io vòlgo, tu vòlgi* ecc.; pass. rem. *io vòlsi, tu volgésti* ecc.; p.pass. *vòlto*] **1** piegare, indirizzare verso un luogo o un punto (anche *fig.*): — *lo sguardo, il viso, i passi;* — *la mente a qlco.* **2** (*fig.*) *in fuga,* mettere in fuga **2** portare qlco. da una condizione a un'altra: *tu volgi sempre ogni cosa in burla // v. intr.* **1** piegare verso una parte: *la strada volge a sinistra; questa valle volge a mezzogiorno / — in fuga,* cominciare a fuggire: *il nemico volse in fuga* **2** approssimarsi; evolversi in una data maniera: *il sole volge al tramonto; il tempo volge al brutto; la faccenda volge al peggio* **3** (*lett.*) trascorrere, essere in corso (detto del tempo): *volge ormai il ventesimo anno //* **-ersi** *v.rifl.* **1** rivolgersi, dirigersi verso qlcu. o qlco.: — *a destra, dall'altra parte* **2** (*fig.*) indirizzare l'animo, la propria attività a qlco.: — *agli studi letterari.*

volgo [vól-] *s.m.* [pl. *-ghi*] **1** (*ant.*) popolo, gente comune, non nobile e non ricca **2** (*antiq.*) la parte infima del popolo: *i pregiudizi del* — **3** (*lett.*) la parte più numerosa di una collettività: *il* — *dei letterati,* la moltitudine dei letterati mediocri.

voliera [-liè-] *s.f.* grande gabbia o luogo chiuso dove si tengono gli uccelli.

volitivo *agg.* **1** che ha grande forza di volontà: *tempe-*

ramento —, donna volitiva. CONTR. *abulico* **2** di volontà, della volontà: *atto —.*

volizióne [-zió-] *s.f.* (*fil.*) ciascun atto singolo della volontà, mediante il quale ci decidiamo a compiere una determinata azione.

volo [vó-] *s.m.* **1** il volare, naturalmente o con un mezzo aereo; la facoltà di volare: *il — dell'aquila, di un aereo; la natura ha dato il — agli uccelli; le ore di — di un pilota; durante il — slacciare le cinture / un — di rondini,* il passaggio di uno stormo / — *a vela,* (*aer.*) quello degli alianti / — *strumentale,* (*aer.*) con la sola consultazione degli strumenti di bordo / *prendere il —,* (*fig.*) scomparire, dileguarsi / *al —,* rapidamente, prontamente: *ha capito al —* **2** per estens., traiettoria compiuta nell'aria; salto, caduta; movimento veloce: *la palla ha fatto un — di trenta metri; un — mortale dal quinto piano* **3** (*aer.*) ogni singolo viaggio di una linea aerea: *il prossimo — per New York parte alle 15.*

volontà *s.f.invar.* **1** la capacità di volere, ossia il potere di determinarsi consapevolmente a compiere un atto per ottenere un fine: *forza di — / buona —,* volontà di far bene, impegno / *di mia, tua —,* volontariamente / *a —,* come, quanto si vuole **2** il volere; la cosa che si vuole: *imporre la propria —; le ultime —,* le disposizioni testamentarie.

volontariato *s.m.* il prestare servizio come volontario, detto di civili o militari; anche, la durata di tale servizio, e l'insieme del personale volontario.

volontàrio [-tà-] *agg.* **1** che è fatto consapevolmente e deliberatamente, per una decisione della volontà del soggetto: *atto —.* SIN. *intenzionale, spontaneo.* CONTR. *involontario* **2** che presta un servizio non obbligatorio o non pagato: *assistente — // s.m.* chi offre la propria opera o accetta una responsabilità senza esservi obbligato o senza essere pagato: *un esercito di volontari.*

volontarismo [-ʃmo] *s.m.* atteggiamento filosofico consistente nell'affermare il primato della volontà sull'intelletto; per estens., atteggiamento che supplisce con la forza della volontà alla mancanza di altri stimoli, di altre doti.

volontaristico [-rì-] *agg.* [pl.m. -ci] del volontarismo: *dottrina volontaristica.*

volontéroso [-ró-] *agg.* pieno di buona volontà.

volontièri [-tiè-] *avv.* → **volentieri.**

volovelista *s.m.* e *f.* [pl.m. -i] (*sport*) chi è specializzato nel volo su aeromobili privi di motore.

volpacchiòtto [-chiòt-] *s.m.* volpe giovane; (*fig.*) persona scaltra e simulatrice.

volpe [vól-] *s.f.* **1** mammifero carnivoro di media grandezza, dal corpo snello con muso aguzzo, orecchie grandi e diritte, gambe corte e lunga coda folta: *ha pelliccia pregiata* (*fam.* Canidi) **2** (*fig.*) persona molto astuta: *è una vecchia —.*

volpina *s.f.* pesce marino simile al cefalo.

volpino *agg.* di, da volpe: *muso —; astuzia volpina // s.m.* piccolo cane con pelo folto e lungo, coda arrotolata e muso aguzzo.

volpòca [-pò-] *s.f.* anitra selvatica con becco rosso e piumaggio verde, nero e bianco (*fam.* Anatidi).

volpóne [-pó-] *s.m.* grossa volpe; (*fig.*) persona molto astuta.

volt [vòlt] *s.m.invar.* unità pratica di misura della tensione elettrica o della forza elettromotrice.

volta¹ [vòl-] *s.f.* **1** il voltare, il voltarsi / *dar la —, dar di —,* detto del cervello, impazzire **2** nella metrica,

una delle due parti in cui si suddivide la sirima della canzone **3** (*tip.*) la facciata di un foglio stampata per seconda: *stampare in bianca e —,* sulle due facce **4** per estens., direzione verso cui uno si volge: *parti alla — di Milano* **5** turno; il ripetersi di un fatto: *verrà presto la sua —; questa è la — buona / a mia, a tua — / tutto in una —,* insieme / *due per —,* con valore distributivo / *tre volte tre fa nove* **6** tempo indeterminato: *c'era una — / certe volte,* non di rado / *una — che,* dal momento che, dopo che.

volta² [vòl-] *s.f.* **1** (*arch.*) copertura di un edificio o di parte di esso, poggiante su piedritti o colonne e costituita da una struttura compresa tra una superficie concava verso l'interno (*intradosso*) e la corrispondente superficie esterna (*estradosso*); soffitto arcuato di una stanza: *— a botte, a costoloni* **2** per estens., nome generico di cose a forma di volta: *la — del palato; la — del cielo.*

voltafàccia [-fàc-] *s.m.invar.* **1** il voltarsi improvviso e brusco del cavallo **2** (*fig.*) cambiamento improvviso di idee, di atteggiamenti; il venir meno inaspettatamente a impegni o a promesse.

voltafiéno [-fiè-] *s.m.invar.* macchina destinata a rivoltare i foraggi sul terreno, dopo la falciatura per favorirne la fienagione.

voltagabbana *s.m.* e *f.invar.* (*scherz.*) chi cambia opinione secondo le convenienze.

voltàggio [-tàg-] *s.m.* misura di una tensione elettrica espressa in volt.

voltàico [-tài-] *agg* [pl.m. -ci] di A. Volta (1745-1827) / *arco —,* arco luminoso, dovuto al passaggio di corrente elettrica, che si stabilisce fra due elettrodi immersi, a distanza opportuna, in un'atmosfera gassosa; *pila voltaica,* apparecchio generatore di corrente elettrica continua.

voltàmetro [-tà-] *s.m.* strumento che serve a misurare la quantità di elettricità che ha attraversato un conduttore.

voltàmpere [voltampèr] *s.m.invar.* (*elettr.*) unità di misura della potenza apparente in un circuito a corrente alternata; è pari a un volt moltiplicato per un ampère.

voltàre *v.tr.* [*io vòlto ecc.*] **1** volgere, far cambiare direzione o stato a qlco. o qlcu.: *voltai l'automobile e tornai indietro; — le spalle agli altri; — la testa; — le armi contro qlco.* **2** muovere qlco. in modo che mostri il lato opposto: *— le pagine di un libro; — una moneta; — il fieno // v.intr.* piegare verso una parte: *la strada volta a sinistra // -arsi v.rifl.* girarsi, volgersi: *— verso il nord / — e rivoltarsi nel letto / — contro qlcu.,* ribellarglisi contro / *non so che voltarmi,* non so a chi chiedere aiuto o a come uscire da una situazione difficile // *v.rifl.pron.* cambiare: *il tempo si volta al meglio.*

voltastòmaco [-stò-] *s.m.* [solo *sing.*] (*fam.*) nausea, mal di stomaco; (*fig.*) ripugnanza, ribrezzo.

voltàta *s.f.* **1** il voltare: *— di spalle* **2** curva di una strada: *— pericolosa.*

**volt0

volteggiàre *v.intr.* [*io voltéggio ecc.*] **1** compiere, descrivere ampi giri (detto di uccelli, aerei ecc.) **2** eseguire volteggi (col cavallo o con il proprio corpo, liberamente o su un attrezzo ginnico) // *v.tr.* far compiere volteggi a un cavallo.

voltéggio [-tég-] *s.m.* esercizio ginnico consistente nel far compiere al proprio corpo un giro completo, liberamente o su un attrezzo ginnico; il cambiare continuamente direzione in un movimento (detto spec. di chi monta un cavallo).

voltelettrone [-tró-] *s.m.* unità di misura di energia usata in fisica nucleare; è pari all'energia che deve spendere un elettrone per superare la differenza di potenziale di un volt.

volterrana *s.f.* volta fatta con mattoni disposti per piano.

voltimetro [-tì-], **voltmetro** [vòlt-] *s.m.* strumento, tarato in volt, che serve a misurare la differenza di potenziale o tensione elettrica fra due punti di un circuito elettrico.

volto [vól-] *s.m.* **1** viso: *— delicato; — sereno; guardare in —.* SIN. *faccia* **2** (*fig.*) carattere, natura: *ha mostrato il suo vero —.*

voltolare *v.tr.* [*io vòltolo ecc.*] voltare e rivoltare ripetutamente su sé stesso: *— una botte // -arsi v.rifl.* voltarsi e rivoltarsi più volte: *— nel fango.*

voltolino *s.m.* uccello di palude, commestibile, di media grandezza, con il piumaggio bruno olivastro a macchie bianche e nere (*fam.* Rallidi).

voltometro [-tò-] *s.m.* → **voltimetro**.

voltura *s.f.* **1** (*dir.*) annotazione sui registri catastali del trasferimento della proprietà di un immobile da un proprietario a un altro **2** trasferimento di un debito o di un credito da una persona a un'altra sui registri di contabilità; cambiamento di intestazione di un contratto.

volturare *v.tr.* trasferire; sottoporre a voltura: *— l'assicurazione.*

volubile [-lu-] *agg.* **1** (*lett.* e *poet.*) che gira: *la ruota della fortuna è —* **2** che cambia spesso opinione o atteggiamento. SIN. *mutevole, incostante.*

volubilità *s.f.invar.* l'essere volubile. SIN. *incostanza.*

volume *s.m.* **1** (*fis.*) misura della porzione di spazio occupata da un determinato corpo: *il — di una sfera; il — di un gas contenuto in un recipiente* **2** per estens., quantità di spazio indeterminata; quantità di cose; massa: *scatola di gran —; il — degli affari; il — degli scambi; il — delle acque / — sonoro,* l'intensità energetica del suono / — *architettonico,* la massa di un edificio, con riferimento alla composizione artistica **3** (*ant.*) il rotolo costituito da strisce di papiro incollate una di seguito all'altra, avvolto attorno a un cilindro, che si svolgeva per la lettura **4** libro; parte distinta di un'opera: *enciclopedia in dieci volumi.*

volumetrico [-mè-] *agg.* [pl.m. *-ci*] relativo ai volumi e alle loro misurazioni.

voluminoso [-nó-] *agg.* che occupa molto spazio.

voluta *s.f.* **1** giro, movimento a spirale, avvolgimento su sé stesso: *il fumo sale in larghe volute* **2** (*arch.*) ornamento architettonico a forma di spirale, caratteristico del capitello ionico.

voluto *agg.* che risponde al volere, al desiderio: *ottenere l'effetto —.*

voluttà *s.f.invar.* piacere intenso, spec. dei sensi: *ardere di —; bere con —.*

voluttuario [-tuà-] *agg.* relativo ai piaceri; non necessario: *beni voluttuari.*

voluttuoso [-tuó-] *agg.* incline ai piaceri dei sensi (detto di persona); che dà o rivela voluttà: *uomo —; carezze voluttuose; atteggiamento —.*

volva [vòl-] *s.f.* residuo del velo che sta alla base dei funghi, solitamente avente forma di coppa [*ill. Funghi*].

volvolo [vòl-] *s.m.* (*med.*) occlusione intestinale dovuta a torsione delle anse intestinali.

vomere [vò-] *s.m.* **1** organo principale dell'aratro, costituito da una lama d'acciaio, che ha il compito di fendere orizzontalmente la terra da rivoltare [*ill. Agricoltu-*

ra] **2** nell'affusto del cannone, denominazione di parti che poggiano sul terreno o vi affondano [*ill. Cannone*] **3** (*anat.*) lamina ossea del setto nasale.

vomica [vò-] *s.f.* (*med.*) emissione improvvisa e abbondante attraverso la bocca di materiale purulento di provenienza polmonare.

vomico [vò-] *agg.* che provoca il vomito: *noce vomica.*

vomitare *v.tr.* [*io vòmito ecc.*] **1** emettere dalla bocca cibi o bevande contenute nello stomaco: *— il pranzo* **2** per estens., gettare fuori con violenza (anche *fig.*): *il Vesuvio vomitò pietre e lava; — ingiurie.*

vomitativo *agg.* e *s.m.* → **emetico**.

vomito [vò-] *s.m.* atto, effetto del vomitare; la materia vomitata: *conati, sforzi di —.*

vomitorio [-tò-] *agg.* e *s.m.* → **emetico**.

vongola [vón-] *s.f.* piccolo mollusco bivalve marino, con conchiglia formata da due valve rosa-grigiastre a righe scure concentriche; è commestibile e saporitissimo.

vorace *agg.* **1** che divora, che mangia con cieca avidità (detto spec. di animali): *lupo —; insetti voraci.* SIN. *ingordo* **2** (*fig.*) che distrugge con furia, con impeto rabbioso: *fiamme voraci.*

voracità *s.f.invar.* l'essere vorace; (*fig.*) l'essere avido di denaro. SIN. *ingordigia.*

voragine [-rà-] *s.f.* profondo baratro.

vorticare *v.intr.* [*io vòrtico, tu vòrtichi ecc.*] girare in un vortice, come un vortice: *le foglie vorticavano nell'aria.*

vortice [vòr-] *s.m.* rapido movimento rotatorio a spirale di una massa d'aria, d'acqua e simili; gorgo (anche *fig.*): *la barca fu afferrata dal —; fummo avvolti in un — di polvere e fumo / il — della danza,* il movimento rapido / — *delle passioni; in un — di attività.*

vorticoso [-có-] *agg.* **1** che è pieno di vortici, che produce vortici: *acque vorticose* **2** che si muove come un vortice; velocissimo (anche *fig.*): *danza vorticosa.*

vossignoria [-rì-] *s.f.* (*ant.*) la signoria vostra: *prego — di ascoltarmi.*

vostro [vò-] *agg.* e *pron.poss.* di voi, relativo a voi: *avete salutato i vostri parenti;* si può rafforzare con *proprio: l'avete visto con i vostri propri occhi;* quando *vostro* precede i sostantivi di parentela (tranne *nonno, nonna, babbo, mamma, figliuolo, figliuola*), che non siano plurali o alterati o accompagnati da attributo o da apposizione, rifiuta l'articolo: *vostro cugino; vostra sorella; vostro zio;* ma *i vostri fratelli; la vostra mamma; il vostro nonno; la vostra cara cugina; il padre vostro;* si omette il possessivo ogni volta che sia già chiara la designazione del possessore: *vi siete lavati le (vostre) mani? //* con valore di *s.: la vostra (lettera) del...; campate del — (patrimonio) / i vostri,* genitori, amici.

votante *agg.* e *s.m.* e *f.* che o chi prende parte a una votazione.

votare *v.tr.* [*io vóto ecc.*] **1** consacrare, dedicare: *— la propria vita a Dio, a un ideale;* si è votato allo studio **2** approvare, deliberare votando: *è stata votata la legge sulle aree fabbricabili; fu votato che si prendessero serie misure repressive // v.intr.* dare il proprio voto, prender parte a una votazione: *— per qlcu., per un partito; andare a —; solo i maggiorenni possono —.*

votato *agg.* **1** che è stato approvato mediante una votazione **2** che si è consacrato, che è stato consacrato a qlco., a qlcu.: *— alla morte.*

votazione [-zió-] *s.f.* **1** l'azione del votare; il suo risultato: *— segreta, per appello nominale; comunicare l'esito di una —; — unanime* **2** il complesso dei voti riportati da uno studente: *promosso con una buona —.*

votivo *agg.* che si offre, che si celebra come voto: *altare —*; *messa votiva* / *iscrizione votiva*, che contiene l'espressione di un voto.

voto [vó-] *s.m.* **1** (*relig.*) promessa solenne fatta a Dio con la quale ci si impegna fermamente e spontaneamente a compiere una determinata azione: *fare, mantenere, osservare, sciogliere un —*; *— di povertà, castità, obbedienza*, quelli che emettono i religiosi **2** la cosa che si offre per voto: *ha portato un — alla Madonna* **3** (*fig.lett.*) preghiera, vivo desiderio: *formulò voti per una lieta conclusione della vicenda; ciò è nei voti di tutti* **4** manifestazione della propria volontà e opinione riguardo una proposta, una nomina e simili; votazione: *ho dato — favorevole; avere diritto di —*; *— deliberativo*, quello che determina una decisione; *— consultivo*, quello che espone un parere; *dopo la discussione si passò al —*; *mettere ai voti*, far votare **5** nell'uso scolastico, valutazione di merito espressa per mezzo di numeri: *ha dei bei voti sulla pagella.*

voyeur [*franc.*; *pr.* vuaiér] *s.m.* chi prova piacere sessuale nell'osservare i rapporti sessuali di altri.

voyeurismo [-ſmo] [*pr.* vuaiériſmo] *s.m.* la caratteristica di chi è voyeur.

vudu [-dù] *s.m.invar.* religione popolare di Haiti, che mescola il patrimonio magico tradizionale dei neri col cattolicesimo.

vulcanesimo [néſi-] *s.m.* → **vulcanismo.**

vulcanico *agg.* [pl.m. *-ci*] **1** di vulcano, che è proprio dei vulcani: *eruzione vulcanica; rocce vulcaniche*, prodotte dall'eruzione di un vulcano; *fenomeno —* **2** (*fig.*) traboccante di idee, di iniziative; ricco di fantasia e di vitalità: *un'indole vulcanica; un cervello —.*

vulcanismo [-ſmo] *s.m.* insieme dei fenomeni collegati all'attività endogena della Terra.

vulcanizzante [-niʒʒan-] *agg.* e *s.m.* si dice di sostanza che favorisce e promuove il processo di vulcanizzazione.

vulcanizzare [-niʒʒa-] *v.tr.* sottoporre a processo di vulcanizzazione.

vulcanizzato [-niʒʒa-] *agg.* che è stato sottoposto a vulcanizzazione.

vulcanizzatore [-niʒʒató-] *s.m.* **1** [f. *-trice*] operaio addetto alla vulcanizzazione **2** pressa usata per vulcanizzare i pneumatici.

vulcanizzazione [-niʒʒazió-] *s.f.* (*chim.*) **1** trattamento con zolfo a temperatura elevata cui si sottopone la gomma naturale per accrescerne la resistenza e la plasticità **2** il complesso di procedimenti usati per la riparazione e la messa a nuovo dei pneumatici deteriorati.

vulcano *s.m.* **1** apertura della crosta terrestre da cui vengono eruttati lava e vapori ad alta temperatura: *un — in eruzione; — spento*, che da molto tempo è inattivo / *avere la testa come un —*, agitata da idee tumultuose / *essere un — di idee, di attività*, produrne in continuazione / *dormire sopra un —*, restare tranquilli in mezzo ai pericoli **2** montagna conica costituita dall'ammasso dei materiali eruttati intorno al cratere.

vulcanologia [-gì-] *s.f.* scienza che studia i vulcani e la loro attività.

vulcanologo [-nò-] *s.m.* [pl. *-gi*] studioso di vulcanologia.

vulgata *s.f.* la versione latina della Bibbia, per gran parte opera di san Gerolamo, adottata come testo dalla chiesa occidentale.

vulnerabile [-rà-] *agg.* si dice di parte del corpo che può essere ferita, di tutto ciò che può essere attaccato e danneggiato, di persona che si può facilmente far soffrire: *Achille aveva solo un tallone —*; *la tua tesi è — in molti punti; cerca di non offenderlo, è estremamente —.*

vulnerabilità *s.f.invar.* l'essere vulnerabile.

vulnerare *v.tr.* [*io vùlnero ecc.*] (*rar.*) ferire, danneggiare (spec. *fig.*).

vulnerario [-rà-] *agg.* atto a curare piaghe e ferite: *la salvia è una pianta vulneraria* // *s.m.* medicamento che cura e cicatrizza piaghe e ferite.

vulture [vùl-] *s.m.* (*ant.*) avvoltoio.

vulva *s.f.* (*anat.*) genitali esterni della donna.

vulvare *agg.* (*anat.*) della vulva.

vulvite *s.f.* (*med.*) infiammazione della vulva.

vulvovaginale *agg.* che riguarda la vulva e la vagina.

vulvovaginite *s.f.* (*med.*) infiammazione associata della vulva e della vagina.

vuotaggine [-tàg-] *s.f.* il sentirsi la testa vuota; mancanza di idee.

vuotamento [-mén-] *s.m.* (*non com.*) il vuotare; svuotamento.

vuotare *v.tr.* [*io vuòto ecc.*] rendere vuoto: *— una pentola*, versarne il contenuto; *— un bicchiere*, berne il contenuto / *— il sacco*, (*fig.*) dire tutto quel che si sa o si vuol dire, spec. per sfogarsi. CONTR. *riempire.*

vuotatura (*non com.*) *s.f.* l'operazione del vuotare; svuotamento.

vuotazucchine *s.m.invar.* utensile di cucina simile a un coltello ma con la lama, anziché piatta, angolata; si usa per togliere la polpa interna agli zucchini.

vuotezza [-téz-] *s.f.* l'essere vuoto (spec. in senso *fig.*): *— di idee, d'animo.*

vuoto [vuò-] *agg.* che non contiene nulla; che non contiene quanto dovrebbe: *una campana di vetro vuota d'aria; bottiglia vuota; appartamento —*, non abitato, sfitto, o senza mobili; *teatro —*, senza spettatori, o con pochissimi spettatori / *a mani vuote*, senza avere, senza ricevere o senza portare nulla: *sperava in un dono, ma tornò a casa a mani vuote; non posso presentarmi da lui a mani vuote* / *a stomaco —*, a digiuno / *testa vuota*, persona stupida o a leggera / *sentirsi la testa vuota*, molto stanchi e incapaci di concentrazione mentale / *parole vuote*, che non rispondono a sentimenti o a situazioni reali / *frasi vuote di senso*, prive di significato / *battuta vuota*, (*mus.*) nella parte eseguita da uno strumento, ciascuna delle battute durante le quali lo strumentista non suona, ma attende che venga il suo turno seguendo nel frattempo le parti degli altri strumenti. CONTR. *pieno* // *s.m.* **1** spazio vuoto, cavità: *un — nel muro; ci sono molti vuoti nelle file*, mancano molte persone / *andare a —*, fallire, non avere effetto: *i loro piani andarono a —* / *le mie parole caddero nel —*, non furono ascoltate / *girare a —*, detto di ruote, ingranaggi e simili, girare liberamente, non collegati ad altri organi meccanici; (*fig.*) agire senza costrutto, non essere di alcuna utilità / *assegno a —*, emesso da chi non ha in banca disponibilità sufficiente **2** (*fig.*) mancanza, carenza: *— di potere* **3** recipiente vuoto: *a perdere*; *rendere i vuoti* **4** (*filos.*) lo spazio puro, privo di materia, postulato anticamente spec. dai filosofi atomisti, per spiegare il movimento e altre caratteristiche fisiche dei corpi **5** (*fis.*) condizione di uno spazio assolutamente privo di materia e di radiazioni; per estens., condizione di uno spazio che contenga solo gas estremamente rarefatti: *confezione sotto —*, in recipienti chiusi dai quali sia sottratta l'aria per quanto è possibile / *— d'aria*, zona in cui l'atmosfera è più rarefatta: *l'aereo ha incontrato un — d'aria.*

W

w *s.m.* e *f.* [*vu doppio* o *doppio vu*] **1** lettera di alcuni alfabeti stranieri, usata in italiano in alcune parole, spec. scientifiche, di origine straniera (p.e. *wolframio*) **2** W, simbolo di *evviva!* o *viva!*

wafer *s.m.invar.* varietà di biscotto friabile formato da cialde alternate a strati di crema, cioccolato o altro.

wagon-lit [*franc.*; *pr.* vagòn-lì] *s.m.* vettura letto.

walkie-talkie [*ingl.*; *pr.* uólki tólki] *s.m.* radiotelefono portatile.

walzer *s.m.invar.* → **valzer**.

wapiti [và-] *s.m.invar.* → **vapiti**.

wassermann [vàs-] *agg.* e *s.f.invar.* (*med.*) reazione di ricerca che si fa sul siero di sangue per accertare l'infezione sifilitica.

water-closet [*ingl.*; *pr.* uòta-clósit] *s.m.* gabinetto con vaso di maiolica e sciacquone, detto anche *gabinetto all'inglese*, o, brevemente, *water*.

watt *s.m.invar.* (*fis.*) unità di misura di potenza elettrica, pari a 1 joule al secondo.

wattmetro [vàt-] *s.m.* strumento di misura della potenza elettrica tarato in watt.

watt-ora [-ó-] *s.f.invar.* unità pratica di energia che equivale all'energia erogata in un'ora dalla potenza di un watt.

wa-wa [*ingl.*; *pr.* uàuà] *s.m.* o *f.* **1** sordina per tromba, usata spec. nel jazz, che dà al suono un effetto di ondulazione **2** pedale della chitarra elettrica, che dà un effetto di schiacciamento discontinuo del suono.

weber [vé-] *s.m.invar.* (*fis.*) unità di misura del flusso magnetico.

week-end [*ingl.*; *pr.* uich-ènd] *s.m.* la fine della settimana, cioè il pomeriggio o l'intera giornata di sabato e la domenica, liberi da attività lavorative.

welfare [*ingl.*; *pr.* uèlfea] *s.m.* benessere economico; si usa anche nelle espressioni *state's* —, il benessere della nazione, e — *state*, la società del benessere.

welter [*ingl.*; *pr.* uèlta] *agg.* e *s.m.* nel pugilato e nella lotta, si dice degli atleti che rientrano in una data categoria di peso, fra i pesi leggeri e i medi.

west [*ingl.*; *pr.* uèst] *s.m.* ovest, occidente; si usa con riferimento all'ambiente tipico dei western (si scrive con iniziale maiuscola quando è usato come nome proprio geografico).

western [*ingl.*; *pr.* uèstern] *agg.* e *s.m.* si dice di film o simili ambientati nella zona occidentale degli Stati Uniti, e che hanno sceriffi, cow-boy e pellirosse come protagonisti; anche, di ciò che ha relazione con tale ambiente: *un cappello —*.

whiskey, whisky [*ingl.*; *pr.* uìschi] *s.m.* acquavite di malto, grano e avena; prodotto tipico della Scozia.

whist [*ingl.*; *pr.* uìst] *s.m.* gioco di carte simile al bridge.

wigwam [*ingl.*; *pr.* uìguam] *s.m.* tenda a cupola costituita da pali incurvati ricoperti di pelli, stuoie o scorze d'albero, tipica dei pellirosse.

windsurf [*ingl.*; *pr.* uinsàf] *s.m.* surf a vela, tavola a vela; anche, lo sport relativo.

wolframio [-frà-] *s.m.* → **tungsteno**.

woo-doo, wu-du [*pr.* uudùu] *s.m.* → **vudu**.

würstel [*ted.*; *pr.* vùrstel] *s.m.* salsiccia lunga e sottile, prevalentemente bovina, tipica dei paesi tedeschi.

X

x *s.m.* e *f.* [ics] **1** lettera dell'alfabeto greco e latino e di alcuni alfabeti stranieri moderni; si usa in alcune parole di origine classica (p.e. *xenofobia*) **2** raggi X, (*fis.*) radiazioni elettromagnetiche emesse da oggetti metallici colpiti da raggi catodici; vengono sfruttati in medicina come mezzo diagnostico, per radioscopie e radiografie, e come mezzo terapeutico, nella radioterapia **3** (*mat.*) nelle espressioni algebriche, indica la prima delle incognite; per estens., si usa per indicare persona o cosa non meglio specificata: *il signor X; l'ora X* **4** X, nei numeri romani, significa dieci.

xantelasma [-ma] *s.m.* [pl. *-i*] (*med.*) tipo di xantoma che si forma all'angolo interno delle palpebre nella persona anziana.

xantoma [-tò-] *s.m.* [pl. *-i*] (*med.*) macchia giallastra, leggermente rilevata, della cute, dovuta ad accumulo di derivati del colesterolo.

xeno [xè-] *s.m.* elemento chimico (Xe; *n.at.* 54; *p.at.* 131,30); uno dei gas rari che si trovano nell'atmosfera; si usa per riempire lampade a incandescenza.

xeno- [xè-] [dal gr. *xènos = straniero*] primo elemento di composti dotti moderni nei quali significa «straniero, estraneo» (*xenofobia, xenofilia*).

xenofobia [-bi-] *s.f.* avversione per gli stranieri.

xenofobo [-nò-] *agg.* e *s.m.* che o chi sente avversione per gli stranieri.

xerocopia [-cò-] *s.f.* copia xerografica.

xeroderma [-dèr-] *s.m.* [pl. *-i*] (*med.*) macchia brunastra che può formarsi nelle zone del corpo esposte alla luce solare.

xerofito [-rò-] *agg.* si dice di piante capaci di vivere in un ambiente costantemente arido.

xeroftalmia [-mì-] *s.f.* (*med.*) anormale secchezza della congiuntiva e del globo oculare, per ridotta secrezione lacrimale.

xerografia [-fì-] *s.f.* procedimento di stampa a secco mediante macchine che utilizzano l'elettricità statica.

xerografico [-grà-] *agg.* [pl.m. *-ci*] di xerografia, ottenuto per xerografia.

xerosi [-rò/ti] *s.f.invar.* altro nome della *xeroftalmia*.

xifoide [-fòi-] *agg.* e *s.m.* (*anat.*) denominazione della porzione terminale inferiore dello sterno.

xilofonista *s.m.* e *f.* [pl.m. *-i*] suonatore di xilofono.

xilofono [-lò-] *s.m.* strumento musicale a percussione costituito da una serie di tavolette di legno di diversa lunghezza, che si percuotono con due mazzuoli.

xilografia [-fì-] *s.f.* tecnica d'incisione su legno; anche l'opera eseguita con tale tecnica.

xilografico [-grà-] *agg.* [pl.m. *-ci*] relativo alla xilografia: *tecnica xilografica.*

xilografo [-lò-] *s.m.* chi esegue xilografie.

xilologia [-gì-] *s.f.* studio del legno dal punto di vista botanico e industriale.

xilologo [-lòlo-] *s.m.* [pl. *-gi*] studioso di xilologia.

Y

y *s.m.* e *f.* [*ipsilon*] **1** lettera dell'alfabeto greco e di alcuni alfabeti stranieri moderni **2** (*mat.*) nelle espressioni algebriche, indica la seconda delle incognite.

yacht [*ingl.*; *pr.* iòt] *s.m.* bastimento da diporto, a vela o a propulsione meccanica; panfilo.

yachting [*ingl.*; *pr.* iòtin] *s.m.* lo sport del navigare su panfilo, spec. a vela.

yachtsman [*ingl.*; *pr.* iòtsmen] *s.m.* chi pratica lo yachting / *stile* —, stile di abbigliamento marinaresco elegante.

yak *s.m.invar.* mammifero ruminante del Tibet, simile a un grosso bue gibboso, con pelo lungo nerastro e fronte bassa (*fam.* Bovidi).

yankee [*ingl.*; *pr.* iènchi] *s.m.* abitante degli Stati Uniti d'America, e spec. degli stati della Nuova Inghilterra, di origine anglosassone // *agg.* si dice di ciò che è tipicamente americano: *parlava con accento* —.

yawl [*ingl.*; *pr.* iòòl] *s.f.* imbarcazione da diporto a due alberi, con rande e fiocchi.

yen [ièn] *s.m.invar.* unità monetaria del Giappone.

yeti [yè-] *s.m.invar.* enorme uomo mostruoso che secondo una leggenda vive tra le nevi dell'Himalaya.

yoga [iò-] *s.m.invar.* complesso di pratiche ascetiche indiane che hanno lo scopo di sottomettere il corpo alla volontà dello spirito // *agg.invar.* dello yoga: *posizioni* —, esercizi fisici che fanno parte delle pratiche ascetiche.

yogurt [iò-] *s.m.invar.* latte coagulato per azione di particolari fermenti, usato come alimento e indicato anche per curare le intossicazioni intestinali e i disturbi della digestione.

yohimbina *s.f.* (*med.*) alcaloide con azione vasodilatatoria, ricavato da una pianta africana considerata tradizionalmente afrodisiaca.

yole [iò-] *s.f.* → **iole**.

ytterbio [-tèr-] *s.m.* → **itterbio**.

yttrio *s.m.* → **ittrio**.

yuan [iuàn] *s.m.invar.* unità monetaria della Repubblica Popolare Cinese.

Z

z *s.f.* e *m.* [*zéta*] ventunesima lettera dell'alfabeto, consonante.

zabaglione [ʒabaglió-], **zabaione** [ʒabaió-] *s.m.* crema che si ottiene cuocendo a bagnomaria rosso d'uovo montato con zucchero e diluito con marsala.

zac voce onom. che rende un taglio netto.

zacchera [zàc-] *s.f.* schizzo di fango sui vestiti. SIN. *pillacchera.*

zaffare *v.tr.* turare con uno zaffo.

zaffata *s.f.* **1** improvvisa ondata di cattivo odore **2** getto di liquido o di sostanza gassosa che colpisca d'un tratto.

zafferano [ʒaf-] *s.m.* pianta erbacea con fiori violacei, a imbuto, dai cui stimmi si ricava una polvere rossoscura usata in cucina per colorare in giallo certi cibi (*fam.* Iridacee).

zaffiro [ʒaf-] *s.m.* pietra preziosa di colore azzurro trasparente, varietà di corindone.

zaffo *s.m.* **1** legno di forma conica, spesso avvolto in stoppa, con cui si tura il foro della botte o del tino [*ill. Vino*] **2** specie di cavicchio con cui si chiude la cannel-

la della botte **3** batuffolo di cotone o di garza per tamponare emorragie.

zagaglia [ʒagà-] *s.f.* arma primitiva simile a una lancia piccola e leggera, con punta di ferro a foglia di olivo.

zagara [ʒà-] *s.f.* il fiore degli agrumi, spec. dell'arancio e del limone.

zaino [ʒài-] *s.m.* sacco di tela per arnesi e provviste che si porta a spalla ed è usato da soldati, alpinisti, escursionisti ecc. / *a* —, si dice di oggetti che si possono portare sulle spalle come uno zaino: *pompa a* — [*ill. Agricoltura*].

zairese [-rè-] *agg.* dello Zaire // *s.m.* e *f.* abitante dello Zaire.

zampa *s.f.* **1** ciascuna delle gambe degli animali; più particolarmente, la parte che tocca terra / *zampe di gallina*, le sottili rughe intorno agli occhi; al singolare, si dice anche di brutta o illeggibile calligrafia. DIM. *zampina*, *zampino*, *zampetta* **2** (*scherz.*) la gamba o la mano umana: *leva le zampe dal tavolo*; *giù la* — (*le zampe*) *dalle mie carte!*

zampare *v.intr.* **1** battere il terreno da fermo, con zampa anteriore, per inquietudine o impazienza (detto di cavalli e simili) **2** (*fig.scherz.*) battere i piedi con grande strepito (detto di persone).

zampata *s.f.* **1** colpo dato con la zampa: *il leone lo atterrò con una —* **2** (*scherz.*) calcio dato da una persona: *per salire in tram ho preso due zampate in uno stinco* **3** orma lasciata dalla zampa di un animale.

zampettare *v.intr.* [*io zampétto ecc.*] **1** camminare movendo rapidamente le zampe (detto di animali piccoli) **2** (*scherz.*) camminare a piccoli passi, saltellare (detto spec. di bambini): *mio figlio mi zampetta intorno*.

zampillante *agg.* che zampilla: *una fontana —*.

zampillare *v.intr.* uscir fuori a zampillo: *l'acqua zampilla dalla roccia; il petrolio zampillò dal pozzo.*

zampillio [-lì-] *s.m.* **1** insieme di molti zampilli **2** uno zampillare a tratti.

zampillo *s.m.* getto, per lo più sottile, di acqua o di altro liquido che esca fuori con impeto da una stretta apertura per ricadere poi in basso: *gli zampilli della fontana.*

zampino *s.m.* la zampa di un piccolo animale / *mettere lo — in una faccenda*, intromettersi in modo più o meno coperto per far le cose a modo proprio.

zampirone [-ró-] *s.m.* spirale composta di sostanze che, bruciate, uccidono o allontanano le zanzare e altri insetti.

zampogna [-pó-] *s.f.* strumento a fiato, di carattere pastorale, simile alla cornamusa.

zampognaro *s.m.* sonatore di zampogna.

zampone [-pó-] *s.m.* salume di pasta grossa, insaccato nella cotenna della zampa del maiale, che si mangia cotto (specialità di Modena).

zana *s.f.* **1** cesta di forma ovale, poco profonda, fatta di stecche di legno intrecciate **2** quel che è contenuto in tale cesta: *una — di frutta* **3** culla usata un tempo dai contadini, formata da una zana che posa su due supporti di legno convessi e può quindi dondolare; per estens., qualsiasi culla.

zangola [zàn-] *s.f.* **1** apparecchio cilindrico di legno o metallo, usato per agitare la crema di latte e trasformarla in burro **2** recipiente di legno o di altro materiale, di forma simile al suddetto apparecchio, con vari usi.

zanna *s.f.* **1** ciascuno dei due denti grossi e lunghi che sporgono dalla bocca di alcuni animali: *le zanne dell'elefante, del cinghiale* **2** ciascuno dei denti, spec. canini, dei grandi carnivori: *le zanne dell'orso, del leone* **3** spec. *pl.* (*scherz.* o *spreg.*) i denti di una persona, spec. con riferimento alla loro lunghezza o alla voracità della persona stessa.

zannata *s.f.* **1** colpo di zanna **2** il segno lasciato da tale colpo.

zanni [zan-] *s.m.invar.* **1** (*teatr.*) il servo ridicolo della commedia dell'arte **2** per estens., buffone, pagliaccio.

zannuto *agg.* **1** che è fornito di zanne **2** (*spreg. non com.*) si dice di persona che abbia denti lunghi e grossi.

zanzara [zanza-] *s.f.* insetto di ditteri con corpo sottile con zampe e antenne lunghe e gracili; frequente nei luoghi umidi, punge, per succhiarne il sangue, l'uomo ed altri animali (*fam.* Culicidi).

zanzariera [zanzariè-] *s.f.* velo che si mette intorno al letto o nel vano di porte e finestre per difendersi dalle zanzare.

zappa *s.f.* attrezzo agricolo manuale, costituito da una lama trapezoidale o triangolare posta perpendicolarmente a un manico di legno; serve a rompere le zolle, a

fare solchi ecc. [*ill. Agricoltura*] / *darsi la — sui piedi*, danneggiare involontariamente sé stesso.

zappare *v.tr.* lavorare con la zappa.

zappata *s.f.* **1** colpo dato con la zappa **2** il lavorare la terra con la zappa.

zappaterra [-tèr-] *s.m.* e *f.invar.* **1** chi zappa la terra, zappatore **2** (*fig.spreg.*) chi non sa fare altro che zappare; persona rozza, ignorante.

zappatore [-tó-] *s.m.* **1** [f. *-trice*] chi zappa nei lavori agricoli **2** (*st.*) soldato addetto a scavare trincee, gallerie ecc.

zappatura *s.f.* **1** atto, modo, effetto dello zappare **2** la terra smossa zappando.

zappettare *v.tr.* [*io zappétto ecc.*] lavorare superficialmente, con la zappa.

zar *s.m.invar.* re, condottiero, presso i popoli slavi; titolo che si dava all'imperatore in Russia e al re in Bulgaria.

zaratino *agg.* di Zara // *s.m.* abitante di Zara.

zarevic [*pr.* zarèvic] *s.m.invar.* figlio dello zar, principe ereditario di Russia.

zarina *s.f.* moglie dello zar.

zarista *agg.* [*pl.m. -i*] dello zar, del tempo degli zar: *la Russia —* // *agg.* e *s.m.* e *f.* che, chi sosteneva lo zar; monarchico, in Russia.

zattera [zàt-] *s.f.* (*mar.*) galleggiante, marino o fluviale, basso e piatto, di forma rettangolare, spesso costruito con mezzi di fortuna / *— di salvataggio*, galleggiante a forma ellittica, con bordi tubolari di alluminio soprelevati rispetto alla piattaforma di legno.

zavorra [zavòr-] *s.f.* **1** (*mar.*) complesso di pesi, solidi o liquidi, che vengono imbarcati nelle stive o parti inferiori di uno scafo per assicurarne la stabilità [*ill. Pesca*] / *essere in —, navigare in —*, di nave che, essendo priva di carico, ha imbarcato adeguata quantità di zavorra per poter navigare con sicurezza **2** negli aerostati, il carico di sabbia o di altro materiale che serve a equilibrare la differenza tra la forza ascensionale e il carico **3** (*fig.spreg.*) cosa ingombrante e inutile; persona senza valore: *in casa sua ci sono pochi mobili di pregio, il resto è tutta —*.

zavorramento [zavorramén-] *s.m.* l'operazione di zavorrare.

zavorrare [za-] *v.tr.* [*io zavòrro ecc.*] caricare con zavorra o vare o zavorra a un aerostato.

zazzera [zàz-] *s.f.* **1** (*antiq.*) capigliatura, spec. maschile, lunga sino al collo **2** (*scherz.*) capigliatura lunga e disordinata.

zazzeruto *agg.* (*scherz.* o *spreg.*) che porta la zazzera; che ha molti capelli.

zebra [zè-] *s.f.* **1** mammifero africano dei perissodattili, simile al cavallo, caratteristico per la striscie bianche e nere (*fam.* Equidi) **2** *pl.* (*fig.*) nella segnaletica stradale, zona zebrata.

zebrato [ze-] *agg.* striato come il mantello della zebra / *zona zebrata, attraversamento —*, nella segnaletica stradale, zona contrassegnata da strisce bianche parallele indicanti passaggio pedonale.

zebratura [ze-] *s.f.* **1** il disegno a strisce bianche e nere del mantello delle zebre **2** qualsiasi disegno in cui si alternino strisce chiare e scure / *zebrature stradali*, quelle che indicano passaggi pedonali o segnalano ostacoli.

zebù [ze-] *s.m.invar.* mammifero ruminante asiatico simile al bue, con una gobba adiposa sul dorso (*fam.* Bovidi).

zecca¹ [zéc-] *s.f.* officina di stato nella quale si coniano monete / *nuovo di* —, si dice di cosa appena acquistata o non ancora usata.

zecca[2] [zéc-] *s.f.* animaletto degli aracnidi (*acari*), dal corpo piatto e ovale con otto zampe, parassita della pelle di molti vertebrati terrestri di cui succhia il sangue.

zecchinetta [-nét-] *s.f.* gioco d'azzardo che si fa con le carte, simile alla toppa.

zecchino *s.m.* nome del ducato d'oro veneto del sec. XVI; con tale nome vennero successivamente designate anche altre monete auree di pari valore / *oro* —, oro purissimo.

zeccola [zéc-] *s.f.* pagliuzza, stecco, spina che rimane impigliata nel pelo degli animali e spec. nella lana delle pecore.

zefir [zéfir] *s.m.invar.* tessuto leggero di cotone.

zefiro [zè-] *s.m.* nome classico, rimasto nel linguaggio poetico, del vento dolce e leggero che soffia da ponente, spec. in primavera.

zelandese [-dé-] *agg.* della Zelanda // *s.m.* e *f.* abitante della Zelanda.

zelante [ze-] *agg.* **1** che ha, che mostra zelo per qlco.: — *del proprio dovere* **2** che svolge con zelo le mansioni affidategli (a volte anche *iron.* o *spreg.*): *un maestro, un impiegato* —. SIN. *coscienzioso, assiduo, diligente.*

zelatore [zelató-] *s.m.* [f. -*trice*] (*rar.*) chi opera con zelo per il conseguimento di un fine: — *della pace.*

zelo [zè-] *s.m.* impegno assiduo, diligente che si pone nell'operare, nell'agire, nel perseguire un fine: *attendere con* — *ai propri doveri;* — *religioso, apostolico.* SIN. *premura, diligenza.*

zen [zèn] *s.m.* e *f.* e *agg.invar.* si dice di una setta buddhista diffusa in Giappone, della sua dottrina basata sull'accettazione intuitiva della divinità e della natura dei suoi seguaci e di ciò che a essa è relativo.

zendado, zendale [zen-] *s.m.* **1** (*ant.*) tessuto di seta cruda sottilissimo e velato **2** velo o scialle con cui le donne si coprivano la testa e le spalle **3** scialle veneziano, ampio, nero, con lunghe frange.

zenit [zè-] *s.m.invar.* (*astr.*) punto immaginario della volta celeste incontrato dalla verticale passante per il luogo di osservazione: *il sole è allo* —, in posizione perpendicolare a chi lo osserva.

zenitale [ze-] *agg.* dello zenit, relativo allo zenit.

zenzero [zénze-] *s.m.* pianta aromatica dal cui rizoma si ricava una droga piccante (*fam.* Zingiberacee); la droga stessa.

zeolite [ze-] *s.f.* denominazione di minerali formati da alluminosilicati idrati; hanno la proprietà di perdere e riassorbire acqua.

zeppa [zép-] *s.f.* **1** pezzo di legno per otturare fessure o sostituire qualche parte mancante **2** (*fig.*) parola o frase inserita in un verso o in brano di prosa senza vera ragione logica o estetica **3** gioco enigmistico in cui, inserendo una lettera in una sillaba in una parola, se ne ottiene un'altra di diverso significato (p.e. pitone-pistone; calo-ca*v*allo).

zeppo [zép-] *agg.* molto pieno, gremito o calcato: *pieno* —, pieno all'inverosimile. SIN. *stivato.*

zerbino [zer-] *s.m.* piccolo tappeto rettangolare che si pone davanti alle porte per pulirsi le scarpe.

zerbinotto [zerbinòt-] *s.m.* (*iron.* o *spreg.*) giovane ostentatamente elegante e galante.

zero [zè-] *s.m.* **1** numero e cifra indicanti la mancanza di ogni valore e quindi una quantità nulla **2** il punto di partenza di una serie, di una successione; lo stato iniziale di una grandezza che può variare nei due sensi

opposti: *l'ora* —, la mezzanotte; (*fig.*) il momento stabilito per l'inizio di un esperimento; *il termometro segna* —; *essere sotto* —, a temperatura inferiore a zero gradi / — *assoluto*, temperatura corrispondente a −273,2 °C, a cui cessa teoricamente il moto di agitazione molecolare; è origine della scala assoluta delle temperature / *sparare a* —, con l'arma in posizione orizzontale; (*fig.*) polemizzare aspramente contro qlcu. / *tagliare i capelli a* —, completamente **3** il punto più basso nelle votazioni scolastiche: *ha preso* — *in matematica* **4** (*fig.* e *spreg.*) niente: *per me quella persona è* —; *tu vali uno* —.

zeta [zè-] *s.f.* nome dell'ultima lettera dell'alfabeto, consonante / *dall'a alla* —, dal principio alla fine.

zeugma [zèug-] *s.m.* [pl. -*i*] figura grammaticale consistente nel far dipendere da un unico verbo due costrutti, uno solo dei quali pertinente.

zia *s.f.* la sorella del padre o della madre; per estens., la moglie dello zio.

zibaldone [zibaldó-] *s.m.* **1** libro, quaderno in cui si annotano senza ordine appunti, notizie, pensieri e simili **2** (*spreg.*) scritto o discorso disordinato, pieno di pensieri, idee, immagini di varia natura.

zibellino [zi-] *s.m.* piccolo mammifero carnivoro siberiano dal corpo allungato con zampe corte e pelliccia morbida molto pregiata (*fam.* Mustelidi).

zibetto [zibét-] *s.m.* **1** mammifero carnivoro dei paesi orientali, simile alla viverra d'Africa, ma con pelliccia più morbida e pregiata (*fam.* Viverridi) **2** il prodotto ghiandolare odoroso della *viverra d'Africa* e dello *zibetto*, usato in profumeria.

zibibbo [zi-] *s.m.* vitigno del tipo moscato con uva a chicchi grossi, ovali, dolcissimi, che si conserva appassita.

zigano *agg.* → **tzigano.**

zigare *v.intr.* [*io zigo, tu zighi* ecc.] si dice del coniglio che emette la sua voce stridula.

zigolo [zì-] *s.m.* piccolo uccello dal becco sottile con i margini ripiegati in dentro; i colori del piumaggio variano secondo le specie (*fam.* Emberizidi).

zigomatico [zigomà-] *agg.* [pl.m. -*ci*] dello zigomo, che riguarda lo zigomo: *osso, muscolo* — [*ill. Corpo*].

zigomo [zì-] *s.m.* ciascuno dei due rilievi delle guance sotto gli occhi; pomello.

zigote [zigò-] *s.m.* (*biol.*) la cellula che proviene dalla fusione di due gameti.

zigrinare [zi-] *v.tr.* **1** conciare una pelle in modo da farle assumere l'aspetto granuloso e ruvido dello zigrino; dare a una tela o altro un aspetto simile allo zigrino **2** imprimere su qlco. (p.e. sull'orlo delle monete) una serie di righe piccolissime, fitte e parallele, oppure stampare un tratteggio fittissimo (p.e. su assegni).

zigrinato [zi-] *agg.* **1** che ha l'aspetto dello zigrino: *pelle zigrinata; tela zigrinata*, usata spec. per rilegare i libri **2** che porta impresso un insieme di sottili e fitte righe parallele: *non tutte le monete hanno l'orlo* —.

zigrino [zi-] *s.m.* **1** la pelle di alcuni squali che per la sua granulosità, ruvidezza e durezza, è usata per levigare materie dure come avorio, ebano ecc.; opportunamente conciata e lavorata, è usata per rivestire oggetti ornamentali **2** la pelle di altri animali, come cammello, asino, cavallo ecc., lavorata in modo da darle l'aspetto dello zigrino.

zig-zag [zigzàg] *s.m.invar.* linea o movimento che procede spezzandosi in direzioni opposte e formando angoli come la Z / *a* —, indica linea, movimento come quelli descritti sopra: *un ubriaco camminava a* —.

zigzagare [ʒigʒa-] *v.intr.* [*io zigzago, tu zigzaghi ecc.*] procedere, camminare a zig-zag.

zimarra [ʒi-] *s.f.* lunga veste di origine spagnola che si portava come un soprabito.

zimbello [-bèl-] *s.m.* **1** uccello legato ad una corda o ad una leva, che si fa svolazzare per attirare gli uccelli nella rete; uccello di richiamo **2** (*fig.*) mezzo usato per allettare o lusingare **3** (*fig.*) chi è oggetto di scherno e di risa: *è diventato lo — dei compagni di scuola.*

zimologia [ʒimologì-] *s.f.* studio dei fermenti e dei fenomeni di fermentazione.

zincare *v.tr.* [*io zinco, tu zinchi ecc.*] ricoprire con uno strato di zinco.

zincato *agg.* ricoperto di zinco.

zincatura *s.f.* **1** operazione consistente nel ricoprire oggetti di ferro o di acciaio con uno strato di zinco metallico a scopo protettivo **2** lo strato di zinco che ricopre tali oggetti.

zinco *s.m.* elemento chimico (Zn; *n.at.* 30; *p.at.* 65,37); metallo grigio-azzurro, lucente, usato per leghe (p.e. ottone) o per ricoprire altri metalli a scopo protettivo.

zincografia [-fi-] *s.f.* (*tip.*) procedimento chimico mediante il quale si ricavano, da fotografie e disegni, matrici incise su lastre di zinco; il laboratorio o il reparto della tipografia che si fanno tali matrici.

zincografico [-grà-] *agg.* [pl.m. *-ci*] pertinente la zincografia, ottenuto per mezzo di zincografia.

zincografo [-cò-] *s.m.* chi è addetto a lavori di zincografia.

zincotipia [-pì-] *s.f.* **1** zincografia **2** laboratorio per incisioni fotomeccaniche su zinco **3** la stampa ottenuta dalla lastra di zinco incisa con procedimento fotomeccanico.

zincotipista *s.m.* e *f.* [pl.m. *-i*] chi è addetto a lavori di zincotipia.

zingaresco [-ré-] *agg.* [pl.m. *-chi*] di, da zingaro: *usanze zingaresche* // *s.m.* lingua degli zingari.

zingaro [zìn-] *s.m.* appartenente a una popolazione di origine orientale, diffusa in molti paesi europei, con lingua e costumi particolari; gruppi di tale popolazione conducono vita nomade e si dedicano alle tradizionali occupazioni di accattoni, chiromanti ecc.

zinna *s.f.* (*region.*) mammella.

zinnia [ʒìn-] *s.f.* pianta erbacea ornamentale con infiorescenze di vario colore a capolino (*fam.* Composite).

zinzino *s.m.* (*fam.*) una piccolissima quantità di qlco.: *bisogna metterci uno — di pepe.*

zio *s.m.* il fratello del padre o della madre; per estens., il marito della zia: *lo — paterno,* quello da parte di padre; *lo — materno,* quello da parte di madre / *gli zii,* lo zio e la zia / — *d'America,* (*scherz.*) lo zio emigrato in America, da cui si avrà o si spera di avere una grossa eredità; si dice anche di uno zio molto ricco da cui si ricevono quattrini.

zip [ʒip] *s.f.invar.* cerniera lampo.

zipolo [zì-] *s.m.* pezzetto di legno appuntito da una parte che serve per turare il foro fatto nella botte spillando; anche il pezzo di legno, più grande, con cui si tura la cannella della botte o altra conduttura.

zircone [ʒircó-] *s.m.* minerale pregiato costituito da silicato di zirconio; ha color rosso giacinto ma le varietà più rare sono azzurre o incolore.

zirconio [ʒircò-] *s.m.* elemento chimico (Zr; *n.at.* 40; *p.at.* 91,22); metallo grigiastro, duro, poco fusibile, usato per leghe e per materiali refrattari.

zirlare *v.intr.* emettere uno zirlo o degli zirli (si dice del tordo e del cacciatore che ne imiti il verso per richiamo, ma anche di altri animali, come pulcini e topi).

zirlo *s.m.* il fischio del tordo.

zite *s.f.pl.* pasta alimentare secca, lunga, bucata, più grossa dei maccheroni.

zitella [-tèl-] *s.f.* **1** (*ant.*) donna non maritata **2** (*scherz.* o *spreg.*) donna non maritata, spec. un po' avanti negli anni.

zitellona [-ló-] *s.f.* (*scherz.* o *spreg.*) zitella, spec. se noiosa o di cattivo carattere.

zittio [-tì-] *s.m.* lo zittire.

zittire *v.intr.* e *tr.* [*io zittisco, tu zittisci ecc.*] emettere con la bocca un sibilo sordo per far tacere qlcu., in particolare durante uno spettacolo o discorso pubblico, manifestando con tale gesto la propria disapprovazione; per estens., costringere o convincere a tacere.

zitto *agg.* che non parla, che non fa rumore: *stare, restare —,* senza parlare, in silenzio, o anche senza protestare, senza reagire / *far star — qlcu.,* impedirgli di protestare, di ribellarsi, oppure convincerlo a non divulgare segreti: *gli hanno dato molti soldi per farlo stare — / — come l'olio,* senza fare il più piccolo rumore // *inter. impropria* si usa per intimare il silenzio o per minacciare: *—! qualcuno bussa alla porta.*

zizzania [ʒizzà-] *s.f.* **1** erba delle graminacee che infesta i campi di grano **2** (*fig.*) discordia, scandalo: *seminare, spargere, mettere —.*

zloty [*polacco*; *pr.* suòti] *s.m.* unità monetaria della Polonia.

zoccola [zòc-] *s.f.* (*region. volg.*) prostituta.

zoccolaio [-là-] *s.m.* chi fa o vende zoccoli.

zoccolante *agg.* e *s.m.* nome popolare dei frati minori osservanti.

zoccolare *v.intr.* [*io zòccolo ecc.*] far rumore con gli zoccoli camminando.

zoccolo [zòc-] *s.m.* **1** rozza calzatura, per lo più in forma di pianella, con suola e tacco in un unico pezzo di legno: *calzare, portare gli zoccoli* **2** (*fig.*) persona rozza, buono a nulla **3** (*zool.*) grande unghia dura e resistente di cavalli, buoi, pecore ecc. [*ill. Cavallo*] **4** basamento: *lo — di una colonna; la statua fu posta su uno — di legno* **5** la parte inferiore di un muro perimetrale generalmente rivestita di lastre di pietra [*ill. Architettura*]; striscia ornamentale e di protezione alla base di pareti interne, porte ecc. [*ill. Porta*] **6** (*geol.*) parte sommersa di una massa continentale.

zodiacale [ʒo-] *agg.* dello zodiaco: *segni zodiacali / luce —,* bagliore che appare nelle ore crepuscolari lungo lo zodiaco, spec. nelle sere di marzo e nelle mattine di settembre.

zodiaco [ʒodì-] *s.m.* (*astr.*) fascia del cielo limitata da due cerchi paralleli all'eclittica e suddivisa in dodici parti caratterizzate ognuna da una costellazione o segno zodiacale.

zolfanello [-nèl-] *s.m.* fiammifero di legno con la capocchia di zolfo / *accendersi come uno —,* (*fig.*) si dice di persona facile all'ira.

zolfatara *s.f.* → **solfatara.**

zolfo [zól-] *s.m.* elemento chimico (S; *n.at.* 16; *p.at.* 32, 06); metalloide solido, giallo, insolubile in acqua, che brucia con fiamma azzurra e odore pungente, largamente usato nell'industria, in agricoltura e in medicina.

zolla [zòl-] *s.f.* **1** pezzo di terra compatta che l'aratro o altro strumento agricolo stacca dal terreno sodo / *possedere poche zolle di terra,* avere un piccolo podere **2** pezzo compatto di altra materia, spec. di zucchero.

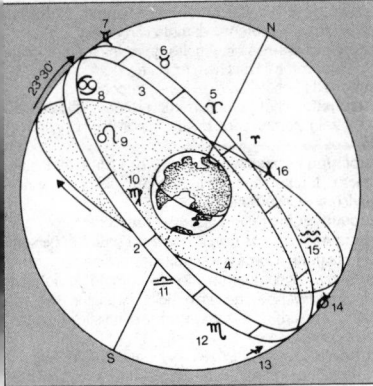

zodiaco e costellazioni

1 *equinozio di primavera,* 2 *equinozio d'autunno,*
3 *zodiaco o eclittica,* 4 *equatore celeste,* 5 *Ariete,* 6 *Toro,*
7 *Gemelli,* 8 *Cancro,* 9 *Leone,* 10 *Vergine,* 11 *Bilancia,*
12 *Scorpione,* 13 *Sagittario,* 14 *Capricorno,*
15 *Acquario,* 16 *Pesci.*

zolletta [-lét-] *s.f.* piccola zolla, spec. di zucchero.
zombi [ʒóm-] *s.m.* e *f.invar.* essere immaginario, che la
letteratura dell'orrore ha preso dalla religione vudu, il
quale dopo la morte si aggira tra gli esseri viventi commettendo atrocità; per estens., chi vive una vita non
umana, fuori dalla realtà.
zona [ʒò-] *s.f.* **1** parte di superficie delimitata; striscia; fascia: *le pareti sono a zone di vari colori; una —
illuminata / — sferica,* (*geom.*) la parte di una superficie
sferica delimitata da due piani secanti paralleli / —
celeste, (*astr.*) porzione della sfera celeste compresa
tra due meridiani e due paralleli celesti / — *terrestre,*
(*geogr.*) ognuna delle cinque fasce in cui si divide convenzionalmente la superficie terrestre, delimitate dai
circoli polari e dai tropici **2** regione, tratto di territorio
circoscritto da confini geografici o amministrativi: *una
— montuosa; consiglio di —,* organo collegiale elettivo
dell'amministrazione locale / — *di guerra,* il territorio
in cui si combatte e le immediate retrovie / — *depressa,*
territorio di arretrato livello economico e con tenore di
vita molto basso / — *industriale,* dove sorgono le industrie / — *del silenzio,* nella quale i veicoli non possono
far uso dei segnali acustici / *marcatura a —,* in molti
sport di squadra, il controllo di una parte del campo
effettuato collettivamente dalla difesa **3** (*tel.*) nastro
di carta bianca su cui viene impresso il testo di un messaggio ricevuto per mezzo del telegrafo.
zonale [ʒo-] *agg.* di zona: *organizzazione —.*
zonatura [ʒo-] *s.f.* divisione in zone: — *di un cristallo,*
la struttura del cristallo che presenta strisce alternate di
colore diverso.
zonizzazione [ʒoniʒʒaʒió-] *s.f.* → **azzonamento.**
zonzo [ʒónʒo] solo nella locuz. *andare a zonzo,* passeggiare senza una meta, andare girellando qua e là: *invece di studiare, se ne va a —.*
zoo [ʒò-] *s.m.invar.* giardino zoologico.
zoo- [ʒò-] [dal gr. *zòos = animale*] primo elemento

compositivo di parole scientifiche; significa «animale»
(*zoologia, zootecnia*).
zoofilia [ʒoofili-] *s.f.* atteggiamento di chi è zoofilo;
amore per gli animali.
zoofilo [ʒoò-] *agg.* e *s.m.* che o chi ama e protegge gli
animali: *società zoofila,* per la protezione degli animali.
zoofobia [ʒoofobì-] *s.f.* paura morbosa degli animali o
di una determinata specie di animali.
zooforo [ʒoò-] *s.m.* (*arch.*) fregio dell'ordine ionico con
figure di animali, posto tra l'architrave e la cornice.
zoogenico [ʒoogè-] *agg.* [pl.m. *-ci*] (*geol.*) si dice di roccia formata dall'accumulo di resti animali fossili.
zoogeografia [ʒoogeografì-] *s.f.* studio della ripartizione delle specie animali sulla superficie terrestre.
zooiatra [ʒo-] *s.m.* e *f.* [pl.m. *-i*] veterinario.
zooiatria [ʒooiatrì-] *s.f.* veterinaria.
zoologia [ʒoologì-] *s.f.* scienza che studia gli animali.
zoologico [ʒoolò-] *agg.* [pl.m. *-ci*] della zoologia, che
concerne la zoologia: *le specie zoologiche,* quelle degli
animali / *giardino —,* che raccoglie e mette in mostra
animali vivi.
zoologista [ʒo-] *s.m.* e *f.* [pl.m. *-i*] commerciante o cacciatore di animali esotici, destinati per lo più a giardini
zoologici.
zoologo [ʒoò-] *s.m.* [pl. *-gi*] studioso di zoologia.
zoom [ingl.; *pr.* fùum] *s.m.* obiettivo fotografico e cinematografico con distanza focale variabile che permette
un cambiamento dell'inquadratura senza spostare
l'apparecchio da ripresa [*ill. Cinematografia*].
zoometria [ʒoometrì-] *s.f.* scienza che si occupa delle
misure e dimensioni degli animali.
zoomorfo [ʒoomòr-] *agg.* che ha forma, apparenza di
animale: *le divinità zoomorfe degli antichi egizi; allucinazioni zoomorfe,* nelle quali si crede di vedere spaven-
tosi animali.
zoonimo [ʒoò-] *s.m.* nome proprio di animale.
zoonosi [ʒoonòʃi] *s.f.invar.* (*med.*) nome generico delle
malattie infettive che vengono trasmesse all'uomo dagli animali.
zoopsia [ʒoopsì-] allucinazione visiva, tipica dei gravi
alcolizzati, con visione di animali terrorizzanti o ripugnanti.
zootecnia [ʒootecnì-] *s.f.* scienza applicata che si occupa della riproduzione degli animali utili all'uomo, del
miglioramento delle specie e della loro utilizzazione.
zootecnico [ʒootèc-] *agg.* [pl.m. *-ci*] della zootecnia:
*l'allevamento dei bovini è un problema — / patrimonio
—,* il complesso degli animali domestici allevati in uno
stato, in una regione ecc.
zootomia [ʒootomì-] *s.f.* anatomia degli animali.
zoppaggine [-pàg-] *s.f.* l'essere zoppo.
zoppicamento [-mén-] *s.m.* lo zoppicare.
zoppicante *agg.* che zoppica (anche *fig.*): *andatura —;
uno scolaro — in latino / un verso —,* che ha un numero
non esatto di sillabe.
zoppicare *v.intr.* [*io zòppico, tu zòppichi* ecc.] **1** camminare male, strascicando o tenendo rigida una gam-
ba, per infermità o imperfezione degli arti inferiori /
questa sedia zoppica, non ha tutti i piedi di lunghezza
uguale **2** (*fig.*) essere incerto o difettoso in qlco.: *mio
figlio zoppica in aritmetica; questo ragionamento zoppica,*
non è chiaro, o è coerente.
zoppiconi [-có-] *avv.* zoppicando: *camminare —.*
zoppo [zòp-] *agg.* e *s.m.* che o chi cammina zoppicando: *è — del piede sinistro / andare a piè —,* saltellare su
una gamba sola, per gioco / *un tavolo, un mobile —,*

che non ha tutti i piedi di uguale lunghezza / *prov.: chi pratica lo — impara a zoppicare*, chi frequenta una cattiva compagnia ne prende i medesimi difetti.

zorilla [ʒo-] *s.f.* mammifero carnivoro africano simile a una puzzola, col pelo lungo striato o macchiato di bianco (*fam.* Mustelidi).

zoticaggine [ʒoticàg-] *s.f.* l'essere zotico; atto o parola da zotico.

zotichezza [ʒotichéz-] *s.f.* l'essere zotico. SIN. *rozzezza, villania.*

zotico [ʒò-] *agg.* [pl.m. *-ci*] si dice di persona che, essendo ignorante e grossolana, è anche ruvida e incivile nei modi. SIN. *rozzo, incivile, rustico // s.m.* persona zotica. SIN. *villano, screanzato.*

zozza [ʒòʒʒa] *s.f.* (*spreg.region.*) miscuglio di bevande alcoliche di pessima qualità.

zuavo [ʒua-] *s.m.* soldato di uno speciale corpo di fanteria, creato in Francia nel 1830 / *calzoni alla zuava*, calzoni ampi e stretti sotto il ginocchio, usati spec. in certi sport, simili a quelli indossati dagli zuavi.

zucca *s.f.* **1** pianta erbacea con larghe foglie pelose e fiori gialli; dà grossi frutti rotondi e commestibili, dalla polpa gialla (*fam.* Cucurbitacee) **2** (*scherz.*) la testa, spec. di persona sciocca / *non ha sale in —*, è privo di buon senso.

zuccata *s.f.* (*scherz.*) colpo dato con la testa contro qlco.: *dare una — nel muro.*

zuccherare *v.tr.* [*io zùcchero ecc.*] addolcire con lo zucchero un cibo o una bevanda.

zuccherato *agg.* **1** addolcito con lo zucchero: *caffè molto —* **2** (*fig.*) mellifluo: *blandire con parole zuccherate.*

zuccheriera [-riè-] *s.f.* recipiente in cui si tiene lo zucchero.

zuccheriere [-riè-] *s.m.* titolare di uno zuccherificio.

zuccheriero [-riè-] *agg.* che riguarda lo zucchero e la sua produzione industriale *// s.m.* lavoratore dell'industria zuccheriera.

zuccherificio [-fi-] *s.m.* stabilimento in cui si estrae e si raffina lo zucchero.

zuccherino *agg.* che contiene zucchero: *sostanza zuccherina // s.m.* zolletta, confetto di zucchero; (*fig.*) parola dolce, carezza.

zucchero [zùc-] *s.m.* **1** sostanza dolce e cristallina, che si estrae dalla barbabietola o dalla *canna da zucchero*; di grandissimo uso alimentare (spec. in polvere o in

zuccheroso [-ró-] *agg.* molto dolce, pieno di zucchero; dolce come lo zucchero (spec. *fig.*).

zucchetta [-chét-] *s.f.* (*region.*) → **zucchina**.

zucchetto [-chét-] *s.m.* berrettino rotondo che copre il cocuzzolo, portato spec. dagli ecclesiastici; papalina [*ill. Chiesa*].

zucchina *s.f.*, **zucchino** *s.m.* (*region.*) frutto allungato, tenero, di una pianta erbacea con foglie pelose e fiori gialli (*fam.* Cucurbitacee).

zucconaggine [-nàg-] *s.f.* l'essere zuccone.

zuccone [-có-] *s.m.* (*spreg.* o *scherz.*) si dice di persona di testa dura, sciocca o testarda.

zuffa *s.f.* **1** combattimento disordinato e violento: *cacciarsi nella —*, nel vivo della battaglia. SIN. *mischia* **2** diverbio violento in cui si viene alle mani. SIN. *rissa, baruffa.*

zufolare *v.intr.* [*io zùfolo ecc.*] sonare lo zufolo; mandare un suono simile a quello dello zufolo *// v.tr.* ripetere un motivo zufolando: *— una canzonetta.* SIN. *fischiare.*

zufolio [-lì-] *s.m.* uno zufolare insistente.

zufolo [zù-] *s.m.* fischietto di legno o di latta.

zulu [ʒùlu] *agg.* e *s.m.* e *f.invar.* che, chi appartiene alla popolazione sudafricana degli zulu *// s.m.* e *f.invar.* [*spesso con pr.* ʒulù] (*spreg.*) persona rozza e ignorante.

zumare [ʒu-] *v.intr.* (*cinem.*) riprendere una scena con obiettivo trasfocatore (*zoom*) in modo da variare durante la ripresa il rapporto di ingrandimento dell'immagine.

zuppa *s.f.* **1** nome generico di vari tipi di minestre in brodo, composte di ingredienti diversi, ma sempre accompagnati da pezzetti di pane, spesso tostato o fritto / *se non è — è pan bagnato*, tra queste due cose c'è una diversità solo apparente, o assai tenue **2** (*fig.*) mescolanza disordinata; confusione / *che —!*, che noia!

zuppiera [-piè-] *s.f.* recipiente con coperchio per servire in tavola la minestra.

zuppo *agg.* bagnato fradicio, inzuppato: *— d'acqua, — di sudore.* SIN. *bagnato.*

zurighese [ʒurighé-] *agg.* di Zurigo *// s.m.* e *f.* abitante di Zurigo.

zuzzurellone [ʒuʒʒurelĺó-], **zuzzurullone** [ʒuʒʒurulĺó-] *s.m.* persona già adulta che nella vita si comporta come un bambino facendo scherzi e giocherellando spensieratamente.

Mille sigle

Alcune sigle, che sono ormai usate in italiano come parole, figurano come tali nel Dizionario e non sono riportate in questo elenco (per esempio TIR, LSD). Molte sigle sono comunemente scritte sia nella forma con i punti (U.S.A.; C.G.I.L.) sia in quella senza punti (USA; CGIL). In questo elenco viene riportata la forma ritenuta prevalente, ma ciò non significa necessariamente che l'altra sia errata; si tenga anzi presente che la forma senza punti in molti casi si va diffondendo nell'uso, specialmente attraverso la grafica ufficiale di aziende, associazioni ecc.

Senza punti si scrivono quasi tutte le targhe automobilistiche.

A	1 Austria (targa auto) 2 (*fis.*) ampere; atomica (bomba) 3 autostrada.
Å	1 ångstrom.
a.	1 (*teatr.*) atto 2 assicurata (lettera).
A.A.	Accademia Aeronautica.
A.A.S.	Azienda Autonoma di Soggiorno.
AA.VV.	Autori Vari.
A.B.I.	Associazione Bancaria Italiana (organizzazione imprenditoriale).
a.C.	avanti Cristo.
A.C.	Azione Cattolica.
A.C.C.	Alta Corte Costituzionale.
A.C. di G.	Alta Corte di Giustizia.
A.C.I.	1 Automobile Club d'Italia 2 Azione Cattolica Italiana.
A.C.L.I.	Associazioni Cristiane Lavoratori Italiani.
A.C.R.I.	Associazione fra le Casse di Risparmio Italiane.
A.D.	(*lat. Anno Domini = nell'anno del Signore*) dopo Cristo.
ADN	Yemen del Sud (targa auto).
A.D.P.	*ingl.: Automatic Data Processing* (Elaborazione automatica dei dati).
A.D.V.S.	Associazione Donatori Volontari del Sangue.
AEDA	Autori Editori Associati.
AEROFLOT	Linee aeree sovietiche.
AF	*franc.: Air France* (linee aeree francesi).
A.F.	1 Alta Frequenza 2 Agricoltura e Foreste 3 Assegni Familiari.
AFG	Afghanistan (targa auto).
AG	Agrigento (targa auto).
A.G.	Autorità Giudiziaria.
A.G.E.S.C.I.	Associazione Guide e Scouts Cattolici Italiani.
A.G.I.P.	Azienda Generale Italiana Petroli.
A.G.I.S.	Associazione Generale Italiana dello Spettacolo.
Ah	amperora.
A.I.	Aeronautica Italiana.
A.I.A.	Associazione Italiana Arbitri.
AIACE	Associazione Italiana Cinéma d'Essai.
A.I.A.S.	Associazione Italiana per l'Assistenza agli Spastici.
A.I.C.S.	Associazione Italiana di Cultura e Sport.
A.I.D.	*ingl.: American Agency for International Development* (Agenzia americana per lo sviluppo internazionale).
A.I.D.D.A.	Associazione Imprenditrici Donne Dirigenti d'Azienda.
A.I.D.O.	Associazione Italiana Donatori di Organi.
A.I.D.S.	*ingl: Acquired Immuno Deficiency Syndrome* (Sindrome da immunodeficienza acquisita).
A.I.E.	Associazione Italiana Editori.
A.I.E.D.	Associazione Italiana Educazione Demografica.
A.I.G.	Associazione Italiana Alberghi per la Gioventù.
A.I.M.A.	Azienda statale per gli Interventi sul Mercato Agricolo.
AL	(targa auto) 1 Alessandria 2 Albania.
A.L.A.L.C.	*spagn.: Asociación Latino Americana de Libre Comercio*: Argentina, Brasile, Cile, Messico, Paraguay, Perú, Uruguay, Ecuador, Colombia, Venezuela e Bolivia (Associazione latino-americana di libero scambio; → LAFTA).
A.L.I.	1 Associazione Librai Italiani 2 Atlante Linguistico Italiano.
ALISARDA	Linee aeree della Sardegna.
ALITALIA	Linee aeree italiane.
A.M.	1 Accademia Militare 2 Aeronautica Militare (AM targa auto) 3 (*ingl*) Amplitude Modulation (Modulazione d'ampiezza).
A.M.D.I.	Associazione Medici Dentisti Italiani.
A.M.E.	Accordo Monetario Europeo (→ EMA).
A.M.G.	*ingl.: Allied Military Government* (Governo militare alleato, nel dopoguerra).
A.M.G.O.T.	*ingl.: Allied Military Government Occupied Territories* (Governo militare alleato dei territori occupati, nel dopoguerra).
AN	Ancona (targa auto).
A.N.A.S.	Azienda Nazionale Autonoma delle Strade.
A.N.C.	Associazione Nazionale Carabinieri.
A.N.C.C.	1 Associazione Nazionale Cooperative di Consumo 2 Associazione Nazionale per il Controllo della Combustione.
A.N.C.O.L.	Associazione Nazionale delle Comunità di Lavoro.

A.N.C.R.	Associazione Nazionale Combattenti e Reduci.	A.S.	1 Altezza Serenissima 2 Allievo Sottufficiale.
AND	Andorra (targa auto).	A.S.C.I.	Associazione Scoutistica Cattolica Italiana.
A.N.F.Fa.S.	Associazione Nazionale Famiglie di Fanciulli Subnormali.	A.S.E.A.N.	*ingl.*: *Association of South-East Asian Nations* (Associazione delle nazioni del sud-est asiatico).
A.N.I.C.	Azienda Nazionale Idrogenazione Combustibili.		
A.N.I.C.A.	Associazione Nazionale Industrie Cinematografiche e Affini.	A.S.S.T.	Azienda di Stato per i Servizi Telefonici.
A.N.I.E.P.	Associazione Nazionale Invalidi per Esiti di Poliomielite.	AT	Asti (targa auto).
A.N.I.L.S.	Associazione Nazionale Insegnanti Lingue Straniere.	A.T.	1 Alta Tensione 2 Antico Testamento.
A.N.L.	Accademia Nazionale dei Lincei.	A.T.A.F.	*ingl.*: *Allied Tactical Air Force* (Forza aerea tattica alleata).
A.N.M.I.C.	Associazione Nazionale Mutilati e Invalidi Civili.	A.T.C.	*ingl.*: *Airway Traffic Control* (Controllo traffico aereo).
A.N.M.I.G.	Associazione Nazionale Mutilati e Invalidi di Guerra.	A.T.I.	Aereo Trasporti Italiani.
A.N.M.I.L.	Associazione Nazionale Mutilati e Invalidi del Lavoro.	A.U.	Allievo Ufficiale.
		A.U.C.	Allievo Ufficiale di Complemento.
A.N.P.A.C.	Associazione Nazionale Piloti Aviazione Civile.	AUS	Australia (targa auto).
		AV	Avellino (targa auto).
A.N.P.I.	Associazione Nazionale Partigiani d'Italia.	A.V.I.S.	Associazione Volontari Italiani del Sangue.
A.N.S.	Associazione Nazionale Sociologi.	AZ	Alitalia.
A.N.S.A.	Agenzia Nazionale Stampa Associata (agenzia d'informazioni giornalistiche).	B	1 Belgio (targa auto) 2 (*geom.*) base
		BA	1 Bari (targa auto) 2 Birmania (targa auto) 3 *ingl.*: *British Airways* (linee aeree inglesi).
		B.A.	Belle Arti.
A.N.S.E.A.	Associazione delle Nazioni del Sud-est Asiatico (→ A.S.E.A.N.).	B.B.C.	*ingl.*: *British Broadcasting Corporation* (Ente Britannico di Radiodiffusione).
AO	Aosta (targa auto).		
A.O.	Avanguardia Operaia (formazione politica).	B.C.I.	Banca Commerciale Italiana (→ COMIT).
A.O.C.	*franc.*: *Appellation d'Origine Contrôlée* (Denominazione d'origine controllata; → DOC).	BDS	Barbados (targa auto).
		BE.NE.LUX.	*Belgique-Nederland-Luxembourg* (Belgio, Olanda, Lussemburgo: alleanza economica).
A.O.I.	Africa Orientale Italiana (denominazione coloniale).	B.F.	Bassa Frequenza.
A.O.P.E.C.	*ingl.*: *Arabian Organization of Petroleum Exporting Countries* (Organizzazione dei paesi arabi esportatori di petrolio).	BG	(targa auto) 1 Bergamo 2 Bulgaria.
		BH	Belize, ex Honduras Britannico (targa auto).
AP	Ascoli Piceno (targa auto).	B.I.	Banca d'Italia.
A.P.	1 *ingl.*: *Associated Press* (Stampa associata: agenzia di stampa americana) 2 *ingl.*: *Air Portugal* (linee aeree portoghesi, ex T.A.P.).	B.I.P.M.	*franc.*: *Bureau International des Poids et Mesures* (Ufficio Internazionale dei Pesi e delle Misure).
A.P.I.	1 Anonima Petroli Italiana 2 *franc.*: *Association Phonétique Internationale* (Associazione fonetica internazionale; → IPA).	B.I.R.D.	*franc.*: *Banque Internationale pour la Réconstruction et le Developpement* (Banca internazionale per la ricostruzione e lo sviluppo; → I.B.R.D. W.B.).
A.P.L.	*ingl.*: *Automatic Programming Language* (Linguaggio di programmazione automatica).	B.I.T.	*franc.*: *Bureau International du Travail* (Ufficio internazionale del lavoro).
A.P.O.	*ingl.*: *Asian Productivity Organisation* (Organizzazione asiatica per la produttività).	BL	Belluno (targa auto).
		B.M.	Banca Mondiale.
AQ	L'Aquila (targa auto).	BN	Benevento (targa auto).
AR	Arezzo (targa auto).	B.N.L.	Banca Nazionale del Lavoro.
A.R.	1 Altezza Reale 2 Andata e Ritorno.	BO	Bologna (targa auto).
		BP	Botswana (targa auto).
A.R.C.I.	Associazione Ricreativa Culturale Italiana.	BR	1 Brindisi (targa auto) 2 Brasile (targa auto) 3 Brigate Rosse (organizzazione terroristica; anche B.R.).
A.R.M.I.R.	Armata Italiana in Russia (durante la II guerra mondiale).	BRN	Bahrein (targa auto).

BRU — Brunei (targa auto).

BS — (targa auto) 1 Brescia 2 Bahamas.

B.S.C.S. — *ingl.*: *Biological Sciences Curriculum Study* (Programma di studio per le scienze biologiche).

B.T. — 1 Bassa Tensione 2 Buono del Tesoro.

B.T.N. — Buono del Tesoro Novennale.

B.T.O. — Buono del Tesoro Ordinario.

B.T.P. — Buono del Tesoro Poliennale.

B.T.Q. — Buono del Tesoro Quadriennale.

B.U. — Bollettino Ufficiale.

BUR — Birmania (targa auto).

B.V. — Beata Vergine.

B.V.M. — Beata Vergine Maria.

BZ — Bolzano (targa auto).

C — Cuba (targa auto).

CA — Cagliari (targa auto).

c.a. — (alla) cortese attenzione.

C.A.F. — Centro Aiuto Famiglie.

C.A.I. — Club Alpino Italiano.

CAMBITAL — Ufficio Italiano dei Cambi (→ U.I.C.).

C.A.P. — Codice di Avviamento Postale.

C.A.R. — Centro Addestramento Reclute.

CARIPLO — Cassa di Risparmio delle Provincie Lombarde.

CB — Campobasso (targa auto).

CC — Carabinieri.

C.C. — 1 Corpo Consolare (CC targa auto) 2 Comitato Centrale 3 Corte Costituzionale 4 Corte di Cassazione 5 Corte dei Conti 6 Codice Civile 7 Codice di Commercio.

C/C — Conto Corrente.

C.C.C. — 1 Centro Cinematografico Cattolico 2 Commissione Centrale di Controllo (nel PCI).

C.C.I. — Camera di Commercio Internazionale.

C.C.I.A.A. — Camera di Commercio, Industria, Artigianato e Agricoltura.

C.C.L — Contratto Collettivo di Lavoro.

C.C.N.L. — Contratto Collettivo Nazionale di Lavoro.

C.C.T. — Certificato di Credito del Tesoro.

C.D. — 1 Corpo Diplomatico (CD targa auto) 2 Commissione Disciplinare 3 Consigliere Delegato 4 Comitato Direttivo.

C.d'A. — 1 Corte d'Assise 2 Corte d'Appello 3 Corpo d'Armata 4 Consiglio d'Amministrazione 5 Consiglio d'Azienda.

C.D.C. — 1 Cooperativa Doppiatori Cinematografici 2 Consiglio di Circolo (nelle scuole elementari).

CdD — Consiglio dei Delegati.

C.d.F. — Consiglio di Fabbrica.

C.d.G. — Compagnia di Gesù (→ S.J.).

C.d.I. — Consiglio d'Istituto (nelle scuole medie).

C.d.L. — Camera del Lavoro.

C.d.L.T. — Camera del Lavoro Territoriale.

C.d.M. — Cassa del Mezzogiorno.

CDN — Canada (targa auto).

C.D.P. — Cassa Depositi e Prestiti.

C.d.R. — Cassa di Risparmio.

C.d.S. — 1 Codice della Strada 2 Consiglio di Sicurezza 3 Consiglio di Stato 4 Circolo della Stampa.

C.D.U. — Classificazione Decimale Universale (→ U.D.C.).

C.d.Z. — Consiglio di Zona (amministrazione locale).

CE — Caserta (targa auto).

C.E. — 1 Codice d'Europa 2 Comitato Esecutivo.

C.E.C.A. — Comunità Europea del Carbone e dell'Acciaio.

C.E.D. — 1 Comunità Europea di Difesa 2 Centro Elaborazione Dati.

C.E.E. — 1 Comunità Economica Europea 2 Comitato Elettrotecnico Europeo.

C.E.E.A. — Comunità Europea dell'Energia Atomica (→ EURATOM).

C.E.I. — 1 Conferenza Episcopale Italiana 2 Comitato Elettrotecnico Italiano.

CENSIS — Centro Studi Investimenti Sociali.

C.E.P.E.S. — Comitato Europeo per il Progresso Economico e Sociale.

C.E.R.N. — Consiglio Europeo per le Ricerche Nucleari.

C.E.R.P. — Centro Europeo di Relazioni Pubbliche.

C.E.S. — Confederazione Europea dei Sindacati.

CESDI — Centro di Studi e di Documentazione sull'Informazione.

CESES — Centro Studi e Ricerche sui problemi Economici e Sociali.

C.E.S.P.E. — Centro Studi di Politica Economica.

C.F. — Codice Fiscale.

C.F.A. — Comunità Finanziaria Africana.

CFF/SBB — *franc.*: *Chemin de Fer Fédéral*/ *ted.*: *Schweiz Bundes Bahn* (Ferrovie federali svizzere).

C.F.P. — Centro di Formazione Professionale.

C.F.S. — Corpo Forestale dello Stato (anche targa auto).

C.G. — Console Generale.

C.G.I.L. — Confederazione Generale Italiana del Lavoro.

CGO — Congo (targa auto).

C.G.S. — sistema di unità centimetro - grammo - secondo.

C.G.T. — *franc.*: *Confédération Génerale du Travail* (Confederazione generale del lavoro).

CH — 1 Chieti (targa auto) 2 *franc.*: *Confédération Helvetique* (Confederazione elvetica; Svizzera, targa auto).

CI — Costa d'Avorio (targa auto).

C.I. — Commissione Interna.

C.I.A. — *ingl.*: *Central Intelligence Agency* (Ufficio centrale d'informazione; servizi segreti USA).

C.I.A.P. — Comitato Interamericano dell'Alleanza per il Progresso.

C.I.A.S.	Comitato Italiano Addetti alla Sicurezza (degli impianti).
C.I.C.A.	Comitato Interassociativo Circoli Aziendali.
C.I.C.R.	Comitato Internazionale della Croce Rossa.
C.I.D.	Cooperativa Italiana Doppiatori.
C.I.D.I.	Centro d'Iniziativa Democratica degli Insegnanti.
C.I.F.	Centro Italiano Femminile.
C.I.G.	Cassa Integrazione Guadagni.
C.I.G.A.	Compagnia Italiana dei Grandi Alberghi.
C.I.G.S.	Cassa Integrazione Guadagni Straordinaria.
C.I.L.	Corpo Italiano di Liberazione.
C.I.M.	Centro di Igiene Mentale.
C.I.O.	Comitato Internazionale Olimpico.
C.I.P.	Comitato Interministeriale Prezzi.
C.I.P.A.A.	Comitato Interministeriale per la Politica Agricola e Alimentare.
C.I.P.E.	Comitato Interministeriale per la Programmazione Economica.
C.I.P.E.A.	Comitato Interministeriale per la Politica Economica Agricola.
C.I.P.E.Es.	Comitato Interministeriale per la Politica Economica Estera.
C.I.P.I.	Comitato Interministeriale di Coordinamento per la Politica Industriale.
C.I.S.A.	Centro Italiano Sterilizzazione e Aborto.
C.I.S.A.L.	Confederazione Italiana Sindacati Autonomi dei Lavoratori.
C.I.S.C.	Confederazione Internazionale Sindacati Cristiani.
C.I.S.L.	1 Confederazione Italiana Sindacati Lavoratori 2 Confederazione Internazionale Sindacati Liberi.
C.I.S.Na.L.	Confederazione Italiana Sindacati Nazionali Lavoratori.
C.I.T.	Compagnia Italiana Turismo.
CL	1 Caltanissetta (targa auto) 2 Sri Lanka (Ceylon; targa auto) 3 Comunione e Liberazione (organizzazione religioso-politica).
C.L.N.	Comitato di Liberazione Nazionale.
C.L.N.A.I.	Comitato di Liberazione Nazionale dell'Alta Italia.
C.M.	Circolare Ministeriale.
C.M.E.A.	ingl.: Council for Mutual Economic Assistance (Consiglio di mutua assistenza economica fra i paesi dell'Europa orientale; → COMECON).
CN	Cuneo (targa auto).
C.N.E.L.	Consiglio Nazionale dell'Economia e del Lavoro.
C.N.E.N.	Comitato Nazionale per l'Energia Nucleare.
C.N.G.E.I.	Corpo Nazionale Giovani Esploratori ed Esploratrici Italiani.
C.N.R.	1 Consiglio Nazionale delle Ricerche 2 Cantieri Navali Riuniti.
C.N.R.N.	Comitato Nazionale Ricerche Nucleari.

C.N.U.C.E.	Centro Nazionale Universitario di Calcolo.
CO	(targa auto) 1 Como 2 Colombia.
C.O.G.I.D.A.S.	Centro Operativo Genitori di Iniziativa Democratica e Antifascista nella Scuola.
COLDIRETTI	Confederazione Nazionale coltivatori diretti.
COMECON	Consiglio di Mutua assistenza Economica (fra i paesi dell'Europa orientale; → CMEA).
COMILITER	Comando Militare Territoriale.
COMINFORM	Ufficio d'informazione dei partiti comunisti europei (anche KOMINFORM).
COMINTERN	Internazionale Comunista (Terza Internazionale; anche KOMINTERN).
COMIT	Banca Commerciale Italiana.
COMSAT	ingl.: Communications Satellite Corporation (Società per le comunicazioni via satellite).
CONFAGRICOLTURA	Confederazione Generale dell'Agricoltura Italiana (organizzazione imprenditoriale).
CONFAPI	Confederazione Nazionale della Piccola Industria (organizzazione imprenditoriale).
CONFARTIGIANATO	Confederazione Generale dell'Artigianato Italiano (organizzazione imprenditoriale).
CONFCOMMERCIO	Confederazione Generale del Commercio (organizzazione imprenditoriale).
CONFEDERTERRA	Confederazione Nazionale dei Lavoratori della Terra.
CONFESERCENTI	Confederazione degli Esercenti Attività Commerciali e Turistiche.
CONFINDUSTRIA	Confederazione Generale dell'Industria Italiana (organizzazione imprenditoriale).
C.O.N.I.	Comitato Olimpico Nazionale Italiano.
CONSOB	Commissione per il Controllo delle Società e delle Borse.
COSPAR	ingl.: Committee on Space Research (Comitato di ricerca spaziale).
C.P.	1 Casella Postale 2 Codice Penale 3 Consiglio Provinciale 4 Capitaneria di Porto (CP targa auto).
C.P.C.	Codice di Procedura Civile.
C.P.M.	Codice di Procedura Militare.
C.P.P.	1 Codice di Procedura Penale 2 Comitato Provinciale Prezzi.
C.P.S.	Centro Psico-Sociale.
C.P.U.	ingl.: Central Processing Unit (Unità centrale di elaborazione; negli elaboratori elettronici).
CR	(targa auto) 1 Cremona 2 Costa Rica.
C.R.A.C.I.S.	Corsi Richiano e Aggiornamento Culturale d'Istruzione Secondaria.
C.R.A.L.	Circolo Ricreativo Assistenziale Lavoratori.
C.R.D.	Centro Ricerche e Documentazione.
CREDIT	Credito Italiano.

C.R.I. Croce Rossa Italiana (anche targa auto).

CRIMINALPOL Polizia Criminale.

C.R.P.E. Comitato Regionale per la Programmazione Economica.

C.R.U.E.I. Centro per le Relazioni Universitarie con l'Estero Italiano.

CS (targa auto) **1** Cosenza **2** Cecoslovacchia.

C.S. **1** Codice della Strada **2** Comando Supremo **3** Consiglio di Sicurezza.

C.S.C. Centro Sperimentale di Cinematografia.

C.S.M. Consiglio Superiore della Magistratura.

C.S.N. Consiglio Sanitario Nazionale.

C.S.S. Consiglio Superiore di Sanità.

C.S.Z. Consorzio Sanitario di Zona.

CT Catania (targa auto).

C.T. Commissario Tecnico.

C.T.I. **1** Compagnia Turistica Italiana **2** Consociazione Turistica Italiana (denominazione del → TCI in epoca fascista, 1937-45).

C.T.R. Centro Territoriale di Riabilitazione.

C.U. Commissario Unico.

CU Curaçao (targa auto).

C.U.B. Comitato Unitario di Base.

C.U.S. Centro Universitario Sportivo.

C.U.Z. Consiglio Unitario di Zona (sindacale).

C.V. (*fis.*) Cavallo Vapore.

C.V.L. Corpo di Volontari della Libertà (gruppo spontaneo politico-sindacale).

CY Cipro (targa auto).

CZ Catanzaro (targa auto).

D **1** Germania ovest (targa auto) **2** Diretto (treno) **3** Decreto.

DAMS Discipline delle Arti, della Musica, dello Spettacolo (scuola superiore universitaria).

DB *ingl.: Data Base* (Banca dati).

DBA *ingl.: Data Base Administration* (Banca dati amministrativi).

D.C. Democrazia Cristiana.

D.D.L. Disegno Di Legge.

D.D.R. *ted.: Deutsche Demokratische Republik* (Repubblica Democratica Tedesca; DDR targa auto).

D.D.T. diclorodifeniltricloroetano (insetticida).

D.I. Decreto Interministeriale.

DIGOS Divisione Investigazioni Generali e Operazioni Speciali (della polizia).

DIRSTAT Associazione nazionale funzionari Direttivi dell'amministrazione dello Stato.

DK Danimarca (targa auto).

D.J. Disk Jockey.

D.L. Decreto Legge.

D.M. Decreto Ministeriale.

D.O.C.G. Denominazione di Origine Controllata e Garantita.

DOM Repubblica Dominicana (targa auto).

D.O.M. *lat.: Deo Optimo Maximo* (a Dio, il più buono, il più grande).

D.O.S. *ingl.: Disk Operating System* (Sistema operativo su disco; nell'elaboratore elettronico).

DP Democrazia Proletaria.

D.P. Decreto Presidenziale.

D.P.R. Decreto del Presidente della Repubblica.

DSB *ingl.: Double-Side Band* (Doppia banda laterale).

D.T. Direttore Tecnico.

DY Bénin, ex Dahomey (targa auto).

DZ Algeria (targa auto).

E **1** Spagna (targa auto) **2** Est.

E.A. Ente Autonomo.

E.A.D. Elaborazione Automatica Dati (→ ADP).

EAK Kenia (targa auto).

E.A.T. Extra Alta Tensione.

EAT Tanzania (targa auto).

EAU Uganda (targa auto).

EAZ (o EAT) Zanzibar, Tanzania (targa auto).

EC Ecuador (targa auto).

E.C.A. Ente Comunale di Assistenza.

E.C.A.P. Ente Confederale Addestramento Professionale.

E.C.E. Commissione Economica per l'Europa.

ECG elettrocardiogramma.

ECOSOC *ingl.: Economic and Social Council* (Consiglio economico e sociale; dell'ONU).

ECU *ingl.: European Currency Unit* (Unità monetaria europea).

E.D.P. *ingl.: Electronic Data Processing* (Elaborazione elettronica dei dati).

E.E. Escursionisti Esteri (EE targa auto).

E.E.D. Elaborazione Elettronica dei Dati (→ E.D.P.).

EEG elettroencefalogramma.

E.F.I. Ente Finanziamenti Industriali.

EFIM Ente Partecipazioni e Finanziamento Industrie Manifatturiere.

E.F.T.A. *ingl.: European Free Trade Association* (Associazione europea di libero scambio).

E.H.F. *ingl.: Extremely High Frequency* (Frequenza estremamente elevata).

E.I. Esercito Italiano (anche targa auto).

E.I.A.R. Ente Italiano Audizioni Radiofoniche (odierna → RAI).

EIR Irlanda (targa auto).

E.M.A. *ingl.: European Monetary Agreement* (Accordo monetario europeo; → AME).

EN Enna (targa auto).

E.N.A.I.P. Ente Nazionale ACLI per l'Istruzione Professionale.

E.N.A.L. Ente Nazionale Assistenza Lavoratori.

E.N.A.L.C. Ente Nazionale Addestramento Lavoratori del Commercio.

E.N.A.O.L.I. Ente Nazionale per l'Assistenza agli Orfani dei Lavoratori Italiani.

E.N.A.S.A.R.C.O.	Ente Nazionale di Assistenza per gli Agenti e Rappresentanti di Commercio.
E.N.C.A.T.	Ente Nazionale Corse al Trotto.
E.N.D.A.S.	Ente Nazionale Democratico Azione Sociale.
E.N.E.A.	**1** Comitato nazionale per la ricerca e lo sviluppo dell'Energia Nucleare e delle Energie Alternative **2** *ingl.*: *European Nuclear Energy Agency* (Agenzia europea per l'energia nucleare).
E.N.E.L.	Ente Nazionale per l'Energia Elettrica.
E.N.F.A.P.	Ente Nazionale Formazione Addestramento Professionale.
E.N.I.	Ente Nazionale Idrocarburi.
E.N.I.C.	Ente Nazionale Industrie Cinematografiche.
ENIT	Ente Nazionale Italiano per il Turismo.
E.N.M.	Ente Nazionale della Moda.
E.N.P.A.	Ente Nazionale Protezione Animali.
E.N.P.A.M.	Ente Nazionale di Previdenza e Assistenza Medici.
E.N.P.A.S.	Ente Nazionale di Previdenza e Assistenza per i dipendenti Statali.
E.N.P.D.E.P.	Ente Nazionale di Previdenza per i Dipendenti da Enti di Diritto Pubblico.
E.N.P.I.	Ente Nazionale Previdenza Infortuni.
E.O.	Estremo Oriente.
E.O.K.A.	*gr.*: *Etniki Organosis Kyprion Agoniston* (Organizzazione nazionale combattenti ciprioti).
EP	*ingl.*: *Extended Playing* (Esecuzione estesa, nei dischi microsolco).
E.P.T.	Ente Provinciale per il Turismo.
E.P.U.	*ingl.*: *European Payments Union* (Unione europea dei pagamenti).
ERP	*ingl.*: *European Recovery Program* (Piano di ricostruzione europea; noto anche come Piano Marshall).
ES	El Salvador (targa auto).
E.S.	Elettroshock.
E.S.A.	Ente Spaziale Europeo.
ET	Egitto (targa auto).
E.T.A.	*basco*: *Euzkadi Ta Arkatasuna* (Patria basca e libertà: organizzazione clandestina per l'indipendenza dei paesi baschi).
ETH	Etiopia (targa auto).
EU	Europa.
E.U.R.	Esposizione Universale Roma.
EURATOM	Comunità Europea dell'Energia Atomica.
f	*(mus.)* forte.
F	Francia (targa auto).
F.A.I.	Federazione Anarchica Italiana.
F.A.O.	*ingl.*: *Food and Agriculture Organisation* (Organizzazione ONU per l'alimentazione e l'agricoltura.
F.A.S.T.	Federazione delle Associazioni Scientifiche e Tecniche.
FATSE	Forze Terrestri Alleate del Sud Europeo (NATO).
F.B.I.	*ingl.*: *Federal Bureau of Investigation* (Ufficio federale investigativo).
F.C.	Fuori Corso (di studenti universitari).
F.C.I.	Federazione Ciclistica Italiana.
FE	Ferrara (targa auto).
F.E.D.	*franc.*: *Fonds Européens de Développement* (Fondi europei di sviluppo; → F.E.S.).
F.E.D.C.O.M.	Fondo Europeo di Cooperazione Monetaria.
FEDERCACCIA	Federazione Italiana della Caccia (→ F.I.d.C.).
FEDERCALCIO	Federazione Italiana Gioco Calcio (→ F.I.G.C.).
FEDERCONSORZI	Federazione Italiana dei Consorzi Agrari.
FEDERMECCANICA	Federazione Sindacale dell'Industria Metalmeccanica Italiana (organizzazione imprenditoriale).
FEDERSTAMPA	Federazione Nazionale della Stampa Italiana (organizzazione sindacale di giornalisti; → FNSI).
FEDERTERRA	Federazione dei Lavoratori della Terra (vecchia sigla; ora → FEDERBRACCIANTI).
F.E.M.	Forza Elettro Motrice.
F.E.O.G.A.	Fondo Europeo di Orientamento e Garanzia Agricola.
F.E.P.A.	Federazione Europea per la Protezione delle Acque.
F.E.S.	Fondo Europeo di Sviluppo (→ F.E.D.).
ff, fff	*(mus.)* fortissimo.
FF.AA.	Forze Armate.
FF.SS.	Ferrovie dello Stato (vecchia sigla; ora → FS).
FG	Foggia (targa auto).
F.G.C.I.	Federazione Giovanile Comunista Italiana (affiliata P.C.I.).
F.G.I.	Federazione Ginnastica Italiana.
F.G.R.	Federazione Giovanile Repubblicana.
F.G.S.I.	Federazione Giovanile Socialista Italiana (affiliata P.S.I.).
FI	Firenze (targa auto).
F.I.	Frequenza Intermedia.
F.I.A.	**1** Federazione Internazionale dell'Automobile **2** Frequenza Intermedia Audio **3** Federazione Internazionale dell'Artigianato.
F.I.A.P.	Federazione Italiana Atletica Pesante.
F.I.A.S.	Federazione Italiana Attività Subacquee.
F.I.B.	Federazione Italiana Bancari (CGIL-CISL-UIL).
F.I.B.S.	Federazione Italiana Baseball Softball.
F.I.C.	Federazione Italiana Canottaggio.
F.I.D.A.	Federazione Italiana Dettaglianti dell'Alimentazione.
F.I.D.A.L.	Federazione Italiana di Atletica Leggera.

F.I d.C. Federazione Italiana della Caccia (→ FEDERCACCIA).

F.I.D.E. *franc.*: *Fédération Internationale des Echecs* (Federazione internazionale degli scacchi).

F.I.E.G. Federazione Italiana Editori Giornali.

F.I.F.A. *franc.*: *Fédération Internationale Football Association* (Federazione internazionale del calcio).

F.I.G.B. Federazione Italiana Gioco Bocce.

F.I.G.C. Federazione Italiana Gioco Calcio (→ FEDERCALCIO).

F.I.H.P. Federazione Italiana Hockey e Pattinaggio.

F.I.M. 1 Federazione Italiana Metalmeccanici (CISL) 2 Federazione Italiana Motonautica.

F.I.N. Federazione Italiana Nuoto.

FINMARE Società Finanziaria Marittima.

FINMEC-CANICA Società Finanziaria Meccanica.

FINSIDER Società Finanziaria Siderurgica.

FIOM Federazione Impiegati e Operai Metallurgici (CGIL).

F.I.P. 1 Federazione Italiana Pallacanestro 2 Federazione Italiana della Pubblicità.

F.I.P.A.V. Federazione Italiana Pallavolo.

F.I.P.S. Federazione Italiana della Pesca Sportiva.

F.I.R. 1 Federazione Italiana Rugby 2 Federazione Italiana Ricetrasmissioni.

F.I.S. Federazione Italiana Scherma.

F.I.S.A.F.S. Federazione Italiana Sindacati Autonomi Ferrovie dello Stato.

F.I.S.E. Federazione Italiana Sport Equestri.

F.I.S.G. Federazione Italiana Sport Ghiaccio.

F.I.S.I. Federazione Italiana Sport Invernali.

F.I.S.N. Federazione Italiana Sci Nautico.

F.I.T. Federazione Italiana Tennis.

F.I.T.A.R.C.O. Federazione Italiana di Tiro con l'Arco.

F.I.T.A.V. Federazione Italiana Tiro a Volo.

F.I.T.E.T. Federazione Italiana Tennis Tavolo.

F.I.V. Federazione Italiana Vela.

F.I.V.L. Federazione Italiana Volontari della Libertà.

FJI Figi (targa auto).

FL Liechtenstein (targa auto).

F.L.M. Federazione Lavoratori Metalmeccanici (CGIL-CISL-UIL).

F.L.N. Fronte di Liberazione Nazionale.

F.L.S.I. Federazione Lavoratori dello Spettacolo e dell'Informazione (CGIL-CISL-UIL).

F.M. *ingl.*: *Frequency Modulation* (Modulazione di frequenza).

F.M.I. 1 Fondo Monetario Internazionale (→ I.M.F.) 2 Federazione Motociclistica Italiana.

FMM Forza Magneto Motrice.

F.M.P.A. Federazione Mondiale per la Protezione degli Animali.

F.N.B. *ingl.*: *Federal Narcotics Bureau* (Ufficio federale per i narcotici, negli USA).

F.N.S.I. Federazione Nazionale della Stampa Italiana (→ FEDERSTAMPA).

FO Forlì (targa auto).

FOB *ingl.*: *Free On Board* (prezzo franco a bordo).

FOIST Fondazione per lo Sviluppo della Istruzione Scientifica.

FORMEZ Centro di Formazione e Studi del Mezzogiorno.

F.P.I. 1 Federazione Pugilistica Italiana 2 Federazione Pensionati Italiani (CGIL-CISL-UIL).

F.P.L. Fronte Popolare di Liberazione.

FR (targa auto) 1 Frosinone 2 Fær Øer.

FS Ferrovie dello Stato.

F.S.C. Fratelli Scuole Cristiane.

F.S.I. Federazione Scacchistica Italiana.

F.S.M. Federazione Sindacale Mondiale.

F.U. Farmacopea Ufficiale.

F.U.C.I. Federazione Universitaria Cattolica Italiana.

F.U.L.A.T. Federazione Unitaria dei Lavoratori degli Aerotrasporti (CGIL-CISL-UIL).

F.U.L.C. Federazione Unitaria Lavoratori Chimici (CGIL-CISL-UIL).

F.U.L.T.A. Federazione Unitaria Lavoratori Tessili e dell'Abbigliamento (CGIL-CISL-UIL).

F.U.O.R.I. Fronte Unitario Omosessuale Rivoluzionario Italiano.

G Gabon (targa auto).

G.A.P. 1 Gruppo di Azione Patriottica 2 Gruppo di Azione Partigiana.

G.A.T.T. *ingl.*: *General Agreeement on Tariffs and Trade* (Accordo generale sulle tariffe e sul commercio; Commonwealth).

GB Regno Unito di Gran Bretagna e Irlanda del Nord (targa auto).

GBA Isola Alderney (Gran Bretagna; targa auto).

GBG Isola Guernsey (Gran Bretagna; targa auto).

GBJ Isola Jersey (Gran Bretagna; targa auto).

GBM Isola di Man (Gran Bretagna; targa auto).

GBZ Gibilterra (Gran Bretagna; targa auto).

G.C. 1 Gesù Cristo 2 Genio Civile 3 Gran Croce (decorazione).

GCA Guatemala (targa auto).

G.diF. Guardia di Finanza (anche targa auto).

GE Genova (targa auto).

G.E.I. Giovani Esploratori Italiani.

G.E.P.I. Gestione Editoriale Periodici Italiani.

GESCAL Gestione Case per Lavoratori.

GESTAPO	*ted.: Geheime Staats Polizei* (Polizia segreta di stato; nella Germania nazista).	IATA	*ingl.: International Air Transport Association* (Associazione internazionale dell'aviazione civile).
GH	Ghana (targa auto).	I.B.R.D.	*ingl.: International Bank for Reconstruction and Development* (Banca internazionale per la ricostuzione e lo sviluppo; → B.I.R.D., W.B.).
Ghe.Pe.U. o GHEPEU	*russo: Gosudarstvennos Politiceskoe Upravlenie* (Amministrazione politica di stato: polizia politica dell'URSS).		
GHESTAPO	→ GESTAPO.	IC	*ingl.: InterCity* (Treno rapido internazionale).
G.I.	Giudice Istruttore.	I.C.	Imposta Complementare.
G.I.A.C.	Gioventù Italiana di Azione Cattolica.	I.C.A.O.	*ingl.: International Civil Aviation Organization* (Organizzazione internazionale dell'aviazione civile).
G.I.L.	Gioventù Italiana del Littorio (nell'Italia fascista).		
G.I.S.C.E.L.	Gruppo di Intervento e di Studio nel Campo dell'Educazione Linguistica.	I.C.C.	*ingl.: International Chamber of Commerce* (Camera di commercio internazionale).
G.L.	Giustizia e Libertà (movimento antifascista).	I.C.C.R.E.A.	Istituto di Credito delle Casse Rurali e Artigiane.
G.L.I.	Gioventù Liberale Italiana.	I.C.C.R.I.	Istituto di Credito delle Casse di Risparmio Italiane (→ ITALCASSE).
G.M.T.	*ingl.: Greenwich Mean Time* (Tempo medio di Greenwich).	I.C.E.	Istituto nazionale per il Commercio Estero.
GO	Gorizia (targa auto).	I.C.E.P.S.	Istituto per la Cooperazione Economica con i Paesi in via di Sviluppo.
G.P.	**1** Gran Premio **2** Giunta Provinciale.	I.C.S.C.	*ingl.: International Committee Satellite Communications* (Comitato internazionale per le comunicazioni via satellite).
G.P.A.	Giunta Provinciale Amministrativa.		
G.P.L.	**1** Gas di Petrolio Liquefatto **2** Gas Propano Liquido.		
G.P.U.	→ GHEPEU.	I.D.P.	*ingl.: Integrated Data Processing* (Elaborazione integrata dei dati).
GR	**1** (targa auto) Grosseto **2** (targa auto) Grecia **3** Giornale Radio.	I.F.	*ingl.: Intermediate Frequency* (Frequenza intermedia).
G.R.A.	Grande Raccordo Anulare (viabilità).	I.F.I.	Istituto Finanziario Italiano.
G.T.	**1** Gran Turismo **2** Giudice Tutelare.	I.G.E.	Imposta Generale sull'Entrata.
		I.G.M.	**1** Istituto Geografico Militare **2** Ispettorato Generale della Motorizzazione.
G.U.	Gazzetta Ufficiale.		
G.U.F.	Gruppi Universitari Fascisti.		
GUY	Guyana (targa auto).	I.I.B.	Istituto Internazionale dei Brevetti.
GV	Grande Velocità (*franc.: Grande Vitesse*) (treni).	IL	Israele (targa auto).
h	altezza.	I.L.O.	*ingl.: International Labour Organization* (Organizzazione Internazionale del Lavoro; → OIL).
H	**1** Ungheria (targa auto) **2** (*ingl.: Hospital*) Ospedale.		
HF	Alta Frequenza.	ILOR	Imposta Locale sui Redditi.
H.H.	*ingl.: double Hard* (Durezza doppia, di matite).	IM	Imperia (targa auto).
		I.M.F.	*ingl.: International Monetary Fund* (Fondo Monetario Internazionale; → F.M.I.).
HK	Hong Kong (targa auto).		
HKJ	Giordania (targa auto).		
H.M.	*ingl.: His, Her Majesty* (Sua Maestà).	I.M.I.	**1** Istituto Militare Italiano **2** Istituto Mobiliare Italiano.
H.P.	*ingl.: Horse Power* (Cavallo vapore).	I.M.Q.	Istituto del Marchio di Qualità.
H.R.	*ingl.: Human Relations* (Relazioni umane; → R.U.).	I.N.A.	Istituto Nazionale Assicurazioni.
I	Italia (targa auto).	I.N.A.D.E.L.	Istituto Nazionale per l'Assistenza ai Dipendenti degli Enti Locali.
I.A.C.P.	Istituto Autonomo per le Case Popolari.	I.N.A.I.L.	Istituto Nazionale per l'Assicurazione contro gli Infortuni sul Lavoro.
I.A.D.	Istituto Accertamento Diffusione.		
I.A.E.A.	*ingl.: International Atomic Energy Agency* (Agenzia internazionale per l'energia atomica).	I.N.A.M.	Istituto Nazionale per l'Assistenza contro le Malattie.
		I.N.A.S.	Istituto Nazionale Assistenza Sociale (patronato CISL).
IARD	Identificazione e Assistenza Ragazzi Dotati.	I.N.C.A.	Istituto Nazionale Confederale di Assistenza (patronato CGIL).
I.A.R.U.	*franc.: International Amateur Radio Union* (Unione internazionale radioamatori).	I.N.C.I.S.	Istituto Nazionale per le Case degli Impiegati dello Stato.
I.A.S.M.	Istituto per l'Assistenza allo Sviluppo del Mezzogiorno.	INCOM	Industria Cortometraggi.
		IND	India (targa auto).

I.N.P.S. Istituto Nazionale Previdenza Sociale.

I.N.T. Istituto Nazionale Trasporti.

INTELSTAT *ingl.*: *International Telecommunications Satellite Consortium* (Consorzio internazionale per le telecomunicazioni via satellite).

INTERPOL *ingl.*: *International Police* (Polizia internazionale).

INVEST Sviluppo e Gestione Investimenti Mobiliari.

INVIM Imposta Comunale sull'Incremento di Valore degli Immobili.

I.O.C.S. *ingl.*: *Input Output Control System* (Sistema di controllo di entrate e uscite dei dati).

I.O.R. Istituto Opere di Religione (istituto bancario del Vaticano).

I.P.A. **1** *ingl.*: *International Phonetic Association* (Associazione fonetica internazionale; → API) **2** Istituto di Previdenza e Assistenza.

I.P.A.B. Istituzioni Pubbliche di Assistenza e Beneficenza.

IPAL Istituto Professionale di Stato per l'Agricoltura.

I.P.A.S. Istituto Professionale Alberghiero Statale.

I.P.S. Istituto Poligrafico dello Stato.

I.P.S.I.A. Istituto Professionale di Stato per l'Industria e l'Artigianato.

IR Iran (targa auto).

I.R.A. *ingl.*: *Irish Republican Army* (Esercito repubblicano irlandese; organizzazione armata clandestina).

I.R.C.E. Istituto per le Relazioni Culturali con l'Estero.

I.R.I. Istituto per la Ricostruzione Industriale.

IRL Irlanda (targa auto).

IRPEF Imposta sul Reddito delle Persone Fisiche.

IRPEG Imposta sul Reddito delle Persone Giuridiche.

IRQ Iraq (targa auto).

I.R.R.S.A.E. Istituto Regionale per la Ricerca, la Sperimentazione e l'Aggiornamento Educativo.

IS (targa auto) **1** Isernia **2** Islanda.

I.S.C.O. Istituto Nazionale per lo Studio della Congiuntura.

I.S.E.F. Istituto Superiore di Educazione Fisica.

ISFOL Istituto per la Formazione professionale dei Lavoratori.

I.S.M.E.O. Istituto per gli Studi sul Medio ed Estremo Oriente.

I.S.O. *ingl.*: *International Organization for Standardisation* (Organizzazione internazionale per la standardizzazione).

I.S.P.I. Istituto per gli Studi di Politica Internazionale.

I.S.P.T. Istituto Superiore delle Poste e delle Telecomunicazioni.

I.S.S. Istituto Superiore di Sanità.

I.S.T.A.T. Istituto Centrale di Statistica.

ISTEL Indagine Sull'ascolto delle Televisioni in Italia.

I.S.T.I.M. Istituto Superiore di Tecnologia Industriale e Meccanica.

I.S.V.E. Istituto di studi per lo Sviluppo Economico.

ISVEIMER Istituto per lo Sviluppo Economico dell'Italia Meridionale.

I.T.A.L. Istituto di Tutela e Assistenza Lavoratori (patronato UIL).

ITALCASSE → ICCRI.

I.T.A.S. Istituto Tecnico Agrario di Stato.

I.T.C. Istituto Tecnico Commerciale.

I.T.C.P.A. Istituto Tecnico Commerciale Periti Aziendali.

I.T.F. Istituto Tecnico Femminile.

I.T.G. Istituto Tecnico per Geometri.

I.T.I.S. Istituto Tecnico Industriale Statale.

I.T.P. Insegnante Tecnico Pratico (nelle scuole medie superiori).

I.T.S.O.S. Istituto Tecnico Statale a Ordinamento Speciale.

I.T.T.S. Istituto Tecnico di Stato per il Turismo.

I.T.U. *ingl.*: *International Telecommunication Union* (Unione internazionale delle telecomunicazini).

I.U.L.M. Istituto Universitario di Lingue Moderne.

I.V.A. Imposta sul Valore Aggiunto.

I.Y.H.F. *ingl.*: *International Youth Hotels Federation* (Federazione internazionale degli alberghi per la gioventù).

J Giappone (targa auto).

JA Giamaica (targa auto).

JR (*lat. junior* = il più giovane) junior.

K **1** Cambogia (o Kampuchea; targa auto) **2** Köchel (L. von Köchel, che catalogò le opere di Mozart).

K.G.B. *russo*: *Komitet Gosudarstvennoi Bezopasnosti* (Comitato di sicurezza dello stato; servizi segreti URSS).

K.O. *ingl.*: *Knock-Out* (Fuori combattimento).

KOMINFORM → COMINFORM.

KOMINTERN → COMINTERN.

KOMSOMOL *russo*: *kommunisticeskij Sovieticeskij Molodiesh* (Gioventù Comunista sovietica).

KWT Kuwait (targa auto).

L Lussemburgo (targa auto).

L.A.C. **1** Libere Attività Complementari (nella scuola media dell'obbligo) **2** Lega Abolizione Caccia.

LAFTA *ingl.*: *Latin American Free Trade Association* (Associazione latino-americana di libero scambio; → ALALC).

LAO Laos (targa auto).

LAR Libia (targa auto).

LB Liberia (targa auto).

L.C. Lotta Continua (movimento politico).

L.C.D. *ingl.*: *Liquid Crystal Display* (Visualizzatore a cristalli liquidi).

LE — Lecce (targa auto).

LED — *ingl.*: *Light Emitting Diode* (Diodo a emissione luminosa).

L.F. — *ingl.*: *Low Frequency* (Bassa frequenza).

LI — Livorno (targa auto).

L.I.D. — Lega Italiana per il Divorzio.

L.I.P.U. — Lega Italiana per la Protezione degli Uccelli.

LL.AA. — Loro Altezze.

LL.PP. — Lavori Pubblici.

L.N. — Luna Nuova.

L.N.I. — Lega Navale Italiana.

L.O.C. — Lega Obiettori di Coscienza (contro il servizio militare).

L.P. — 1 *ingl.*: *Long Playing* (Lunga esecuzione) 2 Luna Piena.

LS — Lesotho (targa auto).

LT — Latina (targa auto).

LU — Lucca (targa auto).

L.U.C.E. — L'Unione Cinematografica Educativa (istituto cinematografico).

M — Malta (targa auto).

MA — Marocco (targa auto).

M.A.E. — Ministero degli Affari Esteri.

MAL — Malaysia (targa auto).

MC — (targa auto) 1 Macerata 2 Monaco (principato).

M.C.D. — Massimo Comun Divisore.

M.C.E. — Movimento di Cooperazione Educativa.

M.C.L. — Movimento Cristiano dei Lavoratori.

m.c.m. — minimo comune multiplo.

M.C.M. — Manifatture Cotoniere Meridionali.

M.D. — 1 Magistratura Democratica 2 Medicina Democratica 3 *ingl.* (*lat. Medicinae Doctor* = dottore in medicina): medico, dottore.

ME — Messina (targa auto).

M.E. — 1 Movimento Europeo 2 Medio Evo.

M.E.C. — Mercato Comune Europeo.

MEX — Messico (targa auto).

mf — (*mus.*) mezzo forte.

M.F. — *ingl.*: *Medium Frequency* (Media frequenza).

M.F.E. — Movimento Federalista Europeo.

MI — Milano (targa auto).

MINCULPOP — Ministero della Cultura Popolare (nell'Italia fascista).

M.I.T. — 1 *ingl.*: *Massachusetts Institute of Technology* (Istituto di tecnologia del Massachusetts) 2 Movimento Italiano Transessuali.

M.K.S.A. — Metro-Kilogrammomassa-Secondo-Ampere.

M.L.D. — Movimento per la Liberazione della Donna.

M.L.S. — Movimento dei Lavoratori per il Socialismo.

M.M. — Marina Militare (MM targa auto).

MN — Mantova (targa auto).

MO — Modena (targa auto).

M.O. — Medio Oriente.

MONTEDISON — Montecatini Edison.

mp — (*mus.*) mezzo piano.

M.P. — *ingl.*: *Military Police* (Polizia militare).

MS — (targa auto) 1 Massa Carrara 2 Isole Mauritius.

M.S. — Movimento Studentesco.

M.S.A. — Movimento dei Socialisti Autonomi.

M.S.I.-D.N. — Movimento Sociale Italiano - Destra Nazionale.

MT — 1 (targa auto) Matera 2 (*fis.*) Media Tensione 3 (*fis.*) Megaton.

M.T.M. — *ingl.*: *Methods Time Measurement* (Misura tempi e metodi).

MW — 1 Megawatt 2 Malawi (targa auto).

N — 1 Nord 2 Norvegia (targa auto) 3 (*fis.*) Newton.

NA — (targa auto) 1 Napoli 2 Antille olandesi.

NAD — Nucleo Anti-Droga (dei carabinieri).

N.A.P. — Nuclei Armati Proletari.

N.A.R. — Nuclei Armati Rivoluzionari.

N.A.S. — Nucleo Anti-Sofisticazioni (dei carabinieri).

N.A.S.A. — *ingl.*: *National Aeronautic and Space Administration* (Ente aeronautico e spaziale USA).

N.A.T.O. — *ingl.*: *North Atlantic Treaty Organization* (Organizzazione del trattato nord atlantico).

N.B. — Nota Bene.

N.B.C. — 1 *ingl.*: *National Broadcasting Company* (Compagnia nazionale di radiodiffusione, negli USA) 2 (*mil.*) Nucleare, Batteriologica, Chimica (istruzione).

N.C.E.U. — Nuovo Catasto Edilizio Urbano.

N.C.T. — Nuovo Catasto Territoriale.

N.D. — Nobil Donna.

N.d.A. — Nota dell'Autore.

N.d.E. — Nota dell'Editore.

N.d.R. — Nota della Redazione.

N.d.T. — Nota del Traduttore.

N.E. — Nord-Est.

N.E.P. — *russo*: *Nowaja Ekonomiceskaje Politika* (Nuova politica economica nell'URSS 1921-29).

NF — Terranova (Canada; targa auto).

N.G.I. — Navigazione Generale Italiana.

NH — (*lat. Nobilis Homo*) Nobil Uomo.

NIC — Nicaragua (targa auto).

NL — Paesi Bassi (targa auto).

NMR — *ingl.*: *Nuclear Magnetic Resonance* (Risonanza Magnetica Nucleare (→ RMN).

NN — (*lat. nescio nomen* = non conosco i nome) di paternità ignota.

N.N.E. — Nord-Nord-Est.

N.N.O. — Nord-Nord-Ovest.

NO — Novara (targa auto).

N.O. — Nord-Ovest.

N.O.C.S. — Nucleo Operativo Corpi Speciali (della Polizia di stato).

N.S. — Nostro Signore.

N.S.G.C. — Nostro Signore Gesù Cristo.

N.T. — 1 Nuovo Testamento 2 non trasferibile (assegno).

NU	Nuoro (targa auto).
N.U.	1 Nazioni Unite (→ ONU) 2 Nettezza Urbana.
NZ	Nuova Zelanda (targa auto).
O	Ovest.
O.A.P.E.C.	*ingl.*: *Organization of Arab Petroleum Exporting Countries* (Organizzazione dei paesi arabi esportatori di petrolio) (→ AOPEC).
O.A.S.	1 *franc.*: *Organisation Armée Secrète* (Organizzazione armata segreta; in Francia, anni Sessanta, contro l'indipendenza dell'Algeria) 2 *ingl.*: *Organization of the American States* (Organizzazione degli stati del continente americano; → OSA).
O.A.U.	*ingl.*: *Organization of African Unity* (Organizzazione per l'unità africana) (→ O.U.A.).
O.C.C.	Organizzazione per la Cooperazione Commerciale (→ O.I.C.).
O.C.D.E.	*franc.*: *Organisation de Coopération et de Développement Economiques* (Organizzazione per la cooperazione e lo sviluppo economico; → O.C.S.E.).
O.C.I.C.	*franc.*: *Office Catholique International de Cinématographe* (Ufficio cattolico internazionale del cinematografo).
O.C.S.E.	Organizzazione per la Cooperazione e lo Sviluppo Economico.
O.D.E.C.A.	*spagn.*: *Organización de los Estados Centro-Americanos* (Organizzazione degli stati dell'America Centrale).
O.E.C.E.	Organizzazione Europea per la Cooperazione Economica.
O.F.M.	Ordine dei Frati Minori.
O.I.L.	Organizzazione Internazionale del Lavoro (→ ILO).
O.L.P.	Organizzazione per la Liberazione della Palestina.
O.M.	Ordinanza Ministeriale.
O.M.M.	Organizzazione Meteorologica Mondiale (→ W.M.O.).
O.M.R.	Ordine al Merito della Repubblica.
O.M.S.	Organizzazione Mondiale della Sanità (→ W.H.O.).
O.N.B.	Opera Nazionale Balilla (organizzazione giovanile fascista).
O.N.D.	Organizzazione Nazionale Dopolavoro (in epoca fascista).
O.N.M.I.	Opera Nazionale Maternità e Infanzia.
O.N.M.I.C.	Opera Nazionale Mutilati e Invalidi Civili.
ONU	Organizzazione delle Nazioni Unite (→ U.N.O.).
OO.PP.	Opere Pubbliche.
OO.RR.	Ospedali Riuniti.
O.P.	Ordine dei Predicatori (domenicani).
O.P.E.C.	*ingl.*: *Organization of Petroleum Exporting Countries* (Organizzazione dei paesi esportatori di petrolio).
O.P.P.I.	Organizzazione per la Preparazione Professionale degli Insegnanti.
OR	Oristano (targa auto).
O.R.L.	(*med.*) Oto-Rino-Laringoiatria.
O.S.	*ingl.*: *Operating System* (Sistema operativo, in informatica).
O.S.A.	Organizzazione degli Stati Americani (→ OAS).
O.S.B.	(*lat. Ordo Sancti Benedicti*) Ordine dei benedettini.
O.S.SS.A.	Ordine Supremo della Santissima Annunziata.
O.T.C.	*ingl.*: *Organization for Trade Cooperation* (Organizzazione per la cooperazione commerciale; → O.C.C.).
O.U.A.	*franc.*: *Organisation de l'Unité Africaine* (Organizzazione dell'unità africana; → OAU).
O.V.R.A.	Opera di Vigilanza e Repressione Antifascista (polizia politica nell'Italia fascista).
p	(*mus.*) piano.
P	1 Portogallo (targa auto) 2 area di Parcheggio.
PA	(targa auto) 1 Palermo 2 Panamá.
P.A.	1 Pubblica Amministrazione 2 Patto Atlantico 3 Piano Americano (cinema).
PAK	Pakistan (targa auto).
P.A.L.	*ingl.*: *Phase Alternation* (Alternazione di fase da riga a riga) (tv).
PAN AM	*ingl.*: *Panamerican* (linee aeree USA).
P.A.U.	*ingl.*: *Pan-American Union* (Unione panamericana).
PC	Piacenza (targa auto).
P.C.F.	Partito Comunista Francese.
P.C.I.	Partito Comunista Italiano.
P.C.U.S.	Partito Comunista dell'Unione Sovietica.
PD	Padova (targa auto).
P.d'A.	Partito d'Azione.
P.D.I.U.M.	Partito Democratico Italiano di Unità Monarchica.
PdUP	Partito di Unità Proletaria per il Comunismo.
PE	(targa auto) 1 Pescara 2 Perú.
p.f.	per favore.
P.F.R.	Partito Fascista Repubblicano.
PG	Perugia (targo auto).
P.G.	Procuratore Generale.
pH	(*lat.*: *potentia Hydrogenii* = potenziale idrogeno) misura del grado di acidità delle soluzioni.
PI	Pisa (targa auto).
P.I.	Pubblica Istruzione.
P.I.L.	Prodotto Interno Lordo.
P.I.M.E.	Pontificio Istituto delle Missioni Estere.
P.I.N.	Prodotto Interno Netto.
PL	Polonia (targa auto).
P.L.	1 Prodotto Lordo 2 Prima Linea (organizzazione terroristica).
P.L.I.	Partito Liberale Italiano.
P.M.	1 Pubblico Ministero 2 Polizia Militare 3 Pontefice Massimo 4

	(cine) Piano Medio 5 *ingl.*: *Phase Modulation* (Modulazione di fase).
P.M.P.	Partito Monarchico Popolare.
PMT	Malaysia (targa auto).
PN	Pordenone (targa auto).
P.N.F.	Partito Nazionale Fascista.
PNG	Papua Nuova Guinea (targa auto).
P.N.L.	Prodotto Nazionale Lordo.
P.N.M.	Partito Nazionale Monarchico.
P.N.N.	Prodotto Nazionale Netto.
P.O.	1 Posta Ordinaria 2 Potere Operaio (organizzazione politica; → POTOP) 3 *ingl.*: *Post Office* (Ufficio postale; *P.O. Box*, cassetta postale).
P.O.A.	Pontificia Opera di Assistenza.
POLFEM	Polizia Femminile.
POLFER	Polizia Ferroviaria.
POLSTRADA	Polizia Stradale.
POTOP	Potere Operaio (→ P.O.).
pp, ppp	(*mus.*) pianissimo.
P.P.	1 Primo Piano (cinema) 2 Profitti e Perdite.
PPP	Primissimo Piano (cinema).
PP.SS.	Partecipazioni Statali.
PP.TT.	Poste e Telegrafi (vecchia sigla; ora → P.T.).
PR	Parma (targa auto).
P.R.	1 Partito Radicale 2 Procuratore della Repubblica 3 Piano Regolatore 4 Per Ringraziamento.
P.R.G.	Piano Regolatore Generale.
P.R.I.	Partito Repubblicano Italiano.
P.R.M.	*ingl.*: *Public Relations Man* (Addetto alle pubbliche relazioni).
PS	Pesaro (targa auto).
P.S.	1 Pubblica Sicurezza; Polizia di Stato 2 Partita Semplice 3 (*lat.*: *Post Scriptum* = scritto dopo, poscritto).
P.S.d'A.	Partito Sardo d'Azione.
P.S.D.I.	Partito Socialista Democratico Italiano.
P.S.I.	Partito Socialista Italiano.
P.S.I.U.P.	Partito Socialista Italiano di Unità Proletaria.
P.S.L.	Prodotto Sociale Lordo.
P.S.N.	Prodotto Sociale Netto.
P.S.S.C.	*ingl.*: *Physical Science Study Committee* (Comitato per lo studio della scienza fisica).
P.S.U.	1 Partito Socialista Unificato 2 Partito Socialista Unitario.
PT	Pistoia (targa auto).
P.T.	Posta e Telecomunicazioni 2 Polizia Tributaria.
P.T.P.	Posto Telefonico Pubblico.
P 38	Pistola 1938.
P.U.	Polizia Urbana.
PV	Pavia (targa auto).
P.V.	Piccola Velocità (treni).
P.V.C.	*ingl.*: *Poly-Vinyl-Cloride* (Poli-Vinil-Cloruro, cloruro di polivinile).
PY	Paraguay (targa auto).
PZ	Potenza (targa auto).
Q.G.	Quartier Generale.

Q.I.	Quoziente Intellettuale.
R	Romania (targa auto).
R.	1 Regio 2 Raccomandata 3 Rapido (treno).
RA	Argentina (targa auto).
R.A.	Ritenuta d'Acconto.
R.A.F.	1 *ingl.*: *Royal Air Force* (Reale aviazione militare, in Inghilterra) 2 *ted.*: *Rote Armee Fraktion* (Frazione dell'Armata rossa, organizzazione terroristica nella RFT).
R.A.I.	Radio Audizioni Italiane.
RA.I.TV	Radio Televisione Italiana.
R.A.M.	1 Ridotte Attitudini Militari 2 *ingl.*: *Random Access Memory* (Memoria ad accesso casuale, nell'elaboratore elettronico).
R.A.U.	Repubblica Araba Unita.
RC	(targa auto) 1 Reggio Calabria 2 Taiwan.
R.C.	Responsabilità Civile.
RCA	Repubblica Centrafricana (targa auto).
R.C.A.	Responsabilità Civile Autoveicoli.
RCB	Congo, Repubblica popolare (targa auto).
RCH	Cile (targa auto).
R.D.	Regio Decreto.
R.D.L.	Regio Decreto Legge.
RDT	Repubblica Democratica Tedesca (Germania est).
RE	Reggio Emilia (targa auto).
REM	*ingl.*: *Rapid Eye Movements* (movimenti rapidi dell'occhio; stadio di sonno profondo).
RFT	Repubblica Federale Tedesca (Germania ovest).
RG	Ragusa (targa auto).
RH	Haiti (targa auto).
RI	(targa auto) 1 Rieti 2 Indonesia.
RIM	Mauritania (targa auto).
R.I.P.	*lat.*: *Requiescat* o *Requiescant In Pace* (Riposi, o riposino, in pace).
R.L.	Libano (targa auto).
RM	Madagascar (targa auto).
R.M.	Ricchezza Mobile.
RMM	Mali (targa auto).
R.M.N.	Risonanza Magnetica Nucleare (→ N.M.R.).
RN	Niger (targa auto).
R.N.A.	*ingl.*: *Ribonucleic Acid* (acido ribonucleico).
RNR	Zambia (targa auto).
RO	Rovigo (targa auto).
ROK	Corea del Sud (targa auto).
R.O.M.	*ingl.*: *Read Only Memory* (Memoria di sola lettura, nell'elaboratore elettronico).
RP	1 Relazioni Pubbliche 2 Riservata Personale (lettera) 3 Filippine (targa auto).
R.R.	Ricevuta di Ritorno.
R.S.A.	Rappresentanza Sindacale Aziendale.
R.S.I.	Repubblica Sociale Italiana (Repubblica di Salò).

RSM	Repubblica di San Marino.
RSR	Zimbabwe (ex Rhodesia; targa auto).
RSVP	*franc.*: *Répondez S'il Vous Plaît* (Si prega di rispondere).
R.T. o R/T	Radio Telegrafia.
RU	Burundi (targa auto).
R.U.	1 Relazioni Umane (→ H.R.) 2 Regno Unito (di Gran Bretagna e Irlanda del Nord; → U.K.).
R.V.M.	Registrazione Video-Magnetica.
RWA	Ruanda (targa auto).
RX	Raggi X; radiografia.
S	Svezia (targa auto).
S	Sud.
SA	Salerno (targa auto).
S.A.	1 Società anonima 2 Sua Altezza.
S.A.F.F.A.	Società Anonima Fabbriche Fiammiferi e Affini.
S.A.I.	Società Assicuratrice Industriale.
S.A.L.T.	*ingl.*: *Strategic Arms Limitations Talks* (Trattative per la limitazione delle armi strategiche; negoziati USA-URSS).
S.A.M.	Squadre d'Azione Mussolini (nell'Italia fascista).
SAMIA	Salone Mercato Internazionale dell'Abbigliamento.
S.A.P.	Squadra d'Azione Patriottica.
S.A.R.	Sua Altezza Reale.
S.A.R.I.	Sistema Automatico Riconoscimento Indirizzi.
S.A.R.O.M.	Società Azionaria Raffinazione Oli Minerali.
S.A.S.	1 Servizio Assistenza Stradale 2 Sua Altezza Serenissima.
SASMI	Sindacato Autonomo Scuola Media Italiana.
S.A.U.B.	Struttura Amministrativa Unificata di Base (del servizio sanitario).
S.A.U.I.	Struttura Amministrativa Unificata Intermedia (del servizio sanitario).
S.A.U.R.	Struttura Amministrativa Unificata Regionale (del servizio sanitario).
S.C.	1 Suprema Corte (di Cassazione) 2 Sacro Cuore 3 Stato Civile.
S.C.I.	Servizio Civile Internazionale.
S.C.V.	Stato della Città del Vaticano.
SD	Swaziland (targa auto).
S.D.N.	Società delle Nazioni.
SDV	Vaticano (targa auto).
S.E.	1 Sua Eccellenza 2 Sud-Est.
S.E.A.	Società Esercizi Aeroportuali.
S.E.A.T.	Società Elenchi Ufficiali degli Abbonati al Telefono.
S.E.A.T.O.	*ingl.*: *South East Asia Treaty Organization* (Organizzazione del trattato per l'Asia sudorientale).
S.E.D.I.	Società Editrice dei Documenti Italiani.
S.E.L.A.	Sistema Economico Latino Americano.
S.Em.	Sua Eminenza.
S.E.T.	Società Esercizi Telefonici.
SF	Finlandia (targa auto).
S.G.	Sua Grazia.

S.G.M.	Sue Gentili (o Graziose) Mani.
SGP	Singapore (targa auto).
S.H.F.	*ingl.*: *Super High Frequency* (Frequenza superelevata).
SI	1 Siena (targa auto) 2 Sistema Internazionale (di unità di pesi e misure).
S.I.A.E.	Società Italiana Autori ed Editori.
S.I.A.S	Sindacato Italiano Autori e Scrittori.
S.I.C.E.T.	Sindacato Italiano Casa e Territorio.
S.I.D.	Servizio Informazioni Difesa.
S.I.F.	Società Italiana di Fisica.
SIFAR	Servizio Informazioni Forze Armate.
S.I.M.	Servizio Informazioni Militari.
SIMEE	Servizio di Igiene Mentale dell'Età Evolutiva.
SINASCEL	Sindacato Nazionale Scuola Elementare.
S.I.P.	Società Idroelettrica Piemonte (oggi Società italiana per l'esercizio telefonico).
S.I.P.E.	Società Italiana Prodotti Esplosivi.
S.I.P.R.A.	Società Italiana Pubblicità per Azioni (già Società Italiana Pubblicità Radiofonica).
S.I.R.	Società Italiana Resine.
S.I.R.E.	Società Italiana Incremento Razze Equine.
S.I.R.T.I.	Società Italiana Reti Telefoniche Interurbane.
S.I.S.A.L.	Società Italiana Sistemi A Lotto.
S.I.S.DE.	Servizio per l'Informazione e la Sicurezza Democratica.
S.I.S.MI.	Servizio per l'Informazione e la Sicurezza Militare.
S.I.U.L.P.	Sindacato Italiano Unitario dei Lavoratori di Polizia.
S.J.	*lat.*: *Societas Jesus* (Compagnia di Gesù; → c.d.G.).
S.M.	1 Sua Maestà 2 Stato Maggiore 3 Sue Mani.
S.M.A.	Scuola Militare Alpina.
S.M.A.U.	Salone internazionale sistemi per l'informatica, Macchine, Arredamento Ufficio.
SME	Suriname (targa auto).
S.M.E.	1 Sistema Monetario Europeo 2 Stato Maggiore dell'Esercito.
S.M.G.	Stato Maggiore Generale.
S.M.I.	Sua Maestà Imperiale.
S.M.O.M.	Sovrano Militare Ordine di Malta.
SN	Senegal (targa auto).
SNAM	Società Nazionale Metanodotti.
S.N.A.S.E.	Sindacato Nazionale Autonomo Scuole Elementari.
S.N.I.A.	Società Nazionale Industria Applicazioni (Viscosa).
S.N.P.P.R.	Sindacato Nazionale Presidi e Professori di Ruolo.
S.N.S.	Sindacato Nazionale Scrittori.
S.N.S.M.	Sindacato Nazionale Scuola Media.
SO	Sondrio (targa auto).
S.O.	Sud-Ovest.
SOCOF	Sovrimposta Comunale sul reddito dei Fabbricati.

S.O.I.	Società Oleodotti Italiani.
SP	(targa auto) **1** La Spezia **2** Somalia.
S.P.	**1** Santo Padre **2** Strada Provinciale.
S.p.A.	Società per Azioni.
S.P.A.	Società Protettrice degli Animali.
S.P.C.	*ingl.*: *South Pacific Commission* (Commissione del Sud Pacifico).
S.P.E.	**1** Servizio Permanente Effettivo (di militari) **2** Società Pubblicità Editoriale.
S.P.E.S.	Servizio Propaganda e Stampa (della Democrazia Cristiana).
S.P.G.M.	Sue Proprie Gentili Mani.
S.P.I.	Società per la Pubblicità in Italia.
S.P.M.	Sue Proprie Mani.
S.P.Q.R.	*lat.* = *Senatus Populusque Romanus* (il senato e il popolo romano).
SR	(targa auto) **1** Siracusa **2** Rhodesia.
S.R.	Sacra Rota.
S.R.C.	Santa Romana Chiesa.
S.R.I.	Sacro Romano Impero.
S.r.l.	Società a responsabilità limitata.
S.R.M.	Sue Riverite Mani.
SS	**1** Sassari (targa auto) **2** Santi, Sante **3** Santissimo, Santissima.
S.S.	**1** Sua Santità **2** Santa Sede **3** Strada Statale **4** *ted.*: *Schutz Staffeln* (Squadre di sicurezza naziste) **5** Isole Wellesley (Australia; targa auto).
S.S.E.	Sud-Sud-Est.
S.S.N.	Servizio Sanitario Nazionale.
S.S.O.	Sud-Sud-Ovest.
SS.PP.	Santi Padri.
SS.RR.	Sezioni Riunite (della Corte di Cassazione).
S.T.I.P.E.L.	Società Telefonica Interregionale Piemontese e Lombarda.
SU	Unione Sovietica (targa auto).
S.U.	Stati Uniti.
S.U.A	Stati Uniti d'America (→ USA).
S.U.N.I.A.	Sindacato Unitario Nazionale Inquilini e Assegnatari.
SV	Savona (targa auto).
S.V.	Signoria Vostra.
S.V.I.	Signoria Vostra Illustrissima.
SVIMEZ	Associazione per lo Sviluppo del Mezzogiorno.
S.V.P.	*ted.*: *Südtiroler Volkspartei* (Partito popolare sudtirolese).
SWA	Africa del Sud Ovest (Namibia; targa auto).
SY	Seychelles (targa auto).
SYR	Siria (targa auto).
T	**1** Tabacchi (rivendita) **2** Thailandia (targa auto) **3** Traforo (stradale).
TA	Taranto (targa auto).
TAP	*portoghese*: *Transportes Aéreos Portugueses* (linee aeree portoghesi; vecchia denominazione, ora Air Portugal).
TAR	Tribunale Amministrativo Regionale.

T.A.S.S.	*russo*: *Telegrafnoje Agentstvo Sovietskovo Ssojusa* (Agenzia telegrafica dell'Unione Sovietica; agenzia di informazioni giornalistiche).
TBC	Tubercolosi.
TC	Camerun (targa auto).
T.C.D.D.	Tetra Cloro-Dibenzo-para Diossina.
T.C.I.	Touring Club Italiano.
TE	**1** Teramo (targa auto) **2** Trazione Elettrica.
T.E.E.	Trans Europ Express (treno espresso transeuropeo).
TELEX	*ingl.*: *Telegraph Exchange* (Trasmissione per Telescrivente).
TELVE	Società Telefonica delle Venezie.
T.E.N.	Trans Euro Notte (vetture letto di treni transeuropei).
TETI	Telefonica Tirrena.
T.F.	*ingl.*: *Task Force* (unità operativa militare).
TG	**1** TeleGiornale **2** Togo (targa auto).
TGV	Treno a Grande Velocità (*franc.*: *Train à Grande Vitesse*).
T.I.	Turismo Internazionale.
T.I.M.O.	Telefoni Italia Medio-Orientale.
TLC	Telecomunicazioni.
TMA	*ingl.*: *Trans Mediterranean Airways* (linee aeree transmediterranee).
T.M.E.C.	Tempo Medio dell'Europa Centrale.
T.M.G.	Tempo Medio di Greenwich (→ G.M.T.).
TN	(targa auto) **1** Trento **2** Tunisia.
TNT	Trinitrotoluene (o trinitrotoluolo; tritolo).
TO	Torino (targa auto).
TOTIP	Totalizzatore Ippico.
TOTOCALCIO	Totalizzatore Calcistico.
TP	Trapani (targa auto).
TR	(targa auto) **1** Terni **2** Turchia.
TS	Trieste (targa auto).
TT	Trinidad e Tobago (targa auto).
TU	Tempo Universale.
T.U.	Testo Unico.
T.U.S.	Tasso Ufficiale di Sconto.
TUT	Tariffa Urbana a Tempo (del telefono).
TV	**1** Treviso (targa auto) **2** Televisione.
TVC	Televisione a Colori.
TWA	*ingl.*: *Trans World Airlines* (linee aeree USA).
U	Uruguay (targa auto).
U.A.M.C.E.	Unione Africana e Malgascia di Collaborazione Economica.
U.B.I.	Unione Bocciofila Italiana.
U.C.	**1** Ufficiale di Complemento **2** Unione Calcistica.
U.C.D.	Ufficio Catechistico Diocesano.
U.C.E.	Unità di Conto Europea.
U.C.I.	Unione Ciclistica Internazionale.
U.C.I.G.O.S.	Ufficio Centrale per le Investigazioni Generali e le Operazioni Speciali (della Polizia di Stato).
U.C.I.I.M.	Unione Cattolica Italiana Insegnanti Medi.

J.C.I.P. — *franc.*: *Union Catholique Internationale de la Presse* (Unione cattolica internazionale della stampa).

JD — Udine (targa auto).

J.D.C. — *ingl.*: *Universal Decimal Classification* (Classificazione decimale universale; → CDU).

J.D.I. — Unione Donne Italiane.

J.E. — Uso Esterno.

J.E.F. — Unione Europea dei Federalisti.

J.E.F.A. — *ingl.*: *Union European Foot-ball Association* (Unione europea delle Federazioni di calcio).

J.E.O. — Unione dell'Europa Occidentale.

J.G.I. — Unione Goliardica Italiana.

UHF — *ingl.*: *Ultra High Frequency* (Frequenza ultra alta).

UHT — *ingl.*: *Ultra High Temperature* (Temperature ultra alta).

U.I. — 1 Unità Internazionali 2 Uso Interno.

U.I.C. — 1 Ufficio Italiano dei Cambi (→ CAMBITAL) 2 Ufficio Internazionale dei Cambi 3 Unione Italiana Ciechi.

U.I.L. — Unione Italiana del Lavoro.

U.I.L.M. — Unione Italiana Lavoratori Metallurgici (UIL).

U.I.S.P. — Unione Italiana Sport Popolare.

U.I.T. — Unione Internazionale per le Telecomunicazioni.

U.I.T.A.S. — Unione Italiana Tiro a Segno.

U.K. — *ingl.*: *United Kingdom* (Regno Unito di Gran Bretagna e Irlanda del Nord; → R.U.; → GB).

U.M. — Unione Militare.

U.M.I. — 1 Unione Magistrati Italiani 2 Unione Monarchica Italiana 3 Unione Matematica Italiana.

U.N.E.F. — *ingl.*: *United Nations Emergency Forces* (Forze di emergenza delle Nazioni unite).

U.N.E.P.T.A. — *ingl.*: *United Nations Expanded Program of Technical Assistance for economic development of underdeveloped countries* (Programma ampliato delle Nazioni unite per l'assistenza tecnica per lo sviluppo economico dei paesi sottosviluppati).

U.N.E.S.C.O. — *ingl.*: *United Nations Educational, Scientific and Cultural Organization* (Organizzazione delle Nazioni unite per l'educazione, la scienza, la cultura).

UNI — Ente Nazionale per l'Unificazione nell'Industria (di misure, pezzi, formati ecc.).

U.N.I.A. — Unione Nazionale Inquilini e Assegnatari.

UNICE — Unione delle Industrie delle Comunità Europee.

U.N.I.C.E.F. — *ingl.*: *United Nations International Children's Emergency Fund* (Fondo internazionale di emergenza per l'infanzia delle Nazioni unite).

U.N.I.D.O. — *ingl.*: *United Nations Industrial Development Organization* (Organizzazione delle Nazioni unite per lo sviluppo industriale).

U.N.I.R.E. — Unione Nazionale Italiana Incremento Razze Equine.

U.N.I.T.A.R. — *ingl.*: *United Nations Institute for Training and Research* (Istituto di formazione e di ricerca delle Nazioni unite).

UNIVAC — *ingl.*: *Universal Automatic Computer* (Calcolatore universale automatico).

U.N.O. — *ingl.*: *United Nations Organization* (Organizzazione delle Nazioni unite; → O.N.U.).

U.N.R.R.A. — *ingl.*: *United Nations Relief Rehabilitation Administration* (Amministrazione delle Nazioni unite per la riabilitazione e il soccorso dei paesi liberati; dopo la II guerra mondiale).

U.N.U.C.I. — Unione Nazionale Ufficiali in Congedo d'Italia.

U.N.U.R.I. — Unione Nazionale Universitaria Rappresentativa Italiana.

U.P. — United Press (Stampa Unita, agenzia di stampa USA).

UPA — Unione Panamericana.

U.P.T. — Ufficio Provinciale del Tesoro.

U.P.U. — Unione Postale Universale.

U.R.A.R. — Ufficio Registro Abbonamenti Radio e Televisione.

URSS — Unione delle Repubbliche Socialiste Sovietiche.

u.s. — ultimo scorso.

U.S. — 1 Unione Sportiva 2 Ufficio Stampa 3 Uscita di Sicurezza.

USA — *ingl.*: *United States of America* (Stati Uniti d'America) (anche targa auto).

U.S.A.F. — *ingl.*: *United States Air Force* (Aviazione militare USA).

U.S.I.S. — *ingl.*: *United States Information Service* (Ufficio informazioni USA).

U.S.L. — Unità Sanitaria Locale.

U.S.S.L. — Unità Socio-Sanitaria Locale.

U.T.I.F. — Ufficio Tecnico delle Imposte di Fabbricazione.

U.V. — Ultra-Violetto.

U.V.I. — Unione Velocipedistica Italiana.

V — Città del Vaticano (anche targa auto).

VA — Varese (targa auto).

V.A. — Vostra Altezza.

VC — Vercelli (targa auto).

V.C. — 1 Vice Console 2 Valor Civile.

V.C.R. — *ingl.*: *Video Cassette Recorder* (Videoregistratore a cassette).

V.D.Q.S. — Vino Delimitato di Qualità Superiore.

VE — Venezia (targa auto).

V.E. — Vostra Eccellenza.

V.Em. — Vostra Eminenza.

VES — Velocità di Eritrosedimentazione (sedimentazione dei globuli rossi).

VF — Vigili del Fuoco (anche targa auto).

V.G. — Vostra Grazia.

V.H.F.	*ingl.*: *Very High Frequency* (Altissima frequenza).		(Bianco Anglo-Sassone Protestante).
VI	Vicenza (targa auto).	WB	*ingl.*: *World Bank* (Banca mondiale; → B.I.R.D., I.B.R.D.).
VLF	*ingl.*: *Very Low Frequency* (Bassissima frequenza).	WD	Dominica (targa auto).
V.M.	**1** Vostra Maestà **2** Valor Militare.	W.E.U.	*ingl.*: *Western European Union* (Unione Europa occidentale).
VN	Vietnam (targa auto).	W.F.T.U.	*ingl.*: *World Federation of Trade Unions* (Federazione mondiale dei sindacati).
V.O.	Velocità Ordinaria (treni).		
V.P.	Vicepresidente.		
V.Q.P.R.D.	Vino di Qualità Prodotto in Regioni Delimitate.	W.F.U.N.A.	*ingl.*: *World Federation of United Nations Association* (Federazione mondiale delle associazioni delle Nazioni unite).
VR	Verona (targa auto).		
V.S.	**1** Vostra Signoria **2** Vostra Santità.		
V.S.O.	*ingl.*: *Very Superior Old* (stravecchio superiore; cognac dai 12 ai 17 anni di invecchiamento).	WG	Grenada (targa auto).
		W.H.O.	*ingl.*: *World Health Organization* (Organizzazione mondiale della sanità; → O.M.S.).
V.S.O.P.	*ingl.*: *Very Superior Old Pale* (stravecchio superiore paglierino; cognac dai 18 ai 25 anni di invecchiamento).	WL	**1** *franc.*: *Wagons-Lits* (Carrozze-letto) **2** Santa Lucia (targa auto).
		W.M.O.	*ingl.*: *World Meteorological Organization* (Organizzazione meteorologica mondiale).
V.S.Q.P.R.D.	Vino Spumante di Qualità Prodotto in Regioni Delimitate.		
VT	Viterbo (targa auto).	W.P.	*ingl.*: *Word Processing* (Trattamento delle parole, elaborazione elettronica di testi).
V.T.	Vecchio Testamento.		
V.T.R.	*ingl.*: *Video Tape Recorder* (Videoregistratore a nastro).	WS	Samoa Occidentali (targa auto).
V.U.	Vigile Urbano.	W.W.F.	*ingl.*: *World Wildlife Fund* (Fondo mondiale per la natura).
V.V.S.O.P.	*ingl.*: *Very Very Superior Old Pale* (super stravecchio superiore paglierino; cognac dai 25 ai 40 anni di invecchiamento).	Y.C.I.	Yacht Club d'Italia.
		YMN	Yemen (targa auto).
		YU	Iugoslavia (targa auto).
		YV	Venezuela (targa auto).
W	**1** *ingl.*: *West* (Ovest) **2** Watt.	Z	Zambia (targa auto).
WAG	Gambia (targa auto).	ZA	Sudafrica (targa auto).
WAL	Sierra Leone (targa auto).	Z.d.G.	Zona di Guerra.
WAN	Nigeria (targa auto).	ZP	Zona Portuale.
W.A.S.P.	*ingl.*: *White Anglosaxon Protestant*	ZR	Zaire (targa auto).

Locuzioni d'autore

Sono comprese in questo elenco le più note locuzioni, in italiano, latino o lingue straniere, spesso ricorrenti nel parlare comune senza che se ne citi l'origine, che pure è storicamente nota. L'ordine è puramente alfabetico, quindi tiene conto anche di articoli, pronomi, proposizioni.

Absit iniuria verbo
(*lat. = non ci sia offesa nella parola*)

Si dice quando si teme che qualche parola possa offendere l'interlocutore, e corrisponde quindi all'ital. «sia detto senza offesa». Adattamento di una frase di Tito Livio (IX, 19 e XXXVI, 7: *absit invidia verbo*).

A ciascuno il suo

→ Unicuique suum.

Acqua alle corde

Frase pronunciata dal capitano di mare Bresca, di San Remo, allorché dovendosi innalzare il 10-IX-1586 in Piazza San Pietro l'obelisco egiziano (alto 25,50 m) che si trovava nel Circo di Nerone, e avendo il papa Sisto V imposto ai presenti il silenzio sotto pena di morte, il Bresca vide le corde che reggevano il monolito allungarsi e cedere. L'avvertimento, subito seguito, permise il felice esito dell'operazione, e il Bresca, anziché condannato, fu premiato. Si cita a volte a proposito di un consiglio non richiesto, ma provvidenziale.

Adelante, Pedro, con juicio
(*spagn. = Avanti, Pietro, con giudizio*)

Famosa frase dei *Promessi sposi* (XIII; testualmente vi si trova: *Pedro, adelante con juicio* e *Adelante, presto con juicio*) rivolta da Ferrer al cocchiere, mentre la carrozza del cancelliere attraversava la folla in tumulto. Usata proverbialmente per raccomandare rapidità e prudenza insieme.

Ad usum Delphini
(*lat. = ad uso del Delfino*)

Furono così dette le edizioni dei classici greci e latini, espurgate, nei passi più crudi, per servire al Delfino di Francia, figlio di Luigi XIV. La frase si applica oggi a tutto ciò che sia manipolato a sostegno di un interesse, di una tesi ecc.

Ai posteri l'ardua sentenza

Famosa frase tratta dal *Cinque maggio* di A. Manzoni (vv. 31-32), il quale si astiene dal pronunciare un giudizio su Napoleone, appena morto, lasciando questo compito ai posteri, che avranno maggiore distacco critico. Si cita quando ci si sente troppo vicini a un avvenimento per poterne dare un giudizio obiettivo.

Alea jacta est
(*lat. = il dado è tratto*)

Frase pronunciata da Cesare (Svetonio, *Vita di Cesare*, 32), nel passare con le truppe il fiume Rubicone, che le leggi romane vietavano di varcare in armi. Indica una decisione irrevocabile.

Après nous le déluge
(*franc. = dopo di noi il diluvio*)

Frase attribuita alla marchesa di Pompadour, che l'avrebbe detta, per consolare Luigi XV, dopo la sconfitta di Rossbach (5-IX-1757). In italiano vale: dopo aver provveduto a noi stessi, non ci importa di che cosa possa accadere agli altri.

Apriti Sesamo!

Formula magica con cui Alì Babà, in una novella delle *Mille e una notte*, apre una caverna miracolosa. Si dice, scherzosamente, come per invocare un intervento magico di fronte a una difficoltà che non si è in grado di risolvere.

Audaces fortuna juvat
(*lat. = la fortuna aiuta gli audaci*)

Famoso verso incompleto tratto dall'*Eneide* di Virgilio (X, 284). La forma corretta è: *Audentes fortuna juvat*.

Beati pauperes spiritu
(*lat. = beati i poveri di spirito*)

Una delle «beatitudini» pronunciate da Gesù Cristo (*Matteo*, V, 3) per indicare coloro che amano di cuore la povertà; nella tradizione popolare s'intende riferita a coloro cha hanno poco spirito, gli sciocchi.

Bevi, Rosmunda!

→ Rosmunda, bevi!

Brindiam nei lieti calici

Interpretazione popolare del celebre brindisi, che più esattamente suona: *Libiam nei lieti calici / che la bellezza infiora* (*Traviata*, atto I, scena II; parole di F.M. Piave, musiche di G. Verdi).

Carneade! Chi era costui? Celebre frase che A. Manzoni (*Promessi Sposi*, VIII) fa dire a Don Abbondio, parlando da solo. Si dice scherzosamente *un Carneade* di persona ignota, di uno sconosciuto.

Carpe diem
(*lat. = cogli il giorno*) Famoso invito di Orazio (*Odi*, I, 11, 8) a godere la vita giorno per giorno, senza preoccuparsi del futuro.

Casa, dolce casa → Home, sweet home.

Castigat ridendo mores
(*lat. = corregge i costumi ridendo*) Frase che il letterato francese Jean de Santeuil (sec. XVII) improvvisò per un busto del celebre arlecchino Domenico Biancolelli. Si dice di critica condotta senza asprezza e pedanteria, ma usando piuttosto un registro comico o brillante.

Cherchez la femme
(*franc. = cercate la donna*) Frase pronunciata da un poliziotto parigino nel dramma *Les Mohicans de Paris* di A. Dumas padre; si usa per significare che vi è sempre una donna all'origine d'ogni intrigo.

Chi è senza peccato scagli la prima pietra Frase evangelica *Qui sine peccato est vestrum, primus in illam lapidem mittat* (*Giovanni*, VIII, 7), che Gesù Cristo rivolse alla folla che voleva lapidare un'adultera. Si cita per moderare l'asprezza di giudizio e la mancanza di comprensione verso debolezze e imperfezioni.

Cicero pro domo sua
(*lat. = Cicerone per la propria casa*) Titolo di un'orazione di Cicerone, pronunciata per riavere il suolo su cui sorgeva la casa che gli era stata bruciata; si cita per spiegare il calore interessato di certe difese.

Ci rivedremo a Filippi Narra Plutarco (*Vita di Cesare*, 78,69) che a Bruto, dopo l'uccisione di Cesare, apparve di notte il suo cattivo genio che gli predisse con queste parole la sconfitta di Filippi. La frase si usa per minacciare una prossima resa dei conti.

Cogito, ergo sum
(*lat. = penso, dunque esisto*) Constatazione fondamentale dell'esistenza di un soggetto pensante, sulla quale il filosofo francese René Descartes (Cartesio) costruì il suo sistema.

Come volevasi dimostrare → Quod erat demonstrandum.

Conosci te stesso Massima iscritta sul frontone del tempio di Delfi, in Grecia, che poi Socrate pose a fondamento della sua filosofia. Sul significato originario della massima esistono interpretazioni discordi. Comunemente viene interpretata e citata come un invito ad approfondire la conoscenza di sé stessi prima di mettersi in rapporto con la realtà esterna.

Convergenze parallele A. Moro avrebbe definito «governo di convergenze parallele» quello presieduto da A. Fanfani e appoggiato dai partiti di centro nel 1960-62, dopo la caduta del governo Tambroni (ma egli smentì la paternità di questa definizione, attribuitagli da fonti giornalistiche e riportata anche da C. Pinzani nella *Storia d'Italia*, vol. IV, pag. 2639, Einaudi 1975). Si cita per alludere a difficili coesistenze, o anche, genericamente, all'oscurità e alla contraddittorietà di certo linguaggio politico.

Cortigiani vil razza dannata Parole pronunciate da Rigoletto nell'opera omonima (atto II, scena I; testo di F.M. Piave, musiche di G. Verdi) all'indirizzo dei cortigiani che gli avevano rapito per beffa la figlia. Si ripetono, scherzosamente, per bollare il comportamento servile di chi opera alle dipendenze di qualcuno.

Cosa fatta capo ha Sentenza proverbiale che alcuni storici fiorentini, narrando l'origine delle fazioni dei guelfi e dei ghibellini in Firenze, mettono in bocca a Mosca Lamberti, il quale avrebbe così spinto i suoi a uccidere Buondelmonte dei Buondelmonti, colpevole di aver rotto la promessa di matrimonio con una fanciulla degli Amidei. La frase, ripresa anche da Dante (*capo ha cosa fatta*, *Inf.*, XXVIII, 107), viene citata come un invito a troncare indugi e ripensamenti che trattengono dall'agire.

Così fan tutte Lorenzo da Ponte intitolò così una celebre opera, musicata da W.A. Mozart, la cui trama dimostra che nessuna donna è costante in amore. La frase divenne una delle tante proverbiali accuse della leggerezza femminile.

Croce e delizia

Parole tratte dalla grande aria di Violetta (*Traviata*, atto I, scena V; testo di F.M. Piave, musiche di G. Verdi): ... *quell'amor ch'è palpito/dell'universo intero,/misterioso, altero,/croce e delizia al cor*. Si ripetono, scherzosamente, riferendosi a qualcuno o a qualcosa che dà gioia ma anche preoccupazioni e guai.

Cum grano salis
lat. = con un granello di sale)

Locuzione che significa: con un po' di discernimento. Probabilmente forma volgarizzata di: *addito salis grano* di Plinio il Vecchio (*Naturalis Historia*, XXIII, 77, 3).

Date a Cesare quel che è di Cesare, a Dio quel che è di Dio

Famosa risposta data da Gesù Cristo (*Matteo*, XXII, 21) ai farisei che insidiosamente gli avevano chiesto se bisognasse pagare i tributi a Cesare. È entrata nella tradizione come un invito ad attribuire a ciascuno ciò che gli compete, evitando confusioni e interferenze indebite.

Datemi un punto d'appoggio e solleverò il mondo

Libera traduzione dal testo greco del geometra alessandrino Pappo (*Collezioni matematiche*, libro VIII), che attribuisce questa frase ad Archimede. Si cita per affermare che la difficoltà di fare qualcosa non sta nella cosa stessa, ma nella mancanza dei presupposti indispensabili per compierla.

De gustibus non est disputandum
(lat. = non bisogna discutere sui gusti)

Proverbio in latino medievale: si cita di fronte a scelte altrui, che non condividiamo ma che rinunciamo a criticare.

Delenda Carthago!
(lat. = bisogna distruggere Cartagine)

Adattamento di una frase che alcuni storici greci e romani (Plutarco, *Vita di Catone seniore*, paragrafo 27; Tito Livio, libro XLIX delle *Storie* ecc.) mettono in bocca a Marco Porcio Catone censore, il quale esortava il senato a distruggere Cartagine, che aveva riacquistato grande floridezza dopo la seconda guerra punica. La frase si cita, soprattutto nel linguaggio politico, per affermare la necessità di togliere di mezzo un nemico, di eliminare alla radice un problema, prima che diventino troppo pericolosi.

Dio me l'ha data, guai a chi me la tocca!

Frase pronunziata da Napoleone Bonaparte alludendo alla corona ferrea, nell'atto di cingerla durante l'incoronazione a re d'Italia nel Duomo di Milano il 26-V-1805. Si dice, scherzosamente, quando si vuole affermare un proprio diritto esclusivo su qualcosa che si possiede.

Divide et impera
(lat. = dividi per dominare)

Massima politica, variamente attribuita al senato romano, a Filippo il Macedone, a Luigi XI di Francia. È spesso citata in riferimento a chi gioca sulle divisioni dell'avversario per indebolirlo.

Elementare, Watson

Frase che il detective S. Holmes, protagonista delle *Avventure di Sherlock Holmes* di A. Conan Doyle, rivolge al suo aiutante, il dottor Watson, ogniqualvolta trae complicatissime deduzioni da debolissimi indizi, che sfuggirebbero a chiunque altro. La frase, divenuta molto popolare, si cita ironicamente per commentare qualcosa di molto ovvio o, al contrario, di assolutamente imprevedibile.

Eppur si muove!

Galileo Galilei, dopo aver letto in ginocchio l'abiura delle due dottrine sul movimento della Terra, che erano state condannate dalla chiesa, avrebbe poi pronunziato alzandosi questa frase (22-VI-1633), dagli studiosi ritenuta però apocrifa. La frase si cita scherzosamente per riaffermare la verità di qualcosa che è appena stato negato o messo in dubbio.

Errare humanum est, perseverare autem diabolicum
(lat. = errare è cosa umana, perseverare nell'errore è diabolico)

Adagio scolastico di incerta origine, entrato però largamente nell'uso. Se ne cita soprattutto la prima parte per esprimere tolleranza di fronte agli errori altrui e propri.

Essere o non essere, questo è il problema

→ To be, or not to be, that is the question.

Est modus in rebus
(lat. = c'è una misura nelle cose)

Famoso detto di Orazio (*Satire*, I, 1, 106), che esprime l'ideale classico del giusto mezzo. Si cita per raccomandare moderazione o deplorarne la mancanza.

Eureka
(*gr. = ho trovato*)

Esclamazione attribuita ad Archimede (sec. III a.C.), il quale l'avrebbe pronunciat allorché, mentre si bagnava, intuì improvvisamente la legge del peso specifico de corpi. Si usa, scherzosamente, per annunciare che si è trovata la soluzione di un pro blema.

Festina lente
(*lat. = affrettati lentamente*)

Motto attribuito ad Augusto (Svetonio, *Augusto*, XXV) che lo citava in greco. Esorta zione ad agire rapidamente, ma con prudenza.

Fragilità, il tuo nome è donna!

Famosa esclamazione di Amleto nel dramma di Shakespeare (atto I, scena 2).

Fuori i barbari!

Motto attribuito tradizionalmente a Giulio II della Rovere, papa dal 1503 al 1513 durante la lotta contro la Francia. Si usa, con tono scherzoso, per estromettere qualcuno non gradito o estraneo.

Galeotto fu il libro e chi lo scrisse

Di questo famoso verso, tratto dall'episodio di Paolo e Francesca (Dante, *Inf.*, V. 137), si cita soprattutto la prima parte (spesso parafrasandola e sostituendo a «libro» ciò che si adatta di volta in volta alla situazione), per indicare ciò che o chi ha favorito l'incontro di due innamorati.

Gaudeamus igitur, iuvenes dum sumus
(*lat. = godiamo dunque, finché siamo giovani*)

Inizio di un antico canto goliardico scritto in Germania e diffuso in tutta l'Europa fin dal medioevo.

Gratis et amore Dei
(*lat. = gratuitamente e per amore di Dio*)

Locuzione usata nel linguaggio familiare quando si dà o si riceve qualche cosa gratuitamente (vedi anche Manzoni, *Promessi Sposi*, XIV).

Guai ai vinti!
(*in latino: Vae victis!*)

Parole pronunciate, secondo la tradizione, da Brenno, capo dei galli, quando, dopo il saccheggio di Roma nel 390 a.C., gettò la propria spada sulla bilancia con la quale si stava pesando l'oro del tributo imposto ai romani. Significa che il vinto è alla mercé del vincitore.

Gutta cavat lapidem
(*lat. = la goccia scava la pietra*)

Notissimo proverbio citato da Ovidio (*Ex Ponto*, IV, 10). Si cita a proposito di un'azione lenta ma tenace che alla fine raggiunge lo scopo.

Hic manebimus optime
(*lat. = qui resteremo benissimo*)

Frase attribuita da Tito Livio (V, 55) a un centurione romano che l'avrebbe pronunciata per sostenere che la capitale dovesse rimanere a Roma, mentre il senato, dopo l'incendio di Roma da parte dei galli (390 a.C.), discuteva sul trasferimento della capitale a Veio. È stata usata, in situazioni storiche diverse, da personaggi che proclamavano la propria intenzione di non recedere da una conquista o da una sistemazione che ritenevano ideale.

Hoc erat in votis
(*lat. = questo era il mio desiderio*)

Parole di Orazio (*Satire*, 1, 2, 6): si usano con riferimento a un desiderio o a un augurio realizzatosi.

Home, sweet home
(*ingl. = casa, dolce casa*)

Sono le parole iniziali di una canzone, diffusa in tutti i paesi anglosassoni, composta dall'americano J.H. Payne nel secolo scorso. Vengono ripetute scherzosamente per sottolineare il conforto che l'ambiente familiare offre, rispetto alle difficoltà del mondo esterno.

Homo homini lupus
(*lat. = l'uomo è lupo per l'uomo*)

Parole di Plauto (*Asinaria*, II, 4, 88), riprese da Bacone e Hobbes per indicare l'egoismo umano.

Honni soit qui mal y pense
(*franc. = sia vituperato chi ne pensa male*)

Motto dell'ordine cavalleresco inglese della Giarrettiera, istituito da Edoardo III (sec. XIV) in onore della contessa di Salisbury. Il re, avendo raccolto, durante il ballo, una giarrettiera caduta alla contessa, riprese, con queste parole, i cortigiani che sorridevano maliziosamente. Si usa, scherzosamente, per trarsi d'impaccio in una situazione imbarazzante.

Il dado è tratto

→ Alea jacta est.

Il mio regno per un cavallo!

Celebre invocazione di Riccardo III, re d'Inghilterra, cui era stato ucciso il cavallo, nella battaglia di Bosworth Field (22-VIII-1485). Si cita quando si è disposti a pagare un prezzo spropositato per qualcosa che ci sta molto a cuore.

Il re è morto, viva il re!

→ Le roi est mort, vive le roi!

In alto i cuori!

→ Sursum corda!

In cauda venenum
(*lat. = nella coda sta il veleno*)

Espressione (allude alla coda velenosa dello scorpione) con cui si indica un discorso, uno scritto ecc. che dopo un inizio apparentemente innocuo termini con punte polemiche o maliziose.

In hoc signo vinces
(*lat. = in questo segno vincerai*)

Traduzione latina della frase greca che Costantino avrebbe letto intorno alla croce apparsagli, durante una visione, nel 312 d.C., prima di attaccare battaglia con Massenzio al Ponte Milvio.

In medio stat virtus
(*lat. = la virtù sta nel mezzo*)

Sentenza della filosofia scolastica medievale; deriva da Aristotele. Viene usata come invito alla moderazione.

In tutt'altre faccende affaccendato

Così il Giusti (*Sant'Ambrogio*, ottava II) dice del cervello di Sua Eccellenza, alto funzionario filoaustriaco, troppo impegnato per darsi cura dei problemi culturali e, nella fattispecie, per leggere *I Promessi Sposi*. La frase si ripete, con la stessa ironia dell'autore, a proposito di persone impegnate, più o meno lecitamente, in attività diverse da quelle di cui dovrebbero occuparsi.

In vino veritas
(*lat. = nel vino sta la verità*)

Proverbio antico che si ritrova in gran numero di autori; significa che un uomo sotto l'influsso del vino rivela la sua vera natura e tutto ciò che teneva nascosto.

Io era tra color che son sospesi

Con queste parole, messe in bocca a Virgilio, Dante (*Inf.*, II, 52) allude alla condizione delle anime del limbo, sospese tra il desiderio di conoscere Dio e la consapevolezza che ciò non è possibile. Il verso si cita con riferimento a situazioni di incertezza.

Ipse dixit
(*lat. = egli ha detto*)

Formula scolastica con cui si alludeva a una autorità indiscussa; l'*Ipse*, il *Magister*, per eccellenza, era Aristotele. Si cita scherzosamente, con riferimento a chi si ritiene un'autorità in un determinato campo.

J'accuse
(*franc. = io accuso*)

Titolo della famosa lettera aperta al presidente della repubblica francese, Félix Faure (pubblicata sull'«Aurore» del 13-I-1898), con cui Émile Zola denunciava alla pubblica opinione il «caso Dreyfus».

La calunnia è un venticello

Così inizia la cabaletta di Don Basilio (*Barbiere di Siviglia*, atto I, scena VI; testo di C. Sterbini, musiche di G. Rossini): *La calunnia è un venticello/un'auretta assai gentile/che insensibile, sottile,/leggermente, dolcemente/incomincia a sussurrar*. Il verso si cita per ricordare come è facile costruire e diffondere notizie false e calunniose, prive di fondamento.

Lacrime, sudore e sangue

Parole pronunciate da W. Churchill (in ingl. *blood, sweat and tears* 'sangue, sudore e lacrime') nel discorso col quale il 13-5-1940 annunciò alla Camera dei comuni la decisione del governo di entrare in guerra contro la Germania. Churchill poteva promettere al popolo solo sacrifici, ma riteneva che per l'Inghilterra non ci fosse altra scelta. Sono citate, nel linguaggio politico e sindacale, quando si prospetta ai cittadini una situazione di emergenza e si chiedono loro sacrifici.

La donna è mobile

Inizio della canzone del Duca di Mantova (*Rigoletto*, atto III, scena II; testo di F.M. Piave, musiche di G. Verdi): *La donna è mobile/qual piuma al vento/muta d'accento - e di pensier*. Il verso è divenuto una delle tante accuse, trite e proverbiali, dell'incostanza e della leggerezza femminili.

La fortuna aiuta gli audaci

→ Audaces fortuna juvat.

Lasciate ogni speranza, voi ch'entrate!

Queste parole «di colore oscuro» Dante vede scritte sulla porta dell'Inferno (*Inf.*, III, 9). Il verso si cita, scherzosamente, quando si affronta una situazione rischiosa con scarse speranze di uscirne bene.

Laudator temporis acti
(*lat. = lodatore del tempo passato*)

Frase con la quale Orazio (*Arte poetica*, 173) allude all'abitudine, comune in genere ai vecchi, di condannare il presente in nome di una supposta superiorità del passato.

La virtù sta nel mezzo

→ In medio stat virtus.

Le perle ai porci

→ Margaritas ante porcos.

L'erba del vicino è sempre più verde

Titolo di un film del 1960 (del regista S. Donen, con C. Grant e D. Kerr), che a sua volta riprende un proverbio anglosassone. Significa che le situazioni degli altri ci appaiono spesso migliori della nostra, anche se ciò non è vero.

Le roi est mort, vive le roi!
(*franc. = il re è morto, viva il re!*)

Parole rituali con cui nella vecchia monarchia francese si annunciavano simultaneamente la morte del re e l'avvento al trono del successore. La frase sta a indicare continuità di potere pur nell'avvicendamento delle persone.

L'état c'est moi
(*franc. = lo stato sono io*)

Frase che Luigi XIV re di Francia avrebbe pronunciato, appena diciassettenne, al parlamento di Parigi, per troncare d'autorità la discussione di alcuni decreti. Si cita a proposito di chi esercita arbitrariamente il proprio potere.

Libiam nei lieti calici!

→ Brindiam nei lieti calici!

Lo spirito è pronto ma la carne è debole

Parole rivolte da Cristo ai discepoli (*Matteo*, XXVI, 41) sul Monte degli Ulivi. Si ripete, scherzosamente, per confessare la debolezza dei sensi.

Lucus a non lucendo
(*lat. = il bosco [lucus], si chiama così perché non vi è luce*)

Frase di Quintiliano (*De institutione oratoria*, I, 6, 34) citata spesso come prototipo di etimologie assurde e di illazioni arbitrarie.

L'uomo giusto al posto giusto

→ The right man in the right place.

Lupus in fabula
(*lat. = il lupo nel discorso*)

Indica che al sopraggiungere di una persona mentre se ne sta parlando, generalmente si ammutolisce. Si credeva infatti che chi incontrava un lupo perdesse la voce, se il lupo vedeva per primo l'uomo. Oggi si usa, più semplicemente, per commentare il sopraggiungere di una persona nel momento in cui se ne sta parlando.

Margaritas ante porcos
(*lat. = le perle davanti ai porci*)

Frase del Vangelo (*Matteo*, VII, 6) che si ripete quando taluno non apprezza ciò che si fa o si dice per lui.

Memento audere semper
(*lat. = ricordati di osare sempre*)

Motto creato da Gabriele D'Annunzio al tempo della beffa di Buccari, interpretando la sigla M.A.S. (Motoscafi Armati Svan, poi Motoscafi Anti Sommergibili) delle motosiluranti.

Mens sana in corpore sano
(*lat. = mente sana in corpo sano*)

Secondo Giovenale (*Satire*, X, 356) l'uomo saggio dovrebbe richiedere alla divinità soltanto sanità di corpo e di mente; la locuzione si cita oggi per sostenere che la sanità del corpo è una condizione importante per la sanità dello spirito.

Modus vivendi
(*lat. = modo di vivere*)

Locuzione del linguaggio diplomatico: compromesso raggiunto in attesa di un accordo definitivo, fra due parti o stati in litigio. La frase è entrata anche nel linguaggio comune, a indicare un compromesso raggiunto con altri o con sé stessi.

Mutatis mutandis
(*lat. = mutate le cose che devono essere mutate*)

Antica formula notarile; vale: eccezione fatta per le eventuali modifiche necessarie. Nel linguaggio comune si usa riferita a situazioni analoghe ma non identiche.

Naturam expelles furca, tamen usque recurret
(*lat. = caccia la natura con la forca, essa ritornerà*)

Celebre verso di Orazio (*Epistole*, I, 10, 24): significa che non vi è cosa più difficile che spogliarsi della propria natura.

Natura non facit saltus
(*lat. = la natura non fa salti*)

Proposizione che si trova in Linneo (*Fundamenta botanica*, cap. XXVII), ma fu usata anche da autori precedenti, con qualche variante. Significa che i processi naturali si svolgono seguendo una catena di passaggi, nessuno dei quali viene mai saltato perché ciascuno di essi non è altro che una trasformazione del precedente.

Nec plus ultra
(*lat. = non più oltre*)

Leggendaria iscrizione (conosciuta anche nella forma *Non plus ultra*) posta sulle colonne che Ercole innalzò in Calpe e in Abila (stretto di Gibilterra). Si credeva che quelle colonne segnassero i limiti del mondo, oltre i quali era vietato ai mortali di andare. Oggi si ripete alludendo a una cosa perfetta nel suo genere, che non ne ammette alcuna superiore.

Nemo propheta acceptus est in patria sua
(*lat. = nessun profeta è accettato nella sua patria*)

Frase evangelica (*Luca*, IV, 24; e, con qualche variante, *Matteo*, XIII, 7; *Marco*, VI, 4), con cui Gesù Cristo commenta il fatto che la sua predicazione viene rifiutata proprio nella sinagoga di Nazareth. La frase, nella forma abbreviata *Nemo propheta in patria*, viene citata per constatare che spesso chi ha una parola nuova da dire trova più facilmente ascolto fuori dal proprio ambiente o paese.

Niente di nuovo sotto il sole

→ Nihil sub sole novum.

Nihil sub sole novum (novi)
(*lat. = non v'è nulla di nuovo sotto il sole*)

Parole di Salomone (*Ecclesiaste*, I, 10), con cui si allude al perenne ripetersi nella vita umana di fatti e circostanze analoghi.

Noblesse oblige
(*franc. = nobiltà fa obbligo*)

Motto del duca P.M.G. de Lévis (1755-1830); sta ad indicare i doveri che comporta il rango nobiliare. Nel linguaggio comune viene riferito ironicamente a chi non si accontenta di scelte ordinarie, ma sceglie solo ciò che ritiene all'altezza del proprio stato, della propria condizione.

Noli me tangere
(*lat. = non mi toccare*)

Parole rivolte da Gesù Cristo a Maria Maddalena, dopo la resurrezione (*Giovanni*, XX, 17). Si dice, scherzosamente, di persona piena di sussiego.

Non di solo pane vive l'uomo

Deformazione della frase evangelica (*Matteo*, IV, 4): *Non in solo pane vivit homo, sed in omni verbo, quod procedit de ore dei* (*lat. = non di solo pane vive l'uomo, ma di qualunque cosa che Dio comandi*). La frase allude al fatto che gli ebrei nel deserto vivessero di manna, e ha poi un significato allegorico. Nell'uso comune, si cita la frase italiana intendendo dire che la soddisfazione dei bisogni materiali non basta per vivere una vita compiutamente umana.

Nondum matura est; nolo acerba sumere
(*lat. = non è ancora matura; non voglio prenderla acerba*)

Espressione tratta dalla favola di Fedro *La volpe e l'uva*; si dice di coloro che fingono di disprezzare ciò che non possono o non sanno ottenere.

Non olet
(*lat. = non puzza, non ha odore*)

La frase è attribuita a Vespasiano dallo storico Svetonio (*Vita Vespasiani*, cap. 23). L'imperatore avrebbe risposto al figlio Tito, per giustificarsi del fatto di aver posto una tassa sugli orinatoi pubblici, che il denaro così ottenuto non puzzava. Si cita ancora oggi quando si accetta del denaro senza guardare tanto per il sottile la sua provenienza.

Non plus ultra

→ Nec plus ultra.

Non siamo insensibili al grido di dolore

Con questa frase (che si completa con: *che da tante parti d'Italia si leva verso di noi*) Vittorio Emanuele II (*Discorso della corona* all'apertura del parlamento subalpino, 10-I-1859) alludeva alle speranze che gli italiani ancora sottomessi a governi stranieri riponevano nel Piemonte. Si cita di solito scherzosamente per significare che ci si è resi conto di una situazione che richiede un nostro intervento, di una richiesta, individuale o collettiva, che vuole trovare ascolto.

No pasarán
(*spagn. = non passeranno*)

Slogan dei repubblicani spagnoli durante la guerra civile contro i fascisti di Franco (1936-1939), lanciato da Dolores Ibarruri, nota come «La Pasionaria», animatrice e guida della resistenza spagnola. Divenuto molto popolare, è citato spesso in analoghe situazioni di lotta, oppure scherzosamente per affermare la volontà di opporsi recisamente a qualcosa o a qualcuno.

Nudi alla meta

La frase fu pronunciata da B. Mussolini nel 1923, in un discorso con cui respinse la proposta di assumere il titolo di duca di Rodi dopo l'annessione di quest'isola all'Italia. Si ripete, scherzosamente, intendendo dire che si vuole raggiungere un determinato scopo, costi quel che costi.

Obbedisco

Con questa parola G. Garibaldi rispose da Bezzecca, il 9-VIII-1866, al dispaccio del generale La Marmora che gli intimava di ritirare le sue truppe dal Trentino, dove stava conducendo una campagna vittoriosa contro gli austriaci. Si cita alludendo al fatto che si è obbligati da un interesse o da un'autorità superiore a eseguire un ordine che non si condivide.

Occhio per occhio, dente per dente

È la «legge del taglione», contenuta nell'Antico Testamento (*Esodo*, XXI, 24), che richiedeva che ogni offesa fosse ripagata con un'offesa pari.

Omnia munda mundis
(*lat.* = tutto è puro per i puri)

Sentenza biblica; celebre risposta data da padre Cristoforo nei *Promessi Sposi* di A. Manzoni (cap. VIII), allo scrupoloso fra Fazio, scandalizzato perché il padre aveva accolto, di notte, nel convento Lucia e Agnese.

Omnia vincit amor
(*lat.* = l'amore vince ogni cosa)

Celebre emistichio di Virgilio (*Egloghe*, X, 69).

Ora e sempre Resistenza

Così si conclude *Il monumento a Kesselring*, epigrafe dettata da P. Calamandrei in onore dei morti nella Resistenza, in risposta alla provocatoria affermazione nazista del maresciallo Von Kesselring che gli italiani avrebbero dovuto fargli un monumento. La frase è divenuta uno slogan delle lotte della sinistra.

Ora incomincian le dolenti note

(Dante, *Inf.*, V, 25) È il primo verso di una terzina in cui Dante dice che comincia a sentire i lamenti delle anime dei lussuriosi: *Ora incomincian le dolenti note/a farmisi sentire; or son venuto/là dove molto pianto mi percuote*. Si cita, scherzosamente, quando una situazione comincia a farsi spiacevole, difficile, pericolosa.

O sancta simplicitas
(*lat.* = o santa semplicità)

Così avrebbe esclamato il sacerdote boemo Giovanni Hus il 6-VII-1415, a Costanza, quando vide un contadino e una vecchia gettare con fanatismo nuova legna nel rogo, sul quale egli stava per morire bruciato come eretico. Si dice ironicamente alludendo a una condotta ingenua.

O tempora, o mores!
(*lat.* = o tempi, o costumi!)

Esclamazione con cui Cicerone (*Catilinarie*, I, 1) deplorava la corruzione dei suoi tempi. Si può, ovviamente, riferire alla corruzione di qualsiasi epoca.

Paganini non ripete

La frase, nota anche nella formulazione *Paganini non replica*, è attribuita a N. Paganini che avrebbe risposto così all'ordine del re Carlo Felice, che assisteva a un suo concerto al Regio Teatro del Falcone nel 1825, di ripetere un pezzo che era piaciuto molto. Si cita, scherzosamente, per commentare analoghi rifiuti.

Paga Pantalone

La frase, molto popolare, nacque probabilmente come satira politica dopo il trattato di Campoformio (17-X-1797) che segnò la fine dell'indipendenza della repubblica di Venezia, ceduta da Napoleone all'Austria in cambio di altri benefici per la Francia (Pantalone, tipica maschera veneziana, rappresenta in questo caso Venezia stessa; e la frase si cita anche in veneziano: *paga Pantalon*.) Oggi si cita in svariate situazioni, non necessariamente politiche, in cui qualcuno paga per tutti gli altri e magari è proprio quello a cui meno spetterebbe farlo.

Panem et circenses
(*lat.* = pane e giochi del circo)

Parole con cui Giovenale (*Satire*, X, 81) alludeva alle misure prese in età imperiale per tacitare la plebe. Si usano per bollare misure politiche intese a sopire il malcontento senza rimuoverne le cause.

Parigi val bene una messa
(*franc.* = Paris vaut bien une messe)

Parole attribuite a Enrico di Navarra (poi Enrico IV di Francia), quando, per spianarsi la via al trono, abiurò il calvinismo accettando la fede cattolica (luglio 1593). La frase si ripete, in genere scherzosamente, quando si transige con i propri principi per raggiungere un certo scopo.

Parturiunt montes: nascetur ridiculus mus
(*lat.* = partoriscono i monti e nascerà un ridicolo topo)

Espressione riferita da Orazio (*Arte poetica*, 139) a quei poemi nei quali un solenne proemio è seguito da uno svolgimento insignificante. Si ripete a proposito di fatti inferiori all'attesa.

Questa o quella per me pari sono

(*Rigoletto*, atto I, scena I; testo di F.M. Piave, musiche di G. Verdi.) *Questa o quella per me pari sono / a quant'altro d'intorno mi vedo; / del mio core l'impero non cedo / meglio ad una che ad altra beltà.* Parole pronunciate dal Duca di Mantova con riferimento alle proprie avventure galanti: si citano, fuori del contesto, per commentare l'indifferenza o il cinismo di una scelta.

Qui si fa l'Italia o si muore

Frase che G.C. Abba (*Da Quarto al Volturno. Noterelle di uno dei Mille*) attribuisce a Garibaldi, come risposta a N. Bixio che gli consigliava di ritirarsi prima della battaglia di Calatafimi (15-v-1860). Si ripete, scherzosamente, quando ci si rifiuta di ritirarsi da un'impresa rischiosa, o si vuole terminare a tutti i costi un lavoro iniziato.

Qui si parrà la tua nobilitate

Dante (*Inf.*, II, 9) rivolge queste parole a sé stesso nell'invocazione alle Muse posta all'inizio del II canto dell'*Inferno*: esse esprimono la trepidazione dell'uomo e dell'artista che si accinge a un cammino tanto arduo e a un'opera tanto nuova e difficile: se riuscirà, dimostrerà veramente di possedere eccezionali doti morali, intellettuali e artistiche. Il verso si cita per commentare una prova difficile, ma alla quale non ci si può sottrarre se si vuol dimostrare le proprie capacità.

Quod erat demonstrandum
(*lat. = ciò che volevasi dimostrare*)

Formula conclusiva nella dimostrazione di teoremi, specialmente di Euclide (abbreviata in *q. e. d.*); usata anche ironicamente, quando si verificano ipotesi formulate in precedenza. Si cita anche in italiano: *come volevasi dimostrare* (in sigla C.V.D.).

Quod non fecerunt barbari, Barberini fecerunt
(*lat. = ciò che non fecero i barbari, fecero i Barberini*)

Pasquinata contro il papa Urbano VIII (Maffeo Barberini) che si servì dei bronzi tolti dal Pantheon per fare cannoni e per decorare l'altar maggiore di San Pietro. Si suole ripetere a proposito di atti vandalici, o malversazioni, compiuti proprio da coloro che, per la loro posizione, meno avrebbero dovuto.

Quot capita, tot sententiae
(*lat. = quante teste, altrettanti giudizi*)

Massima che si legge nel *Phormio* di Terenzio (atto II, scena 4, 14; propriamente *quot homines, tot sententiae*); indica la varietà dei giudizi umani.

Quosque tandem, Catilina, abutere patientia nostra?
(*lat. = fino a quando, Catilina, abuserai della nostra pazienza?*)

Frase che apre la prima Catilinaria (discorso contro Lucio Sergio Catilina) di Cicerone. Se ne ripetono scherzosamente le prime due o tre parole, per lamentarsi di una situazione che sta diventando esasperante.

Quo vadis?
(*lat. = dove vai?*)

Titolo di un famoso romanzo del polacco E. Sienkievicz (1895), ambientato nel periodo delle prime persecuzioni contro i cristiani. Deriva dalla frase: *Domine, quo vadis?* (*lat. = Signore, dove vai?*), che, secondo parecchie fonti cristiane dei primi secoli, l'apostolo Pietro avrebbe rivolto a Cristo, apparsogli mentre si allontanava da Roma per sfuggire alle persecuzioni. Cristo gli avrebbe risposto: «Vado a Roma, a farmi crocifiggere per la seconda volta», facendo così vergognare l'apostolo della propria paura. Questa domanda si rivolge talora, scherzosamente, a qualcuno di cui ci sfuggono le intenzioni.

Rara avis in terris nigroque simillima cycno
(*lat. = uccello rarissimo sulla terra, quasi come un cigno nero*)

Espressione iperbolica di Giovenale (*Satire*, VI, 165) a proposito di Lucrezia, moglie di Collatino, e Penelope, moglie di Ulisse, citate come rari esempi di virtù muliebri. Si ripetono le due prime parole per indicare qualcuno o qualcosa di eccezionale, di straordinario.

Rari nantes in gurgite vasto
(*lat. = rari nuotatori sull'immenso mare*)

Emistichio virgiliano (*Eneide*, I, 118) che si riferisce ai naufraghi delle navi di Enea. Proverbialmente sono usate le due prime parole per indicare uno scarso numero di cose o persone disperse in un luogo vastissimo o fra molte altre cose o persone, o anche a proposito di pochi che compiono un'impresa.

Ridi pagliaccio

Amare parole di Canio, personaggio di *I pagliacci* (libretto e musica di R. Leoncavallo), in una famosa romanza del I atto; attore girovago, chiamato in scena mentre tenta di far confessare alla giovane moglie il nome dell'amante, maledice il destino dell'attore a cui la parte impone di ridere anche se le sue vicende private sono dolorose. La frase si cita per commentare situazioni in cui si è costretti a mascherare un triste stato d'animo sotto un'apparente allegria.

Roma o morte

Grido di guerra dei garibaldini, nei due tentativi, falliti, di marciare su Roma, dall'Aspromonte (1862) e da Mentana (1867); è riportato da numerosi biografi di Garibaldi. Si cita, scherzosamente, quando si vuole ottenere qualcosa a tutti i costi.

Rosmunda, bevi!

Parole, tratte dalla ballata di G. Prati *Una cena d'Alboino re*, con cui Alboino, re dei longobardi, invita Rosmunda, sua prigioniera e moglie, a bere in un calice ricavato dal teschio del padre di lei, che Alboino ha fatto uccidere. Si citano scherzosamente invitando qualcuno a bere, soprattutto se si tratta di una bevanda sgradita (anche nella forma: *Bevi, Rosmunda!*).

S'è fatta l'Italia, ma non si fanno gli Italiani

Parole di M. D'Azeglio nell'introduzione ai *Miei Ricordi*; esprimevano l'esigenza di educare politicamente e socialmente il popolo italiano. La frase si può ripetere anche oggi per constatare una carenza di coscienza civile.

Semel in anno licet insanire
(*lat. = una volta all'anno è lecito fare il pazzo*)

Sentenza proverbiale nel medioevo; forse riferibile a un passo del perduto *De superstitione* di Seneca, citato da sant'Agostino (*De Civitate Dei*, VI, 10). Si usa, ripetendo di solito le prime tre parole, per giustificare una debolezza passeggera.

Sempre pernici!

→ Toujours perdrix!

Senza infamia e senza lode

Parole liberamente tratte da un verso di Dante (*Inf.*, III, 36) che suona letteralmente: *che visser sanza infamia e sanza lode*. Si riferisce agli ignavi, che si trovano nel vestibolo dell'inferno perché non fecero del male, ma non seppero neanche operare il bene per indolenza e vigliaccheria, e non si esposero quindi a critiche, ma non meritarono neanche lodi. Si cita riferendosi a qualcuno o a qualcosa di mediocre, anonimo.

Sepolcri imbiancati

Parole usate correntemente per indicare gli ipocriti; derivano da un passo del Vangelo (*Matteo*, XXIII, 25), in cui Cristo paragona scribi e farisei a sepolcri che appaiono belli a chi guarda, ma dentro non contengono che ossa di morti e putredine.

Sia detto senza offesa

→ Absit injuria verbo.

Sic transit gloria mundi
(*lat. = così passa la gloria del mondo*)

Parole che il cerimoniere ripete tre volte davanti al pontefice neoeletto. La frase si usa per indicare la caducità delle cose umane.

Si vendetta, tremenda vendetta

Famosa invocazione di Rigoletto nell'opera omonima (atto II, scena 8; testo di F.M. Piave, musiche di G. Verdi), quando decide di far uccidere il Duca di Mantova che gli ha disonorato la figlia. Si cita, scherzosamente, scoprendo che ci è stato fatto un torto.

Si vis pacem, para bellum
(*lat. = se vuoi la pace, prepara la guerra*)

Sentenza che si trova in forma simile in Vegezio (IV sec. d.C.) (*Institutio rei militaris*, III, *Prologo.*) Significa che la miglior garanzia di pace è un armamento che scoraggi le mire aggressive del nemico.

Sursum corda!
(*lat. = in alto i cuori!*)

Parole contenute nel prefazio della messa. Si usano popolarmente come frase di incoraggiamento.

Tanto nomini nullum par elogium
(*lat. = a tanto nome nessun elogio adeguato*)

Epitaffio sul monumento a N. Machiavelli in Santa Croce a Firenze. La frase si ripete quando si vuol fare un elogio ironico a qualcuno.

The right man in the right place
(*ingl. = l'uomo giusto al posto giusto*)

Frase diventata famosa e fatta propria da molti uomini politici e dirigenti economici, ma pronunciata la prima volta da sir Austen H. Layard in un discorso alla camera dei comuni, il 15-I-1855. Si cita spesso con ironia, per alludere a chi non è adatto ai compiti che gli sono affidati.

Timeo Danaos et dona ferentes
(lat. = temo i greci anche quando recano doni)

Parole che Laocoonte disse ai troiani (*Eneide*, II, 49) per dissuaderli dall'introdurre in città il famoso cavallo di legno, abbandonato dai greci. Significano che bisogna sempre diffidare dei nemici, anche se si presentano in veste di amici.

Tiremm innanz!
(dial. milanese = andiamo avanti!)

Frase attribuita al popolano milanese Amatore Sciesa, fucilato dagli austriaci nel 1851, che l'avrebbe pronunciata davanti a casa sua, dove era stato fatto fermare, mentre veniva condotto al supplizio, nell'intento di strappargli i nomi dei compagni. Si ripete, scherzosamente, quando si decide, malgrado tutto, di riprendere e continuare ciò che si stava facendo e si era interrotto.

To be, or not to be, that is the question
(ingl. = essere o non essere, questo è il problema)

Famoso dilemma di Amleto, nella tragedia omonima (Shakespeare, *Amleto*, atto III, scena 1). Notissimo e citato, sia in italiano, sia nella lingua originale, per commentare scherzosamente situazioni di incertezza e indecisione.

Toujours perdrix!
(franc. = sempre pernici!)

Secondo una tradizione, probabilmente apocrifa, Enrico IV, re di Francia, rimproverato dal confessore per le infedeltà coniugali, avrebbe fatto imbandire al sacerdote, per molti giorni, solo pernici; finché un giorno il confessore, stanco di dover mangiare sempre il medesimo cibo, per prelibato che fosse, esclamò: *Tojours drix!*, al che il sovrano avrebbe replicato: *Tojours reine!* (sempre regina!).

Tout est perdu fors l'honneur
(franc. = tutto è perduto tranne l'onore)

Motto ricavato da un passo della lettera che Francesco I di Francia scrisse alla madre Luisa di Savoia dopo la battaglia di Pavia (1525), nella quale fu sconfitto e fatto prigioniero da Carlo V. Si cita, scherzosamente, in situazioni che si sono risolte a nostro svantaggio, ma nelle quali non abbiamo fatto una brutta figura.

Tu ammazzi un uomo morto!

Parole che il fiorentino Francesco Ferrucci avrebbe detto al capitano imperiale Fabrizio Maramaldo il quale, avuto prigioniero il Ferrucci, dopo la rotta di Gavinana (3-VIII-1530) infierì su di lui già ferito e morente. La frase si ripete, a volte scherzosamente, per rimproverare qualcuno di infierire su chi si trova già in difficoltà.

Tu quoque, Brute, fili mi?
(lat. = anche tu, o Bruto, figlio mio?)

Parole che Giulio Cesare avrebbe detto (Svetonio, *Cesare*, 82) quando vide tra i congiurati il figlio adottivo Marco Bruto, o, secondo alcuni, Decimo Bruto Albino, pure amato dal dittatore. Si ripetono, soprattutto le prime due, per esprimere stupore di fronte a un comportamento che non ci aspettavamo da parte di qualcuno.

Tutto è perduto, tranne l'onore

→ Tout est perdu fors l'honneur.

Unicuique suum
(lat. = a ciascuno il suo)

Aforisma del diritto romano e principio fondamentale della giustizia. Si trova in Cicerone (*De natura deorum*, III, 15), e altri. Si ripete, soprattutto nella versione italiana e usandolo in senso lato, per sottolineare che a ciascuno va dato ciò che gli compete.

Uno alla volta per carità

Raccomandazione di Figaro, nella famosa cavatina della II scena del I atto del *Barbiere di Siviglia* (melodramma di C. Sterbini, musiche di G. Rossini), che si vanta delle molte richieste dei più disparati servigi, rivoltegli dai cittadini di Siviglia. Si cita scherzosamente, in analoghe situazioni, quando si è sopraffatti da troppe richieste.

Vade retro Satana
(lat. = va indietro, Satana)

Variante dell'esclamazione (*Matteo*, IV, 10 e *Marco*, VIII, 33) con cui Gesù nel deserto respinse il demonio che lo tentava. Si usa, scherzosamente, citando anche solo le prime due parole, per cacciar via qualcuno.

Vae victis!

→ Guai ai vinti!

Vanitas vanitatum, et omnia vanitas
(lat. = vanità delle vanità, e tutto è vanità)

Parole dell'*Ecclesiaste* (I, 2) con cui viene deplorata la vacuità delle cose terrene. Comunemente si citano solo le prime due parole.

Veni, vidi, vici!
(lat. = venni, vidi, vinsi)

Celebri parole con cui Cesare annunziò al senato la sua vittoria su Farnace presso Zela nel Ponto (2-VIII-47 a.C.). Si usano per alludere alla facilità e alla rapidità di un successo.

Verba volant, scripta manent
(*lat.* = *le parole volano, gli scritti rimangono*)

Proverbio antico che raccomanda la prudenza nello scrivere per non lasciare prove materiali di un fatto o di un'opinione. Spesso se ne cita solo la prima parte.

Voce dal sen fuggita

Sentenza tratta da una famosa arietta di Metastasio (*Ipermestra*, atto II, scena 1): *Voce dal sen fuggita/più richiamar non vale./Non si rattien lo strale/quando dall'arco uscì.* Significa che è inutile pentirsi di aver detto qualcosa quando ormai è diventata di pubblico dominio o, comunque, qualcuno ha sentito le nostre parole.

Voi sonerete le vostre trombe, e noi soneremo le nostre campane

Famosa risposta di Pier Capponi, uno dei quattro fiorentini scelti per trattare con Carlo VIII, sceso in Italia ed entrato in Firenze nel 1494, alle pretese dei francesi di imporre pesanti condizioni alla città. Significa che i fiorentini erano pronti a difendersi con le armi dalla prepotenza dei francesi. Si cita, scherzosamente, quando a un'iniziativa polemica si è pronti a contrapporne un'altra.

Volli, e volli sempre, e fortissimamente volli

Celebre frase che V. Alfieri scrisse nella *Lettera responsiva a Ranieri de' Calzabigi*, da Siena il 6-IX-1783, a proposito della sua ferrea determinazione di divenire autore tragico. La frase viene ripetuta, in forma lievemente alterata (*Volli, sempre volli, fortissimamente volli*), per alludere a situazioni in cui si è perseguito con ostinazione uno scopo.

Vox clamantis in deserto
(*lat.* = *la voce di uno che chiama nel deserto*)

Con queste parole nel Vangelo (*Matteo*, III, 3) si allude alla predicazione di san Giovanni Battista in preparazione all'avvento di Cristo. Oggi, si usano riferendosi a chi non trova ascolto al proprio messaggio.

Vox populi, vox Dei
(*lat.* = *voce di popolo, voce di Dio*)

Espressione proverbiale, usata a difesa di opinioni che hanno il consenso popolare.

Vuolsi così colà dove si puote

(Dante, *Inf.*, III, 95-96 e V, 23-24.) Parole (che si completano con: *ciò che si vuole, e più non dimandare*) che Virgilio rivolge prima a Caronte e poi a Minosse, che avevano tentato di impedire a Dante l'accesso all'Inferno, per significare che questa è la volontà divina. Si citano per commentare un ordine che viene dall'alto e che non ci si può rifiutare di eseguire.

Nomi di luoghi italiani

Sono compresi in questo elenco tutti i nomi dei capoluoghi di
provincia italiani; gli altri nomi sono stati scelti soprattutto in base all'interesse storico-linguistico.
Sono stati accentati i nomi non piani e quelli che possono far sorgere dubbi riguardo all'accento tonico.

Àbano (Padova) dal n. pers. lat. *Aponus* o *Aponum*; poi lat. *Aquae Patavinae* (acque di Padova).

Abbiategrasso (Milano) dal n. pers. lat. *Avius* (sec. IX *Abiate*); *grasso* allude al suolo fertile.

Acerra (Napoli) dal lat. *Acerrae*; il nome è forse di origine greca.

Acireale (Catania) in età romana *Acis Aquilia*, dal gr. *akìs*, punta. Filippo IV le diede il titolo di *Reale*, perché rimasta, dopo il 1642 (allorché altre terre passarono sotto il dominio feudale), nel demanio del re.

Acquapendente (Viterbo) anticamente *Acula*, *Aquae Taurinae*. Il nome attuale è in riferimento alla disposizione della sorgente (lo stesso in *Acquappesa*, Cosenza).

Acquaviva delle Fonti (Bari) deriva il nome dal fatto che è una delle poche località pugliesi fornita di acqua sorgiva a non grande profondità.

Acqui (Alessandria) dal lat. *Aquae Statiellae* (già centro dei Liguri Statielli); la forma attuale deriva da *aquis*, ablativo locativo pl.

Acri (Cosenza) anticamente *Acra*, dal gr. *akra*, punta di monte.

Adrano (Catania) dal gr. *Adranòn* (lat. *Adranum*), dal nome della divinità sicula *Adranòs*. La città si chiamò *Adernò* fino al 1929, quando riassunse il nome antico.

Adria (Rovigo) dal lat. *Atria*, *Hatria*, gr. *Adria*; l'origine del nome è forse etrusca o illirica.

Àffori (Milano) dal lat. mediev. *aforis*, esternamente, nel senso di: fuori della porta (della città).

Afragòla (Napoli) città di origine normanna. Il nome è forse legato a quello della fragola.

Agazzano (Piacenza) forse dal lat. (*fundus*) *Acacianus*, (podere) di *Acacius*.

Agira (Enna) fu denominata *S. Filippo Argirò* fino al 1861, quando riassunse il nome antico (gr. *Agyrion*), di etimologia incerta.

Agnadello (Cremona) anticamente *Agnianellum*, diminutivo di *Agnano*, dal lat. (*fundus*) *Annianus*, (podere) di *Annius*.

Agnone (Isernia) anticamente *Anglono*, forse dal lat. *angulus*, angolo.

Agrigento (Sicilia) dal gr. *Akragas*, latinizzato in *Agrigentum*, di significato oscuro. In arabo il nome divenne *Giargint*, e a questo risale il nome *Girgenti*, che la città ebbe fino al 1927, anno in cui riprese l'antico nome latino.

Agròpoli (Salerno) dal gr. *akròpolis*, città alta.

Aiello (Cosenza) dal lat. *agellus*, piccolo campo.

Ala (Trento) dal germanico *Halla*, palazzo.

Alatri (Frosinone) dal lat. *Aletrium*, nome di una città degli ernici.

Alba (Cuneo) dal lat. *Alba Pompeia*; città forse di origine ligure (il termine *alba*, come voce preromana, significa «sasso»).

Albano (Roma) dal lat. *Albanum*. Il nome contiene la parola preromana *alba*, sasso.

Albenga (Savona) dal lat. *Album Ingaunum*, città degli ingauni (la voce preromana *alba* prob. significava «altura»).

Albissola (Savona) dal lat. *Alba Docilia* da *alba*, roccia, parola preromana, e *Docilius*, n. pers. lat. La forma attuale del nome pare un diminutivo.

Àlcamo (Trapani) forse dall'arabo *al hami*, il difensore.

Alessandria (Piemonte) deriva il suo nome da quello del pontefice Alessandro III, in onore del quale fu così chiamato nel sec. XII il centro di *Civitas Nova*, o *Cesarea*, poco prima fondato dai marchesi di Monferrato.

Alghero (Sassari) dal sardo *s'Alighera*, luogo di alghe.

Altamura (Bari) dal lat. *murus*, muro, e *altus*, alto. Si trovano in questa località resti di mura ciclopiche, a cui il nome sarà dovuto.

Altopascio (Lucca) dal n. pers. *Teupasio*, di origine longobarda.

Amalfi (Salerno) dal lat. *Amalphia*, nome che risale a una base prelatina *malf-*, di significato incerto.

Amàndola (Ascoli Piceno) dal lat. *Amandula*.

Amantèa (Cosenza) nei pressi era la città del Bruzio *Clampetia*, *Lampetia*; nel dial. calabrese la città è detta *La Mantia*. Il nome è di origine illirica.

Amatrice (Rieti) *matrice* è detta la chiesa madre nell'Italia centro-meridionale; l'*a* iniziale deriva dall'articolo.

Amelia (Terni) dal lat. *Ameria*; città già etrusca.

Anagni (Frosinone) dal lat. *Anagnia*; città degli ernici.

Ancona (Marche) dal gr. *ankòn*, gomito, con riferimento alle caratteristiche della costa su cui la città è costruita.

Andria (Bari) anticamente *Andria* o *Andrus*; il nome richiama il gr. *anèr*, uomo. Il significato del nome della città doveva essere qualcosa come «la forte».

Angera (Varese) anticamente *Anglera*, dal lat. mediev. *angularia*, terra erosa da correnti fluviali.

Anghiari (Arezzo) dal lat. *angularis*, angolare.

Anguillara Sabazia (Roma) dal lat. *villa Angularia*, di Rutilia Polla, popolarmente interpretata come *anguillara*, luogo ricco di anguille; *Sabazia* deriva dal nome dell'antica città di *Sabate*, e fu aggiunto nel 1872.

Anterselva (Bolzano) dal lat. *inter silvas*, tra le selve.

Anticoli Corrado (Roma) prob. dal lat. *ante colles*, dinanzi ai colli; fu antico feudo di Corrado d'Antiochia.

Antrodoco (Rieti) dall'ant. lat. *Inter ocrium*, tra i colli; città sabina.

Aosta (Valle d'Aosta) dal lat. *Augusta Praetoria* (fondata da Augusto nel 25 a.C.).

Apricena (Foggia) in dialetto *La Precina*, variante di *porcina*, dal lat. *porcus*, riferito forse al cinghiale (*porcus silvestris*).

Aprìlia (Latina) nuovo centro urbano inaugurato nel 1937; il nome allude a una nuova vita nascente.

Aquileia (Udine) dal n. pers. romanico *Aquileius*, Aquileio; secondo altri deriva dal fiume *Aquilis*.

Aragona (Agrigento) fu fondata nel 1606 dal conte Baldassarre Neselli di Corniso nel suo feudo Diesi; egli, in onore della madre Beatrice Aragona Branciforte, le diede il nome di *Aragona*.

Arcetri (Firenze) dal lat. mediev. *ericetuli*, luoghi in cui cresce l'*erica*; brughiere.

Arcèvia (Ancona) fu rocca papale e sforzesca col nome di *Rocca Contrada*, che mutò nel 1816 in *Arcevia* (che è latinizzazione dello stesso nome: *arx*, rocca, *via*, strada).

Arco (Trento) dal lat. *arcus*, arco.

Àrcole (Verona) dal lat. *arculae*, diminutivo (al plurale) di *arca*, forse nel senso di «granaio».

Àrcore (Milano) da *arculae*, diminutivo di *arca*, nel senso di «cippo di confine a forma di cassa».

Arena Po (Pavia) dal lat. *arena*, sabbia.

Arese (Milano) dal lat. *Arriensis*, derivato, con valore di possesso, del n. pers. lat. *Arrius*.

Arezzo (Toscana) dal lat. *Arretium*; l'etimologia del nome è incerta.

Ariano Irpino (Avellino) dal lat. (*fundus*) *Arrianus*, possesso di *Arrius*. L'aggettivo *irpino* fu aggiunto nel 1930, per correggere il vecchio appellativo *Ariano di Puglia*.

Arona (Novara) accrescitivo di *ara*, dal lat. *area*, aia, spianata.

Arpino (Frosinone) dal lat. *Arpinum*, nome prelatino.

Arquà (Padova) dal lat. *arcuata*, arcuata, a sua volta derivato da *arcus*, arco.

Arquata del Tronto (Ascoli Piceno) anticamente *Arquata* (*potens*), dal lat. *arcus*, arco.

Arquata Scrivia (Alessandria) dal lat. *arcuata* (*via*), strada ad archi (lat. *arcus*).

Àscoli Piceno (Marche) dal lat. *Asculum*, cui si aggiunge il nome della popolazione italica dei piceni.

Àscoli Satriano (Foggia) dal lat. *Asculum*; *Satriano* venne aggiunto dopo il 1860 per ricordare la città di *Satricum* distrutta nelle guerre sannitiche.

Asiago (Vicenza) dal la. *Aselliacus*, aggettivo derivato dal n. pers. *Asellius* mediante il suffisso -*acus* di origine celtica, indicante proprietà.

Àsola (Mantova) dal lat. *ansula*, piccola curva (del fiume: la località si trova sulla riva del *Chiese*).

Àsolo (Treviso) dal lat. *Acelum*, attestato da Plinio, di etimologia incerta.

Assisi (Perugia) dal lat. *Asisium*, nome umbro preromano.

Asti (Piemonte) anticamente *Hasta* (*Pompeia*); la forma attuale del nome deriva dal plurale *Hastae*.

Atri (Teramo) dal lat. *Hatria*, *Hadria*; città preromana del Piceno.

Atripalda (Avellino) dal n. pers. germanico *Atrepald*; era l'antica *Abellinum*, a circa 3 km dall'attuale Avellino.

Augusta (Siracusa) dal lat. *Augusta* (fu fondata da Augusto che nel 42 a.C. stanziò una colonia ove forse era sorta la greca *Xiphonia*).

Aulla (Massa Carrara) dal lat. mediev. *lacunula*, piccola laguna.

Avellino (Campania) dal lat. *Abellinum*, nome italico preromano, forse legato alla base *ap*- del lat. *aper*, cinghiale.

Aversa (Caserta) fondata nel sec. XI. Il nome risale forse al lat. (*terra*) *versa*, terra dissodata.

Avezzano (L'Aquila) forse dal lat. *Ad Vettianum*, stazione sulla via Claurio-Valeria, in prossimità di un fondo della *gens Vettia*.

Bagnacavallo (Ravenna) si riferiva originariamente a un guado.

Bagnolo del Salento (Lecce) dal lat. *balneolum*, diminutivo di *balneus*, bagno. Alluderà alla presenza di terme.

Bagnoregio (Viterbo) fino al 1922 era denominata *Bagnorea*, dal lat. *balnea regia*, bagni regali.

Bàiro (Torino) deriva forse il suo nome da stanziamenti di *baivari*, bavaresi.

Balme (Torino) forse dalla voce prelatina *balma*, che significa «caverna».

Barbianello (Pavia) dal n. pers. lat. *Barbius* o *Balbius*: (*fundus*) *Barbianus*, con suffisso -*ello* di diminutivo.

Barcellona (Messina) nacque dalla riunione di due centri sorti nei secc. XVII-XVIII; l'uno era chiamato *Pozzo di Gotto* (o di *Goto*) e l'altro *Barcellonetta* o *Barsalon*.

Bardi (Parma) dal n. pers. di origine germanica *Bardo*.

Bardonecchia (Torino) anticamente *Bardonisca*, derivato in -*isco*, con valore di possesso, dal n. pers. mediev. *Bardone* (dal nome dei longobardi).

Barga (Lucca) dal ligure prelatino *barga*, capanna.

Bari (Puglia) dal lat. *Barium* (gr. *Barion*), nome di origine messapica.

Barletta (Bari) anticamente *Bardulus*, nome di origine illirica.

Barolo (Cuneo) forse un diminutivo della parola prelatina *barros*, sterpeto.

Barrafranca (Enna) deve la sua origine al feudatario Matteo III Barresi di Pietraperzia che restaurò l'antico paese di *Convicino*, dando a esso il nome della sua famiglia.

Bascapè (Pavia) dal lat. mediev. *Basilica Petri*, basilica di Pietro.

Bassano (Vicenza) dal lat. (*fundus*) *Bassianus*, possesso di *Bassius*.

Belgirate (Novara) anticamente *Bulgarate*, derivato in -*ate*, con valore di discendenza, dal nome dei bulgari. Il nome ricorda dunque stanziamenti di bulgari nella zona.

Belluno (Veneto) dal lat. *Belunum*, forse da *belodunum*, nome in cui compare il celtico *dunum*, luogo fortificato. Fu città dei veneti.

Benevento (Campania) dal lat. *Beneventum*; originariamente *Malventum*, nome preromano, mutato superstiziosamente dai romani (ivi vincitori di Pirro nel 275 a.C.), quasi *Bonus eventus*, buon evento.

Berceto (Parma) in età romana *praedia Berusetis*, poi *Bercè*.

Bèrgamo (Lombardia) dal lat. *Bergomum*. Il nome sembra in rapporto con il gr. *pèrgamon*, rocca, e con il germanico *berg*, monte; meno probabilmente con la base prelatina *barga*/*berga*, capanna.

Bernezzo (Cuneo) prob. dal n. pers. di origine germanica *Bernizzo*.

Bertinoro (Forlì) anticamente (*fundus*) *Brittinorum*, (podere) dei *Brittini*, nome derivato dal lat. mediev. *Britto*, bretone.

Besana (Milano) dal n. pers. lat. *Besius* o *Baedius*.

Bevagna (Perugia) dal lat. *Mevania*, *Maevania*, centro degli umbri, di etimologia incerta; il nome è stato avvicinato popolarmente al verbo *bere*.

Biella (Vercelli) anticamente *Bugella*, nome di origine gallica.

Binetto (Bari) dal lat. mediev. *vitetum*, vigneto (da *vitis*, vite).

Bisceglie (Bari) forse da una forma dialettale *buscilie*, boscaglia.

Bisticci (Firenze) dal lat. mediev. *bisticius*, aggettivo derivato da *bistia*, nel senso di «bovino»: dunque, luogo in cui stanno i bovini.

Bitonto (Bari) dal lat. *Butuntum*; città messapica.

Bobbio (Piacenza) dal nome gentilizio romano *Bovius*.

Boffalora (Milano) da interpretare come *boffa l'ora*, cioè: soffia (settentr. *bufá*, soffiare) il vento (*ora*, dal lat. *aura*).

Boiano (Campobasso) dal lat. *Bovianum vetus*. Il nome (prelatino) è connesso con quello del bove nelle lingue italiche, *bu(m)*, *bu(f)* ecc.

Bòlgheri (Castagneto Carducci, Livorno) ricorda l'origine da nuclei di bulgari.

Bollate (Milano) dal lat. *betulla*, betulla; oppure dal lat. *bulla*, stagno.

Bologna (Emilia-Romagna) in periodo etrusco *Felsina*, poi *Bononia*, nome celtico che richiama quello dei galli boi.

Bolsena (Viterbo) dal lat. *Volsinii novi* in contrapposizione a *Volsinii veteres* (Orvieto); il nome lat. deriva da quello etrusco, cioè *Velzna*.

Bolzano (Trentino-Alto Adige) ted. *Bozen*, dal lat. (*fundus*) *Baudianus*, possesso di *Baudius*.

Bondeno (Ferrara) dal gallico *bunda*, suolo (lat. mediev. *Bondenum*).

Bonferraro (Sorgà, Verona) dal lat. mediev. *vadum ferrarii*, guado del fabbro.

Bonorva (Sassari) dal lat. *bona urbs*, buona città.

Bordighera (Imperia) dal ligure *burdìga*, recinto di canne in una laguna.

Boretto (Reggio Emilia) forse dal dialettale *bora*, ristagno d'acqua.

Borgo San Dalmazzo (Cuneo) dal nome del martire *Dalmatius*, sulla tomba del quale fu costruita una basilica.

Bormio (Sondrio) da una base celtica *borm-*, caldo, che si ritrova nel nome del fiume *Bormida*. Viene ricordata in antico una località *Aquae Bormiae*, in cui era una sorgente calda.

Bosisio (Como) anticamente *Bosisium*, derivato dal n. pers. lat. *Bosius*.

Bòzzolo (Mantova) prob. dal lat. mediev. *Vaduciolum*, piccolo guado.

Bra (Cuneo) anticamente *Braida*, parola longobarda, che valeva «fondo coltivato, con casa del contadino».

Bracciano (Roma) dal lat. (*fundus*) *Braccianus*, (podere) di *Braccus*.

Brescia (Lombardia) dal lat. *Brixia*; prob. nome di origine celtica.

Bressana-Bottarone (Pavia) *Bressana* prob. dal cognome *Bressàn*, bresciano; *Bottarone*, accrescitivo da un *Bottaro*, dal n. pers. lat. *Bottarius*, o forse derivato in *-arius* da *botte*, nel senso di «canale coperto».

Bressanone (Bolzano) dal lat. mediev. *Brixina* (ted. *Brixen*), forse derivato, come *Brixia*, Brescia, da una base celtica *briga*, colle.

Briga (Novara) dal celtico *briga*, colle.

Brindisi (Puglia) dal lat. *Brundisium*, deriva prob. dal messapico *brendon*, cervo, in relazione alla forma del porto, disposto a somiglianza delle corna di un cervo.

Brisighella (Ravenna) dal polesano *brésega*, briciola, piccola parte di terreno.

Broni (Pavia) dal lat. *prunus*, pruno.

Brugnato (Ferriere, Piacenza) dal lat. mediev. *prunietum*, roveto.

Brunate (Como) dal lat. *prunatum*, pruneto; secondo altri dal n. pers. *Brunus*, con il suffisso *-ate*, di origine celtica (o ligure), che indicava discendenza.

Brunico (Bolzano) dal ted. *Bruneck*; secondo la tradizione, fondata nel sec. XIII dal vescovo di Bressanone *Bruno*; il nome vale infatti «il dosso di Bruno».

Brusuglio (Cormano, Milano) dal lombardo *brus*, (terreno) bruciato.

Budrio (Bologna) anticamente *Butrium*, che in lat. mediev. valeva «fossato».

Busseto (Parma) dal lat. *buxus*, bosso (*buxetum*, piantagione di bossi).

Busto Arsizio (Varese) dal lat. *bustum*, qui con il valore originario di «bruciato» (riferito all'aridità del terreno), cui si è aggiunto l'aggettivo *arsizio* (ital. *arsiccio*), con lo stesso significato.

Cadenabbia (Griante, Como) da *Ca' de Nabbia*, per un fondo detto *La Nabbia* (*ca'*, casa); oppure da *Catenabula*, derivato di *catena*, nel senso di «catena doganale».

Cadèo (Piacenza) dal lat. *casa Dei*, casa di Dio (ospizio per pellegrini).

Cafaggiolo (Barberino di Mugello, Firenze) dal lat. mediev. *cafagium*, parte di bosco cintata, bandita, dal longobardo *gahagi*.

Cagli (Pesaro e Urbino) anticamente *Callium*, nome forse deriv. da una stazione sulla via Flaminia (*ad Cale*); nel sec. XIII fu per breve tempo chiamata *Città papale di Sant'Angelo*.

Càgliari (Sardegna) anticamente *Caralis* o *Carales*, poi anche *Calaris*. Il nome è forse di origine fenicia.

Calatafimi (Trapani) dall'arabo *qal'at*, fortezza; *Fìmi*, di Eufemio.

Caldiero (Verona) dal lat. *calidarium*, bagno caldo.

Calimera (Lecce) dal gr. *kalè hemera*, buon giorno.

Caltabellotta (Agrigento) dall'arabo *qal'at*, rocca; e *al ballut*, la querce.

Caltagirone (Catania) dall'arabo *qal'at*, rocca; *al-ghizan*, delle grotte.

Caltanissetta (Sicilia) forse dal nome dell'antica *Nisa* o *Nissa*, di etimologia incerta, composto con l'arabo *qal'at*, fortezza.

Caltavuturo (Palermo) dall'arabo *qal'at*, fortezza; *abi tawr*, di quel toro.

Calvi Risorta (Caserta) anticamente *Cales*, nome prelatino. L'aggettivo *risorta* si riferisce a una ricostruzione dopo che la città era stata distrutta dal terremoto.

Camaiore (Lucca) anticamente *Campo Majore*, campo maggiore.

Camàldoli (Poppi, Arezzo) dal lat. *Casa Maldoli*, casa di Maldolo.

Camerino (Macerata) dal lat. mediev. *Camerinum*, diminutivo di *camera*, forse riferito a una grotta.

Camerlata (Como) cioè *Ca' Merlata*, casa nella cui struttura sono presenti quegli elementi architettonici detti *merli*.

Camino (Oderzo, Treviso) dal lat. *caminus*, camino, fornace.

Campaldino (Arezzo) diminutivo da *campo* e il n.pers. *Aldo*, di origine germanica.

Campione (Como) anticamente *Campellione*, dal lat. mediev. *Campilionem*, accrescitivo di *campilia*, deriv. di *campus*, campo.

Campobasso (Molise) dal lat. mediev. *Campus bassus*, che si sviluppò in pianura contrapposto a un *Campus de prata*, più in alto.

Campodolcino (Sondrio) cioè: campo dolcino, nel senso del toscano *dolco*, morbido (detto del terreno).

Campodònico (Chiavari, Genova) dal lat. *campus dominicus*, campo del signore.

Canazei (Trento) dal lat. mediev. *cannàcetum*, canneto, deriv. di *canna*, canna, attraverso la forma mediev. *cannaceus*, che valeva ugualmente «canna».

Canicattì (Agrigento) anticamente *Candicattinum*, forse dall'arabo *handaq at-tin*, fossato di argilla.

Canneto (Pavia) dal lat. *cannetum*, canneto.

Cannobio (Novara) dal lat. mediev. *cannabulum*, *cannubulum* (deriv. dal lat. *canna*, canna).

Canosa (Bari) dal lat. *Canusium*, nome di origine incerta.

Canossa (Ciano d'Enza, Reggio nell'Emilia) parrebbe dal lat. mediev. *cannocea*, acqua con canne.

Cantù (Como) dal lat. *canthus*, angolo, cantuccio (di terra).

Càorle (Venezia) dal lat. mediev. *Caprulae*, piccole capre.

Capriglia Irpina (Avellino) dal lat. mediev. *caprilia*, plurale di *caprile*, pascolo o stallo per le capre.

Capua (Caserta) dal lat. *Capua*, forse in relazione con l'etrusco *capus*, falco; al posto dell'antica Capua vi è però ora S. Maria Capua Vetere; mentre l'attuale Capua sorge ove era *Casilinum*.

Carate Brianza (Milano) forse derivato in *-ate* (suffisso celtico o ligure che esprime discendenza) da un n. pers. lat. *Carus*.

Caravaggio (Bergamo) dal lat. mediev. *caravum*, mucchio di pietre, maceria.

Carbonia (Cagliari) nata nel 1938 per i minatori di carbone del Sulcis.

Càrcano (Albavilla, Como) dal n. pers. *Carcana*, che risalirebbe all'estrusco *Karkana*.

Careggi (Firenze) dal lat. *campus regis*, campo del re.

Carignano (Torino) dal lat. *(fundus) Carinianus*, podere di *Carinius*.

Carinola (Caserta) anticamente *Calinolum*, dal nome di *Cales* (oggi *Calvi Risorta*).

Carmagnola (Torino) dal lat. *(villa) Carminiola*, dal n. pers. lat. *Carminius*, al diminutivo: cioè, piccola villa di Carminio.

Carpi (Modena) anticamente *Carpum*, nome prelatino.

Carrara (Toscana) dal lat. *carrus*, carro; *carraria (via)*, via per carri; nel sec. x sorse una *Curtis de Craria*, riunione di casolari e fondi rustici.

Casale Monferrato (Alessandria) anticamente *Casale Sancti Evasii* (Casale di Sant'Evasio); forse era la romana *Industria*.

Casalpusterlengo (Milano) allude ai feudatari della Pusterla (di Lodi).

Casarsa (Pordenone) dal lat. *casa arsa*, casa bruciata.

Casatisma (Pavia) anticamente *Ca' de Tisma* (*Tisma*, *Disma*, n. pers.).

Càscia (Perugia) o da *acacia*, o da *cascia*, fattoria (dal lat. mediev. *capsia*).

Càscina (Pisa) dal n. pers. etrusco *Casne*, *Casni*, passato in lat. come *Cassenius*.

Caserta (Campania) fondata in periodo longobardo. Il nome viene dal lat. *casa hirta*, casa erta, casa alta.

Cassano d'Adda (Milano) dal lat. *(fundus) Cassianus*, podere di *Cassius*.

Càssaro (Siracusa) dall'arabo *qasr*, siciliano *cassaru*, via che va al castello.

Cassino (Frosinone) dal latino *Casinum*; città dei volsci.

Castagneto Carducci (Livorno) dal lat. tardo *castanietum*, a sua volta da *castaneus*, castagno; prese il nome del poeta (che vi trascorse gli anni della prima gioventù) nel 1907.

Casteggio (Pavia) dal lat. *Clastidium*; città d'origine celtica.

Castelbaldo (Padova) da un n. pers. germanico che risale all'aggettivo *bald*, ardito.

Castelfidardo (Ancona) anticamente *Castelficcardo*, da *Castrum Gircardi*; quest'ultima parola è un n. pers. di origine germanica.

Castelfranco Veneto (Treviso) anticamente *Castrum Venetorum*, castello dei veneti.

Castelgandolfo (Roma) trae nome dalla famiglia romana Gandolfi (inizio del sec. XII).

Castellammare del Golfo (Trapani) dal castello aragonese della città sul mare.

Castellammare di Stabia (Napoli) anticamente *Stabiae*; castello del sec. XI.

Castelvero (Vestenanova, Verona) dal lat. *vetus*, vecchio.

Castelvetrano (Trapani) dal lat. *veteranus*, variante di *vetus*, vecchio.

Castiglion Fiorentino (Arezzo) dal lat. mediev. *castellio*, *-onis*, piccolo castello.

Castroreale (Messina) derivò il nome dal fatto che fu residenza del re Federico II d'Aragona.

Castrovillari (Cosenza) dal lat. mediev. *Castrum villarum*, castello delle ville.

Cataforìo (Reggio Calabria) dal gr. bizantino *katà*, giù, e *chorìon*, villaggio: dunque, «villaggio di sotto».

Catania (Sicilia) dal gr. *Katane* (lat. *Catina*, *Catana*); città di origine sicula.

Catanzaro (Calabria) dal gr. bizantino *kato*, sotto, e il calabrese *anzaru*, pianoro vicino a un dirupo.

Caulonia (Reggio Calabria) già colonia gr. *Kaulonìa* (lat. *Caulonia*); sino al 1860 si chiamò *Castelvetere*.

Cava dei Tirreni (Salerno) da *cava*, cella monastica, lì costruita nel 966 da un monaco salernitano. L'appellativo *dei Tirreni* le fu dato nel 1862 perché si ritenne che facesse parte dell'antica *Marcina* dei tirreni.

Cava Manara (Pavia) dal lombardo *Cava*, canale scavato per deviare un fiume; *Manara*, ricorda l'eroico patriota del risorgimento Luciano Manara che qui combatté contro gli austriaci.

Cavàrzere (Venezia) dal lat. *caput aggeris*, capo dell'argine.

Ceccano (Frosinone) sorta nel luogo di *Fabrateria (vetus)* volsca; il nome attuale risale al medioevo.

Cefalù (Palermo) dal gr. *Kephaloidion*, *Kephaloidis*, simile a testa; lat. *Cephaloedium*, *Cephaloedis*.

Ceglie Messàpico (Brindisi) in età romana *Caelia* (gr. *Kailía*), nome di origine osca.

Cellamare (Bari) dal lat. *cella ad mare*, dispensa, magazzino rivolto verso il mare.

Cengio (Savona) dal lat. *cingulum*, cintura; la località è posta su un'altura, toccata su tre lati dal fiume Bormida, quindi quasi circondata da esso.

Cento (Ferrara) dal lat. *centum*, riferito a misurazione del terreno.

Centoia (Cortona, Arezzo) dal lat. *centuria*, centuria (misura agraria corrispondente a 100 iugeri).

Ceprano (Frosinone) era l'antica *Fregellae*, città dei volsci, che fu distrutta dopo i tumulti dei Gracchi. Qualche secolo dopo sorse *Ceparianum*, fondo della famiglia *Ceparia*.

Cerèa (Verona) dal lat. *cerrus*, cerro, nel derivato *cerreta*, insieme di cerri.

Ceresole Reale (Torino) dal lat. *cerasus*, ciliegio, allude alla coltivazione in zona di piccole piante di ciliegio.

Cerignola (Foggia) dal lat. *Ceraunilia*, nome di origine illirica.

Cernusco (Milano) anticamente *Cixinuscolo*, deriva da un lat. mediev. *cinisusculum*, diminutivo di *cinisia*, cenere.

Cerqueto (Gualdo Tadino, Perugia) dal lat. mediev. *quercetum*, querceto.

Certaldo (Firenze) dal lat. *cerrus*, cerro, e *altus*, alto; o, più probabilmente, *Aldus*, n. pers. di origine germanica.

Cervia (Ravenna) forse dal lat. *cervus*, cervo.

Cesana (Como) dal n. pers. lat. *Caesius*, nella forma derivata *Caesiana*, che esprime il possesso.

Cesena (Forlì) *Caesena* in periodo romano; pare nome etrusco.

Cesenàtico (Forlì); così detto perché costruito dai cesenati nel 1302.

Ceva (Cuneo) in età romana *Ceba*, città ligure, il cui nome, di significato oscuro, è forse connesso con quello del monte *Cebenna* (Les Cevennes).

Cherasco (Cuneo) dal lat. *Clarascum*, forse dal n. pers. lat. *Clarius*; la città romana sorgeva a occidente della città attuale.

Chiàvari (Genova) anticamente *Clavarum*, forse dalla parola prelatina *clava*, cono di deiezione.

Chiavenna (Sondrio) nome di origine ligure preromana, come si vede dalla finale in *-enna* (la stessa in *Crevenna*, *Scarenna* ecc., in Lombardia).

Chieri (Torino) in età romana *karreum*, forse dalla base prelatina *karra*, sasso.

Chieti (Abruzzo) dal lat. *Teate*, città dei marrucini; il nome è di origine prelatina e di significato incerto.

Chignolo Po (Pavia) dal lat. *cuneolus*, cuneo di terra tra fiumi.

Chioggia (Venezia) dal n. pers. lat. *Clodius*; forse in rapporto con il nome di un canale, la *Fossa Clodia*.

Chiusa (Bolzano) ted. *Klausen*; il nome allude al fatto che il centro si trova in una stretta dell'Isarco.

Chiusi (Siena) dal lat. *Clusium*; il nome etrusco era probabilmente *Clevsin* (ma Livio la chiama *Camars*).

Chivasso (Torino) anticamente *Clavasco* e *Clavasso*, forse dal lat. *Clivacius*, derivato di *clivus*, pendio.

Cisón (Treviso) dal lat. *caesa*, siepe, con suffisso di accrescitivo.

Città di Castello (Perugia) anticamente *Tifernum* (n. di origine umbra prelatina), in età medievale *Castrum Felicitatis*, Castello della Fortuna.

Cittaducale (Rieti) città sorta agli inizi del sec. XIV e così chiamata in onore di Roberto duca di Calabria, figlio di Carlo II d'Angiò.

Città Sant'Angelo (Pescara) nel medioevo *Castrum Sancti Angeli*; nello stesso luogo forse sorgeva la città dei vestini *Angulum* o *Angulus*.

Cividale (Udine) dal lat. *Civitas Fori Iulii*, Città del

mercato di Giulio. Al tempo di Lotario fu detta *Civitas Austriae*.

Civitanova (Macerata) dal lat. *civitas nova*, città nuova; sorge presso le rovine di *Cluana* o *Vicus Cluentum*.

Civitavecchia (Roma) dal lat. mediev. *Civitas vetula* (antica *Centumcellae*).

Cles (Trento) anticamente *Clesium*, nome prelatino.

Codigoro (Ferrara) dal lat. mediev. *Caput Gauri*, foce del Goro.

Codogno (Milano) dal lat. mediev. *cotoneus*, cotogno.

Codròipo (Udine) dal lat. *quadruvium*, crocicchio.

Cognento (Modena) forse dal lat. *cuneus*, nel senso di «angolo compreso tra due corsi d'acqua».

Colecchio (Parma) dal lat. *colliculum*, diminutivo di *collis*, colle.

Collodi (Pescia, Pistoia) dal lat. mediev. *collis Odì*, colle di Odo, n. pers. di origine germanica.

Colloredo (Udine) dal lat. mediev. *Coryletum*, da *corylos*, nocciòlo: perciò, luogo dove crescono i noccioli.

Cologna (Verona) dal lat. *colonia*, colonia.

Colorno (Parma) dal lat. *caput Lurni*, foce del torrente Lorno.

Coltaro (Sissa, Parma) anticamente *Cotaro*, dal lat. *caput Tari*, capo (foce) del fiume Taro.

Comacchio (Ferrara) dal lat. *commeatulus*, diminutivo di *commeatus*, canale di comunicazione tra due valli lagunari, o tra una valle e il mare aperto.

Còmiso (Ragusa) probabilmente dall'arabo *hums*, parola che indicava le terre che, in un paese conquistato, sono divenute proprietà dello stato.

Commessaggio (Mantova) forse dal lat. *commissum*, affidato, in un derivato *commissaceus*: cioè, luogo fidecommisso.

Como (Lombardia) dal lat. *Comum*, forse voce di origine gallica, da *cumba*, curvatura; alluderebbe alla disposizione dell'agglomerato urbano.

Compiobbi (Fiesole, Firenze) dal lat. *compluvium*, cavità del suolo in cui si raccolgono le acque.

Concordia (Modena) dal lat. *Concordia*, nome augurale.

Conegliano (Treviso) dal lat. *cuniculus*, cunicolo, nel derivato *cuniculanus*, aggettivo che si riferiva a opere di difesa militare.

Confienza (Pavia) dal lat. *confluentia*, confluenza (di due corsi d'acqua: in questo caso, il Ticino e un affluente).

Contarina (Rovigo) dal cognome *Contarini*, derivato dal n. pers. di origine germanica *Contari*, *Gontari*.

Conversano (Bari) dal lat. mediev. *Cupersanum*; il nome è forse legato a quello della dea italica *Cupra*, la Buona.

Copparo (Ferrara) forse derivato dal dialettale *cop*, tegolo, qualcosa come «fabbricante di tegoli».

Corato (Bari) forse da identificare con l'antica *Corinium*, divenuta poi *Coretum* (nome forse di origine illirica), da cui il nome moderno.

Cordenóns (Pordenone) dal lat. mediev. *curtis* (castello con poderi), *Naonis* (del fiume *Naone*, oggi Noncello).

Corinaldo (Ancona) dal lat. mediev. *Curia Inaldi*, dal n. pers. di origine germanica Eginardo.

Corleone (Palermo) dall'antico *Qurligon*, trasposizione araba di un nome che risaliva al gr. *kòrylos*, nocciòlo.

Cormóns (Gorizia) dal lat. mediev. *curtis* (castello con poderi), *montis*, del monte.

Corniglio (Parma) dal n. pers. lat. *Cornelius*.

Correggio (Reggio Emilia) dal lat. mediev. *corrigium*, striscia di terra in mezzo a terreno acquitrinoso.

Corridonia (Macerata) in età romana *Pausula*; verso il Mille *Mons Ulmi* (Montolmo); dal 1931 in onore di Filippo Corridoni fu chiamata col nome attuale.

Cortefranca (Brescia) dal lat. mediev. *curtis*, corte (castello con poderi), e *franco*, dal germanico *frank*, libero.

Cortemaggiore (Piacenza) dal lat. *curtis maior* (*curtis*, castello con poderi).

Cortemilia (Cuneo) nome composto dal lat. *curtis*, castello con poderi, e *Aemilia*, dal n. pers. *Aemilius*.

Cortenuova (Bergamo) dal lat. mediev. *curtis*, corte (castello con poderi).

Corteolona (Pavia) anticamente *Curtis Olonae* da *curtis*, castello con poderi. L'*Olona* è un torrente, il cui nome è di etimologia sconosciuta.

Cortina (Belluno) dall'ital. *cortina*, opera di fortificazione.

Cortona (Arezzo) dal lat. *Cortona*; città degli umbri (il mitico fondatore secondo Virgilio è Corito), poi degli etruschi, cui risale il nome (*curtun*).

Cosenza (Calabria) anticamente *Cosentia* dal lat. *consentia*, nome augurale (lat. *consentire*, essere d'accordo: qualcosa, dunque, come «concordia»).

Cotignola (Ravenna) dal lat. mediev. *Cutiniola*, diminutivo di *cutina*, terra incolta (il lat. *cutis* vale anche «crosta terrestre»).

Courmayeur [curmaiër] (Aosta) dal lat. mediev. *curia maior*, curia (residenza del sovrano) maggiore.

Crema (Cremona) dal lat. *Crema*, nome di origine prelatina, come Cremona.

Cremona (Lombardia) dal lat. *Cremona*, parola prelatina.

Crescenzago (Milano) dal n. pers. lat. *Crescentius*, con il suffisso -*ago* (di origine gallica) che indica possesso.

Crevalcore (Bologna) dal lat. mediev. *Crepacorium*; altri documenti parlano di *Castrum Allegralcoris*, che sarebbe notevole alterazione (da «Crepacuore» a «Allegra il cuore»). Siamo comunque nell'ambito di nomi che alludono alla (s)piacevolezza della località.

Crotone (Catanzaro) *Cotrone* fino al 1928, quando riprese l'antico nome (lat. *Croton*, gr. *Kroton*), di etimologia incerta.

Crovara (Vetto, Reggio nell'Emilia) dal lat. mediev. *corvaria*, luogo dove si trovano corvi.

Cùneo (Piemonte) fondata nel 1198. Il nome è una formazione dotta sul lat. *cuneus*, nel senso di «punta di terra tra due fiumi» (e si pensi a *Cugno*, Torino, che deriva ugualmente da *cuneus*, ma per via popolare).

Curtatone (Mantova) dal lat. mediev. *Curtis Attonis*, corte, castello con poderi, di Attone (conte di Modena).

Custoza (Sommacampagna, Verona) dal lat. *custodia*, custodia, posto di guardia.

Decimomannu (Cagliari) *decimo* equivale a «*ad decimum lapidem*», alla decima pietra miliare; sardo *mannu*, grande.

Desenzano (Brescia) dal lat. (*fundus*) *Decentianus*, podere di *Decentius*.

Desio (Milano) anticamente *Deusio*, forse da un n. pers. germanico *Denzo*.

Dicomano (Firenze) dal lat. *limes decumanus*, limite divisorio del terreno da est a ovest.

Diècimo (Borgo a Mozzano, Lucca) dal lat. *decimus* (*miliarius*), decima pietra miliare (a partire da Lucca: è preceduto da *Valdottavo*).

Dobbiaco (Bolzano) dal ted. *Toblach*; molto probabilmente legato alla base prelatina *top-*, burrone.

Dolo (Venezia) dal n. pers. lat. *Davulus*, diminutivo di *Davus*.

Domodòssola (Novara) dal lat. mediev. *domus*, nel senso di «pieve», e *Òssola*, parola prelatina, di etimologia incerta.

Domusnovas (Cagliari) dal. *domus nova*, casa nuova (anche, chiesa nuova).

Donegano (Como) dal lat. *dominicanus* (*fundus*), cioè, (podere) del signore.

Dongo (Como) dal lat. *dominicus* (*fundus*), cioè (podere) del signore.

Èboli (Salerno) anticamente *vicus Ebuli*. Il nome è di etimologia incerta.

Edolo (Brescia) anticamente *Idulus*, forse dal n. pers. germanico *Idalus* o *Edila*.

Èlmas (Cagliari) anticamente *el mas*, il maso, dal lat. mediev. *mansum*, fattoria, maso.

Èmpoli (Firenze) anticamente *Empolum*, *Empolis*, *Imporis*, risale probabilmente a un nome germanico *Empo*.

Enna (Sicilia) dal lat. *Henna*, di origine incerta; nel medioevo *Castrum Hennae*; diventò nella pronuncia araba *Qasr Yānī*; da cui nacque l'alterazione di *Castrum Johannis*, *Castrogiovanni*, nome che la città ha portato fino al 1937.

Erba (Como) o dal lat. *herba*, erba, o dal n. pers. lat. *Nerva*.

Erbanno (Darfo, Brescia) dal lat. mediev. *Herebannum*, obbligazione di lavori da parte dei vassalli verso il signore.

Èrice (Trapani) dal lat. *Eryx*, città degli elimi; al tempo dei normanni fu chiamata *Monte San Giuliano*.

Esanatoglia (Macerata) corruzione popolare di *Santa Anatolia*.

Escolca (Nuoro) dall'it. ant. *scolca*, guardia, derivata dal gotico *skulka*, sentinella.

Este (Padova) dal lat. *Ateste* (nome forse di origine illirica, o comunque prelatina).

Fabriano (Ancona) dal lat. *terra Fabriani*, dal n. pers. lat. *Fabrianus*.

Faenza (Ravenna) dalla romana *Faventia* (dal lat. *favere*, favorire: è nome augurale).

Faggiano (Taranto) dal lat. (*fundus*) *Fabianus*, podere di *Fabius*.

Fallavecchia (Morimondo, Milano) anticamente *Faravegla*, cioè *Fara vetula* (*fara*, ital. ant., valeva corte, dal longobardo *fâra*, stirpe).

Fano (Pesaro e Urbino) dal lat. *Fanum* (*Fortunae*), tempio (della Fortuna).

Fara Novarese (Novara) dall'ital. ant. *fara*, corte, parola longobarda che in origine valeva «stirpe».

Fara Sabina (Rieti) dall'ital. ant. *fara*, corte, parola longobarda il cui valore originario era «stirpe».

Favara (Agrigento) dall'arabo *fawara*, sorgente.

Fellegara (Scandiano, Reggio Emilia) dal lat. mediev. *filicaria*, felceto (da *filix*, felce).

Feltre (Belluno) dal lat. *Feltria*, *Feltriae*, nome di origine prelatina.

Fenestrelle (Torino) dal lat. *Finis terrae* (*Cottii*), fine della terra (di Cozio); di epoca augustea.

Fermo (Ascoli Piceno) anticamente *Firmum Picenum*, fu costruita dai romani contro Ascoli, centro principale dei piceni. Il nome deriva dal lat. *firmus*, stabile.

Ferrandina (Matera) così detta da Federigo d'Aragona in onore del padre Ferrante.

Ferrara (Emilia-Romagna) dal lat. mediev. *Ferraria*, fucina di fabbro ferraio.

Fidenza (Parma) dal lat. *Fidentia* (*Iulia*) da *fides*, fede (è nome augurale); dal santo protettore fu detta, nel medioevo, *Borgo San Donnino*.

Fièsole (Firenze) dal lat. *Faesulae*, forse connesso con l'etrusco *visl*.

Fiesso Umbertiano (Rovigo) dal lat. *flexus*, ansa di fiume.

Figline (Firenze) dal lat. *figulinae*, bottega del vasaio.

Filadelfia (Catanzaro) dal gr. *philadelpheia*, amicizia e fraternità; fu fondata nel 1783 dai profughi di Castelmenardo. Il nome è augurale.

Filattiera (Massa-Carrara) dal gr. bizantino *phylakteria*, posti di guardia.

Filicaia (Camporgiano, Lucca) dal lat. *filix*, felce (e deriv. *filicaria*, luogo in cui crescono le felci).

Filottrano (Ancona) forse dal lat. mediev. (*Mons*) *filiorum Ottrani*, Monte dei figli di Ottrano.

Finale (Modena) dal lat. *Finalis*; così detta perché *ad fines*, presso il confine tra Modena, Bologna e Ferrara.

Finale Lìgure (Savona) anticamente *ad fines*, presso i confini, perché, in epoca romana, confinava colle terre dei sabazi e degli ingauni.

Fiorenzuola d'Arda (Piacenza) dal lat. *Florentiola*, diminutivo di *Florentia*, la fiorente, nome augurale; il torrente *Arda* dal lat. *aridus*, arido.

Firenze (Toscana) dal lat. *Florentia* (*floreo*, fiorisco), nome augurale (la fiorente).

Fiuggi (Frosinone) dal lat. *fluvius*, fiume; fu detta fino al 1911 *Anticoli di Campagna* (forse da *ante colles*, davanti ai colli).

Fiumicino (Roma) trae il nome dallo sbocco del ramo settentrionale del Tevere; origine abbastanza recente: Clemente XIV nel 1773 fece ivi costruire una torre.

Flecchia (Biella, Vercelli) dal lat. *filicta*, felceto, derivato di *filix*, felce.

Foggia (Puglia) dal lat. *fovea*, fossa (la fossa per conservare i cereali è *foggia* in pugliese).

Foligno (Perugia) dall'antico *Fulginia*, città umbra preromana.

Follònica (Grosseto) dal lat. *fullonica*, lavanderia, tintoria.

Fondi (Latina) dal lat. *fundus*, fondo, podere; fu città aurunca e poi dei volsci.

Foramagno (Milano) dal lat. *forum magnum*, grande mercato.

Fordongianus (Oristano) forse dal lat. *Forum Domitiani*, Mercato di Domiziano.

Forgaria (Udine) dal n. pers. germanico *Fulcher*, Fulcieri.

Forio (Napoli) dal gr. *Chorion*, villaggio.

Forlì (Emilia-Romagna) dal lat. *Forum Livi*, Mercato di Livio.

Forlimpòpoli (Forlì) dal lat. *Forum Popilii*, Mercato di Popilio (il costruttore nel 132 a.C. della *via Popilia*).

Fornovo (Parma) dal lat. *Forum novum*, Mercato nuovo (prima nella località vi era un *Forum Claudii*, Mercato di Claudio).

Fossano (Cuneo) dal lat. (*fundus*) *Faucianus*, (podere) di *Faucius*.

Fossombrone (Pesaro e Urbino) dal lat. *Forum Sempronii*, Mercato di Sempronio.

Frascati (Roma) ricordata nel sec. IX: *Frascata*; ivi affluirono gli abitanti di Tuscolo (la romana *Tusculum*), distrutta nel 1191. Il nome deriva da *frasca*.

Frassinoro (Modena) dal lat. *fraxinus*, frassino (*fraxinorum*, dei frassini).

Frazzanò (Messina) dal n. pers. lat. *Flaccius*, con il suffisso gr. *-anòs*, che indica possesso.

Frosinone (Lazio) anticamente *Frusino*; città di origine volsca.

Fruttuaria (San Benigno Canavese, Torino) dal lat. mediev. *casa fructuaria*, recinto per allevamento di greggi.

Fucecchio (Firenze) dal lat. mediev. *ficetulum* (da *ficus*, fico), piantagione di fichi.

Fuscaldo (Cosenza) prob. dal lat. *fons calidus*, fonte calda.

Gaeta (Latina) dal lat. *Caieta*; secondo la leggenda virgiliana, nome della nutrice di Enea.

Gallarate (Varese) dal n. pers. lat. *Galerius*, e il suffisso *-ate*, che indica possesso.

Gallìpoli (Lecce) dal gr. *kallipolis*, città bella.

Gandino (Bergamo) dal lombardo *ganda*, frana.

Gangi (Palermo) forse dal franc. *grange*, spagnolo *gronja*, tenuta, fattoria.

Ganna (Valganna, Varese) dal lombardo *ganna*, pietrame.

Gardone (Brescia) derivato in *-one* dal lat. mediev. *garda*, dal gotico *warda*, con il valore di «posto di guardia (elevato) lungo le strade militari e romee».

Gargnano (Brescia) dal lat. (*fundus*) *Carnianus*, (podere) di *Carnius*.

Gavinana (San Marcello, Pistoia) dal n. pers. lat. *Gabinius*.

Gazzaniga (Bergamo) derivato in *-iga* da un *gazzana*, da *gazzo* «bosco bandito» (lat. mediev. *gadium*).

Gazzuolo (Mantova) da *gazzo*, bosco bandito.

Gela (Caltanissetta) dal gr. *Gela*, a sua volta dalla parola sicula pregreca *gela*, freddo.

Gello (Pistoia) dal lat. *agellus*, piccolo campo.

Gemona (Udine) dal friulano *Glemóne* (lat. *castrum Glemonae*), da una base prelatina *glema*, gesso.

Gènova (Liguria) dal lat. *Genua*, di etimologia ignota.

Gerace (Reggio Calabria) da un'alterazione di *Sancta Cyriaca*; fu avvicinata a partire dal sec. XII a *hierax* (in greco, sparviero).

Gerosa (Bergamo) dal lombardo *geròs*, ghiaioso.

Ghedi (Brescia) dal longobardo *gaida*, punta di terra (lombardo *gheda*, terreno asciutto).

Ghisalba (Bergamo) dal latino *ecclesia alba*, chiesa bianca.

Giarre (Catania) dall'arabo *giarra*, vaso per acqua, passato in siciliano (*giarra*, *giara*), e in italiano.

Giaveno (Torino) prob. dal n. pers. lat. *Gabinius*, Gabinio.

Gioia del Colle (Bari) dall'epiteto lat. dato all'imperatore Diocleziano *Iovius* (di Giove) fu detta *Iovia*.

Gioia Tauro (Reggio Calabria) presso la foce del fiume *Metaurus* (ora *Petrace*) e non lontano dalla classica *Metauria*, sorse *Gioia* o *Geolia* (di cui parlano carte angioine del sec. XIII). Il nome deriva forse dal lat. *iovius*, di Giove.

Giovinazzo (Bari) anticamente *Iuvenatium*, forse dal lat. *Iuvene Netium*, la nuova Nezio (centro nei dintorni di Andria).

Giulianova (Teramo) fondata nel 1470 da Giulio Antonio Acquaviva, duca di Atri, per portare in luogo più salubre gli abitanti di *Castrum Divi Flaviani*.

Goito (Mantova) deriva forse dal nome dei goti.

Golferenzo (Pavia) derivato in *-entius* dal n. pers. germanico *Gulfarius*.

Gonzaga (Mantova) formazione in *-ago*, esprimente possesso, dal n. pers. lat. *Verecundius* (per la caduta di *vere-*, si pensi all'ital. *gogna* derivato da *verecundia*).

Gorgonzola (Milano) dal lat. *Concordiola* (diminutivo di *Concordia*, nome augurale).

Gorìzia (Friuli-Venezia Giulia) dallo slavo *goro*, monte, al diminutivo.

Gorla (Milano) o dal lat. *gulula* (diminutivo di *gula*, anfratto) o dal lat. *gurgula*, vortice (più probabilmente).

Governolo (Roncoferrato, Mantova) dal lat. *gubernaculum*, *gubernum* (opera di regolamentazione di un fiume, qui il Mincio).

Gradara (Pesaro e Urbino) dal lat. *creta*, creta (*cretarium*).

Gradenigo (Chioggia, Venezia) dal n. pers. lat. *Gratinius*, con il suffisso veneto *-igo* che esprime possesso.

Grado (Gorizia) prob. dal lat. *gradus*, nel senso di «scalo, porto».

Gravedona (Como) dalla voce prelatina *grava*, ghiaia, zona ghiaiosa, nel derivato *gravata*, all'accrescitivo.

Gravellona (Pavia) dalla voce prelatina *grava*, ghiaia, zona ghiaiosa, nel derivato *gravella*, all'accrescitivo.

Gravina (Bari) la parola *gravina* indica in pugliese un burrone profondo, al pari di *grava*, da connettere a una parola mediterranea.

Grazzano (Vigolzone, Piacenza) dal n. pers. lat. *Gratius*: (*fundus*) *Gratianus*, (podere) di *Gratius*.

Gromo (Bergamo) dal lat. *grumus*, mucchio di terra.

Grosseto (Toscana) dal lat. mediev. *grossetum*, nel senso di «selva o bosco di grosse piante», deriv. del lat. *grossus*.

Grottaferrata (Roma) il nome allude forse alla presenza di ferro nel terreno.

Grottammare (Ascoli Piceno) vi era già nel sec. XI un castello col nome *le grotte*; recente è invece la formazione del borgo alla marina.

Gualdo Tadino (Perugia) sorse presso le rovine dell'antica *Gualdum* (lat. mediev., *selva*, dal germanico *waldo*), che aveva sostituito *Tadinae, Tadinum*, rasa al suolo da Ottone III nel 996 d.C.

Gualtieri (Reggio nell'Emilia) dal n. pers. *Gualtiero, Gualtieri*, di origine germanica.

Guastalla (Reggio nell'Emilia) dal germanico *Wardistallum*, posto di guardia (*corte Wardestalla, Guardestalla*).

Gubbio (Perugia) dal lat. *Iguvium, Eugubium*; città preromana umbra.

Ièsolo (Venezia) forse dal n. pers. lat. *Equilius*.

Iglesias (Cagliari) dallo spagnolo *iglesia*, chiesa (antica denominazione: *Villa di Chiesa*).

Imola (Bologna) anticamente *Forum Cornelii*; il toponimo *Imolas* (forse prelatino) è attestato solo nel medioevo.

Imperia (Liguria) assunse tale nome nel 1923 (dal torrente *Impero*), riunendo le città di Oneglia e Porto Maurizio.

Induno (Varese) anticamente *Indunum*, cioè *in Duno*, sul poggio (gallico *dunum*, poggio).

Indusia (Fidenza, Parma) dal lat. mediev. *Fiducia Dei*, Fiducia di Dio; ospizio (*In Fidusa*).

Intelvi (Como) indica la zona tra il lago di Como e quello di Lugano. Il nome pare derivato da una base prelatina.

Ischia (Napoli) dal lat. *insula*, isola (forma intermedi‹ *iscla*).

Ischitella (Foggia) dal lat. *aesculetum*, luogo in cui cre‹ sce l'*aesculum*, quercia, con suffisso di diminutivo.

Isernia (Molise) dal lat. *Aesernia*; nome di origine me‹ diterranea, in cui si riconosce il tema italico *ais-*, dio.

Ispra (Varese) prob. dal lat. *Hispida*, ispida, riferito ‹ terreno accidentato.

Ivrèa (Torino) dal lat. *Eporedia* (deriv. dal gallico *epo‹* cavallo; *reda*, carro) stazione di carri trainati da ca‹ valli.

Lacedonia (Avellino) dal lat. *Aquilonia*. Il nome par‹ di origine osca.

Ladispoli (Cerveteri, Roma) dal gr. *polis*, città; co‹ chiamata in onore di un re di Napoli del Quattrocent‹ Ladislao.

Lagonegro (Potenza) dal lat. *Lacus niger*, o *Nerulum* stazione sulla via Popilia.

La Mira (Venezia) dal lat. mediev. *mira*, belvedere.

Lanciano (Chieti) dal lat. *Anxanum*; città dei frentan‹

L'Aquila (Abruzzo) fondata da Gregorio IX nel 1229 Il nome allude alla posizione elevata.

La Spezia (Liguria) dal piccolo centro marinaro d‹ sec. XIII *Aspezia* (lat. *Spedia*), nome di probabile orig‹ ne ligure prelatina.

Laterza (Taranto) anticamente *Latercia*, nome di in‹ certo significato.

Latina (Lazio) nuova denominazione, assunta ne‹ 1945, della città di Littoria, fondata nel 1934.

Lauria (Potenza) dal gr. bizantino *lauría*, plurale ‹ *laurion*, diminutivo di *laura*, cella dei monaci.

Lavagna (Genova) attestato anche in Lombardia e n‹ Veneto, risale a un lat. mediev. *lavania* (da *lavare*, lava‹ re) o *labania* (da *labi*, scivolare, cadere).

Laveno (Varese) dal lat. *labes*, frana.

Lecce (Puglia) anticamente *Lupiae*, da una base med‹ terranea *lup-*, roccia.

Lecco (Como) anticamente *Leucum*, è parola prelat‹ na di etimologia incerta.

Legnago (Verona) dal n. pers. lat. *Laenius* con il su‹ fisso *-ago* di origine celtica, esprimente il possesso.

Legnano (Milano) più anticamente *Ledegnano*, d‹ lat. (*fundus*) *Letinianus*, podere di *Letinius*.

Lentini (Siracusa) dal gr. *Leontinoi* (lat. *Leontini*); nome deriva forse dal greco *lèon*, leone.

Lercara Friddi (Palermo) dal siciliano *L'Alcara, L'A‹ cara* nel feudo dei Freddi, ricordata sin dal sec. XV.

Lérici (La Spezia) dal lat. *Eryx*, omonima della *Ery* situata nella Sicilia occidentale. Il nome è di origin‹ prelatina.

Lèsina (Foggia) dallo slavo *lêsbno*, aggettivo derivat‹ da *lesb*, bosco.

Lèuca (Castrignano del Capo, Lecce) nome di origin‹ prelatina.

Lèvanto (La Spezia) allude alla zona orientale (Levar‹ te) della Liguria.

Limone (Brescia) prob. dal gallico *limo*, olmo.

Linate (Peschiera Borromeo, Milano) dal n. pers. la‹ *Linus*, con suffisso *-ate*, di origine ligure o celtica, c‹ esprime discendenza.

Linguaglossa (Catania) ripetizione, perché in g‹ *glossa* significa lingua; ma sino al sec. XVIII fu chiama‹ popolarmente *Lingua grossa*.

Livorno (Toscana) anticamente *Livorna*, forse da un ‹ pers. estrusco *Liburna*.

Locorotondo (Bari) cioè luogo rotondo; allude alla forma dell'agglomerato.

Locri (Reggio Calabria) dal gr. *Locroi oi Epizephyroi* (lat. *Locri*), di significato incerto.

Lodi (Milano) in età romana *Laus Pompeia* (dal console Cn. Pompeo Strabone che vi dedusse una colonia); *Laus*, lode, è forse latinizzazione di un precedente nome celtico.

Loreto (Ancona) sorta circa il sec. XIII, prese nome da una selva di lauri (in lat. *lauretum*).

Lóvere (Bergamo) dal lat. *robur*, quercia (lombardo *óver*).

Lucca (Toscana) anticamente *Luca*; il nome è di etimologia sconosciuta.

Lucera (Foggia) anticamente *Luceria apula*, nome forse prelatino.

Lugo (Ravenna) dal lat. *Lucus* (*Dianae*), bosco sacro a Diana.

Lungro (Cosenza) paese italo-albanese; gli albanesi venuti nei secc. XV-XVI, chiamarono il centro *Ungr*.

Macerata (Marche) dal lat. mediev. *maceria*, muro a secco: quindi, area chiusa da un muro. Forse allude a un antico recinto sacro.

Macomèr (Nuoro) anticamente *Macomeli*, n. di origine fenicia, *maqom hadesh*, città nuova.

Maderno (Toscolano Maderno, Brescia) dal lat. *maternus*, materno (detto di podere ereditato dalla parte materna).

Madésimo (Isolato, Sondrio) forse dal n. pers. lat. *Amatissimus*, Amatissimo.

Magenta (Milano) forse dal n. pers. lat. *Magenta*, derivato di *Magius*.

Maiano (Spoleto, Perugia) dal lat. (*fundus*) *Marianus*, podere) di *Marius*.

Màida (Catanzaro) dal gr. *màgida*, vasca, con riferimento alla conformazione del terreno su cui è edificata (avvallamento umido e paludoso).

Malamocco (Venezia) anticamente *Metamauco*, risale al gr. *metà Medòakon*, al di là del *Medoacum* (nome di un fiume).

Malcésine (Verona) anticamente *Malasicine* (sec. XII), dal lat. *mala silex*, cattiva pietra.

Manduria (Taranto) dal lat. *Manduria*, nome forse di origine illirica, da una base *mand-*, puledro.

Manerbio (Brescia) dal lat. *Minervium*, tempio di Minerva.

Manfredonia (Foggia) fondata da Manfredi di Svevia nel 1258.

Mansuè (Treviso) deriva da un'alterazione di *San Mansueto*.

Màntova (Lombardia) dal lat. *Mantua*; nome prob. di origine prelatina.

Marcabò (Ravenna) cioè *marca-bo*, marca-bovi (vedi *Cavalcabò*, *Ligabò*, lega-bovi ecc.).

Marcarìa (Mantova) dal lat. mediev. *marca regia*, marca del re.

Marengo (Alessandria) dal lat. mediev. *marincus*, che designava una via che conduceva al mare.

Marghera (Venezia) dal lat. *milicaria*, luogo dove cresce la saggina (lat. *milica*, saggina).

Maròstica (Vicenza) dal lat. mediev. *Marostice*, forse da *Marostius* o *Maroste*, n. pers., con il suffisso -*icus* che esprime proprietà.

Marradi (Firenze) anticamente *Marate*; forse da *mar-*, zappa: (*terrae*) *marratae*, terre lavorate con la zappa.

Marsala (Trapani) dall'arabo *Marsa Alì*, porto di Alì (lat. *Lilybaeum*; gr. *Lilybaion*).

Martignone (Crespellano, Bologna) dal n. pers. lat. *Martinius*, con suffisso -*one* che esprime il possesso.

Martinengo (Bergamo) dal n. pers. *Martino* col suffisso germanico -*ing*, che indica stirpe: *Martinengo* significa quindi «discendente di *Martino*».

Massa (Toscana) da *massa*, tenuta, che nel diritto romano indicava anche un complesso di più case; nel sec. X sorse una *Curtis de Massa*.

Matera (Basilicata) dal lat. *Mateola*.

Mazara del Vallo (Trapani) è l'antica *Mazaris* o *Mazare*, nome forse di origine fenicia; *vallo*, dal lat. *vallum*, richiama le opere di fortificazione del luogo.

Mazzarino (Caltanissetta) forse legato al nome di luogo *Mazara*, di origine forse fenicia.

Mazzorbo (Venezia) prob. dal lat. *maior urbs*, città maggiore.

Meda (Milano) dal lombardo *meda*, mucchio; dosso.

Melegnano (Milano) da *Marignano* (così si chiamava ancora la località nel sec. XVI), dal lat. (*fundus*) *Marinianus*, podere di *Marinius*.

Melfi (Potenza) nome di origine italica, ma di significato oscuro.

Mèlito di Porto Salvo (Reggio Calabria) dal gr. bizantino *potamòs tu Melitu*, fiume del miele.

Melzo (Milano) forse dal n. pers. germanico *Milizzo*.

Menaggio (Como) dal n. pers. lat. *Menacius*.

Mentana (Roma) dal lat. *Nomentana*, aggettivo derivato da *Nomentum*, che era l'antico nome della città.

Merano (Bolzano) in antico *Mairanum*, dal lat. (*fundus*) *Marianus*, possesso di *Marius*.

Messina (Sicilia) dal gr. *Messana* (lat. *Messana*), perché vi si stabilirono coloni della Messenia; prima fu chiamata dagli indigeni *Zancle* (parola che nella lingua sicula significava «falce»), per la forma falcata del porto.

Mestre (Venezia) dal lat. *Mestriae*, derivato dal n. pers. *Mestrius*.

Metaponto (Bernalda, Matera) dal gr. *Metapontion* (lat. *Metapontum*), cioè *metà*, al di là, e *pontos*, mare.

Mezzano (Mezzani, Parma) dal lat. *Medianus*, terreno che è circondato dalle acque.

Mezzoiuso (Palermo) dall'arabo *manzil Iusuf*, casale di Giuseppe.

Migliarino (Vecchiano, Pisa) dal lat. *miliarium*, campo coltivato a miglio, con suffisso di diminutivo.

Milano (Lombardia) dal lat. *Mediolanum*, nome di origine gallica: *medio* equivale al lat. *medius*; *lanum* equivale al lat. *planum*; «luogo che sta in mezzo al piano».

Milazzo (Messina) dal gr. *Mylai* (lat. *Mylae*), la forma attuale è dovuta al tramite dell'arabo.

Minèo (Catania) dal gr. *Menai* (lat. *Menae*); la forma attuale risale all'etnico *Menaeus*.

Minturno (Latina) dal lat. *Minturnae*, città degli aurunci.

Misilmeri (Palermo) dall'arabo *manzil al-Amir*, casale degli emiri.

Mòdena (Emilia-Romagna) dal lat. *Mutina*; fu città dei liguri, dei galli boi, degli etruschi, cui il nome risale.

Mòdica (Ragusa) dal gr. *Motyca*; il nome risale alla lingua degli antichi siculi.

Modigliana (Forlì) *Castrum mutilum*, castello mutilato, in età romana; successivamente (*curtis*) *mutiliana*, da cui il nome moderno.

Molfetta (Bari) dal lat. mediev. *Melfi*, *Me(l)ficta*, da una base prelatina *melf-*, di significato incerto.

Monastìr (Cagliari) trae nome da un monastero dei

camaldolesi; il suo vero nome è *Muristene* (che nel dialetto locale indica una costruzione addossata a una chiesa, come ricovero per i pellegrini).

Moncalieri (Torino) dal lat. *mons*, monte, e *Calerius*, n. pers. lat.

Monchio (Parma) dal lat. *montulus*, piccolo monte.

Mondovì (Cuneo) fondata nel 1198 da abitanti del borgo di *Vico*, fu detta perciò popolarmente *Monte de Vico* (da cui il nome attuale); il nome ufficiale era però *Monte Regale* (per questo gli abitanti di Mondovì sono detti monregalesi).

Monfalcone (Gorizia) da un *Monte Falcone* dei dintorni; il centro sorse nel sec. XIII.

Monghidoro (Bologna) dal lat. mediev. *Mons Gothorum*, Monte dei goti; altri sostiene però deriv. da *Mons Guidorum*, monte dei Guidi.

Monòpoli (Bari) dal gr. *Monopolis*, città dei moni, tribù illirica.

Monreale (Palermo) dal lat. *mons regalis*.

Monsélice (Padova) dal lat. *Mons silicis*, monte della via selciata (che conduceva a Padova).

Montagnana (Padova) dal n. pers. lat. *Montanius*.

Montalcino (Siena) anticamente *Monte Ilicinus*, dal lat. *ilex*, leccio: dunque, *Monte dei lecci*.

Montanara (Curtatone, Mantova) dal lat. *montanaria*, di montagna (sottinteso *villa*).

Montebelluna (Treviso) dal lat. *mons*, monte, e *Belluna*, forma in -*a* (concordata con *mons*, anche femminile nel lat. mediev.) parallela a *Belluno*, che deriva dal celtico *Belo-dunum* (*dunum* = fortezza).

Montecatini (Pistoia) dal lat. mediev. *catinus*, conca rocciosa.

Montecchio (Reggio nell'Emilia) dal lat. mediev. *monticulus* (piccolo monte).

Montefiascone (Viterbo) anticamente *Mons Faliscus*, monte dei falisci (antica popolazione del Lazio). La forma attuale del nome risale a *Mons Faliscorum*.

Montemurlo (Firenze) dal lat. *murus*, muro (diminutivo *murulus*).

Montepulciano (Siena) dal lat. *Mons Publicianus*, con *mons*, monte, e un derivato, con valore di possesso, del n. pers. *Publicius*.

Monterchi (Arezzo) dal lat. *mons Herculis*, monte di Ercole.

Monteriggioni (Siena) accrescitivo dal lat. *mons regis*, monte del re.

Monterotondo (Roma) così detto da una altura a sommità rotondeggiante.

Montevarchi (Arezzo) dall'ital. *varco*, valico.

Montù (Pavia) dal lat. *mons acutus*, monte acuto, con riferimento alla forma della vetta.

Monza (Milano) anticamente *Modicia*, dal n. pers. lat. *Modicius*.

Monzambano (Mantova) anticamente *Monte Zambano*, con *Zambano* n. pers.

Morozzo (Cuneo) dal n. pers. lat. *Maurocius*, derivato da *Maurus*.

Morra Irpina (Avellino) dalla voce prelatina *morra*, roccia (parola ancora viva nei dialetti meridionali); gli *hirpini* erano una tribù dei sanniti.

Mortara (Pavia) anticamente *mortarium*, che nel lat. mediev. vale «stagno».

Motta Visconti (Milano) dall'ital. ant. *motta*, mucchio di terra.

Mulargia (Bortigali, Nuoro) dal lat. *Molaria* (da *mola*, macina).

Murano (Venezia) dal lat. (*fundus*) *Murianus*, (possesso) di *Murius*.

Muravera (Cagliari) dal lat. mediev. *mura vetera*, mura antiche.

Mussomeli (Caltanissetta) siciliano *Musulumèli*, dall'arabo *manzel*, luogo di fermata, e *mal*, ricchezza. Alluderà alla fertilità del luogo.

Nàpoli (Campania) dal gr. *Neapolis*, città nuova; precedentemente gr. *Parthenope*, Partenope (dal gr *pàrthenos*, vergine).

Nardò (Lecce) dal lat. *Neretum*, gr. *Neritos*, che par fosse uno dei nomi del dio Nettuno, legato alla base prelatina *nar-*, *ner-*, acqua.

Narni (Terni) lat. *Narnia*, sulla sinistra del fiume Nera probabilmente da da una base prelatina *nar-*, acqua.

Nemi (Roma) anticamente *Nemus*, in lat. «bosco sacro»

Nicastro (Catanzaro) dal bizantino *neo kastron*, nuova fortezza; vi è un castello normanno-svevo.

Nichelino (Torino) prob. dal n. pers. *Nicola*.

Nicosìa (Enna) forse dal gr. *nike*, vittoria.

Nicòtera (Catanzaro) dal n. pers. gr. *Nikòteras*, che si gnifica «miracolo di vittoria».

Niscemi (Caltanissetta) probabilmente dall'arabo *na sciam*, olmo.

Nisida (Napoli) dal gr. *nèsis*, -*ìdos*, diminutivo di *nèsos*, isola: dunque, piccola isola.

Nocera (Salerno) in antico *Nuceria Alfaterna*, citt osca. La base del nome è l'italico *noukria*, nuova. *Alfa terna* contiene la base italica *alf-*, bianco.

Noceto (Parma) dal lat. *nux*, noce (e deriv. *nucetum*).

Noicàttaro (Bari) anticamente *Noya*, assunse la deno minazione attuale nel 1863; contemporaneamente *Noya*, in provincia di Potenza, fu denominata *Noèpol.*

Nola (Napoli) dal lat. *Nola* a sua volta dall'osco *Noula* con il valore «la nuova (città)».

Noli (Savona) dal lat. *Naulum*, forse dal gr. *nea poli.* nuova città.

Nonàntola (Modena) dal lat. *nonaginta* (emiliano *na nanta*) cioè novanta (misura di terreno), al diminutivo

Norcia (Perugia) dal lat. *Nursia*; città sabina.

Noto (Siracusa) dal lat. *Netum*, nome prelatino.

Novara (Piemonte) in età romana *Novaria*; nome c etimologia incerta.

Novellara (Reggio nell'Emilia) dal lat. mediev. *nove laria*, podere a viti novelle.

Novi Ligure (Alessandria) da *novis* (*casis*), case nuov

Nughedu (Oristano) dal lat. *nucetum*, noceto, insiem di noci.

Nùoro (Sardegna) anticamente *Norium*, nome di orig ne incerta.

Oderzo (Treviso) anticamente *Ovederzo*, dal lat. *Op tergium*, nome prelatino.

Ogna (Brescia) significa in bresciano «ontano».

Olbia (Sassari) dal gr. *Olbia*; città fondata dai greci Focea. Distrutta prob. dai vandali, le subentrò un centro *Phausiana*; rimase il ricordo di essa nel medio vo come *Civita*; nacque dopo il Mille il borgo di *Terr nova*, poi (sino alla nostra età) *Terranova Pausania*.

Olgiate (Como) dal n. pers. lat. *Olgius*, con suffiss celtico (o ligure?) -*ates*, che indica proprietà.

Orbetello (Grosseto) dal lat. *herbetellum*, diminutiv di *herbetum*, luogo erboso.

Òria (Brindisi) dal gr. *Orra* od *Ooria*, nome di etimol gia incerta.

Oristano (Sardegna) anticamente *Aristanis*, sembra derivi il suo nome da *Aristanna*, una fanciulla di *Tharros*, che guidò i fondatori della città nel sec. XI.

Ormèa (Cuneo) dal lat. *ulmus*, olmo.

Orta Nova (Foggia) anticamente *Horta*, nome di origine italica. Sorse nel sec. XVII presso le rovine di un castello di Federico II e fu chiamata Orta Nova rispetto alla vecchia Orta.

Orte (Viterbo) dal lat. *Horta*, nome di origine italica.

Ortisèi (Bolzano) dal lat. *urticetum*, luogo di ortiche.

Orvieto (Terni) dal lat. *urbs vetus*, città antica (*Volsinii veteres*); nel medioevo *Orbivieto*.

Orzivecchi (Brescia) contrapposto a *Orzinuovi*; la prima parte del nome è alterazione di (*Cappella*) *Sancti Georgii*.

Òsimo (Ancona) anticamente *Auximum*, dal gr. *ayximon*, fertile.

Ostia (Roma) dal lat. *ostium*, foce di un fiume (in questo caso, il Tevere).

Ostiglia (Mantova) dal n. pers. lat. *Hostilius*.

Òtranto (Lecce) dal lat. *Hydruntum*, forse da un tema mediterraneo, che valeva «monte».

Otrìcoli (Terni) anticamente *Ocriculum*, dall'umbro prelatino *ocar*, rocca, città fortificata.

Ottone (Piacenza) dal n. pers. di origine germanica *Ottone*.

Ovada (Alessandria) anticamente *Ovaga*, forse dal lat. *opaca*, terra esposta a tramontana.

Òzieri (Sassari) anticamente *Diocesis Othierensis* o *Octeriensis*.

Pachino (Siracusa) prende nome dal capo *Pachynum* (ora *Capo Passero*). Il nome *Pachynum* pare di origine fenicia.

Paderno (Treviso) dal lat. *paternus*, paterno (di fondo ereditato per parte di padre).

Pàdova (Veneto) in lat. *Patavium*; ma la forma indigena doveva essere *Patua* o *Padua* (l'etimologia è incerta), e da questa si è sviluppato il nome moderno.

Palazzolo (Siracusa) diminutivo di palazzo; il nome antico della città era greco: *Akrai*, da *akra*, rocca.

Palermo (Sicilia) dal lat. *Panormus* (gr. *pan ormos*, tutto porto).

Palestrina (Roma) dal lat. *Praeneste*, *Preneste*, nome prelatino.

Palestro (Pavia) dal lat. mediev. *palestris* (per *palustris*, paludoso).

Palma di Montechiaro (Agrigento) dal lat. *palma*, albero di palma; fondata nel 1637 da Carlo Tomasi di Lampedusa, ebbe nel 1863 l'aggiunta di *Montechiaro*, dal castello feudale Chiaromontano ora in rovina.

Palmanova (Udine) sorge nel 1593 come una fortezza tra Palmada, Ronchis, S. Lorenzo e Sottoselva.

Palmi (Reggio Calabria) dal lat. *palma*, albero di palma.

Palombara (Roma) dal lat. *palumbus*, colombo selvatico (nel sec. XII *Palumbaria*).

Paneveggio (Predazzo, Trento) vale «palude vecchia» (lat. mediev. *palus vetlum*).

Panicale (Perugia) dal lat. mediev. *panicale* (*campus*), campo di panico.

Pàola (Cosenza) dal n. pers. lat. *Paulus*.

Parma (Emilia Romagna) nome di età romana (in lat. *parma* significa «scudo rotondo», ma il nome sembra connesso con il gentilizio etrusco *Parmni*).

Partinico (Palermo) dal gr. *Parthenikòs*, lat. *Parthenicum*, aggettivo sostantivato, derivato da *parthènos*, vergine, epiteto di *Atena* o di *Artemide*: dunque, (luogo) della Vergine.

Pastrengo (Verona) dal n. pers. lat. *Pestorius*, *Pistorius*, con il suffisso -*engo* (di origine longobarda) che esprime discendenza.

Pavìa (Lombardia) anticamente *Papia*, forse dal n. pers. lat. *Papilius*. Il n. lat. della città era *Ticinum*.

Pavullo (Modena) anticamente *Paule*, dal lat. mediev. *padule*, palude.

Perétola (Firenze) dal lat. *piretum*, derivato di *pirus*, pero, con suffisso di diminutivo: dunque da *piretulum*, piccola piantagione di peri.

Perinaldo (Imperia) forse dal lat. *podium Rinaldi*, poggio di Rinaldo, n. pers. di origine germanica.

Perugia (Umbria) dal lat. *Perusia*; città già degli umbri e degli etruschi. Il nome è di origine incerta.

Pésaro (Marche) anticamente *Pisaurum*, città dei piceni. Il nome è di etimologia incerta.

Pescara (Abruzzo) anticamente *vicus* (villaggio) *Aternum*, *Ostia Aterni* (foce dell'Aterno, perché così era chiamato il fiume sul quale si trova la città). Il nome moderno deriva dal lat. mediev. *piscaria*, zona adatta alla pesca.

Pèschici (Foggia) anticamente *Pesquicium*, dall'italico *pesclum*, roccia grande. Antico *Porto Aggaso*.

Peschiera (Verona) dal lat. mediev. *Piscaria* (dal lat. *piscis*, pesce); fu chiamata in epoca romana *Arilica*, nel medioevo *Ariolica Pischeriae*.

Pescina (L'Aquila) il nome sembra deriv. da piscine artificiali per trote esistenti un tempo; sostituì nel medioevo la romana *Marruvium*.

Pessinetto (Torino) è diminutivo di una parola dialettale corrispondente all'ital. *piscina*.

Piacenza (Emilia-Romagna) dal lat. *Placentia* (v. lat. *placeo*, piaccio), nome augurale.

Piàdena (Cremona) anticamente *Platena*, forse dal lat. *platanus*, platano.

Piazza Armerina (Enna) già piazza d'armi dei lombardi; fondata nel sec. XI dal normanno conte Ruggero.

Piediluco (Terni) dal lat. mediev. *Plebs de luco*, pieve del bosco.

Piètole (Virgilio, Mantova) anticamente *Pletole*, deriva forse dal lat. mediev. *Plectulae*, nel senso o di luogo recintato, o di piccolo podere con casupole.

Pieve di Cadore (Belluno) dal lat. *plebs*, pieve, distretto; *Cadubrium*, *comitatus Cadubriae* nel lat. mediev. fu detto il Cadore (*catubrini* furono detti gli abitanti della regione nell'antichità classica).

Pievepèlago (Modena) dal lat. mediev. *plebs*, distretto, pieve; *pelagus*, piccola laguna.

Pinerolo (Torino) anticamente *Pinariolum*, è un diminutivo del lat. mediev. *pinarium*, pineto.

Piombino (Livorno) anticamente *Plunbinum* derivato dal lat. *plumbus*, piombo.

Pisa (Toscana) dal lat. *Pisae*. Alcuni sostengono che le sue origini furono greche, altri liguri, altri etrusche; Ottaviano vi dedusse la *Colonia opsequens Iulia Pisana*.

Pistoia (Toscana) dal lat. *Pistoria* o *Pistoriae*, forse dal lat. *pistor*, fornaio, mugnaio.

Pitigliano (Grosseto) dal lat. (*fundus*) *Petilianus*, (podere) di *Petilius*.

Pizzo Càlabro (Catanzaro) da una sporgenza rocciosa (in calabrese *pizzo*).

Poggibonsi (Siena) dal lat. mediev. *Podium Bonitii*, Poggio di Bonizzo (n. pers. germanico).

Policastro (Santa Marina, Salerno) dal gr. *palaion kastron*, antico castello.

Pomarance (Pisa) anticamente *Ripamarrancia*; dal lat. *ripa*, nel senso di «pianoro», e *Marranica*, derivato dal n. pers. lat. *Marranus*.

Pomezia (Roma) la città moderna fu inaugurata nel 1939; riprese il nome della scomparsa *Suessa Pometia* (antichissima città del Lazio, colonia di Alba Longa, poi dei volsci, da cui trasse il nome l'*ager pometinus* o *pomptinus*, l'agro pontino).

Pomposa (Codigoro, Ferrara) anticamente *Pomposia*, da un aggettivo lat. mediev. *pomposius*, da *pompa*, solennità, corteo.

Pontebba (Udine) prese tal nome nel 1923 (ted. *Pontafel*); forse da *ponte* e *aqua*, passato in zona a *aiba*, da cui *-ebba*.

Pontecorvo (Frosinone) dal lat. *pons curvus*, ponte curvo (sul Liri); città fondata prob. nell'886 d.C.

Pontida (Bergamo) parola dialettale equivalente all'ital. *appuntita*, con riferimento alla conformazione del terreno.

Pontinia (Latina) nuovo centro urbano della regione pontina inaugurato nel 1935.

Pontrèmoli (Massa Carrara) forse dal lat. *pons Tremuli*, ponte di *Tremulus*, n. pers. lat.

Populonia (Piombino, Livorno) dall'etrusco *Pupluna* (nome legato a quello del dio etrusco *Fufluns*); gr. *Poplonion*; lat. *Populonium, Populonia*.

Pordenone (Friuli-Venezia Giulia) anticamente *Portus Naonis*, porto del Naone (oggi torrente *Noncello*).

Pòrtici (Napoli) forse dal lat. *porticus*, portico, in riferimento a un portico monumentale che sorgeva nei pressi.

Porto Empèdocle (Agrigento) porto costruito nel sec. XVIII da Carlo di Borbone; ricorda l'antico filosofo di Agrigento.

Portoferraio (Livorno) nel medioevo vi era il villaggio *Ferraio* (dal lat. *ferrarius*, aggettivo che si riferiva alla presenza di ferro nella zona); nell'età romana vi era la città di *Fabricia* (prob. da *faber*, fabbro).

Portogruaro (Venezia) dal lat. *gruarius*, aggettivo derivato da *grus*, gru: quindi, porto delle gru.

Porto Tòrres (Sassari) anticamente *Turris Libysonis*.

Portovènere (La Spezia) dal lat. *Portus Veneris*, Porto di Venere (anche *Fanum Veneris*, tempio di Venere).

Posillipo (Napoli) dal gr. *Pausilypos* (*pauo*, calmo; *lype*, gli affanni).

Potenza (Basilicata) dal lat. *Potentia* (potenza), nome augurale.

Pozzuoli (Napoli) dal lat. *Puteoli* (*puteus*, pozzo); città originariamente greca, il cui nome antico era *Dikaiarcheia*.

Pracchia (Pistoia) dal lat. *pratula*, praticelli.

Praglia (Teolo, Padova) forse dal lat. *pratum*, prato, nel derivato *pratalia*.

Pralboino (Brescia) vale *Prato di Alboino* (n. pers. longobardo).

Prato (Firenze) dal lat. *pratum*, prato.

Preci (Perugia) dal lat. *preces*, preghiere, con riferimento alla presenza di un santuario.

Predazzo (Trento) dal lat. *pratum*, prato, con suffisso *-azzo*, in funzione accrescitiva (vedi *Canalazzo*, nome popolare del *Canal Grande* a Venezia).

Preggio (Umbertide, Perugia) dal lat. *praedium*, possesso fondiario.

Quaracchi (Firenze) dal lat. *quadratus* (divisione degli agrimensori romani), e precisamente dal diminutivo *quadratulum*.

Quartu Sant'Èlena (Cagliari) prende il nome dal riferimento alla pietra miliare (*ad quartum lapidem*) dell'antica strada romana.

Querquedu (Oristano, Cagliari) dal lat. *quercus*, quercia: con suffisso *-eto*, querceto.

Quinto Romano (Milano) prende il nome dal riferimento alla pietra miliare (*ad quintum lapidem*) dell'antica strada romana, cui si era aggiunto il nome di *San Romano*.

Racalmuto (Agrigento) dall'arabo *rahal*, casale, podere.

Racconigi (Cuneo) dal n. pers. germanico *Racco*, in un derivato *Racconenses*, la gente di Racco.

Radicóndoli (Siena) da due n. pers. di origine germanica: *Radi*, abbreviazione di *Radipert*, e *Cundelus*.

Ragusa (Sicilia) dal siculo prelatino *rogòs*, granaio; la forma attuale del nome è dovuta al tramite dell'arabo. Nella stessa località.

Ravello (Salerno) costruita nel sec. XI da ribelli di Amalfi, che la denominarono *Rebello*, quasi «centro di ribellione».

Ravenna (Emilia-Romagna) dal lat. *Ravenna*, nome formato con base prelatina *rava*, frana, e il suffisso etrusco *-e(n)na*.

Recanati (Macerata) forse da un n. pers. lat. *Racanatus*.

Recoaro (Vicenza) forse dal n. pers. germanico *Richwar*.

Redipuglia (Gorizia) dalla slavo *Sredipolia*, cioè: «in mezzo al campo».

Refrancore (Asti) anticamente *Rifrancore*, dal lat. *rivus Francorum*, rivo dei franchi.

Regalbuto (Enna) dall'arabo *rahal*, casale, podere.

Reggio Calabria (Calabria) dal gr. *Rehion* (lat. *Regium*). Gli antichi facevano derivare il nome dal v. gr. *regnymi* (spezzare), pensando al fenomeno tellurico, per cui la Sicilia era stata staccata dalla penisola; ma tale etimologia suscita molti dubbi.

Reggiolo (Reggio nell'Emilia) dal diminutivo lat. *radiolus* (*radius*, linea, solco di confine); fu detto *Razuolo*.

Reggio nell'Emilia (Emilia-Romagna) in età romana *Regium Lepidi*; fu fondata nel sec. II a.C. da M. Emilio Lepido (cui, sembra, era dato il soprannome di *rex*, re).

Rho (Milano) anticamente *Raude*; o dal lat. *aratus*, arato, o dal n. pers. *Rodo*.

Ribera (Agrigento) fu fondata nel 1633 e prese il nome da Maria Afàn de *Ribera*, moglie del principe di Paternò, Luigi Moncada.

Riccione (Forlì) anticamente *fundus Arcionis*, podere della làppola (lat. *arcion, -onis*, làppola); da questo si è fatto *Riccione* secondo corrispondenze dialetto: lingua come (*a m'*)*arcord*: (*mi*) *ricordo*.

Rieti (Lazio) dal lat. *Reate*, città sabina. Il nome è di origine preromana, probabilmente picena.

Rifredi (Firenze) prob. dal n. pers. germanico *Rifred*.

Rìmini (Forlì) dal lat. *Ariminum* (derivò il nome dal torrente *Ariminus*, l'attuale Marecchia), nome di etimologia incerta.

Ripatransone (Ascoli Piceno) anticamente *Ripa Transonum*.

Riposto (Catania) in passato già città demaniale e centro economico; il nome allude alla presenza di magazzini.

Riva (Vallarsa, Trento) dal lat. *ripa*, riva.

Rivarolo (Genova) dal lat. *Riparolum*, diminutivo di *riparia*, costa.

Rivoli (Torino) dal lat. mediev. *ripulae*, diminutivo di *ripa*, riva: quindi, le rivette.

Rivolta (Cremona) dal lat. *ripa alta*, riva alta.

Rivoltella (Desenzano del Garda, Brescia) diminutivo di *Rivolta*, dal lat. *ripa alta*, riva alta.

Rizziconi (Reggio Calabria) dal cognome *Rizzica*, con il suffisso *-oni* che indica possesso.

Robbio (Pavia) anticamente *Redobium*, forse da un n. pers. *Retovium*, di origine celtica.

Robecco (Cremona, Pavia, Milano) dall'ital. ant. *rebecco*, fortilizio contrapposto.

Roccabianca (Parma) così chiamata nel Quattrocento dal potente signore Pier Maria Rossi in onore della donna amata, Bianca d'Arluno.

Roccalumera (Messina) dall'ital. *alluniera*, miniera di allume.

Rodi Gargànico (Foggia), forse l'antica *Uria*, colonia dei rodii, da cui il nome attuale.

Rogoredo (Milano) dal lat. *robur*, quercia; equivale dunque a «querceto».

Roma (Lazio) dall'etrusco *ruma*, attestato nell'aggettivo *rumach*, romano. Il nome è legato all'antico nome etrusco-latino del Tevere, cioè *Rumon*. Un accostamento al gr. *rhome*, forza, è escluso.

Roncaglia (Piacenza) dal lat. mediev. *runcalia*, insieme di più macigni (da *runcus*, macigno).

Ronchi (Gorizia) dal lat. mediev. *runcus*, macigno.

Róncole (Busseto, Parma) dal lat. mediev. *runculae*, diminutivo (al plurale) di *runcus*, macigno (ital. *ronchio*).

Rossano (Cosenza) dal n. pers. lat. *Roscius*, con il suffisso *-anus* che indica possesso.

Rottofreno (Piacenza) dal n. pers. germanico *Rotfried*.

Rovereto (Trento) dal lat. *robur*, rovere, quercia; il nome vale dunque «querceto».

Rovigo (Veneto) anticamente *Rodigum*, forse dal n. pers. germanico *Hrodico*.

Rubiera (Reggio nell'Emilia) forse dal lat. mediev. *herbaria*, luogo erboso.

Rutigliano (Bari) dal lat. *(fundus) Rutilianus*, podere di *Rutilius*.

Ruvo (Bari) dal gr. *Ruba*, nome di etimologia sconosciuta.

Sabàudia (Latina) trae il nome dalla Casa Savoia; fu inaugurata nel 1934 nella regione pontina.

Sabbioneta (Mantova) da *sabbione*, con il suffisso di collettivo *-eta*: dunque, insieme di terreni sabbiosi.

Sacile (Pordenone) da un derivato del lat. *saccus*, insenatura.

Sala Baganza (Parma) dal lat. mediev. *sala*, casa padronale nella fattoria; *Baganza*, nome di un torrente.

Sale (Alessandria) dal lat. mediev. *sala*, casa padronale nella fattoria.

Salemi (Trapani) dall'arabo *salam*, pace.

Salerno (Campania) anticamente *Castrum Salerni*; città preromana campana *Irnthi*.

Sàlice (Godiasco, Pavia) dalla presenza di un salice.

Salò (Brescia) anticamente *Salodum*; parrebbe derivare da un lat. *Salatum*, da *sala*, casa padronale nella fattoria, oppure da *sale*, in riferimento alla presenza in zona di acque salse.

Salorno (Bolzano) in età romana *Salurnis*, forse da una parola prelatina *sala*, canale, concavità.

Salsomaggiore (Parma) dal latino *salsus*, salso (acque salsoiodiche), in contrapposizione al vicino *Salsominore*.

Saludecio (Forlì), anticamente *Sanctus Laudicius*, forse dal lat. *Lauditius*.

Saluzzo (Cuneo) anticamente *Salucie*, può derivare dal lat. mediev. *saluculae*, diminutivo di *sala*, casa padronale nella fattoria.

San Benedetto del Tronto (Ascoli Piceno) trae nome da un chiostro benedettino cinto da mura, la *Rocca di San Benedetto*.

San Cataldo (Caltanissetta) l'origine del suo nome è dovuto al santo vescovo di Taranto, di cui conserva qualche reliquia.

San Fratello (Messina) corruzione popolare di *San Filadelfo*; questa denominazione è attestata nei documenti del sec. XII.

Sanfrè (Cuneo) forse dal n. pers. germanico *Siegenfried* (attraverso *Sanfréd*).

San Gersolè (Impruneta, Firenze) dal lat. *Sanctus Petrus in Ierusalem*, S. Pietro in Gerusalemme.

San Gimignano (Siena) da San Gemignano vescovo di Modena.

San Gineto (Cosenza) inteso come nome di santo, mentre deriva dal nome comune *sanguine*, corniolo (*sanguineto*, popolarmente *sanguineto*), è dunque un luogo dove crescono i cornioli.

San Giovanni in Persiceto (Bologna) dal lat. *persicetum*, piantagione di peschi (dal lat. *persicus*).

Sanguinetto (Verona) inteso come un presunto san Guineto, mentre deriva dal nome comune *sanguine*, corniolo (*sanguineto*, deformato in *sanguinetto*, è dunque il luogo dove crescono i cornioli).

San Lùcido (Cosenza) anticamente *S. Niceto*, dal n. pers. gr. *Aníketos*, che significa «invitto».

San Marino dal nome del santo che nel sec. IV d.C. vi fondò il suo eremo.

San Miniato (Pisa) il nucleo della cittadina si formò attorno alla chiesa dedicata al martire fiorentino, dove era stato il vico romano di *Quarto*.

San Pier d'Arena (Genova) il luogo prese il nome da una piccola chiesa in onore dell'apostolo Pietro.

San Remo (Imperia) anticamente *Castrum Sancti Romuli* (divenuto nel dialetto locale *San Römnu*). Il vescovo San Romolo lottò contro i saraceni. Prima la località era detta *Villa Matutiana*.

San Rossore (Pisa) deformazione del nome del santo martire *Luxorius*, di cui i pisani introdussero il culto in patria.

Santa Maria Capua Vètere (Caserta) dal lat. *Capua*, nome forse in relazione con l'etrusco *capus*, falco; sorge ove era l'antica Capua, mentre l'attuale Capua è l'antica *Casilino*.

Santa Maria di Forcassi (Viterbo) dal lat. *Forum Cassii*, Mercato di Cassio.

Santa Maria di Nàbuli (Cagliari) dal gr. *neapolis*, città nuova.

Sant'Àngelo dei Lombardi (Avellino) deriva il nome dall'esser stata fondata dai longobardi.

Sant'Antioco (Cagliari) nel 1615 vi si scoprirono le ceneri di Sant'Antioco. Era stata la punica *Sulci*.

Sant'Arcàngelo (Forlì) *pago Acervulano* (sec. VIII); *Castrum Sancti Arcangeli* (sec. XII).

Santèramo in Colle (Bari) dal lat. *Sanctus Erasmus*, Sant'Erasmo, vescovo di Antiochia, che vi si rifugiò per le persecuzioni di Diocleziano.

Santhià (Vercelli) deformazione popolare di *Sant'Agata*.

Saponara (Grumento Nova, Potenza) dal lat. mediev.

saponaria, aggettivo derivato da *sapo*, nel senso di «argilla simile al sapone».

Saronno (Varese) anticamente *Solomnum*, prob. dal n. pers. lat. *Solonius*.

Sarzana (La Spezia) anticamente *Burgus Sarzanae*; il nome è di etimologia incerta.

Sàssari (Sardegna) anticamente *Castrum Sassaris*. Il nome sembra di origine preromana.

Sassinoro (Benevento) dal lat. (*colonia*) *Saxonorum*, colonia dei sassoni, con riferimento a uno stanziamento di tali genti.

Sassoferrato (Ancona) presso l'antica città umbra di *Sentinum* sorse verso il Mille d.C. un castello fortificato (da cui il nome).

Sassuolo (Modena) dal lat. mediev. *Saxolum*.

Savona (Liguria) dal lat. *Savo*, città preromana, *oppidum* (fortezza) dei liguri alpini.

Scalèa (Cosenza) dal gr. *skaleìa*, sarchiatura.

Scandiano (Reggio nell'Emilia) n. pers. lat. *Scandius*: (*fundus*) *Scandianus*, (*podere*) di *Scandius*.

Schìo (Vicenza) anticamente *Schledum*, dal lat. *aesculetum*, terreno in cui cresce l'*aesculus*, ischio.

Sciacca (Agrigento) dall'arabo *sciacca*, spaccatura, fessura, passato anche nel dialetto siciliano.

Scilla (Reggio Calabria) in età greca *Skylla*, ma anche *Skyllaion* (la forma dialettale moderna viene da qui: *u Scìgghiu*). Il nome è forse di origine pregreca.

Selinunte (Castelvetrano, Trapani) dal gr. *Selinous*, *Selinus* (dalla pianta dell'apio, in gr. *selinon*).

Semonte (Gubbio, Perugia) dal lat. *secus montem*, presso il monte.

Senigallia (Ancona) dal lat. *Sena Gallica*, colonia di galli senoni.

Seravezza (Lucca) anticamente *Sala Vetitia*, poi *Seravetitia*; *sala*, casa padronale nella fattoria, parola di origine longobarda; *Vetitia*, n. pers. probabilmente germanico.

Seregno (Milano) dal n. pers. lat. *Serenius*.

Sèrmide (Mantova) dal lat. mediev. *Sarmatae*; il nome alluderà a uno stanziamento di sarmati nella zona.

Serracapriola (Foggia) dal dialettale *serra*, sega, cresta di monti.

Serrapòtamo (Potenza) dal gr. *xeropótamos*, fiume asciutto.

Sessa Aurunca (Caserta) dal lat. *Suessa Aurunca*, capitale del popolo degli aurunci. Il nome *Sessa* è di etimologia incerta.

Sesto Calende (Varese) prende nome dal riferimento alla pietra miliare (*ad sextum lapidem*) dell'antica strada romana. Nel medioevo fu chiamato *Sexto Mercadum*; poi nel sec. XIII *Sexto Kalendarum* (che fa pensare a un mercato tenuto sei giorni prima delle calende, cioè del primo di ogni mese).

Sesto San Giovanni (Milano) dal riferimento alla pietra miliare (*ad sextum lapidem*) dell'antica strada romana. Dista 9 km da Milano.

Sestri Levante (Genova) anticamente *Segesta Tigulliorum*; lo stesso nome *Segesta* aveva una città della Sicilia occidentale, e significava probabilmente «la fiorente».

Sestri Ponente (Genova) dal riferimento alla pietra miliare (*ad sextum lapidem*) dell'antica strada romana; la sesta a partire da Genova.

Settignano (Firenze) dal n. pers. lat. *Septimius*: (*fundus*) *Septimianus*, (*podere*) di *Settimius*.

Siamanna (Oristano) dal sardo *sa via manna*, la via grande (contrapposto a *Siapiccia*, la via piccola).

Siderno (Reggio Calabria) anticamente *Motta Sideroni*, da *motta*, altura, e il cognome *Sidero*, con il suffisso *-oni* che indica possesso.

Siena (Toscana) dal lat. *Saena* (anche *Sena* o *Senae*), chiamata, per distinguerla dalla *Sena Gallica* (Sinigalia), *Sena Etruriae* o *Sena Iulia*. Il nome risale forse all'etrusco, dove è attestato un n. pers. *Seina*.

Siracusa (Sicilia) dal gr. *Syracusai* (lat. *Syracusae*), nome di origine incerta.

Sissa (Parma) prob. dal n. gent. lat. *Siccius*.

Soave (Verona) dal lat. mediev. *Suavi*, Svevi (germanico *Swabe*).

Solferino (Mantova) dal lat. *sulfurinus*, sulfureo, detto forse in riferimento a un corso d'acqua solforosa.

Sondrio (Lombardia) dal longobardo *sundrium*, terreno lavorato dal padrone.

Sora (Frosinone) dal lat. *Sora*; città dei volsci.

Soragna (Parma) dal lat. mediev. *Soranea*, prob. da *solanea* (*terra*), terreno esposto a mezzogiorno.

Sòrbolo (Parma) dal lat. *sorbus*, sorbo.

Soresina (Cremona) prob. dal lat. mediev. *via silicina*, via selciata.

Sòrio (Gambellara, Vicenza) prob. deriva da una alterazione di *San Giorgio*.

Sorrento (Napoli) dal lat. *Surrentum*, in origine città greca. Il nome è di etimologia incerta.

Sospiro (Cremona) anticamente *Sexpilas*, cioè *sex pilae*, sei pilastri (oppure, sei abbeveratoi?).

Sperlinga (Enna) dal lat. *spelunca*, caverna; parte della popolazione viveva infatti fino a poco tempo fa in grotte adattate ad abitazione.

Spilimbergo (Pordenone) dal germanico *Spengenberg*, *Spegninberg*; anticamente *Bibium*, castello forse di origine romana.

Spinazzola (Bari) forse da identificare con la stazione romana *Ad Pinum*, presso il pino.

Spoleto (Perugia) dal lat. *Spoletium*, città degli umbri; si è trovata nel suo nome una connessione con l'etrusco *spur*, città.

Squillace (Catanzaro) anticamente gr. *Skylletion*, poi *Skylakion*, nome di significato incerto.

Squinzano (Lecce) dal lat. (*fundus*) *Quinctianus*, possesso di *Quinctius*.

Stàffolo (Ancona) dal longobardo *staffel*, scala.

Stilo (Reggio Calabria) dal gr. *stylos*, colonna.

Subiaco (Roma) dal lat. *Sublaqueum* (*sub lacum*, presso il lago).

Sulmona (L'Aquila) dal lat. *Sulmo*; città dei peligni. Il nome è di etimologia incerta.

Susa (Torino) in epoca romana *Segusium*; è nome prelatino, forse legato a una base celtica *sego-*, vittoria, potenza.

Sutri (Viterbo) prob. dall'etrusco *Suthri* (lat. *Sutrium*; gr. *Soutrion*).

Suzzara (Mantova) dal lat. mediev. *sub Zara*, presso il torrente Zara.

Tabiano (Fidenza, Parma) dal lat. (*fundus*) *Octavianus*, podere di *Octavius*.

Talamone (Orbetello, Grosseto) dall'antica *Telamon*, che era situata non dove è l'odierna Talamone, ma sulla collina di Talamonaccio, detta *Talamone Vecchio* (per l'omonimia con Telamone, uno degli Argonauti, la leggenda vuole che da essi sia stata fondata).

Taliedo (Milano) dal lat. *Tilietum*, tiglieto.

Taormina (Messina) dal gr. *Tauromenion*, lat. *Tauromenium*, in cui compare il nome prelatino e pregreco *tauros*, monte.

Tàranto (Puglia) dal gr. *Taras* (secondo la leggenda, eroe locale); lat. *Tarentum*.

Tarquinia (Viterbo) dall'etrusco *Tarchna* (gr. *Tarkunia*; lat. *Tarquinii*); città etrusca e romana.

Tarvisio (Udine) dal lat. *Tarvisia* (o *Trevisa*), forse da un colono proveniente da Treviso; ted. *Tarvis*.

Teano (Caserta) dal latino *Teanum Sidicinum* (gr. *Teanon*; osco *Tianu*); prima degli aurunci, poi dei sidicini.

Tempio Pausania (Sassari) anticamente *Templi*, così chiamata da un tempio ai Dioscuri ivi situato. Sorge nel luogo dell'antica *Pausania*.

Tèramo (Abruzzo) dal lat. *Interamna, Interamnia*, città dei pretuzi; il nome indica un luogo tra fiumi.

Terlizzi (Bari) anticamente *Tellizzo*, forse dal lat. *tellus*, terra.

Tèrmini Imerese (Palermo) dal gr. *Thermai Imeraiai* (lat. *Thermae Imerenses*); località di bagni del territorio imerese.

Terni (Umbria) dal lat. *Interamna*, parola che indica un luogo tra fiumi.

Terracina (Latina) dal lat. *Tarracina*; capitale dei volsci, si chiamava in volsco *Anxur*; il nome *Tarracina* pare di origine etrusca, e testimonia un'antica dominazione etrusca sulla città.

Teulada (Cagliari) dal lat. mediev. *tegulata*, coperta di tegole.

Thiene [tiène] (Vicenza) forse dal lat. *Tilliena*, derivato dal n. pers. *Tillius*, con valore di possesso.

Tivoli (Roma) dal lat. *Tibur*, nome preromano.

Tizzano (Parma) dal lat. (*fundus*) *Titianus*, (podere) di *Titius*.

Todi (Perugia) dal lat. *tuder*, parola che in umbro antico valeva «confini».

Tolentino (Macerata) dal lat. *Tolentinum*; fu città romana del Piceno.

Tòmbolo (Pisa) dal lat. *tumulus*, altura; nome dato a un cordone litorale con dune.

Torino (Piemonte) anticamente *Augusta Taurinorum*, dal nome dei liguri taurini; la forma attuale del nome deriva dall'espressione *ad Taurinos*, e non dalla forma ufficiale.

Torre Annunziata (Napoli) nel sec. XIV vi era una cappella dell'Annunciata e un ospedale; nel sec. XV fu costruita una torre.

Torre del Greco (Napoli) anticamente *Turris Octava*, ottava torre (a partire da Napoli); era una delle torri di difesa contro le invasioni barbariche. Nel sec. XIV prese la denominazione dal vino greco dei vigneti del luogo.

Tortona (Alessandria) dal lat. *Dertona*, durante il basso Impero *Tertona*. Il nome pare di origine ligure.

Tortorici (Messina) anticamente *Turri Tudit*, poi popolarmente avvicinato al nome della tortora.

Trani (Bari) dal lat. *Turenum, Tranum*, forse derivato da una forma mediterranea *taurenum*, legato alla base *taura-*, altura.

Tràpani (Sicilia) dal gr. *Drepana* (lat. *Drepanum*); *drèpanon* / *drepàne* in greco vale «falce».

Trasacco (L'Aquila) dal lat. *trans aquam*, al di là dell'acqua: con riferimento al bacino del Fucino, sulle cui rive il paese si trovava prima della bonifica.

Trebbio (Sansepolcro, Arezzo) dal lat. *trivium*, trivio.

Trebisacce (Cosenza) dal gr. *trapezakion*, piccolo pianoro.

Trento (Trentino-Alto Adige) *Tridentum* in età romana. Il nome è prelatino.

Treviglio (Bergamo) anticamente *Trevili*, dal lat. *tres villae*, tre villaggi.

Treviso (Veneto) dal lat. *Tarvisium* (forse dal gallico *tarvos*, toro).

Trieste (Friuli-Venezia Giulia) dal lat. *Tergeste* (gr. *Tergeston, Tergestron*); città in origine dei galli carni.

Trinitàpoli (Foggia) dal gr. *polis*, città; prima era chiamato *Casale Trinità*.

Trino (Vercelli) anticamente *Tridinum*, forse da un n. pers. lat. *Tritinus*, da *Tritus*.

Trivento (Campobasso) anticamente *Terventum*, *Treventum, Tereventum*.

Troia (Foggia) dal lat. *Troia*; forse volle rinnovare il ricordo della Troia di Omero; nell'antichità ivi sorgeva *Aecae*, Ece, città dei dauni.

Tropèa (Catanzaro) dal lat. mediev. *Tropea, Tropeia*, dal gr. *ta tropaia*, i trofei.

Tuscania (Viterbo) denominata *Toscanella* fino al 1911, anno in cui riprese il nome antico, che era appunto *Tuscania*.

Ùdine (Friuli-Venezia Giulia) dal lat. *Utinum*, nome di etimologia incerta.

Umbèrtide (Perugia) già pago romano (*Pitulum*), fu ricostruito circa il 970 d.C. da un *Uberto*; il castello su cui i figli ebbero dominio feudale fu detto *Fracta filiorum Uberti*.

Urbino (Marche) dal lat. *Urbinum, Urvinum*, nome di etimologia incerta.

Vado (Savona) anticamente *Vada Sabatia* (*vadum*, guado).

Valdagno (Vicenza) dal torrente *Agno*, a sua volta dal lat. mediev. *amniu* (lat. classico *amnis*, fiume).

Valdieri (Cuneo) anticamente *Valderium*, forse collegato al germanico *wald*, bosco (*valderius* sarebbe qualcosa come «guardia forestale»).

Valdobbiàdene (Treviso) dal lat. *Duplavilis*, nome di etimologia incerta.

Valeggio (Verona) dal lat. mediev. *vallensis*, aggettivo sostantivato, derivato da *vallis*, valle.

Valenza (Alessandria) *Valentia* in età romana, dal nome dell'imperatore *Valente*.

Vallisnera (Collagna, Reggio nell'Emilia) dal lat. mediev. *vallis vicinaria*, valle laterale; secondo altri dal lat. mediev. *Vallis Eginardi*, valle di Eginardo.

Valtieri (Grosseto) dal n. pers. di origine germanica *Gualtieri*.

Varallo Sesia (Vercelli) dal lat. mediev. *variarius*, derivato di *varius* nel senso di «terreno incolto e accidentato».

Varese (Lombardia) nome di origine preromana (celtica o ligure), in cui è contenuta la base *vara*, acqua.

Varzi (Pavia) dal lat. *varcus*, varco, apertura.

Vasto (Chieti) anticamente *Histonium*; città dei frentani.

Velletri (Roma) dal lat. *Velitrae*; città volsca, poi latinizzata. Il nome è però probabilmente di origine etrusca.

Venafro (Isernia) in antico *Venafrum*; centro di popolazioni sannitiche. Il nome, di origine italica, è di etimologia incerta.

Venarìa (Torino) nome dato nel sec. XVII dai Savoia a

Altessano, e derivato dal lat. *venor*, vado a caccia: cioè, riserva (reale) di caccia.

Venezia (Veneto) nel sec. X *civitas Veneciarum*, dal nome della decima Regione Augustea, appunto *Venetiae*. Il nome ricorda quello degli abitanti prelatini della zona, i veneti.

Venosa (Potenza) dal lat. *Venusia*, di etimologia incerta.

Ventimiglia (Imperia) dal lat. *Album Intimelium*; città dei liguri intimili (ligure *melo*, monte; la voce preromana *alba* prob. significa «altura»).

Verbania (Novara) è nome recentemente formato sul lat. *Verbanus*, nome antico del Lago Maggiore, di origine preromana.

Verbicaro (Cosenza) dal lat. mediev. *vervicarius*, pecoraio, da *vervex*, (ovino) castrato.

Vercelli (Piemonte) dal lat. *Vercellae*, nome di origine preromana e di etimologia incerta.

Verica (Pavullo, Modena) anticamente *Abrica*, poi *Averica*; dal lat. (*terra*) *aprica*, terreno esposto a mezzogiorno.

Vernazza (La Spezia) forse dal n. pers. lat. *Vernacius*.

Verona (Veneto) dal lat. *Verona* (la città è prob. di origine veneta o celtica); forse dal tema celtico *veiro*, piegare, con il suffisso *-ona* come in *Cremona* ecc.

Viadana (Mantova) anticamente *Vidaiana*, da *Vitelliana*, derivato possessivo dal n. pers. lat. *Vitellius*.

Viareggio (Lucca) dal lat. *via regis*, via del re.

Vibo Valentia [vibo valènzia] (Catanzaro) *Monteleone (di Calabria)* fino al 1928, quando riebbe l'antica denominazione lat. *Vibo Valentia* (precedentemente, gr. *Hipponion*).

Vicchio (Firenze) dal lat. *viculus*, piccolo villaggio.

Vicenza (Veneto) dal lat. *Vicetia*; poi *Vicentia* e *Vincentia*; fu città dei veneti, ma il n. è prob. celtico.

Vicopò (Parma) dal lat. mediev. *Vicus Pauli*, villaggio di Paolo (*Vicopauli*, *Vicopolo*).

Vieste (Foggia) prob. dall'antica *Apeneste*; il nome è di etimologia incerta.

Vietri (Salerno) dal lat. mediev. *veteres*, equivalente a *vetus*, vecchio, antico.

Vigèvano (Pavia) anticamente *Vicogebuin*, forse *vico*, villaggio, e *Gebuin*, n. pers. germanico.

Vignola (Modena) anticamente *Viniola*, dal lat. *vineola*, diminutivo di *vinea*, vigna.

Villa Cadè (Reggio nell'Emilia) dal lat. *casa Dei*, casa di Dio (ospizio per pellegrini).

Villacidro (Cagliari) località importante per la coltura degli agrumi.

Villafranca (Verona) dal lat. *villa*, villa; *franca*, dal germanico *frank*, libero; ha origine nel sec. XII.

Villa Líterno (Caserta) dal lat. *Liternum*, parola italica la cui base *liter-* è la stessa del lat. *liber*, libero. Il nome (città libera) era dunque augurale.

Villàr Perosa (Torino) dall'ant. piemontese *villare*, derivato di *villa*, che indicava una villa modesta; *Perosa*, dal lat. mediev. *petrosa*, vale «terreno coperto di pietre».

Vimercate (Milano) anticamente *Vicomercado*, cioè *Vico*, villaggio, e *Mercado*, mercato.

Vinàdio (Cuneo) formazione in *-adio* legata al nome di popolo veneni.

Vinchiaturo (Campobasso) dal lat. mediev. *vinclatorium*, luogo dove si lega (il bestiame).

Vinci (Firenze) dal lat. mediev. *vincus*, *vinculum*, vimine.

Vipiteno (Bolzano) ted. *Sterzing*, in età romana *Vipitenum*, nome prelatino.

Viserba (Rimini, Forlì) dal lat. mediev. *via acerba*, nel senso di arida, dura.

Viterbo (Lazio) dal lat. *vetus urbs*, città antica.

Vittoria (Ragusa) dalla contessa *Vittoria*, figlia del viceré di Sicilia Marco Antonio Colonna che nei primi anni del sec. XVII diede impulso al sorgere della città.

Vittorio Vèneto (Treviso) fu costituito nel 1866 dalla riunione di tre paesi e prese il nome augurale di Vittorio Emanuele II.

Voghera (Pavia) anticamente *Viquerae* (da *vicus*, villaggio; *Iria*, il torrente oggi chiamato Staffora).

Volpedo (Alessandria) anticamente *Vicopecudis*, dal lat. *vicus*, villaggio, e *pecus*, *-udis*, bestiame.

Volterra (Pisa) dall'etrusco *Velathri*, lat. *Volaterrae*.

Zagonara (Lugo, Ravenna) dal lat. mediev. (*terra*) *diaconaria*, terreno appartenente al diacono, forse nel senso di «impiegato della casa».

Zevio (Verona) ricorda l'origine da nuclei di gepidi, ivi stanziati.

Zibello (Parma) dal n. pers. gr. *Eusebios*, Eusebio.

Zubiena (Vercelli) anticamente *Zubiana*, dal lat. (*villa*) *Joviana*, dal n. pers. *Jovius*.

Nomi italiani di persona

Sono compresi in questo elenco i nomi più diffusi (alcuni anche di diffusione regionale) e, tra quelli rari, molti che appartengono a noti personaggi storici, mitologici, di opere letterarie.
Sono stati accentati i nomi non piani e quelli che possono far sorgere dubbi riguardo all'accento tonico.

Abbondio dal n. pers. tardo lat. *Abundius*, e questo dal lat. *abundans*, abbondante, con riferimento all'abbondanza di grazia divina. Sant'Abbondio (468 ca), vescovo e patrono di Como. *Festa*: 2-IV.

Abelardo dal n. pers. germanico *Eberhard*, forte (*hardu*) come un cinghiale, fu cognome del filosofo Pietro Abelardo (1079-1142), autore di un famoso *Epistolario* che raccoglie lettere da lui scritte all'amante Eloisa. Non si festeggia nessun santo con questo nome, ma un santo vescovo francese portò il nome di *Eberardo*, che ha la stessa origine. *Festa*: 22-VI.

Abele dall'ebraico *hebel*, respiro; nell'Antico Testamento (*Genesi*, 4) è il secondogenito di Adamo e di Eva, pastore, ucciso dal fratello Caino. *Festa*: 30-VII.

Abramo dall'ebraico *abram*, eccelso quanto al padre, cioè nobile, nome del primo dei patriarchi biblici, chiamato anche *abraham*, padre di una folla di popoli. *Festa*: 5-II.

Achille dal n. pers. lat. *Achilles*, e questo dal gr. *Achilléus*, di significato incerto, nome dell'eroe dell'*Iliade*, figlio di Peleo e Teti. Sant'Achille (sec. IV), vescovo della Tessaglia. *Festa*: 15-V.

Ada forse vi confluiscono l'ebraico *ada*, ornamento, e una forma abbreviata di *Adele*, connesso con il germanico *athala*, nobile. Sant'Ada, benedettina (sec. VII). *Festa*: 28-VI.

Adalberto → **Alberto**.

Adalgiso dal n. pers. germanico *Adelchiso*, da *athala*, nobile, e *gisil*, freccia. Sant'Adalgiso (sec. IX). *Festa*: 7-X.

Adamo dall'ebraico *Adam*, nome del primo uomo creato da Dio secondo la *Genesi*, forse connesso con *adama*, terra. Sant'Adamo (m. 1209), abate di San Savino, presso Fermo. *Festa*: 16-V.

Addolorata dall'appellativo della Madonna che ricorda il suo dolore per le torture e la morte atroce del figlio crocefisso (il nome completo è infatti spesso Maria Addolorata). Festa della «Madonna dei sette dolori»: 15-IX. È diffusa in Italia anche la forma spagnola *Dolores*, di significato corrispondente.

Adelaide dal germanico *athala*, nobile. Sant'Adelaide (m. 999), moglie di Lotario II re d'Italia e poi dell'imperatore Ottone I. *Festa*: 16-XII.

Adelardo → **Aleardo**. Sant'Adelardo, abate di Corbie (sec. IX). *Festa*: 2-I.

Adelchi da *Adelchiso*, come → *Adalgiso*. Nome del principe longobardo figlio del re Desiderio e da lui associato al regno durante la guerra contro i franchi di Carlo Magno, protagonista dell'omonima tragedia di A. Manzoni. Si festeggia il 7-X, come Adalgiso.

Adele → **Ada**, **Adelaide**. Sant'Adele (m. 734), fondatrice di un monastero presso Treviri, in Germania. *Festa*: 24-XII.

Ademaro, **Adimaro** dal germanico *athala*, nobile, e

maru, grande, famoso. Sant'Ademaro, sassone (m. 815). *Festa*: 9-VIII.

Adeodato dal n. pers. tardo lat. *Adeodatus*, da *a deo datus*, dato da Dio; è nome beneaugurante, tipico dei figli a lungo desiderati, e si è diffuso anche nelle forme abbreviate *Deodato* e *Diodato*. Sant'Adeodato di Nola (sec. VII). *Festa*: 27-VI. Papa Adeodato I (m. 618), papa Adeodato II (m. 676)).

Adolfo dal germanico *athala*, nobile, e *wulfa*, lupo, guerriero. Sant'Adolfo, inglese (sec. VII). *Festa*: 17-VI.

Adone dal gr. *A'don*, nome del mitologico bellissimo giovinetto amato da Venere (Afrodite) e da Proserpina (Persefone). In ambiente cristiano germanico è stato confuso con *Attone*, *Azzone* e con essi festeggiato il 16-XII in memoria di un Adone o Attone vescovo di Vienne, in Francia, morto nell'875.

Adriano dal n. pers. lat. *Adrianus*, *Hadrianus*, da *Hadria*, nome della città oggi *Adria*, di probabile origine illirica. Fu nome dell'imperatore romano Publio Elio Adriano (76-138). Sant'Adriano III, papa dall'884 all'885. *Festa*: 8-VII.

Agàpito dal gr. *agapetós*, amato, amabile. Sant'Agapito, papa dal 535 al 536, citato come il «benedetto Agapito» da Dante. *Festa*: 20-IX.

Agata dal gr. *agathé*, buona. Nome assai diffuso nell'Italia meridionale e specialmente a Catania, per il culto di Sant'Agata, martire catanese uccisa nel 250 ca durante le persecuzioni ordinate dall'imperatore Decio. *Festa*: 5-II.

Agatone dal greco *agathós*, buono. Sant'Agatone, papa dal 678 al 681. *Festa*: 10-I.

Agilulfo dal germanico *agin*, paura, terrore, e *wulfa*, lupo; quindi, lupo terribile. Fu nome di un re dei longobardi che, per influsso della moglie Teodolinda, favorì la conversione del suo popolo al cattolicesimo pur rimanendo ariano; morì nel 615.

Agnese dal greco *haghné*, santa, pura, attraverso il n. pers. lat. *Agnés*. Sant'Agnese, martirizzata dodicenne nel 251, durante le persecuzioni di Decio o di Valeriano. *Festa*: 21-I.

Agostino dal n. pers. lat. *Augustinus*, che può riferirsi all'appellativo degli imperatori romani *Augustus*, consacrato dagli àuguri, sacerdoti che predicevano il futuro, quindi «fortunato, favorito dagli dei»; oppure al nome del mese *Augustus*, agosto, spec. come nome di bambino nato in quel mese. Sant'Agostino (Aurelio Agostino, 354-430), padre della chiesa e filosofo, vescovo di Ippona. *Festa*: 28-VIII. Sant'Agostino di Canterbury (m. 604), inviato da San Gregorio Magno a convertire gli anglosassoni. *Festa*: 28-V.

Agrippa dal gr. *ágra*, cattura, e *poùs*, piede, cioè «preso per i piedi, nato coi piedi innanzi». Marco Vipsanio Agrippa (63 ca - 12 a.C.) artefice della vittoria di Azio

(31 a.C.). Non si trovano santi di questo nome nel calendario cattolico.

Agrippino derivato di → **Agrippa**. Sant'Agrippino (sec. VII), vescovo di Como. *Festa:* 17-VI. Sant'Agrippina (sec. III), martire, patrona di Mineo (Sicilia). *Festa:* 23-VI.

Aida nome della etiope schiava del Faraone d'Egitto, protagonista dell'opera lirica (1871) di G. Verdi (su libretto di A. Ghislanzoni), di grande popolarità. Non si festeggia nessuna santa di questo nome ma il 31-VIII è la festa di sant'Aidano, primo vescovo di Lindisfarne in Inghilterra, morto nel 651.

Aimone dal germanico *haimi*, casa, patria. Nome reso popolare dai poemi cavallereschi (Aimone, padre di Rinaldo di Montalbano) e, in epoca più recente, noto per essere stato portato da diversi personaggi di casa Savoia. Sant'Aimone Taparelli (m. 1435). *Festa:* 18-VIII.

Alamanno, Alemanno nome che trae origine da quello dell'omonimo popolo germanico, che a sua volta derivava dal germanico *alla*, tutto, e *mann*, uomo, con il significato di «tutti gli uomini» e designava infatti nell'insieme tutte le genti sveve della Germania merid. Sant'Alamanno, arcivescovo di Arles in Francia. *Festa:* 16-IX.

Albano dal n. pers. lat. *Albanus*, abitante di *Alba* (nome di diverse città italiane antiche, come *Alba Longa*); oppure da nomi medievali di abitanti di diverse città chiamate *Albano* (come Albano Laziale, Roma, Albano Sant'Alessandro, Bergamo, Albano Vercellese, Vercelli). Sant'Albano, protomartire in Inghilterra (sec. III). *Festa:* 22-VI.

Alberico, Alberigo dal germanico *albi*, elfo, folletto benigno, e *rikia*, re; quindi re degli elfi. Nome diffuso nella mitologia nordica. Sant'Alberigo (sec. XI), romagnolo ma assai venerato in Toscana. *Festa:* 29-VIII. Sant'Alberigo abate di Citeaux (m. 1109). *Festa:* 26-I.

Alberto può essere riduzione di *Adalberto*, dal germanico *athala*, nobile, e *bertha*, illustre, quindi «illustre per nobiltà»; oppure dal germanico *alla*, tutto, con lo stesso *bertha*, quindi «tutto illustre, molto illustre». Fu nome di molti santi tedeschi e boemi tra i quali sant'Alberto Magno (1205 ca - 1280), vescovo di Ratisbona, filosofo e teologo, maestro di san Tommaso d'Aquino, noto come «Doctor universalis». *Festa:* 16-XI.

Albino dal n. pers. lat. *Albinus*, originariamente soprannome, presumibilmente di persone di pelle, occhi e capelli chiari, da *albus*, bianco, candido. Sant'Albino, vescovo di Angers, in Francia (sec. VI). *Festa:* 1-III.

Alboino dal germanico, forse *albi*, elfo, folletto benigno, e *wini*, amico; quindi «amico degli elfi». Nome del re longobardo che calò in Italia conquistandola nel 568, e morì nel 572. Il nome fu ripreso poi dagli Scaligeri di Verona. Sant'Alboino, vescovo di Bressanone (m. 1015). *Festa:* 5-II.

Alceste, Alcesti dal gr. *alké*, forza. Nome della protagonista di una tragedia di Euripide: sposa di Admeto, re di Tessaglia, si offre alla morte al posto del marito, ma Ercole, commosso dal suo sacrificio, la riporta alla vita. Protagonista anche di un'opera (1767) di Ch.W. Gluck.

Aldighiero → **Alighiero**.

Aldo dal germanico *alda*, vecchio, quindi «saggio». Sant'Aldo eremita (sec. VII). *Festa:* 10-I.

Aleardo dal germanico *athala*, nobile, e *hardhu*, forte, coraggioso. Nome del veronese Aleardo Aleardi (1812-78), poeta della seconda generazione romantica,

non appartiene a nessun santo onorato dalla chiesa cattolica.

Alemanno → **Alamanno**.

Alessandro dal n. pers. gr. *Aléxandros*, di origine pregreca, interpretato dagli antichi greci come «protettore degli uomini», da *aléxo*, proteggo, e *anér/andrós*, uomo. Diffuso nel medioevo attraverso i poemi epici su Alessandro Magno il Macedone, è nome di innumerevoli santi tra i quali il martire Alessandro I, papa dal 105 al 115 (fu poi nome di altri 7 papi), il martire e patrono di Bergamo che si festeggia il 26-VIII, il religioso Alessandro Sauli di Calosso (m. 1594) che si festeggia l'11-X.

Alessio dal gr. *aléxo*, proteggo; oppure riduzione di Alessandro; nome di imperatori di Costantinopoli e di zar. Sant'Alessio confessore e pellegrino, nobile romano, morto a Costantinopoli nel 412. *Festa:* 17-VII.

Alfonso dal germanico *adal*, nobile, oppure *hildio*, battaglia, o ancora *hatus*, battaglia, e *funs*, pronto. Nome frequente tra i re di Spagna e di Napoli. Sant'Alfonso de' Liguori, teologo e dottore della chiesa (1696-1787). *Festa:* 2-VIII.

Alfredo dal germanico *albi*, elfo, folletto benigno, e *radha*, consiglio, quindi «consiglio degli spiriti buoni, buon consiglio, uomo ben consigliato». Sant'Alfredo di Hildesheim (sec. IX). *Festa:* 14-VIII.

Alice dal n. pers. ant. franc. *Aalis*, forse dal nome germanico *Adalhaid* (→ **Adelaide**). Sant'Alice (m. 1250). *Festa:* 11-VI.

Alighiero, Aldighiero dal germanico *athala*, nobile, e *gaira*, lancia. Nome del bisavolo di Dante, non fu portato da nessun santo onorato dalla chiesa cattolica.

Aligi nome del protagonista della tragedia pastorale di G. D'Annunzio *La figlia di Iorio* (1904), è, come *Alisi*, *Alise*, *Alvise* e altri nomi simili, una variante di → **Luigi**.

Aloisio come *Alvise*, *Alisi*, *Aligi* è variante di → **Luigi**.

Altiero da un n. pers. germanico giunto in diverse varianti (anche *Autiero*, *Ottiero*), da *alda*, vecchio, quindi «saggio», oppure da *audha*, potenza, e *haria*, esercito.

Alvaro dal germanico *alla*, tutto, e *waria*, difesa, protezione. Nome visigoto diffuso in Spagna e da qui in Italia, noto soprattutto per il Don Alvaro della *Forza del destino* (1862) di G. Verdi, libretto di F.M. Piave, tratto dall'omonimo dramma spagnolo (1835) di A. Saavedra.

Alvise → **Luigi**.

Amalia dal germanico *amals*, valente, operoso; probabilmente incrociato con *Amelia*. Sant'Amalia, martire del sec. III. *Festa:* 12-XII.

Amato dal n. pers. lat. *Amatus* e questo da *amatus*, amato, reinterpretato in ambiente cristiano come «amato, prediletto da Dio». Sant'Amato, vescovo e patrono di Nusco (Avellino). *Festa:* 31-VIII. Sant'Amato, patrono di Saludecio (Rimini). *Festa:* 8-V.

Amatore dal n. pers. tardo lat. *Amator*, dalla probabile origine di soprannome dal lat. *amator*, amante, amico. Santo vescovo di Brescia (sec. IV). *Festa:* 26-XI.

Ambrogio dal greco *ambrósios*, divino, immortale. Sant'Ambrogio (339 ca - 397), padre della chiesa e vescovo di Milano, di cui è patrono; battezzò (387) sant'Agostino. *Festa:* 7-XII.

Amedeo dal n. pers. lat. tardo medievale *Amadeus*, che ama Dio, o che è amato da Dio. Nome frequente nella casa Savoia, alla quale apparteneva il duca Amedeo IX (1435-72), beatificato da Innocenzo XI nel 1677. *Festa:* 30-III.

Amelia nome di etimo e significato ignoto, forse di origine etrusca, ma probabilmente incrociato con *Amalia*. Sant'Amelia, vergine e martire del sec. VI. *Festa*: 5-I.

Amelio nome di origine ignota come *Amelia*; nella forma francese *Amile* fu reso popolare dalla canzone di gesta francese (sec. XII) *Amis et Amile*, tradotta in italiano come *Amelio e Amico*. I protagonisti, eroi dell'epopea carolingia, insieme sono santi patroni a Mortara.

Americo, Amerigo dal n. pers. germanico *Haimirick*, e questo da *haimi*, patria, e *rikia*, re, signore. La stessa origine, quindi, di *Enrico* e *Arrigo*. Da Amerigo Vespucci prese nome l'America (così la chiamò nel 1507 il cosmografo tedesco Waldseemüller). Sant'Amerigo confessore. *Festa*: 15-VII.

Aminta dal gr. *amyno*, allontano i nemici. Nome di un personaggio mitologico, giovane pastore protagonista dell'omonimo dramma pastorale di T. Tasso (1572). Non si festeggiano santi di questo nome.

Amintore dal gr. *amýntor*, difensore (→ *Aminta*). Nome di un mitico re dei delopi, non appartiene a nessun santo onorato dalla chiesa cattolica.

Amleto nome nordico di incerta etimologia. Appartenne a un principe danese ricordato nelle *Gesta Danorum* di Saxo Grammaticus (1140 ca - 1210), da cui W. Shakespeare trasse l'omonima tragedia (1600). Lo si festeggia, nei paesi nordici, il 9-XII anche se la chiesa non riconosce un santo di tale nome.

Anacleto dal gr. *anaklétos*, invocato, desiderato (da *anakaléo*, invoco). Sant'Anacleto papa, martire (sec. I). *Festa*: 26-IV.

Anastasio dal gr. *anástasis*, resurrezione. Sant'Anastasio I, papa (vissuto tra i secc. IV e il V). *Festa*: 19-XII. Sant'Anastasia martire (sec. IV). *Festa*: 25-XII.

Anatolio dal gr. *anatólios*, orientale. Nome di un personaggio del grande romanzo *Guerra e pace* (1863-69) di L. Tolstoj. Sant'Anatolio, martire a Nicea nel sec. IV. *Festa*: 20-XI.

Andrea dal gr. *anér/andrós*, uomo. Sant'Andrea apostolo, fratello di Pietro ed evangelizzatore dell'Europa sudorient.; secondo la tradizione sarebbe stato crocifisso su di una croce a forma di X, detta perciò *croce di Sant'Andrea*; è patrono della Scozia e della Russia; il suo nome appartiene a molti altri santi. *Festa*: 30-XI.

Angèlica dall'agg. *angelico*, deriv. di *angelo*: allude a doti di virtù o di bellezza. Nome della bellissima, ma incostante, protagonista femminile dei poemi cavallereschi *Orlando Innamorato* di M.M. Boiardo e *Orlando Furioso* di L. Ariosto. Sant'Angelica di Milazzo (sec. XVI). *Festa*: 6-XII.

Àngelo dal gr. *ánghelos*, messaggero (di Dio). *Festa*: lunedì di Pasqua, detto «lunedì dell'angelo»; 2-X, festa degli «angeli custodi». Santa Angela Merici (1474-1540), fondatrice della congregazione delle Orsoline (1535). *Festa*: 27-I. Beata Angela da Foligno (1248 ca - 1309), mistica francescana. *Festa*: 4-I.

Anita diminutivo spagnolo di → *Anna*. Fu nome della moglie di G. Garibaldi (1821-49), morta presso Ravenna durante la ritirata da Roma. Beata Anita Cantieri (m. 1942). *Festa*: 24 o 27-VIII. È in uso anche la variante *Annita*. Santa Annita, martire di Tolosa. *Festa*: 6-XI.

Anna n. pers. ebraico *Hanna*, da *hanan*, aver misericordia, concedere la grazia, quindi «figlia nata per grazia di Dio». È nome di personaggi biblici (la moglie di Samuele, la madre di Tobia) e, secondo la tradizione cristiana, della madre di Maria Vergine. *Festa*: 26-VII.

Annibale dal fenicio *hani*, grazia, e *Baal*, signore. Nome del grande condottiero cartaginese, eroe della II

guerra punica, poi cacciato dalla patria e costretto al suicidio (183 a.C.) per evitare di essere consegnato ai romani dal re di Bitinia, di cui era ospite. Sant'Annibale, martire francese. *Festa*: 15-IV.

Annita → **Anita**.

Annunciata, Annunziata dall'appellativo di Maria Vergine, che richiama l'Annunciazione fattale dall'arcangelo Gabriele. *Festa*: 25-III.

Anselmo dal germanico *ans*, dio, divinità, e *helma*, protezione, elmo; quindi «protetto da Dio». Sant'Anselmo di Aosta, filosofo e teologo medievale (1033/34-1109). *Festa*: 21-IV.

Antènore n. pers. gr., forse da *antí*, contro, e *anér*, uomo; quindi «colui che combatte». Personaggio dell'Iliade, accusato di tradimento per aver dato consigli di lealtà e di pace, fu poi, secondo la leggenda, fondatore di Padova. Non si festeggiano santi di questo nome.

Antìoco dal gr. *antí*, contro, e *ochos*, carro; quindi «colui che combatte contro i carri». Sant'Antioco, martire in Sardegna sotto l'imperatore Adriano, patrono di Iglesias. *Festa*: 13-XI.

Antonello dim. di *Antonio*. Nome del grande pittore Antonello da Messina (1430-79).

Antonino dal lat. *Antoninus*, deriv. di *Antonius* (→ *Antonio*). Sant'Antonino arcivescovo di Firenze, teologo domenicano (1389-1459). *Festa*: 10-V.

Antònio dal n. pers. lat. *Antonius* (Marco Antonio, nipote e luogotenente di Cesare, amante di Cleopatra, sconfitto ad Azio nel 31 da Ottaviano Augusto), di incerta origine, forse etrusca. Sant'Antonio Abate (250-350 ca), protettore degli animali domestici e spesso rappresentato in compagnia di un porco. *Festa*: 17-I. Sant'Antonio da Padova (1195-1231), di origine portoghese, patrono della città. *Festa*: 13-VI.

Apollonio dal n. pers. lat. *Apollonius*, incrocio tra un antico nome di origine etrusca e il gr. *Apollónios*, sacro ad Apollo. Sant'Apollonio martire. *Festa*: 18-IV. Sant'Apollonia, vergine e martire. *Festa*: 9-II.

Aquilino dal n. pers. lat. *Aquilinus*, derivante dall'antico nome *Aquilius*, forse di origine etrusca. Sant'Aquilino martire (forse secc. XI-XII) a Milano. Protettore dei facchini. *Festa*: 29-I.

Apollinare dal lat. *apollinaris*, sacro ad Apollo. Sant'Apollinare martire, primo vescovo di Ravenna (secc. II-III). *Festa*: 23-VII.

Apollo dal gr. *Apóllon*, di origine incerta, nome del figlio di Giove e di Latona, dio della bellezza, della luce e della poesia, protettore della medicina, identificato con il Sole.

Ardengo dal germanico *hardhu*, forte, ardito. Nome in uso spec. in Toscana (Ardengo Soffici, pittore e scrittore di Rignano sull'Arno, 1879-1964). Non esistendo nel calendario cattolico santi di questo nome, viene festeggiato con l'affine *Arduino*.

Ardito dall'agg. it. *ardito*, usato come nome fin dal medioevo spec. nelle Venezie e nel meridione. Non si festeggiano santi di questo nome.

Arduino dal germanico *hardhu*, forte, valoroso, e *wini*, amico. Arduino (955-1015 ca) marchese d'Ivrea, primo re d'Italia nel 1002, dovette però cedere all'imperatore Enrico II. Sant'Arduino di Rimini (sec. XI). *Festa*: 15-VIII.

Arianna dal gr. *ari*, prefisso rafforzativo, e *haghné*, pura; quindi «purissima». Nome della mitica figlia di Minosse che aiutò Teseo a fuggire dal Labirinto. Sant'Arianna martire del sec. III *Festa*: 17 o 18-IX.

Ariberto dal germanico *haria*, esercito e *bertha*, splendido, illustre. *Erberto* ha la stessa origine. Ariberto di Intimiano (m. 1045) arcivescovo di Milano, creatore del carroccio. Un sant'Ariberto si festeggia il 16-III.

Aristide dal gr. *áristos*, il migliore. Aristide ateniese, detto «il giusto» (sec. V a.C.). Sant'Aristide, anch'esso ateniese (sec. II). *Festa*: 31-VIII.

Aristòtele dal gr. *áristos*, ottimo, e *télos*, fine. Filosofo greco (Stagira 334 - Calcide 322 a.C.). Non si festeggiano santi di questo nome.

Armando dal germanico *hariman* (arimanno), uomo libero, e questo da *haria*, esercito, e *mann*, uomo (presso i franchi gli uomini liberi erano i soli che potevano portare le armi). Beato Armando Foucaud (m. 1792). *Festa*: 2-IX

Arnaldo dal germanico *arnu*, aquila, e *waldaz*, potente. Arnaldo da Brescia, riformatore politico e religioso del sec. XII, impiccato e arso come eretico dal papa Adriano IV. Sant'Arnaldo da Padova. *Festa*: 10-II.

Arnolfo dal germanico *arnu*, aquila, e *wulfa*, lupo, guerriero. Arnolfo di Carinzia, imperatore di Germania (m. 899). Arnolfo di Cambio, architetto e scultore di Colle di Val d'Elsa (sec. XIII). Sant'Arnolfo, vescovo di Metz dal 612 al 627. *Festa*: 18-VII.

Aroldo dal germanico *haria*, esercito e *waldaz*, potente; quindi «capo dell'esercito». Nome del protagonista del poema *Il pellegrinaggio del giovane Aroldo* (1812-18) di G. Byron (1788-1824). Aroldo Dente Azzurro (910 ca - 986), primo re cristiano di Danimarca.

Arrigo → **Enrico.**

Arsenio dal gr. *arren, arsen*, maschio, virile. Sant'Arsenio, diacono della chiesa romana (sec. IV). *Festa*: 19-VII.

Arturo dal n. pers. antico franc. *Arturs* o *Artus* e questo da analoghi nomi di origine celtica, da *art*, orso. A re Artù, leggendario sovrano del sec. VI, capo della resistenza romano-bretone all'invasione sassone ed eroe del ciclo romanzesco della «Tavola Rotonda», risale la popolarità del nome. Sant'Arturo, monaco benedettino. *Festa*: 15-XI.

Assunta dall'appellativo di Maria Vergine, che richiama la sua Assunzione in cielo. *Festa*: 15-VIII.

Astolfo dal germanico *haist*, forza, e *wulfa*, lupo, quindi «lupo, guerriero valoroso». Nome del penultimo re longobardo in Italia (sec. VIII). Sant'Astolfo di Magonza (m. 826). *Festa*: 5-I.

Atanasio dal gr. *athanasía*, immortalità. Sant'Atanasio (sec. IV), patriarca di Alessandria d'Egitto, lottò contro gli ariani. *Festa*: 2-V.

Ataulfo → **Adolfo.**

Attilio dal n. gentilizio lat. *Attilius*, di incerta origine, forse etrusca. Alla *gens Attilia* appartenne Marco Attilio Regolo, generale romano, eroe della prima guerra punica (m. 247 a.C.). Sant'Attilio. *Festa*: 24-III.

Atto, Attone dal germanico *ad*, da *athala*, nobile, con il suffisso *-zo*. Sant'Atto di Vallombrosa, vescovo di Pistoia (sec. XII). *Festa*: 22-V.

Augusto dal lat. *augustus*, consacrato dagli àuguri, sacerdoti che predicevano il futuro, quindi «fortunato, favorito dagli dei». *Augustus* fu appellativo degli imperatori romani a partire dal primo, Ottaviano, che è anche noto con tale nome. Sant'Augusto, martire con i fratelli Agostino e Flavio. *Festa*: 7-V.

Ausonio dal lat. *Ausonia*, il paese degli ausoni, cioè l'Italia meridionale e poi, per estens., tutta l'Italia; significa quindi «italiano». Sant'Ausonia, martire in Gallia. *Festa*: 20-V.

Aureliano dal n. pers. lat. *Aurelianus*, deriv. di *Aurelius*

(→ *Aurelio*). Lucio Domizio Aureliano fu imperatore in Roma dal 270 al 275. Sant'Aureliano, vescovo di Arles in Francia nel sec. IV. *Festa*: 16-VI.

Aurelio dal n. pers. lat. *Aurelius*, forse di origine etrusca. Marco Aurelio (121-180), imperatore romano succeduto ad Antonino Pio, fece costruire la Colonna Antonina. Sant'Aurelio martire. *Festa*: 27-VII. Sant'Aurelia vergine, martire ad Anagni. *Festa*: 25-IX.

Azzo, Azzone → **Atto, Attone.**

Bàbila dal n. pers. lat. *Babyla*, a sua volta da un nome greco che forse significava «babilonese». San Babila, vescovo di Antiochia, martire durante le persecuzioni dell'imperatore Decio nel 250 ca. *Festa*: 24-I.

Baldassarre dall'ebraico (e assiro) *Bel-sar-usur*, Bel (dio assiro) protegge il re. Nome di uno dei re magi; si festeggiano il giorno dell'Epifania: 6-I.

Baldo dal germanico *baltha*, coraggioso, come nome autonomo o come abbreviazione di nomi con esso composti, per esempio *Rambaldo, Ubaldo, Tebaldo* o *Baldovino*. Baldo (lat. *Baldus*), protagonista dell'omonino poema in versi maccheronici (1517) di Teofilo Folengo (1491-1544). San Baldo, martire in Gallia. *Festa*: 15-IX.

Baldovino dal germanico *baltha*, coraggioso, e *wini*, amico. Nome reso popolare nel medioevo da un personaggio delle canzoni di gesta del ciclo carolingio. San Baldovino di Rieti (m. 1140). *Festa*: 24-VII.

Bàrbara dal n. pers. (originariamente soprannome) latino *Barbarus* m., *Barbara* f., dall'agg. gr. *bárbaros*, straniero. Era infatti nome dato a cittadini di origine straniera. Santa Barbara di Nicodemia, martire nel sec. III, patrona degli artiglieri, dei genieri, dei vigili del fuoco e di quanti lavorano con il fuoco o con gli esplosivi. *Festa*: 4-XII.

Bàrnaba dall'aramaico *bar*, figlio, e *nabia*, profezia, oppure *nehama*, consolazione; quindi «di profezia» o «figlio della consolazione». È il soprannome di Giuseppe di Cipro, figura del Nuovo Testamento (*Atti degli apostoli*), che presentò agli apostoli Paolo neoconvertito. *Festa*: 11-VI.

Bàrtolo forma abbreviata di → *Bartolomeo.*

Bartolomèo dall'aramaico *bar*, figlio, e *Thalmay* o *Tholmay*, nome personale. San Bartolomeo, apostolo e martire. *Festa*: 24-VIII.

Basilio dal gr. *basileios*, regale. San Basilio il Grande di Cesarea, padre della chiesa greca (sec. IV). *Festa*: 2-I.

Battista dal gr. *baptistés*, battezzatore. San Giovanni Battista, così chiamato per distinguerlo dall'Evangelista, colui che battezzò Gesù. *Festa*: 24-VI.

Beatrice dal lat. *beatus*, beato, con il suffisso f. *-trix/tricis* (corrispondente al m. *-tor/toris* tipico dei «nomi di agente»; quindi «colei che rende beati». Nome della donna amata da Dante e che compare nella *Divina Commedia* come sua accompagnatrice nel Paradiso. Beata Beatrice d'Este, figlia del duca di Ferrara (sec. XIII). *Festa*: 8-I.

Benedetto dal lat. *benedictus*, p.pass. di *benedicere*, benedire, quindi «che è stato benedetto»; tipico nome augurale cristiano. San Benedetto da Norcia, fondatore dell'ordine dei benedettini e padre del monachesimo occidentale (480-547). *Festa*: 11-VII.

Beniamino dal n. pers. ebraico *Binyamin*, figlio della mano destra; quindi «prediletto» o «fortunato». Personaggio biblico, figlio di Giacobbe e di Rachele. San Beniamino martire. *Festa*: 31-III.

Benvenuto nome italiano antico, di evidente significato augurale. San Benvenuto vescovo di Osimo (sec. XIII). *Festa*: 22-III.

Berengario dal germanico *beran*, orso, e *gaira*, lancia. Nome di due re d'Italia: Berengario I (850-924), duca del Friuli; Berengario II (900-966), marchese d'Ivrea. San Berengario, prete francese del sec. VII. *Festa*: 2-X.

Berenice → **Veronica**.

Bernardo dal germanico *beran*, orso, e *hardu*, duro, ardito. San Bernardo, fondatore dell'abbazia di Chiaravalle (Clairvaux) monaco francese, teologo e poeta (1090-1153). *Festa*: 20-VIII.

Berta da un n. pers. germanico derivato da *bertha*, splendido, illustre; oppure come abbreviazione di nomi composti come *Alberta*, *Uberta*. Un tempo popolarissima la figura di Berta madre di Carlo Magno (m. 783). Beata Berta dei Bardi, badessa di Vallombrosa (m. 1163). *Festa*: 24-III.

Bertoldo dal germanico *bertha*, splendido, illustre, e *waldaz*, potente. Nome reso popolare dai celebri racconti di G.C. Croce (1550-1609) *Bertoldo e Bertoldino* (1606). San Bertoldo da Parma (m. 1106). *Festa*: 21-X.

Bertrando dal germanico *bertha*, splendido, illustre, e *hrabhan*, corvo (animale sacro per gli antichi germani). Beato Bertrando di Aquileia (secc. XIII-XIV); san Bertrando di Cahors (m. 1350). *Festa*: 6-VI.

Betta, **Bettina** diminutivo di → **Elisabetta**.

Betto, **Bettino** diminutivo di → **Benedetto**.

Biagio dal lat. *blaesus*, balbuziente, prob. incrociato con l'italico *blaisius*, zoppo, gambastorta. San Biagio vescovo, martire in Armenia nel 316, patrono degli otorinolaringoiatri e dei sonatori di strumenti a fiato. *Festa*: 3-II.

Bianca originariamente soprannome (anche al m., *Bianco*) dall'identico aggettivo ital., di origine germanica come altri aggettivi indicanti colori. Santa Bianca vergine (sec. XIII). *Festa*: 14-I. Si festeggia anche il 5-VIII, festa della Madonna della Neve.

Bona dall'agg. femm. lat. *bona* (m. *bonus*), buona. Nome augurale, lo rese illustre Bona di Savoia duchessa di Milano, che tentò invano di difendere il trono per il figlio minorenne Gian Galeazzo Sforza, ma dovette poi cedere al cognato Ludovico il Moro. Santa Bona, vergine pisana (m. 1207). *Festa*: 29-V.

Bonaventura nome di significato augurale da *buona* e *ventura* nel senso di «sorte favorevole, fortuna». San Bonaventura (Giovanni Fidanza da Bagnoregio, 1217-1274). *Festa*: 14-VII.

Bonifacio, **Bonifazio** dal lat. *bonum*, buono, e *fatum*, fato, destino, incrociato con il verbo *facere*, fare, e interpretato quindi anche come «colui che fa il bene». Fu nome di otto papi, tra cui l'VIII (Benedetto Caetani, 1235 ca - 1303), posto da Dante nell'inferno, e di un antipapa. San Bonifacio martire (sec. IV). *Festa*: 14-V. San Bonifacio, apostolo della Germania (secc. VII-VIII). *Festa*: 5-VI.

Bovo, **Buovo** dal n. pers. lat. *Bovius* o da un n. pers. germanico di significato ignoto. Fu reso popolare da Bovo d'Antona, uno degli eroi del ciclo carolingio. San Bovo o Bovone, provenzale (sec. X). *Festa*: 22-V.

Brigida, **Brigitta** nome di origine celtica, forse in rapporto con *briga*, colle, altura; quindi «donna di alta statura». Santa Brigida, principessa svedese, morta a Roma nel 1373. *Festa*: 23-VII.

Brunilde dal germanico *brun*, bruno, o *brunja*, corazza, e *hildio*, battaglia. Nome di un'eroina del *Cantare dei*

Nibelunghi (poema epico antico tedesco scritto intorno al 1200), non fu portato da nessuna santa onorata dalla chiesa cattolica.

Bruno, **Brunone** dal germanico *brun*, bruno, direttamente o attraverso il lat. tardo *brunus*, che significa «scuro» (di pelle, occhi, capelli); quindi, originariamente, un soprannome. San Bruno abate, fondatore dei certosini (sec. XI). *Festa*: 6-X.

Bruto dal lat. *Brutus*, n. pers. caratteristico della gente Giunia (*gens Iunia*). Lucio Giunio Bruto detto Bruto Maggiore fu, con Collatino, autore della caduta di Tarquinio il Superbo e fondatore della Repubblica romana (sec. VI a.C.). Marco Giunio Bruto detto Bruto Minore (85-42 a.C.) fu figlio adottivo di Giulio Cesare e suo uccisore insieme a Cassio; morì poi suicida. Nessun santo della chiesa cattolica ha portato il loro nome.

Caio dal prenome lat. *Caius*, più anticamente *Gaius*, forse in relazione con *gaium*, gazza, ghiandaia. San Caio papa (sec. III). *Festa*: 22-IV.

Calisto, **Callisto** dal gr. *kállistos*, bellissimo. Fu nome di tre papi tra i quali Calisto I, martire (155-222). *Festa*: 14-X.

Callimaco dal gr. *kalós*, bello, e *máchomai*, combatto. Callimaco di Cirene, poeta ellenistico (310-240 a.C.). San Callimaco martire. *Festa*: 7-XI.

Calògero dal gr. *kalós*, bello, e *ghèros*, vecchio, originariamente appellativo di rispetto rivolto ai frati. San Calogero, eremita siciliano (m. 485). *Festa*: 18-VI.

Camillo dal n. pers. lat. *Camillus*, di origine orientale. Camilla, vergine guerriera dei volsci, alleata di Enea nell'*Eneide*. Beata Camilla Gentili di San Severino Marche. *Festa*: 26-VII. San Camillo de Lellis, protettore degli infermi e degli ospedali (1550-1614). *Festa*: 18-VII.

Càndido dall'agg. lat. *candidus* (f. *candida*) bianchissimo, in età cristiana caricato del significato spirituale di «puro, innocente, senza peccato». San Candido, martire a Roma. *Festa*: 3-X. Santa Candida, martire napoletana del sec. I. *Festa*: 10-IX.

Carlo dal germanico *karla*, uomo libero. Nome diffuso nella forma francone *Karl* e in quella latinizzata *Car(o)lus* per il prestigio della dinastia detta appunto «carolingia», cui appartenne Carlo Magno. San Carlo Borromeo (1538-1584), arcivescovo di Milano. *Festa*: 4-XI.

Carmelo dal nome italianizzato del monte palestinese (in ebraico può significare «orto di Dio»), dove sorse il monastero di un ordine detto appunto dei carmelitani, e da dove si diffuse il culto di Santa Maria del Carmelo o del Carmine (*festa*: 16-VII). La forma *Carmine* (nome maschile in ital.) viene dallo spagn. *Carmen*, che pure è n. pers. f. sia in spagnolo che in italiano.

Carmen → **Carmelo**.

Càrmine → **Carmelo**.

Cassio dal n. gentilizio lat. *Cassius*, da *cassis*, elmo. Alla *gens Cassia* appartenne Gaio Cassio Longino (m. 42 a.C.) che fu, insieme a Bruto, uccisore di Cesare, e come Bruto finì suicida. San Cassio, martire in Francia nel 266. *Festa*: 15-V.

Cataldo dal n. pers. lat. medievale *Cataldus*, forse di origine celtica. San Cataldo, monaco di origine irlandese, vescovo e patrono di Taranto (secc. VI-VII). *Festa*: 10-V.

Caterina dal n. gr. della santa egiziana oggi nota come Caterina d'Alessandria, *Hekaterine*, poi accostato al gr.

katharós, puro. Santa Caterina d'Alessandria, martire nel 307 sotto l'imperatore Massenzio. *Festa*: 25-XI. Santa Caterina da Siena (1347-1380), terziaria francescana, patrona d'Italia insieme a san Francesco d'Assisi. *Festa*: 29-IV.

Cecilia dal n. gentilizio lat. *Caecilius*, forse di origine etrusca. Santa Cecilia (sec. III), vergine martire, patrona dei musicisti. *Festa*: 22-XI.

Celeste, Celestino dal lat. *coelestis*, appartenente al cielo, abitatore del cielo. Fu nome di cinque papi tra i quali il santo Celestino I, papa dal 422 al 432 (*festa*: 6-IV), e Celestino V, papa nel 1294 ma dimissionario dopo pochi mesi, e ciononostante proclamato anch'egli santo (*festa*: 19-V).

Césare dal n. pers. lat. *Caesar*, per lungo tempo ritenuto derivato dal v. *caedere*, tagliare, con riferimento a un parto cesareo. Gaio Giulio Cesare, condottiero e uomo politico romano (100-44 a.C.). San Cesare, uno dei primi seguaci di Cristo. *Festa*: 9-XI.

Cherubino dall'ebraico *kerubim*, pl. di *kerub*, connesso con l'accadico *karabu*, pregare; nome di una schiera di angeli secondo la teologia medievale.

Chiara dall'agg. lat. *clarus*, splendente o illustre, che nella tradizione colta ha dato l'altro nome, più vicino all'originale, *Clara*. Nel medioevo era in uso anche il m. *Chiaro, Claro*. Chiaro Davanzati fu un poeta fiorentino del sec. XIII. Santa Chiara di Assisi (1193-1253), fondatrice delle monache francescane dette appunto Clarisse. *Festa*: 12-VIII. San Chiaro, prete martire francese del sec. IX. *Festa*: 4 o 8-XI.

Cipriano dal n. pers. tardo lat. *Cyprianus*, deriv. da *Cyprius*, e questo dal gr. *Kýprios*, di Cipro, venuto da Cipro. San Cipriano, vescovo di Cartagine, martire nel 258. *Festa*: 16-IX.

Ciriaco dal gr. *kyriakós*, del padrone, del signore (*kýrios*); nome dedicatorio cristiano, come → *Cirillo*. San Ciriaco martire (sec. IV), patrono d'Ancona. *Festa*: 8-VIII.

Cirillo dal gr. *kýrillos*, del padrone, del signore (*kýrios*): nome dedicatorio cristiano, come → *Ciriaco*. San Cirillo di Alessandria, padre della chiesa greca (370 ca - 444). *Festa*: 27-VI. San Cirillo di Tessalonica (827 ca - 869) apostolo degli slavi con il fratello san Metodio, traduttore della Bibbia in slavo e creatore dell'alfabeto cirillico. *Festa*: 9-III.

Ciro nome di origine persiana, forse in relazione con il gr. *kýrios*, signore, più portato da re persiani tra i quali Ciro il Grande (600 ca - 529 a.C.). San Ciro, medico e vescovo di Alessandria. *Festa*: 29-I.

Clara → *Chiara*.

Claudio dal n. gentilizio lat. *Claudius*, derivato dall'agg. *claudus*, zoppo. Fu nome di due imperatori romani: uno (10 a.C. - 54 d.C.) successore di Caligola e padre adottivo di Nerone; l'altro (219-270) detto *il Gotico*. San Claudio, martire sotto Diocleziano. *Festa*: 18-II. Santa Claudia, martire del sec. IV. *Festa*: 20-III.

Clelia dal n. pers. lat. *Cloelia* e questo prob. in relazione con il gr. *kléos* = fama. Leggendaria eroina romana, Clelia sarebbe sfuggita al re etrusco Porsenna, che la teneva in ostaggio, attraversando a nuoto il Tevere (fine del sec. VI a.C.); la tradizione popolare ne onora la memoria il 3-IX. Beata Clelia Nanetti, suora martire in Cina nel 1900; *festa*: 9-VII.

Clemente dal n. pers. lat. *Clemens*, originariamente soprannome, dall'agg. *clemens/clementis*, misericordioso. Nome diffuso nella prima cristianità: san Clemente alessandrino fu un celebre scrittore cristiano del sec. II. Quattordici papi e tre antipapi portarono questo nome, e tra essi san Clemente I (sec. I). *Festa*: 23-XI.

Clitennestra dal gr. *Klutaimnéstra*. Personaggio della mitologia e dell'antica tragedia greca: moglie di Agamennone, lo uccise con l'aiuto dell'amante Egisto: il figlio Oreste li uccise poi entrambi. Furono sue figlie Elettra e Ifigenia.

Clotilde dal germanico *hlutha*, famoso, e *hildio*, battaglia. Santa Clotilde (475-545 ca), moglie di Clodoveo, re dei franchi. *Festa*: 3-VI.

Colomba dal n. pers. lat. *Columba* (m. *Columbus*), diffusi in età cristiana per il valore simbolico che la colomba aveva nel cristianesimo: purezza e mansuetudine. San Colombo, monaco del sec. VIII. *Festa*: 12-VIII. Santa Colomba, vergine e martire, protettrice di Rimini. *Festa*: 10-III. Santa Colomba, suora spagnola martire dei saraceni nel sec. IX. *Festa*: 17-IX.

Colombano dal n. pers. lat. *Columbanus*, deriv. di *Columbus* (→ *Colomba*). San Colombano, monaco irlandese (540-615), fondatore del famoso monastero di Bobbio (Piacenza). *Festa*: 23-VI.

Concetta dall'appellativo lat. della Madonna (*sine peccato*) *concepta*, concepita senza peccato, in quanto essa sola tra tutti i discendenti di Adamo ed Eva sarebbe stata preservata dal peccato originale, che gli altri contraggono fin dal momento del loro concepimento. La forma completa del nome è infatti spesso *Maria Concetta*. Ne è stato tratto anche un m. *Concetto*. Festa dell'Immacolata Concezione: 8-XII.

Corinna dal gr. *kóre*, fanciulla, vergine. Santa Corina (o Corinna), martire in Siria nel sec. II. *Festa*: 14-V.

Coriolano dal lat. *Coriolanus*, soprannome di Gneo Marcio, generale romano, dopo la conquista di Corioli, città dei volsci (493 a.C.). Nel calendario cattolico non compaiono santi di questo nome.

Corrado dal germanico *koni*, ardito, e *radha*, consiglio. Fu nome di tre imperatori del Sacro Romano Impero nei secc. X-XIII, e di Corradino di Svevia, discendente degli ultimi due, e fatto decapitare a Napoli da Carlo d'Angiò nel 1562, a soli sedici anni. San Corrado, vescovo di Costanza (m. 975). *Festa*: 26-XI.

Còsimo, Cosma dal gr. *kosmâs*, deriv. del v. *kosmêin*, mettere in ordine, ornare. *Cosma* è quindi la forma originaria, di cui *Cosimo* è una variante. Santi Cosma e Damiano, fratelli medici e perciò patroni di medici e chirughi), martiri nel 303. *Festa*: 26-IX.

Costante, Costantino dal n. pers. lat. *Constans/Constantis*, dall'agg. *constans*, costante, coerente, risoluto. *Constantinus* (ital. *Costantino*) è un derivato (non un diminutivo). Costantino il Grande, imperatore romano (280-331). San Costantino di Montecassino. *Festa*: 21-V.

Costanzo dal n. pers. lat. *Constantius*, deriv. di *Constans* (→ *Costantino*). Il f. *Costanza* può anche derivare dall'astratto *constantia*, costanza, fermezza. San Costanzo martire, vescovo di Perugia (sec. II). *Festa*: 29-I. *Festa*: 25-IX. Santa Costanza martire (sec. I). *Festa*: 19-XI.

Crisòstomo dal gr. *chrysós*, oro, e *stóma*, bocca. San Giovanni Crisostomo di Antiochia, padre della chiesa greca (ca 345-407). *Festa*: 13-IX.

Cristiano dal n. pers. tardo lat. *Christianus* (f. *Christiana*), dall'agg. *christianus*, cristiano, che deriva ovviamente dal nome di Cristo (originariamente un appellativo che significa «l'unto, l'eletto dal Signore», dal gr.

christós). Nome diffuso nella casa reale di Danimarca. San Cristiano prete di Donai, in Francia. *Festa*: 7-IV. Santa Cristiana martire del sec. IV. *Festa*: 15-XII.

Cristina dal n. pers. tardo lat. *Christina* (m. *Christinus*), derivato dal nome di Cristo (lat. *Christus*) come → *Cristiano*. Fu nome di una famosa regina di Svezia (1625-89). Santa Cristina di Bolsena, martire del sec. III. *Festa*: 24-VII.

Cristòforo dal n. pers. gr. *Christofóros*, che porta in sé Cristo, la fede in Cristo. Interpretato in senso materiale, il nome fece nascere la leggenda di san Cristoforo, gigante pagano che avrebbe portato a spalla Gesù bambino attraverso un fiume, e sarebbe poi caduto martire nelle persecuzioni di Decio (250 ca). Protettore dei viandanti e degli automobilisti, il santo non è più ufficialmente riconosciuto dalla chiesa, e non è più ufficiale neppure la sua *festa*: 25-VII.

Dafne dal gr. *dáfne*, alloro. Nome della mitica fanciulla amata da Apollo e trasformata in pianta d'alloro. Non si festeggiano sante di questo nome.

Dalmazio dal n. pers. lat. *Dalmatius*, dall'agg. *dalmatius*, proveniente dalla *Dalmatia*, Dalmazia (parte dell'Illiria). San Dalmazio, vescovo di Pavia (sec. IV). *Festa*: 5-XII.

Dàmaso dal n. pers. gr. *Dàmasos*, di incerto significato ma prob. collegato con la radice *dma-* presente in diverse lingue indoeuropee, la stessa del verbo *domare*; quindi forse «domatore».

Damiano dal n. pers. lat. *Damianus*, dal gr. *Damianós*, di significato incerto (tra le varie interpretazioni: figlio del popolo, figlio della dea Damia). San Damiano, martire col fratello Cosma. *Festa*: 27-IX.

Daniele dall'ebraico *Dani'el* e questo da *dayyan*, giudice, o *dan*, giudicato, e *El*, abbreviazione di *Elohim*, Dio; quindi «il mio giudice è Dio» oppure «Dio ha giudicato». La vita di Daniele, profeta biblico (secc. VII-VI a.C.), è narrata nell'omonimo libro della Bibbia. *Festa*: 21-VII. San Daniele, martire francescano (m. 1227). *Festa*: 10-X.

Danilo variante di → *Daniele*, giunta attraverso le lingue slave.

Dante abbr. di → *Durante*, resa popolare dalla fama di Dante Alighieri (1265-1321).

Dario dal n. pers. persiano *Darayavaush*, proprio dell'antica famiglia reale degli Achemenidi, attraverso la forma greca *Darêios*. San Dario martire a Nicea. *Festa*: 19-XII. Santa Daria di Reggio Emilia martire a Roma (sec. III). *Festa*: 25-X.

Dàvide dall'ebraico *Dawid* (lat. *David*), legato al v. *yadad*, amare; quindi «l'amato, il vezzeggiato». Davide, re d'Israele dal 1004 ca al 961 a.C., ritenuto autore di 59 *Salmi* della Bibbia e perciò protettore dei cantanti e dei poeti, viene ricordato il 29-XII.

Dècimo → **Decio**.

Decio dal n. pers. lat. *Decius* e questo da *Decimus*, dall'agg. *decimus*, decimo (probabilmente il decimo figlio, quindi all'origine un soprannome). Fu nome di un imperatore romano (200 ca - 251). San Decio, martire egiziano. *Festa*: 30-XI.

Dèdalo dal gr. *daídalos*, artista, artefice. Nome del mitico costruttore del Labirinto e inventore del volo umano (che costò la vita al figlio Icaro), ma di nessun santo venerato dalla chiesa cattolica.

Delfino n. pers. derivato, già nel lat. tardo, dal nome del *delfino*, animale magico e bene augurale nell'anti-

chità in molte civiltà del Mediterraneo. San Delfino vescovo di Bordeaux (secc. IV-V). *Festa*: 24-XII. Santa Delfina di Sabran. *Festa*: 27-XII o 27-IX.

Demetrio dal nome di una dea dell'antica Grecia, *Demetra*, la madre Terra, cui corrisponde la latina *Cerere*. San Demetrio di Tessalonica, martire (sec. IV). *Festa*: 8-X. Santa Demetria, vergine e martire (sec. IV). *Festa*: 21-VI.

Demòstene dal n. pers. gr. *Demostènes* e questo da *dêmos*, popolo, e *sthénos*, forza. Nome di un celebre oratore greco (384-322 a.C.), non fu portato da nessun santo onorato dalla chiesa cattolica.

Deodato → **Adeodato**.

Desiderio nome di chiaro significato (figlio atteso, amato) già nella forma tarda lat. *Desiderius* (e anche *Desideratus*, desiderato). Fu il nome dell'ultimo re dei longobardi in Italia (sec. VIII). San Desiderio vescovo (sec. VII). *Festa*: 23-V.

Diana dal lat. *Diana*, nome della dea della luna, dei boschi e della caccia, assimilata alla greca Artemide. Nel medioevo prese anche il significato di «fata, maga». Beata Diana, domenicana (m. 1236). *Festa*: 9-VI.

Diego dal n. pers. spagn. *Diego* e questo dal tardo lat. *Didacus*, di significato ignoto. San Diego (sec. XV). *Festa*: 13-XI.

Diodato → **Adeodato**.

Diògene dal n. pers. gr. *Dioghenès*, da *Diós*, Zeus (padre e signore degli dei) e *ghénos*, stirpe. Nome del filosofo cinico (sec. IV a.C.), famoso per essersi vestito con una botte sfondata. San Diogene martire (sec. IV). *Festa*: 5-V.

Diomede dal n. pers. gr. *Diomedès*, da *Diós*, Zeus (padre e signore degli dei), e *médo*, mi curo; quindi «mi curo di Zeus». Nome di un eroe greco dell'Iliade. San Diomede medico di Nicea, martire sotto Diocleziano (304). *Festa*: 16-VIII.

Dionigi, Dionisio dal n. pers. gr. *Diony̆sios*, dedicato al *Diónysos*, cioè al dio Bacco, il nome significa «figlio di Zeus» (*Diós*). San Dionigi (Saint Denis), apostolo delle Gallie e primo vescovo di Parigi, martire nel sec. III. *Festa*: 9-X.

Dolores n. di origine spagnola diffuso anche in Italia insieme a → **Addolorata**. È abbr. di *Virgen de los dolores*, Vergine dei dolori, espressione corrispondente alla nostra *Madonna addolorata*.

Doménico dal n. pers. tardo lat. *Dominicus*, consacrato al *Dominus*, cioè al Signore, Dio. San Domenico di Guzmán (1170-1221), fondatore dell'Ordine dei Domenicani. *Festa*: 7-VIII.

Donata, Donatella → **Donato**.

Donato dal n. pers. tardo lat. *Donatus*, da *donatus*, p.pass. di *donare*, dare in dono, regalare. È nome di figli a lungo desiderati e bene accolti, come → **Adeodato** e → **Teodoro**. San Donato, vescovo di Arezzo, martire nel 352. *Festa*: 7-VIII. Santa Donata martire. *Festa*: 31-XII. Santa Donatella (in lat. *Donatilla*), martire in Africa verso il 300. *Festa*: 30-VII.

Donnino dal n. pers. tardo lat. *Domninus*, diminutivo di *Domnus*, variante di *Dominus*, originariamente appellativo, da *dominus*, signore. San Donnino, martire presso Fidenza (alla quale diede il nome di *Borgo San Donnino*, poi cambiato nell'attuale). *Festa*: 9-X.

Dora dal gr. *dôra*, pl. di *dôron*, dono, incrociato con forme abbr. di → *Dorotea* o di → *Teodora*.

Dorotèa dal gr. *dorôn*, dono, e *théos*, di Dio. Nome bene augurale e di buona accoglienza, come → *Adeodato*,

→ *Donato*, → *Teodoro*. Santa Dorotea martire a Cesarea. *Festa*: 6-II.

Durante dal n. pers. tardo lat. *Durans/Durantis*, e questo dal p. pres. del v. *durare*, durare, resistere; quindi «resistente, costante». Il nome → *Dante* ne è un'abbreviazione.

Ebe dal gr. *Hébe*, giovinezza. Nella mitologia greca Ebe era la figlia di Giove, personificazione della giovinezza e coppiera degli dei. Santa Ebe martire. *Festa*: 25-VIII.

Eberardo → **Abelardo**.

Edgardo dal germanico *audha*, prosperità, patrimonio, e *gaira*, lancia, dardo, quindi «difesa». La forma anglosassone del nome è Eadgar. Sant'Edgardo, vescovo francese. *Festa*: 8-VII.

Edipo dal gr. *oidáo*, gonfiarsi, e *poùs*, piede. Personaggio delle tragedie di Sofocle (496-406 a.C.) *Edipo re*, *Edipo a Colono*. La leggenda secondo la quale egli avrebbe, senza conoscerne l'identità, prima ucciso il proprio padre e poi sposato la propria madre, ispirò molti altri autori nei secoli e fu da Freud interpretata come espressione mitica del «complesso di Edipo». Nessun santo venerato dalla chiesa cattolica ha portato questo nome.

Editta dal germanico *audha*, proprietà, prosperità. Un tempo era in uso in Italia anche la forma inglese *Edith*. Santa Editta, principessa d'Inghilterra (sec. X). *Festa*: 16-IX.

Edmondo dal germanico *audha*, proprietà, patrimonio, e *munda*, difesa. Il significato quindi è analogo a quello di *Edgardo*. La forma anglosassone del nome è *Eadmond*. Sant'Edmondo di Canterbury (sec. XIII). *Festa*: 16-XI.

Edoardo, Eduardo dal germanico *audha*, patrimonio, ricchezza, oppure *athala*, nobile, e *ward*, difesa. Nel primo caso il significato è analogo a quello di *Edgardo* e di *Edmondo*. La forma anglosassone del nome è *Eadweard*, in altre lingue germaniche si ha *Adoward*, da cui l'ital. *Odoardo*. Sant'Edoardo, re d'Inghilterra (1003-1066). *Festa*: 13-x. Molti altri re e principi inglesi portarono questo nome.

Edvige dal germanico *audha*, patrimonio, proprietà, o *hatus*, battaglia, e *wic*, santo, o *wiga*, battaglia, combattimento; quindi «santa battaglia» oppure «battaglia» due volte, quasi un rafforzativo o una sovrapposizione. Santa Edvige di Merano (sec. XIII). *Festa*: 16-X.

Efisio di discussa origine, forse dal gr. *efésios*, lat. *ephesius*, originario di Efeso (antica città dell'Asia Minore). Sant'Efisio martire, patrono di Cagliari (sec. III). *Festa*: 13-II.

Egidio n. pers. derivato, attraversò il lat., dal gr., probabilmente da *aighídion*, capretto. Beato Egidio, uno dei primi seguaci di san Francesco. *Festa*: 23-IV.

Eginardo dal germanico *ag*, spada, arma, e *hardu*, forte. Nome del famoso cronista medievale autore della *Vita Caroli* (sec. IX), biografia di Carlo Magno. Non si festeggiano santi con questo nome.

Egisto dal gr. *aighis*, scudo. Personaggio della leggenda greca, nella tragedia *Agamennone* di Eschilo (525 ca - 456 a.C.) uccide, aiutato dall'amante Clitennestra, il marito di lei Agamennone, eroe vincitore della guerra di Troia. Nessun santo di questo nome è onorato dalla chiesa cattolica.

Egle dal gr. *aígle*, luce, splendore. Nome di una delle tre Grazie, divinità della mitologia classica (in greco, *Càriti*) che rappresentano la bellezza e la gioia. Non si ricorda nessuna santa di questo nome.

Elda dal germanico *hildo*, battaglia, come nome autonomo (*Hilda*) o come abbreviazione di nomi composti terminanti con questo elemento (*Brunilde, Clotilde, Matilde*). Una variante è *Ilda*. Santa Ilda di Whitby. *Festa*: 9-IV.

Èlena dal n. pers. gr. *Heléne*, di incerta origine, forse connesso con *hélios*, sole. Nella mitologia greca è il nome della bellissima moglie di Menelao, il cui rapimento da parte di Paride, principe troiano, provoca la guerra di Troia. Sant'Elena (257-336) madre di Costantino il Grande imperatore. *Festa*: 18-VIII.

Eleonora nome di incerta origine, forse germanica. Sant'Eleonora di Provenza, regina d'Inghilterra (m. 1292). *Festa*: 21-II.

Elettra dal gr. *électron*, ambra; quindi «bionda». Nome di un personaggio della mitologia classica, figlia di Agamennone, protagonista di tragedie di Eschilo, Sofocle, Euripide. Fu anche nome della figlia di G. Marconi, e della nave sulla quale egli condusse importanti esperimenti. La chiesa cattolica non venera sante di questo nome.

Eleuterio dal gr. *eleútheros*, libero. Sant'Eleuterio papa dal 175 al 189. *Festa*: 26-V.

Elìa dall'ebraico *Eliyah*, composto di *El*, abbr. di *Elohim*, Dio, e *Yah*, abbr. di *Yahweh*, il Signore; quindi; «Dio è il Signore». Ebbe questo nome il primo grande profeta d'Israele (sec. IX a.C.), che viene tradizionalmente onorato il 20-VII. Sant'Elia lo Speleota, monaco del sec. X. *Festa*: 11-IX.

Elia femminile di → **Elio**.

Eligio nome di età tardo lat. e di incerta origine, forse germanica, forse invece connessa con il v. lat. *eligere*, scegliere. Sant'Eligio, vescovo di Noyon (sec. VII), protettore degli orefici. *Festa*: 1-XII.

Elio dal gr. *hélios*, sole. Sant'Elio martire. *Festa*: 19-IX.

Eliodoro dal gr. *hélios*, sole, e *dôron*, dono, quindi «dono del (dio) sole». Nome di un ministro siriano che appare nella Bibbia, e di un romanziere greco del sec. III o IV. Sant'Eliodoro (sec. V) vescovo di Altino. *Festa*: 3-VII.

Elisa abbr. di → **Elisabetta**, o f. di → **Eliseo**.

Elisabetta dal n. pers. ebraico *Elisebha'*, che compare nella Bibbia, ed è composto di *El*, abbr. di *Elohim*, Dio, e *shb*, giurare, oppure *sheba*, sette (simbolo di perfezione); quindi «Dio è il mio giuramento», oppure «Dio è perfetto». Santa Elisabetta, madre di Giovanni Battista. *Festa*: 5-XI. Santa Elisabetta di Ungheria, patrona del terz'ordine francescano (1207-1231). *Festa*: 19-XI.

Elisèo dal n. pers. ebraico *'Elisha'*, che compare nella Bibbia ed è composto di *El*, abbr. di *Elohim*, Dio, e forse *ish*, salvare; quindi «Dio è la salvezza». Profeta biblico (secc. IX-VIII a.C.), successore di Elia. *Festa*: 14-VI.

Eloisa variante di Luisa, femminile di → *Luigi*. Nome dell'amante del filosofo Pietro → *Abelardo* (sec. XII). Santa Eloisa (m. 1080). *Festa*: 11-II.

Elpidio dal gr. *elpís/elpídos*, speranza. Sant'Elpidio abate, eremita del sec. IV. *Festa*: 2-IX.

Elvira nome di origine germanica, portato in Spagna dai visigoti, di incerta interpretazione, forse connesso con il gotico *wers*, amichevole. Santa Elvira vergine martire. *Festa*: 27-I.

Emanuele dall'ebraico *Immanu'el*, Dio con noi; è questa l'espressione con la quale il profeta Isaia allude a Cristo. *Festa*: 26-III.

Emiliano dal n. pers. lat. *Aemilianus*, deriv. di *Aemilius* spec. con il significato di «figlio adottivo di Emilio». Fu nome aggiuntivo di Publio Cornelio Scipione, noto come Scipione Emiliano (185-129 a.C.), il generale romano che rase al suolo Cartagine. Emiliano Zapata (1879-1919) fu eroe e martire della rivoluzione popolare messicana. Tra i santi cristiani, Emiliano fu nome di parecchi martiri. Sant'Emiliano, vescovo di Cizico (sec. IX). *Festa*: 8-VIII.

Emilio dal lat. *Aemilius*, nome gentilizio romano di origine ignota. Alla *gens Aemilia* appartenne Marco Emilio Lepido, che fu generale di Cesare e triumviro dopo la sua morte con Antonio e Ottaviano. Sant'Emilio, martire in Sardegna. *Festa*: 28-v.

Emma nome di origine germanica ma di incerta spiegazione. Santa Emma di Carinzia (sec. XI). *Festa*: 27-VI.

Emmanuele → **Emanuele**.

Enea dal gr. *Aineías*, forse dal verbo *ainéo*, lodare. È il nome dell'eroe troiano, figlio di Anchise, protagonista dell'*Eneide* di P. Virgilio Marone (17-19 a.C.) e, secondo il poeta, antenato dei fondatori di Roma.

Enrico dal n. pers. germanico *Haimirick* (come la variante *Arrigo*) e questo da *haimi*, patria, e *rickia*, re, signore. La stessa origine, quindi, di *Americo*, *Amerigo*. Sant'Enrico II imperatore (973-1024). *Festa*: 15-VII.

Enzo dal n. pers. germanico *Heinz*, diminutivo di *Heinrich* da *Haimirick*, Enrico. Enzo, re di Sardegna (1220 ca - 1272), condottiero e poeta nello stile della scuola siciliana, figlio dell'imperatore Federico II, visse prigioniero a Bologna gli ultimi 23 anni della sua vita. Attualmente, tuttavia, il nome Enzo è sentito come diminutivo di *Lorenzo*.

Epicarmo dal n. pers. gr. *Epìcharmos* e questo da *epí*, sopra e *chárma*, gioia. Nome di un poeta comico greco (secc. VI-V a.C.). La chiesa cattolica non venera santi di questo nome.

Epicuro dal n. pers. gr. *Epícuros*, da *epícuros*, difensore. Nome del filosofo greco (841-270 a.C.) che diede il nome alla filosofia «epicurea». Nessun santo di questo nome è venerato dalla chiesa cattolica.

Epifanio dall'agg. gr. *epifáneios*, dell'apparizione, deriv. dal v. *epifáinomai*, appaio. *Epifania* si chiama infatti la festa della manifestazione al mondo della regalità di Gesù, avvenuta attraverso l'omaggio dei tre re magi. Sant'Epifanio vescovo di Pavia (sec. v). *Festa*: 21-I.

Erasmo dal gr. *erásmios*, amabile, dal v. *eráo*, desidero, amo. Sant'Erasmo di Formia (secc. III-IV), protettore dei marinai. *Festa*: 2-VI. Erasmo da Rotterdam, grande filosofo umanista (1466 ca - 1536).

Erberto → **Ariberto**.

Èrcole dal lat. *Hercules*, variante, passata attraverso l'etrusco, del gr. *Heraclés*, Ercole, l'eroe della mitologia greca, generoso e fortissimo, figlio di Giove e di Alcmena.

Ermanno dal germanico *hariman* (arimanno), uomo libero, e questo da *haria*, esercito, e *mann*, uomo (presso i franchi soltanto gli uomini liberi potevano portare le armi). La stessa origine ha *Armando*. Beato Ermanno Giuseppe di Colonia (1150-1241). *Festa*: 7-IV.

Erminio dal n. pers. lat. *Herminius*, di significato ignoto e probabilmente di origine etrusca; forse in medioevo incrociato con nomi germanici derivati da *irmin*, grande, potente. Sant'Erminio di Lobbes, vescovo belga, potente. *Festa*: 25-IV. Sant'Erminia martire a Reims (sec. XIV). *Festa*: 26-VIII.

Ermes, **Ermete** dal n. pers. gr. *Hermés*, portato dal dio corrispondente al dio dei romani *Mercurius*, dio dell'astuzia e dei commerci, messaggero degli dei. Sant'Ermete martire (sec. IV). *Festa*: 4-I.

Ernesto dal germanico *Ernust*, battaglia, e anche combattente. Sant'Ernesto abate (sec. XII). *Festa*: 7-XI.

Ersilia dal n. pers. lat. *Hersilia* (ed esisteva in lat. anche il m. *Hersilius*), di origine incerta, forse etrusca. Non esiste, per la chiesa cattolica, una santa di questo nome.

Ester forse dal persiano *stareh*, stella, è il nome ebraico della protagonista dell'omonimo libro dell'Antico Testamento, da cui J. Racine (1639-1699) trasse argomento per una sua tragedia (1689).

Èttore dal n. pers. gr. *Héktor*, forse deriv. del v. *écho*, tengo, sostegno; quindi «saldo» oppure «colui che sostiene il popolo». È il nome del principe troiano, eroe dell'*Iliade*. San Ettore. *Festa*: 20-VI.

Eucardio dal gr. *êu*, bene, e *kardía*, cuore; quindi «di buon cuore». Nome di tradizione classica, non fu portato da nessun santo venerato dalla chiesa cattolica.

Euclide dal gr. *êu*, bene, e *kléos*, gloria. Nome del più grande matematico dell'antichità (sec. III), autore degli *Elementi*, testo tuttora fondamentale dove sono formulati i cinque postulati di base della geometria. Nessun santo onorato dalla chiesa cattolica ha portato il suo nome.

Eufemio dal gr. *êu*, bene, e *femí*, parlo (si pensi alla parola *eufemismo*). Sant'Eufemio martire. *Festa*: 1-v. Sant'Eufemia vergine, figlia di un senatore romano, martire del sec. IV. *Festa*: 16-IX.

Eufrasia dal gr. *eufrasía*, gioia. Santa Eufrasia (m. 410). 13-III.

Eugenio dal gr. *êu*, bene, e *ghenós*, stirpe; quindi «nato da buona stirpe, di nobile famiglia». Nome di principi di casa Savoia. Sant'Eugenio martire, papa dal 654 al 657. *Festa*: 30-XII.

Eulalia dal gr. *êu*, bene, e *laléo*, parlo. Sant'Eulalia martire (sec. IV). *Festa*: 12-II.

Euridice dal gr. *eúrys*, largo, e *dike*, giustizia; quindi «grande giustizia». Nome di un personaggio mitologico, moglie del poeta Orfeo, che invano cercò di sottrarla all'Ade (il regno dei morti). Non esistono nel calendario cattolico sante di questo nome.

Eusebio dal gr. *eusebés*, religioso, pio, connesso con il v. *sebízo*, venero. Sant'Eusebio di Cesarea, scrittore e martire (265 - 339 ca). *Festa*: 21-VI. Sant'Eusebio, vescovo di Vercelli. *Festa*: 16-XII. Sant'Eusebio, papa nel 309. *Festa*: 17-VIII.

Eustachio dal gr. *êu*, bene, e *stáchys*, spiga; quindi «abbondante di spighe, di raccolto». Sant'Eustachio martire (sec. II). *Festa*: 20-IX.

Eva nome ebraico di incerta interpretazione, che compare nel racconto biblico della *Genesi* come nome della compagna di Adamo, e si diffuse in tutto l'occidente in forme sia greche sia latine. Tradizionalmente viene ricordata il 19 o il 24-XII. Santa Eva, martire a Dreux in Francia. *Festa*: 6-IX.

Evangelina da *Evangelo* (Vangelo), in gr. *euanghélion*, composto di *êu*, bene, buono, e *ánghelos*, annuncio, notizia. *Festa*: 27-XII (san Giovanni Evangelista).

Evangelista da *Evangelo*, cioè Vangelo (→ *Evangelina*), significa «autore del Vangelo» ed è appellativo dei quattro santi (Matteo, Marco, Luca e Giovanni) a cui si attribuiscono i quattro vangeli riconosciuti come autentici dalle chiese cristiane. In particolare è appellativo di san Giovanni, in contrapposizione al *Battista*. *Festa*: 24-XII.

Evaristo dal gr. *euárestos*, composto di *éu*, bene, e *arestós*, piacente. San Evaristo, papa dal 97 al 105. *Festa*: 26-X.

Evasio dal n. pers. lat. *Euasius*, forse di origine etrusca. Sant'Evasio, vescovo di Asti, martire del sec. IV. *Festa*: 1-XII.

Evelina dim. di → *Eva*, oppure di *Eve*, n. pers. germanico deriv. da *ewa*, ragione. Beata Evelina (*Eve*) d'Inghilterra. *Festa*: 2-XII.

Fabiano dal n. pers. lat. *Fabianus*, deriv. da *Fabius* (→ *Fabio*), spec. come nome di figlio adottivo. San Fabiano, papa dal 236 al 250, martire. *Festa*: 20-I.

Fabio dal n. gentilizio lat. *Fabius*, forse di origine etrusca, oppure collegato con *faba*, fava. Alla *gens Fabia* appartenne Quinto Fabio Massimo (m. 203 a.C.) detto «il Temporeggiatore» per la sua tattica nella guerra contro i cartaginesi. San Fabio martire (sec. IV-V). *Festa*: 11-V.

Fabrizio dal n. gentilizio lat. *Fabricius*; forse di origine etrusca o connesso con *faber*, fabbro. San Fabrizio o Fabriziano martire. *Festa*: 11-VII.

Faustino dal n. pers. lat. *Faustinus*, deriv. di *Faustus* (→ *Fausto*) spec. con il significato di «figlio di Fausto». San Faustino vescovo e martire, patrono di Brescia. *Festa*: 15-II. Santa Faustina martire. *Festa*: 18-I.

Fausto dal lat. *faustus*, felice, favorevole, propizio; quindi, fin dall'antichità romana, un nome augurale. San Fausto martire. *Festa*: 24-VI. Santa Fausta vergine martire. *Festa*: 20-IX.

Fedele dal n. pers. tardo lat., prevalentemente d'ambiente cristiano, *Fidelis*, dall'agg. *fidelis*, fedele. San Fedele, martire a Como sotto l'imperatore Massimiano. *Festa*: 28-X. San Fedele da Sigmaringen (1578-1622). *Festa*: 24-IV.

Federico dal germanico *frithu*, pace, amicizia, e *rikia*, re, signore, quindi «signore della pace» (la forma tedesca è *Friedrich*, quella lat. medievale *Frederigus* o *Federigus*, con perdita della *-r-* intervocalica). Il nome fu portato da imperatori del Sacro Romano Impero (tra i quali il famoso Barbarossa) e sovrani di Prussia. San Federico vescovo di Utrecht e martire (m. 838). *Festa*: 18-VII.

Fedra dal gr. *faidrá*, lucente, serena. Nome di un personaggio mitologico: moglie di Teseo, innamorata del figliastro Ippolito, ne causò involontariamente la morte e si uccise. È protagonista di tragedie classiche e moderne. Nessuna santa venerata dalla chiesa cattolica ha portato il suo nome.

Felice dal n. pers. lat. *Felix/Felicis*, dall'agg. *felix*, felice; tipico nome augurale fino dall'antichità romana. San Felice di Valois (m. 1212). *Festa*: 20-XI.

Ferdinando dal n. pers. spagnolo *Fernando* o *Hernando*, di origine germanica (forse da *frithu*, pace, e *nanthaz*, ardito). Fu nome di molti sovrani, spec. delle case d'Asburgo e di Borbone, in particolare spagnoli; tra essi San Ferdinando III, re di Castiglia (1200 ca - 1252), uno dei santi patroni di Spagna. *Festa*: 30-V.

Fermo dal lat. *firmus*, costante, fermo, incrollabile (con riferimento, in ambienti cristiani, alla fermezza della fede). San Fermo martire (sec. III). *Festa*: 9-VIII.

Fernando → **Ferdinando**.

Ferrante dall'agg. italiano antico *ferrante*, riferito al mantello «color ferro» di cavalli, e divenuto soprannome di persone; in certi casi, anche interpretato come variante di *Fernando* (→ *Ferdinando*). Ferrante Aporti

(1791-1858), pedagogista, creatore degli «Asili d'infanzia». La chiesa cattolica non venera santi di questo nome.

Ferruccio dal n. pers. lat. medievale *Ferruccius*, originariamente soprannome derivato da *ferrum*, ferro (per il mestiere esercitato o per altra ragione). San Ferruccio martire (sec. IV). *Festa*: 29-X.

Filiberto dal germanico *filu*, molto, e *bertha*, splendido, illustre. San Filiberto asceta (sec. VII). *Festa*: 20-VIII.

Filippo dal gr. *phílos*, amico, e *íppos*, cavallo; quindi «amante dei cavalli». Filippo II, re di Macedonia dal 359 a.C., fu il padre di Alessandro Magno. Filippo fu anche nome di molti sovrani dell'Europa moderna, spec. di Francia e di Spagna, e di moltissimi santi, tra i quali uno dei dodici apostoli (*festa*: 3-V) e il notissimo san Filippo Neri (1515-95). *Festa*: 26-V. Santa Filippa martire (sec. II), madre di san Teodoro. *Festa*: 20-IX.

Fiordiligi dal franc. *fleur de lys*, fiore di giglio, nome di eroine di antiche canzoni di gesta e romanzi cavallereschi; non fu portato da nessuna santa onorata dalla chiesa cattolica.

Fiorenzo dal n. pers. lat. *Florentius*, deriv. dall'altro n. pers. *Florens/Florentis*, dall'agg. lat. *florens*, che fiorisce (p. pres. del v. *florere*, fiorire). San Fiorenzo patrono di Avellino; *festa*: 14-II. San Fiorenzo martire. *Festa*: 27-X.

Fiorino → **Flora**.

Flaminio dal n. gentilizio lat. *Flaminius*, connesso con *flamines*, flàmini (sacerdoti incaricati del culto e dei sacrifici a singole divinità). Alla *gens Flaminia* appartenne il console Gaio Flaminio, che diede il nome alla via Flaminia e a un circo nella città di Roma. La chiesa cattolica non venera santi di questo nome, ma una santa Flaminia, martire nel 303. *Festa*: 2-V.

Flaviano dal n. pers. lat. *Flavianus*, deriv. di *Flavius* (→ *Flavio*), spec. nel significato di «figlio adottivo di Flavio». San Flaviano patriarca di Costantinopoli (sec. V). *Festa*: 18-II.

Flavio dal lat. *flavus*, biondo. *Flavius*, in origine soprannome di persone dai capelli biondi, fu n. gentilizio romano. Alla *gens Flavia* appartennero gli imperatori Vespasiano (9-79) e Tito (39-81). San Flavio, vescovo di Brescia. *Festa*: 24-III.

Flora dal lat. *Flora*, nome della dea dei fiori e della primavera, deriv. da *flos/floris*, fiore. Da esso derivarono anche nomi m. e f. come *Floro*, *Florio/a*, *Florino* o *Fiorino/a*, *Floriano/a*. Santa Flora, vergine e martire (sec. II). *Festa*: 29-VI. San Floro vescovo (sec. IV). *Festa*: 3-XI. San Floriano martire. *Festa*: 4-V. Santa Floriana vergine di Beaulieu in Francia. *Festa*: 2-VI. Santa Florina martire d'Auvergne in Francia. *Festa*: 1-V.

Floriano, Fiorino, Florio, Floro → **Flora**.

Folco dal germanico *fulka*, popolo in armi, comune anche come primo elemento di antichi nomi composti come *Folchiero* (o *Folgore* o *Fulcieri*), *Folcmaro*. San Folco, monaco irlandese, vescovo di Pavia e di Piacenza. *Festa*: 11 o 26-X.

Folgóre dal germanico *fulka*, popolo in armi, e *hehr*, signore, capo, oppure *hari*, esercito. Folgore da San Gimignano (1270-1330) poeta del tempo di Dante. Non si trovano santi di questo nome nel calendario cattolico.

Fortunato dal n. pers. tardo lat. *Fortunatus*, dall'agg. *fortunatus*, fortunato, con evidente significato augurale. San Fortunato, patrono di Udine e Gorizia. *Festa*: 12-VII.

Fosca dal n. pers. lat. *Fusca*, dall'agg. f. *fusca* (m. *fuscus*), scuro. Originariamente quindi fu soprannome di persone di capelli, occhi, pelle scura. Santa Fosca, martire a Ravenna (sec. III). *Festa:* 13-II.

Francesco dall'agg. tardo lat. *franciscus*, che significa «dei franchi, originario della terra dei franchi», e più tardi «di Francia, francese». Tra i moltissimi santi di questo nome, i più noti sono: san Francesco di Assisi (1182-1226), fondatore dell'ordine francescano, patrono d'Italia con santa Caterina da Siena; *festa:* 4-X; san Francesco di Paola (1416-1507), fondatore dell'ordine dei minimi; *festa:* 2-IV; san Francesco di Sales (1567-1622); *festa:* 24-I; san Francesco Saverio (1506-1552), nobile spagnolo, missionario in India; *festa:* 3-XII. Tra le sante: santa Francesca Romana (secc. XIV-XV); *festa:* 9-III.

Frediano dal germanico *frithu*, pace, amicizia. San Frediano, vescovo e patrono di Lucca (sec. VI). *Festa:* 18-III.

Franco dal germanico *frank*, franco (cioè appartenente al popolo dei franchi), e anche «uomo libero», in quanto i franchi, conquistato un paese, consideravano solo sé stessi uomini liberi, e i vinti, schiavi. L'origine è da una più antica forma germanica *franka*, ardito, coraggioso. In italiano può anche essere abbr. di *Lanfranco* e di *Francesco*.

Fruttuoso dal n. pers. tardo lat. *Fructuosus*, dall'agg. *fructuosus*, fruttuoso, deriv. di *fructus*, frutto. Nome di evidente significato augurale. San Fruttuoso di Tarragona, martire del sec. III. *Festa:* 21-I.

Fulcieri → **Folgore**.

Fulgenzio dal n. pers. lat. *Fulgentius*, dall'agg. *fulgens/fulgentis* splendente, fulgido. San Fulgenzio, teologo, patrono di Cagliari (m. 533). *Festa:* 1-I.

Fulvio dal lat. *fulvus*, fulvo; originariamente (*Fulvus*, *Fulvius*) soprannome di persone dai capelli rossi, poi n. gentilizio romano. Alla *gens Fulvia* appartennero consoli e altri notabili, e Fulvia, moglie di Marco Antonio, nemica giurata di Cicerone. San Fulvio, martire con la sorella santa Fulvia (*festa*, per entrambi: 7-v) e i fratelli Agostino e Augusto.

Gabriele dall'ebraico *Gabri'el*, dal v. *gabar*, essere forte, oppure da *gheber*, uomo, ed *El*, abbr. di *Elohim*, Dio; quindi «Dio è forte» oppure «uomo di Dio». Gabriele, già nome biblico, nei Vangeli è l'angelo (o arcangelo) che annunzia alla Vergine il concepimento del Messia; viene ricordato il 29-IX, o anche il 24-III. Il f. *Gabriela* è raro, più comune è *Gabriella*, ricavato dalla variante del m. *Gabriello*, un tempo molto in uso in italiano.

Gabriella → **Gabriele**.

Gabrio abbr. di → **Gabriele**. Gabrio Casati (1798-1873), patriota e politico milanese, autore di una riforma scolastica nota come «legge Casati».

Gaetano dal n. pers. lat. *Caietanus*, originariamente soprannomè di chi proveniva da *Caieta* (Gaeta). San Gaetano da Thiene (1480-1547), fondatore dei Teatini. *Festa:* 8-VIII.

Galeazzo nome di etimologia incerta, probabilmente di origine germanica. Fu portato da molti duchi di Milano dalle famiglie Visconti e Sforza. San Galeazzo vescovo. *Festa:* 5-XI.

Galileo dall'agg. ital. *galileo*, nativo della Galilea, appellativo di Gesù Cristo; quindi, un nome devozionale. Lo portò, oltre al Galileo Galilei (1564-1642), l'altro scienziato Galileo Ferraris (1847-1897). Non esistono invece nel calendario cattolico santi di questo nome.

Gallo dal n. pers. lat. mediev. *Gallus*, originato da un soprannome scherzoso connesso con il gallo (pollo) o da un soprannome etnico riferito a persone originarie della Gallia. San Gallo, abate irlandese, discepolo di San Colombano, apostolo della Svizzera (m. 646). *Festa:* 16-X. Santa Galla, vedova romana del sec. VI. *Festa:* 5-X.

Gàspare dal n. pers. lat. *Gaspar* o *Gasparus*, ricavato dall'iranico *Gathaspar*, a sua volta risalente a *windahwarena*, splendente, attributo di una divinità iranica; era il nome, secondo la tradizione, di uno dei re magi. *Festa:* 6-I. San Gaspare Bertoni (m. 1859). *Festa:* 12-VI.

Gastone dal n. pers. franc. *Gaston*, di origine incerta, forse connesso con *gascon*, guascone, o con il germanico *gast*, forestiero. San Gastone (m. 540), apostolo dell'Artois. *Festa:* 24-IV.

Gaudenzio dal n. pers. tardo lat. *Gaudentius*, dall'agg. *gaudens/gaudentis*, che gode (p. pres. del v. *gaudere*, godere, rallegrarsi). San Gaudenzio, vescovo di Novara (m. ca 418). *Festa:* 22-I. San Gaudenzio martire, vescovo di Rimini (sec. IV). *Festa:* 14-X. San Gaudenzio, vescovo di Brescia (m. 410). *Festa:* 25-X.

Gavino dal n. pers. lat. *Gabinius*, dall'agg. *gabinius*, abitante, originario di Gabi (antica città del Lazio, tra Roma e Preneste). San Gavino, soldato, martire a Porto Torres (130 ca), patrono di Sassari. *Festa:* 30-V.

Geminiano dal n. pers. tardo lat. *Geminianus*, da *geminus*, gemello. San Geminiano, patrono di Modena, Ferrara e della città toscana che porta il suo nome, nella variante *Gimignano* (sec. IV). *Festa:* 31-I.

Gemma dal n. pers. lat. *gemma*, ital. *gemma*, pietra preziosa; nome augurale e affettivo. Santa Gemma Galgani (1878-1903). *Festa:* 11-IV.

Genesio dal n. pers. tardo lat., di ambiente cristiano, *Genesius*, dal gr. *ghenésios*, natalizio (o anche «della famiglia»), da *ghénesis*, nascita, o da *ghénos*, famiglia, stirpe. San Genesio martire (secc. VIII-IX). *Festa:* 25-VIII.

Gennaro dal lat. *ianuarius*, gennaio (dal nome del dio *Ianus*, Giano). Era nome dato ai bambini nati in gennaio. San Gennaro martire, patrono di Napoli (m. 305 ca). *Festa:* 19-IX.

Genoveffa dal n. pers. franc. *Geneviève*, di incerta origine, forse composto di elementi germanici o celtici. Santa Genoveffa, patrona di Parigi (422-502). *Festa:* 3-I.

Gentile dal lat. *gentilis*, gentile, cortese, oppure della stessa stirpe (da *gens/gentis*, stirpe, famiglia). Gentile da Fabriano (1370-1427), pittore gotico. San Gentile martire. *Festa:* 5-IX.

Geraldo dal germanico *gaira*, lancia, e *waldaz*, potente, capo. San Geraldo, portoghese (m. 1109). *Festa:* 5-XII.

Gerardo dal germanico *gaira*, lancia, e *hardu*, forte, attraverso il franc. *Girard* (di diretta origine germanica è invece la variante *Gherardo*). San Gerardo Maiella, redentorista (1726-1755). *Festa:* 16-X. Beato Gherardo Rangone (m. 1257 ca). *Festa:* 25-VIII.

Gerberto dal germanico *gaira*, lancia e *bertha*, splendido, illustre. San Gerberto, *festa:* 13-X.

Germano dal n. pers. tardo lat. *Germanus* (f. *Germana*), dall'agg. *germanus*, fratello, oppure con valore etnico «appartenente al popolo dei germani, a una gente germanica». San Germano, vescovo di Parigi (m. 576). *Festa:* 30-X.

Geròlamo dal n. pers. tardo lat. *Hieronymus*, usato dai cristiani che lo ricavarono dal n. gr. *Hierónymos*, da *hierós*, sacro, e *ónoma*, nome. San Gerolamo, padre della chiesa (347-420). *Festa:* 30-IX.

Gervasio, Gervaso dal n. pers. tardo lat. *Gervasius*, di incerta origine, probabilmente germanica. San Gervaso, milanese del I sec., martire col fratello Protaso. *Festa*: 19-VI.

Gesualdo dal germanico *gisil*, dardo, e *walda*, potente, principe. Non si venerano nella chiesa cattolica santi di questo nome; nella tradizione popolare è spesso interpretato come un derivato, o un composto, di *Gesù*.

Gherardo → Gerardo.

Giacinto dal n. pers. lat. *Hyacinthus* e questo dal gr. *Hyákinthos*, di antichissima origine mediterranea e di interpretazione ignota, nome di un personaggio mitologico, fanciullo spartano amato da Apollo che per errore lo uccise, e dal suo sangue creò un fiore cui fu dato il suo nome. San Giacinto martire. *Festa*: 17-VIII.

Giacobbe → Giàcomo.

Giàcomo dall'*ebraico Ya'aqob* (da *Yah*, abbr. di *Yahweh*, Dio, e *'qb*, proteggere), attraverso il gr. *Iàkob*, da cui anche la forma *Iacopo* (le forme passate attraverso il lat. *Iacòb* e *Iacòbus* hanno invece l'accento sulla penultima sillaba: *Giacòbbe*). Il nome ebraico compare infatti nel Vecchio Testamento come nome del patriarca figlio di Isacco, e nel Nuovo Testamento come nome di due apostoli, detti il Maggiore (m. 44 d.C.) e il Minore (m. 62 d.C.). Le *feste* sono rispettivamente il 25-VII e l'11-V. *Giacomo* fu anche il nome di moltissimi santi di minore notorietà.

Gigliola diminutivo di *Giglia*, f. del meno com. *Giglio*, dal lat. *lilium*, giglio, fiore candido inteso come simbolo di purezza.

Gilberto dal germanico *gisil*, dardo, freccia, e *bertha*, splendido, illustre. San Gilberto di Sempringham, fondatore in Inghilterra dell'ordine dei Gilbertini (m. 1189). *Festa*: 4-II.

Gimignano → Geminiano.

Ginevra dal n. pers. antico franc. *Gwinever*, di origine celtica e di incerta interpretazione. La regina Ginevra è, nei poemi del ciclo bretone, la moglie di re Artù, amata da Lancillotto.

Gioacchino, Gioachino dall'ebraico *Yohaqim*, nome biblico da *Yah* o *Yoh*, abbr. di *Yahweh*, Dio e forse dal v. *qum*, sollevare, innalzare. San Gioacchino, marito di Sant'Anna e padre di Maria Vergine. *Festa*: 16-VIII.

Giocondo dal n. pers. tardo lat. *Iucundus*, dall'agg. *iucundus*, lieto, giocondo; tipico nome augurale, come → *Gaudenzio*. San Giocondo, vescovo di Bologna. *Festa*: 14-XI.

Giordano dall'aramaico *Yurdenah*, ebraico *Yarden* (dalla radice semitica *yarad*, scorrere), nome del fiume nel quale, secondo il Vangelo, fu battezzato Gesù Cristo. Nome devozionale, quindi, che fu portato anche dal filosofo Giordano Bruno (1548-1600), bruciato sul rogo come eretico dall'inquisizione romana. Beato Giordano da Pisa, teologo (1260 ca - 1311). *Festa*: 6-III.

Giorgio dal gr. *gheorgós*, agricoltore (da *ghé*, terra). San Giorgio, cavaliere romano di Lydda, secondo la tradizione martire sotto Diocleziano. *Festa*: 23-IV.

Giovacchino → Gioacchino.

Giovanni dal n. pers. cristiano *Iohannes*, dall'ebraico *Yohanan*, formato da *Yah* o *Yoh*, abbr. di *Yahweh*, Dio, e il v. *hanan*, avere misericordia; quindi «Dio è misericordioso». San Giovanni Battista, il precursore di Gesù. *Festa*: 24-VI. San Giovanni apostolo ed evangelista. *Festa*: 27-XII. Santa Giovanna d'Arco (1412-31). *Festa*: 30-V. *Giovanni* fu anche il nome di ventun

papi e tre antipapi, e di un numero infinito di santi di minore notorietà.

Giovenale dal lat. *iuvenis*, giovane, fu il nome di un poeta satirico romano (50/65 - 140 ca). San Giovenale, vescovo di Narni (m. 876 ca). *Festa*: 3-V.

Giròlamo → Geròlamo.

Gisela, Gisella dal germanico *gisil*, dardo, freccia, o *gisal*, ostaggio. Santa Gisela, regina d'Ungheria (m. 1095). *Festa*: 7-V.

Giuda → Giuditta.

Giuditta dall'ebraico *'Yehudith*, f. di *Yehudi*, nel significato di «ebreo» (dal quale derivano il nome *Giuda* e l'agg. *giudeo*): è dunque un nome di origine etnica. Giuditta è protagonista di un libro della Bibbia che porta il suo nome. Santa Giuditta martire (m. 1260). *Festa*: 6-V.

Giuliano dal n. pers. lat. *Iulianus*, deriv. di *Iulius* (→ Giulio) spec. con il significato di «figlio adottivo di Giulio». San Giuliano ospitaliere, patrono di Macerata. *Festa*: 29-I.

Giulio dal n. gentilizio lat. *Iulius*, che, secondo la tradizione raccolta da Virgilio nell'*Eneide*, è derivato da *Iulus*, nome del figlio di Enea. Alla *gens Iulia* appartennero Gaio Giulio Cesare e il suo figlio adottivo Gaio Giulio Cesare Ottaviano. San Giulio, I papa dal 337 al 352. *Festa*: 12-IV. San Giulio martire. *Festa*: 5-XII.

Giunio dal n. gentilizio lat. *Iunius*, forse da *iuvenis*, giovane. Della *gens Iunia* in Roma furono rappresentanti Lucio Giunio Bruto, fondatore della repubblica, e Marco Giunio Bruto, uccisore di Cesare.

Giuseppe dal n. pers. ebraico *Yoseph*, che la Bibbia stessa spiega come deriv. dal v. *yasaph*, aggiungere, far crescere. Nome del patriarca figlio di Giacobbe e, nel Vangelo, di San Giuseppe, sposo di Maria e patrono della chiesa universale. *Festa*: 19-III e 1-V (san Giuseppe artigiano).

Giustiniano, Giustino, Giusto dal lat. *iustus*, giusto (da *ius*, giustizia, diritto). San Giustiniano eremita, venerato a Piombino. *Festa*: 23-VIII. San Giustino, martire a Padova. *Festa*: 14-IV. San Giusto, patrono di Trieste, martire (m. 289). *Festa*: 2-XI.

Glauco dal gr. *ghlaukós*, ceruleo. Nome di una mitica divinità marina e di un eroe dell'*Iliade*.

Goffredo dal germanico *gudha*, divinità, Dio, e *frithu*, pace. San Goffredo, vescovo di Amiens. *Festa*: 13-I.

Grazia dal lat. *gratia*, deriv. di *gratus*, grato, ma reinterpretato secondo il concetto di «grazia» cristiana. Santa Grazia. *Festa*: 16-V.

Graziadio dal lat. *gratia Dei*, grazia di Dio, rimodellato sull'ital. *Dio* (ma esiste anche la forma latineggiante *Graziadei*). Graziadio Isaia Ascoli (1829-1907), il più grande studioso italiano di linguistica, di origine ebraica. Il nome non esiste nel calendario cattolico.

Graziano dal n. pers. tardo lat. *Gratianus*, da *Gratius*, a sua volta deriv. di *gratus*, gradito: quindi un nome augurale. Fu nome di un imperatore romano (359-383). San Graziano martire a Perugia. *Festa*: 23-X.

Gregorio dal v. gr. *gregoréo*, vigilo, sono sveglio. San Gregorio Magno (540-604), papa. *Festa*: 12-III. San Gregorio VII papa (1020-1085). *Festa*: 25-V (altri quattordici papi e un antipapa portarono lo stesso nome).

Gualfredo dal germanico *waldaz*, potente, e *frithu*, pace. San Gualfredo (m. 765). *Festa*: 15-I.

Gualtiero dal germanico *waldaz*, potente, capo, e *hari*, esercito. Dal n. pers. germanico *Waldhari* deriva anche *Walter*. San Gualtiero abate (m. 1099). *Festa*: 8-IV.

Guarino dal germanico *waran* o *warin*, difendere. *Guerino* o *Guerrino* ne è la versione passata attraverso il franc. e diffusa con le canzoni di gesta, forse intesa anche come deriv. di *guerra*. San Guarino di Palestrina (m. 1159). *Festa*: 6-II.

Guelfo dal n. pers. germanico *Welf*, nome di duchi della casa di Baviera, che passò a indicare il partito favorevole alla chiesa e ostile all'impero nella lotta per le investiture e nei conflitti che ne seguirono (*guelfi*, contro i *ghibellini*). Fu dunque nome imposto ai figli di gente di parte guelfa, ma non appartenne a nessun santo del calendario cattolico.

Guerino, Güerrino → **Guarino**.

Guglielmo dal germanico *wilian*, volontà, e *helma*, elmo, protezione. San Guglielmo di Volpiano (m. 1031). *Festa*: 1-I. San Guglielmo da Vercelli (m. 1142). *Festa*: 25-VI.

Guicciardo → **Guiscardo**.

Guido dal germanico *widu*, legno, bosco, oppure *wida*, lontano. San Guido di Pomposa (m. 1046). *Festa*: 4-V.

Guiscardo dal germanico *wisa*, saggio, e *hardu*, forte, coraggioso. Roberto il Guiscardo (1015-1085) normanno, fu duca di Calabria e di Puglia e conte di Sicilia. Varianti del nome sono *Guicciardo* e *Viscardo*. San Guiscardo, o Guicciardo; *festa*: 25-VI.

Guittone accrescitivo art. di → *Guido*. Guittone D'Arezzo (1235 ca - 1294), poeta toscano. Non si trova nessun santo di questo nome nel calendario cattolico.

Gustavo dal germanico nordico *got*, goti (popolo), e *stafr*, bastone, sostegno. Nome diffuso in Svezia e portato anche da sei re di quel paese. San Gustavo abate. *Festa*: 2-VIII.

Iàcopo dal gr. *Iàkob*, lat. *Iacòb, Iacòbus* (→ *Giacomo*).

Ida dal nome di origine incerta, probabilmente germanica, forse collegata con *idh*, lavoro, attività. Beata Ida di Lovanio (sec. XIII). *Festa*: 13-IV.

Ifigénia dal gr. *ifi*, fortemente, e *ghénos*, stirpe; quindi «di forte stirpe». Personaggio mitologico, figlia di Agamennone, protagonista di tragedie classiche e moderne.

Igino dal gr. *yghieinós*, santo. Sant'Igino, papa dal 136, martire nel 140. *Festa*: 11-I.

Ignazio dal n. pers. lat. *Ignatius, Egnatius*, di incerta origine, forse etrusca. Sant'Ignazio, vescovo di Antiochia, padre della chiesa greca, martire (ca 110). *Festa*: 17-X. Sant'Ignazio di Loyola, spagnolo, fondatore dell'ordine dei Gesuiti (1491-1556). *Festa*: 31-VII. Sant'Ignazio di Costantinopoli (797-877). *Festa*: 23-X.

Ilario dal n. pers. lat. *Hilarius*, da *hilaris*, lieto; quindi un nome augurale. Sant'Ilario di Poitiers (m. 367), teologo e vescovo. *Festa*: 14-I.

Ilda → **Elda**.

Ildefonso dal germanico *hildio*, battaglia, guerra, e *funsa*, pronto; quindi «pronto alla guerra». Sant'Ildefonso, arcivescovo di Toledo (m. 667). *Festa*: 23-I.

Indro nome di origine orientale, forse dal malgascio *Indri*, nome di una divinità dei boschi. Nel calendario cattolico non figurano santi di questo nome.

Ines n. pers. spagnolo, della stessa origine di → *Agnese*. L'accento tonico è stato spostato nel passaggio dallo spagnolo all'italiano (spagn. *Inés*, ital. *Ìnes*). Beata Ines, martire spagnola del sec. IV. *Festa*: 21-I.

Innocente → **Innocenzo**.

Innocenzo dal n. pers. tardo lat. *Innocentius*, deriv. dell'altro nome *Innocens/Innocentis* (da cui il nome ital. *Innocente*), tratto dall'agg. *innocens*, che non nuoce, che non fa del male, quindi «innocente». Innocenzo fu nome di tredici papi tra i quali sant'Innocenzo I (m. 417). *Festa*: 28-VII. Il n. *Innocenza* non è tratto dal sostantivo f. ital., ma è il f. di Innocenzo. Sant'Innocenza vergine di Rimini (sec. IV). *Festa*: 16-IX.

Iolanda dal n. pers. franc. *Yolande* e questo dall'ant. franc. *Yolant* o *Yolans*, forse variante di *Violant*, Violante, oppure da un n. germanico, di etimologia incerta. Beata Iolanda, monaca portoghese. *Festa*: 28-XII.

Iole forse connesso con il gr. *híon* (da cui il lat. *viola*, viola), *Iole* è nella mitologia greca la fanciulla amata da Eracle (Ercole), a causa della quale l'eroe viene ucciso dalla moglie Deianira. Santa Iole vergine martire, principessa ungherese (sec. XIII).

Ippòlito dal gr. *híppos*, cavallo, e *lýein*, sciogliere; quindi «che scioglie, che libera i cavalli». Ippolito è personaggio mitologico e della tragedia greca (→ *Fedra*). Sant'Ippolito martire del sec. III. *Festa*: 13-VIII.

Irene dal gr. *eiréne*, pace. Sant'Irene vergine martire portoghese (m. 653). *Festa*: 20-X.

Irenèo dal n. pers. gr. *Eirenéus*, da *eiréne*, pace. Sant'Ireneo, padre della chiesa, vescovo di Lione (m. 203 ca). *Festa*: 28-VI.

Ìride dal gr. *iris/íridos*, arcobaleno, attraverso il lat. *iris* (da cui anche il nome ital. di forma latineggiante-grecizzante, *Iris*). Nella mitologia greca, Iride era la messaggera degli dei. Nel calendario cattolico non esistono sante di questo nome.

Iris → **Ìride**.

Isacco dal n. pers. ebraico *Yishaq*, colui al quale Dio sorride. Nella Bibbia Isacco è il patriarca figlio di Abramo. *Festa*: 25-III. Sant'Isacco di Monteluco, monaco siriano del sec.VI. *Festa*: 11-IV.

Isaìa dal n. pers. ebraico *Yesha'jahu*, il Dio che salva. Nella Bibbia Isaia è uno dei quattro maggiori profeti, figlio di Amos, a cui è dedicato il libro omonimo (secc. VIII-VII a.C.). *Festa*: 6-VII.

Isidoro dal gr. *Ìsis*, Iside (dea egiziana), e *dôron*, dono. Sant'Isidoro di Siviglia (560-636), vescovo, padre della chiesa. *Festa*: 4-IV.

Isolda → **Isotta**.

Isotta dal franc. ant. *Iseult*, nome dell'eroina dei poemi e romanzi cavallereschi del ciclo bretone, sposa di re Marco e amante di Tristano. Il nome è di incerta origine, forse anglosassone. In ital. è stato trascritto anche *Isolda*. Santa Isotta, martire bretone. *Festa*: 2-VI.

Ìtalo dal n. pers. lat. *Italus*, attribuito dai romani a un antico re che avrebbe dato nome all'Italia; è di interpretazione oscura, forse collegato con *vitulus*, vitello. San Italo martire. *Festa*: 19-VIII.

Jàcopo → **Iacopo, Giacomo**.

Jolanda, Jole → **Iolanda, Iole**.

Lamberto dal germanico *landa*, paese, e *bertha*, splendido, illustre. San Lamberto, vescovo di Lione (m. 688 ca). *Festa*: 14-IV.

Lancellotto, Lancillotto dal n. pers. ant. franc. *Lancelot*, di incerta origine. Lancillotto è un eroe dei poemi e romanzi cavallereschi del ciclo bretone, cavaliere della Tavola Rotonda, amante della regina Ginevra. San Lancillotto. *Festa*: 27-VI.

Lando dal n. pers. germanico *Lando*, forma abbreviata di nomi composti con *landa*, paese, come → *Landolfo*, incrociato poi con l'abbreviazione del popolarissimo *Orlando* o *Rolando*. San Lando abate. *Festa*: 23-III.

Landolfo dal germanico *landa*, paese, e *wulfa*, lupo. San Landolfo, vescovo di Évreux in Francia (sec. VI). *Festa*: 13-VIII.

Lanfranco dal germanico *landa*, paese, e *franka*, coraggioso, libero (→ *Franco*). Beato Lanfranco (1005-1089), vescovo di Pavia. *Festa*: 23-VI.

Lapo forma abbreviata (vezzeggiativo) di → *Iacopo* (Giacomo).

Laura forma f. del meno com. *Lauro*, dal lat. *Laurus*, lauro, alloro. San Lauro, martire illirico. *Festa*: 18-VIII. Laura è la donna amata e idealizzata da Petrarca, che ne carica il nome di significati simbolici collegati appunto con il lauro, simbolo nell'antichità classica di gloria, sapienza e della poesia. Santa Laura, leggendaria martire spagnola del sec. IX. *Festa*: 19-X.

Lavìnia dal n. pers. lat. *Lavinia*, di incerta interpretazione. *Lavinia* è nell'*Eneide* la principessa figlia del re Latino, sposa di Enea e progenitrice dei fondatori di Roma. Non esistono nel calendario cattolico sante con il suo nome.

Làzzaro dal n. pers. aramaico *La'zar*, dall'ebraico *El'azar*, formato con *El*, abbreviazione di *Elohim*, Dio, e *azar*, aiutare. Lazzaro è nel Vangelo il fratello di Marta e Maria di Betania, morto e resuscitato da Gesù. *Festa*: 17-XII.

Lèa → Lia.

Leandro dal gr. *léios*, calmo, e *anèr*, uomo. San Leandro, vescovo di Siviglia del sec. VI. *Festa*: 27-II.

Lelio dal n. gentilizio lat. *Laelius*, forse dal gr. *lalós*, loquace o da *hélios*, sole. Alla *gens Laelia* appartennero due famosi generali del tempo delle guerre puniche, Gaio Lelio Maggiore e Gaio Lelio Minore. San Lelio, martire in Spagna. *Festa*: 27-VI.

Leonardo dal germanico *leo*, *lewo* (*Leon* nei n. propri), leone, e *hardu*, forte. Noto in tutto il mondo per la gloria di Leonardo da Vinci, il nome fu anche di vari santi tra i quali san Leonardo da Porto Maurizio, frate minore francescano (m. 1751). *Festa*: 26-XI.

Leone dal lat. *leo/leonis* e questo dal gr. *léon/léontos*, leone. Fu il nome di tredici papi tra i quali san Leone Magno (m. 461), il grande pontefice che nel 452 fermò Attila alle porte di Roma (*festa*: 10-XII), e di sei imperatori bizantini.

Leònida dal gr. *léon*, leone, ed *eîdos*, aspetto. Nome dell'eroe spartano che cadde con i suoi trecento uomini nella battaglia combattuta alle Termopili (480 a.C.) contro i persiani. San Leonida, martire nel 202. *Festa*: 22-IV.

Leopoldo dal germanico *leo*, *lewo* (*Leon* nei n. propri), leone, e *baltha*, audace, valoroso. Fu nome di molti sovrani dell'Europa occid., spec. delle varie casate d'Asburgo. San Leopoldo, duca d'Austria (m. 1136). *Festa*: 15-XI.

Letizia dal lat. *laetitia*, allegria, da *laetus*, lieto, allegro; tipico nome augurale e di buona accoglienza a una figlia desiderata. Santa Letizia vergine. *Festa*: 9-VII.

Lia dall'ebraico *le'ah*, la stanca; nome (noto anche nella variante *Lea*) della prima moglie di Giacobbe, personaggio biblico considerato simbolo della vita contemplativa. In ital. il nome può essere anche abbr. di *Rosalia*.

Liberato dal lat. *liberatus*, che ha avuto la libertà, che non è più schiavo. Nome diffuso in ambiente cristiano, con evidente significato spirituale, fu poi raccolto in Italia soprattutto in ambiente laico e anarchico (anche nella forma f. *Liberata*). San Liberato abate, martire in Africa nel sec. V. *Festa*: 17-VIII. Santa Liberata vergine, martire del sec. VI. *Festa*: 16-I.

Libèrio dal n. pers. lat. *Liberius*, deriv. di *Liber/Liberi* (→ *Libero*). San Liberio papa (m. 366). *Festa*: 23-IX.

Libero dal lat. *Liber/Liberi*, nome di un antico dio italico (più tardi assimilato con il dio greco Bacco o Dioniso), protettore della fertilità della terra e in particolare di uve e vino. Il nome (che viene dall'agg. lat. *liber/liberi*, libero) fu raccolto in ambiente cristiano ed appartenne anche a un papa del sec. IV, san Libero (*festa*: 23-IX). Tuttavia appartiene, in Italia, soprattutto alla tradizione laica e anarchica, così come il f. *Libera*, che non corrisponde al nome di nessuna santa del calendario cattolico.

Libertà dal s.f. ital. *libertà*. È nome della tradizione laica e anarchica, e non corrisponde a quello di nessuna santa del calendario cattolico.

Licia dal lat. *lycia*, gr. *lykía*, originariamente soprannome di donne provenienti dalla Licia, regione dell'Asia Minore. Diffuso nell'antichità, oggi più raro, anche il m. *Licio*.

Lidia dal lat. *lydia*, gr. *lydía*, originariamente soprannome di donne provenienti dalla Lidia, regione dell'Asia Minore. Diffuso nell'antichità, oggi più raro, anche il m. *Lidio*. Santa Lidia, prima cristiana di Filippi in Tracia, convertita da san Paolo. *Festa*: 3-VIII. San Lidio martire. *Festa*: 27-III.

Lilia, **Liliana** dall'ingl. *Lil(l)ian*, originariamente vezzeggiativo di *Elizabeth*, Elisabetta. In ital. però *Lilia* è sentito anche come connesso con il lat. *lilium*, giglio, simbolo di purezza e candore (si pensi all'agg. *liliale*). Nessuna santa di questo nome è venerata dalla chiesa cattolica.

Lino in ital. è quasi sempre diminutivo di nomi come *Carlo* (*Carlino*), *Angelo* (*Angelino*) e simili. Può però anche risalire al lat. *Linus*, di oscura origine, e al gr. *Linos*, anch'esso privo di certa interpretazione, nome di un personaggio mitologico, cantore e poeta. San Lino papa, primo successore di Pietro. *Festa*: 23-IX.

Livio dal n. gentilizio lat. *Livius*, di incerta interpretazione, forse legato all'agg. *livi(d)us*, livido, pallido (dal v. *liveo*, esser livido). Alla *gens Livia* appartenne Tito Livio, di Padova, grande storico romano (59 a.C. - 17 d.C.).

Lodovico → Ludovico.

Loredana dal lat. *lauretana*, di Loreto (Ancona), di un famoso santuario della Madonna (*Virgo lauretana*, vergine di Loreto)). Nome devozionale assai diffuso nell'Italia settentr. e spec. nel Veneto, dove esiste anche il cognome *Loredan*, indirettamente connesso con *Loreto*.

Lorenzo dal n. pers. lat. *Laurentius*, originariamente soprannome di persone provenienti da *Laurentum*, antica città del Lazio. San Lorenzo martire (m. 258). *Festa*: 10-VIII.

Lotario dal germanico *hlod*, illustre e *hari*, esercito. Nome di personaggi della famiglia imperiale carolingia e di principi tedeschi. San Lotario, martire del sec. VIII. *Festa*: 15-VI.

Luca dal n. pers. gr. *Lucâs*, forse connesso con *lûkos*, bosco. Di origine greca era san Luca Evangelista, secondo la tradizione medico e pittore. *Festa*: 18-X.

Lucano dal n. pers. lat. *Lucanus*, originariamente soprannome di persone provenienti dalla Lucania. Marco Anneo Lucano (39-65), poeta epico latino autore della *Farsaglia*. San Lucano, martire francese. *Festa*: 30-X.

Lucia dal n. pers. lat. *Lùcia*, f. di *Lucius* (→ *Lucio*), il cui accento tonico si spostò sulla penultima sillaba in età tarda, forse in ambiente cristiano, probabilmente per influsso del n. pers. gr. *Lukía*. I cristiani interpretarono questo nome come legato a *lux*/*lucis*, luce, con riferimento alla luce delle verità di fede. Ma già i romani avevano inteso questo legame, interpretando «luce» in senso letterale. Santa Lucia, martire di Siracusa, protettrice degli occhi. *Festa*: 13-XII.

Luciano dal n. pers. lat. *Lucianus*, deriv. di *Lucius* (→ *Lucio*), originariamente con il significato di «figlio adottivo di Lucio». San Luciano di Antiochia, martire (m. 312). *Festa*: 7-I.

Lucio dal n. pers. lat. *Lucius*, più esattamente prenome (ricordiamo Lucio Sergio Catilina, l'avversario di Cicerone), che i romani ritenevano connesso con *lux*/*lucis*, luce; era quindi nome di bambini nati durante le ore del giorno. Fu nome di tre papi tra i quali san Lucio I, papa nel 253, martire nel 254. *Festa*: 4-III.

Lucrezia dal n. gentilizio *Lucretius*, f. *Lucretia*, di incerta interpretazione. Alla *gens Lucretia* appartenne il poeta filosofo Tito Lucrezio Caro (ca 98 - 55 a.C.). Santa Lucrezia, martire a Padova. *Festa*: 15-III.

Ludovico dal germanico *hlutha*, illustre, e *wiga*, battaglia. Il n. pers. germanico *Hluodowig* fu latinizzato in *Ludovicus* e poi italianizzato in *Ludovico* e *Lodovico*. Dalla stessa base germanica derivano → *Luigi* e *Alvise*. Ludovico fu nome di vari sovrani del Sacro Romano Impero e di stati italiani (Lodovico Sforza detto il Moro, duca di Milano dal 1494 al 1500). San Ludovico vescovo di Tolosa (1274-1297). *Festa*: 19-VIII.

Luigi dal germanico *hlutha*, illustre, e *wiga*, battaglia. Il n. pers. germanico (merovingio) *Chlodovius*, trasformato in *Clovis* e *Cloevis* (poi, nell'antico franc., in *Loois*), diede in lat. *Loise* e *Luise*, da cui *Luigi* e altre varianti come *Alvise*, *Aligi*. Dalla stessa base venne per altra via → *Ludovico*. *Luigi* fu nome di molti sovrani europei e in particolare di diciassette re di Francia, tra i quali san Luigi IX. *Festa*: 25-VIII. San Luigi Gonzaga patrono di Mantova (1568-1591). *Festa*: 21-VI.

Luigia, Luisa forme f. di → *Luigi* (la seconda, come → *Eloisa*, corrisponde alle varianti più antiche *Loise*, *Luise*). Santa Luigia carmelitana, martire durante la Rivoluzione francese. *Festa*: 17-X. Santa Luisa di Marillac, fondatrice delle «suore grigie». *Festa*: 15-III.

Lupo dal lat. *lupus*, lupo, anche, nel medioevo, come traduzione del n. pers. germanico *Wolf* da *wulfa*, lupo. San Lupo, vescovo di Troyes (m. 479). *Festa*: 29-VII.

Macario dal gr. *makários*, variante di *mákar*/*mákaros*, felice. San Macario abate detto l'Egiziano il Grande (m. 391). *Festa*: 15 o 19-I.

Macedonio dal n. pers. lat. *Macedonius*, dall'agg. *macedonius*, variante di *macedonicus*; originariamente soprannome di persone provenienti dalla Macedonia, regione a nord della Grecia.

Maddalena dal gr. *Maghdalené*, lat. *Magdalena*, che risalgono, attraverso le versioni greche e latine dei Vangeli, all'appellativo di Maria detta Maddalena, cioè «nativa del villaggio palestinese di Magdala», onorata dalla chiesa cattolica come santa Maria Maddalena. *Festa*: 22-VII. Santa Maria Maddalena de' Pazzi (1566-1607). *Festa*: 29-V.

Mafalda nome di provenienza iberica, e in particolare portoghese, ma che ha origine germanica, da un n. pers. *Mahalt*, da *matha*, forza, e *hildio*, battaglia. Beata Mafalda, figlia di Sancho I, re di Portogallo (m. 1252). *Festa*: 2-V.

Malachia dall'ebraico *Maleakijah*, inviato di Yahweh, nome dell'ultimo dei profeti minori della Bibbia. San Malachia, arcivescovo irlandese (1094-1148). *Festa*: 3-XI.

Manfredi, Manfredo dal germanico *magin*, forza, e *frithu*, pace, amicizia. *Manfredi* era il nome del re svevo di Sicilia, capo della riscossa ghibellina in Italia, caduto nella battaglia di Benevento (1266). Beato Manfredo di Settala, eremita (sec. XV). *Festa*: 28-II.

Manlio dal n. gentilizio lat. *Manlius*, originariamente *Manilius*, quindi deriv. (diminutivo) di *Manius*, connesso con *mane*, di mattina, o con *Manes*, le anime dei defunti della famiglia, o con entrambi. Alla *gens Manlia* appartenne il leggendario generale *Tito Manlio Torquato* (sec. IV a.C.). *Manlio* si chiamava anche il filosofo Severino Boezio (480-526), cancelliere e vittima del re ostrogoto Teodorico. *Festa*: 23-VIII.

Marcellino → **Marcello**.

Marcello dal n. pers. lat. *Marcellus*, originariamente diminutivo di *Marcus* (→ *Marco*). San Marcello I papa (m. 309). Molto diffuso nell'antichità anche il derivato *Marcellino*. San Marcellino papa, martire nel 296. *Festa*: 26-IV.

Marco dal n. pers. lat. (propriamente, prenome) *Marcus*, da un antico *Marticos*, da *Mars*/*Martis*, nome del dio della guerra. Fu prenome dei due Marco Claudio Marcello, console e generale il primo (sec. III a.C.), nipote prediletto di Augusto il secondo (morto giovanissimo nel 23 a.C.); e di Marco Antonio (→ *Antonio*). San Marco evangelista, patrono di Venezia. *Festa*: 25-IV.

Margherita dal n. pers. tardo lat. *Margarita*, da *margarita*, gr. *margarítes*, perla. Fu nome di molte sovrane dell'Europa occid., spec. settentr., e di una regina d'Italia (1851-1926). Santa Margherita da Cortona, francescana (1247-1297). *Festa*: 22-II.

Maria dal n. pers. lat. cristiano *Maria*, dal gr. *Mariám*, o *Maria*, e questo dall'aramaico *Maryam*, nome della madre di Gesù e di altre figure femminili del Vangelo (l'ebraico *Miryam* è nome della sorella di Mosè nella Bibbia). *Maryam* è forse di origine egizia, legato al v. *mrj*, amare. Le feste celebrate dalla chiesa in onore di Maria sono 17. Tra le più popolari: Immacolata Concezione (8-XII), Annunciazione (25-III), Addolorata (15-IX, o il venerdì di Passione), Assunzione (15-VIII), Natività di Maria (8-IX), Nome di Maria (12-IX).

Mariano dal n. pers. lat. *Marianus*, deriv. di *Marius* (→ *Mario*), originariamente con il significato di «figlio adottivo di Mario», incrociato però, in epoca cristiana, con l'agg. *marianus*, di Maria, dedicato a Maria. San Mariano martire (m. 259). *Festa*: 30-IV.

Marilena nome composto di *Maria* ed *Elena* (nella variante di pronuncia *Eléna*).

Marino dal n. pers. lat. *Marinus*, probabilmente deriv. di *Marius* (→ *Mario*), ma sentito anche come legato all'agg. *marinus*, marino. San Marino eremita, patrono della Repubblica di San Marino (sec. IV). *Festa*: 3-IX. Santa Marina. *Festa*: 18-VI.

Mario dal n. gentilizio lat. *Marius*, probabilmente di origine etrusca e connesso con *maru*, uomo. Alla *gens Maria* appartenne Gaio Mario (157-86 a.C.), il grande generale nemico di Silla. San Mario martire. *Festa*: 19-I.

Marisa nome composto di *Maria* e *Luisa*. Santa Maria Luisa Vanot, suora orsolina. *Festa*: 17-X.

Marta dal n. pers. lat. *Martha*, gr. *Mártha*, dall'aramaico *marta*, signora. Sorella di Lazzaro e Maria nei Vangeli, onorata dalla chiesa cattolica come santa Marta. *Festa*: 29-VII.

Martino dal n. pers. lat. *Martinus*, deriv. da *Mars/Martis*, nome del dio della guerra. Fu nome di cinque papi e del popolare san Martino di Tours (316-397) a cui è legata la leggenda dell'estate di san Martino. *Festa*: 11-XI. Santa Martina martire. *Festa*: 30-I.

Marziale, Marzio dal n. pers. lat. *Martialis, Martius*, deriv. da *Mars/Martis*, Marte, dio della guerra. Marco Valerio Marziale (40-102 ca) fu il poeta latino famoso per i suoi *Epigrammi*. San Marziale vescovo di Limoges (sec. III). *Festa*: 30-VI.

Màssimo dal n. pers. lat. *Maximus*, da *maximus*, il più grande, il maggiore (spesso soprannome del primo di numerosi fratelli). Quinto Fabio Massimo (sec. III a.C.) fu il grande generale romano, detto il Temporeggiatore. San Massimo, vescovo di Torino (sec. V). *Festa*: 25-VI. San Massimo il Confessore (580 ca - 662), padre della chiesa. *Festa*: 13-VIII.

Matilde dal germanico *matha*, forza, e *hildio*, battaglia. Una variante più rara è *Matelda*. Matilde di Canossa marchesa di Toscana (1046-1115) fu l'alleata del papa Gregorio VII contro l'imperatore Enrico IV. Santa Matilde, moglie di Enrico I l'Uccellatore, re di Germania (m. 968). *Festa*: 14-III.

Mattèo dal n. pers. lat. *Mattheus*, gr. *Maththâios*, dall'ebraico *Mattitya, Matya*, da *mattat*, dono, e *Yah*, abbr. di *Yahweh*, Dio; quindi «dono di Dio». San Matteo apostolo ed evangelista. *Festa*: 21-IX.

Mattìa dal n. pers. lat. *Matthias*, gr. *Maththías*, dall'ebraico *Mattitya, Matya* (lo stesso che per altra via ha dato origine a → *Matteo*). San Mattia, discepolo di Gesù che gli apostoli scelsero per sostituire Giuda. *Festa*: 24-II.

Maurilio dal n. pers. lat. *Maurilius*, diminutivo di *Maurus* (→ *Mauro*). San Maurilio (m. 430 ca). *Festa*: 13-IX.

Maurizio dal n. pers. lat. *Mauricius* o *Mauritius*, deriv. di *Maurus* (→ Mauro). San Maurizio martire (sec. III), patrono degli alpini. *Festa*: 22-IX.

Mauro dal n. pers. lat. *Maurus*, originariamente soprannome di persone provenienti dalla Mauritania, e in generale dall'Africa, il paese dei *mauri* (ital. *mori*). San Mauro abate, uno dei primi discepoli di San Benedetto (m. 584). *Festa*: 15-I.

Medèa dal gr. *mêdos*, pensiero. Nome di un tragico personaggio della mitologia greca: amante di Giasone, per gelosia uccise i figli avuti da lui. È protagonista di tragedie classiche (Euripide, Seneca) e moderne. Nessuna santa onorata dalla chiesa cattolica ha portato il suo nome.

Melania dal gr. *mélaina*, f. dell'agg. *mélas*, nero. Santa Melania (383-439 ca). *Festa*: 31-XII.

Melchiorre nome, nella tradizione cristiana, di uno dei re magi; è di origine incerta, forse collegato con l'ebraico *melek*, re, e *'or*, luce. *Festa*: 6-I (con Baldassarre e Gaspare).

Mercede, Mercedes dal lat. *merces/mercedis*, ricompensa, attraverso la formula devozionale spagnola *santa Maria de las Mercedes*, santa Maria della Mercede, cioè «della benignità, delle grazie». *Festa*: 24-IX.

Michelangelo nome composto di *Michele* e di *Angelo*; lo portò Michelangelo Buonarroti (1475-1564), sommo pittore, scultore, architetto del rinascimento

italiano (chiamato anche, al suo tempo, *Michelangiolo* o *Michelagnolo*).

Michele dall'ebraico *Mîka'el*, nome di un arcangelo che nella Bibbia compare come un armato che combatte Satana. Viene dall'ebraico *mi*, chi?, *ke*, come, e *El*, abbr. di *Elohim*, Dio; quindi «chi come Dio?». Fu nome di vari sovrani, spec. di monarchie dell'Europa orient. e dell'impero bizantino. San Michele arcangelo. *Festa*: 29-IX.

Mila → **Milena**.

Milena dal n. pers. *Mílena*, presente in diverse lingue slave, connesso probabilmente con la radice di *mila*, cara (da cui anche il più raro n. pers. *Mila*). Non esiste una santa di questo nome nel calendario cattolico.

Miranda dal lat. *miranda*, gerundivo f. del v. *mirari*, ammirare; quindi «ammirevole, meravigliosa». Nessuna santa di questo nome è venerata dalla chiesa cattolica.

Mirella dal franc. *Mireille*, di origine provenzale, forse connesso con la radice del v. provenzale *mirar*, ammirare. Nome della protagonista del poema omonimo del provenzale Federico Mistral (1830-1914), non compare nel calendario cattolico.

Mìryam → **Marìa**.

Mònica dal n. pers. lat. *Monnica* di oscura origine, forse fenicia, più tardi accostato al gr. *monaché*, solitaria, eremita. Santa Monica (331-387), madre di sant'Agostino. *Festa*: 27-VIII.

Mosè dal n. biblico *Moseh* (che in ebraico si legge pressappoco *moscè*), forse dall'ebraico *msh*, tirar fuori, liberare, salvare. Nome del legislatore e profeta d'Israele, venerato come santo anche dalla chiesa cattolica. *Festa*: 4-IX.

Muzio dal n. gentilizio lat. *Mucius* o *Mutius*, forse connesso con *mutus*, muto, silenzioso. Alla *gens Mutia* apparteneva il leggendario eroe romano Gaio Muzio Scevola. San Muzio martire (sec. III). *Festa*: 22-IV.

Nadia dal russo *Nadja*, diminutivo di *Nadézda*, Speranza. Santa Nadia, martire ungherese del sec. V. *Festa*: 17-I.

Napoleone nome di remota origine germanica (da *nibhila*, nebbia, attraverso *Nibelung*, nome dei principi burgundi protagonisti di leggende germaniche, noti in ital. come *Nibelunghi*), ebbe diverse interpretazioni popolari: la prima parte fu derivata da *Napoli* o da *nuvola*, la seconda da *leone*. Napoleone I Bonaparte imperatore dei francesi (1769-1821). Il nome non compare nel calendario cattolico, ed è talora festeggiato il 15-VIII, giorno natale di Napoleone.

Narciso dal n. pers. gr. *Nárkissos*, derivato da *nárke*, sopore (si pensi all'ital. *narcosi, narcotico*). Nome del mitologico giovinetto che morì contemplando la propria immagine, di cui era innamorato, e fu dagli dèi trasformato in un fiore. San Narciso, vescovo di Gerusalemme (sec. III). *Festa*: 29-X.

Natale dal lat. *(dies) natalis*, giorno della nascita, con riferimento alla nascita di Cristo e poi al giorno in cui la si ricorda, festeggiando il «Natale» (25-XII). San Natale, vescovo di Milano (sec. VIII). *Festa*: 13-V.

Natalia, Natalina forme f. di → *Natale*. Santa Natalia martire di Córdoba (sec. IX). *Festa*: 27-X. Santa Natalina di Costantinopoli, martire. *Festa*: 1-XII.

Nazario dal n. pers. tardo lat. *Nazareus*, dal gr. *Nazários*, originariamente soprannome di persone provenienti dal villaggio palestinese di *Nazareth*, quindi anche di Gesù. Diffusa anche la variante *Nazzaro*.

San Nazario, martire con san Celso a Milano durante le persecuzioni volute da Nerone. *Festa*: 28-VII.

Nerèo dal gr. *Neréus*, nome di un dio del mare della mitologia ellenica, che dalla moglie/sorella Doride ebbe cinquanta figlie, le ninfe Nereidi. San Nereo, martire con sant'Achilleo, come lui soldato romano, durante le persecuzioni di Diocleziano. *Festa*: 12-V.

Nerina dal gr. *Nereîne*, variante di *Nereîs*/*Nereîdos*, Nercide, nome delle cinquanta figlie di Nereo, dio del mare della mitologia greca. Il calendario cattolico non comprende nessuna santa di questo nome.

Niccolò → **Nicolò**.

Nicodemo dal n. pers. gr. *Nikódemos*, da *níke*, vittoria, e *dêmos*, popolo. Nome di un personaggio evangelico, discepolo di Cristo. *Festa*: 3-VIII.

Nicola dal n. pers. gr. *Nikólaos* (la forma ital. ant. è infatti *Nicolao*), dal gr. *nikáo*, vinco, e *laós*, popolo. Fu nome di vari sovrani, spec. dell'Europa orient., tra i quali due zar di Russia della famiglia Romanov. San Nicola, detto di Bari perché le sue spoglie vi furono portate nel 1087 e vi è venerato come patrono, era vescovo di Mira, in Turchia (secc. III-IV). *Festa*: 6-XII.

Nicolò da *Nicolao*, forma ant. dell'ital. → *Nicola*.

Nicomede dal gr. *níke*, vittoria, e *médomai*, penso, preparo. Fu nome di quattro re dell'antica Bitinia. San Nicomede martire. *Festa*: 15-IX.

Noè dall'ebraico *noah*, riposo, consolazione; nome del patriarca biblico che costruì l'arca per salvare sé e tutte le specie di esseri viventi dal diluvio universale. La chiesa lo ricorda il 18-XI.

Norberto dal germanico *northa*, nord, settentrione, e *bertha*, splendido, illustre. San Norberto, arcivescovo di Magdeburgo (1080-1134), fondatore dei premonstratensi o norbertini. *Festa*: 6-VI.

Oddo, **Oddone** dal germanico *audha*, ricchezza, patrimonio, attraverso varie forme di n. pers. del lat. mediev. che ruotano intorno ai tipi *Audo*/*Audonis*, *Oddo*/*Oddonis*, *Otto*/*Ottonis* (da quest'ultima la variante italiana *Otto*, *Ottone*). Fu nome di vari sovrani tedeschi della casa di Sassonia, di Brunswick, di Wittelsbach. Sant'Oddone di Cluny (874-942). *Festa*: 18-XI.

Odoardo → **Edoardo**.

Olga dal n. pers. russo *Ol'ga*, collegato con una radice antica nordica *helgi*, santo. Santa Olga principessa di Moscovia (sec. X). *Festa*: 11-VII.

Olimpia dal n. geografico e mitologico gr. *Ólympos*, Olimpo, il monte ritenuto sede degli dei. Santa Olimpia di Costantinopoli (m. 410 ca). *Festa*: 17-XII.

Oliviero dal n. pers. lat. mediev. *Olivarius*, *Oliverius*, deriv. di *oliva*, olivo (pianta che era simbolo di saggezza) cui si sovrappose il franc. *Olivier*, della stessa origine, nome dell'eroe dell'epopea carolingia, cognato e fedele amico di Orlando. Beato Oliviero di Malmesbury, benedettino inglese (sec. XI). *Festa*: 27-V.

Onofrio dal n. pers. lat. d'età cristiana *Onnuphrius*, dall'egizio *Onnophris*, epiteto del dio Osiride che significa «sempre felice». Sant'Onofrio anacoreta e martire (sec. V). *Festa*: 12-VI.

Onorato dal n. pers. tardo lat. *Honoratus*, onorato (dal v. *honorare*, onorare, e questo da *honos*/*honoris*, onore). Sant'Onorato di Vercelli (m. 415). *Festa*: 28-X.

Onorio dal n. pers. tardo lat. *Honorius*, deriv. di *honos*/*honoris*, onore. Nome di un imperatore romano, Onorio Flavio (384-423), quattro papi e un antipapa. Sant'Onorio, vescovo di Brescia (sec. VI). *Festa*: 24-IV.

Orazio dal n. gentilizio lat. *Horatius*, di probabile origine etrusca e di ignota interpretazione. Alla *gens Horatia* appartennero i tre leggendari gemelli che sfidarono a duello i tre albani Curiazi per decidere la guerra tra Roma e Alba Longa (sec. VII a.C.); e il grande poeta Quinto Orazio Flacco (65-8 a.C.), amico di Virgilio e di Mecenate, protettore di Augusto. Non esiste un santo di questo nome nel calendario cattolico.

Oreste dal n. pers. gr. *Oréstes*, connesso con *óros*, monte. Nome di un personaggio della mitologia greca, figlio di Agamennone, vendicatore del padre che era stato ucciso dalla madre e dall'amante di lei, come narra nella trilogia *Orestea* il grande poeta tragico Eschilo (525-456 a.C.). Sant'Oreste martire (m. 305). *Festa*: 9-XI.

Orlando dal germanico *hroth*, gloria, e *nanthaz*, ardito, che diedero un n. pers. *Hruodnand*, diventato poi in ant. franc. *Roland* o *Rolland*, e in it. *Rolando*, poi appunto *Orlando*. Nome del più popolare eroe del ciclo carolingio, paladino di Carlo Magno, caduto nella leggendaria battaglia di Roncisvalle. San Rolando de' Medici, eremita (m. 1386). *Festa*: 15-IX.

Ornella nome di origine dannunziana: lo coniò il poeta Gabriele D'Annunzio (1863-1938) per una delle tre sorelle di Aligi nella tragedia pastorale *La figlia di Iorio*, ricavandolo probabilmente dal lat. *ornus*, nome di una varietà di frassino (in ital. *orno*, *ornello* o *oriello*).

Orso dal n. pers. tardo lat. *Ursus*, da *ursus*, orso. Sant'Orso, vescovo di Ravenna (m. 429 ca). *Festa*: 13-IV. Sant'Orso di Aosta. *Festa*: 1-II.

Orsola dal n. pers. tardo lat. *Ursula*, deriv. (nella forma del diminutivo) da *ursa*, orsa, femmina dell'orso. Sant'Orsola martire con altre undici vergini a Colonia (453). *Festa*: 21-X.

Oscar dal n. pers. lat. mediev. *Anscarius* (e questo da un germanico *Anschario* o *Anschero*, da *ans*, dio, e *gaira*, lancia), attraverso il n. irlandese *Oscar*. Sant'Anscanio o Oscar, vescovo tedesco (m. 865). *Festa*: 3-II.

Osvaldo dal germanico *ans*, *os*, dio e *waldaz*, potente. Sant'Osvaldo re di Northumberland (m. 642). *Festa*: 5-VIII.

Ottaviano dal n. pers. lat. *Octavianus*, deriv. di *Octavius*; Gaio Ottavio lo assunse quando cambiò il proprio nome gentilizio, *Octavius* appunto, in *Iulius*, essendo stato adottato nel 45 a.C. da Giulio Cesare. Il suo nome divenne così Gaio Giulio Cesare Ottaviano, cui si aggiunse poi l'epiteto *Augustus*, con il quale egli comunemente chiamato (in ital., *Augusto*). Sant'Ottaviano, martire a Cartagine al tempo del re vandalo Genserico (sec. V). *Festa*: 22-III.

Ottavio dal n. gentilizio lat. *Octavius*, deriv. dall'agg. *octavus*, ottavo (ottavo figlio). Alla *gens Octavia* apparteneva l'imperatore Augusto (→ *Ottaviano*). Sant'Ottavio martire (fine del sec. III). *Festa*: 20-XI.

Ottiero → **Altiero**.

Ottilia dal germanico *audha*, proprietà, prosperità. Nome della protagonista delle *Affinità elettive* (1809) di J.W. Goethe (1749-1832). Santa Ottilia (m. 717 ca) patrona dell'Alsazia. *Festa*: 13-XII.

Otto, **Ottone** → **Oddo**, **Oddone**.

Pacifico dal n. pers. lat. mediev. *Pacificus*, dall'agg. *pacificus*, amante della pace. San Pacifico di San Severino Marche (m. 1721). *Festa*: 24-IX.

Palmiro dal n. pers. lat. mediev. *Palmirus* (f. *Palmira*), originariamente appellativo dato a chi porvava da un pellegrinaggio in Terrasanta portandone con sé una foglia di palma. Ne esisteva anche la forma *Palmiere*. Non vi sono santi né sante di questo nome nel calendario cattolico; tradizionalmente si festeggia nella Domenica delle Palme.

Pancrazio dal gr. *pân*, tutto, e *krátos*, forza, potere. San Pancrazio, martire quindicenne al tempo dell'imperatore Diocleziano. *Festa*: 12-v.

Pànfilo dal gr. *pân*, tutto, e *fílos*, amico. San Panfilo di Cesarea, martire e scrittore (m. 309). *Festa*: 1-vi.

Paolo dal n. pers. lat. *Paulus*, dall'agg. *paulus*, derivato (originariamente diminutivo) dell'agg. *paucus*, poco; quindi inizialmente soprannome di persone di piccola statura, o di giovane età. Moltissimi santi hanno portato questo nome, tra i più diffusi nel mondo cristiano per il prestigio di san Paolo, l'apostolo delle genti, che secondo sant'Agostino si chiamò *Paolo* (il suo nome, prima della conversione, era *Saulo*) per umiltà. San Paolo morì decapitato (ca 65-67 d.C.). *Festa*: 29-vi. Santa Paola (sec. iv). *Festa*: 26-i.

Pàride dal n. pers. gr. *Páris/Párides*; personaggio dell'*Iliade*, figlio di Priamo re di Troia, con il rapimento di Elena diede origine alla guerra troiana. San Paride, vescovo di Teano. *Festa*: 5-viii.

Pasqua nome femminile di tipo devozionale, riproduce il nome della festa cristiana che a sua volta, attraverso il lat. cristiano *Pascha* e il gr. *Páscha*, risale all'ebraico *pesah*, nome di una festa religiosa, dal v. *pasah*, passare oltre, o proteggere.

Pasquale nome devozionale maschile (f. *Pasqualina*), dal lat. cristiano *paschalis*, da *Pascha*, Pasqua. Fu nome di due papi, dei quali il primo santo (m. 824; *festa*: 14-v), e di un antipapa. San Pasquale Baylón (1540-92). *Festa*: 17-v.

Patrizio dal n. pers. lat. *Patricius*, dall'agg. *patricius*, patrizio, nobile (da *patres*, padri, titolo delle famiglie romane più antiche e aristocratiche). San Patrizio, apostolo dell'Irlanda (390-460). *Festa*: 17-iii.

Pellegrino dall'agg. ital. *pellegrino* dal lat. *peregrinus*, forestiero, soprannome che si dava a chi si recava in viaggio di devozione (*pellegrinaggio*) in un luogo sacro. San Pellegrino, santo eremita (sec. iv). *Festa*: 1-viii.

Pietro dal gr. *Pétros*, da *pétra*, roccia (lat. *Petrus*, da *petra*), nomi con i quali nelle traduzioni greche e latine del Vangelo di Matteo si volle rendere il nome *Kephas* (dall'aramaico giudaico *kefa*, pietra) che, nel racconto evangelico, Gesù dà al suo discepolo Simone, affidandogli il compito di fare da fondamento alla sua chiesa. Capo degli apostoli, san Pietro si recò poi a Roma dove, durante le persecuzioni neroniane (tra il 64 e il 67), fu crocifisso a capo all'ingiù. *Festa*: 29-vi. Moltissimi altri santi portarono lo stesso nome, e molti sovrani europei, spec. di regni iberici e slavi, tra i quali Pietro i detto il Grande (1672-1725), zar di Russia.

Pio dal n. pers. lat. *Pius*, dall'agg. *pius*, pio, cioè che ha la *pietas*, la devozione alla divinità, alle leggi divine e umane. Ripreso in ambiente cristiano (anche al f. *Pia*), il nome appartenne a dodici papi tra i quali san Pio i (m. 155; *festa*: 11-vii) e san Pio v (1504-72; *festa*: 5-v).

Pirro dal gr. *pyrrós*, del colore del fuoco, rosso; originariamente soprannome di persona dai capelli rossi. L'accento tonico si spostò dall'ultima alla penultima sillaba nel lat. *Pirrus*, Pirro re dell'Epiro, guerreggiò in Italia contro i romani nel sec. iii a.C.; proverbiali divennero le sue vittorie, che costavano più di quanto valessero. Non si ricordano santi di questo nome nel calendario cattolico.

Plàcido dal n. pers. lat. *Placidus*, dall'agg. *placidus*, placido, tranquillo. San Placido, discepolo di san Benedetto (sec. vi). *Festa*: 5-x.

Platone dal n. pers. gr. *Pláton/Plátonos*, il grande filosofo greco (ca 428 - 347 a.C.); il suo nome veniva collegato con l'agg. *platýs*, largo, di larghe spalle. San Platone abate (735-814). *Festa*: 4-iv.

Policarpo dal gr. *polú*, molto, copioso, e *karpós*, frutto. San Policarpo martire, vescovo di Smirne (m. 167). *Festa*: 23-ii.

Polidoro dal gr. *polú*, molto, e *dôron*, dono. Nome del figlio di Priamo, re di Troia, la cui crudele morte fu cantata da Virgilio nell'*Eneide*; non lo portò nessun santo onorato dalla chiesa cattolica.

Pompèo dal n. gentilizio lat. *Pompeius*, forse connesso con il numerale osco *pompe*, quinto; forse quindi un soprannome dato al quinto nato in una famiglia. Alla *gens Pompeia* appartenne Gneo Pompeo Magno, generale e uomo politico (106-48 a.C.), avversario sconfitto di Cesare. San Pompeo, martire in Africa. *Festa*: 10-iv.

Ponziano dal n. pers. tardo lat. *Pontianus*, deriv. di *Pontius* (→ *Ponzio*), originariamente con il significato di «figlio adottivo di Ponzio». San Ponziano, papa e martire del sec. iii. *Festa*: 19-xi.

Ponzio dal n. gentilizio lat. *Pontius*, di origine probabilmente osca e di incerta interpretazione. Alla *gens Pontia* appartenne il celeberrimo Ponzio Pilato, governatore romano della Palestina al tempo di Gesù. San Ponzio, martire cartaginese (m. 260 ca). *Festa*: 8-iii.

Porzio dal n. gentilizio lat. *Porcius*, deriv. di *porcus*, porco. Alla *gens Porcia* appartennero i due famosi Marco Porcio Catone, il Censore (234-149 a.C.) e l'Uticense (95-46 a.C.).

Primo dal n. pers. lat. *Primus*, dall'agg. *primus*, primo; fu nome tradizionalmente dato al figlio primogenito. San Primo martire del sec. iii. *Festa*: 9-vi.

Prisco dal n. pers. lat. *Priscus*, dall'agg. *priscus*, precedente, antico. Tarquinio Prisco fu il quinto dei leggendari re di Roma, e anche il primo dei due di nome Tarquinio (l'altro, settimo e ultimo re, fu detto il Superbo). San Prisco, martire a Capua. *Festa*: 1-ix.

Probo dal n. pers. lat. *Probus*, dall'agg. *probus*, onesto. Si chiamò così un imperatore romano (232-282). San Probo martire (m. 304). *Festa*: 11-x.

Pròspero dal n. pers. tardo lat. *Prosperus*, dall'agg. *prosperus*, prospero, felice, fortunato; dunque un nome chiaramente augurale. San Prospero Tirone (detto anche Prospero d'Aquitania), vescovo e patrono di Reggio Emilia, scrittore cristiano. *Festa*: 25-vi.

Protasio, **Protaso** dal gr. *prótos*, il primo. San Protaso, martire a Milano con il fratello Gervaso. *Festa*: 19-vi.

Prudenzio dal n. pers. tardo lat. *Prudentius*, dall'agg. *prudens/prudentis*, prudente. Aurelio Prudenzio Clemente (348-410) poeta latino cristiano. San Prudenzio, martire a Poitiers (m. 618 ca). *Festa*: 6-x.

Quintino dal n. pers. lat. *Quintinus*, deriv. di *Quintus* (→ *Quinto*). San Quintino, martire francese (sec. iii). *Festa*: 31-x.

Quinto dal lat. *Quintus*, prenome che originariamente si dava al quinto nato (comune nella *gens Fabia*, appartenne allo storico Quinto Fabio Pittore e al grande generale Quinto Fabio Massimo, entrambi del sec. iii a.C.). San Quinto, martire a Corinto. *Festa*: 19-iii.

Quirino dal n. pers. lat. *Quirinus*, legato a quello dei *quirites*, i cittadini romani che godevano dei pieni diritti civili; questo nome è di origine incerta, probabilmente sabina. Romolo, secondo la leggenda non morto, ma salito al cielo degli dei, fu venerato come dio Quirino. San Quirino martire a Roma (sec. III). *Festa*: 25-III.

Rachele dall'ebraico *rahel*, pecorella. Nella Bibbia è moglie di Giacobbe, simbolo del dolore che accompagna l'amore terrestre; si ricorda il 30-IX.

Raffaele dall'ebraico *rapha'*, guarire, e *El*, abbr. di *Elohim*, Dio; quindi «Dio guarisce, Dio ha guarito». È il nome di uno dei sette arcangeli della Bibbia. *Festa*: 24-X. Dal n. pers. ebraico *Rapha'el*, lat. *Raphaël*, si è formata in it. anche la variante *Raffaello*, resa celebre dal pittore di Urbino (1483-1520) e comune nella forma f. *Raffaella*.

Raffaella, Raffaello → **Raffaele**.

Raimondo dal germanico *ragin*, consiglio, ispirazione divina, e *munda*, difesa. Fu il nome di sette conti di Tolosa e di quattro conti di Barcellona. San Raimondo di Peñafort, canonista domenicano (m. 1275). *Festa*: 23-I.

Rambaldo dal germanico *ragin*, consiglio, ispirazione divina, e *baltha*, audace, valoroso. Rambaldo d'Orange (m. 1173) e Rambaldo di Vaqueiras (secc. XII-XIII) furono due famosi trovatori provenzali.

Ranieri dal germanico *ragin*, consiglio, ispirazione divina, e *haria*, esercito. San Ranieri, patrono di Pisa (1128-1160). *Festa*: 17-VI.

Raoul → **Rodolfo**.

Rebecca dall'ebraico *ribhqah*, rete. Personaggio biblico, moglie del patriarca Isacco; tradizionalmente si ricorda il 23-IX.

Regina dal n. pers. tardo lat. *Regina*, da *regina*, regina, con riferimento, in ambiente cristiano, alla Madonna. Santa Regina, vergine martire (m. 253). *Festa*: 7-IX.

Reginaldo → **Rinaldo**.

Remigio dal n. pers. tardo lat. (d'ambiente cristiano) *Remedium*, da *remedium*, rimedio; quindi «salvezza, redenzione». San Remigio di Reims (440-530 ca) era l'arcivescovo che battezzò Clodoveo re dei franchi. *Festa*: 1-X (a Reims 13-I).

Remo dal n. pers. lat. *Remus*, di origine etrusca. Nella leggenda romana era il nome del fratello di Romolo.

Renato dal n. pers. lat. cristiano *Renatus*, da *renatus*, p. pass. di *renasci* (composto di *nasci*), nascere di nuovo (con significato spirituale). San Renato martire (sec. V). *Festa*: 12-XI.

Renzo → **Lorenzo**.

Riccardo dal germanico *rikia*, signore, capo, e *hardhu*, forte. Fu nome di tre re d'Inghilterra e, prima, di san Riccardo re degli anglosassoni (m. 722 ca). *Festa*: 7-II.

Rinaldo dal germanico *ragin*, consiglio, ispirazione divina, e *waldaz*, potente, capo, attraverso un n. pers. francone *Reginald*, dal quale derivarono anche *Reginaldo* e altre varianti comuni nell'ital. antico come *Ranaldo*, *Rainaldo*. Rinaldo (Rainaut) di Montalbano è uno degli eroi dell'epica carolingia, e Rinaldo è popolarissimo eroe della *Gerusalemme Liberata* di Torquato Tasso (1544-1595). San Rinaldo, vescovo e patrono di Nocera. *Festa*: 9-II.

Rita abbreviazione di *Margherita*. Santa Rita da Cascia, agostiniana, detta la santa degli impossibili per i miracoli che le vengono attribuiti (1381-1457). *Festa*: 22-V.

Roberto dal germanico *hroth*, gloria, e *bertha*, famoso, splendido; presenti nell'ital. ant. anche le forme *Ruberto*, *Ruperto* e altre. Fu nome di sovrani di Francia, Sco-

zia, Normandia, e, in Italia, di re svevi e angioini. San Roberto, fondatore dei cisterciensi (m. 1111). *Festa*: 29-IV. San Roberto Bellarmino (1542-1621), teologo della controriforma, fu tra i giudici che condannarono Galileo. *Festa*: 13-V.

Rocco nome di origine germanica ma di incerta interpretazione, forse da *hruk*, *hrok*, cornacchia. San Rocco di Montpellier (1295-1327), protettore contro le pestilenze. *Festa*: 16-VIII.

Roderigo → **Rodrigo**.

Rodolfo dal germanico *hroth*, gloria, e *wulfa*, lupo. Fu nome di due imperatori del Sacro Romano Impero. La stessa origine, ma probabilmente attraverso nomi normanni, ha il n. pers. franc. *Raoul*, usato anche in ital. Beato Rodolfo, vescovo di Gubbio (m. 1061 ca). *Festa*: 17-X. San Raoul, arcivescovo di Bourges (sec. IX). *Festa*: 21-VI.

Rodrigo dal germanico *hroth*, gloria, e *rikia*, re, signore, attraverso lo spagn. *Rodrigo* (le forme ital. più antiche sono invece *Roderigo*, *Roderico*, *Rodorico*). San Rodrigo, martire in Spagna (857). *Festa*: 13-III.

Rolando → **Orlando**.

Romano dal lat. *romanus*, in lat. e in ital. (*romano*) originariamente soprannome di persone provenienti da Roma o dalla regione. San Romano martire (sec. III). *Festa*: 18-XI.

Romèo dal n. pers. lat. mediev. *Romaeus*, originariamente soprannome con il significato di «pellegrino che va a Roma». Romeo, protagonista del dramma di W. Shakespeare (1564-1616) *Giulietta e Romeo*. Beato Romeo carmelitano. *Festa*: 4-III.

Romilda dal germanico *hroma*, fama, gloria, e *hildio*, battaglia. Nessuna santa venerata dalla chiesa cattolica ha portato questo nome.

Ròmolo dal n. pers. lat. *Romulus*, di probabile origine etrusca. Fu attribuito dalla leggenda al fondatore di Roma. San Romolo, patrono di Fiesole. *Festa*: 6-VI. San Romolo, vescovo di Genova (sec. VII). *Festa*: 13-X.

Romualdo dal germanico *hroma*, fama, gloria, e *waldaz*, potente. San Romualdo, fondatore dei camaldolesi (952-1027). *Festa*: 19-VI.

Rosa dal lat. *rosa*, rosa, affermatosi nel medioevo come nome femminile augurale. Santa Rosa da Viterbo (1233-1252). *Festa*: 6-III. Santa Rosa da Lima (1586-1617). *Festa*: 23-VIII.

Rosalba dal lat. *rosa alba*, rosa bianca. Rosalba Carriera (1675-1757) fu pittrice veneziana specialista in ritratti. Nessuna santa di questo nome compare nel calendario cattolico.

Rosalìa nome di difficile interpretazione, forse di origine germanica (e la prima parte risalirebbe a *hroth*, gloria), portato dai normanni in Sicilia dove si diffuse con il culto di santa Rosalia, patrona di Palermo (forse sec. XII). *Festa*: 4-IX.

Rosalinda forse dalla stessa origine di → *Rosalia*, con una diversa interpretazione del finale.

Rosario dal lat. *rosarium*, rosaio, trasformato nel significato in «corona di rose» dalla devozione medievale del rosario, una serie di preghiere offerte alla Madonna come una simbolica corona di fiori. Il nome è diffuso anche al f. *Rosaria*. Festa del Rosario: 7-X.

Rosmunda dal germanico *hroth*, gloria, e *munda*, protezione, difesa. È il nome della principessa figlia di Cunimondo re dei gepidi, e forzatamente moglie del longobardo Alboino, che uccise suo marito per vendicare il padre. Santa Rosmunda, martire di Turingia. *Festa*: 14-VII.

Rossana dal gr. *Roxáne* (che si rende anche con *Rossane*), nome della moglie di Alessandro Magno. Beata Rossana (o Roxane), monaca bretone del sec. XII. *Festa:* 15-VII.

Ruffino, Rufino dal n. gentilizio lat. *Rufinus*, deriv. di *Rufus*, n. pers., dall'agg. *rufus*, fulvo, rosso; originariamente quindi soprannome di persone dai capelli rossi. San Rufino, martire ad Assisi. *Festa:* 30-VII.

Ruggero dal germanico *hroth*, gloria, e *gaira*, lancia. San Ruggero (sec. XII), vescovo di Canne, patrono di Barletta (sec. XI-XII). *Festa:* 30-XII.

Ruth dall'ebraico *ruth*, amica. È il nome della protagonista dell'omonimo libro della Bibbia, ava di Davide. La tradizione la ricorda il 16-VIII.

Sabatino dal n. pers. lat. mediev. *Sabatinus*, originariamente con il significato di «nato di sabato». San Sabatino vescovo. *Festa:* 2-II.

Sabino dal n. pers. lat. *Sabinus*, originariamente soprannome di persone appartenenti al popolo italico dei sabini, presto mescolato con quello romano (si ricordi il leggendario «ratto delle sabine»). Da esso deriva anche la variante *Savino*. San Sabino, vescovo di Piacenza (sec. IV). *Festa:* 2-XII. Santa Sabina, martire a Roma (sec. II). *Festa:* 29-VIII.

Salomone dall'ebraico *Selomoh*, nome biblico del re figlio di Davide, divenuto simbolo di saggezza; deriva da *salom*, pace, felicità. San Salomone, martire a Córdoba (sec. IX). *Festa:* 13-III.

Salvatore dal n. lat. cristiano *Salvator*/*Salvatoris*, salvatore, appellativo di Gesù. *Festa:* la domenica fra la Circoncisione (1-I) e l'Epifania (6-I).

Samuele dall'ebraico *Semu'el*, nome biblico di un profeta e ultimo giudice di Israele. Deriva probabilmente da *Sem*, nome, unito a *El*, abbr. di *Elohim*, Dio. Il profeta biblico è tradizionalmente ricordato il 20-VIII. San Sumuele, martire egiziano. *Festa:* 16-II.

Sansone dall'ebraico *Simson* (che si fa derivare da *semes*, sole, o da *samen*, forte), nome biblico del giudice ed eroe d'Israele famoso per la sua eccezionale forza. San Sansone, prete di Costantinopoli. *Festa:* 27-VI.

Sante, Santi, Santo i primi due abbreviazioni di Ognissanti, quindi nomi tipicamente devozionali. Il terzo dal n. pers. lat. cristiano *Sanctus* (f. *Sancta*), dall'agg. *sanctus*, santo. *Festa* di Ognissanti: 1-XI. San Santo, diacono di Vienne (II sec.). *Festa:* 2-VI.

Sara dall'ebraico *Sarah*, principessa, nome biblico della moglie di Abramo, che tradizionalmente si ricorda il 9-X. Santa Sara, vergine martire. *Festa:* 20-IV.

Saul dall'ebraico *Sa'ul*, che potrebbe significare «desiderato», nome biblico del primo re d'Israele (1060 ca - 1000 a.C.). Il calendario cattolico non ha santi di questo nome (ma *Saulo*, cioè *Saul*, era il nome di san Paolo prima della conversione).

Saverio nome derivato dalla forma italianizzata del cognome di san Francesco Saverio, compagno di sant'Ignazio di Loyola, fondatore della Compagnia di Gesù. Il nome spagnolo era Francisco di Jassu Xavier, e *Xavier* era il nome del castello (oggi *Javier*) presso Pamplona, dove era nato; di origine basca, questo nome significava «casa nuova». San Saverio Maria Bianchi confessore. *Festa:* 31-I.

Savino → **Sabino**.

Scèvola dal n. pers. lat. *Scǽvola*, da *scaevus*, mancino. Gaio Muzio Scevola, leggendario eroe romano che si bruciò la mano destra per punirla di avere sbagliato,

ha reso popolare il nome, che però non figura nel calendario cattolico.

Sebastiano dal gr. *sebastós*, augusto, venerabile. San Sebastiano, di origine milanese, ufficiale dell'esercito romano, martire sotto Diocleziano (m. 304 ca). *Festa:* 20-I.

Secondo dal n. pers. lat. *Secundus*, dall'agg. *secundus*, secondo, originariamente riferito al secondo figlio. San Secondo martire (sec. II), patrono della diocesi di Asti. *Festa:* 20-III.

Sem dall'ebraico *sem*, fama, reputazione, nome biblico del figlio di Noè, capostipite dei popoli semitici. Il nome non appartenne a nessun santo onorato dalla chiesa cattolica.

Serafino dall'ebraico *serafim*, pl. di *saraf*, ardente, che nella Bibbia è denominazione degli angeli a sei ali, più vicini a Dio. San Serafino frate francescano (sec. XVI). *Festa:* 12-X.

Sereno dal n. pers. tardo lat. *Serenus*, dall'agg. *serenus*, sereno. San Sereno, vescovo di Marsiglia (sec. VI). *Festa:* 2-VIII.

Sergio dal n. gentilizio lat. *Sergius*, di incerta origine. Alla *gens Sergia* appartenne Lucio Sergio Catilina (m. 62 a.C.), l'avversario (sconfitto) di Cicerone. Il nome fu poi di quattro papi, tra i quali san Sergio I papa, palermitano (m. 701). *Festa:* 9-IX.

Sesto dal n. pers. (più esattamente, prenome) lat. *Sextus*, dall'agg. *sextus*, sesto; originariamente era nome dato al sesto figlio. San Sesto, martire a Catania. *Festa:* 31-XII.

Settimio dal n. gentilizio lat. *Septimius*, deriv. di *Septimus* (→ *Settimo*). Alla *gens Septimia* appartenne l'imperatore Lucio Settimio Severo (146-211). San Settimio vescovo di Iesi, martire. *Festa:* 5-IX.

Settimo dal n. pers. (più esattamente, prenome) lat. *Septimus*, dall'agg. *septimus*, settimo; originariamente nome dato al settimo figlio. San Settimo monaco e martire (sec. V). *Festa:* 17-VIII.

Severino dal n. pers. lat. *Severinus*, derivato (non diminutivo) di *Severus* (→ *Severo*). San Severino monaco, vescovo di Baviera (sec. V). *Festa:* 8-I.

Severo dal n. pers. lat. *severus*, dall'agg. *severus*, severo, austero. Fu nome di due imperatori romani, Lucio Settimio Severo (146-211) e Marco Aurelio Alessandro Severo (208-235). San Severo di Ravenna (sec. IV). *Festa:* 1-II.

Sigfrido dal germanico *sigu*, vittoria e *frithu*, pace. Nome del massimo eroe della leggenda epica germanica. San Sigfrido, vescovo e apostolo della Svezia (m. dopo 1030). *Festa:* 15-II.

Sigismondo dal germanico *sigis*, variante di *sigu*, vittoria e *munda*, difesa, protezione. Fu nome di un imperatore del Sacro Romano Impero (Sigismondo di Lussemburgo, 1368-1437), di tre re di Polonia e, ancora prima, di san Sigismondo, re dei Burgundi (sec. VI). *Festa:* 1-V.

Silvano dal n. pers. lat. *Silvanus*, originariamente attribuito a una divinità dei boschi, dall'agg. *silvanus*, deriv. di *silva*, selva, bosco. San Silvano, vescovo in Campania. *Festa:* 10-II.

Silvestro dal n. pers. tardo lat. *Silvester*/*Silvestris*, dall'agg. *silvester*, boscoso, o dei boschi, che vive nei boschi, selvaggio. Fu nome di tre papi tra i quali san Silvestro I (m. 335). *Festa:* 31-XII.

Silvio dal n. pers. lat. *Silvius* (f. *Silvia*), che già i romani ritenevano connesso con *silva*, selva, bosco. San Silvio, martire ad Alessandria. *Festa*: 21-IV. Santa Silvia, madre di papa Gregorio Magno (sec. VI). *Festa*: 3-XI.

Simeone → **Simone**. San Simeone, secondo vescovo di Gerusalemme, martire. *Festa*: 18-II.

Simone dal n. pers. ebraico *Sim'on*, dal v. *sama'*, ascoltare, probabilmente con il significato di «Dio ha ascoltato le nostre preghiere». Nome, quindi, di un figlio desiderato. Nella Bibbia lo portano diversi personaggi, tra i quali un figlio di Giacobbe e, nel Nuovo Testamento, il vecchio sacerdote che riceve Gesù presentato al tempio (per questi, è più comune in ital. l'uso della variante *Simeone*); inoltre, sempre nel Nuovo Testamento, è il nome del pescatore che Gesù chiamerà Pietro e di un altro apostolo, fratello di san Giacono minore, poi vescovo di Gerusalemme e martire. *Festa*: 18-II.

Simplicio dal n. pers. lat. *Simplicius*, dall'agg. *simplex/simplicis*, semplice. San Simplicio papa (m. 483). *Festa*: 2-III.

Siro dal n. pers. lat. *Syrus*, dall'agg. *syrus*, abitante, originario della Siria. San Siro (sec. IV) vescovo di Pavia. *Festa*: 9-XII.

Sisto dal n. pers. lat. *Sixtus*, variante di *Sextus* (→ *Sesto*). Fu nome di cinque papi tra i quali san Sisto I, papa dal 115 al 125 ca. *Festa*: 6-IV.

Sòcrate dal n. pers. gr. *Sokrátes*, da *sós*, sano e *krátos*, forza. Nome del grande filosofo ateniese che affrontò la morte per amore della verità (ca 470-399 a.C.). San Socrate martire (sec. II). *Festa*: 19-IV.

Sofia dal gr. *sophía*, sapienza. Santa Sofia martire. *Festa*: 30-IX.

Sonia dal russo *Sónja*, vezzeggiativo di *Sophíja*, Sofia. Diffuso nei paesi europei attraverso i grandi romanzi russi (*Sónja* è protagonista di Delitto e Castigo di F. Dostoevskij, 1921-1881), il nome non compare tuttavia nel calendario cattolico.

Speranza nome devozionale, ripete il s. *speranza*, una delle virtù teologali.

Stanislao dal n. pers. slavo *Stanislav*, da *stan*, stato, e *slawa*, gloria. San Stanislao, vescovo di Cracovia, patrono di Polonia (1030-1079). *Festa*: 7-V.

Stefania → **Stefano**.

Stéfano dal gr. *stéphanos*, corona. Santo Stefano protomartire (primo dei martiri), primo tra i sette diaconi, lapidato a Gerusalemme. *Festa*: 26-XII.

Stella nome augurale, ripete il s. *stella*, come augurio di bellezza e splendore. Santa Stella, martire del III sec. *Festa*: 11-V.

Susanna dall'ebraico *susan*, giglio; nome biblico della donna ingiustamente accusata di adulterio, e salvata dal profeta Daniele. Santa Susanna martire (sec. IV). *Festa*: 11-VIII.

Tàcito dal n. pers. lat. *Tacitus*, dall'agg. *tacitus*, silenzioso; originariamente, quindi, soprannome. Publio Cornelio Tacito (55-120 ca), grande storico dell'età imperiale romana. Nessun santo del calendario cattolico ha portato il suo nome.

Taddèo dall'aramaico *Thadday* (forse dal gr. *Theódoros*, → *Teodoro*), nome evangelico di san Giuda Taddeo, apostolo. *Festa*: 28-X.

Tancredi dal germanico *thanka*, pensiero e *radha*, assemblea, deliberazione, consiglio; quindi «scelta pensata, decisione presa con riflessione». Nome di principi normanni d'Altavilla, uno dei quali, crociato, compare nella *Gerusalemme Liberata* di Torquato Tasso (1544-

1595), e del giovane protagonista del romanzo *Il gattopardo* di G. Tomasi di Lampedusa (1896-1957). San Tancredi, monaco sassone del sec. IX. *Festa*: 9-IV.

Tania dal n. pers. russo *Tanja*, diminutivo di *Stephanija*, Stefania.

Tàntalo dal n. pers. gr. *Tàntalos*, dal verbo *tantalóo*, scaglio giù. Tantalo, nella mitologia greca, re di Frigia e figlio di Giove, svelò segreti divini e perciò fu precipitato nell'inferno e là tormentato con fame e sete (il noto «supplizio di Tantalo»: vedere ciò che si desidera e non poterlo prendere). Nessun santo del calendario cattolico ha portato il suo nome.

Tarcisio nome derivato per metatesi dal n. pers. lat. *Tarsitius*, forse da *Tarsus* capitale della Cilicia. San Tarcisio, giovinetto romano che affrontò la lapidazione per non consegnare ai pagani l'eucarestia (sec. III). *Festa*: 15-VIII.

Tarquinio dal n. pers. lat. *Tarquinius*, di origine etrusca. Fu nome di due dei leggendari sette re di Roma: Tarquinio Prisco, il quinto, e Tarquinio il Superbo, il settimo e ultimo re. Nessun santo onorato dalla chiesa cattolica ha portato il loro nome.

Tebaldo dal germanico *theuda*, popolo, e *baltha*, audace, valoroso; da qui anche le varianti ital. (attraverso diverse forme lat. mediev.) *Teobaldo* e *Tibaldo*. San Teobaldo, eremita di Provins (sec. XI. *Festa*: 1-VII).

Telèmaco dal n. pers. gr. *Telèmachos* da *tèle*, lontano, e *màchomai*, combatto). Nell'Odissea, nome del figlio di Ulisse. San Telemaco, monaco e martire del IV sec. *Festa*: 1-I.

Teobaldo → **Tebaldo**.

Teodorico dal germanico *theuda*, popolo, e *rickia*, potente, re. Nome del re degli ostrogoti (454 ca - 526) che conquistò l'Italia nel 493. Nessun santo del calendario cattolico ha il suo nome.

Teodoro dal n. pers. gr. *Theódoros* (da *theós*, dio, e *dôron*, dono), attraverso il lat. *Theodorus*, nel quale l'accento si era spostato dalla terzultima alla penultima sillaba. Fu nome di imperatori orientali e, al f., di *Teodora* (500 ca - 548) moglie di Giustiniano, e di un'altra imperatrice d'oriente del sec. IX. Ci furono anche due Teodoro papi. San Teodoro, arcivescovo di Canterbury (sec. VII). *Festa*: 19-IX.

Teodulo dal n. pers. gr. *Theódulos*, da *theós*, dio, e *dûlos*, servo. San Teodulo martire. *Festa*: 2-V.

Teofrasto dal n. pers. gr. *Theòphrastos*, da *theós*, dio e *phrázo*, parlo. Teofrasto (372-287 a.C.), filosofo greco, successore di Aristotele nella direzione della scuola peripatetica, fu autore dei *Caratteri*. Il il famoso medico e naturalista noto come Paracelso (1493-1541) portò il nome di Filippo Teofrasto Bombast von Hohenheim. San Teofrasto, martire del IV sec. *Festa*: 1-XI.

Teresa dal n. pers. gr. *Tarasíos* (f. *Tarasía*), di interpretazione ignota. Santa Teresa d'Avila, carmelitana (1515-82). *Festa*: 15-X. Santa Teresa del Bambino Gesù o di Lisieux, carmelitana scalza (1873-97). *Festa*: 3-X.

Tibaldo → **Tebaldo**.

Tiberio dal n. pers. (più esattamente prenome) lat. *Tiberius*, probabilmente connesso con *Tiber/Tiberis*, Tevere. Tiberio (42 a.C. - 37 d.C.) fu il secondo imperatore romano, successore di Augusto. San Tiberio, martire nella persecuzione di Diocleziano. *Festa*: 10-XI.

Tiburzio dal n. pers. tardo lat. *Tiburtius*, derivato, come *tiburtinus* (da cui l'agg. ital. *tiburtino*) da *Tibur/Tiburis*, Tivoli. San Tiburzio martire. *Festa*: 11-VIII.

Timòteo dal n. pers. gr. *Timótheos*, da *timáo*, onoro, e *theós*, dio. San Timoteo, discepolo di san Paolo. *Festa*: 26-I.

Tito dal n. pers. (più esattamente prenome) lat. *Titus*, di origine ignota, forse infantile. Tito Flavio Vespasiano, imperatore romano (39-81 d.C.), si guadagnò la definizione «delizia del genere umano». San Tito, discepolo di san Paolo. *Festa*: 26-I.

Tiziano dal n. pers. lat. *Titianus*, deriv. di *Titius* (da cui *Tizio*), e questo di *Titus* (→ *Tito*). Tiziano Vecellio, grande pittore veneto (1490-1576). San Tiziano vescovo di Oderzo (sec. VII). *Festa*: 16-I.

Tizio → **Tiziano**.

Tomaso, **Tommaso** dall'aramaico *t'oma*, gemello, attraverso il gr. *Thomâs* come nome di un apostolo, nel Vangelo (*festa*: 3-VII). Fu nome di altri personaggi famosi tra i quali Tommaso da Celano (1190 ca - 1260 ca), primo biografo di san Francesco, e i santi: Tommaso d'Aquino (1225 ca - 1274), grande filosofo e teologo; *festa*: 28-I; Tommaso Becket (1118-1170), arcivescovo di Canterbury, ucciso nella cattedrale forse per ordine del re Enrico II; Tommaso Moro (Thomas More, 1478-1535), fatto decapitare da Enrico VIII per non aver voluto aderire allo scisma anglicano; *festa*: 22-VI.

Torquato dal n. pers. lat. *Torquatus*, forse da *torques*, collana. Antico nome romano (Tito Manlio Torquato, generale del sec. IV a.C.), fu poi del grande poeta Torquato Tasso (1544-95). San Torquato, vescovo spagnolo. *Festa*: 15-V.

Tranquillo dal n. pers. lat. *Tranquillus*, dall'agg. *tranquillus*, tranquillo, placido. San Tranquillo, frate francescano del sec. XVIII. *Festa*: 15-III.

Tristano dall'ant. franc. *Tristran*, nome, probabilmente di origine celtica, di uno dei cavalieri della Tavola rotonda, amante di Isotta, la cui tragica storia d'amore appare nei poemi di Thomas (1170 ca) e di Béroul (1200 ca) ed è poi ripresa da autori antichi e moderni, fino alla grande opera di Richard Wagner (1813-1883). Beato Tristano, abate del sec. VII. *Festa*: 15-VI.

Tullio dal n. gentilizio lat. *Tullius*, probabilmente di origine etrusca. Servio Tullio è il sesto dei leggendari sette re di Roma. San Tullio, martire in Africa nel II sec. *Festa*: 19-II.

Tullo dall'ant. nome lat. *Tullus*, variante di *Tullius* (→ *Tullio*). Tullo Ostilio è il terzo dei leggendari sette re di Roma.

Ubaldo dal germanico *hugu*, pensiero, spirito, e *baltha*, audace, valoroso. Sant'Ubaldo (1085-1160), patrono di Perugia e Gubbio. *Festa*: 16-V.

Uberto dal germanico *hugu*, pensiero, oppure *audha*, prosperità, patrimonio, e *bertha*, splendido, illustre. Sant'Uberto vescovo di Liegi (655-727), patrono dei cacciatori. *Festa*:3-XI.

Ugo dal germanico *hugu*, pensiero, spirito. Sant'Ugo il Grande, abate di Cluny (1024-1109). *Festa*: 29-IV. Dal genitivo della forma lat. *Ugo/Ugonis* derivò *Ugone*, che quindi non è un accrescitivo. Sant'Ugone vescovo di Rouen. *Festa*: 9-IV. È un diminutivo invece *Ugolino*, nome del conte della Gherardesca, signore di Pisa, che, tradito da un alleato, fu lasciato morire di fame in carcere con figli e nipoti (1288), come ricorda Dante (*Inf.*, XXXIII). Sant'Ugolino, martire del sec. XIII. *Festa*: 10-X.

Ugolino, **Ugone** → **Ugo**.

Ulisse dal gr. *Odysseus*, nome del protagonista dell'*Odissea* di Omero; secondo l'autore stesso del poema il nome deriva dal verbo *odýssomai*, essere adirato. Il no-

me è divenuto popolare, ma non compare nel calendario cattolico.

Umberto nome di origine germanica, la prima parte di interpretazione incerta, la seconda da *bertha*, splendido, illustre. Il nome fu di Umberto Biancamano (m. 1047 o 1048), capostipite dei Savoia, e fu comune in quella casata: lo portarono il beato Umberto III (m. 1189; *festa*: 4-III) e due re d'Italia, Umberto I (1844-1900) e Umberto II (1904-1983), detto «il re di maggio» per aver regnato solo dal 9-V al 2-VI 1946, quando un referendum popolare istituì la repubblica.

Urbano dal n. pers. lat. *Urbanus*, dall'agg. *urbanus*, cittadino, quindi «civile, non zotico». Fu nome di otto papi tra i quali sant'Urbano I (m. 223). *Festa*: 25-V. Sant'Urbano, vescovo di Teano. *Festa*: 7-XII.

Valdemaro dal germanico *waldaz*, potente, capo, e *maru*, grande, famoso (da cui derivò anche il n. slavo *Vladimir*, ital. *Vladimiro*). Fu nome di quattro re danesi. San Valdemaro, principe russo. *Festa*: 15-VII.

Valente dal n. pers. lat. *Valens/Valentis*, dall'agg. *valens*, valente, gagliardo, p. pres. del v. *valere*, star bene di salute, essere forte. Fu nome di un imperatore d'oriente (328-378). San Valente, vescovo di Verona (sec. VI). *festa*: 26-VII.

Valentiniano dal n. pers. lat. *Valentinianus*, deriv. di *Valens/Valentis* (→ *Valente*) attraverso un primo derivato *Valentinus*. Fu nome di tre imperatori romani dei secc. IV-V. San Valentiniano, vescovo di Salerno (sec. V). *Festa*: 3-VI.

Valentino dal n. pers. lat. *Valentinus*, derivato (non diminutivo) di *Valens/Valentis* (→ *Valente*). San Valentino, martire a Roma. *Festa*: 14-II.

Valeriano dal n. pers. lat. *Valerianus*, deriv. di *Valerius* (→ *Valerio*). Fu nome di un imperatore romano (195-260 ca). San Valeriano, marito di santa Cecilia (secc. II-III). *Festa*: 14-IV.

Valerio dal n. gentilizio lat. *Valerius*, probabilmente connesso con il v. *valere*, star bene di salute, essere forte. Alla *gens Valeria* appartennero illustri personaggi tra i quali il poeta Gaio Valerio Flacco (m. 90 ca). San Valerio, vescovo di Treviri, apostolo della Renania. *Festa*: 28-I.

Vanda → **Wanda**.

Vasco nome di origine portoghese, variante di *basco* e *guasco*, abitante del paese basco, della Guascogna. Fu nome del navigatore portoghese Vasco da Gama, che primo giunse in India circumnavigando l'Africa (1498) e fu cantato nel poema *I lusiadi* dal poeta nazionale del Portogallo, Luiz Vaz de Camões (1524? - 1580).

Venanzio dal n. pers. tardo lat. *Venantius*, da *venans/venantis*, p. pres. del v. *venari*, andare a caccia. San Venanzio Fortunato, vescovo di Poitiers e poeta (530 - 600 ca). *Festa*: 14-XII. San Venanzio martire, patrono di Camerino. *Festa*: 18-V.

Venerando dal n. pers. lat. *Venerandus*, da *venerandus*, gerundivo del v. *venerari*, venerare; quindi «che deve essere venerato». San Venerando martire bresciano. *Festa*: 25-V. Santa Veneranda vergine martire (sec. II). *Festa*: 14-XI.

Venerio, **Veniero** dal n. pers. lat. *Venerius*, connesso con *Venus/Veneris*, nome della dea della bellezza e dell'amore. Per metatesi vocalica è derivata la variante, soprattutto veneta, *Veniero*. San Venerio, vescovo di Milano (m. 408). *Festa*: 4-V. San Venerio, monaco dell'isola del Tino (La Spezia). *Festa*: 13-IX.

Verner → **Werner**.

Veronica dal n. pers. gr. *Bereníke*, di origine macedone (connesso con il v. gr. *phéro*, porto, e *níke*, vittoria), giunto in ital. anche come *Berenice*, nome di una principessa d'Israele e di una regina d'Egitto. Santa Veronica Giuliani, clarissa cappuccina (m. 1727). *Festa*: 9-VII.

Vespasiano dal n. pers. lat. *Vespasianus*, di origine incerta. Fu nome di Tito Flavio Vespasiano, imperatore romano (9-79), e di suo figlio, più noto come Tito. Non compare nel calendario cattolico.

Vincenzo dal n. pers. tardo lat. *Vincentius*, deriv. da *vincens/vincentis*, vincente, p. pres. del v. *vincere*, vincere. San Vincenzo de' Paoli (1581-1660). *Festa*: 12-IX.

Viola dal n. del fiore «viola», lat. *viola*. Santa Viola, martire di Verona. *Festa*: 3-V.

Violante dal n. pers. ant. franc. *Yolant* o *Yolans* (da cui anche l'ital. *Iolanda*), legato al lat. *viola* (gr. *híon*), viola, o forse di origine germanica. Beata Violante di Asti. *Festa*: 6-V.

Virgilio dal n. pers. lat. *Vergilius*, che fu connesso con *virga*, verga, o con il v. *virere*, verdeggiare, ma più probabilmente è di origine etrusca e di significato ignoto. Fu reso famoso da Publio Virgilio Marone, poeta dell'età di Augusto, autore dell'*Eneide* (70-19 a.C.). San Virgilio di Salisburgo (m. 784). *Festa*: 27-XI.

Virginio dal n. gentilizio lat. *Virginius* (f. *Virginia*), che fu connesso con *virga*, verga, o con *virgo/virginis*, vergine, ma è probabilmente di origine etrusca. Alla *gens Virginia* apparteneva il leggendario Lucio Virginio (sec. V a.C.), che avrebbe ucciso la figlia Virginia per sottrarla alle insidie del decemviro Appio Claudio. Santa Virginia. *Festa*: 6-IV.

Viscardo → **Guiscardo**.

Vitale dal n. pers. tardo lat. *Vitalis*, dall'agg. *vitalis*, vitale (deriv. di *vita*, vita); quindi si tratta di un nome augurale. San Vitale, martire a Ravenna (forse sec. IV). *Festa*: 28-IV.

Vitaliano dal n. pers. tardo lat. *Vitalianus*, deriv. di *Vitalis* (→ *Vitale*). San Vitaliano papa (sec. VII). *Festa*: 27-I.

Vito dal n. pers. tardo lat. *Vitus*, forse connesso con la radice germanica *widu*, legno (che ha dato anche *Guido*), e anche con il lat. *vita*, vita (che ha dato *Vitale*). San Vito martire, patrono di Udine, Loreto, Recanati. *Festa*: 15-VI.

Vittore dal n. pers. lat. *Victor/Victoris*, da *victor*, vincitore. Fu nome di tre papi (tra i quali san Vittore I, m. 199, *festa*: 28-VII) e di due antipapi. San Vittore, martire a Milano. *Festa*: 8-V.

Vittorio dal n. pers. tardo lat. *Victorius*, deriv. di *Vic-*

tor/Victoris (→ *Vittore*). San Vittorio, vescovo dei galli cenomani. *Festa*: 1-IX.

Viviano dal n. pers. tardo lat. *Vivianus*, a cui si sovrappose l'ant. franc. *Vivien* (da esso derivato), nome di un personaggio delle canzoni di gesta del ciclo carolingio. San Viviano martire. *Festa*: 10-III.

Vladimiro dal n. pers. slavo *Vladimir*, che ha la stessa origine germanica di → *Valdemaro*. San Vladimiro (956 ca - 1015), gran principe di Kiev, eroe della poesia epica russa, apostolo del cristianesimo in Ucrania. *Festa*: 15-VIII.

Volfango dal germanico *wulfa*, lupo, e *gang*, passo. Volfango Amedeo (Wolfgang Amadeus) Mozart (1756-1791), il più grande musicista del Settecento. San Volfango, vescovo di Ratisbona (m. 994). *Festa*: 31-X.

Walter → **Gualtiero**.

Wanda nome di origine sconosciuta, originario forse della Polonia, dove comunque è molto diffuso. Beata Wanda, principessa polacca. *Festa*: 17-IV.

Werner dal germanico *warin*, *waran*, proteggere, e *haria*, esercito, attraverso un n. pers. germanico *Warinhari* da cui derivò anche un lat. mediev. *Guarnerius*, ital. *Guarnerio* o *Guarniero*.

Wilma da *Wilhelma*, *Wilhelmine*, forme germaniche di f. di *Wilhelm* (→ *Guglielmo*).

Zaccaria dall'ebraico *Zekharyah*, da *zakhar*, ha ricordato, e *Yah*, abbr. di *Yahweh*, Dio; nome biblico dell'undicesimo tra i profeti minori. San Zaccaria papa (m. 752). *Festa*: 15-III.

Zeno, **Zenone** dal n. pers. tardo lat. *Zeno/Zenonis* (l'ital. *Zenone* deriva quindi dal genitivo, non è un accrescitivo), dal gr. *Zénon*, probabilmente abbr. di nomi composti con *Zén*, variante dialettale di *Zeus*, Zeus, il re degli dei (come → *Zenobio*). San Zeno, vescovo e patrono di Verona, scrittore ecclesiastico (sec. IV). *Festa*: 12-IV.

Zenobio dal n. pers. tardo lat. *Zenobius*, gr. *Zenóbios*, da *Zén*, variante dialettale di *Zeús*, Zeus, il re degli dei, e *bíos*, vita. San Zenobio, vescovo di Firenze (secc. IV-V). *Festa*: 25-V.

Zita originariamente soprannome da *zita*, forma presente in diversi dialetti merid. (e corrispondente al toscano *citta*) con il significato di «ragazza» (da essa deriva anche l'ital. *zitella*). Santa Zita, domestica (1218-1278), patrona di Lucca. *Festa*: 27-IV.

Zoe dal gr. *zoé*, vita. Nome di un'imperatrice bizantina (975-1055). Santa Zoe, martire a Roma (sec. III). *Festa*: 5-VII.

Finito di stampare
il 25 maggio 1988
dalla Garzanti Editore s.p.a.
Milano

50432